Handbuch der
Steuerveranlagungen 2022

W0337730

SCHRIFTEN DES
DEUTSCHEN WISSENSCHAFTLICHEN INSTITUTS
DER STEUERBERATER E.V.

Handbuch der Steuerveranlagungen

Einkommensteuer
Körperschaftsteuer
Gewerbesteuer
Umsatzsteuer
2022

DWS Steuerberater Medien GmbH Berlin
Verlag C.H. Beck München

www.beck.de

ISSN 0171-2365
ISBN 978 3 406 79823 8

© 2023 Verlag C. H. Beck oHG
Wilhelmstraße 9, 80801 München
Satz, Druck und Bindung: Druckerei C. H. Beck, Nördlingen
(Adresse wie Verlag)

CO_2 neutral
chbeck.de/nachhaltig

Gedruckt auf säurefreiem, alterungsbeständigem Papier
(hergestellt aus chlorfrei gebleichtem Zellstoff)

Vorwort

Das Deutsche wissenschaftliche Institut der Steuerberater e. V. legt hiermit auch in diesem Jahr das „Handbuch der Steuerveranlagungen 2022" vor, das die Einzelwerke (ESt, KSt, GewSt, USt) in einem Band vereinigt. Mit dem Gesamtband soll allen, die laufend mit den verschiedenen Steuerarten zu tun haben, ein besonders nützliches und bequemes Werkzeug in einem einzigen Werk geboten werden.

Bei allen Steuerarten sind in diesem Band – wie in den Einzelbänden – detaillierte, nach den Paragraphen der Gesetze geordnete *Inhaltsverzeichnisse* aufgenommen worden, die den Zugriff auf die jeweiligen Durchführungsverordnungen, auf die Richtlinien mit den amtlichen Hinweisen und auf die Anlagen erleichtern. Einzelnen Paragraphen mit umfangreichem Anhangsapparat wurden gesonderte Inhaltsübersichten vorangestellt.

Zur Gesamtorientierung sind zu Beginn der Einzelbände die Gesetzestexte *geschlossen abgedruckt.* In den geschlossenen Wiedergaben finden sich grundsätzlich alle seit der Vorauflage des Handbuchs ergangenen Änderungen und neuen Vorschriften, zuletzt u. a. durch das Jahressteuergesetz 2022 vom 16.12.2022 (BGBl. I S. 2294) und das Gesetz zur Umsetzung der Richtlinie (EU) 2021/514 des Rates vom 22. März 2021 zur Änderung der Richtlinie 2011/16/EU über die Zusammenarbeit der Verwaltungsbehörden im Bereich der Besteuerung und zur Modernisierung des Steuerverfahrensrechts vom 20.12.2022 (BGBl. I S. 2730), wieder; mithin auch solche, die erst im Veranlagungs-, Erhebungs- oder Besteuerungszeitraum 2023 oder später anzuwenden sind.

Der *Hauptteil* ist ganz auf den Veranlagungszeitraum 2022 abgestellt. Hier sind die Gesetzesvorschriften in Verbindung mit den dazugehörigen Durchführungsverordnungen, den Richtlinien (den neuen KStR 2022) mit den aktuellen amtlichen Hinweisen (EStH 2022, KStH 2022 und GewStH 2016), bei dem *Umsatzsteuerband* der Umsatzsteuer-Anwendungserlass (UStAE, Stand 31.12.2022) und die sonstigen Verwaltungsanordnungen der Finanzbehörden abgedruckt – die maßgebenden Vorschriften sind damit an einer Stelle vereinigt.

Im *Anhang* schließlich sind die jeweils relevanten Nebengesetze mit Verordnungen und Verwaltungsanweisungen wiedergegeben.

Gesetz, Durchführungsverordnung und Verwaltungsanordnungen sind in voneinander abweichenden Schriftarten gesetzt, damit sich die verschiedenen Kategorien auf einen Blick voneinander abheben. Die gegenüber der für 2021 geltenden Fassung geänderten Textstellen sind stets durch einen Balken am Rand gekennzeichnet.

Eine Fülle von Verwaltungsanordnungen, die aus Platzgründen nicht in vollem Wortlaut in das Handbuch aufgenommen werden konnten, finden Sie in den Fußnoten des Werkes in Leitsätzen wiedergegeben. Soweit dabei als Fundstelle das Nachschlagewerk „StEK = Steuererlasse in Karteiform" zitiert ist, danken wir dem Verlag Dr. Otto Schmidt KG, Köln, für die freundliche Erlaubnis, dass wir die von den Herren Rechtsanwälten Prof. Dr. Felix † und Carlé, Köln, zusammengestellte und bearbeitete Sammlung für das vorliegende Handbuch auswerten durften. Fußnotenhinweise finden sich weiter zu einer Vielzahl einschlägiger BFH-Urteile, die überwiegend ebenfalls in Leitsätzen zitiert sind. In den Fußnoten werden außerdem Hinweise auf die systematischen Übersichten im Beck'schen Steuerberaterhandbuch 2023/2024 gegeben.

Diesem Jahrgang des Gesamtbands ist wiederum ein Freischaltcode für ein Online-Modul beigefügt. Das Online-Modul enthält als Ausgangspunkt die Inhaltsverzeichnisse der einzelnen Veranlagungsbände. Ausgehend davon kann der Nutzer auf alle verlinkten Gesetze, Verordnungen, Richtlinien mit Hinweisen und Verwaltungserlasse sowie auf die zugeordnete Rechtsprechung zugreifen.

Bei der Auswahl und Bearbeitung des Materials haben uns beim Einkommensteuerteil Herr Oberregierungsrat Andreas Messerer, München, beim Körperschaftsteuerteil und dem Gewerbesteuerteil Frau Oberregierungsrätin Heike Janetzko, München, und beim Umsatzsteuerteil Herr Regierungsdirektor a. D. Helmut Schötz, München, mit Rat und Tat unterstützt; für ihre wertvolle Mitarbeit sind wir ihnen sehr zu Dank verpflichtet.

Anregungen zur Ausgestaltung, Ergänzung und Verbesserung des Handbuchs sind uns stets willkommen.

Berlin, im April 2023

Deutsches wissenschaftliches Institut
der Steuerberater e. V.

Inhaltsübersicht

Einkommensteuer

Körperschaftsteuer

Gewerbesteuer

Umsatzsteuer

Inhalt

Einkommensteuer-
veranlagung
2022

Inhaltsverzeichnis

4. Überschuss der Einnahmen über die Werbungskosten

4a. Umsatzsteuerrechtlicher Vorsteuerabzug

5. Sonderausgaben

IX. Sonstige Vorschriften, Bußgeld-, Ermächtigungs- und Schlussvorschriften

X. Kindergeld

XI. Altersvorsorgezulage

XII. Förderbetrag zur betrieblichen Altersversorgung

XIII. Mobilitätsprämie

Abkürzungsverzeichnis

a. a. O.	am angegebenen Ort
ABl.	Amtsblatt
Abs.	Absatz
a. E.	am Ende
AEAO	Anwendungserlass zur Abgabenordnung
a. F.	alte Fassung
AfA	Absetzung für Abnutzung
AfaA	Absetzung für außergewöhnliche Abnutzung
AFG	Arbeitsförderungsgesetz
AfS	Absetzung für Substanzverringerung
AIG	Auslandsinvestitionsgesetz
AktG	Aktiengesetz
AN	Arbeitnehmer
AnwZpvV	Anwendungszeitpunktverschiebungsverordnung, Verordnung zur Festlegung eines späteren Anwendungszeitpunktes der Verpflichtungen nach § 5 b des Einkommensteuergesetzes vom 20. 12. 2010 (BGBl. I S. 2135)
AO	Abgabenordnung
AStG	Außensteuergesetz
BA	Betriebsausgaben
BAföG	Bundesausbildungsförderungsgesetz
BAG	Bundesarbeitsgericht
BAKred	Bundesaufsichtsamt für das Kreditwesen
BAnz.	Bundesanzeiger
BauGB	Baugesetzbuch
BBIG	Berufsbildungsgesetz
BauNVO	Baunutzungsverordnung
BBK	Zeitschrift für Buchführung, Bilanz und Kostenrechnung
BdF, BMF	Bundesminister/Bundesministerium der Finanzen
BE	Betriebseinnahmen
BEG	Bundesentschädigungsgesetz
BeitrRLUmsG	Beitreibungsrichtlinie-Umsetzungsgesetz: Gesetz zur Umsetzung der Beitreibungsrichtlinie sowie zur Änderung steuerlicher Vorschriften vom 7. 12. 2011 (BGBl. I S. 2592)
Bek.	Bekanntmachung
BerlinFG	Berlinförderungsgesetz
BetrAVG	Gesetz zur Verbesserung der betrieblichen Altersversorgung
BetrKV	Betriebskostenverordnung
BewG	Bewertungsgesetz
BewDV	Durchführungsverordnung zum Bewertungsgesetz
BewRGr	Richtlinien zur Bewertung des Grundvermögens
BfF	Bundesamt für Finanzen
BFH	Bundesfinanzhof
BFHE	Sammlung der Entscheidungen des Bundesfinanzhofs
BFH/NV	Sammlung amtlich nicht veröffentlichter Entscheidungen des Bundesfinanzhofs (Zeitschrift)
BGB	Bürgerliches Gesetzbuch
BGBl.	Bundesgesetzblatt
BGH	Bundesgerichtshof
BGH-Z	Entscheidungen des Bundesgerichtshofs in Zivilsachen
BilMoG	Gesetz zur Modernisierung des Bilanzrechts (Bilanzrechtsmodernisierungsgesetz)
BKGG	Bundeskindergeldgesetz
BR-Drs.	Bundesratsdrucksache
BSHG	Bundessozialhilfegesetz
BStBl.	Bundessteuerblatt
BT-Drs.	Bundestagsdrucksache
BuchO-AdV	Buchungsordnung für die Finanzämter bei Einsatz automatisierter Datenverarbeitungsanlagen
BV	Berechnungsverordnung
BVerfG	Bundesverfassungsgericht

BVerfGE	Sammlung der Entscheidungen des Bundesverfassungsgerichts
BVerwG	Bundesverwaltungsgericht
BVerwGE	Sammlung der Entscheidungen des Bundesverwaltungsgerichts
BVG	Bundesversorgungsgesetz
DA-KG 2020	Dienstanweisung des Bundeszentralamts für Steuern zum Kindergeld nach dem Einkommensteuergesetz vom 27. 8. 2020 (BStBl. I S. 702)
DB	Der Betrieb
DBA	Doppelbesteuerungsabkommen
DMBilG	DM-Bilanzgesetz
DStR	Deutsches Steuerrecht (Zeitschrift)
DStRE	DStR-Entscheidungsdienst (Zeitschrift)
DV	Durchführungsverordnung
EG	Europäische Gemeinschaft
EFG	Entscheidungen der Finanzgerichte (Zeitschrift)
EGBGB	Einführungsgesetz zum Bürgerlichen Gesetzbuch
EigRentG	Gesetz zur verbesserten Einbeziehung der selbstgenutzten Wohnimmobilie in die geförderte Altersvorsorge (Eigenheimrentengesetz) vom 29. 7. 2008 (BGBl. I S. 1509)
EigZulG	Eigenheimzulagengesetz
EnEV	Verordnung über energiesparenden Wärmeschutz und energiesparende Anlagetechnik bei Gebäuden (Energiesparverordnung) vom 24. 7. 2007 (BGBl. I S. 1519)
EntwLStG	Entwicklungsländer-Steuergesetz
ErbStG	Erbschaftsteuer- und Schenkungssteuergesetz
ErbStRG	Gesetz zur Reform des Erbschaftsteuer- und Bewertungsrechts (Erbschaftsteuerreformgesetz) vom 24. 12. 2008 (BGBl. I S. 3018)
ESt	Einkommensteuer
EStDV	Einkommensteuer-Durchführungsverordnung
EStG	Einkommensteuergesetz
EStH	Einkommensteuer-Hinweise/Amtliches Einkommensteuer-Handbuch
EStR	Einkommensteuer-Richtlinien
EU	Europäische Union
EuGH	Europäischer Gerichtshof
EUR	Euro
EURLUmsG	EU-Richtlinien-Umsetzungsgesetz
FA	Finanzamt
FamLeistG	Gesetz zur Förderung von Familien und haushaltsnahen Dienstleistungen (Familienleistungsgesetz) vom 22. 12. 2008 (BGBl. I S. 2008)
FELEG	Gesetz zur Förderung der Einstellung der landwirtschaftlichen Erwerbstätigkeit
FG	Finanzgericht
FGO	Finanzgerichtsordnung
FinVerw	Finanzverwaltung
FKPG	Gesetz zur Umsetzung des Föderalen Konsolidierungsprogramms
FlüHG	Flüchtlingshilfegesetz
FM	Finanzminister, Finanzministerium
FMBl.	Amtsblatt des Bayerischen Staatsministeriums der Finanzen
FNA	Bundesgesetzblatt Teil I, Fundstellennachweis A (Bundesrecht ohne völkerrechtliche Vereinbarungen)
FöJG	Gesetz zur Förderung eines freiwilligen ökologischen Jahres
FördG	Fördergebietsgesetz
FVG	Finanzverwaltungsgesetz
GBl.	Gesetzblatt der DDR
GbR	Gesellschaft des bürgerlichen Rechts
GdB	Grad der Behinderung
GEG	Gebäudeenergiegesetz
GenG	Genossenschaftsgesetz
GewStDV	Gewerbesteuer-Durchführungsverordnung
GewStG	Gewerbesteuergesetz
GewStR	Gewerbesteuer-Richtlinien

GewStH .... Gewerbesteuer-Hinweise
GVBl./GVOBl. .... Gesetz- und Verordnungsblatt
GWG .... Geringwertige Wirtschaftsgüter

H .... Hinweis (der Einkommensteuer-, Erbschaftsteuer-, Gewerbesteuer-, Körperschaftsteuer-, Lohnsteuer-Hinweise)
HAG .... Heimarbeitsgesetz
HBeglG .... Haushaltsbegleitgesetz
HFR .... Höchstrichterliche Finanzrechtsprechung
HGB .... Handelsgesetzbuch
HöfeO .... Höfeordnung

InvStG .... Investmentsteuergesetz
InvZulG .... Investitionszulagengesetz
i. d. F. .... in der Fassung
i. d. R. .... in der Regel
i. S. .... im Sinne des/von
i. R. .... im Rahmen
iVm .... in Verbindung mit

JStErgG .... Jahressteuer-Ergänzungsgesetz
JStG .... Jahressteuergesetz

KAGG .... Gesetz über Kapitalanlagegesellschaften
KBV .... Kleinbetragsverordnung
KG .... Kommanditgesellschaft
KHBV .... Krankenhaus-Buchführungsverordnung
KHG .... Krankenhausfinanzierungsgesetz
KiFöG .... Gesetz zur Förderung von Kindern unter drei Jahren in Tageseinrichtungen und Kindertagespflege (Kinderförderungsgesetz) vom 10. 12. 2008 (BGBl. I S. 2403)
Kj .... Kalenderjahr
KöR .... Körperschaft des öffentlichen Rechts
KStDV .... Körperschaftsteuer-Durchführungsverordnung
KStG .... Körperschaftsteuergesetz
KStH .... Körperschaftsteuer-Hinweise
KStR .... Körperschaftsteuer-Richtlinien
KWG .... Kreditwesengesetz

LAG .... Lastenausgleichsgesetz
LStDV .... Lohnsteuer-Durchführungsverordnung
LStH .... Lohnsteuer-Hinweise
LStR .... Lohnsteuer-Richtlinien

MaBV .... Makler- und Bauträgerverordnung
MinBlFin. .... Ministerialblatt des Bundesministeriums der Finanzen
MoRaKG .... Gesetz zur Modernisierung der Rahmenbedingungen für Kapitalbeteiligungen vom 12. 8. 2008 (BGBl. I S. 1672)

n. F. .... neue Fassung
NJW .... Neue Juristische Wochenschrift
NRW .... Nordrhein-Westfalen
NWB .... Neue Wirtschaftsbriefe

OFD .... Oberfinanzdirektion
OFH .... Oberster Finanzgerichtshof
OWiG .... Gesetz über Ordnungswidrigkeiten

PartG .... Parteiengesetz
PflegeVG .... Pflegeversicherungsgesetz

R .... Richtlinie (der Einkommensteuer-, Erbschaftsteuer-, Gewerbesteuer-, Körperschaftsteuer-, Lohnsteuer-Richtlinien)
RepG .... Reparationsschädengesetz

RdErl.	Runderlass
RdF	Reichsminister der Finanzen
Rdvfg.	Rundverfügung
RFH	Reichsfinanzhof
RGBl.	Reichsgesetzblatt
RKnappG	Reichsknappschaftsgesetz
Rn.	Randnummer
RStBl.	Reichssteuerblatt
RVO	Reichsversicherungsordnung
Rz.	Randziffer
SachBezVO	Sachbezugsverordnung
SaDV	Sammelantrags-Datenträger-Verordnung
SchwbG	Schwerbehindertengesetz
SEStEG	Gesetz über steuerliche Begleitmaßnahmen zur Einführung der Europäischen Gesellschaft und zur Änderung weiterer steuerrechtlicher Vorschriften vom 7. 12. 2006 (BGBl. I S. 2782)
SGB I	Sozialgesetzbuch, Erstes Buch, Allgemeiner Teil
SGB V	Sozialgesetzbuch, Fünftes Buch, Gesetzliche Krankenversicherung
SGB VI	Sozialgesetzbuch, Sechstes Buch, Gesetzliche Rentenversicherung
SGB IX	Sozialgesetzbuch, Neuntes Buch, Rehabilitation und Teilhabe behinderter Menschen
StandOG	Standortsicherungsgesetz
SteuerÄndG	Steueränderungsgesetz
StBerG	Steuerberatungsgesetz
StEK	Steuererlasse in Karteiform (Steuererlaß-Kartei), Nachschlagewerk der Erlasse und Verfügungen der Finanzverwaltungen mit kritischen Anmerkungen
StEntlG	Steuerentlastungsgesetz
StGB	Strafgesetzbuch
StMBG	Mißbrauchsbekämpfungs- und Steuerbereinigungsgesetz
StPO	Strafprozeßordnung
StVergAbG	Steuervergünstigungsabbaugesetz
Tz.	Textziffer
U-K(artei)	Umsatzsteuerkartei des Bundesministeriums der Finanzen
UmwG	Umwandlungsgesetz
UmwStG	Umwandlungsteuergesetz
UntStRefG	Unternehmensteuerreformgesetz 2008 vom 14. 8. 2007 (BGBl. I S. 1912)
USG	Unterhaltssicherungsgesetz
USt	Umsatzsteuer
UStAE	Umsatzsteuer-Anwendungserlass
UStDV	Umsatzsteuer-Durchführungsverordnung
UStG	Umsatzsteuergesetz
UStR	Umsatzsteuer-Richtlinien bzw. Umsatzsteuerrundschau
UWG	Gesetz gegen den unlauteren Wettbewerb
VAK	Vollarbeitskraft
VE	Vieheinheit
VermBG	Vermögensbildungsgesetz
VermG	Vermögensgesetz
Vfg.	Verfügung
VG	Verwaltungsgericht
vGA	verdeckte Gewinnausschüttung
VO	Verordnung
VOB	Verdingungsordnung für Bauleistungen
VSt.	Vermögensteuer
VStG	Vermögensteuergesetz
VVG	Versicherungsvertragsgesetz
VwVfG	Verwaltungsverfahrensgesetz
VZ	Veranlagungszeitraum
WEG	Wohnungseigentumsgesetz
WG	Wirtschaftsgut, Wirtschaftsgüter

Wj	Wirtschaftsjahr
WoBauG	Wohnungsbaugesetz (Wohnungsbau- und Familienheimgesetz)
WoFlV	Wohnflächenverordnung
WoPG	Wohnungsbau-Prämiengesetz
WÜD	Wiener Übereinkommen über diplomatische Beziehungen
WÜK	Wiener Übereinkommen über konsularische Beziehungen
ZDG	Zivildienstgesetz
ZPO	Zivilprozessordnung
ZRFG	Zonenrandförderungsgesetz

Geschlossene Wiedergabe des Einkommensteuergesetzes (EStG)[1]

In der Fassung der Bekanntmachung vom 8. Oktober 2009

(BGBl. I S. 3366, ber. BGBl. I S. 3862)

BGBl. III/FNA 611-1

Änderungen des Gesetzes

Zu den Änderungen durch die Gesetze 1 bis 80 siehe im „Handbuch zur Einkommensteuerveranlagung 2018 bis 2021".

Lfd. Nr.	Änderndes Gesetz	Datum	Fundstelle BGBl. I Seite	Geänderte Paragraphen	Art der Änderung
81.	Gesetz über die Entschädigung der Soldatinnen und Soldaten und zur Neuordnung des Soldatenversorgungsrechts	20. 8. 2021	3932	§ 3 Nr. 3 Buchst. a, Nr. 3 Buchst. d, Nr. 6 Satz 2, Nr. 67 Buchst. d; § 33 b Abs. 4 Satz 1 Nr. 4	geändert
				§ 33 b Abs. 4 Satz 1 Nr. 5	eingefügt
				§ 32 b Abs. 1 Satz 1 Nr. 1 Buchst. f	neugefasst
				§ 52 Abs. 54	aufgehoben
82.	Steuerentlastungsgesetz 2022	23. 5. 2022	749	Inhaltsübersicht; § 9 Abs. 1 Satz 3 Nr. 4 Satz 8 Buchst. a und b, Abs. 1 Satz 3 Nr. 5 Satz 9 Buchst. a und b; § 9 a Satz 1 Nr. 1 Buchst. a; § 39 b Abs. 2 Satz 7; § 46 Abs. 2 Nr. 3 und 4; § 50 Abs. 2 Satz 2 Nr. 4 Buchst. a; § 66 Abs. 1 Satz 2 und 3	geändert
				§ 111; Abschnitt XV mit §§ 112 bis 122	eingefügt
				§ 32 a Abs. 1	neugefasst
83.	Gesetz zur Regelung eines Sofortzuschlages und einer Einmalzahlung in den sozialen Mindestsicherungssystemen sowie zur Änderung des Finanzausgleichsgesetzes und weiterer Gesetze	23. 5. 2022	760	§ 62 Abs. 2 Nr. 2 Buchst. c	geändert
				§ 52 Abs. 49 a Satz 3 (bish. Sätze 3 bis 13 werden Sätze 4 bis 14)	eingefügt
84.	Viertes Gesetz zur Umsetzung steuerlicher Hilfsmaßnahmen zur Bewältigung der Corona-Krise (Viertes Corona-Steuerhilfegesetz)	19. 6. 2022	911	§ 3 Nr. 28 a; § 7 Abs. 2 Satz 1; § 10 d Abs. 1 Satz 1; § 32 c Abs. 5 Satz 1 Nr. 2; § 52 Abs. 6 Satz 15, Abs. 14 Sätze 4 und 5, Abs. 16 Sätze 3 und 4	Geändert
				§ 3 Nr. 11 b; § 52 Abs. 4 Satz 4 (bish. Sätze 4 bis 21 werden Sätze 5 bis 22), Abs. 12 Sätze 2 und 3 (bish. Sätze 2 bis 9 werden Sätze 4 bis 11), Abs. 14 Satz 6, Abs. 16 Satz 5, Abs. 18 b Satz 3, Abs. 40 a Satz 3 (bish. Satz 4 entfällt)	eingefügt
				§ 3 a Abs. 3 Satz 2 Nr. 12; § 6 Abs. 1 Nr. 3, Nr. 3 a Buchst. e Satz 1; § 10 d Abs. 1; § 41 a Abs. 4 Satz 2; § 52 Abs. 18 b, Abs. 35 d	neugefasst
85.	Gesetz zur temporären Senkung des Umsatzsteuersatzes auf Gaslieferungen über das Erdgasnetz	19. 10. 2022	1743	§ 3 Nr. 11 c	eingefügt

[1] Neufassung des Einkommensteuergesetzes auf Grund des § 51 Abs. 4 Nr. 2 des EStG i. d. F. der Bek. vom 19. 10. 2002 (BGBl. I S. 4210; 2003 I S. 179).

Lfd. Nr.	Änderndes Gesetz	Datum	Fundstelle BGBl. I Seite	Geänderte Paragraphen	Art der Änderung
86.	Gesetz zum Ausgleich der Inflation durch einen fairen Einkommensteuertarif sowie zur Anpassung weiterer steuerlicher Regelungen (Inflationsausgleichsgesetz – InflAusG)	8. 12. 2022	2230	§ 32 Abs. 6 Satz 1; § 33 a Abs. 1 Satz 1; § 39 a Abs. 1 Satz 1 Nr. 7 Satz 2; § 39 b Abs. 2 Satz 7; § 46 Abs. 2 Nr. 3 und Abs. 2 Nr. 4; § 50 Abs. 2 Satz 2 Nr. 4 Buchst. a; § 52 Abs. 1	geändert
				§ 33 a Abs. 3 Satz 1 letzter Halbsatz; 52 Abs. 32 Satz 5	eingefügt
				§ 32 a Abs. 1; § 39 a Abs. 1 Satz 1 Nr. 7 Satz 1; § 66 Abs. 1	neugefasst
87.	Jahressteuergesetz 2022 (JStG 2022)	16. 12. 2022	2294	Inhaltsübersicht; § 3 Nr. 65 Satz 1 Buchst. a und d und Satz 5 2. Halbsatz, Nr. 71 Buchst. a Satz 1; § 7 b Abs. 4 Satz 1 Nr. 3; § 9 a Satz 1 Nr. 1 Buchst. a; § 10 Abs. 1 Nr. 3 Satz 2, Abs. 1 Nr. 7 Satz 4; § 10 a Abs. 6 Satz 4; § 20 Abs. 9 Satz 1 und 3; § 24 b Abs. 2 Satz 1; § 33 a Abs. 2 Satz 1; § 39 Abs. 4 Nr. 4 Buchst. b, Abs. 4 a Satz 1; § 39 a Abs. 1 Satz 1 Nr. 1 a, Abs. 2 Satz 4, Abs. 3 Satz 2, Abs. 4 Satz 1 Nr. 1 a; § 40 a Abs. 1 Satz 2 Nr. 1, Abs. 4 Nr. 1; § 41 a Abs. 1 Satz 1 Nr. 1; § 43 Abs. 1 Satz 1 Nr. 3, Abs. 1 Satz 1 Nr. 7 einleitender Satzteil vor Buchst. a und Buchst. a, Abs. 1 Satz 1 Nr. 7 Buchst. b Satz 2, Abs. 2 Satz 2; § 44 Abs. 1 Satz 4 Nr. 1 Buchst. a Doppelbuchst. aa, Abs. 1 Satz 4 Nr. 1 Buchst. a einleitender Satzteil, Doppelbuchst. bb und Buchst. b, Abs. 1 Satz 4 Nr. 2, Nr. 2 a Buchst. b, Nr. 3 Buchst. a, Nr. 4, Nr. 5, Abs. 5 Satz 2 Nr. 3; § 44 a Abs. 4 Satz 3; § 44 b Abs. 6 Satz 1 mit Nr. 1 bis 4 und Satz 4; § 45a Abs. 7 Satz 2; § 45 b Abs. 3 Satz 3, Abs. 7 Satz 2; § 49 Abs. 1 Nr. 2 Buchst. f Satz 1, Abs. 1 Nr. 6 Satz 1; § 51 Abs. 4 Nr. 1 und Nr. 1 d; § 52 Abs. 1; § 65 Satz 3; § 69 Satz 1; § 72 Abs. 1 Satz 6 und 7; § 90 Abs. 1 Satz 3 , Abs. 2 Sätze 1 und 2, Abs. 5; § 122 Überschrift	geändert
				§ 3 Nr. 11 b Satz 2 Halbsatz 2, Satz 5, Nr. 14 a, Nr. 72; § 4 Abs. 5 Satz 1 Nr. 6 c; § 5 Abs. 5 Satz 2 (bish. Satz 2 wird 3; § 10 a Abs. 1 a (bish. Abs. 1 a wird Abs. 1 b); § 19 Abs. 3; § 20 Abs. 6 Satz 3 2. Halbsatz; § 22 Nr. 1 Satz 3 Buchst. c; § 22 a Abs. 1 Satz 2 (bish. Satz 2 wird 3); § 32 Abs. 6 Sätze 12 bis 14; § 43 Abs. 1 Satz 1 Nr. 8 a; § 44 Abs. 1 Satz 4 Nr. 6; § 44 b Abs. 7 Satz 3; § 48 a Abs. 1 Satz 2 (bish. Sätze 2 und 3 werden Sätze 3 und 4); § 49 Abs. 1 Nr. 2 Buchst. f Satz 2 (bish. Sätze 2 bis 4 werden Sätze 3 bis 5), Abs. 1 Nr. 6 Satz 2; § 52 Abs. 4 Sätze 5 bis 8 (bish. Sätze 5 bis 22 werden Sätze 9 bis 26) und Satz 27, Abs. 6 Satz 12 (bish. Sätze 12 bis 15 werden Sätze 13 bis 16), Abs. 9 Satz 1 (bish. Sätze 1 bis 3 werden Sätze 2 bis 4), Abs. 15 a Satz 3, Abs. 44 Satz 5, Abs. 45 a Satz 3 (bish. Sätze 3 und 4 werden Sätze 4 und 5), Abs. 47 a Satz 3, Abs. 49 a Sätze 15 bis 17, Abs. 51 a; § 69 Sätze 2 und 3; § 90 Abs. 3 Sätze 6 und 7; § 91 Abs. 1 neuer Satz 4; § 122 Satz 2; Abschnitt XVI mit §§ 123 bis 126	eingefügt

Lfd. Nr.	Änderndes Gesetz	Datum	Fundstelle BGBl. I Seite	Geänderte Paragraphen	Art der Änderung
				§ 4 Abs. 5 Satz 1 Nr. 6 b; § 7 Abs. 4 Satz 1 Nr. 2; § 7 b Abs. 2 und 3, Abs. 5 Satz 1, Abs. 5 bish. Satz 3 (jetzt Satz 2); § 10 Abs. 3 Satz 6; § 32 Abs. 4 Satz 1 Nr. 2 Buchst. d; § 39 e Abs. 10; § 44 Abs. 1 Satz 4 Nr. 2 a, Abs. 1 Satz 10 und 11; § 48 a Abs. 1 Satz 1; § 52 Abs. 36 Satz 3, Abs. 43, Abs. 47 a Satz 2; § 65 Satz 1; § 72 Abs. 3 Nr. 3; § 90 Abs. 3 Satz 1; § 90 Abs. 4; § 92 a Abs. 1 Satz 1 Nr. 3; § 95 Satz 1	neugefasst
				§ 7 b Abs. 5 Satz 2; § 39 b Abs. 4; § 43 Abs. 1 Satz 1 Nr. 7 Buchst. c; § 65 Abs. 2; § 72 Abs. 8 Satz 3; § 72; § 91 Abs. 1 Satz 3 (bish. Satz 4 wird Satz 3); § 95 Abs. 2 und 3	aufgehoben
88.	Achtes Gesetz zur Änderung des Regionalisierungsgesetzes und zur Änderung des Einkommensteuergesetzes	16. 12. 2022	2352	§ 72 Abs. 8 Satz 3	eingefügt
				§ 72 Abs. 3 Nr. 3	neugefasst
89.	Gesetz zur Umsetzung der Richtlinie (EU) 2021/514 des Rates vom 22. März 2021 zur Änderung der Richtlinie 2011/16/EU über die Zusammenarbeit der Verwaltungsbehörden im Bereich der Besteuerung und zur Modernisierung des Steuerverfahrensrechts	20. 12. 2022	2730	§ 4 h Abs. 2 Satz 16	geändert

I. Steuerpflicht

§ 1 Steuerpflicht

(1)[1] ① Natürliche Personen, die im Inland einen Wohnsitz oder ihren gewöhnlichen Aufenthalt haben, sind unbeschränkt einkommensteuerpflichtig. ② Zum Inland im Sinne dieses Gesetzes gehört auch der der Bundesrepublik Deutschland zustehende Anteil

1. an der ausschließlichen Wirtschaftszone, soweit dort
   a) die lebenden und nicht lebenden natürlichen Ressourcen der Gewässer über dem Meeresboden, des Meeresbodens und seines Untergrunds erforscht, ausgebeutet, erhalten oder bewirtschaftet werden,
   b) andere Tätigkeiten zur wirtschaftlichen Erforschung oder Ausbeutung der ausschließlichen Wirtschaftszone ausgeübt werden, wie beispielsweise die Energieerzeugung aus Wasser, Strömung und Wind oder
   c) künstliche Inseln errichtet oder genutzt werden und Anlagen und Bauwerke für die in den Buchstaben a und b genannten Zwecke errichtet oder genutzt werden, und
2. am Festlandsockel, soweit dort
   a) dessen natürliche Ressourcen erforscht oder ausgebeutet werden; natürliche Ressourcen in diesem Sinne sind die mineralischen und sonstigen nicht lebenden Ressourcen des Meeresbodens und seines Untergrunds sowie die zu den sesshaften Arten gehörenden Lebewesen, die im nutzbaren Stadium entweder unbeweglich auf oder unter dem Meeresboden verbleiben oder sich nur in ständigem körperlichen Kontakt mit dem Meeresboden oder seinem Untergrund fortbewegen können; oder
   b) künstliche Inseln errichtet oder genutzt werden und Anlagen und Bauwerke für die in Buchstabe a genannten Zwecke errichtet oder genutzt werden.

(2) ① Unbeschränkt einkommensteuerpflichtig sind auch deutsche Staatsangehörige, die

1. im Inland weder einen Wohnsitz noch ihren gewöhnlichen Aufenthalt haben und
2. zu einer inländischen juristischen Person des öffentlichen Rechts in einem Dienstverhältnis stehen und dafür Arbeitslohn aus einer inländischen öffentlichen Kasse beziehen,

sowie zu ihrem Haushalt gehörende Angehörige, die die deutsche Staatsangehörigkeit besitzen oder keine Einkünfte oder nur Einkünfte beziehen, die ausschließlich im Inland einkommensteuerpflichtig sind. ② Dies gilt nur für natürliche Personen, die in dem Staat, in dem sie ihren Wohnsitz oder ihren gewöhnlichen Aufenthalt haben, lediglich in einem der beschränkten Einkommensteuerpflicht ähnlichen Umfang zu einer Steuer vom Einkommen herangezogen werden.

(3) ① Auf Antrag werden auch natürliche Personen als unbeschränkt einkommensteuerpflichtig behandelt, die im Inland weder einen Wohnsitz noch ihren gewöhnlichen Aufenthalt haben, soweit sie inländische Einkünfte im Sinne des § 49 haben. ② Dies gilt nur, wenn ihre Einkünfte im Kalenderjahr mindestens zu 90 Prozent der deutschen Einkommensteuer unterliegen oder die nicht der deutschen Einkommensteuer unterliegenden Einkünfte den Grundfreibetrag nach § 32 a Absatz 1 Satz 2 Nummer 1 nicht übersteigen; dieser Betrag ist zu kürzen, soweit es nach den Verhältnissen im Wohnsitzstaat des Steuerpflichtigen notwendig und angemessen ist. ③ Inländische Einkünfte, die nach einem Abkommen zur Vermeidung der Doppelbesteuerung nur der Höhe nach beschränkt besteuert werden dürfen, gelten hierbei als nicht der deutschen Einkommensteuer unterliegend. ④ Unberücksichtigt bleiben bei der Ermittlung der Einkünfte nach Satz 2 nicht der deutschen Einkommensteuer unterliegende Einkünfte, die im Ausland nicht besteuert werden, soweit vergleichbare Einkünfte im Inland steuerfrei sind. ⑤ Weitere Voraussetzung ist, dass die Höhe der nicht der deutschen Einkommensteuer unterliegenden Einkünfte durch eine Bescheinigung der zuständigen ausländischen Steuerbehörde nachgewiesen wird. ⑥ Der Steuerabzug nach § 50 a ist ungeachtet der Sätze 1 bis 4 vorzunehmen.

(4) Natürliche Personen, die im Inland weder einen Wohnsitz noch ihren gewöhnlichen Aufenthalt haben, sind vorbehaltlich der Absätze 2 und 3 und des § 1 a beschränkt einkommensteuerpflichtig, wenn sie inländische Einkünfte im Sinne des § 49 haben.

§ 1 a [Fiktive unbeschränkte Steuerpflicht von EU- und EWR-Familienangehörigen]

(1)[2] Für Staatsangehörige eines Mitgliedstaates der Europäischen Union oder eines Staates, auf den das Abkommen über den Europäischen Wirtschaftsraum anwendbar ist, die nach § 1 Absatz 1 unbeschränkt einkommensteuerpflichtig sind oder die nach § 1 Absatz 3 als unbe-

---

[1] § 1 Abs. 1 Satz 2 neugefasst mit Wirkung ab VZ 2016 durch Gesetz vom 2. 11. 2015 (BGBl. I S. 1834).

[2] § 1 a Abs. 1 Einleitungssatz geändert und Nr. 1 b eingefügt mit Wirkung ab VZ 2010 durch Gesetz vom 8. 12. 2010 (BGBl. I S. 1768); Abs. 1 Einleitungssatz geändert, Nr. 1 neugefasst mit Wirkung ab VZ 2015 durch Gesetz vom 22. 12. 2014 (BGBl. I S. 2417).

schränkt einkommensteuerpflichtig zu behandeln sind, gilt bei Anwendung von § 10 Absatz 1a und § 26 Absatz 1 Satz 1 Folgendes:

1. Aufwendungen im Sinne des § 10 Absatz 1a sind auch dann als Sonderausgaben abziehbar, wenn der Empfänger der Leistung oder Zahlung nicht unbeschränkt einkommensteuerpflichtig ist. ② Voraussetzung ist, dass
   a) der Empfänger seinen Wohnsitz oder gewöhnlichen Aufenthalt im Hoheitsgebiet eines anderen Mitgliedstaates der Europäischen Union oder eines Staates hat, auf den das Abkommen über den Europäischen Wirtschaftsraum Anwendung findet und
   b) die Besteuerung der nach § 10 Absatz 1a zu berücksichtigenden Leistung oder Zahlung beim Empfänger durch eine Bescheinigung der zuständigen ausländischen Steuerbehörde nachgewiesen wird;

1a.[1] *(aufgehoben)*

1b.[1] *(aufgehoben)*

2.[2] der nicht dauernd getrennt lebende Ehegatte ohne Wohnsitz oder gewöhnlichen Aufenthalt im Inland wird auf Antrag für die Anwendung des § 26 Absatz 1 Satz 1 als unbeschränkt einkommensteuerpflichtig behandelt. ② Nummer 1 Satz 2 Buchstabe a gilt entsprechend. ③ Bei Anwendung des § 1 Absatz 3 Satz 2 ist auf die Einkünfte beider Ehegatten abzustellen und der Grundfreibetrag nach § 32a Absatz 1 Satz 2 Nummer 1 zu verdoppeln.

(2) Für unbeschränkt einkommensteuerpflichtige Personen im Sinne des § 1 Absatz 2, die die Voraussetzungen des § 1 Absatz 3 Satz 2 bis 5 erfüllen, und für unbeschränkt einkommensteuerpflichtige Personen im Sinne des § 1 Absatz 3, die die Voraussetzungen des § 1 Absatz 2 Satz 1 Nummer 1 und 2 erfüllen und an einem ausländischen Dienstort tätig sind, gilt die Regelung des Absatzes 1 Nummer 2 entsprechend mit der Maßgabe, dass auf Wohnsitz oder gewöhnlichen Aufenthalt im Staat des ausländischen Dienstortes abzustellen ist.

II. Einkommen

1. Sachliche Voraussetzungen für die Besteuerung

§ 2 Umfang der Besteuerung, Begriffsbestimmungen

(1) ① Der Einkommensteuer unterliegen

1. Einkünfte aus Land- und Forstwirtschaft,
2. Einkünfte aus Gewerbebetrieb,
3. Einkünfte aus selbständiger Arbeit,
4. Einkünfte aus nichtselbständiger Arbeit,
5. Einkünfte aus Kapitalvermögen,
6. Einkünfte aus Vermietung und Verpachtung,
7. sonstige Einkünfte im Sinne des § 22,

die der Steuerpflichtige während seiner unbeschränkten Einkommensteuerpflicht oder als inländische Einkünfte während seiner beschränkten Einkommensteuerpflicht erzielt. ② Zu welcher Einkunftsart die Einkünfte im einzelnen Fall gehören, bestimmt sich nach den §§ 13 bis 24.

(2)[3] ① Einkünfte sind

1. bei Land- und Forstwirtschaft, Gewerbebetrieb und selbständiger Arbeit der Gewinn (§§ 4 bis 7k und 13a),
2. bei den anderen Einkunftsarten der Überschuss der Einnahmen über die Werbungskosten (§§ 8 bis 9a).

② Bei Einkünften aus Kapitalvermögen tritt § 20 Absatz 9 vorbehaltlich der Regelung in § 32d Absatz 2 an die Stelle der §§ 9 und 9a.

(3) Die Summe der Einkünfte, vermindert um den Altersentlastungsbetrag, den Entlastungsbetrag für Alleinerziehende und den Abzug nach § 13 Absatz 3, ist der Gesamtbetrag der Einkünfte.

(4) Der Gesamtbetrag der Einkünfte, vermindert um die Sonderausgaben und die außergewöhnlichen Belastungen, ist das Einkommen.

(5) ① Das Einkommen, vermindert um die Freibeträge nach § 32 Absatz 6 und um die sonstigen vom Einkommen abzuziehenden Beträge, ist das zu versteuernde Einkommen; dieses bildet die Bemessungsgrundlage für die tarifliche Einkommensteuer. ② Knüpfen andere Gesetze an den Begriff des zu versteuernden Einkommens an, ist für deren Zweck das Einkommen in allen Fällen des § 32 um die Freibeträge nach § 32 Absatz 6 zu vermindern.

---

[1] § 1a Nr. 1a und 1b aufgehoben mit Wirkung ab VZ 2015 durch Gesetz vom 22. 12. 2014 (BGBl. I S. 2417).
[2] § 1a Abs. 1 Nr. 2 Satz 2 geändert mit Wirkung ab VZ 2019 durch Gesetz vom 12. 12. 2019 (BGBl. I S. 2451).
[3] § 2 Abs. 2 Satz 1 Nr. 1 Zitat geändert durch Gesetz vom 8. 12. 2010 (BGBl. I S. 1768).

(5 a) ① Knüpfen außersteuerliche Rechtsnormen an die in den vorstehenden Absätzen definierten Begriffe (Einkünfte, Summe der Einkünfte, Gesamtbetrag der Einkünfte, Einkommen, zu versteuerndes Einkommen) an, erhöhen sich für deren Zwecke diese Größen um die nach § 32 d Absatz 1 und nach § 43 Absatz 5 zu besteuernden Beträge sowie um die nach § 3 Nummer 40 steuerfreien Beträge und mindern sich um die nach § 3 c Absatz 2 nicht abziehbaren Beträge. ② Knüpfen außersteuerliche Rechtsnormen an die in den Absätzen 1 bis 3 genannten Begriffe (Einkünfte, Summe der Einkünfte, Gesamtbetrag der Einkünfte) an, mindern sich für deren Zwecke diese Größen um die nach § 10 Absatz 1 Nummer 5 abziehbaren Kinderbetreuungskosten.[1]

(5 b)[2] Soweit Rechtsnormen dieses Gesetzes an die in den vorstehenden Absätzen definierten Begriffe (Einkünfte, Summe der Einkünfte, Gesamtbetrag der Einkünfte, Einkommen, zu versteuerndes Einkommen) anknüpfen, sind Kapitalerträge nach § 32 d Absatz 1 und § 43 Absatz 5 nicht einzubeziehen.

(6)[3] ① Die tarifliche Einkommensteuer, vermindert um den Unterschiedsbetrag nach § 32 c Absatz 1 Satz 2, die anzurechnenden ausländischen Steuern und die Steuerermäßigungen, vermehrt um die Steuer nach § 32 d Absatz 3 und 4, die Steuer nach § 34 c Absatz 5 und den Zuschlag nach § 3 Absatz 4 Satz 2 des Forstschäden-Ausgleichsgesetzes in der Fassung der Bekanntmachung vom 26. August 1985 (BGBl. I S. 1756), das zuletzt durch Artikel 412 der Verordnung vom 31. August 2015 (BGBl. I S. 1474) geändert worden ist, in der jeweils geltenden Fassung, ist die festzusetzende Einkommensteuer. ② Wurde der Gesamtbetrag der Einkünfte in den Fällen des § 10 a Absatz 2 um Sonderausgaben nach § 10 a Absatz 1 gemindert, ist für die Ermittlung der festzusetzenden Einkommensteuer der Anspruch auf Zulage nach Abschnitt XI der tariflichen Einkommensteuer hinzuzurechnen; bei der Ermittlung der dem Steuerpflichtigen zustehenden Zulage bleibt die Erhöhung der Grundzulage nach § 84 Satz 2 außer Betracht. ③ Wird das Einkommen in den Fällen des § 31 um die Freibeträge nach § 32 Absatz 6 gemindert, ist der Anspruch auf Kindergeld nach Abschnitt X der tariflichen Einkommensteuer hinzuzurechnen; nicht jedoch für Kalendermonate, in denen durch Bescheid der Familienkasse ein Anspruch auf Kindergeld festgesetzt, aber wegen § 70 Absatz 1 Satz 2 nicht ausgezahlt wurde.

(7) ① Die Einkommensteuer ist eine Jahressteuer. ② Die Grundlagen für ihre Festsetzung sind jeweils für ein Kalenderjahr zu ermitteln. ③ Besteht während eines Kalenderjahres sowohl unbeschränkte als auch beschränkte Einkommensteuerpflicht, so sind die während der beschränkten Einkommensteuerpflicht erzielten inländischen Einkünfte in eine Veranlagung zur unbeschränkten Einkommensteuerpflicht einzubeziehen.

(8)[4] Die Regelungen dieses Gesetzes zu Ehegatten und Ehen sind auch auf Lebenspartner und Lebenspartnerschaften anzuwenden.

§ 2 a[5] Negative Einkünfte mit Bezug zu Drittstaaten

(1) ① Negative Einkünfte

1. aus einer in einem Drittstaat belegenen land- und forstwirtschaftlichen Betriebsstätte,
2. aus einer in einem Drittstaat belegenen gewerblichen Betriebsstätte,
3. a) aus dem Ansatz des niedrigeren Teilwerts eines zu einem Betriebsvermögen gehörenden Anteils an einer Drittstaaten-Körperschaft oder
   b) aus der Veräußerung oder Entnahme eines zu einem Betriebsvermögen gehörenden Anteils an einer Drittstaaten-Körperschaft oder aus der Auflösung oder Herabsetzung des Kapitals einer Drittstaaten-Körperschaft,
4. in den Fällen des § 17 bei einem Anteil an einer Drittstaaten-Kapitalgesellschaft,
5. aus der Beteiligung an einem Handelsgewerbe als stiller Gesellschafter und aus partiarischen Darlehen, wenn der Schuldner Wohnsitz, Sitz oder Geschäftsleitung in einem Drittstaat hat,
6. a) aus der Vermietung oder der Verpachtung von unbeweglichem Vermögen oder von Sachinbegriffen, wenn diese in einem Drittstaat belegen sind, oder
   b) aus der entgeltlichen Überlassung von Schiffen, sofern der Überlassende nicht nachweist, dass diese ausschließlich oder fast ausschließlich in einem anderen Staat als einem Drittstaat eingesetzt worden sind, es sei denn, es handelt sich um Handelsschiffe, die
      aa) von einem Vercharterer ausgerüstet überlassen oder
      bb) an in einem anderen als in einem Drittstaat ansässige Ausrüster, die die Voraussetzungen des § 510 Absatz 1 des Handelsgesetzbuchs erfüllen, überlassen oder
      cc) insgesamt nur vorübergehend an in einem Drittstaat ansässige Ausrüster, die die Voraussetzungen des § 510 Absatz 1 des Handelsgesetzbuchs erfüllen, überlassen worden sind, oder

---

[1] § 2 Abs. 5 a Satz 2 angefügt mit Wirkung ab VZ 2012 durch Gesetz vom 1. 11. 2011 (BGBl. I S. 2131).
[2] § 2 Abs. 5 b Satz 2 aufgehoben ab VZ 2012 durch Gesetz vom 1. 11. 2011 (BGBl. I S. 2131).
[3] § 2 Abs. 6 Satz 3 letzter Halbsatz angefügt mit Wirkung ab 18. 7. 2019 durch Gesetz vom 11. 7. 2019 (BGBl. I S. 1066); Abs. 6 Satz 1 geändert durch Gesetz vom 12. 12. 2019 (BGBl. I S. 2451).
[4] § 2 Abs. 8 angefügt durch Gesetz vom 15. 7. 2013 (BGBl. I S. 2397).
[5] Zur Anwendung siehe § 52 Abs. 2.

c) aus dem Ansatz des niedrigeren Teilwerts oder der Übertragung eines zu einem Betriebsvermögen gehörenden Wirtschaftsguts im Sinne der Buchstaben a und b,

7. a) aus dem Ansatz des niedrigeren Teilwerts, der Veräußerung oder Entnahme eines zu einem Betriebsvermögen gehörenden Anteils an
b) aus der Auflösung oder Herabsetzung des Kapitals,
c) in den Fällen des § 17 bei einem Anteil an

einer Körperschaft mit Sitz oder Geschäftsleitung in einem anderen Staat als einem Drittstaat, soweit die negativen Einkünfte auf einen der in den Nummern 1 bis 6 genannten Tatbestände zurückzuführen sind,

dürfen nur mit positiven Einkünften der jeweils selben Art und, mit Ausnahme der Fälle der Nummer 6 Buchstabe b, aus demselben Staat, in den Fällen der Nummer 7 auf Grund von Tatbeständen der jeweils selben Art aus demselben Staat, ausgeglichen werden; sie dürfen auch nicht nach § 10d abgezogen werden. ② Den negativen Einkünften sind Gewinnminderungen gleichgestellt. ③ Soweit die negativen Einkünfte nicht nach Satz 1 ausgeglichen werden können, mindern sie die positiven Einkünfte der jeweils selben Art, die der Steuerpflichtige in den folgenden Veranlagungszeiträumen aus demselben Staat, in den Fällen der Nummer 7 auf Grund von Tatbeständen der jeweils selben Art aus demselben Staat, erzielt. ④ Die Minderung ist nur insoweit zulässig, als die negativen Einkünfte in den vorangegangenen Veranlagungszeiträumen nicht berücksichtigt werden konnten (verbleibende negative Einkünfte). ⑤ Die am Schluss eines Veranlagungszeitraums verbleibenden negativen Einkünfte sind gesondert festzustellen; § 10d Absatz 4 gilt sinngemäß.

(2) ① Absatz 1 Satz 1 Nummer 2 ist nicht anzuwenden, wenn der Steuerpflichtige nachweist, dass die negativen Einkünfte aus einer gewerblichen Betriebsstätte in einem Drittstaat stammen, die ausschließlich oder fast ausschließlich die Herstellung oder Lieferung von Waren, außer Waffen, die Gewinnung von Bodenschätzen sowie die Bewirkung gewerblicher Leistungen zum Gegenstand hat, soweit diese nicht in der Errichtung oder dem Betrieb von Anlagen, die dem Fremdenverkehr dienen, oder in der Vermietung oder der Verpachtung von Wirtschaftsgütern einschließlich der Überlassung von Rechten, Plänen, Mustern, Verfahren, Erfahrungen und Kenntnissen bestehen; das unmittelbare Halten einer Beteiligung von mindestens einem Viertel am Nennkapital einer Kapitalgesellschaft, die ausschließlich oder fast ausschließlich die vorgenannten Tätigkeiten zum Gegenstand hat, sowie die mit dem Halten der Beteiligung in Zusammenhang stehende Finanzierung gilt als Bewirkung gewerblicher Leistungen, wenn die Kapitalgesellschaft weder ihre Geschäftsleitung noch ihren Sitz im Inland hat. ② Absatz 1 Satz 1 Nummer 3 und 4 ist nicht anzuwenden, wenn der Steuerpflichtige nachweist, dass die in Satz 1 genannten Voraussetzungen bei der Körperschaft entweder seit ihrer Gründung oder während der letzten fünf Jahre vor und in dem Veranlagungszeitraum vorgelegen haben, in dem die negativen Einkünfte bezogen werden.

(2a)[1] ① Bei der Anwendung der Absätze 1 und 2 sind

1. als Drittstaaten die Staaten anzusehen, die nicht Mitgliedstaaten der Europäischen Union sind;
2. Drittstaaten-Körperschaften und Drittstaaten-Kapitalgesellschaften solche, die weder ihre Geschäftsleitung noch ihren Sitz in einem Mitgliedstaat der Europäischen Union haben.

② Bei Anwendung des Satzes 1 sind den Mitgliedstaaten der Europäischen Union die Staaten gleichgestellt, auf die das Abkommen über den Europäischen Wirtschaftsraum anwendbar ist, sofern zwischen der Bundesrepublik Deutschland und dem anderen Staat auf Grund der Amtshilferichtlinie gemäß § 2 Absatz 2 des EU-Amtshilfegesetzes oder einer vergleichbaren zwei- oder mehrseitigen Vereinbarung Auskünfte erteilt werden, die erforderlich sind, um die Besteuerung durchzuführen.

2. Steuerfreie Einnahmen

§ 3 [Steuerfreie Einnahmen]

Steuerfrei sind

1. a) Leistungen aus einer Krankenversicherung, aus einer Pflegeversicherung und aus der gesetzlichen Unfallversicherung,
b) Sachleistungen und Kinderzuschüsse aus den gesetzlichen Rentenversicherungen einschließlich der Sachleistungen nach dem Gesetz über die Alterssicherung der Landwirte,
c) Übergangsgeld nach dem Sechsten Buch Sozialgesetzbuch und Geldleistungen nach den §§ 10, 36 bis 39 des Gesetzes über die Alterssicherung der Landwirte,
d) das Mutterschaftsgeld nach dem Mutterschutzgesetz, der Reichsversicherungsordnung und dem Gesetz über die Krankenversicherung der Landwirte, die Sonderunterstützung für im Familienhaushalt beschäftigte Frauen, der Zuschuss zum Mutterschaftsgeld nach dem Mutterschutzgesetz sowie der Zuschuss bei Beschäftigungsverboten für die Zeit

[1] § 2a Abs. 2a Satz 2 geändert mit Wirkung ab VZ 2013 durch Gesetz vom 26. 6. 2013 (BGBl. I S. 1809).

vor oder nach einer Entbindung sowie für den Entbindungstag während einer Elternzeit nach beamtenrechtlichen Vorschriften;

2.[1] a) das Arbeitslosengeld, das Teilarbeitslosengeld, das Kurzarbeitergeld, der Zuschuss zum Arbeitsentgelt, das Übergangsgeld, der Gründungszuschuss nach dem Dritten Buch Sozialgesetzbuch sowie die übrigen Leistungen nach dem Dritten Buch Sozialgesetzbuch und den entsprechenden Programmen des Bundes und der Länder, soweit sie Arbeitnehmern oder Arbeitsuchenden oder zur Förderung der Aus- oder Weiterbildung oder Existenzgründung der Empfänger gewährt werden,

b) das Insolvenzgeld, Leistungen auf Grund der in § 169 und § 175 Absatz 2 des Dritten Buches Sozialgesetzbuch genannten Ansprüche sowie Zahlungen des Arbeitgebers an einen Sozialleistungsträger auf Grund des gesetzlichen Forderungsübergangs nach § 115 Absatz 1 des Zehnten Buches Sozialgesetzbuch, wenn ein Insolvenzereignis nach § 165 Absatz 1 Satz 2 auch in Verbindung mit Satz 3 des Dritten Buches Sozialgesetzbuch vorliegt,

c) die Arbeitslosenbeihilfe nach dem Soldatenversorgungsgesetz,

d) Leistungen zur Sicherung des Lebensunterhalts und zur Eingliederung in Arbeit nach dem Zweiten Buch Sozialgesetzbuch,

e)[2] mit den in den Nummern 1 bis 2 Buchstabe d und Nummer 67 Buchstabe b genannten Leistungen vergleichbare Leistungen ausländischer Rechtsträger, die ihren Sitz in einem Mitgliedstaat der Europäischen Union, in einem Staat, auf den das Abkommen über den Europäischen Wirtschaftsraum Anwendung findet oder in der Schweiz haben;

2 a.[3] *(aufgehoben)*

2 b.[3] *(aufgehoben)*

3. a)[4] Rentenabfindungen nach § 107 des Sechsten Buches Sozialgesetzbuch, nach § 21 des Beamtenversorgungsgesetzes, nach § 9 Absatz 1 Nummer 3 des Altersgeldgesetzes oder entsprechendem Landesrecht und nach *§ 43* **[ab 1. 1. 2025:** § 59**]** des Soldatenversorgungsgesetzes in Verbindung mit § 21 des Beamtenversorgungsgesetzes,

b) Beitragserstattungen an den Versicherten nach den §§ 210 und 286 d des Sechsten Buches Sozialgesetzbuch sowie nach den §§ 204, 205 und 207 des Sechsten Buches Sozialgesetzbuch, Beitragserstattungen nach den §§ 75 und 117 des Gesetzes über die Alterssicherung der Landwirte und nach § 26 des Vierten Buches Sozialgesetzbuch,

c) Leistungen aus berufsständischen Versorgungseinrichtungen, die den Leistungen nach den Buchstaben a und b entsprechen,

d)[4] Kapitalabfindungen und Ausgleichszahlungen nach § 48 des Beamtenversorgungsgesetzes oder entsprechendem Landesrecht und nach den *§§ 28 bis 35 und 38* **[ab 1. 1. 2025:** §§ 43 bis 50 und 53**]** des Soldatenversorgungsgesetzes;

4.[5] bei Angehörigen der Bundeswehr, der Bundespolizei, der Zollverwaltung, der Bereitschaftspolizei der Länder, der Vollzugspolizei und der Berufsfeuerwehr der Länder und Gemeinden und bei Vollzugsbeamten der Kriminalpolizei des Bundes, der Länder und Gemeinden

a) der Geldwert der ihnen aus Dienstbeständen überlassenen Dienstkleidung,

b) Einkleidungsbeihilfen und Abnutzungsentschädigungen für die Dienstkleidung der zum Tragen oder Bereithalten von Dienstkleidung Verpflichteten und für dienstlich notwendige Kleidungsstücke der Vollzugsbeamten der Kriminalpolizei sowie den Angehörigen der Zollverwaltung,

c) im Einsatz gewährte Verpflegung oder Verpflegungszuschüsse,

d) der Geldwert der auf Grund gesetzlicher Vorschriften gewährten Heilfürsorge;

5.[6] a) die Geld- und Sachbezüge, die Wehrpflichtige während des Wehrdienstes nach § 4 des Wehrpflichtgesetzes erhalten,

b) die Geld- und Sachbezüge, die Zivildienstleistende nach § 35 des Zivildienstgesetzes erhalten,

c) die Heilfürsorge, die Soldaten nach § 16 des Wehrsoldgesetzes und Zivildienstleistende nach § 35 des Zivildienstgesetzes erhalten,

d) das an Personen, die einen in § 32 Absatz 4 Satz 1 Nummer 2 Buchstabe d genannten Freiwilligendienst leisten, gezahlte Taschengeld oder eine vergleichbare Geldleistung,

e) Leistungen nach § 5 des Wehrsoldgesetzes;

6.[7] Bezüge, die auf Grund gesetzlicher Vorschriften aus öffentlichen Mitteln versorgungshalber an Wehrdienstbeschädigte, im Freiwilligen Wehrdienst Beschädigte, Zivildienstbeschädigte

---

[1] § 3 Nr. 2 neugefasst mit Wirkung ab VZ 2015 durch Gesetz vom 25. 7. 2014 (BGBl. I S. 1266).

[2] § 3 Nr. 2 Buchstabe e geändert mit Wirkung ab VZ 2021 durch Gesetz vom 21. 12. 2020 (BGBl. I S. 3096).

[3] § 3 Nr. 2 a und 2 b aufgehoben mit Wirkung ab VZ 2015 durch Gesetz vom 25. 7. 2014 (BGBl. I S. 1266).

[4] § 3 Nr. 3 Buchstabe a geändert mit Wirkung ab VZ 2020 durch Gesetz vom 12. 12. 2019 (BGBl. I S. 2451); Nr. 3 Buchstabe a und Buchstabe d geändert mit Wirkung ab 1. 1. 2025 durch Gesetz vom 20. 8. 2021 (BGBl. I S. 3932).

[5] § 3 Nr. 4 Einleitungssatz und Buchstabe b geändert mit Wirkung ab VZ 2015 durch Gesetz vom 25. 7. 2014 (BGBl. I S. 1266).

[6] § 3 Nr. 5 neugefasst mit Wirkung ab VZ 2020 durch Gesetz vom 12. 12. 2019 (BGBl. I S. 2451).

[7] § 3 Nr. 6 neugefasst mit Wirkung ab VZ 2014 durch Gesetz vom 25. 7. 2014 (BGBl. I S. 1266).

und im Bundesfreiwilligendienst Beschädigte oder ihre Hinterbliebenen, Kriegsbeschädigte, Kriegshinterbliebene und ihnen gleichgestellte Personen gezahlt werden, soweit es sich nicht um Bezüge handelt, die auf Grund der Dienstzeit gewährt werden. ② Gleichgestellte im Sinne des Satzes 1 sind auch Personen, die Anspruch auf Leistungen nach dem *Bundesversorgungsgesetz* **[ab 1. 1. 2024:** Vierzehnten Buch Sozialgesetzbuch**]**[1] oder auf Unfallfürsorgeleistungen nach dem Soldatenversorgungsgesetz **[ab 1. 1. 2025:** Soldatenentschädigungsgesetz**]**[2], Beamtenversorgungsgesetz oder vergleichbarem Landesrecht haben;

7. Ausgleichsleistungen nach dem Lastenausgleichsgesetz, Leistungen nach dem Flüchtlingshilfegesetz, dem Bundesvertriebenengesetz, dem Reparationsschädengesetz, dem Vertriebenenzuwendungsgesetz, dem NS-Verfolgtenentschädigungsgesetz sowie Leistungen nach dem Entschädigungsgesetz und nach dem Ausgleichsleistungsgesetz, soweit sie nicht Kapitalerträge im Sinne des § 20 Absatz 1 Nummer 7 und Absatz 2 sind;

8. Geldrenten, Kapitalentschädigungen und Leistungen im Heilverfahren, die auf Grund gesetzlicher Vorschriften zur Wiedergutmachung nationalsozialistischen Unrechts gewährt werden. ② Die Steuerpflicht von Bezügen aus einem aus Wiedergutmachungsgründen neu begründeten oder wieder begründeten Dienstverhältnis sowie von Bezügen aus einem früheren Dienstverhältnis, die aus Wiedergutmachungsgründen neu gewährt oder wieder gewährt werden, bleibt unberührt;

8a.[3] Renten wegen Alters und Renten wegen verminderter Erwerbsfähigkeit aus der gesetzlichen Rentenversicherung, die an Verfolgte im Sinne des § 1 des Bundesentschädigungsgesetzes gezahlt werden, wenn rentenrechtliche Zeiten auf Grund der Verfolgung in der Rente enthalten sind. ② Renten wegen Todes aus der gesetzlichen Rentenversicherung, wenn der verstorbene Versicherte Verfolgter im Sinne des § 1 des Bundesentschädigungsgesetzes war und wenn rentenrechtliche Zeiten auf Grund der Verfolgung in dieser Rente enthalten sind;

9. Erstattungen nach § 23 Absatz 2 Satz 1 Nummer 3 und 4 sowie nach § 39 Absatz 4 Satz 2 des Achten Buches Sozialgesetzbuch;

10.[4] Einnahmen einer Gastfamilie für die Aufnahme eines Menschen mit Behinderungen oder von Behinderung bedrohten Menschen nach § 2 Absatz 1 des Neunten Buches Sozialgesetzbuch zur Pflege, Betreuung, Unterbringung und Verpflegung, die auf Leistungen eines Leistungsträgers nach dem Sozialgesetzbuch beruhen. ② Für Einnahmen im Sinne des Satzes 1, die nicht auf Leistungen eines Leistungsträgers nach dem Sozialgesetzbuch beruhen, gilt Entsprechendes bis zur Höhe der Leistungen nach dem Zwölften Buch Sozialgesetzbuch. ③ Überschreiten die auf Grund der in Satz 1 bezeichneten Tätigkeit bezogenen Einnahmen der Gastfamilie den steuerfreien Betrag, dürfen die mit der Tätigkeit in unmittelbarem wirtschaftlichen Zusammenhang stehenden Ausgaben abweichend von § 3c nur insoweit als Betriebsausgaben abgezogen werden, als sie den Betrag der steuerfreien Einnahmen übersteigen;

11. Bezüge aus öffentlichen Mitteln oder aus Mitteln einer öffentlichen Stiftung, die wegen Hilfsbedürftigkeit oder als Beihilfe zu dem Zweck bewilligt werden, die Erziehung oder Ausbildung, die Wissenschaft oder Kunst unmittelbar zu fördern. ② Darunter fallen nicht Kinderzuschläge und Kinderbeihilfen, die auf Grund der Besoldungsgesetze, besonderer Tarife oder ähnlicher Vorschriften gewährt werden. ③ Voraussetzung für die Steuerfreiheit ist, dass der Empfänger mit den Bezügen nicht zu einer bestimmten wissenschaftlichen oder künstlerischen Gegenleistung oder zu einer bestimmten Arbeitnehmertätigkeit verpflichtet wird. ④ Den Bezügen aus öffentlichen Mitteln wegen Hilfsbedürftigkeit gleichgestellt sind Beitragsermäßigungen und Prämienrückzahlungen eines Trägers der gesetzlichen Krankenversicherung für nicht in Anspruch genommene Beihilfeleistungen;

11a.[5] zusätzlich zum ohnehin geschuldeten Arbeitslohn vom Arbeitgeber in der Zeit vom 1. März 2020 bis zum 31. März 2022 auf Grund der Corona-Krise an seine Arbeitnehmer in Form von Zuschüssen und Sachbezügen gewährte Beihilfen und Unterstützungen bis zu einem Betrag von 1500 Euro;

11b.[6] zusätzlich zum ohnehin geschuldeten Arbeitslohn vom Arbeitgeber in der Zeit vom 18. November 2021 bis zum 31. Dezember 2022 an seine Arbeitnehmer zur Anerkennung besonderer Leistungen während der Corona-Krise gewährte Leistungen bis zu einem Betrag von 4500 Euro. ② Voraussetzung für die Steuerbefreiung ist, dass die Arbeitnehmer in Einrichtungen im Sinne des § 23 Absatz 3 Satz 1 Nummer 1 bis 4, 8, 11 oder Nummer 12 des

---

[1] § 3 Nr. 6 Satz 2 geändert mit Wirkung ab 1. 1. 2024 durch Gesetz vom 12. 12. 2019 (BGBl. I S. 2652).
[2] § 3 Nr. 6 Satz 2 geändert mit Wirkung ab 1. 1. 2025 durch Gesetz vom 20. 8. 2021 (BGBl. I S. 3932).
[3] § 3 Nr. 8a eingefügt durch Gesetz vom 7. 12. 2011 (BGBl. I S. 2592).
[4] § 3 Nr. 10 Satz 1 geändert durch Gesetz vom 9. 12. 2020 (BGBl. I S. 2770).
[5] § 3 Nr. 11a eingefügt durch Gesetz vom 19. 6. 2020 (BGBl. I S. 1385); Nr. 11a Frist verlängert durch Gesetz vom 21. 12. 2020 (BGBl. I S. 3096) und durch Gesetz vom 2. 6. 2021 (BStBl. I S. 1259).
[6] § 3 Nr. 11b eingefügt durch Gesetz vom 19. 6. 2022 (BGBl. I S. 911); zur erstmaligen Anwendung siehe § 52 Abs. 4 Satz 4; Nr. 11b Satz 2 2. Halbsatz und Satz 5 angefügt mit Wirkung ab VZ 2022 durch Gesetz vom 16. 12. 2022 (BGBl. I S. 2294).

Infektionsschutzgesetzes oder § 36 Absatz 1 Nummer 2 oder Nummer 7 des Infektionsschutzgesetzes tätig sind; maßgeblich ist jeweils die am 22. Juni 2022 gültige Fassung des Infektionsschutzgesetzes. ③ Die Steuerbefreiung gilt entsprechend für Personen, die in den in Satz 2 genannten Einrichtungen im Rahmen einer Arbeitnehmerüberlassung oder im Rahmen eines Werk- oder Dienstleistungsvertrags eingesetzt werden. ④ Nummer 11 a findet auf die Leistungen im Sinne der Sätze 1 bis 3 keine Anwendung. ⑤ Abweichend von Satz 1 gilt die Steuerbefreiung für Leistungen nach § 150 c des Elften Buches Sozialgesetzbuch in der Fassung des Gesetzes zur Stärkung des Schutzes der Bevölkerung und insbesondere vulnerabler Personengruppen vor COVID-19 vom 16. September 2022 (BGBl. I S. 1454) auch dann, wenn sie in der Zeit bis zum 31. Mai 2023 gewährt werden;

11 c.[1] zusätzlich zum ohnehin geschuldeten Arbeitslohn vom Arbeitgeber in der Zeit vom 26. Oktober 2022 bis zum 31. Dezember 2024 in Form von Zuschüssen und Sachbezügen gewährte Leistungen zur Abmilderung der gestiegenen Verbraucherpreise bis zu einem Betrag von 3000 Euro;

12.[2] aus einer Bundeskasse oder Landeskasse gezahlte Bezüge, die zum einen
   a) in einem Bundesgesetz oder Landesgesetz,
   b) auf Grundlage einer bundesgesetzlichen oder landesgesetzlichen Ermächtigung beruhenden Bestimmung oder
   c) von der Bundesregierung oder einer Landesregierung

   als Aufwandsentschädigung festgesetzt sind und die zum anderen jeweils auch als Aufwandsentschädigung im Haushaltsplan ausgewiesen werden. ② Das Gleiche gilt für andere Bezüge, die als Aufwandsentschädigung aus öffentlichen Kassen an öffentliche Dienste leistende Personen gezahlt werden, soweit nicht festgestellt wird, dass sie für Verdienstausfall oder Zeitverlust gewährt werden oder den Aufwand, der dem Empfänger erwächst, offenbar übersteigen;

13.[3] die aus öffentlichen Kassen gezahlten Reisekostenvergütungen, Umzugskostenvergütungen und Trennungsgelder. ② Die als Reisekostenvergütungen gezahlten Vergütungen für Verpflegung sind nur insoweit steuerfrei, als sie die Pauschbeträge nach § 9 Absatz 4 a nicht übersteigen; Trennungsgelder sind nur insoweit steuerfrei, als sie die nach § 9 Absatz 1 Satz 3 Nummer 5 und Absatz 4 a abziehbaren Aufwendungen nicht übersteigen;

14. Zuschüsse eines Trägers der gesetzlichen Rentenversicherung zu den Aufwendungen eines Rentners für seine Krankenversicherung und von dem gesetzlichen Rentenversicherungsträger getragene Anteile (§ 249 a des Fünften Buches Sozialgesetzbuch) an den Beiträgen für die gesetzliche Krankenversicherung;

14 a.[4] der Anteil der Rente aus der gesetzlichen Rentenversicherung, der auf Grund des Zuschlags an Entgeltpunkten für langjährige Versicherung nach dem Sechsten Buch Sozialgesetzbuch geleistet wird;

15.[5] Zuschüsse des Arbeitgebers, die zusätzlich zum ohnehin geschuldeten Arbeitslohn zu den Aufwendungen des Arbeitnehmers für Fahrten mit öffentlichen Verkehrsmitteln im Linienverkehr (ohne Luftverkehr) zwischen Wohnung und erster Tätigkeitsstätte und nach § 9 Absatz 1 Satz 3 Nummer 4 a Satz 3 sowie für Fahrten im öffentlichen Personennahverkehr gezahlt werden. ② Das Gleiche gilt für die unentgeltliche oder verbilligte Nutzung öffentlicher Verkehrsmittel im Linienverkehr (ohne Luftverkehr) für Fahrten zwischen Wohnung und erster Tätigkeitsstätte und nach § 9 Absatz 1 Satz 3 Nummer 4 a Satz 3 sowie für Fahrten im öffentlichen Personennahverkehr, die der Arbeitnehmer auf Grund seines Dienstverhältnisses zusätzlich zum ohnehin geschuldeten Arbeitslohn in Anspruch nehmen kann. ③ Die nach den Sätzen 1 und 2 steuerfreien Leistungen mindern den nach § 9 Absatz 1 Satz 3 Nummer 4 Satz 2 abziehbaren Betrag;

16.[6] die Vergütungen, die Arbeitnehmer außerhalb des öffentlichen Dienstes von ihrem Arbeitgeber zur Erstattung von Reisekosten, Umzugskosten oder Mehraufwendungen bei doppelter Haushaltsführung erhalten, soweit sie die nach § 9 als Werbungskosten abziehbaren Aufwendungen nicht übersteigen;

17. Zuschüsse zum Beitrag nach § 32 des Gesetzes über die Alterssicherung der Landwirte;

18. das Aufgeld für ein an die Bank für Vertriebene und Geschädigte (Lastenausgleichsbank) zugunsten des Ausgleichsfonds (§ 5 des Lastenausgleichsgesetzes) gegebenes Darlehen, wenn das Darlehen nach § 7 f des Gesetzes in der Fassung der Bekanntmachung vom 15. September 1953 (BGBl. I S. 1355) im Jahr der Hingabe als Betriebsausgabe abzugsfähig war;

---

[1] § 3 Nr. 11 c eingefügt durch Gesetz vom 19. 10. 2022 (BGBl. I S. 1743).
[2] § 3 Nr. 12 Satz 1 neugefasst mit Wirkung ab VZ 2014 durch Gesetz vom 25. 7. 2014 (BGBl. I S. 1266).
[3] § 3 Nr. 13 neugefasst mit Wirkung ab VZ 2014 durch Gesetz vom 20. 2. 2013 (BGBl. I S. 285).
[4] § 3 Nr. 14 a eingefügt mit Wirkung ab VZ 2021 durch Gesetz vom 16. 12. 2022 (BGBl. I S. 2294); zur Anwendung siehe § 52 Abs. 4 Sätze 5 bis 8.
[5] § 3 Nr. 15 eingefügt mit Wirkung ab 1. 1. 2019 durch Art. 3 des Gesetzes vom 11. 12. 2018 (BGBl. I S. 2338).
[6] § 3 Nr. 16 neugefasst mit Wirkung ab VZ 2014 durch Gesetz vom 20. 2. 2013 (BGBl. I S. 285).

19.[1] Weiterbildungsleistungen des Arbeitgebers oder auf dessen Veranlassung von einem Dritten
a) für Maßnahmen nach § 82 Absatz 1 und 2 des Dritten Buches Sozialgesetzbuch oder
b) die der Verbesserung der Beschäftigungsfähigkeit des Arbeitnehmers dienen.
② Steuerfrei sind auch Beratungsleistungen des Arbeitgebers oder auf dessen Veranlassung von einem Dritten zur beruflichen Neuorientierung bei Beendigung des Dienstverhältnisses. ③ Die Leistungen im Sinne der Sätze 1 und 2 dürfen keinen überwiegenden Belohnungscharakter haben;

20. die aus öffentlichen Mitteln des Bundespräsidenten aus sittlichen oder sozialen Gründen gewährten Zuwendungen an besonders verdiente Personen oder ihre Hinterbliebenen;

21.[2] *(aufgehoben)*

22.[2] *(aufgehoben)*

23.[3] Leistungen nach
a) dem Häftlingshilfegesetz,
b) dem Strafrechtlichen Rehabilitierungsgesetz,
c) dem Verwaltungsrechtlichen Rehabilitierungsgesetz,
d) dem Beruflichen Rehabilitierungsgesetz,
e) dem Gesetz zur strafrechtlichen Rehabilitierung der nach dem 8. Mai 1945 wegen einvernehmlicher homosexueller Handlungen verurteilten Personen und
f) dem Gesetz zur Rehabilitierung der wegen einvernehmlicher homosexueller Handlungen, wegen ihrer homosexuellen Orientierung oder wegen ihrer geschlechtlichen Identität dienstrechtlich benachteiligten Soldatinnen und Soldaten;

24. Leistungen, die auf Grund des Bundeskindergeldgesetzes gewährt werden;

25. Entschädigungen nach dem Infektionsschutzgesetz vom 20. Juli 2000 (BGBl. I S. 1045);

26.[4] Einnahmen aus nebenberuflichen Tätigkeiten als Übungsleiter, Ausbilder, Erzieher, Betreuer oder vergleichbaren nebenberuflichen Tätigkeiten, aus nebenberuflichen künstlerischen Tätigkeiten oder der nebenberuflichen Pflege alter, kranker Menschen oder Menschen mit Behinderungen im Dienst oder im Auftrag einer juristischen Person des öffentlichen Rechts, die in einem Mitgliedstaat der Europäischen Union, in einem Staat, auf den das Abkommen über den Europäischen Wirtschaftsraum Anwendung findet, oder in der Schweiz belegen ist, oder einer unter § 5 Absatz 1 Nummer 9 des Körperschaftsteuergesetzes fallenden Einrichtung zur Förderung gemeinnütziger, mildtätiger und kirchlicher Zwecke (§§ 52 bis 54 der Abgabenordnung) bis zur Höhe von insgesamt 3000 Euro[5] im Jahr. ② Überschreiten die Einnahmen für die in Satz 1 bezeichneten Tätigkeiten den steuerfreien Betrag, dürfen die mit den nebenberuflichen Tätigkeiten in unmittelbarem wirtschaftlichen Zusammenhang stehenden Ausgaben abweichend von § 3c nur insoweit als Betriebsausgaben oder Werbungskosten abgezogen werden, als sie den Betrag der steuerfreien Einnahmen übersteigen;

26a.[6, 7] Einnahmen aus nebenberuflichen Tätigkeiten im Dienst oder Auftrag einer juristischen Person des öffentlichen Rechts, die in einem Mitgliedstaat der Europäischen Union, in einem Staat, auf den das Abkommen über den Europäischen Wirtschaftsraum Anwendung findet, oder in der Schweiz belegen ist, oder einer unter § 5 Absatz 1 Nummer 9 des Körperschaftsteuergesetzes fallenden Einrichtung zur Förderung gemeinnütziger, mildtätiger und kirchlicher Zwecke (§§ 52 bis 54 der Abgabenordnung) bis zur Höhe von insgesamt 840 Euro[8] im Jahr. ② Die Steuerbefreiung ist ausgeschlossen, wenn für die Einnahmen aus der Tätigkeit – ganz oder teilweise – eine Steuerbefreiung nach § 3 Nummer 12, 26 oder 26b gewährt wird. ③ Überschreiten die Einnahmen für die in Satz 1 bezeichneten Tätigkeiten den steuerfreien Betrag, dürfen die mit den nebenberuflichen Tätigkeiten in unmittelbarem wirtschaftlichen Zusammenhang stehenden Ausgaben abweichend von § 3c nur insoweit als Betriebsausgaben oder Werbungskosten abgezogen werden, als sie den Betrag der steuerfreien Einnahmen übersteigen;

26b.[9] *Aufwandsentschädigungen nach § 1835a* **[ab 1. 1. 2023:** Aufwandspauschalen nach § 1878**]**[9] des Bürgerlichen Gesetzbuchs, soweit sie zusammen mit den steuerfreien Einnahmen im

---

[1] § 3 Nr. 19 eingefügt mit Wirkung ab VZ 2019 durch Gesetz vom 12. 12. 2019 (BGBl. I S. 2451); Nr. 19 neugefasst durch Gesetz vom 21. 12. 2020 (BGBl. I S. 3096).

[2] § 3 Nr. 21 und 22 aufgehoben mit Wirkung ab VZ 2011 durch Gesetz vom 1. 11. 2011 (BGBl. I S. 2131).

[3] § 3 Nr. 23 neugefasst mit Wirkung ab VZ 2021 durch Gesetz vom 16. 7. 2021 (BGBl. I S. 2993).

[4] § 3 Nr. 26 Betrag geändert durch Gesetz vom 21. 3. 2013 (BGBl. I S. 556); Nr. 26 Satz 1 geändert durch Art. 2 des Gesetzes vom 11. 12. 2018 (BGBl. I S. 2338); zur Anwendung siehe § 52 Abs. 4 Satz 5; Nr. 26 Satz 1 geändert durch Gesetz vom 9. 12. 2020 (BGBl. I S. 2770).

[5] § 3 Nr. 26 Betrag geändert mit Wirkung ab 1. 1. 2021 durch Gesetz vom 21. 12. 2020 (BGBl. I S. 3096).

[6] § 3 Nr. 26a Betrag geändert durch Gesetz vom 21. 3. 2013 (BGBl. I S. 556); Nr. 26a Satz 1 geändert durch Art. 2 des Gesetzes vom 11. 12. 2018 (BGBl. I S. 2338); zur Anwendung siehe § 52 Abs. 4 Satz 5.

[7] § 3 Nr. 26a Satz 2 geändert durch Gesetz vom 8. 12. 2010 (BGBl. I S. 1768).

[8] § 3 Nr. 26a Satz 1 Betrag geändert mit Wirkung ab 1. 1. 2021 durch Gesetz vom 21. 12. 2020 (BGBl. I S. 3096).

[9] § 3 Nr. 26b eingefügt durch Gesetz vom 8. 12. 2010 (BGBl. I S. 1768); geändert mit Wirkung ab 1. 1. 2023 durch Gesetz vom 4. 5. 2021 (BGBl. I S. 882).

Sinne der Nummer 26 den Freibetrag nach Nummer 26 Satz 1 nicht überschreiten. ② Nummer 26 Satz 2 gilt entsprechend;

27. der Grundbetrag der Produktionsaufgaberente und das Ausgleichsgeld nach dem Gesetz zur Förderung der Einstellung der landwirtschaftlichen Erwerbstätigkeit bis zum Höchstbetrag von 18 407 Euro;

28. die Aufstockungsbeträge im Sinne des § 3 Absatz 1 Nummer 1 Buchstabe a sowie die Beiträge und Aufwendungen im Sinne des § 3 Absatz 1 Nummer 1 Buchstabe b und des § 4 Absatz 2 des Altersteilzeitgesetzes, die Zuschläge, die versicherungsfrei Beschäftigte im Sinne des § 27 Absatz 1 Nummer 1 bis 3 des Dritten Buches Sozialgesetzbuch zur Aufstockung der Bezüge bei Altersteilzeit nach beamtenrechtlichen Vorschriften oder Grundsätzen erhalten sowie die Zahlungen des Arbeitgebers zur Übernahme der Beiträge im Sinne des § 187 a des Sechsten Buches Sozialgesetzbuch, soweit sie 50 Prozent der Beiträge nicht übersteigen;

28 a.[1] Zuschüsse des Arbeitgebers zum Kurzarbeitergeld und Saison-Kurzarbeitergeld, soweit sie zusammen mit dem Kurzarbeitergeld 80 Prozent des Unterschiedsbetrags zwischen dem Soll-Entgelt und dem Ist-Entgelt nach § 106 des Dritten Buches Sozialgesetzbuch nicht übersteigen und sie für Lohnzahlungszeiträume, die nach dem 29. Februar 2020 beginnen und vor dem 1. Juli 2022 enden, geleistet werden;

29. das Gehalt und die Bezüge,
    a) die die diplomatischen Vertreter ausländischer Staaten, die ihnen zugewiesenen Beamten und die in ihren Diensten stehenden Personen erhalten. ② Dies gilt nicht für deutsche Staatsangehörige oder für im Inland ständig ansässige Personen;
    b) der Berufskonsuln, der Konsulatsangehörigen und ihres Personals, soweit sie Angehörige des Entsendestaates sind. ② Dies gilt nicht für Personen, die im Inland ständig ansässig sind oder außerhalb ihres Amtes oder Dienstes einen Beruf, ein Gewerbe oder eine andere gewinnbringende Tätigkeit ausüben;

30. Entschädigungen für die betriebliche Benutzung von Werkzeugen eines Arbeitnehmers (Werkzeuggeld), soweit sie die entsprechenden Aufwendungen des Arbeitnehmers nicht offensichtlich übersteigen;

31. die typische Berufskleidung, die der Arbeitgeber seinem Arbeitnehmer unentgeltlich oder verbilligt überlässt; dasselbe gilt für eine Barablösung eines nicht nur einzelvertraglichen Anspruchs auf Gestellung von typischer Berufskleidung, wenn die Barablösung betrieblich veranlasst ist und die entsprechenden Aufwendungen des Arbeitnehmers nicht offensichtlich übersteigt;

32.[2] die unentgeltliche oder verbilligte Sammelbeförderung eines Arbeitnehmers zwischen Wohnung und erster Tätigkeitsstätte sowie bei Fahrten nach § 9 Absatz 1 Satz 3 Nummer 4 a Satz 3 mit einem vom Arbeitgeber gestellten Beförderungsmittel, soweit die Sammelbeförderung für den betrieblichen Einsatz des Arbeitnehmers notwendig ist;

33. zusätzlich zum ohnehin geschuldeten Arbeitslohn erbrachte Leistungen des Arbeitgebers zur Unterbringung und Betreuung von nicht schulpflichtigen Kindern der Arbeitnehmer in Kindergärten oder vergleichbaren Einrichtungen;

34.[3] zusätzlich zum ohnehin geschuldeten Arbeitslohn erbrachte Leistungen des Arbeitgebers zur Verhinderung und Verminderung von Krankheitsrisiken und zur Förderung der Gesundheit in Betrieben, die hinsichtlich Qualität, Zweckbindung, Zielgerichtetheit und Zertifizierung den Anforderungen der §§ 20 und 20 b des Fünften Buches Sozialgesetzbuch genügen, soweit sie 600 Euro[4] im Kalenderjahr nicht übersteigen;

34 a.[5] zusätzlich zum ohnehin geschuldeten Arbeitslohn erbrachte Leistungen des Arbeitgebers
    a) an ein Dienstleistungsunternehmen, das den Arbeitnehmer hinsichtlich der Betreuung von Kindern oder pflegebedürftigen Angehörigen berät oder hierfür Betreuungspersonen vermittelt sowie
    b) zur kurzfristigen Betreuung von Kindern im Sinne des § 32 Absatz 1, die das 14. Lebensjahr noch nicht vollendet haben oder die wegen einer vor Vollendung des 25. Lebensjahres eingetretenen körperlichen, geistigen oder seelischen Behinderung außerstande sind, sich selbst zu unterhalten oder pflegebedürftigen Angehörigen des Arbeitnehmers, wenn die Betreuung aus zwingenden und beruflich veranlassten Gründen notwendig ist, auch wenn sie im privaten Haushalt des Arbeitnehmers stattfindet, soweit die Leistungen 600 Euro im Kalenderjahr nicht übersteigen;

---

[1] § 3 Nr. 28 a eingefügt durch Gesetz vom 19. 6. 2020 (BGBl. I S. 1385); Nr. 28a Frist verlängert durch Gesetz vom 21. 12. 2020 (BGBl. I S. 3096) und durch Gesetz vom 19. 6. 2022 (BGBl. I S. 911).

[2] § 3 Nr. 32 geändert mit Wirkung ab VZ 2014 durch Gesetz vom 25. 7. 2014 (BGBl. I S. 1266).

[3] § 3 Nr. 34 neugefasst durch Art. 3 des Gesetzes vom 11. 12. 2018 (BGBl. I S. 2338); zur Anwendung siehe § 52 Abs. 4 Satz 6.

[4] § 3 Nr. 34 Betrag geändert mit Wirkung ab VZ 2020 durch Gesetz vom 22. 11. 2019 (BGBl. I S. 1746).

[5] § 3 Nr. 34 a eingefügt mit Wirkung ab VZ 2015 durch Gesetz vom 22. 12. 2014 (BGBl. I S. 2417).

35. die Einnahmen der bei der Deutsche Post AG, Deutsche Postbank AG oder Deutsche Telekom AG beschäftigten Beamten, soweit die Einnahmen ohne Neuordnung des Postwesens und der Telekommunikation nach den Nummern 11 bis 13 und 64 steuerfrei wären;

36.[1] Einnahmen für Leistungen zu körperbezogenen Pflegemaßnahmen, pflegerischen Betreuungsmaßnahmen oder Hilfen bei der Haushaltsführung bis zur Höhe des Pflegegeldes nach § 37 des Elften Buches Sozialgesetzbuch, mindestens aber bis zur Höhe des Entlastungsbetrages nach § 45b Absatz 1 Satz 1 des Elften Buches Sozialgesetzbuch, wenn diese Leistungen von Angehörigen des Pflegebedürftigen oder von anderen Personen, die damit eine sittliche Pflicht im Sinne des § 33 Absatz 2 gegenüber dem Pflegebedürftigen erfüllen, erbracht werden. ② Entsprechendes gilt, wenn der Pflegebedürftige vergleichbare Leistungen aus privaten Versicherungsverträgen nach den Vorgaben des Elften Buches Sozialgesetzbuch oder nach den Beihilfevorschriften für häusliche Pflege erhält;

37.[2] zusätzlich zum ohnehin geschuldeten Arbeitslohn vom Arbeitgeber gewährte Vorteile für die Überlassung eines betrieblichen Fahrrads, das kein Kraftfahrzeug im Sinne des § 6 Absatz 1 Nummer 4 Satz 2 ist;

38.[3] Sachprämien, die der Steuerpflichtige für die persönliche Inanspruchnahme von Dienstleistungen von Unternehmen unentgeltlich erhält, die diese zum Zwecke der Kundenbindung im allgemeinen Geschäftsverkehr in einem jedermann zugänglichen planmäßigen Verfahren gewähren, soweit der Wert der Prämien 1080 Euro im Kalenderjahr nicht übersteigt;

39.[4] der Vorteil des Arbeitnehmers im Rahmen eines gegenwärtigen Dienstverhältnisses aus der unentgeltlichen oder verbilligten Überlassung von Vermögensbeteiligungen im Sinne des § 2 Absatz 1 Nummer 1 Buchstabe a, b und f bis l und Absatz 2 bis 5 des Fünften Vermögensbildungsgesetzes in der Fassung der Bekanntmachung vom 4. März 1994 (BGBl. I S. 406), zuletzt geändert durch Artikel 2 des Gesetzes vom 7. März 2009 (BGBl. I S. 451), in der jeweils geltenden Fassung, am Unternehmen des Arbeitgebers, soweit der Vorteil insgesamt 1440[5] Euro im Kalenderjahr nicht übersteigt. ② Voraussetzung für die Steuerfreiheit ist, dass die Beteiligung mindestens allen Arbeitnehmern offensteht, die im Zeitpunkt der Bekanntgabe des Angebots ein Jahr oder länger ununterbrochen in einem gegenwärtigen Dienstverhältnis zum Unternehmen stehen. ③ Als Unternehmen des Arbeitgebers im Sinne des Satzes 1 gilt auch ein Unternehmen im Sinne des § 18 des Aktiengesetzes. ④ Als Wert der Vermögensbeteiligung ist der gemeine Wert anzusetzen;

40.[6] 40 Prozent

a) der Betriebsvermögensmehrungen oder Einnahmen aus der Veräußerung oder der Entnahme von Anteilen an Körperschaften, Personenvereinigungen und Vermögensmassen, deren Leistungen beim Empfänger zu Einnahmen im Sinne des § 20 Absatz 1 Nummer 1 und 9 gehören, oder an einer Organgesellschaft im Sinne des § 14 oder § 17 des Körperschaftsteuergesetzes, oder aus deren Auflösung oder Herabsetzung von deren Nennkapital oder aus dem Ansatz eines solchen Wirtschaftsguts mit dem Wert, der sich nach § 6 Absatz 1 Nummer 2 Satz 3 ergibt, soweit sie zu den Einkünften aus Land- und Forstwirtschaft, aus Gewerbebetrieb oder aus selbständiger Arbeit gehören. ② Dies gilt nicht, soweit der Ansatz des niedrigeren Teilwertes in vollem Umfang zu einer Gewinnminderung geführt hat und soweit diese Gewinnminderung nicht durch Ansatz eines Wertes, der sich nach § 6 Absatz 1 Nummer 2 Satz 3 ergibt, ausgeglichen worden ist. ③ Satz 1 gilt außer für Betriebsvermögensmehrungen aus dem Ansatz mit dem Wert, der sich nach § 6 Absatz 1 Nummer 2 Satz 3 ergibt, ebenfalls nicht, soweit Abzüge nach § 6b oder ähnliche Abzüge voll steuerwirksam vorgenommen worden sind,

b) des Veräußerungspreises im Sinne des § 16 Absatz 2, soweit er auf die Veräußerung von Anteilen an Körperschaften, Personenvereinigungen und Vermögensmassen entfällt, deren Leistungen beim Empfänger zu Einnahmen im Sinne des § 20 Absatz 1 Nummer 1 und 9 gehören, oder an einer Organgesellschaft im Sinne des § 14 oder § 17 des Körperschaftsteuergesetzes. ② Satz 1 ist in den Fällen des § 16 Absatz 3 entsprechend anzuwenden. ③ Buchstabe a Satz 3 gilt entsprechend,

c) des Veräußerungspreises oder des gemeinen Wertes im Sinne des § 17 Absatz 2. ② Satz 1 ist in den Fällen des § 17 Absatz 4 entsprechend anzuwenden,

---

[1] § 3 Nr. 36 geändert mit Wirkung ab 1. 1. 2017 durch Gesetz vom 23. 12. 2016 (BGBl. I S. 3191); Satz 1 und 2 geändert mit Wirkung ab 1. 1. 2018 durch Art. 2 des Gesetzes vom 11. 12. 2018 (BGBl. I S. 2338).

[2] § 3 Nr. 37 eingefügt mit Wirkung ab 1. 1. 2019 durch Art. 3 des Gesetzes vom 11. 12. 2018 (BGBl. I S. 2338); zur letztmaligen Anwendung siehe § 52 Abs. 4 Satz 7.

[3] Regelung bestätigt durch Gesetz vom 5. 4. 2011 (BGBl. I S. 554).

[4] § 3 Nr. 39 Satz 2 neugefasst mit Wirkung ab Kj. 2009 durch Gesetz vom 8. 4. 2010 (BGBl. I S. 386); Nr. 39 Satz 1 Zitat geändert durch Gesetz vom 25. 7. 2014 (BGBl. I S. 1266).

[5] § 3 Nr. 39 Betrag geändert durch Gesetz vom 3. 6. 2021 (BGBl. I S. 1498); zur Anwendung i. V. m. § 19a siehe § 52 Abs. 27.

[6] § 3 Nr. 40 Buchstabe a Satz 1 und Buchstabe b Satz 1 Verweis sowie Satz 3 geändert mit Wirkung ab VZ 2014 durch Gesetz vom 25. 7. 2014 (BGBl. I S. 1266).

d)[1·2·3] der Bezüge im Sinne des § 20 Absatz 1 Nummer 1 und der Einnahmen im Sinne des § 20 Absatz 1 Nummer 9. ② Dies gilt nur, soweit sie das Einkommen der leistenden Körperschaft nicht gemindert haben. ③ Sofern die Bezüge in einem anderen Staat auf Grund einer vom deutschen Recht abweichenden steuerlichen Zurechnung einer anderen Person zugerechnet werden, gilt Satz 1 nur, soweit das Einkommen der anderen Person oder ihr nahestehender Personen nicht niedriger ist als bei einer dem deutschen Recht entsprechenden Zurechnung. ④ Satz 1 Buchstabe d Satz 2 gilt nicht, soweit eine verdeckte Gewinnausschüttung das Einkommen einer dem Steuerpflichtigen nahe stehenden Person erhöht hat und § 32a des Körperschaftsteuergesetzes auf die Veranlagung dieser nahe stehenden Person keine Anwendung findet,

e) der Bezüge im Sinne des § 20 Absatz 1 Nummer 2,

f) der besonderen Entgelte oder Vorteile im Sinne des § 20 Absatz 3, die neben den in § 20 Absatz 1 Nummer 1 und Absatz 2 Satz 1 Nummer 2 Buchstabe a bezeichneten Einnahmen oder an deren Stelle gewährt werden,

g) des Gewinns aus der Veräußerung von Dividendenscheinen und sonstigen Ansprüchen im Sinne des § 20 Absatz 2 Satz 1 Nummer 2 Buchstabe a,

h) des Gewinns aus der Abtretung von Dividendenansprüchen oder sonstigen Ansprüchen im Sinne des § 20 Absatz 2 Satz 1 Nummer 2 Buchstabe a in Verbindung mit § 20 Absatz 2 Satz 2,

i) der Bezüge im Sinne des § 22 Nummer 1 Satz 2, soweit diese von einer nicht von der Körperschaftsteuer befreiten Körperschaft, Personenvereinigung oder Vermögensmasse stammen.

② Dies gilt für Satz 1 Buchstabe d bis h nur in Verbindung mit § 20 Absatz 8. ③ Satz 1 Buchstabe a, b und d bis h ist nicht anzuwenden auf Anteile, die bei Kreditinstituten, Finanzdienstleistungsinstituten und Wertpapierinstituten dem Handelsbestand im Sinne des § 340e Absatz 3 des Handelsgesetzbuchs zuzuordnen sind; Gleiches gilt für Anteile, die bei Finanzunternehmen im Sinne des Kreditwesengesetzes, an denen Kreditinstitute, Finanzdienstleistungsinstitute oder Wertpapierinstitute unmittelbar oder mittelbar zu mehr als 50 Prozent beteiligt sind, zum Zeitpunkt des Zugangs zum Betriebsvermögen als Umlaufvermögen auszuweisen sind.[4] ④[5] Satz 1 ist nicht anzuwenden bei Anteilen an Unterstützungskassen;[6]

40a.[7] 40 Prozent der Vergütungen im Sinne des § 18 Absatz 1 Nummer 4;

| 41.[8] *(aufgehoben)*

42. die Zuwendungen, die auf Grund des Fulbright-Abkommens gezahlt werden;

43. der Ehrensold für Künstler sowie Zuwendungen aus Mitteln der Deutschen Künstlerhilfe, wenn es sich um Bezüge aus öffentlichen Mitteln handelt, die wegen der Bedürftigkeit des Künstlers gezahlt werden;

44.[9] Stipendien, die aus öffentlichen Mitteln oder von zwischenstaatlichen oder überstaatlichen Einrichtungen, denen die Bundesrepublik Deutschland als Mitglied angehört, zur Förderung der Forschung oder zur Förderung der wissenschaftlichen oder künstlerischen Ausbildung oder Fortbildung gewährt werden. ② Das Gleiche gilt für Stipendien, die zu den in Satz 1 bezeichneten Zwecken von einer Einrichtung, die von einer Körperschaft des öffentlichen Rechts errichtet ist oder verwaltet wird, oder von einer Körperschaft, Personenvereinigung oder Vermögensmasse im Sinne des § 5 Absatz 1 Nummer 9 des Körperschaftsteuergesetzes gegeben werden. ③ Voraussetzung für die Steuerfreiheit ist, dass

a) die Stipendien einen für die Erfüllung der Forschungsaufgabe oder für die Bestreitung des Lebensunterhalts und die Deckung des Ausbildungsbedarfs erforderlichen Betrag nicht übersteigen und nach den von dem Geber erlassenen Richtlinien vergeben werden,

b) der Empfänger im Zusammenhang mit dem Stipendium nicht zu einer bestimmten wissenschaftlichen oder künstlerischen Gegenleistung oder zu einer bestimmten Arbeitnehmertätigkeit verpflichtet ist;

45.[10] die Vorteile des Arbeitnehmers aus der privaten Nutzung von betrieblichen Datenverarbeitungsgeräten und Telekommunikationsgeräten sowie deren Zubehör, aus zur privaten Nut-

---

[1] § 3 Nr. 40 Satz 1 Buchstabe d Satz 2 geändert durch Gesetz vom 8. 12. 2010 (BGBl. I S. 1768).

[2] § 3 Nr. 40 Buchstabe d Satz 2 neugefasst mit Wirkung ab VZ 2014 durch Gesetz vom 26. 6. 2013 (BGBl. I S. 1809); zur Anwendung bei vom Kalenderjahr abweichende Wirtschaftsjahre siehe § 52 Abs. 4 Satz 12.

[3] § 3 Nr. 40 Buchstabe d Satz 3 geändert mit Wirkung ab VZ 2013 durch Gesetz vom 26. 6. 2013 (BGBl. I S. 1809); Nr. 40 Buchstabe d Satz 3 eingefügt, bish. Satz 3 wird Satz 4 durch Gesetz vom 25. 6. 2021 (BGBl. I S. 2035); **zur Anwendung siehe § 52 Abs. 4 Satz 9.**

[4] § 3 Nr. 40 Satz 3 neugefasst durch Gesetz vom 20. 12. 2016 (BGBl. I S. 3000); zur Anwendung siehe § 52 Abs. 4 Satz 11; Nr. 40 Satz 3 geändert durch Gesetz vom 12. 5. 2021 (BGBl. I S. 990).

[5] § 3 Nr. 40 bish. Satz 4 aufgehoben mit Wirkung ab VZ 2017 durch Gesetz vom 20. 12. 2016 (BGBl. I S. 3000).

[6] § 3 Nr. 40 Satz 5, jetzt Satz 4, angefügt mit Wirkung ab VZ 2016 durch Gesetz vom 2. 11. 2015 (BGBl. I S. 1834).

[7] Zur Anwendung siehe § 52 Abs. 4 Satz 13 und 14.

[8] § 3 Nr. 41 aufgehoben durch Gesetz vom 25. 6. 2021 (BGBl. I S. 2035); zur letztmaligen Anwendung siehe § 52 Abs. 4 Satz 15.

[9] § 3 Nr. 44 Satz 1 geändert mit Wirkung ab VZ 2011 durch Gesetz vom 1. 11. 2011 (BGBl. I S. 2131).

[10] § 3 Nr. 45 neugefasst durch Gesetz vom 8. 5. 2012 (BGBl. I S. 1030); Nr. 45 Satz 2 angefügt mit Wirkung ab VZ 2015 durch Gesetz vom 22. 12. 2014 (BGBl. I S. 2417).

zung überlassenen System- und Anwendungsprogrammen, die der Arbeitgeber auch in seinem Betrieb einsetzt, und aus den im Zusammenhang mit diesen Zuwendungen erbrachten Dienstleistungen. ② Satz 1 gilt entsprechend für Steuerpflichtige, denen die Vorteile im Rahmen einer Tätigkeit zugewendet werden, für die sie eine Aufwandsentschädigung im Sinne des § 3 Nummer 12 erhalten;

46.[1] zusätzlich zum ohnehin geschuldeten Arbeitslohn vom Arbeitgeber gewährte Vorteile für das elektrische Aufladen eines Elektrofahrzeugs oder Hybridelektrofahrzeugs im Sinne des § 6 Absatz 1 Nummer 4 Satz 2 zweiter Halbsatz an einer ortsfesten betrieblichen Einrichtung des Arbeitgebers oder eines verbundenen Unternehmens (§ 15 des Aktiengesetzes) und für die zur privaten Nutzung überlassene betriebliche Ladevorrichtung;

47. Leistungen nach § 14a Absatz 4 und § 14b des Arbeitsplatzschutzgesetzes;

48.[2] Leistungen nach dem Unterhaltssicherungsgesetz mit Ausnahme der Leistungen nach § 6 des Unterhaltssicherungsgesetzes;

49.[3] *(aufgehoben)*

50. die Beträge, die der Arbeitnehmer vom Arbeitgeber erhält, um sie für ihn auszugeben (durchlaufende Gelder), und die Beträge, durch die Auslagen des Arbeitnehmers für den Arbeitgeber ersetzt werden (Auslagenersatz);

51. Trinkgelder, die anlässlich einer Arbeitsleistung dem Arbeitnehmer von Dritten freiwillig und ohne dass ein Rechtsanspruch auf sie besteht, zusätzlich zu dem Betrag gegeben werden, der für diese Arbeitsleistung zu zahlen ist;

52. (weggefallen)

53. die Übertragung von Wertguthaben nach § 7f Absatz 1 Satz 1 Nummer 2 des Vierten Buches Sozialgesetzbuch auf die Deutsche Rentenversicherung Bund. ② Die Leistungen aus dem Wertguthaben durch die Deutsche Rentenversicherung Bund gehören zu den Einkünften aus nichtselbständiger Arbeit im Sinne des § 19. ③ Von ihnen ist Lohnsteuer einzubehalten.

54. Zinsen aus Entschädigungsansprüchen für deutsche Auslandsbonds im Sinne der §§ 52 bis 54 des Bereinigungsgesetzes für deutsche Auslandsbonds in der im Bundesgesetzblatt Teil III, Gliederungsnummer 4139-2, veröffentlichten bereinigten Fassung, soweit sich die Entschädigungsansprüche gegen den Bund oder die Länder richten. ② Das Gleiche gilt für die Zinsen aus Schuldverschreibungen und Schuldbuchforderungen, die nach den §§ 9, 10 und 14 des Gesetzes zur näheren Regelung der Entschädigungsansprüche für Auslandsbonds in der im Bundesgesetzblatt Teil III, Gliederungsnummer 4139-3, veröffentlichten bereinigten Fassung vom Bund oder von den Ländern für Entschädigungsansprüche erteilt oder eingetragen werden;

55.[4] der in den Fällen des § 4 Absatz 2 Nummer 2 und Absatz 3 des Betriebsrentengesetzes vom 19. Dezember 1974 (BGBl. I S. 3610), das zuletzt durch Artikel 8 des Gesetzes vom 5. Juli 2004 (BGBl. I S. 1427) geändert worden ist, in der jeweils geltenden Fassung geleistete Übertragungswert nach § 4 Absatz 5 des Betriebsrentengesetzes, wenn die betriebliche Altersversorgung beim ehemaligen und neuen Arbeitgeber über einen Pensionsfonds, eine Pensionskasse oder ein Unternehmen der Lebensversicherung durchgeführt wird; dies gilt auch, wenn eine Versorgungsanwartschaft aus einer betrieblichen Altersversorgung auf Grund vertraglicher Vereinbarung ohne Fristerfordernis unverfallbar ist. ② Satz 1 gilt auch, wenn der Übertragungswert vom ehemaligen Arbeitgeber oder von einer Unterstützungskasse an den neuen Arbeitgeber oder eine andere Unterstützungskasse geleistet wird. ③ Die Leistungen des neuen Arbeitgebers, der Unterstützungskasse, des Pensionsfonds, der Pensionskasse oder des Unternehmens der Lebensversicherung auf Grund des Betrages nach Satz 1 und 2 gehören zu den Einkünften, zu denen die Leistungen gehören würden, wenn die Übertragung nach § 4 Absatz 2 Nummer 2 und Absatz 3 des Betriebsrentengesetzes nicht stattgefunden hätte;

55a.[5] die nach § 10 des Versorgungsausgleichsgesetzes vom 3. April 2009 (BGBl. I S. 700) in der jeweils geltenden Fassung (interne Teilung) durchgeführte Übertragung von Anrechten für die ausgleichsberechtigte Person zu Lasten von Anrechnung der ausgleichspflichtigen Person. ② Die Leistungen aus diesen Anrechten gehören bei der ausgleichsberechtigten Person zu den Einkünften, zu denen die Leistungen bei der ausgleichspflichtigen Person gehören würden, wenn die interne Teilung nicht stattgefunden hätte;

55b.[5] der nach § 14 des Versorgungsausgleichsgesetzes (externe Teilung) geleistete Ausgleichswert zur Begründung von Anrechten für die ausgleichsberechtigte Person zu Lasten von Anrechten der ausgleichspflichtigen Person, soweit Leistungen aus diesen Anrechten zu steuerpflichtigen Einkünften nach den §§ 19, 20 und 22 führen würden. ② Satz 1 gilt nicht, soweit Leis-

[1] § 3 Nr. 46 aufgehoben mit Wirkung ab VZ 2011 durch Gesetz vom 1. 11. 2011 (BGBl. I S. 2131) und wieder eingefügt durch Gesetz vom 7. 11. 2016 (BGBl. I S. 2498); zur erstmaligen und letztmaligen Anwendung siehe § 52 Abs. 4 Satz 16.

[2] § 3 Nr. 48 neugefasst mit Wirkung ab VZ 2015 durch Gesetz vom 29. 6. 2015 (BGBl. I S. 1061); geändert mit Wirkung ab VZ 2020 durch Gesetz vom 12. 12. 2019 (BGBl. I S. 2451).

[3] § 3 Nr. 49 aufgehoben mit Wirkung ab VZ 2011 durch Gesetz vom 1. 11. 2011 (BGBl. I S. 2131).

[4] § 3 Nr. 55 Satz 1 2. Halbsatz angefügt mit Wirkung ab VZ 2018 durch Gesetz vom 17. 8. 2017 (BGBl. I S. 3214).

[5] Zur Anwendung siehe auch § 52 Abs. 28 Satz 9.

tungen, die auf dem begründeten Anrecht beruhen, bei der ausgleichsberechtigten Person zu Einkünften nach § 20 Absatz 1 Nummer 6 oder § 22 Nummer 1 Satz 3 Buchstabe a Doppelbuchstabe bb führen würden. ③ Der Versorgungsträger der ausgleichspflichtigen Person hat den Versorgungsträger der ausgleichsberechtigten Person über die für die Besteuerung der Leistungen erforderlichen Grundlagen zu informieren. ④ Dies gilt nicht, wenn der Versorgungsträger der ausgleichsberechtigten Person die Grundlagen bereits kennt oder aus den bei ihm vorhandenen Daten feststellen kann und dieser Umstand dem Versorgungsträger der ausgleichspflichtigen Person mitgeteilt worden ist;

55 c.[1, 2] Übertragungen von Altersvorsorgevermögen im Sinne des § 92 auf einen anderen auf den Namen des Steuerpflichtigen lautenden Altersvorsorgevertrag (§ 1 Absatz 1 Satz 1 Nummer 10 Buchstabe b des Altersvorsorgeverträge-Zertifizierungsgesetzes), soweit die Leistungen zu steuerpflichtigen Einkünften nach § 22 Nummer 5 führen würden. ② Dies gilt entsprechend
a) wenn Anwartschaften aus einer betrieblichen Altersversorgung, die über einen Pensionsfonds, eine Pensionskasse oder ein Unternehmen der Lebensversicherung (Direktversicherung) durchgeführt wird, lediglich auf einen anderen Träger einer betrieblichen Altersversorgung in Form eines Pensionsfonds, einer Pensionskasse oder eines Unternehmens der Lebensversicherung (Direktversicherung) übertragen werden, soweit keine Zahlungen unmittelbar an den Arbeitnehmer erfolgen,
b) wenn Anwartschaften der betrieblichen Altersversorgung abgefunden werden, soweit das Altersvorsorgevermögen zugunsten eines auf den Namen des Steuerpflichtigen lautenden Altersvorsorgevertrages geleistet wird,
c) wenn im Fall des Todes des Steuerpflichtigen das Altersvorsorgevermögen auf einen auf den Namen des Ehegatten lautenden Altersvorsorgevertrag übertragen wird, wenn die Ehegatten im Zeitpunkt des Todes des Zulageberechtigten nicht dauernd getrennt gelebt haben (§ 26 Absatz 1) und ihren Wohnsitz oder gewöhnlichen Aufenthalt in einem Mitgliedstaat der Europäischen Union oder einem Staat hatten, auf den das Abkommen über den Europäischen Wirtschaftsraum anwendbar ist; dies gilt auch, wenn die Ehegatten ihren vor dem Zeitpunkt, ab dem das Vereinigte Königreich Großbritannien und Nordirland nicht mehr Mitgliedstaat der Europäischen Union ist und auch nicht wie ein solcher zu behandeln ist, begründeten Wohnsitz oder gewöhnlichen Aufenthalt im Vereinigten Königreich Großbritannien und Nordirland hatten und der Vertrag vor dem 23. Juni 2016 abgeschlossen worden ist;

55 d.[3] Übertragungen von Anrechten aus einem nach § 5 a Altersvorsorgeverträge-Zertifizierungsgesetz zertifizierten Vertrag auf einen anderen auf den Namen des Steuerpflichtigen lautenden nach § 5 a Altersvorsorgeverträge-Zertifizierungsgesetz zertifizierten Vertrag;

55 e.[3] die auf Grund eines Abkommens mit einer zwischen- oder überstaatlichen Einrichtung übertragenen Werte von Anrechten auf Altersversorgung, soweit diese zur Begründung von Anrechten auf Altersversorgung bei einer zwischen- oder überstaatlichen Einrichtung dienen. ② Die Leistungen auf Grund des Betrags nach Satz 1 gehören zu den Einkünften, zu denen die Leistungen gehören, die die übernehmende Versorgungseinrichtung im Übrigen erbringt;

56.[4] Zuwendungen des Arbeitgebers nach § 19 Absatz 1 Satz 1 Nummer 3 Satz 1 aus dem ersten Dienstverhältnis an eine Pensionskasse zum Aufbau einer nicht kapitalgedeckten betrieblichen Altersversorgung, bei der eine Auszahlung der zugesagten Alters-, Invaliditäts- oder Hinterbliebenenversorgung entsprechend § 82 Absatz 2 Satz 2 vorgesehen ist, soweit diese Zuwendungen im Kalenderjahr 2 Prozent der Beitragsbemessungsgrenze in der allgemeinen Rentenversicherung nicht übersteigen. ② Der in Satz 1 genannte Höchstbetrag erhöht sich ab 1. Januar 2020 auf 3 Prozent und ab 1. Januar 2025 auf 4 Prozent der Beitragsbemessungsgrenze in der allgemeinen Rentenversicherung. ③ Die Beträge nach den Sätzen 1 und 2 sind jeweils um die nach § 3 Nummer 63 Satz 1, 3 oder Satz 4 steuerfreien Beträge zu mindern;

57. die Beträge, die die Künstlersozialkasse zugunsten des nach dem Künstlersozialversicherungsgesetz Versicherten aus dem Aufkommen von Künstlersozialabgabe und Bundeszuschuss an einen Träger der Sozialversicherung oder an den Versicherten zahlt;

58. das Wohngeld nach dem Wohngeldgesetz, die sonstigen Leistungen aus öffentlichen Haushalten oder Zweckvermögen zur Senkung der Miete oder Belastung im Sinne des § 11 Absatz 2 Nummer 4 des Wohngeldgesetzes sowie öffentliche Zuschüsse zur Deckung laufender

---

[1] § 3 Nr. 55 c eingefügt mit Wirkung ab VZ 2011 durch Gesetz vom 7. 12. 2011 (BGBl. I S. 2592).

[2] § 3 Nr. 55 c neuer Buchstabe a eingefügt, bish. Buchstaben a und b werden Buchstaben b und c mit Wirkung ab VZ 2018 durch Gesetz vom 17. 8. 2017 (BGBl. I S. 3214); Nr. 55 c Satz 2 Buchstabe c 2. Halbsatz angefügt mit Wirkung ab 29. 3. 2019 durch Gesetz vom 25. 3. 2019 (BGBl. I S. 357).

[3] § 3 Nr. 55 d und Nr. 55 e eingefügt mit Wirkung ab VZ 2011 durch Gesetz vom 7. 12. 2011 (BGBl. I S. 2592).

[4] § 3 Nr. 56 Satz 1 Prozentsatz geändert und Satz 2 geändert mit Wirkung ab VZ 2018 durch Gesetz vom 17. 8. 2017 (BGBl. I S. 3214); Nr. 56 Satz 1 geändert mit Wirkung ab VZ 2018 durch Art. 2 des Gesetzes vom 11. 12. 2018 (BGBl. I S. 2338).

Aufwendungen und Zinsvorteile bei Darlehen, die aus öffentlichen Haushalten gewährt werden, für eine zu eigenen Wohnzwecken genutzte Wohnung im eigenen Haus oder eine zu eigenen Wohnzwecken genutzte Eigentumswohnung, soweit die Zuschüsse und Zinsvorteile die Vorteile aus einer entsprechenden Förderung mit öffentlichen Mitteln nach dem Zweiten Wohnungsbaugesetz, dem Wohnraumförderungsgesetz oder einem Landesgesetz zur Wohnraumförderung nicht überschreiten, der Zuschuss für die Wohneigentumsbildung in innerstädtischen Altbauquartieren nach den Regelungen zum Stadtumbau Ost in den Verwaltungsvereinbarungen über die Gewährung von Finanzhilfen des Bundes an die Länder nach Artikel 104 a Absatz 4 des Grundgesetzes zur Förderung städtebaulicher Maßnahmen;

59. die Zusatzförderung nach § 88e des Zweiten Wohnungsbaugesetzes und nach § 51f des Wohnungsbaugesetzes für das Saarland und Geldleistungen, die ein Mieter zum Zwecke der Wohnkostenentlastung nach dem Wohnraumförderungsgesetz oder einem Landesgesetz zur Wohnraumförderung erhält, soweit die Einkünfte dem Mieter zuzurechnen sind, und die Vorteile aus einer mietweisen Wohnungsüberlassung im Zusammenhang mit einem Arbeitsverhältnis, soweit sie die Vorteile aus einer entsprechenden Förderung nach dem Zweiten Wohnungsbaugesetz, nach dem Wohnraumförderungsgesetz oder einem Landesgesetz zur Wohnraumförderung nicht überschreiten;

60.[1] das Anpassungsgeld für Arbeitnehmer der Braunkohlekraftwerke und -tagebaue sowie Steinkohlekraftwerke, die aus Anlass einer Stilllegungsmaßnahme ihren Arbeitsplatz verloren haben;

61. Leistungen nach § 4 Absatz 1 Nummer 2, § 7 Absatz 3, §§ 9, 10 Absatz 1, §§ 13, 15 des Entwicklungshelfer-Gesetzes;

62.[2] Ausgaben des Arbeitgebers für die Zukunftssicherung des Arbeitnehmers, soweit der Arbeitgeber dazu nach sozialversicherungsrechtlichen oder anderen gesetzlichen Vorschriften oder nach einer auf gesetzlicher Ermächtigung beruhenden Bestimmung verpflichtet ist, und es sich nicht um Zuwendungen oder Beiträge des Arbeitgebers nach den Nummern 56, 63 und 63a handelt. ② Den Ausgaben des Arbeitgebers für die Zukunftssicherung, die auf Grund gesetzlicher Verpflichtung geleistet werden, werden gleichgestellt Zuschüsse des Arbeitgebers zu den Aufwendungen des Arbeitnehmers
 a) für eine Lebensversicherung,
 b) für die freiwillige Versicherung in der gesetzlichen Rentenversicherung,
 c) für eine öffentlich-rechtliche Versicherungs- oder Versorgungseinrichtung seiner Berufsgruppe,

wenn der Arbeitnehmer von der Versicherungspflicht in der gesetzlichen Rentenversicherung befreit worden ist. ③ Die Zuschüsse sind nur insoweit steuerfrei, als sie insgesamt bei Befreiung von der Versicherungspflicht in der allgemeinen Rentenversicherung die Hälfte und bei Befreiung von der Versicherungspflicht in der knappschaftlichen Rentenversicherung zwei Drittel der Gesamtaufwendungen des Arbeitnehmers nicht übersteigen und nicht höher sind als der Betrag, der als Arbeitgeberanteil bei Versicherungspflicht in der allgemeinen Rentenversicherung oder in der knappschaftlichen Rentenversicherung zu zahlen wäre;

63.[3,4] Beiträge des Arbeitgebers aus dem ersten Dienstverhältnis an einen Pensionsfonds, eine Pensionskasse oder für eine Direktversicherung zum Aufbau einer kapitalgedeckten betrieblichen Altersversorgung, bei der eine Auszahlung der zugesagten Alters-, Invaliditäts- oder Hinterbliebenenversorgungsleistungen entsprechend § 82 Absatz 2 Satz 2 vorgesehen ist, soweit die Beiträge im Kalenderjahr 8 Prozent der Beitragsbemessungsgrenze in der allgemeinen Rentenversicherung nicht übersteigen. ② Dies gilt nicht, soweit der Arbeitnehmer nach § 1a Absatz 3 des Betriebsrentengesetzes verlangt hat, dass die Voraussetzungen für eine Förderung nach § 10a oder Abschnitt XI erfüllt werden. ③ Aus Anlass der Beendigung des Dienstverhältnisses geleistete Beiträge im Sinne des Satzes 1 sind steuerfrei, soweit sie 4 Prozent der Beitragsbemessungsgrenze in der allgemeinen Rentenversicherung, vervielfältigt mit der Anzahl der Kalenderjahre, in denen das Dienstverhältnis des Arbeitnehmers zu dem Arbeitgeber bestanden hat, höchstens jedoch zehn Kalenderjahre, nicht übersteigen. ④ Beiträge im Sinne des Satzes 1, die für Kalenderjahre nachgezahlt werden, in denen das erste Dienstverhältnis ruhte und vom Arbeitgeber im Inland kein steuerpflichtiger Arbeitslohn bezogen wurde, sind steuerfrei, soweit sie 8 Prozent der Beitragsbemessungsgrenze in der allgemeinen Rentenversicherung, vervielfältigt mit der Anzahl dieser Kalenderjahre, höchstens jedoch zehn Kalenderjahre, nicht übersteigen.

---

[1] § 3 Nr. 60 neugefasst mit Wirkung ab 14. 8. 2020 durch Gesetz vom 8. 8. 2020 (BGBl. I S. 1818).

[2] § 3 Nr. 62 Satz 1 Zitat geändert und Satz 4 aufgehoben mit Wirkung ab VZ 2018 durch Gesetz vom 17. 8. 2017 (BGBl. I S. 3214).

[3] Zur Anwendung siehe § 52 Abs. 4 Satz 18 und 19.

[4] § 3 Nr. 63 Satz 1 Prozentsatz geändert und Sätze 3 und 4 neugefasst mit Wirkung ab 1. 1. 2018 durch Gesetz vom 17. 8. 2017 (BGBl. I S. 3214); Nr. 63 Satz 1 geändert mit Wirkung ab VZ 2018 durch Art. 2 des Gesetzes vom 11. 12. 2018 (BGBl. I S. 2338).

63 a.[1] Sicherungsbeiträge des Arbeitgebers nach § 23 Absatz 1 des Betriebsrentengesetzes, soweit sie nicht unmittelbar dem einzelnen Arbeitnehmer gutgeschrieben oder zugerechnet werden;

64. bei Arbeitnehmern, die zu einer inländischen juristischen Person des öffentlichen Rechts in einem Dienstverhältnis stehen und dafür Arbeitslohn aus einer inländischen öffentlichen Kasse beziehen, die Bezüge für eine Tätigkeit im Ausland insoweit, als sie den Arbeitslohn übersteigen, der dem Arbeitnehmer bei einer gleichwertigen Tätigkeit am Ort der zahlenden öffentlichen Kasse zustehen würde. ② Satz 1 gilt auch, wenn das Dienstverhältnis zu einer anderen Person besteht, die den Arbeitslohn entsprechend den im Sinne des Satzes 1 geltenden Vorschriften ermittelt, der Arbeitslohn aus einer öffentlichen Kasse gezahlt wird und ganz oder im Wesentlichen aus öffentlichen Mitteln aufgebracht wird. ③ Bei anderen für einen begrenzten Zeitraum in das Ausland entsandten Arbeitnehmern, die dort einen Wohnsitz oder gewöhnlichen Aufenthalt haben, ist der ihnen von einem inländischen Arbeitgeber gewährte Kaufkraftausgleich steuerfrei, soweit er den für vergleichbare Auslandsdienstbezüge nach § 55[2] des Bundesbesoldungsgesetzes zulässigen Betrag nicht übersteigt;

65.[3] a) Beiträge des Trägers der Insolvenzsicherung (§ 14 des Betriebsrentengesetzes) zugunsten eines Versorgungsberechtigten und seiner Hinterbliebenen an ein Unternehmen der Lebensversicherung zur Ablösung von Verpflichtungen, die der Träger der Insolvenzsicherung im Sicherungsfall gegenüber dem Versorgungsberechtigten und seinen Hinterbliebenen hat,

b) Leistungen zur Übernahme von Versorgungsleistungen oder unverfallbaren Versorgungsanwartschaften durch eine Pensionskasse oder ein Unternehmen der Lebensversicherung in den in § 4 Absatz 4 des Betriebsrentengesetzes bezeichneten Fällen,

c) der Erwerb von Ansprüchen durch den Arbeitnehmer gegenüber einem Dritten im Falle der Eröffnung des Insolvenzverfahrens oder in den Fällen des § 7 Absatz 1 Satz 4 des Betriebsrentengesetzes, soweit der Dritte neben dem Arbeitgeber für die Erfüllung von Ansprüchen auf Grund bestehender Versorgungsverpflichtungen oder Versorgungsanwartschaften gegenüber dem Arbeitnehmer und dessen Hinterbliebenen einsteht; dies gilt entsprechend, wenn der Dritte für Wertguthaben aus einer Vereinbarung über die Altersteilzeit nach dem Altersteilzeitgesetz vom 23. Juli 1996 (BGBl. I S. 1078), zuletzt geändert durch Artikel 234 der Verordnung vom 31. Oktober 2006 (BGBl. I S. 2407), in der jeweils geltenden Fassung oder auf Grund von Wertguthaben aus einem Arbeitszeitkonto in den im ersten Halbsatz genannten Fällen für den Arbeitgeber einsteht und

d) der Erwerb von Ansprüchen durch den Arbeitnehmer im Zusammenhang mit dem Eintritt in die Versicherung nach § 8 Absatz 2 des Betriebsrentengesetzes.

② In den Fällen nach Buchstabe a, b und c gehören die Leistungen der Pensionskasse, des Unternehmens der Lebensversicherung oder des Dritten zu den Einkünften, zu denen jene Leistungen gehören würden, die ohne Eintritt eines Falles nach Buchstabe a, b und c zu erbringen wären. ③ Soweit sie zu den Einkünften aus nichtselbständiger Arbeit im Sinne des § 19 gehören, ist von ihnen Lohnsteuer einzubehalten. ④ Für die Erhebung der Lohnsteuer gelten die Pensionskasse, das Unternehmen der Lebensversicherung oder der Dritte als Arbeitgeber und der Leistungsempfänger als Arbeitnehmer. ⑤ Im Fall des Buchstaben d gehören die Versorgungsleistungen des Unternehmens der Lebensversicherung oder der Pensionskasse, soweit sie auf Beiträgen beruhen, die bis zum Eintritt des Arbeitnehmers in die Versicherung geleistet wurden, zu den sonstigen Einkünften im Sinne des § 22 Nummer 5 Satz 1; soweit der Arbeitnehmer in den Fällen des § 8 Absatz 2 des Betriebsrentengesetzes die Versicherung mit eigenen Beiträgen fortgesetzt hat, sind die auf diesen Beiträgen beruhenden Versorgungsleistungen sonstige Einkünfte im Sinne des § 22 Nummer 5 Satz 1 oder Satz 2;

66. Leistungen eines Arbeitgebers oder einer Unterstützungskasse an einen Pensionsfonds zur Übernahme bestehender Versorgungsverpflichtungen oder Versorgungsanwartschaften durch den Pensionsfonds, wenn ein Antrag nach § 4 d Absatz 3 oder § 4 e Absatz 3 gestellt worden ist;

67.[4] a) das Erziehungsgeld nach dem Bundeserziehungsgeldgesetz und vergleichbare Leistungen der Länder,

b) das Elterngeld nach dem Bundeselterngeld- und Elternzeitgesetz und vergleichbare Leistungen der Länder,

c) Leistungen für Kindererziehung an Mütter der Geburtsjahrgänge vor 1921 nach den §§ 294 bis 299 des Sechsten Buches Sozialgesetzbuch sowie

d) Zuschläge, die nach den §§ 50 a bis 50 e des Beamtenversorgungsgesetzes oder nach den *§§ 70 bis 74* **[ab 1. 1. 2025:** §§ 96 bis 100**]**[5] des Soldatenversorgungsgesetzes oder nach

---

[1] § 3 Nr. 63 a eingefügt mit Wirkung ab VZ 2018 durch Gesetz vom 17. 8. 2017 (BGBl. I S. 3214).

[2] § 3 Nr. 64 Satz 3 Verweis geändert durch Gesetz vom 5. 2. 2009 (BGBl. I S. 160).

[3] § 3 Nr. 65 Satz 1 Buchstabe b und c geändert, Buchstabe d und Satz 5 angefügt mit Wirkung ab VZ 2018 durch Gesetz vom 17. 8. 2017 (BGBl. I S. 3214); Satz 1 Buchstabe a und d sowie Satz 5 2. Halbsatz geändert mit Wirkung ab VZ 2022 durch Gesetz vom 16. 12. 2022 (BGBl. I S. 2294).

[4] § 3 Nr. 67 neugefasst mit Wirkung ab VZ 2015 durch Gesetz vom 22. 12. 2014 (BGBl. I S. 2714).

[5] § 3 Nr. 67 Buchstabe d geändert mit Wirkung vom 1. 1. 2025 durch Gesetz vom 20. 8. 2021 (BGBl. I S. 3932).

vergleichbaren Regelungen der Länder für ein vor dem 1. Januar 2015 geborenes Kind oder für eine vor dem 1. Januar 2015 begonnene Zeit der Pflege einer pflegebedürftigen Person zu gewähren sind; im Falle des Zusammentreffens von Zeiten für mehrere Kinder nach § 50b des Beamtenversorgungsgesetzes oder *§ 71* **[ab 1. 1. 2025:** § 97**]**[1] des Soldatenversorgungsgesetzes oder nach vergleichbaren Regelungen der Länder gilt dies, wenn eines der Kinder vor dem 1. Januar 2015 geboren ist;

68. die Hilfen nach dem Gesetz über die Hilfe für durch Anti-D-Immunprophylaxe mit dem Hepatitis-C-Virus infizierte Personen vom 2. August 2000 (BGBl. I S. 1270);

69. die von der Stiftung „Humanitäre Hilfe für durch Blutprodukte HIV-infizierte Personen" nach dem HIV-Hilfegesetz vom 24. Juli 1995 (BGBl. I S. 972) gewährten Leistungen;

70. die Hälfte
   a) der Betriebsvermögensmehrungen oder Einnahmen aus der Veräußerung von Grund und Boden und Gebäuden, die am 1. Januar 2007 mindestens fünf Jahre zum Anlagevermögen eines inländischen Betriebsvermögens des Steuerpflichtigen gehören, wenn diese auf Grund eines nach dem 31. Dezember 2006 und vor dem 1. Januar 2010 rechtswirksam abgeschlossenen obligatorischen Vertrages an eine REIT-Aktiengesellschaft oder einen Vor-REIT veräußert werden,
   b) der Betriebsvermögensmehrungen, die auf Grund der Eintragung eines Steuerpflichtigen in das Handelsregister als REIT-Aktiengesellschaft im Sinne des REIT-Gesetzes vom 28. Mai 2007 (BGBl. I S. 914) durch Anwendung des § 13 Absatz 1 und 3 Satz 1 des Körperschaftsteuergesetzes auf Grund und Boden und Gebäude entstehen, wenn diese Wirtschaftsgüter vor dem 1. Januar 2005 angeschafft oder hergestellt wurden, und die Schlussbilanz im Sinne des § 13 Absatz 1 und 3 des Körperschaftsteuergesetzes auf einen Zeitpunkt vor dem 1. Januar 2010 aufzustellen ist.

   ② Satz 1 ist nicht anzuwenden,
   a) wenn der Steuerpflichtige den Betrieb veräußert oder aufgibt und der Veräußerungsgewinn nach § 34 besteuert wird,
   b) soweit der Steuerpflichtige von den Regelungen der §§ 6b und 6c Gebrauch macht,
   c) soweit der Ansatz des niedrigeren Teilwerts in vollem Umfang zu einer Gewinnminderung geführt hat und soweit diese Gewinnminderung nicht durch den Ansatz eines Werts, der sich nach § 6 Absatz 1 Nummer 1 Satz 4 ergibt, ausgeglichen worden ist,
   d) wenn im Falle des Satzes 1 Buchstabe a der Buchwert zuzüglich der Veräußerungskosten den Veräußerungserlös oder im Falle des Satzes 1 Buchstabe b der Buchwert den Teilwert übersteigt. ② Ermittelt der Steuerpflichtige den Gewinn nach § 4 Absatz 3, treten an die Stelle des Buchwerts die Anschaffungs- oder Herstellungskosten verringert um die vorgenommenen Absetzungen für Abnutzung oder Substanzverringerung,
   e) soweit vom Steuerpflichtigen in der Vergangenheit Abzüge bei den Anschaffungs- oder Herstellungskosten von Wirtschaftsgütern im Sinne des Satzes 1 nach § 6b oder ähnliche Abzüge voll steuerwirksam vorgenommen worden sind,
   f) wenn es sich um eine Übertragung im Zusammenhang mit Rechtsvorgängen handelt, die dem Umwandlungssteuergesetz unterliegen und die Übertragung zu einem Wert unterhalb des gemeinen Werts erfolgt.

   ③ Die Steuerbefreiung entfällt rückwirkend, wenn
   a) innerhalb eines Zeitraums von vier Jahren seit dem Vertragsschluss im Sinne des Satzes 1 Buchstabe a der Erwerber oder innerhalb eines Zeitraums von vier Jahren nach dem Stichtag der Schlussbilanz im Sinne des Satzes 1 Buchstabe b die REIT-Aktiengesellschaft den Grund und Boden oder das Gebäude veräußert,
   b)[2] der Vor-REIT oder ein anderer Vor-REIT als sein Gesamtrechtsnachfolger den Status als Vor-REIT gemäß § 10 Absatz 3 Satz 1 des REIT-Gesetzes verliert,
   c) die REIT-Aktiengesellschaft innerhalb eines Zeitraums von vier Jahren seit dem Vertragsschluss im Sinne des Satzes 1 Buchstabe a oder nach dem Stichtag der Schlussbilanz im Sinne des Satzes 1 Buchstabe b in keinem Veranlagungszeitraum die Voraussetzungen für die Steuerbefreiung erfüllt,
   d) die Steuerbefreiung der REIT-Aktiengesellschaft innerhalb eines Zeitraums von vier Jahren seit dem Vertragsschluss im Sinne des Satzes 1 Buchstabe a oder nach dem Stichtag der Schlussbilanz im Sinne des Satzes 1 Buchstabe b endet,
   e) das Bundeszentralamt für Steuern dem Erwerber im Sinne des Satzes 1 Buchstabe a den Status als Vor-REIT im Sinne des § 2 Satz 4 des REIT-Gesetzes vom 28. Mai 2007 (BGBl. I S. 914) bestandskräftig aberkannt hat.

   ④ Die Steuerbefreiung entfällt auch rückwirkend, wenn die Wirtschaftsgüter im Sinne des Satzes 1 Buchstabe a vom Erwerber an den Veräußerer oder eine ihm nahe stehende Person im Sinne des § 1 Absatz 2 des Außensteuergesetzes überlassen werden und der Veräußerer oder eine ihm nahe stehende Person im Sinne des § 1 Absatz 2 des Außensteuergesetzes

---

[1] § 3 Nr. 67 Buchstabe d geändert mit Wirkung vom 1. 1. 2025 durch Gesetz vom 20. 8. 2021 (BGBl. I S. 3932).
[2] § 3 Nr. 70 Satz 3 Buchstabe b neugefasst durch Gesetz vom 22. 6. 2011 (BGBl. I S. 1126).

nach Ablauf einer Frist von zwei Jahren seit Eintragung des Erwerbers als REIT-Aktiengesellschaft in das Handelsregister an dieser mittelbar oder unmittelbar zu mehr als 50 Prozent beteiligt ist. ⑤ Der Grundstückserwerber haftet für die sich aus dem rückwirkenden Wegfall der Steuerbefreiung ergebenden Steuern;

71.[1] der aus einer öffentlichen Kasse gezahlte Zuschuss
a) für den Erwerb eines Anteils an einer Kapitalgesellschaft in Höhe von bis zu 20 Prozent der Anschaffungskosten, höchstens jedoch 100 000 Euro. ② Voraussetzung ist, dass
aa) der Anteil an der Kapitalgesellschaft länger als drei Jahre gehalten wird,
bb) die Kapitalgesellschaft, deren Anteil erworben wird,
aaa) nicht älter ist als sieben Jahre, wobei das Datum der Eintragung der Gesellschaft in das Handelsregister maßgeblich ist,
bbb) weniger als 50 Mitarbeiter (Vollzeitäquivalente) hat,
ccc) einen Jahresumsatz oder eine Jahresbilanzsumme von höchstens 10 Millionen Euro hat und
ddd) nicht an einem regulierten Markt notiert ist und keine solche Notierung vorbereitet,
cc) der Zuschussempfänger das 18. Lebensjahr vollendet hat oder eine GmbH oder Unternehmergesellschaft ist, bei der mindestens ein Gesellschafter das 18. Lebensjahr vollendet hat und
dd) für den Erwerb des Anteils kein Fremdkapital eingesetzt wird. ② Wird der Anteil von einer GmbH oder Unternehmergesellschaft im Sinne von Doppelbuchstabe cc erworben, gehören auch solche Darlehen zum Fremdkapital, die der GmbH oder Unternehmergesellschaft von ihren Anteilseignern gewährt werden und die von der GmbH oder Unternehmergesellschaft zum Erwerb des Anteils eingesetzt werden.
b) anlässlich der Veräußerung eines Anteils an einer Kapitalgesellschaft im Sinne von Buchstabe a in Höhe von 25 Prozent des Veräußerungsgewinns, wenn
aa) der Veräußerer eine natürliche Person ist,
bb) bei Erwerb des veräußerten Anteils bereits ein Zuschuss im Sinne von Buchstabe a gezahlt und nicht zurückgefordert wurde,
cc) der veräußerte Anteil frühestens drei Jahre (Mindesthaltedauer) und spätestens zehn Jahre (Höchsthaltedauer) nach Anteilserwerb veräußert wurde,
dd) der Veräußerungsgewinn nach Satz 2 mindestens 2000 Euro beträgt und
ee) der Zuschuss auf 80 Prozent der Anschaffungskosten begrenzt ist.
② Veräußerungsgewinn im Sinne von Satz 1 ist der Betrag, um den der Veräußerungspreis die Anschaffungskosten einschließlich eines gezahlten Agios übersteigt. ③ Erwerbsneben- und Veräußerungskosten sind nicht zu berücksichtigen;

72.[2] die Einnahmen und Entnahmen im Zusammenhang mit dem Betrieb
a) von auf, an oder in Einfamilienhäusern (einschließlich Nebengebäuden) oder nicht Wohnzwecken dienenden Gebäuden vorhandenen Photovoltaikanlagen mit einer installierten Bruttoleistung laut Marktstammdatenregister von bis zu 30 kW (peak) und
b) von auf, an oder in sonstigen Gebäuden vorhandenen Photovoltaikanlagen mit einer installierten Bruttoleistung laut Marktstammdatenregister von bis zu 15 kW (peak) je Wohn- oder Gewerbeeinheit,

insgesamt höchstens 100 kW (peak) pro Steuerpflichtigen oder Mitunternehmerschaft. ② Werden Einkünfte nach § 2 Absatz 1 Satz 1 Nummer 2 erzielt und sind die aus dieser Tätigkeit erzielten Einnahmen insgesamt steuerfrei nach Satz 1, ist kein Gewinn zu ermitteln. ③ In den Fällen des Satzes 2 ist § 15 Absatz 3 Nummer 1 nicht anzuwenden.

§ 3 a[3] Sanierungserträge

(1) ① Betriebsvermögensmehrungen oder Betriebseinnahmen aus einem Schuldenerlass zum Zwecke einer unternehmensbezogenen Sanierung im Sinne des Absatzes 2 (Sanierungsertrag) sind steuerfrei. ② Sind Betriebsvermögensmehrungen oder Betriebseinnahmen aus einem Schuldenerlass nach Satz 1 steuerfrei, sind steuerliche Wahlrechte in dem Jahr, in dem ein Sanierungsertrag erzielt wird (Sanierungsjahr) und im Folgejahr im zu sanierenden Unternehmen gewinnmindernd auszuüben. ③ Insbesondere ist der niedrigere Teilwert, der nach § 6 Absatz 1 Nummer 1 Satz 2 und Nummer 2 Satz 2 angesetzt werden kann, im Sanierungsjahr und im Folgejahr anzusetzen.

(2) Eine unternehmensbezogene Sanierung liegt vor, wenn der Steuerpflichtige für den Zeitpunkt des Schuldenerlasses die Sanierungsbedürftigkeit und die Sanierungsfähigkeit des Unter-

---

[1] § 3 Nr. 71 angefügt mit Wirkung ab VZ 2013 (§ 52 Abs. 4 Satz 25) durch Gesetz vom 22. 12. 2014 (BGBl. I S. 2417); Nr. 71 neugefasst durch Gesetz vom 27. 6. 2017 (BGBl. I S. 2074); zur erstmaligen Anwendung siehe § 52 Abs. 4 Satz 26; Nr. 71 Satz 1 geändert mit Wirkung ab VZ 2022 durch Gesetz vom 16. 12. 2022 (BGBl. I S. 2294).

[2] § 3 Nr. 72 angefügt durch Gesetz vom 16. 12. 2022 (BGBl. I S. 2294); zur Anwendung siehe § 52 Abs. 4 Satz 27.

[3] § 3 a eingefügt durch Art. 2 des Gesetzes vom 27. 6. 2017 (BGBl. I S. 2074); zur erstmaligen Anwendung siehe § 52 Abs. 4 a.

nehmens, die Sanierungseignung des betrieblich begründeten Schuldenerlasses und die Sanierungsabsicht der Gläubiger nachweist.

(3) ① Nicht abziehbare Beträge im Sinne des § 3c Absatz 4, die in Veranlagungszeiträumen vor dem Sanierungsjahr und im Sanierungsjahr anzusetzen sind, mindern den Sanierungsertrag. ② Dieser Betrag mindert nacheinander

1. den auf Grund einer Verpflichtungsübertragung im Sinne des § 4f Absatz 1 Satz 1 in den dem Wirtschaftsjahr der Übertragung nachfolgenden 14 Jahren verteilt abziehbaren Aufwand des zu sanierenden Unternehmens, es sei denn, der Aufwand ist gemäß § 4f Absatz 1 Satz 7 auf einen Rechtsnachfolger übergegangen, der die Verpflichtung übernommen hat und insoweit der Regelung des § 5 Absatz 7 unterliegt. ② Entsprechendes gilt in Fällen des § 4f Absatz 2;
2. den nach § 15a ausgleichsfähigen oder verrechenbaren Verlust des Unternehmers (Mitunternehmers) des zu sanierenden Unternehmens des Sanierungsjahrs;
3. den zum Ende des dem Sanierungsjahr vorangegangenen Wirtschaftsjahrs nach § 15a festgestellten verrechenbaren Verlust des Unternehmers (Mitunternehmers) des zu sanierenden Unternehmens;
4. den nach § 15b ausgleichsfähigen oder verrechenbaren Verlust derselben Einkunftsquelle des Unternehmers (Mitunternehmers) des Sanierungsjahrs; bei der Verlustermittlung bleibt der Sanierungsertrag unberücksichtigt;
5. den zum Ende des dem Sanierungsjahr vorangegangenen Jahrs nach § 15b festgestellten verrechenbaren Verlust derselben Einkunftsquelle des Unternehmers (Mitunternehmers);
6. den nach § 15 Absatz 4 ausgleichsfähigen oder nicht abziehbaren Verlust des zu sanierenden Unternehmens des Sanierungsjahrs;
7. den zum Ende des dem Sanierungsjahr vorangegangenen Jahrs nach § 15 Absatz 4 festgestellten in Verbindung mit § 10d Absatz 4 verbleibenden Verlustvortrag, soweit er auf das zu sanierende Unternehmen entfällt;
8. den Verlust des Sanierungsjahrs des zu sanierenden Unternehmens;
9. den ausgleichsfähigen Verlust aus allen Einkunftsarten des Veranlagungszeitraums, in dem das Sanierungsjahr endet;
10. im Sanierungsjahr ungeachtet des § 10d Absatz 2 den nach § 10d Absatz 4 zum Ende des Vorjahrs gesondert festgestellten Verlustvortrag;
11. in der nachfolgenden Reihenfolge den zum Ende des Vorjahrs festgestellten und den im Sanierungsjahr entstehenden verrechenbaren Verlust oder die negativen Einkünfte
    a) nach § 15a,
    b) nach § 15b anderer Einkunftsquellen,
    c) nach § 15 Absatz 4 anderer Betriebe und Mitunternehmeranteile,
    d) nach § 2a,
    e) nach § 2b,
    f) nach § 23 Absatz 3 Satz 7 und 8,
    g) nach sonstigen Vorschriften;
12.[1] ungeachtet der Beträge des § 10d Absatz 1 Satz 1 die negativen Einkünfte nach § 10d Absatz 1 Satz 1 des Folgejahrs und die negativen Einkünfte nach § 10d Absatz 1 Satz 2 des zweiten Folgejahrs. ② Ein Verlustrücktrag nach § 10d Absatz 1 Satz 1 und 2 ist nur möglich, soweit die Beträge nach § 10d Absatz 1 Satz 1 und 2 durch den verbleibenden Sanierungsertrag im Sinne des Satzes 4 nicht überschritten werden;
13. den zum Ende des Vorjahrs festgestellten und den im Sanierungsjahr entstehenden
    a) Zinsvortrag nach § 4h Absatz 1 Satz 5,
    b) EBITDA-Vortrag nach § 4h Absatz 1 Satz 3. ② Die Minderung des EBITDA-Vortrags des Sanierungsjahrs und der EBITDA-Vorträge aus vorangegangenen Wirtschaftsjahren erfolgt in ihrer zeitlichen Reihenfolge.

③ Übersteigt der geminderte Sanierungsertrag nach Satz 1 die nach Satz 2 mindernden Beträge, mindern sich insoweit nach Maßgabe des Satzes 2 auch der verteilt abziehbare Aufwand, Verluste, negative Einkünfte, Zinsvorträge oder EBITDA-Vorträge einer dem Steuerpflichtigen nahestehenden Person, wenn diese die erlassenen Schulden innerhalb eines Zeitraums von fünf Jahren vor dem Schuldenerlass auf das zu sanierende Unternehmen übertragen hat und soweit der entsprechende verteilt abziehbare Aufwand, die Verluste, negativen Einkünfte, Zinsvorträge oder EBITDA-Vorträge zum Ablauf des Wirtschaftsjahrs der Übertragung bereits entstanden waren. ④ Der sich nach den Sätzen 2 und 3 ergebende Betrag ist der verbleibende Sanierungsertrag. ⑤ Die nach den Sätzen 2 und 3 mindernden Beträge bleiben endgültig außer Ansatz und nehmen an den entsprechenden Feststellungen der verrechenbaren Verluste, verbleibenden Verlustvorträge und sonstigen Feststellungen nicht teil.

---

[1] § 3a Abs. 3 Satz 2 Nr. 12 neugefasst mit Wirkung ab VZ 2022 durch Gesetz vom 19. 6. 2022 (BGBl. I S. 911).

(3 a)[1] Bei Zusammenveranlagung sind auch die laufenden Beträge und Verlustvorträge des anderen Ehegatten einzubeziehen.

(4) ① Sind Einkünfte aus Land- und Forstwirtschaft, Gewerbebetrieb oder selbständiger Arbeit nach § 180 Absatz 1 Satz 1 Nummer 2 Buchstabe a oder b der Abgabenordnung gesondert festzustellen, ist auch die Höhe des Sanierungsertrags nach Absatz 1 Satz 1 sowie die Höhe der nach Absatz 3 Satz 2 Nummer 1 bis 6 und 13 mindernden Beträge gesondert festzustellen. ② Zuständig für die gesonderte Feststellung nach Satz 1 ist das Finanzamt, das für die gesonderte Feststellung nach § 180 Absatz 1 Satz 1 Nummer 2 der Abgabenordnung zuständig ist. ③ Wurden verrechenbare Verluste und Verlustvorträge ohne Berücksichtigung des Absatzes 3 Satz 2 bereits festgestellt oder ändern sich die nach Absatz 3 Satz 2 mindernden Beträge, ist der entsprechende Feststellungsbescheid insoweit zu ändern. ④ Das gilt auch dann, wenn der Feststellungsbescheid bereits bestandskräftig geworden ist; die Feststellungsfrist endet insoweit nicht, bevor die Festsetzungsfrist des Einkommensteuerbescheids oder Körperschaftsteuerbescheids für das Sanierungsjahr abgelaufen ist.

(5) ① Erträge aus einer nach den §§ 286 ff. der Insolvenzordnung erteilten Restschuldbefreiung, einem Schuldenerlass auf Grund eines außergerichtlichen Schuldenbereinigungsplans zur Vermeidung eines Verbraucherinsolvenzverfahrens nach den §§ 304 ff. der Insolvenzordnung oder auf Grund eines Schuldenbereinigungsplans, dem in einem Verbraucherinsolvenzverfahren zugestimmt wurde oder wenn diese Zustimmung durch das Gericht ersetzt wurde, sind, soweit es sich um Betriebsvermögensmehrungen oder Betriebseinnahmen handelt, ebenfalls steuerfrei, auch wenn die Voraussetzungen einer unternehmensbezogenen Sanierung im Sinne des Absatzes 2 nicht vorliegen. ② Absatz 3 gilt entsprechend.

§ 3b Steuerfreiheit von Zuschlägen für Sonntags-, Feiertags- oder Nachtarbeit

(1) Steuerfrei sind Zuschläge, die für tatsächlich geleistete Sonntags-, Feiertags- oder Nachtarbeit neben dem Grundlohn gezahlt werden, soweit sie

1. für Nachtarbeit 25 Prozent,
2. vorbehaltlich der Nummern 3 und 4 für Sonntagsarbeit 50 Prozent,
3. vorbehaltlich der Nummer 4 für Arbeit am 31. Dezember ab 14 Uhr und an den gesetzlichen Feiertagen 125 Prozent,
4. für Arbeit am 24. Dezember ab 14 Uhr, am 25. und 26. Dezember sowie am 1. Mai 150 Prozent

des Grundlohns nicht übersteigen.

(2) ① Grundlohn ist der laufende Arbeitslohn, der dem Arbeitnehmer bei der für ihn maßgebenden regelmäßigen Arbeitszeit für den jeweiligen Lohnzahlungszeitraum zusteht; er ist in einen Stundenlohn umzurechnen und mit höchstens 50 Euro anzusetzen. ② Nachtarbeit ist die Arbeit in der Zeit von 20 Uhr bis 6 Uhr. ③ Sonntagsarbeit und Feiertagsarbeit ist die Arbeit in der Zeit von 0 Uhr bis 24 Uhr des jeweiligen Tages. ④ Die gesetzlichen Feiertage werden durch die am Ort der Arbeitsstätte geltenden Vorschriften bestimmt.

(3) Wenn die Nachtarbeit vor 0 Uhr aufgenommen wird, gilt abweichend von den Absätzen 1 und 2 Folgendes:

1. Für Nachtarbeit in der Zeit von 0 Uhr bis 4 Uhr erhöht sich der Zuschlagssatz auf 40 Prozent,
2. als Sonntagsarbeit und Feiertagsarbeit gilt auch die Arbeit in der Zeit von 0 Uhr bis 4 Uhr des auf den Sonntag oder Feiertag folgenden Tages.

§ 3c Anteilige Abzüge

(1) Ausgaben dürfen, soweit sie mit steuerfreien Einnahmen in unmittelbarem wirtschaftlichen Zusammenhang stehen, nicht als Betriebsausgaben oder Werbungskosten abgezogen werden; Absatz 2 bleibt unberührt.

(2)[2] ① Betriebsvermögensminderungen, Betriebsausgaben, Veräußerungskosten oder Werbungskosten, die mit den dem § 3 Nummer 40 zugrunde liegenden Betriebsvermögensmehrungen oder Einnahmen oder mit Vergütungen nach § 3 Nummer 40 a in wirtschaftlichem Zusammenhang stehen, dürfen unabhängig davon, in welchem Veranlagungszeitraum die Betriebsvermögensmehrungen oder Einnahmen anfallen, bei der Ermittlung der Einkünfte nur zu 60 Prozent abgezogen werden; Entsprechendes gilt, wenn bei der Ermittlung der Einkünfte der Wert des Betriebsvermögens oder des Anteils am Betriebsvermögen oder die Anschaffungs- oder Herstellungskosten oder der an deren Stelle tretende Wert mindernd zu berücksichtigen sind. ② Satz 1 ist auch für Betriebsvermögensminderungen oder Betriebsausgaben im Zusammenhang mit einer Darlehensforderung oder aus der Inanspruchnahme von Sicherheiten anzuwenden, die

---

[1] § 3 a Abs. 3 a eingefügt durch Gesetz vom 12. 12. 2019 (BGBl. I S. 2451); zur Anwendung siehe § 52 Abs. 4 a Satz 4 i. V. m. Satz 1.

[2] § 3 c Abs. 2 neuer Satz 2 eingefügt mit Wirkung ab VZ 2011, bisherige Sätze 2 und 3 werden 3 und 4 durch Gesetz vom 8. 12. 2010 (BGBl. I S. 1768); Abs. 2 neue Sätze 2 bis 6 eingefügt, bish. Sätze 2 bis 4 werden Sätze 7 bis 9 durch Gesetz vom 22. 12. 2014 (BGBl. I S. 2417); zur erstmaligen Anwendung siehe § 52 Abs. 5 Satz 2.

für ein Darlehen hingegeben wurden, wenn das Darlehen oder die Sicherheit von einem Steuerpflichtigen gewährt wird, der zu mehr als einem Viertel unmittelbar oder mittelbar am Grund- oder Stammkapital der Körperschaft, der das Darlehen gewährt wurde, beteiligt ist oder war. ③ Satz 2 ist insoweit nicht anzuwenden, als nachgewiesen wird, dass auch ein fremder Dritter das Darlehen bei sonst gleichen Umständen gewährt oder noch nicht zurückgefordert hätte; dabei sind nur die eigenen Sicherungsmittel der Körperschaft zu berücksichtigen. ④ Die Sätze 2 und 3 gelten entsprechend für Forderungen aus Rechtshandlungen, die einer Darlehensgewährung wirtschaftlich vergleichbar sind. ⑤ Gewinne aus dem Ansatz des nach § 6 Absatz 1 Nummer 2 Satz 3 maßgeblichen Werts bleiben bei der Ermittlung der Einkünfte außer Ansatz, soweit auf die vorangegangene Teilwertabschreibung Satz 2 angewendet worden ist. ⑥ Satz 1 ist außerdem ungeachtet eines wirtschaftlichen Zusammenhangs mit den dem § 3 Nummer 40 zugrunde liegenden Betriebsvermögensmehrungen oder Einnahmen oder mit Vergütungen nach § 3 Nummer 40a auch auf Betriebsvermögensminderungen, Betriebsausgaben oder Veräußerungskosten eines Gesellschafters einer Körperschaft anzuwenden, soweit diese mit einer im Gesellschaftsverhältnis veranlassten unentgeltlichen Überlassung von Wirtschaftsgütern an diese Körperschaft oder bei einer teilentgeltlichen Überlassung von Wirtschaftsgütern mit dem unentgeltlichen Teil in Zusammenhang stehen und der Steuerpflichtige zu mehr als einem Viertel unmittelbar oder mittelbar am Grund- oder Stammkapital dieser Körperschaft beteiligt ist oder war. ⑦ Für die Anwendung des Satzes 1 ist die Absicht zur Erzielung von Betriebsvermögensmehrungen oder Einnahmen im Sinne des § 3 Nummer 40 oder von Vergütungen im Sinne des § 3 Nummer 40a ausreichend. ⑧ Satz 1 gilt auch für Wertminderungen des Anteils an einer Organgesellschaft, die nicht auf Gewinnausschüttungen zurückzuführen sind. ⑨ § 8b Absatz 10 des Körperschaftsteuergesetzes gilt sinngemäß.

(3) Betriebsvermögensminderungen, Betriebsausgaben oder Veräußerungskosten, die mit den Betriebsvermögensmehrungen oder Einnahmen im Sinne des § 3 Nummer 70 in wirtschaftlichem Zusammenhang stehen, dürfen unabhängig davon, in welchem Veranlagungszeitraum die Betriebsvermögensmehrungen oder Einnahmen anfallen, nur zur Hälfte abgezogen werden.

(4)[1] ① Betriebsvermögensminderungen oder Betriebsausgaben, die mit einem steuerfreien Sanierungsertrag im Sinne des § 3a in unmittelbarem wirtschaftlichem Zusammenhang stehen, dürfen unabhängig davon, in welchem Veranlagungszeitraum der Sanierungsertrag entsteht, nicht abgezogen werden. ② Satz 1 gilt nicht, soweit Betriebsvermögensminderungen oder Betriebsausgaben zur Erhöhung von Verlustvorträgen geführt haben, die nach Maßgabe der in § 3a Absatz 3 getroffenen Regelungen entfallen. ③ Zu den Betriebsvermögensminderungen oder Betriebsausgaben im Sinne des Satzes 1 gehören auch Aufwendungen im Zusammenhang mit einem Besserungsschein und vergleichbare Aufwendungen. ④ Satz 1 gilt für Betriebsvermögensminderungen oder Betriebsausgaben, die nach dem Sanierungsjahr entstehen, nur insoweit, als noch ein verbleibender Sanierungsertrag im Sinne von § 3a Absatz 3 Satz 4 vorhanden ist. ⑤ Wurden Betriebsvermögensminderungen oder Betriebsausgaben im Sinne des Satzes 1 bereits bei einer Steuerfestsetzung oder einer gesonderten Feststellung nach § 180 Absatz 1 Satz 1 der Abgabenordnung gewinnmindernd berücksichtigt, ist der entsprechende Steuer- oder Feststellungsbescheid insoweit zu ändern. ⑥ Das gilt auch dann, wenn der Steuer- oder Feststellungsbescheid bereits bestandskräftig geworden ist; die Festsetzungsfrist endet insoweit nicht, bevor die Festsetzungsfrist für das Sanierungsjahr abgelaufen ist.

3. Gewinn

§ 4 Gewinnbegriff im Allgemeinen

(1)[2] ① Gewinn ist der Unterschiedsbetrag zwischen dem Betriebsvermögen am Schluss des Wirtschaftsjahres und dem Betriebsvermögen am Schluss des vorangegangenen Wirtschaftsjahres, vermehrt um den Wert der Entnahmen und vermindert um den Wert der Einlagen. ② Entnahmen sind alle Wirtschaftsgüter (Barentnahmen, Waren, Erzeugnisse, Nutzungen und Leistungen), die der Steuerpflichtige dem Betrieb für sich, für seinen Haushalt oder für andere betriebsfremde Zwecke im Laufe des Wirtschaftsjahres entnommen hat. ③ Einer Entnahme für betriebsfremde Zwecke steht der Ausschluss oder die Beschränkung des Besteuerungsrechts der Bundesrepublik Deutschland hinsichtlich des Gewinns aus der Veräußerung oder der Nutzung eines Wirtschaftsguts gleich; dies gilt auf Antrag auch in den Fällen, in denen die Beschränkung des Besteuerungsrechts der Bundesrepublik Deutschland hinsichtlich des Gewinns aus der Veräußerung eines Wirtschaftsguts entfällt und in einem anderen Staat eine Besteuerung auf Grund des Ausschlusses oder der Beschränkung des Besteuerungsrechts dieses Staates hinsichtlich des Gewinns aus der Veräußerung des Wirtschaftsguts erfolgt.[3] ④ Ein Ausschluss oder eine Beschrän-

---

[1] § 3c Abs. 4 eingefügt durch Art. 2 des Gesetzes vom 27. 6. 2017 (BGBl. I S. 2074); zur erstmaligen Anwendung siehe § 52 Abs. 5 Satz 3 und 4.

[2] § 4 Abs. 1 neuer Satz 4 eingefügt durch Gesetz vom 8. 12. 2010 (BGBl. I S. 1768); zur erstmaligen Anwendung siehe § 52 Abs. 6 Satz 2.

[3] § 4 Abs. 1 Satz 3 letzter Halbsatz angefügt durch Gesetz vom 25. 6. 2021 (BGBl. I S. 2035); zur erstmaligen Anwendung siehe § 52 Abs. 6 Satz 1.

kung des Besteuerungsrechts hinsichtlich des Gewinns aus der Veräußerung eines Wirtschaftsguts liegt insbesondere vor, wenn ein bisher einer inländischen Betriebsstätte des Steuerpflichtigen zuzuordnendes Wirtschaftsgut einer ausländischen Betriebsstätte zuzuordnen ist. ⑤ Satz 3 gilt nicht für Anteile an einer Europäischen Gesellschaft oder Europäischen Genossenschaft in den Fällen

1. einer Sitzverlegung der Europäischen Gesellschaft nach Artikel 8 der Verordnung (EG) Nr. 2157/2001 des Rates vom 8. Oktober 2001 über das Statut der Europäischen Gesellschaft (SE) (ABl. EG Nr. L 294 S. 1), zuletzt geändert durch die Verordnung (EG) Nr. 885/2004 des Rates vom 26. April 2004 (ABl. EU Nr. L 168 S. 1), und
2. einer Sitzverlegung der Europäischen Genossenschaft nach Artikel 7 der Verordnung (EG) Nr. 1435/2003 des Rates vom 22. Juli 2003 über das Statut der Europäischen Genossenschaft (SCE) (ABl. EU Nr. L 207 S. 1).

⑥ Ein Wirtschaftsgut wird nicht dadurch entnommen, dass der Steuerpflichtige zur Gewinnermittlung nach § 13a übergeht. ⑦ Eine Änderung der Nutzung eines Wirtschaftsguts, die bei Gewinnermittlung nach Satz 1 keine Entnahme ist, ist auch bei Gewinnermittlung nach § 13a keine Entnahme. ⑧ Einlagen sind alle Wirtschaftsgüter (Bareinzahlungen und sonstige Wirtschaftsgüter), die der Steuerpflichtige dem Betrieb im Laufe des Wirtschaftsjahres zugeführt hat; einer Einlage steht die Begründung des Besteuerungsrechts der Bundesrepublik Deutschland hinsichtlich des Gewinns aus der Veräußerung eines Wirtschaftsguts gleich. ⑨ In den Fällen des Satzes 3 zweiter Halbsatz gilt das Wirtschaftsgut als unmittelbar nach der Entnahme wieder eingelegt.[1] ⑩ Bei der Ermittlung des Gewinns sind die Vorschriften über die Betriebsausgaben, über die Bewertung und über die Absetzung für Abnutzung oder Substanzverringerung zu befolgen.

(2) ① Der Steuerpflichtige darf die Vermögensübersicht (Bilanz) auch nach ihrer Einreichung beim Finanzamt ändern, soweit sie den Grundsätzen ordnungsmäßiger Buchführung unter Befolgung der Vorschriften dieses Gesetzes nicht entspricht; diese Änderung ist nicht zulässig, wenn die Vermögensübersicht (Bilanz) einer Steuerfestsetzung zugrunde liegt, die nicht mehr aufgehoben oder geändert werden kann. ② Darüber hinaus ist eine Änderung der Vermögensübersicht (Bilanz) nur zulässig, wenn sie in einem engen zeitlichen und sachlichen Zusammenhang mit einer Änderung nach Satz 1 steht und soweit die Auswirkung der Änderung nach Satz 1 auf den Gewinn reicht.

(3)[2] ① Steuerpflichtige, die nicht auf Grund gesetzlicher Vorschriften verpflichtet sind, Bücher zu führen und regelmäßig Abschlüsse zu machen, und die auch keine Bücher führen und keine Abschlüsse machen, können als Gewinn den Überschuss der Betriebseinnahmen über die Betriebsausgaben ansetzen. ② Hierbei scheiden Betriebseinnahmen und Betriebsausgaben aus, die im Namen und für Rechnung eines anderen vereinnahmt und verausgabt werden (durchlaufende Posten). ③ Die Vorschriften über die Bewertungsfreiheit für geringwertige Wirtschaftsgüter (§ 6 Absatz 2), die Bildung eines Sammelpostens (§ 6 Absatz 2a) und über die Absetzung für Abnutzung oder Substanzverringerung sind zu befolgen. ④ Die Anschaffungs- oder Herstellungskosten für nicht abnutzbare Wirtschaftsgüter des Anlagevermögens, für Anteile an Kapitalgesellschaften, für Wertpapiere und vergleichbare nicht verbriefte Forderungen und Rechte, für Grund und Boden sowie Gebäude des Umlaufvermögens sind erst im Zeitpunkt des Zuflusses des Veräußerungserlöses oder bei Entnahme im Zeitpunkt der Entnahme als Betriebsausgaben zu berücksichtigen. ⑤ Die Wirtschaftsgüter des Anlagevermögens und Wirtschaftsgüter des Umlaufvermögens im Sinne des Satzes 4 sind unter Angabe des Tages der Anschaffung oder Herstellung und der Anschaffungs- oder Herstellungskosten oder des an deren Stelle getretenen Werts in besondere, laufend zu führende Verzeichnisse aufzunehmen.

(4) Betriebsausgaben sind die Aufwendungen, die durch den Betrieb veranlasst sind.

(4a) ① Schuldzinsen sind nach Maßgabe der Sätze 2 bis 4 nicht abziehbar, wenn Überentnahmen getätigt worden sind. ② Eine Überentnahme ist der Betrag, um den die Entnahmen die Summe des Gewinns und der Einlagen des Wirtschaftsjahres übersteigen. ③ Die nicht abziehbaren Schuldzinsen werden typisiert mit 6 Prozent der Überentnahme des Wirtschaftsjahres zuzüglich der Überentnahmen vorangegangener Wirtschaftsjahre und abzüglich der Beträge, um die in den vorangegangenen Wirtschaftsjahren der Gewinn und die Einlagen die Entnahmen überstiegen haben (Unterentnahmen), ermittelt; bei der Ermittlung der Überentnahme ist vom Gewinn ohne Berücksichtigung der nach Maßgabe dieses Absatzes nicht abziehbaren Schuldzinsen auszugehen. ④ Der sich dabei ergebende Betrag, höchstens jedoch der um 2050 Euro verminderte Betrag der im Wirtschaftsjahr angefallenen Schuldzinsen, ist dem Gewinn hinzuzurechnen. ⑤ Der Abzug von Schuldzinsen für Darlehen zur Finanzierung von Anschaffungs- oder Herstellungskosten von Wirtschaftsgütern des Anlagevermögens bleibt unberührt. ⑥ Die Sätze 1 bis 5 sind bei Gewinnermittlung nach § 4 Absatz 3 sinngemäß anzuwenden; hierzu sind Entnahmen und Einlagen gesondert aufzuzeichnen.

---

[1] § 4 Abs. 3 Satz 9 eingefügt durch Gesetz vom 25. 6. 2021 (BGBl. I S. 2035), bisheriger Satz 9 wird Satz 10; zur erstmaligen Anwendung siehe § 52 Abs. 6 Satz 3.

[2] Zur Anwendung siehe § 52 Abs. 6 Satz 4 bis 6.

(5)[1] ① Die folgenden Betriebsausgaben dürfen den Gewinn nicht mindern:

1. Aufwendungen für Geschenke an Personen, die nicht Arbeitnehmer des Steuerpflichtigen sind. ② Satz 1 gilt nicht, wenn die Anschaffungs- oder Herstellungskosten der dem Empfänger im Wirtschaftsjahr zugewendeten Gegenstände insgesamt 35 Euro nicht übersteigen;
2. Aufwendungen für die Bewirtung von Personen aus geschäftlichem Anlass, soweit sie 70 Prozent der Aufwendungen übersteigen, die nach der allgemeinen Verkehrsauffassung als angemessen anzusehen und deren Höhe und betriebliche Veranlassung nachgewiesen sind. ② Zum Nachweis der Höhe und der betrieblichen Veranlassung der Aufwendungen hat der Steuerpflichtige schriftlich die folgenden Angaben zu machen: Ort, Tag, Teilnehmer und Anlass der Bewirtung sowie Höhe der Aufwendungen. ③ Hat die Bewirtung in einer Gaststätte stattgefunden, so genügen Angaben zu dem Anlass und den Teilnehmern der Bewirtung; die Rechnung über die Bewirtung ist beizufügen;
3. Aufwendungen für Einrichtungen des Steuerpflichtigen, soweit sie der Bewirtung, Beherbergung oder Unterhaltung von Personen, die nicht Arbeitnehmer des Steuerpflichtigen sind, dienen (Gästehäuser) und sich außerhalb des Orts eines Betriebs des Steuerpflichtigen befinden;
4. Aufwendungen für Jagd oder Fischerei, für Segeljachten oder Motorjachten sowie für ähnliche Zwecke und für die hiermit zusammenhängenden Bewirtungen;

5.[2] Mehraufwendungen für die Verpflegung des Steuerpflichtigen. ② Wird der Steuerpflichtige vorübergehend von seiner Wohnung und dem Mittelpunkt seiner dauerhaft angelegten betrieblichen Tätigkeit entfernt betrieblich tätig, sind die Mehraufwendungen für Verpflegung nach Maßgabe des § 9 Absatz 4 a abziehbar;

6.[3] Aufwendungen für die Wege des Steuerpflichtigen zwischen Wohnung und Betriebsstätte und für Familienheimfahrten, soweit in den folgenden Sätzen nichts anderes bestimmt ist. ② Zur Abgeltung dieser Aufwendungen ist § 9 Absatz 1 Satz 3 Nummer 4 Satz 2 bis 6 und Nummer 5 Satz 5 bis 7 und Absatz 2 entsprechend anzuwenden. ③ Bei der Nutzung eines Kraftfahrzeugs dürfen die Aufwendungen in Höhe des positiven Unterschiedsbetrags zwischen 0,03 Prozent des inländischen Listenpreises im Sinne des § 6 Absatz 1 Nummer 4 Satz 2 des Kraftfahrzeugs im Zeitpunkt der Erstzulassung je Kalendermonat für jeden Entfernungskilometer und dem sich nach § 9 Absatz 1 Satz 3 Nummer 4 Satz 2 bis 6 oder Absatz 2 ergebenden Betrag sowie Aufwendungen für Familienheimfahrten in Höhe des positiven Unterschiedsbetrags zwischen 0,002 Prozent des inländischen Listenpreises im Sinne des § 6 Absatz 1 Nummer 4 Satz 2 für jeden Entfernungskilometer und dem sich nach § 9 Absatz 1 Satz 3 Nummer 5 Satz 5 bis 7 oder Absatz 2 ergebenden Betrag den Gewinn nicht mindern; ermittelt der Steuerpflichtige die private Nutzung des Kraftfahrzeugs nach § 6 Absatz 1 Nummer 4 Satz 1 oder Satz 3, treten an die Stelle des mit 0,03 oder 0,002 Prozent des inländischen Listenpreises ermittelten Betrags für Fahrten zwischen Wohnung und Betriebsstätte und für Familienheimfahrten die auf diese Fahrten entfallenden tatsächlichen Aufwendungen; § 6 Absatz 1 Nummer 4 Satz 3 zweiter Halbsatz gilt sinngemäß. ④ § 9 Absatz 1 Satz 3 Nummer 4 Satz 8 und Nummer 5 Satz 9 gilt entsprechend;[4]

6 a.[5] die Mehraufwendungen für eine betrieblich veranlasste doppelte Haushaltsführung, soweit sie die nach § 9 Absatz 1 Satz 3 Nummer 5 Satz 1 bis 4 abziehbaren Beträge und die Mehraufwendungen für betrieblich veranlasste Übernachtungen, soweit sie die nach § 9 Absatz 1 Satz 3 Nummer 5 a abziehbaren Beträge übersteigen;

[alte Fassung:]

6 b.[6] Aufwendungen für ein häusliches Arbeitszimmer sowie die Kosten der Ausstattung. ② Dies gilt nicht, wenn für die betriebliche oder berufliche Tätigkeit kein anderer Arbeitsplatz zur Verfügung steht. ③ In diesem Fall wird die Höhe der abziehbaren Aufwendungen auf 1250 Euro begrenzt;

[neue Fassung]:

6 b.[7] Aufwendungen für ein häusliches Arbeitszimmer sowie die Kosten der Ausstattung. ② Dies gilt nicht, wenn das Arbeitszimmer den Mittelpunkt der gesamten betrieblichen und beruflichen Betätigung bildet. ③ Anstelle der Aufwendungen kann pauschal ein Betrag von 1260 Euro (Jahres-

---

[1] Regelung bestätigt durch Gesetz vom 5. 4. 2011 (BGBl. I S. 554).

[2] § 4 Abs. 5 Satz 1 Nr. 5 neugefasst durch Gesetz vom 20. 2. 2013 (BGBl. I S. 285); zur erstmaligen Anwendung siehe § 52 Abs. 6 Satz 10.

[3] § 4 Abs. 5 Satz 1 Nr. 6 Satz 2 und 3 geändert mit Wirkung ab 1. 1. 2014 durch Gesetz vom 20. 2. 2013 (BGBl. I S. 285); Abs. 5 Satz 1 Nr. 6 Satz 3 letzter Halbsatz angefügt mit Wirkung ab VZ 2013 durch Gesetz vom 26. 6. 2013 (BGBl. I S. 1809).

[4] § 4 Abs. 5 Satz 1 Nr. 6 Satz 4 angefügt mit Wirkung ab VZ 2021 durch Gesetz vom 21. 12. 2019 (BGBl. I S. 2886).

[5] § 4 Abs. 5 Satz 1 Nr. 6 a eingefügt durch Gesetz vom 20. 2. 2013 (BGBl. I S. 285); zur erstmaligen Anwendung siehe § 52 Abs. 6 Satz 11.

[6] § 4 Abs. 5 Satz 1 Nr. 6 b Satz 2 ersetzt durch Sätze 2 und 3 durch Gesetz vom 8. 12. 2010 (BGBl. I S. 1768); Abs. 5 Satz 1 Nr. 6 b Satz 4 eingefügt durch Gesetz vom 21. 12. 2020 (BGBl. I S. 3096); zur Anwendung siehe § 52 Abs. 6 Satz 16.

[7] § 4 Abs. 5 Satz 1 Nr. 6 b ersetzt durch Nr. 6 b und 6 c durch Gesetz vom 16. 12. 2022 (BGBl. I S. 2294); **zur Anwendung siehe § 52 Abs. 6 Satz 12.**

[alte Fassung:]

die Beschränkung der Höhe nach gilt nicht, wenn das Arbeitszimmer den Mittelpunkt der gesamten betrieblichen und beruflichen Betätigung bildet. ④ Liegt kein häusliches Arbeitszimmer vor oder wird auf einen Abzug der Aufwendungen für ein häusliches Arbeitszimmer nach den Sätzen 2 und 3 verzichtet, kann der Steuerpflichtige für jeden Kalendertag, an dem er seine betriebliche oder berufliche Tätigkeit ausschließlich in der häuslichen Wohnung ausübt und keine außerhalb der häuslichen Wohnung belegene Betätigungsstätte aufsucht, für seine gesamte betriebliche und berufliche Betätigung einen Betrag von 5 Euro abziehen, höchstens 600 Euro im Wirtschafts- oder Kalenderjahr;

[neue Fassung]:

pauschale) für das Wirtschafts- oder Kalenderjahr abgezogen werden. ④ Für jeden vollen Kalendermonat, in dem die Voraussetzungen nach Satz 2 nicht vorliegen, ermäßigt sich der Betrag von 1260 Euro um ein Zwölftel;

6 c.[1] für jeden Kalendertag, an dem die betriebliche oder berufliche Tätigkeit überwiegend in der häuslichen Wohnung ausgeübt und keine außerhalb der häuslichen Wohnung belegene erste Tätigkeitsstätte aufgesucht wird, kann für die gesamte betriebliche und berufliche Betätigung ein Betrag von 6 Euro (Tagespauschale), höchstens 1260 Euro im Wirtschafts- oder Kalenderjahr, abgezogen werden. ② Steht für die betriebliche oder berufliche Tätigkeit dauerhaft kein anderer Arbeitsplatz zur Verfügung, ist ein Abzug der Tagespauschale zulässig, auch wenn die Tätigkeit am selben Kalendertag auswärts oder an der ersten Tätigkeitsstätte ausgeübt wird. ③ Der Abzug der Tagespauschale ist nicht zulässig, soweit für die Wohnung Unterkunftskosten im Rahmen der Nummer 6 a oder des § 9 Absatz 1 Satz 3 Nummer 5 abgezogen werden können oder soweit ein Abzug nach Nummer 6 b vorgenommen wird;

7. andere als die in den Nummern 1 bis 6 und 6 b bezeichneten Aufwendungen, die die Lebensführung des Steuerpflichtigen oder anderer Personen berühren, soweit sie nach allgemeiner Verkehrsauffassung als unangemessen anzusehen sind;

8.[2] Geldbußen, Ordnungsgelder und Verwarnungsgelder, die von einem Gericht oder einer Behörde im Geltungsbereich dieses Gesetzes oder von einem Mitgliedstaat oder von Organen der Europäischen Union festgesetzt wurden sowie damit zusammenhängende Aufwendungen. ② Dasselbe gilt für Leistungen zur Erfüllung von Auflagen oder Weisungen, die in einem berufsgerichtlichen Verfahren erteilt werden, soweit die Auflagen oder Weisungen nicht lediglich der Wiedergutmachung des durch die Tat verursachten Schadens dienen. ③ Die Rückzahlung von Ausgaben im Sinne der Sätze 1 und 2 darf den Gewinn nicht erhöhen. ④ Das Abzugsverbot für Geldbußen gilt nicht, soweit der wirtschaftliche Vorteil, der durch den Gesetzesverstoß erlangt wurde, abgeschöpft worden ist, wenn die Steuern vom Einkommen und Ertrag, die auf den wirtschaftlichen Vorteil entfallen, nicht abgezogen worden sind; Satz 3 ist insoweit nicht anzuwenden;

8 a.[3] Zinsen auf hinterzogene Steuern nach § 235 der Abgabenordnung und Zinsen nach § 233 a der Abgabenordnung, soweit diese nach § 235 Absatz 4 der Abgabenordnung auf die Hinterziehungszinsen angerechnet werden;

[1] § 4 Abs. 5 Satz 1 Nr. 6 b ersetzt durch Nr. 6 b und 6 c durch Gesetz vom 16. 12. 2022 (BGBl. I S. 2294); **zur Anwendung siehe § 52 Abs. 6 Satz 12.**

[2] § 4 Abs. 5 Satz 1 Nr. 8 Satz 1 geändert mit Wirkung ab VZ 2013 durch Gesetz vom 26. 6. 2013 (BGBl. I S. 1809); Satz 1 neugefasst durch Gesetz vom 12. 12. 2019 (BGBl. I S. 2451); zur erstmaligen Anwendung siehe § 52 Abs. 6 Satz 12.

[3] § 4 Abs. 5 Satz 1 Nr. 8 a geändert durch Gesetz vom 12. 12. 2019 (BGBl. I S. 2451); zur erstmaligen Anwendung siehe § 52 Abs. 6 Satz 13.

9.[1] Ausgleichszahlungen, die in den Fällen der §§ 14 und 17 des Körperschaftsteuergesetzes an außenstehende Anteilseigner geleistet werden;

10. die Zuwendung von Vorteilen sowie damit zusammenhängende Aufwendungen, wenn die Zuwendung der Vorteile eine rechtswidrige Handlung darstellt, die den Tatbestand eines Strafgesetzes oder eines Gesetzes verwirklicht, das die Ahndung mit einer Geldbuße zulässt. ② Gerichte, Staatsanwaltschaften oder Verwaltungsbehörden haben Tatsachen, die sie dienstlich erfahren und die den Verdacht einer Tat im Sinne des Satzes 1 begründen, der Finanzbehörde für Zwecke des Besteuerungsverfahrens und zur Verfolgung von Steuerstraftaten und Steuerordnungswidrigkeiten mitzuteilen. ③ Die Finanzbehörde teilt Tatsachen, die den Verdacht einer Straftat oder einer Ordnungswidrigkeit im Sinne des Satzes 1 begründen, der Staatsanwaltschaft oder der Verwaltungsbehörde mit. ④ Diese unterrichten die Finanzbehörde von dem Ausgang des Verfahrens und den zugrunde liegenden Tatsachen;

11. Aufwendungen, die mit unmittelbaren oder mittelbaren Zuwendungen von nicht einlagefähigen Vorteilen an natürliche oder juristische Personen oder Personengesellschaften zur Verwendung in Betrieben in tatsächlichem oder wirtschaftlichem Zusammenhang stehen, deren Gewinn nach § 5 a Absatz 1 ermittelt wird;

12. Zuschläge nach § 162 Absatz 4 der Abgabenordnung;

13.[2] Jahresbeiträge nach § 12 Absatz 2 des Restrukturierungsfondsgesetzes.

② Das Abzugsverbot gilt nicht, soweit die in den Nummern 2 bis 4 bezeichneten Zwecke Gegenstand einer mit Gewinnabsicht ausgeübten Betätigung des Steuerpflichtigen sind. ③ § 12 Nummer 1 bleibt unberührt.

(5 a) (weggefallen)

(5 b) Die Gewerbesteuer und die darauf entfallenden Nebenleistungen sind keine Betriebsausgaben.

(6) Aufwendungen zur Förderung staatspolitischer Zwecke (§ 10 b Absatz 2) sind keine Betriebsausgaben.

(7) ① Aufwendungen im Sinne des Absatzes 5 Satz 1 Nummer 1 bis 4, 6 b und 7 sind einzeln und getrennt von den sonstigen Betriebsausgaben aufzuzeichnen. ② Soweit diese Aufwendungen nicht bereits nach Absatz 5 vom Abzug ausgeschlossen sind, dürfen sie bei der Gewinnermittlung nur berücksichtigt werden, wenn sie nach Satz 1 besonders aufgezeichnet sind.

(8) Für Erhaltungsaufwand bei Gebäuden in Sanierungsgebieten und städtebaulichen Entwicklungsbereichen sowie bei Baudenkmalen gelten die §§ 11 a und 11 b entsprechend.

(9)[3] ① Aufwendungen des Steuerpflichtigen für seine Berufsausbildung oder für sein Studium sind nur dann Betriebsausgaben, wenn der Steuerpflichtige zuvor bereits eine Erstausbildung (Berufsausbildung oder Studium) abgeschlossen hat. ② § 9 Absatz 6 Satz 2 bis 5 gilt entsprechend.

(10)[4] § 9 Absatz 1 Satz 3 Nummer 5 b ist entsprechend anzuwenden.

§ 4 a Gewinnermittlungszeitraum, Wirtschaftsjahr

(1) ① Bei Land- und Forstwirten und bei Gewerbetreibenden ist der Gewinn nach dem Wirtschaftsjahr zu ermitteln. ② Wirtschaftsjahr ist

1. bei Land- und Forstwirten der Zeitraum vom 1. Juli bis zum 30. Juni. ② Durch Rechtsverordnung kann für einzelne Gruppen von Land- und Forstwirten ein anderer Zeitraum bestimmt werden, wenn das aus wirtschaftlichen Gründen erforderlich ist;
2. bei Gewerbetreibenden, deren Firma im Handelsregister eingetragen ist, der Zeitraum, für den sie regelmäßig Abschlüsse machen. ② Die Umstellung des Wirtschaftsjahres auf einen vom Kalenderjahr abweichenden Zeitraum ist steuerlich nur wirksam, wenn sie im Einvernehmen mit dem Finanzamt vorgenommen wird;
3. bei anderen Gewerbetreibenden das Kalenderjahr. ② Sind sie gleichzeitig buchführende Land- und Forstwirte, so können sie mit Zustimmung des Finanzamts den nach Nummer 1 maßgebenden Zeitraum als Wirtschaftsjahr für den Gewerbebetrieb bestimmen, wenn sie für den Gewerbebetrieb Bücher führen und für diesen Zeitraum regelmäßig Abschlüsse machen.

(2) Bei Land- und Forstwirten und bei Gewerbetreibenden, deren Wirtschaftsjahr vom Kalenderjahr abweicht, ist der Gewinn aus Land- und Forstwirtschaft oder aus Gewerbebetrieb bei der Ermittlung des Einkommens in folgender Weise zu berücksichtigen:

1. ① Bei Land- und Forstwirten ist der Gewinn des Wirtschaftsjahres auf das Kalenderjahr, in dem das Wirtschaftsjahr beginnt, und auf das Kalenderjahr, in dem das Wirtschaftsjahr endet, entsprechend dem zeitlichen Anteil aufzuteilen. ② Bei der Aufteilung sind Veräußerungs-

---

[1] § 4 Abs. 5 Satz 1 Nr. 9 Verweis geändert mit Wirkung ab VZ 2014 durch Gesetz vom 25. 7. 2014 (BGBl. I S. 1266).
[2] § 4 Abs. 5 Satz 1 Nr. 13 eingefügt durch Gesetz vom 9. 12. 2010 (BGBl. I S. 1900).
[3] § 4 Abs. 9 angefügt mit Wirkung ab VZ 2011 durch Gesetz vom 7. 12. 2011 (BGBl. I S. 2592); Abs. 9 neugefasst mit Wirkung ab VZ 2015 durch Gesetz vom 22. 12. 2014 (BGBl. I S. 2417).
[4] § 4 Abs. 10 eingefügt mit Wirkung ab VZ 2020 durch Gesetz vom 12. 12. 2019 (BGBl. I S. 2451).

gewinne im Sinne des § 14 auszuscheiden und dem Gewinn des Kalenderjahres hinzuzurechnen, in dem sie entstanden sind;

2. bei Gewerbetreibenden gilt der Gewinn des Wirtschaftsjahres als in dem Kalenderjahr bezogen, in dem das Wirtschaftsjahr endet.

§ 4b Direktversicherung

① Der Versicherungsanspruch aus einer Direktversicherung, die von einem Steuerpflichtigen aus betrieblichem Anlass abgeschlossen wird, ist dem Betriebsvermögen des Steuerpflichtigen nicht zuzurechnen, soweit am Schluss des Wirtschaftsjahres hinsichtlich der Leistungen des Versicherers die Person, auf deren Leben die Lebensversicherung abgeschlossen ist, oder ihre Hinterbliebenen bezugsberechtigt sind. ② Das gilt auch, wenn der Steuerpflichtige die Ansprüche aus dem Versicherungsvertrag abgetreten oder beliehen hat, sofern er sich der bezugsberechtigten Person gegenüber schriftlich verpflichtet, sie bei Eintritt des Versicherungsfalls so zu stellen, als ob die Abtretung oder Beleihung nicht erfolgt wäre.

§ 4c Zuwendungen an Pensionskassen

(1)[1] ① Zuwendungen an eine Pensionskasse dürfen von dem Unternehmen, das die Zuwendungen leistet (Trägerunternehmen), als Betriebsausgaben abgezogen werden, soweit sie auf einer in der Satzung oder im Geschäftsplan der Kasse festgelegten Verpflichtung oder auf einer Anordnung der Versicherungsaufsichtsbehörde beruhen oder der Abdeckung von Fehlbeträgen bei der Kasse dienen. ② Soweit die allgemeinen Versicherungsbedingungen und die fachlichen Geschäftsunterlagen im Sinne des § 219 Absatz 3 Nummer 1 Buchstabe b[2] des Versicherungsaufsichtsgesetzes nicht zum Geschäftsplan gehören, gelten diese als Teil des Geschäftsplans.

(2) Zuwendungen im Sinne des Absatzes 1 dürfen als Betriebsausgaben nicht abgezogen werden, soweit die Leistungen der Kasse, wenn sie vom Trägerunternehmen unmittelbar erbracht würden, bei diesem nicht betrieblich veranlasst wären.

§ 4d Zuwendungen an Unterstützungskassen

(1) ① Zuwendungen an eine Unterstützungskasse dürfen von dem Unternehmen, das die Zuwendungen leistet (Trägerunternehmen), als Betriebsausgaben abgezogen werden, soweit die Leistungen der Kasse, wenn sie vom Trägerunternehmen unmittelbar erbracht würden, bei diesem betrieblich veranlasst wären und sie die folgenden Beträge nicht übersteigen:

1. bei Unterstützungskassen, die lebenslänglich laufende Leistungen gewähren:
   a) das Deckungskapital für die laufenden Leistungen nach der dem Gesetz als Anlage 1 beigefügten Tabelle.[3] ② Leistungsempfänger ist jeder ehemalige Arbeitnehmer des Trägerunternehmens, der von der Unterstützungskasse Leistungen erhält; soweit die Kasse Hinterbliebenenversorgung gewährt, ist Leistungsempfänger der Hinterbliebene eines ehemaligen Arbeitnehmers des Trägerunternehmens, der von der Kasse Leistungen erhält. ③ Dem ehemaligen Arbeitnehmer stehen andere Personen gleich, denen Leistungen der Alters-, Invaliditäts- oder Hinterbliebenenversorgung aus Anlass ihrer ehemaligen Tätigkeit für das Trägerunternehmen zugesagt worden sind;
   b)[4] in jedem Wirtschaftsjahr für jeden Leistungsanwärter,
      aa) wenn die Kasse nur Invaliditätsversorgung oder nur Hinterbliebenenversorgung gewährt, jeweils 6 Prozent,
      bb) wenn die Kasse Altersversorgung mit oder ohne Einschluss von Invaliditätsversorgung oder Hinterbliebenenversorgung gewährt, 25 Prozent

   der jährlichen Versorgungsleistungen, die der Leistungsanwärter oder, wenn nur Hinterbliebenenversorgung gewährt wird, dessen Hinterbliebene nach den Verhältnissen am Schluss des Wirtschaftsjahres der Zuwendung im letzten Zeitpunkt der Anwartschaft, spätestens zum Zeitpunkt des Erreichens der Regelaltersgrenze der gesetzlichen Rentenversicherung erhalten können. ② Leistungsanwärter ist jeder Arbeitnehmer oder ehemalige Arbeitnehmer des Trägerunternehmens, der von der Unterstützungskasse schriftlich zugesagte Leistungen erhalten kann und am Schluss des Wirtschaftsjahres, in dem die Zuwendung erfolgt,
      aa) bei erstmals nach dem 31. Dezember 2017 zugesagten Leistungen das 23. Lebensjahr vollendet hat,
      bb) bei erstmals nach dem 31. Dezember 2008 und vor dem 1. Januar 2018 zugesagten Leistungen das 27. Lebensjahr vollendet hat oder

---

[1] § 4 c Abs. 1 Satz 2 Verweis geändert mit Wirkung ab 1. 1. 2016 durch Gesetz vom 1. 4. 2015 (BGBl. I S. 434).
[2] § 4 c Abs. 1 Satz 2 Zitat geändert mit Wirkung ab 13. 1. 2019 durch Gesetz vom 19. 12. 2018 (BGBl. I S. 2672).
[3] Abgedruckt im Hauptteil als Anlage zu § 4 d EStG.
[4] § 4 d Abs. 1 Satz 1 Nr. 1 Buchstabe b Satz 2 neugefasst mit Wirkung ab 1. 1. 2018 durch Gesetz vom 21. 12. 2015 (BGBl. I S. 2553).

cc) bei erstmals vor dem 1. Januar 2009 zugesagten Leistungen das 28. Lebensjahr vollendet hat;

soweit die Kasse nur Hinterbliebenenversorgung gewährt, gilt als Leistungsanwärter jeder Arbeitnehmer oder ehemalige Arbeitnehmer des Trägerunternehmens, der am Schluss des Wirtschaftsjahres, in dem die Zuwendung erfolgt, das nach dem ersten Halbsatz maßgebende Lebensjahr vollendet hat und dessen Hinterbliebene die Hinterbliebenenversorgung erhalten können. ③ Das Trägerunternehmen kann bei der Berechnung nach Satz 1 statt des dort maßgebenden Betrages den Durchschnittsbetrag der von der Kasse im Wirtschaftsjahr an Leistungsempfänger im Sinne des Buchstabens a Satz 2 gewährten Leistungen zugrunde legen. ④ In diesem Fall sind Leistungsanwärter im Sinne des Satzes 2 nur die Arbeitnehmer oder ehemaligen Arbeitnehmer des Trägerunternehmens, die am Schluss des Wirtschaftsjahres, in dem die Zuwendung erfolgt, das 50. Lebensjahr vollendet haben. ⑤ Dem Arbeitnehmer oder ehemaligen Arbeitnehmer als Leistungsanwärter stehen andere Personen gleich, denen schriftlich Leistungen der Alters-, Invaliditäts- oder Hinterbliebenenversorgung aus Anlass ihrer Tätigkeit für das Trägerunternehmen zugesagt worden sind;

c)[1] den Betrag des Beitrages, den die Kasse an einen Versicherer zahlt, soweit sie sich die Mittel für ihre Versorgungsleistungen, die der Leistungsanwärter oder Leistungsempfänger nach den Verhältnissen am Schluss des Wirtschaftsjahres der Zuwendung erhalten kann, durch Abschluss einer Versicherung verschafft. ② Bei Versicherungen für einen Leistungsanwärter ist der Abzug des Beitrages nur zulässig, wenn der Leistungsanwärter die in Buchstabe b Satz 2 und 5 genannten Voraussetzungen erfüllt, die Versicherung für die Dauer bis zu dem Zeitpunkt abgeschlossen ist, für den erstmals Leistungen der Altersversorgung vorgesehen sind, mindestens jedoch bis zu dem Zeitpunkt, an dem der Leistungsanwärter das 55. Lebensjahr vollendet hat, und während dieser Zeit jährlich Beiträge gezahlt werden, die der Höhe nach gleich bleiben oder steigen. ③ Das Gleiche gilt für Leistungsanwärter, die das nach Buchstabe b Satz 2 jeweils maßgebende Lebensjahr noch nicht vollendet haben, für Leistungen der Invaliditäts- oder Hinterbliebenenversorgung, für Leistungen der Altersversorgung unter der Voraussetzung, dass die Leistungsanwartschaft bereits unverfallbar ist. ④ Ein Abzug ist ausgeschlossen, wenn die Ansprüche aus der Versicherung der Sicherung eines Darlehens dienen. ⑤ Liegen die Voraussetzungen der Sätze 1 bis 4 vor, sind die Zuwendungen nach den Buchstaben a und b in dem Verhältnis zu vermindern, in dem die Leistungen der Kasse durch die Versicherung gedeckt sind;

d) den Betrag, den die Kasse einem Leistungsanwärter im Sinne des Buchstabens b Satz 2 und 5 vor Eintritt des Versorgungsfalls als Abfindung für künftige Versorgungsleistungen gewährt, den Übertragungswert nach § 4 Absatz 5 des Betriebsrentengesetzes oder den Betrag, den sie an einen anderen Versorgungsträger zahlt, der eine ihr obliegende Versorgungsverpflichtung übernommen hat.

② Zuwendungen dürfen nicht als Betriebsausgaben abgezogen werden, wenn das Vermögen der Kasse ohne Berücksichtigung künftiger Versorgungsleistungen am Schluss des Wirtschaftsjahres das zulässige Kassenvermögen übersteigt. ③ Bei der Ermittlung des Vermögens der Kasse ist am Schluss des Wirtschaftsjahres vorhandener Grundbesitz mit 200 Prozent der Einheitswerte anzusetzen, die zu dem Feststellungszeitpunkt maßgebend sind, der dem Schluss des Wirtschaftsjahres folgt; Ansprüche aus einer Versicherung sind mit dem Wert des geschäftsplanmäßigen Deckungskapitals zuzüglich der Guthaben aus Beitragsrückerstattung am Schluss des Wirtschaftsjahres anzusetzen, und das übrige Vermögen ist mit dem gemeinen Wert am Schluss des Wirtschaftsjahres zu bewerten. ④ Zulässiges Kassenvermögen ist die Summe aus dem Deckungskapital für alle am Schluss des Wirtschaftsjahres laufenden Leistungen nach der dem Gesetz als Anlage 1 beigefügten Tabelle[2] für Leistungsempfänger im Sinne des Satzes 1 Buchstabe a und dem Achtfachen der nach Satz 1 Buchstabe b abzugsfähigen Zuwendungen. ⑤ Soweit sich die Kasse die Mittel für ihre Leistungen durch Abschluss einer Versicherung verschafft, ist, wenn die Voraussetzungen für den Abzug des Beitrages nach Satz 1 Buchstabe c erfüllt sind, zulässiges Kassenvermögen der Wert des geschäftsplanmäßigen Deckungskapitals aus der Versicherung am Schluss des Wirtschaftsjahres; in diesem Fall ist das zulässige Kassenvermögen nach Satz 4 in dem Verhältnis zu vermindern, in dem die Leistungen der Kasse durch die Versicherung gedeckt sind. ⑥ Soweit die Berechnung des Deckungskapitals nicht zum Geschäftsplan gehört, tritt an die Stelle des geschäftsplanmäßigen Deckungskapitals der nach § 169 Absatz 3 und 4 des Versicherungsvertragsgesetzes berechnete Wert, beim zulässigen Kassenvermögen ohne Berücksichtigung des Guthabens aus Beitragsrückerstattung. [3] ⑦ Gewährt eine Unterstützungskasse an Stelle von lebenslänglich laufenden Leistungen eine einmalige Kapitalleistung, so gelten 10 Prozent der Kapitalleistung als Jahresbetrag einer lebenslänglich laufenden Leistung;

2. bei Kassen, die keine lebenslänglich laufenden Leistungen gewähren, für jedes Wirtschaftsjahr 0,2 Prozent der Lohn- und Gehaltssumme des Trägerunternehmens, mindestens jedoch den

[1] § 4 d Abs. 1 Satz 1 Nr. 1 Buchstabe c Satz 3 geändert mit Wirkung ab 1. 1. 2018 durch Gesetz vom 21. 12. 2015 (BGBl. I S. 2553).

[2] Abgedruckt im Hauptteil als Anlage zu § 4 d EStG.

[3] § 4 d Abs. 1 Satz 1 Nr. 1 Satz 6 geändert mit Wirkung ab 1. 1. 2018 durch Gesetz vom 21. 12. 2015 (BGBl. I S. 2553).

Betrag der von der Kasse in einem Wirtschaftsjahr erbrachten Leistungen, soweit dieser Betrag höher ist als die in den vorangegangenen fünf Wirtschaftsjahren vorgenommenen Zuwendungen abzüglich der in dem gleichen Zeitraum erbrachten Leistungen. ② Diese Zuwendungen dürfen nicht als Betriebsausgaben abgezogen werden, wenn das Vermögen der Kasse am Schluss des Wirtschaftsjahres das zulässige Kassenvermögen übersteigt. ③ Als zulässiges Kassenvermögen kann 1 Prozent der durchschnittlichen Lohn- und Gehaltssumme der letzten drei Jahre angesetzt werden. ④ Hat die Kasse bereits 10 Wirtschaftsjahre bestanden, darf das zulässige Kassenvermögen zusätzlich die Summe der in den letzten zehn Wirtschaftsjahren gewährten Leistungen nicht übersteigen. ⑤ Für die Bewertung des Vermögens der Kasse gilt Nummer 1 Satz 3 entsprechend. ⑥ Bei der Berechnung der Lohn- und Gehaltssumme des Trägerunternehmens sind Löhne und Gehälter von Personen, die von der Kasse keine nicht lebenslänglich laufenden Leistungen erhalten können, auszuscheiden.

② Gewährt eine Kasse lebenslänglich laufende und nicht lebenslänglich laufende Leistungen, so gilt Satz 1 Nummer 1 und 2 nebeneinander. ③ Leistet ein Trägerunternehmen Zuwendungen an mehrere Unterstützungskassen, so sind diese Kassen bei der Anwendung der Nummern 1 und 2 als Einheit zu behandeln.

(2) ① Zuwendungen im Sinne des Absatzes 1 sind von dem Trägerunternehmen in dem Wirtschaftsjahr als Betriebsausgaben abzuziehen, in dem sie geleistet werden. ② Zuwendungen, die bis zum Ablauf eines Monats nach Aufstellung oder Feststellung der Bilanz des Trägerunternehmens für den Schluss eines Wirtschaftsjahres geleistet werden, können von dem Trägerunternehmen noch für das abgelaufene Wirtschaftsjahr durch eine Rückstellung gewinnmindernd berücksichtigt werden. ③ Übersteigen die in einem Wirtschaftsjahr geleisteten Zuwendungen die nach Absatz 1 abzugsfähigen Beträge, so können die übersteigenden Beträge im Wege der Rechnungsabgrenzung auf die folgenden drei Wirtschaftsjahre vorgetragen und im Rahmen der für diese Wirtschaftsjahre abzugsfähigen Beträge als Betriebsausgaben behandelt werden. ④ § 5 Absatz 1 Satz 2 ist nicht anzuwenden.

(3) ① Abweichend von Absatz 1 Satz 1 Nummer 1 Satz 1 Buchstabe d und Absatz 2 können auf Antrag die insgesamt erforderlichen Zuwendungen an die Unterstützungskasse für den Betrag, den die Kasse an einen Pensionsfonds zahlt, der eine ihr obliegende Versorgungsverpflichtung ganz oder teilweise übernommen hat, nicht im Wirtschaftsjahr der Zuwendung, sondern erst in den dem Wirtschaftsjahr der Zuwendung folgenden zehn Wirtschaftsjahren gleichmäßig verteilt als Betriebsausgaben abgezogen werden. ② Der Antrag ist unwiderruflich; der jeweilige Rechtsnachfolger ist an den Antrag gebunden.

§ 4e Beiträge an Pensionsfonds

(1) Beiträge an einen Pensionsfonds im Sinne des § 236[1] des Versicherungsaufsichtsgesetzes dürfen von dem Unternehmen, das die Beiträge leistet (Trägerunternehmen), als Betriebsausgaben abgezogen werden, soweit sie auf einer festgelegten Verpflichtung beruhen oder der Abdeckung von Fehlbeträgen bei dem Fonds dienen.

(2) Beiträge im Sinne des Absatzes 1 dürfen als Betriebsausgaben nicht abgezogen werden, soweit die Leistungen des Fonds, wenn sie vom Trägerunternehmen unmittelbar erbracht würden, bei diesem nicht betrieblich veranlasst wären.

(3) ① Der Steuerpflichtige kann auf Antrag die insgesamt erforderlichen Leistungen an einen Pensionsfonds zur teilweisen oder vollständigen Übernahme einer bestehenden Versorgungsverpflichtung oder Versorgungsanwartschaft durch den Pensionsfonds erst in den dem Wirtschaftsjahr der Übertragung folgenden zehn Wirtschaftsjahren gleichmäßig verteilt als Betriebsausgaben abziehen. ② Der Antrag ist unwiderruflich; der jeweilige Rechtsnachfolger ist an den Antrag gebunden. ③ Ist eine Pensionsrückstellung nach § 6a gewinnerhöhend aufzulösen, ist Satz 1 mit der Maßgabe anzuwenden, dass die Leistungen an den Pensionsfonds im Wirtschaftsjahr der Übertragung in Höhe der aufgelösten Rückstellung als Betriebsausgaben abgezogen werden können; der die aufgelöste Rückstellung übersteigende Betrag ist in den dem Wirtschaftsjahr der Übertragung folgenden zehn Wirtschaftsjahren gleichmäßig verteilt als Betriebsausgaben abzuziehen. ④ Satz 3 gilt entsprechend, wenn es im Zuge der Leistungen des Arbeitgebers an den Pensionsfonds zu Vermögensübertragungen einer Unterstützungskasse an den Arbeitgeber kommt.

§ 4f[2] Verpflichtungsübernahmen, Schuldbeitritte und Erfüllungsübernahmen

(1)[3] ① Werden Verpflichtungen übertragen, die beim ursprünglich Verpflichteten Ansatzverboten, -beschränkungen oder Bewertungsvorbehalten unterlegen haben, ist der sich aus diesem Vorgang ergebende Aufwand im Wirtschaftsjahr der Schuldübernahme und den nachfolgenden

---

[1] § 4e Abs. 1 Verweis geändert mit Wirkung ab 1. 1. 2016 durch Gesetz vom 1. 4. 2015 (BGBl. I S. 434).

[2] § 4f eingefügt durch Gesetz vom 18. 12. 2013 (BGBl. I S. 4318); zur erstmaligen Anwendung siehe § 52 Abs. 8 Satz 1.

[3] § 4f Abs. 1 Satz 3 geändert durch Gesetz vom 21. 12. 2020 (BGBl. I S. 3096); zur erstmaligen Anwendung siehe § 52 Abs. 8 Satz 2.

14 Jahren gleichmäßig verteilt als Betriebsausgabe abziehbar. ② Ist auf Grund der Übertragung einer Verpflichtung ein Passivposten gewinnerhöhend aufzulösen, ist Satz 1 mit der Maßgabe anzuwenden, dass der sich ergebende Aufwand im Wirtschaftsjahr der Schuldübernahme in Höhe des aufgelösten Passivpostens als Betriebsausgabe abzuziehen ist; der den aufgelösten Passivposten übersteigende Betrag ist in dem Wirtschaftsjahr der Schuldübernahme und den nachfolgenden 14 Wirtschaftsjahren gleichmäßig verteilt als Betriebsausgabe abzuziehen. ③ Eine Verteilung des sich ergebenden Aufwands unterbleibt, wenn die Schuldübernahme im Rahmen einer Veräußerung oder Aufgabe des ganzen Betriebes oder des gesamten Mitunternehmeranteils im Sinne der §§ 14, 16 Absatz 1, 3 und 3a sowie des § 18 Absatz 3 erfolgt; dies gilt auch, wenn ein Arbeitnehmer unter Mitnahme seiner erworbenen Pensionsansprüche zu einem neuen Arbeitgeber wechselt oder wenn der Betrieb am Schluss des vorangehenden Wirtschaftsjahres die Gewinngrenze des § 7g Absatz 1 Satz 2 Nummer 1 nicht überschreitet. ④ Erfolgt die Schuldübernahme in dem Fall einer Teilbetriebsveräußerung oder -aufgabe im Sinne der §§ 14, 16 Absatz 1, 3 und 3a sowie des § 18 Absatz 3, ist ein Veräußerungs- oder Aufgabeverlust um den Aufwand im Sinne des Satzes 1 zu vermindern, soweit dieser den Verlust begründet oder erhöht hat. ⑤ Entsprechendes gilt für den einen aufgelösten Passivposten übersteigenden Betrag im Sinne des Satzes 2. ⑥ Für den hinzugerechneten Aufwand gelten Satz 2 zweiter Halbsatz und Satz 3 entsprechend. ⑦ Der jeweilige Rechtsnachfolger des ursprünglichen Verpflichteten ist an die Aufwandsverteilung nach den Sätzen 1 bis 6 gebunden.

(2) Wurde für Verpflichtungen im Sinne des Absatzes 1 ein Schuldbeitritt oder eine Erfüllungsübernahme mit ganzer oder teilweiser Schuldfreistellung vereinbart, gilt für die vom Freistellungsberechtigten an den Freistellungsverpflichteten erbrachten Leistungen Absatz 1 Satz 1, 2 und 7 entsprechend.

§ 4g Bildung eines Ausgleichspostens bei Entnahme nach § 4 Absatz 1 Satz 3

(1)[1] ① Der Steuerpflichtige kann in Höhe des Unterschiedsbetrags zwischen dem Buchwert und dem nach § 6 Absatz 1 Nummer 4 Satz 1 zweiter Halbsatz anzusetzenden Wert eines Wirtschaftsguts auf Antrag einen Ausgleichsposten bilden, soweit das Besteuerungsrecht der Bundesrepublik Deutschland hinsichtlich des Gewinns aus der Veräußerung des Wirtschaftsguts zugunsten eines Staates im Sinne des § 36 Absatz 5 Satz 1 beschränkt oder ausgeschlossen wird (§ 4 Absatz 1 Satz 3). ② Der Ausgleichsposten ist für jedes Wirtschaftsgut getrennt auszuweisen. ③ Der Antrag ist unwiderruflich. ④ Die Vorschriften des Umwandlungssteuergesetzes bleiben unberührt.

(2)[2] ① Der Ausgleichsposten ist im Wirtschaftsjahr der Bildung und in den vier folgenden Wirtschaftsjahren zu jeweils einem Fünftel gewinnerhöhend aufzulösen. ② Er ist in vollem Umfang gewinnerhöhend aufzulösen, wenn ein Ereignis im Sinne des § 36 Absatz 5 Satz 4 eintritt oder wenn ein künftiger Steueranspruch aus der Auflösung des Ausgleichspostens gemäß Satz 1 gefährdet erscheint und der Steuerpflichtige dem Verlangen der zuständigen Finanzbehörde auf Leistung einer Sicherheit nicht nachkommt.

(3)[2] *(aufgehoben)*

(4)[3] ① Die Absätze 1 und 2 finden entsprechende Anwendung bei der Ermittlung des Überschusses der Betriebseinnahmen über die Betriebsausgaben gemäß § 4 Absatz 3. ② Wirtschaftsgüter, für die ein Ausgleichsposten nach Absatz 1 gebildet worden ist, sind in ein laufend zu führendes Verzeichnis aufzunehmen. ③ Der Steuerpflichtige hat darüber hinaus Aufzeichnungen zu führen, aus denen die Bildung und Auflösung der Ausgleichsposten hervorgeht. ④ Die Aufzeichnungen nach den Sätzen 2 und 3 sind der Steuererklärung beizufügen.

(5)[3] ① Der Steuerpflichtige ist verpflichtet, der zuständigen Finanzbehörde die Entnahme oder ein Ereignis im Sinne des Absatzes 2 unverzüglich anzuzeigen. ② Kommt der Steuerpflichtige dieser Anzeigepflicht, seinen Aufzeichnungspflichten nach Absatz 4 oder seinen sonstigen Mitwirkungspflichten im Sinne des § 90 der Abgabenordnung nicht nach, ist der Ausgleichsposten dieses Wirtschaftsguts gewinnerhöhend aufzulösen. ③ § 36 Absatz 5 Satz 8 gilt entsprechend.

(6)[4] Absatz 2 Satz 2 ist mit der Maßgabe anzuwenden, dass allein der Austritt des Vereinigten Königreichs Großbritannien und Nordirland aus der Europäischen Union nicht dazu führt, dass ein als entnommen geltendes Wirtschaftsgut als aus der Besteuerungshoheit der Mitgliedstaaten der Europäischen Union ausgeschieden gilt.

§ 4h Betriebsausgabenabzug für Zinsaufwendungen (Zinsschranke)

(1)[5] ① Zinsaufwendungen eines Betriebs sind abziehbar in Höhe des Zinsertrags, darüber hinaus nur bis zur Höhe des verrechenbaren EBITDA. ② Das verrechenbare EBITDA ist 30 Prozent des um die Zinsaufwendungen und um die nach § 6 Absatz 2 Satz 1 abzuziehenden, nach

---

[1] § 4g Abs. 1 neugefasst durch Gesetz vom 25. 6. 2021 (BGBl. I S. 2035); zur Anwendung siehe § 52 Abs. 8a.
[2] § 4g Abs. 2 Satz 2 neugefasst und Abs. 3 aufgehoben durch Gesetz vom 25. 6. 2021 (BGBl. I S. 2035).
[3] § 4g Abs. 4 Satz 1 geändert, Abs. 5 Satz 3 angefügt durch Gesetz vom 25. 6. 2021 (BGBl. I S. 2035).
[4] § 4g Abs. 6 angefügt mit Wirkung vom 29. 3. 2019 durch Gesetz vom 25. 3. 2019 (BGBl. I S. 357); Abs. 6 geändert durch Gesetz vom 25. 6. 2021 (BGBl. I S. 2035).
[5] § 4h Abs. 1 neugefasst durch Gesetz vom 22. 12. 2009 (BGBl. I S. 3950).

§ 6 Absatz 2a Satz 2 gewinnmindernd aufzulösenden und nach § 7 abgesetzten Beträge erhöhten und um die Zinserträge verminderten maßgeblichen Gewinns. ③ Soweit das verrechenbare EBITDA die um die Zinserträge geminderten Zinsaufwendungen des Betriebs übersteigt, ist es in die folgenden fünf Wirtschaftsjahre vorzutragen (EBITDA-Vortrag); ein EBITDA-Vortrag entsteht nicht in Wirtschaftsjahren, in denen Absatz 2 die Anwendung von Absatz 1 Satz 1 ausschließt. ④ Zinsaufwendungen, die nach Satz 1 nicht abgezogen werden können, sind bis zur Höhe der EBITDA-Vorträge aus vorangegangenen Wirtschaftsjahren abziehbar und mindern die EBITDA-Vorträge in ihrer zeitlichen Reihenfolge. ⑤ Danach verbleibende nicht abziehbare Zinsaufwendungen sind in die folgenden Wirtschaftsjahre vorzutragen (Zinsvortrag). ⑥ Sie erhöhen die Zinsaufwendungen dieser Wirtschaftsjahre, nicht aber den maßgeblichen Gewinn.

(2) ① Absatz 1 Satz 1 ist nicht anzuwenden, wenn

a) der Betrag der Zinsaufwendungen, soweit er den Betrag der Zinserträge übersteigt, weniger als drei Millionen Euro beträgt,
b) der Betrieb nicht oder nur anteilmäßig zu einem Konzern gehört oder
c) der Betrieb zu einem Konzern gehört und seine Eigenkapitalquote am Schluss des vorangegangenen Abschlussstichtages gleich hoch oder höher ist als die des Konzerns (Eigenkapitalvergleich). ② Ein Unterschreiten der Eigenkapitalquote des Konzerns um bis zu zwei Prozentpunkte[1] ist unschädlich.

③ Eigenkapitalquote ist das Verhältnis des Eigenkapitals zur Bilanzsumme; sie bemisst sich nach dem Konzernabschluss, der den Betrieb umfasst, und ist für den Betrieb auf der Grundlage des Jahresabschlusses oder Einzelabschlusses zu ermitteln. ④ Wahlrechte sind im Konzernabschluss und im Jahresabschluss oder Einzelabschluss einheitlich auszuüben; bei gesellschaftsrechtlichen Kündigungsrechten ist insoweit mindestens das Eigenkapital anzusetzen, das sich nach den Vorschriften des Handelsgesetzbuchs ergeben würde. ⑤ Bei der Ermittlung der Eigenkapitalquote des Betriebs ist das Eigenkapital um einen im Konzernabschluss enthaltenen Firmenwert, soweit er auf den Betrieb entfällt, und um die Hälfte von Sonderposten mit Rücklagenanteil (§ 273 des Handelsgesetzbuchs) zu erhöhen sowie um das Eigenkapital, das keine Stimmrechte vermittelt – mit Ausnahme von Vorzugsaktien –, die Anteile an anderen Konzerngesellschaften und um Einlagen der letzten sechs Monate vor dem maßgeblichen Abschlussstichtag, soweit ihnen Entnahmen oder Ausschüttungen innerhalb der ersten sechs Monate nach dem maßgeblichen Abschlussstichtag gegenüberstehen, zu kürzen. ⑥ Die Bilanzsumme ist um Kapitalforderungen zu kürzen, die nicht im Konzernabschluss ausgewiesen sind und denen Verbindlichkeiten im Sinne des Absatzes 3 in mindestens gleicher Höhe gegenüberstehen. ⑦ Sonderbetriebsvermögen ist dem Betrieb der Mitunternehmerschaft zuzuordnen, soweit es im Konzernvermögen enthalten ist.

⑧ Die für den Eigenkapitalvergleich maßgeblichen Abschlüsse sind einheitlich nach den International Financial Reporting Standards (IFRS) zu erstellen. ⑨ Hiervon abweichend können Abschlüsse nach dem Handelsrecht eines Mitgliedstaats der Europäischen Union verwendet werden, wenn kein Konzernabschluss nach den IFRS zu erstellen und offen zu legen ist und für keines der letzten fünf Wirtschaftsjahre ein Konzernabschluss nach den IFRS erstellt wurde; nach den Generally Accepted Accounting Principles der Vereinigten Staaten von Amerika (US-GAAP) aufzustellende und offen zu legende Abschlüsse sind zu verwenden, wenn kein Konzernabschluss nach den IFRS oder dem Handelsrecht eines Mitgliedstaats der Europäischen Union zu erstellen und offen zu legen ist. ⑩ Der Konzernabschluss muss den Anforderungen an die handelsrechtliche Konzernrechnungslegung genügen oder die Voraussetzungen erfüllen, unter denen ein Abschluss nach den §§ 291 und 292 des Handelsgesetzbuchs befreiende Wirkung hätte. ⑪ Wurde der Jahresabschluss oder Einzelabschluss nicht nach denselben Rechnungslegungsstandards wie der Konzernabschluss aufgestellt, ist die Eigenkapitalquote des Betriebs in einer Überleitungsrechnung nach den für den Konzernabschluss geltenden Rechnungslegungsstandards zu ermitteln. ⑫ Die Überleitungsrechnung ist einer prüferischen Durchsicht zu unterziehen. ⑬ Auf Verlangen der Finanzbehörde ist der Abschluss oder die Überleitungsrechnung des Betriebs durch einen Abschlussprüfer zu prüfen, der die Voraussetzungen des § 319 des Handelsgesetzbuchs erfüllt.

⑭ Ist ein dem Eigenkapitalvergleich zugrunde gelegter Abschluss unrichtig und führt der zutreffende Abschluss zu einer Erhöhung der nach Absatz 1 nicht abziehbaren Zinsaufwendungen, ist ein Zuschlag entsprechend § 162 Absatz 4 Satz 1 und 2 der Abgabenordnung festzusetzen. ⑮ Bemessungsgrundlage für den Zuschlag sind die nach Absatz 1 nicht abziehbaren Zinsaufwendungen. ⑯ § 162 Absatz 4 *Satz 4 bis 6* **[ab 1. 1. 2023:** Satz 5 bis 7**]**[2] der Abgabenordnung gilt sinngemäß.

② Ist eine Gesellschaft, bei der der Gesellschafter als Mitunternehmer anzusehen ist, unmittelbar oder mittelbar einer Körperschaft nachgeordnet, gilt für die Gesellschaft § 8a Absatz 2 und 3 des Körperschaftsteuergesetzes entsprechend.

(3) ① Maßgeblicher Gewinn ist der nach den Vorschriften dieses Gesetzes mit Ausnahme des Absatzes 1 ermittelte steuerpflichtige Gewinn. ② Zinsaufwendungen sind Vergütungen für Fremd-

[1] § 4h Abs. 2 Satz 2 Toleranzrahmen erweitert durch Gesetz vom 22. 12. 2009 (BGBl. I S. 3950).
[2] § 4h Abs. 2 Satz 16 geändert mit Wirkung ab 1. 1. 2023 durch Gesetz vom 20. 12. 2022 (BGBl. I S. 2730).

kapital, die den maßgeblichen Gewinn gemindert haben. ③ Zinserträge sind Erträge aus Kapitalforderungen jeder Art, die den maßgeblichen Gewinn erhöht haben. ④ Die Auf- und Abzinsung unverzinslicher oder niedrig verzinslicher Verbindlichkeiten oder Kapitalforderungen führen ebenfalls zu Zinserträgen oder Zinsaufwendungen. ⑤ Ein Betrieb gehört zu einem Konzern, wenn er nach dem für die Anwendung des Absatzes 2 Satz 1 Buchstabe c zugrunde gelegten Rechnungslegungsstandard mit einem oder mehreren anderen Betrieben konsolidiert wird oder werden könnte. ⑥ Ein Betrieb gehört für Zwecke des Absatzes 2 auch zu einem Konzern, wenn seine Finanz- und Geschäftspolitik mit einem oder mehreren anderen Betrieben einheitlich bestimmt werden kann.

(4)[1] ① Der EBITDA-Vortrag und der Zinsvortrag sind gesondert festzustellen. ② Zuständig ist das für die gesonderte Feststellung des Gewinns und Verlusts der Gesellschaft zuständige Finanzamt, im Übrigen das für die Besteuerung zuständige Finanzamt. ③ § 10 d Absatz 4 gilt sinngemäß. ④ Feststellungsbescheide sind zu erlassen, aufzuheben oder zu ändern, soweit sich die nach Satz 1 festzustellenden Beträge ändern.

(5)[1] ① Bei Aufgabe oder Übertragung des Betriebs gehen ein nicht verbrauchter EBITDA-Vortrag und ein nicht verbrauchter Zinsvortrag unter. ② Scheidet ein Mitunternehmer aus einer Gesellschaft aus, gehen der EBITDA-Vortrag und der Zinsvortrag anteilig mit der Quote unter, mit der der ausgeschiedene Gesellschafter an der Gesellschaft beteiligt war. ③ § 8 c des Körperschaftsteuergesetzes ist auf den Zinsvortrag einer Gesellschaft entsprechend anzuwenden, soweit an dieser unmittelbar oder mittelbar eine Körperschaft als Mitunternehmer beteiligt ist.

§ 4i[2] Sonderbetriebsausgabenabzug bei Vorgängen mit Auslandsbezug

① Aufwendungen dürfen nicht als Sonderbetriebsausgaben abgezogen werden, soweit sie auch die Steuerbemessungsgrundlage in einem anderen Staat mindern. ② Satz 1 gilt nicht, soweit diese Aufwendungen Erträge desselben Steuerpflichtigen mindern, die bei ihm sowohl der inländischen Besteuerung unterliegen als auch nachweislich der tatsächlichen Besteuerung in dem anderen Staat.

§ 4j[3] Aufwendungen für Rechteüberlassungen

(1) ① Aufwendungen für die Überlassung der Nutzung oder des Rechts auf Nutzung von Rechten, insbesondere von Urheberrechten und gewerblichen Schutzrechten, von gewerblichen, technischen, wissenschaftlichen und ähnlichen Erfahrungen, Kenntnissen und Fertigkeiten, zum Beispiel Plänen, Mustern und Verfahren, sind ungeachtet eines bestehenden Abkommens zur Vermeidung der Doppelbesteuerung nur nach Maßgabe des Absatzes 3 abziehbar, wenn die Einnahmen des Gläubigers einer von der Regelbesteuerung abweichenden, niedrigen Besteuerung nach Absatz 2 unterliegen (Präferenzregelung) und der Gläubiger eine dem Schuldner nahestehende Person im Sinne des § 1 Absatz 2 des Außensteuergesetzes ist. ② Wenn auch der Gläubiger nach Satz 1 oder eine andere dem Schuldner nach Satz 1 nahestehende Person im Sinne des § 1 Absatz 2 des Außensteuergesetzes wiederum Aufwendungen für Rechte hat, aus denen sich die Rechte nach Satz 1 unmittelbar oder mittelbar ableiten, sind die Aufwendungen nach Satz 1 ungeachtet eines bestehenden Abkommens zur Vermeidung der Doppelbesteuerung auch dann nur nach Maßgabe des Absatzes 3 abziehbar, wenn die weiteren Einnahmen des weiteren Gläubigers einer von der Regelbesteuerung abweichenden, niedrigen Besteuerung nach Absatz 2 unterliegen und der weitere Gläubiger eine dem Schuldner nach Satz 1 nahestehende Person im Sinne des § 1 Absatz 2 des Außensteuergesetzes ist; dies gilt nicht, wenn die Abziehbarkeit der Aufwendungen beim Gläubiger oder der anderen dem Schuldner nahestehenden Person bereits nach dieser Vorschrift beschränkt ist. ③ Als Schuldner und Gläubiger gelten auch Betriebsstätten, die ertragsteuerlich als Nutzungsberechtigter oder Nutzungsverpflichteter der Rechte für die Überlassung der Nutzung oder des Rechts auf Nutzung von Rechten behandelt werden. ④ Die Sätze 1 und 2 sind nicht anzuwenden, soweit sich die niedrige Besteuerung daraus ergibt, dass die Einnahmen des Gläubigers oder des weiteren Gläubigers einer Präferenzregelung unterliegen, die dem Nexus-Ansatz gemäß Kapitel 4 des Abschlussberichts 2015 zu Aktionspunkt 5, OECD (2016) „Wirksamere Bekämpfung schädlicher Steuerpraktiken unter Berücksichtigung von Transparenz und Substanz", OECD/G20 Projekt Gewinnverkürzung und Gewinnverlagerung,[4] entspricht. ⑤ Die Sätze 1 und 2 sind insoweit nicht anzuwenden, als auf Grund der aus den Aufwendungen resultierenden Einnahmen ein Hinzurechnungsbetrag im Sinne des § 10 Absatz 1 Satz 1 des Außensteuergesetzes anzusetzen ist.

(2) ① Eine niedrige Besteuerung im Sinne des Absatzes 1 liegt vor, wenn die von der Regelbesteuerung abweichende Besteuerung der Einnahmen des Gläubigers oder des weiteren

[1] § 4 h Abs. 4 Satz 1 und 4 sowie Abs. 5 Satz 1 und 2 geändert durch Gesetz vom 22. 12. 2009 (BGBl. I S. 3950).

[2] § 4 i eingefügt mit Wirkung ab VZ 2017 durch Gesetz vom 20. 12. 2016 (BGBl. I S. 3000); Überschrift und Satz 1 geändert durch Gesetz vom 23. 6. 2017 (BGBl. I S. 1682).

[3] § 4 j eingefügt durch Gesetz vom 27. 6. 2017 (BGBl. I S. 2074); zur erstmaligen Anwendung siehe § 52 Abs. 8 b; Abs. 2 Satz 4 geändert durch Gesetz vom 25. 6. 2021 (BGBl. I S. 2035).

[4] **Amtlicher Hinweis:** Zu beziehen unter OECD Publishing, Paris, http://dx.doi.org/10.1787/9789264258037-de.

Gläubigers zu einer Belastung durch Ertragsteuern von weniger als 25 Prozent führt; maßgeblich ist bei mehreren Gläubigern die niedrigste Belastung. ② Bei der Ermittlung, ob eine niedrige Besteuerung vorliegt, sind sämtliche Regelungen zu berücksichtigen, die sich auf die Besteuerung der Einnahmen aus der Rechteüberlassung auswirken, insbesondere steuerliche Kürzungen, Befreiungen, Gutschriften oder Ermäßigungen. ③ Werden die Einnahmen für die Überlassung der Nutzung oder des Rechts auf Nutzung von Rechten einer anderen Person ganz oder teilweise zugerechnet oder erfolgt die Besteuerung aus anderen Gründen ganz oder teilweise bei einer anderen Person als dem Gläubiger oder dem weiteren Gläubiger, ist auf die Summe der Belastungen abzustellen. ④ § 8 Absatz 5 Satz 2 und 3 des Außensteuergesetzes gilt entsprechend.

(3) ① Aufwendungen nach Absatz 1 sind in den Fällen einer niedrigen Besteuerung nach Absatz 2 nur zum Teil abziehbar. ② Der nicht abziehbare Teil ist dabei wie folgt zu ermitteln:

$$\frac{25\,\% - \text{Belastung durch Ertragsteuern in }\%}{25\,\%}$$

§ 4k[1] Betriebsausgabenabzug bei Besteuerungsinkongruenzen

(1) ① Aufwendungen für die Nutzung oder im Zusammenhang mit der Übertragung von Kapitalvermögen sind insoweit nicht als Betriebsausgaben abziehbar, als die den Aufwendungen entsprechenden Erträge auf Grund einer vom deutschen Recht abweichenden steuerlichen Qualifikation oder Zurechnung des Kapitalvermögens nicht oder niedriger als bei dem deutschen Recht entsprechender Qualifikation oder Zurechnung besteuert werden. ② Satz 1 gilt nicht, soweit die Besteuerungsinkongruenz voraussichtlich in einem künftigen Besteuerungszeitraum beseitigt wird und die Zahlungsbedingungen einem Fremdvergleich standhalten.

(2) ① Soweit nicht bereits die Voraussetzungen für die Versagung des Betriebsausgabenabzugs nach Absatz 1 vorliegen, sind Aufwendungen auch insoweit nicht als Betriebsausgaben abziehbar, als die den Aufwendungen entsprechenden Erträge auf Grund einer vom deutschen Recht abweichenden steuerlichen Behandlung des Steuerpflichtigen oder auf Grund einer vom deutschen Recht abweichenden steuerlichen Beurteilung von anzunehmenden schuldrechtlichen Beziehungen im Sinne des § 1 Absatz 4 Satz 1 Nummer 2 des Außensteuergesetzes in keinem Staat einer tatsächlichen Besteuerung unterliegen. ② Handelt es sich bei dem Gläubiger der Erträge im Sinne des Satzes 1 um einen unbeschränkt steuerpflichtigen, unmittelbaren oder mittelbaren Gesellschafter einer ausländischen vermögensverwaltenden Personengesellschaft oder um eine Personengesellschaft, an der ein solcher Gesellschafter unmittelbar oder mittelbar beteiligt ist, gilt § 39 Absatz 2 Nummer 2 der Abgabenordnung nicht, soweit die in Satz 1 genannten Aufwendungen in dem anderen Staat zum Abzug zugelassen sind und die den Aufwendungen entsprechenden Erträge durch die vom deutschen Recht abweichende Zurechnung keiner tatsächlichen Besteuerung unterliegen. ③ Satz 1 gilt nicht, soweit den Aufwendungen Erträge desselben Steuerpflichtigen gegenüberstehen, die sowohl im Inland als auch nachweislich in dem Staat des Gläubigers oder, wenn es sich bei dem Gläubiger um eine Personengesellschaft handelt, im Staat des unmittelbaren oder mittelbaren Gesellschafters beziehungsweise des anderen Unternehmensteils im Rahmen einer anzunehmenden schuldrechtlichen Beziehung einer tatsächlichen Besteuerung unterliegen.

(3) Soweit nicht bereits die Voraussetzungen für die Versagung des Betriebsausgabenabzugs nach den vorstehenden Absätzen vorliegen, sind Aufwendungen auch insoweit nicht als Betriebsausgaben abziehbar, als die den Aufwendungen entsprechenden Erträge auf Grund deren vom deutschen Recht abweichender steuerlicher Zuordnung oder Zurechnung nach den Rechtsvorschriften anderer Staaten in keinem Staat einer tatsächlichen Besteuerung unterliegen.

(4) ① Soweit nicht bereits die Voraussetzungen für die Versagung des Betriebsausgabenabzugs nach den vorstehenden Absätzen vorliegen, sind Aufwendungen auch insoweit nicht als Betriebsausgaben abziehbar, als die Aufwendungen auch in einem anderen Staat berücksichtigt werden. ② Eine Berücksichtigung der Aufwendungen im Sinne des Satzes 1 liegt bei unbeschränkt Steuerpflichtigen auch vor, wenn der andere Staat den Abzug der Aufwendungen bereits nach seinen Vorschriften nicht zulässt, die diesem oder den vorstehenden Absätzen entsprechen; dies gilt nicht, wenn der Abzug der Aufwendungen in einem anderen Staat auf Grund einer diesem Absatz entsprechenden Regelung nicht zugelassen wird bei

1. einem mittelbaren oder unmittelbaren Gesellschafter eines unbeschränkt Steuerpflichtigen im Sinne des § 1 des Körperschaftsteuergesetzes oder
2. dem Steuerpflichtigen, sofern sich dessen Wohnsitz, Sitz oder Ort der Geschäftsleitung auch in einem anderen Mitgliedstaat der Europäischen Union befindet und dieser Staat den Steuerpflichtigen für Zwecke der Anwendung eines Abkommens zur Vermeidung der Doppelbesteuerung zwischen der Bundesrepublik Deutschland und diesem Staat als nicht in diesem Staat ansässig behandelt.

③ Satz 1 gilt nicht, soweit den Aufwendungen Erträge desselben Steuerpflichtigen gegenüberstehen, die sowohl im Inland als auch nachweislich in dem anderen Staat einer tatsächlichen Besteuerung unterliegen. ④ Bei unbeschränkt Steuerpflichtigen, bei denen eine Doppelbesteuerung

[1] § 4k eingefügt durch Gesetz vom 25. 6. 2021 (BGBl. I S. 2035); zur erstmaligen Anwendung siehe § 52 Abs. 8c.

durch Anrechnung oder Abzug der ausländischen Steuer vermieden wird, finden die Sätze 1 bis 3 nur Anwendung, soweit die Aufwendungen auch Erträge in einem anderen Staat mindern, die nicht der inländischen Besteuerung unterliegen.

(5) ① Soweit nicht bereits die Voraussetzungen für die Versagung des Betriebsausgabenabzugs nach den vorstehenden Absätzen vorliegen, sind Aufwendungen auch insoweit nicht als Betriebsausgaben abziehbar, als den aus diesen Aufwendungen unmittelbar oder mittelbar resultierenden Erträgen Aufwendungen gegenüberstehen, deren Abzug beim Gläubiger, einem weiteren Gläubiger oder einer anderen Person bei entsprechender Anwendung dieses Absatzes oder der Absätze 1 bis 4 versagt würde. ② Satz 1 findet keine Anwendung, soweit der steuerliche Vorteil infolge einer Besteuerungsinkongruenz im Sinne dieses Absatzes oder der Absätze 1 bis 4 bereits beim Gläubiger, beim weiteren Gläubiger oder bei der anderen Person im Sinne des Satzes 1 beseitigt wird.

(6) ① Die Absätze 1 bis 5 finden nur Anwendung, wenn der Tatbestand dieser Absätze zwischen nahestehenden Personen im Sinne des § 1 Absatz 2 des Außensteuergesetzes oder zwischen einem Unternehmen und seiner Betriebsstätte verwirklicht wird oder wenn eine strukturierte Gestaltung anzunehmen ist. ② Einer Person, die mit einer anderen Person durch abgestimmtes Verhalten zusammenwirkt, werden für Zwecke dieses Absatzes und der Absätze 1 bis 5 die Beteiligung, die Stimmrechte und die Gewinnbezugsrechte der anderen Person zugerechnet. ③ Eine strukturierte Gestaltung im Sinne des Satzes 1 ist anzunehmen, wenn der steuerliche Vorteil, der sich ohne die Anwendung der vorstehenden Absätze ergeben würde, ganz oder zum Teil in die Bedingungen der vertraglichen Vereinbarungen eingerechnet wurde oder die Bedingungen der vertraglichen Vereinbarungen oder die den vertraglichen Vereinbarungen zugrunde liegenden Umstände darauf schließen lassen, dass die an der Gestaltung Beteiligten den steuerlichen Vorteil erwarten konnten. ④ Ein Steuerpflichtiger wird nicht als Teil einer strukturierten Gestaltung behandelt, wenn nach den äußeren Umständen vernünftigerweise nicht davon auszugehen ist, dass ihm der steuerliche Vorteil bekannt war und er nachweist, dass er nicht an dem steuerlichen Vorteil beteiligt wurde.

(7) Die Absätze 1 bis 6 sind ungeachtet der Vorschriften eines Abkommens zur Vermeidung der Doppelbesteuerung anzuwenden.

§ 5 Gewinn bei Kaufleuten und bei bestimmten anderen Gewerbetreibenden

(1) ① Bei Gewerbetreibenden, die aufgrund gesetzlicher Vorschriften verpflichtet sind, Bücher zu führen und regelmäßig Abschlüsse zu machen, oder die ohne eine solche Verpflichtung Bücher führen und regelmäßig Abschlüsse machen, ist für den Schluss des Wirtschaftsjahres das Betriebsvermögen anzusetzen (§ 4 Absatz 1 Satz 1), das nach den handelsrechtlichen Grundsätzen ordnungsmäßiger Buchführung auszuweisen ist, es sei denn, im Rahmen der Ausübung eines steuerlichen Wahlrechts wird oder wurde ein anderer Ansatz gewählt. ② Voraussetzung für die Ausübung steuerlicher Wahlrechte ist, dass die Wirtschaftsgüter, die nicht mit dem handelsrechtlich maßgeblichen Wert in der steuerlichen Gewinnermittlung ausgewiesen werden, in besondere, laufend zu führende Verzeichnisse aufgenommen werden. ③ In den Verzeichnissen sind der Tag der Anschaffung oder Herstellung, die Anschaffungs- oder Herstellungskosten, die Vorschrift des ausgeübten steuerlichen Wahlrechts und die vorgenommenen Abschreibungen nachzuweisen.

(1 a) ① Posten der Aktivseite dürfen nicht mit Posten der Passivseite verrechnet werden. ② Die Ergebnisse der in der handelsrechtlichen Rechnungslegung zur Absicherung finanzwirtschaftlicher Risiken gebildeten Bewertungseinheiten sind auch für die steuerliche Gewinnermittlung maßgeblich.

(2) Für immaterielle Wirtschaftsgüter des Anlagevermögens ist ein Aktivposten nur anzusetzen, wenn sie entgeltlich erworben wurden.

(2a) Für Verpflichtungen, die nur zu erfüllen sind, soweit künftig Einnahmen oder Gewinne anfallen, sind Verbindlichkeiten oder Rückstellungen erst anzusetzen, wenn die Einnahmen oder Gewinne angefallen sind.

(3) ① Rückstellungen wegen Verletzung fremder Patent-, Urheber- oder ähnlicher Schutzrechte dürfen erst gebildet werden, wenn

1. der Rechtsinhaber Ansprüche wegen der Rechtsverletzung geltend gemacht hat oder
2. mit einer Inanspruchnahme wegen der Rechtsverletzung ernsthaft zu rechnen ist.

② Eine nach Satz 1 Nummer 2 gebildete Rückstellung ist spätestens in der Bilanz des dritten auf ihre erstmalige Bildung folgenden Wirtschaftsjahres gewinnerhöhend aufzulösen, wenn Ansprüche nicht geltend gemacht worden sind.

(4) Rückstellungen für die Verpflichtung zu einer Zuwendung anlässlich eines Dienstjubiläums dürfen nur gebildet werden, wenn das Dienstverhältnis mindestens zehn Jahre bestanden hat, das Dienstjubiläum das Bestehen eines Dienstverhältnisses von mindestens 15 Jahren voraussetzt, die Zusage schriftlich erteilt ist und soweit der Zuwendungsberechtigte seine Anwartschaft nach dem 31. Dezember 1992 erwirbt.

(4a) ① Rückstellungen für drohende Verluste aus schwebenden Geschäften dürfen nicht gebildet werden. ② Das gilt nicht für Ergebnisse nach Absatz 1a Satz 2.

(4b) ① Rückstellungen für Aufwendungen, die in künftigen Wirtschaftsjahren als Anschaffungs- oder Herstellungskosten eines Wirtschaftsguts zu aktivieren sind, dürfen nicht gebildet werden. ② Rückstellungen für die Verpflichtung zur schadlosen Verwertung radioaktiver Reststoffe sowie ausgebauter oder abgebauter radioaktiver Anlagenteile dürfen nicht gebildet werden, soweit Aufwendungen im Zusammenhang mit der Bearbeitung oder Verarbeitung von Kernbrennstoffen stehen, die aus der Aufarbeitung bestrahlter Kernbrennstoffe gewonnen worden sind und keine radioaktiven Abfälle darstellen.

(5)[1] ① Als Rechnungsabgrenzungsposten sind nur anzusetzen

1. auf der Aktivseite Ausgaben vor dem Abschlussstichtag, soweit sie Aufwand für eine bestimmte Zeit nach diesem Tag darstellen;
2. auf der Passivseite Einnahmen vor dem Abschlussstichtag, soweit sie Ertrag für eine bestimmte Zeit nach diesem Tag darstellen.

② Der Ansatz eines Rechnungsabgrenzungspostens kann unterbleiben, wenn die jeweilige Ausgabe oder Einnahme im Sinne des Satzes 1 den Betrag des § 6 Absatz 2 Satz 1 nicht übersteigt; das Wahlrecht ist einheitlich für alle Ausgaben und Einnahmen im Sinne des Satzes 1 auszuüben. ③ Auf der Aktivseite sind ferner anzusetzen

1. als Aufwand berücksichtigte Zölle und Verbrauchsteuern, soweit sie auf am Abschlussstichtag auszuweisende Wirtschaftsgüter des Vorratsvermögens entfallen,
2. als Aufwand berücksichtigte Umsatzsteuer auf am Abschlussstichtag auszuweisende Anzahlungen.

(6) Die Vorschriften über die Entnahmen und die Einlagen, über die Zulässigkeit der Bilanzänderung, über die Betriebsausgaben, über die Bewertung und über die Absetzung für Abnutzung oder Substanzverringerung sind zu befolgen.

(7)[2] ① Übernommene Verpflichtungen, die beim ursprünglich Verpflichteten Ansatzverboten, -beschränkungen oder Bewertungsvorbehalten unterlegen haben, sind zu den auf die Übernahme folgenden Abschlussstichtagen bei dem Übernehmer und dessen Rechtsnachfolger so zu bilanzieren, wie sie beim ursprünglich Verpflichteten ohne Übernahme zu bilanzieren wären. ② Dies gilt in Fällen des Schuldbeitritts oder der Erfüllungsübernahme mit vollständiger oder teilweiser Schuldfreistellung für die sich aus diesem Rechtsgeschäft ergebenden Verpflichtungen sinngemäß. ③ Satz 1 ist für den Erwerb eines Mitunternehmeranteils entsprechend anzuwenden. ④ Wird eine Pensionsverpflichtung unter gleichzeitiger Übernahme von Vermögenswerten gegenüber einem Arbeitnehmer übernommen, der bisher in einem anderen Unternehmen tätig war, ist Satz 1 mit der Maßgabe anzuwenden, dass bei der Ermittlung des Teilwertes der Verpflichtung der Jahresbetrag nach § 6a Absatz 3 Satz 2 Nummer 1 so zu bemessen ist, dass zu Beginn des Wirtschaftsjahres der Übernahme der Barwert der Jahresbeträge zusammen mit den übernommenen Vermögenswerten gleich dem Barwert der künftigen Pensionsleistungen ist; dabei darf sich kein negativer Jahresbetrag ergeben. ⑤ Für einen Gewinn, der sich aus der Anwendung der Sätze 1 bis 3 ergibt, kann jeweils in Höhe von vierzehn Fünfzehntel eine gewinnmindernde Rücklage gebildet werden, die in den folgenden 14 Wirtschaftsjahren jeweils mit mindestens einem Vierzehntel gewinnerhöhend aufzulösen ist (Auflösungszeitraum). ⑥ Besteht eine Verpflichtung, für die eine Rücklage gebildet wurde, bereits vor Ablauf des maßgebenden Auflösungszeitraums nicht mehr, ist die insoweit verbleibende Rücklage erhöhend aufzulösen.

§ 5a[3] Gewinnermittlung bei Handelsschiffen im internationalen Verkehr

(1) ① Anstelle der Ermittlung des Gewinns nach § 4 Absatz 1 oder § 5 ist bei einem Gewerbebetrieb mit Geschäftsleitung im Inland der Gewinn, soweit er auf den Betrieb von Handelsschiffen im internationalen Verkehr entfällt, auf unwiderruflichen Antrag des Steuerpflichtigen nach der in seinem Betrieb geführten Tonnage zu ermitteln, wenn die Bereederung dieser Handelsschiffe im Inland durchgeführt wird. ② Der im Wirtschaftsjahr erzielte Gewinn beträgt pro Tag des Betriebs für jedes im internationalen Verkehr betriebene Handelsschiff für jeweils volle 100 Nettotonnen (Nettoraumzahl)

0,92 Euro	bei einer Tonnage bis zu 1000 Nettotonnen,
0,69 Euro	für die 1000 Nettotonnen übersteigende Tonnage bis zu 10 000 Nettotonnen,
0,46 Euro	für die 10 000 Nettotonnen übersteigende Tonnage bis zu 25 000 Nettotonnen,
0,23 Euro	für die 25 000 Nettotonnen übersteigende Tonnage.

[1] § 5 Abs. 5 Satz 2 eingefügt, bish. Satz 2 wird Satz 3 durch Gesetz vom 16. 12. 2022 (BGBl. I S. 2294); zur erstmaligen Anwendung siehe § 52 Abs. 9 Satz 1.

[2] § 5 Abs. 7 angefügt durch Gesetz vom 18. 12. 2013 (BGBl. I S. 4318); zur erstmaligen Anwendung siehe § 52 Abs. 9 Satz 2 bis 4.

[3] Zur Anwendung siehe § 52 Abs. 10.

(2) ① Handelsschiffe werden im internationalen Verkehr betrieben, wenn eigene oder gecharterte Seeschiffe, die im Wirtschaftsjahr überwiegend in einem inländischen Seeschiffsregister eingetragen sind, in diesem Wirtschaftsjahr überwiegend zur Beförderung von Personen oder Gütern im Verkehr mit oder zwischen ausländischen Häfen, innerhalb eines ausländischen Hafens oder zwischen einem ausländischen Hafen und der Hohen See eingesetzt werden. ② Zum Betrieb von Handelsschiffen im internationalen Verkehr gehören auch ihre Vercharterung, wenn sie vom Vercharterer ausgerüstet worden sind, und die unmittelbar mit ihrem Einsatz oder ihrer Vercharterung zusammenhängenden Neben- und Hilfsgeschäfte einschließlich der Veräußerung der Handelsschiffe und der unmittelbar ihrem Betrieb dienenden Wirtschaftsgüter. ③ Der Einsatz und die Vercharterung von gecharterten Handelsschiffen gilt nur dann als Betrieb von Handelsschiffen im internationalen Verkehr, wenn gleichzeitig eigene oder ausgerüstete Handelsschiffe im internationalen Verkehr betrieben werden. ④ Sind gecharterte Handelsschiffe nicht in einem inländischen Seeschiffsregister eingetragen, gilt Satz 3 unter der weiteren Voraussetzung, dass im Wirtschaftsjahr die Nettotonnage der gecharterten Handelsschiffe das Dreifache der nach den Sätzen 1 und 2 im internationalen Verkehr betriebenen Handelsschiffe nicht übersteigt; für die Berechnung der Nettotonnage sind jeweils die Nettotonnen pro Schiff mit der Anzahl der Betriebstage nach Absatz 1 zu vervielfältigen. ⑤ Dem Betrieb von Handelsschiffen im internationalen Verkehr ist gleichgestellt, wenn Seeschiffe, die im Wirtschaftsjahr überwiegend in einem inländischen Seeschiffsregister eingetragen sind, in diesem Wirtschaftsjahr überwiegend außerhalb der deutschen Hoheitsgewässer zum Schleppen, Bergen oder zur Aufsuchung von Bodenschätzen eingesetzt werden; die Sätze 2 bis 4 sind sinngemäß anzuwenden.

(3)[1] ① Der Antrag auf Anwendung der Gewinnermittlung nach Absatz 1 ist im Wirtschaftsjahr der Anschaffung oder Herstellung des Handelsschiffs (Indienststellung) mit Wirkung ab Beginn dieses Wirtschaftsjahres zu stellen. ② Vor Indienststellung des Handelsschiffs durch den Betrieb von Handelsschiffen im internationalen Verkehr erwirtschaftete Gewinne sind in diesem Fall nicht zu besteuern; Verluste sind weder ausgleichsfähig noch verrechenbar. ③ Bereits erlassene Steuerbescheide sind insoweit zu ändern. ④ Das gilt auch dann, wenn der Steuerbescheid unanfechtbar geworden ist; die Festsetzungsfrist endet insoweit nicht, bevor die Festsetzungsfrist für den Veranlagungszeitraum abgelaufen ist, in dem der Gewinn erstmals nach Absatz 1 ermittelt wird. ⑤ Wird der Antrag auf Anwendung der Gewinnermittlung nach Absatz 1 nicht nach Satz 1 im Wirtschaftsjahr der Anschaffung oder Herstellung des Handelsschiffs (Indienststellung) gestellt, kann er erstmals in dem Wirtschaftsjahr gestellt werden, das jeweils nach Ablauf eines Zeitraumes von zehn Jahren, vom Beginn des Jahres der Indienststellung gerechnet, endet. ⑥ Die Sätze 2 bis 4 sind insoweit nicht anwendbar. ⑦ Der Steuerpflichtige ist an die Gewinnermittlung nach Absatz 1 vom Beginn des Wirtschaftsjahres an, in dem er den Antrag stellt, zehn Jahre gebunden. ⑧ Nach Ablauf dieses Zeitraumes kann er den Antrag mit Wirkung für den Beginn jedes folgenden Wirtschaftsjahres bis zum Ende des Jahres unwiderruflich zurücknehmen. ⑨ An die Gewinnermittlung nach allgemeinen Vorschriften ist der Steuerpflichtige ab dem Beginn des Wirtschaftsjahres, in dem er den Antrag zurücknimmt, zehn Jahre gebunden.

(4)[2] ① Zum Schluss des Wirtschaftsjahres, das der erstmaligen Anwendung des Absatzes 1 vorangeht (Übergangsjahr), ist für jedes Wirtschaftsgut, das unmittelbar dem Betrieb von Handelsschiffen im internationalen Verkehr dient, der Unterschiedsbetrag zwischen Buchwert und Teilwert in ein besonderes Verzeichnis aufzunehmen. ② Der Unterschiedsbetrag ist gesondert und bei Gesellschaften im Sinne des § 15 Absatz 1 Satz 1 Nummer 2 einheitlich festzustellen. ③ Der Unterschiedsbetrag nach Satz 1 ist dem Gewinn hinzuzurechnen:

1. in den dem letzten Jahr der Anwendung des Absatzes 1 folgenden fünf Wirtschaftsjahren jeweils in Höhe von mindestens einem Fünftel,
2. in dem Jahr, in dem das Wirtschaftsgut aus dem Betriebsvermögen ausscheidet oder in dem es nicht mehr unmittelbar dem Betrieb von Handelsschiffen im internationalen Verkehr dient,
3. in dem Jahr des Ausscheidens eines Mitunternehmers hinsichtlich des auf ihn entfallenden Unterschiedsbetrags; mindert sich die Beteiligung des Mitunternehmers, ohne dass er aus der Mitunternehmerschaft ausscheidet, erfolgt eine Hinzurechnung entsprechend der Minderung der Beteiligung.

---

[1] § 5 a Abs. 3 neugefasst durch Gesetz vom 29. 12. 2003 (BGBl. I S. 3076), bestätigt durch Gesetz vom 5. 4. 2011 (BGBl. I S. 554). Zur Anwendung siehe § 52 Abs. 10 Satz 1 und 2.

Die bisherige Fassung von § 5 a Abs. 3 lautet wie folgt:

„(3) ① Der Antrag auf Anwendung der Gewinnermittlung nach Absatz 1 kann mit Wirkung ab dem jeweiligen Wirtschaftsjahr bis zum Ende des zweiten Wirtschaftsjahres gestellt werden, das auf das Wirtschaftsjahr folgt, in dem der Steuerpflichtige durch den Gewerbebetrieb erstmals Einkünfte aus dem Betrieb von Handelsschiffen im internationalen Verkehr erzielt (Erstjahr). ② Danach kann ein Antrag in dem Wirtschaftsjahr gestellt werden, das jeweils nach Ablauf eines Zeitraums von zehn Jahren, vom Beginn des Erstjahres gerechnet, endet. ③ Der Steuerpflichtige ist an die Gewinnermittlung nach Absatz 1 vom Beginn des Wirtschaftsjahres an, in dem er den Antrag stellt, zehn Jahre gebunden. ④ Nach Ablauf dieses Zeitraums kann er den Antrag mit Wirkung für den Beginn jedes folgenden Wirtschaftsjahres bis zum Ende dieses Jahres unwiderruflich zurücknehmen. ⑤ An die Gewinnermittlung nach allgemeinen Vorschriften ist der Steuerpflichtige ab dem Beginn des Wirtschaftsjahres, in dem er den Antrag zurücknimmt, zehn Jahre gebunden."

[2] § 5 a Abs. 4 Satz 3 Nr. 3 und Satz 4 neugefasst, Sätze 5 bis 7 angefügt durch Gesetz vom 2. 6. 2021 (BGBl. I S. 1259); zur Anwendung der Sätze 5 bis 7 siehe § 52 Abs. 10 Satz 4.

④ Satz 3 Nummer 3 gilt auch in den Fällen der §§ 20 und 24 des Umwandlungssteuergesetzes. ⑤ Wird ein Betrieb, Teilbetrieb oder Anteil eines Mitunternehmers an einem Betrieb auf einen Rechtsnachfolger zum Buchwert nach § 6 Absatz 3 übertragen, geht der Unterschiedsbetrag insoweit auf den Rechtsnachfolger über. ⑥ § 182 Absatz 2 der Abgabenordnung gilt sinngemäß. ⑦ Die Sätze 1 bis 6 sind entsprechend anzuwenden, wenn der Steuerpflichtige Wirtschaftsgüter des Betriebsvermögens dem Betrieb von Handelsschiffen im internationalen Verkehr zuführt.

(4a) ① Bei Gesellschaften im Sinne des § 15 Absatz 1 Satz 1 Nummer 2 tritt für die Zwecke dieser Vorschrift an die Stelle des Steuerpflichtigen die Gesellschaft. ② Der nach Absatz 1 ermittelte Gewinn ist den Gesellschaftern entsprechend ihrem Anteil am Gesellschaftsvermögen zuzurechnen. ③ Vergütungen im Sinne des § 15 Absatz 1 Satz 1 Nummer 2 und Satz 2 sind hinzuzurechnen.

(5)[1] ① Gewinne nach Absatz 1 umfassen auch Einkünfte nach § 16. ② Die §§ 34, 34c Absatz 1 bis 3 und § 35 sind nicht anzuwenden. ③ Rücklagen nach den §§ 6b und 6d sind beim Übergang zur Gewinnermittlung nach Absatz 1 dem Gewinn im Erstjahr hinzuzurechnen; bis zum Übergang in Anspruch genommene Investitionsabzugsbeträge nach § 7g Absatz 1 sind nach Maßgabe des § 7g Absatz 3 rückgängig zu machen. ④ Für die Anwendung des § 15a ist der nach § 4 Absatz 1 oder § 5 ermittelte Gewinn zugrunde zu legen.

(6)[2] ① In der Bilanz zum Schluss des Wirtschaftsjahres, in dem Absatz 1 letztmalig angewendet wird, ist für jedes Wirtschaftsgut, das unmittelbar dem Betrieb von Handelsschiffen im internationalen Verkehr dient, der Teilwert anzusetzen. ② Für Wirtschaftsgüter des abnutzbaren Anlagevermögens sind den weiteren Absetzungen für Abnutzung unverändert die ursprünglichen Anschaffungs- oder Herstellungskosten zugrunde zu legen.

§ 5b[3] Elektronische Übermittlung von Bilanzen sowie Gewinn- und Verlustrechnungen

(1)[4] ① Wird der Gewinn nach § 4 Absatz 1, § 5 oder § 5a ermittelt, so ist der Inhalt der Bilanz sowie der Gewinn- und Verlustrechnung nach amtlich vorgeschriebenem Datensatz durch Datenfernübertragung zu übermitteln. ② Enthält die Bilanz Ansätze oder Beträge, die den steuerlichen Vorschriften nicht entsprechen, so sind diese Ansätze oder Beträge durch Zusätze oder Anmerkungen den steuerlichen Vorschriften anzupassen und nach amtlich vorgeschriebenem Datensatz durch Datenfernübertragung zu übermitteln. ③ Der Steuerpflichtige kann auch eine den steuerlichen Vorschriften entsprechende Bilanz nach amtlich vorgeschriebenem Datensatz durch Datenfernübertragung übermitteln. ④ Im Fall der Eröffnung des Betriebs sind die Sätze 1 bis 4 für den Inhalt der Eröffnungsbilanz entsprechend anzuwenden.

(2) ① Auf Antrag kann die Finanzbehörde zur Vermeidung unbilliger Härten auf eine elektronische Übermittlung verzichten. ② § 150 Absatz 8 der Abgabenordnung gilt entsprechend.

§ 6[5] Bewertung

(1) Für die Bewertung der einzelnen Wirtschaftsgüter, die nach § 4 Absatz 1 oder nach § 5 als Betriebsvermögen anzusetzen sind, gilt das Folgende:

1. ① Wirtschaftsgüter des Anlagevermögens, die der Abnutzung unterliegen, sind mit den Anschaffungs- oder Herstellungskosten oder dem an deren Stelle tretenden Wert, vermindert um die Absetzungen für Abnutzung, erhöhte Absetzungen, Sonderabschreibungen, Abzüge nach § 6b und ähnliche Abzüge, anzusetzen. ② Ist der Teilwert auf Grund einer voraussichtlich dauernden Wertminderung niedriger, so kann dieser angesetzt werden. ③ Teilwert ist der Betrag, den ein Erwerber des ganzen Betriebs im Rahmen des Gesamtkaufpreises für das einzelne Wirtschaftsgut ansetzen würde; dabei ist davon auszugehen, dass der Erwerber den Betrieb fortführt. ④ Wirtschaftsgüter, die bereits am Schluss des vorangegangenen Wirtschaftsjahres zum Anlagevermögen des Steuerpflichtigen gehört haben, sind in den folgenden Wirtschaftsjahren gemäß Satz 1 anzusetzen, es sei denn, der Steuerpflichtige weist nach, dass ein niedrigerer Teilwert nach Satz 2 angesetzt werden kann.

1a. ① Zu den Herstellungskosten eines Gebäudes gehören auch Aufwendungen für Instandsetzungs- und Modernisierungsmaßnahmen, die innerhalb von drei Jahren nach der Anschaffung des Gebäudes durchgeführt werden, wenn die Aufwendungen ohne die Umsatzsteuer 15 Prozent der Anschaffungskosten des Gebäudes übersteigen (anschaffungsnahe Herstellungskosten). ② Zu diesen Aufwendungen gehören nicht die Aufwendungen für Erweiterungen im Sinne des § 255 Absatz 2 Satz 1 des Handelsgesetzbuchs sowie Aufwendungen für Erhaltungsarbeiten, die jährlich üblicherweise anfallen.

---

[1] Zur Anwendung siehe § 52 Abs. 10 Satz 5.

Die bisherige Fassung von § 5a Abs. 5 Satz 3 lautet wie folgt:

„③ Rücklagen nach den §§ 6b, 6d und 7g sind beim Übergang zur Gewinnermittlung nach Absatz 1 dem Gewinn im Erstjahr hinzuzurechnen."

[2] § 5a Abs. 6 Satz 2 angefügt durch Gesetz vom 12. 12. 2019 (BGBl. I S. 2451); zur erstmaligen Anwendung siehe § 52 Abs. 10 Satz 6.

[3] Zur Anwendung siehe § 52 Abs. 11.

[4] § 5b Abs. 1 bish. Satz 4 aufgehoben mit Wirkung ab 1. 1. 2017 durch Gesetz vom 18. 7. 2016 (BGBl. I S. 1679).

[5] Zur Anwendung siehe § 52 Abs. 12.

1b.[1] ① Bei der Berechnung der Herstellungskosten brauchen angemessene Teile der Kosten der allgemeinen Verwaltung sowie angemessene Aufwendungen für soziale Einrichtungen des Betriebs, für freiwillige soziale Leistungen und für die betriebliche Altersversorgung im Sinne des § 255 Absatz 2 Satz 3 des Handelsgesetzbuchs nicht einbezogen zu werden, soweit diese auf den Zeitraum der Herstellung entfallen. ② Das Wahlrecht ist bei Gewinnermittlung nach § 5 in Übereinstimmung mit der Handelsbilanz auszuüben.

2. ① Andere als die in Nummer 1 bezeichneten Wirtschaftsgüter des Betriebs (Grund und Boden, Beteiligungen, Umlaufvermögen) sind mit den Anschaffungs- oder Herstellungskosten oder dem an deren Stelle tretenden Wert, vermindert um Abzüge nach § 6b und ähnliche Abzüge, anzusetzen. ② Ist der Teilwert (Nummer 1 Satz 3) auf Grund einer voraussichtlich dauernden Wertminderung niedriger, so kann dieser angesetzt werden. ③ Nummer 1 Satz 4 gilt entsprechend.

2a. ① Steuerpflichtige, die den Gewinn nach § 5 ermitteln, können für den Wertansatz gleichartiger Wirtschaftsgüter des Vorratsvermögens unterstellen, dass die zuletzt angeschafften oder hergestellten Wirtschaftsgüter zuerst verbraucht oder veräußert worden sind, soweit dies den handelsrechtlichen Grundsätzen ordnungsmäßiger Buchführung entspricht. ② Der Vorratsbestand am Schluss des Wirtschaftsjahres, das der erstmaligen Anwendung der Bewertung nach Satz 1 vorangeht, gilt mit seinem Bilanzansatz als erster Zugang des neuen Wirtschaftsjahres. ③ Von der Verbrauchs- oder Veräußerungsfolge nach Satz 1 kann in den folgenden Wirtschaftsjahren nur mit Zustimmung des Finanzamts abgewichen werden.

2b. ① Steuerpflichtige, die in den Anwendungsbereich des § 340 des Handelsgesetzbuchs fallen, haben die zu Handelszwecken erworbenen Finanzinstrumente, die nicht in einer Bewertungseinheit im Sinne des § 5 Absatz 1a Satz 2 abgebildet werden, mit dem beizulegenden Zeitwert abzüglich eines Risikoabschlages (§ 340e Absatz 3 des Handelsgesetzbuchs) zu bewerten. ② Nummer 2 Satz 2 ist nicht anzuwenden.

[alte Fassung:]

3. ① Verbindlichkeiten sind unter sinngemäßer Anwendung der Vorschriften der Nummer 2 anzusetzen und mit einem Zinssatz von 5,5 Prozent abzuzinsen. ② Ausgenommen von der Abzinsung sind Verbindlichkeiten, deren Laufzeit am Bilanzstichtag weniger als 12 Monate beträgt, und Verbindlichkeiten, die verzinslich sind oder auf einer Anzahlung oder Vorausleistung beruhen.

[neue Fassung:]

3. [2] Verbindlichkeiten sind unter sinngemäßer Anwendung der Vorschriften der Nummer 2 anzusetzen.

3a. Rückstellungen sind höchstens insbesondere unter Berücksichtigung folgender Grundsätze anzusetzen:
   a) bei Rückstellungen für gleichartige Verpflichtungen ist auf der Grundlage der Erfahrungen in der Vergangenheit aus der Abwicklung solcher Verpflichtungen die Wahrscheinlichkeit zu berücksichtigen, dass der Steuerpflichtige nur zu einem Teil der Summe dieser Verpflichtungen in Anspruch genommen wird;
   b) Rückstellungen für Sachleistungsverpflichtungen sind mit den Einzelkosten und den angemessenen Teilen der notwendigen Gemeinkosten zu bewerten;
   c) künftige Vorteile, die mit der Erfüllung der Verpflichtung voraussichtlich verbunden sein werden, sind, soweit sie nicht als Forderung zu aktivieren sind, bei ihrer Bewertung wertmindernd zu berücksichtigen;
   d) Rückstellungen für Verpflichtungen, für deren Entstehen im wirtschaftlichen Sinne der laufende Betrieb ursächlich ist, sind zeitanteilig in gleichen Raten anzusammeln. ② Rückstellungen für gesetzliche Verpflichtungen zur Rücknahme und Verwertung von Erzeugnissen, die vor Inkrafttreten entsprechender gesetzlicher Verpflichtungen in Verkehr gebracht worden sind, sind zeitanteilig in gleichen Raten bis zum Beginn der jeweiligen Erfüllung anzusammeln; Buchstabe e ist insoweit nicht anzuwenden. ③ Rückstellungen für die Verpflichtung, ein Kernkraftwerk stillzulegen, sind ab dem Zeitpunkt der erstmaligen Nutzung bis zum Zeitpunkt, in dem mit der Stilllegung begonnen werden muss, zeitanteilig in gleichen Raten anzusammeln; steht der Zeitpunkt der Stilllegung nicht fest, beträgt der Zeitraum für die Ansammlung 25 Jahre;
   e)[3] Rückstellungen für Verpflichtungen sind mit einem Zinssatz von 5,5 Prozent abzuzinsen; *Nummer 3 Satz 2 ist entsprechend anzuwenden* **[neue Fassung:** ausgenommen von der Abzinsung sind Rückstellungen für Verpflichtungen, deren Laufzeit am Bilanzstichtag weniger als zwölf Monate beträgt, und Rückstellungen für Verpflichtungen, die verzinslich sind oder

---

[1] § 6 Abs. 1 Nr. 1b eingefügt durch Gesetz vom 18. 7. 2016 (BGBl. I S. 1679); zur Anwendung siehe § 52 Abs. 12 Satz 1.

[2] § 6 Abs. 1 Nr. 3 neugefasst durch Gesetz vom 19. 6. 2022 (BGBl. I S. 911); **zur erstmaligen Anwendung siehe § 52 Abs. 12 Satz 2 und 3.**

[3] § 6 Abs. 3a Buchstabe e Satz 1 neugefasst durch Gesetz vom 19. 6. 2022 (BGBl. I S. 911); **zur erstmaligen Anwendung siehe § 52 Abs. 12 Satz 2 und 3.**

auf einer Anzahlung oder Vorausleistung beruhen]. ② Für die Abzinsung von Rückstellungen für Sachleistungsverpflichtungen ist der Zeitraum bis zum Beginn der Erfüllung maßgebend. ③ Für die Abzinsung von Rückstellungen für die Verpflichtung, ein Kernkraftwerk stilllzulegen, ist der sich aus Buchstabe d Satz 3 ergebende Zeitraum maßgebend; und

f) bei der Bewertung sind die Wertverhältnisse am Bilanzstichtag maßgebend; künftige Preis- und Kostensteigerungen dürfen nicht berücksichtigt werden.

4.[1] ① Entnahmen des Steuerpflichtigen für sich, für seinen Haushalt oder für andere betriebsfremde Zwecke sind mit dem Teilwert anzusetzen; die Entnahme ist in den Fällen des § 4 Absatz 1 Satz 3 erster Halbsatz mit dem gemeinen Wert und in den Fällen des § 4 Absatz 1 Satz 3 zweiter Halbsatz mit dem Wert anzusetzen, den der andere Staat der Besteuerung zugrunde legt, höchstens jedoch mit dem gemeinen Wert. ② Die private Nutzung eines Kraftfahrzeugs, das zu mehr als 50 Prozent betrieblich genutzt wird, ist für jeden Kalendermonat mit 1 Prozent des inländischen Listenpreises im Zeitpunkt der Erstzulassung zuzüglich der Kosten für Sonderausstattung einschließlich Umsatzsteuer anzusetzen; bei der privaten Nutzung von Fahrzeugen mit Antrieb ausschließlich durch Elektromotoren, die ganz oder überwiegend aus mechanischen oder elektrochemischen Energiespeichern oder aus emissionsfrei betriebenen Energiewandlern gespeist werden (Elektrofahrzeuge), oder von extern aufladbaren Hybridelektrofahrzeugen, ist der Listenpreis dieser Kraftfahrzeuge

1. soweit die Nummern 2, 3 oder 4 nicht anzuwenden sind und bei Anschaffung vor dem 1. Januar 2023 um die darin enthaltenen Kosten des Batteriesystems im Zeitpunkt der Erstzulassung des Kraftfahrzeugs wie folgt zu mindern: für bis zum 31. Dezember 2013 angeschaffte Kraftfahrzeuge um 500 Euro pro Kilowattstunde der Batteriekapazität, dieser Betrag mindert sich für in den Folgejahren angeschaffte Kraftfahrzeuge um jährlich 50 Euro pro Kilowattstunde der Batteriekapazität; die Minderung pro Kraftfahrzeug beträgt höchstens 10 000 Euro; dieser Höchstbetrag mindert sich für in den Folgejahren angeschaffte Kraftfahrzeuge um jährlich 500 Euro, oder
2. soweit Nummer 3 nicht anzuwenden ist und bei Anschaffung nach dem 31. Dezember 2018 und vor dem 1. Januar 2022 nur zur Hälfte anzusetzen; bei extern aufladbaren Hybridelektrofahrzeugen muss das Fahrzeug die Voraussetzungen des § 3 Absatz 2 Nummer 1 oder 2 des Elektromobilitätsgesetzes erfüllen, oder
3. bei Anschaffung nach dem 31. Dezember 2018 und vor dem 1. Januar 2031 nur zu einem Viertel anzusetzen, wenn das Kraftfahrzeug keine Kohlendioxidemission je gefahrenen Kilometer hat und der Bruttolistenpreis des Kraftfahrzeugs nicht mehr als 60 000[2] Euro beträgt, oder
4. soweit Nummer 3 nicht anzuwenden ist und bei Anschaffung nach dem 31. Dezember 2021 und vor dem 1. Januar 2025 nur zur Hälfte anzusetzen, wenn das Kraftfahrzeug
   a) eine Kohlendioxidemission von höchstens 50 Gramm je gefahrenen Kilometer hat oder
   b) die Reichweite des Fahrzeugs unter ausschließlicher Nutzung der elektrischen Antriebsmaschine mindestens 60 Kilometer beträgt, oder
5. soweit Nummer 3 nicht anzuwenden ist und bei Anschaffung nach dem 31. Dezember 2024 und vor dem 1. Januar 2031 nur zur Hälfte anzusetzen, wenn das Kraftfahrzeug
   a) eine Kohlendioxidemission von höchstens 50 Gramm je gefahrenen Kilometer hat oder
   b) die Reichweite des Fahrzeugs unter ausschließlicher Nutzung der elektrischen Antriebsmaschine mindestens 80 Kilometer beträgt,

die maßgebliche Kohlendioxidemission sowie die Reichweite des Kraftfahrzeugs unter ausschließlicher Nutzung der elektrischen Antriebsmaschine ist der Übereinstimmungsbescheinigung nach Anhang IX der Richtlinie 2007/46/EG oder aus der Übereinstimmungsbescheinigung nach Artikel 38 der Verordnung (EU) Nr. 168/2013 zu entnehmen. ③ Die private Nutzung kann abweichend von Satz 2 mit den auf die Privatfahrten entfallenden Aufwendungen angesetzt werden, wenn die für das Kraftfahrzeug insgesamt entstehenden Aufwendungen durch Belege und das Verhältnis der privaten zu den übrigen Fahrten durch ein ordnungsgemäßes Fahrtenbuch nachgewiesen werden; bei der privaten Nutzung von Fahrzeugen mit Antrieb ausschließlich durch Elektromotoren, die ganz oder überwiegend aus mechanischen oder elektrochemischen Energiespeichern oder aus emissionsfrei betriebenen Energiewandlern gespeist werden (Elektrofahrzeuge), oder von extern aufladbaren Hybridelektrofahrzeugen, sind

1. soweit die Nummern 2, 3 oder 4 nicht anzuwenden sind und bei Anschaffung vor dem 1. Januar 2023 die der Berechnung der Entnahme zugrunde zu legenden insgesamt entstandenen Aufwendungen um Aufwendungen für das Batteriesystem zu mindern; dabei ist bei zum Betriebsvermögen des Steuerpflichtigen gehörenden Elektro- und Hybridelektrofahrzeugen die der Berechnung der Absetzungen für Abnutzung zugrunde zu legende Be-

[1] § 6 Abs. 1 Nr. 4 Satz 2 und 3 neugefasst durch Art. 2 des Gesetzes vom 11. 12. 2018 (BGBl. I S. 2338); Abs. 1 Nr. 4 Satz 2 geändert mit Wirkung ab VZ 2020 durch Gesetz vom 12. 12. 2019 (BGBl. I S. 2451); Abs. 1 Nr. 4 Satz 2 Nr. 2 geändert, Nr. 3 bis 5 und abschließender Satzteil eingefügt mit Wirkung ab VZ 2020 durch Gesetz vom 12. 12. 2019 (BGBl. I S. 2451); Abs. 1 Nr. 4 Satz 3 Nr. 1 und 2 geändert, Nr. 3 bis 5 und abschließender Satzteil angefügt mit Wirkung ab VZ 2020 durch Gesetz vom 12. 12. 2019 (BGBl. I S. 2451); Abs. 1 Nr. 4 Satz 1 2. Halbsatz neugefasst durch Gesetz vom 25. 6. 2021 (BGBl. I S. 2035); zur erstmaligen Anwendung siehe § 52 Abs. 12 Satz 9.

[2] § 6 Abs. 1 Nr. 4 Satz 2 Nr. 3 Betrag geändert durch Gesetz vom 29. 6. 2020 (BGBl. I S. 1512); zur Anwendung siehe § 52 Abs. 12 Satz 2.

messungsgrundlage um die nach Satz 2 in pauschaler Höhe festgelegten Aufwendungen zu mindern, wenn darin Kosten für ein Batteriesystem enthalten sind, oder

2. soweit Nummer 3 nicht anzuwenden ist und bei Anschaffung nach dem 31. Dezember 2018 und vor dem 1. Januar 2022 bei der Ermittlung der insgesamt entstandenen Aufwendungen die Anschaffungskosten für das Kraftfahrzeug oder vergleichbare Aufwendungen nur zur Hälfte zu berücksichtigen; bei extern aufladbaren Hybridelektrofahrzeugen muss das Fahrzeug die Voraussetzungen des § 3 Absatz 2 Nummer 1 oder 2 des Elektromobilitätsgesetzes erfüllen, oder
3. bei Anschaffung nach dem 31. Dezember 2018 und vor dem 1. Januar 2031 bei der Ermittlung der insgesamt entstandenen Aufwendungen die Anschaffungskosten für das Kraftfahrzeug oder vergleichbare Aufwendungen nur zu einem Viertel zu berücksichtigen, wenn das Kraftfahrzeug keine Kohlendioxidemission je gefahrenen Kilometer hat, und der Bruttolistenpreis des Kraftfahrzeugs nicht mehr als 60 000[1] Euro beträgt, oder
4. soweit Nummer 3 nicht anzuwenden ist und bei Anschaffung nach dem 31. Dezember 2021 und vor dem 1. Januar 2025 bei der Ermittlung der insgesamt entstandenen Aufwendungen die Anschaffungskosten für das Kraftfahrzeug oder vergleichbare Aufwendungen nur zur Hälfte zu berücksichtigen, wenn das Kraftfahrzeug
   a) eine Kohlendioxidemission von höchstens 50 Gramm je gefahrenen Kilometer hat oder
   b) die Reichweite des Kraftfahrzeugs unter ausschließlicher Nutzung der elektrischen Antriebsmaschine mindestens 60 Kilometer beträgt, oder
5. soweit Nummer 3 nicht anzuwenden ist und bei Anschaffung nach dem 31. Dezember 2024 und vor dem 1. Januar 2031 bei der Ermittlung der insgesamt entstandenen Aufwendungen die Anschaffungskosten für das Kraftfahrzeug oder vergleichbare Aufwendungen nur zur Hälfte zu berücksichtigen, wenn das Kraftfahrzeug
   a) eine Kohlendioxidemission von höchstens 50 Gramm je gefahrenen Kilometer hat oder
   b) die Reichweite des Kraftfahrzeugs unter ausschließlicher Nutzung der elektrischen Antriebsmaschine mindestens 80 Kilometer beträgt,

die maßgebliche Kohlendioxidemission sowie die Reichweite des Kraftfahrzeugs unter ausschließlicher Nutzung der elektrischen Antriebsmaschine ist der Übereinstimmungsbescheinigung nach Anhang IX der Richtlinie 2007/46/EG oder aus der Übereinstimmungsbescheinigung nach Artikel 38 der Verordnung (EU) Nr. 168/2013 zu entnehmen. ④ Wird ein Wirtschaftsgut unmittelbar nach seiner Entnahme einer nach § 5 Absatz 1 Nummer 9 des Körperschaftsteuergesetzes von der Körperschaftsteuer befreiten Körperschaft, Personenvereinigung oder Vermögensmasse oder einer juristischen Person des öffentlichen Rechts zur Verwendung für steuerbegünstigte Zwecke im Sinne des § 10b Absatz 1 Satz 1 unentgeltlich überlassen, so kann die Entnahme mit dem Buchwert angesetzt werden. ⑤ Satz 4 gilt nicht für die Entnahme von Nutzungen und Leistungen. ⑥ Die private Nutzung eines betrieblichen Fahrrads, das kein Kraftfahrzeug im Sinn des Satzes 2 ist, bleibt außer Ansatz.[2]

5. ① Einlagen sind mit dem Teilwert für den Zeitpunkt der Zuführung anzusetzen; sie sind jedoch höchstens mit den Anschaffungs- oder Herstellungskosten anzusetzen, wenn das zugeführte Wirtschaftsgut
   a) innerhalb der letzten drei Jahre vor dem Zeitpunkt der Zuführung angeschafft oder hergestellt worden ist,
   b) ein Anteil an einer Kapitalgesellschaft ist und der Steuerpflichtige an der Gesellschaft im Sinne des § 17 Absatz 1 oder Absatz 6 beteiligt ist; § 17 Absatz 2 Satz 5 gilt entsprechend, oder
   c)[3] ein Wirtschaftsgut im Sinne des § 20 Absatz 2 oder im Sinne des § 2 Absatz 4 des Investmentsteuergesetzes ist.

   ② Ist die Einlage ein abnutzbares Wirtschaftsgut, so sind die Anschaffungs- oder Herstellungskosten um Absetzungen für Abnutzung zu kürzen, die auf den Zeitraum zwischen der Anschaffung oder Herstellung des Wirtschaftsguts und der Einlage entfallen. ③ Ist die Einlage ein Wirtschaftsgut, das vor der Zuführung aus einem Betriebsvermögen des Steuerpflichtigen entnommen worden ist, so tritt an die Stelle der Anschaffungs- oder Herstellungskosten der Wert, mit dem die Entnahme angesetzt worden ist, und an die Stelle des Zeitpunkts der Anschaffung oder Herstellung der Zeitpunkt der Entnahme.

5a.[4] In den Fällen des § 4 Absatz 1 Satz 8 zweiter Halbsatz ist das Wirtschaftsgut mit dem gemeinen Wert anzusetzen; unterliegt der Steuerpflichtige in einem anderen Staat einer Be-

---

[1] § 6 Abs. 1 Nr. 4 Satz 3 Nr. 3 Betrag geändert durch Gesetz vom 29. 6. 2020 (BGBl. I S. 1512); zur Anwendung siehe § 52 Abs. 12 Satz 2.

[2] § 6 Abs. 1 Nr. 4 Satz 6 angefügt mit Wirkung ab 1. 1. 2019 durch Art. 3 des Gesetzes vom 11. 12. 2018 (BGBl. I S. 2338); zur letztmaligen Anwendung siehe § 52 Abs. 12 Satz 3.

[3] § 6 Abs. 1 Nr. 5 Satz 1 Buchstabe c geändert durch Art. 2 des Gesetzes vom 11. 12. 2018 (BGBl. I S. 2338); zur Anwendung siehe § 52 Abs. 12 Satz 4.

[4] § 6 Abs. 1 Nr. 5a Zitat geändert durch Gesetz vom 8. 12. 2010 (BGBl. I S. 1768); Abs. 1 Nr. 5a letzter Halbsatz angefügt durch Gesetz vom 25. 6. 2021 (BGBl. I S. 2035); zur erstmaligen Anwendung siehe § 52 Abs. 12 Satz 9.

steuerung auf Grund des Ausschlusses oder der Beschränkung des Besteuerungsrechts dieses Staates, ist das Wirtschaftsgut mit dem Wert anzusetzen, den der andere Staat der Besteuerung zugrunde legt, höchstens jedoch mit dem gemeinen Wert.

5b.[1] Im Fall des § 4 Absatz 1 Satz 9 ist das Wirtschaftsgut jeweils mit dem Wert anzusetzen, den der andere Staat der Besteuerung zugrunde legt, höchstens jedoch mit dem gemeinen Wert.

6. Bei Eröffnung eines Betriebs ist Nummer 5 entsprechend anzuwenden.

7. Bei entgeltlichem Erwerb eines Betriebs sind die Wirtschaftsgüter mit dem Teilwert, höchstens jedoch mit den Anschaffungs- oder Herstellungskosten anzusetzen.

(2)[2] ① Die Anschaffungs- oder Herstellungskosten oder der nach Absatz 1 Nummer 5 bis 6 an deren Stelle tretende Wert von abnutzbaren beweglichen Wirtschaftsgütern des Anlagevermögens, die einer selbständigen Nutzung fähig sind, können im Wirtschaftsjahr der Anschaffung, Herstellung oder Einlage des Wirtschaftsguts oder der Eröffnung des Betriebs in voller Höhe als Betriebsausgaben abgezogen werden, wenn die Anschaffungs- oder Herstellungskosten, vermindert um einen darin enthaltenen Vorsteuerbetrag (§ 9b Absatz 1), oder der nach Absatz 1 Nummer 5 bis 6 an deren Stelle tretende Wert für das einzelne Wirtschaftsgut 800[3] Euro nicht übersteigen. ② Ein Wirtschaftsgut ist einer selbständigen Nutzung nicht fähig, wenn es nach seiner betrieblichen Zweckbestimmung nur zusammen mit anderen Wirtschaftsgütern des Anlagevermögens genutzt werden kann und die in den Nutzungszusammenhang eingefügten Wirtschaftsgüter technisch aufeinander abgestimmt sind. ③ Das gilt auch, wenn das Wirtschaftsgut aus dem betrieblichen Nutzungszusammenhang gelöst und in einen anderen betrieblichen Nutzungszusammenhang eingefügt werden kann. ④ Wirtschaftsgüter im Sinne des Satzes 1, deren Wert 250[4] Euro übersteigt, sind unter Angabe des Tages der Anschaffung Herstellung oder Einlage des Wirtschaftsguts oder der Eröffnung des Betriebs und der Anschaffungs- oder Herstellungskosten oder des nach Absatz 1 Nummer 5 bis 6 an deren Stelle tretenden Werts in ein besonderes, laufend zu führendes Verzeichnis aufzunehmen. ⑤ Das Verzeichnis braucht nicht geführt zu werden, wenn diese Angaben aus der Buchführung ersichtlich sind.

(2a)[5] ① Abweichend von Absatz 2 Satz 1 kann für die abnutzbaren beweglichen Wirtschaftsgüter des Anlagevermögens, die einer selbständigen Nutzung fähig sind, im Wirtschaftsjahr der Anschaffung, Herstellung oder Einlage des Wirtschaftsguts oder der Eröffnung des Betriebs ein Sammelposten gebildet werden, wenn die Anschaffungs- oder Herstellungskosten, vermindert um einen darin enthaltenen Vorsteuerbetrag (§ 9b Absatz 1), oder der nach Absatz 1 Nummer 5 bis 6 an deren Stelle tretende Wert für das einzelne Wirtschaftsgut 250[6] Euro, aber nicht 1000 Euro übersteigen. ② Der Sammelposten ist im Wirtschaftsjahr der Bildung und den folgenden vier Wirtschaftsjahren mit jeweils einem Fünftel gewinnmindernd aufzulösen. ③ Scheidet ein Wirtschaftsgut im Sinne des Satzes 1 aus dem Betriebsvermögen aus, wird der Sammelposten nicht vermindert. ④ Die Anschaffungs- oder Herstellungskosten oder der nach Absatz 1 Nummer 5 bis 6 an deren Stelle tretende Wert von abnutzbaren beweglichen Wirtschaftsgütern des Anlagevermögens, die einer selbständigen Nutzung fähig sind, können im Wirtschaftsjahr der Anschaffung, Herstellung oder Einlage des Wirtschaftsguts oder der Eröffnung des Betriebs in voller Höhe als Betriebsausgaben abgezogen werden, wenn die Anschaffungs- oder Herstellungskosten, vermindert um einen darin enthaltenen Vorsteuerbetrag (§ 9b Absatz 1), oder der nach Absatz 1 Nummer 5 bis 6 an deren Stelle tretende Wert für das einzelne Wirtschaftsgut 250[7] Euro nicht übersteigen. ⑤ Die Sätze 1 bis 3 sind für alle in einem Wirtschaftsjahr angeschafften, hergestellten oder eingelegten Wirtschaftsgüter einheitlich anzuwenden.

(3)[8] ① Wird ein Betrieb, ein Teilbetrieb oder der Anteil eines Mitunternehmers an einem Betrieb unentgeltlich übertragen, so sind bei der Ermittlung des Gewinns des bisherigen Betriebsinhabers (Mitunternehmers) die Wirtschaftsgüter mit den Werten anzusetzen, die sich nach den Vorschriften über die Gewinnermittlung ergeben, sofern die Besteuerung der stillen Reserven sichergestellt ist; dies gilt auch bei der unentgeltlichen Aufnahme einer natürlichen Person in ein bestehendes Einzelunternehmen sowie bei der unentgeltlichen Übertragung eines Teils eines Mitunternehmeranteils auf eine natürliche Person. ② Satz 1 ist auch anzuwenden, wenn der bisherige Betriebsinhaber (Mitunternehmer) Wirtschaftsgüter, die weiterhin zum Betriebsvermögen derselben Mitunternehmerschaft gehören, nicht überträgt, sofern der Rechtsnachfolger den übernommenen Mitunternehmeranteil über einen Zeitraum von mindestens fünf Jahren nicht veräußert oder aufgibt. ③ Der Rechtsnachfolger ist an die in Satz 1 genannten Werte gebunden.

---

[1] § 6 Abs. 1 Nr. 5b eingefügt durch Gesetz vom 25. 6. 2021 (BGBl. I S. 2035); zur erstmaligen Anwendung siehe § 52 Abs. 12 Satz 9.

[2] § 6 Abs. 2 neugefasst durch Gesetz vom 22. 12. 2009 (BGBl. I S. 3950).

[3] § 6 Abs. 2 Satz 1 Betrag geändert durch Gesetz vom 27. 6. 2017 (BGBl. I S. 2074); zur erstmaligen Anwendung siehe § 52 Abs. 12 Satz 6.

[4] § 6 Abs. 2 Satz 4 Betrag geändert durch Gesetz vom 30. 6. 2017 (BGBl. I S. 2143); zur erstmaligen Anwendung siehe § 52 Abs. 12 Satz 5.

[5] § 6 Abs. 2a neugefasst durch Gesetz vom 22. 12. 2009 (BGBl. I S. 3950).

[6] § 6 Abs. 2a Satz 1 Betrag geändert durch Gesetz vom 27. 6. 2017 (BGBl. I S. 2074); zur erstmaligen Anwendung siehe § 52 Abs. 12 Satz 8.

[7] § 6 Abs. 2a Satz 4 Betrag geändert durch Gesetz vom 27. 6. 2017 (BGBl. I S. 2074); zur erstmaligen Anwendung siehe § 52 Abs. 12 Satz 8.

[8] § 6 Abs. 3 Satz 1 geändert mit Wirkung ab VZ 2016 durch Gesetz vom 20. 12. 2016 (BGBl. I S. 3000).

(4) Wird ein einzelnes Wirtschaftsgut außer in den Fällen der Einlage (§ 4 Absatz 1 Satz 8[1]) unentgeltlich in das Betriebsvermögen eines anderen Steuerpflichtigen übertragen, gilt sein gemeiner Wert für das aufnehmende Betriebsvermögen als Anschaffungskosten.

(5)[2] ① Wird ein einzelnes Wirtschaftsgut von einem Betriebsvermögen in ein anderes Betriebsvermögen desselben Steuerpflichtigen überführt, ist bei der Überführung der Wert anzusetzen, der sich nach den Vorschriften über die Gewinnermittlung ergibt, sofern die Besteuerung der stillen Reserven sichergestellt ist; § 4 Absatz 1 Satz 4 ist entsprechend anzuwenden. ② Satz 1 gilt auch für die Überführung aus einem eigenen Betriebsvermögen des Steuerpflichtigen in dessen Sonderbetriebsvermögen bei einer Mitunternehmerschaft und umgekehrt sowie für die Überführung zwischen verschiedenen Sonderbetriebsvermögen desselben Steuerpflichtigen bei verschiedenen Mitunternehmerschaften. ③ Satz 1 gilt entsprechend, soweit ein Wirtschaftsgut

1. unentgeltlich oder gegen Gewährung oder Minderung von Gesellschaftsrechten aus einem Betriebsvermögen des Mitunternehmers in das Gesamthandsvermögen einer Mitunternehmerschaft und umgekehrt,
2. unentgeltlich oder gegen Gewährung oder Minderung von Gesellschaftsrechten aus dem Sonderbetriebsvermögen eines Mitunternehmers in das Gesamthandsvermögen derselben Mitunternehmerschaft oder einer anderen Mitunternehmerschaft, an der er beteiligt ist, und umgekehrt oder
3. unentgeltlich zwischen den jeweiligen Sonderbetriebsvermögen verschiedener Mitunternehmer derselben Mitunternehmerschaft

übertragen wird. ④ Wird das nach Satz 3 übertragene Wirtschaftsgut innerhalb einer Sperrfrist veräußert oder entnommen, ist rückwirkend auf den Zeitpunkt der Übertragung der Teilwert anzusetzen, es sei denn, die bis zur Übertragung entstandenen stillen Reserven sind durch Erstellung einer Ergänzungsbilanz dem übertragenden Gesellschafter zugeordnet worden; diese Sperrfrist endet drei Jahre nach Abgabe der Steuererklärung des Übertragenden für den Veranlagungszeitraum, in dem die in Satz 3 bezeichnete Übertragung erfolgt ist. ⑤ Der Teilwert ist auch anzusetzen, soweit in den Fällen des Satzes 3 der Anteil einer Körperschaft, Personenvereinigung oder Vermögensmasse an dem Wirtschaftsgut unmittelbar oder mittelbar begründet wird oder dieser sich erhöht. ⑥ Soweit innerhalb von sieben Jahren nach der Übertragung des Wirtschaftsguts nach Satz 3 der Anteil einer Körperschaft, Personenvereinigung oder Vermögensmasse an dem übertragenen Wirtschaftsgut aus einem anderen Grund unmittelbar oder mittelbar begründet wird oder dieser sich erhöht, ist rückwirkend auf den Zeitpunkt der Übertragung ebenfalls der Teilwert anzusetzen.

(6) ① Wird ein einzelnes Wirtschaftsgut im Wege des Tausches übertragen, bemessen sich die Anschaffungskosten nach dem gemeinen Wert des hingegebenen Wirtschaftsguts. ② Erfolgt die Übertragung im Wege der verdeckten Einlage, erhöhen sich die Anschaffungskosten der Beteiligung an der Kapitalgesellschaft um den Teilwert des eingelegten Wirtschaftsguts. ③ In den Fällen des Absatzes 1 Nummer 5 Satz 1 Buchstabe a erhöhen sich die Anschaffungskosten im Sinne des Satzes 2 um den Einlagewert des Wirtschaftsguts. ④ Absatz 5 bleibt unberührt.

(7)[3] Im Fall des § 4 Absatz 3 sind

1. bei der Bemessung der Absetzungen für Abnutzung oder Substanzverringerung die sich bei der Anwendung der Absätze 3 bis 6 ergebenden Werte als Anschaffungskosten zugrunde zu legen und
2. die Bewertungsvorschriften des Absatzes 1 Nummer 1a und der Nummern 4 bis 7 entsprechend anzuwenden.

§ 6a Pensionsrückstellung

(1) Für eine Pensionsverpflichtung darf eine Rückstellung (Pensionsrückstellung) nur gebildet werden, wenn und soweit

1. der Pensionsberechtigte einen Rechtsanspruch auf einmalige oder laufende Pensionsleistungen hat,
2. die Pensionszusage keine Pensionsleistungen in Abhängigkeit von künftigen gewinnabhängigen Bezügen vorsieht und keinen Vorbehalt enthält, dass die Pensionsanwartschaft oder die Pensionsleistung gemindert oder entzogen werden kann, oder ein solcher Vorbehalt sich nur auf Tatbestände erstreckt, bei deren Vorliegen nach allgemeinen Rechtsgrundsätzen unter Beachtung billigen Ermessens eine Minderung oder ein Entzug der Pensionsanwartschaft oder der Pensionsleistung zulässig ist, und
3. die Pensionszusage schriftlich erteilt ist; die Pensionszusage muss eindeutige Angaben zu Art, Form, Voraussetzungen und Höhe der in Aussicht gestellten künftigen Leistungen enthalten.

[1] § 6 Abs. 4 Zitat geändert durch Gesetz vom 8. 12. 2010 (BGBl. I S. 1768).
[2] § 6 Abs. 5 Satz 1 zweiter Halbsatz angefügt durch Gesetz vom 8. 12. 2010 (BGBl. I S. 1768); zur erstmaligen Anwendung siehe § 52 Abs. 12 Satz 7.
[3] § 6 Abs. 7 neugefasst mit Wirkung ab VZ 2013 durch Gesetz vom 26. 6. 2013 (BGBl. I S. 1809).

(2) Eine Pensionsrückstellung darf erstmals gebildet werden

1.[1] vor Eintritt des Versorgungsfalls für das Wirtschaftsjahr, in dem die Pensionszusage erteilt wird, frühestens jedoch für das Wirtschaftsjahr, bis zu dessen Mitte der Pensionsberechtigte bei
   a) erstmals nach dem 31. Dezember 2017 zugesagten Pensionsleistungen das 23. Lebensjahr vollendet,
   b) erstmals nach dem 31. Dezember 2008 und vor dem 1. Januar 2018 zugesagten Pensionsleistungen das 27. Lebensjahr vollendet,
   c) erstmals nach dem 31. Dezember 2000 und vor dem 1. Januar 2009 zugesagten Pensionsleistungen das 28. Lebensjahr vollendet,
   d) erstmals vor dem 1. Januar 2001 zugesagten Pensionsleistungen das 30. Lebensjahr vollendet

   oder bei nach dem 31. Dezember 2000 vereinbarten Entgeltumwandlungen im Sinne von § 1 Absatz 2 des Betriebsrentengesetzes für das Wirtschaftsjahr, in dessen Verlauf die Pensionsanwartschaft gemäß den Vorschriften des Betriebsrentengesetzes unverfallbar wird,
2. nach Eintritt des Versorgungsfalls für das Wirtschaftsjahr, in dem der Versorgungsfall eintritt.

(3) ① Eine Pensionsrückstellung darf höchstens mit dem Teilwert der Pensionsverpflichtung angesetzt werden. ② Als Teilwert einer Pensionsverpflichtung gilt

1. vor Beendigung des Dienstverhältnisses des Pensionsberechtigten der Barwert der künftigen Pensionsleistungen am Schluss des Wirtschaftsjahres abzüglich des sich auf denselben Zeitpunkt ergebenden Barwertes betragsmäßig gleich bleibender Jahresbeträge, bei einer Entgeltumwandlung im Sinne von § 1 Absatz 2 des Betriebsrentengesetzes mindestens jedoch der Barwert der gemäß den Vorschriften des Betriebsrentengesetzes unverfallbaren künftigen Pensionsleistungen am Schluss des Wirtschaftsjahres. ② Die Jahresbeträge sind so zu bemessen, dass am Beginn des Wirtschaftsjahres, in dem das Dienstverhältnis begonnen hat, ihr Barwert gleich dem Barwert der künftigen Pensionsleistungen ist; die künftigen Pensionsleistungen sind dabei mit dem Betrag anzusetzen, der sich nach den Verhältnissen am Bilanzstichtag ergibt. ③ Es sind die Jahresbeträge zugrunde zu legen, die vom Beginn des Wirtschaftsjahres, in dem das Dienstverhältnis begonnen hat, bis zu dem in der Pensionszusage vorgesehenen Zeitpunkt des Eintritts des Versorgungsfalls rechnungsmäßig aufzubringen sind. ④ Erhöhungen oder Verminderungen der Pensionsleistungen nach dem Schluss des Wirtschaftsjahres, die hinsichtlich des Zeitpunktes ihres Wirksamwerdens oder ihres Umfangs ungewiss sind, sind bei der Berechnung des Barwertes der künftigen Pensionsleistungen und der Jahresbeträge erst zu berücksichtigen, wenn sie eingetreten sind. ⑤ Wird die Pensionszusage erst nach dem Beginn des Dienstverhältnisses erteilt, so ist die Zwischenzeit für die Berechnung der Jahresbeträge nur insoweit als Wartezeit zu behandeln, als sie in der Pensionszusage als solche bestimmt ist. ⑥ [2]Hat das Dienstverhältnis schon vor der Vollendung des nach Absatz 2 Nummer 1 maßgebenden Lebensjahres des Pensionsberechtigten bestanden, gilt es als zu Beginn des Wirtschaftsjahres begonnen, bis zu dessen Mitte der Pensionsberechtigte das nach Absatz 2 Nummer 1 maßgebende Lebensjahr vollendet; bei nach dem 31. Dezember 2000 vereinbarten Entgeltumwandlungen im Sinne von § 1 Absatz 2 des Betriebsrentengesetzes gilt für davor liegende Wirtschaftsjahre als Teilwert der Barwert der gemäß den Vorschriften des Betriebsrentengesetzes unverfallbaren künftigen Pensionsleistungen am Schluss des Wirtschaftsjahres;
2. nach Beendigung des Dienstverhältnisses des Pensionsberechtigten unter Aufrechterhaltung seiner Pensionsanwartschaft oder nach Eintritt des Versorgungsfalls der Barwert der künftigen Pensionsleistungen am Schluss des Wirtschaftsjahres; Nummer 1 Satz 4 gilt sinngemäß.

③ Bei der Berechnung des Teilwertes der Pensionsverpflichtung sind ein Rechnungszinsfuß von 6 Prozent und die anerkannten Regeln der Versicherungsmathematik anzuwenden.

(4) ① Eine Pensionsrückstellung darf in einem Wirtschaftsjahr höchstens um den Unterschied zwischen dem Teilwert der Pensionsverpflichtung am Schluss des Wirtschaftsjahres und am Schluss des vorangegangenen Wirtschaftsjahres erhöht werden. ② Soweit der Unterschiedsbetrag auf der erstmaligen Anwendung neuer oder geänderter biometrischer Rechnungsgrundlagen beruht, kann er nur auf mindestens drei Wirtschaftsjahre gleichmäßig verteilt der Pensionsrückstellung zugeführt werden; Entsprechendes gilt beim Wechsel auf andere biometrische Rechnungsgrundlagen. ③ In dem Wirtschaftsjahr, in dem mit der Bildung einer Pensionsrückstellung frühestens begonnen werden darf (Erstjahr), darf die Rückstellung bis zur Höhe des Teilwertes der Pensionsverpflichtung am Schluss des Wirtschaftsjahres gebildet werden; diese Rückstellung kann auf das Erstjahr und die beiden folgenden Wirtschaftsjahre gleichmäßig verteilt werden. ④ Erhöht sich in einem Wirtschaftsjahr gegenüber dem vorangegangenen Wirtschaftsjahr der Barwert der künftigen Pensionsleistungen um mehr als 25 Prozent, so kann die für dieses Wirtschaftsjahr zulässige Erhöhung der Pensionsrückstellung auf dieses Wirtschaftsjahr und die beiden folgenden Wirtschaftsjahre gleichmäßig verteilt werden. ⑤ Am Schluss des Wirtschaftsjahres, in dem das Dienstverhältnis des Pensionsberechtigten unter Aufrechterhaltung seiner Pensionsanwartschaft endet oder der Versorgungsfall eintritt, darf die Pensionsrückstellung stets bis zur Höhe des Teilwertes der Pensionsver-

---

[1] § 6 a Abs. 2 Nr. 1 neugefasst mit Wirkung ab 1. 1. 2018 durch Gesetz vom 21. 12. 2015 (BGBl. I S. 2553).

[2] § 6 a Abs. 3 Satz 2 Nr. 1 Satz 6 neugefasst mit Wirkung ab 1. 1. 2018 durch Gesetz vom 21. 12. 2015 (BGBl. I S. 2553).

pflichtung gebildet werden; die für dieses Wirtschaftsjahr zulässige Erhöhung der Pensionsrückstellung kann auf dieses Wirtschaftsjahr und die beiden folgenden Wirtschaftsjahre gleichmäßig verteilt werden. ⑥ Satz 2 gilt in den Fällen der Sätze 3 bis 5 entsprechend.

(5) Die Absätze 3 und 4 gelten entsprechend, wenn der Pensionsberechtigte zu dem Pensionsverpflichteten in einem anderen Rechtsverhältnis als einem Dienstverhältnis steht.

§ 6b Übertragung stiller Reserven bei der Veräußerung bestimmter Anlagegüter

(1) ① Steuerpflichtige, die

Grund und Boden,

Aufwuchs auf Grund und Boden mit dem dazugehörigen Grund und Boden, wenn der Aufwuchs zu einem land- und forstwirtschaftlichen Betriebsvermögen gehört,

Gebäude oder Binnenschiffe

veräußern, können im Wirtschaftsjahr der Veräußerung von den Anschaffungs- oder Herstellungskosten der in Satz 2 bezeichneten Wirtschaftsgüter, die im Wirtschaftsjahr der Veräußerung oder im vorangegangenen Wirtschaftsjahr angeschafft oder hergestellt worden sind, einen Betrag bis zur Höhe des bei der Veräußerung entstandenen Gewinns abziehen. ② Der Abzug ist zulässig bei den Anschaffungs- oder Herstellungskosten von

1. Grund und Boden,
   soweit der Gewinn bei der Veräußerung von Grund und Boden entstanden ist,
2. Aufwuchs auf Grund und Boden mit dem dazugehörigen Grund und Boden, wenn der Aufwuchs zu einem land- und forstwirtschaftlichen Betriebsvermögen gehört,
   soweit der Gewinn bei der Veräußerung von Grund und Boden oder der Veräußerung von Aufwuchs auf Grund und Boden mit dem dazugehörigen Grund und Boden entstanden ist,
3. Gebäuden,
   soweit der Gewinn bei der Veräußerung von Grund und Boden, von Aufwuchs auf Grund und Boden mit dem dazugehörigen Grund und Boden oder Gebäuden entstanden ist, oder
4. Binnenschiffen,
   soweit der Gewinn bei der Veräußerung von Binnenschiffen entstanden ist.

③ Der Anschaffung oder Herstellung von Gebäuden steht ihre Erweiterung, ihr Ausbau oder ihr Umbau gleich. ④ Der Abzug ist in diesem Fall nur von dem Aufwand für die Erweiterung, den Ausbau oder den Umbau der Gebäude zulässig.

(2) ① Gewinn im Sinne des Absatzes 1 Satz 1 ist der Betrag, um den der Veräußerungspreis nach Abzug der Veräußerungskosten den Buchwert übersteigt, mit dem das veräußerte Wirtschaftsgut im Zeitpunkt der Veräußerung anzusetzen gewesen wäre. ② Buchwert ist der Wert, mit dem ein Wirtschaftsgut nach § 6 anzusetzen ist.

(2 a)[1] ① Werden im Wirtschaftsjahr der Veräußerung der in Absatz 1 Satz 1 bezeichneten Wirtschaftsgüter oder in den folgenden vier Wirtschaftsjahren in Absatz 1 Satz 2 bezeichnete Wirtschaftsgüter angeschafft oder hergestellt oder sind sie in dem der Veräußerung vorangegangenen Wirtschaftsjahr angeschafft oder hergestellt worden, die einem Betriebsvermögen des Steuerpflichtigen in einem anderen Mitgliedstaat der Europäischen Union oder des Europäischen Wirtschaftsraums zuzuordnen sind, kann auf Antrag des Steuerpflichtigen die festgesetzte Steuer, die auf den Gewinn im Sinne des Absatzes 2 entfällt, in fünf gleichen Jahresraten entrichtet werden; die Frist von vier Jahren verlängert sich bei neu hergestellten Gebäuden auf sechs Jahre, wenn mit ihrer Herstellung vor dem Schluss des vierten auf die Veräußerung folgenden Wirtschaftsjahres begonnen worden ist. ② Der Antrag kann nur im Wirtschaftsjahr der Veräußerung der in Absatz 1 Satz 1 bezeichneten Wirtschaftsgüter gestellt werden. ③ § 36 Absatz 5 Satz 2 bis 5 ist sinngemäß anzuwenden. ④ Unterbleibt der Nachweis einer in Satz 1 genannten Anschaffung oder Herstellung durch den Steuerpflichtigen, sind für die Dauer des durch die Ratenzahlung gewährten Zahlungsaufschubs Zinsen in entsprechender Anwendung des § 234 der Abgabenordnung zu erheben. ⑤ Unterschreiten die Anschaffungs- oder Herstellungskosten der angeschafften oder hergestellten Wirtschaftsgüter den Gewinn im Sinne des Absatzes 2, gilt Satz 4 mit der Maßgabe, dass die Zinsen nur auf den Unterschiedsbetrag erhoben werden. ⑥ Bei der Zinsberechnung ist davon auszugehen, dass der Unterschiedsbetrag anteilig auf alle Jahresraten entfällt. ⑦ Zu den nach Satz 1 angeschafften oder hergestellten Wirtschaftsgütern gehören auch die einem Betriebsvermögen des Steuerpflichtigen im Vereinigten Königreich Großbritannien und Nordirland zuzuordnenden Wirtschaftsgüter, soweit der Antrag nach Satz 1 vor dem Zeitpunkt gestellt worden ist, ab dem das Vereinigte Königreich Großbritannien und Nordirland nicht mehr Mitgliedstaat der Europäischen Union ist und auch nicht wie ein solcher zu behandeln ist.

---

[1] § 6 b Abs. 2 a eingefügt durch Gesetz vom 2. 11. 2015 (BGBl. I S. 1834); zur Anwendung siehe § 52 Abs. 14 Satz 1.
§ 6 b Abs. 2 a Sätze 4 bis 6 angefügt durch Art. 1 des Gesetzes vom 11. 12. 2018 (BGBl. I S. 2338); zur erstmaligen Anwendung siehe § 52 Abs. 14 Satz 3.
§ 6 b Abs. 2 a Satz 7 angefügt mit Wirkung vom 29. 3. 2019 durch Gesetz vom 25. 3. 2019 (BGBl. I S. 357).

(3)[1] ① Soweit Steuerpflichtige den Abzug nach Absatz 1 nicht vorgenommen haben, können sie im Wirtschaftsjahr der Veräußerung eine den steuerlichen Gewinn mindernde Rücklage bilden. ② Bis zur Höhe dieser Rücklage können sie von den Anschaffungs- oder Herstellungskosten der in Absatz 1 Satz 2 bezeichneten Wirtschaftsgüter, die in den folgenden vier Wirtschaftsjahren angeschafft oder hergestellt worden sind, im Wirtschaftsjahr ihrer Anschaffung oder Herstellung einen Betrag unter Berücksichtigung der Einschränkungen des Absatzes 1 Satz 2 bis 4 abziehen. ③ Die Frist von vier Jahren verlängert sich bei neu hergestellten Gebäuden auf sechs Jahre, wenn mit ihrer Herstellung vor dem Schluss des vierten auf die Bildung der Rücklage folgenden Wirtschaftsjahres begonnen worden ist. ④ Die Rücklage ist in Höhe des abgezogenen Betrags gewinnerhöhend aufzulösen. ⑤ Ist eine Rücklage am Schluss des vierten auf ihre Bildung folgenden Wirtschaftsjahres noch vorhanden, so ist sie in diesem Zeitpunkt gewinnerhöhend aufzulösen, soweit nicht ein Abzug von den Herstellungskosten von Gebäuden in Betracht kommt, mit deren Herstellung bis zu diesem Zeitpunkt begonnen worden ist; ist die Rücklage am Schluss des sechsten auf ihre Bildung folgenden Wirtschaftsjahres noch vorhanden, so ist sie in diesem Zeitpunkt gewinnerhöhend aufzulösen.

(4) ① Voraussetzung für die Anwendung der Absätze 1 und 3 ist, dass

1. der Steuerpflichtige den Gewinn nach § 4 Absatz 1 oder § 5 ermittelt,
2. die veräußerten Wirtschaftsgüter im Zeitpunkt der Veräußerung mindestens sechs Jahre ununterbrochen zum Anlagevermögen einer inländischen Betriebsstätte gehört haben,
3. die angeschafften oder hergestellten Wirtschaftsgüter zum Anlagevermögen einer inländischen Betriebsstätte gehören,
4. der bei der Veräußerung entstandene Gewinn bei der Ermittlung des im Inland steuerpflichtigen Gewinns nicht außer Ansatz bleibt und
5. der Abzug nach Absatz 1 und die Bildung und Auflösung der Rücklage nach Absatz 3 in der Buchführung verfolgt werden können.

② Der Abzug nach den Absätzen 1 und 3 ist bei Wirtschaftsgütern, die zu einem land- und forstwirtschaftlichen Betrieb gehören oder der selbständigen Arbeit dienen, nicht zulässig, wenn der Gewinn bei der Veräußerung von Wirtschaftsgütern eines Gewerbebetriebs entstanden ist.

(5)[2] An die Stelle der Anschaffungs- oder Herstellungskosten im Sinne des Absatzes 1 tritt in den Fällen, in denen das Wirtschaftsgut im Wirtschaftsjahr vor der Veräußerung angeschafft oder hergestellt worden ist, der Buchwert am Schluss des Wirtschaftsjahres der Anschaffung oder Herstellung.

(6) ① Ist ein Betrag nach Absatz 1 oder 3 abgezogen worden, so tritt für die Absetzungen für Abnutzung oder Substanzverringerung oder in den Fällen des § 6 Absatz 2 und Absatz 2a im Wirtschaftsjahr des Abzugs der verbleibende Betrag an die Stelle der Anschaffungs- oder Herstellungskosten. ② In den Fällen des § 7 Absatz 4 Satz 1 und Absatz 5 sind die um den Abzugsbetrag nach Absatz 1 oder 3 geminderten Anschaffungs- oder Herstellungskosten maßgebend.

(7) Soweit eine nach Absatz 3 Satz 1 gebildete Rücklage gewinnerhöhend aufgelöst wird, ohne dass ein entsprechender Betrag nach Absatz 3 abgezogen wird, ist der Gewinn des Wirtschaftsjahres, in dem die Rücklage aufgelöst wird, für jedes volle Wirtschaftsjahr, in dem die Rücklage bestanden hat, um 6 Prozent des aufgelösten Rücklagenbetrags zu erhöhen.

(8)[3, 4] ① Werden Wirtschaftsgüter im Sinne des Absatzes 1 zum Zweck der Vorbereitung oder Durchführung von städtebaulichen Sanierungs- oder Entwicklungsmaßnahmen an einen der in Satz 2 bezeichneten Erwerber übertragen, sind die Absätze 1 bis 7 mit der Maßgabe anzuwenden, dass

1. die Fristen des Absatzes 3 Satz 2, 3 und 5 sich jeweils um drei Jahre verlängern und
2. an die Stelle der in Absatz 4 Nummer 2 bezeichneten Frist von sechs Jahren eine Frist von zwei Jahren tritt.

② Erwerber im Sinne des Satzes 1 sind Gebietskörperschaften, Gemeindeverbände, Verbände im Sinne des § 166 Absatz 4 des Baugesetzbuchs, Planungsverbände nach § 205 des Baugesetzbuchs, Sanierungsträger nach § 157 des Baugesetzbuchs, Entwicklungsträger nach § 167 des Baugesetzbuchs sowie Erwerber, die städtebauliche Sanierungsmaßnahmen als Eigentümer selbst durchführen (§ 147 Absatz 2 und § 148 Absatz 1 des Baugesetzbuchs).

(9) Absatz 8 ist nur anzuwenden, wenn die nach Landesrecht zuständige Behörde bescheinigt, dass die Übertragung der Wirtschaftsgüter zum Zweck der Vorbereitung oder Durchführung von städtebaulichen Sanierungs- oder Entwicklungsmaßnahmen an einen der in Absatz 8 Satz 2 bezeichneten Erwerber erfolgt ist.

---

[1] **Siehe § 52 Abs. 14 Satz 4 bis 6.**
[2] § 6 b Abs. 5 geändert durch Gesetz vom 26. 6. 2013 (BGBl. I S. 1809).
[3] § 6 b Abs. 8 Satz 1 geändert durch Gesetz vom 26. 6. 2013 (BGBl. I S. 1809).
[4] **Siehe § 52 Abs. 14 Satz 4 bis 6.**

(10)[1] ① Steuerpflichtige, die keine Körperschaften, Personenvereinigungen oder Vermögensmassen sind, können Gewinne aus der Veräußerung von Anteilen an Kapitalgesellschaften bis zu einem Betrag von 500 000 Euro auf die im Wirtschaftsjahr der Veräußerung oder in den folgenden zwei Wirtschaftsjahren angeschafften Anteile an Kapitalgesellschaften oder angeschafften oder hergestellten abnutzbaren beweglichen Wirtschaftsgüter oder auf die im Wirtschaftsjahr der Veräußerung oder in den folgenden vier Wirtschaftsjahren angeschafften oder hergestellten Gebäude nach Maßgabe der Sätze 2 bis 10 übertragen. ② Wird der Gewinn im Jahr der Veräußerung auf Gebäude oder abnutzbare bewegliche Wirtschaftsgüter übertragen, so kann ein Betrag bis zur Höhe des bei der Veräußerung entstandenen und nicht nach § 3 Nummer 40 Satz 1 Buchstabe a und b in Verbindung mit § 3c Absatz 2 steuerbefreiten Betrags von den Anschaffungs- oder Herstellungskosten für Gebäude oder abnutzbare bewegliche Wirtschaftsgüter abgezogen werden. ③ Wird der Gewinn im Jahr der Veräußerung auf Anteile an Kapitalgesellschaften übertragen, mindern sich die Anschaffungskosten der Anteile an Kapitalgesellschaften in Höhe des Veräußerungsgewinns einschließlich des nach § 3 Nummer 40 Satz 1 Buchstabe a und b in Verbindung mit § 3c Absatz 2 steuerbefreiten Betrages. ④ Absatz 2, Absatz 4 Satz 1 Nummer 1, 2, 3, 5 und Satz 2 sowie Absatz 5 sind sinngemäß anzuwenden. ⑤ Soweit Steuerpflichtige den Abzug nach den Sätzen 1 bis 4 nicht vorgenommen haben, können sie eine Rücklage nach Maßgabe des Satzes 1 einschließlich des nach § 3 Nummer 40 Satz 1 Buchstabe a und b in Verbindung mit § 3c Absatz 2 steuerbefreiten Betrages bilden. ⑥ Bei der Auflösung der Rücklage gelten die Sätze 2 und 3 sinngemäß. ⑦ Im Fall des Satzes 2 ist die Rücklage in gleicher Höhe um den nach § 3 Nummer 40 Satz 1 Buchstabe a und b in Verbindung mit § 3c Absatz 2 steuerbefreiten Betrag aufzulösen. ⑧ Ist eine Rücklage am Schluss des vierten auf ihre Bildung folgenden Wirtschaftsjahres noch vorhanden, so ist sie in diesem Zeitpunkt gewinnerhöhend aufzulösen. ⑨ Soweit der Abzug nach Satz 6 nicht vorgenommen wurde, ist der Gewinn des Wirtschaftsjahres, in dem die Rücklage aufgelöst wird, für jedes volle Wirtschaftsjahr, in dem die Rücklage bestanden hat, um 6 Prozent des nicht nach § 3 Nummer 40 Satz 1 Buchstabe a und b in Verbindung mit § 3c Absatz 2 steuerbefreiten aufgelösten Rücklagenbetrags zu erhöhen. ⑩ Für die zum Gesamthandsvermögen von Personengesellschaften oder Gemeinschaften gehörenden Anteile an Kapitalgesellschaften gelten die Sätze 1 bis 9 nur, soweit an den Personengesellschaften und Gemeinschaften keine Körperschaften, Personenvereinigungen oder Vermögensmassen beteiligt sind.

§ 6c Übertragung stiller Reserven bei der Veräußerung bestimmter Anlagegüter bei der Ermittlung des Gewinns nach § 4 Absatz 3 oder nach Durchschnittssätzen

(1) ① § 6b mit Ausnahme des § 6b Absatz 4 Nummer 1 ist entsprechend anzuwenden, wenn der Gewinn nach § 4 Absatz 3 oder die Einkünfte aus Land- und Forstwirtschaft nach Durchschnittssätzen ermittelt werden. ② Soweit nach § 6b Absatz 3 eine Rücklage gebildet werden kann, ist ihre Bildung als Betriebsausgabe (Abzug) und ihre Auflösung als Betriebseinnahme (Zuschlag) zu behandeln; der Zeitraum zwischen Abzug und Zuschlag gilt als Zeitraum, in dem die Rücklage bestanden hat.

(2) ① Voraussetzung für die Anwendung des Absatzes 1 ist, dass die Wirtschaftsgüter, bei denen ein Abzug von den Anschaffungs- oder Herstellungskosten oder von dem Wert nach § 6b Absatz 5 vorgenommen worden ist, in besondere, laufend zu führende Verzeichnisse aufgenommen werden. ② In den Verzeichnissen sind der Tag der Anschaffung oder Herstellung, die Anschaffungs- oder Herstellungskosten, der Abzug nach § 6b Absatz 1 und 3 in Verbindung mit Absatz 1, die Absetzungen für Abnutzung, die Abschreibungen sowie die Beträge nachzuweisen, die nach § 6b Absatz 3 in Verbindung mit Absatz 1 als Betriebsausgaben (Abzug) oder Betriebseinnahmen (Zuschlag) behandelt worden sind.

§ 6d Euroumrechnungsrücklage

(1) ① Ausleihungen, Forderungen und Verbindlichkeiten im Sinne des Artikels 43 des Einführungsgesetzes zum Handelsgesetzbuch, die auf Währungseinheiten der an der Europäischen Währungsunion teilnehmenden anderen Mitgliedstaaten oder auf die ECU im Sinne des Artikels 2 der Verordnung (EG) Nr. 1103/97 des Rates vom 17. Juni 1997 (ABl. EG Nr. L 162 S. 1) lauten, sind am Schluss des ersten nach dem 31. Dezember 1998 endenden Wirtschaftsjahres mit dem vom Rat der Europäischen Union gemäß Artikel 1091 Absatz 4 Satz 1 des EG-Vertrages unwiderruflich festgelegten Umrechnungskurs umzurechnen und mit dem sich danach ergebenden Wert anzusetzen. ② Der Gewinn, der sich aus diesem jeweiligen Ansatz für das einzelne Wirtschaftsgut ergibt, kann in eine den steuerlichen Gewinn mindernde Rücklage eingestellt werden. ③ Die Rücklage ist gewinnerhöhend aufzulösen, soweit das Wirtschaftsgut, aus dessen Bewertung sich der in die Rücklage eingestellte Gewinn ergeben hat, aus dem Betriebsvermögen ausscheidet. ④ Die Rücklage ist spätestens am Schluss des fünften nach dem 31. Dezember 1998 endenden Wirtschaftsjahres gewinnerhöhend aufzulösen.

---

[1] **Siehe § 52 Abs. 14 Satz 4 bis 6.**

(2) ① In die Euroumrechnungsrücklage gemäß Absatz 1 Satz 2 können auch Erträge eingestellt werden, die sich aus der Aktivierung von Wirtschaftsgütern auf Grund der unwiderruflichen Festlegung der Umrechnungskurse ergeben. ② Absatz 1 Satz 3 gilt entsprechend.

(3) Die Bildung und Auflösung der jeweiligen Rücklage müssen in der Buchführung verfolgt werden können.

§ 6e[1] Fondsetablierungskosten als Anschaffungskosten

(1) ① Zu den Anschaffungskosten von Wirtschaftsgütern, die ein Steuerpflichtiger gemeinschaftlich mit weiteren Anlegern gemäß einem von einem Projektanbieter vorformulierten Vertragswerk anschafft, gehören auch die Fondsetablierungskosten im Sinne der Absätze 2 und 3. ② Haben die Anleger in ihrer gesellschaftsrechtlichen Verbundenheit keine wesentlichen Möglichkeiten zur Einflussnahme auf das Vertragswerk, gelten die Wirtschaftsgüter im Sinne von Satz 1 als angeschafft.

(2) ① Fondsetablierungskosten sind alle auf Grund des vorformulierten Vertragswerks neben den Anschaffungskosten im Sinne von § 255 des Handelsgesetzbuchs vom Anleger an den Projektanbieter oder an Dritte zu zahlenden Aufwendungen, die auf den Erwerb der Wirtschaftsgüter im Sinne des Absatzes 1 Satz 1 gerichtet sind. ② Zu den Anschaffungskosten der Anleger im Sinne des Absatzes 1 Satz 2 gehören darüber hinaus alle an den Projektanbieter oder an Dritte geleisteten Aufwendungen in wirtschaftlichem Zusammenhang mit der Abwicklung des Projekts in der Investitionsphase. ③ Zu den Anschaffungskosten zählen auch die Haftungs- und Geschäftsführungsvergütungen für Komplementäre, Geschäftsführungsvergütungen bei schuldrechtlichem Leistungsaustausch und Vergütungen für Treuhandkommanditisten, soweit sie auf die Investitionsphase entfallen.

(3) Absatz 1 Satz 1 und Absatz 2 sind sinngemäß in den Fällen anzuwenden, in denen Fondsetablierungskosten vergleichbare Kosten außerhalb einer gemeinschaftlichen Anschaffung zu zahlen sind.

(4) Im Fall des § 4 Absatz 3 sind die Absätze 1 bis 3 entsprechend anzuwenden.

(5) § 15 b bleibt unberührt.

§ 7[2] Absetzung für Abnutzung oder Substanzverringerung

(1)[3] ① Bei Wirtschaftsgütern, deren Verwendung oder Nutzung durch den Steuerpflichtigen zur Erzielung von Einkünften sich erfahrungsgemäß auf einen Zeitraum von mehr als einem Jahr erstreckt, ist jeweils für ein Jahr der Teil der Anschaffungs- oder Herstellungskosten abzusetzen, der bei gleichmäßiger Verteilung dieser Kosten auf die Gesamtdauer der Verwendung oder Nutzung auf ein Jahr entfällt (Absetzung für Abnutzung in gleichen Jahresbeträgen). ② Die Absetzung bemisst sich hierbei nach der betriebsgewöhnlichen Nutzungsdauer des Wirtschaftsguts. ③ Als betriebsgewöhnliche Nutzungsdauer des Geschäfts- oder Firmenwerts eines Gewerbebetriebs oder eines Betriebs der Land- und Forstwirtschaft gilt ein Zeitraum von 15 Jahren. ④ Im Jahr der Anschaffung oder Herstellung des Wirtschaftsguts vermindert sich für dieses Jahr der Absetzungsbetrag nach Satz 1 um jeweils ein Zwölftel für jeden vollen Monat, der dem Monat der Anschaffung oder Herstellung vorangeht. ⑤ Bei Wirtschaftsgütern, die nach einer Verwendung zur Erzielung von Einkünften im Sinne des § 2 Absatz 1 Satz 1 Nummer 4 bis 7 in ein Betriebsvermögen eingelegt worden sind, mindert sich der Einlagewert um die Absetzungen für Abnutzung oder Substanzverringerung, Sonderabschreibungen oder erhöhte Absetzungen, die bis zum Zeitpunkt der Einlage vorgenommen worden sind, höchstens jedoch bis zu den fortgeführten Anschaffungs- oder Herstellungskosten; ist der Einlagewert niedriger als dieser Wert, bemisst sich die weitere Absetzung für Abnutzung vom Einlagewert. ⑥ Bei beweglichen Wirtschaftsgütern des Anlagevermögens, bei denen es wirtschaftlich begründet ist, die Absetzung für Abnutzung nach Maßgabe der Leistung des Wirtschaftsguts vorzunehmen, kann der Steuerpflichtige dieses Verfahren statt der Absetzung für Abnutzung in gleichen Jahresbeträgen anwenden, wenn er den auf das einzelne Jahr entfallenden Umfang der Leistung nachweist. ⑦ Absetzungen für außergewöhnliche technische oder wirtschaftliche Abnutzung sind zulässig; soweit der Grund hierfür in späteren Wirtschaftsjahren entfällt, ist in den Fällen der Gewinnermittlung nach § 4 Absatz 1 oder nach § 5 eine entsprechende Zuschreibung vorzunehmen.

(2)[4] ① Bei beweglichen Wirtschaftsgütern des Anlagevermögens, die nach dem 31. Dezember 2019 und vor dem 1. Januar 2023 angeschafft oder hergestellt worden sind, kann der Steuerpflichtige statt der Absetzung für Abnutzung in gleichen Jahresbeträgen die Absetzung für Abnutzung in fallenden Jahresbeträgen bemessen. ② Die Absetzung für Abnutzung in fallenden Jahresbeträgen kann nach einem unveränderlichen Prozentsatz vom jeweiligen Buchwert

---

[1] § 6 e eingefügt durch Gesetz vom 12. 12. 2019 (BGBl. I S. 2451); zur Anwendung siehe § 52 Abs. 14 a.

[2] Zur Anwendung siehe § 52 Abs. 15.

[3] § 7 Abs. 1 Satz 5 neugefasst durch Gesetz vom 8. 12. 2010 (BGBl. I S. 1768).

[4] § 7 Abs. 2 neugefasst durch Gesetz vom 29. 6. 2020 (BGBl. I S. 1512); Abs. 2 Satz 1 geändert durch Gesetz vom 19. 6. 2022 (BGBl. I S. 911).

(Restwert) vorgenommen werden; der dabei anzuwendende Prozentsatz darf höchstens das Zweieinhalbfache des bei der Absetzung für Abnutzung in gleichen Jahresbeträgen in Betracht kommenden Prozentsatzes betragen und 25 Prozent nicht übersteigen. ③ Absatz 1 Satz 4 und § 7 a Absatz 8 gelten entsprechend. ④ Bei Wirtschaftsgütern, bei denen die Absetzung für Abnutzung in fallenden Jahresbeträgen bemessen wird, sind Absetzungen für außergewöhnliche technische oder wirtschaftliche Abnutzung nicht zulässig.

(3) ① Der Übergang von der Absetzung für Abnutzung in fallenden Jahresbeträgen zur Absetzung für Abnutzung in gleichen Jahresbeträgen ist zulässig. ② In diesem Fall bemisst sich die Absetzung für Abnutzung vom Zeitpunkt des Übergangs an nach dem dann noch vorhandenen Restwert und der Restnutzungsdauer des einzelnen Wirtschaftsguts. Der Übergang von der Absetzung für Abnutzung in gleichen Jahresbeträgen zur Absetzung für Abnutzung in fallenden Jahresbeträgen ist nicht zulässig.

(4) ① Bei Gebäuden sind abweichend von Absatz 1 als Absetzung für Abnutzung die folgenden Beträge bis zur vollen Absetzung abzuziehen:

1. bei Gebäuden, soweit sie zu einem Betriebsvermögen gehören und nicht Wohnzwecken dienen und für die der Bauantrag nach dem 31. März 1985 gestellt worden ist, jährlich 3 Prozent,

[alte Fassung:]

2. bei Gebäuden, soweit sie die Voraussetzungen der Nummer 1 nicht erfüllen und die
   a) nach dem 31. Dezember 1924 fertig gestellt worden sind, jährlich 2 Prozent,
   b) vor dem 1. Januar 1925 fertig gestellt worden sind, jährlich 2,5 Prozent

[neue Fassung:][1]

2. bei Gebäuden, soweit sie die Voraussetzungen der Nummer 1 nicht erfüllen und die
   a) nach dem 31. Dezember 2022 fertiggestellt worden sind, jährlich 3 Prozent,
   b) vor dem 1. Januar 2023 und nach dem 31. Dezember 1924 fertiggestellt worden sind, jährlich 2 Prozent,
   c) vor dem 1. Januar 1925 fertiggestellt worden sind, jährlich 2,5 Prozent

der Anschaffungs- oder Herstellungskosten; Absatz 1 Satz 5 gilt entsprechend. ② Beträgt die tatsächliche Nutzungsdauer eines Gebäudes in den Fällen des Satzes 1 Nummer 1 weniger als 33 Jahre, in den Fällen des Satzes 1 Nummer 2 Buchstabe a weniger als 50 Jahre, in den Fällen des Satzes 1 Nummer 2 Buchstabe b weniger als 40 Jahre, so können an Stelle der Absetzungen nach Satz 1 die der tatsächlichen Nutzungsdauer entsprechenden Absetzungen für Abnutzung vorgenommen werden. ③ Absatz 1 letzter Satz bleibt unberührt. ④ Bei Gebäuden im Sinne der Nummer 2 rechtfertigt die für Gebäude im Sinne der Nummer 1 geltende Regelung weder die Anwendung des Absatzes 1 letzter Satz noch den Ansatz des niedrigeren Teilwerts (§ 6 Absatz 1 Nummer 1 Satz 2).

(5)[2] ① Bei Gebäuden, die in einem Mitgliedstaat der Europäischen Union oder einem anderen Staat belegen sind, auf den das Abkommen über den Europäischen Wirtschaftsraum (EWR-Abkommen) angewendet wird, und die vom Steuerpflichtigen hergestellt oder bis zum Ende des Jahres der Fertigstellung angeschafft worden sind, können abweichend von Absatz 4 als Absetzung für Abnutzung die folgenden Beträge abgezogen werden:

1. bei Gebäuden im Sinne des Absatzes 4 Satz 1 Nummer 1, die vom Steuerpflichtigen auf Grund eines vor dem 1. Januar 1994 gestellten Bauantrags hergestellt oder auf Grund eines vor diesem Zeitpunkt rechtswirksam abgeschlossenen obligatorischen Vertrags angeschafft worden sind,
   – im Jahr der Fertigstellung und in den folgenden 3 Jahren jeweils 10 Prozent,
   – in den darauf folgenden 3 Jahren jeweils 5 Prozent,
   – in den darauf folgenden 18 Jahren jeweils 2,5 Prozent,
2. bei Gebäuden im Sinne des Absatzes 4 Satz 1 Nummer 2, die vom Steuerpflichtigen auf Grund eines vor dem 1. Januar 1995 gestellten Bauantrags hergestellt oder auf Grund eines vor diesem Zeitpunkt rechtswirksam abgeschlossenen obligatorischen Vertrags angeschafft worden sind,
   – im Jahr der Fertigstellung und in den folgenden 7 Jahren jeweils 5 Prozent,
   – in den darauf folgenden 6 Jahren jeweils 2,5 Prozent,
   – in den darauf folgenden 36 Jahren jeweils 1,25 Prozent,
3. bei Gebäuden im Sinne des Absatzes 4 Satz 1 Nummer 2, soweit sie Wohnzwecken dienen, die vom Steuerpflichtigen
   a) auf Grund eines nach dem 28. Februar 1989 und vor dem 1. Januar 1996 gestellten Bauantrags hergestellt oder nach dem 28. Februar 1989 auf Grund eines nach dem 28. Februar

[1] § 7 Abs. 4 Satz 1 Nr. 2 neugefasst **mit Wirkung ab VZ 2023** durch Gesetz vom 16. 12. 2022 (BGBl. I S. 2294).
[2] § 7 Abs. 5 Satz 1 geändert mit Wirkung ab VZ 2010 durch Gesetz vom 8. 4. 2010 (BGBl. I S. 386).

1989 und vor dem 1. Januar 1996 rechtswirksam abgeschlossenen obligatorischen Vertrags angeschafft worden sind,
– im Jahr der Fertigstellung und in den folgenden 3 Jahren jeweils 7 Prozent,
– in den darauf folgenden 6 Jahren jeweils 5 Prozent,
– in den darauf folgenden 6 Jahren jeweils 2 Prozent,
– in den darauf folgenden 24 Jahren jeweils 1,25 Prozent,

b)[1] auf Grund eines nach dem 31. Dezember 1995 und vor dem 1. Januar 2004 gestellten Bauantrags hergestellt oder auf Grund eines nach dem 31. Dezember 1995 und vor dem 1. Januar 2004 rechtswirksam abgeschlossenen obligatorischen Vertrags angeschafft worden sind,
– im Jahr der Fertigstellung und in den folgenden 7 Jahren jeweils 5 Prozent,
– in den darauf folgenden 6 Jahren jeweils 2,5 Prozent,
– in den darauf folgenden 36 Jahren jeweils 1,25 Prozent,

c) auf Grund eines nach dem 31. Dezember 2003 und vor dem 1. Januar 2006 gestellten Bauantrags hergestellt oder auf Grund eines nach dem 31. Dezember 2003 und vor dem 1. Januar 2006 rechtswirksam abgeschlossenen obligatorischen Vertrags angeschafft worden sind,
– im Jahr der Fertigstellung und in den folgenden 9 Jahren jeweils 4 Prozent,
– in den darauf folgenden 8 Jahren jeweils 2,5 Prozent,
– in den darauf folgenden 32 Jahren jeweils 1,25 Prozent,

der Anschaffungs- oder Herstellungskosten. ② Im Fall der Anschaffung kann Satz 1 nur angewendet werden, wenn der Hersteller für das veräußerte Gebäude weder Absetzungen für Abnutzung nach Satz 1 vorgenommen noch erhöhte Absetzungen oder Sonderabschreibungen in Anspruch genommen hat. ③ Absatz 1 Satz 4 gilt nicht.

(5 a) Die Absätze 4 und 5 sind auf Gebäudeteile, die selbständige unbewegliche Wirtschaftsgüter sind, sowie auf Eigentumswohnungen und auf im Teileigentum stehende Räume entsprechend anzuwenden.

(6) Bei Bergbauunternehmen, Steinbrüchen und anderen Betrieben, die einen Verbrauch der Substanz mit sich bringen, ist Absatz 1 entsprechend anzuwenden; dabei sind Absetzungen nach Maßgabe des Substanzverzehrs zulässig (Absetzung für Substanzverringerung).

§ 7 a Gemeinsame Vorschriften für erhöhte Absetzungen und Sonderabschreibungen

(1) ① Werden in dem Zeitraum, in dem bei einem Wirtschaftsgut erhöhte Absetzungen oder Sonderabschreibungen in Anspruch genommen werden können (Begünstigungszeitraum), nachträgliche Herstellungskosten aufgewendet, so bemessen sich vom Jahr der Entstehung der nachträglichen Herstellungskosten an bis zum Ende des Begünstigungszeitraums die Absetzungen für Abnutzung, erhöhten Absetzungen und Sonderabschreibungen nach den um die nachträglichen Herstellungskosten erhöhten Anschaffungs- oder Herstellungskosten. ② Entsprechendes gilt für nachträgliche Anschaffungskosten. ③ Werden im Begünstigungszeitraum die Anschaffungs- oder Herstellungskosten eines Wirtschaftsguts nachträglich gemindert, so bemessen sich vom Jahr der Minderung an bis zum Ende des Begünstigungszeitraums die Absetzungen für Abnutzung, erhöhten Absetzungen und Sonderabschreibungen nach den geminderten Anschaffungs- oder Herstellungskosten.

(2) ① Können bei einem Wirtschaftsgut erhöhte Absetzungen oder Sonderabschreibungen bereits für Anzahlungen auf Anschaffungskosten oder für Teilherstellungskosten in Anspruch genommen werden, so sind die Vorschriften über erhöhte Absetzungen und Sonderabschreibungen mit der Maßgabe anzuwenden, dass an die Stelle der Anschaffungs- oder Herstellungskosten die Anzahlungen auf Anschaffungskosten oder die Teilherstellungskosten und an die Stelle des Jahres der Anschaffung oder Herstellung das Jahr der Anzahlung oder Teilherstellung treten. ② Nach Anschaffung oder Herstellung des Wirtschaftsguts sind erhöhte Absetzungen oder Sonderabschreibungen nur zulässig, soweit sie nicht bereits für Anzahlungen auf Anschaffungskosten oder für Teilherstellungskosten in Anspruch genommen worden sind. ③ Anzahlungen auf Anschaffungskosten sind im Zeitpunkt der tatsächlichen Zahlung aufgewendet. ④ Werden Anzahlungen auf Anschaffungskosten durch Hingabe eines Wechsels geleistet, so sind sie in dem Zeitpunkt aufgewendet, in dem dem Lieferanten durch Diskontierung oder Einlösung des Wechsels das Geld tatsächlich zufließt. ⑤ Entsprechendes gilt, wenn an Stelle von Geld ein Scheck hingegeben wird.

(3) Bei Wirtschaftsgütern, bei denen erhöhte Absetzungen in Anspruch genommen werden, müssen in jedem Jahr des Begünstigungszeitraums mindestens Absetzungen in Höhe der Absetzungen für Abnutzung nach § 7 Absatz 1 oder 4 berücksichtigt werden.

[1] Regelung bestätigt durch Gesetz vom 5. 4. 2011 (BGBl. I S. 554).

(4) Bei Wirtschaftsgütern, bei denen Sonderabschreibungen in Anspruch genommen werden, sind die Absetzungen für Abnutzung nach § 7 Absatz 1 oder 4 vorzunehmen.

(5) Liegen bei einem Wirtschaftsgut die Voraussetzungen für die Inanspruchnahme von erhöhten Absetzungen oder Sonderabschreibungen auf Grund mehrerer Vorschriften vor, so dürfen erhöhte Absetzungen oder Sonderabschreibungen nur auf Grund einer dieser Vorschriften in Anspruch genommen werden.

(6) Erhöhte Absetzungen oder Sonderabschreibungen sind bei der Prüfung, ob die in § 141 Absatz 1 Nummer 4 und 5 der Abgabenordnung bezeichneten Buchführungsgrenzen überschritten sind, nicht zu berücksichtigen.

(7) ① Ist ein Wirtschaftsgut mehreren Beteiligten zuzurechnen und sind die Voraussetzungen für erhöhte Absetzungen oder Sonderabschreibungen nur bei einzelnen Beteiligten erfüllt, so dürfen die erhöhten Absetzungen und Sonderabschreibungen nur anteilig für diese Beteiligten vorgenommen werden. ② Die erhöhten Absetzungen oder Sonderabschreibungen dürfen von den Beteiligten, bei denen die Voraussetzungen dafür erfüllt sind, nur einheitlich vorgenommen werden.

(8) ① Erhöhte Absetzungen oder Sonderabschreibungen sind bei Wirtschaftsgütern, die zu einem Betriebsvermögen gehören, nur zulässig, wenn sie in ein besonderes, laufend zu führendes Verzeichnis aufgenommen werden, das den Tag der Anschaffung oder Herstellung, die Anschaffungs- oder Herstellungskosten, die betriebsgewöhnliche Nutzungsdauer und die Höhe der jährlichen Absetzungen für Abnutzung, erhöhten Absetzungen und Sonderabschreibungen enthält. ② Das Verzeichnis braucht nicht geführt zu werden, wenn diese Angaben aus der Buchführung ersichtlich sind.

(9) Sind für ein Wirtschaftsgut Sonderabschreibungen vorgenommen worden, so bemessen sich nach Ablauf des maßgebenden Begünstigungszeitraums die Absetzungen für Abnutzung bei Gebäuden und bei Wirtschaftsgütern im Sinne des § 7 Absatz 5 a nach dem Restwert und dem nach § 7 Absatz 4 unter Berücksichtigung der Restnutzungsdauer maßgebenden Prozentsatz, bei anderen Wirtschaftsgütern nach dem Restwert und der Restnutzungsdauer.

§ 7b[1] Sonderabschreibung für Mietwohnungsneubau

(1) ① Für die Anschaffung oder Herstellung neuer Wohnungen, die in einem Mitgliedstaat der Europäischen Union belegen sind, können nach Maßgabe der nachfolgenden Absätze im Jahr der Anschaffung oder Herstellung und in den folgenden drei Jahren Sonderabschreibungen bis zu jährlich 5 Prozent der Bemessungsgrundlage neben der Absetzung für Abnutzung nach § 7 Absatz 4 in Anspruch genommen werden. ② Im Fall der Anschaffung ist eine Wohnung neu, wenn sie bis zum Ende des Jahres der Fertigstellung angeschafft wird. ③ In diesem Fall können die Sonderabschreibungen nach Satz 1 nur vom Anschaffenden in Anspruch genommen werden. ④ Bei der Anwendung des Satzes 1 sind den Mitgliedstaaten der Europäischen Union Staaten gleichgestellt, die auf Grund vertraglicher Verpflichtung Amtshilfe entsprechend dem EU-Amtshilfegesetz in einem Umfang leisten, der für die Überprüfung der Voraussetzungen dieser Vorschrift erforderlich ist.

[alte Fassung:]

(2) Die Sonderabschreibungen können nur in Anspruch genommen werden, wenn

1. durch Baumaßnahmen auf Grund eines nach dem 31. August 2018 und vor dem 1. Januar 2022 gestellten Bauantrags oder einer in diesem Zeitraum getätigten Bauanzeige neue, bisher nicht vorhandene, Wohnungen geschaffen werden, die die Voraussetzungen des § 181 Absatz 9 des Bewertungsgesetzes erfüllen; hierzu gehören auch die zu einer Wohnung gehörenden Nebenräume,
2. die Anschaffungs- oder Herstellungskosten 3000 Euro je Quadratmeter Wohnfläche nicht übersteigen und
3. die Wohnung im Jahr der Anschaffung oder Herstellung und in den folgenden neun Jahren der entgeltlichen Überlassung zu Wohnzwecken dient; Wohnungen dienen

[neue Fassung:][2]

(2) ① Die Sonderabschreibungen können nur in Anspruch genommen werden, wenn

1. durch Baumaßnahmen auf Grund eines nach dem 31. August 2018 und vor dem 1. Januar 2022 oder nach dem 31. Dezember 2022 und vor dem 1. Januar 2027 gestellten Bauantrags oder einer in diesem Zeitraum getätigten Bauanzeige neue, bisher nicht vorhandene, Wohnungen hergestellt werden, die die Voraussetzungen des § 181 Absatz 9 des Bewertungsgesetzes erfüllen; hierzu gehören auch die zu einer Wohnung gehörenden Nebenräume,
2. Wohnungen, die aufgrund eines nach dem 31. Dezember 2022 und vor dem 1. Januar 2027 gestellten Bauantrags oder einer in diesem Zeitraum getätigten Bauanzeige hergestellt werden, in einem Gebäude liegen, das die Kriterien eines „Effizienzhaus

[1] § 7b eingefügt durch Gesetz vom 4. 8. 2019 (BGBl. I S. 1122); zur erstmaligen und zur letztmaligen Anwendung siehe § 52 Abs. 15 a Satz 1.
[2] § 7b Abs. 2 und 3 neugefasst mit Wirkung ab VZ 2023 durch Gesetz vom 16. 12. 2022 (BGBl. I S. 2294).

[alte Fassung:]

nicht Wohnzwecken, soweit sie zur vorübergehenden Beherbergung von Personen genutzt werden.

(3) Bemessungsgrundlage für die Sonderabschreibungen nach Absatz 1 sind die Anschaffungs- oder Herstellungskosten der nach Absatz 2 begünstigten Wohnung, jedoch maximal 2000 Euro je Quadratmeter Wohnfläche.

[neue Fassung:]

40" mit Nachhaltigkeits-Klasse erfüllt und dies durch Qualitätssiegel Nachhaltiges Gebäude nachgewiesen wird,

3. die Wohnung im Jahr der Anschaffung oder Herstellung und in den folgenden neun Jahren der entgeltlichen Überlassung zu Wohnzwecken dient; Wohnungen dienen nicht Wohnzwecken, soweit sie zur vorübergehenden Beherbergung von Personen genutzt werden.

② Die Anschaffungs- oder Herstellungskosten dürfen für Wohnungen,

1. die aufgrund eines nach dem 31. August 2018 und vor dem 1. Januar 2022 gestellten Bauantrags oder einer in diesem Zeitraum getätigten Bauanzeige hergestellt werden, 3000 Euro je Quadratmeter Wohnfläche nicht übersteigen,
2. die aufgrund eines nach dem 31. Dezember 2022 und vor dem 1. Januar 2027 gestellten Bauantrags oder einer in diesem Zeitraum getätigten Bauanzeige hergestellt werden, 4800 Euro je Quadratmeter Wohnfläche nicht übersteigen.

(3) Bemessungsgrundlage für die Sonderabschreibungen nach Absatz 1 sind die Anschaffungs- oder Herstellungskosten der nach Absatz 2 begünstigten Wohnung, jedoch

1. maximal 2000 Euro je Quadratmeter Wohnfläche für Wohnungen im Sinne des Absatzes 2 Satz 2 Nummer 1 und
2. maximal 2500 Euro je Quadratmeter Wohnfläche für Wohnungen im Sinne des Absatzes 2 Satz 2 Nummer 2.

(4) ① Die nach Absatz 1 in Anspruch genommenen Sonderabschreibungen sind rückgängig zu machen, wenn

1. die begünstigte Wohnung im Jahr der Anschaffung oder Herstellung und in den folgenden neun Jahren nicht der entgeltlichen Überlassung zu Wohnzwecken dient,
2. die begünstigte Wohnung oder ein Gebäude mit begünstigten Wohnungen im Jahr der Anschaffung oder der Herstellung oder in den folgenden neun Jahren veräußert wird und der Veräußerungsgewinn nicht der Einkommen- oder Körperschaftsteuer unterliegt oder
3. die Baukostenobergrenze nach Absatz 2 *Nummer 2* **[ab VZ 2023:** Satz 2][1] innerhalb der ersten drei Jahre nach Ablauf des Jahres der Anschaffung oder Herstellung der begünstigten Wohnung durch nachträgliche Anschaffungs- oder Herstellungskosten überschritten wird.

② Steuer- oder Festellungsbescheide, in denen Sonderabschreibungen nach Absatz 1 berücksichtigt wurden, sind insoweit aufzuheben oder zu ändern. ③ Das gilt auch dann, wenn die Steuer- oder Feststellungsbescheide bestandskräftig geworden sind; die Festsetzungsfristen für das Jahr der Anschaffung oder Herstellung und für die folgenden drei Kalenderjahre beginnen insoweit mit Ablauf des Kalenderjahres, in dem das Ereignis im Sinne des Satzes 1 eingetreten ist. ④ § 233 a Absatz 2 a der Abgabenordnung ist insoweit nicht anzuwenden.

[alte Fassung:]

(5) ① Die Sonderabschreibungen nach Absatz 1 werden nur gewährt, soweit die Voraussetzungen der Verordnung (EU) Nr. 1407/2013 der Kommission vom 18. Dezember

[neue Fassung:][2]

(5) ① Die Sonderabschreibungen nach Absatz 1 werden für Anspruchsberechtigte mit Einkünften im Sinne der §§ 13, 15 und 18 nur gewährt, soweit die Voraussetzungen der

[1] § 7 b Abs. 4 Satz 1 Nr. 3 geändert mit Wirkung ab VZ 2023 durch Gesetz vom 16. 12. 2022 (BGBl. I S. 2294).

[2] § 7 b Abs. 5 Satz 2 aufgehoben, Satz 1 und Satz 2 (bish. Satz 3) neugefasst, bish. Satz 4 wird Satz 3 durch Gesetz vom 16. 12. 2022 (BGBl. I S. 2294); **zur Anwendung siehe § 52 Abs. 15 a Satz 3.**

[alte Fassung:]

2013 über die Anwendung der Artikel 107 und 108 des Vertrags über die Arbeitsweise der Europäischen Union auf De-minimis-Beihilfen (ABl. L 352 vom 24. 12. 2013, S. 1) (De-minimis-Verordnung) in der jeweils geltenden Fassung eingehalten sind. ② Unter anderem darf hiernach der Gesamtbetrag der einem einzigen Unternehmen gewährten De-minimis-Beihilfe in einem Zeitraum von drei Veranlagungszeiträumen 200 000 Euro nicht übersteigen. ③ Bei dieser Höchstgrenze sind auch andere in diesem Zeitraum an das Unternehmen gewährte De-minimis-Beihilfen gleich welcher Art und Zielsetzung zu berücksichtigen. ④ Die Sonderabschreibungen werden erst gewährt, wenn der Anspruchsberechtigte in geeigneter Weise den Nachweis erbracht hat, in welcher Höhe ihm in den beiden vorangegangenen sowie im laufenden Veranlagungszeitraum De-minimis-Beihilfen gewährt worden sind, für die die vorliegende oder andere De-minimis-Verordnungen gelten, und nur soweit, wie die Voraussetzungen der De-minimis-Verordnung bei dem Unternehmen im Sinne der De-minimis-Verordnung eingehalten werden.

[neue Fassung:]

Verordnung (EU) Nr. 1407/2013 der Kommission vom 18. Dezember 2013 über die Anwendung der Artikel 107 und 108 des Vertrags über die Arbeitsweise der Europäischen Union auf De-minimis-Beihilfen (ABl. L 352 vom 24. 12. 2013, S. 1) (De-minimis-Verordnung) in der jeweils geltenden Fassung eingehalten sind. ② Bei dem nach dieser De-minimis-Verordnung einzuhaltenden Höchstbetrag der einem einzigen Unternehmen in einem Zeitraum von drei Veranlagungszeiträumen zu gewährenden De-minimis-Beihilfe sind alle in diesem Zeitraum an das Unternehmen gewährte De-minimis-Beihilfen gleich welcher Art, Zielsetzung und Regelung zu berücksichtigen. ③ Die Sonderabschreibungen werden erst gewährt, wenn der Anspruchsberechtigte in geeigneter Weise den Nachweis erbracht hat, in welcher Höhe ihm in den beiden vorangegangenen sowie im laufenden Veranlagungszeitraum De-minimis-Beihilfen gewährt worden sind, für die die vorliegende oder andere De-minimis-Verordnungen gelten, und nur soweit, wie die Voraussetzungen der De-minimis-Verordnung bei dem Unternehmen im Sinne der De-minimis-Verordnung eingehalten werden.

§ 7c[1] Sonderabschreibung für Elektronutzfahrzeuge und elektrisch betriebene Lastenfahrräder

(1) Bei neuen Elektronutzfahrzeugen im Sinne des Absatzes 2 sowie elektrisch betriebenen Lastenfahrrädern im Sinne des Absatzes 3, die zum Anlagevermögen gehören, kann im Jahr der Anschaffung neben der Absetzung für Abnutzung nach § 7 Absatz 1 eine Sonderabschreibung in Höhe von 50 Prozent der Anschaffungskosten in Anspruch genommen werden.

(2) Elektronutzfahrzeuge sind Fahrzeuge der EG-Fahrzeugklassen N1, N2 und N3, die ausschließlich durch Elektromotoren angetrieben werden, die ganz oder überwiegend aus mechanischen oder elektrochemischen Energiespeichern oder aus emissionsfrei betriebenen Energiewandlern gespeist werden.

(3) Elektrisch betriebene Lastenfahrräder sind Schwerlastfahrräder mit einem Mindest-Transportvolumen von einem Kubikmeter und einer Nutzlast von mindestens 150 Kilogramm, die mit einem elektromotorischen Hilfsantrieb angetrieben werden.

(4) ① Die Sonderabschreibung kann nur in Anspruch genommen werden, wenn der Steuerpflichtige die der Sonderabschreibung zugrundeliegenden Anschaffungskosten sowie Angaben zu den in den Absätzen 1 bis 3 enthaltenen Voraussetzungen nach amtlich vorgeschriebenen Datensätzen durch Datenfernübertragung übermittelt. ② Auf Antrag kann die Finanzbehörde zur Vermeidung unbilliger Härten auf eine elektronische Übermittlung verzichten; § 150 Absatz 8 der Abgabenordnung gilt entsprechend. ③ In den Fällen des Satzes 2 müssen sich die entsprechenden Angaben aus den beim Finanzamt einzureichenden Unterlagen ergeben.

§ 7d[2] *(aufgehoben)*

§ 7e (weggefallen)

§ 7f[3] *(aufgehoben)*

[1] § 7c eingefügt durch Gesetz vom 12. 12. 2019 (BGBl. I S. 2451); **zur Anwendung siehe § 52 Abs. 15 b.** Zum Inkrafttreten vorbehaltlich der Feststellung der Europäischen Kommission, dass die Regelungen entweder keine Beihilfen oder mit dem Binnenmarkt vereinbare Beihilfen darstellen, siehe Art. 39 Abs. 7 des Gesetzes vom 12. 12. 2019.

[2] § 7d aufgehoben mit Wirkung ab VZ 2015 durch Gesetz vom 22. 12. 2014 (BGBl. I S. 2417).

[3] § 7f aufgehoben mit Wirkung ab VZ 2015 durch Gesetz vom 22. 12. 2014 (BGBl. I S. 2417).

§ 7 g[1] Investitionsabzugsbeträge und Sonderabschreibungen zur Förderung kleiner und mittlerer Betriebe

(1)[2] ① Steuerpflichtige können für die künftige Anschaffung oder Herstellung von abnutzbaren beweglichen Wirtschaftsgütern des Anlagevermögens, die mindestens bis zum Ende des dem Wirtschaftsjahr der Anschaffung oder Herstellung folgenden Wirtschaftsjahres vermietet oder in einer inländischen Betriebsstätte des Betriebes ausschließlich oder fast ausschließlich betrieblich genutzt werden, bis zu 50 Prozent der voraussichtlichen Anschaffungs- oder Herstellungskosten gewinnmindernd abziehen (Investitionsabzugsbeträge). ② Investitionsabzugsbeträge können nur in Anspruch genommen werden, wenn

1.[2] der Gewinn
   a) nach § 4 oder § 5 ermittelt wird;
   b) im Wirtschaftsjahr, in dem die Abzüge vorgenommen werden sollen, ohne Berücksichtigung der Investitionsabzugsbeträge nach Satz 1 und der Hinzurechnungen nach Absatz 2 200 000 Euro nicht überschreitet und

2. der Steuerpflichtige die Summen der Abzugsbeträge und der nach den Absätzen 2 bis 4 hinzuzurechnenden oder rückgängig zu machenden Beträge nach amtlich vorgeschriebenen Datensätzen durch Datenfernübertragung übermittelt. ② Auf Antrag kann die Finanzbehörde zur Vermeidung unbilliger Härten auf eine elektronische Übermittlung verzichten; § 150 Absatz 8 der Abgabenordnung gilt entsprechend. ③ In den Fällen des Satzes 2 müssen sich die Summen der Abzugsbeträge und der nach den Absätzen 2 bis 4 hinzuzurechnenden oder rückgängig zu machenden Beträge aus den beim Finanzamt einzureichenden Unterlagen ergeben.

③ Abzugsbeträge können auch dann in Anspruch genommen werden, wenn dadurch ein Verlust entsteht oder sich erhöht. ④ Die Summe der Beträge, die im Wirtschaftsjahr des Abzugs und in den drei vorangegangenen Wirtschaftsjahren nach Satz 1 insgesamt abgezogen und nicht nach Absatz 2 hinzugerechnet oder nach den Absätzen 3 oder 4 rückgängig gemacht wurden, darf je Betrieb 200 000 Euro nicht übersteigen.

(2)[2] ① Im Wirtschaftsjahr der Anschaffung oder Herstellung eines begünstigten Wirtschaftsguts im Sinne von Absatz 1 Satz 1 können bis zu 50 Prozent der Anschaffungs- oder Herstellungskosten gewinnerhöhend hinzugerechnet werden; die Hinzurechnung darf die Summe der nach Absatz 1 abgezogenen und noch nicht nach den Absätzen 2 bis 4 hinzugerechneten oder rückgängig gemachten Abzugsbeträge nicht übersteigen. ② Bei nach Eintritt der Unanfechtbarkeit der erstmaligen Steuerfestsetzung oder der erstmaligen gesonderten Feststellung nach Absatz 1 in Anspruch genommenen Investitionsabzugsbeträgen setzt die Hinzurechnung nach Satz 1 voraus, dass das begünstigte Wirtschaftsgut zum Zeitpunkt der Inanspruchnahme der Investitionsabzugsbeträge noch nicht angeschafft oder hergestellt worden ist.[3] ③ Die Anschaffungs- oder Herstellungskosten des Wirtschaftsguts können in dem in Satz 1 genannten Wirtschaftsjahr um bis zu 50 Prozent, höchstens jedoch um die Hinzurechnung nach Satz 1, gewinnmindernd herabgesetzt werden; die Bemessungsgrundlage für die Absetzungen für Abnutzung, erhöhten Absetzungen und Sonderabschreibungen sowie die Anschaffungs- oder Herstellungskosten im Sinne von § 6 Absatz 2 und 2 a verringern sich entsprechend.

(3) ① Soweit in Anspruch genommene Investitionsabzugsbeträge nicht bis zum Ende des dritten auf das Wirtschaftsjahr des jeweiligen Abzugs folgenden Wirtschaftsjahres nach Absatz 2 Satz 1 hinzugerechnet wurden, sind die Abzüge nach Absatz 1 rückgängig zu machen; die vorzeitige Rückgängigmachung von Investitionsabzugsbeträgen vor Ablauf der Investitionsfrist ist zulässig. ② Wurde der Gewinn des maßgebenden Wirtschaftsjahres bereits einer Steuerfestsetzung oder einer gesonderten Feststellung zugrunde gelegt, ist der entsprechende Steuer- oder Feststellungsbescheid insoweit zu ändern. ③ Das gilt auch dann, wenn der Steuer- oder Feststellungsbescheid bestandskräftig geworden ist; die Festsetzungsfrist endet insoweit nicht, bevor die Festsetzungsfrist für den Veranlagungszeitraum abgelaufen ist, in dem das dritte auf das Wirtschaftsjahr des Abzugs folgende Wirtschaftsjahr endet. ④ § 233 a Absatz 2 a der Abgabenordnung ist nicht anzuwenden.

(4)[4] ① Wird in den Fällen des Absatzes 2 ein begünstigtes Wirtschaftsgut nicht bis zum Ende des dem Wirtschaftsjahr der Anschaffung oder Herstellung folgenden Wirtschaftsjahres vermietet oder in einer inländischen Betriebsstätte des Betriebes ausschließlich oder fast ausschließlich betrieblich genutzt, sind die Herabsetzung der Anschaffungs- oder Herstellungskosten, die Verringerung der Bemessungsgrundlage und die Hinzurechnung nach Absatz 2 rückgängig zu machen. ② Wurden die Gewinne der maßgebenden Wirtschaftsjahre bereits Steuerfestsetzungen oder gesonderten Feststellungen zugrunde gelegt, sind die entsprechenden Steuer- oder Feststellungsbescheide insoweit zu ändern. ③ Das gilt auch dann, wenn die Steuer- oder Feststellungsbe-

---

[1] § 7 g Abs. 1 bis 4 neugefasst durch Gesetz vom 2. 11. 2015 (BGBl. I S. 1834).

[2] § 7 g Abs. 1 Satz 1 und Abs. 2 Satz 1 geändert sowie Abs. 1 Satz 2 Nr. 1 neugefasst durch Gesetz vom 21. 12. 2020 (BGBl. I S. 3096); zur erstmaligen Anwendung siehe § 52 Abs. 16 Satz 1.

[3] § 7 g Abs. 2 Satz 2 eingefügt, bisheriger Satz 2 wird Satz 3 durch Gesetz vom 21. 12. 2020 (BGBl. I S. 3096); zur Anwendung siehe § 52 Abs. 16 Satz 2.

[4] § 7 g Abs. 4 Satz 1 geändert durch Gesetz vom 21. 12. 2020 (BGBl. I S. 3096); zur erstmaligen Anwendung siehe § 52 Abs. 16 Satz 1.

scheide bestandskräftig geworden sind; die Festsetzungsfristen enden insoweit nicht, bevor die Festsetzungsfrist für den Veranlagungszeitraum abgelaufen ist, in dem die Voraussetzungen des Absatzes 1 Satz 1 erstmals nicht mehr vorliegen. ④ § 233 a Absatz 2 a der Abgabenordnung ist nicht anzuwenden.

(5) Bei abnutzbaren beweglichen Wirtschaftsgütern des Anlagevermögens können unter den Voraussetzungen des Absatzes 6 im Jahr der Anschaffung oder Herstellung und in den vier folgenden Jahren neben den Absetzungen für Abnutzung nach § 7 Absatz 1 oder Absatz 2 Sonderabschreibungen bis zu insgesamt 20 Prozent der Anschaffungs- oder Herstellungskosten in Anspruch genommen werden.

(6)[1] Die Sonderabschreibungen nach Absatz 5 können nur in Anspruch genommen werden, wenn

1. der Betrieb im Wirtschaftsjahr, das der Anschaffung oder Herstellung vorangeht, die Gewinngrenze des Absatzes 1 Satz 2 Nummer 1 nicht überschreitet, und
2. das Wirtschaftsgut im Jahr der Anschaffung oder Herstellung und im darauf folgenden Wirtschaftsjahr vermietet oder in einer inländischen Betriebsstätte des Betriebs des Steuerpflichtigen ausschließlich oder fast ausschließlich betrieblich genutzt wird; Absatz 4 gilt entsprechend.

(7)[2] ① Bei Personengesellschaften und Gemeinschaften sind die Absätze 1 bis 6 mit der Maßgabe anzuwenden, dass an die Stelle des Steuerpflichtigen die Gesellschaft oder die Gemeinschaft tritt. ② Vom Gewinn der Gesamthand oder Gemeinschaft abgezogene Investitionsabzugsbeträge können ausschließlich bei Investitionen der Personengesellschaft oder Gemeinschaft nach Absatz 2 Satz 1 gewinnerhöhend hinzugerechnet werden. ③ Entsprechendes gilt für vom Sonderbetriebsgewinn eines Mitunternehmers abgezogene Investitionsabzugsbeträge bei Investitionen dieses Mitunternehmers oder seines Rechtsnachfolgers in seinem Sonderbetriebsvermögen.

§ 7h Erhöhte Absetzungen bei Gebäuden in Sanierungsgebieten und städtebaulichen Entwicklungsbereichen

(1)[3] ① Bei einem im Inland belegenen Gebäude in einem förmlich festgelegten Sanierungsgebiet oder städtebaulichen Entwicklungsbereich kann der Steuerpflichtige abweichend von § 7 Absatz 4 und 5 im Jahr der Herstellung und in den folgenden sieben Jahren jeweils bis zu 9 Prozent und in den folgenden vier Jahren jeweils bis zu 7 Prozent der Herstellungskosten für Modernisierungs- und Instandsetzungsmaßnahmen im Sinne des § 177 des Baugesetzbuchs absetzen. ② Satz 1 ist entsprechend anzuwenden auf Herstellungskosten für Maßnahmen, die der Erhaltung, Erneuerung und funktionsgerechten Verwendung eines Gebäudes im Sinne des Satzes 1 dienen, das wegen seiner geschichtlichen, künstlerischen oder städtebaulichen Bedeutung erhalten bleiben soll, und zu deren Durchführung sich der Eigentümer neben bestimmten Modernisierungsmaßnahmen gegenüber der Gemeinde verpflichtet hat. ③ Der Steuerpflichtige kann die erhöhten Absetzungen im Jahr des Abschlusses der Maßnahme und in den folgenden elf Jahren auch für Anschaffungskosten in Anspruch nehmen, die auf Maßnahmen im Sinne der Sätze 1 und 2 entfallen, soweit diese nach dem rechtswirksamen Abschluss eines obligatorischen Erwerbsvertrags oder eines gleichstehenden Rechtsakts durchgeführt worden sind. ④ Die erhöhten Absetzungen können nur in Anspruch genommen werden, soweit die Herstellungs- oder Anschaffungskosten durch Zuschüsse aus Sanierungs- oder Entwicklungsförderungsmitteln nicht gedeckt sind. ⑤ Nach Ablauf des Begünstigungszeitraums ist ein Restwert den Herstellungs- oder Anschaffungskosten des Gebäudes oder dem an deren Stelle tretenden Wert hinzuzurechnen; die weiteren Absetzungen für Abnutzung sind einheitlich für das gesamte Gebäude nach dem sich hiernach ergebenden Betrag und dem für das Gebäude maßgebenden Prozentsatz zu bemessen.

(1 a)[4] ① Absatz 1 ist nicht anzuwenden, sofern Maßnahmen zur Herstellung eines neuen Gebäudes führen. ② Die Prüfung, ob Maßnahmen zur Herstellung eines neuen Gebäudes führen, obliegt der Finanzbehörde.

(2)[5] ① Der Steuerpflichtige kann die erhöhten Absetzungen nur in Anspruch nehmen, wenn er durch eine nicht offensichtlich rechtswidrige[6] Bescheinigung der zuständigen Gemeindebehörde die Voraussetzungen des Absatzes 1 für das Gebäude und die Maßnahmen nachweist; die Bescheinigung hat die Höhe der Aufwendungen für die Maßnahmen nach Absatz 1 Satz 1 und 2 zu enthalten. ② Sind ihm Zuschüsse aus Sanierungs- oder Entwicklungsförderungsmit-

[1] § 7 g Abs. 6 Nr. 1 und 2 geändert durch Gesetz vom 21. 12. 2020 (BGBl. I S. 3096); zur erstmaligen Anwendung siehe § 52 Abs. 16 Satz 1.

[2] § 7 g Abs. 7 Sätze 2 und 3 angefügt durch Gesetz vom 21. 12. 2020 (BGBl. I S. 3096); zur Anwendung siehe § 52 Abs. 16 Satz 2.

[3] Regelung durch Gesetz vom 5. 4. 2011 (BGBl. I S. 554) bestätigt.

[4] § 7 h Abs. 1 a eingefügt durch Gesetz vom 12. 12. 2019 (BGBl. I S. 2451); zur erstmaligen Anwendung siehe § 52 Abs. 16 a Satz 1 bis 3.

[5] § 7 h Abs. 2 Satz 1 letzter Halbsatz angefügt durch Gesetz vom 12. 12. 2019 (BGBl. I S. 2451); zur erstmaligen Anwendung siehe § 52 Abs. 16 a Satz 5.

[6] § 7 h Abs. 2 Satz 1 geändert durch Gesetz vom 21. 12. 2020 (BGBl. I S. 3096); zur erstmaligen Anwendung siehe § 52 Abs. 16 a Satz 4.

teln gewährt worden, so hat die Bescheinigung auch deren Höhe zu enthalten; werden ihm solche Zuschüsse nach Ausstellung der Bescheinigung gewährt, so ist diese entsprechend zu ändern.

(3)[1] Die Absätze 1 bis 2 sind auf Gebäudeteile, die selbständige unbewegliche Wirtschaftsgüter sind, sowie auf Eigentumswohnungen und auf im Teileigentum stehende Räume entsprechend anzuwenden.

§ 7i Erhöhte Absetzungen bei Baudenkmalen

(1)[2] ① Bei einem im Inland belegenen Gebäude, das nach den jeweiligen landesrechtlichen Vorschriften ein Baudenkmal ist, kann der Steuerpflichtige abweichend von § 7 Absatz 4 und 5 im Jahr der Herstellung und in den folgenden sieben Jahren jeweils bis zu 9 Prozent und in den folgenden vier Jahren jeweils bis zu 7 Prozent der Herstellungskosten für Baumaßnahmen, die nach Art und Umfang zur Erhaltung des Gebäudes als Baudenkmal oder zu seiner sinnvollen Nutzung erforderlich sind, absetzen. ② Eine sinnvolle Nutzung ist nur anzunehmen, wenn das Gebäude in der Weise genutzt wird, dass die Erhaltung der schützenswerten Substanz des Gebäudes auf die Dauer gewährleistet ist. ③ Bei einem im Inland belegenen Gebäudeteil, das nach den jeweiligen landesrechtlichen Vorschriften ein Baudenkmal ist, sind die Sätze 1 und 2 entsprechend anzuwenden. ④ Bei einem im Inland belegenen Gebäude oder Gebäudeteil, das für sich allein nicht die Voraussetzungen für ein Baudenkmal erfüllt, aber Teil einer Gebäudegruppe oder Gesamtanlage ist, die nach den jeweiligen landesrechtlichen Vorschriften als Einheit geschützt ist, kann der Steuerpflichtige die erhöhten Absetzungen von den Herstellungskosten für Baumaßnahmen vornehmen, die nach Art und Umfang zur Erhaltung des schützenswerten äußeren Erscheinungsbildes der Gebäudegruppe oder Gesamtanlage erforderlich sind. ⑤ Der Steuerpflichtige kann die erhöhten Absetzungen im Jahr des Abschlusses der Baumaßnahme und in den folgenden elf Jahren auch für Anschaffungskosten in Anspruch nehmen, die auf Baumaßnahmen im Sinne der Sätze 1 bis 4 entfallen, soweit diese nach dem rechtswirksamen Abschluss eines obligatorischen Erwerbsvertrags oder eines gleichstehenden Rechtsakts durchgeführt worden sind. ⑥ Die Baumaßnahmen müssen in Abstimmung mit der in Absatz 2 bezeichneten Stelle durchgeführt worden sein. ⑦ Die erhöhten Absetzungen können nur in Anspruch genommen werden, soweit die Herstellungs- oder Anschaffungskosten nicht durch Zuschüsse aus öffentlichen Kassen gedeckt sind. ⑧ § 7h Absatz 1 Satz 5 ist entsprechend anzuwenden.

(2) ① Der Steuerpflichtige kann die erhöhten Absetzungen nur in Anspruch nehmen, wenn er durch eine nicht offensichtlich rechtswidrige[3] Bescheinigung der nach Landesrecht zuständigen oder von der Landesregierung bestimmten Stelle die Voraussetzungen des Absatzes 1 für das Gebäude oder Gebäudeteil und für die Erforderlichkeit der Aufwendungen nachweist. ② Hat eine der für Denkmalschutz oder Denkmalpflege zuständigen Behörden ihm Zuschüsse gewährt, so hat die Bescheinigung auch deren Höhe zu enthalten; werden ihm solche Zuschüsse nach Ausstellung der Bescheinigung gewährt, so ist diese entsprechend zu ändern.

(3) § 7h Absatz 3 ist entsprechend anzuwenden.

§ 7k[4] *(aufgehoben)*

4. Überschuss der Einnahmen über die Werbungskosten

§ 8[5] Einnahmen

(1) ① Einnahmen sind alle Güter, die in Geld oder Geldeswert bestehen und dem Steuerpflichtigen im Rahmen einer der Einkunftsarten des § 2 Absatz 1 Satz 1 Nummer 4 bis 7 zufließen. ② Zu den Einnahmen in Geld gehören auch zweckgebundene Geldleistungen, nachträgliche Kostenerstattungen, Geldsurrogate und andere Vorteile, die auf einen Geldbetrag lauten. ③ Satz 2 gilt nicht bei Gutscheinen und Geldkarten, die ausschließlich zum Bezug von Waren oder Dienstleistungen berechtigen und die Kriterien des § 2 Absatz 1 Nummer 10 des Zahlungsdiensteaufsichtsgesetzes erfüllen.

(2)[6] ① Einnahmen, die nicht in Geld bestehen (Wohnung, Kost, Waren, Dienstleistungen und sonstige Sachbezüge), sind mit den um übliche Preisnachlässe geminderten üblichen Endpreisen

[1] § 7h Abs. 3 geändert durch Gesetz vom 12. 12. 2019 (BGBl. I S. 2451); zur erstmaligen Anwendung siehe § 52 Abs. 16a Satz 6.
[2] Regelung bestätigt durch Gesetz vom 5. 4. 2011 (BGBl. I S. 554).
[3] § 7i Abs. 2 Satz 1 geändert durch Gesetz vom 21. 12. 2020 (BGBl. I S. 3096); zur erstmaligen Anwendung siehe § 52 Abs. 16a Satz 7.
[4] § 7k aufgehoben mit Wirkung ab VZ 2015 durch Gesetz vom 22. 12. 2014 (BGBl. I S. 2417).
[5] Änderungen des Abs. 2 Satz 9 und Abs. 3 Satz 2 bestätigt durch Gesetz vom 5. 4. 2011 (BGBl. I S. 554).
[6] § 8 Abs. 2 Satz 4 letzter Halbsatz angefügt mit Wirkung ab VZ 2013 durch Gesetz vom 26. 6. 2013 (BGBl. I S. 1809); Abs. 2 Satz 3 geändert sowie neuer Satz 8 und 9 (bisherige Sätze 8 und 9 werden Sätze 10 und 11) mit Wirkung ab VZ 2014 durch Gesetz vom 20. 2. 2013 (BGBl. I S. 285); Abs. 2 Satz 5 und 8 geändert mit Wirkung ab VZ 2014 durch Gesetz vom 25. 7. 2014 (BGBl. I S. 1266); Abs. 2 Satz 11 letzter Halbsatz und Satz 12 angefügt mit Wirkung ab VZ 2020 durch Gesetz vom 12. 12. 2019 (BGBl. I S. 2451); Abs. 2 Satz 12 geändert durch Gesetz vom 21. 12. 2020 (BGBl. I S. 3096).

am Abgabeort anzusetzen. ② Für die private Nutzung eines betrieblichen Kraftfahrzeugs zu privaten Fahrten gilt § 6 Absatz 1 Nummer 4 Satz 2 entsprechend. ③ Kann das Kraftfahrzeug auch für Fahrten zwischen Wohnung und erster Tätigkeitsstätte sowie Fahrten nach § 9 Absatz 1 Satz 3 Nummer 4a Satz 3 genutzt werden, erhöht sich der Wert in Satz 2 für jeden Kalendermonat um 0,03 Prozent des Listenpreises im Sinne des § 6 Absatz 1 Nummer 4 Satz 2 für jeden Kilometer der Entfernung zwischen Wohnung und erster Tätigkeitsstätte sowie der Fahrten nach § 9 Absatz 1 Satz 3 Nummer 4a Satz 3. ④ Der Wert nach den Sätzen 2 und 3 kann mit dem auf die private Nutzung und die Nutzung zu Fahrten zwischen Wohnung und erster Tätigkeitsstätte sowie Fahrten nach § 9 Absatz 1 Satz 3 Nummer 4a Satz 3 entfallenden Teil der gesamten Kraftfahrzeugaufwendungen angesetzt werden, wenn die durch das Kraftfahrzeug insgesamt entstehenden Aufwendungen durch Belege und das Verhältnis der privaten Fahrten und der Fahrten zwischen Wohnung und erster Tätigkeitsstätte sowie Fahrten nach § 9 Absatz 1 Satz 3 Nummer 4a Satz 3 zu den übrigen Fahrten durch ein ordnungsgemäßes Fahrtenbuch nachgewiesen werden; § 6 Absatz 1 Nummer 4 Satz 3 zweiter Halbsatz gilt entsprechend. ⑤ Die Nutzung des Kraftfahrzeugs zu einer Familienheimfahrt im Rahmen einer doppelten Haushaltsführung ist mit 0,002 Prozent des Listenpreises im Sinne des § 6 Absatz 1 Nummer 4 Satz 2 für jeden Kilometer der Entfernung zwischen dem Ort des eigenen Hausstands und dem Beschäftigungsort anzusetzen; dies gilt nicht, wenn für diese Fahrt ein Abzug von Werbungskosten nach § 9 Absatz 1 Satz 3 Nummer 5 Satz 5 und 6 in Betracht käme; Satz 4 ist sinngemäß anzuwenden. ⑥ Bei Arbeitnehmern, für deren Sachbezüge durch Rechtsverordnung nach § 17 Absatz 1 Satz 1 Nummer 4 des Vierten Buches Sozialgesetzbuch Werte bestimmt worden sind, sind diese Werte maßgebend. ⑦ Die Werte nach Satz 6 sind auch bei Steuerpflichtigen anzusetzen, die nicht der gesetzlichen Rentenversicherungspflicht unterliegen. ⑧ Wird dem Arbeitnehmer während einer beruflichen Tätigkeit außerhalb seiner Wohnung und ersten Tätigkeitsstätte oder im Rahmen einer beruflich veranlassten doppelten Haushaltsführung vom Arbeitgeber oder auf dessen Veranlassung von einem Dritten eine Mahlzeit zur Verfügung gestellt, ist diese Mahlzeit mit dem Wert nach Satz 6 (maßgebender amtlicher Sachbezugswert nach der Sozialversicherungsentgeltverordnung) anzusetzen, wenn der Preis für die Mahlzeit 60 Euro nicht übersteigt. ⑨ Der Ansatz einer nach Satz 8 bewerteten Mahlzeit unterbleibt, wenn beim Arbeitnehmer für ihm entstehende Mehraufwendungen für Verpflegung ein Werbungskostenabzug nach § 9 Absatz 4a Satz 1 bis 7 in Betracht käme. ⑩ Die oberste Finanzbehörde eines Landes kann mit Zustimmung des Bundesministeriums der Finanzen für weitere Sachbezüge der Arbeitnehmer Durchschnittswerte festsetzen. ⑪ Sachbezüge, die nach Satz 1 zu bewerten sind, bleiben außer Ansatz, wenn die sich nach Anrechnung der vom Steuerpflichtigen gezahlten Entgelte ergebenden Vorteile insgesamt 50 Euro[1] im Kalendermonat nicht übersteigen; die nach Absatz 1 Satz 3 nicht zu den Einnahmen in Geld gehörenden Gutscheine und Geldkarten bleiben nur dann außer Ansatz, wenn sie zusätzlich zum ohnehin geschuldeten Arbeitslohn gewährt werden. ⑫ Der Ansatz eines Sachbezugs für eine dem Arbeitnehmer vom Arbeitgeber, auf dessen Veranlassung von einem verbundenen Unternehmen (§ 15 des Aktiengesetzes) oder bei einer juristischen Person des öffentlichen Rechts als Arbeitgeber auf dessen Veranlassung von einem entsprechend verbundenen Unternehmen zu eigenen Wohnzwecken überlassene Wohnung unterbleibt, soweit das vom Arbeitnehmer gezahlte Entgelt mindestens zwei Drittel des ortsüblichen Mietwerts und dieser nicht mehr als 25 Euro je Quadratmeter ohne umlagefähige Kosten im Sinne der Verordnung über die Aufstellung von Betriebskosten beträgt.

(3) ① Erhält ein Arbeitnehmer auf Grund seines Dienstverhältnisses Waren oder Dienstleistungen, die vom Arbeitgeber nicht überwiegend für den Bedarf seiner Arbeitnehmer hergestellt, vertrieben oder erbracht werden und deren Bezug nicht nach § 40 pauschal versteuert wird, so gelten als deren Werte abweichend von Absatz 2 die um 4 Prozent geminderten Endpreise, zu denen der Arbeitgeber oder der dem Abgabeort nächstansässige Abnehmer die Waren oder Dienstleistungen fremden Letztverbrauchern im allgemeinen Geschäftsverkehr anbietet. ② Die sich nach Abzug der vom Arbeitnehmer gezahlten Entgelte ergebenden Vorteile sind steuerfrei, soweit sie aus dem Dienstverhältnis insgesamt 1080 Euro im Kalenderjahr nicht übersteigen.

(4)[2] ① Im Sinne dieses Gesetzes werden Leistungen des Arbeitgebers oder auf seine Veranlassung eines Dritten (Sachbezüge oder Zuschüsse) für eine Beschäftigung nur dann zusätzlich zum ohnehin geschuldeten Arbeitslohn erbracht, wenn

1. die Leistung nicht auf den Anspruch auf Arbeitslohn angerechnet,
2. der Anspruch auf Arbeitslohn nicht zugunsten der Leistung herabgesetzt,
3. die verwendungs- oder zweckgebundene Leistung nicht anstelle einer bereits vereinbarten künftigen Erhöhung des Arbeitslohns gewährt und
4. bei Wegfall der Leistung der Arbeitslohn nicht erhöht

wird. ② Unter den Voraussetzungen des Satzes 1 ist von einer zusätzlich zum ohnehin geschuldeten Arbeitslohn erbrachten Leistung auch dann auszugehen, wenn der Arbeitnehmer arbeits-

---

[1] § 8 Abs. 2 Satz 11 Betrag geändert mit Wirkung ab VZ 2022 durch Gesetz vom 21. 12. 2020 (BGBl. I S. 3096).
[2] § 8 Abs. 4 angefügt mit Wirkung ab VZ 2020 durch Gesetz vom 21. 12. 2020 (BGBl. I S. 3096).

vertraglich oder auf Grund einer anderen arbeits- oder dienstrechtlichen Rechtsgrundlage (wie Einzelvertrag, Betriebsvereinbarung, Tarifvertrag, Gesetz) einen Anspruch auf diese hat.

§ 9 Werbungskosten

(1) ① Werbungskosten sind Aufwendungen zur Erwerbung, Sicherung und Erhaltung der Einnahmen. ② Sie sind bei der Einkunftsart abzuziehen, bei der sie erwachsen sind. ③ Werbungskosten sind auch

1. Schuldzinsen und auf besonderen Verpflichtungsgründen beruhende Renten und dauernde Lasten, soweit sie mit einer Einkunftsart in wirtschaftlichem Zusammenhang stehen. ② Bei Leibrenten kann nur der Anteil abgezogen werden, der sich nach § 22 Nummer 1 Satz 3 Buchstabe a Doppelbuchstabe bb ergibt;
2. Steuern vom Grundbesitz, sonstige öffentliche Abgaben und Versicherungsbeiträge, soweit solche Ausgaben sich auf Gebäude oder auf Gegenstände beziehen, die dem Steuerpflichtigen zur Einnahmeerzielung dienen;
3. Beiträge zu Berufsständen und sonstigen Berufsverbänden, deren Zweck nicht auf einen wirtschaftlichen Geschäftsbetrieb gerichtet ist;
4.[1] Aufwendungen des Arbeitnehmers für die Wege zwischen Wohnung und erster Tätigkeitsstätte im Sinne des Absatzes 4. ② Zur Abgeltung dieser Aufwendungen ist für jeden Arbeitstag, an dem der Arbeitnehmer die erste Tätigkeitsstätte aufsucht eine Entfernungspauschale für jeden vollen Kilometer der Entfernung zwischen Wohnung und erster Tätigkeitsstätte von 0,30 Euro anzusetzen, höchstens jedoch 4500 Euro im Kalenderjahr; ein höherer Betrag als 4500 Euro ist anzusetzen, soweit der Arbeitnehmer einen eigenen oder ihm zur Nutzung überlassenen Kraftwagen benutzt. ③ Die Entfernungspauschale gilt nicht für Flugstrecken und Strecken mit steuerfreier Sammelbeförderung nach § 3 Nummer 32. ④ Für die Bestimmung der Entfernung ist die kürzeste Straßenverbindung zwischen Wohnung und erster Tätigkeitsstätte maßgebend; eine andere als die kürzeste Straßenverbindung kann zugrunde gelegt werden, wenn diese offensichtlich verkehrsgünstiger ist und vom Arbeitnehmer regelmäßig für die Wege zwischen Wohnung und erster Tätigkeitsstätte benutzt wird. ⑤ Nach § 8 Absatz 2 Satz 11 oder Absatz 3 steuerfreie Sachbezüge für Fahrten zwischen Wohnung und erster Tätigkeitsstätte mindern den nach Satz 2 abziehbaren Betrag; ist der Arbeitgeber selbst der Verkehrsträger, ist der Preis anzusetzen, den ein dritter Arbeitgeber an den Verkehrsträger zu entrichten hätte. ⑥ Hat ein Arbeitnehmer mehrere Wohnungen, so sind die Wege von einer Wohnung, die nicht der ersten Tätigkeitsstätte am nächsten liegt, nur zu berücksichtigen, wenn sie den Mittelpunkt der Lebensinteressen des Arbeitnehmers bildet und nicht nur gelegentlich aufgesucht wird. ⑦ Nach § 3 Nummer 37 steuerfreie Sachbezüge mindern den nach Satz 2 abziehbaren Betrag nicht; § 3 c Absatz 1 ist nicht anzuwenden. ⑧ Zur Abgeltung der Aufwendungen im Sinne des Satzes 1 ist für die Veranlagungszeiträume 2021 bis 2026 abweichend von Satz 2 für jeden Arbeitstag, an dem der Arbeitnehmer die erste Tätigkeitsstätte aufsucht, eine Entfernungspauschale für jeden vollen Kilometer der ersten 20 Kilometer der Entfernung zwischen Wohnung und erster Tätigkeitsstätte von 0,30 Euro und für jeden weiteren vollen Kilometer
   a) von 0,35 Euro für 2021,
   b) von 0,38 Euro für 2022 bis 2026

   anzusetzen, höchstens 4500 Euro im Kalenderjahr; ein höherer Betrag als 4500 Euro ist anzusetzen, soweit der Arbeitnehmer einen eigenen oder ihm zur Nutzung überlassenen Kraftwagen benutzt.[2]

4a.[3] Aufwendungen des Arbeitnehmers für beruflich veranlasste Fahrten, die nicht Fahrten zwischen Wohnung und erster Tätigkeitsstätte im Sinne des Absatzes 4 sowie keine Familienheimfahrten sind. ② Anstelle der tatsächlichen Aufwendungen, die dem Arbeitnehmer durch die persönliche Benutzung eines Beförderungsmittels entstehen, können die Fahrtkosten mit den pauschalen Kilometersätzen angesetzt werden, die für das jeweils benutzte Beförderungsmittel (Fahrzeug) als höchste Wegstreckenentschädigung nach dem Bundesreisekostengesetz festgesetzt sind. ③ Hat ein Arbeitnehmer keine erste Tätigkeitsstätte (§ 9 Absatz 4) und hat er nach den dienst- oder arbeitsrechtlichen Festlegungen sowie den diese ausfüllenden Absprachen und Weisungen zur Aufnahme seiner beruflichen Tätigkeit dauerhaft denselben Ort oder dasselbe weiträumige Tätigkeitsgebiet typischerweise arbeitstäglich aufzusuchen, gilt Absatz 1 Satz 3 Nummer 4 und Absatz 2 für die Fahrten von der Wohnung zu diesem Ort oder dem zur Wohnung nächstgelegenen Zugang zum Tätigkeitsgebiet entsprechend. ④ Für die Fahrten innerhalb des weiträumigen Tätigkeitsgebietes gelten die Sätze 1 und 2 entsprechend.

---

[1] § 9 Abs. 1 Satz 3 Nr. 4 neugefasst durch Gesetz vom 20. 2. 2013 (BGBl. I S. 285); Abs. 1 Satz 3 Nr. 4 Satz 7 angefügt mit Wirkung ab VZ 2019 durch Art. 3 des Gesetzes vom 11. 12. 2018 (BGBl. I S. 2338).

[2] § 9 Abs. 1 Satz 3 Nr. 4 Satz 8 angefügt mit Wirkung ab VZ 2021 durch Gesetz vom 21. 12. 2019 (BGBl. I S. 2886); Nr. 4 Satz 8 Buchstabe a und b geändert durch Gesetz vom 23. 5. 2022 (BGBl. I S. 749).

[3] § 9 Abs. 1 Satz 3 Nr. 4 a eingefügt mit Wirkung ab VZ 2014 durch Gesetz vom 20. 2. 2013 (BGBl. I S. 285).

5.[1] notwendige Mehraufwendungen, die einem Arbeitnehmer wegen einer beruflich veranlassten doppelten Haushaltsführung entstehen. ② Eine doppelte Haushaltsführung liegt nur vor, wenn der Arbeitnehmer außerhalb des Ortes seiner ersten Tätigkeitsstätte einen eigenen Hausstand unterhält und auch am Ort der ersten Tätigkeitsstätte wohnt. ③ Das Vorliegen eines eigenen Hausstandes setzt das Innehaben einer Wohnung sowie eine finanzielle Beteiligung an den Kosten der Lebensführung voraus. ④ Als Unterkunftskosten für eine doppelte Haushaltsführung können im Inland die tatsächlichen Aufwendungen für die Nutzung der Unterkunft angesetzt werden, höchstens 1000 Euro im Monat. ⑤ Aufwendungen für die Wege vom Ort der ersten Tätigkeitsstätte zum Ort des eigenen Hausstandes und zurück (Familienheimfahrt) können jeweils nur für eine Familienheimfahrt wöchentlich abgezogen werden. ⑥ Zur Abgeltung der Aufwendungen für eine Familienheimfahrt ist eine Entfernungspauschale von 0,30 Euro für jeden vollen Kilometer der Entfernung zwischen dem Ort des eigenen Hausstandes und dem Ort der ersten Tätigkeitsstätte anzusetzen. ⑦ Nummer 4 Satz 3 bis 5 ist entsprechend anzuwenden. ⑧ Aufwendungen für Familienheimfahrten mit einem dem Steuerpflichtigen im Rahmen einer Einkunftsart überlassenen Kraftfahrzeug werden nicht berücksichtigt. ⑨ Zur Abgeltung der Aufwendungen für eine Familienheimfahrt ist für die Veranlagungszeiträume 2021 bis 2026 abweichend von Satz 6 eine Entfernungspauschale für jeden vollen Kilometer der ersten 20 Kilometer der Entfernung zwischen dem Ort des eigenen Hausstandes und dem Ort der ersten Tätigkeitsstätte von 0,30 Euro und für jeden weiteren vollen Kilometer
a) von 0,35 Euro für 2021,
b) von 0,38 Euro für 2022 bis 2026
anzusetzen.[2]

5a.[3] notwendige Mehraufwendungen eines Arbeitnehmers für beruflich veranlasste Übernachtungen an einer Tätigkeitsstätte, die nicht erste Tätigkeitsstätte ist. ② Übernachtungskosten sind die tatsächlichen Aufwendungen für die persönliche Inanspruchnahme einer Unterkunft zur Übernachtung. ③ Soweit höhere Übernachtungskosten anfallen, weil der Arbeitnehmer eine Unterkunft gemeinsam mit Personen nutzt, die in keinem Dienstverhältnis zum selben Arbeitgeber stehen, sind nur diejenigen Aufwendungen anzusetzen, die bei alleiniger Nutzung durch den Arbeitnehmer angefallen wären. ④ Nach Ablauf von 48 Monaten einer längerfristigen beruflichen Tätigkeit an derselben Tätigkeitsstätte, die nicht erste Tätigkeitsstätte ist, können Unterkunftskosten nur noch bis zur Höhe des Betrags nach Nummer 5 angesetzt werden. ⑤ Eine Unterbrechung dieser beruflichen Tätigkeit an derselben Tätigkeitsstätte führt zu einem Neubeginn, wenn die Unterbrechung mindestens sechs Monate dauert.

5b.[4] notwendige Mehraufwendungen, die einem Arbeitnehmer während seiner auswärtigen beruflichen Tätigkeit auf einem Kraftfahrzeug des Arbeitgebers oder eines vom Arbeitgeber beauftragten Dritten im Zusammenhang mit einer Übernachtung in dem Kraftfahrzeug für Kalendertage entstehen, an denen der Arbeitnehmer eine Verpflegungspauschale nach Absatz 4a Satz 3 Nummer 1 und 2 sowie Satz 5 zur Nummer 1 und 2 beanspruchen könnte. ② Anstelle der tatsächlichen Aufwendungen, die dem Arbeitnehmer im Zusammenhang mit einer Übernachtung in dem Kraftfahrzeug entstehen, kann im Kalenderjahr einheitlich eine Pauschale von 8 Euro für jeden Kalendertag berücksichtigt werden, an dem der Arbeitnehmer eine Verpflegungspauschale nach Absatz 4a Satz 3 Nummer 1 und 2 sowie Satz 5 zur Nummer 1 und 2 beanspruchen könnte.

6. Aufwendungen für Arbeitsmittel, zum Beispiel für Werkzeuge und typische Berufskleidung. ② Nummer 7 bleibt unberührt;

7.[5] Absetzungen für Abnutzung und für Substanzverringerung, Sonderabschreibungen nach § 7b und erhöhte Absetzungen. ② § 6 Absatz 2 Satz 1 bis 3 ist in den Fällen der Anschaffung oder Herstellung von Wirtschaftsgütern entsprechend anzuwenden.

(2)[6] ① Durch die Entfernungspauschalen sind sämtliche Aufwendungen abgegolten, die durch die Wege zwischen Wohnung und erster Tätigkeitsstätte im Sinne des Absatzes 4 und durch die Familienheimfahrten veranlasst sind. ② Aufwendungen für die Benutzung öffentlicher Verkehrsmittel können angesetzt werden, soweit sie den im Kalenderjahr insgesamt als Entfernungspauschale abziehbaren Betrag übersteigen. ③ Menschen mit Behinderungen,

1. deren Grad der Behinderung mindestens 70 beträgt,
2. deren Grad der Behinderung weniger als 70, aber mindestens 50 beträgt und die in ihrer Bewegungsfähigkeit im Straßenverkehr erheblich beeinträchtigt sind,

---

[1] § 9 Abs. 1 Satz 3 Nr. 5 neugefasst durch Gesetz vom 20. 2. 2013 (BGBl. I S. 285).

[2] § 9 Abs. 1 Satz 3 Nr. 5 Satz 9 angefügt mit Wirkung ab VZ 2021 durch Gesetz vom 21. 12. 2019 (BGBl. I S. 2886); Nr. 5 Satz 9 Buchstabe a und b geändert durch Gesetz vom 23. 5. 2022 (BGBl. I S. 749).

[3] § 9 Abs. 1 Satz 3 Nr. 5a eingefügt mit Wirkung ab VZ 2014 durch Gesetz vom 20. 2. 2013 (BGBl. I S. 285).

[4] § 9 Abs. 1 Satz 3 Nr. 5b eingefügt mit Wirkung ab VZ 2020 durch Gesetz vom 12. 12. 2019 (BGBl. I S. 2451).

[5] § 9 Abs. 1 Satz 3 Nr. 7 Satz 2 geändert durch Gesetz vom 22. 12. 2009 (BGBl. I S. 3950); Abs. 1 Satz 3 Nr. 7 Satz 1 geändert durch Gesetz vom 12. 12. 2019 (BGBl. I S. 2451); zur erstmaligen Anwendung siehe § 52 Abs. 16b Satz 1.

[6] § 9 Abs. 2 neugefasst mit Wirkung ab VZ 2014 durch Gesetz vom 20. 2. 2013 (BGBl. I S. 285); Abs. 2 Satz 3 geändert durch Gesetz vom 9. 12. 2020 (BGBl. I S. 2770).

können anstelle der Entfernungspauschalen die tatsächlichen Aufwendungen für die Wege zwischen Wohnung und erster Tätigkeitsstätte und für Familienheimfahrten ansetzen. ④ Die Voraussetzungen der Nummern 1 und 2 sind durch amtliche Unterlagen nachzuweisen.

(3)[1] Absatz 1 Satz 3 Nummer 4 bis 5 a sowie die Absätze 2 und 4 a gelten bei den Einkunftsarten im Sinne des § 2 Absatz 1 Satz 1 Nummer 5 bis 7 entsprechend.

(4)[2] ① Erste Tätigkeitsstätte ist die ortsfeste betriebliche Einrichtung des Arbeitgebers, eines verbundenen Unternehmens (§ 15 des Aktiengesetzes) oder eines vom Arbeitgeber bestimmten Dritten, der der Arbeitnehmer dauerhaft zugeordnet ist. ② Die Zuordnung im Sinne des Satzes 1 wird durch die dienst- oder arbeitsrechtlichen Festlegungen sowie die diese ausfüllenden Absprachen und Weisungen bestimmt. ③ Von einer dauerhaften Zuordnung ist insbesondere auszugehen, wenn der Arbeitnehmer unbefristet, für die Dauer des Dienstverhältnisses oder über einen Zeitraum von 48 Monaten hinaus an einer solchen Tätigkeitsstätte tätig werden soll. ④ Fehlt eine solche dienst- oder arbeitsrechtliche Festlegung auf eine Tätigkeitsstätte oder ist sie nicht eindeutig, ist erste Tätigkeitsstätte die betriebliche Einrichtung, an der der Arbeitnehmer dauerhaft

1. typischerweise arbeitstäglich tätig werden soll oder
2. je Arbeitswoche zwei volle Arbeitstage oder mindestens ein Drittel seiner vereinbarten regelmäßigen Arbeitszeit tätig werden soll.

⑤ Je Dienstverhältnis hat der Arbeitnehmer höchstens eine erste Tätigkeitsstätte. ⑥ Liegen die Voraussetzungen der Sätze 1 bis 4 für mehrere Tätigkeitsstätten vor, ist diejenige Tätigkeitsstätte erste Tätigkeitsstätte, die der Arbeitgeber bestimmt. ⑦ Fehlt es an dieser Bestimmung oder ist sie nicht eindeutig, ist die der Wohnung örtlich am nächsten liegende Tätigkeitsstätte die erste Tätigkeitsstätte. ⑧ Als erste Tätigkeitsstätte gilt auch eine Bildungseinrichtung, die außerhalb eines Dienstverhältnisses zum Zwecke eines Vollzeitstudiums oder einer vollzeitigen Bildungsmaßnahme aufgesucht wird; die Regelungen für Arbeitnehmer nach Absatz 1 Satz 3 Nummer 4 und 5 sowie Absatz 4 a sind entsprechend anzuwenden.

(4 a)[3] ① Mehraufwendungen des Arbeitnehmers für die Verpflegung sind nur nach Maßgabe der folgenden Sätze als Werbungskosten abziehbar. ② Wird der Arbeitnehmer außerhalb seiner Wohnung und ersten Tätigkeitsstätte beruflich tätig (auswärtige berufliche Tätigkeit), ist zur Abgeltung der ihm tatsächlich entstandenen, beruflich veranlassten Mehraufwendungen eine Verpflegungspauschale anzusetzen. ③ Diese beträgt

1. 28 Euro für jeden Kalendertag, an dem der Arbeitnehmer 24 Stunden von seiner Wohnung und ersten Tätigkeitsstätte abwesend ist,
2. jeweils 14 Euro für den An- und Abreisetag, wenn der Arbeitnehmer an diesem, einem anschließenden oder vorhergehenden Tag außerhalb seiner Wohnung übernachtet,
3. 14 Euro für den Kalendertag, an dem der Arbeitnehmer ohne Übernachtung außerhalb seiner Wohnung mehr als 8 Stunden von seiner Wohnung und der ersten Tätigkeitsstätte abwesend ist; beginnt die auswärtige berufliche Tätigkeit an einem Kalendertag und endet am nachfolgenden Kalendertag ohne Übernachtung, werden 14 Euro für den Kalendertag gewährt, an dem der Arbeitnehmer den überwiegenden Teil der insgesamt mehr als 8 Stunden von seiner Wohnung und der ersten Tätigkeitsstätte abwesend ist.

④ Hat der Arbeitnehmer keine erste Tätigkeitsstätte, gelten die Sätze 2 und 3 entsprechend; Wohnung im Sinne der Sätze 2 und 3 ist der Hausstand, der den Mittelpunkt der Lebensinteressen des Arbeitnehmers bildet sowie eine Unterkunft am Ort der ersten Tätigkeitsstätte im Rahmen der doppelten Haushaltsführung. ⑤ Bei einer Tätigkeit im Ausland treten an die Stelle der Pauschbeträge nach Satz 3 länderweise unterschiedliche Pauschbeträge, die für die Fälle der Nummer 1 mit 120 sowie der Nummern 2 und 3 mit 80 Prozent der Auslandstagegelder nach dem Bundesreisekostengesetz vom Bundesministerium der Finanzen im Einvernehmen mit den obersten Finanzbehörden der Länder aufgerundet auf volle Euro festgesetzt werden; dabei bestimmt sich der Pauschbetrag nach dem Ort, den der Arbeitnehmer vor 24 Uhr Ortszeit zuletzt erreicht, oder, wenn dieser Ort im Inland liegt, nach dem letzten Tätigkeitsort im Ausland. ⑥ Der Abzug der Verpflegungspauschalen ist auf die ersten drei Monate einer längerfristigen beruflichen Tätigkeit an derselben Tätigkeitsstätte beschränkt. ⑦ Eine Unterbrechung der beruflichen Tätigkeit an derselben Tätigkeitsstätte führt zu einem Neubeginn, wenn sie mindestens vier Wochen dauert. ⑧ Wird dem Arbeitnehmer anlässlich oder während einer Tätigkeit außerhalb seiner ersten Tätigkeitsstätte vom Arbeitgeber oder auf dessen Veranlassung von einem Dritten eine Mahlzeit zur Verfügung gestellt, sind die nach den Sätzen 3 und 5 ermittelten Verpflegungspauschalen zu kürzen:

---

[1] § 9 Abs. 3 geändert mit Wirkung ab VZ 2014 durch Gesetz vom 20. 2. 2013 (BGBl. I S. 285).

[2] § 9 Abs. 4 eingefügt mit Wirkung ab VZ 2014 durch Gesetz vom 20. 2. 2013 (BGBl. I S. 285); Abs. 4 Sätze 4 und 8 geändert mit Wirkung ab VZ 2014 durch Gesetz vom 25. 7. 2014 (BGBl. I S. 1266).

[3] § 9 Abs. 4 a eingefügt mit Wirkung ab VZ 2014 durch Gesetz vom 20. 2. 2013 (BGBl. I S. 285); Abs. 4 a Satz 3 Nr. 1, Satz 7 und 12 geändert mit Wirkung ab VZ 2014 durch Gesetz vom 25. 7. 2014 (BGBl. I S. 1266); Abs. 4 a Satz 3 Nr. 1 bis 3 geändert mit Wirkung ab VZ 2020 durch Gesetz vom 12. 12. 2019 (BGBl. I S. 2451).

1. für Frühstück um 20 Prozent,
2. für Mittag- und Abendessen um jeweils 40 Prozent,

der nach Satz 3 Nummer 1 gegebenenfalls in Verbindung mit Satz 5 maßgebenden Verpflegungspauschale für einen vollen Kalendertag; die Kürzung darf die ermittelte Verpflegungspauschale nicht übersteigen. ⑨ Satz 8 gilt auch, wenn Reisekostenvergütungen wegen der zur Verfügung gestellten Mahlzeiten einbehalten oder gekürzt werden oder die Mahlzeiten nach § 40 Absatz 2 Satz 1 Nummer 1 a pauschal besteuert werden. ⑩ Hat der Arbeitnehmer für die Mahlzeit ein Entgelt gezahlt, mindert dieser Betrag den Kürzungsbetrag nach Satz 8. ⑪ Erhält der Arbeitnehmer steuerfreie Erstattungen für Verpflegung, ist ein Werbungskostenabzug insoweit ausgeschlossen. ⑫ Die Verpflegungspauschalen nach den Sätzen 3 und 5, die Dreimonatsfrist nach den Sätzen 6 und 7 sowie die Kürzungsregelungen nach den Sätzen 8 bis 10 gelten entsprechend auch für den Abzug von Mehraufwendungen für Verpflegung, die bei einer beruflich veranlassten doppelten Haushaltsführung entstehen, soweit der Arbeitnehmer vom eigenen Hausstand im Sinne des § 9 Absatz 1 Satz 3 Nummer 5 abwesend ist; dabei ist für jeden Kalendertag innerhalb der Dreimonatsfrist, an dem gleichzeitig eine Tätigkeit im Sinne des Satzes 2 oder des Satzes 4 ausgeübt wird, nur der jeweils höchste in Betracht kommende Pauschbetrag abziehbar. ⑬ Die Dauer einer Tätigkeit im Sinne des Satzes 2 an dem Tätigkeitsort, an dem die doppelte Haushaltsführung begründet wurde, ist auf die Dreimonatsfrist anzurechnen, wenn sie ihr unmittelbar vorausgegangen ist.

(5)[1] ① § 4 Absatz 5 Satz 1 Nummer 1 bis 4, 6 b bis 8 a, 10, 12 und Absatz 6 gilt sinngemäß. ② Die §§ 4 j, 4 k, 6 Absatz 1 Nummer 1 a und § 6 e gelten entsprechend.

(6)[2] ① Aufwendungen des Steuerpflichtigen für seine Berufsausbildung oder für sein Studium sind nur dann Werbungskosten, wenn der Steuerpflichtige zuvor bereits eine Erstausbildung (Berufsausbildung oder Studium) abgeschlossen hat oder wenn die Berufsausbildung oder das Studium im Rahmen eines Dienstverhältnisses stattfindet. ② Eine Berufsausbildung als Erstausbildung nach Satz 1 liegt vor, wenn eine geordnete Ausbildung mit einer Mindestdauer von 12 Monaten bei vollzeitiger Ausbildung und mit einer Abschlussprüfung durchgeführt wird. ③ Eine geordnete Ausbildung liegt vor, wenn sie auf der Grundlage von Rechts- oder Verwaltungsvorschriften oder internen Vorschriften eines Bildungsträgers durchgeführt wird. ④ Ist eine Abschlussprüfung nach dem Ausbildungsplan nicht vorgesehen, gilt die Ausbildung mit der tatsächlichen planmäßigen Beendigung als abgeschlossen. ⑤ Eine Berufsausbildung als Erstausbildung hat auch abgeschlossen, wer die Abschlussprüfung einer durch Rechts- oder Verwaltungsvorschriften geregelten Berufsausbildung mit einer Mindestdauer von 12 Monaten bestanden hat, ohne dass er zuvor die entsprechende Berufsausbildung durchlaufen hat.

§ 9a Pauschbeträge für Werbungskosten

① Für Werbungskosten sind bei der Ermittlung der Einkünfte die folgenden Pauschbeträge abzuziehen, wenn nicht höhere Werbungskosten nachgewiesen werden:

1. a)[3] von den Einnahmen aus nichtselbständiger Arbeit vorbehaltlich Buchstabe b:
   ein Arbeitnehmer-Pauschbetrag von *1200* **[ab VZ 2023:** 1230**]** Euro;
   b) von den Einnahmen aus nichtselbständiger Arbeit, soweit es sich um Versorgungsbezüge im Sinne des § 19 Absatz 2 handelt:
   ein Pauschbetrag von 102 Euro;
2. (weggefallen)
3.[4] von den Einnahmen im Sinne des § 22 Nummer 1, 1 a, und 5:
   ein Pauschbetrag von insgesamt 102 Euro.

② Der Pauschbetrag nach Satz 1 Nummer 1 Buchstabe b darf nur bis zur Höhe der um den Versorgungsfreibetrag einschließlich des Zuschlags zum Versorgungsfreibetrag (§ 19 Absatz 2) geminderten Einnahmen, die Pauschbeträge nach Satz 1 Nummer 1 Buchstabe a und 3 dürfen nur bis zur Höhe der Einnahmen abgezogen werden.

---

[1] § 9 Abs. 5 Satz 1 geändert mit Wirkung ab VZ 2012 durch Gesetz vom 1. 11. 2011 (BGBl. I S. 2131); Abs. 5 Satz 1 Zitat geändert durch Gesetz vom 20. 2. 2013 (BGBl. I S. 285); Abs. 5 Satz 2 neugefasst durch Gesetz vom 27. 6. 2017 (BGBl. I S. 2074); zur erstmaligen Anwendung siehe § 52 Abs. 16 b Satz 2; Abs. 5 Satz 2 geändert durch Gesetz vom 12. 12. 2019 (BGBl. I S. 2451); zur Anwendung siehe § 52 Abs. 16 b Satz 3; Abs. 5 Satz 2 geändert durch Gesetz vom 25. 6. 2021 (BGBl. I S. 2035); zur Anwendung siehe § 52 Abs. 16 b Satz 4.

[2] § 9 Abs. 6 angefügt durch Gesetz vom 7. 12. 2011 (BGBl. I S. 2592); Abs. 6 neugefasst mit Wirkung ab VZ 2015 durch Gesetz vom 22. 12. 2014 (BGBl. I S. 2417).

[3] § 9 a Satz 1 Nr. 1 Buchstabe a Pauschbetrag geändert und letzter Halbsatz aufgehoben ab VZ 2012 durch Gesetz vom 1. 11. 2011 (BGBl. I S. 2131); Satz 1 Nr. 1 Buchstabe a Pauschbetrag geändert mit Wirkung ab VZ 2022 durch Gesetz vom 23. 5. 2022 (BGBl. I S. 749); Satz 1 Nr. 1 Buchstabe a Pauschbetrag geändert mit Wirkung ab VZ 2023 durch Gesetz vom 16. 12. 2022 (BGBl. I S. 2294).

[4] § 9 a Satz 1 Nr. 3 Zitat geändert durch Gesetz vom 8. 12. 2010 (BGBl. I S. 1768); Zitat geändert mit Wirkung ab VZ 2015 durch Gesetz vom 22. 12. 2014 (BGBl. I S. 2417).

4 a. Umsatzsteuerrechtlicher Vorsteuerabzug

§ 9b [Umsatzsteuerrechtlicher Vorsteuerabzug]

(1) Der Vorsteuerbetrag nach § 15 des Umsatzsteuergesetzes gehört, soweit er bei der Umsatzsteuer abgezogen werden kann, nicht zu den Anschaffungs- oder Herstellungskosten des Wirtschaftsguts, auf dessen Anschaffung oder Herstellung er entfällt.

(2)[1] ① Wird der Vorsteuerabzug nach § 15a des Umsatzsteuergesetzes berichtigt, so sind die Mehrbeträge als Betriebseinnahmen oder Einnahmen zu behandeln, wenn sie im Rahmen einer der Einkunftsarten des § 2 Absatz 1 Satz 1 bezogen werden; die Minderbeträge sind als Betriebsausgaben oder Werbungskosten zu behandeln, wenn sie durch den Betrieb veranlasst sind oder der Erwerbung, Sicherung und Erhaltung von Einnahmen dienen. ② Die Anschaffungs- oder Herstellungskosten bleiben in den Fällen des Satzes 1 unberührt.

§ 9c[2] *(aufgehoben)*

5. Sonderausgaben

§ 10 [Sonderausgaben]

(1) Sonderausgaben sind die folgenden Aufwendungen, wenn sie weder Betriebsausgaben noch Werbungskosten sind oder wie Betriebsausgaben oder Werbungskosten behandelt werden:

1. bis 1 b.[3] *(aufgehoben)*

2.[4] a) Beiträge zu den gesetzlichen Rentenversicherungen oder zur landwirtschaftlichen Alterskasse sowie zu berufsständischen Versorgungseinrichtungen, die den gesetzlichen Rentenversicherungen vergleichbare Leistungen erbringen;

b) Beiträge des Steuerpflichtigen

aa) zum Aufbau einer eigenen kapitalgedeckten Altersversorgung, wenn der Vertrag nur die Zahlung einer monatlichen, auf das Leben des Steuerpflichtigen bezogenen lebenslangen Leibrente nicht vor Vollendung des 62. Lebensjahres oder zusätzlich die ergänzende Absicherung des Eintritts der Berufsunfähigkeit (Berufsunfähigkeitsrente), der verminderten Erwerbsfähigkeit (Erwerbsminderungsrente) oder von Hinterbliebenen (Hinterbliebenenrente) vorsieht. ② Hinterbliebene in diesem Sinne sind der Ehegatte des Steuerpflichtigen und die Kinder, für die er Anspruch auf Kindergeld oder auf einen Freibetrag nach § 32 Absatz 6 hat. ③ Der Anspruch auf Waisenrente darf längstens für den Zeitraum bestehen, in dem der Rentenberechtigte die Voraussetzungen für die Berücksichtigung als Kind im Sinne des § 32 erfüllt;

bb) für seine Absicherung gegen den Eintritt der Berufsunfähigkeit oder der verminderten Erwerbsfähigkeit (Versicherungsfall), wenn der Vertrag nur die Zahlung einer monatlichen, auf das Leben des Steuerpflichtigen bezogenen lebenslangen Leibrente für einen Versicherungsfall vorsieht, der bis zur Vollendung des 67. Lebensjahres eingetreten ist. ② Der Vertrag kann die Beendigung der Rentenzahlung wegen eines medizinisch begründeten Wegfalls der Berufsunfähigkeit oder der verminderten Erwerbsfähigkeit vorsehen. ③ Die Höhe der zugesagten Rente kann vom Alter des Steuerpflichtigen bei Eintritt des Versicherungsfalls abhängig gemacht werden, wenn der Steuerpflichtige das 55. Lebensjahr vollendet hat.

② Die Ansprüche nach Buchstabe b dürfen nicht vererblich, nicht übertragbar, nicht beleihbar, nicht veräußerbar und nicht kapitalisierbar sein. ③ Anbieter und Steuerpflichtiger können vereinbaren, dass bis zu zwölf Monatsleistungen in einer Auszahlung zusammengefasst werden oder eine Kleinbetragsrente im Sinne von § 93 Absatz 3 Sa tz 2 abgefunden wird. ④ Bei der Berechnung der Kleinbetragsrente sind alle bei einem Anbieter bestehenden Verträge des Steuerpflichtigen jeweils nach Buchstabe b Doppelbuchstabe aa oder Doppelbuchstabe bb zusammenzurechnen. ⑤ Neben den genannten Auszahlungsformen darf kein weiterer Anspruch auf Auszahlungen bestehen. ⑥ Zu den Beiträgen nach den Buchstaben a und b ist der nach § 3 Nummer 62 steuerfreie Arbeitgeberanteil zur gesetzlichen Rentenversicherung und ein diesem gleichgestellter steuerfreier Zuschuss des Arbeitgebers hinzuzurechnen. ⑦ Beiträge nach § 168 Absatz 1 Nummer 1b oder 1c

---

[1] § 9b Abs. 2 neugefasst durch Gesetz vom 18. 12. 2013 (BGBl. I S. 4318); zur erstmaligen Anwendung siehe § 52 Abs. 17.

[2] Abschnitt II Unterabschnitt 4b. Kinderbetreuungskosten und § 9c aufgehoben ab VZ 2012 durch Gesetz vom 1. 11. 2011 (BGBl. I S. 2131).

[3] § 10 Abs. 1 Nr. 1, 1a und 1b aufgehoben mit Wirkung ab VZ 2015 durch Gesetz vom 22. 12. 2014 (BGBl. I S. 2417).

[4] § 10 Abs. 1 Nr. 2 Buchstabe a geändert mit Wirkung ab 1. 1. 2013 durch Gesetz vom 12. 4. 2012 (BGBl. I S. 579); Abs. 1 Nr. 2 Buchstabe b neugefasst und neue Sätze 2 und 3 eingefügt (bish. Sätze 2 und 3 werden Sätze 4 und 5) mit Wirkung ab VZ 2014 durch Gesetz vom 24. 6. 2013 (BGBl. I S. 1667).

§ 10 Abs. 1 Nr. 2 neue Sätze 3 und 4 eingefügt (bish. Sätze 3 bis 5 werden Sätze 5 bis 7) mit Wirkung ab VZ 2015 durch Gesetz vom 22. 12. 2014 (BGBl. I S. 2417).

oder nach § 172 Absatz 3 oder 3a des Sechsten Buches Sozialgesetzbuch werden abweichend von Satz 6[1] nur auf Antrag des Steuerpflichtigen hinzugerechnet.

3.[2] Beiträge zu

a) Krankenversicherungen, soweit diese zur Erlangung eines durch das Zwölfte Buch Sozialgesetzbuch bestimmten sozialhilfegleichen Versorgungsniveaus erforderlich sind und sofern auf die Leistungen ein Anspruch besteht. ② Für Beiträge zur gesetzlichen Krankenversicherung sind dies die nach dem Dritten Titel des Ersten Abschnitts des Achten Kapitels des Fünften Buches Sozialgesetzbuch oder die nach dem Sechsten Abschnitt des Zweiten Gesetzes über die Krankenversicherung der Landwirte festgesetzten Beiträge. ③ Für Beiträge zu einer privaten Krankenversicherung sind dies die Beitragsanteile, die auf Vertragsleistungen entfallen, die, mit Ausnahme der auf das Krankengeld entfallenden Beitragsanteile, in Art, Umfang und Höhe den Leistungen nach dem Dritten Kapitel des Fünften Buches Sozialgesetzbuch vergleichbar sind; § 158 Absatz 2 des Versicherungsaufsichtsgesetzes gilt entsprechend. ④ Wenn sich aus den Krankenversicherungsbeiträgen nach Satz 2 ein Anspruch auf Krankengeld oder ein Anspruch auf eine Leistung, die anstelle von Krankengeld gewährt wird, ergeben kann, ist der jeweilige Beitrag um 4 Prozent zu vermindern;

b) gesetzlichen Pflegeversicherungen (soziale Pflegeversicherung und private Pflege-Pflichtversicherung).

② Als eigene Beiträge des Steuerpflichtigen können auch eigene Beiträge im Sinne des Buchstaben a oder b eines Kindes behandelt werden, wenn der Steuerpflichtige die Beiträge des Kindes, für das ein Anspruch auf einen Freibetrag nach § 32 Absatz 6 oder auf Kindergeld besteht, durch Leistungen in Form von Bar- oder Sachunterhalt wirtschaftlich getragen hat, unabhängig von Einkünften oder Bezügen des Kindes **[ab VZ 2023:** ; Voraussetzung für die Berücksichtigung beim Steuerpflichtigen ist die Angabe der erteilten Identifikationsnummer (§ 139b der Abgabenordnung) des Kindes in der Einkommensteuererklärung des Steuerpflichtigen**]**. ③ Satz 2 gilt entsprechend, wenn der Steuerpflichtige die Beiträge für ein unterhaltsberechtigtes Kind trägt, welches nicht selbst Versicherungsnehmer ist, sondern der andere Elternteil. ④ Hat der Steuerpflichtige in den Fällen des Absatzes 1a Nummer 1 eigene Beiträge im Sinne des Buchstaben a oder des Buchstaben b zum Erwerb einer Krankenversicherung oder gesetzlichen Pflegeversicherung für einen geschiedenen oder dauernd getrennt lebenden unbeschränkt einkommensteuerpflichtigen Ehegatten geleistet, dann werden diese abweichend von Satz 1 als eigene Beiträge des geschiedenen oder dauernd getrennt lebenden unbeschränkt einkommensteuerpflichtigen Ehegatten behandelt. ⑤ Beiträge, die für nach Ablauf des Veranlagungszeitraums beginnende Beitragsjahre geleistet werden und in der Summe das Dreifache der auf den Veranlagungszeitraum entfallenden Beiträge überschreiten, sind in dem Veranlagungszeitraum anzusetzen, für den sie geleistet wurden;[3]

3a. Beiträge zu Kranken- und Pflegeversicherungen, soweit diese nicht nach Nummer 3 zu berücksichtigen sind; Beiträge zu Versicherungen gegen Arbeitslosigkeit, zu Erwerbs- und Berufsunfähigkeitsversicherungen, die nicht unter Nummer 2 Satz 1 Buchstabe b fallen, zu Unfall- und Haftpflichtversicherungen sowie zu Risikoversicherungen, die nur für den Todesfall eine Leistung vorsehen; Beiträge zu Versicherungen im Sinne des § 10 Absatz 1 Nummer 2 Buchstabe b Doppelbuchstabe bb bis dd in der am 31. Dezember 2004 geltenden Fassung,[4] wenn die Laufzeit dieser Versicherungen vor dem 1. Januar 2005 begonnen hat und ein Versicherungsbeitrag bis zum 31. Dezember 2004 entrichtet wurde; § 10 Absatz 1 Nummer 2 Satz 2 bis 6 und Absatz 2 Satz 2 in der am 31. Dezember 2004 geltenden Fassung ist in diesen Fällen weiter anzuwenden;

4.[5] gezahlte Kirchensteuer; dies gilt nicht, soweit die Kirchensteuer als Zuschlag zur Kapitalertragsteuer oder als Zuschlag auf die nach dem gesonderten Tarif des § 32d Absatz 1 ermittelte Einkommensteuer gezahlt wurde;

5.[6] zwei Drittel der Aufwendungen, höchstens 4000 Euro je Kind, für Dienstleistungen zur Betreuung eines zum Haushalt des Steuerpflichtigen gehörenden Kindes im Sinne des § 32 Absatz 1, welches das 14. Lebensjahr noch nicht vollendet hat oder wegen einer vor Vollendung des 25. Lebensjahres eingetretenen körperlichen, geistigen oder seelischen Behinderung

---

[1] § 10 Abs. 1 Nr. 2 Buchstabe b Satz 7 Verweis geändert mit Wirkung ab VZ 2018 durch Gesetz vom 17. 8. 2017 (BGBl. I S. 3214).

[2] § 10 Abs. 1 Nr. 3 Buchstabe a Satz 1 und 3 geändert mit Wirkung ab VZ 2013 durch Gesetz vom 26. 6. 2013 (BGBl. I S. 1809); Abs. 1 Nr. 3 Satz 4 angefügt durch Gesetz vom 8. 12. 2010 (BGBl. I S. 1768); Abs. 1 Nr. 3 Satz 3 Verweis geändert durch Gesetz vom 22. 12. 2014 (BGBl. I S. 2417); Abs. 1 Nr. 3 Buchstabe a Satz 3 geändert mit Wirkung ab 1. 1. 2016 durch Gesetz vom 1. 4. 2015 (BGBl. I S. 434); Abs. 1 Nr. 3 Satz 2 ersetzt durch Sätze 2 und 3, bisherige Sätze 3 und 4 werden Sätze 4 und 5 mit Wirkung ab VZ 2019 durch Gesetz vom 12. 12. 2019 (BGBl. I S. 2451); Abs. 1 Nr. 3 Satz 2 2. Halbsatz angefügt mit Wirkung ab VZ 2023 durch Gesetz vom 16. 12. 2022 (BGBl. I S. 2294).

[3] § 10 Abs. 1 Nr. 3 Satz 5 geändert und letzter Halbsatz aufgehoben mit Wirkung ab VZ 2020 durch Gesetz vom 12. 12. 2019 (BGBl. I S. 2451).

[4] Abgedruckt im Hauptteil bei § 10 Abs. 1 Nr. 3 Buchstabe b.

[5] § 10 Abs. 1 Nr. 4 neugefasst durch Gesetz vom 8. 12. 2010 (BGBl. I S. 1768).

[6] § 10 Abs. 1 Nr. 5 eingefügt mit Wirkung ab VZ 2012 durch Gesetz vom 1. 11. 2011 (BGBl. I S. 2131); zur Anwendung siehe auch § 52 Abs. 18 Satz 3.

außerstande ist, sich selbst zu unterhalten. ② Dies gilt nicht für Aufwendungen für Unterricht, die Vermittlung besonderer Fähigkeiten sowie für sportliche und andere Freizeitbetätigungen. ③ Ist das zu betreuende Kind nicht nach § 1 Absatz 1 oder Absatz 2 unbeschränkt einkommensteuerpflichtig, ist der in Satz 1 genannte Betrag zu kürzen, soweit es nach den Verhältnissen im Wohnsitzstaat des Kindes notwendig und angemessen ist. ④ Voraussetzung für den Abzug der Aufwendungen nach Satz 1 ist, dass der Steuerpflichtige für die Aufwendungen eine Rechnung erhalten hat und die Zahlung auf das Konto des Erbringers der Leistung erfolgt ist;

6. (weggefallen)

7.[1] Aufwendungen für die eigene Berufsausbildung bis zu 6000 Euro im Kalenderjahr. ② Bei Ehegatten, die die Voraussetzungen des § 26 Absatz 1 Satz 1 erfüllen, gilt Satz 1 für jeden Ehegatten. ③ Zu den Aufwendungen im Sinne des Satzes 1 gehören auch Aufwendungen für eine auswärtige Unterbringung. ④ § 4 Absatz 5 Satz 1 Nummer *6b* **[ab 1. 1. 2023:** 6b und 6c**]**[2] sowie § 9 Absatz 1 Satz 3 Nummer 4 und 5, Absatz 2, 4 Satz 8 und Absatz 4a sind bei der Ermittlung der Aufwendungen anzuwenden;

8. (weggefallen)

9. 30 Prozent des Entgelts, höchstens 5000 Euro, das der Steuerpflichtige für ein Kind, für das er Anspruch auf einen Freibetrag nach § 32 Absatz 6 oder auf Kindergeld hat, für dessen Besuch einer Schule in freier Trägerschaft oder einer überwiegend privat finanzierten Schule entrichtet, mit Ausnahme des Entgelts für Beherbergung, Betreuung und Verpflegung. ② Voraussetzung ist, dass die Schule in einem Mitgliedstaat der Europäischen Union oder in einem Staat belegen ist, auf den das Abkommen über den Europäischen Wirtschaftsraum Anwendung findet, und die Schule zu einem von dem zuständigen inländischen Ministerium eines Landes, von der Kultusministerkonferenz der Länder oder von einer inländischen Zeugnisanerkennungsstelle anerkannten oder einem inländischen Abschluss an einer öffentlichen Schule als gleichwertig anerkannten allgemein bildenden oder berufsbildenden Schul-, Jahrgangs- oder Berufsabschluss führt. ③ Der Besuch einer anderen Einrichtung, die auf einen Schul-, Jahrgangs- oder Berufsabschluss im Sinne des Satzes 2 ordnungsgemäß vorbereitet, steht einem Schulbesuch im Sinne des Satzes 1 gleich. ④ Der Besuch einer Deutschen Schule im Ausland steht dem Besuch einer solchen Schule gleich, unabhängig von ihrer Belegenheit. ⑤ Der Höchstbetrag nach Satz 1 wird für jedes Kind, bei dem die Voraussetzungen vorliegen, je Elternpaar nur einmal gewährt.

(1 a)[3] Sonderausgaben sind auch die folgenden Aufwendungen:

1.[4] Unterhaltsleistungen an den geschiedenen oder dauernd getrennt lebenden unbeschränkt einkommensteuerpflichtigen Ehegatten, wenn der Geber dies mit Zustimmung des Empfängers beantragt, bis zu 13 805 Euro im Kalenderjahr. ② Der Höchstbetrag nach Satz 1 erhöht sich um den Betrag der im jeweiligen Veranlagungszeitraum nach Absatz 1 Nummer 3 für die Absicherung des geschiedenen oder dauernd getrennt lebenden unbeschränkt einkommensteuerpflichtigen Ehegatten aufgewandten Beiträge. ③ Der Antrag kann jeweils nur für ein Kalenderjahr gestellt und nicht zurückgenommen werden. ④ Die Zustimmung ist mit Ausnahme der nach § 894 der Zivilprozessordnung als erteilt geltenden bis auf Widerruf wirksam. ⑤ Der Widerruf ist vor Beginn des Kalenderjahres, für das die Zustimmung erstmals nicht gelten soll, gegenüber dem Finanzamt zu erklären. ⑥ Die Sätze 1 bis 5 gelten für Fälle der Nichtigkeit oder der Aufhebung der Ehe entsprechend. ⑦ Voraussetzung für den Abzug der Aufwendungen ist die Angabe der erteilten Identifikationsnummer (§ 139b der Abgabenordnung) der unterhaltenen Person in der Steuererklärung des Unterhaltsleistenden, wenn die unterhaltene Person der unbeschränkten oder beschränkten Steuerpflicht unterliegt. ⑧ Die unterhaltene Person ist für diese Zwecke verpflichtet, dem Unterhaltsleistenden ihre erteilte Identifikationsnummer (§ 139 b der Abgabenordnung) mitzuteilen. ⑨ Kommt die unterhaltene Person dieser Verpflichtung nicht nach, ist der Unterhaltsleistende berechtigt, bei der für ihn zuständigen Finanzbehörde die Identifikationsnummer der unterhaltenen Person zu erfragen;

2.[5] auf besonderen Verpflichtungsgründen beruhende, lebenslange und wiederkehrende Versorgungsleistungen, die nicht mit Einkünften in wirtschaftlichem Zusammenhang stehen, die bei der Veranlagung außer Betracht bleiben, wenn der Empfänger unbeschränkt einkommensteuerpflichtig ist. ② Dies gilt nur für

a) Versorgungsleistungen im Zusammenhang mit der Übertragung eines Mitunternehmeranteils an einer Personengesellschaft, die eine Tätigkeit im Sinne der §§ 13, 15 Absatz 1 Satz 1 Nummer 1 oder des § 18 Absatz 1 ausübt,

---

[1] § 10 Abs. 1 Nr. 7 Betrag geändert durch Gesetz vom 7. 12. 2011 (BGBl. I S. 2592); Abs. 1 Nr. 7 Satz 4 geändert mit Wirkung ab VZ 2014 durch Gesetz vom 20. 2. 2013 (BGBl. I S. 285) und geändert mit Wirkung ab VZ 2014 durch Gesetz vom 25. 7. 2014 (BGBl. I S. 1266).

[2] § 10 Abs. 1 Nr. 7 Satz 4 geändert ab 1. 1. 2023 durch Gesetz vom 16. 12. 2022 (BGBl. I S. 2294).

[3] § 10 Abs. 1 a eingefügt mit Wirkung ab VZ 2015 durch Gesetz vom 22. 12. 2014 (BGBl. I S. 2417).

[4] § 10 Abs. 1 a Nr. 1 Sätze 7 bis 9 angefügt mit Wirkung ab VZ 2016 durch Gesetz vom 2. 11. 2015 (BGBl. I S. 1834).

[5] Zur Anwendung siehe § 52 Abs. 18 Satz 1 und Satz 2.

b) Versorgungsleistungen im Zusammenhang mit der Übertragung eines Betriebs oder Teilbetriebs, sowie
c) Versorgungsleistungen im Zusammenhang mit der Übertragung eines mindestens 50 Prozent betragenden Anteils an einer Gesellschaft mit beschränkter Haftung, wenn der Übergeber als Geschäftsführer tätig war und der Übernehmer diese Tätigkeit nach der Übertragung übernimmt.

③ Satz 2 gilt auch für den Teil der Versorgungsleistungen, der auf den Wohnteil eines Betriebs der Land- und Forstwirtschaft entfällt. ④ Voraussetzung für den Abzug der Aufwendungen ist die Angabe der erteilten Identifikationsnummer (§ 139b der Abgabenordnung) des Empfängers in der Steuererklärung des Leistenden; Nummer 1 Satz 8 und 9 gilt entsprechend;[1]

3.[2] Ausgleichsleistungen zur Vermeidung eines Versorgungsausgleichs nach § 6 Absatz 1 Satz 2 Nummer 2 und § 23 des Versorgungsausgleichsgesetzes sowie § 1408 Absatz 2 und § 1587 des Bürgerlichen Gesetzbuchs, soweit der Verpflichtete dies mit Zustimmung des Berechtigten beantragt und der Berechtigte unbeschränkt einkommensteuerpflichtig ist. ② Nummer 1 Satz 3 bis 5 gilt entsprechend. ③ Voraussetzung für den Abzug der Aufwendungen ist die Angabe der erteilten Identifikationsnummer (§ 139b der Abgabenordnung) des Berechtigten in der Steuererklärung des Verpflichteten; Nummer 1 Satz 8 und 9 gilt entsprechend;

4.[3] Ausgleichszahlungen im Rahmen des Versorgungsausgleichs nach den §§ 20 bis 22 und 26 des Versorgungsausgleichsgesetzes und nach den §§ 1587f, 1587g und 1587i des Bürgerlichen Gesetzbuchs in der bis zum 31. August 2009 geltenden Fassung sowie nach § 3a des Gesetzes zur Regelung von Härten im Versorgungsausgleich, soweit die ihnen zu Grunde liegenden Einnahmen bei der ausgleichspflichtigen Person der Besteuerung unterliegen, wenn die ausgleichsberechtigte Person unbeschränkt einkommensteuerpflichtig ist. ② Nummer 3 Satz 3 gilt entsprechend.

(2)[4] ① Voraussetzung für den Abzug der in Absatz 1 Nummer 2, 3 und 3a bezeichneten Beträge (Vorsorgeaufwendungen) ist, dass sie

1.[5] nicht in unmittelbarem wirtschaftlichen Zusammenhang mit steuerfreien Einnahmen stehen; ungeachtet dessen sind Vorsorgeaufwendungen im Sinne des Absatzes 1 Nummer 2, 3 und 3a zu berücksichtigen, soweit
a)[6] sie in unmittelbarem wirtschaftlichen Zusammenhang mit in einem Mitgliedstaat der Europäischen Union oder einem Vertragsstaat des Abkommens über den Europäischen Wirtschaftsraum oder in der Schweizerischen Eidgenossenschaft erzielten Einnahmen aus nichtselbständiger Tätigkeit stehen,
b) diese Einnahmen nach einem Abkommen zur Vermeidung der Doppelbesteuerung im Inland steuerfrei sind und
c) der Beschäftigungsstaat keinerlei steuerliche Berücksichtigung von Vorsorgeaufwendungen im Rahmen der Besteuerung dieser Einnahmen zulässt;

steuerfreie Zuschüsse zu einer Kranken- oder Pflegeversicherung stehen insgesamt in unmittelbarem wirtschaftlichen Zusammenhang mit den Vorsorgeaufwendungen im Sinne des Absatzes 1 Nummer 3,

2.[7] geleistet werden an
a) Versicherungsunternehmen,
aa) die ihren Sitz oder ihre Geschäftsleitung in einem Mitgliedstaat der Europäischen Union oder einem Vertragsstaat des Abkommens über den Europäischen Wirtschaftsraum haben und das Versicherungsgeschäft im Inland betreiben dürfen, oder
bb) denen die Erlaubnis zum Geschäftsbetrieb im Inland erteilt ist.

② Darüber hinaus werden Beiträge nur berücksichtigt, wenn es sich um Beträge im Sinne des Absatzes 1 Nummer 3 Satz 1 Buchstabe a an eine Einrichtung handelt, die eine anderweitige Absicherung im Krankheitsfall im Sinne des § 5 Absatz 1 Nummer 13 des Fünften Buches Sozialgesetzbuch oder eine der Beihilfe oder freien Heilfürsorge vergleichbare Absicherung im Sinne des § 193 Absatz 3 Satz 2 Nummer 2 des Versicherungsvertragsgesetzes gewährt. ③ Dies gilt entsprechend, wenn ein Steuerpflichtiger, der weder seinen Wohnsitz noch seinen gewöhnlichen Aufenthalt im Inland hat, mit den Beiträgen einen Versicherungsschutz im Sinne des Absatzes 1 Nummer 3 Satz 1 erwirbt,

b) berufsständische Versorgungseinrichtungen,
c) einen Sozialversicherungsträger oder
d) einen Anbieter im Sinne des § 80.

---

[1] § 10 Abs. 1a Nr. 2 Satz 4 angefügt ab VZ 2021 durch Gesetz vom 21. 12. 2020 (BGBl. I S. 3096).
[2] § 10 Abs. 1a Nr. 3 Satz 1 geändert mit Wirkung ab VZ 2017 durch Gesetz vom 20. 12. 2016 (BGBl. I S. 3000); Abs. 1a Nr. 3 Satz 3 angefügt mit Wirkung ab VZ 2020 durch Gesetz vom 12. 12. 2019 (BGBl. I S. 2451).
[3] § 10 Abs. 1a Nr. 4 Satz 2 angefügt mit Wirkung ab VZ 2020 durch Gesetz vom 12. 12. 2019 (BGBl. I S. 2451).
[4] § 10 Abs. 2 Sätze 4 und 5 aufgehoben mit Wirkung ab VZ 2011 durch Gesetz vom 7. 12. 2011 (BGBl. I S. 2592).
[5] § 10 Abs. 2 Satz 1 Nr. 1 geändert durch Art. 2 des Gesetzes vom 11. 12. 2018 (BGBl. I S. 2338).
[6] § 10 Abs. 2 Satz 1 Nr. 1 Buchstabe a geändert durch Gesetz vom 21. 12. 2020 (BGBl. I S. 3096); zur Anwendung siehe § 52 Abs. 18 Satz 4.
[7] § 10 Abs. 2 Satz 1 Nr. 2 neugefasst mit Wirkung ab VZ 2013 durch Gesetz vom 26. 6. 2013 (BGBl. I S. 1809).

② Vorsorgeaufwendungen nach Absatz 1 Nummer 2 Buchstabe b werden nur berücksichtigt, wenn die Beiträge zugunsten eines Vertrags geleistet wurden, der nach § 5a des Altersvorsorgeverträge-Zertifizierungsgesetzes zertifiziert ist, wobei die Zertifizierung Grundlagenbescheid im Sinne des § 171 Absatz 10 der Abgabenordnung ist.[1]

(2a)[2] ① Bei Vorsorgeaufwendungen nach Absatz 1 Nummer 2 Buchstabe b hat der Anbieter als mitteilungspflichtige Stelle nach Maßgabe des § 93c der Abgabenordnung und unter Angabe der Vertrags- oder der Versicherungsdaten die Höhe der im jeweiligen Beitragsjahr geleisteten Beiträge und die Zertifizierungsnummer an die zentrale Stelle (§ 81) zu übermitteln. ② § 22a Absatz 2 gilt entsprechend. ③ § 72a Absatz 4 und § 93c Absatz 4 der Abgabenordnung finden keine Anwendung.

(2b)[3] ① Bei Vorsorgeaufwendungen nach Absatz 1 Nummer 3 hat das Versicherungsunternehmen, der Träger der gesetzlichen Kranken- und Pflegeversicherung, die Künstlersozialkasse oder eine Einrichtung im Sinne des Absatzes 2 Satz 1 Nummer 2 Buchstabe a Satz 2 als mitteilungspflichtige Stelle nach Maßgabe des § 93c der Abgabenordnung und unter Angabe der Vertrags- oder der Versicherungsdaten die Höhe der im jeweiligen Beitragsjahr geleisteten und erstatteten Beiträge sowie die in § 93c Absatz 1 Nummer 2 Buchstabe c der Abgabenordnung genannten Daten mit der Maßgabe, dass insoweit als Steuerpflichtiger die versicherte Person gilt, an die zentrale Stelle (§ 81) zu übermitteln; sind Versicherungsnehmer und versicherte Person nicht identisch, sind zusätzlich die Identifikationsnummer und der Tag der Geburt des Versicherungsnehmers anzugeben. ② Satz 1 gilt nicht, soweit diese Daten mit der elektronischen Lohnsteuerbescheinigung (§ 41b Absatz 1 Satz 2) oder der Rentenbezugsmitteilung (§ 22a Absatz 1 Satz 1 Nummer 4) zu übermitteln sind. ③ § 22a Absatz 2 gilt entsprechend. ④ Zuständige Finanzbehörde im Sinne des § 72a Absatz 4 und des § 93c Absatz 4 der Abgabenordung ist das Bundeszentralamt für Steuern. ⑤ Wird in den Fällen des § 72a Absatz 4 der Abgabenordnung eine unzutreffende Höhe der Beiträge übermittelt, ist die entgangene Steuer mit 30 Prozent des zu hoch ausgewiesenen Betrags anzusetzen.

(3)[4] ① Vorsorgeaufwendungen nach Absatz 1 Nummer 2 sind bis zu dem Höchstbeitrag zur knappschaftlichen Rentenversicherung, aufgerundet auf einen vollen Betrag in Euro, zu berücksichtigen. ② Bei zusammenveranlagten Ehegatten verdoppelt sich der Höchstbetrag. ③ Der Höchstbetrag nach Satz 1 ist bei Steuerpflichtigen, die

1. Arbeitnehmer sind und die während des ganzen oder eines Teils des Kalenderjahres
   a) in der gesetzlichen Rentenversicherung versicherungsfrei oder auf Antrag des Arbeitgebers von der Versicherungspflicht befreit waren und denen für den Fall ihres Ausscheidens aus der Beschäftigung auf Grund des Beschäftigungsverhältnisses eine lebenslängliche Versorgung oder an deren Stelle eine Abfindung zusteht oder die in der gesetzlichen Rentenversicherung nachzuversichern sind oder
   b) nicht der gesetzlichen Rentenversicherungspflicht unterliegen, eine Berufstätigkeit ausgeübt und im Zusammenhang damit auf Grund vertraglicher Vereinbarungen Anwartschaftsrechte auf eine Altersversorgung erworben haben, oder
2. Einkünfte im Sinne des § 22 Nummer 4 erzielen und die ganz oder teilweise ohne eigene Beitragsleistung einen Anspruch auf Altersversorgung erwerben,

um den Betrag zu kürzen, der, bezogen auf die Einnahmen aus der Tätigkeit, die die Zugehörigkeit zum genannten Personenkreis begründen, dem Gesamtbeitrag (Arbeitgeber- und Arbeitnehmeranteil) zur allgemeinen Rentenversicherung entspricht. ④[5] Im Kalenderjahr 2013 sind 76 Prozent der nach den Sätzen 1 bis 3 ermittelten Vorsorgeaufwendungen anzusetzen. ⑤ Der sich danach ergebende Betrag, vermindert um den nach § 3 Nummer 62 steuerfreien Arbeitgeberanteil zur gesetzlichen Rentenversicherung und einen diesem gleichgestellten steuerfreien Zuschuss des Arbeitgebers, ist als Sonderausgabe abziehbar. ⑥ Der Prozentsatz in Satz 4 erhöht sich in den folgenden Kalenderjahren *bis zum Kalenderjahr 2025 um je 2 Prozentpunkte je Kalenderjahr* **[ab VZ 2023:** bis zum Kalenderjahr 2022 um je 2 Prozentpunkte je Kalenderjahr; ab dem Kalenderjahr 2023 beträgt er 100 Prozent**]**.[6] ⑦ Beiträge nach § 168 Absatz 1 Nummer 1b und 1c oder nach § 172 Absatz 3 oder 3a des Sechsten Buches Sozialgesetzbuch vermindern den abziehbaren Betrag nach Satz 5 nur, wenn der Steuerpflichtige die Hinzurechnung dieser Beiträge zu den Vorsorgeaufwendungen nach Absatz 1 Nummer 2 Satz 7[7] beantragt hat.

(4) ① Vorsorgeaufwendungen im Sinne des Absatzes 1 Nummer 3 und 3a können je Kalenderjahr insgesamt bis 2800 Euro abgezogen werden. ② Der Höchstbetrag beträgt 1900 Euro bei

---

[1] § 10 Abs. 2 Satz 2 geändert und bish. Satz 3 aufgehoben mit Wirkung ab 1. 1. 2019 durch Gesetz vom 20. 11. 2019 (BGBl. I S. 1626).
[2] § 10 Abs. 2a neugefasst mit Wirkung ab VZ 2019 durch Gesetz vom 20. 11. 2019 (BGBl. I S. 1626).
[3] § 10 Abs. 2b eingefügt mit Wirkung ab VZ 2019 durch Gesetz vom 20. 11. 2019 (BGBl. I S. 1626).
[4] § 10 Abs. 3 Satz 1 neugefasst mit Wirkung ab VZ 2015 durch Gesetz vom 22. 12. 2014 (BGBl. I S. 2417).
[5] § 10 Abs. 3 Satz 4 geändert mit Wirkung ab VZ 2013 durch Gesetz vom 24. 6. 2013 (BGBl. I S. 1667).
[6] § 10 Abs. 3 Satz 6 neugefasst mit Wirkung ab VZ 2023 durch Gesetz vom 16. 12. 2022 (BGBl. I S. 2294).
[7] § 10 Abs. 3 Satz 7 Zitat geändert durch Gesetz vom 24. 6. 2013 (BGBl. I S. 1667) und durch Gesetz vom 22. 12. 2014 (BGBl. I S. 2417).

Steuerpflichtigen, die ganz oder teilweise ohne eigene Aufwendungen einen Anspruch auf vollständige oder teilweise Erstattung oder Übernahme von Krankheitskosten haben oder für deren Krankenversicherung Leistungen im Sinne des § 3 Nummer 9, 14, 57 oder 62 erbracht werden. ③ Bei zusammenveranlagten Ehegatten bestimmt sich der gemeinsame Höchstbetrag aus der Summe der jedem Ehegatten unter den Voraussetzungen von Satz 1 und 2 zustehenden Höchstbeträge. ④ Übersteigen die Vorsorgeaufwendungen im Sinne des Absatzes 1 Nummer 3 die nach den Sätzen 1 bis 3 zu berücksichtigenden Vorsorgeaufwendungen, sind diese abzuziehen und ein Abzug von Vorsorgeaufwendungen im Sinne des Absatzes 1 Nummer 3 a scheidet aus.

(4 a)[1] ① Ist in den Kalenderjahren 2013 bis 2019 der Abzug der Vorsorgeaufwendungen nach Absatz 1 Nummer 2 Buchstabe a, Absatz 1 Nummer 3 und Nummer 3 a in der für das Kalenderjahr 2004 geltenden Fassung des § 10 Absatz 3 mit folgenden Höchstbeträgen für den Vorwegabzug

Kalenderjahr	Vorwegabzug für den Steuerpflichtigen	Vorwegabzug im Falle der Zusammenveranlagung von Ehegatten
2013	2100	4200
2014	1800	3600
2015	1500	3000
2016	1200	2400
2017	900	1800
2018	600	1200
2019	300	600

zuzüglich des Erhöhungsbetrags nach Satz 3 günstiger, ist der sich danach ergebende Betrag anstelle des Abzugs nach Absatz 3 und 4 anzusetzen. ② Mindestens ist bei Anwendung des Satzes 1 der Betrag anzusetzen, der sich ergeben würde, wenn zusätzlich noch die Vorsorgeaufwendungen nach Absatz 1 Nummer 2 Buchstabe b in die Günstigerprüfung einbezogen werden würden; der Erhöhungsbetrag nach Satz 3 ist nicht hinzuzurechnen. ③ Erhöhungsbetrag sind die Beiträge nach Absatz 1 Nummer 2 Buchstabe b, soweit sie nicht den um die Beiträge nach Absatz 1 Nummer 2 Buchstabe a und den nach § 3 Nummer 62 steuerfreien Arbeitgeberanteil zur gesetzlichen Rentenversicherung und einen diesem gleichgestellten steuerfreien Zuschuss verminderten Höchstbetrag nach Absatz 3 Satz 1 bis 3 überschreiten; Absatz 3 Satz 4 und 6 gilt entsprechend.

(4 b)[2] ① Erhält der Steuerpflichtige für die von ihm für einen anderen Veranlagungszeitraum geleisteten Aufwendungen im Sinne des Satzes 2 einen steuerfreien Zuschuss, ist dieser den erstatteten Aufwendungen gleichzustellen. ② Übersteigen bei den Sonderausgaben nach Absatz 1 Nummer 2 bis 3 a die im Veranlagungszeitraum erstatteten Aufwendungen die geleisteten Aufwendungen (Erstattungsüberhang), ist der Erstattungsüberhang mit anderen im Rahmen der jeweiligen Nummer anzusetzenden Aufwendungen zu verrechnen. ③ Ein verbleibender Betrag des sich bei den Aufwendungen nach Absatz 1 Nummer 3 und 4 ergebenden Erstattungsüberhangs ist dem Gesamtbetrag der Einkünfte hinzuzurechnen. ④ Nach Maßgabe des § 93c der Abgabenordnung haben Behörden im Sinne des § 6 Absatz 1 der Abgabenordnung und andere öffentliche Stellen, die einem Steuerpflichtigen für die von ihm geleisteten Beiträge im Sinne des Absatzes 1 Nummer 2, 3 und 3 a steuerfreie Zuschüsse gewähren oder Vorsorgeaufwendungen im Sinne dieser Vorschrift erstatten als mitteilungspflichtige Stellen, neben den nach § 93 c Absatz 1 der Abgabenordnung erforderlichen Angaben, die zur Gewährung und Prüfung des Sonderausgabenabzugs nach § 10 erforderlichen Daten an die zentrale Stelle zu übermitteln. ⑤ § 22 a Absatz 2 gilt entsprechend. ⑥ § 72 a Absatz 4 und § 93 c Absatz 4 der Abgabenordnung finden keine Anwendung.

(5) Durch Rechtsverordnung wird bezogen auf den Versicherungstarif bestimmt, wie der nicht abziehbare Teil der Beiträge zum Erwerb eines Krankenversicherungsschutzes im Sinne des Absatzes 1 Nummer 3 Buchstabe a Satz 3 durch einheitliche prozentuale Abschläge auf die zugunsten des jeweiligen Tarifs gezahlte Prämie zu ermitteln ist, soweit der nicht abziehbare Beitragsteil nicht bereits als gesonderter Tarif oder Tarifbaustein ausgewiesen wird.

(6)[3] Absatz 1 Nummer 2 Buchstabe b Doppelbuchstabe aa ist für Vertragsabschlüsse vor dem 1. Januar 2012 mit der Maßgabe anzuwenden, dass der Vertrag die Zahlung der Leibrente nicht vor der Vollendung des 60. Lebensjahres vorsehen darf.

[1] § 10 Abs. 4 a Satz 1 und Tabelle geändert mit Wirkung ab VZ 2013 durch Gesetz vom 24. 6. 2013 (BGBl. I S. 1667).

[2] § 10 Abs. 4 b eingefügt mit Wirkung ab VZ 2012 durch Gesetz vom 1. 11. 2011 (BGBl. I S. 2131); Abs. 4 b Sätze 4 bis 6 angefügt durch Gesetz vom 26. 6. 2013 (BGBl. I S. 1809); zur erstmaligen Anwendung siehe § 52 Abs. 18 Satz 5; Abs. 4 b Sätze 4 bis 6 geändert mit Wirkung ab 1. 1. 2017 durch Gesetz vom 18. 7. 2016 (BGBl. I S. 1679).

[3] § 10 Abs. 6 angefügt mit Wirkung ab VZ 2014 durch Gesetz vom 25. 7. 2014 (BGBl. I S. 1266); Abs. 6 Satz 2 Nr. 1 geändert mit Wirkung ab 1. 1. 2017 durch Gesetz vom 18. 7. 2016 (BGBl. I S. 1679); Abs. 6 Satz 2 aufgehoben mit Wirkung ab VZ 2019 durch Gesetz vom 20. 11. 2019 (BGBl. I S. 1626).

§ 10a Zusätzliche Altersvorsorge

(1)[1] ① In der inländischen gesetzlichen Rentenversicherung Pflichtversicherte können Altersvorsorgebeiträge (§ 82) zuzüglich der dafür nach Abschnitt XI zustehenden Zulage jährlich bis zu 2100 Euro als Sonderausgaben abziehen; das Gleiche gilt für

1. Empfänger von inländischer Besoldung nach dem Bundesbesoldungsgesetz oder einem Landesbesoldungsgesetz,
2. Empfänger von Amtsbezügen aus einem inländischen Amtsverhältnis, deren Versorgungsrecht die entsprechende Anwendung des § 69e Absatz 3 und 4 des Beamtenversorgungsgesetzes vorsieht,
3. die nach § 5 Absatz 1 Satz 1 Nummer 2 und 3 des Sechsten Buches Sozialgesetzbuch versicherungsfrei Beschäftigten, die nach § 6 Absatz 1 Satz 1 Nummer 2 oder nach § 230 Absatz 2 Satz 2 des Sechsten Buches Sozialgesetzbuch von der Versicherungspflicht befreiten Beschäftigten, deren Versorgungsrecht die entsprechende Anwendung des § 69e Absatz 3 und 4 des Beamtenversorgungsgesetzes vorsieht,
4. Beamte, Richter, Berufssoldaten und Soldaten auf Zeit, die ohne Besoldung beurlaubt sind, für die Zeit einer Beschäftigung, wenn während der Beurlaubung die Gewährleistung einer Versorgungsanwartschaft unter den Voraussetzungen des § 5 Absatz 1 Satz 1 des Sechsten Buches Sozialgesetzbuch auf diese Beschäftigung erstreckt wird, und
5. Steuerpflichtige im Sinne der Nummern 1 bis 4, die beurlaubt sind und deshalb keine Besoldung, Amtsbezüge oder Entgelt erhalten, sofern sie eine Anrechnung von Kindererziehungszeiten nach § 56 des Sechsten Buches Sozialgesetzbuch in Anspruch nehmen könnten, wenn die Versicherungsfreiheit in der inländischen gesetzlichen Rentenversicherung nicht bestehen würde,

wenn sie spätestens bis zum Ablauf des Beitragsjahres (§ 88)[2] gegenüber der zuständigen Stelle (§ 81a) schriftlich eingewilligt haben, dass diese der zentralen Stelle (§ 81) jährlich mitteilt, dass der Steuerpflichtige zum begünstigten Personenkreis gehört, dass die zuständige Stelle der zentralen Stelle die für die Ermittlung des Mindesteigenbeitrags (§ 86) und die Gewährung der Kinderzulage (§ 85) erforderlichen Daten übermittelt und die zentrale Stelle diese Daten für das Zulageverfahren verarbeiten darf. ② Bei der Erteilung der Einwilligung ist der Steuerpflichtige darauf hinzuweisen, dass er die Einwilligung vor Beginn des Kalenderjahres, für das sie erstmals nicht mehr gelten soll, gegenüber der zuständigen Stelle widerrufen kann. ③ Versicherungspflichtige nach dem Gesetz über die Alterssicherung der Landwirte stehen Pflichtversicherten gleich; dies gilt auch für Personen, die

1. eine Anrechnungszeit nach § 58 Absatz 1 Nummer 3 oder Nummer 6 des Sechsten Buches Sozialgesetzbuch in der gesetzlichen Rentenversicherung erhalten und
2. unmittelbar vor einer Anrechnungszeit nach § 58 Absatz 1 Nummer 3 oder Nummer 6 des Sechsten Buches Sozialgesetzbuch einer der im ersten Halbsatz, in Satz 1 oder in Satz 4 genannten begünstigten Personengruppen angehörten.[3]

④ Die Sätze 1 und 2 gelten entsprechend für Steuerpflichtige, die nicht zum begünstigten Personenkreis nach Satz 1 oder 3 gehören und eine Rente wegen voller Erwerbsminderung oder Erwerbsunfähigkeit oder eine Versorgung wegen Dienstunfähigkeit aus einem der in Satz 1 oder 3 genannten Alterssicherungssysteme beziehen, wenn unmittelbar vor dem Bezug der entsprechenden Leistungen der Leistungsbezieher einer der in Satz 1 oder 3 genannten begünstigten Personengruppen angehörte; dies gilt nicht, wenn der Steuerpflichtige das 67. Lebensjahr vollendet hat. ⑤ Bei der Ermittlung der dem Steuerpflichtigen zustehenden Zulage nach Satz 1 bleibt die Erhöhung der Grundzulage nach § 84 Satz 2 außer Betracht.

[ab VZ 2023:

(1a)[4] ① Steuerpflichtige, die eine Kinderzulage für ein Kind beantragen, das im Beitragsjahr sein viertes Lebensjahr noch nicht vollendet hat und für das gegenüber dem Steuerpflichtigen oder seinem Ehegatten Kindergeld festgesetzt worden ist, stehen einem in der inländischen gesetzlichen Rentenversicherung Pflichtversicherten gleich, wenn eine Anrechnung von Kindererziehungszeiten nach § 56 des Sechsten Buches Sozialgesetzbuch nur auf Grund eines fehlenden oder noch nicht beschiedenen Antrags auf Berücksichtigung von Kindererziehungszeiten bislang nicht erfolgt ist. ② Voraussetzung ist, dass der Steuerpflichtige spätestens am Tag nach der Vollendung des vierten Lebensjahres des Kindes die Kindererziehungszeiten beim zuständigen Träger der gesetzlichen Rentenversicherung beantragt. ③ Werden die Kindererziehungszeiten vom Träger der gesetzlichen Rentenversicherung nicht anerkannt, entfällt rückwirkend die Förderberechtigung nach Satz 1. ④ Wurde das Kind am 1. Januar geboren, gilt Satz 1 mit der Maßgabe, dass das fünfte Lebensjahr noch nicht vollendet sein darf.]

---

[1] § 10a Abs. 1 Satz 1 1. Halbsatz, Nr. 1, 2 und 5 geändert mit Wirkung ab VZ 2010 durch Gesetz vom 8. 4. 2010 (BGBl. I S. 386).

[2] § 10a Abs. 1 Satz 1 geändert mit Wirkung ab 1. 1. 2019 durch Gesetz vom 17. 8. 2017 (BGBl. I S. 3214) und mit Wirkung ab 1. 1. 2019 durch Gesetz vom 20. 11. 2019 (BGBl. I S. 1626).

[3] § 10a Abs. 1 Satz 3 neugefasst mit Wirkung ab VZ 2013 durch Gesetz vom 24. 6. 2013 (BGBl. I S. 1667).

[4] § 10a Abs. 1a eingefügt, bisb. Abs. 1a wird Abs. 1b mit Wirkung ab VZ 2023 durch Gesetz vom 16. 12. 2022 (BGBl. I S. 2294).

(1 a)[1] ① Sofern eine Zulagenummer (§ 90 Absatz 1 Satz 2) durch die zentrale Stelle oder eine Versicherungsnummer nach § 147 des Sechsten Buches Sozialgesetzbuch noch nicht vergeben ist, haben die in Absatz 1 Satz 1 Nummer 1 bis 5 genannten Steuerpflichtigen über die zuständige Stelle eine Zulagenummer bei der zentralen Stelle zu beantragen. ② Für Empfänger einer Versorgung im Sinne des Absatzes 1 Satz 4 gilt Satz 1 entsprechend.

(2) ① Ist der Sonderausgabenabzug nach Absatz 1 für den Steuerpflichtigen günstiger als der Anspruch auf die Zulage nach Abschnitt XI, erhöht sich die unter Berücksichtigung des Sonderausgabenabzugs ermittelte tarifliche Einkommensteuer um den Anspruch auf Zulage. ② In den anderen Fällen scheidet der Sonderausgabenabzug aus. ③ Die Günstigerprüfung wird von Amts wegen vorgenommen.

(2 a)[2] *(aufgehoben)*

(3)[3] ① Der Abzugsbetrag nach Absatz 1 steht im Fall der Veranlagung von Ehegatten nach § 26 Absatz 1 jedem Ehegatten unter den Voraussetzungen des Absatzes 1 gesondert zu. ② Gehört nur ein Ehegatte zu dem nach Absatz 1 begünstigten Personenkreis und ist der andere Ehegatte nach § 79 Satz 2 zulageberechtigt, sind bei dem nach Absatz 1 abzugsberechtigten Ehegatten die von beiden Ehegatten geleisteten Altersvorsorgebeiträge und die dafür zustehenden Zulagen bei der Anwendung der Absätze 1 und 2 zu berücksichtigen. ③ Der Höchstbetrag nach Absatz 1 Satz 1 erhöht sich in den Fällen des Satzes 2 um 60 Euro. ④ Dabei sind die von dem Ehegatten, der zu dem nach Absatz 1 begünstigten Personenkreis gehört, geleisteten Altersvorsorgebeiträge vorrangig zu berücksichtigen, jedoch mindestens 60 Euro der von dem anderen Ehegatten geleisteten Altersvorsorgebeiträge. ⑤ Gehören beide Ehegatten zu dem nach Absatz 1 begünstigten Personenkreis und liegt ein Fall der Veranlagung nach § 26 Absatz 1 vor, ist bei der Günstigerprüfung nach Absatz 2 der Anspruch auf Zulage beider Ehegatten anzusetzen.

(4) ① Im Fall des Absatzes 2 Satz 1 stellt das Finanzamt die über den Zulageanspruch nach Abschnitt XI hinausgehende Steuerermäßigung gesondert fest und teilt diese der zentralen Stelle (§ 81) mit; § 10 d Absatz 4 Satz 3 bis 5 gilt entsprechend. ② Sind Altersvorsorgebeiträge zugunsten von mehreren Verträgen geleistet worden, erfolgt die Zurechnung im Verhältnis der nach Absatz 1 berücksichtigten Altersvorsorgebeiträge. ③ Ehegatten ist der nach Satz 1 festzustellende Betrag auch im Falle der Zusammenveranlagung jeweils getrennt zuzurechnen; die Zurechnung erfolgt im Verhältnis der nach Absatz 1 berücksichtigten Altersvorsorgebeiträge. ④ Werden Altersvorsorgebeiträge nach Absatz 3 Satz 2 berücksichtigt, die der nach § 79 Satz 2 zulageberechtigte Ehegatte zugunsten eines auf seinen Namen lautenden Vertrages geleistet hat, ist die hierauf entfallende Steuerermäßigung dem Vertrag zuzurechnen, zu dessen Gunsten die Altersvorsorgebeiträge geleistet wurden. ⑤ Die Übermittlung an die zentrale Stelle erfolgt unter Angabe der Vertragsnummer und der Identifikationsnummer (§ 139 b der Abgabenordnung) sowie der Zulage- oder Versicherungsnummer nach § 147 des Sechsten Buches Sozialgesetzbuch.

(5)[4] ① Nach Maßgabe des § 93 c der Abgabenordnung hat der Anbieter als mitteilungspflichtige Stelle auch unter Angabe der Vertragsdaten die Höhe der im jeweiligen Beitragsjahr zu berücksichtigenden Altersvorsorgebeiträge sowie die Zulage- oder die Versicherungsnummer nach § 147 des Sechsten Buches Sozialgesetzbuch an die zentrale Stelle zu übermitteln. ② § 22 a Absatz 2 gilt entsprechend. ③ Die Übermittlung muss auch dann erfolgen, wenn im Fall der mittelbaren Zulageberechtigung keine Altersvorsorgebeiträge geleistet worden sind. ④ § 72 a Absatz 4 der Abgabenordnung findet keine Anwendung. ⑤ Die übrigen Voraussetzungen für den Sonderausgabenabzug nach den Absätzen 1 bis 3 werden im Wege der Datenerhebung und des automatisierten Datenabgleichs nach § 91 überprüft. ⑥ Erfolgt eine Datenübermittlung nach Satz 1 und wurde noch keine Zulagenummer (§ 90 Absatz 1 Satz 2) durch die zentrale Stelle oder keine Versicherungsnummer nach § 147 des Sechsten Buches Sozialgesetzbuch vergeben, gilt § 90 Absatz 1 Satz 2 und 3 entsprechend.

(6)[5] ① Für die Anwendung der Absätze 1 bis 5 stehen den in der inländischen gesetzlichen Rentenversicherung Pflichtversicherten nach Absatz 1 Satz 1 die Pflichtmitglieder in einem ausländischen gesetzlichen Alterssicherungssystem gleich, wenn diese Pflichtmitgliedschaft

1. mit einer Pflichtmitgliedschaft in einem inländischen Alterssicherungssystem nach Absatz 1 Satz 1 oder 3 vergleichbar ist und
2. vor dem 1. Januar 2010 begründet wurde.

② Für die Anwendung der Absätze 1 bis 5 stehen den Steuerpflichtigen nach Absatz 1 Satz 4 die Personen gleich,

---

[1] § 10 a Abs. 1 a eingefügt, bish. Abs. 1 a **wird Abs. 1 b mit Wirkung ab VZ 2023** durch Gesetz vom 16. 12. 2022 (BGBl. I S. 2294).

[2] § 10 a Abs. 2 a aufgehoben mit Wirkung ab 1. 1. 2019 durch Gesetz vom 20. 11. 2019 (BGBl. I S. 1626).

[3] § 10 a Abs. 3 neue Sätze 3 und 4 eingefügt (bish. Satz 3 wird Satz 5) mit Wirkung ab VZ 2012 durch Gesetz vom 7. 12. 2011 (BGBl. I S. 2592).

[4] § 10 a Abs. 5 Satz 5 angefügt mit Wirkung ab VZ 2010 durch Gesetz vom 8. 12. 2010 (BGBl. I S. 1768); Abs. 5 Satz 1 bis 3 ersetzt durch Satz 1 bis 4, Sätze 4 und 5 werden Sätze 5 und 6 mit Wirkung ab 1. 1. 2017 durch Gesetz vom 18. 7. 2016 (BGBl. I S. 1679); Abs. 5 Satz 1 und 2 neugefasst mit Wirkung ab 1. 1. 2019 durch Gesetz vom 20. 11. 2019 (BGBl. I S. 1626).

[5] § 10 a Abs. 6 angefügt mit Wirkung ab VZ 2014 durch Gesetz vom 25. 7. 2014 (BGBl. I S. 1266).

1. die aus einem ausländischen gesetzlichen Alterssicherungssystem eine Leistung erhalten, die den in Absatz 1 Satz 4 genannten Leistungen vergleichbar ist,
2. die unmittelbar vor dem Bezug der entsprechenden Leistung nach Satz 1 oder Absatz 1 Satz 1 oder 3 begünstigt waren und
3. die noch nicht das 67. Lebensjahr vollendet haben.

③ Als Altersvorsorgebeiträge (§ 82) sind bei den in Satz 1 oder 2 genannten Personen nur diejenigen Beiträge zu berücksichtigen, die vom Abzugsberechtigten zugunsten seines vor dem 1. Januar 2010 abgeschlossenen Vertrags geleistet wurden. ④ Endet die unbeschränkte Steuerpflicht eines Zulageberechtigten im Sinne des Satzes 1 oder 2 durch Aufgabe des inländischen Wohnsitzes oder gewöhnlichen Aufenthalts und wird die Person nicht nach § 1 Absatz 3 als unbeschränkt einkommensteuerpflichtig behandelt, so gelten die §§ 93 und 94 entsprechend; *§ 95 Absatz 2 und 3 und § 99 Absatz 1 in der am 31. Dezember 2008 geltenden Fassung sind* **[ab VZ 2023:** § 99 Absatz 1 in der am 31. Dezember 2008 geltenden Fassung ist][1] anzuwenden.

(7)[2] Soweit nichts anderes bestimmt ist, sind die Regelungen des § 10 a und des Abschnitts XI in der für das jeweilige Beitragsjahr geltenden Fassung anzuwenden.

§ 10b Steuerbegünstigte Zwecke

(1)[3] ① Zuwendungen (Spenden und Mitgliedsbeiträge) zur Förderung steuerbegünstigter Zwecke im Sinne der §§ 52 bis 54 der Abgabenordnung können insgesamt bis zu
1. 20 Prozent des Gesamtbetrags der Einkünfte oder
2. 4 Promille der Summe der gesamten Umsätze und der im Kalenderjahr aufgewendeten Löhne und Gehälter

als Sonderausgaben abgezogen werden. ② Voraussetzung für den Abzug ist, dass diese Zuwendungen
1. an eine juristische Person des öffentlichen Rechts oder an eine öffentliche Dienststelle, die in einem Mitgliedstaat der Europäischen Union oder in einem Staat belegen ist, auf den das Abkommen über den Europäischen Wirtschaftsraum (EWR-Abkommen) Anwendung findet, oder
2. an eine nach § 5 Absatz 1 Nummer 9 des Körperschaftsteuergesetzes steuerbefreite Körperschaft, Personenvereinigung oder Vermögensmasse oder
3. an eine Körperschaft, Personenvereinigung oder Vermögensmasse, die in einem Mitgliedstaat der Europäischen Union oder in einem Staat belegen ist, auf den das Abkommen über den Europäischen Wirtschaftsraum (EWR-Abkommen) Anwendung findet, und die nach § 5 Absatz 1 Nummer 9 des Körperschaftsteuergesetzes in Verbindung mit § 5 Absatz 2 Nummer 2 zweiter Halbsatz des Körperschaftsteuergesetzes steuerbefreit wäre, wenn sie inländische Einkünfte erzielen würde,

geleistet werden. ③ Für nicht im Inland ansässige Zuwendungsempfänger nach Satz 2 ist weitere Voraussetzung, dass durch diese Staaten Amtshilfe und Unterstützung bei der Beitreibung geleistet werden. ④ Amtshilfe ist der Auskunftsaustausch im Sinne oder entsprechend der Amtshilferichtlinie gemäß § 2 Absatz 2 des EU-Amtshilfegesetzes. ⑤ Beitreibung ist die gegenseitige Unterstützung bei der Beitreibung von Forderungen im Sinne oder entsprechend der Beitreibungsrichtlinie einschließlich der in diesem Zusammenhang anzuwendenden Durchführungsbestimmungen in den für den jeweiligen Veranlagungszeitraum geltenden Fassungen oder eines entsprechenden Nachfolgerechtsaktes. ⑥ Werden die steuerbegünstigten Zwecke des Zuwendungsempfängers im Sinne von Satz 2 Nummer 1 nur im Ausland verwirklicht, ist für den Sonderausgabenabzug Voraussetzung, dass natürliche Personen, die ihren Wohnsitz oder ihren gewöhnlichen Aufenthalt im Geltungsbereich dieses Gesetzes haben, gefördert werden oder dass die Tätigkeit dieses Zuwendungsempfängers neben der Verwirklichung der steuerbegünstigten Zwecke auch zum Ansehen der Bundesrepublik Deutschland beitragen kann. ⑦ Abziehbar sind auch Mitgliedsbeiträge an Körperschaften, die Kunst und Kultur gemäß § 52 Absatz 2 Satz 1 Nummer 5 der Abgabenordnung fördern, soweit es sich nicht um Mitgliedsbeiträge nach Satz 8 Nummer 2 handelt, auch wenn den Mitgliedern Vergünstigungen gewährt werden. ⑧ Nicht abziehbar sind Mitgliedsbeiträge an Körperschaften,
1. die den Sport (§ 52 Absatz 2 Satz 1 Nummer 21 der Abgabenordnung),
2. die kulturelle Betätigungen, die in erster Linie der Freizeitgestaltung dienen,
3. die Heimatpflege und Heimatkunde (§ 52 Absatz 2 Satz 1 Nummer 22 der Abgabenordnung),
4. die Zwecke im Sinne des § 52 Absatz 2 Satz 1 Nummer 23 der Abgabenordnung

fördern oder

---

[1] § 10 a Abs. 6 Satz 4 geändert mit Wirkung ab VZ 2023 durch Gesetz vom 16. 12. 2022 (BGBl. I S. 2294).
[2] § 10 a Abs. 7 angefügt mit Wirkung ab VZ 2018 durch Gesetz vom 17. 8. 2017 (BGBl. I S. 3214).
[3] § 10 b Abs. 1 Sätze 1 und 2 ersetzt durch Sätze 1 bis 7; bish. Sätze 3 bis 5 werden 8 bis 10 durch Gesetz vom 8. 4. 2010 (BGBl. I S. 386); Satz 7 und Satz 8 Nr. 1, 3 und 4 geändert durch Gesetz vom 8. 12. 2010 (BGBl. I S. 1768); Satz 4 geändert mit Wirkung ab *VZ 2013* durch Gesetz vom 26. 6. 2013 (BGBl. I S. 1809); Satz 5 geändert durch Gesetz vom 7. 12. 2011 (BGBl. I S. 2592); Abs. 1 Satz 8 neugefasst durch Gesetz vom 12. 12. 2019 (BGBl. I S. 2451); zur erstmaligen Anwendung siehe § 52 Abs. 18 a.

5. deren Zweck nach § 52 Absatz 2 Satz 2 der Abgabenordnung für gemeinnützig erklärt worden ist, weil deren Zweck die Allgemeinheit auf materiellem, geistigem oder sittlichem Gebiet entsprechend einem Zweck nach den Nummern 1 bis 4 fördert.

⑨ Abziehbare Zuwendungen, die die Höchstbeträge nach Satz 1 überschreiten oder die den um die Beträge nach § 10 Absatz 3 und 4, § 10c und § 10d verminderten Gesamtbetrag der Einkünfte übersteigen, sind im Rahmen der Höchstbeträge in den folgenden Veranlagungszeiträumen als Sonderausgaben abzuziehen. ⑩ § 10d Absatz 4 gilt entsprechend.

(1 a)[1] ① Spenden zur Förderung steuerbegünstigter Zwecke im Sinne der §§ 52 bis 54 der Abgabenordnung in das zu erhaltende Vermögen (Vermögensstock) einer Stiftung, welche die Voraussetzungen des Absatzes 1 Satz 2 bis 6 erfüllt, können auf Antrag des Steuerpflichtigen im Veranlagungszeitraum der Zuwendung und in den folgenden neun Veranlagungszeiträumen bis zu einem Gesamtbetrag von 1 Million Euro bei Ehegatten, die nach den §§ 26, 26 b zusammen veranlagt werden, bis zu einem Gesamtbetrag von 2 Millionen Euro, zusätzlich zu den Höchstbeträgen nach Absatz 1 Satz 1 abgezogen werden. ② Nicht abzugsfähig nach Satz 1 sind Spenden in das verbrauchbare Vermögen einer Stiftung. ③ Der besondere Abzugsbetrag nach Satz 1 bezieht sich auf den gesamten Zehnjahreszeitraum und kann der Höhe nach innerhalb dieses Zeitraums nur einmal in Anspruch genommen werden. ④ § 10d Absatz 4 gilt entsprechend.

(2)[2] ① Zuwendungen an politische Parteien im Sinne des § 2 des Parteiengesetzes sind, sofern die jeweilige Partei nicht gemäß § 18 Absatz 7 des Parteiengesetzes von der staatlichen Teilfinanzierung ausgeschlossen ist, bis zur Höhe von insgesamt 1650 Euro und im Falle der Zusammenveranlagung von Ehegatten bis zur Höhe von insgesamt 3300 Euro im Kalenderjahr abzugsfähig. ② Sie können nur insoweit als Sonderausgaben abgezogen werden, als für sie nicht eine Steuerermäßigung nach § 34g gewährt worden ist.

(3)[3] ① Als Zuwendung im Sinne dieser Vorschrift gilt auch die Zuwendung von Wirtschaftsgütern mit Ausnahme von Nutzungen und Leistungen. ② Ist das Wirtschaftsgut unmittelbar vor seiner Zuwendung einem Betriebsvermögen entnommen worden, so bemisst sich die Zuwendungshöhe nach dem Wert, der bei der Entnahme angesetzt wurde und nach der Umsatzsteuer, die auf die Entnahme entfällt. ③ Ansonsten bestimmt sich die Höhe der Zuwendung nach dem gemeinen Wert des zugewendeten Wirtschaftsguts, wenn dessen Veräußerung im Zeitpunkt der Zuwendung keinen Besteuerungstatbestand erfüllen würde. ④ In allen übrigen Fällen dürfen bei der Ermittlung der Zuwendungshöhe die fortgeführten Anschaffungs- oder Herstellungskosten nur überschritten werden, soweit eine Gewinnrealisierung stattgefunden hat. ⑤ Aufwendungen zugunsten einer Körperschaft, die zum Empfang steuerlich abziehbarer Zuwendungen berechtigt ist, können nur abgezogen werden, wenn ein Anspruch auf die Erstattung der Aufwendungen durch Vertrag oder Satzung eingeräumt und auf die Erstattung verzichtet worden ist. ⑥ Der Anspruch darf nicht unter der Bedingung des Verzichts eingeräumt worden sein.

(4)[4, 5] ① Der Steuerpflichtige darf auf die Richtigkeit der Bestätigung über Spenden und Mitgliedsbeiträge vertrauen, es sei denn, dass er die Bestätigung durch unlautere Mittel oder falsche Angaben erwirkt hat oder dass ihm die Unrichtigkeit der Bestätigung bekannt oder infolge grober Fahrlässigkeit nicht bekannt war. ② Wer vorsätzlich oder grob fahrlässig eine unrichtige Bestätigung ausstellt oder veranlasst, dass Zuwendungen nicht zu den in der Bestätigung angegebenen steuerbegünstigten Zwecken verwendet werden, haftet für die entgangene Steuer. ③ Diese ist mit 30 Prozent des zugewendeten Betrags anzusetzen. ④ In den Fällen des Satzes 2 zweite Alternative (Veranlasserhaftung) ist vorrangig der Zuwendungsempfänger in Anspruch zu nehmen; die in diesen Fällen für den Zuwendungsempfänger handelnden natürlichen Personen sind nur in Anspruch zu nehmen, wenn die entgangene Steuer nicht nach § 47 der Abgabenordnung erloschen ist und Vollstreckungsmaßnahmen gegen den Zuwendungsempfänger nicht erfolgreich sind. ⑤ Die Festsetzungsfrist für Haftungsansprüche nach Satz 2 läuft nicht ab, solange die Festsetzungsfrist für von dem Empfänger der Zuwendung geschuldete Körperschaftsteuer für den Veranlagungszeitraum nicht abgelaufen ist, in dem die unrichtige Bestätigung ausgestellt worden ist oder veranlasst wurde, dass die Zuwendung nicht zu den in der Bestätigung angegebenen steuerbegünstigten Zwecken verwendet worden ist; § 191 Absatz 5 der Abgabenordnung ist nicht anzuwenden.

§ 10c Sonderausgaben-Pauschbetrag

①[6] Für Sonderausgaben nach § 10 Absatz 1 Nummer 4, 5, 7 und 9 sowie Absatz 1a und nach § 10b wird ein Pauschbetrag von 36 Euro abgezogen (Sonderausgaben-Pauschbetrag), wenn der Steuerpflichtige nicht höhere Aufwendungen nachweist. ② Im Fall der Zusammenveranlagung von Ehegatten verdoppelt sich der Sonderausgaben-Pauschbetrag.

[1] § 10b Abs. 1a Satz 1 geändert durch Gesetz vom 8. 4. 2010 (BGBl. I S. 386); Abs. 1a Satz 1 geändert sowie neuer Satz 2 eingefügt durch Gesetz vom 21. 3. 2013 (BGBl. I S. 556).

[2] § 10b Abs. 2 Satz 1 geändert mit Wirkung ab 29. 7. 2017 durch Gesetz vom 18. 7. 2017 (BGBl. I S. 2730).

[3] § 10b Abs. 3 Satz 2 und Abs. 4 Satz 2 geändert durch Gesetz vom 21. 3. 2013 (BGBl. I S. 556).

[4] § 10b Abs. 4 Satz 4 geändert durch Gesetz vom 8. 4. 2010 (BGBl. I S. 386).

[5] § 10b Abs. 3 Satz 2 und Abs. 4 Satz 2 geändert durch Gesetz vom 21. 3. 2013 (BGBl. I S. 556).

[6] § 10c Satz 1 Verweis geändert durch Gesetz vom 1. 11. 2011 (BGBl. I S. 2131); Satz 1 Verweis geändert durch Gesetz vom 25. 7. 2014 (BGBl. I S. 1266) und geändert mit Wirkung ab VZ 2015 durch Gesetz vom 22. 12. 2014 (BGBl. I S. 2417).

§ 10d Verlustabzug

(1)[1] ① Negative Einkünfte, die bei der Ermittlung des Gesamtbetrags der Einkünfte nicht ausgeglichen werden, sind bis zu einem Betrag von *10 000 000* **[ab VZ 2024:** 1 000 000**]**[2] Euro, bei Ehegatten, die nach den §§ 26, 26 b zusammenveranlagt werden, bis zu einem Betrag von *20 000 000* **[ab VZ 2024:** 2 000 000**]**[2] Euro vom Gesamtbetrag der Einkünfte des unmittelbar vorangegangenen Veranlagungszeitraums vorrangig vor Sonderausgaben, außergewöhnlichen Belastungen und sonstigen Abzugsbeträgen abzuziehen (Verlustrücktrag). ② Soweit ein Ausgleich der negativen Einkünfte nach Satz 1 nicht möglich ist, sind diese vom Gesamtbetrag der Einkünfte des zweiten dem Veranlagungszeitraum vorangegangenen Veranlagungszeitraums vorrangig vor Sonderausgaben, außergewöhnlichen Belastungen und sonstigen Abzugsbeträgen abzuziehen. ③ Dabei wird der Gesamtbetrag der Einkünfte des unmittelbar vorangegangenen Veranlagungszeitraums und des zweiten dem Veranlagungszeitraum vorangegangenen Veranlagungszeitraums um die Begünstigungsbeträge nach § 34 a Absatz 3 Satz 1 gemindert. ④ Ist für den unmittelbar vorangegangenen Veranlagungszeitraum vorangegangenen Veranlagungszeitraum bereits ein Steuerbescheid erlassen worden, so ist er insoweit zu ändern, als der Verlustrücktrag zu gewähren oder zu berichtigen ist. ⑤ Das gilt auch dann, wenn der Steuerbescheid unanfechtbar geworden ist; die Festsetzungsfrist endet insoweit nicht, bevor die Festsetzungsfrist für den Veranlagungszeitraum abgelaufen ist, in dem die negativen Einkünfte nicht ausgeglichen werden. ⑥ Auf Antrag des Steuerpflichtigen ist von der Anwendung des Verlustrücktrags nach den Sätzen 1 und 2 insgesamt abzusehen.

(2) ① Nicht ausgeglichene negative Einkünfte, die nicht nach Absatz 1 abgezogen worden sind, sind in den folgenden Veranlagungszeiträumen bis zu einem Gesamtbetrag der Einkünfte von 1 Million Euro unbeschränkt, darüber hinaus bis zu 60 Prozent des 1 Million Euro übersteigenden Gesamtbetrags der Einkünfte vorrangig vor Sonderausgaben, außergewöhnlichen Belastungen und sonstigen Abzugsbeträgen abzuziehen (Verlustvortrag). ② Bei Ehegatten, die nach §§ 26, 26 b zusammenveranlagt werden, tritt an die Stelle des Betrags von 1 Million Euro ein Betrag von 2 Millionen Euro. ③ Der Abzug ist nur insoweit zulässig, als die Verluste nicht nach Absatz 1 abgezogen worden sind und in den vorangegangenen Veranlagungszeiträumen nicht nach Satz 1 und 2 abgezogen werden konnten.

(3) (weggefallen)

(4)[3] ① Der am Schluss eines Veranlagungszeitraums verbleibende Verlustvortrag ist gesondert festzustellen. ② Verbleibender Verlustvortrag sind die bei der Ermittlung des Gesamtbetrags der Einkünfte nicht ausgeglichenen negativen Einkünfte, vermindert um die nach Absatz 1 abgezogenen und die nach Absatz 2 abziehbaren Beträge und vermehrt um den auf den Schluss des vorangegangenen Veranlagungszeitraums festgestellten verbleibenden Verlustvortrag. ③ Zuständig für die Feststellung ist das für die Besteuerung zuständige Finanzamt. ④ Bei der Feststellung des verbleibenden Verlustvortrags sind die Besteuerungsgrundlagen so zu berücksichtigen, wie sie den Steuerfestsetzungen des Veranlagungszeitraums, auf dessen Schluss der verbleibende Verlustvortrag festgestellt wird, und des Veranlagungszeitraums, in dem ein Verlustrücktrag vorgenommen werden kann, zu Grunde gelegt worden sind; § 171 Absatz 10, § 175 Absatz 1 Satz 1 Nummer 1 und § 351 Absatz 2 der Abgabenordnung sowie § 42 der Finanzgerichtsordnung gelten entsprechend. ⑤ Die Besteuerungsgrundlagen dürfen bei der Feststellung nur insoweit abweichend von Satz 4 berücksichtigt werden, wie die Aufhebung, Änderung oder Berichtigung der Steuerbescheide ausschließlich mangels Auswirkung auf die Höhe der festzusetzenden Steuer unterbleibt. ⑥ Die Feststellungsfrist endet nicht, bevor die Festsetzungsfrist für den Veranlagungszeitraum abgelaufen ist, auf dessen Schluss der verbleibende Verlustvortrag gesondert festzustellen ist; § 181 Absatz 5 der Abgabenordnung ist nur anzuwenden, wenn die zuständige Finanzbehörde die Feststellung des Verlustvortrags pflichtwidrig unterlassen hat.

§ 10e[4] Steuerbegünstigung der zu eigenen Wohnzwecken genutzten Wohnung im eigenen Haus

(1) ① Der Steuerpflichtige kann von den Herstellungskosten einer Wohnung in einem im Inland belegenen eigenen Haus oder einer im Inland belegenen eigenen Eigentumswohnung zuzüglich der Hälfte der Anschaffungskosten für den dazugehörenden Grund und Boden (Bemessungsgrundlage) im Jahr der Fertigstellung und in den drei folgenden Jahren jeweils bis zu 6 Prozent, höchstens jeweils 10 124 Euro, und in den vier darauffolgenden Jahren jeweils bis zu 5 Prozent, höchstens jeweils 8437 Euro, wie Sonderausgaben abziehen. ② Voraussetzung ist, dass der Steuerpflichtige die Wohnung hergestellt und in dem jeweiligen Jahr des Zeitraums nach Satz 1 (Abzugszeitraum) zu eigenen Wohnzwecken genutzt hat und die Wohnung keine Ferien-

---

[1] § 10 d Abs. 1 neugefasst durch Gesetz vom 19. 6. 2022 (BGBl. I S. 911); zur erstmaligen Anwendung siehe § 52 Abs. 18 b Satz 2.

[2] § 10 d Abs. 1 Satz 1 geändert durch Gesetz vom 19. 6. 2022 (BGBl. I S. 911); **zur erstmaligen Anwendung siehe § 52 Abs. 18 b Satz 3.**

[3] § 10 d Abs. 4 Satz 4 und 5 neugefasst durch Gesetz vom 8. 12. 2010 (BGBl. I S. 1768).

[4] Zur erstmaligen und letztmaligen Anwendung siehe § 52 Abs. 19.
Zu früheren Fassungen siehe im „Handbuch zur ESt-Veranlagung 2006".

wohnung oder Wochenendwohnung ist. ③ Eine Nutzung zu eigenen Wohnzwecken liegt auch vor, wenn Teile einer zu eigenen Wohnzwecken genutzten Wohnung unentgeltlich zu Wohnzwecken überlassen werden. ④ Hat der Steuerpflichtige die Wohnung angeschafft, so sind die Sätze 1 bis 3 mit der Maßgabe anzuwenden, dass an die Stelle des Jahres der Fertigstellung das Jahr der Anschaffung und an die Stelle der Herstellungskosten die Anschaffungskosten treten; hat der Steuerpflichtige die Wohnung nicht bis zum Ende des zweiten auf das Jahr der Fertigstellung folgenden Jahres angeschafft, kann er von der Bemessungsgrundlage im Jahr der Anschaffung und in den drei folgenden Jahren höchstens jeweils 4602 Euro und in den vier darauffolgenden Jahren höchstens jeweils 3835 Euro abziehen. ⑤ § 6b Absatz 6 gilt sinngemäß. ⑥ Bei einem Anteil an der zu eigenen Wohnzwecken genutzten Wohnung kann der Steuerpflichtige den entsprechenden Teil der Abzugsbeträge nach Satz 1 wie Sonderausgaben abziehen. ⑦ Werden Teile der Wohnung nicht zu eigenen Wohnzwecken genutzt, ist die Bemessungsgrundlage um den auf den nicht zu eigenen Wohnzwecken entfallenden Teil zu kürzen. ⑧ Satz 4 ist nicht anzuwenden, wenn der Steuerpflichtige die Wohnung oder einen Anteil daran von seinem Ehegatten anschafft und bei den Ehegatten die Voraussetzungen des § 26 Absatz 1 vorliegen.

(2) Absatz 1 gilt entsprechend für Herstellungskosten zu eigenen Wohnzwecken genutzter Ausbauten und Erweiterungen an einer im Inland belegenen, zu eigenen Wohnzwecken genutzten Wohnung.

(3) ① Der Steuerpflichtige kann die Abzugsbeträge nach den Absätzen 1 und 2, die er in einem Jahr des Abzugszeitraums nicht ausgenutzt hat, bis zum Ende des Abzugszeitraums abziehen. ② Nachträgliche Herstellungskosten oder Anschaffungskosten, die bis zum Ende des Abzugszeitraums entstehen, können vom Jahr ihrer Entstehung an für die Veranlagungszeiträume, in denen der Steuerpflichtige Abzugsbeträge nach den Absätzen 1 und 2 hätte abziehen können, so behandelt werden, als wären sie zu Beginn des Abzugszeitraums entstanden.

(4) ① Die Abzugsbeträge nach den Absätzen 1 und 2 kann der Steuerpflichtige nur für eine Wohnung oder für einen Ausbau oder eine Erweiterung abziehen. ② Ehegatten, bei denen die Voraussetzungen des § 26 Absatz 1 vorliegen, können die Abzugsbeträge nach den Absätzen 1 und 2 für insgesamt zwei der in Satz 1 bezeichneten Objekte abziehen, jedoch nicht gleichzeitig für zwei in räumlichem Zusammenhang belegene Objekte, wenn bei den Ehegatten im Zeitpunkt der Herstellung oder Anschaffung der Objekte die Voraussetzungen des § 26 Absatz 1 vorliegen. ③ Den Abzugsbeträgen stehen die erhöhten Absetzungen nach § 7b in der jeweiligen Fassung ab Inkrafttreten des Gesetzes vom 16. Juni 1964 (BGBl. I S. 353) und nach § 15 Absatz 1 bis 4 des Berlinförderungsgesetzes in der jeweiligen Fassung ab Inkrafttreten des Gesetzes vom 11. Juli 1977 (BGBl. I S. 1213) gleich. ④ Nutzt der Steuerpflichtige die Wohnung im eigenen Haus oder die Eigentumswohnung (Erstobjekt) nicht bis zum Ablauf des Abzugszeitraums zu eigenen Wohnzwecken und kann er deshalb die Abzugsbeträge nach den Absätzen 1 und 2 nicht mehr in Anspruch nehmen, so kann er die Abzugsbeträge nach Absatz 1 bei einer weiteren Wohnung im Sinne des Absatzes 1 Satz 1 (Folgeobjekt) in Anspruch nehmen, wenn er das Folgeobjekt innerhalb von zwei Jahren vor und drei Jahren nach Ablauf des Veranlagungszeitraums, in dem er das Erstobjekt letztmals zu eigenen Wohnzwecken genutzt hat, anschafft oder herstellt; Entsprechendes gilt bei einem Ausbau oder einer Erweiterung einer Wohnung. ⑤ Im Fall des Satzes 4 ist der Abzugszeitraum für das Folgeobjekt um die Anzahl der Veranlagungszeiträume zu kürzen, in denen der Steuerpflichtige für das Erstobjekt die Abzugsbeträge nach den Absätzen 1 und 2 hätte abziehen können; hat der Steuerpflichtige das Folgeobjekt in einem Veranlagungszeitraum, in dem er das Erstobjekt noch zu eigenen Wohnzwecken genutzt hat, hergestellt oder angeschafft oder ausgebaut oder erweitert, so beginnt der Abzugszeitraum für das Folgeobjekt mit Ablauf des Veranlagungszeitraums, in dem der Steuerpflichtige das Erstobjekt letztmals zu eigenen Wohnzwecken genutzt hat. ⑥ Für das Folgeobjekt sind die Prozentsätze der vom Erstobjekt verbliebenen Jahre maßgebend. ⑦ Dem Erstobjekt im Sinne des Satzes 4 steht ein Erstobjekt im Sinne des § 7b Absatz 5 Satz 4 sowie des § 15 Absatz 1 und des § 15b Absatz 1 des Berlinförderungsgesetzes gleich. ⑧ Ist für den Steuerpflichtigen Objektverbrauch nach den Sätzen 1 bis 3 eingetreten, kann er die Abzugsbeträge nach den Absätzen 1 und 2 für ein weiteres, in dem in Artikel 3 des Einigungsvertrages genannten Gebiet belegenes Objekt abziehen, wenn der Steuerpflichtige oder dessen Ehegatte, bei denen die Voraussetzungen des § 26 Absatz 1 vorliegen, in dem in Artikel 3 des Einigungsvertrages genannten Gebiet zugezogen ist und

1. seinen ausschließlichen Wohnsitz in diesem Gebiet zu Beginn des Veranlagungszeitraums hat oder ihn im Laufe des Veranlagungszeitraums begründet oder
2. bei mehrfachem Wohnsitz einen Wohnsitz in diesem Gebiet hat und sich dort überwiegend aufhält.

⑨ Voraussetzung für die Anwendung des Satzes 8 ist, dass die Wohnung im eigenen Haus oder die Eigentumswohnung vor dem 1. Januar 1995 hergestellt oder angeschafft oder der Ausbau oder die Erweiterung vor diesem Zeitpunkt fertig gestellt worden ist. ⑩ Die Sätze 2 und 4 bis 6 sind für in Satz 8 bezeichnete Objekte sinngemäß anzuwenden.

(5) ① Sind mehrere Steuerpflichtige Eigentümer einer zu eigenen Wohnzwecken genutzten Wohnung, so ist Absatz 4 mit der Maßgabe anzuwenden, dass der Anteil des Steuerpflichtigen an der Wohnung einer Wohnung gleichsteht; Entsprechendes gilt bei dem Ausbau oder bei der Er-

weiterung einer zu eigenen Wohnzwecken genutzten Wohnung. ② Satz 1 ist nicht anzuwenden, wenn Eigentümer der Wohnung der Steuerpflichtige und sein Ehegatte sind und bei den Ehegatten die Voraussetzungen des § 26 Absatz 1 vorliegen. ③ Erwirbt im Fall des Satzes 2 ein Ehegatte infolge Erbfalls einen Miteigentumsanteil an der Wohnung hinzu, so kann er die auf diesen Anteil entfallenden Abzugsbeträge nach den Absätzen 1 und 2 weiter in der bisherigen Höhe abziehen; Entsprechendes gilt, wenn im Fall des Satzes 2 während des Abzugszeitraums die Voraussetzungen des § 26 Absatz 1 wegfallen und ein Ehegatte den Anteil des anderen Ehegatten an der Wohnung erwirbt.

(5 a) ① Die Abzugsbeträge nach den Absätzen 1 und 2 können nur für die Veranlagungszeiträume in Anspruch genommen werden, in denen der Gesamtbetrag der Einkünfte 61 355 Euro, bei nach § 26 b zusammen veranlagten Ehegatten 122 710 Euro nicht übersteigt. ② Eine Nachholung von Abzugsbeträgen nach Absatz 3 Satz 1 ist nur für Veranlagungszeiträume möglich, in denen die in Satz 1 genannten Voraussetzungen vorgelegen haben; Entsprechendes gilt für nachträgliche Herstellungskosten oder Anschaffungskosten im Sinne des Absatzes 3 Satz 2.

(6) ① Aufwendungen des Steuerpflichtigen, die bis zum Beginn der erstmaligen Nutzung einer Wohnung im Sinne des Absatzes 1 zu eigenen Wohnzwecken entstehen, unmittelbar mit der Herstellung oder Anschaffung des Gebäudes oder der Eigentumswohnung oder der Anschaffung des dazugehörenden Grund und Bodens zusammenhängen, nicht zu den Herstellungskosten oder Anschaffungskosten der Wohnung oder zu den Anschaffungskosten des Grund und Bodens gehören und die im Fall der Vermietung oder Verpachtung der Wohnung als Werbungskosten abgezogen werden könnten, können wie Sonderausgaben abgezogen werden. ② Wird eine Wohnung bis zum Beginn der erstmaligen Nutzung zu eigenen Wohnzwecken vermietet oder zu eigenen beruflichen oder eigenen betrieblichen Zwecken genutzt und sind die Aufwendungen Werbungskosten oder Betriebsausgaben, können sie nicht wie Sonderausgaben abgezogen werden. ③ Aufwendungen nach Satz 1, die Erhaltungsaufwand sind und im Zusammenhang mit der Anschaffung des Gebäudes oder der Eigentumswohnung stehen, können insgesamt nur bis zu 15 Prozent der Anschaffungskosten des Gebäudes oder der Eigentumswohnung, höchstens bis zu 15 Prozent von 76 694 Euro, abgezogen werden. ④ Die Sätze 1 und 2 gelten entsprechend bei Ausbauten und Erweiterungen an einer zu Wohnzwecken genutzten Wohnung.

(6 a) ① Nimmt der Steuerpflichtige Abzugsbeträge für ein Objekt nach den Absätzen 1 oder 2 in Anspruch oder ist er auf Grund des Absatzes 5 a zur Inanspruchnahme von Abzugsbeträgen für ein solches Objekt nicht berechtigt, so kann er die mit diesem Objekt in wirtschaftlichem Zusammenhang stehenden Schuldzinsen, die für die Zeit der Nutzung zu eigenen Wohnzwecken entstehen, im Jahr der Herstellung oder Anschaffung und in den beiden folgenden Kalenderjahren bis zur Höhe von jeweils 12 000 Deutsche Mark wie Sonderausgaben abziehen, wenn er das Objekt vor dem 1. Januar 1995 fertig gestellt oder vor diesem Zeitpunkt bis zum Ende des Jahres der Fertigstellung angeschafft hat. ② Soweit der Schuldzinsenabzug nach Satz 1 nicht in vollem Umfang im Jahr der Herstellung oder Anschaffung in Anspruch genommen werden kann, kann er in dem dritten auf das Jahr der Herstellung oder Anschaffung folgenden Kalenderjahr nachgeholt werden. ③ Absatz 1 Satz 6 gilt sinngemäß.

(7) ① Sind mehrere Steuerpflichtige Eigentümer einer zu eigenen Wohnzwecken genutzten Wohnung, so können die Abzugsbeträge nach den Absätzen 1 und 2 und die Aufwendungen nach den Absätzen 6 und 6 a gesondert und einheitlich festgestellt werden. ② Die für die gesonderte Feststellung von Einkünften nach § 180 Absatz 1 Nummer 2 Buchstabe a der Abgabenordnung geltenden Vorschriften sind entsprechend anzuwenden.

§ 10f[1] Steuerbegünstigung für zu eigenen Wohnzwecken genutzte Baudenkmale und Gebäude in Sanierungsgebieten und städtebaulichen Entwicklungsbereichen

(1) ① Der Steuerpflichtige kann Aufwendungen an einem eigenen Gebäude im Kalenderjahr des Abschlusses der Baumaßnahme und in den neun folgenden Kalenderjahren jeweils bis zu 9 Prozent wie Sonderausgaben abziehen, wenn die Voraussetzungen des § 7h oder des § 7i vorliegen. ② Dies gilt nur, soweit er das Gebäude in dem jeweiligen Kalenderjahr zu eigenen Wohnzwecken nutzt und die Aufwendungen nicht in die Bemessungsgrundlage nach § 10e oder dem Eigenheimzulagengesetz einbezogen hat. ③ Für Zeiträume, für die der Steuerpflichtige erhöhte Absetzungen von Aufwendungen nach § 7h oder § 7i abgezogen hat, kann er für diese Aufwendungen keine Abzugsbeträge nach Satz 1 in Anspruch nehmen. ④ Eine Nutzung zu eigenen Wohnzwecken liegt auch vor, wenn Teile einer zu eigenen Wohnzwecken genutzten Wohnung unentgeltlich zu Wohnzwecken überlassen werden.

(2) ① Der Steuerpflichtige kann Erhaltungsaufwand, der an einem eigenen Gebäude entsteht und nicht zu den Betriebsausgaben oder Werbungskosten gehört, im Kalenderjahr des Abschlus-

[1] Regelungen bestätigt durch Gesetz vom 5. 4. 2011 (BGBl. I S. 554).

ses der Maßnahme und in den neun folgenden Kalenderjahren jeweils bis zu 9 Prozent wie Sonderausgaben abziehen, wenn die Voraussetzungen des § 11a Absatz 1 in Verbindung mit § 7h Absatz 2 oder des § 11b Satz 1 oder 2 in Verbindung mit § 7i Absatz 1 Satz 2 und Absatz 2 vorliegen. ② Dies gilt nur, soweit der Steuerpflichtige das Gebäude in dem jeweiligen Kalenderjahr zu eigenen Wohnzwecken nutzt und diese Aufwendungen nicht nach § 10e Absatz 6 oder § 10i abgezogen hat. ③ Soweit der Steuerpflichtige das Gebäude während des Verteilungszeitraums zur Einkunftserzielung nutzt, ist der noch nicht berücksichtigte Teil des Erhaltungsaufwands im Jahr des Übergangs zur Einkunftserzielung wie Sonderausgaben abzuziehen. ④ Absatz 1 Satz 4 ist entsprechend anzuwenden.

(3) ① Die Abzugsbeträge nach den Absätzen 1 und 2 kann der Steuerpflichtige nur bei einem Gebäude in Anspruch nehmen. ② Ehegatten, bei denen die Voraussetzungen des § 26 Absatz 1 vorliegen, können die Abzugsbeträge nach den Absätzen 1 und 2 bei insgesamt zwei Gebäuden abziehen. ③ Gebäuden im Sinne der Absätze 1 und 2 stehen Gebäude gleich, für die Abzugsbeträge nach § 52 Absatz 21 Satz 6 in Verbindung mit § 51 Absatz 1 Nummer 2 Buchstabe x oder Buchstabe y des Einkommensteuergesetzes 1987 in der Fassung der Bekanntmachung vom 27. Februar 1987 (BGBl. I S. 657) in Anspruch genommen worden sind; Entsprechendes gilt für Abzugsbeträge nach § 52 Absatz 21 Satz 7.

(4) ① Sind mehrere Steuerpflichtige Eigentümer eines Gebäudes, so ist Absatz 3 mit der Maßgabe anzuwenden, dass der Anteil des Steuerpflichtigen an einem solchen Gebäude dem Gebäude gleichsteht. ② Erwirbt ein Miteigentümer, der für seinen Anteil bereits Abzugsbeträge nach Absatz 1 oder Absatz 2 abgezogen hat, einen Anteil an demselben Gebäude hinzu, kann er für danach von ihm durchgeführte Maßnahmen im Sinne der Absätze 1 oder 2 auch die Abzugsbeträge nach den Absätzen 1 und 2 in Anspruch nehmen, die auf den hinzuerworbenen Anteil entfallen. ③ § 10e Absatz 5 Satz 2 und 3 sowie Absatz 7 ist sinngemäß anzuwenden.

(5) Die Absätze 1 bis 4 sind auf Gebäudeteile, die selbständige unbewegliche Wirtschaftsgüter sind, und auf Eigentumswohnungen entsprechend anzuwenden.

§ 10g Steuerbegünstigung für schutzwürdige Kulturgüter, die weder zur Einkunftserzielung noch zu eigenen Wohnzwecken genutzt werden

(1)[1] ① Der Steuerpflichtige kann Aufwendungen für Herstellungs- und Erhaltungsmaßnahmen an eigenen schutzwürdigen Kulturgütern im Inland, soweit sie öffentliche oder private Zuwendungen oder etwaige aus diesen Kulturgütern erzielte Einnahmen übersteigen, im Kalenderjahr des Abschlusses der Maßnahme und in den neun folgenden Kalenderjahren jeweils bis zu 9 Prozent wie Sonderausgaben abziehen. ② Kulturgüter im Sinne des Satzes 1 sind

1. Gebäude oder Gebäudeteile, die nach den jeweiligen landesrechtlichen Vorschriften ein Baudenkmal sind,
2. Gebäude oder Gebäudeteile, die für sich allein nicht die Voraussetzungen für ein Baudenkmal erfüllen, aber Teil einer nach den jeweiligen landesrechtlichen Vorschriften als Einheit geschützten Gebäudegruppe oder Gesamtanlage sind,
3. gärtnerische, bauliche und sonstige Anlagen, die keine Gebäude oder Gebäudeteile und nach den jeweiligen landesrechtlichen Vorschriften unter Schutz gestellt sind,
4.[2] Mobiliar, Kunstgegenstände, Kunstsammlungen, wissenschaftliche Sammlungen, Bibliotheken oder Archive, die sich seit mindestens 20 Jahren im Besitz der Familie des Steuerpflichtigen befinden oder als nationales Kulturgut in ein Verzeichnis national wertvollen Kulturgutes nach § 7 Absatz 1 des Kulturgutschutzgesetzes vom 31. Juli 2016 (BGBl. I S. 1914) eingetragen ist und deren Erhaltung wegen ihrer Bedeutung für Kunst, Geschichte oder Wissenschaft im öffentlichen Interesse liegt,

wenn sie in einem den Verhältnissen entsprechenden Umfang der wissenschaftlichen Forschung oder der Öffentlichkeit zugänglich gemacht werden, es sei denn, dem Zugang stehen zwingende Gründe des Denkmal- oder Archivschutzes entgegen. ③ Die Maßnahmen müssen nach Maßgabe der geltenden Bestimmungen der Denkmal- und Archivpflege erforderlich und in Abstimmung mit der in Absatz 3 genannten Stelle durchgeführt worden sein; bei Aufwendungen für Herstellungs- und Erhaltungsmaßnahmen an Kulturgütern im Sinne des Satzes 2 Nummer 1 und 2 ist § 7i Absatz 1 Satz 1 bis 4 sinngemäß anzuwenden.

(2)[3] ① Die Abzugsbeträge nach Absatz 1 Satz 1 kann der Steuerpflichtige nur in Anspruch nehmen, soweit er die schutzwürdigen Kulturgüter im jeweiligen Kalenderjahr weder zur Erzielung von Einkünften im Sinne des § 2 noch Gebäude oder Gebäudeteile zu eigenen Wohnzwecken nutzt und die Aufwendungen nicht nach § 10e Absatz 6, § 10h Satz 3 oder § 10i abgezogen hat. ② Für Zeiträume, für die der Steuerpflichtige von Aufwendungen Absetzungen für Abnutzung, erhöhte Absetzungen, Sonderabschreibungen oder Beträge nach § 10e Absatz 1

[1] Regelungen bestätigt durch Gesetz vom 5. 4. 2011 (BGBl. I S. 554).
[2] § 10g Abs. 1 Satz 2 Nr. 4 geändert mit Wirkung ab VZ 2016 durch Gesetz vom 31. 7. 2016 (BGBl. I S. 1914).
[3] § 10g Abs. 2 Satz 2 geändert durch Gesetz vom 8. 7. 2016 (BGBl. I S. 1594).

bis 5, den §§ 10f, 10h, 15b des Berlinförderungsgesetzes abgezogen hat, kann er für diese Aufwendungen keine Abzugsbeträge nach Absatz 1 Satz 1 in Anspruch nehmen; Entsprechendes gilt, wenn der Steuerpflichtige für Aufwendungen die Eigenheimzulage nach dem Eigenheimzulagengesetz in Anspruch genommen hat. ③ Soweit die Kulturgüter während des Zeitraums nach Absatz 1 Satz 1 zur Einkunftserzielung genutzt werden, ist der noch nicht berücksichtigte Teil der Aufwendungen, die auf Erhaltungsarbeiten entfallen, im Jahr des Übergangs zur Einkunftserzielung wie Sonderausgaben abzuziehen.

(3) ① Der Steuerpflichtige kann den Abzug vornehmen, wenn er durch eine Bescheinigung der nach Landesrecht zuständigen oder von der Landesregierung bestimmten Stelle die Voraussetzungen des Absatzes 1 für das Kulturgut und für die Erforderlichkeit der Aufwendungen nachweist. ② Hat eine der für Denkmal- oder Archivpflege zuständigen Behörden ihm Zuschüsse gewährt, so hat die Bescheinigung auch deren Höhe zu enthalten; werden ihm solche Zuschüsse nach Ausstellung der Bescheinigung gewährt, so ist diese entsprechend zu ändern.

(4) ① Die Absätze 1 bis 3 sind auf Gebäudeteile, die selbständige unbewegliche Wirtschaftsgüter sind, sowie auf Eigentumswohnungen und im Teileigentum stehende Räume entsprechend anzuwenden. ② § 10e Absatz 7 gilt sinngemäß.

§§ 10h und 10i[1] *(aufgehoben)*

6. Vereinnahmung und Verausgabung

§ 11 [Vereinnahmung und Verausgabung]

(1) ① Einnahmen sind innerhalb des Kalenderjahres bezogen, in dem sie dem Steuerpflichtigen zugeflossen sind. ② Regelmäßig wiederkehrende Einnahmen, die dem Steuerpflichtigen kurze Zeit vor Beginn oder kurze Zeit nach Beendigung des Kalenderjahres, zu dem sie wirtschaftlich gehören, zugeflossen sind, gelten als in diesem Kalenderjahr bezogen. ③ Der Steuerpflichtige kann Einnahmen, die auf einer Nutzungsüberlassung im Sinne des Absatzes 2 Satz 3 beruhen, insgesamt auf den Zeitraum gleichmäßig verteilen, für den die Vorauszahlung geleistet wird. ④ Für Einnahmen aus nichtselbständiger Arbeit gilt § 38a Absatz 1 Satz 2 und 3 und § 40 Absatz 3 Satz 2. ⑤ Die Vorschriften über die Gewinnermittlung (§ 4 Absatz 1, § 5) bleiben unberührt.

(2) ① Ausgaben sind für das Kalenderjahr abzusetzen, in dem sie geleistet worden sind. ② Für regelmäßig wiederkehrende Ausgaben gilt Absatz 1 Satz 2 entsprechend. ③ Werden Ausgaben für eine Nutzungsüberlassung von mehr als fünf Jahren im Voraus geleistet, sind sie insgesamt auf den Zeitraum gleichmäßig zu verteilen, für den die Vorauszahlung geleistet wird. ④ Satz 3 ist auf ein Damnum oder Disagio nicht anzuwenden, soweit dieses marktüblich ist. ⑤ § 42 der Abgabenordnung bleibt unberührt. ⑥ Die Vorschriften über die Gewinnermittlung (§ 4 Absatz 1, § 5) bleiben unberührt.

§ 11a Sonderbehandlung von Erhaltungsaufwand bei Gebäuden in Sanierungsgebieten und städtebaulichen Entwicklungsbereichen

(1) ① Der Steuerpflichtige kann durch Zuschüsse aus Sanierungs- oder Entwicklungsförderungsmitteln nicht gedeckten Erhaltungsaufwand für Maßnahmen im Sinne des § 177 des Baugesetzbuchs an einem im Inland belegenen Gebäude in einem förmlich festgelegten Sanierungsgebiet oder städtebaulichen Entwicklungsbereich auf zwei bis fünf Jahre gleichmäßig verteilen. ② Satz 1 ist entsprechend anzuwenden auf durch Zuschüsse aus Sanierungs- oder Entwicklungsförderungsmitteln nicht gedeckten Erhaltungsaufwand für Maßnahmen, die der Erhaltung, Erneuerung und funktionsgerechten Verwendung eines Gebäudes im Sinne des Satzes 1 dienen, das wegen seiner geschichtlichen, künstlerischen oder städtebaulichen Bedeutung erhalten bleiben soll, und zu deren Durchführung sich der Eigentümer neben bestimmten Modernisierungsmaßnahmen gegenüber der Gemeinde verpflichtet hat.

(2) ① Wird das Gebäude während des Verteilungszeitraums veräußert, ist der noch nicht berücksichtigte Teil des Erhaltungsaufwands im Jahr der Veräußerung als Betriebsausgaben oder Werbungskosten abzusetzen. ② Das Gleiche gilt, wenn ein nicht zu einem Betriebsvermögen gehörendes Gebäude in ein Betriebsvermögen eingebracht oder wenn ein Gebäude aus dem Betriebsvermögen entnommen oder wenn ein Gebäude nicht mehr zur Einkunftserzielung genutzt wird.

(3) Steht das Gebäude im Eigentum mehrerer Personen, ist der in Absatz 1 bezeichnete Erhaltungsaufwand von allen Eigentümern auf den gleichen Zeitraum zu verteilen.

(4)[2] § 7h Absatz 2 bis 3 ist entsprechend anzuwenden.

---

[1] § 10h und § 10i aufgehoben durch Gesetz vom 18. 7. 2016 (BGBl. I S. 1679).
[2] § 11a Abs. 4 geändert mit Wirkung ab VZ 2019 durch Gesetz vom 12. 12. 2019 (BGBl. I S. 2451).

§ 11b Sonderbehandlung von Erhaltungsaufwand bei Baudenkmalen

① Der Steuerpflichtige kann durch Zuschüsse aus öffentlichen Kassen nicht gedeckten Erhaltungsaufwand für ein im Inland belegenes Gebäude oder Gebäudeteil, das nach den jeweiligen landesrechtlichen Vorschriften ein Baudenkmal ist, auf zwei bis fünf Jahre gleichmäßig verteilen, soweit die Aufwendungen nach Art und Umfang zur Erhaltung des Gebäudes oder Gebäudeteils als Baudenkmal oder zu seiner sinnvollen Nutzung erforderlich und die Maßnahmen in Abstimmung mit der in § 7i Absatz 2 bezeichneten Stelle vorgenommen worden sind. ② Durch Zuschüsse aus öffentlichen Kassen nicht gedeckten Erhaltungsaufwand für ein im Inland belegenes Gebäude oder Gebäudeteil, das für sich allein nicht die Voraussetzungen für ein Baudenkmal erfüllt, aber Teil einer Gebäudegruppe oder Gesamtanlage ist, die nach den jeweiligen landesrechtlichen Vorschriften als Einheit geschützt ist, kann der Steuerpflichtige auf zwei bis fünf Jahre gleichmäßig verteilen, soweit die Aufwendungen nach Art und Umfang zur Erhaltung des schützenswerten äußeren Erscheinungsbildes der Gebäudegruppe oder Gesamtanlage erforderlich und die Maßnahmen in Abstimmung mit der in § 7i Absatz 2 bezeichneten Stelle vorgenommen worden sind. ③ § 7h Absatz 3 und § 7i Absatz 1 Satz 2 und Absatz 2 sowie § 11a Absatz 2 und 3 sind entsprechend anzuwenden.

7. Nicht abzugsfähige Ausgaben

§ 12 [Nicht abzugsfähige Ausgaben]

Soweit in § 10 Absatz 1 Nummer 2 bis 5, 7 und 9 sowie Absatz 1a Nummer 1[1], den §§ 10a, 10b und den §§ 33 bis 33b nichts anderes bestimmt ist, dürfen weder bei den einzelnen Einkunftsarten noch vom Gesamtbetrag der Einkünfte abgezogen werden

1. die für den Haushalt des Steuerpflichtigen und für den Unterhalt seiner Familienangehörigen aufgewendeten Beträge. ② Dazu gehören auch die Aufwendungen für die Lebensführung, die die wirtschaftliche oder gesellschaftliche Stellung des Steuerpflichtigen mit sich bringt, auch wenn sie zur Förderung des Berufs oder der Tätigkeit des Steuerpflichtigen erfolgen;
2. freiwillige Zuwendungen, Zuwendungen auf Grund einer freiwillig begründeten Rechtspflicht und Zuwendungen an eine gegenüber dem Steuerpflichtigen oder seinem Ehegatten gesetzlich unterhaltsberechtigte Person oder deren Ehegatten, auch wenn diese Zuwendungen auf einer besonderen Vereinbarung beruhen;
3. die Steuern vom Einkommen und sonstige Personensteuern sowie die Umsatzsteuer für Umsätze, die Entnahmen sind, und die Vorsteuerbeträge auf Aufwendungen, für die das Abzugsverbot der Nummer 1 oder des § 4 Absatz 5 Satz 1 Nummer 1 bis 5, 7 oder Absatz 7 gilt; das gilt auch für die auf diese Steuern entfallenden Nebenleistungen;
4.[2] in einem Strafverfahren festgesetzte Geldstrafen, sonstige Rechtsfolgen vermögensrechtlicher Art, bei denen der Strafcharakter überwiegt, und Leistungen zur Erfüllung von Auflagen oder Weisungen, soweit die Auflagen oder Weisungen nicht lediglich der Wiedergutmachung des durch die Tat verursachten Schadens dienen sowie damit zusammenhängende Aufwendungen.
5.[3] *(aufgehoben)*

8. Die einzelnen Einkunftsarten

a) Land- und Forstwirtschaft (§ 2 Absatz 1 Satz 1 Nummer 1)

§ 13 Einkünfte aus Land- und Forstwirtschaft

(1) Einkünfte aus Land- und Forstwirtschaft sind

1. Einkünfte aus dem Betrieb von Landwirtschaft, Forstwirtschaft, Weinbau, Gartenbau und aus allen Betrieben, die Pflanzen und Pflanzenteile mit Hilfe der Naturkräfte gewinnen. ② Zu diesen Einkünften gehören auch die Einkünfte aus der Tierzucht und Tierhaltung, wenn im Wirtschaftsjahr

für die ersten 20 Hektar	nicht mehr als 10 Vieheinheiten,
für die nächsten 10 Hektar	nicht mehr als 7 Vieheinheiten,
für die nächsten 20 Hektar	nicht mehr als 6 Vieheinheiten,
für die nächsten 50 Hektar	nicht mehr als 3 Vieheinheiten,
und für die weitere Fläche	nicht mehr als 1,5 Vieheinheiten,

je Hektar der vom Inhaber des Betriebs regelmäßig landwirtschaftlich genutzten Flächen erzeugt oder gehalten werden. ③ Die Tierbestände sind nach dem Futterbedarf in Vieheinhei-

[1] § 12 Verweis geändert durch Gesetz vom 1. 11. 2011 (BGBl. I S. 2131); Verweis geändert mit Wirkung ab VZ 2015 durch Gesetz vom 22. 12. 2014 (BGBl. I S. 2417).
[2] § 12 Nr. 4 geändert durch Gesetz vom 12. 12. 2019 (BGBl. I S. 2451); zur erstmaligen Anwendung siehe § 52 Abs. 20.
[3] § 12 Nr. 5 aufgehoben mit Wirkung ab VZ 2015 durch Gesetz vom 22. 12. 2014 (BGBl. I S. 2417).

ten umzurechnen. ④ *§ 51 Absatz 2 bis 5* **[ab VZ 2025:** § 241 Absatz 2 bis 5**]**[1] des Bewertungsgesetzes ist anzuwenden. ⑤ Die Einkünfte aus Tierzucht und Tierhaltung einer Gesellschaft, bei der die Gesellschafter als Unternehmer (Mitunternehmer) anzusehen sind, gehören zu den Einkünften im Sinne des Satzes 1, wenn die Voraussetzungen des *§ 51 a des Bewertungsgesetzes* **[ab 1. 1. 2025:** § 13 b**]**[2] erfüllt sind und andere Einkünfte der Gesellschafter aus dieser Gesellschaft zu den Einkünften aus Land- und Forstwirtschaft gehören;

2. Einkünfte aus sonstiger land- und forstwirtschaftlicher Nutzung *(§ 62 des Bewertungsgesetzes)* **[ab VZ 2025:** (§ 242 des Bewertungsgesetzes)**]**;[3]
3. Einkünfte aus Jagd, wenn diese mit dem Betrieb einer Landwirtschaft oder einer Forstwirtschaft im Zusammenhang steht;
4. Einkünfte von Hauberg-, Wald-, Forst- und Laubgenossenschaften und ähnlichen Realgemeinden im Sinne des § 3 Absatz 2 des Körperschaftsteuergesetzes.

(2) Zu den Einkünften im Sinne des Absatzes 1 gehören auch

1. Einkünfte aus einem land- und forstwirtschaftlichen Nebenbetrieb. ② Als Nebenbetrieb gilt ein Betrieb, der dem land- und forstwirtschaftlichen Hauptbetrieb zu dienen bestimmt ist;
2. der Nutzungswert der Wohnung des Steuerpflichtigen, wenn die Wohnung die bei Betrieben gleicher Art übliche Größe nicht überschreitet und das Gebäude oder der Gebäudeteil nach den jeweiligen landesrechtlichen Vorschriften ein Baudenkmal ist;
3. die Produktionsaufgaberente nach dem Gesetz zur Förderung der Einstellung der landwirtschaftlichen Erwerbstätigkeit.

(3)[4] ① Die Einkünfte aus Land- und Forstwirtschaft werden bei der Ermittlung des Gesamtbetrags der Einkünfte nur berücksichtigt, soweit sie den Betrag von 900 Euro übersteigen. ② Satz 1 ist nur anzuwenden, wenn die Summe der Einkünfte 30 700 Euro nicht übersteigt. ③ Im Fall der Zusammenveranlagung von Ehegatten verdoppeln sich die Beträge der Sätze 1 und 2.

(4) ① Absatz 2 Nummer 2 findet nur Anwendung, sofern im Veranlagungszeitraum 1986 bei einem Steuerpflichtigen für die von ihm zu eigenen Wohnzwecken oder zu Wohnzwecken des Altenteilers genutzte Wohnung die Voraussetzungen für die Anwendung des § 13 Absatz 2 Nummer 2 des Einkommensteuergesetzes in der Fassung der Bekanntmachung vom 16. April 1997 (BGBl. I S. 821) vorlagen. ② Der Steuerpflichtige kann für einen Veranlagungszeitraum nach dem Veranlagungszeitraum 1998 unwiderruflich beantragen, dass Absatz 2 Nummer 2 ab diesem Veranlagungszeitraum nicht mehr angewendet wird. ③ § 52 Absatz 21 Satz 4 und 6 des Einkommensteuergesetzes in der Fassung der Bekanntmachung vom 16. April 1997 (BGBl. I S. 821) ist entsprechend anzuwenden. ④ Im Fall des Satzes 2 gelten die Wohnung des Steuerpflichtigen und die Altenteilerwohnung sowie der dazugehörende Grund und Boden zu dem Zeitpunkt als entnommen, bis zu dem Absatz 2 Nummer 2 letztmals angewendet wird. ⑤ Der Entnahmegewinn bleibt außer Ansatz. ⑥ Werden

1. die Wohnung und der dazugehörende Grund und Boden entnommen oder veräußert, bevor sie nach Satz 4 als entnommen gelten, oder
2. eine vor dem 1. Januar 1987 einem Dritten entgeltlich zur Nutzung überlassene Wohnung und der dazugehörende Grund und Boden für eigene Wohnzwecke oder für Wohnzwecke eines Altenteilers entnommen,

bleibt der Entnahme- oder Veräußerungsgewinn ebenfalls außer Ansatz; Nummer 2 ist nur anzuwenden, soweit nicht Wohnungen vorhanden sind, die Wohnzwecken des Eigentümers des Betriebs oder Wohnzwecken eines Altenteilers dienen und die unter Satz 4 oder unter Nummer 1 fallen.

(5) Wird Grund und Boden dadurch entnommen, dass auf diesem Grund und Boden die Wohnung des Steuerpflichtigen oder eine Altenteilerwohnung errichtet wird, bleibt der Entnahmegewinn außer Ansatz; der Steuerpflichtige kann die Regelung nur für eine zu eigenen Wohnzwecken genutzte Wohnung und für eine Altenteilerwohnung in Anspruch nehmen.

(6)[5] ① Werden einzelne Wirtschaftsgüter eines land- und forstwirtschaftlichen Betriebs auf einen der gemeinschaftlichen Tierhaltung dienenden Betrieb im Sinne des § 34 Absatz 6 a des Bewertungsgesetzes einer Genossenschaft oder eines Vereins gegen Gewährung von Mitgliedsrechten übertragen, so ist die auf den dabei entstehenden Gewinn entfallende Einkommensteuer auf Antrag in jährlichen Teilbeträgen zu entrichten. ② Der einzelne Teilbetrag muss mindestens ein Fünftel dieser Steuer betragen.

(7)[6] § 15 Absatz 1 Satz 1 Nummer 2, Absatz 1 a, Absatz 2 Satz 2 und 3, §§ 15 a und 15 b sind entsprechend anzuwenden.

---

[1] § 13 Abs. 1 Nr. 1 Satz 4 Verweis geändert mit Wirkung ab VZ 2025 durch Gesetz vom 26. 11. 2019 (BGBl. I S. 1794).
[2] § 13 Abs. 1 Nr. 1 Satz 5 Verweis geändert mit Wirkung ab 1. 1. 2025 durch Gesetz vom 12. 12. 2019 (BGBl. I S. 2451).
[3] § 13 Abs. 1 Nr. 2 Verweis geändert mit Wirkung ab VZ 2025 durch Gesetz vom 26. 11. 2019 (BGBl. I S. 1794).
[4] § 13 Abs. 3 Betrag geändert mit Wirkung ab VZ 2015 durch Gesetz vom 22. 12. 2014 (BGBl. I S. 2417).
[5] § 13 Abs. 6 Satz 1 geändert mit Wirkung ab 1. 1. 2022 durch Gesetz vom 25. 6. 2021 (BGBl. I S. 2050).
[6] Zur erstmaligen Anwendung siehe § 52 Abs. 22.

§ 13a[1] Ermittlung des Gewinns aus Land- und Forstwirtschaft nach Durchschnittssätzen

(1) ① Der Gewinn eines Betriebs der Land- und Forstwirtschaft ist nach den Absätzen 3 bis 7 zu ermitteln, wenn

1. der Steuerpflichtige nicht auf Grund gesetzlicher Vorschriften verpflichtet ist, für den Betrieb Bücher zu führen und regelmäßig Abschlüsse zu machen und
2. in diesem Betrieb am 15. Mai innerhalb des Wirtschaftsjahres Flächen der landwirtschaftlichen Nutzung (§ 160 Absatz 2 Satz 1 Nummer 1 Buchstabe a des Bewertungsgesetzes) selbst bewirtschaftet werden und diese Flächen 20 Hektar ohne Sondernutzungen nicht überschreiten und
3. die Tierbestände insgesamt 50 Vieheinheiten (§ 13 Absatz 1 Nummer 1) nicht übersteigen und
4. die selbst bewirtschafteten Flächen der forstwirtschaftlichen Nutzung (§ 160 Absatz 2 Satz 1 Nummer 1 Buchstabe b des Bewertungsgesetzes) 50 Hektar nicht überschreiten und
5. die selbst bewirtschafteten Flächen der Sondernutzungen (Absatz 6) die in Anlage 1a Nummer 2 Spalte 2 genannten Grenzen nicht überschreiten.

② Satz 1 ist auch anzuwenden, wenn nur Sondernutzungen bewirtschaftet werden und die in Anlage 1a[2] Nummer 2 Spalte 2 genannten Grenzen nicht überschritten werden. ③ Die Sätze 1 und 2 gelten nicht, wenn der Betrieb im laufenden Wirtschaftsjahr im Ganzen zur Bewirtschaftung als Eigentümer, Miteigentümer, Nutzungsberechtigter oder durch Umwandlung übergegangen ist und der Gewinn bisher nach § 4 Absatz 1 oder 3 ermittelt wurde. ④ Der Gewinn ist letztmalig für das Wirtschaftsjahr nach Durchschnittssätzen zu ermitteln, das nach Bekanntgabe der Mitteilung endet, durch die die Finanzbehörde auf den Beginn der Buchführungspflicht (§ 141 Absatz 2 der Abgabenordnung) oder auf den Wegfall einer anderen Voraussetzung des Satzes 1 hingewiesen hat. ⑤ Der Gewinn ist erneut nach Durchschnittssätzen zu ermitteln, wenn die Voraussetzungen des Satzes 1 wieder vorliegen und ein Antrag nach Absatz 2 nicht gestellt wird.

(2) ① Auf Antrag des Steuerpflichtigen ist für einen Betrieb im Sinne des Absatzes 1 der Gewinn für vier aufeinander folgende Wirtschaftsjahre nicht nach den Absätzen 3 bis 7 zu ermitteln. ② Wird der Gewinn eines dieser Wirtschaftsjahre durch den Steuerpflichtigen nicht nach § 4 Absatz 1 oder 3 ermittelt, ist der Gewinn für den gesamten Zeitraum von vier Wirtschaftsjahren nach den Absätzen 3 bis 7 zu ermitteln. ③ Der Antrag ist bis zur Abgabe der Steuererklärung, jedoch spätestens zwölf Monate nach Ablauf des ersten Wirtschaftsjahres, auf das er sich bezieht, schriftlich zu stellen. ④ Er kann innerhalb dieser Frist zurückgenommen werden.

(3)[3] ① Durchschnittssatzgewinn ist die Summe aus

1. dem Gewinn der landwirtschaftlichen Nutzung,
2. dem Gewinn der forstwirtschaftlichen Nutzung,
3. dem Gewinn der Sondernutzungen,
4. den Sondergewinnen,
5. den Einnahmen aus Vermietung und Verpachtung von Wirtschaftsgütern des land- und forstwirtschaftlichen Betriebsvermögens,
6. den Einnahmen aus Kapitalvermögen, soweit sie zu den Einkünften aus Land- und Forstwirtschaft gehören (§ 20 Absatz 8).

② Die Vorschriften von § 4 Absatz 4a, § 6 Absatz 2 und 2a sowie zum Investitionsabzugsbetrag und zu Sonderabschreibungen finden keine Anwendung. ③ Bei abnutzbaren Wirtschaftsgütern des Anlagevermögens gilt die Absetzung für Abnutzung in gleichen Jahresbeträgen nach § 7 Absatz 1 Satz 1 bis 5 als in Anspruch genommen. ④ Die Gewinnermittlung ist nach amtlich vorgeschriebenem Datensatz durch Datenfernübertragung spätestens mit der Steuererklärung zu übermitteln. ⑤ Auf Antrag kann die Finanzbehörde zur Vermeidung unbilliger Härten auf eine elektronische Übermittlung verzichten; in diesem Fall ist der Steuererklärung eine Gewinnermittlung nach amtlich vorgeschriebenem Vordruck beizufügen. ⑥ § 150 Absatz 8 der Abgabenordnung gilt entsprechend.

(4) ① Der Gewinn aus der landwirtschaftlichen Nutzung ist die nach den Grundsätzen des § 4 Absatz 1 ermittelte Summe aus dem Grundbetrag für die selbst bewirtschafteten Flächen und den Zuschlägen für Tierzucht und Tierhaltung. ② Als Grundbetrag je Hektar der landwirtschaftlichen Nutzung (§ 160 Absatz 2 Satz 1 Nummer 1 Buchstabe a des Bewertungsgesetzes) ist der sich aus Anlage 1a ergebende Betrag vervielfältigt mit der selbst bewirtschaf-

---

[1] § 13a neugefasst mit Wirkung ab 1. 1. 2015 durch Gesetz vom 22. 12. 2014 (BGBl. I S. 2417); zur erstmaligen Anwendung siehe § 52 Abs. 22a Satz 2 und 3.

[2] Anlage 1a (zu § 13a) eingefügt mit Wirkung ab 1. 1. 2015 durch Gesetz vom 22. 12. 2014 (BGBl. I S. 2417); Anlage 1a abgedruckt im Hauptteil zu § 13a EStG.

[3] § 13a Abs. 3 Satz 6 Verweis geändert mit Wirkung ab 1. 1. 2017 durch Gesetz vom 18. 7. 2016 (BGBl. I S. 1679).

teten Fläche anzusetzen. ③ Als Zuschlag für Tierzucht und Tierhaltung ist im Wirtschaftsjahr je Vieheinheit der sich aus Anlage 1 a jeweils ergebende Betrag vervielfältigt mit den Vieheinheiten anzusetzen.

(5) Der Gewinn aus der forstwirtschaftlichen Nutzung (§ 160 Absatz 2 Satz 1 Nummer 1 Buchstabe b des Bewertungsgesetzes) ist nach § 51 der Einkommensteuer-Durchführungsverordnung zu ermitteln.

(6) ① Als Sondernutzungen gelten die in § 160 Absatz 2 Satz 1 Nummer 1 Buchstabe c bis e des Bewertungsgesetzes in Verbindung mit Anlage 1 a Nummer 2 genannten Nutzungen. ② Bei Sondernutzungen, die die in Anlage 1 a Nummer 2 Spalte 3 genannten Grenzen überschreiten, ist ein Gewinn von 1000 Euro je Sondernutzung anzusetzen. ③ Für die in Anlage 1 a Nummer 2 nicht genannten Sondernutzungen ist der Gewinn nach § 4 Absatz 3 zu ermitteln.

(7) ① Nach § 4 Absatz 3 zu ermittelnde Sondergewinne sind

1. Gewinne
   a) aus der Veräußerung oder Entnahme von Grund und Boden und dem dazugehörigen Aufwuchs, den Gebäuden, den immateriellen Wirtschaftsgütern und den Beteiligungen; § 55 ist anzuwenden;
   b) aus der Veräußerung oder Entnahme der übrigen Wirtschaftsgüter des Anlagevermögens und von Tieren, wenn der Veräußerungspreis oder der an dessen Stelle tretende Wert für das jeweilige Wirtschaftsgut mehr als 15 000 Euro betragen hat;
   c) aus Entschädigungen, die gewährt worden sind für den Verlust, den Untergang oder die Wertminderung der in den Buchstaben a und b genannten Wirtschaftsgüter;
   d) aus der Auflösung von Rücklagen;
2. Betriebseinnahmen oder Betriebsausgaben nach § 9b Absatz 2;
3. Einnahmen aus dem Grunde nach gewerblichen Tätigkeiten, die dem Bereich der Land- und Forstwirtschaft zugerechnet werden, abzüglich der pauschalen Betriebsausgaben nach Anlage 1 a[1] Nummer 3;
4. Rückvergütungen nach § 22 des Körperschaftsteuergesetzes aus Hilfs- und Nebengeschäften.

② Die Anschaffungs- oder Herstellungskosten bei Wirtschaftsgütern des abnutzbaren Anlagevermögens mindern sich für die Dauer der Durchschnittssatzgewinnermittlung mit dem Ansatz der Gewinne nach den Absätzen 4 bis 6 um die Absetzung für Abnutzung in gleichen Jahresbeträgen. ③ Die Wirtschaftsgüter im Sinne des Satzes 1 Nummer 1 Buchstabe a sind unter Angabe des Tages der Anschaffung oder Herstellung und der Anschaffungs- oder Herstellungskosten oder des an deren Stelle getretenen Werts in besondere, laufend zu führende Verzeichnisse aufzunehmen. ④ Absatz 3 Satz 4 bis 6 gilt entsprechend.

(8) Das Bundesministerium der Finanzen wird ermächtigt, durch Rechtsverordnung mit Zustimmung des Bundesrates die Anlage 1 a[1] dadurch zu ändern, dass es die darin aufgeführten Werte turnusmäßig an die Ergebnisse der Erhebungen nach § 2 des Landwirtschaftsgesetzes und im Übrigen an Erhebungen der Finanzverwaltung anpassen kann.

[ab 1. 1. 2025:

§ 13b[2] Gemeinschaftliche Tierhaltung

(1) ① Zu den Einkünften aus Land- und Forstwirtschaft gehören auch die Einkünfte aus landwirtschaftlicher Tierzucht und Tierhaltung von Genossenschaften (§ 1 Absatz 1 Nummer 2 des Körperschaftsteuergesetzes), von Gesellschaften, bei denen die Gesellschafter als Mitunternehmer (§ 15 Absatz 1 Satz 1 Nummer 2) anzusehen sind, oder von Vereinen (§ 1 Absatz 1 Nummer 5 des Körperschaftsteuergesetzes), wenn

1. alle Gesellschafter oder Mitglieder
   a) Inhaber eines Betriebs der Land- und Forstwirtschaft mit selbst bewirtschafteten regelmäßig landwirtschaftlich genutzten Flächen sind,
   b) nach dem Gesamtbild der Verhältnisse hauptberuflich Land- und Forstwirte sind,
   c) Landwirte im Sinne des § 1 Absatz 2 des Gesetzes über die Alterssicherung der Landwirte sind und dies durch eine Bescheinigung der jeweiligen Sozialversicherungsträger nachgewiesen wird und
   d) die sich nach § 13 Absatz 1 Nummer 1 Satz 2 für sie ergebende Möglichkeit zur landwirtschaftlichen Tiererzeugung oder Tierhaltung in Vieheinheiten ganz oder teilweise auf die Genossenschaft, die Gesellschaft oder den Verein übertragen haben;
2. die Anzahl der von der Genossenschaft, der Gesellschaft oder dem Verein im Wirtschaftsjahr erzeugten oder gehaltenen Vieheinheiten keine der nachfolgenden Grenzen nachhaltig überschreitet:
   a) die Summe der sich nach Nummer 1 Buchstabe d ergebenden Vieheinheiten und

[1] Abgedruckt im Hauptteil zu § 13 a EStG.
[2] § 13 b eingefügt durch Gesetz vom 12. 12. 2019 (BGBl. I S. 2451); **zur Anwendung siehe § 52 Abs. 22 b.**

b) die Summe der Vieheinheiten, die sich nach § 13 Absatz 1 Nummer 1 Satz 2 auf der Grundlage der Summe der von den Gesellschaftern oder Mitgliedern regelmäßig landwirtschaftlich genutzten Flächen ergibt;

3. die Betriebe der Gesellschafter oder Mitglieder nicht mehr als 40 Kilometer von der Produktionsstätte der Genossenschaft, der Gesellschaft oder des Vereins entfernt liegen.

② Die Voraussetzungen des Satzes 1 Nummer 1 Buchstabe c gelten als erfüllt, wenn hauptberufliche Landwirte (Nummer 1 Buchstabe b) nicht die Voraussetzungen des § 1 Absatz 2 des Gesetzes über die Alterssicherung der Landwirte erfüllen, weil sie im Inland in der gesetzlichen Rentenversicherung versicherungspflichtig sind oder auf sie das Recht der sozialen Sicherheit eines anderen Mitgliedstaats der Europäischen Union anzuwenden ist und dies durch eine Bescheinigung des zuständigen Sozialversicherungsträgers nachgewiesen wird; entsprechendes gilt für die Schweiz oder einen Staat, auf den das Abkommen über den Europäischen Wirtschaftsraum anzuwenden ist. ③ Die Voraussetzungen des Satzes 1 Nummer 1 Buchstabe d und des Satzes 1 Nummer 2 sind durch besondere, laufend und zeitnah zu führende Verzeichnisse nachzuweisen.

(2) Der Anwendung des Absatzes 1 steht es nicht entgegen, wenn die dort bezeichneten Genossenschaften, Gesellschaften oder Vereine die Tiererzeugung oder Tierhaltung ohne regelmäßig landwirtschaftlich genutzte Flächen betreiben.

(3) Von den in Absatz 1 bezeichneten Genossenschaften, Gesellschaften oder Vereinen regelmäßig landwirtschaftlich genutzte Flächen sind bei der Ermittlung der nach Absatz 1 Satz 1 Nummer 2 maßgebenden Grenzen wie Flächen von Gesellschaftern oder Mitgliedern zu behandeln, die ihre Möglichkeit zur landwirtschaftlichen Tiererzeugung oder Tierhaltung im Sinne des Absatzes 1 Satz 1 Nummer 1 Buchstabe d auf die Genossenschaft, die Gesellschaft oder den Verein übertragen haben.

(4) Bei dem einzelnen Gesellschafter oder Mitglied der in Absatz 1 bezeichneten Genossenschaften, Gesellschaften oder Vereine ist § 13 Absatz 1 Nummer 1 Satz 2 mit der Maßgabe anzuwenden, dass die in seinem Betrieb erzeugten oder gehaltenen Vieheinheiten mit den Vieheinheiten zusammenzurechnen sind, die im Rahmen der nach Absatz 1 Satz 1 Nummer 1 Buchstabe d übertragenen Möglichkeiten erzeugt oder gehalten werden.

(5) Die Vorschriften des § 241 Absatz 2 bis 5 des Bewertungsgesetzes sind entsprechend anzuwenden.]

§ 14 Veräußerung des Betriebs

(1) ① Zu den Einkünften aus Land- und Forstwirtschaft gehören auch Gewinne, die bei der Veräußerung eines land- oder forstwirtschaftlichen Betriebs oder Teilbetriebs oder eines Anteils an einem land- und forstwirtschaftlichen Betriebsvermögen erzielt werden. ② § 16 gilt entsprechend mit der Maßgabe, dass der Freibetrag nach § 16 Absatz 4 nicht zu gewähren ist, wenn der Freibetrag nach § 14a Absatz 1 gewährt wird.

(2)[1] ① Wird ein land- und forstwirtschaftlicher Betrieb durch die Entnahme, Überführung oder Übertragung von Flächen verkleinert und verbleibt mindestens eine Fläche, die der Erzeugung von Pflanzen oder Tieren im Sinne des § 13 Absatz 1 zu dienen bestimmt ist, liegt unabhängig von der Größe dieser Fläche keine Betriebsaufgabe vor. ② § 16 Absatz 3b bleibt unberührt.

(3)[2] ① Werden im Rahmen der Aufgabe des Betriebs einer land- und forstwirtschaftlichen Mitunternehmerschaft Grundstücke an den einzelnen Mitunternehmer übertragen oder scheidet ein Mitunternehmer unter Mitnahme einzelner Grundstücke aus einer Mitunternehmerschaft aus, gelten diese unabhängig von ihrer Größe auch bei fortgeführter oder erstmaliger Verpachtung bis zu einer Veräußerung oder Entnahme bei diesem weiterhin als Betriebsvermögen. ② Dies gilt entsprechend für Grundstücke des bisherigen Sonderbetriebsvermögens des einzelnen Mitunternehmers. ③ Die Sätze 1 und 2 sind nur anzuwenden, wenn mindestens eine übertragene oder aus dem Sonderbetriebsvermögen überführte Fläche der Erzeugung von Pflanzen oder Tieren im Sinne des § 13 Absatz 1 zu dienen bestimmt ist. ④ Für den übernehmenden Mitunternehmer gilt § 16 Absatz 3b entsprechend.

§ 14a Vergünstigungen bei der Veräußerung bestimmter land- und forstwirtschaftlicher Betriebe

(1) ① Veräußert ein Steuerpflichtiger nach dem 30. Juni 1970 und vor dem 1. Januar 2001 seinen land- und forstwirtschaftlichen Betrieb im Ganzen, so wird auf Antrag der Veräußerungsgewinn (§ 16 Absatz 2) nur insoweit zur Einkommensteuer herangezogen, als er den Betrag von 150 000 Deutsche Mark übersteigt, wenn

---

[1] § 14 Abs. 2 eingefügt mit Wirkung ab VZ 2020, bisheriger Wortlaut wird Abs. 1 durch Gesetz vom 21. 12. 2020 (BGBl. I S. 3096).

[2] § 14 Abs. 3 eingefügt durch Gesetz vom 21. 12. 2020 (BGBl. I S. 3096); zur erstmaligen Anwendung siehe § 52 Abs. 22 c.

1. der für den Zeitpunkt der Veräußerung maßgebende Wirtschaftswert (§ 46 des Bewertungsgesetzes) des Betriebs 40 000 Deutsche Mark nicht übersteigt,
2. die Einkünfte des Steuerpflichtigen im Sinne des § 2 Absatz 1 Satz 1 Nummer 2 bis 7 in den dem Veranlagungszeitraum der Veräußerung vorangegangenen beiden Veranlagungszeiträumen jeweils den Betrag von 35 000 Deutsche Mark nicht überstiegen haben. ② Bei Ehegatten, die nicht dauernd getrennt leben, gilt Satz 1 mit der Maßgabe, dass die Einkünfte beider Ehegatten zusammen jeweils 70 000 Deutsche Mark nicht überstiegen haben.

② Ist im Zeitpunkt der Veräußerung ein nach Nummer 1 maßgebender Wirtschaftswert nicht festgestellt oder sind bis zu diesem Zeitpunkt die Voraussetzungen für eine Wertfortschreibung erfüllt, so ist der Wert maßgebend, der sich für den Zeitpunkt der Veräußerung als Wirtschaftswert ergeben würde.

(2) ① Der Anwendung des Absatzes 1 und des § 34 Absatz 1 steht nicht entgegen, wenn die zum land- und forstwirtschaftlichen Vermögen gehörenden Gebäude mit dem dazugehörigen Grund und Boden nicht mitveräußert werden. ② In diesem Fall gelten die Gebäude mit dem dazugehörigen Grund und Boden als entnommen. ③ Der Freibetrag kommt auch dann in Betracht, wenn zum Betrieb ein forstwirtschaftlicher Teilbetrieb gehört und dieser nicht mitveräußert, sondern als eigenständiger Betrieb vom Steuerpflichtigen fortgeführt wird. ④ In diesem Falle ermäßigt sich der Freibetrag auf den Teil, der dem Verhältnis des tatsächlich entstandenen Veräußerungsgewinns zu dem bei einer Veräußerung des ganzen land- und forstwirtschaftlichen Betriebs erzielbaren Veräußerungsgewinn entspricht.

(3) ① Als Veräußerung gilt auch die Aufgabe des Betriebs, wenn

1. die Voraussetzungen des Absatzes 1 erfüllt sind und
2. der Steuerpflichtige seinen land- und forstwirtschaftlichen Betrieb zum Zweck der Strukturverbesserung abgegeben hat und dies durch eine Bescheinigung der nach Landesrecht zuständigen Stelle nachweist.

② § 16 Absatz 3 Satz 4 und 5 gilt entsprechend.

(4) ① Veräußert oder entnimmt ein Steuerpflichtiger nach dem 31. Dezember 1979 und vor dem 1. Januar 2006 Teile des zu einem land- und forstwirtschaftlichen Betrieb gehörenden Grund und Bodens, so wird der bei der Veräußerung oder der Entnahme entstehende Gewinn auf Antrag nur insoweit zur Einkommensteuer herangezogen, als er den Betrag von 61 800 Euro übersteigt. ② Satz 1 ist nur anzuwenden, wenn

1. der Veräußerungspreis nach Abzug der Veräußerungskosten oder der Grund und Boden innerhalb von zwölf Monaten nach der Veräußerung oder Entnahme in sachlichem Zusammenhang mit der Hoferbfolge oder Hofübernahme zur Abfindung weichender Erben verwendet wird und
2. das Einkommen des Steuerpflichtigen ohne Berücksichtigung des Gewinns aus der Veräußerung oder Entnahme und des Freibetrags in dem dem Veranlagungszeitraum der Veräußerung oder Entnahme vorangegangenen Veranlagungszeitraum den Betrag von 18 000 Euro nicht überstiegen hat; bei Ehegatten, die nach den §§ 26, 26b zusammen veranlagt werden, erhöht sich der Betrag von 18 000 Euro auf 36 000 Euro.

③ Übersteigt das Einkommen den Betrag von 18 000 Euro, so vermindert sich der Betrag von 61 800 Euro nach Satz 1 je angefangene 250 Euro des übersteigenden Einkommens um 10 300 Euro; bei Ehegatten, die nach den §§ 26, 26b zusammen veranlagt werden und deren Einkommen den Betrag von 36 000 Euro übersteigt, vermindert sich der Betrag von 61 800 Euro nach Satz 1 je angefangene 500 Euro des übersteigenden Einkommens um 10 300 Euro. ④ Werden mehrere weichende Erben abgefunden, so kann der Freibetrag mehrmals, jedoch insgesamt nur einmal je weichender Erbe geltend gemacht werden, auch wenn die Abfindung in mehreren Schritten oder durch mehrere Inhaber des Betriebs vorgenommen wird. ⑤ Weichender Erbe ist, wer gesetzlicher Erbe eines Inhabers eines land- und forstwirtschaftlichen Betriebs ist oder bei gesetzlicher Erbfolge wäre, aber nicht zur Übernahme des Betriebs berufen ist; eine Stellung als Mitunternehmer des Betriebs bis zur Auseinandersetzung steht einer Behandlung als weichender Erbe nicht entgegen, wenn sich die Erben innerhalb von zwei Jahren nach dem Erbfall auseinandersetzen. ⑥ Ist ein zur Übernahme des Betriebs berufener Miterbe noch minderjährig, beginnt die Frist von zwei Jahren mit Eintritt der Volljährigkeit.

(5) ① Veräußert ein Steuerpflichtiger nach dem 31. Dezember 1985 und vor dem 1. Januar 2001 Teile des zu einem land- und forstwirtschaftlichen Betrieb gehörenden Grund und Bodens, so wird der bei der Veräußerung entstehende Gewinn auf Antrag nur insoweit zur Einkommensteuer herangezogen, als er den Betrag von 90 000 Deutsche Mark übersteigt, wenn

1. der Steuerpflichtige den Veräußerungspreis nach Abzug der Veräußerungskosten zur Tilgung von Schulden verwendet, die zu dem land- und forstwirtschaftlichen Betrieb gehören und vor dem 1. Juli 1985 bestanden haben, und
2. die Voraussetzungen des Absatzes 4 Satz 2 Nummer 2 erfüllt sind.

② Übersteigt das Einkommen den Betrag von 35 000 Deutsche Mark, so vermindert sich der Betrag von 90 000 Deutsche Mark nach Satz 1 für jede angefangenen 500 Deutsche Mark des übersteigenden Einkommens um 15 000 Deutsche Mark; bei Ehegatten, die nach den §§ 26, 26 b zusammen veranlagt werden und bei denen das Einkommen den Betrag von 70 000 Deutsche Mark übersteigt, vermindert sich der Betrag von 90 000 Deutsche Mark nach Satz 1 für jede angefangenen 1000 Deutsche Mark des übersteigenden Einkommens um 15 000 Deutsche Mark. ③ Der Freibetrag von höchstens 90 000 Deutsche Mark wird für alle Veräußerungen im Sinne des Satzes 1 insgesamt nur einmal gewährt.

(6) Verwendet der Steuerpflichtige den Veräußerungspreis oder entnimmt er den Grund und Boden nur zum Teil zu den in den Absätzen 4 und 5 angegebenen Zwecken, so ist nur der entsprechende Teil des Gewinns aus der Veräußerung oder Entnahme steuerfrei.

(7) Auf die Freibeträge nach Absatz 4 in dieser Fassung sind die Freibeträge, die nach Absatz 4 in den vor dem 1. Januar 1986 geltenden Fassungen gewährt worden sind, anzurechnen.

b) Gewerbebetrieb (§ 2 Absatz 1 Satz 1 Nummer 2)

§ 15 Einkünfte aus Gewerbebetrieb

(1) ① Einkünfte aus Gewerbebetrieb sind

1. Einkünfte aus gewerblichen Unternehmen. ② Dazu gehören auch Einkünfte aus gewerblicher Bodenbewirtschaftung, z. B. aus Bergbauunternehmen und aus Betrieben zur Gewinnung von Torf, Steinen und Erden, soweit sie nicht land- oder forstwirtschaftliche Nebenbetriebe sind;
2. die Gewinnanteile der Gesellschafter einer Offenen Handelsgesellschaft, einer Kommanditgesellschaft und einer anderen Gesellschaft, bei der der Gesellschafter als Unternehmer (Mitunternehmer) des Betriebs anzusehen ist, und die Vergütungen, die der Gesellschafter von der Gesellschaft für seine Tätigkeit im Dienst der Gesellschaft oder für die Hingabe von Darlehen oder für die Überlassung von Wirtschaftsgütern bezogen hat. ② Der mittelbar über eine oder mehrere Personengesellschaften beteiligte Gesellschafter steht dem unmittelbar beteiligten Gesellschafter gleich; er ist als Mitunternehmer des Betriebs der Gesellschaft anzusehen, an der er mittelbar beteiligt ist, wenn er und die Personengesellschaften, die seine Beteiligung vermitteln, jeweils als Mitunternehmer der Betriebe der Personengesellschaften anzusehen sind, an denen sie unmittelbar beteiligt sind;
3. die Gewinnanteile der persönlich haftenden Gesellschafter einer Kommanditgesellschaft auf Aktien, soweit sie nicht auf Anteile am Grundkapital entfallen, und die Vergütungen, die der persönlich haftende Gesellschafter von der Gesellschaft für seine Tätigkeit im Dienst der Gesellschaft oder für die Hingabe von Darlehen oder für die Überlassung von Wirtschaftsgütern bezogen hat.

② Satz 1 Nummer 2 und 3 gilt auch für Vergütungen, die als nachträgliche Einkünfte (§ 24 Nummer 2) bezogen werden. ③ § 13 Absatz 5 gilt entsprechend, sofern das Grundstück im Veranlagungszeitraum 1986 zu einem gewerblichen Betriebsvermögen gehört hat.

(1 a)[1] ① In den Fällen des § 4 Absatz 1 Satz 5 ist der Gewinn aus einer späteren Veräußerung der Anteile ungeachtet der Bestimmungen eines Abkommens zur Vermeidung der Doppelbesteuerung in der gleichen Art und Weise zu besteuern, wie die Veräußerung dieser Anteile an der Europäischen Gesellschaft oder Europäischen Genossenschaft zu besteuern gewesen wäre, wenn keine Sitzverlegung stattgefunden hätte. ② Dies gilt auch, wenn später die Anteile verdeckt in eine Kapitalgesellschaft eingelegt werden, die Europäische Gesellschaft oder Europäische Genossenschaft aufgelöst wird oder wenn ihr Kapital herabgesetzt und zurückgezahlt wird oder wenn Beträge aus dem steuerlichen Einlagenkonto im Sinne des § 27 des Körperschaftsteuergesetzes ausgeschüttet oder zurückgezahlt werden.

(2) ① Eine selbständige nachhaltige Betätigung, die mit der Absicht, Gewinn zu erzielen, unternommen wird und sich als Beteiligung am allgemeinen wirtschaftlichen Verkehr darstellt, ist Gewerbebetrieb, wenn die Betätigung weder als Ausübung von Land- und Forstwirtschaft noch als Ausübung eines freien Berufs noch als eine andere selbständige Arbeit anzusehen ist. ② Eine durch die Betätigung verursachte Minderung der Steuern vom Einkommen ist kein Gewinn im Sinne des Satzes 1. ③ Ein Gewerbebetrieb liegt, wenn seine Voraussetzungen im Übrigen gegeben sind, auch dann vor, wenn die Gewinnerzielungsabsicht nur ein Nebenzweck ist.

(3) Als Gewerbebetrieb gilt in vollem Umfang die mit Einkünfteerzielungsabsicht unternommene Tätigkeit

1.[2] einer offenen Handelsgesellschaft, einer Kommanditgesellschaft oder einer anderen Personengesellschaft, wenn die Gesellschaft auch eine Tätigkeit im Sinne des Absatzes 1 Satz 1 Nummer 1 ausübt oder gewerbliche Einkünfte im Sinne des Absatzes 1 Satz 1 Nummer 2 bezieht. ② Dies gilt unanhängig davon, ob aus der Tätigkeit im Sinne des Absatzes 1 Satz 1

---

[1] § 15 Abs. 1 a Satz 1 Zitat geändert durch Gesetz vom 8. 12. 2010 (BGBl. I S. 1768).

[2] § 15 Abs. 3 Nr. 1 neugefasst durch Gesetz vom 12. 12. 2019 (BGBl. I S. 2451); zur Anwendung siehe § 52 Abs. 23 Satz 1.

Nummer 1 ein Gewinn oder Verlust erzielt wird oder ob die gewerblichen Einkünfte im Sinne des Absatzes 1 Satz 1 Nummer 2 positiv oder negativ sind;

2. einer Personengesellschaft, die keine Tätigkeit im Sinne des Absatzes 1 Satz 1 Nummer 1 ausübt und bei der ausschließlich eine oder mehrere Kapitalgesellschaften persönlich haftende Gesellschafter sind und nur diese oder Personen, die nicht Gesellschafter sind, zur Geschäftsführung befugt sind (gewerblich geprägte Personengesellschaft). ② Ist eine gewerblich geprägte Personengesellschaft als persönlich haftender Gesellschafter an einer anderen Personengesellschaft beteiligt, so steht für die Beurteilung, ob die Tätigkeit dieser Personengesellschaft als Gewerbebetrieb gilt, die gewerblich geprägte Personengesellschaft einer Kapitalgesellschaft gleich.

(4)[1] ① Verluste aus gewerblicher Tierzucht oder gewerblicher Tierhaltung dürfen weder mit anderen Einkünften aus Gewerbebetrieb noch mit Einkünften aus anderen Einkunftsarten ausgeglichen werden; sie dürfen auch nicht nach § 10d abgezogen werden. ② Die Verluste mindern jedoch nach Maßgabe des § 10d die Gewinne, die der Steuerpflichtige in dem unmittelbar vorangegangenen und in den folgenden Wirtschaftsjahren aus gewerblicher Tierzucht oder gewerblicher Tierhaltung erzielt hat oder erzielt; § 10d Absatz 4 gilt entsprechend. ③ Die Sätze 1 und 2 gelten entsprechend für Verluste aus Termingeschäften, durch die der Steuerpflichtige einen Differenzausgleich oder einen durch den Wert einer veränderlichen Bezugsgröße bestimmten Geldbetrag oder Vorteil erlangt. ④ Satz 3 gilt nicht für die Geschäfte, die zum gewöhnlichen Geschäftsbetrieb bei Kreditinstituten, Finanzdienstleistungsinstituten und Finanzunternehmen im Sinne des Gesetzes über das Kreditwesen oder bei Wertpapierinstituten im Sinne des Wertpapierinstitutsgesetzes gehören oder die der Absicherung von Geschäften des gewöhnlichen Geschäftsbetriebs dienen. ⑤ Satz 4 gilt nicht, wenn es sich um Geschäfte handelt, die der Absicherung von Aktiengeschäften dienen, bei denen der Veräußerungsgewinn nach § 3 Nummer 40 Satz 1 Buchstabe a und b in Verbindung mit § 3c Absatz 2 teilweise steuerfrei ist, oder die nach § 8b Absatz 2 des Körperschaftsteuergesetzes bei der Ermittlung des Einkommens außer Ansatz bleiben. ⑥ Verluste aus stillen Gesellschaften, Unterbeteiligungen oder sonstigen Innengesellschaften an Kapitalgesellschaften, bei denen der Gesellschafter oder Beteiligte als Mitunternehmer anzusehen ist, dürfen weder mit Einkünften aus Gewerbebetrieb noch aus anderen Einkunftsarten ausgeglichen werden; sie dürfen auch nicht nach § 10d abgezogen werden. ⑦ Die Verluste mindern jedoch nach Maßgabe des § 10d die Gewinne, die der Gesellschafter oder Beteiligte in dem unmittelbar vorangegangenen Wirtschaftsjahr oder in den folgenden Wirtschaftsjahren aus derselben stillen Gesellschaft, Unterbeteiligung oder sonstigen Innengesellschaft bezieht; § 10d Absatz 4 gilt entsprechend. ⑧ Die Sätze 6 und 7 gelten nicht, soweit der Verlust auf eine natürliche Person als unmittelbar oder mittelbar beteiligter Mitunternehmer entfällt.

§ 15a[2] Verluste bei beschränkter Haftung

(1) ① Der einem Kommanditisten zuzurechnende Anteil am Verlust der Kommanditgesellschaft darf weder mit anderen Einkünften aus Gewerbebetrieb noch mit Einkünften aus anderen Einkunftsarten ausgeglichen werden, soweit ein negatives Kapitalkonto des Kommanditisten entsteht oder sich erhöht; er darf insoweit auch nicht nach § 10d abgezogen werden. ② Haftet der Kommanditist am Bilanzstichtag den Gläubigern der Gesellschaft auf Grund des § 171 Absatz 1 des Handelsgesetzbuchs, so können abweichend von Satz 1 Verluste des Kommanditisten bis zur Höhe des Betrags, um den die im Handelsregister eingetragene Einlage des Kommanditisten seine geleistete Einlage übersteigt, auch ausgeglichen oder abgezogen werden, soweit durch den Verlust ein negatives Kapitalkonto entsteht oder sich erhöht. ③ Satz 2 ist nur anzuwenden, wenn derjenige, dem der Anteil zuzurechnen ist, im Handelsregister eingetragen ist, das Bestehen der Haftung nachgewiesen wird und eine Vermögensminderung auf Grund der Haftung nicht durch Vertrag ausgeschlossen oder nach Art und Weise des Geschäftsbetriebs unwahrscheinlich ist.

(1a) ① Nachträgliche Einlagen führen weder zu einer nachträglichen Ausgleichs- oder Abzugsfähigkeit eines vorhandenen verrechenbaren Verlustes noch zu einer Ausgleichs- oder Abzugsfähigkeit des dem Kommanditisten zuzurechnenden Anteils am Verlust eines zukünftigen Wirtschaftsjahres, soweit durch den Verlust ein negatives Kapitalkonto des Kommanditisten entsteht oder sich erhöht. ② Nachträgliche Einlagen im Sinne des Satzes 1 sind Einlagen, die nach Ablauf eines Wirtschaftsjahres geleistet werden, in dem ein nicht ausgleichs- oder abzugsfähiger Verlust im Sinne des Absatzes 1 entstanden oder ein Gewinn im Sinne des Absatzes 3 Satz 1 zugerechnet worden ist.

(2) ① Soweit der Verlust nach den Absätzen 1 und 1a nicht ausgeglichen oder abgezogen werden darf, mindert er die Gewinne, die dem Kommanditisten in späteren Wirtschaftsjahren aus seiner Beteiligung an der Kommanditgesellschaft zuzurechnen sind. ② Der verrechenbare Verlust, der nach Abzug von einem Veräußerungs- oder Aufgabegewinn verbleibt, ist im Zeit-

---

[1] § 15 Abs. 4 Satz 2 letzter Halbsatz und Satz 7 letzter Halbsatz angefügt durch Gesetz vom 26. 6. 2013 (BGBl. I S. 1809); zur Anwendung siehe § 52 Abs. 23 Satz 2.
§ 15 Abs. 4 Satz 4 geändert durch Gesetz vom 12. 5. 2021 (BGBl. I S. 990).
[2] Zum Anwendungsbereich von § 15a siehe § 52 Abs. 24.

punkt der Veräußerung oder Aufgabe des gesamten Mitunternehmeranteils oder der Betriebsveräußerung oder -aufgabe bis zur Höhe der nachträglichen Einlagen im Sinne des Absatzes 1a ausgleichs- oder abzugsfähig.

(3) ① Soweit ein negatives Kapitalkonto des Kommanditisten durch Entnahmen entsteht oder sich erhöht (Einlageminderung) und soweit nicht auf Grund der Entnahmen eine nach Absatz 1 Satz 2 zu berücksichtigende Haftung besteht oder entsteht, ist dem Kommanditisten der Betrag der Einlageminderung als Gewinn zuzurechnen. ② Der nach Satz 1 zuzurechnende Betrag darf den Betrag der Anteile am Verlust der Kommanditgesellschaft nicht übersteigen, der im Wirtschaftsjahr der Einlageminderung und in den zehn vorangegangenen Wirtschaftsjahren ausgleichs- oder abzugsfähig gewesen ist. ③ Wird der Haftungsbetrag im Sinne des Absatzes 1 Satz 2 gemindert (Haftungsminderung) und sind im Wirtschaftsjahr der Haftungsminderung und den zehn vorangegangenen Wirtschaftsjahren Verluste nach Absatz 1 Satz 2 ausgleichs- oder abzugsfähig gewesen, so ist dem Kommanditisten der Betrag der Haftungsminderung, vermindert um auf Grund der Haftung tatsächlich geleistete Beträge, als Gewinn zuzurechnen; Satz 2 gilt sinngemäß. ④ Die nach den Sätzen 1 bis 3 zuzurechnenden Beträge mindern die Gewinne, die dem Kommanditisten im Wirtschaftsjahr der Zurechnung oder in späteren Wirtschaftsjahren aus seiner Beteiligung an der Kommanditgesellschaft zuzurechnen sind.

(4) ① Der nach Absatz 1 nicht ausgleichs- oder abzugsfähige Verlust eines Kommanditisten, vermindert um die nach Absatz 2 abzuziehenden und vermehrt um die nach Absatz 3 hinzuzurechnenden Beträge (verrechenbarer Verlust), ist jährlich gesondert festzustellen. ② Dabei ist von dem verrechenbaren Verlust des vorangegangenen Wirtschaftsjahres auszugehen. ③ Zuständig für den Erlass des Feststellungsbescheids ist das für die gesonderte Feststellung des Gewinns und Verlustes der Gesellschaft zuständige Finanzamt. ④ Der Feststellungsbescheid kann nur insoweit angegriffen werden, als der verrechenbare Verlust gegenüber dem verrechenbaren Verlust des vorangegangenen Wirtschaftsjahres sich verändert hat. ⑤ Die gesonderten Feststellungen nach Satz 1 können mit der gesonderten und einheitlichen Feststellung der einkommensteuerpflichtigen und körperschaftsteuerpflichtigen Einkünfte verbunden werden. ⑥ In diesen Fällen sind die gesonderten Feststellungen des verrechenbaren Verlustes einheitlich durchzuführen.

(5) Absatz 1 Satz 1, Absatz 1a, 2 und 3 Satz 1, 2 und 4 sowie Absatz 4 gelten sinngemäß für andere Unternehmer, soweit deren Haftung der eines Kommanditisten vergleichbar ist, insbesondere für

1. stille Gesellschafter einer stillen Gesellschaft im Sinne des § 230 des Handelsgesetzbuchs, bei der der stille Gesellschafter als Unternehmer (Mitunternehmer) anzusehen ist,
2. Gesellschafter einer Gesellschaft im Sinne des Bürgerlichen Gesetzbuchs, bei der der Gesellschafter als Unternehmer (Mitunternehmer) anzusehen ist, soweit die Inanspruchnahme des Gesellschafters für Schulden in Zusammenhang mit dem Betrieb durch Vertrag ausgeschlossen oder nach Art und Weise des Geschäftsbetriebs unwahrscheinlich ist,
3. Gesellschafter einer ausländischen Personengesellschaft, bei der der Gesellschafter als Unternehmer (Mitunternehmer) anzusehen ist, soweit die Haftung des Gesellschafters für Schulden in Zusammenhang mit dem Betrieb der eines Kommanditisten oder eines stillen Gesellschafters entspricht oder soweit die Inanspruchnahme des Gesellschafters für Schulden in Zusammenhang mit dem Betrieb durch Vertrag ausgeschlossen oder nach Art und Weise des Geschäftsbetriebs unwahrscheinlich ist,
4. Unternehmer, soweit Verbindlichkeiten nur in Abhängigkeit von Erlösen oder Gewinnen aus der Nutzung, Veräußerung oder sonstigen Verwertung von Wirtschaftsgütern zu tilgen sind,
5. Mitreeder einer Reederei im Sinne des § 489 des Handelsgesetzbuchs, bei der der Mitreeder als Unternehmer (Mitunternehmer) anzusehen ist, wenn die persönliche Haftung des Mitreeders für die Verbindlichkeiten der Reederei ganz oder teilweise ausgeschlossen oder soweit die Inanspruchnahme des Mitreeders für Verbindlichkeiten der Reederei nach Art und Weise des Geschäftsbetriebs unwahrscheinlich ist.

§ 15b[1] Verluste im Zusammenhang mit Steuerstundungsmodellen

(1) ① Verluste im Zusammenhang mit einem Steuerstundungsmodell dürfen weder mit Einkünften aus Gewerbebetrieb noch mit Einkünften aus anderen Einkunftsarten ausgeglichen werden; sie dürfen auch nicht nach § 10d abgezogen werden. ② Die Verluste mindern jedoch die Einkünfte, die der Steuerpflichtige in den folgenden Wirtschaftsjahren aus derselben Einkunftsquelle erzielt. ③ § 15a ist insoweit nicht anzuwenden.

(2) ① Ein Steuerstundungsmodell im Sinne des Absatzes 1 liegt vor, wenn auf Grund einer modellhaften Gestaltung steuerliche Vorteile in Form negativer Einkünfte erzielt werden sollen. ② Dies ist der Fall, wenn dem Steuerpflichtigen auf Grund eines vorgefertigten Konzepts die Möglichkeit geboten werden soll, zumindest in der Anfangsphase der Investition Verluste mit

[1] Zur Anwendung siehe § 52 Abs. 25.

übrigen Einkünften zu verrechnen. ③ Dabei ist es ohne Belang, auf welchen Vorschriften die negativen Einkünfte beruhen.

(3) Absatz 1 ist nur anzuwenden, wenn innerhalb der Anfangsphase das Verhältnis der Summe der prognostizierten Verluste zur Höhe des gezeichneten und nach dem Konzept auch aufzubringenden Kapitals oder bei Einzelinvestoren des eingesetzten Eigenkapitals 10 Prozent übersteigt.

(3a)[1] Unabhängig von den Voraussetzungen nach den Absätzen 2 und 3 liegt ein Steuerstundungsmodell im Sinne des Absatzes 1 insbesondere vor, wenn ein Verlust aus Gewerbebetrieb entsteht oder sich erhöht, indem ein Steuerpflichtiger, der nicht auf Grund gesetzlicher Vorschriften verpflichtet ist, Bücher zu führen und regelmäßig Abschlüsse zu machen, auf Grund des Erwerbs von Wirtschaftsgütern des Umlaufvermögens sofort abziehbare Betriebsausgaben tätigt, wenn deren Übereignung ohne körperliche Übergabe durch Besitzkonstitut nach § 930 des Bürgerlichen Gesetzbuchs oder durch Abtretung des Herausgabeanspruchs nach § 931 des Bürgerlichen Gesetzbuchs erfolgt.

(4)[2] ① Der nach Absatz 1 nicht ausgleichsfähige Verlust ist jährlich gesondert festzustellen. ② Dabei ist von dem verrechenbaren Verlust des Vorjahres auszugehen. ③ Der Feststellungsbescheid kann nur insoweit angegriffen werden, als der verrechenbare Verlust gegenüber dem verrechenbaren Verlust des Vorjahres sich verändert hat. ④ Handelt es sich bei dem Steuerstundungsmodell um eine Gesellschaft oder Gemeinschaft im Sinne des § 180 Absatz 1 Satz 1 Nummer 2 Buchstabe a der Abgabenordnung, ist das für die gesonderte und einheitliche Feststellung der einkommensteuerpflichtigen und körperschaftsteuerpflichtigen Einkünfte aus dem Steuerstundungsmodell zuständige Finanzamt für den Erlass des Feststellungsbescheids nach Satz 1 zuständig; anderenfalls ist das Betriebsfinanzamt (§ 18 Absatz 1 Nummer 2 der Abgabenordnung) zuständig. ⑤ Handelt es sich bei dem Steuerstundungsmodell um eine Gesellschaft oder Gemeinschaft im Sinne des § 180 Absatz 1 Satz 1 Nummer 2 Buchstabe a der Abgabenordnung, können die gesonderten Feststellungen nach Satz 1 mit der gesonderten und einheitlichen Feststellung der einkommensteuerpflichtigen und körperschaftsteuerpflichtigen Einkünfte aus dem Steuerstundungsmodell verbunden werden; in diesen Fällen sind die gesonderten Feststellungen nach Satz 1 einheitlich durchzuführen.

§ 16 Veräußerung des Betriebs

(1) ① Zu den Einkünften aus Gewerbebetrieb gehören auch Gewinne, die erzielt werden bei der Veräußerung

1. des ganzen Gewerbebetriebs oder eines Teilbetriebs. ② Als Teilbetrieb gilt auch die das gesamte Nennkapital umfassende Beteiligung an einer Kapitalgesellschaft; im Fall der Auflösung der Kapitalgesellschaft ist § 17 Absatz 4 Satz 3 sinngemäß anzuwenden;
2. des gesamten Anteils eines Gesellschafters, der als Unternehmer (Mitunternehmer) des Betriebs anzusehen ist (§ 15 Absatz 1 Satz 1 Nummer 2);
3. des gesamten Anteils eines persönlich haftenden Gesellschafters einer Kommanditgesellschaft auf Aktien (§ 15 Absatz 1 Satz 1 Nummer 3).

② Gewinne, die bei der Veräußerung eines Teils eines Anteils im Sinne von Satz 1 Nummer 2 oder 3 erzielt werden, sind laufende Gewinne.

(2) ① Veräußerungsgewinn im Sinne des Absatzes 1 ist der Betrag, um den der Veräußerungspreis nach Abzug der Veräußerungskosten den Wert des Betriebsvermögens (Absatz 1 Satz 1 Nummer 1) oder den Wert des Anteils am Betriebsvermögen (Absatz 1 Satz 1 Nummer 2 und 3) übersteigt. ② Der Wert des Betriebsvermögens oder des Anteils ist für den Zeitpunkt der Veräußerung nach § 4 Absatz 1 oder nach § 5 zu ermitteln. ③ Soweit auf der Seite des Veräußerers und auf der Seite des Erwerbers dieselben Personen Unternehmer oder Mitunternehmer sind, gilt der Gewinn insoweit jedoch als laufender Gewinn.

(3)[3] ① Als Veräußerung gilt auch die Aufgabe des Gewerbebetriebs sowie eines Anteils im Sinne des Absatzes 1 Satz 1 Nummer 2 oder 3. ② Werden im Zuge der Realteilung einer Mitunternehmerschaft Teilbetriebe, Mitunternehmeranteile oder einzelne Wirtschaftsgüter in das jeweilige Betriebsvermögen der einzelnen Mitunternehmer übertragen, so sind bei der Ermittlung des Gewinns der Mitunternehmerschaft die Wirtschaftsgüter mit den Werten anzusetzen, die sich nach den Vorschriften über die Gewinnermittlung ergeben, sofern die Besteuerung der stillen Reserven sichergestellt ist; der übernehmende Mitunternehmer ist an diese Werte gebunden; § 4 Absatz 1 Satz 4 ist entsprechend anzuwenden. ③ Dagegen ist für den jeweiligen Übertragungsvorgang rückwirkend der gemeine Wert anzusetzen, soweit bei einer Realteilung, bei der einzelne Wirtschaftsgüter übertragen worden sind, zum Buchwert übertragener Grund und Bo-

---

[1] § 15b Abs. 3a eingefügt durch Gesetz vom 18. 12. 2013 (BGBl. I S. 4318); zur erstmaligen Anwendung siehe § 52 Abs. 25 Satz 5.

[2] § 15b Abs. 4 Satz 4 und 5 geändert durch Gesetz vom 18. 7. 2016 (BGBl. I S. 1679).

[3] § 16 Abs. 3 Satz 2 letzter Halbsatz angefügt durch Gesetz vom 8. 12. 2010 (BGBl. I S. 1768).

den, übertragene Gebäude oder andere übertragene wesentliche Betriebsgrundlagen innerhalb einer Sperrfrist nach der Übertragung veräußert oder entnommen werden; diese Sperrfrist endet drei Jahre nach Abgabe der Steuererklärung der Mitunternehmerschaft für den Veranlagungszeitraum der Realteilung. ④ Satz 2 ist bei einer Realteilung, bei der einzelne Wirtschaftsgüter übertragen werden, nicht anzuwenden, soweit die Wirtschaftsgüter unmittelbar oder mittelbar auf eine Körperschaft, Personenvereinigung oder Vermögensmasse übertragen werden; in diesem Fall ist bei der Übertragung der gemeine Wert anzusetzen. ⑤ Soweit einzelne dem Betrieb gewidmete Wirtschaftsgüter im Rahmen der Aufgabe des Betriebs veräußert werden und soweit auf der Seite des Veräußerers und auf der Seite des Erwerbers dieselben Personen Unternehmer oder Mitunternehmer sind, gilt der Gewinn aus der Aufgabe des Gewerbebetriebs als laufender Gewinn. ⑥ Werden die einzelnen dem Betrieb gewidmeten Wirtschaftsgüter im Rahmen der Aufgabe des Betriebs veräußert, so sind die Veräußerungspreise anzusetzen. ⑦ Werden die Wirtschaftsgüter nicht veräußert, so ist der gemeine Wert im Zeitpunkt der Aufgabe anzusetzen. ⑧ Bei Aufgabe eines Gewerbebetriebs, an dem mehrere Personen beteiligt waren, ist für jeden einzelnen Beteiligten der gemeine Wert der Wirtschaftsgüter anzusetzen, die er bei der Auseinandersetzung erhalten hat.

(3 a)[1] Einer Aufgabe des Gewerbebetriebs steht der Ausschluss oder die Beschränkung des Besteuerungsrechts der Bundesrepublik Deutschland hinsichtlich des Gewinns aus der Veräußerung sämtlicher Wirtschaftsgüter des Betriebs oder eines Teilbetriebs gleich; § 4 Absatz 1 Satz 4 gilt entsprechend.

(3 b)[2] ① In den Fällen der Betriebsunterbrechung und der Betriebsverpachtung im Ganzen gilt ein Gewerbebetrieb sowie ein Anteil im Sinne des Absatzes 1 Satz 1 Nummer 2 oder Nummer 3 nicht als aufgegeben, bis

1. der Steuerpflichtige die Aufgabe im Sinne des Absatzes 3 Satz 1 ausdrücklich gegenüber dem Finanzamt erklärt oder
2. dem Finanzamt Tatsachen bekannt werden, aus denen sich ergibt, dass die Voraussetzungen für eine Aufgabe im Sinne des Absatzes 3 Satz 1 erfüllt sind.

② Die Aufgabe des Gewerbebetriebs oder Anteils im Sinne des Absatzes 1 Satz 1 Nummer 2 oder Nummer 3 ist in den Fällen des Satzes 1 Nummer 1 rückwirkend für den vom Steuerpflichtigen gewählten Zeitpunkt anzuerkennen, wenn die Aufgabeerklärung spätestens drei Monate nach diesem Zeitpunkt abgegeben wird. ③ Wird die Aufgabeerklärung nicht spätestens drei Monate nach dem vom Steuerpflichtigen gewählten Zeitpunkt abgegeben, gilt der Gewerbebetrieb oder Anteil im Sinne des Absatzes 1 Satz 1 Nummer 2 oder Nummer 3 erst in dem Zeitpunkt als aufgegeben, in dem die Aufgabeerklärung beim Finanzamt eingeht.

(4)[3] ① Hat der Steuerpflichtige das 55. Lebensjahr vollendet oder ist er im sozialversicherungsrechtlichen Sinne dauernd berufsunfähig, so wird der Veräußerungsgewinn auf Antrag zur Einkommensteuer nur herangezogen, soweit er 45 000 Euro übersteigt. ② Der Freibetrag ist dem Steuerpflichtigen nur einmal zu gewähren. ③ Er ermäßigt sich um den Betrag, um den der Veräußerungsgewinn 136 000 Euro übersteigt.

(5) Werden bei einer Realteilung, bei der Teilbetriebe auf einzelne Mitunternehmer übertragen werden, Anteile an einer Körperschaft, Personenvereinigung oder Vermögensmasse unmittelbar oder mittelbar von einem nicht von § 8 b Absatz 2 des Körperschaftsteuergesetzes begünstigten Steuerpflichtigen auf einen von § 8 b Absatz 2 des Körperschaftsteuergesetzes begünstigten Mitunternehmer übertragen, ist abweichend von Absatz 3 Satz 2 rückwirkend auf den Zeitpunkt der Realteilung der gemeine Wert anzusetzen, wenn der übernehmende Mitunternehmer die Anteile innerhalb eines Zeitraums von sieben Jahren nach der Realteilung unmittelbar oder mittelbar veräußert oder durch einen Vorgang nach § 22 Absatz 1 Satz 6 Nummer 1 bis 5 des Umwandlungssteuergesetzes weiter überträgt; § 22 Absatz 2 Satz 3 des Umwandlungssteuergesetzes gilt entsprechend.

§ 17 Veräußerung von Anteilen an Kapitalgesellschaften

(1)[4] ① Zu den Einkünften aus Gewerbebetrieb gehört auch der Gewinn aus der Veräußerung von Anteilen an einer Kapitalgesellschaft, wenn der Veräußerer innerhalb der letzten fünf Jahre am Kapital der Gesellschaft unmittelbar oder mittelbar zu mindestens 1 Prozent beteiligt war. ② Die verdeckte Einlage von Anteilen an einer Kapitalgesellschaft in eine Kapitalgesellschaft steht der Veräußerung der Anteile gleich. ③ Anteile an einer Kapitalgesellschaft sind Aktien, Anteile an einer Gesellschaft mit beschränkter Haftung, Genussscheine oder ähnliche Beteiligungen und Anwartschaften auf solche Beteiligungen sowie Anteile an einer optierenden Gesellschaft im Sinne des § 1 a des Körperschaftsteuergesetzes. ④ Hat der Veräußerer den veräußerten Anteil innerhalb der letzten fünf Jahre vor der Veräußerung unentgeltlich erworben, so gilt Satz 1 entsprechend, wenn der Veräußerer zwar nicht selbst, aber der Rechtsvorgänger oder, sofern der

[1] § 16 Abs. 3 a eingefügt durch Gesetz vom 8. 12. 2010 (BGBl. I S. 1768).
[2] § 16 Abs. 3 b eingefügt durch Gesetz vom 1. 11. 2011 (BGBl. I S. 2131).
[3] Regelungen durch Gesetz vom 5. 4. 2011 (BGBl. I S. 554) bestätigt.
[4] § 17 Abs. 1 Satz 3 geändert mit Wirkung ab 1. 1. 2022 durch Gesetz vom 25. 6. 2021 (BGBl. I S. 2050).

Anteil nacheinander unentgeltlich übertragen worden ist, einer der Rechtsvorgänger innerhalb der letzten fünf Jahre im Sinne von Satz 1 beteiligt war.

(2) ① Veräußerungsgewinn im Sinne des Absatzes 1 ist der Betrag, um den der Veräußerungspreis nach Abzug der Veräußerungskosten die Anschaffungskosten übersteigt. ② In den Fällen des Absatzes 1 Satz 2 tritt an die Stelle des Veräußerungspreises der Anteile ihr gemeiner Wert. ③ Weist der Veräußerer nach, dass ihm die Anteile bereits im Zeitpunkt der Begründung der unbeschränkten Steuerpflicht nach § 1 Absatz 1 zuzurechnen waren und dass der bis zu diesem Zeitpunkt entstandene Vermögenszuwachs auf Grund gesetzlicher Bestimmungen des Wegzugsstaats im Wegzugsstaat einer der Steuer nach § 6 des Außensteuergesetzes vergleichbaren Steuer unterlegen hat, tritt an die Stelle der Anschaffungskosten der Wert, den der Wegzugsstaat bei der Berechnung der der Steuer nach § 6 des Außensteuergesetzes vergleichbaren Steuer angesetzt hat, höchstens jedoch der gemeine Wert. ④ Satz 3 ist in den Fällen des § 6 Absatz 3 des Außensteuergesetzes nicht anzuwenden. ⑤ Hat der Veräußerer den veräußerten Anteil unentgeltlich erworben, so sind als Anschaffungskosten des Anteils die Anschaffungskosten des Rechtsvorgängers maßgebend, der den Anteil zuletzt entgeltlich erworben hat. ⑥ Ein Veräußerungsverlust ist nicht zu berücksichtigen, soweit er auf Anteile entfällt,

a) die der Steuerpflichtige innerhalb der letzten fünf Jahre unentgeltlich erworben hatte. ② Dies gilt nicht, soweit der Rechtsvorgänger anstelle des Steuerpflichtigen den Veräußerungsverlust hätte geltend machen können;
b) die entgeltlich erworben worden sind und nicht innerhalb der gesamten letzten fünf Jahre zu einer Beteiligung des Steuerpflichtigen im Sinne von Absatz 1 Satz 1 gehört haben. ② Dies gilt nicht für innerhalb der letzten fünf Jahre erworbene Anteile, deren Erwerb zur Begründung einer Beteiligung des Steuerpflichtigen im Sinne von Absatz 1 Satz 1 geführt hat oder die nach Begründung der Beteiligung im Sinne von Absatz 1 Satz 1 erworben worden sind.

(2 a)[1] ① Anschaffungskosten sind die Aufwendungen, die geleistet werden, um die Anteile im Sinne des Absatzes 1 zu erwerben. ② Zu den Anschaffungskosten gehören auch die Nebenkosten sowie die nachträglichen Anschaffungskosten. ③ Zu den nachträglichen Anschaffungskosten im Sinne des Satzes 2 gehören insbesondere

1. offene oder verdeckte Einlagen,
2. Darlehensverluste, soweit die Gewährung des Darlehens oder das Stehenlassen des Darlehens in der Krise der Gesellschaft gesellschaftsrechtlich veranlasst war, und
3. Ausfälle von Bürgschaftsregressforderungen und vergleichbaren Forderungen, soweit die Hingabe oder das Stehenlassen der betreffenden Sicherheit gesellschaftsrechtlich veranlasst war.

④ Eine gesellschaftsrechtliche Veranlassung liegt regelmäßig vor, wenn ein fremder Dritter das Darlehen oder Sicherungsmittel im Sinne der Nummern 2 oder 3 bei sonst gleichen Umständen zurückgefordert oder nicht gewährt hätte. ⑤ Leistet der Steuerpflichtige über den Nennbetrag seiner Anteile hinaus Einzahlungen in das Kapital der Gesellschaft, sind die Einzahlungen bei der Ermittlung der Anschaffungskosten gleichmäßig auf seine gesamten Anteile einschließlich seiner im Rahmen von Kapitalerhöhungen erhaltenen neuen Anteile aufzuteilen.

(3)[2] ① Der Veräußerungsgewinn wird zur Einkommensteuer nur herangezogen, soweit er den Teil von 9060 Euro übersteigt, der dem veräußerten Anteil an der Kapitalgesellschaft entspricht. ② Der Freibetrag ermäßigt sich um den Betrag, um den der Veräußerungsgewinn den Teil von 36 100 Euro übersteigt, der dem veräußerten Anteil an der Kapitalgesellschaft entspricht.

(4) ① Als Veräußerung im Sinne des Absatzes 1 gilt auch die Auflösung einer Kapitalgesellschaft, die Kapitalherabsetzung, wenn das Kapital zurückgezahlt wird, und die Ausschüttung oder Zurückzahlung von Beträgen aus dem steuerlichen Einlagenkonto im Sinne des § 27 des Körperschaftsteuergesetzes. ② In diesen Fällen ist als Veräußerungspreis der gemeine Wert des dem Steuerpflichtigen zugeteilten oder zurückgezahlten Vermögens der Kapitalgesellschaft anzusehen. ③ Satz 1 gilt nicht, soweit die Bezüge nach § 20 Absatz 1 Nummer 1 oder 2 zu den Einnahmen aus Kapitalvermögen gehören.

(5) ① Die Beschränkung oder der Ausschluss des Besteuerungsrechts der Bundesrepublik Deutschland hinsichtlich des Gewinns aus der Veräußerung der Anteile an einer Kapitalgesellschaft im Fall der Verlegung des Sitzes oder des Orts der Geschäftsleitung der Kapitalgesellschaft in einen anderen Staat stehen der Veräußerung der Anteile zum gemeinen Wert gleich. ② Dies gilt nicht in den Fällen der Sitzverlegung einer Europäischen Gesellschaft nach Artikel 8 der Verordnung (EG) Nummer 2157/2001 und der Sitzverlegung einer anderen Kapitalgesellschaft in einen anderen Mitgliedstaat der Europäischen Union. ③ In diesen Fällen ist der Gewinn aus einer späteren Veräußerung der Anteile ungeachtet der Bestimmungen eines Abkommens zur

[1] § 17 Abs. 2 a eingefügt durch Gesetz vom 12. 12. 2019 (BGBl. I S. 2451); zur erstmaligen Anwendung siehe § 52 Abs. 25 a.
[2] Regelung durch Gesetz vom 5. 4. 2011 (BGBl. I S. 554) bestätigt.

Vermeidung der Doppelbesteuerung in der gleichen Art und Weise zu besteuern, wie die Veräußerung dieser Anteile zu besteuern gewesen wäre, wenn keine Sitzverlegung stattgefunden hätte. ④ § 15 Absatz 1 a Satz 2 ist entsprechend anzuwenden.

(6) Als Anteile im Sinne des Absatzes 1 Satz 1 gelten auch Anteile an Kapitalgesellschaften, an denen der Veräußerer innerhalb der letzten fünf Jahre am Kapital der Gesellschaft nicht unmittelbar oder mittelbar zu mindestens 1 Prozent beteiligt war, wenn

1. die Anteile auf Grund eines Einbringungsvorgangs im Sinne des Umwandlungssteuergesetzes, bei dem nicht der gemeine Wert zum Ansatz kam, erworben wurden und
2. zum Einbringungszeitpunkt für die eingebrachten Anteile die Voraussetzungen von Absatz 1 Satz 1 erfüllt waren oder die Anteile auf einer Sacheinlage im Sinne von § 20 Absatz 1 des Umwandlungssteuergesetzes vom 7. Dezember 2006 (BGBl. I S. 2782, 2791) in der jeweils geltenden Fassung beruhen.

(7) Als Anteile im Sinne des Absatzes 1 Satz 1 gelten auch Anteile an einer Genossenschaft einschließlich der Europäischen Genossenschaft.

c) Selbständige Arbeit (§ 2 Absatz 1 Satz 1 Nummer 3)

§ 18 [Selbständige Arbeit]

(1) Einkünfte aus selbständiger Arbeit sind

1. Einkünfte aus freiberuflicher Tätigkeit. ② Zu der freiberuflichen Tätigkeit gehören die selbständig ausgeübte wissenschaftliche, künstlerische, schriftstellerische, unterrichtende oder erzieherische Tätigkeit, die selbständige Berufstätigkeit der Ärzte, Zahnärzte, Tierärzte, Rechtsanwälte, Notare, Patentanwälte, Vermessungsingenieure, Ingenieure, Architekten, Handelschemiker, Wirtschaftsprüfer, Steuerberater, beratenden Volks- und Betriebswirte, vereidigten Buchprüfer, Steuerbevollmächtigten, Heilpraktiker, Dentisten, Krankengymnasten, Journalisten, Bildberichterstatter, Dolmetscher, Übersetzer, Lotsen und ähnlicher Berufe. ③ Ein Angehöriger eines freien Berufs im Sinne der Sätze 1 und 2 ist auch dann freiberuflich tätig, wenn er sich der Mithilfe fachlich vorgebildeter Arbeitskräfte bedient; Voraussetzung ist, dass er auf Grund eigener Fachkenntnisse leitend und eigenverantwortlich tätig wird. ④ Eine Vertretung im Fall vorübergehender Verhinderung steht der Annahme einer leitenden und eigenverantwortlichen Tätigkeit nicht entgegen;
2. Einkünfte der Einnehmer einer staatlichen Lotterie, wenn sie nicht Einkünfte aus Gewerbebetrieb sind;
3. Einkünfte aus sonstiger selbständiger Arbeit, z. B. Vergütungen für die Vollstreckung von Testamenten, für Vermögensverwaltung und für die Tätigkeit als Aufsichtsratsmitglied;
4.[1] Einkünfte, die ein Beteiligter an einer vermögensverwaltenden Gesellschaft oder Gemeinschaft, deren Zweck im Erwerb, Halten und in der Veräußerung von Anteilen an Kapitalgesellschaften besteht, als Vergütung für Leistungen zur Förderung des Gesellschafts- oder Gemeinschaftszwecks erzielt, wenn der Anspruch auf die Vergütung unter der Voraussetzung eingeräumt worden ist, dass die Gesellschafter oder Gemeinschafter ihr eingezahltes Kapital vollständig zurückerhalten haben; § 15 Absatz 3 ist nicht anzuwenden.

(2) Einkünfte nach Absatz 1 sind auch dann steuerpflichtig, wenn es sich nur um eine vorübergehende Tätigkeit handelt.

(3) ① Zu den Einkünften aus selbständiger Arbeit gehört auch der Gewinn, der bei der Veräußerung des Vermögens oder eines selbständigen Teils des Vermögens oder eines Anteils am Vermögen erzielt wird, das der selbständigen Arbeit dient. ② § 16 Absatz 1 Satz 1 Nummer 1 und 2 und Absatz 1 Satz 2 sowie Absatz 2 bis 4 gilt entsprechend.

(4) ① § 13 Absatz 5 gilt entsprechend, sofern das Grundstück im Veranlagungszeitraum 1986 zu einem der selbständigen Arbeit dienenden Betriebsvermögen gehört hat. ② § 15 Absatz 1 Satz 1 Nummer 2, Absatz 1 a, Absatz 2 Satz 2 und 3, §§ 15 a und 15 b[2] sind entsprechend anzuwenden.

[1] Zu § 18 Abs. 1 Nr. 4 siehe § 52 Abs. 4 Satz 8 und 9.
[2] Zur Anwendung siehe § 52 Abs. 26.

d) Nichtselbständige Arbeit (§ 2 Absatz 1 Satz 1 Nummer 4)

§ 19 [Nichtselbständige Arbeit]

(1) ① Zu den Einkünften aus nichtselbständiger Arbeit gehören

1. Gehälter, Löhne, Gratifikationen, Tantiemen und andere Bezüge und Vorteile für eine Beschäftigung im öffentlichen oder privaten Dienst;

1 a.[1] Zuwendungen des Arbeitgebers an seinen Arbeitnehmer und dessen Begleitpersonen anlässlich von Veranstaltungen auf betrieblicher Ebene mit gesellschaftlichem Charakter (Betriebsveranstaltung). ② Zuwendungen im Sinne des Satzes 1 sind alle Aufwendungen des Arbeitgebers einschließlich Umsatzsteuer unabhängig davon, ob sie einzelnen Arbeitnehmern individuell zurechenbar sind oder ob es sich um einen rechnerischen Anteil an den Kosten der Betriebsveranstaltung handelt, die der Arbeitgeber gegenüber Dritten für den äußeren Rahmen der Betriebsveranstaltung aufwendet. ③ Soweit solche Zuwendungen den Betrag von 110 Euro je Betriebsveranstaltung und teilnehmenden Arbeitnehmer nicht übersteigen, gehören sie nicht zu den Einkünften aus nichtselbständiger Arbeit, wenn die Teilnahme an der Betriebsveranstaltung allen Angehörigen des Betriebs oder eines Betriebsteils offensteht. ④ Satz 3 gilt für bis zu zwei Betriebsveranstaltungen jährlich. ⑤ Die Zuwendungen im Sinne des Satzes 1 sind abweichend von § 8 Absatz 2 mit den anteilig auf den Arbeitnehmer und dessen Begleitpersonen entfallenden Aufwendungen des Arbeitgebers im Sinne des Satzes 2 anzusetzen;

2. Wartegelder, Ruhegelder, Witwen- und Waisengelder und andere Bezüge und Vorteile aus früheren Dienstleistungen, auch soweit sie von Arbeitgebern ausgleichspflichtiger Personen an ausgleichsberechtigte Personen infolge einer nach § 10 oder § 14 des Versorgungsausgleichsgesetzes durchgeführten Teilung geleistet werden;

3.[2] laufende Beiträge und laufende Zuwendungen des Arbeitgebers aus einem bestehenden Dienstverhältnis an einen Pensionsfonds, eine Pensionskasse oder für eine Direktversicherung für eine betriebliche Altersversorgung. ② Zu den Einkünften aus nichtselbständiger Arbeit gehören auch Sonderzahlungen, die der Arbeitgeber neben den laufenden Beiträgen und Zuwendungen an eine solche Versorgungseinrichtung leistet, mit Ausnahme der Zahlungen des Arbeitgebers
   a)[3] zur erstmaligen Bereitstellung der Kapitalausstattung zur Erfüllung der Solvabilitätskapitalanforderung nach den §§ 89, 213, 234 g oder 238 des Versicherungsaufsichtsgesetzes,
   b) zur Wiederherstellung einer angemessenen Kapitalausstattung nach unvorhersehbaren Verlusten oder zur Finanzierung der Verstärkung der Rechnungsgrundlagen auf Grund einer unvorhersehbaren und nicht nur vorübergehenden Änderung der Verhältnisse, wobei die Sonderzahlungen nicht zu einer Absenkung des laufenden Beitrags führen oder durch die Absenkung des laufenden Beitrags Sonderzahlungen ausgelöst werden dürfen,
   c)[4] in der Rentenbezugszeit nach § 236 Absatz 2 des Versicherungsaufsichtsgesetzes oder
   d) in Form von Sanierungsgeldern;

   Sonderzahlungen des Arbeitgebers sind insbesondere Zahlungen an eine Pensionskasse anlässlich
   a) seines Ausscheidens aus einer nicht im Wege der Kapitaldeckung finanzierten betrieblichen Altersversorgung oder
   b) des Wechsels von einer nicht im Wege der Kapitaldeckung zu einer anderen nicht im Wege der Kapitaldeckung finanzierten betrieblichen Altersversorgung.

   ③ Von Sonderzahlungen im Sinne des Satzes 2 zweiter Halbsatz Buchstabe b ist bei laufenden und wiederkehrenden Zahlungen entsprechend dem periodischen Bedarf nur auszugehen, soweit die Bemessung der Zahlungsverpflichtungen des Arbeitgebers in das Versorgungssystem nach dem Wechsel die Bemessung der Zahlungsverpflichtung zum Zeitpunkt des Wechsels übersteigt. ④ Sanierungsgelder sind Sonderzahlungen des Arbeitgebers an eine Pensionskasse anlässlich der Systemumstellung einer nicht im Wege der Kapitaldeckung finanzierten betrieblichen Altersversorgung auf der Finanzierungs- oder Leistungsseite, die der Finanzierung der zum Zeitpunkt der Umstellung bestehenden Versorgungsverpflichtungen oder Versorgungsanwartschaften dienen; bei laufenden und wiederkehrenden Zahlungen entsprechend dem periodischen Bedarf ist nur von Sanierungsgeldern auszugehen, soweit die Bemessung der Zahlungsverpflichtungen des Arbeitgebers in das Versorgungssystem nach der Systemum-

---

[1] § 19 Abs. 1 Satz 1 Nr. 1 a eingefügt mit Wirkung ab VZ 2015 durch Gesetz vom 22. 12. 2014 (BGBl. I S. 2417).

[2] § 19 Abs. 1 Satz 1 Nr. 3 Satz 2 neugefasst und Satz 3 Verweis angepasst durch Gesetz vom 22. 12. 2014 (BGBl. I S. 2417); zur erstmaligen Anwendung siehe § 52 Abs. 26 a.

[3] § 19 Abs. 1 Satz 1 Nr. 3 geändert mit Wirkung ab 1. 1. 2016 durch Gesetz vom 1. 4. 2015 (BGBl. I S. 434, Korr. im BGBl. I S. 1834/1844); Abs. 1 Satz 1 Nr. 3 Satz 2 Buchstabe a Zitat geändert mit Wirkung ab 13. 1. 2019 durch Gesetz vom 19. 12. 2018 (BGBl. I S. 2672).

[4] § 19 Abs. 1 Satz 1 Nr. 3 geändert mit Wirkung ab 1. 1. 2016 durch Gesetz vom 1. 4. 2015 (BGBl. I S. 434, Korr. im BGBl. I S. 1834/1844).

stellung die Bemessung der Zahlungsverpflichtung zum Zeitpunkt der Systemumstellung übersteigt.

② Es ist gleichgültig, ob es sich um laufende oder um einmalige Bezüge handelt und ob ein Rechtsanspruch auf sie besteht.

(2) ① Von Versorgungsbezügen bleiben ein nach einem Prozentsatz ermittelter, auf einen Höchstbetrag begrenzter Betrag (Versorgungsfreibetrag) und ein Zuschlag zum Versorgungsfreibetrag steuerfrei. ② Versorgungsbezüge sind

1. das Ruhegehalt, Witwen- oder Waisengeld, der Unterhaltsbeitrag oder ein gleichartiger Bezug
   a) auf Grund beamtenrechtlicher oder entsprechender gesetzlicher Vorschriften,
   b) nach beamtenrechtlichen Grundsätzen von Körperschaften, Anstalten oder Stiftungen des öffentlichen Rechts oder öffentlich-rechtlichen Verbänden von Körperschaften

   oder
2. in anderen Fällen Bezüge und Vorteile aus früheren Dienstleistungen wegen Erreichens einer Altersgrenze, verminderter Erwerbsfähigkeit oder Hinterbliebenenbezüge; Bezüge wegen Erreichens einer Altersgrenze gelten erst dann als Versorgungsbezüge, wenn der Steuerpflichtige das 63. Lebensjahr oder, wenn er schwerbehindert ist, das 60. Lebensjahr vollendet hat.

③ Der maßgebende Prozentsatz, der Höchstbetrag des Versorgungsfreibetrags und der Zuschlag zum Versorgungsfreibetrag sind der nachstehenden Tabelle zu entnehmen:

Jahr des Versorgungsbeginns	Versorgungsfreibetrag		Zuschlag zum Versorgungsfreibetrag in Euro
	in % der Versorgungsbezüge	Höchstbetrag in Euro	
bis 2005	40,0	3000	900
ab 2006	38,4	2880	864
2007	36,8	2760	828
2008	35,2	2640	792
2009	33,6	2520	756
2010	32,0	2400	720
2011	30,4	2280	684
2012	28,8	2160	648
2013	27,2	2040	612
2014	25,6	1920	576
2015	24,0	1800	540
2016	22,4	1680	504
2017	20,8	1560	468
2018	19,2	1440	432
2019	17,6	1320	396
2020	16,0	1200	360
2021	15,2	1140	342
2022	14,4	1080	324
2023	13,6	1020	306
2024	12,8	960	288
2025	12,0	900	270
2026	11,2	840	252
2027	10,4	780	234
2028	9,6	720	216
2029	8,8	660	198
2030	8,0	600	180
2031	7,2	540	162
2032	6,4	480	144
2033	5,6	420	126
2034	4,8	360	108
2035	4,0	300	90
2036	3,2	240	72
2037	2,4	180	54
2038	1,6	120	36
2039	0,8	60	18
2040	0,0	0	0

④ Bemessungsgrundlage für den Versorgungsfreibetrag ist

a) bei Versorgungsbeginn vor 2005
   das Zwölffache des Versorgungsbezugs für Januar 2005,
b) bei Versorgungsbeginn ab 2005
   das Zwölffache des Versorgungsbezugs für den ersten vollen Monat,

jeweils zuzüglich voraussichtlicher Sonderzahlungen im Kalenderjahr, auf die zu diesem Zeitpunkt ein Rechtsanspruch besteht. ⑤ Der Zuschlag zum Versorgungsfreibetrag darf nur bis zur

Höhe der um den Versorgungsfreibetrag geminderten Bemessungsgrundlage berücksichtigt werden. ⑥ Bei mehreren Versorgungsbezügen mit unterschiedlichem Bezugsbeginn bestimmen sich der insgesamt berücksichtigungsfähige Höchstbetrag des Versorgungsfreibetrags und der Zuschlag zum Versorgungsfreibetrag nach dem Jahr des Beginns des ersten Versorgungsbezugs. ⑦ Folgt ein Hinterbliebenenbezug einem Versorgungsbezug, bestimmen sich der Prozentsatz, der Höchstbetrag des Versorgungsfreibetrags und der Zuschlag zum Versorgungsfreibetrag für den Hinterbliebenenbezug nach dem Jahr des Beginns des Versorgungsbezugs. ⑧ Der nach den Sätzen 3 bis 7 berechnete Versorgungsfreibetrag und Zuschlag zum Versorgungsfreibetrag gelten für die gesamte Laufzeit des Versorgungsbezugs. ⑨ Regelmäßige Anpassungen des Versorgungsbezugs führen nicht zu einer Neuberechnung. ⑩ Abweichend hiervon sind der Versorgungsfreibetrag und der Zuschlag zum Versorgungsfreibetrag neu zu berechnen, wenn sich der Versorgungsbezug wegen Anwendung von Anrechnungs-, Ruhens-, Erhöhungs- oder Kürzungsregelungen erhöht oder vermindert. ⑪ In diesen Fällen sind die Sätze 3 bis 7 mit dem geänderten Versorgungsbezug als Bemessungsgrundlage im Sinne des Satzes 4 anzuwenden; im Kalenderjahr der Änderung sind der höchste Versorgungsfreibetrag und Zuschlag zum Versorgungsfreibetrag maßgebend. ⑫ Für jeden vollen Kalendermonat, für den keine Versorgungsbezüge gezahlt werden, ermäßigen sich der Versorgungsfreibetrag und der Zuschlag zum Versorgungsfreibetrag in diesem Kalenderjahr um je ein Zwölftel.

(3)[1] ① Die Energiepreispauschale nach dem Versorgungsrechtlichen Energiepreispauschalen-Gewährungsgesetz oder vergleichbare Leistungen zum Ausgleich gestiegener Energiepreise nach Landesrecht sind als Einnahmen nach Absatz 2 zu berücksichtigen. ② Sie gelten nicht als Sonderzahlung im Sinne von Absatz 2 Satz 4, jedoch als regelmäßige Anpassung des Versorgungsbezugs im Sinne von Absatz 2 Satz 9. ③ Im Lohnsteuerabzugsverfahren sind die Energiepreispauschale und vergleichbare Leistungen bei der Berechnung einer Vorsorgepauschale nach § 39 b Absatz 2 Satz 5 Nummer 3 Buchstabe b und c nicht zu berücksichtigen. ④ In den Fällen des Satzes 1 sind die §§ 3 und 24 a nicht anzuwenden.

§ 19 a[2] Sondervorschrift für Einkünfte aus nichtselbständiger Arbeit bei Vermögensbeteiligungen

(1) ① Werden einem Arbeitnehmer von seinem Arbeitgeber zusätzlich zum ohnehin geschuldeten Arbeitslohn Vermögensbeteiligungen im Sinne des § 2 Absatz 1 Nummer 1 Buchstabe a, b und f bis l und Absatz 2 bis 5 des Fünften Vermögensbildungsgesetzes an dem Unternehmen des Arbeitgebers unentgeltlich oder verbilligt übertragen, so unterliegt der Vorteil im Sinne des § 19 Absatz 1 Satz 1 Nummer 1 im Kalenderjahr der Übertragung nicht der Besteuerung. ② Dies gilt auch, wenn die Vermögensbeteiligungen mittelbar über Personengesellschaften gehalten werden. ③ Bei der Ermittlung des Vorteils im Sinne des Satzes 1 ist der Freibetrag nach § 3 Nummer 39 abzuziehen, wenn die Voraussetzungen vorliegen. ④ Ein nicht besteuerter Vorteil im Sinne des Satzes 1 ist bei der Berechnung der Vorsorgepauschale (§ 39 b Absatz 2 Satz 5 Nummer 3) einzubeziehen. ⑤ Die Anschaffungskosten sind mit dem gemeinen Wert der Vermögensbeteiligung anzusetzen.

(2) ① Die vorläufige Nichtbesteuerung nach Absatz 1 kann im Lohnsteuerabzugsverfahren nur mit Zustimmung des Arbeitnehmers angewendet werden. ② Eine Nachholung der vorläufigen Nichtbesteuerung im Rahmen der Veranlagung zur Einkommensteuer ist ausgeschlossen.

(3) Absatz 1 ist nur anzuwenden, wenn das Unternehmen des Arbeitgebers im Zeitpunkt der Übertragung der Vermögensbeteiligung die in Artikel 2 Absatz 1 des Anhangs der Empfehlung der Kommission vom 6. Mai 2003 betreffend die Definition der Kleinstunternehmen sowie der kleinen und mittleren Unternehmen (ABl. L 124 vom 20. 5. 2003, S. 36) in der jeweils geltenden Fassung genannten Schwellenwerte nicht überschreitet oder im vorangegangenen Kalenderjahr nicht überschritten hat und seine Gründung nicht mehr als zwölf Jahre zurückliegt.

(4) ① Der nach Absatz 1 nicht besteuerte Arbeitslohn unterliegt erst dann der Besteuerung nach § 19 und dem Lohnsteuerabzug als sonstiger Bezug, wenn

1. die Vermögensbeteiligung ganz oder teilweise entgeltlich oder unentgeltlich übertragen wird, insbesondere auch in den Fällen des § 17 Absatz 4 und des § 20 Absatz 2 Satz 2 oder bei Einlagen in ein Betriebsvermögen,
2. seit der Übertragung der Vermögensbeteiligung zwölf Jahre vergangen sind oder
3. das Dienstverhältnis zu dem bisherigen Arbeitgeber beendet wird. Übernimmt der Arbeitgeber in diesem Fall die Lohnsteuer, ist der übernommene Abzugsbetrag nicht Teil des zu besteuernden Arbeitslohns.

② In den Fällen des Satzes 1 sind für die zu besteuernden Arbeitslöhne § 34 Absatz 1 und § 39 b Absatz 3 Satz 9 und 10 entsprechend anzuwenden, wenn seit der Übertragung der Vermögensbeteiligung mindestens drei Jahre vergangen sind. ③ Die nach Satz 1 zu besteuernden Arbeitslöhne sind bei der Berechnung der Vorsorgepauschale (§ 39 b Absatz 2 Satz 5 Nummer 3) nicht einzubeziehen. ④ Ist in den Fällen des Satzes 1 der gemeine Wert der Vermögensbeteiligung ab-

[1] § 19 Abs. 3 angefügt mit Wirkung ab 1. 1. 2022 durch Gesetz vom 16. 12. 2022 (BGBl. I S. 2294).
[2] § 19 a eingefügt durch Gesetz vom 3. 6. 2021 (BGBl. I S. 1498); zur Anwendung siehe § 52 Abs. 27.

züglich geleisteter Zuzahlungen des Arbeitnehmers bei der verbilligten Übertragung niedriger als der nach Absatz 1 nicht besteuerte Arbeitslohn, so unterliegt nur der gemeine Wert der Vermögensbeteiligung abzüglich geleisteter Zuzahlungen der Besteuerung. ⑤ In den Fällen des Satzes 4 gilt neben den geleisteten Zuzahlungen nur der tatsächlich besteuerte Arbeitslohn als Anschaffungskosten im Sinne der §§ 17 und 20. ⑥ Die Sätze 4 und 5 sind nicht anzuwenden, soweit die Wertminderung nicht betrieblich veranlasst ist oder diese auf einer gesellschaftsrechtlichen Maßnahme, insbesondere einer Ausschüttung oder Einlagerückgewähr, beruht.

(5) Das Betriebsstättenfinanzamt hat nach der Übertragung einer Vermögensbeteiligung im Rahmen einer Anrufungsauskunft (§ 42 e) den vom Arbeitgeber nicht besteuerten Vorteil im Sinne des Absatzes 1 zu bestätigen.

(6) ① Der nach Absatz 1 nicht besteuerte gemeine Wert der Vermögensbeteiligung und die übrigen Angaben des nach den vorstehenden Absätzen durchgeführten Besteuerungsverfahrens sind vom Arbeitgeber im Lohnkonto aufzuzeichnen. ② Die Aufbewahrungsfrist nach § 41 Absatz 1 Satz 9 endet insoweit nicht vor Ablauf von sechs Jahren nach der Besteuerung im Sinne des Absatzes 4 Satz 1.

e) Kapitalvermögen (§ 2 Absatz 1 Satz 1 Nummer 5)

§ 20 [Kapitalvermögen]

(1) Zu den Einkünften aus Kapitalvermögen gehören

1.[1] Gewinnanteile (Dividenden) und sonstige Bezüge aus Aktien, Genussrechten, mit denen das Recht am Gewinn und Liquidationserlös einer Kapitalgesellschaft verbunden ist, aus Anteilen an Gesellschaften mit beschränkter Haftung, an Genossenschaften sowie an einer optierenden Gesellschaft im Sinne des § 1 a des Körperschaftsteuergesetzes. ② Zu den sonstigen Bezügen gehören auch verdeckte Gewinnausschüttungen. ③ Die Bezüge gehören nicht zu den Einnahmen, soweit sie aus Ausschüttungen einer Körperschaft stammen, für die Beträge aus dem steuerlichen Einlagekonto im Sinne des § 27 des Körperschaftsteuergesetzes als verwendet gelten. ④ Als sonstige Bezüge gelten auch Einnahmen, die an Stelle der Bezüge im Sinne des Satzes 1 von einem anderen als dem Anteilseigner nach Absatz 5 bezogen werden, wenn die Aktien mit Dividendenberechtigung erworben, aber ohne Dividendenanspruch geliefert werden;

2. Bezüge, die nach der Auflösung einer Körperschaft oder Personenvereinigung im Sinne der Nummer 1 anfallen und die nicht in der Rückzahlung von Nennkapital bestehen; Nummer 1 Satz 3 gilt entsprechend. ② Gleiches gilt für Bezüge, die auf Grund einer Kapitalherabsetzung oder nach der Auflösung einer unbeschränkt steuerpflichtigen Körperschaft oder Personenvereinigung im Sinne der Nummer 1 anfallen und die als Gewinnausschüttung im Sinne des § 28 Absatz 2 Satz 2 und 4 des Körperschaftsteuergesetzes gelten;

3.[2] Investmenterträge nach § 16 des Investmentsteuergesetzes;

3 a.[2] Spezial-Investmenterträge nach § 34 des Investmentsteuergesetzes;

4. Einnahmen aus der Beteiligung an einem Handelsgewerbe als stiller Gesellschafter und aus partiarischen Darlehen, es sei denn, dass der Gesellschafter oder Darlehensgeber als Mitunternehmer anzusehen ist. ② Auf Anteile des stillen Gesellschafters am Verlust des Betriebes sind § 15 Absatz 4 Satz 6 bis 8 und § 15 a sinngemäß anzuwenden;

5. Zinsen aus Hypotheken und Grundschulden und Renten aus Rentenschulden. ② Bei Tilgungshypotheken und Tilgungsgrundschulden ist nur der Teil der Zahlungen anzusetzen, der als Zins auf den jeweiligen Kapitalrest entfällt;

6.[3] der Unterschiedsbetrag zwischen der Versicherungsleistung und der Summe der auf sie entrichteten Beiträge (Erträge) im Erlebensfall oder bei Rückkauf des Vertrags bei Rentenversicherungen mit Kapitalwahlrecht, soweit nicht die lebenslange Rentenzahlung gewählt und erbracht wird, und bei Kapitalversicherungen mit Sparanteil, wenn der Vertrag nach dem 31. Dezember 2004 abgeschlossen worden ist. ② Wird die Versicherungsleistung nach Vollendung des 60. Lebensjahres des Steuerpflichtigen und nach Ablauf von zwölf Jahren seit dem Vertragsabschluss ausgezahlt, ist die Hälfte des Unterschiedsbetrags anzusetzen. ③ Bei entgeltlichem Erwerb des Anspruchs auf die Versicherungsleistung treten die Anschaffungskosten an die Stelle der vor dem Erwerb entrichteten Beiträge. ④ Die Sätze 1 bis 3 sind auf Erträge aus fondsgebundenen Lebensversicherungen, auf Erträge im Erlebensfall bei Rentenversicherungen ohne Kapitalwahlrecht, soweit keine lebenslange Rentenzahlung vereinbart und erbracht wird, und auf Erträge bei Rückkauf des Vertrages bei Rentenversicherungen ohne

[1] Zur Anwendung siehe § 52 Abs. 28 Satz 1 und 2.
§ 20 Abs. 1 Nr. 1 geändert mit Wirkung ab 1. 1. 2022 durch Gesetz vom 25. 6. 2021 (BGBl. I S. 2050).
[2] § 20 Abs. 1 Nr. 3 und 3 a eingefügt durch Gesetz vom 19. 7. 2016 (BGBl. I S. 1730); zur erstmaligen Anwendung siehe § 52 Abs. 28 Satz 22.
[3] Zur Anwendung von Nr. 6 siehe § 52 Abs. 28 Sätze 3 bis 10.

Kapitalwahlrecht entsprechend anzuwenden. ⑤ Ist in einem Versicherungsvertrag eine gesonderte Verwaltung von speziell für diesen Vertrag zusammengestellten Kapitalanlagen vereinbart, die nicht auf öffentlich vertriebene Investmentfondsanteile oder Anlagen, die die Entwicklung eines veröffentlichten Indexes abbilden, beschränkt ist, und kann der wirtschaftlich Berechtigte unmittelbar oder mittelbar über die Veräußerung der Vermögensgegenstände und die Wiederanlage der Erlöse bestimmen (vermögensverwaltender Versicherungsvertrag), sind die dem Versicherungsunternehmen zufließenden Erträge dem wirtschaftlich Berechtigten aus dem Versicherungsvertrag zuzurechnen; Sätze 1 bis 4 sind nicht anzuwenden. ⑥ Satz 2 ist nicht anzuwenden, wenn

a) in einem Kapitallebensversicherungsvertrag mit vereinbarter laufender Beitragszahlung in mindestens gleichbleibender Höhe bis zum Zeitpunkt des Erlebensfalls die vereinbarte Leistung bei Eintritt des versicherten Risikos weniger als 50 Prozent der Summe der für die gesamte Vertragsdauer zu zahlenden Beiträge beträgt und

b) bei einem Kapitallebensversicherungsvertrag die vereinbarte Leistung bei Eintritt des versicherten Risikos das Deckungskapital oder den Zeitwert der Versicherung spätestens fünf Jahre nach Vertragsabschluss nicht um mindestens 10 Prozent des Deckungskapitals, des Zeitwerts oder der Summe der gezahlten Beiträge übersteigt. ② Dieser Prozentsatz darf bis zum Ende der Vertragslaufzeit in jährlich gleichen Schritten auf Null sinken.

⑦ Hat der Steuerpflichtige Ansprüche aus einem von einer anderen Person abgeschlossenen Vertrag entgeltlich erworben, gehört zu den Einkünften aus Kapitalvermögen auch der Unterschiedsbetrag zwischen der Versicherungsleistung bei Eintritt eines versicherten Risikos und den Aufwendungen für den Erwerb und Erhalt des Versicherungsanspruches; insoweit findet Satz 2 keine Anwendung. ⑧ Satz 7 gilt nicht, wenn die versicherte Person den Versicherungsanspruch von einem Dritten erwirbt oder aus anderen Rechtsverhältnissen entstandene Abfindungs- und Ausgleichsansprüche arbeitsrechtlicher, erbrechtlicher oder familienrechtlicher Art durch Übertragung von Ansprüchen aus Versicherungsverträgen erfüllt werden.[1] ⑨ Bei fondsgebundenen Lebensversicherungen sind 15 Prozent des Unterschiedsbetrages steuerfrei oder dürfen nicht bei der Ermittlung der Einkünfte abgezogen werden, soweit der Unterschiedsbetrag aus Investmenterträgen stammt;[2]

7.[3] Erträge aus sonstigen Kapitalforderungen jeder Art, wenn die Rückzahlung des Kapitalvermögens oder ein Entgelt für die Überlassung des Kapitalvermögens zur Nutzung zugesagt oder geleistet worden ist, auch wenn die Höhe der Rückzahlung oder des Entgelts von einem ungewissen Ereignis abhängt. ② Dies gilt unabhängig von der Bezeichnung und der zivilrechtlichen Ausgestaltung der Kapitalanlage. ③ Erstattungszinsen im Sinne des § 233 a der Abgabenordnung sind Erträge im Sinne des Satzes 1;

8. Diskontbeträge von Wechseln und Anweisungen einschließlich der Schatzwechsel;

9.[4] Einnahmen aus Leistungen einer nicht von der Körperschaftsteuer befreiten Körperschaft, Personenvereinigung oder Vermögensmasse im Sinne des § 1 Absatz 1 Nummer 3 bis 5 des Körperschaftsteuergesetzes, die Gewinnausschüttungen im Sinne der Nummer 1 wirtschaftlich vergleichbar sind, soweit sie nicht bereits zu den Einnahmen im Sinne der Nummer 1 gehören; Nummer 1 Satz 2, 3 und Nummer 2 gelten entsprechend. ② Satz 1 ist auf Leistungen von vergleichbaren Körperschaften, Personenvereinigungen oder Vermögensmassen, die weder Sitz noch Geschäftsleitung im Inland haben, entsprechend anzuwenden;

10. a) Leistungen eines nicht von der Körperschaftsteuer befreiten Betriebs gewerblicher Art im Sinne des § 4 des Körperschaftsteuergesetzes mit eigener Rechtspersönlichkeit, die zu mit Gewinnausschüttungen im Sinne der Nummer 1 Satz 1 wirtschaftlich vergleichbaren Einnahmen führen; Nummer 1 Satz 2, 3 und Nummer 2 gelten entsprechend;

b)[5] der nicht den Rücklagen zugeführte Gewinn und verdeckte Gewinnausschüttungen eines nicht von der Körperschaftsteuer befreiten Betriebs gewerblicher Art im Sinne des § 4 des Körperschaftsteuergesetzes ohne eigene Rechtspersönlichkeit, der den Gewinn durch Betriebsvermögensvergleich ermittelt oder Umsätze einschließlich der steuerfreien Umsätze, ausgenommen die Umsätze nach § 4 Nummer 8 bis 10 des Umsatzsteuergesetzes, von mehr als 350 000 Euro im Kalenderjahr oder einen Gewinn von mehr als 30 000 Euro im Wirtschaftsjahr hat, sowie der Gewinn im Sinne des § 22 Absatz 4 des Umwandlungssteuergesetzes. ② Die Auflösung der Rücklagen zu Zwecken außerhalb des Betriebs gewerblicher Art führt zu einem Gewinn im Sinne des Satzes 1; in Fällen der Einbringung nach dem Sechsten und des Formwechsels nach dem Achten Teil des Umwandlungssteuergesetzes gelten die Rücklagen als aufgelöst. ③ Bei dem Geschäft der Veranstaltung von Werbe-

[1] § 20 Abs. 1 Nr. 6 Satz 7 und 8 angefügt durch Gesetz vom 25. 7. 2014 (BGBl. I S. 1266); Satz 7 und 8 sind auf Versicherungsleistungen anzuwenden, die auf Grund eines nach dem 31. 12. 2014 eingetretenen Versicherungsfalles ausgezahlt werden (§ 52 Abs. 28 Satz 10).

[2] § 20 Abs. 1 Nr. 6 Satz 9 angefügt durch Gesetz vom 19. 7. 2016 (BGBl. I S. 1730); zur erstmaligen Anwendung siehe § 52 Abs. 28 Satz 22 und 23.

[3] § 20 Abs. 1 Nr. 7 Satz 3 angefügt durch Gesetz vom 8. 12. 2010 (BGBl. I S. 1768).

[4] § 20 Abs. 1 Nr. 9 Satz 2 angefügt durch Gesetz vom 8. 12. 2010 (BGBl. I S. 1768).

[5] § 20 Abs. 1 Nr. 10 Buchstabe b Satz 6 angefügt durch Gesetz vom 25. 7. 2014 (BGBl. I S. 1266).

sendungen der inländischen öffentlich-rechtlichen Rundfunkanstalten gelten drei Viertel des Einkommens im Sinne des § 8 Absatz 1 Satz 3 des Körperschaftsteuergesetzes als Gewinn im Sinne des Satzes 1. ④ Die Sätze 1 und 2 sind bei wirtschaftlichen Geschäftsbetrieben der von der Körperschaftsteuer befreiten Körperschaften, Personenvereinigungen oder Vermögensmassen entsprechend anzuwenden. ⑤ Nummer 1 Satz 3 gilt entsprechend. ⑥ Satz 1 in der am 12. Dezember 2006 geltenden Fassung ist für Anteile, die einbringungsgeboren im Sinne des § 21 des Umwandlungssteuergesetzes in der am 12. Dezember 2006 geltenden Fassung sind, weiter anzuwenden;

11. Stillhalterprämien, die für die Einräumung von Optionen vereinnahmt werden; schließt der Stillhalter ein Glattstellungsgeschäft ab, mindern sich die Einnahmen aus den Stillhalterprämien um die im Glattstellungsgeschäft gezahlten Prämien.

(2)[1, 2] ① Zu den Einkünften aus Kapitalvermögen gehören auch

1. der Gewinn aus der Veräußerung von Anteilen an einer Körperschaft im Sinne des Absatzes 1 Nummer 1. ② Anteile an einer Körperschaft sind auch Genussrechte im Sinne des Absatzes 1 Nummer 1, den Anteilen im Sinne des Absatzes 1 Nummer 1 ähnliche Beteiligungen und Anwartschaften auf Anteile im Sinne des Absatzes 1 Nummer 1;
2. der Gewinn aus der Veräußerung
   a)[3] von Dividendenscheinen und sonstigen Ansprüchen durch den Inhaber des Stammrechts, wenn die dazugehörigen Aktien oder sonstigen Anteile nicht mitveräußert werden. ② Soweit eine Besteuerung nach Satz 1 erfolgt ist, tritt diese insoweit an die Stelle der Besteuerung nach Absatz 1;
   b) von Zinsscheinen und Zinsforderungen durch den Inhaber oder ehemaligen Inhaber der Schuldverschreibung, wenn die dazugehörigen Schuldverschreibungen nicht mitveräußert werden. ② Entsprechendes gilt für die Einlösung von Zinsscheinen und Zinsforderungen durch den ehemaligen Inhaber der Schuldverschreibung;

   ② Satz 1 gilt sinngemäß für die Einnahmen aus der Abtretung von Dividenden- oder Zinsansprüchen oder sonstigen Ansprüchen im Sinne des Satzes 1, wenn die dazugehörigen Anteilsrechte oder Schuldverschreibungen nicht in einzelnen Wertpapieren verbrieft sind. ③ Satz 2 gilt auch bei der Abtretung von Zinsansprüchen aus Schuldbuchforderungen, die in ein öffentliches Schuldbuch eingetragen sind;
3. der Gewinn
   a) bei Termingeschäften, durch die der Steuerpflichtige einen Differenzausgleich oder einen durch den Wert einer veränderlichen Bezugsgröße bestimmten Geldbetrag oder Vorteil erlangt;
   b) aus der Veräußerung eines als Termingeschäft ausgestalteten Finanzinstruments;
4. der Gewinn aus der Veräußerung von Wirtschaftsgütern, die Erträge im Sinne des Absatzes 1 Nummer 4 erzielen;
5. der Gewinn aus der Übertragung von Rechten im Sinne des Absatzes 1 Nummer 5;
6. der Gewinn aus der Veräußerung von Ansprüchen auf eine Versicherungsleistung im Sinne des Absatzes 1 Nummer 6. ② Das Versicherungsunternehmen hat nach Kenntniserlangung von einer Veräußerung unverzüglich Mitteilung an das für den Steuerpflichtigen zuständige Finanzamt zu machen und auf Verlangen des Steuerpflichtigen eine Bescheinigung über die Höhe der entrichteten Beiträge im Zeitpunkt der Veräußerung zu erteilen;
7. der Gewinn aus der Veräußerung von sonstigen Kapitalforderungen jeder Art im Sinne des Absatzes 1 Nummer 7;
8. der Gewinn aus der Übertragung oder Aufgabe einer die Einnahmen im Sinne des Absatzes 1 Nummer 9 vermittelnden Rechtsposition.

② Als Veräußerung im Sinne des Satzes 1 gilt auch die Einlösung, Rückzahlung, Abtretung oder verdeckte Einlage in eine Kapitalgesellschaft; in den Fällen von Satz 1 Nummer 4 gilt auch die Vereinnahmung eines Auseinandersetzungsguthabens als Veräußerung. ③ Die Anschaffung oder Veräußerung einer unmittelbaren oder mittelbaren Beteiligung an einer Personengesellschaft gilt als Anschaffung oder Veräußerung der anteiligen Wirtschaftsgüter. ④ Wird ein Zinsschein oder eine Zinsforderung vom Stammrecht abgetrennt, gilt dies als Veräußerung der Schuldverschreibung und als Anschaffung der durch die Trennung entstandenen Wirtschaftsgüter. ⑤ Eine Trennung gilt als vollzogen, wenn dem Inhaber der Schuldverschreibung die Wertpapierkennnummern für die durch die Trennung entstandenen Wirtschaftsgüter zugehen.

(3) Zu den Einkünften aus Kapitalvermögen gehören auch besondere Entgelte oder Vorteile, die neben den in den Absätzen 1 und 2 bezeichneten Einnahmen oder an deren Stelle gewährt werden.

---

[1] Zur Anwendung von Abs. 2 siehe § 52 Abs. 28 Sätze 11 bis 17.

[2] § 20 Abs. 2 Satz 4 und 5 angefügt durch Gesetz vom 19. 7. 2016 (BGBl. I S. 1730); zur erstmaligen Anwendung siehe § 52 Abs. 28 Satz 21.

[3] § 20 Abs. 2 Satz 1 Nr. 2 Buchstabe a Satz 2 neugefasst mit Wirkung ab VZ 2014 durch Gesetz vom 25. 7. 2014 (BGBl. I S. 1266).

(3a)[1] ① Korrekturen im Sinne des § 43a Absatz 3 Satz 7 sind erst zu dem dort genannten Zeitpunkt zu berücksichtigen. ② Weist der Steuerpflichtige durch eine Bescheinigung der auszahlenden Stelle nach, dass sie die Korrektur nicht vorgenommen hat und auch nicht vornehmen wird, kann der Steuerpflichtige die Korrektur nach § 32d Absatz 4 und 6 geltend machen.

(4)[2] ① Gewinn im Sinne des Absatzes 2 ist der Unterschied zwischen den Einnahmen aus der Veräußerung nach Abzug der Aufwendungen, die im unmittelbaren sachlichen Zusammenhang mit dem Veräußerungsgeschäft stehen, und den Anschaffungskosten; bei nicht in Euro getätigten Geschäften sind die Einnahmen im Zeitpunkt der Veräußerung und die Anschaffungskosten im Zeitpunkt der Anschaffung in Euro umzurechnen. ② In den Fällen der verdeckten Einlage tritt an die Stelle der Einnahmen aus der Veräußerung der Wirtschaftsgüter ihr gemeiner Wert; der Gewinn ist für das Kalenderjahr der verdeckten Einlage anzusetzen. ③ Ist ein Wirtschaftsgut im Sinne des Absatzes 2 in das Privatvermögen durch Entnahme oder Betriebsaufgabe überführt worden, tritt an die Stelle der Anschaffungskosten der nach § 6 Absatz 1 Nummer 4 oder § 16 Absatz 3 angesetzte Wert. ④ In den Fällen des Absatzes 2 Satz 1 Nummer 6 gelten die entrichteten Beiträge im Sinne des Absatzes 1 Nummer 6 Satz 1 als Anschaffungskosten; ist ein entgeltlicher Erwerb vorausgegangen, gelten auch die nach dem Erwerb entrichteten Beiträge als Anschaffungskosten. ⑤ Gewinn bei einem Termingeschäft ist der Differenzausgleich oder der durch den Wert einer veränderlichen Bezugsgröße bestimmte Geldbetrag oder Vorteil abzüglich der Aufwendungen, die im unmittelbaren sachlichen Zusammenhang mit dem Termingeschäft stehen. ⑥ Bei unentgeltlichem Erwerb sind dem Einzelrechtsnachfolger für Zwecke dieser Vorschrift die Anschaffung, die Überführung des Wirtschaftsguts in das Privatvermögen, der Erwerb eines Rechts aus Termingeschäften oder die Beiträge im Sinne des Absatzes 1 Nummer 6 Satz 1 durch den Rechtsvorgänger zuzurechnen. ⑦ Bei vertretbaren Wertpapieren, die einem Verwahrer zur Sammelverwahrung im Sinne des § 5 des Depotgesetzes in der Fassung der Bekanntmachung vom 11. Januar 1995 (BGBl. I S. 34), das zuletzt durch Artikel 4 des Gesetzes vom 5. April 2004 (BGBl. I S. 502) geändert worden ist, in der jeweils geltenden Fassung anvertraut worden sind, ist zu unterstellen, dass die zuerst angeschafften Wertpapiere zuerst veräußert wurden. ⑧ Ist ein Zinsschein oder eine Zinsforderung vom Stammrecht abgetrennt worden, gilt als Veräußerungserlös der Schuldverschreibung deren gemeiner Wert zum Zeitpunkt der Trennung. ⑨ Für die Ermittlung der Anschaffungskosten ist der Wert nach Satz 8 entsprechend dem gemeinen Wert der neuen Wirtschaftsgüter aufzuteilen.

(4a)[3, 4] ① Werden Anteile an einer Körperschaft, Vermögensmasse oder Personenvereinigung gegen Anteile an einer anderen Körperschaft, Vermögensmasse oder Personenvereinigung getauscht und wird der Tausch auf Grund gesellschaftsrechtlicher Maßnahmen vollzogen, die von den beteiligten Unternehmen ausgehen, treten abweichend von Absatz 2 Satz 1 und den §§ 13 und 21 des Umwandlungssteuergesetzes die übernommenen Anteile steuerlich an die Stelle der bisherigen Anteile, wenn das Recht der Bundesrepublik Deutschland hinsichtlich der Besteuerung des Gewinns aus der Veräußerung der erhaltenen Anteile nicht ausgeschlossen oder beschränkt ist oder die Mitgliedstaaten der Europäischen Union bei einer Verschmelzung Artikel 8 der Richtlinie 2009/133/EG des Rates vom 19. Oktober 2009 über das gemeinsame Steuersystem für Fusionen, Spaltungen, Abspaltungen, die Einbringung von Unternehmensteilen und den Austausch von Anteilen, die Gesellschaften verschiedener Mitgliedstaaten betreffen, sowie für die Verlegung des Sitzes einer Europäischen Gesellschaft oder einer Europäischen Genossenschaft von einem Mitgliedstaat in einen anderen Mitgliedstaat (ABl. L 310 vom 25. 11. 2009, S. 34) in der jeweils geltenden Fassung anzuwenden haben; in diesem Fall ist der Gewinn aus einer späteren Veräußerung der erworbenen Anteile ungeachtet der Bestimmungen eines Abkommens zur Vermeidung der Doppelbesteuerung in der gleichen Art und Weise zu besteuern, wie die Veräußerung der Anteile an der übertragenden Körperschaft zu besteuern wäre, und § 15 Absatz 1a Satz 2 entsprechend anzuwenden. ② Erhält der Steuerpflichtige in den Fällen des Satzes 1 zusätzlich zu den Anteilen eine Gegenleistung, gilt diese als Ertrag im Sinne des Absatzes 1 Nummer 1. ③ [5]Besitzt bei sonstigen Kapitalforderungen im Sinne des Absatzes 1 Nummer 7 der Inhaber das Recht, bei Fälligkeit anstelle der Zahlung eines Geldbetrags vom Emittenten die Lieferung von Wertpapieren im Sinne des Absatzes 1 Nummer 1 zu verlangen oder besitzt der Emittent das Recht, bei Fälligkeit dem Inhaber anstelle der Zahlung eines Geldbetrags solche Wertpapiere anzudienen und macht der Inhaber der Forderung oder der Emittent von diesem Recht Gebrauch, ist abweichend von Absatz 4 Satz 1 das Entgelt für den Erwerb der Forderung als Veräußerungspreis der Forderung und als Anschaffungskosten der erhaltenen Wertpapiere anzusetzen; Satz 2 gilt entsprechend. ④ Werden Bezugsrechte veräußert oder ausge-

---

[1] § 20 Abs. 3a eingefügt durch Gesetz vom 8. 12. 2010 (BGBl. I S. 1768).

[2] § 20 Abs. 4 Satz 8 und 9 angefügt durch Gesetz vom 19. 7. 2016 (BGBl. I S. 1730); zur erstmaligen Anwendung siehe § 52 Abs. 28 Satz 21.

[3] § 20 Abs. 4a Satz 1 geändert und Satz 3 neugefasst durch Gesetz vom 8. 12. 2010 (BGBl. I S. 1768); zur erstmaligen Anwendung siehe § 52 Abs. 28 Satz 18.

§ 20 Abs. 4a Satz 1 geändert durch Gesetz vom 12. 12. 2019 (BGBl. I S. 2451).

[4] § 20 Abs. 4a Satz 7 angefügt durch Gesetz vom 26. 6. 2013 (BGBl. I S. 1809).

[5] § 20 Abs. 4a Satz 3 geändert durch Gesetz vom 21. 12. 2020 (BGBl. I S. 3096); zur Anwendung siehe § 52 Abs. 28 Satz 19.

übt, die nach § 186 des Aktiengesetzes, § 55 des Gesetzes betreffend die Gesellschaften mit beschränkter Haftung oder eines vergleichbaren ausländischen Rechts einen Anspruch auf Abschluss eines Zeichnungsvertrags begründen, wird der Teil der Anschaffungskosten der Altanteile, der auf das Bezugsrecht entfällt, bei der Ermittlung des Gewinns nach Absatz 4 Satz 1 mit 0 Euro angesetzt. ⑤ Werden einem Steuerpflichtigen von einer Körperschaft, Personenvereinigung oder Vermögensmasse, die weder Geschäftsleitung noch Sitz im Inland hat, Anteile zugeteilt, ohne dass der Steuerpflichtige eine Gegenleistung zu erbringen hat, sind sowohl der Ertrag als auch die Anschaffungskosten der erhaltenen Anteile mit 0 Euro anzusetzen, wenn die Voraussetzungen der Sätze 3, 4 und 7 nicht vorliegen; die Anschaffungskosten der die Zuteilung begründenden Anteile bleiben unverändert.[1] ⑥ Soweit es auf die steuerliche Wirksamkeit einer Kapitalmaßnahme im Sinne der vorstehenden Sätze 1 bis 5 ankommt, ist auf den Zeitpunkt der Einbuchung in das Depot des Steuerpflichtigen abzustellen. ⑦ Geht Vermögen einer Körperschaft durch Abspaltung auf andere Körperschaften über, gelten abweichend von Satz 5 und § 15 des Umwandlungssteuergesetzes die Sätze 1 und 2 entsprechend.

(5) ① Einkünfte aus Kapitalvermögen im Sinne des Absatzes 1 Nummer 1 und 2 erzielt der Anteilseigner. ② Anteilseigner ist derjenige, dem nach § 39 der Abgabenordnung die Anteile an dem Kapitalvermögen im Sinne des Absatzes 1 Nummer 1 im Zeitpunkt des Gewinnverteilungsbeschlusses zuzurechnen sind. ③ Sind einem Nießbraucher oder Pfandgläubiger die Einnahmen im Sinne des Absatzes 1 Nummer 1 oder 2 zuzurechnen, gilt er als Anteilseigner.

(6)[2, 3] ① Verluste aus Kapitalvermögen dürfen nicht mit Einkünften aus anderen Einkunftsarten ausgeglichen werden; sie dürfen auch nicht nach § 10d abgezogen werden. ② Die Verluste mindern jedoch die Einkünfte, die der Steuerpflichtige in den folgenden Veranlagungszeiträumen aus Kapitalvermögen erzielt. ③ § 10d Absatz 4 ist sinngemäß anzuwenden; im Fall von zusammenveranlagten Ehegatten erfolgt ein gemeinsamer Verlustausgleich vor der Verlustfeststellung. ④ Verluste aus Kapitalvermögen im Sinne des Absatzes 2 Satz 1 Nummer 1 Satz 1, die aus der Veräußerung von Aktien entstehen, dürfen nur mit Gewinnen aus Kapitalvermögen im Sinne des Absatzes 2 Satz 1 Nummer 1 Satz 1, die aus der Veräußerung von Aktien entstehen, ausgeglichen werden; die Sätze 2 und 3 gelten sinngemäß. ⑤ Verluste aus Kapitalvermögen im Sinne des Absatzes 2 Satz 1 Nummer 3 dürfen nur in Höhe von 20 000 Euro mit Gewinnen im Sinne des Absatzes 2 Satz 1 Nummer 3 und mit Einkünften im Sinne des § 20 Absatz 1 Nummer 11 ausgeglichen werden; die Sätze 2 und 3 gelten sinngemäß mit der Maßgabe, dass nicht verrechnete Verluste je Folgejahr nur bis zur Höhe von 20 000 Euro mit Gewinnen im Sinne des Absatzes 2 Satz 1 Nummer 3 und mit Einkünften im Sinne des § 20 Absatz 1 Nummer 11 verrechnet werden dürfen.[4] ⑥ Verluste aus Kapitalvermögen aus der ganzen oder teilweisen Uneinbringlichkeit einer Kapitalforderung, aus der Ausbuchung wertloser Wirtschaftsgüter im Sinne des Absatzes 1, aus der Übertragung wertloser Wirtschaftsgüter im Sinne des Absatzes 1 auf einen Dritten oder aus einem sonstigen Ausfall von Wirtschaftsgütern im Sinne des Absatzes 1 dürfen nur in Höhe von 20 000 Euro mit Einkünften aus Kapitalvermögen ausgeglichen werden; die Sätze 2 und 3 gelten sinngemäß mit der Maßgabe, dass nicht verrechnete Verluste je Folgejahr nur bis zur Höhe von 20 000 Euro mit Einkünften aus Kapitalvermögen verrechnet werden dürfen.[5] ⑦ Verluste aus Kapitalvermögen, die der Kapitalertragsteuer unterliegen, dürfen nur verrechnet werden oder mindern die Einkünfte, die der Steuerpflichtige in den folgenden Veranlagungszeiträumen aus Kapitalvermögen erzielt, wenn eine Bescheinigung im Sinne des § 43a Absatz 3 Satz 4 vorliegt.

(7) ① § 15b ist sinngemäß anzuwenden. ② Ein vorgefertigtes Konzept im Sinne des § 15b Absatz 2 Satz 2 liegt auch vor, wenn die positiven Einkünfte nicht der tariflichen Einkommensteuer unterliegen.

(8) ① Soweit Einkünfte der in den Absätzen 1, 2 und 3 bezeichneten Art zu den Einkünften aus Land- und Forstwirtschaft, aus Gewerbebetrieb, aus selbständiger Arbeit oder aus Vermietung und Verpachtung gehören, sind sie diesen Einkünften zuzurechnen. ② Absatz 4a findet insoweit keine Anwendung.

(9) ① Bei der Ermittlung der Einkünfte aus Kapitalvermögen ist als Werbungskosten ein Betrag von *801* **[ab VZ 2023:** 1000**]**[6] Euro abzuziehen (Sparer-Pauschbetrag); der Abzug der tatsächlichen Werbungskosten ist ausgeschlossen. ② Ehegatten, die zusammen veranlagt werden, wird ein gemeinsamer Sparer-Pauschbetrag von *1602* **[ab VZ 2023:** 2000**]**[6] Euro gewährt. ③ Der gemeinsame Sparer-Pauschbetrag ist bei der Einkunftsermittlung bei jedem Ehegatten je zur Hälfte

---

[1] § 20 Abs. 4a Satz 5 neugefasst durch Gesetz vom 21. 12. 2020 (BGBl. I S. 3096); zur Anwendung siehe § 52 Abs. 28 Satz 20.

[2] § 20 Abs. 6 Satz 1 aufgehoben, Sätze 2 bis 6 werden Sätze 1 bis 5 und Satz 4 geändert mit Wirkung ab VZ 2014 durch Gesetz vom 25. 7. 2014 (BGBl. I S. 1266); Abs. 6 Satz 5 und 6 eingefügt, bisheriger Satz 5 wird Satz 7 durch Gesetz vom 21. 12. 2019 (BGBl. I S. 2875).

[3] § 20 Abs. 6 Satz 3 2. Halbsatz angefügt mit Wirkung ab VZ 2022 durch Gesetz vom 16. 12. 2022 (BGBl. I S. 2294).

[4] § 20 Abs. 6 Satz 5 Betrag geändert durch Gesetz vom 21. 12. 2020 (BGBl. I S. 3096); zur Anwendung von Satz 5 siehe § 52 Abs. 28 Satz 25.

[5] § 20 Abs. 6 Satz 6 Betrag geändert durch Gesetz vom 21. 12. 2020 (BGBl. I S. 3096); zur Anwendung von Satz 6 siehe § 52 Abs. 28 Satz 26.

[6] § 20 Abs. 9 Sätze 1 und 2 Beträge geändert mit Wirkung ab VZ 2023 durch Gesetz vom 16. 12. 2022 (BGBl. I S. 2294).

abzuziehen; sind die Kapitalerträge eines Ehegatten niedriger als *801* **[ab VZ 2023: 1000]**[1] Euro, so ist der anteilige Sparer-Pauschbetrag insoweit, als er die Kapitalerträge dieses Ehegatten übersteigt, bei dem anderen Ehegatten abzuziehen. ④ Der Sparer-Pauschbetrag und der gemeinsame Sparer-Pauschbetrag dürfen nicht höher sein als die nach Maßgabe des Absatzes 6 verrechneten Kapitalerträge.

f) Vermietung und Verpachtung (§ 2 Absatz 1 Satz 1 Nummer 6)

§ 21 [Vermietung und Verpachtung]

(1)[2] ① Einkünfte aus Vermietung und Verpachtung sind

1. Einkünfte aus Vermietung und Verpachtung von unbeweglichem Vermögen, insbesondere von Grundstücken, Gebäuden, Gebäudeteilen, Schiffen, die in ein Schiffsregister eingetragen sind, und Rechten, die den Vorschriften des bürgerlichen Rechts über Grundstücke unterliegen (z. B. Erbbaurecht, Mineralgewinnungsrecht);
2. Einkünfte aus Vermietung und Verpachtung von Sachinbegriffen, insbesondere von beweglichem Betriebsvermögen;
3. Einkünfte aus zeitlich begrenzter Überlassung von Rechten, insbesondere von schriftstellerischen, künstlerischen und gewerblichen Urheberrechten, von gewerblichen Erfahrungen und von Gerechtigkeiten und Gefällen;
4. Einkünfte aus der Veräußerung von Miet- und Pachtzinsforderungen, auch dann, wenn die Einkünfte im Veräußerungspreis von Grundstücken enthalten sind und die Miet- oder Pachtzinsen sich auf einen Zeitraum beziehen, in dem der Veräußerer noch Besitzer war.

② §§ 15 a und 15 b sind sinngemäß anzuwenden.

(2)[3] ① Beträgt das Entgelt für die Überlassung einer Wohnung zu Wohnzwecken weniger als 50 Prozent der ortsüblichen Marktmiete, so ist die Nutzungsüberlassung in einen entgeltlichen und einen unentgeltlichen Teil aufzuteilen. ② Beträgt das Entgelt bei auf Dauer angelegter Wohnungsvermietung mindestens 66 Prozent der ortsüblichen Miete, gilt die Wohnungsvermietung als entgeltlich.

(3) Einkünfte der in den Absätzen 1 und 2 bezeichneten Art sind Einkünften aus anderen Einkunftsarten zuzurechnen, soweit sie zu diesen gehören.

g) Sonstige Einkünfte (§ 2 Absatz 1 Satz 1 Nummer 7)

§ 22 Arten der sonstigen Einkünfte

Sonstige Einkünfte sind

1.[4] Einkünfte aus wiederkehrenden Bezügen, soweit sie nicht zu den in § 2 Absatz 1 Nummer 1 bis 6 bezeichneten Einkunftsarten gehören; § 15 b ist sinngemäß anzuwenden. ② Werden die Bezüge freiwillig oder auf Grund einer freiwillig begründeten Rechtspflicht oder einer gesetzlich unterhaltsberechtigten Person gewährt, so sind sie nicht dem Empfänger zuzurechnen; dem Empfänger sind dagegen zuzurechnen
   a) Bezüge, die von einer Körperschaft, Personenvereinigung oder Vermögensmasse außerhalb der Erfüllung steuerbegünstigter Zwecke im Sinne der §§ 52 bis 54 der Abgabenordnung gewährt werden, und
   b) Bezüge im Sinne des § 1 der Verordnung über die Steuerbegünstigung von Stiftungen, die an die Stelle von Familienfideikommissen getreten sind, in der im Bundesgesetzblatt Teil III, Gliederungsnummer 611-4-3, veröffentlichten bereinigten Fassung.

   ③ Zu den in Satz 1 bezeichneten Einkünften gehören auch
   a) Leibrenten und andere Leistungen,
      aa)[5] die aus den gesetzlichen Rentenversicherungen, der landwirtschaftlichen Alterskasse, den berufsständischen Versorgungseinrichtungen und aus Rentenversicherungen im Sinne des § 10 Absatz 1 Nummer 2 Buchstabe b erbracht werden, soweit sie jeweils der Besteuerung unterliegen. ② Bemessungsgrundlage für den der Besteuerung unterliegenden Anteil ist der Jahresbetrag der Rente. ③ Der der Besteuerung unterliegende Anteil ist nach dem Jahr des Rentenbeginns und dem in diesem Jahr maßgebenden Prozentsatz aus der nachstehenden Tabelle zu entnehmen:

---

[1] § 20 Abs. 9 Satz 3 Betrag geändert mit Wirkung ab VZ 2023 durch Gesetz vom 16. 12. 2022 (BGBl. I S. 2294).

[2] Zur Anwendung von Satz 2 siehe § 52 Abs. 29.

[3] Regelung durch Gesetz vom 5. 4. 2011 (BGBl. I S. 554) bestätigt.

§ 21 Abs. 2 Satz 1 Prozentsatz geändert und Satz 2 angefügt mit Wirkung ab VZ 2012 durch Gesetz vom 1. 11. 2011 (BGBl. I S. 2131); Abs. 2 Satz 1 Prozentsatz geändert mit Wirkung ab 1. 1. 2021 durch Gesetz vom 21. 12. 2020 (BGBl. I S. 3096).

[4] Zur erstmaligen Anwendung siehe § 52 Abs. 30.

[5] § 22 Nr. 1 Satz 3 Buchstabe a Doppelbuchstabe aa geändert durch Gesetz vom 12. 4. 2012 (BGBl. I S. 579).

Jahr des Rentenbeginns	Besteuerungsanteil in %
bis 2005	50
ab 2006	52
2007	54
2008	56
2009	58
2010	60
2011	62
2012	64
2013	66
2014	68
2015	70
2016	72
2017	74
2018	76
2019	78
2020	80
2021	81
2022	82
2023	83
2024	84
2025	85
2026	86
2027	87
2028	88
2029	89
2030	90
2031	91
2032	92
2033	93
2034	94
2035	95
2036	96
2037	97
2038	98
2039	99
2040	100

④ Der Unterschiedsbetrag zwischen dem Jahresbetrag der Rente und dem der Besteuerung unterliegenden Anteil der Rente ist der steuerfreie Teil der Rente. ⑤ Dieser gilt ab dem Jahr, das dem Jahr des Rentenbeginns folgt, für die gesamte Laufzeit des Rentenbezugs. ⑥ Abweichend hiervon ist der steuerfreie Teil der Rente bei einer Veränderung des Jahresbetrags der Rente in dem Verhältnis anzupassen, in dem der veränderte Jahresbetrag der Rente zum Jahresbetrag der Rente steht, der der Ermittlung des steuerfreien Teils der Rente zugrunde liegt. ⑦ Regelmäßige Anpassungen des Jahresbetrags der Rente führen nicht zu einer Neuberechnung und bleiben bei einer Neuberechnung außer Betracht. ⑧ Folgen nach dem 31. Dezember 2004 Renten aus derselben Versicherung einander nach, gilt für die spätere Rente Satz 3 mit der Maßgabe, dass sich der Prozentsatz nach dem Jahr richtet, das sich ergibt, wenn die Laufzeit der vorhergehenden Renten von dem Jahr des Beginns der späteren Rente abgezogen wird; der Prozentsatz kann jedoch nicht niedriger bemessen werden als der für das Jahr 2005. ⑨ Verstirbt der Rentenempfänger, ist ihm die Rente für den Sterbemonat noch zuzurechnen;[1]

bb) die nicht als solche im Sinne des Doppelbuchstaben aa sind und bei denen in den einzelnen Bezügen Einkünfte aus Erträgen des Rentenrechts enthalten sind. ② Dies gilt auf Antrag auch für Leibrenten und andere Leistungen, soweit diese auf bis zum 31. Dezember 2004 geleisteten Beiträgen beruhen, welche oberhalb des Betrags des Höchstbeitrags zur gesetzlichen Rentenversicherung gezahlt wurden; der Steuerpflichtige muss nachweisen, dass der Betrag des Höchstbeitrags mindestens zehn Jahre überschritten wurde; soweit hiervon im Versorgungsausgleich übertragene Rentenanwartschaften betroffen sind, gilt § 4 Absatz 1 und 2[2] des Versorgungsausgleichsgesetzes entsprechend. ③ Als Ertrag des Rentenrechts gilt für die gesamte Dauer des Rentenbezugs der Unterschiedsbetrag zwischen dem Jahresbetrag der Rente und dem Betrag, der sich bei gleichmäßiger Verteilung des Kapitalwerts der Rente auf ihre voraus-

[1] § 22 Nr. 1 Satz 3 Buchstabe a Doppelbuchstabe aa Satz 9 angefügt mit Wirkung ab 1. 1. 2021 durch Gesetz vom 21. 12. 2020 (BGBl. I S. 3096).

[2] Zitat geändert durch Gesetz vom 8. 12. 2010 (BGBl. I S. 1768).

sichtliche Laufzeit ergibt; dabei ist der Kapitalwert nach dieser Laufzeit zu berechnen. ④ Der Ertrag des Rentenrechts (Ertragsanteil) ist aus der nachstehenden Tabelle zu entnehmen:

Bei Beginn der Rente vollendetes Lebensjahr des Rentenberechtigten	Ertragsanteil in %
0 bis 1	59
2 bis 3	58
4 bis 5	57
6 bis 8	56
9 bis 10	55
11 bis 12	54
13 bis 14	53
15 bis 16	52
17 bis 18	51
19 bis 20	50
21 bis 22	49
23 bis 24	48
25 bis 26	47
27	46
28 bis 29	45
30 bis 31	44
32	43
33 bis 34	42
35	41
36 bis 37	40
38	39
39 bis 40	38
41	37
42	36
43 bis 44	35
45	34
46 bis 47	33
48	32
49	31
50	30
51 bis 52	29
53	28
54	27
55 bis 56	26
57	25
58	24
59	23
60 bis 61	22
62	21
63	20
64	19
65 bis 66	18
67	17
68	16
69 bis 70	15
71	14
72 bis 73	13
74	12
75	11
76 bis 77	10
78 bis 79	9
80	8
81 bis 82	7
83 bis 84	6
85 bis 87	5
88 bis 91	4
92 bis 93	3
94 bis 96	2
ab 97	1

⑤ Die Ermittlung des Ertrags aus Leibrenten, die vor dem 1. Januar 1955 zu laufen begonnen haben, und aus Renten, deren Dauer von der Lebenszeit mehrerer Personen oder einer anderen Person als des Rentenberechtigten abhängt, sowie aus Leibrenten, die auf eine bestimmte Zeit beschränkt sind, wird durch eine Rechtsverordnung bestimmt. ⑥ Doppelbuchstabe aa Satz 9 gilt entsprechend;[1]

b) Einkünfte aus Zuschüssen und sonstigen Vorteilen, die als wiederkehrende Bezüge gewährt werden;

c)[2] die Energiepreispauschale nach dem Rentenbeziehende-Energiepreispauschalengesetz;

1 a.[3] Einkünfte aus Leistungen und Zahlungen nach § 10 Absatz 1 a, soweit für diese die Voraussetzungen für den Sonderausgabenabzug beim Leistungs- oder Zahlungsverpflichteten nach § 10 Absatz 1 a erfüllt sind;

1 b, 1 c.[4] *(aufgehoben)*

2. Einkünfte aus privaten Veräußerungsgeschäften im Sinne des § 23;

3.[5] Einkünfte aus Leistungen, soweit sie weder zu anderen Einkunftsarten (§ 2 Absatz 1 Satz 1 Nummer 1 bis 6) noch zu den Einkünften im Sinne der Nummern 1, 1 a, 2 oder 4 gehören, z. B. Einkünfte aus gelegentlichen Vermittlungen und aus der Vermietung beweglicher Gegenstände. ② Solche Einkünfte sind nicht einkommensteuerpflichtig, wenn sie weniger als 256 Euro im Kalenderjahr betragen haben. ③ Übersteigen die Werbungskosten die Einnahmen, so darf der übersteigende Betrag bei Ermittlung des Einkommens nicht ausgeglichen werden; er darf auch nicht nach § 10 d abgezogen werden. ④ Die Verluste mindern jedoch nach Maßgabe des § 10 d die Einkünfte, die der Steuerpflichtige in dem unmittelbar vorangegangenen Veranlagungszeitraum oder in den folgenden Veranlagungszeiträumen aus Leistungen im Sinne des Satzes 1 erzielt hat oder erzielt; § 10 d Absatz 4 gilt entsprechend;

4. Entschädigungen, Amtszulagen, Zuschüsse zu Kranken- und Pflegeversicherungsbeiträgen, Übergangsgelder, Überbrückungsgelder, Sterbegelder, Versorgungsabfindungen, Versorgungsbezüge, die auf Grund des Abgeordnetengesetzes oder des Europaabgeordnetengesetzes, sowie vergleichbare Bezüge, die auf Grund der entsprechenden Gesetze der Länder gezahlt werden, und die Entschädigungen, das Übergangsgeld, das Ruhegehalt und die Hinterbliebenenversorgung, die auf Grund des Abgeordnetenstatuts des Europäischen Parlaments von der Europäischen Union gezahlt werden. ② Werden zur Abgeltung des durch das Mandat veranlassten Aufwandes Aufwandsentschädigungen gezahlt, so dürfen die durch das Mandat veranlassten Aufwendungen nicht als Werbungskosten abgezogen werden. ③ Wahlkampfkosten zur Erlangung eines Mandats im Bundestag, im Europäischen Parlament oder im Parlament eines Landes dürfen nicht als Werbungskosten abgezogen werden. ④ Es gelten entsprechend
   a) für Nachversicherungsbeiträge auf Grund gesetzlicher Verpflichtung nach den Abgeordnetengesetzen im Sinne des Satzes 1 und für Zuschüsse zu Kranken- und Pflegeversicherungsbeiträgen § 3 Nummer 62,
   b) für Versorgungsbezüge § 19 Absatz 2 nur bezüglich des Versorgungsfreibetrags; beim Zusammentreffen mit Versorgungsbezügen im Sinne des § 19 Absatz 2 Satz 2 bleibt jedoch insgesamt höchstens ein Betrag in Höhe des Versorgungsfreibetrags nach § 19 Absatz 2 Satz 3 im Veranlagungszeitraum steuerfrei,
   c) für das Übergangsgeld, das in einer Summe gezahlt wird, und für die Versorgungsabfindung § 34 Absatz 1,
   d) für die Gemeinschaftssteuer, die auf die Entschädigungen, das Übergangsgeld, das Ruhegehalt und die Hinterbliebenenversorgung auf Grund des Abgeordnetenstatuts des Europäischen Parlaments von der Europäischen Union erhoben wird, § 34 c Absatz 1; dabei sind die im ersten Halbsatz genannten Einkünfte für die entsprechende Anwendung des § 34 c Absatz 1 wie ausländische Einkünfte und die Gemeinschaftssteuer wie eine der deutschen Einkommensteuer entsprechende ausländische Steuer zu behandeln;

5.[6] Leistungen aus Altersvorsorgeverträgen, Pensionsfonds, Pensionskassen und Direktversicherungen. ② Soweit die Leistungen nicht auf Beiträgen, auf die § 3 Nummer 63, 63 a, § 10 a, Abschnitt XI oder Abschnitt XII angewendet wurden, nicht auf Zulagen im Sinne des Abschnitts XI, nicht auf Zahlungen im Sinne des § 92 a Absatz 2 Satz 4 Nummer 1 und des § 92 a Absatz 3 Satz 9 Nummer 2, nicht auf steuerfreien Leistungen nach § 3 Nummer 66 und nicht auf Ansprüchen beruhen, die durch steuerfreie Zuwendungen nach § 3 Nummer 56

---

[1] § 22 Nr. 1 Satz 3 Buchstabe a Doppelbuchstabe bb Satz 6 angefügt mit Wirkung ab 1. 1. 2021 durch Gesetz vom 21. 12. 2020 (BGBl. I S. 3096).

[2] § 22 Nr. 1 Satz 3 Buchstabe c eingefügt mit Wirkung ab VZ 2022 durch Gesetz vom 16. 12. 2022 (BGBl. I S. 2294).

[3] § 22 Nr. 1 a neugefasst mit Wirkung ab VZ 2015 durch Gesetz vom 22. 12. 2014 (BGBl. I S. 2417).

[4] § 22 Nr. 1 b und 1 c aufgehoben mit Wirkung ab VZ 2015 durch Gesetz vom 22. 12. 2014 (BGBl. I S. 2417).

[5] § 22 Nr. 3 Sätze 5 und 6 aufgehoben mit Wirkung ab VZ 2014 durch Gesetz vom 25. 7. 2014 (BGBl. I S. 1266).

[6] § 22 Nr. 5 Satz 10 angefügt und Satz 6 geändert durch Gesetz vom 8. 12. 2010 (BGBl. I S. 1768); Nr. 5 Satz 2 geändert sowie Satz 11 (jetzt Satz 10) angefügt mit Wirkung ab VZ 2011 durch Gesetz vom 7. 12. 2011 (BGBl. I S. 2592); Nr. 5 Satz 7 geändert und Satz 8 aufgehoben (bisherige Sätze 9 bis 11 werden Sätze 8 bis 10) mit Wirkung ab VZ 2014 durch Gesetz vom 24. 6. 2013 (BGBl. I S. 1667); Nr. 5 Satz 7 geändert und Sätze 11 und 12 angefügt mit Wirkung ab VZ 2014 durch Gesetz vom 25. 7. 2014 (BGBl. I S. 1266); Nr. 5 Satz 2 geändert und Sätze 13 bis 15 angefügt mit Wirkung ab VZ 2018 durch Gesetz vom 17. 8. 2017 (BGBl. I S. 3214); Nr. 5 Satz 7 letzter Halbsatz angefügt mit Wirkung ab VZ 2020 durch Gesetz vom 22. 11. 2019 (BGBl. I S. 1746).

oder die durch die nach § 3 Nummer 55b Satz 1 oder § 3 Nummer 55c steuerfreie Leistung aus einem neu begründeten Anrecht erworben wurden,

a) ist bei lebenslangen Renten sowie bei Berufsunfähigkeits-, Erwerbsminderungs- und Hinterbliebenenrenten Nummer 1 Satz 3 Buchstabe a entsprechend anzuwenden,
b) ist bei Leistungen aus Versicherungsverträgen, Pensionsfonds, Pensionskassen und Direktversicherungen, die nicht solche nach Buchstabe a sind, § 20 Absatz 1 Nummer 6 in der jeweils für den Vertrag geltenden Fassung entsprechend anzuwenden,
c) unterliegt bei anderen Leistungen der Unterschiedsbetrag zwischen der Leistung und der Summe der auf sie entrichteten Beiträge der Besteuerung; § 20 Absatz 1 Nummer 6 Satz 2 gilt entsprechend.

③ In den Fällen des § 93 Absatz 1 Satz 1 und 2 gilt das ausgezahlte geförderte Altersvorsorgevermögen nach Abzug der Zulagen im Sinne des Abschnitts XI als Leistung im Sinne des Satzes 2. ④ Als Leistung im Sinne des Satzes 1 gilt auch der Verminderungsbetrag nach § 92a Absatz 2 Satz 5 und der Auflösungsbetrag nach § 92a Absatz 3 Satz 5. ⑤ Der Auflösungsbetrag nach § 92a Absatz 2 Satz 6 wird zu 70 Prozent als Leistung nach Satz 1 erfasst. ⑥ Tritt nach dem Beginn der Auszahlungsphase zu Lebzeiten des Zulageberechtigten der Fall des § 92a Absatz 3 Satz 1 ein, dann ist

a) innerhalb eines Zeitraums bis zum zehnten Jahr nach dem Beginn der Auszahlungsphase das Eineinhalbfache,
b) innerhalb eines Zeitraums zwischen dem zehnten und 20. Jahr nach dem Beginn der Auszahlungsphase das Einfache

des nach Satz 5 noch nicht erfassten Auflösungsbetrags als Leistung nach Satz 1 zu erfassen; § 92a Absatz 3 Satz 9 gilt entsprechend mit der Maßgabe, dass als noch nicht zurückgeführter Betrag im Wohnförderkonto der noch nicht erfasste Auflösungsbetrag gilt. ⑦ Bei erstmaligem Bezug von Leistungen, in den Fällen des § 93 Absatz 1 sowie bei Änderung der im Kalenderjahr auszuzahlenden Leistung hat der Anbieter (§ 80) nach Ablauf des Kalenderjahres dem Steuerpflichtigen nach amtlich vorgeschriebenem Muster den Betrag der im abgelaufenen Kalenderjahr zugeflossenen Leistungen im Sinne der Sätze 1 bis 3 je gesondert mitzuteilen; mit Einverständnis des Steuerpflichtigen kann die Mitteilung elektronisch bereitgestellt werden. ⑧ Werden dem Steuerpflichtigen Abschluss- und Vertriebskosten eines Altersvorsorgevertrages erstattet, gilt der Erstattungsbetrag als Leistung im Sinne des Satzes 1. ⑨ In den Fällen des § 3 Nummer 55a richtet sich die Zuordnung zu Satz 1 oder Satz 2 bei der ausgleichsberechtigten Person danach, wie eine nur auf die Ehezeit bezogene Zuordnung der sich aus dem übertragenen Anrecht ergebenden Leistung zu Satz 1 oder Satz 2 bei der ausgleichspflichtigen Person im Zeitpunkt der Übertragung ohne die Teilung vorzunehmen gewesen wäre. ⑩ Dies gilt sinngemäß in den Fällen des § 3 Nummer 55 und 55e. ⑪ Wird eine Versorgungsverpflichtung nach § 3 Nummer 66 auf einen Pensionsfonds übertragen und hat der Steuerpflichtige bereits vor dieser Übertragung Leistungen auf Grund dieser Versorgungsverpflichtung erhalten, so sind insoweit auf die Leistungen aus dem Pensionsfonds im Sinne des Satzes 1 die Beträge nach § 9a Satz 1 Nummer 1 und § 19 Absatz 2 entsprechend anzuwenden; § 9a Satz 1 Nummer 3 ist nicht anzuwenden. ⑫ Wird auf Grund einer internen Teilung nach § 10 des Versorgungsausgleichsgesetzes oder einer externen Teilung nach § 14 des Versorgungsausgleichsgesetzes ein Anrecht zugunsten der ausgleichsberechtigten Person begründet, so gilt dieser Vertrag insoweit zu dem gleichen Zeitpunkt als abgeschlossen wie der Vertrag der ausgleichspflichtigen Person, wenn die aus dem Vertrag der ausgleichspflichtigen Person ausgezahlten Leistungen zu einer Besteuerung nach Satz 2 führen. ⑬ Für Leistungen aus Altersvorsorgeverträgen nach § 93 Absatz 3 ist § 34 Absatz 1 entsprechend anzuwenden. ⑭ Soweit Begünstigungen, die mit denen in Satz 2 vergleichbar sind, bei der deutschen Besteuerung gewährt wurden, gelten die darauf beruhenden Leistungen ebenfalls als Leistung nach Satz 1. ⑮ § 20 Absatz 1 Nummer 6 Satz 9 in der ab dem 27. Juli 2016 geltenden Fassung findet keine Anwendung. ⑯ Nummer 1 Satz 3 Buchstabe a Doppelbuchstabe aa Satz 9 gilt entsprechend.[1]

§ 22a Rentenbezugsmitteilungen an die zentrale Stelle

(1)[2] ① Nach Maßgabe des § 93c der Abgabenordnung haben die Träger der gesetzlichen Rentenversicherung, die landwirtschaftliche Alterskasse, die berufsständischen Versorgungseinrichtungen, die Pensionskassen, die Pensionsfonds, die Versicherungsunternehmen, die Unternehmen, die Verträge im Sinne des § 10 Absatz 1 Nummer 2 Buchstabe b anbieten, und die Anbieter im Sinne des § 80 als mitteilungspflichtige Stellen der zentralen Stelle (§ 81) unter Beachtung der im Bundessteuerblatt veröffentlichten Auslegungsvorschriften der Finanzverwaltung folgende Daten zu übermitteln (Rentenbezugsmitteilung):

1. die in § 93c Absatz 1 Nummer 2 Buchstabe c der Abgabenordnung genannten Daten mit der Maßgabe, dass der Leistungsempfänger als Steuerpflichtiger gilt. ② Eine inländische An-

---

[1] § 22 Nr. 5 Satz 15 neugefasst und Satz 16 angefügt mit Wirkung ab 1. 1. 2021 durch Gesetz vom 21. 12. 2020 (BGBl. I S. 3096).

[2] § 22a Abs. 1 neugefasst mit Wirkung ab 1. 1. 2017 durch Gesetz vom 18. 7. 2016 (BGBl. I S. 1679); Abs. 1 Satz 2 eingefügt, bish. Satz 2 wird Satz 3 mit Wirkung ab 1. 1. 2022 durch Gesetz vom 16. 12. 2022 (BGBl. I S. 2294).

schrift des Leistungsempfängers ist nicht zu übermitteln. ③ Ist der mitteilungspflichtigen Stelle eine ausländische Anschrift des Leistungsempfängers bekannt, ist diese anzugeben. ④ In diesen Fällen ist auch die Staatsangehörigkeit des Leistungsempfängers, soweit bekannt, mitzuteilen;

2. je gesondert den Betrag der Leibrenten und anderen Leistungen im Sinne des § 22 Nummer 1 Satz 3 Buchstabe a Doppelbuchstabe aa und bb Satz 4 sowie Doppelbuchstabe bb Satz 5 in Verbindung mit § 55 Absatz 2 der Einkommensteuer-Durchführungsverordnung sowie im Sinne des § 22 Nummer 5 Satz 1 bis 3. ② Der im Betrag der Rente enthaltene Teil, der ausschließlich auf einer Anpassung der Rente beruht, ist gesondert mitzuteilen;
3. Zeitpunkt des Beginns und des Endes des jeweiligen Leistungsbezugs; folgen nach dem 31. Dezember 2004 Renten aus derselben Versicherung einander nach, so ist auch die Laufzeit der vorhergehenden Renten mitzuteilen;
4. die Beiträge im Sinne des § 10 Absatz 1 Nummer 3 Buchstabe a Satz 1 und 2 und Buchstabe b, soweit diese von der mitteilungspflichtigen Stelle an die Träger der gesetzlichen Kranken- und Pflegeversicherung abgeführt werden;
5. die dem Leistungsempfänger zustehenden Beitragszuschüsse nach § 106 des Sechsten Buches Sozialgesetzbuch;
6.[1] ab dem 1. Januar 2017 ein gesondertes Merkmal und ab dem 1. Januar 2019 zwei gesonderte Merkmale für Verträge, auf denen gefördertes Altersvorsorgevermögen gebildet wurde; die zentrale Stelle ist in diesen Fällen berechtigt, die Daten dieser Rentenbezugsmitteilung im Zulagekonto zu speichern und zu verarbeiten;
7.[1] ab dem 1. Januar 2019 die gesonderte Kennzeichnung einer Leistung aus einem Altersvorsorgevertrag nach § 93 Absatz 3;
8.[2] ab dem 1. Januar 2022 die durch Steuerabzug gemäß § 50 a Absatz 7 einbehaltenen Beträge.

② Die Träger der gesetzlichen Rentenversicherung und die landwirtschaftliche Alterskasse haben gesondert neben der nach Satz 1 zu übermittelnden Rentenbezugsmitteilung für Leistungsempfänger im Sinne des § 1 Absatz 2 des Rentenbeziehende-Energiepreispauschalengesetzes einmalig eine Rentenbezugsmitteilung nach Maßgabe des § 93 c der Abgabenordnung mit den Daten nach Satz 1 Nummer 1 und 3 sowie den Betrag der Leistung nach § 1 Absatz 1 des Rentenbeziehende-Energiepreispauschalengesetzes zu übermitteln. ③ § 72 a Absatz 4 und § 93 c Absatz 1 Nummer 3 der Abgabenordnung finden keine Anwendung.

(2)[3] ① Der Leistungsempfänger hat der mitteilungspflichtigen Stelle seine Identifikationsnummer sowie den Tag seiner Geburt mitzuteilen. ② Teilt der Leistungsempfänger die Identifikationsnummer der mitteilungspflichtigen Stelle trotz Aufforderung nicht mit, übermittelt das Bundeszentralamt für Steuern der mitteilungspflichtigen Stelle auf deren Anfrage die Identifikationsnummer des Leistungsempfängers sowie, falls es sich bei der mitteilungspflichtigen Stelle um einen Träger der gesetzlichen Sozialversicherung handelt, auch den beim Bundeszentralamt für Steuern gespeicherten Tag der Geburt des Leistungsempfängers (§ 139 b Absatz 3 Nummer 8 der Abgabenordnung), wenn dieser von dem in der Anfrage übermittelten Tag der Geburt abweicht und für die weitere Datenübermittlung benötigt wird; weitere Daten dürfen nicht übermittelt werden.[4] ③ In der Anfrage dürfen nur die in § 139 b Absatz 3 der Abgabenordnung genannten Daten des Leistungsempfängers angegeben werden, soweit sie der mitteilungspflichtigen Stelle bekannt sind. ④ Die Anfrage der mitteilungspflichtigen Stelle und die Antwort des Bundeszentralamtes für Steuern sind nach amtlich vorgeschriebenem Datensatz durch Datenfernübertragung über die zentrale Stelle zu übermitteln. ⑤ Die zentrale Stelle führt eine ausschließlich automatisierte Prüfung der ihr übermittelten Daten daraufhin durch, ob sie vollständig und schlüssig sind und ob das vorgeschriebene Datenformat verwendet worden ist. ⑥ Sie speichert die Daten des Leistungsempfängers nur für Zwecke dieser Prüfung bis zur Übermittlung an das Bundeszentralamt für Steuern oder an die mitteilungspflichtige Stelle. ⑦ Die Daten sind für die Übermittlung zwischen der zentralen Stelle und dem Bundeszentralamt für Steuern zu verschlüsseln. ⑧ Die mitteilungspflichtige Stelle darf die Identifikationsnummer sowie einen nach Satz 2 mitgeteilten Tag der Geburt nur verarbeiten, soweit dies für die Erfüllung der Mitteilungspflicht nach Absatz 1 Satz 1 erforderlich ist. ⑨ § 93 c der Abgabenordnung ist für das Verfahren nach den Sätzen 1 bis 8 nicht anzuwenden. **[ab 1. 10. 2023:** ⑩ Die Sätze 1 bis 9 gelten ab dem Stichtag, der in der Rechtsverordnung nach § 13 Absatz 3 des Rentenübersichtsgesetzes festgelegt wird, für die Träger der gesetzlichen Rentenversicherung, für die landwirtschaftliche Alterskasse und für die berufsständischen Versorgungseinrichtungen mit der Maßgabe, dass diese die Identifikationsnummer ihrer Versicherten zur Durchführung des Rentenübersichtsgesetzes

---

[1] § 22 a Abs. 1 Satz 1 Nr. 6 geändert und Nr. 7 eingefügt mit Wirkung ab 1. 1. 2019 durch Gesetz vom 17. 8. 2017 (BGBl. I S. 3214); Abs. 1 Satz 1 Nr. 6 1. Halbsatz Anwendungszeitpunkt eingefügt mit Wirkung ab 1. 1. 2019 durch Art. 3 des Gesetzes vom 11. 12. 2018 (BGBl. I S. 2338).

[2] § 22 a Abs. 1 Satz 1 Nr. 8 eingefügt mit Wirkung ab 1. 1. 2021 durch Gesetz vom 21. 12. 2020 (BGBl. I S. 3096).

[3] § 22 a Abs. 2 Satz 1, 2, 4, 8 und 9 neugefasst, Satz 3 und 6 geändert durch Gesetz vom 18. 7. 2016 (BGBl. I S. 1679) mit Wirkung ab 1. 1. 2017; Abs. 2 Satz 2 geändert (redaktionell) durch Art. 3 des Gesetzes vom 11. 12. 2018 (BGBl. I S. 2338); Abs. 2 Satz 8 geändert mit Wirkung ab VZ 2019 durch Gesetz vom 20. 11. 2019 (BGBl. I S. 1626); Abs. 2 Sätze 10 und 11 angefügt mit Wirkung ab 1. 10. 2023 durch Gesetz vom 11. 2. 2021 (BGBl. I S. 154), zur Anwendung siehe § 52 Abs. 30 b.

[4] Zur Anwendung von Abs. 2 Satz 2 siehe § 52 Abs. 30 a.

bereits vor dem Leistungsbezug erheben können; in diesen Fällen teilt das Bundeszentralamt für Steuern der mitteilungspflichtigen Stelle auf deren Anfrage die Identifikationsnummer des Versicherten nur mit, wenn die von der anfragenden Stelle übermittelten Daten mit den nach § 139b Absatz 3 der Abgabenordnung beim Bundeszentralamt für Steuern gespeicherten Daten im maschinellen Datenabgleich übereinstimmen. ⑪ Wird im Rahmen einer Registermodernisierung ein gesondertes Erhebungsverfahren für die Erhebung der Identifikationsnummer eingerichtet, ist abweichend von Satz 10 das neu eingerichtete Erhebungsverfahren zu nutzen.]

(3)[1] Die mitteilungspflichtige Stelle hat den Leistungsempfänger jeweils darüber zu unterrichten, dass die Leistung der zentralen Stelle mitgeteilt wird.

(4)[2] *(aufgehoben)*

(5)[3] ① Wird eine Rentenbezugsmitteilung nicht innerhalb der in § 93c Absatz 1 Nummer 1 der Abgabenordnung genannten Frist übermittelt, so ist für jeden angefangenen Monat, in dem die Rentenbezugsmitteilung noch aussteht, ein Betrag in Höhe von 10 Euro für jede ausstehende Rentenbezugsmitteilung an die zentrale Stelle zu entrichten (Verspätungsgeld). ② Die Erhebung erfolgt durch die zentrale Stelle im Rahmen ihrer Prüfung nach § 93c Absatz 4 der Abgabenordnung. ③ Von der Erhebung ist abzusehen, soweit die Fristüberschreitung auf Gründen beruht, die die mitteilungspflichtige Stelle nicht zu vertreten hat. ④ Das Handeln eines gesetzlichen Vertreters oder eines Erfüllungsgehilfen steht dem eigenen Handeln gleich. ⑤ Das von einer mitteilungspflichtigen Stelle zu entrichtende Verspätungsgeld darf 50 000 Euro für alle für einen Veranlagungszeitraum zu übermittelnden Rentenbezugsmitteilungen nicht übersteigen.

(6)[4] Die zentrale Stelle ist berechtigt, in den in § 151b Absatz 3 Satz 2 des Sechsten Buches Sozialgesetzbuch genannten Fällen die Rentenbezugsmitteilung an die Träger der gesetzlichen Rentenversicherung zu übermitteln.

§ 23[5] Private Veräußerungsgeschäfte

(1) ① Private Veräußerungsgeschäfte (§ 22 Nummer 2) sind

1. Veräußerungsgeschäfte bei Grundstücken und Rechten, die den Vorschriften des bürgerlichen Rechts über Grundstücke unterliegen (z. B. Erbbaurecht, Mineralgewinnungsrecht), bei denen der Zeitraum zwischen Anschaffung und Veräußerung nicht mehr als zehn Jahre beträgt. ② Gebäude und Außenanlagen sind einzubeziehen, soweit sie innerhalb dieses Zeitraums errichtet, ausgebaut oder erweitert werden; dies gilt entsprechend für Gebäudeteile, die selbständige unbewegliche Wirtschaftsgüter sind, sowie für Eigentumswohnungen und im Teileigentum stehende Räume. ③ Ausgenommen sind Wirtschaftsgüter, die im Zeitraum zwischen Anschaffung oder Fertigstellung und Veräußerung ausschließlich zu eigenen Wohnzwecken oder im Jahr der Veräußerung und in den beiden vorangegangenen Jahren zu eigenen Wohnzwecken genutzt wurden;
2. [6, 7] Veräußerungsgeschäfte bei anderen Wirtschaftsgütern, bei denen der Zeitraum zwischen Anschaffung und Veräußerung nicht mehr als ein Jahr beträgt. ② Ausgenommen sind Veräußerungen von Gegenständen des täglichen Gebrauchs. ③ Bei Anschaffung und Veräußerung mehrerer gleichartiger Fremdwährungsbeträge ist zu unterstellen, dass die zuerst angeschafften Beträge zuerst veräußert wurden. ④ Bei Wirtschaftsgütern im Sinne von Satz 1, aus deren Nutzung als Einkunftsquelle zumindest in einem Kalenderjahr Einkünfte erzielt werden, erhöht sich der Zeitraum auf zehn Jahre;
3. [8] Veräußerungsgeschäfte, bei denen die Veräußerung der Wirtschaftsgüter früher erfolgt als der Erwerb.

② Als Anschaffung gilt auch die Überführung eines Wirtschaftsguts in das Privatvermögen des Steuerpflichtigen durch Entnahme oder Betriebsaufgabe. ③ Bei unentgeltlichem Erwerb ist dem Einzelrechtsnachfolger für Zwecke dieser Vorschrift die Anschaffung oder die Überführung des Wirtschaftsguts in das Privatvermögen durch den Rechtsvorgänger zuzurechnen. ④ Die Anschaffung oder Veräußerung einer unmittelbaren oder mittelbaren Beteiligung an einer Personengesellschaft gilt als Anschaffung oder Veräußerung der anteiligen Wirtschaftsgüter. ⑤ Als Veräußerung im Sinne des Satzes 1 Nummer 1 gilt auch

---

[1] § 22a Abs. 3 geändert mit Wirkung ab 1. 1. 2017 durch Gesetz vom 18. 7. 2016 (BGBl. I S. 1679).

[2] § 22a Abs. 4 Satz 1 geändert durch Gesetz vom 8. 12. 2010 (BGBl. I S. 1768); Abs. 4 aufgehoben mit Wirkung ab 1. 1. 2017 durch Gesetz vom 18. 7. 2016 (BGBl. I S. 1679).

[3] § 22a Abs. 5 angefügt durch Gesetz vom 8. 12. 2010 (BGBl. I S. 1768); Abs. 5 Satz 3 und 5 geändert mit Wirkung ab 1. 1. 2017 durch Gesetz vom 18. 7. 2016 (BGBl. I S. 1679); Abs. 5 Satz 1 und 2 geändert durch Gesetz vom 17. 8. 2017 (BGBl. I S. 3214) und durch Art. 1 des Gesetzes vom 11. 12. 2018 (BGBl. I S. 2338).

[4] § 22a Abs. 6 angefügt mit Wirkung ab 1. 1. 2021 durch Gesetz vom 12. 8. 2020 (BGBl. I S. 1879).

[5] Zur Anwendung siehe § 52 Abs. 31.

[6] § 23 Abs. 1 Satz 1 Nr. 2 neuer Satz 2 eingefügt und jetziger Satz 3 geändert durch Gesetz vom 8. 12. 2010 (BGBl. I S. 1768); zur erstmaligen Anwendung siehe § 52 Abs. 31 Satz 1.

[7] § 23 Abs. 1 Satz 1 Nr. 2 neuer Satz 3 eingefügt, bisheriger Satz 3 wird Satz 4 mit Wirkung ab VZ 2014 durch Gesetz vom 25. 7. 2014 (BGBl. I S. 1266).

[8] § 23 Abs. 1 Satz 1 Nr. 3 angefügt durch Gesetz vom 20. 12. 2016 (BGBl. I S. 3000); zur erstmaligen Anwendung siehe § 52 Abs. 31 Satz 3.

1. die Einlage eines Wirtschaftsguts in das Betriebsvermögen, wenn die Veräußerung aus dem Betriebsvermögen innerhalb eines Zeitraums von zehn Jahren seit Anschaffung des Wirtschaftsguts erfolgt, und
2. die verdeckte Einlage in eine Kapitalgesellschaft.

(2) Einkünfte aus privaten Veräußerungsgeschäften der in Absatz 1 bezeichneten Art sind den Einkünften aus anderen Einkunftsarten zuzurechnen, soweit sie zu diesen gehören.

(3)[1·2] ① Gewinn oder Verlust aus Veräußerungsgeschäften nach Absatz 1 ist der Unterschied zwischen Veräußerungspreis einerseits und den Anschaffungs- oder Herstellungskosten und den Werbungskosten andererseits. ② In den Fällen des Absatzes 1 Satz 5 Nummer 1 tritt an die Stelle des Veräußerungspreises der für den Zeitpunkt der Einlage nach § 6 Absatz 1 Nummer 5 angesetzte Wert, in den Fällen des Absatzes 1 Satz 5 Nummer 2 der gemeine Wert. ③ In den Fällen des Absatzes 1 Satz 2 tritt an die Stelle der Anschaffungs- oder Herstellungskosten der nach § 6 Absatz 1 Nummer 4 oder § 16 Absatz 3 angesetzte Wert. ④ Die Anschaffungs- oder Herstellungskosten mindern sich um Absetzungen für Abnutzung, erhöhte Absetzungen und Sonderabschreibungen, soweit sie bei der Ermittlung der Einkünfte im Sinne des § 2 Absatz 1 Satz 1 Nummer 4 bis 7 abgezogen worden sind. ⑤ Gewinne bleiben steuerfrei, wenn der aus den privaten Veräußerungsgeschäften erzielte Gesamtgewinn im Kalenderjahr weniger als 600 Euro betragen hat. ⑥ In den Fällen des Absatzes 1 Satz 5 Nummer 1 sind Gewinne oder Verluste für das Kalenderjahr, in dem der Preis für die Veräußerung aus dem Betriebsvermögen zugeflossen ist, in den Fällen des Absatzes 1 Satz 5 Nummer 2 für das Kalenderjahr der verdeckten Einlage anzusetzen. ⑦ Verluste dürfen nur bis zur Höhe des Gewinns, den der Steuerpflichtige im gleichen Kalenderjahr aus privaten Veräußerungsgeschäften erzielt hat, ausgeglichen werden; sie dürfen nicht nach § 10d abgezogen werden. ⑧ Die Verluste mindern jedoch nach Maßgabe des § 10d die Einkünfte, die der Steuerpflichtige in dem unmittelbar vorangegangenen Veranlagungszeitraum oder in den folgenden Veranlagungszeiträumen aus privaten Veräußerungsgeschäften nach Absatz 1 erzielt hat oder erzielt; § 10d Absatz 4 gilt entsprechend.

h) Gemeinsame Vorschriften

§ 24 [Gemeinsame Vorschriften]

Zu den Einkünften im Sinne des § 2 Absatz 1 gehören auch

1. Entschädigungen, die gewährt worden sind
   a) als Ersatz für entgangene oder entgehende Einnahmen oder
   b) für die Aufgabe oder Nichtausübung einer Tätigkeit, für die Aufgabe einer Gewinnbeteiligung oder einer Anwartschaft auf eine solche;
   c) als Ausgleichszahlungen an Handelsvertreter nach § 89b des Handelsgesetzbuchs;
2. Einkünfte aus einer ehemaligen Tätigkeit im Sinne des § 2 Absatz 1 Satz 1 Nummer 1 bis 4 oder aus einem früheren Rechtsverhältnis im Sinne des § 2 Absatz 1 Satz 1 Nummer 5 bis 7, und zwar auch dann, wenn sie dem Steuerpflichtigen als Rechtsnachfolger zufließen;
3. Nutzungsvergütungen für die Inanspruchnahme von Grundstücken für öffentliche Zwecke sowie Zinsen auf solche Nutzungsvergütungen und auf Entschädigungen, die mit der Inanspruchnahme von Grundstücken für öffentliche Zwecke zusammenhängen.

§ 24a Altersentlastungsbetrag

① Der Altersentlastungsbetrag ist bis zu einem Höchstbetrag im Kalenderjahr ein nach einem Prozentsatz ermittelter Betrag des Arbeitslohns und der positiven Summe der Einkünfte, die nicht solche aus nichtselbständiger Arbeit sind. ② Bei der Bemessung des Betrags bleiben außer Betracht:

1. Versorgungsbezüge im Sinne des § 19 Absatz 2;
2. Einkünfte aus Leibrenten im Sinne des § 22 Nummer 1 Satz 3 Buchstabe a;
3. Einkünfte im Sinne des § 22 Nummer 4 Satz 4 Buchstabe b;
4.[3] Einkünfte im Sinne des § 22 Nummer 5 Satz 1, soweit § 22 Nummer 5 Satz 11 anzuwenden ist;
5. Einkünfte im Sinne des § 22 Nummer 5 Satz 2 Buchstabe a.

③ Der Altersentlastungsbetrag wird einem Steuerpflichtigen gewährt, der vor dem Beginn des Kalenderjahres, in dem er sein Einkommen bezogen hat, das 64. Lebensjahr vollendet hatte. ④ Im Fall der Zusammenveranlagung von Ehegatten zur Einkommensteuer sind die Sätze 1 bis 3 für jeden Ehegatten gesondert anzuwenden. ⑤ Der maßgebende Prozentsatz und der Höchstbetrag des Altersentlastungsbetrags sind der nachstehenden Tabelle zu entnehmen:

---

[1] Zur Anwendung von Abs. 3 Satz 4 siehe § 52 Abs. 31 Satz 5.
[2] § 23 Abs. 3 Satz 9 und 10 aufgehoben mit Wirkung ab VZ 2014 durch Gesetz vom 25. 7. 2014 (BGBl. I S. 1266).
[3] § 24a Satz 2 Nr. 4 geändert mit Wirkung ab VZ 2014 durch Gesetz vom 25. 7. 2014 (BGBl. I S. 1266).

Das auf die Vollendung des 64. Lebensjahres folgende Kalenderjahr	Altersentlastungsbetrag	
	in % der Einkünfte	Höchstbetrag in Euro
2005	40,0	1900
2006	38,4	1824
2007	36,8	1748
2008	35,2	1672
2009	33,6	1596
2010	32,0	1520
2011	30,4	1444
2012	28,8	1368
2013	27,2	1292
2014	25,6	1216
2015	24,0	1140
2016	22,4	1064
2017	20,8	988
2018	19,2	912
2019	17,6	836
2020	16,0	760
2021	15,2	722
2022	14,4	684
2023	13,6	646
2024	12,8	608
2025	12,0	570
2026	11,2	532
2027	10,4	494
2028	9,6	456
2029	8,8	418
2030	8,0	380
2031	7,2	342
2032	6,4	304
2033	5,6	266
2034	4,8	228
2035	4,0	190
2036	3,2	152
2037	2,4	114
2038	1,6	76
2039	0,8	38
2040	0,0	0

§ 24 b[1] Entlastungsbetrag für Alleinerziehende

(1) ① Allein stehende Steuerpflichtige können einen Entlastungsbetrag von der Summe der Einkünfte abziehen, wenn zu ihrem Haushalt mindestens ein Kind gehört, für das ihnen ein Freibetrag nach § 32 Absatz 6 oder Kindergeld zusteht. ② Die Zugehörigkeit zum Haushalt ist anzunehmen, wenn das Kind in der Wohnung des allein stehenden Steuerpflichtigen gemeldet ist. ③ Ist das Kind bei mehreren Steuerpflichtigen gemeldet, steht der Entlastungsbetrag nach Satz 1 demjenigen Alleinstehenden zu, der die Voraussetzungen auf Auszahlung des Kindergeldes nach § 64 Absatz 2 Satz 1 erfüllt oder erfüllen würde in Fällen, in denen nur ein Anspruch auf einen Freibetrag nach § 32 Absatz 6 besteht. ④ Voraussetzung für die Berücksichtigung ist die Identifizierung des Kindes durch die an dieses Kind vergebene Identifikationsnummer (§ 139 b der Abgabenordnung). ⑤ Ist das Kind nicht nach einem Steuergesetz steuerpflichtig (§ 139 a Absatz 2 der Abgabenordnung), ist es in anderer geeigneter Weise zu identifizieren. ⑥ Die nachträgliche Vergabe der Identifikationsnummer wirkt auf Monate zurück, in denen die Voraussetzungen der Sätze 1 bis 3 vorliegen.

(2)[2] ① Gehört zum Haushalt des allein stehenden Steuerpflichtigen ein Kind im Sinne des Absatzes 1, beträgt der Entlastungsbetrag im Kalenderjahr *4008 Euro* **[ab VZ 2023:** 4260 Euro**]**.[3] ② Für jedes weitere Kind im Sinne des Absatzes 1 erhöht sich der Betrag nach Satz 1 um 240 Euro je weiterem Kind.

(3)[4] ① Allein stehend im Sinne des Absatzes 1 sind Steuerpflichtige, die nicht die Voraussetzungen für die Anwendung des Splitting-Verfahrens (§ 26 Absatz 1) erfüllen oder verwitwet sind

[1] § 24 b Abs. 1 ersetzt durch Abs. 1 und 2, bisheriger Abs. 2 wird Abs. 3 und bisheriger Abs. 3 wird Abs. 4 und geändert mit Wirkung ab VZ 2015 durch Gesetz vom 16. 7. 2015 (BGBl. I S. 1202).

[2] § 24 b Abs. 2 Satz 3 angefügt durch Gesetz vom 29. 6. 2020 (BGBl. I S. 1512); Abs. 2 Satz 1 Betrag geändert und Satz 3 aufgehoben mit Wirkung ab VZ 2022 durch Gesetz vom 21. 12. 2020 (BGBl. I S. 3096).

[3] § 24 b Abs. 2 Satz 1 Betrag geändert mit Wirkung ab VZ 2023 durch Gesetz vom 16. 12. 2022 (BGBl. I S. 2294).

[4] § 24 b Abs. 3 Satz 3 geändert durch Gesetz vom 18. 7. 2014 (BGBl. I S. 1042).

und keine Haushaltsgemeinschaft mit einer anderen volljährigen Person bilden, es sei denn, für diese steht ihnen ein Freibetrag nach § 32 Absatz 6 oder Kindergeld zu oder es handelt sich um ein Kind im Sinne des § 63 Absatz 1 Satz 1, das einen Dienst nach § 32 Absatz 5 Satz 1 Nummer 1 und 2 leistet oder eine Tätigkeit nach § 32 Absatz 5 Satz 1 Nummer 3 ausübt. ② Ist die andere Person mit Haupt- oder Nebenwohnsitz in der Wohnung des Steuerpflichtigen gemeldet, wird vermutet, dass sie mit dem Steuerpflichtigen gemeinsam wirtschaftet (Haushaltsgemeinschaft). ③ Diese Vermutung ist widerlegbar, es sei denn, der Steuerpflichtige und die andere Person leben in einer eheähnlichen oder lebenspartnerschaftsähnlichen Gemeinschaft.

(4) Für jeden vollen Kalendermonat, in dem die Voraussetzungen des Absatzes 1 nicht vorgelegen haben, ermäßigt sich der Entlastungsbetrag nach Absatz 2 um ein Zwölftel.

III. Veranlagung

§ 25 Veranlagungszeitraum, Steuererklärungspflicht

(1) Die Einkommensteuer wird nach Ablauf des Kalenderjahres (Veranlagungszeitraum) nach dem Einkommen veranlagt, das der Steuerpflichtige in diesem Veranlagungszeitraum bezogen hat, soweit nicht nach § 43 Absatz 5 und § 46 eine Veranlagung unterbleibt.

(2) (weggefallen)

(3)[1] ① Die steuerpflichtige Person hat für den Veranlagungszeitraum eine eigenhändig unterschriebene Einkommensteuererklärung abzugeben. ② Wählen Ehegatten die Zusammenveranlagung (§ 26 b), haben sie eine gemeinsame Steuererklärung abzugeben, die von beiden eigenhändig zu unterschreiben ist.

(4) ① Die Erklärung nach Absatz 3 ist nach amtlich vorgeschriebenem Datensatz durch Datenfernübertragung zu übermitteln, wenn Einkünfte nach § 2 Absatz 1 Satz 1 Nummer 1 bis 3 erzielt werden und es sich nicht um einen der Veranlagungsfälle gemäß § 46 Absatz 2 Nummer 2 bis 8 handelt. ② Auf Antrag kann die Finanzbehörde zur Vermeidung unbilliger Härten auf eine Übermittlung durch Datenfernübertragung verzichten.

§ 26[2] Veranlagung von Ehegatten

(1) ① Ehegatten können zwischen der Einzelveranlagung (§ 26 a) und der Zusammenveranlagung (§ 26 b) wählen, wenn

1. beide unbeschränkt einkommensteuerpflichtig im Sinne des § 1 Absatz 1 oder 2 oder des § 1 a sind,
2. sie nicht dauernd getrennt leben und
3. bei ihnen die Voraussetzungen aus den Nummern 1 und 2 zu Beginn des Veranlagungszeitraums vorgelegen haben oder im Laufe des Veranlagungszeitraums eingetreten sind.

② Hat ein Ehegatte in dem Veranlagungszeitraum, in dem seine zuvor bestehende Ehe aufgelöst worden ist, eine neue Ehe geschlossen und liegen bei ihm und dem neuen Ehegatten die Voraussetzungen des Satzes 1 vor, bleibt die zuvor bestehende Ehe für die Anwendung des Satzes 1 unberücksichtigt.

(2) ① Ehegatten werden einzeln veranlagt, wenn einer der Ehegatten die Einzelveranlagung wählt. ② Ehegatten werden zusammen veranlagt, wenn beide Ehegatten die Zusammenveranlagung wählen. ③ Die Wahl wird für den betreffenden Veranlagungszeitraum durch Angabe in der Steuererklärung getroffen. ④ Die Wahl der Veranlagungsart innerhalb eines Veranlagungszeitraums kann nach Eintritt der Unanfechtbarkeit des Steuerbescheids nur noch geändert werden, wenn

1. ein Steuerbescheid, der die Ehegatten betrifft, aufgehoben, geändert oder berichtigt wird und
2. die Änderung der Wahl der Veranlagungsart der zuständigen Finanzbehörde bis zum Eintritt der Unanfechtbarkeit des Änderungs- oder Berichtigungsbescheids schriftlich oder elektronisch mitgeteilt oder zur Niederschrift erklärt worden ist und
3. der Unterschiedsbetrag aus der Differenz der festgesetzten Einkommensteuer entsprechend der bisher gewählten Veranlagungsart und der festzusetzenden Einkommensteuer, die sich bei einer geänderten Ausübung der Wahl der Veranlagungsarten ergeben würde, positiv ist. ② Die Einkommensteuer der einzeln veranlagten Ehegatten ist hierbei zusammenzurechnen.

(3) Wird von dem Wahlrecht nach Absatz 2 nicht oder nicht wirksam Gebrauch gemacht, so ist eine Zusammenveranlagung durchzuführen.

§ 26 a[3] Einzelveranlagung von Ehegatten

(1) ① Bei der Einzelveranlagung von Ehegatten sind jedem Ehegatten die von ihm bezogenen Einkünfte zuzurechnen. ② Einkünfte eines Ehegatten sind nicht allein deshalb zum Teil dem anderen Ehegatten zuzurechnen, weil dieser bei der Erzielung der Einkünfte mitgewirkt hat.

---

[1] § 25 Abs. 3 neugefasst durch Gesetz vom 1. 11. 2011 (BGBl. I S. 2131).
[2] § 26 neugefasst durch Gesetz vom 1. 11. 2011 (BGBl. I S. 2131).
[3] § 26 a neugefasst durch Gesetz vom 1. 11. 2011 (BGBl. I S. 2131).

(2)[1] ① Sonderausgaben, außergewöhnliche Belastungen und die Steuerermäßigungen nach den §§ 35 a und 35 c werden demjenigen Ehegatten zugerechnet, der die Aufwendungen wirtschaftlich getragen hat. ② Auf übereinstimmenden Antrag der Ehegatten werden sie jeweils zur Hälfte abgezogen. ③ Der Antrag des Ehegatten, der die Aufwendungen wirtschaftlich getragen hat, ist in begründeten Einzelfällen ausreichend. ④ § 26 Absatz 2 Satz 3 gilt entsprechend.

(3) Die Anwendung des § 10 d für den Fall des Übergangs von der Einzelveranlagung zur Zusammenveranlagung und von der Zusammenveranlagung zur Einzelveranlagung zwischen zwei Veranlagungszeiträumen, wenn bei beiden Ehegatten nicht ausgeglichene Verluste vorliegen, wird durch Rechtsverordnung der Bundesregierung mit Zustimmung des Bundesrates geregelt.

§ 26 b Zusammenveranlagung von Ehegatten

Bei der Zusammenveranlagung von Ehegatten werden die Einkünfte, die die Ehegatten erzielt haben, zusammengerechnet, den Ehegatten gemeinsam zugerechnet und, soweit nichts anderes vorgeschrieben ist, die Ehegatten sodann gemeinsam als Steuerpflichtiger behandelt.

§ 26 c[2] *(aufgehoben)*

§ 27 (weggefallen)

§ 28 Besteuerung bei fortgesetzter Gütergemeinschaft

Bei fortgesetzter Gütergemeinschaft gelten Einkünfte, die in das Gesamtgut fallen, als Einkünfte des überlebenden Ehegatten, wenn dieser unbeschränkt steuerpflichtig ist.

§§ 29 und 30 (weggefallen)

IV. Tarif

§ 31[3] Familienleistungsausgleich

① Die steuerliche Freistellung eines Einkommensbetrags in Höhe des Existenzminimums eines Kindes einschließlich der Bedarfe für Betreuung und Erziehung oder Ausbildung wird im gesamten Veranlagungszeitraum entweder durch die Freibeträge nach § 32 Absatz 6 oder durch Kindergeld nach Abschnitt X bewirkt. ② Soweit das Kindergeld dafür nicht erforderlich ist, dient es der Förderung der Familie. ③ Im laufenden Kalenderjahr wird Kindergeld als Steuervergütung monatlich gezahlt. ④ Bewirkt der Anspruch auf Kindergeld für den gesamten Veranlagungszeitraum die nach Satz 1 gebotene steuerliche Freistellung nicht vollständig und werden deshalb bei der Veranlagung zur Einkommensteuer die Freibeträge nach § 32 Absatz 6 vom Einkommen abgezogen, erhöht sich die unter Abzug dieser Freibeträge ermittelte tarifliche Einkommensteuer um den Anspruch auf Kindergeld für den gesamten Veranlagungszeitraum; bei nicht zusammenveranlagten Eltern wird der Kindergeldanspruch im Umfang des Kinderfreibetrags angesetzt. ⑤ Bei der Prüfung der Steuerfreistellung und der Hinzurechnung nach Satz 4 bleibt der Anspruch auf Kindergeld für Kalendermonate unberücksichtigt, in denen durch Bescheid der Familienkasse ein Anspruch auf Kindergeld festgesetzt, aber wegen § 70 Absatz 1 Satz 2 nicht ausgezahlt wurde. ⑥ Satz 4 gilt entsprechend für mit dem Kindergeld vergleichbare Leistungen nach § 65. ⑦ Besteht nach ausländischem Recht Anspruch auf Leistungen für Kinder, wird dieser insoweit nicht berücksichtigt, als er das inländische Kindergeld übersteigt.

§ 32 Kinder, Freibeträge für Kinder

(1) Kinder sind

1. im ersten Grad mit dem Steuerpflichtigen verwandte Kinder,
2. Pflegekinder (Personen, mit denen der Steuerpflichtige durch ein familienähnliches, auf längere Dauer berechnetes Band verbunden ist, sofern er sie nicht zu Erwerbszwecken in seinen Haushalt aufgenommen hat und das Obhuts- und Pflegeverhältnis zu den Eltern nicht mehr besteht).

(2) ① Besteht bei einem angenommenen Kind das Kindschaftsverhältnis zu den leiblichen Eltern weiter, ist es vorrangig als angenommenes Kind zu berücksichtigen. ② Ist ein im ersten Grad mit dem Steuerpflichtigen verwandtes Kind zugleich ein Pflegekind, ist es vorrangig als Pflegekind zu berücksichtigen.

(3) Ein Kind wird in dem Kalendermonat, in dem es lebend geboren wurde, und in jedem folgenden Kalendermonat, zu dessen Beginn es das 18. Lebensjahr noch nicht vollendet hat, berücksichtigt.

---

[1] § 26 a Abs. 2 Satz 1 geändert mit Wirkung ab VZ 2020 durch Gesetz vom 21. 12. 2019 (BGBl. I S. 2886).

[2] § 26 c aufgehoben durch Gesetz vom 1. 11. 2011 (BGBl. I S. 2131).

[3] § 31 Satz 5 eingefügt, bish. Sätze 5 und 6 werden 6 und 7 mit Wirkung vom 18. 7. 2019 durch Gesetz vom 11. 7. 2019 (BGBl. I S. 1066).

(4) ① Ein Kind, das das 18. Lebensjahr vollendet hat, wird berücksichtigt, wenn es

1. noch nicht das 21. Lebensjahr vollendet hat, nicht in einem Beschäftigungsverhältnis steht und bei einer Agentur für Arbeit im Inland als Arbeitsuchender gemeldet ist oder
2. noch nicht das 25. Lebensjahr vollendet hat und
   a) für einen Beruf ausgebildet wird oder
   b)[1] sich in einer Übergangszeit von höchstens vier Monaten befindet, die zwischen zwei Ausbildungsabschnitten oder zwischen einem Ausbildungsabschnitt und der Ableistung des gesetzlichen Wehr- oder Zivildienstes, einer vom Wehr- oder Zivildienst befreienden Tätigkeit als Entwicklungshelfer oder als Dienstleistender im Ausland nach § 14b des Zivildienstgesetzes oder der Ableistung des freiwilligen Wehrdienstes nach § 58b des Soldatengesetzes oder der Ableistung eines freiwilligen Dienstes im Sinne des Buchstaben d liegt, oder
   c) eine Berufsausbildung mangels Ausbildungsplatzes nicht beginnen oder fortsetzen kann oder
   d)[2] einen der folgenden freiwilligen Dienste leistet:
      aa) ein freiwilliges soziales Jahr im Sinne des Jugendfreiwilligendienstegesetzes,
      bb) ein freiwilliges ökologisches Jahr im Sinne des Jugendfreiwilligendienstegesetzes,
      cc) einen Bundesfreiwilligendienst im Sinne des Bundesfreiwilligendienstgesetzes,
      dd) eine Freiwilligentätigkeit im Rahmen des Europäischen Solidaritätskorps im Sinne der Verordnung (EU) 2021/888 des Europäischen Parlaments und des Rates vom 20. Mai 2021 zur Aufstellung des Programms für das Europäische Solidaritätskorps und zur Aufhebung der Verordnungen (EU) 2018/1475 und (EU) Nr. 375/2014 (ABl. L 202 vom 8. 6. 2021, S. 32),
      ee) einen anderen Dienst im Ausland im Sinne von § 5 des Bundesfreiwilligendienstgesetzes,
      ff) einen entwicklungspolitischen Freiwilligendienst „weltwärts" im Sinne der Förderleitlinie des Bundesministeriums für wirtschaftliche Zusammenarbeit und Entwicklung vom 1. Januar 2016,
      gg) einen Freiwilligendienst aller Generationen im Sinne von § 2 Absatz 1a des Siebten Buches Sozialgesetzbuch oder
      hh) einen Internationalen Jugendfreiwilligendienst im Sinne der Richtlinie des Bundesministeriums für Familie, Senioren, Frauen und Jugend vom 4. Januar 2021 (GMBl. S. 77) oder
3. wegen körperlicher, geistiger oder seelischer Behinderung außerstande ist, sich selbst zu unterhalten; Voraussetzung ist, dass die Behinderung vor Vollendung des 25. Lebensjahres[3] eingetreten ist.

②[4] Nach Abschluss einer erstmaligen Berufsausbildung oder eines Erststudiums wird ein Kind in den Fällen des Satzes 1 Nummer 2 nur berücksichtigt, wenn das Kind keiner Erwerbstätigkeit nachgeht. ③ Eine Erwerbstätigkeit mit bis zu 20 Stunden regelmäßiger wöchentlicher Arbeitszeit, ein Ausbildungsdienstverhältnis oder ein geringfügiges Beschäftigungsverhältnis im Sinne der §§ 8 und 8a des Vierten Buches Sozialgesetzbuch sind unschädlich.

(5)[5] ① In den Fällen des Absatzes 4 Satz 1 Nummer 1 oder Nummer 2 Buchstabe a und b wird ein Kind, das

1. den gesetzlichen Grundwehrdienst oder Zivildienst geleistet hat, oder
2. sich an Stelle des gesetzlichen Grundwehrdienstes freiwillig für die Dauer von nicht mehr als drei Jahren zum Wehrdienst verpflichtet hat, oder
3. eine vom gesetzlichen Grundwehrdienst oder Zivildienst befreiende Tätigkeit als Entwicklungshelfer im Sinne des § 1 Absatz 1 des Entwicklungshelfer-Gesetzes ausgeübt hat,

für einen der Dauer dieser Dienste oder der Tätigkeit entsprechenden Zeitraum, höchstens für die Dauer des inländischen gesetzlichen Grundwehrdienstes oder bei anerkannten Kriegsdienstverweigerern für die Dauer des inländischen gesetzlichen Zivildienstes über das 21. oder 25. Lebensjahr hinaus berücksichtigt. ② Wird der gesetzliche Grundwehrdienst oder Zivildienst in einem Mitgliedstaat der Europäischen Union oder einem Staat, auf den das Abkommen über den Europäischen Wirtschaftsraum Anwendung findet, geleistet, so ist die Dauer dieses Dienstes maßgebend. ③ Absatz 4 Satz 2 und 3[6] gilt entsprechend.

---

[1] § 32 Abs. 4 Satz 1 Nr. 2 Buchstabe b geändert durch Gesetz vom 22. 12. 2014 (BGBl. I S. 2417).
[2] § 32 Abs. 4 Satz 1 Nr. 2 Buchstabe d neugefasst mit Wirkung ab VZ 2022 durch Gesetz vom 16. 12. 2022 (BGBl. I S. 2294).
[3] Zur Übergangsregelung siehe § 52 Abs. 32 Satz 1.
[4] § 32 Abs. 4 Sätze 2 bis 10 ersetzt durch Satz 2 und 3 mit Wirkung ab VZ 2012 durch Gesetz vom 1. 11. 2011 (BGBl. I S. 2131); Satz 2 geändert mit Wirkung ab VZ 2012 durch Gesetz vom 26. 6. 2013 (BGBl. I S. 1809).
[5] Zur Anwendung von Abs. 5 siehe § 52 Abs. 32 Satz 2.
[6] § 32 Abs. 5 Satz 3 Zitat geändert durch Gesetz vom 1. 11. 2011 (BGBl. I S. 2131).

(6)[1] ① Bei der Veranlagung zur Einkommensteuer wird für jedes zu berücksichtigende Kind des Steuerpflichtigen ein Freibetrag von *2810*[2] Euro **[ab VZ 2023:** 3012 Euro; **ab VZ 2024:** 3192 Euro**]**[2] für das sächliche Existenzminimum des Kindes (Kinderfreibetrag) sowie ein Freibetrag von 1464 Euro für den Betreuungs- und Erziehungs- oder Ausbildungsbedarf des Kindes vom Einkommen abgezogen. ② Bei Ehegatten, die nach den §§ 26, 26 b zusammen zur Einkommensteuer veranlagt werden, verdoppeln sich die Beträge nach Satz 1, wenn das Kind zu beiden Ehegatten in einem Kindschaftsverhältnis steht. ③ Die Beträge nach Satz 2 stehen dem Steuerpflichtigen auch dann zu, wenn

1. der andere Elternteil verstorben oder nicht unbeschränkt einkommensteuerpflichtig ist oder
2. der Steuerpflichtige allein das Kind angenommen hat oder das Kind nur zu ihm in einem Pflegekindschaftsverhältnis steht.

④ Für ein nicht nach § 1 Absatz 1 oder 2 unbeschränkt einkommensteuerpflichtiges Kind können die Beträge nach den Sätzen 1 bis 3 nur abgezogen werden, soweit sie nach den Verhältnissen seines Wohnsitzstaates notwendig und angemessen sind. ⑤ Für jeden Kalendermonat, in dem die Voraussetzungen für einen Freibetrag nach den Sätzen 1 bis 4 nicht vorliegen, ermäßigen sich die dort genannten Beträge um ein Zwölftel. ⑥ Abweichend von Satz 1 wird bei einem unbeschränkt einkommensteuerpflichtigen Elternpaar, bei dem die Voraussetzungen des § 26 Absatz 1 Satz 1 nicht vorliegen, auf Antrag eines Elternteils der dem anderen Elternteil zustehende Kinderfreibetrag auf ihn übertragen, wenn er, nicht jedoch der andere Elternteil, seiner Unterhaltspflicht gegenüber dem Kind für das Kalenderjahr im Wesentlichen nachkommt oder der andere Elternteil mangels Leistungsfähigkeit nicht unterhaltspflichtig ist; die Übertragung des Kinderfreibetrags führt stets auch zur Übertragung des Freibetrags für den Betreuungs- und Erziehungs- oder Ausbildungsbedarf. ⑦ Eine Übertragung nach Satz 6 scheidet für Zeiträume aus, für die Unterhaltsleistungen nach dem Unterhaltsvorschussgesetz gezahlt werden. ⑧ Bei minderjährigen Kindern wird der dem Elternteil, in dessen Wohnung das Kind nicht gemeldet ist, zustehende Freibetrag für den Betreuungs- und Erziehungs- oder Ausbildungsbedarf auf Antrag des anderen Elternteils auf diesen übertragen, wenn bei dem Elternpaar die Voraussetzungen des § 26 Absatz 1 Satz 1 nicht vorliegen. ⑨ Eine Übertragung nach Satz 8 scheidet aus, wenn der Übertragung widersprochen wird, weil der Elternteil, bei dem das Kind nicht gemeldet ist, Kinderbetreuungskosten trägt oder das Kind regelmäßig in einem nicht unwesentlichen Umfang betreut. ⑩ Die den Eltern nach den Sätzen 1 bis 9 zustehenden Freibeträge können auf Antrag auch auf einen Stiefelternteil oder Großelternteil übertragen werden, wenn dieser das Kind in seinen Haushalt aufgenommen hat oder dieser einer Unterhaltspflicht gegenüber dem Kind unterliegt. ⑪ Die Übertragung nach Satz 10 kann auch mit Zustimmung des berechtigten Elternteils erfolgen, die nur für künftige Kalenderjahre widerrufen werden kann. **[ab VZ 2023:** ⑫ Voraussetzung für die Berücksichtigung des Kinderfreibetrags sowie des Freibetrags für den Betreuungs- und Erziehungs- oder Ausbildungsbedarf des Kindes ist die Identifizierung des Kindes durch die an dieses Kind vergebene Identifikationsnummer (§ 139 b der Abgabenordnung). ⑬ Ist das Kind nicht nach einem Steuergesetz steuerpflichtig (§ 139 a Absatz 2 der Abgabenordnung), ist es in anderer geeigneter Weise zu identifizieren. ⑭ Die nachträgliche Identifizierung oder nachträgliche Vergabe der Identifikationsnummer wirkt auf Monate zurück, in denen die übrigen Voraussetzungen für die Gewährung des Kinderfreibetrags sowie des Freibetrags für den Betreuungs- und Erziehungs- oder Ausbildungsbedarf des Kindes vorliegen.**]**[3]

§ 32 a Einkommensteuertarif

[Fassung für VZ 2022:]

(1)[4] ① Die tarifliche Einkommensteuer bemisst sich nach dem zu versteuernden Einkommen. ② Sie beträgt ab dem Veranlagungszeitraum 2022 vorbehaltlich der §§ 32 b, 32 d, 34, 34 a, 34 b und 34 c jeweils in Euro für zu versteuernde Einkommen

[Fassung für VZ 2023:]

(1)[5] ① Die tarifliche Einkommensteuer bemisst sich nach dem auf volle Euro abgerundeten zu versteuernden Einkommen. ② Sie beträgt im Veranlagungszeitraum 2023 vorbehaltlich der §§ 32 b, 32 d, 34, 34 a, 34 b und 34 c jeweils in Euro für zu versteuernde Einkommen

---

[1] § 32 Abs. 6 Satz 1 Beträge geändert durch Gesetz vom 22. 12. 2009 (BGBl. I S. 3950); Abs. 6 Satz 6 und 7 ersetzt durch Sätze 6 bis 11 mit Wirkung ab VZ 2012 durch Gesetz vom 1. 11. 2011 (BGBl. I S. 2131); Abs. 6 Satz 7 geändert mit Wirkung ab VZ 2014 durch Gesetz vom 25. 7. 2014 (BGBl. I S. 1266); Abs. 6 Satz 1 Kinderfreibetrag geändert mit Wirkung ab VZ 2015 durch Gesetz vom 16. 7. 2015 (BGBl. I S. 1202); Abs. 6 Satz 1 Betrag geändert mit Wirkung ab VZ 2016 durch Gesetz vom 16. 7. 2015 (BGBl. I S. 1202); Abs. 6 Satz 1 Betrag geändert mit Wirkung ab VZ 2017 durch Gesetz vom 20. 12. 2016 (BGBl. I S. 3000); Abs. 6 Satz 1 Betrag geändert mit Wirkung ab VZ 2018 durch Gesetz vom 20. 12. 2016 (BGBl. I S. 3000); Abs. 6 Satz 1 Betrag geändert mit Wirkung ab VZ 2019 durch Art. 1 und ab VZ 2020 durch Art. 3 des Gesetzes vom 29. 11. 2018 (BGBl. I S. 2210); Abs. 6 Satz 1 Betrag geändert mit Wirkung ab VZ 2021 durch Gesetz vom 1. 12. 2020 (BGBl. I S. 2616); Abs. 6 Satz 4 2. Halbsatz angefügt mit Wirkung ab VZ 2021 durch Gesetz vom 2. 6. 2021 (BGBl. I S. 1259).

[2] § 32 Abs. 6 Satz 1 Betrag geändert mit Wirkung ab VZ 2022, 2023 und 2024 durch Gesetz vom 8. 12. 2022 (BGBl. I S. 2230).

[3] § 32 Abs. 6 Sätze 12 bis 14 angefügt mit Wirkung ab VZ 2023 durch Gesetz vom 16. 12. 2022 (BGBl. I S. 2294).

[4] § 32 a Abs. 1 neugefasst mit Wirkung ab VZ 2022 durch Gesetz vom 23. 5. 2022 (BGBl. I S. 749).

[5] § 32 a Abs. 1 neugefasst mit Wirkung ab VZ 2023 durch Gesetz vom 8. 12. 2022 (BGBl. I S. 2230).

[Fassung für VZ 2022:]

1. bis 10 347 Euro (Grundfreibetrag):
0;
2. von 10 348 Euro bis 14 926 Euro:
(1088,67 · y + 1400) · y;
3. von 14 927 Euro bis 58 596 Euro:
(206,43 · z + 2397) · z + 869,32;
4. von 58 597 Euro bis 277 825 Euro:
0,42 · x – 9336,45;
5. von 277 826 Euro an:
0,45 · x – 17 671,20.

③ Die Größe „y" ist ein Zehntausendstel des den Grundfreibetrag übersteigenden Teils des auf einen vollen Euro-Betrag abgerundeten zu versteuernden Einkommens. ④ Die Größe „z" ist ein Zehntausendstel des 14 926 Euro übersteigenden Teils des auf einen vollen Euro-Betrag abgerundeten zu versteuernden Einkommens. ⑤ Die Größe „x" ist das auf einen vollen Euro-Betrag abgerundete zu versteuernde Einkommen. ⑥ Der sich ergebende Steuerbetrag ist auf den nächsten vollen Euro-Betrag abzurunden.

[Fassung für VZ 2023:]

1. bis 10 908 Euro (Grundfreibetrag):
0;
2. von 10 909 Euro bis 15 999 Euro:
(979,18 · y + 1400) · y;
3. von 16 000 Euro bis 62 809 Euro:
(192,59 · z + 2397) · z + 966,53;
4. von 62 810 Euro bis 277 825 Euro:
0,42 · x – 9972,98;
5. von 277 826 Euro an:
0,45 · x – 18 307,73.

③ Die Größe „y" ist ein Zehntausendstel des den Grundfreibetrag übersteigenden Teils des auf einen vollen Euro-Betrag abgerundeten zu versteuernden Einkommens. ④ Die Größe „z" ist ein Zehntausendstel des 15 999 Euro übersteigenden Teils des auf einen vollen Euro-Betrag abgerundeten zu versteuernden Einkommens. ⑤ Die Größe „x" ist das auf einen vollen Euro-Betrag abgerundete zu versteuernde Einkommen. ⑥ Der sich ergebende Steuerbetrag ist auf den nächsten vollen Euro-Betrag abzurunden.

[ab VZ 2024:

(1)[1] ① Die tarifliche Einkommensteuer bemisst sich nach dem auf volle Euro abgerundeten zu versteuernden Einkommen. ② Sie beträgt ab dem Veranlagungszeitraum 2024 vorbehaltlich der §§ 32b, 32d, 34, 34a, 34b und 34c jeweils in Euro für zu versteuernde Einkommen

1. bis 11 604 Euro (Grundfreibetrag):
0;
2. von 11 605 Euro bis 17 005 Euro:
(922,98 · y + 1400) · y;
3. von 17 006 Euro bis 66 760 Euro:
(181,19 · z + 2397) · z + 1025,38;
4. von 66 761 Euro bis 277 825 Euro:
0,42 · x – 10 602,13;
5. von 277 826 Euro an:
0,45 x – 18 936,88.

③ Die Größe „y" ist ein Zehntausendstel des den Grundfreibetrag übersteigenden Teils des auf einen vollen Euro-Betrag abgerundeten zu versteuernden Einkommens. ④ Die Größe „z" ist ein Zehntausendstel des 17 005 Euro übersteigenden Teils des auf einen vollen Euro-Betrag abgerundeten zu versteuernden Einkommens. ⑤ Die Größe „x" ist das auf einen vollen Euro-Betrag abgerundete zu versteuernde Einkommen. ⑥ Der sich ergebende Steuerbetrag ist auf den nächsten vollen Euro-Betrag abzurunden.]

(2) bis (4) (weggefallen)

(5) Bei Ehegatten, die nach den §§ 26, 26b zusammen zur Einkommensteuer veranlagt werden, beträgt die tarifliche Einkommensteuer vorbehaltlich der §§ 32b, 32d, 34, 34a, 34b und 34c das Zweifache des Steuerbetrags, der sich für die Hälfte ihres gemeinsam zu versteuernden Einkommens nach Absatz 1 ergibt (Splitting-Verfahren).

(6)[2] ① Das Verfahren nach Absatz 5 ist auch anzuwenden zur Berechnung der tariflichen Einkommensteuer für das zu versteuernde Einkommen

1. bei einem verwitweten Steuerpflichtigen für den Veranlagungszeitraum, der dem Kalenderjahr folgt, in dem der Ehegatte verstorben ist, wenn der Steuerpflichtige und sein verstorbener Ehegatte im Zeitpunkt seines Todes die Voraussetzungen des § 26 Absatz 1 Satz 1 erfüllt haben,
2. bei einem Steuerpflichtigen, dessen Ehe in dem Kalenderjahr, in dem er sein Einkommen bezogen hat, aufgelöst worden ist, wenn in diesem Kalenderjahr
   a) der Steuerpflichtige und sein bisheriger Ehegatte die Voraussetzungen des § 26 Absatz 1 Satz 1 erfüllt haben,
   b) der bisherige Ehegatte wieder geheiratet hat und
   c) der bisherige Ehegatte und dessen neuer Ehegatte ebenfalls die Voraussetzungen des § 26 Absatz 1 Satz 1 erfüllen.

---

[1] § 32a Abs. 1 neugefasst mit Wirkung ab VZ 2024 durch Gesetz vom 8. 12. 2022 (BGBl. I S. 2230).
[2] § 32a Abs. 6 Satz 1 Nr. 2 Satz 2 aufgehoben und Satz 2 geändert durch Gesetz vom 1. 11. 2011 (BGBl. I S. 2131).

② Voraussetzung für die Anwendung des Satzes 1 ist, dass der Steuerpflichtige nicht nach den §§ 26, 26a einzeln zur Einkommensteuer veranlagt wird.

§ 32b Progressionsvorbehalt

(1) ① Hat ein zeitweise oder während des gesamten Veranlagungszeitraums unbeschränkt Steuerpflichtiger oder ein beschränkt Steuerpflichtiger, auf den § 50 Absatz 2 Satz 2 Nummer 4 Anwendung findet,

1. a)[1] Arbeitslosengeld, Teilarbeitslosengeld, Zuschüsse zum Arbeitsentgelt, Kurzarbeitergeld, Insolvenzgeld, Übergangsgeld nach dem Dritten Buch Sozialgesetzbuch; Insolvenzgeld, das nach § 170 Absatz 1 des Dritten Buches Sozialgesetzbuch einem Dritten zusteht, ist dem Arbeitnehmer zuzurechnen,
   b) Krankengeld, Mutterschaftsgeld, Verletztengeld, Übergangsgeld oder vergleichbare Lohnersatzleistungen nach dem Fünften, Sechsten oder Siebten Buch Sozialgesetzbuch, der Reichsversicherungsordnung, dem Gesetz über die Krankenversicherung der Landwirte oder dem Zweiten Gesetz über die Krankenversicherung der Landwirte,
   c) Mutterschaftsgeld, Zuschuss zum Mutterschaftsgeld, die Sonderunterstützung nach dem Mutterschutzgesetz sowie den Zuschuss bei Beschäftigungsverboten für die Zeit vor oder nach einer Entbindung sowie für den Entbindungstag während einer Elternzeit nach beamtenrechtlichen Vorschriften,
   d)[2] Arbeitslosenbeihilfe nach dem Soldatenversorgungsgesetz,
   e) Entschädigungen für Verdienstausfall nach dem Infektionsschutzgesetz vom 20. Juli 2000 (BGBl. I S. 1045),
   f) *Versorgungskrankengeld oder Übergangsgeld nach dem Bundesversorgungsgesetz* **[ab 1. 1. 2024:** Krankengeld der Sozialen Entschädigung *oder Übergangsgeld nach dem Vierzehnten Buch Sozialgesetzbuch*[3] **[ab 1. 1. 2025:** , Übergangsgeld nach dem Vierzehnten Buch Sozialgesetzbuch, Krankengeld der Soldatenentschädigung oder Übergangsgeld nach dem Soldatenentschädigungsgesetz,**]**[4]
   g)[5] nach § 3 Nummer 28 steuerfreie Aufstockungsbeträge oder Zuschläge sowie nach § 3 Nummer 28a steuerfreie Zuschüsse,
   h)[6] Leistungen an Nichtselbständige nach § 5 des Unterhaltssicherungsgesetzes,
   i)[7] nach § 3 Nummer 60 steuerfreie Anpassungsgelder,
   j) Elterngeld nach dem Bundeselterngeld- und Elternzeitgesetz,
   k)[8] nach § 3 Nummer 2 Buchstabe e steuerfreie Leistungen, wenn vergleichbare Leistungen inländischer öffentlicher Kassen nach den Buchstaben a bis j dem Progressionsvorbehalt unterfallen, oder
2. ausländische Einkünfte, die im Veranlagungszeitraum nicht der deutschen Einkommensteuer unterlegen haben; dies gilt nur für Fälle der zeitweisen unbeschränkten Steuerpflicht einschließlich der in § 2 Absatz 7 Satz 3 geregelten Fälle; ausgenommen sind Einkünfte, die nach einem sonstigen zwischenstaatlichen Übereinkommen im Sinne der Nummer 4 steuerfrei sind und die nach diesem Übereinkommen nicht unter dem Vorbehalt der Einbeziehung bei der Berechnung der Einkommensteuer stehen,
3. Einkünfte, die nach einem Abkommen zur Vermeidung der Doppelbesteuerung steuerfrei sind,
4. Einkünfte, die nach einem sonstigen zwischenstaatlichen Übereinkommen unter dem Vorbehalt der Einbeziehung bei der Berechnung der Einkommensteuer steuerfrei sind,
5. Einkünfte, die bei Anwendung von § 1 Absatz 3 oder § 1a oder § 50 Absatz 2 Satz 2 Nummer 4 im Veranlagungszeitraum bei der Ermittlung des zu versteuernden Einkommens unberücksichtigt bleiben, weil sie nicht der deutschen Einkommensteuer oder einem Steuerabzug unterliegen; ausgenommen sind Einkünfte, die nach einem sonstigen zwischenstaatlichen Übereinkommen im Sinne der Nummer 4 steuerfrei sind und die nach diesem Übereinkommen nicht unter dem Vorbehalt der Einbeziehung bei der Berechnung der Einkommensteuer stehen,

bezogen, so ist auf das nach § 32a Absatz 1 zu versteuernde Einkommen ein besonderer Steuersatz anzuwenden. ② Satz 1 Nummer 3 gilt nicht für Einkünfte

---

[1] § 32b Abs. 1 Satz 1 Nr. 1 Buchstabe a neugefasst mit Wirkung ab VZ 2015 durch Gesetz vom 25. 7. 2014 (BGBl. I S. 1266).

[2] § 32b Abs. 1 Satz 1 Nr. 1 Buchstabe d geändert mit Wirkung ab VZ 2015 durch Gesetz vom 25. 7. 2014 (BGBl. I S. 1266).

[3] § 32b Abs. 1 Satz 1 Nr. 1 Buchstabe f neugefasst ab 1. 1. 2024 durch Gesetz vom 12. 12. 2019 (BGBl. I S. 2652).

[4] § 32b Abs. 1 Satz 1 Nr. 1 Buchstabe f neugefasst ab 1. 1. 2025 durch Gesetz vom 20. 8. 2021 (BGBl. I S. 3932).

[5] § 32b Abs. 1 Satz 1 Nr. 1 Buchstabe g geändert durch Gesetz vom 19. 6. 2020 (BGBl. I S. 1385).

[6] § 32b Abs. 1 Satz 1 Nr. 1 Buchstabe h neugefasst mit Wirkung ab VZ 2015 durch Gesetz vom 29. 6. 2015 (BGBl. I S. 1061); Abs. 1 Satz 1 Nr. 1 Buchstabe h geändert mit Wirkung ab VZ 2020 durch Gesetz vom 12. 12. 2019 (BGBl. I S. 2451).

[7] § 32b Abs. 1 Satz 1 Nr. 1 Buchstabe i neugefasst mit Wirkung ab 14. 8. 2020 durch Gesetz vom 8. 8. 2020 (BGBl. I S. 1818).

[8] § 32b Abs. 1 Satz 1 Nr. 1 Buchstabe k angefügt mit Wirkung ab VZ 2015 durch Gesetz vom 25. 7. 2014 (BGBl. I S. 1266).

1. aus einer anderen als in einem Drittstaat belegenen land- und forstwirtschaftlichen Betriebsstätte,
2. aus einer anderen als in einem Drittstaat belegenen gewerblichen Betriebsstätte, die nicht die Voraussetzungen des § 2a Absatz 2 Satz 1 erfüllt,
3. aus der Vermietung oder der Verpachtung von unbeweglichem Vermögen oder von Sachinbegriffen, wenn diese in einem anderen Staat als in einem Drittstaat belegen sind, oder
4. aus der entgeltlichen Überlassung von Schiffen, sofern diese ausschließlich oder fast ausschließlich in einem anderen als einem Drittstaat eingesetzt worden sind, es sei denn, es handelt sich um Handelsschiffe, die
   a) von einem Vercharterer ausgerüstet überlassen oder
   b) an in einem anderen als in einem Drittstaat ansässige Ausrüster, die die Voraussetzungen des § 510 Absatz 1 des Handelsgesetzbuchs erfüllen, überlassen oder
   c) insgesamt nur vorübergehend an in einem Drittstaat ansässige Ausrüster, die die Voraussetzungen des § 510 Absatz 1 des Handelsgesetzbuchs erfüllen, überlassen

   worden sind, oder
5. aus dem Ansatz des niedrigeren Teilwerts oder der Übertragung eines zu einem Betriebsvermögen gehörenden Wirtschaftsguts im Sinne der Nummern 3 und 4.

③ § 2a Absatz 2a und § 15b sind sinngemäß anzuwenden.[1]

(1a) Als unmittelbar von einem unbeschränkt Steuerpflichtigen bezogene ausländische Einkünfte im Sinne des Absatzes 1 Nummer 3 gelten auch die ausländischen Einkünfte, die eine Organgesellschaft im Sinne des § 14 oder des § 17 des Körperschaftsteuergesetzes bezogen hat und die nach einem Abkommen zur Vermeidung der Doppelbesteuerung steuerfrei sind, in dem Verhältnis, in dem dem unbeschränkt Steuerpflichtigen das Einkommen der Organgesellschaft bezogen auf das gesamte Einkommen der Organgesellschaft im Veranlagungszeitraum zugerechnet wird.

(2)[2] Der besondere Steuersatz nach Absatz 1 ist der Steuersatz, der sich ergibt, wenn bei der Berechnung der Einkommensteuer das nach § 32a Absatz 1 zu versteuernde Einkommen vermehrt oder vermindert wird um

1. im Fall des Absatzes 1 Nummer 1 die Summe der Leistungen nach Abzug des Arbeitnehmer-Pauschbetrags (§ 9a Satz 1 Nummer 1), soweit er nicht bei der Ermittlung der Einkünfte aus nichtselbständiger Arbeit abziehbar ist;
2. im Fall des Absatzes 1 Nummer 2 bis 5 die dort bezeichneten Einkünfte, wobei die darin enthaltenen außerordentlichen Einkünfte mit einem Fünftel zu berücksichtigen sind. ② Bei der Ermittlung der Einkünfte im Fall des Absatzes 1 Nummer 2 bis 5
   a) ist der Arbeitnehmer-Pauschbetrag (§ 9a Satz 1 Nummer 1 Buchstabe a) abzuziehen, soweit er nicht bei der Ermittlung der Einkünfte aus nichtselbständiger Arbeit abziehbar ist;
   b) sind Werbungskosten nur insoweit abzuziehen, als sie zusammen mit den bei der Ermittlung der Einkünfte aus nichtselbständiger Arbeit abziehbaren Werbungskosten den Arbeitnehmer-Pauschbetrag (§ 9a Satz 1 Nummer 1 Buchstabe a) übersteigen;
   c)[3] sind bei Gewinnermittlung nach § 4 Absatz 3 die Anschaffungs- oder Herstellungskosten für Wirtschaftsgüter des Umlaufvermögens im Zeitpunkt des Zuflusses des Veräußerungserlöses oder bei Entnahme im Zeitpunkt der Entnahme als Betriebsausgaben zu berücksichtigen. ② § 4 Absatz 3 Satz 5 gilt entsprechend.

(3)[4] ① Nach Maßgabe des § 93c der Abgabenordnung haben die Träger der Sozialleistungen im Sinne des Absatzes 1 Satz 1 Nummer 1 für jeden Leistungsempfänger der für seine Besteuerung nach dem Einkommen zuständigen Finanzbehörde neben den nach § 93c Absatz 1 der Abgabenordnung erforderlichen Angaben die Daten über die im Kalenderjahr gewährten Leistungen sowie die Dauer des Leistungszeitraums zu übermitteln, soweit die Leistungen nicht in der Lohnsteuerbescheinigung anzugeben sind (§ 41b Absatz 1 Satz 2 Nummer 5); § 41b Absatz 2 und § 22a Absatz 2 gelten entsprechend. ② Die mitteilungspflichtige Stelle hat den Empfänger der Leistungen auf die steuerliche Behandlung dieser Leistungen und seine Steuererklärungspflicht hinzuweisen. ③ In den Fällen des § 170 Absatz 1 des Dritten Buches Sozialgesetzbuch gilt als Empfänger des an Dritte ausgezahlten Insolvenzgeldes der Arbeitnehmer, der seinen Arbeitsentgeltanspruch übertragen hat.

(4)[4] ① In den Fällen des Absatzes 3 ist für die Anwendung des § 72a Absatz 4 und des § 93c Absatz 4 Satz 1 der Abgabenordnung das Betriebsstättenfinanzamt des Trägers der jeweiligen Sozialleistungen zuständig. ② Sind für ihn mehrere Betriebsstättenfinanzämter zuständig oder hat

[1] § 32b Abs. 1 Satz 3 geändert durch Gesetz vom 18. 12. 2013 (BGBl. I S. 4318); zur erstmaligen Anwendung siehe § 52 Abs. 33 Satz 2.

[2] § 32b Abs. 2 Satz 2 und 3 aufgehoben mit Wirkung ab VZ 2014 durch Gesetz vom 25. 7. 2014 (BGBl. I S. 1266).

[3] § 32b Abs. 2 Satz 1 Nr. 2 Satz 2 Buchstabe c angefügt durch Gesetz vom 26. 6. 2013 (BGBl. I S. 1809); zur erstmaligen Anwendung siehe § 52 Abs. 33 Satz 1.

[4] § 32b Abs. 3 ersetzt durch Abs. 3 bis 5 mit Wirkung ab 1. 1. 2018 durch Gesetz vom 18. 7. 2016 (BGBl. I S. 1679); zur erstmaligen Anwendung siehe § 52 Abs. 33 Satz 3.

er keine Betriebsstätte im Sinne des § 41 Absatz 2, so ist das Finanzamt zuständig, in dessen Bezirk sich seine Geschäftsleitung nach § 10 der Abgabenordnung im Inland befindet.

(5)[1] Die nach Absatz 3 übermittelten Daten können durch das nach Absatz 4 zuständige Finanzamt bei den für die Besteuerung der Leistungsempfänger nach dem Einkommen zuständigen Finanzbehörden abgerufen und zur Anwendung des § 72a Absatz 4 und des § 93c Absatz 4 Satz 1 der Abgabenordnung verarbeitet werden.

§ 32c[2] Tarifermäßigung bei Einkünften aus Land- und Forstwirtschaft

(1) ① Auf Antrag des Steuerpflichtigen wird nach Ablauf von drei Veranlagungszeiträumen (Betrachtungszeitraum) unter den Voraussetzungen des Absatzes 5 für Einkünfte aus Land- und Forstwirtschaft im Sinne des § 13 eine Tarifermäßigung nach Satz 2 gewährt. ② Ist die Summe der tariflichen Einkommensteuer, die innerhalb des Betrachtungszeitraums auf die steuerpflichtigen Einkünfte aus Land- und Forstwirtschaft im Sinne des § 13 entfällt, höher als die Summe der nach Absatz 2 ermittelten fiktiven tariflichen Einkommensteuer, die innerhalb des Betrachtungszeitraums auf die steuerpflichtigen Einkünfte aus Land- und Forstwirtschaft im Sinne des § 13 entfällt, wird bei der Steuerfestsetzung des letzten Veranlagungszeitraums im Betrachtungszeitraum die tarifliche Einkommensteuer um den Unterschiedsbetrag ermäßigt. ③ Satz 1 gilt nicht, wenn nur in einem Veranlagungszeitraum des Betrachtungszeitraums Einkünfte aus Land- und Forstwirtschaft erzielt werden.

(2) ① Die fiktive tarifliche Einkommensteuer, die auf die steuerpflichtigen Einkünfte aus Land- und Forstwirtschaft im Sinne des § 13 entfällt, wird für jeden Veranlagungszeitraum des Betrachtungszeitraums gesondert ermittelt. ② Dabei treten an die Stelle der tatsächlichen Einkünfte aus Land- und Forstwirtschaft im Sinne des § 13 die nach Satz 3 zu ermittelnden durchschnittlichen Einkünfte. ③ Zur Ermittlung der durchschnittlichen Einkünfte aus Land- und Forstwirtschaft wird die Summe der tatsächlichen Einkünfte aus Land- und Forstwirtschaft der Veranlagungszeiträume eines Betrachtungszeitraums gleichmäßig auf die Veranlagungszeiträume des Betrachtungszeitraums verteilt.

(3) ① Die auf die steuerpflichtigen Einkünfte aus Land- und Forstwirtschaft im Sinne des § 13 entfallende tarifliche Einkommensteuer im Sinne des Absatzes 1 ermittelt sich aus dem Verhältnis der positiven steuerpflichtigen Einkünfte aus Land- und Forstwirtschaft zur Summe der positiven Einkünfte. ② Entsprechendes gilt bei der Ermittlung der fiktiven tariflichen Einkommensteuer. ③ Bei Ehegatten, die nach den §§ 26, 26b zusammen zur Einkommensteuer veranlagt werden, werden für die Ermittlung der Einkünfte jeder Einkunftsart im Sinne des Satzes 1 die Einkünfte beider Ehegatten zusammengerechnet.

(4) Bei der Ermittlung der tatsächlichen und der durchschnittlichen Einkünfte aus Land- und Forstwirtschaft im Sinne der Absätze 2 und 3 bleiben außer Betracht:

1. außerordentliche Einkünfte nach § 34 Absatz 2,
2. nach § 34a begünstigte nicht entnommene Gewinne sowie
3. Einkünfte aus außerordentlichen Holznutzungen im Sinne des § 34b Absatz 1 und 2.

(5) ① Die Inanspruchnahme der Tarifermäßigung ist nur zulässig, wenn

1. für negative Einkünfte, die im ersten Veranlagungszeitraum des Betrachtungszeitraums erzielt wurden, kein Verlustrücktrag nach § 10d Absatz 1 in den letzten Veranlagungszeitraum eines vorangegangenen Betrachtungszeitraums vorgenommen wurde,
2.[3] für negative Einkünfte, die im zweiten und dritten Veranlagungszeitraum des Betrachtungszeitraums erzielt wurden, kein Antrag nach § 10d Absatz 1 Satz 6 gestellt wurde,
3. der Steuerpflichtige kein Unternehmer in Schwierigkeiten im Sinne der Rahmenregelung der Europäischen Union für staatliche Beihilfen im Agrar- und Forstsektor und in ländlichen Gebieten 2014–2020 (2014/C 204/01) (ABl. C 204 vom 1. 7. 2014, S. 1) ist,
4. ein Steuerpflichtiger, der zu einer Rückzahlung von Beihilfen auf Grund eines früheren Beschlusses der Europäischen Kommission zur Feststellung der Unzulässigkeit einer Beihilfe und ihrer Unvereinbarkeit mit dem Binnenmarkt verpflichtet worden ist, dieser Rückforderungsanordnung vollständig nachgekommen ist,
5. der Steuerpflichtige weder einen der in Artikel 10 Absatz 1 der Verordnung (EU) Nr. 508/2014 des Europäischen Parlaments und des Rates vom 15. Mai 2014 über den Europäischen Meeres- und Fischereifonds und zur Aufhebung der Verordnungen (EG) Nr. 2328/2003, (EG) Nr. 861/2006, (EG) 1198/2006 und (EG) Nr. 791/2007 des Rates und der Verordnung (EU) Nr. 1255/2011 des Europäischen Parlaments und des Rates (ABl. L 149 vom 20. 5. 2014, S. 1)

[1] § 32b Abs. 3 ersetzt durch Abs. 3 bis 5 mit Wirkung ab 1. 1. 2018 durch Gesetz vom 18. 7. 2016 (BGBl. I S. 1679); zur erstmaligen Anwendung siehe § 52 Abs. 33 Satz 3. § 32b Abs. 5 geändert mit Wirkung ab VZ 2019 durch Gesetz vom 20. 11. 2019 (BGBl. I S. 1626).

[2] § 32c eingefügt durch Gesetz vom 20. 12. 2016 (BGBl. I S. 3045), aufgehoben durch Art. 31 des Gesetzes 12. 12. 2019 (BGBl. I S. 2451); eingefügt mit Wirkung ab VZ 2016 durch Gesetz vom 12. 12. 2019 (BGBl. I S. 2451 i. V. m. Bek. vom 18. 3. 2020, BGBl. I S. 597); **zur erstmaligen und zur letztmaligen Anwendung siehe § 52 Abs. 33 a.**

[3] § 32c Abs. 5 Satz 1 Nr. 2 geändert durch Gesetz vom 19. 6. 2022 (BGBl. I S. 911).

genannten Verstöße oder Vergehen noch einen Betrug gemäß Artikel 10 Absatz 3 dieser Verordnung in dem Zeitraum begangen hat, der in den delegierten Rechtsakten auf der Grundlage von Artikel 10 Absatz 4 dieser Verordnung festgelegt ist, und

6. ein Steuerpflichtiger mit Einkünften aus Binnenfischerei, Teichwirtschaft oder Fischzucht für Binnenfischerei und Teichwirtschaft versichert, dass er für einen Zeitraum von fünf Jahren nach Bekanntgabe des Einkommensteuerbescheids, mit dem die Tarifermäßigung gewährt wird, die Bestimmungen der Gemeinsamen Fischereipolitik einhalten wird.

② Der Steuerpflichtige hat bei der Beantragung der Tarifermäßigung zu erklären, dass die in Satz 1 Nummer 3 bis 6 genannten Voraussetzungen bestehen. ③ Der Steuerpflichtige hat dem zuständigen Finanzamt nach Beantragung der Tarifermäßigung unverzüglich mitzuteilen, wenn eine der in Satz 1 Nummer 3 bis 6 genannten Voraussetzungen nicht mehr vorliegt.

(6)[1] ① Ist für einen Veranlagungszeitraum, in dem eine Tarifermäßigung nach Absatz 1 gewährt wurde, bereits ein Einkommensteuerbescheid erlassen worden, ist dieser zu ändern, soweit sich in einem Einkommensteuerbescheid des Betrachtungszeitraums Besteuerungsgrundlagen ändern. ② Die Festsetzungsfrist endet insoweit nicht, bevor die Festsetzungsfrist für den Veranlagungszeitraum abgelaufen ist, in dem sich die Besteuerungsgrundlagen geändert haben. ③ Die Sätze 1 und 2 gelten in den Fällen des § 36 Absatz 2 Nummer 4 entsprechend für die Anrechnungsverfügung.

(7) ① Wird während eines Zeitraums von fünf Jahren nach Bekanntgabe des Einkommensteuerbescheids, mit dem die Tarifermäßigung für den jeweiligen Betrachtungszeitraum gewährt wird, einer der in Artikel 10 Absatz 1 der Verordnung (EU) Nr. 508/2014 genannten Verstöße durch die zuständige Behörde festgestellt, ist eine Tarifermäßigung im Sinne des Absatzes 1 Satz 2 rückgängig zu machen. ② Ein solcher Verstoß gilt als rückwirkendes Ereignis im Sinne von § 175 Absatz 1 Satz 1 Nummer 2 in Verbindung mit Absatz 2 der Abgabenordnung. ③ Der Steuerpflichtige hat einen Verstoß unverzüglich nach dessen Feststellung dem zuständigen Finanzamt anzuzeigen. ④ Die Festsetzungsfrist für die Steuer endet nicht vor Ablauf von vier Jahren nach Ablauf des Kalenderjahres, in dem die Finanzbehörde von dem Verstoß nach Satz 1 Kenntnis erlangt hat.

§ 32d Gesonderter Steuertarif für Einkünfte aus Kapitalvermögen

(1) ① Die Einkommensteuer für Einkünfte aus Kapitalvermögen, die nicht unter § 20 Absatz 8 fallen, beträgt 25 Prozent. ② Die Steuer nach Satz 1 vermindert sich um die nach Maßgabe des Absatzes 5 anrechenbaren ausländischen Steuern. ③ Im Fall der Kirchensteuerpflicht ermäßigt sich die Steuer nach den Sätzen 1 und 2 um 25 Prozent der auf die Kapitalerträge entfallenden Kirchensteuer. ④ Die Einkommensteuer beträgt damit

$$\frac{e - 4_q}{4 + k}.$$

⑤ Dabei sind „e" die nach den Vorschriften des § 20 ermittelten Einkünfte, „q" die nach Maßgabe des Absatzes 5 anrechenbare ausländische Steuer und „k" der für die Kirchensteuer erhebende Religionsgesellschaft (Religionsgemeinschaft) geltende Kirchensteuersatz.

(2) Absatz 1 gilt nicht

1. für Kapitalerträge im Sinne des § 20 Absatz 1 Nummer 4 und 7 sowie Absatz 2 Satz 1 Nummer 4 und 7,
   a)[2] wenn Gläubiger und Schuldner einander nahe stehende Personen sind, soweit die den Kapitalerträgen entsprechenden Aufwendungen beim Schuldner Betriebsausgaben oder Werbungskosten im Zusammenhang mit Einkünften sind, die der inländischen Besteuerung unterliegen und § 20 Absatz 9 Satz 1 zweiter Halbsatz keine Anwendung findet,
   b)[3] wenn sie von einer Kapitalgesellschaft oder Genossenschaft an einen Anteilseigner gezahlt werden, der zu mindestens 10 Prozent an der Gesellschaft oder Genossenschaft beteiligt ist, soweit die den Kapitalerträgen entsprechenden Aufwendungen beim Schuldner Betriebsausgaben oder Werbungskosten im Zusammenhang mit Einkünften sind, die der inländischen Besteuerung unterliegen und § 20 Absatz 9 Satz 1 zweiter Halbsatz keine Anwendung findet. ② Dies gilt auch, wenn der Gläubiger der Kapitalerträge eine dem Anteilseigner nahe stehende Person ist, oder
   c) soweit ein Dritter die Kapitalerträge schuldet und diese Kapitalanlage im Zusammenhang mit einer Kapitalüberlassung an einen Betrieb des Gläubigers steht. ② Dies gilt entsprechend, wenn Kapital überlassen wird
      aa) an eine dem Gläubiger der Kapitalerträge nahestehende Person oder
      bb) an eine Personengesellschaft, bei der der Gläubiger der Kapitalerträge oder eine diesem nahestehende Person als Mitunternehmer beteiligt ist oder

---

[1] § 32c Abs. 6 Satz 3 geändert durch Gesetz vom 21. 12. 2020 (BGBl. I S. 3096).

[2] § 32d Abs. 2 Nr. 1 Satz 1 Buchstabe a neugefasst durch Gesetz vom 8. 12. 2010 (BGBl. I S. 1768).

[3] § 32d Abs. 2 Nr. 1 Buchstabe b Satz 1 letzter Halbsatz angefügt durch Gesetz vom 21. 12. 2020 (BGBl. I S. 3096); zur Anwendung siehe § 52 Abs. 33b Satz 1 und 2.

cc) an eine Kapitalgesellschaft oder Genossenschaft, an der der Gläubiger der Kapitalerträge oder eine diesem nahestehende Person zu mindestens 10 Prozent beteiligt ist,

sofern der Dritte auf den Gläubiger oder eine diesem nahestehende Person zurückgreifen kann. ③ Ein Zusammenhang ist anzunehmen, wenn die Kapitalanlage und die Kapitalüberlassung auf einem einheitlichen Plan beruhen. ④ Hiervon ist insbesondere dann auszugehen, wenn die Kapitalüberlassung in engem zeitlichen Zusammenhang mit einer Kapitalanlage steht oder die jeweiligen Zinsvereinbarungen miteinander verknüpft sind. ⑤ Von einem Zusammenhang ist jedoch nicht auszugehen, wenn die Zinsvereinbarungen marktüblich sind oder die Anwendung des Absatzes 1 beim Steuerpflichtigen zu keinem Belastungsvorteil führt. ⑥ Die Sätze 1 bis 5 gelten sinngemäß, wenn das überlassene Kapital vom Gläubiger der Kapitalerträge für die Erzielung von Einkünften im Sinne des § 2 Absatz 1 Satz 1 Nummer 4, 6 und 7 eingesetzt wird.

② Insoweit findet § 20 Absatz 6 und 9 keine Anwendung;

2. für Kapitalerträge im Sinne des § 20 Absatz 1 Nummer 6 Satz 2. ② Insoweit findet § 20 Absatz 6 keine Anwendung;

3. auf Antrag für Kapitalerträge im Sinne des § 20 Absatz 1 Nummer 1 und Nummer 2 aus einer Beteiligung an einer Kapitalgesellschaft, wenn der Steuerpflichtige im Veranlagungszeitraum, für den der Antrag erstmals gestellt wird, unmittelbar oder mittelbar
   a) zu mindestens 25 Prozent an der Kapitalgesellschaft beteiligt ist oder
   b)[1] zu mindestens 1 Prozent an der Kapitalgesellschaft beteiligt ist und durch eine berufliche Tätigkeit für diese maßgeblichen unternehmerischen Einfluss auf deren wirtschaftliche Tätigkeit nehmen kann.

   ② Insoweit finden § 3 Nummer 40 Satz 2 und § 20 Absatz 6 und 9 keine Anwendung. ③ Der Antrag gilt für die jeweilige Beteiligung erstmals für den Veranlagungszeitraum, für den er gestellt worden ist. ④ Er ist spätestens zusammen mit der Einkommensteuererklärung für den jeweiligen Veranlagungszeitraum zu stellen und gilt, solange er nicht widerrufen wird, auch für die folgenden vier Veranlagungszeiträume, ohne dass die Antragsvoraussetzungen erneut zu belegen sind. ⑤ Die Widerrufserklärung muss dem Finanzamt spätestens mit der Steuererklärung für den Veranlagungszeitraum zugehen, für den die Sätze 1 bis 4 erstmals nicht mehr angewandt werden sollen. ⑥ Nach einem Widerruf ist ein erneuter Antrag des Steuerpflichtigen für diese Beteiligung an der Kapitalgesellschaft nicht mehr zulässig;

4.[2,3] für Bezüge im Sinne des § 20 Absatz 1 Nummer 1 und für Einnahmen im Sinne des § 20 Absatz 1 Nummer 9, soweit sie das Einkommen der leistenden Körperschaft gemindert haben; dies gilt nicht, soweit eine verdeckte Gewinnausschüttung das Einkommen einer dem Steuerpflichtigen nahe stehenden Person erhöht hat und § 32a des Körperschaftsteuergesetzes auf die Veranlagung dieser nahe stehenden Person keine Anwendung findet.

(3)[4] ① Steuerpflichtige Kapitalerträge, die nicht der Kapitalertragsteuer unterlegen haben, hat der Steuerpflichtige in seiner Einkommensteuererklärung anzugeben. ② Für diese Kapitalerträge erhöht sich die tarifliche Einkommensteuer um den nach Absatz 1 ermittelten Betrag. ③ Im Fall des Satzes 1 ist eine Veranlagung ungeachtet von § 46 Absatz 2 durchzuführen.

(4) Der Steuerpflichtige kann mit der Einkommensteuererklärung für Kapitalerträge, die der Kapitalertragsteuer unterlegen haben, eine Steuerfestsetzung entsprechend Absatz 3 Satz 2 insbesondere in Fällen eines nicht vollständig ausgeschöpften Sparer-Pauschbetrags, einer Anwendung der Ersatzbemessungsgrundlage nach § 43a Absatz 2 Satz 7, eines noch nicht im Rahmen des § 43a Absatz 3 berücksichtigten Verlusts, eines Verlustvortrags nach § 20 Absatz 6 und noch nicht berücksichtigter ausländischer Steuern, zur Überprüfung des Steuereinbehalts dem Grund oder der Höhe nach oder zur Anwendung von Absatz 1 Satz 3 beantragen.

(5)[5] ① In den Fällen der Absätze 3 und 4 ist bei unbeschränkt Steuerpflichtigen, die mit ausländischen Kapitalerträgen in dem Staat, aus dem die Kapitalerträge stammen, zu einer der deutschen Einkommensteuer entsprechenden Steuer herangezogen werden, die auf ausländische Kapitalerträge festgesetzte und gezahlte und um einen entstandenen Ermäßigungsanspruch gekürzte ausländische Steuer, jedoch höchstens 25 Prozent ausländische Steuer auf den einzelnen steuerpflichtigen Kapitalertrag, auf die deutsche Steuer anzurechnen. ② Soweit in einem Abkommen zur Vermeidung der Doppelbesteuerung die Anrechnung einer ausländischen Steuer einschließlich einer als gezahlt geltenden Steuer auf die deutsche Steuer vorgesehen ist, gilt Satz 1 entsprechend. ③ Die ausländischen Steuern sind nur bis zur Höhe der auf die im jeweiligen Veranlagungszeitraum bezogenen Kapitalerträge im Sinne des Satzes 1 entfallenden deutschen Steuer anzurechnen.

---

[1] § 32 d Abs. 2 Nr. 3 Buchstabe b geändert durch Gesetz vom 20. 12. 2016 (BGBl. I S. 3000); Buchstabe b in dieser Fassung ist erstmals auf Anträge für den Veranlagungszeitraum 2017 anzuwenden (§ 52 Abs. 33 a i. d. F. des Gesetzes vom 20. 12. 2016).

[2] § 32 d Abs. 2 Nr. 4 angefügt mit Wirkung ab VZ 2011 durch Gesetz vom 8. 12. 2010 (BGBl. I S. 1768).

[3] § 32 d Abs. 2 Nr. 4 geändert durch Gesetz vom 26. 6. 2013 (BGBl. I S. 1809).

[4] § 32 d Abs. 3 Satz 3 angefügt mit Wirkung ab VZ 2019 durch Gesetz vom 12. 12. 2019 (BGBl. I S. 2451).

[5] § 32 d Abs. 5 Satz 1 geändert mit Wirkung ab VZ 2021 durch Gesetz vom 21. 12. 2020 (BGBl. I S. 3096).

(6)[1] ① Auf Antrag des Steuerpflichtigen werden anstelle der Anwendung der Absätze 1, 3 und 4 die nach § 20 ermittelten Kapitaleinkünfte den Einkünften im Sinne des § 2 hinzugerechnet und der tariflichen Einkommensteuer unterworfen, wenn dies zu einer niedrigeren Einkommensteuer einschließlich Zuschlagsteuern führt (Günstigerprüfung). ② Absatz 5 ist mit der Maßgabe anzuwenden, dass die nach dieser Vorschrift ermittelten ausländischen Steuern auf die zusätzliche tarifliche Einkommensteuer anzurechnen sind, die auf die hinzugerechneten Kapitaleinkünfte entfällt. ③ Der Antrag kann für den jeweiligen Veranlagungszeitraum nur einheitlich für sämtliche Kapitalerträge gestellt werden. ④ Bei zusammenveranlagten Ehegatten kann der Antrag nur für sämtliche Kapitalerträge beider Ehegatten gestellt werden.

§ 33 Außergewöhnliche Belastungen

(1) Erwachsen einem Steuerpflichtigen zwangsläufig größere Aufwendungen als der überwiegenden Mehrzahl der Steuerpflichtigen gleicher Einkommensverhältnisse, gleicher Vermögensverhältnisse und gleichen Familienstands (außergewöhnliche Belastung), so wird auf Antrag die Einkommensteuer dadurch ermäßigt, dass der Teil der Aufwendungen, der die dem Steuerpflichtigen zumutbare Belastung (Absatz 3) übersteigt, vom Gesamtbetrag der Einkünfte abgezogen wird.

(2)[2] ① Aufwendungen erwachsen dem Steuerpflichtigen zwangsläufig, wenn er sich ihnen aus rechtlichen, tatsächlichen oder sittlichen Gründen nicht entziehen kann und soweit die Aufwendungen den Umständen nach notwendig sind und einen angemessenen Betrag nicht übersteigen. ② Aufwendungen, die zu den Betriebsausgaben, Werbungskosten oder Sonderausgaben gehören bleiben dabei außer Betracht; das gilt für Aufwendungen im Sinne des § 10 Absatz 1 Nummer 7 und 9 nur insoweit, als sie als Sonderausgaben abgezogen werden können. ③ Aufwendungen, die durch Diätverpflegung entstehen, können nicht als außergewöhnliche Belastung berücksichtigt werden. ④ Aufwendungen für die Führung eines Rechtsstreits (Prozesskosten) sind vom Abzug ausgeschlossen, es sei denn, es handelt sich um Aufwendungen ohne die der Steuerpflichtige Gefahr liefe, seine Existenzgrundlage zu verlieren und seine lebensnotwendigen Bedürfnisse in dem üblichen Rahmen nicht mehr befriedigen zu können.

(2 a)[3] ① Abweichend von Absatz 1 wird für Aufwendungen für durch eine Behinderung veranlasste Fahrten nur eine Pauschale gewährt (behinderungsbedingte Fahrtkostenpauschale). ② Die Pauschale erhalten:

1. Menschen mit einem Grad der Behinderung von mindestens 80 oder mit einem Grad der Behinderung von mindestens 70 und dem Merkzeichen „G“,
2. Menschen mit dem Merkzeichen „aG“, mit dem Merkzeichen „Bl“, mit dem Merkzeichen „TBl“ oder mit dem Merkzeichen „H“.

③ Bei Erfüllung der Anspruchsvoraussetzungen nach Satz 2 Nummer 1 beträgt die Pauschale 900 Euro. ④ Bei Erfüllung der Anspruchsvoraussetzungen nach Satz 2 Nummer 2 beträgt die Pauschale 4500 Euro. ⑤ In diesem Fall kann die Pauschale nach Satz 3 nicht zusätzlich in Anspruch genommen werden. ⑥ Über die Fahrtkostenpauschale nach Satz 1 hinaus sind keine weiteren behinderungsbedingten Fahrtkosten als außergewöhnliche Belastung nach Absatz 1 berücksichtigungsfähig. ⑦ Die Pauschale ist bei der Ermittlung des Teils der Aufwendungen im Sinne des Absatzes 1, der die zumutbare Belastung übersteigt, einzubeziehen. ⑧ Sie kann auch gewährt werden, wenn ein Behinderten-Pauschbetrag nach § 33b Absatz 5 übertragen wurde. ⑨ § 33b Absatz 5 ist entsprechend anzuwenden.

(3) ① Die zumutbare Belastung beträgt

bei einem Gesamtbetrag der Einkünfte	bis 15 340 EUR	über 15 340 EUR bis 51 130 EUR	über 51 130 EUR
1. bei Steuerpflichtigen, die keine Kinder haben und bei denen die Einkommensteuer			
a) nach § 32 a Absatz 1,	5	6	7
b) nach § 32 a Absatz 5 oder 6 (Splitting-Verfahren) zu berechnen ist;	4	5	6
2. bei Steuerpflichtigen mit			
a) einem Kind oder zwei Kindern,	2	3	4
b) drei oder mehr Kindern	1	1	2
	Prozent des Gesamtbetrags der Einkünfte.		

[1] § 32 d Abs. 6 Satz 1 geändert durch Gesetz vom 8. 12. 2010 (BGBl. I S. 1768).
[2] § 33 Abs. 2 Satz 2 geändert mit Wirkung ab VZ 2012 durch Gesetz vom 1. 11. 2011 (BGBl. I S. 2131); Abs. 2 Satz 4 angefügt mit Wirkung ab VZ 2013 durch Gesetz vom 26. 6. 2013 (BGBl. I S. 1809).
[3] § 33 Abs. 2 a eingefügt und Abs. 4 geändert durch Gesetz vom 9. 12. 2020 (BGBl. I S. 2770); zur erstmaligen Anwendung siehe § 52 Abs. 33 c.

② Als Kinder des Steuerpflichtigen zählen die, für die er Anspruch auf einen Freibetrag nach § 32 Absatz 6 oder auf Kindergeld hat.

(4)[1] Die Bundesregierung wird ermächtigt, durch Rechtsverordnung mit Zustimmung des Bundesrates die Einzelheiten des Nachweises von Aufwendungen nach Absatz 1 und der Anspruchsvoraussetzungen nach Absatz 2 a[2] zu bestimmen.

§ 33 a Außergewöhnliche Belastung in besonderen Fällen

(1)[3·4] ① Erwachsen einem Steuerpflichtigen Aufwendungen für den Unterhalt und eine etwaige Berufsausbildung einer dem Steuerpflichtigen oder seinem Ehegatten gegenüber gesetzlich unterhaltsberechtigten Person, so wird auf Antrag die Einkommensteuer dadurch ermäßigt, dass die Aufwendungen bis zur Höhe des Grundfreibetrags nach § 32 a Absatz 1 Satz 2 Nummer 1 im Kalenderjahr vom Gesamtbetrag der Einkünfte abgezogen werden. ② Der Höchstbetrag nach Satz 1 erhöht sich um den Betrag der im jeweiligen Veranlagungszeitraum nach § 10 Absatz 1 Nummer 3 für die Absicherung der unterhaltsberechtigten Person aufgewandten Beiträge; dies gilt nicht für Kranken- und Pflegeversicherungsbeiträge, die bereits nach § 10 Absatz 1 Nummer 3 Satz 1 anzusetzen sind. ③ Der gesetzlich unterhaltsberechtigten Person gleichgestellt ist eine Person, wenn bei ihr zum Unterhalt bestimmte inländische öffentliche Mittel mit Rücksicht auf die Unterhaltsleistungen des Steuerpflichtigen gekürzt werden. ④ Voraussetzung ist, dass weder der Steuerpflichtige noch eine andere Person Anspruch auf einen Freibetrag nach § 32 Absatz 6 oder auf Kindergeld für die unterhaltene Person hat und die unterhaltene Person kein oder nur ein geringes Vermögen besitzt; ein angemessenes Hausgrundstück im Sinne von § 90 Absatz 2 Nummer 8 des Zwölften Buches Sozialgesetzbuch bleibt unberücksichtigt.[5] ⑤ Hat die unterhaltene Person andere Einkünfte oder Bezüge, so vermindert sich die Summe der nach Satz 1 und Satz 2 ermittelten Beträge um den Betrag, um den diese Einkünfte und Bezüge den Betrag von 624 Euro im Kalenderjahr übersteigen, sowie um die von der unterhaltenen Person als Ausbildungshilfe aus öffentlichen Mitteln oder von Förderungseinrichtungen, die hierfür öffentliche Mittel erhalten, bezogenen Zuschüsse; zu den Bezügen gehören auch steuerfreie Gewinne nach den §§ 14, 16 Absatz 4, § 17 Absatz 3 und § 18 Absatz 3, die nach § 19 Absatz 2 steuerfrei bleibenden Einkünfte sowie Sonderabschreibungen und erhöhte Absetzungen, soweit sie die höchstmöglichen Absetzungen für Abnutzung nach § 7 übersteigen. ⑥ Ist die unterhaltene Person nicht unbeschränkt einkommensteuerpflichtig, so können die Aufwendungen nur abgezogen werden, soweit sie nach den Verhältnissen des Wohnsitzstaates der unterhaltenen Person notwendig und angemessen sind, höchstens jedoch der Betrag, der sich nach den Sätzen 1 bis 5 ergibt; ob der Steuerpflichtige zum Unterhalt gesetzlich verpflichtet ist, ist nach inländischen Maßstäben zu beurteilen. ⑦ Werden die Aufwendungen für eine unterhaltene Person von mehreren Steuerpflichtigen getragen, so wird bei jedem der Teil des sich hiernach ergebenden Betrags abgezogen, der seinem Anteil am Gesamtbetrag der Leistungen entspricht. ⑧ Nicht auf Euro lautende Beträge sind entsprechend dem für Ende September des Jahres vor dem Veranlagungszeitraum von der Europäischen Zentralbank bekannt gegebenen Referenzkurs umzurechnen.[6] ⑨ Voraussetzung für den Abzug der Aufwendungen ist die Angabe der erteilten Identifikationsnummer (§ 139 b der Abgabenordnung) der unterhaltenen Person in der Steuererklärung des Unterhaltsleistenden, wenn die unterhaltene Person der unbeschränkten oder beschränkten Steuerpflicht unterliegt. ⑩ Die unterhaltene Person ist für diese Zwecke verpflichtet, dem Unterhaltsleistenden ihre erteilte Identifikationsnummer (§ 139 b der Abgabenordnung) mitzuteilen. ⑪ Kommt die unterhaltene Person dieser Verpflichtung nicht nach, ist der Unterhaltsleistende berechtigt, bei der für ihn zuständigen Finanzbehörde die Identifikationsnummer der unterhaltenen Person zu erfragen.[7]

(2)[8] ① Zur Abgeltung des Sonderbedarfs eines sich in Berufsausbildung befindenden, auswärtig untergebrachten, volljährigen Kindes, für das Anspruch auf einen Freibetrag nach § 32 Absatz 6 oder Kindergeld besteht, kann der Steuerpflichtige einen Freibetrag in Höhe

---

[1] § 33 Abs. 4 angefügt mit Wirkung ab VZ 2011 durch Gesetz vom 1. 11. 2011 (BGBl. I S. 2131).

[2] § 33 Abs. 2 a eingefügt und Abs. 4 geändert durch Gesetz vom 9. 12. 2020 (BGBl. I S. 2770); zur erstmaligen Anwendung siehe § 52 Abs. 33 c.

[3] § 33 a Abs. 1 Satz 5 geändert mit Wirkung ab VZ 2012 durch Gesetz vom 1. 11. 2011 (BGBl. I S. 2131).

[4] § 33 a Abs. 1 Satz 1 geändert durch Gesetz vom 18. 12. 2013 (BGBl. I S. 4318); Betrag geändert durch Gesetz vom 16. 7. 2015 (BGBl. I S. 1202); Satz 1 geändert mit Wirkung ab VZ 2016 durch Gesetz vom 16. 7. 2015 (BGBl. I S. 1202); Satz 1 geändert mit Wirkung ab VZ 2017 durch Gesetz vom 20. 12. 2016 (BGBl. I S. 3000); Satz 1 geändert mit Wirkung ab VZ 2018 durch Gesetz vom 20. 12. 2016 (BGBl. I S. 3000); Satz 1 geändert mit Wirkung ab VZ 2019 durch Art. 1 des Gesetzes vom 29. 11. 2018 (BGBl. I S. 2210); Satz 1 geändert mit Wirkung ab VZ 2020 durch Art. 3 des Gesetzes vom 29. 11. 2018 (BGBl. I S. 2210); Satz 1 geändert mit Wirkung ab VZ 2021 und ab VZ 2022 durch Gesetz vom 1. 12. 2020 (BGBl. I S. 2616, geändert durch Gesetz vom 2. 6. 2021, BGBl. I S. 1259); Satz 1 geändert mit Wirkung vom VZ 2022 durch Gesetz vom 8. 12. 2022 (BGBl. I S. 2230).

[5] § 33 a Abs. 1 Satz 4 letzter Halbsatz und Satz 8 angefügt durch Gesetz vom 26. 6. 2013 (BGBl. I S. 1809).

[6] § 33 a Abs. 1 Satz 4 letzter Halbsatz und Satz 8 angefügt durch Gesetz vom 26. 6. 2013 (BGBl. I S. 1809).

[7] § 33 a Abs. 1 Sätze 9 bis 11 angefügt mit Wirkung ab VZ 2015 durch Gesetz vom 25. 7. 2014 (BGBl. I S. 1266).

[8] § 33 a Abs. 2 Satz 2 aufgehoben, bisheriger Satz 3 geändert mit Wirkung ab VZ 2012 durch Gesetz vom 1. 11. 2011 (BGBl. I S. 2131); Abs. 2 Satz 3 (jetzt Satz 2) Zitat geändert durch Gesetz vom 8. 12. 2010 (BGBl. I S. 1768); Abs. 2 bisheriger Satz 2 aufgehoben und bisheriger Satz 5 (jetzt Satz 4) geändert mit Wirkung ab VZ 2012 durch Gesetz vom 1. 11. 2011 (BGBl. I S. 2131).

von *924 Euro* **[ab VZ 2023:** 1200 Euro][1] je Kalenderjahr vom Gesamtbetrag der Einkünfte abziehen. ② Für ein nicht unbeschränkt einkommensteuerpflichtiges Kind mindert sich der vorstehende Betrag nach Maßgabe des Absatzes 1 Satz 6. ③ Erfüllen mehrere Steuerpflichtige für dasselbe Kind die Voraussetzungen nach Satz 1, so kann der Freibetrag insgesamt nur einmal abgezogen werden. ④ Jedem Elternteil steht grundsätzlich die Hälfte des Abzugsbetrags nach den Sätzen 1 und 2 zu. ⑤ Auf gemeinsamen Antrag der Eltern ist eine andere Aufteilung möglich.

(3)[2] ① Für jeden vollen Kalendermonat, in dem die in den Absätzen 1 und 2 bezeichneten Voraussetzungen nicht vorgelegen haben, ermäßigen sich die dort bezeichneten Beträge um je ein Zwölftel; der sich daraus ergebende Betrag ist auf den nächsten vollen Euro-Betrag aufzurunden. ② Eigene Einkünfte und Bezüge der nach Absatz 1 unterhaltenen Person, die auf diese Kalendermonate entfallen, vermindern den nach Satz 1 ermäßigten Höchstbetrag nicht. ③ Als Ausbildungshilfe bezogene der nach Absatz 1 unterhaltenen Person Zuschüsse mindern nur den zeitanteiligen Höchstbetrag der Kalendermonate, für die sie bestimmt sind.

(4) In den Fällen der Absätze 1 und 2 kann wegen der in diesen Vorschriften bezeichneten Aufwendungen der Steuerpflichtige eine Steuerermäßigung nach § 33 nicht in Anspruch nehmen.

§ 33 b[3] Pauschbeträge für Menschen mit Behinderungen, Hinterbliebene und Pflegepersonen

(1)[3] ① Wegen der Aufwendungen für die Hilfe bei den gewöhnlichen und regelmäßig wiederkehrenden Verrichtungen des täglichen Lebens, für die Pflege sowie für einen erhöhten Wäschebedarf können Menschen mit Behinderungen unter den Voraussetzungen des Absatzes 2 anstelle einer Steuerermäßigung nach § 33 einen Pauschbetrag nach Absatz 3 geltend machen (Behinderten-Pauschbetrag). ② Das Wahlrecht kann für die genannten Aufwendungen im jeweiligen Veranlagungszeitraum nur einheitlich ausgeübt werden.

(2)[4] Einen Pauschbetrag erhalten Menschen, deren Grad der Behinderung auf mindestens 20 feststellt ist, sowie Menschen, die hilflos im Sinne des Absatzes 3 Satz 4 sind.

(3)[4] ① Die Höhe des Pauschbetrags nach Satz 2 richtet sich nach dem dauernden Grad der Behinderung. ② Als Pauschbetrag werden gewährt bei einem Grad der Behinderung von mindestens:

20	384 Euro,
30	620 Euro,
40	860 Euro,
50	1140 Euro,
60	1440 Euro,
70	1780 Euro,
80	2120 Euro,
90	2460 Euro,
100	2840 Euro.

③ Menschen, die hilflos im Sinne des Satzes 4 sind, Blinde und Taubblinde erhalten einen Pauschbetrag von 7400 Euro; in diesem Fall kann der Pauschbetrag nach Satz 2 nicht zusätzlich in Anspruch genommen werden. ④ Hilflos ist eine Person, wenn sie für eine Reihe von häufig und regelmäßig wiederkehrenden Verrichtungen zur Sicherung ihrer persönlichen Existenz im Ablauf eines jeden Tages fremder Hilfe dauernd bedarf. ⑤ Diese Voraussetzungen sind auch erfüllt, wenn die Hilfe in Form einer Überwachung oder einer Anleitung zu den in Satz 4 genannten Verrichtungen erforderlich ist oder wenn die Hilfe zwar nicht dauernd geleistet werden muss, jedoch eine ständige Bereitschaft zur Hilfeleistung erforderlich ist.

(4) ① Personen, denen laufende Hinterbliebenenbezüge bewilligt worden sind, erhalten auf Antrag einen Pauschbetrag von 370 Euro (Hinterbliebenen-Pauschbetrag), wenn die Hinterbliebenenbezüge geleistet werden

1. nach dem *Bundesversorgungsgesetz oder einem anderen Gesetz, das die Vorschriften des Bundesversorgungsgesetzes* **[ab 1. 1. 2024:** Vierzehnten Buch Sozialgesetzbuch oder einem anderen Gesetz, das die Vorschriften des Vierzehnten Buches Sozialgesetzbuch][5] über Hinterbliebenenbezüge für entsprechend anwendbar erklärt, oder
2. nach den Vorschriften über die gesetzliche Unfallversicherung oder
3. nach den beamtenrechtlichen Vorschriften an Hinterbliebene eines an den Folgen eines Dienstunfalls verstorbenen Beamten oder

---

[1] § 33 a Abs. 2 Satz 1 Betrag geändert mit Wirkung ab VZ 2023 durch Gesetz vom 16. 12. 2022 (BGBl. I S. 2294).

[2] § 33 a Abs. 3 Satz 2 und 3 geändert mit Wirkung ab VZ 2014 durch Gesetz vom 25. 7. 2014 (BGBl. I S. 1266); Abs. 3 Satz 1 letzter Halbsatz angefügt durch Gesetz vom 8. 12. 2022 (BGBl. I S. 2230).

[3] § 33 b Überschrift und Abs. 1 Satz 1 geändert durch Gesetz vom 9. 12. 2020 (BGBl. I S. 2770).

[4] § 33 b Abs. 2 und 3 neugefasst durch Gesetz vom 9. 12. 2020 (BGBl. I S. 2770); zur erstmaligen Anwendung siehe § 52 Abs. 33 c.

[5] § 33 b Abs. 4 Satz 1 Nr. 1 geändert ab 1. 1. 2024 durch Gesetz vom 12. 12. 2019 (BGBl. I S. 2652).

4. nach den Vorschriften des Bundesentschädigungsgesetzes über die Entschädigung für Schäden an Leben, Körper oder Gesundheit oder

[ab 1. 1. 2025:
5.[1] nach den Vorschriften des Soldatenentschädigungsgesetzes.]

② Der Pauschbetrag wird auch dann gewährt, wenn das Recht auf die Bezüge ruht oder der Anspruch auf die Bezüge durch Zahlung eines Kapitals abgefunden worden ist.

(5)[2] ① Steht der Behinderten-Pauschbetrag oder der Hinterbliebenen-Pauschbetrag einem Kind zu, für das der Steuerpflichtige Anspruch auf einen Freibetrag nach § 32 Absatz 6 oder auf Kindergeld hat, so wird der Pauschbetrag auf Antrag auf den Steuerpflichtigen übertragen, wenn ihn das Kind nicht in Anspruch nimmt. ② Dabei ist der Pauschbetrag grundsätzlich auf beide Elternteile je zur Hälfte aufzuteilen, es sei denn, der Kinderbetrag wurde auf den anderen Elternteil übertragen. ③ Auf gemeinsamen Antrag der Eltern ist eine andere Aufteilung möglich. ④ In diesen Fällen besteht für Aufwendungen, für die der Behinderten-Pauschbetrag gilt, kein Anspruch auf eine Steuerermäßigung nach § 33. ⑤ Voraussetzung für die Übertragung nach Satz 1 ist die Angabe der erteilten Identifikationsnummer (§ 139 b der Abgabenordnung) des Kindes in der Einkommensteuererklärung des Steuerpflichtigen.[3]

(6)[3] ① Wegen der außergewöhnlichen Belastungen, die einem Steuerpflichtigen durch die Pflege einer Person erwachsen, kann er anstelle einer Steuerermäßigung nach § 33 einen Pauschbetrag geltend machen (Pflege-Pauschbetrag), wenn er dafür keine Einnahmen im Kalenderjahr erhält und der Steuerpflichtige die Pflege entweder in seiner Wohnung oder in der Wohnung des Pflegebedürftigen persönlich durchführt und diese Wohnung in einem Mitgliedstaat der Europäischen Union oder in einem Staat gelegen ist, auf den das Abkommen über den Europäischen Wirtschaftsraum anzuwenden ist. ② Zu den Einnahmen nach Satz 1 zählt unabhängig von der Verwendung nicht das von den Eltern eines Kindes mit Behinderungen für dieses Kind empfangene Pflegegeld. ③ Als Pflege-Pauschbetrag wird gewährt:

1. bei Pflegegrad 2	1600 Euro,
2. bei Pflegegrad 3	1100 Euro,
3. bei Pflegegrad 4 oder 5	1800 Euro.

④ Ein Pflege-Pauschbetrag nach Satz 3 Nummer 3 wird auch gewährt, wenn die gepflegte Person hilflos im Sinne des § 33b Absatz 3 Satz 4 ist. ⑤ Bei erstmaliger Feststellung, Änderung oder Wegfall des Pflegegrads im Laufe des Kalenderjahres ist der Pflege-Pauschbetrag nach dem höchsten Grad zu gewähren, der im Kalenderjahr festgestellt war. ⑥ Gleiches gilt, wenn die Person die Voraussetzungen nach Satz 4 erfüllt. ⑦ Sind die Voraussetzungen nach Satz 4 erfüllt, kann der Pauschbetrag nach Satz 3 Nummer 1 und 2 nicht zusätzlich in Anspruch genommen werden. ⑧ Voraussetzung für die Gewährung des Pflege-Pauschbetrags ist die Angabe der erteilten Identifikationsnummer (§ 139b der Abgabenordnung) der gepflegten Person in der Einkommensteuererklärung des Steuerpflichtigen. ⑨ Wird ein Pflegebedürftiger von mehreren Steuerpflichtigen im Veranlagungszeitraum gepflegt, wird der Pflege-Pauschbetrag nach der Zahl der Pflegepersonen, bei denen die Voraussetzungen der Sätze 1 bis 4 vorliegen, geteilt.

(7) Die Bundesregierung wird ermächtigt, durch Rechtsverordnung mit Zustimmung des Bundesrates zu bestimmen, wie nachzuweisen ist, dass die Voraussetzungen für die Inanspruchnahme der Pauschbeträge vorliegen.

(8)[4] Die Vorschrift des § 33b Absatz 6 ist ab Ende des Kalenderjahres 2026 zu evaluieren.

§ 34 Außerordentliche Einkünfte

(1) ① Sind in dem zu versteuernden Einkommen außerordentliche Einkünfte enthalten, so ist die auf alle im Veranlagungszeitraum bezogenen außerordentlichen Einkünfte entfallende Einkommensteuer nach den Sätzen 2 bis 4 zu berechnen. ② Die für die außerordentlichen Einkünfte anzusetzende Einkommensteuer beträgt das Fünffache des Unterschiedsbetrags zwischen der Einkommensteuer für das um diese Einkünfte verminderte zu versteuernde Einkommen (verbleibendes zu versteuerndes Einkommen) und der Einkommensteuer für das verbleibende zu versteuernde Einkommen zuzüglich eines Fünftels dieser Einkünfte. ③ Ist das verbleibende zu versteuernde Einkommen negativ und das zu versteuernde Einkommen positiv, so beträgt die Einkommensteuer das Fünffache der auf ein Fünftel des zu versteuernden Einkommens entfallenden Einkommensteuer. ④ Die Sätze 1 bis 3 gelten nicht für außerordentliche Einkünfte im Sinne des Absatzes 2 Nummer 1, wenn der Steuerpflichtige auf diese Einkünfte ganz oder teilweise § 6 b oder § 6 c anwendet.

---

[1] § 33 b Abs. 4 Satz 1 Nr. 5 angefügt mit Wirkung ab 1. 1. 2025 durch Gesetz vom 20. 8. 2021 (BGBl. I S. 3932).
[2] § 33 b Abs. 5 Satz 2 geändert mit Wirkung ab VZ 2012 durch Gesetz vom 1. 11. 2011 (BGBl. I S. 2131).
[3] § 33 b Abs. 5 Satz 5 eingefügt sowie Abs. 6 neugefasst durch Gesetz vom 9. 12. 2020 (BGBl. I S. 2770); zur erstmaligen Anwendung siehe § 52 Abs. 33 c.
[4] § 33 b Abs. 8 eingefügt durch Gesetz vom 9. 12. 2020 (BGBl. I S. 2770); zur erstmaligen Anwendung siehe § 52 Abs. 33 c.

(2)[1] Als außerordentliche Einkünfte kommen nur in Betracht:

1. Veräußerungsgewinne im Sinne der §§ 14, 14a Absatz 1, der §§ 16 und 18 Absatz 3 mit Ausnahme des steuerpflichtigen Teils der Veräußerungsgewinne, die nach § 3 Nummer 40 Buchstabe b in Verbindung mit § 3c Absatz 2 teilweise steuerbefreit sind;
2. Entschädigungen im Sinne des § 24 Nummer 1;
3. Nutzungsvergütungen und Zinsen im Sinne des § 24 Nummer 3, soweit sie für einen Zeitraum von mehr als drei Jahren nachgezahlt werden;
4. Vergütungen für mehrjährige Tätigkeiten; mehrjährig ist eine Tätigkeit, soweit sie sich über mindestens zwei Veranlagungszeiträume erstreckt und einen Zeitraum von mehr als zwölf Monaten umfasst.

(3) ① Sind in dem zu versteuernden Einkommen außerordentliche Einkünfte im Sinne des Absatzes 2 Nummer 1 enthalten, so kann auf Antrag abweichend von Absatz 1 die auf den Teil dieser außerordentlichen Einkünfte, der den Betrag von insgesamt 5 Millionen Euro nicht übersteigt, entfallende Einkommensteuer nach einem ermäßigten Steuersatz bemessen werden, wenn der Steuerpflichtige das 55. Lebensjahr vollendet hat oder wenn er im sozialversicherungsrechtlichen Sinne dauernd berufsunfähig ist. ② Der ermäßigte Steuersatz beträgt 56 Prozent des durchschnittlichen Steuersatzes, der sich ergäbe, wenn die tarifliche Einkommensteuer nach dem gesamten zu versteuernden Einkommen zuzüglich der dem Progressionsvorbehalt unterliegenden Einkünfte zu bemessen wäre, mindestens jedoch 14 Prozent.[2] ③ Auf das um die in Satz 1 genannten Einkünfte verminderte zu versteuernde Einkommen (verbleibendes zu versteuerndes Einkommen) sind vorbehaltlich des Absatzes 1 die allgemeinen Tarifvorschriften anzuwenden. ④ Die Ermäßigung nach den Sätzen 1 bis 3 kann der Steuerpflichtige nur einmal im Leben in Anspruch nehmen. ⑤ Erzielt der Steuerpflichtige in einem Veranlagungszeitraum mehr als einen Veräußerungs- oder Aufgabegewinn im Sinne des Satzes 1, kann er die Ermäßigung nach den Sätzen 1 bis 3 nur für einen Veräußerungs- oder Aufgabegewinn beantragen. ⑥ Absatz 1 Satz 4 ist entsprechend anzuwenden.

§ 34a[3] Begünstigung der nicht entnommenen Gewinne

(1) ① Sind in dem zu versteuernden Einkommen nicht entnommene Gewinne aus Land- und Forstwirtschaft, Gewerbebetrieb oder selbständiger Arbeit (§ 2 Absatz 1 Satz 1 Nummer 1 bis 3) im Sinne des Absatzes 2 enthalten, ist die Einkommensteuer für diese Gewinne auf Antrag des Steuerpflichtigen ganz oder teilweise mit einem Steuersatz von 28,25 Prozent zu berechnen; dies gilt nicht, soweit für die Gewinne der Freibetrag nach § 16 Absatz 4 oder die Steuerermäßigung nach § 34 Absatz 3 in Anspruch genommen wird oder es sich um Gewinne im Sinne des § 18 Absatz 1 Nummer 4 handelt. ② Der Antrag nach Satz 1 ist für jeden Betrieb oder Mitunternehmeranteil für jeden Veranlagungszeitraum gesondert bei dem für die Einkommensbesteuerung zuständigen Finanzamt zu stellen. ③ Bei Mitunternehmeranteilen kann der Steuerpflichtige den Antrag nur stellen, wenn sein Anteil am nach § 4 Absatz 1 Satz 1 oder § 5 ermittelten Gewinn mehr als 10 Prozent beträgt oder 10 000 Euro übersteigt. ④ Der Antrag kann bis zur Unanfechtbarkeit des Einkommensteuerbescheids für den nächsten Veranlagungszeitraum vom Steuerpflichtigen ganz oder teilweise zurückgenommen werden; der Einkommensteuerbescheid ist entsprechend zu ändern. ⑤ Die Festsetzungsfrist endet insoweit nicht, bevor die Festsetzungsfrist für den nächsten Veranlagungszeitraum abgelaufen ist.

(2) Der nicht entnommene Gewinn des Betriebs oder Mitunternehmeranteils ist der nach § 4 Absatz 1 Satz 1 oder § 5 ermittelte Gewinn vermindert um den positiven Saldo der Entnahmen und Einlagen des Wirtschaftsjahres.

(3) ① Der Begünstigungsbetrag ist der im Veranlagungszeitraum nach Absatz 1 Satz 1 auf Antrag begünstigte Gewinn. ② Der Begünstigungsbetrag des Veranlagungszeitraums, vermindert um die darauf entfallende Steuerbelastung nach Absatz 1 und den darauf entfallenden Solidaritätszuschlag, vermehrt um den nachversteuerungspflichtigen Betrag des Vorjahres und den auf diesen Betrieb oder Mitunternehmeranteil nach Absatz 5 übertragenen nachversteuerungspflichtigen Betrag, vermindert um den Nachversteuerungsbetrag im Sinne des Absatzes 4 und den auf einen anderen Betrieb oder Mitunternehmeranteil nach Absatz 5 übertragenen nachversteuerungspflichtigen Betrag, ist der nachversteuerungspflichtige Betrag des Betriebs oder Mitunternehmeranteils zum Ende des Veranlagungszeitraums. ③ Dieser ist für jeden Betrieb oder Mitunternehmeranteil jährlich gesondert festzustellen.

(4) ① Übersteigt der positive Saldo der Entnahmen und Einlagen des Wirtschaftsjahres bei einem Betrieb oder Mitunternehmeranteil den nach § 4 Absatz 1 Satz 1 oder § 5 ermittelten Gewinn (Nachversteuerungsbetrag), ist vorbehaltlich Absatz 5 eine Nachversteuerung durchzuführen, soweit zum Ende des vorangegangenen Veranlagungszeitraums ein nachversteuerungspflichtiger Betrag nach Absatz 3 festgestellt wurde. ② Die Einkommensteuer auf den Nach-

---

[1] § 34 Abs. 2 Nr. 5 aufgehoben mit Wirkung ab VZ 2012 durch Gesetz vom 1. 11. 2011 (BGBl. I S. 2131).
[2] § 34 Abs. 3 Satz 2 geändert durch Gesetz vom 8. 12. 2010 (BGBl. I S. 1768).
[3] Zur Anwendung siehe § 52 Abs. 34.

versteuerungsbetrag beträgt 25 Prozent. ③ Der Nachversteuerungsbetrag ist um die Beträge, die für die Erbschaftsteuer (Schenkungsteuer) anlässlich der Übertragung des Betriebs oder Mitunternehmeranteils entnommen wurden, zu vermindern.

(5) ① Die Übertragung oder Überführung eines Wirtschaftsguts nach § 6 Absatz 5 Satz 1 bis 3 führt unter den Voraussetzungen des Absatzes 4 zur Nachversteuerung. ② Eine Nachversteuerung findet nicht statt, wenn der Steuerpflichtige beantragt, den nachversteuerungspflichtigen Betrag in Höhe des Buchwerts des übertragenen oder überführten Wirtschaftsguts, höchstens jedoch in Höhe des Nachversteuerungsbetrags, den die Übertragung oder Überführung des Wirtschaftsguts ausgelöst hätte, auf den anderen Betrieb oder Mitunternehmeranteil zu übertragen.

(6) ① Eine Nachversteuerung des nachversteuerungspflichtigen Betrags nach Absatz 4 ist durchzuführen

1. in den Fällen der Betriebsveräußerung oder -aufgabe im Sinne der §§ 14, 16 Absatz 1 und 3 sowie des § 18 Absatz 3,
2. in den Fällen der Einbringung eines Betriebs oder Mitunternehmeranteils in eine Kapitalgesellschaft oder eine Genossenschaft sowie in den Fällen des Formwechsels einer Personengesellschaft in eine Kapitalgesellschaft oder Genossenschaft,
3.[1] in den Fällen der unentgeltlichen Übertragung eines Betriebs oder Mitunternehmeranteils nach § 6 Absatz 3, wenn die Übertragung an eine Körperschaft, Personenvereinigung oder Vermögensmasse im Sinne des § 1 Absatz 1 des Körperschaftsteuergesetzes erfolgt. ② Dies gilt entsprechend für eine unentgeltliche Übertragung auf eine Mitunternehmerschaft, soweit der Betrieb oder der Mitunternehmeranteil einer Körperschaft, Personenvereinigung oder Vermögensmasse im Sinne des § 1 Absatz 1 des Körperschaftsteuergesetzes als Mitunternehmer zuzurechnen ist,
4. wenn der Gewinn nicht mehr nach § 4 Absatz 1 Satz 1 oder § 5 ermittelt wird oder
5. wenn der Steuerpflichtige dies beantragt.

② In den Fällen der Nummern 1 bis 3[1] ist die nach Absatz 4 geschuldete Einkommensteuer auf Antrag des Steuerpflichtigen oder seines Rechtsnachfolgers in regelmäßigen Teilbeträgen für einen Zeitraum von höchstens zehn Jahren seit Eintritt der ersten Fälligkeit zinslos zu stunden, wenn ihre alsbaldige Einziehung mit erheblichen Härten für den Steuerpflichtigen verbunden wäre.

(7)[2] ① In den Fällen der unentgeltlichen Übertragung eines Betriebs oder Mitunternehmeranteils nach § 6 Absatz 3 hat der Rechtsnachfolger den nachversteuerungspflichtigen Betrag fortzuführen; Absatz 6 Satz 1 Nummer 3 bleibt unberührt. ② In den Fällen der Einbringung eines Betriebs oder Mitunternehmeranteils zu Buchwerten nach § 24 des Umwandlungssteuergesetzes geht der für den eingebrachten Betrieb oder Mitunternehmeranteil festgestellte nachversteuerungspflichtige Betrag auf den neuen Mitunternehmeranteil über.

(8) Negative Einkünfte dürfen nicht mit ermäßigt besteuerten Gewinnen im Sinne von Absatz 1 Satz 1 ausgeglichen werden; sie dürfen insoweit auch nicht nach § 10d abgezogen werden.

(9) ① Zuständig für den Erlass der Feststellungsbescheide über den nachversteuerungspflichtigen Betrag ist das für die Einkommensbesteuerung zuständige Finanzamt. ② Die Feststellungsbescheide können nur insoweit angegriffen werden, als sich der nachversteuerungspflichtige Betrag gegenüber dem nachversteuerungspflichtigen Betrag des Vorjahres verändert hat. ③ Die gesonderten Feststellungen nach Satz 1 können mit dem Einkommensteuerbescheid verbunden werden.

(10)[3] ① Sind Einkünfte aus Land- und Forstwirtschaft, Gewerbebetrieb oder selbständiger Arbeit nach § 180 Absatz 1 Satz 1 Nummer 2 Buchstabe a oder b der Abgabenordnung gesondert festzustellen, können auch die Höhe der Entnahmen und Einlagen sowie weitere für die Tarifermittlung nach den Absätzen 1 bis 7 erforderliche Besteuerungsgrundlagen gesondert festgestellt werden. ② Zuständig für die gesonderten Feststellungen nach Satz 1 ist das Finanzamt, das für die gesonderte Feststellung nach § 180 Absatz 1 Satz 1 Nummer 2 der Abgabenordnung zuständig ist. ③ Die gesonderten Feststellungen nach Satz 1 können mit der Feststellung nach § 180 Absatz 1 Satz 1 Nummer 2 der Abgabenordnung verbunden werden. ④ Die Feststellungsfrist für die gesonderte Feststellung nach Satz 1 endet nicht vor Ablauf der Feststellungsfrist für die Feststellung nach § 180 Absatz 1 Satz 1 Nummer 2 der Abgabenordnung.

(11) ① Der Bescheid über die gesonderte Feststellung des nachversteuerungspflichtigen Betrags ist zu erlassen, aufzuheben oder zu ändern, soweit der Steuerpflichtige einen Antrag nach Absatz 1 stellt oder diesen ganz oder teilweise zurücknimmt und sich die Besteuerungsgrundlagen im Einkommensteuerbescheid ändern. ② Dies gilt entsprechend, wenn der Erlass, die Aufhebung oder Änderung des Einkommensteuerbescheids mangels steuerlicher Auswirkung unterbleibt. ③ Die Feststellungsfrist endet nicht, bevor die Festsetzungsfrist für den Veranlagungszeitraum abgelaufen ist, auf dessen Schluss der nachversteuerungspflichtige Betrag des Betriebs oder Mitunternehmeranteils gesondert festzustellen ist.

[1] § 34 a Abs. 6 Nr. 3 eingefügt, bish. Nr. 3 und 4 werden Nr. 4 und 5 und Satz 2 geändert durch Gesetz vom 27. 6. 2017 (BGBl. I S. 2074); zur erstmaligen Anwendung siehe § 52 Abs. 34 Satz 2.

[2] § 34 a Abs. 7 Satz 1 letzter Halbsatz eingefügt mit Wirkung ab VZ 2017 durch Gesetz vom 27. 6. 2017 (BGBl. I S. 2074).

[3] § 34 a Abs. 10 neugefasst mit Wirkung ab 1. 1. 2017 durch Gesetz vom 18. 7. 2016 (BGBl. I S. 1679).

§ 34b[1] Steuersätze bei Einkünften aus außerordentlichen Holznutzungen

(1) Außerordentliche Holznutzungen sind

1. Holznutzungen, die aus volks- oder staatswirtschaftlichen Gründen erfolgt sind. ② Sie liegen nur insoweit vor, als sie durch gesetzlichen oder behördlichen Zwang veranlasst sind;
2. Holznutzungen infolge höherer Gewalt (Kalamitätsnutzungen). ② Sie sind durch Eis-, Schnee-, Windbruch oder Windwurf, Erdbeben, Bergrutsch, Insektenfraß, Brand oder durch Naturereignisse mit vergleichbaren Folgen verursacht. ③ Hierzu gehören nicht die Schäden, die in der Forstwirtschaft regelmäßig entstehen.

(2) ① Zur Ermittlung der Einkünfte aus außerordentlichen Holznutzungen sind von den Einnahmen sämtlicher Holznutzungen die damit in sachlichem Zusammenhang stehenden Betriebsausgaben abzuziehen. ② Das nach Satz 1 ermittelte Ergebnis ist auf die ordentlichen und außerordentlichen Holznutzungsarten aufzuteilen, in dem die außerordentlichen Holznutzungen zur gesamten Holznutzung ins Verhältnis gesetzt wird. ③ Bei einer Gewinnermittlung durch Betriebsvermögensvergleich sind die im Wirtschaftsjahr veräußerten Holzmengen maßgebend. ④ Bei einer Gewinnermittlung nach den Grundsätzen des § 4 Absatz 3 ist von den Holzmengen auszugehen, die den im Wirtschaftsjahr zugeflossenen Einnahmen zugrunde liegen. ⑤ Die Sätze 1 bis 4 gelten für entnommenes Holz entsprechend.

(3) Die Einkommensteuer bemisst sich für die Einkünfte aus außerordentlichen Holznutzungen im Sinne des Absatzes 1

1. nach der Hälfte des durchschnittlichen Steuersatzes, der sich ergäbe, wenn die tarifliche Einkommensteuer nach dem gesamten zu versteuernden Einkommen zuzüglich der dem Progressionsvorbehalt unterliegenden Einkünfte zu bemessen wäre;
2. nach dem halben Steuersatz der Nummer 1, soweit sie den Nutzungssatz (§ 68 der Einkommensteuer-Durchführungsverordnung) übersteigen.

(4) Einkünfte aus außerordentlichen Holznutzungen sind nur anzuerkennen, wenn

1. das im Wirtschaftsjahr veräußerte oder entnommene Holz mengenmäßig getrennt nach ordentlichen und außerordentlichen Holznutzungen nachgewiesen wird und
2. Schäden infolge höherer Gewalt unverzüglich nach Feststellung des Schadensfalls der zuständigen Finanzbehörde mitgeteilt und nach der Aufarbeitung mengenmäßig nachgewiesen werden.

(5) Die Bundesregierung wird ermächtigt, durch Rechtsverordnung mit Zustimmung des Bundesrates

1. die Steuersätze abweichend von Absatz 3 für ein Wirtschaftsjahr aus sachlichen Billigkeitsgründen zu regeln,
2. die Anwendung des § 4a des Forstschäden-Ausgleichsgesetzes für ein Wirtschaftsjahr aus sachlichen Billigkeitsgründen zu regeln,

wenn besondere Schadensereignisse nach Absatz 1 Nummer 2 vorliegen und eine Einschlagsbeschränkung (§ 1 Absatz 1 des Forstschäden-Ausgleichsgesetzes) nicht angeordnet wurde.

V. Steuerermäßigungen

1. Steuerermäßigung bei ausländischen Einkünften

§ 34c [Steuerermäßigung bei ausländischen Einkünften]

(1)[2] ① Bei unbeschränkt Steuerpflichtigen, die mit ausländischen Einkünften in dem Staat, aus dem die Einkünfte stammen, zu einer der deutschen Einkommensteuer entsprechenden Steuer herangezogen werden, ist die festgesetzte und gezahlte und um einen entstandenen Ermäßigungsanspruch gekürzte ausländische Steuer auf die deutsche Einkommensteuer anzurechnen, die auf die Einkünfte aus diesem Staat entfällt; das gilt nicht für Einkünfte aus Kapitalvermögen, auf die § 32d Absatz 1 und 3 bis 6 anzuwenden ist. ② Die auf die ausländischen Einkünfte nach Satz 1 erster Halbsatz entfallende deutsche Einkommensteuer ist in der Weise zu ermitteln, dass der sich bei der Veranlagung des zu versteuernden Einkommens, einschließlich der ausländischen Einkünfte, nach den §§ 32a, 32b, 34, 34a und 34b ergebende durchschnittliche Steuersatz auf

---

[1] § 34b neugefasst mit Wirkung ab VZ 2012 durch Gesetz vom 1. 11. 2011 (BGBl. I S. 2131).

[2] § 34c Abs. 1 Sätze 2 und 3 erster Halbsatz geändert mit Wirkung ab VZ 2015 durch Gesetz vom 22. 12. 2014 (BGBl. I S. 2417); für Fälle, in denen die Einkommensteuer noch nicht bestandskräftig festgesetzt wurde, siehe die Maßgaben in § 52 Abs. 34a.

die ausländischen Einkünfte anzuwenden ist. ③ Bei der Ermittlung des zu versteuernden Einkommens und der ausländischen Einkünfte sind die Einkünfte nach Satz 1 zweiter Halbsatz nicht zu berücksichtigen; bei der Ermittlung der ausländischen Einkünfte sind die ausländischen Einkünfte nicht zu berücksichtigen, die in dem Staat, aus dem sie stammen, nach dessen Recht nicht besteuert werden. ④ Gehören ausländische Einkünfte der in § 34d Nummer 3, 4, 6, 7 und 8 Buchstabe c genannten Art zum Gewinn eines inländischen Betriebes, sind bei ihrer Ermittlung Betriebsausgaben und Betriebsvermögensminderungen abzuziehen, die mit den diesen Einkünften zugrunde liegenden Einnahmen in wirtschaftlichem Zusammenhang stehen. ⑤ Die ausländischen Steuern sind nur insoweit anzurechnen, als sie auf die im Veranlagungszeitraum bezogenen Einkünfte entfallen.

(2) Statt der Anrechnung (Absatz 1) ist die ausländische Steuer auf Antrag bei der Ermittlung der Einkünfte abzuziehen, soweit sie auf ausländische Einkünfte entfällt, die nicht steuerfrei sind.

(3) Bei unbeschränkt Steuerpflichtigen, bei denen eine ausländische Steuer vom Einkommen nach Absatz 1 nicht angerechnet werden kann, weil die Steuer nicht der deutschen Einkommensteuer entspricht oder nicht in dem Staat erhoben wird, aus dem die Einkünfte stammen, oder weil keine ausländischen Einkünfte vorliegen, ist die festgesetzte und gezahlte und um einen entstandenen Ermäßigungsanspruch gekürzte ausländische Steuer bei der Ermittlung der Einkünfte abzuziehen, soweit sie auf Einkünfte entfällt, die der deutschen Einkommensteuer unterliegen.

(4) (weggefallen)

(5) Die obersten Finanzbehörden der Länder oder die von ihnen beauftragten Finanzbehörden können mit Zustimmung des Bundesministeriums der Finanzen die auf ausländische Einkünfte entfallende deutsche Einkommensteuer ganz oder zum Teil erlassen oder in einem Pauschbetrag festsetzen, wenn es aus volkswirtschaftlichen Gründen zweckmäßig ist oder die Anwendung des Absatzes 1 besonders schwierig ist.

(6)[1] ① Die Absätze 1 bis 3 sind vorbehaltlich der Sätze 2 bis 6 nicht anzuwenden, wenn die Einkünfte aus einem ausländischen Staat stammen, mit dem ein Abkommen zur Vermeidung der Doppelbesteuerung besteht. ② Soweit in einem Abkommen zur Vermeidung der Doppelbesteuerung die Anrechnung einer ausländischen Steuer auf die deutsche Einkommensteuer vorgesehen ist, sind Absatz 1 Satz 2 bis 5 und Absatz 2 entsprechend auf die nach dem Abkommen anzurechnende und um einen entstandenen Ermäßigungsanspruch gekürzte ausländische Steuer anzuwenden; das gilt nicht für Einkünfte, auf die § 32d Absatz 1 und 3 bis 6 anzuwenden ist; bei nach dem Abkommen als gezahlt geltenden ausländischen Steuerbeträgen sind Absatz 1 Satz 3 und Absatz 2 nicht anzuwenden. ③ Absatz 1 Satz 3 gilt auch dann entsprechend, wenn die Einkünfte in dem ausländischen Staat nach dem Abkommen zur Vermeidung der Doppelbesteuerung mit diesem Staat nicht besteuert werden können. ④ Bezieht sich ein Abkommen zur Vermeidung der Doppelbesteuerung nicht auf eine Steuer von Einkommen dieses Staates, so sind die Absätze 1 und 2 entsprechend anzuwenden. ⑤ In den Fällen des § 50d Absatz 9 sind die Absätze 1 bis 3 und Satz 6 entsprechend anzuwenden. ⑥ Absatz 3 ist anzuwenden, wenn der Staat, mit dem ein Abkommen zur Vermeidung der Doppelbesteuerung besteht, Einkünfte besteuert, die nicht aus diesem Staat stammen, es sei denn, die Besteuerung hat ihre Ursache in einer Gestaltung, für die wirtschaftliche oder sonst beachtliche Gründe fehlen, oder das Abkommen gestattet dem Staat die Besteuerung dieser Einkünfte.

(7) Durch Rechtsverordnung können Vorschriften erlassen werden über

1. die Anrechnung ausländischer Steuern, wenn die ausländischen Einkünfte aus mehreren fremden Staaten stammen,
2. den Nachweis über die Höhe der festgesetzten und gezahlten ausländischen Steuern,
3. die Berücksichtigung ausländischer Steuern, die nachträglich erhoben oder zurückgezahlt werden.

§ 34d Ausländische Einkünfte

Ausländische Einkünfte im Sinne des § 34c Absatz 1 bis 5 sind

1. Einkünfte aus einer in einem ausländischen Staat betriebenen Land- und Forstwirtschaft (§§ 13 und 14) und Einkünfte der in den Nummern 3, 4, 6, 7 und 8 Buchstabe c genannten Art, soweit sie zu den Einkünften aus Land- und Forstwirtschaft gehören;
2. Einkünfte aus Gewerbebetrieb (§§ 15 und 16),
   a) die durch eine in einem ausländischen Staat belegene Betriebsstätte oder durch einen in einem ausländischen Staat tätigen ständigen Vertreter erzielt werden, und Einkünfte der in den Nummern 3, 4, 6, 7 und 8 Buchstabe c genannten Art, soweit sie zu den Einkünften aus Gewerbebetrieb gehören,

[1] § 34c Abs. 6 Satz 2 geändert mit Wirkung ab VZ 2020 durch Gesetz vom 12. 12. 2019 (BGBl. I S. 2451).

b) die aus Bürgschafts- und Avalprovisionen erzielt werden, wenn der Schuldner Wohnsitz, Geschäftsleitung oder Sitz in einem ausländischen Staat hat, oder
c) die durch den Betrieb eigener oder gecharterter Seeschiffe oder Luftfahrzeuge aus Beförderungen zwischen ausländischen oder von ausländischen zu inländischen Häfen erzielt werden, einschließlich der Einkünfte aus anderen mit solchen Beförderungen zusammenhängenden, sich auf das Ausland erstreckenden Beförderungsleistungen;

3. Einkünfte aus selbständiger Arbeit (§ 18), die in einem ausländischen Staat ausgeübt oder verwertet wird oder worden ist, und Einkünfte der in den Nummern 4, 6, 7 und 8 Buchstabe c genannten Art, soweit sie zu den Einkünften aus selbständiger Arbeit gehören;
4. Einkünfte aus der Veräußerung von
   a) Wirtschaftsgütern, die zum Anlagevermögen eines Betriebs gehören, wenn die Wirtschaftsgüter in einem ausländischen Staat belegen sind,
   b)[1] Anteilen an Kapitalgesellschaften,
      aa) wenn die Gesellschaft Geschäftsleitung oder Sitz in einem ausländischen Staat hat oder
      bb) deren Anteilswert zu irgendeinem Zeitpunkt während der 365 Tage vor der Veräußerung unmittelbar oder mittelbar zu mehr als 50 Prozent auf in einem ausländischen Staat belegenen unbeweglichen Vermögen beruhte und die Anteile dem Veräußerer zu diesem Zeitpunkt zuzurechnen waren; für die Ermittlung dieser Quote sind die aktiven Wirtschaftsgüter des Betriebsvermögens mit den Buchwerten, die zu diesem Zeitpunkt anzusetzen gewesen wären, zugrunde zu legen;
5. Einkünfte aus nichtselbständiger Arbeit (§ 19), die in einem ausländischen Staat ausgeübt oder, ohne im Inland ausgeübt zu werden oder worden zu sein, in einem ausländischen Staat verwertet wird oder worden ist, und Einkünfte, die von ausländischen öffentlichen Kassen mit Rücksicht auf ein gegenwärtiges oder früheres Dienstverhältnis gewährt werden. ② Einkünfte, die von inländischen öffentlichen Kassen einschließlich der Kassen der Deutschen Bundesbahn und der Deutschen Bundesbank mit Rücksicht auf ein gegenwärtiges oder früheres Dienstverhältnis gewährt werden, gelten auch dann als inländische Einkünfte, wenn die Tätigkeit in einem ausländischen Staat ausgeübt wird oder worden ist;
6. Einkünfte aus Kapitalvermögen (§ 20), wenn der Schuldner Wohnsitz, Geschäftsleitung oder Sitz in einem ausländischen Staat hat oder das Kapitalvermögen durch ausländischen Grundbesitz gesichert ist;
7.[2] Einkünfte aus Vermietung und Verpachtung (§ 21), soweit das unbewegliche Vermögen oder die Sachinbegriffe in einem ausländischen Staat belegen oder die Rechte zur Nutzung in einem ausländischen Staat überlassen worden sind. ② Bei unbeweglichem Vermögen, das zum Anlagevermögen eines Betriebs gehört, gelten als Einkünfte im Sinne dieser Nummer auch Wertveränderungen von Wirtschaftsgütern, die mit diesem Vermögen in wirtschaftlichem Zusammenhang stehen;
8. sonstige Einkünfte im Sinne des § 22, wenn
   a) der zur Leistung der wiederkehrenden Bezüge Verpflichtete Wohnsitz, Geschäftsleitung oder Sitz in einem ausländischen Staat hat,
   b) bei privaten Veräußerungsgeschäften die veräußerten Wirtschaftsgüter in einem ausländischen Staat belegen sind,
   c) bei Einkünften aus Leistungen einschließlich der Einkünfte aus Leistungen im Sinne des § 49 Absatz 1 Nummer 9 der zur Vergütung der Leistung Verpflichtete Wohnsitz, Geschäftsleitung oder Sitz in einem ausländischen Staat hat.

2. Steuerermäßigung bei Einkünften aus Land- und Forstwirtschaft

§ 34e[3] *(aufgehoben)*

2a. Steuerermäßigung für Steuerpflichtige mit Kindern bei Inanspruchnahme erhöhter Absetzungen für Wohngebäude oder der Steuerbegünstigungen für eigengenutztes Wohneigentum

§ 34f [Baukindergeld]

(1) ① Bei Steuerpflichtigen, die erhöhte Absetzungen nach § 7b oder nach § 15 des Berlinförderungsgesetzes in Anspruch nehmen, ermäßigt sich die tarifliche Einkommensteuer, vermindert um die sonstigen Steuerermäßigungen mit Ausnahme der §§ 34g und 35, auf Antrag

[1] § 34d Nr. 4 Buchstabe b neugefasst mit Wirkung ab 1. 1. 2019 durch Art. 3 des Gesetzes vom 11. 12. 2018 (BGBl. I S. 2338); zur erstmaligen Anwendung von Buchstabe b Doppelbuchstabe bb siehe § 52 Abs. 34b Satz 1.

[2] § 34d Nr. 7 neugefasst mit Wirkung ab 1. 1. 2019 durch Art. 3 des Gesetzes vom 11. 12. 2018 (BGBl. I S. 2338); zur erstmaligen Anwendung siehe § 52 Abs. 34b Satz 2.

[3] § 34e aufgehoben mit Wirkung ab VZ 2014 durch Gesetz vom 25. 7. 2014 (BGBl. I S. 1266).

um je 600 Deutsche Mark für das zweite und jedes weitere Kind des Steuerpflichtigen oder seines Ehegatten. ② Voraussetzung ist,

1. dass der Steuerpflichtige das Objekt, bei einem Zweifamilienhaus mindestens eine Wohnung, zu eigenen Wohnzwecken nutzt oder wegen des Wechsels des Arbeitsortes nicht zu eigenen Wohnzwecken nutzen kann und
2. dass es sich einschließlich des ersten Kindes um Kinder im Sinne des § 32 Absatz 1 bis 5 oder 6 Satz 7 handelt, die zum Haushalt des Steuerpflichtigen gehören oder in dem für die erhöhten Absetzungen maßgebenden Begünstigungszeitraum gehört haben, wenn diese Zugehörigkeit auf Dauer angelegt ist oder war.

(2) ① Bei Steuerpflichtigen, die die Steuerbegünstigung nach § 10e Absatz 1 bis 5 oder nach § 15b des Berlinförderungsgesetzes in Anspruch nehmen, ermäßigt sich die tarifliche Einkommensteuer, vermindert um die sonstigen Steuerermäßigungen mit Ausnahme des § 34g, auf Antrag um je 512 Euro für jedes Kind des Steuerpflichtigen oder seines Ehegatten im Sinne des § 32 Absatz 1 bis 5 oder 6 Satz 7. ② Voraussetzung ist, dass das Kind zum Haushalt des Steuerpflichtigen gehört oder in dem für die Steuerbegünstigung maßgebenden Zeitraum gehört hat, wenn diese Zugehörigkeit auf Dauer angelegt ist oder war.

(3)[1] ① Bei Steuerpflichtigen, die die Steuerbegünstigung nach § 10e Absatz 1, 2, 4 und 5 in Anspruch nehmen, ermäßigt sich die tarifliche Einkommensteuer, vermindert um die sonstigen Steuerermäßigungen, auf Antrag um je 512 Euro für jedes Kind des Steuerpflichtigen oder seines Ehegatten im Sinne des § 32 Absatz 1 bis 5 oder 6 Satz 7. ② Voraussetzung ist, dass das Kind zum Haushalt des Steuerpflichtigen gehört oder in dem für die Steuerbegünstigung maßgebenden Zeitraum gehört hat, wenn diese Zugehörigkeit auf Dauer angelegt ist oder war. ③ Soweit sich der Betrag der Steuerermäßigung nach Satz 1 bei der Ermittlung der festzusetzenden Einkommensteuer nicht steuerentlastend auswirkt, ist er von der tariflichen Einkommensteuer der zwei vorangegangenen Veranlagungszeiträume abzuziehen. ④ Steuerermäßigungen, die nach den Sätzen 1 und 3 nicht berücksichtigt werden können, können bis zum Ende des Abzugszeitraums im Sinne des § 10e und in den zwei folgenden Veranlagungszeiträumen abgezogen werden. ⑤ Ist für einen Veranlagungszeitraum bereits ein Steuerbescheid erlassen worden, so ist er insoweit zu ändern, als die Steuerermäßigung nach den Sätzen 3 und 4 zu gewähren oder zu berichtigen ist; die Verjährungsfristen enden insoweit nicht, bevor die Verjährungsfrist für den Veranlagungszeitraum abgelaufen ist, für den die Steuerermäßigung nach Satz 1 beantragt worden ist.

(4) ① Die Steuerermäßigungen nach den Absätzen 2 oder 3 kann der Steuerpflichtige insgesamt nur bis zur Höhe der Bemessungsgrundlage der Abzugsbeträge nach § 10e Absatz 1 oder 2 in Anspruch nehmen. ② Die Steuerermäßigung nach den Absätzen 1, 2 und 3 Satz 1 kann der Steuerpflichtige im Kalenderjahr nur für ein Objekt in Anspruch nehmen.

2b. Steuerermäßigung bei Zuwendungen an politische Parteien und an unabhängige Wählervereinigungen

§ 34g [Steuerermäßigung bei Zuwendungen]

① Die tarifliche Einkommensteuer, vermindert um die sonstigen Steuerermäßigungen mit Ausnahme des § 34f Absatz 3, ermäßigt sich bei Zuwendungen an

1.[2] politische Parteien im Sinne des § 2 des Parteiengesetzes, sofern die jeweilige Partei nicht gemäß § 18 Absatz 7 des Parteiengesetzes von der staatlichen Teilfinanzierung ausgeschlossen ist, und
2. Vereine ohne Parteicharakter, wenn
   a) der Zweck des Vereins ausschließlich darauf gerichtet ist, durch Teilnahme mit eigenen Wahlvorschlägen an Wahlen auf Bundes-, Landes- oder Kommunalebene bei der politischen Willensbildung mitzuwirken, und
   b) der Verein auf Bundes-, Landes- oder Kommunalebene bei der jeweils letzten Wahl wenigstens ein Mandat errungen oder der zuständigen Wahlbehörde oder dem zuständigen Wahlorgan angezeigt hat, dass er mit eigenen Wahlvorschlägen auf Bundes-, Landes- oder Kommunalebene an der jeweils nächsten Wahl teilnehmen will.

   ② Nimmt der Verein an der jeweils nächsten Wahl nicht teil, wird die Ermäßigung nur für die bis zum Wahltag an ihn geleisteten Beiträge und Spenden gewährt. ③ Die Ermäßigung für Beiträge und Spenden an den Verein wird erst wieder gewährt, wenn er sich mit eigenen Wahlvorschlägen an einer Wahl beteiligt hat. ④ Die Ermäßigung wird in diesem Fall nur für Beiträge und Spenden gewährt, die nach Beginn des Jahres, in dem die Wahl stattfindet, geleistet werden.

② Die Ermäßigung beträgt 50 Prozent der Ausgaben, höchstens jeweils 825 Euro für Ausgaben nach den Nummern 1 und 2, im Fall der Zusammenveranlagung von Ehegatten höchstens jeweils 1650 Euro. ③ § 10b Absatz 3 und 4 gilt entsprechend.

---

[1] Zur erstmaligen Anwendung siehe § 52 Abs. 35.

[2] § 34g Satz 1 Nr. 1 geändert mit Wirkung ab 29. 7. 2017 (BGBl. I S. 2730).

3. Steuerermäßigung bei Einkünften aus Gewerbebetrieb

§ 35 [Steuerermäßigung bei Einkünften aus Gewerbebetrieb]

(1)[1] ① Die tarifliche Einkommensteuer, vermindert um die sonstigen Steuerermäßigungen mit Ausnahme der §§ 34f, 34g, 35a und 35c ermäßigt sich, soweit sie anteilig auf im zu versteuernden Einkommen enthaltene gewerbliche Einkünfte entfällt (Ermäßigungshöchstbetrag),

1. bei Einkünften aus gewerblichen Unternehmen im Sinne des § 15 Absatz 1 Satz 1 Nummer 1
   um das Vierfache[2] des jeweils für den dem Veranlagungszeitraum entsprechenden Erhebungszeitraum nach § 14 des Gewerbesteuergesetzes für das Unternehmen festgesetzten Steuermessbetrags (Gewerbesteuer-Messbetrag); Absatz 2 Satz 5 ist entsprechend anzuwenden;
2. bei Einkünften aus Gewerbebetrieb als Mitunternehmer im Sinne des § 15 Absatz 1 Satz 1 Nummer 2 oder als persönlich haftender Gesellschafter einer Kommanditgesellschaft auf Aktien im Sinne des § 15 Absatz 1 Satz 1 Nummer 3
   um das Vierfache[2] des jeweils für den dem Veranlagungszeitraum entsprechenden Erhebungszeitraum festgesetzten anteiligen Gewerbesteuer-Messbetrags.

② Der Ermäßigungshöchstbetrag ist wie folgt zu ermitteln:

$$\frac{\text{Summe der positiven gewerblichen Einkünfte}}{\text{Summe aller positiven Einkünfte}} \cdot \text{geminderte tarifliche Steuer}$$

③ Gewerbliche Einkünfte im Sinne der Sätze 1 und 2 sind die der Gewerbesteuer unterliegenden Gewinne und Gewinnanteile, soweit sie nicht nach anderen Vorschriften von der Steuerermäßigung nach § 35 ausgenommen sind. ④ Geminderte tarifliche Steuer ist die tarifliche Steuer nach Abzug von Beträgen auf Grund der Anwendung zwischenstaatlicher Abkommen und nach Anrechnung der ausländischen Steuern nach § 32d Absatz 6 Satz 2, § 34c Absatz 1 und 6 dieses Gesetzes und § 12 des Außensteuergesetzes. ⑤ Der Abzug des Steuerermäßigungsbetrags ist auf die tatsächlich zu zahlende Gewerbesteuer beschränkt.

(2) ① Bei Mitunternehmerschaften im Sinne des § 15 Absatz 1 Satz 1 Nummer 2 oder bei Kommanditgesellschaften auf Aktien im Sinne des § 15 Absatz 1 Satz 1 Nummer 3 ist der Betrag des Gewerbesteuer-Messbetrags, die tatsächlich zu zahlende Gewerbesteuer und der auf die einzelnen Mitunternehmer oder auf die persönlich haftenden Gesellschafter entfallende Anteil gesondert und einheitlich festzustellen. ② Der Anteil eines Mitunternehmers am Gewerbesteuer-Messbetrag richtet sich nach seinem Anteil am Gewinn der Mitunternehmerschaft nach Maßgabe des allgemeinen Gewinnverteilungsschlüssels; Vorabgewinnanteile sind nicht zu berücksichtigen. ③ Wenn auf Grund der Bestimmungen in einem Abkommen zur Vermeidung der Doppelbesteuerung bei der Festsetzung des Gewerbesteuer-Messbetrags für eine Mitunternehmerschaft nur der auf einen Teil der Mitunternehmer entfallende anteilige Gewerbeertrag berücksichtigt wird, ist der Gewerbesteuer-Messbetrag nach Maßgabe des allgemeinen Gewinnverteilungsschlüssels in voller Höhe auf diese Mitunternehmer entsprechend ihrer Anteile am Gewerbeertrag der Mitunternehmerschaft aufzuteilen. ④ Der anteilige Gewerbesteuer-Messbetrag ist als Prozentsatz mit zwei Nachkommastellen gerundet zu ermitteln. ⑤ Bei der Feststellung nach Satz 1 sind anteilige Gewerbesteuer-Messbeträge, die aus einer Beteiligung an einer Mitunternehmerschaft stammen, einzubeziehen.

(3) ① Zuständig für die gesonderte Feststellung nach Absatz 2 ist das für die gesonderte Feststellung der Einkünfte zuständige Finanzamt. ② Für die Ermittlung der Steuerermäßigung nach Absatz 1 sind die Festsetzung des Gewerbesteuer-Messbetrags, die Feststellung des Anteils an dem festzusetzenden Gewerbesteuer-Messbetrag nach Absatz 2 Satz 1 und die Festsetzung der Gewerbesteuer Grundlagenbescheide. ③ Für die Ermittlung des anteiligen Gewerbesteuer-Messbetrags nach Absatz 2 sind die Festsetzung des Gewerbesteuer-Messbetrags und die Festsetzung des anteiligen Gewerbesteuer-Messbetrags aus der Beteiligung an einer Mitunternehmerschaft Grundlagenbescheide.

(4) Für die Aufteilung und die Feststellung der tatsächlich zu zahlenden Gewerbesteuer bei Mitunternehmerschaften im Sinne des § 15 Absatz 1 Satz 1 Nummer 2 und bei Kommanditgesellschaften auf Aktien im Sinne des § 15 Absatz 1 Satz 1 Nummer 3 gelten die Absätze 2 und 3 entsprechend.

---

[1] § 35 Abs. 1 Satz 4 geändert mit Wirkung ab VZ 2013 durch Gesetz vom 26. 6. 2013 (BGBl. I S. 1809); Abs. 1 Satz 1 geändert mit Wirkung ab VZ 2020 durch Gesetz vom 21. 12. 2019 (BGBl. I S. 2886).

[2] § 35 Abs. 1 Satz 1 Nr. 1 und 2 geändert durch Gesetz vom 29. 6. 2020 (BGBl. I S. 1512), zur erstmaligen Anwendung siehe § 52 Abs. 35a in der Fassung des Änderungsgesetzes:
„(35a) § 35 Absatz 1 in der Fassung des Artikel 1 des Gesetzes vom 29. Juni 2020 (BGBl. I S. 1512) ist erstmals für den Veranlagungszeitraum 2020 anzuwenden."

4. Steuerermäßigung bei Aufwendungen für haushaltsnahe Beschäftigungsverhältnisse und für die Inanspruchnahme haushaltsnaher Dienstleistungen

§ 35 a Steuerermäßigung bei Aufwendungen für haushaltsnahe Beschäftigungsverhältnisse, haushaltsnahe Dienstleistungen und Handwerkerleistungen

(1) Für haushaltsnahe Beschäftigungsverhältnisse, bei denen es sich um eine geringfügige Beschäftigung im Sinne des § 8a des Vierten Buches Sozialgesetzbuch handelt, ermäßigt sich die tarifliche Einkommensteuer, vermindert um die sonstigen Steuerermäßigungen, auf Antrag um 20 Prozent, höchstens 510 Euro, der Aufwendungen des Steuerpflichtigen.

(2) ① Für andere als in Absatz 1 aufgeführte haushaltsnahe Beschäftigungsverhältnisse oder für die Inanspruchnahme von haushaltsnahen Dienstleistungen, die nicht Dienstleistungen nach Absatz 3 sind, ermäßigt sich die tarifliche Einkommensteuer, vermindert um die sonstigen Steuerermäßigungen, auf Antrag um 20 Prozent, höchstens 4000 Euro, der Aufwendungen des Steuerpflichtigen. ② Die Steuerermäßigung kann auch in Anspruch genommen werden für die Inanspruchnahme von Pflege- und Betreuungsleistungen sowie für Aufwendungen, die einem Steuerpflichtigen wegen der Unterbringung in einem Heim oder zur dauernden Pflege erwachsen, soweit darin Kosten für Dienstleistungen enthalten sind, die mit denen einer Hilfe im Haushalt vergleichbar sind.

(3)[1] ① Für die Inanspruchnahme von Handwerkerleistungen für Renovierungs-, Erhaltungs- und Modernisierungsmaßnahmen ermäßigt sich die tarifliche Einkommensteuer, vermindert um die sonstigen Steuerermäßigungen, auf Antrag um 20 Prozent der Aufwendungen des Steuerpflichtigen, höchstens jedoch um 1200 Euro. ② Dies gilt nicht für öffentlich geförderte Maßnahmen, für die zinsverbilligte Darlehen oder steuerfreie Zuschüsse in Anspruch genommen werden.

(4) ① Die Steuerermäßigung nach den Absätzen 1 bis 3 kann nur in Anspruch genommen werden, wenn das Beschäftigungsverhältnis, die Dienstleistung oder die Handwerkerleistung in einem in der Europäischen Union oder dem Europäischen Wirtschaftsraum liegenden Haushalt des Steuerpflichtigen oder – bei Pflege- und Betreuungsleistungen – der gepflegten oder betreuten Person ausgeübt oder erbracht wird. ② In den Fällen des Absatzes 2 Satz 2 zweiter Halbsatz ist Voraussetzung, dass das Heim oder der Ort der dauernden Pflege in der Europäischen Union oder dem Europäischen Wirtschaftsraum liegt.

(5)[2] ① Die Steuerermäßigungen nach den Absätzen 1 bis 3 können nur in Anspruch genommen werden, soweit die Aufwendungen nicht Betriebsausgaben oder Werbungskosten darstellen und soweit sie nicht als Sonderausgaben oder außergewöhnliche Belastungen berücksichtigt worden sind; für Aufwendungen, die dem Grunde nach unter § 10 Absatz 1 Nummer 5 fallen, ist eine Inanspruchnahme ebenfalls ausgeschlossen. ② Der Abzug von der tariflichen Einkommensteuer nach den Absätzen 2 und 3 gilt nur für Arbeitskosten. ③ Voraussetzung für die Inanspruchnahme der Steuerermäßigung für haushaltsnahe Dienstleistungen nach Absatz 2 oder für Handwerkerleistungen nach Absatz 3 ist, dass der Steuerpflichtige für die Aufwendungen eine Rechnung erhalten hat und die Zahlung auf das Konto des Erbringers der Leistung erfolgt ist. ④ Leben zwei Alleinstehende in einem Haushalt zusammen, können sie die Höchstbeträge nach den Absätzen 1 bis 3 insgesamt jeweils nur einmal in Anspruch nehmen.

5. Steuerermäßigung bei Belastung mit Erbschaftsteuer

§ 35 b[3] Steuerermäßigung bei Belastung mit Erbschaftsteuer

① Sind bei der Ermittlung des Einkommens Einkünfte berücksichtigt worden, die im Veranlagungszeitraum oder in den vorangegangenen vier Veranlagungszeiträumen als Erwerb von Todes wegen der Erbschaftsteuer unterlegen haben, so wird auf Antrag die um sonstige Steuerermäßigungen gekürzte tarifliche Einkommensteuer, die auf diese Einkünfte entfällt, um den in Satz 2 bestimmten Prozentsatz ermäßigt. ② Der Prozentsatz bestimmt sich nach dem Verhältnis, in dem die festgesetzte Erbschaftsteuer zu dem Betrag steht, der sich ergibt, wenn dem steuerpflichtigen Erwerb (§ 10 Absatz 1 des Erbschaftsteuer- und Schenkungsteuergesetzes) die Freibeträge nach den §§ 16 und 17 und der steuerfreie Betrag nach § 5 des Erbschaftsteuer- und Schenkungsteuergesetzes hinzugerechnet werden.

---

[1] § 35 a Abs. 3 neugefasst durch Gesetz vom 8. 12. 2010 (BGBl. I S. 1768).

[2] § 35 a Abs. 5 Satz 1 neugefasst durch Gesetz vom 8. 12. 2010 (BGBl. I S. 1768); Abs. 5 Satz 1 Zitat geändert durch Gesetz vom 1. 11. 2011 (BGBl. I S. 2131).

[3] § 35 b Satz 3 aufgehoben mit Wirkung ab VZ 2015 durch Gesetz vom 22. 12. 2014 (BGBl. I S. 2417).

6.[1] Steuerermäßigung für energetische Maßnahmen bei zu eigenen Wohnzwecken genutzten Gebäuden

§ 35c[3] Steuerermäßigung für energetische Maßnahmen bei zu eigenen Wohnzwecken genutzten Gebäuden

(1) ① Für energetische Maßnahmen an einem in der Europäischen Union oder dem Europäischen Wirtschaftsraum belegenen zu eigenen Wohnzwecken genutzten eigenen Gebäude (begünstigtes Objekt) ermäßigt sich auf Antrag die tarifliche Einkommensteuer, vermindert um die sonstigen Steuerermäßigungen, im Kalenderjahr des Abschlusses der energetischen Maßnahme und im nächsten Kalenderjahr um je 7 Prozent der Aufwendungen des Steuerpflichtigen, höchstens jedoch um je 14 000 Euro und im übernächsten Kalenderjahr um 6 Prozent der Aufwendungen des Steuerpflichtigen, höchstens jedoch um 12 000 Euro für das begünstigte Objekt. ② Voraussetzung ist, dass das begünstigte Objekt bei der Durchführung der energetischen Maßnahme älter als zehn Jahre ist; maßgebend hierfür ist der Beginn der Herstellung. ③ Energetische Maßnahmen im Sinne des Satzes 1 sind:

1. Wärmedämmung von Wänden,
2. Wärmedämmung von Dachflächen,
3. Wärmedämmung von Geschossdecken,
4. Erneuerung der Fenster oder Außentüren,
5. Erneuerung oder Einbau einer Lüftungsanlage,
6. Erneuerung der Heizungsanlage,
7. Einbau von digitalen Systemen zur energetischen Betriebs- und Verbrauchsoptimierung und
8. Optimierung bestehender Heizungsanlagen, sofern diese älter als zwei Jahre sind.

④ Zu den Aufwendungen für energetische Maßnahmen gehören auch die Kosten für die Erteilung der Bescheinigung nach Satz 7 sowie die Kosten für Energieberater, die vom Bundesamt für Wirtschaft und Ausfuhrkontrolle (BAFA) als fachlich qualifiziert zum Förderprogramm „Energieberatung für Wohngebäude (Vor-Ort-Beratung, individueller Sanierungsfahrplan)" zugelassen sind, wenn der Energieberater durch den Steuerpflichtigen mit der planerischen Begleitung oder Beaufsichtigung der energetischen Maßnahmen nach Satz 3 beauftragt worden ist; die tarifliche Einkommensteuer vermindert sich abweichend von Satz 1 um 50 Prozent der Aufwendungen für den Energieberater. ⑤ Die Förderung kann für mehrere Einzelmaßnahmen an einem begünstigten Objekt in Anspruch genommen werden; je begünstigtes Objekt beträgt der Höchstbetrag der Steuerermäßigung 40 000 Euro. ⑥ Voraussetzung für die Förderung ist, dass die jeweilige energetische Maßnahme von einem Fachunternehmen ausgeführt wurde und die Anforderungen aus der Rechtsverordnung nach Absatz 7 erfüllt sind. ⑦ Die Steuerermäßigungen können nur in Anspruch genommen werden, wenn durch eine nach amtlich vorgeschriebenem Muster erstellte Bescheinigung des ausführenden Fachunternehmens nachgewiesen wird, dass die Voraussetzungen der Sätze 1 bis 3 und die Anforderungen aus der Rechtsverordnung nach Absatz 7 dem Grunde und der Höhe nach erfüllt sind.

(2) ① Die Steuerermäßigung nach Absatz 1 kann nur in Anspruch genommen werden, wenn der Steuerpflichtige das Gebäude im jeweiligen Kalenderjahr ausschließlich zu eigenen Wohnzwecken nutzt. ② Eine Nutzung zu eigenen Wohnzwecken liegt auch vor, wenn Teile einer zu eigenen Wohnzwecken genutzten Wohnung anderen Personen unentgeltlich zu Wohnzwecken überlassen werden.

(3) ① Der Steuerpflichtige kann die Steuerermäßigung nach Absatz 1 nicht in Anspruch nehmen, soweit die Aufwendungen als Betriebsausgaben, Werbungskosten, Sonderausgaben oder außergewöhnliche Belastungen berücksichtigt worden sind. ② Die Steuerermäßigung nach Absatz 1 ist ebenfalls nicht zu gewähren, wenn für die energetischen Maßnahmen eine Steuerbegünstigung nach § 10f oder eine Steuerermäßigung nach § 35a in Anspruch genommen wird oder es sich um eine öffentlich geförderte Maßnahme handelt, für die zinsverbilligte Darlehen oder steuerfreie Zuschüsse in Anspruch genommen werden.

(4) Voraussetzung für die Inanspruchnahme der Steuerermäßigung für energetische Maßnahmen ist, dass

1. der Steuerpflichtige für die Aufwendungen eine Rechnung erhalten hat, die die förderungsfähigen energetischen Maßnahmen, die Arbeitsleistung des Fachunternehmens und die Adresse des begünstigten Objekts ausweisen, und die in deutscher Sprache ausgefertigt ist und
2. die Zahlung auf das Konto des Erbringers der Leistung erfolgt ist.

---

[1] Unterabschnitt 6 (§ 35c) eingefügt mit Wirkung ab VZ 2020 durch Gesetz vom 21. 12. 2019 (BGBl. I S. 2886); zur Anwendung siehe § 52 Abs. 35a Satz 1 bis 3.

(5) Die Absätze 1 bis 4 sind auf Gebäudeteile, die selbständige unbewegliche Wirtschaftsgüter sind, und auf Eigentumswohnungen entsprechend anzuwenden.

(6) ① Steht das Eigentum am begünstigten Objekt mehreren Personen zu, können die Steuerermäßigungen nach Absatz 1 für das begünstigte Objekt insgesamt nur einmal in Anspruch genommen werden. ② Die der Steuerermäßigung nach Absatz 1 zugrunde liegenden Aufwendungen können einheitlich und gesondert festgestellt werden. ③ Die für die gesonderte Feststellung von Einkünften nach § 180 Absatz 1 Nummer 2a der Abgabenordnung geltenden Vorschriften sind entsprechend anzuwenden.

(7) Die Bundesregierung wird ermächtigt, durch Rechtsverordnung mit Zustimmung des Bundestages und des Bundesrates die Mindestanforderungen für die energetischen Maßnahmen nach Absatz 1 Satz 3 sowie die Anforderungen an ein Fachunternehmen nach Absatz 1 Satz 6 festzulegen.

VI. Steuererhebung

1. Erhebung der Einkommensteuer

§ 36 Entstehung und Tilgung der Einkommensteuer

(1) Die Einkommensteuer entsteht, soweit in diesem Gesetz nichts anderes bestimmt ist, mit Ablauf des Veranlagungszeitraums.

(2) Auf die Einkommensteuer werden angerechnet:

1. die für den Veranlagungszeitraum entrichteten Einkommensteuer-Vorauszahlungen (§ 37);

2.[1, 2] die durch Steuerabzug erhobene Einkommensteuer, soweit sie entfällt auf
   a) die bei der Veranlagung erfassten Einkünfte oder
   b) die nach § 3 Nummer 40 dieses Gesetzes oder nach § 8b Absatz 1, 2 und 6 Satz 2 des Körperschaftsteuergesetzes bei der Ermittlung des Einkommens außer Ansatz bleibenden Bezüge

   und keine Erstattung beantragt oder durchgeführt worden ist. ② Die durch Steuerabzug erhobene Einkommensteuer wird nicht angerechnet, wenn die in § 45a Absatz 2 oder Absatz 3 bezeichnete Bescheinigung nicht vorgelegt worden ist oder die Angaben gemäß § 45a Absatz 2a nicht übermittelt worden sind. ③ Soweit der Steuerpflichtige einen Antrag nach § 32d Absatz 4 oder Absatz 6 stellt, ist es für die Anrechnung ausreichend, wenn die Bescheinigung auf Verlangen des Finanzamts vorgelegt wird. ④ In den Fällen des § 8b Absatz 6 Satz 2 des Körperschaftsteuergesetzes ist es für die Anrechnung ausreichend, wenn die Bescheinigung nach § 45a Absatz 2 und 3 vorgelegt wird, die dem Gläubiger der Kapitalerträge ausgestellt worden ist. ⑤ In den Fällen des § 2 Absatz 7 Satz 3 ist auch die durch Steuerabzug im Kalenderjahr des Wechsels von der unbeschränkten zur beschränkten Einkommensteuerpflicht erhobene Einkommensteuer anzurechnen, die auf Einkünfte entfällt, die weder der unbeschränkten noch der beschränkten Steuerpflicht unterliegen; § 37 Absatz 2 der Abgabenordnung findet insoweit keine Anwendung;

3.[3] die nach § 10 des Forschungszulagengesetzes festgesetzte Forschungszulage. ② Das gilt auch für die gesondert und einheitlich festgestellte Forschungszulage;

4.[4] in den Fällen des § 32c Absatz 1 Satz 2 der nicht zum Abzug gebrachte Unterschiedsbetrag, wenn dieser höher ist als die tarifliche Einkommensteuer des letzten Veranlagungszeitraums im Betrachtungszeitraum.

(3) ① Die Steuerbeträge nach Absatz 2 Nummer 2 sind auf volle Euro aufzurunden. ② Bei den durch Steuerabzug erhobenen Steuern ist jeweils die Summe der Beträge einer einzelnen Abzugsteuer aufzurunden.

(4) ① Wenn sich nach der Abrechnung ein Überschuss zuungunsten des Steuerpflichtigen ergibt, hat der Steuerpflichtige (Steuerschuldner) diesen Betrag, soweit er den fällig gewordenen, aber nicht entrichteten Einkommensteuer-Vorauszahlungen entspricht, sofort, im Übrigen innerhalb eines Monats nach Bekanntgabe des Steuerbescheids zu entrichten (Abschlusszahlung). ② Wenn sich nach der Abrechnung ein Überschuss zugunsten des Steuerpflichtigen ergibt, wird dieser dem Steuerpflichtigen nach Bekanntgabe des Steuerbescheids ausgezahlt. ③ Bei Ehegatten, die nach den §§ 26, 26b zusammen zur Einkommensteuer veranlagt worden sind, wirkt die Auszahlung an einen Ehegatten auch für und gegen den anderen Ehegatten.

---

[1] § 36 Abs. 2 Nr. 2 neugefasst mit Wirkung ab 1. 1. 2017 durch Gesetz vom 18. 7. 2016 (BGBl. I S. 1679); Abs. 2 Nr. 2 Satz 5 angefügt durch Gesetz vom 21. 12. 2020 (BGBl. I S. 3096); zur Anwendung siehe § 52 Abs. 35b Satz 1.

[2] § 36 Abs. 2 Nr. 2 Satz 2 letzter Halbsatz angefügt durch Gesetz vom 2. 6. 2021 (BGBl. I S. 1259).

[3] § 36 Abs. 2 Nr. 3 angefügt mit Wirkung ab 1. 1. 2020 durch Gesetz vom 14. 12. 2019 (BGBl. I S. 2763).

[4] § 36 Abs. 2 Nr. 3 eingefügt durch Gesetz vom 12. 12. 2019 (BGBl. I S. 2451); red. Versehen: Nr. 3 wird Nr. 4 durch Gesetz vom 21. 12. 2020 (BGBl. I S. 3096); zur erstmaligen und letztmaligen Anwendung siehe § 52 Abs. 35b Satz 2.

(5)[1] ① Die festgesetzte Steuer, die auf den Aufgabegewinn nach § 16 Absatz 3a und den durch den Wechsel der Gewinnermittlungsart erzielten Gewinn entfällt, kann auf Antrag des Steuerpflichtigen in fünf gleichen Jahresraten entrichtet werden, wenn die Wirtschaftsgüter einem Betriebsvermögen des Steuerpflichtigen in einem anderen Mitgliedstaat der Europäischen Union oder des Europäischen Wirtschaftsraums zuzuordnen sind, sofern durch diese Staaten Amtshilfe entsprechend oder im Sinne der Amtshilferichtlinie gemäß § 2 Absatz 11 des EU-Amtshilfegesetzes und gegenseitige Unterstützung bei der Beitreibung im Sinne der Beitreibungsrichtlinie einschließlich der in diesem Zusammenhang anzuwendenden Durchführungsbestimmungen in den für den jeweiligen Veranlagungszeitraum geltenden Fassungen oder eines entsprechenden Nachfolgerechtsakts geleistet werden. ② Die erste Jahresrate ist innerhalb eines Monats nach Bekanntgabe des Steuerbescheids zu entrichten; die übrigen Jahresraten sind jeweils am 31. Juli der Folgejahre fällig. ③ Die Jahresraten sind nicht zu verzinsen; sie sollen in der Regel nur gegen Sicherheitsleistung gewährt werden. ④ Die noch nicht entrichtete Steuer wird innerhalb eines Monats nach Eintritt eines der nachfolgenden Ereignisse fällig,

1. soweit ein Wirtschaftsgut im Sinne des Satzes 1 veräußert, entnommen, in andere als die in Satz 1 genannten Staaten verlagert oder verdeckt in eine Kapitalgesellschaft eingelegt wird,
2. wenn der Betrieb oder Teilbetrieb während dieses Zeitraums eingestellt, veräußert oder in andere als die in Satz 1 genannten Staaten verlegt wird,
3. wenn der Steuerpflichtige aus der inländischen unbeschränkten Steuerpflicht oder der unbeschränkten Steuerpflicht in den in Satz 1 genannten Staaten ausscheidet oder in einem anderen als den in Satz 1 genannten Staaten ansässig wird,
4. wenn der Steuerpflichtige Insolvenz anmeldet oder abgewickelt wird oder
5. wenn der Steuerpflichtige seinen Verpflichtungen im Zusammenhang mit den Ratenzahlungen nicht nachkommt und über einen angemessenen Zeitraum, der zwölf Monate nicht überschreiten darf, keine Abhilfe für seine Situation schafft; Satz 2 bleibt unberührt.

⑤ Ändert sich die festgesetzte Steuer, sind die Jahresraten entsprechend anzupassen. ⑥ Der Steuerpflichtige hat der zuständigen Finanzbehörde jährlich mit der Steuererklärung oder, sofern keine Pflicht zur Abgabe einer Steuererklärung besteht, zum 31. Juli anzuzeigen, ob die Voraussetzungen für die Ratenzahlung weiterhin erfüllt sind; kommt er dieser Anzeigepflicht oder seinen sonstigen Mitwirkungspflichten im Sinne des § 90 der Abgabenordnung nicht nach, werden die noch nicht entrichteten Jahresraten rückwirkend zum 1. August des vorangegangenen Jahres fällig, frühestens aber einen Monat nach Bekanntgabe des Steuerbescheids. ⑦ Unbeschadet des Satzes 6 hat der Steuerpflichtige den Eintritt eines Ereignisses nach Satz 4 der zuständigen Finanzbehörde unverzüglich anzuzeigen. ⑧ Unterliegt der Steuerpflichtige einer Erklärungspflicht, kann die Anzeige auf Grund eines Ereignisses nach Satz 4 Nummer 1 abweichend von der in Satz 7 genannten Frist mit der nächsten Steuererklärung erfolgen.

§ 36a[2] Beschränkung der Anrechenbarkeit der Kapitalertragsteuer

(1) ① Bei Kapitalerträgen im Sinne des § 43 Absatz 1 Satz 1 Nummer 1a setzt die volle Anrechnung der durch Steuerabzug erhobenen Einkommensteuer ferner voraus, dass der Steuerpflichtige hinsichtlich der diesen Kapitalerträgen zugrunde liegenden Anteile oder Genussscheine

1. während der Mindesthaltedauer nach Absatz 2 ununterbrochen wirtschaftlicher Eigentümer ist,
2. während der Mindesthaltedauer nach Absatz 2 ununterbrochen das Mindestwertänderungsrisiko nach Absatz 3 trägt und
3. nicht verpflichtet ist, die Kapitalerträge ganz oder überwiegend, unmittelbar oder mittelbar anderen Personen zu vergüten.

② Fehlen die Voraussetzungen des Satzes 1, so sind drei Fünftel der Kapitalertragsteuer nicht anzurechnen. ③ Die nach den Sätzen 1 und 2 nicht angerechnete Kapitalertragsteuer ist auf Antrag bei der Ermittlung der Einkünfte abzuziehen. ④ Die Sätze 1 bis 3 gelten entsprechend für Anteile oder Genussscheine, die zu inländischen Kapitalerträgen im Sinne des § 43 Absatz 3 Satz 1 führen und einer Wertpapiersammelbank im Ausland zur Verwahrung anvertraut sind.

(2) ① Die Mindesthaltedauer umfasst 45 Tage und muss innerhalb eines Zeitraums von 45 Tagen vor und 45 Tagen nach der Fälligkeit der Kapitalerträge erreicht werden. ② Bei Anschaffungen und Veräußerungen ist zu unterstellen, dass die zuerst angeschafften Anteile oder Genussscheine zuerst veräußert wurden.

(3) ① Der Steuerpflichtige muss unter Berücksichtigung von gegenläufigen Ansprüchen und Ansprüchen nahe stehender Personen das Risiko aus einem sinkenden Wert der Anteile oder

[1] § 36 Abs. 5 angefügt durch Gesetz vom 8. 12. 2010 (BGBl. I S. 1768); Abs. 5 neugefasst mit Wirkung ab VZ 2021 durch Gesetz vom 25. 6. 2021 (BGBl. I S. 2035).

[2] § 36 a eingefügt durch Gesetz vom 19. 7. 2016 (BGBl. I S. 1730). Gemäß § 52 Abs. 35 c Satz 1 ist § 36 a erstmals auf Kapitalerträge anzuwenden, die ab dem 1. Januar 2016 zufließen.

Genussscheine im Umfang von mindestens 70 Prozent tragen (Mindestwertänderungsrisiko). ② Kein hinreichendes Mindestwertänderungsrisiko liegt insbesondere dann vor, wenn der Steuerpflichtige oder eine ihm nahe stehende Person Kurssicherungsgeschäfte abgeschlossen hat, die das Wertänderungsrisiko der Anteile oder Genussscheine unmittelbar oder mittelbar um mehr als 30 Prozent mindern.

(4)[1] ① Einkommen- oder körperschaftsteuerpflichtige Personen, bei denen insbesondere auf Grund einer Steuerbefreiung kein Steuerabzug vorgenommen oder denen ein Steuerabzug erstattet wurde und die die Voraussetzungen für eine Anrechenbarkeit der Kapitalertragsteuer nach den Absätzen 1 bis 3 nicht erfüllen, haben

1. dies gegenüber ihrem zuständigen Finanzamt anzuzeigen,
2. Kapitalertragsteuer in Höhe von 15 Prozent der Kapitalerträge im Sinne des § 43 Absatz 1 Satz 1 Nummer 1 a und des Absatzes 1 Satz 4 nach amtlich vorgeschriebenem Vordruck auf elektronischem Weg anzumelden und
3. die angemeldete Steuer zu entrichten.

② Die Anzeige, Anmeldung und Entrichtung hat bei Steuerpflichtigen, die ihren Gewinn durch Betriebsvermögensvergleich ermitteln, bis zum 10. Tag des auf den Ablauf des Wirtschaftsjahres folgenden Monats und bei anderen Steuerpflichtigen bis zum 10. Tag des auf den Ablauf des Kalenderjahres folgenden Monats zu erfolgen.

(5) Die Absätze 1 bis 4 sind nicht anzuwenden, wenn

1. die Kapitalerträge im Sinne des § 43 Absatz 1 Satz 1 Nummer 1 a und des Absatzes 1 Satz 4 im Veranlagungszeitraum nicht mehr als 20 000 Euro betragen oder
2. der Steuerpflichtige bei Zufluss der Kapitalerträge im Sinne des § 43 Absatz 1 Satz 1 Nummer 1 a und des Absatzes 1 Satz 4 seit mindestens einem Jahr ununterbrochen wirtschaftlicher Eigentümer der Aktien oder Genussscheine ist; Absatz 2 Satz 2 gilt entsprechend.

(6) ① Der Treuhänder und der Treugeber gelten für die Zwecke der vorstehenden Absätze als eine Person, wenn Kapitalerträge im Sinne des § 43 Absatz 1 Satz 1 Nummer 1 a und des Absatzes 1 Satz 4 einem Treuhandvermögen zuzurechnen sind, welches ausschließlich der Erfüllung von Altersvorsorgeverpflichtungen dient und dem Zugriff übriger Gläubiger entzogen ist. ② Entsprechendes gilt für Versicherungsunternehmen und Versicherungsnehmer im Rahmen von fondsgebundenen Lebensversicherungen, wenn die Leistungen aus dem Vertrag an den Wert eines internen Fonds im Sinne des § 124 Absatz 2 Satz 2 Nummer 1 des Versicherungsaufsichtsgesetzes gebunden sind.

(7) § 42 der Abgabenordnung bleibt unberührt.

§ 37 Einkommensteuer-Vorauszahlung

(1) ① Der Steuerpflichtige hat am 10. März, 10. Juni, 10. September und 10. Dezember Vorauszahlungen auf die Einkommensteuer zu entrichten, die er für den laufenden Veranlagungszeitraum voraussichtlich schulden wird. ② Die Einkommensteuer-Vorauszahlung entsteht jeweils mit Beginn des Kalendervierteljahres, in dem die Vorauszahlungen zu entrichten sind, oder, wenn die Steuerpflicht erst im Laufe des Kalendervierteljahres begründet wird, mit Begründung der Steuerpflicht.

(2) (weggefallen)

(3)[2] ① Das Finanzamt setzt die Vorauszahlungen durch Vorauszahlungsbescheid fest. ② Die Vorauszahlungen bemessen sich grundsätzlich nach der Einkommensteuer, die sich nach Anrechnung der Steuerabzugsbeträge (§ 36 Absatz 2 Nummer 2) bei der letzten Veranlagung ergeben hat. ③ Das Finanzamt kann bis zum Ablauf des auf den Veranlagungszeitraum folgenden 15. Kalendermonats die Vorauszahlungen an die Einkommensteuer anpassen, die sich für den Veranlagungszeitraum voraussichtlich ergeben wird; dieser Zeitraum verlängert sich auf 23 Monate, wenn die Einkünfte aus Land- und Forstwirtschaft bei der erstmaligen Steuerfestsetzung die anderen Einkünfte voraussichtlich überwiegen werden. ④ Bei der Anwendung der Sätze 2 und 3 bleiben Aufwendungen im Sinne des § 10 Absatz 1 Nummer 4, 5, 7 und 9 sowie Absatz 1 a, der §§ 10 b und 33 sowie die abziehbaren Beträge nach § 33 a, wenn die Aufwendungen und abziehbaren Beträge insgesamt 600 Euro nicht übersteigen, außer Ansatz. ⑤ Die Steuerermäßigung nach § 34 a bleibt außer Ansatz. ⑥ Bei der Anwendung der Sätze 2 und 3 bleibt der Sonderausgabenabzug nach § 10 a Absatz 1 außer Ansatz. ⑦ Außer Ansatz bleiben bis zur Anschaffung oder Fertigstellung der Objekte im Sinne des § 10 e Absatz 1 und 2 und § 10 h auch

[1] § 36 a Abs. 4 neugefasst durch Gesetz vom 12. 12. 2019 (BGBl. I S. 2451); zur erstmaligen Anwendung siehe § 52 Abs. 35 c Satz 2.

[2] § 37 Abs. 3 Satz 3 Zeitraum verlängert durch Gesetz vom 1. 11. 2011 (BGBl. I S. 2131); Abs. 3 Satz 4 Zitat geändert mit Wirkung ab VZ 2012 durch Gesetz vom 1. 11. 2011 (BGBl. I S. 2131) und Zitat geändert mit Wirkung ab VZ 2015 durch Gesetz vom 22. 12. 2014 (BGBl. I S. 2417); Abs. 3 Satz 10 geändert durch Gesetz vom 8. 7. 2016 (BGBl. I S. 1594).

die Aufwendungen, die nach § 10e Absatz 6 und § 10h Satz 3 wie Sonderausgaben abgezogen werden; Entsprechendes gilt auch für Aufwendungen, die nach § 10i für nach dem Eigenheimzulagengesetz begünstigte Objekte wie Sonderausgaben abgezogen werden. ⑧ Negative Einkünfte aus der Vermietung oder Verpachtung eines Gebäudes im Sinne des § 21 Absatz 1 Satz 1 Nummer 1 werden bei der Festsetzung der Vorauszahlungen nur für Kalenderjahre berücksichtigt, die nach der Anschaffung oder Fertigstellung dieses Gebäudes beginnen. ⑨ Wird ein Gebäude vor dem Kalenderjahr seiner Fertigstellung angeschafft, tritt an die Stelle der Anschaffung die Fertigstellung. ⑩ Satz 8 gilt nicht für negative Einkünfte aus der Vermietung oder Verpachtung eines Gebäudes, für das Sonderabschreibungen nach § 7b dieses Gesetzes[1] oder erhöhte Absetzungen nach den §§ 14a, 14c oder 14d des Berlinförderungsgesetzes in Anspruch genommen werden. ⑪ Satz 8 gilt für negative Einkünfte aus der Vermietung oder Verpachtung eines anderen Vermögensgegenstandes im Sinne des § 21 Absatz 1 Satz 1 Nummer 1 bis 3 entsprechend mit der Maßgabe, dass an die Stelle der Anschaffung oder Fertigstellung die Aufnahme der Nutzung durch den Steuerpflichtigen tritt. ⑫ In den Fällen des § 31, in denen die gebotene steuerliche Freistellung eines Einkommensbetrags in Höhe des Existenzminimums eines Kindes durch das Kindergeld nicht in vollem Umfang bewirkt wird, bleiben bei der Anwendung der Sätze 2 und 3 Freibeträge nach § 32 Absatz 6 und zu verrechnendes Kindergeld außer Ansatz.

(4) ① Bei einer nachträglichen Erhöhung der Vorauszahlungen ist die letzte Vorauszahlung für den Veranlagungszeitraum anzupassen. ② Der Erhöhungsbetrag ist innerhalb eines Monats nach Bekanntgabe des Vorauszahlungsbescheids zu entrichten.

(5) ① Vorauszahlungen sind nur festzusetzen, wenn sie mindestens 400 Euro im Kalenderjahr und mindestens 100 Euro für einen Vorauszahlungszeitpunkt betragen. ② Festgesetzte Vorauszahlungen sind nur zu erhöhen, wenn sich der Erhöhungsbetrag im Fall des Absatzes 3 Satz 2 bis 5 für einen Vorauszahlungszeitpunkt auf mindestens 100 Euro, im Fall des Absatzes 4 auf mindestens 5000 Euro beläuft.

(6)[2] *(aufgehoben)*

§ 37a Pauschalierung der Einkommensteuer durch Dritte

(1)[3] ① Das Finanzamt kann auf Antrag zulassen, dass das Unternehmen, das Sachprämien im Sinne des § 3 Nummer 38 gewährt, die Einkommensteuer für den Teil der Prämien, der nicht steuerfrei ist, pauschal erhebt. ② Bemessungsgrundlage der pauschalen Einkommensteuer ist der gesamte Wert der Prämien, die den im Inland ansässigen Steuerpflichtigen zufließen. ③ Der Pauschsteuersatz beträgt 2,25 Prozent.

(2) ① Auf die pauschale Einkommensteuer ist § 40 Absatz 3 sinngemäß anzuwenden. ② Das Unternehmen hat die Prämienempfänger von der Steuerübernahme zu unterrichten.

(3) ① Über den Antrag entscheidet das Betriebsstättenfinanzamt des Unternehmens (§ 41a Absatz 1 Satz 1 Nummer 1). ② Hat das Unternehmen mehrere Betriebsstättenfinanzämter, so ist das Finanzamt der Betriebsstätte zuständig, in der die für die pauschale Besteuerung maßgebenden Prämien ermittelt werden. ③ Die Genehmigung zur Pauschalierung wird mit Wirkung für die Zukunft erteilt und kann zeitlich befristet werden; sie erstreckt sich auf alle im Geltungszeitraum ausgeschütteten Prämien.

(4) Die pauschale Einkommensteuer gilt als Lohnsteuer und ist von dem Unternehmen in der Lohnsteuer-Anmeldung der Betriebsstätte im Sinne des Absatzes 3 anzumelden und spätestens am zehnten Tag nach Ablauf des für die Betriebsstätte maßgebenden Lohnsteuer-Anmeldungszeitraums an das Betriebsstättenfinanzamt abzuführen.

§ 37b Pauschalierung der Einkommensteuer bei Sachzuwendungen

(1) ① Steuerpflichtige können die Einkommensteuer einheitlich für alle innerhalb eines Wirtschaftsjahres gewährten

1. betrieblich veranlassten Zuwendungen, die zusätzlich zur ohnehin vereinbarten Leistung oder Gegenleistung erbracht werden, und
2. Geschenke im Sinne des § 4 Absatz 5 Satz 1 Nummer 1,

die nicht in Geld bestehen, mit einem Pauschsteuersatz von 30 Prozent erheben. ② Bemessungsgrundlage der pauschalen Einkommensteuer sind die Aufwendungen des Steuerpflichtigen einschließlich Umsatzsteuer; bei Zuwendungen an Arbeitnehmer verbundener Unternehmen ist Bemessungsgrundlage mindestens der sich nach § 8 Absatz 3 Satz 1 ergebende Wert. ③ Die Pauschalierung ist ausgeschlossen,

---

[1] § 37 Abs. 3 Satz 10 geändert durch Gesetz vom 4. 8. 2019 (BGBl. I S. 1122); zur Anwendung von § 7b siehe § 52 Abs. 15a Satz 1.

[2] § 37 Abs. 6 aufgehoben mit Wirkung ab VZ 2020 durch Gesetz vom 21. 12. 2020 (BGBl. I S. 3096).

[3] Regelung bestätigt durch Gesetz vom 5. 4. 2011 (BGBl. I S. 554).

1. soweit die Aufwendungen je Empfänger und Wirtschaftsjahr oder
2. wenn die Aufwendungen für die einzelne Zuwendung

den Betrag von 10 000 Euro übersteigen.

(2)[1] ① Absatz 1 gilt auch für betrieblich veranlasste Zuwendungen an Arbeitnehmer des Steuerpflichtigen, soweit sie nicht in Geld bestehen und zusätzlich zum ohnehin geschuldeten Arbeitslohn erbracht werden. ② In den Fällen des § 8 Absatz 2 Satz 2 bis 10, Absatz 3, § 40 Absatz 2 sowie in Fällen, in denen Vermögensbeteiligungen überlassen werden, ist Absatz 1 nicht anzuwenden; Entsprechendes gilt, soweit die Zuwendungen nach § 40 Absatz 1 pauschaliert worden sind. ③ § 37 a Absatz 1 bleibt unberührt.

(3) ① Die pauschal besteuerten Sachzuwendungen bleiben bei der Ermittlung der Einkünfte des Empfängers außer Ansatz. ② Auf die pauschale Einkommensteuer ist § 40 Absatz 3 sinngemäß anzuwenden. ③ Der Steuerpflichtige hat den Empfänger von der Steuerübernahme zu unterrichten.

(4) ① Die pauschale Einkommensteuer gilt als Lohnsteuer und ist von dem die Sachzuwendung gewährenden Steuerpflichtigen in der Lohnsteuer-Anmeldung der Betriebsstätte nach § 41 Absatz 2 anzumelden und spätestens am zehnten Tag nach Ablauf des für die Betriebsstätte maßgebenden Lohnsteuer-Anmeldungszeitraums an das Betriebsstättenfinanzamt abzuführen. ② Hat der Steuerpflichtige mehrere Betriebsstätten im Sinne des Satzes 1, so ist das Finanzamt der Betriebsstätte zuständig, in der die für die pauschale Besteuerung maßgebenden Sachbezüge ermittelt werden.

2. Steuerabzug vom Arbeitslohn (Lohnsteuer)

§ 38 bis § 42g[2]

[1] § 37 b Abs. 2 Satz 2 Zitat geändert durch Gesetz vom 20. 2. 2013 (BGBl. I S. 285).
[2] Kein Abdruck, siehe dazu „Handbuch zur Lohnsteuer".

3. Steuerabzug vom Kapitalertrag (Kapitalertragsteuer)

§ 43 Kapitalerträge mit Steuerabzug

(1)[1] ① Bei den folgenden inländischen und in den Fällen der Nummern 5 bis 7 Buchstabe a und Nummern 8 bis 12 sowie Satz 2 auch ausländischen Kapitalerträgen wird die Einkommensteuer durch Abzug vom Kapitalertrag (Kapitalertragsteuer) erhoben:

1.[2] Kapitalerträgen im Sinne des § 20 Absatz 1 Nummer 1, soweit diese nicht nachfolgend in Nummer 1a gesondert genannt sind, und Kapitalerträgen im Sinne des § 20 Absatz 1 Nummer 2. ② Entsprechendes gilt für Kapitalerträge im Sinne des § 20 Absatz 2 Satz 1 Nummer 2 Buchstabe a und Nummer 2 Satz 2;

1a.[3] Kapitalerträgen im Sinne des § 20 Absatz 1 Nummer 1 aus Aktien und Genussscheinen, die entweder gemäß § 5 des Depotgesetzes zur Sammelverwahrung durch eine Wertpapiersammelbank zugelassen sind und dieser zur Sammelverwahrung im Inland anvertraut wurden, bei denen eine Sonderverwahrung gemäß § 2 Satz 1 des Depotgesetzes erfolgt oder bei denen die Erträge gegen Aushändigung der Dividendenscheine oder sonstigen Erträgnisscheine ausgezahlt oder gutgeschrieben werden;

2.[4] Zinsen aus Teilschuldverschreibungen, bei denen neben der festen Verzinsung ein Recht auf Umtausch in Gesellschaftsanteile (Wandelanleihen) oder eine Zusatzverzinsung, die sich nach der Höhe der Gewinnausschüttungen des Schuldners richtet (Gewinnobligationen), eingeräumt ist, und Zinsen aus Genussrechten, die nicht in § 20 Absatz 1 Nummer 1 genannt sind. ② Zu den Gewinnobligationen gehören nicht solche Teilschuldverschreibungen, bei denen der Zinsfuß nur vorübergehend herabgesetzt und gleichzeitig eine von dem jeweiligen Gewinnergebnis des Unternehmens abhängige Zusatzverzinsung bis zur Höhe des ursprünglichen Zinsfußes festgelegt worden ist. ③ Zu den Kapitalerträgen im Sinne des Satzes 1 gehören nicht die Bundesbankgenussrechte im Sinne des § 3 Absatz 1 des Gesetzes über die Liquidation der Deutschen Reichsbank und der Deutschen Golddiskontbank in der im Bundesgesetzblatt Teil III, Gliederungsnummer 7620-6, veröffentlichten bereinigten Fassung, das zuletzt durch das Gesetz vom 17. Dezember 1975 (BGBl. I S. 3123) geändert worden ist. ④ Beim Steuerabzug auf Kapitalerträge sind die für den Steuerabzug nach Nummer 1a geltenden Vorschriften entsprechend anzuwenden, wenn
   a) die Teilschuldverschreibungen und Genussrechte gemäß § 5 des Depotgesetzes zur Sammelverwahrung durch eine Wertpapiersammelbank zugelassen sind und dieser zur Sammelverwahrung im Inland anvertraut wurden,
   b) die Teilschuldverschreibungen und Genussrechte gemäß § 2 Satz 1 des Depotgesetzes gesondert aufbewahrt werden oder
   c) die Erträge der Teilschuldverschreibungen und Genussrechte gegen Aushändigung der Erträgnisscheine ausgezahlt oder gutgeschrieben werden;

3. Kapitalerträgen im Sinne des § 20 Absatz 1 Nummer 4 **[ab 1. 1. 2023:** , außer bei Kapitalerträgen im Sinne der Nummer 8a**]**;[5]

4.[6] Kapitalerträgen im Sinne des § 20 Absatz 1 Nummer 6 Satz 1 bis 6; § 20 Absatz 1 Nummer 6 Satz 2 und 3 in der am 1. Januar 2008 anzuwendenden Fassung bleiben für Zwecke der Kapitalertragsteuer unberücksichtigt. ② Der Steuerabzug vom Kapitalertrag ist in den Fällen des § 20 Absatz 1 Nummer 6 Satz 4 in der am 31. Dezember 2004 geltenden Fassung nur vorzunehmen, wenn das Versicherungsunternehmen auf Grund einer Mitteilung des Finanzamts weiß oder infolge der Verletzung eigener Anzeigeverpflichtungen nicht weiß, dass die Kapitalerträge nach dieser Vorschrift zu den Einkünften aus Kapitalvermögen gehören;

5.[7] Kapitalerträgen im Sinne des § 20 Absatz 1 Nummer 3 mit Ausnahme der Gewinne aus der Veräußerung von Anteilen an Investmentfonds im Sinne des § 16 Absatz 1 Nummer 3 in Verbindung mit § 2 Absatz 13 des Investmentsteuergesetzes;

6.[8] ausländischen Kapitalerträgen im Sinne der Nummern 1 und 1a;

7. Kapitalerträgen im Sinne des § 20 Absatz 1 Nummer 7, außer bei Kapitalerträgen im Sinne der *Nummer 2* **[ab 1. 1. 2023:** Nummern 2 und 8a**]**,[9] wenn

---

[1] § 43 Abs. 1 Satz 1 geändert durch Gesetz vom 19. 7. 2016 (BGBl. I S. 1730); zur erstmaligen Anwendung siehe § 52 Abs. 42 Satz 4.
[2] § 43 Abs. 1 Satz 1 Nr. 1 geändert durch Gesetz vom 22. 6. 2011 (BGBl. I S. 1126).
[3] § 43 Abs. 1 Satz 1 Nr. 1a eingefügt durch Gesetz vom 22. 6. 2011 (BGBl. I S. 1126); Abs. 1 Satz 1 Nr. 1a geändert durch Gesetz vom 26. 6. 2013 (BGBl. I S. 1809).
[4] § 43 Abs. 1 Satz 1 Nr. 2 Satz 4 angefügt durch Gesetz vom 26. 6. 2013 (BGBl. I S. 1809).
[5] § 43 Abs. 1 Satz 1 Nr. 3 geändert mit Wirkung ab 1. 1. 2023 durch Gesetz vom 16. 12. 2022 (BGBl. I S. 2294).
[6] § 43 Abs. 1 Satz 1 Nr. 4 Satz 1 geändert durch Gesetz vom 25. 7. 2014 (BGBl. I S. 1266).
[7] § 43 Abs. 1 Satz 1 Nr. 5 eingefügt durch Gesetz vom 19. 7. 2016 (BGBl. I S. 1730); zur erstmaligen Anwendung siehe § 52 Abs. 42 Satz 4.
[8] § 43 Abs. 1 Satz 1 Nr. 6 geändert durch Gesetz vom 22. 6. 2011 (BGBl. I S. 1126).
[9] § 43 Abs. 1 Satz 1 Nr. 7 einleitender Satz und Buchstabe a geändert mit Wirkung ab 1. 1. 2023 durch Gesetz vom 16. 12. 2022 (BGBl. I S. 2294).

a) es sich um Zinsen aus Anleihen und Forderungen handelt, die in ein öffentliches Schuldbuch **[ab 1. 1. 2023:** , ein elektronisches Wertpapierregister im Sinne des § 4 Absatz 1 des Gesetzes über elektronische Wertpapiere**]**[1] oder in ein ausländisches Register eingetragen oder über die Sammelurkunden im Sinne des § 9a des Depotgesetzes oder Teilschuldverschreibungen ausgegeben sind;

b)[2] der Schuldner der nicht in Buchstabe a genannten Kapitalerträge ein inländisches Kreditinstitut oder ein inländisches Finanzdienstleistungsinstitut im Sinne des Gesetzes über das Kreditwesen oder ein Wertpapierinstitut im Sinne des Wertpapierinstitutgesetzes ist. ② Kreditinstitut in diesem Sinne ist auch die Kreditanstalt für Wiederaufbau, eine Bausparkasse, ein Versicherungsunternehmen für Erträge aus Kapitalanlagen, die mit Einlagegeschäften bei Kreditinstituten vergleichbar sind, die Deutsche Bundesbank bei Geschäften mit jedermann einschließlich ihrer Betriebsangehörigen im Sinne der §§ 22 und 25 des Gesetzes über die Deutsche Bundesbank und eine inländische Zweigstelle oder Zweigniederlassung eines ausländischen Unternehmens im Sinne der §§ 53 und 53b des Gesetzes über das Kreditwesen, nicht aber eine ausländische Zweigstelle eines inländischen Kredit-, Finanzdienstleistungs- oder Wertpapierinstituts. ③ Die inländische Zweigstelle oder Zweigniederlassung gilt an Stelle des ausländischen Unternehmens als Schuldner der Kapitalerträge;

c)[3] es sich um Zinsen aus Forderungen handelt, die über eine Internet-Dienstleistungsplattform erworben wurden. ② Eine Internet-Dienstleistungsplattform in diesem Sinne ist ein webbasiertes Medium, das Kauf- und Verkaufsaufträge in Aktien und anderen Finanzinstrumenten sowie Darlehensnehmer und Darlehensgeber zusammenführt und so einen Vertragsabschluss vermittelt;

7a. Kapitalerträgen im Sinne des § 20 Absatz 1 Nummer 9;

7b. Kapitalerträgen im Sinne des § 20 Absatz 1 Nummer 10 Buchstabe a;

7c. Kapitalerträgen im Sinne des § 20 Absatz 1 Nummer 10 Buchstabe b;

8. Kapitalerträgen im Sinne des § 20 Absatz 1 Nummer 11;

[ab 1. 1. 2023:

8a.[4] Kapitalerträgen im Sinne des § 20 Absatz 1 Nummer 4 und 7, wenn es sich um Zinsen aus Forderungen handelt, die über eine Internet-Dienstleistungsplattform erworben wurden. ② Eine Internet-Dienstleistungsplattform in diesem Sinne ist ein webbasiertes Medium, das Kauf- und Verkaufsaufträge in Aktien und anderen Finanzinstrumenten sowie Darlehensnehmer und Darlehensgeber zusammenführt und so einen Vertragsabschluss vermittelt;**]**

9.[5] Kapitalerträgen im Sinne des § 20 Absatz 2 Satz 1 Nummer 1 und Gewinnen aus der Veräußerung von Anteilen an Investmentfonds im Sinne des § 16 Absatz 1 Nummer 3 in Verbindung mit § 2 Absatz 13 des Investmentsteuergesetzes;

10. Kapitalerträgen im Sinne des § 20 Absatz 2 Satz 1 Nummer 2 Buchstabe b und Nummer 7;

11. Kapitalerträgen im Sinne des § 20 Absatz 2 Satz 1 Nummer 3;

12. Kapitalerträgen im Sinne des § 20 Absatz 2 Satz 1 Nummer 8.

② Dem Steuerabzug unterliegen auch Kapitalerträge im Sinne des § 20 Absatz 3, die neben den in den Nummern 1 bis 12 bezeichneten Kapitalerträgen oder an deren Stelle gewährt werden. ③ Der Steuerabzug ist ungeachtet des § 3 Nummer 40 und des § 8b des Körperschaftsteuergesetzes vorzunehmen. ④ Für Zwecke des Kapitalertragsteuerabzugs gilt die Übertragung eines von einer auszahlenden Stelle verwahrten oder verwalteten Wirtschaftsguts im Sinne des § 20 Absatz 2 auf einen anderen Gläubiger als Veräußerung des Wirtschaftsguts. ⑤[6] Satz 4 gilt nicht, wenn der Steuerpflichtige der auszahlenden Stelle unter Benennung der in Satz 6 Nummer 4 bis 6 bezeichneten Daten mitteilt, dass es sich um eine unentgeltliche Übertragung handelt. ⑥[6] Die auszahlende Stelle hat in den Fällen des Satzes 5 folgende Daten dem für sie zuständigen Betriebsstättenfinanzamt bis zum 31. Mai des jeweiligen Folgejahres nach Maßgabe des § 93c der Abgabenordnung[7] mitzuteilen:

---

[1] § 43 Abs. 1 Satz 1 Nr. 7 einleitender Satz und Buchstabe a geändert mit Wirkung ab 1. 1. 2023 durch Gesetz vom 16. 12. 2022 (BGBl. I S. 2294).

[2] § 43 Abs. 1 Satz 1 Nr. 7 Buchstabe b Satz 2 und 3 geändert mit Wirkung ab 1. 1. 2014 durch Gesetz vom 25. 7. 2014 (BGBl. I S. 1266); Abs. 1 Satz 1 Nr. 7 Buchstabe b geändert mit Wirkung ab 1. 1. 2019 durch Gesetz vom 12. 12. 2019 (BGBl. I S. 2451); Abs. 1 Satz 1 Nr. 7 Buchstabe b Satz 1 und 2 geändert durch Gesetz vom 12. 5. 2021 (BGBl. I S. 990); Abs. 1 Satz 1 Nr. 7 Buchstabe b Satz 2 geändert durch Gesetz vom 16. 12. 2022 (BGBl. I S. 2294).

[3] § 43 Abs. 1 Satz 1 Nr. 7 Buchstabe c angefügt durch Gesetz vom 12. 12. 2019 (BGBl. I S. 2451); gemäß § 52 Abs. 42 Satz 2 ist Buchstabe c erstmals auf Kapitalerträge anzuwenden, die dem Gläubiger nach dem 31. 12. 2020 zufließen; Abs. 1 Satz 1 Nr. 7 **Buchstabe c wird mit Wirkung ab 1. 1. 2023 aufgehoben** durch Gesetz vom 16. 12. 2022 (BGBl. I S. 2294).

[4] § 43 Abs. 1 Satz 1 Nr. 8a eingefügt mit Wirkung ab 1. 1. 2023 durch Gesetz vom 16. 12. 2022 (BGBl. I S. 2294).

[5] § 43 Abs. 1 Satz 1 Nr. 9 neugefasst durch Gesetz vom 19. 7. 2016 (BGBl. I S. 1730); zur erstmaligen Anwendung siehe § 52 Abs. 42 Satz 4.

[6] § 43 Abs. 1 Sätze 5 und 6 neugefasst durch Gesetz vom 8. 12. 2010 (BGBl. I S. 1768).

[7] § 43 Abs. 1 Satz 6 geändert durch Gesetz vom 18. 7. 2016 (BGBl. I S. 1679); zur Anwendung von Satz 6 siehe § 52 Abs. 42 Satz 3.

1. Bezeichnung der auszahlenden Stelle,
2. das zuständige Betriebsstättenfinanzamt,
3. das übertragene Wirtschaftsgut, den Übertragungszeitpunkt, den Wert zum Übertragungszeitpunkt und die Anschaffungskosten des Wirtschaftsguts,
4. Name, Geburtsdatum, Anschrift und Identifikationsnummer des Übertragenden,
5.[1] Name, Geburtsdatum, Anschrift und Identifikationsnummer des Empfängers sowie die Bezeichnung des Kreditinstituts, der Nummer des Depots, des Kontos oder des Schuldbuchkontos. ② Sofern die Identifikationsnummer des Empfängers nicht bereits bekannt ist, kann die auszahlende Stelle diese in einem maschinellen Verfahren nach amtlich vorgeschriebenem Datensatz beim Bundeszentralamt für Steuern erfragen. ③ In der Anfrage dürfen nur die in § 139b Absatz 3 der Abgabenordnung genannten Daten der betroffenen Person angegeben werden. ④ Das Bundeszentralamt für Steuern teilt der auszahlenden Stelle die Identifikationsnummer der betroffenen Person mit, sofern die übermittelten Daten mit den nach § 139b Absatz 3 der Abgabenordnung beim Bundeszentralamt für Steuern gespeicherten Daten übereinstimmen. ⑤ Ist eine eindeutige Zuordnung des Empfängers nicht möglich, ist die Depotübertragung als kapitalertragsteuerpflichtiger Vorgang nach Satz 4 dieses Absatzes zu behandeln,
6. soweit bekannt, das persönliche Verhältnis (Verwandtschaftsverhältnis, Ehe, Lebenspartnerschaft) zwischen Übertragendem und Empfänger.

⑦ § 72a Absatz 4, § 93c Absatz 4 und § 203a der Abgabenordnung finden keine Anwendung.[2]

(1 a)[3] *(aufgehoben)*

(2)[4, 5] ① Der Steuerabzug ist außer in den Fällen des Absatzes 1 Satz 1 Nummer 1a und 7c nicht vorzunehmen, wenn Gläubiger und Schuldner der Kapitalerträge (Schuldner) oder die auszahlende Stelle im Zeitpunkt des Zufließens dieselbe Person sind. ② Der Steuerabzug ist außerdem nicht vorzunehmen, wenn in den Fällen des Absatzes 1 Satz 1 Nummer 5 bis 7[6] und 8 bis 12 Gläubiger der Kapitalerträge ein inländisches Kredit-, Finanzdienstleistungs- oder Wertpapierinstitut nach Absatz 1 Satz 1 Nummer 7 Buchstabe b oder eine inländische Kapitalverwaltungsgesellschaft ist. ③ Bei Kapitalerträgen im Sinne des Absatzes 1 Satz 1 Nummer 6 und 8 bis 12 ist ebenfalls kein Steuerabzug vorzunehmen, wenn

1. eine unbeschränkt steuerpflichtige Körperschaft, Personenvereinigung oder Vermögensmasse, die nicht unter Satz 2 oder § 44a Absatz 4 Satz 1 fällt, Gläubigerin der Kapitalerträge ist, oder
2. die Kapitalerträge Betriebseinnahmen eines inländischen Betriebs sind und der Gläubiger der Kapitalerträge dies gegenüber der auszahlenden Stelle nach amtlich vorgeschriebenem Muster erklärt; dies gilt entsprechend für Kapitalerträge aus Options- und Termingeschäften im Sinne des Absatzes 1 Satz 1 Nummer 8 und 11, wenn sie zu den Einkünften aus Vermietung und Verpachtung gehören.

④ Im Fall des § 1 Absatz 1 Nummer 4 und 5 des Körperschaftsteuergesetzes ist Satz 3 Nummer 1 nur anzuwenden, wenn die Körperschaft, Personenvereinigung oder Vermögensmasse durch eine Bescheinigung des für sie zuständigen Finanzamts ihre Zugehörigkeit zu dieser Gruppe von Steuerpflichtigen nachweist. ⑤ Die Bescheinigung ist unter dem Vorbehalt des Widerrufs auszustellen. ⑥ Die Fälle des Satzes 3 Nummer 2 hat die auszahlende Stelle gesondert aufzuzeichnen und die Erklärung der Zugehörigkeit der Kapitalerträge zu den Betriebseinnahmen oder zu den Einnahmen aus Vermietung und Verpachtung sechs Jahre aufzubewahren; die Frist beginnt mit dem Schluss des Kalenderjahres, in dem die Freistellung letztmalig berücksichtigt wird. ⑦ Die auszahlende Stelle hat in den Fällen des Satzes 3 Nummer 2 der Finanzbehörde, die für die Besteuerung des Einkommens des Gläubigers der Kapitalerträge zuständig ist, nach Maßgabe des § 93c der Abgabenordnung neben den in § 93c Absatz 1 der Abgabenordnung genannten Angaben auch die Konto- und Depotbezeichnung oder die sonstige Kennzeichnung des Geschäftsvorgangs zu übermitteln. ⑧ § 72a Absatz 4, § 93c Absatz 1 Nummer 3 und Absatz 4 sowie § 203a der Abgabenordnung finden keine Anwendung.

(3)[7] ① Kapitalerträge im Sinne des Absatzes 1 Nummer 1 Satz 1 sowie Nummer 1a bis 4 sind inländische, wenn der Schuldner Wohnsitz, Geschäftsleitung oder Sitz im Inland hat; Kapital-

[1] § 43 Abs. 1 Satz 6 Nr. 5 Sätze 2 bis 5 angefügt durch Gesetz vom 2. 6. 2021 (BGBl. I S. 1259); zur erstmaligen Anwendung siehe § 52 Abs. 42 Satz 5.

[2] § 43 Abs. 1 Satz 7 angefügt durch Gesetz vom 18. 7. 2016 (BGBl. I S. 1679).

[3] § 43 Abs. 1a aufgehoben durch Gesetz vom 8. 12. 2010 (BGBl. I S. 1768).

[4] § 43 Abs. 2 Satz 3 Nr. 2 und Satz 6 geändert durch Gesetz vom 8. 12. 2010 (BGBl. I S. 1768); Abs. 2 Satz 1 Verweis geändert durch Gesetz vom 22. 6. 2011 (BGBl. I S. 1126); Abs. 2 Satz 2 Bezeichnung geändert durch Gesetz vom 18. 12. 2013 (BGBl. I S. 4318); Abs. 2 Satz 7 und 8 neugefasst durch Gesetz vom 18. 7. 2016 (BGBl. I S. 1679); zur erstmaligen Anwendung siehe § 52 Abs. 42 Satz 3.

[5] § 43 Abs. 2 Satz 2 geändert durch Gesetz vom 16. 12. 2022 (BGBl. I S. 2294).

[6] § 43 Abs. 2 Satz 2 Verweis geändert durch Gesetz vom 19. 7. 2016 (BGBl. I S. 1730); zur erstmaligen Anwendung siehe § 52 Abs. 42 Satz 4.

[7] § 43 Abs. 3 Satz 1 Verweis geändert durch Gesetz vom 22. 6. 2011 (BGBl. I S. 1126); Abs. 3 Satz 1 Verweis geändert mit Wirkung ab 1. 1. 2016 durch Gesetz vom 1. 4. 2015 (BGBl. I S. 434).

erträge im Sinne des Absatzes 1 Satz 1 Nummer 4 sind auch dann inländische, wenn der Schuldner eine Niederlassung im Sinne der §§ 61, 65 oder des § 68 des Versicherungsaufsichtsgesetzes im Inland hat. ② Kapitalerträge im Sinne des Absatzes 1 Satz 1 Nummer 1 Satz 2 sind inländische, wenn der Schuldner der veräußerten Ansprüche die Voraussetzungen des Satzes 1 erfüllt. ③ Kapitalerträge im Sinne des § 20 Absatz 1 Nummer 1 Satz 4 sind inländische, wenn der Emittent der Aktien Geschäftsleitung oder Sitz im Inland hat. ④ Kapitalerträge im Sinne des Absatzes 1 Satz 1 Nummer 6 sind ausländische, wenn weder die Voraussetzungen nach Satz 1 noch nach Satz 2 vorliegen.

(4) Der Steuerabzug ist auch dann vorzunehmen, wenn die Kapitalerträge beim Gläubiger zu den Einkünften aus Land- und Forstwirtschaft, aus Gewerbebetrieb, aus selbständiger Arbeit oder aus Vermietung und Verpachtung gehören.

(5)[1] ① Für Kapitalerträge im Sinne des § 20, soweit sie der Kapitalertragsteuer unterlegen haben, ist die Einkommensteuer mit dem Steuerabzug abgegolten; die Abgeltungswirkung des Steuerabzugs tritt nicht ein, wenn der Gläubiger nach § 44 Absatz 1 Satz 10 und 11[2] und Absatz 5 in Anspruch genommen werden kann. ② Dies gilt nicht in Fällen des § 32d Absatz 2 und für Kapitalerträge, die zu den Einkünften aus Land- und Forstwirtschaft, aus Gewerbebetrieb, aus selbständiger Arbeit oder aus Vermietung und Verpachtung gehören. ③ Auf Antrag des Gläubigers werden Kapitalerträge im Sinne des Satzes 1 in die besondere Besteuerung von Kapitalerträgen nach § 32d einbezogen. ④ Eine vorläufige Festsetzung der Einkommensteuer im Sinne des § 165 Absatz 1 Satz 2 Nummer 2 bis 4 der Abgabenordnung umfasst auch Einkünfte im Sinne des Satzes 1, für die der Antrag nach Satz 3 nicht gestellt worden ist.

§ 43a Bemessung der Kapitalertragsteuer

(1) ① Die Kapitalertragsteuer beträgt

1.[3] in den Fällen des § 43 Absatz 1 Satz 1 Nummer 1 bis 7a und 8 bis 12 sowie Satz 2:
25 Prozent des Kapitalertrags;

2. in den Fällen des § 43 Absatz 1 Satz 1 Nummer 7b und 7c:
15 Prozent des Kapitalertrags.

② Im Fall einer Kirchensteuerpflicht ermäßigt sich die Kapitalertragsteuer um 25 Prozent der auf die Kapitalerträge entfallenden Kirchensteuer. ③ § 32d Absatz 1 Satz 4 und 5 gilt entsprechend.

(2)[4, 5] ① Dem Steuerabzug unterliegen die vollen Kapitalerträge ohne Abzug; dies gilt nicht für Erträge aus Investmentfonds nach § 16 Absatz 1 des Investmentsteuergesetzes, auf die nach § 20 des Investmentsteuergesetzes eine Teilfreistellung anzuwenden ist; § 20 Absatz 1 Satz 2 bis 4 des Investmentsteuergesetzes sind beim Steuerabzug nicht anzuwenden. ② In den Fällen des § 43 Absatz 1 Satz 1 Nummer 9 bis 12 bemisst sich der Steuerabzug

1. bei Gewinnen aus der Veräußerung von Anteilen an Investmentfonds im Sinne des § 16 Absatz 1 Nummer 3 in Verbindung mit § 2 Absatz 13 des Investmentsteuergesetzes nach § 19 des Investmentsteuergesetzes und

2. in allen übrigen Fällen nach § 20 Absatz 4 und 4a,

wenn die Wirtschaftsgüter von der die Kapitalerträge auszahlenden Stelle erworben oder veräußert und seitdem verwahrt oder verwaltet worden sind. ③ Überträgt der Steuerpflichtige die Wirtschaftsgüter auf ein anderes Depot, hat die abgebende inländische auszahlende Stelle der übernehmenden inländischen auszahlenden Stelle die Anschaffungsdaten mitzuteilen. ④ Satz 3 gilt in den Fällen des § 43 Absatz 1 Satz 5 entsprechend. ⑤ Handelt es sich bei der abgebenden auszahlenden Stelle um ein Kreditinstitut, Finanzdienstleistungsinstitut oder ein Wertpapierinstitut mit Sitz in einem anderen Mitgliedstaat der Europäischen Union, in einem anderen Vertragsstaat des EWR-Abkommens vom 3. Januar 1994 (ABl. EG Nr. L 1 S. 3) in der jeweils geltenden Fassung oder in einem anderen Vertragsstaat nach Artikel 17 Absatz 2 Ziffer i der Richtlinie 2003/48/EG vom 3. Juni 2003 im Bereich der Besteuerung von Zinserträgen (ABl. EU Nr. L 157 S. 38), kann der Steuerpflichtige den Nachweis nur durch eine Bescheinigung des ausländischen Instituts führen; dies gilt entsprechend für eine in diesem Gebiet belegene Zweigstelle eines inländischen Kreditinstituts, Finanzdienstleistungsinstitut oder einem inländischen Wertpapierinstitut. ⑥ In allen anderen Fällen ist ein Nachweis der Anschaffungsdaten nicht zulässig. ⑦ Sind die Anschaffungsdaten nicht nachgewiesen, bemisst sich der Steuerabzug nach 30 Prozent der Einnahmen aus der Veräußerung oder Einlösung der Wirtschaftsgüter. ⑧ In den Fällen des § 43 Absatz 1 Satz 4 gelten der Börsenpreis zum Zeitpunkt der Übertragung zuzüglich Stück-

[1] § 43 Abs. 5 Satz 1 neugefasst und Satz 4 angefügt durch Gesetz vom 8. 12. 2010 (BGBl. I S. 1768).

[2] § 43 Abs. 5 Satz 1 Verweis geändert durch Gesetz vom 19. 7. 2016 (BGBl. I S. 1730); zur erstmaligen Anwendung siehe § 52 Abs. 42 Satz 4.

[3] § 43a Abs. 1 Satz 1 Nr. 1 geändert durch Gesetz vom 19. 7. 2016 (BGBl. I S. 1730); zur erstmaligen Anwendung siehe § 52 Abs. 42a.

[4] § 43a Abs. 2 Satz 1 und 2 neugefasst durch Gesetz vom 19. 7. 2016 (BGBl. I S. 1730); zur erstmaligen Anwendung siehe § 52 Abs. 42a.

[5] § 43a Abs. 2 Satz 5 geändert durch Gesetz vom 26. 6. 2013 (BGBl. I S. 1809) und durch Gesetz vom 12. 5. 2021 (BGBl. I S. 990).

zinsen als Einnahmen aus der Veräußerung und die mit dem Depotübertrag verbundenen Kosten als Veräußerungskosten im Sinne des § 20 Absatz 4 Satz 1. ⑨ Zur Ermittlung des Börsenpreises ist der niedrigste am Vortag der Übertragung im regulierten Markt notierte Kurs anzusetzen; liegt am Vortag eine Notierung nicht vor, so werden die Wirtschaftsgüter mit dem letzten innerhalb von 30 Tagen vor dem Übertragungstag im regulierten Markt notierten Kurs angesetzt; Entsprechendes gilt für Wertpapiere, die im Inland in den Freiverkehr einbezogen sind oder in einem anderen Staat des Europäischen Wirtschaftsraums zum Handel an einem geregelten Markt im Sinne des Artikels 1 Nummer 13 der Richtlinie 93/22/EWG des Rates vom 10. Mai 1993 über Wertpapierdienstleistungen (ABl. EG Nr. L 141 S. 27) zugelassen sind. ⑩ Liegt ein Börsenpreis nicht vor, bemisst sich die Steuer nach 30 Prozent der Anschaffungskosten. ⑪ Die übernehmende auszahlende Stelle hat als Anschaffungskosten den von der abgebenden Stelle angesetzten Börsenpreis anzusetzen und die bei der Übertragung als Einnahmen aus der Veräußerung angesetzten Stückzinsen nach Absatz 3 zu berücksichtigen. ⑫ Satz 9 gilt entsprechend. ⑬ Liegt ein Börsenpreis nicht vor, bemisst sich der Steuerabzug nach 30 Prozent der Einnahmen aus der Veräußerung oder Einlösung der Wirtschaftsgüter. ⑭ Hat die auszahlende Stelle die Wirtschaftsgüter vor dem 1. Januar 1994 erworben oder veräußert und seitdem verwahrt oder verwaltet, kann sie den Steuerabzug nach 30 Prozent der Einnahmen aus der Veräußerung oder Einlösung der Wertpapiere und Kapitalforderungen bemessen. ⑮ Abweichend von den Sätzen 2 bis 14 bemisst sich der Steuerabzug bei Kapitalerträgen aus nicht für einen marktmäßigen Handel bestimmten schuldbuchfähigen Wertpapieren des Bundes und der Länder oder bei Kapitalerträgen im Sinne des § 43 Absatz 1 Satz 1 Nummer 7 Buchstabe b aus nicht in Inhaber- oder Orderschuldverschreibungen verbrieften Kapitalforderungen nach dem vollen Kapitalertrag ohne jeden Abzug.

(3)[1] ① Die auszahlende Stelle hat ausländische Steuern auf Kapitalerträge nach Maßgabe des § 32d Absatz 5 zu berücksichtigen. ② Sie hat unter Berücksichtigung des § 20 Absatz 6 Satz 4 im Kalenderjahr negative Kapitalerträge einschließlich gezahlter Stückzinsen bis zur Höhe der positiven Kapitalerträge auszugleichen; liegt ein gemeinsamer Freistellungsauftrag im Sinne des § 44a Absatz 2 Satz 1 Nummer 1 in Verbindung mit § 20 Absatz 9 Satz 2 vor, erfolgt ein gemeinsamer Ausgleich. ③ Der nicht ausgeglichene Verlust ist auf das nächste Kalenderjahr zu übertragen. ④ Auf Verlangen des Gläubigers der Kapitalerträge hat sie über die Höhe eines nicht ausgeglichenen Verlusts eine Bescheinigung nach amtlich vorgeschriebenem Muster zu erteilen; der Verlustübertrag entfällt in diesem Fall. ⑤ Der unwiderrufliche Antrag auf Erteilung der Bescheinigung muss bis zum 15. Dezember des laufenden Jahres der auszahlenden Stelle zugehen. ⑥ Überträgt der Gläubiger der Kapitalerträge seine im Depot befindlichen Wirtschaftsgüter vollständig auf ein anderes Depot, hat die abgebende auszahlende Stelle der übernehmenden auszahlenden Stelle auf Verlangen des Gläubigers der Kapitalerträge die Höhe des nicht ausgeglichenen Verlusts mitzuteilen; eine Bescheinigung nach Satz 4 darf in diesem Fall nicht erteilt werden. ⑦ Erfährt die auszahlende Stelle nach Ablauf des Kalenderjahres von der Veränderung einer Bemessungsgrundlage oder einer zu erhebenden Kapitalertragsteuer, hat sie die entsprechende Korrektur erst zum Zeitpunkt ihrer Kenntnisnahme vorzunehmen; § 44 Absatz 5 bleibt unberührt. ⑧ Die vorstehenden Sätze gelten nicht in den Fällen des § 20 Absatz 8 und des § 44 Absatz 1 Satz 4 Nummer 1 Buchstabe a Doppelbuchstabe bb sowie bei Körperschaften, Personenvereinigungen oder Vermögensmassen.

(4)[2] ① Die Absätze 2 und 3 gelten entsprechend für die das Bundesschuldbuch führende Stelle oder eine Landesschuldenverwaltung als auszahlende Stelle. ② Werden die Wertpapiere oder Forderungen von einem Kreditinstitut, Finanzdienstleistungsinstitut oder einem Wertpapierinstitut mit der Maßgabe der Verwahrung und Verwaltung durch die das Bundesschuldbuch führende Stelle oder eine Landesschuldenverwaltung erworben, hat das Kreditinstitut, das Finanzdienstleistungsinstitut oder das Wertpapierinstitut der das Bundesschuldbuch führenden Stelle oder einer Landesschuldenverwaltung zusammen mit den im Schuldbuch einzutragenden Wertpapieren und Forderungen den Erwerbszeitpunkt und die Anschaffungsdaten sowie in Fällen des Absatzes 2 den Erwerbspreis der für einen marktmäßigen Handel bestimmten schuldbuchfähigen Wertpapiere des Bundes oder der Länder und außerdem mitzuteilen, dass es diese Wertpapiere und Forderungen erworben oder veräußert und seitdem verwahrt oder verwaltet hat.

§ 43b Bemessung der Kapitalertragsteuer bei bestimmten Gesellschaften

(1)[3] ① Auf Antrag wird die Kapitalertragsteuer für Kapitalerträge im Sinne des § 20 Absatz 1 Nummer 1, die einer Muttergesellschaft, die weder ihren Sitz noch ihre Geschäftsleitung im Inland hat, oder einer in einem anderen Mitgliedstaat der Europäischen Union gelegenen Betriebsstätte dieser Muttergesellschaft, aus Ausschüttungen einer Tochtergesellschaft zufließen, nicht erhoben; § 50d Absatz 3 gilt entsprechend. ② Satz 1 gilt auch für Ausschüttungen einer

[1] § 43a Abs. 3 Satz 7 eingefügt durch Gesetz vom 8. 12. 2010 (BGBl. I S. 1768); Abs. 3 Satz 2 Verweis geändert durch Gesetz vom 25. 7. 2014 (BGBl. I S. 1266).
[2] § 43a Abs. 4 Satz 2 geändert durch Gesetz vom 12. 5. 2021 (BGBl. I S. 990).
[3] § 43b Abs. 1 Satz 1 letzter Halbsatz angefügt durch Gesetz vom 2. 6. 2021 (BGBl. I S. 1259).

Tochtergesellschaft, die einer in einem anderen Mitgliedstaat der Europäischen Union gelegenen Betriebsstätte einer unbeschränkt steuerpflichtigen Muttergesellschaft zufließen. ③ Ein Zufluss an die Betriebsstätte liegt nur vor, wenn die Beteiligung an der Tochtergesellschaft tatsächlich zu dem Betriebsvermögen der Betriebsstätte gehört. ④ Die Sätze 1 bis 3 gelten nicht für Kapitalerträge im Sinne des § 20 Absatz 1 Nummer 1, die anlässlich der Liquidation oder Umwandlung einer Tochtergesellschaft zufließen.

(2)[1] ① Muttergesellschaft im Sinne des Absatzes 1 ist jede Gesellschaft, die

1. die in der Anlage 2[2] zu diesem Gesetz bezeichneten Voraussetzungen erfüllt und
2. nach Artikel 3 Absatz 1 Buchstabe a der Richtlinie 2011/96/EU des Rates vom 30. November 2011 über das gemeinsame Steuersystem der Mutter- und Tochtergesellschaften verschiedener Mitgliedstaaten (ABl. L 345 vom 29. 12. 2011, S. 8), die zuletzt durch die Richtlinie 2014/86/EU (ABl. L 219 vom 25. 7. 2014, S. 40) geändert worden ist, zum Zeitpunkt der Entstehung der Kapitalertragsteuer gemäß § 44 Absatz 1 Satz 2 nachweislich mindestens zu 10 Prozent unmittelbar am Kapital der Tochtergesellschaft beteiligt ist (Mindestbeteiligung).

② Ist die Mindestbeteiligung zu diesem Zeitpunkt nicht erfüllt, ist der Zeitpunkt des Gewinnverteilungsbeschlusses maßgeblich. ③ Tochtergesellschaft im Sinne des Absatzes 1 sowie des Satzes 1 ist jede unbeschränkt steuerpflichtige Gesellschaft, die die in der Anlage 2[2] zu diesem Gesetz und in Artikel 3 Absatz 1 Buchstabe b der Richtlinie 2011/96/EU bezeichneten Voraussetzungen erfüllt. ④ Weitere Voraussetzung ist, dass die Beteiligung nachweislich ununterbrochen zwölf Monate besteht. ⑤ Wird dieser Beteiligungszeitraum nach dem Zeitpunkt der Entstehung der Kapitalertragsteuer gemäß § 44 Absatz 1 Satz 2 vollendet, ist die einbehaltene und abgeführte Kapitalertragsteuer nach § 50 c Absatz 3 zu erstatten; das Freistellungsverfahren nach § 50 c Absatz 2 ist ausgeschlossen.[3]

(2 a) Betriebsstätte im Sinne der Absätze 1 und 2 ist eine feste Geschäftseinrichtung in einem anderen Mitgliedstaat der Europäischen Union, durch die die Tätigkeit der Muttergesellschaft ganz oder teilweise ausgeübt wird, wenn das Besteuerungsrecht für die Gewinne dieser Geschäftseinrichtung nach dem jeweils geltenden Abkommen zur Vermeidung der Doppelbesteuerung dem Staat, in dem sie gelegen ist, zugewiesen wird und diese Gewinne in diesem Staat der Besteuerung unterliegen.

(3)[4] *(aufgehoben)*

§ 44 Entrichtung der Kapitalertragsteuer

(1)[5, 6] ① Schuldner der Kapitalertragsteuer ist in den Fällen des § 43 Absatz 1 Satz 1 Nummer 1 bis 7 b und 8 bis 12 sowie Satz 2 der Gläubiger der Kapitalerträge. ② Die Kapitalertragsteuer entsteht in dem Zeitpunkt, in dem die Kapitalerträge dem Gläubiger zufließen. ③ In diesem Zeitpunkt haben in den Fällen des § 43 Absatz 1 Satz 1 Nummer 1, 2 bis 4 sowie 7 a und 7 b der Schuldner der Kapitalerträge, jedoch in den Fällen des § 43 Absatz 1 Satz 1 Nummer 1 Satz 2 die für den Verkäufer der Wertpapiere den Verkaufsauftrag ausführende Stelle im Sinne des Satzes 4 Nummer 1, und in den Fällen des § 43 Absatz 1 Satz 1 Nummer 1 a, 5 bis 7[5] und 8 bis 12 sowie Satz 2 die die Kapitalerträge auszahlende Stelle den Steuerabzug unter Beachtung der im Bundessteuerblatt veröffentlichten Auslegungsvorschriften der Finanzverwaltung für Rechnung des Gläubigers der Kapitalerträge vorzunehmen. ④ Die die Kapitalerträge auszahlende Stelle ist

1.[7] in den Fällen des § 43 Absatz 1 Satz 1 Nummer 5 bis 7 Buchstabe a und Nummer 8 bis 12 sowie Satz 2
   a) das inländische Kredit-, Finanzdienstleistungs- oder Wertpapierinstitut im Sinne des § 43 Absatz 1 Satz 1 Nummer 7 Buchstabe b,
      aa)[8] das die Teilschuldverschreibungen, die Anteile an einer Sammelschuldbuchforderung, die Wertrechte, die Zinsscheine, die Anteile an Investmentfonds im Sinne des Investmentsteuergesetzes **[ab 1. 1. 2023:** , die elektronischen Wertpapiere im Sinne des § 2 des Gesetzes über elektronische Wertpapiere**]** oder sonstigen Wirtschaftsgüter verwahrt oder verwaltet oder deren Veräußerung durchführt und die Kapitalerträge auszahlt oder gutschreibt oder in den Fällen des § 43 Absatz 1 Satz 1 Nummer 8 und 11 die Kapitalerträge auszahlt oder gutschreibt,

[1] § 43 b Abs. 2 Satz 1 neugefasst durch Gesetz vom 2. 11. 2015 (BGBl. I S. 1834); zur Anwendung siehe § 52 Abs. 42 b.
[2] Anlage 2 abgedruckt im Hauptteil zu § 43 b EStG.
[3] § 43 b Abs. 2 Satz 5 Verweise geändert durch Gesetz vom 2. 6. 2021 (BGBl. I S. 1259).
[4] § 43 b Abs. 3 aufgehoben durch Gesetz vom 26. 6. 2013 (BGBl. I S. 1809).
[5] § 44 Abs. 1 Satz 3 neugefasst durch Gesetz vom 22. 6. 2011 (BGBl. I S. 1126); Abs. 1 Satz 3 Verweis geändert durch Gesetz vom 19. 7. 2016 (BGBl. I S. 1730); zur erstmaligen Anwendung siehe § 52 Abs. 44 Satz 3.
[6] § 44 Abs. 1 Satz 3 geändert mit Wirkung ab VZ 2016 durch Gesetz vom 2. 11. 2015 (BGBl. I S. 1834).
[7] § 44 Abs. 1 Satz 4 Nr. 1 Einleitungssatz und Nr. 1 Buchstabe a Doppelbuchstabe aa geändert durch Gesetz vom 19. 7. 2016 (BGBl. I S. 1730); zur erstmaligen Anwendung siehe § 52 Abs. 44 Satz 3; Abs. 1 Satz 4 Nr. 1 Buchstabe a einleitender Satzteil, Buchstabe Doppelbuchstabe bb und Buchstabe b geändert durch Gesetz vom 16. 12. 2022 (BGBl. I S. 2294).
[8] § 44 Abs. 1 Satz 4 Nr. 1 Buchstabe a Doppelbuchstabe aa geändert durch Gesetz vom 8. 12. 2010 (BGBl. I S. 1768); geändert mit Wirkung ab 1. 1. 2023 durch Gesetz vom 16. 12. 2022 (BGBl. I S. 2294).

bb) das die Kapitalerträge gegen Aushändigung der Zinsscheine oder der Teilschuldverschreibungen einem anderen als einem ausländischen Kredit-, Finanzdienstleistungs- oder Wertpapierinstitut auszahlt oder gutschreibt;

b) der Schuldner der Kapitalerträge in den Fällen des § 43 Absatz 1 Satz 1 Nummer 7 Buchstabe a und Nummer 10 unter den Voraussetzungen des Buchstabens a, wenn kein inländisches Kredit-, Finanzdienstleistungs- oder Wertpapierinstitut die die Kapitalerträge auszahlende Stelle ist;

2.[1] in den Fällen des § 43 Absatz 1 Satz 1 Nummer 7 Buchstabe b das inländische Kredit-, Finanzdienstleistungs- oder Wertpapierinstitut, das die Kapitalerträge als Schuldner auszahlt oder gutschreibt;

[Fassung bis 31. 12. 2022:]

2a.[2] in den Fällen des § 43 Absatz 1 Satz 1 Nummer 7 Buchstabe c

a) der inländische Betreiber oder die inländische Zweigniederlassung eines ausländischen Betreibers einer Internet-Dienstleistungsplattform im Sinne des § 43 Absatz 1 Satz 1 Nummer 7 Buchstabe c Satz 2, der die Kapitalerträge an den Gläubiger auszahlt oder gutschreibt,

b) das inländische Kredit-, Finanzdienstleistungs- oder Wertpapierinstitut im Sinne des § 43 Absatz 1 Satz 1 Nummer 7 Buchstabe b, das die Kapitalerträge im Auftrag des inländischen oder ausländischen Betreibers einer Internet-Dienstleistungsplattform im Sinne des § 43 Absatz 1 Satz 1 Nummer 7 Buchstabe c Satz 2 an den Gläubiger auszahlt oder gutschreibt,

sofern sich für diese Kapitalerträge kein zum Steuerabzug Verpflichteter nach der Nummer 1 ergibt.

[Fassung ab 1. 1. 2023:]

2a.[3] in den Fällen des § 43 Absatz 1 Satz 1 Nummer 8a

a) der inländische Betreiber oder die inländische Zweigniederlassung eines ausländischen Betreibers einer Internet-Dienstleistungsplattform im Sinne des § 43 Absatz 1 Satz 1 Nummer 8a Satz 2, der die Kapitalerträge an den Gläubiger auszahlt oder gutschreibt,

b) das inländische Kredit-, Finanzdienstleistungs- oder Wertpapierinstitut im Sinne des § 43 Absatz 1 Satz 1 Nummer 7 Buchstabe b, das inländische Zahlungsinstitut im Sinne des § 1 Absatz 1 Satz 1 Nummer 1 des Zahlungsdiensteaufsichtsgesetzes oder das inländische E-Geld-Institut im Sinne des § 1 Absatz 1 Satz 1 Nummer 2 des Zahlungsdiensteaufsichtsgesetzes, das die Kapitalerträge im Auftrag des inländischen oder ausländischen Betreibers einer Internet-Dienstleistungsplattform im Sinne des § 43 Absatz 1 Satz 1 Nummer 8a Satz 2 oder nach Vermittlung der Kapitalforderung durch eine Internet-Dienstleistungsplattform für den Schuldner der Kapitalerträge an den Gläubiger auszahlt oder gutschreibt,

c) der Schuldner der Kapitalerträge, wenn es keinen inländischen Abzugsverpflichteten nach Buchstabe a oder b gibt. ② Der inländische Betreiber oder die inländische Zweigniederlassung eines ausländischen Betreibers einer Internet-Dienstleistungsplattform im Sinne des § 43 Absatz 1 Satz 1 Nummer 8a Satz 2 (Plattformbetreiber) haftet in diesem Fall für die nicht einbehaltenen Steuern oder zu Unrecht gewährten Steuervorteile. ③ Der Plattformbetreiber haftet nicht nach Satz 2, wenn er den Schuldner der Kapitalerträge auf seine Verpflichtung, die Kapitalertragsteuer einzubehalten und abzuführen hingewiesen und dies dokumentiert hat;

3.[4] in den Fällen des § 43 Absatz 1 Satz 1 Nummer 1a

a) das inländische Kredit-, Finanzdienstleistungs- oder Wertpapierinstitut im Sinne des § 43 Absatz 1 Satz 1 Nummer 7 Buchstabe b, welche die Anteile verwahrt oder verwaltet und

[1] § 44 Abs. 1 Satz 4 Nr. 2 geändert durch Gesetz vom 16. 12. 2022 (BGBl. I S. 2294).

[2] § 44 Abs. 1 Satz 4 Nr. 2a eingefügt durch Gesetz vom 12. 12. 2019 (BGBl. I S. 2451); gemäß § 52 Abs. 44 Satz 1 ist Nr. 2a erstmals auf Kapitalerträge anzuwenden, die dem Gläubiger nach dem 31. 12. 2020 zufließen; Abs. 1 Satz 4 Nr. 2a Buchstabe b geändert durch Gesetz vom 16. 12. 2022 (BGBl. I S. 2294).

[3] § 44 Abs. 1 Satz 4 Nr. 2a neugefasst mit Wirkung ab 1. 1. 2023 durch Gesetz vom 16. 12. 2022 (BGBl. I S. 2294).

[4] § 44 Abs. 1 Satz 4 Nr. 3 eingefügt durch Gesetz vom 22. 6. 2011 (BGBl. I S. 1126); Abs. 1 Satz 4 Nr. 3 Buchstabe c angefügt mit Wirkung ab 1. 1. 2015 durch Gesetz vom 22. 12. 2014 (BGBl. I S. 2417); Abs. 1 Satz 4 Nr. 3 Buchstabe a geändert durch Gesetz vom 12. 5. 2021 (BGBl. I S. 990); Abs. 1 Satz 4 Nr. 3 Buchstabe a geändert durch Gesetz vom 16. 12. 2022 (BGBl. I S. 2294).

die Kapitalerträge auszahlt oder gutschreibt oder die Kapitalerträge gegen Aushändigung der Dividendenscheine auszahlt oder gutschreibt oder die Kapitalerträge an eine ausländische Stelle auszahlt,

b) die Wertpapiersammelbank, der die Anteile zur Sammelverwahrung anvertraut wurden, wenn sie die Kapitalerträge an eine ausländische Stelle auszahlt,

c) der Schuldner der Kapitalerträge, soweit die Wertpapiersammelbank, der die Anteile zur Sammelverwahrung anvertraut wurden, keine Dividendenregulierung vornimmt; die Wertpapiersammelbank hat dem Schuldner der Kapitalerträge den Umfang der Bestände ohne Dividendenregulierung mitzuteilen,

4.[1] in den Fällen des § 43 Absatz 1 Satz 1 Nummer 5, soweit es sich um die Vorabpauschale nach § 16 Absatz 1 Nummer 2 des Investmentsteuergesetzes handelt, das inländische Kredit-, Finanzdienstleistungs- oder Wertpapierinstitut im Sinne des § 43 Absatz 1 Satz 1 Nummer 7 Buchstabe b, welches die Anteile an dem Investmentfonds im Sinne des Investmentsteuergesetzes verwahrt oder verwaltet;

5.[2] in den Fällen des § 43 Absatz 1 Satz 1 Nummer 5 der Investmentfonds, wenn es sich um Kapitalerträge aus Anteilen an inländischen Investmentfonds handelt, die nicht von einem inländischen oder ausländischen Kredit-, Finanzdienstleistungs- oder Wertpapierinstitut im Sinne des § 43 Absatz 1 Satz 1 Nummer 7 Buchstabe b verwahrt oder verwaltet werden;

[ab 1. 1. 2023:

6.[3] für Kapitalerträge aus Kryptowertpapieren im Sinne des § 4 Absatz 3 des Gesetzes über elektronische Wertpapiere, in den Fällen des § 43 Absatz 1 Satz 1 Nummer 5, 7 Buchstabe a, Nummer 8 und 9 bis 12 die registerführende Stelle nach § 16 Absatz 2 des Gesetzes über elektronische Wertpapiere, sofern sich keine auszahlende Stelle aus den Nummern 1, 4 und 5 ergibt.]

⑤[4] Die innerhalb eines Kalendermonats einbehaltene Steuer ist jeweils bis zum zehnten des folgenden Monats an das Finanzamt abzuführen, das für die Besteuerung

1. des Schuldners der Kapitalerträge,
2. der den Verkaufsauftrag ausführenden Stelle oder
3. der die Kapitalerträge auszahlenden Stelle

nach dem Einkommen zuständig ist; bei Kapitalerträgen im Sinne des § 43 Absatz 1 Satz 1 Nummer 1 ist die einbehaltene Steuer in dem Zeitpunkt abzuführen, in dem die Kapitalerträge dem Gläubiger zufließen. ⑥ Dabei ist die Kapitalertragsteuer, die zu demselben Zeitpunkt abzuführen ist, jeweils auf den nächsten vollen Eurobetrag abzurunden. ⑦ Wenn Kapitalerträge ganz oder teilweise nicht in Geld bestehen (§ 8 Absatz 2) und der in Geld geleistete Kapitalertrag nicht zur Deckung der Kapitalertragsteuer ausreicht, hat der Gläubiger der Kapitalerträge dem zum Steuerabzug Verpflichteten den Fehlbetrag zur Verfügung zu stellen. ⑧ Zu diesem Zweck kann der zum Steuerabzug Verpflichtete den Fehlbetrag von einem bei ihm unterhaltenen und auf den Namen des Gläubigers der Kapitalerträge lautenden Konto, ohne Einwilligung des Gläubigers, einziehen. ⑨ Soweit der Gläubiger nicht vor Zufluss der Kapitalerträge widerspricht, darf der zum Steuerabzug Verpflichtete auch insoweit die Geldbeträge von einem auf den Namen des Gläubigers der Kapitalerträge lautenden Konto einziehen, wie ein mit dem Gläubiger vereinbarter Kontokorrentkredit für dieses Konto nicht in Anspruch genommen wurde.[5]

[Fassung bis 31. 12. 2024:]

⑩ Soweit der Gläubiger seiner Verpflichtung nicht nachkommt, hat der zum Steuerabzug Verpflichtete dies dem für ihn zuständigen Betriebsstättenfinanzamt anzuzeigen. ⑪ Das Finanzamt hat die zu wenig erhobene Kapitalertragsteuer vom Gläubiger der Kapitalerträge nachzufordern.

[Fassung ab 1. 1. 2025:][6]

⑩ Soweit der Gläubiger seiner Verpflichtung nicht nachkommt, hat der zum Steuerabzug Verpflichtete dies dem für ihn zuständigen Betriebsstättenfinanzamt nach Maßgabe des § 93c der Abgabenordnung anzuzeigen und neben den in § 93c Absatz 1 der Abgabenordnung genannten Angaben folgende Daten zu übermitteln:

---

[1] § 44 Abs. 1 Satz 4 Nr. 4 angefügt durch Gesetz vom 19. 7. 2016 (BGBl. I S. 1730); zur erstmaligen Anwendung siehe § 52 Abs. 44 Satz 3; Abs. 1 Satz 4 Nr. 4 geändert durch Gesetz vom 16. 12. 2022 (BGBl. I S. 2294).

[2] § 44 Abs. 1 Satz 4 Nr. 5 eingefügt durch Gesetz vom 21. 12. 2020 (BGBl. I S. 3096); zur erstmaligen Anwendung siehe § 52 Abs. 44 Satz 4; Abs. 1 Satz 4 Nr. 5 geändert durch Gesetz vom 16. 12. 2022 (BGBl. I S. 2294).

[3] § 44 Abs. 1 Satz 4 Nr. 6 eingefügt mit Wirkung ab 1. 1. 2023 durch Gesetz vom 16. 12. 2022 (BGBl. I S. 2294).

[4] § 44 Abs. 1 Satz 5 geändert durch Gesetz vom 22. 6. 2011 (BGBl. I S. 1126).

[5] § 44 Abs. 1 Satz 8 und 9 werden eingefügt, bisherige Sätze 8 und 9 werden 10 und 11 durch Gesetz vom 19. 7. 2016 (BGBl. I S. 1730); zur erstmaligen Anwendung siehe § 52 Abs. 44 Satz 3.

[6] § 44 Abs. 1 Satz 10 und 11 neugefasst durch Gesetz vom 16. 12. 2022 (BGBl. I S. 2294); **zur erstmaligen Anwendung siehe § 52 Abs. 44 Satz 5.**

[Fassung ab 1. 1. 2025:]

1. das Datum der Gutschrift des Kapitalertrags,
2. die Bezeichnung und die Internationale Wertpapierkennnummer der Wertpapiergattung sowie die dem Kapitalertrag zugrundeliegende Stückzahl der Wertpapiere soweit vorhanden, ansonsten die Bezeichnung des betroffenen Kapitalertrags,
3. sofern ermittelbar, die Höhe des Kapitalertrags, für den der Steuereinbehalt fehlgeschlagen ist.

⑪ Das Wohnsitz-Finanzamt hat die zu wenig erhobene Kapitalertragsteuer vom Gläubiger der Kapitalerträge nach § 32d Absatz 3 in der Veranlagung nachzufordern.

(1 a)[1] ① Werden inländische Aktien über eine ausländische Stelle mit Dividendenberechtigung erworben, aber ohne Dividendenanspruch geliefert und leitet die ausländische Stelle auf die Erträge im Sinne des § 20 Absatz 1 Nummer 1 Satz 4 einen einbehaltenen Steuerbetrag im Sinne des § 43 a Absatz 1 Satz 1 Nummer 1 an eine inländische Wertpapiersammelbank weiter, ist diese zur Abführung der einbehaltenen Steuer verpflichtet. ② Bei Kapitalerträgen im Sinne des § 43 Absatz 1 Satz 1 Nummer 1 und 2 gilt Satz 1 entsprechend.

(1 b)[2] Bei inländischen und ausländischen Investmentfonds ist für die Vorabpauschale nach § 16 Absatz 1 Nummer 2 des Investmentsteuergesetzes Absatz 1 Satz 7 bis 11 entsprechend anzuwenden.

(2) ① Gewinnanteile (Dividenden) und andere Kapitalerträge im Sinne des § 43 Absatz 1 Satz 1 Nummer 1, deren Ausschüttung von einer Körperschaft beschlossen wird, fließen dem Gläubiger der Kapitalerträge an dem Tag zu (Absatz 1), der im Beschluss als Tag der Auszahlung bestimmt worden ist. ② Ist die Ausschüttung nur festgesetzt, ohne dass über den Zeitpunkt der Auszahlung ein Beschluss gefasst worden ist, so gilt als Zeitpunkt des Zufließens der Tag nach der Beschlussfassung; ist durch Gesetz eine abweichende Fälligkeit des Auszahlungsanspruchs bestimmt oder lässt das Gesetz eine abweichende Bestimmung der Fälligkeit durch Satzungsregelung zu, gilt als Zeitpunkt des Zufließens der Tag der Fälligkeit[3]. ③ Für Kapitalerträge im Sinne des § 20 Absatz 1 Nummer 1 Satz 4 gelten diese Zuflusszeitpunkte entsprechend.

(3) ① Ist bei Einnahmen aus der Beteiligung an einem Handelsgewerbe als stiller Gesellschafter in dem Beteiligungsvertrag über den Zeitpunkt der Ausschüttung keine Vereinbarung getroffen, so gilt der Kapitalertrag am Tag nach der Aufstellung der Bilanz oder einer sonstigen Feststellung des Gewinnanteils des stillen Gesellschafters, spätestens jedoch sechs Monate nach Ablauf des Wirtschaftsjahres, für das der Kapitalertrag ausgeschüttet oder gutgeschrieben werden soll, als zugeflossen. ② Bei Zinsen aus partiarischen Darlehen gilt Satz 1 entsprechend.

(4) Haben Gläubiger und Schuldner der Kapitalerträge vor dem Zufließen ausdrücklich Stundung des Kapitalertrags vereinbart, weil der Schuldner vorübergehend zur Zahlung nicht in der Lage ist, so ist der Steuerabzug erst mit Ablauf der Stundungsfrist vorzunehmen.

(5)[4] ① Die Schuldner der Kapitalerträge, die den Verkaufsauftrag ausführenden Stellen oder die die Kapitalerträge auszahlenden Stellen haften für die Kapitalertragsteuer, die sie einzubehalten und abzuführen haben, es sei denn, sie weisen nach, dass sie die ihnen auferlegten Pflichten weder vorsätzlich noch grob fahrlässig verletzt haben. ② Der Gläubiger der Kapitalerträge wird nur in Anspruch genommen, wenn

1. der Schuldner, die den Verkaufsauftrag ausführende Stelle oder die die Kapitalerträge auszahlende Stelle die Kapitalerträge nicht vorschriftsmäßig gekürzt hat,
2. der Gläubiger weiß, dass der Schuldner, die den Verkaufsauftrag ausführende Stelle oder die die Kapitalerträge auszahlende Stelle die einbehaltene Kapitalertragsteuer nicht vorschriftsmäßig abgeführt hat, und dies dem Finanzamt nicht unverzüglich mitteilt oder
3. das die Kapitalerträge auszahlende inländische Kredit-, Finanzdienstleistungs- und Wertpapierinstitut die Kapitalerträge zu Unrecht ohne Abzug der Kapitalertragsteuer ausgezahlt hat.

③ Für die Inanspruchnahme des Schuldners der Kapitalerträge, der den Verkaufsauftrag ausführenden Stelle und der die Kapitalerträge auszahlenden Stelle bedarf es keines Haftungsbescheids, soweit der Schuldner, die den Verkaufsauftrag ausführende Stelle oder die die Kapitalerträge aus-

[1] § 44 Abs. 1 a eingefügt durch Gesetz vom 26. 6. 2013 (BGBl. I S. 1809).
[2] § 44 Abs. 1 b eingefügt durch Gesetz vom 19. 7. 2016 (BGBl. I S. 1730); zur erstmaligen Anwendung siehe § 52 Abs. 44 Satz 3.
[3] § 44 Abs. 2 Satz 2 letzter Halbsatz angefügt mit Wirkung ab VZ 2016 durch Gesetz vom 2. 11. 2015 (BGBl. I S. 1834).
[4] § 44 Abs. 5 Satz 2 Nr. 3 geändert durch Gesetz vom 16. 12. 2022 (BGBl. I S. 2294).

zahlende Stelle die einbehaltene Kapitalertragsteuer richtig angemeldet hat oder soweit sie ihre Zahlungsverpflichtungen gegenüber dem Finanzamt oder dem Prüfungsbeamten des Finanzamts schriftlich anerkennen.

(6)[1] ① In den Fällen des § 43 Absatz 1 Satz 1 Nummer 7c gilt die juristische Person des öffentlichen Rechts und die von der Körperschaftsteuer befreite Körperschaft, Personenvereinigung oder Vermögensmasse als Gläubiger und der Betrieb gewerblicher Art und der wirtschaftliche Geschäftsbetrieb als Schuldner der Kapitalerträge. ② Die Kapitalertragsteuer entsteht, auch soweit sie auf verdeckte Gewinnausschüttungen entfällt, die im abgelaufenen Wirtschaftsjahr vorgenommen worden sind, im Zeitpunkt der Bilanzerstellung; sie entsteht spätestens acht Monate nach Ablauf des Wirtschaftsjahres; in den Fällen des § 20 Absatz 1 Nummer 10 Buchstabe b Satz 2 am Tag nach der Beschlussfassung über die Verwendung und in den Fällen des § 22 Absatz 4 des Umwandlungssteuergesetzes am Tag nach der Veräußerung. ③ Die Kapitalertragsteuer entsteht in den Fällen des § 20 Absatz 1 Nummer 10 Buchstabe b Satz 3 zum Ende des Wirtschaftsjahres. ④ Die Absätze 1 bis 4 und 5 Satz 2 sind entsprechend anzuwenden. ⑤ Der Schuldner der Kapitalerträge haftet für die Kapitalertragsteuer, soweit sie auf verdeckte Gewinnausschüttungen und auf Veräußerungen im Sinne des § 22 Absatz 4 des Umwandlungssteuergesetzes entfällt.

(7) ① In den Fällen des § 14 Absatz 3 des Körperschaftsteuergesetzes entsteht die Kapitalertragsteuer in dem Zeitpunkt der Feststellung der Handelsbilanz der Organgesellschaft; sie entsteht spätestens acht Monate nach Ablauf des Wirtschaftsjahres der Organgesellschaft. ② Die entstandene Kapitalertragsteuer ist an dem auf den Entstehungszeitpunkt nachfolgenden Werktag an das Finanzamt abzuführen, das für die Besteuerung der Organgesellschaft nach dem Einkommen zuständig ist. ③ Im Übrigen sind die Absätze 1 bis 4 entsprechend anzuwenden.

§ 44a Abstandnahme vom Steuerabzug

(1)[2] ① Soweit die Kapitalerträge, die einem unbeschränkt einkommensteuerpflichtigen Gläubiger zufließen, zusammen mit den Kapitalerträgen, für die die Kapitalertragsteuer nach § 44b zu erstatten ist oder nach Absatz 10 kein Steuerabzug vorzunehmen ist, den Sparer-Pauschbetrag nach § 20 Absatz 9 nicht übersteigen, ist ein Steuerabzug nicht vorzunehmen bei Kapitalerträgen im Sinne des

1. § 43 Absatz 1 Satz 1 Nummer 1 und 2 aus Genussrechten oder
2. § 43 Absatz 1 Satz 1 Nummer 1 und 2 aus Anteilen, die von einer Kapitalgesellschaft ihren Arbeitnehmern überlassen worden sind und von ihr, einem von der Kapitalgesellschaft bestellten Treuhänder, einem inländischen Kreditinstitut oder einer inländischen Zweigniederlassung einer der in § 53b Absatz 1 oder 7 des Kreditwesengesetzes genannten Unternehmen verwahrt werden, und
3.[3] § 43 Absatz 1 Satz 1 Nummer 3 bis 7 und 8 bis 12 sowie Satz 2.

② Den Arbeitnehmern im Sinne des Satzes 1 stehen Arbeitnehmer eines mit der Kapitalgesellschaft verbundenen Unternehmens nach § 15 des Aktiengesetzes sowie frühere Arbeitnehmer der Kapitalgesellschaft oder eines mit ihr verbundenen Unternehmens gleich. ③ Den von der Kapitalgesellschaft überlassenen Anteilen stehen Aktien gleich, die den Arbeitnehmern bei einer Kapitalerhöhung auf Grund ihres Bezugsrechts aus den von der Kapitalgesellschaft überlassenen Aktien zugeteilt worden sind oder die den Arbeitnehmern auf Grund einer Kapitalerhöhung aus Gesellschaftsmitteln gehören. ④ Bei Kapitalerträgen im Sinne des § 43 Absatz 1 Satz 1 Nummer 1, 2 bis 7 und 8 bis 12 sowie Satz 2, die einem unbeschränkt einkommensteuerpflichtigen Gläubiger zufließen, ist der Steuerabzug nicht vorzunehmen, wenn anzunehmen ist, dass auch für Fälle der Günstigerprüfung nach § 32d Absatz 6 keine Steuer entsteht.

(2)[4] ① Voraussetzung für die Abstandnahme vom Steuerabzug nach Absatz 1 ist, dass dem nach § 44 Absatz 1 zum Steuerabzug Verpflichteten in den Fällen

1. des Absatzes 1 Satz 1 ein Freistellungsauftrag des Gläubigers der Kapitalerträge nach amtlich vorgeschriebenem Muster oder
2. des Absatzes 1 Satz 4 eine Nichtveranlagungs-Bescheinigung des für den Gläubiger zuständigen Wohnsitzfinanzamts

vorliegt. ② In den Fällen des Satzes 1 Nummer 2 ist die Bescheinigung unter dem Vorbehalt des Widerrufs auszustellen. ③ Ihre Geltungsdauer darf höchstens drei Jahre betragen und muss am Schluss eines Kalenderjahres enden. ④ Fordert das Finanzamt die Bescheinigung zurück oder erkennt der Gläubiger, dass die Voraussetzungen für ihre Erteilung weggefallen sind, so hat er dem Finanzamt die Bescheinigung zurückzugeben.

---

[1] Zur Anwendung siehe § 52 Abs. 44 Satz 2.

[2] § 44a Abs. 1 neugefasst durch Gesetz vom 26. 6. 2013 (BGBl. I S. 1809); Abs. 1 Satz 1 Nr. 2 geändert mit Wirkung ab 1. 1. 2014 durch Gesetz vom 25. 7. 2014 (BGBl. I S. 1266); Abs. 1 Satz 1 geändert mit Wirkung ab VZ 2016 durch Gesetz vom 2. 11. 2015 (BGBl. I S. 1834).

[3] § 44a Abs. 1 Satz 1 Nr. 3 geändert mit Wirkung ab VZ 2016 durch Gesetz vom 2. 11. 2015 (BGBl. I S. 1834).

[4] § 44a Abs. 2 Satz 1 Nr. 1 geändert durch Gesetz vom 8. 12. 2010 (BGBl. I S. 1768); Abs. 2 Satz 1 Nr. 1 und 2 geändert durch Gesetz vom 26. 6. 2013 (BGBl. I S. 1809).

(2a)[1] ① Ein Freistellungsauftrag kann nur erteilt werden, wenn der Gläubiger der Kapitalerträge seine Identifikationsnummer (§ 139b der Abgabenordnung) und bei gemeinsamen Freistellungsaufträgen auch die Identifikationsnummer des Ehegatten mitteilt. ② Ein Freistellungsauftrag ist ab dem 1. Januar 2016 unwirksam, wenn der Meldestelle im Sinne des § 45d Absatz 1 Satz 1 keine Identifikationsnummer des Gläubigers der Kapitalerträge und bei gemeinsamen Freistellungsaufträgen auch keine des Ehegatten vorliegen. ③ Sofern der Meldestelle im Sinne des § 45d Absatz 1 Satz 1 die Identifikationsnummer nicht bereits bekannt ist, kann sie diese beim Bundeszentralamt für Steuern abfragen. ④ In der Anfrage dürfen nur die in § 139b Absatz 3 der Abgabenordnung genannten Daten des Gläubigers der Kapitalerträge und bei gemeinsamen Freistellungsaufträgen die des Ehegatten angegeben werden, soweit sie der Meldestelle bekannt sind. ⑤ Die Anfrage hat nach amtlich vorgeschriebenem Datensatz durch Datenfernübertragung zu erfolgen. ⑥ Das Bundeszentralamt für Steuern teilt der Meldestelle die Identifikationsnummer mit, sofern die übermittelten Daten mit den nach § 139b Absatz 3 der Abgabenordnung beim Bundeszentralamt für Steuern gespeicherten Daten übereinstimmen. ⑦ Die Meldestelle darf die Identifikationsnummer nur verarbeiten, soweit dies zur Erfüllung von steuerlichen Pflichten erforderlich ist.

(3) Der nach § 44 Absatz 1 zum Steuerabzug Verpflichtete hat in seinen Unterlagen das Finanzamt, das die Bescheinigung erteilt hat, den Tag der Ausstellung der Bescheinigung und die in der Bescheinigung angegebene Steuer- und Listennummer zu vermerken sowie die Freistellungsaufträge aufzubewahren.

(4)[2] ① Ist der Gläubiger

1. eine von der Körperschaftsteuer befreite inländische Körperschaft, Personenvereinigung oder Vermögensmasse oder
2. eine inländische juristische Person des öffentlichen Rechts,

so ist der Steuerabzug bei Kapitalerträgen im Sinne des § 43 Absatz 1 Satz 1 Nummer 4 bis 7 und 8 bis 12 sowie Satz 2 nicht vorzunehmen. ② Dies gilt auch, wenn es sich bei den Kapitalerträgen um Bezüge im Sinne des § 20 Absatz 1 Nummer 1 und 2 handelt, die der Gläubiger von einer von der Körperschaftsteuer befreiten Körperschaft bezieht. ③ Voraussetzung ist, dass der Gläubiger dem Schuldner oder dem die Kapitalerträge auszahlenden inländischen Kredit-, Finanzdienstleistungs- oder Wertpapierinstitut durch eine Bescheinigung des für seine Geschäftsleitung oder seinen Sitz zuständigen Finanzamts nachweist, dass er eine Körperschaft, Personenvereinigung oder Vermögensmasse im Sinne des Satzes 1 Nummer 1 oder 2 ist. ④ Absatz 2 Satz 2 bis 4 und Absatz 3 gelten entsprechend. ⑤ Die in Satz 3 bezeichnete Bescheinigung wird nicht erteilt, wenn die Kapitalerträge in den Fällen des Satzes 1 Nummer 1 in einem wirtschaftlichen Geschäftsbetrieb anfallen, für den die Befreiung von der Körperschaftsteuer ausgeschlossen ist, oder wenn sie in den Fällen des Satzes 1 Nummer 2 in einem nicht von der Körperschaftsteuer befreiten Betrieb gewerblicher Art anfallen. ⑥ Ein Steuerabzug ist auch nicht vorzunehmen bei Kapitalerträgen im Sinne des § 49 Absatz 1 Nummer 5 Buchstabe c und d, die einem Anleger zufließen, der eine nach den Rechtsvorschriften eines Mitgliedstaates der Europäischen Union oder des Europäischen Wirtschaftsraums gegründete Gesellschaft im Sinne des Artikels 54 des Vertrags über die Arbeitsweise der Europäischen Union oder des Artikels 34 des Abkommens über den Europäischen Wirtschaftsraum mit Sitz und Ort der Geschäftsleitung innerhalb des Hoheitsgebietes eines dieser Staaten ist, und der einer Körperschaft im Sinne des § 5 Absatz 1 Nummer 3 des Körperschaftsteuergesetzes vergleichbar ist; soweit es sich um eine nach den Rechtsvorschriften eines Mitgliedstaates des Europäischen Wirtschaftsraums gegründete Gesellschaft oder eine Gesellschaft mit Ort und Geschäftsleitung in diesem Staat handelt, ist zusätzlich Voraussetzung, dass mit diesem Staat ein Amtshilfeabkommen besteht.

(4a)[3] ① Absatz 4 ist entsprechend auf Personengesellschaften im Sinne des § 212 Absatz 1 des Fünften Buches Sozialgesetzbuch anzuwenden. ② Dabei tritt die Personengesellschaft an die Stelle des Gläubigers der Kapitalerträge.

(4b)[4] ① Werden Kapitalerträge im Sinne des § 43 Absatz 1 Satz 1 Nummer 1 von einer Genossenschaft an ihre Mitglieder gezahlt, hat sie den Steuerabzug nicht vorzunehmen, wenn ihr für das jeweilige Mitglied

1. eine Nichtveranlagungs-Bescheinigung nach Absatz 2 Satz 1 Nummer 2,
2. eine Bescheinigung nach Absatz 5 Satz 4,
3. eine Bescheinigung nach Absatz 7 Satz 2 oder

---

[1] § 44a Abs. 2a eingefügt mit Wirkung ab 1. 1. 2011 durch Gesetz vom 8. 12. 2010 (BGBl. I S. 1768); Abs. 2a Satz 3 neugefasst mit Wirkung ab 1. 1. 2014 durch Gesetz vom 25. 7. 2014 (BGBl. I S. 1266); Abs. 2a bish. Satz 6 aufgehoben mit Wirkung ab 1. 1. 2017 durch Gesetz vom 18. 7. 2016 (BGBl. I S. 1679); Abs. 2a Satz 7 geändert mit Wirkung ab 1. 1. 2019 durch Gesetz vom 20. 11. 2019 (BGBl. I S. 1626).

[2] § 44a Abs. 4 Satz 6 angefügt mit Wirkung ab 1. 1. 2009 durch Gesetz vom 8. 12. 2010 (BGBl. I S. 1768); Abs. 4 Satz 1 Verweis geändert mit Wirkung ab VZ 2018 durch Gesetz vom 19. 7. 2016 (BGBl. I S. 1730); Abs. 4 Satz 3 geändert durch Gesetz vom 12. 5. 2021 (BGBl. I S. 990) und durch Gesetz vom 16. 12. 2022 (BGBl. I S. 2294).

[3] § 44a Abs. 4a angefügt mit Wirkung ab 1. 1. 2009 durch Gesetz vom 8. 12. 2010 (BGBl. I S. 1768).

[4] § 44a Abs. 4b eingefügt durch Gesetz vom 1. 11. 2011 (BGBl. I S. 2131); Abs. 4b Satz 1 Nr. 3 und 4 Verweise geändert mit Wirkung ab VZ 2019 durch Gesetz vom 12. 12. 2019 (BGBl. I S. 2451).

4. eine Bescheinigung nach Absatz 8 Satz 2 vorliegt; in diesen Fällen ist ein Steuereinbehalt in Höhe von drei Fünfteln vorzunehmen.

② Eine Genossenschaft hat keinen Steuerabzug vorzunehmen, wenn ihr ein Freistellungsauftrag erteilt wurde, der auch Kapitalerträge im Sinne des Satzes 1 erfasst, soweit die Kapitalerträge zusammen mit den Kapitalerträgen, für die nach Absatz 1 kein Steuerabzug vorzunehmen ist oder für die die Kapitalertragsteuer nach § 44b zu erstatten ist, den mit dem Freistellungsauftrag beantragten Freibetrag nicht übersteigen. ③ Dies gilt auch, wenn die Genossenschaft einen Verlustausgleich nach § 43a Absatz 3 Satz 2 unter Einbeziehung von Kapitalerträgen im Sinne des Satzes 1 durchgeführt hat.

(5)[1] ① Bei Kapitalerträgen im Sinne des § 43 Absatz 1 Satz 1 Nummer 1, 2, 5 bis 7 und 8 bis 12 sowie Satz 2, die einem unbeschränkt oder beschränkt einkommensteuerpflichtigen Gläubiger zufließen, ist der Steuerabzug nicht vorzunehmen, wenn die Kapitalerträge Betriebseinnahmen des Gläubigers sind und die Kapitalertragsteuer bei ihm auf Grund der Art seiner Geschäfte auf Dauer höher wäre als die gesamte festzusetzende Einkommensteuer oder Körperschaftsteuer. ② Ist der Gläubiger ein Lebens- oder Krankenversicherungsunternehmen als Organgesellschaft, ist für die Anwendung des Satzes 1 eine bestehende Organschaft im Sinne des § 14 des Körperschaftsteuergesetzes nicht zu berücksichtigen, wenn die beim Organträger anzurechnende Kapitalertragsteuer, einschließlich der Kapitalertragsteuer des Lebens- oder Krankenversicherungsunternehmens, die auf Grund von § 19 Absatz 5 des Körperschaftsteuergesetzes anzurechnen wäre, höher wäre, als die gesamte festzusetzende Körperschaftsteuer. ③ Für die Prüfung der Voraussetzung des Satzes 2 ist auf die Verhältnisse der dem Antrag auf Erteilung einer Bescheinigung im Sinne des Satzes 4 vorangehenden drei Veranlagungszeiträume abzustellen. ④ Die Voraussetzung des Satzes 1 ist durch eine Bescheinigung des für den Gläubiger zuständigen Finanzamts nachzuweisen. ⑤ Die Bescheinigung ist unter dem Vorbehalt des Widerrufs auszustellen. ⑥ Die Voraussetzung des Satzes 2 ist gegenüber dem für den Gläubiger zuständigen Finanzamt durch eine Bescheinigung des für den Organträger zuständigen Finanzamts nachzuweisen.

(6)[2] ① Voraussetzung für die Abstandnahme vom Steuerabzug nach den Absätzen 1, 4 und 5 bei Kapitalerträgen im Sinne des § 43 Absatz 1 Satz 1 Nummer 6, 7 und 8 bis 12 sowie Satz 2 ist, dass die Teilschuldverschreibungen, die Anteile an der Sammelschuldbuchforderung, die Wertrechte, die Einlagen und Guthaben oder sonstigen Wirtschaftsgüter im Zeitpunkt des Zufließens der Einnahmen unter dem Namen des Gläubigers der Kapitalerträge bei der die Kapitalerträge auszahlenden Stelle verwahrt oder verwaltet werden. ② Ist dies nicht der Fall, ist die Bescheinigung nach § 45a Absatz 2 durch einen entsprechenden Hinweis zu kennzeichnen. ③ Wird bei einem inländischen Kredit- oder Finanzdienstleistungsinstitut oder bei einem inländischen Wertpapierinstitut im Sinne des § 43 Absatz 1 Satz 1 Nummer 7 Buchstabe b ein Konto oder Depot für eine gemäß § 5 Absatz 1 Nummer 9 des Körperschaftsteuergesetzes befreite Stiftung im Sinne des § 1 Absatz 1 Nummer 5 des Körperschaftsteuergesetzes auf den Namen eines anderen Berechtigten geführt und ist das Konto oder Depot durch einen Zusatz zur Bezeichnung eindeutig sowohl vom übrigen Vermögen des anderen Berechtigten zu unterscheiden als auch steuerlich der Stiftung zuzuordnen, so gilt es für die Anwendung des Absatzes 4, des Absatzes 7, des Absatzes 10 Satz 1 Nummer 3 und des § 44b Absatz 6 in Verbindung mit Absatz 7 als im Namen der Stiftung geführt.

(7)[3] ① Ist der Gläubiger eine inländische

1. Körperschaft, Personenvereinigung oder Vermögensmasse im Sinne des § 5 Absatz 1 Nummer 9 des Körperschaftsteuergesetzes oder
2. Stiftung des öffentlichen Rechts, die ausschließlich und unmittelbar gemeinnützigen oder mildtätigen Zwecken dient, oder
3. juristische Person des öffentlichen Rechts, die ausschließlich und unmittelbar kirchlichen Zwecken dient,

so ist der Steuerabzug bei Kapitalerträgen im Sinne des § 43 Absatz 1 Satz 1 Nummer 1, 2, 3 und 7a bis 7c nicht vorzunehmen. ② Voraussetzung für die Anwendung des Satzes 1 ist, dass der Gläubiger durch eine Bescheinigung des für seine Geschäftsleitung oder seinen Sitz zuständigen Finanzamts nachweist, dass er eine Körperschaft, Personenvereinigung oder Vermögensmasse nach Satz 1 ist. ⑤ Absatz 4 gilt entsprechend.

(8)[4] ① Ist der Gläubiger

1. eine nach § 5 Absatz 1 mit Ausnahme der Nummer 9 des Körperschaftsteuergesetzes oder nach anderen Gesetzen von der Körperschaftsteuer befreite Körperschaft, Personenvereinigung oder Vermögensmasse oder

---

[1] § 44a Abs. 5 Satz 1 geändert durch Gesetz vom 26. 6. 2013 (BGBl. I S. 1809); Abs. 5 Satz 1 geändert mit Wirkung ab VZ 2018 durch Gesetz vom 19. 7. 2016 (BGBl. I S. 1730).

[2] § 44a Abs. 6 Satz 3 angefügt durch Gesetz vom 1. 11. 2011 (BGBl. I S. 2131); Abs. 6 Satz 3 geändert durch Gesetz vom 12. 5. 2021 (BGBl. I S. 990).

[3] § 44a Abs. 7 Satz 2 geändert durch Gesetz vom 1. 11. 2011 (BGBl. I S. 2131). § 44a Abs. 7 Satz 1 geändert, Sätze 2 und 3 aufgehoben, bish. Satz 4 wird Satz 2 und geändert durch Gesetz vom 26. 6. 2013 (BGBl. I S. 1809).

[4] § 44a Abs. 8 Satz 1 geändert durch Gesetz vom 1. 11. 2011 (BGBl. I S. 2131); Abs. 8 Satz 1 geändert, Satz 2 aufgehoben, bish. Sätze 3 und 4 werden Sätze 2 und 3 durch Gesetz vom 26. 6. 2013 (BGBl. I S. 1809).

2. eine inländische juristische Person des öffentlichen Rechts, die nicht in Absatz 7 bezeichnet ist,

so ist der Steuerabzug bei Kapitalerträgen im Sinne des § 43 Absatz 1 Satz 1 Nummer 1, 2, 3 und 7a nur in Höhe von drei Fünfteln vorzunehmen. ② Voraussetzung für die Anwendung des Satzes 1 ist, dass der Gläubiger durch eine Bescheinigung des für seine Geschäftsleitung oder seinen Sitz zuständigen Finanzamts nachweist, dass er eine Körperschaft, Personenvereinigung oder Vermögensmasse im Sinne des Satzes 1 ist. ③ Absatz 4 gilt entsprechend.

(8a)[1] ① Absatz 8 ist entsprechend auf Personengesellschaften im Sinne des § 212 Absatz 1 des Fünften Buches Sozialgesetzbuch anzuwenden. ② Dabei tritt die Personengesellschaft an die Stelle des Gläubigers der Kapitalerträge.

(9)[2] ① Ist der Gläubiger der Kapitalerträge im Sinne des § 43 Absatz 1 eine beschränkt steuerpflichtige Körperschaft im Sinne des § 2 Nummer 1 des Körperschaftsteuergesetzes, so werden zwei Fünftel der einbehaltenen und abgeführten Kapitalertragsteuer erstattet. ② § 50c Absatz 3 und 5 sowie § 50d Absatz 3 sind entsprechend anzuwenden. ③ Weitergehende Ansprüche aus § 43b oder § 50g oder einem Abkommen zur Vermeidung der Doppelbesteuerung bleiben unberührt. ④ Verfahren nach den vorstehenden Sätzen und nach § 50c Absatz 3 soll das Bundeszentralamt für Steuern verbinden.

(10)[3] ① Werden Kapitalerträge im Sinne des § 43 Absatz 1 Satz 1 Nummer 1a gezahlt, hat die auszahlende Stelle keinen Steuerabzug vorzunehmen, wenn

1. der auszahlenden Stelle eine Nichtveranlagungs-Bescheinigung nach Absatz 2 Satz 1 Nummer 2 für den Gläubiger vorgelegt wird,
2.[4] der auszahlenden Stelle eine Bescheinigung nach Absatz 7 Satz 2 für den Gläubiger vorgelegt wird; soweit die Kapitalerträge einen Betrag von 20 000 Euro übersteigen, ist bei Gläubigern nach Absatz 7 Satz 1 Nummer 1 abweichend vom ersten Halbsatz ein Steuerabzug in Höhe von drei Fünfteln vorzunehmen, wenn der Gläubiger bei Zufluss der Kapitalerträge nicht seit mindestens einem Jahr ununterbrochen wirtschaftlicher Eigentümer der Aktien oder Genussscheine ist oder
3. der auszahlenden Stelle eine Bescheinigung nach Absatz 8 Satz 2 für den Gläubiger vorgelegt wird; in diesen Fällen ist ein Steuereinbehalt in Höhe von drei Fünfteln vorzunehmen.

② Wird der auszahlenden Stelle ein Freistellungsauftrag erteilt, der auch Kapitalerträge im Sinne des Satzes 1 erfasst, oder führt diese einen Verlustausgleich nach § 43a Absatz 3 Satz 2 unter Einbeziehung von Kapitalerträgen im Sinne des Satzes 1 durch, so hat sie den Steuerabzug nicht vorzunehmen, soweit die Kapitalerträge zusammen mit den Kapitalerträgen, für die nach Absatz 1 kein Steuerabzug vorzunehmen ist oder die Kapitalertragsteuer nach § 44b zu erstatten ist, den mit dem Freistellungsauftrag beantragten Freistellungsbetrag nicht übersteigen. ③ Absatz 6 ist entsprechend anzuwenden. ④ Werden Kapitalerträge im Sinne des § 43 Absatz 1 Satz 1 Nummer 1a von einer auszahlenden Stelle im Sinne des § 44 Absatz 1 Satz 4 Nummer 3 an eine ausländische Stelle ausgezahlt, hat diese auszahlende Stelle über den von ihr vor der Zahlung in das Ausland von diesen Kapitalerträgen vorgenommenen Steuerabzug der letzten inländischen auszahlenden Stelle in der Wertpapierverwahrkette, welche die Kapitalerträge auszahlt oder gutschreibt, auf deren Antrag eine Sammel-Steuerbescheinigung für die Summe der eigenen und der für Kunden verwahrten Aktien nach amtlich vorgeschriebenem Muster auszustellen. ⑤ Der Antrag darf nur für Aktien gestellt werden, die mit Dividendenberechtigung erworben und mit Dividendenanspruch geliefert wurden. ⑥ Wird eine solche Sammel-Steuerbescheinigung beantragt, ist die Ausstellung von Einzel-Steuerbescheinigungen oder die Weiterleitung eines Antrags auf Ausstellung einer Einzel-Steuerbescheinigung über den Steuerabzug von denselben Kapitalerträgen ausgeschlossen; die Sammel-Steuerbescheinigung ist als solche zu kennzeichnen. ⑦ Auf die ihr ausgestellte Sammel-Steuerbescheinigung wendet die letzte inländische auszahlende Stelle § 44b Absatz 6 mit der Maßgabe an, dass sie von den ihr nach dieser Vorschrift eingeräumten Möglichkeiten Gebrauch zu machen hat.

§ 44b Erstattung der Kapitalertragsteuer

(1)[5] Nach Ablauf eines Kalenderjahres hat der zum Steuerabzug Verpflichtete die im vorangegangenen Kalenderjahr abgeführte Steuer auf Ausschüttungen eines Investmentfonds zu erstatten, soweit die Ausschüttungen nach § 17 des Investmentsteuergesetzes nicht als Ertrag gelten.

---

[1] § 44a Abs. 8a eingefügt mit Wirkung ab 1. 1. 2012 durch Gesetz vom 7. 12. 2011 (BGBl. I S. 2592).

[2] § 44a Abs. 9 Satz 1 und 3 geändert durch Gesetz vom 8. 12. 2010 (BGBl. I S. 1768); Abs. 9 Satz 2 Zitat geändert durch Gesetz vom 22. 6. 2011 (BGBl. I S. 1126), durch Gesetz vom 26. 6. 2013 (BGBl. I S. 1809); Abs. 9 Sätze 2 bis 4 neugefasst durch Gesetz vom 2. 6. 2021 (BGBl. I S. 1259).

[3] § 44a Abs. 10 angefügt durch Gesetz vom 22. 6. 2011 (BGBl. I S. 1126); Sätze 4 bis 7 angefügt durch Gesetz vom 7. 12. 2011 (BGBl. I S. 2592); Abs. 10 Satz 1 Nr. 2 aufgehoben, bish. Nr. 3 und 4 werden Nr. 2 und 3 durch Gesetz vom 2. 6. 2021 (BGBl. I S. 1259).

§ 44a Abs. 10 Satz 1 Nr. 3 und 4 Zitate (jetzt Nr. 2 und 3) geändert durch Gesetz vom 26. 6. 2013 (BGBl. I S. 1809).

[4] § 44a Abs. 10 Satz 1 Nr. 3 2. Halbsatz (jetzt Nr. 2) angefügt mit Wirkung ab 1. 1. 2019 durch Art. 3 des Gesetzes vom 11. 12. 2018 (BGBl. I S. 2338).

[5] § 44b Abs. 1 eingefügt mit Wirkung ab VZ 2018 durch Gesetz vom 19. 7. 2016 (BGBl. I S. 1730).

(2)[1] Ist bei Gläubigern nach § 44a Absatz 7 Satz 1 Nummer 1 gemäß § 44a Absatz 10 Satz 1 Nummer 2 Kapitalertragsteuer einbehalten und abgeführt worden, wird auf Antrag durch das Finanzamt, in dessen Bezirk sich die Geschäftsleitung oder der Sitz des Gläubigers befindet, die Kapitalertragsteuer erstattet, wenn der Gläubiger die Voraussetzungen nach § 36a Absatz 1 bis 3 erfüllt.

(3) und (4)[2] *(aufgehoben)*

(5)[3] ① Ist Kapitalertragsteuer einbehalten oder abgeführt worden, obwohl eine Verpflichtung hierzu nicht bestand, oder hat der Gläubiger dem nach § 44 Absatz 1 zum Steuerabzug Verpflichteten die Bescheinigung nach § 43 Absatz 2 Satz 4, den Freistellungsauftrag, die Nichtveranlagungs-Bescheinigung oder die Bescheinigungen nach § 44a Absatz 4 oder Absatz 5 erst zu einem Zeitpunkt vorgelegt, zu dem die Kapitalertragsteuer bereits abgeführt war, oder nach diesem Zeitpunkt erst die Erklärung nach § 43 Absatz 2 Satz 3 Nummer 2 abgegeben, ist auf Antrag des nach § 44 Absatz 1 zum Steuerabzug Verpflichteten die Steueranmeldung (§ 45a Absatz 1) insoweit zu ändern; stattdessen kann der zum Steuerabzug Verpflichtete bei der folgenden Steueranmeldung die abzuführende Kapitalertragsteuer entsprechend kürzen. ② Erstattungsberechtigt ist der Antragsteller. ③ Solange noch keine Steuerbescheinigung nach § 45a erteilt ist, hat der zum Steuerabzug Verpflichtete das Verfahren nach Satz 1 zu betreiben. ④ Die vorstehenden Sätze sind in den Fällen des Absatzes 6 nicht anzuwenden.

(6)[4] ① Werden Kapitalerträge im Sinne des § 43 Absatz 1 Satz 1 Nummer 1 und 2 durch ein inländisches Kredit-, Finanzdienstleistungs- oder Wertpapierinstitut im Sinne des § 43 Absatz 1 Satz 1 Nummer 7 Buchstabe b, das die Wertpapiere, Wertrechte oder sonstigen Wirtschaftsgüter unter dem Namen des Gläubigers verwahrt oder verwaltet, als Schuldner der Kapitalerträge oder für Rechnung des Schuldners gezahlt, kann das Kredit- oder Finanzdienstleistungsinstitut oder das Wertpapierinstitut die einbehaltene und abgeführte Kapitalertragsteuer dem Gläubiger der Kapitalerträge bis zur Ausstellung einer Steuerbescheinigung, längstens bis zum 31. März des auf den Zufluss der Kapitalerträge folgenden Kalenderjahres, unter den folgenden Voraussetzungen erstatten:

1. dem Kredit-, Finanzdienstleistungs- oder Wertpapierinstitut wird eine Nichtveranlagungs-Bescheinigung nach § 44a Absatz 2 Satz 1 Nummer 2 für den Gläubiger vorgelegt,
2. dem Kredit-, Finanzdienstleistungs- oder Wertpapierinstitut wird eine Bescheinigung nach § 44a Absatz 5 für den Gläubiger vorgelegt,
3. dem Kredit-, Finanzdienstleistungs- oder Wertpapierinstitut wird eine Bescheinigung nach § 44a Absatz 7 Satz 2 für den Gläubiger vorgelegt und eine Abstandnahme war nicht möglich oder
4. dem Kredit-, Finanzdienstleistungs- oder Wertpapierinstitut wird eine Bescheinigung nach § 44a Absatz 8 Satz 2 für den Gläubiger vorgelegt und die teilweise Abstandnahme war nicht möglich; in diesen Fällen darf die Kapitalertragsteuer nur in Höhe von zwei Fünfteln erstattet werden.

② Das erstattende Kredit- oder Finanzdienstleistungsinstitut oder das erstattende Wertpapierinstitut haftet in sinngemäßer Anwendung des § 44 Absatz 5 für zu Unrecht vorgenommene Erstattungen; für die Zahlungsaufforderung gilt § 219 Satz 2 der Abgabenordnung entsprechend. ③ Das Kredit- oder Finanzdienstleistungsinstitut oder das Wertpapierinstitut hat die Summe der Erstattungsbeträge in der Steueranmeldung gesondert anzugeben und von der von ihm abzuführenden Kapitalertragsteuer abzusetzen. ④ Wird dem Kredit-, Finanzdienstleistungs- oder Wertpapierinstitut ein Freistellungsauftrag erteilt, der auch Kapitalerträge im Sinne des Satzes 1 erfasst, oder führt das Institut oder das Wertpapierinstitut einen Verlustausgleich nach § 43a Absatz 3 Satz 2 unter Einbeziehung von Kapitalerträgen im Sinne des Satzes 1 aus, so hat es bis zur Ausstellung der Steuerbescheinigung, längstens bis zum 31. März des auf den Zufluss der Kapitalerträge folgenden Kalenderjahres, die einbehaltene und abgeführte Kapitalertragsteuer auf diese Kapitalerträge zu erstatten; Satz 2 ist entsprechend anzuwenden.

(7)[5] ① Eine Gesamthandsgemeinschaft kann für ihre Mitglieder im Sinne des § 44a Absatz 7 oder Absatz 8 eine Erstattung der Kapitalertragsteuer bei dem für die gesonderte Feststellung ihrer Einkünfte zuständigen Finanzamt beantragen. ② Die Erstattung ist unter den Voraussetzungen des § 44a Absatz 4, 7 oder Absatz 8 und in dem dort bestimmten Umfang zu gewähren. ③ Kapitalertragsteuer, die nach § 43 Absatz 1 Satz 1 Nummer 1a einbehalten wurde, ist unter den Voraussetzungen des § 44a Absatz 10 und in dem dort bestimmten Umfang zu erstatten, wenn der Gläubiger die Voraussetzungen nach § 36a Absatz 1 bis 3 erfüllt.

---

[1] § 44b Abs. 2 eingefügt mit Wirkung ab 1. 1. 2019 durch Art. 3 des Gesetzes vom 11. 12. 2018 (BGBl. I S. 2338); Abs. 2 geändert durch Gesetz vom 2. 6. 2021 (BGBl. I S. 1259).

[2] § 44b Abs. 1 bis 4 aufgehoben durch Gesetz vom 26. 6. 2013 (BGBl. I S. 1809).

[3] § 44b Abs. 5 Satz 3 eingefügt (bisheriger Satz 3 wird Satz 4) mit Wirkung ab 1. 1. 2015 durch Gesetz vom 22. 12. 2014 (BGBl. I S. 2417).

[4] § 44b Abs. 6 Satz 1 Nr. 3 und 4 geändert durch Gesetz vom 26. 6. 2013 (BGBl. I S. 1809); Abs. 6 Satz 1 mit Nr. 1 bis 4, Sätze 2 bis 4 geändert durch Gesetz vom 12. 5. 2021 (BGBl. I S. 990); Abs. 6 Satz 1 mit Nr. 1 bis 4 und Satz 4 geändert durch Gesetz vom 16. 12. 2022 (BGBl. I S. 2294).

[5] § 44b Abs. 7 angefügt durch Gesetz vom 26. 6. 2013 (BGBl. I S. 1809); Abs. 7 Satz 3 angefügt mit Wirkung ab VZ 2022 durch Gesetz vom 16. 12. 2022 (BGBl. I S. 2294).

§ 45[1] Ausschluss der Erstattung von Kapitalertragsteuer

① In den Fällen, in denen die Dividende an einen anderen als an den Anteilseigner ausgezahlt wird, ist die Erstattung oder Anrechnung von Kapitalertragsteuer für den Zahlungsempfänger ausgeschlossen. ② Satz 1 gilt nicht für den Erwerber eines Dividendenscheines oder sonstigen Anspruches in den Fällen des § 20 Absatz 2 Satz 1 Nummer 2 Buchstabe a Satz 2; beim Erwerber sind drei Fünftel der Kapitalertragsteuer nicht anzurechnen oder zu erstatten. ③ In den Fällen des § 20 Absatz 2 Satz 1 Nummer 2 Buchstabe b ist die Erstattung von Kapitalertragsteuer an den Erwerber von Zinsscheinen nach § 37 Absatz 2 der Abgabenordnung ausgeschlossen.

§ 45a Anmeldung und Bescheinigung der Kapitalertragsteuer

(1)[2] ① Die Anmeldung der einbehaltenen Kapitalertragsteuer ist dem Finanzamt innerhalb der in § 44 Absatz 1 oder Absatz 7 bestimmten Frist nach amtlich vorgeschriebenem Vordruck auf elektronischem Weg zu übermitteln; die auszahlende Stelle hat die Kapitalertragsteuer auf die Erträge im Sinne des § 43 Absatz 1 Satz 1 Nummer 1 a jeweils gesondert für das Land, in dem sich der Ort der Geschäftsleitung des Schuldners der Kapitalerträge befindet, anzugeben. ② Satz 1 gilt entsprechend, wenn ein Steuerabzug nicht oder nicht in voller Höhe vorzunehmen ist. ③ Der Grund für die Nichtabführung ist anzugeben. ④ Auf Antrag kann das Finanzamt zur Vermeidung unbilliger Härten auf eine elektronische Übermittlung verzichten; in diesem Fall ist die Kapitalertragsteuer-Anmeldung von dem Schuldner, der den Verkaufsauftrag ausführenden Stelle, der auszahlenden Stelle oder einer vertretungsberechtigten Person zu unterschreiben.

(2)[3] ① Folgende Stellen sind verpflichtet, dem Gläubiger der Kapitalerträge auf Verlangen eine Bescheinigung nach amtlich vorgeschriebenem Muster auszustellen, die die nach § 32 d erforderlichen Angaben enthält; bei Vorliegen der Voraussetzungen des

1. § 43 Absatz 1 Satz 1 Nummer 1, 2 bis 4, 7 a und 7 b der Schuldner der Kapitalerträge,
2. § 43 Absatz 1 Satz 1 Nummer 1 a, 5 bis 7 und 8 bis 12 sowie Satz 2 die die Kapitalerträge auszahlende Stelle vorbehaltlich des Absatzes 3,
3. § 44 Absatz 1 a die zur Abführung der Steuer verpflichtete Stelle und
4.[4] § 44 Absatz 1 Satz 4 Nummer 5 der Investmentfonds.

② Die Bescheinigung kann elektronisch übermittelt werden; auf Anforderung des Gläubigers der Kapitalerträge ist sie auf Papier zu übersenden. ③ Die Bescheinigung braucht nicht unterschrieben zu werden, wenn sie in einem maschinellen Verfahren ausgedruckt worden ist und den Aussteller erkennen lässt. ④ § 44 a Absatz 6 gilt sinngemäß; über die zu kennzeichnenden Bescheinigungen haben die genannten Institute und Unternehmen Aufzeichnungen zu führen. ⑤ Diese müssen einen Hinweis auf den Buchungsbeleg über die Auszahlung an den Empfänger der Bescheinigung enthalten.

[ab 1. 1. 2025:

(2 a)[5] Ist der Gläubiger der Kapitalerträge beschränkt steuerpflichtig, tritt in den Fällen des § 43 Absatz 1 Satz 1 Nummer 1 a und 2 Satz 4 an die Stelle der Bescheinigung nach Absatz 2 Satz 1 die Übermittlung der Angaben gemäß § 45 b Absatz 5.]

(3)[6] ① Werden Kapitalerträge für Rechnung des Schuldners durch ein inländisches Kreditinstitut, ein inländisches Finanzdienstleistungsinstitut oder ein inländisches Wertpapierinstitut gezahlt, so hat an Stelle des Schuldners das Kreditinstitut, das Finanzdienstleistungsinstitut oder das Wertpapierinstitut die Bescheinigung zu erteilen, sofern nicht die Voraussetzungen des Absatzes 2 Satz 1 erfüllt sind. ② Satz 1 gilt in den Fällen des § 20 Absatz 1 Nummer 1 Satz 4 entsprechend; der Emittent der Aktien gilt insoweit als Schuldner der Kapitalerträge.

(4) ① Eine Bescheinigung nach Absatz 2 oder 3 ist auch zu erteilen, wenn in Vertretung des Gläubigers ein Antrag auf Erstattung der Kapitalertragsteuer nach § 44 b gestellt worden ist oder gestellt wird. ② Satz 1 gilt entsprechend, wenn nach § 44 a Absatz 8 Satz 1 der Steuerabzug *nur*[7] nicht in voller Höhe vorgenommen worden ist.

(5)[8] ① Eine Ersatzbescheinigung darf nur ausgestellt werden, wenn die Urschrift oder die elektronisch übermittelten Daten nach den Angaben des Gläubigers abhandengekommen oder

---

[1] § 45 Satz 2 geändert mit Wirkung ab 1. 1. 2014 durch Gesetz vom 25. 7. 2014 (BGBl. I S. 1266); Satz 1 und 2 geändert mit Wirkung ab 1. 1. 2018 durch Art. 2 des Gesetzes vom 11. 12. 2018 (BGBl. I S. 2338).

[2] § 45 a Abs. 1 Satz 1 letzter Halbsatz angefügt durch Gesetz vom 22. 6. 2011 (BGBl. I S. 1126); Abs. 1 Satz 1 geändert mit Wirkung ab 1. 1. 2017 durch Gesetz vom 18. 7. 2016 (BGBl. I S. 1679).

[3] § 45 a Abs. 2 Satz 1 neugefasst durch Gesetz vom 26. 6. 2013 (BGBl. I S. 1809); Abs. 2 Satz 2 eingefügt mit Wirkung ab VZ 2016 durch Gesetz vom 18. 7. 2016 (BGBl. I S. 1679); Abs. 2 Satz 1 Nr. 2 geändert mit Wirkung ab VZ 2019 durch Gesetz vom 12. 12. 2019 (BGBl. I S. 2451).

[4] § 45 a Abs. 2 Satz 1 Nr. 4 eingefügt durch Gesetz vom 21. 12. 2020 (BGBl. I S. 3096), zur erstmaligen Anwendung siehe § 52 Abs. 44 a.

[5] § 45 a Abs. 2 a eingefügt durch Gesetz vom 2. 6. 2021 (BGBl. I S. 1259); **zur erstmaligen Anwendung siehe § 52 Abs. 44 a Satz 3.**

[6] § 45 a Abs. 3 Satz 1 letzter Halbsatz angefügt durch Gesetz vom 22. 6. 2011 (BGBl. I S. 1126); Abs. 3 Satz 1 geändert durch Gesetz vom 12. 5. 2021 (BGBl. I S. 990).

[7] Das Wort „nur“ ist auf Grund eines Redaktionsversehens nicht gestrichen worden.

[8] § 45 a Abs. 5 Satz 1 neugefasst mit Wirkung ab VZ 2016 durch Gesetz vom 18. 7. 2016 (BGBl. I S. 1679).

vernichtet ist. ② Die Ersatzbescheinigung muss als solche gekennzeichnet sein. ③ Über die Ausstellung von Ersatzbescheinigungen hat der Aussteller Aufzeichnungen zu führen.

[Fassung bis 31. 12. 2022:]

(6)[1] ① Eine Bescheinigung, die den Absätzen 2 bis 5 nicht entspricht, hat der Aussteller durch eine berichtigte Bescheinigung zu ersetzen und im Fall der Übermittlung in Papierform zurückzufordern. ② Die berichtigte Bescheinigung ist als solche zu kennzeichnen. ③ Wird die zurückgeforderte Bescheinigung nicht innerhalb eines Monats nach Zusendung der berichtigten Bescheinigung an den Aussteller zurückgegeben, hat der Aussteller das nach seinen Unterlagen für den Empfänger zuständige Finanzamt schriftlich zu benachrichtigen.

[Fassung ab 1. 1. 2023:]

(6)[2] ① Eine Bescheinigung, die den Absätzen 2 bis 5 nicht entspricht, hat der Aussteller unverzüglich durch eine berichtigte Bescheinigung zu ersetzen. ② Die berichtigte Bescheinigung ist als solche zu kennzeichnen. ③ Der Aussteller hat dem für ihn zuständigen Betriebsstättenfinanzamt unverzüglich nach Maßgabe des § 93c der Abgabenordnung neben den in § 93c Absatz 1 der Abgabenordnung genannten Angaben folgende Daten übermitteln:

1. den Anlass für die Ausstellung der berichtigten Bescheinigung und deren Ausstellungsdatum,
2. die ursprünglichen und die berichtigten Angaben in der Bescheinigung sowie
3. in den Fällen des Gläubigerwechsels die Identifikationsnummer, den Namen und die Anschrift des bisherigen Gläubigers der Kapitalerträge.

④ Bei Steuerpflichtigen, die nicht unbeschränkt steuerpflichtig sind, findet Satz 3 mit der Maßgabe Anwendung, dass der Aussteller die Daten an das Bundeszentralamt für Steuern zu übermitteln hat.

(7)[3] ① Der Aussteller einer Bescheinigung, die den Absätzen 2 bis 5 **[ab 1. 1. 2025:** sowie § 45b Absatz 1 bis 4**]**[4] nicht entspricht, haftet für die auf Grund *der Bescheinigung verkürzten Steuern oder zu Unrecht gewährten Steuervorteile* **[ab 1. 1. 2025:** dessen verkürzten Steuern oder zu Unrecht gewährten Steuervorteile; dies gilt entsprechend für die die Kapitalerträge auszahlende Stelle im Hinblick auf die nach § 45b Absatz 5 zu übermittelnden Angaben**]**.[4] ② Ist die Bescheinigung nach Absatz 3 durch ein inländisches Kredit-, Finanzdienstleistungs- oder Wertpapierinstitut auszustellen, so haftet der Schuldner auch, wenn er zum Zweck der Bescheinigung unrichtige Angaben macht. ③ *Der Aussteller haftet nicht*

1. in den Fällen des Satzes 2,

2. wenn er die ihm nach Absatz 6 obliegenden Verpflichtungen erfüllt hat.[5]

[ab 1.1.2025:

§ 45b[6] Angaben zur Bescheinigung und Abführung der Kapitalertragsteuer

(1) Die die Kapitalerträge auszahlende Stelle weist jeder nach Maßgabe des § 45a Absatz 2 zu erteilenden Bescheinigung und jedem nach § 45b Absatz 5 zu übermittelnden Datensatz eine nach amtlichem Muster zu erstellende Ordnungsnummer zu.

(2) Bei Kapitalerträgen im Sinne des § 43 Absatz 1 Satz 1 Nummer 1a und 2 Satz 4 ist die Bescheinigung nach § 45a Absatz 2 um folgende Angaben zu ergänzen:

1. die Identifikationsnummer nach § 139b der Abgabenordnung des Gläubigers der Kapitalerträge; handelt es sich bei dem Gläubiger der Kapitalerträge nicht um eine natürliche Person, so sind dessen Firma oder Name, Anschrift und Wirtschafts-Identifikationsnummer nach § 139c der Abgabenordnung oder, wenn die Wirtschafts-Identifikationsnummer noch nicht vergeben wurde, dessen Steuernummer anzugeben;
2. den Bruttobetrag der vom Gläubiger der Kapitalerträge je Wertpapiergattung und Zahlungstag erzielten Kapitalerträge unter Angabe der Bezeichnung und der Internationalen Wertpapierkennnummer des Wertpapiers;
3. den Betrag, der je Wertpapiergattung und Zahlungstag einbehaltenen und abgeführten Kapitalertragsteuer und den Betrag der einbehaltenen und abgeführten Zuschlagsteuern; die Er-

---

[1] § 45a Abs. 6 Satz 1 neugefasst mit Wirkung ab VZ 2016 durch Gesetz vom 18. 7. 2016 (BGBl. I S. 1679).
[2] § 45a Abs. 6 neugefasst durch Gesetz vom 21. 12. 2020 (BGBl. I S. 3096); zur Anwendung siehe § 52 Abs. 44a Satz 2.
[3] § 45a Abs. 7 Satz 2 geändert durch Gesetz vom 16. 12. 2022 (BGBl. I S. 2294).
[4] § 45a Abs. 7 Satz 1 geändert durch Gesetz vom 2. 6. 2021 (BGBl. I S. 1259); **zur erstmaligen Anwendung siehe § 52 Abs. 44a Satz 3.**
[5] § 45a Abs. 7 **Satz 3 aufgehoben** durch Gesetz vom 2. 6. 2021 (BGBl. I S. 1259); **zur letztmaligen Anwendung siehe § 52 Abs. 44a Satz 4.**
[6] § 45b eingefügt durch Gesetz vom 2. 6. 2021 (BGBl. I S. 1259); **zur erstmaligen Anwendung siehe § 52 Abs. 44b.**

mäßigung der Kapitalertragsteuer um die auf die Kapitalerträge entfallende Kirchensteuer ist nicht zu berücksichtigen; sind die Kapitalerträge nach Maßgabe des § 43a Absatz 3 Satz 2 mit negativen Kapitalerträgen auszugleichen, sind statt der Beträge der abgeführten Steuern der Betrag der einbehaltenen und auf die Kapitalerträge entfallenden Kapitalertragsteuer vor Durchführung des Verlustausgleiches und vor Berücksichtigung des Sparer-Pauschbetrages sowie der Betrag der darauf entfallenden Zuschlagsteuern anzugeben;

4. die Höhe des jeweils angewendeten Steuersatzes;
5. die Stückzahl der Wertpapiere je Wertpapiergattung und Zahlungstag sowie davon die Stückzahl der Wertpapiere, die auf der Grundlage einer Wertpapierleihe oder eines Wertpapierpensionsgeschäftes übertragen wurden, verbunden mit der Angabe, ob bei Anschaffung der Aktien die Lieferung von Aktien mit oder ohne Dividendenanspruch vereinbart wurde und ob Aktien mit oder ohne Dividendenanspruch geliefert wurden;
6. zur Anschaffung der Wertpapiere oder zu ihrer Übertragung auf der Grundlage einer Wertpapierleihe oder eines Wertpapierpensionsgeschäftes jeweils das Datum des Handelstags, das Datum des vereinbarten Abwicklungstags und das Datum des tatsächlichen Abwicklungstags sowie die jeweilige Stückzahl;
7. zur Veräußerung der Wertpapiere oder zu ihrer Rückübertragung auf der Grundlage einer Wertpapierleihe oder eines Wertpapierpensionsgeschäftes, soweit die Wertpapiere innerhalb von 45 Tagen nach Fälligkeit der Kapitalerträge veräußert oder rückübertragen wurden, jeweils das Datum des Handelstags, das Datum des vereinbarten Abwicklungstags und das Datum des tatsächlichen Abwicklungstags sowie die jeweilige Stückzahl;
8. die Firma, die Rechtsform, die Anschrift und der Legal Entity Identifier der jeweils in die Verwahrkette nacheinander eingebundenen inländischen oder ausländischen Zwischenverwahrstellen der Wertpapiere sowie der Depotbank, die die Wertpapiere für den Gläubiger der Kapitalerträge unmittelbar verwahrt, unter Angabe der jeweiligen Depotnummern der durch die Zwischenverwahrstellen geführten Depots, in denen die Aktien verwahrt werden;
9. die Konto- oder Depotnummer des Gläubigers der Kapitalerträge; werden die Wertpapiere durch einen Treuhänder für den Gläubiger der Kapitalerträge verwahrt, sind die Konto- oder Depotnummer des Treuhänders sowie die Daten nach Nummer 1 auch für den Treuhänder anzugeben.

(3)[1] ① Soweit die Kapitalerträge im Sinne des Absatzes 2 auf Grund eines Hinterlegungsscheines bezogen wurden, beziehen sich die Angaben nach Absatz 2 auf den Hinterlegungsschein. ② Die Bescheinigung nach § 45a Absatz 2 ist in diesem Fall je Wertpapiergattung und Zahlungstag um folgende Angaben zu ergänzen:

1. die Bezeichnung und die Internationale Wertpapierkennnummer der hinterlegten Wertpapiere;
2. das in den Emissionsbedingungen des Hinterlegungsscheines festgelegte Verhältnis der Hinterlegungsscheine zu den durch die inländische Hinterlegungsstelle verwahrten inländischen Wertpapieren;
3. die Gesamtzahl ausgegebener Hinterlegungsscheine sowie die Gesamtzahl der hinterlegten Wertpapiere, jeweils zum Zeitpunkt des Gewinnverteilungsbeschlusses;
4. die Anzahl der Hinterlegungsscheine des Gläubigers der Kapitalerträge zum Zeitpunkt des Gewinnverteilungsbeschlusses.

③ Einem Kredit-, Finanzdienstleistungs- oder Wertpapierinstitut darf eine Bescheinigung nach § 45a Absatz 2 Satz 1 erster Halbsatz nur erteilt werden, soweit es dem Aussteller schriftlich versichert, dass die Wertpapiere nicht als Deckungsbestand für ausgegebene Hinterlegungsscheine dienen. ④ Für Kapitalerträge, die auf einem Hinterlegungsschein beruhen, darf dem Inhaber des Hinterlegungsscheines eine Bescheinigung nur erteilt werden, wenn der Emittent des Hinterlegungsscheines dem Aussteller schriftlich versichert, dass die Gesamtzahl ausgegebener Hinterlegungsscheine im gesamten Zeitraum zwischen dem Gewinnverteilungsbeschluss für die bei der inländischen Hinterlegungsstelle hinterlegten Wertpapiere und der Gutschrift der Erträge bei den Inhabern der Hinterlegungsscheine dem Verhältnis nach Satz 2 Nummer 2 entsprochen hat.

(4) ① Der Aussteller der Bescheinigung hat die nach Absatz 2 und 3 Satz 2 zu ergänzenden Angaben an das Bundeszentralamt für Steuern nach Maßgabe des § 93c Absatz 1 Nummer 1 und 2 der Abgabenordnung elektronisch zu übermitteln; dabei ist die nach Absatz 1 vergebene Ordnungsnummer anzugeben. ② Die Datenübermittlung nach Satz 1 hat abweichend von § 93c Absatz 1 Nummer 1 der Abgabenordnung bis spätestens zum 31. Juli des auf den Zufluss des Kapitalertrages folgenden Kalenderjahres zu erfolgen. ③ Sind die Kapitalerträge nach Maßgabe des § 43a Absatz 3 Satz 2 mit negativen Kapitalerträgen auszugleichen, so sind neben den Angaben nach Satz 1 der Betrag der auf der nach amtlichem Muster erteilten Bescheinigung für den Gläubiger der Kapitalerträge ausgewiesenen Kapitalertragsteuer und der Betrag der ausgewiesenen Zuschlagsteuern zu übermitteln. ④ Die nach Maßgabe des § 93c Absatz 1 Nummer 3 der

[1] § 45b Abs. 3 Satz 3 geändert durch Gesetz vom 16. 12. 2022 (BGBl. I S. 2294).

Abgabenordnung dem Steuerpflichtigen zu erteilende Information kann auf der Bescheinigung angegeben werden.

(5) ① In den Fällen des § 45 a Absatz 2 a hat die die Kapitalerträge auszahlende Stelle auf Verlangen des Gläubigers der Kapitalerträge dem Bundeszentralamt für Steuern nach Maßgabe des § 93 c Absatz 1 Nummer 1 und 2 der Abgabenordnung für jeden Zufluss unverzüglich elektronisch die in den Absätzen 2 und 3 Satz 2 genannten Angaben zu übermitteln; dabei sind die nach Absatz 1 vergebene Ordnungsnummer, das durch den Ansässigkeitsstaat vergebene Steueridentifikationsmerkmal des Gläubigers der Kapitalerträge sowie, sofern der Gläubiger der Kapitalerträge keine natürliche Person ist und eine Wirtschafts-Identifikationsnummer nach § 139 c Absatz 1 der Abgabenordnung noch nicht vergeben wurde, die Rechtsform und das Datum des Gründungsaktes der Körperschaft, Personenvereinigung oder Vermögensmasse anzugeben. ② Absatz 3 Satz 3 und 4 gilt entsprechend.

(6) ① Wurde für Kapitalerträge im Sinne des § 43 Absatz 1 Satz 1 Nummer 1 a oder Nummer 2 Satz 4 keine Bescheinigung nach § 45 a Absatz 2 erteilt oder wurden keine Angaben gemäß § 45 a Absatz 2 a übermittelt, hat die die Kapitalerträge auszahlende Stelle dem Bundeszentralamt für Steuern elektronisch nach Maßgabe des § 93 c Absatz 1 Nummer 1 und 2 der Abgabenordnung folgende Angaben zu den Zuflüssen des vorangegangenen Kalenderjahres zu übermitteln:

1. die Identifikationsnummer nach § 139 b Absatz 1 der Abgabenordnung des Depotinhabers; handelt es sich bei dem Depotinhaber nicht um eine natürliche Person, so sind dessen Firma oder Name, Anschrift und Wirtschafts-Identifikationsnummer nach § 139 c Absatz 1 der Abgabenordnung oder, wenn diese noch nicht vergeben wurde, dessen Steuernummer anzugeben; bei im Ausland ansässigen Steuerpflichtigen ist zusätzlich das durch den Ansässigkeitsstaat vergebene Steueridentifikationsmerkmal anzugeben;
2. die Konto- oder Depotnummer;
3. den Bruttobetrag der je Wertpapiergattung und Zahlungstag erzielten Kapitalerträge unter Angabe der Bezeichnung und der Internationalen Wertpapierkennnummer des Wertpapiers sowie die Stückzahl der Wertpapiere und
4. den Betrag der je Wertpapiergattung und Zahlungstag einbehaltenen und abgeführten Kapitalertragsteuer und den Betrag der Zuschlagsteuern sowie den angewendeten Steuersatz.

② Wurde für Kapitalerträge im Sinne des § 43 Absatz 1 Satz 1 Nummer 1 a oder Nummer 2 Satz 4 vom Steuerabzug ganz oder teilweise Abstand genommen, so hat die die Kapitalerträge auszahlende Stelle dem Bundeszentralamt für Steuern elektronisch nach Maßgabe des § 93 c Absatz 1 Nummer 1 und 2 der Abgabenordnung neben den in den Absätzen 2, 3 Satz 2 und Absatz 5 Satz 1 genannten Angaben folgende Angaben zu den Zuflüssen des vorangegangenen Kalenderjahres zu übermitteln:

1. die Ordnungsnummer, die bei Erteilung einer Bescheinigung nach § 45 a Absatz 2 oder Übermittlung von Angaben gemäß § 45 a Absatz 2 a vergeben wurde, und
2. die Rechtsgrundlage für den reduzierten oder unterlassenen Steuerabzug.

③ Die Datenübermittlung nach den Sätzen 1 und 2 hat abweichend von § 93 c Absatz 1 Nummer 1 der Abgabenordnung bis spätestens zum 31. Juli des auf den Zufluss des Kapitalertrages folgenden Kalenderjahres zu erfolgen.

(7)[1] ① Die inländischen und ausländischen Zwischenverwahrstellen sowie die Depotbank und der Treuhänder, die die Wertpapiere für den Gläubiger der Kapitalerträge unmittelbar verwahren, sind für die Zwecke der Absätze 2 bis 5 verpflichtet, ihrer jeweiligen Verwahrstelle die Angaben nach Absatz 2 Nummer 1, 2, 5 bis 9 und Absatz 3 Satz 2 vollständig und richtig mitzuteilen. ② Das Kredit-, Finanzdienstleistungs- oder Wertpapierinstitut und der Emittent der Hinterlegungsscheine haben die nach § 45 b Absatz 3 Satz 3 oder Satz 4 gegenüber dem Aussteller der Steuerbescheinigung zu erteilende schriftliche Versicherung vollständig und richtig abzugeben. ③ Die Bescheinigung nach § 45 a Absatz 2 darf erst erteilt und die Angaben gemäß § 45 a Absatz 2 a dürfen erst übermittelt werden, wenn der die Kapitalerträge auszahlenden Stelle die Angaben nach den Absätzen 2 und 3 vollständig vorliegen.

(8) In den Fällen der Absätze 4 bis 6 gilt Folgendes:

1. § 93 c Absatz 3 der Abgabenordnung ist mit der Maßgabe anzuwenden, dass der übermittelte Datensatz unabhängig davon zu korrigieren oder zu stornieren ist, wann die die Kapitalerträge auszahlende Stelle die Feststellung im Sinne des § 93 c Absatz 3 Satz 1 Nummer 1 oder Nummer 2 der Abgabenordnung trifft; die die Kapitalerträge auszahlende Stelle ist unabhängig von der in § 93 c Absatz 3 der Abgabenordnung genannten Frist verpflichtet, einen Datensatz zu übermitteln, wenn sie nachträglich erkennt, dass sie zur Übermittlung eines Datensatzes verpflichtet war und der Datensatz nicht übermittelt wurde;

[1] § 45 b Abs. 7 Satz 2 geändert durch Gesetz vom 16. 12. 2022 (BGBl. I S. 2294).

2. § 171 Absatz 10a der Abgabenordnung ist mit der Maßgabe anzuwenden, dass die Festsetzungsfrist unabhängig vom Zeitpunkt des Zugangs der Daten bei dem Bundeszentralamt für Steuern nicht vor Ablauf von zwei Jahren nach Zugang der Daten endet.

(9) Inländische börsennotierte Gesellschaften haben gemäß § 67d des Aktiengesetzes Informationen über die Identität ihrer Aktionäre zum Zeitpunkt ihres Gewinnverteilungsbeschlusses zu verlangen und die ihnen übermittelten Informationen elektronisch nach Maßgabe des § 93c der Abgabenordnung unverzüglich elektronisch an das Bundeszentralamt für Steuern zu übermitteln.

(10) ① Das Bundeszentralamt für Steuern speichert die nach den Absätzen 4 bis 6 und 9 übermittelten Daten zur Ermittlung der auf die Kapitalerträge einbehaltenen und abgeführten Kapitalertragsteuer und analysiert diese im Hinblick auf missbräuchliche Steuergestaltungsmodelle, die die Erlangung eines Steuervorteils aus der Erhebung oder Entlastung von Kapitalertragsteuer mit erheblicher Bedeutung zum Gegenstand haben. ② Es darf dazu auch ihm nach Maßgabe dieser Absätze übermittelte personenbezogene Daten verarbeiten, soweit dies zur Erfüllung der Aufgabe nach Satz 1 erforderlich ist.]

[ab 1. 1. 2025:

§ 45c[1] Zusammengefasste Mitteilung zur Bescheinigung und Abführung der Kapitalertragsteuer

(1) ① Die die Kapitalerträge auszahlende Stelle hat dem Bundeszentralamt für Steuern bis zum 31. Juli des auf den Zufluss der Kapitalerträge folgenden Kalenderjahres folgende Daten zu übermitteln:

1. die Summe der in einem Kalenderjahr je Wertpapiergattung und Zahlungstag durch die die Kapitalerträge auszahlende Stelle berücksichtigten Bruttoerträge im Sinne des § 43 Absatz 1 Satz 1 Nummer 1a und 2 Satz 4;
2. den Betrag der auf diese Kapitalerträge einbehaltenen und abgeführten Kapitalertragsteuer und den Betrag der einbehaltenen und abgeführten Zuschlagsteuern;
3. die für diese Kapitalerträge nach § 45a Absatz 2 bescheinigte oder gemäß § 45a Absatz 2a angegebene Kapitalertragsteuer und Zuschlagsteuern; sind die Kapitalerträge nach Maßgabe des § 43a Absatz 3 Satz 2 mit negativen Kapitalerträgen auszugleichen, sind der Betrag der einbehaltenen und auf die Kapitalerträge entfallenden Kapitalertragsteuer vor Durchführung des Verlustausgleiches und vor Berücksichtigung des Sparer-Pauschbetrages sowie der Betrag der darauf entfallenden Zuschlagsteuern zu übermitteln;
4. die diesen Kapitalerträgen zugrunde liegende Stückzahl der Wertpapiere und
5. die Bezeichnung und die Internationale Wertpapierkennnummer der Wertpapiergattung.

② Satz 1 gilt entsprechend für die Summe der gutgeschriebenen Kapitalerträge, bei denen ein Steuerabzug nicht oder nicht in voller Höhe vorgenommen wurde. ③ Die Rechtsgrundlage für die Abstandnahme vom Steuerabzug und die darauf entfallenden Beträge sind anzugeben.

(2) ① Die inländische Wertpapiersammelbank hat dem Bundeszentralamt für Steuern bis zum 31. Juli des auf den Zufluss der Kapitalerträge folgenden Kalenderjahres folgende Daten je Wertpapiergattung und Kundendepot unter Angabe der Internationalen Wertpapierkennnummer und der Stückzahl der Wertpapiere zu übermitteln:

1. die in § 45b Absatz 2 Nummer 1 genannten Angaben zum Depotinhaber; verfügt der Depotinhaber nicht über eine inländische Steuernummer, so ist die durch seinen Ansässigkeitsstaat vergebene Steueridentifikationsnummer anzugeben;
2. die Konto- oder Depotnummer;
3. die Summe der in einem Kalenderjahr am Zahlungstag gutgeschriebenen Kapitalerträge im Sinne des § 43 Absatz 1 Satz 1 Nummer 1a und 2 Satz 4, die auf Grund eines gebuchten Bestandes am Dividendenstichtag gutgeschrieben wurden;
4. die Summe der in einem Kalenderjahr gutgeschriebenen Kompensationszahlungen;
5. die Summe der in einem Kalenderjahr belasteten Kompensationszahlungen;
6. den Saldo aus der Summe der gutgeschriebenen Kapitalerträge zuzüglich der Summe der gutgeschriebenen Kompensationszahlungen und der Summe der belasteten Kompensationszahlungen;
7. den Betrag der einbehaltenen und abgeführten Kapitalertragsteuer und den Betrag der einbehaltenen und abgeführten Zuschlagsteuern auf die Beträge nach den Nummern 3 und 4;
8. die Stückzahl der Wertpapiere, für die die Wertpapiersammelbank keine Dividendenregulierung vorgenommen hat.

② Die Pflicht zur Datenübermittlung nach Satz 1 mit Ausnahme der Angabe nach Satz 1 Nummer 8 gilt entsprechend für die die Kapitalerträge auszahlenden Stellen nach § 44 Absatz 1 Satz 4

[1] § 45c eingefügt durch Gesetz vom 2. 6. 2021 (BGBl. I S. 1259); **zur erstmaligen Anwendung siehe § 52 Abs. 44c.**

Nummer 3. ③ Dem Bundeszentralamt für Steuern sind bis zum 31. Juli des auf die Abführung des Steuerbetrages folgenden Kalenderjahres der Betrag der nach § 44 Absatz 1a abgeführten Kapitalertragsteuer sowie die nach § 45a Absatz 2 Satz 1 Nummer 3 bescheinigten Angaben zu übermitteln.

(3) ① § 93c der Abgabenordnung ist mit Ausnahme von dessen Absatz 1 Nummer 2 Buchstabe c und d und Nummer 3 entsprechend anzuwenden. ② § 45b Absatz 8 gilt entsprechend.

(4) ① Das Bundeszentralamt für Steuern speichert die ihm nach den Absätzen 1 und 2 übermittelten Daten zur Ermittlung der auf diese Kapitalerträge einbehaltenen und bescheinigten Kapitalertragsteuer und analysiert diese im Hinblick auf missbräuchliche Steuergestaltungsmodelle, die die Erlangung eines Steuervorteils aus der Erhebung oder Entlastung von Kapitalertragsteuer mit erheblicher Bedeutung zum Gegenstand haben. ② Es darf dazu ihm nach Maßgabe der Absätze 1 und 2 übermittelte personenbezogene Daten verarbeiten, soweit dies zur Erfüllung der Aufgabe nach Satz 1 erforderlich ist.]

§ 45d Mitteilungen an das Bundeszentralamt für Steuern

(1)[1] ① Wer nach § 44 Absatz 1 dieses Gesetzes und nach § 7 des Investmentsteuergesetzes zum Steuerabzug verpflichtet ist, hat dem Bundeszentralamt für Steuern nach Maßgabe des § 93c der Abgabenordnung neben den in § 93c Absatz 1 der Abgabenordnung genannten Angaben folgende Daten zu übermitteln:

1. bei den Kapitalerträgen, für die ein Freistellungsauftrag erteilt worden ist,
   a) die Kapitalerträge, bei denen vom Steuerabzug Abstand genommen worden ist oder bei denen Kapitalertragsteuer auf Grund des Freistellungsauftrags gemäß § 44b Absatz 6 Satz 4 dieses Gesetzes oder gemäß § 7 Absatz 5 Satz 1 des Investmentsteuergesetzes erstattet wurde,
   b) die Kapitalerträge, bei denen die Erstattung von Kapitalertragsteuer beim Bundeszentralamt für Steuern beantragt worden ist,
2. die Kapitalerträge, bei denen auf Grund einer Nichtveranlagungs-Bescheinigung einer natürlichen Person nach § 44a Absatz 2 Satz 1 Nummer 2 vom Steuerabzug Abstand genommen oder eine Erstattung vorgenommen wurde.

② Bei einem gemeinsamen Freistellungsauftrag sind die Daten beider Ehegatten zu übermitteln. ③ § 72a Absatz 4, § 93c Absatz 1 Nummer 3 und § 203a der Abgabenordnung finden keine Anwendung.

(2)[2] ① Das Bundeszentralamt für Steuern darf den Sozialleistungsträgern die Daten nach Absatz 1 mitteilen, soweit dies zur Überprüfung des bei der Sozialleistung zu berücksichtigenden Einkommens oder Vermögens erforderlich ist oder die betroffene Person zustimmt. ② Für Zwecke des Satzes 1 ist das Bundeszentralamt für Steuern berechtigt, die ihm von den Sozialleistungsträgern übermittelten Daten mit den vorhandenen Daten nach Absatz 1 im Wege des automatisierten Datenabgleichs zu überprüfen und das Ergebnis den Sozialleistungsträgern mitzuteilen.

(3)[3] ① Ein inländischer Versicherungsvermittler im Sinne des § 59 Absatz 1 des Versicherungsvertragsgesetzes hat das Zustandekommen eines Vertrages im Sinne des § 20 Absatz 1 Nummer 6 zwischen einer im Inland ansässigen Person und einem Versicherungsunternehmen mit Sitz und Geschäftsleitung im Ausland nach Maßgabe des § 93c der Abgabenordnung dem Bundeszentralamt für Steuern mitzuteilen. ② Dies gilt nicht, wenn das Versicherungsunternehmen eine Niederlassung im Inland hat oder das Versicherungsunternehmen dem Bundeszentralamt für Steuern bis zu diesem Zeitpunkt das Zustandekommen eines Vertrages angezeigt und den Versicherungsvermittler hierüber in Kenntnis gesetzt hat. ③ Neben den in § 93c Absatz 1 der Abgabenordnung genannten Daten sind folgende Daten zu übermitteln:

1. Name und Anschrift des Versicherungsunternehmens sowie Vertragsnummer oder sonstige Kennzeichnung des Vertrages,
2. Laufzeit und garantierte Versicherungssumme oder Beitragssumme für die gesamte Laufzeit,
3. Angabe, ob es sich um einen konventionellen, einen fondsgebundenen oder einen vermögensverwaltenden Versicherungsvertrag handelt.

④ Ist mitteilungspflichtige Stelle nach Satz 1 das ausländische Versicherungsunternehmen und verfügt dieses weder über ein Identifikationsmerkmal nach den §§ 139a bis 139c der Abgabenordnung noch über eine Steuernummer oder ein sonstiges Ordnungsmerkmal, so kann abweichend von § 93c Absatz 1 Nummer 2 Buchstabe a der Abgabenordnung auf diese Angaben

---

[1] § 45d Abs. 1 neugefasst durch Gesetz vom 18. 7. 2016 (BGBl. I S. 1679); zur erstmaligen Anwendung siehe § 52 Abs. 45 Satz 2.

[2] § 45d Abs. 2 Satz 1 geändert mit Wirkung ab 1. 1. 2019 durch Gesetz vom 20. 11. 2019 (BGBl. I S. 1626).

[3] § 45d Abs. 3 neugefasst durch Gesetz vom 18. 7. 2016 (BGBl. I S. 1679); zur erstmaligen Anwendung siehe § 52 Abs. 45 Satz 3.

verzichtet werden. ⑤ Der Versicherungsnehmer gilt als Steuerpflichtiger im Sinne des § 93c Absatz 1 Nummer 2 Buchstabe c der Abgabenordnung. ⑥ § 72a Absatz 4 und § 203a der Abgabenordnung finden keine Anwendung.

§ 45e[1] Ermächtigung für Zinsinformationsverordnung

① Die Bundesregierung wird ermächtigt, durch Rechtsverordnung mit Zustimmung des Bundesrates die Richtlinie 2003/48/EG des Rates vom 3. Juni 2003 (ABl. EU Nr. L 157 S. 38) in der jeweils geltenden Fassung im Bereich der Besteuerung von Zinserträgen umzusetzen. ② § 45d Absatz 1 Satz 2 und Absatz 2 ist entsprechend anzuwenden.

4. Veranlagung von Steuerpflichtigen mit steuerabzugspflichtigen Einkünften

§ 46 Veranlagung bei Bezug von Einkünften aus nichtselbständiger Arbeit

(1) (weggefallen)

(2) Besteht das Einkommen ganz oder teilweise aus Einkünften aus nichtselbständiger Arbeit, von denen ein Steuerabzug vorgenommen worden ist, so wird eine Veranlagung nur durchgeführt,

1. wenn die positive Summe der einkommensteuerpflichtigen Einkünfte, die nicht dem Steuerabzug vom Arbeitslohn zu unterwerfen waren, vermindert um die darauf entfallenden Beträge nach § 13 Absatz 3 und § 24a, oder die positive Summe der Einkünfte und Leistungen, die dem Progressionsvorbehalt unterliegen, jeweils mehr als 410 Euro beträgt;
2. wenn der Steuerpflichtige nebeneinander von mehreren Arbeitgebern Arbeitslohn bezogen hat; das gilt nicht, soweit nach § 38 Absatz 3a Satz 7 Arbeitslohn von mehreren Arbeitgebern für den Lohnsteuerabzug zusammengerechnet worden ist;

[Fassung bis VZ 2023:]

3.[2] wenn bei einem Steuerpflichtigen die Summe der beim Steuerabzug vom Arbeitslohn nach § 39b Absatz 2 Satz 5 Nummer 3 Buchstabe b bis d berücksichtigten Teilbeträge der Vorsorgepauschale größer ist als die abziehbaren Vorsorgeaufwendungen nach § 10 Absatz 1 Nummer 3 und Nummer 3a in Verbindung mit Absatz 4 und *der im Kalenderjahr insgesamt* erzielte Arbeitslohn *13 150 Euro übersteigt, oder bei Ehegatten, die die Voraussetzungen des § 26 Absatz 1 erfüllen, der im Kalenderjahr von den Ehegatten insgesamt erzielte Arbeitslohn 24 950 Euro übersteigt* **[ab VZ 2023:** der im Kalenderjahr insgesamt erzielte Arbeitslohn höher ist als die Summe aus dem Grundfreibetrag (§ 32a Absatz 1 Satz 2 Nummer 1), dem Arbeitnehmer-Pauschbetrag (§ 9a Satz 1 Nummer 1 Buchstabe a) und dem Sonderausgaben-Pauschbetrag (§ 10c Satz 1) oder bei Ehegatten, die die Voraussetzungen des § 26 Absatz 1 erfüllen, höher ist als die Summe aus dem doppelten Grundfreibetrag, dem Arbeitnehmer-Pauschbetrag und dem doppelten Sonderausgaben-Pauschbetrag**]**[4];

[Fassung ab VZ 2024:]

3.[3] wenn Beiträge zu Krankenversicherungen und gesetzlichen Pflegeversicherungen im Sinne des § 10 Absatz 1 Nummer 3 erstattet wurden, die Erstattung mehr als 410 Euro betrug und der im Kalenderjahr erzielte Arbeitslohn höher ist als die Summe aus dem Grundfreibetrag (§ 32a Absatz 1 Satz 2 Nummer 1), dem Arbeitnehmer-Pauschbetrag (§ 9a Satz 1 Nummer 1 Buchstabe a) und dem Sonderausgaben-Pauschbetrag (§ 10c Satz 1) oder bei Ehegatten, die die Voraussetzungen des § 26 Absatz 1 erfüllen, höher ist als die Summe aus dem doppelten Grundfreibetrag, dem Arbeitnehmer-Pauschbetrag und dem doppelten Sonderausgaben-Pauschbetrag;

3a. wenn von Ehegatten, die nach den §§ 26, 26b zusammen zur Einkommensteuer zu veranlagen sind, beide Arbeitslohn bezogen haben und einer für den Veranlagungszeitraum oder einen Teil davon nach der Steuerklasse V oder VI besteuert oder bei Steuerklasse IV der Faktor (§ 39f) eingetragen worden ist;

---

[1] § 45e Satz 2 geändert mit Wirkung ab VZ 2014 durch Gesetz vom 25. 7. 2014 (BGBl. I S. 1266).

[2] § 46 Abs. 2 Nr. 3 letzter Halbsatz angefügt durch Gesetz vom 1. 11. 2011 (BGBl. I S. 2131); Abs. 2 Nr. 3 Beträge geändert durch Gesetz vom 20. 2. 2013 (BGBl. I S. 283), durch Gesetz vom 16. 7. 2015 (BGBl. I S. 1202), durch Gesetz vom 20. 12. 2016 (BGBl. I S. 3000), durch Art. 1 des Gesetzes vom 29. 11. 2018 (BGBl. I S. 2210), durch Art. 3 des Gesetzes vom 29. 11. 2018 (BGBl. I S. 2210), durch Art. 1 mit Wirkung ab VZ 2021 und mit Wirkung ab VZ 2022 durch Art. 2 des Gesetzes vom 1. 12. 2020 (BGBl. I S. 2616); Beträge geändert mit Wirkung ab VZ 2022 durch Gesetz vom 23. 5. 2022 (BGBl. I S. 749).

[3] § 46 Abs. 2 Nr. 3 neugefasst mit Wirkung ab VZ 2024 durch Gesetz vom 8. 12. 2022 (BGBl. I S. 2230).

[4] § 46 Abs. 2 Nr. 3 geändert mit Wirkung ab VZ 2023 durch Gesetz vom 8. 12. 2022 (BGBl. I S. 2230).

4.[1] wenn für einen Steuerpflichtigen ein Freibetrag im Sinne des § 39a Absatz 1 Satz 1 Nummer 1 bis 3, 5 oder Nummer 6 ermittelt worden ist und der im Kalenderjahr insgesamt erzielte Arbeitslohn *13 150 Euro übersteigt oder bei Ehegatten, die die Voraussetzungen des § 26 Absatz 1 erfüllen, der im Kalenderjahr von den Ehegatten insgesamt* erzielte Arbeitslohn *24 950 Euro übersteigt* **[ab VZ 2023:** höher ist als die Summe aus dem Grundfreibetrag (§ 32a Absatz 1 Satz 2 Nummer 1), dem Arbeitnehmer-Pauschbetrag (§ 9a Satz 1 Nummer 1 Buchstabe a) und dem Sonderausgaben-Pauschbetrag (§ 10c Satz 1) oder bei Ehegatten, die die Voraussetzungen des § 26 Absatz 1 erfüllen, höher ist als die Summe aus dem doppelten Grundfreibetrag, dem Arbeitnehmer-Pauschbetrag und dem doppelten Sonderausgaben-Pauschbetrag**]**[2]; dasselbe gilt für einen Steuerpflichtigen, der zum Personenkreis des § 1 Absatz 2 gehört;

4a.[3] wenn bei einem Elternpaar, bei dem die Voraussetzungen des § 26 Absatz 1 Satz 1 nicht vorliegen,
a) bis c) (weggefallen)
d) im Fall des § 33a Absatz 2 Satz 5 das Elternpaar gemeinsam eine Aufteilung des Abzugsbetrags in einem anderen Verhältnis als je zur Hälfte beantragt oder
e) im Fall des § 33b Absatz 5 Satz 3 das Elternpaar gemeinsam eine Aufteilung des Pauschbetrags für Menschen mit Behinderungen oder des Pauschbetrags für Hinterbliebene in einem anderen Verhältnis als je zur Hälfte beantragt.

② Die Veranlagungspflicht besteht für jeden Elternteil, der Einkünfte aus nichtselbständiger Arbeit bezogen hat;

5.[4] wenn bei einem Steuerpflichtigen die Lohnsteuer für einen sonstigen Bezug im Sinne des § 34 Absatz 1 und 2 Nummer 2 und 4 nach § 39b Absatz 3 Satz 9 oder für einen sonstigen Bezug nach § 39c Absatz 3 ermittelt wurde;

5a.[5] wenn der Arbeitgeber die Lohnsteuer von einem sonstigen Bezug berechnet hat und dabei der Arbeitslohn aus früheren Dienstverhältnissen des Kalenderjahres außer Betracht geblieben ist (§ 39b Absatz 3 Satz 2, § 41 Absatz 1 Satz 6, Großbuchstabe S);

6. wenn die Ehe des Arbeitnehmers im Veranlagungszeitraum durch Tod, Scheidung oder Aufhebung aufgelöst worden ist und er oder sein Ehegatte der aufgelösten Ehe im Veranlagungszeitraum wieder geheiratet hat;

7.[6] wenn
a) für einen unbeschränkt Steuerpflichtigen im Sinne des § 1 Absatz 1 bei der Bildung der Lohnsteuerabzugsmerkmale (§ 39) ein Ehegatte im Sinne des § 1a Absatz 1 Nummer 2 berücksichtigt worden ist oder
b) für einen Steuerpflichtigen, der zum Personenkreis des § 1 Absatz 3 oder des § 1a gehört, Lohnsteuerabzugsmerkmale nach § 39 Absatz 2 gebildet worden sind; das nach § 39 Absatz 2 Satz 2 bis 4 zuständige Betriebsstättenfinanzamt ist dann auch für die Veranlagung zuständig;

8. wenn die Veranlagung beantragt wird, insbesondere zur Anrechnung von Lohnsteuer auf die Einkommensteuer. ② Der Antrag ist durch Abgabe einer Einkommensteuererklärung zu stellen;

9.[7] wenn ein Antrag im Sinne der Nummer 8 gestellt wird und daneben beantragt wird, als unbeschränkt Steuerpflichtiger im Sinne des § 1 Absatz 3 behandelt zu werden; die Zuständigkeit liegt beim lohnsteuerlichen Betriebsstättenfinanzamt des Arbeitgebers.

(3)[8] ① In den Fällen des Absatzes 2 ist ein Betrag in Höhe der einkommensteuerpflichtigen Einkünfte, von denen der Steuerabzug vom Arbeitslohn nicht vorgenommen worden ist und die nicht nach § 32d Absatz 6 der tariflichen Einkommensteuer unterworfen wurden, vom Einkommen abzuziehen, wenn diese Einkünfte insgesamt nicht mehr als 410 Euro betragen. ② Der Betrag nach Satz 1 vermindert sich um den Altersentlastungsbetrag, soweit dieser den unter Verwendung des nach § 24a Satz 5 maßgebenden Prozentsatzes zu ermittelnden Anteil des Arbeitslohns mit Ausnahme der Versorgungsbezüge im Sinne des § 19 Absatz 2 übersteigt, und um den nach § 13 Absatz 3 zu berücksichtigenden Betrag.

(4) ① Kommt nach Absatz 2 eine Veranlagung zur Einkommensteuer nicht in Betracht, so gilt die Einkommensteuer, die auf die Einkünfte aus nichtselbständiger Arbeit entfällt, für den Steu-

[1] § 46 Abs. 2 Nr. 4 neugefasst durch Gesetz vom 8. 12. 2010 (BGBl. I S. 1768); Abs. 2 Nr. 4 geändert durch Gesetz vom 7. 12. 2011 (BGBl. I S. 2592); Abs. 2 Nr. 4 geändert durch Gesetz vom 12. 12. 2019 (BGBl. I S. 2451); Abs. 2 Nr. 4 Beträge geändert durch Gesetz vom 20. 2. 2013 (BGBl. I S. 283), durch Gesetz vom 16. 7. 2015 (BGBl. I S. 1202), durch Gesetz vom 20. 12. 2016 (BGBl. I S. 3000), durch Art. 1 des Gesetzes vom 29. 11. 2018 (BGBl. I S. 2210), durch Art. 1 mit Wirkung ab VZ 2021 und mit Wirkung ab VZ 2022 durch Art. 2 des Gesetzes vom 1. 12. 2020 (BGBl. I S. 2616); Beträge geändert mit Wirkung ab VZ 2022 durch Gesetz vom 23. 5. 2022 (BGBl. I S. 749).

[2] § 46 Abs. 2 Nr. 4 geändert mit Wirkung ab VZ 2023 durch Gesetz vom 8. 12. 2022 (BGBl. I S. 2230).

[3] § 46 Abs. 2 Nr. 4a Buchstabe d Zitat geändert durch Gesetz vom 1. 11. 2011 (BGBl. I S. 2136); Abs. 2 Nr. 4a Buchstabe e geändert durch Gesetz vom 9. 12. 2020 (BGBl. I S. 2770).

[4] § 46 Abs. 2 Nr. 5 geändert durch Gesetz vom 7. 12. 2011 (BGBl. I S. 2592).

[5] § 46 Abs. 2 Nr. 5a Verweis geändert mit Wirkung ab VZ 2014 durch Gesetz vom 25. 7. 2014 (BGBl. I S. 1266).

[6] § 46 Abs. 2 Nr. 7 neugefasst durch Gesetz vom 7. 12. 2011 (BGBl. I S. 2592).

[7] § 46 Abs. 2 Nr. 9 angefügt mit Wirkung ab VZ 2020 durch Gesetz vom 12. 12. 2019 (BGBl. I S. 2451).

[8] § 46 Abs. 3 Satz 1 geändert mit Wirkung ab VZ 2014 durch Gesetz vom 25. 7. 2014 (BGBl. I S. 1266).

erpflichtigen durch den Lohnsteuerabzug als abgegolten, soweit er nicht für zuwenig erhobene Lohnsteuer in Anspruch genommen werden kann. ② § 42b bleibt unberührt.

(5)[1] Durch Rechtsverordnung kann in den Fällen des Absatzes 2 Nummer 1, in denen die einkommensteuerpflichtigen Einkünfte, von denen der Steuerabzug vom Arbeitslohn nicht vorgenommen worden ist und die nicht nach § 32d Absatz 6 der tariflichen Einkommensteuer unterworfen wurden, den Betrag von 410 Euro übersteigen, die Besteuerung so gemildert werden, dass auf die volle Besteuerung dieser Einkünfte stufenweise übergeleitet wird.

§ 47 (weggefallen)

VII. Steuerabzug bei Bauleistungen

§ 48 Steuerabzug

(1) ① Erbringt jemand im Inland eine Bauleistung (Leistender) an einen Unternehmer im Sinne des § 2 des Umsatzsteuergesetzes oder an eine juristische Person des öffentlichen Rechts (Leistungsempfänger), ist der Leistungsempfänger verpflichtet, von der Gegenleistung einen Steuerabzug in Höhe von 15 Prozent für Rechnung des Leistenden vorzunehmen. ② Vermietet der Leistungsempfänger Wohnungen, so ist Satz 1 nicht auf Bauleistungen für diese Wohnungen anzuwenden, wenn er nicht mehr als zwei Wohnungen vermietet. ③ Bauleistungen sind alle Leistungen, die der Herstellung, Instandsetzung, Instandhaltung, Änderung oder Beseitigung von Bauwerken dienen. ④ Als Leistender gilt auch derjenige, der über eine Leistung abrechnet, ohne sie erbracht zu haben.

(2) ① Der Steuerabzug muss nicht vorgenommen werden, wenn der Leistende dem Leistungsempfänger eine im Zeitpunkt der Gegenleistung gültige Freistellungsbescheinigung nach § 48b Absatz 1 Satz 1 vorlegt oder die Gegenleistung im laufenden Kalenderjahr den folgenden Betrag voraussichtlich nicht übersteigen wird:

1. 15 000 Euro, wenn der Leistungsempfänger ausschließlich steuerfreie Umsätze nach § 4 Nummer 12 Satz 1 des Umsatzsteuergesetzes ausführt,
2. 5000 Euro in den übrigen Fällen.

② Für die Ermittlung des Betrags sind die für denselben Leistungsempfänger erbrachten und voraussichtlich zu erbringenden Bauleistungen zusammenzurechnen.

(3) Gegenleistung im Sinne des Absatzes 1 ist das Entgelt zuzüglich Umsatzsteuer.

(4) Wenn der Leistungsempfänger den Steuerabzugsbetrag angemeldet und abgeführt hat,

1. ist § 160 Absatz 1 Satz 1 der Abgabenordnung nicht anzuwenden,
2. sind § 42d Absatz 6 und 8 und § 50a Absatz 7 nicht anzuwenden.

§ 48a Verfahren

[Fassung bis VZ 2024:]

(1) ① Der Leistungsempfänger hat bis zum 10. Tag nach Ablauf des Monats, in dem die Gegenleistung im Sinne des § 48 erbracht wird, eine Anmeldung nach amtlich vorgeschriebenem Vordruck abzugeben, in der er den Steuerabzug für den Anmeldungszeitraum selbst zu berechnen hat. ② Der Abzugsbetrag ist am 10. Tag nach Ablauf des Anmeldungszeitraums fällig und an das für den Leistenden zuständige Finanzamt für Rechnung des Leistenden abzuführen. ③ Die Anmeldung des Abzugsbetrags steht einer Steueranmeldung gleich.

[Fassung ab VZ 2025:]

(1)[2] ① Der Leistungsempfänger hat bis zum zehnten Tag nach Ablauf des Monats, in dem die Gegenleistung im Sinne des § 48 erbracht wird, eine elektronische Anmeldung, in der er den Steuerabzug für den Anmeldungszeitraum selbst zu berechnen hat, nach amtlich vorgeschriebenem Datensatz über die amtlich vorgeschriebene Schnittstelle zu übermitteln. ② Auf Antrag kann das Finanzamt zur Vermeidung unbilliger Härten auf die Übermittlung nach amtlich vorgeschriebenem Datensatz über die amtlich vorgeschriebene Schnittstelle verzichten; in diesem Fall ist die Anmeldung vom Leistungsempfänger nach amtlich vorgeschriebenem Vordruck abzugeben. ③ Der Abzugsbetrag ist am 10. Tag nach Ablauf des Anmeldungszeitraums fällig und an das für den Leistenden zuständige Finanzamt für Rechnung des Leistenden abzuführen. ④ Die Anmeldung des Abzugsbetrags steht einer Steueranmeldung gleich.

---

[1] § 46 Abs. 5 geändert mit Wirkung ab VZ 2014 durch Gesetz vom 25. 7. 2014 (BGBl. I S. 1266).

[2] § 48a Satz 1 neugefasst und Satz 2 eingefügt, bish. Sätze 2 und 3 werden Sätze 3 und 4 mit Wirkung ab 1. 1. 2025 durch Gesetz vom 16. 12. 2022 (BGBl. I S. 2294).

(2) Der Leistungsempfänger hat mit dem Leistenden unter Angabe

1. des Namens und der Anschrift des Leistenden,
2. des Rechnungsbetrags, des Rechnungsdatums und des Zahlungstags,
3. der Höhe des Steuerabzugs und
4. des Finanzamts, bei dem der Abzugsbetrag angemeldet worden ist,

über den Steuerabzug abzurechnen.

(3) ① Der Leistungsempfänger haftet für einen nicht oder zu niedrig abgeführten Abzugsbetrag. ② Der Leistungsempfänger haftet nicht, wenn ihm im Zeitpunkt der Gegenleistung eine Freistellungsbescheinigung (§ 48 b) vorgelegen hat, auf deren Rechtmäßigkeit er vertrauen konnte. ③ Er darf insbesondere dann nicht auf eine Freistellungsbescheinigung vertrauen, wenn diese durch unlautere Mittel oder durch falsche Angaben erwirkt wurde und ihm dies bekannt oder infolge grober Fahrlässigkeit nicht bekannt war. ④ Den Haftungsbescheid erlässt das für den Leistenden zuständige Finanzamt.

(4) § 50 b gilt entsprechend.

§ 48 b Freistellungsbescheinigung

(1) ① Auf Antrag des Leistenden hat das für ihn zuständige Finanzamt, wenn der zu sichernde Steueranspruch nicht gefährdet erscheint und ein inländischer Empfangsbevollmächtigter bestellt ist, eine Bescheinigung nach amtlich vorgeschriebenem Vordruck zu erteilen, die den Leistungsempfänger von der Pflicht zum Steuerabzug befreit. ② Eine Gefährdung kommt insbesondere dann in Betracht, wenn der Leistende

1. Anzeigepflichten nach § 138 der Abgabenordnung nicht erfüllt,
2. seiner Auskunfts- und Mitwirkungspflicht nach § 90 der Abgabenordnung nicht nachkommt,
3. den Nachweis der steuerlichen Ansässigkeit durch Bescheinigung der zuständigen ausländischen Steuerbehörde nicht erbringt.

(2) Eine Bescheinigung soll erteilt werden, wenn der Leistende glaubhaft macht, dass keine zu sichernden Steueransprüche bestehen.

(3)[1] ① In der Bescheinigung sind anzugeben:

1. Name, Anschrift und Steuernummer des Leistenden,
2. Geltungsdauer der Bescheinigung,
3. Umfang der Freistellung sowie der Leistungsempfänger, wenn sie nur für bestimmte Bauleistungen gilt,
4. das ausstellende Finanzamt.

② Der Antragsteller ist über die Verarbeitung der in Satz 1 genannten Daten durch das Bundeszentralamt für Steuern gemäß Absatz 6 zu informieren.

(4) Wird eine Freistellungsbescheinigung aufgehoben, die nur für bestimmte Bauleistungen gilt, ist dies den betroffenen Leistungsempfängern mitzuteilen.

(5) Wenn eine Freistellungsbescheinigung vorliegt, gilt § 48 Absatz 4 entsprechend.

(6)[1] ① Das Bundeszentralamt für Steuern speichert die Daten nach Absatz 3 Satz 1. ② Es erteilt dem Leistungsempfänger im Sinne des § 48 Absatz 1 Satz 1 im Wege einer elektronischen Abfrage Auskunft über die beim Bundeszentralamt für Steuern gespeicherten Freistellungsbescheinigungen.

§ 48 c Anrechnung

(1) ① Soweit der Abzugsbetrag einbehalten und angemeldet worden ist, wird er auf vom Leistenden zu entrichtende Steuern nacheinander wie folgt angerechnet:

1. die nach § 41 a Absatz 1 einbehaltene und angemeldete Lohnsteuer,
2. die Vorauszahlungen auf die Einkommen- oder Körperschaftsteuer,
3. die Einkommen- oder Körperschaftsteuer des Besteuerungs- oder Veranlagungszeitraums, in dem die Leistung erbracht worden ist, und
4. die vom Leistenden im Sinne der §§ 48, 48 a anzumeldenden und abzuführenden Abzugsbeträge.

② Die Anrechnung nach Satz 1 Nummer 2 kann nur für Vorauszahlungszeiträume innerhalb des Besteuerungs- oder Veranlagungszeitraums erfolgen, in dem die Leistung erbracht worden ist. ③ Die Anrechnung nach Satz 1 Nummer 2 darf nicht zu einer Erstattung führen.

---

[1] § 48 b Abs. 3 Satz 2 angefügt und Abs. 6 Satz 1 eingefügt (bish. Satz 1 wird Satz 2), neuer Satz 2 geändert und bish. Satz 2 aufgehoben mit Wirkung ab VZ 2019 durch Gesetz vom 20. 11. 2019 (BGBl. I S. 1626).

(2) ① Auf Antrag des Leistenden erstattet das nach § 20a Absatz 1 der Abgabenordnung zuständige Finanzamt den Abzugsbetrag. ② Die Erstattung setzt voraus, dass der Leistende nicht zur Abgabe von Lohnsteueranmeldungen verpflichtet ist und eine Veranlagung zur Einkommen- oder Körperschaftsteuer nicht in Betracht kommt oder der Leistende glaubhaft macht, dass im Veranlagungszeitraum keine zu sichernden Steueransprüche entstehen werden. ③ Der Antrag ist nach amtlich vorgeschriebenem Muster bis zum Ablauf des zweiten Kalenderjahres zu stellen, das auf das Jahr folgt, in dem der Abzugsbetrag angemeldet worden ist; weitergehende Fristen nach einem Abkommen zur Vermeidung der Doppelbesteuerung bleiben unberührt.

(3) Das Finanzamt kann die Anrechnung ablehnen, soweit der angemeldete Abzugsbetrag nicht abgeführt worden ist und Anlass zu der Annahme besteht, dass ein Missbrauch vorliegt.

§ 48d Besonderheiten im Fall von Doppelbesteuerungsabkommen

(1) ① Können Einkünfte, die dem Steuerabzug nach § 48 unterliegen, nach einem Abkommen zur Vermeidung der Doppelbesteuerung nicht besteuert werden, so sind die Vorschriften über die Einbehaltung, Abführung und Anmeldung der Steuer durch den Schuldner der Gegenleistung ungeachtet des Abkommens anzuwenden. ② Unberührt bleibt der Anspruch des Gläubigers der Gegenleistung auf Erstattung der einbehaltenen und abgeführten Steuer. ③ Der Anspruch ist durch Antrag nach § 48c Absatz 2 geltend zu machen. ④ Der Gläubiger der Gegenleistung hat durch eine Bestätigung der für ihn zuständigen Steuerbehörde des anderen Staates nachzuweisen, dass er dort ansässig ist. ⑤ § 48b gilt entsprechend. ⑥ Der Leistungsempfänger kann sich im Haftungsverfahren nicht auf die Rechte des Gläubigers aus dem Abkommen berufen.

(2) Unbeschadet des § 5 Absatz 1 Nummer 2 des Finanzverwaltungsgesetzes liegt die Zuständigkeit für Entlastungsmaßnahmen nach Absatz 1 bei dem nach § 20a der Abgabenordnung zuständigen Finanzamt.

VIII. Besteuerung beschränkt Steuerpflichtiger

§ 49 Beschränkt steuerpflichtige Einkünfte

(1) Inländische Einkünfte im Sinne der beschränkten Einkommensteuerpflicht (§ 1 Absatz 4) sind

1. Einkünfte aus einer im Inland betriebenen Land- und Forstwirtschaft (§§ 13, 14);
2. Einkünfte aus Gewerbebetrieb (§§ 15 bis 17),
   a) für den im Inland eine Betriebsstätte unterhalten wird oder ein ständiger Vertreter bestellt ist,
   b) die durch den Betrieb eigener oder gecharterter Seeschiffe oder Luftfahrzeuge aus Beförderungen zwischen inländischen und von inländischen zu ausländischen Häfen erzielt werden, einschließlich der Einkünfte aus anderen mit solchen Beförderungen zusammenhängenden, sich auf das Inland erstreckenden Beförderungsleistungen,
   c) die von einem Unternehmen im Rahmen einer internationalen Betriebsgemeinschaft oder eines Pool-Abkommens, bei denen ein Unternehmen mit Sitz oder Geschäftsleitung im Inland die Beförderung durchführt, aus Beförderungen und Beförderungsleistungen nach Buchstabe b erzielt werden,
   d) die, soweit sie nicht zu den Einkünften im Sinne der Nummern 3 und 4 gehören, durch im Inland ausgeübte oder verwertete künstlerische, sportliche, artistische, unterhaltende oder ähnliche Darbietungen erzielt werden, einschließlich der Einkünfte aus anderen mit diesen Leistungen zusammenhängenden Leistungen, unabhängig davon, wem die Einnahmen zufließen,
   e)[1] die unter den Voraussetzungen des § 17 erzielt werden, wenn es sich um Anteile an einer Kapitalgesellschaft handelt,
      aa) die ihren Sitz oder ihre Geschäftsleitung im Inland hat,
      bb) bei deren Erwerb auf Grund eines Antrags nach § 13 Absatz 2 oder § 21 Absatz 2 Satz 3 Nummer 2 des Umwandlungssteuergesetzes nicht der gemeine Wert der eingebrachten Anteile angesetzt worden ist oder auf die § 17 Absatz 5 Satz 2 anzuwenden war oder
      cc) deren Anteilswert zu irgendeinem Zeitpunkt während der 365 Tage vor der Veräußerung unmittelbar oder mittelbar zu mehr als 50 Prozent auf inländischem unbeweglichem Vermögen beruhte und die Anteile dem Veräußerer zu diesem Zeitpunkt zuzurechnen waren; für die Ermittlung dieser Quote sind die aktiven Wirtschaftsgüter des Betriebsvermögens mit den Buchwerten, die zu diesem Zeitpunkt anzusetzen gewesen wären, zugrunde zu legen,

---

[1] § 49 Abs. 1 Nr. 2 Buchstabe e Doppelbuchstabe aa und bb geändert und Doppelbuchstabe cc eingefügt durch Art. 3 des Gesetzes vom 11. 12. 2018 (BGBl. I S. 2338); zur erstmaligen Anwendung siehe § 52 Abs. 45a Satz 1.

f)[1] die, soweit sie nicht zu den Einkünften im Sinne des Buchstaben a gehören, durch
aa) Vermietung und Verpachtung oder
bb) Veräußerung
von inländischem unbeweglichem Vermögen, von Sachinbegriffen oder Rechten im Sinne des § 21 Absatz 1 Satz 1 Nummer 1 oder sonstigen Rechten, insbesondere Patentrechten, Markenrechten oder Sortenrechten, die im Inland belegen oder in ein inländisches öffentliches Buch oder Register eingetragen sind oder deren Verwertung in einer inländischen Betriebsstätte oder anderen Einrichtung erfolgt, erzielt werden. ② Bei sonstigen Rechten, bei denen Einkünfte nur auf Grund der Eintragung in ein inländisches öffentliches Buch oder Register vorliegen, liegen Einkünfte abweichend von Satz 1 nicht vor, wenn die Vermietung und Verpachtung oder die Veräußerung nicht zwischen nahestehenden Personen im Sinne des § 1 Absatz 2 des Außensteuergesetzes erfolgt oder der Besteuerung der Einkünfte die Bestimmungen eines Abkommens zur Vermeidung der Doppelbesteuerung unter Berücksichtigung der ihre Anwendung regelnden Vorschriften dieses Gesetzes entgegenstehen. ③ § 23 Absatz 1 Satz 4 gilt entsprechend. ④ Als Einkünfte aus Gewerbebetrieb gelten auch die Einkünfte aus Tätigkeiten im Sinne dieses Buchstabens, die von einer Körperschaft im Sinne des § 2 Nummer 1 des Körperschaftsteuergesetzes erzielt werden, die mit einer Kapitalgesellschaft oder sonstigen juristischen Person im Sinne des § 1 Absatz 1 Nummer 1 bis 3 des Körperschaftsteuergesetzes vergleichbar ist. ⑤ Zu den Einkünften aus der Veräußerung von inländischem unbeweglichem Vermögen im Sinne dieses Buchstabens gehören auch Wertveränderungen von Wirtschaftsgütern, die mit diesem Vermögen in wirtschaftlichem Zusammenhang stehen, oder

g)[2] die aus der Verschaffung der Gelegenheit erzielt werden, einen Berufssportler als solchen in Inland vertraglich zu verpflichten; dies gilt nur, wenn die Gesamteinnahmen 10 000 Euro übersteigen;

3. Einkünfte aus selbständiger Arbeit (§ 18), die im Inland ausgeübt oder verwertet wird oder worden ist, oder für die im Inland eine feste Einrichtung oder eine Betriebsstätte unterhalten wird;

4.[3] Einkünfte aus nichtselbständiger Arbeit (§ 19), die
a) im Inland ausgeübt oder verwertet wird oder worden ist,
b) aus inländischen öffentlichen Kassen einschließlich der Kassen des Bundeseisenbahnvermögens und der Deutschen Bundesbank mit Rücksicht auf ein gegenwärtiges oder früheres Dienstverhältnis gewährt werden, ohne dass ein Zahlungsanspruch gegenüber der inländischen öffentlichen Kasse bestehen muss; dies gilt nicht, wenn das Dienstverhältnis im Tätigkeitsstaat oder einem anderen ausländischen Staat begründet wurde, der Arbeitnehmer keinen inländischen Wohnsitz oder gewöhnlichen Aufenthalt auf Grund des Dienstverhältnisses oder eines vorangegangenen vergleichbaren Dienstverhältnisses aufgegeben hat und mit dem Tätigkeitsstaat kein Abkommen zur Vermeidung der Doppelbesteuerung besteht,
c) als Vergütung für eine Tätigkeit als Geschäftsführer, Prokurist oder Vorstandsmitglied einer Gesellschaft mit Geschäftsleitung im Inland bezogen werden,
d) als Entschädigung im Sinne des § 24 Nummer 1 für die Auflösung eines Dienstverhältnisses gezahlt werden, soweit die für die zuvor ausgeübte Tätigkeit bezogenen Einkünfte der inländischen Besteuerung unterlegen haben,
e) an Bord eines im internationalen Luftverkehr eingesetzten Luftfahrzeugs ausgeübt wird, das von einem Unternehmen mit Geschäftsleitung im Inland betrieben wird;

5. Einkünfte aus Kapitalvermögen im Sinne des
a)[4] § 20 Absatz 1 Nummer 1, 2, 4, 6 und 9, wenn
aa) der Schuldner Wohnsitz, Geschäftsleitung oder Sitz im Inland hat,
bb) in den Fällen des § 20 Absatz 1 Nummer 1 Satz 4 der Emittent der Aktien Geschäftsleitung oder Sitz im Inland hat oder
cc) es sich um Fälle des § 44 Absatz 1 Satz 4 Nummer 1 Buchstabe a Doppelbuchstabe bb handelt;
dies gilt auch für Erträge aus Wandelanleihen und Gewinnobligationen,
b)[4] *(aufgehoben)*

---

[1] § 49 Abs. 1 Nr. 2 Buchstabe f Satz 2 eingefügt, bisheriger Satz 2 wird Satz 3 mit Wirkung ab VZ 2017 durch Gesetz vom 19. 7. 2016 (BGBl. I S. 1730); Abs. 1 Nr. 2 Buchstabe f Satz 4 eingefügt durch Art. 3 des Gesetzes vom 11. 12. 2018 (BGBl. I S. 2338); zur erstmaligen Anwendung siehe § 52 Abs. 45a Satz 2.

§ 49 Abs. 1 Nr. 2 Buchstabe f Satz 1 geändert und Satz 2 eingefügt, bish. Sätze 2 bis 4 werden Sätze 3 bis 5 durch Gesetz vom 16. 12. 2022 (BGBl. I S. 2294); **zur Anwendung siehe § 52 Abs. 45 a Satz 3.**

[2] § 49 Abs. 1 Nr. 2 Buchstabe g angefügt mit Wirkung ab VZ 2010 durch Gesetz vom 8. 12. 2010 (BGBl. I S. 1768).

[3] § 49 Abs. 1 Nr. 4 Buchstabe b letzter Halbsatz angefügt mit Wirkung ab VZ 2020 durch Gesetz vom 12. 12. 2019 (BGBl. I S. 2451).

[4] § 49 Abs. 1 Nr. 5 Satz 1 Buchstabe a neugefasst und Buchstabe b aufgehoben mit Wirkung ab 1. 1. 2018 durch Gesetz vom 19. 7. 2016 (BGBl. I S. 1730); Abs. 1 Nr. 5 Satz 1 Buchstabe a neugefasst mit Wirkung ab VZ 2020 durch Gesetz vom 12. 12. 2019 (BGBl. I S. 2451).

c) § 20 Absatz 1 Nummer 5 und 7, wenn

aa)[1] das Kapitalvermögen durch inländischen Grundbesitz, durch inländische Rechte, die den Vorschriften des bürgerlichen Rechts über Grundstücke unterliegen, oder durch Schiffe, die in ein inländisches Schiffsregister eingetragen sind, unmittelbar oder mittelbar gesichert ist. ② Ausgenommen sind Zinsen aus Anleihen und Forderungen, die in ein öffentliches Schuldbuch eingetragen oder über die Sammelurkunden im Sinne des § 9 a des Depotgesetzes oder Teilschuldverschreibungen, soweit es sich nicht um Wandelanleihen oder Gewinnobligationen handelt, ausgegeben sind, oder

bb) das Kapitalvermögen aus Genussrechten besteht, die nicht in § 20 Absatz 1 Nummer 1 genannt sind,

d)[2] § 43 Absatz 1 Satz 1 Nummer 7 Buchstabe a, Nummer 9 und 10 sowie Satz 2, wenn sie von einem Schuldner oder von einem inländischen Kreditinstitut oder einem inländischen Finanzdienstleistungsinstitut oder einem inländischen Wertpapierinstitut im Sinne des § 43 Absatz 1 Satz 1 Nummer 7 Buchstabe b einem anderen als einem ausländischen Kreditinstitut oder einem ausländischen Wertpapierinstitut oder einem ausländischen Finanzdienstleistungsinstitut

aa) gegen Aushändigung der Zinsscheine ausgezahlt oder gutgeschrieben werden und die Teilschuldverschreibungen nicht von dem Schuldner, dem inländischen Kreditinstitut, dem inländischen Finanzdienstleistungsinstitut oder dem inländischen Wertpapierinstitut verwahrt werden oder

bb) gegen Übergabe der Wertpapiere ausgezahlt oder gutgeschrieben werden und diese vom Kreditinstitut weder verwahrt noch verwaltet werden.

② § 20 Absatz 3 gilt entsprechend;

6.[3] Einkünfte aus Vermietung und Verpachtung (§ 21), soweit sie nicht zu den Einkünften im Sinne der Nummern 1 bis 5 gehören, wenn das unbewegliche Vermögen, die Sachinbegriffe oder Rechte im Sinne des § 21 Absatz 1 Satz 1 Nummer 1 oder sonstige Rechte, insbesondere Patentrechte, Markenrechte oder Sortenrechte, im Inland belegen oder in ein inländisches öffentliches Buch oder Register eingetragen sind oder in einer inländischen Betriebsstätte oder in einer anderen Einrichtung verwertet werden. ② Bei sonstigen Rechten, bei denen Einkünfte nur auf Grund der Eintragung in ein inländisches öffentliches Buch oder Register vorliegen, liegen Einkünfte abweichend von Satz 1 nicht vor, wenn die Vermietung und Verpachtung nicht zwischen nahestehenden Personen im Sinne des § 1 Absatz 2 des Außensteuergesetzes erfolgt oder der Besteuerung der Einkünfte die Bestimmungen eines Abkommens zur Vermeidung der Doppelbesteuerung unter Berücksichtigung der ihre Anwendung regelnden Vorschriften dieses Gesetzes entgegenstehen;

7.[4] sonstige Einkünfte im Sinne des § 22 Nummer 1 Satz 3 Buchstabe a, die von den inländischen gesetzlichen Rentenversicherungsträgern, der inländischen landwirtschaftlichen Alterskasse, den inländischen berufsständischen Versorgungseinrichtungen, den inländischen Versicherungsunternehmen oder sonstigen inländischen Zahlstellen gewährt werden; dies gilt entsprechend für Leibrenten und andere Leistungen ausländischer Zahlstellen, wenn die Beiträge, die den Leistungen zugrunde liegen, nach § 10 Absatz 1 Nummer 2 ganz oder teilweise bei der Ermittlung der Sonderausgaben berücksichtigt wurden;

8. sonstige Einkünfte im Sinne des § 22 Nummer 2, soweit es sich um private Veräußerungsgeschäfte handelt, mit

a) inländischen Grundstücken, oder

b) inländischen Rechten, die den Vorschriften des bürgerlichen Rechts über Grundstücke unterliegen;

8 a. sonstige Einkünfte im Sinne des § 22 Nummer 4;

9. sonstige Einkünfte im Sinne des § 22 Nummer 3, auch wenn sie bei Anwendung dieser Vorschrift einer anderen Einkunftsart zuzurechnen wären, soweit es sich um Einkünfte aus inländischen unterhaltenden Darbietungen, aus der Nutzung beweglicher Sachen im Inland oder aus der Überlassung der Nutzung oder des Rechts auf Nutzung von gewerblichen, technischen, wissenschaftlichen und ähnlichen Erfahrungen, Kenntnissen und Fertigkeiten, z. B. Plänen, Mustern und Verfahren, handelt, die im Inland genutzt werden oder worden sind; dies gilt nicht, soweit es sich um steuerpflichtige Einkünfte im Sinne der Nummern 1 bis 8 handelt;

---

[1] § 49 Abs. 1 Nr. 5 Satz 1 Buchstabe c Doppelbuchstabe aa Satz 2 geändert mit Wirkung ab VZ 2020 durch Gesetz vom 12. 12. 2019 (BGBl. I S. 2451).

[2] § 49 Abs. 1 Nr. 5 Satz 1 Buchstabe d Einleitungssatz und Doppelbuchstabe aa geändert durch Gesetz vom 12. 5. 2021 (BGBl. I S. 990).

[3] § 49 Abs. 1 Nr. 6 Satz 1 geändert und Satz 2 angefügt durch Gesetz vom 16. 12. 2022 (BGBl. I S. 2294); **zur Anwendung siehe § 52 Abs. 45 a Satz 3.**

[4] § 49 Abs. 1 Nr. 7 letzter Halbsatz angefügt mit Wirkung ab VZ 2010 durch Gesetz vom 8. 4. 2010 (BGBl. I S. 386); Abs. 1 Nr. 7 geändert durch Gesetz vom 12. 4. 2012 (BGBl. I S. 579).

10.[1] sonstige Einkünfte im Sinne des § 22 Nummer 5; dies gilt auch für Leistungen ausländischer Zahlstellen, soweit die Leistungen bei einem unbeschränkt Steuerpflichtigen zu Einkünften nach § 22 Nummer 5 Satz 1 führen würden oder wenn die Beiträge, die den Leistungen zugrunde liegen, nach § 10 Absatz 1 Nummer 2 ganz oder teilweise bei der Ermittlung der Sonderausgaben berücksichtigt wurden;

11.[2] Einkünfte aus der Beteiligung an einer Personengesellschaft oder Gemeinschaft, die ihren Sitz oder ihre Geschäftsleitung im Inland hat oder in ein inländisches Register eingetragen ist, soweit diese Einkünfte
   a) in dem Staat, in dem der Beteiligte seinen Wohnsitz oder gewöhnlichen Aufenthalt hat, aufgrund einer vom deutschen Recht abweichenden steuerlichen Behandlung der Personengesellschaft oder Gemeinschaft keiner Besteuerung unterliegen,
   b) nicht bereits als Einkünfte im Sinne der Nummern 1 bis 10 einer Besteuerung unterliegen und
   c) in keinem anderen Staat einer Besteuerung unterliegen.

② Satz 1 gilt nur, wenn dem Beteiligten allein oder zusammen mit ihm nahestehenden Personen im Sinne des § 1 Absatz 2 des Außensteuergesetzes, die keiner unbeschränkten Steuerpflicht im Inland nach § 1 Absatz 1 oder nach § 1 des Körperschaftsteuergesetzes unterliegen, mehr als die Hälfte der Stimmrechte oder mehr als die Hälfte der Anteile am Kapital unmittelbar oder mittelbar zuzurechnen sind oder unmittelbar oder mittelbar ein Anspruch auf mehr als die Hälfte des Gewinns oder des Liquidationserlöses der Personengesellschaft oder Gemeinschaft zusteht; eine Beteiligung in diesem Sinne setzt nicht die Stellung als Gesellschafter oder Gemeinschafter voraus. ③ Die Sätze 1 und 2 gelten nicht, wenn es sich bei der Personengesellschaft oder Gemeinschaft um einen Altersvorsorgevermögensfonds im Sinne des § 53 des Investmentsteuergesetzes handelt oder die Einkünfte auch bei einer nicht vom deutschen Recht abweichenden Behandlung der Personengesellschaft oder Gemeinschaft im ausländischen Staat keiner Besteuerung unterliegen würden. ④ Die Besteuerung nach den vorstehenden Sätzen erfolgt ungeachtet der Bestimmungen eines Abkommens zur Vermeidung der Doppelbesteuerung.

(2) Im Ausland gegebene Besteuerungsmerkmale bleiben außer Betracht, soweit bei ihrer Berücksichtigung inländische Einkünfte im Sinne des Absatzes 1 nicht angenommen werden könnten.

(3) ① Bei Schifffahrt- und Luftfahrtunternehmen sind die Einkünfte im Sinne des Absatzes 1 Nummer 2 Buchstabe b mit 5 Prozent der für diese Beförderungsleistungen vereinbarten Entgelte anzusetzen. ② Das gilt auch, wenn solche Einkünfte durch eine inländische Betriebsstätte oder einen inländischen ständigen Vertreter erzielt werden (Absatz 1 Nummer 2 Buchstabe a). ③ Das gilt nicht in den Fällen des Absatzes 1 Nummer 2 Buchstabe c oder soweit das deutsche Besteuerungsrecht nach einem Abkommen zur Vermeidung der Doppelbesteuerung ohne Begrenzung des Steuersatzes aufrechterhalten bleibt.

(4)[3] ① Abweichend von Absatz 1 Nummer 2 sind Einkünfte steuerfrei, die ein beschränkt Steuerpflichtiger mit Wohnsitz oder gewöhnlichem Aufenthalt in einem ausländischen Staat durch den Betrieb eigener oder gecharterter Schiffe oder Luftfahrzeuge aus einem Unternehmen bezieht, dessen Geschäftsleitung sich in dem ausländischen Staat befindet. ② Voraussetzung für die Steuerbefreiung ist, dass dieser ausländische Staat Steuerpflichtigen mit Wohnsitz oder gewöhnlichem Aufenthalt im Geltungsbereich dieses Gesetzes eine entsprechende Steuerbefreiung für derartige Einkünfte gewährt und dass das Bundesministerium für Verkehr und digitale Infrastruktur die Steuerbefreiung nach Satz 1 für verkehrspolitisch unbedenklich erklärt hat.

§ 50 Sondervorschriften für beschränkt Steuerpflichtige

(1)[4] ① Beschränkt Steuerpflichtige dürfen Betriebsausgaben (§ 4 Absatz 4 bis 8) oder Werbungskosten (§ 9) nur insoweit abziehen, als sie mit inländischen Einkünften in wirtschaftlichem Zusammenhang stehen. ② § 32 a Absatz 1 ist mit der Maßgabe anzuwenden, dass das zu versteuernde Einkommen um den Grundfreibetrag des § 32 a Absatz 1 Satz 2 Nummer 1 erhöht wird; dies gilt bei Einkünften nach § 49 Absatz 1 Nummer 4 nur in Höhe des diese Einkünfte abzüglich der nach Satz 5 abzuziehenden Aufwendungen übersteigenden Teils des Grundfreibetrags. ③ Wenn für das um den Grundfreibetrag erhöhte zu versteuernde Einkommen ein besonderer Steuersatz nach § 32 b Absatz 2 oder nach § 2 Absatz 5 des Außensteuergesetzes gilt, ist dieser auf das zu versteuernde Einkommen anzuwenden. ④ § 10 Absatz 1, 1 a Nummer 1, 3 und 4, Absatz 2 bis 6, die §§ 10 a, 10 c, 16 Absatz 4, die §§ 24 b, 32, 32 a Absatz 6, die §§ 33, 33 a, 33 b, 35 a und

---

[1] § 49 Abs. 1 Nr. 10 neugefasst mit Wirkung ab VZ 2010 durch Gesetz vom 8. 4. 2010 (BGBl. I S. 386).

[2] § 49 Abs. 1 Nr. 11 angefügt durch Gesetz vom 25. 6. 2021 (BGBl. I S. 2035); zur erstmaligen Anwendung siehe § 52 Abs. 45 a Satz 5.

[3] § 49 Abs. 4 Satz 2 geändert durch Verordnung vom 31. 8. 2015 (BGBl. I S. 1474).

[4] § 50 Abs. 1 Satz 4 geändert durch Gesetz vom 8. 12. 2010 (BGBl. I S. 1768); Abs. 1 Satz 2 letzter Halbsatz neugefasst und Satz 4 letzter Halbsatz angefügt durch Gesetz vom 7. 12. 2011 (BGBl. I S. 2592); Abs. 1 Satz 3 und Satz 4 geändert ab VZ 2012 durch Gesetz vom 1. 11. 2011 (BGBl. I S. 2131); Abs. 1 Satz 3 geändert durch Gesetz vom 20. 12. 2016 (BGBl. I S. 3000); Abs. 1 Satz 3 eingefügt, bisherige Sätze 3 bis 5 werden Sätze 4 bis 6 durch Gesetz vom 21. 12. 2020 (BGBl. I S. 3096); zur Anwendung siehe § 52 Abs. 46 Satz 1; Abs. 1 Satz 2 geändert durch Gesetz vom 2. 6. 2021 (BGBl. I S. 1259); **zur Anwendung siehe § 52 Abs. 46 Satz 5.**

35 c[1] sind nicht anzuwenden. ⑤ Hiervon abweichend sind bei Arbeitnehmern, die Einkünfte aus nichtselbstständiger Arbeit im Sinne des § 49 Absatz 1 Nummer 4 beziehen, § 10 Absatz 1 Nummer 2 Buchstabe a, Nummer 3 und Absatz 3 sowie § 10 c anzuwenden, soweit die Aufwendungen auf die Zeit entfallen, in der Einkünfte im Sinne des § 49 Absatz 1 Nummer 4 erzielt wurden und die Einkünfte nach § 49 Absatz 1 Nummer 4 nicht übersteigen. ⑥ Die Jahres- und Monatsbeträge der Pauschalen nach § 9 a Satz 1 Nummer 1 und § 10 c ermäßigen sich zeitanteilig, wenn Einkünfte im Sinne des § 49 Absatz 1 Nummer 4 nicht während eines vollen Kalenderjahres oder Kalendermonats zugeflossen sind.

(1 a)[2] ① Abweichend von Absatz 1 Satz 4 ist § 10 Absatz 1 Nummer 2 Buchstabe a sowie Absatz 2 und 3 auf Beiträge an berufsständische Versorgungseinrichtungen anzuwenden, wenn eine gesetzliche Pflichtmitgliedschaft in der Versorgungseinrichtung besteht, die auf einer für die inländische Berufsausübung erforderlichen Zulassung beruht. ② Dies gilt nur für Staatsangehörige

1. eines Mitgliedstaates der Europäischen Union oder eines Staates, auf den das Abkommen über den Europäischen Wirtschaftsraum Anwendung findet, und die im Hoheitsgebiet eines dieser Staaten oder der Schweiz ihren Wohnsitz oder gewöhnlichen Aufenthalt haben, sowie
2. der Schweizerischen Eidgenossenschaft, die ihren Wohnsitz oder gewöhnlichen Aufenthalt im Hoheitsgebiet eines Mitgliedstaates der Europäischen Union oder der Schweiz haben.

③ Die Beiträge können nur als Sonderausgaben abgezogen werden, soweit sie in unmittelbarem wirtschaftlichem Zusammenhang mit inländischen Einkünften nach § 49 Absatz 1 Nummer 2 oder 3 stehen, die aus der durch die Zulassung ermöglichten Berufsausübung erzielt werden. ④ Der Abzug der Beiträge erfolgt entsprechend dem Anteil der inländischen Einkünfte im Sinne des Satzes 3 an dem Gesamtbetrag der positiven in- und ausländischen Einkünfte aus der durch die Zulassung ermöglichten Berufsausübung. ⑤ Der Abzug der Beiträge ist ausgeschlossen, soweit sie im Rahmen der Einkommensbesteuerung des Steuerpflichtigen in einem Staat, in dem er seinen Wohnsitz oder gewöhnlichen Aufenthalt hat, abgezogen worden sind oder sie die Einkünfte nach Satz 3 übersteigen.

(2)[3] ① Die Einkommensteuer für Einkünfte, die dem Steuerabzug vom Arbeitslohn oder vom Kapitalertrag oder dem Steuerabzug auf Grund des § 50 a unterliegen, gilt bei beschränkt Steuerpflichtigen durch den Steuerabzug als abgegolten. ② Satz 1 gilt nicht

1. für Einkünfte eines inländischen Betriebs;
2. wenn nachträglich festgestellt wird, dass die Voraussetzungen der unbeschränkten Einkommensteuerpflicht im Sinne des § 1 Absatz 2 oder Absatz 3 oder des § 1 a nicht vorgelegen haben; § 39 Absatz 7 ist sinngemäß anzuwenden;
3. in Fällen des § 2 Absatz 7 Satz 3;
4.[4] für Einkünfte aus nichtselbständiger Arbeit im Sinne des § 49 Absatz 1 Nummer 4,
   a) wenn als Lohnsteuerabzugsmerkmal ein Freibetrag nach § 39 a Absatz 4 gebildet worden ist und *der im Kalenderjahr insgesamt erzielte Arbeitslohn 13 150 Euro übersteigt* **[ab VZ 2023:** der im Kalenderjahr insgesamt erzielte Arbeitslohn höher ist als die Summe aus dem Grundfreibetrag (§ 32 a Absatz 1 Satz 2 Nummer 1), dem Arbeitnehmer-Pauschbetrag (§ 9 a Satz 1 Nummer 1 Buchstabe a) und dem Sonderausgaben-Pauschbetrag (§ 10 c Satz 1)**]**[5],
   b) wenn die Veranlagung zur Einkommensteuer beantragt wird (§ 46 Absatz 2 Nummer 8) oder
   c) in den Fällen des § 46 Absatz 2 Nummer 2, 5 und 5 a;
5. für Einkünfte im Sinne des § 50 a Absatz 1 Nummer 1, 2 und 4, wenn die Veranlagung zur Einkommensteuer beantragt wird;
6.[6] für Einkünfte aus Kapitalvermögen im Sinne des § 49 Absatz 1 Nummer 5 Buchstabe a, auf die § 20 Absatz 1 Nummer 6 Satz 2 anzuwenden ist, wenn die Veranlagung zur Einkommensteuer beantragt wird.

③ In den Fällen des Satzes 2 Nummer 4 erfolgt die Veranlagung durch das Betriebsstättenfinanzamt, das nach § 39 Absatz 2 Satz 2 oder Satz 4 für die Bildung und die Änderung der

---

[1] § 50 Abs. 1 bish. Satz 3 geändert mit Wirkung ab VZ 2020 durch Gesetz vom 21. 12. 2019 (BGBl. I S. 2886).

[2] § 50 Abs. 1 a eingefügt durch Gesetz vom 21. 12. 2020 (BGBl. I S. 3096); zur erstmaligen Anwendung siehe § 52 Abs. 46 Satz 2.

[3] § 50 Abs. 2 Satz 2 Nr. 2 und Nr. 4 Buchstabe a sowie Sätze 3 bis 6 geändert durch Gesetz vom 7. 12. 2011 (BGBl. I S. 2592).

[4] § 50 Abs. 2 Satz 2 Nr. 4 Buchstabe a und b geändert und Buchstabe c angefügt sowie Satz 6 geändert mit Wirkung ab VZ 2020 durch Gesetz vom 12. 12. 2019 (BGBl. I S. 2451); Abs. 2 Nr. 4 Buchstabe a Betrag mit Wirkung ab VZ 2021 geändert durch Art. 1 des Gesetzes vom 1. 12. 2020 (BGBl. I S. 2616), mit Wirkung ab VZ 2022 durch Art. 2 des Gesetzes vom 1. 12. 2020 (BGBl. I S. 2616) und mit Wirkung ab VZ 2022 durch Gesetz vom 23. 5. 2022 (BGBl. I S. 749).

[5] § 50 Abs. 2 Satz 2 Nr. 4 Buchstabe a geändert mit Wirkung ab VZ 2023 durch Gesetz vom 8. 12. 2022 (BGBl. I S. 2230).

[6] § 50 Abs. 2 Satz 2 Nr. 6 angefügt durch Gesetz vom 12. 12. 2019 (BGBl. I S. 2451); zur erstmaligen Anwendung siehe § 52 Abs. 46 Satz 3.

§ 50 Abs. 2 Satz 2 Nr. 6 Verweis geändert durch Gesetz vom 21. 12. 2020 (BGBl. I S. 3096).

Lohnsteuerabzugsmerkmale zuständig ist. ④ Bei mehreren Betriebsstättenfinanzämtern ist das Betriebsstättenfinanzamt zuständig, in dessen Bezirk der Arbeitnehmer zuletzt beschäftigt war. ⑤ Bei Arbeitnehmern mit Steuerklasse VI ist das Betriebsstättenfinanzamt zuständig, in dessen Bezirk der Arbeitnehmer zuletzt unter Anwendung der Steuerklasse I beschäftigt war. ⑥ Hat der Arbeitgeber für den Arbeitnehmer keine elektronischen Lohnsteuerabzugsmerkmale (§ 39e Absatz 4 Satz 2) abgerufen und wurde keine Bescheinigung für den Lohnsteuerabzug nach § 39 Absatz 3 oder § 39e Absatz 7 Satz 5 ausgestellt, ist das Betriebsstättenfinanzamt zuständig, in dessen Bezirk der Arbeitnehmer zuletzt beschäftigt war.[1] ⑦ Satz 2 Nummer 4 Buchstabe b und Nummer 5 gilt nur für Staatsangehörige eines Mitgliedstaats der Europäischen Union oder eines anderen Staates, auf den das Abkommen über den Europäischen Wirtschaftsraum Anwendung findet, die im Hoheitsgebiet eines dieser Staaten ihren Wohnsitz oder gewöhnlichen Aufenthalt haben. ⑧ In den Fällen des Satzes 2 Nummer 5 erfolgt die Veranlagung durch das Bundeszentralamt für Steuern.[2] ⑨ In den Fällen des Satzes 2 Nummer 6 ist für die Besteuerung des Gläubigers nach dem Einkommen das Finanzamt zuständig, das auch für die Besteuerung des Schuldners nach dem Einkommen zuständig ist; bei mehreren Schuldnern ist das Finanzamt zuständig, das für den Schuldner, dessen Leistung dem Gläubiger im Veranlagungszeitraum zuerst zufloss, zuständig ist. ⑩ Werden im Rahmen einer Veranlagung Einkünfte aus nichtselbständiger Arbeit im Sinne des § 49 Absatz 1 Nummer 4 bei der Ermittlung des zu versteuernden Einkommens berücksichtigt, gilt § 46 Absatz 3 und 5 entsprechend.[3]

(3) § 34c Absatz 1 bis 3 ist bei Einkünften aus Land- und Forstwirtschaft, Gewerbebetrieb oder selbständiger Arbeit, für die im Inland ein Betrieb unterhalten wird, entsprechend anzuwenden, soweit darin nicht Einkünfte aus einem ausländischen Staat enthalten sind, mit denen der beschränkt Steuerpflichtige dort in einem der unbeschränkten Steuerpflicht ähnlichen Umfang zu einer Steuer vom Einkommen herangezogen wird.

(4)[4] Die obersten Finanzbehörden der Länder oder die von ihnen beauftragten Finanzbehörden können mit Zustimmung des Bundesministeriums der Finanzen die Einkommensteuer bei beschränkt Steuerpflichtigen ganz oder zum Teil erlassen oder in einem Pauschbetrag festsetzen, wenn dies im besonderen öffentlichen Interesse liegt; ein besonderes öffentliches Interesse besteht

1. an der inländischen Veranstaltung international bedeutsamer kultureller und sportlicher Ereignisse, um deren Ausrichtung ein internationaler Wettbewerb stattfindet, oder
2. am inländischen Auftritt einer ausländischen Kulturvereinigung, wenn ihr Auftritt wesentlich aus öffentlichen Mitteln gefördert wird.

§ 50a Steuerabzug bei beschränkt Steuerpflichtigen

(1) Die Einkommensteuer wird bei beschränkt Steuerpflichtigen im Wege des Steuerabzugs erhoben

1. bei Einkünften, die durch im Inland ausgeübte künstlerische, sportliche, artistische, unterhaltende oder ähnliche Darbietungen erzielt werden, einschließlich der Einkünfte aus anderen mit diesen Leistungen zusammenhängenden Leistungen, unabhängig davon, wem die Einkünfte zufließen (§ 49 Absatz 1 Nummer 2 bis 4 und 9), es sei denn, es handelt sich um Einkünfte aus nichtselbständiger Arbeit, die bereits dem Steuerabzug vom Arbeitslohn nach § 38 Absatz 1 Satz 1 Nummer 1 unterliegen,
2. bei Einkünften aus der inländischen Verwertung von Darbietungen im Sinne der Nummer 1 (§ 49 Absatz 1 Nummer 2 bis 4 und 6),
3.[5] bei Einkünften, die aus Vergütungen für die Überlassung der Nutzung oder des Rechts auf Nutzung von Rechten, insbesondere von Urheberrechten und gewerblichen Schutzrechten, von gewerblichen, technischen, wissenschaftlichen und ähnlichen Erfahrungen, Kenntnissen und Fertigkeiten, zum Beispiel Plänen, Mustern und Verfahren, herrühren, sowie bei Einkünften, die aus der Verschaffung der Gelegenheit erzielt werden, einem Berufssportler über einen begrenzten Zeitraum vertraglich zu verpflichten (§ 49 Absatz 1 Nummer 2, 3, 6 und 9),
4.[6] bei Einkünften, die Mitgliedern des Aufsichtsrats, Verwaltungsrats oder anderen mit der Überwachung der Geschäftsführung von Körperschaften, Personenvereinigungen und Vermögensmassen im Sinne des § 1 des Körperschaftsteuergesetzes beauftragten Personen sowie von anderen inländischen Personenvereinigungen des privaten und öffentlichen Rechts, bei denen die Gesellschafter nicht als Unternehmer (Mitunternehmer) anzusehen

[1] § 50 Abs. 2 Satz 6 geändert mit Wirkung ab VZ 2020 durch Gesetz vom 12. 12. 2019 (BGBl. I S. 2451).
[2] § 50 Absatz 2 Satz 8 des Einkommensteuergesetzes ist erstmals für Vergütungen anzuwenden, die nach dem 31. Dezember 2013 zufließen, § 2 Abs. 1 der Verordnung vom 24. 6. 2013 (BGBl. I S. 1679) iVm § 52 Abs. 46.
[3] § 50 Abs. 2 Sätze 9 und 10 angefügt mit Wirkung ab VZ 2021 durch Gesetz vom 21. 12. 2020 (BGBl. I S. 3096).
[4] § 50 Abs. 4 Nr. 1 und 2 geändert durch Gesetz vom 8. 12. 2010 (BGBl. I S. 1768); Abs. 4 geändert durch Gesetz vom 2. 11. 2015 (BGBl. I S. 1834); zur Anwendung siehe § 52 Abs. 46 Satz 4.
[5] § 50 a Abs. 1 Nr. 3 geändert durch Gesetz vom 8. 12. 2010 (BGBl. I S. 1768).
[6] § 50 a Abs. 1 Nr. 4 geändert durch Gesetz vom 12. 12. 2019 (BGBl. I S. 2451).

sind, für die Überwachung der Geschäftsführung gewährt werden (§ 49 Absatz 1 Nummer 3).

(2) ① Der Steuerabzug beträgt 15 Prozent, in den Fällen des Absatzes 1 Nummer 4 beträgt er 30 Prozent der gesamten Einnahmen. ② Vom Schuldner der Vergütung ersetzte oder übernommene Reisekosten gehören nur insoweit zu den Einnahmen, als die Fahrt- und Übernachtungsauslagen die tatsächlichen Kosten und die Vergütungen für Verpflegungsmehraufwand die Pauschbeträge nach § 4 Absatz 5 Satz 1 Nummer 5 übersteigen. ③ Bei Einkünften im Sinne des Absatzes 1 Nummer 1 wird ein Steuerabzug nicht erhoben, wenn die Einnahmen je Darbietung 250 Euro nicht übersteigen.

(3) ① Der Schuldner der Vergütung kann von den Einnahmen in den Fällen des Absatzes 1 Nummer 1, 2 und 4 mit ihnen in unmittelbarem wirtschaftlichem Zusammenhang stehende Betriebsausgaben oder Werbungskosten abziehen, die ihm ein beschränkt Steuerpflichtiger in einer für das Bundeszentralamt für Steuern nachprüfbaren Form nachgewiesen hat oder die vom Schuldner der Vergütung übernommen worden sind. ② Das gilt nur, wenn der beschränkt Steuerpflichtige Staatsangehöriger eines Mitgliedstaats der Europäischen Union oder eines anderen Staates ist, auf den das Abkommen über den Europäischen Wirtschaftsraum Anwendung findet, und im Hoheitsgebiet eines dieser Staaten seinen Wohnsitz oder gewöhnlichen Aufenthalt hat. ③ Es gilt entsprechend bei einer beschränkt steuerpflichtigen Körperschaft, Personenvereinigung oder Vermögensmasse im Sinne des § 32 Absatz 4 des Körperschaftsteuergesetzes. ④ In diesen Fällen beträgt der Steuerabzug von den nach Abzug der Betriebsausgaben oder Werbungskosten verbleibenden Einnahmen (Nettoeinnahmen), wenn

1. Gläubiger der Vergütung eine natürliche Person ist, 30 Prozent,
2. Gläubiger der Vergütung eine Körperschaft, Personenvereinigung oder Vermögensmasse ist, 15 Prozent.

(4)[1] ① Hat der Gläubiger einer Vergütung seinerseits Steuern für Rechnung eines anderen beschränkt steuerpflichtigen Gläubigers einzubehalten (zweite Stufe), kann er vom Steuerabzug absehen, wenn seine Einnahmen bereits dem Steuerabzug nach Absatz 2 unterlegen haben. ② Wenn der Schuldner der Vergütung auf zweiter Stufe Betriebsausgaben oder Werbungskosten nach Absatz 3 geltend macht, die Veranlagung nach § 50 Absatz 2 Satz 2 Nummer 5 beantragt oder die Erstattung der Abzugsteuer nach § 50c Absatz 3 oder einer anderen Vorschrift beantragt, hat er die sich nach Absatz 2 oder Absatz 3 ergebende Steuer zu diesem Zeitpunkt zu entrichten; Absatz 5 gilt entsprechend.

(5)[2, 3] ① Die Steuer entsteht in dem Zeitpunkt, in dem die Vergütung dem Gläubiger zufließt. ② In diesem Zeitpunkt hat der Schuldner der Vergütung den Steuerabzug für Rechnung des Gläubigers (Steuerschuldner) vorzunehmen. ③ Er hat die innerhalb eines Kalendervierteljahres einzubehaltene Steuer jeweils bis zum zehnten des dem Kalendervierteljahr folgenden Monats beim Bundeszentralamt für Steuern anzumelden und die einbehaltene Steuer an das Bundeszentralamt für Steuern abzuführen. ④ Eine Anmeldungsverpflichtung beim Bundeszentralamt für Steuern besteht auch, wenn ein Steuerabzug auf Grund des Absatzes 2 Satz 3 oder des Absatzes 4 Satz 1 nicht vorzunehmen ist oder auf Grund des § 50c Absatz 2 nicht oder nicht in voller Höhe vorzunehmen ist; Satz 3 gilt insoweit entsprechend. ⑤ Der Schuldner der Vergütung haftet für die Einbehaltung und Abführung der Steuer. ⑥ Der Steuerschuldner kann in Anspruch genommen werden, wenn der Schuldner der Vergütung den Steuerabzug nicht vorschriftsmäßig vorgenommen hat. ⑦ Der Schuldner der Vergütung ist verpflichtet, dem Gläubiger auf Verlangen die folgenden Angaben nach amtlich vorgeschriebenem Muster zu bescheinigen:

1. den Namen und die Anschrift des Gläubigers,
2. die Art der Tätigkeit und Höhe der Vergütung in Euro,
3. den Zahlungstag,
4. den Betrag der einbehaltenen und abgeführten Steuer nach Absatz 2 oder Absatz 3.

(6) Die Bundesregierung kann durch Rechtsverordnung mit Zustimmung des Bundesrates bestimmen, dass bei Vergütungen für die Nutzung oder das Recht auf Nutzung von Urheberrechten (Absatz 1 Nummer 3), die nicht unmittelbar an den Gläubiger, sondern an einen Beauftragten geleistet werden, anstelle des Schuldners der Vergütung der Beauftragte die Steuer einzubehalten und abzuführen hat und für die Einbehaltung und Abführung haftet.

(7)[4] ① Das Finanzamt des Vergütungsgläubigers kann anordnen, dass der Schuldner der Vergütung für Rechnung des Gläubigers (Steuerschuldner) die Einkommensteuer von beschränkt steuerpflichtigen Einkünften, soweit diese nicht bereits dem Steuerabzug unterliegen, im Wege des Steuerabzugs einzubehalten und abzuführen hat, wenn dies zur Sicherung des Steueranspruchs zweckmäßig ist. ② Der Steuerabzug beträgt 25 Prozent der gesamten Einnahmen, bei

---

[1] § 50a Abs. 4 Satz 2 geändert durch Gesetz vom 2. 6. 2021 (BGBl. I S. 1259).

[2] § 50a Abs. 5 Satz 6 Nr. 5 aufgehoben durch Gesetz vom 10. 8. 2009 (BGBl. I S. 2702).

[3] § 50a Abs. 5 Satz 3 ersetzt durch Satz 3 und 4, Sätze 4 bis 6 werden Sätze 5 bis 7 durch Gesetz vom 2. 6. 2021 (BGBl. I S. 1259).

[4] § 50a Abs. 7 Sätze 5 bis 7 angefügt mit Wirkung ab VZ 2021 durch Gesetz vom 21. 12. 2020 (BGBl. I S. 3096).

Körperschaften, Personenvereinigungen oder Vermögensmassen 15 Prozent der gesamten Einnahmen; das Finanzamt kann die Höhe des Steuerabzugs hiervon abweichend an die voraussichtlich geschuldete Steuer anpassen.[1] ③ Absatz 5 gilt entsprechend mit der Maßgabe, dass die Steuer bei dem Finanzamt anzumelden und abzuführen ist, das den Steuerabzug angeordnet hat; das Finanzamt kann anordnen, dass die innerhalb eines Monats einbehaltene Steuer jeweils bis zum zehnten des Folgemonats anzumelden und abzuführen ist.[2] ④ § 50 Absatz 2 Satz 1 ist nicht anzuwenden. ⑤ Ist für Einkünfte im Sinne des § 49 Absatz 1 Nummer 7 und 10 der Steuerabzug einbehalten und abgeführt worden, obwohl eine Verpflichtung hierzu nicht bestand, ist auf Antrag des Schuldners der Vergütung die Anmeldung über den Steuerabzug insoweit zu ändern; stattdessen kann der Schuldner der Vergütung, sobald er erkennt, dass er den Steuerabzug ohne Verpflichtung einbehalten und abgeführt hat, bei der folgenden Steueranmeldung den abzuführenden Steuerabzug entsprechend kürzen; erstattungsberechtigt ist der Schuldner der Vergütung; die nach Absatz 5 Satz 6 erteilte Bescheinigung ist durch eine berichtigte Bescheinigung zu ersetzen und im Fall der Übermittlung in Papierform zurückzufordern. ⑥ Die Anrechnung der durch Steuerabzug erhobenen Einkommensteuer nach § 36 Absatz 2 Nummer 2 Buchstabe a richtet sich nach der Höhe der in der Rentenbezugsmitteilung nach § 22a ausgewiesenen einbehaltenen Steuerabzugsbeträge. ⑦ Wird eine Rentenbezugsmitteilung wegen einbehaltener Steuerabzugsbeträge korrigiert, ist die Anrechnung insoweit nachzuholen oder zu ändern.

IX. Sonstige Vorschriften, Bußgeld-, Ermächtigungs- und Schlussvorschriften

§ 50b Prüfungsrecht

① Die Finanzbehörden sind berechtigt, Verhältnisse, die für die Anrechnung oder Vergütung von Körperschaftsteuer, für die Anrechnung oder Erstattung von Kapitalertragsteuer, für die Nichtvornahme des Steuerabzugs, für die Ausstellung der Jahresbescheinigung nach § 24c oder für die Mitteilungen an das Bundeszentralamt für Steuern nach § 45e von Bedeutung sind oder der Aufklärung bedürfen, bei den am Verfahren Beteiligten zu prüfen. ② Die §§ 193 bis 203 der Abgabenordnung gelten sinngemäß.

§ 50c[3] Entlastung vom Steuerabzug in bestimmten Fällen

(1) ① Soweit der Besteuerung von Einkünften, die der Kapitalertragsteuer oder dem Steuerabzug nach § 50a unterliegen, der § 43b, der § 50g oder ein Abkommen zur Vermeidung der Doppelbesteuerung entgegenstehen, sind dessen ungeachtet die Vorschriften zur Einbehaltung, Abführung und Anmeldung der Steuer anzuwenden. ② Der zum Steuerabzug Verpflichtete kann sich vorbehaltlich des Absatzes 2 nicht auf die Rechte des Gläubigers der Kapitalerträge oder Vergütungen aus § 43b, § 50g oder dem Abkommen berufen.

(2) ① Der Schuldner der Kapitalerträge oder Vergütungen ist zur Einbehaltung und Abführung der Steuer nicht verpflichtet,

1. soweit dem Gläubiger der Kapitalerträge oder Vergütungen auf dessen Antrag (Freistellungsantrag) vom Bundeszentralamt für Steuern bescheinigt wird, dass § 43b, § 50g oder ein Abkommen zur Vermeidung der Doppelbesteuerung der Besteuerung der Einkünfte entgegensteht (Freistellungsbescheinigung), oder
2. soweit es sich um Einkünfte eines beschränkt Steuerpflichtigen im Sinne des § 50a Absatz 1 Nummer 3 handelt und soweit der Besteuerung der Einkünfte ein Abkommen zur Vermeidung der Doppelbesteuerung entgegensteht; dies gilt nur, wenn die Vergütung zuzüglich der dem beschränkt Steuerpflichtigen in demselben Kalenderjahr vom Schuldner bereits zugeflossenen Vergütungen 5000 Euro nicht übersteigt.

② Der Schuldner ist zur Steueranmeldung auch dann verpflichtet, wenn er gemäß Satz 1 keine Steuer einzubehalten und abzuführen hat, es sei denn, die Freistellungsbescheinigung ist zum Zeitpunkt der Anmeldung der Steuer noch nicht erteilt worden. ③ Eine Steueranmeldung kann auf der Grundlage des Satzes 1 nicht geändert werden, es sei denn, die Freistellungsbescheinigung ist zum Zeitpunkt der Anmeldung der Steuer noch nicht erteilt worden. ④ Eine Freistellungsbescheinigung ist auf einen Zeitraum von höchstens drei Jahren frühestens ab dem Tag, an dem der Antrag beim Bundeszentralamt für Steuern eingeht, zu befristen und von der Einhaltung der Voraussetzungen ihrer Erteilung während ihrer Geltung abhängig zu machen; sie kann mit weiteren Nebenbestimmungen gemäß § 120 Absatz 2 der Abgabenordnung versehen werden. ⑤ Eine Freistellungsbescheinigung für die Kapitalertragsteuer auf Grund eines Abkommens

[1] § 50a Abs. 7 Satz 2 geändert durch Gesetz vom 25. 7. 2014 (BGBl. I S. 1266); zur erstmaligen Anwendung siehe § 52 Abs. 47 Satz 2.

[2] § 50a Abs. 7 Satz 3 letzter Halbsatz angefügt durch Gesetz vom 25. 7. 2014 (BGBl. I S. 1266); zur erstmaligen Anwendung siehe § 52 Abs. 47 Satz 2.

[3] § 50c eingefügt durch Gesetz vom 2. 6. 2021 (BGBl. I S. 1259); **zur Anwendung siehe § 52 Abs. 47a;** Abs. 2 Satz 3 geändert durch Gesetz vom 25. 6. 2021 (BGBl. I S. 2035).

zur Vermeidung der Doppelbesteuerung ist nur zu erteilen, wenn der Gläubiger der Kapitalerträge eine Kapitalgesellschaft ist, die im Staat ihrer Ansässigkeit den Steuern vom Einkommen oder Gewinn unterliegt, ohne davon befreit zu sein, und soweit dem Gläubiger Kapitalerträge von einer unbeschränkt steuerpflichtigen Kapitalgesellschaft im Sinne des § 1 Absatz 1 Nummer 1 des Körperschaftsteuergesetzes zufließen, an deren Nennkapital der Gläubiger zu mindestens einem Zehntel unmittelbar beteiligt ist. ⑥ Über einen Freistellungsantrag ist innerhalb von drei Monaten nach Vorlage aller erforderlichen Nachweise zu entscheiden.

(3) ① Dem beschränkt steuerpflichtigen Gläubiger der Kapitalerträge oder Vergütungen wird auf seinen fristgemäßen Antrag beim Bundeszentralamt für Steuern (Erstattungsantrag) auf der Grundlage eines Freistellungsbescheides die gemäß Absatz 1 Satz 1 einbehaltene und abgeführte oder auf Grund eines Haftungsbescheids oder Nachforderungsbescheids entrichtete Steuer erstattet, wenn die Steuer nicht nach § 36 Absatz 2 Nummer 2 auf die Einkommensteuer oder die Körperschaftsteuer des Gläubigers angerechnet werden kann. ② Die Frist für einen Erstattungsantrag beträgt vier Jahre und beginnt mit Ablauf des Kalenderjahres, in dem die Kapitalerträge oder Vergütungen bezogen worden sind; sie endet nicht vor Ablauf eines Jahres seit dem Zeitpunkt der Entrichtung der Steuer und nicht vor Ablauf der im Abkommen zur Vermeidung der Doppelbesteuerung vorgesehenen Frist. ③ Ein Freistellungsbescheid für Kapitalertragsteuer wird nur erteilt, wenn die in § 45 a Absatz 2 oder Absatz 3 bezeichnete Bescheinigung vorgelegt wurde oder die Angaben gemäß § 45 a Absatz 2 a übermittelt wurden; einem Antrag auf Erstattung der nach § 50 a entrichteten Steuer ist die Bescheinigung nach § 50 a Absatz 5 Satz 6 beizufügen. ④ Hat der Gläubiger nach § 50 a Absatz 5 Steuern für Rechnung anderer beschränkt steuerpflichtiger Gläubiger einzubehalten, kann die Auszahlung des Erstattungsanspruchs davon abhängig gemacht werden, dass er die Zahlung der von ihm einzubehaltenden Steuer nachweist, hierfür Sicherheit leistet oder unwiderruflich die Zustimmung zur Verrechnung seines Erstattungsanspruchs mit dem Steueranspruch nach § 50 a Absatz 5 Satz 3 erklärt.

(4) ① Ein nach Absatz 3 in Verbindung mit § 50 g zu erstattender Betrag ist nach Maßgabe der §§ 238 und 239 der Abgabenordnung zu verzinsen. ② Die Festsetzungsfrist beginnt mit Ablauf des Kalenderjahres, in dem der Freistellungsbescheid erlassen, aufgehoben oder nach § 129 der Abgabenordnung berichtigt worden ist. ③ Der Zinslauf beginnt zwölf Monate nach Ablauf des Monats, in dem der Erstattungsantrag und alle für die Entscheidung erforderlichen Nachweise vorliegen, frühestens am Tag der Entrichtung der Steuer. ④ Der Zinslauf endet mit Ablauf des Tages, an dem der Freistellungsbescheid wirksam wird. ⑤ § 233 a Absatz 5 der Abgabenordnung gilt sinngemäß.

(5) ① Der Freistellungsantrag und der Erstattungsantrag sind nach amtlich vorgeschriebenem Datensatz über die amtlich bestimmte Schnittstelle zu übermitteln. ② Der Antragsteller hat durch eine Bestätigung der für ihn zuständigen Steuerbehörde des anderen Staates nachzuweisen, dass er dort ansässig ist oder in den Fällen des § 43 b Absatz 1 Satz 1 zweite Alternative oder des § 50 g Absatz 1 Satz 1 letzte Alternative dort eine Betriebsstätte hat. ③ Zur Vermeidung unbilliger Härten kann das Bundeszentralamt für Steuern auf Antrag auf eine Übermittlung gemäß Satz 1 verzichten; in diesem Fall ist der Freistellungsantrag oder der Erstattungsantrag nach amtlich vorgeschriebenem Vordruck zu stellen. ④ Die Entscheidung über einen Freistellungsantrag und die Entscheidung über einen Erstattungsantrag werden zum Datenabruf über die amtlich bestimmte Schnittstelle bereitgestellt, es sei denn, der Antrag war nach amtlich vorgeschriebenem Vordruck zu stellen; § 122 a Absatz 3 und 4 der Abgabenordnung ist entsprechend anzuwenden.

§ 50d[1] Anwendung von Abkommen zur Vermeidung der Doppelbesteuerung

(1) bis (2)[1] *(aufgehoben)*

[alte Fassung:]

(3)[2] ① Eine ausländische Gesellschaft hat keinen Anspruch auf völlige oder teilweise Entlastung nach Absatz 1 oder Absatz 2, soweit Personen an ihr beteiligt sind, denen die Erstattung oder Freistellung nicht zustände, wenn sie die Einkünfte unmittelbar erzielten, und die von der ausländischen Gesellschaft im betreffenden Wirtschaftsjahr erzielten Bruttoerträge nicht aus eigener Wirtschaftstätigkeit stammen, sowie

1. in Bezug auf diese Erträge für die Einschaltung der ausländischen Gesellschaft wirtschaftliche oder sonst beachtliche Gründe fehlen oder

[neue Fassung:]

(3)[3] ① Eine Körperschaft, Personenvereinigung oder Vermögensmasse hat auf der Grundlage eines Abkommens zur Vermeidung der Doppelbesteuerung keinen Anspruch auf Entlastung von der Kapitalertragsteuer und vom Steuerabzug nach § 50 a, soweit

1. Personen an ihr beteiligt oder durch die Satzung, das Stiftungsgeschäft oder die sonstige Verfassung begünstigt sind, denen dieser Anspruch nicht zustünde, wenn sie die Einkünfte unmittelbar erzielten, und
2. die Einkunftsquelle keinen wesentlichen Zusammenhang mit einer Wirtschaftstätigkeit dieser Körperschaft, Personenvereini-

---

[1] § 50 d Überschrift geändert, Abs. 1 bis 2 aufgehoben durch Gesetz vom 2. 6. 2021 (BGBl. I S. 1259).

[2] § 50 d Abs. 3 Satz 1 neugefasst und neuer Satz 4 eingefügt durch Gesetz vom 7. 12. 2011 (BGBl. I S. 2592).

[3] § 50 d Abs. 3 neugefasst und Abs. 4 bis 6 aufgehoben durch Gesetz vom 2. 6. 2021 (BGBl. I S. 1259); zur Anwendung von Abs. 3 siehe § 52 Abs. 47 b.

[alte Fassung:]

2. die ausländische Gesellschaft nicht mit einem für ihren Geschäftszweck angemessen eingerichteten Geschäftsbetrieb am allgemeinen wirtschaftlichen Verkehr teilnimmt.

② Maßgebend sind ausschließlich die Verhältnisse der ausländischen Gesellschaft; organisatorische, wirtschaftliche oder sonst beachtliche Merkmale der Unternehmen, die der ausländischen Gesellschaft nahe stehen (§ 1 Absatz 2 des Außensteuergesetzes), bleiben außer Betracht. ③ An einer eigenen Wirtschaftstätigkeit fehlt es, soweit die ausländische Gesellschaft ihre Bruttoerträge aus der Verwaltung von Wirtschaftsgütern erzielt oder ihre wesentlichen Geschäftstätigkeiten auf Dritte überträgt. ④ Die Feststellungslast für das Vorliegen wirtschaftlicher oder sonst beachtlicher Gründe im Sinne von Satz 1 Nummer 1 sowie des Geschäftsbetriebs im Sinne von Satz 1 Nummer 2 obliegt der ausländischen Gesellschaft. ⑤ Die Sätze 1 bis 3 sind nicht anzuwenden, wenn mit der Hauptgattung der Aktien der ausländischen Gesellschaft ein wesentlicher und regelmäßiger Handel an einer anerkannten Börse stattfindet oder für die ausländische Gesellschaft die Vorschriften des Investmentsteuergesetzes gelten.

[neue Fassung:]

gung oder Vermögensmasse aufweist; das Erzielen der Einkünfte, deren Weiterleitung an beteiligte oder begünstigte Personen sowie eine Tätigkeit, soweit sie mit einem für den Geschäftszweck nicht angemessen eingerichteten Geschäftsbetrieb ausgeübt wird, gelten nicht als Wirtschaftstätigkeit.

② Satz 1 findet keine Anwendung, soweit die Körperschaft, Personenvereinigung oder Vermögensmasse nachweist, dass keiner der Hauptzwecke ihrer Einschaltung die Erlangung eines steuerlichen Vorteils ist, oder wenn mit der Hauptgattung der Anteile an ihr ein wesentlicher und regelmäßiger Handel an einer anerkannten Börse stattfindet. ③ § 42 der Abgabenordnung bleibt unberührt.

(4) bis (6)[1] *(aufgehoben)*

(7) Werden Einkünfte im Sinne des § 49 Absatz 1 Nummer 4 aus einer Kasse einer juristischen Person des öffentlichen Rechts im Sinne der Vorschrift eines Abkommens zur Vermeidung der Doppelbesteuerung über den öffentlichen Dienst gewährt, so ist diese Vorschrift bei Bestehen eines Dienstverhältnisses mit einer anderen Person in der Weise auszulegen, dass die Vergütungen für der erstgenannten Person geleistete Dienste gezahlt werden, wenn sie ganz oder im Wesentlichen aus öffentlichen Mitteln aufgebracht werden.

(8) ① Sind Einkünfte eines unbeschränkt Steuerpflichtigen aus nichtselbständiger Arbeit (§ 19) nach einem Abkommen zur Vermeidung der Doppelbesteuerung von der Bemessungsgrundlage der deutschen Steuer auszunehmen, wird die Freistellung bei der Veranlagung ungeachtet des Abkommens nur gewährt, soweit der Steuerpflichtige nachweist, dass der Staat, dem nach dem Abkommen das Besteuerungsrecht zusteht, auf dieses Besteuerungsrecht verzichtet hat oder dass die in diesem Staat auf die Einkünfte festgesetzten Steuern entrichtet wurden. ② Wird ein solcher Nachweis erst geführt, nachdem die Einkünfte in eine Veranlagung zur Einkommensteuer einbezogen wurden, ist der Steuerbescheid insoweit zu ändern. ③ § 175 Absatz 1 Satz 2 der Abgabenordnung ist entsprechend anzuwenden.

(9)[2] ① Sind Einkünfte eines unbeschränkt Steuerpflichtigen nach einem Abkommen zur Vermeidung der Doppelbesteuerung von der Bemessungsgrundlage der deutschen Steuer auszunehmen, so wird die Freistellung der Einkünfte ungeachtet des Abkommens nicht gewährt, soweit

1. der andere Staat die Bestimmungen des Abkommens so anwendet, dass die Einkünfte in diesem Staat von der Besteuerung auszunehmen sind oder nur zu einem durch das Abkommen begrenzten Steuersatz besteuert werden können,
2. die Einkünfte in dem anderen Staat nur deshalb nicht steuerpflichtig sind, weil sie von einer Person bezogen werden, die in diesem Staat nicht auf Grund ihres Wohnsitzes, ständigen Aufenthalts, des Ortes ihrer Geschäftsleitung, des Sitzes oder eines ähnlichen Merkmals unbeschränkt steuerpflichtig ist, oder
3. die Einkünfte in dem anderen Staat nur deshalb nicht steuerpflichtig sind, weil sie einer Betriebsstätte in einem anderen Staat zugeordnet werden oder auf Grund einer anzunehmenden schuldrechtlichen Beziehung die steuerliche Bemessungsgrundlage in dem anderen Staat gemindert wird.

② Nummer 2 gilt nicht für Dividenden, die nach einem Abkommen zur Vermeidung der Doppelbesteuerung von der Bemessungsgrundlage der deutschen Steuer auszunehmen sind, es sei

[1] § 50 d Abs. 3 neugefasst und Abs. 4 bis 6 aufgehoben durch Gesetz vom 2. 6. 2021 (BGBl. I S. 1259); zur Anwendung von Abs. 3 siehe § 52 Abs. 47 b.

[2] § 50 d Abs. 9 Satz 3 geändert durch Gesetz vom 26. 6. 2013 (BGBl. I S. 1809); Abs. 9 Satz 1 geändert und Satz 4 angefügt mit Wirkung ab 1. 1. 2017 durch Gesetz vom 20. 12. 2016 (BGBl. I S. 3000); Abs. 9 Satz 1 Nr. 3 angefügt mit Wirkung ab VZ 2021 durch Gesetz vom 25. 6. 2021 (BGBl. I S. 2035).

denn, die Dividenden sind bei der Ermittlung des Gewinns der ausschüttenden Gesellschaft abgezogen worden. ③ Bestimmungen eines Abkommens zur Vermeidung der Doppelbesteuerung sowie Absatz 8 und § 20 Absatz 2 des Außensteuergesetzes bleiben unberührt, soweit sie jeweils die Freistellung von Einkünften in einem weitergehenden Umfang einschränken. ④ Bestimmungen eines Abkommens zur Vermeidung der Doppelbesteuerung, nach denen Einkünfte aufgrund ihrer Behandlung im anderen Vertragsstaat nicht von der Bemessungsgrundlage der deutschen Steuer ausgenommen werden, sind auch auf Teile von Einkünften anzuwenden, soweit die Voraussetzungen der jeweiligen Bestimmung des Abkommens hinsichtlich dieser Einkunftsteile erfüllt sind.

(10)[1] ① Sind auf eine Vergütung im Sinne des § 15 Absatz 1 Satz 1 Nummer 2 Satz 1 zweiter Halbsatz und Nummer 3 zweiter Halbsatz die Vorschriften eines Abkommens zur Vermeidung der Doppelbesteuerung anzuwenden und enthält das Abkommen keine solche Vergütungen betreffende ausdrückliche Regelung, gilt die Vergütung für Zwecke der Anwendung des Abkommens zur Vermeidung der Doppelbesteuerung ausschließlich als Teil des Unternehmensgewinns des vergütungsberechtigten Gesellschafters. ② Satz 1 gilt auch für die durch das Sonderbetriebsvermögen veranlassten Erträge und Aufwendungen. ③ Die Vergütung des Gesellschafters ist ungeachtet der Vorschriften eines Abkommens zur Vermeidung der Doppelbesteuerung über die Zuordnung von Vermögenswerten zu einer Betriebsstätte derjenigen Betriebsstätte der Gesellschaft zuzurechnen, der der Aufwand für die der Vergütung zugrunde liegende Leistung zuzuordnen ist; die in Satz 2 genannten Erträge und Aufwendungen sind der Betriebsstätte zuzurechnen, der die Vergütung zuzuordnen ist. ④ Die Sätze 1 bis 3 gelten auch in den Fällen des § 15 Absatz 1 Satz 1 Nummer 2 Satz 2 sowie in den Fällen des § 15 Absatz 1 Satz 2 entsprechend. ⑤ Sind Einkünfte im Sinne der Sätze 1 bis 4 einer Person zuzurechnen, die nach einem Abkommen zur Vermeidung der Doppelbesteuerung als im anderen Staat ansässig gilt, und weist der Steuerpflichtige nach, dass der andere Staat die Einkünfte besteuert, ohne die darauf entfallende deutsche Steuer anzurechnen, ist die in diesem Staat nachweislich auf diese Einkünfte festgesetzte und gezahlte und um einen entstandenen Ermäßigungsanspruch gekürzte, der deutschen Einkommensteuer entsprechende, anteilige ausländische Steuer bis zur Höhe der anteilig auf diese Einkünfte entfallenden deutschen Einkommensteuer anzurechnen. ⑥ Satz 5 gilt nicht, wenn das Abkommen zur Vermeidung der Doppelbesteuerung eine ausdrückliche Regelung für solche Einkünfte enthält. ⑦ Die Sätze 1 bis 6

1. sind nicht auf Gesellschaften im Sinne des § 15 Absatz 3 Nummer 2 anzuwenden;
2. gelten entsprechend, wenn die Einkünfte zu den Einkünften aus selbständiger Arbeit im Sinne des § 18 gehören; dabei tritt der Artikel über die selbständige Arbeit an die Stelle des Artikels über die Unternehmenseinkünfte, wenn das Abkommen zur Vermeidung der Doppelbesteuerung einen solchen Artikel enthält.

⑧ Absatz 9 Satz 1 Nummer 1 bleibt unberührt.

(11)[2] ① Sind Dividenden bei einem unbeschränkt steuerpflichtigen Zahlungsempfänger nach einem Abkommen zur Vermeidung der Doppelbesteuerung von der Bemessungsgrundlage der deutschen Steuer auszunehmen, wird die Freistellung ungeachtet des Abkommens nur insoweit gewährt, als die Dividenden nach deutschem Steuerrecht nicht einer anderen Person zuzurechnen sind. ② Soweit die Dividenden nach deutschem Steuerrecht einer anderen Person zuzurechnen sind, werden sie bei dieser Person freigestellt, wenn sie bei ihr als Zahlungsempfänger nach Maßgabe des Abkommens freigestellt würden.

(11 a)[3] Ist der Gläubiger der Kapitalerträge oder Vergütungen eine Person, der die Kapitalerträge oder Vergütungen nach diesem Gesetz oder nach dem Steuerrecht des anderen Vertragsstaats nicht zugerechnet werden, steht der Anspruch auf völlige oder teilweise Erstattung des Steuerabzugs vom Kapitalertrag oder nach § 50 a auf Grund eines Abkommens zur Vermeidung der Doppelbesteuerung nur der Person zu, der die Kapitalerträge oder Vergütungen nach den Steuergesetzen des anderen Vertragsstaats als Einkünfte oder Gewinne einer ansässigen Person zugerechnet werden.

(12)[4] ① Abfindungen, die anlässlich der Beendigung eines Dienstverhältnisses gezahlt werden, gelten für Zwecke der Anwendung eines Abkommens zur Vermeidung der Doppelbesteuerung als für frühere Tätigkeit geleistetes zusätzliches Entgelt. ② Dies gilt nicht, soweit das Abkommen in einer gesonderten, ausdrücklich solche Abfindungen betreffenden Vorschrift eine abweichende Regelung trifft. ③ Absatz 9 Satz 1 Nummer 1 sowie Rechtsverordnungen gemäß § 2 Absatz 2 Satz 1 der Abgabenordnung bleiben unberührt.

(13)[5] Werden Aktien einer Gesellschaft mit Sitz oder Geschäftsleitung im Inland mit Dividendenberechtigung erworben, aber ohne Dividendenanspruch geliefert, sind vom Erwerber an

---

[1] § 50 d Abs. 10 neugefasst durch Gesetz vom 26. 6. 2013 (BGBl. I S. 1809).

[2] § 50 d Abs. 11 angefügt durch Gesetz vom 8. 5. 2012 (BGBl. I S. 1030); Abs. 11 Satz 1 geändert durch Gesetz vom 2. 6. 2021 (BGBl. I S. 1259).

[3] § 50 d Abs. 11 a eingefügt durch Gesetz vom 2. 6. 2021 (BGBl. I S. 1259).

[4] § 50 d Abs. 12 angefügt mit Wirkung ab 1. 1. 2017 durch Gesetz vom 20. 12. 2016 (BGBl. I S. 3000); Abs. 12 Satz 3 geändert durch Gesetz vom 2. 6. 2021 (BGBl. I S. 1259).

[5] § 50 d Abs. 13 angefügt mit Wirkung ab 1. 1. 2020 durch Gesetz vom 12. 12. 2019 (BGBl. I S. 2451).

Stelle von Dividenden erhaltene sonstige Bezüge für Zwecke der Anwendung eines Abkommens zur Vermeidung der Doppelbesteuerung den Dividenden, die von dieser Gesellschaft gezahlt werden, gleichgestellt.

(14)[1] ① Dem Gläubiger der Kapitalerträge im Sinne des § 20 Absatz 1 Nummer 1 und 2 aus Anteilen an einer optierenden Gesellschaft im Sinne des § 1 a des Körperschaftsteuergesetzes steht ungeachtet der Bestimmungen eines Abkommens zur Vermeidung der Doppelbesteuerung kein Anspruch auf Entlastung von der Kapitalertragsteuer zu, wenn die Kapitalerträge im anderen Staat aufgrund einer vom deutschen Recht abweichenden steuerlichen Behandlung der optierenden Gesellschaft nicht der Besteuerung unterliegen. ② Gewinne aus der Veräußerung von Anteilen an einer optierenden Gesellschaft im Sinne des § 1 a des Körperschaftsteuergesetzes sind ungeachtet der Bestimmungen eines Abkommens zur Vermeidung der Doppelbesteuerung zu versteuern, wenn sie im anderen Staat aufgrund einer vom deutschen Recht abweichenden steuerlichen Behandlung der optierenden Gesellschaft nicht der Besteuerung unterliegen.

§ 50e Bußgeldvorschriften; Nichtverfolgung von Steuerstraftaten bei geringfügiger Beschäftigung in Privathaushalten

(1)[2] Ordnungswidrig handelt, wer vorsätzlich oder leichtfertig entgegen § 45 d Absatz 1 Satz 1, § 45 d Absatz 3 Satz 1, der nach § 45 e erlassenen Rechtsverordnung oder den unmittelbar geltenden Verträgen mit den in Artikel 17 der Richtlinie 2003/48/EG genannten Staaten und Gebieten eine Mitteilung nicht, nicht richtig, nicht vollständig oder nicht rechtzeitig abgibt.

(1 a)[3] *(aufgehoben)*

[ab 1.1.2025:[4]

(2) Ordnungswidrig handelt, wer vorsätzlich oder leichtfertig

1. entgegen § 45b Absatz 3 Satz 3 oder 4, jeweils auch in Verbindung mit Absatz 5 Satz 2, eine Bescheinigung erteilt,
2. entgegen § 45b Absatz 4 Satz 1 erster Halbsatz, Absatz 5 Satz 1 erster Halbsatz oder Absatz 6 Satz 1 oder 2, § 45c Absatz 1 Satz 1, auch in Verbindung mit Satz 2, oder § 45c Absatz 2 Satz 1, auch in Verbindung mit Satz 2, eine dort genannte Angabe oder dort genannte Daten nicht richtig oder nicht vollständig übermittelt oder
3. entgegen
   a) § 45b Absatz 7 Satz 1 eine Mitteilung nicht richtig oder nicht vollständig macht oder
   b) § 45b Absatz 7 Satz 2 eine schriftliche Versicherung nicht richtig oder nicht vollständig abgibt

und dadurch ermöglicht, Steuern zu verkürzen oder nicht gerechtfertigte Steuervorteile zu erlangen.

(3) In den Fällen des Absatzes 2 Nummer 2 kann die Ordnungswidrigkeit auch dann geahndet werden, wenn sie nicht im Geltungsbereich dieses Gesetzes begangen wird.]

(4)[4, 5] Die Ordnungswidrigkeit kann in den Fällen des Absatzes 2 mit einer Geldbuße bis zu zwanzigtausend Euro, in den Fällen des Absatzes 1 mit einer Geldbuße bis zu fünftausend Euro geahndet werden.

(5)[4, 5] Verwaltungsbehörde im Sinne des § 36 Absatz 1 Nummer 1 des Gesetzes über Ordnungswidrigkeiten ist das Bundeszentralamt für Steuern.

(6)[4, 5] ① Liegen die Voraussetzungen des § 40 a Absatz 2 vor, werden Steuerstraftaten (§§ 369 bis 376 der Abgabenordnung) als solche nicht verfolgt, wenn der Arbeitgeber in den Fällen des § 8 a des Vierten Buches Sozialgesetzbuch entgegen § 41 a Absatz 1 Nummer 1, auch in Verbindung mit Absatz 2 und 3 und § 51 a, und § 40 a Absatz 6 Satz 3 dieses Gesetzes in Verbindung mit § 28 a Absatz 7 Satz 1 des Vierten Buches Sozialgesetzbuch für das Arbeitsentgelt die Lohnsteuer-Anmeldung und die Anmeldung der einheitlichen Pauschsteuer nicht oder nicht rechtzeitig durchführt und dadurch Steuern verkürzt oder für sich oder einen anderen nicht gerechtfertigte Steuervorteile erlangt. ② Die Freistellung von der Verfolgung nach Satz 1 gilt auch für den Arbeitnehmer einer in Satz 1 genannten Beschäftigung, der die Finanzbehörde pflichtwidrig über steuerlich erhebliche Tatsachen aus dieser Beschäftigung in Unkenntnis lässt. ③ Die Bußgeldvorschriften der §§ 377 bis 384 der Abgabenordnung bleiben mit der Maßgabe anwendbar, dass § 378 der Abgabenordnung auch bei vorsätzlichem Handeln anwendbar ist.

---

[1] § 50 d Abs. 14 angefügt mit Wirkung ab 1. 1. 2022 durch Gesetz vom 25. 6. 2021 (BGBl. I S. 2050).

[2] § 50 e Abs. 1 Satz 2 aufgehoben mit Wirkung vom 1. 1. 2022 durch Gesetz vom 2. 6. 2021 (BGBl. I S. 1259); zur Anwendung siehe § 52 Abs. 47 c Satz 1.

[3] § 50 e Abs. 1 a aufgehoben durch Gesetz vom 2. 6. 2021 (BGBl. I S. 1259).

[4] § 50 e Abs. 2 bis 5 eingefügt, bisheriger Abs. 2 wird 6 durch Gesetz vom 2. 6. 2021 (BGBl. I S. 1259); **zur Anwendung von Abs. 2 und 3 siehe § 52 Abs. 47 c Satz 2.**

[5] Zur Anwendung von Abs. 4 bis 6 siehe § 52 Abs. 47 c Satz 1.

§ 50f[1] Bußgeldvorschriften

(1) Ordnungswidrig handelt, wer vorsätzlich oder leichtfertig entgegen § 22a Absatz 1 Satz 1 dort genannte Daten nicht, nicht vollständig oder nicht rechtzeitig übermittelt oder eine dort genannte Mitteilung nicht, nicht vollständig oder nicht rechtzeitig macht.

(2) Die Ordnungswidrigkeit kann mit einer Geldbuße bis zu fünfzigtausend Euro geahndet werden.

(3) Verwaltungsbehörde im Sinne des § 36 Absatz 1 Nummer 1 des Gesetzes über Ordnungswidrigkeiten ist die zentrale Stelle nach § 81.

§ 50g Entlastung vom Steuerabzug bei Zahlungen von Zinsen und Lizenzgebühren zwischen verbundenen Unternehmen verschiedener Mitgliedstaaten der Europäischen Union

(1) ① Auf Antrag werden die Kapitalertragsteuer für Zinsen und die Steuer auf Grund des § 50a für Lizenzgebühren, die von einem Unternehmen der Bundesrepublik Deutschland oder einer dort gelegenen Betriebsstätte eines Unternehmens eines anderen Mitgliedstaates der Europäischen Union als Schuldner an ein Unternehmen eines anderen Mitgliedstaates der Europäischen Union oder an eine in einem anderen Mitgliedstaat der Europäischen Union gelegene Betriebsstätte eines Unternehmens eines Mitgliedstaates der Europäischen Union als Gläubiger gezahlt werden, nicht erhoben. ② Erfolgt die Besteuerung durch Veranlagung, werden die Zinsen und Lizenzgebühren bei der Ermittlung der Einkünfte nicht erfasst. ③ Voraussetzung für die Anwendung der Sätze 1 und 2 ist, dass der Gläubiger der Zinsen oder Lizenzgebühren ein mit dem Schuldner verbundenes Unternehmen oder dessen Betriebsstätte ist. ④ Die Sätze 1 bis 3 sind nicht anzuwenden, wenn die Zinsen oder Lizenzgebühren an eine Betriebsstätte eines Unternehmens eines Mitgliedstaates der Europäischen Union als Gläubiger gezahlt werden, die in einem Staat außerhalb der Europäischen Union oder im Inland gelegen ist und in der die Tätigkeit des Unternehmens ganz oder teilweise ausgeübt wird.

(2) Absatz 1 ist nicht anzuwenden auf die Zahlung von

1. Zinsen,
   a) die nach deutschem Recht als Gewinnausschüttung behandelt werden (§ 20 Absatz 1 Nummer 1 Satz 2) oder
   b) die auf Forderungen beruhen, die einen Anspruch auf Beteiligung am Gewinn des Schuldners begründen;
2. Zinsen oder Lizenzgebühren, die den Betrag übersteigen, den der Schuldner und der Gläubiger ohne besondere Beziehungen, die zwischen den beiden oder einem von ihnen und einem Dritten auf Grund von Absatz 3 Nummer 5 Buchstabe b bestehen, vereinbart hätten.

(3)[2] Für die Anwendung der Absätze 1 und 2 gelten die folgenden Begriffsbestimmungen und Beschränkungen:

1. ① Der Gläubiger muss der Nutzungsberechtigte sein. ② Nutzungsberechtigter ist
   a) ein Unternehmen, wenn es die Einkünfte im Sinne von § 2 Absatz 1 erzielt;
   b) eine Betriebsstätte, wenn
      aa) die Forderung, das Recht oder der Gebrauch von Informationen, auf Grund derer/dessen Zahlungen von Zinsen oder Lizenzgebühren geleistet werden, tatsächlich zu der Betriebsstätte gehört und
      bb) die Zahlungen der Zinsen oder Lizenzgebühren Einkünfte darstellen, auf Grund derer die Gewinne der Betriebsstätte in dem Mitgliedstaat der Europäischen Union, in dem sie gelegen ist, zu einer der in Nummer 5 Satz 1 Buchstabe a Doppelbuchstabe cc genannten Steuern beziehungsweise im Fall Belgiens dem „impôt des non-résidents/belasting der nietverblijfhouders" beziehungsweise im Fall Spaniens dem „Impuesto sobre la Renta de no Residentes" oder zu einer mit diesen Steuern identischen oder weitgehend ähnlichen Steuer herangezogen werden, die nach dem jeweiligen Zeitpunkt des Inkrafttretens der Richtlinie 2003/49/EG des Rates vom 3. Juni 2003 über eine gemeinsame Steuerregelung für Zahlungen von Zinsen und Lizenzgebühren zwischen verbundenen Unternehmen verschiedener Mitgliedstaaten (ABl. L 157 vom 26. 6. 2003, S. 49), die zuletzt durch die Richtlinie 2013/13/EU (ABl. L 141 vom 28. 5. 2013, S. 30) geändert worden ist, anstelle der bestehenden Steuern oder ergänzend zu ihnen eingeführt wird.
2. Eine Betriebsstätte gilt nur dann als Schuldner der Zinsen oder Lizenzgebühren, wenn die Zahlung bei der Ermittlung des Gewinns der Betriebsstätte eine steuerlich abzugsfähige Betriebsausgabe ist.

---

[1] § 50f neugefasst durch Gesetz vom 8. 12. 2010 (BGBl. I S. 1768); Abs. 1 Nr. 1 und Nr. 2 Verweise geändert mit Wirkung ab 1. 1. 2018 durch Gesetz vom 17. 8. 2017 (BGBl. I S. 3214); Abs. 1 und 2 neugefasst mit Wirkung ab 1. 1. 2019 durch Gesetz vom 20. 11. 2019 (BGBl. I S. 1626).

[2] § 50g Abs. 3 Nr. 1 Buchstabe b Doppelbuchstabe bb und Nr. 5 Satz 1 Buchstabe a Doppelbuchstabe cc geändert durch Gesetz vom 25. 7. 2014 (BGBl. I S. 1266) und ist in dieser Fassung erstmals auf Zahlungen anzuwenden, die nach dem 30. 6. 2013 erfolgen (§ 52 Abs. 59c i. d. F. des Art. 1 des Gesetzes vom 25. 7. 2014).

3. Gilt eine Betriebsstätte eines Unternehmens eines Mitgliedstaates der Europäischen Union als Schuldner oder Gläubiger von Zinsen oder Lizenzgebühren, so wird kein anderer Teil des Unternehmens als Schuldner oder Gläubiger der Zinsen oder Lizenzgebühren angesehen.
4. Im Sinne des Absatzes 1 sind
   a) „Zinsen" Einkünfte aus Forderungen jeder Art, auch wenn die Forderungen durch Pfandrechte an Grundstücken gesichert sind, insbesondere Einkünfte aus öffentlichen Anleihen und aus Obligationen einschließlich der damit verbundenen Aufgelder und der Gewinne aus Losanleihen; Zuschläge für verspätete Zahlung und die Rückzahlung von Kapital gelten nicht als Zinsen;
   b) „Lizenzgebühren" Vergütungen jeder Art, die für die Nutzung oder für das Recht auf Nutzung von Urheberrechten an literarischen, künstlerischen oder wissenschaftlichen Werken, einschließlich kinematografischer Filme und Software, von Patenten, Marken, Mustern oder Modellen, Plänen, geheimen Formeln oder Verfahren oder für die Mitteilung gewerblicher, kaufmännischer oder wissenschaftlicher Erfahrungen gezahlt werden; Zahlungen für die Nutzung oder das Recht auf Nutzung gewerblicher, kaufmännischer oder wissenschaftlicher Ausrüstungen gelten als Lizenzgebühren.
5. Die Ausdrücke „Unternehmen eines Mitgliedstaates der Europäischen Union", „verbundenes Unternehmen" und „Betriebsstätte" bedeuten:
   a) „Unternehmen eines Mitgliedstaates der Europäischen Union" jedes Unternehmen, das
      aa) eine der in Anlage 3 Nummer 1 zu diesem Gesetz aufgeführten Rechtsformen aufweist und
      bb) nach dem Steuerrecht eines Mitgliedstaates in diesem Mitgliedstaat ansässig ist und nicht nach einem zwischen dem betreffenden Staat und einem Staat außerhalb der Europäischen Union geschlossenen Abkommen zur Vermeidung der Doppelbesteuerung von Einkünften für steuerliche Zwecke als außerhalb der Gemeinschaft ansässig gilt und
      cc) einer der in Anlage 3[1] Nummer 2 zu diesem Gesetz aufgeführten Steuern unterliegt und nicht von ihr befreit ist. ② Entsprechendes gilt für eine mit diesen Steuern identische oder weitgehend ähnliche Steuer, die nach dem jeweiligen Zeitpunkt des Inkrafttretens der Richtlinie 2003/49/EG des Rates vom 3. Juni 2003 (ABl. L 157 vom 26. 6. 2003, S. 49), zuletzt geändert durch die Richtlinie 2013/13/EU (ABl. L 141 vom 28. 5. 2013, S. 30) anstelle der bestehenden Steuern oder ergänzend zu ihnen eingeführt wird.

      ② Ein Unternehmen ist im Sinne von Doppelbuchstabe bb in einem Mitgliedstaat der Europäischen Union ansässig, wenn es der unbeschränkten Steuerpflicht im Inland oder einer vergleichbaren Besteuerung in einem anderen Mitgliedstaat der Europäischen Union nach dessen Rechtsvorschriften unterliegt.
   b) „Verbundenes Unternehmen" jedes Unternehmen, das dadurch mit einem zweiten Unternehmen verbunden ist, dass
      aa) das erste Unternehmen unmittelbar mindestens zu 25 Prozent an dem Kapital des zweiten Unternehmens beteiligt ist oder
      bb) das zweite Unternehmen unmittelbar mindestens zu 25 Prozent an dem Kapital des ersten Unternehmens beteiligt ist oder
      cc) ein drittes Unternehmen unmittelbar mindestens zu 25 Prozent an dem Kapital des ersten Unternehmens und dem Kapital des zweiten Unternehmens beteiligt ist.

      ② Die Beteiligungen dürfen nur zwischen Unternehmen bestehen, die in einem Mitgliedstaat der Europäischen Union ansässig sind.
   c) „Betriebsstätte" eine feste Geschäftseinrichtung in einem Mitgliedstaat der Europäischen Union, in der die Tätigkeit eines Unternehmens eines anderen Mitgliedstaates der Europäischen Union ganz oder teilweise ausgeübt wird.

(4)[2] § 50 d Absatz 3 gilt entsprechend.

(5) Entlastungen von der Kapitalertragsteuer für Zinsen und der Steuer auf Grund des § 50 a nach einem Abkommen zur Vermeidung der Doppelbesteuerung, die weiter gehen als die nach Absatz 1 gewährten, werden durch Absatz 1 nicht eingeschränkt.

(6) ① Ist im Fall des Absatzes 1 Satz 1 eines der Unternehmen ein Unternehmen der Schweizerischen Eidgenossenschaft oder ist eine in der Schweizerischen Eidgenossenschaft gelegene Betriebsstätte eines Unternehmens eines anderen Mitgliedstaats der Europäischen Union Gläubiger der Zinsen oder Lizenzgebühren, gelten die Absätze 1 bis 5 entsprechend mit der Maßgabe, dass die Schweizerische Eidgenossenschaft insoweit einem Mitgliedstaat der Europäischen Union gleichgestellt ist. ② Absatz 3 Nummer 5 Buchstabe a gilt entsprechend mit der Maßgabe, dass ein Unternehmen der Schweizerischen Eidgenossenschaft jedes Unternehmen ist, das

[1] Abgedruckt im Hauptteil zu § 50 g EStG.
[2] § 50 g Abs. 4 neugefasst durch Gesetz vom 2. 6. 2021 (BGBl. I S. 1259).

1. eine der folgenden Rechtsformen aufweist:
   – Aktiengesellschaft/société anonyme/società anonima;
   – Gesellschaft mit beschränkter Haftung/société à responsabilité limitee/società a responsabilità limitata;
   – Kommanditaktiengesellschaft/société en commandite par actions/società in accomandita per azioni, und
2. nach dem Steuerrecht der Schweizerischen Eidgenossenschaft dort ansässig ist und nicht nach einem zwischen der Schweizerischen Eidgenossenschaft und einem Staat außerhalb der Europäischen Union geschlossenen Abkommen zur Vermeidung der Doppelbesteuerung von Einkünften für steuerliche Zwecke als außerhalb der Gemeinschaft oder der Schweizerischen Eidgenossenschaft ansässig gilt, und
3. unbeschränkt der schweizerischen Körperschaftsteuer unterliegt, ohne von ihr befreit zu sein.

§ 50h Bestätigung für Zwecke der Entlastung von Quellensteuern in einem anderen Mitgliedstaat der Europäischen Union oder der Schweizerischen Eidgenossenschaft

Auf Antrag hat das Finanzamt, das für die Besteuerung eines Unternehmens der Bundesrepublik Deutschland oder einer dort gelegenen Betriebsstätte eines Unternehmens eines anderen Mitgliedstaats der Europäischen Union im Sinne des § 50g Absatz 3 Nummer 5 oder eines Unternehmens der Schweizerischen Eidgenossenschaft im Sinne des § 50g Absatz 6 Satz 2 zuständig ist, für die Entlastung von der Quellensteuer dieses Staats auf Zinsen oder Lizenzgebühren im Sinne des § 50g zu bescheinigen, dass das empfangende Unternehmen steuerlich im Inland ansässig ist oder die Betriebsstätte im Inland gelegen ist.

§ 50i[1] Besteuerung bestimmter Einkünfte und Anwendung von Doppelbesteuerungsabkommen

(1)[2] ① Sind Wirtschaftsgüter des Betriebsvermögens oder sind Anteile im Sinne des § 17

1. vor dem 29. Juni 2013 in das Betriebsvermögen einer Personengesellschaft im Sinne des § 15 Absatz 3 übertragen oder überführt worden,
2. ist eine Besteuerung der stillen Reserven im Zeitpunkt der Übertragung oder Überführung unterblieben, und
3. ist das Recht der Bundesrepublik Deutschland hinsichtlich der Besteuerung des Gewinns aus der Veräußerung oder Entnahme dieser Wirtschaftsgüter oder Anteile ungeachtet der Anwendung dieses Absatzes vor dem 1. Januar 2017 ausgeschlossen oder beschränkt worden,

so ist der Gewinn, den ein Steuerpflichtiger, der im Sinne eines Abkommens zur Vermeidung der Doppelbesteuerung im anderen Vertragsstaat ansässig ist, aus der späteren Veräußerung oder Entnahme dieser Wirtschaftsgüter oder Anteile erzielt, ungeachtet entgegenstehender Bestimmungen des Abkommens zur Vermeidung der Doppelbesteuerung zu versteuern. ② Als Übertragung oder Überführung von Anteilen im Sinne des § 17 in das Betriebsvermögen einer Personengesellschaft gilt auch die Gewährung neuer Anteile an eine Personengesellschaft, die bisher auch eine Tätigkeit im Sinne des § 15 Absatz 1 Satz 1 Nummer 1 ausgeübt hat oder gewerbliche Einkünfte im Sinne des § 15 Absatz 1 Satz 1 Nummer 2 bezogen hat, im Rahmen der Einbringung eines Betriebs oder Teilbetriebs oder eines Mitunternehmeranteils dieser Personengesellschaft in eine Körperschaft nach § 20 des Umwandlungssteuergesetzes, wenn

1. der Einbringungszeitpunkt vor dem 29. Juni 2013 liegt,
2. die Personengesellschaft nach der Einbringung als Personengesellschaft im Sinne des § 15 Absatz 3 fortbesteht und
3. das Recht der Bundesrepublik Deutschland hinsichtlich der Besteuerung des Gewinns aus der Veräußerung oder Entnahme der neuen Anteile ungeachtet der Anwendung dieses Absatzes bereits im Einbringungszeitpunkt ausgeschlossen oder beschränkt ist oder vor dem 1. Januar 2017 ausgeschlossen oder beschränkt worden ist.

③ Auch die laufenden Einkünfte aus der Beteiligung an der Personengesellschaft, auf die die in Satz 1 genannten Wirtschaftsgüter oder Anteile übertragen oder überführt oder der im Sinne des Satzes 2 neue Anteile gewährt wurden, sind ungeachtet entgegenstehender Bestimmungen des Abkommens zur Vermeidung der Doppelbesteuerung zu versteuern. ④ Die Sätze 1 und 3 gelten sinngemäß, wenn Wirtschaftsgüter vor dem 29. Juni 2013 Betriebsvermögen eines Einzelunternehmens oder einer Personengesellschaft geworden sind, die deswegen Einkünfte aus Gewerbebetrieb erzielen, weil der Steuerpflichtige sowohl im überlassenden Betrieb als auch im nutzenden Betrieb allein oder zusammen mit anderen Gesellschaftern einen einheitlichen geschäftlichen Betätigungswillen durchsetzen kann und dem nutzenden Betrieb eine wesentliche Betriebsgrundlage zur Nutzung überlässt.

---

[1] § 50i eingefügt durch Gesetz vom 26. 6. 2013 (BGBl. I S. 1809); neugefasst durch Gesetz vom 25. 7. 2014 (BGBl. I S. 1266); zur Anwendung siehe § 52 Abs. 48.

[2] § 50i Abs. 1 Satz 1 und 2 neugefasst mit Wirkung ab VZ 2016 durch Gesetz vom 20. 12. 2016 (BGBl. I S. 3000).

(2)[1] Bei Einbringung nach § 20 des Umwandlungssteuergesetzes sind die Wirtschaftsgüter und Anteile im Sinne des Absatzes 1 abweichend von § 20 Absatz 2 Satz 2 des Umwandlungssteuergesetzes stets mit dem gemeinen Wert anzusetzen, soweit das Recht der Bundesrepublik Deutschland hinsichtlich der Besteuerung des Gewinns aus der Veräußerung der erhaltenen Anteile oder hinsichtlich der mit diesen im Zusammenhang stehenden Anteile im Sinne des § 22 Absatz 7 des Umwandlungssteuergesetzes ausgeschlossen oder beschränkt ist.

§ 50j[2] Versagung der Entlastung von Kapitalertragsteuern in bestimmten Fällen

(1) ① Ein Gläubiger von Kapitalerträgen im Sinne des § 43 Absatz 1 Satz 1 Nummer 1 a, die nach einem Abkommen zur Vermeidung der Doppelbesteuerung nicht oder nur nach einem Steuersatz unterhalb des Steuersatzes des § 43a Absatz 1 Satz 1 Nummer 1 besteuert werden, hat ungeachtet dieses Abkommens nur dann Anspruch auf völlige oder teilweise Entlastung nach § 50c Absatz 3, wenn er

1. während der Mindesthaltedauer nach Absatz 2 hinsichtlich der diesen Kapitalerträgen zugrunde liegenden Anteile oder Genussscheine ununterbrochen wirtschaftlicher Eigentümer ist,
2. während der Mindesthaltedauer nach Absatz 2 ununterbrochen das Mindestwertänderungsrisiko nach Absatz 3 trägt und
3. nicht verpflichtet ist, die Kapitalerträge im Sinne des § 43 Absatz 1 Satz 1 Nummer 1 a ganz oder überwiegend, unmittelbar oder mittelbar anderen Personen zu vergüten.

② Satz 1 gilt entsprechend für Anteile oder Genussscheine, die zu inländischen Kapitalerträgen im Sinne des § 43 Absatz 3 Satz 1 führen und einer Wertpapiersammelbank im Ausland zur Verwahrung anvertraut sind.

(2) ① Die Mindesthaltedauer umfasst 45 Tage und muss innerhalb eines Zeitraums von 45 Tagen vor und 45 Tagen nach der Fälligkeit der Kapitalerträge erreicht werden. ② Bei Anschaffungen und Veräußerungen ist zu unterstellen, dass die zuerst angeschafften Anteile oder Genussscheine zuerst veräußert wurden.

(3) ① Der Gläubiger der Kapitalerträge muss unter Berücksichtigung von gegenläufigen Ansprüchen und Ansprüchen nahe stehender Personen das Risiko aus einem sinkenden Wert der Anteile oder Genussscheine im Umfang von mindestens 70 Prozent tragen (Mindestwertänderungsrisiko). ② Kein hinreichendes Mindestwertänderungsrisiko liegt insbesondere dann vor, wenn der Gläubiger der Kapitalerträge oder eine ihm nahe stehende Person Kurssicherungsgeschäfte abgeschlossen hat, die das Wertänderungsrisiko der Anteile oder Genussscheine unmittelbar oder mittelbar um mehr als 30 Prozent mindern.

(4) ① Die Absätze 1 bis 3 sind nur anzuwenden, wenn

1. die Steuer auf die dem Antrag zu Grunde liegenden Kapitalerträge nach einem Abkommen zur Vermeidung der Doppelbesteuerung 15 Prozent des Bruttobetrags der Kapitalerträge im Sinne des § 43 Absatz 1 Satz 1 Nummer 1a und des Absatzes 1 Satz 2 unterschreitet und
2. es sich nicht um Kapitalerträge handelt, die einer beschränkt steuerpflichtigen Kapitalgesellschaft, die am Nennkapital einer unbeschränkt steuerpflichtigen Kapitalgesellschaft im Sinne des § 1 Absatz 1 Nummer 1 des Körperschaftsteuergesetzes zu mindestens einem Zehntel unmittelbar beteiligt ist und im Staat ihrer Ansässigkeit den Steuern vom Einkommen oder Gewinn unterliegt, ohne davon befreit zu sein, von der unbeschränkt steuerpflichtigen Kapitalgesellschaft zufließen.

② Die Absätze 1 bis 3 sind nicht anzuwenden, wenn der Gläubiger der Kapitalerträge im Sinne des § 43 Absatz 1 Satz 1 Nummer 1 a und des Absatzes 1 Satz 2 bei Zufluss seit mindestens einem Jahr ununterbrochen wirtschaftlicher Eigentümer der Aktien oder Genussscheine ist; Absatz 2 Satz 2 gilt entsprechend.

(5) Bestimmungen eines Abkommens zur Vermeidung der Doppelbesteuerung, § 42 der Abgabenordnung und andere steuerliche Vorschriften bleiben unberührt, soweit sie jeweils die Entlastung in einem weitergehenden Umfang einschränken.

§ 51 Ermächtigungen

(1) Die Bundesregierung wird ermächtigt, mit Zustimmung des Bundesrates

1. zur Durchführung dieses Gesetzes Rechtsverordnungen zu erlassen, soweit dies zur Wahrung der Gleichmäßigkeit bei der Besteuerung, zur Beseitigung von Unbilligkeiten in Härtefällen, zur Steuerfreistellung des Existenzminimums oder zur Vereinfachung des Besteuerungsverfahrens erforderlich ist, und zwar:

---

[1] § 50i Abs. 2 neugefasst durch Gesetz vom 20. 12. 2016 (BGBl. I S. 3000); zur erstmaligen Anwendung siehe § 52 Abs. 48 Satz 4.

[2] § 50j eingefügt mit Wirkung ab VZ 2017 durch Gesetz vom 20. 12. 2016 (BGBl. I S. 3000); Abs. 1 Satz 1 und Abs. 4 Satz 2 Verweise geändert durch Gesetz vom 2. 6. 2021 (BGBl. I S. 1259).

a) über die Abgrenzung der Steuerpflicht, die Beschränkung der Steuererklärungspflicht auf die Fälle, in denen eine Veranlagung in Betracht kommt, über die den Einkommensteuererklärungen beizufügenden Unterlagen und über die Beistandspflichten Dritter;
b) über die Ermittlung der Einkünfte und die Feststellung des Einkommens einschließlich der abzugsfähigen Beträge;
c) über die Höhe von besonderen Betriebsausgaben-Pauschbeträgen für Gruppen von Betrieben, bei denen hinsichtlich der Besteuerungsgrundlagen annähernd gleiche Verhältnisse vorliegen, wenn der Steuerpflichtige Einkünfte aus Gewerbebetrieb (§ 15) oder selbständiger Arbeit (§ 18) erzielt, in Höhe eines Prozentsatzes der Umsätze im Sinne des § 1 Absatz 1 Nummer 1 des Umsatzsteuergesetzes; Umsätze aus der Veräußerung von Wirtschaftsgütern des Anlagevermögens sind nicht zu berücksichtigen. ② Einen besonderen Betriebsausgaben-Pauschbetrag dürfen nur Steuerpflichtige in Anspruch nehmen, die ihren Gewinn durch Einnahme-Überschussrechnung nach § 4 Absatz 3 ermitteln. ③ Bei der Festlegung der Höhe des besonderen Betriebsausgaben-Pauschbetrags ist der Zuordnung der Betriebe entsprechend der Klassifikation der Wirtschaftszweige, Fassung für Steuerstatistiken, Rechnung zu tragen. ④ Bei der Ermittlung der besonderen Betriebsausgaben-Pauschbeträge sind alle Betriebsausgaben mit Ausnahme der an das Finanzamt gezahlten Umsatzsteuer zu berücksichtigen. ⑤ Bei der Veräußerung oder Entnahme von Wirtschaftsgütern des Anlagevermögens sind die Anschaffungs- oder Herstellungskosten, vermindert um die Absetzungen für Abnutzung nach § 7 Absatz 1 oder 4 sowie die Veräußerungskosten neben dem besonderen Betriebsausgaben-Pauschbetrag abzugsfähig. ⑥ Der Steuerpflichtige kann im folgenden Veranlagungszeitraum zur Ermittlung der tatsächlichen Betriebsausgaben übergehen. ⑦ Wechselt der Steuerpflichtige zur Ermittlung der tatsächlichen Betriebsausgaben, sind die abnutzbaren Wirtschaftsgüter des Anlagevermögens mit ihren Anschaffungs- oder Herstellungskosten, vermindert um die Absetzungen für Abnutzung nach § 7 Absatz 1 oder 4, in ein laufend zu führendes Verzeichnis aufzunehmen. ⑧ § 4 Absatz 3 Satz 5 bleibt unberührt. ⑨ Nach dem Wechsel zur Ermittlung der tatsächlichen Betriebsausgaben ist eine erneute Inanspruchnahme des besonderen Betriebsausgaben-Pauschbetrags erst nach Ablauf der folgenden vier Veranlagungszeiträume zulässig; die §§ 140 und 141 der Abgabenordnung bleiben unberührt;
d) über die Veranlagung, die Anwendung der Tarifvorschriften und die Regelung der Steuerentrichtung einschließlich der Steuerabzüge;
e) über die Besteuerung der beschränkt Steuerpflichtigen einschließlich eines Steuerabzugs;
f)[1] *(aufgehoben)*

2. Vorschriften durch Rechtsverordnung zu erlassen
a) über die sich aus der Aufhebung oder Änderung von Vorschriften dieses Gesetzes ergebenden Rechtsfolgen, soweit dies zur Wahrung der Gleichmäßigkeit bei der Besteuerung oder zur Beseitigung von Unbilligkeiten in Härtefällen erforderlich ist;
b) (weggefallen)
c)[2] über den Nachweis von Zuwendungen im Sinne des § 10b einschließlich erleichterter Nachweisanforderungen;
d) über Verfahren, die in den Fällen des § 38 Absatz 1 Nummer 2 den Steueranspruch der Bundesrepublik Deutschland sichern oder die sicherstellen, dass bei Befreiungen im Ausland ansässiger Leiharbeitnehmer von der Steuer der Bundesrepublik Deutschland auf Grund von Abkommen zur Vermeidung der Doppelbesteuerung die ordnungsgemäße Besteuerung im Ausland gewährleistet ist. ② Hierzu kann nach Maßgabe zwischenstaatlicher Regelungen bestimmt werden, dass
   aa) der Entleiher in dem hierzu notwendigen Umfang an derartigen Verfahren mitwirkt,
   bb) er sich im Haftungsverfahren nicht auf die Freistellungsbestimmungen des Abkommens berufen kann, wenn er seine Mitwirkungspflichten verletzt;
e) bis m) (weggefallen)
n) über Sonderabschreibungen
   aa) im Tiefbaubetrieb des Steinkohlen-, Pechkohlen-, Braunkohlen- und Erzbergbaues bei Wirtschaftsgütern des Anlagevermögens unter Tage und bei bestimmten mit dem Grubenbetrieb unter Tage in unmittelbarem Zusammenhang stehenden, der Förderung, Seilfahrt, Wasserhaltung und Wetterführung sowie der Aufbereitung des Minerals dienenden Wirtschaftsgütern des Anlagevermögens über Tage, soweit die Wirtschaftsgüter
   für die Errichtung von neuen Förderschachtanlagen, auch in Form von Anschlussschachtanlagen,
   für die Errichtung neuer Schächte sowie die Erweiterung des Grubengebäudes und den durch Wasserzuflüsse aus stillliegenden Anlagen bedingten Ausbau der Wasserhaltung bestehender Schachtanlagen,

---

[1] § 51 Abs. 1 Nr. 1 Buchstabe f aufgehoben mit Wirkung ab 1. 7. 2021 durch Gesetz vom 25. 6. 2021 (BGBl. I S. 2056).
§ 51 Abs. 1 Nr. 1 **Buchstabe f aufgehoben mit Wirkung ab 1. 7. 2021** durch Gesetz vom 25. 6. 2021 (BGBl. I S. 2056).
[2] § 51 Abs. 1 Nr. 2 Buchstabe c geändert ab VZ 2011 durch Gesetz vom 1. 11. 2011 (BGBl. I S. 2131).

für Rationalisierungsmaßnahmen in der Hauptschacht-, Blindschacht-, Strecken- und Abbauförderung, im Streckenvortrieb, in der Gewinnung, Versatzwirtschaft, Seilfahrt, Wetterführung und Wasserhaltung sowie in der Aufbereitung,
für die Zusammenfassung von mehreren Förderschachtanlagen zu einer einheitlichen Förderschachtanlage und
für den Wiederaufschluss stillliegender Grubenfelder und Feldesteile,

bb) im Tagebaubetrieb des Braunkohlen- und Erzbergbaues bei bestimmten Wirtschaftsgütern des beweglichen Anlagevermögens (Grubenaufschluss, Entwässerungsanlagen, Großgeräte sowie Einrichtungen des Grubenrettungswesens und der ersten Hilfe und im Erzbergbau auch Aufbereitungsanlagen), die
für die Erschließung neuer Tagebaue, auch in Form von Anschlusstagebauen, für Rationalisierungsmaßnahmen bei laufenden Tagebauen,
beim Übergang zum Tieftagebau für die Freilegung und Gewinnung der Lagerstätte und
für die Wiederinbetriebnahme stillgelegter Tagebaue

von Steuerpflichtigen, die den Gewinn nach § 5 ermitteln, vor dem 1. Januar 1990 angeschafft oder hergestellt werden. ② Die Sonderabschreibungen können bereits für Anzahlungen auf Anschaffungskosten und für Teilherstellungskosten zugelassen werden. ③ Hat der Steuerpflichtige vor dem 1. Januar 1990 die Wirtschaftsgüter bestellt oder mit ihrer Herstellung begonnen, so können die Sonderabschreibungen auch für nach dem 31. Dezember 1989 und vor dem 1. Januar 1991 angeschaffte oder hergestellte Wirtschaftsgüter sowie für vor dem 1. Januar 1991 geleistete Anzahlungen auf Anschaffungskosten und entstandene Teilherstellungskosten in Anspruch genommen werden. ④ Voraussetzung für die Inanspruchnahme der Sonderabschreibungen ist, dass die Förderungswürdigkeit der bezeichneten Vorhaben von der obersten Landesbehörde für Wirtschaft im Einvernehmen mit dem Bundesministerium für Wirtschaft und Energie[1] bescheinigt worden ist. ⑤ Die Sonderabschreibungen können im Wirtschaftsjahr der Anschaffung oder Herstellung und in den vier folgenden Wirtschaftsjahren in Anspruch genommen werden, und zwar bei beweglichen Wirtschaftsgütern des Anlagevermögens bis zu insgesamt 50 Prozent, bei unbeweglichen Wirtschaftsgütern des Anlagevermögens bis zu insgesamt 30 Prozent der Anschaffungs- oder Herstellungskosten. ⑥ Bei den begünstigten Vorhaben im Tagebaubetrieb des Braunkohlen- und Erzbergbaues kann außerdem zugelassen werden, dass die vor dem 1. Januar 1991 aufgewendeten Kosten für den Vorabraum bis zu 50 Prozent als sofort abzugsfähige Betriebsausgaben behandelt werden;

o) (weggefallen)

p) über die Bemessung der Absetzungen für Abnutzung oder Substanzverringerung bei nicht zu einem Betriebsvermögen gehörenden Wirtschaftsgütern, die vor dem 21. Juni 1948 angeschafft oder hergestellt oder die unentgeltlich erworben sind. ② Hierbei kann bestimmt werden, dass die Absetzungen für Abnutzung oder Substanzverringerung nicht nach den Anschaffungs- oder Herstellungskosten, sondern nach Hilfswerten (am 21. Juni 1948 maßgebender Einheitswert, Anschaffungs- oder Herstellungskosten des Rechtsvorgängers abzüglich der von ihm vorgenommenen Absetzungen, fiktive Anschaffungskosten an einem noch zu bestimmenden Stichtag) zu bemessen sind. ③ Zur Vermeidung von Härten kann zugelassen werden, dass an Stelle der Absetzungen für Abnutzung, die nach dem am 21. Juni 1948 maßgebenden Einheitswert zu bemessen sind, der Betrag abgezogen wird, der für das Wirtschaftsgut in dem Veranlagungszeitraum 1947 als Absetzung für Abnutzung geltend gemacht werden konnte. ④ Für das Land Berlin tritt in den Sätzen 1 bis 3 an die Stelle des 21. Juni 1948 jeweils der 1. April 1949;

q) über erhöhte Absetzungen bei Herstellungskosten

aa) für Maßnahmen, die für den Anschluss eines im Inland belegenen Gebäudes an eine Fernwärmeversorgung einschließlich der Anbindung an das Heizsystem erforderlich sind, wenn die Fernwärmeversorgung überwiegend aus Anlagen der Kraft-Wärme-Kopplung, zur Verbrennung von Müll oder zur Verwertung von Abwärme gespeist wird,

bb) für den Einbau von Wärmepumpenanlagen, Solaranlagen und Anlagen zur Wärmerückgewinnung in einem im Inland belegenen Gebäude einschließlich der Anbindung an das Heizsystem,

cc) für die Errichtung von Windkraftanlagen, wenn die mit diesen Anlagen erzeugte Energie überwiegend entweder unmittelbar oder durch Verrechnung mit Elektrizitätsbezügen des Steuerpflichtigen von einem Elektrizitätsversorgungsunternehmen zur Versorgung eines im Inland belegenen Gebäudes des Steuerpflichtigen verwendet wird, einschließlich der Anbindung an das Versorgungssystem des Gebäudes,

dd) für die Errichtung von Anlagen zur Gewinnung von Gas, das aus pflanzlichen oder tierischen Abfallstoffen durch Gärung unter Sauerstoffabschluss entsteht, wenn dieses Gas zur Beheizung eines im Inland belegenen Gebäudes des Steuerpflichtigen oder zur Warmwasserbereitung in einem solchen Gebäude des Steuerpflichtigen verwendet wird, einschließlich der Anbindung an das Versorgungssystem des Gebäudes,

---

[1] § 51 Abs. 1 Nr. 2 Buchstabe n Satz 4 geändert durch Verordnung vom 31. 8. 2015 (BGBl. I S. 1474).

ee) für den Einbau einer Warmwasseranlage zur Versorgung von mehr als einer Zapfstelle und einer zentralen Heizungsanlage oder bei einer zentralen Heizungs- und Warmwasseranlage für den Einbau eines Heizkessels, eines Brenners, einer zentralen Steuerungseinrichtung, einer Wärmeabgabeeinrichtung und eine Änderung der Abgasanlage in einem im Inland belegenen Gebäude oder in einer im Inland belegenen Eigentumswohnung, wenn mit dem Einbau nicht vor Ablauf von zehn Jahren seit Fertigstellung dieses Gebäudes begonnen worden ist und der Einbau nach dem 30. Juni 1985 fertig gestellt worden ist; Entsprechendes gilt bei Anschaffungskosten für neue Einzelöfen, wenn keine Zentralheizung vorhanden ist.

② Voraussetzung für die Gewährung der erhöhten Absetzungen ist, dass die Maßnahmen vor dem 1. Januar 1992 fertig gestellt worden sind; in den Fällen des Satzes 1 Doppelbuchstabe aa müssen die Gebäude vor dem 1. Juli 1983 fertig gestellt worden sein, es sei denn, dass der Anschluss nicht schon im Zusammenhang mit der Errichtung des Gebäudes möglich war. ③ Die erhöhten Absetzungen dürfen jährlich 10 Prozent der Aufwendungen nicht übersteigen. ④ Sie dürfen nicht gewährt werden, wenn für dieselbe Maßnahme eine Investitionszulage in Anspruch genommen wird. ⑤ Sind die Aufwendungen Erhaltungsaufwand und entstehen sie bei einer zu eigenen Wohnzwecken genutzten Wohnung im eigenen Haus, für die der Nutzungswert nicht mehr besteuert wird, und liegen in den Fällen des Satzes 1 Doppelbuchstabe aa die Voraussetzungen des Satzes 2 zweiter Halbsatz vor, so kann der Abzug dieser Aufwendungen wie Sonderausgaben mit gleichmäßiger Verteilung auf das Kalenderjahr, in dem die Arbeiten abgeschlossen worden sind, und die neun folgenden Kalenderjahre zugelassen werden, wenn die Maßnahme vor dem 1. Januar 1992 abgeschlossen worden ist;

r) nach denen Steuerpflichtige größere Aufwendungen
aa) für die Erhaltung von nicht zu einem Betriebsvermögen gehörenden Gebäuden, die überwiegend Wohnzwecken dienen,
bb) zur Erhaltung eines Gebäudes in einem förmlich festgelegten Sanierungsgebiet oder städtebaulichen Entwicklungsbereich, die für Maßnahmen im Sinne des § 177 des Baugesetzbuchs sowie für bestimmte Maßnahmen, die der Erhaltung, Erneuerung und funktionsgerechten Verwendung eines Gebäudes dienen, das wegen seiner geschichtlichen, künstlerischen oder städtebaulichen Bedeutung erhalten bleiben soll, und zu deren Durchführung sich der Eigentümer neben bestimmten Modernisierungsmaßnahmen gegenüber der Gemeinde verpflichtet hat, aufgewendet worden sind,
cc) zur Erhaltung von Gebäuden, die nach den jeweiligen landesrechtlichen Vorschriften Baudenkmale sind, soweit die Aufwendungen nach Art und Umfang zur Erhaltung des Gebäudes als Baudenkmal und zu seiner sinnvollen Nutzung erforderlich sind,

auf zwei bis fünf Jahre gleichmäßig verteilen können. ② In den Fällen der Doppelbuchstaben bb und cc ist Voraussetzung, dass der Erhaltungsaufwand vor dem 1. Januar 1990 entstanden ist. ③ In den Fällen von Doppelbuchstabe cc sind die Denkmaleigenschaft des Gebäudes und die Voraussetzung, dass die Aufwendungen nach Art und Umfang zur Erhaltung des Gebäudes als Baudenkmal und zu seiner sinnvollen Nutzung erforderlich sind, durch eine Bescheinigung der nach Landesrecht zuständigen oder von der Landesregierung bestimmten Stelle nachzuweisen;

s) nach denen bei Anschaffung oder Herstellung von abnutzbaren beweglichen und bei Herstellung von abnutzbaren unbeweglichen Wirtschaftsgütern des Anlagevermögens auf Antrag ein Abzug von der Einkommensteuer für den Veranlagungszeitraum der Anschaffung oder Herstellung bis zur Höhe von 7,5 Prozent der Anschaffungs- oder Herstellungskosten dieser Wirtschaftsgüter vorgenommen werden kann, wenn eine Störung des gesamtwirtschaftlichen Gleichgewichts eingetreten ist oder sich abzeichnet, die eine nachhaltige Verringerung der Umsätze oder der Beschäftigung zur Folge hatte oder erwarten lässt, insbesondere bei einem erheblichen Rückgang der Nachfrage nach Investitionsgütern oder Bauleistungen. ② Bei der Bemessung des von der Einkommensteuer abzugsfähigen Betrags dürfen nur berücksichtigt werden
aa) die Anschaffungs- oder Herstellungskosten von beweglichen Wirtschaftsgütern, die innerhalb eines jeweils festzusetzenden Zeitraums, der ein Jahr nicht übersteigen darf (Begünstigungszeitraum), angeschafft oder hergestellt werden,
bb) die Anschaffungs- oder Herstellungskosten von beweglichen Wirtschaftsgütern, die innerhalb des Begünstigungszeitraums bestellt und angezahlt werden oder mit deren Herstellung innerhalb des Begünstigungszeitraums begonnen wird, wenn sie innerhalb eines Jahres, bei Schiffen innerhalb zweier Jahre nach Ablauf des Begünstigungszeitraums geliefert oder fertig gestellt werden. ② Soweit bewegliche Wirtschaftsgüter im Sinne des Satzes 1 mit Ausnahme von Schiffen nach Ablauf eines Jahres, aber vor Ablauf zweier Jahre nach dem Ende des Begünstigungszeitraums geliefert oder fertig gestellt werden, dürfen bei Bemessung des Abzugs von der Einkommensteuer die bis zum Ablauf eines Jahres nach dem Ende des Begünstigungszeitraums aufgewendeten Anzahlungen und Teilherstellungskosten berücksichtigt werden,
cc) die Herstellungskosten von Gebäuden, bei denen innerhalb des Begünstigungszeitraums der Antrag auf Baugenehmigung gestellt wird, wenn sie bis zum Ablauf von zwei Jahren nach dem Ende des Begünstigungszeitraums fertig gestellt werden;

dabei scheiden geringwertige Wirtschaftsgüter im Sinne des § 6 Absatz 2 und Wirtschaftsgüter, die in gebrauchtem Zustand erworben werden, aus. ③ Von der Begünstigung können außerdem Wirtschaftsgüter ausgeschlossen werden, für die Sonderabschreibungen, erhöhte Absetzungen oder die Investitionszulage nach § 19 des Berlinförderungsgesetzes in Anspruch genommen werden. ④ In den Fällen des Satzes 2 Doppelbuchstabe bb und cc können bei Bemessung des von der Einkommensteuer abzugsfähigen Betrags bereits die im Begünstigungszeitraum, im Fall des Satzes 2 Doppelbuchstabe bb Satz 2 auch die bis zum Ablauf eines Jahres nach dem Ende des Begünstigungszeitraums aufgewendeten Anzahlungen und Teilherstellungskosten berücksichtigt werden; der Abzug von der Einkommensteuer kann insoweit schon für den Veranlagungszeitraum vorgenommen werden, in dem die Anzahlungen oder Teilherstellungskosten aufgewendet worden sind. ⑤ Übersteigt der von der Einkommensteuer abzugsfähige Betrag die für den Veranlagungszeitraum der Anschaffung der Herstellung geschuldete Einkommensteuer, so kann der übersteigende Betrag von der Einkommensteuer für den darauf folgenden Veranlagungszeitraum abgezogen werden. ⑥ Entsprechendes gilt, wenn in den Fällen des Satzes 2 Doppelbuchstabe bb und cc der Abzug von der Einkommensteuer bereits für Anzahlungen oder Teilherstellungskosten geltend gemacht wird. ⑦ Der Abzug von der Einkommensteuer darf jedoch die für den Veranlagungszeitraum der Anschaffung oder Herstellung und den folgenden Veranlagungszeitraum insgesamt zu entrichtende Einkommensteuer nicht übersteigen. ⑧ In den Fällen des Satzes 2 Doppelbuchstabe bb Satz 2 gilt dies mit der Maßgabe, dass an die Stelle des Veranlagungszeitraums der Anschaffung oder Herstellung der Veranlagungszeitraum tritt, in dem zuletzt Anzahlungen oder Teilherstellungskosten aufgewendet worden sind. ⑨ Werden begünstigte Wirtschaftsgüter von Gesellschaften im Sinne des § 15 Absatz 1 Satz 1 Nummer 2 und 3 angeschafft oder hergestellt, so ist der abzugsfähige Betrag nach dem Verhältnis der Gewinnanteile einschließlich der Vergütungen aufzuteilen. ⑩ Die Anschaffungs- oder Herstellungskosten der Wirtschaftsgüter, die bei Bemessung des von der Einkommensteuer abzugsfähigen Betrags berücksichtigt worden sind, werden durch den Abzug von der Einkommensteuer nicht gemindert. ⑪ Rechtsverordnungen auf Grund dieser Ermächtigung bedürfen der Zustimmung des Bundestages. ⑫ Die Zustimmung gilt als erteilt, wenn der Bundestag nicht binnen vier Wochen nach Eingang der Vorlage der Bundesregierung die Zustimmung verweigert hat;

t) (weggefallen)

u) über Sonderabschreibungen bei abnutzbaren Wirtschaftsgütern des Anlagevermögens, die der Forschung oder Entwicklung dienen und nach dem 18. Mai 1983 und vor dem 1. Januar 1990 angeschafft oder hergestellt werden. ② Voraussetzung für die Inanspruchnahme der Sonderabschreibungen ist, dass die beweglichen Wirtschaftsgüter ausschließlich und die unbeweglichen Wirtschaftsgüter zu mehr als 33$^1/_3$ Prozent der Forschung oder Entwicklung dienen. ③ Die Sonderabschreibungen können auch für Ausbauten und Erweiterungen an bestehenden Gebäuden, Gebäudeteilen, Eigentumswohnungen oder im Teileigentum stehenden Räumen zugelassen werden, wenn die ausgebauten oder neu hergestellten Gebäudeteile zu mehr als 33$^1/_3$ Prozent der Forschung oder Entwicklung dienen. ④ Die Wirtschaftsgüter dienen der Forschung oder Entwicklung, wenn sie verwendet werden

aa) zur Gewinnung von neuen wissenschaftlichen oder technischen Erkenntnissen und Erfahrungen allgemeiner Art (Grundlagenforschung) oder

bb) zur Neuentwicklung von Erzeugnissen oder Herstellungsverfahren oder

cc) zur Weiterentwicklung von Erzeugnissen oder Herstellungsverfahren, soweit wesentliche Änderungen dieser Erzeugnisse oder Verfahren entwickelt werden.

⑤ Die Sonderabschreibungen können im Wirtschaftsjahr der Anschaffung oder Herstellung und in den vier folgenden Wirtschaftsjahren in Anspruch genommen werden, und zwar

aa) bei beweglichen Wirtschaftsgütern des Anlagevermögens bis zu insgesamt 40 Prozent,

bb) bei unbeweglichen Wirtschaftsgütern des Anlagevermögens, die zu mehr als 66$^2/_3$ Prozent der Forschung oder Entwicklung dienen, bis zu insgesamt 15 Prozent, die nicht zu mehr als 66$^2/_3$ Prozent, aber zu mehr als 33$^1/_3$ Prozent der Forschung oder Entwicklung dienen, bis zu insgesamt 10 Prozent,

cc) bei Ausbauten und Erweiterungen an bestehenden Gebäuden, Gebäudeteilen, Eigentumswohnungen oder im Teileigentum stehenden Räumen, wenn die ausgebauten oder neu hergestellten Gebäudeteile zu mehr als 66$^2/_3$ Prozent der Forschung oder Entwicklung dienen, bis zu insgesamt 15 Prozent, zu nicht mehr als 66$^2/_3$ Prozent, aber zu mehr als 33$^1/_3$ Prozent der Forschung oder Entwicklung dienen, bis zu insgesamt 10 Prozent

der Anschaffungs- oder Herstellungskosten. ⑥ Sie können bereits für Anzahlungen auf Anschaffungskosten und für Teilherstellungskosten zugelassen werden. ⑦ Die Sonderabschreibungen sind nur unter der Bedingung zuzulassen, dass die Wirtschaftsgüter und die ausgebauten oder neu hergestellten Gebäudeteile mindestens drei Jahre nach ihrer Anschaffung oder Herstellung in dem erforderlichen Umfang der Forschung oder Entwicklung in einer inländischen Betriebsstätte des Steuerpflichtigen dienen;

v) (weggefallen)

w) über Sonderabschreibungen bei Handelsschiffen, die auf Grund eines vor dem 25. April 1996 abgeschlossenen Schiffbauvertrags hergestellt, in einem inländischen Seeschiffsregister eingetragen und vor dem 1. Januar 1999 von Steuerpflichtigen angeschafft oder hergestellt worden sind, die den Gewinn nach § 5 ermitteln. ② Im Fall der Anschaffung eines Handelsschiffes ist weitere Voraussetzung, dass das Schiff vor dem 1. Januar 1996 in ungebrauchtem Zustand vom Hersteller oder nach dem 31. Dezember 1995 auf Grund eines vor dem 25. April 1996 abgeschlossenen Kaufvertrags bis zum Ablauf des vierten auf das Jahr der Fertigstellung folgenden Jahres erworben worden ist. ③ Bei Steuerpflichtigen, die in eine Gesellschaft im Sinne des § 15 Absatz 1 Satz 1 Nummer 2 und Absatz 3 nach Abschluss des Schiffbauvertrags (Unterzeichnung des Hauptvertrags) eingetreten sind, dürfen Sonderabschreibungen nur zugelassen werden, wenn sie der Gesellschaft vor dem 1. Januar 1999 beitreten. ④ Die Sonderabschreibungen können im Wirtschaftsjahr der Anschaffung oder Herstellung und in den vier folgenden Wirtschaftsjahren bis zu insgesamt 40 Prozent der Anschaffungs- oder Herstellungskosten in Anspruch genommen werden. ⑤ Sie können bereits für Anzahlungen auf Anschaffungskosten und für Teilherstellungskosten zugelassen werden. ⑥ Die Sonderabschreibungen sind nur unter der Bedingung zuzulassen, dass die Handelsschiffe innerhalb eines Zeitraums von acht Jahren nach ihrer Anschaffung oder Herstellung nicht veräußert werden; für Anteile an einem Handelsschiff gilt dies entsprechend. ⑦ Die Sätze 1 bis 6 gelten für Schiffe, die der Seefischerei dienen, entsprechend. ⑧ Für Luftfahrzeuge, die vom Steuerpflichtigen hergestellt oder in ungebrauchtem Zustand vom Hersteller erworben worden sind und die zur gewerbsmäßigen Beförderung von Personen oder Sachen im internationalen Luftverkehr oder zur Verwendung zu sonstigen gewerblichen Zwecken im Ausland bestimmt sind, gelten die Sätze 1 bis 4 und 6 mit der Maßgabe entsprechend, dass an die Stelle der Eintragung in ein inländisches Seeschiffsregister die Eintragung in die deutsche Luftfahrzeugrolle, an die Stelle des Höchstsatzes von 40 Prozent ein Höchstsatz von 30 Prozent und bei der Vorschrift des Satzes 6 an die Stelle des Zeitraums von acht Jahren ein Zeitraum von sechs Jahren treten;

x) über erhöhte Absetzungen bei Herstellungskosten für Modernisierungs- und Instandsetzungsmaßnahmen im Sinne des § 177 des Baugesetzbuchs sowie für bestimmte Maßnahmen, die der Erhaltung, Erneuerung und funktionsgerechten Verwendung eines Gebäudes dienen, das wegen seiner geschichtlichen, künstlerischen oder städtebaulichen Bedeutung erhalten bleiben soll, und zu deren Durchführung sich der Eigentümer neben bestimmten Modernisierungsmaßnahmen gegenüber der Gemeinde verpflichtet hat, die für Gebäude in einem förmlich festgelegten Sanierungsgebiet oder städtebaulichen Entwicklungsbereich aufgewendet worden sind; Voraussetzung ist, dass die Maßnahmen vor dem 1. Januar 1991 abgeschlossen worden sind. ② Die erhöhten Absetzungen dürfen jährlich 10 Prozent der Aufwendungen nicht übersteigen;

y) über erhöhte Absetzungen für Herstellungskosten an Gebäuden, die nach den jeweiligen landesrechtlichen Vorschriften Baudenkmale sind, soweit die Aufwendungen nach Art und Umfang zur Erhaltung des Gebäudes als Baudenkmal und zu seiner sinnvollen Nutzung erforderlich sind; Voraussetzung ist, dass die Maßnahmen vor dem 1. Januar 1991 abgeschlossen worden sind. ② Die Denkmaleigenschaft des Gebäudes und die Voraussetzung, dass die Aufwendungen nach Art und Umfang zur Erhaltung des Gebäudes als Baudenkmal und zu seiner sinnvollen Nutzung erforderlich sind, sind durch eine Bescheinigung der nach Landesrecht zuständigen oder von der Landesregierung bestimmten Stelle nachzuweisen. ③ Die erhöhten Absetzungen dürfen jährlich 10 Prozent der Aufwendungen nicht übersteigen;

3. die in § 4a Absatz 1 Satz 2 Nummer 1, § 10 Absatz 5, § 22 Nummer 1 Satz 3 Buchstabe a, § 26a Absatz 3, § 34c Absatz 7, § 46 Absatz 5 und § 50a Absatz 6 vorgesehenen Rechtsverordnungen zu erlassen.

(2) ① Die Bundesregierung wird ermächtigt, durch Rechtsverordnung Vorschriften zu erlassen, nach denen die Inanspruchnahme von Sonderabschreibungen und erhöhten Absetzungen sowie die Bemessung der Absetzung für Abnutzung in fallenden Jahresbeträgen ganz oder teilweise ausgeschlossen werden können, wenn eine Störung des gesamtwirtschaftlichen Gleichgewichts eingetreten ist oder sich abzeichnet, die erhebliche Preissteigerungen mit sich gebracht hat oder erwarten lässt, insbesondere, wenn die Inlandsnachfrage nach Investitionsgütern oder Bauleistungen das Angebot wesentlich übersteigt. ② Die Inanspruchnahme von Sonderabschreibungen und erhöhten Absetzungen sowie die Bemessung der Absetzung für Abnutzung in fallenden Jahresbeträgen darf nur ausgeschlossen werden

1. für bewegliche Wirtschaftsgüter, die innerhalb eines jeweils festzusetzenden Zeitraums, der frühestens mit dem Tage beginnt, an dem die Bundesregierung ihren Beschluss über die Verordnung bekannt gibt, und der ein Jahr nicht übersteigen darf, angeschafft oder hergestellt werden. ② Für bewegliche Wirtschaftsgüter, die vor Beginn dieses Zeitraums bestellt und angezahlt worden sind oder mit deren Herstellung vor Beginn dieses Zeitraums angefangen worden ist, darf jedoch die Inanspruchnahme von Sonderabschreibungen und erhöhten Absetzungen sowie die Bemessung der Absetzung für Abnutzung in fallenden Jahresbeträgen nicht ausgeschlossen werden;

2. für bewegliche Wirtschaftsgüter und für Gebäude, die in dem in Nummer 1 bezeichneten Zeitraum bestellt werden oder mit deren Herstellung in diesem Zeitraum begonnen wird. ② Als Beginn der Herstellung gilt bei Gebäuden der Zeitpunkt, in dem der Antrag auf Baugenehmigung gestellt wird.

③ Rechtsverordnungen auf Grund dieser Ermächtigung bedürfen der Zustimmung des Bundestages und des Bundesrates. ④ Die Zustimmung gilt als erteilt, wenn der Bundesrat nicht binnen drei Wochen, der Bundestag nicht binnen vier Wochen nach Eingang der Vorlage der Bundesregierung die Zustimmung verweigert hat.

(3) ① Die Bundesregierung wird ermächtigt, durch Rechtsverordnung mit Zustimmung des Bundesrates Vorschriften zu erlassen, nach denen die Einkommensteuer einschließlich des Steuerabzugs vom Arbeitslohn, des Steuerabzugs vom Kapitalertrag und des Steuerabzugs bei beschränkt Steuerpflichtigen

1. um höchstens 10 Prozent herabgesetzt werden kann. ② Der Zeitraum, für den die Herabsetzung gilt, darf ein Jahr nicht übersteigen; er soll sich mit dem Kalenderjahr decken. ③ Voraussetzung ist, dass eine Störung des gesamtwirtschaftlichen Gleichgewichts eingetreten ist oder sich abzeichnet, die eine nachhaltige Verringerung der Umsätze oder der Beschäftigung zur Folge hatte oder erwarten lässt, insbesondere bei einem erheblichen Rückgang der Nachfrage nach Investitionsgütern und Bauleistungen oder Verbrauchsgütern;
2. um höchstens 10 Prozent erhöht werden kann. ② Der Zeitraum, für den die Erhöhung gilt, darf ein Jahr nicht übersteigen; er soll sich mit dem Kalenderjahr decken. ③ Voraussetzung ist, dass eine Störung des gesamtwirtschaftlichen Gleichgewichts eingetreten ist oder sich abzeichnet, die erhebliche Preissteigerungen mit sich gebracht hat oder erwarten lässt, insbesondere, wenn die Nachfrage nach Investitionsgütern und Bauleistungen oder Verbrauchsgütern das Angebot wesentlich übersteigt.

② Rechtsverordnungen auf Grund dieser Ermächtigung bedürfen der Zustimmung des Bundestages.

(4) Das Bundesministerium der Finanzen wird ermächtigt,

1.[1] im Einvernehmen mit den obersten Finanzbehörden der Länder die Vordrucke für
   a) (weggefallen)
   b) die Erklärungen zur Einkommensbesteuerung,
   c) die Anträge nach § 38b Absatz 2, nach § 39a Absatz 2, in dessen Vordrucke der Antrag nach § 39f einzubeziehen ist, die Anträge nach § 39a Absatz 4 sowie die Anträge zu den elektronischen Lohnsteuerabzugsmerkmalen (§ 38b Absatz 3 und § 39e Absatz 6 Satz 7),
   d) die Lohnsteuer-Anmeldung (§ 41a Absatz 1),
   e) die Anmeldung der Kapitalertragsteuer (§ 45a Absatz 1) und den Freistellungsauftrag nach § 44a Absatz 2 Satz 1 Nummer 1,
   f) die Anmeldung des Abzugsbetrags (§ 48a),
   g) die Erteilung der Freistellungsbescheinigung (§ 48b),
   h) die Anmeldung der Abzugsteuer (§ 50a Absatz 7)
   i)[2] die Entlastung von der Kapitalertragsteuer und vom Steuerabzug nach § 50a auf Grund von Abkommen zur Vermeidung der Doppelbesteuerung

   und die Muster der Bescheinigungen für den Lohnsteuerabzug nach § 39 Absatz 3 und § 39e Absatz 7 Satz 5, des Ausdrucks der elektronischen Lohnsteuerbescheinigung (§ 41b Absatz 1), das Muster der Lohnsteuerbescheinigung nach § 41b Absatz 3 Satz 1, der Anträge auf Erteilung einer Bescheinigung für den Lohnsteuerabzug nach § 39 Absatz 3 und § 39e Absatz 7 Satz 1 sowie der in § 45a Absatz 2 und 3 vorgesehenen Bescheinigungen zu bestimmen;

1a. im Einvernehmen mit den obersten Finanzbehörden der Länder auf der Basis der §§ 32a und 39b einen Programmablaufplan für die Herstellung von Lohnsteuertabellen zur manuellen Berechnung der Lohnsteuer aufzustellen und bekannt zu machen. ② Der Lohnstufenabstand beträgt bei den Jahrestabellen 36. ③ Die in den Tabellenstufen auszuweisende Lohnsteuer ist aus der Obergrenze der Tabellenstufen zu berechnen und muss an der Obergrenze mit der maschinell berechneten Lohnsteuer übereinstimmen. ④ Die Monats-, Wochen- und Tagestabellen sind aus den Jahrestabellen abzuleiten;

1b. im Einvernehmen mit den obersten Finanzbehörden der Länder den Mindestumfang der nach § 5b elektronisch zu übermittelnden Bilanz und Gewinn- und Verlustrechnung zu bestimmen;

1c. durch Rechtsverordnung zur Durchführung dieses Gesetzes mit Zustimmung des Bundesrates Vorschriften über einen von dem vorgesehenen erstmaligen Anwendungszeitpunkt

[1] § 51 Abs. 4 Nr. 1 Buchstabe c geändert durch Gesetz vom 7. 12. 2011 (BGBl. I S. 2592); Abs. 4 Nr. 1 Buchstabe h geändert durch Gesetz vom 12. 12. 2019 (BGBl. I S. 2451); Abs. 4 Nr. 1 abschließender Satzteil neugefasst durch Gesetz vom 7. 12. 2011 (BGBl. I S. 2592); Abs. 4 Nr. 1 geändert mit Wirkung ab VZ 2020 durch Gesetz vom 12. 12. 2019 (BGBl. I S. 2451); Abs. 4 Nr. 1 abschließender Satzteil geändert durch Gesetz vom 16. 12. 2022 (BGBl. I S. 2294).

[2] § 51 Abs. 4 Nr. 1 Buchstabe i aufgehoben **mit Wirkung ab 1. 1. 2024** (§ 52 Abs. 48a) durch Gesetz vom 2. 6. 2021 (BGBl. I S. 1259).

gemäß § 52 Absatz 15 a in der Fassung des Artikels 1 des Gesetzes vom 20. Dezember 2008 (BGBl. I S. 2850) abweichenden späteren Anwendungszeitpunkt zu erlassen, wenn bis zum 31. Dezember 2010 erkennbar ist, dass die technischen oder organisatorischen Voraussetzungen für eine Umsetzung der in § 5 b Absatz 1 in der Fassung des Artikels 1 des Gesetzes vom 20. Dezember 2008 (BGBl. I S. 2850) vorgesehenen Verpflichtung nicht ausreichen;

1 d.[1] die Vordrucke für die Anmeldung des Steuerabzugs von Vergütungen im Sinne des § 50 a Absatz 1 sowie das amtlich vorgeschriebene Muster nach § 50 a Absatz 5 Satz 7 zu bestimmen; |

[ab 1. 1. 2024:

1 e.[2] im Einvernehmen mit den obersten Finanzbehörden der Länder die Vorgaben für die Zuweisung der Ordnungsnummer nach § 45 b Absatz 1 zu bestimmen;]

2. den Wortlaut dieses Gesetzes und der zu diesem Gesetz erlassenen Rechtsverordnungen in der jeweils geltenden Fassung satzweise nummeriert mit neuem Datum und in neuer Paragraphenfolge bekannt zu machen und dabei Unstimmigkeiten im Wortlaut zu beseitigen.

§ 51 a Festsetzung und Erhebung von Zuschlagsteuern

(1)[3] ① Auf die Festsetzung und Erhebung von Steuern, die nach der Einkommensteuer bemessen werden (Zuschlagsteuern), sind die Vorschriften dieses Gesetzes mit Ausnahme des § 36 a entsprechend anzuwenden. ② Wird Einkommensteuer im Wege des Steuerabzugs erhoben, dürfen die zu diesem Zweck verarbeiteten personenbezogenen Daten auch für die Erhebung einer Zuschlagsteuer im Wege des Steuerabzugs verarbeitet werden.

(2) ① Bemessungsgrundlage ist die Einkommensteuer, die abweichend von § 2 Absatz 6 unter Berücksichtigung von Freibeträgen nach § 32 Absatz 6 in allen Fällen des § 32 festzusetzen wäre. ② Zur Ermittlung der Einkommensteuer im Sinne des Satzes 1 ist das zu versteuernde Einkommen um die nach § 3 Nummer 40 steuerfreien Beträge zu erhöhen und um die nach § 3 c Absatz 2 nicht abziehbaren Beträge zu mindern. ③ § 35 ist bei der Ermittlung der festzusetzenden Einkommensteuer nach Satz 1 nicht anzuwenden.

(2 a)[4] ① Vorbehaltlich des § 40 a Absatz 2 ist beim Steuerabzug vom Arbeitslohn Bemessungsgrundlage die Lohnsteuer; beim Steuerabzug vom laufenden Arbeitslohn und beim Jahresausgleich ist die Lohnsteuer maßgebend, die sich ergibt, wenn der nach § 39 b Absatz 2 Satz 5 zu versteuernde Jahresbetrag für die Steuerklassen I, II und III um den doppelten Kinderfreibetrag sowie den doppelten Freibetrag für den Betreuungs- und Erziehungs- oder Ausbildungsbedarf und für die Steuerklasse IV um den Kinderfreibetrag sowie den Freibetrag für den Betreuungs- und Erziehungs- oder Ausbildungsbedarf (§ 32 Absatz 6 Satz 1) für jedes Kind vermindert wird, für das eine Kürzung der Freibeträge für Kinder nach § 32 Absatz 6 Satz 4 nicht in Betracht kommt. ② Bei der Anwendung des § 39 b für die Ermittlung der Zuschlagsteuern ist die als Lohnsteuerabzugsmerkmal gebildete Zahl der Kinderfreibeträge maßgebend. ③ Bei Anwendung des § 39 f ist beim Steuerabzug vom laufenden Arbeitslohn die Lohnsteuer maßgebend, die sich bei Anwendung des nach § 39 f Absatz 1 ermittelten Faktors auf den nach den Sätzen 1 und 2 ermittelten Betrag ergibt.

(2 b) ① Wird die Einkommensteuer nach § 43 Absatz 1 durch Abzug vom Kapitalertrag (Kapitalertragsteuer) erhoben, wird die darauf entfallende Kirchensteuer nach dem Kirchensteuersatz der Religionsgemeinschaft, der der Kirchensteuerpflichtige angehört, als Zuschlag zur Kapitalertragsteuer erhoben. **[ab 1. 1. 2023:** ② Satz 1 ist nicht anzuwenden, wenn die Kapitalerträge zu den Einkünften aus Land- und Forstwirtschaft, aus Gewerbebetrieb, aus selbständiger Arbeit oder aus Vermietung und Verpachtung gehören.][5]

(2 c)[6] ① Der zur Vornahme des Steuerabzugs vom Kapitalertrag Verpflichtete (Kirchensteuerabzugsverpflichteter) hat die auf die Kapitalertragsteuer nach Absatz 2 b entfallende Kirchensteuer nach folgenden Maßgaben einzubehalten:

1. ① Das Bundeszentralamt für Steuern speichert unabhängig von und zusätzlich zu den in § 139 b Absatz 3 der Abgabenordnung genannten und nach § 39 e gespeicherten Daten des Steuerpflichtigen den Kirchensteuersatz der steuererhebenden Religionsgemeinschaft des Kirchensteuerpflichtigen sowie die ortsbezogenen Daten, mit deren Hilfe der Kirchensteuerpflichtige seiner Religionsgemeinschaft zugeordnet werden kann. ② Die Daten werden als automatisiert abrufbares Merkmal für den Kirchensteuerabzug bereitgestellt;

---

[1] § 51 Abs. 4 Nr. 1 d eingefügt mit Wirkung ab VZ 2019 durch Gesetz vom 12. 12. 2019 (BGBl. I S. 2451); geändert durch Gesetz vom 16. 12. 2022 (BGBl. I S. 2294).

[2] § 51 Abs. 4 Nr. 1 e eingefügt mit Wirkung ab 1. 1. 2024 (§ 52 Abs. 48 a) durch Gesetz vom 2. 6. 2021 (BGBl. I S. 1259).

[3] § 51 a Abs. 1 Satz 2 angefügt mit Wirkung ab 1. 1. 2019 durch Gesetz vom 20. 11. 2019 (BGBl. I S. 1626); Abs. 1 Satz 1 geändert mit Wirkung ab 1. 1. 2021 durch Gesetz vom 1. 12. 2020 (BGBl. I S. 2616).

[4] § 51 a Abs. 2 a Satz 1 neugefasst mit Wirkung ab 1. 1. 2021 durch Gesetz vom 1. 12. 2020 (BGBl. I S. 2616).

[5] § 51 a Abs. 2 b Satz 2 eingefügt mit Wirkung ab 1. 1. 2023 durch Gesetz vom 1. 12. 2020 (BGBl. I S. 2616).

[6] § 51 a Abs. 2 c neugefasst durch Gesetz vom 7. 12. 2011 (BGBl. I S. 2592); Abs. 2 c Nr. 2 bish. Satz 4 aufgehoben mit Wirkung ab 1. 1. 2017 durch Gesetz vom 18. 7. 2016 (BGBl. I S. 1679); Abs. 2 c Satz 8 geändert und Satz 10 neugefasst mit Wirkung ab 1. 1. 2019 durch Gesetz vom 20. 11. 2019 (BGBl. I S. 1626).

2. sofern dem Kirchensteuerabzugsverpflichteten die Identifikationsnummer des Schuldners der Kapitalertragsteuer nicht bereits bekannt ist, kann er sie beim Bundeszentralamt für Steuern anfragen. ② In der Anfrage dürfen nur die in § 139b Absatz 3 der Abgabenordnung genannten Daten des Schuldners der Kapitalertragsteuer angegeben werden, soweit sie dem Kirchensteuerabzugsverpflichteten bekannt sind. ③ Die Anfrage hat nach amtlich vorgeschriebenem Datensatz durch Datenfernübertragung zu erfolgen. ④ Das Bundeszentralamt für Steuern teilt dem Kirchensteuerabzugsverpflichteten die Identifikationsnummer mit, sofern die übermittelten Daten mit den nach § 139b Absatz 3 der Abgabenordnung beim Bundeszentralamt für Steuern gespeicherten Daten übereinstimmen;

3.[1] der Kirchensteuerabzugsverpflichtete hat unter Angabe der Identifikationsnummer und des Geburtsdatums des Schuldners der Kapitalertragsteuer bei Begründung einer rechtlichen Verbindung beim Bundeszentralamt für Steuern anzufragen, ob der Schuldner der Kapitalertragsteuer kirchensteuerpflichtig ist (Anlassabfrage), und einmal jährlich im Zeitraum vom 1. September bis 31. Oktober beim Bundeszentralamt für Steuern anzufragen, ob der Schuldner der Kapitalertragsteuer am 31. August des betreffenden Jahres (Stichtag) kirchensteuerpflichtig ist (Regelabfrage). ② Für Kapitalerträge im Sinne des § 43 Absatz 1 Nummer 4 aus Versicherungsverträgen hat der Kirchensteuerabzugsverpflichtete eine auf den Zuflusszeitpunkt der Kapitalerträge bezogene Abfrage (Anlassabfrage) an das Bundeszentralamt für Steuern zu richten. ③ Im Übrigen kann der Kirchensteuerabzugsverpflichtete eine Anlassabfrage auf Veranlassung des Schuldners der Kapitalertragsteuer an das Bundeszentralamt für Steuern richten. ④ Auf die Anfrage hin teilt das Bundeszentralamt für Steuern dem Kirchensteuerabzugsverpflichteten die rechtliche Zugehörigkeit zu einer steuererhebenden Religionsgemeinschaft und den für die Religionsgemeinschaft geltenden Kirchensteuersatz zum Zeitpunkt der Anfrage als automatisiert abrufbares Merkmal nach Nummer 1 mit. ⑤ Bei Begründung einer rechtlichen Verbindung ist der Schuldner der Kapitalertragsteuer vom Kirchensteuerabzugsverpflichteten auf die Datenabfrage sowie das Antragsrecht nach Absatz 2e Satz 1 in geeigneter Form hinzuweisen. ⑥ Anträge auf das Setzen der Sperrvermerke, die im aktuellen Kalenderjahr für eine Regelabfrage berücksichtigt werden sollen, müssen bis zum 30. Juni beim Bundeszentralamt für Steuern eingegangen sein. ⑦ Alle übrigen Sperrvermerke können nur berücksichtigt werden, wenn sie spätestens zwei Monate vor der Abfrage des Kirchensteuerabzugsverpflichteten eingegangen sind. ⑧ Dies gilt für den Widerruf entsprechend. ⑨ Gehört der Schuldner der Kapitalertragsteuer keiner steuererhebenden Religionsgemeinschaft an oder hat er dem Abruf von Daten zur Religionszugehörigkeit widersprochen (Sperrvermerk), so teilt das Bundeszentralamt für Steuern dem Kirchensteuerabzugsverpflichteten zur Religionszugehörigkeit einen neutralen Wert (Nullwert) mit. ⑩ Der Kirchensteuerabzugsverpflichtete hat die vorhandenen Daten zur Religionszugehörigkeit unverzüglich zu löschen, wenn ein Nullwert übermittelt wurde;

4. im Falle einer am Stichtag oder im Zuflusszeitpunkt bestehenden Kirchensteuerpflicht hat der Kirchensteuerabzugsverpflichtete den Kirchensteuerabzug für die steuererhebende Religionsgemeinschaft durchzuführen und den Kirchensteuerbetrag an das für ihn zuständige Finanzamt abzuführen. ② § 45a Absatz 1 gilt entsprechend; in der Steueranmeldung sind die nach Satz 1 einbehaltenen Kirchensteuerbeträge für jede steuererhebende Religionsgemeinschaft jeweils als Summe anzumelden. ③ Die auf Grund der Regelabfrage vom Bundeszentralamt für Steuern bestätigte Kirchensteuerpflicht hat der Kirchensteuerabzugsverpflichtete dem Kirchensteuerabzug des auf den Stichtag folgenden Kalenderjahres zu Grunde zu legen. ④ Das Ergebnis einer Anlassabfrage wirkt anlassbezogen.

② Die Daten gemäß Nummer 3 sind nach amtlich vorgeschriebenem Datensatz durch Datenfernübertragung zu übermitteln. ③ Die Verbindung der Anfrage nach Nummer 2 mit der Anfrage nach Nummer 3 zu einer Anfrage ist zulässig. ④ Auf Antrag kann das Bundeszentralamt für Steuern zur Vermeidung unbilliger Härten auf eine elektronische Übermittlung verzichten. ⑤ § 44 Absatz 5 ist mit der Maßgabe anzuwenden, dass der Haftungsbescheid von dem für den Kirchensteuerabzugsverpflichteten zuständigen Finanzamt erlassen wird. ⑥ § 45a Absatz 2 ist mit der Maßgabe anzuwenden, dass die steuererhebende Religionsgemeinschaft angegeben wird. ⑦ Sind an den Kapitalerträgen ausschließlich Ehegatten beteiligt, wird der Anteil an der Kapitalertragsteuer hälftig ermittelt. ⑧ Der Kirchensteuerabzugsverpflichtete darf die von ihm für die Durchführung des Kirchensteuerabzugs erhobenen Daten ausschließlich für diesen Zweck verarbeiten. ⑨ Er hat organisatorisch dafür Sorge zu tragen, dass ein Zugriff auf diese Daten für andere Zwecke gesperrt ist. ⑩ Ohne Einwilligung der oder des Kirchensteuerpflichtigen und soweit gesetzlich nichts anderes zugelassen ist, dürfen der Kirchensteuerabzugsverpflichtete und die beteiligte Finanzbehörde die Daten nach Satz 8 nicht für andere Zwecke verarbeiten.

(2d) ① Wird die nach Absatz 2b zu erhebende Kirchensteuer nicht nach Absatz 2c als Kirchensteuerabzug vom Kirchensteuerabzugsverpflichteten einbehalten, wird sie nach Ablauf des

[1] § 51a Abs. 2c Satz 1 Nr. 3 Satz 1 geändert, neue Sätze 3, 6, 7 und 8 eingefügt, bish. Sätze 3 und 4 werden Sätze 4 und 5, bish. Sätze 5, 6 und 7 werden Sätze 9, 10 und 11 durch Gesetz vom 26. 6. 2013 (BGBl. I S. 1809); Satz 1 Nr. 3 Satz 5 und 9 neugefasst durch Gesetz vom 28. 7. 2015 (BGBl. I S. 1400); Abs. 2c Satz 1 Nr. 3 Satzteil vor Satz 2 und Satz 3 geändert, Satz 5 neugefasst und Satz 9 wird aufgehoben mit Wirkung ab 1. 1. 2022 durch Gesetz vom 1. 12. 2020 (BGBl. I S. 2616).

Kalenderjahres nach dem Kapitalertragsteuerbetrag veranlagt, der sich ergibt, wenn die Steuer auf Kapitalerträge nach § 32d Absatz 1 Satz 4 und 5 errechnet wird; wenn Kirchensteuer als Kirchensteuerabzug nach Absatz 2c erhoben wurde, wird eine Veranlagung auf Antrag des Steuerpflichtigen durchgeführt. ② Der Abzugsverpflichtete hat dem Kirchensteuerpflichtigen auf dessen Verlangen hin eine Bescheinigung über die einbehaltene Kapitalertragsteuer zu erteilen. ③ Der Kirchensteuerpflichtige hat die erhobene Kapitalertragsteuer zu erklären und die Bescheinigung nach Satz 2 oder nach § 45a Absatz 2 oder 3 vorzulegen.

(2e)[1] ① Der Schuldner der Kapitalertragsteuer kann unter Angabe seiner Identifikationsnummer nach amtlich vorgeschriebenem Vordruck schriftlich beim Bundeszentralamt für Steuern beantragen, dass der automatisierte Datenabruf seiner rechtlichen Zugehörigkeit zu einer steuererhebenden Religionsgemeinschaft bis auf schriftlichen Widerruf unterbleibt (Sperrvermerk). ② Das Bundeszentralamt für Steuern kann für die Abgabe der Erklärungen nach Satz 1 ein anderes sicheres Verfahren zur Verfügung stellen. ③ Der Sperrvermerk verpflichtet den Kirchensteuerpflichtigen für jeden Veranlagungszeitraum, in dem Kapitalertragsteuer einbehalten worden ist, zur Abgabe einer Steuererklärung zum Zwecke der Veranlagung nach Absatz 2d Satz 1. ④ Das Bundeszentralamt für Steuern übermittelt für jeden Veranlagungszeitraum, für den ein Sperrvermerk abgerufen worden ist, an das Wohnsitzfinanzamt des Schuldners der Kapitalertragsteuer Name und Anschrift des Kirchensteuerabzugsverpflichteten, dem im Fall des Absatzes 2c Satz 1 Nummer 3 auf Grund des Sperrvermerks ein Nullwert im Sinne des Absatzes 2c Satz 1 Nummer 3 Satz 9 mitgeteilt worden ist. ⑤ Das Wohnsitzfinanzamt fordert den Kirchensteuerpflichtigen zur Abgabe einer Steuererklärung nach § 149 Absatz 1 Satz 1 und 2 der Abgabenordnung auf.

(3) Ist die Einkommensteuer für Einkünfte, die dem Steuerabzug unterliegen, durch den Steuerabzug abgegolten oder werden solche Einkünfte bei der Veranlagung zur Einkommensteuer oder beim Lohnsteuer-Jahresausgleich nicht erfasst, gilt dies für die Zuschlagsteuer entsprechend.

(4) ① Die Vorauszahlungen auf Zuschlagsteuern sind gleichzeitig mit den festgesetzten Vorauszahlungen auf die Einkommensteuer zu entrichten; § 37 Absatz 5 ist nicht anzuwenden. ② Solange ein Bescheid über die Vorauszahlungen auf Zuschlagsteuern nicht erteilt worden ist, sind die Vorauszahlungen ohne besondere Aufforderung nach Maßgabe der für die Zuschlagsteuern geltenden Vorschriften zu entrichten. ③ § 240 Absatz 1 Satz 3 der Abgabenordnung ist insoweit nicht anzuwenden; § 254 Absatz 2 der Abgabenordnung gilt insoweit sinngemäß.

(5) ① Mit einem Rechtsbehelf gegen die Zuschlagsteuer kann weder die Bemessungsgrundlage noch die Höhe des zu versteuernden Einkommens angegriffen werden. ② Wird die Bemessungsgrundlage geändert, ändert sich die Zuschlagsteuer entsprechend.

(6) Die Absätze 1 bis 5 gelten für die Kirchensteuern nach Maßgabe landesrechtlicher Vorschriften.

§ 52[2] Anwendungsvorschriften

(1) ① Diese Fassung des Gesetzes ist, soweit in den folgenden Absätzen nichts anderes bestimmt ist, erstmals für den Veranlagungszeitraum 2022[3]/2023[4]/2024[5] anzuwenden. ② Beim Steuerabzug vom Arbeitslohn gilt Satz 1 mit der Maßgabe, dass diese Fassung erstmals auf den laufenden Arbeitslohn anzuwenden ist, der für einen nach dem 31. Dezember 2021[3]/2022[4]/2023[5] endenden Lohnzahlungszeitraum gezahlt wird, und auf sonstige Bezüge, die nach dem 31. Dezember 2021[3]/2022[4]/2023[5] zufließen. ③ Beim Steuerabzug vom Kapitalertrag gilt Satz 1 mit der Maßgabe, dass diese Fassung des Gesetzes erstmals auf Kapitalerträge anzuwenden ist, die dem Gläubiger nach dem 31. Dezember 2021[3]/2022[4]/2023[5] zufließen.

(2) ① § 2a Absatz 1 Satz 1 Nummer 6 Buchstabe b in der am 1. Januar 2000 geltenden Fassung ist erstmals auf negative Einkünfte eines Steuerpflichtigen anzuwenden, die er aus einer entgeltlichen Überlassung von Schiffen auf Grund eines nach dem 31. Dezember 1999 rechtswirksam abgeschlossenen obligatorischen Vertrags oder gleichstehenden Rechtsakts erzielt. ② Für negative Einkünfte im Sinne des § 2a Absatz 1 und 2 in der am 24. Dezember 2008 geltenden Fassung, die vor dem 25. Dezember 2008 nach § 2a Absatz 1 Satz 5 bestandskräftig gesondert festgestellt wurden, ist § 2a Absatz 1 Satz 3 bis 5 in der am 24. Dezember 2008 geltenden Fassung weiter anzuwenden. ③ § 2a Absatz 3 Satz 3, 5 und 6 in der am 29. April 1997 geltenden Fassung ist für Veranlagungszeiträume ab 1999 weiter anzuwenden, soweit sich ein positiver Betrag im Sinne des § 2a Absatz 3 Satz 3 in der am 29. April 1997 geltenden Fassung ergibt oder soweit eine in einem ausländischen Staat belegene Betriebsstätte im Sinne des § 2a Absatz 4 in

[1] § 51a Abs. 2e neugefasst durch Gesetz vom 7. 12. 2011 (BGBl. I S. 2592); Abs. 2e Satz 1 geändert und Sätze 3 und 4 ersetzt durch Sätze 3 bis 5 durch Gesetz vom 26. 6. 2013 (BGBl. I S. 1809); Abs. 2e Satz 4 neugefasst sowie Verweis angepasst durch Gesetz vom 1. 12. 2020 (BGBl. I S. 2616).

[2] § 52 neugefasst durch Art. 2 des Gesetzes vom 25. 7. 2014 (BGBl. I S. 1266).

[3] Jahreszahl geändert durch Art. 2 des Gesetzes vom 1. 12. 2020 (BGBl. I S. 2616) mit Wirkung ab 1. 1. 2022.

[4] Jahreszahl geändert durch Art. 2 des Gesetzes vom 8. 12. 2022 (BGBl. I S. 2230) und durch Art. 4 des Gesetzes vom 16. 12. 2022 (BGBl. I S. 2294).

[5] Jahreszahl geändert durch Art. 5 des Gesetzes vom 21. 12. 2020 (BGBl. I S. 3096) mit Wirkung ab 1. 1. 2024.

der Fassung des § 52 Absatz 3 Satz 8 in der am 30. Juli 2014 geltenden Fassung in eine Kapitalgesellschaft umgewandelt, übertragen oder aufgegeben wird. ④ Insoweit ist in § 2a Absatz 3 Satz 5 letzter Halbsatz in der am 29. April 1997 geltenden Fassung die Angabe „§ 10d Absatz 3" durch die Angabe „§ 10d Absatz 4" zu ersetzen.

(3) § 2b in der Fassung der Bekanntmachung vom 19. Oktober 2002 (BGBl. I S. 4210; 2003 I S. 179) ist weiterhin für Einkünfte aus einer Einkunftsquelle im Sinne des § 2b anzuwenden, die der Steuerpflichtige nach dem 4. März 1999 und vor dem 11. November 2005 rechtswirksam erworben oder begründet hat.

(4)[1] ① § 3 Nummer 5 in der am 30. Juni 2013 geltenden Fassung ist vorbehaltlich des Satzes 2 erstmals für den Veranlagungszeitraum 2013 anzuwenden. ② § 3 Nummer 5 in der am 29. Juni 2013 geltenden Fassung ist weiterhin anzuwenden für freiwillig Wehrdienst Leistende, die das Dienstverhältnis vor dem 1. Januar 2014 begonnen haben. ③ § 3 Nummer 10 in der am 31. Dezember 2005 geltenden Fassung ist weiter anzuwenden für ausgezahlte Übergangsbeihilfen an Soldatinnen auf Zeit und Soldaten auf Zeit, wenn das Dienstverhältnis vor dem 1. Januar 2006 begründet worden ist. ④ § 3 Nummer 11b in der Fassung des Artikels 1 des Gesetzes vom 19. Juni 2022 (BGBl. I S. 911) ist erstmals für den Veranlagungszeitraum 2021 anzuwenden. ⑤ § 3 Nummer 14a in der Fassung des Artikels 3 des Gesetzes vom 16. Dezember 2022 (BGBl. I S. 2294) ist erstmals für den Veranlagungszeitraum 2021 anzuwenden. ⑥ Ist in der für das jeweilige Leistungsjahr zuletzt übermittelten Rentenbezugsmitteilung im Sinne des § 22a in den nach § 22a Absatz 1 Satz 1 Nummer 2 zu übermittelnden Daten der Zuschlag an Entgeltpunkten für langjährige Versicherung nach dem Sechsten Buch Sozialgesetzbuch enthalten, haben die Träger der gesetzlichen Rentenversicherung als mitteilungspflichtige Stelle im Sinne des § 22a bis zum letzten Tag des Monats Februar 2024 für das jeweilige Leistungsjahr eine insoweit korrigierte Rentenbezugsmitteilung zu übermitteln. ⑦ Ein Einkommensteuerbescheid ist infolge einer nach Satz 6 korrigierten Rentenbezugsmitteilung insoweit zu ändern. ⑧ Das gilt auch, wenn der Einkommensteuerbescheid bereits bestandskräftig ist; andere Änderungsvorschriften bleiben unberührt. ⑨ Auf fortlaufende Leistungen nach dem Gesetz über die Heimkehrerstiftung vom 21. Dezember 1992 (BGBl. I S. 2094, 2101), das zuletzt durch Artikel 1 des Gesetzes vom 10. Dezember 2007 (BGBl. I S. 2830) geändert worden ist, in der jeweils geltenden Fassung ist § 3 Nummer 19 in der am 31. Dezember 2010 geltenden Fassung weiter anzuwenden. ⑩ § 3 Nummer 26 und 26a in der Fassung des Artikels 2 des Gesetzes vom 11. Dezember 2018 (BGBl. I S. 2338) ist in allen offenen Fällen anzuwenden. ⑪ Für die Anwendung des § 3 Nummer 34 in der Fassung des Artikels 3 des Gesetzes vom 11. Dezember 2018 (BGBl. I S. 2338) ist das Zertifizierungserfordernis nach § 20 Absatz 2 Satz 2 in Verbindung mit § 20 Absatz 5 des Fünften Buches Sozialgesetzbuch für bereits vor dem 1. Januar 2019 begonnene unzertifizierte Gesundheitsmaßnahmen erstmals maßgeblich für Sachbezüge, die nach dem 31. Dezember 2019 gewährt werden. ⑫ § 3 Nummer 37 in der Fassung des Artikels 3 des Gesetzes vom 11. Dezember 2018 (BGBl. I S. 2338) ist letztmals für den Veranlagungszeitraum 2030[2] anzuwenden, sowie beim Steuerabzug vom Arbeitslohn auf Vorteile, die in einem vor dem 1. Januar 2031[2] endenden Lohnzahlungszeitraum oder als sonstige Bezüge vor dem 1. Januar 2031[2] zugewendet werden. ⑬ § 3 Nummer 40 ist erstmals anzuwenden für

1. Gewinnausschüttungen, auf die bei der ausschüttenden Körperschaft der nach Artikel 3 des Gesetzes vom 23. Oktober 2000 (BGBl. I S. 1433) aufgehobene Vierte Teil des Körperschaftsteuergesetzes nicht mehr anzuwenden ist; für die übrigen in § 3 Nummer 40 genannten Erträge im Sinne des § 20 gilt Entsprechendes;
2. Erträge im Sinne des § 3 Nummer 40 Satz 1 Buchstabe a, b, c und j nach Ablauf des ersten Wirtschaftsjahres der Gesellschaft, an der die Anteile bestehen, für das das Körperschaftsteuergesetz in der Fassung des Artikels 3 des Gesetzes vom 23. Oktober 2000 (BGBl. I S. 1433) erstmals anzuwenden ist.

⑭ § 3 Nummer 40 Satz 1 Buchstabe d Satz 3 in der Fassung des Artikels 1 des Gesetzes vom 25. Juni 2021 (BGBl. I S. 2035) ist erstmals für Bezüge anzuwenden, die nach dem 31. Dezember 2019 zufließen. ⑮ § 3 Nummer 40 Satz 3 und 4 in der am 12. Dezember 2006 geltenden Fassung ist für Anteile, die einbringungsgeboren im Sinne des § 21 des Umwandlungssteuergesetzes in der am 12. Dezember 2006 geltenden Fassung sind, weiter anzuwenden. ⑯ § 3 Nummer 40 Satz 3 erster Halbsatz in der am 1. Januar 2017 geltenden Fassung ist erstmals für den Veranla-

[1] § 52 Abs. 4 Satz 13 (jetzt Satz 15) angefügt durch Gesetz vom 22. 12. 2014 (BGBl. I S. 2417); Abs. 4 Satz 10 eingefügt, bisherige Sätze 10 bis 13 werden Sätze 11 bis 14 durch Gesetz vom 7. 11. 2016 (BGBl. I S. 2498); Abs. 4 neuer Satz 7 eingefügt, bisherige Sätze 7 bis 14 werden Sätze 8 bis 15 durch Gesetz vom 20. 12. 2016 (BGBl. I S. 3000); Satz 16 angefügt durch Gesetz vom 27. 6. 2017 (BGBl. I S. 2074); Sätze 12 und 13 geändert, Satz 14 neugefasst und Satz 15 eingefügt, bish. Sätze 15 und 16 werden Sätze 16 und 17 durch Gesetz vom 17. 8. 2017 (BGBl. I S. 3214); Abs. 4 Satz 5 eingefügt und bish. Sätze 12 und 13 aufgehoben, bish. Sätze 14 bis 17 werden Sätze 13 bis 16 durch Art. 2 des Gesetzes vom 11. 12. 2018 (BGBl. I S. 2338); Abs. 4 Sätze 6 und 7 mit Wirkung vom 1. 1. 2019 eingefügt, bish. Sätze 6 bis 16 werden Sätze 8 bis 18 durch Art. 3 des Gesetzes vom 11. 12. 2018 (BGBl. I S. 2338); Abs. 4 Satz 15 eingefügt, bisherige Sätze 15 bis 18 werden Sätze 16 bis 19 durch Gesetz vom 8. 8. 2020 (BGBl. I S. 1818); Abs. 4 Satz 9 eingefügt, bish. Sätze 9 bis 13 werden Sätze 10 bis 14, Satz 15 eingefügt, bish. Sätze 14 bis 19 werden Sätze 16 bis 21 durch Gesetz vom 25. 6. 2021 (BGBl. I S. 2035); Abs. 4 Satz 4 eingefügt, bish. Sätze 4 bis 21 werden Sätze 5 bis 22 durch Gesetz vom 19. 6. 2022 (BGBl. I S. 911); Abs. 4 Satz 5 bis 8 eingefügt, bish. Sätze 5 bis 22 werden Sätze 9 bis 26, Satz 27 angefügt durch Gesetz vom 16. 12. 2022 (BGBl. I S. 2294).

[2] Anwendung verlängert mit Wirkung vom 1. 1. 2020 durch Gesetz vom 12. 12. 2019 (BGBl. I S. 2451).

gungszeitraum 2017 anzuwenden; der zweite Halbsatz ist anzuwenden auf Anteile, die nach dem 31. Dezember 2016 dem Betriebsvermögen zugehen. ⑰ Bei vom Kalenderjahr abweichenden Wirtschaftsjahren ist § 3 Nummer 40 Buchstabe d Satz 2 in der am 30. Juni 2013 geltenden Fassung erstmals für den Veranlagungszeitraum anzuwenden, in dem das Wirtschaftsjahr endet, das nach dem 31. Dezember 2013 begonnen hat. ⑱ § 3 Nummer 40 a in der am 6. August 2004 geltenden Fassung ist auf Vergütungen im Sinne des § 18 Absatz 1 Nummer 4 anzuwenden, wenn die vermögensverwaltende Gesellschaft oder Gemeinschaft nach dem 31. März 2002 und vor dem 1. Januar 2009 gegründet worden ist oder soweit die Vergütungen in Zusammenhang mit der Veräußerung von Anteilen an Kapitalgesellschaften stehen, die nach dem 7. November 2003 und vor dem 1. Januar 2009 erworben worden sind. ⑲ § 3 Nummer 40 a in der am 19. August 2008 geltenden Fassung ist erstmals auf Vergütungen im Sinne des § 18 Absatz 1 Nummer 4 anzuwenden, wenn die vermögensverwaltende Gesellschaft oder Gemeinschaft nach dem 31. Dezember 2008 gegründet worden ist. ⑳ § 3 Nummer 41 in der am 30. Juni 2021 geltenden Fassung ist letztmals für den Veranlagungszeitraum 2021 anzuwenden. ㉑ § 3 Nummer 46 in der am 17. November 2016 geltenden Fassung ist erstmals anzuwenden auf Vorteile, die in einem nach dem 31. Dezember 2016 endenden Lohnzahlungszeitraum oder als sonstige Bezüge nach dem 31. Dezember 2016 zugewendet werden, und letztmals anzuwenden auf Vorteile, die in einem vor dem 1. Januar 2031[1] endenden Lohnzahlungszeitraum oder als sonstige Bezüge vor dem 1. Januar 2031[1] zugewendet werden. ㉒ § 3 Nummer 60 in der am 13. August 2020 geltenden Fassung ist weiterhin anzuwenden für Anpassungsgelder an Arbeitnehmer im Steinkohlenbergbau bis zum Auslaufen dieser öffentlichen Mittel im Jahr 2027. ㉓ Der Höchstbetrag nach § 3 Nummer 63 Satz 1 verringert sich um Zuwendungen, auf die § 40 b Absatz 1 und 2 Satz 1 und 2 in der am 31. Dezember 2004 geltenden Fassung angewendet wird. ㉔ § 3 Nummer 63 Satz 3 in der ab dem 1. Januar 2018 geltenden Fassung ist nicht anzuwenden, soweit § 40 b Absatz 1 und 2 Satz 3 und 4 in der am 31. Dezember 2004 geltenden Fassung angewendet wird. ㉕ § 3 Nummer 71 in der am 31. Dezember 2014 geltenden Fassung ist erstmals für den Veranlagungszeitraum 2013 anzuwenden. ㉖ § 3 Nummer 71 in der Fassung des Artikels 1 des Gesetzes vom 27. Juni 2017 (BGBl. I S. 2074) ist erstmals für den Veranlagungszeitraum 2017 anzuwenden. ㉗ § 3 Nummer 72 in der Fassung des Artikels 1 des Gesetzes vom 16. Dezember 2022 (BGBl. I S. 2294) ist für Einnahmen und Entnahmen anzuwenden, die nach dem 31. Dezember 2021 erzielt oder getätigt werden.

(4 a)[2] ① § 3 a in der Fassung des Artikels 2 des Gesetzes vom 27. Juni 2017 (BGBl. I S. 2074) ist erstmals in den Fällen anzuwenden, in denen die Schulden ganz oder teilweise nach dem 8. Februar 2017 erlassen wurden. ② Satz 1 gilt bei einem Schuldenerlass nach dem 8. Februar 2017 nicht, wenn dem Steuerpflichtigen auf Antrag Billigkeitsmaßnahmen aus Gründen des Vertrauensschutzes für einen Sanierungsertrag auf Grundlage von § 163 Absatz 1 Satz 2 und den §§ 222, 227 der Abgabenordnung zu gewähren sind. ③ Auf Antrag des Steuerpflichtigen ist § 3 a auch in den Fällen anzuwenden, in denen die Schulden vor dem 9. Februar 2017 erlassen wurden. ④ Satz 1 gilt auch für § 3 a Absatz 3 a in der Fassung des Artikels 1 des Gesetzes vom 12. Dezember 2019 (BGBl. I S. 2451).

(5)[3] ① § 3 c Absatz 2 Satz 3 und 4 in der am 12. Dezember 2006 geltenden Fassung ist für Anteile, die einbringungsgeboren im Sinne des § 21 des Umwandlungssteuergesetzes in der am 12. Dezember 2006 geltenden Fassung sind, weiter anzuwenden. ② § 3 c Absatz 2 in der am 31. Dezember 2014 geltenden Fassung ist erstmals für Wirtschaftsjahre anzuwenden, die nach dem 31. Dezember 2014 beginnen. ③ § 3 c Absatz 4 in der Fassung des Artikels 2 des Gesetzes vom 27. Juni 2017 (BGBl. I S. 2074) ist für Betriebsvermögensminderungen oder Betriebsausgaben in unmittelbarem wirtschaftlichem Zusammenhang mit einem Schuldenerlass nach dem 8. Februar 2017 anzuwenden, für den § 3 a angewendet wird. ④ § 3 c Absatz 4 ist auch in den Fällen anzuwenden, in denen dem Steuerpflichtigen die Steuerbefreiung des § 3 a auf Grund eines Antrags nach Absatz 4 a Satz 3 gewährt wird.

(6)[4] ① § 4 Absatz 1 Satz 3 in der Fassung des Artikels 1 des Gesetzes vom 25. Juni 2021 (BGBl. I S. 2035) ist erstmals für nach dem 31. Dezember 2019 endende Wirtschaftsjahre anzuwenden. ② § 4 Absatz 1 Satz 4 in der Fassung des Artikels 1 des Gesetzes vom 8. Dezember 2010 (BGBl. I S. 1768) gilt in allen Fällen, in denen § 4 Absatz 1 Satz 3 anzuwenden ist. ③ § 4 Absatz 1 Satz 9 in der Fassung des Artikels 1 des Gesetzes vom 25. Juni 2021 (BGBl. I S. 2035) ist erstmals für nach dem 31. Dezember 2019 endende Wirtschaftsjahre anzuwenden. ④ § 4 Absatz 3 Satz 4 ist nicht anzuwenden, soweit die Anschaffungs- oder Herstellungskosten vor dem 1. Januar

---

[1] Anwendung verlängert mit Wirkung vom 1. 1. 2020 durch Gesetz vom 12. 12. 2019 (BGBl. I S. 2451).

[2] § 52 Abs. 4 a eingefügt durch Gesetz vom 27. 6. 2017 (BGBl. I S. 2074); Abs. 4 a Satz 3 angefügt durch Art. 2 des Gesetzes vom 11. 12. 2018 (BGBl. I S. 2338); Abs. 4 a Satz 4 angefügt durch Gesetz vom 12. 12. 2019 (BGBl. I S. 2451).

[3] § 52 Abs. 5 Satz 2 angefügt durch Gesetz vom 22. 12. 2014 (BGBl. I S. 2417); Satz 3 angefügt durch Gesetz vom 27. 6. 2017 (BGBl. I S. 2074); Abs. 5 Satz 4 angefügt durch Art. 2 des Gesetzes vom 11. 12. 2018 (BGBl. I S. 2338).

[4] § 52 Abs. 6 Satz 10 und 11 angefügt durch Gesetz vom 12. 12. 2019 (BGBl. I S. 2451); Satz 12 angefügt mit Wirkung ab 1. 1. 2020 durch Gesetz vom 12. 12. 2019 (BGBl. I S. 2451); Satz 13 angefügt durch Gesetz vom 21. 12. 2020 (BGBl. I S. 3096); Abs. 6 Satz 1 eingefügt, bish. Satz 1 wird Satz 2, Satz 3 eingefügt, bish. Sätze 2 bis 13 werden Sätze 4 bis 15 durch Gesetz vom 25. 6. 2021 (BGBl. I S. 2035); Abs. 6 Satz 15 geändert durch Gesetz vom 19. 6. 2022 (BGBl. I S. 911); Abs. 6 Satz 12 eingefügt, bish. Sätze 12 bis 15 werden Sätze 13 bis 16 durch Gesetz vom 16. 12. 2022 (BGBl. I S. 2294).

1971 als Betriebsausgaben abgesetzt worden sind. ⑤ § 4 Absatz 3 Satz 4 und 5 in der Fassung des Artikels 1 des Gesetzes vom 28. April 2006 (BGBl. I S. 1095) ist erstmals für Wirtschaftsgüter anzuwenden, die nach dem 5. Mai 2006 angeschafft, hergestellt oder in das Betriebsvermögen eingelegt werden. ⑥ Die Anschaffungs- oder Herstellungskosten für nicht abnutzbare Wirtschaftsgüter des Anlagevermögens, die vor dem 5. Mai 2006 angeschafft, hergestellt oder in das Betriebsvermögen eingelegt wurden, sind erst im Zeitpunkt des Zuflusses des Veräußerungserlöses oder im Zeitpunkt der Entnahme als Betriebsausgaben zu berücksichtigen. ⑦ § 4 Absatz 4 a in der Fassung des Gesetzes vom 22. Dezember 1999 (BGBl. I S. 2601) ist erstmals für das Wirtschaftsjahr anzuwenden, das nach dem 31. Dezember 1998 endet. ⑧ Über- und Unterentnahmen vorangegangener Wirtschaftsjahre bleiben unberücksichtigt. ⑨ Bei vor dem 1. Januar 1999 eröffneten Betrieben sind im Fall der Betriebsaufgabe bei der Überführung von Wirtschaftsgütern aus dem Betriebsvermögen in das Privatvermögen die Buchwerte nicht als Entnahme anzusetzen; im Fall der Betriebsveräußerung ist nur der Veräußerungsgewinn als Entnahme anzusetzen. ⑩ § 4 Absatz 5 Satz 1 Nummer 5 in der Fassung des Artikels 1 des Gesetzes vom 20. Februar 2013 (BGBl. I S. 285) ist erstmals ab dem 1. Januar 2014 anzuwenden. ⑪ § 4 Absatz 5 Satz 1 Nummer 6 a in der Fassung des Artikels 1 des Gesetzes vom 20. Februar 2013 (BGBl. I S. 285) ist erstmals ab dem 1. Januar 2014 anzuwenden. ⑫ § 4 Absatz 5 Satz 1 Nummer 6 b und 6 c in der Fassung des Artikels 1 des Gesetzes vom 16. Dezember 2022 (BGBl. I S. 2294) ist für nach dem 31. Dezember 2022 in der häuslichen Wohnung ausgeübte Tätigkeiten anzuwenden. ⑬ § 4 Absatz 5 Satz 1 Nummer 8 in der Fassung des Artikels 1 des Gesetzes vom 12. Dezember 2019 (BGBl. I S. 2451) ist erstmals anzuwenden auf nach dem 31. Dezember 2018 festgesetzte Geldbußen, Ordnungsgelder und Verwarnungsgelder sowie auf nach dem 31. Dezember 2018 entstandene mit der Geldbuße, dem Ordnungsgeld oder dem Verwarnungsgeld zusammenhängende Aufwendungen. ⑭ § 4 Absatz 5 Satz 1 Nummer 8 a in der Fassung des Artikels 1 des Gesetzes vom 12. Dezember 2019 (BGBl. I S. 2451) ist erstmals anzuwenden auf nach dem 31. Dezember 2018 festgesetzte Zinsen im Sinne der Vorschrift. ⑮ § 4 Absatz 10 in der Fassung des Artikels 2 des Gesetzes vom 12. Dezember 2019 (BGBl. I S. 2451) ist erstmals anzuwenden auf nach dem 31. Dezember 2019 durchgeführte Übernachtungen im Sinne der Vorschrift. ⑯ § 4 Absatz 5 Satz 1 Nummer 6 b Satz 4 in der Fassung des Artikels 1 des Gesetzes vom 21. Dezember 2020 (BGBl. I S. 3096) ist für nach dem 31. Dezember 2019 und vor dem 1. Januar 2023 in der häuslichen Wohnung ausgeübte Tätigkeiten anzuwenden.

(7)[1] *(aufgehoben)*

(8)[2] ① § 4 f in der Fassung des Gesetzes vom 18. Dezember 2013 (BGBl. I S. 4318) ist erstmals für Wirtschaftsjahre anzuwenden, die nach dem 28. November 2013 enden. ② § 4 f Absatz 1 Satz 3 in der Fassung des Artikels 1 des Gesetzes vom 21. Dezember 2020 (BGBl. I S. 3096) ist erstmals für Wirtschaftsjahre anzuwenden, die nach dem 31. Dezember 2019 enden; bei nach § 4 a vom Kalenderjahr abweichenden Wirtschaftsjahren ist § 4 f Absatz 1 Satz 3 spätestens für Wirtschaftsjahre anzuwenden, die nach dem 17. Juli 2020 enden.

(8 a)[3] § 4 g Absatz 1 in der Fassung des Artikels 1 des Gesetzes vom 25. Juni 2021 (BGBl. I S. 2035) ist in allen offenen Fällen anzuwenden.

(8 b)[4] § 4 j in der Fassung des Artikels 1 des Gesetzes vom 27. Juni 2017 (BGBl. I S. 2074) ist erstmals für Aufwendungen anzuwenden, die nach dem 31. Dezember 2017 entstehen.

(8c)[5] ① § 4 k in der Fassung des Artikels 1 des Gesetzes vom 25. Juni 2021 (BGBl. I S. 2035) ist erstmals für Aufwendungen anzuwenden, die nach dem 31. Dezember 2019 entstehen. ② Aufwendungen, die rechtlich bereits vor dem 1. Januar 2020 verursacht wurden, gelten bei der Anwendung des Satzes 1 nur insoweit als nach dem 31. Dezember 2019 entstanden, als ihnen ein Dauerschuldverhältnis zugrunde liegt und sie ab diesem Zeitpunkt ohne wesentliche Nachteile hätten vermieden werden können. ③ Ein Nachteil ist insbesondere dann wesentlich im Sinne des Satzes 2, wenn sämtliche mit der Vermeidung der Aufwendungen verbundenen Kosten den steuerlichen Vorteil infolge der Besteuerungsinkongruenz übersteigen. ④ Satz 2 gilt nicht, wenn das Dauerschuldverhältnis nach dem 31. Dezember 2019 wesentlich geändert wurde.

(9)[6] ① § 5 Absatz 5 Satz 2 in der Fassung des Artikels 1 des Gesetzes vom 16. Dezember 2022 (BGBl. I S. 2294) ist erstmals für Wirtschaftsjahre anzuwenden, die nach dem 31. Dezember 2021 enden. ② § 5 Absatz 7 in der Fassung des Gesetzes vom 18. Dezember 2013 (BGBl. I S. 4318) ist erstmals für Wirtschaftsjahre anzuwenden, die nach dem 28. November 2013 enden. ③ Auf Antrag kann § 5 Absatz 7 auch für frühere Wirtschaftsjahre angewendet werden. ④ Bei Schuldübertragungen, Schuldbeitritten und Erfüllungsübernahmen, die vor dem 14. Dezember 2011 vereinbart wurden, ist § 5 Absatz 7 Satz 5 mit der Maßgabe anzuwenden, dass für einen Gewinn, der sich aus der Anwendung von § 5 Absatz 7 Satz 1 bis 3 ergibt, jeweils in Höhe von

---

[1] § 52 Abs. 7 aufgehoben mit Wirkung ab 1. 1. 2018 durch Gesetz vom 21. 12. 2015 (BGBl. I S. 2553).
[2] § 52 Abs. 8 Satz 2 angefügt durch Gesetz vom 21. 12. 2020 (BGBl. I S. 3096).
[3] § 52 Abs. 8 a eingefügt durch Gesetz vom 25. 6. 2021 (BGBl. I S. 2035).
[4] § 52 Abs. 8 a eingefügt durch Gesetz vom 27. 6. 2017 (BGBl. I S. 2074); wird Abs. 8 b durch Gesetz vom 25. 6. 2021 (BGBl. I S. 2035).
[5] § 52 Abs. 8 c eingefügt durch Gesetz vom 25. 6. 2021 (BGBl. I S. 2035).
[6] § 52 Abs. 9 Satz 1 eingefügt, bish. Sätze 1 bis 3 werden Sätze 2 bis 4 durch Gesetz vom 16. 12. 2022 (BGBl. I S. 2294).

19 Zwanzigsteln eine gewinnmindernde Rücklage gebildet werden kann, die in den folgenden 19 Wirtschaftsjahren jeweils mit mindestens einem Neunzehntel gewinnerhöhend aufzulösen ist.

(10)[1] ① § 5a Absatz 3 in der Fassung des Artikels 9 des Gesetzes vom 29. Dezember 2003 (BGBl. I S. 3076) ist erstmals für das Wirtschaftsjahr anzuwenden, das nach dem 31. Dezember 2005 endet. ② § 5a Absatz 3 Satz 1 in der am 31. Dezember 2003 geltenden Fassung ist weiterhin anzuwenden, wenn der Steuerpflichtige im Fall der Anschaffung das Handelsschiff auf Grund eines vor dem 1. Januar 2006 rechtswirksam abgeschlossenen schuldrechtlichen Vertrags oder gleichgestellten Rechtsakts angeschafft oder im Fall der Herstellung mit der Herstellung des Handelsschiffs vor dem 1. Januar 2006 begonnen hat. ③ In Fällen des Satzes 2 muss der Antrag auf Anwendung des § 5a Absatz 1 spätestens bis zum Ablauf des Wirtschaftsjahres gestellt werden, das vor dem 1. Januar 2008 endet. ④ § 5a Absatz 4 Satz 5 bis 7 in der Fassung des Artikels 1 des Gesetzes vom 2. Juni 2021 (BGBl. I S. 1259) ist erstmals auf Wirtschaftsjahre anzuwenden, die nach dem 31. Dezember 1998 beginnen. ⑤ Soweit Ansparabschreibungen im Sinne des § 7g Absatz 3 in der am 17. August 2007 geltenden Fassung zum Zeitpunkt des Übergangs zur Gewinnermittlung nach § 5a Absatz 1 noch nicht gewinnerhöhend aufgelöst worden sind, ist § 5a Absatz 5 Satz 3 in der am 17. August 2007 geltenden Fassung weiter anzuwenden. ⑥ § 5a Absatz 6 in der durch Artikel 1 des Gesetzes vom 12. Dezember 2019 (BGBl. I S. 2451) geänderten Fassung ist erstmals für Wirtschaftsjahre anzuwenden, die nach dem 31. Dezember 2018 beginnen.

(11) § 5b in der Fassung des Artikels 1 des Gesetzes vom 20. Dezember 2008 (BGBl. I S. 2850) ist erstmals für Wirtschaftsjahre anzuwenden, die nach dem 31. Dezember 2010 beginnen.

(12)[2] ① § 6 Absatz 1 Nummer 1b kann auch für Wirtschaftsjahre angewendet werden, die vor dem 23. Juli 2016 enden. ② § 6 Absatz 1 Nummer 3 und 3a Buchstabe e in der Fassung des Artikels 3 des Gesetzes vom 19. Juni 2022 (BGBl. I S. 911) ist erstmals für Wirtschaftsjahre anzuwenden, die nach dem 31. Dezember 2022 enden. ③ Auf Antrag kann § 6 Absatz 1 Nummer 3 und 3a Buchstabe e in der Fassung des Artikels 3 des Gesetzes vom 19. Juni 2022 (BGBl. I S. 911) auch für frühere Wirtschaftsjahre angewendet werden. ④ § 6 Absatz 1 Nummer 4 Satz 2 Nummer 3 und Satz 3 Nummer 3 in der Fassung des Artikels 1 des Gesetzes vom 29. Juni 2020 (BGBl. I S. 1512) ist bereits ab dem 1. Januar 2020 anzuwenden. ⑤ § 6 Absatz 1 Nummer 4 Satz 6 ist bis zum 31. Dezember 2030[3] anzuwenden. ⑥ § 6 Absatz 1 Nummer 5 Satz 1 Buchstabe c in der Fassung des Artikels 2 des Gesetzes vom 11. Dezember 2018 (BGBl. I S. 2338) ist erstmals bei Wirtschaftsgütern anzuwenden, die nach dem 31. Dezember 2017 in ein Betriebsvermögen eingelegt werden. ⑦ § 6 Absatz 2 Satz 4 in der Fassung des Artikels 4 des Gesetzes vom 30. Juni 2017 (BGBl. I S. 2143) ist erstmals bei Wirtschaftsgütern anzuwenden, die nach dem 31. Dezember 2017 angeschafft, hergestellt oder in das Betriebsvermögen eingelegt werden. ⑧ § 6 Absatz 2 Satz 1 in der Fassung des Artikels 1 des Gesetzes vom 27. Juni 2017 (BGBl. I S. 2074) ist erstmals bei Wirtschaftsgütern anzuwenden, die nach dem 31. Dezember 2017 angeschafft, hergestellt oder in das Betriebsvermögen eingelegt werden. ⑨ § 6 Absatz 5 Satz 1 zweiter Halbsatz in der am 14. Dezember 2010 geltenden Fassung gilt in allen Fällen, in denen § 4 Absatz 1 Satz 3 anzuwenden ist. ⑩ § 6 Absatz 2a in der Fassung des Artikels 1 des Gesetzes vom 27. Juni 2017 (BGBl. I S. 2074) ist erstmals bei Wirtschaftsgütern anzuwenden, die nach dem 31. Dezember 2017 angeschafft, hergestellt oder in das Betriebsvermögen eingelegt werden. ⑪ § 6 Absatz 1 Nummer 4 Satz 1 zweiter Halbsatz, Nummer 5a zweiter Halbsatz und Nummer 5b in der Fassung des Artikels 1 des Gesetzes vom 25. Juni 2021 (BGBl. I S. 2035) ist erstmals für nach dem 31. Dezember 2019 endende Wirtschaftsjahre anzuwenden.

(13)[4] *(aufgehoben)*

(14)[5] ① § 6b Absatz 2a in der am 6. November 2015 geltenden Fassung ist auch auf Gewinne im Sinne des § 6b Absatz 2 anzuwenden, die vor dem 6. November 2015 entstanden sind. ② § 6b Absatz 10 Satz 11 in der am 12. Dezember 2006 geltenden Fassung ist für Anteile, die einbringungsgeboren im Sinne des § 21 des Umwandlungssteuergesetzes in der am 12. Dezember 2006 geltenden Fassung sind, weiter anzuwenden. ③ § 6b Absatz 2a in der Fassung des Artikels 1 des Gesetzes vom 11. Dezember 2018 (BGBl. I S. 2338) ist erstmals auf Gewinne im

---

[1] § 52 Abs. 10 Satz 5 angefügt durch Gesetz vom 12. 12. 2019 (BGBl. I S. 2451); Abs. 10 Satz 4 eingefügt, bisherige Sätze 4 und 5 werden Sätze 5 und 6 durch Gesetz vom 2. 6. 2021 (BGBl. I S. 1259).

[2] § 52 Abs. 12 Satz 1 eingefügt durch Gesetz vom 18. 7. 2016 (BGBl. I S. 1679); Satz 2 (bisher Satz 1) Datum geändert durch Gesetz vom 2. 11. 2015 (BGBl. I S. 1834); Satz 3 eingefügt, bish. Satz 3 wird Satz 4 und Satz 5 angefügt durch Gesetz vom 27. 6. 2017 (BGBl. I S. 2074); neuer Satz 3 eingefügt, bish. Sätze 3 bis 5 werden Sätze 4 bis 6 durch Gesetz vom 30. 6. 2017 (BGBl. I S. 2143); Abs. 12 Satz 2 neugefasst durch Art. 2 des Gesetzes vom 11. 12. 2018 (BGBl. I S. 2338); Abs. 12 Satz 2 eingefügt, bish. Sätze 2 bis 6 werden Sätze 3 bis 7 mit Wirkung ab 1. 1. 2019 durch Art. 3 des Gesetzes vom 11. 12. 2018 (BGBl. I S. 2338); Abs. 12 neuer Satz 2 eingefügt, bisherige Sätze 2 bis 7 werden Sätze 3 bis 8 durch Gesetz vom 29. 6. 2020 (BGBl. I S. 1512); Abs. 12 Satz 9 angefügt durch Gesetz vom 25. 6. 2021 (BGBl. I S. 2035); Abs. 12 Satz 2 und 3 eingefügt, bish. Sätze 2 bis 9 werden Sätze 4 bis 11 durch Gesetz vom 19. 6. 2022 (BGBl. I S. 911).

[3] Anwendung verlängert mit Wirkung vom 1. 1. 2020 durch Gesetz vom 12. 12. 2019 (BGBl. I S. 2451); Satz 3 angefügt **mit Wirkung ab 1. 1. 2023** durch Gesetz vom 16. 12. 2022 (BGBl. I S. 2294).

[4] § 52 Abs. 13 aufgehoben mit Wirkung ab 1. 1. 2018 durch Gesetz vom 21. 12. 2015 (BGBl. I S. 2553).

[5] § 52 Abs. 14 Satz 1 eingefügt durch Gesetz vom 2. 11. 2015 (BGBl. I S. 1834); Satz 3 angefügt durch Art. 1 des Gesetzes vom 11. 12. 2018 (BGBl. I S. 2338); Abs. 14 Sätze 4 bis 6 eingefügt durch Gesetz vom 29. 6. 2020 (BGBl. I S. 1512); Abs. 14 Satz 4 geändert, Satz 5 neugefasst und Satz 6 aufgehoben durch Gesetz vom 25. 6. 2021 (BGBl. I S. 2050); Abs. 14 Satz 4 und 5 geändert und Satz 6 eingefügt durch Gesetz vom 19. 6. 2022 (BGBl. I S. 911).

Sinne des § 6b Absatz 2 anzuwenden, die in nach dem 31. Dezember 2017 beginnenden Wirtschaftsjahren entstanden sind. ④ Die Fristen des § 6b Absatz 3 Satz 2, 3 und 5, Absatz 8 Satz 1 Nummer 1 sowie Absatz 10 Satz 1 und 8 verlängern sich jeweils um drei Jahre, wenn die Rücklage wegen § 6b Absatz 3 Satz 5, Absatz 8 Satz 1 Nummer 1 in Verbindung mit Absatz 3 Satz 5 oder Absatz 10 Satz 8 am Schluss des nach dem 29. Februar 2020 und vor dem 1. Januar 2021 endenden Wirtschaftsjahres aufzulösen wäre. ⑤ Die in Satz 4 genannten Fristen verlängern sich um zwei Jahre, wenn die Rücklage wegen § 6b Absatz 3 Satz 5, Absatz 8 Satz 1 Nummer 1 in Verbindung mit Absatz 3 Satz 5 oder Absatz 10 Satz 8 am Schluss des nach dem 31. Dezember 2020 und vor dem 1. Januar 2022 endenden Wirtschaftsjahres aufzulösen wäre. ⑥ Die in Satz 4 genannten Fristen verlängern sich um ein Jahr, wenn die Rücklage wegen § 6b Absatz 3 Satz 5, Absatz 8 Satz 1 Nummer 1 in Verbindung mit Absatz 3 Satz 5 oder Absatz 10 Satz 8 am Schluss des nach dem 31. Dezember 2021 und vor dem 1. Januar 2023 endenden Wirtschaftsjahres aufzulösen wäre.

(14a)[1] § 6e in der Fassung des Artikels 1 des Gesetzes vom 12. Dezember 2019 (BGBl. I S. 2451) ist auch in Wirtschaftsjahren anzuwenden, die vor dem 18. Dezember 2019 enden.

(15) ① Bei Wirtschaftsgütern, die vor dem 1. Januar 2001 angeschafft oder hergestellt worden sind, ist § 7 Absatz 2 Satz 2 in der Fassung des Gesetzes vom 22. Dezember 1999 (BGBl. I S. 2601) weiter anzuwenden. ② Bei Gebäuden, soweit sie zu einem Betriebsvermögen gehören und nicht Wohnzwecken dienen, ist § 7 Absatz 4 Satz 1 und 2 in der am 31. Dezember 2000 geltenden Fassung weiter anzuwenden, wenn der Steuerpflichtige im Fall der Herstellung vor dem 1. Januar 2001 mit der Herstellung des Gebäudes begonnen hat oder im Fall der Anschaffung das Objekt auf Grund eines vor dem 1. Januar 2001 rechtswirksam abgeschlossenen obligatorischen Vertrags oder gleichstehenden Rechtsakts angeschafft hat. ③ Als Beginn der Herstellung gilt bei Gebäuden, für die eine Baugenehmigung erforderlich ist, der Zeitpunkt, in dem der Bauantrag gestellt wird; bei baugenehmigungsfreien Gebäuden, für die Bauunterlagen einzureichen sind, der Zeitpunkt, in dem die Bauunterlagen eingereicht werden.

(15a)[2] ① Die Inanspruchnahme der Sonderabschreibungen nach § 7b in der Fassung des Artikels 1 des Gesetzes vom 4. August 2019 (BGBl. I S. 1122) kann erstmalig für den Veranlagungszeitraum 2018 und letztmalig für den Veranlagungszeitraum 2026, in den Fällen des § 4a letztmalig für Wirtschaftsjahre, die vor dem 1. Januar 2027 enden, geltend gemacht werden. ② Das gilt auch dann, wenn der Abschreibungszeitraum nach § 7b Absatz 1 noch nicht abgelaufen ist. ③ § 7b Absatz 5 in der Fassung des Artikels 4 des Gesetzes vom 16. Dezember 2022 (BGBl. I S. 2294) gilt für Sonderabschreibungen, die für neue Wohnungen in Anspruch genommen werden, die aufgrund eines nach dem 31. Dezember 2022 und vor dem 1. Januar 2027 gestellten Bauantrags oder einer in diesem Zeitraum getätigten Bauanzeige hergestellt werden.

(15b)[3] § 7c in der Fassung des Artikels 2 des Gesetzes vom 12. Dezember 2019 (BGBl. I S. 2451) ist für nach dem 31. Dezember 2019 und vor dem 1. Januar 2031 angeschaffte neue Elektrolieferfahrzeuge anzuwenden.

(16)[4] ① § 7g Absatz 1 Satz 1, 2 Nummer 1, Absatz 2 Satz 1 und 3, Absatz 4 Satz 1 sowie Absatz 6 in der Fassung des Artikels 1 des Gesetzes vom 21. Dezember 2020 (BGBl. I S. 3096) ist erstmals für Investitionsabzugsbeträge und Sonderabschreibungen anzuwenden, die in nach dem 31. Dezember 2019 endenden Wirtschaftsjahren in Anspruch genommen werden; bei nach § 4a vom Kalenderjahr abweichenden Wirtschaftsjahren ist § 7g Absatz 1 Satz 2 Nummer 1 und Absatz 6 Nummer 1 spätestens für Investitionsabzugsbeträge und Sonderabschreibungen anzuwenden, die in nach dem 17. Juli 2020 endenden Wirtschaftsjahren in Anspruch genommen werden. ② § 7g Absatz 2 Satz 2 und Absatz 7 in der Fassung des Artikels 1 des Gesetzes vom 21. Dezember 2020 (BGBl. I S. 3096) ist erstmals für Investitionsabzugsbeträge anzuwenden, die in nach dem 31. Dezember 2020 endenden Wirtschaftsjahren in Anspruch genommen werden. ③ Bei in nach dem 31. Dezember 2016 und vor dem 1. Januar 2018 endenden Wirtschaftsjahren beanspruchten Investitionsabzugsbeträgen endet die Investitionsfrist abweichend von § 7g Absatz 3 Satz 1 erst zum Ende des sechsten auf das Wirtschaftsjahr des Abzugs folgenden Wirtschaftsjahres. ④ Bei in nach dem 31. Dezember 2017 und vor dem 1. Januar 2019 endenden Wirtschaftsjahren beanspruchten Investitionsabzugsbeträgen endet die Investitionsfrist abweichend von § 7g Absatz 3 Satz 1 erst zum Ende des fünften auf das Wirtschaftsjahr des Abzugs folgenden Wirtschaftsjahres. ⑤ Bei in nach dem 31. Dezember 2018 und vor dem 1. Januar 2020 endenden Wirtschaftsjahren beanspruchten Investitionsabzugsbeträgen endet die Investitionsfrist abweichend von § 7g Absatz 3 Satz 1 erst zum Ende des vierten auf das Wirtschaftsjahr des Abzugs folgenden Wirtschaftsjahres.

---

[1] § 52 Abs. 14a eingefügt durch Gesetz vom 12. 12. 2019 (BGBl. I S. 2451).

[2] § 52 Abs. 15a eingefügt durch Gesetz vom 4. 8. 2019 (BGBl. I S. 1122); Satz 1 geändert durch Gesetz vom 12. 12. 2019 (BGBl. I S. 2451); Satz 3 angefügt **mit Wirkung ab 1. 1. 2023** durch Gesetz vom 16. 12. 2022 (BGBl. I S. 2294).

[3] § 52 Abs. 15b eingefügt durch Gesetz vom 12. 12. 2019 (BGBl. I S. 2451).

[4] § 52 Abs. 16 neugefasst durch Gesetz vom 29. 6. 2020 (BGBl. I S. 1512) und durch Gesetz vom 21. 12. 2020 (BGBl. I S. 3096); Abs. 16 Satz 3 geändert und Satz 4 angefügt durch Gesetz vom 25. 6. 2021 (BGBl. I S. 2050); Abs. 16 Satz 3 und 4 geändert und Satz 5 angefügt durch Gesetz vom 19. 6. 2022 (BGBl. I S. 911).

(16a)[1] ① § 7h Absatz 1a in der Fassung des Artikels 1 des Gesetzes vom 12. Dezember 2019 (BGBl. I S. 2451) ist erstmals auf Baumaßnahmen anzuwenden, mit denen nach dem 31. Dezember 2018 begonnen wurde. ② Als Beginn der Baumaßnahmen am Gebäude, für die eine Baugenehmigung erforderlich ist, gilt der Zeitpunkt, in dem der Bauantrag gestellt wurde. ③ Bei baugenehmigungsfreien Baumaßnahmen, für die Bauunterlagen einzureichen sind, gilt als Beginn der Baumaßnahmen der Zeitpunkt, in dem die Bauunterlagen eingereicht werden. ④ § 7h Absatz 2 Satz 1 in der Fassung des Artikels 1 des Gesetzes vom 21. Dezember 2020 (BGBl. I S. 3096) ist erstmals anzuwenden auf Bescheinigungen der zuständigen Gemeindebehörde, die nach dem 31. Dezember 2020 erteilt werden. ⑤ § 7h Absatz 2 Satz 1 letzter Halbsatz in der Fassung des Artikels 1 des Gesetzes vom 12. Dezember 2019 (BGBl. I S. 2451) ist erstmals anzuwenden auf Bescheinigungen der zuständigen Gemeindebehörde, die nach dem 31. Dezember 2018 erteilt werden. ⑥ § 7h Absatz 3 in der Fassung des Artikels 1 des Gesetzes vom 12. Dezember 2019 (BGBl. I S. 2451) ist erstmals anzuwenden auf Baumaßnahmen, mit denen nach dem 31. Dezember 2018 begonnen wurde sowie auf Bescheinigungen, die nach dem 31. Dezember 2018 erteilt werden. ⑦ § 7i Absatz 2 Satz 1 in der Fassung des Artikels 1 des Gesetzes vom 21. Dezember 2020 (BGBl. I S. 3096) ist erstmals anzuwenden auf Bescheinigungen der nach Landesrecht zuständigen oder von der Landesregierung bestimmten Stelle, die nach dem 31. Dezember 2020 erteilt werden.

(16b)[2] ① § 9 Absatz 1 Satz 3 Nummer 7 Satz 1 in der Fassung des Artikels 1 des Gesetzes vom 12. Dezember 2019 (BGBl. I S. 2451) ist erstmals anzuwenden auf Sonderabschreibungen nach § 7b in der Fassung des Artikels 1 des Gesetzes vom 4. August 2019 (BGBl. I S. 1122). ② § 9 Absatz 5 Satz 2 in der Fassung des Artikels 1 des Gesetzes vom 27. Juni 2017 (BGBl. I S. 2074) ist erstmals für Aufwendungen im Sinne des § 4j in der Fassung des Artikels 1 des Gesetzes vom 27. Juni 2017 (BGBl. I S. 2074) anzuwenden, die nach dem 31. Dezember 2017 entstehen. ③ § 9 Absatz 5 Satz 2 in der Fassung des Artikels 1 des Gesetzes vom 12. Dezember 2019 (BGBl. I S. 2451) ist auch für Veranlagungszeiträume vor 2019 anzuwenden. ④ § 9 Absatz 5 Satz 2 in der Fassung des Artikels 1 des Gesetzes vom 25. Juni 2021 (BGBl. I S. 2035) ist erstmals für Aufwendungen im Sinne des § 4k anzuwenden, die nach dem 31. Dezember 2019 entstehen.

(17) § 9b Absatz 2 in der Fassung des Artikels 11 des Gesetzes vom 18. Dezember 2013 (BGBl. I S. 4318) ist auf Mehr- und Minderbeträge infolge von Änderungen der Verhältnisse im Sinne von § 15a des Umsatzsteuergesetzes anzuwenden, die nach dem 28. November 2013 eingetreten sind.

(18)[3] ① § 10 Absatz 1a Nummer 2 in der am 1. Januar 2015 geltenden Fassung ist auf alle Versorgungsleistungen anzuwenden, die auf Vermögensübertragungen beruhen, die nach dem 31. Dezember 2007 vereinbart worden sind. ② Für Versorgungsleistungen, die auf Vermögensübertragungen beruhen, die vor dem 1. Januar 2008 vereinbart worden sind, gilt dies nur, wenn das übertragene Vermögen nur deshalb einen ausreichenden Ertrag bringt, weil ersparte Aufwendungen, mit Ausnahme des Nutzungsvorteils eines vom Vermögensübernehmer zu eigenen Zwecken genutzten Grundstücks, zu den Erträgen des Vermögens gerechnet werden. ③ § 10 Absatz 1 Nummer 5 in der am 1. Januar 2012 geltenden Fassung gilt auch für Kinder, die wegen einer vor dem 1. Januar 2007 in der Zeit ab Vollendung des 25. Lebensjahres und vor Vollendung des 27. Lebensjahres eingetretenen körperlichen, geistigen oder seelischen Behinderung außerstande sind, sich selbst zu unterhalten. ④ § 10 Absatz 2 Satz 1 Nummer 1 in der Fassung des Artikel 1 des Gesetzes vom 21. Dezember 2020 (BGBl. I S. 3096) ist in allen offenen Fällen anzuwenden. ⑤ § 10 Absatz 4b Satz 4 bis 6 in der am 30. Juni 2013 geltenden Fassung ist erstmals für die Übermittlung der Daten des Veranlagungszeitraums 2016 anzuwenden. ⑥ § 10 Absatz 5 in der am 31. Dezember 2009 geltenden Fassung ist auf Beiträge zu Versicherungen im Sinne des § 10 Absatz 1 Nummer 2 Buchstabe b Doppelbuchstabe bb bis dd in der am 31. Dezember 2004 geltenden Fassung weiterhin anzuwenden, wenn die Laufzeit dieser Versicherungen vor dem 1. Januar 2005 begonnen hat und ein Versicherungsbeitrag bis zum 31. Dezember 2004 entrichtet wurde.

(18a)[4] § 10b Absatz 1 Satz 8 in der Fassung des Artikels 2 des Gesetzes vom 12. Dezember 2019 (BGBl. I S. 2451) ist erstmals auf Mitgliedsbeiträge anzuwenden, die nach dem 31. Dezember 2019 gezahlt werden.

(18b)[5] ① § 10d Absatz 1 Satz 1 in der Fassung des Artikels 1 des Gesetzes vom 10. März 2021 (BGBl. I S. 330) ist für die Veranlagungszeiträume 2020 und 2021 anzuwenden. ② § 10d Absatz 1 in der Fassung des Artikels 3 des Gesetzes vom 19. Juni 2022 (BGBl. I S. 911) ist erstmals für den |

---

[1] § 52 Abs. 16a eingefügt durch Gesetz vom 12. 12. 2019 (BGBl. I S. 2451); Abs. 16a Satz 4 eingefügt, bisherige Sätze 4 und 5 werden Sätze 5 und 6 sowie Satz 7 angefügt durch Gesetz vom 21. 12. 2020 (BGBl. I S. 3096).

[2] § 52 Abs. 16b als Abs. 16a eingefügt durch Gesetz vom 27. 6. 2017 (BGBl. I S. 2074); Satz 1 eingefügt, bish. Satz wird Satz 2 und Satz 3 angefügt durch Gesetz vom 12. 12. 2019 (BGBl. I S. 2451); Abs. 16b Satz 4 angefügt durch Gesetz vom 25. 6. 2021 (BGBl. I S. 2035).

[3] § 52 Abs. 18 Satz 1 geändert durch Gesetz vom 22. 12. 2014 (BGBl. I S. 2417); Abs. 18 Satz 4 eingefügt, bish. Sätze 4 und 5 werden Sätze 5 und 6 durch Art. 2 des Gesetzes vom 11. 12. 2018 (BGBl. I S. 2338); Satz 4 geändert durch Gesetz vom 21. 12. 2020 (BGBl. I S. 3096).

[4] § 52 Abs. 18a eingefügt mit Wirkung ab 1. 1. 2020 durch Gesetz vom 12. 12. 2019 (BGBl. I S. 2451).

[5] § 52 Abs. 18b eingefügt durch Gesetz vom 29. 6. 2020 (BGBl. I S. 1512) und neugefasst durch Gesetz vom 19. 6. 2022 (BGBl. I S. 911); Abs. 18b Satz 3 angefügt **mit Wirkung ab 1. 1. 2024** durch Gesetz vom 19. 6. 2022 (BGBl. I S. 911).

Veranlagungszeitraum 2022 anzuwenden. ③ § 10d Absatz 1 Satz 1 in der Fassung des Artikels 4 des Gesetzes vom 19. Juni 2022 (BGBl. I S. 911) ist erstmals für den Veranlagungszeitraum 2024 anzuwenden.

(19) ① Für nach dem 31. Dezember 1986 und vor dem 1. Januar 1991 hergestellte oder angeschaffte Wohnungen im eigenen Haus oder Eigentumswohnungen sowie in diesem Zeitraum fertiggestellte Ausbauten oder Erweiterungen ist § 10e in der am 30. Dezember 1989 geltenden Fassung weiter anzuwenden. ② Für nach dem 31. Dezember 1990 hergestellte oder angeschaffte Wohnungen im eigenen Haus oder Eigentumswohnungen sowie in diesem Zeitraum fertiggestellte Ausbauten oder Erweiterungen ist § 10e in der am 28. Juni 1991 geltenden Fassung weiter anzuwenden. ③ Abweichend von Satz 2 ist § 10e Absatz 1 bis 5 und 6 bis 7 in der am 28. Juni 1991 geltenden Fassung erstmals für den Veranlagungszeitraum 1991 bei Objekten im Sinne des § 10e Absatz 1 und 2 anzuwenden, wenn im Fall der Herstellung der Steuerpflichtige nach dem 30. September 1991 den Bauantrag gestellt oder mit der Herstellung des Objekts begonnen hat oder im Fall der Anschaffung der Steuerpflichtige das Objekt nach dem 30. September 1991 auf Grund eines nach diesem Zeitpunkt rechtswirksam abgeschlossenen obligatorischen Vertrags oder gleichstehenden Rechtsakts angeschafft hat oder mit der Herstellung des Objekts nach dem 30. September 1991 begonnen worden ist. ④ § 10e Absatz 5a ist erstmals bei den in § 10e Absatz 1 und 2 bezeichneten Objekten anzuwenden, wenn im Fall der Herstellung der Steuerpflichtige den Bauantrag nach dem 31. Dezember 1991 gestellt oder, falls ein solcher nicht erforderlich ist, mit der Herstellung nach diesem Zeitpunkt begonnen hat, oder im Fall der Anschaffung der Steuerpflichtige das Objekt auf Grund eines nach dem 31. Dezember 1991 rechtswirksam abgeschlossenen obligatorischen Vertrags oder gleichstehenden Rechtsakts angeschafft hat. ⑤ § 10e Absatz 1 Satz 4 in der am 27. Juni 1993 geltenden Fassung und § 10e Absatz 6 Satz 3 in der am 30. Dezember 1993 geltenden Fassung sind erstmals anzuwenden, wenn der Steuerpflichtige das Objekt auf Grund eines nach dem 31. Dezember 1993 rechtswirksam abgeschlossenen obligatorischen Vertrags oder gleichstehenden Rechtsakts angeschafft hat. ⑥ § 10e ist letztmals anzuwenden, wenn der Steuerpflichtige im Fall der Herstellung vor dem 1. Januar 1996 mit der Herstellung des Objekts begonnen hat oder im Fall der Anschaffung das Objekt auf Grund eines vor dem 1. Januar 1996 rechtswirksam abgeschlossenen obligatorischen Vertrags oder gleichstehenden Rechtsakts angeschafft hat. ⑦ Als Beginn der Herstellung gilt bei Objekten, für die eine Baugenehmigung erforderlich ist, der Zeitpunkt, in dem der Bauantrag gestellt wird; bei baugenehmigungsfreien Objekten, für die Bauunterlagen einzureichen sind, gilt als Beginn der Herstellung der Zeitpunkt, in dem die Bauunterlagen eingereicht werden.

(20)[1] § 12 Nummer 4 in der Fassung des Artikels 1 des Gesetzes vom 12. Dezember 2019 (BGBl. I S. 2451) ist erstmals anzuwenden auf nach dem 31. Dezember 2018 festgesetzte Geldstrafen, sonstige Rechtsfolgen vermögensrechtlicher Art, bei denen der Strafcharakter überwiegt, und Leistungen zur Erfüllung von Auflagen oder Weisungen, soweit die Auflagen oder Weisungen nicht lediglich der Wiedergutmachung des durch die Tat verursachten Schadens dienen, sowie auf nach dem 31. Dezember 2018 entstandene damit zusammenhängende Aufwendungen.

(21)[2] *(aufgehoben)*

(22) Für die Anwendung des § 13 Absatz 7 in der am 31. Dezember 2005 geltenden Fassung gilt Absatz 25 entsprechend.

(22a)[3] ① § 13a in der am 31. Dezember 2014 geltenden Fassung ist letztmals für das Wirtschaftsjahr anzuwenden, das vor dem 31. Dezember 2015 endet. ② § 13a in der am 1. Januar 2015 geltenden Fassung ist erstmals für das Wirtschaftsjahr anzuwenden, das nach dem 30. Dezember 2015 endet. ③ Die Bindungsfrist auf Grund des § 13a Absatz 2 Satz 1 in der am 31. Dezember 2014 geltenden Fassung bleibt bestehen.

(22b)[4] ① § 13b in der Fassung des Artikels 5 des Gesetzes vom 12. Dezember 2019 (BGBl. I S. 2451) ist erstmals für das Wirtschaftsjahr anzuwenden, das nach dem 31. Dezember 2024 beginnt. ② Für gemeinschaftliche Tierhaltungen gemäß § 51a des Bewertungsgesetzes gelten für einkommensteuerrechtliche Zwecke die zu Beginn des Wirtschaftsjahres 2024/2025 noch gültigen Vorschriften der §§ 51, 51a des Bewertungsgesetzes bis zum Ablauf des Wirtschaftsjahres 2024/2025 fort.

(22c)[5] ① § 14 Absatz 3 ist erstmals auf Fälle anzuwenden, in denen die Übertragung oder Überführung der Grundstücke nach dem 16. Dezember 2020 stattgefunden hat. ② Auf unwiderruflichen Antrag des jeweiligen Mitunternehmers ist § 14 Absatz 3 auch für Übertragungen oder Überführungen vor dem 17. Dezember 2020 anzuwenden. ③ Der Antrag ist bei dem Finanzamt zu stellen, das für die einheitliche und gesonderte Feststellung der Einkünfte der Mitunternehmerschaft zuständig ist.

---

[1] § 52 Abs. 20 angefügt durch Gesetz vom 12. 12. 2019 (BGBl. I S. 2451).
[2] § 52 Abs. 21 aufgehoben durch Gesetz vom 18. 7. 2016 (BGBl. I S. 1679).
[3] § 52 Abs. 22a eingefügt durch Gesetz vom 22. 12. 2014 (BGBl. I S. 2417).
[4] § 52 Abs. 22b eingefügt mit Wirkung ab 1. 1. 2025 durch Gesetz vom 12. 12. 2019 (BGBl. I S. 2451); ber. durch Gesetz vom 21. 12. 2020 (BGBl. I S. 3096).
[5] § 52 Abs. 22c eingefügt durch Gesetz vom 21. 12. 2020 (BGBl. I S. 3096).

(23)[1] ① § 15 Absatz 3 Nummer 1 Satz 2 ist auch für Veranlagungszeiträume vor 2019 anzuwenden. ② § 15 Absatz 4 Satz 2 und 7 in der am 30. Juni 2013 geltenden Fassung ist in allen Fällen anzuwenden, in denen am 30. Juni 2013 die Feststellungsfrist noch nicht abgelaufen ist.

(24) ① § 15 a ist nicht auf Verluste anzuwenden, soweit sie

1. durch Sonderabschreibungen nach § 82 f der Einkommensteuer-Durchführungsverordnung,
2. durch Absetzungen für Abnutzung in fallenden Jahresbeträgen nach § 7 Absatz 2 von den Herstellungskosten oder von den Anschaffungskosten von in ungebrauchtem Zustand vom Hersteller erworbenen Seeschiffen, die in einem inländischen Seeschiffsregister eingetragen sind,

entstehen; Nummer 1 gilt nur bei Schiffen, deren Anschaffungs- oder Herstellungskosten zu mindestens 30 Prozent durch Mittel finanziert werden, die weder unmittelbar noch mittelbar in wirtschaftlichem Zusammenhang mit der Aufnahme von Krediten durch den Gewerbebetrieb stehen, zu dessen Betriebsvermögen das Schiff gehört. ② § 15 a ist in diesen Fällen erstmals anzuwenden auf Verluste, die in nach dem 31. Dezember 1999 beginnenden Wirtschaftsjahren entstehen, wenn der Schiffbauvertrag vor dem 25. April 1996 abgeschlossen worden ist und der Gesellschafter der Gesellschaft vor dem 1. Januar 1999 beigetreten ist; soweit Verluste, die in dem Betrieb der Gesellschaft entstehen und nach Satz 1 oder nach § 15 a Absatz 1 Satz 1 ausgleichsfähig oder abzugsfähig sind, zusammen das Eineinviertelfache der insgesamt geleisteten Einlage übersteigen, ist § 15 a auf Verluste anzuwenden, die in nach dem 31. Dezember 1994 beginnenden Wirtschaftsjahren entstehen. ③ Scheidet ein Kommanditist oder ein anderer Mitunternehmer, dessen Haftung der eines Kommanditisten vergleichbar ist und dessen Kapitalkonto in der Steuerbilanz der Gesellschaft auf Grund von ausgleichs- oder abzugsfähigen Verlusten negativ geworden ist, aus der Gesellschaft aus oder wird in einem solchen Fall die Gesellschaft aufgelöst, so gilt der Betrag, den der Mitunternehmer nicht ausgleichen muss, als Veräußerungsgewinn im Sinne des § 16. ④ In Höhe der nach Satz 3 als Gewinn zuzurechnenden Beträge sind bei den anderen Mitunternehmern unter Berücksichtigung der für die Zurechnung von Verlusten geltenden Grundsätze Verlustanteile anzusetzen. ⑤ Bei der Anwendung des § 15 a Absatz 3 sind nur Verluste zu berücksichtigen, auf die § 15 a Absatz 1 anzuwenden ist.

(25) ① § 15 b in der Fassung des Artikels 1 des Gesetzes vom 22. Dezember 2005 (BGBl. I S. 3683) ist nur auf Verluste der dort bezeichneten Steuerstundungsmodelle anzuwenden, denen der Steuerpflichtige nach dem 10. November 2005 beigetreten ist oder für die nach dem 10. November 2005 mit dem Außenvertrieb begonnen wurde. ② Der Außenvertrieb beginnt in dem Zeitpunkt, in dem die Voraussetzungen für die Veräußerung der konkret bestimmbaren Fondsanteile erfüllt sind und die Gesellschaft selbst oder über ein Vertriebsunternehmen mit Außenwirkung an den Markt herangetreten ist. ③ Dem Beginn des Außenvertriebs stehen der Beschluss von Kapitalerhöhungen und die Reinvestition von Erlösen in neue Projekte gleich. ④ Besteht das Steuerstundungsmodell nicht im Erwerb eines Anteils an einem geschlossenen Fonds, ist § 15 b in der Fassung des Artikels 1 des Gesetzes vom 22. Dezember 2005 (BGBl. I S. 3683) anzuwenden, wenn die Investition nach dem 10. November 2005 rechtsverbindlich getätigt wurde. ⑤ § 15 b Absatz 3 a ist erstmals auf Verluste der dort bezeichneten Steuerstundungsmodelle anzuwenden, bei denen Wirtschaftsgüter des Umlaufvermögens nach dem 28. November 2013 angeschafft, hergestellt oder in das Betriebsvermögen eingelegt werden.

(25 a)[2] ① § 17 Absatz 2 a in der Fassung des Artikels 2 des Gesetzes vom 12. Dezember 2019 (BGBl. I S. 2451) ist erstmals für Veräußerungen im Sinne von § 17 Absatz 1, 4 oder 5 nach dem 31. Juli 2019 anzuwenden. ② Auf Antrag des Steuerpflichtigen ist § 17 Absatz 2 a Satz 1 bis 4 auch für Veräußerungen im Sinne von § 17 Absatz 1, 4 oder 5 vor dem 31. Juli 2019 anzuwenden.

(26) Für die Anwendung des § 18 Absatz 4 Satz 2 in der Fassung des Artikels 1 des Gesetzes vom 22. Dezember 2005 (BGBl. I S. 3683) gilt Absatz 25 entsprechend.

(26 a)[3] § 19 Absatz 1 Satz 1 Nummer 3 Satz 2 und 3 in der am 31. Dezember 2014 geltenden Fassung gilt für alle Zahlungen des Arbeitgebers nach dem 30. Dezember 2014.

(27)[4] § 19 a in der Fassung des Artikels 3 des Gesetzes vom 3. Juni 2021 (BGBl. I S. 1498) ist erstmals anzuwenden auf Vermögensbeteiligungen, die nach dem 30. Juni 2021 übertragen werden.

(28)[5] ① Für die Anwendung des § 20 Absatz 1 Nummer 4 Satz 2 in der am 31. Dezember 2005 geltenden Fassung gilt Absatz 25 entsprechend. ② Für die Anwendung von § 20 Absatz 1 Nummer 4 Satz 2 und Absatz 2 b in der am 1. Januar 2007 geltenden Fassung gilt Absatz 25 entsprechend. ③ § 20 Absatz 1 Nummer 6 in der Fassung des Gesetzes vom 7. September 1990 (BGBl. I S. 1898) ist erstmals auf nach dem 31. Dezember 1974 zugeflossene Zinsen aus Ver-

[1] § 52 Abs. 23 Satz 1 eingefügt, bish. Satz 1 wird Satz 2 durch Gesetz vom 12. 12. 2019 (BGBl. I S. 2451).
[2] § 52 Abs. 25 a eingefügt durch Gesetz vom 12. 12. 2019 (BGBl. I S. 2451).
[3] § 52 Abs. 26 a eingefügt durch Gesetz vom 22. 12. 2014 (BGBl. I S. 2417).
[4] § 52 Abs. 27 neugefasst durch Gesetz vom 3. 6. 2021 (BGBl. I S. 1498).
[5] § 52 Abs. 28 Satz 19 bis 22 angefügt durch Gesetz vom 19. 7. 2016 (BGBl. I S. 1730); Satz 23 und 24 angefügt durch Gesetz vom 21. 12. 2019 (BGBl. I S. 2875); Satz 19 und 20 eingefügt, bisherige Sätze 19 bis 24 werden 21 bis 26, Sätze 25 und 26 neugefasst durch Gesetz vom 21. 12. 2020 (BGBl. I S. 3096).

sicherungsverträgen anzuwenden, die nach dem 31. Dezember 1973 abgeschlossen worden sind. ④ § 20 Absatz 1 Nummer 6 in der Fassung des Gesetzes vom 20. Dezember 1996 (BGBl. I S. 2049) ist erstmals auf Zinsen aus Versicherungsverträgen anzuwenden, bei denen die Ansprüche nach dem 31. Dezember 1996 entgeltlich erworben worden sind. ⑤ Für Kapitalerträge aus Versicherungsverträgen, die vor dem 1. Januar 2005 abgeschlossen worden sind, ist § 20 Absatz 1 Nummer 6 in der am 31. Dezember 2004 geltenden Fassung mit der Maßgabe weiterhin anzuwenden, dass in Satz 3 die Wörter „§ 10 Absatz 1 Nummer 2 Buchstabe b Satz 5" durch die Wörter „§ 10 Absatz 1 Nummer 2 Buchstabe b Satz 6" ersetzt werden. ⑥ § 20 Absatz 1 Nummer 6 Satz 3 in der Fassung des Artikels 1 des Gesetzes vom 13. Dezember 2006 (BGBl. I S. 2878) ist erstmals anzuwenden auf Versicherungsleistungen im Erlebensfall bei Versicherungsverträgen, die nach dem 31. Dezember 2006 abgeschlossen werden, und auf Versicherungsleistungen bei Rückkauf eines Vertrages nach dem 31. Dezember 2006. ⑦ § 20 Absatz 1 Nummer 6 Satz 2 ist für Vertragsabschlüsse nach dem 31. Dezember 2011 mit der Maßgabe anzuwenden, dass die Versicherungsleistung nach Vollendung des 62. Lebensjahres des Steuerpflichtigen ausgezahlt wird. ⑧ § 20 Absatz 1 Nummer 6 Satz 6 in der Fassung des Artikels 1 des Gesetzes vom 19. Dezember 2008 (BGBl. I S. 2794) ist für alle Versicherungsverträge anzuwenden, die nach dem 31. März 2009 abgeschlossen werden oder bei denen die erstmalige Beitragsleistung nach dem 31. März 2009 erfolgt. ⑨ Wird auf Grund einer internen Teilung nach § 10 des Versorgungsausgleichsgesetzes oder einer externen Teilung nach § 14 des Versorgungsausgleichsgesetzes ein Anrecht in Form eines Versicherungsvertrags zugunsten der ausgleichsberechtigten Person begründet, so gilt dieser Vertrag insoweit zu dem gleichen Zeitpunkt als abgeschlossen wie derjenige der ausgleichspflichtigen Person. ⑩ § 20 Absatz 1 Nummer 6 Satz 7 und 8 ist auf Versicherungsleistungen anzuwenden, die auf Grund eines nach dem 31. Dezember 2014 eingetretenen Versicherungsfalles ausgezahlt werden. ⑪ § 20 Absatz 2 Satz 1 Nummer 1 in der am 18. August 2007 geltenden Fassung ist erstmals auf Gewinne aus der Veräußerung von Anteilen anzuwenden, die nach dem 31. Dezember 2008 erworben wurden. ⑫ § 20 Absatz 2 Satz 1 Nummer 3 in der am 18. August 2007 geltenden Fassung ist erstmals auf Gewinne aus Termingeschäften anzuwenden, bei denen der Rechtserwerb nach dem 31. Dezember 2008 stattgefunden hat. ⑬ § 20 Absatz 2 Satz 1 Nummer 4, 5 und 8 in der am 18. August 2007 geltenden Fassung ist erstmals auf Gewinne anzuwenden, bei denen die zugrunde liegenden Wirtschaftsgüter, Rechte oder Rechtspositionen nach dem 31. Dezember 2008 erworben oder geschaffen wurden. ⑭ § 20 Absatz 2 Satz 1 Nummer 6 in der am 18. August 2007 geltenden Fassung ist erstmals auf die Veräußerung von Ansprüchen nach dem 31. Dezember 2008 anzuwenden, bei denen der Versicherungsvertrag nach dem 31. Dezember 2004 abgeschlossen wurde; dies gilt auch für Versicherungsverträge, die vor dem 1. Januar 2005 abgeschlossen wurden, sofern bei einem Rückkauf zum Veräußerungszeitpunkt die Erträge nach § 20 Absatz 1 Nummer 6 in der am 31. Dezember 2004 geltenden Fassung steuerpflichtig wären. ⑮ § 20 Absatz 2 Satz 1 Nummer 7 in der Fassung des Artikels 1 des Gesetzes vom 14. August 2007 (BGBl. I S. 1912) ist erstmals auf nach dem 31. Dezember 2008 zufließende Kapitalerträge aus der Veräußerung sonstiger Kapitalforderungen anzuwenden. ⑯ Für Kapitalerträge aus Kapitalforderungen, die zum Zeitpunkt des vor dem 1. Januar 2009 erfolgten Erwerbs zwar Kapitalforderungen im Sinne des § 20 Absatz 1 Nummer 7 in der am 31. Dezember 2008 anzuwendenden Fassung, aber nicht Kapitalforderungen im Sinne des § 20 Absatz 2 Satz 1 Nummer 4 in der am 31. Dezember 2008 anzuwendenden Fassung sind, ist § 20 Absatz 2 Satz 1 Nummer 7 nicht anzuwenden; für die bei der Veräußerung in Rechnung gestellten Stückzinsen ist Satz 15 anzuwenden; Kapitalforderungen im Sinne des § 20 Absatz 2 Satz 1 Nummer 4 in der am 31. Dezember 2008 anzuwendenden Fassung liegen auch vor, wenn die Rückzahlung nur teilweise garantiert ist oder wenn eine Trennung zwischen Ertrags- und Vermögensebene möglich erscheint. ⑰ Bei Kapitalforderungen, die zwar nicht die Voraussetzungen von § 20 Absatz 1 Nummer 7 in der am 31. Dezember 2008 geltenden Fassung, aber die Voraussetzungen von § 20 Absatz 1 Nummer 7 in der am 18. August 2007 geltenden Fassung erfüllen, ist § 20 Absatz 2 Satz 1 Nummer 7 in Verbindung mit § 20 Absatz 1 Nummer 7 vorbehaltlich der Regelung in Absatz 31 Satz 2 und 3 auf alle nach dem 30. Juni 2009 zufließenden Kapitalerträge anzuwenden, es sei denn, die Kapitalforderung wurde vor dem 15. März 2007 angeschafft. ⑱ § 20 Absatz 4 a Satz 3 in der Fassung des Artikels 1 des Gesetzes vom 8. Dezember 2010 (BGBl. I S. 1768) ist erstmals für Wertpapiere anzuwenden, die nach dem 31. Dezember 2009 geliefert wurden, sofern für die Lieferung § 20 Absatz 4 anzuwenden ist. ⑲ § 20 Absatz 4 a Satz 3 in der Fassung des Artikels 1 des Gesetzes vom 21. Dezember 2020 (BGBl. I S. 3096) ist für die Andienung von Wertpapieren anzuwenden, wenn diese nach dem 31. Dezember 2020 erfolgt. ⑳ § 20 Absatz 4 a Satz 5 in der Fassung des Artikels 1 des Gesetzes vom 21. Dezember 2020 (BGBl. I S. 3096) ist für die Zuteilung von Anteilen anzuwenden, wenn diese nach dem 31. Dezember 2020 erfolgt und die die Zuteilung begründenden Anteile nach dem 31. Dezember 2008 angeschafft worden sind. ㉑ § 20 Absatz 2 und 4 in der am 27. Juli 2016 geltenden Fassung ist erstmals ab dem 1. Januar 2017 anzuwenden. ㉒ § 20 Absatz 1 in der am 27. Juli 2016 geltenden Fassung ist erstmals ab dem 1. Januar 2018 anzuwenden. ㉓ Investmenterträge nach § 20 Absatz 1 Nummer 6 Satz 9 sind

1. die nach dem 31. Dezember 2017 zugeflossenen Ausschüttungen nach § 2 Absatz 11 des Investmentsteuergesetzes,

2. die realisierten oder unrealisierten Wertveränderungen aus Investmentanteilen nach § 2 Absatz 4 Satz 1 des Investmentsteuergesetzes, die das Versicherungsunternehmen nach dem 31. Dezember 2017 dem Sicherungsvermögen zur Sicherung der Ansprüche des Steuerpflichtigen zugeführt hat, und
3. die realisierten oder unrealisierten Wertveränderungen aus Investmentanteilen nach § 2 Absatz 4 Satz 1 des Investmentsteuergesetzes, die das Versicherungsunternehmen vor dem 1. Januar 2018 dem Sicherungsvermögen zur Sicherung der Ansprüche des Steuerpflichtigen zugeführt hat, soweit Wertveränderungen gegenüber dem letzten im Kalenderjahr 2017 festgesetzten Rücknahmepreis des Investmentanteils eingetreten sind.

㉔ Wird kein Rücknahmepreis festgesetzt, tritt der Börsen- oder Marktpreis an die Stelle des Rücknahmepreises. ㉕ § 20 Absatz 6 Satz 5 in der Fassung des Artikels 1 des Gesetzes vom 21. Dezember 2020 (BGBl. I S. 3096) ist auf Verluste anzuwenden, die nach dem 31. Dezember 2020 entstehen. ㉖ § 20 Absatz 6 Satz 6 in der Fassung des Artikels 1 des Gesetzes vom 21. Dezember 2020 (BGBl. I S. 3096) ist auf Verluste anzuwenden, die nach dem 31. Dezember 2019 entstehen.

(29) Für die Anwendung des § 21 Absatz 1 Satz 2 in der am 31. Dezember 2005 geltenden Fassung gilt Absatz 25 entsprechend.

(30) Für die Anwendung des § 22 Nummer 1 Satz 1 zweiter Halbsatz in der am 31. Dezember 2005 geltenden Fassung gilt Absatz 25 entsprechend.

(30 a)[1] § 22 a Absatz 2 Satz 2 in der am 1. Januar 2017 geltenden Fassung ist erstmals für die Übermittlung von Daten ab dem 1. Januar 2019 anzuwenden.

(30 b)[2] ① Die mitteilungspflichtige Stelle nach § 22 a Absatz 1 kann die Identifikationsnummer im Sinne des § 139 b der Abgabenordnung ihrer Kunden, bei denen das Versicherungs- oder Vertragsverhältnis vor dem Stichtag bestand, der in der Rechtsverordnung nach § 13 Absatz 3 des Rentenübersichtsgesetzes festgelegt wird, abweichend von § 22 a Absatz 2 Satz 1 und 2 zur Durchführung des Rentenübersichtsgesetzes beim Bundeszentralamt für Steuern bereits vor dem Leistungsbezug erheben. ② Das Bundeszentralamt für Steuern teilt der mitteilungspflichtigen Stelle die Identifikationsnummer des Versicherten nur mit, wenn die von der mitteilungspflichtigen Stelle übermittelten Daten mit den nach § 139 b Absatz 3 der Abgabenordnung beim Bundeszentralamt für Steuern gespeicherten Daten im maschinellen Datenabgleich übereinstimmen.

(31)[3] ① § 23 Absatz 1 Satz 1 Nummer 2 in der am 18. August 2007 geltenden Fassung ist erstmals auf Veräußerungsgeschäfte anzuwenden, bei denen die Wirtschaftsgüter nach dem 31. Dezember 2008 auf Grund eines nach diesem Zeitpunkt rechtswirksam abgeschlossenen obligatorischen Vertrags oder gleichstehenden Rechtsakts angeschafft wurden; § 23 Absatz 1 Satz 1 Nummer 2 Satz 2 in der am 14. Dezember 2010 geltenden Fassung ist erstmals auf Veräußerungsgeschäfte anzuwenden, bei denen die Gegenstände des täglichen Gebrauchs auf Grund eines nach dem 13. Dezember 2010 rechtskräftig abgeschlossenen Vertrags oder gleichstehenden Rechtsakts angeschafft wurden. ② § 23 Absatz 1 Satz 1 Nummer 2 in der am 1. Januar 1999 geltenden Fassung ist letztmals auf Veräußerungsgeschäfte anzuwenden, bei denen die Wirtschaftsgüter vor dem 1. Januar 2009 erworben wurden. ③ § 23 Absatz 1 Satz 1 Nummer 3 in der Fassung des Artikels 7 des Gesetzes vom 20. Dezember 2016 (BGBl. I S. 3000) ist erstmals auf Veräußerungsgeschäfte anzuwenden, bei denen die Veräußerung auf einem nach dem 23. Dezember 2016 rechtswirksam abgeschlossenen obligatorischen Vertrag oder gleichstehenden Rechtsakt beruht. ④ § 23 Absatz 1 Satz 1 Nummer 4 ist auf Termingeschäfte anzuwenden, bei denen der Erwerb des Rechts auf einen Differenzausgleich, Geldbetrag oder Vorteil nach dem 31. Dezember 1998 und vor dem 1. Januar 2009 erfolgt. ⑤ § 23 Absatz 3 Satz 4 in der am 1. Januar 2000 geltenden Fassung ist auf Veräußerungsgeschäfte anzuwenden, bei denen der Steuerpflichtige das Wirtschaftsgut nach dem 31. Juli 1995 und vor dem 1. Januar 2009 angeschafft oder nach dem 31. Dezember 1998 und vor dem 1. Januar 2009 fertiggestellt hat; § 23 Absatz 3 Satz 4 in der am 1. Januar 2009 geltenden Fassung ist auf Veräußerungsgeschäfte anzuwenden, bei denen der Steuerpflichtige das Wirtschaftsgut nach dem 31. Dezember 2008 angeschafft oder fertiggestellt hat. ⑥ § 23 Absatz 1 Satz 2 und 3 sowie Absatz 3 Satz 3 in der am 12. Dezember 2006 geltenden Fassung sind für Anteile, die einbringungsgeboren im Sinne des § 21 des Umwandlungssteuergesetzes in der am 12. Dezember 2006 geltenden Fassung sind, weiter anzuwenden.

(32)[4] ① § 32 Absatz 4 Satz 1 Nummer 3 in der Fassung des Artikels 1 des Gesetzes vom 19. Juli 2006 (BGBl. I S. 1652) ist erstmals für Kinder anzuwenden, die im Veranlagungszeitraum 2007 wegen einer vor Vollendung des 25. Lebensjahres eingetretenen körperlichen, geistigen oder seelischen Behinderung außerstande sind, sich selbst zu unterhalten; für Kinder, die wegen einer vor dem 1. Januar 2007 in der Zeit ab der Vollendung des 25. Lebensjahres und vor Vollendung des

[1] § 52 Abs. 30 a eingefügt durch Gesetz vom 18. 7. 2016 (BGBl. I S. 1679).
[2] § 52 Abs. 30 b eingefügt mit Wirkung ab 1. 7. 2022 durch Gesetz vom 11. 2. 2021 (BGBl. I S. 154).
[3] § 52 Abs. 31 Satz 3 eingefügt, bisherige Sätze 3 bis 5 werden Sätze 4 bis 6 durch Gesetz vom 20. 12. 2016 (BGBl. I S. 3000).
[4] § 52 Abs. 32 Satz 5 angefügt durch Gesetz vom 8. 12. 2022 (BGBl. I S. 2230).

27. Lebensjahres eingetretenen körperlichen, geistigen oder seelischen Behinderung außerstande sind, sich selbst zu unterhalten, ist § 32 Absatz 4 Satz 1 Nummer 3 weiterhin in der bis zum 31. Dezember 2006 geltenden Fassung anzuwenden. ② § 32 Absatz 5 ist nur noch anzuwenden, wenn das Kind den Dienst oder die Tätigkeit vor dem 1. Juli 2011 angetreten hat. ③ Für die nach § 10 Absatz 1 Nummer 2 Buchstabe b und den §§ 10 a, 82 begünstigten Verträge, die vor dem 1. Januar 2007 abgeschlossen wurden, gelten für das Vorliegen einer begünstigten Hinterbliebenenversorgung die Altersgrenzen des § 32 in der am 31. Dezember 2006 geltenden Fassung. ④ Dies gilt entsprechend für die Anwendung des § 93 Absatz 1 Satz 3 Buchstabe b. ⑤ § 32 Absatz 6 Satz 1 in der Fassung des Artikels 1 des Gesetzes vom 8. Dezember 2022 (BGBl. I S. 2230) ist beim Steuerabzug vom Arbeitslohn ab dem 1. Januar 2023 anzuwenden.

(32 a)[1] ① § 32 a Absatz 1 und § 51 a Absatz 2 a Satz 1 in der am 23. Juli 2015 geltenden Fassung sind beim Steuerabzug vom Arbeitslohn erstmals anzuwenden auf laufenden Arbeitslohn, der für einen nach dem 30. November 2015 endenden Lohnzahlungszeitraum gezahlt wird, und auf sonstige Bezüge, die nach dem 30. November 2015 zufließen. ② Bei der Lohnsteuerberechnung auf laufenden Arbeitslohn, der für einen nach dem 30. November 2015, aber vor dem 1. Januar 2016 endenden täglichen, wöchentlichen und monatlichen Lohnzahlungszeitraum gezahlt wird, ist zu berücksichtigen, dass § 32 a Absatz 1 und § 51 a Absatz 2 a Satz 1 in der am 23. Juli 2015 geltenden Fassung bis zum 30. November 2015 nicht angewandt wurden (Nachholung). ③ Das Bundesministerium der Finanzen hat im Einvernehmen mit den obersten Finanzbehörden der Länder entsprechende Programmablaufpläne aufzustellen und bekannt zu machen (§ 39 b Absatz 6 und § 51 Absatz 4 Nummer 1 a).

(33)[2] ① § 32 b Absatz 2 Satz 1 Nummer 2 Satz 2 Buchstabe c ist erstmals auf Wirtschaftsgüter des Umlaufvermögens anzuwenden, die nach dem 28. Februar 2013 angeschafft, hergestellt oder in das Betriebsvermögen eingelegt werden. ② § 32 b Absatz 1 Satz 3 in der Fassung des Artikels 11 des Gesetzes vom 18. Dezember 2013 (BGBl. I S. 4318) ist in allen offenen Fällen anzuwenden. ③ § 32 b Absatz 3 bis 5 in der am 1. Januar 2017 geltenden Fassung ist erstmals für ab dem 1. Januar 2018 gewährte Leistungen anzuwenden.

(33 a)[3] ① § 32 c in der Fassung des Artikels 4 des Gesetzes vom 12. Dezember 2019 (BGBl. I S. 2451) ist erstmals für den Veranlagungszeitraum 2016 anzuwenden. ② § 32 c ist im Veranlagungszeitraum 2016 mit der Maßgabe anzuwenden, dass der erste Betrachtungszeitraum die Veranlagungszeiträume 2014 bis 2016 umfasst. ③ Die weiteren Betrachtungszeiträume umfassen die Veranlagungszeiträume 2017 bis 2019 und 2020 bis 2022. ④ § 32 c ist letztmalig für den Veranlagungszeitraum 2022 anzuwenden.

(33 b)[4] ① § 32 d Absatz 2 Nummer 1 Buchstabe b in der Fassung des Artikels 1 des Gesetzes vom 21. Dezember 2020 (BGBl. I S. 3096) ist auf Kapitalerträge anzuwenden, die nach dem 31. Dezember 2020 erzielt werden. ② Auf Kapitalerträge aus Darlehen an die Kapitalgesellschaft oder Genossenschaft, deren rechtliche Grundlage vor dem 1. Januar 2021 begründet wurde, ist § 32 d Absatz 2 Nummer 1 Buchstabe b in der Fassung des Artikels 1 des Gesetzes vom 21. Dezember 2020 (BGBl. I S. 3096) ab dem Veranlagungszeitraum 2024 anzuwenden. ③ § 32 d Absatz 2 Nummer 3 Buchstabe b in der Fassung des Artikels 7 des Gesetzes vom 20. Dezember 2016 (BGBl. I S. 3000) ist erstmals auf Anträge für den Veranlagungszeitraum 2017 anzuwenden.

(33 c)[5] Die §§ 33 und 33 b in der Fassung des Artikels 1 des Gesetzes vom 9. Dezember 2020 (BGBl. I S. 2770) sind erstmals für den Veranlagungszeitraum 2021 anzuwenden.

(34)[6] ① § 34 a in der Fassung des Artikels 1 des Gesetzes vom 19. Dezember 2008 (BGBl. I S. 2794) ist erstmals für den Veranlagungszeitraum 2008 anzuwenden. ② § 34 a Absatz 6 Satz 1 Nummer 3 und Satz 2 in der Fassung des Artikels 1 des Gesetzes vom 27. Juni 2017 (BGBl. I S. 2074) ist erstmals für unentgeltliche Übertragungen nach dem 5. Juli 2017 anzuwenden.

(34 a)[7] Für Veranlagungszeiträume bis einschließlich 2014 ist § 34 c Absatz 1 Satz 2 in der bis zum 31. Dezember 2014 geltenden Fassung in allen Fällen, in denen die Einkommensteuer noch nicht bestandskräftig festgesetzt ist, mit der Maßgabe anzuwenden, dass an die Stelle der Wörter „Summe der Einkünfte" die Wörter „Summe der Einkünfte abzüglich des Altersentlastungsbetrages (§ 24 a), des Entlastungsbetrages für Alleinerziehende (§ 24 b), der Sonderausgaben (§§ 10, 10 a, 10 b, 10 c), der außergewöhnlichen Belastungen (§§ 33 bis 33 b), der berücksichtigten Freibeträge für Kinder (§§ 31, 32 Absatz 6) und des Grundfreibetrages (§ 32 a Absatz 1 Satz 2 Nummer 1)" treten.

---

[1] § 52 Abs. 32 a eingefügt durch Gesetz vom 16. 7. 2015 (BGBl. I S. 1202).

[2] § 52 Abs. 33 Satz 3 angefügt durch Gesetz vom 18. 7. 2016 (BGBl. I S. 1679).

[3] § 52 Abs. 33 a eingefügt durch Gesetz vom 20. 12. 2016 (BGBl. I S. 3045): aufgehoben durch Art. 31 des Gesetzes vom 12. 12. 2019 (BGBl. I S. 2451) und eingefügt durch Gesetz vom 12. 12. 2019 (BGBl. I S. 2451 i. V. m. Bek. vom 18. 3. 2020, BGBl. I S. 597).

[4] § 52 Abs. 33 b als 33 a eingefügt durch Gesetz vom 20. 12. 2016 (BGBl. I S. 3000); geändert und wird Abs. 33 b durch Gesetz vom 12. 12. 2019 (BGBl. I S. 2451); Satz 1 und 2 eingefügt, bisheriger Satz 1 wird Satz 3 durch Gesetz vom 21. 12. 2020 (BGBl. I S. 3096).

[5] § 52 Abs. 33 c eingefügt durch Gesetz vom 9. 12. 2020 (BGBl. I S. 2770).

[6] § 52 Abs. 34 Satz 2 angefügt durch Gesetz vom 27. 6. 2017 (BGBl. I S. 2074).

[7] § 52 Abs. 34 a eingefügt durch Gesetz vom 22. 12. 2014 (BGBl. I S. 2417).

(34b)[1] ① § 34d Nummer 4 Buchstabe b Doppelbuchstabe bb in der Fassung des Artikels 3 des Gesetzes vom 11. Dezember 2018 (BGBl. I S. 2338) ist erstmals auf Gewinne aus der Veräußerung von Anteilen anzuwenden, bei denen die Veräußerung nach dem 31. Dezember 2018 erfolgt, und nur soweit den Gewinnen nach dem 31. Dezember 2018 eingetretene Wertveränderungen zugrunde liegen. ② § 34d Nummer 7 in der Fassung des Artikels 3 des Gesetzes vom 11. Dezember 2018 (BGBl. I S. 2338) ist erstmals auf Wertveränderungen anzuwenden, die nach dem 31. Dezember 2018 eintreten.

(35) ① § 34f Absatz 3 und 4 Satz 2 in der Fassung des Gesetzes vom 25. Februar 1992 (BGBl. I S. 297) ist erstmals anzuwenden bei Inanspruchnahme der Steuerbegünstigung nach § 10e Absatz 1 bis 5 in der Fassung des Gesetzes vom 25. Februar 1992 (BGBl. I S. 297). ② § 34f Absatz 4 Satz 1 ist erstmals anzuwenden bei Inanspruchnahme der Steuerbegünstigung nach § 10e Absatz 1 bis 5 oder nach § 15b des Berlinförderungsgesetzes für nach dem 31. Dezember 1991 hergestellte oder angeschaffte Objekte.

(35a)[2] ① § 35c ist erstmals auf energetische Maßnahmen anzuwenden, mit deren Durchführung nach dem 31. Dezember 2019 begonnen wurde und die vor dem 1. Januar 2030 abgeschlossen sind. ② Als Beginn gilt bei energetischen Maßnahmen, für die eine Baugenehmigung erforderlich ist, der Zeitpunkt, in dem der Bauantrag gestellt wird. ③ Bei nicht genehmigungsbedürftigen Vorhaben für solche Vorhaben, die nach Maßgabe des Bauordnungsrechts der zuständigen Behörde zur Kenntnis zu geben sind, gilt als Beginn der Zeitpunkt des Eingangs der Kenntnisgabe bei der zuständigen Behörde und für sonstige nicht genehmigungsbedürftige, insbesondere genehmigungs-, anzeige- und verfahrensfreie Vorhaben, der Zeitpunkt des Beginns der Bauausführung.

(35b)[3] ① § 36 Absatz 2 Nummer 2 Satz 5 in der Fassung des Artikels 2 des Gesetzes vom 21. Dezember 2020 (BGBl. I S. 3096) ist erstmals auf Kapitalerträge anzuwenden, die nach dem 31. Dezember 2020 zufließen. ② § 36 Absatz 2 Nummer 4 in der Fassung des Artikels 2 des Gesetzes vom 21. Dezember 2020 (BGBl. I S. 3096) ist erstmals für den Veranlagungszeitraum 2016 und letztmalig für den Veranlagungszeitraum 2022 anzuwenden.

(35c)[4] ① § 36a in der am 27. Juli 2016 geltenden Fassung ist erstmals auf Kapitalerträge anzuwenden, die ab dem 1. Januar 2016 zufließen. ② § 36a in der Fassung des Artikels 1 des Gesetzes vom 12. Dezember 2019 (BGBl. I S. 2451) ist erstmals auf Kapitalerträge anzuwenden, die ab dem 1. Januar 2019 zufließen.

(35d)[5] § 37 Absatz 3 Satz 3 ist auf Antrag des Steuerpflichtigen mit der Maßgabe anzuwenden, dass

1. für den Veranlagungszeitraum 2019 an die Stelle des 15. Kalendermonats der 21. Kalendermonat und an die Stelle des 23. Kalendermonats der 28. Kalendermonat,
2. für die Veranlagungszeiträume 2020 und 2021 an die Stelle des 15. Kalendermonats der 21. Kalendermonat und an die Stelle des 23. Kalendermonats der 29. Kalendermonat,
3. für den Veranlagungszeitraum 2022 an die Stelle des 15. Kalendermonats der 20. Kalendermonat und an die Stelle des 23. Kalendermonats der 28. Kalendermonat,
4. für den Veranlagungszeitraum 2023 an die Stelle des 15. Kalendermonats der 18. Kalendermonat und an die Stelle des 23. Kalendermonats der 26. Kalendermonat und
5. für den Veranlagungszeitraum 2024 an die Stelle des 15. Kalendermonats der 17. Kalendermonat und an die Stelle des 23. Kalendermonats der 25. Kalendermonat

tritt.

(36)[6] ① Das Bundesministerium der Finanzen kann im Einvernehmen mit den obersten Finanzbehörden der Länder in einem Schreiben mitteilen, wann *die in § 39 Absatz 4 Nummer 4 und 5 genannten Lohnsteuerabzugsmerkmale erstmals abgerufen werden können* **[ab 1. 1. 2023:** das in § 39 Absatz 4 Nummer 5 genannte Lohnsteuerabzugsmerkmal erstmals abgerufen werden kann**]** (§ 39e Absatz 3 Satz 1). ② Dieses Schreiben ist im Bundessteuerblatt zu veröffentlichen. **[ab 1. 1. 2023:** ③ § 39 in der Fassung des Artikels 4 des Gesetzes vom 16. Dezember 2022 (BGBl. I S. 2294) ist erstmals ab dem 1. Januar 2024 anzuwenden; er kann im Rahmen eines Pilotprojekts mit Echtdaten bereits ab dem 1. Januar 2023 angewendet werden.**]**

(37) ① Das Bundesministerium der Finanzen kann im Einvernehmen mit den obersten Finanzbehörden der Länder in einem Schreiben mitteilen, ab wann die Regelungen in § 39a

---

[1] § 52 Abs. 34b eingefügt mit Wirkung ab 1. 1. 2019 durch Art. 3 des Gesetzes vom 11. 12. 2018 (BGBl. I S. 2338).

[2] § 52 Abs. 35a neugefasst mit Wirkung ab 1. 1. 2021 durch Gesetz vom 21. 12. 2020 (BGBl. I S. 3096).

[3] Als § 52 Abs. 35a eingefügt durch Gesetz vom 12. 12. 2019 (BGBl. I S. 2451); Abs. 35a Sätze 1 bis 3 eingefügt, bisheriger Wortlaut wird Satz 4 durch Gesetz vom 21. 12. 2019 (BGBl. I S. 2886); Abs. 35a wird Abs. 35b durch Gesetz vom 29. 6. 2020 (BGBl. I S. 1512); Abs. 35b neugefasst mit Wirkung ab 1. 1. 2021 durch Gesetz vom 21. 12. 2020 (BGBl. I S. 3096).

[4] Als § 52 Abs. 35a eingefügt durch Gesetz vom 20. 12. 2016 (BGBl. I S. 3045); Satz 2 angefügt, bisheriger Wortlaut wird Satz 1 durch Gesetz vom 12. 12. 2019 (BGBl. I S. 2451); Abs. 35a wird Abs. 35b durch Gesetz vom 12. 12. 2019 (BGBl. I S. 2451); Abs. 35b wird Abs. 35c durch Gesetz vom 29. 6. 2020 (BGBl. I S. 1512).

[5] § 52 Abs. 35d eingefügt durch Gesetz vom 25. 6. 2021 (BGBl. I S. 2035); Abs. 35d neugefasst durch Gesetz vom 19. 6. 2022 (BGBl. I S. 911).

[6] § 52 Abs. 36 Satz 1 geändert und Satz 3 angefügt durch Gesetz vom 21. 12. 2020 (BGBl. I S. 3096); Abs. 36 Satz 3 geändert durch Gesetz vom 16. 12. 2022 (BGBl. I S. 2294).

Absatz 1 Satz 3 bis 5 erstmals anzuwenden sind. ② Dieses Schreiben ist im Bundessteuerblatt zu veröffentlichen.

(37 a)[1] § 39 f Absatz 1 Satz 9 bis 11 und Absatz 3 Satz 1 ist erstmals für den Veranlagungszeitraum 2019 anzuwenden.

(37 b)[2] ① § 39 b Absatz 2 Satz 5 Nummer 4 in der am 23. Juli 2015 geltenden Fassung ist erstmals anzuwenden auf laufenden Arbeitslohn, der für einen nach dem 30. November 2015 endenden Lohnzahlungszeitraum gezahlt wird, und auf sonstige Bezüge, die nach dem 30. November 2015 zufließen. ② Bei der Lohnsteuerberechnung auf laufenden Arbeitslohn, der für einen nach dem 30. November 2015, aber vor dem 1. Januar 2016 endenden täglichen, wöchentlichen und monatlichen Lohnzahlungszeitraum gezahlt wird, ist zu berücksichtigen, dass § 39 b Absatz 2 Satz 5 Nummer 4 in der am 23. Juli 2015 geltenden Fassung bis zum 30. November 2015 nicht angewandt wurde (Nachholung). ③ Das Bundesministerium der Finanzen hat dies im Einvernehmen mit den obersten Finanzbehörden der Länder bei der Aufstellung und Bekanntmachung der geänderten Programmablaufpläne für 2015 zu berücksichtigen (§ 39 b Absatz 6 und § 51 Absatz 4 Nummer 1 a). ④ In den Fällen des § 24 b Absatz 4 ist für das Kalenderjahr 2015 eine Veranlagung durchzuführen, wenn die Nachholung nach Satz 2 durchgeführt wurde.

(37 c)[3] ① § 40 Absatz 2 Satz 1 Nummer 6 in der am 17. November 2016 geltenden Fassung ist erstmals anzuwenden auf Vorteile, die in einem nach dem 31. Dezember 2016 endenden Lohnzahlungszeitraum oder als sonstige Bezüge nach dem 31. Dezember 2016 zugewendet werden, und letztmals anzuwenden auf Vorteile, die in einem vor dem 1. Januar 2031 endenden Lohnzahlungszeitraum oder als sonstige Bezüge vor dem 1. Januar 2031 zugewendet werden. ② § 40 Absatz 2 Satz 2 Nummer 3 und Satz 4 in der Fassung des Artikels 2 des Gesetzes vom 21. Dezember 2020 (BGBl. I S. 3096) ist erstmals auf Freifahrtberechtigungen anzuwenden, die nach dem 31. Dezember 2020 gewährt werden.

(38) § 40 a Absatz 2, 2 a und 6 in der am 31. Juli 2014 geltenden Fassung ist erstmals ab dem Kalenderjahr 2013 anzuwenden.

(39)[4] *(aufgehoben)*

(40)[5] § 40 b Absatz 1 und 2 in der am 31. Dezember 2004 geltenden Fassung ist weiter anzuwenden auf Beiträge für eine Direktversicherung des Arbeitnehmers und Zuwendungen an eine Pensionskasse, wenn vor dem 1. Januar 2018 mindestens ein Beitrag nach § 40 b Absatz 1 und 2 in einer vor dem 1. Januar 2005 geltenden Fassung pauschal besteuert wurde.

(40 a)[6] ① § 41 a Absatz 1 Satz 1 Nummer 1 in der Fassung des Artikels 2 des Gesetzes vom 12. Dezember 2019 (BGBl. I S. 2451) ist erstmals für Lohnzahlungszeiträume anzuwenden, die nach dem 31. Dezember 2020 enden. ② § 41 a Absatz 4 Satz 1 in der Fassung des Artikels 1 des Gesetzes vom 24. Februar 2016 (BGBl. I S. 310) gilt für eine Dauer von 60 Monaten und ist erstmals für laufenden Arbeitslohn anzuwenden, der für den Lohnzahlungszeitraum gezahlt wird, der nach dem Kalendermonat folgt, in dem die Europäische Kommission die Genehmigung zu diesem Änderungsgesetz erteilt hat; die Regelung ist erstmals für sonstige Bezüge anzuwenden, die nach dem Monat zufließen, in dem die Europäische Kommission die Genehmigung zu diesem Änderungsgesetz erteilt hat. ③ § 41 a Absatz 4 in der Fassung des Artikels 3 des Gesetzes vom 19. Juni 2022 (BGBl. I S. 911) gilt für eine Dauer von 72 Monaten und ist erstmals für laufenden Arbeitslohn anzuwenden, der für einen ab dem 1. Juni 2021 endenden Lohnzahlungszeitraum gezahlt wird, und für sonstige Bezüge, die ab dem 1. Juni 2021 zufließen.

(41) Bei der Veräußerung oder Einlösung von Wertpapieren und Kapitalforderungen, die von der das Bundesschuldbuch führenden Stelle oder einer Landesschuldenverwaltung verwahrt oder verwaltet werden können, bemisst sich der Steuerabzug nach den bis zum 31. Dezember 1993 geltenden Vorschriften, wenn die Wertpapier- und Kapitalforderungen vor dem 1. Januar 1994 emittiert worden sind; dies gilt nicht für besonders in Rechnung gestellte Stückzinsen.

(42)[7] § 43 Absatz 1 Satz 1 Nummer 7 Buchstabe b Satz 2 in der Fassung des Artikels 1 des Gesetzes vom 13. Dezember 2006 (BGBl. I S. 2878) ist erstmals auf Verträge anzuwenden, die

---

[1] § 52 Abs. 37 a eingefügt durch Gesetz vom 28. 7. 2015 (BGBl. I S. 1400); Abs. 37 a neugefasst mit Wirkung ab 1. 1. 2018 durch Gesetz vom 23. 6. 2017 (BGBl. I S. 1682).

[2] § 52 Abs. 37 b eingefügt durch Gesetz vom 16. 7. 2015 (BGBl. I S. 1202).

[3] § 52 Abs. 37 c eingefügt durch Gesetz vom 7. 11. 2016 (BGBl. I S. 2498); Anwendung verlängert durch Gesetz vom 12. 12. 2019 (BGBl. I S. 2451); Abs. 37 c Satz 2 angefügt mit Wirkung vom 1. 1. 2021 durch Gesetz vom 21. 12. 2020 (BGBl. I S. 3096).

[4] § 52 Abs. 39 aufgehoben mit Wirkung ab 1. 1. 2018 durch Gesetz vom 23. 6. 2017 (BGBl. I S. 1682).

[5] § 52 Abs. 40 Satz 1 geändert mit Wirkung ab 1. 1. 2018 durch Gesetz vom 17. 8. 2017 (BGBl. I S. 3214); Abs. 40 Satz 1 geändert und Satz 2 aufgehoben durch Art. 2 des Gesetzes vom 11. 12. 2018 (BGBl. I S. 2338).

[6] § 52 Abs. 40 a eingefügt durch Gesetz vom 26. 2. 2016 (BGBl. I S. 310); Abs. 40 a Satz 1 eingefügt, bisherige Sätze 1 bis 3 werden Sätze 2 bis 4 mit Wirkung vom 1. 1. 2020 durch Gesetz vom 12. 12. 2019 (BGBl. I S. 2451); Abs. 40 a Sätze 3 und 4 neugefasst durch Gesetz vom 12. 5. 2021 (BGBl. I S. 989); Abs. 40 a Sätze 3 und 4 ersetzt durch Satz 3 durch Gesetz vom 19. 6. 2022 (BGBl. I S. 911).

[7] § 52 Abs. 42 Satz 2 angefügt durch Gesetz vom 18. 7. 2016 (BGBl. I S. 1679); Abs. 42 Satz 3 angefügt durch Gesetz vom 19. 7. 2016 (BGBl. I S. 1730); Abs. 42 Satz 2 eingefügt, bisherige Sätze 2 und 3 werden Sätze 3 und 4 durch Gesetz vom 12. 12. 2019 (BGBl. I S. 2451); Abs. 42 Satz 5 angefügt durch Gesetz vom 2. 6. 2021 (BGBl. I S. 1259).

nach dem 31. Dezember 2006 abgeschlossen werden. ② § 43 Absatz 1 Satz 1 Nummer 7 Buchstabe c in der Fassung des Artikels 2 des Gesetzes vom 12. Dezember 2019 (BGBl. I S. 2451) ist erstmals auf Kapitalerträge anzuwenden, die dem Gläubiger nach dem 31. Dezember 2020 zufließen. ③ § 43 Absatz 1 Satz 6 und Absatz 2 Satz 7 und 8 in der am 1. Januar 2017 geltenden Fassung ist erstmals anzuwenden auf Kapitalerträge, die dem Gläubiger nach dem 31. Dezember 2016 zufließen. ④ § 43 in der am 27. Juli 2016 geltenden Fassung ist erstmals ab dem 1. Januar 2018 anzuwenden. ⑤ § 43 Absatz 1 Satz 6 Nummer 5 in der Fassung des Artikels 1 des Gesetzes vom 2. Juni 2021 (BGBl. I S. 1259) ist erstmals auf Kapitalerträge anzuwenden, die nach dem 31. Dezember 2019 zufließen.

(42 a)[1] § 43 a in der am 27. Juli 2016 geltenden Fassung ist erstmals ab dem 1. Januar 2018 anzuwenden.

(42 b)[2] § 43 b und Anlage 2 (zu § 43 b) in der am 1. Januar 2016 geltenden Fassung sind erstmals auf Ausschüttungen anzuwenden, die nach dem 31. Dezember 2015 zufließen.

[alte Fassung:]

(43) ① Ist ein Freistellungsauftrag im Sinne des § 44 a vor dem 1. Januar 2007 unter Beachtung des § 20 Absatz 4 in der bis dahin geltenden Fassung erteilt worden, darf der nach § 44 Absatz 1 zum Steuerabzug Verpflichtete den angegebenen Freistellungsbetrag nur zu 56,37 Prozent berücksichtigen. ② Sind in dem Freistellungsauftrag der gesamte Sparer-Freibetrag nach § 20 Absatz 4 in der Fassung des Artikels 1 des Gesetzes vom 19. Juli 2006 (BGBl. I S. 1652) und der gesamte Werbungskosten-Pauschbetrag nach § 9 a Satz 1 Nummer 2 in der Fassung des Artikels 1 des Gesetzes vom 19. Juli 2006 (BGBl. I S. 1652) angegeben, ist der Werbungskosten-Pauschbetrag in voller Höhe zu berücksichtigen.

[neue Fassung:]

(43)[3] ① Ist ein Freistellungsauftrag im Sinne des § 44 a vor dem 1. Januar 2023 unter Beachtung des § 20 Absatz 9 in der bis dahin geltenden Fassung erteilt worden, hat der nach § 44 Absatz 1 zum Steuerabzug Verpflichtete den angegebenen Freistellungsbetrag um 24,844 Prozent zu erhöhen. ② Ist in dem Freistellungsauftrag der gesamte Sparer-Pauschbetrag angegeben, ist der Erhöhungsbetrag in voller Höhe zu berücksichtigen.

(44)[4] ① § 44 Absatz 1 Satz 4 Nummer 2 a in der Fassung des Artikels 2 des Gesetzes vom 12. Dezember 2019 (BGBl. I S. 2451) ist erstmals auf Kapitalerträge anzuwenden, die dem Gläubiger nach dem 31. Dezember 2020 zufließen. ② § 44 Absatz 6 Satz 2 und 5 in der am 12. Dezember 2006 geltenden Fassung ist für Anteile, die einbringungsgeboren im Sinne des § 21 des Umwandlungssteuergesetzes in der am 12. Dezember 2006 geltenden Fassung sind, weiter anzuwenden. ③ § 44 in der am 27. Juli 2016 geltenden Fassung ist erstmals ab dem 1. Januar 2018 anzuwenden. ④ § 44 Absatz 1 in der Fassung des Artikels 1 des Gesetzes vom 21. Dezember 2020 (BGBl. I S. 3096) ist erstmals auf Kapitalerträge anzuwenden, die dem Gläubiger nach dem 29. Dezember 2020 zufließen. ⑤ § 44 Absatz 1 Satz 10 und 11 in der Fassung des Artikels 6 des Gesetzes vom 16. Dezember 2022 (BGBl. I S. 2294) ist auf Kapitalerträge anzuwenden, die nach dem 31. Dezember 2024 zufließen oder als zugeflossen gelten.

(44 a)[5] ① § 45 a Absatz 2 Satz 1 in der Fassung des Artikels 1 des Gesetzes vom 21. Dezember 2020 (BGBl. I S. 3096) ist erstmals auf Kapitalerträge anzuwenden, die dem Gläubiger nach dem 29. Dezember 2020 zufließen. ② § 45 a Absatz 6 in der Fassung des Artikels 2 des Gesetzes vom 21. Dezember 2020 (BGBl. I S. 3096) ist auf Kapitalerträge anzuwenden, die nach dem 31. Dezember 2022 zufließen. ③ § 45 a Absatz 2 a und 7 Satz 1 in der Fassung des Artikels 1 des Gesetzes vom 2. Juni 2021 (BGBl. I S. 1259) ist erstmals auf Kapitalerträge anzuwenden, die dem Gläubiger nach dem 31. Dezember 2024 zufließen. ④ § 45 a Absatz 7 Satz 3 in der am 8. Juni 2021 geltenden Fassung ist letztmals anzuwenden für Kapitalerträge, die vor dem 1. Januar 2024 zufließen.

(44 b)[6] § 45 b in der Fassung des Artikels 1 des Gesetzes vom 2. Juni 2021 (BGBl. I S. 1259) ist erstmals auf Kapitalerträge anzuwenden, die dem Gläubiger nach dem 31. Dezember 2024 zufließen.

(44 c)[6] § 45 c in der Fassung des Artikels 1 des Gesetzes vom 2. Juni 2021 (BGBl. I S. 1259) ist erstmals auf Kapitalerträge anzuwenden, die dem Gläubiger nach dem 31. Dezember 2024 zufließen.

---

[1] § 52 Abs. 42 a eingefügt durch Gesetz vom 19. 7. 2016 (BGBl. I S. 1730).
[2] § 52 Abs. 42 b (als 42 a) eingefügt durch Gesetz vom 2. 11. 2015 (BGBl. I S. 1834).
[3] § 52 Abs. 43 neugefasst mit Wirkung ab 1. 1. 2023 durch Gesetz vom 16. 12. 2022 (BGBl. I S. 2294).
[4] § 52 Abs. 44 Satz 2 angefügt durch Gesetz vom 19. 7. 2016 (BGBl. I S. 1730); Abs. 44 Satz 1 eingefügt, bisherige Sätze 1 und 2 werden Sätze 2 bis 4 mit Wirkung ab 1. 1. 2020 durch Gesetz vom 12. 12. 2019 (BGBl. I S. 2451); Abs. 44 Satz 4 angefügt durch Gesetz vom 21. 12. 2020 (BGBl. I S. 3096); Abs. 44 Satz 5 angefügt mit Wirkung ab 1. 1. 2024 durch Gesetz vom 16. 12. 2022 (BGBl. I S. 2294).
[5] § 52 Abs. 44 a eingefügt durch Gesetz vom 21. 12. 2020 (BGBl. I S. 3096); Abs. 44 a Satz 2 eingefügt durch Gesetz vom 21. 12. 2020 (BGBl. I S. 3096); Abs. 44 a Sätze 3 und 4 angefügt durch Gesetz vom 2. 6. 2021 (BGBl. I S. 1259).
[6] § 52 Abs. 44 b und 44 c eingefügt durch Gesetz vom 2. 6. 2021 (BGBl. I S. 1259).

(45)[1] ① § 45 d Absatz 1 in der am 14. Dezember 2010 geltenden Fassung ist erstmals für Kapitalerträge anzuwenden, die ab dem 1. Januar 2013 zufließen; eine Übermittlung der Identifikationsnummer hat für Kapitalerträge, die vor dem 1. Januar 2016 zufließen, nur zu erfolgen, wenn die Identifikationsnummer der Meldestelle vorliegt. ② § 45 d Absatz 1 in der am 1. Januar 2017 geltenden Fassung ist erstmals anzuwenden auf Kapitalerträge, die dem Gläubiger nach dem 31. Dezember 2016 zufließen. ③ § 45 d Absatz 3 in der am 1. Januar 2017 geltenden Fassung ist für Versicherungsverträge anzuwenden, die nach dem 31. Dezember 2016 abgeschlossen werden.

(45 a)[2] ① § 49 Absatz 1 Nummer 2 Buchstabe e Doppelbuchstabe cc in der Fassung des Artikels 3 des Gesetzes vom 11. Dezember 2018 (BGBl. I S. 2338) ist erstmals auf Gewinne aus der Veräußerung von Anteilen anzuwenden, bei denen die Veräußerung nach dem 31. Dezember 2018 erfolgt, und nur soweit den Gewinnen nach dem 31. Dezember 2018 eingetretene Wertveränderungen zugrunde liegen. ② § 49 Absatz 1 Nummer 2 Buchstabe f in der Fassung des Artikels 3 des Gesetzes vom 11. Dezember 2018 (BGBl. I S. 2338) ist erstmals auf Wertveränderungen anzuwenden, die nach dem 31. Dezember 2018 eintreten. ③ § 49 Absatz 1 Nummer 2 Buchstabe f Satz 1 und 2 und Nummer 6 in der am 20. Dezember 2022 geltenden Fassung ist, soweit die Vermietung und Verpachtung oder die Veräußerung von sonstigen Rechten, bei denen Einkünfte nur auf Grund der Eintragung in ein inländisches öffentliches Buch oder Register vorliegen, nicht zwischen nahestehenden Personen im Sinne des § 1 Absatz 2 des Außensteuergesetzes erfolgt, auf alle offene Fälle anzuwenden; im Übrigen ist § 49 Absatz 1 Nummer 2 Buchstabe f Satz 1 und 2 und Nummer 6 in der am 20. Dezember 2022 geltenden Fassung auf Veräußerungen, die nach dem 31. Dezember 2022 erfolgen oder auf Vergütungen, die nach dem 31. Dezember 2022 zufließen, anzuwenden. ④ § 49 Absatz 1 Nummer 5 in der am 27. Juli 2016 geltenden Fassung ist erstmals auf Kapitalerträge anzuwenden, die ab dem 1. Januar 2018 zufließen. ⑤ § 49 Absatz 1 Nummer 11 in der am 1. Juli 2021 geltenden Fassung ist erstmals auf Einkünfte anzuwenden, die nach dem 31. Dezember 2021 zufließen.

(46)[3] ① § 50 Absatz 1 Satz 3 in der Fassung des Artikels 1 des Gesetzes vom 21. Dezember 2020 (BGBl. I S. 3096) ist in allen offenen Fällen anzuwenden. ② § 50 Absatz 1 a in der Fassung des Artikels 2 des Gesetzes vom 21. Dezember 2020 (BGBl. I S. 3096) ist erstmals auf Beiträge an berufsständische Versorgungseinrichtungen anzuwenden, die nach dem 31. Dezember 2020 geleistet werden. ③ § 50 Absatz 2 Satz 2 Nummer 6 in der Fassung des Artikels 1 des Gesetzes vom 12. Dezember 2019 (BGBl. I S. 2451) ist erstmals auf Kapitalerträge anzuwenden, die nach dem 31. Dezember 2016 zufließen. ④ § 50 Absatz 4 in der am 1. Januar 2016 geltenden Fassung ist in allen offenen Fällen anzuwenden. ⑤ § 50 Absatz 1 Satz 2 in der Fassung des Artikels 1 des Gesetzes vom 2. Juni 2021 (BGBl. I S. 1259) ist in allen offenen Fällen anzuwenden.

(47) ① Der Zeitpunkt der erstmaligen Anwendung des § 50 a Absatz 3 und 5 in der am 18. August 2009 geltenden Fassung wird durch eine Rechtsverordnung der Bundesregierung bestimmt, die der Zustimmung des Bundesrates bedarf; dieser Zeitpunkt darf nicht vor dem 31. Dezember 2011 liegen. ② § 50 a Absatz 7 in der am 31. Juli 2014 geltenden Fassung ist erstmals auf Vergütungen anzuwenden, für die der Steuerabzug nach dem 31. Dezember 2014 angeordnet worden ist.

(47 a)[4] ① § 50 c Absatz 2 Satz 1 Nummer 2 in der Fassung des Artikels 1 des Gesetzes vom 2. Juni 2021 (BGBl. I S. 1259) ist erstmals auf Einkünfte anzuwenden, die dem beschränkt Steuerpflichtigen nach dem 31. Dezember 2021 zufließen; die Geltung von Ermächtigungen nach § 50 d Absatz 5 und 6 des Gesetzes in der Fassung, die vor dem Inkrafttreten des Artikels 1 des Gesetzes vom 2. Juni 2021 (BGBl. I S. 1259) galt, endet spätestens zu diesem Zeitpunkt. *② § 50c Absatz 5 Satz 1, 3 und 4 in der Fassung des Artikels 1 des Gesetzes vom 2. Juni 2021 (BGBl. I S. 1259) ist erstmals auf Anträge anzuwenden, die nach dem 31. Dezember 2022 gestellt werden; für Anträge, die gemäß § 50c Absatz 2 oder 3 bis zu diesem Zeitpunkt gestellt werden, ist der amtlich vorgeschriebene Vordruck zu verwenden und § 50d Absatz 1 Satz 7 und 8 des Gesetzes in der Fassung anzuwenden, die vor dem Inkrafttreten des Artikels 1 des Gesetzes vom 2. Juni 2021 (BGBl. I S. 1259) galt.* [② § 50 c Absatz 5 Satz 1, 3 und 4 in der Fassung des Artikels 1 des Gesetzes vom 2. Juni 2021 (BGBl. I S. 1259) ist erstmals auf Anträge anzuwenden, die nach dem 31. Dezember 2022 gestellt werden; für Anträge, die gemäß § 50 c Absatz 2 oder 3 bis zu diesem Zeitpunkt gestellt werden,

---

[1] § 52 Abs. 45 Satz 2 und 3 angefügt durch Gesetz vom 18. 7. 2016 (BGBl. I S. 1679).

[2] § 52 Abs. 45 a angefügt durch Gesetz vom 19. 7. 2016 (BGBl. I S. 1730); Satz 2 geändert durch Gesetz vom 20. 12. 2016 (BGBl. I S. 3000); Abs. 45 a Satz 1 und 2 eingefügt mit Wirkung ab 1. 1. 2019, bish. Sätze 1 und 2 werden Sätze 3 und 4 durch Art. 3 des Gesetzes vom 11. 12. 2018 (BGBl. I S. 2338); Abs. 45 a Satz 4 neugefasst mit Wirkung ab 1. 1. 2022 durch Gesetz vom 25. 6. 2021 (BGBl. I S. 2035); Abs. 45 a Satz 3 eingefügt, bish. Sätze 3 und 4 werden Sätze 4 und 5 durch Gesetz vom 16. 12. 2022 (BGBl. I S. 2294).

[3] § 52 Abs. 46 Satz 2 (jetzt Satz 3) angefügt durch Gesetz vom 2. 11. 2015 (BGBl. I S. 1834); Satz 1 eingefügt, bisherige Sätze 1 und 2 werden Sätze 2 und 3 durch Gesetz vom 20. 12. 2016 (BGBl. I S. 3000); Satz 3 eingefügt, bisheriger Satz 3 wird Satz 4 durch Gesetz vom 12. 12. 2019 (BGBl. I S. 2451); Abs. 46 Satz 1 neugefasst durch Gesetz vom 21. 12. 2020 (BGBl. I S. 3096) und Satz 2 durch Gesetz vom 21. 12. 2020 (BGBl. I S. 3096); Abs. 46 Satz 5 angefügt durch Gesetz vom 2. 6. 2021 (BGBl. I S. 1259).

[4] § 52 Abs. 47 a eingefügt durch Gesetz vom 2. 6. 2021 (BGBl. I S. 1259).

ist der amtlich vorgeschriebene Vordruck zu verwenden. ③ § 50 d Absatz 1 Satz 7 und 8 in der vor dem 9. Juni 2021 geltenden Fassung ist bis zum 31. Dezember 2024 anzuwenden.][1]

(47 b)[2] § 50 d Absatz 3 in der Fassung des Artikels 1 des Gesetzes vom 2. Juni 2021 (BGBl. I S. 1259) ist in allen offenen Fällen anzuwenden, es sei denn, § 50 d Absatz 3 in der Fassung, die zu dem Zeitpunkt galt, in dem die Einkünfte zugeflossen sind, steht dem Anspruch auf Entlastung nicht entgegen.

(47 c)[2] ① § 50 e Absatz 1 und 4 bis 6 in der Fassung des Artikels 1 des Gesetzes vom 2. Juni 2021 (BGBl. I S. 1259) ist ab dem 1. Januar 2022 anzuwenden. ② § 50 e Absatz 2 und 3 in der Fassung des Artikels 1 des Gesetzes vom 2. Juni 2021 (BGBl. I S. 1259) ist erstmals auf die nach dem 31. Dezember 2024 nicht oder nicht vollständig erfolgte Übermittlung von Daten oder Mitteilungen anzuwenden.

(48)[3] ① § 50 i Absatz 1 Satz 1 und 2 ist auf die Veräußerung oder Entnahme von Wirtschaftsgütern oder Anteilen anzuwenden, die nach dem 29. Juni 2013 stattfindet. ② Hinsichtlich der laufenden Einkünfte aus der Beteiligung an der Personengesellschaft ist die Vorschrift in allen Fällen anzuwenden, in denen die Einkommensteuer noch nicht bestandskräftig festgesetzt worden ist. ③ § 50 i Absatz 1 Satz 4 in der am 31. Juli 2014 geltenden Fassung ist erstmals auf die Veräußerung oder Entnahme von Wirtschaftsgütern oder Anteilen anzuwenden, die nach dem 31. Dezember 2013 stattfindet. ④ § 50 i Absatz 2 in der Fassung des Artikels 7 des Gesetzes vom 20. Dezember 2016 (BGBl. I S. 3000) ist erstmals für Einbringungen anzuwenden, bei denen der Einbringungsvertrag nach dem 31. Dezember 2013 geschlossen worden ist.

(48 a)[4] § 51 in der Fassung des Artikels 1 des Gesetzes vom 2. Juni 2021 (BGBl. I S. 1259) gilt erstmals für die Vergabe von Ordnungsnummern zu Steuerbescheinigungen für Kapitalerträge, die nach dem 31. Dezember 2023 zufließen.

(49) § 51 a Absatz 2 c und 2 e in der am 30. Juni 2013 geltenden Fassung ist erstmals auf nach dem 31. Dezember 2014 zufließende Kapitalerträge anzuwenden.

(49 a)[5] ① § 62 Absatz 1 a in der am 18. Juli 2019 geltenden Fassung ist für Kindergeldfestsetzungen anzuwenden, die Zeiträume betreffen, die nach dem 31. Juli 2019 beginnen. ② § 62 Absatz 2 Nummer 1 bis 4 in der Fassung des Artikels 3 des Gesetzes vom 12. Dezember 2019 (BGBl. I S. 2451) ist für Kindergeldfestsetzungen anzuwenden, die Zeiträume betreffen, die nach dem 29. Februar 2020 beginnen. ③ § 62 Absatz 2 Nummer 2 Buchstabe c in der Fassung des Artikels 11 Nummer 2 des Gesetzes vom 23. Mai 2022 (BGBl. I S. 760) ist für Kindergeldfestsetzungen anzuwenden, die Zeiträume betreffen, die nach dem 31. Mai 2022 beginnen. ④ § 62 Absatz 2 Nummer 5 in der Fassung des Artikels 3 des Gesetzes vom 12. Dezember 2019 (BGBl. I S. 2451) ist für Kindergeldfestsetzungen anzuwenden, die Zeiträume betreffen, die nach dem 31. Dezember 2019 beginnen. ⑤ Die §§ 62, 63 und 67 in der am 9. Dezember 2014 geltenden Fassung sind für Kindergeldfestsetzungen anzuwenden, die Zeiträume betreffen, die nach dem 31. Dezember 2015 beginnen. ⑥ Die §§ 62, 63 und 67 in der am 9. Dezember 2014 geltenden Fassung sind auch für Kindergeldfestsetzungen anzuwenden, die Zeiträume betreffen, die vor dem 1. Januar 2016 liegen, der Antrag auf Kindergeld aber erst nach dem 31. Dezember 2015 gestellt wird. ⑦ § 66 Absatz 1 in der am 23. Juli 2015 geltenden Fassung ist für Kindergeldfestsetzungen anzuwenden, die Zeiträume betreffen, die nach dem 31. Dezember 2014 beginnen. ⑧ § 66 Absatz 1 in der am 1. Januar 2016 geltenden Fassung ist für Kindergeldfestsetzungen anzuwenden, die Zeiträume betreffen, die nach dem 31. Dezember 2015 beginnen. ⑨ § 66 Absatz 1 in der am 1. Januar 2017 geltenden Fassung ist für Kindergeldfestsetzungen anzuwenden, die Zeiträume betreffen, die nach dem 31. Dezember 2016 beginnen. ⑩ § 66 Absatz 1 in der am 1. Januar 2018 geltenden Fassung ist für Kindergeldfestsetzungen anzuwenden, die Zeiträume betreffen, die nach dem 31. Dezember 2017 beginnen. ⑪ § 66 Absatz 3 ist auf Anträge anzuwenden, die nach dem 31. Dezember 2017 und vor dem 18. Juli 2019 eingehen. ⑫ § 69 in der am 1. Januar 2018 geltenden Fassung ist erstmals am 1. November 2019 anzuwenden. ⑬ § 66 Absatz 1 in der Fassung des Artikels 2 des Gesetzes vom 29. November 2018 (BGBl. I S. 2210) ist für Kindergeldfestsetzungen anzuwenden, die Zeiträume betreffen, die nach dem 30. Juni

---

[1] § 52 Abs. 47 a Satz 2 ersetzt durch Sätze 2 und 3 mit Wirkung ab 1. 1. 2023 durch Gesetz vom 16. 12. 2022 (BGBl. I S. 2294).

[2] § 52 Abs. 47 b und 47 c eingefügt durch Gesetz vom 2. 6. 2021 (BGBl. I S. 1259).

[3] § 52 Abs. 48 Satz 3 geändert durch Gesetz vom 22. 12. 2014 (BGBl. I S. 2417); Sätze 4 und 5 ersetzt durch Satz 4 durch Gesetz vom 20. 12. 2016 (BGBl. I S. 3000).

[4] § 52 Abs. 48 a eingefügt durch Gesetz vom 2. 6. 2021 (BGBl. I S. 1259).

[5] § 52 Abs. 49 a eingefügt durch Gesetz vom 2. 12. 2014 (BGBl. I S. 1922); Satz 3 angefügt durch Gesetz vom 16. 7. 2015 (BGBl. I S. 1202); Satz 4 angefügt durch Gesetz vom 16. 7. 2015 (BGBl. I S. 1202); Satz 5 angefügt durch Gesetz vom 20. 12. 2016 (BGBl. I S. 3000); Satz 6 angefügt durch Gesetz vom 20. 12. 2016 (BGBl. I S. 3000); Satz 7 und 8 angefügt durch Gesetz vom 23. 6. 2017 (BGBl. I S. 1682); Satz 9 angefügt mit Wirkung ab 1. 7. 2019 durch Art. 2 des Gesetzes vom 29. 11. 2018 (BGBl. I S. 2210); Satz 1 eingefügt mit Wirkung ab 18. 7. 2019, bish. Sätze 1 bis 9 werden Sätze 2 bis 10, neuer Satz 8 geändert durch Gesetz vom 11. 7. 2019 (BGBl. I S. 1066); Satz 2 eingefügt, bisherige Sätze 2 bis 10 werden Sätze 3 bis 11 mit Wirkung vom 1. 1. 2020 durch Gesetz vom 12. 12. 2019 (BGBl. I S. 2451); Satz 2 ersetzt durch Sätze 2 und 3, bisherige Sätze 3 bis 11 werden Sätze 4 bis 12 mit Wirkung ab 1. 3. 2020 durch Gesetz vom 12. 12. 2019 (BGBl. I S. 2451); Abs. 49 a Satz 13 angefügt mit Wirkung ab 1. 1. 2021 durch Gesetz vom 1. 12. 2020 (BGBl. I S. 2616); Abs. 49 a Satz 3 eingefügt, bisherige Sätze 3 bis 13 werden Sätze 4 bis 14 durch Gesetz vom 23. 5. 2022 (BGBl. I S. 760); Abs. 49 a Sätze 15 bis 17 angefügt mit Wirkung ab 1. 1. 2023 durch Gesetz vom 16. 12. 2022 (BGBl. I S. 2294).

2019 beginnen. ⑭ § 66 Absatz 1 in der Fassung des Artikels 1 des Gesetzes vom 1. Dezember 2020 (BGBl. I S. 2616) ist für Kindergeldfestsetzungen anzuwenden, die Zeiträume betreffen, die nach dem 31. Dezember 2020 beginnen. ⑮ § 69 Satz 1 in der Fassung des Artikels 4 des Gesetzes vom 16. Dezember 2022 (BGBl. I S. 2294) ist erstmals am 1. Januar 2024 anzuwenden. ⑯ § 69 Satz 2 in der Fassung des Artikels 4 des Gesetzes vom 16. Dezember 2022 (BGBl. I S. 2294) ist erstmals für den Veranlagungszeitraum 2024 anzuwenden. ⑰ § 69 Satz 3 in der Fassung des Artikels 4 des Gesetzes vom 16. Dezember 2022 (BGBl. I S. 2294) ist erstmals anzuwenden für Kinder, deren Geburt nach dem 31. Dezember 2023 erfolgt.

(50)[1] ① § 70 Absatz 1 Satz 2 ist auf Anträge anzuwenden, die nach dem 18. Juli 2019 eingehen. ② § 70 Absatz 4 in der am 31. Dezember 2011 geltenden Fassung ist weiter für Kindergeldfestsetzungen anzuwenden, die Zeiträume betreffen, die vor dem 1. Januar 2012 enden.

(51)[2] ① § 89 Absatz 2 Satz 1 in der am 1. Januar 2017 geltenden Fassung ist erstmals für die Übermittlung von Daten ab dem 1. Januar 2017 anzuwenden. ② § 89 Absatz 2 Satz 1 in der Fassung des Artikels 3 des Gesetzes vom 11. Dezember 2018 (BGBl. I S. 2338) ist erstmals für die Übermittlung von Daten ab dem 1. Januar 2020 anzuwenden.

(51 a)[3] ① Auf Stundungsfälle, bei denen der Beginn der Auszahlungsphase vor dem 1. Januar 2023 liegt, findet § 95 Absatz 2 Satz 2 bis 5 in der bis zum 31. Dezember 2022 geltenden Fassung weiter Anwendung. ② Bei Stundungsfällen, bei denen der Rückzahlungsbetrag nach § 95 Absatz 2 Satz 1 in der bis zum 31. Dezember 2022 geltenden Fassung gestundet wurde und der Beginn der Auszahlungsphase nach dem 31. Dezember 2022 liegt, sind die Stundungszinsen zu erlassen und ist § 95 in der jeweils geltenden Fassung anzuwenden.

(52)[4] § 110 in der Fassung des Artikels 1 des Gesetzes vom 10. März 2021 (BGBl. I S. 330) ist für den Veranlagungszeitraum 2019 anzuwenden.

(53)[4] § 111 in der Fassung des Artikels 1 des Gesetzes vom 10. März 2021 (BGBl. I S. 330) ist für die Veranlagungszeiträume 2019 und 2020 anzuwenden.

(54)[5] Für Personen, die Leistungen nach dem Soldatenversorgungsgesetz in der Fassung der Bekanntmachung vom 16. September 2009 (BGBl. I S. 3054), das zuletzt durch Artikel 19 des Gesetzes vom 4. August 2019 (BGBl. I S. 1147) geändert worden ist, in Verbindung mit dem Bundesversorgungsgesetz in der Fassung der Bekanntmachung vom 22. Januar 1982 (BGBl. I S. 21), das zuletzt durch Artikel 1 der Verordnung vom 13. Juni 2019 (BGBl. I S. 793) geändert worden ist, erhalten, gelten die Vorschriften des § 3 Nummer 6 Satz 2, des § 32 b Absatz 1 Satz 1 Nummer 1 Buchstabe f und des § 33 b Absatz 4 Satz 1 Nummer 1 in der am 31. Dezember 2023 geltenden Fassung weiter.

§ 52 a[6] *(aufgehoben)*

§ 52 b[7] *(aufgehoben)*

§ 53[8] *(aufgehoben)*

§ 54 (weggefallen)

§ 55 Schlussvorschriften (Sondervorschriften für die Gewinnermittlung nach § 4 oder nach Durchschnittssätzen bei vor dem 1. Juli 1970 angeschafftem Grund und Boden)

(1) ① Bei Steuerpflichtigen, deren Gewinn für das Wirtschaftsjahr, in das der 30. Juni 1970 fällt, nicht nach § 5 zu ermitteln ist, gilt bei Grund und Boden, der mit Ablauf des 30. Juni 1970 zu ihrem Anlagevermögen gehört hat, als Anschaffungs- oder Herstellungskosten (§ 4 Absatz 3 Satz 4 und § 6 Absatz 1 Nummer 2 Satz 1) das Zweifache des nach den Absätzen 2 bis 4 zu ermittelnden Ausgangsbetrags. ② Zum Grund und Boden im Sinne des Satzes 1 gehören nicht die mit ihm in Zusammenhang stehenden Wirtschaftsgüter und Nutzungsbefugnisse.

(2) ① Bei der Ermittlung des Ausgangsbetrags des zum land- und forstwirtschaftlichen Vermögen (§ 33 Absatz 1 Satz 1 des Bewertungsgesetzes in der Fassung der Bekanntmachung vom 10. Dezember 1965 – BGBl. I S. 1861 –, zuletzt geändert durch das Bewertungsänderungsgesetz 1971 vom 27. Juli 1971 – BGBl. I S. 1157) gehörenden Grund und Bodens ist seine Zuordnung

[1] § 52 Abs. 50 Satz 1 eingefügt, bish. Satz wird Satz 2 mit Wirkung ab 18. 7. 2019 durch Gesetz vom 11. 7. 2019 (BGBl. I S. 1066).
[2] § 52 Abs. 51 angefügt durch Gesetz vom 18. 7. 2016 (BGBl. I S. 1679); Satz 2 angefügt, bish. Wortlaut wird Satz 1 mit Wirkung ab 1. 1. 2019 durch Art. 3 des Gesetzes vom 11. 12. 2018 (BGBl. I S. 2338).
[3] § 52 Abs. 51 a eingefügt mit Wirkung ab 1. 1. 2023 durch Gesetz vom 16. 12. 2022 (BGBl. I S. 2294).
[4] § 52 Abs. 52 und 53 eingefügt durch Gesetz vom 29. 6. 2020 (BGBl. I S. 1512) und neugefasst durch Gesetz vom 10. 3. 2021 (BGBl. I S. 330).
[5] § 52 Abs. 54 **eingefügt mit Wirkung ab 1. 1. 2024** durch Gesetz vom 21. 12. 2020 (BGBl. I S. 3096); Abs. 54 wird **aufgehoben mit Wirkung ab 1. 1. 2025** durch Gesetz vom 20. 8. 2021 (BGBl. I S. 3932).
[6] § 52 a aufgehoben durch Gesetz vom 25. 7. 2014 (BGBl. I S. 1266).
[7] § 52 b aufgehoben mit Wirkung ab VZ 2020 durch Gesetz vom 12. 12. 2019 (BGBl. I S. 2451).
[8] § 53 aufgehoben durch Gesetz vom 18. 7. 2016 (BGBl. I S. 1679).

zu den Nutzungen und Wirtschaftsgütern (§ 34 Absatz 2 des Bewertungsgesetzes) am 1. Juli 1970 maßgebend; dabei sind die Hof- und Gebäudeflächen sowie die Hausgärten im Sinne des § 40 Absatz 3 des Bewertungsgesetzes nicht in die einzelne Nutzung einzubeziehen. ② Es sind anzusetzen:

1. bei Flächen, die nach dem Bodenschätzungsgesetz vom 20. Dezember 2007 (BGBl. I S. 3150, 3176) in der jeweils geltenden Fassung zu schätzen sind, für jedes katastermäßig abgegrenzte Flurstück der Betrag in Deutscher Mark, der sich ergibt, wenn die für das Flurstück am 1. Juli 1970 im amtlichen Verzeichnis nach § 2 Absatz 2 der Grundbuchordnung (Liegenschaftskataster) ausgewiesene Ertragsmesszahl vervierfacht wird. ② Abweichend von Satz 1 sind für Flächen der Nutzungsteile
   a) Hopfen, Spargel, Gemüsebau und Obstbau
      2,05 Euro je Quadratmeter,
   b) Blumen- und Zierpflanzenbau sowie Baumschulen
      2,56 Euro je Quadratmeter

   anzusetzen, wenn der Steuerpflichtige dem Finanzamt gegenüber bis zum 30. Juni 1972 eine Erklärung über die Größe, Lage und Nutzung der betreffenden Flächen abgibt,
2. für Flächen der forstwirtschaftlichen Nutzung
   je Quadratmeter 0,51 Euro,
3. für Flächen der weinbaulichen Nutzung der Betrag, der sich unter Berücksichtigung der maßgebenden Lagenvergleichszahl (Vergleichszahl der einzelnen Weinbaulage, § 39 Absatz 1 Satz 3 und § 57 Bewertungsgesetz), die für ausbauende Betriebsweise mit Fassweinerzeugung anzusetzen ist, aus der nachstehenden Tabelle ergibt:

Lagenvergleichszahl	Ausgangsbetrag je Quadratmeter in Euro
bis 20	1,28
21 bis 30	1,79
31 bis 40	2,56
41 bis 50	3,58
51 bis 60	4,09
61 bis 70	4,60
71 bis 100	5,11
über 100	6,39

4. für Flächen der sonstigen land- und forstwirtschaftlichen Nutzung, auf die Nummer 1 keine Anwendung findet,
   je Quadratmeter 0,51 Euro,
5. für Hofflächen, Gebäudeflächen und Hausgärten im Sinne des § 40 Absatz 3 des Bewertungsgesetzes
   je Quadratmeter 2,56 Euro,
6. für Flächen des Geringstlandes
   je Quadratmeter 0,13 Euro,
7. für Flächen des Abbaulandes
   je Quadratmeter 0,26 Euro,
8. für Flächen des Unlandes
   je Quadratmeter 0,05 Euro.

(3) ① Lag am 1. Juli 1970 kein Liegenschaftskataster vor, in dem Ertragsmesszahlen ausgewiesen sind, so ist der Ausgangsbetrag in sinngemäßer Anwendung des Absatzes 2 Nummer 1 Satz 1 auf der Grundlage der durchschnittlichen Ertragsmesszahl der landwirtschaftlichen Nutzung eines Betriebs zu ermitteln, die die Grundlage für die Hauptfeststellung des Einheitswerts auf den 1. Januar 1964 bildet. ② Absatz 2 Satz 2 Nummer 1 Satz 2 bleibt unberührt.

(4) Bei nicht zum land- und forstwirtschaftlichen Vermögen gehörendem Grund und Boden ist als Ausgangsbetrag anzusetzen:

1. Für unbebaute Grundstücke der auf den 1. Januar 1964 festgestellte Einheitswert. ② Wird auf den 1. Januar 1964 kein Einheitswert festgestellt oder hat sich der Bestand des Grundstücks nach dem 1. Januar 1964 und vor dem 1. Juli 1970 verändert, so ist der Wert maßgebend, der sich ergeben würde, wenn das Grundstück nach seinem Bestand vom 1. Juli 1970 und nach den Wertverhältnissen vom 1. Januar 1964 zu bewerten wäre;
2. für bebaute Grundstücke der Wert, der sich nach Nummer 1 ergeben würde, wenn das Grundstück unbebaut wäre.

(5) ① Weist der Steuerpflichtige nach, dass der Teilwert für Grund und Boden im Sinne des Absatzes 1 am 1. Juli 1970 höher ist als das Zweifache des Ausgangsbetrags, so ist auf Antrag des Steuerpflichtigen der Teilwert als Anschaffungs- oder Herstellungskosten anzusetzen. ② Der Antrag ist bis zum 31. Dezember 1975 bei dem Finanzamt zu stellen, das für die Er-

mittlung des Gewinns aus dem Betrieb zuständig ist. ③ Der Teilwert ist gesondert festzustellen. ④ Vor dem 1. Januar 1974 braucht diese Feststellung nur zu erfolgen, wenn ein berechtigtes Interesse des Steuerpflichtigen gegeben ist. ⑤ Die Vorschriften der Abgabenordnung und der Finanzgerichtsordnung über die gesonderte Feststellung von Besteuerungsgrundlagen gelten entsprechend.

(6) ① Verluste, die bei der Veräußerung oder Entnahme von Grund und Boden im Sinne des Absatzes 1 entstehen, dürfen bei der Ermittlung des Gewinns in Höhe des Betrags nicht berücksichtigt werden, um den der ausschließlich auf den Grund und Boden entfallende Veräußerungspreis oder der an dessen Stelle tretende Wert nach Abzug der Veräußerungskosten unter dem Zweifachen des Ausgangsbetrags liegt. ② Entsprechendes gilt bei Anwendung des § 6 Absatz 1 Nummer 2 Satz 2.

(7) Grund und Boden, der nach § 4 Absatz 1 Satz 5 des Einkommensteuergesetzes 1969 nicht anzusetzen war, ist wie eine Einlage zu behandeln; er ist dabei mit dem nach Absatz 1 oder 5 maßgebenden Wert anzusetzen.

§ 56 Sondervorschriften für Steuerpflichtige in dem in Artikel 3 des Einigungsvertrages genannten Gebiet

Bei Steuerpflichtigen, die am 31. Dezember 1990 einen Wohnsitz oder ihren gewöhnlichen Aufenthalt in dem in Artikel 3 des Einigungsvertrages genannten Gebiet[1] und im Jahre 1990 keinen Wohnsitz oder gewöhnlichen Aufenthalt im bisherigen Geltungsbereich dieses Gesetzes hatten, gilt Folgendes:

§ 7 Absatz 5 ist auf Gebäude anzuwenden, die in dem in Artikel 3 des Einigungsvertrages genannten Gebiet[1] nach dem 31. Dezember 1990 angeschafft oder hergestellt worden sind.

§ 57 Besondere Anwendungsregeln aus Anlass der Herstellung der Einheit Deutschlands

(1) Die §§ 7c, 7f, 7g, 7k und 10e dieses Gesetzes, die §§ 76, 78, 82a und 82f der Einkommensteuer-Durchführungsverordnung sowie die §§ 7 und 12 Absatz 3 des Schutzbaugesetzes sind auf Tatbestände anzuwenden, die in dem in Artikel 3 des Einigungsvertrages genannten Gebiet[1] nach dem 31. Dezember 1990 verwirklicht worden sind.

(2) Die §§ 7b und 7d dieses Gesetzes sowie die §§ 81, 82d, 82g und 82i der Einkommensteuer-Durchführungsverordnung sind nicht auf Tatbestände anzuwenden, die in dem in Artikel 3 des Einigungsvertrages genannten Gebiet[1] verwirklicht worden sind.

(3)[2] Bei der Anwendung des § 7g Absatz 2 Nummer 1 und des § 14a Absatz 1 ist in dem in Artikel 3 des Einigungsvertrages genannten Gebiet[1] anstatt vom maßgebenden Einheitswert des Betriebs der Land- und Forstwirtschaft und den darin ausgewiesenen Werten vom Ersatzwirtschaftswert nach § 125 des Bewertungsgesetzes auszugehen.

(4) ① § 10d Absatz 1 ist mit der Maßgabe anzuwenden, dass der Sonderausgabenabzug erstmals von dem für die zweite Hälfte des Veranlagungszeitraums 1990 ermittelten Gesamtbetrag der Einkünfte vorzunehmen ist. ② § 10d Absatz 2 und 3 ist auch für Verluste anzuwenden, die in dem in Artikel 3 des Einigungsvertrages genannten Gebiet[1] im Veranlagungszeitraum 1990 entstanden sind.

(5) § 22 Nummer 4 ist auf vergleichbare Bezüge anzuwenden, die auf Grund des Gesetzes über Rechtsverhältnisse der Abgeordneten der Volkskammer der Deutschen Demokratischen Republik vom 31. Mai 1990 (GBl. I Nr. 30 S. 274) gezahlt worden sind.

(6) § 34f Absatz 3 Satz 3 ist erstmals auf die in dem in Artikel 3 des Einigungsvertrags genannten Gebiet[3] für die zweite Hälfte des Veranlagungszeitraums 1990 festgesetzte Einkommensteuer anzuwenden.

§ 58 Weitere Anwendung von Rechtsvorschriften, die vor Herstellung der Einheit Deutschlands in dem in Artikel 3 des Einigungsvertrages genannten Gebiet gegolten haben

(1) Die Vorschriften über Sonderabschreibungen nach § 3 Absatz 1 des Steueränderungsgesetzes vom 6. März 1990 (GBl. I Nr. 17 S. 136) in Verbindung mit § 7 der Durchführungsbestimmung zum Gesetz zur Änderung der Rechtsvorschriften über die Einkommen-, Körperschaft- und Vermögensteuer – Steueränderungsgesetz – vom 16. März 1990 (GBl. I Nr. 21 S. 195) sind auf Wirtschaftsgüter weiter anzuwenden, die nach dem 31. Dezember 1989 und vor dem 1. Januar 1991 in dem in Artikel 3 des Einigungsvertrages genannten Gebiet angeschafft oder hergestellt worden sind.

---

[1] Die in Artikel 3 des Einigungsvertrags genannten Gebiete sind die Länder Brandenburg, Mecklenburg-Vorpommern, Sachsen, Sachsen-Anhalt und Thüringen sowie der Teil des Landes Berlin, in dem das Grundgesetz bisher nicht galt.

[2] § 57 Abs. 3 wird **aufgehoben mit Wirkung ab VZ 2025** durch Gesetz vom 26. 11. 2019 (BGBl. I S. 1794).

[3] Die in Artikel 3 des Einigungsvertrags genannten Gebiete sind die Länder Brandenburg, Mecklenburg-Vorpommern, Sachsen, Sachsen-Anhalt und Thüringen sowie der Teil des Landes Berlin, in dem das Grundgesetz bisher nicht galt.

(2) ① Rücklagen nach § 3 Absatz 2 des Steueränderungsgesetzes vom 6. März 1990 (GBl. I Nr. 17 S. 136) in Verbindung mit § 8 der Durchführungsbestimmung zum Gesetz zur Änderung der Rechtsvorschriften über die Einkommen-, Körperschaft- und Vermögensteuer – Steueränderungsgesetz – vom 16. März 1990 (GBl. I Nr. 21 S. 195) dürfen, soweit sie zum 31. Dezember 1990 zulässigerweise gebildet worden sind, auch nach diesem Zeitpunkt fortgeführt werden. ② Sie sind spätestens im Veranlagungszeitraum 1995 gewinn- oder sonst einkünfteerhöhend aufzulösen. ③ Sind vor dieser Auflösung begünstigte Wirtschaftsgüter angeschafft oder hergestellt worden, sind die in Rücklage eingestellten Beträge von den Anschaffungs- oder Herstellungskosten abzuziehen; die Rücklage ist in Höhe des abgezogenen Betrags im Veranlagungszeitraum der Anschaffung oder Herstellung gewinn- oder sonst einkünfteerhöhend aufzulösen.

(3) Die Vorschrift über den Steuerabzugsbetrag nach § 9 Absatz 1 der Durchführungsbestimmung zum Gesetz zur Änderung der Rechtsvorschriften über die Einkommen-, Körperschaft- und Vermögensteuer – Steueränderungsgesetz – vom 16. März 1990 (GBl. I Nr. 21 S. 195) ist für Steuerpflichtige weiter anzuwenden, die vor dem 1. Januar 1991 in dem in Artikel 3 des Einigungsvertrages genannten Gebiet[1] eine Betriebsstätte begründet haben, wenn sie von dem Tag der Begründung der Betriebsstätte an zwei Jahre lang die Tätigkeit ausüben, die Gegenstand der Betriebsstätte ist.

§§ 59 bis 61 (weggefallen)

X. Kindergeld

§ 62 Anspruchsberechtigte

(1)[1] ① Für Kinder im Sinne des § 63 hat Anspruch auf Kindergeld nach diesem Gesetz, wer

1. im Inland einen Wohnsitz oder seinen gewöhnlichen Aufenthalt hat oder
2. ohne Wohnsitz oder gewöhnlichen Aufenthalt im Inland
   a) nach § 1 Absatz 2 unbeschränkt einkommensteuerpflichtig ist oder
   b) nach § 1 Absatz 3 als unbeschränkt einkommensteuerpflichtig behandelt wird.

② Voraussetzung für den Anspruch nach Satz 1 ist, dass der Berechtigte durch die an ihn vergebene Identifikationsnummer (§ 139 b der Abgabenordnung) identifiziert wird. ③ Die nachträgliche Vergabe der Identifikationsnummer wirkt auf Monate zurück, in denen die Voraussetzungen des Satzes 1 vorliegen.

(1 a)[2] ① Begründet ein Staatsangehöriger eines anderen Mitgliedstaates der Europäischen Union oder eines Staates, auf den das Abkommen über den Europäischen Wirtschaftsraum Anwendung findet, im Inland einen Wohnsitz oder gewöhnlichen Aufenthalt, so hat er für die ersten drei Monate ab Begründung des Wohnsitzes oder des gewöhnlichen Aufenthalts keinen Anspruch auf Kindergeld. ② Dies gilt nicht, wenn er nachweist, dass er inländische Einkünfte im Sinne des § 2 Absatz 1 Satz 1 Nummer 1 bis 4 mit Ausnahme von Einkünften nach § 19 Absatz 1 Satz 1 Nummer 2 erzielt. ③ Nach Ablauf des in Satz 1 genannten Zeitraums hat er Anspruch auf Kindergeld, es sei denn, die Voraussetzungen des § 2 Absatz 2 oder Absatz 3 des Freizügigkeitsgesetzes/EU liegen nicht vor oder es sind nur die Voraussetzungen des § 2 Absatz 2 Nummer 1 a des Freizügigkeitsgesetzes/EU erfüllt, ohne dass vorher eine andere der in § 2 Absatz 2 des Freizügigkeitsgesetzes/EU genannten Voraussetzungen erfüllt war. ④ Die Prüfung, ob die Voraussetzungen für einen Anspruch auf Kindergeld gemäß Satz 2 vorliegen oder gemäß Satz 3 nicht gegeben sind, führt die Familienkasse in eigener Zuständigkeit durch. ⑤ Lehnt die Familienkasse eine Kindergeldfestsetzung in diesem Fall ab, hat sie ihre Entscheidung der zuständigen Ausländerbehörde mitzuteilen. ⑥ Wurde das Vorliegen der Anspruchsvoraussetzungen durch die Verwendung gefälschter oder verfälschter Dokumente oder durch Vorspiegelung falscher Tatsachen vorgetäuscht, hat die Familienkasse die zuständige Ausländerbehörde unverzüglich zu unterrichten.

(2)[3] Ein nicht freizügigkeitsberechtigter Ausländer erhält Kindergeld nur, wenn er

1. eine Niederlassungserlaubnis oder eine Erlaubnis zum Daueraufenthalt-EU besitzt,
2. eine Blaue Karte EU, eine ICT-Karte, eine Mobiler-ICT-Karte oder eine Aufenthaltserlaubnis besitzt, die für einen Zeitraum von mindestens sechs Monaten zur Ausübung einer Erwerbstätigkeit berechtigen oder berechtigt haben oder diese erlauben, es sei denn, die Aufenthaltserlaubnis wurde

---

[1] § 62 Abs. 1 Sätze 2 und 3 angefügt durch Gesetz vom 2. 12. 2014 (BGBl. I S. 1922); zur Anwendung siehe § 52 Abs. 49 a.

[2] § 62 Abs. 1 a eingefügt durch Gesetz vom 11. 7. 2019 (BGBl. I S. 1066); zur Anwendung siehe § 52 Abs. 49 a Satz 1.

[3] § 62 Abs. 2 neugefasst mit Wirkung ab 1. 3. 2020 durch Gesetz vom 12. 12. 2019 (BGBl. I S. 2451); zur erstmaligen Anwendung siehe § 52 Abs. 49 a Satz 2.

§ 62 Abs. 2 Nr. 2 Buchstabe c geändert durch Gesetz vom 23. 5. 2022 (BGBl. I S. 760); zur Anwendung siehe § 52 Abs. 49 a Satz 3.

a) nach § 16e des Aufenthaltsgesetzes zu Ausbildungszwecken, nach § 19c Absatz 1 des Aufenthaltsgesetzes zum Zweck der Beschäftigung als Au-Pair oder zum Zweck der Saisonbeschäftigung, nach § 19e des Aufenthaltsgesetzes zum Zweck der Teilnahme an einem Europäischen Freiwilligendienst oder nach § 20 Absatz 1 und 2 des Aufenthaltsgesetzes zur Arbeitsplatzsuche erteilt,

b) nach § 16b des Aufenthaltsgesetzes zum Zweck eines Studiums, nach § 16d des Aufenthaltsgesetzes für Maßnahmen zur Anerkennung ausländischer Berufsqualifikationen oder nach § 20 Absatz 3 des Aufenthaltsgesetzes zur Arbeitsplatzsuche erteilt und er ist weder erwerbstätig noch nimmt er Elternzeit nach § 15 des Bundeselterngeld- und Elternzeitgesetzes oder laufende Geldleistungen nach dem Dritten Buch Sozialgesetzbuch in Anspruch,

c) nach § 23 Absatz 1 des Aufenthaltsgesetzes wegen eines Krieges in seinem Heimatland oder nach den § 23a oder § 25 Absatz 3 bis 5 des Aufenthaltsgesetzes erteilt,

3. eine in Nummer 2 Buchstabe c genannte Aufenthaltserlaubnis besitzt und im Bundesgebiet berechtigt erwerbstätig ist oder Elternzeit nach § 15 des Bundeselterngeld- und Elternzeitgesetzes oder laufende Geldleistungen nach dem Dritten Buch Sozialgesetzbuch in Anspruch nimmt,

4. eine in Nummer 2 Buchstabe c genannte Aufenthaltserlaubnis besitzt und sich seit mindestens 15 Monaten erlaubt, gestattet oder geduldet im Bundesgebiet aufhält oder

5.[1] eine Beschäftigungsduldung gemäß § 60d in Verbindung mit § 60a Absatz 2 Satz 3 des Aufenthaltsgesetzes besitzt.

§ 63 Kinder

(1)[2] ① Als Kinder werden berücksichtigt

1. Kinder im Sinne des § 32 Absatz 1,
2. vom Berechtigten in seinen Haushalt aufgenommene Kinder seines Ehegatten,
3. vom Berechtigten in seinen Haushalt aufgenommene Enkel.

② § 32 Absatz 3 bis 5 gilt entsprechend. ③ Voraussetzung für die Berücksichtigung ist die Identifizierung des Kindes durch die an dieses Kind vergebene Identifikationsnummer (§ 139b der Abgabenordnung). ④ Ist das Kind nicht nach einem Steuergesetz steuerpflichtig (§ 139a Absatz 2 der Abgabenordnung), ist es in anderer geeigneter Weise zu identifizieren. ⑤ Die nachträgliche Identifizierung oder nachträgliche Vergabe der Identifikationsnummer wirkt auf Monate zurück, in denen die Voraussetzungen der Sätze 1 bis 4 vorliegen. ⑥ Kinder, die weder einen Wohnsitz noch ihren gewöhnlichen Aufenthalt im Inland, in einem Mitgliedstaat der Europäischen Union oder in einem Staat, auf den das Abkommen über den Europäischen Wirtschaftsraum Anwendung findet, haben, werden nicht berücksichtigt, es sei denn, sie leben im Haushalt eines Berechtigten im Sinne des § 62 Absatz 1 Satz 1 Nummer 2 Buchstabe a. ⑦ Kinder im Sinne von § 2 Absatz 4 Satz 2 des Bundeskindergeldgesetzes werden nicht berücksichtigt.

(2) Die Bundesregierung wird ermächtigt, durch Rechtsverordnung, die nicht der Zustimmung des Bundesrates bedarf, zu bestimmen, dass einem Berechtigten, der im Inland erwerbstätig ist oder sonst seine hauptsächlichen Einkünfte erzielt, für seine in Absatz 1 Satz 3[3] erster Halbsatz bezeichneten Kinder Kindergeld ganz oder teilweise zu leisten ist, soweit dies mit Rücksicht auf die durchschnittlichen Lebenshaltungskosten für Kinder in deren Wohnsitzstaat und auf die dort gewährten dem Kindergeld vergleichbaren Leistungen geboten ist.

§ 64 Zusammentreffen mehrerer Ansprüche

(1) Für jedes Kind wird nur einem Berechtigten Kindergeld gezahlt.

(2) ① Bei mehreren Berechtigten wird das Kindergeld demjenigen gezahlt, der das Kind in seinen Haushalt aufgenommen hat. ② Ist ein Kind in den gemeinsamen Haushalt von Eltern, einem Elternteil und dessen Ehegatten, Pflegeeltern oder Großeltern aufgenommen worden, so bestimmen diese untereinander den Berechtigten. ③ Wird eine Bestimmung nicht getroffen, so bestimmt das Familiengericht auf Antrag den Berechtigten. ④ Den Antrag kann stellen, wer ein berechtigtes Interesse an der Zahlung des Kindergeldes hat. ⑤ Lebt ein Kind im gemeinsamen Haushalt von Eltern und Großeltern, so wird das Kindergeld vorrangig einem Elternteil gezahlt; es wird an einen Großelternteil gezahlt, wenn der Elternteil gegenüber der zuständigen Stelle auf seinen Vorrang schriftlich verzichtet hat.

(3) ① Ist das Kind nicht in den Haushalt eines Berechtigten aufgenommen, so erhält das Kindergeld derjenige, der dem Kind eine Unterhaltsrente zahlt. ② Zahlen mehrere Berechtigte dem Kind Unterhaltsrenten, so erhält das Kindergeld derjenige, der dem Kind die höchste

[1] Zur erstmaligen Anwendung siehe § 52 Abs. 49a Satz 4.

[2] § 63 Abs. 1 Sätze 2 bis 5 eingefügt und Satz 6 (bish. Satz 3) geändert durch Gesetz vom 2. 12. 2014 (BGBl. I S. 1922); zur Anwendung siehe § 52 Abs. 49a Satz 5 und 6.

[3] Redaktionelles Versehen, jetzt „Satz 6".

Unterhaltsrente zahlt. ③ Werden gleich hohe Unterhaltsrenten gezahlt oder zahlt keiner der Berechtigten dem Kind Unterhalt, so bestimmen die Berechtigten untereinander, wer das Kindergeld erhalten soll. ④ Wird eine Bestimmung nicht getroffen, so gilt Absatz 2 Satz 3 und 4 entsprechend.

§ 65[1] Andere Leistungen für Kinder

① Kindergeld wird nicht für ein Kind gezahlt, für das eine der folgenden Leistungen zu zahlen ist oder bei entsprechender Antragstellung zu zahlen wäre:

1. Leistungen für Kinder, die im Ausland gewährt werden und dem Kindergeld oder der Kinderzulage aus der gesetzlichen Unfallversicherung nach § 217 Absatz 3 des Siebten Buches Sozialgesetzbuch in der bis zum 30. Juni 2020 geltenden Fassung oder dem Kinderzuschuss aus der gesetzlichen Rentenversicherung nach § 270 des Sechsten Buches Sozialgesetzbuch in der bis zum 16. November 2016 geltenden Fassung vergleichbar sind,
2. Leistungen für Kinder, die von einer zwischen- oder überstaatlichen Einrichtung gewährt werden und dem Kindergeld vergleichbar sind.

② Soweit es für die Anwendung von Vorschriften dieses Gesetzes auf den Erhalt von Kindergeld ankommt, stehen die Leistungen nach Satz 1 dem Kindergeld gleich. ③ Steht ein Berechtigter in einem Versicherungspflichtverhältnis zur Bundesagentur für Arbeit nach § 24 des Dritten Buches Sozialgesetzbuch oder ist er versicherungsfrei nach § 28 Absatz 1 Nummer 1 des Dritten Buches Sozialgesetzbuch oder steht er im Inland in einem öffentlich-rechtlichen Dienst- oder Amtsverhältnis, so wird sein Anspruch auf Kindergeld für ein Kind nicht nach Satz 1 Nummer 2 mit Rücksicht darauf ausgeschlossen, dass sein Ehegatte als Beamter, Ruhestandsbeamter oder sonstiger Bediensteter der Europäischen Union für das Kind Anspruch auf Kinderzulage hat.

§ 66 Höhe des Kindergeldes, Zahlungszeitraum

[Fassung bis 31. 12. 2022:]

(1)[2] ① Das Kindergeld beträgt monatlich für das erste und zweite Kind jeweils 219 Euro, für das dritte Kind 225 Euro und für das vierte und jedes weitere Kind jeweils 250 Euro. ② Darüber hinaus wird für jedes Kind, für das für den Monat Juli 2022 ein Anspruch auf Kindergeld besteht, für den Monat Juli 2022 ein Einmalbetrag in Höhe von 100 Euro gezahlt. ③ Ein Anspruch in Höhe des Einmalbetrags von 100 Euro für das Kalenderjahr 2022 besteht auch für ein Kind, für das nicht für den Monat Juli 2022, jedoch für mindestens einen anderen Kalendermonat im Kalenderjahr 2022 ein Anspruch auf Kindergeld besteht. ④ Der Einmalbetrag nach den Sätzen 2 und 3 wird als Kindergeld im Rahmen der Vergleichsberechnung nach § 31 Satz 4 berücksichtigt.

[Fassung ab 1. 1. 2023:]

(1)[3] Das Kindergeld beträgt monatlich für jedes Kind 250 Euro.

(2) Das Kindergeld wird monatlich vom Beginn des Monats an gezahlt, in dem die Anspruchsvoraussetzungen erfüllt sind, bis zum Ende des Monats, in dem die Anspruchsvoraussetzungen wegfallen.

(3)[4] *(aufgehoben)*

§ 67[5] Antrag

① Das Kindergeld ist bei der zuständigen Familienkasse schriftlich zu beantragen; eine elektronische Antragstellung nach amtlich vorgeschriebenem Datensatz über die amtlich vorgeschriebene Schnittstelle ist zulässig, soweit der Zugang eröffnet wurde. ② Den Antrag kann außer

---

[1] § 65 Abs. 1 Satz 3 geändert durch Gesetz vom 26. 6. 2013 (BGBl. I S. 1809); Abs. 1 Absatzbezeichnung und Abs. 2 aufgehoben, Satz 1 neugefasst und Satz 3 geändert mit Wirkung vom VZ 2022 durch Gesetz vom 16. 12. 2022 (BGBl. I S. 2294).

[2] § 66 Abs. 1 neugefasst durch Gesetz vom 1. 12. 2020 (BGBl. I S. 2616); zur Anwendung siehe § 52 Abs. 49 a Satz 14; Sätze 2 bis 4 angefügt durch Gesetz vom 10. 3. 2021 (BGBl. I S. 330); Abs. 1 Satz 2 und 3 geändert durch Gesetz vom 23. 5. 2022 (BGBl. I S. 749).

[3] § 66 Abs. 1 neugefasst mit Wirkung ab 1. 1. 2023 durch Gesetz vom 8. 12. 2022 (BGBl. I S. 2230).

[4] § 66 Abs. 3 angefügt durch Gesetz vom 23. 6. 2017 (BGBl. I S. 1682); Abs. 3 aufgehoben durch Gesetz vom 11. 7. 2019 (BGBl. I S. 1066); zur Anwendung siehe § 52 Abs. 49 a Satz 11.

[5] § 67 Satz 1 neugefasst mit Wirkung ab VZ 2020 durch Gesetz vom 3. 12. 2020 (BGBl. I S. 2668).

dem Berechtigten auch stellen, wer ein berechtigtes Interesse an der Leistung des Kindergeldes hat. ③ In Fällen des Satzes 2 ist § 62 Absatz 1 Satz 2 bis 3 anzuwenden. ④ Der Berechtigte ist zu diesem Zweck verpflichtet, demjenigen, der ein berechtigtes Interesse an der Leistung des Kindergeldes hat, seine an ihn vergebene Identifikationsnummer (§ 139 b der Abgabenordnung) mitzuteilen. ⑤ Kommt der Berechtigte dieser Verpflichtung nicht nach, teilt die zuständige Familienkasse demjenigen, der ein berechtigtes Interesse an der Leistung des Kindergeldes hat, auf seine Anfrage die Identifikationsnummer des Berechtigten mit.[1]

§ 68[2] Besondere Mitwirkungspflichten und Offenbarungsbefugnis

(1) ① Wer Kindergeld beantragt oder erhält, hat Änderungen in den Verhältnissen, die für die Leistung erheblich sind oder über die im Zusammenhang mit der Leistung Erklärungen abgegeben worden sind, unverzüglich der zuständigen Familienkasse mitzuteilen. ② Ein Kind, das das 18. Lebensjahr vollendet hat, ist auf Verlangen der Familienkasse verpflichtet, an der Aufklärung des für die Kindergeldzahlung maßgebenden Sachverhalts mitzuwirken; § 101 der Abgabenordnung findet insoweit keine Anwendung.

(2) (weggefallen)

(3) Auf Antrag des Berechtigten erteilt die das Kindergeld auszahlende Stelle eine Bescheinigung über das für das Kalenderjahr ausgezahlte Kindergeld.

(4)[3] ① Die Familienkassen dürfen den Stellen, die die Bezüge im öffentlichen Dienst anweisen, den für die jeweilige Kindergeldzahlung maßgebenden Sachverhalt durch automatisierte Abrufverfahren bereitstellen oder Auskunft über diesen Sachverhalt erteilen. ② Das Bundesministerium der Finanzen wird ermächtigt, durch Rechtsverordnung ohne Zustimmung des Bundesrates zur Durchführung von automatisierten Abrufen nach Satz 1 die Voraussetzungen, unter denen ein Datenabruf erfolgen darf, festzulegen.

(5)[4] ① Zur Erfüllung der in § 31 a Absatz 2 der Abgabenordnung genannten Mitteilungspflichten dürfen die Familienkassen den Leistungsträgern, die für Leistungen der Arbeitsförderung nach § 19 Absatz 2, für Leistungen der Grundsicherung für Arbeitsuchende nach § 19 a Absatz 2, für Kindergeld, Kinderzuschlag, Leistungen für Bildung und Teilhabe und Elterngeld nach § 25 Absatz 3 oder für Leistungen der Sozialhilfe nach § 28 Absatz 2 des Ersten Buches Sozialgesetzbuch zuständig sind, und den nach § 9 Absatz 1 Satz 2 des Unterhaltsvorschussgesetzes zuständigen Stellen den für die jeweilige Kindergeldzahlung maßgebenden Sachverhalt durch automatisierte Abrufverfahren bereitstellen. ② Das Bundesministerium der Finanzen wird ermächtigt, durch Rechtsverordnung mit Zustimmung des Bundesrates zur Durchführung von automatisierten Abrufen nach Satz 1 die Voraussetzungen, unter denen ein Datenabruf erfolgen darf, festzulegen.

(6)[5] ① Zur Prüfung und Bemessung der in Artikel 3 Absatz 1 Buchstabe j in Verbindung mit Artikel 1 Buchstabe z der Verordnung (EG) Nr. 883/2004 des Europäischen Parlaments und des Rates vom 29. April 2004 zur Koordinierung der Systeme der sozialen Sicherheit (ABl. L 166 vom 30. 4. 2004, S. 1), die zuletzt durch die Verordnung (EU) 2017/492 (ABl. L 76 vom 22. 3. 2017, S. 13) geändert worden ist, genannten Familienleistungen dürfen die Familienkassen den zuständigen öffentlichen Stellen eines Mitgliedstaates der Europäischen Union den für die jeweilige Kindergeldzahlung maßgebenden Sachverhalt durch automatisierte Abrufverfahren bereitstellen. ② Das Bundesministerium der Finanzen wird ermächtigt, durch Rechtsverordnung ohne Zustimmung des Bundesrates zur Durchführung von automatisierten Abrufen nach Satz 1 die Voraussetzungen, unter denen ein Datenabruf erfolgen darf, festzulegen.

(7)[5] ① Die Datenstelle der Rentenversicherung darf den Familienkassen in einem automatisierten Abrufverfahren die zur Überprüfung des Anspruchs auf Kindergeld nach § 62 Absatz 1 a und 2 erforderlichen Daten übermitteln; § 79 Absatz 2 bis 4 des Zehnten Buches Sozialgesetzbuch gilt entsprechend. ② Die Träger der Leistungen nach dem Zweiten und Dritten Buch Sozialgesetzbuch dürfen den Familienkassen in einem automatisierten Abrufverfahren die zur Überprüfung des Anspruchs auf Kindergeld nach § 62 erforderlichen Daten übermitteln. ③ Das Bundesministerium für Arbeit und Soziales wird ermächtigt, durch Rechtsverordnung mit Zustimmung des Bundesrates die Voraussetzungen für das Abrufverfahren und Regelungen zu den Kosten des Verfahrens nach Satz 2 festzulegen.

---

[1] § 67 Sätze 3 bis 5 angefügt durch Gesetz vom 2. 12. 2014 (BGBl. I S. 1922); zur Anwendung siehe § 52 Abs. 49 a Satz 5 und 6.

[2] § 68 Überschrift geändert mit Wirkung ab 18. 7. 2019 durch Gesetz vom 11. 7. 2019 (BGBl. I S. 1066).

[3] § 68 Abs. 4 neugefasst mit Wirkung ab 14. 12. 2016 durch Gesetz vom 8. 12. 2016 (BGBl. I S. 2835); Abs. 4 geändert mit Wirkung ab 1. 1. 2019 durch Gesetz vom 20. 11. 2019 (BGBl. I S. 1626).

[4] § 68 Abs. 5 angefügt mit Wirkung ab 18. 7. 2019 durch Gesetz vom 11. 7. 2019 (BGBl. I S. 1066).

[5] § 68 Abs. 6 und 7 angefügt mit Wirkung ab 18. 7. 2019 durch Gesetz vom 11. 7. 2019 (BGBl. I S. 1066).

§ 69 Datenübermittlung an die Familienkassen

[Fassung bis 31. 12. 2023:][1]

Erfährt das Bundeszentralamt für Steuern, dass ein Kind, für das Kindergeld gezahlt wird, ins Ausland verzogen ist oder von Amts wegen von der Meldebehörde abgemeldet wurde, hat es der zuständigen Familienkasse unverzüglich die in § 139b Absatz 3 Nummer 1, 3, 5, 8 und 14 der Abgabenordnung genannten Daten zum Zweck der Prüfung der Rechtmäßigkeit des Bezugs von Kindergeld zu übermitteln.

[Fassung ab 1. 1. 2024:][2]

① Erfährt das Bundeszentralamt für Steuern, dass ein Kind, für das Kindergeld gezahlt wird, verzogen ist oder von Amts wegen von der Meldebehörde abgemeldet wurde, hat es der zuständigen Familienkasse unverzüglich die in § 139b Absatz 3 Nummer 1, 3, 5, 8 und 14 der Abgabenordnung genannten Daten zum Zweck der Prüfung der Rechtmäßigkeit des Bezugs von Kindergeld zu übermitteln. ② Die beim Bundeszentralamt für Steuern gespeicherten Daten für ein Kind, für das Kindergeld gezahlt wird, werden auf Anfrage auch den Finanzämtern zur Prüfung der Rechtmäßigkeit der Berücksichtigung der Freibeträge nach § 32 Absatz 6 zur Verfügung gestellt. ③ Erteilt das Bundeszentralamt für Steuern auf Grund der Geburt eines Kindes eine neue Identifikationsnummer nach § 139b der Abgabenordnung, übermittelt es der zuständigen Familienkasse zum Zweck der Prüfung des Bezugs von Kindergeld unverzüglich

1. die in § 139b Absatz 3 Nummer 1, 3, 5, 8 und 10 der Abgabenordnung genannten Daten des Kindes sowie
2. soweit vorhanden, die in § 139b Absatz 3 Nummer 1, 3, 5, 8 und 10 und Absatz 3a der Abgabenordnung genannten Daten der Personen, bei denen für dieses Kind nach § 39e Absatz 1 ein Kinderfreibetrag berücksichtigt wird.

§ 70 Festsetzung und Zahlung des Kindergeldes

(1)[3] ① Das Kindergeld nach § 62 wird von den Familienkassen durch Bescheid festgesetzt und ausgezahlt. ② Die Auszahlung von festgesetztem Kindergeld erfolgt rückwirkend nur für die letzten sechs Monate vor Beginn des Monats, in dem der Antrag auf Kindergeld eingegangen ist. ③ Der Anspruch auf Kindergeld nach § 62 bleibt von dieser Auszahlungsbeschränkung unberührt.

(2) ① Soweit in den Verhältnissen, die für den Anspruch auf Kindergeld erheblich sind, Änderungen eintreten, ist die Festsetzung des Kindergeldes mit Wirkung vom Zeitpunkt der Änderung der Verhältnisse aufzuheben oder zu ändern. ② Ist die Änderung einer Kindergeldfestsetzung nur wegen einer Anhebung der in § 66 Absatz 1 genannten Kindergeldbeträge erforderlich, kann von der Erteilung eines schriftlichen Änderungsbescheides abgesehen werden.

(3)[4] ① Materielle Fehler der letzten Festsetzung können durch Aufhebung oder Änderung der Festsetzung mit Wirkung ab dem auf die Bekanntgabe der Aufhebung oder Änderung der Festsetzung folgenden Monat beseitigt werden. ② Bei der Aufhebung oder Änderung der Festsetzung nach Satz 1 ist § 176 der Abgabenordnung entsprechend anzuwenden; dies gilt nicht für Monate, die nach der Verkündung der maßgeblichen Entscheidung eines obersten Bundesgerichts beginnen.

(4)[5] *(aufgehoben)*

---

[1] § 69 aufgehoben durch Gesetz vom 18. 7. 2016 (BStBl. I S. 1679); wieder eingefügt durch Gesetz vom 23. 6. 2017 (BGBl. I S. 1682); zur erstmaligen Anwendung siehe § 52 Abs. 49 a Satz 12.

[2] § 69 Satz 1 geändert und Sätze 2 und 3 angefügt durch Gesetz vom 16. 12. 2022 (BGBl. I S. 2294); **zur erstmaligen Anwendung siehe § 52 Abs. 49 a Sätze 15 bis 17.**

[3] § 70 Abs. 1 Sätze 2 und 3 angefügt mit Wirkung ab 18. 7. 2019 durch Gesetz vom 11. 7. 2019 (BGBl. I S. 1066); zur Anwendung siehe § 52 Abs. 50 Satz 1.

[4] § 70 Abs. 3 neugefasst mit Wirkung ab 1. 1. 2015 durch Gesetz vom 22. 12. 2014 (BGBl. I S. 2417).

[5] § 70 Abs. 4 aufgehoben ab 1. 1. 2012 durch Gesetz vom 1. 11. 2011 (BGBl. I S. 2131); zur weiteren Anwendung siehe § 52 Abs. 50.

§ 71[1] Vorläufige Einstellung der Zahlung des Kindergeldes

(1) Die Familienkasse kann die Zahlung des Kindergeldes ohne Erteilung eines Bescheides vorläufig einstellen, wenn

1. sie Kenntnis von Tatsachen erhält, die kraft Gesetzes zum Ruhen oder zum Wegfall des Anspruchs führen, und
2. die Festsetzung, aus der sich der Anspruch ergibt, deshalb mit Wirkung für die Vergangenheit aufzuheben ist.

(2) ① Soweit die Kenntnis der Familienkasse nicht auf Angaben des Berechtigten beruht, der das Kindergeld erhält, sind dem Berechtigten unverzüglich die vorläufige Einstellung der Zahlung des Kindergeldes sowie die dafür maßgeblichen Gründe mitzuteilen. ② Ihm ist Gelegenheit zu geben, sich zu äußern.

(3) Die Familienkasse hat die vorläufig eingestellte Zahlung des Kindergeldes unverzüglich nachzuholen, soweit die Festsetzung, aus der sich der Anspruch ergibt, zwei Monate nach der vorläufigen Einstellung der Zahlung nicht mit Wirkung für die Vergangenheit aufgehoben oder geändert wird.

§ 72[2] Festsetzung und Zahlung des Kindergeldes an Angehörige des öffentlichen Dienstes

(1)[3] ① Steht Personen, die

1. in einem öffentlich-rechtlichen Dienst-, Amts- oder Ausbildungsverhältnis stehen, mit Ausnahme der Ehrenbeamten,
2. Versorgungsbezüge nach beamten- oder soldatenrechtlichen Vorschriften oder Grundsätzen erhalten oder
3. Arbeitnehmer einer Körperschaft, einer Anstalt oder einer Stiftung des öffentlichen Rechts sind, einschließlich der zu ihrer Berufsausbildung Beschäftigten,

Kindergeld nach Maßgabe dieses Gesetzes zu, wird es von den Körperschaften, Anstalten oder Stiftungen des öffentlichen Rechts als Familienkassen festgesetzt und ausgezahlt. ② Das Bundeszentralamt für Steuern erteilt den Familienkassen ein Merkmal zu ihrer Identifizierung (Familienkassenschlüssel). ③ Satz 1 ist nicht anzuwenden, wenn die Körperschaften, Anstalten oder Stiftungen des öffentlichen Rechts gegenüber dem Bundeszentralamt für Steuern auf ihre Zuständigkeit zur Festsetzung und Auszahlung des Kindergeldes schriftlich oder elektronisch verzichtet haben und dieser Verzicht vom Bundeszentralamt für Steuern schriftlich oder elektronisch bestätigt worden ist. ④ Die Bestätigung des Bundeszentralamts für Steuern darf erst erfolgen, wenn die haushalterischen Voraussetzungen für die Übernahme der Festsetzung und Auszahlung des Kindergeldes durch die Bundesagentur für Arbeit vorliegen. ⑤ Das Bundeszentralamt für Steuern veröffentlicht die Namen und die Anschriften der Körperschaften, Anstalten oder Stiftungen des öffentlichen Rechts, die nach Satz 3 auf die Zuständigkeit verzichtet haben, sowie den jeweiligen Zeitpunkt, zu dem der Verzicht wirksam geworden ist, im Bundessteuerblatt. ⑥ Hat eine Körperschaft, Anstalt oder Stiftung des öffentlichen Rechts die Festsetzung des Kindergeldes auf eine **[bis 28. 2. 2023:** Bundes- oder**]**[4] Landesfamilienkasse im Sinne des § 5 Absatz 1 Nummer 11 **[bis 28. 2. 2023:** Satz 6 bis 9**]** **[ab 1. 3. 2023:** Satz 6 und 7**]**[4] des Finanzverwaltungsgesetzes übertragen, kann ein Verzicht nach Satz 3 nur durch die **[bis 28. 2. 2023:** Bundes- oder**]**[4] Landesfamilienkasse im Einvernehmen mit der auftraggebenden Körperschaft, Anstalt oder Stiftung wirksam erklärt werden. ⑦ Satz 1 ist nicht anzuwenden, wenn die Körperschaften, Anstalten oder Stiftungen des öffentlichen Rechts nach dem 31. Dezember 2018 errichtet wurden; das Bundeszentralamt für Steuern kann auf Antrag eine Ausnahmegenehmigung erteilen, wenn das Kindergeld durch eine Landesfamilienkasse im Sinne des § 5 Absatz 1 Nummer 11 **[bis 28. 2. 2023:** Satz 8 bis 10**]** **[ab 1. 3. 2023:** Satz 6 bis 8**]**[4] des Finanzverwaltungsgesetzes festgesetzt und ausgezahlt wird und kein Verzicht nach Satz 3 vorliegt.

(2)[5] *(aufgehoben)*

(3)[6] Absatz 1 gilt nicht für Personen, die ihre Bezüge oder ihr Arbeitsentgelt

1. von einem Dienstherrn oder Arbeitgeber im Bereich der Religionsgesellschaften des öffentlichen Rechts,

---

[1] § 71 eingefügt mit Wirkung ab 18. 7. 2019 durch Gesetz vom 11. 7. 2019 (BGBl. I S. 1066).
[2] **§ 72 wird mit Wirkung ab 1. 1. 2024 aufgehoben** durch Gesetz vom 16. 12. 2022 (BGBl. I S. 2294).
[3] § 72 Abs. 1 neugefasst mit Wirkung ab 14. 12. 2016 durch Gesetz vom 8. 12. 2016 (BGBl. I S. 2835); Abs. 1 Satz 7 angefügt mit Wirkung ab 1. 1. 2019 durch Art. 3 des Gesetzes vom 11. 12. 2018 (BGBl. I S. 2338).
[4] § 72 Abs. 1 Satz 6 und 7 geändert mit Wirkung ab 1. 3. 2023 durch Gesetz vom 16. 12. 2022 (BGBl. I S. 2294).
[5] § 72 Abs. 2 aufgehoben mit Wirkung ab 1. 1. 2022 durch Gesetz vom 8. 12. 2016 (BGBl. I S. 2835).
[6] § 72 Abs. 3 Einleitungssatz, Nr. 1 und 2 geändert und Nr. 3 eingefügt mit Wirkung ab 1. 1. 2022 durch Gesetz vom 8. 12. 2016 (BGBl. I S. 2835).

2. von einem Spitzenverband der Freien Wohlfahrtspflege, einem diesem unmittelbar oder mittelbar angeschlossenen Mitgliedsverband oder einer einem solchen Verband angeschlossenen Einrichtung oder Anstalt oder

[bis 28. 2. 2023:]

3. von einem Dienstherrn oder Arbeitgeber im Bereich des Bundes mit Ausnahme der Nachrichtendienste des Bundes, des Bundesverwaltungsamtes sowie derjenigen Behörden, Körperschaften, Anstalten und Stiftungen des öffentlichen Rechts, die die Festsetzung und Auszahlung des Kindergeldes auf das Bundesverwaltungsamt übertragen haben,

[ab 1. 3. 2023:]

3.[1] von einem Dienstherrn oder Arbeitgeber im Bereich des Bundes mit Ausnahme des Bundesnachrichtendienstes

erhalten.

(4)[2] Absatz 1 gilt nicht für Personen, die voraussichtlich nicht länger als sechs Monate in den Kreis der in Absatz 1 Satz 1 Nummer 1 bis 3 Bezeichneten eintreten.

(5) Obliegt mehreren Rechtsträgern die Zahlung von Bezügen oder Arbeitsentgelt (Absatz 1 Satz 1) gegenüber einem Berechtigten, so ist für die Durchführung dieses Gesetzes zuständig:

1. bei Zusammentreffen von Versorgungsbezügen mit anderen Bezügen oder Arbeitsentgelt der Rechtsträger, dem die Zahlung der anderen Bezüge oder des Arbeitsentgelts obliegt;
2. bei Zusammentreffen mehrerer Versorgungsbezüge der Rechtsträger, dem die Zahlung der neuen Versorgungsbezüge im Sinne der beamtenrechtlichen Ruhensvorschriften obliegt;
3. bei Zusammentreffen von Arbeitsentgelt (Absatz 1 Satz 1 Nummer 3) mit Bezügen aus einem der in Absatz 1 Satz 1 Nummer 1 bezeichneten Rechtsverhältnisse der Rechtsträger, dem die Zahlung dieser Bezüge obliegt;
4. bei Zusammentreffen mehrerer Arbeitsentgelte (Absatz 1 Satz 1 Nummer 3) der Rechtsträger, dem die Zahlung des höheren Arbeitsentgelts obliegt oder – falls die Arbeitsentgelte gleich hoch sind – der Rechtsträger, zu dem das zuerst begründete Arbeitsverhältnis besteht.

(6) ① Scheidet ein Berechtigter im Laufe eines Monats aus dem Kreis der in Absatz 1 Satz 1 Nummer 1 bis 3 Bezeichneten aus oder tritt er im Laufe eines Monats in diesen Kreis ein, so wird das Kindergeld für diesen Monat von der Stelle gezahlt, die bis zum Ausscheiden oder Eintritt des Berechtigten zuständig war. ② Dies gilt nicht, soweit die Zahlung von Kindergeld für ein Kind in Betracht kommt, das erst nach dem Ausscheiden oder Eintritt bei dem Berechtigten nach § 63 zu berücksichtigen ist. ③ Ist in einem Fall des Satzes 1 das Kindergeld bereits für einen folgenden Monat gezahlt worden, so muss der für diesen Monat Berechtigte die Zahlung gegen sich gelten lassen.

(7)[2] ① In den Abrechnungen der Bezüge und des Arbeitsentgelts ist das Kindergeld gesondert auszuweisen, wenn es zusammen mit den Bezügen oder dem Arbeitsentgelt ausgezahlt wird. ② Der Rechtsträger hat die Summe des von ihm für alle Berechtigten ausgezahlten Kindergeldes dem Betrag, den er insgesamt an Lohnsteuer einzubehalten hat, zu entnehmen und unter Angabe des in Absatz 1 genannten Familienkassenschlüssels bei der nächsten Lohnsteuer-Anmeldung gesondert abzusetzen. ③ Übersteigt das insgesamt ausgezahlte Kindergeld den Betrag, der insgesamt an Lohnsteuer abzuführen ist, so wird der übersteigende Betrag dem Rechtsträger auf Antrag von dem Finanzamt, an das die Lohnsteuer abzuführen ist, aus den Einnahmen der Lohnsteuer ersetzt.

(8)[3] ① Abweichend von Absatz 1 Satz 1 werden Kindergeldansprüche auf Grund über- oder zwischenstaatlicher Rechtsvorschriften durch die Familienkassen der Bundesagentur für Arbeit festgesetzt und ausgezahlt. ② Dies gilt auch für Fälle, in denen Kindergeldansprüche sowohl nach Maßgabe dieses Gesetzes als auch auf Grund über- oder zwischenstaatlicher Rechtsvorschriften bestehen. **[bis 28. 2. 2023:** ③ *Die Sätze 1 und 2 sind auf Kindergeldansprüche von Angehörigen der Nachrichtendienste des Bundes nicht anzuwenden.*] **[ab 1. 3. 2023:** ③ Die Sätze 1 und 2 sind auf Kindergeldansprüche von Angehörigen des Bundesnachrichtendienstes nicht anzuwenden.]

§ 73 (weggefallen)

---

[1] § 72 Abs. 3 Nr. 3 neugefasst mit Wirkung ab 1. 3. 2023 durch Gesetz vom 16. 12. 2022 (BGBl. I S. 2294); neugefasst durch Gesetz vom 16. 12. 2022 (BGBl. I S. 2352).

[2] § 72 Abs. 4 geändert mit Wirkung ab 1. 1. 2022 und Abs. 7 Satz 2 geändert mit Wirkung ab 1. 1. 2019 durch Gesetz vom 8. 12. 2016 (BGBl. I S. 2835).

[3] § 72 Abs. 8 Satz 3 angefügt mit Wirkung ab 1. 1. 2022 durch Gesetz vom 8. 12. 2016 (BGBl. I S. 2835); Abs. 8 Satz 3 aufgehoben mit Wirkung ab 1. 3. 2023 durch Gesetz vom 16. 12. 2022 (BGBl. I S. 2294); Abs. 8 Satz 3 eingefügt mit Wirkung ab 1. 3. 2023 durch Gesetz vom 16. 12. 2022 (BGBl. I S. 2352).

§ 74 Zahlung des Kindergeldes in Sonderfällen

(1) ①Das für ein Kind festgesetzte Kindergeld nach § 66 Absatz 1 kann an das Kind ausgezahlt werden, wenn der Kindergeldberechtigte ihm gegenüber seiner gesetzlichen Unterhaltspflicht nicht nachkommt. ②Kindergeld kann an Kinder, die bei der Festsetzung des Kindergeldes berücksichtigt werden, bis zur Höhe des Betrags, der sich bei entsprechender Anwendung des § 76 ergibt, ausgezahlt werden. ③Dies gilt auch, wenn der Kindergeldberechtigte mangels Leistungsfähigkeit nicht unterhaltspflichtig ist oder nur Unterhalt in Höhe eines Betrags zu leisten braucht, der geringer ist als das für die Auszahlung in Betracht kommende Kindergeld. ④Die Auszahlung kann auch an die Person oder Stelle erfolgen, die dem Kind Unterhalt gewährt.

(2) Für Erstattungsansprüche der Träger von Sozialleistungen gegen die Familienkasse gelten die §§ 102 bis 109 und 111 bis 113 des Zehnten Buches Sozialgesetzbuch entsprechend.

§ 75 Aufrechnung

(1)[1] Mit Ansprüchen auf Erstattung von Kindergeld kann die Familienkasse gegen Ansprüche auf Kindergeld bis zu deren Hälfte aufrechnen, wenn der Leistungsberechtigte nicht nachweist, dass er dadurch hilfebedürftig im Sinne der Vorschriften des Zwölften Buches Sozialgesetzbuch über die Hilfe zum Lebensunterhalt oder im Sinne der Vorschriften des Zweiten Buches Sozialgesetzbuch über die Leistungen zur Sicherung des Lebensunterhalts wird.

(2) Absatz 1 gilt für die Aufrechnung eines Anspruchs auf Erstattung von Kindergeld gegen einen späteren Kindergeldanspruch eines mit dem Erstattungspflichtigen in Haushaltsgemeinschaft lebenden Berechtigten entsprechend, soweit es sich um laufendes Kindergeld für ein Kind handelt, das bei beiden berücksichtigt werden kann oder konnte.

§ 76 Pfändung

①Der Anspruch auf Kindergeld kann nur wegen gesetzlicher Unterhaltsansprüche eines Kindes, das bei der Festsetzung des Kindergeldes berücksichtigt wird, gepfändet werden. ②Für die Höhe des pfändbaren Betrags gilt:

1. ①Gehört das unterhaltsberechtigte Kind zum Kreis der Kinder, für die dem Leistungsberechtigten Kindergeld gezahlt wird, so ist eine Pfändung bis zu dem Betrag möglich, der bei gleichmäßiger Verteilung des Kindergeldes auf jedes dieser Kinder entfällt. ②Ist das Kindergeld durch die Berücksichtigung eines weiteren Kindes erhöht, für das einer dritten Person Kindergeld oder dieser oder dem Leistungsberechtigten eine andere Geldleistung für Kinder zusteht, so bleibt der Erhöhungsbetrag bei der Bestimmung des pfändbaren Betrags des Kindergeldes nach Satz 1 außer Betracht;
2. der Erhöhungsbetrag nach Nummer 1 Satz 2 ist zugunsten jedes bei der Festsetzung des Kindergeldes berücksichtigten unterhaltsberechtigten Kindes zu dem Anteil pfändbar, der sich bei gleichmäßiger Verteilung auf alle Kinder, die bei der Festsetzung des Kindergeldes zugunsten des Leistungsberechtigten berücksichtigt werden, ergibt.

§ 76a[2] *(aufgehoben)*

§ 77 Erstattung von Kosten im Vorverfahren

(1) ①Soweit der Einspruch gegen die Kindergeldfestsetzung erfolgreich ist, hat die Familienkasse demjenigen, der den Einspruch erhoben hat, die zur zweckentsprechenden Rechtsverfolgung oder Rechtsverteidigung notwendigen Aufwendungen zu erstatten. ②Dies gilt auch, wenn der Einspruch nur deshalb keinen Erfolg hat, weil die Verletzung einer Verfahrens- oder Formvorschrift nach § 126 der Abgabenordnung unbeachtlich ist. ③Aufwendungen, die durch das Verschulden eines Erstattungsberechtigten entstanden sind, hat dieser selbst zu tragen; das Verschulden eines Vertreters ist dem Vertretenen zuzurechnen.

(2) Die Gebühren und Auslagen eines Bevollmächtigten oder Beistandes, der nach den Vorschriften des Steuerberatungsgesetzes zur geschäftsmäßigen Hilfeleistung in Steuersachen befugt ist, sind erstattungsfähig, wenn dessen Zuziehung notwendig war.

(3) ①Die Familienkasse setzt auf Antrag den Betrag der zu erstattenden Aufwendungen fest. ②Die Kostenentscheidung bestimmt auch, ob die Zuziehung eines Bevollmächtigten oder Beistandes im Sinne des Absatzes 2 notwendig war.

---

[1] § 75 Abs. 1 geändert mit Wirkung ab 1. 1. 2015 durch Gesetz vom 22. 12. 2014 (BGBl. I S. 2417).
[2] § 76a aufgehoben mit Wirkung ab 1. 1. 2012 durch Art. 7 Abs. 4 des Gesetzes vom 7. 7. 2009 (BGBl. I S. 1707).

§ 78 Übergangsregelungen

(1) bis (4) (weggefallen)

(5) ① Abweichend von § 64 Absatz 2 und 3 steht Berechtigten, die für Dezember 1990 für ihre Kinder Kindergeld in dem in Artikel 3 des Einigungsvertrages genannten Gebiet bezogen haben, das Kindergeld für diese Kinder auch für die folgende Zeit zu, solange sie ihren Wohnsitz oder gewöhnlichen Aufenthalt in diesem Gebiet beibehalten und die Kinder die Voraussetzungen ihrer Berücksichtigung weiterhin erfüllen. ② § 64 Absatz 2 und 3 ist insoweit erst für die Zeit vom Beginn des Monats an anzuwenden, in dem ein hierauf gerichteter Antrag bei der zuständigen Stelle eingegangen ist; der hiernach Berechtigte muss die nach Satz 1 geleisteten Zahlungen gegen sich gelten lassen.

XI. Altersvorsorgezulage

§ 79[1] Zulageberechtigte

① Die in § 10a Absatz 1 genannten Personen haben Anspruch auf eine Altersvorsorgezulage (Zulage). ② Ist nur ein Ehegatte nach Satz 1 begünstigt, so ist auch der andere Ehegatte zulageberechtigt, wenn

1. beide Ehegatten nicht dauernd getrennt leben (§ 26 Absatz 1),
2. beide Ehegatten ihren Wohnsitz oder gewöhnlichen Aufenthalt in einem Mitgliedstaat der Europäischen Union oder einem Staat haben, auf den das Abkommen über den Europäischen Wirtschaftsraum anwendbar ist,
3. ein auf den Namen des anderen Ehegatten lautender Altersvorsorgevertrag besteht,
4. der andere Ehegatte zugunsten des Altersvorsorgevertrags nach Nummer 3 im jeweiligen Beitragsjahr mindestens 60 Euro geleistet hat und
5. die Auszahlungsphase des Altersvorsorgevertrags nach Nummer 3 noch nicht begonnen hat.

③ Satz 1 gilt entsprechend für die in § 10a Absatz 6 Satz 1 und 2 genannten Personen, sofern sie unbeschränkt steuerpflichtig sind oder für das Beitragsjahr nach § 1 Absatz 3 als unbeschränkt steuerpflichtig behandelt werden.

§ 80 Anbieter

Anbieter im Sinne dieses Gesetzes sind Anbieter von Altersvorsorgeverträgen gemäß § 1 Absatz 2 des Altersvorsorgeverträge-Zertifizierungsgesetzes sowie die in § 82 Absatz 2 genannten Versorgungseinrichtungen.

§ 81 Zentrale Stelle

Zentrale Stelle im Sinne dieses Gesetzes ist die Deutsche Rentenversicherung Bund.

§ 81 a Zuständige Stelle

① Zuständige Stelle ist bei einem

1. Empfänger von Besoldung nach dem Bundesbesoldungsgesetz oder einem Landesbesoldungsgesetz die die Besoldung anordnende Stelle,
2. Empfänger von Amtsbezügen im Sinne des § 10a Absatz 1 Satz 1 Nummer 2 die die Amtsbezüge anordnende Stelle,
3. versicherungsfrei Beschäftigten sowie bei einem von der Versicherungspflicht befreiten Beschäftigten im Sinne des § 10a Absatz 1 Satz 1 Nummer 3 der die Versorgung gewährleistende Arbeitgeber der rentenversicherungsfreien Beschäftigung,
4. Beamten, Richter, Berufssoldaten und Soldaten auf Zeit im Sinne des § 10a Absatz 1 Satz 1 Nummer 4 der zur Zahlung des Arbeitsentgelts verpflichtete Arbeitgeber und
5. Empfänger einer Versorgung im Sinne des § 10a Absatz 1 Satz 4 die die Versorgung anordnende Stelle.

② Für die in § 10a Absatz 1 Satz 1 Nummer 5 genannten Steuerpflichtigen gilt Satz 1 entsprechend.

---

[1] § 79 neugefasst durch Gesetz vom 8. 4. 2010 (BGBl. I S. 386); Satz 2 neugefasst mit Wirkung ab VZ 2013 durch Gesetz vom 24. 6. 2013 (BGBl. I S. 1667); Satz 3 angefügt mit Wirkung ab VZ 2014 durch Gesetz vom 25. 7. 2014 (BGBl. I S. 1266).

§ 82 Altersvorsorgebeiträge

(1)[1] ① Geförderte Altersvorsorgebeiträge sind im Rahmen des in § 10 a Absatz 1 Satz 1 genannten Höchstbetrags

1. Beiträge,
2. Tilgungsleistungen,

die der Zulageberechtigte (§ 79) bis zum Beginn der Auszahlungsphase zugunsten eines auf seinen Namen lautenden Vertrags leistet, der nach § 5 des Altersvorsorgeverträge-Zertifizierungsgesetzes zertifiziert ist (Altersvorsorgevertrag). ② Die Zertifizierung ist Grundlagenbescheid im Sinne des § 171 Absatz 10 der Abgabenordnung. ③ Als Tilgungsleistungen gelten auch Beiträge, die vom Zulageberechtigten zugunsten eines auf seinen Namen lautenden Altersvorsorgevertrags im Sinne des § 1 Absatz 1 a Satz 1 Nummer 3 des Altersvorsorgeverträge-Zertifizierungsgesetzes erbracht wurden und die zur Tilgung eines im Rahmen des Altersvorsorgevertrags abgeschlossenen Darlehens abgetreten wurden. ④ Im Fall der Übertragung von gefördertem Altersvorsorgevermögen nach § 1 Absatz 1 Satz 1 Nummer 10 Buchstabe b des Altersvorsorgeverträge-Zertifizierungsgesetzes in einem Altersvorsorgevertrag im Sinne des § 1 Absatz 1 a Satz 1 Nummer 3 des Altersvorsorgeverträge-Zertifizierungsgesetzes gelten die Beiträge nach Satz 1 Nummer 1 ab dem Zeitpunkt der Übertragung als Tilgungsleistungen nach Satz 3; eine erneute Förderung nach § 10 a oder Abschnitt XI erfolgt insoweit nicht. ⑤ Tilgungsleistungen nach den Sätzen 1 und 3 werden nur berücksichtigt, wenn das zugrunde liegende Darlehen für eine nach dem 31. Dezember 2007 vorgenommene wohnungswirtschaftliche Verwendung im Sinne des § 92 a Absatz 1 Satz 1 eingesetzt wurde. ⑥ Bei einer Aufgabe der Selbstnutzung nach § 92 a Absatz 3 Satz 1 gelten im Beitragsjahr der Aufgabe der Selbstnutzung auch die nach der Aufgabe der Selbstnutzung geleisteten Beiträge oder Tilgungsleistungen als Altersvorsorgebeiträge nach Satz 1. ⑦ Bei einer Reinvestition nach § 92 a Absatz 3 Satz 9 Nummer 1 gelten im Beitragsjahr der Reinvestition auch die davor geleisteten Beiträge oder Tilgungsleistungen als Altersvorsorgebeiträge nach Satz 1. ⑧ Bei einem beruflich bedingten Umzug nach § 92 a Absatz 4 gelten

1. im Beitragsjahr des Wegzugs auch die nach dem Wegzug und
2. im Beitragsjahr des Wiedereinzugs auch die vor dem Wiedereinzug

geleisteten Beiträge und Tilgungsleistungen als Altersvorsorgebeiträge nach Satz 1.

(2)[2] ① Zu den Altersvorsorgebeiträgen gehören auch

a) die aus dem individuell versteuerten Arbeitslohn des Arbeitnehmers geleisteten Beiträge an einen Pensionsfonds, eine Pensionskasse oder eine Direktversicherung zum Aufbau einer kapitalgedeckten betrieblichen Altersversorgung und

b)[3] Beiträge des Arbeitnehmers und des ausgeschiedenen Arbeitnehmers, die dieser im Fall der zunächst durch Entgeltumwandlung (§ 1 a des Betriebsrentengesetzes) finanzierten und nach § 3 Nummer 63 oder § 10 a und diesem Abschnitt geförderten kapitalgedeckten betrieblichen Altersversorgung nach Maßgabe des § 1 a Absatz 4, des § 1 b Absatz 5 Satz 1 Nummer 2 und des § 22 Absatz 3 Nummer 1 Buchstabe a des Betriebsrentengesetzes selbst erbringt.

② Satz 1 gilt nur, wenn

1. a) vereinbart ist, dass die zugesagten Altersversorgungsleistungen als monatliche Leistungen in Form einer lebenslangen Leibrente oder als Ratenzahlungen im Rahmen eines Auszahlungsplans mit einer anschließenden Teilkapitalverrentung ab spätestens dem 85. Lebensjahr ausgezahlt werden und die Leistungen während der gesamten Auszahlungsphase gleich bleiben oder steigen; dabei können bis zu zwölf Monatsleistungen in einer Auszahlung zusammengefasst und bis zu 30 Prozent des zu Beginn der Auszahlungsphase zur Verfügung stehenden Kapitals außerhalb der monatlichen Leistungen ausgezahlt werden, und
   b) ein vereinbartes Kapitalwahlrecht nicht oder nicht außerhalb des letzten Jahres vor dem vertraglich vorgesehenen Beginn der Altersversorgungsleistung ausgeübt wurde, oder
2. bei einer reinen Beitragszusage nach § 1 Absatz 2 Nummer 2 a des Betriebsrentengesetzes der Pensionsfonds, die Pensionskasse oder die Direktversicherung eine lebenslange Zahlung als Altersversorgungsleistung zu erbringen hat.

③ Die §§ 3 und 4 des Betriebsrentengesetzes stehen dem vorbehaltlich des § 93 nicht entgegen.

(3) Zu den Altersvorsorgebeiträgen gehören auch die Beitragsanteile, die zur Absicherung der verminderten Erwerbsfähigkeit des Zulageberechtigten und zur Hinterbliebenenversorgung verwendet werden, wenn in der Leistungsphase die Auszahlung in Form einer Rente erfolgt.

---

[1] § 82 Abs. 1 Satz 1 und 3 geändert durch Gesetz vom 8. 12. 2010 (BGBl. I S. 1768); Abs. 1 Satz 1 geändert durch Gesetz vom 24. 6. 2013 (BGBl. I S. 1667); Abs. 1 Satz 6 und 7 angefügt mit Wirkung ab VZ 2014 durch Gesetz vom 24. 6. 2013 (BGBl. I S. 1667); Abs. 1 Satz 8 angefügt mit Wirkung ab VZ 2014 durch Gesetz vom 25. 7. 2014 (BGBl. I S. 1266).

[2] § 82 Abs. 2 Satz 1 geändert, Satz 2 eingefügt, bish. Satz 2 wird Satz 3 mit Wirkung ab 1. 1. 2018 durch Art. 2 des Gesetzes vom 11. 12. 2018 (BGBl. I S. 2338).

[3] § 82 Abs. 2 Satz 1 Buchstabe b geändert mit Wirkung ab 1. 1. 2018 durch Art. 1 des Gesetzes vom 11. 12. 2018 (BGBl. I S. 2338).

(4)[1] Nicht zu den Altersvorsorgebeiträgen zählen

1. Aufwendungen, die vermögenswirksame Leistungen nach dem Fünften Vermögensbildungsgesetz in der jeweils geltenden Fassung darstellen,
2. prämienbegünstigte Aufwendungen nach dem Wohnungsbau-Prämiengesetz in der Fassung der Bekanntmachung vom 30. Oktober 1997 (BGBl. I S. 2678), zuletzt geändert durch Artikel 5 des Gesetzes vom 29. Juli 2008 (BGBl. I S. 1509), in der jeweils geltenden Fassung,
3. Aufwendungen, die im Rahmen des § 10 als Sonderausgaben geltend gemacht werden,
4. Zahlungen nach § 92a Absatz 2 Satz 4 Nummer 1 und Absatz 3 Satz 9 Nummer 2 oder
5. Übertragungen im Sinne des § 3 Nummer 55 bis 55c.

(5)[2] ① Der Zulageberechtigte kann für ein abgelaufenes Beitragsjahr bis zum Beitragsjahr 2011 Altersvorsorgebeiträge auf einen auf seinen Namen lautenden Altersvorsorgevertrag leisten, wenn

1. der Anbieter des Altersvorsorgevertrags davon Kenntnis erhält, in welcher Höhe und für welches Beitragsjahr die Altersvorsorgebeiträge berücksichtigt werden sollen,
2. in dem Beitragsjahr, für das die Altersvorsorgebeiträge berücksichtigt werden sollen, ein Altersvorsorgevertrag bestanden hat,
3. im fristgerechten Antrag auf Zulage für dieses Beitragsjahr eine Zulageberechtigung nach § 79 Satz 2 angegeben wurde, aber tatsächlich eine Zulageberechtigung nach § 79 Satz 1 vorliegt,
4. die Zahlung der Altersvorsorgebeiträge für abgelaufene Beitragsjahre bis zum Ablauf von zwei Jahren nach Erteilung der Bescheinigung nach § 92, mit der zuletzt Ermittlungsergebnisse für dieses Beitragsjahr bescheinigt wurden, längstens jedoch bis zum Beginn der Auszahlungsphase des Altersvorsorgevertrages erfolgt und
5. der Zulageberechtigte vom Anbieter in hervorgehobener Weise darüber informiert wurde oder dem Anbieter seine Kenntnis darüber versichert, dass die Leistungen aus diesen Altersvorsorgebeiträgen der vollen nachgelagerten Besteuerung nach § 22 Nummer 5 Satz 1 unterliegen.

② Wurden die Altersvorsorgebeiträge dem Altersvorsorgevertrag gutgeschrieben und sind die Voraussetzungen nach Satz 1 erfüllt, so hat der Anbieter der zentralen Stelle (§ 81) die entsprechenden Daten nach § 89 Absatz 2 Satz 1 für das zurückliegende Beitragsjahr nach einem mit der zentralen Stelle abgestimmten Verfahren mitzuteilen. ③ Die Beträge nach Satz 1 gelten für die Ermittlung der zu zahlenden Altersvorsorgezulage nach § 83 als Altersvorsorgebeiträge für das Beitragsjahr, für das sie gezahlt wurden. ④ Für die Anwendung des § 10a Absatz 1 Satz 1 sowie bei der Ermittlung der dem Steuerpflichtigen zustehenden Zulage im Rahmen des § 2 Absatz 6 und des § 10a sind die nach Satz 1 gezahlten Altersvorsorgebeiträge weder für das Beitragsjahr nach Satz 1 Nummer 2 noch für das Beitragsjahr der Zahlung zu berücksichtigen.

§ 83 Altersvorsorgezulage

In Abhängigkeit von den geleisteten Altersvorsorgebeiträgen wird eine Zulage gezahlt, die sich aus einer Grundzulage (§ 84) und einer Kinderzulage (§ 85) zusammensetzt.

§ 84[3] Grundzulage

① Jeder Zulageberechtigte erhält eine Grundzulage; diese beträgt ab dem Beitragsjahr 2018 jährlich 175 Euro. ② Für Zulageberechtigte nach § 79 Satz 1, die zu Beginn des Beitragsjahres (§ 88) das 25. Lebensjahr noch nicht vollendet haben, erhöht sich die Grundzulage nach Satz 1 um einmalig 200 Euro. ③ Die Erhöhung nach Satz 2 ist für das erste nach dem 31. Dezember 2007 beginnende Beitragsjahr zu gewähren, für das eine Altersvorsorgezulage beantragt wird.

§ 85 Kinderzulage

(1)[4] ① Die Kinderzulage beträgt für jedes Kind, für das gegenüber dem Zulageberechtigten Kindergeld festgesetzt wird, jährlich 185 Euro. ② Für ein nach dem 31. Dezember 2007 geborenes Kind erhöht sich die Kinderzulage nach Satz 1 auf 300 Euro. ③ Der Anspruch auf Kinderzulage entfällt für den Veranlagungszeitraum, für den das Kindergeld insgesamt zurückgefordert

---

[1] § 82 Abs. 4 Nr. 1 geändert durch Gesetz vom 8. 12. 2010 (BGBl. I S. 1768); Abs. 4 Nr. 5 angefügt durch Gesetz vom 7. 12. 2011 (BGBl. I S. 2592).

[2] § 82 Abs. 5 angefügt mit Wirkung ab VZ 2014 durch Gesetz vom 25. 7. 2014 (BGBl. I S. 1266).

[3] § 84 Satz 1 geändert mit Wirkung ab 1. 1. 2018 durch Gesetz vom 17. 8. 2017 (BGBl. I S. 3214).

[4] § 85 Abs. 1 Satz 1 und 4 geändert mit Wirkung ab 1. 1. 2018 durch Gesetz vom 17. 8. 2017 (BGBl. I S. 3214).

wird. ④ Erhalten mehrere Zulageberechtigte für dasselbe Kind Kindergeld, steht die Kinderzulage demjenigen zu, dem gegenüber für den ersten Anspruchszeitraum (§ 66 Absatz 2) im Kalenderjahr Kindergeld festgesetzt worden ist.

(2)[1] ① Bei Eltern verschiedenen Geschlechts, die miteinander verheiratet sind, nicht dauernd getrennt leben (§ 26 Absatz 1) und ihren Wohnsitz oder gewöhnlichen Aufenthalt in einem Mitgliedstaat der Europäischen Union oder einem Staat haben, auf den das Abkommen über den Europäischen Wirtschaftsraum (EWR-Abkommen) anwendbar ist, wird die Kinderzulage der Mutter zugeordnet, auf Antrag beider Eltern dem Vater. ② Bei Eltern gleichen Geschlechts, die miteinander verheiratet sind oder eine Lebenspartnerschaft führen, nicht dauernd getrennt leben (§ 26 Absatz 1) und ihren Wohnsitz oder gewöhnlichen Aufenthalt in einem Mitgliedstaat der Europäischen Union oder einem Staat haben, auf den das EWR-Abkommen anwendbar ist, ist die Kinderzulage dem Elternteil zuzuordnen, dem gegenüber das Kindergeld festgesetzt wird auf Antrag beider Eltern dem anderen Elternteil. ③ Der Antrag kann für ein abgelaufenes Beitragsjahr nicht zurückgenommen werden.

§ 86 Mindesteigenbeitrag

(1)[2] ① Die Zulage nach den §§ 84 und 85 wird gekürzt, wenn der Zulageberechtigte nicht den Mindesteigenbeitrag leistet. ② Dieser beträgt jährlich 4 Prozent der Summe der in dem dem Kalenderjahr vorangegangenen Kalenderjahr

1. erzielten beitragspflichtigen Einnahmen im Sinne des Sechsten Buches Sozialgesetzbuch,
2. bezogenen Besoldung und Amtsbezüge,
3. in den Fällen des § 10a Absatz 1 Satz 1 Nummer 3 und Nummer 4 erzielten Einnahmen, die beitragspflichtig wären, wenn die Versicherungsfreiheit in der gesetzlichen Rentenversicherung nicht bestehen würde und
4. bezogenen Rente wegen voller Erwerbsminderung oder Erwerbsunfähigkeit oder bezogenen Versorgungsbezüge wegen Dienstunfähigkeit in den Fällen des § 10a Absatz 1 Satz 4,

jedoch nicht mehr als der in § 10a Absatz 1 Satz 1 genannte Höchstbetrag, vermindert um die Zulage nach den §§ 84 und 85; gehört der Ehegatte zum Personenkreis nach § 79 Satz 2, berechnet sich der Mindesteigenbeitrag des nach § 79 Satz 1 Begünstigten unter Berücksichtigung der den Ehegatten insgesamt zustehenden Zulagen. ③ Auslandsbezogene Bestandteile nach den §§ 52ff. des Bundesbesoldungsgesetzes oder entsprechender Regelungen eines Landesbesoldungsgesetzes bleiben unberücksichtigt. ④ Als Sockelbetrag sind ab dem Jahr 2005 jährlich 60 Euro zu leisten. ⑤ Ist der Sockelbetrag höher als der Mindesteigenbeitrag nach Satz 2, so ist der Sockelbetrag als Mindesteigenbeitrag zu leisten. ⑥ Die Kürzung der Zulage ermittelt sich nach dem Verhältnis der Altersvorsorgebeiträge zum Mindesteigenbeitrag.

(2)[3] ① Ein nach § 79 Satz 2 begünstigter Ehegatte hat Anspruch auf eine ungekürzte Zulage, wenn der zum begünstigten Personenkreis nach § 79 Satz 1 gehörende Ehegatte seinen geförderten Mindesteigenbeitrag unter Berücksichtigung der den Ehegatten insgesamt zustehenden Zulagen erbracht hat. ② Werden bei einer in der gesetzlichen Rentenversicherung pflichtversicherten Person beitragspflichtige Einnahmen zu Grunde gelegt, die höher sind als das tatsächlich erzielte Entgelt oder die Entgeltersatzleistung, ist das tatsächlich erzielte Entgelt oder der Zahlbetrag der Entgeltersatzleistung für die Berechnung des Mindesteigenbeitrags zu berücksichtigen. ③ Für die nicht erwerbsmäßig ausgeübte Pflegetätigkeit einer nach § 3 Satz 1 Nummer 1a des Sechsten Buches Sozialgesetzbuch rentenversicherungspflichtigen Person ist für die Berechnung des Mindesteigenbeitrags ein tatsächlich erzieltes Entgelt von 0 Euro zu berücksichtigen.

(3) ① Für Versicherungspflichtige nach dem Gesetz über die Alterssicherung der Landwirte ist Absatz 1 mit der Maßgabe anzuwenden, dass auch die Einkünfte aus Land- und Forstwirtschaft im Sinne des § 13 des zweiten dem Beitragsjahr vorangegangenen Veranlagungszeitraums als beitragspflichtige Einnahmen des vorangegangenen Kalenderjahres gelten. ② Negative Einkünfte im Sinne des Satzes 1 bleiben unberücksichtigt, wenn weitere nach Absatz 1 oder Absatz 2 zu berücksichtigende Einnahmen erzielt werden.

(4) Wird nach Ablauf des Beitragsjahres festgestellt, dass die Voraussetzungen für die Gewährung einer Kinderzulage nicht vorgelegen haben, ändert sich dadurch die Berechnung des Mindesteigenbeitrags für dieses Beitragsjahr nicht.

---

[1] § 85 Abs. 2 Satz 1 geändert mit Wirkung ab VZ 2010 durch Gesetz vom 8. 4. 2010 (BGBl. I S. 386); Abs. 2 Satz 2 eingefügt, Satz 2 wird Satz 3 mit Wirkung ab VZ 2014 durch Gesetz vom 18. 7. 2014 (BGBl. I S. 1042); Abs. 2 Satz 2 geändert mit Wirkung ab 1. 1. 2018 durch Gesetz vom 17. 8. 2017 (BGBl. I S. 3214); Abs. 2 Satz 1 und 2 geändert mit Wirkung ab VZ 2018 durch Art. 2 des Gesetzes vom 11. 12. 2018 (BGBl. I S. 2338).

[2] § 86 Abs. 1 Satz 2 geändert mit Wirkung ab VZ 2013 durch Gesetz vom 24. 6. 2013 (BGBl. I S. 1667).

[3] § 86 Abs. 2 Satz 2 neugefasst mit Wirkung ab 1. 1. 2011 durch Gesetz vom 8. 12. 2010 (BGBl. I S. 1768); Abs. 2 Satz 4 (jetzt Satz 3) angefügt mit Wirkung ab VZ 2013 durch Gesetz vom 24. 6. 2013 (BGBl. I S. 1667); Abs. 2 Satz 3 aufgehoben mit Wirkung ab VZ 2014, bisch. Satz 4 wird Satz 3 durch Gesetz vom 25. 7. 2014 (BGBl. I S. 1266).

(5)[1] Bei den in § 10a Absatz 6 Satz 1 und 2 genannten Personen ist der Summe nach Absatz 1 Satz 2 die Summe folgender Einnahmen und Leistungen aus dem dem Kalenderjahr vorangegangenen Kalenderjahr hinzuzurechnen:

1. die erzielten Einnahmen aus der Tätigkeit, die die Zugehörigkeit zum Personenkreis des § 10a Absatz 6 Satz 1 begründet, und
2. die bezogenen Leistungen im Sinne des § 10a Absatz 6 Satz 2 Nummer 1.

§ 87 Zusammentreffen mehrerer Verträge

(1) ① Zahlt der nach § 79 Satz 1 Zulageberechtigte Altersvorsorgebeiträge zugunsten mehrerer Verträge, so wird die Zulage nur für zwei dieser Verträge gewährt. ② Der insgesamt nach § 86 zu leistende Mindesteigenbeitrag muss zugunsten dieser Verträge geleistet worden sein. ③ Die Zulage ist entsprechend dem Verhältnis der auf diese Verträge geleisteten Beiträge zu verteilen.

(2) ① Der nach § 79 Satz 2 Zulageberechtigte kann die Zulage für das jeweilige Beitragsjahr nicht auf mehrere Altersvorsorgeverträge verteilen. ② Es ist nur der Altersvorsorgevertrag begünstigt, für den zuerst die Zulage beantragt wird.

§ 88 Entstehung des Anspruchs auf Zulage

Der Anspruch auf die Zulage entsteht mit Ablauf des Kalenderjahres, in dem die Altersvorsorgebeiträge geleistet worden sind (Beitragsjahr).

§ 89 Antrag

(1) ① Der Zulageberechtigte hat den Antrag auf Zulage nach amtlich vorgeschriebenem Vordruck bis zum Ablauf des zweiten Kalenderjahres, das auf das Beitragsjahr (§ 88) folgt, bei dem Anbieter seines Vertrages einzureichen. ② Hat der Zulageberechtigte im Beitragsjahr Altersvorsorgebeiträge für mehrere Verträge gezahlt, so hat er mit dem Zulageantrag zu bestimmen, auf welche Verträge die Zulage überwiesen werden soll. ③ Beantragt der Zulageberechtigte die Zulage für mehr als zwei Verträge, so wird die Zulage nur für die zwei Verträge mit den höchsten Altersvorsorgebeiträgen gewährt. ④ Sofern eine Zulagenummer (§ 90 Absatz 1 Satz 2) durch die zentrale Stelle (§ 81) oder eine Versicherungsnummer nach § 147 des Sechsten Buches Sozialgesetzbuch für den nach § 79 Satz 2 berechtigten Ehegatten noch nicht vergeben ist, hat dieser über seinen Anbieter eine Zulagenummer bei der zentralen Stelle zu beantragen. ⑤ Der Antragsteller ist verpflichtet, dem Anbieter unverzüglich eine Änderung der Verhältnisse mitzuteilen, die zu einer Minderung oder zum Wegfall des Zulageanspruchs führt.

(1a)[2] ① Der Zulageberechtigte kann den Anbieter seines Vertrages schriftlich bevollmächtigen, für ihn abweichend von Absatz 1 die Zulage für jedes Beitragsjahr zu beantragen. ② Absatz 1 Satz 5 gilt mit Ausnahme der Mitteilung geänderter beitragspflichtiger Einnahmen im Sinne des Sechsten Buches Sozialgesetzbuch entsprechend. ③ Ein Widerruf der Vollmacht ist bis zum Ablauf des Beitragsjahres, für das der Anbieter keinen Antrag auf Zulage stellen soll, gegenüber dem Anbieter zu erklären.

(2) ① Der Anbieter ist verpflichtet,

a) die Vertragsdaten,
b) die Identifikationsnummer,[3] die Versicherungsnummer nach § 147 des Sechsten Buches Sozialgesetzbuch, die Zulagenummer des Zulageberechtigten und dessen Ehegatten oder einen Antrag auf Vergabe einer Zulagenummer eines nach § 79 Satz 2 berechtigten Ehegatten,
c) die vom Zulageberechtigten mitgeteilten Angaben zur Ermittlung des Mindesteigenbeitrags (§ 86),
d)[4] die Identifikationsnummer des Kindes sowie die weiteren für die Gewährung der Kinderzulage erforderlichen Daten,
e) die Höhe der geleisteten Altersvorsorgebeiträge und
f) das Vorliegen einer nach Absatz 1a erteilten Vollmacht

als die für die Ermittlung und Überprüfung des Zulageanspruchs und Durchführung des Zulageverfahrens erforderlichen Daten zu erfassen. ② Er hat die Daten der bei ihm im Laufe eines Kalendervierteljahres eingegangenen Anträge bis zum Ende des folgenden Monats nach amtlich vorgeschriebenem Datensatz durch amtlich bestimmte Datenfernübertragung an die zentrale Stelle zu übermitteln. ③ Dies gilt auch im Fall des Absatzes 1 Satz 5. ④ § 22a Absatz 2 gilt entsprechend.[5]

---

[1] § 86 Abs. 5 angefügt mit Wirkung ab VZ 2014 durch Gesetz vom 25. 7. 2014 (BGBl. I S. 1266).

[2] § 89 Abs. 1a Satz 2 geändert durch Gesetz vom 12. 12. 2019 (BGBl. I S. 2451).

[3] § 89 Abs. 2 Satz 1 Buchstabe b geändert durch Gesetz vom 18. 7. 2016 (BGBl. I S. 1679); zur erstmaligen Anwendung siehe § 52 Abs. 51 Satz 2.

[4] § 89 Abs. 2 Satz 1 Buchstabe d geändert durch Art. 3 des Gesetzes vom 11. 12. 2018 (BGBl. I S. 2338); zur erstmaligen Anwendung siehe § 52 Abs. 51 Satz 2.

[5] § 89 Abs. 2 Satz 4 angefügt mit Wirkung ab 1. 1. 2019 durch Art. 3 des Gesetzes vom 11. 12. 2018 (BGBl. I S. 2338).

(3) ① Ist der Anbieter nach Absatz 1a Satz 1 bevollmächtigt worden, hat er der zentralen Stelle die nach Absatz 2 Satz 1 erforderlichen Angaben für jedes Kalenderjahr bis zum Ablauf des auf das Beitragsjahr folgenden Kalenderjahres zu übermitteln. ② Liegt die Bevollmächtigung erst nach dem im Satz 1 genannten Meldetermin vor, hat der Anbieter die Angaben bis zum Ende des folgenden Kalendervierteljahres nach der Bevollmächtigung, spätestens jedoch bis zum Ablauf der in Absatz 1 Satz 1 genannten Antragsfrist, zu übermitteln. ③ Absatz 2 Satz 2 und 3 gilt sinngemäß.

§ 90 Verfahren

(1) ① Die zentrale Stelle ermittelt auf Grund der von ihr erhobenen oder der ihr übermittelten Daten, ob und in welcher Höhe ein Zulageanspruch besteht. ② Soweit der zuständige Träger der Rentenversicherung keine Versicherungsnummer vergeben hat, vergibt die zentrale Stelle zur Erfüllung der ihr nach diesem Abschnitt zugewiesenen Aufgaben eine Zulagenummer. ③ Die zentrale Stelle teilt im Fall eines Antrags nach § 10a *Absatz 1a* **[ab 1. 1. 2023:** Absatz 1b**]**[1] der zuständigen Stelle, im Fall eines Antrags nach § 89 Absatz 1 Satz 4 dem Anbieter die Zulagenummer mit; von dort wird sie an den Antragsteller weitergeleitet.

(2) ① Die zentrale Stelle veranlasst die Auszahlung an den Anbieter zugunsten der Zulageberechtigten durch die zuständige Kasse **[ab 1. 1. 2024:** nach erfolgter Berechnung nach Absatz 1 und Überprüfung nach § 91**]**.[2] ② Ein gesonderter *Zulagenbescheid* **[ab 1. 1. 2024:** Bescheid**]**[2] ergeht vorbehaltlich des Absatzes 4 nicht. ③ Der Anbieter hat die erhaltenen Zulagen unverzüglich den begünstigten Verträgen gutzuschreiben. ④ Zulagen, die nach Beginn der Auszahlungsphase für das Altersvorsorgevermögen von der zentralen Stelle an den Anbieter überwiesen werden, können vom Anbieter an den Anleger ausgezahlt werden. ⑤ Besteht kein Zulageanspruch, so teilt die zentrale Stelle dies dem Anbieter durch Datensatz mit. ⑥ Die zentrale Stelle teilt dem Anbieter die Altersvorsorgebeiträge im Sinne des § 82, auf die § 10a oder dieser Abschnitt angewendet wurde, durch Datensatz mit.

(3)[3] ① *Erkennt die zentrale Stelle bis zum Ende des zweiten auf die Ermittlung der Zulage folgenden Jahres nachträglich, dass der Zulageanspruch ganz oder teilweise nicht besteht oder weggefallen ist, so hat sie zu Unrecht gutgeschriebene oder ausgezahlte Zulagen bis zum Ablauf eines Jahres nach der Erkenntnis zurückzufordern und dies dem Anbieter durch Datensatz mitzuteilen.* **[ab VZ 2024:** ① Erkennt die zentrale Stelle bis zum Ende des zweiten auf die Ermittlung der Zulage folgenden Jahres nachträglich auf Grund neuer, berichtigter oder stornierter Daten, dass der Zulageanspruch ganz oder teilweise nicht besteht oder weggefallen ist, so hat sie zu Unrecht gutgeschriebene oder ausgezahlte Zulagen bis zum Ablauf eines Jahres nach der Erkenntnis zurückzufordern und dies dem Zulageberechtigten durch Bescheid nach Absatz 4 Satz 1 Nummer 2 und dem Anbieter durch Datensatz mitzuteilen.**]** ② Bei bestehendem Vertragsverhältnis hat der Anbieter das Konto zu belasten. ③ Die ihm im Kalendervierteljahr mitgeteilten Rückforderungsbeträge hat er bis zum zehnten Tag des dem Kalendervierteljahr folgenden Monats in einem Betrag bei der zentralen Stelle anzumelden und an diese abzuführen. ④ Die Anmeldung nach Satz 3 ist nach amtlich vorgeschriebenem Vordruck abzugeben. ⑤ Sie gilt als Steueranmeldung im Sinne der Abgabenordnung. **[ab VZ 2023:** ⑥ Abweichend von Satz 1 gilt die Ausschlussfrist für den Personenkreis der Kindererziehenden nach § 10a Absatz 1a nicht; die zentrale Stelle hat die Zulage bis zur Vollendung des fünften Lebensjahres des Kindes, das für die Anerkennung der Förderberechtigung nach § 10a Absatz 1a maßgebend war, zurückzufordern, wenn die Kindererziehungszeiten bis zu diesem Zeitpunkt in der gesetzlichen Rentenversicherung nicht angerechnet wurden. ⑦ Hat der Zulageberechtigte die Kindererziehungszeiten innerhalb der in § 10a Absatz 1a genannten Frist beantragt, der zuständige Träger der gesetzlichen Rentenversicherung aber nicht innerhalb der Ausschlussfrist von Satz 6 oder 7 darüber abschließend beschieden, verlängert sich die Ausschlussfrist um drei Monate nach Kenntniserlangung der zentralen Stelle vom Erlass des Bescheides.**]**

(3a)[4] ① Erfolgt nach der Durchführung einer versorgungsrechtlichen Teilung eine Rückforderung von zu Unrecht gezahlten Zulagen, setzt die zentrale Stelle den Rückforderungsbetrag nach Absatz 3 unter Anrechnung bereits vom Anbieter einbehaltener und abgeführter Beträge gegenüber dem Zulageberechtigten fest, soweit

1. das Guthaben auf dem Vertrag des Zulageberechtigten zur Zahlung des Rückforderungsbetrags nach § 90 Absatz 3 Satz 1 nicht ausreicht und
2. im Rückforderungsbetrag ein Zulagebetrag enthalten ist, der in der Ehe- oder Lebenspartnerschaftszeit ausgezahlt wurde.

---

[1] § 90 Abs. 1 Satz 3 geändert mit Wirkung ab 1. 1. 2023 durch Gesetz vom 16. 12. 2022 (BGBl. I S. 2294).
[2] § 90 Abs. 2 Satz 1 und 2 geändert mit Wirkung ab 1. 1. 2024 durch Gesetz vom 16. 12. 2022 (BGBl. I S. 2294).
[3] § 90 Abs. 3 Satz 1 geändert mit Wirkung ab 1. 1. 2019 durch Gesetz vom 17. 8. 2017 (BGBl. I S. 3214); Abs. 3 Sätze 6 und 7 angefügt mit Wirkung ab 1. 1. 2023 durch Gesetz vom 16. 12. 2022 (BGBl. I S. 2294); Abs. 3 Satz 1 neugefasst mit Wirkung ab 1. 1. 2024 durch Gesetz vom 16. 12. 2022 (BGBl. I S. 2294).
[4] § 90 Abs. 3a eingefügt mit Wirkung ab 1. 1. 2018 durch Gesetz vom 17. 8. 2017 (BGBl. I S. 3214).

② Erfolgt nach einer Inanspruchnahme eines Altersvorsorge-Eigenheimbetrags im Sinne des § 92a Absatz 1 oder während einer Darlehenstilgung bei Altersvorsorgeverträgen nach § 1 Absatz 1a des Altersvorsorgeverträge-Zertifizierungsgesetzes eine Rückforderung zu Unrecht gezahlter Zulagen, setzt die zentrale Stelle den Rückforderungsbetrag nach Absatz 3 unter Anrechnung bereits vom Anbieter einbehaltener und abgeführter Beträge gegenüber dem Zulageberechtigten fest, soweit das Guthaben auf dem Altersvorsorgevertrag des Zulageberechtigten zur Zahlung des Rückforderungsbetrags nicht ausreicht. ③ Der Anbieter hat in diesen Fällen der zentralen Stelle die nach Absatz 3 einbehaltenen und abgeführten Beträge nach amtlich vorgeschriebenem Datensatz durch amtlich bestimmte Datenfernübertragung mitzuteilen.

[Fassung bis 31. 12. 2023:]

(4)[1] ① Eine Festsetzung der Zulage erfolgt nur auf besonderen Antrag des Zulageberechtigten. ② Der Antrag ist schriftlich innerhalb eines Jahres vom Antragsteller an den Anbieter zu richten; die Frist beginnt mit der Erteilung der Bescheinigung nach § 92, die die Ermittlungsergebnisse für das Beitragsjahr enthält, für das eine Festsetzung der Zulage erfolgen soll. ③ Der Anbieter leitet den Antrag der zentralen Stelle zur Festsetzung zu. ④ Er hat dem Antrag eine Stellungnahme und die zur Festsetzung erforderlichen Unterlagen beizufügen. ⑤ Die zentrale Stelle teilt die Festsetzung auch dem Anbieter mit. ⑥ Im Übrigen gilt Absatz 3 entsprechend.

[Fassung ab 1. 1. 2024:]

(4)[2] ① Eine Festsetzung der Zulage erfolgt

1. von Amts wegen, wenn die nach den vorliegenden Daten abschließend berechnete Zulage von der beantragten Zulage abweicht,
2. im Falle des Absatzes 3 von Amts wegen,
3. auf besonderen Antrag des Zulageberechtigten, sofern nicht bereits eine Festsetzung von Amts wegen erfolgt ist, oder
4. auf Anforderung des zuständigen Finanzamtes, wenn dessen Daten von den Daten der zentralen Stelle abweichen; eine gesonderte Festsetzung unterbleibt, wenn eine Festsetzung nach den Nummern 1 bis 3 bereits erfolgt ist, für das Beitragsjahr keine Zulage beantragt wurde oder die Frist nach Absatz 3 Satz 1 abgelaufen ist.

② Der Antrag nach Satz 1 Nummer 3 ist schriftlich oder elektronisch innerhalb eines Jahres vom Zulageberechtigten an die zentrale Stelle zu richten; die Frist beginnt mit der Erteilung der Bescheinigung nach § 92, die die Ermittlungsergebnisse für das Beitragsjahr enthält, für das eine Festsetzung der Zulage erfolgen soll. ③ Der Anbieter teilt auf Anforderung der zentralen Stelle nach amtlich vorgeschriebenem Datensatz durch amtlich bestimmte Datenfernübertragung das Datum der Erteilung der nach Satz 2 maßgebenden Bescheinigung nach § 92 mit. ④ Er hat auf Anforderung weitere ihm vorliegende, für die Festsetzung erforderliche Unterlagen beizufügen; eine ergänzende Stellungnahme kann beigefügt werden; dies kann auch elektronisch erfolgen, wenn sowohl der Anbieter als auch die zentrale Stelle mit diesem Verfahren einverstanden sind. ⑤ Die zentrale Stelle teilt die Festsetzung nach Satz 1 Nummer 3 auch dem Anbieter und die Festsetzung nach Satz 1 Nummer 4 auch dem Finanzamt mit; erfolgt keine Festsetzung nach Satz 1 Nummer 4, teilt dies die zentrale Stelle dem Finanzamt ebenfalls mit. ⑥ Im Übrigen gilt Absatz 3 entsprechend. ⑦ Satz 1 Nummer 1 gilt nicht, wenn der Datensatz nach § 89 Absatz 2 auf Grund von unzureichenden oder fehlerhaften Angaben des Zulageberechtigten abgewiesen sowie um eine Fehlermeldung ergänzt worden ist und die Angaben nicht innerhalb der Antragsfrist des § 89 Absatz 1 Satz 1 von dem Zulageberechtigten an den Anbieter nachgereicht werden.

---

[1] § 90 Abs. 4 Satz 2 neugefasst mit Wirkung ab VZ 2013 durch Gesetz vom 24. 6. 2013 (BGBl. I S. 1667).
[2] § 90 Abs. 4 neugefasst mit Wirkung ab 1. 1. 2024 durch Gesetz vom 16. 12. 2022 (BGBl. I S. 2294).

(5)[1] ① Im Rahmen des Festsetzungsverfahrens **[ab 1. 1. 2024:** oder Einspruchsverfahrens] kann der Zulageberechtigte bis zum rechtskräftigen Abschluss des Festsetzungsverfahrens **[ab 1. 1. 2024:** oder Einspruchsverfahrens] eine nicht fristgerecht abgegebene Einwilligung nach § 10 a Absatz 1 Satz 1 Halbsatz 2 gegenüber der zuständigen Stelle nachholen. ② Über die Nachholung hat er die zentrale Stelle unter Angabe des Datums der Erteilung der Einwilligung unmittelbar zu informieren. ③ Hat der Zulageberechtigte im Rahmen des Festsetzungsverfahrens **[ab 1. 1. 2024:** oder Einspruchsverfahrens] eine wirksame Einwilligung gegenüber der zuständigen Stelle erteilt, wird er so gestellt, als hätte er die Einwilligung innerhalb der Frist nach § 10 a Absatz 1 Satz 1 Halbsatz 2 wirksam gestellt.

§ 91 Datenerhebung und Datenabgleich

(1)[2] ① Für die Berechnung und Überprüfung der Zulage sowie die Überprüfung des Vorliegens der Voraussetzungen des Sonderausgabenabzugs nach § 10 a übermitteln die Träger der gesetzlichen Rentenversicherung, die landwirtschaftliche Alterskasse, die Bundesagentur für Arbeit, die Meldebehörden, die Familienkassen und die Finanzämter der zentralen Stelle auf Anforderung unter Angabe der Identifikationsnummer (§ 139 b der Abgabenordnung) des Steuerpflichtigen die bei ihnen vorhandenen Daten nach § 89 Absatz 2 durch Datenfernübertragung; für Zwecke der Berechnung des Mindesteigenbeitrags für ein Beitragsjahr darf die zentrale Stelle bei den Trägern der gesetzlichen Rentenversicherung und der landwirtschaftlichen Alterskasse die bei ihnen vorhandenen Daten zu den beitragspflichtigen Einnahmen sowie in den Fällen des § 10 a Absatz 1 Satz 4 zur Höhe der bezogenen Rente wegen voller Erwerbsminderung oder Erwerbsunfähigkeit erheben, sofern diese nicht vom Anbieter nach § 89 übermittelt worden sind; im Datenabgleich mit den Familienkassen sind auch die Identifikationsnummern des Kindergeldberechtigten und des Kindes anzugeben. ② Für Zwecke der Überprüfung nach Satz 1 darf die zentrale Stelle die ihr übermittelten Daten mit den ihr nach § 89 Absatz 2 übermittelten Daten automatisiert abgleichen.

[Fassung bis 31. 12. 2023:]

③ Führt die Überprüfung zu einer Änderung der ermittelten oder festgesetzten Zulage, ist dies dem Anbieter mitzuteilen. ④ Ergibt die Überprüfung eine Abweichung von dem in der Steuerfestsetzung berücksichtigten Sonderausgabenabzug nach § 10 a oder der gesonderten Feststellung nach § 10 a Absatz 4, ist dies dem Finanzamt mitzuteilen; die Steuerfestsetzung oder die gesonderte Feststellung ist insoweit zu ändern.

[Fassung ab 1. 1. 2024:][3]

③ Ergibt die Überprüfung eine Abweichung von dem in der Steuerfestsetzung berücksichtigten Sonderausgabenabzug nach § 10 a oder der gesonderten Feststellung nach § 10 a Absatz 4, ist dies dem Finanzamt mitzuteilen; die Steuerfestsetzung oder die gesonderte Feststellung ist insoweit zu ändern. ④ Ist die Zulage nach § 90 Absatz 4 von der zentralen Stelle unanfechtbar festgesetzt worden, sind diese gesondert festgesetzten Besteuerungsgrundlagen für das Finanzamt bindend und auch der gesonderten Feststellung nach § 10 a Absatz 4 zu Grunde zu legen.

(2) ① Die zuständige Stelle hat der zentralen Stelle die Daten nach § 10 a Absatz 1 Satz 1 zweiter Halbsatz bis zum 31. März des dem Beitragsjahr folgenden Kalenderjahres durch Datenfernübertragung zu übermitteln. ② Liegt die Einwilligung nach § 10 a Absatz 1 Satz 1 zweiter Halbsatz erst nach dem in Satz 1 genannten Meldetermin vor, hat die zuständige Stelle die Daten spätestens bis zum Ende des folgenden Kalendervierteljahres nach Erteilung der Einwilligung nach Maßgabe von Satz 1 zu übermitteln.

§ 92 Bescheinigung

①[4] Der Anbieter hat dem Zulageberechtigten jährlich bis zum Ablauf des auf das Beitragsjahr folgenden Jahres eine Bescheinigung nach amtlich vorgeschriebenem Muster zu erteilen über

1. die Höhe der im abgelaufenen Beitragsjahr geleisteten Altersvorsorgebeiträge (Beiträge und Tilgungsleistungen),
2. die im abgelaufenen Beitragsjahr getroffenen, aufgehobenen oder geänderten Ermittlungsergebnisse (§ 90),
3. die Summe der bis zum Ende des abgelaufenen Beitragsjahres dem Vertrag gutgeschriebenen Zulagen,

---

[1] § 90 Abs. 5 angefügt mit Wirkung ab 1. 1. 2019 durch Gesetz vom 17. 8. 2017 (BGBl. I S. 3214); Abs. 5 Satz 1 geändert mit Wirkung ab 1. 1. 2024 durch Gesetz vom 16. 12. 2022 (BGBl. I S. 2294).

[2] § 91 Abs. 1 Satz 1 geändert durch Gesetz vom 12. 4. 2012 (BGBl. I S. 579); Abs. 1 Satz 1 geändert und letzter Halbsatz angefügt mit Wirkung ab VZ 2019 durch Gesetz vom 12. 12. 2019 (BGBl. I S. 2451).

[3] § 91 Abs. 1 Satz 3 aufgehoben, bish. Satz 4 wird Satz 3 und Satz 4 angefügt mit Wirkung ab 1. 1. 2024 durch Gesetz vom 16. 12. 2022 (BGBl. I S. 2294).

[4] § 92 Satz 1 Nr. 7 Zitat geändert durch Gesetz vom 8. 12. 2010 (BGBl. I S. 1768); Satz 1 und Nr. 6 geändert mit Wirkung ab VZ 2013 durch Gesetz vom 24. 6. 2013 (BGBl. I S. 1667); Satz 1 geändert mit Wirkung ab 1. 1. 2018 durch Gesetz vom 17. 8. 2017 (BGBl. I S. 3214).

4. die Summe der bis zum Ende des abgelaufenen Beitragsjahres geleisteten Altersvorsorgebeiträge (Beiträge und Tilgungsleistungen),
5. den Stand des Altersvorsorgevermögens,
6. den Stand des Wohnförderkontos (§ 92a Absatz 2 Satz 1), sofern er diesen von der zentralen Stelle mitgeteilt bekommen hat, und
7. die Bestätigung der durch den Anbieter erfolgten Datenübermittlung an die zentrale Stelle im Fall des § 10a Absatz 5 Satz 1.

② [1] Einer jährlichen Bescheinigung bedarf es nicht, wenn zu Satz 1 Nummer 1, 2, 6 und 7 keine Angaben erforderlich sind und sich zu Satz 1 Nummer 3 bis 5 keine Änderungen gegenüber der zuletzt erteilten Bescheinigung ergeben. ③ Liegen die Voraussetzungen des Satzes 2 nur hinsichtlich der Angabe nach Satz 1 Nummer 6 nicht vor und wurde die Geschäftsbeziehung im Hinblick auf den jeweiligen Altersvorsorgevertrag zwischen Zulageberechtigtem und Anbieter beendet, weil

1. das angesparte Kapital vollständig aus dem Altersvorsorgevertrag entnommen wurde oder
2. das gewährte Darlehen vollständig getilgt wurde,

bedarf es keiner jährlichen Bescheinigung, wenn der Anbieter dem Zulageberechtigten in einer Bescheinigung im Sinne dieser Vorschrift Folgendes mitteilt: „Das Wohnförderkonto erhöht sich bis zum Beginn der Auszahlungsphase jährlich um 2 Prozent, solange Sie keine Zahlungen zur Minderung des Wohnförderkontos leisten." ④ Der Anbieter kann dem Zulageberechtigten mit dessen Einverständnis die Bescheinigung auch elektronisch bereitstellen.

§ 92a[2] Verwendung für eine selbst genutzte Wohnung

(1)[3] ① Der Zulageberechtigte kann das in einem Altersvorsorgevertrag gebildete und nach § 10a oder nach diesem Abschnitt geförderte Kapital in vollem Umfang oder, wenn das verbleibende geförderte Restkapital mindestens 3000 Euro beträgt, teilweise wie folgt verwenden (Altersvorsorge-Eigenheimbetrag):

1. bis zum Beginn der Auszahlungsphase unmittelbar für die Anschaffung oder Herstellung einer Wohnung oder zur Tilgung eines zu diesem Zweck aufgenommenen Darlehens, wenn das dafür entnommene Kapital mindestens 3000 Euro beträgt, oder
2. bis zum Beginn der Auszahlungsphase unmittelbar für den Erwerb von Pflicht-Geschäftsanteilen an einer eingetragenen Genossenschaft für die Selbstnutzung einer Genossenschaftswohnung oder zur Tilgung eines zu diesem Zweck aufgenommenen Darlehens, wenn das dafür entnommene Kapital mindestens 3000 Euro beträgt, oder

[Fassung bis 31. 12. 2023:]

3. bis zum Beginn der Auszahlungsphase unmittelbar für die Finanzierung eines Umbaus einer Wohnung, wenn
   a) das dafür entnommene Kapital
      aa) mindestens 6000 Euro beträgt und für einen innerhalb eines Zeitraums von drei Jahren nach der Anschaffung oder Herstellung der Wohnung vorgenommenen Umbau verwendet wird oder
      bb) mindestens 20 000 Euro beträgt,
   b) das dafür entnommene Kapital zu mindestens 50 Prozent auf Maßnahmen entfällt, die die Vorgaben der DIN 18040 Teil 2, Ausgabe September 2011, soweit baustrukturell möglich, erfüllen, und der verbleibende Teil der Kosten der Reduzierung von Barrieren in oder an der Wohnung dient; die zweckgerechte Verwendung ist durch einen Sachverständigen zu bestätigen; und

[Fassung ab 1. 1. 2024:]

3.[4] bis zum Beginn der Auszahlungsphase unmittelbar für die Finanzierung eines Umbaus oder der energetischen Sanierung einer Wohnung, wenn
   a) das dafür entnommene Kapital
      aa) mindestens 6 000 Euro beträgt und für einen innerhalb eines Zeitraums von drei Jahren nach der Anschaffung oder Herstellung der Wohnung vorgenommenen Umbau verwendet wird oder
      bb) mindestens 20 000 Euro beträgt,
   b) das dafür entnommene Kapital
      aa) zu mindestens 50 Prozent auf Maßnahmen entfällt, die die Vorgaben der DIN 18 040 Teil 2, Ausgabe September 2011, soweit baustrukturell möglich, erfüllen, und der verbleibende Teil der Kosten der Reduzierung von Barrieren in oder an der Wohnung dient; die zweckgerechte

---

[1] § 92 Satz 2 und 3 ersetzt durch Sätze 2 bis 4 mit Wirkung ab VZ 2014 durch Gesetz vom 24. 6. 2013 (BGBl. I S. 1667); Satz 3 Prozentsatz geändert mit Wirkung ab VZ 2014 durch Gesetz vom 25. 7. 2014 (BGBl. I S. 1266).

[2] § 92a Abs. 1 bis 3 neugefasst und Abs. 4 Zitat geändert mit Wirkung ab VZ 2014 durch Gesetz vom 24. 6. 2013 (BGBl. I S. 1667); Abs. 1 Satz 1 Nr. 3, Abs. 3 Satz 9 und 10 sowie Abs. 4 Satz 1 und 3 geändert mit Wirkung ab VZ 2014 durch Gesetz vom 25. 7. 2014 (BGBl. I S. 1266); Abs. 1 Satz 3 geändert durch Verordnung vom 31. 8. 2015 (BGBl. I S. 1474).

[3] § 92a Abs. 1 Satz 5 letzter Halbsatz angefügt mit Wirkung ab 29. 3. 2019 durch Gesetz vom 25. 3. 2019 (BGBl. I S. 357); Abs. 1 Satz 3 geändert durch Verordnung vom 19. 6. 2020 (BGBl. I S. 1328).

[4] § 92a Abs. 1 Satz 1 Nr. 3 neugefasst mit Wirkung ab 1. 1. 2024 durch Gesetz vom 16. 12. 2022 (BGBl. I S. 2294).

[Fassung bis 31. 12. 2023:]

c) der Zulageberechtigte oder ein Mitnutzer der Wohnung für die Umbaukosten weder eine Förderung durch Zuschüsse noch eine Steuerermäßigung nach § 35a in Anspruch nimmt oder nehmen wird noch die Berücksichtigung als außergewöhnliche Belastung nach § 33 beantragt hat oder beantragen wird und dies schriftlich bestätigt. ② Diese Bestätigung ist bei der Antragstellung nach § 92b Absatz 1 Satz 1 gegenüber der zentralen Stelle abzugeben. ③ Bei der Inanspruchnahme eines Darlehens im Rahmen eines Altersvorsorgevertrags nach § 1 Absatz 1a des Altersvorsorgeverträge-Zertifizierungsgesetzes hat der Zulageberechtigte die Bestätigung gegenüber seinem Anbieter abzugeben.

[Fassung ab 1. 1. 2024:]

Verwendung ist durch einen Sachverständigen zu bestätigen; oder

bb) auf energetische Maßnahmen im Sinne des § 35c Absatz 1 Satz 3 und 4 entfällt, die von einem Fachunternehmen ausgeführt werden; § 35c Absatz 1 Satz 6 und 7 gilt entsprechend; und

c) der Zulageberechtigte oder ein Mitnutzer der Wohnung für die Umbaukosten weder eine Förderung durch Zuschüsse noch eine Steuerermäßigung nach den §§ 35a oder 35c in Anspruch nimmt oder nehmen wird noch die Berücksichtigung als Betriebsausgaben, Werbungskosten, Sonderausgaben oder außergewöhnliche Belastung nach § 33 beantragt hat oder beantragen wird und dies schriftlich bestätigt. ② Diese Bestätigung ist bei der Antragstellung nach § 92b Absatz 1 Satz 1 gegenüber der zentralen Stelle abzugeben. ③ Bei der Inanspruchnahme eines Darlehens im Rahmen eines Altersvorsorgevertrags nach § 1 Absatz 1a des Altersvorsorgeverträge-Zertifizierungsgesetzes hat der Zulageberechtigte die Bestätigung gegenüber seinem Anbieter abzugeben.

② Die DIN 18040 ist im Beuth-Verlag GmbH, Berlin und Köln, erschienen und beim Deutschen Patent- und Markenamt in München archivmäßig gesichert niedergelegt. ③ Die technischen Mindestanforderungen für die Reduzierung von Barrieren in oder an der Wohnung nach Satz 1 Nummer 3 Buchstabe b werden durch das Bundesministerium des Innern, für Bau und Heimat im Einvernehmen mit dem Bundesministerium der Finanzen festgelegt und im Bundesbaublatt veröffentlicht. ④ Sachverständige im Sinne dieser Vorschrift sind nach Landesrecht Bauvorlageberechtigte sowie nach § 91 Absatz 1 Nummer 8 der Handwerksordnung öffentlich bestellte und vereidigte Sachverständige, die für ein Sachgebiet bestellt sind, das die Barrierefreiheit und Barrierereduzierung in Wohngebäuden umfasst, und die eine besondere Sachkunde oder ergänzende Fortbildung auf diesem Gebiet nachweisen. ⑤ Eine nach Satz 1 begünstigte Wohnung ist

1. eine Wohnung in einem eigenen Haus oder
2. eine eigene Eigentumswohnung oder
3. eine Genossenschaftswohnung einer eingetragenen Genossenschaft,

wenn diese Wohnung in einem Mitgliedstaat der Europäischen Union oder in einem Staat, auf den das Abkommen über den Europäischen Wirtschaftsraum (EWR-Abkommen) anwendbar ist, belegen ist und die Hauptwohnung oder den Mittelpunkt der Lebensinteressen des Zulageberechtigten darstellt; dies gilt auch für eine im Vereinigten Königreich Großbritannien und Nordirland belegene Wohnung, die vor dem Zeitpunkt, ab dem das Vereinigte Königreich Großbritannien und Nordirland nicht mehr Mitgliedstaat der Europäischen Union ist und auch nicht wie ein solcher zu behandeln ist, bereits begünstigt war, soweit für diese Wohnung bereits vor diesem Zeitpunkt eine Verwendung nach Satz 1 erfolgt ist und keine erneute beantragt wird. ⑥ Einer Wohnung im Sinne des Satzes 5 steht ein eigentumsähnliches oder lebenslanges Dauerwohnrecht nach § 33 des Wohnungseigentumsgesetzes gleich, soweit Vereinbarungen nach § 39 des Wohnungseigentumsgesetzes getroffen werden. ⑦ Bei der Ermittlung des Restkapitals nach Satz 1 ist auf den Stand des geförderten Altersvorsorgevermögens zum Ablauf des Tages abzustellen, an dem die zentrale Stelle den Bescheid nach § 92b ausgestellt hat. ⑧ Der Altersvorsorge-Eigenheimbetrag gilt nicht als Leistung aus einem Altersvorsorgevertrag, die dem Zulageberechtigten im Zeitpunkt der Auszahlung zufließt.

(2)[1] ① Der Altersvorsorge-Eigenheimbetrag, die Tilgungsleistungen im Sinne des § 82 Absatz 1 Satz 1 Nummer 2 und die hierfür gewährten Zulagen sind durch die zentrale Stelle in Bezug auf den zugrunde liegenden Altersvorsorgevertrag gesondert zu erfassen (Wohnförderkonto); die zentrale Stelle teilt für jeden Altersvorsorgevertrag, für den sie ein Wohnförderkonto (Alters-

[1] § 92a Abs. 2 Satz 5 und Satz 7 geändert mit Wirkung ab 1. 1. 2018 durch Gesetz vom 17. 8. 2017 (BGBl. I S. 3214); Abs. 2 Satz 5 geändert mit Wirkung ab 1. 1. 2018 durch Art. 1 des Gesetzes vom 11. 12. 2018 (BGBl. I S. 2338).

vorsorgevertrag mit Wohnförderkonto) führt, dem Anbieter jährlich den Stand des Wohnförderkontos nach amtlich vorgeschriebenem Datensatz durch Datenfernübertragung mit. ② Beiträge, die nach § 82 Absatz 1 Satz 3 wie Tilgungsleistungen behandelt wurden, sind im Zeitpunkt der unmittelbaren Darlehenstilgung einschließlich der zur Tilgung eingesetzten Zulagen und Erträge in das Wohnförderkonto aufzunehmen; zur Tilgung eingesetzte ungeförderte Beiträge einschließlich der darauf entfallenden Erträge fließen dem Zulageberechtigten in diesem Zeitpunkt zu. ③ Nach Ablauf eines Beitragsjahres, letztmals für das Beitragsjahr des Beginns der Auszahlungsphase, ist der sich aus dem Wohnförderkonto ergebende Gesamtbetrag um 2 Prozent zu erhöhen. ④ Das Wohnförderkonto ist zu vermindern um

1. Zahlungen des Zulageberechtigten auf einen auf seinen Namen lautenden zertifizierten Altersvorsorgevertrag nach § 1 Absatz 1 des Altersvorsorgeverträge-Zertifizierungsgesetzes bis zum Beginn der Auszahlungsphase zur Minderung der in das Wohnförderkonto eingestellten Beträge; der Anbieter, bei dem die Einzahlung erfolgt, hat die Einzahlung der zentralen Stelle nach amtlich vorgeschriebenem Datensatz durch Datenfernübertragung mitzuteilen; erfolgt die Einzahlung nicht auf den Altersvorsorgevertrag mit Wohnförderkonto, hat der Zulageberechtigte dem Anbieter, bei dem die Einzahlung erfolgt, die Vertragsdaten des Altersvorsorgevertrags mit Wohnförderkonto mitzuteilen; diese hat der Anbieter der zentralen Stelle zusätzlich mitzuteilen;
2. den Verminderungsbetrag nach Satz 5.

⑤ Verminderungsbetrag ist der sich mit Ablauf des Kalenderjahres des Beginns der Auszahlungsphase ergebende Stand des Wohnförderkontos dividiert durch die Anzahl der Jahre bis zur Vollendung des 85. Lebensjahres des Zulageberechtigten; als Beginn der Auszahlungsphase gilt der vom Zulageberechtigten und Anbieter vereinbarte Zeitpunkt, der zwischen der Vollendung des 60. Lebensjahres und des 68. Lebensjahres des Zulageberechtigten liegen muss; ist ein Auszahlungszeitpunkt nicht vereinbart, so gilt die Vollendung des 67. Lebensjahres als Beginn der Auszahlungsphase; die Verschiebung des Beginns der Auszahlungsphase über das 68. Lebensjahr des Zulageberechtigten hinaus ist unschädlich, sofern es sich um eine Verschiebung im Zusammenhang mit der Abfindung einer Kleinbetragsrente auf Grund des § 1 Absatz 1 Satz 1 Nummer 4 Buchstabe a des Altersvorsorgeverträge-Zertifizierungsgesetzes handelt. ⑥ Anstelle einer Verminderung nach Satz 5 kann der Zulageberechtigte jederzeit in der Auszahlungsphase von der zentralen Stelle die Auflösung des Wohnförderkontos verlangen (Auflösungsbetrag). ⑦ Der Anbieter hat im Zeitpunkt der unmittelbaren Darlehenstilgung die Beträge nach Satz 2 erster Halbsatz und der Anbieter eines Altersvorsorgevertrags mit Wohnförderkonto hat zu Beginn der Auszahlungsphase den Zeitpunkt des Beginns der Auszahlungsphase der zentralen Stelle nach amtlich vorgeschriebenem Datensatz durch Datenfernübertragung spätestens bis zum Ablauf des zweiten Monats, der auf den Monat der unmittelbaren Darlehenstilgung oder des Beginns der Auszahlungsphase folgt, mitzuteilen. ⑧ Wird gefördertes Altersvorsorgevermögen nach § 93 Absatz 2 Satz 1 von einem Anbieter auf einen anderen auf den Namen des Zulageberechtigten lautenden Altersvorsorgevertrag vollständig übertragen und hat die zentrale Stelle für den bisherigen Altersvorsorgevertrag ein Wohnförderkonto geführt, so schließt sie das Wohnförderkonto des bisherigen Vertrags und führt es zu dem neuen Altersvorsorgevertrag fort. ⑨ Erfolgt eine Zahlung nach Satz 4 Nummer 1 oder nach Absatz 3 Satz 9 Nummer 2 auf einen anderen Altersvorsorgevertrag als auf den Altersvorsorgevertrag mit Wohnförderkonto, schließt die zentrale Stelle das Wohnförderkonto des bisherigen Vertrags und führt es ab dem Zeitpunkt der Einzahlung für den Altersvorsorgevertrag fort, auf den die Einzahlung erfolgt ist. ⑩ Die zentrale Stelle teilt die Schließung des Wohnförderkontos dem Anbieter des bisherigen Altersvorsorgevertrags mit Wohnförderkonto mit.

(2a)[1] ① Geht im Rahmen der Regelung von Scheidungsfolgen der Eigentumsanteil des Zulageberechtigten an der Wohnung im Sinne des Absatzes 1 Satz 5 ganz oder teilweise auf den anderen Ehegatten über, geht das Wohnförderkonto in Höhe des Anteils, der dem Verhältnis des übergegangenen Eigentumsanteils zum ursprünglichen Eigentumsanteil entspricht, mit allen Rechten und Pflichten auf den anderen Ehegatten über; dabei ist auf das Lebensalter des anderen Ehegatten abzustellen. ② Hat der andere Ehegatte das Lebensalter für den vertraglich vereinbarten Beginn der Auszahlungsphase oder, soweit kein Beginn der Auszahlungsphase vereinbart wurde, das 67. Lebensjahr im Zeitpunkt des Übergangs des Wohnförderkontos bereits überschritten, so gilt als Beginn der Auszahlungsphase der Zeitpunkt des Übergangs des Wohnförderkontos. ③ Der Zulageberechtigte hat den Übergang des Eigentumsanteils der zentralen Stelle nachzuweisen. ④ Dazu hat er die für die Anlage eines Wohnförderkontos erforderlichen Daten des anderen Ehegatten mitzuteilen. ⑤ Die Sätze 1 bis 4 gelten entsprechend für Ehegatten, die im Zeitpunkt des Todes des Zulageberechtigten

1. nicht dauernd getrennt gelebt haben (§ 26 Absatz 1) und
2. ihren Wohnsitz oder gewöhnlichen Aufenthalt in einem Mitgliedstaat der Europäischen Union oder einem Staat hatten, auf den das Abkommen über den Europäischen Wirtschaftsraum anwendbar ist; dies gilt auch, wenn die Ehegatten ihren vor dem Zeitpunkt, ab

---

[1] § 92a Abs. 2a Satz 1 geändert mit Wirkung ab 1. 1. 2018 durch Gesetz vom 17. 8. 2017 (BGBl. I S. 3214); Abs. 2a Satz 5 Nr. 2 letzter Halbsatz angefügt mit Wirkung ab 29. 3. 2019 durch Gesetz vom 25. 3. 2019 (BGBl. I S. 357).

dem das Vereinigte Königreich Großbritannien und Nordirland nicht mehr Mitgliedstaat der Europäischen Union ist und auch nicht wie ein solcher zu behandeln ist, begründeten Wohnsitz oder gewöhnlichen Aufenthalt im Vereinigten Königreich Großbritannien und Nordirland hatten und der Altersvorsorgevertrag vor dem 23. Juni 2016 abgeschlossen worden ist.

(3)[1] ① Nutzt der Zulageberechtigte die Wohnung im Sinne des Absatzes 1 Satz 5, für die ein Altersvorsorge-Eigenheimbetrag verwendet oder für die eine Tilgungsförderung im Sinne des § 82 Absatz 1 in Anspruch genommen worden ist, nicht nur vorübergehend nicht mehr zu eigenen Wohnzwecken, hat er dies dem Anbieter, in der Auszahlungsphase der zentralen Stelle, unter Angabe des Zeitpunkts der Aufgabe der Selbstnutzung anzuzeigen. ② Eine Aufgabe der Selbstnutzung liegt auch vor, soweit der Zulageberechtigte das Eigentum an der Wohnung aufgibt. ③ Die Anzeigepflicht gilt entsprechend für den Rechtsnachfolger der begünstigten Wohnung, wenn der Zulageberechtigte stirbt. ④ Die Anzeigepflicht entfällt, wenn das Wohnförderkonto vollständig zurückgeführt worden ist, es sei denn, es liegt ein Fall des § 22 Nummer 5 Satz 6 vor. ⑤ Im Fall des Satzes 1 gelten die im Wohnförderkonto erfassten Beträge als Leistungen aus einem Altersvorsorgevertrag, die dem Zulageberechtigten nach letztmaliger Erhöhung des Wohnförderkontos nach Absatz 2 Satz 3 zum Ende des Veranlagungszeitraums, in dem die Selbstnutzung aufgegeben wurde, zufließen; das Wohnförderkonto ist aufzulösen (Auflösungsbetrag). ⑥ Verstirbt der Zulageberechtigte, ist der Auflösungsbetrag ihm noch zuzurechnen. ⑦ Der Anbieter hat der zentralen Stelle den Zeitpunkt der Aufgabe nach amtlich vorgeschriebenem Datensatz durch Datenfernübertragung spätestens bis zum Ablauf des zweiten Monats, der auf den Monat der Anzeige des Zulageberechtigten folgt, mitzuteilen. ⑧ Wurde im Fall des Satzes 1 eine Tilgungsförderung nach § 82 Absatz 1 Satz 3 in Anspruch genommen und erfolgte keine Einstellung in das Wohnförderkonto nach Absatz 2 Satz 2, sind die Beiträge, die nach § 82 Absatz 1 Satz 3 wie Tilgungsleistungen behandelt wurden, sowie die darauf entfallenden Zulagen und Erträge in ein Wohnförderkonto aufzunehmen und anschließend die weiteren Regelungen dieses Absatzes anzuwenden; Absatz 2 Satz 2 zweiter Halbsatz und Satz 7 gilt entsprechend. ⑨ Die Sätze 5 bis 7 sowie § 20 sind nicht anzuwenden, wenn

1. der Zulageberechtigte einen Betrag in Höhe des noch nicht zurückgeführten Betrags im Wohnförderkonto innerhalb von zwei Jahren vor dem Veranlagungszeitraum und von fünf Jahren nach Ablauf des Veranlagungszeitraums, in dem er die Wohnung letztmals zu eigenen Wohnzwecken genutzt hat, für eine weitere Wohnung im Sinne des Absatzes 1 Satz 5 verwendet,
2. der Zulageberechtigte einen Betrag in Höhe des noch nicht zurückgeführten Betrags im Wohnförderkonto innerhalb eines Jahres nach Ablauf des Veranlagungszeitraums, in dem er die Wohnung letztmals zu eigenen Wohnzwecken genutzt hat, auf einen auf seinen Namen lautenden zertifizierten Altersvorsorgevertrag zahlt; Absatz 2 Satz 4 Nummer 1 ist entsprechend anzuwenden,
3. die Ehewohnung auf Grund einer richterlichen Entscheidung nach § 1361 b des Bürgerlichen Gesetzbuchs oder nach der Verordnung über die Behandlung der Ehewohnung und des Hausrats dem anderen Ehegatten zugewiesen wird,
4. der Zulageberechtigte krankheits- oder pflegebedingt die Wohnung nicht mehr bewohnt, sofern er Eigentümer dieser Wohnung bleibt, sie ihm weiterhin zur Selbstnutzung zur Verfügung steht und sie nicht von Dritten, mit Ausnahme seines Ehegatten, genutzt wird oder
5. der Zulageberechtigte innerhalb von fünf Jahren nach Ablauf des Veranlagungszeitraums, in dem er die Wohnung letztmals zu eigenen Wohnzwecken genutzt hat, die Selbstnutzung dieser Wohnung wieder aufnimmt.

⑩ Satz 9 Nummer 1 und 2 setzt voraus, dass der Zulageberechtigte dem Anbieter, in der Auszahlungsphase der zentralen Stelle, die fristgemäße Reinvestitionsabsicht im Rahmen der Anzeige nach Satz 1 und den Zeitpunkt der Reinvestition oder die Aufgabe der Reinvestitionsabsicht anzeigt; in den Fällen des Absatzes 2a und des Satzes 9 Nummer 3 gelten die Sätze 1 bis 9 entsprechend für den anderen, geschiedenen oder überlebenden Ehegatten, wenn er die Wohnung nicht nur vorübergehend nicht mehr zu eigenen Wohnzwecken nutzt. ⑪ Satz 5 ist mit der Maßgabe anzuwenden, dass der Eingang der Anzeige der aufgegebenen Reinvestitionsabsicht, spätestens jedoch der 1. Januar

1. des sechsten Jahres nach dem Jahr der Aufgabe der Selbstnutzung bei einer Reinvestitionsabsicht nach Satz 9 Nummer 1 oder
2. des zweiten Jahres nach dem Jahr der Aufgabe der Selbstnutzung bei einer Reinvestitionsabsicht nach Satz 9 Nummer 2

---

[1] § 92a Abs. 3 Satz 1, 3, 7 und Satz 9 Nr. 3 und 4 geändert sowie Satz 9 Nr. 5 angefügt, Satz 10 neugefasst, Satz 11 geändert sowie Satz 12 und 13 angefügt mit Wirkung ab 1. 1. 2018 durch Gesetz vom 17. 8. 2017 (BGBl. I S. 3214).

als Zeitpunkt der Aufgabe gilt. ⑫ Satz 9 Nummer 5 setzt voraus, dass bei einer beabsichtigten Wiederaufnahme der Selbstnutzung der Zulageberechtigte dem Anbieter, in der Auszahlungsphase der zentralen Stelle, die Absicht der fristgemäßen Wiederaufnahme der Selbstnutzung im Rahmen der Anzeige nach Satz 1 und den Zeitpunkt oder die Aufgabe der Reinvestitionsabsicht nach Satz 10 anzeigt. ⑬ Satz 10 zweiter Halbsatz und Satz 11 gelten für die Anzeige der Absicht der fristgemäßen Wiederaufnahme der Selbstnutzung entsprechend.

(4) ① Absatz 3 sowie § 20 sind auf Antrag des Steuerpflichtigen nicht anzuwenden, wenn er

1. die Wohnung im Sinne des Absatzes 1 Satz 5 auf Grund eines beruflich bedingten Umzugs für die Dauer der beruflich bedingten Abwesenheit nicht selbst nutzt; wird während dieser Zeit mit einer anderen Person ein Nutzungsrecht für diese Wohnung vereinbart, ist diese Vereinbarung von vorneherein entsprechend zu befristen,
2. beabsichtigt, die Selbstnutzung wieder aufzunehmen und
3. die Selbstnutzung spätestens mit der Vollendung seines 67. Lebensjahres aufnimmt.

② Der Steuerpflichtige hat den Antrag bei der zentralen Stelle zu stellen und dabei die notwendigen Nachweise zu erbringen. ③ Die zentrale Stelle erteilt dem Steuerpflichtigen einen Bescheid über die Bewilligung des Antrags und informiert den Anbieter des Altersvorsorgevertrags mit Wohnförderkonto des Zulageberechtigten über die Bewilligung, eine Wiederaufnahme der Selbstnutzung nach einem beruflich bedingten Umzug und den Wegfall der Voraussetzungen nach diesem Absatz; die Information hat nach amtlich vorgeschriebenem Datensatz durch Datenfernübertragung zu erfolgen. ④ Entfällt eine der in Satz 1 genannten Voraussetzungen, ist Absatz 3 mit der Maßgabe anzuwenden, dass bei einem Wegfall der Voraussetzung nach Satz 1 Nummer 1 als Zeitpunkt der Aufgabe der Zeitpunkt des Wegfalls der Voraussetzung und bei einem Wegfall der Voraussetzung nach Satz 1 Nummer 2 oder Nummer 3 der Eingang der Mitteilung des Steuerpflichtigen nach Absatz 3 als Zeitpunkt der Aufgabe gilt, spätestens jedoch die Vollendung des 67. Lebensjahres des Steuerpflichtigen.

§ 92b Verfahren bei Verwendung für eine selbst genutzte Wohnung

(1)[1] ① Der Zulageberechtigte hat die Verwendung des Kapitals nach § 92a Absatz 1 Satz 1 spätestens zehn Monate vor dem Beginn der Auszahlungsphase des Altersvorsorgevertrags im Sinne des § 1 Absatz 1 Nummer 2 des Altersvorsorgeverträge-Zertifizierungsgesetzes bei der zentralen Stelle zu beantragen und dabei die notwendigen Nachweise zu erbringen. ② Er hat zu bestimmen, aus welchen Altersvorsorgeverträgen der Altersvorsorge-Eigenheimbetrag ausgezahlt werden soll. ③ Die zentrale Stelle teilt dem Zulageberechtigten durch Bescheid und den Anbietern der in Satz 2 genannten Altersvorsorgeverträge nach amtlich vorgeschriebenem Datensatz durch Datenfernübertragung mit, bis zu welcher Höhe eine wohnungswirtschaftliche Verwendung im Sinne des § 92a Absatz 1 Satz 1 vorliegen kann.

(2)[2] ① Die Anbieter der in Absatz 1 Satz 2 genannten Altersvorsorgeverträge dürfen den Altersvorsorge-Eigenheimbetrag auszahlen, sobald sie die Mitteilung nach Absatz 1 Satz 3 erhalten haben. ② Sie haben der zentralen Stelle nach amtlich vorgeschriebenem Datensatz durch Datenfernübertragung Folgendes spätestens bis zum Ablauf des zweiten Monats, der auf den Monat der Auszahlung folgt, anzuzeigen:

1. den Auszahlungszeitpunkt und den Auszahlungsbetrag,
2. die Summe der bis zum Auszahlungszeitpunkt dem Altersvorsorgevertrag gutgeschriebenen Zulagen,
3. die Summe der bis zum Auszahlungszeitpunkt geleisteten Altersvorsorgebeiträge und
4. den Stand des geförderten Altersvorsorgevermögens im Zeitpunkt der Auszahlung.

(3)[3] ① Die zentrale Stelle stellt zu Beginn der Auszahlungsphase und in den Fällen des § 92a Absatz 2a und 3 Satz 5 den Stand des Wohnförderkontos, soweit für die Besteuerung erforderlich, den Verminderungsbetrag und den Auflösungsbetrag von Amts wegen gesondert fest. ② Die zentrale Stelle teilt die Feststellung dem Zulageberechtigten, in den Fällen des § 92a Absatz 2a Satz 1 auch dem anderen Ehegatten, durch Bescheid und dem Anbieter nach amtlich vorgeschriebenem Datensatz durch Datenfernübertragung mit. ③ Der Anbieter hat auf Anforderung der zentralen Stelle die zur Feststellung erforderlichen Unterlagen vorzulegen. ④ Auf Antrag des Zulageberechtigten stellt die zentrale Stelle den Stand des Wohnförderkontos gesondert fest. ⑤ § 90 Absatz 4 Satz 2 bis 5 gilt entsprechend.

---

[1] § 92b Abs. 1 neugefasst mit Wirkung ab VZ 2014 durch Gesetz vom 24. 6. 2013 (BGBl. I S. 1667).
[2] § 92b Abs. 2 Satz 2 geändert mit Wirkung ab 1. 1. 2018 durch Gesetz vom 17. 8. 2017 (BGBl. I S. 3214).
[3] § 92b Abs. 3 Satz 1 und 2 geändert durch Gesetz vom 8. 12. 2010 (BGBl. I S. 1768); Abs. 3 Satz 1 und 2 Zitate mit Wirkung ab VZ 2014 geändert durch Gesetz vom 24. 6. 2013 (BGBl. I S. 1667).

§ 93 Schädliche Verwendung

(1) ① Wird gefördertes Altersvorsorgevermögen nicht unter den in § 1 Absatz 1 Satz 1 Nummer 4 und 10 Buchstabe c des Altersvorsorgeverträge-Zertifizierungsgesetzes oder § 1 Absatz 1 Satz 1 Nummer 4, 5 und 10 Buchstabe c des Altersvorsorgeverträge-Zertifizierungsgesetzes in der bis zum 31. Dezember 2004 geltenden Fassung genannten Voraussetzungen an den Zulageberechtigten ausgezahlt (schädliche Verwendung), sind die auf das ausgezahlte geförderte Altersvorsorgevermögen entfallenden Zulagen und die nach § 10a Absatz 4 gesondert festgestellten Beträge (Rückzahlungsbetrag) zurückzuzahlen. ② Dies gilt auch bei einer Auszahlung nach Beginn der Auszahlungsphase (§ 1 Absatz 1 Satz 1 Nummer 2 des Altersvorsorgeverträge-Zertifizierungsgesetzes) und bei Auszahlungen im Fall des Todes des Zulageberechtigten. ③ Hat der Zulageberechtigte Zahlungen im Sinne des § 92a Absatz 2 Satz 4 Nummer 1 oder § 92a Absatz 3 Satz 9 Nummer 2 geleistet, dann handelt es sich bei dem hierauf beruhenden Altersvorsorgevermögen um gefördertes Altersvorsorgevermögen im Sinne des Satzes 1; der Rückzahlungsbetrag bestimmt sich insoweit nach der für die in das Wohnförderkonto eingestellten Beträge gewährten Förderung. ④ Eine Rückzahlungsverpflichtung besteht nicht für den Teil der Zulagen und der Steuerermäßigung,

a) der auf nach § 1 Absatz 1 Satz 1 Nummer 2 des Altersvorsorgeverträge-Zertifizierungsgesetzes angespartes gefördertes Altersvorsorgevermögen entfällt, wenn es in Form einer Hinterbliebenenrente an die dort genannten Hinterbliebenen ausgezahlt wird; dies gilt auch für Leistungen im Sinne des § 82 Absatz 3 an Hinterbliebene des Steuerpflichtigen;

b) der den Beitragsanteilen zuzuordnen ist, die für die zusätzliche Absicherung der verminderten Erwerbsfähigkeit und eine zusätzliche Hinterbliebenenabsicherung ohne Kapitalbildung verwendet worden sind;

c)[1] der auf gefördertes Altersvorsorgevermögen entfällt, das im Fall des Todes des Zulageberechtigten auf einen auf den Namen des Ehegatten lautenden Altersvorsorgevertrag übertragen wird, wenn die Ehegatten im Zeitpunkt des Todes des Zulageberechtigten nicht dauernd getrennt gelebt haben (§ 26 Absatz 1) und ihren Wohnsitz oder gewöhnlichen Aufenthalt in einem Mitgliedstaat der Europäischen Union oder einem Staat hatten, auf den das Abkommen über den Europäischen Wirtschaftsraum (EWR-Abkommen) anwendbar ist; dies gilt auch, wenn die Ehegatten ihren vor dem Zeitpunkt, ab dem das Vereinigte Königreich Großbritannien und Nordirland nicht mehr Mitgliedstaat der Europäischen Union ist und auch nicht wie ein solcher zu behandeln ist, begründeten Wohnsitz oder gewöhnlichen Aufenthalt im Vereinigten Königreich Großbritannien und Nordirland hatten und der Vertrag vor dem 23. Juni 2016 abgeschlossen worden ist;

d) der auf den Altersvorsorge-Eigenheimbetrag entfällt.

(1a)[2] ① Eine schädliche Verwendung liegt nicht vor, wenn gefördertes Altersvorsorgevermögen auf Grund einer internen Teilung nach § 10 des Versorgungsausgleichsgesetzes oder auf Grund einer externen Teilung nach § 14 des Versorgungsausgleichsgesetzes auf einen zertifizierten Altersvorsorgevertrag oder eine nach § 82 Absatz 2 begünstigte betriebliche Altersversorgung übertragen wird; die auf das übertragene Anrecht entfallende steuerliche Förderung geht mit allen Rechten und Pflichten auf die ausgleichsberechtigte Person über. ② Eine schädliche Verwendung liegt ebenfalls nicht vor, wenn gefördertes Altersvorsorgevermögen auf Grund einer externen Teilung nach § 14 des Versorgungsausgleichsgesetzes auf die Versorgungsausgleichskasse oder die gesetzliche Rentenversicherung übertragen wird; die Rechte und Pflichten der ausgleichspflichtigen Person aus der steuerlichen Förderung des übertragenen Anteils entfallen. ③ In den Fällen der Sätze 1 und 2 teilt die zentrale Stelle der ausgleichspflichtigen Person die Höhe der auf die Ehezeit im Sinne des § 3 Absatz 1 des Versorgungsausgleichsgesetzes oder der Lebenspartnerschaftszeit im Sinne des § 20 Absatz 2 des Lebenspartnerschaftsgesetzes entfallenden gesondert festgestellten Beträge nach § 10a Absatz 4 und die ermittelten Zulagen mit. ④ Die entsprechenden Beträge sind monatsweise zuzuordnen. ⑤ Die zentrale Stelle teilt die geänderte Zuordnung der gesondert festgestellten Beträge nach § 10a Absatz 4 sowie der ermittelten Zulagen der ausgleichspflichtigen und in den Fällen des Satzes 1 auch der ausgleichsberechtigten Person durch Feststellungsbescheid mit. ⑥ Nach Eintritt der Unanfechtbarkeit dieses Feststellungsbescheids informiert die zentrale Stelle den Anbieter durch einen Datensatz über die geänderte Zuordnung.

(2)[3] ① Die Übertragung von gefördertem Altersvorsorgevermögen auf einen anderen auf den Namen des Zulageberechtigten lautenden Altersvorsorgevertrag (§ 1 Absatz 1 Satz 1 Nummer 10 Buchstabe b des Altersvorsorgeverträge-Zertifizierungsgesetzes) stellt keine schädliche Verwendung dar. ② Dies gilt sinngemäß in den Fällen des § 4 Absatz 2 und 3 des Betriebsrenten-

[1] § 93 Abs. 1 Satz 4 Buchstabe c geändert mit Wirkung ab VZ 2010 durch Gesetz vom 8. 4. 2010 (BGBl. I S. 386); Abs. 1 Satz 4 Buchstabe c letzter Halbsatz angefügt mit Wirkung ab 29. 3. 2019 durch Gesetz vom 25. 3. 2019 (BGBl. I S. 357).

[2] § 93 Abs. 1a neugefasst mit Wirkung ab 1. 9. 2009 durch Gesetz vom 8. 12. 2010 (BGBl. I S. 1768); Abs. 1a Satz 3 geändert durch Gesetz vom 18. 7. 2014 (BGBl. I S. 1042).

[3] § 93 Abs. 2 Satz 4 angefügt mit Wirkung ab 1. 1. 2018 durch Gesetz vom 17. 8. 2017 (BGBl. I S. 3214); Abs. 2 Satz 2 letzter Halbsatz angefügt mit Wirkung ab 1. 1. 2018 durch Art. 1 des Gesetzes vom 11. 12. 2018 (BGBl. I S. 2338); Abs. 2 Satz 2 geändert mit Wirkung ab 1. 1. 2018 durch Art. 2 des Gesetzes vom 11. 12. 2018 (BGBl. I S. 2338).

gesetzes, wenn das geförderte Altersvorsorgevermögen auf eine der in § 82 Absatz 2 Buchstabe a genannten Einrichtungen der betrieblichen Altersversorgung zum Aufbau einer kapitalgedeckten betrieblichen Altersversorgung übertragen und eine lebenslange Altersversorgung entsprechend § 82 Absatz 2 Satz 2 vorgesehen ist, wie auch in den Fällen einer Übertragung nach § 3 Nummer 55 c Satz 2 Buchstabe a. ③ In den übrigen Fällen der Abfindung von Anwartschaften der betrieblichen Altersversorgung gilt dies, soweit das geförderte Altersvorsorgevermögen zugunsten eines auf den Namen des Zulageberechtigten lautenden Altersvorsorgevertrages geleistet wird. ④ Auch keine schädliche Verwendung sind der gesetzliche Forderungs- und Vermögensübergang nach § 9 des Betriebsrentengesetzes und die gesetzlich vorgesehene schuldbefreiende Übertragung nach § 8 Absatz 1 des Betriebsrentengesetzes.

(3)[1] ① Auszahlungen zur Abfindung einer Kleinbetragsrente zu Beginn der Auszahlungsphase oder im darauffolgenden Jahr gelten nicht als schädliche Verwendung. ② Eine Kleinbetragsrente ist eine Rente, die bei gleichmäßiger Verrentung des gesamten zu Beginn der Auszahlungsphase zur Verfügung stehenden Kapitals eine monatliche Rente ergibt, die 1 Prozent der monatlichen Bezugsgröße nach § 18 des Vierten Buches Sozialgesetzbuch nicht übersteigt. ③ Bei der Berechnung dieses Betrags sind alle bei einem Anbieter bestehenden Verträge des Zulageberechtigten insgesamt zu berücksichtigen, auf die nach diesem Abschnitt geförderte Altersvorsorgebeiträge geleistet wurden. ④ Die Sätze 1 bis 3 gelten entsprechend, wenn

1. nach dem Beginn der Auszahlungsphase ein Versorgungsausgleich durchgeführt wird und
2. sich dadurch die Rente verringert.

(4)[2] ① Wird bei einem einheitlichen Vertrag nach § 1 Absatz 1 a Satz 1 Nummer 2 zweiter Halbsatz des Altersvorsorgeverträge-Zertifizierungsgesetzes das Darlehen nicht wohnungswirtschaftlich im Sinne des § 92 a Absatz 1 Satz 1 verwendet, liegt zum Zeitpunkt der Darlehensauszahlung eine schädliche Verwendung des geförderten Altersvorsorgevermögens vor, es sei denn, das geförderte Altersvorsorgevermögen wird innerhalb eines Jahres nach Ablauf des Veranlagungszeitraums, in dem das Darlehen ausgezahlt wurde, auf einen anderen zertifizierten Altersvorsorgevertrag übertragen, der auf den Namen des Zulageberechtigten lautet. ② Der Zulageberechtigte hat dem Anbieter die Absicht zur Kapitalübertragung, den Zeitpunkt der Kapitalübertragung bis zum Zeitpunkt der Darlehnsauszahlung und die Aufgabe der Absicht zur Kapitalübertragung mitzuteilen. ③ Wird die Absicht zur Kapitalübertragung aufgegeben, tritt die schädliche Verwendung zu dem Zeitpunkt ein, zu dem die Mitteilung des Zulageberechtigten hierzu beim Anbieter eingeht, spätestens aber am 1. Januar des zweiten Jahres nach dem Jahr, in dem das Darlehen ausgezahlt wurde.

§ 94 Verfahren bei schädlicher Verwendung

(1)[3] ① In den Fällen des § 93 Absatz 1 hat der Anbieter der zentralen Stelle vor der Auszahlung des geförderten Altersvorsorgevermögens die schädliche Verwendung nach amtlich vorgeschriebenem Datensatz durch amtlich bestimmte Datenfernübertragung anzuzeigen. ② Die zentrale Stelle ermittelt den Rückzahlungsbetrag und teilt diesen dem Anbieter durch Datensatz mit. ③ Der Anbieter hat den Rückzahlungsbetrag einzubehalten, mit der nächsten Anmeldung nach § 90 Absatz 3 anzumelden und an die zentrale Stelle abzuführen. ④ Der Anbieter hat die einbehaltenen und abgeführten Beträge der zentralen Stelle nach amtlich vorgeschriebenem Datensatz durch amtlich bestimmte Datenfernübertragung mitzuteilen und diese Beträge dem Zulageberechtigten zu bescheinigen; mit Einverständnis des Zulageberechtigten kann die Bescheinigung elektronisch bereitgestellt werden. ⑤ In den Fällen des § 93 Absatz 3 gilt Satz 1 entsprechend.

(2)[4] ① Eine Festsetzung des Rückzahlungsbetrags erfolgt durch die zentrale Stelle auf besonderen Antrag des Zulageberechtigten oder sofern die Rückzahlung nach Absatz 1 ganz oder teilweise nicht möglich oder nicht erfolgt ist. ② § 90 Absatz 4 Satz 2 bis 6 gilt entsprechend; § 90 Absatz 4 Satz 5 gilt nicht, wenn die Geschäftsbeziehung im Hinblick auf den jeweiligen Altersvorsorgevertrag zwischen dem Zulageberechtigten und dem Anbieter beendet wurde. ③ Im Rückforderungsbescheid sind auf den Rückzahlungsbetrag die vom Anbieter bereits einbehaltenen und abgeführten Beträge nach Maßgabe der Bescheinigung nach Absatz 1 Satz 4 anzurechnen. ④ Der Zulageberechtigte hat den verbleibenden Rückzahlungsbetrag innerhalb eines Monats nach Bekanntgabe des Rückforderungsbescheids an die zuständige Kasse zu entrichten. ⑤ Die Frist für die Festsetzung des Rückzahlungsbetrags beträgt vier Jahre und beginnt mit Ablauf des Kalenderjahres, in dem die Auszahlung im Sinne des § 93 Absatz 1 erfolgt ist.

---

[1] § 93 Abs. 3 Satz 1 geändert und Satz 4 angefügt mit Wirkung ab 1. 1. 2018 durch Gesetz vom 17. 8. 2017 (BGBl. I S. 3214).

[2] § 93 Abs. 4 angefügt mit Wirkung ab VZ 2010 durch Gesetz vom 8. 12. 2010 BGBl. I S. 1768); Abs. 4 Satz 1 neugefasst und Satz 2 und 3 geändert mit Wirkung ab VZ 2013 durch Gesetz vom 24. 6. 2013 (BGBl. I S. 1667).

[3] § 94 Abs. 1 Satz 4 geändert mit Wirkung ab VZ 2014 durch Gesetz vom 24. 6. 2013 (BGBl. I S. 1667); Abs. 1 Satz 4 letzter Halbsatz angefügt mit Wirkung ab 1. 1. 2020 durch Gesetz vom 22. 11. 2019 (BGBl. I S. 1746).

[4] § 94 Abs. 2 Satz 2 letzter Halbsatz angefügt mit Wirkung ab VZ 2010 durch Gesetz vom 8. 12. 2010 (BGBl. I S. 1768).

(3)[1] ① Sofern der zentralen Stelle für den Zulageberechtigten im Zeitpunkt der schädlichen Verwendung eine Meldung nach § 118 Absatz 1a des Zwölften Buches Sozialgesetzbuch zum erstmaligen Bezug von Hilfe zum Lebensunterhalt und von Grundsicherung im Alter und bei Erwerbsminderung vorliegt, teilt die zentrale Stelle zum Zeitpunkt der Mitteilung nach Absatz 1 Satz 2 der Datenstelle der Rentenversicherungsträger als Vermittlungsstelle die schädliche Verwendung durch Datenfernübertragung mit. ② Dies gilt nicht, wenn das Ausscheiden aus diesem Hilfebezug nach § 118 Absatz 1a des Zwölften Buches Sozialgesetzbuch angezeigt wurde.

§ 95 Sonderfälle der Rückzahlung

[Fassung bis 31. 12. 2022:]

(1)[3] ① Die §§ 93 und 94 gelten entsprechend, wenn

1. sich der Wohnsitz oder gewöhnliche Aufenthalt des Zulageberechtigten außerhalb der Mitgliedstaaten der Europäischen Union und der Staaten befindet, auf die das Abkommen über den Europäischen Wirtschaftsraum (EWR-Abkommen) anwendbar ist, oder wenn der Zulageberechtigte ungeachtet eines Wohnsitzes oder gewöhnlichen Aufenthaltes in einem dieser Staaten nach einem Abkommen zur Vermeidung der Doppelbesteuerung mit einem dritten Staat als außerhalb des Hoheitsgebiets dieser Staaten ansässig gilt und
2. entweder keine Zulageberechtigung besteht oder der Vertrag in der Auszahlungsphase ist.

② Satz 1 gilt nicht, sofern sich der Wohnsitz oder gewöhnliche Aufenthalt des Zulageberechtigten bereits seit dem 22. Juni 2016 ununterbrochen im Vereinigten Königreich Großbritannien und Nordirland befindet und der Vertrag vor dem 23. Juni 2016 abgeschlossen worden ist.

(2) ① Auf Antrag des Zulageberechtigten ist der Rückzahlungsbetrag im Sinne des § 93 Absatz 1 Satz 1 zunächst bis zum Beginn der Auszahlung zu stunden. ② Die Stundung ist zu verlängern, wenn der Rückzahlungsbetrag mit mindestens 15 Prozent der Leistungen aus dem Vertrag getilgt wird. ③ Die Stundung endet, wenn das geförderte Altersvorsorgevermögen nicht unter den in § 1 Absatz 1 Satz 1 Nummer 4 des Altersvorsorgeverträge-Zertifizierungsgesetzes genannten Voraussetzungen an den Zulageberechtigten ausgezahlt wird. ④ Der Stundungsantrag ist über den Anbieter an die zentrale Stelle zu richten. ⑤ Der Anbieter hat dem Zulageberechtigten den Stundungsantrag bereitzustellen; mit Einverständnis des Zulageberechtigten kann der Antrag elektronisch bereitgestellt werden. ⑥ Die zentrale Stelle teilt ihre Entscheidung auch dem Anbieter mit.

(3) Wurde der Rückzahlungsbetrag nach Absatz 2 gestundet und

[Fassung ab 1. 1. 2023:][2]

① Die §§ 93 und 94 gelten entsprechend, wenn sich der Wohnsitz oder gewöhnliche Aufenthalt des Zulageberechtigten ab Beginn der Auszahlungsphase außerhalb der Mitgliedstaaten der Europäischen Union und der Staaten befindet, auf die das Abkommen über den Europäischen Wirtschaftsraum (EWR-Abkommen) anwendbar ist, oder wenn der Zulageberechtigte ungeachtet eines Wohnsitzes oder gewöhnlichen Aufenthaltes in einem dieser Staaten nach einem Abkommen zur Vermeidung der Doppelbesteuerung mit einem dritten Staat als außerhalb des Hoheitsgebiets dieser Staaten ansässig gilt. ② Satz 1 gilt nicht, sofern sich der Wohnsitz oder gewöhnliche Aufenthalt des Zulageberechtigten bereits seit dem 22. Juni 2016 ununterbrochen im Vereinigten Königreich Großbritannien und Nordirland befindet und der Vertrag vor dem 23. Juni 2016 abgeschlossen worden ist.

---

[1] § 94 Abs. 3 angefügt mit Wirkung ab 1. 1. 2019 durch Gesetz vom 17. 8. 2017 (BGBl. I S. 3214).

[2] § 95 Abs. 2 und 3 sowie Abs. 1 Absatzbezeichnung aufgehoben, Satz 1 neugefasst mit Wirkung ab 1. 1. 2023 durch Gesetz vom 16. 12. 2022 (BGBl. I S. 2294).

[3] § 95 Überschrift, Abs. 1 und Abs. 3 neugefasst, Abs. 2 Satz 1 geändert, bish. Satz 3 aufgehoben, Sätze 4 bis 6 werden 3 bis 5 durch Gesetz vom 8. 4. 2010 (BGBl. I S. 386); Abs. 1 Nr. 2 neugefasst und Abs. 2 Satz 1 und 2 geändert mit Wirkung ab VZ 2013 durch Gesetz vom 24. 6. 2013 (BGBl. I S. 1667); Abs. 1 Satz 2 angefügt mit Wirkung ab 29. 3. 2019 durch Gesetz vom 25. 3. 2019 (BGBl. I S. 357); Abs. 2 neuer Satz 5 eingefügt, bisheriger Satz 5 wird Satz 6 mit Wirkung ab 1. 1. 2020 durch Gesetz vom 22. 11. 2019 (BGBl. I S. 1746).

[Fassung bis 31. 12. 2022:]

1. verlegt der ehemals Zulageberechtigte seinen ausschließlichen Wohnsitz oder gewöhnlichen Aufenthalt in einen Mitgliedstaat der Europäischen Union oder einen Staat, auf den das Abkommen über den Europäischen Wirtschaftsraum (EWR-Abkommen) anwendbar ist, oder
2. wird der ehemals Zulageberechtigte erneut zulageberechtigt,

sind der Rückzahlungsbetrag und die bereits entstandenen Stundungszinsen von der zentralen Stelle zu erlassen.

§ 96 Anwendung der Abgabenordnung, allgemeine Vorschriften

(1) ① Auf die Zulagen und die Rückzahlungsbeträge sind die für Steuervergütungen geltenden Vorschriften der Abgabenordnung entsprechend anzuwenden. ② Dies gilt nicht für § 163 der Abgabenordnung.

(2)[1] ① Hat der Anbieter vorsätzlich oder grob fahrlässig

1. unrichtige oder unvollständige Daten übermittelt oder
2. Daten pflichtwidrig nicht übermittelt,

obwohl der Zulageberechtigte seiner Informationspflicht gegenüber dem Anbieter zutreffend und rechtzeitig nachgekommen ist, haftet der Anbieter für die entgangene Steuer und die zu Unrecht gewährte Steuervergünstigung. ② Dies gilt auch, wenn im Verhältnis zum Zulageberechtigten Festsetzungsverjährung eingetreten ist. ③ Der Zulageberechtigte haftet als Gesamtschuldner neben dem Anbieter, wenn er weiß, dass der Anbieter unrichtige oder unvollständige Daten übermittelt oder Daten pflichtwidrig nicht übermittelt hat. ④ Für die Inanspruchnahme des Anbieters ist die zentrale Stelle zuständig.

(3) Die zentrale Stelle hat auf Anfrage des Anbieters Auskunft über die Anwendung des Abschnitts XI zu geben.

(4) ① Die zentrale Stelle kann beim Anbieter ermitteln, ob er seine Pflichten erfüllt hat. ② Die §§ 193 bis 203 der Abgabenordnung gelten sinngemäß. ③ Auf Verlangen der zentralen Stelle hat der Anbieter ihr Unterlagen, soweit sie im Ausland geführt und aufbewahrt werden, verfügbar zu machen.

(5) Der Anbieter erhält vom Bund oder den Ländern keinen Ersatz für die ihm aus diesem Verfahren entstehenden Kosten.

(6) ① Der Anbieter darf die im Zulageverfahren bekannt gewordenen Verhältnisse der Beteiligten nur für das Verfahren verwerten. ② Er darf sie ohne Zustimmung der Beteiligten nur offenbaren, soweit dies gesetzlich zugelassen ist.

(7) ① Für die Zulage gelten die Strafvorschriften des § 370 Absatz 1 bis 4, der §§ 371, 375 Absatz 1 und des § 376 sowie die Bußgeldvorschriften der §§ 378, 379 Absatz 1 und 4 und der §§ 383 und 384 der Abgabenordnung entsprechend. ② Für das Strafverfahren wegen einer Straftat nach Satz 1 sowie der Begünstigung einer Person, die eine solche Tat begangen hat, gelten die §§ 385 bis 408, für das Bußgeldverfahren wegen einer Ordnungswidrigkeit nach Satz 1 die §§ 409 bis 412 der Abgabenordnung entsprechend.

§ 97 Übertragbarkeit

① Das nach § 10 a oder Abschnitt XI geförderte Altersvorsorgevermögen einschließlich seiner Erträge, die geförderten laufenden Altersvorsorgebeiträge und der Anspruch auf die Zulage sind nicht übertragbar. ② § 93 Absatz 1 a und § 4 des Betriebsrentengesetzes bleiben unberührt.

§ 98 Rechtsweg

In öffentlich-rechtlichen Streitigkeiten über die auf Grund des Abschnitts XI ergehenden Verwaltungsakte ist der Finanzrechtsweg gegeben.

§ 99 Ermächtigung

(1)[2] Das Bundesministerium der Finanzen wird ermächtigt, die Vordrucke für die Anträge nach § 89 für die Anmeldung nach § 90 Absatz 3 und für die in den §§ 92 und 94 Absatz 1 Satz 4 vorgesehenen Bescheinigungen und im Einvernehmen mit den obersten Finanzbehörden

---

[1] § 96 Abs. 2 neugefasst mit Wirkung ab 1. 1. 2018 durch Gesetz vom 17. 8. 2017 (BGBl. I S. 3214).

[2] § 99 Abs. 1 geändert durch Gesetz vom 8. 12. 2010 (BGBl. I S. 1768), durch Gesetz vom 12. 12. 2019 (BGBl. I S. 2451), Abs. 1 geändert durch Gesetz vom 8. 4. 2010 (BGBl. I S. 386).

der Länder das Muster für die nach § 22 Nummer 5 Satz 7 vorgesehene Bescheinigung und den Inhalt und Aufbau der für die Durchführung des Zulageverfahrens zu übermittelnden Datensätze zu bestimmen.

(2)[1] ① Das Bundesministerium der Finanzen wird ermächtigt, im Einvernehmen mit dem Bundesministerium für Arbeit und Soziales und dem Bundesministerium des Innern, für Bau und Heimat durch Rechtsverordnung mit Zustimmung des Bundesrates Vorschriften zur Durchführung dieses Gesetzes über das Verfahren für die Ermittlung, Festsetzung, Auszahlung, Rückzahlung und Rückforderung der Zulage sowie die Rückzahlung und Rückforderung der nach § 10a Absatz 4 festgestellten Beträge zu erlassen. ② Hierzu gehören insbesondere

1. Vorschriften über Aufzeichnungs-, Aufbewahrungs-, Bescheinigungs- und Anzeigepflichten des Anbieters,
2. Grundsätze des vorgesehenen Datenaustausches zwischen den Anbietern, der zentralen Stelle, den Trägern der gesetzlichen Rentenversicherung, der Bundesagentur für Arbeit, den Meldebehörden, den Familienkassen, den zuständigen Stellen und den Finanzämtern und
3. Vorschriften über Mitteilungspflichten, die für die Erteilung der Bescheinigungen nach § 22 Nummer 5 Satz 7 und § 92 erforderlich sind.

XII. Förderbetrag zur betrieblichen Altersversorgung[2]

§ 100 Förderbetrag zur betrieblichen Altersversorgung

(1) ① Arbeitgeber im Sinne des § 38 Absatz 1 dürfen vom Gesamtbetrag der einzubehaltenden Lohnsteuer für jeden Arbeitnehmer mit einem ersten Dienstverhältnis einen Teilbetrag des Arbeitgeberbeitrags zur kapitalgedeckten betrieblichen Altersversorgung (Förderbetrag) entnehmen und bei der nächsten Lohnsteuer-Anmeldung gesondert absetzen. ② Übersteigt der insgesamt zu gewährende Förderbetrag den Betrag, der insgesamt an Lohnsteuer abzuführen ist, so wird der übersteigende Betrag dem Arbeitgeber auf Antrag von dem Finanzamt, an das die Lohnsteuer abzuführen ist, aus den Einnahmen der Lohnsteuer ersetzt.

(2)[3] ① Der Förderbetrag beträgt im Kalenderjahr 30 Prozent des zusätzlichen Arbeitgeberbeitrags nach Absatz 3, höchstens 288 Euro. ② In Fällen, in denen der Arbeitgeber bereits im Jahr 2016 einen zusätzlichen Arbeitgeberbeitrag an einen Pensionsfonds, eine Pensionskasse oder für eine Direktversicherung geleistet hat, ist der jeweilige Förderbetrag auf den Betrag beschränkt, den der Arbeitgeber darüber hinaus leistet.

(3)[3] Voraussetzung für die Inanspruchnahme des Förderbetrags nach den Absätzen 1 und 2 ist, dass

1. der Arbeitslohn des Arbeitnehmers im Lohnzahlungszeitraum, für den der Förderbetrag geltend gemacht wird, im Inland dem Lohnsteuerabzug unterliegt;
2. der Arbeitgeber für den Arbeitnehmer zusätzlich zum ohnehin geschuldeten Arbeitslohn im Kalenderjahr mindestens einen Betrag in Höhe von 240 Euro an einen Pensionsfonds, eine Pensionskasse oder für eine Direktversicherung zahlt;
3. im Zeitpunkt der Beitragsleistung der laufende Arbeitslohn (§ 39b Absatz 2 Satz 1 und 2), der pauschal besteuerte Arbeitslohn (§ 40a Absatz 1 und 3) oder das pauschal besteuerte Arbeitsentgelt (§ 40a Absatz 2 und 2a) nicht mehr beträgt als
   a) 85,84 Euro bei einem täglichen Lohnzahlungszeitraum,
   b) 600,84 Euro bei einem wöchentlichen Lohnzahlungszeitraum,
   c) 2575 Euro bei einem monatlichen Lohnzahlungszeitraum oder
   d) 30 900 Euro bei einem jährlichen Lohnzahlungszeitraum;
4.[4] eine Auszahlung der zugesagten Alters-, Invaliditäts- oder Hinterbliebenenversorgungsleistungen entsprechend § 82 Absatz 2 Satz 2 vorgesehen ist;
5. sichergestellt ist, dass von den Beiträgen jeweils derselbe prozentuale Anteil zur Deckung der Vertriebskosten herangezogen wird; der Prozentsatz kann angepasst werden, wenn die Kalkulationsgrundlagen geändert werden, darf die ursprüngliche Höhe aber nicht überschreiten.

(4) ① Für die Inanspruchnahme des Förderbetrags sind die Verhältnisse im Zeitpunkt der Beitragsleistung maßgeblich; spätere Änderungen der Verhältnisse sind unbeachtlich. ② Abweichend davon sind die für den Arbeitnehmer nach Absatz 1 geltend gemachten Förderbeträge zurückzugewähren, wenn eine Anwartschaft auf Leistungen aus einer nach Absatz 1 geförderten betrieblichen Altersversorgung später verfällt und sich daraus eine Rückzahlung an den Arbeit-

[1] § 99 Abs. 2 Satz 1 geändert durch Verordnung vom 19. 6. 2020 (BGBl. I S. 1328).
[2] Abschnitt XII mit § 100 eingefügt mit Wirkung ab 1. 1. 2018 durch Gesetz vom 17. 8. 2017 (BGBl. I S. 3214).
[3] § 100 Abs. 2 Satz 1 Betrag geändert und Abs. 3 Nr. 3 Buchstabe a bis d neugefasst mit Wirkung ab 1. 1. 2020 durch Gesetz vom 12. 8. 2020 (BGBl. I S. 1879).
[4] § 100 Abs. 3 Nr. 4 geändert mit Wirkung ab 1. 1. 2018 durch Art. 2 des Gesetzes vom 11. 12. 2018 (BGBl. I S. 2338).

geber ergibt. ③ Der Förderbetrag ist nur zurückzugewähren, soweit er auf den Rückzahlungsbetrag entfällt. ④ Der Förderbetrag ist in der Lohnsteuer-Anmeldung für den Lohnzahlungszeitraum, in dem die Rückzahlung zufließt, der an das Betriebsstättenfinanzamt abzuführenden Lohnsteuer hinzuzurechnen.

(5) Für den Förderbetrag gelten entsprechend:

1. die §§ 41, 41 a, 42 e, 42 f und 42 g,
2. die für Steuervergütungen geltenden Vorschriften der Abgabenordnung mit Ausnahme des § 163 der Abgabenordnung und
3. die §§ 195 bis 203 der Abgabenordnung, die Strafvorschriften des § 370 Absatz 1 bis 4, der §§ 371, 375 Absatz 1 und des § 376, die Bußgeldvorschriften der §§ 378, 379 Absatz 1 und 4 und der §§ 383 und 384 der Abgabenordnung, die §§ 385 bis 408 für das Strafverfahren und die §§ 409 bis 412 der Abgabenordnung für das Bußgeldverfahren.

(6)[1] ① Der Arbeitgeberbeitrag im Sinne des Absatzes 3 Nummer 2 ist steuerfrei, soweit er im Kalenderjahr 960 Euro nicht übersteigt. ② Die Steuerfreistellung des § 3 Nummer 63 bleibt hiervon unberührt.

XIII.[2] Mobilitätsprämie

§ 101[2] Bemessungsgrundlage und Höhe der Mobilitätsprämie

① Steuerpflichtige können für die Veranlagungszeiträume 2021 bis 2026 neben der Berücksichtigung der Entfernungspauschalen ab dem 21. vollen Entfernungskilometer gemäß § 9 Absatz 1 Satz 3 Nummer 4 Satz 8 Buchstabe a und b, Nummer 5 Satz 9 Buchstabe a und b und § 4 Absatz 5 Satz 1 Nummer 6 Satz 4 als Werbungskosten oder Betriebsausgaben eine Mobilitätsprämie beanspruchen. ② Bemessungsgrundlage der Mobilitätsprämie sind die berücksichtigten Entfernungspauschalen im Sinne des Satzes 1, begrenzt auf den Betrag, um den das zu versteuernde Einkommen den Grundfreibetrag im Sinne des § 32 a Absatz 1 Satz 2 Nummer 1 unterschreitet; bei Ehegatten, die nach den §§ 26, 26 b zusammen zur Einkommensteuer veranlagt werden, sind das gemeinsame zu versteuernde Einkommen und der doppelte Grundfreibetrag maßgebend. ③ Bei Steuerpflichtigen mit Einkünften aus nichtselbständiger Arbeit gilt dies nur, soweit die Entfernungspauschalen im Sinne des Satzes 1 zusammen mit den übrigen zu berücksichtigenden Werbungskosten im Zusammenhang mit den Einnahmen aus nichtselbständiger Arbeit den Arbeitnehmer-Pauschbetrag nach § 9 a Satz 1 Nummer 1 Buchstabe a übersteigen. ④ Die Mobilitätsprämie beträgt 14 Prozent dieser Bemessungsgrundlage.

§ 102[2] Anspruchsberechtigung

Anspruchsberechtigt sind unbeschränkt oder beschränkt Steuerpflichtige im Sinne des § 1.

§ 103[2] Entstehung der Mobilitätsprämie

Der Anspruch auf die Mobilitätsprämie entsteht mit Ablauf des Kalenderjahres, in dem der Anspruchsberechtigte die erste Tätigkeitsstätte im Sinne des § 9 Absatz 4 oder eine Betriebsstätte im Sinne des § 4 Absatz 5 Satz 1 Nummer 6 aufgesucht oder Familienheimfahrten im Rahmen einer doppelten Haushaltsführung im Sinne des § 9 Absatz 1 Satz 3 Nummer 5 Satz 5 sowie des § 4 Absatz 5 Satz 1 Nummer 6 durchgeführt hat.

§ 104[2] Antrag auf die Mobilitätsprämie

(1) Die Mobilitätsprämie wird auf Antrag gewährt.

(2) ① Der Anspruchsberechtigte hat den Antrag auf die Mobilitätsprämie bis zum Ablauf des vierten Kalenderjahres, das auf das Kalenderjahr folgt, in dem nach § 103 die Mobilitätsprämie entsteht, zu stellen. ② Der Antrag ist nach amtlich vorgeschriebenem Vordruck bei dem Finanzamt zu stellen, das für die Besteuerung des Anspruchsberechtigten nach dem Einkommen zuständig ist.

§ 105[2, 3] Festsetzung und Auszahlung der Mobilitätsprämie

(1) ① Die Mobilitätsprämie ist nach Ablauf des Kalenderjahres im Rahmen einer Einkommensteuerveranlagung festzusetzen. ② Eine Festsetzung erfolgt nur, wenn die Mobilitätsprämie mindestens 10 Euro beträgt. ③ Die festgesetzte Mobilitätsprämie mindert die festgesetzte Einkommensteuer im Wege der Anrechnung. ④ Sie gilt insoweit als Steuervergütung. ⑤ Die Auszahlung erfolgt aus den Einnahmen an Einkommensteuer.

---

[1] § 100 Abs. 6 Satz 1 Betrag geändert mit Wirkung ab 1. 1. 2020 durch Gesetz vom 12. 8. 2020 (BGBl. I S. 1879).
[2] Abschnitt XIII mit § 101 bis § 109 eingefügt mit Wirkung ab VZ 2021 durch Gesetz vom 21. 12. 2019 (BGBl. I S. 2886).
[3] § 105 neugefasst durch Gesetz vom 21. 12. 2020 (BGBl. I S. 3096).

(2) ① Besteht das Einkommen ganz oder teilweise aus Einkünften aus nichtselbständiger Arbeit, die dem Steuerabzug unterlegen haben, gilt der Antrag auf Mobilitätsprämie zugleich als ein Antrag auf Einkommensteuerveranlagung. ② Besteht nach § 46 keine Pflicht zur Durchführung einer Veranlagung und wird keine Veranlagung, insbesondere zur Anrechnung von Lohnsteuer auf die Einkommensteuer nach § 46 Absatz 2 Nummer 8 beantragt, ist für die Festsetzung der Mobilitätsprämie die im Rahmen der Einkommensteuerveranlagung festgesetzte Einkommensteuer, die sich auf Grund des Antrags auf Mobilitätsprämie ergibt, mit Null Euro anzusetzen. ③ Auch in den Fällen des § 25 gilt, ungeachtet des § 56 Satz 1 der Einkommensteuer-Durchführungsverordnung, der Antrag auf Mobilitätsprämie zugleich als Abgabe einer Einkommensteuererklärung.

§ 106[1] Ertragsteuerliche Behandlung der Mobilitätsprämie

Die Mobilitätsprämie gehört nicht zu den steuerpflichtigen Einnahmen im Sinne des Einkommensteuergesetzes.

§ 107[1] Anwendung der Abgabenordnung

Auf die Mobilitätsprämie sind die für Steuervergütungen geltenden Vorschriften der Abgabenordnung mit Ausnahme des § 163 der Abgabenordnung entsprechend anzuwenden.

§ 108[1] Anwendung von Straf- und Bußgeldvorschriften der Abgabenordnung

① Für die Mobilitätsprämie gelten die Strafvorschriften des § 370 Absatz 1 bis 4, der §§ 371, 375 Absatz 1 und des § 376 der Abgabenordnung sowie die Bußgeldvorschriften der §§ 378 und 379 Absatz 1 und 4 sowie der §§ 383 und 384 der Abgabenordnung entsprechend. ② Für das Strafverfahren wegen einer Straftat nach Satz 1 sowie der Begünstigung einer Person, die eine solche Tat begangen hat, gelten die §§ 385 bis 408 der Abgabenordnung, für das Bußgeldverfahren wegen einer Ordnungswidrigkeit nach Satz 1 die §§ 409 bis 412 der Abgabenordnung entsprechend.

§ 109[1] Verordnungsermächtigung

Die Bundesregierung wird ermächtigt, durch Rechtsverordnung mit Zustimmung des Bundesrates das Verfahren bei der Festsetzung und der Auszahlung der Mobilitätsprämie näher zu regeln.

XIV. Sondervorschriften zur Bewältigung der Corona-Pandemie[2]

§ 110[3] Anpassung von Vorauszahlungen für den Veranlagungszeitraum 2019

(1) ① Auf Antrag wird der für die Bemessung der Vorauszahlungen für den Veranlagungszeitraum 2019 zugrunde gelegte Gesamtbetrag der Einkünfte pauschal um 30 Prozent gemindert. ② Das gilt nicht, soweit in dem Gesamtbetrag der Einkünfte Einkünfte aus nichtselbständiger Arbeit (§ 19) enthalten sind. ③ Voraussetzung für die Anwendung des Satzes 1 ist, dass die Vorauszahlungen für 2020 auf 0 Euro herabgesetzt wurden.

(2) Abweichend von Absatz 1 wird der für die Bemessung der Vorauszahlungen für den Veranlagungszeitraum 2019 zugrunde gelegte Gesamtbetrag der Einkünfte um einen höheren Betrag als 30 Prozent gemindert, wenn der Steuerpflichtige einen voraussichtlichen Verlustrücktrag im Sinne des § 10 d Absatz 1 Satz 1 für 2020 in dieser Höhe nachweisen kann.

(3) ① Die Minderungen nach den Absätzen 1 und 2 dürfen insgesamt 10 000 000 Euro, bei Ehegatten, die nach den §§ 26 und 26 b zusammenveranlagt werden, 20 000 000 Euro nicht überschreiten. ② § 37 Absatz 3, 5 und 6 ist entsprechend anzuwenden.

§ 111[4] Vorläufiger Verlustrücktrag für 2020 und 2021

(1)[5] ① Auf Antrag wird bei der Steuerfestsetzung für den Veranlagungszeitraum 2019 pauschal ein Betrag in Höhe von 30 Prozent des Gesamtbetrags der Einkünfte des Veranlagungszeitraums 2019 als Verlustrücktrag aus 2020 abgezogen (vorläufiger Verlustrücktrag für 2020). ② Bei der

---

[1] Abschnitt XIII mit § 101 bis § 109 eingefügt mit Wirkung ab VZ 2021 durch Gesetz vom 21. 12. 2019 (BGBl. I S. 2886).

[2] Abschnitt XIV mit §§ 110 und 111 angefügt durch Gesetz vom 29. 6. 2020 (BGBl. I S. 1512); zur Anwendung siehe § 52 Abs. 52 und 53.

[3] § 110 Abs. 3 Satz 1 geändert durch Gesetz vom 10. 3. 2021 (BGBl. I S. 330); zur Anwendung siehe § 52 Abs. 52.

[4] § 111 Überschrift, Abs. 3 und 8 geändert sowie Abs. 9 angefügt durch Gesetz vom 10. 3. 2021 (BGBl. I S. 330); zur Anwendung siehe § 52 Abs. 53.

[5] § 111 Abs. 1 Satz 4 angefügt durch Gesetz vom 21. 12. 2020 (BGBl. I S. 3096).

Berechnung des vorläufigen Verlustrücktrags für 2020 sind Einkünfte aus nichtselbständiger Arbeit (§ 19) nicht zu berücksichtigen, die im Gesamtbetrag der Einkünfte enthalten sind. ③ Voraussetzung für die Anwendung des Satzes 1 ist, dass die Vorauszahlungen für den Veranlagungszeitraum 2020 auf 0 Euro herabgesetzt wurden. ④ Soweit bei der Steuerfestsetzung für den Veranlagungszeitraum 2019 der vorläufige Verlustrücktrag für 2020 abgezogen wird, ist § 233 a Absatz 2 a der Abgabenordnung entsprechend anzuwenden.

(2) Abweichend von Absatz 1 wird ein höherer Betrag als 30 Prozent vom Gesamtbetrag der Einkünfte abgezogen, wenn der Steuerpflichtige einen voraussichtlichen Verlustrücktrag im Sinne des § 10 d Absatz 1 Satz 1 für 2020 in dieser Höhe nachweisen kann.

(3)[1] Der vorläufige Verlustrücktrag für 2020 nach den Absätzen 1 und 2 kann insgesamt bis zu 10 000 000 Euro, bei Ehegatten, die nach den §§ 26 und 26 b zusammenveranlagt werden, bis zu 20 000 000 Euro betragen.

(4) ① Führt die Herabsetzung von Vorauszahlungen für den Veranlagungszeitraum 2019 auf Grund eines voraussichtlich erwarteten Verlustrücktrags für 2020 zu einer Nachzahlung bei der Steuerfestsetzung für den Veranlagungszeitraum 2019, so wird diese auf Antrag des Steuerpflichtigen bis zum Ablauf eines Monats nach Bekanntgabe der Steuerfestsetzung für den Veranlagungszeitraum 2020 gestundet. ② Stundungszinsen werden nicht erhoben.

(5) Für den Veranlagungszeitraum 2020 ist bei Anwendung von Absatz 1 oder 2 eine Einkommensteuererklärung abzugeben.

(6) ① Mit der Veranlagung für 2020 ist die Steuerfestsetzung für den Veranlagungszeitraum 2019 zu ändern; hierbei ist der bislang berücksichtigte vorläufige Verlustrücktrag für 2020 dem Gesamtbetrag der Einkünfte hinzuzurechnen. ② Dies gilt auch dann, wenn der Steuerbescheid für den Veranlagungszeitraum 2019 bestandskräftig geworden ist; die Festsetzungsfrist endet insoweit nicht, bevor die Festsetzungsfrist für den Veranlagungszeitraum 2020 abgelaufen ist. ③ Soweit die Änderung der Steuerfestsetzung für den Veranlagungszeitraum 2019 auf der Hinzurechnung des vorläufigen Verlustrücktrags für 2020 beruht, ist § 233 a Absatz 2 a der Abgabenordnung entsprechend anzuwenden.

(7) Die Absätze 1 bis 3 sind nicht anzuwenden, wenn die Veranlagung für den Veranlagungszeitraum 2020 vor der Veranlagung für den Veranlagungszeitraum 2019 durchgeführt wird.

(8)[1] ① Wird der Einkommensteuerbescheid für 2019 vor dem 1. April 2021 bestandskräftig, kann bis zum 17. April 2021 nachträglich ein erstmaliger oder geänderter Antrag auf Berücksichtigung des vorläufigen Verlustrücktrags für 2020 gestellt werden. ② Der Einkommensteuerbescheid für 2019 ist insoweit zu ändern.

(9) Die Absätze 1 bis 7 gelten für die Steuerfestsetzung für den Veranlagungszeitraum 2020 und die Berücksichtigung des Verlustrücktrags für 2021 entsprechend.

XV.[2] Energiepreispauschale

§ 112 Veranlagungszeitraum, Höhe

(1) Für den Veranlagungszeitraum 2022 wird Anspruchsberechtigten eine einmalige steuerpflichtige Energiepreispauschale gewährt.

(2) Die Höhe der Energiepreispauschale beträgt 300 Euro.

§ 113 Anspruchsberechtigung

Unbeschränkt Steuerpflichtige nach § 1 Absatz 1, die im Veranlagungszeitraum 2022 Einkünfte aus § 13, § 15, § 18 oder § 19 Absatz 1 Satz 1 Nummer 1 erzielen, haben Anspruch auf eine Energiepreispauschale.

§ 114 Entstehung des Anspruchs

Der Anspruch auf die Energiepreispauschale entsteht am 1. September 2022.

§ 115 Festsetzung mit der Einkommensteuerveranlagung

(1) Die Energiepreispauschale wird mit der Einkommensteuerveranlagung für den Veranlagungszeitraum 2022 festgesetzt.

(2) Absatz 1 gilt nicht, wenn die Energiepreispauschale nach § 117 vom Arbeitgeber ausgezahlt wurde.

[1] § 111 Überschrift, Abs. 3 und 8 geändert sowie Abs. 9 angefügt durch Gesetz vom 10. 3. 2021 (BGBl. I S. 330); zur Anwendung siehe § 52 Abs. 53.

[2] Abschnitt XV mit §§ 112 bis 122 eingefügt mit Wirkung ab VZ 2022 durch Gesetz vom 23. 5. 2022 (BGBl. I S. 749).

§ 116 Anrechnung auf die Einkommensteuer

(1) ① Eine nach § 115 Absatz 1 festgesetzte Energiepreispauschale ist auf die festgesetzte Einkommensteuer anzurechnen. ② Die festgesetzte Energiepreispauschale ist bei der Ermittlung des Unterschiedsbetrages nach § 233 a Absatz 3 Satz 1 der Abgabenordnung entsprechend zu berücksichtigen.

(2) Ergibt sich nach der Anrechnung nach Absatz 1 ein Erstattungsbetrag, so wird dieser dem Anspruchsberechtigten ausgezahlt.

§ 117 Auszahlung an Arbeitnehmer

(1) ① Arbeitnehmer erhalten die Energiepreispauschale vom Arbeitgeber, wenn sie am 1. September 2022

1. in einem gegenwärtigen ersten Dienstverhältnis stehen und
2. in eine der Steuerklassen 1 bis 5 eingereiht sind oder nach § 40 a Absatz 2 pauschal besteuerten Arbeitslohn beziehen.

② Satz 1 gilt nicht, wenn der Arbeitgeber keine Lohnsteuer-Anmeldung abgibt. ③ Satz 1 gilt in den Fällen der Pauschalbesteuerung nach § 40 a Absatz 2 nur, wenn der Arbeitnehmer dem Arbeitgeber schriftlich bestätigt hat, dass es sich um das erste Dienstverhältnis handelt.

(2) ① Arbeitgeber im Sinne des § 38 Absatz 1 haben an Arbeitnehmer im Sinne des Absatzes 1 Satz 1 die Energiepreispauschale im September 2022 auszuzahlen. ② Die Arbeitgeber haben hierbei die Energiepreispauschale gesondert vom Gesamtbetrag der einzubehaltenden Lohnsteuer zu entnehmen, die

1. in den Fällen des § 41 a Absatz 2 Satz 1 bis zum 10. September 2022,
2. in den Fällen des § 41 a Absatz 2 Satz 2 Halbsatz 1 bis zum 10. Oktober 2022 und
3. in den Fällen des § 41 a Absatz 2 Satz 2 Halbsatz 2 bis zum 10. Januar 2023

anzumelden und abzuführen ist. ③ Übersteigt die insgesamt zu gewährende Energiepreispauschale den Betrag, der insgesamt an Lohnsteuer abzuführen ist, wird der übersteigende Betrag dem Arbeitgeber von dem Finanzamt, an das die Lohnsteuer abzuführen ist, aus den Einnahmen der Lohnsteuer ersetzt.

(3) ① Der Arbeitgeber kann in den Fällen des § 41 a Absatz 2 Satz 2 Halbsatz 1 die Energiepreispauschale an den Arbeitnehmer abweichend von Absatz 2 Satz 1 im Oktober 2022 auszahlen. ② Absatz 2 Satz 2 und 3 bleibt hiervon unberührt. ③ Der Arbeitgeber kann in den Fällen des § 41 a Absatz 2 Satz 2 Halbsatz 2 auf die Auszahlung an den Arbeitnehmer verzichten.

(4) Eine vom Arbeitgeber ausgezahlte Energiepreispauschale ist in der elektronischen Lohnsteuerbescheinigung (§ 41 b Absatz 1 Satz 2) mit dem Großbuchstaben E anzugeben.

§ 118 Energiepreispauschale im Einkommensteuer-Vorauszahlungsverfahren

(1) ① Ist eine Einkommensteuer-Vorauszahlung auch für Einkünfte aus § 13, § 15 oder § 18 für den 10. September 2022 festgesetzt worden, dann ist diese Festsetzung um die Energiepreispauschale zu mindern. ② Betragen die für den 10. September 2022 festgesetzten Vorauszahlungen weniger als 300 Euro, so mindert die Energiepreispauschale die Vorauszahlung auf 0 Euro.

(2) ① Die Minderung der Einkommensteuer-Vorauszahlung für den 10. September 2022 nach Absatz 1 hat durch Allgemeinverfügung nach § 118 Satz 2 der Abgabenordnung oder durch geänderten Vorauszahlungsbescheid zu erfolgen. ② Sachlich zuständig für den Erlass der Allgemeinverfügung ist jeweils die oberste Landesfinanzbehörde. ③ Die Allgemeinverfügung ist im Bundessteuerblatt und auf den Internetseiten des Bundesministeriums der Finanzen zu veröffentlichen. ④ Sie gilt am Tag nach der Herausgabe des Bundessteuerblattes, in dem sie veröffentlicht wird, als bekannt gegeben. ⑤ Abweichend von § 47 Absatz 1 der Finanzgerichtsordnung endet die Klagefrist mit Ablauf von drei Monaten nach dem Tag der Bekanntgabe der Allgemeinverfügung. ⑥ Die Klage ist nur gegen die oberste Finanzbehörde zu richten, die die Allgemeinverfügung erlassen hat.

§ 119 Steuerpflicht

(1) ① Bei Anspruchsberechtigten, die im Veranlagungszeitraum 2022 Einkünfte aus nichtselbständiger Arbeit erzielt haben, ist die Energiepreispauschale stets als Einnahme nach § 19 Absatz 1 Satz 1 Nummer 1 für den Veranlagungszeitraum 2022 zu berücksichtigen. ② Dies gilt nicht für pauschal besteuerten Arbeitslohn nach § 40 a. ③ Im Lohnsteuerabzugsverfahren ist die Energiepreispauschale bei der Berechnung einer Vorsorgepauschale nach § 39 b Absatz 2 Satz 5 Nummer 3 Buchstabe a bis c nicht zu berücksichtigen.

(2) ① Bei den übrigen Anspruchsberechtigten gilt die Energiepreispauschale stets als Einnahme nach § 22 Nummer 3 für den Veranlagungszeitraum 2022. ② Die Freigrenze nach § 22 Nummer 3 Satz 2 ist insoweit nicht anzuwenden.

§ 120 Anwendung der Abgabenordnung

(1) ① Auf die Energiepreispauschale sind die für Steuervergütungen geltenden Vorschriften der Abgabenordnung entsprechend anzuwenden. ② § 163 der Abgabenordnung gilt nicht.

(2) In öffentlich-rechtlichen Streitigkeiten über die zur Energiepreispauschale ergehenden Verwaltungsakte der Finanzbehörden ist der Finanzrechtsweg eröffnet.

§ 121 Anwendung von Straf- und Bußgeldvorschriften der Abgabenordnung

(1) Für die Energiepreispauschale gelten die Strafvorschriften des § 370 Absatz 1 bis 4 und 7, der §§ 371, 375 Absatz 1 und des § 376 der Abgabenordnung sowie die Bußgeldvorschriften der §§ 378 und 379 Absatz 1 und 4 sowie der §§ 383 und 384 der Abgabenordnung entsprechend.

(2) Für das Strafverfahren wegen einer Straftat nach Absatz 1 sowie der Begünstigung einer Person, die eine solche Tat begangen hat, gelten die §§ 385 bis 408 der Abgabenordnung entsprechend.

(3) Für das Bußgeldverfahren wegen einer Ordnungswidrigkeit nach Absatz 1 gelten die §§ 409 bis 412 der Abgabenordnung entsprechend.

§ 122[1] Nichtberücksichtigung als Einkommen bei Sozialleistungen, Unpfändbarkeit

① Die Energiepreispauschale ist bei einkommensabhängigen Sozialleistungen nicht als Einkommen zu berücksichtigen. ② Die Energiepreispauschale ist in Höhe des in § 112 Absatz 2 genannten Betrages unpfändbar.

XVI.[2] Besteuerung der Gas-/Wärmepreisbremse

§ 123 Grundsatz der Besteuerung

(1) ① Die einmalige Entlastung bei leitungsgebundenen Erdgaslieferungen an Letztverbraucher nach § 2 Absatz 1 Satz 1 des Erdgas-Wärme-Soforthilfegesetzes wird den Einkünften aus Leistungen nach § 22 Nummer 3 Satz 1 zugeordnet, soweit sie weder zu anderen Einkunftsarten (§ 2 Absatz 1 Satz 1 Nummer 1 bis 6) noch zu den Einkünften im Sinne des § 22 Nummer 1, 1a, 2 oder Nummer 4 gehört. ② Satz 1 gilt auch für die vorläufige Leistung des Erdgaslieferanten auf die Entlastung bei Letztverbrauchern mit Standardlastprofil nach § 3 Absatz 1 Satz 1 des Erdgas-Wärme-Soforthilfegesetzes, die finanzielle Kompensation nach § 4 Absatz 1 des Erdgas-Wärme-Soforthilfegesetzes sowie die Entlastungen bei Mietverhältnissen und in Wohnungseigentümergemeinschaften nach § 5 des Erdgas-Wärme-Soforthilfegesetzes. ③ § 22 Nummer 3 Satz 2 ist nicht anzuwenden.

(2) Gehört eine Entlastung im Sinne des Absatzes 1 zu den Einkünften aus Leistungen nach § 22 Nummer 3 Satz 1, dann ist die Entlastung nach Absatz 1 nicht Gegenstand der Berechnungen zu § 2 Absatz 1 bis 5, sondern wird dem zu versteuernden Einkommen des § 2 Absatz 5 Satz 1 nach Maßgabe des § 124 hinzugerechnet.

§ 124 Einstieg und Milderungszone

(1) ① Die Entlastung nach § 123 Absatz 1 ist mit Beginn der Milderungszone des Absatzes 2 dem zu versteuernden Einkommen nach § 2 Absatz 5 Satz 1 in Höhe des Hinzurechnungsbetrags nach Absatz 2 zuzurechnen. ② Oberhalb der Milderungszone des Absatzes 2 wird die Entlastung nach § 123 Absatz 1 dem zu versteuernden Einkommen des § 2 Absatz 5 Satz 1 in voller Höhe zugerechnet.

(2) ① Die Milderungszone beginnt ab einem zu versteuernden Einkommen von 66 915 Euro und endet bei einem zu versteuernden Einkommen von 104 009 Euro. ② Bei Ehegatten, die zusammenveranlagt werden, beginnt die Milderungszone ab einem zu versteuernden Einkommen von 133 830 Euro und endet bei einem zu versteuernden Einkommen von 208 018 Euro. ③ Im Bereich der Milderungszone ist als Zurechnungsbetrag nach § 123 Absatz 2 nur der Bruchteil der Entlastungen des § 123 Absatz 1 einzubeziehen, der sich als Differenz aus dem individuellen zu versteuernden Einkommen des Steuerpflichtigen und der Untergrenze der Milderungszone dividiert durch die Breite der Milderungszone errechnet.

§ 125 Zufluss und Besteuerung

① Ist eine Entlastung nach § 123 Absatz 1 den Einkünften aus Leistungen nach § 22 Nummer 3 Satz 1 zuzuordnen, gelten für deren Besteuerung die in den Rechnungen nach § 2 Absatz 3, § 3 Absatz 1 Satz 4 und nach § 4 Absatz 2 des Erdgas-Wärme-Soforthilfegesetzes als Kostenentlastung gesondert ausgewiesenen Beträge im Veranlagungszeitraum der Erteilung dieser

[1] § 122 Überschrift geändert und Satz 2 angefügt durch Gesetz vom 16. 12. 2022 (BGBl. I S. 2294).
[2] Abschnitt XVI mit §§ 123 bis 126 eingefügt mit Wirkung ab VZ 2022 durch Gesetz vom 16. 12. 2022 (BGBl. I S. 2294).

Rechnung als nach § 11 Absatz 1 Satz 1 zugeflossen. ② Satz 1 gilt entsprechend für die Abrechnungen der Vermieter und Verpächter nach § 5 Absatz 1 und 5 des Erdgas-Wärme-Soforthilfegesetzes sowie der Wohnungseigentümergemeinschaften nach § 5 Absatz 3 des Erdgas-Wärme-Soforthilfegesetzes.

§ 126 Anwendung von Straf- und Bußgeldvorschriften der Abgabenordnung

(1) Für die einmalige Entlastung bei leitungsgebundenen Erdgaslieferungen an Letztverbraucher nach § 2 Absatz 1 Satz 1 des Erdgas-Wärme-Soforthilfegesetzes gelten die Strafvorschriften des § 370 Absatz 1 bis 4 und 7, der §§ 371, 375 Absatz 1 und des § 376 der Abgabenordnung sowie die Bußgeldvorschriften der §§ 378 und 379 Absatz 1 und 4 sowie der §§ 383 und 384 der Abgabenordnung entsprechend.

(2) Für das Strafverfahren wegen einer Straftat nach Absatz 1 sowie der Begünstigung einer Person, die eine solche Tat begangen hat, gelten die §§ 385 bis 408 der Abgabenordnung entsprechend.

(3) Für das Bußgeldverfahren wegen einer Ordnungswidrigkeit nach Absatz 1 gelten die §§ 409 bis 412 der Abgabenordnung entsprechend.

Hauptteil
Einkommensteuergesetz,[1]
Durchführungsverordnung,[2] Richtlinien[3]

I. Steuerpflicht

§ 1 Steuerpflicht

EStG

(1) ① **Natürliche Personen, die im Inland einen Wohnsitz oder ihren gewöhnlichen Aufenthalt haben, sind unbeschränkt einkommensteuerpflichtig.** ② **Zum Inland im** 1

---

[1] **EStG** – in der Fassung der Bek. vom 8. 10. 2009 (BGBl. I S. 3366, 3862) geändert durch Gesetz vom 22. 12. 2009 (BGBl. I S. 3950), vom 8. 4. 2010 (BGBl. I S. 386), vom 8. 12. 2010 (BGBl. I S. 1768), vom 9. 12. 2010 (BGBl. I S. 1900), vom 5. 4. 2011 (BGBl. I S. 554), vom 22. 6. 2011 (BGBl. I S. 1126), vom 1. 11. 2011 (BGBl. I S. 2131), vom 7. 12. 2011 (BGBl. I S. 2592), vom 20. 12. 2011 (BGBl. I S. 2854), vom 12. 4. 2012 (BGBl. I S. 579), vom 8. 5. 2012 (BGBl. I S. 1030), vom 20. 2. 2013 (BGBl. I S. 283), vom 20. 2. 2013 (BGBl. I S. 285), vom 21. 3. 2013 (BGBl. S. 566), vom 3. 5. 2013 (BGBl. I S. 1084), vom 24. 6. 2013 (BGBl. I S. 1667), vom 26. 6. 2013 (BGBl. I S. 1809), vom 15. 7. 2013 (BGBl. I S. 2397), vom 18. 12. 2013 (BGBl. I S. 4318), vom 18. 7. 2014 (BGBl. I S. 1042), vom 25. 7. 2014 (BGBl. I S. 1266), vom 2. 12. 2014 (BGBl. I S. 1922), vom 22. 12. 2014 (BGBl. I S. 2417), vom 1. 4. 2015 (BGBl. I S. 434), vom 29. 6. 2015 (BGBl. I S. 1061), vom 16. 7. 2015 (BGBl. I S. 1202), vom 28. 7. 2015 (BGBl. I S. 1400), Verordnung vom 31. 8. 2015 (BGBl. I S. 1474), Gesetz vom 2. 11. 2015 (BGBl. I S. 1834), vom 21. 12. 2015 (BGBl. I S. 2553), vom 24. 2. 2016 (BGBl. I S. 310), vom 8. 7. 2016 (BGBl. I S. 1594), vom 18. 7. 2016 (BGBl. I S. 1679), vom 19. 7. 2016 (BGBl. I S. 1730), vom 31. 7. 2016 (BGBl. I S. 1914), vom 7. 11. 2016 (BGBl. I S. 2498), vom 8. 12. 2016 (BGBl. I S. 2835), vom 20. 12. 2016 (BGBl. I S. 3000) vom 20. 12. 2016 (BGBl. I S. 3045), vom 23. 12. 2016 (BGBl. I S. 3191), vom 23. 6. 2017 (BGBl. I S. 1682), vom 27. 6. 2017 (BGBl. I S. 2074), vom 30. 6. 2017 (BGBl. I S. 2143), vom 17. 7. 2017 (BGBl. I S. 2443), vom 18. 7. 2017 (BGBl. I S. 2730), vom 17. 8. 2017 (BGBl. I S. 3214), vom 29. 11. 2018 (BGBl. I S. 2210), vom 11. 12. 2018 (BGBl. I S. 2338), vom 19. 12. 2018 (BGBl. I S. 2672), vom 25. 3. 2019 (BGBl. I S. 357), vom 11. 7. 2019 (BGBl. I S. 1066), vom 4. 8. 2019 (BGBl. I S. 1122), vom 20. 11. 2019 (BGBl. I S. 1626), vom 22. 11. 2019 (BGBl. I S. 1746), vom 26. 11. 2019 (BGBl. I S. 1794), vom 12. 12. 2019 (BGBl. I S. 2451), vom 12. 12. 2019 (BGBl. I S. 2652), vom 14.12. 2019 (BGBl. I S. 2763), vom 21. 12. 2019 (BGBl. I S. 2875), vom 21. 12. 2019 (BGBl. I S. 2886), Verordnung vom 19. 6. 2020 (BGBl. I S. 1328), Gesetz vom 19. 6. 2020 (BGBl. I S. 1385), vom 29. 6. 2020 (BGBl. I S. 1512), vom 8. 8. 2020 (BGBl. I S. 1818), vom 12. 8. 2020 (BGBl. I S. 1879), vom 1. 12. 2020 (BGBl. I S. 2616), vom 3. 12. 2020 (BGBl. I S. 2668), vom 9. 12. 2020 (BGBl. I S. 2770), vom 21. 12. 2020 (BGBl. I S. 3096), vom 11. 2. 2021 (BGBl. I S. 154), vom 10. 3. 2021 (BGBl. I S. 330), vom 4. 5. 2021 (BGBl. I S. 882), vom 12. 5. 2021 (BGBl. I S. 989), vom 12. 5. 2021 (BGBl. I S. 990), vom 2. 6. 2021 (BGBl. I S. 1259), vom 3. 6. 2021 (BGBl. I S. 1498), vom 25. 6. 2021 (BGBl. I S. 2035), vom 25. 6. 2021 (BGBl. I S. 2050), vom 25. 6. 2021 (BGBl. I S. 2056), vom 16. 7. 2021 (BGBl. I S. 2993), vom 20. 8. 2021 (BGBl. I S. 3932), Beschl. des BVerfG – 2 BvL 1/13 vom 8. 12. 2021 (BGBl. 2022 I S. 185), Gesetz vom 23. 5. 2022 (BGBl. I S. 749), vom 23. 5. 2022 (BGBl. I S. 760), vom 19. 6. 2022 (BGBl. I S. 911), Beschl. des BVerfG – 2 BvL 9/14 u. a. – vom 28. 6. 2022 (BGBl. I S. 1450), Gesetz vom 19. 10. 2022 (BGBl. I S. 1743), vom 8. 12. 2022 (BGBl. I S. 2230), vom 16. 12. 2022 (BGBl. I S. 2294), vom 16. 12. 2022 (BGBl. I S. 2352) und vom 20. 12. 2022 (BGBl. I S. 2730). **Die Änderungen sind im Hauptteil nur insoweit enthalten, als sie ab VZ 2022 gelten – die später geltenden Änderungen siehe in der geschlossenen Wiedergabe.** Zum Anwendungsbereich siehe § 52 EStG.

[2] **EStDV 2000** – in der Fassung der Bek. vom 10. 5. 2000 (BGBl. I S. 717), geändert durch Gesetz vom 14. 7. 2000 (BGBl. I S. 1034), vom 23. 10. 2000 (BGBl. I S. 1433), vom 19. 12. 2000 (BGBl. I S. 1790), vom 19. 6. 2001 (BGBl. I S. 1046), durch VO vom 29. 10. 2001 (BGBl. I S. 2785), durch Gesetz vom 20. 12. 2001 (BGBl. I S. 3794), vom 19. 9. 2002 (BGBl. I S. 3651), vom 31. 7. 2003 (BGBl. I S. 1550), durch VO vom 25. 11. 2003 (BGBl. I S. 2304), durch Gesetz vom 22. 12. 2003 (BGBl. I S. 2840), vom 27. 12. 2003 (BGBl. I S. 3022), vom 29. 12. 2003 (BGBl. I S. 3076), vom 12. 3. 2004 (BGBl. I S. 390), vom 5. 7. 2004 (BGBl. I S. 1427), vom 9. 12. 2004 (BGBl. I S. 3310), durch VO vom 29. 12. 2004 (BGBl. I S. 3884), durch VO vom 31. 10. 2006 (BGBl. I S. 2407), durch Gesetz vom 7. 12. 2006 (BGBl. I S. 2782), vom 10. 10. 2007 (BGBl. I S. 2332), vom 20. 12. 2007 (BGBl. I S. 3150), vom 19. 12. 2008 (BGBl. I S. 2794), vom 20. 12. 2008 (BGBl. I S. 2850), vom 2. 3. 2009 (BGBl. I S. 416), vom 10. 8. 2009 (BGBl. I S. 2702), durch VO vom 17. 11. 2010 (BGBl. I S. 1544), durch Gesetz vom 8. 12. 2010 (BGBl. I S. 1864), vom 1. 11. 2011 (BGBl. I S. 2131), durch VO vom 11. 12. 2012 (BGBl. I S. 2637), durch Gesetz vom 21. 3. 2013 (BStBl. I S. 556), durch Verordnung vom 24. 6. 2013 (BGBl. I S. 1679), durch Gesetz vom 18. 7. 2014 (BGBl. I S. 1042), vom 25. 7. 2014 (BGBl. I S. 1266), durch Verordnung vom 22. 12. 2014 (BGBl. I S. 2392), vom 31. 8. 2015 (BGBl. I S. 1474), durch Gesetz vom 18. 7. 2016 (BGBl. I S. 1679), durch Verordnung vom 18. 7. 2016 (BGBl. I S. 1722), durch Gesetz vom 23. 12. 2016 (BGBl. I S. 3234), durch Verordnung vom 12. 7. 2017 (BGBl. I S. 2360), durch Gesetz vom 18. 7. 2017 (BGBl. I S. 2730), Verordnung vom 25. 6. 2020 (BGBl. I S. 1495), Gesetz vom 9. 12. 2020 (BGBl. I S. 2770), vom 21. 12. 2020 (BGBl. I S. 3096) und vom 2. 6. 2021 (BGBl. I S. 1259). Zum Anwendungsbereich siehe § 84 EStDV.

[3] **EStÄR 2012** – in der Fassung der Bekanntmachung vom 25. 3. 2013 – mit den **amtl. Hinweisen 2022.**

„Einführung

(1) Die Einkommensteuer-Richtlinien in der geänderten Fassung (Einkommensteuerrichtlinien 2012 – EStÄR 2012) sind Weisungen an die Finanzbehörden zur einheitlichen Anwendung des Einkommensteuerrechts, zur Vermeidung unbilliger Härten und zur Verwaltungsvereinfachung.

(2) Die EStÄR 2012 sind für die Veranlagung zur Einkommensteuer ab dem VZ 2012 anzuwenden. Die EStÄR 2012 sind auch für frühere VZ anzuwenden, soweit sie lediglich eine Erläuterung der Rechtslage darstellen.

(3) Anordnungen, die mit den nachstehenden Richtlinien im Widerspruch stehen, sind nicht mehr anzuwenden.

(4) Diesen Richtlinien liegt, soweit im Einzelnen keine andere Fassung angegeben ist, das Einkommensteuergesetz 2002 i. d. F. der Bekanntmachung vom 8. Oktober 2009 (BGBl. I S. 3366, 3862), zuletzt geändert durch Artikel 1 des Gesetzes zur Änderung und Vereinfachung der Unternehmensbesteuerung und des steuerlichen Reisekostenrechts vom 20. Februar 2013 (BGBl. I S. 285), zu Grunde.

(5) Die Anordnungen, die in den Vorschriften über den Steuerabzug vom Arbeitslohn (Lohnsteuer) und in den dazu ergangenen Lohnsteuer-Richtlinien über die Ermittlung der Einkünfte aus nichtselbständiger Arbeit enthalten sind, gelten entsprechend auch für die Veranlagung zur Einkommensteuer."

Zu den Hinweisen enthält das amtliche Handbuch folgende Einführung:

„Die für den VZ 2022 überarbeiteten Hinweise sind von den obersten Finanzbehörden des Bundes und der Länder beschlossen worden. Sie machen den Rechtsanwender aufmerksam auf höchstrichterliche Rechtsprechung, BMF-Schreiben und Rechtsquellen außerhalb des Einkommensteuerrechts, die in das Einkommensteuerrecht hineinwirken. Sie enthalten den ausgewählten aktuellen Stand (Redaktionsschluss: 22. 2. 2023)

(Fortsetzung der Fußnote nächste Seite)

Sinne dieses Gesetzes gehört auch der der Bundesrepublik Deutschland zustehende Anteil

1. an der ausschließlichen Wirtschaftszone, soweit dort *

a) die lebenden und nicht lebenden natürlichen Ressourcen der Gewässer über dem Meeresboden, des Meeresbodens und seines Untergrunds erforscht, ausgebeutet, erhalten oder bewirtschaftet werden,

b) andere Tätigkeiten zur wirtschaftlichen Erforschung oder Ausbeutung der ausschließlichen Wirtschaftszone ausgeübt werden, wie beispielsweise die Energieerzeugung aus Wasser, Strömung und Wind oder

c) künstliche Inseln errichtet oder genutzt werden und Anlagen und Bauwerke für die in den Buchstaben a und b genannten Zwecke errichtet oder genutzt werden, und

2. am Festlandsockel, soweit dort

a) dessen natürliche Ressourcen erforscht oder ausgebeutet werden; natürliche Ressourcen in diesem Sinne sind die mineralischen und sonstigen nicht lebenden Ressourcen des Meeresbodens und seines Untergrunds sowie die zu den sesshaften Arten gehörenden Lebewesen, die im nutzbaren Stadium entweder unbeweglich auf oder unter dem Meeresboden verbleiben oder sich nur in ständigem körperlichen Kontakt mit dem Meeresboden oder seinem Untergrund fortbewegen können; oder

b) künstliche Inseln errichtet oder genutzt werden und Anlagen und Bauwerke für die in Buchstabe a genannten Zwecke errichtet oder genutzt werden.

2 (2) ① **Unbeschränkt einkommensteuerpflichtig sind auch deutsche Staatsangehörige, die**

1. im Inland weder einen Wohnsitz noch ihren gewöhnlichen Aufenthalt haben und

2. zu einer inländischen juristischen Person des öffentlichen Rechts in einem Dienstverhältnis stehen und dafür Arbeitslohn aus einer inländischen öffentlichen Kasse beziehen,

sowie zu ihrem Haushalt gehörende Angehörige, die die deutsche Staatsangehörigkeit besitzen oder keine Einkünfte oder nur Einkünfte beziehen, die ausschließlich im Inland einkommensteuerpflichtig sind. ② **Dies gilt nur für natürliche Personen, die in dem Staat, in dem sie ihren Wohnsitz oder ihren gewöhnlichen Aufenthalt haben, lediglich in einem der beschränkten Einkommensteuerpflicht ähnlichen Umfang zu einer Steuer vom Einkommen herangezogen werden.**

3 (3) ① **Auf Antrag werden auch natürliche Personen als unbeschränkt einkommensteuerpflichtig behandelt, die im Inland weder einen Wohnsitz noch ihren gewöhnlichen Aufenthalt haben, soweit sie inländische Einkünfte im Sinne des § 49 haben.** ② **Dies gilt nur, wenn ihre Einkünfte im Kalenderjahr mindestens zu 90 Prozent der deutschen Einkommensteuer unterliegen oder die nicht der deutschen Einkommensteuer unterliegenden Einkünfte den Grundfreibetrag nach § 32 a Absatz 1 Satz 2 Nummer 1 nicht übersteigen; dieser Betrag ist zu kürzen, soweit es nach den Verhältnissen im Wohnsitzstaat des Steuerpflichtigen notwendig und angemessen ist.** ③ **Inländische Einkünfte, die nach einem Abkommen zur Vermeidung der Doppelbesteuerung nur der Höhe nach beschränkt besteuert werden dürfen, gelten hierbei als nicht der deutschen Einkommensteuer unterliegend.** ④ **Unberücksichtigt bleiben bei der Ermittlung der Einkünfte nach Satz 2 nicht der deutschen Einkommensteuer unterliegende Einkünfte, die im Ausland nicht besteuert werden, soweit vergleichbare Einkünfte im Inland steuerfrei sind.** ⑤ **Weitere Voraussetzung ist, dass die Höhe der nicht der deutschen Einkommensteuer unterliegenden Einkünfte durch eine Bescheinigung der zuständigen ausländischen Steuerbehörde nachgewiesen wird.** ⑥ **Der Steuerabzug nach § 50 a ist ungeachtet der Sätze 1 bis 4 vorzunehmen.**

4 (4) **Natürliche Personen, die im Inland weder einen Wohnsitz noch ihren gewöhnlichen Aufenthalt haben, sind vorbehaltlich der Absätze 2 und 3 und des § 1 a beschränkt einkommensteuerpflichtig, wenn sie inländische Einkünfte im Sinne des § 49 haben.**

R 1

R 1. Steuerpflicht[1]

4a ① Unbeschränkt steuerpflichtig gem. § 1 Abs. 2 EStG sind insbesondere von der Bundesrepublik Deutschland ins Ausland entsandte deutsche Staatsangehörige, die Mitglied einer diplomatischen Mission oder konsularischen Vertretung sind – einschließlich der zu ihrem Haushalt gehörenden Angehörigen –, soweit die Voraussetzungen des § 1 Abs. 2 EStG er-

---

(Fortsetzung der Fußnote)

– der höchstrichterlichen Rechtsprechung und

– der im Bundessteuerblatt veröffentlichten BMF-Schreiben.

Die im Bundessteuerblatt veröffentlichten Urteile und Beschlüsse des BFH sind in gleich gelagerten Fällen anzuwenden, soweit hierzu kein Nichtanwendungserlass ergangen ist."

[1] Siehe hierzu „Beck'sches Steuerberater-Handbuch 2023/2024", Teil G Rz. 1, Übersicht über die Steuerpflicht bei der Einkommensteuer.

füllt sind. ② Für einen ausländischen Ehegatten gilt dies auch, wenn er die Staatsangehörigkeit des Empfangsstaates besitzt. ③ *Für die Anwendung des § 1 a Abs. 1 Nr. 2 EStG ist Voraussetzung, dass der Stpfl. selbst als unbeschränkt Stpfl. nach § 1 Abs. 3 EStG zu behandeln ist; die Einkunftsgrenzen des § 1 Abs. 3 Satz 2 und des § 1 a Abs. 1 Nr. 2 Satz 3 EStG sind daher nacheinander gesondert zu prüfen.*[1]

§ 1 a [Fiktive unbeschränkte Steuerpflicht von EU- und EWR-Familienangehörigen]

EStG

(1) Für Staatsangehörige eines Mitgliedstaates der Europäischen Union oder eines Staates, auf den das Abkommen über den Europäischen Wirtschaftsraum anwendbar ist, die nach § 1 Absatz 1 unbeschränkt einkommensteuerpflichtig sind oder die nach § 1 Absatz 3 als unbeschränkt einkommensteuerpflichtig zu behandeln sind, gilt bei Anwendung von § 10 Absatz 1 a und § 26 Absatz 1 Satz 1 Folgendes: 5

1. Aufwendungen im Sinne des § 10 Absatz 1 a sind auch dann als Sonderausgaben abziehbar, wenn der Empfänger der Leistung oder Zahlung nicht unbeschränkt einkommensteuerpflichtig ist. ② Voraussetzung ist, dass
   a) der Empfänger seinen Wohnsitz oder gewöhnlichen Aufenthalt im Hoheitsgebiet eines anderen Mitgliedstaates der Europäischen Union oder eines Staates hat, auf den das Abkommen über den Europäischen Wirtschaftsraum Anwendung findet und
   b) die Besteuerung der nach § 10 Absatz 1 a zu berücksichtigenden Leistung oder Zahlung beim Empfänger durch eine Bescheinigung der zuständigen ausländischen Steuerbehörde nachgewiesen wird;

1 a. *(aufgehoben)*

1 b. *(aufgehoben)*

2. der nicht dauernd getrennt lebende Ehegatte ohne Wohnsitz oder gewöhnlichen Aufenthalt im Inland wird auf Antrag für die Anwendung des § 26 Absatz 1 Satz 1 als unbeschränkt einkommensteuerpflichtig behandelt. ② Nummer 1 Satz 2 Buchstabe a gilt entsprechend. ③ Bei Anwendung des § 1 Absatz 3 Satz 2 ist auf die Einkünfte beider Ehegatten abzustellen und der Grundfreibetrag nach § 32 a Absatz 1 Satz 2 Nummer 1 zu verdoppeln.

(2) Für unbeschränkt einkommensteuerpflichtige Personen im Sinne des § 1 Absatz 2, die die Voraussetzungen des § 1 Absatz 3 Satz 2 bis 5 erfüllen, und für unbeschränkt einkommensteuerpflichtige Personen im Sinne des § 1 Absatz 3, die die Voraussetzungen des § 1 Absatz 2 Satz 1 Nummer 1 und 2 erfüllen und an einem ausländischen Dienstort tätig sind, gilt die Regelung des Absatzes 1 Nummer 2 entsprechend mit der Maßgabe, dass auf Wohnsitz oder gewöhnlichen Aufenthalt im Staat des ausländischen Dienstortes abzustellen ist. 6

H 1a

Allgemeines. Die unbeschränkte Einkommensteuerpflicht erstreckt sich auf sämtliche inländische und ausländische Einkünfte, soweit nicht für bestimmte Einkünfte abweichende Regelungen bestehen, z. B. in DBA oder in anderen zwischenstaatlichen Vereinbarungen. 8

Auslandskorrespondenten → BMF vom 13. 3. 1998 (BStBl. I S. 351).

Auslandslehrkräfte und andere nicht entsandte Arbeitnehmer. Befinden sich an deutsche Auslandsschulen vermittelte Lehrer und andere nicht entsandte Arbeitnehmer in einem Dienstverhältnis zu einer inländischen juristischen Person des öffentlichen Rechts, beziehen hierfür Arbeitslohn aus einer inländischen öffentlichen Kasse (→ BMF vom 9. 7. 1990 – BStBl. I S. 324) und sind in den USA (→ BMF vom 10. 11. 1994 – BStBl. I S. 853) bzw. Kolumbien und Ecuador (→ BMF vom 17. 6. 1996 – BStBl. I S. 688) tätig, ergibt sich ihre unbeschränkte Einkommensteuerpflicht grundsätzlich bereits aus § 1 Abs. 2 EStG.

Beschränkte Steuerpflicht nach ausländischem Recht. Ob eine Person in dem Staat, in dem sie ihren Wohnsitz oder gewöhnlichen Aufenthalt hat, lediglich in einem der beschränkten Einkommensteuerpflicht ähnlichen Umfang zu einer Steuer vom Einkommen herangezogen wird (§ 1 Abs. 2 Satz 2 EStG), ist nach den Vorschriften des maßgebenden ausländischen Steuerrechts zu prüfen (→ BFH vom 22. 2. 2006 – BStBl. 2007 II S. 106).

Diplomaten und sonstige Beschäftigte ausländischer Vertretungen in der Bundesrepublik → § 3 Nr. 29 EStG.

Doppelbesteuerungsabkommen → Verzeichnis der Abkommen zur Vermeidung der Doppelbesteuerung.[2]

Einkünfteermittlung zur Bestimmung der Einkunftsgrenzen

– Die Einkünfteermittlung nach § 1 Abs. 3 Satz 2 EStG vollzieht sich in zwei Stufen. Zunächst ist in einem ersten Schritt die Summe der Welteinkünfte zu ermitteln. Dabei sind sämtliche Einkünfte, unabhängig davon, ob sie im In- oder Ausland erzielt wurden, nach deutschem

---

[1] R 1 Satz 3 überholt, siehe H 1 a (Einkünfteermittlung zur Bestimmung der Einkunftsgrenzen).

[2] Zum Stand vom 1. 1. 2022 vgl. BMF-Schreiben vom 19. 1. 2022 (BStBl. I S. 147); zum Stand vom 1. 1. 2023 vgl. BMF-Schreiben vom 18. 1. 2023 (BStBl. I S. 195).

H 1a

Recht zu ermitteln. In einem zweiten Schritt sind die Welteinkünfte in Einkünfte, die der deutschen Einkommensteuer unterliegen, und in Einkünfte, die diese Voraussetzungen nicht erfüllen, aufzuteilen. Überschreiten die so ermittelten ausländischen Einkünfte die absolute Wesentlichkeitsgrenze des § 1 Abs. 3 Satz 2 i. V. m. § 1a Abs. 1 Nr. 2 Satz 3 EStG, ist eine Zusammenveranlagung zur Einkommensteuer auch dann ausgeschlossen, wenn sie, nach dem Recht des Wohnsitzstaates ermittelt, unterhalb der absoluten Wesentlichkeitsgrenze liegen (→ BFH vom 20. 8. 2008 – BStBl. 2009 II S. 708).
- Der Abgeltungsteuer unterliegende Kapitaleinkünfte sind in die Berechnung der Einkunftsgrenzen einzubeziehen (→ BFH vom 12. 8. 2015 – BStBl. 2016 II S. 201).
- Bei der Frage, ob Ehegatten die Einkunftsgrenzen (relative oder absolute Wesentlichkeitsgrenze) für das Wahlrecht zur Zusammenveranlagung in Fällen der fiktiven unbeschränkten Einkommensteuerpflicht (§ 1 Abs. 3 EStG) wahren, ist im Rahmen einer einstufigen Prüfung nach § 1a Abs. 1 Nr. 2 EStG auf die Einkünfte beider Ehegatten abzustellen und der Grundfreibetrag zu verdoppeln (→ BFH vom 6. 5. 2015 – BStBl. II S. 957).

Erweiterte beschränkte Steuerpflicht → §§ 2 und 5 AStG.

Erweiterte unbeschränkte Steuerpflicht und unbeschränkte Steuerpflicht auf Antrag

- → § 1 Abs. 2 bzw. § 1 Abs. 3 i. V. m. § 1a Abs. 2 EStG:
  Im Ausland bei internationalen Organisationen beschäftigte Deutsche fallen nicht unter § 1 Abs. 2 oder § 1 Abs. 3 i. V. m. § 1a Abs. 2 EStG, da sie ihren Arbeitslohn nicht aus einer inländischen öffentlichen Kasse beziehen. Mitarbeiter des Goethe-Instituts mit Wohnsitz im Ausland stehen nicht zu einer inländischen juristischen Person des öffentlichen Rechts in einem Dienstverhältnis und sind daher nicht nach § 1 Abs. 2 EStG unbeschränkt einkommensteuerpflichtig (→ BFH vom 22. 2. 2006 – BStBl. 2007 II S. 106).
- → BMF vom 8. 10. 1996 (BStBl. I S. 1191) – Auszug –:

  Billigkeitsregelung in Fällen, in denen ein Stpfl. und sein nicht dauernd getrennt lebender Ehegatte zunächst unter den Voraussetzungen des § 1 Abs. 2 EStG unbeschränkt einkommensteuerpflichtig sind bzw. unter den Voraussetzungen des § 1 Abs. 3 i. V. m. § 1a Abs. 2 EStG auf Antrag als unbeschränkt steuerpflichtig behandelt werden,
  - der Stpfl. dann aus dienstlichen Gründen in das Inland versetzt wird,
  - der nicht dauernd getrennt lebende Ehegatte aus persönlichen Gründen noch für kurze Zeit im Ausland verbleibt und
  - die Voraussetzungen des § 1a Abs. 1 EStG nicht erfüllt sind.
- → BMF vom 11. 11. 2020 (BStBl. I S. 1212); Berücksichtigung ausländischer Verhältnisse; Ländergruppeneinteilung ab 1. 1. 2021.[1]
- Die in § 1 Abs. 3 Satz 3 EStG aufgeführten inländischen Einkünfte, die nach einem DBA nur der Höhe nach beschränkt besteuert werden dürfen, sind in die inländische Veranlagung gem. § 46 Abs. 2 Nr. 7 Buchstabe b i. V. m. § 1 Abs. 3 EStG einzubeziehen (→ BFH vom 13. 11. 2002 – BStBl. 2003 II S. 587).

Europäischer Wirtschaftsraum. Mitgliedstaaten des EWR sind die Mitgliedstaaten der EU, Island, Norwegen und Liechtenstein.

Freistellung von deutschen Abzugsteuern → § 50d EStG, Besonderheiten im Falle von DBA.

Schiffe. Schiffe unter Bundesflagge rechnen auf hoher See zum Inland (→ BFH vom 12. 11. 1986 – BStBl. 1987 II S. 377).

Unbeschränkte Steuerpflicht – auf Antrag –

- → BMF vom 30. 12. 1996 (BStBl. I S. 1506)[2]
- Die zum Nachweis der Höhe der nicht der deutschen Steuer unterliegenden Einkünfte erforderliche Bescheinigung der zuständigen ausländischen Steuerbehörde ist auch dann vorzulegen, wenn der Stpfl. angibt, keine derartigen Einkünfte erzielt zu haben (sog. Nullbescheinigung). Die Verwendung eines bestimmten Vordrucks für die Bescheinigung ist gesetzlich nicht vorgeschrieben (→ BFH vom 8. 9. 2010 – BStBl. 2011 II S. 447).

Wechsel der Steuerpflicht → § 2 Abs. 7 Satz 3 EStG.

Wohnsitz/Gewöhnlicher Aufenthalt in der Schweiz. § 1a Abs. 1 EStG ist bei Staatsangehörigen eines Mitgliedstaates der EU oder eines EWR-Staates bei Vorliegen der übrigen Voraussetzungen auch anwendbar, wenn
- der Empfänger der Leistungen i. S. d. Nr. 1 und 1a,
- die ausgleichsberechtigte Person i. S. d. Nr. 1b oder
- der Ehegatte/Lebenspartner i. S. d. Nr. 2

seinen/ihren Wohnsitz oder gewöhnlichen Aufenthalt in der Schweiz haben (→ BMF vom 16. 9. 2013 – BStBl. I S. 1325).

---

[1] Abgedruckt als Anlage b zu R 33 a.1.
[2] Ergänzt durch *BMF-Schreiben vom 25. 11. 1999 (BStBl. I S. 990).*

EStG

II. Einkommen

1. Sachliche Voraussetzungen für die Besteuerung

§ 2 Umfang der Besteuerung, Begriffsbestimmungen

(1) ① Der Einkommensteuer unterliegen 1

1. Einkünfte aus Land- und Forstwirtschaft,
2. Einkünfte aus Gewerbebetrieb,
3. Einkünfte aus selbständiger Arbeit,
4. Einkünfte aus nichtselbständiger Arbeit,
5. Einkünfte aus Kapitalvermögen,
6. Einkünfte aus Vermietung und Verpachtung,
7. sonstige Einkünfte im Sinne des § 22,

die der Steuerpflichtige während seiner unbeschränkten Einkommensteuerpflicht oder als inländische Einkünfte während seiner beschränkten Einkommensteuerpflicht erzielt. ② Zu welcher Einkunftsart die Einkünfte im einzelnen Fall gehören, bestimmt sich nach den §§ 13 bis 24.

(2) ① Einkünfte sind 2

1. bei Land- und Forstwirtschaft, Gewerbebetrieb und selbständiger Arbeit der Gewinn (§§ 4 bis 7k und 13a),
2. bei den anderen Einkunftsarten der Überschuss der Einnahmen über die Werbungskosten (§§ 8 bis 9a).

② Bei Einkünften aus Kapitalvermögen tritt § 20 Absatz 9 vorbehaltlich der Regelung in § 32d Absatz 2 an die Stelle der §§ 9 und 9a.

(3) Die Summe der Einkünfte, vermindert um den Altersentlastungsbetrag, den Entlastungsbetrag für Alleinerziehende und den Abzug nach § 13 Absatz 3, ist der Gesamtbetrag der Einkünfte. 3

(4) Der Gesamtbetrag der Einkünfte, vermindert um die Sonderausgaben und die außergewöhnlichen Belastungen, ist das Einkommen. 4

(5) ① Das Einkommen, vermindert um die Freibeträge nach § 32 Absatz 6 und um die sonstigen vom Einkommen abzuziehenden Beträge, ist das zu versteuernde Einkommen; dieses bildet die Bemessungsgrundlage für die tarifliche Einkommensteuer. ② Knüpfen andere Gesetze an den Begriff des zu versteuernden Einkommens an, ist für deren Zweck das Einkommen in allen Fällen des § 32 um die Freibeträge nach § 32 Absatz 6 zu vermindern. 5

(5a) ① Knüpfen außersteuerliche Rechtsnormen an die in den vorstehenden Absätzen definierten Begriffe (Einkünfte, Summe der Einkünfte, Gesamtbetrag der Einkünfte, Einkommen, zu versteuerndes Einkommen) an, erhöhen sich für deren Zwecke diese Größen um die nach § 32d Absatz 1 und nach § 43 Absatz 5 zu besteuernden Beträge sowie um die nach § 3 Nummer 40 steuerfreien Beträge und mindern sich um die nach § 3c Absatz 2 nicht abziehbaren Beträge. ② Knüpfen außersteuerliche Rechtsnormen an die in den Absätzen 1 bis 3 genannten Begriffe (Einkünfte, Summe der Einkünfte, Gesamtbetrag der Einkünfte) an, mindern sich für deren Zwecke diese Größen um die nach § 10 Absatz 1 Nummer 5 abziehbaren Kinderbetreuungskosten. 5a

(5b) Soweit Rechtsnormen dieses Gesetzes an die in den vorstehenden Absätzen definierten Begriffe (Einkünfte, Summe der Einkünfte, Gesamtbetrag der Einkünfte, Einkommen, zu versteuerndes Einkommen) anknüpfen, sind Kapitalerträge nach § 32d Absatz 1 und § 43 Absatz 5 nicht einzubeziehen. 5b

(6) ① Die tarifliche Einkommensteuer, vermindert um den Unterschiedsbetrag nach § 32c Absatz 1 Satz 2,[1] **die anzurechnenden ausländischen Steuern und die Steuerermäßigungen, vermehrt um die Steuer nach § 32d Absatz 3 und 4, die Steuer nach § 34c Absatz 5 und den Zuschlag nach § 3 Absatz 4 Satz 2 des Forstschäden-Ausgleichsgesetzes in der Fassung der Bekanntmachung vom 26. August 1985 (BGBl. I S. 1756), das zuletzt durch Artikel 412 der Verordnung vom 31. August 2015 (BGBl. I S. 1474) geändert worden ist, in der jeweils geltenden Fassung, ist die festzusetzende Einkommensteuer. ② Wurde der Gesamtbetrag der Einkünfte in den Fällen des § 10a Absatz 2 um Sonderausgaben nach § 10a Absatz 1 gemindert, ist für die Ermittlung der festzusetzenden Einkommensteuer der Anspruch auf Zulage nach Abschnitt XI der tariflichen Einkommensteuer hinzuzurechnen; bei der Ermittlung der dem Steuerpflichtigen zustehenden Zulage bleibt die Erhöhung der Grundzulage nach § 84** 6

[1] Zur Anwendung von § 32c siehe § 52 Abs. 33a EStG.

Absatz 2 außer Betracht. ③ Wird das Einkommen in den Fällen des § 31 um die Freibeträge nach § 32 Absatz 6 gemindert, ist der Anspruch auf Kindergeld nach Abschnitt X der tariflichen Einkommensteuer hinzuzurechnen; nicht jedoch für Kalendermonate, in denen durch Bescheid der Familienkasse ein Anspruch auf Kindergeld festgesetzt, aber wegen § 70 Absatz 1 Satz 2 nicht ausgezahlt wurde.

7 (7) ① **Die Einkommensteuer ist eine Jahressteuer. ② Die Grundlagen für ihre Festsetzung sind jeweils für ein Kalenderjahr zu ermitteln. ③ Besteht während eines Kalenderjahres sowohl unbeschränkte als auch beschränkte Einkommensteuerpflicht, so sind die während der beschränkten Einkommensteuerpflicht erzielten inländischen Einkünfte in eine Veranlagung zur unbeschränkten Einkommensteuerpflicht einzubeziehen.**

7a (8) **Die Regelungen dieses Gesetzes zu Ehegatten und Ehen sind auch auf Lebenspartner und Lebenspartnerschaften anzuwenden.**

Übersicht

EStDV

§ 1[1] *Anwendung auf Ehegatten und Lebenspartner*

7b *Die Regelungen dieser Verordnung zu Ehegatten und Ehen sind auch auf Lebenspartner und Lebenspartnerschaften anzuwenden.*

§§ 2 *und* 3 *(weggefallen)*

R 2

R 2. Umfang der Besteuerung[2]

8 (1) Das zu versteuernde Einkommen ist wie folgt zu ermitteln:

1 S. d. E. aus den Einkunftsarten

2 = S. d. E.
3 – Altersentlastungsbetrag (§ 24 a EStG)
4 – Entlastungsbetrag für Alleinerziehende (§ 24 b EStG)
5 – Freibetrag für Land- und Forstwirte (§ 13 Abs. 3 EStG)
6 + Hinzurechnungsbetrag (*§ 52 Abs. 3 Satz 5 EStG*[3] sowie § 8 Abs. 5 Satz 2 AIG)

7 = G. d. E. (§ 2 Abs. 3 EStG)
8 – Verlustabzug nach § 10 d EStG
9 – Sonderausgaben (§§ 10, 10 a, 10 b, 10 c EStG)
10 – außergewöhnliche Belastungen (§§ 33 bis 33 b EStG)
11 – Steuerbegünstigung der zu Wohnzwecken genutzten Wohnungen, Gebäude und Baudenkmale sowie der schutzwürdigen Kulturgüter (§§ 10 e bis 10 i EStG, § 52 Abs. 21 Satz 6 EStG i. d. F. vom 16. 4. 1997, BGBl. I S. 821 und § 7 FördG)
12 + Erstattungsüberhänge (§ 10 Abs. 4 b Satz 3 EStG)
13 + zuzurechnendes Einkommen gem. § 15 Abs. 1 AStG[4]

14 = Einkommen (§ 2 Abs. 4 EStG)
15 – Freibeträge für Kinder (§§ 31, 32 Abs. 6 EStG)
16 – Härteausgleich nach § 46 Abs. 3 EStG, § 70 EStDV

17 = z. v. E. (§ 2 Abs. 5 EStG).

9 (2) Die festzusetzende Einkommensteuer ist wie folgt zu ermitteln:

1 Steuerbetrag
a) nach § 32 a Abs. 1, 5, § 50 Abs. 1 Satz 2 EStG
oder
b) nach dem bei Anwendung des Progressionsvorbehalts (§ 32 b EStG) oder der Steuersatzbegrenzung sich ergebenden Steuersatz

[1] Zur Anwendung siehe § 84 Abs. 1 a EStDV.
[2] Siehe hierzu ferner „Beck'sches Steuerberater-Handbuch 2023/2024", Teil G Rz. 3, Berechnungsbeispiel zur Ermittlung des zu versteuernden Einkommens; Rz. 9 ff., Übersicht über Freibeträge, Freigrenzen und Pauschalabzugsbeträge bei bestimmten Einkunftsarten.
[3] Jetzt: „§ 52 Abs. 2 Satz 3 EStG".
[4] Eine Hinzurechnung entfällt ab VZ 2013, da diese bereits im Rahmen der Einkünfteermittlung vorzunehmen ist, siehe § 15 Abs. 1 AStG in der Fassung durch AmtshilfeRLUmsG (Gesetz vom 26. 6. 2013, BGBl. I S. 1809).

2 + Steuer auf Grund Berechnung nach den §§ 34, 34b EStG
3 + Steuer auf Grund der Berechnung nach § 34a Abs. 1, 4 bis 6 EStG
4 = tarifliche Einkommensteuer (§ 32a Abs. 1, 5 EStG)
5 – Minderungsbetrag nach Punkt 11 Ziffer 2 des Schlussprotokolls zu Artikel 23 DBA Belgien in der durch Artikel 2 des Zusatzabkommens vom 5. 11. 2002 geänderten Fassung (BGBl. 2003 II S. 1615)
6 – ausländische Steuern nach § 34c Abs. 1 und 6 EStG, § 12 AStG
7 – Steuerermäßigung nach § 35 EStG
8 – Steuerermäßigung für Stpfl. mit Kindern bei Inanspruchnahme erhöhter Absetzungen für Wohngebäude oder der Steuerbegünstigungen für eigengenutztes Wohneigentum (§ 34f Abs. 1 und 2 EStG)
9 – Steuerermäßigung bei Zuwendungen an politische Parteien und unabhängige Wählervereinigungen (§ 34g EStG)
10 – Steuerermäßigung nach § 34f Abs. 3 EStG
11 – Steuerermäßigung nach § 35a EStG
12 – Ermäßigung bei Belastung mit Erbschaftsteuer (§ 35b EStG)
13 + Steuer aufgrund Berechnung nach § 32d Abs. 3 und 4 EStG
14 + Steuern nach § 34c Abs. 5 EStG
15 + Nachsteuer nach § 10 Abs. 5 EStG i. V. m. § 30 EStDV
16 + Zuschlag nach § 3 Abs. 4 Satz 2 Forstschäden-Ausgleichsgesetz[1]
17 + Anspruch auf Zulage für Altersvorsorge, wenn Beiträge als Sonderausgaben abgezogen worden sind (§ 10a Abs. 2 EStG)
18 + Anspruch auf Kindergeld oder vergleichbare Leistungen, soweit in den Fällen des § 31 EStG das Einkommen um Freibeträge für Kinder gemindert wurde

19 = festzusetzende Einkommensteuer (§ 2 Abs. 6 EStG)

Erstattungsüberhänge. Der Hinzurechnungsbetrag nach § 10 Abs. 4b Satz 3 EStG erhöht nicht den Gesamtbetrag der Einkünfte (→ BFH vom 12. 3. 2019 – BStBl. II S. 658). H 2

10

Hinzurechnung des Anspruchs auf Kindergeld oder vergleichbare Leistungen. Die Hinzurechnung des Kindergeldanspruchs bildet den letzten Schritt auf dem Weg zur Ermittlung der festzusetzenden Einkommensteuer und hat keinen Einfluss auf etwaige, vorher zu berücksichtigende Steuerermäßigungen. Hieraus ergibt sich bei Anwendung der Steuermäßigungsvorschriften kein zusätzliches Verrechnungspotenzial (→ BFH vom 14.4.2021 – BStBl. II S. 848).

Keine Einnahmen oder Einkünfte.[2] Bei den folgenden Leistungen handelt es sich nicht um Einnahmen oder Einkünfte:
- Arbeitnehmer-Sparzulagen (§ 13 Abs. 3 VermBG)
- Investitionszulagen nach dem InvZulG
- Neue Anteilsrechte auf Grund der Umwandlung von Rücklagen in Nennkapital (§§ 1, 7 KapErhStG)
- Wohnungsbau-Prämien (§ 6 WoPG).

Lebenspartner und Lebenspartnerschaften. § 2 Abs. 8 EStG gilt nur für Lebenspartner und Lebenspartnerschaften i. S. d. § 1 Abs. 1 LPartG. Andere Lebensgemeinschaften fallen nicht unter diese Vorschrift, selbst wenn die Partner ihre Rechtsbeziehungen auf eine vertragliche Grundlage gestellt haben (→ BFH vom 26. 6. 2014 – BStBl. II S. 829 und vom 26. 4. 2017 – BStBl. II S. 903).

Liebhaberei bei Einkünften aus
- Land- und Forstwirtschaft → H 13.5 (Liebhaberei),
- Gewerbebetrieb → H 15.3 (Abgrenzung der Gewinnerzielungsabsicht zur Liebhaberei), → H 16 (2) Liebhaberei,
- selbständiger Arbeit → H 18.1 (Gewinnerzielungsabsicht),
- Vermietung und Verpachtung → H 21.2 (Einkünfteerzielungsabsicht).

Preisgelder
- → BMF vom 5. 9. 1996 (BStBl. I S. 1150) unter Berücksichtigung der Änderung durch BMF vom 23. 12. 2002 (BStBl. 2003 I S. 76).[3]
- Fernseh-Preisgelder → BMF vom 30. 5. 2008 (BStBl. I S. 645).[4]

[1] Abgedruckt als Anlage zu R 34b EStR.
[2] Zu Einnahmen aus Entschädigungsfonds für Opfer der Heimerziehung siehe *Vfg. OFD Münster vom 15. 8. 2012 S 2255 – 62 – St – 22 – 31 (DStR S. 2233).*
Zum Meisterbonus der Bayer. Staatsregierung siehe *Vfg. BayLfSt vom 6. 7. 2016 S 2324.2.1 – 262/6 St 32 (DStR S. 2404).*
[3] Nachstehend abgedruckt.
[4] Abgedruckt als Anlage zu H 22.8.

Steuersatzbegrenzung. Bei der Festsetzung der Einkommensteuer ist in den Fällen der Steuersatzbegrenzung die rechnerische Gesamtsteuer quotal aufzuteilen und sodann der Steuersatz für die der Höhe nach nur beschränkt zu besteuernden Einkünfte zu ermäßigen (→ BFH vom 13. 11. 2002 – BStBl. 2003 II S. 587).

Anl zu H 2

Schreiben betr. einkommensteuerrechtliche Behandlung von Preisgeldern (§ 2 Abs. 1 EStG)

Vom 5. September 1996 (BStBl. I S. 1150)

(BMF IV B1 – S 2121 – 34/96)

unter Berücksichtigung der Änderungen vom 23. 12. 2002 (BStBl. 2003 I S. 76)

Unter Bezugnahme auf das Ergebnis der Erörterung mit den obersten Finanzbehörden der Länder gilt zur einkommensteuerrechtlichen Behandlung von Preisgeldern folgendes:

11 1. **Einnahmen aus Preisen (Preisgelder),** insbesondere für wissenschaftliche oder künstlerische Leistungen, unterliegen der Einkommensteuer, wenn sie in untrennbarem wirtschaftlichem Zusammenhang mit einer der Einkunftsarten des Einkommensteuergesetzes stehen. Einkommensteuerlich unbeachtlich sind Einnahmen aus Preisen, die außerhalb einer Tätigkeit zur Erzielung von Einkünften bezogen werden. Für die Abgrenzung ist von den Ausschreibungsbedingungen und den der Preisverleihung zugrundeliegenden Zielen auszugehen.

2. Der **Zusammenhang mit einer Einkunftsart** ist gegeben, wenn die Preisverleihung wirtschaftlich den Charakter eines leistungsbezogenen Entgelts hat und wenn sie sowohl Ziel als auch unmittelbare Folge der Tätigkeit des Steuerpflichtigen ist. Das ist insbesondere dann der Fall, wenn der Preisträger zur Erzielung des Preises ein besonderes Werk geschaffen oder eine besondere Leistung erbracht hat.

Der Zusammenhang mit einer Einkunftsart ist auch gegeben, wenn die Preisverleihung bestimmungsgemäß in nicht unbedeutendem Umfang die persönlichen oder sachlichen Voraussetzungen der Einkunftserzielung des Steuerpflichtigen fördert.

Dies ist u. a. der Fall bei

- werbewirksamen Auszeichnungen im Rahmen von betriebs- oder berufsbezogenen Ausstellungen, wie z. B. Ausstellungen kunstgewerblicher Erzeugnisse (vgl. BFH-Urteil vom 1. Oktober 1964, BStBl. III S. 629) und
- Geldpreisen mit Zuschußcharakter, die vom Empfänger im Rahmen seiner ausgeübten beruflichen oder betrieblichen Tätigkeit verwendet werden müssen, z. B. Starthilfen nach der Meisterprüfung als Handwerker, die an die Aufnahmen einer selbständigen gewerblichen Tätigkeit geknüpft sind (vgl. BFH-Urteil vom 14. März 1989, BStBl. II S. 651), oder Filmpreisen (Produzentenpreisen), die nach den Vergaberichtlinien einer Zweckbestimmung zur Herstellung eines neuen Films unterliegen.

Ein Indiz dafür, daß die Preisverleihung wirtschaftlich den Charakter eines leistungsbezogenen Entgelts hat und daß sie sowohl Ziel als auch unmittelbare Folge der Tätigkeit des Steuerpflichtigen ist, ist die Bewerbung um den Preis. Dies trifft z. B. auf Ideenwettbewerbe von Architekten zu (vgl. BFH-Urteil vom 16. Januar 1975, BStBl. II S. 558).

3. **Keinen Zusammenhang mit einer Einkunftsart** haben dagegen Einnahmen aus Preisen, deren Verleihung in erster Linie dazu bestimmt ist,
   - das Lebenswerk oder Gesamtschaffen des Empfängers zu würdigen,
   - die Persönlichkeit des Preisträgers zu ehren,
   - eine Grundhaltung auszuzeichnen oder
   - eine Vorbildfunktion herauszustellen (vgl. BFH-Urteil vom 9. Mai 1985, BStBl. II S. 427).

Dies kann ausnahmsweise auch angenommen werden, wenn zwar ein bestimmtes Werk oder eine bestimmte Leistung Anlaß für die Preisverleihung war, zur Auswahl des Preisträgers jedoch dessen Gesamtpersönlichkeit oder (bisheriges) Gesamtschaffen entscheidend beigetragen haben. Davon ist z. B. bei der Vergabe des Nobelpreises auszugehen.

4.[1] *(entfällt)*

[1] Nr. 4 entfallen durch *BMF-Schreiben vom 23. 12. 2002 (BStBl. 2003 I S. 76).*

EStG

§ 2a[1] Negative Einkünfte mit Bezug zu Drittstaaten[2]

(1) ① **Negative Einkünfte**

1. aus einer in einem Drittstaat belegenen land- und forstwirtschaftlichen Betriebsstätte, 1

2. aus einer in einem Drittstaat belegenen gewerblichen Betriebsstätte, 2

3. a) aus dem Ansatz des niedrigeren Teilwerts eines zu einem Betriebsvermögen gehörenden Anteils an einer Drittstaaten-Körperschaft oder 3
b) aus der Veräußerung oder Entnahme eines zu einem Betriebsvermögen gehörenden Anteils an einer Drittstaaten-Körperschaft oder aus der Auflösung oder Herabsetzung des Kapitals einer Drittstaaten-Körperschaft,

4. in den Fällen des § 17 bei einem Anteil an einer Drittstaaten-Kapitalgesellschaft, 4

5. aus der Beteiligung an einem Handelsgewerbe als stiller Gesellschafter und aus partiarischen Darlehen, wenn der Schuldner Wohnsitz, Sitz oder Geschäftsleitung in einem Drittstaat hat, 5

6. a) aus der Vermietung oder der Verpachtung von unbeweglichem Vermögen oder von Sachinbegriffen, wenn diese in einem Drittstaat belegen sind, oder 6
b) aus der entgeltlichen Überlassung von Schiffen, sofern der Überlassende nicht nachweist, dass diese ausschließlich oder fast ausschließlich in einem anderen Staat als einem Drittstaat eingesetzt worden sind, es sei denn, es handelt sich um Handelsschiffe, die
aa) von einem Vercharterer ausgerüstet überlassen oder
bb) an in einem anderen als in einem Drittstaat ansässige Ausrüster, die die Voraussetzungen des § 510 Absatz 1 des Handelsgesetzbuchs erfüllen, überlassen oder
cc) insgesamt nur vorübergehend an in einem Drittstaat ansässige Ausrüster, die die Voraussetzungen des § 510 Absatz 1 des Handelsgesetzbuchs erfüllen, überlassen
worden sind, oder
c) aus dem Ansatz des niedrigeren Teilwerts oder der Übertragung eines zu einem Betriebsvermögen gehörenden Wirtschaftsguts im Sinne der Buchstaben a und b,

7. a) aus dem Ansatz des niedrigeren Teilwerts, der Veräußerung oder Entnahme eines zu einem Betriebsvermögen gehörenden Anteils an 7
b) aus der Auflösung oder Herabsetzung des Kapitals,
c) in den Fällen des § 17 bei einem Anteil an

einer Körperschaft mit Sitz oder Geschäftsleitung in einem anderen Staat als einem Drittstaat, soweit die negativen Einkünfte auf einen der in den Nummern 1 bis 6 genannten Tatbestände zurückzuführen sind,

dürfen nur mit positiven Einkünften der jeweils selben Art und, mit Ausnahme der Fälle der Nummer 6 Buchstabe b, aus demselben Staat, in den Fällen der Nummer 7 auf Grund von Tatbeständen der jeweils selben Art aus demselben Staat, ausgeglichen werden; sie dürfen auch nicht nach § 10 d abgezogen werden. ② Den negativen Einkünften sind Gewinnminderungen gleichgestellt. ③ Soweit die negativen Einkünfte nicht nach Satz 1 ausgeglichen werden können, mindern sie die positiven Einkünfte der jeweils selben Art, die der Steuerpflichtige in den folgenden Veranlagungszeiträumen aus demselben Staat, in den Fällen der Nummer 7 auf Grund von Tatbeständen der jeweils selben Art aus demselben Staat, erzielt. ④ Die Minderung ist nur insoweit zulässig, als die negativen Einkünfte in den vorangegangenen Veranlagungszeiträumen nicht berücksichtigt werden konnten (verbleibende negative Einkünfte). ⑤ Die am Schluss eines Veranlagungszeitraums verbleibenden negativen Einkünfte sind gesondert festzustellen; § 10 d Absatz 4 gilt sinngemäß. 8

(2) ① **Absatz 1 Satz 1 Nummer 2 ist nicht anzuwenden, wenn der Steuerpflichtige nachweist, dass die negativen Einkünfte aus einer gewerblichen Betriebsstätte in einem Drittstaat stammen, die ausschließlich oder fast ausschließlich die Herstellung oder Lieferung von Waren, außer Waffen, die Gewinnung von Bodenschätzen sowie die Bewirkung gewerblicher Leistungen zum Gegenstand hat, soweit diese nicht in der Errichtung oder dem Betrieb von Anlagen, die dem Fremdenverkehr dienen, oder in der Vermietung oder der Verpachtung von Wirtschaftsgütern einschließlich der Überlassung von Rechten, Plänen, Mustern, Verfahren, Erfahrungen und Kennt-** 9

[1] Zur Anwendung von § 2 a siehe § 52 Abs. 2 EStG.
[2] Zur Anwendung des § 2 a EStG bei Film- und Fernsehfonds vgl. BMF-Schreiben vom 23. 2. 2001 (BStBl. I S. 175), abgedruckt als Anlage c zu R 15.8 EStR.

nissen bestehen; das unmittelbare Halten einer Beteiligung von mindestens einem Viertel am Nennkapital einer Kapitalgesellschaft, die ausschließlich oder fast ausschließlich die vorgenannten Tätigkeiten zum Gegenstand hat, sowie die mit dem Halten der Beteiligung in Zusammenhang stehende Finanzierung gilt als Bewirkung gewerblicher Leistungen, wenn die Kapitalgesellschaft weder ihre Geschäftsleitung noch ihren Sitz im Inland hat. ② Absatz 1 Satz 1 Nummer 3 und 4 ist nicht anzuwenden, wenn der Steuerpflichtige nachweist, dass die in Satz 1 genannten Voraussetzungen bei der Körperschaft entweder seit ihrer Gründung oder während der letzten fünf Jahre vor und in dem Veranlagungszeitraum vorgelegen haben, in dem die negativen Einkünfte bezogen werden.

9a (2a) ① **Bei der Anwendung der Absätze 1 und 2 sind**

1. als Drittstaaten die Staaten anzusehen, die nicht Mitgliedstaaten der Europäischen Union sind;

2. Drittstaaten-Körperschaften und Drittstaaten-Kapitalgesellschaften solche, die weder ihre Geschäftsleitung noch ihren Sitz in einem Mitgliedstaat der Europäischen Union haben.

② **Bei Anwendung des Satzes 1 sind den Mitgliedstaaten der Europäischen Union die Staaten gleichgestellt, auf die das Abkommen über den Europäischen Wirtschaftsraum anwendbar ist, sofern zwischen der Bundesrepublik Deutschland und dem anderen Staat auf Grund der Amtshilferichtlinie gemäß § 2 Absatz 2 des EU-Amtshilfegesetzes oder einer vergleichbaren zwei- oder mehrseitigen Vereinbarung Auskünfte erteilt werden, die erforderlich sind, um die Besteuerung durchzuführen.**

10 *(3)*[1] ① *Sind nach einem Abkommen zur Vermeidung der Doppelbesteuerung bei einem unbeschränkt Steuerpflichtigen aus einer in einem ausländischen Staat belegenen Betriebsstätte stammende Einkünfte aus gewerblicher Tätigkeit von der Einkommensteuer zu befreien, so ist auf Antrag des Steuerpflichtigen ein Verlust, der sich nach den Vorschriften des inländischen Steuerrechts bei diesen Einkünften ergibt, bei der Ermittlung des Gesamtbetrags der Einkünfte abzuziehen, soweit er vom Steuerpflichtigen ausgeglichen oder abgezogen werden könnte, wenn die Einkünfte nicht von der Einkommensteuer zu befreien wären, und soweit er nach diesem Abkommen zu befreiende positive Einkünfte aus gewerblicher Tätigkeit aus anderen in diesem ausländischen Staat belegenen Betriebsstätten übersteigt.* ② *Soweit der Verlust dabei nicht ausgeglichen wird, ist bei Vorliegen der Voraussetzungen des § 10d der Verlustabzug zulässig.* ③ *Der nach den Sätzen 1 und 2 abgezogene Betrag ist, soweit sich in einem der folgenden Veranlagungszeiträume bei den nach diesem Abkommen zu befreienden Einkünften aus gewerblicher Tätigkeit aus in diesem ausländischen Staat belegenen Betriebsstätten insgesamt ein positiver Betrag ergibt, in dem betreffenden Veranlagungszeitraum bei der Ermittlung des Gesamtbetrags der Einkünfte wieder hinzuzurechnen.* ④ *Satz 3 ist nicht anzuwenden, wenn der Steuerpflichtige nachweist, daß nach den für ihn geltenden Vorschriften des ausländischen Staates ein Abzug von Verlusten in anderen Jahren als dem Verlustjahr allgemein nicht beansprucht werden kann.* ⑤ *Der am Schluß eines Veranlagungszeitraums nach den Sätzen 3 und 4 der Hinzurechnung unterliegende und noch nicht hinzugerechnete (verbleibende) Betrag ist gesondert festzustellen; § 10d Absatz 3 gilt entsprechend.* ⑥ *In die gesonderte Feststellung nach Satz 5 einzubeziehen ist der nach § 2 Absatz 1 Satz 3 und 4 des Gesetzes über steuerliche Maßnahmen bei Auslandsinvestitionen der deutschen Wirtschaft vom 18. August 1969 (BGBl. I S. 1214), das zuletzt durch Artikel 8 des Gesetzes vom 25. Juli 1988 (BGBl. I S. 1093) geändert worden ist, der Hinzurechnung unterliegende und noch nicht hinzugerechnete Betrag.*

11 (4) ① **Wird eine in einem ausländischen Staat belegene Betriebsstätte**

1. in eine Kapitalgesellschaft umgewandelt oder

2. entgeltlich oder unentgeltlich übertragen oder

3. aufgegeben, jedoch die ursprünglich von der Betriebsstätte ausgeübte Geschäftstätigkeit ganz oder teilweise von einer Gesellschaft, an der der inländische Steuerpflichtige zu mindestens 10 Prozent unmittelbar oder mittelbar beteiligt ist, oder von einer ihm nahe stehenden Person im Sinne des § 1 Absatz 2 des Außensteuergesetzes fortgeführt,

so ist ein nach Absatz 3 Satz 1 und 2 abgezogener Verlust, soweit er nach Absatz 3 Satz 3 nicht wieder hinzugerechnet worden ist oder nicht noch hinzuzurechnen ist, im Veranlagungszeitraum der Umwandlung, Übertragung oder Aufgabe in entsprechender Anwendung des Absatzes 3 Satz 3 dem Gesamtbetrag der Einkünfte hinzuzurechnen. ② **Satz 1 gilt entsprechend bei Beendigung der unbeschränkten Einkommensteuerpflicht (§ 1 Absatz 1) durch Aufgabe des Wohnsitzes oder des gewöhnlichen Aufenthalts oder bei Beendigung der unbeschränkten Körperschaftsteuerpflicht (§ 1 Absatz 1 des Körperschaftsteuergesetzes) durch Verlegung des Sitzes oder des Orts der Geschäftsleitung sowie bei unbeschränkter Einkommensteuerpflicht (§ 1 Absatz 1)**

[1] § 2a Abs. 3 aufgehoben, **zur letztmaligen bzw. weiteren Anwendung siehe § 52 Abs. 2 Satz 3 und 4 EStG.**

oder unbeschränkter Körperschaftsteuerpflicht (§ 1 Absatz 1 des Körperschaftsteuergesetzes) bei Beendigung der Ansässigkeit im Inland auf Grund der Bestimmungen eines Abkommens zur Vermeidung der Doppelbesteuerung.

R 2a

R 2a. Negative ausländische Einkünfte

Einkünfte derselben Art

(1) ① Einkünfte der jeweils selben Art nach § 2a Abs. 1 EStG sind grundsätzlich alle unter einer Nummer aufgeführten Tatbestände, für die die Anwendung dieser Nummer nicht nach § 2a Abs. 2 EStG ausgeschlossen ist. ② Die Nummern 3 und 4 sind zusammenzufassen. ③ Negative Einkünfte nach Nummer 7, die mittelbar auf einen bei der inländischen Körperschaft verwirklichten Tatbestand der Nummern 1 bis 6 zurückzuführen sind, dürfen beim Anteilseigner mit positiven Einkünften der Nummer 7 ausgeglichen werden, wenn die Einkünfte auf Tatbestände derselben Nummer oder im Falle der Nummern 3 und 4 dieser beiden Nummern zurückzuführen sind. Einkünfte der Nummer 7 sind auch mit Einkünften nach der jeweiligen Nummer auszugleichen, auf deren Tatbestände die Einkünfte der Nummer 7 zurückzuführen sind. ⑤ Positive Einkünfte aus einem Staat können nicht mit negativen Einkünften derselben Art aus demselben Staat aus vorhergehenden Veranlagungszeiträumen ausgeglichen werden, wenn hinsichtlich der positiven Einkünfte eine im DBA vorgesehene Rückfallklausel eingreift und die positiven Einkünfte deshalb als Besteuerungsgrundlage zu erfassen sind. 16

Betriebsstättenprinzip

(2) ① Für jede ausländische Betriebsstätte ist gesondert zu prüfen, ob negative Einkünfte vorliegen. ② Negative Einkünfte aus einer nicht aktiven gewerblichen Betriebsstätte dürfen nicht mit positiven Einkünften aus einer aktiven gewerblichen Betriebsstätte ausgeglichen werden. 17

Prüfung der Aktivitätsklausel

(3) ① Ob eine gewerbliche Betriebsstätte ausschließlich oder fast ausschließlich eine aktive Tätigkeit nach § 2a Abs. 2 EStG zum Gegenstand hat, ist für jedes Wirtschaftsjahr gesondert zu prüfen. ② Maßgebend ist hierfür das Verhältnis der Bruttoerträge. ③ Soweit es sich um Verluste zu Beginn bzw. am Ende einer Tätigkeit handelt, ist nach der funktionalen Betrachtungsweise festzustellen, ob diese Verluste im Hinblick auf die aufzunehmende oder anlaufende aktive Tätigkeit entstanden oder nach Ende der Tätigkeit durch diese verursacht worden sind. 18

Gesamtrechtsnachfolge

(4) Soweit im Rahmen des UmwStG ein Verlust i. S. d. § 10d Abs. 4 Satz 2 EStG übergeht, geht auch die Verpflichtung zur Nachversteuerung nach *§ 52 Abs. 3 Satz 5, 6 und 8 EStG*[1] über. 20

Umwandlung

(5) Umwandlung i. S. d. *§ 52 Abs. 3 Satz 8 EStG*[1] ist nicht nur eine solche nach dem Umwandlungsgesetz oder i. S. d. UmwStG, d. h. eine Einbringung der ausländischen Betriebsstätte in eine Kapitalgesellschaft gegen Gewährung von Gesellschaftsrechten, vielmehr jede Form des „Aufgehens" der Betriebsstätte in eine Kapitalgesellschaft. 21

Verlustausgleich

(6) Negative und positive Einkünfte nach § 2a Abs. 1 EStG sind in der Weise miteinander auszugleichen, dass die positiven und ggf. tarifbegünstigten Einkünfte um die negativen Einkünfte der jeweils selben Art und aus demselben Staat, in den Fällen des § 2a Abs. 1 Satz 1 Nr. 6 Buchstabe b derselben Art, zu vermindern sind. 22

Zusammenveranlagung

(7) Bei zusammenveranlagten Ehegatten sind negative Einkünfte nach § 2a Abs. 1 EStG des einen Ehegatten mit positiven Einkünften des anderen Ehegatten der jeweils selben Art und aus demselben Staat, in den Fällen des § 2a Abs. 1 Satz 1 Nr. 6 Buchstabe b derselben Art, auszugleichen oder zu verrechnen, soweit sie nicht mit eigenen positiven Einkünften ausgeglichen oder verrechnet werden können. 23

Anwendung von § 3 Nr. 40, § 3 c

(8) Die Verrechnung von negativen Einkünften nach § 2a Abs. 1 EStG mit positiven Einkünften der jeweils selben Art und aus demselben Staat, in den Fällen des § 2a Abs. 1 Satz 1 Nr. 6 Buchstabe b derselben Art, erfolgt jeweils nach Anwendung des § 3 Nr. 40 und des § 3 c EStG. 24

H 2a

Allgemeines. § 2a Abs. 1 EStG schränkt für die dort abschließend aufgeführten Einkünfte aus Quellen in Drittstaaten den Verlustausgleich und Verlustabzug ein. Hiervon ausgenommen sind nach § 2a Abs. 2 EStG insbesondere negative Einkünfte aus einer gewerblichen Betriebsstätte in einem Drittstaat, die die dort genannten Aktivitätsvoraussetzungen erfüllt. Der einge- 25

[1] Jetzt: „§ 52 Abs. 2 Satz 3 EStG".

H 2a schränkte Verlustausgleich bedeutet, dass die negativen Einkünfte nur mit positiven Einkünften derselben Art (→ R 2a) und aus demselben Staat ausgeglichen werden dürfen. Darüber hinaus dürfen sie in den folgenden VZ mit positiven Einkünften derselben Art und aus demselben Staat verrechnet werden. Die in einem VZ nicht ausgeglichenen oder verrechneten negativen Einkünfte sind zum Schluss des VZ gesondert festzustellen. Die Regelungen in § 2a Abs. 1 und 2 EStG wirken sich bei negativen Einkünften aus Drittstaaten, mit denen kein DBA besteht oder mit denen ein DBA besteht, nach dem die Einkünfte von der deutschen Besteuerung nicht freigestellt sind, unmittelbar auf die Besteuerungsgrundlage aus. Bei nach DBA steuerfreien Einkünften wirkt sich § 2a Abs. 1 und 2 EStG im Rahmen des Progressionsvorbehalts auf den Steuersatz aus (→ H 32b und → BFH vom 17. 11. 1999 – BStBl. 2000 II S. 605).

Demgegenüber ermöglichte § 2a Abs. 3 EStG in der bis einschließlich VZ 1998 geltenden Fassung (Bekanntmachung vom 16. 4. 1997 – BGBl. I S. 821, nachfolgend EStG a. F.) auf Antrag den Verlustausgleich und Verlustabzug für Verluste aus gewerblichen Betriebsstätten in einem ausländischen Staat, mit dem ein DBA besteht, wenn die Einkünfte nach dem DBA in Deutschland steuerbefreit und die Aktivitätsvoraussetzungen des § 2a Abs. 2 EStG a. F. erfüllt sind. Fallen in einem späteren VZ insgesamt positive gewerbliche Einkünfte aus diesem Staat an, ist eine → Nachversteuerung durchzuführen. In diesem Fall ist ein Betrag bis zur Höhe des abgezogenen Verlustes bei der Ermittlung des G. d. E. hinzuzurechnen (§ 52 Abs. 2 EStG i. V. m. § 2a Abs. 3 Satz 3 bis 6 EStG a. F.).

Beteiligungen an inländischen Körperschaften mit Drittstaatenbezug (§ 2a Abs. 1 Satz 1 Nr. 7 EStG)

Beispiel 1 (Einkünfte nur nach § 2a Abs. 1 Satz 1 Nr. 7 EStG):

Der Stpfl. hält im Betriebsvermögen eine Beteiligung an der inländischen Kapitalgesellschaft A, die eine nicht aktive gewerbliche Betriebsstätte im Staat X hat. Außerdem hat er im Privatvermögen eine Beteiligung an der inländischen Kapitalgesellschaft B, die ebenfalls über eine nicht aktive gewerbliche Betriebsstätte im Staat X (kein EU-/EWR-Staat) verfügt. Während die A in den Jahren 01 bis 03 in ihrer ausländischen Betriebsstätte Verluste erleidet, erzielt die B in diesem Zeitraum Gewinne. Im Jahr 02 nimmt der Stpfl. eine Teilwertabschreibung auf die Beteiligung an der A vor. Im Jahr 03 veräußert der Stpfl. die Beteiligung an der B und erzielt hieraus einen Veräußerungsgewinn nach § 17 EStG.

Die Gewinnminderung auf Grund der Teilwertabschreibung in 02 erfüllt einen Tatbestand des § 2a Abs. 1 Satz 1 Nr. 7 (hier Buchstabe a) i. V. m. Nr. 2 EStG.

Die Veräußerung der Beteiligung an der B in 03 erfüllt einen Tatbestand des § 2a Abs. 1 Satz 1 Nr. 7 (hier Buchstabe c) i. V. m. Nr. 2 EStG. Die negativen Einkünfte aus der Teilwertabschreibung in 02 sind daher in 03 mit dem Veräußerungsgewinn zu verrechnen.

Beispiel 2 (Einkünfte nach § 2a Abs. 1 Satz 1 Nr. 7 und Nr. 1 bis 6 EStG):

Der Stpfl. hat eine nicht aktive gewerbliche Betriebsstätte im Staat X und eine Beteiligung an einer inländischen Kapitalgesellschaft A, die in X ebenfalls eine nicht aktive gewerbliche Betriebsstätte unterhält. Während der Stpfl. mit seiner ausländischen Betriebsstätte Gewinne erzielt, erleidet die ausländische Betriebsstätte der A Verluste. Der Stpfl. veräußert die Beteiligung an der A mit Verlust.

Die negativen Einkünfte aus der Veräußerung der Beteiligung erfüllen einen Tatbestand des § 2a Abs. 1 Satz 1 Nr. 7 (Buchstabe a oder c) i. V. m. Nr. 2 EStG. Sie sind mit den positiven Einkünften aus der eigengewerblichen ausländischen Betriebsstätte auszugleichen, da diese Betriebsstätte den Tatbestand des § 2a Abs. 1 Satz 1 Nr. 2 EStG erfüllt.

Betriebsstätte → § 12 AO[1]

Einkünfteermittlung. Die Einkünfte sind unabhängig von der Einkünfteermittlung im Drittstaat nach den Vorschriften des deutschen Einkommensteuerrechts zu ermitteln. Dabei sind alle Betriebsausgaben oder Werbungskosten zu berücksichtigen, die mit den im Drittstaat erzielten Einnahmen in wirtschaftlichem Zusammenhang stehen.

Einkunftsart i. S. d. § 2a Abs. 1 EStG

- Welche Einkunftsart i. S. d. § 2a Abs. 1 EStG vorliegt, richtet sich nur nach den im Drittstaat gegebenen Merkmalen (sog. isolierende Betrachtungsweise; → BFH vom 21. 8. 1990 – BStBl. 1991 II S. 126).
- Eine nach deutschem Steuerrecht gebotene Umqualifizierung durch § 8 Abs. 2 KStG ist ohne Bedeutung (→ BFH vom 31. 3. 2004 – BStBl. II S. 742).

Nachversteuerung

- **Allgemeines.** § 2a Abs. 3 EStG in der bis einschließlich VZ 1998 geltenden Fassung (Bekanntmachung vom 16. 4. 1997 – BGBl. I S. 821, nachfolgend EStG a. F.) ermöglichte auf Antrag den Verlustausgleich und Verlustabzug für Verluste aus gewerblichen Betriebsstätten in einem ausländischen Staat, mit dem ein DBA besteht, wenn die Einkünfte nach dem DBA in Deutschland steuerbefreit und die Aktivitätsvoraussetzungen des § 2a Abs. 2 EStG a. F. erfüllt sind.

  § 2a Abs. 3 EStG i. d. F. der Bekanntmachung vom 16. 4. 1997 (BGBl. I S. 821) lautete:
  „(3) ① Sind nach einem Abkommen zur Vermeidung der Doppelbesteuerung bei einem unbeschränkt Steuerpflichtigen aus einer in einem ausländischen Staat belegenen Betriebsstätte stammende Einkünfte aus gewerblicher Tätigkeit von der Einkommensteuer zu befreien, so ist auf Antrag des Steuerpflichtigen ein Verlust, der sich nach den Vorschriften des in-

[1] Abgedruckt im „AO/FGO-Handbuch 2023".

H 2a

ländischen Steuerrechts bei diesen Einkünften ergibt, bei der Ermittlung des Gesamtbetrags der Einkünfte abzuziehen, soweit er vom Steuerpflichtigen ausgeglichen oder abgezogen werden könnte, wenn die Einkünfte nicht von der Einkommensteuer zu befreien wären, und soweit er nach diesem Abkommen zu befreiende positive Einkünfte aus gewerblicher Tätigkeit aus anderen in diesem ausländischen Staat belegenen Betriebsstätten übersteigt. ② Soweit der Verlust dabei nicht ausgeglichen wird, ist bei Vorliegen der Voraussetzungen des § 10 d der Verlustabzug zulässig. ③ Der nach den Sätzen 1 und 2 abgezogene Betrag ist, soweit sich in einem der folgenden Veranlagungszeiträume bei den nach diesem Abkommen zu befreienden Einkünften aus gewerblicher Tätigkeit aus in diesem ausländischen Staat belegenen Betriebsstätten insgesamt ein positiver Betrag ergibt, in dem betreffenden Veranlagungszeitraum bei der Ermittlung des Gesamtbetrags der Einkünfte wieder hinzuzurechnen. ④ Satz 3 ist nicht anzuwenden, wenn der Steuerpflichtige nachweist, daß nach den für ihn geltenden Vorschriften des ausländischen Staates ein Abzug von Verlusten in anderen Jahren als dem Verlustjahr allgemein nicht beansprucht werden kann. ⑤ Der am Schluß eines Veranlagungszeitraums nach den Sätzen 3 und 4 der Hinzurechnung unterliegende und noch nicht hinzugerechnete (verbleibende) Betrag ist gesondert festzustellen; § 10 d Abs. 3 gilt entsprechend. ⑥ In die gesonderte Feststellung nach Satz 5 einzubeziehen ist der nach § 2 Abs. 1 Satz 3 und 4 des Gesetzes über steuerliche Maßnahmen bei Auslandsinvestitionen der deutschen Wirtschaft vom 18. August 1969 (BGBl. I S. 1214), das zuletzt durch Artikel 8 des Gesetzes vom 25. Juli 1988 (BGBl. I S. 1093) geändert worden ist, der Hinzurechnung unterliegende und noch nicht hinzugerechnete Betrag."

Fallen in einem späteren VZ insgesamt positive gewerbliche Einkünfte aus diesem Staat an, ist eine Nachversteuerung durchzuführen. In diesem Fall ist ein Betrag bis zur Höhe des abgezogenen Verlustes bei der Ermittlung des G. d. E. hinzuzurechnen (§ 52 Abs. 2 EStG i. V. m. § 2a Abs. 3 Satz 3 bis 6 EStG a. F.).

Der nach § 2a Abs. 3 Satz 1 und 2 EStG a. F. abgezogene Betrag ist, soweit sich in einem der folgenden VZ bei den nach diesem Abkommen zu befreienden Einkünften aus gewerblicher Tätigkeit aus in diesem ausländischen Staat belegenen Betriebsstätten insgesamt ein positiver Betrag ergibt, in dem betreffenden VZ bei der Ermittlung des G. d. E. wieder hinzuzurechnen (§ 2a Abs. 3 Satz 3 EStG a. F.). § 2a Abs. 3 Satz 3 EStG a. F. ist auch dann anzuwenden, wenn nach den Vorschriften des ausländischen Staates ein Abzug von Verlusten in anderen Jahren als dem Verlustjahr allgemein nicht beansprucht werden kann (→ § 52 Abs. 2 Satz 3 EStG). Der am Schluss eines VZ nach den § 2a Abs. 3 Satz 3 und 4 EStG a. F. der Hinzurechnung unterliegende und noch nicht hinzugerechnete (verbleibende) Betrag ist gesondert festzustellen; § 10d Abs. 4 EStG gilt entsprechend. In die gesonderte Feststellung nach § 2a Abs. 1 Satz 5 einzubeziehen ist der nach § 2 Abs. 1 Satz 3 und 4 AIG der Hinzurechnung unterliegende und noch nicht hinzugerechnete Betrag.

→ § 52 Abs. 2 Satz 3 EStG

Eine Nachversteuerung kommt nach § 52 Abs. 2 Satz 3 EStG außerdem in Betracht, soweit eine in einem ausländischen Staat belegene Betriebsstätte

- in eine Kapitalgesellschaft umgewandelt,
- übertragen oder
- aufgegeben

wird. Die Nachversteuerung erfolgt in diesen Fällen auf folgender Rechtsgrundlage:

Wird eine in einem ausländischen Staat belegene Betriebsstätte

1. in eine Kapitalgesellschaft umgewandelt oder
2. entgeltlich oder unentgeltlich übertragen oder
3. aufgegeben, jedoch die ursprünglich von der Betriebsstätte ausgeübte Geschäftstätigkeit ganz oder teilweise von einer Gesellschaft, an der der inländische Stpfl. zu mindestens 10% unmittelbar oder mittelbar beteiligt ist, oder von einer ihm nahestehenden Person i. S. d. § 1 Abs. 2 AStG fortgeführt,

ist ein nach § 2a Abs. 3 Satz 1 und 2 EStG a. F. abgezogener Verlust, soweit er nach § 2a Abs. 3 Satz 3 EStG a. F. nicht wieder hinzugerechnet worden ist oder nicht noch hinzuzurechnen ist, im VZ der Umwandlung, Übertragung oder Aufgabe in entsprechender Anwendung des § 2a Abs. 3 Satz 3 EStG a. F. dem G. d. E. hinzuzurechnen. Dies gilt entsprechend bei Beendigung der unbeschränkten Einkommensteuerpflicht durch Aufgabe des Wohnsitzes oder des gewöhnlichen Aufenthalts sowie bei Beendigung der Ansässigkeit im Inland auf Grund der Bestimmungen eines DBA.

→ § 52 Abs. 2 Satz 3 EStG

- **Einzelfragen**
  - Nachversteuerung auch, wenn sich Verluste nur auf Grund deutscher Gewinnermittlungsvorschriften ergeben haben; Gleiches gilt, wenn in dem ausländischen Staat wegen vorgeschriebener pauschalierter Gewinnermittlung keine Verluste ausgewiesen werden können.
  - In Veräußerungsfällen ist bei der Hinzurechnung weder der Freibetrag nach § 16 Abs. 4 EStG noch die Tarifermäßigung nach § 34 EStG zu gewähren (→ BFH vom 16. 11. 1989 – BStBl. 1990 II S. 204).
  - Nachversteuerung auch hinsichtlich der Verluste, die vor 1982 abgezogen worden sind (→ BFH vom 20. 9. 1989 – BStBl. 1990 II S. 112).
  - Wird eine Personengesellschaft im Ausland als juristische Person besteuert, steht dies der Anwendung des § 52 Abs. 2 Satz 3 EStG i. V. m. § 2a Abs. 3 Satz 3, 5 und 6 EStG a. F. nicht entgegen (→ BFH vom 16. 11. 1989 – BStBl. 1990 II S. 204).

– Die Entscheidung, ob und in welcher Weise sich positive gewerbliche Einkünfte i. S. d. § 52 Abs. 2 Satz 3 EStG i. V. m. § 2 a Abs. 3 Satz 3, 5 und 6 EStG a. F. auswirken, ist im Veranlagungsverfahren zu treffen. Im Rahmen eines evtl. Feststellungsverfahrens hat das Betriebsstättenfinanzamt lediglich sämtliche tatsächlichen und rechtlichen Voraussetzungen festzustellen (→ BFH vom 21. 8. 1990 – BStBl. 1991 II S. 126).

Prüfung der Aktivitätsklausel

– Sowohl der Handel mit Grundstücken als auch derjenige mit Rechten fallen nicht unter den Begriff „Lieferung von Waren" i. S. d. § 2 a Abs. 2 EStG (→ BFH vom 18. 7. 2001 – BStBl. 2003 II S. 48).
– Der Handel mit Jagd- und Sportmunition ist keine Lieferung von Waffen i. S. d. § 2 a Abs. 2 EStG (→ BFH vom 30. 4. 2003 – BStBl. II S. 918).
– Auf einem Datenträger verkörperte Standardsoftware ist „Ware" i. S. d. § 2 a Abs. 2 EStG (→ BFH vom 28. 10. 2008 – BStBl. 2009 II S. 527).

Verlustabzug in Erbfällen

– Negative Einkünfte des Erblassers i. S. d. § 2 a Abs. 1 EStG gehen nicht im Wege der Erbfolge auf den Erben über (→ R 10 d Abs. 9 Satz 9, → BFH vom 23. 10. 2019 – BStBl. 2021 II S. 138).
– Nachversteuerung gem. § 2 a Abs. 3 EStG a. F. → R 10 d Abs. 9 Satz 13,
– Hinzurechnung bei Verlusten nach § 2 AIG → R 10 d Abs. 9 Satz 14.

Verluste bei beschränkter Haftung (§ 15 a EStG) → R 15 a Abs. 5.

Verluste aus VZ vor 1992. Negative ausländische Einkünfte, die in den VZ 1985 bis 1991 entstanden und bis zum VZ 1991 einschließlich nicht ausgeglichen worden sind, sind in die VZ ab 1992 zeitlich unbegrenzt vorzutragen (→ BFH vom 30. 6. 2005 – BStBl. II S. 641).

EStG

§ 2 b[1] (weggefallen)

[1] § 2 b aufgehoben, § 2 b ist weiterhin für Einkünfte aus einer Einkunftsquelle i. S. d. § 2 b anzuwenden, die der Steuerpflichtige nach dem 4. 3. 1999 und vor dem 11. 11. 2005 rechtswirksam erworben oder begründet hat, § 52 Abs. 3 EStG. § 2 b letztmals abgedruckt im „Handbuch zur ESt-Veranlagung 2008".
H 2 b und Anwendungsschreiben zu § 2 b EStG vom 22. 8. 2001 (BGBl. I S. 588) letztmals abgedruckt im „Handbuch zur ESt-Veranlagung 2005".

2. Steuerfreie Einnahmen

R 3.0 Steuerbefreiungen nach anderen Gesetzen, Verordnungen und Verträgen

R 3.0

① Gesetze und Verordnungen, die die Deckung des Landbedarfs der öffentlichen Hand regeln, bestimmen zum Teil, dass Geschäfte und Verhandlungen, die der Durchführung der Landbeschaffung und der Landentschädigung dienen, von allen Gebühren und Steuern des Bundes, der Länder und der sonstigen öffentlichen Körperschaften befreit sind. ② Die Befreiung erstreckt sich nicht auf die Einkommensteuer für Gewinne aus diesen Rechtsgeschäften. 0

Steuerbefreiungen nach anderen Gesetzen, Verordnungen und Verträgen.

H 3.0

– Unterschiedsbeträge nach § 17 Abs. 1 Arbeitssicherstellungsgesetz; 01
– Leistungen nach § 17 Conterganstiftungsgesetz.

§ 3

EStG

Steuerfrei sind

1. a) Leistungen aus einer Krankenversicherung, aus einer Pflegeversicherung und aus der gesetzlichen Unfallversicherung, 1
b) Sachleistungen und Kinderzuschüsse aus den gesetzlichen Rentenversicherungen einschließlich der Sachleistungen nach dem Gesetz über die Alterssicherung der Landwirte,
c) Übergangsgeld nach dem Sechsten Buch Sozialgesetzbuch und Geldleistungen nach den §§ 10, 36 bis 39 des Gesetzes über die Alterssicherung der Landwirte,
d) das Mutterschaftsgeld nach dem Mutterschutzgesetz, der Reichsversicherungsordnung und dem Gesetz über die Krankenversicherung der Landwirte, die Sonderunterstützung für im Familienhaushalt beschäftigte Frauen, der Zuschuss zum Mutterschaftsgeld nach dem Mutterschutzgesetz sowie der Zuschuss bei Beschäftigungsverboten für die Zeit vor oder nach einer Entbindung sowie für den Entbindungstag während einer Elternzeit nach beamtenrechtlichen Vorschriften;

Allgemeines

H 3.1

– Leistungen aus der gesetzlichen Kranken- und Unfallversicherung sind Bar- und Sachleistungen (→ §§ 21–22 SGB I). 1a
– Zur Rechtsnachfolge bei diesen Leistungen (→ §§ 56–59 SGB I).

Krankenversicherung. Steuerfrei sind auch Leistungen aus einer ausländischen Krankenversicherung (→ BFH vom 26. 5. 1998 – BStBl. II S. 581).

Unfallversicherung.[1] Die Steuerfreiheit kann auch für Leistungen aus einer ausländischen gesetzlichen Unfallversicherung in Betracht kommen (→ BFH vom 7. 8. 1959 – BStBl. III S. 462).

§ 3

EStG

Steuerfrei sind

...

2. a) das Arbeitslosengeld, das Teilarbeitslosengeld, das Kurzarbeitergeld, der Zuschuss zum Arbeitsentgelt, das Übergangsgeld, der Gründungszuschuss nach dem Dritten Buch Sozialgesetzbuch sowie die übrigen Leistungen nach dem Dritten Buch Sozialgesetzbuch und den entsprechenden Programmen des Bundes und der Länder, soweit sie Arbeitnehmern oder Arbeitsuchenden oder zur Förderung der Aus- oder Weiterbildung oder Existenzgründung der Empfänger gewährt werden, 2
b) das Insolvenzgeld, Leistungen auf Grund der in § 169 und § 175 Absatz 2 des Dritten Buches Sozialgesetzbuch genannten Ansprüche sowie Zahlungen des Arbeitgebers an einen Sozialleistungsträger auf Grund des gesetzlichen Forderungsübergangs nach § 115 Absatz 1 des Zehnten Buches Sozialgesetzbuch, wenn ein Insolvenzereignis nach § 165 Absatz 1 Satz 2 auch in Verbindung mit Satz 3 des Dritten Buches Sozialgesetzbuch vorliegt,
c) die Arbeitslosenbeihilfe nach dem Soldatenversorgungsgesetz,

[1] Siehe ferner *Vfg. OFD Magdeburg vom 9. 7. 2004 S 2144 – 33 – St 211 (DStR 2004 S. 1607).*

d) Leistungen zur Sicherung des Lebensunterhalts und zur Eingliederung in Arbeit nach dem Zweiten Buch Sozialgesetzbuch,

e) mit den in den Nummern 1 bis 2 Buchstabe d und Nummer 67 Buchstabe b genannten Leistungen vergleichbare Leistungen ausländischer Rechtsträger, die ihren Sitz in einem Mitgliedstaat der Europäischen Union, in einem Staat, auf den das Abkommen über den Europäischen Wirtschaftsraum Anwendung findet oder in der Schweiz haben;

R 3.2

2a ① Aus dem Ausland bezogenes Arbeitslosengeld gehört nicht zu den nach § 3 Nr. 2 EStG steuerfreien Leistungen. ② Es handelt sich dabei um wiederkehrende Bezüge i. S. d. § 22 Nr. 1 EStG, die ggf. nach dem DBA mit einem ausländischen Staat steuerfrei sein können.

H 3.2

2b **Existenzgründerzuschuss.** Zuschüsse zur Förderung von Existenzgründern aus Mitteln des Europäischen Sozialfonds und aus Landesmitteln sind nicht steuerfrei, wenn sie nicht der Aufstockung des Überbrückungsgeldes nach dem SGB III dienen (→ BFH vom 26. 6. 2002 – BStBl. II S. 697).

Leistungen nach dem SGB III → R 3.2 LStR 2015.

EStG

§ 3

Steuerfrei sind

...

2 a. *(aufgehoben)*

2 b. *(aufgehoben)*

3 **3.**[1] **a) Rentenabfindungen nach § 107 des Sechsten Buches Sozialgesetzbuch, nach § 21 des Beamtenversorgungsgesetzes, nach § 9 Absatz 1 Nummer 3 des Altersgeldgesetzes oder entsprechendem Landesrecht und nach § 43 des Soldatenversorgungsgesetzes in Verbindung mit § 21 des Beamtenversorgungsgesetzes,**

b) Beitragserstattungen an den Versicherten nach den §§ 210 und 286 d des Sechsten Buches Sozialgesetzbuch sowie nach den §§ 204, 205 und 207 des Sechsten Buches Sozialgesetzbuch, Beitragserstattungen nach den §§ 75 und 117 des Gesetzes über die Alterssicherung der Landwirte und nach § 26 des Vierten Buches Sozialgesetzbuch,

c)[2] **Leistungen aus berufsständischen Versorgungseinrichtungen, die den Leistungen nach den Buchstaben a und b entsprechen,**

d) Kapitalabfindungen und Ausgleichszahlungen nach § 48 des Beamtenversorgungsgesetzes oder entsprechendem Landesrecht und nach den §§ 28 bis 35 und 38 des Soldatenversorgungsgesetzes;

4 **4. bei Angehörigen der Bundeswehr, der Bundespolizei, der Zollverwaltung, der Bereitschaftspolizei der Länder, der Vollzugspolizei und der Berufsfeuerwehr der Länder und Gemeinden und bei Vollzugsbeamten der Kriminalpolizei des Bundes, der Länder und Gemeinden**

a) der Geldwert der ihnen aus Dienstbeständen überlassenen Dienstkleidung,

b) Einkleidungsbeihilfen und Abnutzungsentschädigungen für die Dienstkleidung der zum Tragen oder Bereithalten von Dienstkleidung Verpflichteten und für dienstlich notwendige Kleidungsstücke der Vollzugsbeamten der Kriminalpolizei sowie der Angehörigen der Zollverwaltung,

c) im Einsatz gewährte Verpflegung oder Verpflegungszuschüsse,

d) der Geldwert der auf Grund gesetzlicher Vorschriften gewährten Heilfürsorge;

5 **5. a) die Geld- und Sachbezüge, die Wehrpflichtige während des Wehrdienstes nach § 4 des Wehrpflichtgesetzes erhalten,**

b) die Geld- und Sachbezüge, die Zivildienstleistende nach § 35 des Zivildienstgesetzes erhalten,

c) die Heilfürsorge, die Soldaten nach § 16 des Wehrsoldgesetzes und Zivildienstleistende nach § 35 des Zivildienstgesetzes erhalten,

d) das an Personen, die einen in § 32 Absatz 4 Satz 1 Nummer 2 Buchstabe d genannten Freiwilligendienst leisten, gezahlte Taschengeld oder eine vergleichbare Geldleistung,

e) Leistungen nach § 5 des Wehrsoldgesetzes;

---

[1] **Zur Fassung von § 3 Nr. 3 Buchstabe a und d ab 1. 1. 2025 siehe in der geschlossenen Wiedergabe.**

[2] Zur Steuerfreiheit von Beitragserstattungen berufsständischer Versorgungseinrichtungen siehe *Vfg. OFD Hannover vom 30. 8. 2007 S 2342 – 145 – StO 213 (DStR 2008 S. 148).*

6.[1] **Bezüge, die auf Grund gesetzlicher Vorschriften aus öffentlichen Mitteln versorgungshalber an Wehrdienstbeschädigte, im Freiwilligen Wehrdienst Beschädigte, Zivildienstbeschädigte und im Bundesfreiwilligendienst Beschädigte oder ihre Hinterbliebenen, Kriegsbeschädigte, Kriegshinterbliebene und ihnen gleichgestellte Personen gezahlt werden, soweit es sich nicht um Bezüge handelt, die auf Grund der Dienstzeit gewährt werden. ② Gleichgestellte im Sinne des Satzes 1 sind auch Personen, die Anspruch auf Leistungen nach dem Bundesversorgungsgesetz oder auf Unfallfürsorgeleistungen nach dem Soldatenversorgungsgesetz, Beamtenversorgungsgesetz oder vergleichbarem Landesrecht haben;** 6

H 3.6

6a

Bezüge aus EU-Mitgliedstaaten. § 3 Nr. 6 EStG ist auch auf Bezüge von Kriegsbeschädigten und gleichgestellten Personen anzuwenden, die aus öffentlichen Mitteln anderer EU-Mitgliedstaaten gezahlt werden (→ BFH vom 22. 1. 1997 – BStBl. II S. 358).

Gesetzliche Bezüge der Wehr- und Zivildienstbeschädigten, Kriegsbeschädigten, ihrer Hinterbliebenen und der ihnen gleichgestellten Personen → R 3.6 LStR 2015.

EStG

§ 3

Steuerfrei sind

. . .

7. Ausgleichsleistungen nach dem Lastenausgleichsgesetz, Leistungen nach dem Flüchtlingshilfegesetz, dem Bundesvertriebenengesetz, dem Reparationsschädengesetz, dem Vertriebenenzuwendungsgesetz, dem NS-Verfolgtenentschädigungsgesetz sowie Leistungen nach dem Entschädigungsgesetz und nach dem Ausgleichsleistungsgesetz, soweit sie nicht Kapitalerträge im Sinne des § 20 Absatz 1 Nummer 7 und Absatz 2 sind; 7

H 3.7

7a

Allgemeines. Steuerfrei sind insbesondere folgende Leistungen, soweit sie nicht in Form zurückzahlbarer Darlehen, z. B. Eingliederungsdarlehen gewährt werden:

Flüchtlingshilfegesetz (FlüHG)
- Laufende Beihilfe – Beihilfe zum Lebensunterhalt.
- Besondere laufende Beihilfe (§§ 10 bis 16 a FlüHG).

Lastenausgleichsgesetz (LAG)
- Hauptentschädigung – einschließlich des Zinszuschlags – i. S. d. § 250 Abs. 3 und des § 252 Abs. 2 LAG – (§§ 243 bis 252, 258 LAG).
- Kriegsschadenrente – Unterhaltshilfe und Entschädigungsrente – (§§ 261 bis 292 c LAG).
- Hausratentschädigungen (§§ 293 bis 297 LAG), Leistungen aus dem Härtefonds (§§ 301, 301 a, 301 b LAG).
- Leistungen auf Grund sonstiger Förderungsmaßnahmen (§ 302 LAG).

EStG

§ 3

Steuerfrei sind

. . .

8. Geldrenten, Kapitalentschädigungen und Leistungen im Heilverfahren, die auf Grund gesetzlicher Vorschriften zur Wiedergutmachung nationalsozialistischen Unrechts gewährt werden. ② Die Steuerpflicht von Bezügen aus einem aus Wiedergutmachungsgründen neu begründeten oder wieder begründeten Dienstverhältnis sowie von Bezügen aus einem früheren Dienstverhältnis, die aus Wiedergutmachungsgründen neu gewährt oder wieder gewährt werden, bleibt unberührt; 8

H 3.8

8a

Wiedergutmachungsleistungen
→ Bundesentschädigungsgesetz
→ Bundesgesetz zur Wiedergutmachung nationalsozialistischen Unrechts in der Kriegsopferversorgung
→ Bundesgesetz zur Wiedergutmachung nationalsozialistischen Unrechts in der Kriegsopferversorgung für Berechtigte im Ausland
→ Entschädigungsrentengesetz
→ Wiedergutmachungsrecht der Länder.

[1] **Zur Fassung von § 3 Nr. 6 ab 1. 1. 2024 und 1. 1. 2025 siehe in der geschlossenen Wiedergabe.**

EStG

§ 3

Steuerfrei sind

...

8b **8 a. Renten wegen Alters und Renten wegen verminderter Erwerbsfähigkeit aus der gesetzlichen Rentenversicherung, die an Verfolgte im Sinne des § 1 des Bundesentschädigungsgesetzes gezahlt werden, wenn rentenrechtliche Zeiten auf Grund der Verfolgung in der Rente enthalten sind. ② Renten wegen Todes aus der gesetzlichen Rentenversicherung, wenn der verstorbene Versicherte Verfolgter im Sinne des § 1 des Bundesentschädigungsgesetzes war und wenn rentenrechtliche Zeiten auf Grund der Verfolgung in dieser Rente enthalten sind;**

9 **9. Erstattungen nach § 23 Absatz 2 Satz 1 Nummer 3 und 4 sowie nach § 39 Absatz 4 Satz 2 des Achten Buches Sozialgesetzbuch;**

10 **10. Einnahmen einer Gastfamilie für die Aufnahme eines Menschen mit Behinderungen oder von Behinderung bedrohten Menschen nach § 2 Absatz 1 des Neunten Buches Sozialgesetzbuch zur Pflege, Betreuung, Unterbringung und Verpflegung, die auf Leistungen eines Leistungsträgers nach dem Sozialgesetzbuch beruhen. ② Für Einnahmen im Sinne des Satzes 1, die nicht auf Leistungen eines Leistungsträgers nach dem Sozialgesetzbuch beruhen, gilt Entsprechendes bis zur Höhe der Leistungen nach dem Zwölften Buch Sozialgesetzbuch. ③ Überschreiten die auf Grund der in Satz 1 bezeichneten Tätigkeit bezogenen Einnahmen der Gastfamilie den steuerfreien Betrag, dürfen die mit der Tätigkeit in unmittelbarem wirtschaftlichen Zusammenhang stehenden Ausgaben abweichend von § 3 c nur insoweit als Betriebsausgaben abgezogen werden, als sie den Betrag der steuerfreien Einnahmen übersteigen;**

11 **11. Bezüge aus öffentlichen Mitteln oder aus Mitteln einer öffentlichen Stiftung, die wegen Hilfsbedürftigkeit oder als Beihilfe zu dem Zweck bewilligt werden, die Erziehung oder Ausbildung, die Wissenschaft oder Kunst unmittelbar zu fördern. ② Darunter fallen nicht Kinderzuschläge und Kinderbeihilfen, die auf Grund der Besoldungsgesetze, besonderer Tarife oder ähnlicher Vorschriften gewährt werden. ③ Voraussetzung für die Steuerfreiheit ist, dass der Empfänger mit den Bezügen nicht zu einer bestimmten wissenschaftlichen oder künstlerischen Gegenleistung oder zu einer bestimmten Arbeitnehmertätigkeit verpflichtet wird. ④ Den Bezügen aus öffentlichen Mitteln wegen Hilfsbedürftigkeit gleichgestellt sind Beitragsermäßigungen und Prämienrückzahlungen eines Trägers der gesetzlichen Krankenversicherung für nicht in Anspruch genommene Beihilfeleistungen;**

H 3.11

11a **Beihilfen.** Entscheidendes Merkmal der Beihilfe ist ihre Unentgeltlichkeit und Einseitigkeit. Leistungen, die im Rahmen eines entgeltlichen Austauschgeschäfts erbracht werden, können nicht als Beihilfe qualifiziert werden. Danach sind die von den Jugendämtern an Vollzeitpflegeeltern geleisteten → Pflegegelder nach § 3 Nr. 11 EStG steuerfrei. Demgegenüber sind Pflegesätze, die an ein erwerbsmäßig betriebenes Kinderhaus für die Unterbringung von Kindern gezahlt werden, keine Beihilfen i. S. d. § 3 Nr. 11 EStG (→ BFH vom 23. 9. 1998 – BStBl. 1999 II S. 133).

Beihilfen und Unterstützungen, die wegen Hilfsbedürftigkeit gewährt werden → R 3.11 LStR 2015.

Beihilfen zu Lebenshaltungskosten können die Erziehung und Ausbildung, nicht aber die Wissenschaft und Kunst unmittelbar fördern (→ BFH vom 27. 4. 2006 – BStBl. II S. 755).

Erziehungs- und Ausbildungsbeihilfen → H 3.11 (Steuerfreiheit nach § 3 Nr. 11 EStG) LStH.

Öffentliche Stiftung. Eine öffentliche Stiftung liegt vor, wenn

a) die Stiftung selbst juristische Person des öffentlichen Rechts ist
oder
b) das Stiftungsvermögen im Eigentum einer juristischen Person des öffentlichen Rechts steht
oder
c) die Stiftung von einer juristischen Person des öffentlichen Rechts verwaltet wird.

Zur Definition der öffentlichen Stiftung → BVerfG vom 6. 11. 1962 (BVerfGE 15, S. 46). Im Übrigen richtet sich der Begriff nach Landesrecht.

Pflegegeld

– Zur Behandlung der Geldleistungen für Kinder in Vollzeitpflege und anderen Betreuungsverhältnissen nach den §§ 32 bis 35 sowie 42 und 42a SGB VIII → BMF vom 31. 8. 2021 (BStBl. I S. 1802).[1]

---

[1] Nachstehend abgedruckt.

– Zur Behandlung der Geldleistungen für Kinder in **Kindertagespflege** → BMF vom 11. 11. 2016 (BStBl. I S. 1236).[1]
– → Beihilfen.

Anl zu H 3.11

Schreiben betr. einkommensteuerrechtliche Behandlung der Geldleistungen für Kinder in Vollzeitpflege und anderen Betreuungsverhältnissen (nach den §§ 32 bis 35 sowie 42 und 42a SGB VIII)

Vom 31. August 2021 (BStBl. I S. 1802)

BMF IV C 3 – S 2342/20/10001 :003; DOK 2021/0917789)

Im Einvernehmen mit den obersten Finanzbehörden der Länder gilt für Kinder in Vollzeitpflege (§ 33 SGB VIII), für die Erziehung in einer Tagesgruppe (§ 32 SGB VIII), für die Heimerziehung/Erziehung in sonstiger betreuter Wohnform (§ 34 SGB VIII), für die intensive sozialpädagogische Einzelbetreuung (§ 35 SGB VIII) nach § 39 SGB VIII vereinnahmte Gelder zum Unterhalt des Kindes oder des Jugendlichen, sowie für vereinnahmte Gelder für die Unterbringung und Betreuung bei Inobhutnahme von Kindern und Jugendlichen (§§ 42, 42a SGB VIII) Folgendes: **11b**

A. Vollzeitpflege (§ 33 SGB VIII)

Die Vollzeitpflege nach § 33 SGB VIII dient dazu, einem Kind zeitlich befristet oder dauerhaft im Haushalt der Pflegeeltern ein neues Zuhause zu bieten. Zwischen Pflegeeltern und Kind soll ein dem Eltern-Kind-Verhältnis ähnliches Band entstehen. Formen der Vollzeitpflege sind die Dauerpflege, die Kurzzeitpflege, die Bereitschaftspflege, die Wochenpflege, die Sonderpflege sowie die Familienpflege für besonders beeinträchtigte Kinder und Jugendliche. Auch die Betreuung von Kindern und Jugendlichen im Privathaushalt ausgebildeter Erzieher stellt eine Vollzeitpflege nach § 33 SGB VIII dar (BFH vom 5. November 2014 – VIII R 29/11, BStBl. 2017 II S. 432).

Im Rahmen der Vollzeitpflege wird Pflegegeld ausgezahlt, welches die materiellen Aufwendungen und die Kosten der Erziehung abdeckt. Zusätzlich werden anlassbezogene Beihilfen und Zuschüsse geleistet. Sowohl das Pflegegeld als auch die anlassbezogenen Beihilfen und Zuschüsse aus öffentlichen Mitteln sind steuerfreie Beihilfen im Sinne des § 3 Nummer 11 EStG, die die Erziehung unmittelbar fördern, sofern eine Erwerbstätigkeit nicht vorliegt. Werden mehr als sechs Kinder gleichzeitig im Haushalt aufgenommen, wird eine Erwerbstätigkeit vermutet. Bei einer Betreuung von bis zu sechs Kindern ist ohne weitere Prüfung davon auszugehen, dass die Pflege nicht erwerbsmäßig betrieben wird. Weder die besondere Qualifikation noch ein in diesem Kontext für eine Familienpflege für besonders beeinträchtigte Kinder gezahltes bedarfsabhängiges erhöhtes Pflegegeld schließen die Annahme einer Beihilfe zur Förderung der Erziehung im Sinne von § 3 Nummer 11 EStG aus.

Die Bestandteile der Vergütungen an Bereitschaftspflegepersonen, die unabhängig von der tatsächlichen Aufnahme von Kindern geleistet werden, fördern nicht unmittelbar die Erziehung. Für den Fall, dass sog. Platzhaltekosten und Bereitschaftsgelder gezahlt werden, sind diese – mit Ausnahme der Erstattungen zur Unfallversicherung und Altersvorsorge – insoweit steuerpflichtig.

B. Erziehung in einer Tagesgruppe (§ 32 SGB VIII)

Die Hilfe zur Erziehung in einer Tagesgruppe soll die Entwicklung des Kindes oder Jugendlichen durch soziales Lernen in der Gruppe, Begleitung der schulischen Förderung und Elternarbeit unterstützen und dadurch den Verbleib des Kindes oder des Jugendlichen in seiner Familie sichern. Die Ausgestaltung der Hilfe zur Erziehung in einer Tagesgruppe findet in der Regel in institutionalisiertem Rahmen nach § 32 Satz 1 SGB VIII statt. Die Betreuung wird von beim Träger angestellten Fachkräften erwerbsmäßig geleistet. Diese Tagesgruppen als Teil einer Einrichtung unterliegen dem Erlaubnisvorbehalt (§ 45 SGB VIII). Die Einnahmen hieraus sind nicht nach § 3 Nummer 11 EStG steuerfrei.

§ 32 Satz 2 SGB VIII ermöglicht die Hilfe zur Erziehung in einer Tagesgruppe auch in geeigneten Formen der Familienpflege. Diese Form der spezialisierten Tagespflege nach § 32 Satz 2 SGB VIII erfordert, dass die betreuende Person bestimmte pädagogische Voraussetzungen erfüllt. Sie unterscheidet sich daher von der Kindertagespflege nach § 23 SGB VIII. Die Hilfe nach § 32 Satz 2 SGB VIII bietet über die typische Betreuungs- und Erziehungsform einer Kindertagespflege hinaus vor allem älteren Kindern mit Leistungs- und Verhaltensproblemen Hilfestellung. Wird eine solche Hilfe gewährt, so wird auch der notwendige Unterhalt des Kindes oder Jugendlichen außerhalb des Elternhauses sichergestellt. Er umfasst die Kosten für den Sachaufwand sowie für die Pflege und Erziehung des Kindes oder Jugendlichen. Bei diesen Geldleistungen der Jugendämter handelt es sich um Beihilfen, die unmittelbar die Erziehung fördern und aus öffentlichen Mitteln geleistet werden. Sie sind daher bei der Pflegeperson als steuerfreie Einnahme im Sinne des § 3 Nummer 11 EStG zu behandeln.

C. Heimerziehung/Erziehung in sonstiger betreuter Wohnform (§ 34 SGB VIII)

Hilfe zur Erziehung in einer Einrichtung über Tag und Nacht (Heimerziehung) oder in einer sonstigen betreuten Wohnform soll Kinder und Jugendliche durch eine Verbindung von Alltagserleben mit päda-

[1] Abgedruckt als Anlage zu H 18.1.

Anl zu H 3.11

gogischen und therapeutischen Angeboten in ihrer Entwicklung fördern. Das langfristige Ziel dieser Form der Pflege ist – entsprechend dem Alter und Entwicklungsstand des Kindes oder des Jugendlichen sowie den Möglichkeiten der Verbesserung der Erziehungsbedingungen in der Herkunftsfamilie –, eine Rückkehr in diese Familie zu erreichen oder – falls dies nicht möglich ist – die Erziehung in einer anderen Familie vorzubereiten oder durch eine auf längere Zeit angelegte Lebensform auf ein selbständiges Leben vorzubereiten. Zur Heimerziehung und sonstigen betreuten Wohnform können u. a. heilpädagogische oder therapeutische Heime, Kinderdörfer, Kinderhäuser zählen.

Die sozialrechtliche Einordnung entfaltet für die Anwendung des § 3 Nummer 11 EStG, welche sich an den tatsächlichen Verhältnissen orientiert, keine Tatbestandswirkung. Ob es sich um eine Betreuung in einer Vollzeitpflegestelle nach § 33 SGB VIII oder in einem Heim oder in einer sonstigen betreuten Wohnform nach § 34 SGB VIII handelt, bestimmt sich daher allein nach den tatsächlichen Verhältnissen der konkreten Unterbringung. Sonstige betreute Wohnformen im Sinne des § 34 SGB VIII sind nur dann gegeben, wenn sie als Einrichtung einen institutionalisierten Rahmen für die stationäre Betreuung über Tag und Nacht bieten; lediglich angemietete Wohnungen oder die bloße Überlassung von Wohnraum wie z. B. eines Zimmers im Haushalt der Betreuungsperson genügen nicht. Unter „Einrichtung" ist eine auf eine gewisse Dauer angelegte Verbindung von sächlichen und persönlichen Mitteln zu einem bestimmten Zweck unter der Verantwortung des Trägers zu verstehen. Privathaushalte der Betreuungspersonen sind daher in der Regel keine Einrichtungen im Sinne des § 34 SGB VIII (BFH vom 5. November 2014 – VIII R 29/11, BStBl. 2017 II S. 432). Ausnahmen können im Einzelfall z. B. sog. familienangelehnte Wohngruppen darstellen, insbesondere dann, wenn neben den Pflegeeltern pädagogisch ausgebildete Fachkräfte beschäftigt werden.

Die Erziehung in sonstiger betreuter Wohnform im Sinne des § 34 SGB VIII wird anders als bei den meisten Pflegefamilien im Sinne des § 33 SGB VIII grundsätzlich durch besonders qualifizierte Fachkräfte übernommen, sodass diese Form der Erziehungshilfe in diesen Einrichtungen regelmäßig erwerbsmäßig ausgeübt wird und eine berufliche Tätigkeit der Betreuungsperson darstellt. Die hierfür gezahlten Gelder sind wegen ihres entgeltlichen Charakters keine Beihilfen im Sinne des § 3 Nummer 11 EStG und deshalb steuerpflichtig. Einnahmen einer Betreuungsperson gemäß § 34 SGB VIII für die Pflege, Betreuung, Unterkunft und Verpflegung eines behinderten oder von Behinderung bedrohten Menschen nach § 2 Absatz 1 SGB IX sind auch nicht nach § 3 Nummer 10 EStG steuerfrei.

Werden der Betreuungsperson Leistungen für die Bestreitung der Sach- und Unterhaltsaufwendungen des Kindes gezahlt, gilt Folgendes:

Ist die Betreuungsperson freiberuflich (§ 18 Absatz 1 Nummer 1 EStG) tätig, stellen die Zahlungen für die Bestreitung der Sach- und Unterhaltsaufwendungen des Kindes Betriebseinnahmen dar.

Grundsätzlich sind nur die tatsächlich angefallenen und auch nachgewiesenen Sach- und Unterhaltsaufwendungen für das Kind als Betriebsausgaben abziehbar. Aus Vereinfachungsgründen ist es jedoch nicht zu beanstanden, wenn statt der tatsächlich angefallenen und nachgewiesenen Betriebsausgaben ein Betriebsausgabenabzug für Sach- und Unterhaltskosten des Kindes in Höhe der hierfür erhaltenen kinderbezogenen Leistungen geltend gemacht wird. Der Betriebsausgabenabzug für anderweitige, im Zusammenhang mit der Kindesbetreuung entstandene Kosten, die keine Sach- und Unterhaltsaufwendungen für das Kind darstellen, bleibt unberührt.

D. Intensive sozialpädagogische Einzelbetreuung (§ 35 SGB VIII)

Intensive sozialpädagogische Einzelbetreuung soll Jugendlichen gewährt werden, die einer intensiven Unterstützung zur sozialen Integration und zu einer eigenverantwortlichen Lebensführung bedürfen. Die Hilfe ist in der Regel auf längere Zeit angelegt und soll den individuellen Bedürfnissen des Jugendlichen Rechnung tragen. Adressaten dieser Form der Hilfe sind besonders belastete oder gefährdete Jugendliche, die Gewalt erlebt haben, Kontakt mit dem Drogen- und Prostituiertenmilieu haben und z. T. ohne feste Unterkunft oder Arbeit sind bzw. bereits häufig strafrechtlich in Erscheinung getreten sind. Der Jugendliche wird bei der Bewältigung persönlicher Krisen, der Gewinnung neuer Perspektiven sowie bei der Alltagsbewältigung in Schule, Ausbildung oder Arbeit durch eine Einzelperson intensiv begleitet.

Erfolgt die Betreuung eines Kindes bzw. Jugendlichen im Haushalt der Betreuungsperson, dann ist unabhängig von der sozialrechtlichen Qualifikation des Betreuungsverhältnisses als intensive sozialpädagogische Einzelbetreuung im Sinne des § 35 SGB VIII die steuerliche Beurteilung der hierfür gezahlten Pflegegelder ausschließlich nach Inhalt und Durchführung des individuellen Pflegeverhältnisses vorzunehmen. Maßgeblich ist, ob das Kind bzw. der Jugendliche zeitlich unbefristet Teil des Haushalts der Betreuungsperson sein soll und eine umfassende Betreuung erhält, die mit der eines leiblichen Kindes vergleichbar ist.

Leistungen, die aus öffentlichen Mitteln der Jugendhilfe für eine intensive sozialpädagogische Einzelbetreuung verhaltensauffälliger Kinder bzw. Jugendlicher erbracht werden, sind gemäß § 3 Nummer 11 EStG als steuerfreie Bezüge zu behandeln, wenn jeweils nur ein Kind bzw. ein Jugendlicher zeitlich unbefristet in den Haushalt des Betreuers aufgenommen und dort umfassend betreut wird.

Für die steuerliche Beurteilung nicht maßgebend ist der Umstand, dass die besondere Situation der Kinder bzw. Jugendlichen hohe Anforderungen an die persönliche und fachliche Qualifikation der Pflegeperson stellt und dementsprechend dessen pädagogisches Konzept Bestandteil des Betreuungsverhältnisses ist. Ebenso ist nicht allein deswegen von einer steuerpflichtigen Vergütung auszugehen, wenn der Betrag des bedarfsabhängig gezahlten Pflegegelds die Regelsätze für die Vollzeitpflege von Kindern und Jugendlichen übersteigt, solange mit der Zahlung kein vollständiger Ersatz des sachlichen und zeitlichen Aufwands der Pflegeeltern beabsichtigt ist. Der Steuerfreiheit widerspricht es schließlich auch nicht, wenn der Betreuer und die das Pflegegeld zahlende Stelle einen jederzeit kündbaren, privatrechtlichen Pflegevertrag abgeschlossen haben. Aus der jederzeitigen Kündigungsmöglichkeit kann dabei nicht ohne Weiteres gefolgert werden, dass das Betreuungsverhältnis nur kurzfristig bestehen soll (BFH vom 14. Juli 2020 – VIII R 27/18, BStBl. 2021 II S. 672). Anl zu H 3.11

Die Annahme einer steuerpflichtigen erwerbsmäßigen Betreuung ist dagegen gerechtfertigt, wenn die Umstände des Pflegeverhältnisses für den Vergütungscharakter der gezahlten Gelder sprechen. Besonders ins Gewicht fallen dabei die Anzahl der durch die Pflegeperson betreuten Kinder bzw. Jugendlichen, sowie die Absicht einer nur kurzfristigen Betreuung.

E. Leistungen des Jugendamtes über einen zwischengeschalteten Träger der freien Jugendhilfe

Werden die nach den vorstehenden Grundsätzen als steuerfreie Beihilfe gemäß § 3 Nummer 11 EStG zu beurteilenden Leistungen nach § 39 SGB VIII an Betreuungspersonen über einen zwischengeschalteten Träger der freien Jugendhilfe geleistet, steht dies der Einstufung als steuerfreie Beihilfen nach § 3 Nr. 11 EStG grundsätzlich nicht entgegen. Voraussetzung ist, dass der Finanzbedarf für die zur Betreuung erforderlichen Leistungen in den Haushaltsplänen des Trägers des zuständigen Jugendamts festgestellt wird und die Verwendung der Mittel der Rechnungskontrolle durch die Jugendhilfebehörde unterliegt. Gegenstand der notwendigen öffentlichen Rechnungskontrolle ist die Frage, ob die für ein bestimmtes Kind bewilligten Jugendhilfemittel an die vom freien Träger vertraglich zur Betreuung verpflichtete Pflegeperson tatsächlich abfließen. Es genügt für die erforderliche Kontrolle der zweckgerichteten Mittelverausgabung, wenn diese Feststellung der öffentlichen Hand anhand ggf. vom freien Träger vorzulegender Unterlagen möglich ist (BFH vom 25. März 2021 – VIII R 37/19, BStBl. II S. 685).

Der Steuerfreiheit der Beihilfe im Sinne des § 3 Nummer 11 EStG steht es grundsätzlich auch nicht entgegen, wenn vom freien Träger von dem bewilligten Tagessatz ein Eigenanteil einbehalten und nur ein (Rest-)Betrag für die Betreuung (für Honorar, Sachkostenersatz und weiterzuleitendes Taschen- und Bekleidungsgeld) an die Pflegepersonen weitergeleitet wird.

Pflegegelder eines freien Trägers der Jugendhilfe, die ab dem 1. Januar 2022 geleistet werden, werden jedoch nur dann als nach den haushaltsrechtlichen Vorschriften verausgabt und der gesetzlich geregelten Kontrolle der Mittelverwendung genügend anerkannt, wenn anhand geeigneter Unterlagen (z. B. durch schriftliche Bestätigung des freien Trägers oder des beteiligten Jugendamts) dokumentiert ist, dass die nachstehenden Vorgaben kumulativ erfüllt sind (BFH vom 25. März 2021 – VIII R 37/19, BStBl. II S. 685):

- das zuständige Jugendamt weiß, ob und in welcher Höhe der freie Träger einen Eigenanteil einbehält, und billigt dies.
- dem zuständigen Jugendamt steht gegen den freien Träger ein gesetzlicher oder vertraglicher Anspruch zu, aufgrund dessen es eine Rechnungslegung über die Mittelverwendung und die Vorlage geeigneter Nachweise verlangen kann.

Für Pflegegelder eines freien Trägers der Jugendhilfe, die bis zum 31. Dezember 2021 geleistet wurden, kann unterstellt werden, dass die o. g. Kriterien erfüllt sind.

F. Erstattungen zur Unfallversicherung und Altersvorsorge

Die Leistungen des Jugendamtes umfassen nach § 39 Absatz 4 SGB VIII auch die Erstattung nachgewiesener Aufwendungen für Beiträge zu einer Unfallversicherung sowie die hälftige Erstattung nachgewiesener Aufwendungen zu einer angemessenen Alterssicherung der Pflegeperson. Diese Teilbeträge sind nach § 3 Nummer 9 EStG steuerfrei. Das gilt auch dann, wenn die Geldleistungen an sich steuerpflichtig sind.

G. Inobhutnahme von Kindern und Jugendlichen (§§ 42, 42 a SGB VIII)

Nach § 42 SGB VIII nimmt das Jugendamt unter bestimmten Voraussetzungen ein Kind oder einen Jugendlichen in seine Obhut und bringt das Kind oder den Jugendlichen bei einer geeigneten Person, in einer geeigneten Einrichtung oder in einer sonstigen Wohnform vorläufig unter. Nach § 42 a SGB VIII erfolgt eine vorläufige Inobhutnahme von ausländischen Kindern und Jugendlichen nach unbegleiteter Einreise. In den Fällen der Sätze 1 und 2 gelten für die Unterbringung und Betreuung die vorstehenden Ausführungen entsprechend.

H. Betreuungspersonen, die als Arbeitnehmer tätig sind

Soweit die Betreuungsperson als Arbeitnehmer(in) tätig ist, kann nach § 3 Nummer 11 Satz 3 EStG keine Steuerbefreiung gewährt werden. Auch die Zahlung einer Sach- und Unterhaltskostenpauschale je Monat und Kind gehört grundsätzlich zu den Einkünften aus nichtselbständiger Arbeit. Sie kann jedoch aus Vereinfachungsgründen als steuerfreier Auslagenersatz nach § 3 Nummer 50 EStG behandelt werden, wenn sie den bei Vollzeitpflege nach § 33 SGB VIII gezahlten Sätzen entspricht. Die Pauschale gehört in diesem Fall nicht zum steuerpflichtigen Arbeitslohn. Gleiches trifft auf einmalige Beihilfen zu, die auf Einzelantrag unter Beifügung eines Nachweises erstattet werden. Korrespondierend dazu dürfen nach § 3 c Abs. 1 EStG die damit abgegoltenen Aufwendungen nicht als Werbungskosten geltend gemacht werden.

Dieses Schreiben ersetzt das BMF-Schreiben vom 22. Oktober 2018 (BStBl. I S. 1109)[1]. Es ist in allen noch offenen Fällen anzuwenden.

---

[1] Letztmals abgedruckt im „Handbuch zur ESt-Veranlagung 2020" als Anlage zu H 3.11.

EStG

§ 3

Steuerfrei sind

. . .

11c **11a.[1] zusätzlich zum ohnehin geschuldeten Arbeitslohn vom Arbeitgeber in der Zeit vom 1. März 2020 bis zum 31. März 2022 auf Grund der Corona-Krise an seine Arbeitnehmer in Form von Zuschüssen und Sachbezügen gewährte Beihilfen und Unterstützungen bis zu einem Betrag von 1500 Euro;**

11d **11b.[2] zusätzlich zum ohnehin geschuldeten Arbeitslohn vom Arbeitgeber in der Zeit vom 18. November 2021 bis zum 31. Dezember 2022 an seine Arbeitnehmer zur Anerkennung besonderer Leistungen während der Corona-Krise gewährte Leistungen bis zu einem Betrag von 4 500 Euro. ② Voraussetzung für die Steuerbefreiung ist, dass die Arbeitnehmer in Einrichtungen im Sinne des § 23 Absatz 3 Satz 1 Nummer 1 bis 4, 8, 11 oder Nummer 12 des Infektionsschutzgesetzes oder § 36 Absatz 1 Nummer 2 oder Nummer 7 des Infektionsschutzgesetzes tätig sind; maßgeblich ist jeweils die am 22. Juni 2022 gültige Fassung des Infektionsschutzgesetzes. ③ Die Steuerbefreiung gilt entsprechend für Personen, die in den in Satz 2 genannten Einrichtungen im Rahmen einer Arbeitnehmerüberlassung oder im Rahmen eines Werk- oder Dienstleistungsvertrags eingesetzt werden. ④ Nummer 11 a findet auf die Leistungen im Sinne der Sätze 1 bis 3 keine Anwendung. ⑤ Abweichend von Satz 1 gilt die Steuerbefreiung für Leistungen nach § 150 c des Elften Buches Sozialgesetzbuch in der Fassung des Gesetzes zur Stärkung des Schutzes der Bevölkerung und insbesondere vulnerabler Personengruppen vor COVID-19 vom 16. September 2022 (BGBl. I S. 1454) auch dann, wenn sie in der Zeit bis zum 31. Mai 2023 gewährt werden;**

11e **11c. zusätzlich zum ohnehin geschuldeten Arbeitslohn vom Arbeitgeber in der Zeit vom 26. Oktober 2022 bis zum 31. Dezember 2024 in Form von Zuschüssen und Sachbezügen gewährte Leistungen zur Abmilderung der gestiegenen Verbraucherpreise bis zu einem Betrag von 3 000 Euro;**

12 **12. aus einer Bundeskasse oder Landeskasse gezahlte Bezüge, die zum einen**
a) in einem Bundesgesetz oder Landesgesetz,
b) auf Grundlage einer bundesgesetzlichen oder landesgesetzlichen Ermächtigung beruhenden Bestimmung oder
c) von der Bundesregierung oder einer Landesregierung
als Aufwandsentschädigung festgesetzt sind und die zum anderen jeweils auch als Aufwandsentschädigung im Haushaltsplan ausgewiesen werden. ② Das Gleiche gilt für andere Bezüge, die als Aufwandsentschädigung aus öffentlichen Kassen an öffentliche Dienste leistende Personen gezahlt werden, soweit nicht festgestellt wird, dass sie für Verdienstausfall oder Zeitverlust gewährt werden oder den Aufwand, der dem Empfänger erwächst, offenbar übersteigen;

H 3.12

12a **Aufwandsentschädigungen aus öffentlichen Kassen** → R 3.12 LStR 2015, → H 3.11 (Öffentliche Kassen) LStH.

EStG

§ 3

Steuerfrei sind

. . .

13 **13. die aus öffentlichen Kassen gezahlten Reisekostenvergütungen, Umzugskostenvergütungen und Trennungsgelder. ② Die als Reisekostenvergütungen gezahlten Vergütungen für Verpflegung sind nur insoweit steuerfrei, als sie die Pauschbeträge nach § 9 Absatz 4 a nicht übersteigen; Trennungsgelder sind nur insoweit steuerfrei, als sie die nach § 9 Absatz 1 Satz 3 Nummer 5 und Absatz 4 a abziehbaren Aufwendungen nicht übersteigen;**

H 3.13

13a **Reisekostenvergütungen,[3] Umzugskostenvergütungen und Trennungsgelder aus öffentlichen Kassen** → R 3.13 LStR 2015, → H 3.11 (Öffentliche Kassen) LStH.

EStG

§ 3

Steuerfrei sind

. . .

14 **14. Zuschüsse eines Trägers der gesetzlichen Rentenversicherung zu den Aufwendungen eines Rentners für seine Krankenversicherung und von dem gesetzlichen**

---

[1] Zu Anwendungsfragen siehe *BMF-Schreiben vom 26. 10. 2020 (BStBl. I S. 1227).*

[2] Zur Anwendung siehe § 52 Abs. 4 Satz 4 EStG.

[3] Zu pauschalen Reisekostenvergütungen nach einer öffentlich-rechtlichen Satzung an politische Mandatsträger siehe *BFH-Urteil vom 8. 10. 2008 VIII R 58/06 (BStBl. 2009 II S. 405).*

Rentenversicherungsträger getragene Anteile (§ 249 a des Fünften Buches Sozialgesetzbuch) an den Beiträgen für die gesetzliche Krankenversicherung;

Zuschüsse zur Krankenversicherung der Rentner. Die Steuerbefreiung gilt auch für Zuschüsse gem. §§ 106 und 315 SGB VI. H 3.14

14a

§ 3 EStG

Steuerfrei sind

...

14a.[1] **der Anteil der Rente aus der gesetzlichen Rentenversicherung, der auf Grund des Zuschlags an Entgeltpunkten für langjährige Versicherung nach dem Sechsten Buch Sozialgesetzbuch geleistet wird;** 14b

15. Zuschüsse des Arbeitgebers, die zusätzlich zum ohnehin geschuldeten Arbeitslohn zu den Aufwendungen des Arbeitnehmers für Fahrten mit öffentlichen Verkehrsmitteln im Linienverkehr (ohne Luftverkehr) zwischen Wohnung und erster Tätigkeitsstätte und nach § 9 Absatz 1 Satz 3 Nummer 4 a Satz 3 sowie für Fahrten im öffentlichen Personennahverkehr gezahlt werden. ② Das Gleiche gilt für die unentgeltliche oder verbilligte Nutzung öffentlicher Verkehrsmittel im Linienverkehr (ohne Luftverkehr) für Fahrten zwischen Wohnung und erster Tätigkeitsstätte und nach § 9 Absatz 1 Satz 3 Nummer 4 a Satz 3 sowie für Fahrten im öffentlichen Personennahverkehr, die der Arbeitnehmer auf Grund seines Dienstverhältnisses zusätzlich zum ohnehin geschuldeten Arbeitslohn in Anspruch nehmen kann. ③ Die nach den Sätzen 1 und 2 steuerfreien Leistungen mindern den nach § 9 Absatz 1 Satz 3 Nummer 4 Satz 2 abziehbaren Betrag; 15

16. die Vergütungen, die Arbeitnehmer außerhalb des öffentlichen Dienstes von ihrem Arbeitgeber zur Erstattung von Reisekosten, Umzugskosten oder Mehraufwendungen bei doppelter Haushaltsführung erhalten, soweit sie die nach § 9 als Werbungskosten abziehbaren Aufwendungen nicht übersteigen; 16

17. Zuschüsse zum Beitrag nach § 32 des Gesetzes über die Alterssicherung der Landwirte; 17

18. das Aufgeld für ein an die Bank für Vertriebene und Geschädigte (Lastenausgleichsbank) zugunsten des Ausgleichsfonds (§ 5 des Lastenausgleichsgesetzes) gegebenes Darlehen, wenn das Darlehen nach § 7 f des Gesetzes in der Fassung der Bekanntmachung vom 15. September 1953 (BGBl. I S. 1355) im Jahr der Hingabe als Betriebsausgabe abzugsfähig war; 18

19. Weiterbildungsleistungen des Arbeitgebers oder auf dessen Veranlassung von einem Dritten 19
a) für Maßnahmen nach § 82 Absatz 1 und 2 des Dritten Buches Sozialgesetzbuch oder
b) die der Verbesserung der Beschäftigungsfähigkeit des Arbeitnehmers dienen.
② Steuerfrei sind auch Beratungsleistungen des Arbeitgebers oder auf dessen Veranlassung von einem Dritten zur beruflichen Neuorientierung bei Beendigung des Dienstverhältnisses. ③ Die Leistungen im Sinne der Sätze 1 und 2 dürfen keinen überwiegenden Belohnungscharakter haben;

20. die aus öffentlichen Mitteln des Bundespräsidenten aus sittlichen oder sozialen Gründen gewährten Zuwendungen an besonders verdiente Personen oder ihre Hinterbliebenen; 20

21. *(aufgehoben)* 21

22. *(aufgehoben)* 22

23. Leistungen nach 23
a) dem Häftlingshilfegesetz,
b) dem Strafrechtlichen Rehabilitierungsgesetz,
c) dem Verwaltungsrechtlichen Rehabilitierungsgesetz,
d) dem Beruflichen Rehabilitierungsgesetz,
e) dem Gesetz zur strafrechtlichen Rehabilitierung der nach dem 8. Mai 1945 wegen einvernehmlicher homosexueller Handlungen verurteilten Personen und
f) dem Gesetz zur Rehabilitierung der wegen einvernehmlicher homosexueller Handlungen, wegen ihrer homosexuellen Orientierung oder wegen ihrer geschlechtlichen Identität dienstrechtlich benachteiligten Soldatinnen und Soldaten;

24.[2] **Leistungen, die auf Grund des Bundeskindergeldgesetzes gewährt werden;** 24

25. Entschädigungen nach dem Infektionsschutzgesetz vom 20. Juli 2000 (BGBl. I S. 1045); 25

---

[1] **Zur erstmaligen Anwendung siehe § 52 Abs. 4 Satz 5 bis 8 EStG.**
[2] Bundeskindergeldgesetz abgedruckt im „Handbuch zur Lohnsteuer" im Anhang **I** Nr. **5**.

26 **26.**[1] **Einnahmen aus nebenberuflichen Tätigkeiten als Übungsleiter, Ausbilder, Erzieher, Betreuer oder vergleichbaren nebenberuflichen Tätigkeiten, aus nebenberuflichen künstlerischen Tätigkeiten oder der nebenberuflichen Pflege alter, kranker Menschen oder Menschen mit Behinderungen im Dienst oder im Auftrag einer juristischen Person des öffentlichen Rechts, die in einem Mitgliedstaat der Europäischen Union, in einem Staat, auf den das Abkommen über den Europäischen Wirtschaftsraum Anwendung findet, oder in der Schweiz belegen ist, oder einer unter § 5 Absatz 1 Nummer 9 des Körperschaftsteuergesetzes fallenden Einrichtung zur Förderung gemeinnütziger, mildtätiger und kirchlicher Zwecke (§§ 52 bis 54 der Abgabenordnung) bis zur Höhe von insgesamt 3000 Euro im Jahr. ② Überschreiten die Einnahmen für die in Satz 1 bezeichneten Tätigkeiten den steuerfreien Betrag, dürfen die mit den nebenberuflichen Tätigkeiten in unmittelbarem wirtschaftlichen Zusammenhang stehenden Ausgaben abweichend von § 3 c nur insoweit als Betriebsausgaben oder Werbungskosten abgezogen werden, als sie den Betrag der steuerfreien Einnahmen übersteigen;**

H 3.26 **Steuerbefreiung für nebenberufliche Tätigkeiten** → R 3.26 LStR 2015.

EStG **§ 3**

Steuerfrei sind

...

26g **26 a.**[1] **Einnahmen aus nebenberuflichen Tätigkeiten im Dienst oder Auftrag einer juristischen Person des öffentlichen Rechts, die in einem Mitgliedstaat der Europäischen Union, in einem Staat, auf den das Abkommen über den Europäischen Wirtschaftsraum Anwendung findet, oder in der Schweiz belegen ist, oder einer unter § 5 Absatz 1 Nummer 9 des Körperschaftsteuergesetzes fallenden Einrichtung zur Förderung gemeinnütziger, mildtätiger und kirchlicher Zwecke (§§ 52 bis 54 der Abgabenordnung) bis zur Höhe von insgesamt 840 Euro im Jahr. ② Die Steuerbefreiung ist ausgeschlossen, wenn für die Einnahmen aus der Tätigkeit – ganz oder teilweise – eine Steuerbefreiung nach § 3 Nummer 12, 26 oder 26 b gewährt wird. ③ Überschreiten die Einnahmen für die in Satz 1 bezeichneten Tätigkeiten den steuerfreien Betrag, dürfen die mit den nebenberuflichen Tätigkeiten in unmittelbarem wirtschaftlichen Zusammenhang stehenden Ausgaben abweichend von § 3 c nur insoweit als Betriebsausgaben oder Werbungskosten abgezogen werden, als sie den Betrag der steuerfreien Einnahmen übersteigen;**

R 3.26 a

26h (1) Voraussetzung der Begünstigung des § 3 Nr. 26 a EStG ist, unabhängig davon, ob die nebenberufliche Tätigkeit im Dienst oder Auftrag einer juristischen Person des öffentlichen Rechts oder einer unter § 5 Abs. 1 Nr. 9 KStG fallenden Einrichtung ausgeübt wird, dass die Tätigkeit der Förderung gemeinnütziger, mildtätiger oder kirchlicher Zwecke dient.

(2) Bei Vorliegen auch der übrigen gesetzlichen Voraussetzungen können ehrenamtlich tätige Schiedsrichter im Amateurbereich – im Gegensatz zu Amateursportlern – die Steuerbefreiung nach § 3 Nr. 26 a EStG in Anspruch nehmen.

H 3.26 a **Anwendungsschreiben** → BMF vom 21. 11. 2014 (BStBl. I S. 1581).[2]

26i

Anl zu § 3 Nr. 26 a

Schreiben betr. steuerfreie Einnahmen aus ehrenamtlicher Tätigkeit; Anwendungsschreiben zu § 3 Nummer 26 a und 26 b EStG

Vom 21. November 2014 (BStBl. I S. 1581)

(BMF IV C 4 – S 2121/07/0010 :032; DOK 2014/0847902)

Unter Bezugnahme auf das Ergebnis der Erörterung mit den obersten Finanzbehörden der Länder gilt zur Anwendung der § 3 Nummer 26 a und Nummer 26 b EStG in der Fassung des Gesetzes zur Stärkung des Ehrenamtes vom 21. März 2013 (BGBl. I S. 556) Folgendes:

1. Begünstigte Tätigkeiten i. S. d. § 3 Nummer 26 a EStG

26j § 3 Nummer 26 a EStG sieht im Gegensatz zu § 3 Nummer 26 EStG keine Begrenzung auf bestimmte Tätigkeiten im gemeinnützigen Bereich vor. Begünstigt sind z. B. die Tätigkeiten der Mitglieder des Vorstands, des Kassierers, der Bürokräfte, des Reinigungspersonals, des Platzwartes, des Aufsichtspersonals oder des Schiedsrichters im Amateurbereich. Die Tätigkeit der Amateursportler ist nicht begünstigt. Eine Tätigkeit im Dienst oder Auftrag einer steuerbegünstigten Körperschaft muss für deren ideellen Bereich einschließlich ihrer Zweckbetriebe ausgeübt werden. Tätigkeiten in einem steuerpflichtigen wirtschaftlichen Geschäftsbetrieb und bei der Verwaltung des Vermögens sind nicht begünstigt.

2. Nebenberuflichkeit[3]

Eine Tätigkeit wird nebenberuflich ausgeübt, wenn sie – bezogen auf das Kalenderjahr – nicht mehr als ein Drittel der Arbeitszeit eines vergleichbaren Vollzeiterwerbs in Anspruch nimmt. Es können deshalb

[1] Zur Anwendung siehe § 52 Abs. 4 Satz 10 EStG.
[2] Nachstehend abgedruckt.
[3] Siehe auch H 3.26 (Nebenberuflichkeit) LStH, abgedruckt im „Handbuch zur Lohnsteuer".

auch solche Personen nebenberuflich tätig sein, die im steuerrechtlichen Sinne keinen Hauptberuf ausüben, z. B. Hausfrauen, Vermieter, Studenten, Rentner oder Arbeitslose. Übt ein Steuerpflichtiger mehrere verschiedenartige Tätigkeiten i. S. d. § 3 Nummer 26 oder 26 a EStG aus, ist die Nebenberuflichkeit für jede Tätigkeit getrennt zu beurteilen. Mehrere gleichartige Tätigkeiten sind zusammenzufassen, wenn sie sich nach der Verkehrsanschauung als Ausübung eines einheitlichen Hauptberufs darstellen, z. B. Erledigung der Buchführung oder Aufzeichnungen von jeweils weniger als dem dritten Teil des Pensums einer Bürokraft für mehrere gemeinnützige Körperschaften. Eine Tätigkeit wird nicht nebenberuflich ausgeübt, wenn sie als Teil der Haupttätigkeit anzusehen ist. Dies ist auch bei formaler Trennung von haupt- und nebenberuflicher selbständiger oder nichtselbständiger Tätigkeit für denselben Arbeitgeber anzunehmen, wenn beide Tätigkeiten gleichartig sind und die Nebentätigkeit unter ähnlichen organisatorischen Bedingungen wie die Haupttätigkeit ausgeübt wird oder der Steuerpflichtige mit der Nebentätigkeit eine ihm aus seinem Dienstverhältnis faktisch oder rechtlich obliegende Nebenpflicht erfüllt. Anl zu § 3 Nr. 26 a

3. Auftraggeber/Arbeitgeber

Der Freibetrag wird nur gewährt, wenn die Tätigkeit im Dienst oder im Auftrag einer der in § 3 Nummer 26 a EStG genannten Personen erfolgt. Als juristische Personen des öffentlichen Rechts kommen beispielsweise in Betracht Bund, Länder, Gemeinden, Gemeindeverbände, Industrie- und Handelskammern, Handwerkskammern, Rechtsanwaltskammern, Steuerberaterkammern, Wirtschaftsprüferkammern, Ärztekammern, Universitäten oder die Träger der Sozialversicherung. Zu den Einrichtungen i. S. d. § 5 Absatz 1 Nummer 9 des Körperschaftsteuergesetzes (KStG) gehören Körperschaften, Personenvereinigungen, Stiftungen und Vermögensmassen, die nach der Satzung oder dem Stiftungsgeschäft und nach der tatsächlichen Geschäftsführung ausschließlich und unmittelbar gemeinnützige, mildtätige oder kirchliche Zwecke verfolgen. Nicht zu den begünstigten Einrichtungen gehören beispielsweise Berufsverbände (Arbeitgeberverband, Gewerkschaft) oder Parteien. Fehlt es an einem begünstigten Auftraggeber/Arbeitgeber, kann der Freibetrag nicht in Anspruch genommen werden.

4. Förderung gemeinnütziger, mildtätiger und kirchlicher Zwecke[1]

Die Begriffe der gemeinnützigen, mildtätigen und kirchlichen Zwecke ergeben sich aus den §§ 52 bis 54 der Abgabenordnung (AO). Eine Tätigkeit dient auch dann der selbstlosen Förderung begünstigter Zwecke, wenn sie diesen Zwecken nur mittelbar zugute kommt.

Wird die Tätigkeit im Rahmen der Erfüllung der Satzungszwecke einer juristischen Person ausgeübt, die wegen Förderung gemeinnütziger, mildtätiger oder kirchlicher Zwecke steuerbegünstigt ist, ist im Allgemeinen davon auszugehen, dass die Tätigkeit ebenfalls der Förderung dieser steuerbegünstigten Zwecke dient. Dies gilt auch dann, wenn die nebenberufliche Tätigkeit in einem so genannten Zweckbetrieb i. S. d. §§ 65 bis 68 AO ausgeübt wird, z. B. als nebenberuflicher Kartenverkäufer in einem Museum, Theater oder Opernhaus nach § 68 Nummer 7 AO.

Der Förderung begünstigter Zwecke kann auch eine Tätigkeit für eine juristische Person des öffentlichen Rechts dienen, z. B. nebenberufliche Aufsichtstätigkeit in einem Schwimmbad, nebenberuflicher Kirchenvorstand. Dem steht nicht entgegen, dass die Tätigkeit in den Hoheitsbereich der juristischen Person des öffentlichen Rechts fallen kann.

5. Nach § 3 Nummer 12, 26 oder 26 b EStG begünstigte Tätigkeiten

Der Freibetrag nach § 3 Nummer 26 a EStG kann nicht in Anspruch genommen werden, wenn für die Einnahmen aus derselben Tätigkeit ganz oder teilweise eine Steuerbefreiung nach § 3 Nummer 12 EStG (Aufwandsentschädigungen aus öffentlichen Kassen) gewährt wird oder eine Steuerbefreiung nach § 3 Nummer 26 EStG (sog. Übungsleiterfreibetrag) gewährt wird oder gewährt werden könnte.[1] Die Tätigkeit der Versichertenältesten fällt unter die schlichte Hoheitsverwaltung, so dass die Steuerbefreiungsvorschrift des § 3 Nummer 12 Satz 2 EStG anwendbar ist. Für eine andere Tätigkeit, die neben einer nach § 3 Nummer 12 oder 26 EStG begünstigten Tätigkeit bei einer anderen oder derselben Körperschaft ausgeübt wird, kann die Steuerbefreiung nach § 3 Nummer 26 a EStG nur dann in Anspruch genommen werden, wenn die Tätigkeit nebenberuflich ausgeübt wird (s. dazu 2.) und die Tätigkeiten voneinander trennbar sind, gesondert vergütet werden und die dazu getroffenen Vereinbarungen eindeutig sind und durchgeführt werden. Einsatz- und Bereitschaftsdienstzeiten der Rettungssanitäter und Ersthelfer sind als einheitliche Tätigkeit zu behandeln, die insgesamt nach § 3 Nummer 26 EStG begünstigt sein kann und für die deshalb auch nicht teilweise die Steuerbefreiung nach § 3 Nummer 26 a EStG gewährt wird.

Aufwandsentschädigungen nach § 1835 a BGB an ehrenamtlich tätige Betreuer (§ 1896 Absatz 1 Satz 1, § 1908 i Absatz 1 BGB), Vormünder (§ 1773 Absatz 1 Satz 1 BGB) und Pfleger (§§ 1909 ff., 1915 Absatz 1 Satz 1 BGB) fallen ab dem Veranlagungszeitraum 2011 ausschließlich unter die Steuerbefreiung nach § 3 Nummer 26 b EStG. Eine Anwendung des § 3 Nummer 26 a EStG ist ausgeschlossen (§ 3 Nummer 26 a Satz 2 EStG).

6. Verschiedenartige Tätigkeiten

Erzielt der Steuerpflichtige Einnahmen, die teils für eine Tätigkeit, die unter § 3 Nummer 26 a EStG fällt, und teils für eine andere Tätigkeit, die nicht unter § 3 Nummer 12, 26 oder 26 a EStG fällt, gezahlt werden, ist lediglich für den entsprechenden Anteil nach § 3 Nummer 26 a EStG der Freibetrag zu gewähren. Die Steuerfreiheit von Bezügen nach anderen Vorschriften, z. B. nach § 3 Nr. 13, 16 EStG, bleibt unberührt; wenn auf bestimmte Bezüge sowohl § 3 Nummer 26 a EStG als auch andere Steuerbefreiungsvorschriften anwendbar sind, sind die Vorschriften in der Reihenfolge anzuwenden, die für den Steuerpflichtigen am günstigsten ist.

[1] Erhält ein Stpfl. im Rahmen seiner ehrenamtlichen Tätigkeit als Versichertenberater und Mitglied eines Widerspruchsausschusses Entschädigungen für Zeitaufwand gem. § 41 Abs. 3 Satz 2 SGB IV, liegen die Voraussetzungen des § 3 Nr. 12 und 26 EStG nicht vor, *BFH-Urteil vom 3. 7. 2018 VIII R 28/15 (BStBl. II S. 715).*

Anl zu § 3 Nr. 26 a

7. Höchstbetrag

Der Freibetrag nach § 3 Nummer 26 a EStG ist ein Jahresbetrag. Dieser wird auch dann nur einmal gewährt, wenn mehrere begünstigte Tätigkeiten ausgeübt werden. Er ist nicht zeitanteilig aufzuteilen, wenn die begünstigte Tätigkeit lediglich wenige Monate ausgeübt wird.[1]

Die Steuerbefreiung ist auch bei Ehegatten oder Lebenspartnern stets personenbezogen vorzunehmen. Auch bei der Zusammenveranlagung kann der Freibetrag demnach von jedem Ehegatten oder Lebenspartner bis zur Höhe der Einnahmen, höchstens 720 Euro, die er für eine eigene begünstigte Tätigkeit erhält, in Anspruch genommen werden. Eine Übertragung des nicht ausgeschöpften Teils des Freibetrags eines Ehegatten oder Lebenspartners auf höhere Einnahmen des anderen Ehegatten oder Lebenspartners aus der begünstigten nebenberuflichen Tätigkeit ist nicht zulässig.

8. Ehrenamtlicher Vorstand

Die Zahlung von pauschalen Vergütungen für Arbeits- oder Zeitaufwand (Tätigkeitsvergütungen) an den Vorstand ist nur dann zulässig, wenn dies durch bzw. aufgrund einer Satzungsregelung ausdrücklich zugelassen ist (vgl. auch § 27 Absatz 3 Satz 2 BGB in der Fassung des Ehrenamtsstärkungsgesetzes). Ein Verein, der nicht ausdrücklich die Bezahlung des Vorstands regelt und der dennoch Tätigkeitsvergütungen an Mitglieder des Vorstands zahlt, verstößt gegen das Gebot der Selbstlosigkeit. Die regelmäßig in den Satzungen enthaltene Aussage: „Es darf keine Person … durch unverhältnismäßig hohe Vergütungen begünstigt werden" (vgl. Anlage 1 zu § 60 AO; dort § 4 der Mustersatzung) ist keine satzungsmäßige Zulassung von Tätigkeitsvergütungen an Vorstandsmitglieder. Eine Vergütung ist auch dann anzunehmen, wenn sie nach der Auszahlung an den Verein zurückgespendet oder durch Verzicht auf die Auszahlung eines entstandenen Vergütungsanspruchs an den Verein gespendet wird.

Der Ersatz tatsächlich entstandener Aufwendungen (z. B. Büromaterial, Telefon- und Fahrtkosten) ist auch ohne entsprechende Regelung in der Satzung zulässig. Der Einzelnachweis der Aufwendungen ist nicht erforderlich, wenn pauschale Zahlungen den tatsächlichen Aufwand offensichtlich nicht übersteigen; dies gilt nicht, wenn durch die pauschalen Zahlungen auch Arbeits- oder Zeitaufwand abgedeckt werden soll. Die Zahlungen dürfen nicht unangemessen hoch sein (§ 55 Absatz 1 Nummer 3 AO).

Falls ein gemeinnütziger Verein bis zum 31. Dezember 2010 ohne ausdrückliche Erlaubnis dafür in seiner Satzung bereits Tätigkeitsvergütungen gezahlt hat, sind daraus unter den folgenden Voraussetzungen keine für die Gemeinnützigkeit des Vereins schädlichen Folgerungen zu ziehen:

1. Die Zahlungen dürfen nicht unangemessen hoch gewesen sein (§ 55 Absatz 1 Nummer 3 AO).
2. Die Mitgliederversammlung hat bis zum 31. Dezember 2010 eine Satzungsänderung beschlossen, die Tätigkeitsvergütungen zulässt. An die Stelle einer Satzungsänderung kann ein Beschluss des Vorstands treten, künftig auf Tätigkeitsvergütungen zu verzichten.

9. Werbungskosten- oder Betriebsausgabenabzug

Ein Abzug von Werbungskosten bzw. Betriebsausgaben, die mit den steuerfreien Einnahmen nach § 3 Nummer 26 a EStG in einem unmittelbaren wirtschaftlichen Zusammenhang stehen, ist nur dann möglich, wenn die Einnahmen aus der Tätigkeit und gleichzeitig auch die jeweiligen Ausgaben den Freibetrag übersteigen.[2] In Arbeitnehmerfällen ist in jedem Falle der Arbeitnehmer-Pauschbetrag anzusetzen, soweit er nicht bei anderen Dienstverhältnissen verbraucht ist.

Beispiel:

Ein Student, der keine anderen Einnahmen aus nichtselbständiger Arbeit erzielt, arbeitet nebenberuflich im Dienst der Stadt als Tierpfleger bei deren als gemeinnützig anerkanntem Tierheim. Dafür erhält er insgesamt 1200 Euro im Jahr. Von den Einnahmen sind der Arbeitnehmer-Pauschbetrag von 1000 Euro (§ 9 a Satz 1 Nummer 1 Buchstabe a EStG) und der Freibetrag nach § 3 Nummer 26 a EStG bis zur Höhe der verbliebenen Einnahmen (200 Euro) abzuziehen. Die Einkünfte aus der nebenberuflichen Tätigkeit betragen 0 Euro.

10. Freigrenze des § 22 Nummer 3 EStG

Gehören die Einnahmen des Steuerpflichtigen aus seiner nebenberuflichen Tätigkeit zu den sonstigen Einkünften (§ 22 Nummer 3 EStG), sind diese nicht einkommensteuerpflichtig, wenn sie weniger als 256 Euro im Kalenderjahr betragen haben. Der Freibetrag nach § 3 Nummer 26 a EStG ist bei der Prüfung ob diese Freigrenze überschritten ist, zu berücksichtigen.

Beispiel:

Ein nebenberuflicher ehrenamtlicher Schiedsrichter im Amateurbereich erhält insgesamt 900 Euro. Nach Abzug des Freibetrags nach § 3 Nummer 26 a EStG betragen die Einkünfte 180 Euro. Sie sind nicht einkommensteuerpflichtig, weil sie weniger als 256 Euro im Kalenderjahr betragen haben (§ 22 Nummer 3 Satz 2 EStG).

11. Lohnsteuerverfahren

Beim Lohnsteuerabzug ist eine zeitanteilige Aufteilung des Freibetrags nicht erforderlich. Dies gilt auch dann, wenn feststeht, dass das Dienstverhältnis nicht bis zum Ende des Kalenderjahres besteht. Der Arbeitnehmer hat dem Arbeitgeber jedoch schriftlich zu bestätigen, dass die Steuerbefreiung nach § 3 Nummer 26 a EStG nicht bereits in einem anderen Dienst- oder Auftragsverhältnis berücksichtigt worden ist oder berücksichtigt wird. Diese Erklärung ist zum Lohnkonto zu nehmen.

12. Rückspende

Die Rückspende einer steuerfrei ausgezahlten Aufwandsentschädigung oder Vergütung an die steuerbegünstigte Körperschaft ist grundsätzlich zulässig. Für den Spendenabzug sind die Grundsätze

---

[1] Bestätigt durch *BFH-Urteil vom 3. 7. 2018 VIII R 28/15 (BStBl. II S. 715).*

[2] Aufwendungen für eine ehrenamtliche Tätigkeit sind auch insoweit abzugsfähig, als sie die unterhalb des maßgebenden Höchstbetrags steuerfreien Einnahmen übersteigen, wenn hinsichtlich der Tätigkeit eine Einkünfteerzielungsabsicht vorliegt, *BFH-Urteile vom 20. 12. 2017 III R 23/15 (BStBl. 2019 II S. 469) und vom 20. 11. 2018 VIII R 17/16 (BStBl. 2019 II S. 422).*

des BMF-Schreibens vom 7. Juni 1999 (BStBl. I S. 591)[1] zur Anerkennung sog. Aufwandsspenden an gemeinnützige Vereine zu beachten.

§ 3 ESTG

Steuerfrei sind

...

26 b.[2] Aufwandsentschädigungen nach § 1835 a des Bürgerlichen Gesetzbuchs, soweit sie zusammen mit den steuerfreien Einnahmen im Sinne der Nummer 26 den Freibetrag nach Nummer 26 Satz 1 nicht überschreiten. ② Nummer 26 Satz 2 gilt entsprechend; 26k

Anwendungsschreiben → BMF vom 21. 11. 2014 (BStBl. I S. 1581).[3] H 3.26 b 26l

§ 3 EStG

Steuerfrei sind

...

27. der Grundbetrag der Produktionsaufgaberente und das Ausgleichsgeld nach dem Gesetz zur Förderung der Einstellung der landwirtschaftlichen Erwerbstätigkeit bis zum Höchstbetrag von 18 407 Euro; 27

28. die Aufstockungsbeträge im Sinne des § 3 Absatz 1 Nummer 1 Buchstabe a sowie die Beiträge und Aufwendungen im Sinne des § 3 Absatz 1 Nummer 1 Buchstabe b und des § 4 Absatz 2 des Altersteilzeitgesetzes, die Zuschläge, die versicherungsfrei Beschäftigte im Sinne des § 27 Absatz 1 Nummer 1 bis 3 des Dritten Buches Sozialgesetzbuch zur Aufstockung der Bezüge bei Altersteilzeit nach beamtenrechtlichen Vorschriften oder Grundsätzen erhalten sowie die Zahlungen des Arbeitgebers zur Übernahme der Beiträge im Sinne des § 187 a des Sechsten Buches Sozialgesetzbuch, soweit sie 50 Prozent der Beiträge nicht übersteigen; 28

28 a. Zuschüsse des Arbeitgebers zum Kurzarbeitergeld und Saison-Kurzarbeitergeld, soweit sie zusammen mit dem Kurzarbeitergeld 80 Prozent des Unterschiedsbetrags zwischen dem Soll-Entgelt und dem Ist-Entgelt nach § 106 des Dritten Buches Sozialgesetzbuch nicht übersteigen und sie für Lohnzahlungszeiträume, die nach dem 29. Februar 2020 beginnen und vor dem 1. Juli 2022 enden, geleistet werden; 28a

29. das Gehalt und die Bezüge, 29

a) die die diplomatischen Vertreter ausländischer Staaten, die ihnen zugewiesenen Beamten und die in ihren Diensten stehenden Personen erhalten. ② Dies gilt nicht für deutsche Staatsangehörige oder für im Inland ständig ansässige Personen;

b) der Berufskonsuln, der Konsulatsangehörigen und ihres Personals, soweit sie Angehörige des Entsendestaates sind. ② Dies gilt nicht für Personen, die im Inland ständig ansässig sind oder außerhalb ihres Amtes oder Dienstes einen Beruf, ein Gewerbe oder eine andere gewinnbringende Tätigkeit ausüben;

§ 3 Nr. 29 EStG findet auf Wahlkonsuln keine Anwendung. R 3.29 29a

Wiener Übereinkommen H 3.29 29b

- vom 18. 4. 1961 über diplomatische Beziehungen (WÜD), für die Bundesrepublik Deutschland in Kraft getreten am 11. 12. 1964 (BGBl. II S. 959),
- vom 24. 4. 1963 über konsularische Beziehungen (WÜK), für die Bundesrepublik Deutschland in Kraft getreten am 7. 10. 1971 (BGBl. 1969 II S. 1587).

Inhalte:

1. Nach dem WÜD ist u. a. ein Diplomat einer ausländischen Mission und nach dem WÜK ein Konsularbeamter einer ausländischen konsularischen Vertretung, sofern er weder die deutsche Staatsangehörigkeit besitzt noch im Geltungsbereich des EStG ständig ansässig ist, im Geltungsbereich des EStG von allen staatlichen, regionalen und kommunalen Personal- und Realsteuern oder -abgaben befreit (Artikel 34 WÜD – Artikel 49 Abs. 1 und Artikel 71 Abs. 1 WÜK).
2. Die Befreiung gilt u. a. nicht für Steuern und sonstige Abgaben von privaten Einkünften, deren Quelle sich im Empfangsstaat befindet. Das bedeutet, dass ein ausländischer Diplomat oder ein ausländischer Konsularbeamter nur mit seinen inländischen Einkünften i. S. d. § 49 EStG steuerpflichtig ist und auch dann nur, soweit nicht § 3 Nr. 29 EStG eingreift oder in einem DBA abweichende Regelungen getroffen sind. Die bezeichneten Personen

[1] Ab 1. 1. 2015 siehe BMF-Schreiben vom 25. 11. 2014 (BStBl. I S. 1584), abgedruckt als Anlage b zu R 10 b.1 EStR.
[2] **Zur Fassung von § 3 Nr. 26 b ab VZ 2023 siehe in der geschlossenen Wiedergabe.**
[3] Vorstehend abgedruckt.

sind somit im Geltungsbereich des EStG nur beschränkt einkommensteuerpflichtig (§ 1 Abs. 4 EStG).

3. Gleiches gilt auch
   a) für die zum Haushalt eines ausländischen Diplomaten gehörenden Familienmitglieder, wenn sie nicht die deutsche Staatsangehörigkeit besitzen (Artikel 37 Abs. 1 WÜD),
   b) für die Familienmitglieder, die im gemeinsamen Haushalt eines Konsularbeamten einer ausländischen konsularischen Vertretung leben (Artikel 49 Abs. 1 WÜK), wenn sie weder die deutsche Staatsangehörigkeit besitzen noch im Geltungsbereich des EStG ständig ansässig sind (Artikel 71 Abs. 2 WÜK).
4. Familienmitglieder i. S. d. beiden Wiener Übereinkommen sind:
   a) der Ehegatte und die minderjährigen Kinder der privilegierten Person, vorausgesetzt, dass sie mit ihr in einem Haushalt leben. Eine vorübergehende Abwesenheit, z. B. zum auswärtigen Studium, ist hierbei ohne Bedeutung.
   b) die volljährigen unverheirateten Kinder sowie die Eltern und Schwiegereltern der privilegierten Person – unter der Voraussetzung der Gegenseitigkeit –, soweit sie mit der privilegierten Person in einem Haushalt leben und von ihr wirtschaftlich abhängig sind. Die Frage der wirtschaftlichen Abhängigkeit ist nach den Einkommens- und Vermögensverhältnissen des betreffenden Familienmitglieds von der Steuerverwaltung des Aufenthaltsstaates zu beurteilen. Diese Beurteilung erfolgt im Einzelfall nach der Abgabe einer Erklärung über das Einkommen und das Vermögen des betreffenden Familienmitglieds.
5. Für andere als die unter Nummer 4 genannten Personen (entferntere Verwandte der privilegierten Person in gerader Linie oder in der Seitenlinie) kommt eine Anwendung des Artikels 37 WÜD oder des Artikels 49 WÜK grundsätzlich nicht in Betracht. In besonderen Fällen prüft das Auswärtige Amt im Einvernehmen mit den zuständigen Bundesressorts, ob die besonderen Umstände dieses Falles eine andere Entscheidung rechtfertigen.
6. Die Mitglieder/Bediensteten des Verwaltungs- und technischen Personals ausländischer Missionen/konsularischer Vertretungen und die zu ihrem Haushalt gehörenden sowie die mit ihnen im gemeinsamen Haushalt lebenden Familienmitglieder sind wie Diplomaten/Konsularbeamte zu behandeln, wenn sie weder deutsche Staatsangehörige noch im Geltungsbereich des EStG ständig ansässig sind (Artikel 37 Abs. 2 WÜD, Artikel 49 Abs. 1 und Artikel 71 Abs. 2 WÜK).
7. Bei Mitgliedern des dienstlichen Hauspersonals einer ausländischen Mission bzw. einer ausländischen konsularischen Vertretung sind die Dienstbezüge im Geltungsbereich des EStG steuerfrei, wenn diese Personen weder deutsche Staatsangehörige noch im Geltungsbereich des EStG ständig ansässig sind (Artikel 37 Abs. 3 WÜD – Artikel 49 Abs. 2 und Artikel 71 Abs. 2 WÜK).
8. Bei privaten Hausangestellten sind die Bezüge, die sie von Mitgliedern einer ausländischen Mission auf Grund ihres Arbeitsverhältnisses erhalten, steuerfrei, wenn sie weder deutsche Staatsangehörige noch im Geltungsbereich des EStG ständig ansässig sind (Artikel 37 Abs. 4 WÜD).
9. Anderen Mitgliedern des Personals einer ausländischen Mission und privaten Hausangestellten, die deutsche Staatsangehörige sind oder die im Geltungsbereich des EStG ständig ansässig sind, steht Steuerfreiheit nur insoweit zu, als besondere Regelungen, z. B. in DBA, für den Geltungsbereich des EStG getroffen sind (Artikel 38 Abs. 2 WÜD).
10. Vom Tage des Inkrafttretens des WÜD bzw. des WÜK ist die Verwaltungsanordnung der Bundesregierung vom 13. 10. 1950 (MinBlFin 1950 S. 631) nur noch auf Mitglieder solcher ausländischer Missionen oder ausländischer konsularischer Vertretungen und die dort bezeichneten Bediensteten anzuwenden, deren Entsendestaat dem WÜD oder dem WÜK noch nicht rechtswirksam beigetreten ist.

EStG

§ 3

Steuerfrei sind

. . .

30 **30. Entschädigungen für die betriebliche Benutzung von Werkzeugen eines Arbeitnehmers (Werkzeuggeld), soweit sie die entsprechenden Aufwendungen des Arbeitnehmers nicht offensichtlich übersteigen;**

31 **31. die typische Berufskleidung, die der Arbeitgeber seinem Arbeitnehmer unentgeltlich oder verbilligt überlässt; dasselbe gilt für eine Barablösung eines nicht nur einzelvertraglichen Anspruchs auf Gestellung von typischer Berufskleidung, wenn die Barablösung betrieblich veranlasst ist und die entsprechenden Aufwendungen des Arbeitnehmers nicht offensichtlich übersteigt;**

32 **32. die unentgeltliche oder verbilligte Sammelbeförderung eines Arbeitnehmers zwischen Wohnung und erster Tätigkeitsstätte sowie bei Fahrten nach § 9 Absatz 1 Satz 3 Nummer 4 a Satz 3 mit einem vom Arbeitgeber gestellten Beförderungs-**

mittel, soweit die Sammelbeförderung für den betrieblichen Einsatz des Arbeitnehmers notwendig ist; EStG

33. zusätzlich zum ohnehin geschuldeten Arbeitslohn erbrachte Leistungen des Arbeitgebers zur Unterbringung und Betreuung von nicht schulpflichtigen Kindern der Arbeitnehmer in Kindergärten oder vergleichbaren Einrichtungen; 33

34.[1] zusätzlich zum ohnehin geschuldeten Arbeitslohn erbrachte Leistungen des Arbeitgebers zur Verhinderung und Verminderung von Krankheitsrisiken und zur Förderung der Gesundheit in Betrieben, die hinsichtlich Qualität, Zweckbindung, Zielgerichtetheit und Zertifizierung den Anforderungen der §§ 20 und 20 b des Fünften Buches Sozialgesetzbuch genügen, soweit sie 600 Euro im Kalenderjahr nicht übersteigen; 34

34 a. zusätzlich zum ohnehin geschuldeten Arbeitslohn erbrachte Leistungen des Arbeitgebers 34a
   a) an ein Dienstleistungsunternehmen, das den Arbeitnehmer hinsichtlich der Betreuung von Kindern oder pflegebedürftigen Angehörigen berät oder hierfür Betreuungspersonen vermittelt sowie
   b) zur kurzfristigen Betreuung von Kindern im Sinne des § 32 Absatz 1, die das 14. Lebensjahr noch nicht vollendet haben oder die wegen einer vor Vollendung des 25. Lebensjahres eingetretenen körperlichen, geistigen oder seelischen Behinderung außerstande sind, sich selbst zu unterhalten oder pflegebedürftigen Angehörigen des Arbeitnehmers, wenn die Betreuung aus zwingenden und beruflich veranlassten Gründen notwendig ist, auch wenn sie im privaten Haushalt des Arbeitnehmers stattfindet, soweit die Leistungen 600 Euro im Kalenderjahr nicht übersteigen;

35. die Einnahmen der bei der Deutsche Post AG, Deutsche Postbank AG oder Deutsche Telekom AG beschäftigten Beamten, soweit die Einnahmen ohne Neuordnung des Postwesens und der Telekommunikation nach den Nummern 11 bis 13 und 64 steuerfrei wären; 35

36. Einnahmen für Leistungen zu körperbezogenen Pflegemaßnahmen, pflegerischen Betreuungsmaßnahmen oder Hilfen bei der Haushaltsführung bis zur Höhe des Pflegegeldes nach § 37 des Elften Buches Sozialgesetzbuch, mindestens aber bis zur Höhe des Entlastungsbetrages nach § 45 b Absatz 1 Satz 1 des Elften Buches Sozialgesetzbuch, wenn diese Leistungen von Angehörigen des Pflegebedürftigen oder von anderen Personen, die damit eine sittliche Pflicht im Sinne des § 33 Absatz 2 gegenüber dem Pflegebedürftigen erfüllen, erbracht werden.[2] ② Entsprechendes gilt, wenn der Pflegebedürftige vergleichbare Leistungen aus privaten Versicherungsverträgen nach den Vorgaben des Elften Buches Sozialgesetzbuch oder nach den Beihilfevorschriften für häusliche Pflege erhält; 36

37.[3] zusätzlich zum ohnehin geschuldeten Arbeitslohn vom Arbeitgeber gewährte Vorteile für die Überlassung eines betrieblichen Fahrrads, das kein Kraftfahrzeug im Sinne des § 6 Absatz 1 Nummer 4 Satz 2 ist; 37

38. Sachprämien, die der Steuerpflichtige für die persönliche Inanspruchnahme von Dienstleistungen von Unternehmen unentgeltlich erhält, die diese zum Zwecke der Kundenbindung im allgemeinen Geschäftsverkehr in einem jedermann zugänglichen planmäßigen Verfahren gewähren, soweit der Wert der Prämien 1080 Euro im Kalenderjahr nicht übersteigt; 38

39. der Vorteil des Arbeitnehmers im Rahmen eines gegenwärtigen Dienstverhältnisses aus der unentgeltlichen oder verbilligten Überlassung von Vermögensbeteiligungen im Sinne des § 2 Absatz 1 Nummer 1 Buchstabe a, b und f bis l und Absatz 2 bis 5 des Fünften Vermögensbildungsgesetzes in der Fassung der Bekanntmachung vom 4. März 1994 (BGBl. I S. 406), zuletzt geändert durch Artikel 2 des Gesetzes vom 7. März 2009 (BGBl. I S. 451), in der jeweils geltenden Fassung, am Unternehmen des Arbeitgebers, soweit der Vorteil insgesamt 1440 Euro im Kalenderjahr nicht übersteigt. ② Voraussetzung für die Steuerfreiheit ist, dass die Beteiligung mindestens allen Arbeitnehmern offensteht, die im Zeitpunkt der Bekanntgabe des Angebots ein Jahr oder länger ununterbrochen in einem gegenwärtigen Dienstverhältnis zum Unternehmen stehen. ③ Als Unternehmen des Arbeitgebers im Sinne des Satzes 1 gilt auch ein Unternehmen im Sinne des § 18 des Aktiengesetzes. ④ Als Wert der Vermögensbeteiligung ist der gemeine Wert anzusetzen; 39

---

[1] Zur Anwendung siehe § 52 Abs. 4 Satz 11 EStG.
[2] Siehe auch *Vfg. OFD Frankfurt vom 16. 1. 2019 S 2342 A – 75 – St 213 (StEd S. 124; BeckVerw 447488).*
[3] Zur letztmaligen Anwendung siehe § 52 Abs. 4 Satz 12 EStG.

EStG 40 **40.[1] 40 Prozent**

a) der Betriebsvermögensmehrungen oder Einnahmen aus der Veräußerung oder der Entnahme von Anteilen an Körperschaften, Personenvereinigungen und Vermögensmassen, deren Leistungen beim Empfänger zu Einnahmen im Sinne des § 20 Absatz 1 Nummer 1 und 9 gehören, oder an einer Organgesellschaft im Sinne des § 14 oder § 17 des Körperschaftsteuergesetzes oder aus deren Auflösung oder Herabsetzung von deren Nennkapital oder aus dem Ansatz eines solchen Wirtschaftsguts mit dem Wert, der sich nach § 6 Absatz 1 Nummer 2 Satz 3 ergibt, soweit sie zu den Einkünften aus Land- und Forstwirtschaft, aus Gewerbebetrieb oder aus selbständiger Arbeit gehören. ② Dies gilt nicht, soweit der Ansatz des niedrigeren Teilwertes in vollem Umfang zu einer Gewinnminderung geführt hat und soweit diese Gewinnminderung nicht durch Ansatz eines Wertes, der sich nach § 6 Absatz 1 Nummer 2 Satz 3 ergibt, ausgeglichen worden ist. ③ Satz 1 gilt außer für Betriebsvermögensmehrungen aus dem Ansatz mit dem Wert, der sich nach § 6 Absatz 1 Nummer 2 Satz 3 ergibt, ebenfalls nicht, soweit Abzüge nach § 6b oder ähnliche Abzüge voll steuerwirksam vorgenommen worden sind,

b) des Veräußerungspreises im Sinne des § 16 Absatz 2, soweit er auf die Veräußerung von Anteilen an Körperschaften, Personenvereinigungen und Vermögensmassen entfällt, deren Leistungen beim Empfänger zu Einnahmen im Sinne des § 20 Absatz 1 Nummer 1 und 9 gehören, oder an einer Organgesellschaft im Sinne des § 14 oder § 17 des Körperschaftsteuergesetzes. ② Satz 1 ist in den Fällen des § 16 Absatz 3 entsprechend anzuwenden. ③ Buchstabe a Satz 3 gilt entsprechend,

c) des Veräußerungspreises oder des gemeinen Wertes im Sinne des § 17 Absatz 2. ② Satz 1 ist in den Fällen des § 17 Absatz 4 entsprechend anzuwenden,

d)[2] der Bezüge im Sinne des § 20 Absatz 1 Nummer 1 und der Einnahmen im Sinne des § 20 Absatz 1 Nummer 9. ② Dies gilt nur, soweit sie das Einkommen der leistenden Körperschaft nicht gemindert haben. ③ Sofern die Bezüge in einem anderen Staat auf Grund einer vom deutschen Recht abweichenden steuerlichen Zurechnung einer anderen Person zugerechnet werden, gilt Satz 1 nur, soweit das Einkommen der anderen Person oder ihr nahestehender Personen nicht niedriger ist als bei einer dem deutschen Recht entsprechenden Zurechnung. ④ Satz 1 Buchstabe d Satz 2 gilt nicht, soweit eine verdeckte Gewinnausschüttung das Einkommen einer dem Steuerpflichtigen nahe stehenden Person erhöht hat und § 32a des Körperschaftsteuergesetzes auf die Veranlagung dieser nahe stehenden Person keine Anwendung findet,

e) der Bezüge im Sinne des § 20 Absatz 1 Nummer 2,

f) der besonderen Entgelte oder Vorteile im Sinne des § 20 Absatz 3, die neben den in § 20 Absatz 1 Nummer 1 und Absatz 2 Satz 1 Nr. 2 Buchstabe a bezeichneten Einnahmen oder an deren Stelle gewährt werden,

g) des Gewinns aus der Veräußerung von Dividendenscheinen und sonstigen Ansprüchen im Sinne des § 20 Absatz 2 Satz 1 Nummer 2 Buchstabe a,

h) des Gewinns aus der Abtretung von Dividendenansprüchen oder sonstigen Ansprüchen im Sinne des § 20 Absatz 2 Satz 1 Nummer 2 Buchstabe a in Verbindung mit § 20 Absatz 2 Satz 2,

i) der Bezüge im Sinne des § 22 Nummer 1 Satz 2, soweit diese von einer nicht von der Körperschaftsteuer befreiten Körperschaft, Personenvereinigung oder Vermögensmasse stammen.

② Dies gilt für Satz 1 Buchstabe d bis h nur in Verbindung mit § 20 Absatz 8. ③ Satz 1 Buchstabe a, b und d bis h ist nicht anzuwenden auf Anteile, die bei Kreditinstituten, Finanzdienstleistungsinstituten und Wertpapierinstituten dem Handelsbestand im Sinne des § 340e Absatz 3 des Handelsgesetzbuchs zuzuordnen sind; Gleiches gilt für Anteile, die bei Finanzunternehmen im Sinne des Kreditwesengesetzes, an denen Kreditinstitute, Finanzdienstleistungsinstitute oder Wertpapierinstitute unmittelbar oder mittelbar zu mehr als 50 Prozent beteiligt sind, zum Zeitpunkt des Zugangs zum Betriebsvermögen als Umlaufvermögen auszuweisen sind. ④ Satz 1 ist nicht anzuwenden bei Anteilen an Unterstützungskassen;

R 3.40 40a **Teileinkünfteverfahren**

Bei der Veräußerung einbringungsgeborener Anteile ist R 3.40 EStR 2008[3] weiter anzuwenden.

---

[1] Zur erstmaligen bzw. zur weiteren Anwendung siehe § 52 Abs. 4 Satz 13 bis 17 EStG.
[2] **Zur Anwendung von § 3 Nr. 40 Satz 1 Buchstabe d Satz 3 siehe § 52 Abs. 4 Satz 16 EStG.**
[3] Letztmals abgedruckt im „Handbuch zur Einkommensteuerveranlagung 2011".

Sondervergütungen für Gesellschafterdarlehen. Sondervergütungen eines Mitunternehmers für die Hingabe von Darlehen i. S. d. § 15 Abs. 1 Satz 1 Nr. 2 EStG unterliegen auch dann nicht der anteiligen Steuerbefreiung nach § 3 Nr. 40 EStG, wenn sie ihrerseits aus nach § 3 Nr. 40 EStG teilweise steuerbefreiten Einnahmen beglichen wurden (→ BFH vom 6. 2. 2020 – BStBl. II S. 448). H 3.40 40b

Wertaufholungen. Wertaufholungen nach § 6 Abs. 1 Nr. 2 Satz 3 EStG, denen in früheren Jahren sowohl voll steuerwirksame als auch nur teilweise steuerwirksame Abschreibungen von Anteilen auf den niedrigeren Teilwert vorangegangen sind, sind zunächst mit den nur teilweise steuerwirksamen und erst danach – mit der Folge der vollen Steuerpflicht daraus resultierender Gewinne – mit den voll steuerwirksamen Teilwertabschreibungen zu verrechnen (→ BFH vom 19. 8. 2009 – BStBl. 2010 II S. 760).

§ 3 EStG

Steuerfrei sind

...

40 a.[1] **40 Prozent der Vergütungen im Sinne des § 18 Absatz 1 Nummer 4;** 40c

41. *(aufgehoben)* 41

42. **die Zuwendungen, die auf Grund des Fulbright-Abkommens gezahlt werden;** 42

Fulbright-Abkommen. Neues Fulbright-Abkommen vom 20. 11. 1962, in Kraft getreten am 24. 1. 1964, → BGBl. II S. 27, 215. H 3.42 42a

§ 3 EStG

Steuerfrei sind

...

43. **der Ehrensold für Künstler sowie Zuwendungen aus Mitteln der Deutschen Künstlerhilfe, wenn es sich um Bezüge aus öffentlichen Mitteln handelt, die wegen der Bedürftigkeit des Künstlers gezahlt werden;** 43

44.[2] **Stipendien, die aus öffentlichen Mitteln oder von zwischenstaatlichen oder überstaatlichen Einrichtungen, denen die Bundesrepublik Deutschland als Mitglied angehört, zur Förderung der Forschung oder zur Förderung der wissenschaftlichen oder künstlerischen Ausbildung oder Fortbildung gewährt werden. ② Das Gleiche gilt für Stipendien, die zu den in Satz 1 bezeichneten Zwecken von einer Einrichtung, die von einer Körperschaft des öffentlichen Rechts errichtet ist oder verwaltet wird, oder von einer Körperschaft, Personenvereinigung oder Vermögensmasse im Sinne des § 5 Absatz 1 Nummer 9 des Körperschaftsteuergesetzes gegeben werden. ③ Voraussetzung für die Steuerfreiheit ist, dass** 44

a) die Stipendien einen für die Erfüllung der Forschungsaufgabe oder für die Bestreitung des Lebensunterhalts und die Deckung des Ausbildungsbedarfs erforderlichen Betrag nicht übersteigen und nach den von dem Geber erlassenen Richtlinien vergeben werden,

b) der Empfänger im Zusammenhang mit dem Stipendium nicht zu einer bestimmten wissenschaftlichen oder künstlerischen Gegenleistung oder zu einer bestimmten Arbeitnehmertätigkeit verpflichtet ist;

① Die Prüfung, ob die Voraussetzungen für die Steuerfreiheit der Stipendien vorliegen, hat für inländische Stipendiengeber das Finanzamt vorzunehmen, das für die Veranlagung des Stipendiengebers zur Körperschaftsteuer zuständig ist oder zuständig wäre, wenn der Geber steuerpflichtig wäre. ② Dieses Finanzamt hat auf Anforderung des Stipendienempfängers oder des für ihn zuständigen Finanzamts eine Bescheinigung über die Voraussetzungen des § 3 Nr. 44 Satz 3 EStG zu erteilen. ③ Auch eine in der EU oder dem EWR ansässige Körperschaft, Personenvereinigung oder Vermögensmasse i. S. d. § 5 Abs. 1 Nr. 9 KStG kann steuerfreie Stipendien vergeben, soweit sie bei sinngemäßer Anwendung der §§ 51 ff. AO gemeinnützig wäre und ein Amtshilfeabkommen mit dem Ansässigkeitsstaat besteht. ④ Das Vorliegen der Voraussetzungen der §§ 51 ff. AO hat der Stipendienempfänger gegenüber dem für ihn zuständigen Finanzamt durch Vorlage entsprechender Unterlagen (z. B. Satzung, Tätigkeitsbericht) nachzuweisen. R 3.44 44a

Beihilfen zum Lebensunterhalt H 3.44 44b

– Die Steuerbefreiung von Forschungsstipendien nach § 3 Nr. 44 EStG umfasst sowohl die der Erfüllung der Forschungsaufgaben (Sachbeihilfen) als auch die der Bestreitung des Lebensunterhalts dienenden Zuwendungen (→ BFH vom 20. 3. 2003 – BStBl. 2004 II S. 190).

---

[1] Zur Anwendung siehe § 52 Abs. 4 Satz 18 und 19 EStG.

[2] Zur steuerlichen Behandlung einzelner Stipendien siehe *Vfg. OFD Frankfurt vom 9. 4. 2019 S 2121 A – 013 – St 231 (StEd S. 343; BeckVerw 450459).*

– Zum Lebensunterhalt gehören die Mittel, die benötigt werden, um dem Stpfl. ein menschenwürdiges Leben in einem sozialen Umfeld zu sichern. Er umfasst die unentbehrlichen Aufwendungen für Wohnung, Verpflegung, Kleidung, Ausbildung, Gesundheit, angemessene Freizeitgestaltung und andere notwendige Ausgaben dieser Art. Dabei ist das Alter des Stpfl., seine akademische Vorbildung sowie dessen nach der Verkehrsauffassung typische Lebenshaltungskosten in seiner sozialen Situation zu berücksichtigen. Das Stipendium übersteigt den für die Bestreitung des Lebensunterhalts erforderlichen Betrag nicht, wenn es über die zuvor aus einem Beschäftigungsverhältnis bezogenen Einnahmen nicht wesentlich hinausgeht (→ BFH vom 24. 2. 2015 – BStBl. II S. 691).

Stipendien. Zwischen einem nach § 3 Nr. 44 EStG steuerfrei gewährten Stipendium für Studienzwecke und den im Zusammenhang mit dem Stipendium entstehenden Mehraufwendungen besteht regelmäßig ein unmittelbarer wirtschaftlicher Zusammenhang i. S. d. § 3c EStG (→ BFH vom 9. 11. 1976 – BStBl. 1977 II S. 207).

EStG

§ 3

Steuerfrei sind

...

45 **45. die Vorteile des Arbeitnehmers aus der privaten Nutzung von betrieblichen Datenverarbeitungsgeräten und Telekommunikationsgeräten sowie deren Zubehör, aus zur privaten Nutzung überlassenen System- und Anwendungsprogrammen, die der Arbeitgeber auch in seinem Betrieb einsetzt, und aus den im Zusammenhang mit diesen Zuwendungen erbrachten Dienstleistungen. ② Satz 1 gilt entsprechend für Steuerpflichtige, denen die Vorteile im Rahmen einer Tätigkeit zugewendet werden, für die sie eine Aufwandsentschädigung im Sinne des § 3 Nummer 12 erhalten;**

H 3.45

45a **Verfassungsmäßigkeit.** Soweit § 3 Nr. 45 EStG auf Arbeitnehmer beschränkt ist, liegt darin keine Verletzung des Gleichheitssatzes (→ BFH vom 21. 6. 2006 – BStBl. II S. 715).

EStG

§ 3

Steuerfrei sind

...

46 **46.[1] zusätzlich zum ohnehin geschuldeten Arbeitslohn vom Arbeitgeber gewährte Vorteile für das elektrische Aufladen eines Elektrofahrzeugs oder Hybridelektrofahrzeugs im Sinne des § 6 Absatz 1 Nummer 4 Satz 2 zweiter Halbsatz an einer ortsfesten betrieblichen Einrichtung des Arbeitgebers oder eines verbundenen Unternehmens (§ 15 des Aktiengesetzes) und für die zur privaten Nutzung überlassene betriebliche Ladevorrichtung;**

47 **47. Leistungen nach § 14a Absatz 4 und § 14b des Arbeitsplatzschutzgesetzes;**

48 **48. Leistungen nach dem Unterhaltssicherungsgesetz mit Ausnahme der Leistungen nach § 6 des Unterhaltssicherungsgesetzes;**

49. *(aufgehoben)*

50 **50. die Beträge, die der Arbeitnehmer vom Arbeitgeber erhält, um sie für ihn auszugeben (durchlaufende Gelder), und die Beträge, durch die Auslagen des Arbeitnehmers für den Arbeitgeber ersetzt werden (Auslagenersatz);**

51 **51. Trinkgelder, die anlässlich einer Arbeitsleistung dem Arbeitnehmer von Dritten freiwillig und ohne dass ein Rechtsanspruch auf sie besteht, zusätzlich zu dem Betrag gegeben werden, der für diese Arbeitsleistung zu zahlen ist;**

52. (weggefallen)

53 **53. die Übertragung von Wertguthaben nach § 7f Absatz 1 Satz 1 Nummer 2 des Vierten Buches Sozialgesetzbuch auf die Deutsche Rentenversicherung Bund. ② Die Leistungen aus dem Wertguthaben durch die Deutsche Rentenversicherung Bund gehören zu den Einkünften aus nichtselbständiger Arbeit im Sinne des § 19. ③ Von ihnen ist Lohnsteuer einzubehalten;**

54 **54. Zinsen aus Entschädigungsansprüchen für deutsche Auslandsbonds im Sinne der §§ 52 bis 54 des Bereinigungsgesetzes für deutsche Auslandsbonds in der im Bundesgesetzblatt Teil III, Gliederungsnummer 4139-2, veröffentlichten bereinigten Fassung, soweit sich die Entschädigungsansprüche gegen den Bund oder die Länder richten. ② Das Gleiche gilt für die Zinsen aus Schuldverschreibungen und Schuldbuchforderungen, die nach den §§ 9, 10 und 14 des Gesetzes zur näheren Regelung der Entschädigungsansprüche für Auslandsbonds in der im Bundes-**

[1] Zur erstmaligen und letztmaligen Anwendung siehe § 52 Abs. 4 Satz 21 EStG.

gesetzblatt Teil III, Gliederungsnummer 4139-3, veröffentlichten bereinigten Fassung vom Bund oder von den Ländern für Entschädigungsansprüche erteilt oder eingetragen werden; EStG

55. der in den Fällen des § 4 Absatz 2 Nummer 2 und Absatz 3 des Betriebsrentengesetzes vom 19. Dezember 1974 (BGBl. I S. 3610), das zuletzt durch Artikel 8 des Gesetzes vom 5. Juli 2004 (BGBl. I S. 1427) geändert worden ist, in der jeweils geltenden Fassung geleistete Übertragungswert nach § 4 Absatz 5 des Betriebsrentengesetzes, wenn die betriebliche Altersversorgung beim ehemaligen und neuen Arbeitgeber über einen Pensionsfonds, eine Pensionskasse oder ein Unternehmen der Lebensversicherung durchgeführt wird; dies gilt auch, wenn eine Versorgungsanwartschaft aus einer betrieblichen Altersversorgung auf Grund vertraglicher Vereinbarung ohne Fristerfordernis unverfallbar ist. ② Satz 1 gilt auch, wenn der Übertragungswert vom ehemaligen Arbeitgeber oder von einer Unterstützungskasse an den neuen Arbeitgeber oder eine andere Unterstützungskasse geleistet wird. ③ Die Leistungen des neuen Arbeitgebers, der Unterstützungskasse, des Pensionsfonds, der Pensionskasse oder des Unternehmens der Lebensversicherung auf Grund des Betrags nach Satz 1 und 2 gehören zu den Einkünften, zu denen die Leistungen gehören würden, wenn die Übertragung nach § 4 Absatz 2 Nummer 2 und Absatz 3 des Betriebsrentengesetzes nicht stattgefunden hätte; 55

55 a.[1] die nach § 10 des Versorgungsausgleichsgesetzes vom 3. April 2009 (BGBl. I S. 700) in der jeweils geltenden Fassung (interne Teilung) durchgeführte Übertragung von Anrechten für die ausgleichsberechtigte Person zu Lasten von Anrechten der ausgleichsberechtigten Person. ② Die Leistungen aus diesen Anrechten gehören bei der ausgleichsberechtigten Person zu den Einkünften, zu denen die Leistungen bei der ausgleichspflichtigen Person gehören würden, wenn die interne Teilung nicht stattgefunden hätte; 55a

55 b.[1] der nach § 14 des Versorgungsausgleichsgesetzes (externe Teilung) geleistete Ausgleichswert zur Begründung von Anrechten für die ausgleichsberechtigte Person zu Lasten von Anrechten der ausgleichspflichtigen Person, soweit Leistungen aus diesen Anrechten zu steuerpflichtigen Einkünften nach den §§ 19, 20 und 22 führen würden. ② Satz 1 gilt nicht, soweit Leistungen, die auf dem begründeten Anrecht beruhen, bei der ausgleichsberechtigten Person zu Einkünften nach § 20 Absatz 1 Nummer 6 oder § 22 Nummer 1 Satz 3 Buchstabe a Doppelbuchstabe bb führen würden. ③ Der Versorgungsträger der ausgleichspflichtigen Person hat den Versorgungsträger der ausgleichsberechtigten Person über die für die Besteuerung der Leistungen erforderlichen Grundlagen zu informieren. ④ Dies gilt nicht, wenn der Versorgungsträger der ausgleichsberechtigten Person die Grundlagen bereits kennt oder aus den bei ihm vorhandenen Daten feststellen kann und dieser Umstand dem Versorgungsträger der ausgleichspflichtigen Person mitgeteilt worden ist; 55b

55 c. Übertragungen von Altersvorsorgevermögen im Sinne des § 92 auf einen anderen auf den Namen des Steuerpflichtigen lautenden Altersvorsorgevertrag (§ 1 Absatz 1 Satz 1 Nummer 10 Buchstabe b des Altersvorsorgeverträge-Zertifizierungsgesetzes), soweit die Leistungen zu steuerpflichtigen Einkünften nach § 22 Nummer 5 führen würden. ② Dies gilt entsprechend 55c

a) wenn Anwartschaften aus einer betrieblichen Altersversorgung, die über einen Pensionsfonds, eine Pensionskasse oder ein Unternehmen der Lebensversicherung (Direktversicherung) durchgeführt wird, lediglich auf einen anderen Träger einer betrieblichen Altersversorgung in Form eines Pensionsfonds, einer Pensionskasse oder eines Unternehmens der Lebensversicherung (Direktversicherung) übertragen werden, soweit keine Zahlungen unmittelbar an den Arbeitnehmer erfolgen,

b) wenn Anwartschaften der betrieblichen Altersversorgung abgefunden werden, soweit das Altersvorsorgevermögen zugunsten eines auf den Namen des Steuerpflichtigen lautenden Altersvorsorgevertrages geleistet wird,

c) wenn im Fall des Todes des Steuerpflichtigen das Altersvorsorgevermögen auf einen auf den Namen des Ehegatten lautenden Altersvorsorgevertrag übertragen wird, wenn die Ehegatten im Zeitpunkt des Todes des Zulageberechtigten nicht dauernd getrennt gelebt haben (§ 26 Absatz 1) und ihren Wohnsitz oder gewöhnlichen Aufenthalt in einem Mitgliedstaat der Europäischen Union oder einem Staat hatten, auf den das Abkommen über den Europäischen Wirtschaftsraum anwendbar ist; dies gilt auch, wenn die Ehegatten ihren vor dem Zeitpunkt, ab dem das Vereinigte Königreich Großbritannien und Nordirland

---

[1] Zur Anwendung der Nr. 55 a und 55 b siehe auch § 52 Abs. 28 Satz 9 EStG.

EStG

nicht mehr Mitgliedstaat der Europäischen Union ist und auch nicht wie ein solcher zu behandeln ist, begründeten Wohnsitz oder gewöhnlichen Aufenthalt im Vereinigten Königreich Großbritannien und Nordirland hatten und der Vertrag vor dem 23. Juni 2016 abgeschlossen worden ist;

55d **55 d. Übertragungen von Anrechten aus einem nach § 5 a Altersvorsorgeverträge-Zertifizierungsgesetz zertifizierten Vertrag auf einen anderen auf den Namen des Steuerpflichtigen lautenden nach § 5 a Altersvorsorgeverträge-Zertifizierungsgesetz zertifizierten Vertrag;**

55e **55 e. die auf Grund eines Abkommens mit einer zwischen- oder überstaatlichen Einrichtung übertragenen Werte von Anrechten auf Altersversorgung, soweit diese zur Begründung von Anrechten auf Altersversorgung bei einer zwischen- oder überstaatlichen Einrichtung dienen. ② Die Leistungen auf Grund des Betrags nach Satz 1 gehören zu den Einkünften, zu denen die Leistungen gehören, die die übernehmende Versorgungseinrichtung im Übrigen erbringt;**

56 **56. Zuwendungen des Arbeitgebers nach § 19 Absatz 1 Satz 1 Nummer 3 Satz 1 aus dem ersten Dienstverhältnis an eine Pensionskasse zum Aufbau einer nicht kapitalgedeckten betrieblichen Altersversorgung, bei der eine Auszahlung der zugesagten Alters-, Invaliditäts- oder Hinterbliebenenversorgung entsprechend § 82 Absatz 2 Satz 2 vorgesehen ist, soweit diese Zuwendungen im Kalenderjahr 2 Prozent der Beitragsbemessungsgrenze in der allgemeinen Rentenversicherung nicht übersteigen. ② Der in Satz 1 genannte Höchstbetrag erhöht sich ab 1. Januar 2020 auf 3 Prozent und ab 1. Januar 2025 auf 4 Prozent der Beitragsbemessungsgrenze in der allgemeinen Rentenversicherung. ③ Die Beträge nach den Sätzen 1 und 2 sind jeweils um die nach § 3 Nummer 63 Satz 1, 3 oder Satz 4 steuerfreien Beträge zu mindern;**

57 **57. die Beträge, die die Künstlersozialkasse zugunsten des nach dem Künstlersozialversicherungsgesetz Versicherten aus dem Aufkommen von Künstlersozialabgabe und Bundeszuschuss an einen Träger der Sozialversicherung oder an den Versicherten zahlt;**

58 **58. das Wohngeld nach dem Wohngeldgesetz, die sonstigen Leistungen aus öffentlichen Haushalten oder Zweckvermögen zur Senkung der Miete oder Belastung im Sinne des § 11 Absatz 2 Nummer 4 des Wohngeldgesetzes sowie öffentliche Zuschüsse zur Deckung laufender Aufwendungen und Zinsvorteile bei Darlehen, die aus öffentlichen Haushalten gewährt werden, für eine zu eigenen Wohnzwecken genutzte Wohnung im eigenen Haus oder eine zu eigenen Wohnzwecken genutzte Eigentumswohnung, soweit die Zuschüsse und Zinsvorteile die Vorteile aus einer entsprechenden Förderung mit öffentlichen Mitteln nach dem Zweiten Wohnungsbaugesetz, dem Wohnraumförderungsgesetz oder einem Landesgesetz zur Wohnraumförderung nicht überschreiten, der Zuschuss für die Wohneigentumsbildung in innerstädtischen Altbauquartieren nach den Regelungen zum Stadtumbau Ost in den Verwaltungsvereinbarungen über die Gewährung von Finanzhilfen des Bundes an die Länder nach Artikel 104 a Absatz 4 des Grundgesetzes zur Förderung städtebaulicher Maßnahmen;**

59 **59.[1] die Zusatzförderung nach § 88 e des Zweiten Wohnungsbaugesetzes und nach § 51 f des Wohnungsbaugesetzes für das Saarland und Geldleistungen, die ein Mieter zum Zwecke der Wohnkostenentlastung nach dem Wohnraumförderungsgesetz oder einem Landesgesetz zur Wohnraumförderung erhält, soweit die Einkünfte dem Mieter zuzurechnen sind, und die Vorteile aus einer mietweisen Wohnungsüberlassung im Zusammenhang mit einem Arbeitsverhältnis, soweit sie die Vorteile aus einer entsprechenden Förderung nach dem Zweiten Wohnungsbaugesetz, nach dem Wohnraumförderungsgesetz oder einem Landesgesetz zur Wohnraumförderung nicht überschreiten;**

60 **[Fassung bis 13. 8. 2020:]**

60.[2] Leistungen aus öffentlichen Mitteln an Arbeitnehmer des Steinkohlen-, Pechkohlen- und Erzbergbaues, des Braunkohlentiefbaues und der Eisen- und Stahlindustrie aus Anlass von Stilllegungs-, Einschränkungs-, Umstellungs- oder Rationalisierungsmaßnahmen;

[Fassung ab 14. 8. 2020:]

60. das Anpassungsgeld für Arbeitnehmer der Braunkohlekraftwerke und -tagebaue sowie Steinkohlekraftwerke, die aus Anlass einer Stilllegungsmaßnahme ihren Arbeitsplatz verloren haben;

61 **61. Leistungen nach § 4 Absatz 1 Nummer 2, § 7 Absatz 3, §§ 9, 10 Absatz 1, §§ 13, 15 des Entwicklungshelfer-Gesetzes;**

---

[1] Siehe hierzu R 3.59 LStR 2015.

[2] Zur weiteren Anwendung siehe § 52 Abs. 4 Satz 22 EStG.

EStG

62. Ausgaben des Arbeitgebers für die Zukunftssicherung des Arbeitnehmers, soweit der Arbeitgeber dazu nach sozialversicherungsrechtlichen oder anderen gesetzlichen Vorschriften oder nach einer auf gesetzlicher Ermächtigung beruhenden Bestimmung verpflichtet ist, und es sich nicht um Zuwendungen oder Beiträge des Arbeitgebers nach den Nummern 56, 63 und 63 a handelt. ② Den Ausgaben des Arbeitgebers für die Zukunftssicherung, die auf Grund gesetzlicher Verpflichtung geleistet werden, werden gleichgestellt Zuschüsse des Arbeitgebers zu den Aufwendungen des Arbeitnehmers 62
   a) für eine Lebensversicherung,
   b) für die freiwillige Versicherung in der gesetzlichen Rentenversicherung,
   c) für eine öffentlich-rechtliche Versicherungs- oder Versorgungseinrichtung seiner Berufsgruppe,

   wenn der Arbeitnehmer von der Versicherungspflicht in der gesetzlichen Rentenversicherung befreit worden ist. ③ Die Zuschüsse sind nur insoweit steuerfrei, als sie insgesamt bei Befreiung von der Versicherungspflicht in der allgemeinen Rentenversicherung die Hälfte und bei Befreiung von der Versicherungspflicht in der knappschaftlichen Rentenversicherung zwei Drittel der Gesamtaufwendungen des Arbeitnehmers nicht übersteigen und nicht höher sind als der Betrag, der als Arbeitgeberanteil bei Versicherungspflicht in der gesetzlichen Rentenversicherung der Angestellten oder in der knappschaftlichen Rentenversicherung zu zahlen wäre;

63.[1] Beiträge des Arbeitgebers aus dem ersten Dienstverhältnis an einen Pensionsfonds, eine Pensionskasse oder für eine Direktversicherung zum Aufbau einer kapitalgedeckten betrieblichen Altersversorgung, bei der eine Auszahlung der zugesagten Alters-, Invaliditäts- oder Hinterbliebenenversorgungsleistungen entsprechend § 82 Absatz 2 Satz 2 vorgesehen ist, soweit die Beiträge im Kalenderjahr 8 Prozent der Beitragsbemessungsgrenze in der allgemeinen Rentenversicherung nicht übersteigen. ② Dies gilt nicht, soweit der Arbeitnehmer nach § 1 a Absatz 3 des Betriebsrentengesetzes verlangt hat, dass die Voraussetzungen für eine Förderung nach § 10 a oder Abschnitt XI erfüllt werden. ③ Aus Anlass der Beendigung des Dienstverhältnisses geleistete Beiträge im Sinne des Satzes 1 sind steuerfrei, soweit sie 4 Prozent der Beitragsbemessungsgrenze in der allgemeinen Rentenversicherung, vervielfältigt mit der Anzahl der Kalenderjahre, in denen das Dienstverhältnis des Arbeitnehmers zu dem Arbeitgeber bestanden hat, höchstens jedoch zehn Kalenderjahre, nicht übersteigen. ④ Beiträge im Sinne des Satzes 1, die für Kalenderjahre nachgezahlt werden, in denen das erste Dienstverhältnis ruhte und vom Arbeitgeber im Inland kein steuerpflichtiger Arbeitslohn bezogen wurde, sind steuerfrei, soweit sie 8 Prozent der Beitragsbemessungsgrenze in der allgemeinen Rentenversicherung, vervielfältigt mit der Anzahl dieser Kalenderjahre, höchstens jedoch zehn Kalenderjahre, nicht übersteigen; 63

63a. Sicherungsbeiträge des Arbeitgebers nach § 23 Absatz 1 des Betriebsrentengesetzes, soweit sie nicht unmittelbar dem einzelnen Arbeitnehmer gutgeschrieben oder zugerechnet werden; 63a

64. bei Arbeitnehmern, die zu einer inländischen juristischen Person des öffentlichen Rechts in einem Dienstverhältnis stehen und dafür Arbeitslohn aus einer inländischen öffentlichen Kasse beziehen, die Bezüge für eine Tätigkeit im Ausland insoweit, als sie den Arbeitslohn übersteigen, der dem Arbeitnehmer bei einer gleichwertigen Tätigkeit am Ort der zahlenden öffentlichen Kasse zustehen würde. ② Satz 1 gilt auch, wenn das Dienstverhältnis zu einer anderen Person besteht, die den Arbeitslohn entsprechend den im Sinne des Satzes 1 geltenden Vorschriften ermittelt, der Arbeitslohn aus einer öffentlichen Kasse gezahlt wird und ganz oder im Wesentlichen aus öffentlichen Mitteln aufgebracht wird. ③ Bei anderen für einen begrenzten Zeitraum in das Ausland entsandten Arbeitnehmern, die dort einen Wohnsitz oder ihren gewöhnlichen Aufenthalt haben, ist der ihnen von einem inländischen Arbeitgeber gewährte Kaufkraftausgleich steuerfrei, soweit er den für vergleichbare Auslandsdienstbezüge nach § 55 des Bundesbesoldungsgesetzes zulässigen Betrag nicht übersteigt; 64

65. a) Beiträge des Trägers der Insolvenzsicherung (§ 14 des Betriebsrentengesetzes) zugunsten eines Versorgungsberechtigten und seiner Hinterbliebenen an ein Unternehmen der Lebensversicherung zur Ablösung von Verpflichtungen, die der Träger der Insolvenzsicherung im Sicherungsfall gegenüber dem Versorgungsberechtigten und seinen Hinterbliebenen hat, 65
   b) Leistungen zur Übernahme von Versorgungsleistungen oder unverfallbaren Versorgungsanwartschaften durch eine Pensionskasse oder ein Unternehmen der Lebensversicherung in den in § 4 Absatz 4 des Betriebsrentengesetzes bezeichneten Fällen,

---

[1] Zur Anwendung siehe § 52 Abs. 4 Satz 23 und 24 EStG.

c) der Erwerb von Ansprüchen durch den Arbeitnehmer gegenüber einem Dritten im Fall der Eröffnung des Insolvenzverfahrens oder in den Fällen des § 7 Absatz 1 Satz 4 des Betriebsrentengesetzes, soweit der Dritte neben dem Arbeitgeber für die Erfüllung von Ansprüchen auf Grund bestehender Versorgungsverpflichtungen oder Versorgungsanwartschaften gegenüber dem Arbeitnehmer und dessen Hinterbliebenen einsteht; dies gilt entsprechend, wenn der Dritte für Wertguthaben aus einer Vereinbarung über die Altersteilzeit nach dem Altersteilzeitgesetz vom 23. Juli 1996 (BGBl. I S. 1078), zuletzt geändert durch Artikel 234 der Verordnung vom 31. Oktober 2006 (BGBl. I S. 2407), in der jeweils geltenden Fassung oder auf Grund von Wertguthaben aus einem Arbeitszeitkonto in den im ersten Halbsatz genannten Fällen für den Arbeitgeber einsteht und

d) der Erwerb von Ansprüchen durch den Arbeitnehmer im Zusammenhang mit dem Eintritt in die Versicherung nach § 8 Absatz 2 des Betriebsrentengesetzes.

② In den Fällen nach Buchstabe a, b und c gehören die Leistungen der Pensionskasse, des Unternehmens der Lebensversicherung oder des Dritten zu den Einkünften, zu denen jene Leistungen gehören würden, die ohne Eintritt eines Falles nach Buchstabe a, b und c zu erbringen wären. ③ Soweit sie zu den Einkünften aus nichtselbständiger Arbeit im Sinne des § 19 gehören, ist von ihnen Lohnsteuer einzubehalten. ④ Für die Erhebung der Lohnsteuer gelten die Pensionskasse, das Unternehmen der Lebensversicherung oder der Dritte als Arbeitgeber und der Leistungsempfänger als Arbeitnehmer. ⑤ Im Fall des Buchstaben d gehören die Versorgungsleistungen des Unternehmens der Lebensversicherung oder der Pensionskasse, soweit sie auf Beiträgen beruhen, die bis zum Eintritt des Arbeitnehmers in die Versicherung geleistet wurden, zu den sonstigen Einkünften im Sinne des § 22 Nummer 5 Satz 1; soweit der Arbeitnehmer in den Fällen des § 8 Absatz 2 des Betriebsrentengesetzes die Versicherung mit eigenen Beiträgen fortgesetzt hat, sind die auf diesen Beiträgen beruhenden Versorgungsleistungen sonstige Einkünfte im Sinne des § 22 Nummer 5 Satz 1 oder Satz 2;

H 3.65

65a Insolvenzsicherung → R 3.65 LStR 2015.

EStG

§ 3

Steuerfrei sind

...

66 **66. Leistungen eines Arbeitgebers oder einer Unterstützungskasse an einen Pensionsfonds zur Übernahme bestehender Versorgungsverpflichtungen oder Versorgungsanwartschaften durch den Pensionsfonds, wenn ein Antrag nach § 4 d Absatz 3 oder § 4 e Absatz 3 gestellt worden ist;**

67 **67. a) das Erziehungsgeld nach dem Bundeserziehungsgeldgesetz und vergleichbare Leistungen der Länder,**

b) das Elterngeld nach dem Bundeselterngeld- und Elternzeitgesetz und vergleichbare Leistungen der Länder,

c) Leistungen für Kindererziehung an Mütter der Geburtsjahrgänge vor 1921 nach den §§ 294 bis 299 des Sechsten Buches Sozialgesetzbuch sowie

d)[1] Zuschläge, die nach den §§ 50 a bis 50 e des Beamtenversorgungsgesetzes oder nach den §§ 70 bis 74 des Soldatenversorgungsgesetzes oder nach vergleichbaren Regelungen der Länder für ein vor dem 1. Januar 2015 geborenes Kind oder für eine vor dem 1. Januar 2015 begonnene Zeit der Pflege einer pflegebedürftigen Person zu gewähren sind; im Falle des Zusammentreffens von Zeiten für mehrere Kinder nach § 50 b des Beamtenversorgungsgesetzes oder § 71 des Soldatenversorgungsgesetzes oder nach vergleichbaren Regelungen der Länder gilt dies, wenn eines der Kinder vor dem 1. Januar 2015 geboren ist;

68 **68. die Hilfen nach dem Gesetz über die Hilfe für durch Anti-D-Immunprophylaxe mit dem Hepatitis-C-Virus infizierte Personen vom 2. August 2000 (BGBl. I S. 1270);**

69 **69. die von der Stiftung „Humanitäre Hilfe für durch Blutprodukte HIV-infizierte Personen" nach dem HIV-Hilfegesetz vom 24. Juli 1995 (BGBl. I S. 972) gewährten Leistungen;**

70 **70. die Hälfte**

a) der Betriebsvermögensmehrungen oder Einnahmen aus der Veräußerung von Grund und Boden und Gebäuden, die am 1. Januar 2007 mindestens

---

[1] Siehe dazu *BMF-Schreiben vom 8. 3. 2016 (BStBl. I S. 278).*
Zur Fassung von § 3 Nr. 67 Buchstabe d ab 1. 1. 2025 siehe in der geschlossenen Wiedergabe.

fünf Jahre zum Anlagevermögen eines inländischen Betriebsvermögens des Steuerpflichtigen gehören, wenn diese auf Grund eines nach dem 31. Dezember 2006 und vor dem 1. Januar 2010 rechtswirksam abgeschlossenen obligatorischen Vertrages an eine REIT-Aktiengesellschaft oder einen Vor-REIT veräußert werden,

b) der Betriebsvermögensmehrungen, die auf Grund der Eintragung eines Steuerpflichtigen in das Handelsregister als REIT-Aktiengesellschaft im Sinne des REIT-Gesetzes vom 28. Mai 2007 (BGBl. I S. 914) durch Anwendung des § 13 Absatz 1 und 3 Satz 1 des Körperschaftsteuergesetzes auf Grund und Boden und Gebäude entstehen, wenn diese Wirtschaftsgüter vor dem 1. Januar 2005 angeschafft oder hergestellt wurden, und die Schlussbilanz im Sinne des § 13 Absatz 1 und 3 des Körperschaftsteuergesetzes auf einen Zeitpunkt vor dem 1. Januar 2010 aufzustellen ist.

② Satz 1 ist nicht anzuwenden,

a) wenn der Steuerpflichtige den Betrieb veräußert oder aufgibt und der Veräußerungsgewinn nach § 34 besteuert wird,

b) soweit der Steuerpflichtige von den Regelungen der §§ 6 b und 6 c Gebrauch macht,

c) soweit der Ansatz des niedrigeren Teilwerts in vollem Umfang zu einer Gewinnminderung geführt hat und soweit diese Gewinnminderung nicht durch den Ansatz eines Werts, der sich nach § 6 Absatz 1 Nummer 1 Satz 4 ergibt, ausgeglichen worden ist,

d) wenn im Fall des Satzes 1 Buchstabe a der Buchwert zuzüglich der Veräußerungskosten den Veräußerungserlös oder im Fall des Satzes 1 Buchstabe b der Buchwert den Teilwert übersteigt. ② Ermittelt der Steuerpflichtige den Gewinn nach § 4 Absatz 3, treten an die Stelle des Buchwerts die Anschaffungs- oder Herstellungskosten verringert um die vorgenommenen Absetzungen für Abnutzung oder Substanzverringerung,

e) soweit vom Steuerpflichtigen in der Vergangenheit Abzüge bei den Anschaffungs- oder Herstellungskosten von Wirtschaftsgütern im Sinne des Satzes 1 nach § 6 b oder ähnliche Abzüge voll steuerwirksam vorgenommen worden sind,

f) wenn es sich um eine Übertragung im Zusammenhang mit Rechtsvorgängen handelt, die dem Umwandlungssteuergesetz unterliegen und die Übertragung zu einem Wert unterhalb des gemeinen Werts erfolgt.

③ Die Steuerbefreiung entfällt rückwirkend, wenn

a) innerhalb eines Zeitraums von vier Jahren seit dem Vertragsschluss im Sinne des Satzes 1 Buchstabe a der Erwerber oder innerhalb eines Zeitraums von vier Jahren nach dem Stichtag der Schlussbilanz im Sinne des Satzes 1 Buchstabe b die REIT-Aktiengesellschaft den Grund und Boden oder das Gebäude veräußert,

b) der Vor-REIT oder ein anderer Vor-REIT als sein Gesamtrechtsnachfolger den Status als Vor-REIT gemäß § 10 Absatz 3 Satz 1 des REIT-Gesetzes verliert,

c) die REIT-Aktiengesellschaft innerhalb eines Zeitraums von vier Jahren seit dem Vertragsschluss im Sinne des Satzes 1 Buchstabe a oder nach dem Stichtag der Schlussbilanz im Sinne des Satzes 1 Buchstabe b in keinem Veranlagungszeitraum die Voraussetzungen für die Steuerbefreiung erfüllt,

d) die Steuerbefreiung der REIT-Aktiengesellschaft innerhalb eines Zeitraums von vier Jahren seit dem Vertragsschluss im Sinne des Satzes 1 Buchstabe a oder nach dem Stichtag der Schlussbilanz im Sinne des Satzes 1 Buchstabe b endet,

e) das Bundeszentralamt für Steuern dem Erwerber im Sinne des Satzes 1 Buchstabe a den Status als Vor-REIT im Sinne des § 2 Satz 4 des REIT-Gesetzes vom 28. Mai 2007 (BGBl. I S. 914) bestandskräftig aberkannt hat.

④ Die Steuerbefreiung entfällt auch rückwirkend, wenn die Wirtschaftsgüter im Sinne des Satzes 1 Buchstabe a vom Erwerber an den Veräußerer oder eine ihm nahe stehende Person im Sinne des § 1 Absatz 2 des Außensteuergesetzes überlassen werden und der Veräußerer oder eine ihm nahe stehende Person im Sinne des § 1 Absatz 2 des Außensteuergesetzes nach Ablauf einer Frist von zwei Jahren seit Eintragung des Erwerbers als REIT-Aktiengesellschaft in das Handelsregister an dieser mittelbar oder unmittelbar zu mehr als 50 Prozent beteiligt ist. ⑤ Der Grundstückserwerber haftet für die sich aus dem rückwirkenden Wegfall der Steuerbefreiung ergebenden Steuern;

71. der aus einer öffentlichen Kasse gezahlte Zuschuss 71

a) für den Erwerb eines Anteils an einer Kapitalgesellschaft in Höhe von bis zu 20 Prozent der Anschaffungskosten, höchstens jedoch 100 000 Euro. ② Voraussetzung ist, dass

aa) der Anteil an der Kapitalgesellschaft länger als drei Jahre gehalten wird,
bb) die Kapitalgesellschaft, deren Anteil erworben wird,
aaa) nicht älter ist als sieben Jahre, wobei das Datum der Eintragung der Gesellschaft in das Handelsregister maßgeblich ist,
bbb) weniger als 50 Mitarbeiter (Vollzeitäquivalente) hat,
ccc) einen Jahresumsatz oder eine Jahresbilanzsumme von höchstens 10 Millionen Euro hat und
ddd) nicht an einem regulierten Markt notiert ist und keine solche Notierung vorbereitet,
cc) der Zuschussempfänger das 18. Lebensjahr vollendet hat oder eine GmbH oder Unternehmergesellschaft ist, bei der mindestens ein Gesellschafter das 18. Lebensjahr vollendet hat und
dd) für den Erwerb des Anteils kein Fremdkapital eingesetzt wird. ② Wird der Anteil von einer GmbH oder Unternehmergesellschaft im Sinne von Doppelbuchstabe cc erworben, gehören auch solche Darlehen zum Fremdkapital, die der GmbH oder Unternehmergesellschaft von ihren Anteilseignern gewährt werden und die von der GmbH oder Unternehmergesellschaft zum Erwerb des Anteils eingesetzt werden.
b) anlässlich der Veräußerung eines Anteils an einer Kapitalgesellschaft im Sinne von Buchstabe a in Höhe von 25 Prozent des Veräußerungsgewinns, wenn
aa) der Veräußerer eine natürliche Person ist,
bb) bei Erwerb des veräußerten Anteils bereits ein Zuschuss im Sinne von Buchstabe a gezahlt und nicht zurückgefordert wurde,
cc) der veräußerte Anteil frühestens drei Jahre (Mindesthaltedauer) und spätestens zehn Jahre (Höchsthaltedauer) nach Anteilserwerb veräußert wurde,
dd) der Veräußerungsgewinn nach Satz 2 mindestens 2000 Euro beträgt und
ee) der Zuschuss auf 80 Prozent der Anschaffungskosten begrenzt ist.
② Veräußerungsgewinn im Sinne von Satz 1 ist der Betrag, um den der Veräußerungspreis die Anschaffungskosten einschließlich eines gezahlten Agios übersteigt. ③ Erwerbsneben- und Veräußerungskosten sind nicht zu berücksichtigen;

72 **72.**[1] **die Einnahmen und Entnahmen im Zusammenhang mit dem Betrieb**
a) von auf, an oder in Einfamilienhäusern (einschließlich Nebengebäuden) oder nicht Wohnzwecken dienenden Gebäuden vorhandenen Photovoltaikanlagen mit einer installierten Bruttoleistung laut Marktstammdatenregister von bis zu 30 kW (peak) und
b) von auf, an oder in sonstigen Gebäuden vorhandenen Photovoltaikanlagen mit einer installierten Bruttoleistung laut Marktstammdatenregister von bis zu 15 kW (peak) je Wohn- oder Gewerbeeinheit,
insgesamt höchstens 100 kW (peak) pro Steuerpflichtigen oder Mitunternehmerschaft. ② Werden Einkünfte nach § 2 Absatz 1 Satz 1 Nummer 2 erzielt und sind die aus dieser Tätigkeit erzielten Einnahmen insgesamt steuerfrei nach Satz 1, ist kein Gewinn zu ermitteln. ③ In den Fällen des Satzes 2 ist § 15 Absatz 3 Nummer 1 nicht anzuwenden.

EStDV

§ 4 *Steuerfreie Einnahmen*

73 *Die Vorschriften der Lohnsteuer-Durchführungsverordnung über die Steuerpflicht oder die Steuerfreiheit von Einnahmen aus nichtselbständiger Arbeit sind bei der Veranlagung anzuwenden.*

§ 5 *(weggefallen)*

[1] Zur Anwendung siehe § 52 Abs. 4 Satz 27 EStG.

EStG

§ 3a[1] Sanierungserträge

(1) ① **Betriebsvermögensmehrungen oder Betriebseinnahmen aus einem Schuldenerlass zum Zwecke einer unternehmensbezogenen Sanierung im Sinne des Absatzes 2 (Sanierungsertrag) sind steuerfrei. ② Sind Betriebsvermögensmehrungen oder Betriebseinnahmen aus einem Schuldenerlass nach Satz 1 steuerfrei, sind steuerliche Wahlrechte in dem Jahr, in dem ein Sanierungsertrag erzielt wird (Sanierungsjahr) und im Folgejahr im zu sanierenden Unternehmen gewinnmindernd auszuüben. ③ Insbesondere ist der niedrigere Teilwert, der nach § 6 Absatz 1 Nummer 1 Satz 2 und Nummer 2 Satz 2 angesetzt werden kann, im Sanierungsjahr und im Folgejahr anzusetzen.** 1

(2) **Eine unternehmensbezogene Sanierung liegt vor, wenn der Steuerpflichtige für den Zeitpunkt des Schuldenerlasses die Sanierungsbedürftigkeit und die Sanierungsfähigkeit des Unternehmens, die Sanierungseignung des betrieblich begründeten Schuldenerlasses und die Sanierungsabsicht der Gläubiger nachweist.** 2

(3) ① **Nicht abziehbare Beträge im Sinne des § 3 c Absatz 4, die in Veranlagungszeiträumen vor dem Sanierungsjahr und im Sanierungsjahr anzusetzen sind, mindern den Sanierungsertrag. ② Dieser Betrag mindert nacheinander** 3

1. **den auf Grund einer Verpflichtungsübertragung im Sinne des § 4 f Absatz 1 Satz 1 in den dem Wirtschaftsjahr der Übertragung nachfolgenden 14 Jahren verteilt abziehbaren Aufwand des zu sanierenden Unternehmens, es sei denn, der Aufwand ist gemäß § 4 f Absatz 1 Satz 7 auf einen Rechtsnachfolger übergegangen, der die Verpflichtung übernommen hat und insoweit der Regelung des § 5 Absatz 7 unterliegt. ② Entsprechendes gilt in Fällen des § 4 f Absatz 2;**
2. **den nach § 15 a ausgleichsfähigen oder verrechenbaren Verlust des Unternehmers (Mitunternehmers) des zu sanierenden Unternehmens des Sanierungsjahrs;**
3. **den zum Ende des dem Sanierungsjahr vorangegangenen Wirtschaftsjahrs nach § 15 a festgestellten verrechenbaren Verlust des Unternehmers (Mitunternehmers) des zu sanierenden Unternehmens;**
4. **den nach § 15 b ausgleichsfähigen oder verrechenbaren Verlust derselben Einkunftsquelle des Unternehmers (Mitunternehmers) des Sanierungsjahrs; bei der Verlustermittlung bleibt der Sanierungsertrag unberücksichtigt;**
5. **den zum Ende des dem Sanierungsjahr vorangegangenen Jahrs nach § 15 b festgestellten verrechenbaren Verlust derselben Einkunftsquelle des Unternehmers (Mitunternehmers);**
6. **den nach § 15 Absatz 4 ausgleichsfähigen oder nicht abziehbaren Verlust des zu sanierenden Unternehmens des Sanierungsjahrs;**
7. **den zum Ende des dem Sanierungsjahr vorangegangenen Jahrs nach § 15 Absatz 4 festgestellten in Verbindung mit § 10 d Absatz 4 verbleibenden Verlustvortrag, soweit er auf das zu sanierende Unternehmen entfällt;**
8. **den Verlust des Sanierungsjahrs des zu sanierenden Unternehmens;**
9. **den ausgleichsfähigen Verlust aus allen Einkunftsarten des Veranlagungszeitraums, in dem das Sanierungsjahr endet;**
10. **im Sanierungsjahr ungeachtet des § 10 d Absatz 2 den nach § 10 d Absatz 4 zum Ende des Vorjahrs gesondert festgestellten Verlustvortrag;**
11. **in der nachfolgenden Reihenfolge den zum Ende des Vorjahrs festgestellten und den im Sanierungsjahr entstehenden verrechenbaren Verlust oder die negativen Einkünfte**
    a) **nach § 15 a,**
    b) **nach § 15 b anderer Einkunftsquellen,**
    c) **nach § 15 Absatz 4 anderer Betriebe und Mitunternehmeranteile,**
    d) **nach § 2 a,**
    e) **nach § 2 b,**
    f) **nach § 23 Absatz 3 Satz 7 und 8,**
    g) **nach sonstigen Vorschriften;**
12. **ungeachtet der Beträge des § 10 d Absatz 1 Satz 1 die negativen Einkünfte nach § 10 d Absatz 1 Satz 1 des Folgejahrs und die negativen Einkünfte nach § 10 d Absatz 1 Satz 2 des zweiten Folgejahrs. ② Ein Verlustrücktrag nach § 10 d Absatz 1 Satz 1 und 2 ist nur möglich, soweit die Beträge nach § 10 d Absatz 1 Satz 1 und 2 durch den verbleibenden Sanierungsertrag im Sinne des Satzes 4 nicht überschritten werden;**

[1] Zur erstmaligen Anwendung siehe § 52 Abs. 4 a EStG.

EStG

13. den zum Ende des Vorjahrs festgestellten und den im Sanierungsjahr entstehenden
a) Zinsvortrag nach § 4h Absatz 1 Satz 5,
b) EBITDA-Vortrag nach § 4h Absatz 1 Satz 3. ② Die Minderung des EBITDA-Vortrags des Sanierungsjahrs und der EBITDA-Vorträge aus vorangegangenen Wirtschaftsjahren erfolgt in ihrer zeitlichen Reihenfolge.

③ Übersteigt der geminderte Sanierungsertrag nach Satz 1 die nach Satz 2 mindernden Beträge, mindern sich insoweit nach Maßgabe des Satzes 2 auch der verteilt abziehbare Aufwand, Verluste, negative Einkünfte, Zinsvorträge oder EBITDA-Vorträge einer dem Steuerpflichtigen nahestehenden Person, wenn diese die erlassenen Schulden innerhalb eines Zeitraums von fünf Jahren vor dem Schuldenerlass auf das zu sanierende Unternehmen übertragen hat und soweit der entsprechende verteilt abziehbare Aufwand, die Verluste, negativen Einkünfte, Zinsvorträge oder EBITDA-Vorträge zum Ablauf des Wirtschaftsjahrs der Übertragung bereits entstanden waren. ④ Der sich nach den Sätzen 2 und 3 ergebende Betrag ist der verbleibende Sanierungsertrag. ⑤ Die nach den Sätzen 2 und 3 mindernden Beträge bleiben endgültig außer Ansatz und nehmen an den entsprechenden Feststellungen der verrechenbaren Verluste, verbleibenden Verlustvorträge und sonstigen Feststellungen nicht teil.

3a (3a)[1] **Bei Zusammenveranlagung sind auch die laufenden Beträge und Verlustvorträge des anderen Ehegatten einzubeziehen.**

4 (4) **① Sind Einkünfte aus Land- und Forstwirtschaft, Gewerbebetrieb oder selbständiger Arbeit nach § 180 Absatz 1 Satz 1 Nummer 2 Buchstabe a oder b der Abgabenordnung gesondert festzustellen, ist auch die Höhe des Sanierungsertrags nach Absatz 1 Satz 1 sowie die Höhe der nach Absatz 3 Satz 2 Nummer 1 bis 6 und 13 mindernden Beträge gesondert festzustellen. ② Zuständig für die gesonderte Feststellung nach Satz 1 ist das Finanzamt, das für die gesonderte Feststellung nach § 180 Absatz 1 Satz 1 Nummer 2 der Abgabenordnung zuständig ist. ③ Wurden verrechenbare Verluste und Verlustvorträge ohne Berücksichtigung des Absatzes 3 Satz 2 bereits festgestellt oder ändern sich die nach Absatz 3 Satz 2 mindernden Beträge, ist der entsprechende Feststellungsbescheid insoweit zu ändern. ④ Das gilt auch dann, wenn der Feststellungsbescheid bereits bestandskräftig geworden ist; die Feststellungsfrist endet insoweit nicht, bevor die Festsetzungsfrist des Einkommensteuerbescheids oder Körperschaftsteuerbescheids für das Sanierungsjahr abgelaufen ist.**

5 (5) **① Erträge aus einer nach den §§ 286 ff. der Insolvenzordnung erteilten Restschuldbefreiung, einem Schuldenerlass auf Grund eines außergerichtlichen Schuldenbereinigungsplans zur Vermeidung eines Verbraucherinsolvenzverfahrens nach den §§ 304 ff. der Insolvenzordnung oder auf Grund eines Schuldenbereinigungsplans, dem in einem Verbraucherinsolvenzverfahren zugestimmt wurde oder wenn diese Zustimmung durch das Gericht ersetzt wurde, sind, soweit es sich um Betriebsvermögensmehrungen oder Betriebseinnahmen handelt, ebenfalls steuerfrei, auch wenn die Voraussetzungen einer unternehmensbezogenen Sanierung im Sinne des Absatzes 2 nicht vorliegen. ② Absatz 3 gilt entsprechend.**

H 3a

6 **Restschuldbefreiung bei Betriebsaufgabe** → H 16 (9) Restschuldbefreiung.

[1] Zur Anwendung siehe § 52 Abs. 4 a Satz 4 i. V. m. Satz 1 EStG.

§ 3b Steuerfreiheit von Zuschlägen für Sonntags-, Feiertags- oder Nachtarbeit

EStG

(1) Steuerfrei sind Zuschläge, die für tatsächlich geleistete Sonntags-, Feiertags- oder Nachtarbeit neben dem Grundlohn gezahlt werden, soweit sie 1

1. für Nachtarbeit 25 Prozent,

2. vorbehaltlich der Nummern 3 und 4 für Sonntagsarbeit 50 Prozent,

3. vorbehaltlich der Nummer 4 für Arbeit am 31. Dezember ab 14 Uhr und an den gesetzlichen Feiertagen 125 Prozent,

4. für Arbeit am 24. Dezember ab 14 Uhr, am 25. und 26. Dezember sowie am 1. Mai 150 Prozent

des Grundlohns nicht übersteigen.

(2) ① Grundlohn ist der laufende Arbeitslohn, der dem Arbeitnehmer bei der für 2
ihn maßgebenden regelmäßigen Arbeitszeit für den jeweiligen Lohnzahlungszeitraum zusteht; er ist in einen Stundenlohn umzurechnen und mit höchstens 50 Euro anzusetzen. ② Nachtarbeit ist die Arbeit in der Zeit von 20 Uhr bis 6 Uhr. ③ Sonntagsarbeit und Feiertagsarbeit ist die Arbeit in der Zeit von 0 Uhr bis 24 Uhr des jeweiligen Tages. ④ Die gesetzlichen Feiertage werden durch die am Ort der Arbeitsstätte geltenden Vorschriften bestimmt.

(3) Wenn die Nachtarbeit vor 0 Uhr aufgenommen wird, gilt abweichend von den 3
Absätzen 1 und 2 Folgendes:

1. Für Nachtarbeit in der Zeit von 0 Uhr bis 4 Uhr erhöht sich der Zuschlagssatz auf 40 Prozent,

2. als Sonntagsarbeit und Feiertagsarbeit gilt auch die Arbeit in der Zeit von 0 Uhr bis 4 Uhr des auf den Sonntag oder Feiertag folgenden Tages.

§ 3c Anteilige Abzüge

(1) Ausgaben dürfen, soweit sie mit steuerfreien Einnahmen in unmittelbarem 1
wirtschaftlichen Zusammenhang stehen, nicht als Betriebsausgaben oder Werbungskosten abgezogen werden; Absatz 2 bleibt unberührt.

(2)[1] ① Betriebsvermögensminderungen, Betriebsausgaben, Veräußerungskosten oder 2
Werbungskosten, die mit den dem § 3 Nummer 40 zugrunde liegenden Betriebsvermögensmehrungen oder Einnahmen oder mit Vergütungen nach § 3 Nr. 40 a in wirtschaftlichem Zusammenhang stehen, dürfen unabhängig davon, in welchem Veranlagungszeitraum die Betriebsvermögensmehrungen oder Einnahmen anfallen, bei der Ermittlung der Einkünfte nur zu 60 Prozent abgezogen werden; Entsprechendes gilt, wenn bei der Ermittlung der Einkünfte der Wert des Betriebsvermögens oder des Anteils am Betriebsvermögen oder die Anschaffungs- oder Herstellungskosten oder der an deren Stelle tretende Wert mindernd zu berücksichtigen sind. ② Satz 1 ist auch für Betriebsvermögensminderungen oder Betriebsausgaben im Zusammenhang mit einer Darlehensforderung oder aus der Inanspruchnahme von Sicherheiten anzuwenden, die für ein Darlehen hingegeben wurden, wenn das Darlehen oder die Sicherheit von einem Steuerpflichtigen gewährt wird, der zu mehr als einem Viertel unmittelbar oder mittelbar am Grund- oder Stammkapital der Körperschaft, der das Darlehen gewährt wurde, beteiligt ist oder war. ③ Satz 2 ist insoweit nicht anzuwenden, als nachgewiesen wird, dass auch ein fremder Dritter das Darlehen bei sonst gleichen Umständen gewährt oder noch nicht zurückgefordert hätte; dabei sind nur die eigenen Sicherungsmittel der Körperschaft zu berücksichtigen. ④ Sätze 2 und 3 gelten entsprechend für Forderungen aus Rechtshandlungen, die einer Darlehensgewährung wirtschaftlich vergleichbar sind. ⑤ Gewinne aus dem Ansatz des nach § 6 Absatz 1 Nummer 2 Satz 3 maßgeblichen Werts bleiben bei der Ermittlung der Einkünfte außer Ansatz, soweit auf die vorangegangene Teilwertabschreibung Satz 2 angewendet worden ist. ⑥ Satz 1 ist außerdem ungeachtet eines wirtschaftlichen Zusammenhangs mit den dem § 3 Nummer 40 zugrunde liegenden Betriebsvermögensmehrungen oder Einnahmen oder mit Vergütungen nach § 3 Nummer 40 a auch auf Betriebsvermögensminderungen, Betriebsausgaben oder Veräußerungskosten eines Gesellschafters einer Körperschaft anzuwenden, soweit diese mit einer im Gesellschaftsverhältnis veranlassten unentgeltlichen Überlassung von Wirtschaftsgütern an diese Körperschaft oder bei einer teilentgeltlichen Überlassung von Wirtschaftsgütern mit dem unentgeltlichen Teil in Zusammenhang stehen und der Steuerpflichtige zu mehr als einem Viertel unmittelbar oder mittelbar am Grund- oder Stammkapital dieser Körperschaft beteiligt ist oder war. ⑦ Für die Anwendung des Satzes 1 ist die Absicht zur Erzielung von Betriebsvermögensmehrungen oder Einnahmen im Sinne des § 3 Nummer 40 oder von Vergütungen im Sinne des § 3 Nummer 40 a ausreichend. ⑧ Satz 1 gilt

[1] Zur erstmaligen Anwendung siehe § 52 Abs. 5 Satz 2 EStG.

auch für Wertminderungen des Anteils an einer Organgesellschaft, die nicht auf Gewinnausschüttungen zurückzuführen sind. ⑨ § 8 b Absatz 10 des Körperschaftsteuergesetzes gilt sinngemäß.

3 (3) **Betriebsvermögensminderungen, Betriebsausgaben oder Veräußerungskosten, die mit den Betriebsvermögensmehrungen oder Einnahmen im Sinne des § 3 Nummer 70 in wirtschaftlichem Zusammenhang stehen, dürfen unabhängig davon, in welchem Veranlagungszeitraum die Betriebesvermögensmehrungen oder Einnahmen anfallen, nur zur Hälfte abgezogen werden.**

3a (4)[1] **① Betriebsvermögensminderungen oder Betriebsausgaben, die mit einem steuerfreien Sanierungsertrag im Sinne des § 3 a in unmittelbarem wirtschaftlichem Zusammenhang stehen, dürfen unabhängig davon, in welchem Veranlagungszeitraum der Sanierungsertrag entsteht, nicht abgezogen werden. ② Satz 1 gilt nicht, soweit Betriebsvermögensminderungen oder Betriebsausgaben zur Erhöhung von Verlustvorträgen geführt haben, die nach Maßgabe der in § 3 a Absatz 3 getroffenen Regelungen entfallen. ③ Zu den Betriebsvermögensminderungen oder Betriebsausgaben im Sinne des Satzes 1 gehören auch Aufwendungen im Zusammenhang mit einem Besserungsschein und vergleichbare Aufwendungen. ④ Satz 1 gilt für Betriebsvermögensminderungen oder Betriebsausgaben, die nach dem Sanierungsjahr entstehen, nur insoweit, als noch ein verbleibender Sanierungsertrag im Sinne von § 3 a Absatz 3 Satz 4 vorhanden ist. ⑤ Wurden Betriebsvermögensminderungen oder Betriebsausgaben im Sinne des Satzes 1 bereits bei einer Steuerfestsetzung oder einer gesonderten Feststellung nach § 180 Absatz 1 Satz 1 der Abgabenordnung gewinnmindernd berücksichtigt, ist der entsprechende Steuer- oder Feststellungsbescheid insoweit zu ändern. ⑥ Das gilt auch dann, wenn der Steuer- oder Feststellungsbescheid bereits bestandskräftig geworden ist; die Festsetzungsfrist endet insoweit nicht, bevor die Festsetzungsfrist für das Sanierungsjahr abgelaufen ist.**

Übersicht

H 3c

4 **Anwendung des Teileinkünfteverfahrens in der steuerlichen Gewinnermittlung (für Beteiligungen von nicht mehr als 25%)** → BMF vom 23. 10. 2013 (BStBl. I S. 1269).[2]

Hinzurechnungsbetrag. Hinzurechnungen nach §§ 7, 10 AStG sind keine Einnahmen i. S. d. § 3 c Abs. 1 EStG (→ BFH vom 7. 9. 2005 – BStBl. 2006 II S. 537).

Teilabzugsverbot bei Mitunternehmerschaften. Das Teilabzugsverbot des § 3 c Abs. 2 EStG findet in dem Umfang auf Betriebsausgaben der Gesamthand keine Anwendung, wie diese Sondervergütungen der Gesellschafter i. S. d. § 15 Abs. 1 Satz 1 Nr. 2 EStG sind (→ BFH vom 6. 2. 2020 – BStBl. II S. 448).

Verfassungsmäßigkeit. § 3 c Abs. 2 Satz 2 EStG i. d. F. des JStG 2010 (jetzt: Satz 7) ist verfassungsgemäß (→ BFH vom 2. 9. 2014 – BStBl. 2015 II S. 257).

Zusammenhang mit steuerfreien Einnahmen. Ein unmittelbarer wirtschaftlicher Zusammenhang mit steuerfreien Einnahmen liegt vor, wenn Einnahmen und Ausgaben durch dasselbe Ereignis veranlasst sind. Dies ist der Fall, wenn steuerfreie Einnahmen dazu bestimmt sind, Aufwendungen zu ersetzen, die mit Einkünften i. S. d. § 2 EStG in wirtschaftlichem Zusammenhang stehen. Daraus folgt, dass die Steuerfreiheit von Einnahmen, die der Erstattung von Ausgaben dienen, durch § 3 c Abs. 1 EStG rückgängig gemacht wird. Eine Aufteilung der Ausgaben in einen abziehbaren und einen nicht abziehbaren Teil nach dem Verhältnis der steuerfreien zu den steuerpflichtigen Einnahmen kommt nicht in Betracht. Diese Wirkungsweise des § 3 c Abs. 1 EStG rechtfertigt sich daraus, dass erstattete Ausgaben den Stpfl. nicht belasten und daher seine steuerpflichtigen Einkünfte auch nicht mindern dürfen (→ BFH vom 27. 4. 2006 – BStBl. II S. 755).

Anl zu H 3c

Schreiben betr. Anwendung des Teileinkünfteverfahrens in der steuerlichen Gewinnermittlung (§ 3 Nummer 40, § 3 c Absatz 2 EStG)[3]

Vom 23. Oktober 2013 (BStBl. I S. 1269)

(BMF IV C 6 – S 2128/07/10001; DOK 2013/0935028)

5 Zur Anwendung des Teilabzugsverbots auf Aufwendungen im Zusammenhang mit der Überlassung von Wirtschaftsgütern an Kapitalgesellschaften in der steuerlichen Gewinnermittlung und auf Sub-

[1] Zur erstmaligen Anwendung siehe § 52 Abs. 5 Satz 3 und 4 EStG.
[2] Nachstehend abgedruckt.
[3] Für Beteiligungen von mehr als 25% siehe jetzt § 3 c Abs. 2 Satz 2–6 EStG.

stanzverluste und Substanzgewinne sowie auf sonstige Aufwendungen bezüglich im Betriebsvermögen gehaltener Darlehensforderungen (§ 3c Abs. 2 EStG) nehme ich unter Bezugnahme auf das Ergebnis der Erörterung mit den obersten Finanzbehörden der Länder wie folgt Stellung:[1] Anl zu H 3c

1 Der BFH hat mit seinen beiden Urteilen vom 18. April 2012 X R 5/10 (BStBl. 2013 II S. 785) und X R 7/10 (BStBl. 2013 II S. 791) entschieden, dass § 3c Abs. 2 EStG auf Substanzverluste von im Betriebsvermögen gehaltenen Darlehensforderungen wie bei Teilwertabschreibungen oder Forderungsverzichten unabhängig davon keine Anwendung findet, ob die Darlehensgewährung selbst gesellschaftsrechtlich veranlasst ist oder war, denn Darlehensforderungen sind selbständige Wirtschaftsgüter, die von der Kapitalbeteiligung als solcher zu unterscheiden sind.

2 Darüber hinaus hat der BFH mit Urteil vom 28. Februar 2013 IV R 49/11 (BStBl. 2013 II S. 802) entschieden, dass das Teilabzugsverbot des § 3c Abs. 2 EStG in Betriebsaufspaltungsfällen grundsätzlich für laufende Aufwendungen bei Wirtschaftsgütern (z. B. Maschinen, Einrichtungsgegenständen oder Gebäuden) anzuwenden ist, soweit das betreffende Wirtschaftsgut verbilligt an die Betriebskapitalgesellschaft überlassen wird. Trotz dieser grundsätzlichen Anwendbarkeit des Teilabzugsverbots gilt dieses nach Ansicht des BFH gleichwohl nicht für solche laufenden Aufwendungen, die sich auf die Substanz der dem Betriebsvermögen zugehörigen und zur Nutzung an die Betriebskapitalgesellschaft überlassenen Wirtschaftsgüter beziehen; das Teilabzugsverbot gilt hier insbesondere nicht für Absetzungen für Abnutzung (AfA) und für Erhaltungsaufwendungen in Bezug auf die überlassenen Wirtschaftsgüter.

3 Die genannten BFH-Urteile sind in allen noch offenen Fällen anzuwenden. Im Zusammenhang mit der Anwendung dieser BFH-Rechtsprechung gilt im Einzelnen Folgendes:

1. Aufwendungen für die Überlassung von Wirtschaftsgütern an eine Kapitalgesellschaft, an der der Überlassende beteiligt ist

4 Für die Frage, ob die laufenden Aufwendungen, die im Zusammenhang mit der Überlassung von Wirtschaftsgütern an Kapitalgesellschaften, an der der Überlassende beteiligt ist (insbesondere in Fällen einer Betriebsaufspaltung), entstehen, ganz oder gemäß § 3c Abs. 2 EStG nur anteilig als Betriebsausgaben abgezogen werden können, ist der Veranlassungszusammenhang mit voll oder nach § 3 Nr. 40 EStG nur teilweise zu besteuernden Betriebsvermögensmehrungen maßgeblich. Laufende Aufwendungen beispielsweise im Fall der Überlassung von Grundstücken stellen insbesondere Aufwendungen für Strom, Gas, Wasser, Heizkosten, Gebäudereinigungskosten, Versicherungsbeiträge und Finanzierungskosten dar.

a) Überlassung zu fremdüblichen Konditionen

5 Erfolgt die Überlassung der im Betriebsvermögen gehaltenen Wirtschaftsgüter an die (Betriebs-)Kapitalgesellschaft vollentgeltlich, d. h. zu fremdüblichen Konditionen, ist § 3c Abs. 2 EStG nicht anwendbar, weil die Aufwendungen in erster Linie mit den vereinbarten Miet- oder Pachtzinsen und nicht mit den erwarteten Beteiligungserträgen (Gewinnausschüttungen/Dividenden und Gewinnen aus einer zukünftigen Veräußerung oder Entnahme des Anteils) in Zusammenhang stehen.

b) Überlassung aus gesellschaftsrechtlichen Gründen: Teilentgeltliche oder unentgeltliche Überlassung

6 Erfolgt die Überlassung der im Betriebsvermögen gehaltenen Wirtschaftsgüter an die (Betriebs-)Kapitalgesellschaft dagegen aus gesellschaftsrechtlichen Gründen unentgeltlich oder teilentgeltlich, d. h. zu nicht fremdüblichen Konditionen, ist insoweit grundsätzlich § 3c Abs. 2 EStG anzuwenden, weil in diesem Fall die Aufwendungen ganz oder teilweise mit den aus der (Betriebs-)Kapitalgesellschaft erwarteten Einkünften des Gesellschafters, nämlich den Beteiligungserträgen in Form von Gewinnausschüttungen/Dividenden und den Gewinnen aus einer zukünftigen Veräußerung oder Entnahme des Anteils zusammenhängen.

7 Werden Wirtschaftsgüter teilentgeltlich überlassen, ist eine Aufteilung in eine voll entgeltliche und eine unentgeltliche Überlassung vorzunehmen. Die Aufteilung muss dabei im Verhältnis der vereinbarten Konditionen zu den fremdüblichen Konditionen unter ansonsten gleichen Verhältnissen vorgenommen werden. Die fehlende Fremdüblichkeit und damit die Teilentgeltlichkeit beruhen im Regelfall auf einem zu niedrigen Pachtentgelt. Als Aufteilungsmaßstab ist in diesen Fällen grundsätzlich das Verhältnis des tatsächlich gezahlten Pachtentgelts zum fremdüblichen Pachtentgelt heranzuziehen (vgl. BFH-Urteile vom 28. Februar 2013 IV R 49/11, BStBl. II S. 802, und vom 17. Juli 2013 X R 17/11, BStBl. II S. 817).

c) Laufende Aufwendungen auf die Substanz des überlassenen Betriebsvermögens

8 Das Teilabzugsverbot des § 3c Abs. 2 EStG gilt dagegen nicht für solche laufenden Aufwendungen, die sich auf die Substanz der dem Betriebsvermögen zugehörigen, zur Nutzung an die (Betriebs-)Kapitalgesellschaft überlassenen Wirtschaftsgüter beziehen; das Teilabzugsverbot gilt hier insbesondere nicht für AfA und für Erhaltungsaufwendungen (vgl. BFH-Urteil vom 28. Februar 2013 IV R 49/11, BStBl. II S. 802).

d) Behandlung von Finanzierungskosten

9 Finanzierungskosten bezüglich der überlassenen Wirtschaftsgüter wie etwa Zinsaufwendungen können allerdings kein substanzbezogener Aufwand im Sinne des vorstehenden Buchstabens c) sein,

[1] Für Beteiligungen von mehr als 25% siehe jetzt § 3c Abs. 2 Satz 2–6 EStG.

Anl zu H 3c

da in vollem Umfang steuerpflichtige Substanzgewinne insoweit nicht vorliegen können. Der Finanzierungsaufwand z. B. für ein Grundstück, das an die (Betriebs-)Kapitalgesellschaft überlassen wird, unterliegt damit bei einer teilentgeltlichen oder unentgeltlichen Überlassung dem Teilabzugsverbot des § 3c Abs. 2 EStG.

2. Substanzverluste und Substanzgewinne sowie sonstige Aufwendungen bezüglich im Betriebsvermögen gehaltener Darlehensforderungen

10 Ein Darlehen, das einer Kapitalgesellschaft gewährt wird, an der der Darlehensgeber beteiligt ist, kann dem Betriebsvermögen des Darlehensgebers zuzuordnen sein. Die Beteiligung an der Kapitalgesellschaft und die Darlehensforderung stellen jeweils selbstständige Wirtschaftsgüter dar, die getrennt auszuweisen und einzeln zu bewerten sind.

a) Teilwertabschreibung auf Darlehensforderungen (Substanzverluste)

11 § 3c Abs. 2 EStG findet auf Substanzverluste von im Betriebsvermögen gehaltenen Darlehensforderungen wie bei Teilwertabschreibungen oder Forderungsverzichten unabhängig davon keine Anwendung, ob die Darlehensgewährung selbst gesellschaftsrechtlich veranlasst ist oder war, denn Darlehensforderungen sind selbstständige Wirtschaftsgüter, die von der Kapitalbeteiligung als solcher zu unterscheiden sind. Deshalb sind Substanzverluste getrennt nach den für das jeweilige Wirtschaftsgut zur Anwendung kommenden Vorschriften zu beurteilen. Da Substanzgewinne aus einer Wertsteigerung oder Veräußerung einer im Betriebsvermögen gehaltenen Darlehensforderung voll steuerpflichtig sind, kann umgekehrt das Teilabzugsverbot des § 3c Abs. 2 EStG auch nicht Substanzverluste von Darlehensforderungen erfassen (vgl. BFH-Urteile vom 18. April 2012 X R 5/10, BStBl. 2013 II S. 785, und X R 7/10, BStBl. 2013 II S. 791).

b) Wertaufholung nach vorausgegangener Teilwertabschreibung (Substanzgewinne)

12 Liegen in späteren Wirtschaftsjahren die Voraussetzungen für den niedrigeren Teilwert nicht mehr vor, ist für die zunächst auf den niedrigeren Teilwert abgeschriebene Darlehensforderung eine Wertaufholung gemäß § 6 Abs. 1 Nr. 2 Satz 3 EStG vorzunehmen. Diese Wertaufholung ist in vollem Umfang steuerpflichtig, weil die vorausgehende Wertminderung ihrerseits nicht dem Teilabzugsverbot des § 3c Abs. 2 EStG unterfiel.

c) Behandlung von Finanzierungskosten

13 Finanzierungskosten bezüglich der gewährten Darlehensforderungen wie etwa Zinsaufwendungen können allerdings kein substanzbezogener Aufwand im Sinne des vorstehenden Buchstabens a) sein, da in vollem Umfang steuerpflichtige Substanzgewinne insoweit nicht vorliegen können. Der Finanzierungsaufwand für ein Darlehen unterliegt damit bei einer teilentgeltlichen oder unentgeltlichen Darlehensgewährung dem Teilabzugsverbot des § 3c Abs. 2 EStG.

3. Wechsel des Veranlassungszusammenhangs

14 Nach dem Grundsatz der Abschnittsbesteuerung ist für jeden Veranlagungszeitraum zu prüfen, ob und ggf. durch welche Einkunftsart oder Einnahmen die geltend gemachten Aufwendungen (vorrangig) veranlasst sind (vgl. BFH-Urteil vom 28. Februar 2013 IV R 49/11, BStBl. II S. 802). Insoweit kann es zu einem steuerrechtlich zu berücksichtigenden Wechsel des Veranlassungszusammenhangs kommen. Der für die unter Textziffer 1 und 2 vorzunehmende Einordnung maßgebliche Veranlassungszusammenhang hinsichtlich des überlassenen Wirtschaftsguts oder des gewährten Darlehens kann sich demnach ändern. Das ist z. B. dann der Fall, wenn sich mit dem Abschluss einer Vereinbarung über den künftigen Verzicht auf Erhebung eines marktüblichen Miet- oder Pachtzinses ein Übergang von einer voll entgeltlichen Überlassung zu einer voll unentgeltlichen Überlassung vollzieht.

15 Werden die Pachtentgelte zunächst zu fremdüblichen Bedingungen vereinbart, verzichtet der Verpächter aber zu einem späteren Zeitpunkt auf noch nicht entstandene (künftige) Pachtforderungen ganz oder teilweise, ist darauf abzustellen, ob der Verzicht betrieblich (durch das Pachtverhältnis) veranlasst ist oder auf dem Gesellschaftsverhältnis beruht.

16 Ein (teilweiser) Verzicht ist z. B. dann betrieblich veranlasst, wenn die vergleichbaren marktüblichen Pachtentgelte generell gesunken sind und fremde Dritte eine Pachtanpassung vereinbart hätten oder wenn der Verzicht im Rahmen von Sanierungsmaßnahmen, an denen auch gesellschaftsfremde Personen teilnehmen, zeitlich befristet ausgesprochen wird (vgl. BFH-Urteil vom 28. Februar 2013 IV R 49/11, BStBl. II S. 802). War der Verzicht des Verpächters dagegen durch das Gesellschaftsverhältnis veranlasst, weil ein fremder Dritter den vereinbarten Verzicht weder in zeitlicher Hinsicht noch der Höhe nach akzeptiert hätte, sondern weiterhin auf der Zahlung des vereinbarten Pachtentgelts bestanden hätte oder ansonsten das Pachtverhältnis beendet hätte, unterliegen die mit der Nutzungsüberlassung zusammenhängenden Aufwendungen nach dem Wechsel des Veranlassungszusammenhangs in voller Höhe – bei teilweisem Verzicht anteilig – dem Teileinkünfteverfahren (vgl. BFH-Urteil vom 28. Februar 2013 IV R 49/11, BStBl. II S. 802).

17 Entsprechendes gilt, wenn bei einer Darlehensgewährung (siehe Textziffer 2) ganz oder teilweise auf künftige Darlehenszinsen verzichtet wird.

4. Rückgriffsforderungen aus einer Bürgschaftsinanspruchnahme

18 In der Praxis erfolgt insbesondere in den Fällen einer Betriebsaufspaltung häufig eine Gestellung von Sicherheiten des Besitzunternehmens in Form einer Bürgschaftserklärung für die Verbindlichkeiten der Betriebsgesellschaft. Für die Aufwendungen im Zusammenhang mit der Bürgschaftsinanspruchnahme sind die unter Textziffer 1 bis 3 dargestellten Grundsätze sinngemäß anzuwenden. Entsprechendes gilt bei der Gestellung anderer Sicherheiten.

5. Grundsätze des BFH-Urteils vom 25. Juni 2009 (BStBl. 2010 II S. 220) zu einnahmelosen Kapitalbeteiligungen

Anl zu H 3c

19 Nach § 3 c Abs. 2 Satz 2 EStG ist für die Anwendung des § 3 c Abs. 2 Satz 1 EStG die Absicht zur Erzielung von Betriebsvermögensmehrungen oder Einnahmen i. S. des § 3 Nr. 40 EStG ausreichend. Fehlt es vollständig an Einnahmen, ist § 3 c Abs. 2 Satz 1 EStG für Veranlagungszeiträume ab 2011 anzuwenden und der angefallene Erwerbsaufwand deshalb nur teilweise abziehbar. Die Grundsätze des BFH-Urteils vom 25. Juni 2009 IX R 42/08 (BStBl. 2010 II S. 220), wonach das Teilabzugsverbot des § 3 c Abs. 2 EStG auf Erwerbsaufwendungen im Falle von vollständig einnahmelosen Beteiligungen keine Anwendung findet, sind für Veranlagungszeiträume bis einschließlich 2010 zu beachten.

6. Anwendungsregelung

20 Dieses Schreiben ist in allen noch offenen Fällen anzuwenden. Das BMF-Schreiben vom 8. November 2010 (BStBl. I S. 1292)[1] wird mit der Maßgabe aufgehoben, dass Textziffer 4[2] dieses Schreibens („Spätere Wertaufholung auf die Darlehensforderung") aus Gründen der sachlichen Billigkeit in denjenigen Fällen auch weiterhin anzuwenden ist, in denen eine Teilwertabschreibung auf eine Darlehensforderung unter Berücksichtigung der bisherigen Verwaltungsauffassung bereits Gegenstand einer bestandskräftigen Steuerfestsetzung war.

---

[1] Letztmals abgedruckt im „Handbuch zur ESt-Veranlagung 2012."

[2] **Tz. 4 des BMF vom 8. 11. 2010 lautet:**

„Liegen in späteren Wirtschaftsjahren die Voraussetzungen für den niedrigeren Teilwert nicht mehr vor, ist für die zunächst auf den niedrigeren Teilwert abgeschriebene Darlehensforderung eine Wertaufholung gemäß § 6 Absatz 1 Nummer 2 EStG vorzunehmen. War in diesem Fall die zugrunde liegende Teilwertabschreibung auf die Darlehensforderung nach den oben unter 2. dargestellten Grundsätzen nur anteilig abziehbar, ist auch der spätere Gewinn aus der Zuschreibung nicht voll, sondern nur anteilig steuerpflichtig („umgekehrte" Anwendung des § 3 c Absatz 2 EStG)."

EStG

3. Gewinn

§ 4 Gewinnbegriff im Allgemeinen

1 (1)[1] ① **Gewinn ist der Unterschiedsbetrag zwischen dem Betriebsvermögen am Schluss des Wirtschaftsjahres und dem Betriebsvermögen am Schluss des vorangegangenen Wirtschaftsjahres, vermehrt um den Wert der Entnahmen und vermindert um den Wert der Einlagen.** ② **Entnahmen sind alle Wirtschaftsgüter (Barentnahmen, Waren, Erzeugnisse, Nutzungen und Leistungen), die der Steuerpflichtige dem Betrieb für sich, für seinen Haushalt oder für andere betriebsfremde Zwecke im Laufe des Wirtschaftsjahres entnommen hat.** ③ **Einer Entnahme für betriebsfremde Zwecke steht der Ausschluss oder die Beschränkung des Besteuerungsrechts der Bundesrepublik Deutschland hinsichtlich des Gewinns aus der Veräußerung oder der Nutzung eines Wirtschaftsguts gleich; dies gilt auf Antrag auch in den Fällen, in denen die Beschränkung des Besteuerungsrechts der Bundesrepublik Deutschland hinsichtlich des Gewinns aus der Veräußerung eines Wirtschaftsguts entfällt und in einem anderen Staat eine Besteuerung auf Grund des Ausschlusses oder der Beschränkung des Besteuerungsrechts dieses Staates hinsichtlich des Gewinns aus der Veräußerung des Wirtschaftsguts erfolgt.**[2] ④ **Ein Ausschluss oder eine Beschränkung des Besteuerungsrechts hinsichtlich des Gewinns aus der Veräußerung eines Wirtschaftsguts liegt insbesondere vor, wenn ein bisher einer inländischen Betriebsstätte des Steuerpflichtigen zuzuordnendes Wirtschaftsgut einer ausländischen Betriebsstätte zuzuordnen ist.** ⑤ **Satz 3 gilt nicht für Anteile an einer Europäischen Gesellschaft oder Europäischen Genossenschaft in den Fällen**

1. **einer Sitzverlegung der Europäischen Gesellschaft nach Artikel 8 der Verordnung (EG) Nr. 2157/2001 des Rates vom 8. Oktober 2001 über das Statut der Europäischen Gesellschaft (SE) (ABl. EG Nr. L 294 S. 1), zuletzt geändert durch die Verordnung (EG) Nr. 885/2004 des Rates vom 26. April 2004 (ABl. EU Nr. L 168 S. 1), und**
2. **einer Sitzverlegung der Europäischen Genossenschaft nach Artikel 7 der Verordnung (EG) Nr. 1435/2003 des Rates vom 22. Juli 2003 über das Statut der Europäischen Genossenschaft (SCE) (ABl. EU Nr. L 207 S. 1).**

⑥ **Ein Wirtschaftsgut wird nicht dadurch entnommen, dass der Steuerpflichtige zur Gewinnermittlung nach § 13 a übergeht.** ⑦ **Eine Änderung der Nutzung eines Wirtschaftsguts, die bei Gewinnermittlung nach Satz 1 keine Entnahme ist, ist auch bei Gewinnermittlung nach § 13 a keine Entnahme.** ⑧ **Einlagen sind alle Wirtschaftsgüter (Bareinzahlungen und sonstige Wirtschaftsgüter), die der Steuerpflichtige dem Betrieb im Laufe des Wirtschaftsjahres zugeführt hat; einer Einlage steht die Begründung des Besteuerungsrechts der Bundesrepublik Deutschland hinsichtlich des Gewinns aus der Veräußerung eines Wirtschaftsguts gleich.** ⑨ **In den Fällen des Satzes 3 zweiter Halbsatz gilt das Wirtschaftsgut als unmittelbar nach der Entnahme wieder eingelegt.**[3] ⑩ **Bei der Ermittlung des Gewinns sind die Vorschriften über die Betriebsausgaben, über die Bewertung und über die Absetzung für Abnutzung oder Substanzverringerung zu befolgen.**

2 (2) ① **Der Steuerpflichtige darf die Vermögensübersicht (Bilanz) auch nach ihrer Einreichung beim Finanzamt ändern, soweit sie den Grundsätzen ordnungsmäßiger Buchführung unter Befolgung der Vorschriften dieses Gesetzes nicht entspricht; diese Änderung ist nicht zulässig, wenn die Vermögensübersicht (Bilanz) einer Steuerfestsetzung zugrunde liegt, die nicht mehr aufgehoben oder geändert werden kann.** ② **Darüber hinaus ist eine Änderung der Vermögensübersicht (Bilanz) nur zulässig, wenn sie in einem engen zeitlichen und sachlichen Zusammenhang mit einer Änderung nach Satz 1 steht und soweit die Auswirkung der Änderung nach Satz 1 auf den Gewinn reicht.**

3 (3)[4] ① **Steuerpflichtige, die nicht auf Grund gesetzlicher Vorschriften verpflichtet sind, Bücher zu führen und regelmäßig Abschlüsse zu machen, und die auch keine Bücher führen und keine Abschlüsse machen, können als Gewinn den Überschuss der Betriebseinnahmen über die Betriebsausgaben ansetzen.** ② **Hierbei scheiden Betriebseinnahmen und Betriebsausgaben aus, die im Namen und für Rechnung eines anderen vereinnahmt und verausgabt werden (durchlaufende Posten).** ③ **Die Vorschriften über die Bewertungsfreiheit für geringwertige Wirtschaftsgüter (§ 6 Absatz 2), die Bildung eines Sammelpostens (§ 6 Absatz 2 a) und über die Absetzung für Abnutzung oder Substanzverringerung sind zu befolgen.** ④ **Die Anschaffungs- oder Herstellungskosten für nicht abnutzbare Wirtschaftsgüter des Anlagevermögens, für Anteile an**

[1] Zur Anwendung siehe § 52 Abs. 6 Satz 2 EStG.
[2] Zur Anwendung siehe § 52 Abs. 6 Satz 1 EStG.
[3] Zur Anwendung siehe § 52 Abs. 6 Satz 3 EStG.
[4] Zur Anwendung von § 4 Abs. 3 Satz 4 und 5 siehe § 52 Abs. 6 Satz 4 bis 6 EStG.

Kapitalgesellschaften, für Wertpapiere und vergleichbare nicht verbriefte Forderungen und Rechte, für Grund und Boden sowie Gebäude des Umlaufvermögens sind erst im Zeitpunkt des Zuflusses des Veräußerungserlöses oder bei Entnahme im Zeitpunkt der Entnahme als Betriebsausgaben zu berücksichtigen. ⑤ Die Wirtschaftsgüter des Anlagevermögens und Wirtschaftsgüter des Umlaufvermögens im Sinne des Satzes 4 sind unter Angabe des Tages der Anschaffung oder Herstellung und der Anschaffungs- oder Herstellungskosten oder des an deren Stelle getretenen Werts in besondere, laufend zu führende Verzeichnisse aufzunehmen.

(4) **Betriebsausgaben sind die Aufwendungen, die durch den Betrieb veranlasst sind.** 4

(4a)[1] ① **Schuldzinsen sind nach Maßgabe der Sätze 2 bis 4 nicht abziehbar, wenn** 4a
Überentnahmen getätigt worden sind. ② Eine Überentnahme ist der Betrag, um den die Entnahmen die Summe des Gewinns und der Einlagen des Wirtschaftsjahres übersteigen. ③ Die nicht abziehbaren Schuldzinsen werden typisiert mit 6 Prozent der Überentnahme des Wirtschaftsjahres zuzüglich der Überentnahmen vorangegangener Wirtschaftsjahre und abzüglich der Beträge, um die in den vorangegangenen Wirtschaftsjahren der Gewinn und die Einlagen die Entnahmen überstiegen haben (Unterentnahmen), ermittelt; bei der Ermittlung der Überentnahme ist vom Gewinn ohne Berücksichtigung der nach Maßgabe dieses Absatzes nicht abziehbaren Schuldzinsen auszugehen. ④ Der sich dabei ergebende Betrag, höchstens jedoch der um 2050 Euro verminderte Betrag der im Wirtschaftsjahr angefallenen Schuldzinsen, ist dem Gewinn hinzuzurechnen. ⑤ Der Abzug von Schuldzinsen für Darlehen zur Finanzierung von Anschaffungs- oder Herstellungskosten von Wirtschaftsgütern des Anlagevermögens bleibt unberührt. ⑥ Die Sätze 1 bis 5 sind bei Gewinnermittlung nach § 4 Absatz 3 sinngemäß anzuwenden; hierzu sind Entnahmen und Einlagen gesondert aufzuzeichnen.

(5) ① **Die folgenden Betriebsausgaben dürfen den Gewinn nicht mindern:**

1. **Aufwendungen für Geschenke an Personen, die nicht Arbeitnehmer des Steuer-** 5
pflichtigen sind. ② Satz 1 gilt nicht, wenn die Anschaffungs- oder Herstellungskosten der dem Empfänger im Wirtschaftsjahr zugewendeten Gegenstände insgesamt 35 Euro nicht übersteigen;

2. **Aufwendungen für die Bewirtung von Personen aus geschäftlichem Anlass, soweit** 6
sie 70 Prozent der Aufwendungen übersteigen, die nach der allgemeinen Verkehrsauffassung als angemessen anzusehen und deren Höhe und betriebliche Veranlassung nachgewiesen sind. ② Zum Nachweis der Höhe und der betrieblichen Veranlassung der Aufwendungen hat der Steuerpflichtige schriftlich die folgenden Angaben zu machen: Ort, Tag, Teilnehmer und Anlass der Bewirtung sowie Höhe der Aufwendungen. ③ Hat die Bewirtung in einer Gaststätte stattgefunden, so genügen Angaben zu dem Anlass und den Teilnehmern der Bewirtung; die Rechnung über die Bewirtung ist beizufügen;

3. **Aufwendungen für Einrichtungen des Steuerpflichtigen, soweit sie der Bewirtung,** 7
Beherbergung oder Unterhaltung von Personen, die nicht Arbeitnehmer des Steuerpflichtigen sind, dienen (Gästehäuser) und sich außerhalb des Orts eines Betriebs des Steuerpflichtigen befinden;

4. **Aufwendungen für Jagd oder Fischerei, für Segeljachten oder Motorjachten sowie** 8
für ähnliche Zwecke und für die hiermit zusammenhängenden Bewirtungen;

5.[2] **Mehraufwendungen für die Verpflegung des Steuerpflichtigen. ② Wird der Steu-** 9
erpflichtige vorübergehend von seiner Wohnung und dem Mittelpunkt seiner dauerhaft angelegten betrieblichen Tätigkeit entfernt betrieblich tätig, sind die Mehraufwendungen für Verpflegung nach Maßgabe des § 9 Absatz 4a abziehbar;

6. **Aufwendungen für die Wege des Steuerpflichtigen zwischen Wohnung und Be-** 10
triebsstätte und für Familienheimfahrten, soweit in den folgenden Sätzen nichts anderes bestimmt ist. ② Zur Abgeltung dieser Aufwendungen ist § 9 Absatz 1 Satz 3 Nummer 4 Satz 2 bis 6 und Nummer 5 Satz 5 bis 7 und Absatz 2 entsprechend anzuwenden. ③ Bei der Nutzung eines Kraftfahrzeugs dürfen die Aufwendungen in Höhe des positiven Unterschiedsbetrags zwischen 0,03 Prozent des inländischen Listenpreises im Sinne des § 6 Absatz 1 Nummer 4 Satz 2 des Kraftfahrzeugs im Zeitpunkt der Erstzulassung je Kalendermonat für jeden Entfernungskilometer und dem sich nach § 9 Absatz 1 Satz 3 Nummer 4 Satz 2 bis 6 oder Absatz 2 ergebenden Betrag sowie Aufwendungen für Familienheimfahrten in Höhe des positiven Unterschiedsbetrags zwischen 0,002 Prozent des inländischen Listenpreises im Sinne des § 6 Absatz 1 Nummer 4 Satz 2 für jeden

---

[1] Zur Anwendung siehe § 52 Abs. 6 Satz 7 bis 9 EStG.
[2] Zur erstmaligen Anwendung siehe § 52 Abs. 6 Satz 10 EStG.

EStG

Entfernungskilometer und dem sich nach § 9 Absatz 1 Satz 3 Nummer 5 Satz 5 bis 7 oder Absatz 2 ergebenden Betrag den Gewinn nicht mindern; ermittelt der Steuerpflichtige die private Nutzung des Kraftfahrzeugs nach § 6 Absatz 1 Nummer 4 Satz 1 oder Satz 3, treten an die Stelle des mit 0,03 oder 0,002 Prozent des inländischen Listenpreises ermittelten Betrags für Fahrten zwischen Wohnung und Betriebsstätte und für Familienheimfahrten die auf diese Fahrten entfallenden tatsächlichen Aufwendungen; § 6 Absatz 1 Nummer 4 Satz 3 zweiter Halbsatz gilt sinngemäß. ④ § 9 Absatz 1 Satz 3 Nummer 4 Satz 8 und Nummer 5 Satz 9 gilt entsprechend;

11 6 a.[1] die Mehraufwendungen für eine betrieblich veranlasste doppelte Haushaltsführung, soweit sie die nach § 9 Absatz 1 Satz 3 Nummer 5 Satz 1 bis 4 abziehbaren Beträge und die Mehraufwendungen für betrieblich veranlasste Übernachtungen, soweit sie die nach § 9 Absatz 1 Satz 3 Nummer 5 a abziehbaren Beträge übersteigen;

12 6 b.[2] Aufwendungen für ein häusliches Arbeitszimmer sowie die Kosten der Ausstattung. ② Dies gilt nicht, wenn für die betriebliche oder berufliche Tätigkeit kein anderer Arbeitsplatz zur Verfügung steht. ③ In diesem Fall wird die Höhe der abziehbaren Aufwendungen auf 1250 Euro begrenzt; die Beschränkung der Höhe nach gilt nicht, wenn das Arbeitszimmer den Mittelpunkt der gesamten betrieblichen und beruflichen Betätigung bildet. ④ Liegt kein häusliches Arbeitszimmer vor oder wird auf einen Abzug der Aufwendungen für ein häusliches Arbeitszimmer nach den Sätzen 2 und 3 verzichtet, kann der Steuerpflichtige für jeden Kalendertag, an dem er seine betriebliche oder berufliche Tätigkeit ausschließlich in der häuslichen Wohnung ausübt und keine außerhalb der häuslichen Wohnung belegene Betätigungsstätte aufsucht, für seine gesamte betriebliche und berufliche Betätigung einen Betrag von 5 Euro abziehen, höchstens 600 Euro im Wirtschafts- oder Kalenderjahr;

6 c.[2] …

13 7. andere als die in den Nummern 1 bis 6 und 6 b bezeichneten Aufwendungen, die die Lebensführung des Steuerpflichtigen oder anderer Personen berühren, soweit sie nach allgemeiner Verkehrsauffassung als unangemessen anzusehen sind;

14 8.[3] Geldbußen, Ordnungsgelder und Verwarnungsgelder, die von einem Gericht oder einer Behörde im Geltungsbereich dieses Gesetzes oder von einem Mitgliedstaat oder von Organen der Europäischen Union festgesetzt wurden sowie damit zusammenhängende Aufwendungen. ② Dasselbe gilt für Leistungen zur Erfüllung von Auflagen oder Weisungen, die in einem berufsgerichtlichen Verfahren erteilt werden, soweit die Auflagen oder Weisungen nicht lediglich der Wiedergutmachung des durch die Tat verursachten Schadens dienen. ③ Die Rückzahlung von Ausgaben im Sinne der Sätze 1 und 2 darf den Gewinn nicht erhöhen. ④ Das Abzugsverbot für Geldbußen gilt nicht, soweit der wirtschaftliche Vorteil, der durch den Gesetzesverstoß erlangt wurde, abgeschöpft worden ist, wenn die Steuern vom Einkommen und Ertrag, die auf den wirtschaftlichen Vorteil entfallen, nicht abgezogen worden sind; Satz 3 ist insoweit nicht anzuwenden;

15 8 a.[4] Zinsen auf hinterzogene Steuern nach § 235 der Abgabenordnung und Zinsen nach § 233 a der Abgabenordnung, soweit diese nach § 235 Absatz 4 der Abgabenordnung auf die Hinterziehungszinsen angerechnet werden;

16 9. Ausgleichszahlungen, die in den Fällen der §§ 14 und 17 des Körperschaftsteuergesetzes an außenstehende Anteilseigner geleistet werden;

17 10. die Zuwendung von Vorteilen sowie damit zusammenhängende Aufwendungen, wenn die Zuwendung der Vorteile eine rechtswidrige Handlung darstellt, die den Tatbestand eines Strafgesetzes oder eines Gesetzes verwirklicht, das die Ahndung mit einer Geldbuße zulässt. ② Gerichte, Staatsanwaltschaften oder Verwaltungsbehörden haben Tatsachen, die sie dienstlich erfahren und die den Verdacht einer Tat im Sinne des Satzes 1 begründen, der Finanzbehörde für Zwecke des Besteuerungsverfahrens und zur Verfolgung von Steuerstraftaten und Steuerordnungswidrigkeiten mitzuteilen. ③ Die Finanzbehörde teilt Tatsachen, die den Verdacht einer Straftat oder einer Ordnungswidrigkeit im Sinne des Satzes 1 begründen, der Staatsanwaltschaft oder der Verwaltungsbehörde mit. ④ Diese unterrichten die Finanzbehörde von dem Ausgang des Verfahrens und den zugrunde liegenden Tatsachen;

17a 11. Aufwendungen, die mit unmittelbaren oder mittelbaren Zuwendungen von nicht einlagefähigen Vorteilen an natürliche oder juristische Personen oder Personenge-

[1] Zur erstmaligen Anwendung siehe § 52 Abs. 6 Satz 11 EStG.
[2] **Zur Fassung von § 4 Abs. 5 Satz 1 Nr. 6 b und 6 c ab VZ 2023 siehe in der geschlossenen Wiedergabe.**
[3] Zur erstmaligen Anwendung siehe § 52 Abs. 6 Satz 13 EStG.
[4] Zur erstmaligen Anwendung siehe § 52 Abs. 6 Satz 14 EStG.

sellschaften zur Verwendung in Betrieben in tatsächlichem oder wirtschaftlichem Zusammenhang stehen, deren Gewinn nach § 5 a Absatz 1 ermittelt wird; EStG

12. Zuschläge nach § 162 Absatz 4 der Abgabenordnung; 17b

13. Jahresbeiträge nach § 12 Absatz 2 des Restrukturierungsfondsgesetzes. 17c

② Das Abzugsverbot gilt nicht, soweit die in den Nummern 2 bis 4 bezeichneten Zwecke Gegenstand einer mit Gewinnabsicht ausgeübten Betätigung des Steuerpflichtigen sind. ③ § 12 Nummer 1 bleibt unberührt. 18

(5 a) **(weggefallen)**

(5 b)[1] **Die Gewerbesteuer und die darauf entfallenden Nebenleistungen sind keine Betriebsausgaben.** 18a

(6) **Aufwendungen zur Förderung staatspolitischer Zwecke (§ 10 b Absatz 2) sind keine Betriebsausgaben.** 19

(7) **① Aufwendungen im Sinne des Absatzes 5 Satz 1 Nummer 1 bis 4, 6 b und 7 sind einzeln und getrennt von den sonstigen Betriebsausgaben aufzuzeichnen. ② Soweit diese Aufwendungen nicht bereits nach Absatz 5 vom Abzug ausgeschlossen sind, dürfen sie bei der Gewinnermittlung nur berücksichtigt werden, wenn sie nach Satz 1 besonders aufgezeichnet sind.** 20

(8) **Für Erhaltungsaufwand bei Gebäuden in Sanierungsgebieten und städtebaulichen Entwicklungsbereichen sowie bei Baudenkmalen gelten die §§ 11 a und 11 b entsprechend.** 21

(9)[2] **① Aufwendungen des Steuerpflichtigen für seine Berufsausbildung oder für sein Studium sind nur dann Betriebsausgaben, wenn der Steuerpflichtige zuvor bereits eine Erstausbildung (Berufsausbildung oder Studium) abgeschlossen hat. ② § 9 Absatz 6 Satz 2 bis 5 gilt entsprechend.** 21a

(10)[3] **§ 9 Absatz 1 Satz 3 Nummer 5 b ist entsprechend anzuwenden.** 21b

Übersicht

[1] § 4 Abs. 5 b EStG gilt erstmals für Gewerbesteuer, die für Erhebungszeiträume festgesetzt wird, die nach dem 31. 12. 2007 enden (§ 52 Abs. 12 Satz 7 i. d. F. vor dem Gesetz zur Anpassung des nationalen Steuerrechts an den Beitritt Kroatiens zur EU und zur Änderung weiterer steuerlicher Vorschriften).

[2] Wegen vorläufiger Steuerfestsetzung siehe BMF-Schreiben vom 15. 1. 2018 (BStBl. I S. 2), zuletzt geändert durch BMF-Schreiben vom 28. 3. 2022 (BStBl. I S. 203), abgedruckt im Anhang **III.**

[3] Zur Anwendung siehe § 52 Abs. 6 Satz 15 EStG.

§ 6 ***Eröffnung, Erwerb, Aufgabe und Veräußerung eines Betriebs*** ESTDV

(1) Wird ein Betrieb eröffnet oder erworben, so tritt bei der Ermittlung des Gewinns an die Stelle des Betriebsvermögens am Schluss des vorangegangenen Wirtschaftsjahrs das Betriebsvermögen im Zeitpunkt der Eröffnung oder des Erwerbs des Betriebs. 22

(2) Wird ein Betrieb aufgegeben oder veräußert, so tritt bei der Ermittlung des Gewinns an die Stelle des Betriebsvermögens am Schluss des Wirtschaftsjahrs das Betriebsvermögen im Zeitpunkt der Aufgabe oder der Veräußerung des Betriebs. 23

§ 7 *(weggefallen)*

§ 8 ***Eigenbetrieblich genutzte Grundstücke von untergeordnetem Wert***

Eigenbetrieblich genutzte Grundstücksteile brauchen nicht als Betriebsvermögen behandelt zu werden, wenn ihr Wert nicht mehr als ein Fünftel des gemeinen Werts des gesamten Grundstücks und nicht mehr als 20 500 Euro beträgt. 24

§ 8a *(weggefallen)*

R 4.1. Betriebsvermögensvergleich

R 4.1

Betriebe der Land- und Forstwirtschaft

(1) ① Bei einem Betrieb der Land- und Forstwirtschaft ist der Gewinn durch Betriebsvermögensvergleich nach § 4 Abs. 1 EStG zu ermitteln, wenn der Land- und Forstwirt nach den §§ 140, 141 AO verpflichtet ist, für diesen Betrieb Bücher zu führen und auf Grund jährlicher Bestandsaufnahmen Abschlüsse zu machen. ② Werden für den Betrieb freiwillig Bücher geführt und auf Grund jährlicher Bestandsaufnahmen Abschlüsse gemacht, ist der Gewinn durch Betriebsvermögensvergleich nach § 4 Abs. 1 EStG zu ermitteln, wenn der Antrag nach § 13a Abs. 2 EStG gestellt worden ist oder der Gewinn aus anderen Gründen nicht nach § 13a EStG zu ermitteln ist. 66

Gewerbliche Betriebe[1]

(2) ① Bei einem gewerblichen Betrieb, für den die Verpflichtung besteht, Bücher zu führen und auf Grund jährlicher Bestandsaufnahmen Abschlüsse zu machen oder für den freiwillig Bücher geführt und regelmäßig Abschlüsse gemacht werden, muss der Gewerbetreibende den Gewinn durch Betriebsvermögensvergleich nach § 5 EStG ermitteln. ② Für Handelsschiffe im internationalen Verkehr kann der Gewinn auf Antrag nach § 5a EStG ermittelt werden. ③ Werden für einen gewerblichen Betrieb, für den Buchführungspflicht besteht, keine Bücher geführt, oder ist die Buchführung nicht ordnungsmäßig (→ R 5.2 Abs. 2), ist der Gewinn nach § 5 EStG unter Berücksichtigung der Verhältnisse des Einzelfalles, unter Umständen unter Anwendung von Richtsätzen,[2] zu schätzen. ④ Das Gleiche gilt, wenn für einen gewerblichen Betrieb freiwillig Bücher geführt und Abschlüsse gemacht werden, die Buchführung jedoch nicht ordnungsmäßig ist. ⑤ Bei gewerblichen Betrieben, bei denen die Voraussetzungen der Sätze 1 bis 4 nicht vorliegen, kann der Gewinn durch Einnahmenüberschussrechnung nach § 4 Abs. 3 EStG ermittelt werden, wenn der Gewerbetreibende für den Betrieb diese Gewinnermittlungsart gewählt hat. 67

Personengesellschaften

(3) Absätze 1 und 2 gelten sinngemäß. 68

Beteiligung an einer ausländischen Personengesellschaft[3]

(4) ① Sind unbeschränkt steuerpflichtige Personen an einer ausländischen Personengesellschaft beteiligt, die im Inland weder eine Betriebsstätte unterhält, noch einen ständigen Vertreter bestellt hat, ist der Gewinn der Personengesellschaft zur Ermittlung der Höhe der Gewinnanteile der unbeschränkt steuerpflichtigen Personen nach § 4 Abs. 1 oder 3 EStG zu ermitteln. ② Eine Buchführungspflicht nach § 140 AO kann auch eine ausländische Rechtsnorm begründen. ③ Bei der Gewinnermittlung nach § 4 Abs. 1 EStG sind alle Geschäftsvorfälle unter Beachtung der Grundsätze ordnungsmäßiger Buchführung zu berücksichtigen, auch wenn sie in einer ausländischen Währung ausgewiesen sind. ④ Das Ergebnis einer in ausländischer Währung aufgestellten Steuerbilanz ist in Euro nach einem Umrechnungsverfahren umzurechnen, das nicht gegen die deutschen Grundsätze ordnungsmäßiger Buchführung verstößt.

Ordnungsmäßigkeit der Buchführung

(5) ① Für die Ordnungsmäßigkeit der Buchführung bei Gewinnermittlung nach § 4 Abs. 1 EStG gelten R 5.2 bis 5.4 sinngemäß. ② § 141 Abs. 1 und § 142 AO bleiben unberührt. 69

[1] Zur Buchführungspflicht beim gewerblichen Grundstückshandel vgl. Tz. 33 des BMF-Schreibens vom 26. 3. 2004 (BStBl. I S. 434), abgedruckt als Anlage a zu R 15.7 EStR.

[2] Richtsatzsammlung 2021 mit BMF-Schreiben vom 28. 11. 2022 veröffentlicht (BStBl. I S. 1609).

[3] Zur örtlichen Zuständigkeit für die gesonderte und einheitliche Feststellung der Gewinne ausländischer Personengesellschaften vgl. AEAO zu § 18 Nr. 6, abgedruckt im „AO/FGO-Handbuch 2023".

H 4.1

70

Aufzeichnungs- und Buchführungspflichten

– von Angehörigen der freien Berufe → H 18.2 (Aufzeichnungspflicht);
– für das steuerliche Sonderbetriebsvermögen einer Personengesellschaft (→ R 4.2 Abs. 2) nach § 141 Abs. 1 AO obliegen nicht dem einzelnen Gesellschafter, sondern der Personengesellschaft (→ BFH vom 23. 10. 1990 – BStBl. 1991 II S. 401); Übertragung auf die Mitunternehmer ist nicht zulässig (→ BFH vom 11. 3. 1992 – BStBl. II S. 797). Die Gewinnermittlung für das Sonderbetriebsvermögen hat hierbei nach dem gleichen Gewinnermittlungszeitraum und nach der gleichen Gewinnermittlungsart wie bei der Personengesellschaft zu erfolgen (→ BFH vom 11. 12. 1986 – BStBl. 1987 II S. 553 und vom 11. 3. 1992 – BStBl. II S. 797).

Gewinnermittlung

– Bei Beteiligung an ausländischer Personengesellschaft:
  – → R 4.1 Abs. 4 und BFH vom 13. 9. 1989 – BStBl. 1990 II S. 57.
  – Für Zwecke der Anwendung des Progressionsvorbehalts auf Gewinnanteile ist R 4.1 Abs. 4 entsprechend anzuwenden (→ BFH vom 22. 5. 1991 – BStBl. 1992 II S. 94).
  – Ist die Personengesellschaft zur Buchführung und zur Aufstellung von Abschlüssen verpflichtet oder tut sie dies freiwillig, steht dem Mitunternehmer für die inländische Gewinnermittlung kein eigenes Wahlrecht zu, seinen Gewinn durch Einnahmenüberschussrechnung zu ermitteln (→ BFH vom 25. 6. 2014 – BStBl. 2015 II S. 141).[1]
– Bei Handelsschiffen im internationalen Verkehr: → BMF vom 12. 6. 2002 (BStBl. I S. 614)[2] unter Berücksichtigung der Änderungen durch BMF vom 31. 10. 2008 (BStBl. I S. 956) und vom 10. 9. 2013 (BStBl. I S. 1152).
– Bei Land- und Forstwirtschaft: → R 13.5, → Buchführung in land- und forstwirtschaftlichen Betrieben → BMF vom 15. 12. 1981 (BStBl. I S. 878).[3]

Gewinnschätzung

– Bei einem gewerblichen Betrieb, für den keine Buchführungspflicht besteht, für den freiwillig keine Bücher geführt werden und für den nicht festgestellt werden kann, dass der Stpfl. die Gewinnermittlung nach § 4 Abs. 3 EStG gewählt hat (→ BFH vom 30. 9. 1980 – BStBl. 1981 II S. 301), ist der Gewinn nach § 4 Abs. 1 EStG unter Berücksichtigung der Verhältnisse des Einzelfalles, unter Umständen unter Anwendung von Richtsätzen,[4] zu schätzen. Hat der Stpfl. dagegen für den Betrieb zulässigerweise die Gewinnermittlung nach § 4 Abs. 3 EStG gewählt, ist auch eine Gewinnschätzung in dieser Gewinnermittlungsart durchzuführen (→ BFH vom 2. 3. 1982 – BStBl. 1984 II S. 504).[5]
– bei abweichendem Wj. → R 4 a Abs. 4
– bei einem Freiberufler, der seinen Gewinn für ein vom Kj. abweichendes Wj. ermittelt hat, → H 4 a (Freiberufler).

R 4.2 (1)

R 4.2. Betriebsvermögen

Allgemeines

71 (1) ① Wirtschaftsgüter, die ausschließlich und unmittelbar für eigenbetriebliche Zwecke des Stpfl. genutzt werden oder dazu bestimmt sind, sind notwendiges Betriebsvermögen. ② Eigenbetrieblich genutzte Wirtschaftsgüter sind auch dann notwendiges Betriebsvermögen, wenn sie nicht in der Buchführung und in den Bilanzen ausgewiesen sind. ③ Wirtschaftsgüter, die in einem gewissen objektiven Zusammenhang mit dem Betrieb stehen und ihn zu fördern bestimmt und geeignet sind, können – bei Gewinnermittlung durch Betriebsvermögensvergleich (→ R 4.1) oder durch Einnahmenüberschussrechnung (→ R 4.5) – als gewillkürtes Betriebsvermögen behandelt werden. ④ Wirtschaftsgüter, die nicht Grundstücke oder Grundstücksteile sind und die zu mehr als 50% eigenbetrieblich genutzt werden, sind in vollem Umfang notwendiges Betriebsvermögen. ⑤ Werden sie zu mehr als 90% privat genutzt, gehören sie in vollem Umfang zum notwendigen Privatvermögen. ⑥ Bei einer betrieblichen Nutzung von mindestens 10% bis zu 50% ist eine Zuordnung dieser Wirtschaftsgüter zum gewillkürten Betriebsvermögen in vollem Umfang möglich. ⑦ Wird ein Wirtschaftsgut in mehreren Betrieben des Stpfl. genutzt, ist die gesamte eigenbetriebliche Nutzung maßgebend.

H 4.2 (1)

72 **Anwartschaften auf Hinterbliebenenversorgung bei Betriebsaufspaltung.** Im Fall einer Betriebsaufspaltung sind Anwartschaften auf Hinterbliebenenversorgung, die auf einer dem Geschäftsführer der Betriebs-Kapitalgesellschaft erteilten Pensionszusage beruhen, im Besitzunternehmen auch dann nicht bereits während der Anwartschaftszeit zu aktivieren, wenn in der Betriebs-Kapitalgesellschaft die Zuführungsbeträge zur Pensionsrückstellung, soweit sie auf die Hinterbliebenenversorgung entfallen, als verdeckte Gewinnausschüttung zu beurteilen sind (→ BFH vom 23. 3. 2011 – BStBl. 2012 II S. 188).

---

[1] Siehe auch *BFH-Urteil vom 10. 12. 2014 I R 3/13 (DStR 2015 S. 629; BFH/NV 2015, 667).*
[2] Abgedruckt als Anlage zu § 5 a EStG.
[3] Abgedruckt in der Loseblattsammlung „Steuererlasse" **Nr. 800 § 141**/1.
[4] Die Richtsatzsammlung für 2021 ist im BStBl. 2022 I S. 1609 veröffentlicht worden.
[5] Siehe auch *BFH-Urteil vom 15. 4. 1999 IV R 68/98 (BStBl. II S. 481).*

Beteiligungen H 4.2 (1)

- Eine Beteiligung gehört zum notwendigen Betriebsvermögen, wenn sie dazu bestimmt ist, die betriebliche Betätigung des Stpfl. entscheidend zu fördern oder wenn sie dazu dient, den Absatz von Produkten oder Dienstleistungen des Stpfl. zu gewährleisten (→ BFH vom 10. 4. 2019 – BStBl. II S. 474). Eine rechtliche oder faktische Beherrschung der Kapitalgesellschaft ist nicht erforderlich. Eine Förderung der betrieblichen Betätigung des Stpfl. erfordert, dass der Stpfl. seine Beteiligung an der Kapitalgesellschaft zum Wohle seines Einzelgewerbebetriebs einsetzt. Dies ist regelmäßig dann gegeben, wenn zwischen der Kapitalgesellschaft und dem Einzelgewerbebetrieb eine intensive und nachhaltige Geschäftsbeziehung besteht, die sich für den Einzelgewerbebetrieb als erheblich vorteilhaft erweist und dieser Vorteil seine Ursache im Gesellschaftsverhältnis hat. Im Rahmen einer derartigen Geschäftsbeziehung wird die Kapitalbeteiligung erst recht zum Zwecke der Förderung des Einzelgewerbebetriebs eingesetzt, wenn diesem hierdurch fremdunübliche Vorteile verschafft werden (→ BFH vom 12. 6. 2019 – BStBl. II S. 518). Der Zuordnung einer Beteiligung zum notwendigen Betriebsvermögen steht nicht entgegen, wenn die dauerhaften und intensiven Geschäftsbeziehungen nicht unmittelbar zu der Beteiligungsgesellschaft bestehen, sondern zu einer Gesellschaft, die von der Beteiligungsgesellschaft beherrscht wird (→ BFH vom 10. 4. 2019 – BStBl. II S. 474).
- **Anteil eines Steuerberaters an einer GmbH,** deren Betrieb der Steuerberatungspraxis wesensfremd ist, gehört auch dann nicht zum Betriebsvermögen, wenn er in der Absicht erworben wurde, das steuerliche Mandat der GmbH zu erlangen (→ BFH vom 22. 1. 1981 – BStBl. II S. 564), oder wenn die anderen Gesellschafter der GmbH Mandanten des Steuerberaters sind und der Beteiligung wirtschaftliches Eigengewicht beizumessen ist (→ BFH vom 23. 5. 1985 – BStBl. II S. 517). Der Anteil eines Steuerberaters an einer GmbH gehört dagegen zum notwendigen Betriebsvermögen, wenn er ihn zur Begleichung seiner Honoraransprüche zu dem Zweck erhält, ihn später unter Realisierung einer Wertsteigerung zu veräußern (→ BFH vom 1. 2. 2001 – BStBl. II S. 546).
- **Anteil an Wohnungsbau-GmbH** kann zum notwendigen Betriebsvermögen eines Malermeisters gehören (→ BFH vom 8. 12. 1993 – BStBl. 1994 II S. 296).
- Freiwillig gezeichnete **Genossenschaftsanteile** sind nur dann notwendiges Betriebsvermögen, wenn sie für den Betrieb eine konkrete und unmittelbare Funktion besitzen (→ BFH vom 4. 2. 1998 – BStBl. II S. 301).
- Die Zuordnung der Beteiligung an einer Komplementär-GmbH zum notwendigen Betriebsvermögen eines Betriebsaufspaltungs-Besitzunternehmens wird nicht schon dadurch ausgeschlossen, dass die Komplementär-GmbH weder zum Besitzunternehmen noch zur Betriebs-Kapitalgesellschaft unmittelbare Geschäftsbeziehungen unterhält. In derartigen Fällen setzt eine Zuordnung zum notwendigen Betriebsvermögen voraus, dass die Komplementär-GmbH entscheidenden Einfluss auf den Geschäftsbetrieb der Gesellschaft (GmbH & Co. KG) besitzt, die auf Grund ihrer intensiven und dauerhaften Geschäftsbeziehungen zum Betriebsunternehmen die gewerbliche Betätigung des Stpfl. entscheidend fördert. Weiterhin ist erforderlich, dass der Stpfl. seinerseits durch das Halten der Beteiligung an der Komplementär-GmbH in der Lage ist, deren Einfluss auf das geschäftliche Verhalten der GmbH & Co. KG maßgeblich zu fördern (→ BFH vom 12. 6. 2013 – BStBl. II S. 907).
- → Wertpapiere.
- → H 18.2 (Geldgeschäfte).

Bodenschatz

- Zu der Frage, wann ein im Eigentum des Grundstückseigentümers stehender Bodenschatz als Wirtschaftsgut entsteht und ob ein solches Wirtschaftsgut dem Betriebs- oder Privatvermögen zuzuordnen ist → BMF vom 7. 10. 1998 (BStBl. I S. 1221).[1]
- Das selbständige Wirtschaftsgut Bodenschatz stellt weder notwendiges noch gewillkürtes Betriebsvermögen eines land- und forstwirtschaftlichen Betriebs dar, wenn es ausschließlich zum Zweck des gewerblichen Abbaus durch Dritte erworben wurde (→ BFH vom 24. 1. 2008 – BStBl. 2009 II S. 449).
- Land- und Forstwirte können im eigenen Grund und Boden entdeckte Bodenschätze, deren Ausbeute einem Pächter übertragen ist, nicht als gewillkürtes Betriebsvermögen behandeln (→ BFH vom 28. 10. 1982 – BStBl. 1983 II S. 106).
- → H 6.12.

Darlehensforderung eines Steuerberaters gegen seinen Mandanten ist notwendiges Betriebsvermögen, wenn das Darlehen gewährt wurde, um eine Honorarforderung zu retten (→ BFH vom 22. 4. 1980 – BStBl. II S. 571).

Dividendenansprüche. Keine phasengleiche Aktivierung von Dividendenansprüchen bei Beteiligung einer Kapitalgesellschaft an einer anderen Kapitalgesellschaft, wenn nicht durch objektiv nachprüfbare Umstände belegt ist, dass am maßgeblichen Bilanzstichtag ein unwiderruflicher Entschluss zur Ausschüttung eines bestimmten Betrags vorliegt → BFH vom 7. 2. 2007 (BStBl. 2008 II S. 340). Dies gilt auch für die Bilanzierung von Gewinnansprüchen

[1] Abgedruckt als Anlage zu R 7.5 EStR.

H 4.2 (1)

in Fällen, in denen Gesellschafter einer Kapitalgesellschaft bilanzierende Einzelunternehmer oder Personengesellschaften sind, sowie in Fällen einer Betriebsaufspaltung, wenn sich die Beteiligung an einer Kapitalgesellschaft im Sonderbetriebsvermögen II des Gesellschafters einer Personengesellschaft befindet. Die Rechtsgrundsätze gelten auch für Bilanzstichtage nach In-Kraft-Treten des BiRiLiG (→ BFH vom 31. 10. 2000 – BStBl. 2001 II S. 185); → aber Zinsansprüche aus Genussrechten.

Durchlaufende Posten. Durchlaufende Posten sind auch bei Betriebsvermögensvergleich grundsätzlich gewinnneutral zu behandeln. Die Gewinnneutralität ergibt sich durch Aktivierung bzw. Passivierung gleich hoher Wertzugänge und Wertabgänge. Bei Gewinnermittlung durch Betriebsvermögensvergleich setzt die Gewinnneutralität nicht voraus, dass das Geschäft erkennbar in fremdem Namen und für fremde Rechnung getätigt wird. Die Gewinnneutralität findet ihre Grenze in § 159 AO (→ BFH vom 13. 8. 1997 – BStBl. 1998 II S. 161).

Eiserne Verpachtung. Zur Gewinnermittlung bei der Verpachtung von Betrieben mit Substanzerhaltungspflicht des Pächters nach §§ 582 a, 1048 BGB → BMF vom 21. 2. 2002 (BStBl. I S. 262).[1]

Erwerb mit betrieblichen Mitteln. Ein Wirtschaftsgut gehört nicht schon allein deshalb zum notwendigen Betriebsvermögen, weil es mit betrieblichen Geldmitteln erworben wurde (→ BFH vom 18. 12. 1996 – BStBl. 1997 II S. 351).

Forderungen

- Gem. § 252 Abs. 1 Nr. 4 zweiter Halbsatz HGB sind Forderungen nur zu berücksichtigen, wenn sie am Abschlussstichtag realisiert sind. Diese Voraussetzung liegt vor, wenn eine Forderung entweder rechtlich bereits entstanden ist oder die für die Entstehung wesentlichen wirtschaftlichen Ursachen im abgelaufenen Geschäftsjahr gesetzt worden sind und der Kaufmann mit der künftigen rechtlichen Entstehung des Anspruchs fest rechnen kann. Dies ist z. B. der Fall, wenn der Leistungsverpflichtete die von ihm geschuldete Erfüllungshandlung erbracht hat; danach sind Provisionsansprüche aus Vermittlungsleistungen mit Abschluss des jeweiligen Kaufvertrages und der Vereinbarung des Leistungsentgeltes, spätestens mit der Lieferung an den Auftraggeber, realisiert (→ BFH vom 3. 8. 2005 – BStBl. 2006 II S. 20).
- Nicht entstandene Rückgriffsansprüche sind als Forderungen nur zu berücksichtigen, soweit sie einem Ausfall der Forderung unmittelbar nachfolgen und nicht bestritten sind (→ BFH vom 8. 11. 2000 – BStBl. 2001 II S. 349).
- Umstrittene Forderungen können erst am Schluss des Wj. angesetzt werden, in dem über den Anspruch rechtskräftig entschieden wird oder in dem eine Einigung mit dem Schuldner zustande kommt (→ BFH vom 14. 3. 2006 – BStBl. II S. 650).

Gewillkürtes Betriebsvermögen[2]

- Die Stpfl. haben kein (freies) Wahlrecht, gewillkürtes Betriebsvermögen oder Privatvermögen zu bilden. Vielmehr muss für die Bildung gewillkürten Betriebsvermögens eine betriebliche Veranlassung gegeben sein. Die Wirtschaftsgüter müssen objektiv „betriebsdienlich" sein. Die Willkürung muss ihr auslösendes Moment im Betrieb haben. Deshalb muss der Stpfl. darlegen, welche Beziehung das Wirtschaftsgut zum Betrieb hat und welche vernünftigen wirtschaftlichen Überlegungen ihn veranlasst haben, das Wirtschaftsgut als Betriebsvermögen zu behandeln (→ BFH vom 24. 2. 2000 – BStBl. II S. 297).
- Die Zuordnung eines Wirtschaftsguts zum gewillkürten Betriebsvermögen bei Einlage muss unmissverständlich in einer Weise kundgemacht werden, dass ein sachverständiger Dritter ohne weitere Erklärung des Stpfl. die Zugehörigkeit zum Betriebsvermögen erkennen kann (→ BFH vom 22. 9. 1993 – BStBl. 1994 II S. 172).
- Die Zuordnung zum gewillkürten Betriebsvermögen erfordert, dass der notwendige Widmungsakt zeitnah in den Büchern oder in Aufzeichnungen dokumentiert wird (→ BFH vom 27. 6. 2006 – BStBl. II S. 874).
- Die Widmung setzt einen klar nach außen in Erscheinung tretenden Willensentschluss des Stpfl. voraus. Eine vom Finanzamt vorgenommene Zuordnung zum Betriebsvermögen führt selbst dann nicht zu einer solchen Widmung, wenn der Stpfl. die Auffassung des Finanzamts nur deshalb übernommen hat, weil er glaubte, ihr nicht mit Erfolg entgegentreten zu können (→ BFH vom 10. 10. 2017 – BStBl. 2018 II S. 181).
- Die Einlage von Wirtschaftsgütern als gewillkürtes Betriebsvermögen ist nicht zulässig, wenn erkennbar ist, dass die betreffenden Wirtschaftsgüter dem Betrieb keinen Nutzen, sondern nur Verluste bringen werden (→ BFH vom 19. 2. 1997 – BStBl. II S. 399).

Gewinnrealisierung[3]

- Der Zeitpunkt der Gewinnrealisierung wird beim Verkauf von Vermögensgegenständen im Allgemeinen als erfüllt angesehen, wenn der Vermögensgegenstand ausgeliefert, der Anspruch auf die Gegenleistung entstanden und die Gefahr des zufälligen Untergangs auf den

---

[1] Abgedruckt als Anlage zu H 6.11.

[2] Zu Genossenschaftsanteilen als gewillkürtes Betriebsvermögen eines land- und forstwirtschaftlichen Betriebs siehe *BFH-Urteil vom 23. 9. 2009 IV R 14/07 (BStBl. 2010 II S. 227).*

[3] Zur bilanzsteuerlichen Behandlung stornobehafteter Provisionen eines Versicherungsvertreters siehe *Vfg. OFD Niedersachsen vom 1. 8. 2014 S 2133 – 37 – St 221/St 222 (DStR S. 1876).*

Käufer übergegangen ist. Die Forderung aus dem Verkauf eines Grundstücks ist demnach mit dem Übergang von Besitz, Gefahr, Nutzen und Lasten realisiert (→ BFH vom 8. 9. 2005 – BStBl. 2006 II S. 26). H 4.2 (1)

- Gewinnrealisierung ist bei Übertragung des wirtschaftlichen Eigentums an einem Grundstück auch anzunehmen, wenn der Käufer am Bilanzstichtag des Veräußerungsjahres noch das Recht hat, unter bestimmten Voraussetzungen vom Kaufvertrag zurückzutreten (→ BFH vom 25. 1. 1996 – BStBl. 1997 II S. 382). Zur Bildung einer Rückstellung → H 5.7 (1) Rückabwicklung.
- Der Gewinn aus einer Inkassotätigkeit ist realisiert, wenn und soweit dem Unternehmer für eine selbständig abrechenbare und vergütungsfähige (Teil-)Leistung gegenüber seinem Auftraggeber ein prinzipiell unentziehbarer Provisionsanspruch zusteht (→ BFH vom 29. 11. 2007 – BStBl. 2008 II S. 557).
- Die Gewinnrealisierung tritt bei Planungsleistungen eines Ingenieurs nicht erst mit der Abnahme oder Stellung der Honorarschlussrechnung ein, sondern bereits dann, wenn der Anspruch auf Abschlagszahlung nach § 8 Abs. 2 Honorarordnung für Architekten und Ingenieure (HOAI) a. F. entstanden ist (→ BFH vom 14. 5. 2014 – BStBl. II S. 968). Die Anwendung der Grundsätze dieses Urteils wird auf Abschlagszahlungen nach § 8 Abs. 2 HOAI a. F. (gilt für Leistungen, die bis zum 17. 8. 2009 vertraglich vereinbart wurden) begrenzt (→ BMF vom 15. 3. 2016 – BStBl. I S. 279).
- Der Provisionsanspruch des Handelsvertreters ist nicht zu aktivieren, solange er unter der aufschiebenden Bedingung der Ausführung des Geschäftes steht. Provisionsvorschüsse sind beim Empfänger als „erhaltene Anzahlungen" zu passivieren. Mit den Provisionsvorschüssen im Zusammenhang stehende Aufwendungen sind nicht als „unfertige Leistungen" zu aktivieren, wenn kein Wirtschaftsgut entstanden ist (→ BFH vom 26. 4. 2018 – BStBl. II S. 536).
- Bei dem Anspruch des Insolvenzverwalters nach § 9 der Insolvenzrechtlichen Vergütungsverordnung handelt es sich um einen Anspruch auf Vorschuss auf die (endgültige) Vergütung, der bei einem bilanzierenden Insolvenzverwalter noch nicht zu Gewinnrealisierung führt (→ BFH vom 7. 11. 2018 – BStBl. 2019 II S. 224).

Gold

- **Barrengold** kommt als gewillkürtes Betriebsvermögen jedenfalls für solche gewerblichen Betriebe nicht in Betracht, die nach ihrer Art oder Kapitalausstattung kurzfristig auf Liquidität für geplante Investitionen angewiesen sind (→ BFH vom 18. 12. 1996 – BStBl. 1997 II S. 351).
- **Zahngold;** zum notwendigen Betriebsvermögen eines Zahnarztes gehört nicht nur das zu sofortiger betrieblicher Verwendung angeschaffte Zahngold, sondern auch das aus Goldabfällen stammende Altgold sowie in der Regel das zu Beistellungszwecken erworbene Dentalgold (→ BFH vom 12. 3. 1992 – BStBl. 1993 II S. 36); der Erwerb von **Feingold** ist nicht betrieblich veranlasst (→ BFH vom 17. 4. 1986 – BStBl. II S. 607).

Instandhaltungsanspruch. Übernimmt der Pächter vertraglich die nach der gesetzlichen Regelung dem Verpächter obliegende Pflicht zur Instandhaltung der verpachteten Sache, ist der Instandhaltungsanspruch des Verpächters auch dann nicht zu aktivieren, wenn sich der Pächter mit der Instandhaltung im Rückstand befindet. Ist Pächter eine Personengesellschaft, wird der Instandhaltungsanspruch des verpachtenden Gesellschafters auch dann nicht nach den Grundsätzen der korrespondierenden Bilanzierung in dessen Sonderbilanz aktiviert, wenn die Gesellschaft in der Gesamthandsbilanz eine Rückstellung für rückständige Instandhaltungsverpflichtungen gebildet hat (→ BFH vom 12. 2. 2015 – BStBl. 2017 II S. 668).

Instandhaltungsrückstellung. Ein bilanzierender Stpfl., dem eine Eigentumswohnung gehört und der Zahlungen in eine von der Wohnungseigentümergemeinschaft gebildete Instandhaltungsrückstellung geleistet hat, muss seine Beteiligung an der Instandhaltungsrückstellung mit dem Betrag der geleisteten und noch nicht verbrauchten Einzahlungen aktivieren (→ BFH vom 5. 10. 2011 – BStBl. 2012 II S. 244).

Kreditgrundlage/Liquiditätsreserve

- Wirtschaftsgüter, die weder zum notwendigen Betriebsvermögen noch zum notwendigen Privatvermögen gehören, können als gewillkürtes Betriebsvermögen berücksichtigt werden, wenn sie objektiv geeignet und vom Betriebsinhaber erkennbar dazu bestimmt sind, den Betrieb zu fördern. Förderungsmöglichkeiten in diesem Sinne bieten Wirtschaftsgüter insbesondere auch, wenn sie als **Kreditgrundlage** oder **Liquiditätsreserve** geeignet sind oder z. B. **höhere Erträge** bringen. In Betracht kommen neben Bargeld oder Bankguthaben vor allem risikofreie und leicht liquidierbare Wertpapiere (→ BFH vom 18. 12. 1996 – BStBl. 1997 II S. 351 und vom 19. 2. 1997 – BStBl. II S. 399); → aber Termin- und Optionsgeschäfte.
- Ein Wirtschaftsgut gehört nicht schon allein deshalb zum notwendigen Betriebsvermögen, weil es mit betrieblichen Mitteln erworben wurde oder der **Sicherung betrieblicher Kredite** dient (→ BFH vom 13. 8. 1964 – BStBl. III S. 502).
- → H 4.2 (2) Sonderbetriebsvermögen.

Leasing[1, 2]

---

[1] Zur Abgrenzung zwischen Kauf nach Miete, Mietkauf und Leasing vgl. *Vfg. OFD Frankfurt vom 5. 3. 2014 S 2170 A – 103 – St 224 (BeckVerw 284692).*

[2] Siehe Anlagen zu § 6 EStG. Siehe auch *Vfg. LfSt Niedersachsen vom 26. 2. 2020 S 2170-22-St 227 (BeckVerw 467819).*

H 4.2 (1)

Lebensversicherungen
- Ein Anspruch aus einer Versicherung gehört zum notwendigen Privatvermögen, soweit das versicherte Risiko privater Natur und mithin der Abschluss der Versicherung privat veranlasst ist. Dies ist insbesondere der Fall, wenn die Versicherung von einem Unternehmen auf das Leben oder den Todesfall des (Mit-)Unternehmers oder eines nahen Angehörigen abgeschlossen wird (→ BFH vom 14. 3. 1996 – BStBl. 1997 II S. 343).
- Schließt ein Unternehmen einen Versicherungsvertrag auf das Leben oder den Tod eines fremden Dritten ab, und ist Bezugsberechtigter nicht der Dritte, sondern das Unternehmen, kann der Anspruch auf die Versicherungsleistung zum Betriebsvermögen gehören (→ BFH vom 14. 3. 1996 – BStBl. 1997 II S. 343).
- Ansprüche aus Lebensversicherungsverträgen, die zur Tilgung oder Sicherung betrieblicher Darlehen dienen oder zu dienen bestimmt sind, werden durch die Abtretung oder Beleihung oder durch eine Hinterlegung der Police nicht zu Betriebsvermögen. Eine von einer Personengesellschaft auf das Leben ihrer Gesellschafter abgeschlossene Lebensversicherung (Teilhaberversicherung) gehört auch dann nicht zum Betriebsvermögen, wenn die Versicherungsleistungen zur Abfindung der Hinterbliebenen im Falle des Todes eines Gesellschafters verwendet werden sollen (→ BFH vom 6. 2. 1992 – BStBl. II S. 653).
- Schließt eine Personenhandelsgesellschaft eine Lebensversicherung auf das Leben eines Angehörigen eines Gesellschafters ab, können Ansprüche und Verpflichtungen aus dem Vertrag dem Betriebsvermögen zuzuordnen sein, wenn der Zweck der Vertragsgestaltung darin besteht, Mittel für die Tilgung betrieblicher Kredite anzusparen und das für Lebensversicherungen charakteristische Element der Absicherung des Todesfallrisikos bestimmter Personen demgegenüber in den Hintergrund tritt. Der Anspruch der Gesellschaft gegen den Versicherer ist in Höhe des geschäftsplanmäßigen Deckungskapitals zum Bilanzstichtag zu aktivieren. Die diesen Betrag übersteigenden Anteile der Prämienzahlungen sind als Betriebsausgaben abziehbar (→ BFH vom 3. 3. 2011 – BStBl. II S. 552).

Nutzungsänderung
- → H 4.2 (4),
- → H 4.3 (2–4).

Nutzungsrechte/Nutzungsvorteile
- Unentgeltlich erworbene Nutzungsrechte/Nutzungsvorteile sind keine selbständigen Wirtschaftsgüter (→ BFH vom 26. 10. 1987 – BStBl. 1988 II S. 348).
- Zur Berücksichtigung von Eigenaufwand und Drittaufwand → H 4.7 (Eigenaufwand für ein fremdes Wirtschaftsgut), (Drittaufwand).
- Nutzt ein Ehegatte einen Gebäudeteil eines im Miteigentum stehenden Einfamilienhauses für betriebliche Zwecke insgesamt in Ausübung seines Rechtes als Miteigentümer, ergibt sich für die über seinen Miteigentumsanteil hinausgehende Nutzung kein gesondertes Nutzungsrecht, das ein Wirtschaftsgut im Betriebsvermögen des Stpfl. bildet und stille Reserven entstehen lassen könnte. Die betriebliche Nutzung entfällt mit ihrer Beendigung steuerneutral (→ BMF vom 16. 12. 2016 – BStBl. I S. 1431).
- Die baurechtliche Nutzungsmöglichkeit von Grund und Boden stellt kein selbständiges Wirtschaftsgut „Nutzungsrecht" dar, sondern lediglich einen für den Grund und Boden wertbildenden Faktor (→ BFH vom 10. 3. 2016 – BStBl. II S. 984).
- Der Sondernutzungsberechtigte hat über seinen Miteigentumsanteil hinaus in der Regel kein wirtschaftliches Eigentum an dem ihm zur Nutzung überlassenen Gemeinschaftseigentum (→ BFH vom 5. 7. 2018 – BStBl. II S. 798).

Schadensersatzforderung. Eine bestrittene Schadensersatzforderung ist auch nach Betriebsaufgabe noch Betriebsvermögen (→ BFH vom 10. 2. 1994 – BStBl. II S. 564).

Steuererstattungsansprüche.[1] Zum Zeitpunkt der Aktivierung von in einem Musterverfahren gerichtlich bestätigten Steuererstattungsansprüchen, die vom Finanzamt bestritten worden waren (→ BFH vom 31. 8. 2011 – BStBl. 2012 II S. 190).

Termin- und Optionsgeschäfte. Branchenuntypische Termin- und Optionsgeschäfte sind dem betrieblichen Bereich regelmäßig auch dann nicht zuzuordnen, wenn generell die Möglichkeit besteht, damit Gewinne zu erzielen. Branchenuntypische Termingeschäfte sind betrieblich veranlasst, wenn sie der Absicherung unternehmensbedingter Kursrisiken dienen und nach Art, Inhalt und Zweck ein Zusammenhang mit dem Betrieb besteht, wobei das einzelne Termingeschäft nach den im Zeitpunkt des Vertragsabschlusses bekannten Umständen geeignet und dazu bestimmt sein muss, das Betriebskapital tatsächlich zu verstärken. Unbedingte Termingeschäfte und Optionsgeschäfte scheiden auch unter dem Gesichtspunkt einer betrieblichen Liquiditätsreserve im Falle branchenfremder Betätigungen als gewillkürtes Betriebsvermögen aus, da sie auf Grund ihres spekulativen Charakters in die Nähe von Spiel und Wette zu rücken sind (→ BFH vom 19. 2. 1997 – BStBl. II S. 399). Die Zuordnung von (Devisen-)Termingeschäften zum gewillkürten Betriebsvermögen setzt neben einem eindeutigen, nach außen manifestierten Widmungsakt des Unternehmers voraus, dass die Geschäfte im Zeitpunkt ihrer Widmung zu betrieblichen Zwe-

[1] Zur Bilanzierung von Steuererstattungsansprüchen und Steuernachforderungen nebst Zinsen siehe auch *Vfg. BayLfSt vom 10. 3. 2015 S 2133.1.1 – 7/5 St 31 (DStR S. 1752).*

cken objektiv geeignet sind, das Betriebskapital zu verstärken. Die objektive Eignung solcher Geschäfte zur Förderung des Betriebes ist bei branchenfremden Unternehmen nicht ohne weiteres ausgeschlossen, unterliegt aber wegen der hohen Risikoträchtigkeit der Geschäfte strengen Anforderungen (BFH vom 20. 4. 1999 – BStBl. II S. 466). H 4.2 (1)

Umsatzsteuererstattungsansprüche. Umsatzsteuererstattungsansprüche aufgrund einer Rechnungskorrektur sind im Jahr der Rechnungskorrektur zu aktivieren (→ BFH vom 15. 3. 2012 – BStBl. II S. 719).

Vorsteueransprüche können bereits zu einem Zeitpunkt aktiviert werden, in dem noch keine berichtigten Rechnungen vorliegen (→ BFH vom 12. 5. 1993 – BStBl. II S. 786).

Wertpapiere
- können gewillkürtes Betriebsvermögen eines Gewerbebetriebs sein, wenn nicht bereits bei ihrem Erwerb oder ihrer Einlage erkennbar ist, dass sie dem Betrieb keinen Nutzen, sondern nur Verluste bringen (→ BFH vom 18. 10. 2006 – BStBl. 2007 II S. 259). Die Zurechnung von Wertpapieren zum gewillkürten Betriebsvermögen scheidet nicht allein deshalb aus, weil sie in spekulativer Absicht, mit Kredit erworben und Kursverluste billigend in Kauf genommen wurden (→ BFH vom 19. 2. 1997 – BStBl. II S. 399).
- werden durch ihre Verpfändung für Betriebskredite in der Regel nicht zum notwendigen Betriebsvermögen (→ BFH vom 17. 3. 1966 – BStBl. III S. 350).
- Erwirbt ein Rüben anbauender Landwirt Aktien einer Zuckerfabrik, die satzungsgemäß mit Anbau- und Lieferverpflichtung verbunden sind, spricht eine tatsächliche Vermutung dafür, dass er diese Wertpapiere nicht als bloße Kapitalanlage, sondern zu betrieblichen Zwecken angeschafft hat und dass ihm andererseits diese Aktien aber auch nur aus betrieblichen Gründen überlassen wurden. Diese Aktien sind auch dann notwendiges Betriebsvermögen, wenn die damit verbundenen Rechte und Pflichten viele Jahre nicht beansprucht oder eingefordert worden sind (→ BFH vom 11. 12. 2003 – BStBl. 2004 II S. 280).
- Werden einem selbstständigen Kursmakler Anteile einer AG zur Erfüllung seiner Courtageforderung übertragen, gelangen diese im Erwerbszeitpunkt in das Betriebsvermögen (→ BFH vom 29. 9. 2016 – BStBl. 2017 II S. 339).

Wertpapierfonds. Der Anspruch auf Ausschüttungen eines Wertpapierfonds ist zu aktivieren, sobald nach den Vertragsbedingungen ein unmittelbarer schuldrechtlicher Anspruch auf Ausschüttung entstanden ist und ein konstitutiver Ausschüttungsbeschluss dazu nicht erforderlich ist (→ BFH vom 18. 5. 1994 – BStBl. 1995 II S. 54). Sofern in den Vertragsbedingungen lediglich ausgeführt wird, dass ordentliche Erträge grundsätzlich ausgeschüttet werden, führt dies alleine noch nicht zur Entstehung eines Ausschüttungsanspruchs. Vielmehr entsteht ein Ausschüttungsanspruch in diesen Fällen erst durch die Konkretisierung im Ausschüttungsbeschluss (→ BMF vom 18. 8. 2009 – BStBl. I S. 931, Rz. 28).

Windpark
- Ein Windpark besteht aus mehreren selbständigen Wirtschaftsgütern. Jede Windkraftanlage, die in einem Windpark betrieben wird, stellt mit Fundament einschließlich des dazugehörigen Transformators nebst der verbindenden Verkabelung ein zusammengesetztes Wirtschaftsgut dar. Daneben ist die Verkabelung von den Transformatoren bis zum Stromnetz des Energieversorgers zusammen mit der Übergabestation als weiteres zusammengesetztes Wirtschaftsgut zu behandeln, soweit dadurch mehrere Windkraftanlagen miteinander verbunden werden. Auch die Zuwegung stellt ein eigenständiges Wirtschaftsgut dar (→ BFH vom 14.4. 2011 – BStBl. II S. 696).
- → H 7.4 (Nutzungsdauer).

Wirtschaftsgut
- **Auffüllrecht.** Das Recht, ein Grundstück mit Klärschlamm zu verfüllen, ist kein vom Grund und Boden verselbständigtes Wirtschaftsgut (→ BFH vom 20. 3. 2003 – BStBl. II S. 878).
- **Begriff.** Wirtschaftsgüter sind Sachen, Rechte oder tatsächliche Zustände, konkrete Möglichkeiten oder Vorteile für den Betrieb, deren Erlangung der Kaufmann sich etwas kosten lässt, die einer besonderen Bewertung zugänglich sind und zumindest mit dem Betrieb übertragen werden können (→ BFH vom 19. 6. 1997 – BStBl. II S. 808). Der Begriff des Wirtschaftsgutes setzt nicht voraus, dass es dem Betrieb einen Nutzen für mehrere Jahre bringt (→ BFH vom 26. 11. 2014 – BStBl. 2015 II S. 325).
- **Eingetauschte Wirtschaftsgüter.** Für notwendiges Betriebsvermögen eingetauschte Wirtschaftsgüter werden grundsätzlich zunächst (notwendiges) Betriebsvermögen (→ BFH vom 18. 12. 1996 – BStBl. 1997 II S. 351); → H 6b.1 (Entnahme, Tausch).
- **Leitungsanlagen** als selbständige Wirtschaftsgüter → BMF vom 30. 5. 1997 (BStBl. I S. 567).
- **Verlustbringende Wirtschaftsgüter.** Wirtschaftsgüter, die bisher im Privatvermögen geführt wurden, dürfen nicht in das – gewillkürte – Betriebsvermögen aufgenommen werden, wenn damit lediglich der Zweck verfolgt wird, sich bereits abzeichnende Verluste aus dem Privatvermögen in den betrieblichen Bereich zu verlagern. Entsprechendes gilt, wenn beim Erwerb des Wirtschaftsgutes bereits erkennbar ist, dass der Erwerb dem Betrieb keinen Nutzen, sondern nur Verluste bringen kann (→ BFH vom 19. 2. 1997 – BStBl. II S. 399).

– **Virtuelle Währungen und sonstige Token** → BMF vom 10. 5. 2022 (BStBl. I 668),[1] Rn. 31 f., 41.

Zinsansprüche aus Genussrechten. Zinsansprüche aus Genussrechten entstehen im Gegensatz zu → Dividendenansprüchen nicht erst durch einen Gewinnverwendungsbeschluss als selbständiges Recht, sondern bereits mit Ablauf des zugrunde liegenden Zinszeitraums. Sie sind daher in der Bilanz des Wirtschaftsjahres zu aktivieren, in dem der Zinszeitraum abläuft. Dies gilt auch dann, wenn nach den Genussrechtsbedingungen der Schuldner die Ansprüche nicht bedienen muss, solange hierdurch bei ihm ein Bilanzverlust entstehen oder sich erhöhen würde (→ BFH vom 18. 12. 2002 – BStBl. 2003 II S. 400).

Zuzahlung des Veräußerers → H 6.2.

R 4.2 (2)

73

Betriebsvermögen bei Personengesellschaften

(2) ① Das Betriebsvermögen im Sinne des Absatzes 1 umfasst bei einer Personengesellschaft sowohl die Wirtschaftsgüter, die zum Gesamthandsvermögen der Mitunternehmer gehören, als auch diejenigen Wirtschaftsgüter, die einem, mehreren oder allen Mitunternehmern gehören (Sonderbetriebsvermögen). ② Wirtschaftsgüter, die einem, mehreren oder allen Mitunternehmern gehören und die nicht Gesamthandsvermögen der Mitunternehmer der Personengesellschaft sind, gehören zum notwendigen Betriebsvermögen, wenn sie entweder unmittelbar dem Betrieb der Personengesellschaft dienen (Sonderbetriebsvermögen I) oder unmittelbar zur Begründung oder Stärkung der Beteiligung des Mitunternehmers an der Personengesellschaft eingesetzt werden sollen (Sonderbetriebsvermögen II). ③ Solche Wirtschaftsgüter können zum gewillkürten Betriebsvermögen gehören, wenn sie objektiv geeignet und subjektiv dazu bestimmt sind, den Betrieb der Gesellschaft (Sonderbetriebsvermögen I) oder die Beteiligung des Gesellschafters (Sonderbetriebsvermögen II) zu fördern. ④ Auch ein einzelner Gesellschafter kann gewillkürtes Sonderbetriebsvermögen bilden.

H 4.2 (2)

74

Anteile an Kapitalgesellschaften

– **Allgemeines**
  – Die Beteiligung an einer Kapitalgesellschaft gehört zum notwendigen Sonderbetriebsvermögen II des Mitunternehmers, wenn sie der Begründung oder Stärkung seiner Beteiligung an der Mitunternehmerschaft dient. Eine Stärkung der Beteiligung an der Mitunternehmerschaft ist dann gegeben, wenn die Beteiligung an der Kapitalgesellschaft für das Unternehmen der Mitunternehmerschaft **wirtschaftlich vorteilhaft** ist oder der **Mitunternehmerstellung selbst dient**, weil durch die Beteiligung an der Kapitalgesellschaft der Einfluss des Gesellschafters in der Mitunternehmerschaft steigt bzw. gestärkt wird (→ BFH vom 16. 4. 2015 – BStBl. II S. 705).
  – Ein wirtschaftlicher Vorteil der Kapitalbeteiligung für das Unternehmen der Personengesellschaft wird regelmäßig nur dann bejaht, wenn zwischen dem Unternehmen der Personengesellschaft und demjenigen der Kapitalgesellschaft eine **enge wirtschaftliche Verflechtung** besteht, der Mitunternehmer – ggf. zusammen mit anderen Mitunternehmern – die Kapitalgesellschaft **beherrscht** und die Kapitalgesellschaft neben ihren geschäftlichen Beziehungen zur Personengesellschaft **keinen anderen eigenen Geschäftsbetrieb** von nicht ganz untergeordneter Bedeutung unterhält (→ BFH vom 23. 1. 2001 – BStBl. II S. 825).

– **Anderer eigener Geschäftsbetrieb**
  – Sonderbetriebsvermögen II ist zu bejahen, wenn sich der Kommanditist einer GmbH & Co. KG an der Komplementär-GmbH außer ihrer Geschäftsführungstätigkeit für die KG noch einen eigenen Geschäftsbetrieb von nicht ganz untergeordneter Bedeutung ausübt (→ BFH vom 16. 4. 2015 – BStBl. II S. 705).
  – Eine (Mehrheit-)Beteiligung eines Kommanditisten an der Kapitalgesellschaft ist selbst dann nicht dem Sonderbetriebsvermögen II zuzuordnen, wenn die einen eigenen Geschäftsbetrieb von nicht ganz untergeordneter Bedeutung unterhaltende Komplementär-GmbH wirtschaftlich mit der GmbH & Co. KG verflochten ist und die Geschäftsbeziehungen aus Sicht der GmbH & Co. KG nicht von geringer Bedeutung sind. Dies gilt auch, wenn die einen eigenen Geschäftsbetrieb von nicht ganz untergeordneter Bedeutung unterhaltende Kapitalgesellschaft als Komplementär-GmbH gemeinsam mit dem an ihr beteiligen Kommanditisten eine aus ihnen bestehende zweigliedrige GmbH & Co. KG gründet (→ BFH vom 21. 12. 2021 – BStBl. II 2022 S. 651).
  – Beteiligt sich der Gesellschafter einer GmbH an dieser als atypisch stiller Gesellschafter, so gehört der Anteil an der GmbH zu seinem Sonderbetriebsvermögen II, sofern nicht die GmbH noch einer anderen Geschäftstätigkeit von nicht ganz untergeordneter Bedeutung nachgeht (→ BFH vom 15. 10. 1998 – BStBl. II 1999 S. 286).
  – Der Geschäftsanteil eines Kommanditisten an der Kommanditisten-GmbH derselben KG gehört dann zu seinem Sonderbetriebsvermögen II bei der KG, wenn die Kommanditisten-GmbH keiner eigenen Geschäftstätigkeit nachgeht und ihr alleiniger Zweck die Beteiligung an der KG in einem erheblichen Umfang ist (→ BFH vom 23. 1. 2001 – BStBl. II S. 825).

[1] Abgedruckt als Anlage b zu H 23.

H 4.2 (2)

- **Betriebsaufspaltung**
  Die Beteiligung des Gesellschafters einer Besitzpersonengesellschaft an der Betriebskapitalgesellschaft gehört zu seinem notwendigen Sonderbetriebsvermögen II bei einer Besitzpersonengesellschaft → BFH vom 16. 4. 1991 – BStBl. II S. 832).
- **Keine Beherrschung**
  Die Beteiligung an einer Kapitalgesellschaft kann auch dann notwendiges Sonderbetriebsvermögen II des Gesellschafters einer Personengesellschaft sein, wenn die Beteiligung keinen beherrschenden Einfluss vermittelt. Dies ist z. B. der Fall, wenn die Personengesellschaft von der in der gleichen Branche tätigen Kapitalgesellschaft organisatorisch und wirtschaftlich abhängig ist (→ BFH vom 3. 3. 1998 – BStBl. II S. 383). Die Unterhaltung von Geschäftsbeziehungen zu einer Kapitalgesellschaft, wie sie üblicherweise auch mit anderen Unternehmen bestehen, reicht selbst dann, wenn diese Beziehungen besonders intensiv sind, nicht aus, um die Anteile des Gesellschafters einer Personengesellschaft an der Kapitalgesellschaft als notwendiges Sonderbetriebsvermögen II anzusehen (→ BFH vom 28. 6. 2006 – BStBl. II 2007 S. 378 und vom 13. 2. 2008 – BStBl. II 2009 S. 414).
- **Keine Stärkung der Mitunternehmerstellung**
  Eine Minderheitsbeteiligung des Kommanditisten an einer geschäftsbefugten Komplementär-GmbH von weniger als 10% ist aber nicht dem Sonderbetriebsvermögen II zuzuordnen, wenn – ausgehend vom gesetzlich normierten Regelfall – in den Angelegenheiten der Gesellschaft die Abstimmung nach der Mehrheit der abgegebenen Stimmen erfolgt. Dies gilt auch, wenn die Komplementär-GmbH außergewöhnlich hoch am Gewinn beteiligt ist (→ BFH vom 16. 4. 2015 – BStBl. II S. 705).

Darlehen an Gesellschafter → H 4.3 (2–4) Personengesellschaften.

Gesellschafterforderung
- Um eine schuldrechtliche Forderung des Gesellschafters gegen die Gesellschaft und nicht um Eigenkapital der Gesellschaft handelt es sich bei einem Gesellschafterkonto dann, wenn der Gesellschafter insoweit einen unentziehbaren, nur nach den §§ 362 bis 397 BGB erlöschenden Anspruch gegen die Gesellschaft haben soll, der auch in der Insolvenz der Gesellschaft wie eine Forderung eines Dritten geltend gemacht werden kann und der noch vor der eigentlichen Auseinandersetzung über das Gesellschaftsvermögen zu erfüllen ist, also nicht lediglich einen Teil des Auseinandersetzungsguthabens darstellt (→ BFH vom 26. 6. 2007 – BStBl. 2008 II S. 103).
- Die korrespondierende Bilanzierung der Darlehensforderung eines Personengesellschafters in dessen Sonderbilanz und in der Gesamthandsbilanz der Gesellschaft endet mit dem Ausscheiden des Gesellschafters aus der Gesellschaft. Ab diesem Zeitpunkt verliert die in der Gesamthandsbilanz ausgewiesene Darlehensverbindlichkeit der Gesellschaft ihre Funktion als funktionales Eigenkapital und stellt entsprechend ihrem Bilanzausweis Fremdkapital dar. Umfasst der Erwerb des Mitunternehmeranteils auch die Gesellschafter-Darlehensforderung, wandelt sich diese von Fremdkapital (wieder) in funktionales Eigenkapital der Gesellschaft um. In der Sonderbilanz des Neugesellschafters ist die Forderung mit dessen Anschaffungskosten zu aktivieren. Demgegenüber ist die Darlehensverbindlichkeit in der Gesamthandsbilanz in unveränderter Höhe auszuweisen (→ BFH vom 16. 3. 2017 – BStBl. II S. 943).
- → BMF vom 30. 5. 1997 (BStBl. I S. 627), Tz. 4.

Lebensversicherungen → H 4.2 (1).

Nießbrauch → H 4.3 (2–4) Keine Entnahme des Grundstücks oder Grundstücksteils.

Nießbrauch an Gesellschaftsanteil → H 15.8 (1) Nießbrauch.

Sonderbetriebseinnahmen und -ausgaben → H 4.7.

Sonderbetriebsvermögen[1]
- **Ausgleichsanspruch eines Kommanditisten** → H 15.8 (1);
- bei **Betriebsaufspaltung** → H 15.7 (4) Sonderbetriebsvermögen;
- bei **ehelicher Gütergemeinschaft** → H 4.2 (12) Gütergemeinschaft;
- Die **Einlage von Wirtschaftsgütern des gewillkürten Sonderbetriebsvermögens** muss mit der gleichen Eindeutigkeit geschehen wie die Einlage eines Wirtschaftsgutes des gewillkürten Betriebsvermögens in ein Einzelunternehmen. Besondere Bedeutung kommt dabei der buchmäßigen Behandlung zu, wenn diese auch nicht stets entscheidend ist (→ BFH vom 23. 10. 1990 – BStBl. 1991 II S. 401). → H 4.2 (1) Gewillkürtes Betriebsvermögen;
- bei **Land- und Forstwirtschaft oder freiberuflicher Tätigkeit.** Notwendiges und gewillkürtes Sonderbetriebsvermögen kann es auch bei Mitunternehmern geben, die sich zur gemeinsamen Ausübung eines land- und forstwirtschaftlichen Betriebes oder eines freien Berufs zusammengeschlossen haben (→ BFH vom 2. 12. 1982 – BStBl. 1983 II S. 215);
- zur **Unterscheidung** zwischen Sonderbetriebsvermögen I und Sonderbetriebsvermögen II → BFH vom 7. 7. 1992 (BStBl. 1993 II S. 328);
- Für die **Zuordnung von Sicherheiten zum notwendigen passiven Sonderbetriebsvermögen einer Personengesellschaft für Verbindlichkeiten einer GmbH,** die in wirt-

[1] Zum Sonderbetriebsvermögen bei doppel- bzw. mehrstöckigen Personengesellschaften siehe *FM Schleswig-Holstein, Kurzinformation vom 20. 8. 2018 VI 307-S2241-319 (DStR 2019 S. 2320).*

schaftlicher Verbindung zur Personengesellschaft steht, an der aber nur die Personengesellschaft, nicht jedoch der Gesellschafter beteiligt ist, kommt es – wie bei der Zurechnung von Wirtschaftsgütern zum aktiven Sonderbetriebsvermögen – maßgebend auf den Veranlassungszusammenhang an. Der erforderliche Veranlassungszusammenhang kann nur bejaht werden, wenn die Sicherheitsbestellung ausschließlich und eindeutig durch die Beteiligung an der Personengesellschaft veranlasst ist und dies der Mitunternehmer erforderlichenfalls nachweist. Im Rahmen der zur Feststellung des Veranlassungszusammenhangs notwendigen Gesamtwürdigung kommt der Frage, inwieweit die Sicherheiten zu markt- bzw. fremdüblichen Bedingungen gewährt worden sind, besondere Bedeutung zu (→ BFH vom 27. 6. 2006 – BStBl. II S. 874).

R 4.2 (3)

75

Gebäudeteile, die selbständige Wirtschaftsgüter sind

(3) ① Gebäudeteile, die nicht in einem einheitlichen Nutzungs- und Funktionszusammenhang mit dem Gebäude stehen, sind selbständige Wirtschaftsgüter. ② Ein Gebäudeteil ist selbständig, wenn er besonderen Zwecken dient, mithin in einem von der eigentlichen Gebäudenutzung verschiedenen Nutzungs- und Funktionszusammenhang steht. ③ Selbständige Gebäudeteile in diesem Sinne sind:

1. Betriebsvorrichtungen (→ R 7.1 Abs. 3);
2. Scheinbestandteile (→ R 7.1 Abs. 4);
3. Ladeneinbauten, → Schaufensteranlagen, Gaststätteneinbauten, Schalterhallen von Kreditinstituten sowie ähnliche Einbauten, die einem schnellen Wandel des modischen Geschmacks unterliegen; als Herstellungskosten dieser Einbauten kommen nur Aufwendungen für Gebäudeteile in Betracht, die statisch für das gesamte Gebäude unwesentlich sind, z. B. Aufwendungen für Trennwände, Fassaden, Passagen sowie für die Beseitigung und Neuerrichtung von nichttragenden Wänden und Decken;
4. sonstige → Mietereinbauten;
5. sonstige selbständige Gebäudeteile (→ Absatz 4).

④ Dachintegrierte Fotovoltaikanlagen (z. B. in Form von Solardachsteinen) sind wie selbständige bewegliche Wirtschaftsgüter zu behandeln.

H 4.2 (3)

76

Abgrenzung. Zur Abgrenzung zwischen dem Gebäude und solchen Bestandteilen, die nicht der Gebäudenutzung selbst, sondern einem davon verschiedenen Zweck dienen → BFH vom 30. 1. 1995 (BStBl. II S. 281).

Mietereinbauten

– → BMF vom 15. 1. 1976 (BStBl. I S. 66);[1] zur Höhe der AfA bei unbeweglichen Wirtschaftsgütern aber → H 7.4.
– Mietereinbauten und -umbauten sind in der Bilanz des Mieters zu aktivieren, wenn es sich um gegenüber dem Gebäude selbständige Wirtschaftsgüter (verschiedener Nutzungs- und Funktionszusammenhang) handelt, für die der Mieter Herstellungskosten aufgewendet hat, die Wirtschaftsgüter seinem Betriebsvermögen zuzurechnen sind und die Nutzung durch den Mieter zur Einkünfteerzielung sich erfahrungsgemäß über einen Zeitraum von mehr als einem Jahr erstreckt (→ BFH vom 15. 10. 1996 – BStBl. 1997 II S. 533). Das gegenüber dem Gebäude selbständige, materielle Wirtschaftsgut kann beweglich oder unbeweglich sein. Ein bewegliches Wirtschaftsgut liegt vor, wenn der Mieter sachenrechtlicher Eigentümer ist (Scheinbestandteil, § 95 BGB) oder eine Betriebsvorrichtung (§ 68 Abs. 2 Nr. 2 BewG) des Mieters besteht. Dagegen handelt es sich bei dem besonderen Zwecken dienenden und daher in einem von der eigentlichen Gebäudenutzung verschiedenen Nutzungs- und Funktionszusammenhang stehenden Gebäudebestandteil um ein unbewegliches Wirtschaftsgut. Das gilt auch für einen Gebäudebestandteil, der im wirtschaftlichen Eigentum des Mieters steht (→ BFH vom 11. 6. 1997 – BStBl. II S. 774).
– Mietereinbauten als selbständige Wirtschaftsgüter beim Mieter auf Grund wirtschaftlichen Eigentums → BFH vom 28. 7. 1993 (BStBl. 1994 II S. 164) und vom 11. 6. 1997 (BStBl. II S. 774).

Schaufensteranlage und Beleuchtungsanlage zum Schaufenster sind auch bei Neubauten selbständige Gebäudeteile → BFH vom 29. 3. 1965 (BStBl. III S. 291).

R 4.2 (4)

77

Unterschiedliche Nutzungen und Funktionen eines Gebäudes

(4) ① Wird ein Gebäude teils eigenbetrieblich, teils fremdbetrieblich, teils zu eigenen und teils zu fremden Wohnzwecken genutzt, ist jeder der vier unterschiedlich genutzten Gebäudeteile ein besonderes Wirtschaftsgut, weil das Gebäude in verschiedenen Nutzungs- und Funktionszusammenhängen steht. ② Wohnräume, die wegen Vermietung an Arbeitnehmer des Stpfl. notwendiges Betriebsvermögen sind, gehören zu dem eigenbetrieblich genutzten Gebäudeteil. ③ Die Vermietung zu hoheitlichen, zu gemeinnützigen oder zu Zwecken eines Berufsverbands gilt als fremdbetriebliche Nutzung. ④ Wird ein Gebäude oder Gebäudeteil fremdbetrieblich genutzt, handelt es sich auch dann um ein einheitliches Wirtschaftsgut, wenn es verschiedenen Personen zu unterschiedlichen betrieblichen Nutzungen überlassen wird. ⑤ Eine Altenteilerwohnung ist im Falle der Entnahme nach § 13 Abs. 4 EStG stets als besonderes Wirtschaftsgut anzusehen.

[1] Abgedruckt als Anlage zu R 7.1 EStR.

Mehrere Baulichkeiten sind selbständige Wirtschaftsgüter, auch wenn sie auf demselben Grundstück errichtet wurden und in einem einheitlichen Nutzungs- und Funktionszusammenhang stehen, z. B. Anbauten bei Gebäuden, es sei denn, sie sind baulich derart miteinander verbunden, dass die Teile des Bauwerks nicht ohne weitere erhebliche Bauaufwendungen voneinander getrennt werden können (→ BFH vom 5. 12. 1974 – BStBl. 1975 II S. 344, vom 21. 7. 1977 – BStBl. 1978 II S. 78 und vom 15. 9. 1977 – BStBl. 1978 II S. 123), oder sie besitzen keine eigene Standfestigkeit (→ BFH vom 25. 1. 2007 – BStBl. II S. 586). H 4.2 (4) **77a**

Miteigentum. Jeder nach R 4.2 Abs. 4 Satz 1 selbständige Gebäudeteil ist in so viele Wirtschaftsgüter aufzuteilen, wie Gebäudeeigentümer vorhanden sind (→ BFH vom 9. 7. 1992 – BStBl. II S. 948).

Nutzung im Rahmen mehrerer Betriebe
- Dient ein Gebäude (Gebäudeteil) ausschließlich eigenbetrieblichen Zwecken, ist eine weitere Aufteilung auch dann nicht vorzunehmen, wenn es (er) im Rahmen mehrerer selbständiger (eigener) Betriebe genutzt wird.
- Von selbständigen Wirtschaftsgütern ist bei gleichen Nutzungsverhältnissen jedoch dann auszugehen, wenn das Gebäude (der Gebäudeteil) nach dem WEG in **Teileigentum** aufgeteilt wurde.

  (→ BFH vom 29. 9. 1994 – BStBl. 1995 II S. 72).

Nutzungsänderung
- Ein zunächst betrieblich genutzter Gebäudeteil verliert ohne Entnahmehandlung seine Eigenschaft als Betriebsvermögen nicht dadurch, dass er zu fremden Wohnzwecken vermietet wird und sich in dem Gebäude ein weiterer zu fremden Wohnzwecken vermieteter Gebäudeteil befindet, der zum Privatvermögen gehört (→ BFH vom 10. 11. 2004 – BStBl. 2005 II S. 334).
- Die Nutzungsänderung eines bisher zum Privatvermögen gehörenden Gebäudeteils, der nunmehr für fremdgewerbliche Zwecke genutzt wird, führt nicht zur Zwangseinlage ins Betriebsvermögen, auch wenn ein weiterer, schon vorher für fremdbetriebliche Zwecke vermieteter Gebäudeteil dem gewillkürten Betriebsvermögen zugeordnet worden ist (→ BFH vom 21. 4. 2005 – BStBl. II S. 604).

Selbständige Wirtschaftsgüter
- nach Nutzung und Funktion des Gebäudeteils → BFH vom 30. 1. 1995 (BStBl. II S. 281).
- Bei der Zuordnung zum Betriebsvermögen ist bei selbständigen Gebäudeteilen auf den Raum als Ganzes abzustellen; dieser ist die kleinste Einheit, die einer gesonderten Zuordnung fähig ist (→ BFH vom 10. 10. 2017 – BStBl. 2018 II S. 181). Bei mehreren Gebäudeeigentümern → Miteigentum.

Abgrenzung der selbständigen von den unselbständigen Gebäudeteilen R 4.2 (5)

(5) ① Ein Gebäudeteil ist unselbständig, wenn er der eigentlichen Nutzung als Gebäude dient. ② → Unselbständige Gebäudeteile sind auch räumlich vom Gebäude getrennt errichtete Baulichkeiten, die in einem so engen Nutzungs- und Funktionszusammenhang mit dem Gebäude stehen, dass es ohne diese Baulichkeiten als unvollständig erscheint. **78**

Unselbständige Gebäudeteile sind z. B.: H 4.2 (5) **79**
- Bäder und Schwimmbecken in Hotels,
- Heizungsanlagen, Be- und Entlüftungsanlagen, Klimaanlagen, Warmwasseranlagen und Müllschluckanlagen, außer wenn sie ganz oder überwiegend einem Betriebsvorgang dienen,
- Sprinkleranlagen, außer wenn mit ihnen das Gewerbe unmittelbar betrieben wird,
- Beleuchtungsanlagen, außer Spezialbeleuchtungsanlagen, die nicht zur Gebäudebeleuchtung erforderlich sind,
- Personenaufzüge, Rolltreppen oder Rollsteige, die zur Bewältigung des Publikumsverkehrs dienen,

(→ Gleich lautende Erlasse der obersten Finanzbehörden der Länder vom 5. 6. 2013 – BStBl. I S. 734),[1]
- Umzäunung oder Garage bei einem Wohngebäude (→ BFH vom 15. 12. 1977 – BStBl. 1978 II S. 210 und vom 28. 6. 1983 – BStBl. 1984 II S. 196); aber → H 7.1 (Garagen).

Aufteilung der Anschaffungs- oder Herstellungskosten bei Gebäudeteilen R 4.2 (6)

(6) ① Die Anschaffungs- oder Herstellungskosten des gesamten Gebäudes sind auf die einzelnen Gebäudeteile aufzuteilen. ② Für die Aufteilung ist das Verhältnis der Nutzfläche eines Gebäudeteiles zur Nutzfläche des ganzen Gebäudes maßgebend, es sei denn, die Aufteilung nach dem Verhältnis der Nutzflächen führt zu einem unangemessenen Ergebnis. ③ Von einer solchen Aufteilung kann aus Vereinfachungsgründen abgesehen werden, wenn sie aus steuerlichen Gründen nicht erforderlich ist. ④ Die Nutzfläche ist in sinngemäßer Anwendung der Verordnung zur Berechnung der Wohnfläche (Wohnflächenverordnung – WoFlV) vom 25. 11. 2003 (BGBl. I S. 2346)[2] in der jeweils geltenden Fassung zu ermitteln. **80**

[1] Abgedruckt im „Handbuch Erbschaftsteuer und Bewertung 2022“ als Anlage a zu Abschn. 3 BewRGr (§ 68 BewG).
[2] Abgedruckt im Anhang **I** Nr. **1 a.**

R 4.2 (7)
81

Grundstücke und Grundstücksteile als notwendiges Betriebsvermögen[1]

(7) ① Grundstücke und Grundstücksteile, die ausschließlich und unmittelbar für eigenbetriebliche Zwecke des Stpfl. genutzt werden, gehören regelmäßig zum notwendigen Betriebsvermögen. ② Wird ein Teil eines Gebäudes eigenbetrieblich genutzt, gehört der zum Gebäude gehörende Grund und Boden anteilig zum notwendigen Betriebsvermögen; in welchem Umfang der Grund und Boden anteilig zum Betriebsvermögen gehört, ist unter Berücksichtigung der Verhältnisse des Einzelfalles zu ermitteln.

H 4.2 (7)
82

Anteilige Zugehörigkeit des Grund und Bodens. Der Grund und Boden gehört grundsätzlich im Verhältnis der Zugehörigkeit des Gebäudes oder Gebäudeteils zum Betriebsvermögen (→ BFH vom 27. 1. 1977 – BStBl. II S. 388 und vom 12. 7. 1979 – BStBl. 1980 II S. 5).

Eigenaufwand für ein fremdes Wirtschaftsgut → H 4.7.

Ferienwohnung. Ferienwohnungen, die ein Stpfl. unter Einschaltung seines auf die Vermittlung von Immobilien, Mietverträgen und Verträgen über Ferienobjekte gerichteten Gewerbebetriebs vermietet, können zum notwendigen Betriebsvermögen des Gewerbebetriebs gehören (→ BFH vom 13. 11. 1996 – BStBl. 1997 II S. 247).

Land- und forstwirtschaftlicher Betrieb[2]

– Erwirbt ein Landwirt einen langfristig verpachteten landwirtschaftlichen Betrieb in der erkennbaren Absicht, die Bewirtschaftung dieses Betriebes alsbald zu übernehmen, entsteht vom Erwerb an notwendiges Betriebsvermögen, wenn der Bewirtschaftungswille sich auch in einem überschaubaren Zeitraum verwirklichen lässt (→ BFH vom 12. 9. 1991 – BStBl. 1992 II S. 134).
– Eine vom Verpächter hinzuerworbene landwirtschaftliche Nutzfläche wird notwendiges Betriebsvermögen des verpachteten Betriebs, wenn sie nach dem Erwerb in das Pachtverhältnis einbezogen wird, und zwar selbst dann, wenn sie im Zeitpunkt des Erwerbs noch anderweitig verpachtet war (→ BFH vom 24. 9. 1998 – BStBl. 1999 II S. 55 und vom 19. 12. 2019 – BStBl. 2021 II S. 427).
– Zum Vorliegen eines Forstbetriebs oder Forstteilbetriebs und zur Betriebsvermögenseigenschaft von forstwirtschaftlichen Flächen → BFH vom 18. 5. 2018 (BStBl. I S. 689).[3]

Miteigentum. Gehört ein Grundstück nur teilweise dem Betriebsinhaber, kann es nur insoweit Betriebsvermögen sein, als es dem Betriebsinhaber gehört; das gilt auch dann, wenn ein Grundstück Ehegatten gemeinsam gehört (→ BFH vom 23. 11. 1995 – BStBl. 1996 II S. 193).

Rettung einer betrieblichen Forderung. Ein Grundstück, das zur Rettung einer betrieblichen Forderung ersteigert wird, ist notwendiges Betriebsvermögen (→ BFH vom 11. 11. 1987 – BStBl. 1988 II S. 424).

Umlegungsverfahren. Die Betriebsvermögenseigenschaft eines in das Umlegungsverfahren eingebrachten Grundstücks setzt sich nur insoweit an dem zugeteilten Grundstück fort, als dieses in Erfüllung des Sollanspruchs gem. § 56 Abs. 1 Satz 1 BauGB zugeteilt wird. Die Zuordnung des den Sollanspruch übersteigenden ideellen Teils des Grundstücks zum Betriebs- oder Privatvermögen ist eigenständig nach den allgemeinen Grundsätzen zu beurteilen (→ BFH vom 23. 9. 2009 – BStBl. 2010 II S. 270).

Vermietung an Arbeitnehmer. Grundstücke, die an Arbeitnehmer vermietet werden, sind notwendiges Betriebsvermögen des Arbeitgebers, wenn für die Vermietung gerade an Arbeitnehmer betriebliche Gründe maßgebend waren (→ BFH vom 1. 12. 1976 – BStBl. 1977 II S. 315).

Zeitpunkt der erstmaligen Zugehörigkeit zum Betriebsvermögen. Eigenbetrieblich genutzte Grundstücke und Grundstücksteile sind ab ihrer endgültigen Funktionszuweisung notwendiges Betriebsvermögen, auch wenn der konkrete Einsatz im Betrieb erst in der Zukunft liegt; das gilt auch dann, wenn es an einer Willenserklärung des Stpfl. oder eines Ausweises in der Buchführung und in den Bilanzen fehlt (→ BFH vom 6. 3. 1991 – BStBl. II S. 829).

R 4.2 (8)
83

Grundstücksteile von untergeordnetem Wert

(8) ① Eigenbetrieblich genutzte Grundstücksteile brauchen nicht als Betriebsvermögen behandelt zu werden, wenn ihr Wert nicht mehr als ein Fünftel des gemeinen Werts des gesamten Grundstücks und nicht mehr als 20 500 Euro beträgt (§ 8 EStDV). ② Dabei ist auf den Wert des Gebäudeteiles zuzüglich des dazugehörenden Grund und Bodens abzustellen. ③ Bei der Prüfung, ob der Wert eines Grundstücksteiles mehr als ein Fünftel des Werts des ganzen Grundstücks beträgt, ist in der Regel das Verhältnis der Nutzflächen zueinander zugrunde zu legen. ④ Ein Grundstücksteil ist mehr als 20 500 Euro wert, wenn der Teil des gemeinen Werts des ganzen Grundstücks, der nach dem Verhältnis der Nutzflächen zueinander auf den Grundstücksteil entfällt, 20 500 Euro übersteigt. ⑤ Führt der Ansatz der Nutzflächen zu einem unangemessenen Wertverhältnis der beiden Grundstücksteile, ist bei ihrer Wertermittlung anstelle der Nutzflächen der Rauminhalt oder ein anderer im Einzelfall zu einem angemessenen Ergebnis führender Maßstab zugrunde zu legen. ⑥ Sind → Zubehörräume (Nebenräume) vorhanden, kann der Stpfl. die Aufteilung auch nach dem Verhältnis der Haupträume vornehmen. ⑦ Beträgt der Wert eines

[1] Die Zuordnung unbebauter Grundstücke zum notwendigen Betriebs- oder Privatvermögen richtet sich nach dem nach außen erkennbaren Nutzungswillen des Steuerpflichtigen. *BFH-Beschluss vom 5. 3. 2002 IV B 22/01 (BStBl. II S. 690).*
[2] Siehe auch *BFH-Urteil vom 17. 6. 1993 IV R 110/91 (BStBl. II S. 752).*
[3] Abgedruckt als Anlage d zu H 13.3.

eigenbetrieblich genutzten Grundstücksteiles nicht mehr als ein Fünftel des gesamten Grundstückswerts und nicht mehr als 20 500 Euro, besteht ein Wahlrecht, den Grundstücksteil weiterhin als Betriebsvermögen zu behandeln oder zum Teilwert zu entnehmen. ⑧ Zur Berücksichtigung von Betriebsausgaben, wenn der Grundstücksteil zu Recht nicht als Betriebsvermögen behandelt wird → R 4.7 Abs. 2 Satz 4.

Einlage des Grundstücksteils im Zeitpunkt des Überschreitens der absoluten Wertgrenze → BFH vom 21. 7. 1967 (BStBl. III S. 752). H 4.2 (8) **83a**

Zubehörräume

- i. S. d. § 2 Abs. 3 Nr. 1 WoFlV[1] brauchen in die Berechnung des eigenbetrieblich genutzten Anteils nicht einbezogen zu werden (→ BFH vom 21. 2. 1990 – BStBl. II S. 578);
- → H 4.7 (Nebenräume).

Grundstücke und Grundstücksteile als gewillkürtes Betriebsvermögen[2] R 4.2 (9)

(9) ① Grundstücke oder Grundstücksteile, die nicht eigenbetrieblich genutzt werden und weder eigenen Wohnzwecken dienen, noch Dritten zu Wohnzwecken unentgeltlich überlassen sind, sondern z. B. zu Wohnzwecken oder zur gewerblichen Nutzung an Dritte vermietet sind, können als gewillkürtes Betriebsvermögen behandelt werden, wenn die Grundstücke oder die Grundstücksteile in einem gewissen objektiven Zusammenhang mit dem Betrieb stehen und ihn zu fördern bestimmt und geeignet sind. ② Wegen dieser Voraussetzungen bestehen für den Ansatz von Wirtschaftsgütern als gewillkürtes Betriebsvermögen Einschränkungen, die sich nicht nur aus den Besonderheiten des einzelnen Betriebs, sondern auch aus der jeweiligen Einkunftsart ergeben können. ③ Daher können Land- und Forstwirte Mietwohn- und Geschäftshäuser, die sie auf zugekauftem, bisher nicht zum Betriebsvermögen gehörenden Grund und Boden errichtet oder einschließlich Grund und Boden erworben haben, regelmäßig nicht als Betriebsvermögen behandeln. ④ Dagegen kann ein Land- und Forstwirt, der sein bisher land- und forstwirtschaftlich genutztes Grundstück bebaut und das Gebäude an Betriebsfremde vermietet, dieses als gewillkürtes Betriebsvermögen behandeln, wenn dadurch das Gesamtbild der land- und forstwirtschaftlichen Tätigkeit nicht wesentlich verändert wird. ⑤ In Grenzfällen hat der Stpfl. darzutun, welche Beziehung das Grundstück oder der Grundstücksteil zu seinem Betrieb hat und welche → vernünftigen wirtschaftlichen Überlegungen ihn veranlasst haben, das Grundstück oder den Grundstücksteil als gewillkürtes Betriebsvermögen zu behandeln. ⑥ Wird ein Gebäude oder ein Gebäudeteil als gewillkürtes Betriebsvermögen behandelt, gehört auch der dazugehörende Grund und Boden zum Betriebsvermögen. **84**

Beispiele für zulässigerweise gebildetes gewillkürtes Betriebsvermögen: H 4.2 (9)

- Ein von einem freiberuflich Tätigen zur künftigen Betriebserweiterung erworbenes Grundstück kann gewillkürtes Betriebsvermögen sein (→ BFH vom 15. 4. 1981 – BStBl. II S. 618). **85**
- Ein Gewerbetreibender kann in der Regel Grundstücke, die nicht zum notwendigen Privatvermögen gehören, z. B. Mietwohngrundstücke, als Betriebsvermögen behandeln, es sei denn, dass dadurch das Gesamtbild der gewerblichen Tätigkeit so verändert wird, dass es den Charakter einer Vermögensnutzung im nichtgewerblichen Bereich erhält (→ BFH vom 10. 12. 1964 – BStBl. 1965 III S. 377).

Besonderheiten bei land- und forstwirtschaftlichen Betrieben[3]

- Für die Willkürung eines Wirtschaftsguts muss es in Bezug auf die betreffende land- und forstwirtschaftliche Tätigkeit von der Sache oder vom Gegenstand her objektiv geeignet sein, den land- und forstwirtschaftlichen Betrieb zu fördern; es muss in einem gewissen objektiven Zusammenhang mit dem Betrieb stehen. Gewillkürtes Betriebsvermögen in der Land- und Forstwirtschaft können nur verpachtete land- und forstwirtschaftlich genutzte Grundstücke und alle Wirtschaftsgüter sein, deren Nutzung innerhalb der Land- und Forstwirtschaft möglich ist (→ aber R 4.2 Abs. 9 Satz 4). Wirtschaftsgüter, die dem Betrieb der Land- und Forstwirtschaft wesensfremd sind und denen eine sachliche Beziehung zum Betrieb fehlt, können auch nicht im Wege der Willkürung zum Betriebsvermögen werden (→ BFH vom 28. 10. 1982 – BStBl. 1983 II S. 106).
- Werden bisher zum notwendigen Betriebsvermögen gehörende Grundstücke entgeltlich zu fremden Wohn- oder Geschäftszwecken genutzt und so umgestaltet, dass sie einer land- und forstwirtschaftlichen Nutzung nicht mehr zugeführt werden können, wird das Gesamtbild der land- und forstwirtschaftlichen Tätigkeit nicht wesentlich verändert, wenn der Umfang dieser Grundstücke nicht mehr als 10% der Gesamtfläche des Betriebs beträgt (→ BFH vom 24. 3. 2011 – BStBl. II S. 692 bei Bestellung von Erbbaurechten zur Errichtung von Wohngebäuden; → BFH vom 22. 8. 2002 – BStBl. 2003 II S. 16 bei Bebauung und Vermietung). Ist die Geringfügigkeitsgrenze von 10% überschritten, kommt es für das Vorliegen einer Entnahme regelmäßig nicht auf einen Vergleich der Erträge aus der Vermögensverwaltung und der Land-

[1] Abgedruckt im Anhang **I** Nr. **1 a**.

[2] Zu einer teilweise betrieblich genutzten Doppelgarage siehe *BFH-Urteil vom 10. 10. 2017 X R 1/16 (BStBl. 2018 II S. 181) und Kurzinformation OFD Nordrhein-Westfalen vom 1.1.2020 Nr. 01/2020 (DStR S. 1130).*

[3] Zu ertragsteuerlichen Fragen bei Errichtung und Betrieb eines Golfplatzes auf bisher land- und forstwirtschaftlich genutzten Grundstücken siehe *Vfg. BayLfSt vom 5. 12. 2007 S 2134 – 17 St 32/St 33 (BeckVerw 107275).*

und Forstwirtschaft oder auf die Anwendung anderer Abgrenzungskriterien an (→ BFH vom 31. 3. 2021 – BStBl. II 2022 S. 312).

Gewillkürtes Sonderbetriebsvermögen → H 4.2 (12).

Nachweis der Zuordnung zum gewillkürten Betriebsvermögen. Die Zuordnung eines Wirtschaftsguts zum gewillkürten Betriebsvermögen ist unmissverständlich in einer solchen Weise zu dokumentieren, dass ein sachverständiger Dritter ohne weitere Erklärung des Stpfl. die Zugehörigkeit des Wirtschaftsguts zum Betriebsvermögen erkennen kann (→ BFH vom 2. 10. 2003 – BStBl. 2004 II S. 985 und BMF vom 17. 11. 2004 – BStBl. I S. 1064).[1]

Umlegungsverfahren → H 4.2 (7).

Verlustbringende Grundstücke und Grundstücksteile → H 4.2 (1) Wirtschaftsgut (Verlustbringende Wirtschaftsgüter).

Vernünftige wirtschaftliche Überlegungen für die Behandlung als gewillkürtes Betriebsvermögen
Darlegungspflicht durch den Stpfl.
– → BFH vom 22. 11. 1960 (BStBl. 1961 III S. 97) zum Fall eines Bäckermeisters.
– → BFH vom 1. 12. 1960 (BStBl. 1961 III S. 154) zum Fall einer Rechtsanwalts- und Notarpraxis.

Anl zu H 4.2 (9)

Schreiben betr. Bildung gewillkürten Betriebsvermögens bei der Gewinnermittlung nach § 4 Abs. 3 EStG; BFH-Urteil vom 2. Oktober 2003 – IV R 13/03 –

Vom 17. November 2004 (BStBl. I S. 1064)

(BMF IV B 2 – S 2134 – 2/04)

85a **1** Mit Urteil vom 2. Oktober 2003 (BStBl. 2004 II S. 985) hat der BFH entschieden, dass die Bildung gewillkürten Betriebsvermögens entgegen *R 13 Abs. 16 EStR 2003*[2] auch bei einer Gewinnermittlung durch Einnahmenüberschussrechnung (§ 4 Abs. 3 EStG) möglich ist. Die Zuordnung eines gemischt genutzten Wirtschaftsguts zum gewillkürten Betriebsvermögen scheidet aber aus, wenn das Wirtschaftsgut nur in geringfügigem Umfang, d. h. zu weniger als 10 v. H., betrieblich genutzt wird. Der Nachweis der Zuordnung zum gewillkürten Betriebsvermögen ist in unmissverständlicher Weise durch entsprechende zeitnah erstellte Aufzeichnungen zu erbringen. Ein sachverständiger Dritter, z. B. ein Betriebsprüfer, muss daher ohne eine weitere Erklärung des Steuerpflichtigen die Zugehörigkeit des erworbenen oder eingelegten Wirtschaftsguts zum Betriebsvermögen erkennen können.

2 Nach dem Ergebnis der Erörterung mit den obersten Finanzbehörden der Länder gelten folgende Grundsätze:

3 Der Steuerpflichtige trägt für die Zuordnung eines Wirtschaftsguts zum gewillkürten Betriebsvermögen die Beweislast. Er hat die Zuordnung sowie den Zeitpunkt der Zuordnung nachzuweisen. Hierfür hat er entsprechende Beweisvorsorge zu treffen. Zweifel gehen zu seinen Lasten. Eine rückwirkende Zuordnung zum gewillkürten Betriebsvermögen scheidet aus.

4 Als Nachweis ausreichend ist die zeitnahe Aufnahme in ein laufend zu führendes Bestandsverzeichnis oder vergleichbare Aufzeichnungen. Die Aufzeichnung hat dabei in einer Form zu erfolgen, die Zweifel in Bezug auf die Zuordnung eines Wirtschaftsguts zum gewillkürten Betriebsvermögen sowie deren Zeitpunkt ausschließt. Der Nachweis kann auch in anderer Weise geführt werden, z. B. durch eine zeitnahe schriftliche Erklärung gegenüber dem zuständigen Finanzamt. Der Behandlung von Einnahmen und Ausgaben im Zusammenhang mit dem Wirtschaftsgut als Betriebseinnahmen und Betriebsausgaben kommt bei der Zuordnungsentscheidung Indizwirkung zu.

5 Die Aufzeichnungen haben zeitnah, spätestens bis zum Ende des Veranlagungszeitraumes zu erfolgen. Bei einer späteren Aufzeichnung, z. B. nach Ablauf des Veranlagungszeitraums im Rahmen der Erstellung der Einnahmenüberschussrechnung, ist die Zuordnung zum gewillkürten Betriebsvermögen erst zum Zeitpunkt des Eingangs der Einnahmenüberschussrechnung beim zuständigen Finanzamt anzuerkennen, es sei denn, der Steuerpflichtige kann auf andere Art und Weise einen früheren Zuordnungszeitpunkt nachweisen.

6 Die Unterlagen, aus denen sich der Nachweis sowie der Zeitpunkt der Zuführung eines Wirtschaftsgutes zum gewillkürten Betriebsvermögen ergeben, sind mit der Einnahmenüberschussrechnung beim Finanzamt einzureichen. Werden keine geeigneten Unterlagen zum Nachweis der Zuordnung eines Wirtschaftsguts zum gewillkürten Betriebsvermögen vorgelegt und ist die Zuordnung nicht durch andere Angaben belegt worden, ist die Zuordnung des Wirtschaftsgutes zum gewillkürten Betriebsvermögen erst zum Zeitpunkt des Eingangs der Einnahmenüberschussrechnung beim zuständigen Finanzamt anzuerkennen.

7 Diese Grundsätze sind in allen noch nicht bestandskräftigen Fällen anzuwenden.

R 4.2 (10)

Einheitliche Behandlung des Grundstücks

86 (10) ① Auch wenn ein Grundstück zu mehr als der Hälfte die Voraussetzungen für die Behandlung als Betriebsvermögen (→ Absätze 7 und 9) erfüllt, können weitere Grundstücksteile, bei denen die Voraussetzungen des Absatzes 9 nicht vorliegen, nicht als Betriebsvermögen behandelt werden; Ausnahmen gelten für Baudenkmale bei den Einkünften aus Land- und Forstwirtschaft (§ 13 Abs. 2 Nr. 2 und Abs. 4 EStG). ② Soweit das Grundstück bzw. Gebäude vor

[1] Nachstehend abgedruckt.
[2] Siehe nunmehr aber R 4.2 Abs. 1 EStR.

dem 1. 1. 1999 angeschafft, hergestellt oder eingelegt worden ist, gelten die Anweisungen in R 13 Abs. 10 Sätze 1, 3 und 4 EStR 1999 weiter.

Grundstücke und Grundstücksteile im Gesamthandsvermögen einer Personengesellschaft R 4.2 (11)

88 (11) ① Gehört ein Grundstück zum **Gesamthandsvermögen** der Mitunternehmer einer Personengesellschaft, gehört es grundsätzlich zum notwendigen Betriebsvermögen. ② Dies gilt auch dann, wenn bei der Einbringung des Grundstücks oder Grundstücksteiles in das Betriebsvermögen der Personengesellschaft vereinbart worden ist, dass Gewinne und Verluste aus dem Grundstück oder Grundstücksteil ausschließlich dem einbringenden Gesellschafter zugerechnet werden. ③ Dient ein im Gesamthandseigentum der Gesellschafter einer Personengesellschaft stehendes Grundstück teilweise der privaten Lebensführung eines, mehrerer oder aller Mitunternehmer der Gesellschaft, braucht der andere Grundstücksteil nicht als Betriebsvermögen behandelt zu werden, wenn für diesen Grundstücksteil die Grenzen des § 8 EStDV nicht überschritten sind; Absatz 8 Satz 2 ff. ist entsprechend anzuwenden.

Ausnahme bei privater Nutzung H 4.2 (11)

88a
- Ein zum Gesamthandsvermögen gehörendes Wirtschaftsgut kann nicht Betriebsvermögen sein, wenn es ausschließlich oder fast ausschließlich der privaten Lebensführung eines, mehrerer oder aller Mitunternehmer der Gesellschaft dient. Deshalb ist z. B. ein zum Gesamthandsvermögen gehörendes Einfamilienhaus, das unentgeltlich von einem Gesellschafter nicht nur vorübergehend für eigene Wohnzwecke genutzt wird, steuerlich nicht Betriebsvermögen der Personengesellschaft. Dann handelt es sich um notwendiges Privatvermögen der Gesellschafter (→ BFH vom 16. 3. 1983 – BStBl. II S. 459),
- → H 4.7 (Teilentgeltliche Überlassung).

Grundstücke und Grundstücksteile im Sonderbetriebsvermögen R 4.2 (12)

89 (12) ① Grundstücke oder Grundstücksteile, die nicht Gesamthandsvermögen der Mitunternehmer der Personengesellschaft sind, sondern einem, mehreren oder allen Mitunternehmern gehören, aber dem Betrieb der Personengesellschaft ausschließlich und unmittelbar dienen, sind als Sonderbetriebsvermögen notwendiges Betriebsvermögen der Personengesellschaft. ② Dient ein Grundstück dem Betrieb der Personengesellschaft nur zum Teil, sind die den Mitunternehmern zuzurechnenden Grundstücksteile lediglich mit ihrem betrieblich genutzten Teil notwendiges Sonderbetriebsvermögen. ③ Betrieblich genutzte Grundstücksteile, die im Verhältnis zum Wert des ganzen Grundstücks – nicht im Verhältnis zum Wert des Grundstücksteiles des Gesellschafters – von untergeordnetem Wert sind (→ § 8 EStDV), brauchen nicht als Sonderbetriebsvermögen behandelt zu werden. ④ Jeder Mitunternehmer kann dieses Wahlrecht ausüben; sind mehrere Gesellschafter zugleich Eigentümer dieses Grundstücks, braucht das Wahlrecht nicht einheitlich ausgeübt zu werden. ⑤ Absatz 8 Satz 2 ff. ist entsprechend anzuwenden.

Angehörige eines Gesellschafters. Eine Wohnung, die an den im Einzelunternehmen tätigen Sohn eines Einzelunternehmers zu Wohnzwecken vermietet ist, bleibt bei Einbringung des Unternehmens in eine KG (Sonder-)Betriebsvermögen, wenn das Gebäude weiterhin als (Sonder-)Betriebsvermögen bilanziert wird und objektive Merkmale fehlen, die darauf schließen lassen, dass eine spätere Verwendung als Werkswohngebäude ausgeschlossen erscheint (→ BFH vom 11. 10. 1979 – BStBl. 1980 II S. 40). H 4.2 (12) 90

Gewillkürtes Sonderbetriebsvermögen
- Grundstücke oder Grundstücksteile im **Allein- oder Miteigentum** eines oder mehrerer Mitunternehmer können gewillkürtes Sonderbetriebsvermögen dieser Mitunternehmer sein (→ BFH vom 3. 12. 1964 – BStBl. 1965 III S. 92, vom 23. 7. 1975 – BStBl. 1976 II S. 180 und vom 21. 10. 1976 – BStBl. 1977 II S. 150).
- **Mietwohngrundstück** als gewillkürtes Sonderbetriebsvermögen eines Gesellschafters → BFH vom 17. 5. 1990 (BStBl. 1991 II S. 216).
- → R 4.2 Abs. 9.

Gütergemeinschaft. Wird eine im gemeinsamen Eigentum von Eheleuten stehende und im gemeinsamen land- und forstwirtschaftlichen Betrieb bewirtschaftete Forstfläche in das Alleineigentum eines Ehegatten übertragen, spricht eine tatsächliche Vermutung dafür, dass die bestehenden wirtschaftlichen Beziehungen aufrechterhalten bleiben und es sich nunmehr um Sonderbetriebsvermögen des Ehegatten, nicht aber um einen selbständigen Forstbetrieb handelt (→ BFH vom 16. 2. 1995 – BStBl. II S. 592).

Miteigentum von Nichtgesellschaftern. Zum notwendigen Sonderbetriebsvermögen einer Personengesellschaft sind die den Gesellschaftern zustehenden Anteile an einem Grundstück zu rechnen, das der Personengesellschaft dient, sich aber im Eigentum einer Gesamthandsgemeinschaft (z. B. Erbengemeinschaft) befindet, an der auch Nichtgesellschafter beteiligt sind (→ BFH vom 18. 3. 1958 – BStBl. III S. 262).

Notwendiges Sonderbetriebsvermögen
- Stellt ein Gesellschafter einer Personengesellschaft, deren Gesellschaftszweck in der **Errichtung und Vermarktung von Eigentumswohnungen im Bauherrenmodell** besteht, ein ihm gehörendes Grundstück für diese Zwecke zur Verfügung, ist das Grundstück dem notwendigen Sonderbetriebsvermögen zuzurechnen → BFH vom 19. 2. 1991 (BStBl. II S. 789).

- An die Personengesellschaft zur betrieblichen Nutzung **vermietete Grundstücke oder Grundstücksteile,** die im Eigentum eines oder mehrerer Gesellschafter stehen, sind notwendiges Sonderbetriebsvermögen → BFH vom 2. 12. 1982 (BStBl. 1983 II S. 215). Das gilt auch bei Weitervermietung des Grundstücks oder Grundstücksteils durch die Gesellschaft → BFH vom 23. 5. 1991 (BStBl. II S. 800).
- Zur Frage, ob bei einer mitunternehmerischen Betriebsaufspaltung oder bei der Vermietung an eine Schwester-Personengesellschaft notwendiges Sonderbetriebsvermögen vorliegt → BMF vom 28. 4. 1998 (BStBl. I S. 583).[1]

Überlassung zu Wohnzwecken. Ein Grundstück, das ein Gesellschafter einer Personengesellschaft einem anderen Gesellschafter für dessen Wohnzwecke unentgeltlich überlässt, ist notwendiges Privatvermögen (→ BFH vom 8. 2. 1996 – BStBl. II S. 308).

Untervermietung. Vermietet der Gesellschafter einer Personengesellschaft einem Dritten ein Grundstück, damit dieser es der Gesellschaft zur betrieblichen Nutzung überlässt, ist das Grundstück Sonderbetriebsvermögen des Gesellschafters (→ BFH vom 15. 1. 1981 – BStBl. II S. 314); das gilt auch

- wenn der Gesellschafter das Grundstück zu einem Zeitpunkt erworben und an den Dritten vermietet hat, in dem er noch nicht Gesellschafter war; das Grundstück wird dann in dem Zeitpunkt Sonderbetriebsvermögen, in dem er in die Gesellschaft eintritt (→ BFH vom 9. 9. 1993 – BStBl. 1994 II S. 250);
- in Bezug auf den Grund und Boden bei Bestellung eines Erbbaurechts zugunsten des Dritten, der das von ihm errichtete Gebäude der Gesellschaft überlässt (→ BFH vom 7. 4. 1994 – BStBl. II S. 796);
- für ein Grundstück, das der Gesellschafter einer Personengesellschaft an einen Dritten vermietet, damit dieser es der Gesellschaft im Rahmen eines Pachtvertrages zur Nutzung überlässt, selbst wenn der Mietvertrag langfristig, der Pachtvertrag jedoch (nur) auf unbestimmte Dauer abgeschlossen ist (→ BFH vom 24. 2. 2005 – BStBl. II S. 578).

R 4.2 (13)

Keine Bindung an die Einheitsbewertung oder Bedarfsbewertung

91 (13) Für die einkommensteuerrechtliche Behandlung von Grundstücken und Grundstücksteilen als Betriebsvermögen kommt es nicht darauf an, wie ein Grundstück bei der Einheitsbewertung oder Bedarfsbewertung behandelt worden ist.

R 4.2 (14)

Erweiterte Anwendung

92 (14) Die Absätze 7 bis 13 gelten entsprechend für das Wohnungseigentum und das Teileigentum i. S. d. WEG sowie für auf Grund eines Erbbaurechts errichtete Gebäude.

R 4.2 (15)

Verbindlichkeiten

93 (15) ① Mit der Entnahme eines fremdfinanzierten Wirtschaftsgutes des Anlagevermögens wird die zur Finanzierung des Wirtschaftsgutes aufgenommene betriebliche Schuld zu einer privaten Schuld. ② Umgekehrt wird mit der Einlage eines fremdfinanzierten Wirtschaftsgutes die zur Finanzierung des Wirtschaftsgutes aufgenommene private Schuld zu einer betrieblichen Schuld. ③ Wird ein betrieblich genutztes, fremdfinanziertes Wirtschaftsgut veräußert oder scheidet es aus der Vermögenssphäre des Stpfl. aus, wird die zur Finanzierung des Wirtschaftsgutes aufgenommene Schuld eine privat veranlasste Schuld, soweit der Veräußerungserlös oder eine andere für das Ausscheiden des Wirtschaftsgutes erhaltene Leistung entnommen wird.

H 4.2 (15)

Ablösung einer Schuld. Wird eine Schuld zur Ablösung einer bereits bestehenden Schuld aufgenommen, rechnet die neue Schuld nur insoweit zum Betriebsvermögen, als die abgelöste Schuld betrieblich veranlasst war (→ BFH vom 15. 11. 1990 – BStBl. 1991 II S. 226).

94 **Aufwandsbeiträge bei Franchiseverträgen.** Von Franchisenehmern in einen „gemeinsamen Werbeetat" eingezahlte und zum Bilanzstichtag noch nicht verbrauchte zweckgebundene Werbebeiträge sind beim Franchisegeber als sonstige Verbindlichkeiten auszuweisen und demgemäß erfolgsneutral zu behandeln (→ BFH vom 22. 8. 2007 – BStBl. 2008 II S. 284).

Betriebsaufgabe oder -veräußerung im Ganzen

- **Schulden,** die während des Bestehens des Betriebs entstanden sind, bleiben betrieblich veranlasst, wenn der Betrieb insgesamt veräußert oder aufgegeben wird und soweit der Veräußerungserlös oder die Verwertung von Aktivvermögen zur Tilgung einer zurückbehaltenen, ehemals betrieblichen Schuld nicht ausreichen (→ BFH vom 21. 11. 1989 – BStBl. 1990 II S. 213 und vom 12. 11. 1997 – BStBl. 1998 II S. 144). Wird der Veräußerungserlös nicht zur Tilgung der zurückbehaltenen Schuld verwendet, oder wird Aktivvermögen entnommen und dadurch einer Verwertung entzogen, mindert sich die betrieblich veranlasste Schuld um den Betrag des Veräußerungserlöses oder um den Verkehrswert des entnommenen Aktivvermögens (→ BFH vom 11. 12. 1980 – BStBl. 1981 II S. 463), es sei denn, mit dem Veräußerungserlös wird ein anderes Betriebsvermögen erworben. Die zurückbehaltene Schuld rechnet dann zu dem neu erworbenen Betriebsvermögen (→ BFH vom 7. 8. 1990 – BStBl. 1991 II S. 14). Werden die ins Privatvermögen überführten Wirtschaftsgüter im Rahmen einer anderen Einkunftsart genutzt, stehen die durch die ursprünglich betrieblichen Verbindlichkeiten ver-

[1] Abgedruckt als Anlage a zu H 15.8.

ursachten Schuldzinsen nun in wirtschaftlichem Zusammenhang mit dieser neuen Einkunftsart und können bei dieser ggf. als Betriebsausgaben oder Werbungskosten steuerlich geltend gemacht werden (→ BFH vom 28. 3. 2007 – BStBl. II S. 642). H 4.2 (15)

- **Zurückbehaltene Verbindlichkeiten** bleiben Betriebsschulden, soweit bei Aufgabe oder Veräußerung eines Betriebes der Verwertung von Aktivvermögen oder der Tilgung von Betriebsschulden Hindernisse entgegenstehen. Dies betrifft nur solche Verwertungshindernisse, die ihren Grund in der ursprünglich betrieblichen Sphäre haben. Nicht tilgbare frühere Betriebsschulden bleiben solange noch betrieblich veranlasst, bis ein etwaiges Verwertungshindernis entfallen ist (→ BFH vom 28. 3. 2007 – BStBl. II S. 642).
- Eine betrieblich veranlasste **Rentenverpflichtung** ist nach Betriebsaufgabe weiterhin als Betriebsschuld zu behandeln, wenn sie zwar durch die bei der Aufgabe erzielten Erlöse hätte abgelöst werden können, der Rentenberechtigte der Ablösung aber nicht zugestimmt hat (→ BFH vom 22. 9. 1999 – BStBl. 2000 II S. 120).
- Zahlt der Gesellschafter einer **Personengesellschaft** Zinsen für Verbindlichkeiten, die die Gesellschaft bei Aufgabe ihres Betriebs nicht getilgt hat, obwohl ihr bei ordnungsgemäßer Abwicklung ausreichende Mittel zur Verfügung gestanden hätten, kann er die Zinsen nicht als (nachträgliche) Betriebsausgaben abziehen. Das gilt auch für Zinsen auf Verbindlichkeiten, die einem Gesellschafter im wirtschaftlichen Zusammenhang mit seinem Sonderbetriebsvermögen entstanden sind, wenn er die Aktivwerte dieses Vermögens bei Beendigung seiner Mitunternehmerstellung nicht zur Tilgung der Verbindlichkeiten verwendet. Zahlt ein Gesellschafter aber Zinsen für fortbestehende Gesellschaftsverbindlichkeiten, so muss er sich nicht entgegenhalten lassen, dass er die Aktivwerte seines Sonderbetriebsvermögens zur Tilgung dieser Verbindlichkeiten hätte einsetzen können (→ BFH vom 13. 2. 1996 – BStBl. II S. 291).

Betriebsschuld

- Eine Verbindlichkeit gehört zum Betriebsvermögen, wenn sie durch den Betrieb veranlasst ist (Betriebsschuld). Für die Bestimmung des Veranlassungszusammenhangs ist allein die Verwendung der aufgenommenen Mittel ausschlaggebend. Eine für Betriebszwecke aufgenommene Verbindlichkeit ist unabhängig davon eine Betriebsschuld, ob der Stpfl. die fremdfinanzierten betrieblichen Aufwendungen auch durch eigene Mittel hätte bestreiten können oder ob der Betrieb über aktives Betriebsvermögen oder stille Reserven verfügt. Die betriebliche Veranlassung einer Verbindlichkeit wird nicht dadurch berührt, dass der betriebliche Fremdmittelbedarf auf Entnahmen beruht; → aber Finanzierung von Entnahmen. Eine Verbindlichkeit ist aber nicht deshalb eine Betriebsschuld, weil Eigenmittel für betriebliche Zwecke eingesetzt worden sind und aus diesem Grunde Fremdmittel für private Zwecke aufgenommen werden mussten; → Umschuldung Privatschuld in Betriebsschuld (→ BFH vom 8. 12. 1997 – BStBl. 1998 II S. 193).
- Werden die von einem Versicherungsmakler für Rechnung der Versicherungsgesellschaften vereinnahmten Versicherungsbeiträge (durchlaufende Posten) abredewidrig für private Zwecke verwendet und damit dessen Betriebsvermögen entzogen, werden zugleich die Auskehrungsverbindlichkeiten in Privatschulden umqualifiziert (→ BFH vom 15. 5. 2008 – BStBl. II S. 715).

Finanzierung von Entnahmen. Werden Fremdmittel nicht zur Finanzierung betrieblicher Aufwendungen, sondern tatsächlich zur Finanzierung einer Entnahme aufgenommen, liegt keine Betriebsschuld vor. Ein solcher Fall ist gegeben, wenn dem Betrieb keine entnahmefähigen Barmittel zur Verfügung stehen und die Entnahme erst dadurch möglich wird, dass Fremdmittel in das Unternehmen fließen. Unerheblich ist, ob die Fremdmittel einem betrieblichen Konto zufließen, von welchem zuvor wegen fehlender Barmittel mit schulderhöhender Wirkung aus privaten Gründen Beträge abgebucht wurden (→ BFH vom 8. 12. 1997 – BStBl. 1998 II S. 193).

Fortfall der Rentenverpflichtung. Der Wegfall einer zum Erwerb eines betrieblichen Grundstücks eingegangenen Rentenverpflichtung infolge des Todes des Rentenberechtigten führt zu ihrer erfolgswirksamen Ausbuchung in der Bilanz zum Ende des betreffenden Wj. Das gilt auch, wenn die Rentenverpflichtung in früheren Wj. im Rahmen einer Bilanzberichtigung erfolgsneutral eingebucht worden ist (→ BFH vom 26. 6. 1996 – BStBl. II S. 601).

Gemischt genutztes Grundstück. Wird durch einheitlichen Kaufvertrag ein gemischt genutztes Grundstück erworben und die Kaufpreisschuld teils mit Fremd-, teils mit Eigenmitteln beglichen, ohne dass eine Zuordnung der Finanzierungsmittel erfolgt, sind die Zinszahlungen nur im Verhältnis des betrieblich zum privat genutzten Anteil als Betriebsausgabe abziehbar. Keine vorrangige Tilgung des privat veranlassten Teils (→ BFH vom 7. 11. 1991 – BStBl. 1992 II S. 141). Im Falle einer Zuordnung der Finanzierungsmittel gelten die Grundsätze des BMF-Schreibens vom 16. 4. 2004 (BStBl. I S. 464)[1] entsprechend für Grundstücke, die teilweise betrieblich und privat genutzt werden.

Optionsprämie. Für die Verpflichtung des Veräußerers einer Option (Stillhalter), auf Verlangen des Optionsberechtigten innerhalb der Optionsfrist den Optionsgegenstand zu verkaufen oder zu kaufen (Call/Put-Option), ist eine Verbindlichkeit in Höhe der dafür vereinnahmten

[1] Abgedruckt als Anlage b zu R 21.2 EStR.

Prämie auszuweisen; die Verbindlichkeit ist erst bei Ausübung oder Verfall der Option auszubuchen. Für das die Höhe der Optionsprämie übersteigende Risiko darf nach § 5 Abs. 4a Satz 1 EStG keine Rückstellung für drohende Verluste gebildet werden (→ BMF vom 12. 1. 2004 – BStBl. I S. 192).

Passivierungsverbot nach § 5 Abs. 2 a EStG → H 5.1.

Rangrücktrittsvereinbarungen. Zur Passivierung von Verbindlichkeiten bei Vereinbarung eines einfachen oder qualifizierten Rangrücktritts → BMF vom 8. 9. 2006 (BStBl. I S. 497).[1]

Rückverkaufsoption. Zur bilanzsteuerrechtlichen Beurteilung der Rückverkaufsoption im Kfz-Handel → BMF vom 12. 10. 2011 (BStBl. I S. 967).[2]

Schadensersatz für GmbH-Verbindlichkeiten
- Wird der Gesellschafter einer vermögenslosen GmbH für deren Verbindlichkeiten im Wege des Durchgriffs in Anspruch genommen, sind die Verbindlichkeiten in seinem Einzelunternehmen Gewinn mindernd zu passivieren, wenn seine zum Ersatz verpflichtende Handlung dessen Betriebseinnahmen erhöhte (→ BFH vom 6. 3. 2003 – BStBl. II S. 658).
- → H 6.2 (Beteiligung an einer Kapitalgesellschaft).

Schuldzinsenabzug nach § 4 Abs. 4 a EStG
- → BMF vom 2. 11. 2018 (BStBl. I S. 1207),[3] unter Berücksichtigung der Änderungen durch BMF vom 18. 1. 2021 (BStBl. I S. 119) und vom 5. 11. 2021 (BStBl. I S. 2211),
- → BMF vom 12. 6. 2006 (BStBl. I S. 416) zur Berücksichtigung von vor dem 1. 1. 1999 entstandenen Unterentnahmen.

Sekundärfolgenrechtsprechung → H 4.7 (Schuldzinsen).

Umsatzsteuer. Zu Unrecht ausgewiesene Umsatzsteuer ist, wenn keine Steuerhinterziehung vorliegt, in dem Jahr zu passivieren, in dem sie durch den Ausweis in der Rechnung entstanden ist (→ BFH vom 15. 3. 2012 – BStBl. II S. 719).

Umschuldung Privatschuld in Betriebsschuld. Werden Eigenmittel für betriebliche Zwecke und deshalb Fremdmittel für private Zwecke verwendet, begründet die Fremdmittelaufnahme keine Betriebsschuld. Ein privates Darlehen kann nicht durch eine bloße wirtschaftliche Umschuldung in eine Betriebsschuld umgewandelt werden. Werden aber im Betrieb erzielte Einnahmen zur Tilgung eines privaten Darlehens entnommen und wird deshalb ein neues Darlehen zur Finanzierung von betrieblichen Aufwendungen aufgenommen, stellt das neue Darlehen eine Betriebsschuld dar (→ BFH vom 8. 12. 1997 – BStBl. 1998 II S. 193).

Anl a zu R 4.2 (15)

a) Schreiben betr. betrieblicher Schuldzinsenabzug nach § 4 Absatz 4 a EStG

Vom 2. November 2018 (BStBl. I S. 1207)

(BMF IV C 6 – S 2144/07/10001 :007; DOK 2018/0223681)

Geändert durch BMF-Schreiben vom 18. 1. 2021 (BStBl. I S. 119) und durch BMF-Schreiben vom 5. 11. 2021 (BStBl. I S. 2211)

Bezug: BMF-Schreiben vom 17. November 2005 (BStBl. I S. 1019), vom 7. Mai 2008 (BStBl. I S. 588) und vom 18. Februar 2013 (BStBl. I S. 197); BFH-Urteil vom 14. März 2018 (BStBl. II S. 744)

Im Einvernehmen mit den obersten Finanzbehörden der Länder gilt zur Einschränkung des Abzugs von Schuldzinsen nach § 4 Absatz 4 a EStG Folgendes:

Übersicht

95 **1** Der Regelung unterliegen nur Schuldzinsen, die betrieblich veranlasst sind. Dies erfordert im Hinblick auf die steuerliche Abziehbarkeit eine zweistufige Prüfung. In einem ersten Schritt ist zu ermitteln, ob und inwieweit Schuldzinsen zu den betrieblich veranlassten Aufwendungen gehören. In einem zweiten Schritt muss geprüft werden, ob der Betriebsausgabenabzug im Hinblick auf Überentnahmen eingeschränkt ist.

---

[1] Nachstehend abgedruckt als Anlage c zu R 4.2 (15).

[2] Nachstehend abgedruckt als Anlage d zu R 4.2 (15). Ergänzend siehe *Vfg. BayLfSt vom 13. 8. 2014 S 2137.1.1 – 4/5 St 32 (DStR S. 2077).*

[3] Nachstehend abgedruckt als Anlage a zu R 4.2 (15).

Anl a zu R 4.2 (15)

I. Betrieblich veranlasste Schuldzinsen

96

2 Die betriebliche Veranlassung von Schuldzinsen bestimmt sich nach den vom BFH entwickelten Grundsätzen. Insbesondere die Rechtsgrundsätze in den BFH-Beschlüssen vom 4. Juli 1990 (BStBl. II S. 817) und vom 8. Dezember 1997 (BStBl. 1998 II S. 193) sowie in den BFH-Urteilen vom 4. März 1998 (BStBl. II S. 511) und vom 19. März 1998 (BStBl. II S. 513) sind weiter anzuwenden. Danach sind Schuldzinsen anhand des tatsächlichen Verwendungszwecks der Darlehensmittel der Erwerbs- oder Privatsphäre zuzuordnen.

3 Darlehen zur Finanzierung außerbetrieblicher Zwecke, insbesondere zur Finanzierung von Entnahmen, sind nicht betrieblich veranlasst. Unterhält der Steuerpflichtige für den betrieblich und den privat veranlassten Zahlungsverkehr ein einheitliches – gemischtes – Kontokorrentkonto, ist für die Ermittlung der als Betriebsausgaben abziehbaren Schuldzinsen der Sollsaldo grundsätzlich aufzuteilen. Das anzuwendende Verfahren bei der Aufteilung ergibt sich aus Rdnrn. 11 bis 18 des BMF-Schreibens vom 10. November 1993 (BStBl. I S. 930).[1]

4 Dem Steuerpflichtigen steht es frei, zunächst dem Betrieb Barmittel ohne Begrenzung auf einen Zahlungsmittelüberschuss zu entnehmen und im Anschluss hieran betriebliche Aufwendungen durch Darlehen zu finanzieren (sog. Zwei-Konten-Modell). Wird allerdings ein Darlehen nicht zur Finanzierung betrieblicher Aufwendungen, sondern tatsächlich zur Finanzierung einer Entnahme verwendet, ist dieses Darlehen außerbetrieblich veranlasst. Ein solcher Fall ist dann gegeben, wenn dem Betrieb keine entnahmefähigen Barmittel zur Verfügung stehen und die Entnahme von Barmitteln erst dadurch möglich wird, dass Darlehensmittel in den Betrieb fließen.

Beispiel 1:

5 Der Steuerpflichtige unterhält ein Betriebsausgabenkonto, das einen Schuldsaldo von 100 000 € aufweist. Auf dem Betriebseinnahmenkonto besteht ein Guthaben von 50 000 €; hiervon entnimmt der Steuerpflichtige 40 000 €.

Die Schuldzinsen auf dem Betriebsausgabenkonto sind in vollem Umfang betrieblich veranlasst.

Beispiel 2:

6 Der Steuerpflichtige unterhält ein einziges betriebliches Girokonto, über das Einnahmen wie Ausgaben gebucht werden. Dieses Konto weist zum Zeitpunkt der Geldentnahme einen Schuldsaldo in Höhe von 50 000 € aus, der unstreitig betrieblich veranlasst ist. Durch die privat veranlasste Erhöhung des Schuldsaldos um 40 000 € auf 90 000 € ergeben sich höhere Schuldzinsen.

Durch Anwendung der Zinszahlenstaffelmethode muss der privat veranlasste Anteil der Schuldzinsen ermittelt werden. Die privat veranlasste Erhöhung des Schuldsaldos von 40 000 € führt nicht bereits zu einer Entnahme von zum Betriebsvermögen gehörenden Wirtschaftsgütern und ist daher nicht bei der Ermittlung der Entnahmen i. S. d. § 4 Absatz 4 a EStG zu berücksichtigen.

Eine Entnahme i. S. d. § 4 Absatz 4 a Satz 2 EStG liegt erst in dem Zeitpunkt vor, in dem der privat veranlasste Teil des Schuldsaldos durch eingehende Betriebseinnahmen getilgt wird, weil insoweit betriebliche Mittel zur Tilgung einer privaten Schuld verwendet werden (BFH vom 3. März 2011, BStBl. II S. 688). Aus Vereinfachungsgründen ist es jedoch nicht zu beanstanden, wenn der Steuerpflichtige schon die Erhöhung des Schuldsaldos aus privaten Gründen als Entnahme bucht und bei der Tilgung des privat veranlassten Schuldsaldos keine Entnahmebuchung mehr vornimmt.

Entsprechendes gilt, wenn der Steuerpflichtige zwei Konten unterhält und die privat veranlasste Erhöhung des Schuldsaldos durch betriebliche Zahlungseingänge oder durch Umbuchung vom Betriebseinnahmenkonto tilgt.

Beispiel 3:

7 Der Steuerpflichtige benötigt zur Anschaffung einer Motoryacht, die er zu Freizeitzwecken nutzen will, 100 000 €. Mangels ausreichender Liquidität in seinem Unternehmen kann er diesen Betrag nicht entnehmen. Er möchte auch sein bereits debitorisch geführtes betriebliches Girokonto hierdurch nicht weiter belasten. Daher nimmt er zur Verstärkung seines betrieblichen Girokontos einen „betrieblichen" Kredit auf und entnimmt von diesem den benötigten Betrag.

Das Darlehen ist privat veranlasst, da es tatsächlich zur Finanzierung einer Entnahme verwendet wird und dem Betrieb keine entnahmefähigen Barmittel zur Verfügung standen. Die auf das Darlehen entfallenden Schuldzinsen sind dem privaten Bereich zuzuordnen. Der Betrag von 100 000 € ist nicht bei der Ermittlung der Entnahmen i. S. d. § 4 Absatz 4 a EStG zu berücksichtigen.

II. Überentnahme (§ 4 Absatz 4 a Satz 2 EStG)

Begriffe Gewinn, Entnahme, Einlage

Der Abzug betrieblich veranlasster Schuldzinsen ist eingeschränkt, wenn Überentnahmen vorliegen. 97
Dies ist grundsätzlich der Fall, wenn die Entnahmen höher sind als die Summe aus Gewinn und Einlagen des Wirtschaftsjahres.

8[2] Die Regelung enthält zu den Begriffen Gewinn (BFH vom 7. März 2006, BStBl. II S. 588), Entnahme und Einlage keine von § 4 Absatz 1 EStG abweichenden Bestimmungen. Es gelten daher die allgemeinen Grundsätze. Der Begriff Gewinn umfasst auch einen Verlust (BFH vom 14. März 2018, BStBl. II S. 744). Für den Gewinnbegriff des § 4 Absatz 4 a EStG ist der Gewinn nach § 4 Absatz 1 EStG maßgeblich; außerbilanzielle Kürzungen und Hinzurechnungen wirken sich auf den Gewinn i. S. d. § 4 Absatz 4 a EStG nicht aus (vgl. BFH vom 3. Dezember 2019, BStBl. 2021 II S. 77). Hierbei ist auf den Gewinn des jeweiligen Betriebs

[1] Nachstehend abgedruckt.

[2] Rdnr. 8 Satz 4 neugefasst durch BMF-Schreiben vom 18. 1. 2021 (BStBl. I S. 119):
Danach sind außerbilanzielle Kürzungen und Hinzurechnungen u. a.:
- nicht abzugsfähige Gewerbesteuer samt Nebenleistung (§ 4 Abs. 5 b EStG)
- nach § 4 d Abs. 3, § 4 e Abs. 3 oder § 4 f EStG verteilte Betriebsausgaben
- abgezogene oder hinzugerechnete Investitionsabzugsbeträge nach § 7 g EStG
- steuerfreie Investitionszulage
- nicht abziehbare Betriebsausgaben i. S. d. § 4 Abs. 5 Satz 1 EStG
- Verteilung des Übergangsgewinns aus dem Wechsel der Gewinnermittlungsart nach R 4.6 Abs. 1 Satz 2 EStR.

Zur Anwendung siehe Rdnr. 46 Satz 5 ff.

Anl a zu R 4.2 (15)

abzustellen. Daher bleiben einheitlich und gesondert festgestellte Gewinn-/Verlustanteile aus im Betriebsvermögen gehaltenen Beteiligungen an Mitunternehmerschaften (z. B. bei doppelstöckigen Personengesellschaften) unberücksichtigt. Erst Auszahlungen aus Gewinnanteilen zwischen den verbundenen Mitunternehmerschaften sind wie Entnahmen oder Einlagen zu behandeln. Steuerfreie Gewinne gehören zum Gewinn. Bei steuerfreien Entnahmen (z. B. § 13 Absatz 4 und 5 EStG) ist grundsätzlich der sich aus § 6 Absatz 1 Nummer 4 EStG ergebende Wert anzusetzen. Aus Vereinfachungsgründen kann jedoch die Entnahme mit dem Buchwert angesetzt werden, wenn die darauf beruhende Gewinnerhöhung ebenfalls außer Ansatz bleibt. Dies gilt sinngemäß in den Fällen des § 55 Absatz 6 EStG.

9 Zum Gewinn gehört auch der Gewinn aus der Veräußerung oder Aufgabe eines Betriebes. Zu den Entnahmen gehören auch Überführungen von Wirtschaftsgütern des Betriebsvermögens in das Privatvermögen anlässlich einer Betriebsaufgabe sowie der Erlös aus der Veräußerung eines Betriebes, soweit er in das Privatvermögen überführt wird (siehe Anwendungsregelung Rdnr. 44). Verbleibt nach der Betriebsaufgabe oder Betriebsveräußerung im Ganzen noch eine Überentnahme, sind Schuldzinsen nur unter den Voraussetzungen des § 4 Absatz 4 a EStG als nachträgliche Betriebsausgaben zu berücksichtigen.

10 Die Überführung oder Übertragung von Wirtschaftsgütern aus einem Betriebsvermögen in ein anderes Betriebsvermögen ist als Entnahme aus dem abgebenden Betriebsvermögen und als Einlage in das aufnehmende Betriebsvermögen zu behandeln, auch wenn dieser Vorgang nach § 6 Absatz 5 EStG zu Buchwerten erfolgt.

11 Der unentgeltliche Übergang eines Betriebs oder eines Mitunternehmeranteils führt beim bisherigen Betriebsinhaber/Mitunternehmer nicht zu Entnahmen i. S. d. § 4 Absatz 4 a EStG und beim jeweiligen Rechtsnachfolger nicht zu Einlagen i. S. dieser Vorschrift. Die beim bisherigen Betriebsinhaber/Mitunternehmer entstandenen Über- oder Unterentnahmen sowie der kumulierte Entnahmenüberschuss (siehe Rdnr. 16) gehen auf den Rechtsnachfolger – ggf. anteilig – über (vgl. BFH vom 12. Dezember 2013, BStBl. 2014 II S. 316).

12 Die geänderte betriebsvermögensmäßige Zuordnung eines Wirtschaftsguts aufgrund des Bestehens einer Bilanzierungskonkurrenz stellt weder eine Entnahme beim abgebenden Betrieb noch eine Einlage beim aufnehmenden Betrieb i. S. d. § 4 Absatz 4 a EStG dar, wenn der Vorgang zum Buchwert stattgefunden hat (BFH vom 22. September 2011, BStBl. 2012 II S. 10).

Eine geänderte betriebsvermögensmäßige Zuordnung eines Wirtschaftsguts aufgrund des Bestehens einer Bilanzierungskonkurrenz im vorstehenden Sinne liegt u. a. vor, wenn:

a) ein Wirtschaftsgut nach Begründung einer mitunternehmerischen Betriebsaufspaltung einem anderen Betriebsvermögen zuzuordnen ist (BFH vom 22. September 2011, BStBl. 2012 II S. 10)

b) ein Wirtschaftsgut nach Verschmelzung einem anderen Betriebsvermögen zuzuordnen ist.

Beispiel 4:

Zum Betriebsvermögen der A-GmbH gehört eine fremdfinanzierte Beteiligung an der B-GmbH. Die B-GmbH ist ihrerseits an der C-KG als Kommanditistin beteiligt. Weiteres Betriebsvermögen hat die B-GmbH nicht. Die B-GmbH wird auf die A-GmbH verschmolzen, so dass die A-GmbH nunmehr unmittelbar an der C-KG beteiligt ist. Da die Beteiligung an der C-KG das einzige Betriebsvermögen der B-GmbH war, wird das Refinanzierungsdarlehen, das bisher bei der A-GmbH zu passivieren war, aufgrund des geänderten Finanzierungszusammenhangs nach § 6 Absatz 5 Satz 2 EStG zum Buchwert in das Sonderbetriebsvermögen der C-KG überführt.

13 Die kurzfristige Einlage von Geld stellt einen Missbrauch von Gestaltungsmöglichkeiten des Rechts dar, wenn sie allein dazu dient, die Hinzurechnung nicht abziehbarer Schuldzinsen zu umgehen (BFH vom 21. August 2012, BStBl. 2013 II S. 16).

14 Die ermittelte kumulierte Über- oder Unterentnahme und der kumulierte Entnahmenüberschuss (siehe Rdnr. 16) sind formlos festzuhalten.

Beispiel 5:

15 Der Betrieb des Steuerpflichtigen hat für das Wirtschaftsjahr 01 mit einem Verlust von 100 000 € abgeschlossen. Der Steuerpflichtige hat keine Entnahmen getätigt. Dem Betrieb wurden keine Einlagen zugeführt. Aus den vorangegangenen Wirtschaftsjahren stammt eine Unterentnahme von 10 000 €. Der kumulierte Entnahmenüberschuss des Vorjahres beträgt 75 000 € (Vorjahreswerte an kumulierte Entnahmen 350 000 € und an kumulierten Einlagen 275 000 €).

Berechnung der Überentnahme 01:

Entnahmen des Wirtschaftsjahres	0 €
– Einlagen des Wirtschaftsjahres	0 €
– Verlust des Wirtschaftsjahres	– 100 000 €
= Überentnahme des Wirtschaftsjahres	100 000 €
– Unterentnahme aus vorangegangenen Wirtschaftsjahren	10 000 €
= **kumulierte Überentnahme** (geht in die Berechnung des Folgejahres ein)	**90 000 €**

Berechnung des Entnahmenüberschusses 01:

Entnahmen des Wirtschaftsjahres	0 €
– Einlagen des Wirtschaftsjahres	0 €
– kumulierter Entnahmenüberschuss des Vorjahres	75 000 €
= **kumulierter Entnahmenüberschuss des Wirtschaftsjahres**	**75 000 €**

Die Überentnahme des Wirtschaftsjahres ist mit der Unterentnahme der Vorjahre zu verrechnen und bewirkt eine kumulierte Überentnahme in 01 i. H. v. 90 000 €; die Überentnahme ist aber auf den kumulierten Entnahmenüberschuss von 75 000 € zu begrenzen. In die Berechnung des Folgejahres geht als Vorjahreswert die Überentnahme mit dem Betrag von 90 000 € ein.

Im Folgejahr 02 ergibt sich ein Gewinn i. H. v. 10 000 €. Entnahmen und Einlagen werden nicht getätigt.

Berechnung der Überentnahme in 02:

Entnahmen des Wirtschaftsjahres	0 €
– Einlagen des Wirtschaftsjahres	0 €
– Gewinn des Wirtschaftsjahres	10 000 €
= Unterentnahme des Wirtschaftsjahres	10 000 €
– Überentnahme aus vorangegangenen Wirtschaftsjahren	90 000 €
= **kumulierte Überentnahme** (geht in die Berechnung des Folgejahres ein)	**80 000 €**

Berechnung des Entnahmenüberschusses in 02:

Entnahmen des Wirtschaftsjahres	0 €
– Einlagen des Wirtschaftsjahres	0 €
– kumulierter Entnahmenüberschuss des Vorjahres	75 000 €
= **kumulierter Entnahmenüberschuss des Wirtschaftsjahres**	**75 000 €**

Die Überentnahme des Vorjahres 01 i. H. v. 90 000 € ist fortzuschreiben und um die Unterentnahme des Wirtschaftsjahres 02 i. H. v. 10 000 € zu mindern. Dadurch ergibt sich eine Überentnahme in 02 von 80 000 €. Da in 02 keine Einlagen und Entnahmen getätigt wurden, beträgt der kumulierte Entnahmenüberschuss weiterhin 75 000 €. Die Bemessungsgrundlage für die Berechnung der nichtabziehbaren Schuldzinsen ist im Jahr 02 auf den kumulierten Entnahmenüberschuss von 75 000 € zu begrenzen.

III. Ermittlung des Hinzurechnungsbetrages (§ 4 Absatz 4 a Satz 3 und 4 EStG)

16 § 4 Absatz 4 a Satz 3 EStG bestimmt, dass die betrieblich veranlassten Schuldzinsen pauschal in Höhe von 6% der Überentnahme des Wirtschaftsjahres zuzüglich der verbliebenen Überentnahme oder abzüglich der verbliebenen Unterentnahme des vorangegangenen Wirtschaftsjahres (kumulierte Überentnahme) zu nicht abziehbaren Betriebsausgaben umqualifiziert werden. Die kumulierte Überentnahme ist auf den kumulierten Entnahmenüberschuss zu begrenzen. Der kumulierte Entnahmenüberschuss errechnet sich aus den Entnahmen der Totalperiode abzüglich der Einlagen der Totalperiode, d. h. seit der Betriebseröffnung, frühestens aber seit dem 1. Januar 1999 (BFH vom 14. März 2018, BStBl. II S. 744). Der pauschal ermittelte Betrag, höchstens jedoch der um 2050 € verminderte Betrag der im Wirtschaftsjahr angefallenen Schuldzinsen, ist nach § 4 Absatz 4 a Satz 4 EStG dem Gewinn hinzuzurechnen. **98**

Beispiel 6:

17 A hat seinen Betrieb am 1. Juni 02 mit einer Einlage von 50 000 € eröffnet. Er erwirtschaftete in 02 einen Verlust von 50 000 €. Entnahmen tätigte er in Höhe von 70 000 €. Betrieblich veranlasste Schuldzinsen – ohne Berücksichtigung von Zinsen für ein Investitionsdarlehen – fielen in Höhe von 15 000 € an.

Berechnung der Überentnahme:

Entnahmen des Wirtschaftsjahres	70 000 €
– Einlagen des Wirtschaftsjahres	50 000 €
– Verlust des Wirtschaftsjahres	– 50 000 €
= Überentnahme des Wirtschaftsjahres	70 000 €
(kein Vorjahreswert; Jahr der Betriebseröffnung)	
kumulierte Überentnahme (geht in die Berechnung des Folgejahres ein)	**70 000 €**

Berechnung des Entnahmenüberschusses

Entnahmen des Wirtschaftsjahres	70 000 €
– Einlagen des Wirtschaftsjahres	50 000 €
= **kumulierter Entnahmenüberschuss**	**20 000 €**

Ergebnis:

auf den kumulierten Entnahmenüberschuss begrenzte	
Überentnahme i. S. d. § 4 Abs. 4 a EStG	20 000 €
Berechnung des Hinzurechnungsbetrages:	
20 000 € × 6% =	1200 €
Berechnung des Höchstbetrages:	
Tatsächlich angefallene Schuldzinsen	15 000 €
./. Kürzungsbetrag	2050 €
	12 950 €

Da der Hinzurechnungsbetrag den Höchstbetrag nicht übersteigt, ist er in voller Höhe von 1200 € dem Gewinn hinzuzurechnen.

18[1] Bei der pauschalen Ermittlung des Hinzurechnungsbetrages handelt es sich lediglich um einen Berechnungsmodus, bei dem die unmittelbare und die mittelbare Gewinnauswirkung der Rechtsfolge nicht zu berücksichtigen ist (§ 4 Absatz 4 a Satz 3 2. Halbsatz EStG). Im Hinblick auf den Ansatz des Hinzurechnungsbetrags ist eine Neuberechnung der Gewerbesteuerrückstellung nicht erforderlich, aber auch nicht zu beanstanden.

19 Zu den im Wirtschaftsjahr angefallenen Schuldzinsen gehören alle Aufwendungen zur Erlangung wie Sicherung eines Kredits einschließlich der Nebenkosten der Darlehensaufnahme und der Geldbeschaffungskosten (BFH vom 1. Oktober 2002, BStBl. 2003 II S. 399). Nachzahlungs-, Aussetzungs- und Stundungszinsen im Sinne der Abgabenordnung sind ebenfalls in die nach § 4 Absatz 4 a EStG zu kürzenden Zinsen einzubeziehen.

20 Eine Überentnahme liegt auch vor, wenn sie sich lediglich aus Überentnahmen vorangegangener Wirtschaftsjahre ergibt (BFH vom 17. August 2010, BStBl. II S. 1041). Überentnahmen und Unter-

[1] Rn. 18 Satz 2 angefügt durch BMF-Schreiben vom 5. 11. 2021 (BStBl. I S. 2011).

Anl a zu R 4.2 (15)

entnahmen sind nicht nur zur Ermittlung der Berechnungsgrundlage für die hinzuzurechnenden Schuldzinsen, sondern auch zur Fortführung in den Folgejahren zu saldieren.

Beispiel 7:

21 Im Wirtschaftsjahr 02 ergibt sich eine Unterentnahme in Höhe von 50 000 €. Die Überentnahme des Wirtschaftsjahres 01 betrug 60 000 €.

Die Überentnahme für das Wirtschaftsjahr 02 berechnet sich wie folgt:

Unterentnahme Wirtschaftsjahr 02	./.	50 000 €
Überentnahme Wirtschaftsjahr 01	+	60 000 €
verbleibende Überentnahme	+	10 000 €

(Berechnungsgrundlage und im Folgejahr fortzuführen)

22 Der Kürzungsbetrag von höchstens 2050 € ist betriebsbezogen. Zur Anwendung bei Mitunternehmerschaften vgl. Rdnr. 27.

IV. Schuldzinsen aus Investitionsdarlehen (§ 4 Absatz 4 a Satz 5 EStG)

99 **23** Die Regelung nimmt Zinsen für Darlehen aus der Abzugsbeschränkung aus, wenn diese zur Finanzierung von Anschaffungs- oder Herstellungskosten betrieblicher Anlagegüter verwendet werden. Die Finanzierung von Umlaufvermögen, das im Rahmen der Betriebseröffnung erworben und fremdfinanziert wurde, ist nicht begünstigt (BFH vom 23. März 2011, BStBl. II S. 753). § 4 Absatz 4 a Satz 5 EStG umfasst auch Zinsen für die Finanzierung von Zinsen für Investitionsdarlehen (BFH vom 7. Juli 2016, BStBl. II S. 837).

24 Es ist nicht erforderlich, dass zur Finanzierung von Anschaffungs- oder Herstellungskosten von Wirtschaftsgütern des Anlagevermögens ein gesondertes Darlehen aufgenommen wird. Ob Schuldzinsen i. S. d. § 4 Absatz 4 a Satz 5 EStG für Darlehen zur Finanzierung von Anschaffungs- oder Herstellungskosten von Wirtschaftsgütern des Anlagevermögens vorliegen, ist ausschließlich nach der tatsächlichen Verwendung der Darlehensmittel zu bestimmen. Werden Darlehensmittel zunächst auf ein betriebliches Kontokorrentkonto überwiesen, von dem sodann die Anschaffungs- oder Herstellungskosten von Wirtschaftsgütern des Anlagevermögens bezahlt werden, oder wird zunächst das Kontokorrentkonto belastet und anschließend eine Umschuldung in ein Darlehen vorgenommen, kann ein Finanzierungszusammenhang mit den Anschaffungs- oder Herstellungskosten von Wirtschaftsgütern des Anlagevermögens nur angenommen werden, wenn ein enger zeitlicher und betragsmäßiger Zusammenhang zwischen der Belastung auf dem Kontokorrentkonto und der Darlehensaufnahme besteht. Dabei wird unwiderlegbar vermutet, dass die dem Kontokorrentkonto gutgeschriebenen Darlehensmittel zur Finanzierung der Anschaffungs- oder Herstellungskosten von Wirtschaftsgütern des Anlagevermögens verwendet werden, wenn diese innerhalb von 30 Tagen vor oder nach Auszahlung der Darlehensmittel tatsächlich über das entsprechende Kontokorrentkonto finanziert wurden. Beträgt der Zeitraum mehr als 30 Tage, muss der Steuerpflichtige den erforderlichen Finanzierungszusammenhang zwischen der Verwendung der Darlehensmittel und der Bezahlung der Anschaffungs- oder Herstellungskosten für die Wirtschaftsgüter des Anlagevermögens nachweisen. Eine Verwendung der Darlehensmittel zur Finanzierung von Anschaffungs- oder Herstellungskosten von Wirtschaftsgütern des Anlagevermögens scheidet aus, wenn die Anschaffungs- oder Herstellungskosten im Zeitpunkt der Verwendung der Darlehensmittel bereits abschließend finanziert waren und die erhaltenen Darlehensmittel lediglich das eingesetzte Eigenkapital wieder auffüllen (BFH vom 9. Februar 2010, BStBl. 2011 II S. 257).

25 Werden die Anschaffungs- oder Herstellungskosten von Wirtschaftsgütern des Anlagevermögens über ein Kontokorrentkonto finanziert und entsteht oder erhöht sich dadurch ein negativer Saldo des Kontokorrentkontos, sind die dadurch veranlassten Schuldzinsen gemäß § 4 Absatz 4 a Satz 5 EStG unbeschränkt als Betriebsausgaben abziehbar. Der Anteil der unbeschränkt abziehbaren Schuldzinsen ist dabei nach der Zinszahlenstaffelmethode oder durch Schätzung zu ermitteln. Entsprechend den Rdnrn. 11 bis 18 des BMF-Schreibens vom 10. November 1993 (BStBl. I S. 930) ist für die Ermittlung der als Betriebsausgaben abziehbaren Schuldzinsen der Sollsaldo des Kontokorrentkontos anhand der zugrunde liegenden Geschäftsvorfälle nach seiner Veranlassung aufzuteilen und sind die Sollsalden des betrieblichen Unterkontos zu ermitteln. Hierbei ist davon auszugehen, dass mit den eingehenden Betriebseinnahmen zunächst private Schuldenteile, dann die durch sonstige betriebliche Aufwendungen entstandenen Schuldenteile und zuletzt die durch die Investitionen entstandenen Schuldenteile getilgt werden.

26 Wird demgegenüber ein gesondertes Darlehen aufgenommen, mit dem teilweise Wirtschaftsgüter des Anlagevermögens finanziert, teilweise aber auch sonstiger betrieblicher Aufwand bezahlt wird, können die Schuldzinsen nach § 4 Absatz 4 a Satz 5 EStG – ungeachtet etwaiger Überentnahmen – als Betriebsausgaben abgezogen werden, soweit sie nachweislich auf die Anschaffungs- oder Herstellungskosten der Wirtschaftsgüter des Anlagevermögens entfallen. Der Steuerpflichtige ist hierfür nachweispflichtig.

V. Schuldzinsen bei Mitunternehmerschaften

100 **1. Gesellschafts-/Gesellschafterbezogene Betrachtungsweise**

27 Die Regelung des § 4 Absatz 4 a EStG ist eine betriebsbezogene Gewinnhinzurechnung. Der Hinzurechnungsbetrag ist daher auch für jede einzelne Mitunternehmerschaft zu ermitteln. Der Begriff der Überentnahme sowie die ihn bestimmenden Merkmale (Einlage, Entnahme, Gewinn und ggf. Verlust) ist dagegen gesellschafterbezogen auszulegen (BFH vom 29. März 2007, BStBl. 2008 II S. 420). Die Überentnahme bestimmt sich nach dem Anteil des einzelnen Mitunternehmers am Gesamtgewinn der Mitunternehmerschaft (Anteil am Gewinn oder Verlust aus dem Gesamthandsvermögen einschließlich

Ergänzungsbilanzen zuzüglich/abzüglich seines im Sonderbetriebsvermögen erzielten Ergebnisses) und der Höhe der individuellen Einlagen und Entnahmen (einschließlich Sonderbetriebsvermögen). Anl a zu R 4.2 (15)

28 Der Kürzungsbetrag nach § 4 Absatz 4 a Satz 4 EStG i. H. v. 2050 € ist gesellschaftsbezogen anzuwenden, d. h. er ist nicht mit der Anzahl der Mitunternehmer zu vervielfältigen. Er ist auf die einzelnen Mitunternehmer entsprechend ihrer Schuldzinsenquote aufzuteilen (BFH vom 29. März 2007, BStBl. 2008 II S. 420). Schuldzinsen i. S. d. § 4 Absatz 4 a Satz 5 EStG sind bei der Aufteilung des Kürzungsbetrages nach § 4 Absatz 4 a Satz 4 EStG nicht zu berücksichtigen.

Beispiel 8:

29 An der X-OHG sind A, B und C zu jeweils einem Drittel beteiligt. Weitere Abreden bestehen nicht. Im ersten Wirtschaftsjahr hat der Gewinn der OHG 120 000 € und haben die Schuldzinsen zur Finanzierung laufender Aufwendungen 10 000 € betragen. Die Entnahmen verteilen sich auf die Mitunternehmer wie folgt: B und C haben jeweils 80 000 € entnommen, während sich A auf eine Entnahme in Höhe von 20 000 € beschränkte. Einlagen wurden nicht getätigt.

Der Hinzurechnungsbetrag ist wie folgt zu ermitteln:

	A	B	C
Gewinnanteil	40 000	40 000	40 000
Entnahmen	20 000	80 000	80 000
Überentnahmen		40 000	40 000
Unterentnahmen	20 000		
(kumulierter) Entnahmenüberschuss	20 000	80 000	80 000
niedrigerer Betrag[1]	0	40 000	40 000
6%	0	2 400	2 400
anteilige Zinsen	3 334	3 333	3 333
Mindestabzug	684	683	683
Höchstbetrag	2 650	2 650	2 650
Hinzurechnungsbetrag	0	2 400	2 400

Bei den Mitunternehmern B und C sind Überentnahmen in Höhe von jeweils 40 000 € entstanden. Demzufolge können Schuldzinsen in Höhe von jeweils 2400 € (= 6% aus 40 000 €) nicht als Betriebsausgaben abgezogen werden. Hieraus ergibt sich ein korrigierter Gewinn der Mitunternehmerschaft in Höhe von 124 800 €, der den Mitunternehmern A i. H. v. 40 000 und den Mitunternehmern B und C zu jeweils 42 400 € zuzurechnen ist.

2. Schuldzinsen

2.1. Gewinnermittlung der Mitunternehmerschaft

30 Zinsaufwendungen werden nur einbezogen, wenn sie im Rahmen der Ermittlung des Gesamtgewinns als Betriebsausgaben berücksichtigt worden sind. Zinsen eines Darlehens des Mitunternehmers an die Gesellschaft i. S. d. § 15 Absatz 1 Satz 1 Nummer 2 2. Halbsatz EStG gleichen sich im Rahmen ihrer Gesamtgewinnauswirkung aus (Betriebsausgaben im Gesamthandsvermögen und Betriebseinnahmen im Sonderbetriebsvermögen); sie sind keine Schuldzinsen i. S. d. § 4 Absatz 4 a EStG. Dies gilt auch für Zinsaufwendungen für Darlehen eines mittelbar beteiligten Mitunternehmers i. S. d. § 15 Absatz 1 Satz 1 Nummer 2 Satz 2 EStG (BFH vom 12. Februar 2014, BStBl. II S. 621).

31 Die von der Mitunternehmerschaft geleisteten Zinsen sind den Mitunternehmern nach dem Gewinnverteilungsschlüssel zuzurechnen.

2.2. Darlehen im Sonderbetriebsvermögen

32 Ein Investitionsdarlehen im Sinne des § 4 Absatz 4 a Satz 5 EStG liegt auch dann vor, wenn die Darlehensverbindlichkeit zwar im Sonderbetriebsvermögen auszuweisen ist, die Darlehensmittel aber zur Finanzierung von Anschaffungs- oder Herstellungskosten von Wirtschaftsgütern des Anlagevermögens des Gesamthandsvermögens eingesetzt werden.

33 In diesem Fall sind die Schuldzinsen in vollem Umfang abziehbar (§ 4 Absatz 4 a Satz 5 EStG), unabhängig davon, ob das Darlehen im Gesamthandsvermögen als Verbindlichkeit gegenüber dem Mitunternehmer ausgewiesen ist oder dem Mitunternehmer für die Hingabe der Darlehensmittel (weitere) Gesellschaftsrechte gewährt werden.

34 Zinsen aus Darlehen (im Sonderbetriebsvermögen des Mitunternehmers) zur Finanzierung des Erwerbs eines Mitunternehmeranteils sind, soweit sie auf die Finanzierung von anteilig erworbenen Wirtschaftsgütern des Anlagevermögens (Gesamthands- und Sonderbetriebsvermögen) entfallen, wie Schuldzinsen aus Investitionsdarlehen (Rdnrn. 23 bis 26) zu behandeln. Soweit diese nicht auf anteilig erworbene Wirtschaftsgüter des Anlagevermögens entfallen, sind sie in die Berechnung der nicht abziehbaren Schuldzinsen gem. § 4 Absatz 4 a EStG einzubeziehen. Bei der Refinanzierung der Gesellschaftereinlage oder des Kaufpreises des Mitunternehmeranteils mit einem einheitlichen Darlehen sind die Schuldzinsen im Verhältnis der Teilwerte der anteilig erworbenen Wirtschaftsgüter aufzuteilen.

35 Zinsen, die Sonderbetriebsausgaben eines Mitunternehmers darstellen, sind diesem bei der Ermittlung der nicht abziehbaren Schuldzinsen zuzurechnen.

3. Entnahmen/Einlagen

36 Entnahmen liegen vor, wenn Wirtschaftsgüter (Barentnahmen, Waren, Erzeugnisse, Nutzungen und Leistungen) in den privaten Bereich der Mitunternehmer oder in einen anderen betriebsfremden Bereich überführt werden. In diesem Sinne ist die Zahlung einer Tätigkeitsvergütung i. S. d. § 15

[1] **Amtl. Anm.:** Überentnahmen oder kumulierter Entnahmenüberschuss.

Anl a zu R 4.2 (15)

Absatz 1 Satz 1 Nummer 2 2. Halbsatz EStG auf ein privates Konto des Mitunternehmers eine Entnahme, die bloße Gutschrift auf dem Kapitalkonto des Mitunternehmers jedoch nicht. Bei Darlehen des Mitunternehmers an die Gesellschaft i. S. d. § 15 Absatz 1 Satz 1 Nummer 2 2. Halbsatz EStG stellt die Zuführung der Darlehensvaluta eine Einlage und die Rückzahlung des Darlehens an den Mitunternehmer eine Entnahme dar. Die unentgeltliche Übertragung eines Wirtschaftsguts in das Sonderbetriebsvermögen eines anderen Mitunternehmers derselben Mitunternehmerschaft ist als Entnahme i. S. d. § 4 Absatz 4 a EStG beim abgebenden und als Einlage i. S. d. § 4 Absatz 4 a EStG beim aufnehmenden Mitunternehmer zu berücksichtigen.

4. Umwandlungen nach dem UmwStG

4.1. Einbringung in eine Personengesellschaft (§ 24 UmwStG)

37 In Umwandlungsfällen gem. § 24 UmwStG gelten die aufgestellten Grundsätze für Betriebsaufgaben und Betriebsveräußerungen gem. Rdnrn. 9 und 10 nicht. Beim Einbringenden erfolgt keine Entnahme und bei der Zielgesellschaft keine Einlage. Es ist lediglich ein entstandener Einbringungsgewinn beim Einbringenden zu berücksichtigen, der das Entnahmepotenzial erhöht (Minderung der Überentnahmen oder Erhöhung der Unterentnahmen). Die Über- oder Unterentnahmen sowie der kumulierte Entnahmenüberschuss sind bei der Einbringung eines Betriebes oder bei der Aufnahme eines weiteren Mitunternehmers in eine bestehende Mitunternehmerschaft unabhängig vom gewählten Wertansatz in der Zielgesellschaft fortzuführen. Bei der Einbringung eines Teilbetriebs sind die Werte grundsätzlich aufzuteilen. Es ist nicht zu beanstanden, wenn diese in voller Höhe dem Restbetrieb des Einbringenden zugerechnet werden. Bei Einbringung eines Mitunternehmeranteils werden bei der Zielgesellschaft die Werte nicht fortgeführt.

Beispiel 9:

38 A bringt seinen Betrieb zum 1. 1. 02 in die Personengesellschaft AB ein. Der Buchwert des Betriebes beträgt 500 000 €, der Teilwert 600 000 €, der Gewinn in 01 50 000 €, Entnahmen 100 000 €, Einlagen 60 000 € und die zum 31. 12. 00 fortzuschreibenden Überentnahmen 20 000 €. Der kumulierte Entnahmenüberschuss beträgt zum 31. 12. 01 24 000 € (Mehrentnahmen).

a) Einbringung zum Buchwert; beim Einbringenden ergeben sich in 01 folgende Werte:

Entnahmen	100 000 €
Einlagen	60 000 €
Gewinn	50 000 €
Unterentnahme	10 000 €
Überentnahme Vorjahr	20 000 €
kumulierte Überentnahme	10 000 €

Die Überentnahme i. H. v. 10 000 € sowie der kumulierte Entnahmenüberschuss sind in der Mitunternehmerschaft fortzuführen.

b) Einbringung zum Teilwert; beim Einbringenden ergeben sich in 01 folgende Werte:

Entnahmen	100 000 €
Einlagen	60 000 €
Gewinn	50 000 €
Einbringungsgewinn	100 000 €
Unterentnahme	110 000 €
Überentnahme Vorjahr	20 000 €
kumulierte Unterentnahme	90 000 €

Die Unterentnahme i. H. v. 90 000 € sowie der kumulierte Entnahmenüberschuss sind in der Mitunternehmerschaft fortzuführen.

4.2. Einbringung in eine Kapitalgesellschaft (§ 20 UmwStG)

39 Werden für eine Einbringung in eine Kapitalgesellschaft gewährte Gesellschaftsanteile im Privatvermögen gehalten, liegt eine Entnahme in Höhe des gewählten Wertansatzes vor.

VI. Gewinnermittlung nach § 4 Absatz 3, § 5 a und § 13 a EStG

101 **40** Die genannten Grundsätze gelten auch bei der Gewinnermittlung durch Einnahmenüberschussrechnung nach § 4 Absatz 3 EStG (§ 4 Absatz 4 a Satz 6 EStG).[1] Hierzu müssen ab dem Jahr 2000 alle Entnahmen und Einlagen gesondert aufgezeichnet werden (§ 52 Absatz 11 Satz 4 EStG a. F.). Entnahmen und Einlagen von Geld sind für die Anwendung des § 4 Absatz 4 a EStG bei der Gewinnermittlung nach § 4 Absatz 3 EStG ebenso zu beurteilen wie bei der Gewinnermittlung nach § 4 Absatz 1 EStG (BFH vom 21. August 2012, BStBl. 2013 II S. 16).

41 Werden ab dem Jahr 2000 die erforderlichen Aufzeichnungen nicht geführt, sind zumindest die nach § 4 Absatz 4 a Satz 5 EStG privilegierten Schuldzinsen für „Investitionsdarlehen" sowie tatsächlich entstandene nicht begünstigte Schuldzinsen bis zum Sockelbetrag in Höhe von 2050 € als Betriebsausgaben abziehbar.

42 Bei der Gewinnermittlung nach § 5 a oder § 13 a EStG findet § 4 Absatz 4 a EStG keine Anwendung.

VII. Anwendungsregelung

102 **43** Die Regelung der Einschränkung des Schuldzinsenabzugs ist erstmals für Wirtschaftsjahre anzuwenden, die nach dem 31. Dezember 1998 enden (§ 52 Absatz 6 Satz 5 EStG). Die Über- oder Unterentnahmen in Wirtschaftsjahren, die vor dem Jahr 1999 geendet haben, bleiben unberücksichtigt. Bei einem vom Kalenderjahr abweichenden Wirtschaftsjahr bleiben die vor dem 1. Januar 1999 getätigten Über- und Unterentnahmen unberücksichtigt (BFH vom 23. März 2011, BStBl. II S. 753). Der Anfangsbestand ist daher mit 0 DM anzusetzen (§ 52 Absatz 6 Satz 6 EStG).

[1] Zur Berechnung der Überentnahmen i. S. d. § 4 Abs. 4 a Satz 2 und 3 bestätigt durch *BFH-Urteil vom 17. 5. 2022 VIII R 38/18 (BStBl. II S. 662).*

44 Nach § 52 Abs. 6 Satz 7 EStG gilt bei Betrieben, die vor dem 1. Januar 1999 eröffnet worden sind, abweichend von Rdnr. 9 Folgendes:

Im Fall der Betriebsaufgabe sind bei der Überführung von Wirtschaftsgütern aus dem Betriebsvermögen in das Privatvermögen die Buchwerte nicht als Entnahme anzusetzen. Im Fall der Betriebsveräußerung ist nur der Veräußerungsgewinn als Entnahme anzusetzen.

§ 52 Absatz 6 Satz 7 EStG gilt nicht für die Entnahme von Wirtschaftsgütern außerhalb einer Betriebsaufgabe oder -veräußerung, auch wenn diese bereits vor dem 1. Januar 1999 zum Betriebsvermögen gehörten (BFH vom 24. November 2016, BStBl. 2017 II S. 268).

45 Bei Gewinnermittlung nach § 4 Absatz 3 EStG sind die Entnahmen und Einlagen für das Wirtschaftsjahr, das nach dem 31. Dezember 1998 endet, und für den Zeitraum bis zum 31. Dezember 1999 zu schätzen, sofern diese nicht gesondert aufgezeichnet sind.

46[1] Dieses BMF-Schreiben tritt an die Stelle der BMF-Schreiben vom 17. November 2005 (BStBl. I S. 1019),[2] vom 7. Mai 2008 (BStBl. I S. 588) und vom 18. Februar 2013 (BStBl. I S. 197) und ist in allen offenen Fällen anzuwenden. Die Rdnrn. 30 bis 32d des BMF-Schreibens vom 17. November 2005 (BStBl. I S. 1019)[2] können auf gemeinsamen Antrag der Mitunternehmer letztmals für das Wirtschaftsjahr angewandt werden, das vor dem 1. Mai 2008 beginnt.[3] Die Verlustberücksichtigung gemäß Tz. II. 2. des BMF-Schreibens vom 17. November 2005 (BStBl. I S. 1019)[2] kann abweichend von Rdnr. 8 Satz 3 und Rdnr. 16 Satz 2 auf Antrag des Steuerpflichtigen letztmalig für das Wirtschaftsjahr angewendet werden, das vor dem 1. Januar 2018 begonnen hat; bei Mitunternehmerschaften ist ein einvernehmlicher Antrag aller Mitunternehmer erforderlich. Die Regelungen in Rdnrn. 8 bis 10 des BMF-Schreibens vom 10. November 1993 (BStBl. I S. 930)[4] sind durch die BFH-Rechtsprechung überholt und nicht mehr anzuwenden. Die Änderung der Rdnr. 8 Satz 4 ist grundsätzlich in allen offenen Fällen anzuwenden. Auf Antrag des Steuerpflichtigen können außerbilanzielle Hinzurechnungen nach Rdnr. 8 Satz 4 des BMF-Schreibens in der Fassung vom 2. November 2018 (BStBl. I S. 1207) letztmals für Wirtschaftsjahre berücksichtigt werden, die vor dem 1. Januar 2021 begonnen haben. Dieser Antrag ist bei einer Mitunternehmerschaft einvernehmlich von allen Mitunternehmern zu stellen. Aus Vereinfachungsgründen wird es nicht beanstandet, wenn bereits durchgeführte Berechnungen der Gewinne und Verluste unverändert fortgeschrieben werden und hierfür die Änderung der Rdnr. 8 hinsichtlich der außerbilanziellen Kürzungen und Hinzurechnungen unberücksichtigt bleibt.

b) Schreiben betr. Schuldzinsen für Kontokorrentkredite als Betriebsausgaben oder Werbungskosten[5]

Anl b zu R 4.2 (15)

Vom 10. November 1993 (BStBl. I S. 930)

BMF IV B 2 – S 2144 – 94/93

1 Nach dem Beschluß des Großen Senats des Bundesfinanzhofs vom 4. Juli 1990 (BStBl. II S. 817) sind Schuldzinsen steuerlich als Betriebsausgaben oder Werbungskosten nur anzuerkennen, wenn sie für eine Verbindlichkeit geleistet werden, die durch einen Betrieb oder durch Aufwendungen zur Erwerbung, Sicherung und Erhaltung von Einnahmen veranlaßt und deshalb einem Betriebsvermögen oder einer Einkunftsart im Sinne des § 2 Abs. 1 Nr. 4 bis 7 EStG zuzurechnen ist. Zu den Folgerungen, die sich aus dieser Rechtsprechung für die steuerliche Behandlung von Schuldzinsen für Kontokorrentkredite und für die steuerliche Nichtanerkennung von Gestaltungen insbesondere bei Kombination mehrerer Kontokorrentkonten ergeben, nehme ich im Einvernehmen mit den obersten Finanzbehörden der Länder wie folgt Stellung:

A. Schuldzinsen als Betriebsausgaben

Der Zahlungsverkehr des Steuerpflichtigen kann betrieblich oder privat (durch die persönliche Lebenssphäre) veranlaßt sein. Für die steuerliche Behandlung eines Kontokorrentkontos kommt es deshalb darauf an, wie die einzelnen darüber geleisteten Zahlungen veranlaßt sind.

I. Getrennte Kontokorrentkonten

1. Kontokorrentkonten für den betrieblich und privat veranlaßten Zahlungsverkehr

2 Unterhält der Steuerpflichtige für den betrieblich und den privat veranlaßten Zahlungsverkehr getrennte, rechtlich selbständige Kontokorrentkonten, ist zu unterscheiden: **104**

3 Das Kontokorrentkonto für den betrieblich veranlaßten Zahlungsverkehr (betriebliches Konto) rechnet zum Betriebsvermögen, soweit über das Kontokorrentkonto nicht auch privat veranlaßte Aufwendungen geleistet werden, durch die ein Sollsaldo auf dem Kontokorrentkonto entsteht oder sich erhöht. Schuldzinsen für das betriebliche Konto sind grundsätzlich als Betriebsausgaben abzuziehen.

---

[1] Rdnr. 46 ergänzt durch BMF vom 18. 1. 2021 (BStBl. I S. 119).

[2] Letztmals abgedruckt im „Handbuch zur ESt-Veranlagung 2017" als Anlage a zu R 4.2 (15) EStR.

[3] Nach dem BMF-Schreiben vom 4. 11. 2008 (BStBl. I S. 957) wird es nicht beanstandet, wenn der Saldo an Über- oder Unterentnahmen des Wirtschaftsjahres, für das letztmals die gesellschaftsbezogene Ermittlung nach der bisherigen Verwaltungsauffassung erfolgte, nach dem Gewinnverteilungsschlüssel der Mitunternehmerschaft den einzelnen Mitunternehmern zugerechnet wird. Auf eine Rückrechnung nach der gesellschafterbezogenen Ermittlungsmethode bis zur Gründung der Mitunternehmerschaft/Einführung der Vorschrift wird in diesen Fällen aus Vereinfachungsgründen verzichtet. Voraussetzung dafür ist ein übereinstimmender Antrag der Mitunternehmer.

[4] Nachstehend abgedruckt als Anlage b zu R 4.2 (15) EStR.

[5] Siehe auch *Beschluss des Großen Senats des BFH v. 8. 12. 1997 GrS 1–2/95 (BStBl. 1998 II S. 193).*

Anl b zu R 4.2 (15)

4 Das Kontokorrentkonto für den privat veranlaßten Zahlungsverkehr (privates Konto) rechnet zum Privatvermögen, soweit über das Kontokorrentkonto nicht auch betrieblich veranlaßte Aufwendungen geleistet werden, durch die ein Sollsaldo auf dem Kontokorrentkonto entsteht oder sich erhöht. Schuldzinsen für das private Konto können nicht als Betriebsausgaben abgezogen werden.

5 Entsteht oder erhöht sich durch privat veranlaßte Aufwendungen ein Sollsaldo auf dem betrieblichen Konto oder durch betrieblich veranlaßte Aufwendungen ein Sollsaldo auf dem privaten Konto, ist das betreffende Konto nach den für ein gemischtes Kontokorrentkonto geltenden Grundsätzen (vgl. Tzn. 11–18) zu behandeln (BFH-Urteile vom 21. Februar 1991, BStBl. II S. 514 und vom 5. März 1991, BStBl. II S. 516).

6 Beispiel:

		betriebliches Kontokorrentkonto DM	privates Kontokorrentkonto DM
1. 1.		+ 5 000	0
3. 1.	Entnahme	– 5 000	+ 5 000
Saldo		0	+ 5 000
10. 1.	Wareneinkauf	– 10 000	
Saldo		– 10 000	+ 5 000
15. 1.	Prämie Lebensversicherung		– 5 000
		betriebliches Kontokorrentkonto DM	privates Kontokorrentkonto DM
Saldo		– 10 000	0
20. 1.	Maschine	– 5 000	
	Einkommensteuer	– 2 000	
Saldo		– 17 000	0
		betriebliches Unterkonto	privates Unterkonto
		– 15 000	– 2 000
25. 1.	Wareneinkauf	– 5 000	
Saldo		– 20 000	– 2 000
		– 22 000	

2. Mehrere Kontokorrentkonten für den betrieblich veranlaßten Zahlungsverkehr

7 Unterhält der Steuerpflichtige für den betrieblich veranlaßten Zahlungsverkehr mehrere rechtlich selbständige Kontokorrentkonten, gelten die Tzn. 3 und 5 für jedes Kontokorrentkonto. Darüber hinaus sind Umbuchungen von einem auf ein anderes Konto auf ihren Zusammenhang mit einer Entnahme hin zu prüfen.

8 bis 10[1]

II. Gemischtes Kontokorrentkonto

105 **11** Unterhält der Steuerpflichtige für den betrieblich und den privat veranlaßten Zahlungsverkehr ein einheitliches – gemischtes – Kontokorrentkonto, ist für die Ermittlung der als Betriebsausgaben abziehbaren Schuldzinsen der Sollsaldo grundsätzlich aufzuteilen.

1. Ermittlung des dem Betriebsvermögen zuzurechnenden Sollsaldos

12 Der Sollsaldo rechnet zum Betriebsvermögen, soweit er betrieblich veranlaßt ist. Zur Bestimmung des – anteiligen – betrieblich veranlaßten Sollsaldos sind die auf dem Kontokorrentkonto erfolgten Buchungen nach ihrer privaten und betrieblichen Veranlassung zu trennen. Hierzu ist das Kontokorrentkonto rechnerisch in ein betriebliches und ein privates Unterkonto aufzuteilen. Auf dem betrieblichen Unterkonto sind die betrieblich veranlaßten und auf dem privaten Unterkonto die privat veranlaßten Sollbuchungen zu erfassen. Habenbuchungen sind vorab dem privaten Unterkonto bis zur Tilgung von dessen Schuldsaldo gutzuschreiben (BFH-Urteil vom 11. Dezember 1990, BStBl. 1991 II S. 390); nur darüber hinausgehende Beträge sind dem betrieblichen Unterkonto zuzurechnen. Betriebseinnahmen werden nicht zuvor mit Betriebsausgaben des gleichen Tages saldiert (BFH-Urteil vom 15. November 1990, BStBl. 1991 II S. 226).

13 In der Schlußbilanz ist nur der nach diesen Grundsätzen für den Bilanzstichtag ermittelte Sollsaldo des betrieblichen Unterkontos auszuweisen.

2. Berechnung der als Betriebsausgaben abziehbaren Schuldzinsen

14 Schuldzinsen sind abzuziehen, soweit sie durch Sollsalden des betrieblichen Unterkontos veranlaßt sind (vgl. Tz. 12). Ihre Berechnung erfolgt grundsätzlich nach der Zinszahlenstaffelmethode.

15 Bei der Zinszahlenstaffelmethode wird nicht auf die einzelne Buchung, sondern auf die jeweiligen Soll- oder Habensalden (Zwischensalden) abgestellt. Dies hat zur Folge, daß dem Steuerpflichtigen eine Schuld nur zuzurechnen ist, soweit diese Zwischensalden negativ sind. Entsprechend sind auch nur dann Schuldzinsen zu berechnen. Ausgehend von einem Zwischensaldo wird die Zinszahl für die-

[1] Überholt; BMF-Schreiben vom 2. 11. 2018, Rdnr. 46 (vorstehend abgedruckt).

sen Saldo für die Zeit (Tage) seiner unveränderten Dauer (Wertstellung) nach einer besonderen Formel berechnet (Zinszahlenstaffel):

$$\text{Zinszahl} = \frac{\text{Kapital} \times \text{Tage}}{100}$$

Am Ende der Rechnungsperiode werden die Zinszahlensummen der Soll- und Habenseite addiert und durch einen Zinsdivisor $\left(\frac{360}{\text{Zinsfuß}}\right)$ geteilt.

16 **Beispiel:**

	Buchungen gesamt DM	betrieblich DM	Zinstage	Zinszahlen	privat DM	Zinstage	Zinszahlen
Saldo 1. 1.	0	0			0		
Abbuchung 2. 1.	– 15 000	– 10 000			– 5 000		
Saldo 2. 1.	– 15 000	– 10 000	1	$\frac{10\,000 \times 1}{100}$ = 100 S	– 5 000	1	$\frac{5000 \times 1}{100}$ = 50 S
Bis Einlage 3. 1.	+ 5 000				+ 5 000		
Saldo 3. 1.	– 10 000	– 10 000	7	$\frac{10\,000 \times 7}{100}$ = 700 S	0		
bis Betriebs-einnahme 10. 1.	+ 15 000	+ 15 000					
Saldo 10. 1.	+ 5 000	+ 5 000	10	$\frac{5\,000 \times 10}{100}$ = 500 H	0		
bis Abbuchung 20. 1.	– 8 000	– 8 000					
Saldo 20. 1.	– 3 000	– 3 000	11	$\frac{3\,000 \times 11}{100}$ = 330 S	0		
bis Betriebs-einnahme 31. 1.	+ 3 000	+ 3 000					
Saldo 31. 1.	0	0		500 H 1 130 S	0		50 S

Bei einem Schuldzinssatz in Höhe von 9 v. H. und einem Guthabenzinssatz in Höhe von 1 v. H. ergeben sich am Ende der Rechnungsperiode folgende Zinsen:

– private Schuldzinsen: $\frac{50 \times 9}{360}$ = 1,25 DM

– betriebliche Schuldzinsen: $\frac{1\,130 \times 9}{360}$ = 28,25 DM

– private Guthabenzinsen: $\frac{500 \times 1}{360}$ = 1,38 DM

3. Schätzung

17 Grundsätzlich muß der Steuerpflichtige die Unterteilung des gemischten Kontokorrentkontos vornehmen und die Entwicklung der Unterkonten darstellen; dies kann auch nachträglich geschehen. Kommt der Steuerpflichtige seiner Mitwirkungspflicht nicht nach, sind die als Schuldzinsen abziehbaren Betriebsausgaben im Wege der Schätzung zu ermitteln. Die Schätzung ist an den Umständen des einzelnen Falles auszurichten. Sie muß das Ergebnis anstreben, das sich bei einer Aufteilung des gemischten Kontokorrentkontos in ein betriebliches und ein privates Unterkonto unter Anwendung der Zinszahlenstaffelrechnung ergeben würde (BFH-Urteil vom 15. November 1990, BStBl. II S. 226).

18 Im Einzelfall kann eine Schätzung nach dem – unter Umständen überschlägig ermittelten – Verhältnis der Summe der betrieblich und privat veranlaßten Sollbeträge in Betracht kommen, soweit diese zu einem Sollsaldo führen. Zu diesem Zweck kann der Besteuerungszeitraum auch in geeignete Zeitabschnitte – etwa die banküblichen Abrechnungszeiträume – unterteilt werden. Es bestehen keine Bedenken, nach diesem Verhältnis auch den zu Beginn der Zinszahlenstaffelrechnung bestehenden Sollsaldo, aufzuteilen.

B. Schuldzinsen als Werbungskosten

19 Die vorstehenden Grundsätze gelten für den Abzug von Kontokorrentschuldzinsen als Werbungskosten entsprechend.

C. Zeitliche Anwendung

20 Die Grundsätze dieses Schreibens sind in allen noch offenen Fällen anzuwenden.

21 In Fällen der Gewinnermittlung nach § 4 Abs. 1 oder § 5 EStG ist es nicht zu beanstanden, wenn bei vor dem 1. Januar 1991 entstandenen Schuldzinsen weiterhin nach den Grundsätzen des Abschnitts 14 a Abs. 4 Sätze 5 und 6 EStR 1990 verfahren wird.

22 Das BMF-Schreiben vom 15. März 1991 (BStBl. I S. 331) wird aufgehoben.

Anl c zu R 4.2 (15)

c) Schreiben betr. Passivierung von Verbindlichkeiten bei Vereinbarung eines einfachen oder qualifizierten Rangrücktritts; Auswirkungen des § 5 Abs. 2 a EStG

Vom 8. September 2006 (BStBl. I S. 497)

(BMF IV B 2 – S 2133 – 10/06)

Unter Bezugnahme auf das Ergebnis der Erörterung mit den obersten Finanzbehörden der Länder nehme ich zur Anwendung des § 5 Abs. 2 a EStG in der Fassung des Steuerbereinigungsgesetzes 1999 vom 22. 12. 1999, BGBl. I 1999, 2601, auf Fälle, in denen zwischen Schuldner und Gläubiger eine Rangrücktrittsvereinbarung abgeschlossen wurde, wie folgt Stellung:

I. Begriff der Rangrücktrittsvereinbarung

1. Einfacher Rangrücktritt

106 **1** Bei einem einfachen Rangrücktritt vereinbaren Schuldner und Gläubiger, dass eine Rückzahlung der Verbindlichkeit nur dann zu erfolgen habe, wenn der Schuldner dazu aus zukünftigen Gewinnen, aus einem Liquidationsüberschuss oder aus anderem – freien – Vermögen künftig in der Lage ist und der Gläubiger mit seiner Forderung im Rang hinter alle anderen Gläubiger zurücktritt.
Bei dieser Vereinbarung handelt es sich um einen Rangrücktritt, der mit einer Besserungsabrede verbunden wird.

2. Qualifizierter Rangrücktritt

2 Bei einem qualifizierten Rangrücktritt erklärt der Gläubiger sinngemäß, er wolle wegen der Forderung erst nach Befriedigung sämtlicher anderer Gläubiger der Gesellschaft und – bis zur Abwendung der Krise – auch nicht vor, sondern nur zugleich mit den Einlagenrückgewähransprüchen der Gesellschafter berücksichtigt, also so behandelt werden, als handele es sich bei seiner Forderung um statutarisches Kapital (vgl. Urteil des BGH vom 8. Januar 2001, BGHZ 146, 264–280). Ziel der Vereinbarung eines qualifizierten Rangrücktritts ist, die Verbindlichkeit in der insolvenzrechtlichen Überschuldungsbilanz der Gesellschaft nicht auszuweisen.

II. Ertragsteuerliche Behandlung

1. Grundsätzliche Passivierungspflicht

3 Eine Verbindlichkeit ist zu passivieren, wenn sie rechtlich entstanden und wirtschaftlich verursacht ist. Dagegen widerspricht es den Grundsätzen ordnungsmäßiger Buchführung, wenn ein Kaufmann Verbindlichkeiten in seiner Bilanz ausweist, obwohl mit einer Inanspruchnahme durch den Gläubiger mit an Sicherheit grenzender Wahrscheinlichkeit nicht mehr zu rechnen ist und die – rechtlich bestehende – Verpflichtung keine wirtschaftliche Belastung mehr darstellt (BFH vom 22. November 1988, BStBl. 1989 II S. 359). Allein die Tatsache, dass der Schuldner die Verbindlichkeit mangels ausreichenden Vermögens nicht oder nur teilweise tilgen kann, begründet noch keine Annahme einer fehlenden wirtschaftlichen Belastung (BFH vom 9. Februar 1993, BStBl. II S. 747).[1]

2. Wirkung der Rangrücktrittsvereinbarung

4 Die Vereinbarung eines einfachen oder eines qualifizierten Rangrücktritts hat keinen Einfluss auf die Bilanzierung der Verbindlichkeit. Im Gegensatz zu einem Forderungsverzicht mindert sich oder erlischt die Verbindlichkeit nicht. Diese wird weiterhin geschuldet und stellt für den Steuerpflichtigen eine wirtschaftliche Belastung dar; lediglich die Rangfolge der Tilgung ändert sich. Die Verbindlichkeit ist weiterhin als Fremdkapital in der (Steuer-)Bilanz der Gesellschaft auszuweisen.

3. Anwendung des § 5 Abs. 2 a EStG auf Rangrücktrittsvereinbarungen

5 Gemäß § 5 Abs. 2 a EStG darf weder eine Verbindlichkeit angesetzt noch eine Rückstellung gebildet werden, wenn die Verpflichtung nur zu erfüllen ist, soweit künftig Einnahmen oder Gewinne anfallen. Eine solche Verbindlichkeit oder Rückstellung darf erst angesetzt werden, wenn die Einnahmen oder Gewinne angefallen sind.

6 Voraussetzung für die Anwendung des § 5 Abs. 2 a EStG ist, dass zwischen dem Ansatz der Verbindlichkeit und Gewinnen und Einnahmen eine Abhängigkeit im Zahlungsjahr besteht. Haben Schuldner und Gläubiger eine Vereinbarung im Sinne der Rdnr. 1 (= einfacher Rangrücktritt) geschlossen, besteht die erforderliche Abhängigkeit zwischen Verbindlichkeit und Einnahmen oder Gewinnen nicht, so dass der Tatbestand des § 5 Abs. 2 a EStG nicht erfüllt ist; die Verbindlichkeit ist zu passivieren.

[1] Dies gilt auch dann, wenn der Schuldner aufgrund einer fehlenden operativen Geschäftstätigkeit aus der Sicht des Bilanzstichtages nicht in der Lage ist, freies Vermögen zu schaffen, und eine tatsächliche Belastung des Schuldnervermögens voraussichtlich nicht eintreten wird, *BFH-Urteil vom 19. 8. 2020 XI R 32/18 (BStBl. 2021 II S. 279).*

Fehlt dagegen eine Bezugnahme auf die Möglichkeit einer Tilgung auch aus sonstigem freien Vermögen, ist der Ansatz von Verbindlichkeiten oder Rückstellungen bei derartigen Vereinbarungen ausgeschlossen.[1]

7 Bei einer Vereinbarung im Sinne der Rdnr. 2 (qualifizierter Rangrücktritt) liegen die Voraussetzungen des § 5 Abs. 2a EStG nicht vor, weil eine Abhängigkeit zwischen Verbindlichkeit und Einnahmen oder Gewinnen nicht besteht, sondern die Begleichung der Verbindlichkeit zeitlich aufschiebend bedingt – bis zur Abwendung der Krise – verweigert werden kann.

8 Die Aussagen des BFH im Urteil vom 10. November 2005 (BStBl. 2006 II S. 618) stehen dem nicht entgegen. Die Vereinbarung eines Rangrücktritts (ohne Besserungsabrede) erfüllt nicht die Tatbestandsvoraussetzungen des § 5 Abs. 2a EStG. Daher kann es in einem solchen Fall nicht auf eine ausdrückliche Bezugnahme auf die Möglichkeit der Tilgung auch aus einem Liquidationsüberschuss oder aus sonstigem freien Vermögen ankommen.

III. Zeitliche Anwendung

9 Dieses Schreiben ist in allen offenen Fällen anzuwenden. Es ersetzt das BMF-Schreiben vom 18. August 2004 (BStBl. I S. 850).

d) Schreiben betr. Bilanzsteuerrecht; Bilanzsteuerrechtliche Beurteilung der Rückkaufsoption im Kfz-Handel; BFH-Urteil vom 17. November 2010 I R 83/09 (BStBl. 2011 II S. 812)

Anl d zu R 4.2 (15)

Vom 12. Oktober 2011 (BStBl. I S. 967)[2]

(BMF IV C 6 – S 2137/09/10003; DOK 2011/0811423)

Mit Urteil vom 17. November 2010 I R 83/09 (BStBl. 2011 II S. 812) hat der BFH entschieden, dass **106a**
für die Verpflichtung eines Kraftfahrzeughändlers, verkaufte Kraftfahrzeuge auf Verlangen des Käufers zurückzukaufen, eine Verbindlichkeit in Höhe des dafür vereinnahmten Entgelts auszuweisen ist. Der BFH ließ mangels Entscheidungserheblichkeit die Fragen offen, wie ein die Höhe des Optionsentgelts übersteigendes Risiko, das sich erst während der Optionszeit herausstellt, und wie das Optionsrecht auf Seiten des Optionsberechtigten zu behandeln sind.

Auf Grundlage der Erörterung der obersten Finanzbehörden des Bundes und der Länder gilt Folgendes:

I. Ansatz und Bewertung der Verpflichtung aus der Rückverkaufsoption beim Kraftfahrzeughändler

1. Nach der Entscheidung des BFH vom 17. November 2010 I R 83/09 (BStBl. 2011 II S. 812) ist in der Einräumung einer Option eine wirtschaftlich und rechtlich selbständige Leistung zu sehen, die losgelöst von dem nachfolgenden (Rück-)Übertragungsgeschäft zu beurteilen ist, wenn der Kraftfahrzeughändler dem Käufer eine Option zum Rückverkauf des Kraftfahrzeugs (Rückverkaufsoption) entgeltlich verbindlich einräumt, der Käufer zivilrechtlicher Eigentümer des Kraftfahrzeugs wird und ihm das Kraftfahrzeug wirtschaftlich zuzurechnen ist. Für die Verpflichtung aus der Rückverkaufsoption hat der Kraftfahrzeughändler eine Verbindlichkeit zu passivieren.
2. Die Verbindlichkeit ist gemäß § 6 Absatz 1 Nummer 3 i. V. m. Nummer 2 EStG mit dem für die Rückverkaufsoption vereinnahmten – ggf. zu schätzenden – Entgelt zu bewerten. Da regelmäßig ein Gesamtverkaufspreis vereinbart wird, kann die Verpflichtung aus der Rückverkaufsoption grundsätzlich unter Beachtung des Fremdvergleichs als Teilbetrag des Gesamtverkaufspreises abgespalten werden. Es wird nicht beanstandet, den Teilbetrag für die Rückverkaufsoption aus der unterschiedlichen Rabattgewährung für Einräumung oder Nichtgewährung der Rückverkaufsoption abzuleiten und am Bilanzstichtag noch bestehende Verbindlichkeiten entsprechend zu bewerten.
3. Die Verpflichtung des Kraftfahrzeughändlers aus der Rückverkaufsoption, die Option zu dulden und sich zur Erfüllung der Abnahmepflicht bereitzuhalten, endet erst mit der Ausübung oder dem Verfall der Option; zu diesem Zeitpunkt ist die Verbindlichkeit erfolgswirksam auszubuchen.
4. Ein die Höhe des Entgelts für die Rückverkaufsoption übersteigendes Risiko, wenn zu einem späteren Zeitpunkt der Rückverkauf eingefordert wird – z. B. durch einen sich abzeichnenden Preisverfall auf dem Gebrauchtwagenmarkt –, ist als Rückstellung für drohende Verluste aus einem schwebenden Geschäft gemäß § 5 Absatz 4a EStG nicht passivierungsfähig (vgl. hierzu BMF-Schreiben vom 12. Januar 2004, BStBl. I S. 192).

II. Ansatz und Bewertung der Rückverkaufsoption beim Käufer (Optionsberechtigter)

1. Für den optionsberechtigten Käufer ist das vereinbarte Optionsrecht (Rückverkaufsoption) ein nichtabnutzbares immaterielles Wirtschaftsgut, das gemäß § 6 Absatz 1 Nummer 2 EStG grundsätzlich mit den Anschaffungskosten anzusetzen ist. Diese entsprechen dem Wert der beim Kraftfahrzeughändler passivierten Verbindlichkeit aus der Rückverkaufsoption (vgl. I.2.); in dieser Höhe sind die Anschaffungskosten des erworbenen Kraftfahrzeugs gemindert.

---

[1] Bestätigt durch *BFH-Urteile vom 15. 4. 2015 I R 44/14 (BStBl. II S. 769)* und *vom 10. 8. 2016 I R 25/15 (BStBl. 2017 II S. 670).*

[2] Ergänzend siehe *Vfg. BayLfSt vom 13. 8. 2014 S 2137.1.1-4/5 St 32 (DStR S. 2077).*

2. Das immaterielle Wirtschaftsgut ist erfolgswirksam auszubuchen, wenn der optionsberechtigte Käufer von seinem Recht Gebrauch macht und den Rückverkauf einfordert oder wenn das Recht, den Rückkauf von dem Kraftfahrzeughändler zu verlangen, verfallen ist.

Die Grundsätze dieses Schreibens sind in allen offenen Fällen anzuwenden.

Das BMF-Schreiben vom 12. August 2009 (BStBl. I S. 890)[1] wird aufgehoben.

R 4.2 (16)

107

Betriebsvermögen bei Schätzung des Gewinns oder bei Gewinnermittlung nach § 13 a Abs. 3 bis 6 EStG[2]

(16) Wird der Gewinn geschätzt (→ R 4.1 Abs. 2) oder nach § 13 a Abs. 3 bis 6 EStG[3] ermittelt, kommt gewillkürtes Betriebsvermögen nur in den Fällen des § 13 a Abs. 6 Satz 2 EStG[3], des Wechsels der Gewinnermittlungsart und der Nutzungsänderung in Betracht (→ § 4 Abs. 1 Satz 6 und 7 EStG).

H 4.2 (16)

108

Beibehaltung von gewillkürtem Betriebsvermögen nach einer Nutzungsänderung → R 4.3 Abs. 3.

R 4.3. Einlagen und Entnahmen

R 4.3 (1)

109

Einlagen

(1) ① Gegenstand von Einlagen können abnutzbare und nicht abnutzbare, materielle und immaterielle Wirtschaftsgüter aller Art sein, unabhängig davon, ob sie dem Anlage- oder dem Umlaufvermögen zuzuordnen sind. ② Einer Einlage steht die Begründung des Besteuerungsrechts der Bundesrepublik Deutschland hinsichtlich des Gewinns aus der Veräußerung eines Wirtschaftsgutes gleich (Verstrickung). ③ Darunter fällt insbesondere die Überführung eines Wirtschaftsgutes aus einer ausländischen Betriebsstätte, deren Einkünfte nach einem DBA von der inländischen Besteuerung freigestellt sind, ins Inland.

H 4.3 (1)

110

Banküberweisung. Eine Einlage ist bei Zahlung durch Banküberweisung erst geleistet, wenn die Gutschrift auf dem Empfängerkonto erfolgt ist (→ BFH vom 11. 12. 1990 – BStBl. 1992 II S. 232).

Bodenschatz → H 4.2 (1).

Einlage bei Ausbuchung einer Verbindlichkeit → H 6.12.

Forschungszulage. Zur Behandlung der Forschungszulage als Einlage bei Einzel- und Mitunternehmern → BMF vom 11. 11. 2021 (BStBl. I S. 2277), Rn. 286.

Gewillkürtes Betriebsvermögen → H 4.2 (1).

Immaterielle Wirtschaftsgüter → R 5.5 Abs. 3 Satz 3.

Namensrecht → H 5.5.

Nutzungsänderung → H 4.2 (4).

Nutzungsrechte/Nutzungsvorteile. Die bloße Nutzung eines fremden Wirtschaftsguts zu betrieblichen Zwecken kann nicht eingelegt werden; dies gilt auch für unentgeltlich erworbene dingliche oder obligatorische Nutzungsrechte (→ BFH vom 26. 10. 1987 – BStBl. 1988 II S. 348 und vom 20. 9. 1990 – BStBl. 1991 II S. 82).

Personengesellschaften. Die Einbringung von Einzelwirtschaftsgütern des Privatvermögens in das betriebliche Gesamthandsvermögen einer Personengesellschaft oder anderen Gesamthandsgemeinschaft gegen Gewährung von Gesellschaftsrechten stellt keine Einlage, sondern einen tauschähnlichen Vorgang dar (→ BMF vom 29. 3. 2000 – BStBl. I S. 462[4] und vom 11. 7. 2011 – BStBl. I S. 713[4] unter Berücksichtigung BMF vom 26. 7. 2016 – BStBl. I S. 684).

Sacheinlage in das Vermögen einer Kapitalgesellschaft. Ein Wirtschaftsgut, das dem Vermögen einer Kapitalgesellschaft im Rahmen einer Überpari-Emission als Sacheinlage zugeführt worden ist, ist auch im Hinblick auf jenen Teilbetrag des Einbringungswertes, der über den Nennbetrag der Stammeinlageverpflichtung des Einlegenden hinausgeht und gem. § 272 Abs. 2 Nr. 1 HGB in die Kapitalrücklage einzustellen ist, ein vollentgeltlicher Vorgang und keine verdeckte Einlage (→ BFH vom 24. 4. 2007 – BStBl. 2008 II S. 253).

Unterlassene Bilanzierung. Die nachträgliche Aktivierung eines zum notwendigen Betriebsvermögen gehörenden Wirtschaftsguts, das bisher nicht bilanziert worden ist, ist keine Einlage. Es handelt sich vielmehr um eine fehlerberichtigende Einbuchung (→ BFH vom 24. 10. 2001 – BStBl. 2002 II S. 75), → H 4.4.

Verdeckte Einlage

– Verdeckte Einlage ist die Zuwendung eines bilanzierbaren Vermögensvorteils aus gesellschaftsrechtlichen Gründen ohne Entgelt in Gestalt von Gesellschaftsrechten. Als ver-

[1] Letztmals abgedruckt im „Handbuch zur ESt-Veranlagung 2010" als Anlage d zu R 4.2 (15).
[2] Jetzt § 13 a Abs. 3 bis 7 EStG.
[3] Jetzt § 13 a Abs. 7 Satz 1 EStG.
[4] Nachstehend abgedruckt.

deckte Einlage sind nur Wirtschaftsgüter geeignet, die das Vermögen der Kapitalgesellschaft durch den Ansatz oder die Erhöhung eines Aktivpostens oder durch den Wegfall oder die Verminderung eines Passivpostens vermehrt haben (→ BFH vom 6. 11. 2003 – BStBl. 2004 II S. 416).
- **Verdeckte Einlage eines Geschäfts- oder Firmenwerts,** der bei Veräußerung eines Einzelunternehmens an eine GmbH unentgeltlich übergeht → BFH vom 24. 3. 1987 (BStBl. II S. 705), → H 5.5 (Geschäfts- oder Firmenwert/Praxiswert).
- Maßgebendes Kriterium für einen Übergang des Geschäfts- oder Firmenwerts von einem Einzelunternehmen auf eine Kapitalgesellschaft im Wege der verdeckten Einlage ist, dass dem nutzenden Unternehmen die materiellen und immateriellen Wirtschaftsgüter sowie die sonstigen Faktoren, welche sich im Geschäfts- oder Firmenwert niederschlagen, auf einer vertraglichen Grundlage überlassen werden, die Nutzung auf Dauer angelegt ist und kein Rechtsanspruch auf Rückgabe dieser Wirtschaftsgüter besteht (→ BFH vom 2. 9. 2008 – BStBl. 2009 II S. 634).

Vorbehaltsnießbrauch
- In den Fällen der Einräumung eines Vorbehaltsnießbrauchs liegt hinsichtlich des Nießbrauchsrechts im Ergebnis keine Einlage vor (→ BFH vom 16. 12. 1988 – BStBl. 1989 II S. 763).
- → H 4.3 (2–4)
- → H 4.7 (Nießbrauch) zu Betriebsausgaben eines Nießbrauchers.

Entnahmen R 4.3 (2)

(2) ① Ein Wirtschaftsgut wird entnommen, wenn es aus dem betrieblichen in den privaten oder einen anderen betriebsfremden Bereich übergeht. **111** ② Einer Entnahme für betriebsfremde Zwecke steht auch der Ausschluss oder die Beschränkung des Besteuerungsrechts der Bundesrepublik Deutschland hinsichtlich des Gewinns aus der Veräußerung oder der Nutzung eines Wirtschaftsgutes gleich (Entstrickung). ③ Neben der Überführung eines Wirtschaftsgutes vom Inland in eine ausländische Betriebsstätte nach § 4 Abs. 1 Satz 4 EStG (Entnahme eines Wirtschaftsgutes) fällt darunter insbesondere die Nutzung eines Wirtschaftsgutes, das einer inländischen Betriebsstätte des Stpfl. zuzuordnen ist, durch eine ausländische Betriebsstätte (Entnahme der Nutzung), deren Einkünfte nach einem DBA von der inländischen Besteuerung freigestellt sind oder bei der Besteuerung ausländische Steuern nach § 34c EStG oder nach § 26 KStG oder auf Grund eines DBA anzurechnen sind. ④ Eine Entnahme liegt nicht vor in Fällen einer Strukturänderung eines Betriebs mit der Folge, dass die Einkünfte aus dem Betrieb einer anderen Einkunftsart zuzurechnen sind (z. B. wenn ein land- und forstwirtschaftlicher Betrieb wegen Überschreitens der Grenzen des § 13 Abs. 1 Nr. 1 EStG zu einem Gewerbebetrieb wird oder wenn eine freiberufliche Praxis durch Übergang im Sinne des § 6 Abs. 3 EStG auf nicht qualifizierte Rechtsnachfolger zu einem Gewerbebetrieb wird).

Entnahmehandlung[1] R 4.3 (3)

(3) ① Eine Entnahme erfordert regelmäßig eine Entnahmehandlung, die von einem Entnahmewillen getragen wird. **112** ② Wirtschaftsgüter, die zur Zeit der Aufnahme in das Betriebsvermögen zulässigerweise zum Betriebsvermögen gerechnet worden sind, bleiben daher grundsätzlich so lange Betriebsvermögen, bis sie durch eine eindeutige, unmissverständliche – ausdrückliche oder schlüssige – → Entnahmehandlung des Stpfl. Privatvermögen werden. ③ Bei buchführenden Stpfl. bietet die Buchung einen wesentlichen Anhalt, ob und wann ein Wirtschaftsgut entnommen worden ist. ④ Eine Entnahme liegt auch ohne Entnahmeerklärung oder Entnahmebuchung vor, wenn der Stpfl. die bisherige betriebliche oder berufliche Nutzung eines Wirtschaftsgutes auf Dauer so ändert, dass es seine Beziehung zum Betrieb verliert und dadurch zu notwendigem Privatvermögen wird.[2] ⑤ Eine **Nutzungsänderung,** durch die das Wirtschaftsgutes zwar seinen Charakter als notwendiges Betriebsvermögen verliert, jedoch nicht zu notwendigem Privatvermögen wird, ist ohne eindeutige Entnahmeerklärung des Stpfl. keine Entnahme des Wirtschaftsgutes; das gilt auch bei Gewinnermittlung nach § 13 a EStG (§ 4 Abs. 1 Satz 7 EStG) sowie bei Vollschätzung.

Gegenstand einer Entnahme R 4.3 (4)

(4) ① Gegenstand einer Entnahme können alle Wirtschaftsgüter sein, die zum notwendigen oder gewillkürten Betriebsvermögen gehören, also auch immaterielle (Einzel-)Wirtschaftsgüter, **113** z. B. ein Verlagswert, sowie Nutzungen und Leistungen, auch wenn sie in der Bilanz nicht angesetzt werden können. ② Im Fall des gewerblichen Betriebs einer Fotovoltaikanlage[3] ist der private Verbrauch des Stroms keine private Verwendung der Anlage, sondern eine Sachentnahme des produzierten Stroms.

---

[1] Zur Entnahme vor Veräußerung eines Grundstücks vgl. *BFH-Urteil vom 12. 9. 2002 IV R 66/00 (BStBl. II S. 815).*

[2] Zur Änderung der betrieblichen Nutzung auf unter 10% bei einem bisher dem gewillkürten Betriebsvermögen zugeordneten PKW siehe aber *BFH-Urteil vom 21. 8. 2012 VIII R 11/11 (BStBl. II 2013 S. 117).* Siehe auch H 4.3 (2–4) Nutzungsänderung.

[3] Siehe auch Leitfaden Fotovoltaik im Steuerrecht, *Vfg. BayLfSt vom 30. 7. 2014 S 2240.1.1 – 4 St 32 (BeckVerw 288450).*

H 4.3 (2–4)

115

Altenteilerwohnung → R 4.2 Abs. 4 Satz 5.

Entnahmehandlung

- Für die Eindeutigkeit einer Entnahmehandlung ist ein Verhalten des Stpfl. erforderlich, durch das die Verknüpfung des Wirtschaftsgutes mit dem Betriebsvermögen unmissverständlich gelöst wird. Es bedarf nicht stets einer buchmäßigen Darstellung der Entnahme. Es kann auch ein anderes schlüssiges Verhalten genügen, durch das die Verbindung des Wirtschaftsguts zum Betrieb gelöst wird (→ BFH vom 9. 8. 1989 – BStBl. 1990 II S. 128 und vom 25. 6. 2003 – BStBl. 2004 II S. 403).
- Der Tatbestand der Entnahme ist auch erfüllt, wenn dem Stpfl. die an die Entnahme geknüpften Rechtsfolgen, insbesondere die Gewinnverwirklichung, nicht bewusst werden (→ BFH vom 31. 1. 1985 – BStBl. II S. 395).
- Eine Entnahmehandlung ist auch durch einen Rechtsvorgang möglich; ein solcher liegt immer dann vor, wenn sich die Rechtszuständigkeit für das Wirtschaftsgut ändert (→ BFH vom 5. 7. 2018 – BStBl. II S. 798).
- Die Entnahme eines Wirtschaftsguts, das nicht zum notwendigen Privatvermögen geworden ist, erfordert eine unmissverständliche, von einem Entnahmewillen getragene Entnahmehandlung und darüber hinaus, dass der Stpfl. die naheliegenden steuerlichen Folgerungen aus der Entnahme gezogen hat. Eine fehlende Eindeutigkeit der Entnahmehandlung geht zulasten des Stpfl. (→ BFH vom 29. 9. 2016 – BStBl. 2017 II S. 339).
- → Nachweispflicht.
- → Nutzungsänderung.
- → Personengesellschaften.
- → Schenkung.

Entstrickung. Zur passiven Entstrickung auf Grund erstmaliger Anwendung eines DBA → BMF vom 26. 10. 2018 (BStBl. I S. 1104).

Erbauseinandersetzung und vorweggenommene Erbfolge

- → BMF vom 14. 3. 2006 (BStBl. I S. 253)[1] unter Berücksichtigung der Änderungen durch BMF vom 27. 12. 2018 (BStBl. 2019 I S. 11),
- → BMF vom 13. 1. 1993 (BStBl. I S. 80)[1] unter Berücksichtigung der Änderungen durch BMF vom 26. 2. 2007 (BStBl. I S. 269).

Geschäfts- oder Firmenwert

- Ein Geschäfts- oder Firmenwert kann nicht wie andere Einzelwirtschaftsgüter für sich entnommen werden, da er nur im Rahmen eines lebenden Betriebs, Teilbetriebs oder Mitunternehmeranteils übertragen werden kann (→ BFH vom 24. 11. 1982 – BStBl. 1983 II S. 113),
- → Verlagswert.

Gewinnrealisierung. Steuerpflichtiger Entnahmegewinn ist der gesamte Unterschiedsbetrag zwischen dem Entnahmewert (§ 6 Abs. 1 Nr. 4 EStG) und dem Buchwert des entnommenen Wirtschaftsguts im Zeitpunkt der Entnahme. Das gilt auch dann, wenn das Wirtschaftsgut vor der Entnahme auch privat genutzt und die private Nutzung als Entnahme behandelt worden ist (→ BFH vom 24. 9. 1959 – BStBl. III S. 466; → Nutzungsentnahme). Zur Feststellung des Entnahmewerts von Nutzungen und Leistungen können die für die Bewertung von Sachbezügen entwickelten Grundsätze herangezogen werden (→ BFH vom 22. 7. 1988 – BStBl. II S. 995).

Grundstücke oder Grundstücksteile

- Wird auf einem bisher unbebauten Betriebsgrundstück ein zum Privatvermögen gehörendes Gebäude (z. B. ein auf Dauer zu eigenen Wohnzwecken bestimmtes Gebäude) errichtet, wird der Grund und Boden durch die Bebauung entnommen (→ BFH vom 27. 1. 1977 – BStBl. II S. 388, vom 11. 3. 1980 – BStBl. II S. 740 und vom 14. 5. 2009 – BStBl. II S. 811). Eine anteilige Entnahme des Grund und Bodens liegt vor, wenn auf einem Betriebsgrundstück ein Gebäude errichtet wird, das teilweise Privatvermögen ist (→ BFH vom 24. 11. 1982 – BStBl. 1983 II S. 365). Ggf. bleibt der Entnahmegewinn außer Ansatz (→ § 13 Abs. 5, § 15 Abs. 1 Satz 3 und § 18 Abs. 4 Satz 1 EStG),
- → Personengesellschaften.

Incentive-Reisen → BMF vom 14. 10. 1996 (BStBl. I S. 1192).[2]

Keine Entnahme des Grundstücks oder Grundstücksteils liegt ohne Hinzutreten weiterer Umstände in folgenden Fällen vor:

- **Erbbaurecht** – Belastung eines land- und forstwirtschaftlich genutzten Grundstücks mit einem entgeltlich eingeräumten Erbbaurecht,[3] wenn der vereinbarte Erbbauzins nicht weniger als 10% des ortsüblichen Erbbauzinses beträgt und die Nutzungsänderung nicht mehr als 10% der Gesamtfläche des Betriebs erfasst (→ BFH vom 24. 3. 2011 – BStBl. II S. 692).

---

[1] Abgedruckt als Anlagen zu § 7 EStG.
[2] Abgedruckt als Anlage a zu R 4.7 EStR.
[3] Siehe ergänzend *Vfg. BayLfSt vom 29. 9. 2011, S 2239.1.1 – 1/2 St 32 (StEd S. 730; BeckVerw 253604).*

- **Erklärung von Einkünften aus Vermietung und Verpachtung,** ohne dass der Stpfl. die naheliegenden steuerrechtlichen Folgerungen aus einer Entnahme zieht, wie Gewinnrealisierung nach § 6 Abs. 1 Nr. 4 EStG, unabhängig davon, ob innerhalb oder außerhalb der Buchführung (→ BFH vom 9. 8. 1989 – BStBl. 1990 II S. 128).
- **Gebäudeabriss,** wenn die betriebliche Nutzung der Freifläche möglich ist (→ BFH vom 6. 11. 1991 – BStBl. 1993 II S. 391).
- Im **Hinzuerwerb** eines im Privatvermögen verbleibenden Miteigentumsanteils an einem Grundstück im Wege der Erbfolge liegt keine Entnahme des zum gewillkürten Betriebsvermögen gehörenden Anteils (→ BFH vom 8. 3. 1990 – BStBl. 1994 II S. 559).
- **Landwirtschaftlich genutzte Grundstücke**
  - bei denen keine ertragreiche Bewirtschaftung mehr möglich ist (→ BFH vom 12. 11. 1992 – BStBl. 1993 II S. 430).
  - bei Bebauung ursprünglich landwirtschaftlicher Grundstücke mit Einfamilienhäusern, die anschließend an betriebsfremde Personen vermietet werden, wenn die Nutzungsänderung nur eine Fläche erfasst, die im Vergleich zur Gesamtfläche des Betriebs von geringer Bedeutung ist (→ BFH vom 22. 8. 2002 – BStBl. 2003 II S. 16), → H 4.2 (9) Besonderheiten bei land- und forstwirtschaftlichen Betrieben.
  - Ursprünglich landwirtschaftlich genutzte Flächen eines Betriebs, die verpachtet wurden und nach Ablauf des Pachtverhältnisses nicht wieder aktiv bewirtschaftet werden, sondern brachliegen, bleiben Betriebsvermögen und können nur durch eindeutige Erklärung dem Finanzamt gegenüber entnommen werden (→ BFH vom 17. 1. 2002 – BStBl. II S. 356).
  - Ohne Entnahmeerklärung verlieren ursprünglich landwirtschaftlich genutzte Grundstücke durch eine Nutzungsänderung, die nicht zu notwendigem Privatvermögen führt, ihre Eigenschaft als landwirtschaftliches Betriebsvermögen nur, wenn eine eindeutige Entnahmehandlung vorliegt. Deshalb scheidet ein zuvor zum notwendigen Betriebsvermögen gehörendes Grundstück nicht bereits dadurch aus dem Betriebsvermögen aus, dass es als Bauland behandelt wird und im Hinblick auf die geringe Größe und die umliegende Bebauung nicht mehr landwirtschaftlich genutzt werden kann (→ BFH vom 14. 5. 2009 – BStBl. II S. 811).
- **Nießbrauch** – ein Grundstück, das zum Sonderbetriebsvermögen des Gesellschafters einer GbR gehört, wird durch die Bestellung eines Nießbrauchs am Gesellschaftsanteil und am Grundstück grundsätzlich nicht entnommen (→ BFH vom 1. 3. 1994 – BStBl. 1995 II S. 241).
- **Nutzung** – nur vorübergehende Nutzung zu eigenen Wohnzwecken (→ BFH vom 17. 1. 1974 – BStBl. II S. 240).
- **Nutzungsänderung**
  - Bisher betrieblich genutzte und seitdem ungenutzte (freie) Grundstücksflächen, deren spätere betriebliche Nutzung möglich bleibt, verbleiben ohne eine von einem Entnahmewillen getragene Entnahmehandlung im Betriebsvermögen (→ BFH vom 6. 11. 1991 – BStBl. 1993 II S. 391).
  - Ein zunächst betrieblich genutzter Gebäudeteil verliert seine Eigenschaft als Betriebsvermögen nicht dadurch, dass er zu fremden Wohnzwecken vermietet wird und sich in dem Gebäude ein weiterer zu fremden Wohnzwecken vermieteter Gebäudeteil befindet, der zum Privatvermögen gehört (→ BFH vom 10. 11. 2004 – BStBl. 2005 II S. 334).
- **Nutzungsrecht** – Belastung eines Grundstücks mit der Einräumung eines unentgeltlichen Nutzungsrechts und anschließende Anmietung vom Nutzungsberechtigten durch den Grundstückseigentümer (→ BFH vom 11. 11. 1988 – BStBl. 1989 II S. 872).

Nachweispflicht. Wer sich darauf beruft, dass ein als Betriebsvermögen ausgewiesenes Wirtschaftsgut vor vielen Jahren entnommen worden sei, muss die Entnahmehandlung nachweisen (→ BFH vom 23. 11. 2000 – BStBl. 2001 II S. 232).

Nutzungsänderung. Vermindert sich der Umfang der betrieblichen Nutzung eines Kfz, das dem gewillkürten Betriebsvermögen eines Unternehmens in einem früheren VZ wegen einer mehr als 10%-igen betrieblichen Nutzung zugeordnet wurde, in einem Folgejahr auf unter 10%, ändert dies an der Zuordnung zum gewillkürten Betriebsvermögen nichts, weil eine solche Nutzungsänderung allein keine Entnahme darstellt (→ BFH vom 21. 8. 2012 – BStBl. 2013 II S. 117).

Nutzungsentnahme
- Grundstücke oder Grundstücksteile → BFH vom 11. 11. 1988 (BStBl. 1989 II S. 872) und → H 4.7 (Teilentgeltliche Überlassung).
- Betrieblicher Pkw bei Unfall auf Privatfahrt → BFH vom 24. 5. 1989 (BStBl. 1990 II S. 8); → R 4.7 Abs. 1 Satz 3 bis 5.
- Betrieblicher Pkw bei Diebstahl auf Privatfahrt (→ BFH vom 18. 4. 2007 – BStBl. II S. 762); → Private Kraftfahrzeugnutzung.

Personengesellschaften
- Die Übertragung eines Einzelwirtschaftsguts aus dem betrieblichen Gesamthandsvermögen einer Personengesellschaft oder anderen Gesamthandsgemeinschaft in das Privatvermögen eines Gesellschafters gegen Minderung von Gesellschaftsrechten stellt keine Entnahme, son-

H 4.3 (2–4)

dern einen tauschähnlichen Vorgang dar (→ BMF vom 29. 3. 2000 – BStBl. I S. 462[1] und vom 11. 7. 2011 – BStBl. I S. 713[1] unter Berücksichtigung BMF vom 26. 7. 2016 – BStBl. I S. 684).
- Eine (anteilige) Entnahme liegt nicht vor, wenn ein Wirtschaftsgut des Gesamthandsvermögens einer Personengesellschaft zu fremdüblichen Bedingungen an einen Gesellschafter veräußert wird (→ BFH vom 28. 7. 1998 – BStBl. 1999 II S. 53).
- Eine Entnahme liegt vor, wenn ein zum Gesamthandsvermögen einer Personengesellschaft gehörendes Betriebsgrundstück durch einen oder mehrere Gesellschafter mit Zustimmung der Gesellschaft für private Wohnzwecke des oder der Gesellschafter bebaut wird (→ BFH vom 30. 6. 1987 – BStBl. 1988 II S. 418). Eine Entnahme des Grundstücks liegt dagegen nicht vor, wenn der Gesellschafter ein der Personengesellschaft gehörendes Grundstück für private Zwecke bebaut und nachfolgend zu fremdüblichen Bedingungen erwirbt (→ BFH vom 28. 7. 1998 – BStBl. 1999 II S. 53).
- Wird ein Wirtschaftsgut aus dem Gesamthandsvermögen einer Personengesellschaft mit Zustimmung aller Gesellschafter derart entnommen, dass es Eigentum nur eines Gesellschafters wird, wird der Entnahmegewinn allen Gesellschaftern zugerechnet, falls die stillen Reserven dem begünstigten Gesellschafter geschenkt worden sind (→ BFH vom 28. 9. 1995 – BStBl. 1996 II S. 276).
- Gewährt eine Personengesellschaft einem Gesellschafter ein Darlehen ohne betriebliche Veranlassung, gehört dieses Darlehen privatrechtlich weiter zum Gesamthandsvermögen. Da das Darlehen steuerlich nicht zum Betriebsvermögen gehört, ist es als Entnahme zu behandeln, die allen Gesellschaftern anteilig unter Minderung ihrer Kapitalkonten zuzurechnen ist (→ BFH vom 9. 5. 1996 – BStBl. II S. 642). Eine Entnahme und kein Darlehen liegt auch vor, wenn neben dem festen Kapitalkonto lediglich ein weiteres Konto zur Erfassung von Gewinnen, Einlagen und Entnahmen der Gesellschafter geführt wird, auf dem auch Verluste verbucht werden (→ BFH vom 27. 6. 1996 – BStBl. 1997 II S. 36).
- Werden die Mittel zur Begleichung der Beiträge zu einer Lebensversicherung von der Personengesellschaft dem Gesellschafter in Form eines Darlehens überlassen und dient die Versicherungsprämie der Absicherung von Verbindlichkeiten der Personengesellschaft, kann eine betriebliche Veranlassung für die Darlehensgewährung vorliegen, auch wenn der Versicherungsanspruch selbst nicht Betriebsvermögen ist (→ BFH vom 16. 10. 2014 – BStBl. 2015 II S. 267).

Private Kraftfahrzeugnutzung
- Ertragsteuerliche Erfassung der Nutzung eines betrieblichen Kraftfahrzeugs zu Privatfahrten, zu Fahrten zwischen Wohnung und Betriebsstätte sowie zu Familienheimfahrten nach § 4 Abs. 5 Satz 1 Nr. 6 und § 6 Abs. 1 Nr. 4 Satz 1 bis 3 EStG (→ BMF vom 18. 11. 2009 – BStBl. I S. 1326[2] unter Berücksichtigung der Änderungen durch BMF vom 15. 11. 2012 – BStBl. I S. 1099).
- Nutzung eines betrieblichen Kraftfahrzeugs für private Fahrten, Fahrten zwischen Wohnung und Betriebsstätte/erster Tätigkeitsstätte und Familienheimfahrten; Nutzung von Elektro- und Hybridelektrofahrzeugen (→ BMF vom 5. 11. 2021 – BStBl. I S. 2205).[3]
- Zerstörung eines betrieblichen Kraftfahrzeugs anlässlich einer Privatfahrt → BFH vom 24. 5. 1989 (BStBl. 1990 II S. 8) und R 4.7 Abs. 1 Satz 3 bis 5.
- Wird der zum Betriebsvermögen gehörende Pkw während einer privat veranlassten Nutzung gestohlen, ist der Vermögensverlust nicht gewinnmindernd zu berücksichtigen (→ BFH vom 18. 4. 2007 – BStBl. II S. 762).
- → Nutzungsänderung.

Schenkung
- Bei der schenkweisen Übertragung eines Wirtschaftsguts fehlt es an einer → Entnahmehandlung, wenn der Stpfl. wirtschaftlicher Eigentümer bleibt (→ BFH vom 5. 5. 1983 – BStBl. II S. 631).
- → Personengesellschaften.

Verlagswert
- Entnahme als Einzelwirtschaftsgut möglich (→ BFH vom 24. 11. 1982 – BStBl. 1983 II S. 113),
- → Geschäfts- oder Firmenwert.

Verlustdeckung bei einer Schwester-KG. Die Gewinnverwendung zur Deckung des Verlusts einer Schwester-KG ist eine Entnahme (→ BFH vom 26. 1. 1995 – BStBl. II S. 589).

Vorbehaltsnießbrauch
- Wird ein Wirtschaftsgut aus außerbetrieblichen Gründen einem Dritten unter Vorbehalt des Nießbrauchs unentgeltlich übereignet und auf Grund des Nießbrauchsrechts weiterhin betrieblich genutzt, wird das Wirtschaftsgut insgesamt entnommen, nicht nur ein um den Wert des Nießbrauchs geminderter Teil des Wirtschaftsguts (→ BFH vom 28. 2. 1974 – BStBl. II S. 481, vom 2. 8. 1983 – BStBl. II S. 735 und vom 8. 12. 1983 – BStBl. 1984 II S. 202),
- → Nutzungsentnahme.

---

[1] Nachstehend abgedruckt.
[2] Abgedruckt als Anlage b zu R 4.12 EStR.
[3] Abgedruckt als Anlage c zu R 4.12 EStR.

Wettbewerbsverbot. Wird der Gesellschafter einer Personengesellschaft oder der Gesellschafter-Geschäftsführer ihrer Komplementär-GmbH im Handelszweig der Personengesellschaft tätig, kann dadurch ein Schadensersatzanspruch der Gesellschaft wegen Verstoßes gegen das Wettbewerbsverbot entstehen. Verzichten die anderen Gesellschafter ohne betriebliche Veranlassung auf die Geltendmachung des Anspruchs, liegt eine Entnahme der Forderung vor. Ein Schadensersatzanspruch entsteht allerdings nicht, wenn die anderen Gesellschafter mit der Tätigkeit des Gesellschafters ausdrücklich oder stillschweigend einverstanden waren; zu einer Entnahme kommt es dann nicht (→ BFH vom 23. 3. 1995 – BStBl. II S. 637).

Wochenendhaus. Wird ein Wochenendhaus auf einem Betriebsgrundstück errichtet, werden Grund und Boden und das Wochenendhaus erst dann notwendiges Privatvermögen und damit entnommen, wenn die Absicht der künftigen Verwendung des Wochenendhauses zu eigenen Wohnzwecken in Erklärungen oder in einem eindeutigen Verhalten des Stpfl. zum Ausdruck kommt (→ BFH vom 29. 4. 1970 – BStBl. II S. 754).

Anl a zu R 4.3

a) Schreiben betr. Behandlung der Einbringung einzelner zum Privatvermögen gehörender Wirtschaftsgüter in das betriebliche Gesamthandsvermögen einer Personengesellschaft als tauschähnlicher Vorgang; Anwendung des BFH-Urteils vom 19. Oktober 1998 – VIII R 69/95 –

Vom 29. März 2000 (BStBl. I S. 462)

BMF IV C 2 – S 2178 – 4/00

Der VIII. Senat des BFH behandelt im Urteil vom 19. Oktober 1998 – VIII R 69/95 – BStBl. 2000 II S. 230 die Einbringung einer wesentlichen Beteiligung i. S. des § 17 EStG aus dem Privatvermögen in das betriebliche Gesamthandsvermögen einer Personengesellschaft gegen Gewährung von Gesellschaftsrechten als tauschähnlichen Vorgang, der beim einbringenden Gesellschafter zu einer entgeltlichen Veräußerung i. S. des § 17 EStG und bei der aufnehmenden Personengesellschaft zu einem Anschaffungsgeschäft führt. Der BFH ist damit von der Auffassung der Finanzverwaltung abgewichen, die eine Veräußerung durch den Gesellschafter i. S. des § 17 EStG verneint und den Vorgang als Einlage i. S. des § 4 Abs. 1 *Satz 5*[1] EStG i. V. m. § 6 Abs. 1 Nr. 5 EStG ansieht (BMF-Schreiben vom 20. Dezember 1977 – BStBl. 1978 I S. 8[2] Tz. 49). 116

Unter Bezugnahme auf das Ergebnis der Erörterung mit den obersten Finanzbehörden der Länder nehme ich zur Anwendung der Rechtsgrundsätze des o. g. BFH-Urteils wie folgt Stellung:

I. Allgemeine Anwendung und Bedeutung des BFH-Urteils

Die Rechtsgrundsätze des BFH-Urteils vom 19. Oktober 1998 – VIII R 69/95 – sind in allen offenen Fällen anzuwenden. Tz. 49 des BMF-Schreibens vom 20. Dezember 1977 (BStBl. 1978 I S. 8)[2] ist damit überholt.

Das BFH-Urteil ist zwar nur für die Übertragung einer im Privatvermögen gehaltenen wesentlichen Beteiligung i. S. des § 17 EStG ergangen, gilt aber der Sache nach allgemein für die Übertragung einzelner Wirtschaftsgüter aus dem Privatvermögen in das betriebliche Gesamthandsvermögen einer Personengesellschaft gegen Gewährung von Gesellschaftsrechten.

II. Änderungen gegenüber der bisherigen Rechtsauffassung im Einzelnen

Im Einzelnen ergeben sich aus der Anwendung des o. g. BFH-Urteils folgende Änderungen gegenüber der bisherigen Rechtsauffassung:

1. Die Übertragung eines Einzelwirtschaftsguts aus dem Privatvermögen in das betriebliche Gesamthandsvermögen einer Personengesellschaft
   a) stellt einen **tauschähnlichen** Vorgang dar, wenn dem Einbringenden als Gegenleistung für das eingebrachte Einzelwirtschaftsgut Gesellschaftsrechte gewährt werden, die dem Wert des Wirtschaftsguts entsprechen (offene Sacheinlage). § 6 Abs. 1 Nr. 5 EStG kommt nicht zur Anwendung. Eine Gewährung von Gesellschaftsrechten ist anzunehmen, wenn die durch die Übertragung eintretende Erhöhung des Gesellschaftsvermögens dem Kapitalkonto des einbringenden Gesellschafters gutgeschrieben wird, das für seine Beteiligung am Gesellschaftsvermögen maßgebend ist (vgl. Tz. 24 des BMF-Schreibens vom 20. Dezember 1977 – BStBl. 1978 I S. 8).[2] Die Verbuchung auf einem Darlehenskonto stellt keine offene Sacheinlage dar. Zur Abgrenzung zwischen Darlehenskonto und Kapitalkonto vgl. das BMF-Schreiben vom 30. Mai 1997 (BStBl. I S. 627),[3]
   b) stellt eine Einlage dar, wenn dem Einbringenden überhaupt keine Gesellschaftsrechte gewährt werden (verdeckte Einlage),[4]
   c)[5] ist in einen tauschähnlichen Vorgang und eine Einlage aufzuteilen, wenn der Wert des übertragenen Wirtschaftsguts höher ist als die im Gegenzug eingeräumten Gesellschaftsrechte, Aufteilungsmaßstab ist das Verhältnis des Werts der gewährten Gesellschaftsrechte zum gemeinen Wert des übertragenen Wirtschaftsguts (vgl. BFH-Urteil vom 17. Juli 1980, BStBl. 1981 II S. 11).

[1] Jetzt „Satz 8".
[2] Letztmals abgedruckt im „Handbuch zur ESt-Veranlagung 1998" als Anlage zu § 15 EStG.
[3] Abgedruckt als Anlage a zu § 15 a EStG.
[4] Siehe hierzu nachstehend abgedrucktes BMF-Schreiben vom 11. 7. 2011 (BStBl. I S. 713) unter Berücksichtigung des BMF-Schreibens vom 26. 7. 2016 (BStBl. I S. 684).
[5] Siehe aber BMF-Schreiben vom 11. 7. 2011 (BStBl. I S. 713), nachstehend abgedruckt.

Da diese Grundsätze nicht nur bei der Einbringung wesentlicher Beteiligungen i. S. des § 17 EStG, sondern für alle Einzelwirtschaftsgüter gelten, führt z. B. die Einbringung von Grundstücken und grundstücksgleichen Rechten durch offene Sacheinlage in das betriebliche Gesamthandsvermögen einer Personengesellschaft innerhalb von zehn Jahren seit der Anschaffung im Privatvermögen zu einem privaten Veräußerungsgeschäft i. S. des § 23 Abs. 1 Satz 1 Nr. 1 EStG. Erfolgt die Einlage in das betriebliche Gesamthandsvermögen im Wege der verdeckten Einlage und wurde die Einlage nach dem 31. Dezember 1999 vorgenommen, liegt ein privates Veräußerungsgeschäft i. S. des § 23 Abs. 1 Satz 5 Nr. 1 EStG vor, wenn das eingelegte Wirtschaftsgut innerhalb eines Zeitraums von zehn Jahren seit der Anschaffung im Privatvermögen aus dem Betriebsvermögen veräußert wird.

2. Die o. a. Grundsätze gelten nicht nur bei der Einbringung in eine Personengesellschaft, sondern auch in eine andere Gesamthandsgemeinschaft (Gütergemeinschaft, Erbengemeinschaft).
3. Entsprechendes gilt bei der Übertragung eines Einzelwirtschaftsguts aus dem betrieblichen Gesamthandsvermögen einer Personengesellschaft oder anderen Gesamthandsgemeinschaft in das Privatvermögen. Das bedeutet, dass es sich auch im Falle der Übertragung gegen Minderung von Gesellschaftsrechten um einen tauschähnlichen Vorgang handelt.

III. Einbringung wertgeminderter *wesentlicher Beteiligungen*[1]

In Fällen der Einbringung wertgeminderter *wesentlicher Beteiligungen*[1] gilt Folgendes:

1. Die Einbringung einer wertgeminderten *wesentlichen Beteiligung i. S. des § 17 EStG*[1] aus dem Privatvermögen in das betriebliche Gesamthandsvermögen einer Personengesellschaft gegen Gewährung von Gesellschaftsrechten stellt nach den Grundsätzen des BFH-Urteils vom 19. Oktober 1998 – VIII R 69/95 – einen tauschähnlichen Vorgang dar. Im Zeitpunkt der Einbringung entsteht ein Veräußerungsverlust, der nach Maßgabe des § 17 Abs. 2 *Satz 4*[2] EStG zu berücksichtigen ist. *R 140 Abs. 8 EStR*[3] findet keine Anwendung.
2.[4] In Fällen der Einlage einer wertgeminderten *wesentlichen Beteiligung*[1] in einen als Einzelunternehmen geführten Betrieb desselben Steuerpflichtigen oder in das Sonderbetriebsvermögen desselben Steuerpflichtigen bei einer Mitunternehmerschaft sind *R 140 Abs. 8 EStR*[3] sowie das BMF-Schreiben vom 5. Dezember 1996 (BStBl. I S. 1500) weiterhin anzuwenden. Gleiches gilt für die Übertragung in das betriebliche Gesamthandsvermögen einer Personengesellschaft, soweit dem Einbringenden keine oder nur teilweise Gesellschaftsrechte gewährt werden (vgl. Abschnitt II Ziffer 1 Buchstaben b und c).

IV. Übergangsregelung

Wird das Wirtschaftsgut vor dem 1. Juli 2000 in das bzw. aus dem Gesamthandsvermögen einer Personengesellschaft gegen Gewährung bzw. Minderung von Gesellschaftsrechten übertragen, so kann auf gemeinsamen Antrag der Beteiligten noch nach der bisherigen Auffassung der Finanzverwaltung verfahren werden, d. h. bei der Übertragung in das Gesellschaftsvermögen gegen Gewährung von Gesellschaftsrechten ist die Übertragung als Einlage (Tz. 49 des BMF-Schreibens vom 20. Dezember 1977, BStBl. I S. 8)[5] und bei der Übertragung in das Privatvermögen gegen Minderung von Gesellschaftsrechten als Entnahme zu behandeln. Die Beteiligten sind dann für die Zukunft an diese Be-handlung gebunden. Bei einem gemeinsamen Antrag der Beteiligten ist die Einbringung auch für die Anwendung des § 23 EStG als Einlage anzusehen. Bei Einlagen, die nach dem 31. Dezember 1999 vorgenommen werden, ist § 23 Abs. 1 Satz 5 Nr. 1 EStG zu beachten.

Entscheidend für den Zeitpunkt der Übertragung ist der Zeitpunkt des Übergangs des wirtschaftlichen Eigentums.

Anl b zu R 4.3

b) Schreiben betr. Behandlung der Einbringung zum Privatvermögen gehörender Wirtschaftsgüter in das betriebliche Gesamthandsvermögen einer Personengesellschaft

Vom 11. Juli 2011 (BStBl. I S. 713)

(BMF IV C 6 – S 2178/09/10001; DOK 2011/0524044)

Bei der Behandlung der Einbringung einzelner zum Privatvermögen gehörender Wirtschaftsgüter in das betriebliche Gesamthandsvermögen einer Personengesellschaft als tauschähnlicher Vorgang ist die Frage aufgeworfen worden, unter welchen Voraussetzungen bei Anwendung der BFH-Urteile vom 24. Januar 2008 IV R 37/06 (BStBl. 2011 II S. 617) und vom 17. Juli 2008 I R 77/06 (BStBl. 2009 II S. 464) weiterhin vom Vorliegen einer verdeckten Einlage im Sinne der Ausführungen zu Abschnitt II.1.b) des BMF-Schreibens vom 29. März 2000 (BStBl. I S. 462)[6] auszugehen ist.

Hierzu nehme ich unter Bezugnahme auf das Ergebnis der Erörterungen mit den obersten Finanzbehörden der Länder wie folgt Stellung:

---

[1] Nunmehr „Beteiligungen i. S. des § 17 Abs. 1 Satz 1 EStG".
[2] Jetzt „Satz 6".
[3] Zuletzt R 17 Abs. 8 EStR 2008.
[4] Überholt, siehe H 17 (8) Einlage einer wertgeminderten Beteiligung.
[5] Letztmals abgedruckt im „Handbuch zur ESt-Veranlagung 1998" als Anlage zu § 15 EStG.
[6] Abgedruckt als Anlage a zu R 4.3.

Anl b zu R 4.3

I. Übertragung gegen Gewährung von Gesellschaftsrechten

117 Erhöht sich durch die Übertragung eines Wirtschaftsguts der Kapitalanteil des Einbringenden, liegt insoweit eine Übertragung gegen Gewährung von Gesellschaftsrechten vor.

Für die Frage, ob als Gegenleistung für die Übertragung Gesellschaftsrechte gewährt werden, ist grundsätzlich das Kapitalkonto der Handelsbilanz (z. B. bei einer OHG nach § 120 Absatz 2 HGB) maßgebend, wonach sich die Gesellschaftsrechte – wenn nichts anderes vereinbart ist – nach dem handelsrechtlichen Kapitalanteil des Gesellschafters richten. Dieser Kapitalanteil ist nach dem Regelstatut des HGB z. B. für die Verteilung des Jahresgewinns, für Entnahmerechte und für die Auseinandersetzungsansprüche von Bedeutung (bei einer OHG betrifft dies §§ 121, 122 und 155 HGB).

Werden die handelsrechtlichen Vorschriften abbedungen und nach den gesellschaftsvertraglichen Vereinbarungen mehrere (Unter-)Konten geführt, gilt für die steuerliche Beurteilung Folgendes:

1. Kapitalkonto I

Erfolgt als Gegenleistung für die Übertragung die Buchung auf dem Kapitalkonto I, ist von einer Übertragung gegen Gewährung von Gesellschaftsrechten auszugehen. Als maßgebliche Gesellschaftsrechte kommen die Gewinnverteilung, die Auseinandersetzungsansprüche sowie Entnahmerechte in Betracht. Die bloße Gewährung von Stimmrechten stellt allein keine Gegenleistung im Sinne einer Gewährung von Gesellschaftsrechten dar, da Stimmrechte allein keine vermögensmäßige Beteiligung an der Personengesellschaft vermitteln.

2. Weitere – variable – Gesellschafterkonten[1]

Werden neben dem Kapitalkonto I weitere gesellschaftsvertraglich vereinbarte – variable – Gesellschafterkonten geführt, so kommt es für deren rechtliche Einordnung auf die jeweiligen vertraglichen Abreden im Gesellschaftsvertrag an. Ein wesentliches Indiz für das Vorliegen eines Kapitalkontos ist die gesellschaftsvertragliche Vereinbarung, dass auf dem jeweiligen Konto auch Verluste gebucht werden, vgl. hierzu BMF-Schreiben vom 30. Mai 1997 (BStBl. I S. 627)[2] sowie BFH-Urteil vom 26. Juni 2007 IV R 29/06 (BStBl. 2008 II S. 103).

Liegt nach diesen Maßstäben (Buchung auch von Verlusten) ein (weiteres) Kapitalkonto II vor, gilt Folgendes:

Auch wenn das Kapitalkonto eines Gesellschafters in mehrere Unterkonten aufgegliedert wird, bleibt es gleichwohl ein einheitliches Kapitalkonto. Eine Buchung auf einem Unterkonto des einheitlichen Kapitalkontos (und damit auch auf dem Kapitalkonto II) führt demnach regelmäßig zu einer Gewährung von Gesellschaftsrechten.

Handelt es sich bei dem betreffenden Gesellschafterkonto nicht um ein Kapitalkonto, ist regelmäßig von einem Darlehenskonto auszugehen. Erfolgt die Übertragung von Einzelwirtschaftsgütern gegen Buchung auf einem Darlehenskonto, so kann dieses Konto keine Gesellschaftsrechte gewähren; wegen des Erwerbs einer Darlehensforderung durch den übertragenden Gesellschafter liegt insoweit ein entgeltlicher Vorgang vor, der nach § 6 Absatz 1 Nummer 1 oder 2 EStG zu bewerten ist.

II. Abgrenzung der entgeltlichen von der unentgeltlichen Übertragung (verdeckte Einlage)

1. Abgrenzungsmerkmale

Soweit dem Einbringenden überhaupt keine Gesellschaftsrechte und auch keine sonstigen Gegenleistungen (einschließlich der Begründung einer Darlehensforderung bei Buchung auf einem Darlehenskonto) gewährt werden, liegt mangels Gegenleistung eine verdeckte Einlage vor. Sie ist nach § 4 Absatz 1 Satz 8 i. V. m. § 6 Absatz 1 Nummer 5 EStG zu bewerten, auch wenn sie in der Steuerbilanz der Gesellschaft das Eigenkapital erhöht. In den übrigen Fällen liegen – vorbehaltlich der Ausführungen zu Ziffer 2.d) – stets in vollem Umfang entgeltliche Übertragungsvorgänge vor. 117a

2. Buchungstechnische Behandlung

a) Voll entgeltliche Übertragungsfälle

In den Fällen der vollständigen Gegenbuchung des gemeinen Werts des auf die Personengesellschaft übertragenen (eingebrachten) Wirtschaftsguts[3]

- auf dem Kapitalkonto I oder auf einem variablen Kapitalkonto (z. B. Kapitalkonto II),
- auf dem Kapitalkonto I und teilweise auf einem variablen Kapitalkonto oder

---

[1] Tz. I. 2 ist insoweit überholt, als danach sowohl eine Buchung, die ausschließlich auf einem variablen Kapitalkonto (insbesondere Kapitalkonto II) erfolgt, als auch eine Buchung, die teilweise auf einem variablen Kapitalkonto (insbesondere dem Kapitalkonto II) und teilweise auf einem gesamthänderisch gebundenen Rücklagenkonto erfolgt, zu einer Gewährung von Gesellschaftsrechten und damit zu einem entgeltlichen Vorgang führt.

Auf gemeinsamen Antrag des Übertragenden oder des Einbringenden und der übernehmenden Personengesellschaft kann in noch offenen Fällen die bisherige Verwaltungsauffassung, wonach auch eine Buchung auf dem Kapitalkonto II zu einer Gewährung von Gesellschaftsrechten führt, für Übertragungen und Einbringungen bis zum 31. 12. 2016 weiterhin angewendet werden, *BMF-Schreiben vom 26. 7. 2016 (BStBl. I S. 684).*

[2] Abgedruckt als Anlage a zu § 15 a EStG.

[3] Tz. II 2. a) erster und dritter Spiegelstrich ist insoweit überholt, als danach sowohl eine Buchung, die ausschließlich auf einem variablen Kapitalkonto (insbesondere dem Kapitalkonto II) erfolgt, als auch eine Buchung, die teilweise auf einem variablen Kapitalkonto (insbesondere dem Kapitalkonto II) und teilweise auf einem gesamthänderisch gebundenen Rücklagenkonto erfolgt, zu einer Gewährung von Gesellschaftsrechten und damit zu einem entgeltlichen Vorgang führt.

Auf gemeinsamen Antrag des Übertragenden oder des Einbringenden und der übernehmenden Personengesellschaft kann in noch offenen Fällen die bisherige Verwaltungsauffassung, wonach auch eine Buchung auf dem Kapitalkonto II zu einer Gewährung von Gesellschaftsrechten führt, für Übertragungen und Einbringungen bis zum 31. 12. 2016 weiterhin angewendet werden, *BMF-Schreiben vom 26. 7. 2016 (BStBl. I S. 684).*

Anl b zu R 4.3

– teilweise auf dem Kapitalkonto I oder einem variablen Kapitalkonto und teilweise auf einem gesamthänderisch gebundenen Rücklagenkonto der Personengesellschaft

liegt stets ein in vollem Umfang entgeltlicher Übertragungsvorgang vor; eine Aufteilung der Übertragung in einen entgeltlichen und einen unentgeltlichen Teil ist in diesen Fällen nicht vorzunehmen (BFH-Urteile vom 24. Januar 2008 IV R 37/06, BStBl. 2011 II S. 617, und vom 17. Juli 2008 I R 77/06, BStBl. 2009 II S. 464).

Beispiel 1:

A und B sind Gesellschafter der betrieblich tätigen AB-OHG. Ihre Gesellschaftsanteile (Kapitalkonto I) betragen jeweils 50 000 €. A bringt ein Grundstück (gemeiner Wert 400 000 €, angeschafft im Privatvermögen des A vor 10 Jahren für 40 000 €) in das Gesamthandsvermögen der OHG ein und erhält dafür weitere Gesellschaftsrechte (Kapitalkonto I) i. H. v. 40 000 €. Nach den ausdrücklichen Bestimmungen in der Einbringungsvereinbarung wird der Restbetrag von 360 000 € auf einem gesamthänderisch gebundenen Kapitalrücklagenkonto gutgeschrieben und das Grundstück wird mit 400 000 € in der Gesamthandsbilanz der OHG erfasst.

Lösung:

Da eine Buchung des Vorgangs teilweise auf dem Kapitalkonto I und teilweise auf dem gesamthänderisch gebundenen Kapitalrücklagenkonto erfolgt ist, liegt ein in vollem Umfang entgeltlicher Übertragungsvorgang vor; eine Aufteilung der Übertragung in einen entgeltlichen und einen unentgeltlichen Teil ist nicht vorzunehmen.

b) Unentgeltliche Übertragungsfälle[1]

Eine Übertragung im Wege der verdeckten Einlage und damit ein unentgeltlicher Vorgang ist nur dann anzunehmen, wenn dem Einbringenden überhaupt keine Gesellschaftsrechte gewährt werden und demzufolge die Übertragung des Wirtschaftsguts ausschließlich auf einem gesamthänderisch gebundenen Kapitalrücklagenkonto gutgeschrieben wird oder – was handelsrechtlich zulässig sein kann – als Ertrag gebucht wird.

In beiden Fällen erhöht dies zwar das Eigenkapital der Gesellschaft. Dem Einbringenden werden aber hierdurch keine zusätzlichen Gesellschaftsrechte gewährt. Bei der ausschließlichen Buchung auf einem gesamthänderisch gebundenen Kapitalrücklagenkonto erlangt der übertragende Gesellschafter nämlich anders als bei der Buchung auf einem Kapitalkonto keine individuelle Rechtsposition, die ausschließlich ihn bereichert. Bei der Buchung auf einem gesamthänderisch gebundenen Kapitalrücklagenkonto wird vielmehr der Auseinandersetzungsanspruch aller Gesellschafter entsprechend ihrer Beteiligung dem Grunde nach gleichmäßig erhöht. Der Mehrwert fließt also – ähnlich wie bei einer Buchung auf einem Ertragskonto – in das gesamthänderisch gebundene Vermögen der Personengesellschaft und kommt dem übertragenden Gesellschafter ebenso wie allen anderen Mitgesellschaftern nur als reflexartige Wertsteigerung seiner Beteiligung zugute. Mangels Gegenleistung an den übertragenden Gesellschafter liegt deshalb hier ein unentgeltlicher Vorgang im Sinne einer verdeckten Einlage vor.

c) Fehlende Interessengegensätze auf Gesellschafterebene

Die Ausführungen unter b) gelten grundsätzlich auch für die Fälle, in denen auf der Ebene der vermögensmäßig beteiligten Gesellschafter kein Interessengegensatz zu verzeichnen ist, wie es beispielsweise in den Fällen der „Einmann-GmbH & Co. KG" anzunehmen ist. In diesen Fällen obliegt die Entscheidung ausschließlich dem Gesellschafter selbst, eine vollständige Buchung auf einem gesamthänderisch gebundenen Kapitalrücklagenkonto später wieder rückgängig zu machen (z. B. durch Auflösung des Kapitalrücklagenkontos gegen Gutschrift auf seinem Kapitalkonto, so dass der ursprünglich angenommene unentgeltliche Vorgang später nicht mehr gegeben ist, weil die – im Nachhinein vorgenommene – Umbuchung auf das Kapitalkonto gerade nicht zu einem unentgeltlichen Vorgang führt). Insbesondere in den Fällen der Übertragung von Grundstücken auf eine „Einmann-GmbH & Co. KG" ist daher zu prüfen, ob im Hinblick auf die Anwendbarkeit des § 23 Absatz 1 Satz 1 Nummer 1 EStG ein Missbrauch von rechtlichen Gestaltungsmöglichkeiten im Sinne des § 42 AO anzunehmen ist, wenn die Übertragung des Wirtschaftsguts (zunächst) vollständig auf einem gesamthänderisch gebundenen Kapitalrücklagenkonto gutgeschrieben wird.

d) Teilentgeltliche Übertragungsvorgänge

Wird im Falle einer Übertragung eines Einzelwirtschaftsguts ausdrücklich ein den gemeinen Wert unterschreitender Wertansatz vereinbart (z. B. wegen einer Zuwendungsabsicht), ist der überschießende Wertanteil als verdeckte Einlage zu qualifizieren, vgl. hierzu auch Ziffer I.4 der Entscheidungsgründe des BFH-Urteils vom 17. Juli 2008 I R 77/06 (BStBl. 2009 II S. 464). Sofern die Übertragung im Übrigen als entgeltliche Übertragung zu beurteilen ist, ist der Vorgang in einen entgeltlichen und einen unentgeltlichen Anteil aufzuteilen (sog. „Trennungstheorie").

Beispiel 2 (Abwandlung des Beispiels 1):

A und B sind Gesellschafter der betrieblich tätigen AB-OHG. Ihre Gesellschaftsanteile (Kapitalkonto I) betragen jeweils 50 000 €. A bringt ein Grundstück (gemeiner Wert 400 000 €, angeschafft im Privatvermögen des A vor 10 Jahren für 40 000 €) in das Gesamthandsvermögen der OHG ein. Im zugrunde liegenden Einbringungsvertrag ist ausdrücklich ein Einbringungswert von (nur) 40 000 € und demgemäß die Gewährung weiterer Gesellschaftsrechte (Kapitalkonto I) i. H. v. (nur) 40 000 € vereinbart worden. Das Grundstück wird gemäß dieser (bewussten) Vereinbarung mit 40 000 € in

---

[1] Tz. II. 2. b) ist insoweit überholt, als danach sowohl eine Buchung, die ausschließlich auf einem variablen Kapitalkonto (insbesondere dem Kapitalkonto II) erfolgt, als auch eine Buchung, die teilweise auf einem variablen Kapitalkonto (insbesondere dem Kapitalkonto II) und teilweise auf einem gesamthänderisch gebundenen Rücklagenkonto erfolgt, zu einer Gewährung von Gesellschaftsrechten und damit zu einem entgeltlichen Vorgang führt.

Auf gemeinsamen Antrag des Übertragenden oder des Einbringenden und der übernehmenden Personengesellschaft kann in noch offenen Fällen die bisherige Verwaltungsauffassung, wonach auch eine Buchung auf dem Kapitalkonto II zu einer Gewährung von Gesellschaftsrechten führt, für Übertragungen und Einbringungen bis zum 31. 12. 2016 weiterhin angewendet werden, *BMF-Schreiben vom 26. 7. 2016 (BStBl. I S. 684).*

der Gesamthandsbilanz der OHG erfasst und das Kapitalkonto des A wird um 40 000 € erhöht. Weitere Buchungen durch die Beteiligten erfolgen nicht.

Lösung:

Wäre das Grundstück nach den Bestimmungen der Einbringungsvereinbarung in der Bilanz der OHG mit 400 000 € angesetzt und der Differenzbetrag von 360 000 € auf einem gesamthänderisch gebundenen Rücklagenkonto gebucht worden, würde es sich nach den Ausführungen unter Ziffer 2.a) um einen in vollem Umfang entgeltlichen Übertragungsvorgang handeln (siehe auch die Lösung des Beispiels 1). Im vorliegenden Fall aber, in dem das Grundstück nach den Bestimmungen in der Einbringungsvereinbarung bewusst nur mit 40 000 € angesetzt und der Differenzbetrag von 360 000 € durch die Beteiligten buchungstechnisch zunächst überhaupt nicht erfasst wird, ist von einem teilentgeltlichen Vorgang auszugehen, da das Grundstück nach dem ausdrücklichen Willen der Beteiligten unter Wert eingebracht werden sollte. Für diesen Fall der Einbringung unter Wert sind die Ausführungen im BMF-Schreiben vom 29. März 2000 (BStBl. I S. 462[1]) zu Abschnitt II.1.c) weiterhin anzuwenden; im Übrigen sind diese Ausführungen aufgrund der Ausführungen oben unter Ziffer 2.a) zu den voll entgeltlichen Übertragungsvorgängen überholt.

Im Beispiel 2 liegt ein teilentgeltlicher Vorgang vor, weil das Grundstück zu 10% (40 000 €/400 000 €) entgeltlich und zu 90% (360 000 €/400 000 €) unentgeltlich übertragen wird. Hinsichtlich des entgeltlich übertragenen Teils ist das Grundstück deshalb in der Bilanz der OHG mit dem Veräußerungspreis von 40 000 € (= Wert der hingegebenen Gesellschaftsrechte) anzusetzen. Hinsichtlich des unentgeltlich übertragenen Teils ist das Grundstück nach Einlagegrundsätzen gemäß § 4 Absatz 1 Satz 8 EStG i. V. m. § 6 Absatz 1 Nummer 5 Satz 1 EStG mit dem anteiligen Teilwert in Höhe von 360 000 € (90% von 400 000 €) anzusetzen. Das Grundstück ist deshalb richtigerweise auch bei einer teilentgeltlichen Übertragung mit 400 000 € in der Bilanz der OHG zu erfassen. Aufgrund der Teilentgeltlichkeit des Übertragungsvorgangs ist der den Wert der auf dem Kapitalkonto I verbuchten Gesellschaftsrechte übersteigende Betrag von 360 000 € innerhalb der Bilanz der OHG als Ertrag zu behandeln. Diese Ertragsbuchung ist durch eine entsprechende gegenläufige außerbilanzielle Korrektur zu neutralisieren. Aufgrund der ausdrücklichen Bestimmungen in der Einbringungsvereinbarung (Einbringung unter Wert) kommt hier eine Buchung des übersteigenden Betrags von 360 000 € auf einem gesamthänderischen Rücklagenkonto oder auf einem variablen Kapitalkonto (Kapitalkonto II) nicht in Betracht, weil diese Vorgehensweise nach den unter Ziffer 2.a) dargestellten Grundsätzen zur Annahme eines voll entgeltlichen Übertragungsgeschäfts führen würde, was nach der zugrunde liegenden Einbringungsvereinbarung von den Beteiligten gerade nicht gewollt war.

III. Bloße Nutzungsänderung oder Eintritt der Voraussetzungen des § 15 Absatz 3 Nummer 2 EStG

Unter I. und II. werden ausschließlich die Fälle der Übertragung von Wirtschaftsgütern auf gesellschaftsrechtlicher Grundlage behandelt. Hiervon zu unterscheiden sind die Fälle einer bloßen Nutzungsänderung oder des Eintritts der Voraussetzungen des § 15 Absatz 3 Nummer 2 EStG. Die Regelungen unter I. und II. finden bei der Überführung eines Wirtschaftsguts aus dem steuerlichen Privatvermögen der Personengesellschaft in deren Betriebsvermögen keine Anwendung, so z. B. in den Fällen einer bloßen Nutzungsänderung hinsichtlich einzelner Wirtschaftsgüter wie etwa Grundstücke. Das Gleiche gilt in den Fällen des (späteren) Eintritts der Voraussetzungen einer gewerblichen Prägung der Personengesellschaft nach § 15 Absatz 3 Nummer 2 EStG). **117b**

IV. Übergangsregelung

Dieses Schreiben ersetzt das BMF-Schreiben vom 26. November 2004 (BStBl. I S. 1190).[2]

Sofern die in den BFH-Urteilen vom 24. Januar 2008 IV R 37/06 (BStBl. 2011 II S. 617) und vom 17. Juli 2008 I R 77/06 (BStBl. 2009 II S. 464) geäußerte Rechtsauffassung des BFH zur vollen Entgeltlichkeit von Übertragungsvorgängen zu einer Verschärfung gegenüber der bisher geltenden Auffassung der Finanzverwaltung führt, kann auf Antrag die bisherige Verwaltungsauffassung für Übertragungsvorgänge bis zum 30. Juni 2009 weiterhin angewendet werden (Übergangsregelung). Bei Anwendung der Übergangsregelung liegt, soweit eine Buchung teilweise auch auf einem gesamthänderisch gebundenen Kapitalrücklagenkonto erfolgt, ein unentgeltlicher Vorgang (verdeckte Einlage) vor; ein entgeltlicher Vorgang liegt nur insoweit vor, als die Buchung auf dem Kapitalkonto erfolgt. Voraussetzung für die Anwendung der Übergangsregelung ist, dass der das Wirtschaftsgut Übertragende und der Übernehmer des Wirtschaftsguts einheitlich verfahren und dass der Antragsteller damit einverstanden ist, dass die Anwendung der Übergangsregelung z. B. die Rechtsfolge des § 23 Absatz 1 Satz 5 Nummer 1 EStG auslöst. **117c**

R 4.4. Bilanzberichtigung und Bilanzänderung

R 4.4

Bilanzberichtigung

(1) ① Ist ein Ansatz in der Bilanz unrichtig, kann der Stpfl. nach § 4 Abs. 2 Satz 1 EStG den Fehler durch eine entsprechende Mitteilung an das Finanzamt berichtigen (Bilanzberichtigung). ② Ein Ansatz in der Bilanz ist unrichtig, wenn er unzulässig ist, d. h., wenn er gegen zwingende Vorschriften des Einkommensteuerrechts oder des Handelsrechts oder gegen die einkommensteuerrechtlich zu beachtenden handelsrechtlichen Grundsätze ordnungsmäßiger Buchführung verstößt. ③ *Eine Bilanzberichtigung ist unzulässig, wenn der Bilanzansatz im Zeitpunkt der Bilanzaufstellung subjektiv richtig ist.* ④ *Subjektiv richtig ist jede der im Zeitpunkt der Bilanzaufstellung der kaufmännischen Sorgfalt entsprechende Bilanzierung.* ⑤ *Entspricht ein Bilanzansatz im Zeitpunkt der Bilanzaufstellung den Grundsätzen höchstrichterlicher Rechtsprechung, wird dieser durch eine Änderung der* **121**

---

[1] Abgedruckt als Anlage a zu R 4.3 EStR.

[2] Letztmals abgedruckt im „Handbuch zur ESt-Veranlagung 2010" als Anlage a zu R 4.3 EStR.

Rechtsprechung nicht unrichtig. ⑥ *Hat der Stpfl. entsprechend der im Zeitpunkt der Bilanzaufstellung bestehenden Verwaltungsauffassung bilanziert, hält er aber einen davon abweichenden Ansatz für richtig, ist eine Bilanzberichtigung bei einer Änderung der Verwaltungsauffassung auf Grund höchstrichterlicher Rechtsprechung zulässig, wenn er durch Zusätze oder Vermerke bei der Aufstellung der Bilanz dokumentiert hat, dass er einen von der Verwaltungsauffassung abweichenden Ansatz begehrt.* ⑦ *Die Dokumentation ist zusammen mit der Steuererklärung beim Finanzamt einzureichen.* ⑧ *Soweit keine steuerlichen Ansatz- oder Bewertungsvorbehalte gelten, ist ein von der Handelsbilanz abweichender Ansatz in der Steuerbilanz als ausreichende Dokumentation anzusehen.*[1] ⑨ Soweit eine Bilanzberichtigung nicht möglich ist, ist der falsche Bilanzansatz grundsätzlich in der Schlussbilanz des ersten Jahres, dessen Veranlagung geändert werden kann, erfolgswirksam richtig zu stellen. ⑩ Bei Land- und Forstwirten mit vom Kalenderjahr abweichenden Wirtschaftsjahr müssen beide Veranlagungen, denen die Schlussbilanz zugrunde liegt (→ § 4 a Abs. 2 Nr. 1 EStG), geändert werden können.

Bilanzänderung

122 (2) ① Wenn steuerrechtlich, in den Fällen des § 5 EStG auch handelsrechtlich, verschiedene Ansätze für die Bewertung eines Wirtschaftsguts zulässig sind und der Stpfl. demgemäß zwischen mehreren Wertansätzen wählen kann, trifft er durch die Einreichung der Steuererklärung an das Finanzamt seine Entscheidung. ② Eine Änderung dieser Entscheidung zugunsten eines anderen zulässigen Ansatzes ist eine Bilanzänderung. ③ Eine Bilanzänderung liegt nicht vor, wenn sich einem Stpfl. erst nach Einreichung der Bilanz die Möglichkeit eröffnet, erstmalig sein Wahlrecht auszuüben.[2] ④ Eine Bilanzänderung ist zulässig, wenn sie in einem engen zeitlichen und sachlichen Zusammenhang mit einer Bilanzberichtigung steht und soweit die Auswirkung der Bilanzberichtigung auf den Gewinn reicht. ⑤ Ein enger zeitlicher und sachlicher Zusammenhang zwischen Bilanzberichtigung und Bilanzänderung setzt voraus, dass sich beide Maßnahmen auf dieselbe Bilanz beziehen und die Bilanzänderung unverzüglich nach der Bilanzberichtigung vorgenommen wird. ⑥ Bei einer Mitunternehmerschaft beziehen sich beide Maßnahmen auf die Bilanz der Mitunternehmerschaft (Gesamthandsbilanz, Ergänzungsbilanz und Sonderbilanz); beispielsweise kann eine Bilanzberichtigung in der Gesamthandsbilanz eine Bilanzänderung in der Ergänzungsbilanz oder Sonderbilanz des Mitunternehmers oder der Mitunternehmer zulassen.

123 (3) *(aufgehoben)*

H 4.4

Berichtigung einer Bilanz, die einer bestandskräftigen Veranlagung zu Grunde liegt

124
- Die Berichtigung einer Bilanz, die einer bestandskräftigen Veranlagung zu Grunde liegt, ist nur insoweit möglich, als die Veranlagung nach den Vorschriften der AO, insbesondere nach § 164 Abs. 1, § 173 oder § 175 Abs. 1 Satz 1 Nr. 2 AO, noch geändert werden kann oder die Bilanzberichtigung sich auf die Höhe der veranlagten Steuer nicht auswirken würde (→ BFH vom 27. 3. 1962 – BStBl. III S. 273 und vom 5. 9. 2001 – BStBl. 2002 II S. 134).
- Die Berichtigung eines unrichtigen Bilanzansatzes in einer **Anfangsbilanz** ist nicht zulässig, wenn diese Bilanz der Veranlagung eines früheren Jahres als Schlussbilanz zu Grunde gelegen hat, die nach den Vorschriften der AO nicht mehr geändert werden kann, oder wenn der sich bei einer Änderung dieser Veranlagung ergebende höhere Steueranspruch wegen Ablaufs der Festsetzungsfrist erloschen wäre (→ BFH vom 29. 11. 1965 – BStBl. 1966 III S. 142). Unter Durchbrechung des Bilanzenzusammenhangs kann eine Berichtigung der Anfangsbilanz des ersten Jahres, bei dessen Veranlagung sich die Berichtigung auswirken kann, ausnahmsweise in Betracht kommen, wenn ein Stpfl. zur Erlangung beachtlicher ungerechtfertigter Steuervorteile bewusst einen Aktivposten zu hoch oder einen Passivposten zu niedrig angesetzt hat, ohne dass die Möglichkeit besteht, die Veranlagung des Jahres zu ändern, bei der sich der unrichtige Bilanzansatz ausgewirkt hat (→ BFH vom 3. 7. 1956 – BStBl. III S. 250).

Bilanzänderung[3]
- Der enge zeitliche und sachliche Zusammenhang zwischen Bilanzberichtigung und Bilanzänderung setzt voraus, dass sich beide Maßnahmen auf dieselbe Bilanz beziehen. Die Änderung der Bilanz eines bestimmten Wj. ist danach unabhängig von der Frage, auf welche Wirtschaftsgüter oder Rechnungsabgrenzungsposten sich die Berichtigung dieser Bilanz bezieht, bis zur Höhe des gesamten Berichtigungsbetrages zulässig. Ein zeitlicher Zusammenhang liegt darüber hinaus nur vor, wenn die Bilanz unverzüglich nach einer Bilanzberichtigung geändert wird (→ BMF vom 18. 5. 2000 – BStBl. I S. 587).
- Der Zusammenhang einer Bilanzänderung mit einer Bilanzberichtigung liegt auch dann vor, wenn sich die Gewinnänderung im Rahmen der Bilanzberichtigung aus der Nicht- oder der fehlerhaften Verbuchung von Entnahmen und Einlagen ergibt (→ BFH vom 31. 5. 2007 – BStBl. 2008 II S. 665); außerbilanzielle Gewinnerhöhungen berühren dagegen keinen Bilanzansatz und ermöglichen deshalb keine Bilanzänderung (→ BMF vom 13. 8. 2008 – BStBl. I S. 845).

---

[1] Sätze 3 bis 8 überholt durch *Beschluss GrS vom 31. 1. 2013 GrS 1/10* (BStBl. II S. 317); siehe H 4.4 (Bilanzberichtigung).

[2] Zu einer Bilanzänderung im Zusammenhang mit der erstmaligen Möglichkeit, das Wahlrecht nach § 6 b EStG auszuüben, siehe auch *BFH-Urteil vom 27. 9. 2006 IV R 7/06 (BStBl. 2008 II S. 600).*

[3] Zur Bilanzänderung bei unterbliebener Offenlegung der geänderten Handelsbilanz siehe *FM Schleswig-Holstein, Kurzinformation vom 30. 6. 2011 VI 304 – S 2141 – 011 (DStR S. 2200).*

- Im Rahmen einer zulässigen Bilanzänderung kann der Stpfl. ihm zustehende, im Jahr der Bilanzänderung aber noch nicht oder nicht in voller Höhe geltend gemachte Sonderabschreibungen erstmals oder mit einem höheren Betrag in Anspruch nehmen. Dies gilt auch dann, wenn er die im Jahr der Bilanzänderung noch nicht ausgeschöpften Sonderabschreibungen in den Bilanzen der Folgejahre schon beansprucht hat (→ BFH vom 25. 10. 2007 – BStBl. 2008 II S. 226).
- Gewinn i. S. d. § 4 Abs. 2 Satz 2 EStG ist der Bilanzgewinn i. S. d. § 4 Abs. 1 EStG und nicht der steuerliche Gewinn. § 4 Abs. 2 Satz 2 EStG erlaubt daher eine Bilanzänderung lediglich in Höhe der sich aus der Steuerbilanz infolge der Bilanzänderung des § 4 Abs. 2 Satz 1 EStG ergebenden Gewinnänderung und nicht in Höhe der sich aus einer Bilanzänderung ergebenden steuerlichen Gewinnänderung, die auf einer Hinzurechnung außerhalb der Steuerbilanz beruht (→ BFH vom 27. 5. 2020 – BStBl. II S. 772).
- Die Bilanzänderungsgrundsätze gelten auch für die Änderung der Überleitungsrechnung, die der Stpfl. anstelle einer gesonderten Steuerbilanz nach § 60 Abs. 2 Satz 1 EStDV seiner Steuererklärung beifügt (→ BFH vom 27. 5. 2020 – BStBl. II S. 779).

Bilanzberichtigung[1]

- Eine Bilanzberichtigung darf nur der Stpfl. selbst vornehmen (→ BFH vom 13. 6. 2006 – BStBl. 2007 II S. 94). Hält das Finanzamt eine Bilanz für fehlerhaft, darf es diese Bilanz der Besteuerung nicht zugrunde legen und muss eine eigene Gewinnermittlung durch Betriebsvermögensvergleich mit ggf. auf der Grundlage der Bilanz abgeänderten Werten vornehmen (→ BFH vom 4. 11. 1999 – BStBl. 2000 II S. 129 und vom 31. 1. 2013 – BStBl. II S. 317).
- Das Finanzamt ist auch dann nicht an die rechtliche Beurteilung gebunden, die der vom Stpfl. aufgestellten Bilanz und deren einzelnen Ansätzen zugrunde liegt, wenn diese Beurteilung aus der Sicht eines ordentlichen und gewissenhaften Kaufmanns im Zeitpunkt der Bilanzaufstellung vertretbar war. Das gilt auch für eine in diesem Zeitpunkt von der Verwaltung und Rechtsprechung praktizierte, später aber geänderte Rechtsauffassung (→ BFH vom 31. 1. 2013 – BStBl. II S. 317).
- Eine Bilanz kann berichtigt werden, wenn ein darin enthaltener Ansatz nicht gegen Grundsätze ordnungsmäßiger Buchführung, sondern nur gegen steuerrechtliche Vorschriften verstößt. Kann eine Bilanz auf verschiedenen Wegen berichtigt werden, obliegt die Auswahl des Korrekturwegs dem Unternehmer (→ BFH vom 14. 3. 2006 – BStBl. II S. 799).
- **Absetzung für Abnutzung:** Sind in den Vorjahren im Hinblick auf eine zu niedrige Bemessungsgrundlage zu wenig AfA geltend gemacht worden, kann die letzte Anfangsbilanz gewinnneutral berichtigt werden, indem der richtige höhere Anfangswert gekürzt um die tatsächlich vorgenommenen Absetzungsbeträge in die Bilanz eingestellt wird (→ BFH vom 29. 10. 1991 – BStBl. 1992 II S. 512 und 516). → H 7.4 (Unterlassene oder überhöhte AfA).
- Die Voraussetzungen für eine Bilanzberichtigung sind für die Einkommensteuer und Gewerbesteuer gesondert zu prüfen. Eine Bilanzberichtigung für Zwecke der Gewerbesteuer hindert daher nicht die entsprechende einkommensteuerrechtliche Korrektur in einem späteren VZ (→ BFH vom 6. 9. 2000 – BStBl. 2001 II S. 106).
- Sind in den Vorjahren Sonderabschreibungen im Rahmen einer zulässigen Bilanzänderung anderweitig verteilt worden, sind nach den Grundsätzen des Bilanzenzusammenhangs nunmehr fehlerhafte Ansätze in den Bilanzen der Folgejahre zu berichtigen (→ BFH vom 25. 10. 2007 – BStBl. 2008 II S. 226).
- Maßgebender Zeitpunkt für die Bestimmung, welche Bilanz zu berichtigen ist (Bilanz der Fehlerquelle oder eine spätere Bilanz), ist der Zeitpunkt der Einspruchsentscheidung, weil das Finanzamt darin abschließend über die Frage der Bilanzberichtigung befindet (→ BFH vom 19. 7. 2011 – BStBl. II S. 1017).

Einnahmenüberschussrechnung → H 4.5 (1) Änderung der Einnahmenüberschussrechnung.

Fehlerhafte Gewinnverteilung bei Personengesellschaften. Bei einer Personengesellschaft ist die fehlerhafte Gewinnverteilung, die einer bestandskräftigen Feststellung zu Grunde liegt, in der Schlussbilanz des ersten noch änderbaren Feststellungszeitraums richtig zu stellen (→ BFH vom 11. 2. 1988 – BStBl. II S. 825). Die Fehlerkorrektur ist nicht zulässig, wenn für den dem Feststellungszeitraum der Berichtigung vorangegangenen Feststellungszeitraum eine Feststellung nicht durchgeführt wurde und wegen Ablaufs der Feststellungsfrist nicht nachgeholt werden kann (→ BFH vom 28. 1. 1992 – BStBl. II S. 881).[2]

Nachträgliche Auflösung des negativen Kapitalkontos eines Kommanditisten. Ist das negative Kapitalkonto des Kommanditisten zu Unrecht nicht aufgelöst worden und die Veranlagung bestandskräftig, kann auf Grund des Bilanzenzusammenhangs die Auflösung im Folgejahr nachgeholt werden (→ BFH vom 10. 12. 1991 – BStBl. 1992 II S. 650).

Nicht erkannte Mitunternehmerschaft. Wurde unter Verkennung einer Mitunternehmerschaft eine Bilanz für ein Einzelunternehmen vorgelegt, ist die Inanspruchnahme des § 6b

[1] Zum formellen Bilanzenzusammenhang siehe *BFH-Urteil vom 28. 4. 1998 VIII R 46/96 (BStBl. II S. 443)*. Zur Einbuchung eines Eigenjagdrechts vgl. *BMF-Schreiben vom 23. 6. 1999 (BStBl. I S. 593)*.

[2] Siehe auch *BFH-Urteil vom 19. 1. 1993 VIII R 128/84 (BStBl. II S. 594)*.

H 4.4 EStG in der erstmalig vorgelegten Bilanz der Mitunternehmerschaft keine Bilanzänderung i. S. d. § 4 Abs. 2 Satz 2 EStG (→ BFH vom 18. 8. 2005 – BStBl. 2006 II S. 165).

Realteilung. Im Fall der Realteilung mit Buchwertfortführung kann ein gewinnwirksamer Bilanzierungsfehler der realgeteilten Personengesellschaft nach den Grundsätzen des formellen Bilanzenzusammenhangs bei den Realteilern berichtigt werden (→ BFH vom 20. 10. 2015 – BStBl. 2016 II S. 596).

Richtigstellung eines unrichtigen Bilanzansatzes.[1] Ein unrichtiger Bilanzansatz ist in der ersten Schlussbilanz richtig zu stellen, in der dies unter Beachtung der für den Eintritt der Bestandskraft und der Verjährung maßgebenden Vorschriften möglich ist, und zwar grundsätzlich erfolgswirksam. Anzusetzen ist der Wert, mit dem das Wirtschaftsgut bei von vornherein zutreffender bilanzieller Behandlung – also bei Beachtung sämtlicher Gewinnermittlungsvorschriften – in dieser Bilanz erscheinen würde (→ BFH vom 10. 12. 1997 – BStBl. 1998 II S. 377). Die Korrektur eines fehlerhaften Bilanzansatzes setzt voraus, dass noch ein Bilanzierungsfehler vorliegt (→ BFH vom 11. 2. 1998 – BStBl. II S. 503).

Tausch. Eine beim Tausch unterbliebene Ausbuchung des eingetauschten Wirtschaftsguts und Einbuchung einer Forderung auf Lieferung des eingetauschten Wirtschaftsguts ist in der ersten noch änderbaren Schlussbilanz erfolgswirksam nachzuholen (→ BFH vom 14. 12. 1982 – BStBl. 1983 II S. 303).

Unterlassene Bilanzierung

– Die rechtliche Beurteilung der **Zugehörigkeit eines Wirtschaftsguts** zum notwendigen Betriebsvermögen wird nicht dadurch berührt, dass es bisher nicht bilanziert worden ist. Ein Wirtschaftsgut des notwendigen Betriebsvermögens ist bei unterlassener Aktivierung mit dem Wert einzubuchen, der sich ergeben würde, wenn das Wirtschaftsgut von Anfang an richtig bilanziert worden wäre. In diesem Fall ist bei der Ermittlung des Einbuchungswerts eine „Schattenrechnung" (Absetzung der bisher unterlassenen AfA-Beträge von den Anschaffungs- oder Herstellungskosten) durchzuführen (→ BFH vom 24. 10. 2001 – BStBl. 2002 II S. 75).

– Im Fall eines **„nicht erkannten Gewerbebetriebs"**, für den erst in einem späteren Wirtschaftsjahr nach der Betriebseröffnung mit der Bilanzierung begonnen wird, sind bei erstmaliger Bilanzaufstellung die Grundsätze des formellen Bilanzenzusammenhangs unbeachtlich. Der erste Bilanzansatz eines zuvor nicht bilanzierten Wirtschaftsguts des notwendigen Betriebsvermögens bemisst sich nach dem Wert, mit dem es bei von Beginn an richtiger Bilanzierung zu Buche stehen würde. Die Einbuchung in die Anfangsbilanz erfolgt gewinnneutral (→ BFH vom 26. 11. 2008 – BStBl. 2009 II S. 407).

Unterlassene Erfassung einer Einlage. Werden (Sonder-)Betriebsausgaben, die aus privaten Mitteln bestritten worden sind, im Jahr der Entstehung des Aufwands nicht berücksichtigt, kommt eine erfolgswirksame Nachholung in einem Folgejahr – durch die Berichtigung der Position Einlagen innerhalb des Kapitalkontos – nach den Grundsätzen des formellen Bilanzenzusammenhangs nicht in Betracht (→ BFH vom 17. 6. 2019 – BStBl. II S. 614).

Unterlassene Erfassung einer Entnahme. Erfolgsneutrale Ausbuchung bei unterlassener Erfassung einer Entnahme (→ BFH vom 21. 10. 1976 – BStBl. 1977 II S. 148).

Verbindlichkeiten. Eine Verbindlichkeit,

– die gewinnwirksam zu Unrecht passiviert worden ist, ist grundsätzlich gewinnerhöhend aufzulösen (→ BFH vom 22. 1. 1985 – BStBl. II S. 308),

– deren gewinnmindernde Passivierung der Stpfl. nicht bewusst rechtswidrig oder willkürlich unterlassen hat, ist gewinnmindernd einzustellen (→ BFH vom 2. 5. 1984 – BStBl. II S. 695). Dies gilt auch dann, wenn der Betrieb inzwischen unentgeltlich, also unter Fortführung der Buchwerte, auf einen anderen übertragen wurde (→ BFH vom 9. 6. 1964 – BStBl. 1965 III S. 48) oder wenn der Betrieb zulässigerweise zum Buchwert in eine Personengesellschaft eingebracht wurde (→ BFH vom 8. 12. 1988 – BStBl. 1989 II S. 407).

Wahlrecht eines Mitunternehmers. Mitunternehmerbezogene Wahlrechte sind von dem Mitunternehmer persönlich auszuüben. Grundsätzlich wird vermutet, dass die Sonderbilanz mit dem Mitunternehmer abgestimmt ist. Diese Vermutung gilt nicht bei einem ausgeschiedenen Gesellschafter. In diesen Fällen ist die von der Mitunternehmerschaft aufgestellte Sonderbilanz keine Bilanz, die das Änderungsverbot des § 4 Abs. 2 Satz 2 EStG auslöst (→ BFH vom 25. 1. 2006 – BStBl. II S. 418).

Zu Unrecht bilanziertes Wirtschaftsgut des Privatvermögens. Ein zu Unrecht bilanziertes Wirtschaftsgut des Privatvermögens ist gewinnneutral auszubuchen (→ BFH vom 26. 2. 1976 – BStBl. II S. 378).

R 4.5 (1)

R 4.5. Einnahmenüberschussrechnung

Anwendungsbereich

125 (1) ①Der Stpfl. kann nach § 4 Abs. 3 EStG als Gewinn den Überschuss der Betriebseinnahmen über die Betriebsausgaben ansetzen, wenn er auf Grund gesetzlicher Vorschriften (→ R 4.1

[1] Zur Bilanzkorrektur bei fehlerhafter Aktivierung eines abnutzbaren Wirtschaftsguts des Anlagevermögens siehe *BFH-Urteil vom 9. 5. 2012 X R 38/10 (BStBl. II S. 725).*

Abs. 1, 2 und 4) nicht verpflichtet ist, Bücher zu führen und regelmäßig Abschlüsse zu machen, er dies auch nicht freiwillig tut, und sein Gewinn nicht nach Durchschnittssätzen (§ 13a EStG) zu ermitteln ist. ② Die Buchführung wegen der Eigenschaft des Betriebs als Testbetrieb für den agrarpolitischen Bericht der Bundesregierung oder als Betrieb des Informationsnetzes landwirtschaftlicher Buchführung (INLB) und die Auflagenbuchführung entsprechend den Richtlinien des Bundesministeriums für Verbraucherschutz, Ernährung und Landwirtschaft schließen die Gewinnermittlung nach § 4 Abs. 3 EStG nicht aus. ③ Der Gewinn eines Stpfl. ist nach den für diese Gewinnermittlungsart maßgebenden Grundsätzen zu ermitteln, wenn der Betrieb zwar die Voraussetzungen für die Gewinnermittlung nach § 13a EStG erfüllt, aber ein Antrag nach § 13a Abs. 2 EStG gestellt worden ist.

Änderung der Einnahmenüberschussrechnung. Die Vorschriften über die Bilanzberichtigung (§ 4 Abs. 2 Satz 1 EStG) und die Bilanzänderung (§ 4 Abs. 2 Satz 2 EStG) sind auf die Einnahmenüberschussrechnung nicht anwendbar (→ BFH vom 21. 6. 2006 – BStBl. II S. 712 und vom 30. 8. 2001 – BStBl. 2002 II S. 49). H 4.5 (1) **125a**

Anlage EÜR → H 25.

Ergänzungsrechnung. Bei der Gewinnermittlung nach § 4 Abs. 3 EStG sind die Anschaffungskosten eines Gesellschafters für den Erwerb seiner mitunternehmerischen Beteiligung in einer steuerlichen Ergänzungsrechnung nach Maßgabe der Grundsätze über die Aufstellung von Ergänzungsbilanzen zu erfassen, wenn sie in der Einnahmenüberschussrechnung der Gesamthand nicht berücksichtigt werden können (→ BFH vom 24. 6. 2009 – BStBl. II S. 993).

Gewinnschätzung nach den Grundsätzen des § 4 Abs. 3 EStG → H 4.1 (Gewinnschätzung).

Wahl der Gewinnermittlungsart

- Die Entscheidung eines Stpfl., seinen Gewinn durch Einnahmenüberschussrechnung zu ermitteln, muss sich nach außen dokumentiert haben. Das Sammeln z. B. der maßgebenden Einnahmebelege reicht hierfür aus (→ BFH vom 13. 10. 1989 – BStBl. 1990 II S. 287).
- Der Stpfl. muss die dem Finanzamt gegenüber wirksam getroffene Entscheidung, den Gewinn durch Einnahmenüberschussrechnung zu ermitteln, nicht jährlich wiederholen (→ BFH vom 24. 9. 2008 – BStBl. 2009 II S. 368).
- Zeichnet ein nicht buchführungspflichtiger Stpfl. nur Einnahmen und Ausgaben auf, kann er nicht verlangen, dass seiner Besteuerung ein nach § 4 Abs. 1 EStG geschätzter Gewinn zugrunde gelegt wird (→ BFH vom 2. 3. 1978 – BStBl. II S. 431). Durch den Verzicht auf die Aufstellung einer Eröffnungsbilanz und auf die Einrichtung einer den jeweiligen Stand des Vermögens darstellenden Buchführung hat er die Gewinnermittlung durch Einnahmenüberschussrechnung gewählt. Diese Wahl kann nachträglich nicht geändert werden (→ BFH vom 5. 11. 2015 – BStBl. 2016 II S. 468).
- Die Wahl der Gewinnermittlung durch Einnahmenüberschussrechnung kann nicht unterstellt werden, wenn der Stpfl. bestreitet, betriebliche Einkünfte erzielt zu haben (→ BFH vom 8. 3. 1989 – BStBl. II S. 714).
- Erzielt ein Stpfl. Gewinneinkünfte und hat er die Gewinnermittlung durch Einnahmenüberschussrechnung gewählt, ist er daran auch gebunden, wenn seine Einkünfte nicht mehr als freiberuflich, sondern als gewerblich eingestuft werden (→ BFH vom 8. 10. 2008 – BStBl. 2009 II S. 238).
- Das Recht zur Wahl der Gewinnermittlung durch Einnahmenüberschussrechnung entfällt erst mit der Erstellung eines Abschlusses und nicht bereits mit der Einrichtung einer Buchführung oder der Aufstellung einer Eröffnungsbilanz (→ BFH vom 19. 3. 2009 – BStBl. II S. 659).[1]
- Das Recht zur Wahl der Gewinnermittlung durch Einnahmenüberschussrechnung wird durch tatsächliche Handhabung ausgeübt. Die endgültige Wahl wird z. B. durch Übersendung der Gewinnermittlung an das Finanzamt zum Ausdruck gebracht. Nach wirksam ausgeübter Wahl ist ein Wechsel der Gewinnermittlungsart für das gleiche Wj. auch vor Eintritt der Bestandskraft nur bei Vorliegen eines besonderen Grundes zulässig. Dazu zählt nicht der bloße Irrtum über die steuerlichen Folgen dieser Wahl (→ BFH vom 2. 6. 2016 – BStBl. 2017 II S. 154).
- Das Wahlrecht zur Gewinnermittlung durch Einnahmenüberschussrechnung ist grundsätzlich nicht dadurch ausgeübt, dass der Stpfl. die vermeintlichen Überschusseinkünfte durch Gegenüberstellung der Einnahmen und Werbungskosten ermittelt hat (→ BFH vom 30. 1. 2013 – BStBl. II S. 684).
- Ist eine ausländische Personengesellschaft zur Buchführung und zur Aufstellung von Abschlüssen verpflichtet oder tut sie dies freiwillig, steht dem Mitunternehmer für die inländische Gewinnermittlung kein eigenes Wahlrecht zu, seinen Gewinn durch Einnahmenüberschussrechnung zu ermitteln (→ BFH vom 25. 6. 2014 – BStBl. 2015 II S. 141).[2]
- → H 4.6 (Wechsel zum Betriebsvermögensvergleich).

Zeitliche Erfassung von Betriebseinnahmen und -ausgaben R 4.5 (2)

(2) ① Bei der Gewinnermittlung nach § 4 Abs. 3 EStG sind die Betriebseinnahmen und die Betriebsausgaben nach den Grundsätzen des § 11 EStG zu erfassen. ② Das gilt auch für Vorschüsse, Teil- und Abschlagszahlungen. ③ Hat ein Stpfl. Gelder in fremdem Namen und für **126**

[1] Ergänzend siehe *Vfg. OFD Niedersachsen vom 17. 2. 2010 S 2130-30-St 222/St 221 (DStR S. 544).*
[2] Siehe auch *BFH-Urteil vom 10. 12. 2014 I R 3/13 (DStR 2015 S. 629; BFH/NV 2015, 667).*

fremde Rechnung verausgabt, ohne dass er entsprechende Gelder vereinnahmt, kann er in dem Wirtschaftsjahr, in dem er nicht mehr mit einer Erstattung der verausgabten Gelder rechnen kann, eine Betriebsausgabe in Höhe des nicht erstatteten Betrags absetzen. ④ Soweit der nicht erstattete Betrag in einem späteren Wirtschaftsjahr erstattet wird, ist er als Betriebseinnahme zu erfassen.

H 4.5 (2)
126a

Darlehen. Geldbeträge, die dem Betrieb durch die Aufnahme von Darlehen zugeflossen sind, stellen keine Betriebseinnahmen und Geldbeträge, die zur Tilgung von Darlehen geleistet werden, keine Betriebsausgaben dar (→ BFH vom 8. 10. 1969 – BStBl. 1970 II S. 44).

Darlehens- und Beteiligungsverlust. Darlehensverluste und der Verlust von Beteiligungen an Kapitalgesellschaften können nur dann wie Betriebsausgaben abgesetzt werden, wenn besondere Umstände ihre ausschließliche Zugehörigkeit zur betrieblichen Sphäre ergeben (→ BFH vom 2. 9. 1971 – BStBl. 1972 II S. 334, vom 11. 3. 1976 – BStBl. II S. 380 und vom 23. 11. 1978 – BStBl. 1979 II S. 109). Für den Zeitpunkt und den Umfang einer etwaigen Berücksichtigung derartiger Verluste ist maßgeblich, wann und in welcher Höhe die für das Darlehen oder die Beteiligung aufgewendeten Mittel endgültig verlorengegangen sind (→ BFH vom 23. 11. 1978 – BStBl. 1979 II S. 109).

Diebstahl. Ein durch Diebstahl eingetretener Geldverlust führt nur dann zu einer Betriebsausgabe, wenn der betriebliche Zusammenhang anhand konkreter und objektiv greifbarer Anhaltspunkte festgestellt ist (→ BFH vom 28. 11. 1991 – BStBl. 1992 II S. 343).

Durchlaufende Posten
- In fremdem Namen und auf fremde Rechnung beigetriebene Beträge verlieren ihre Eigenschaft als durchlaufende Posten nicht dadurch, dass der Stpfl. sie für eigene Zwecke verwendet. Veruntreute Fremdgelder stellen keine steuerbaren Einnahmen aus der jeweiligen Einkunftsart dar (→ BFH vom 16. 12. 2014 – BStBl. 2015 II S. 643).
- Die Eigenschaft als durchlaufender Posten geht verloren, sobald der Wille zur Weiterleitung von vereinnahmtem Geld durch Abgabe einer Aufrechnungserklärung nach außen erkennbar aufgegeben wird (→ BFH vom 29. 9. 2020 – BStBl. 2021 II S. 431).

Fremdwährungsdarlehen. Die Mehrausgaben, die sich bei der Tilgung eines Fremdwährungsdarlehens nach einer Kurssteigerung der ausländischen Währung ergeben, sind im Zeitpunkt der Zahlung als Betriebsausgabe, umgerechnet in Euro, abzuziehen; wird infolge eines Kursrückgangs der ausländischen Währung ein geringerer als der ursprünglich zugeflossene Betrag zurückgezahlt, ist der Unterschiedsbetrag, umgerechnet in Euro, im Zeitpunkt der Zahlung als Betriebseinnahme zu erfassen (→ BFH vom 15. 11. 1990 – BStBl. 1991 II S. 228).

Gold. Physisches Gold ist entsprechend seiner Zweckbestimmung im Betrieb dem Anlage- oder Umlaufvermögen zuzuordnen. Dem Umlaufvermögen zuzuordnendes physisches Gold stellt keine den Wertpapieren vergleichbare nicht verbriefte Forderungen oder Rechte i. S. d. § 4 Abs. 3 Satz 4 Variante 3 EStG dar (→ BFH vom 19. 1. 2017 – BStBl. II S. 456 und S. 466).

Investitionszuschüsse bei Einnahmenüberschussrechnung → H 6.5.

Rückdeckungsanspruch. Ein Rückdeckungsanspruch stellt eine Forderung gegen den Versicherer dar, die zum Umlaufvermögen gehört. Der Erwerb eines Rückdeckungsanspruchs ist regelmäßig keine von § 4 Abs. 3 Satz 4 EStG erfasste Anschaffung von Wertpapieren und vergleichbaren, nicht verbrieften Forderungen und Rechten des Umlaufvermögens (→ BFH vom 12. 12. 2017 – BStBl. 2018 II S. 387).

Sacheinnahmen sind wie Geldeingänge in dem Zeitpunkt als Betriebseinnahme zu erfassen, in dem der Sachwert zufließt (→ BFH vom 12. 3. 1992 – BStBl. 1993 II S. 36).

Tauschvorgänge. Durch die Lieferung von zum Betriebsvermögen gehörenden Wirtschaftsgütern im Tausch gegen andere Wirtschaftsgüter hat der Stpfl. eine Betriebseinnahme i. S. d. § 4 Abs. 3 EStG realisiert, da ihm dadurch ein geldwerter Gegenstand zugegangen ist und dieser Zugang im Hinblick auf die Hingabe von Betriebsgegenständen betrieblich veranlasst ist. Ob die erlangte Gegenleistung in den betrieblichen oder in den privaten Bereich des Stpfl. gelangt ist, hat dafür keine Bedeutung. Eine Betriebseinnahme setzt nicht voraus, dass die erlangte Leistung Betriebsvermögen wird (→ BFH vom 17. 4. 1986 – BStBl. II S. 607).

Vereinnahmte Umsatzsteuerbeträge → H 9b (Gewinnermittlung nach § 4 Abs. 3 EStG und Ermittlung des Überschusses der Einnahmen über die Werbungskosten).

| **Virtuelle Währungen und sonstige Token** → BMF vom 10. 5. 2022 (BStBl. I S. 668).[1]

Vorschusszahlung
- Vorschussweise gezahlte Honorare sind auch dann zugeflossen, wenn im Zeitpunkt der Veranlagung feststeht, dass sie teilweise zurückzuzahlen sind; das „Behaltendürfen" ist nicht Merkmal des Zuflusses (→ BFH vom 13. 10. 1989 – BStBl. 1990 II S. 287).
- Nicht rückzahlbare Zahlungen, die ein Verlag zum Zweck der Vorfinanzierung erwarteter GEMA-Zahlungen an den Urheber erbringt und die mit den Ausschüttungen der GEMA *zu verrechnen sind*, sind unabhängig davon, ob sie als vorzeitige Teilerfüllung einer Vergü-

[1] Abgedruckt als Anlage b zu H 23.

tungspflicht des Verlages anzusehen sind, mit dem Zufluss als Betriebseinnahmen zu erfassen (→ BFH vom 2. 8. 2016 – BStBl. 2017 II S. 310).

Wirtschaftsjahr. § 11 Abs. 1 Satz 2 EStG ist auch bei abweichendem Wirtschaftsjahr in der Land- und Forstwirtschaft anzuwenden (→ BFH vom 23. 9. 1999 – BStBl. 2000 II S. 121).

Zahngold. Ausgaben eines Zahnarztes mit Gewinnermittlung nach § 4 Abs. 3 EStG für Zahngold (→ H 4.2 (1) Gold) bilden auch dann Betriebsausgaben, wenn der angeschaffte Goldvorrat den Verbrauch für einige Jahre deckt (→ BFH vom 12. 7. 1990 – BStBl. 1991 II S. 13 und vom 12. 3. 1992 – BStBl. 1993 II S. 36); Indiz dafür ist der Verbrauch der Vorräte innerhalb eines Zeitraums von maximal sieben Jahren oder der Nachweis, dass bei Anschaffung mit einem Verbrauch innerhalb dieses Zeitraums zu rechnen war (→ BFH vom 26. 5. 1994 – BStBl. II S. 750).

Zufluss von Betriebseinnahmen
- **Provisionszahlungen** → H 11 (Provisionen),
- **Zahlungen des Auftraggebers an ein Versorgungswerk** als Betriebseinnahmen des Auftragnehmers im Zeitpunkt des Eingangs beim Versorgungswerk (→ BFH vom 1. 10. 1993 – BStBl. 1994 II S. 179),
- **Veräußerungserlös** – der Erlös aus dem Verkauf eines Wirtschaftsgutes ist stets im Jahr des Zuflusses anzusetzen (→ BFH vom 16. 2. 1995 – BStBl. II S. 635); bei Inanspruchnahme des § 6c EStG → aber R 6c Abs. 1 Satz 3 und 4.

Abnutzbare und nicht abnutzbare Anlagegüter R 4.5 (3) 127

(3) ① Zu den Betriebseinnahmen gehören auch die Einnahmen aus der Veräußerung von abnutzbaren und nicht abnutzbaren Anlagegütern sowie vereinnahmte Umsatzsteuerbeträge. ② Die Anschaffungs- oder Herstellungskosten für Anlagegüter, die der Abnutzung unterliegen, z. B. Einrichtungsgegenstände, Maschinen, der Geschäfts- oder Firmenwert oder der Praxiswert, dürfen nur im Wege der AfA auf die Nutzungsdauer des Wirtschaftsgutes verteilt werden, sofern nicht § 6 Abs. 2 oder Abs. 2a EStG anzuwenden ist. ③ Neben den Vorschriften über die AfA, die Absetzung für Substanzverringerung, die Bewertungsfreiheit für geringwertige Wirtschaftsgüter oder die Bildung eines Sammelpostens gelten auch die Regelungen über erhöhte Absetzungen und über Sonderabschreibungen. ④ Die vorgenommenen Abschreibungen sind in die besonderen, laufend zu führenden Verzeichnisse des Anlagevermögens aufzunehmen. ⑤ Die Anschaffungs- oder Herstellungskosten oder der an deren Stelle tretende Wert sind bei nicht abnutzbaren Wirtschaftsgütern des Anlagevermögens, z. B. Grund und Boden, Genossenschaftsanteile, Wald einschließlich Erstaufforstung, erst im Zeitpunkt des Zuflusses des Veräußerungserlöses oder im Zeitpunkt der Entnahme als Betriebsausgaben zu berücksichtigen, soweit die Aufwendungen vor dem 1. 1. 1971 nicht bereits zum Zeitpunkt der Zahlung abgesetzt worden sind.

Eiserne Verpachtung. Zur Gewinnermittlung bei der Verpachtung von Betrieben mit Substanzerhaltungspflicht des Pächters nach §§ 582a, 1048 BGB → BMF vom 21. 2. 2002 (BStBl. I S. 262).[1] H 4.5 (3) 127a

Minderung des Buchwerts bei Holzeinschlag → BMF vom 16. 5. 2012 (BStBl. I S. 595).[2]

Veräußerung abnutzbarer Wirtschaftsgüter/Unterlassene AfA. Soweit Anschaffungs- oder Herstellungskosten für abnutzbare Wirtschaftsgüter des Anlagevermögens bis zur Veräußerung noch nicht im Wege der AfA berücksichtigt worden sind, sind sie grundsätzlich (Besonderheit: → R 4.5 Abs. 5) im Wirtschaftsjahr der Veräußerung als Betriebsausgaben abzusetzen, soweit die AfA nicht willkürlich unterlassen worden sind (→ BFH vom 16. 2. 1995 – BStBl. II S. 635). Eine Nachholung unterlassener AfA-Beträge kommt dagegen nicht in Betracht für Zeiträume, in denen das Wirtschaftsgut zu Unrecht nicht als Betriebsvermögen erfasst worden war (→ BFH vom 22. 6. 2010 – BStBl. II S. 1035).

Leibrenten R 4.5 (4) 128

(4) ① Erwirbt ein Stpfl. mit Gewinnermittlung nach § 4 Abs. 3 EStG ein Wirtschaftsgut des **Anlagevermögens** oder des Umlaufvermögens i. S. d. § 4 Abs. 3 Satz 4 EStG gegen eine Leibrente, ergeben sich die Anschaffungskosten für dieses Wirtschaftsgut aus dem Barwert der Leibrentenverpflichtung. ② Die einzelnen Rentenzahlungen sind in Höhe ihres Zinsanteiles Betriebsausgaben. ③ Der Zinsanteil ergibt sich aus dem Unterschiedsbetrag zwischen den Rentenzahlungen einerseits und dem jährlichen Rückgang des Barwerts der Leibrentenverpflichtung andererseits. ④ Aus Vereinfachungsgründen ist es nicht zu beanstanden, wenn die einzelnen Rentenzahlungen in voller Höhe mit dem Barwert der ursprünglichen Rentenverpflichtung verrechnet werden; sobald die Summe der Rentenzahlungen diesen Wert übersteigt, sind die darüber hinausgehenden Rentenzahlungen in vollem Umfang als Betriebsausgabe abzusetzen. ⑤ Bei vorzeitigem Fortfall der Rentenverpflichtung ist der Betrag als Betriebseinnahme anzusetzen, der nach Abzug aller bis zum Fortfall geleisteten Rentenzahlungen von dem ursprünglichen Barwert verbleibt. ⑥ Erwirbt ein Stpfl. mit Gewinnermittlung nach § 4 Abs. 3 EStG Wirtschaftsgüter des **Umlaufvermögens** – mit Ausnahme der in § 4 Abs. 3 Satz 4 EStG auf-

---

[1] Abgedruckt als Anlage zu H 6.11.
[2] Abgedruckt als Anlage c zu H 13.3.

geführten Wirtschaftsgüter – gegen eine Leibrente, stellen die Rentenzahlungen zum Zeitpunkt ihrer Verausgabung in voller Höhe Betriebsausgaben dar. ⑦ Der Fortfall einer solchen Leibrentenverpflichtung führt nicht zu einer Betriebseinnahme.

H 4.5 (4)
128a **Fortfall der Rentenverpflichtung.** Fällt die zur Anschaffung von Wirtschaftsgütern des Anlagevermögens eingegangene Rentenverpflichtung fort, z. B. bei Tod des Rentenberechtigten, liegt eine Betriebseinnahme in Höhe des Barwertes vor, den die Rentenverpflichtung im Augenblick ihres Fortfalls hatte (→ BFH vom 31. 8. 1972 – BStBl. 1973 II S. 51).

Nachträgliche Erhöhung der Rente. Die infolge einer Wertsicherungsklausel nachträglich eingetretene Erhöhung einer Rente ist in vollem Umfang beim Betriebsausgabenabzug im Zeitpunkt der jeweiligen Zahlung zu berücksichtigen (→ BFH vom 23. 2. 1984 – BStBl. II S. 516 und vom 23. 5. 1991 – BStBl. II S. 796).

R 4.5 (5)

Raten und Veräußerungsrenten

129 (5) ① Veräußert der Stpfl. Wirtschaftsgüter i. S. d. § 4 Abs. 3 Satz 4 EStG gegen einen in Raten zu zahlenden Kaufpreis oder gegen eine Veräußerungsrente, ist in jedem Wirtschaftsjahr in Höhe der in demselben Wirtschaftsjahr zufließenden Kaufpreisraten oder Rentenzahlungen ein Teilbetrag der Anschaffungs- oder Herstellungskosten als Betriebsausgaben abzusetzen. ② Bei der Veräußerung abnutzbarer Wirtschaftsgüter des Anlagevermögens kann der Stpfl. hinsichtlich der noch nicht im Wege der AfA als Betriebsausgaben berücksichtigten Anschaffungs- oder Herstellungskosten, abweichend von den allgemeinen Grundsätzen, entsprechend verfahren. ③ Wird die Kaufpreisforderung uneinbringlich, ist der noch nicht abgesetzte Betrag in dem Wirtschaftsjahr als Betriebsausgabe zu berücksichtigen, in dem der Verlust eintritt.

R 4.5 (6)

Betriebsveräußerung oder -aufgabe

131 (6) ① Veräußert ein Stpfl., der den Gewinn nach § 4 Abs. 3 EStG ermittelt, den Betrieb, ist der Stpfl. so zu behandeln, als wäre er im Augenblick der Veräußerung zunächst zur Gewinnermittlung durch Betriebsvermögensvergleich nach § 4 Abs. 1 EStG übergegangen (→ Wechsel der Gewinnermittlungsart, → R 4.6). ② Dies gilt auch bei der Veräußerung eines Teilbetriebs oder des gesamten Mitunternehmeranteiles und bei der Aufgabe[1] eines Betriebs sowie in den Fällen der Einbringung, unabhängig davon, ob die Einbringung zu Buch-, Zwischen- oder gemeinen Werten erfolgt.

H 4.5 (6)
131a **Einbringungsgewinn.** Im Fall der Einnahmeüberschussrechnung muss der Einbringungsgewinn auf der Grundlage einer Einbringungsbilanz und einer Eröffnungsbilanz der Gesellschaft ermittelt werden (→ BFH vom 18. 10. 1999 – BStBl. 2000 II S. 123).

Fehlende Schlussbilanz. Ist auf den Zeitpunkt der Betriebsveräußerung eine Schlussbilanz nicht erstellt worden, und hat dies nicht zur Erlangung ungerechtfertigter Steuervorteile geführt, sind in späteren Jahren gezahlte abziehbare Betriebssteuern und andere Aufwendungen, die durch den veräußerten oder aufgegebenen Betrieb veranlasst sind, nachträgliche Betriebsausgaben (→ BFH vom 13. 5. 1980 – BStBl. II S. 692).

Nachträgliche Betriebsausgaben → H 24.2 (Nachträgliche Werbungskosten/Betriebsausgaben).

Tod eines Gesellschafters. Hat eine Personengesellschaft ihren Gewinn durch Einnahmenüberschussrechnung ermittelt, ist sie zur Feststellung der für die Berechnung des Veräußerungsgewinns erforderlichen Buchwerte im Fall der Übernahme aller Wirtschaftsgüter der Personengesellschaft durch die verbleibenden Gesellschafter bei Ableben eines Gesellschafters so zu behandeln, als wäre sie im Augenblick des Todes des Gesellschafters zur Gewinnermittlung nach § 4 Abs. 1 EStG übergegangen. Der Übergangsgewinn ist anteilig dem verstorbenen Gesellschafter zuzurechnen, auch wenn er im Wesentlichen auf der Zurechnung auf die anderen Gesellschafter übergehender Honorarforderungen beruht (→ BFH vom 13.11. 1997 – BStBl. 1998 II S. 290).

Übergangsgewinn. Die wegen des Übergangs von der Einnahmenüberschussrechnung zum Betriebsvermögensvergleich erforderlichen Hinzurechnungen und Abrechnungen sind nicht bei dem Veräußerungsgewinn, sondern bei dem laufenden Gewinn des Wj. vorzunehmen, in dem die Veräußerung stattfindet (→ BFH vom 23. 11. 1961 – BStBl. 1962 III S. 199); die dem Gewinn hinzuzurechnenden Beträge können nicht verteilt werden (→ BFH vom 13. 9. 2001 – BStBl. 2002 II S. 287).

R 4.6

R 4.6. Wechsel der Gewinnermittlungsart

Wechsel zum Betriebsvermögensvergleich

136 (1) ① Neben den Fällen des Übergangs von der Gewinnermittlung nach § 4 Abs. 3 EStG zur Gewinnermittlung nach § 4 Abs. 1 oder § 5 EStG ist eine → Gewinnberichtigung auch

[1] Bei der Realteilung ohne Spitzenausgleich einer Mitunternehmerschaft, die ihren Gewinn durch Einnahmenüberschussrechnung ermittelt, besteht aber keine Verpflichtung zur Erstellung einer Realteilungsbilanz nebst Übergangsgewinnermittlung, wenn die Buchwerte fortgeführt werden und die Mitunternehmer unter Aufrechterhaltung dieser Gewinnermittlungsart ihre Tätigkeit in Einzelunternehmen weiterbetreiben, siehe *BFH-Urteil vom 11. 4. 2013 R III 32/12 (BStBl. 2014 II S. 242).*

erforderlich, wenn nach einer Einnahmenüberschussrechnung im folgenden Jahr der Gewinn nach § 13 a Abs. 3 bis 5 EStG[1] ermittelt wird. ② Bei dem Übergang zur Gewinnermittlung durch Betriebsvermögensvergleich kann zur Vermeidung von Härten auf Antrag des Stpfl. der Übergangsgewinn (Saldo aus Zu- und Abrechnungen) gleichmäßig entweder auf das Jahr des Übergangs und das folgende Jahr oder auf das Jahr des Übergangs und die beiden folgenden Jahre verteilt werden. ③ Wird der Betrieb vor Ablauf des Verteilungszeitraums veräußert oder aufgegeben, erhöhen die noch nicht berücksichtigten Beträge den laufenden Gewinn des letzten Wirtschaftsjahres. ④ Die zum Anlagevermögen gehörenden nicht abnutzbaren Wirtschaftsgüter und die in § 4 Abs. 3 Satz 4 EStG genannten Wirtschaftsgüter des Umlaufvermögens sind in der Eröffnungsbilanz mit dem Wert nach § 4 Abs. 3 Satz 5 EStG anzusetzen.

Wechsel zur Einnahmenüberschussrechnung

(2) Beim Übergang von der Gewinnermittlung durch Betriebsvermögensvergleich (§ 4 Abs. 1 oder § 5 EStG) zur Gewinnermittlung nach § 4 Abs. 3 EStG sind die durch den Wechsel der Gewinnermittlungsart bedingten Hinzurechnungen und Abrechnungen im ersten Jahr nach dem Übergang zur Gewinnermittlung nach § 4 Abs. 3 EStG vorzunehmen. **137**

H 4.6

Ansatz- oder Bewertungswahlrechte gelten beim Übergang zum Betriebsvermögensvergleich als nicht ausgeübt (→ BFH zu § 13 a EStG vom 14. 4. 1988 – BStBl. II S. 672).

Bewertung von Wirtschaftsgütern.[2] Die einzelnen Wirtschaftsgüter sind beim Übergang zum Betriebsvermögensvergleich mit den Werten anzusetzen, mit denen sie zu Buch stehen würden, wenn von Anfang an der Gewinn durch Betriebsvermögensvergleich ermittelt worden wäre (→ BFH vom 23. 11. 1961 – BStBl. 1962 III S. 199). **139**

Erneuter Wechsel der Gewinnermittlungsart. Nach einem Wechsel der Gewinnermittlungsart ist der Stpfl. grundsätzlich für drei Wj. an diese Wahl gebunden. Nur bei Vorliegen eines besonderen wirtschaftlichen Grundes (z. B. Einbringung nach § 24 UmwStG) kann er vor Ablauf dieser Frist zurückwechseln (→ BFH vom 9. 11. 2000 – BStBl. 2001 II S. 102).

Gewinnberichtigungen beim Wechsel der Gewinnermittlungsart

- **Wechsel zum Betriebsvermögensvergleich**. Der Übergang von der Einnahmenüberschussrechnung zum Betriebsvermögensvergleich erfordert, dass Betriebsvorgänge, die bisher nicht berücksichtigt worden sind, beim ersten Betriebsvermögensvergleich berücksichtigt werden (→ BFH vom 28. 5. 1968 – BStBl. II S. 650 und vom 24. 1. 1985 – BStBl. II S. 255).
- **Wechsel zur Einnahmenüberschussrechnung**. Soweit sich die Betriebsvorgänge, die den durch den Wechsel der Gewinnermittlungsart bedingten Korrekturen entsprechen, noch nicht im ersten Jahr nach dem Übergang zur Einnahmenüberschussrechnung ausgewirkt haben, können die Korrekturen auf Antrag grundsätzlich in dem Jahr vorgenommen werden, in dem sich die Betriebsvorgänge auswirken (→ BFH vom 17. 1. 1963 – BStBl. III S. 228).

Gewinnschätzung bei Einnahmenüberschussrechnung → H 4.1 (Gewinnschätzung).

Keine Verteilung des Übergangsgewinns

- Beim Übergang vom Betriebsvermögensvergleich zur Einnahmenüberschussrechnung (→ BFH vom 3. 10. 1961 – BStBl. III S. 565).
- Bei Betriebsveräußerung oder Betriebsaufgabe (→ BFH vom 13. 9. 2001 – BStBl. 2002 II S. 287).
- Bei Einbringung eines Betriebs in eine Personengesellschaft zu Buchwerten (→ BFH vom 13. 9. 2001 – BStBl. 2002 II S. 287).

Keine Verteilung des Übergangsverlusts. Ein Übergangsverlust, der bei einem Wechsel von der Einnahmenüberschussrechnung zur Gewinnermittlung durch Betriebsvermögensvergleich entsteht, ist nicht auf das Jahr des Übergangs und die beiden Folgejahre zu verteilen (→ BFH vom 23. 7. 2013 – BStBl. II S. 820).

Land- und Forstwirtschaft

- Bewertung von Vieh in der Übergangsbilanz → H 13.3 (Übergang zur Buchführung).
- Wird zugleich mit dem Übergang von der Einnahmenüberschussrechnung zum Betriebsvermögensvergleich ein landwirtschaftlicher Betrieb infolge Strukturwandels zum Gewerbebetrieb, ist die Gewinnberichtigung bei den Einkünften aus Gewerbebetrieb vorzunehmen; es liegen keine nachträglichen Einkünfte aus Land- und Forstwirtschaft vor (→ BFH vom 1. 7. 1981 – BStBl. II S. 780).
- Wechsel der Gewinnermittlung allgemein → R 13.5 Abs. 2.

Übersicht über die Berichtigung des Gewinns bei Wechsel der Gewinnermittlungsart → Anlage.[3]

Unterbliebene Gewinnkorrekturen

- Eine bei einem früheren Übergang vom Betriebsvermögensvergleich zur Einnahmenüberschussrechnung oder umgekehrt zu Unrecht unterbliebene Gewinnkorrektur darf bei der aus Anlass eines erneuten Wechsels in der Gewinnermittlungsart erforderlich gewordenen Ge-

---

[1] Teilweise überholt für Wirtschaftsjahre, die nach dem 30. 12. 2015 enden, siehe BMF-Schreiben vom 10. 11. 2015 (BStBl. I S. 877), abgedruckt als Anlage zu H 13 a.

[2] Zur Bilanzierung von Grund und Boden in der Übergangsbilanz siehe *Vfg. OFD Frankfurt vom 2. 11. 2018 S 2163 A-009-St 216 (DStR 2019 S. 1308).*

[3] Nachstehend abgedruckt.

winnkorrektur nicht berücksichtigt werden, soweit der Fehler nicht mehr berichtigt werden kann (→ BFH vom 23. 7. 1970 – BStBl. II S. 745).

– Wird ein Betrieb unentgeltlich auf einen Dritten übertragen, sind Hinzurechnungen und Abrechnungen, die infolge des Übergangs zu einer anderen Gewinnermittlungsart oder infolge Schätzung des Gewinns bei dem Rechtsvorgänger zu Recht nicht berücksichtigt worden sind, in der Weise bei dem Erwerber zu berücksichtigen, in der sie ohne die unentgeltliche Übertragung des Betriebs bei dem Rechtsvorgänger zu berücksichtigen gewesen wären (→ BFH vom 1. 4. 1971 – BStBl. II S. 526 und vom 7. 12. 1971 – BStBl. 1972 II S. 338).

Wechsel zum Betriebsvermögensvergleich. Bei einem Wechsel von der Einnahmenüberschussrechnung zum Betriebsvermögensvergleich hat der Stpfl. das Wahlrecht zum Betriebsvermögensvergleich erst dann wirksam ausgeübt, wenn er zeitnah eine Eröffnungsbilanz aufstellt, eine ordnungsmäßige kaufmännische Buchführung einrichtet und aufgrund von Bestandsaufnahmen einen Abschluss macht (→ BFH vom 19. 10. 2005 – BStBl. 2006 II S. 509).

Anl zu R 4.6

Übersicht über die Berichtigung des Gewinns bei Wechsel der Gewinnermittlungsart

– Anlage zu R 4.6 –

140

Übergang	Berichtigung des Gewinns im ersten Jahr nach dem Übergang:
1. von der Einnahmenüberschussrechnung zum Bestandsvergleich, zur Durchschnittssatzgewinnermittlung oder zur Richtsatzschätzung	Der Gewinn des ersten Jahres ist insbesondere um die folgenden Hinzurechnungen und Abrechnungen zu berichtigen: + Warenbestand + Warenforderungsanfangsbestand + Sonstige Forderungen – Warenschuldenanfangsbestand + Anfangsbilanzwert (Anschaffungskosten) der nicht abnutzbaren Wirtschaftsgüter des Anlagevermögens (mit Ausnahme des Grund und Bodens), soweit diese während der Dauer der Einnahmenüberschussrechnung angeschafft und ihre Anschaffungskosten vor dem 1. 1. 1971 als Betriebsausgaben abgesetzt wurden, ohne daß ein Zuschlag nach § 4 Abs. 3 Satz 2 EStG in den vor dem Steuerneuordnungsgesetz geltenden Fassungen gemacht wurde.
2. vom Bestandsvergleich, von der Durchschnittssatzgewinnermittlung oder von der Richtsatzschätzung zur Einnahmenüberschussrechnung	Der Überschuss der Betriebseinnahmen über die Betriebsausgaben ist im ersten Jahr insbesondere um die folgenden Hinzurechnungen und Abrechnungen zu berichtigen: + Warenschuldenbestand des Vorjahres – Warenendbestand des Vorjahres – Warenforderungsbestand des Vorjahres – Sonstige Forderungen. Sind in früheren Jahren Korrektivposten gebildet und noch nicht oder noch nicht in voller Höhe aufgelöst worden, ist dies bei Hinzurechnung des Unterschiedsbetrags zu berücksichtigen; noch nicht aufgelöste Zuschläge vermindern, noch nicht aufgelöste Abschläge erhöhen den Unterschiedsbetrag.

Bei der Anwendung der vorstehenden Übersicht ist Folgendes zu beachten:

– Die vorstehende Übersicht ist nicht erschöpfend. Beim Wechsel der Gewinnermittlungsart sind auch andere als die oben bezeichneten Positionen durch Zu- und Abrechnungen zu berücksichtigen. Das gilt insbesondere für Rückstellungen sowie für die Rechnungsabgrenzungsposten, z. B. im Voraus gezahlte Miete und im Voraus vereinnahmte Zinsen, soweit die Einnahmen oder Ausgaben bei der Einnahmenüberschussrechnung nicht gem. § 11 Abs. 1 Satz 3 oder Abs. 2 Satz 3 EStG verteilt werden.

– Die Zu- und Abrechnungen unterbleiben für Wirtschaftsgüter des Umlaufvermögens und Schulden für Wirtschaftsgüter des Umlaufvermögens, die von § 4 Abs. 3 Satz 4 EStG erfasst werden. Zur zeitlichen Anwendung dieser Regelung → *§ 52 Abs. 10 Satz 2 und 3 EStG.*[1]

R 4.7

R 4.7. Betriebseinnahmen[2] und -ausgaben[3]

Betriebseinnahmen und -ausgaben bei gemischt genutzten Wirtschaftsgütern

141 (1) ① Gehört ein Wirtschaftsgut zum Betriebsvermögen, sind Aufwendungen einschließlich AfA, soweit sie der privaten Nutzung des Wirtschaftsgutes zuzurechnen sind, keine Betriebs-

---

[1] Jetzt: „§ 52 Abs. 6 Satz 2 und 3 EStG."

[2] Zu Betriebseinnahmen eines Autors bei Beteiligung des Verlages an den Vergütungsansprüchen über eine Verwertungsgesellschaft siehe *Fachinformation FinBeh Hamburg vom 25. 1. 2019 S 2143-2018/001 (DStR S. 1154).* Zu Entschädigungen für die Inanspruchnahme von land- und forstwirtschaftlichem Grundbesitz siehe *Vfg. OFD Frankfurt vom 23. 7. 2019 S 2230 A-010-St 21 (DStR S. 2084).*

[3] Zahlungen an den „Humanitären Hilfsfonds" an ehemalige Zwangsarbeiter sind Betriebsausgaben. *Erlaß Bayern vom 5. 8. 1999 32 – S 2223 – 386/3 – 34860 (DB 2000 S. 398).*

Vgl. auch H 18.2 (Betriebsausgabenpauschale).

Wegen der Abzugsfähigkeit von Beitragszahlungen an Vereinigungen als Berufsverband vgl. *BFH-Urteil vom 7. 6. 1988 VIII R 76/85 (BStBl. 1989 II S. 97).*

Zu Beiträgen an Verkehrsvereine siehe *Vfg. OFD Frankfurt a. M. vom 20. 3. 1995 S 2144 A – 86 St II 20 (StEd S. 426).*

Zur Ausgabe eigener Anteile an Arbeitnehmer siehe *Vfg. OFD Frankfurt vom 22. 5. 2019 S 2144A-129-St 516 (DStR S. 1212).*

Zu privaten Stromkosten für das Aufladen eines betrieblichen Elektrofahrzeugs oder Hybridelektrofahrzeugs als Betriebsausgaben siehe *Erlass Finanzministerium Mecklenburg-Vorpommern vom 3. 3. 2020 IV 301-S 2130-00000-2019/002 (DStR S. 1440).*

ausgaben. ② Gehört ein Wirtschaftsgut zum Privatvermögen, sind die Aufwendungen einschließlich AfA, die durch die betriebliche Nutzung des Wirtschaftsgutes entstehen, Betriebsausgaben. ③ Wird ein Wirtschaftsgut des Betriebsvermögens während seiner Nutzung zu privaten Zwecken des Stpfl. zerstört, tritt bezüglich der stillen Reserven, die sich bis zu seiner Zerstörung gebildet haben, keine Gewinnrealisierung ein. ④ In Höhe des Restbuchwerts liegt eine Nutzungsentnahme vor. ⑤ Eine Schadensersatzforderung für das während der privaten Nutzung zerstörte Wirtschaftsgut ist als → Betriebseinnahme zu erfassen, wenn und soweit sie über den Restbuchwert hinausgeht. ⑥ Die Leistung der Kaskoversicherung wegen Diebstahls eines zum Betriebsvermögen gehörenden Pkw ist unabhängig von einer Nutzung zu privaten Zwecken in vollem Umfang Betriebseinnahme, wenn der Pkw während einer betrieblichen Nutzung gestohlen wurde. ⑦ Wurde der Pkw während einer privaten Nutzung gestohlen, gilt Satz 5 entsprechend.

Betriebseinnahmen und -ausgaben bei Grundstücken

(2) ① Entgelte aus eigenbetrieblich genutzten Grundstücken oder Grundstücksteilen, z. B. Einnahmen aus der Vermietung von Sälen in Gastwirtschaften, sind → Betriebseinnahmen. ② Das Gleiche gilt für alle Entgelte, die für die Nutzung von Grundstücken oder Grundstücksteilen erzielt werden, die zum gewillkürten Betriebsvermögen gehören. ③ Aufwendungen für Grundstücke oder Grundstücksteile, die zum Betriebsvermögen gehören, sind vorbehaltlich des § 4 Abs. 5 Satz 1 Nr. 6b EStG stets Betriebsausgaben; dies gilt auch im Falle einer → teilentgeltlichen Überlassung aus außerbetrieblichen Gründen. ④ Aufwendungen für einen Grundstücksteil (einschließlich AfA), der eigenbetrieblich genutzt wird, sind vorbehaltlich des § 4 Abs. 5 Satz 1 Nr. 6b EStG auch dann Betriebsausgaben, wenn der Grundstücksteil wegen seines untergeordneten Wertes (→ § 8 EStDV, R 4.2 Abs. 8) nicht als Betriebsvermögen behandelt wird. **142**

Bewirtungen

(3) Der Vorteil aus einer Bewirtung im Sinne des § 4 Abs. 5 Satz 1 Nr. 2 EStG ist aus Vereinfachungsgründen beim bewirteten Stpfl. nicht als Betriebseinnahme zu erfassen. **142a**

Abgrenzung der Betriebsausgaben von den nicht abziehbaren Kosten der Lebensführung → H 12.1–H 12.2. H 4.7

143

Auflösung des Mietvertrags. Aufwendungen für vorzeitige Auflösung des Mietvertrags über eine Wohnung sind Betriebsausgaben bei ausschließlich betrieblich veranlasster Verlegung des Lebensmittelpunkts (→ BFH vom 1. 12. 1993 – BStBl. 1994 II S. 323).

Berufskleidung. Aufwendungen für bürgerliche Kleidung sind nur dann als Betriebsausgaben i. S. d. § 4 Abs. 4 zu berücksichtigen, wenn es sich um „typische Berufskleidung" nach § 9 Abs. 1 Satz 3 Nr. 6 handelt, die nicht auch zu privaten Anlässen getragen werden kann (→ BFH vom 16. 3. 2022 – BStBl. II S. 614).

Betreuervergütung. Vergütungen für einen ausschließlich zur Vermögenssorge bestellten Betreuer stellen Betriebsausgaben bei den mit dem verwalteten Vermögen erzielten Einkünften dar, sofern die Tätigkeit des Betreuers weder einer kurzfristigen Abwicklung des Vermögens noch der Verwaltung ertraglosen Vermögens dient (→ BFH vom 14. 9. 1999 – BStBl. 2000 II S. 69).

Betriebseinnahmen[1] sind in Anlehnung an § 8 Abs. 1 und § 4 Abs. 4 EStG alle Zugänge in Geld oder Geldeswert, die durch den Betrieb veranlasst sind. Ein Wertzuwachs ist betrieblich veranlasst, wenn insoweit ein nicht nur äußerlicher, sondern sachlicher, wirtschaftlicher Zusammenhang gegeben ist (→ BFH vom 14. 3. 2006 – BStBl. II S. 650).

Drittaufwand

- Trägt ein Dritter Kosten, die durch die Einkünfteerzielung des Stpfl. veranlasst sind, können sie als so genannter Drittaufwand nicht Betriebsausgaben oder Werbungskosten des Stpfl. sein. Bei **Anschaffungs- oder Herstellungskosten** liegt Drittaufwand vor, wenn ein Dritter sie trägt und das angeschaffte oder hergestellte Wirtschaftsgut vom Stpfl. zur Erzielung von Einkünften genutzt wird (→ BFH vom 23. 8. 1999 – BStBl. II S. 782, 785). Deshalb kommt die Berücksichtigung einer AfA oder einer Aufwandsverteilung für einen vom Nichteigentümer-Ehegatten betrieblich genutzten Gebäudeteil als Betriebsausgabe grundsätzlich nicht in Betracht, wenn das Darlehen zur Finanzierung der Anschaffungskosten des Gebäudes allein vom Eigentümer-Ehegatten aufgenommen wurde und die Zahlungen zur Tilgung dieses Darlehens von einem gemeinsamen Oder-Konto der Eheleute geleistet werden (→ BFH vom 21. 2. 2017 – BStBl. II S. 819).
- Aufwendungen eines Dritten können allerdings im Falle der so genannten Abkürzung des Zahlungswegs als Aufwendungen des Stpfl. zu werten sein; **Abkürzung des Zahlungswegs** bedeutet die Zuwendung eines Geldbetrags an den Stpfl. in der Weise, dass der Zuwendende im Einvernehmen mit dem Stpfl. dessen Schuld tilgt, statt ihm den Geldbetrag unmittelbar zu geben, wenn also der Dritte für Rechnung des Stpfl. an dessen Gläubiger leistet (→ BFH vom 23. 8. 1999 – BStBl. II S. 782 und 785).
- **Erhaltungsaufwendungen** eines Dritten sind auch dann Betriebsausgaben oder Werbungskosten des Stpfl., wenn sie auf einem von einem Dritten im eigenen Namen, aber im Interesse des Stpfl. abgeschlossenen Werkvertrags beruhen und der Dritte die geschuldete Zah-

[1] Zur einkommensteuerlichen Behandlung von Finanzhilfen aufgrund der Corona-Pandemie siehe *BayLfSt vom 5. 10. 2021 S 2/43.2.1 – 10/9 St 32 (DStR S. 2972).*

H 4.7

lung auch selbst leistet – abgekürzter Vertragsweg (→ BFH vom 28. 9. 2010 – BStBl. 2011 II S. 271). Bei Kreditverbindlichkeiten und anderen Dauerschuldverhältnissen (z. B. Miet- und Pachtverträge) kommt eine Berücksichtigung der Zahlung unter dem Gesichtspunkt der Abkürzung des Vertragswegs nicht in Betracht (→ BMF vom 7. 7. 2008 – BStBl. I S. 717). Deshalb können Schuldzinsen, die ein Ehegatte auf seine Darlehensverbindlichkeit zahlt, vom anderen Ehegatten auch dann nicht als Betriebsausgaben oder Werbungskosten abgezogen werden, wenn die Darlehensbeträge zur Anschaffung von Wirtschaftsgütern zur Einkünfteerzielung verwendet wurden (→ BFH vom 24. 2. 2000 – BStBl. II S. 314 und vom 21. 2. 2017 – BStBl. II S. 819). Bezahlt hingegen der andere Ehegatte die Zinsen aus eigenen Mitteln, bilden sie bei ihm abziehbare Betriebsausgaben oder Werbungskosten (→ BFH vom 2. 12. 1999 – BStBl. 2000 II S. 312).

– Nehmen Ehegatten **gemeinsam ein gesamtschuldnerisches Darlehen** zur Finanzierung eines Wirtschaftsguts auf, das nur einem von ihnen gehört und von diesem zur Einkünfteerzielung genutzt wird, sind die Schuldzinsen in vollem Umfang bei den Einkünften des Eigentümer-Ehegatten als Betriebsausgaben oder Werbungskosten abziehbar (→ BFH vom 2. 12. 1999 – BStBl. 2000 II S. 310 und 312).
– Werden die **laufenden Aufwendungen** für ein Wirtschaftsgut, das dem nicht einkünfteerzielenden Ehegatten gehört, gemeinsam getragen, kann der das Wirtschaftsgut einkünfteerzielend nutzende (andere) Ehegatte nur die nutzungsorientierten Aufwendungen (z. B. bei einem Arbeitszimmer die anteiligen Energiekosten und die das Arbeitszimmer betreffenden Reparaturkosten) als Betriebsausgaben oder Werbungskosten geltend machen (→ BFH vom 23. 8. 1999 – BStBl. II S. 782).
– Nutzt ein Miteigentümer allein eine Wohnung zu betrieblichen oder beruflichen Zwecken und werden die Darlehen zum Erwerb der Wohnung gemeinsam aufgenommen und Zins und Tilgung von einem gemeinsamen Konto beglichen, kann er AfA und Schuldzinsen nur entsprechend seinem Miteigentumsanteil als Betriebsausgaben oder Werbungskosten geltend machen. Entsprechendes gilt für gemeinschaftlich getragene andere grundstücksorientierte Aufwendungen, z. B. Grundsteuer, allgemeine Reparaturkosten, Versicherungsprämien (→ BFH vom 6. 12. 2017 – BStBl. 2018 II S. 355).

Druckbeihilfen. Die einem Verlag von Autoren für die Veröffentlichung des Werkes gewährten Druckbeihilfen sind Betriebseinnahmen (→ BFH vom 3. 7. 1997 – BStBl. 1998 II S. 244).

Eigenaufwand für ein fremdes Wirtschaftsgut

– Trägt ein Stpfl. aus betrieblichem Anlass die Anschaffungs- oder Herstellungskosten für ein Gebäude, das im Alleineigentum oder Miteigentum eines Dritten steht, mit dessen Zustimmung und darf er den Eigentumsanteil des Dritten unentgeltlich nutzen, ist der Stpfl. wirtschaftlicher Eigentümer des Gebäudes, wenn ihm bei Beendigung der Nutzung dem Dritten gegenüber ein Anspruch auf Entschädigung aus einer vertraglichen Vereinbarung oder gesetzlich (§§ 951, 812 BGB) zusteht. Dem Hersteller eines Gebäudes auf einem fremden Grundstück steht in der Regel ein Ersatzanspruch gem. §§ 951, 812 BGB zu, wenn er die Baulichkeit auf Grund eines Nutzungsrechts im eigenen Interesse und ohne Zuwendungsabsicht errichtet hat. Entsprechendes gilt für Gebäudeteile (→ BFH vom 14. 5. 2002 – BStBl. II S. 741 und vom 25. 6. 2003 – BStBl. 2004 II S. 403).
– Ist der Stpfl. nicht wirtschaftlicher Eigentümer und hat er Anschaffungs- oder Herstellungskosten für ein im Miteigentum oder in fremdem Eigentum stehendes Gebäude im betrieblichen Interesse getragen, wird dieser Aufwand bei ihm als Posten für die Verteilung eigenen Aufwands aktiviert und ist nach den für Gebäude im Privatvermögen geltenden AfA-Regeln abzuschreiben (→ BFH vom 9. 3. 2016 – BStBl. II S. 976). Ein bei Beendigung der Nutzung noch nicht abgeschriebener Restwert wird erfolgsneutral ausgebucht und ist dem Eigentümer des Wirtschaftsguts als Anschaffungs- oder Herstellungskosten zuzurechnen (→ BMF vom 16. 12. 2016 – BStBl. I S. 1431).[1]
– Zum eigenen Aufwand des Unternehmer-Ehegatten für die Errichtung von Betriebsgebäuden auf einem ihm zusammen mit dem Nichtunternehmer-Ehegatten oder auf einem dem Nichtunternehmer-Ehegatten allein gehörenden Grundstück → BMF vom 16. 12. 2016 (BStBl. I S. 1431).[1]
– Eine Aufwandsverteilung (→ BMF vom 16. 12. 2016 – BStBl. I S. 1431)[1] für einen vom Nichteigentümer-Ehegatten betrieblich genutzten Gebäudeteil setzt voraus, dass dieser die Anschaffungs- oder Herstellungskosten getragen hat. Zahlungen von einem gemeinsamen Konto der Ehegatten gelten unabhängig davon, aus wessen Mitteln das Guthaben auf dem Konto stammt, jeweils für Rechnung desjenigen geleistet, der den Betrag schuldet, sofern keine besonderen Vereinbarungen getroffen wurden (→ BFH vom 21. 2. 2017 – BStBl. II S. 819).
– Ehegatten, die gemeinsam die Herstellungskosten des von ihnen bewohnten Hauses getragen haben und die darin jeweils einen Raum zur Einkünfteerzielung nutzen, können jeweils die auf diesen Raum entfallenden Herstellungskosten für die Dauer dieser Nutzung als Betriebsausgaben oder Werbungskosten (AfA und Aufwandsverteilung nach Gebäudegrundsätzen, → BMF vom 16. 12. 2016 – BStBl. I S. 1431)[1] geltend machen. Die Bemessungsgrundlage für die auf den jewei-

[1] Nachstehend abgedruckt als Anlage e zu R 4.7 EStR.

H 4.7

ligen Raum entfallende AfA und Aufwandsverteilung ist zu schätzen, soweit die Herstellungskosten nicht eindeutig dem Raum zugeordnet werden können. Maßstab ist das Verhältnis der Nutz- oder Wohnflächen (→ BFH vom 23. 8. 1999 – BStBl. II S. 774).
- Beteiligt sich ein Stpfl. (Ehegatte) finanziell an den Anschaffungs- oder Herstellungskosten eines Hauses, das dem anderen Ehegatten gehört, und nutzt er Räume dieses Gebäudes zur Einkünfteerzielung, kann er die auf diese Räume entfallenden eigenen Aufwendungen grundsätzlich als Betriebsausgaben oder Werbungskosten (Aufwandsverteilung nach Gebäudegrundsätzen, → BMF vom 16. 12. 2016 – BStBl. I S. 1431)[1] abziehen. Bemessungsgrundlage der Aufwandsverteilung sind die auf diese Räume entfallenden Anschaffungs- oder Herstellungskosten, soweit sie der Kostenbeteiligung des Stpfl. entsprechen (→ BFH vom 23. 8. 1999 – BStBl. II S. 778).
- Der Stpfl. trägt die Herstellungskosten für ein fremdes, aber zu betrieblichen Zwecken genutztes Gebäude auch dann im eigenen betrieblichen Interesse, wenn er als Gegenleistung für die Nutzungsbefugnis des Grundstücks auf einen Ersatzanspruch verzichtet (→ BFH vom 25. 2. 2010 – BStBl. II S. 670).

Eigenprovisionen. Provisionen, die ein Versicherungsvertreter vom Versicherungsunternehmen für den Abschluss eigener privater Versicherungen (z. B. Lebensversicherungen für sich oder seine Ehefrau) in gleicher Weise erhält wie für die Vermittlung von Versicherungsabschlüssen mit Dritten (sog. Eigenprovisionen), sind Betriebseinnahmen (→ BFH vom 27. 5. 1998 – BStBl. II S. 618). Das Gleiche gilt für Vergütungen, die ein Vermittler von Beteiligungen an Personengesellschaften von einem Dritten für die Zeichnung eigener Beteiligungen an diesen Gesellschaften erhält. Sie sind nicht in der Gewinnermittlung der Personengesellschaft (als Sonderbetriebseinnahmen oder Minderung der anteilig auf den Vermittler entfallenden Anschaffungskosten) zu berücksichtigen (→ BFH vom 14. 3. 2012 – BStBl. II S. 498).

Entschädigungen
- Neben Förderzinsen zum Abbau von Bodenschätzen gezahlte Entschädigungen für entgangene/entgehende Einnahmen sind Betriebseinnahmen, wenn die Flächen im Betriebsvermögen bleiben (→ BFH vom 15. 3. 1994 – BStBl. II S. 840).
- Entschädigungen für die Eintragung einer beschränkt persönlichen Dienstbarkeit, die das Recht dinglich absichert, dass ein zum Betriebsvermögen des Eigentümers gehörendes Grundstück als Überflutungsfläche zur Hochwasserrückhaltung genutzt werden darf, sind Betriebseinnahmen (→ BFH vom 21. 11. 2018 – BStBl. 2019 II S. 311).

Erbschaft. Eine für den Betrieb eines Stpfl. (z. B. Altenheim) bestimmte Erbschaft ist als Betriebseinnahme zu versteuern (→ BFH vom 14. 3. 2006 – BStBl. II S. 650).

Fachtagung. Der geldwerte Vorteil aus der Teilnahme an einer vom Geschäftspartner organisierten Fachtagung, die den üblichen Rahmen geschäftlicher Gespräche überschreitet, ist Betriebseinnahme (→ BFH vom 26. 9. 1995 – BStBl. 1996 II S. 273).

Fonds, geschlossene. Zur Abgrenzung zwischen Betriebsausgaben, Anschaffungskosten und Herstellungskosten → BMF vom 20. 10. 2003 (BStBl. I S. 546).[2]

Forschungszulage. Die Forschungszulage führt bei der Einkommensteuer nicht zu einer Betriebsvermögensmehrung bzw. Betriebseinnahme → BMF vom 11. 11. 2021 (BStBl. I S. 2277), Rn. 284.

Gemischt genutzte Wirtschaftsgüter
- Werden nicht zum Betriebsvermögen gehörende Wirtschaftsgüter auch betrieblich genutzt, können Aufwendungen einschließlich der AfA, die durch die betriebliche Nutzung entstehen, als Betriebsausgaben abgesetzt werden, wenn die betriebliche Nutzung nicht nur von untergeordneter Bedeutung ist und der betriebliche Nutzungsanteil sich leicht und einwandfrei anhand von Unterlagen nach objektiven, nachprüfbaren Merkmalen – ggf. im Wege der Schätzung – von den nicht abziehbaren Kosten der Lebenshaltung trennen lässt (→ BFH vom 13. 3. 1964 – BStBl. III S. 455).
- Zu Fahrtkosten bei Geschäftsreisen → R 4.12 Abs. 2.

Gewinnanteile des stillen Gesellschafters. Die an den typisch stillen Gesellschafter gezahlten Gewinnanteile sind insoweit keine Betriebsausgaben, als der Geschäftsinhaber die Vermögenseinlage des stillen Gesellschafters zu privaten Zwecken verwendet hat (→ BFH vom 6. 3. 2003 – BStBl. II S. 656).

Häusliches Arbeitszimmer. Scheidet ein häusliches Arbeitszimmer aus dem Betriebsvermögen aus, ist bei der Ermittlung des Veräußerungs- oder Aufgabegewinns der sich nach Abzug der AfA ergebende Buchwert auch dann maßgeblich, wenn die Abziehbarkeit der Aufwendungen für das häusliche Arbeitszimmer während der Ausübung der Tätigkeit gem. § 4 Abs. 5 Satz 1 Nr. 6b EStG der Höhe nach beschränkt war. Eine Gewinnkorrektur für den nicht abzugsfähigen Teil der AfA kommt nicht in Betracht (→ BFH vom 16. 6. 2020 – BStBl. II S. 841).

Incentive-Reisen → BMF vom 14. 10. 1996 (BStBl. I S. 1192).[3]

---

[1] Nachstehend abgedruckt als Anlage e zu R 4.7 EStR.
[2] Abgedruckt als Anlage c zu § 21 EStG.
[3] Nachstehend abgedruckt als Anlage a zu R 4.7 EStR.

H 4.7

Losveranstaltungen[1]

– Wird von einer Provision das Entgelt für Lose unmittelbar einbehalten und werden die Gewinne in vollem Umfang durch die Losentgelte finanziert, ist der Erwerb der Lose bereits Teil der Einkommensverwendung. Die Vorteile daraus stehen mit der Einkommenserzielung in keinem steuerlich relevanten Sachzusammenhang. Dies gilt auch dann, wenn die Lose nur von solchen Personen erworben werden können, die Leistungen gegenüber dem die Auslosung vornehmenden Unternehmen erbracht haben (z. B. selbständige Außendienstmitarbeiter einer Bausparkasse) (→ BFH vom 2. 9. 2008 – BStBl. 2010 II S. 548).
– Der Gewinn aus Losen, die Vertriebsmitarbeiter für die Erzielung bestimmter Umsätze erhalten, ist betrieblich veranlasst (→ BFH vom 2. 9. 2008 – BStBl. 2010 II S. 550).

Mobilfunkdienstleistungsverträge. Vergünstigungen im Zusammenhang mit dem Abschluss von Mobilfunkdienstleistungsverträgen als Betriebseinnahmen → BMF vom 20. 6. 2005 (BStBl. I S. 801), Rdnr. 11 ff.

Nachträgliche Betriebsausgaben → H 24.2 (Nachträgliche Werbungskosten/Betriebsausgaben).

Nebenräume. Werden betrieblich oder beruflich genutzte Nebenräume in die Kostenberechnung einbezogen, sind die abziehbaren Kosten nach dem Verhältnis des gesamten betrieblich oder beruflich genutzten Bereiches (betrieblich oder beruflich genutzte Haupt- und Nebenräume) zu der Gesamtfläche aller Räume des Gebäudes aufzuteilen (→ BMF vom 6. 10. 2017 – BStBl. I S. 1320, Rdnr. 6 a).

Nießbrauch

– Aufwendungen des Stpfl. im Zusammenhang mit dem betrieblich genutzten Grundstück oder Grundstücksteil sind Betriebsausgaben; hierzu gehören auch die abschreibbaren Anschaffungs- oder Herstellungskosten, die der Stpfl. selbst getragen hat (→ BFH vom 16. 12. 1988 – BStBl. 1989 II S. 763 und vom 20. 9. 1989 – BStBl. 1990 II S. 368).
– Der Vermächtnisnießbraucher ist nicht berechtigt, AfA auf Anschaffungs- oder Herstellungskosten des Erblassers in Anspruch zu nehmen (→ BFH vom 28. 9. 1995 – BStBl. 1996 II S. 440).

Nutzungsausfallentschädigung. Die Entschädigung für den Nutzungsausfall eines Wirtschaftsgutes des Betriebsvermögens ist eine Betriebseinnahme. Unerheblich ist, ob der Schaden im Zuge betrieblicher oder privater Nutzung eingetreten ist. Setzt der Stpfl. die Aufwendungen für die private Nutzung eines Kfz nach § 6 Abs. 1 Nr. 4 Satz 3 EStG an, mindert eine Nutzungsausfallentschädigung die Gesamtaufwendungen für das Kfz (→ BFH vom 27. 1. 2016 – BStBl. II. S. 534).

Photovoltaikanlage. Wird eine Photovoltaikanlage betrieben, die auf das Dach eines im Übrigen nicht der Einkünfteerzielung dienenden Gebäudes aufgesetzt ist, können anteilige Gebäudekosten nicht als Betriebsausgaben im Wege der sog. Aufwandseinlage bei der Ermittlung der gewerblichen Einkünfte des Betriebs „Stromerzeugung“ berücksichtigt werden. Die Photovoltaikanlage als Betriebsvorrichtung und das Gebäude stellen jeweils eigenständige Wirtschaftsgüter dar (→ BFH vom 17. 10. 2013 – BStBl. 2014 II S. 372).

Praxisausfallversicherung. Eine Praxisausfallversicherung, durch die im Falle einer krankheitsbedingten Arbeitsunfähigkeit des Stpfl. die fortlaufenden Kosten seines Betriebes ersetzt werden, gehört dessen Lebensführungsbereich an. Die Beiträge zu dieser Versicherung stellen daher keine Betriebsausgaben dar, die Versicherungsleistung ist nicht steuerbar. Wird neben dem privaten Risiko der Erkrankung zugleich aber ein betriebliches Risiko versichert (z. B. die behördlich verfügte Quarantäne gegen einen Arzt), steht § 12 Nr. 1 EStG dem Abzug der hierauf entfallenden Versicherungsbeiträge als Betriebsausgaben nicht entgegen. Maßstab für den anteiligen Betriebsausgabenabzug ist das Verhältnis der Prämien mit und ohne betrieblichen Versicherungsanteil (→ BFH vom 19. 5. 2009 – BStBl. 2010 II S. 168).

Preisgelder als Betriebseinnahmen → BMF vom 5. 9. 1996 (BStBl. I S. 1150) unter Berücksichtigung der Änderung durch BMF vom 23. 12. 2002 (BStBl. 2003 I S. 76).[2]

Provisionen für die Vermittlung von Anteilen an Personengesellschaften. Vergütungen, die ein Vermittler von Beteiligungen an Personengesellschaften von einem Dritten dafür erhält, dass er Dritten Anteile an Personengesellschaften vermittelt, an denen er auch selbst beteiligt ist, sind Betriebseinnahmen im Rahmen seiner gewerblichen Tätigkeit. Sie sind nicht in der Gewinnermittlung der Personengesellschaft zu berücksichtigen (→ BFH vom 14. 3. 2012 – BStBl. II S. 498).

Prozesskosten die einem Erben im Zusammenhang mit der Anfechtung des Testaments entstehen, stellen auch dann keine Betriebsausgaben dar, wenn zum Nachlass ein Gewerbebetrieb gehört (→ BFH vom 17. 6. 1999 – BStBl. II S. 600).

Risikolebensversicherung. Beiträge für eine Risikolebensversicherung sind nicht betrieblich veranlasst, weil dadurch das Leben des Versicherungsnehmers und nicht ein betriebliches Risiko abgesichert wird (→ BFH vom 23. 4. 2013 – BStBl. II S. 615).

---

[1] Ergänzend siehe *Erlass Berlin vom 19. 7. 2010 III B – S 2143 – 1/2009 (BeckVerw 242350).*
[2] Abgedruckt als Anlage zu H 2.

H 4.7

Schadensersatz als Betriebseinnahme. Bei Schadensersatzleistungen eines Steuerberaters oder seines Haftpflichtversicherers wegen vermeidbar zuviel entrichteter Steuern kommt es entscheidend darauf an, ob die Entrichtung der Steuer zu einer Betriebsausgabe führt oder in die außerbetriebliche Sphäre fällt. Schadensersatz wegen einer zu hohen Einkommensteuerfestsetzung ist daher beim Mandanten keine Betriebseinnahme. Schadensersatz wegen einer zu hohen Körperschaftsteuerfestsetzung ist beim Mandanten Betriebseinnahme (→ BFH vom 18. 6. 1998 – BStBl. II S. 621).

Schätzung von Betriebsausgaben

– Von tatsächlich geleisteten Betriebsausgaben kann grundsätzlich nur ausgegangen werden, wenn deren betriebliche Veranlassung und Höhe nachgewiesen ist. Gelingt dieser Nachweis der Höhe nach nicht, obwohl offensichtlich Ausgaben angefallen sein müssen, sind die nicht feststellbaren Besteuerungsgrundlagen zu schätzen (§ 162 Abs. 2 Satz 2 AO). Die Schätzung muss insgesamt in sich schlüssig, wirtschaftlich vernünftig und möglich sein. Eine grobe, griffweise Schätzung kann diesen Anforderungen nur genügen, wenn keinerlei Möglichkeiten zur näheren Präzisierung der Schätzungsmethode, wie z. B. durch Anlehnung an die Richtsatzsammlung[1] oder anhand von Erfahrungswerten der Finanzverwaltung bezüglich bestimmten Aufwandes, besteht. Die geltend gemachten Betriebsausgaben sind um angemessene Unsicherheitsabschläge zu kürzen. Nach der Schätzung ist zu prüfen, ob und inwieweit die fehlende Benennung der Zahlungsempfänger gem. § 160 AO dem Abzug der geschätzten Ausgaben entgegensteht (→ BFH vom 24. 6. 1997 – BStBl. 1998 II S. 51).
– → Verhältnis von Betriebsausgaben und Werbungskostenpauschale.

Schuldzinsen

– Schuldzinsenabzug nach § 4 Abs. 4 a EStG,
  → BMF vom 2. 11. 2018 (BStBl. I S. 1207)[2] unter Berücksichtigung der Änderungen durch BMF vom 18. 1. 2021 (BStBl. I S. 119) und vom 5. 11. 2021 (BStBl. I S. 2211),
  → BMF vom 12. 6. 2006 (BStBl. I S. 416) zur Berücksichtigung von vor dem 1. 1. 1999 entstandenen Unterentnahmen,
– Schuldzinsen aus der Finanzierung von
  – Pflichtteilsverbindlichkeiten,
  – Vermächtnisschulden,
  – Erbersatzverbindlichkeiten,
  – Zugewinnausgleichsschulden,
  – Abfindungsschulden nach der Höfeordnung,
  – Abfindungsschulden im Zusammenhang mit der Vererbung eines Anteils an einer Personengesellschaft im Wege der qualifizierten Nachfolgeklausel oder im Wege der qualifizierten Eintrittsklausel,
  dürfen nicht als Betriebsausgaben oder Werbungskosten abgezogen werden (→ BMF vom 11. 8. 1994 – BStBl. I S. 603),[3]
– Schuldzinsen für Kontokorrentkredite → BMF vom 10. 11. 1993 (BStBl. I S. 930),[4]
– → H 4.2 (15) (Betriebsschuld).

Sonderbetriebseinnahmen und -ausgaben

– Erträge und Aufwendungen des Gesellschafters einer in § 15 Abs. 1 Satz 1 Nr. 2 EStG genannten Personengesellschaft, die durch seine Beteiligung an der Gesellschaft veranlasst sind, sind bei ihm als Sonderbetriebseinnahmen oder -ausgaben zu erfassen und müssen auch Eingang in die einheitliche Gewinnfeststellung finden. Von Sonderbetriebsausgaben, die den Gewinnanteil des Gesellschafters mindern, sind die Betriebsausgaben abzugrenzen, die nur den Gewinn des eigenen Gewerbebetriebs des Gesellschafters mindern, z. B. eigene Rechts- und Beratungskosten (→ BFH vom 18. 5. 1995 – BStBl. 1996 II S. 295).
– Schuldzinsen für vom Gesellschafter übernommene Darlehensschulden der Mitunternehmerschaft sind als Sonderbetriebsausgaben des Gesellschafters abziehbar, wenn mit der Schuldübernahme eine vom Gesellschafter zu erbringende Einlageverpflichtung erfüllt wird. Wird eine andere Verpflichtung durch die Schuldübernahme erfüllt, liegen Sonderbetriebsausgaben vor, wenn mit der Schuldübernahme eine das Sonderbetriebsvermögen betreffende Verbindlichkeit des Gesellschafters erfüllt wird (→ BFH vom 28. 10. 1999 – BStBl. 2000 II S. 390).
– Die Berücksichtigung von Gewinnanteilen eines Unterbeteiligten als Sonderbetriebsausgaben des Hauptbeteiligten setzt voraus, dass der Unterbeteiligte eine Einlage leistet (→ BFH vom 7. 11. 2018 – BStBl. 2019 II S. 224).
– → H 15.8 (3) Tätigkeitsvergütungen.
– → Eigenprovisionen
– Schadensersatzanspruch eines Mitunternehmers bei Prospekthaftung → H 16 (9).

---

[1] Die Richtsatzsammlung für VZ 2021 ist im BStBl. 2022 I S. 1609 veröffentlicht worden.
[2] Abgedruckt als Anlage a zu R 4.2 (15) EStR.
[3] Abgedruckt als Anlage b zu § 7 EStG.
[4] Abgedruckt als Anlage b zu R 4.2 (15) EStR.

H 4.7

Sponsoring → BMF vom 18. 2. 1998 (BStBl. I S. 212).[1,2,3]

Steuerberatungskosten. Zuordnung der Steuerberatungskosten zu den Betriebsausgaben, Werbungskosten oder Kosten der Lebensführung → BMF vom 21. 12. 2007 (BStBl. 2008 I S. 256).[4]

Technische Sicherheitseinrichtung – TSE. Aus Vereinfachungsgründen wird es nicht beanstandet, wenn die Kosten für die nachträgliche erstmalige Ausrüstung bestehender Kassen mit einer TSE und die Kosten für die erstmalige Implementierung der einheitlichen digitalen Schnittstelle eines bestehenden elektronischen Aufzeichnungssystems in voller Höhe sofort als Betriebsausgaben abgezogen werden (→ BMF vom 21. 8. 2020 – BStBl. I S. 1047).

Teilentgeltliche Überlassung. Die teilentgeltliche Überlassung von Grundstücken oder Grundstücksteilen aus außerbetrieblichen Gründen ist als Nutzungsentnahme zu behandeln (→ BFH vom 24. 3. 2011 – BStBl. II S. 692).

Unentgeltliche Übertragung eines Grundstücks oder Grundstücksteils an eine betriebsfremde Person unter Vorbehalt eines Nutzungsrechts für betriebliche Zwecke. Aufwendungen des Stpfl. im Zusammenhang mit dem betrieblich genutzten Grundstück oder Grundstücksteil sind Betriebsausgaben (→ BFH vom 26. 10. 1987 – BStBl. 1988 II S. 348); hierzu gehört auch die AfA auf Anschaffungs- oder Herstellungskosten, die der Stpfl. selbst getragen hat (→ BFH vom 16. 12. 1988 – BStBl. 1989 II S. 763 und vom 20. 9. 1989 – BStBl. 1990 II S. 368); Bemessungsgrundlage für die künftige AfA ist der Entnahmewert (Teilwert/Buchwert → R 7.3 Abs. 6, R 7.4 Abs. 11; → BFH vom 20. 9. 1989 – BStBl. 1990 II S. 368).

Veräußerung eines zum Betriebsvermögen gehörenden auch privat genutzten Wirtschaftsguts. Wird ein zum Betriebsvermögen gehörendes Wirtschaftsgut, das teilweise privat genutzt worden ist, veräußert, ist der gesamte Veräußerungserlös Betriebseinnahme (→ BFH vom 16. 6. 2020 – BStBl. II S. 845).

Verhältnis von Betriebsausgaben und Werbungskostenpauschale. Aufwendungen für unterschiedliche Einkunftsarten sind – ggf. im Schätzungswege – in Betriebsausgaben und Werbungskosten aufzuteilen und den jeweiligen Einkunftsarten, durch die sie veranlasst sind, zuzuordnen. Der Stpfl. kann keine beliebige Bestimmung treffen und neben der Werbungskostenpauschale sämtliche nachgewiesenen Aufwendungen als Betriebsausgaben geltend machen (→ BFH vom 10. 6. 2008 – BStBl. II S. 937).

Veruntreute Betriebseinnahmen
- Veruntreut ein Gesellschafter Betriebseinnahmen der Personengesellschaft, indem er veranlasst, dass in Kundenrechnungen der Gesellschaft ein Konto angegeben wird, von dem die übrigen Gesellschafter keine Kenntnis haben, und verwendet er anschließend die dortigen Zahlungseingänge für private Zwecke, ist die nach Aufdeckung des Vorgangs an die Mitgesellschafter geleistete Ausgleichszahlung nicht betrieblich veranlasst, wenn Inhaber des Kontos die Gesellschaft ist, die Zahlungseingänge als Betriebseinnahme der Gesellschaft behandelt werden und der Gewinn nach dem allgemeinen Schlüssel verteilt wird. Eine betriebliche Veranlassung liegt vor, wenn die veruntreuten Gelder dem Gesellschafter allein als Einkünfte zugerechnet worden sind (→ BFH vom 8. 6. 2000 – BStBl. II S. 670).
- Entgehen der Gesellschaft Einnahmen, weil ein Mitunternehmer die der Gesellschaft zustehenden Einnahmen auf ein eigenes Konto leitet, handelt es sich bei den Einnahmen um Sonderbetriebseinnahmen des ungetreuen Mitunternehmers (→ BFH vom 22. 6. 2006 – BStBl. II S. 838).
- Unberechtigte Entnahmen führen beim ungetreuen Gesellschafter, anders als im Fall der Umleitung von der Gesellschaft zustehenden Betriebseinnahmen auf das eigene Konto, nicht zu Betriebseinnahmen (→ BFH vom 14. 12. 2000 – BStBl. 2001 II S. 238).

VIP-Logen
- Aufwendungen für VIP-Logen in Sportstätten → BMF vom 22. 8. 2005 (BStBl. I S. 845)[5] unter Berücksichtigung der Änderungen durch BMF vom 19. 5. 2015 (BStBl. I S. 468)[6], Rz. 15.
- Anwendung der Vereinfachungsregelungen auf ähnliche Sachverhalte → BMF vom 11. 7. 2006 (BStBl. I S. 447)[7] unter Berücksichtigung der Änderungen durch BMF vom 19. 5. 2015 (BStBl. I S. 468)[6], Rz. 15.

Vorweggenommene Betriebsausgaben
- sind abziehbar bei ausreichend bestimmbarem Zusammenhang zwischen den Aufwendungen und der Einkunftsart, → BFH vom 15. 4. 1992 (BStBl. II S. 819); die Zahlung einer in einem Ausbildungsverhältnis begründeten Vertragsstrafe kann zu Betriebsausgaben führen → BFH vom 22. 6. 2006 (BStBl. 2007 II S. 4).

---

[1] Nachstehend abgedruckt.
[2] Siehe auch *BFH-Urteil vom 14. 7. 2020 VIII R 28/17 (BStBl. 2021 II S. 14).*
[3] Zur Behandlung von Aufwendungen für Klimaschutzmaßnahmen als Betriebsausgaben siehe *LfSt-Niedersachsen vom 3. 2. 2022 – S 2144 – 310 – St 226 (DStR 2022, 839).*
[4] Abgedruckt als Anlage a zu H 12.1.
[5] Abgedruckt als Anlage c zu R 4.7 EStR.
[6] Abgedruckt als Anlage zu H 37 b.
[7] Abgedruckt als Anlage d zu R 4.7 EStR.

– bei Aufwendungen für eine berufliche Fort- und Weiterbildung → BMF vom 22. 9. 2010 (BStBl. I S. 721).[1]
– bei vergeblicher Investition in ein betrügerisches Modell über den Erwerb von tatsächlich nicht existierenden Blockheizkraftwerken → BFH vom 7. 2. 2018 (BStBl. II S. 630).

Wahlkampfkosten eines Bewerbers um ein ehrenamtliches Stadtratsmandat, aus dem Einkünfte i. S. d. § 18 Abs. 1 Nr. 3 EStG bezogen werden, können als Betriebsausgaben abzugsfähig sein (→ BFH vom 25. 1. 1996 – BStBl. II S. 431).

Zwangsverwaltung. Zur Ermittlung der Einkünfte für den Zeitraum einer Zwangsverwaltung → BMF vom 3. 5. 2017 (BStBl. I S. 718), Rn. 28–32.

a) Schreiben betr. ertragsteuerliche Behandlung von Incentive-Reisen

Anl a zu R 4.7

Vom 14. Oktober 1996 (BStBl. I S. 1192)

(BMF IV B 2 – S 2143 – 23/96)

Im Einvernehmen mit den obersten Finanzbehörden der Länder nehme ich zur ertragsteuerlichen Behandlung von Incentive-Reisen bei den Unternehmen, die die Leistungen gewähren, und den Empfängern der Leistungen wie folgt Stellung:

Incentive-Reisen werden von einem Unternehmen gewährt, um Geschäftspartner oder Arbeitnehmer des Betriebs für erbrachte Leistungen zu belohnen und zu Mehr- oder Höchstleistungen zu motivieren. Reiseziel, Unterbringung, Transportmittel und Teilnehmerkreis werden von dem die Reiseleistung gewährenden Unternehmen festgelegt. Der Ablauf der Reise und die einzelnen Veranstaltungen dienen allgemein-touristischen Interessen.

1. Behandlung der Aufwendungen bei dem die Reiseleistung gewährenden Unternehmen:

a) Aufwendungen für Geschäftspartner

Wird eine Incentive-Reise mit Geschäftspartnern des Steuerpflichtigen durchgeführt, ist bei der Beurteilung der steuerlichen Abzugsfähigkeit der für die Reise getätigten Aufwendungen danach zu unterscheiden, ob die Reise als Belohnung zusätzlich zum vereinbarten Entgelt oder zur Anknüpfung, Sicherung oder Verbesserung von Geschäftsbeziehungen gewährt wird. 144

Wird die Reise in sachlichem und zeitlichem Zusammenhang mit den Leistungen des Empfängers als – zusätzliche – Gegenleistung gewährt, sind die tatsächlich entstandenen Fahrtkosten sowie die Unterbringungskosten in vollem Umfang als Betriebsausgaben abzugsfähig. Nutzt der Unternehmer allerdings ein eigenes Gästehaus, das sich nicht am Ort des Betriebs befindet, dürfen die Aufwendungen für die Unterbringung den Gewinn nicht mindern (§ 4 Abs. 5 Satz 1 Nr. 3 EStG). Die Aufwendungen für die Gewährung von Mahlzeiten sind als Bewirtungskosten in Höhe von *80 v. H.*[2] der angemessenen und nachgewiesenen Kosten abzugsfähig (§ 4 Abs. 5 Satz 1 Nr. 2 EStG).

Wird die Reise mit gegenwärtigen oder zukünftigen Geschäftspartnern durchgeführt, um allgemeine Geschäftsbeziehungen erst anzuknüpfen, zu erhalten oder zu verbessern, handelt es sich um ein Geschenk (§ 4 Abs. 5 Satz 1 Nr. 1 EStG). Fahrt- und Unterbringungskosten dürfen dann den Gewinn nicht mindern (BFH-Urteil vom 23. Juni 1993, BStBl. II S. 806); Aufwendungen für die Bewirtung sind nach § 4 Abs. 5 Satz 1 Nr. 2 EStG zu beurteilen.

b) Aufwendungen für Arbeitnehmer

Wird die Reise mit Arbeitnehmern des Betriebs durchgeführt, sind die hierdurch veranlaßten Aufwendungen als Betriebsausgaben in voller Höhe berücksichtigungsfähig; die Abzugsbeschränkungen nach § 4 Abs. 5 Satz 1 Nr. 1, 2 und 3 EStG greifen nicht ein.

2. Behandlung der Reise beim Empfänger 145

a) Gewährung der Reiseleistungen an Geschäftspartner

aa) Erfassung als Betriebseinnahmen

Wendet der Unternehmer einem Geschäftspartner, der in einem Einzelunternehmen betriebliche Einkünfte erzielt, eine Incentive-Reise zu, hat der Empfänger den Wert der Reise im Rahmen seiner steuerlichen Gewinnermittlung als Betriebseinnahme zu erfassen (BFH-Urteile vom 22. Juli 1988, BStBl. II S. 995; vom 20. April 1989, BStBl. II S. 641). Wird der Wert der Incentive-Reise einer Personengesellschaft oder einer Kapitalgesellschaft zugewandt, haben sie in Höhe des Sachwerts der Reise eine Betriebseinnahme anzusetzen. Der Wert einer Reise ist auch dann als Betriebseinnahme anzusetzen, wenn das die Reiseleistungen gewährende Unternehmen die Aufwendungen nicht als Betriebsausgaben abziehen darf (BFH-Urteil vom 26. September 1995, BStBl. II 1996 S. 273).

bb) Verwendung der erhaltenen Reiseleistungen

Mit der Teilnahme an der Reise wird eine Entnahme verwirklicht, da mit der Reise regelmäßig allgemein-touristische Interessen befriedigt werden. Dies gilt auch, wenn eine Personengesellschaft die empfangene Reiseleistung an ihre Gesellschafter weiterleitet (BFH-Urteil vom 26. September 1995 a. a. O.). Leitet die Kapitalgesellschaft die erhaltene Reiseleistung an ihre Gesellschafter weiter, so liegt hierin grundsätzlich eine verdeckte Gewinnausschüttung.

---

[1] Abgedruckt als Anlage zu R 10.9 EStR.
[2] Jetzt: „70 v. H.".

b) Gewährung der Reiseleistungen an Arbeitnehmer

Wird Arbeitnehmern des Unternehmers eine Incentive-Reise gewährt, liegt steuerpflichtiger Arbeitslohn vor (BFH-Urteil vom 9. März 1990, BStBl. II S. 711), der unter den Voraussetzungen des § 40 Abs. 1 EStG pauschal versteuert werden kann.

c) Wert der Reise

Die Gewährung der Reise ist steuerlich in ihrer Gesamtheit zu beurteilen. Ihr Wert entspricht nach ihren Leistungsmerkmalen und ihrem Erlebniswert regelmäßig einer am Markt angebotenen Gruppenreise, bei der Reiseziel, Reiseprogramm und Reisedauer festgelegt und der Teilnehmerkreis begrenzt sind; deshalb können einzelne Teile der Durchführung und der Organisation aus der Sicht des Empfängers nur im Zusammenhang gesehen werden (vgl. BFH-Beschluß vom 27. November 1978, BStBl. II 1979 S. 213). Bei der Wertermittlung ist weder den tatsächlichen Aufwendungen des zuwendenden Unternehmers noch der subjektiven Vorstellung des Empfängers entscheidende Bedeutung beizumessen (BFH-Urteil vom 22. Juli 1988, a. a. O.); ihr Wert kann daher grundsätzlich nicht aus den Aufwendungen – auch nicht vermindert um einen pauschalen Abschlag bei über das übliche Maß hinausgehenden Aufwendungen – abgeleitet werden. Der Wert der zugewandten Reise ist daher in ihrer Gesamtheit mit dem üblichen Endpreis am Abgabeort anzusetzen (§ 8 Abs. 2 EStG). Er entspricht regelmäßig dem Preis der von Reiseveranstaltern am Markt angebotenen Gruppenreisen mit vergleichbaren Leistungsmerkmalen (z. B. Hotelkategorie, Besichtigungsprogramme); eine Wertminderung wegen des vom zuwendenden Unternehmen festgelegten Reiseziels, des Reiseprogramms, der Reisedauer und des fest umgrenzten Teilnehmerkreises kommt nicht in Betracht. Rabatte, die dem die Leistung gewährenden Unternehmen eingeräumt werden, bleiben für die Bewertung beim Empfänger ebenfalls außer Betracht; gleiches gilt für Preisaufschläge, die das Unternehmen speziell für die Durchführung der Reise aufwenden muß.

d) Aufwendungen des Empfängers der Reiseleistungen

Aufwendungen, die im Zusammenhang mit der Teilnahme an der Reise stehen, darf der Empfänger nicht als Betriebsausgaben oder Werbungskosten abziehen, da die Teilnahme an der Reise durch private Interessen, die nicht nur von untergeordneter Bedeutung sind, veranlaßt ist (BFH-Urteil vom 22. Juli 1988 a. a. O.; vgl. auch R 117 a EStR).[1] Zur Berücksichtigung von einzelnen Aufwendungen als Betriebsausgaben wird auf H 117 a („Einzelaufwendungen") EStH[1] hingewiesen; hinsichtlich des Werbungskostenabzugs wird ergänzend auf *Abschnitt 35 LStR*[1] verwiesen.

Anl b zu R 4.7

b) Schreiben betr. ertragsteuerliche Behandlung des Sponsoring

Vom 18. Februar 1998 (BStBl. I S. 212)

(BMF $\frac{\text{IV B 2 – S 2144 – 40/98}}{\text{IV B 7 – S 0183 – 62/98}}$)

Für die ertragsteuerliche Behandlung des Sponsoring gelten – unabhängig von dem gesponserten Bereich (z. B. Sport-, Kultur-, Sozio-, Öko- und Wissenschaftssponsoring) – im Einvernehmen mit den obersten Finanzbehörden der Länder folgende Grundsätze:

I. Begriff des Sponsoring

147a **1** Unter Sponsoring wird üblicherweise die Gewährung von Geld oder geldwerten Vorteilen durch Unternehmen zur Förderung von Personen, Gruppen und/oder Organisationen in sportlichen, kulturellen, kirchlichen, wissenschaftlichen, sozialen, ökologischen oder ähnlich bedeutsamen gesellschaftspolitischen Bereichen verstanden, mit der regelmäßig auch eigene unternehmensbezogene Ziele der Werbung oder Öffentlichkeitsarbeit verfolgt werden. Leistungen eines Sponsors beruhen häufig auf einer vertraglichen Vereinbarung zwischen dem Sponsor und dem Empfänger der Leistungen (Sponsoring-Vertrag), in dem Art und Umfang der Leistungen des Sponsors und des Empfängers geregelt sind.

II. Steuerliche Behandlung beim Sponsor

147b **2** Die im Zusammenhang mit dem Sponsoring gemachten Aufwendungen können
- Betriebsausgaben i. S. des § 4 Abs. 4 EStG,
- Spenden, die unter den Voraussetzungen der §§ 10 b EStG, 9 Abs. 1 Nr. 2 KStG, 9 Nr. 5 GewStG abgezogen werden dürfen, oder
- steuerlich nicht abziehbare Kosten der Lebensführung (§ 12 Nr. 1 EStG), bei Kapitalgesellschaften verdeckte Gewinnausschüttungen (§ 8 Abs. 3 Satz 2 KStG) sein.

1. Berücksichtigung als Betriebsausgaben

3 Aufwendungen des Sponsors sind Betriebsausgaben, wenn der Sponsor wirtschaftliche Vorteile, die insbesondere in der Sicherung oder Erhöhung seines unternehmerischen Ansehens liegen können (vgl. BFH vom 3. Februar 1993, BStBl. II S. 441, 445), für sein Unternehmen erstrebt oder für Produkte seines Unternehmens werben will. Das ist insbesondere der Fall, wenn der Empfänger der Leistungen auf Plakaten, Veranstaltungshinweisen, in Ausstellungskatalogen, auf den von ihm benutzten Fahrzeugen oder anderen Gegenständen auf das Unternehmen oder auf die Produkte des Sponsors werbewirksam hinweist.[2] Die Berichterstattung in Zeitungen, Rundfunk oder Fernsehen kann einen wirtschaftlichen Vorteil, den der Sponsor für sich anstrebt, begründen, insbesondere wenn sie in seine Öffentlichkeitsarbeit eingebunden ist oder der Sponsor an Pressekonferenzen oder anderen öffentli-

[1] Nunmehr „H 12.2 EStH".
[2] Bestätigt durch *BFH vom 14. 7. 2020 VIII R 28/27 (BStBl. 2021 II S. 14)* mit Fokus auf Freiberufler.

chen Veranstaltungen des Empfängers mitwirken und eigene Erklärungen über sein Unternehmen oder seine Produkte abgeben kann.

4 Wirtschaftliche Vorteile für das Unternehmen des Sponsors können auch dadurch erreicht werden, daß der Sponsor durch Verwendung des Namens, von Emblemen oder Logos des Empfängers oder in anderer Weise öffentlichkeitswirksam auf seine Leistungen aufmerksam macht.

5 Für die Berücksichtigung der Aufwendungen als Betriebsausgaben kommt es nicht darauf an, ob die Leistungen notwendig, üblich oder zweckmäßig sind; die Aufwendungen dürfen auch dann als Betriebsausgaben abgezogen werden, wenn die Geld- oder Sachleistungen des Sponsors und die erstrebten Werbeziele für das Unternehmen nicht gleichwertig sind. Bei einem krassen Mißverhältnis zwischen den Leistungen des Sponsors und dem erstrebten wirtschaftlichen Vorteil ist der Betriebsausgabenabzug allerdings zu versagen (§ 4 Abs. 5 Satz 1 Nr. 7 EStG).

6 Leistungen des Sponsors im Rahmen des Sponsoring-Vertrags, die die Voraussetzungen der Rdnrn. 3, 4 und 5 für den Betriebsausgabenabzug erfüllen, sind keine Geschenke i. S. des § 4 Abs. 5 Satz 1 Nr. 1 EStG.

2. Berücksichtigung als Spende

7 Zuwendungen des Sponsors, die keine Betriebsausgaben sind, sind als Spenden (§ 10 b EStG) zu behandeln, wenn sie zur Förderung steuerbegünstigter Zwecke freiwillig oder aufgrund einer freiwillig eingegangenen Rechtspflicht erbracht werden, kein Entgelt für eine bestimmte Leistung des Empfängers sind und nicht in einem tatsächlichen wirtschaftlichen Zusammenhang mit dessen Leistungen stehen (BFH vom 25. November 1987, BStBl. II 1988 S. 220; vom 12. September 1990, BStBl. II 1991 S. 258).

3. Nichtabziehbare Kosten der privaten Lebensführung oder verdeckte Gewinnausschüttungen

8 Als Sponsoringaufwendungen bezeichnete Aufwendungen, die keine Betriebsausgaben und keine Spenden sind, sind nicht abziehbare Kosten der privaten Lebensführung (§ 12 Nr. 1 Satz 2 EStG). Bei entsprechenden Zuwendungen einer Kapitalgesellschaft können verdeckte Gewinnausschüttungen vorliegen, wenn der Gesellschafter durch die Zuwendungen begünstigt wird, z. B. eigene Aufwendungen als Mäzen erspart (vgl. *Abschnitt 31 Abs. 2 Satz 4 KStR 1995*).[1]

III. Steuerliche Behandlung bei steuerbegünstigten Empfängern

9 Die im Zusammenhang mit dem Sponsoring erhaltenen Leistungen können, wenn der Empfänger eine steuerbegünstigte Körperschaft ist, steuerfreie Einnahmen im ideellen Bereich, steuerfreie Einnahmen aus der Vermögensverwaltung oder steuerpflichtige Einnahmen eines wirtschaftlichen Geschäftsbetriebs sein. Die steuerliche Behandlung der Leistungen beim Empfänger hängt grundsätzlich nicht davon ab, wie die entsprechenden Aufwendungen beim leistenden Unternehmen behandelt werden. **147c**

Für die Abgrenzung gelten die allgemeinen Grundsätze (vgl. insbesondere Anwendungserlaß zur Abgabenordnung, zu *§ 67 a, Tz. I/9*).[2] Danach liegt kein wirtschaftlicher Geschäftsbetrieb vor, wenn die steuerbegünstigte Körperschaft dem Sponsor nur die Nutzung ihres Namens zu Werbezwecken in der Weise gestattet, daß der Sponsor selbst zu Werbezwecken oder zur Imagepflege auf seine Leistungen an die Körperschaft hinweist. Ein wirtschaftlicher Geschäftsbetrieb liegt auch dann nicht vor, wenn der Empfänger der Leistungen z. B. auf Plakaten, Veranstaltungshinweisen, in Ausstellungskatalogen oder in anderer Weise auf die Unterstützung durch einen Sponsor lediglich hinweist. Dieser Hinweis kann unter Verwendung des Namens, Emblems oder Logos des Sponsors, jedoch ohne besondere Hervorhebung, erfolgen. Ein wirtschaftlicher Geschäftsbetrieb liegt dagegen vor, wenn die Körperschaft an den Werbemaßnahmen mitwirkt. Der wirtschaftliche Geschäftsbetrieb kann kein Zweckbetrieb (§§ 65 bis 68 AO) sein.

Dieses Schreiben ersetzt das BMF-Schreiben vom 9. Juli 1997 (BStBl. I S. 276).

c) Schreiben betr. ertragsteuerliche Behandlung von Aufwendungen für VIP-Logen in Sportstätten

Anl c zu R 4.7

Vom 22. August 2005 (BStBl. I S. 845)

(BMF IV B 2 – S 2144 – 41/05)

Unter Aufwendungen für VIP-Logen in Sportstätten werden solche Aufwendungen eines Steuerpflichtigen verstanden, die dieser für bestimmte sportliche Veranstaltungen trägt und für die er vom Empfänger dieser Leistung bestimmte Gegenleistungen mit Werbecharakter für die „gesponserte" Veranstaltung erhält. Neben den üblichen Werbeleistungen (z. B. Werbung über Lautsprecheransagen, auf Videowänden, in Vereinsmagazinen) werden dem sponsernden Unternehmer auch Eintrittskarten für VIP-Logen überlassen, die nicht nur zum Besuch der Veranstaltung berechtigen, sondern auch die Möglichkeit der Bewirtung des Steuerpflichtigen und Dritter (z. B. Geschäftsfreunde, Arbeitnehmer) beinhalten. Regelmäßig werden diese Maßnahmen in einem Gesamtpaket vereinbart, wofür dem Sponsor ein Gesamtbetrag in Rechnung gestellt wird.

Im Einvernehmen mit den obersten Finanzbehörden der Länder gilt zur ertragsteuerlichen Behandlung der Aufwendungen für VIP-Logen in Sportstätten Folgendes:

1 Aufwendungen im Zusammenhang mit VIP-Logen in Sportstätten können betrieblich veranlasst (Ausnahme Rdnr. 11) und in der steuerlichen Gewinnermittlung entsprechend der Art der Aufwen-

[1] Jetzt „R 8.5 KStR 2022 und H 8.5 KStH 2022".
[2] Nunmehr „§ 67 a Tz. 9", abgedruckt im „AO/FGO-Handbuch 2023".

Anl c zu R 4.7

dungen einzeln zu berücksichtigen sein. Dabei sind die allgemeinen Regelungen des § 4 Abs. 4 und 5 EStG in Verbindung mit dem zum Sponsoring ergangenen BMF-Schreiben vom 18. Februar 1998 (BStBl. I S. 212)[1] zu beachten. Bei den Aufwendungen sind zu unterscheiden:

1. Aufwendungen für Werbeleistungen

147d **2** Die in den vertraglich abgeschlossenen Gesamtpaketen neben den Eintrittskarten, der Bewirtung, den Raumkosten u. Ä. erfassten Aufwendungen für Werbeleistungen sind grundsätzlich als Betriebsausgaben gemäß § 4 Abs. 4 EStG abziehbar.

2. Aufwendungen für eine besondere Raumnutzung

3 Wird im Einzelfall glaubhaft gemacht, dass auf der Grundlage einer vertraglichen Vereinbarung Räumlichkeiten in der Sportstätte für betriebliche Veranstaltungen (z. B. Konferenzen, Besprechungen mit Geschäftspartnern) außerhalb der Tage, an denen Sportereignisse stattfinden, genutzt werden, stellen die angemessenen, auf diese Raumnutzung entfallenden Aufwendungen ebenfalls abziehbare Betriebsausgaben dar (vgl. Rdnr. 19).

3. Aufwendungen für VIP-Maßnahmen gegenüber Geschäftsfreunden

a) Geschenke

147e **4** Wendet der Steuerpflichtige seinen Geschäftsfreunden unentgeltlich Leistungen zu (beispielsweise Eintrittskarten), um geschäftliche Kontakte vorzubereiten und zu begünstigen oder um sich geschäftsfördernd präsentieren zu können, kann es sich um Geschenke i. S. v. § 4 Abs. 5 Satz 1 Nr. 1 EStG handeln, die nur abziehbar sind, wenn die Anschaffungs- oder Herstellungskosten der dem Empfänger im Wirtschaftsjahr zugewendeten Gegenstände insgesamt 35 Euro nicht übersteigen. Der Geschenkbegriff des § 4 Abs. 5 Satz 1 Nr. 1 EStG entspricht demjenigen der bürgerlich-rechtlichen Schenkung.

5 Erfolgt die Zuwendung dagegen als Gegenleistung für eine bestimmte in engem sachlichen oder sonstigem unmittelbaren Zusammenhang stehende Leistung des Empfängers, fehlt es an der für ein Geschenk notwendigen unentgeltlichen Zuwendung. Die Aufwendungen sind dann grundsätzlich unbeschränkt als Betriebsausgaben abziehbar.

b) Bewirtung

6 Aufwendungen für die Bewirtung von Geschäftsfreunden aus geschäftlichem Anlass sind gemäß § 4 Abs. 5 Satz 1 Nr. 2 EStG unter den dort genannten Voraussetzungen beschränkt abziehbar.

c) Behandlung beim Empfänger

7 Bei den Empfängern der Geschenke ist der geldwerte Vorteil wegen der betrieblichen Veranlassung als Betriebseinnahme zu versteuern, und zwar auch dann, wenn für den Zuwendenden das Abzugsverbot des § 4 Abs. 5 Satz 1 Nr. 1 EStG gilt (BFH-Urteil vom 26. September 1995, BStBl. 1996 II S. 273). Der Vorteil aus einer Bewirtung i. S. des § 4 Abs. 5 Satz 1 Nr. 2 EStG ist dagegen aus Vereinfachungsgründen beim bewirteten Steuerpflichtigen nicht als Betriebseinnahme zu erfassen *(R 18 Abs. 3 EStR 2003)*.[2]

4. Aufwendungen für VIP-Maßnahmen zugunsten von Arbeitnehmern

a) Geschenke

147f **8** Aufwendungen für Geschenke an Arbeitnehmer des Steuerpflichtigen sind vom Abzugsverbot des § 4 Abs. 5 Satz 1 Nr. 1 EStG ausgeschlossen und somit in voller Höhe als Betriebsausgaben abziehbar.

b) Bewirtung

9 Bewirtungen, die der Steuerpflichtige seinen Arbeitnehmern gewährt, gelten als betrieblich veranlasst und unterliegen mithin nicht der Abzugsbeschränkung des § 4 Abs. 5 Satz 1 Nr. 2 EStG. Zu unterscheiden hiervon ist die Bewirtung aus geschäftlichem Anlass, an der Arbeitnehmer des Steuerpflichtigen lediglich teilnehmen (Beispiel: Der Unternehmer lädt anlässlich eines Geschäftsabschlusses die Geschäftspartner und seine leitenden Angestellten ein). Hier greift § 4 Abs. 5 Satz 1 Nr. 2 EStG auch für den Teil der Aufwendungen, der auf den an der Bewirtung teilnehmenden Arbeitnehmer entfällt.

c) Behandlung beim Empfänger

10 Die Zuwendung stellt für den Arbeitnehmer einen zum steuerpflichtigen Arbeitslohn gehörenden geldwerten Vorteil dar, wenn der für die Annahme von Arbeitslohn erforderliche Zusammenhang mit dem Dienstverhältnis gegeben ist (§ 8 Abs. 1 i. V. m. § 19 Abs. 1 Satz 1 Nr. 1 EStG und § 2 Abs. 1 LStDV). Der geldwerte Vorteil ist grundsätzlich nach § 8 Abs. 2 Satz 1 EStG zu bewerten. Die Freigrenze für Sachbezüge i. H. v. 44 Euro im Kalendermonat *(§ 8 Abs. 2 Satz 9 EStG)*[3] und *R 31 Abs. 2 Satz 9 LStR 2005*[4] sind zu beachten.
Nicht zum steuerpflichtigen Arbeitslohn gehören insbesondere Zuwendungen, die der Arbeitgeber im ganz überwiegenden betrieblichen Interesse erbringt. Dies sind auch Zuwendungen im Rahmen einer üblichen Betriebsveranstaltung (vgl. *R 72 LStR 2005*[5]) oder Zuwendungen aus geschäftlichem Anlass (Beispiel: Der Unternehmer lädt anlässlich eines Geschäftsabschlusses die Geschäftspartner und seine leitenden Angestellten ein, vgl. *R 31 Abs. 8 Nr. 1 LStR 2005*[6]).

---

[1] Vorstehend abgedruckt.
[2] Jetzt: R 4.7 Abs. 3 EStR.
[3] Jetzt: § 8 Abs. 2 Satz 11 EStG.
[4] Jetzt: R 8.1 Abs. 2 Satz 3 LStR 2015.
[5] Jetzt: § 19 Abs. 1 Satz 1 Nr. 1 a EStG.
[6] Jetzt: R 8.1 Abs. 8 Nr. 1 LStR 2015.

5. Privat veranlasste Aufwendungen für VIP-Maßnahmen

11 Ist die Leistung des Unternehmers privat veranlasst, handelt es sich gemäß § 12 Nr. 1 EStG in vollem Umfang um nicht abziehbare Kosten der privaten Lebensführung; bei Kapitalgesellschaften können verdeckte Gewinnausschüttungen vorliegen. Eine private Veranlassung ist u. a. dann gegeben, wenn der Steuerpflichtige die Eintrittskarten an Dritte überlässt, um damit gesellschaftlichen Konventionen zu entsprechen, z. B. aus Anlass eines persönlichen Jubiläums (vgl. BFH-Urteil vom 12. Dezember 1991, BStBl. 1992 II S. 524; BFH-Urteil vom 29. März 1994, BStBl. II S. 843). **147g**

6. Nachweispflichten

12 Der Betriebsausgabenabzug für Aufwendungen im Rahmen von VIP-Maßnahmen ist zu versagen, wenn keine Nachweise dafür vorgelegt worden sind, welchem konkreten Zweck der getätigte Aufwand diente, d. h. welchem Personenkreis aus welcher Veranlassung die Leistung zugewendet wurde. **147h**

13 Dagegen ist der Betriebsausgabenabzug nicht bereits aus dem Grunde zu versagen, dass der Nutzungsvertrag keine Aufgliederung des vereinbarten Nutzungsentgelts einerseits und der Einräumung der sonstigen werblichen Möglichkeiten andererseits zulässt. Soweit die vertraglichen Vereinbarungen keine Aufschlüsselung des Pauschalpreises in die einzelnen Arten der Ausgaben enthalten, führt dies nicht zu einem generellen Abzugsverbot. Vielmehr ist im Wege der sachgerechten Schätzung mittels Fremdvergleichs unter Mitwirkung des Unternehmers zu ermitteln, in welchem Umfang die Kosten auf die Eintrittskarten, auf die Bewirtung, auf die Werbung und/oder auf eine besondere Raumnutzung entfallen. Das vereinbarte Gesamtentgelt ist hierbei einzelfallbezogen unter Würdigung der Gesamtumstände nach dem Verhältnis der ermittelten Teilwerte für die Einzelleistungen aufzuteilen. Im Rahmen der Einzelfallprüfung ist ggf. auch eine Kürzung der ausgewiesenen Werbekosten vorzunehmen, wenn diese im Fremdvergleich unangemessen hoch ausfallen.

7. Vereinfachungsregelungen

a) Pauschale Aufteilung des Gesamtbetrages für VIP-Logen in Sportstätten

14[1] Aus Vereinfachungsgründen ist es nicht zu beanstanden, wenn bei betrieblich veranlassten Aufwendungen der für das Gesamtpaket (Werbeleistungen, Bewirtung, Eintrittskarten usw.) vereinbarte Gesamtbetrag wie folgt pauschal aufgeteilt wird: **147i**

– Anteil für die Werbung: 40 v. H. des Gesamtbetrages.
  Dieser Werbeaufwand, der in erster Linie auf die Besucher der Sportstätte ausgerichtet ist, ist in vollem Umfang als Betriebsausgabe abziehbar.
– Anteil für die Bewirtung: 30 v. H. des Gesamtbetrages.
  Dieser Anteil ist gemäß § 4 Abs. 5 Satz 1 Nr. 2 EStG mit dem abziehbaren v. H.-Satz als Betriebsausgabe zu berücksichtigen.
– Anteil für Geschenke: 30 v. H. des Gesamtbetrages.
  Sofern nicht eine andere Zuordnung nachgewiesen wird, ist davon auszugehen, dass diese Aufwendungen je zur Hälfte auf Geschäftsfreunde (Rdnr. 15, 16) und auf eigene Arbeitnehmer (Rdnr. 17, 18) entfallen.

b) Geschenke an Geschäftsfreunde (z. B. andere Unternehmer und deren Arbeitnehmer)

15 Da diese Aufwendungen regelmäßig den Betrag von 35 Euro pro Empfänger und Wirtschaftsjahr übersteigen, sind sie gemäß § 4 Abs. 5 Satz 1 Nr. 1 EStG nicht als Betriebsausgabe abziehbar.

16[2] Bei den Empfängern der Zuwendungen ist dieser geldwerte Vorteil grundsätzlich als Betriebseinnahme/Arbeitslohn zu versteuern. Auf eine Benennung der Empfänger und die steuerliche Erfassung des geldwerten Vorteils bei den Empfängern kann jedoch verzichtet werden, wenn zur Abgeltung dieser Besteuerung 60 v. H. des auf Geschäftsfreunde entfallenden Anteils am Gesamtbetrag i. S. der Rdnr. 14 zusätzlich der Besteuerung beim Zuwendenden unterworfen werden.

c) Geschenke an eigene Arbeitnehmer

17 Soweit die Aufwendungen auf Geschenke an eigene Arbeitnehmer entfallen, sind sie in voller Höhe als Betriebsausgabe abziehbar. Zur steuerlichen Behandlung dieser Zuwendungen bei den eigenen Arbeitnehmern vgl. Rdnr. 10.

18[2] Bei Anwendung der Vereinfachungsregelung i. S. d. Rdnr. 14 kann der Steuerpflichtige (Arbeitgeber) die Lohnsteuer für diese Zuwendungen mit einem Pauschsteuersatz in Höhe von 30 v. H. des auf eigene Arbeitnehmer entfallenden Anteils am Gesamtbetrag i. S. d. Rdnr. 14 übernehmen. Die Höhe dieses Pauschsteuersatzes berücksichtigt typisierend, dass der Arbeitgeber die Zuwendungen an einen Teil seiner Arbeitnehmer im ganz überwiegenden betrieblichen Interesse erbringt (vgl. Rdnr. 10). § 40 Abs. 3 EStG gilt entsprechend.

d) Pauschale Aufteilung bei besonderer Raumnutzung

19 In Fällen der Rdnr. 3, in denen die besondere Raumnutzung mindestens einmal wöchentlich stattfindet, kann der auf diese Raumnutzung entfallende Anteil vorab pauschal mit 15 v. H. des Gesamtbetrages ermittelt und als Betriebsausgabe abgezogen werden. Für die weitere Aufteilung nach Rdnr. 14 ist in diesen Fällen von dem um den Raumnutzungsanteil gekürzten Gesamtbetrag auszugehen.

---

[1] Zur weiteren Anwendung ab 1. 1. 2007 siehe BMF-Schreiben vom 19. 5. 2015 (BStBl. I S. 468), Rdnr. 15, abgedruckt als Anlage zu H 37 b.

[2] Ab 1. 1. 2007 nicht mehr anzuwenden, siehe Rdnr. 15 des BMF-Schreibens vom 19. 5. 2015 (BStBl. I S. 468), abgedruckt als Anlage zu H 37 b.

8. Zeitliche Anwendung

20 Die vorstehenden Regelungen sind in allen offenen Fällen anzuwenden. Die Regelungen des BMF-Schreibens vom 18. Februar 1998 (BStBl. I S. 212)[1] bleiben unberührt.

Anl d zu R 4.7

d) Schreiben betr. ertragsteuerliche Behandlung von Aufwendungen für VIP-Logen in Sportstätten; Anwendung der Vereinfachungsregelungen auf ähnliche Sachverhalte; BMF-Schreiben vom 22. August 2005 – IV B 2 – S 2144 – 41/05 – (BStBl. I S. 845)

Vom 11. Juli 2006 (BStBl. I S. 447)

(BMF IV B 2 – S 2144 – 53/06)

Mit Schreiben vom 22. August 2005 (BStBl. I S. 845)[1] hat das BMF zur ertragsteuerlichen Behandlung von Aufwendungen für VIP-Logen in Sportstätten Stellung genommen. Zur Anwendung der Vereinfachungsregelungen (Rdnrn. 14 ff.) vertrete ich im Einvernehmen mit den obersten Finanzbehörden der Länder folgende Auffassung:

1. Nachweis der betrieblichen Veranlassung

147j Nach Rdnr. 16[2] des o. g. BMF-Schreibens ist die Benennung der Empfänger der Zuwendung nicht erforderlich. Der Nachweis der betrieblichen Veranlassung der Aufwendungen kann dadurch erfolgen, dass z. B. die Einladung der Teilnehmer, aus der sich die betriebliche/geschäftliche Veranlassung ergibt, zu den Buchungsunterlagen genommen wird. Im Zweifelsfall sollte zum Nachweis der betrieblichen/geschäftlichen Veranlassung auch eine Liste der Teilnehmer zu den Unterlagen genommen werden.

2. Geltung der gesetzlichen Aufzeichnungspflichten

Für die anteiligen Aufwendungen für die Bewirtung i. S. der Rdnr. 14 müssen die Aufzeichnungen nach § 4 Abs. 5 Satz 1 Nr. 2 Satz 2 EStG nicht geführt werden.

3. Anwendung der pauschalen Aufteilung

Für Fälle, in denen im Gesamtbetrag der Aufwendungen nur die Leistungen Werbung und Eintrittskarten enthalten sind und für die Bewirtung eine Einzelabrechnung vorliegt (z. B. bei Vertrag mit externem Caterer), ist die Vereinfachungsregelung im Hinblick auf die Pauschalaufteilung 40 : 30 : 30 nicht anwendbar. Es ist für den Werbeanteil und den Ticketanteil ein anderer angemessener Aufteilungsmaßstab i. S. einer sachgerechten Schätzung zu finden. Der Bewirtungsanteil steht – soweit er angemessen ist – fest. Dessen Abziehbarkeit richtet sich nach den allgemeinen steuerlichen Regelungen des § 4 Abs. 5 Satz 1 Nr. 2 EStG. Die Versteuerung zugunsten des Geschäftsfreundes – anderer Unternehmer und dessen Arbeitnehmer – (Rdnr. 16 des BMF-Schreibens) oder eine Pauschalbesteuerung für die eigenen Arbeitnehmer (Rdnr. 18 des BMF-Schreibens) auf Ebene des Zuwendenden im Hinblick auf den angemessenen Geschenkanteil kommt jedoch in Betracht.[2]

4. Anwendung der Regelungen bei sog. „Business-Seats“

Für sog. Business-Seats, bei denen im Gesamtbetrag der Aufwendungen nur die Leistungen Eintrittskarten und Rahmenprogramm (steuerlich zu beurteilen als Zuwendung) und Bewirtung enthalten sind, ist, soweit für diese ein Gesamtbetrag vereinbart wurde, dieser sachgerecht aufzuteilen (ggf. pauschale Aufteilung entsprechend Rdnr. 14 mit 50 v. H. für Geschenke und 50 v. H. für Bewirtung). Die Vereinfachungsregelungen der Rdnrn. 16 und 18 können angewandt werden.[2]

Weist der Steuerpflichtige nach, dass im Rahmen der vertraglich vereinbarten Gesamtleistungen auch Werbeleistungen erbracht werden, die die Voraussetzungen des BMF-Schreibens vom 18. Februar 1998 (BStBl. I S. 212) erfüllen, kann für die Aufteilung des Gesamtbetrages der Aufteilungsmaßstab der Rdnr. 14 des BMF-Schreibens vom 22. August 2005 (a. a. O.) angewendet werden. Der Anteil für Werbung i. H. v. 40 v. H. ist dann als Betriebsausgabe zu berücksichtigen.

5. Andere Veranstaltungen in Sportstätten

Soweit eine andere z. B. kulturelle Veranstaltung in einer Sportstätte stattfindet, können die getroffenen Regelungen angewendet werden, sofern die Einzelfallprüfung einen gleichartigen Sachverhalt ergibt.

6. Veranstaltungen außerhalb von Sportstätten

Soweit außerhalb einer Sportstätte in einem Gesamtpaket Leistungen angeboten werden, die Eintritt, Bewirtung und Werbung enthalten (z. B. Operngala), ist eine pauschale Aufteilung möglich. Der Aufteilungsmaßstab muss sich an den Umständen des Einzelfalls orientieren. Die Übernahme der Besteuerung für die Zuwendung an Geschäftsfreunde und die eigenen Arbeitnehmer i. S. der Vereinfachungsregelungen des BMF-Schreibens vom 22. August 2005 (a. a. O.) ist möglich.[1]

7. Abweichende Aufteilung der Gesamtaufwendungen

Die Vereinfachungsregelungen (Übernahme der Besteuerung) gemäß Rdnrn. 16[2] und 18[2] sind auch in den Fällen anwendbar, in denen nachgewiesen wird, dass eine von Rdnr. 14 abweichende andere Aufteilung der Gesamtaufwendungen im Einzelfall angemessen ist.

---

[1] Vorstehend abgedruckt.

[2] Die Rdnrn. 16 und 18 des BMF-Schreibens vom 22. August 2005 sind ab 1. 1. 2007 nicht mehr anzuwenden, siehe Rdnr. 15 des BMF-Schreibens vom 19. 5. 2015 (BStBl. I S. 468), abgedruckt als Anlage zu H 37 b.

Anl e zu R 4.7

e) Schreiben betr. eigener Aufwand des Unternehmer-Ehegatten für die Errichtung von Betriebsgebäuden auf einem auch dem Nichtunternehmer-Ehegatten gehörenden Grundstück; BFH-Urteil vom 9. März 2016 – X R 46/14 – (BStBl. II S. 976)

Vom 16. Dezember 2016 (BStBl. I S. 1431)

(BMF IV C 6 – S 2134/15/10003; DOK 2016/0531091)

Mit Urteil vom 9. März 2016 (a. a. O.) hat der BFH zur Behandlung des eigenen Aufwands des Betriebsinhabers für die Errichtung eines betrieblich genutzten Gebäudes auf einem auch dem Nichtunternehmer-Ehegatten gehörenden Grundstück entschieden. Zu den Folgen, die sich aus dieser Rechtsprechung ergeben, nehme ich im Einvernehmen mit den obersten Finanzbehörden des Bundes und der Länder wie folgt Stellung:

1. Zurechnung des Gebäudes

1 Errichtet der Betriebsinhaber mit eigenen Mitteln ein Gebäude auf einem auch dem Nichtunternehmer-Ehegatten gehörenden Grundstück, wird der Nichtunternehmer-Ehegatte – sofern keine abweichenden Vereinbarungen zwischen den Eheleuten getroffen werden – sowohl zivilrechtlicher als auch wirtschaftlicher Eigentümer des auf seinen Miteigentumsanteil entfallenden Gebäudeteils. Die Wirtschaftsgüter sind beim Nichtunternehmer-Ehegatten grundsätzlich Privatvermögen. **147k**

2. Zurechnung der Anschaffungs- oder Herstellungskosten

2 Die vom Betriebsinhaber getragenen Aufwendungen für die Anschaffung oder Herstellung des Gebäudes, die auf den Miteigentumsanteil des Nichtunternehmer-Ehegatten entfallen, sind als eigener Aufwand nach den allgemeinen ertragsteuerlichen Regelungen als Betriebsausgaben abzuziehen. Sie sind – bei Gewinnermittlung nach § 4 Absatz 1, § 5 EStG – in einem Aufwandsverteilungsposten in der Bilanz abzubilden.

3. Aufwandsverteilungsposten

3 Der Aufwandsverteilungsposten ist kein Wirtschaftsgut. Dieser kann nicht Träger stiller Reserven sein. Der Aufwand kann daher nur nach den Vorschriften, die für Privatvermögen gelten, abgezogen werden. Eine Bildung oder Übertragung stiller Reserven nach den steuerrechtlichen Sonderregelungen, die nur für Betriebsvermögen gelten (z. B. § 6 b EStG), ist nicht zulässig (BFH vom 19. Dezember 2012 – BStBl. II 2013 S. 387).

4 Wurden entgegen Rdnr. 3 in der Vergangenheit in dem Aufwandsverteilungsposten durch die Inanspruchnahme steuerlicher Sonderregelungen für Betriebsvermögen stille Reserven gebildet, sind diese steuerverstrickt. Der Ansatz des Aufwandsverteilungspostens in der Bilanz ist nach den Grundsätzen zur Bilanzberichtigung in der Schlussbilanz des ersten Jahres, dessen Veranlagung geändert werden kann, zu berichtigen. Für den aus dieser Berichtigung entstehenden Gewinn kann der Steuerpflichtige im Berichtigungsjahr (Erstjahr) eine den steuerlichen Gewinn mindernde Rücklage in Höhe von vier Fünfteln bilden, die in den dem Erstjahr folgenden Wirtschaftsjahren zu mindestens einem Viertel gewinnerhöhend aufzulösen ist.

Beispiel

Der Ehemann hat in 2005 auf einem Grundstück, das ihm gemeinsam mit seiner Ehefrau zu gleichen Anteilen gehört, ein Gebäude mit Herstellungskosten von 1 200 000 Euro errichtet und nutzt dieses für seine betrieblichen Zwecke. Als Absetzungen für Abnutzung hat er in den Jahren 2005 bis 2014 36 000 Euro (3% von 1 200 000 Euro) abgezogen. Die Veranlagungen für die Jahre bis 2013 sind bestandskräftig. Der Restbuchwert zum 31. Dezember 2014 beträgt danach 840 000 Euro (1 200 000 Euro abzgl. 360 000 Euro [10 Jahre x 36 000 Euro/Jahr]). Zutreffend wäre eine Aktivierung des dem Betriebsinhaber gehörenden Miteigentumsanteils am Gebäude mit Herstellungskosten von 600 000 Euro und entsprechender anteiliger Abschreibung und der Ausweis eines Aufwandsverteilungspostens für den der Ehefrau zuzurechnenden Miteigentumsanteil am Gebäude gewesen. Der Aufwandsverteilungsposten ist in Höhe von 12 000 Euro/Jahr (2% von 600 000 Euro) aufzulösen. Bei zutreffender Auflösung beträgt der Restbuchwert des Aufwandsverteilungspostens 480 000 Euro (600 000 Euro abzgl. 10 × 12 000 Euro) zum 31. Dezember 2014. Bei der Gewinnermittlung für das Jahr 2014 ist eine Gewinnerhöhung um 60 000 Euro (480 000 Euro abzgl. 420 000 Euro) vorzunehmen. Auf den 31. Dezember 2014 kann gemäß Rdnr. 4 eine Rücklage in Höhe von 48 000 Euro (vier Fünftel von 60 000 Euro) gebildet werden, die im Zeitraum 2015 bis 2018 gewinnerhöhend aufzulösen ist (jährlich mindestens 12 000 Euro [ein Viertel von 48 000 Euro]).

5 Geht das zivilrechtliche Eigentum an dem betrieblich genutzten Miteigentumsanteil am Grund und Boden und am Gebäude auf den Betriebsinhaber über (vgl. Rdnr. 8), kann auf Antrag auf eine Berichtigung der Bilanz verzichtet werden, wenn der Einlagewert des Miteigentumsanteils an dem Gebäude und damit auch die Bemessungsgrundlage für die Absetzungen für Abnutzung um den Betrag der unzulässiger Weise gebildeten stillen Reserven gemindert wird.

6 Wird ein Betrieb, ein Teilbetrieb oder der Anteil eines Mitunternehmers an einem Betrieb unentgeltlich nach § 6 Absatz 3 EStG übertragen und die betriebliche Nutzung des Gebäudes auf fremdem Grund und Boden beibehalten, geht der Aufwandsverteilungsposten auf den Rechtsnachfolger über, wenn dem Rechtsnachfolger nicht gleichzeitig das Grundstück zivilrechtlich und wirtschaftlich zuzurechnen ist.

4. Beendigung der betrieblichen Nutzung

7 Endet die Nutzung des dem Nichtunternehmer-Ehegatten gehörenden Miteigentumsanteils an dem vom Betriebsinhaber zu betrieblichen Zwecken genutzten Grundstück, können die auf den Nichtunternehmer-Ehegatten entfallenden und noch nicht abgezogenen Anschaffungs- oder Herstellungskosten nicht weiter als Betriebsausgaben abgezogen werden. Der verbleibende Betrag ist erfolgsneutral auszubuchen und dem Eigentümer (Nichtunternehmer-Ehegatte) als Anschaffungs- oder Herstellungskosten des Wirtschaftsgutes zuzurechnen (BFH-Urteil vom 19. Dezember 2012 – a.a.O.). Wertsteigerungen des Wirtschaftsgutes treten im Privatvermögen des Nichtunternehmer-Ehegatten ein und können dem Betriebsinhaber nicht zugerechnet werden.

5. Übergang des Eigentums auf den Betriebsinhaber

8 Geht das zivilrechtliche Eigentum an dem betrieblich genutzten Miteigentumsanteil am Grund und Boden und am Gebäude durch Einzel- oder Gesamtrechtsnachfolge auf den Betriebsinhaber über, werden die Wirtschaftsgüter Betriebsvermögen. Bei unentgeltlicher Übertragung gehen sie durch eine nach § 6 Absatz 1 Nummer 5 EStG grundsätzlich mit dem Teilwert zu bewertende Einlage in das Betriebsvermögen ein. Der Einlagewert bildet die Bemessungsgrundlage zur Vornahme von Absetzungen für Abnutzung. Die während der Nutzung zu betrieblichen Zwecken abgezogenen Absetzungen für Abnutzung oder Substanzverringerung, Sonderabschreibungen oder erhöhte Absetzungen sind nicht vom Einlagewert abzuziehen.

6. Gewinnermittlung nach § 4 Absatz 3 EStG

9 Bei der Gewinnermittlung durch Einnahmenüberschussrechnung nach § 4 Absatz 3 EStG sind die Regelungen zu den Rdnrn. 1, 2, 3, 6, 7 und 8 entsprechend anzuwenden. Eine Richtigstellung der zu Unrecht vorgenommenen Abzüge ist in allen noch nicht bestandskräftigen Fällen durch die Berücksichtigung des zutreffenden Abzugs vorzunehmen. Sofern in bestandskräftigen Jahren zu Unrecht Abzüge vorgenommen worden sind, ist H 7.4 „Unterlassene oder überhöhte AfA – Lineare Gebäude-AfA" EStH 2015 entsprechend anzuwenden.

7. Anwendung auf im Alleineigentum stehende Gebäude

10 Die vorstehenden Regelungen sind für ein im Alleineigentum des Nichtunternehmer-Ehegatten stehendes Gebäude entsprechend anzuwenden.

11 Die BMF-Schreiben vom 3. Mai 1985 (BStBl. I S. 188) und vom 5. November 1996 (BStBl. I S. 1257) werden aufgehoben.

R 4.8

R 4.8. Rechtsverhältnisse zwischen Angehörigen[1]

Arbeitsverhältnisse zwischen Ehegatten

148 (1) Arbeitsverhältnisse zwischen Ehegatten können steuerrechtlich nur anerkannt werden, wenn sie ernsthaft vereinbart und entsprechend derVereinbarung tatsächlich durchgeführt werden.

Arbeitsverhältnisse mit Personengesellschaften

149 (2) ① Für die einkommensteuerrechtliche Beurteilung des Arbeitsverhältnisses eines Ehegatten mit einer Personengesellschaft, die von dem anderen Ehegatten auf Grund seiner wirtschaftlichen Machtstellung beherrscht wird, z.B. in der Regel bei einer Beteiligung zu mehr als 50%, gelten die Grundsätze für die steuerliche Anerkennung von Ehegattenarbeitsverhältnissen im Allgemeinen entsprechend. ② Beherrscht der Mitunternehmer-Ehegatte die Personengesellschaft nicht, kann allgemein davon ausgegangen werden, dass der mitarbeitende Ehegatte in der Gesellschaft die gleiche Stellung wie ein fremder Arbeitnehmer hat und das Arbeitsverhältnis deshalb steuerrechtlich anzuerkennen ist.

Arbeitsverhältnisse zwischen Eltern und Kindern

150 (3) ① Für die bürgerlich-rechtliche Wirksamkeit eines Arbeits- oder Ausbildungsvertrages mit einem minderjährigen Kind ist die Bestellung eines Ergänzungspflegers nicht erforderlich. ② → Arbeitsverhältnisse mit Kindern unter 15 Jahren verstoßen jedoch im Allgemeinen gegen das → Jugendarbeitsschutzgesetz; sie sind nichtig und können deshalb auch steuerrechtlich nicht anerkannt werden. ③ Die Gewährung freier Wohnung und Verpflegung kann als Teil der Arbeitsvergütung zu behandeln sein, wenn die Leistungen auf arbeitsvertraglichen Vereinbarungen beruhen.

H 4.8

Arbeitsverhältnisse mit Kindern

151
- → Aushilfstätigkeiten von Kindern.
- Beruht die Mitarbeit von Kindern im elterlichen Betrieb auf einem Ausbildungs- oder Arbeitsverhältnis, so gelten für dessen steuerrechtliche Anerkennung den Ehegatten-Arbeitsverhältnissen entsprechende Grundsätze (→ BFH vom 10. 3. 1988 – BStBl. II S. 877 und vom 29. 10. 1997 – BStBl. 1998 II S. 149).
- → Bildungsaufwendungen für Kinder.
- Ein steuerrechtlich anzuerkennendes Arbeitsverhältnis bei Hilfeleistungen von Kindern im elterlichen Betrieb liegt nicht vor bei geringfügigen oder typischerweise privaten Verrichtungen (→ BFH vom 9. 12. 1993 – BStBl. 1994 II S. 298); → gelegentliche Hilfeleistung.
- → Unterhalt.

Arbeitsverhältnisse zwischen Ehegatten

- **Betriebliche Altersversorgung, Direktversicherung** → H 4b (Arbeitnehmer-Ehegatten).
- **Der steuerrechtlichen Anerkennung eines Arbeitsverhältnisses steht entgegen:**
  - Arbeitnehmer-Ehegatte hebt monatlich vom betrieblichen Bankkonto des Arbeitgeber-Ehegatten einen größeren Geldbetrag ab und teilt diesen selbst auf in das benötigte Haus-

[1] Bei der steuerrechtlichen Beurteilung eines zwischen nahen Angehörigen geschlossenen Vertrags können auch vor dem Streitjahr liegende Umstände herangezogen werden. *BFH-Urteil vom 3. 3. 2004 X R 12/02 (BStBl. II S. 722).*

haltsgeld und den ihm zustehenden monatlichen Arbeitslohn (→ BFH vom 20. 4. 1989 – BStBl. II S. 655).
  - Fehlen einer Vereinbarung über die Höhe des Arbeitslohns (→ BFH vom 8. 3. 1962 – BStBl. III S. 218).
  - Langzeitige Nichtauszahlung des vereinbarten Arbeitslohns zum üblichen Zahlungszeitpunkt; stattdessen z. B. jährliche Einmalzahlung (→ BFH vom 14. 10. 1981 – BStBl. 1982 II S. 119). Das gilt auch dann, wenn das Arbeitsverhältnis bereits seit mehreren Jahren ordnungsgemäß durchgeführt wurde und im Veranlagungsjahr Lohnsteuer und Sozialabgaben abgeführt wurden (→ BFH vom 25. 7. 1991 – BStBl. II S. 842).
  - Wechselseitige Verpflichtung zur Arbeitsleistung; ein Arbeitsvertrag ist nicht durchführbar, wenn sich Ehegatten, die beide einen Betrieb unterhalten, wechselseitig verpflichten, mit ihrer vollen Arbeitskraft jeweils im Betrieb des anderen tätig zu sein. Wechselseitige Teilzeitarbeitsverträge können jedoch anerkannt werden, wenn die Vertragsgestaltungen insgesamt einem → Fremdvergleich standhalten (→ BFH vom 12. 10. 1988 – BStBl. 1989 II S. 354).
  - Die Überlassung eines Dienstwagens zur unbeschränkten und selbstbeteiligungsfreien Privatnutzung des Arbeitnehmer-Ehegatten im Rahmen eines geringfügigen Beschäftigungsverhältnisses i. S. d. § 8 Abs. 1 Nr. 1 SGB IV (→ BFH vom 10. 10. 2018 – BStBl. 2019 II S. 203).
- **Der steuerrechtlichen Anerkennung eines Arbeitsverhältnisses kann entgegenstehen:**
  - Arbeitslohnzahlung in Form von Schecks, die der Arbeitnehmer-Ehegatte regelmäßig auf das private Konto des Arbeitgeber-Ehegatten einzahlt (→ BFH vom 28. 2. 1990 – BStBl. II S. 548).
  - Überweisung des Arbeitsentgelts des Arbeitnehmer-Ehegatten auf ein Konto des Arbeitgeber-Ehegatten, über das dem Arbeitnehmer-Ehegatten nur ein Mitverfügungsrecht zusteht (→ BFH vom 24. 3. 1983 – BStBl. II S. 663), oder auf ein Bankkonto des Gesellschafterehegatten, über das dem Arbeitnehmer-Ehegatten nur ein Mitverfügungsrecht zusteht (→ BFH vom 20. 10. 1983 – BStBl. 1984 II S. 298).
- **Der steuerrechtlichen Anerkennung eines Arbeitsverhältnisses steht nicht entgegen:**
  - Darlehensgewährung des Arbeitnehmer-Ehegatten an den Arbeitgeber-Ehegatten in Höhe des Arbeitsentgelts ohne rechtliche Verpflichtung, nachdem dieses in die Verfügungsmacht des Arbeitnehmer-Ehegatten gelangt ist. Das gilt auch, wenn der Arbeitnehmer-Ehegatte jeweils im Fälligkeitszeitpunkt über den an ihn ausgezahlten Nettoarbeitslohn ausdrücklich dadurch verfügt, dass er den Auszahlungsanspruch in eine Darlehensforderung umwandelt (→ BFH vom 17. 7. 1984 – BStBl. 1986 II S. 48). Werden dagegen Arbeits- und Darlehensvereinbarungen von Ehegatten in einer Weise miteinander verknüpft, dass das Arbeitsentgelt ganz oder teilweise bereits als Darlehen behandelt wird, bevor es in die Verfügungsmacht des Arbeitnehmer-Ehegatten gelangt ist, so ist zur Anerkennung des Arbeitsverhältnisses erforderlich, dass auch der Darlehensvertrag wie ein unter Fremden üblicher Vertrag mit eindeutigen Zins- und Rückzahlungsvereinbarungen abgeschlossen und durchgeführt wird (→ BFH vom 23. 4. 1975 – BStBl. II S. 579).
  - Schenkung – Laufende Überweisung des Arbeitsentgelts auf ein Sparbuch des Arbeitnehmer-Ehegatten, von dem dieser ohne zeitlichen Zusammenhang mit den Lohnzahlungen größere Beträge abhebt und dem Arbeitgeber-Ehegatten schenkt (→ BFH vom 4. 11. 1986 – BStBl. 1987 II S. 336).
  - Teilüberweisung des Arbeitsentgelts als vermögenswirksame Leistungen nach dem Vermögensbildungsgesetz auf Verlangen des Arbeitnehmer-Ehegatten auf ein Konto des Arbeitgeber-Ehegatten oder auf ein gemeinschaftliches Konto beider Ehegatten (→ BFH vom 19. 9. 1975 – BStBl. 1976 II S. 81).
  - Überweisung des Arbeitsentgelts auf ein Bankkonto des Arbeitnehmer-Ehegatten, für das der Arbeitgeber-Ehegatte unbeschränkte Verfügungsvollmacht besitzt (→ BFH vom 16. 1. 1974 – BStBl. II S. 294).
  - Vereinbartes Arbeitsentgelt ist unüblich niedrig, es sei denn, das Arbeitsentgelt ist so niedrig bemessen, dass es nicht mehr als Gegenleistung für eine begrenzte Tätigkeit des Arbeitnehmer-Ehegatten angesehen werden kann, weil ein rechtsgeschäftlicher Bindungswille fehlt (→ BFH vom 22. 3. 1990 – BStBl. II S. 776); → Gehaltsumwandlung, -verzicht.
  - Zahlung des Arbeitsentgelts auf ein „Oder-Konto" bei im Übrigen ernsthaft vereinbarten und tatsächlich durchgeführten Ehegatten-Arbeitsverhältnissen (→ BVerfG vom 7. 11. 1995 – BStBl. 1996 II S. 34).
- **Direktversicherung** → H 4 b (Arbeitnehmer-Ehegatten).
- **Gehaltsumwandlung, -verzicht**
  - Begnügt sich der Arbeitnehmer-Ehegatte mit unangemessen niedrigen Aktivbezügen, ist die Dienstleistung in einen entgeltlichen und einen unentgeltlichen Teil zu zerlegen. Betrieblich veranlasst ist nur der entgeltliche Teil. Verzichtet der Arbeitnehmer-Ehegatte ganz auf sein Arbeitsentgelt, ist von einer in vollem Umfang privat veranlassten familiären Mitarbeit auszugehen. Entsprechendes gilt, wenn ein Arbeitnehmer-Ehegatte ohne entsprechende Absicherung seines Anspruchs zugunsten eines erst viele Jahre später fällig wer-

H 4.8

denden Ruhegehalts auf seine Aktivbezüge verzichtet (→ BFH vom 25. 7. 1995 – BStBl. 1996 II S. 153).
– → BMF vom 9. 1. 1986 (BStBl. I S. 7).[1]

- **Rückstellungen für Pensionsverpflichtungen**
  - Bei einer Pensionszusage an den Arbeitnehmer-Ehegatten, die an die Stelle einer fehlenden Anwartschaft aus der gesetzlichen Rentenversicherung getreten ist, können sich die Rückstellungsbeträge grundsätzlich nicht gewinnmindernd auswirken, soweit die Aufwendungen die wirtschaftliche Funktion der Arbeitnehmerbeiträge haben. Fiktive Arbeitgeberbeiträge in der Zeit zwischen dem Beginn des steuerrechtlich anerkannten Arbeitsverhältnisses und der Erteilung der Pensionszusage können nicht als Betriebsausgaben berücksichtigt werden (→ BFH vom 14. 7. 1989 – BStBl. II S. 969).
  - → H 6 a (9).
- **Rückwirkung**
  Rückwirkende Vereinbarungen sind steuerrechtlich nicht anzuerkennen (→ BFH vom 29. 11. 1988 – BStBl. 1989 II S. 281).
- **Sonderzuwendungen**
  wie z. B. Weihnachts- und Urlaubsgelder, Sonderzulagen, Tantiemen, können dann als Betriebsausgaben abgezogen werden, wenn sie vor Beginn des Leistungsaustauschs klar und eindeutig vereinbart worden sind und auch einem → Fremdvergleich standhalten (→ BFH vom 26. 2. 1988 – BStBl. II S. 606 und vom 10. 3. 1988 – BStBl. II S. 877).
- **Unterarbeitsverhältnis**
  Ist ein Arbeitnehmer wegen anderer beruflicher Verpflichtungen nicht in der Lage, ein Aufgabengebiet in vollem Umfang selbst zu betreuen, kommt ein Ehegatten-Unterarbeitsverhältnis hierüber jedenfalls dann nicht in Betracht, wenn solche Tätigkeiten sonst ehrenamtlich von Dritten unentgeltlich übernommen werden (→ BFH vom 22. 11. 1996 – BStBl. 1997 II S. 187).
- **Wertguthabenvereinbarung**
  Schließen Ehegatten im Rahmen eines Arbeitsverhältnisses zusätzlich eine Wertguthabenvereinbarung i. S. d. SGB IV ab, muss für diese gesondert ein Fremdvergleich geprüft werden. Im Rahmen der Gesamtwürdigung ist wesentliches Indiz, ob die Vertragschancen und -risiken fremdüblich verteilt sind. Eine einseitige Verteilung zu Lasten des Arbeitgeber-Ehegatten ist regelmäßig anzunehmen, wenn der Arbeitnehmer-Ehegatte unbegrenzt Wertguthaben ansparen sowie Dauer, Zeitpunkt und Häufigkeit der Freistellungsphasen nahezu beliebig wählen kann (→ BFH vom 28. 10. 2020 – BStBl. 2021 II S. 283).
- **Zukunftssicherung**
  Voraussetzungen für die Anerkennung von Maßnahmen zur Zukunftssicherung bei Ehegatten-Arbeitsverhältnissen → H 6 a (9) und H 4 b (Arbeitnehmer-Ehegatten).

Aushilfstätigkeiten von Kindern. Bei Verträgen über Aushilfstätigkeiten von Kindern ist der → Fremdvergleich im Einzelfall vorzunehmen (→ BFH vom 9. 12. 1993 – BStBl. 1994 II S. 298).

Bildungsaufwendungen für Kinder

- Ausbildungs- oder Fortbildungsaufwendungen für Kinder sind in der Regel nicht abziehbare Lebenshaltungskosten. Aufwendungen für die Fortbildung von im Betrieb mitarbeitenden Kindern (z. B. für den Besuch einer Meisterfachschule) sind Betriebsausgaben, wenn die hierzu getroffenen Vereinbarungen klar und eindeutig sind und nach Inhalt und Durchführung dem zwischen Fremden Üblichen entsprechen, insbesondere auch Bindungsfristen und Rückzahlungsklauseln enthalten (→ BFH vom 14. 12. 1990 – BStBl. 1991 II S. 305).
- Aufwendungen für den Meisterlehrgang eines nicht im Betrieb mitarbeitenden Kindes sind nicht allein deshalb Betriebsausgaben, weil sie eine spätere Unternehmensnachfolge vorbereiten sollen (→ BFH vom 29. 10. 1997 – BStBl. 1998 II S. 149).
- Die Aufwendungen für die Facharztausbildung des als Nachfolger vorgesehenen Kindes sind ohne den Nachweis, dass sie auch für fremde Dritte im Betrieb des Stpfl. oder üblicherweise in anderen – nach Größe und Branche – vergleichbaren Betrieben getätigt worden wären, nicht betrieblich veranlasst (→ BFH vom 6. 11. 2012 – BStBl. 2013 II S. 309).

Darlehensverhältnisse zwischen Angehörigen

- → BMF vom 23. 12. 2010 (BStBl. 2011 I S. 37) unter Berücksichtigung der Änderungen durch BMF vom 29. 4. 2014 (BStBl. I S. 809).[2]
- → Personengesellschaften; – Abtretung.
- → Personengesellschaften; – Darlehen.
- Vertragsbeziehungen zwischen verschwägerten Personen → Fremdvergleich.
- **Schenkungsbegründetes Darlehen**
  - Die Kürze der zwischen Schenkung und Darlehensgewährung liegenden Zeit begründet keine unwiderlegbare Vermutung für die gegenseitige Abhängigkeit der beiden Verträge (→ BFH vom 18. 1. 2001 – BStBl. II S. 393 und BMF vom 23. 12. 2010 – BStBl. 2011 I

[1] Abgedruckt als Anlage c zu § 6 a EStG.
[2] Nachstehend abgedruckt.

S. 37,[1] Rdnr. 12). Demgegenüber kann bei einem längeren Abstand zwischen Schenkungs- und Darlehensvertrag eine auf einem Gesamtplan beruhende sachliche Verknüpfung bestehen (→ BFH vom 22. 1. 2002 – BStBl. II S. 685).
  – Geht dem Darlehen eines minderjährigen Kindes an einen Elternteil eine Schenkung des anderen Elternteils voraus, und liegt diesen Rechtsgeschäften ein Gesamtplan der Eltern zur Schaffung von steuerlich abziehbaren Aufwendungen zugrunde (= sachliche Abhängigkeit), so kann hierin auch bei zeitlicher Unabhängigkeit zwischen Schenkung und Darlehen ein Missbrauch von Gestaltungsmöglichkeiten des Rechts (§ 42 AO) liegen (→ BFH vom 26. 3. 1996 – BStBl. II S. 443).
  – Ein Darlehensvertrag zwischen einer Personengesellschaft und dem Kind des beherrschenden Gesellschafters über einen Geldbetrag, den das Kind zuvor von diesem geschenkt bekommen hat, ist nicht anzuerkennen, wenn zwischen Schenkung und Darlehensvertrag eine auf einem Gesamtplan beruhende sachliche Verknüpfung besteht (→ BFH vom 22. 1. 2002 – BStBl. II S. 685).[2]
– → Sicherung des Darlehensanspruchs.
– **Verknüpfung von Arbeits- und Darlehensvereinbarungen zwischen Ehegatten** → Arbeitsverhältnisse zwischen Ehegatten, – Der steuerrechtlichen Anerkennung eines Arbeitsverhältnisses steht nicht entgegen, – Darlehensgewährung.

Eheschließung. Mehrere Jahre vor der Ehe abgeschlossene ernsthafte Arbeitsverträge zwischen den Ehegatten sind steuerrechtlich in der Regel auch nach der Eheschließung anzuerkennen, wenn sich mit der Eheschließung in der Tätigkeit des im Betrieb beschäftigten Ehegatten nichts ändert und auch die Auszahlung des Arbeitsentgelts vor und nach der Heirat in gleicher Weise vollzogen wird (→ BFH vom 21. 10. 1966 – BStBl. 1967 III S. 22).

Erbfolgeregelungen
– Ertragsteuerliche Behandlung der Erbengemeinschaft und ihrer Auseinandersetzung → BMF vom 14. 3. 2006 (BStBl. I S. 253)[3] unter Berücksichtigung der Änderungen durch BMF vom 27. 12. 2018 (BStBl. 2019 I S. 11).
– Ertragsteuerliche Behandlung der vorweggenommenen Erbfolge → BMF vom 13. 1. 1993 (BStBl. I S. 80)[3] unter Berücksichtigung der Änderungen durch BMF vom 26. 2. 2007 (BStBl. I S. 269).
– Einkommensteuerrechtliche Behandlung von wiederkehrenden Leistungen im Zusammenhang mit einer Vermögensübertragung → BMF vom 11. 3. 2010 (BStBl. I S. 227)[4] unter Berücksichtigung der Änderungen durch BMF vom 6. 5. 2016 (BStBl. I S. 476).

Fremdvergleich
– Angehörigen steht es frei, ihre Rechtsverhältnisse untereinander so zu gestalten, dass sie steuerlich möglichst günstig sind. Die steuerrechtliche Anerkennung des Vereinbarten setzt voraus, dass die Verträge zivilrechtlich wirksam zustande gekommen sind (→ BMF vom 23. 12. 2010 – BStBl. 2011 I S. 37[1] unter Berücksichtigung der Änderungen durch BMF vom 29. 4. 2014 – BStBl. I S. 809), inhaltlich dem zwischen Fremden Üblichen entsprechen und so auch durchgeführt werden. Maßgebend für die Beurteilung ist die Gesamtheit der objektiven Gegebenheiten. Dabei kann einzelnen dieser Beweisanzeichen je nach Lage des Falles im Rahmen der Gesamtbetrachtung eine unterschiedliche Bedeutung zukommen. Dementsprechend schließt nicht jede Abweichung vom Üblichen notwendigerweise die steuerrechtliche Anerkennung des Vertragsverhältnisses aus. An den Nachweis, dass es sich um ein ernsthaftes Vertragsverhältnis handelt, sind umso strengere Anforderungen zu stellen, je mehr die Umstände auf eine private Veranlassung des Rechtsverhältnisses hindeuten (→ BFH vom 28. 1. 1997 – BStBl. II S. 655).
– Auch Vertragsbeziehungen zwischen verschwägerten Personen müssen steuerrechtlich einem Fremdvergleich standhalten (→ BFH vom 22. 5. 2019 – BStBl. II S. 795).
– Die Grundsätze des sog. Fremdvergleichs rechtfertigen es nicht, an Stelle der im Vertrag tatsächlich vereinbarten Leistung der Besteuerung eine höhere Gegenleistung unter Hinweis darauf zugrunde zu legen, dass eine solche unter fremden Dritten gefordert (und erbracht) worden wäre (→ BFH vom 31. 5. 2001 – BStBl. II S. 756).
– Leistet der als Arbeitnehmer beschäftigte Angehörige unbezahlte Mehrarbeit über seine vertragliche Stundenzahl hinaus, steht dies der Annahme, das Arbeitsverhältnis sei tatsächlich durchgeführt worden, grundsätzlich nicht entgegen. Etwas anderes gilt nur, wenn die vereinbarte Vergütung nicht mehr als Gegenleistung für die Tätigkeit des Angehörigen angesehen werden kann und deshalb auf das Fehlen eines Rechtsbindungswillens zu schließen ist (→ BFH vom 17. 7. 2013 – BStBl. II S. 1015).
– → H 6a (9).
– **Personengesellschaften** – Die Grundsätze des Fremdvergleichs gelten entsprechend für die Verträge einer Personengesellschaft, die von nahen Angehörigen des anderen Vertragspartners beherrscht wird. Hierbei kommt es auf den rechtlichen und wirtschaftlichen Gehalt des je-

---

[1] Nachstehend abgedruckt.
[2] Ergänzend hierzu siehe *BFH-Urteil vom 19. 2. 2002 IX R 32/98 (BStBl. II S. 674).*
[3] Abgedruckt als Anlage zu § 7 EStG.
[4] Abgedruckt als Anlage zu R 10.3 EStR.

H 4.8

weiligen Geschäfts und nicht auf die Bezeichnung durch die Vertragsparteien an (→ BFH vom 9. 5. 1996 – BStBl. II S. 642). Schließt eine Personengesellschaft aufeinander abgestimmte Arbeitsverträge mit den Angehörigen ihrer Gesellschafter, bei denen keiner der Gesellschafter als allein beherrschend angesehen werden kann, ist der Fremdvergleich bei jedem einzelnen Arbeitsvertrag durchzuführen (→ BFH vom 20. 10. 1983 – BStBl. 1984 II S. 298). Ein Gesellschafter, der nicht in der Lage ist, für sich allein einen beherrschenden Einfluss auszuüben, ist dann einem beherrschenden Gesellschafter gleichzustellen, wenn er gemeinsam mit anderen Gesellschaftern einen Gegenstand von gemeinsamem Interesse in gegenseitiger Abstimmung regelt (→ BFH vom 18. 12. 2001 – BStBl. 2002 II S. 353).
- → Personengesellschaften; – Abtretung.
- → Personengesellschaften; – Darlehen.
- → Umdeutung.
- **Umfang**
  - Der Fremdvergleich ist nur einheitlich für den gesamten Vertrag anzustellen. Das Herauslösen einzelner Vertragsteile, wie z. B. einzelner Tätigkeiten aus einem Arbeitsvertrag, ist nicht möglich. Der Vertrag kann auch nicht mit Blick auf diese Vertragsteile teilweise steuerrechtlich anerkannt werden, wenn der Vertrag im Übrigen dem Fremdvergleich nicht standhält (→ BFH vom 9. 12. 1993 – BStBl. 1994 II S. 298).
  - Wird zur Finanzierung eines Kaufvertrags zwischen nahen Angehörigen ein Darlehensvertrag mit einer Bank abgeschlossen, sind die in dem Darlehensvertrag getroffenen Vereinbarungen auch dann nicht in den Fremdvergleich hinsichtlich des Kaufvertrags einzubeziehen, wenn der Verkäufer zugleich Sicherungsgeber ist (→ BFH vom 15. 10. 2002 – BStBl. 2003 II S. 243).
  - → Mehrere Verträge zwischen Angehörigen.

Gelegentliche Hilfeleistung. Arbeitsverträge über gelegentliche Hilfeleistungen durch Angehörige sind steuerrechtlich nicht anzuerkennen, weil sie zwischen fremden Personen nicht vereinbart worden wären (→ BFH vom 9. 12. 1993 – BStBl. 1994 II S. 298).

Gesellschaftsverträge zwischen Angehörigen
- → R 15.9.
- → Umdeutung.

Gewinnanteile aus geschenkter typisch stiller Beteiligung. Werden Geldbeträge vom Betriebsinhaber an seine minderjährigen Kinder mit der Auflage zugewendet, diese ihm wieder als Einlage im Rahmen einer typisch stillen Beteiligung zur Verfügung zu stellen, sind die Gewinnanteile nicht als Betriebsausgaben abziehbar, wenn eine Verlustbeteiligung ausgeschlossen ist (→ BFH vom 21. 10. 1992 – BStBl. 1993 II S. 289).

Mehrere Verträge zwischen Angehörigen. Bei der Prüfung, ob die Leistungsbeziehungen zwischen nahen Angehörigen dem → Fremdvergleich standhalten, sind mehrere zeitlich und sachlich zusammenhängende Verträge nicht isoliert, sondern in ihrer Gesamtheit zu würdigen (→ BFH vom 13. 12. 1995 – BStBl. 1996 II S. 180).

Miet- und Pachtverträge zwischen Angehörigen
- → R 21.4.
- → Sonstige Rechtsverhältnisse zwischen Angehörigen.

Minderjährige Kinder
- **Ergänzungspfleger** – Bei Verträgen zwischen Eltern und minderjährigen Kindern, die nicht Arbeitsverträge sind (→ R 4.8 Abs. 3), ist ein Ergänzungspfleger zu bestellen, damit die Vereinbarungen bürgerlich-rechtlich wirksam zustande kommen und so eine klare Trennung bei der Verwaltung des Kindesvermögens und des elterlichen Vermögens gewährleistet ist (→ BFH vom 23. 4. 1992 – BStBl. II S. 1024 und BMF vom 30. 9. 2013 – BStBl. I S. 1184, Rz. 4).[1]
- **Schwebend unwirksame Verträge, Insichgeschäfte** – Die klaren und ernsthaft gewollten Vereinbarungen (→ Fremdvergleich) müssen zu Beginn des maßgeblichen Rechtsverhältnisses oder bei Änderung des Verhältnisses für die Zukunft getroffen werden. Ein Insichgeschäft i. S. d. § 181 BGB ist solange – schwebend – unwirksam, bis die Wirksamkeit z. B. durch Bestellung eines Ergänzungspflegers oder mit Erreichen der Volljährigkeit eines minderjährigen Kindes nachgeholt wird. Die nachträgliche Genehmigung des Rechtsgeschäftes hat zivilrechtlich zur Folge, dass die schwebende Unwirksamkeit des Vertrages rückwirkend entfällt (§ 108 Abs. 3, § 184 Abs. 1 BGB). Im Regelfall sind die steuerrechtlichen Folgerungen erst von dem Zeitpunkt an zu ziehen, zu dem die schwebende Unwirksamkeit entfallen ist (→ BFH vom 31. 10. 1989 – BStBl. 1992 II S. 506), es sei denn, die steuerrechtliche Rückwirkung ist ausdrücklich gesetzlich zugelassen (§ 41 Abs. 1 AO).

Nichteheliche Lebensgemeinschaften. Die für die steuerrechtliche Beurteilung von Verträgen zwischen Ehegatten geltenden Grundsätze können nicht auf Verträge zwischen Partnern einer nichtehelichen Lebensgemeinschaft – ausgenommen eingetragene Lebenspartnerschaften – übertragen werden (→ BFH vom 14. 4. 1988 – BStBl. II S. 670 und → R 21.4).

[1] Abgedruckt als Anlage b zu § 21 EStG.

H 4.8

Personengesellschaften
- **Abtretung** – Tritt der Gesellschafter einer Personengesellschaft ihm gegen die Gesellschaft zustehende Darlehensansprüche zur Ablösung von Pflichtteilsansprüchen an einen Angehörigen ab, der die Beträge der Gesellschaft weiterhin als Darlehen belässt, so sind die an den neuen Darlehensgläubiger gezahlten Darlehenszinsen Betriebsausgaben der Personengesellschaft. Der Betriebsausgabenabzug kann nicht vom Ergebnis eines → Fremdvergleichs hinsichtlich der Darlehensbedingungen abhängig gemacht werden, wenn der Abtretende die Gesellschaft nicht beherrscht (→ BFH vom 15. 12. 1988 – BStBl. 1989 II S. 500).
- → Arbeitsverhältnisse zwischen Ehegatten.
- → Darlehensverhältnisse zwischen Angehörigen.
- → Fremdvergleich.
- **Vermögen einer Personengesellschaft** kann nicht als Vermögen des Gesellschafterehegatten angesehen werden. Deshalb liegt ein Vermögenszugang beim Arbeitnehmer-Ehegatten auch dann vor, wenn das Arbeitsentgelt auf ein gemeinschaftliches Konto der Ehegatten überwiesen wird, über das jeder Ehegatte ohne Mitwirkung des anderen verfügen kann (→ BFH vom 24. 3. 1983 – BStBl. II S. 663).
- Keine betriebliche Veranlassung bei Vergabe eines zinslosen und ungesicherten **Darlehens** durch eine Personengesellschaft an ihren Gesellschafter. Die Frage der betrieblichen Veranlassung der Geldhingabe ist auf der Grundlage eines Fremdvergleichs zu beurteilen (→ BFH vom 9. 5. 1996 – BStBl. II S. 642). Wird neben dem (festen) Kapitalkonto lediglich ein weiteres Konto zur Erfassung von Gewinnen, Einlagen und Entnahmen der Gesellschafter geführt, handelt es sich nicht um ein Darlehenskonto, wenn auf dem Konto auch Verluste verbucht werden (→ BFH vom 27. 6. 1996 – BStBl. 1997 II S. 36).
- → Sicherung des Darlehensanspruchs.
- Unterbeteiligung von Kindern an einer vermögensverwaltenden Personengesellschaft → H 21.6 (Unterbeteiligung an einer Personengesellschaft).

Rechtsfolgen bei fehlender Anerkennung
- Ist ein **Arbeitsverhältnis** steuerrechtlich nicht anzuerkennen, so sind Lohnzahlungen einschließlich einbehaltener und abgeführter Lohn- und Kirchensteuerbeträge, für den mitarbeitenden Ehegatten einbehaltene und abgeführte Sozialversicherungsbeiträge (Arbeitgeber- und Arbeitnehmeranteil) und vermögenswirksame Leistungen, die der Arbeitgeber-Ehegatte nach dem Vermögensbildungsgesetz erbringt, nicht als Betriebsausgaben abziehbar (→ BFH vom 8. 2. 1983 – BStBl. II S. 496 und vom 10. 4. 1990 – BStBl. II S. 741).
- Zinsen aus einem ertragsteuerlich nicht anzuerkennenden **Darlehen** unter nahen Angehörigen sind keine Betriebsausgaben; beim Empfänger sind sie keine Einkünfte aus Kapitalvermögen (→ BFH vom 2. 8. 1994 – BStBl. 1995 II S. 264).

Scheidungsklausel. Erwirbt ein Ehegatte (A) mit vom anderen Ehegatten (B) geschenkten Mitteln ein Grundstück, welches für betriebliche Zwecke an B vermietet wird, begründet weder die Schenkung der Mittel, die Vereinbarung zwischen den Ehegatten für den Fall der Beendigung des Güterstandes auf andere Weise als den Tod, das erworbene Grundstück auf den anderen Ehegatten zu übertragen (sog. Scheidungsklausel), noch die B eingeräumte Möglichkeit zu seinen Gunsten oder zugunsten eines Dritten eine Auflassungsvormerkung in das Grundbuch eintragen zu lassen, wirtschaftliches Eigentum des B (→ BFH vom 4. 2. 1998 – BStBl. II S. 542).

Schenkung
- → Arbeitsverhältnisse zwischen Ehegatten; – Der steuerrechtlichen Anerkennung eines Arbeitsverhältnisses steht nicht entgegen; – Schenkung.
- → Darlehensverhältnisse zwischen Angehörigen; – Schenkungsbegründetes Darlehen.

Sicherung des Darlehensanspruchs
- Bei einem Darlehen einer Personengesellschaft an ihren Gesellschafter kann nicht ein künftiger Gewinnanteil des Gesellschafters als Sicherheit angesehen werden. Unüblich ist auch die Unverzinslichkeit eines Darlehens (→ BFH vom 9. 5. 1996 – BStBl. II S. 642).
- Die fehlende verkehrsübliche Sicherung des Darlehensanspruchs wird bei langfristigen Darlehen zwischen nahen Angehörigen als Indiz für die außerbetriebliche Veranlassung des Darlehens gewertet, wobei als langfristig jedenfalls Darlehen mit einer Laufzeit von mehr als vier Jahren angesehen werden (→ BFH vom 9. 5. 1996 – BStBl. II S. 642). Eine langfristige Darlehensvereinbarung zwischen Eltern und Kindern kann trotz teilweise fehlender Sicherheiten steuerrechtlich anerkannt werden, wenn die Kinder bei Darlehensabschluss bereits volljährig sind, nicht mehr im Haushalt der Eltern leben und wirtschaftlich von den Eltern unabhängig sind (→ BFH vom 18. 12. 1990 – BStBl. 1991 II S. 911).

Sonstige Rechtsverhältnisse zwischen Angehörigen
- Für die einkommensteuerrechtliche Beurteilung von Miet- und Pachtverträgen, Darlehensverträgen und ähnlichen Verträgen sind die Grundsätze zur steuerlichen Anerkennung von Ehegatten-Arbeitsverhältnissen entsprechend anzuwenden (→ BFH vom 28. 1. 1997 – BStBl. II S. 655).
- → Fremdvergleich.

Umdeutung. Die steuerliche Beurteilung muss von dem ausgehen, was die Stpfl. rechtsgültig vereinbart haben, und zwar auch dann, wenn die Vereinbarung aus privater Veranlassung von dem abweicht, was unter fremden Dritten üblich ist. Haben die Beteiligten einen Gesellschaftsvertrag über eine Unterbeteiligung abgeschlossen, und kann der Gesellschaftsvertrag wegen der nicht fremdüblichen Ausgestaltung zu Lasten der Unterbeteiligung steuerlich nicht anerkannt werden, kann an die Stelle des wirksam abgeschlossenen Gesellschaftsvertrags für die steuerliche Beurteilung **nicht** ein tatsächlich **nicht** existenter Vertrag über ein partiarisches Darlehen gesetzt werden (→ BFH vom 6. 7. 1995 – BStBl. 1996 II S. 269).

Unterhalt. Beschränkt sich der Stpfl. darauf, dem mitarbeitenden Kind Unterhalt zu gewähren (Beköstigung, Bekleidung, Unterkunft und Taschengeld), so liegen steuerlich nicht abziehbare Lebenshaltungskosten vor (→ BFH vom 19. 8. 1971 – BStBl. 1972 II S. 172).

Wirtschaftsüberlassungsvertrag
- Bei nach dem 31. 12. 2007 abgeschlossenen Wirtschaftsüberlassungsverträgen liegt keine begünstigte Vermögensübertragung im Zusammenhang mit Versorgungsleistungen vor (→ BMF vom 11. 3. 2010 – BStBl. I S. 227, Rzn. 22, 81).[1]
- Die auf einem nach dem 31. 12. 2007 abgeschlossenen Wirtschaftsüberlassungsvertrag beruhenden Leistungen können als Betriebsausgaben abziehbar sein. Dies gilt auch, wenn einzelne Regelungen im Wirtschaftsüberlassungsvertrag einem Fremdvergleich nicht standhalten, solange diesen nicht ein derartiges Gewicht zukommt, dass dies unter Berücksichtigung des Gesamtbilds der Verhältnisse die Nichtanerkennung des gesamten Vertragsverhältnisses rechtfertigt (→ BFH vom 12. 7. 2017 – BStBl. 2018 II S. 461).

Wohnungsüberlassung an geschiedenen oder dauernd getrennt lebenden Ehegatten → H 21.4 (Vermietung an Unterhaltsberechtigte).

Anl zu R 4.8

Schreiben betr. steuerrechtliche Anerkennung von Darlehensverträgen zwischen Angehörigen

Vom 23. Dezember 2010 (BStBl. 2011 I S. 37)

(BMF IV C 6 – S 2144/07/10004; DOK 2010/0862046)

Geändert durch BMF-Schreiben vom 29. April 2014 (BStBl. I S. 809)

1 Im Einvernehmen mit den obersten Finanzbehörden der Länder gilt für die Beurteilung von Darlehensverträgen zwischen Angehörigen oder zwischen einer Personengesellschaft und Angehörigen der die Gesellschaft beherrschenden Gesellschafter Folgendes:

1. Allgemeine Voraussetzungen der steuerrechtlichen Anerkennung

152 **2** Voraussetzung für die steuerrechtliche Anerkennung ist, dass der Darlehensvertrag zivilrechtlich wirksam geschlossen worden ist und tatsächlich wie vereinbart durchgeführt wird; dabei müssen Vertragsinhalt und Durchführung dem zwischen Fremden Üblichen entsprechen (Fremdvergleich), vgl. BFH-Urteile vom 18. Dezember 1990 (BStBl. 1991 II S. 391) und vom 12. Februar 1992 (BStBl. II S. 468). Die Nichtbeachtung zivilrechtlicher Formerfordernisse führt nicht alleine und ausnahmslos dazu, das Vertragsverhältnis steuerrechtlich nicht anzuerkennen. Die zivilrechtliche Unwirksamkeit des Darlehensvertrages ist jedoch ein besonderes Indiz gegen den vertraglichen Bindungswillen der Vertragsbeteiligten, das zur Versagung der steuerrechtlichen Anerkennung führen kann; vgl. BFH-Urteile vom 22. Februar 2007 (BStBl. 2011 II S. 20) und vom 12. Mai 2009 (BStBl. 2011 II S. 24) sowie Rdnr. 9.

3 Der Darlehensvertrag und seine tatsächliche Durchführung müssen die Trennung der Vermögens- und Einkunftssphären der vertragsschließenden Angehörigen (z. B. Eltern und Kinder) gewährleisten. Eine klare, deutliche und einwandfreie Abgrenzung von einer Unterhaltsgewährung oder einer verschleierten Schenkung der Darlehenszinsen muss in jedem Einzelfall und während der gesamten Vertragsdauer möglich sein, vgl. BFH-Urteile vom 7. November 1990 (BStBl. 1991 II S. 291), vom 4. Juni 1991 (BStBl. II S. 838) und vom 25. Januar 2000 (BStBl. II S. 393).

2. Fremdvergleich bei Darlehensverträgen zwischen Angehörigen

a) Allgemeines

153 **4**[2] Es steht Angehörigen grundsätzlich frei, ihre Rechtsverhältnisse untereinander so zu gestalten, dass sie für sie steuerlich möglichst günstig sind. Das Vereinbarte muss jedoch in jedem Einzelfall und während der gesamten Vertragsdauer nach Inhalt und Durchführung dem entsprechen, was fremde Dritte bei der Gestaltung eines entsprechenden Darlehensverhältnisses üblicherweise vereinbaren würden, vgl. BFH-Urteile vom 7. November 1990 (BStBl. 1991 II S. 291), vom 18. Dezember 1990 (BStBl. 1991 II S. 391) und vom 12. Februar 1992 (BStBl. II S. 468). Vergleichsmaßstab sind grundsätzlich die Vertragsgestaltungen, die zwischen Darlehensnehmern und Kreditinstituten üblich sind. Sofern Darlehensverträge zwischen Angehörigen neben dem Interesse des Schuldners an der Erlangung zusätzlicher Mittel außerhalb einer Bankfinanzierung auch dem Interesse des Gläubigers an einer gut verzinslichen Geldanlage dienen, sind ergänzend auch Vereinbarungen aus dem Bereich der Geldanlage zu berücksichtigen, vgl. BFH-Urteil vom 22. Oktober 2013 (BStBl. 2014 II S. 374).

---

[1] Abgedruckt als Anlage zu R 10.3 EStR.

[2] Rdnr. 4 Satz 3 ersetzt durch neuen Satz 3 und 4 durch BMF-Schreiben vom 29. 4. 2014 (BStBl. I S. 809). Die Änderung ist in allen offenen Fällen anzuwenden.

5 Das setzt insbesondere voraus, dass
- eine Vereinbarung über die Laufzeit und über Art und Zeit der Rückzahlung des Darlehens getroffen worden ist,
- die Zinsen zu den Fälligkeitszeitpunkten entrichtet werden und
- der Rückzahlungsanspruch ausreichend besichert ist.

6 Eine ausreichende Besicherung liegt bei Hingabe banküblicher Sicherheiten vor. Dazu gehören vornehmlich die dingliche Absicherung durch Hypothek oder Grundschuld. Außerdem kommen alle anderen Sicherheiten, die für das entsprechende Darlehen banküblich sind, in Betracht, wie Bankbürgschaften, Sicherungsübereignungen von Wirtschaftsgütern, Forderungsabtretungen sowie Schuldmitübernahme oder Schuldbeitritt eines fremden Dritten oder eines Angehörigen, wenn dieser über entsprechend ausreichende Vermögenswerte verfügt. Das aus dem Fremdvergleich abgeleitete generelle Erfordernis einer ausreichenden Besicherung wird durch einen konkreten Fremdvergleich im jeweiligen Einzelfall überlagert, vgl. BFH-Urteil vom 12. Mai 2009 (BStBl. 2011 II S. 24).

7 Der Fremdvergleich ist auch durchzuführen, wenn Vereinbarungen nicht unmittelbar zwischen Angehörigen getroffen werden, sondern zwischen einer Personengesellschaft und Angehörigen der Gesellschafter, wenn die Gesellschafter, mit deren Angehörigen die Vereinbarungen getroffen wurden, die Gesellschaft beherrschen, vgl. BFH-Urteil vom 18. Dezember 1990 (BStBl. 1991 II S. 581) und vom 15. April 1999 (BStBl. II S. 524). Gleiches gilt, wenn beherrschende Gesellschafter einer Personengesellschaft Darlehensforderungen gegen die Personengesellschaft an Angehörige schwenkweise abtreten.

b) Fremdvergleich bei wirtschaftlich voneinander unabhängigen Angehörigen

8 Ein Darlehensvertrag zwischen volljährigen, voneinander wirtschaftlich unabhängigen Angehörigen **154**
kann ausnahmsweise steuerrechtlich bereits anerkannt werden, wenn er zwar nicht in allen Punkten dem zwischen Fremden Üblichen entspricht (vgl. Rdnrn. 2 bis 7), aber die Darlehensmittel, die aus Anlass der Herstellung oder Anschaffung von Vermögensgegenständen gewährt werden (z. B. Bau- oder Anschaffungsdarlehen), ansonsten bei einem fremden Dritten hätten aufgenommen werden müssen. Entscheidend ist, dass die getroffenen Vereinbarungen tatsächlich vollzogen werden, insbesondere die Darlehenszinsen regelmäßig gezahlt werden. Die Modalitäten der Darlehenstilgung und die Besicherung brauchen in diesen Fällen nicht geprüft zu werden, vgl. BFH-Urteil vom 4. Juni 1991 (BStBl. II S. 838) und vom 25. Januar 2000 (BStBl. II S. 393).

c) Zivilrechtliche Unwirksamkeit

9 Der zivilrechtlichen Unwirksamkeit eines Vertrages kommt eine Indizwirkung gegen die Ernst- **155**
lichkeit der Vereinbarung zu. Sie spricht damit gegen deren steuerrechtliche Anerkennung. Diese Indizwirkung gegen den vertraglichen Bindungswillen wird verstärkt, wenn den Vertragspartnern die Nichtbeachtung der Formvorschriften insbesondere bei klarer Zivilrechtslage angelastet werden kann, vgl. BFH-Urteil vom 12. Mai 2009 (BStBl. 2011 II S. 24). Die Vertragspartner können aber darlegen und nachweisen, dass sie zeitnah nach dem Auftauchen von Zweifeln an der zivilrechtlichen Wirksamkeit alle erforderlichen Maßnahmen ergriffen haben, um die zivilrechtliche Wirksamkeit des Vertrages herbeizuführen und dass ihnen die Unwirksamkeit nicht anzulasten ist. Dies ist zumindest dann der Fall, wenn sich die Formvorschriften nicht aus dem Gesetzeswortlaut, sondern nur im Wege der erweiternden Auslegung oder des Analogieschlusses ergeben, sich diese Auslegung oder Analogie nicht aufdrängt und keine veröffentlichte Rechtsprechung oder allgemein zugängliche Literatur existiert, vgl. BFH-Urteil vom 13. Juli 1999 (BStBl. II S. 386). In diesem Fall ist der Darlehensvertrag von Anfang an steuerrechtlich anzuerkennen.

3. Schenkweise begründete Darlehensforderung

10 Wird die unentgeltliche Zuwendung eines Geldbetrags an einen Angehörigen davon abhängig **156**
gemacht, dass der Empfänger den Betrag als Darlehen wieder zurückgeben muss, ist ertragsteuerlich weder die vereinbarte Schenkung noch die Rückgabe als Darlehen anzuerkennen. Der Empfänger erhält nicht die alleinige und unbeschränkte Verfügungsmacht über die Geldmittel, da er sie nur zum Zwecke der Rückgabe an den Zuwendenden oder an eine Personengesellschaft, die der Zuwendende oder dessen Angehörige beherrschen, verwenden darf. Entsprechendes gilt im Verhältnis zwischen Eltern und minderjährigen Kindern, wenn das Kindesvermögen nicht einwandfrei vom Elternvermögen getrennt wird. Da die Schenkung tatsächlich nicht vollzogen wurde, begründet die Rückgewähr der Geldbeträge kein mit ertragsteuerlicher Wirkung anzuerkennendes Darlehensverhältnis. Die Vereinbarungen zwischen den Angehörigen sind vielmehr ertragsteuerlich als eine modifizierte Schenkung zu beurteilen, die durch die als Darlehen bezeichneten Bedingungen gegenüber dem ursprünglichen Schenkungsversprechen in der Weise abgeändert sind, dass der Vollzug der Schenkung bis zur Rückzahlung des sog. Darlehens aufgeschoben und der Umfang der Schenkung durch die Zahlung sog. Darlehenszinsen erweitert ist. Daher dürfen die als Darlehenszinsen geltend gemachten Aufwendungen nicht als Betriebsausgaben oder Werbungskosten abgezogen werden, vgl. BFH-Urteil vom 22. Januar 2002 (BStBl. II S. 685). Ertragsteuerrechtlich sind die Schenkung und die Darlehensforderung jedoch anzuerkennen, wenn das Darlehen an eine zivil- und auch steuerrechtlich eigenständige GmbH gegeben wird, vgl. BFH-Urteil vom 19. Dezember 2007 (BStBl. 2008 II S. 568).

11 Die Abhängigkeit zwischen Schenkung und Darlehen ist insbesondere in folgenden Fällen unwiderleglich zu vermuten:
- Vereinbarung von Schenkung und Darlehen in ein und derselben Urkunde,
- Schenkung unter der Auflage der Rückgabe als Darlehen,
- Schenkungsversprechen unter der aufschiebenden Bedingung der Rückgabe als Darlehen.

12 Eine Abhängigkeit zwischen Schenkung und Darlehen ist hingegen nicht allein deshalb zu vermuten, weil die Vereinbarung von Schenkung und Darlehen zwar in mehreren Urkunden, aber innerhalb kurzer Zeit erfolgt ist. Die Beurteilung, ob eine gegenseitige Abhängigkeit der beiden Verträge vorliegt, ist anhand der gesamten Umstände des jeweiligen Einzelfalles zu beurteilen; vgl. BFH-Urteil vom 18. Januar 2001 (BStBl. II S. 393). Es kann aber auch bei einem längeren Abstand zwischen Schenkungs- und Darlehensvertrag eine auf einem Gesamtplan beruhende sachliche Verknüpfung bestehen, vgl. BFH-Urteil vom 22. Januar 2002 (BStBl. II S. 685).

13 Die Abhängigkeit zwischen Schenkung und Darlehen ist insbesondere bei folgenden Vertragsgestaltungen widerleglich zu vermuten:
- Vereinbarungsdarlehen nach § 607 Abs. 2 BGB,[1]
- Darlehenskündigung nur mit Zustimmung des Schenkers,
- Zulässigkeit von Entnahmen durch den Beschenkten zu Lasten des Darlehenskontos nur mit Zustimmung des Schenkers.

14 Die Vermutung ist widerlegt, wenn Schenkung und Darlehen sachlich und zeitlich unabhängig voneinander vorgenommen worden sind. Voraussetzung hierfür ist, dass die Schenkung zivilrechtlich wirksam vollzogen wurde. Der Schenkende muss endgültig, tatsächlich und rechtlich entreichert und der Empfänger entsprechend bereichert sein; eine nur vorübergehende oder formale Vermögensverschiebung reicht nicht aus, vgl. BFH-Urteile vom 22. Mai 1984 (BStBl. 1985 II S. 243), vom 18. Dezember 1990 (BStBl. 1991 II S. 581), vom 4. Juni 1991 (BStBl. II S. 838) und vom 12. Februar 1992 (BStBl. II S. 468).

157 15 Die Grundsätze zu schenkweise begründeten Darlehensforderungen gelten auch für partiarische Darlehen und für nach dem 31. Dezember 1992 schenkweise begründete stille Beteiligungen, es sei denn, es ist eine Beteiligung am Verlust vereinbart, oder der stille Beteiligte ist als Mitunternehmer anzusehen. Im Übrigen ist R 15.9 (2) EStR anzuwenden.

16 Dieses Schreiben ersetzt die BMF-Schreiben vom 1. Dezember 1992 (BStBl. I S. 729),[2] vom 25. Mai 1993 (BStBl. I S. 410),[2] vom 30. Mai 2001 (BStBl. I S. 348)[2] und vom 2. April 2007 (BStBl. I S. 441)[2] und ist in allen offenen Fällen anzuwenden.

R 4.9

R 4.9. Abziehbare Steuern *(unbesetzt)*

H 4.9

172 **Änderung von bestandskräftigen Veranlagungen.** Mehrbeträge an abziehbaren Steuern, die sich durch eine Betriebsprüfung ergeben haben, sind für sich allein keine neuen Tatsachen i. S. d. § 173 Abs. 1 Nr. 2 AO, die eine Änderung der bestandskräftigen Veranlagungen der Jahre rechtfertigen würden, zu denen die → Mehrsteuern wirtschaftlich gehören (→ BFH vom 10. 8. 1961 – BStBl. III S. 534).

Mehrsteuern. Ändern sich die Mehrsteuern bis zur Bestandskraft der Veranlagungen, sind die Änderungen bei diesen Veranlagungen zu berücksichtigen (→ BFH vom 19. 12. 1961 – BStBl. 1962 III S. 64).

Rückstellung für künftige Steuernachforderungen.[3] Die Behauptung des Stpfl., dass nach allgemeiner Erfahrung bei einer Betriebsprüfung mit Steuernachforderungen zu rechnen ist, rechtfertigt nicht die Bildung einer Rückstellung (→ BFH vom 13.1. 1966 – BStBl. III S. 189). Abzugsfähige Steuern sind grundsätzlich dem Jahr zu belasten, zu dem sie wirtschaftlich gehören (→ BFH vom 3.12.1969 – BStBl. 1970 II S. 229). Dagegen ist eine Rückstellung für hinterzogene Steuern bis zur Bilanzaufstellung erst zu dem Bilanzstichtag zu bilden, zu dem der Stpfl. mit der Aufdeckung der Steuerhinterziehung rechnen musste, bei einer Außen- oder Steuerfahndungsprüfung frühestens mit der Beanstandung einer bestimmten Sachbehandlung durch den Prüfer (→ BFH vom 27.11.2001 – BStBl. 2002 II S. 731 und vom 22.8.2012 – BStBl. 2013 II S. 76).

R 4.10 (1)

R 4.10. Geschenke, Bewirtung, andere die Lebensführung berührende Betriebsausgaben

Allgemeines

176 (1) ① Durch § 4 Abs. 5 Satz 1 Nr. 1 bis 7 i. V. m. Abs. 7 EStG wird der Abzug von betrieblich veranlassten Aufwendungen, die die Lebensführung des Stpfl. oder anderer Personen berühren, eingeschränkt. ② Vor Anwendung dieser Vorschriften ist stets zu prüfen, ob die als Betriebsausgaben geltend gemachten Aufwendungen z. B. für Repräsentation, Bewirtung und Unterhaltung von Geschäftsfreunden, Reisen, Kraftfahrzeughaltung bereits zu den nicht abziehbaren Kosten der Lebensführung i. S. d. § 12 Nr. 1 EStG gehören. ③ Die nach § 4 Abs. 5 und 7 EStG nicht abziehbaren Betriebsausgaben sind keine Entnahmen i. S. d. § 4 Abs. 1 Satz 2 EStG.

H 4.10 (1)

Abgrenzung der Betriebsausgaben von den Lebenshaltungskosten → H 12.1–H 12.2.

Ähnliche Zwecke i. S. d. § 4 Abs. 5 Satz 1 Nr. 4 EStG

177 – Unter den Begriff der Aufwendungen für ähnliche Zwecke fallen Aufwendungen, die der sportlichen Betätigung, der Unterhaltung von Geschäftsfreunden, der Freizeitgestaltung oder der Repräsentation des Stpfl. dienen. Die Ähnlichkeit mit den im Gesetz genannten Zwecken (Jagd, Fischerei, Segel- oder Motorjacht) kann sich entweder aus Besonderheiten hinsichtlich des Ortes und Rahmens der Veranstaltung (Beschaffenheit, Lage, Ausstattung) oder

---
[1] Für Vereinbarungsdarlehen ist nunmehr § 311 Abs. 1 BGB maßgebend.
[2] Zuletzt abgedruckt im „Handbuch zur ESt-Veranlagung 2009".
[3] Ergänzend siehe *Vfg. OFD Niedersachsen vom 22. 8. 2013 S 2141 – 10 – St 222/St 221 (DStR 2014 S. 596).*

einem besonderen qualitativ hochwertigen Unterhaltungsprogramm am Ort der Veranstaltung ergeben (→ BFH vom 13. 7. 2016 – BStBl. 2017 II S. 161).
– → Golfturnier.

Ferienwohnung. Mehraufwendungen für Verpflegung und Reisekosten im Zusammenhang mit einem mehrwöchigen Aufenthalt in der eigenen, sonst gewerblich genutzten Ferienwohnung sind nur dann Betriebsausgaben, wenn der Aufenthalt während der normalen Arbeitszeit vollständig mit Arbeiten für die Wohnung ausgefüllt war (→ BFH vom 25. 11. 1993 – BStBl. 1994 II S. 350).

Golfturnier
– Die Aufwendungen für die Durchführung eines Golfturniers einschließlich der Aufwendungen für die Bewirtung der Turnierteilnehmer und Dritter im Rahmen einer sich an das Golfturnier anschließenden Abendveranstaltung sind nicht abziehbare Betriebsausgaben gem. § 4 Abs. 5 Satz 1 Nr. 4 EStG. Dies gilt auch dann, wenn beide Veranstaltungen auch dem Zweck dienen, Spenden für die Finanzierung einer Wohltätigkeitsveranstaltung zu generieren (→ BFH vom 16. 12. 2015 – BStBl. 2017 II S. 224).
– Das Betriebsausgabenabzugsverbot nach § 4 Abs. 5 Satz 1 Nr. 4 EStG gilt nicht für Aufwendungen im Zusammenhang mit einer Golfturnierreihe mit freier Teilnahmemöglichkeit für jeden Interessenten, zu deren Finanzierung sich ein Brauereibetrieb gegenüber seinen Geschäftspartnern, denen die organisatorische Verantwortung der Veranstaltung obliegt (hier: Vereine/Gastronomiebetriebe), im Rahmen von Bierliefervereinbarungen vertraglich verpflichtet (→ BFH vom 14. 10. 2015 – BStBl. 2017 II S. 222).

Häusliches Arbeitszimmer
– → BMF vom 6. 10. 2017 (BStBl. I S. 1320).[1·2]
– Zur Ermittlung des Gewinns bei Veräußerung oder Betriebsaufgabe → H 4.7 (Häusliches Arbeitszimmer).

Segel- oder Motorjachten[3]
– Segel- oder Motorjachten als „schwimmendes Konferenzzimmer" → BFH vom 3. 2. 1993 (BStBl. II S. 367).
– Aufwendungen für Wege zwischen Wohnung und Betriebsstätte → H 4.12 (Motorboot).
– Die Anwendbarkeit des Abzugsverbots nach § 4 Abs. 5 Satz 1 Nr. 4 EStG hängt nicht von der Art des Wasserfahrzeugs, sondern von dessen konkreter Bestimmung ab, wobei die Bestimmung durch den Fahrzeugtyp indiziert sein kann (→ BFH vom 10. 5. 2001 – BStBl. II S. 575).
– Kosten für eine Schiffsreise (z. B. für eine sog. Regattabegleitfahrt) mit Geschäftspartnern sind grundsätzlich nicht als Betriebsausgaben abziehbar, wenn ein Zusammenhang mit der Unterhaltung der Teilnehmer oder der Repräsentation des Unternehmens nicht ausgeschlossen werden kann (→ BFH vom 2. 8. 2012 – BStBl. II S. 824).

Sozialeinrichtungen. § 4 Abs. 5 EStG ist nach seinem Sinn und Zweck nicht auf Aufwendungen für betriebliche Sozialeinrichtungen anwendbar (→ BFH vom 30. 7. 1980 – BStBl. 1981 II S. 58).

Veräußerung von Wirtschaftsgütern i. S. d. § 4 Abs. 5 EStG. Zur Berechnung des Veräußerungsgewinns ist als Buchwert der Wert anzusetzen, der sich unter Berücksichtigung der Absetzungen ergibt, die nicht abziehbare Aufwendungen i. S. d. § 4 Abs. 5 oder 7 EStG waren (→ BFH vom 12. 12. 1973 – BStBl. 1974 II S. 207).[4]

VIP-Logen
– Aufwendungen für VIP-Logen in Sportstätten → BMF vom 22. 8. 2005 (BStBl. I S. 845)[5] unter Berücksichtigung der Änderungen durch BMF vom 19. 5. 2015 (BStBl. I S. 468),[6] Rz. 15.
– Anwendung der Vereinfachungsregelungen auf ähnliche Sachverhalte → BMF vom 11. 7. 2006 (BStBl. I S. 447)[7] unter Berücksichtigung der Änderungen durch BMF vom 19. 5. 2015 (BStBl. I S. 468),[6] Rz. 15.

Geschenke[8·9]

(2) ① Nach § 4 Abs. 5 Satz 1 Nr. 1 EStG dürfen Aufwendungen für betrieblich veranlasste Geschenke (→ Geschenk) an natürliche Personen, die nicht Arbeitnehmer des Stpfl. sind, oder an juristische Personen grundsätzlich nicht abgezogen werden. ② Personen, die zu dem Stpfl. auf R 4.10 (2) 178

[1] Abgedruckt als Anlage b zu R 4.10 EStR.
[2] Zur Ermittlung des Gewinns bei Veräußerung oder Betriebsaufgabe siehe H 4.17 (Häusliches Arbeitszimmer).
[3] Siehe auch *BFH-Urteil vom 7. 2. 2007 I R 27 – 29/05 (BFH/NV 2007, 1230).*
[4] Siehe auch *BFH-Urteile vom 25. 3. 2015 X R 14/12 (BFH/NV 2015, 973) und X R 15/12 (BeckRS 2015, 94910), Verfassungsbeschwerde (Az. 2 BvR 2205/15) wurde nicht zur Entscheidung angenommen.*
[5] Abgedruckt als Anlage c zu R 4.7 EStR.
[6] Abgedruckt als Anlage zu H 37 b.
[7] Abgedruckt als Anlage d zu R 4.7 EStR.
[8] Die Kosten einer für Geschäftsfreunde veranstalteten Auslandsreise sind Aufwendungen für Geschenke (*BFH-Urteil vom 23. 6. 1993 I R 14/93, BStBl. II S. 806*). Zu Incentive-Reisen als Geschenk siehe BMF-Schreiben vom 14. 10. 1996 (BStBl. I S. 1192), abgedruckt als Anlage a zu R 4.7 EStR.
[9] Zu Einzelfragen zu Aufmerksamkeiten, Streuwerbeartikeln, Verlosungen u. Ä. siehe *Vfg. OFD Frankfurt vom 27. 2. 2019 S 2145 A-005-St 210 (DStR S. 1155).*

Grund eines Werkvertrages oder eines Handelsvertretervertrages in ständiger Geschäftsbeziehung stehen, sind den Arbeitnehmern des Stpfl. nicht gleichgestellt. ③ Entstehen die Aufwendungen für ein Geschenk in einem anderen Wirtschaftsjahr als dem, in dem der Gegenstand geschenkt wird, und haben sich die Aufwendungen in dem Wirtschaftsjahr, in dem sie gemacht wurden, gewinnmindernd ausgewirkt, ist, wenn ein Abzug nach § 4 Abs. 5 Satz 1 Nr. 1 EStG ausgeschlossen ist, im Wirtschaftsjahr der Schenkung eine entsprechende Gewinnerhöhung vorzunehmen. ④ Das Abzugsverbot greift nicht, wenn die zugewendeten Wirtschaftsgüter beim Empfänger ausschließlich betrieblich genutzt werden können.

R 4.10 (3) 179

(3) ① Zu den Anschaffungs- oder Herstellungskosten eines Geschenks zählen auch die Kosten einer Kennzeichnung des Geschenks als Werbeträger sowie die Umsatzsteuer (→ § 9b EStG), wenn der Abzug als Vorsteuer ohne Berücksichtigung des § 15 Abs. 1a UStG ausgeschlossen ist; Verpackungs- und Versandkosten gehören nicht dazu. ② Übersteigen die Anschaffungs- oder Herstellungskosten eines Geschenks an einen Empfänger oder, wenn an einen Empfänger im Wirtschaftsjahr mehrere Geschenke gegeben werden, die Anschaffungs- oder Herstellungskosten aller Geschenke an diesen Empfänger die Freigrenze gem. § 4 Abs. 5 Satz 1 Nr. 1 EStG, entfällt der Abzug in vollem Umfang.

R 4.10 (4) 180

(4) ① Ein → Geschenk setzt eine unentgeltliche Zuwendung an einen Dritten voraus. ② Die Unentgeltlichkeit ist nicht gegeben, wenn die Zuwendung als Entgelt für eine bestimmte Gegenleistung des Empfängers anzusehen ist. ③ Sie wird jedoch nicht schon dadurch ausgeschlossen, dass mit der Zuwendung der Zweck verfolgt wird, Geschäftsbeziehungen zu sichern oder zu verbessern oder für ein Erzeugnis zu werben. ④ Ein Geschenk im Sinne des § 4 Abs. 5 Satz 1 Nr. 1 EStG ist danach regelmäßig anzunehmen, wenn ein Stpfl. einem Geschäftsfreund oder dessen Beauftragten ohne rechtliche Verpflichtung und ohne zeitlichen oder sonstigen unmittelbaren Zusammenhang mit einer Leistung des Empfängers eine Bar- oder Sachzuwendung gibt. ⑤ Keine Geschenke sind beispielsweise

1. Kränze und Blumen bei Beerdigungen,
2. Spargeschenkgutscheine der Kreditinstitute und darauf beruhende Gutschriften auf dem Sparkonto anlässlich der Eröffnung des Sparkontos oder weitere Einzahlungen,
3. Preise anlässlich eines Preisausschreibens oder einer Auslobung.

⑥ Zu den Geschenken im Sinne des § 4 Abs. 5 Satz 1 Nr. 1 EStG rechnen ebenfalls nicht die Bewirtung, die damit verbundene Unterhaltung und die Beherbergung von Personen aus geschäftlichem Anlass; → Absätze 5 ff.

H 4.10 (2–4) 181

Freigrenze für Geschenke nach § 4 Abs. 5 Satz 1 Nr. 1 EStG → H 9b.

Geschenk. Ob eine Vermögenszuwendung unentgeltlich als Geschenk oder entgeltlich gemacht wird, entscheidet nach bürgerlichem Recht die hierüber zwischen den Beteiligten getroffene Vereinbarung. Ein Geschenk liegt nur vor, wenn beide Seiten über die Unentgeltlichkeit einig sind. Daher liegt schon dann kein Geschenk vor, wenn eine Seite von der Entgeltlichkeit der Zuwendung ausgeht (→ BFH vom 23. 6. 1993 – BStBl. II S. 806).

Selbständige Tätigkeit eines Angestellten. Übt ein Angestellter unter Mithilfe anderer Angestellter desselben Arbeitsgebers auch eine selbständige Tätigkeit aus, handelt es sich bei diesen Mitarbeitern nicht um Arbeitnehmer des Angestellten und zugleich selbständig Tätigen (→ BFH vom 8. 11. 1984 – BStBl. 1985 II S. 286).

R 4.10 (5) 182

Bewirtung und Bewirtungsaufwendungen[1]

(5) ① Eine → Bewirtung i. S. d. § 4 Abs. 5 Satz 1 Nr. 2 EStG liegt vor, wenn Personen beköstigt werden. ② Dies ist stets dann der Fall, wenn die Darreichung von Speisen und/oder Getränken eindeutig im Vordergrund steht. ③ Bewirtungsaufwendungen sind Aufwendungen für den Verzehr von Speisen, Getränken und sonstigen Genussmitteln. ④ Dazu können auch Aufwendungen gehören, die zwangsläufig im Zusammenhang mit der Bewirtung anfallen, wenn sie im Rahmen des insgesamt geforderten Preises von untergeordneter Bedeutung sind, wie z. B. Trinkgelder und Garderobengebühren. ⑤ Die Beurteilung der Art der Aufwendungen richtet sich grundsätzlich nach der Hauptleistung. ⑥ Werden dem bewirtenden Stpfl. die Bewirtungsaufwendungen im Rahmen eines Entgelts ersetzt (z. B. bei einer Seminargebühr oder einem Beförderungsentgelt), unterliegen diese Aufwendungen nicht der in § 4 Abs. 5 Satz 1 Nr. 2 EStG festgelegten Kürzung. ⑦ Dies gilt nur, wenn die Bewirtung in den Leistungsaustausch einbezogen ist. ⑧ Die nach § 15 Abs. 1a UStG nichtabziehbare Vorsteuer unterliegt dem Abzugsverbot des § 12 Nr. 3 EStG.
⑨ Keine Bewirtung liegt vor bei

1. Gewährung von Aufmerksamkeiten in geringem Umfang (wie Kaffee, Tee, Gebäck) z. B. anlässlich betrieblicher Besprechungen, wenn es sich hierbei um eine übliche Geste der Höflichkeit handelt;[2] die Höhe der Aufwendungen ist dabei nicht ausschlaggebend,

---

[1] Zu den Bewirtungskosten bei Incentive-Reisen vgl. BMF-Schreiben vom 14. 10. 1996 (BStBl. I S. 1192), abgedruckt als Anlage a zu R 4.7 EStR.

[2] Zur Abgrenzung zwischen Bewirtung und Aufmerksamkeiten in geringem Umfang siehe *Vfg. OFD Hannover vom 30. 1. 1995 S 2145 – 85 – StH 225/S 2145 – 6 – StO 221 (BeckVerw 149762).*

2. Produkt-/Warenverkostungen, z. B. im Herstellungsbetrieb, beim Kunden, beim (Zwischen-) Händler, bei Messeveranstaltungen; hier besteht ein unmittelbarer Zusammenhang mit dem Verkauf der Produkte oder Waren. ② Voraussetzung für den unbeschränkten Abzug ist, dass nur das zu veräußernde Produkt und ggf. Aufmerksamkeiten (z. B. Brot anlässlich einer Weinprobe) gereicht werden. ③ Diese Aufwendungen können als Werbeaufwand unbeschränkt als Betriebsausgaben abgezogen werden. ④ Entsprechendes gilt, wenn ein Dritter mit der Durchführung der Produkt-/Warenverkostung beauftragt war.

⑩ Solche Aufwendungen können unbegrenzt als Betriebsausgaben abgezogen werden.

Betrieblicher und geschäftlicher Anlass[1] R 4.10 (6)

(6) ① Betrieblich veranlasste Aufwendungen für die Bewirtung von Personen können geschäftlich oder nicht geschäftlich (→ Absatz 7) bedingt sein. ② Ein geschäftlicher Anlass besteht 183 insbesondere bei der Bewirtung von Personen, zu denen schon Geschäftsbeziehungen bestehen oder zu denen sie angebahnt werden sollen. ③ Auch die Bewirtung von Besuchern des Betriebs, z. B. im Rahmen der Öffentlichkeitsarbeit ist geschäftlich veranlasst. ④ Bei geschäftlichem Anlass sind die Bewirtungsaufwendungen nach § 4 Abs. 5 Satz 1 Nr. 2 Satz 1 EStG nicht zum Abzug zugelassen, soweit sie den dort genannten Prozentsatz der angemessenen und nachgewiesenen Aufwendungen übersteigen. ⑤ Hierbei sind zunächst folgende Kosten auszuscheiden:

1. Teile der Bewirtungskosten, die privat veranlasst sind;
2. Teile der Bewirtungsaufwendungen, die nach allgemeiner Verkehrsauffassung als unangemessen anzusehen sind (→ Angemessenheit);
3. Bewirtungsaufwendungen, deren Höhe und betriebliche Veranlassung nicht nachgewiesen sind (→ Absatz 8);
4. Bewirtungsaufwendungen, die wegen Verletzung der besonderen Aufzeichnungspflichten nicht abgezogen werden können (→ § 4 Abs. 7 EStG, R 4.11);
5. Aufwendungen, die nach ihrer Art keine Bewirtungsaufwendungen sind (z. B. Kosten für eine Musikkapelle anlässlich einer Informations- oder Werbeveranstaltung und andere Nebenkosten), es sei denn, sie sind von untergeordneter Bedeutung (z. B. Trinkgelder → Absatz 5); solche Aufwendungen sind in vollem Umfang abziehbar, wenn die übrigen Voraussetzungen vorliegen.

⑥ Die verbleibenden Aufwendungen fallen unter die Abzugsbegrenzung. ⑦ Die Abzugsbegrenzung gilt bei der Bewirtung von Personen aus geschäftlichem Anlass auch für den Teil der Aufwendungen, der auf den an der Bewirtung teilnehmenden Stpfl. oder dessen Arbeitnehmer entfällt. ⑧ Aufwendungen für die Bewirtung von Personen aus geschäftlichem Anlass in der Wohnung des Stpfl. gehören regelmäßig nicht zu den Betriebsausgaben, sondern zu den Kosten der Lebensführung (§ 12 Nr. 1 EStG). ⑨ Bei Bewirtungen in einer betriebseigenen Kantine wird aus Vereinfachungsgründen zugelassen, dass die Aufwendungen nur aus den Sachkosten der verabreichten Speisen und Getränke sowie den Personalkosten ermittelt werden; es ist nicht zu beanstanden, wenn – im Wirtschaftsjahr einheitlich – je Bewirtung ein Betrag von 15 Euro angesetzt wird, wenn dieser Ansatz nicht zu einer offenbar unzutreffenden Besteuerung führt. ⑩ Unter dem Begriff „betriebseigene Kantine" sind alle betriebsinternen Einrichtungen zu verstehen, die es den Arbeitnehmern des Unternehmens ermöglichen, Speisen und Getränke einzunehmen, und die für fremde Dritte nicht ohne weiteres zugänglich sind. ⑪ Auf die Bezeichnung der Einrichtung kommt es nicht an; zu Kantinen können deshalb auch Einrichtungen gehören, die im Betrieb als „Casino" oder „Restaurant" bezeichnet werden.

(7) ① Nicht geschäftlich, sondern allgemein betrieblich veranlasst ist ausschließlich die Bewirtung von Arbeitnehmern des bewirtenden Unternehmens. ② Geschäftlich veranlasst ist danach die Bewirtung von Arbeitnehmern von gesellschaftsrechtlich verbunden Unternehmen (z. B. Mutter- oder Tochterunternehmen) und mit ihnen vergleichbaren Personen. ③ Nur in dem Maße, wie die Aufwendungen auf die nicht geschäftlich veranlasste Bewirtung von Arbeitnehmern des bewirtenden Unternehmens entfallen, können sie unbegrenzt abgezogen werden. ④ Bei Betriebsfesten ist die Bewirtung von Angehörigen oder von Personen, die zu ihrer Gestaltung beitragen, unschädlich. R 4.10 (7) 184

Nachweis R 4.10 (8)

(8) ① Der Nachweis der Höhe und der betrieblichen Veranlassung der Aufwendungen durch schriftliche Angaben zu Ort, Tag, Teilnehmer und Anlass der Bewirtung sowie Höhe der Aufwendungen ist gesetzliches Tatbestandsmerkmal für den Abzug der Bewirtungsaufwendungen als 185 Betriebsausgaben. ② Bei Bewirtung in einer Gaststätte genügen neben der beizufügenden Rechnung Angaben zu dem Anlass und den Teilnehmern der Bewirtung; auch hierbei handelt es sich um ein gesetzliches Tatbestandsmerkmal für den Abzug der Bewirtungsaufwendungen als Betriebsausgaben. ③ Aus der Rechnung müssen sich Name und Anschrift der Gaststätte sowie der Tag der Bewirtung ergeben. ④ Die Rechnung muss auch den Namen des bewirtenden Stpfl.

[1] Zum Betriebsausgabenabzug für Kostenbestandteile einer Betriebsveranstaltung siehe *Kurzinformation ESt OFD Nordrhein-Westfalen vom 21. 9. 2016 Nr. 20/2016 (DStR S. 2757).*

enthalten; dies gilt nicht, wenn der Gesamtbetrag der Rechnung *150 Euro*[1] nicht übersteigt. ⑤ Die schriftlichen Angaben können auf der Rechnung oder getrennt gemacht werden. ⑥ Erfolgen die Angaben getrennt von der Rechnung, müssen das Schriftstück über die Angaben und die Rechnung grundsätzlich zusammengefügt werden. ⑦ Ausnahmsweise genügt es, den Zusammenhang dadurch darzustellen, dass auf der Rechnung und dem Schriftstück über die Angaben Gegenseitigkeitshinweise angebracht werden, so dass Rechnung und Schriftstück jederzeit zusammengefügt werden können. ⑧ Die Rechnung muss den Anforderungen des § 14 UStG genügen und maschinell erstellt und registriert sein. ⑨ Die in Anspruch genommenen Leistungen sind nach Art, Umfang, Entgelt und Tag der Bewirtung in der Rechnung gesondert zu bezeichnen; die für den Vorsteuerabzug ausreichende Angabe „Speisen und Getränke" und die Angabe der für die Bewirtung in Rechnung gestellten Gesamtsumme sind für den Betriebsausgabenabzug nicht ausreichend.

R 4.10 (9)

186 (9) ① Zur Bezeichnung der Teilnehmer der Bewirtung ist grundsätzlich die Angabe ihres Namens erforderlich. ② Auf die Angabe der Namen kann jedoch verzichtet werden, wenn ihre Feststellung dem Stpfl. nicht zugemutet werden kann. ③ Das ist z. B. bei Bewirtungen anlässlich von Betriebsbesichtigungen durch eine größere Personenzahl und bei vergleichbaren Anlässen der Fall. ④ In diesen Fällen sind die Zahl der Teilnehmer der Bewirtung sowie eine die Personengruppe kennzeichnende Sammelbezeichnung anzugeben. ⑤ Die Angaben über den Anlass der Bewirtung müssen den Zusammenhang mit einem geschäftlichen Vorgang oder einer Geschäftsbeziehung erkennen lassen.

H 4.10 (5–9)

187 **Angemessenheit**

– Die Angemessenheit ist vor allem nach den jeweiligen Branchenverhältnissen zu beurteilen (→ BFH vom 14. 4. 1988 – BStBl. II S. 771);
– → H 4.10 (12).

Anlass der Bewirtung. Angaben wie „Arbeitsgespräch", „Infogespräch" oder „Hintergrundgespräch" als Anlass der Bewirtung sind nicht ausreichend (→ BFH vom 15. 1. 1998 – BStBl. II S. 263).

Aufteilung von Bewirtungsaufwendungen in einen betrieblichen und einen privaten Teil. Der eigene Verzehraufwand eines Gewerbetreibenden in Gaststätten, in denen er seine Waren mit Hilfe von aufgestellten Automaten vertreibt, ist nur insoweit als betrieblich veranlasster Aufwand abziehbar, wie im Einzelnen nachgewiesen wird, dass dabei die private Lebensführung als unbedeutend in den Hintergrund getreten ist (→ BFH vom 14. 4. 1988 – BStBl. II S. 771).

Bewirtung. Eine Bewirtung i. S. d. § 4 Abs. 5 Satz 1 Nr. 2 EStG liegt nur vor, wenn die Darreichung von Speisen und/oder Getränken eindeutig im Vordergrund steht (→ BFH vom 16. 2. 1990 – BStBl. II S. 575). Keine Bewirtungsaufwendungen sind daher Aufwendungen für die Darbietung anderer Leistungen (wie insbesondere Varieté, Striptease und Ähnliches), wenn der insgesamt geforderte Preis in einem offensichtlichen Missverhältnis zum Wert der verzehrten Speisen und/oder Getränke steht (→ BFH vom 16. 2. 1990 – BStBl. II S. 575); solche Aufwendungen sind insgesamt nach § 4 Abs. 5 Satz 1 Nr. 7 EStG zu beurteilen (→ R 4.10 Abs. 12) und ggf. aufzuteilen. Die nach Aufteilung auf eine Bewirtung entfallenden Aufwendungen unterliegen sodann der Abzugsbegrenzung des § 4 Abs. 5 Satz 1 Nr. 2 EStG.

Bewirtung im gastronomischen Unternehmensbereich. Die Abzugsbegrenzung findet keine Anwendung, wenn die Bewirtungsaufwendungen entweder anlässlich einer Bewirtung von zahlenden Gästen (z. B. bei der Bewirtung von Fluggästen durch eine Fluggesellschaft) oder durch Präsentation bestimmter Speisen zu Werbezwecken anfallen (→ BFH vom 7. 9. 2011 – BStBl. 2012 II S. 194).

Bewirtung im Rahmen eines Leistungsaustauschs. Das Abzugsverbot gilt nicht bei Aufwendungen eines Gaststättenbetreibers für die Bewirtung von Busfahrern als Gegenleistung für das Zuführen von potenziellen Kunden (→ BFH vom 26. 4. 2018 – BStBl. II S. 750).

Bewirtung mehrerer Personen. Werden mehrere Personen bewirtet, müssen grundsätzlich die Namen aller Teilnehmer der Bewirtung, ggf. auch des Stpfl. und seiner Arbeitnehmer angegeben werden (→ BFH vom 25. 2. 1988 – BStBl. II S. 581).

Bewirtung von Personen aus geschäftlichem Anlass

– Keine Betriebseinnahme → R 4.7 Abs. 3.
– Steuerliche Anerkennung von Aufwendungen in einem Bewirtungsbetrieb als Betriebsausgaben nach R 4.10 Abs. 5–9 → BMF vom 30. 6. 2021 (BStBl. I S. 908).[2]

Journalisten. Journalisten können die nach § 4 Abs. 5 Satz 1 Nr. 2 Satz 1 EStG geforderten Angaben zu Teilnehmern und Anlass einer Bewirtung in der Regel nicht unter Berufung auf das Pressegeheimnis verweigern (→ BFH vom 15. 1. 1998 – BStBl. II S. 263).

---

[1] Ab 1. 1. 2017 250 Euro (§ 14 UStG i. V. m. § 33 UStDV).
[2] Nachstehend abgedruckt.

Nachholung von Angaben. Die zum Nachweis von Bewirtungsaufwendungen erforderlichen schriftlichen Angaben müssen zeitnah gemacht werden (→ BFH vom 25. 3. 1988 – BStBl. II S. 655). Die Namensangabe darf vom Rechnungsaussteller auf der Rechnung oder durch eine sie ergänzende Urkunde nachgeholt werden (→ BFH vom 27. 6. 1990 – BStBl. II S. 903 und vom 2. 10. 1990 – BStBl. 1991 II S. 174).

Name des bewirtenden Stpfl. Angabe ist Voraussetzung für den Nachweis der betrieblichen Veranlassung (→ BFH vom 13. 7. 1994 – BStBl. II S. 894).

Schulungsveranstaltung. Bewirtet ein Unternehmen im Rahmen einer Schulungsveranstaltung Personen, die nicht seine Arbeitnehmer sind, unterliegt der Bewirtungsaufwand der Abzugsbeschränkung gem. § 4 Abs. 5 Satz 1 Nr. 2 EStG (→ BFH vom 18. 9. 2007 – BStBl. 2008 II S. 116).

Schweigepflicht. Rechtsanwälte können die nach § 4 Abs. 5 Satz 1 Nr. 2 EStG erforderlichen Angaben zu Teilnehmern und Anlass einer Bewirtung in der Regel nicht unter Berufung auf die anwaltliche Schweigepflicht verweigern (→ BFH vom 26. 2. 2004 – BStBl. II S. 502).

Unterschrift. Das zum Nachweis der betrieblichen Veranlassung der Bewirtung vom Stpfl. erstellte Schriftstück ist von diesem zu unterschreiben (→ BFH vom 15. 1. 1998 – BStBl. II S. 263).

Unvollständige Angaben. Sind die Angaben lückenhaft, können die Aufwendungen auch dann nicht abgezogen werden, wenn der Stpfl. ihre Höhe und betriebliche Veranlassung in anderer Weise nachweist oder glaubhaft macht (→ BFH vom 30. 1. 1986 – BStBl. II S. 488).

Gästehäuser[1] R 4.10 (10, 11)

(10) ① Nach § 4 Abs. 5 Satz 1 Nr. 3 EStG können Aufwendungen für Einrichtungen, die der Bewirtung oder Beherbergung von Geschäftsfreunden dienen (Gästehäuser) und sich außerhalb des Orts des Betriebs des Stpfl. befinden, nicht abgezogen werden. ② Dagegen können Aufwendungen für Gästehäuser am Ort des Betriebs oder für die Unterbringung von Geschäftsfreunden in fremden Beherbergungsbetrieben, soweit sie ihrer Höhe nach angemessen sind (→ Absatz 12), als Betriebsausgaben berücksichtigt werden. ③ Als „Betrieb" gelten in diesem Sinne auch Zweigniederlassungen und Betriebsstätten mit einer gewissen Selbständigkeit, die üblicherweise von Geschäftsfreunden besucht werden. **188**

(11) ① Zu den nicht abziehbaren Aufwendungen für Gästehäuser im Sinne des § 4 Abs. 5 Satz 1 Nr. 3 EStG gehören sämtliche mit dem Gästehaus im Zusammenhang stehenden Ausgaben einschließlich der Absetzung für Abnutzung. ② Wird die Beherbergung und Bewirtung von Geschäftsfreunden in einem Gästehaus außerhalb des Orts des Betriebs gegen Entgelt vorgenommen und erfordert das Gästehaus einen ständigen Zuschuss, ist dieser Zuschuss nach § 4 Abs. 5 Satz 1 Nr. 3 EStG nicht abziehbar. **189**

H 4.10 (10, 11)

Ferienhausüberlassung an Arbeitnehmer. Aufwendungen des Arbeitgebers für seinen Arbeitnehmern unentgeltlich zur Verfügung gestellte Ferienhäuser sind unbegrenzt als Betriebsausgaben abziehbar und zwar auch dann, wenn die Ferienhäuser im Ausland belegen sind (→ BFH vom 9. 4. 1997 – BStBl. II S. 539). **189a**

Ort des Betriebs. Der Ort des Betriebs ist regelmäßig die politische Gemeinde (→ BFH vom 9. 4. 1968 – BStBl. II S. 603).

Angemessenheit von Aufwendungen R 4.10 (12)

(12) Als die Lebensführung berührende Aufwendungen, die auf ihre → Angemessenheit zu prüfen sind, kommen insbesondere in Betracht **190**

1. die Kosten der Übernachtung anlässlich einer Geschäftsreise,
2. die Aufwendungen für die Unterhaltung und Beherbergung von Geschäftsfreunden, soweit der Abzug dieser Aufwendungen nicht schon nach den Absätzen 1, 10 und 11 ausgeschlossen ist,
3. die Aufwendungen für die Unterhaltung von Personenkraftwagen (→ Kraftfahrzeug) und für die Nutzung eines Flugzeugs,
4. die Aufwendungen für die Ausstattung der Geschäftsräume, z. B. der Chefzimmer und Sitzungsräume.

H 4.10 (12)

Angemessenheit. Bei der Prüfung der Angemessenheit von Aufwendungen nach § 4 Abs. 5 Satz 1 Nr. 7 EStG ist darauf abzustellen, ob ein ordentlicher und gewissenhafter Unternehmer angesichts der erwarteten Vorteile die Aufwendungen ebenfalls auf sich genommen hätte. Neben der Größe des Unternehmens, der Höhe des längerfristigen Umsatzes und des Gewinns sind vor allem die Bedeutung des Repräsentationsaufwands für den Geschäftserfolg und seine Üblichkeit in vergleichbaren Betrieben als Beurteilungskriterien heranzuziehen (→ BFH vom 20. 8. 1986 – BStBl. II S. 904, vom 26. 1. 1988 – BStBl. II S. 629 und vom 14. 4. 1988 – BStBl. II S. 771). **191**

---

[1] Zu Unterbringungskosten anlässlich von Incentive-Reisen vgl. BMF-Schreiben vom 14. 10. 1996 (BStBl. I S. 1192), abgedruckt als Anlage a zu R 4.7 EStR.

Hubschrauber. Bei der Angemessenheitsprüfung ist darauf abzustellen, ob ein ordentlicher und gewissenhafter Unternehmer einen Hubschrauber angesichts der erwarteten Vorteile und Kosten ebenfalls als Transportmittel eingesetzt hätte. Dies ist von Fall zu Fall neu zu entscheiden. Sollte sich dabei ergeben, dass die Kosten des Hubschraubers dessen Nutzen deutlich übersteigen, ist ein Teil der Hubschrauberkosten nicht als Betriebsausgaben abziehbar (→ BFH vom 27. 2. 1985 – BStBl. II S. 458).

Kraftfahrzeug. Die Anschaffungskosten eines als „unangemessen" anzusehenden Kraftfahrzeugs fallen als solche nicht unmittelbar unter das Abzugsverbot. Bei Zugehörigkeit des Fahrzeugs zum Betriebsvermögen sind sie vielmehr in vollem Umfang zu aktivieren (→ BFH vom 8. 10. 1987 – BStBl. II S. 853). Ob und inwieweit ein unangemessener betrieblicher Repräsentationsaufwand i. S. d. § 4 Abs. 5 Satz 1 Nr. 7 EStG bei Beschaffung und Unterhaltung eines Kfz vorliegt, ist danach zu beurteilen, ob ein ordentlicher und gewissenhafter Unternehmer – ungeachtet seiner Freiheit, den Umfang seiner Erwerbsaufwendungen selbst bestimmen zu dürfen – angesichts der erwarteten Vorteile und Kosten die Aufwendungen ebenfalls auf sich genommen hätte (→ BFH vom 29. 4. 2014 – BStBl. II S. 679). Zu den unter das Abzugsverbot des § 4 Abs. 5 Satz 1 Nr. 7 EStG fallenden Kraftfahrzeugaufwendungen gehört jedoch vor allem die AfA nach § 7 Abs. 1 EStG. Diese kann nur insoweit als Betriebsausgabe abgezogen werden, als sie auf den als „angemessen" anzusehenden Teil der Anschaffungskosten entfällt. Die übrigen Betriebskosten (Kfz-Steuer und Versicherung, Kraftstoff, Instandsetzungs-, Wartungs- und Pflegekosten, Garagenmiete usw.) werden in der Regel nicht als „unangemessen" i. S. d. § 4 Abs. 5 Satz 1 Nr. 7 EStG anzusehen sein, da diese Aufwendungen auch für ein „angemessenes" Fahrzeug angefallen wären (→ BFH vom 8. 10. 1987 – BStBl. II S. 853).

Anl a zu R 4.10

a) Schreiben betr. steuerliche Anerkennung von Aufwendungen für die Bewirtung von Personen aus geschäftlichem Anlass in einem Bewirtungsbetrieb als Betriebsausgaben

Vom 30. Juni 2021 (BStBl. I S. 908)

(BMF IV C 6 – S 2145/19/10003 :003; DOK 2021/0748446)

Unter Bezugnahme auf das Ergebnis der Erörterungen mit den obersten Finanzbehörden der Länder gilt zur steuerlichen Anerkennung des Betriebsausgabenabzugs von Aufwendungen für die Bewirtung im Sinne des § 4 Absatz 5 Satz 1 Nummer 2 EStG i. V. m. R 4.10 Absatz 5 bis 9 EStR Folgendes:

1 Der Abzug von angemessenen Bewirtungsaufwendungen als Betriebsausgaben erfordert nach § 4 Absatz 5 Satz 1 Nummer 2 Satz 2 EStG vom Steuerpflichtigen einen schriftlichen Nachweis über Ort, Tag, Teilnehmer und Anlass der Bewirtung sowie die Höhe der Aufwendungen. Die zum Nachweis von Bewirtungsaufwendungen erforderlichen schriftlichen Angaben müssen zeitnah gemacht werden (vgl. BFH vom 25. März 1988 – III R 96/85 –, BStBl. II S. 655). Hierfür wird regelmäßig ein formloses Dokument (sog. Bewirtungsbeleg als Eigenbeleg) erstellt. Dieser Eigenbeleg ist vom Steuerpflichtigen zu unterschreiben (vgl. BFH vom 15. Januar 1998 – IV R 81/96 –, BStBl. II S. 263). Bei Bewirtung in einem Bewirtungsbetrieb ist zum Nachweis die Rechnung über die Bewirtung beizufügen; dabei genügen auf dem Eigenbeleg Angaben zum Anlass und zu den Teilnehmern der Bewirtung (§ 4 Absatz 5 Satz 1 Nummer 2 Satz 3 EStG, R 4.10 Absatz 8 Satz 2 EStR). Die Rechnung muss, soweit im Folgenden nichts Anderes geregelt ist, nach R 4.10 Absatz 8 Satz 8 EStR den Anforderungen des § 14 UStG genügen. Sie muss maschinell erstellt und elektronisch aufgezeichnet sein. Bei Rechnungen mit einem Gesamtbetrag bis zu 250 Euro (Kleinbetragsrechnungen) müssen mindestens die Anforderungen des § 33 UStDV erfüllt sein.

1. Inhalt der Bewirtungsrechnung

1.1. Name und Anschrift des leistenden Unternehmers (Bewirtungsbetrieb)

192 **2** Die Rechnung muss den vollständigen Namen und die vollständige Anschrift des leistenden Unternehmers (Bewirtungsbetrieb) enthalten. Dies gilt auch bei Kleinbetragsrechnungen (§ 33 UStDV). Den Anforderungen ist genügt, wenn sich auf Grund der in der Rechnung aufgenommenen Bezeichnungen der Name und die Anschrift eindeutig feststellen lassen (§ 31 Absatz 2 UStDV).

1.2. Steuernummer oder Umsatzsteuer-Identifikationsnummer

3 Die Rechnung muss die dem leistenden Unternehmer (Bewirtungsbetrieb) vom Finanzamt erteilte Steuernummer oder die ihm vom Bundeszentralamt für Steuern erteilte Umsatzsteuer-Identifikationsnummer enthalten. Dies gilt nicht bei Kleinbetragsrechnungen.

1.3. Ausstellungsdatum

4 Die Rechnung muss das Ausstellungsdatum enthalten. Dies gilt auch bei Kleinbetragsrechnungen.

1.4. Rechnungsnummer

5 Die Rechnung muss eine fortlaufende Nummer enthalten, die zur Identifizierung der Rechnung vom Rechnungsaussteller einmalig vergeben worden ist. Dies gilt nicht bei Kleinbetragsrechnungen. Verpflichtende Angaben nach § 6 Kassensicherungsverordnung (KassenSichV), wie z. B. die Angabe einer Transaktionsnummer, bleiben unberührt.

1.5. Leistungsbeschreibung

6 Die Rechnung muss zu der Bewirtungsleistung die Menge und die Art (handelsübliche Bezeichnung) der gelieferten Gegenstände oder den Umfang und die Art der sonstigen Leistung enthalten.

Dies gilt auch für Kleinbetragsrechnungen. Buchstaben, Zahlen oder Symbole, wie sie für umsatzsteuerliche Zwecke ausreichen (§ 31 Absatz 3 UStDV), genügen für den Betriebsausgabenabzug nicht. Bewirtungsleistungen sind im Einzelnen zu bezeichnen; die Angabe „Speisen und Getränke" und die Angabe der für die Bewirtung in Rechnung gestellten Gesamtsumme reichen nicht. Bezeichnungen wie z. B. „Menü 1", „Tagesgericht 2" oder „Lunch-Buffet" und aus sich selbst heraus verständliche Abkürzungen sind jedoch nicht zu beanstanden.

1.6. Leistungszeitpunkt (Tag der Bewirtung)

7 Für den Betriebsausgabenabzug von Bewirtungsaufwendungen muss der Leistungszeitpunkt (Tag der Bewirtung) angegeben werden. Dies gilt auch bei Kleinbetragsrechnungen. Ein Verweis auf das Ausstellungsdatum (siehe Rdnr. 4) z. B. in der Form „Leistungsdatum entspricht Rechnungsdatum" ist ausreichend. Handschriftliche Ergänzungen oder Datumsstempel reichen nicht aus.

1.7. Rechnungsbetrag

8 Die Rechnung muss den Preis für die Bewirtungsleistungen enthalten. Ein ggf. vom bewirtenden Steuerpflichtigen zusätzlich gewährtes Trinkgeld kann durch die maschinell erstellte und elektronisch aufgezeichnete Rechnung zusätzlich ausgewiesen werden. Wird das Trinkgeld in der Rechnung nicht ausgewiesen, gelten für den Nachweis von Trinkgeldzahlungen die allgemeinen Regelungen über die Feststellungslast, die beim bewirtenden Steuerpflichtigen liegt. Der Nachweis kann z. B. dadurch geführt werden, dass das Trinkgeld vom Empfänger des Trinkgeldes auf der Rechnung quittiert wird.

1.8. Name des Bewirtenden

9 Nach R 4.10 Absatz 8 Satz 4 EStR muss die Rechnung auch den Namen des bewirtenden Steuerpflichtigen enthalten; dies gilt nicht, wenn der Gesamtbetrag der Rechnung 250 Euro nicht übersteigt. Es bestehen jedoch bei einem Rechnungsbetrag über 250 Euro keine Bedenken, wenn der leistende Unternehmer (Bewirtungsbetrieb) den Namen des bewirtenden Steuerpflichtigen handschriftlich auf der Rechnung vermerkt.

2. Erstellung der Bewirtungsrechnung

10 Verwendet der Bewirtungsbetrieb ein elektronisches Aufzeichnungssystem mit Kassenfunktion **193**
im Sinne des § 146 a Absatz 1 AO i. V. m. § 1 KassenSichV, werden für den Betriebsausgabenabzug von Aufwendungen für eine Bewirtung von Personen aus geschäftlichem Anlass nur maschinell erstellte, elektronisch aufgezeichnete und mit Hilfe einer zertifizierten technischen Sicherheitseinrichtung (TSE) abgesicherte Rechnungen anerkannt. Der Bewirtungsbetrieb ist in diesen Fällen nach § 146 a Absatz 2 AO verpflichtet, mit dem elektronischen Aufzeichnungssystem mit Kassenfunktion Belege über die Geschäftsvorfälle zu erstellen. Der zu erstellende Beleg, der die Angaben gemäß § 6 KassenSichV enthält, stellt bei einem Rechnungsbetrag bis 250 Euro eine ordnungsgemäße Rechnung im Sinne des § 14 UStG i. V. m. § 33 UStDV dar. Rechnungen in anderer Form, z. B. handschriftlich erstellte oder nur maschinell erstellte, erfüllen die Nachweisvoraussetzungen des Satzes 1 nicht; die darin ausgewiesenen Bewirtungsaufwendungen sind vollständig vom Betriebsausgabenabzug ausgeschlossen.

11 Der bewirtende Steuerpflichtige kann im Allgemeinen darauf vertrauen, dass die ihm erteilte Rechnung vom Bewirtungsbetrieb maschinell ordnungsgemäß erstellt und aufgezeichnet worden ist, wenn der von dem elektronischen Aufzeichnungssystem mit Kassenfunktion ausgestellte Beleg mit einer Transaktionsnummer, der Seriennummer des elektronischen Aufzeichnungssystems oder der Seriennummer des Sicherheitsmoduls versehen wurde. Diese Angaben können auch in Form eines QR-Codes dargestellt werden.

12 Fällt die zertifizierte technische Sicherheitseinrichtung (TSE) aus, darf nach AEAO zu § 146 a Nummer 7.2 und 7.3 das elektronische Aufzeichnungssystem weiterbetrieben werden, wenn der Ausfall auf dem Beleg z. B. durch eine fehlende Transaktionsnummer oder durch eine sonstige eindeutige Kennzeichnung ersichtlich ist. Für entsprechend ausgestellte Belege über Bewirtungsaufwendungen ist der Betriebsausgabenabzug grundsätzlich zulässig.

13 Werden Bewirtungsleistungen zu einem späteren Zeitpunkt als dem Tag der Bewirtung in Rechnung gestellt und unbar bezahlt (z. B. bei der Bewirtung eines größeren Personenkreises im Rahmen einer geschlossenen Veranstaltung) oder sind in dem bewirtenden Betrieb ausschließlich unbare Zahlungen möglich, ist die Vorlage eines Belegs eines elektronischen Aufzeichnungssystems mit Kassenfunktion, der die Angaben nach § 6 KassenSichV beinhaltet, nicht zwingend erforderlich. In diesem Fall ist der Rechnung der Zahlungsbeleg über die unbare Zahlung beizufügen.

14 Werden für Gäste eines Unternehmens Verzehrgutscheine ausgegeben, gegen deren Vorlage die Besucher auf Rechnung des Unternehmens in einem Bewirtungsbetrieb bewirtet werden, reicht für den Betriebsausgabenabzug die Vorlage der Abrechnung über die Verzehrgutscheine aus.

3. Digitale oder digitalisierte Bewirtungsrechnungen und -belege

15 Für die vollständige elektronische Abbildung der Nachweisvoraussetzungen gilt Folgendes: **193a**
Der Eigenbeleg wird vom Steuerpflichtigen digital erstellt oder digitalisiert (digitaler oder digitalisierter Eigenbeleg). Die erforderliche Autorisierung ist durch den Steuerpflichtigen durch eine elektronische Unterschrift oder eine elektronische Genehmigung der entsprechenden Angaben zu gewährleisten; die Angaben dürfen im Nachhinein nicht undokumentiert geändert werden können.

16 Die Rechnung über die Bewirtung in einem Bewirtungsbetrieb kann dem Steuerpflichtigen bereits in digitaler Form übermittelt werden (digitale Bewirtungsrechnung). Eine Bewirtungsrechnung in Papierform kann vom Steuerpflichtigen digitalisiert werden (digitalisierte Bewirtungsrechnung).

17 Ein digitaler oder digitalisierter Eigenbeleg muss digital mit der Bewirtungsrechnung zusammengefügt oder durch einen Gegenseitigkeitshinweis auf Eigenbeleg und Bewirtungsrechnung verbunden werden. Eine elektronische Verknüpfung (z. B. eindeutiger Index, Barcode) ist zulässig. Die geforderten Angaben können auch in digitaler Form auf der digitalen oder digitalisierten Bewirtungsrechnung angebracht werden.

18 Die Nachweiserfordernisse des § 4 Absatz 5 Satz 1 Nummer 2 Satz 2 und 3 EStG sind als erfüllt anzusehen, wenn
- der Steuerpflichtige zeitnah einen elektronischen Eigenbeleg mit den gesetzlich erforderlichen Angaben erstellt oder die gesetzlich erforderlichen Angaben zeitnah auf der digitalen oder digitalisierten Bewirtungsrechnung elektronisch ergänzt,
- der Zeitpunkt der Erstellung oder Ergänzung im Dokument elektronisch aufgezeichnet wird,
- das erstellte Dokument oder die Ergänzung der Bewirtungsrechnung vom Steuerpflichtigen digital signiert oder genehmigt wird,
- der Zeitpunkt der Signierung oder Genehmigung elektronisch aufgezeichnet wird,
- das erstellte Dokument – in Fällen des § 4 Absatz 5 Satz 1 Nummer 2 Satz 3 EStG zusammen mit der digitalen oder digitalisierten Bewirtungsrechnung (z. B. durch einen gegenseitigen Verweis) – oder die ergänzte Bewirtungsrechnung elektronisch aufbewahrt wird und
- bei den genannten Vorgängen die Grundsätze zur ordnungsmäßigen Führung und Aufbewahrung von Büchern, Aufzeichnungen und Unterlagen in elektronischer Form sowie zum Datenzugriff (GoBD) des BMF-Schreibens vom 28. November 2019 (BStBl. I S. 1269, insbesondere Rzn. 36 ff., 45 ff., 58 ff., 107 ff., 125 ff., 130 ff., 136 ff. und 156 ff.) erfüllt und die jeweils angewandten Verfahren in der Verfahrensdokumentation beschrieben (Rz. 151 ff. der GoBD) werden.

4. Bewirtungen im Ausland

194 **19** § 4 Absatz 5 Satz 1 Nummer 2 EStG unterscheidet nicht, ob die Bewirtung im Inland oder im Ausland stattgefunden hat. Die dort genannten Anforderungen gelten daher auch bei Auslandsbewirtungen. Die Anforderungen der R 4.10 Absatz 5 bis 9 EStR sind grundsätzlich auch bei Bewirtungen im Ausland zu erfüllen. Wird jedoch glaubhaft gemacht, dass eine detaillierte, maschinell erstellte und elektronisch aufgezeichnete Rechnung nicht zu erhalten war, genügt in Ausnahmefällen die ausländische Rechnung, auch wenn sie diesen Anforderungen nicht voll entspricht. Liegt im Ausnahmefall nur eine handschriftlich erstellte ausländische Rechnung vor, hat der Steuerpflichtige glaubhaft zu machen, dass im jeweiligen ausländischen Staat keine Verpflichtung zur Erstellung maschineller Belege besteht.

5. Anwendungsregelung

20 Dieses Schreiben ersetzt das BMF-Schreiben vom 21. November 1994 (BStBl. I S. 855)[1] und ist in allen offenen Fällen mit der Maßgabe anzuwenden, dass die im jeweiligen Veranlagungszeitraum maßgeblichen Betragsgrenzen des § 33 UStDV zu beachten sind. Für bis zum 31. Dezember 2022 ausgestellte Belege über Bewirtungsaufwendungen ist der Betriebsausgabenabzug unabhängig von den nach der KassenSichV geforderten Angaben zulässig. Führen die Regelungen in diesem Schreiben über die nach der KassenSichV geforderten Angaben hinaus im Vergleich zu den Regelungen im Schreiben vom 21. November 1994 (BStBl. I S. 855) zu erhöhten Anforderungen an die Nachweisführung, sind diese verpflichtend erst für Bewirtungsaufwendungen vorauszusetzen, die nach dem 1. Juli 2021 anfallen.

Anl b zu R 4.10

b) Schreiben betr. einkommensteuerliche Behandlung der Aufwendungen für ein häusliches Arbeitszimmer nach § 4 Absatz 5 Satz 1 Nummer 6 b, § 9 Absatz 5 und § 10 Absatz 1 Nummer 7 EStG

Vom 6. Oktober 2017 (BStBl. I S. 1320)

(BMF IV C 6 – S 2145/07/10002 :019; DOK 2017/0224975)

Im Einvernehmen mit den obersten Finanzbehörden der Länder gilt zur einkommensteuerrechtlichen Behandlung der Aufwendungen für ein häusliches Arbeitszimmer nach § 4 Absatz 5 Satz 1 Nummer 6 b, § 9 Absatz 5 und § 10 Absatz 1 Nummer 7 EStG Folgendes:

I. Grundsatz

195 **1** Nach § 4 Absatz 5 Satz 1 Nummer 6 b Satz 1 und § 9 Absatz 5 Satz 1 EStG dürfen die Aufwendungen für ein häusliches Arbeitszimmer sowie die Kosten der Ausstattung grundsätzlich nicht als Betriebsausgaben oder Werbungskosten abgezogen werden. Bildet das häusliche Arbeitszimmer den Mittelpunkt der gesamten betrieblichen und beruflichen Betätigung, dürfen die Aufwendungen in voller Höhe steuerlich berücksichtigt werden (§ 4 Absatz 5 Satz 1 Nummer 6 b Satz 3 2. Halbsatz EStG); dies gilt auch, wenn ein anderer Arbeitsplatz zur Verfügung steht. Bildet das häusliche Arbeitszimmer nicht den Mittelpunkt der gesamten betrieblichen und beruflichen Betätigung und steht für die betriebliche oder berufliche Tätigkeit kein anderer Arbeitsplatz zur Verfügung, sind die Aufwendungen bis zur Höhe von 1250 Euro je Wirtschaftsjahr oder Kalenderjahr als Betriebsausgaben oder Werbungskosten abziehbar (§ 4 Absatz 5 Satz 1 Nummer 6 b Satz 2 und 3 1. Halbsatz EStG). Diese Begrenzung begegnet keinen verfassungsrechtlichen Bedenken (BFH-Urteil vom 28. Februar 2013 VI R 58/11, BStBl. II S. 642). Der Betrag von 1250 Euro ist kein Pauschbetrag. Es handelt sich um einen personenbezogenen Höchstbetrag, der nicht mehrfach für verschiedene Tätigkeiten in Anspruch genommen werden kann, sondern ggf. auf die unterschiedlichen Tätigkeiten aufzuteilen ist (vgl. Rdnr. 19 bis 20). Bei der

[1] Letztmals abgedruckt im „Handbuch zur ESt-Veranlagung 2020" als Anlage a zu R 4.10 EStR.

Anl b zu R 4.10

Nutzung mehrerer häuslicher Arbeitszimmer in verschiedenen Haushalten ist der Höchstbetrag nur einmal anzuwenden (BFH-Urteil vom 9. Mai 2017 VIII R 15/15, BStBl. II S. 956).

II. Anwendungsbereich der gesetzlichen Regelung[1]

2 Unter die Regelungen des § 4 Absatz 5 Satz 1 Nummer 6 b und § 9 Absatz 5 EStG fällt die Nutzung eines häuslichen Arbeitszimmers zur Erzielung von Einkünften aus sämtlichen Einkunftsarten. **195a**

III. Begriff des häuslichen Arbeitszimmers

3 Ein häusliches Arbeitszimmer ist ein Raum, der seiner Lage, Funktion und Ausstattung nach in die häusliche Sphäre des Steuerpflichtigen eingebunden ist, vorwiegend der Erledigung gedanklicher, schriftlicher, verwaltungstechnischer oder -organisatorischer Arbeiten dient (BFH-Urteile vom 19. September 2002 VI R 70/01, BStBl. 2003 II S. 139, und vom 16. Oktober 2002 XI R 89/00, BStBl. 2003 II S. 185) und ausschließlich oder nahezu ausschließlich zu betrieblichen und/oder beruflichen Zwecken genutzt wird (BFH-Urteile vom 22. März 2016 VIII R 10/12, BStBl. II S. 881, VIII R 24/12, BStBl. II S. 884, und vom 8. September 2016 III R 62/11, BStBl. 2017 II S. 163); eine untergeordnete private Mitbenutzung (< 10%) ist unschädlich (BFH-Beschluss vom 27. Juli 2015 GrS 1/14, BStBl. 2016 II S. 265). Es muss sich nicht zwingend um Arbeiten büromäßiger Art handeln; ein häusliches Arbeitszimmer kann auch bei geistiger, künstlerischer oder schriftstellerischer Betätigung gegeben sein. In die häusliche Sphäre eingebunden ist ein als Arbeitszimmer genutzter Raum regelmäßig dann, wenn er zur privaten Wohnung oder zum Wohnhaus des Steuerpflichtigen gehört. Dies betrifft nicht nur die Wohnräume, sondern ebenso Zubehörräume (BFH-Urteile vom 26. Februar 2003 VI R 130/01, BStBl. 2004 II S. 74, und vom 19. September 2002 VI R 70/01, BStBl. 2003 II S. 139). So kann auch ein Raum z. B. im Keller (BFH-Urteil vom 11. November 2014 VIII R 3/12, BStBl. 2015 II S. 382) oder unter dem Dach (Mansarde) des Wohnhauses, in dem der Steuerpflichtige seine Wohnung hat, ein häusliches Arbeitszimmer sein, wenn die Räumlichkeiten aufgrund der unmittelbaren Nähe mit den privaten Wohnräumen des Steuerpflichtigen als gemeinsame Wohneinheit verbunden sind. Aufwendungen für einen in die häusliche Sphäre eingebundenen Raum, der mit einem nicht unerheblichen Teil seiner Fläche auch privat genutzt wird (sog. „Arbeitsecke"), können nicht als Betriebsausgaben oder Werbungskosten abgezogen werden (BFH-Urteil vom 17. Februar 2016 X R 32/11, BStBl. II S. 708).

4 Dagegen kann es sich bei einem im Keller oder Dachgeschoss eines Mehrfamilienhauses befindlichen Raum, der nicht zur Privatwohnung des Steuerpflichtigen gehört, sondern zusätzlich angemietet wurde, um ein außerhäusliches Arbeitszimmer handeln (BFH-Urteile vom 26. Februar 2003 VI R 160/99, BStBl. II S. 515, und vom 18. August 2005 VI R 39/04, BStBl. 2006 II S. 428). Maßgebend ist, ob eine innere häusliche Verbindung des Arbeitszimmers mit der privaten Lebenssphäre des Steuerpflichtigen besteht. Dabei ist das Gesamtbild der Verhältnisse im Einzelfall entscheidend. Für die Anwendung des § 4 Absatz 5 Satz 1 Nummer 6 b, des § 9 Absatz 5 und des § 10 Absatz 1 Nummer 7 EStG ist es ohne Bedeutung, ob die Wohnung, zu der das häusliche Arbeitszimmer gehört, gemietet ist oder ob sie sich im Eigentum des Steuerpflichtigen befindet. Auch mehrere Räume können als ein häusliches Arbeitszimmer anzusehen sein; die Abtrennung der Räumlichkeiten vom übrigen Wohnbereich ist erforderlich. Aufwendungen für Räume wie Küche, Bad und Flur, die in die häusliche Sphäre eingebunden sind und zu einem nicht unerheblichen Teil privat genutzt werden, können auch dann nicht als Betriebsausgaben oder Werbungskosten abgezogen werden, wenn ein berücksichtigungsfähiges häusliches Arbeitszimmer existiert (BFH-Urteil vom 17. Februar 2016 X R 26/13, BStBl. II S. 611).

5 Nicht unter die Abzugsbeschränkung des § 4 Absatz 5 Satz 1 Nummer 6 b und § 9 Absatz 5 EStG fallen Räume, die ihrer Ausstattung und Funktion nach nicht einem Büro entsprechen (z. B. Betriebsräume, Lagerräume, Ausstellungsräume), selbst wenn diese ihrer Lage nach mit dem Wohnraum des Steuerpflichtigen verbunden und so in dessen häusliche Sphäre eingebunden sind (BFH-Urteile vom 28. August 2003 IV R 53/01, BStBl. II 2004 S. 55, und vom 26. März 2009 VI R 15/07, BStBl. II S. 598). Unschädlich für die Abzugsfähigkeit der Aufwendungen ist eine nur untergeordnete private Mitbenutzung (BFH-Urteil vom 22. März 2016 VIII R 24/12, BStBl. II S. 884).

Beispiele:

a) Ein häusliches Arbeitszimmer liegt in folgenden Fällen regelmäßig vor:
- Bei einem häuslichen Büro eines selbständigen Handelsvertreters, eines selbständigen Übersetzers oder eines selbständigen Journalisten.
- Bei Anmietung einer unmittelbar angrenzenden oder unmittelbar gegenüberliegenden Zweitwohnung in einem Mehrfamilienhaus (BFH-Urteile vom 26. Februar 2003 VI R 124/01 und VI R 125/01, BStBl. 2004 II S. 69 und 72).
- Beim häuslichen, ausschließlich beruflich genutzten Musikzimmer einer freiberuflich tätigen Konzertpianistin, in dem diese Musikunterricht erteilt.[2]
- Bei einem zugleich als Büroarbeitsplatz und als Warenlager betrieblich genutzten Raum, wenn dieser nach dem Gesamtbild der Verhältnisse, vor allem aufgrund seiner Ausstattung und Funktion, ein typisches häusliches Büro ist und die Ausstattung und Funktion als Lager dahinter zurücktritt (BFH-Urteil vom 22. November 2006 X R 1/05, BStBl. 2007 II S. 304).
- Bei einem Raum, in dem der Steuerpflichtige einen Telearbeitsplatz unterhält und der dem Typus des häuslichen Arbeitszimmers entspricht (BFH-Urteil vom 26. Februar 2014 VI R 40/12, BStBl. II S. 568).
- Bei betrieblich oder beruflich genutzten Räumen in einem ausschließlich vom Steuerpflichtigen genutzten Zweifamilienhaus, wenn der Steuerpflichtige auf dem Weg dazwischen keine der Allgemeinheit zugängliche oder von fremden Dritten benutzte Verkehrsfläche betreten muss (BFH-Urteil vom 15. Januar 2013 VIII R 7/10, BStBl. II S. 374).

---

[1] Zur sog. Homeoffice-Pauschale für nach dem 31. 12. 2019 und vor dem 1. 1. 2023 in der häuslichen Wohnung ausgeübte betriebliche oder berufliche Tätigkeiten siehe § 4 Abs. 5 Satz 1 Nr. 6b Satz 4 i. V. m. § 52 Abs. 6 Satz 15; Neuregelung der Berücksichtigungsfähigkeit des häuslichen Arbeitszimmers sowie der sog. Homeoffice-Pauschale ab VZ 2023 durch das JStG 2022 vom 16. 12. 2022 (BGBl. I S. 2294).

[2] Zum „Übezimmer" einer Klarinettistin siehe *BFH-Urteil vom 10. 10. 2012 VIII R 44/10 (DStR 2013 S. 296; BFH/NV 2013, 359);* zum Klavierstudio einer Klavierlehrerin und Konzertpianistin siehe *BFH-Urteil vom 9. 6. 2015 VIII R 8/13 (SteuK S. 529; HFR 2016 S. 13).*

Anl b zu R 4.10

b) Kein häusliches Arbeitszimmer, sondern betrieblich genutzte Räume liegen regelmäßig in folgenden Fällen vor:
- Eine Arzt-, Steuerberater- oder Anwaltspraxis grenzt an das Einfamilienhaus an oder befindet sich im selben Gebäude wie die Privatwohnung, wenn diese Räumlichkeiten für einen intensiven und dauerhaften Publikumsverkehr geöffnet und z. B. bei häuslichen Arztpraxen für Patientenbesuche und -untersuchungen eingerichtet sind (BFH-Urteil vom 5. Dezember 2002 IV R 7/01, BStBl. 2003 II S. 463 zu einer Notfallpraxis und Negativabgrenzung im BFH-Urteil vom 23. Januar 2003 IV R 71/00, BStBl. 2004 II S. 43 zur Gutachtertätigkeit einer Ärztin).[1]
- In einem Geschäftshaus befinden sich neben der Wohnung des Bäckermeisters die Backstube, der Verkaufsraum, ein Aufenthaltsraum für das Verkaufspersonal und das Büro, in dem die Buchhaltungsarbeiten durchgeführt werden. Das Büro ist in diesem Fall aufgrund der Nähe zu den übrigen Betriebsräumen nicht als häusliches Arbeitszimmer zu werten.
- Im Keller ist ein Arbeitsraum belegen, der – anders als z. B. ein Archiv (BFH-Urteil vom 19. September 2002 VI R 70/01, BStBl. 2003 II S. 139) – keine (Teil-)Funktionen erfüllt, die typischerweise einem häuslichen Arbeitszimmer zukommen, z. B. Lager für Waren und Werbematerialien.

IV. Betroffene Aufwendungen[2]

195b **6** Zu den Aufwendungen für ein häusliches Arbeitszimmer gehören insbesondere die Aufwendungen für die Ausstattung des Zimmers, wie z.B. Tapeten, Teppiche, Fenstervorhänge, Gardinen und Lampen (zu Einrichtungsgegenständen, die zugleich Arbeitsmittel sind, vgl. Rdnr. 8), sowie die anteiligen Aufwendungen für:
- Miete,
- Gebäude-AfA, Absetzungen für außergewöhnliche technische oder wirtschaftliche Abnutzung, Sonderabschreibungen,
- Schuldzinsen für Kredite, die zur Anschaffung, Herstellung oder Reparatur des Gebäudes oder der Eigentumswohnung verwendet worden sind,
- Wasser- und Energiekosten,
- Reinigungskosten,
- Grundsteuer, Müllabfuhrgebühren, Schornsteinfegergebühren, Gebäudeversicherungen,
- Renovierungskosten.[3]

Die Kosten einer Gartenerneuerung können anteilig den Kosten des häuslichen Arbeitszimmers zuzurechnen sein, wenn bei einer Reparatur des Gebäudes Schäden am Garten verursacht worden sind. Den Kosten des Arbeitszimmers zuzurechnen sind allerdings nur diejenigen Aufwendungen, die der Wiederherstellung des ursprünglichen Zustands dienen (BFH-Urteil vom 6. Oktober 2004 VI R 27/01, BStBl. II S. 1071).

6a Die auf ein häusliches Arbeitszimmer anteilig entfallenden Aufwendungen sind grundsätzlich nach dem Verhältnis der Fläche des Arbeitszimmers zu der nach §§ 42 bis 44 der Zweiten Berechnungsverordnung (II. BV) oder nach der Wohnflächenverordnung berechneten Wohnfläche der Wohnung (einschließlich des Arbeitszimmers) zu ermitteln. Die Wohnfläche einer Wohnung umfasst die Grundfläche der Räume, die ausschließlich zu dieser Wohnung gehören. Nicht zur Wohnfläche gehören hingegen die Grundflächen von Zubehörräumen.

Bei einem im Keller belegenen häuslichen Arbeitszimmer ist entscheidend, ob es sich um einen zur Wohnfläche gehörenden Hauptraum oder um einen nicht zur Wohnfläche gehörenden Nebenraum handelt. Dient ein Raum unmittelbar seiner Funktion nach dem Wohnen und ist er nach seiner baulichen Beschaffenheit (z. B. Vorhandensein von Fenstern), Lage (unmittelbare Verbindung zu den übrigen Wohnräumen) und Ausstattung (Wand- und Bodenbelag, Beheizbarkeit, Einrichtung mit Mobiliar) dem Standard eines Wohnraumes und nicht dem eines Zubehörraumes vergleichbar und zum dauernden Aufenthalt von Menschen tatsächlich geeignet und bestimmt, ist für die rechtliche Beurteilung nicht von Bedeutung, dass der Raum im Kellergeschoss liegt (BFH-Urteil vom 11. November 2014 VIII R 3/12, BStBl. 2015 II S. 382). Werden betrieblich oder beruflich genutzte Nebenräume in die Kostenberechnung einbezogen, sind die abziehbaren Kosten nach dem Verhältnis des gesamten betrieblich oder beruflich genutzten Bereiches (betrieblich oder beruflich genutzte Haupt- und Nebenräume) zu der Gesamtfläche aller Räume des Gebäudes aufzuteilen.

7 Luxusgegenstände wie z. B. Kunstgegenstände, die vorrangig der Ausschmückung des Arbeitszimmers dienen, gehören zu den nach § 12 Nummer 1 EStG nicht abziehbaren Aufwendungen (BFH-Urteil vom 30. Oktober 1990 VIII R 42/87, BStBl. 1991 II S. 340).

8 Keine Aufwendungen i. S. d. § 4 Absatz 5 Satz 1 Nummer 6 b EStG sind die Aufwendungen für Arbeitsmittel (BFH-Urteil vom 21. November 1997 VI R 4/97, BStBl. 1998 II S. 351). Diese werden daher von § 4 Absatz 5 Satz 1 Nummer 6 b EStG nicht berührt.

V. Mittelpunkt der gesamten betrieblichen und beruflichen Betätigung

195c **9** Ein häusliches Arbeitszimmer ist der Mittelpunkt der gesamten betrieblichen und beruflichen Betätigung des Steuerpflichtigen, wenn nach Würdigung des Gesamtbildes der Verhältnisse und der Tätigkeitsmerkmale dort diejenigen Handlungen vorgenommen und Leistungen erbracht werden, die für die konkret ausgeübte betriebliche oder berufliche Tätigkeit wesentlich und prägend sind. Bei der Gesamtbetrachtung zur Beurteilung des Mittelpunktes der gesamten betrieblichen und beruflichen Betätigung sind nur solche Einkünfte zu berücksichtigen, die grundsätzlich ein Tätigwerden des Steuerpflichtigen im jeweiligen Veranlagungszeitraum erfordern; Versorgungsbezüge bleiben bei dieser

[1] Zu einer Notfallpraxis, bei der der private Flur durchquert werden muss, *BFH-Urteil vom 29. 1. 2020 VIII R 11/17 (BStBl. II S. 445)*.

[2] Zur Berücksichtigung von Aufwendungen bei sog. Drittaufwand für ein häusliches Arbeitszimmer siehe *FSen Bremen vom 22. 2. 2022 900 – S 2145 – 1/2014 – 1/2010 – 1586061/2021 (DStR 2022, 840)*.

[3] Renovierungs- und Umbaukosten, die für einen Raum anfallen, der ausschließlich oder mehr als nur in untergeordnetem Umfang privaten Wohnzwecken dient, sind nicht als allgemeine Gebäudekosten über den Flächenanteil des Arbeitszimmers bei den Betriebsausgaben anteilig zu berücksichtigen, *BFH-Urteil vom 14. 5. 2019 VIII R 16/15 (BStBl. 2019 II S. 510)*.

Betrachtung daher außen vor (BFH-Urteil vom 11. November 2014 VIII R 3/12, BStBl. 2015 II S. 382). Der Tätigkeitsmittelpunkt i. S. d. § 4 Absatz 5 Satz 1 Nummer 6b Satz 3 2. Halbsatz EStG bestimmt sich nach dem inhaltlichen (qualitativen) Schwerpunkt der betrieblichen und beruflichen Betätigung des Steuerpflichtigen. Anl b zu R 4.10

10 Dem zeitlichen (quantitativen) Umfang der Nutzung des häuslichen Arbeitszimmers kommt im Rahmen dieser Würdigung lediglich eine indizielle Bedeutung zu; das zeitliche Überwiegen der außerhäuslichen Tätigkeit schließt einen unbeschränkten Abzug der Aufwendungen für das häusliche Arbeitszimmer nicht von vornherein aus (BFH-Urteile vom 13. November 2002 VI R 82/01, BStBl. 2004 II S. 62, VI R 104/01, BStBl. 2004 II S. 65 und VI R 28/02, BStBl. 2004 II S. 58).

11 Übt ein Steuerpflichtiger nur eine betriebliche oder berufliche Tätigkeit aus, die in qualitativer Hinsicht gleichwertig sowohl im häuslichen Arbeitszimmer als auch am außerhäuslichen Arbeitsort erbracht wird, so liegt der Mittelpunkt der gesamten betrieblichen und beruflichen Betätigung dann im häuslichen Arbeitszimmer, wenn der Steuerpflichtige mehr als die Hälfte der Arbeitszeit im häuslichen Arbeitszimmer tätig wird (BFH-Urteil vom 23. Mai 2006 VI R 21/03, BStBl. II S. 600).

12 Übt ein Steuerpflichtiger mehrere betriebliche und berufliche Tätigkeiten nebeneinander aus, ist nicht auf eine Einzelbetrachtung der jeweiligen Betätigung abzustellen; vielmehr sind alle Tätigkeiten in ihrer Gesamtheit zu erfassen. Grundsätzlich lassen sich folgende Fallgruppen unterscheiden:

- Bilden bei allen Erwerbstätigkeiten – jeweils – die im häuslichen Arbeitszimmer verrichteten Arbeiten den qualitativen Schwerpunkt, so liegt dort auch der Mittelpunkt der Gesamttätigkeit.
- Bilden hingegen die außerhäuslichen Tätigkeiten – jeweils – den qualitativen Schwerpunkt der Einzeltätigkeiten oder lassen sich diese keinem Schwerpunkt zuordnen, so kann das häusliche Arbeitszimmer auch nicht durch die Summe der darin verrichteten Arbeiten zum Mittelpunkt der Gesamttätigkeit werden.
- Bildet das häusliche Arbeitszimmer den qualitativen Mittelpunkt lediglich einer Einzeltätigkeit, nicht jedoch im Hinblick auf die übrigen Tätigkeiten, ist regelmäßig davon auszugehen, dass das Arbeitszimmer nicht den Mittelpunkt der Gesamttätigkeit bildet. Der Steuerpflichtige hat jedoch die Möglichkeit, anhand konkreter Umstände des Einzelfalls glaubhaft zu machen oder nachzuweisen, dass die Gesamttätigkeit gleichwohl einem einzelnen qualitativen Schwerpunkt zugeordnet werden kann und dass dieser im häuslichen Arbeitszimmer liegt. Abzustellen ist dabei auf das Gesamtbild der Verhältnisse und auf die Verkehrsanschauung, nicht auf die Vorstellung des betroffenen Steuerpflichtigen (BFH-Urteile vom 13. Oktober 2003 VI R 27/02, BStBl. 2004 II S. 771, und vom 16. Dezember 2004 IV R 19/03, BStBl. 2005 II S. 212).

13 Das häusliche Arbeitszimmer und der Außendienst können nicht gleichermaßen „Mittelpunkt" der beruflichen Betätigung eines Steuerpflichtigen i. S. d. § 4 Absatz 5 Satz 1 Nummer 6b Satz 3 2. Halbsatz EStG sein (BFH-Urteil vom 21. Februar 2003 VI R 14/02, BStBl. 2004 II S. 68).

Beispiele, in denen das häusliche Arbeitszimmer den Mittelpunkt der gesamten betrieblichen und beruflichen Betätigung bilden kann:

- Bei einem Verkaufsleiter, der zur Überwachung von Mitarbeitern und zur Betreuung von Großkunden auch im Außendienst tätig ist, kann das häusliche Arbeitszimmer Tätigkeitsmittelpunkt sein, wenn er dort die für den Beruf wesentlichen Leistungen (z. B. Organisation der Betriebsabläufe) erbringt (BFH-Urteil vom 13. November 2002 VI R 104/01, BStBl. 2004 II S. 65).
- Bei einem Ingenieur, dessen Tätigkeit durch die Erarbeitung theoretischer, komplexer Problemlösungen im häuslichen Arbeitszimmer geprägt ist, kann dieses auch dann der Mittelpunkt der beruflichen Betätigung sein, wenn die Betreuung von Kunden im Außendienst ebenfalls zu seinen Aufgaben gehört (BFH-Urteil vom 13. November 2002 VI R 28/02, BStBl. 2004 II S. 58).
- Bei einem Praxis-Konsultant, der ärztliche Praxen in betriebswirtschaftlichen Fragen berät, betreut und unterstützt, kann das häusliche Arbeitszimmer auch dann den Mittelpunkt der gesamten beruflichen Tätigkeit bilden, wenn er einen nicht unerheblichen Teil seiner Arbeitszeit im Außendienst verbringt (BFH-Urteil vom 29. April 2003 VI R 78/02, BStBl. 2004 II S. 76).

Beispiele, in denen das Arbeitszimmer **nicht** den Mittelpunkt der gesamten betrieblichen und beruflichen Betätigung bildet:

- Bei einem – freien oder angestellten – Handelsvertreter liegt der Tätigkeitsschwerpunkt außerhalb des häuslichen Arbeitszimmers, wenn die Tätigkeit nach dem Gesamtbild der Verhältnisse durch die Arbeit im Außendienst geprägt ist, auch wenn die zu Hause verrichteten Tätigkeiten zur Erfüllung der beruflichen Aufgaben unerlässlich sind (BFH-Urteil vom 13. November 2002 VI R 82/01, BStBl. 2004 II S. 62).
- Ein kaufmännischer Angestellter eines Industrieunternehmens ist nebenbei als Mitarbeiter für einen Lohnsteuerhilfeverein selbständig tätig und nutzt für letztere Tätigkeit sein häusliches Arbeitszimmer als „Beratungsstelle", in dem er Steuererklärungen erstellt, Beratungsgespräche führt und Rechtsbehelfe bearbeitet. Für diese Nebentätigkeit ist das Arbeitszimmer zwar der Tätigkeitsmittelpunkt. Aufgrund der erforderlichen Gesamtbetrachtung ist das Arbeitszimmer jedoch nicht Mittelpunkt seiner gesamten betrieblichen und beruflichen Betätigung (BFH-Urteil vom 23. September 1999 VI R 74/98, BStBl. 2000 II S. 7).
- Bei einer Ärztin, die Gutachten über die Einstufung der Pflegebedürftigkeit erstellt und dazu ihre Patienten ausschließlich außerhalb des häuslichen Arbeitszimmers untersucht und dort (vor Ort) alle erforderlichen Befunde erhebt, liegt der qualitative Schwerpunkt nicht im häuslichen Arbeitszimmer, in welchem lediglich die Tätigkeit begleitende Aufgaben erledigt werden (BFH-Urteil vom 23. Januar 2003 IV R 71/00, BStBl. 2004 II S. 43).
- Bei einem Architekten, der neben der Planung auch mit der Ausführung der Bauwerke (Bauüberwachung) betraut ist, kann diese Gesamttätigkeit keinem konkreten Tätigkeitsschwerpunkt zugeordnet werden. Das häusliche Arbeitszimmer bildet in diesem Fall nicht den Mittelpunkt der gesamten betrieblichen und beruflichen Betätigung (BFH-Urteil vom 26. Juni 2003 IV R 9/03, BStBl. 2004 II S. 50).
- Bei Lehrern befindet sich der Mittelpunkt der betrieblichen und beruflichen Betätigung regelmäßig nicht im häuslichen Arbeitszimmer, weil die berufsprägenden Merkmale eines Lehrers im Unterrichten bestehen und diese Leistungen in der Schule o. Ä. erbracht werden (BFH-Urteil vom 26. Februar 2003 VI R 125/01, BStBl. 2004 II S. 72). Deshalb sind die Aufwendungen für das häusliche Arbeitszimmer auch dann nicht in voller Höhe abziehbar, wenn die überwiegende Arbeitszeit auf die Vor- und Nachbereitung des Unterrichts verwendet und diese Tätigkeit im häuslichen Arbeitszimmer ausgeübt wird. Auch bei einem Hochschullehrer ist das häusliche Arbeitszimmer grundsätzlich nicht der Mittelpunkt der beruflichen Tätigkeit (BFH-Urteil vom 27. Oktober 2011 VI R 71/10, BStBl. 2012 II S. 234).

Anl b zu R 4.10

– Bei einem Richter liegt der Mittelpunkt der beruflichen Tätigkeit im Gericht (BFH-Urteil vom 8. Dezember 2011 VI R 13/11, BStBl. 2012 II S. 236).

VI. Für die betriebliche oder berufliche Betätigung steht kein anderer Arbeitsplatz zur Verfügung

196 **14** Anderer Arbeitsplatz i. S. d. § 4 Absatz 5 Satz 1 Nummer 6 b Satz 2 EStG ist grundsätzlich jeder Arbeitsplatz, der zur Erledigung büromäßiger Arbeiten geeignet ist (BFH-Urteil vom 7. August 2003 VI R 17/01, BStBl. 2004 II S. 78). Weitere Anforderungen an die Beschaffenheit des Arbeitsplatzes werden nicht gestellt; unbeachtlich sind mithin grundsätzlich die konkreten Arbeitsbedingungen und Umstände wie beispielsweise Lärmbelästigung oder Publikumsverkehr (BFH-Urteil vom 7. August 2003 VI R 162/00, BStBl. 2004 II S. 83). Voraussetzung ist auch nicht das Vorhandensein eines eigenen, räumlich abgeschlossenen Arbeitsbereichs oder eines individuell zugeordneten Arbeitsplatzes, so dass auch ein Arbeitsplatz in einem Großraumbüro oder in der Schalterhalle einer Bank ein anderer Arbeitsplatz i. S. d. o. g. Vorschrift ist (BFH-Urteile vom 7. August 2003 VI R 17/01, BStBl. 2004 II S. 78 und VI R 162/00, BStBl. 2004 II S. 83). Die Ausstattung des häuslichen Arbeitszimmers mit Arbeitsmitteln, die im Betrieb/in dem vom Arbeitgeber zur Verfügung gestellten Raum nicht vorhanden sind, ist ohne Bedeutung. Ob ein anderer Arbeitsplatz vorliegt, ist nach objektiven Gesichtspunkten zu beurteilen. Subjektive Erwägungen des Steuerpflichtigen zur Annehmbarkeit des Arbeitsplatzes sind unbeachtlich.

15 Ein anderer Arbeitsplatz steht dem Steuerpflichtigen dann zur Verfügung, wenn dieser ihn in dem konkret erforderlichen Umfang und in der konkret erforderlichen Art und Weise tatsächlich nutzen kann. Die Erforderlichkeit des häuslichen Arbeitszimmers entfällt nicht bereits dann, wenn dem Steuerpflichtigen irgendein Arbeitsplatz zur Verfügung steht, sondern nur dann, wenn dieser Arbeitsplatz grundsätzlich so beschaffen ist, dass der Steuerpflichtige auf das häusliche Arbeitszimmer nicht angewiesen ist (BFH-Urteil vom 7. August 2003 VI R 17/01, BStBl. 2004 II S. 78). Die Beurteilung, ob für die betriebliche oder berufliche Tätigkeit kein anderer Arbeitsplatz zur Verfügung steht, ist jeweils tätigkeitsbezogen vorzunehmen. Ein anderer Arbeitsplatz steht auch dann zur Verfügung, wenn er außerhalb der üblichen Arbeitszeiten, wie z. B. am Wochenende oder in den Ferien, nicht zugänglich ist. Ändern sich die Nutzungsverhältnisse des Arbeitszimmers innerhalb eines Veranlagungszeitraumes, ist auf den Zeitraum der begünstigten Nutzung abzustellen. Werden in einem Arbeitszimmer sowohl Tätigkeiten, für die ein anderer Arbeitsplatz zur Verfügung steht, als auch Tätigkeiten, für die ein anderer Arbeitsplatz nicht zur Verfügung steht, ausgeübt, so sind die Aufwendungen dem Grunde nach nur zu berücksichtigen, soweit sie auf Tätigkeiten entfallen, für die ein anderer Arbeitsplatz nicht zur Verfügung steht.

16 Übt ein Steuerpflichtiger mehrere betriebliche oder berufliche Tätigkeiten nebeneinander aus, ist daher für jede Tätigkeit zu prüfen, ob ein anderer Arbeitsplatz zur Verfügung steht. Dabei kommt es nicht darauf an, ob ein für eine Tätigkeit zur Verfügung stehender Arbeitsplatz auch für eine andere Tätigkeit genutzt werden kann (z. B. Firmenarbeitsplatz auch für schriftstellerische Nebentätigkeit), vgl. Rdnr. 20.

17 Geht ein Steuerpflichtiger nur einer betrieblichen oder beruflichen Tätigkeit nach, muss ein vorhandener anderer Arbeitsplatz auch tatsächlich für alle Aufgabenbereiche dieser Erwerbstätigkeit genutzt werden können. Ist ein Steuerpflichtiger auf sein häusliches Arbeitszimmer angewiesen, weil er dort einen nicht unerheblichen Teil seiner betrieblichen oder beruflichen Tätigkeit verrichten muss, ist der andere Arbeitsplatz unschädlich. Es genügt allerdings nicht, wenn er im häuslichen Arbeitszimmer Arbeiten verrichtet, die er grundsätzlich auch an einem anderen Arbeitsplatz verrichten könnte (BFH-Urteil vom 7. August 2003 VI R 17/01, BStBl. 2004 II S. 78).

Beispiele (kein anderer Arbeitsplatz vorhanden):

- Ein Lehrer hat für seine Unterrichtsvorbereitung in der Schule keinen Schreibtisch. Das jeweilige Klassenzimmer oder das Lehrerzimmer stellt keinen Arbeitsplatz i. S. d. Abzugsbeschränkung dar.
- Ein angestellter oder selbständiger Orchestermusiker hat im Konzertsaal keine Möglichkeit zu üben. Hierfür hat er sich ein häusliches Arbeitszimmer eingerichtet.
- Ein angestellter Krankenhausarzt übt eine freiberufliche Gutachtertätigkeit aus. Dafür steht ihm im Krankenhaus kein Arbeitsplatz zur Verfügung.
- Kein anderer Arbeitsplatz steht zur Verfügung, wenn dieser wegen Gesundheitsgefahr nicht nutzbar ist (BFH-Urteil vom 26. Februar 2014 VI R 11/12, BStBl. II S. 674).

Beispiele (vorhandener anderer Arbeitsplatz steht nicht für alle Aufgabenbereiche der Erwerbstätigkeit zur Verfügung):

- Ein EDV-Berater übt außerhalb seiner regulären Arbeitszeit vom häuslichen Arbeitszimmer aus Bereitschaftsdienst aus und kann dafür den Arbeitsplatz bei seinem Arbeitgeber tatsächlich nicht nutzen (BFH-Urteil vom 7. August 2003 VI R 41/98, BStBl. 2004 II S. 80).
- Einer Schulleiterin mit einem Unterrichtspensum von 18 Wochenstunden steht im Schulsekretariat ein Schreibtisch nur für die Verwaltungsarbeiten zur Verfügung. Für die Vor- und Nachbereitung des Unterrichts kann dieser Arbeitsplatz nach objektiven Kriterien wie Größe, Ausstattung und Nutzung nicht genutzt werden; diese Arbeiten müssen im häuslichen Arbeitszimmer verrichtet werden (BFH-Urteil vom 7. August 2003 VI R 118/00, BStBl. 2004 II S. 82).
- Einem Grundschulleiter, der zu 50% von der Unterrichtsverpflichtung freigestellt ist, steht für die Verwaltungstätigkeit ein Dienstzimmer von 11 qm zur Verfügung. Das Dienstzimmer bietet keinen ausreichenden Platz zur Unterbringung der für die Vor- und Nachbereitung des Unterrichts erforderlichen Gegenstände (BFH-Urteil vom 7. August 2003 VI R 16/01, BStBl. 2004 II S. 77).
- Muss ein Bankangestellter in einem nicht unerheblichen Umfang Büroarbeiten auch außerhalb der üblichen Bürozeiten verrichten und steht ihm hierfür sein regulärer Arbeitsplatz nicht zur Verfügung, können die Aufwendungen für ein häusliches Arbeitszimmer grundsätzlich (bis zu einer Höhe von 1250 Euro) als Werbungskosten zu berücksichtigen sein (BFH-Urteil vom 7. August 2003 VI R 162/00, BStBl. 2004 II S. 83).
- Ein Poolarbeitsplatz, bei dem sich acht Großbetriebsprüfer drei Arbeitsplätze für die vor- und nachbereitenden Arbeiten der Prüfungen teilen, steht nicht als anderer Arbeitsplatz zur Verfügung, wenn er zur Erledigung der Innendienstarbeiten nicht in dem erforderlichen Umfang genutzt werden kann (BFH-Urteil vom 26. Februar 2014 VI R 37/13, BStBl. II S. 570).
- Der Arbeitsplatz eines Selbständigen, den dieser nicht uneingeschränkt nutzen kann und der daher einen nicht unerheblichen Teil seiner beruflichen oder betrieblichen Tätigkeit im häuslichen Arbeitszimmer verrichten muss, steht nicht in dem erforderlichen Umfang zur Verfügung (BFH-Urteil vom 22. Februar 2017 III R 9/16, BStBl. II S. 698).

Anl b zu R 4.10

18 Der Steuerpflichtige muss konkret darlegen, dass ein anderer Arbeitsplatz für die jeweilige betriebliche oder berufliche Tätigkeit nicht zur Verfügung steht. Die Art der Tätigkeit kann hierfür Anhaltspunkte bieten. Zusätzliches Indiz kann eine entsprechende Bescheinigung des Arbeitgebers sein.

VII. Nutzung des Arbeitszimmers zur Erzielung unterschiedlicher Einkünfte

19 Übt ein Steuerpflichtiger mehrere betriebliche und berufliche Tätigkeiten nebeneinander aus und bildet das häusliche Arbeitszimmer den Mittelpunkt der gesamten betrieblichen und beruflichen Betätigung, so sind die Aufwendungen für das Arbeitszimmer entsprechend dem Nutzungsumfang den darin ausgeübten Tätigkeiten zuzuordnen. Liegt dabei der Mittelpunkt einzelner Tätigkeiten außerhalb des häuslichen Arbeitszimmers, ist der Abzug der anteiligen Aufwendungen auch für diese Tätigkeiten möglich. **196a**

20 Liegt der Mittelpunkt der gesamten betrieblichen und beruflichen Betätigung nicht im häuslichen Arbeitszimmer, steht für einzelne Tätigkeiten jedoch kein anderer Arbeitsplatz zur Verfügung, können die Aufwendungen bis zur Höhe von 1250 Euro abgezogen werden. Dabei sind die Aufwendungen für das Arbeitszimmer entsprechend dem Nutzungsumfang den darin ausgeübten Tätigkeiten zuzuordnen. Soweit der Kostenabzug für eine oder mehrere Tätigkeiten möglich ist, kann der Steuerpflichtige diese anteilig insgesamt bis zum Höchstbetrag abziehen (BFH-Urteil vom 25. April 2017 VIII R 52/13, BStBl. II S. 949).

Eine Vervielfachung des Höchstbetrages entsprechend der Anzahl der darin ausgeübten Tätigkeiten ist ausgeschlossen.

Beispiel:

Ein Angestellter nutzt sein Arbeitszimmer zu 40% für seine nichtselbständige Tätigkeit und zu 60% für eine unternehmerische Nebentätigkeit. Nur für die Nebentätigkeit steht ihm kein anderer Arbeitsplatz zur Verfügung. An Aufwendungen sind für das Arbeitszimmer insgesamt 2500 Euro entstanden. Diese sind nach dem Nutzungsverhältnis aufzuteilen. Auf die nichtselbständige Tätigkeit entfallen 40% von 2500 Euro = 1000 Euro, die nicht abgezogen werden können. Auf die Nebentätigkeit entfallen 60% von 2500 Euro = 1500 Euro, die bis zu 1250 Euro als Betriebsausgaben abgezogen werden können.

VIII. Nutzung des Arbeitszimmers durch mehrere Steuerpflichtige

21 Die Abzugsbeschränkung ist personenbezogen anzuwenden. Daher kann jeder Nutzende die Aufwendungen, die er getragen hat, entweder unbegrenzt, bis zum Höchstbetrag von 1250 Euro oder gar nicht abziehen. Nutzen mehrere Personen, wie z. B. Ehegatten, ein Arbeitszimmer gemeinsam, sind die Voraussetzungen des § 4 Absatz 5 Satz 1 Nummer 6b EStG bezogen auf die einzelne steuerpflichtige Person zu prüfen (BFH-Urteile vom 15. Dezember 2016 VI R 53/12, BStBl. 2017 II S. 938, und VI R 86/13, BStBl. 2017 II S. 941). Nutzen Miteigentümer das Arbeitszimmer gemeinsam zur Erzielung von Einkünften, kann jeder die seinem Anteil entsprechenden und von ihm getragenen Aufwendungen (z. B. Absetzung für Abnutzung, Schuldzinsen) als Betriebsausgaben oder Werbungskosten abziehen. Dasselbe gilt für Mietzahlungen für eine durch Ehegatten oder Lebenspartner gemeinsam gemietete Wohnung (BFH-Urteil vom 15. Dezember 2016 VI R 86/13, BStBl. 2017 II S. 941). **196b**

Beispiel:

A und B nutzen gemeinsam ein häusliches Arbeitszimmer jeweils zu 50 Prozent (zeitlicher Nutzungsanteil). Die Gesamtaufwendungen betragen 4000 Euro und werden entsprechend dem Nutzungsanteil getragen. Für A bildet das häusliche Arbeitszimmer den Mittelpunkt der gesamten betrieblichen und beruflichen Betätigung; A kann 2000 Euro als Betriebsausgaben oder Werbungskosten abziehen. B steht für die im häuslichen Arbeitszimmer ausgeübte betriebliche oder berufliche Tätigkeit kein anderer Arbeitsplatz zur Verfügung, er kann daher 1250 Euro als Betriebsausgaben oder Werbungskosten abziehen.

IX. Nicht ganzjährige Nutzung des häuslichen Arbeitszimmers

22 Ändern sich die Nutzungsverhältnisse innerhalb eines Wirtschafts- oder Kalenderjahres, können nur die auf den Zeitraum, in dem das Arbeitszimmer den Mittelpunkt der gesamten betrieblichen und beruflichen Betätigung bildet, entfallenden Aufwendungen in voller Höhe abgezogen werden. Für den übrigen Zeitraum kommt ein beschränkter Abzug nur in Betracht, wenn für die betriebliche oder berufliche Betätigung kein anderer Arbeitsplatz zur Verfügung steht. Der Höchstbetrag von 1250 Euro ist auch bei nicht ganzjähriger Nutzung eines häuslichen Arbeitszimmers in voller Höhe, also nicht zeitanteilig, zum Abzug zuzulassen. **196c**

Beispiele:

- Ein Arbeitnehmer hat im 1. Halbjahr den Mittelpunkt seiner gesamten betrieblichen und beruflichen Tätigkeit in seinem häuslichen Arbeitszimmer. Im 2. Halbjahr übt er die Tätigkeit am Arbeitsplatz bei seinem Arbeitgeber aus. Die Aufwendungen für das Arbeitszimmer, die auf das 1. Halbjahr entfallen, sind in voller Höhe als Werbungskosten abziehbar. Für das 2. Halbjahr kommt ein Abzug nicht in Betracht.
- Ein Arbeitnehmer hat ein häusliches Arbeitszimmer, das er nur nach Feierabend und am Wochenende auch für seine nichtselbständige Tätigkeit nutzt. Seit 15. Juni ist er in diesem Raum auch schriftstellerisch tätig. Aus der schriftstellerischen Tätigkeit erzielt er Einkünfte aus selbständiger Arbeit. Fortan nutzt der Steuerpflichtige sein Arbeitszimmer zu 30% für die nichtselbständige Tätigkeit und zu 70% für die schriftstellerische Tätigkeit, wofür ihm kein anderer Arbeitsplatz zur Verfügung steht. Die Gesamtaufwendungen für das Arbeitszimmer betrugen 5000 Euro. Davon entfallen auf den Zeitraum ab 15. Juni ($^{6,5}/_{12}$ =) 2708 Euro. Der auf die nichtselbständige Tätigkeit entfallende Kostenanteil ist insgesamt nicht abziehbar. Auf die selbständige Tätigkeit entfallen 70% von 2708 Euro = 1896 Euro, die bis zum Höchstbetrag von 1250 Euro als Betriebsausgaben abgezogen werden können. Eine zeitanteilige Kürzung des Höchstbetrages ist nicht vorzunehmen.

23 Wird das Arbeitszimmer für eine spätere Nutzung vorbereitet, bei der die Abzugsvoraussetzungen vorliegen, sind die darauf entfallenden Aufwendungen entsprechend zu berücksichtigen (BFH-Urteil vom 23. Mai 2006 VI R 21/03, BStBl. II S. 600).

X. Nutzung eines häuslichen Arbeitszimmers zu Ausbildungszwecken

197 **24** Nach § 10 Absatz 1 Nummer 7 Satz 4 EStG ist die Regelung des § 4 Absatz 5 Satz 1 Nummer 6 b EStG auch für Aufwendungen für ein häusliches Arbeitszimmer anzuwenden, das für die eigene erstmalige Berufsausbildung oder im Rahmen eines Erststudiums, das zugleich eine Erstausbildung vermittelt und nicht im Rahmen eines Dienstverhältnisses stattfindet, genutzt wird. Im Rahmen der Erstausbildungskosten können jedoch in jedem Fall Aufwendungen nur bis zu insgesamt 6000 Euro (bis Veranlagungszeitraum 2011: 4000 Euro) als Sonderausgaben abgezogen werden (§ 10 Absatz 1 Nummer 7 Satz 1 EStG). Wird das häusliche Arbeitszimmer auch zur Einkunftserzielung genutzt, sind für die Aufteilung der Kosten Rdnr. 19 und 20 entsprechend anzuwenden.

XI. Nutzung eines häuslichen Arbeitszimmers in Zeiten der Nichtbeschäftigung

197a **24a** Die Aufwendungen für ein häusliches Arbeitszimmer können in Zeiten der Nichtbeschäftigung (z. B. Erwerbslosigkeit, Mutterschutz, Elternzeit) nach den Regeln vorweggenommener Betriebsausgaben oder Werbungskosten abgezogen werden, wenn und soweit dem Steuerpflichtigen der Abzug der Aufwendungen auch unter den zu erwartenden Umständen der späteren betrieblichen oder beruflichen Tätigkeit zustehen würde (BFH-Urteil vom 2. Dezember 2005 VI R 63/03, BStBl. 2006 II S. 329).

XII. Vermietung eines häuslichen Arbeitszimmers

197b **24b** Zur Vermietung eines Büroraums an den Arbeitgeber wird auf das BMF-Schreiben vom 13. Dezember 2005 (BStBl. 2006 I S. 4) und zur Vermietung eines häuslichen Arbeitsraums an den Auftraggeber eines Gewerbetreibenden wird auf das BFH-Urteil vom 13. Dezember 2016 X R 18/12 (BStBl. 2017 II S. 450) hingewiesen.

XIII. Besondere Aufzeichnungspflichten

197c **25** Nach § 4 Absatz 7 EStG dürfen Aufwendungen für ein häusliches Arbeitszimmer bei der Gewinnermittlung nur berücksichtigt werden, wenn sie besonders aufgezeichnet sind. Es bestehen keine Bedenken, wenn die auf das Arbeitszimmer anteilig entfallenden Finanzierungskosten im Wege der Schätzung ermittelt werden und nach Ablauf des Wirtschafts- oder Kalenderjahres eine Aufzeichnung aufgrund der Jahresabrechnung des Kreditinstitutes erfolgt. Entsprechendes gilt für die verbrauchsabhängigen Kosten wie z. B. Wasser- und Energiekosten. Es ist ausreichend, Abschreibungsbeträge einmal jährlich – zeitnah nach Ablauf des Kalender- oder Wirtschaftsjahres – aufzuzeichnen.

XIV. Zeitliche Anwendung

197d **26** Dieses Schreiben ersetzt das BMF-Schreiben vom 2. März 2011 (BStBl. I S. 195)[1] und ist in allen offenen Fällen ab dem Veranlagungszeitraum 2007 anzuwenden.

R 4.11

R 4.11. Besondere Aufzeichnung

198 (1) ①Das Erfordernis der besonderen Aufzeichnung ist erfüllt, wenn für jede der in § 4 Abs. 7 EStG bezeichneten Gruppen von Aufwendungen ein besonderes Konto oder eine besondere Spalte geführt wird. ②Es ist aber auch ausreichend, wenn für diese Aufwendungen zusammengenommen ein Konto oder eine Spalte geführt wird. ③In diesem Fall muss sich aus jeder Buchung oder Aufzeichnung die Art der Aufwendung ergeben. ④Das gilt auch dann, wenn verschiedene Aufwendungen bei einem Anlass zusammentreffen, z. B. wenn im Rahmen einer Bewirtung von Personen aus geschäftlichem Anlass Geschenke gegeben werden.

199 (2) ①Bei den Aufwendungen für Geschenke muss der Name des Empfängers aus der Buchung oder dem Buchungsbeleg zu ersehen sein. ②Aufwendungen für Geschenke gleicher Art können in einer Buchung zusammen gefasst werden (Sammelbuchung), wenn

1. die Namen der Empfänger der Geschenke aus einem Buchungsbeleg ersichtlich sind oder
2. im Hinblick auf die Art des zugewendeten Gegenstandes, z. B.Taschenkalender, Kugelschreiber, und wegen des geringen Werts des einzelnen Geschenks die Vermutung besteht, dass die Freigrenze gem. § 4 Abs. 5 Satz 1 Nr. 1 EStG bei dem einzelnen Empfänger im Wirtschaftsjahr nicht überschritten wird; eine Angabe der Namen der Empfänger ist in diesem Fall nicht erforderlich.

H 4.11

Besondere Aufzeichnung

200
- Die Pflicht zur besonderen Aufzeichnung ist erfüllt, wenn diese Aufwendungen fortlaufend, zeitnah und bei Gewinnermittlung durch Betriebsvermögensvergleich auf besonderen Konten im Rahmen der Buchführung gebucht oder bei Einnahmenüberschussrechnung von Anfang an getrennt von den sonstigen Betriebsausgaben einzeln aufgezeichnet werden (→ BFH vom 22. 1. 1988 – BStBl. II S. 535).
- Statistische Zusammenstellungen oder die geordnete Sammlung von Belegen genügen nur dann, wenn zusätzlich die Summe der Aufwendungen periodisch und zeitnah auf einem besonderen Konto eingetragen wird oder vergleichbare Aufzeichnungen geführt werden (→ BFH vom 26. 2. 1988 – BStBl. II S. 613).
- Eine Aufzeichnung auf besondere Konten liegt nicht vor, wenn die bezeichneten Aufwendungen auf Konten gebucht werden, auf denen auch nicht besonders aufzeichnungspflichtige Aufwendungen gebucht sind (→ BFH vom 10. 1. 1974 – BStBl. II S. 211 und vom 19. 8.

---

[1] Letztmals abgedruckt im „Handbuch zur ESt-Veranlagung 2016" als Anlage b zu R 4.10.

1980 – BStBl. II S. 745). Bei der Aufzeichnung von Bewirtungsaufwendungen ist es jedoch nicht erforderlich, dass getrennte Konten für Aufwendungen für die Bewirtung von Personen aus geschäftlichem Anlass und für Aufwendungen für die Bewirtung von Personen aus sonstigem betrieblichen Anlass geführt werden (→ BFH vom 19. 8. 1999 – BStBl. 2000 II S. 203).
– Zur besonderen Aufzeichnung von Aufwendungen für ein häusliches Arbeitszimmer → BMF vom 6. 10. 2017 (BStBl. I S. 1320),[1] Rdnr. 25.

Verstoß gegen die besondere Aufzeichnungspflicht. Ein Verstoß gegen die besondere Aufzeichnungspflicht nach § 4 Abs. 7 EStG hat zur Folge, dass die nicht besonders aufgezeichneten Aufwendungen nicht abgezogen werden können (→ BFH vom 22. 1. 1988 – BStBl. II S. 535). Dies gilt nicht für eine Fehlbuchung, die sich nach dem Rechtsgedanken des § 129 Satz 1 AO als offenbare Unrichtigkeit darstellt (→ BFH vom 19. 8. 1999 – BStBl. 2000 II S. 203).

R 4.12. Entfernungspauschale, nicht abziehbare Fahrtkosten, Reisekosten und Mehraufwendungen bei doppelter Haushaltsführung R 4.12

Aufwendungen für Wege zwischen Wohnung und Betriebsstätte

(1) ① Die Regelungen in den LStR zu Aufwendungen für Wege zwischen Wohnung und regelmäßiger Arbeitsstätte[2] sind entsprechend anzuwenden. ② Ein Betriebsausgabenabzug in Höhe der Entfernungspauschale nach § 4 Abs. 5 Satz 1 Nr. 6 Satz 2 EStG kommt auch dann in Betracht, wenn die nach § 4 Abs. 5 Satz 1 Nr. 6 Satz 3 EStG ermittelten Werte geringer sind als die Entfernungspauschale. ③ Wird an einem Tag aus betrieblichen oder beruflichen Gründen der Weg zwischen Wohnung und Betriebsstätte mehrfach zurückgelegt, darf die Entfernungspauschale nur einmal pro Tag berücksichtigt werden. ④ Die Regelung des § 4 Abs. 5 Satz 1 Nr. 6 EStG gilt nicht für Fahrten zwischen Betriebsstätten. ⑤ Unter Betriebsstätte ist im Zusammenhang mit Geschäftsreisen (Absatz 2), anders als in § 12 AO, die (von der Wohnung getrennte) Betriebsstätte zu verstehen. ⑥ Das ist der Ort, an dem oder von dem aus die betrieblichen Leistungen erbracht werden. ⑦ Die Betriebsstätte eines See- und Hafenlotsen ist danach nicht das häusliche Arbeitszimmer, sondern das Lotsrevier oder die Lotsenstation. **201**

Reisekosten

(2) ① Die Regelungen in den LStR zu Reisekosten sind sinngemäß anzuwenden. ② Der Ansatz pauschaler Kilometersätze ist nur für private Beförderungsmittel zulässig. **202**

Mehraufwendungen bei doppelter Haushaltsführung

(3) Die Regelungen in den LStR zu Mehraufwendungen bei doppelter Haushaltsführung sind entsprechend anzuwenden. **203**

H 4.12

204

Abzug als Werbungskosten. Zum Abzug von Aufwendungen für Wege zwischen Wohnung und erster Tätigkeitsstätte sowie Fahrten nach § 9 Abs. 1 Satz 3 Nr. 4 a Satz 3 EStG und von Mehraufwendungen bei doppelter Haushaltsführung von Arbeitnehmern als Werbungskosten → R 9.10 und 9.11 LStR 2015 sowie → H 9.10 und H 9.11 LStH.

Betriebsstätte → BMF vom 23. 12. 2014 (BStBl. 2015 I S. 26).[3]

Doppelte Haushaltsführung[4] → BMF vom 23. 12. 2014 (BStBl. 2015 I S. 26).[3]

Gesamtaufwendungen für das Kraftfahrzeug
– → BMF vom 18. 11. 2009 (BStBl. I S. 1326 unter Berücksichtigung der Änderungen durch BMF vom 15. 11. 2012 – BStBl. I S. 1099),[5] Rdnr. 32.
– Bei Nutzung von Elektro- und Hybridelektrofahrzeugen → BMF vom 5. 11. 2021 (BStBl. I S. 2205).[6]
– Bei Nutzung von Brennstoffzellenfahrzeugen → BMF vom 24. 1. 2018 (BStBl. I S. 272).[6]

Menschen mit Behinderungen
– Auch bei Stpfl., die zu dem in § 9 Abs. 2 EStG bezeichneten Personenkreis gehören, kann grundsätzlich nur eine Hin- und Rückfahrt für jeden Arbeitstag berücksichtigt werden (→ BFH vom 2. 4. 1976 – BStBl. II S. 452).
– Nachweis der Behinderung → § 65 EStDV, H 33 b (Nachweis der Behinderung).

Miterledigung betrieblicher Angelegenheiten. Werden anlässlich einer Fahrt zwischen Wohnung und Betriebsstätte oder umgekehrt andere betriebliche oder berufliche Angelegenheiten miterledigt, können die dadurch bedingten Mehraufwendungen in voller Höhe als Betriebsausgaben abgezogen werden (→ BFH vom 17. 2. 1977 – BStBl. II S. 543).

---

[1] Abgedruckt als Anlage b zu R 4.10 EStR.
[2] Jetzt: erster Tätigkeitsstätte.
[3] Nachstehend abgedruckt als Anlage d zu R 4.12 EStR.
[4] Zum Mittelpunkt der Lebensinteressen bei einer Familie, die am Beschäftigungsort wohnt, siehe *BFH-Urteil vom 1.10.2019 VIII R 29/16 (DStR 2020 S. 430).*
[5] Nachstehend abgedruckt als Anlage b zu R 4.12 EStR.
[6] Nachstehend abgedruckt als Anlage c zu R 4.12 EStR.

Anl a zu R 4.12

Motorboot. Aufwendungen für Wege zwischen Wohnung und Betriebsstätte mit einem Motorboot (Yacht) sind nicht generell nach § 4 Abs. 5 Satz 1 Nr. 4 EStG vom steuerlichen Abzug ausgeschlossen, sondern unterliegen der Abzugsbegrenzung nach § 4 Abs. 5 Satz 1 Nr. 6 EStG (→ BFH vom 10. 5. 2001 – BStBl. II S. 575).

Pauschbeträge für Verpflegungsmehraufwendungen bei Auslandsgeschäftsreisen → BMF vom 3. 12. 2020 (BStBl. I S. 1256).[1]

Pkw-Nutzung für Familienheimfahrten. Die Abzugsbegrenzung für Familienheimfahrten nach § 4 Abs. 5 Satz 1 Nr. 6 EStG ist verfassungsgemäß (→ BFH vom 19. 6. 2013 – BStBl. II S. 812).

Reisekosten → BMF vom 23.12.2014 (BStBl. 2015 I S. 26).[2]

Wege zwischen Wohnung und Betriebsstätte
- → BMF vom 23. 12. 2014 (BStBl. 2015 I S. 26).[2]
- → BMF vom 18. 11. 2009 (BStBl. I S. 1326 unter Berücksichtigung der Änderungen durch BMF vom 15. 11. 2012 – BStBl. I S. 1099).[3]
- Bei Nutzung von Elektro- und Hybridelektrofahrzeugen → BMF vom 5. 11. 2021 (BStBl. I S. 2205).[4]

Anl a zu R 4.12

a) Schreiben betr. steuerliche Behandlung von Reisekosten und Reisekostenvergütungen bei betrieblich und beruflich veranlassten Auslandsreisen ab 1. Januar 2021[5]

Vom 3. Dezember 2020 (BStBl. I S. 1256)

(BMF IV C 5 – S 2353/19/10010 :002; DOK 2020/1163533)

1 Anlage

Aufgrund des § 9 Absatz 4 a Satz 5 ff. Einkommensteuergesetz (EStG) werden im Einvernehmen mit den obersten Finanzbehörden der Länder die in der anliegenden Übersicht ausgewiesenen Pauschbeträge für Verpflegungsmehraufwendungen und Übernachtungskosten für beruflich und betrieblich veranlasste Auslandsdienstreisen ab 1. Januar 2021 bekannt gemacht (Fettdruck kennzeichnet die Änderungen gegenüber der Übersicht ab 1. Januar 2020, BStBl. 2019 I S. 1254).

Bei eintägigen Reisen in das Ausland ist der entsprechende Pauschbetrag des letzten Tätigkeitsortes im Ausland maßgebend. Bei mehrtägigen Reisen in verschiedenen Staaten gilt für die Ermittlung der Verpflegungspauschalen am An- und Abreisetag sowie an den Zwischentagen (Tage mit 24 Stunden Abwesenheit) im Hinblick auf § 9 Absatz 4 a Satz 5 2. Halbsatz EStG insbesondere Folgendes:
- Bei der Anreise vom Inland in das Ausland oder vom Ausland in das Inland jeweils ohne Tätig werden ist der entsprechende Pauschbetrag des Ortes maßgebend, der vor 24 Uhr Ortszeit erreicht wird.
- Bei der Abreise vom Ausland in das Inland oder vom Inland in das Ausland ist der entsprechende Pauschbetrag des letzten Tätigkeitsortes maßgebend.
- Für die Zwischentage ist in der Regel der entsprechende Pauschbetrag des Ortes maßgebend, den der Arbeitnehmer vor 24 Uhr Ortszeit erreicht.

Siehe dazu auch Rz. 52 des BMF-Schreibens zur steuerlichen Behandlung der Reisekosten von Arbeitnehmern vom 25. November 2020 (BStBl. I S. 1228).[6]

Schließt sich an den Tag der Rückreise von einer mehrtägigen Auswärtstätigkeit zur Wohnung oder ersten Tätigkeitsstätte eine weitere ein- oder mehrtägige Auswärtstätigkeit an, ist für diesen Tag nur die höhere Verpflegungspauschale zu berücksichtigen. Im Übrigen, insbesondere bei Flug- und Schiffsreisen, ist R 9.6 Absatz 3 LStR zu beachten.

Zur Kürzung der Verpflegungspauschale gilt Folgendes:

Bei der Gestellung von Mahlzeiten durch den Arbeitgeber oder auf dessen Veranlassung durch einen Dritten ist die Kürzung der Verpflegungspauschale i. S. d. § 9 Absatz 4 a Satz 8 ff. EStG tagesbezogen vorzunehmen, d. h. von der für den jeweiligen Reisetag maßgebenden Verpflegungspauschale (s. o.) für eine 24-stündige Abwesenheit (§ 9 Absatz 4 a Satz 5 EStG), unabhängig davon, in welchem Land die jeweilige Mahlzeit zur Verfügung gestellt wurde.

Beispiel:

Der Ingenieur I kehrt am Dienstag von einer mehrtägigen Auswärtstätigkeit in Straßburg (Frankreich) zu seiner Wohnung zurück. Nachdem er Unterlagen und neue Kleidung eingepackt hat, reist er zu einer weiteren mehrtägigen Auswärtstätigkeit nach Kopenhagen (Dänemark) weiter. I erreicht Kopenhagen um 23 Uhr. Die Übernachtungen – jeweils mit Frühstück – wurden vom Arbeitgeber im Voraus gebucht und bezahlt.

Für Dienstag ist nur die höhere Verpflegungspauschale von 39 Euro (Rückreisetag von Straßburg: 34 Euro, Anreisetag nach Kopenhagen 39 Euro) anzusetzen. Aufgrund der Gestellung des Frühstücks im Rahmen der Übernachtung in Straßburg ist die Verpflegungspauschale um 11,60 Euro (20 Prozent der Verpflegungspauschale Kopenhagen für einen vollen Kalendertag: 58 Euro) auf 27,40 Euro zu kürzen.

---

[1] Nachstehend abgedruckt als Anlage a zu R 4.12 EStR.
[2] Nachstehend abgedruckt als Anlage d zu R 4.12 EStR.
[3] Nachstehend abgedruckt als Anlage b zu R 4.12 EStR.
[4] Nachstehend abgedruckt als Anlage c zu R 4.12 EStR.
[5] Die Pauschbeträge sind **auch für das Kj. 2022 anzuwenden,** Mitteilung des BMF vom 27. 9. 2021; ab 1. 1. 2023 siehe BMF-Schreiben vom 23. 11. 2022 (BStBl. I S. 1654).
[6] Abgedruckt im „Handbuch zur Lohnsteuer 2022" als Anlage a zu LStH 9.4.

Anl a zu R 4.12

Die festgesetzten Beträge für die Philippinen gelten auch für Mikronesien, die Beträge für Trinidad und Tobago gelten auch für die zu dessen Amtsbezirk gehörenden Staaten Antigua und Barbuda, Dominica, Grenada, Guyana, St. Kitts und Nevis, St. Lucia, St. Vincent und Grenadinen sowie Suriname.

Für die in der Bekanntmachung nicht erfassten Länder ist der für Luxemburg geltende Pauschbetrag maßgebend, für nicht erfasste Übersee- und Außengebiete eines Landes ist der für das Mutterland geltende Pauschbetrag maßgebend.

Die Pauschbeträge für Übernachtungskosten sind ausschließlich in den Fällen der Arbeitgebererstattung anwendbar (R 9.7 Absatz 3 LStR und Rz. 128 des BMF-Schreibens zur steuerlichen Behandlung der Reisekosten von Arbeitnehmern vom 25. November 2020 (BStBl. I S. 1228)[1]. Für den Werbungskostenabzug sind nur die tatsächlichen Übernachtungskosten maßgebend (R 9.7 Absatz 2 LStR und Rz. 117 des BMF-Schreibens zur steuerlichen Behandlung der Reisekosten von Arbeitnehmern vom 25. November 2020 (BStBl. I S. 1228)[1]; dies gilt entsprechend für den Betriebsausgabenabzug (R 4.12 Absatz 2 und 3 EStR).

Dieses Schreiben gilt entsprechend für doppelte Haushaltsführungen im Ausland (R 9.11 Absatz 10 Satz 1, Satz 7 Nummer 3 LStR und Rz. 112 ff. des BMF-Schreibens zur steuerlichen Behandlung der Reisekosten von Arbeitnehmern vom 25. November 2020 (BStBl. I S. 1228)[1].

---

[1] Abgedruckt im „Handbuch zur Lohnsteuer 2022“ als Anlage a zu LStH 9.4.

Anl a zu R 4.12

Anlage

Übersicht über die ab 1. Januar 2021 geltenden Pauschbeträge für Verpflegungsmehraufwendungen und Übernachtungskosten im Ausland

(Änderungen gegenüber 1. Januar 2020, BStBl. 2019 I S. 1254, im Fettdruck)

Land	Pauschbeträge für Verpflegungsmehraufwendungen – bei einer Abwesenheitsdauer von mindestens 24 Stunden je Kalendertag	Pauschbeträge für Verpflegungsmehraufwendungen – für den An- und Abreisetag sowie bei einer Abwesenheitsdauer von mehr als 8 Stunden je Kalendertag	Pauschbetrag für Übernachtungskosten
	€	€	€
Afghanistan	30	20	95
Ägypten	41	28	125
Äthiopien	39	26	130
Äquatorialguinea	36	24	166
Albanien	27	18	112
Algerien	51	34	173
Andorra	41	28	91
Angola	52	35	299
Argentinien	35	24	113
Armenien	24	16	59
Aserbaidschan	30	20	72
Australien			
– Canberra	51	34	158
– Sydney	68	45	184
– im Übrigen	51	34	158
Bahrain	45	30	180
Bangladesch	50	33	165
Barbados	52	35	165
Belgien	42	28	135
Benin	52	35	115
Bolivien	30	20	93
Bosnien und Herzegowina	23	16	75
Botsuana	46	31	176
Brasilien			
– Brasilia	57	38	127
– Rio de Janeiro	57	38	145
– Sao Paulo	53	36	132
– im Übrigen	51	34	84
Brunei	52	35	106
Bulgarien	22	15	115
Burkina Faso	38	25	174
Burundi	36	24	138
Chile	44	29	154
China			
– Chengdu	41	28	131
– Hongkong	74	49	145
– Kanton	36	24	150
– Peking	30	20	185
– Shanghai	58	39	217
– im Übrigen	48	32	112
Costa Rica	47	32	93
Côte d'Ivoire	59	40	166
Dänemark	58	39	143
Dominica	45	30	177
Dominikanische Republik	45	30	147
Dschibuti	65	44	305
Ecuador	44	29	97
El Salvador	44	29	119
Eritrea	50	33	91
Estland	29	20	85
Fidschi	34	23	69
Finnland	50	33	136
Frankreich			
– Lyon	53	36	115

Land	Pauschbeträge für Verpflegungsmehraufwendungen bei einer Abwesenheitsdauer von mindestens 24 Stunden je Kalendertag	Pauschbeträge für Verpflegungsmehraufwendungen für den An- und Abreisetag sowie bei einer Abwesenheitsdauer von mehr als 8 Stunden je Kalendertag	Pauschbetrag für Übernachtungskosten
	€	€	€
– Marseille	46	31	101
– Paris sowie die Departements 92, 93 und 94	58	39	152
– Straßburg	51	34	96
– im Übrigen	44	29	115
Gabun	52	35	183
Gambia	40	27	161
Georgien	35	24	88
Ghana	46	31	148
Griechenland			
– Athen	46	31	132
– im Übrigen	36	24	135
Guatemala	34	23	90
Guinea	46	31	118
Guinea-Bissau	24	16	86
Haiti	58	39	130
Honduras	48	32	101
Indien			
– Bangalore	42	28	155
– Chennai	32	21	85
– Kalkutta	35	24	145
– Mumbai	50	33	146
– Neu Delhi	38	25	185
– im Übrigen	32	21	85
Indonesien	36	24	134
Iran	33	22	196
Irland	58	39	129
Island	47	32	108
Israel	66	44	190
Italien			
– Mailand	45	30	158
– Rom	40	27	135
– im Übrigen	40	27	135
Jamaika	57	38	138
Japan			
– Tokio	66	44	233
– im Übrigen	52	35	190
Jemen	24	16	95
Jordanien	46	31	126
Kambodscha	38	25	94
Kamerun	50	33	180
Kanada			
– Ottawa	47	32	142
– Toronto	51	34	161
– Vancouver	50	33	140
– im Übrigen	47	32	134
Kap Verde	30	20	105
Kasachstan	45	30	111
Katar	56	37	149
Kenia	51	34	219
Kirgisistan	27	18	74
Kolumbien	46	31	115
Kongo, Republik	62	41	215
Kongo, Demokratische Republik	70	47	190
Korea, Demokratische Volksrepublik	28	19	92
Korea, Republik	48	32	108
Kosovo	23	16	57
Kroatien	35	24	107

Anl a zu R 4.12

Land	Pauschbeträge für Verpflegungsmehraufwendungen bei einer Abwesenheitsdauer von mindestens 24 Stunden je Kalendertag	für den An- und Abreisetag sowie bei einer Abwesenheitsdauer von mehr als 8 Stunden je Kalendertag	Pauschbetrag für Übernachtungskosten
	€	€	€
Kuba	46	31	228
Kuwait	56	37	241
Laos	33	22	96
Lesotho	24	16	103
Lettland	35	24	76
Libanon	59	40	123
Libyen	63	42	135
Liechtenstein	56	37	190
Litauen	26	17	109
Luxemburg	47	32	130
Madagaskar	34	23	87
Malawi	47	32	123
Malaysia	34	23	88
Malediven	52	35	170
Mali	38	25	120
Malta	46	31	114
Marokko	42	28	129
Marshall Inseln	63	42	102
Mauretanien	39	26	105
Mauritius	54	36	220
Mazedonien	29	20	95
Mexiko	48	32	177
Moldau, Republik	24	16	88
Monaco	42	28	180
Mongolei	27	18	92
Montenegro	29	20	94
Mosambik	38	25	146
Myanmar	35	24	155
Namibia	30	20	112
Nepal	36	24	126
Neuseeland	56	37	153
Nicaragua	36	24	81
Niederlande	47	32	122
Niger	42	28	131
Nigeria	46	31	182
Norwegen	80	53	182
Österreich	40	27	108
Oman	60	40	200
Pakistan			
– Islamabad	23	16	238
– im Übrigen	34	23	122
Palau	51	34	179
Panama	39	26	111
Papua-Neuguinea	60	40	234
Paraguay	38	25	108
Peru	34	23	143
Philippinen	33	22	116
Polen			
– Breslau	33	22	117
– Danzig	30	20	84
– Krakau	27	18	86
– Warschau	29	20	109
– im Übrigen	29	20	60
Portugal	36	24	102
Ruanda	46	31	141
Rumänien			
– Bukarest	32	21	92
– im Übrigen	27	18	89
Russische Föderation			
– Jekatarinenburg	28	19	84
– Moskau	30	20	110
– St. Petersburg	26	17	114
– im Übrigen	24	16	58

Land	Pauschbeträge für Verpflegungsmehraufwendungen bei einer Abwesenheitsdauer von mindestens 24 Stunden je Kalendertag	Pauschbeträge für Verpflegungsmehraufwendungen für den An- und Abreisetag sowie bei einer Abwesenheitsdauer von mehr als 8 Stunden je Kalendertag	Pauschbetrag für Übernachtungskosten
	€	€	€
Sambia	36	24	130
Samoa	29	20	85
San Marino	34	23	75
São Tomé – Príncipe	47	32	80
Saudi-Arabien			
– Djidda	38	25	234
– Riad	48	32	179
– im Übrigen	48	32	80
Schweden	50	33	168
Schweiz			
– Genf	66	44	186
– im Übrigen	64	43	180
Senegal	42	28	190
Serbien	20	13	74
Sierra Leone	48	32	161
Simbabwe	45	30	140
Singapur	54	36	197
Slowakische Republik	24	16	85
Slowenien	33	22	95
Spanien			
– Barcelona	34	23	118
– Kanarische Inseln	40	27	115
– Madrid	40	27	118
– Palma de Mallorca	35	24	121
– im Übrigen	34	23	115
Sri Lanka	42	28	100
Sudan	33	22	195
Südafrika			
– Kapstadt	27	18	112
– Johannisburg	29	20	124
– im Übrigen	22	15	94
Südsudan	34	23	150
Syrien	38	25	140
Tadschikistan	27	18	118
Taiwan	46	31	143
Tansania	47	32	201
Thailand	38	25	110
Togo	39	26	118
Tonga	39	26	94
Trinidad und Tobago	45	30	177
Tschad	64	43	163
Tschechische Republik	35	24	94
Türkei			
– Istanbul	26	17	120
– Izmir	29	20	55
– im Übrigen	17	12	95
Tunesien	40	27	115
Turkmenistan	33	22	108
Uganda	41	28	143
Ukraine	26	17	98
Ungarn	22	15	63
Uruguay	48	32	90
Usbekistan	34	23	104
Vatikanstaat	52	35	160
Venezuela	45	30	127
Vereinigte Arabische Emirate	65	44	156
Vereinigte Staaten von Amerika (USA)			
– Atlanta	62	41	175
– Boston	58	39	265

Land	Pauschbeträge für Verpflegungsmehraufwendungen bei einer Abwesenheitsdauer von mindestens 24 Stunden je Kalendertag	für den An- und Abreisetag sowie bei einer Abwesenheitsdauer von mehr als 8 Stunden je Kalendertag	Pauschbetrag für Übernachtungskosten
	€	€	€
– Chicago	54	36	209
– Houston	63	42	138
– Los Angeles	56	37	274
– Miami	64	43	151
– New York City	58	39	282
– San Francisco	51	34	314
– Washington, D. C.	62	41	276
– im Übrigen	51	34	138
Vereinigtes Königreich von Großbritannien und Nordirland			
– London	62	41	224
– im Übrigen	45	30	115
Vietnam	41	28	86
Weißrussland	20	13	98
Zentralafrikanische Republik	46	31	74
Zypern	45	30	116

Anl b zu R 4.12

b) Schreiben betr. ertragsteuerliche Erfassung der Nutzung eines betrieblichen Kraftfahrzeugs zu Privatfahrten, zu Fahrten zwischen Wohnung und Betriebsstätte sowie zu Familienheimfahrten nach § 4 Absatz 5 Satz 1 Nummer 6 und § 6 Absatz 1 Nummer 4 Satz 1 bis 3 EStG;[1] Berücksichtigung der Änderungen durch das Gesetz zur Eindämmung missbräuchlicher Steuergestaltungen vom 28. April 2006 (BStBl. I S. 353) und des Gesetzes zur Fortführung der Gesetzeslage 2006 bei der Entfernungspauschale vom 20. April 2009 (BGBl. I S. 774, BStBl. I S. 536)

Vom 18. November 2009 (BStBl. I S. 1326)

(BMF IV C 6 – S 2177/07/10004; DOK 2009/0725394)

Geändert durch BMF-Schreiben vom 15. November 2012 (BStBl. I S. 1099)

Im Einvernehmen mit den obersten Finanzbehörden der Länder gilt für die ertragsteuerliche Erfassung der Nutzung eines betrieblichen Kraftfahrzeugs zu Privatfahrten, zu Fahrten zwischen Wohnung und Betriebsstätte sowie zu Familienheimfahrten nach § 4 Absatz 5 Satz 1 Nummer 6 EStG und § 6 Absatz 1 Nummer 4 Satz 1 bis 3 EStG Folgendes:

I. Anwendungsbereich des § 4 Absatz 5 Satz 1 Nummer 6 EStG und des § 6 Absatz 1 Nummer 4 Satz 2 bis 3 EStG

1. Betriebliche Nutzung eines Kraftfahrzeugs

205a **1** Die Zuordnung von Kraftfahrzeugen zu einem Betriebsvermögen richtet sich nach allgemeinen Grundsätzen (R 4.2 Absatz 1 EStR 2008).[2] Zur betrieblichen Nutzung zählt auch die auf Wege zwischen Wohnung und Betriebsstätte und Familienheimfahrten entfallende Nutzung gemäß § 4 Absatz 5 Satz 1 Nummer 6 EStG.
Der private Nutzungsanteil eines zum Betriebsvermögen gehörenden Kraftfahrzeugs ist nach § 6 Absatz 1 Nummer 4 Satz 2 EStG mit 1 Prozent des inländischen Listenpreises zu bewerten, wenn dieses zu mehr als 50 Prozent betrieblich genutzt wird. Dies gilt auch für gemietete oder geleaste Kraftfahrzeuge. Kraftfahrzeuge i. S. dieser Regelung sind Kraftfahrzeuge, die typischerweise nicht nur vereinzelt und gelegentlich für private Zwecke genutzt werden (BFH-Urteil vom 13. Februar 2003, BStBl. II S. 472). Hierzu zählen beispielsweise auch Geländekraftfahrzeuge, wobei die kraftfahrzeugsteuerrechtliche Einordnung vor der Neuregelung in § 2 Absatz 2 a KraftStG zum 1. Mai 2005 unerheblich ist. Keine Kraftfahrzeuge i. d. S. sind Zugmaschinen oder Lastkraftwagen, die kraftfahrzeugsteuerrechtlich „andere Kraftfahrzeuge" sind.[3]

[1] Bei Nutzung von Elektro- und Hybridelektrofahrzeugen siehe BMF-Schreiben vom 5. 11. 2021 (BStBl. I S. 2205), nachstehend abgedruckt als Anlage c zu R 4.12 EStR.
[2] Jetzt: EStR 2012.
[3] Zu Campingfahrzeugen siehe *BFH-Urteil vom 6. 11. 2001 VI R 62/96 (BStBl. 2002 II S. 370)*. Zu einem Werkstattwagen vgl. *BFH-Urteil vom 18. 12. 2008 VI R 34/07 (BStBl. 2009 II S. 381)*.
Zu einem Zweisitzer mit Ladefläche siehe *BFH-Urteil vom 17. 2. 2016 X R 32/11 (BStBl. II S. 708)*.

Anl b zu R 4.12

2[1, 2] Die bloße Behauptung, das Kraftfahrzeug werde nicht für Privatfahrten genutzt oder Privatfahrten würden ausschließlich mit anderen Kraftfahrzeugen durchgeführt, reicht nicht aus, um von dem Ansatz eines privaten Nutzungsanteils abzusehen (BFH-Urteil vom 13. Februar 2003, BStBl. II S. 472). Vielmehr trifft den Steuerpflichtigen die objektive Beweislast, wenn ein nach der Lebenserfahrung untypischer Sachverhalt, wie z. B. die ausschließlich betriebliche Nutzung des einzigen betrieblichen Kraftfahrzeugs eines Unternehmers, der Besteuerung zugrunde gelegt werden soll.

3 Die Anwendung von § 4 Absatz 5 Satz 1 Nummer 6 EStG setzt voraus, dass ein Kraftfahrzeug für Fahrten zwischen Wohnung und Betriebsstätte oder für Familienheimfahrten genutzt wird. Die Zugehörigkeit des Kraftfahrzeugs zum Betriebsvermögen des Steuerpflichtigen ist hierbei nicht erforderlich. Für ein Kraftfahrzeug im Privatvermögen des Steuerpflichtigen werden im Ergebnis nur Aufwendungen in Höhe der Entfernungspauschale i. S. d. § 9 Absatz 1 Satz 3 Nummer 4 und Nummer 5 Satz 1 bis 6 EStG zum Abzug zugelassen. Die Regelung des § 9 Absatz 2 EStG ist entsprechend anzuwenden.

2. Nachweis der betrieblichen Nutzung i. S. d. § 6 Absatz 1 Nummer 4 Satz 2 EStG

4 Der Umfang der betrieblichen Nutzung ist vom Steuerpflichtigen darzulegen und glaubhaft zu machen. Dies kann in jeder geeigneten Form erfolgen. Auch die Eintragungen in Terminkalendern, die Abrechnung gefahrener Kilometer gegenüber den Auftraggebern, Reisekostenaufstellungen sowie andere Abrechnungsunterlagen können zur Glaubhaftmachung geeignet sein. Sind entsprechende Unterlagen nicht vorhanden, kann die überwiegende betriebliche Nutzung durch formlose Aufzeichnungen über einen repräsentativen zusammenhängenden Zeitraum (i. d. R. drei Monate) glaubhaft gemacht werden. Dabei reichen Angaben über die betrieblich veranlassten Fahrten (jeweiliger Anlass und die jeweils zurückgelegte Strecke) und die Kilometerstände zu Beginn und Ende des Aufzeichnungszeitraumes aus.

5 Auf einen Nachweis der betrieblichen Nutzung kann verzichtet werden, wenn sich bereits aus Art und Umfang der Tätigkeit des Steuerpflichtigen ergibt, dass das Kraftfahrzeug zu mehr als 50 Prozent betrieblich genutzt wird. Dies kann in der Regel bei Steuerpflichtigen angenommen werden, die ihr Kraftfahrzeug für eine durch ihren Betrieb oder Beruf bedingte typische Reisetätigkeit benutzen oder die zur Ausübung ihrer räumlich ausgedehnten Tätigkeit auf die ständige Benutzung des Kraftfahrzeugs angewiesen sind (z. B. bei Taxiunternehmern, Handelsvertretern, Handwerkern der Bau- und Baunebengewerbe, Landtierärzten). Diese Vermutung gilt, wenn ein Steuerpflichtiger mehrere Kraftfahrzeuge im Betriebsvermögen hält, nur für das Kraftfahrzeug mit der höchsten Jahreskilometerleistung. Für die weiteren Kraftfahrzeuge gelten die allgemeinen Grundsätze. Die Vermutungsregelung ist nicht anzuwenden, sobald für ein weiteres Kraftfahrzeug der Nachweis über die überwiegende betriebliche Nutzung erbracht wird.

6 Keines weiteren Nachweises bedarf es, wenn die Fahrten zwischen Wohnung und Betriebsstätte und die Familienheimfahrten mehr als 50 Prozent der Jahreskilometerleistung des Kraftfahrzeugs ausmachen.

7 Hat der Steuerpflichtige den betrieblichen Nutzungsumfang des Kraftfahrzeugs einmal dargelegt, so ist – wenn sich keine wesentlichen Veränderungen in Art oder Umfang der Tätigkeit oder bei den Fahrten zwischen Wohnung und Betriebsstätte ergeben – auch für die folgenden Veranlagungszeiträume von diesem Nutzungsumfang auszugehen. Ein Wechsel der Kraftfahrzeugklasse kann im Einzelfall Anlass für eine erneute Prüfung des Nutzungsumfangs sein. Die im Rahmen einer rechtmäßigen Außenprüfung erlangten Kenntnisse bestimmter betrieblicher Verhältnisse des Steuerpflichtigen in den Jahren des Prüfungszeitraumes lassen Schlussfolgerungen auf die tatsächlichen Gegebenheiten in den Jahren vor oder nach dem Prüfungszeitraum zu (BFH-Urteil vom 28. August 1987, BStBl. 1988 II S. 2).

3. Methodenwahl

8[3] Wird das Kraftfahrzeug zu mehr als 50 Prozent betrieblich genutzt, kann der Steuerpflichtige die Wahl zwischen der Besteuerung nach § 6 Absatz 1 Nummer 4 Satz 2 EStG (1%-Regelung) oder nach § 6 Absatz 1 Nummer 4 Satz 3 EStG (Fahrtenbuchmethode, Rdnr. 21 bis 30) durch Einreichen der Steuererklärung beim Finanzamt vornehmen; die Methodenwahl muss für das Wirtschaftsjahr einheitlich getroffen werden. Im Fall des Kraftfahrzeugwechsels (vgl. Rdnr. 9) ist auch während eines Wirtschaftsjahres der Übergang zu einer anderen Ermittlungsmethode zulässig. Das Wahlrecht kann bis zur Bestandskraft der Steuerfestsetzung ausgeübt oder geändert werden.

4. Kraftfahrzeugwechsel

9 Wird das auch privat genutzte Kraftfahrzeug im laufenden Wirtschaftsjahr ausgewechselt, z. B. bei Veräußerung des bisher genutzten und Erwerb eines neuen Kraftfahrzeugs, ist der Ermittlung der pauschalen Wertansätze im Monat des Kraftfahrzeugwechsels der inländische Listenpreis des Kraftfahrzeugs zugrunde zu legen, das der Steuerpflichtige nach der Anzahl der Tage überwiegend genutzt hat.

---

[1] Zum Anscheinsbeweis für eine private Nutzung betrieblicher PKW siehe auch *BFH-Urteil vom 4. 12. 2012 VIII R 42/09 (BStBl. 2013 II S. 365).*

[2] Zur Ermittlung der privaten Nutzungsentnahme bei Einsatz eines Wechselkennzeichens siehe *Vfg. OFD Frankfurt vom 18. 5. 2017, S 2145 A – 015 – St 210 (DStR 2017 S. 1764).*

[3] Die Fahrtenbuchmethode ist nur dann zulässig, wenn der Stpfl. das Fahrtenbuch für den gesamten VZ/das gesamte Wj. führt, in dem er das Fahrzeug nutzt. Ein unterjähriger Wechsel von der 1%-Regelung zur Fahrtenbuchmethode für dasselbe Fahrzeug ist nicht zulässig, *BFH-Urteil vom 20. 3. 2014 VI R 35/12 (BStBl. II S. 643).*

Anl b zu R 4.12

II. Pauschale Ermittlung des privaten Nutzungswerts[1, 2]

1. Listenpreis

205b **10** Für den pauschalen Nutzungswert ist der inländische Listenpreis[3] des Kraftfahrzeugs im Zeitpunkt seiner Erstzulassung zuzüglich der Kosten für Sonderausstattung[4] (z. B. Navigationsgerät, BFH-Urteil vom 16. Februar 2005, BStBl. II S. 563) einschließlich der Umsatzsteuer (BFH-Urteil vom 6. März 2003, BStBl. II S. 704) maßgebend. Das gilt auch für reimportierte Kraftfahrzeuge. Soweit das reimportierte Kraftfahrzeug mit zusätzlicher Sonderausstattung versehen ist, die sich im inländischen Listenpreis nicht niedergeschlagen hat, ist der Wert der Sonderausstattung, der sich aus der Preisliste des Herstellers ergibt, zusätzlich zu berücksichtigen. Soweit das reimportierte Kraftfahrzeug geringwertiger ausgestattet ist, ist der Wert der „Minderausstattung" anhand des inländischen Listenpreises eines vergleichbaren inländischen Kraftfahrzeugs angemessen zu berücksichtigen. Kosten für nur betrieblich nutzbare Sonderausstattung, wie z. B. der zweite Pedalsatz eines Fahrschulkraftfahrzeugs, sind nicht anzusetzen. Für Kraftfahrzeuge, für die der inländische Listenpreis nicht ermittelt werden kann, ist dieser zu schätzen.[5] Der Listenpreis ist auf volle Hundert Euro abzurunden. Für Veranlagungszeiträume ab 2002 ist der Listenpreis für vor dem 1. Januar 2002 angeschaffte oder hergestellte Kraftfahrzeuge zunächst in Euro umzurechnen und danach auf volle Hundert Euro abzurunden.

11 Zeitpunkt der Erstzulassung ist der Tag, an dem das Kraftfahrzeug das erste Mal zum Straßenverkehr zugelassen worden ist. Das gilt auch für gebraucht erworbene Kraftfahrzeuge. Zeitpunkt der Erstzulassung des Kraftfahrzeugs ist nicht der Zeitpunkt der Erstzulassung des Kraftfahrzeugtyps, sondern des jeweiligen individuellen Kraftfahrzeugs. Bei inländischen Kraftfahrzeugen ergibt sich das Datum aus den Zulassungspapieren. Macht der Steuerpflichtige geltend, dass für ein importiertes oder ein reimportiertes Kraftfahrzeug ein anderes Datum maßgebend sei, trifft ihn die objektive Beweislast.

2. Nutzung mehrerer Kraftfahrzeuge und Nutzung durch mehrere Nutzungsberechtigte

a) Einzelunternehmen

12[6] Gehören gleichzeitig mehrere Kraftfahrzeuge zum Betriebsvermögen, so ist der pauschale Nutzungswert grundsätzlich für jedes Kraftfahrzeug anzusetzen, das vom Steuerpflichtigen oder zu seiner Privatsphäre gehörenden Personen für Privatfahrten genutzt wird (vgl. Rdnr. 2). Kann der Steuerpflichtige glaubhaft machen, dass bestimmte betriebliche Kraftfahrzeuge ausschließlich betrieblich genutzt werden, weil sie für eine private Nutzung nicht geeignet sind (z. B. bei sog. Werkstattwagen – BFH-Urteil vom 18. Dezember 2008 – VI R 34/07 – BStBl. II S. 381) oder diese ausschließlich eigenen Arbeitnehmern zur Nutzung überlassen werden, ist für diese Kraftfahrzeuge kein pauschaler Nutzungswert zu ermitteln. Dies gilt entsprechend für Kraftfahrzeuge, die nach der betrieblichen Nutzungszuweisung nicht zur privaten Nutzung zur Verfügung stehen. Hierzu können z. B. Vorführwagen eines Kraftfahrzeughändlers, zur Vermietung bestimmte Kraftfahrzeuge oder Kraftfahrzeuge von Steuerpflichtigen, die ihre Tätigkeit nicht in einer festen örtlichen Einrichtung ausüben oder die ihre Leistungen nur durch den Einsatz eines Kraftfahrzeugs erbringen können, gehören. Gibt der Steuerpflichtige in derartigen Fällen in seiner Gewinnermittlung durch den Ansatz einer Nutzungsentnahme an, dass von ihm das Kraftfahrzeug mit dem höchsten Listenpreis auch privat genutzt wird, ist diesen Angaben aus Vereinfachungsgründen zu folgen und für weitere Kraftfahrzeuge kein zusätzlicher pauschaler Nutzungswert anzusetzen. Für die private Nutzung von betrieblichen Kraftfahrzeugen durch zur Privatsphäre des Steuerpflichtigen gehörende Personen gilt dies entsprechend, wenn je Person das Kraftfahrzeug mit dem nächsthöchsten Listenpreis berücksichtigt wird. Wird ein Kraftfahrzeug gemeinsam vom Steuerpflichtigen und einem oder mehreren Arbeitnehmern genutzt, so ist bei pauschaler Nutzungswertermittlung für Privatfahrten der Nutzungswert von 1 Prozent des Listenpreises entsprechend der Zahl der Nutzungsberechtigten aufzuteilen. Es gilt die widerlegbare Vermutung, dass für Fahrten zwischen Wohnung und Betriebsstätte und für Familienheimfahrten das Kraftfahrzeug mit dem höchsten Listenpreis genutzt wird.

Beispiel 1:

Zum Betriebsvermögen des Versicherungsmaklers C gehören fünf Kraftfahrzeuge, von denen vier von C, seiner Ehefrau und dem erwachsenen Sohn auch zu Privatfahrten genutzt werden; von C auch für Fahrten zwischen Wohnung und Betriebsstätte. Ein Kraftfahrzeug wird ausschließlich einem Angestellten auch zur privaten Nutzung überlassen; der Nutzungsvorteil wird bei diesem lohnversteuert. Die betriebliche Nutzung der Kraftfahrzeuge beträgt jeweils mehr als 50 Prozent. Es befindet sich kein weiteres Kraftfahrzeug im Privatvermögen. Die private Nutzungsentnahme nach § 6 Absatz 1 Nummer 4 Satz 2 EStG ist für vier Kraftfahrzeuge anzusetzen, und zwar mit jeweils 1 Prozent des Listenpreises. Zusätzlich ist für Fahrten zwischen Wohnung und Betriebsstätte der Betriebsausgabenabzug zu kürzen. Dabei ist der höchste Listenpreis zugrunde zu legen.

---

[1] Die pauschale Ermittlung des privaten Nutzungswerts nach der „1% Regelung" verstößt nicht gegen das Grundgesetz. *BFH-Urteil vom 13. 12. 2012 VI R 51/11 (BStBl. 2013 II S. 385).*

[2] Bei Landwirten mit Durchschnittssatzbesteuerung nach § 24 UStG ist eine nach der 1%-Regelung ermittelte Entnahme für die private PKW-Nutzung nicht um eine fiktive Umsatzsteuer zu erhöhen *(BFH-Urteil vom 3. 2. 2010 IV R 45/07, BStBl. II S. 689).*

[3] Listenpreis i. S. d. § 6 Abs. 1 Nr. 4 Satz 2 EStG im Taxigewerbe ist nur der Preis, zu dem der Stpfl. das Fahrzeug auch als Privatkunde erwerben könnte, *BFH-Urteil vom 8. 11. 2018 III R 13/16 (BStBl. 2019 II S. 229).*

[4] Eine Sonderausstattung liegt nur dann vor, wenn das Fahrzeug bereits werksseitig im Zeitpunkt der Erstzulassung damit ausgestattet ist, *BFH-Urteil vom 13. 10. 2010 VI R 12/09 (BStBl. 2011 II S. 361).*

[5] Dies gilt auch für Importfahrzeuge, für die weder ein inländischer Bruttolistenpreis vorhanden ist noch eine Vergleichbarkeit mit einem bau- und typengleichen inländischen Fahrzeug besteht, *BFH-Urteil vom 9. 11. 2017 III R 20/16 (BStBl. 2018 II S. 278).*

[6] Rdnr. 12 wurde durch BMF-Schreiben vom 15. 11. 2012 (BStBl. I S. 1099) neu gefasst und ist in allen offenen Fällen anzuwenden.

Beispiel 2:

Zum Betriebsvermögen eines Architekturbüros gehören sechs Kraftfahrzeuge, die jeweils vom Betriebsinhaber, seiner Ehefrau und den Angestellten/freien Mitarbeitern genutzt werden. Der Steuerpflichtige erklärt glaubhaft eine Nutzungsentnahme für die zwei von ihm und seiner Ehefrau auch privat genutzten Kraftfahrzeuge mit den höchsten Listenpreisen. Die übrigen Kraftfahrzeuge werden den Angestellten/freien Mitarbeitern nicht zur privaten Nutzung überlassen; sie werden im Rahmen ihrer Tätigkeit genutzt, um die Bauprojekte zu betreuen und zu überwachen. Eine Nutzungswertbesteuerung der vier weiteren Kraftfahrzeuge ist nicht vorzunehmen. Weist der Steuerpflichtige dem betrieblichen Kraftfahrzeug eine bestimmte Funktion im Betrieb zu und erklärt er zudem durch den Ansatz einer Nutzungsentnahme für zwei andere Fahrzeuge, dass er und die zu seiner Privatsphäre gehörenden Personen jenes Kraftfahrzeug nicht privat nutzen, so soll dieser Erklärung grundsätzlich gefolgt werden. Die reine Möglichkeit der privaten Nutzung der den Mitarbeitern zur Betreuung und Überwachung von Bauprojekten zugeordneten Kraftfahrzeuge (z. B. am Wochenende) führt nicht zum Ansatz einer weiteren Nutzungsentnahme.

b) Personengesellschaft

13 Befinden sich Kraftfahrzeuge im Betriebsvermögen einer Personengesellschaft, ist ein pauschaler Nutzungswert für den Gesellschafter anzusetzen, dem die Nutzung des Kraftfahrzeugs zuzurechnen ist. Rdnr. 12 ist entsprechend anzuwenden.

Beispiel 2:

Der IJK-OHG gehören die Gesellschafter I, J und K an. Es befinden sich vier Kraftfahrzeuge im Betriebsvermögen. Die Gesellschafter I und K sind alleinstehend. Niemand aus ihrer Privatsphäre nutzt die betrieblichen Kraftfahrzeuge. Der Gesellschafter J ist verheiratet. Seine Ehefrau nutzt ein betriebliches Kraftfahrzeug auch zu Privatfahrten. Die betriebliche Nutzung der Kraftfahrzeuge beträgt jeweils mehr als 50 Prozent. Die Bruttolistenpreise der Kraftfahrzeuge betragen 80 000 EUR, 65 000 EUR, 50 000 EUR und 40 000 EUR. I nutzt das 80 000 EUR-Kraftfahrzeug, J das 50 000 EUR-Kraftfahrzeug, K das 65 000 EUR-Kraftfahrzeug und Frau J das 40 000 EUR-Kraftfahrzeug. Die private Nutzungsentnahme ist monatlich für den Gesellschafter I mit 1 Prozent von 80 000 EUR, für den Gesellschafter K mit 1 Prozent von 65 000 EUR und für den Gesellschafter J mit 1 Prozent von 50 000 EUR zuzüglich 1 Prozent von 40 000 EUR anzusetzen.

3. Nur gelegentliche Nutzung des Kraftfahrzeugs

14 Der pauschale Nutzungswert und die nicht abziehbaren Betriebsausgaben sind auch dann mit den Monatswerten zu ermitteln, wenn das Kraftfahrzeug nur gelegentlich zu Privatfahrten oder zu Fahrten zwischen Wohnung und Betriebsstätte genutzt wird.[1]

15 Die Monatswerte sind nicht anzusetzen für volle Kalendermonate, in denen eine private Nutzung oder eine Nutzung zu Fahrten zwischen Wohnung und Betriebsstätte ausgeschlossen ist.

16 Hat ein Steuerpflichtiger mehrere Betriebsstätten in unterschiedlicher Entfernung von der Wohnung, kann bei der pauschalen Berechnung der nicht abziehbaren Betriebsausgaben nach § 4 Absatz 5 Satz 1 Nummer 6 EStG die Entfernung zur näher gelegenen Betriebsstätte zugrunde gelegt werden. Die Fahrten zur weiter entfernt gelegenen Betriebsstätte sind zusätzlich mit 0,002 Prozent des inländischen Listenpreises i. S. d. § 6 Absatz 1 Nummer 4 Satz 2 EStG für jeden weiteren Entfernungskilometer (Differenz zwischen den Entfernungen der Wohnung zur jeweiligen Betriebsstätte) anzusetzen.

Beispiel 3:

Der Unternehmer A wohnt in A-Stadt und hat dort eine Betriebsstätte (Entfernung zur Wohnung 30 km). Eine zweite Betriebsstätte unterhält er in B-Stadt (Entfernung zur Wohnung 100 km). A fährt zwischen Wohnung und Betriebsstätte mit dem Betriebs-Kraftfahrzeug (Bruttolistenpreis: 22 500 EUR). Er ist an 40 Tagen von der Wohnung zur Betriebsstätte in B-Stadt gefahren, an den anderen Tagen zur Betriebsstätte in A-Stadt (insgesamt an 178 Tagen). Die nicht abziehbaren Betriebsausgaben sind wie folgt zu ermitteln:

a) 22 500 EUR × 0,03% × 30 km × 12 Monate =	2430,00 EUR	
./. 178 Tage × 30 km × 0,30 EUR =	1602,00 EUR	
		828,00 EUR
b) 22 500 EUR × 0,002% × 70 (100./. 30) km × 40 Tage =	1260,00 EUR	
./. 40 Tage × 100 km × 0,30 EUR =	1200,00 EUR	
		60,00 EUR
Summe der nicht abziehbaren Betriebsausgaben		888,00 EUR

4. Nutzung im Rahmen unterschiedlicher Einkunftsarten[2, 3]

17 Nutzt der Steuerpflichtige das betriebliche Kraftfahrzeug auch im Rahmen anderer Einkunftsarten, sind die auf diese außerbetriebliche, aber nicht private Nutzung entfallenden Aufwendungen grundsätzlich nicht mit dem nach § 6 Absatz 1 Nummer 4 Satz 2 EStG (1%-Regelung) ermittelten Betrag abgegolten (BFH-Urteil vom 26. April 2006, BStBl. 2007 II S. 445). Es bestehen keine Bedenken, diese Entnahme mangels anderer Anhaltspunkte mit 0,001% des inländischen Listenpreises des Kraftfahrzeugs je gefahrenem Kilometer zu bewerten; dieser Entnahmewert stellt vorbehaltlich bestehender Abzugsbeschränkungen die im Rahmen der anderen Einkunftsart abziehbaren Betriebsausgaben oder Werbungskosten dar. Aus Vereinfachungsgründen wird einkommensteuerrechtlich auf den Ansatz einer zusätzlichen Entnahme verzichtet, soweit die Aufwendungen bei der anderen Einkunftsart keinen Abzugsbeschränkungen unterliegen und dort nicht abgezogen werden.

[1] Bestätigt durch *BFH-Urteil vom 12. 6. 2018 VIII R 14/15 (BStBl. II S. 755).*

[2] Überlässt der Stpfl. das Kraftfahrzeug einem Dritten aus privaten Gründen, handelt es sich um eine private Nutzung durch den Stpfl. mit der Folge, dass diese durch die Anwendung der 1%-Regelung abgegolten ist. Dies gilt auch, wenn der Dritte das Kraftfahrzeug zu seiner eigenen Einkunftserzielung nutzt. Für diese Nutzung des Dritten kommt ein Betriebsausgaben- oder Werbungskostenabzug nicht in Betracht, wenn er für die Nutzungsüberlassung keine Aufwendungen trägt, *BFH-Urteil vom 15. 7. 2014 X R 24/12 (BStBl. 2015 II S. 132).*

[3] Zu einem PKW, der einem Arbeitnehmer von seinem Arbeitgeber überlassen und nach der 1%-Regelung versteuert wird, und der vom Arbeitnehmer im Rahmen seiner selbständigen Arbeit genutzt wird, siehe *BFH-Urteil vom 16. 7. 2015 III R 33/14 (BStBl. 2016 II S. 44).*

Anl b zu R 4.12

5. Begrenzung der pauschalen Wertansätze (sog. Kostendeckelung)[1]

18 Der pauschale Nutzungswert nach § 6 Absatz 1 Nummer 4 Satz 2 EStG sowie die nicht abziehbaren Betriebsausgaben für Fahrten zwischen Wohnung und Betriebsstätte und Familienheimfahrten nach § 4 Absatz 5 Satz 1 Nummer 6 EStG können die für das genutzte Kraftfahrzeug insgesamt tatsächlich entstandenen Aufwendungen übersteigen. Wird das im Einzelfall nachgewiesen, so sind diese Beträge höchstens mit den Gesamtkosten[2] des Kraftfahrzeugs anzusetzen.[3] Bei mehreren privat genutzten Kraftfahrzeugen können die zusammengefassten pauschal ermittelten Wertansätze auf die nachgewiesenen tatsächlichen Gesamtaufwendungen dieser Kraftfahrzeuge begrenzt werden; eine fahrzeugbezogene „Kostendeckelung" ist zulässig.

19 Wird neben dem pauschalen Nutzungswert nach § 6 Absatz 1 Nummer 4 Satz 2 EStG eine Entnahme aufgrund der Nutzung des Kraftfahrzeugs zur Erzielung anderer Einkunftsarten erfasst, ist auch dieser Betrag den tatsächlichen Aufwendungen gegenüberzustellen (vgl. Rdnr. 17).

20 Bei Anwendung der Kostendeckelung müssen dem Steuerpflichtigen als abziehbare Aufwendungen mindestens die nach § 4 Absatz 5 Satz 1 Nummer 6 Satz 2, § 9 Absatz 1 Satz 3 Nummer 4 und Nummer 5 EStG ermittelten Beträge (Entfernungspauschalen) verbleiben.

Beispiel 4:

Für ein zu mehr als 50 Prozent für betriebliche Zwecke genutztes Kraftfahrzeug (Bruttolistenpreis 35 600 EUR) sind im Wirtschaftsjahr 7400 EUR Gesamtkosten angefallen. Das Kraftfahrzeug wurde an 200 Tagen für Fahrten zwischen Wohnung und Betriebsstätte (Entfernung 27 Kilometer) genutzt. Ein Fahrtenbuch wurde nicht geführt.

1. pauschaler Wertansatz nach § 4 Absatz 5 Satz 1 Nummer 6 EStG:		
35 600 EUR × 0,03% × 27 km × 12 Monate	=	3460,32 EUR
2. privater Nutzungsanteil nach § 6 Absatz 1 Nummer 4 Satz 2 EStG:		
35 600 EUR × 1% × 12 Monate	=	4272,00 EUR
3. Prüfung der Kostendeckelung:		
Gesamtaufwendungen		7400,00 EUR
Pauschale Wertansätze (Summe aus 1. und 2.)		7732,32 EUR
Höchstbetrag der pauschalen Wertansätze		7400,00 EUR

Die pauschalen Wertansätze übersteigen die entstandenen Gesamtkosten. Es liegt ein Fall der Kostendeckelung vor. Der pauschale Wertansatz für die Fahrten zwischen Wohnung und Betriebsstätte nach § 4 Absatz 5 Satz 1 Nummer 6 EStG und der private Nutzungsanteil nach § 6 Absatz 1 Nummer 4 Satz 2 EStG sind auf die Höhe der Gesamtaufwendungen von 7400 EUR beschränkt. Die Entfernungspauschale nach § 4 Absatz 5 Satz 1 Nummer 6 i. V. m. § 9 Absatz 1 Satz 3 Nummer 4 EStG i. H. v. 1620,00 EUR (200 Tage × 27 km × 0,30 EUR) ist zu berücksichtigen.

III. Ermittlung des tatsächlichen privaten Nutzungswerts

1. Führung eines Fahrtenbuches

205c **21** Ein Fahrtenbuch soll die Zuordnung von Fahrten zur betrieblichen und beruflichen Sphäre ermöglichen und darstellen. Es muss laufend geführt werden.

22 Werden mehrere betriebliche Kraftfahrzeuge vom Unternehmer oder von zu seiner Privatsphäre gehörenden Personen zu Privatfahrten, zu Fahrten zwischen Wohnung und Betriebsstätte oder zu Familienheimfahrten genutzt, ist diese Nutzung für jedes der Kraftfahrzeuge, das zu mehr als 50 Prozent betrieblich genutzt wird, entweder pauschal im Wege der Listenpreisregelung oder aber konkret anhand der Fahrtenbuchmethode zu ermitteln (BFH-Urteil vom 3. August 2000, BStBl. 2001 II S. 332). Gehören dabei gleichzeitig mehrere Kraftfahrzeuge zum Betriebsvermögen, und wird nicht für jedes dieser Kraftfahrzeuge ein Fahrtenbuch im Sinne des § 6 Absatz 1 Nummer 4 Satz 3 EStG geführt, ist für diejenigen Kraftfahrzeuge, für die kein Fahrtenbuch geführt wird, und die für Privatfahrten, für Fahrten zwischen Wohnung und Betriebsstätte oder für Familienheimfahrten genutzt werden, § 6 Absatz 1 Nummer 4 Satz 2 EStG (1%-Regelung) und § 4 Absatz 5 Satz 1 Nummer 6 EStG (pauschale Ermittlung der nicht abziehbaren Betriebsausgaben) anzuwenden. Die Rdnrn. 12 und 13 gelten entsprechend.

Beispiel 5:

Zum Betriebsvermögen des Unternehmers C gehören fünf Kraftfahrzeuge, die von C, seiner Ehefrau und dem erwachsenen Sohn auch zu Privatfahrten genutzt werden. Die betriebliche Nutzung der Kraftfahrzeuge beträgt jeweils mehr als 50 Prozent. Es befindet sich kein weiteres Kraftfahrzeug im Privatvermögen. Für ein Kraftfahrzeug wird ein Fahrtenbuch geführt. Die (pauschale) private Nutzungsentnahme für die vier weiteren auch privat genutzten Kraftfahrzeuge ist nach § 6 Absatz 1 Nummer 4 Satz 2 EStG mit jeweils 1 Prozent des Listenpreises anzusetzen. Für das Kraftfahrzeug, für das ein Fahrtenbuch geführt wird, ist die Nutzungsentnahme mit den tatsächlich auf die private Nutzung entfallenden Aufwendungen anzusetzen.

2. Elektronisches Fahrtenbuch

23 Ein elektronisches Fahrtenbuch ist anzuerkennen, wenn sich daraus dieselben Erkenntnisse wie aus einem manuell geführten Fahrtenbuch gewinnen lassen. Beim Ausdrucken von elektronischen Aufzeichnungen müssen nachträgliche Veränderungen der aufgezeichneten Angaben technisch ausgeschlossen, zumindest aber dokumentiert werden (BFH-Urteil vom 16. November 2005, BStBl. 2006 II S. 410).

---

[1] Zur Kostendeckelung bei Leasingsonderzahlungen siehe *Finbeh. Hamburg, Fachinformation vom 8. 11. 2018 S 2177-2018/001-S2 (DStR 2019 S. 1407).*

[2] Bei entgeltlicher Überlassung eines Kraftfahrzeugs durch einen Mitunternehmer an die Mitunternehmerschaft zählen die Aufwendungen der Mitunternehmerschaft für das Kraftfahrzeug, nicht aber die Aufwendungen des Mitunternehmers zu den Gesamtkosten, *BFH-Urteil vom 18. 9. 2012 VIII R 14/11 (BStBl. 2013 II S. 120).*

[3] Auch wenn die Anwendung der 1% Regelung voraussetzt, dass das Kfz zu mehr als 50% betrieblich genutzt wird, ist es nicht geboten, die ermittelte Nutzungsentnahme auf 50% der Gesamtkosten zu begrenzen, *BFH-Urteil vom 15. 5. 2018 X R 28/15 (BStBl. II S. 712).*

Anl b zu R 4.12

3. Anforderungen an ein Fahrtenbuch

24 Ein Fahrtenbuch muss zeitnah und in geschlossener Form geführt werden. Es muss die Fahrten einschließlich des an ihrem Ende erreichten Gesamtkilometerstandes vollständig und in ihrem fortlaufenden Zusammenhang wiedergeben (BFH-Urteil vom 9. November 2005, BStBl. 2006 II S. 408). Das Fahrtenbuch muss mindestens folgende Angaben enthalten (vgl. R 8.1 Absatz 9 Nummer 2 Satz 3 LStR 2008)[1]: Datum und Kilometerstand zu Beginn und Ende jeder einzelnen betrieblich/beruflich veranlassten Fahrt, Reiseziel, Reisezweck und aufgesuchte Geschäftspartner. Wird ein Umweg gefahren, ist dieser aufzuzeichnen. Auf einzelne dieser Angaben kann verzichtet werden, soweit wegen der besonderen Umstände im Einzelfall die betriebliche/berufliche Veranlassung der Fahrten und der Umfang der Privatfahrten ausreichend dargelegt sind und Überprüfungsmöglichkeiten nicht beeinträchtigt werden. So sind z. B. folgende berufsspezifisch bedingte Erleichterungen möglich:

25 a) Handelsvertreter, Kurierdienstfahrer, Automatenlieferanten und andere Steuerpflichtige, die regelmäßig aus betrieblichen/beruflichen Gründen große Strecken mit mehreren unterschiedlichen Reisezielen zurücklegen

Zu Reisezweck, Reiseziel und aufgesuchtem Geschäftspartner ist anzugeben, welche Kunden an welchem Ort besucht wurden. Angaben zu den Entfernungen zwischen den verschiedenen Orten sind nur bei größerer Differenz zwischen direkter Entfernung und tatsächlich gefahrenen Kilometern erforderlich.

26 b) Taxifahrer, Fahrlehrer

Bei Fahrten eines Taxifahrers im sog. Pflichtfahrgebiet ist es in Bezug auf Reisezweck, Reiseziel und aufgesuchtem Geschäftspartner ausreichend, täglich zu Beginn und Ende der Gesamtheit dieser Fahrten den Kilometerstand anzugeben mit der Angabe „Taxifahrten im Pflichtfahrgebiet" o. ä. Wurden Fahrten durchgeführt, die über dieses Gebiet hinausgehen, kann auf die genaue Angabe des Reiseziels nicht verzichtet werden.

27 Für Fahrlehrer ist es ausreichend, in Bezug auf Reisezweck, Reiseziel und aufgesuchten Geschäftspartner „Lehrfahrten", „Fahrschulfahrten" o. ä. anzugeben.

28 Werden regelmäßig dieselben Kunden aufgesucht, wie z. B. bei Lieferverkehr, und werden die Kunden mit Name und (Liefer-)Adresse in einem Kundenverzeichnis unter einer Nummer geführt, unter der sie später identifiziert werden können, bestehen keine Bedenken, als Erleichterung für die Führung eines Fahrtenbuches zu Reiseziel, Reisezweck und aufgesuchtem Geschäftspartner jeweils zu Beginn und Ende der Lieferfahrten Datum und Kilometerstand sowie die Nummern der aufgesuchten Geschäftspartner aufzuzeichnen. Das Kundenverzeichnis ist dem Fahrtenbuch beizufügen.

29 Für die Aufzeichnung von Privatfahrten genügen jeweils Kilometerangaben; für Fahrten zwischen Wohnung und Betriebsstätte genügt jeweils ein kurzer Vermerk im Fahrtenbuch.

4. Nichtanerkennung eines Fahrtenbuches

30 Wird die Ordnungsmäßigkeit der Führung eines Fahrtenbuches von der Finanzverwaltung z. B. anlässlich einer Betriebsprüfung nicht anerkannt, ist der private Nutzungsanteil nach § 6 Absatz 1 Nummer 4 Satz 2 EStG zu bewerten, wenn die betriebliche Nutzung mehr als 50 Prozent beträgt. Für Fahrten zwischen Wohnung und Betriebsstätte sowie für Familienheimfahrten ist die Ermittlung der nicht abziehbaren Betriebsausgaben nach § 4 Absatz 5 Satz 1 Nummer 6 EStG vorzunehmen.

5. Ermittlung des privaten Nutzungsanteils bei Ausschluss der 1%-Regelung

31 Beträgt der Umfang der betrieblichen Nutzung 10 bis 50 Prozent, darf der private Nutzungsanteil nicht gemäß § 6 Absatz 1 Nummer 4 Satz 2 EStG (1%-Regelung) bewertet werden. Der private Nutzungsanteil ist als Entnahme gemäß § 6 Absatz 1 Nummer 4 Satz 1 EStG mit den auf die private Nutzung entfallenden tatsächlichen Selbstkosten (vgl. Rdnr. 32) zu bewerten. Für Fahrten zwischen Wohnung und Betriebsstätte und Familienheimfahrten sind die nicht abziehbaren Betriebsausgaben nach § 4 Absatz 5 Satz 1 Nummer 6 Satz 3 2. Alternative EStG zu ermitteln.

IV. Gesamtaufwendungen für das Kraftfahrzeug

32 Zu den Gesamtaufwendungen für das Kraftfahrzeug (Gesamtkosten) gehören Kosten, die unmittelbar dem Halten und dem Betrieb des Kraftfahrzeugs zu dienen bestimmt sind und im Zusammen- **205d**
hang mit seiner Nutzung zwangsläufig anfallen (BFH-Urteil vom 14. September 2005, BStBl. 2006 II S. 72). Zu den Gesamtkosten gehören nicht die Sonderabschreibungen (BFH-Urteil vom 25. März 1988, BStBl. II S. 655). Außergewöhnliche Kraftfahrzeugkosten sind dagegen vorab der beruflichen oder privaten Nutzung zuzurechnen. Aufwendungen, die ausschließlich der privaten Nutzung zuzurechnen sind, sind vorab als Entnahme zu behandeln (z. B. Mautgebühren auf einer privaten Urlaubsreise – BFH-Urteil vom 14. September 2005, BStBl. 2006 II S. 72). Bei der Ermittlung des privaten Nutzungsanteils nach § 6 Absatz 1 Nummer 4 Satz 3 EStG sind die verbleibenden Kraftfahrzeugaufwendungen anhand des Fahrtenbuches anteilig der privaten Nutzung, der Nutzung für Fahrten zwischen Wohnung und Betriebsstätte oder für Familienheimfahrten zuzurechnen.

V. Fahrten zwischen Wohnung und Betriebsstätte

1. Mehrfache Fahrten zwischen Wohnung und Betriebsstätte

33 Werden täglich mehrere Fahrten zwischen Wohnung und Betriebsstätte zurückgelegt, so verviel- **205e**
facht sich der pauschale Hinzurechnungsbetrag nach § 4 Absatz 5 Satz 1 Nummer 6 EStG nicht. Für die Ermittlung des betrieblichen Nutzungsumfangs sind auch die Mehrfachfahrten zu berücksichtigen.

---

[1] Jetzt: LStR 2015.

2. Abziehbare Aufwendungen bei behinderten Menschen für Fahrten zwischen Wohnung und Betriebsstätte sowie Familienheimfahrten

34 *Behinderte Menschen*[1], deren Grad der Behinderung mindestens 70 beträgt, sowie *behinderte Menschen*[1], deren Grad der Behinderung weniger als 70, aber mindestens 50 beträgt und die in ihrer Bewegungsfähigkeit im Straßenverkehr erheblich beeinträchtigt sind, können ihre tatsächlichen Kosten für die Benutzung eines eigenen oder zur Nutzung überlassenen Kraftfahrzeuges für Fahrten zwischen Wohnung und Betriebsstätte sowie für Familienheimfahrten als Betriebsausgaben abziehen. Dabei ist der Gewinn nicht um Aufwendungen in Höhe des in § 4 Absatz 5 Satz 1 Nummer 6 EStG jeweils genannten positiven Unterschiedsbetrags zu erhöhen.

VI. Umsatzsteuerliche Beurteilung

35 Zur Frage des Vorsteuerabzugs und der Umsatzbesteuerung bei unternehmerisch genutzten Kraftfahrzeugen vgl. BMF-Schreiben vom 27. August 2004 (BStBl. I S. 864). Ist die Anwendung der 1%-Regelung gem. § 6 Absatz 1 Nummer 4 Satz 2 EStG ausgeschlossen, weil das Kraftfahrzeug zu weniger als 50 Prozent betrieblich genutzt wird, und wird der nicht unternehmerische Nutzungsanteil nicht durch ein ordnungsgemäßes Fahrtenbuch nachgewiesen, ist dieser Nutzungsanteil im Wege der Schätzung zu ermitteln, wobei der Umsatzbesteuerung grundsätzlich der für ertragsteuerliche Zwecke ermittelte private Nutzungsanteil zugrunde zu legen ist.

VII. Zeitliche Anwendung

36 Dieses Schreiben ersetzt die BMF-Schreiben vom 21. Januar 2002 (BStBl. I S. 148)[2] und vom 7. Juli 2006 (BStBl. I S. 446)[2] und ist in allen offenen Fällen anzuwenden. Rdnr. 12 ist erstmals auf Wirtschaftsjahre anzuwenden, die nach dem 31. Dezember 2009 beginnen. Rdnr. 17 ist erstmals ab dem Veranlagungszeitraum 2007 anzuwenden; wird der Gewinn nach einem vom Kalenderjahr abweichenden Wirtschaftsjahr ermittelt, ist Rdnr. 17 erstmals ab 1. Januar 2007 anzuwenden.

Anl c zu R 4.12

c) Schreiben betr. Nutzung eines betrieblichen Kraftfahrzeugs für private Fahrten, Fahrten zwischen Wohnung und Betriebsstätte/erster Tätigkeitsstätte oder Fahrten nach § 9 Absatz 1 Satz 3 Nummer 4 a Satz 3 EStG und Familienheimfahrten; Nutzung von Elektro- und Hybridelektrofahrzeugen

Vom 5. November 2021 (BStBl. I S. 2205)

(BMF IV C 6 – S 2177/19/10004 :008; IV C 5 – S 2334/19/10009 :003; DOK 2021/1117997)

Durch das Gesetz zur Vermeidung von Umsatzsteuerausfällen beim Handel mit Waren im Internet und zur Änderung weiterer steuerlicher Vorschriften vom 11. Dezember 2018 (BGBl. I S. 2338)[3], das Gesetz zur weiteren steuerlichen Förderung der Elektromobilität und zur Änderung weiterer steuerlicher Vorschriften vom 12. Dezember 2019 (BGBl. I S. 2451)[4] und das Zweite Gesetz zur Umsetzung steuerlicher Hilfsmaßnahmen zur Bewältigung der Corona-Krise vom 29. Juni 2020 (BGBl. I S. 1512)[5] wurden die in § 6 Absatz 1 Nummer 4 Satz 2 und 3 EStG enthaltenen Sonderregelungen für Elektrofahrzeuge und extern aufladbare Hybridelektrofahrzeuge fortentwickelt und der Anwendungszeitraum der Regelungen verlängert. Unter Bezugnahme auf das Ergebnis der Erörterungen mit den obersten Finanzbehörden der Länder gilt für die ertragsteuerliche Beurteilung der Nutzung von betrieblichen Elektro- und extern aufladbaren Hybridelektrofahrzeugen für private Fahrten, Fahrten zwischen Wohnung und Betriebsstätte/erster Tätigkeitsstätte oder Fahrten nach § 9 Absatz 1 Satz 3 Nummer 4 a Satz 3 EStG und Familienheimfahrten Folgendes:

1. Sachlicher Anwendungsbereich

a) Elektrofahrzeuge

205f **1** Elektrofahrzeuge im Sinne des § 6 Absatz 1 Nummer 4 Satz 2, 2. Halbsatz und 3 EStG sind Kraftfahrzeuge, die ausschließlich durch einen Elektromotor angetrieben werden, der ganz oder überwiegend aus mechanischen oder elektrochemischen Energiespeichern oder aus emissionsfrei betriebenen Energiewandlern gespeist wird. Elektrofahrzeuge sind danach z. B.

a) reine Batterieelektrofahrzeuge im Sinne des § 2 Nummer 2 Elektromobilitätsgesetz (EmoG), bei denen es sich um Kraftfahrzeuge mit einem Antrieb handelt, dessen Energiewandler ausschließlich elektrische Maschinen sind und dessen Energiespeicher zumindest von außerhalb des Fahrzeugs wieder aufladbar sind und

b) Brennstoffzellenfahrzeuge im Sinne des § 2 Nummer 4 EmoG bei denen es sich um Kraftfahrzeuge mit einem Antrieb handelt, dessen Energiewandler ausschließlich aus den Brennstoffzellen und mindestens einer elektrischen Antriebsmaschine bestehen.

Nach dem Verzeichnis des Kraftfahrtbundesamtes zur Systematisierung von Kraftfahrzeugen und ihren Anhängern (Stand: Juli 2021) weisen danach folgende Codierungen im Teil 1, Feld 10 der Zulassungsbescheinigung ein Elektrofahrzeug in diesem Sinne aus: 0004 und 0015.

b) Extern aufladbare Hybridelektrofahrzeuge

2 Extern aufladbare Hybridelektrofahrzeuge im Sinne des § 6 Absatz 1 Nummer 4 Satz 2, 2. Halbsatz und 3 EStG sind Kraftfahrzeuge im Sinne des § 2 Nummer 3 EmoG mit einem Antrieb, der über min-

[1] Jetzt: Menschen mit Behinderungen.
[2] Letztmals abgedruckt im „Handbuch zur ESt-Veranlagung 2008".
[3] **Amtl. Anm.:** BStBl. I S. 1377.
[4] **Amtl. Anm.:** BStBl. 2020 I S. 17.
[5] **Amtl. Anm.:** BStBl. I S. 563.

destens zwei verschiedene Arten von Energiewandlern, davon mindestens ein Energiewandler als elektrische Antriebsmaschine, und Energiespeichern, davon mindestens einer von einer außerhalb des Fahrzeuges befindlichen Energiequelle elektrisch wieder aufladbar, verfügt. Extern aufladbare Hybridelektrofahrzeuge sind z. B. sogenannte Plugin-Hybridfahrzeuge. Anl c zu R 4.12

Nach dem Verzeichnis des Kraftfahrtbundesamtes zur Systematisierung von Kraftfahrzeugen und ihren Anhängern (Stand: Juli 2021) weisen danach folgende Codierungen im Teil 1, Feld 10 der Zulassungsbescheinigung ein Hybridelektrofahrzeug in diesem Sinne aus: 0016 bis 0019 und 0025 bis 0031.

c) Elektrofahrräder und Elektrokleinstfahrzeuge

3 Elektrofahrräder, die verkehrsrechtlich als Kraftfahrzeug einzuordnen sind (Elektrofahrräder, deren Motor auch Geschwindigkeiten über 25 km/h unterstützt) und Elektrokleinstfahrzeuge im Sinne des § 1 Absatz 1 Satz 1 Elektrokleinstfahrzeuge-Verordnung vom 6. Juni 2019 (BGBl. I S. 756; Kraftfahrzeuge mit elektrischem Antrieb und einer bauartbedingten Höchstgeschwindigkeit von nicht weniger als 6 km/h und nicht mehr als 20 km/h) sind ertragsteuerlich als Kraftfahrzeuge im Sinne des § 6 Absatz 1 Nummer 4 Satz 2 und 3 EStG einzuordnen. Die Überlassung solcher Fahrzeuge durch den Arbeitgeber ist daher nicht nach § 3 Nummer 37 EStG steuerfrei.

d) Emission und Reichweite

4 Für die Anwendung des § 6 Absatz 1 Nummer 4 Satz 2 Nummer 2 und Satz 3 Nummer 2 EStG muss ein Hybridelektrofahrzeug, das nach dem 31. Dezember 2018 und vor dem 1. Januar 2022 angeschafft wurde, die Voraussetzungen des § 3 Absatz 2 Nummer 1 oder 2 EmoG erfüllen. Für diese Fahrzeuge muss sich aus der Übereinstimmungsbescheinigung nach Anhang IX der Richtlinie 2007/46/EG oder aus der Übereinstimmungsbescheinigung nach Art. 38 der Verordnung (EU) Nr. 168/2013 ergeben, dass das Fahrzeug:

1. eine Kohlendioxidemission von höchstens 50 Gramm je gefahrenen Kilometer hat oder
2. dessen Reichweite unter ausschließlicher Nutzung der elektrischen Antriebsmaschine mindestens 40 Kilometer beträgt.

Die Erfüllung dieser Bedingungen kann durch das Führen eines E-Kennzeichens nachgewiesen werden. Soweit ein solches nicht vorhanden ist, kann der Nachweis auch durch Vorlage der Übereinstimmungsbescheinigung nach Anhang IX der Richtlinie 2007/46/EG oder aus der Übereinstimmungsbescheinigung nach Art. 38 der Verordnung (EU) Nr. 168/2013 erbracht werden. Soweit in den Bescheinigungen verschiedene Werte ausgewiesen werden:

1. sind für Fahrzeuge, die nach dem 31. August 2018 erstmalig zugelassen wurden, grundsätzlich die WLTP[1] Werte maßgeblich (CoC[2] 49. 4 und 49.5). Eine Ausnahme gilt nur für auslaufende Modelle und Lagerfahrzeuge, die nicht nach WLTP zertifiziert werden müssen. Für die Kohlendioxidemissionen ist hierbei auf die gewichteten kombinierten WLTP Werte (COC 49.4) abzustellen und
2. wird für die elektrische Mindestreichweite der Wert „Elektrische Reichweite innerorts" (EAER[3] city gem. CoC 49.5.2) herangezogen.

5 Für die Prüfung, ob ein Elektro- oder Hybridelektrofahrzeug die Voraussetzungen an den zulässigen Kohlendioxidausstoß und die erforderliche Mindestreichweite des § 6 Absatz 1 Nummer 4 Satz 2 Nummer 3 bis 5 und Satz 3 Nummer 3 bis 5 EStG erfüllt, ist auf die in Rdnr. 11 genannten Werte abzustellen. Die Kohlendioxidemissionen und die elektrische Mindestreichweite ergeben sich aus der Übereinstimmungsbescheinigung nach Anhang IX der Richtlinie 2007/46/EG oder aus der Übereinstimmungsbescheinigung nach Art. 38 der Verordnung (EU) Nr. 168/2013. Rdnr. 4 Satz 5 gilt sinngemäß.

2. Pauschale Ermittlung des privaten Nutzungswerts nach der 1%-Regelung

a) Ermittlung des maßgebenden Listenpreises

6 Die Bemessungsgrundlage für die Ermittlung des Entnahmewerts nach § 6 Absatz 1 Nummer 4 Satz 2 EStG, der nicht abziehbaren Betriebsausgaben nach § 4 Absatz 5 Satz 1 Nummer 6 EStG oder des pauschalen Nutzungswerts nach § 8 Absatz 2 Satz 2, 3 und 5 EStG ist der inländische Listenpreis im Zeitpunkt der Erstzulassung des Kraftfahrzeugs zuzüglich der Kosten für Sonderausstattung einschließlich Umsatzsteuer (Bruttolistenpreis). Diese Bemessungsgrundlage ist für Kraftfahrzeuge im Sinne der Rdnrn. 1 bis 3 wie folgt anzupassen: **205g**

aa) § 6 Absatz 1 Nummer 4 Satz 2 Nummer 1 EStG (sogenannter Nachteilsausgleich)

7 Für Kraftfahrzeuge, die vor dem 1. Januar 2023 angeschafft werden und die nicht in den Anwendungsbereich des § 6 Absatz 1 Nummer 4 Satz 2 Nummer 2 bis 4 EStG fallen (vgl. Rdnr. 11) ist dieser Listenpreis wegen der darin enthaltenen Kosten für das Batteriesystem pauschal zu mindern; der pauschale Abschlag ist der Höhe nach begrenzt. Der Minderungs- und der Höchstbetrag richten sich nach dem Anschaffungsjahr des Kraftfahrzeugs und können aus nachfolgender Tabelle entnommen werden. Werden Elektro- und Hybridelektrofahrzeuge im Sinne der Rdnrn. 1 bis 3 gebraucht erworben, richtet sich der Minderungsbetrag nach dem Jahr der Erstzulassung des Kraftfahrzeugs. Der kWh-Wert kann dem Teil 1, Feld 22 der Zulassungsbescheinigung entnommen werden. Bei Brennstoffzellenfahrzeugen ist die Batteriekapazität der im Fahrzeug gespeicherten Energie vergleichbar; dieser Wert kann dem Teil 1, Feld 22 der Zulassungsbescheinigung entnommen werden.

[1] **Amtl. Anm.:** WLTP = Worldwide Harmonized Light-Duty Vehicles Test Procedure.
[2] **Amtl. Anm.:** CoC = Certificate of Conformity.
[3] **Amtl. Anm.:** EAER = Equivalent All Electric Range.

Anl c zu R 4.12

Anschaffungsjahr/ Jahr der Erstzulassung	Minderungsbetrag in Euro/kWh der Batteriekapazität	Höchstbetrag in Euro
2013 und früher	500	10 000
2014	450	9 500
2015	400	9 000
2016	350	8 500
2017	300	8 000
2018	250	7 500
2019	200	7 000
2020	150	6 500
2021	100	6 000
2022	50	5 500

8 Die Abrundung des Listenpreises auf volle Hundert Euro nach Rdnr. 10 des BMF-Schreibens vom 18. November 2009 (BStBl. I S. 1326)[1] und R 8.1 Absatz 9 Nummer 1 Satz 6 LStR ist nach Abzug des Abschlages vorzunehmen. Auf den so ermittelten Wert sind für den gesamten Zeitraum der Nutzung des jeweiligen Kraftfahrzeugs die Prozentsätze nach § 4 Absatz 5 Satz 1 Nummer 6 Satz 3, § 6 Absatz 1 Nummer 4 Satz 2 und § 8 Absatz 2 Satz 2, 3 und 5 EStG anzuwenden.

Beispiel 1:

Der Steuerpflichtige hat in 2018 ein Elektrofahrzeug mit einer Batteriekapazität von 25,4 Kilowattstunden (kWh) erworben. Der Bruttolistenpreis beträgt 45 000 Euro. Die betriebliche Nutzung beträgt 60%. Der private Nutzungsanteil nach § 6 Absatz 1 Nummer 4 Satz 2 Nummer 1 EStG ermittelt sich wie folgt:

Der Bruttolistenpreis (45 000 Euro) ist um 6350 Euro (25,4 kWh × 250 Euro) zu mindern. Der für die Ermittlung des Entnahmewerts geminderte und auf volle hundert Euro abgerundete Bruttolistenpreis beträgt 38 600 Euro. Die Nutzungsentnahme nach der 1%-Regelung beträgt 386 Euro pro Monat.

Beispiel 2:

Der Steuerpflichtige hat in 2018 ein Elektrofahrzeug mit einer Batteriekapazität von 45 Kilowattstunden (kWh) erworben. Der Bruttolistenpreis beträgt 109 150 Euro. Die betriebliche Nutzung beträgt 60%. Der private Nutzungsanteil nach § 6 Absatz 1 Nummer 4 Satz 2 Nummer 1 EStG ermittelt sich wie folgt:

Der Bruttolistenpreis (109 150 Euro) ist um 7500 Euro (45 kWh × 250 Euro = 11 250 Euro, begrenzt auf 7500 Euro Höchstbetrag) zu mindern und auf volle Hundert Euro abzurunden. Der für die Ermittlung des Entnahmewerts geminderte Bruttolistenpreis beträgt 101 600 Euro. Die Nutzungsentnahme beträgt 1016 Euro pro Monat.

Beispiel 2/1:

Der Steuerpflichtige hat in 2020 ein extern aufladbares Hybridelektrofahrzeug erworben, das die Voraussetzungen des § 3 Absatz 2 Nummer 1 oder 2 EmoG nicht erfüllt. Die betriebliche Nutzung beträgt 60%. Der private Nutzungsanteil ist nach § 6 Absatz 1 Nummer 4 Satz 2 Nummer 1 EStG zu ermitteln, weil die Voraussetzungen für einen Bruchteilsansatz des Listenpreises nach § 6 Absatz 1 Nummer 4 Satz 2 Nummer 2 EStG (vgl. Rdnr. 11) nicht vorliegen.

9 Eine Minderung der Bemessungsgrundlage ist nur dann vorzunehmen, wenn der Listenpreis die Kosten des Batteriesystems beinhaltet. Wird das Batteriesystem des Elektro- oder Hybridelektrofahrzeugs nicht zusammen mit dem Kraftfahrzeug angeschafft, sondern ist für dessen Überlassung ein zusätzliches Entgelt, z. B. in Form von Leasingraten, zu entrichten, kommt eine Minderung der Bemessungsgrundlage nicht in Betracht. Die für die Überlassung der Batterie zusätzlich zu entrichtenden Entgelte sind grundsätzlich als Betriebsausgaben abziehbar.

Beispiel 3:

Der Steuerpflichtige hat in 2018 ein Elektrofahrzeug mit einer Batteriekapazität von 25,4 Kilowattstunden (kWh) erworben. Der Bruttolistenpreis beträgt 25 640 Euro. Für die Batterie hat der Steuerpflichtige monatlich zusätzlich eine Mietrate von 79 Euro zu zahlen. Die betriebliche Nutzung beträgt 60%. Der private Nutzungsanteil nach § 6 Absatz 1 Nummer 4 Satz 2 Nummer 1 EStG ermittelt sich wie folgt:

Der Bruttolistenpreis (25 640 Euro) ist nicht zu mindern und wird – auf volle Hundert Euro abgerundet – für die Ermittlung des Entnahmewerts zugrunde gelegt. Die Nutzungsentnahme beträgt 256 Euro pro Monat.

10 Aus Vereinfachungsgründen ist es auch zulässig, die Nutzungsentnahme ausgehend vom Listenpreis für das Kraftfahrzeug mit Batteriesystem zu berechnen, wenn das gleiche Kraftfahrzeug am Markt jeweils mit oder ohne Batteriesystem angeschafft werden kann.

Beispiel 4:

Wie Beispiel 3, das Elektrofahrzeug könnte der Steuerpflichtige auch zusammen mit dem Batteriesystem erwerben. Der Bruttolistenpreis betrüge 31 640 Euro. Der private Nutzungsanteil nach § 6 Absatz 1 Nummer 4 Satz 2 Nummer 1 EStG könnte auch wie folgt ermittelt werden:

Der Bruttolistenpreis (31 640 Euro) ist um 6350 Euro (25,4 kWh × 250 Euro = 6350 Euro) zu mindern und auf volle Hundert Euro abzurunden. Der für die Ermittlung des Entnahmewerts geminderte Bruttolistenpreis beträgt 25 200 Euro. Die Nutzungsentnahme beträgt 252 Euro pro Monat.

bb) § 6 Absatz 1 Nummer 4 Satz 2 Nummer 2 bis 5 EStG (sogenannter Bruchteilsansatz)

11 Nach § 6 Absatz 1 Nummer 4 Satz 2 Nummer 2 bis 5 EStG ist in Abhängigkeit vom jeweiligen Anschaffungsdatum und von der Erfüllung der jeweiligen weiteren Voraussetzungen folgender Bruchteil dieses Listenpreises anzusetzen. Für die Überlassung eines betrieblichen Kraftfahrzeugs vom Arbeitgeber an den Arbeitnehmer gilt Rdnr. 22.

---

[1] Vorstehend abgedruckt als Anlage b zu R 4.12 EStR.

Anl c zu R 4.12

1. Für **Elektrofahrzeuge** gilt
   a) mit Wirkung zum 1. Januar 2019:

Anschaffungszeitraum	Voraussetzungen	Anzusetzender Bruchteil
1. 1. 2019 bis 31. 12. 2021	keine	1/2

   b) mit Wirkung zum 1. Januar 2020:

Anschaffungszeitraum	Voraussetzungen	Anzusetzender Bruchteil
1. 1. 2019 bis 31. 12. 2030	Listenpreis nicht mehr als 60 000 €	1/4
1. 1. 2019 bis 31. 12. 2030	Listenpreis mehr als 60 000 €	1/2

2. Für extern aufladbare Hybridelektrofahrzeuge gilt
   a) mit Wirkung zum 1. Januar 2019:

Anschaffungszeitraum	Voraussetzungen	Anzusetzender Bruchteil
1. 1. 2019 bis 31. 12. 2021	Kohlendioxidemission höchstens 50 g/km *oder* Mindestreichweite von 40 km	1/2

   b) mit Wirkung zum 1. Januar 2020:

Anschaffungszeitraum	Voraussetzungen	Anzusetzender Bruchteil
1. 1. 2019 bis 31. 12. 2021	Kohlendioxidemission höchstens 50 g/km oder Mindestreichweite von 40 km	1/2
1. 1. 2022 bis 31. 12. 2024	Kohlendioxidemission höchstens 50 g/km oder Mindestreichweite von 60 km	1/2
1. 1. 2025 bis 31. 12. 2030	Kohlendioxidemission höchstens 50 g/km oder Mindestreichweite von 80 km	1/2

Dies gilt auch für die Anschaffung gebrauchter Kraftfahrzeuge.

12 Die Abrundung des Listenpreises auf volle Hundert Euro nach Rdnr. 10 des BMF-Schreibens vom 18. November 2009 (BStBl. I S. 1326)[1] und R 8.1 Absatz 9 Nummer 1 Satz 6 LStR ist nach Ermittlung des Bruchteils vorzunehmen. Auf den so ermittelten Wert sind für den gesamten Zeitraum der Nutzung des jeweiligen Kraftfahrzeugs die Prozentsätze nach § 4 Absatz 5 Satz 1 Nummer 6 Satz 3, § 6 Absatz 1 Nummer 4 Satz 2 und § 8 Absatz 2 Satz 2, 3 und 5 EStG anzuwenden.

Beispiel 5:

Der Steuerpflichtige hat in 2019 ein Elektrofahrzeug erworben. Der Bruttolistenpreis beträgt 35 326 Euro. Die betriebliche Nutzung beträgt 60%. Der private Nutzungsanteil ermittelt sich wie folgt:

Für 2019 ist § 6 Absatz 1 Nummer 4 Satz 2 Nummer 2 EStG anzuwenden (Gesetz zur Vermeidung von Umsatzsteuerausfällen beim Handel mit Waren im Internet und zur Änderung weiterer steuerlicher Vorschriften):

Der Bruttolistenpreis (35 326 Euro) ist nur zur Hälfte zugrunde zu legen = 17 663 Euro und auf 17 600 Euro abzurunden. Die Nutzungsentnahme nach der 1%-Regelung beträgt 176 Euro (1% von 17 600 Euro) pro Monat.

Für 2020 ist § 6 Absatz 1 Nummer 4 Satz 2 Nummer 3 EStG anzuwenden (Gesetz zur weiteren steuerlichen Förderung der Elektromobilität und zur Änderung weiterer steuerlicher Vorschriften):

Der Bruttolistenpreis (35 326 Euro) ist nur zu einem Viertel zugrunde zu legen = 8831,50 Euro und auf 8800 Euro abzurunden. Die Nutzungsentnahme nach der 1%-Regelung beträgt 88 Euro (1% von 8800 Euro) pro Monat.

b) Begrenzung der pauschalen Wertansätze (sog. Kostendeckelung)

13 Nach den Rdnrn. 18 bis 20 des BMF-Schreibens vom 18. November 2009 (BStBl. I S. 1326)[1] und Rdnr. 4 des BMF-Schreibens vom 4. April 2018 (BStBl. I S. 592)[2] sind die pauschalen Wertansätze höchstens mit dem Betrag der Gesamtkosten des Kraftfahrzeugs anzusetzen (sogenannte Kostendeckelung). Zu den Gesamtkosten gehört auch die Absetzung für Abnutzung. Für den Vergleich der pauschalen Wertansätze mit den Gesamtkosten ist die Bemessungsgrundlage für die Absetzung für Abnutzung um den Abschlag nach Rdnrn. 6 und 7 zu mindern oder mit dem entsprechenden Bruchteil nach Rdnr. 11 anzusetzen.

14 Enthalten die Anschaffungskosten für das Elektro- oder Hybridelektrofahrzeug keinen Anteil für das Batteriesystem (Rdnr. 9) und ist für die Überlassung der Batterie ein zusätzliches Entgelt (z. B. Miete oder Leasingrate) zu entrichten, sind bei Anwendung des § 6 Absatz 1 Nummer 4 Satz 2 Nummer 1 EStG (sog. Nachteilsausgleich) die für das genutzte oder dem Arbeitnehmer überlassene Kraftfahrzeug insgesamt tatsächlich entstandenen Gesamtkosten um dieses zusätzlich entrichtete Entgelt zu mindern. In diesem Fall sind auch weitere Kosten für das Batteriesystem, wie z. B. Reparaturkosten, Wartungspauschalen oder Beiträge für spezielle Batterieversicherungen abzuziehen, wenn sie zusätzlich zu tragen sind. Bei Anwendung des § 6 Absatz 1 Nummer 4 Satz 2 Nummer 2 bis 5 EStG (Bruch-

[1] Vorstehend abgedruckt als Anlage b zu R 4.12 EStR.
[2] Letztmals abgedruckt im „Handbuch zur Lohnsteuer 2021" als Anlage c zu LStH 8.1; siehe jetzt BMF-Schreiben vom 3. 3. 2022 (BStBl. I S. 232), abgedruckt im „Handbuch zur Lohnsteuer 2022" ab Anlage c zu LStH 8.1.

Anl c zu R 4.12

teilsansatz) sind zusätzlich für das Batteriesystem getragene Kosten entsprechend dem anzuwendenden Bruchteil (Rdnr. 11) anzusetzen.

3. Individuelle Ermittlung des privaten Nutzungswerts

205h **15** Werden die Entnahme nach § 6 Absatz 1 Nummer 4 Satz 1 oder 3 EStG (betriebliche Nutzung des Kraftfahrzeugs von 10 bis 50 Prozent oder Fahrtenbuchmethode), die nicht abziehbaren Betriebsausgaben nach § 4 Absatz 5 Satz 1 Nummer 6 Satz 3, 2. Halbsatz EStG oder der individuelle Nutzungswert nach § 8 Absatz 2 Satz 4 EStG mit den auf die jeweilige Nutzung entfallenden Aufwendungen bewertet und enthalten die Anschaffungskosten für das Elektro- oder Hybridelektrofahrzeug einen Anteil für das Batteriesystem, ist bei Anwendung des § 6 Absatz 1 Nummer 4 Satz 3 Nummer 1 EStG die Bemessungsgrundlage für die Absetzung für Abnutzung um die in pauschaler Höhe festgelegten Beträge (Rdnr. 7) zu mindern. Bei Anwendung des § 6 Absatz 1 Nummer 4 Satz 3 Nummer 2 bis 5 EStG ist die Bemessungsgrundlage für die Absetzung für Abnutzung mit dem entsprechenden Bruchteil (Rdnr. 11) anzusetzen. Bei der Ermittlung des individuellen Nutzungswerts nach § 8 Absatz 2 Satz 4 EStG ist bei einem Pkw von einer AfA von 12,5% der Anschaffungskosten entsprechend einer achtjährigen (Gesamt-)Nutzungsdauer auszugehen (vgl. Rdnr. 31 des BMF-Schreibens vom 4. April 2018, BStBl. I S. 592[1]). Vom Arbeitgeber verbilligt oder unentgeltlich gestellter, nach § 3 Nummer 46 EStG steuerfreier Ladestrom bleibt bei der Ermittlung der insgesamt durch das Kraftfahrzeug entstehenden Aufwendungen im Sinne des § 8 Absatz 2 Satz 4 EStG (Gesamtkosten) außer Ansatz (vgl. Rdnr. 13 des BMF-Schreibens vom 29. September 2020, BStBl. I S. 972).

Beispiel 6:

Der Steuerpflichtige hat im Januar 2018 ein Elektrofahrzeug mit einer Batteriekapazität von 25,4 Kilowattstunden (kWh) erworben. Der Bruttolistenpreis beträgt 43 000 Euro; die tatsächlichen Anschaffungskosten 36 000 Euro. Die betriebliche Nutzung beträgt gemäß ordnungsgemäßem Fahrtenbuch 83%. Der private Nutzungsanteil nach § 6 Absatz 1 Nummer 4 Satz 3 Nummer 1 EStG ermittelt sich wie folgt:

Für die Ermittlung der Gesamtkosten sind die Anschaffungskosten um den pauschal ermittelten Minderungsbetrag in Höhe von 6350 Euro (25,4 kWh × 250 Euro) zu mindern. Danach sind bei den Gesamtkosten Absetzungen für Abnutzung in Höhe von 4941,67 Euro (36 000 Euro ./. 6350 Euro = 29 650 Euro verteilt auf 6 Jahre) anzusetzen. Daneben sind Aufwendungen für Versicherung (1000 Euro) und Strom (890 Euro) angefallen. Die Summe der geminderten Gesamtaufwendungen beträgt 6831,67 Euro. Die Nutzungsentnahme nach der Fahrtenbuchmethode beträgt 1161,38 Euro (17%).

Beispiel 6/1:

Der Steuerpflichtige hat im Januar 2020 ein Elektrofahrzeug erworben. Der Bruttolistenpreis beträgt 43 000 Euro; die tatsächlichen Anschaffungskosten 36 000 Euro. Die betriebliche Nutzung beträgt gemäß ordnungsgemäßem Fahrtenbuch 83%. Der private Nutzungsanteil nach § 6 Absatz 1 Nummer 4 Satz 3 Nummer 3 EStG (Bruchteilsansatz $\frac{1}{4}$) ermittelt sich wie folgt:

Für die Ermittlung der Gesamtkosten sind die Anschaffungskosten mit einem Viertel anzusetzen. Danach sind bei den Gesamtkosten die vom Steuerpflichtigen vorgenommenen linearen Absetzungen für Abnutzung in Höhe von 1500 Euro ($\frac{1}{4}$ von 36 000 Euro = 9000 Euro verteilt auf 6 Jahre) zu berücksichtigen. Daneben sind Aufwendungen für Versicherung (1000 Euro) und Strom (890 Euro) angefallen. Die Summe der Gesamtaufwendungen beträgt 3390 Euro. Die Nutzungsentnahme nach der Fahrtenbuchmethode beträgt 576,30 Euro (17%).

16 Wird die Batterie gemietet oder geleast, sind bei Anwendung des § 6 Absatz 1 Nummer 4 Satz 3 Nummer 1 EStG (sogenannter Nachteilsausgleich) entsprechend Rdnr. 14 die Gesamtkosten um dieses zusätzlich entrichtete Entgelt sowie um weitere Kosten für das Batteriesystem zu mindern. Bei Anwendung des § 6 Absatz 1 Nummer 4 Satz 3 Nummer 2 bis 5 EStG (Bruchteilsansatz) ist ein für das Batteriesystem zusätzlich zu entrichtendes Entgelt mit dem entsprechenden Bruchteil anzusetzen.

Beispiel 7:

Der Steuerpflichtige hat im Januar 2018 ein Elektrofahrzeug mit einer Batteriekapazität von 25,4 Kilowattstunden (kWh) erworben. Der Bruttolistenpreis beträgt 32 000 Euro; die tatsächlichen Anschaffungskosten 25 600 Euro. Für die Batterie hat der Steuerpflichtige monatlich zusätzlich eine Mietrate von 79 Euro zu zahlen. Die betriebliche Nutzung beträgt gemäß ordnungsgemäßem Fahrtenbuch 83%. Der private Nutzungsanteil nach § 6 Absatz 1 Nummer 4 Satz 3 Nummer 1 EStG ermittelt sich wie folgt:

Für die Ermittlung der Gesamtkosten sind Absetzungen für Abnutzung in Höhe von 4266,67 Euro (25 600 Euro verteilt auf 6 Jahre) und weitere Aufwendungen für Versicherung (1000 Euro) und Strom (890 Euro) anzusetzen. Die auf die Batteriemiete entfallenden Aufwendungen sind nicht zu berücksichtigen. Die Summe der geminderten Gesamtaufwendungen beträgt 6156,67 Euro. Die Nutzungsentnahme nach der Fahrtenbuchmethode beträgt 1046,63 Euro (17%).

Beispiel 7/1:

Der Steuerpflichtige hat im Januar 2020 ein Elektrofahrzeug erworben. Der Bruttolistenpreis beträgt 32 000 Euro; die tatsächlichen Anschaffungskosten 25 600 Euro. Für die Batterie hat der Steuerpflichtige monatlich zusätzlich eine Mietrate von 79 Euro zu zahlen. Die betriebliche Nutzung beträgt gemäß ordnungsgemäßem Fahrtenbuch 83%. Der private Nutzungsanteil nach § 6 Absatz 1 Nummer 4 Satz 3 Nummer 3 EStG (Bruchteilsansatz $\frac{1}{4}$) ermittelt sich wie folgt:

Für die Ermittlung der Gesamtkosten sind die Anschaffungskosten mit einem Viertel anzusetzen. Danach sind die Absetzungen für Abnutzung = 4266,67 Euro (25 600 Euro verteilt auf 6 Jahre) sowie die Batteriemiete = 948 Euro (12 Monat × 79 Euro) mit einem Viertel, also 1303,67 Euro (= (4266,67 Euro + 948 Euro) × $\frac{1}{4}$) anzusetzen. Die Aufwendungen für Versicherung (1000 Euro) und Strom (890 Euro) sind in voller Höhe anzusetzen. Die Summe der Gesamtaufwendungen beträgt 3193,67 Euro. Die Nutzungsentnahme nach der Fahrtenbuchmethode beträgt 542,92 Euro (17%).

---

[1] Letztmals abgedruckt im „Handbuch zur Lohnsteuer 2021" als Anlage c zu LStH 8.1; siehe jetzt BMF-Schreiben vom 3. 3. 2022 (BStBl. I S. 232), abgedruckt im „Handbuch zur Lohnsteuer 2022" als Anlage c zu LStH 8.1.

17 Für Kraftfahrzeuge im Sinne der Rdnrn. 1 bis 3, für die die Bewertung der Entnahme nach § 6 Absatz 1 Nummer 4 Satz 3 Nummer 1 EStG (Nachteilsausgleich) vorgenommen wird und bei denen die Miet-/Leasinggebühren die Kosten des Batteriesystems beinhalten, sind diese Miet-/Leasinggebühren aufzuteilen. Die anteilig auf das Batteriesystem entfallenden Miet-/Leasinggebühren mindern die Gesamtkosten (vgl. Rdnr. 16). Es bestehen keine Bedenken, wenn als Aufteilungsmaßstab hierfür das Verhältnis zwischen dem Listenpreis (einschließlich der Kosten für das Batteriesystem) und dem um den Abschlag nach Rdnr. 7 geminderten Listenpreis angesetzt wird.

Beispiel 8:

Der Steuerpflichtige hat im Januar 2018 ein Elektrofahrzeug mit einer Batteriekapazität von 16 Kilowattstunden (kWh) geleast. Der Bruttolistenpreis beträgt 43 000 Euro; die monatliche Leasingrate 399 Euro. Die betriebliche Nutzung beträgt gemäß ordnungsgemäßem Fahrtenbuch 83%. Der private Nutzungsanteil nach § 6 Absatz 1 Nummer 4 Satz 3 Nummer 1 EStG ermittelt sich wie folgt:

Für die Ermittlung der Gesamtkosten sind die Leasingraten unter Anwendung des Verhältnisses zwischen Listenpreis und dem um den pauschalen Abschlag geminderten Listenpreis aufzuteilen:

Listenpreis 43 000 Euro/geminderter Listenpreis 39 000 Euro (43 000 Euro ./. 4000 Euro (= 16 kWh × 250 Euro)) entspricht einer Minderung von 9,3%

Leasingraten 399 Euro × 12 Monate = 4788 Euro davon 9,3% = 445,28 Euro.

Danach sind bei den Gesamtkosten Leasingaufwendungen i. H. v. 4342,72 Euro (4788 Euro ./. 445,28 Euro) anzusetzen. Daneben sind Aufwendungen für Versicherung (1000 Euro) und Strom (890 Euro) angefallen. Die Summe der geminderten Gesamtaufwendungen beträgt 6232,72 Euro. Die Nutzungsentnahme nach der Fahrtenbuchmethode beträgt 1059,56 Euro (17%).

18 Für Kraftfahrzeuge im Sinne der Rdnrn. 1 bis 3, für die die Bewertung der Entnahme nach § 6 Absatz 1 Nummer 4 Satz 3 Nummer 2 bis 5 EStG (Bruchteilsansatz) vorgenommen wird, sind Miet- oder Leasinggebühren bei der Ermittlung der Gesamtkosten (vgl. Rdnr. 16) in Höhe des jeweils anzuwendenden Bruchteils anzusetzen. Ggf. gesondert vereinbarte Miet- oder Leasinggebühren für das Batteriesystem sind vor Anwendung des jeweiligen Bruchteils mit den Miet- oder Leasinggebühren für das Kraftfahrzeug zusammenzurechnen.

Beispiel 9:

Der Steuerpflichtige hat im Januar 2020 ein Elektrofahrzeug geleast. Der Bruttolistenpreis beträgt 33 000 Euro; die monatliche Leasingrate 399 Euro zuzüglich 79 Euro Batteriemiete. Die betriebliche Nutzung beträgt gemäß ordnungsgemäßem Fahrtenbuch 83%. Der private Nutzungsanteil nach § 6 Absatz 1 Nummer 4 Satz 3 Nummer 3 EStG (Bruchteilsansatz ¼) ermittelt sich wie folgt:

Für die Ermittlung der Gesamtkosten sind die Leasingraten für das Fahrzeug zuzüglich der Batteriemiete zusammenzurechnen = 399 Euro + 79 Euro = 478 Euro; monatliche Miet-/Leasingkosten × 12 Monate = 5736 Euro davon ¼ = 1434 Euro.

Danach sind bei den Gesamtkosten Leasingaufwendungen in Höhe von 1434 Euro anzusetzen. Daneben sind Aufwendungen für Versicherung (1000 Euro) und Strom (890 Euro) angefallen. Die Summe der geminderten Gesamtaufwendungen beträgt 3324 Euro. Die Nutzungsentnahme nach der Fahrtenbuchmethode beträgt 565,08 Euro (17 %).

4. Pauschaler Ansatz von Stromkosten als Betriebsausgaben

19 Wird ein betriebliches Elektro- oder Hybridelektrofahrzeug nicht ausschließlich im Betrieb, sondern auch an einer zur Wohnung des Steuerpflichtigen gehörenden Steckdose/Ladevorrichtung aufgeladen, kann der betriebliche Nutzungsanteil an den ansonsten privaten Stromkosten grundsätzlich mit Hilfe eines gesonderten Stromzählers (stationär oder mobil) nachgewiesen werden. Zum Nachweis des betrieblichen Nutzungsanteils an den ansonsten privaten Stromkosten werden Aufzeichnungen für einen repräsentativen Zeitraum von drei Monaten als ausreichend angesehen. Neben dem Einkaufspreis für die verbrauchten Kilowattstunden Strom ist auch ein zu zahlender Grundpreis anteilig zu berücksichtigen.

20 Aus Vereinfachungsgründen kann der betriebliche Nutzungsanteil an den ansonsten privaten Stromkosten auch mit den lohnsteuerlichen Pauschalen angesetzt werden (Rdnrn. 23 und 24 des BMF-Schreibens vom 29. September 2020, BStBl. I S. 972). Zur Unterscheidung der anzuwendenden Pauschale ist anstelle jeder zusätzlichen Lademöglichkeit an einer ortsfesten Einrichtung des lohnsteuerlichen Arbeitgebers auf die zusätzliche Lademöglichkeit in einer der Betriebsstätten abzustellen.

5. Anwendungsregelungen

21 Die Minderungen nach § 6 Absatz 1 Nummer 4 Satz 2 Nummer 1 oder Satz 3 Nummer 1 EStG für die Ermittlung der Privatentnahme, der nicht abziehbaren Betriebsausgaben oder des Nutzungswerts für die private Nutzung eines Elektro- oder eines Hybridelektrofahrzeugs sind ab dem 1. Januar 2013 für Elektrofahrzeuge und Hybridelektrofahrzeuge anzuwenden, die vor dem 1. Januar 2023 angeschafft, geleast oder dem Arbeitnehmer erstmalig zur privaten Nutzung überlassen werden. Der Ansatz nur eines Bruchteils nach § 6 Absatz 1 Nummer 4 Satz 2 Nummer 2 bis 5 oder Satz 3 Nummer 2 bis 5 EStG ist für Elektrofahrzeuge und Hybridelektrofahrzeuge anzuwenden, die innerhalb der in Rdnr. 11 aufgeführten Zeiträume angeschafft, geleast oder dem Arbeitnehmer erstmalig zur privaten Nutzung überlassen werden.

22 Die Regelungen des § 8 Absatz 2 in Verbindung mit § 6 Absatz 1 Nummer 4 Satz 2 Nummer 2 oder 3 oder Satz 3 Nummer 2 oder 3 EStG in der Fassung des Gesetzes zur weiteren steuerlichen Förderung der Elektromobilität und zur Änderung weiterer steuerlicher Vorschriften vom 12. Dezember 2019 (BGBl. I S. 2451) gelten bei der Überlassung eines betrieblichen Kraftfahrzeugs an Arbeitnehmer für alle vom Arbeitgeber erstmals nach dem 31. Dezember 2018 und vor dem 1. Januar 2022 oder 1. Januar 2031 zur privaten Nutzung überlassenen betrieblichen Elektrofahrzeuge und extern aufladbaren Hybridelektrofahrzeuge. In diesen Fällen kommt es nicht auf den Zeitpunkt an, zu dem der Arbeitgeber dieses Kraftfahrzeug angeschafft, hergestellt oder geleast hat. Wurde das betriebliche Kraftfahrzeug vor dem 1. Januar 2019 vom Arbeitgeber bereits einem Arbeitnehmer zur privaten Nutzung (z. B. für Privatfahrten, Fahrten zwischen Wohnung und erster Tätigkeitsstätte, Fahrten nach § 9 Absatz 1 Satz 3 Nummer 4 a Satz 3 EStG oder Familienheimfahrten im Rahmen einer doppelten Haushaltsführung) überlassen, bleibt es bei einem Wechsel des Nutzungsberechtigten nach dem 31. Dezember 2018 für dieses Kraftfahrzeug bei den bisherigen Bewertungsregelungen (§ 6 Absatz 1 Nummer 4 Satz 2 Nummer 1 oder Satz 3 Nummer 1 EStG) und die Regelungen in der Fassung des Gesetzes zur weiteren steuerlichen Förderung der Elektromobilität und zur Änderung weiterer steuerlicher Vorschriften vom 12. Dezember 2019 (BGBl. I S. 2451) sind nicht anzuwenden. Für die Anwendung des § 8 Absatz 2 in Verbindung mit § 6 Absatz 1 Nummer 4 Satz 2 Nummer 4 oder 5 oder Satz 3 Nummer 4 oder 5 EStG gelten dieselben Grundsätze.

Beispiel 10 (Vor dem 1. Januar 2019 begonnene Nutzungsüberlassung):

Dem Arbeitnehmer wurde das Elektrofahrzeug vom Arbeitgeber bereits vor dem 1. Januar 2019 zur privaten Nutzung überlassen. Der Nutzungswert ist auch ab dem Kalenderjahr 2019 nach den bisherigen Bewertungsregelungen (§ 8 Absatz 2 in Verbindung mit § 6 Absatz 1 Nummer 4 Satz 2 Nummer 1 EStG oder Satz 3 Nummer 1 EStG) zu ermitteln.

Beispiel 11 (Bis zum 31. Dezember 2030 begonnene Nutzungsüberlassung):

Dem Arbeitnehmer wird das Elektrofahrzeug vom Arbeitgeber ab Dezember 2030 zur privaten Nutzung überlassen. Die Ermittlung des dem Arbeitnehmer nach dem 31. Dezember 2030 zufließenden Nutzungswerts ist für die gesamte Nutzungsdauer dieses Elektrofahrzeugs nach den Regelungen des § 8 Absatz 2 in Verbindung mit § 6 Absatz 1 Nummer 4 Satz 2 Nummer 3 oder 5 EStG oder Satz 3 Nummer 3 oder 5 EStG vorzunehmen, weil ihm das Elektrofahrzeug bereits vor dem 1. Januar 2031 überlassen worden ist.

Beispiel 12 (Wechsel des Nutzungsberechtigten):

Ein Arbeitgeber überlässt dem Arbeitnehmer A in 2018 ein Elektrofahrzeug zur privaten Nutzung. Nach dessen Ausscheiden aus dem Betrieb zum 30. Juni 2019 überlässt der Arbeitgeber dieses Elektrofahrzeug ab dem 1. Juli 2019 dem Arbeitnehmer B zur privaten Nutzung. Der Nutzungswert ist sowohl für A als auch für B auch ab dem Kalenderjahr 2019 nach den bisherigen Bewertungsregelungen (§ 8 Absatz 2 Satz 2 in Verbindung mit § 6 Absatz 1 Nummer 4 Satz 2 Nummer 1 oder Satz 3 Nummer 1 EStG) zu ermitteln.

Beispiel 13 (Wechsel des Nutzungsberechtigten):

Ein Arbeitgeber überlässt dem Arbeitnehmer A ab Januar 2019 ein Elektrofahrzeug (Null-Emissionen/km und Höhe des Listenpreises nicht mehr als 60 000 Euro) zur privaten Nutzung. Nach dessen Ausscheiden aus dem Betrieb zum 30. Juni 2019 überlässt der Arbeitgeber dieses Elektrofahrzeug ab dem 1. Juli 2019 dem Arbeitnehmer B zur privaten Nutzung. Ein Fahrtenbuch wird nicht geführt. Der Nutzungswert ist sowohl für A als auch für B nach den Regelungen des § 8 Absatz 2 Satz 2 in Verbindung mit § 6 Absatz 1 Nummer 4 Satz 2 Nummer 2 (für 2019) und 3 (ab 2020) EStG zu ermitteln. Dabei ist der pauschale Nutzungswert bei A und B im Kalenderjahr 2019 mit 1% des auf volle 100 Euro abgerundeten halbierten und bei B ab 1. Januar 2020 mit 1% eines auf volle 100 Euro abgerundeten Viertels des Listenpreises anzusetzen.

Beispiel 14 (Fahrzeugpool):

Die Arbeitnehmer können mehrere Elektrofahrzeuge aus einem Fahrzeugpool des Arbeitgebers privat nutzen, von denen ein Teil bereits vor und ein Teil nach dem 1. Januar 2019 an Arbeitnehmer zur privaten Nutzung überlassen worden sind. Fahrtenbücher werden nicht geführt. Der pauschale Nutzungswert für Privatfahrten ist mit 1% und für Fahrten zwischen Wohnung und erster Tätigkeitsstätte grundsätzlich mit 0,03% der Listenpreise aller Kraftfahrzeuge zu ermitteln und die Summe entsprechend der Zahl der Nutzungsberechtigten aufzuteilen, vgl. Rdnr. 11 des BMF-Schreibens vom 4. April 2018 (BStBl. I S. 592).[1] Dabei ist der Listenpreis zunächst für jedes Elektrofahrzeug gesondert nach den bisherigen Bewertungsregelungen oder nach den Regelungen in der Fassung des zweiten Gesetzes zur Umsetzung der steuerlichen Hilfsmaßnahmen zur Bewältigung der Corona-Krise vom 29. Juni 2020 (BGBl. I S. 1512) zu ermitteln und anschließend die Summe der gesondert ermittelten Listenpreise entsprechend der Zahl der Nutzungsberechtigten aufzuteilen.

23 Dieses Schreiben ersetzt die BMF-Schreiben vom 5. Juni 2014 (BStBl. I S. 835)[2] und vom 24. Januar 2018 (BStBl. I S. 272).[2]

Anl d zu R 4.12

d) Schreiben betr. ertragsteuerliche Beurteilung von Aufwendungen für Fahrten zwischen Wohnung und Betriebsstätte und von Reisekosten unter Berücksichtigung der Reform des steuerlichen Reisekostenrechts zum 1. 1. 2014; Anwendung bei der Gewinnermittlung

Vom 23. Dezember 2014 (BStBl. 2015 I S. 26)

(BMF IV C 6 – S 2145/10/10005 :001; DOK 2014/1085209)

Mit dem Gesetz zur Änderung und Vereinfachung der Unternehmensbesteuerung und des steuerlichen Reisekostenrechts vom 20. Februar 2013 (BGBl. I S. 285, BStBl. I S. 188) wurde die Abziehbarkeit von Reisekosten als Betriebsausgaben geändert. Im Einvernehmen mit den obersten Finanzbehörden der Länder gilt für die ertragsteuerliche Beurteilung von Reisekosten ab dem 1. Januar 2014 Folgendes:

1. Aufwendungen für Wege zwischen Wohnung und Betriebsstätte

a) Begriffsbestimmung Betriebsstätte

205i **1** Aufwendungen für die Wege zwischen Wohnung und Betriebsstätte i. S. d. § 4 Absatz 5 Satz 1 Nummer 6 EStG sind keine Reisekosten. Ihr Abzug richtet sich gemäß § 4 Absatz 5 Satz 1 Nummer 6 EStG nach den Regelungen in § 9 Absatz 1 Satz 3 Nummer 4 Satz 2 bis 6 EStG zur Entfernungs-

[1] Letztmals abgedruckt im „Handbuch zur Lohnsteuer 2021“ als Anlage c zu LStH 8.1; siehe jetzt BMF-Schreiben vom 3. 3. 2022 (BStBl. I S. 232), abgedruckt im „Handbuch zur Lohnsteuer 2022“ als Anlage c zu LStH 8.1.

[2] Letztmals abgedruckt im „Handbuch zur ESt-Veranlagung 2020“ als Anlage c zu R 4.12 EStR.

Anl d zu R 4.12

pauschale. Im Hinblick auf den besonderen Zweck des § 4 Absatz 5 Satz 1 Nummer 6 EStG, den Zusammenhang mit § 9 Absatz 1 Satz 3 Nummer 4 EStG und wegen der gebotenen Gleichbehandlung von Arbeitnehmern und Steuerpflichtigen mit Gewinneinkünften im Regelungsbereich beider Vorschriften weicht der Begriff der Betriebsstätte vom Betriebsstättenbegriff des § 12 AO ab. Unter Betriebsstätte ist die von der Wohnung getrennte dauerhafte Tätigkeitsstätte des Steuerpflichtigen zu verstehen, d. h. eine ortsfeste betriebliche Einrichtung i. S. d. Rdnr. 3 des BMF-Schreibens vom 24. Oktober 2014 (BStBl. I S. 1412)[1] des Steuerpflichtigen, des Auftraggebers oder eines vom Auftraggeber bestimmten Dritten, an der oder von der aus die steuerrechtlich relevante Tätigkeit dauerhaft ausgeübt wird. Eine hierauf bezogene eigene Verfügungsmacht des Steuerpflichtigen ist – im Unterschied zur Geschäftseinrichtung i. S. d. § 12 Satz 1 AO – nicht erforderlich.

2 Dauerhaftigkeit liegt vor, wenn die steuerlich erhebliche Tätigkeit an einer Tätigkeitsstätte unbefristet, für eine Dauer von voraussichtlich mehr als 48 Monaten oder für die gesamte Dauer der betrieblichen Tätigkeit ausgeübt werden soll. Für die Prognose der voraussichtlichen Dauer kann auf die Dauer des Auftragsverhältnisses abgestellt werden. Wird das Auftragsverhältnis zu einem späteren Zeitpunkt verlängert, ist die Prognoseentscheidung für zukünftige Zeiträume neu zu treffen; bereits vergangene Tätigkeitszeiträume sind bei der Prüfung des 48-Monatszeitraums nicht mit einzubeziehen. Weichen die tatsächlichen Verhältnisse durch unvorhersehbare Ereignisse, wie etwa Krankheit, politische Unruhen am Tätigkeitsort, Insolvenz des Kunden o. ä. von der ursprünglichen Prognose ab, bleibt die zuvor getroffene Prognoseentscheidung für die Vergangenheit bezüglich des Vorliegens einer Betriebsstätte maßgebend.

3 Ein häusliches Arbeitszimmer ist keine Betriebsstätte i. S. d. § 4 Absatz 5 Satz 1 Nummer 6 EStG. Der Steuerpflichtige kann an mehreren Betriebsstätten tätig sein; für jeden Betrieb kann jedoch höchstens eine ortsfeste betriebliche Einrichtung Betriebsstätte i. S. d. § 4 Absatz 5 Satz 1 Nummer 6 EStG (erste Betriebsstätte) sein.

4 Als Betriebsstätte gilt auch eine Bildungseinrichtung, die vom Steuerpflichtigen aus betrieblichem Anlass zum Zwecke eines Vollzeitstudiums oder einer vollzeitlichen Bildungsmaßnahme aufgesucht wird.

b) Erste Betriebsstätte

5 Übt der Steuerpflichtige seine betriebliche Tätigkeit an mehreren Betriebsstätten aus, ist die erste Betriebsstätte anhand quantitativer Merkmale zu bestimmen. Nach § 9 Absatz 4 Satz 4 EStG ist danach erste Betriebsstätte die Tätigkeitsstätte, an der der Steuerpflichtige dauerhaft typischerweise (im Sinne eines Vergleichs mit einem Arbeitnehmer) arbeitstäglich oder je Woche an zwei vollen Arbeitstagen oder mindestens zu einem Drittel seiner regelmäßigen Arbeitszeit tätig werden will. Treffen diese Kriterien auf mehrere Tätigkeitsstätten zu, ist die der Wohnung des Steuerpflichtigen näher gelegene Tätigkeitsstätte erste Betriebsstätte (entsprechend § 9 Absatz 4 Satz 7 EStG). Die Fahrten zu weiter entfernt liegenden Tätigkeitsstätten sind als Auswärtstätigkeiten zu beurteilen.

Beispiel 1:

Der Steuerpflichtige wohnt in A und betreibt in B ein Einzelunternehmen, das er arbeitstäglich z. B. während der Öffnungszeiten aufsucht. Bei den Fahrten handelt es sich um Fahrten zwischen Wohnung und Betriebsstätte; die Aufwendungen sind in Höhe der Entfernungspauschale als Betriebsausgaben abziehbar.

Beispiel 2:

Der Steuerpflichtige wohnt in A und betreibt ein Einzelunternehmen mit Filialen in B (Entfernung zur Wohnung 15 km) und C (Entfernung zur Wohnung 10 km), die Filiale in B sucht er arbeitstäglich z. B. während der Öffnungszeiten auf, die Filiale in C nur einmal wöchentlich. Erste Betriebsstätte nach Rdnr. 5 ist die Filiale in B. Bei den Fahrten handelt es sich um Fahrten zwischen Wohnung und Betriebsstätte; der Abzug der Aufwendungen richtet sich nach § 4 Absatz 5 Satz 1 Nummer 6 EStG (Entfernungspauschale). Die Betriebsstätte in C ist keine erste Betriebsstätte; die Aufwendungen für die Fahrten von der Wohnung zur Betriebsstätte in C sind wie auch die Aufwendungen für die Fahrten zwischen den Betriebsstätten in voller Höhe abziehbar.

Beispiel 3:

Der Steuerpflichtige wohnt in A und betreibt ein Einzelunternehmen mit Filialen in B (Entfernung zur Wohnung 15 km) und C (Entfernung zur Wohnung 10 km), die er beide arbeitstäglich z. B. während der Öffnungszeiten aufsucht. Erste Betriebsstätte nach Rdnr. 5 ist die Filiale in C. Bei den Fahrten zur Betriebsstätte in C handelt es sich um Fahrten zwischen Wohnung und Betriebsstätte; der Abzug der Aufwendungen richtet sich nach § 4 Absatz 5 Satz 1 Nummer 6 EStG (Entfernungspauschale). Die Betriebsstätte in B ist keine erste Betriebsstätte; die Aufwendungen für die Fahrten von der Wohnung zur Betriebsstätte in B sind wie auch die Aufwendungen für die Fahrten zwischen den Betriebsstätten in voller Höhe abziehbar.

Beispiel 4:

Der Steuerpflichtige wohnt in A und bereitet in seinem häuslichen Arbeitszimmer seine Dozententätigkeit vor, die er in den Volkshochschulen in B (Entfernung zur Wohnung 15 km) und C (Entfernung zur Wohnung 10 km) ausübt. Die Volkshochschule in B sucht er an drei Tagen und die in C an zwei Tagen auf. Die Tätigkeiten beruhen auf unterschiedlichen unbefristeten Auftragsverhältnissen. Liegen die Kriterien des § 9 Absatz 4 Satz 4 Nummer 2 EStG für beide Tätigkeitsstätten vor, ist die der Wohnung näher gelegene Tätigkeitsstätte C als erste Betriebsstätte zu beurteilen. Die Aufwendungen für die Fahrten nach C sind nach Maßgabe des § 4 Absatz 5 Satz 1 Nummer 6 EStG (Entfernungspauschale), die Fahrten nach B in voller Höhe abziehbar.

Beispiel 5:

Der Steuerpflichtige wohnt in A und ist als Handelsvertreter für verschiedene Unternehmen tätig. Bei der Fa. XY in B wird ihm ein Büro zur Verfügung gestellt, das er an zwei vollen Tagen wöchentlich nutzt. Das Auftragsverhältnis ist

---

[1] Jetzt BMF-Schreiben vom 25. 11. 2020 (BStBl. I S. 1228), Rz. 3, abgedruckt im „Handbuch zur Lohnsteuer 2022" als Anlage a zu LStH 9.4.

Anl d zu R 4.12

unbefristet. Die Bürotätigkeiten für die übrigen Auftraggeber wickelt er in seinem häuslichen Arbeitszimmer ab. Da das Büro in der Fa. XY eine Betriebsstätte des A i. S. d. § 4 Absatz 5 Satz 1 Nummer 6 EStG darstellt und der Steuerpflichtige dort dauerhaft i. S. d. § 9 Absatz 4 Satz 4 EStG tätig wird, sind die Fahrten dorthin als Fahrten zwischen Wohnung und Betriebsstätte zu beurteilen und die Aufwendungen nach Maßgabe des § 4 Absatz 5 Satz 1 Nummer 6 EStG (Entfernungspauschale) abziehbar.

Beispiel 6:

Der Steuerpflichtige ist als Versicherungsmakler tätig und erledigt in seinem häuslichen Arbeitszimmer die anfallenden Bürotätigkeiten. Die Beratungsleistungen erbringt er regelmäßig beim Kunden. Der Steuerpflichtige hat keine Betriebsstätte i. S. d. § 4 Absatz 5 Satz 1 Nummer 6 EStG.

Beispiel 7 (Bildungseinrichtung):

Der Steuerpflichtige strebt eine selbständige Tätigkeit als Heilpraktiker an und besucht zur Vorbereitung der amtlichen Heilpraktikerprüfung für sechs Monate eine vollzeitige Heilpraktikerschule. Die Fahrten zur Heilpraktikerschule sind nach Maßgabe des § 4 Absatz 5 Satz 1 Nummer 6 EStG (Entfernungspauschale) als Betriebsausgaben abziehbar (entsprechend § 9 Absatz 4 Satz 8 EStG; vgl. Rdnr. 4).

c) Keine erste Betriebsstätte

6 Eine Tätigkeitsstätte muss nicht Betriebsstätte sein. Wird der Steuerpflichtige typischerweise nur an ständig wechselnden Tätigkeitsstätten, die keine Betriebsstätten sind, oder an einer nicht ortsfesten betrieblichen Einrichtung (z. B. Fahrzeug, Flugzeug, Schiff) betrieblich tätig, sind die Aufwendungen für die Fahrten zwischen Wohnung und Tätigkeitsstätte grundsätzlich unbeschränkt als Betriebsausgaben abziehbar.

Beispiel 8:

Der Steuerpflichtige erbringt Bauleistungen bei wechselnden Kunden. Die Büroarbeiten erledigt er im häuslichen Arbeitszimmer. Der Steuerpflichtige hat keine Betriebsstätte i. S. d. § 4 Absatz 5 Satz 1 Nummer 6 EStG. Die Aufwendungen für die Fahrten zu den Kunden oder zu deren Baustellen sind unbeschränkt als Betriebsausgaben abziehbar.

7 Hat der Steuerpflichtige keine erste Betriebsstätte und sucht er nach den Auftragsbedingungen dauerhaft denselben Ort oder dasselbe weiträumige Tätigkeitsgebiet (vgl. hierzu Rdnrn. 40 bis 43 des BMF-Schreibens vom 24. Oktober 2014, BStBl. I S. 1412[1] und BFH vom 29. April 2014, BStBl. II 2014, 777) typischerweise täglich auf, sind die Aufwendungen für die Fahrten zwischen der Wohnung und diesem Ort oder die Fahrten zwischen der Wohnung und dem nächst gelegenen Zugang zum Tätigkeitsgebiet nach Maßgabe des § 4 Absatz 5 Satz 1 Nummer 6 EStG (Entfernungspauschale) als Betriebsausgaben abziehbar (vgl. Rdnrn. 1 und 2). Rdnr. 5 ist beim Vorliegen mehrerer dauerhafter Auftragsverhältnisse oder weiträumiger Tätigkeitsgebiete entsprechend anzuwenden.

Beispiel 9:

Der Steuerpflichtige ist selbständiger Paketzusteller und als Subunternehmer eines Paketdienstes tätig. Das zeitlich unbefristete Auftragsverhältnis mit dem Paketdienst sieht vor, dass der Paketzusteller den Zustellbezirk Landkreis B übernimmt. Der Paketzusteller wohnt in A, das 5 km von der Landkreisgrenze entfernt liegt. Der Lieferwagen wird auf dem Wohngrundstück abgestellt. Die Aufwendungen für die Fahrten von der Wohnung in A zum Zustellbezirk Landkreis B (5 km) sind nach Maßgabe des § 4 Absatz 5 Satz 1 Nummer 6 EStG (Entfernungspauschale) als Betriebsausgaben abziehbar. Die Aufwendungen für die Fahrten innerhalb des Zustellbezirks sind in voller Höhe als Betriebsausgaben abziehbar.

2. Reisekosten

205j **8** Die lohnsteuerlichen Regelungen zu den Reisekosten sind bei der Gewinnermittlung sinngemäß, unter Beachtung von § 4 Absatz 5 Satz 1 Nummer 7 EStG, anzuwenden. Reisekosten sind Fahrtkosten, Mehraufwendungen für Verpflegung, Übernachtungskosten und Reisenebenkosten.

9 Mehraufwendungen für die Verpflegung des Steuerpflichtigen sind nur dann als Betriebsausgaben abziehbar, wenn der Steuerpflichtige vorübergehend von seiner Wohnung und dem Mittelpunkt seiner dauerhaft angelegten betrieblichen Tätigkeit entfernt betrieblich tätig wird. Der Begriff des Mittelpunktes der dauerhaft angelegten betrieblichen Tätigkeit des Steuerpflichtigen i. S. d. § 4 Absatz 5 Satz 1 Nummer 5 EStG entspricht dem Begriff der ersten Betriebsstätte (vgl. Rdnrn. 1 bis 5).

10 Der Abzug von Verpflegungsmehraufwendungen ist nach § 9 Absatz 4 a EStG zu bestimmen. Nach Satz 6 ist der Abzug auf die ersten drei Monate einer längerfristigen beruflichen Tätigkeit an derselben Tätigkeitsstätte beschränkt (vgl. Rdnrn. 52 ff. des BMF-Schreibens vom 24. Oktober 2014, BStBl. I S. 1412).[2]

Beispiel 10:

Der Steuerpflichtige besucht eine eintägige Tagung. In der Mittagspause nimmt er in einem Restaurant eine Mahlzeit ein. Die Abwesenheit von der Wohnung und der ersten Betriebsstätte beträgt 9 Stunden. Dem Steuerpflichtigen steht zur Abgeltung seiner tatsächlich entstandenen betrieblich veranlassten Aufwendungen eine Verpflegungspauschale nach § 4 Absatz 5 Satz 1 Nummer 5 i. V. m. § 9 Absatz 4 a Satz 3 Nummer 3 EStG von 12 € zu. Ein Abzug der tatsächlichen Verpflegungskosten als Betriebsausgabe ist nicht zulässig.

11 Wird durch Zahlungsbelege nur ein Gesamtpreis für Unterkunft und Verpflegung oder neben der Beherbergungsleistung nur ein Sammelposten für Nebenleistungen einschließlich Verpflegung nachgewiesen und lässt sich der Preis für die Verpflegung deshalb nicht feststellen (z. B. Tagungspau-

[1] Jetzt BMF-Schreiben vom 25. 11. 2020 (BStBl. I S. 1228), Rz. 41–44, abgedruckt im „Handbuch zur Lohnsteuer 2022" als Anlage a zu LStH 9.4.

[2] Jetzt BMF-Schreiben vom 25. 11. 2020 (BStBl. I S. 1228), Rz. 53 ff., abgedruckt im „Handbuch zur Lohnsteuer 2022" als Anlage a zu LStH 9.4.

schale), so ist dieser Gesamtpreis zur Ermittlung der Übernachtungs- oder Reisenebenkosten zu kürzen. Als Kürzungsbeträge sind dabei
- für Frühstück 20 Prozent,
- für Mittag- und Abendessen jeweils 40 Prozent

der für den Unterkunftsort maßgebenden Verpflegungspauschale bei einer Auswärtstätigkeit mit einer Abwesenheitsdauer von 24 Stunden anzusetzen.

Beispiel 11:

Im Rahmen einer betrieblich veranlassten Auswärtstätigkeit übernachtet der Steuerpflichtige im Hotel. Das Hotel stellt (netto) 100 € für die Übernachtung und zusätzlich (netto) 22 € für ein Business- oder Servicepaket (inkl. Frühstück) in Rechnung. Der Steuerpflichtige kann für den An- und Abreisetag jeweils eine Verpflegungspauschale von 12 € als Betriebsausgabe abziehen. Daneben können die Übernachtungskosten i. H. v. 100 € und die Aufwendungen für das Business- oder Servicepaket i. H. v. 17,20 € (22 € abzgl. 4,80 €) abgezogen werden. Der Kostenanteil für das Frühstück (anzusetzen mit 4,80 €) ist vom Betriebsausgabenabzug ausgeschlossen und mit der Verpflegungspauschale abgegolten.

12 Die Verpflegungspauschalen sind nicht nach § 9 Absatz 4 a Satz 8 EStG zu kürzen, wenn von dritter Seite Mahlzeiten unentgeltlich oder verbilligt zur Verfügung gestellt werden oder wenn der Steuerpflichtige anlässlich einer betrieblich veranlassten Reise Bewirtungsaufwendungen i. S. d. § 4 Absatz 5 Satz 1 Nummer 2 EStG trägt.

3. Mehraufwendungen bei doppelter Haushaltsführung

13 Die für den Werbungskostenabzug bei Arbeitnehmern geltenden Regelungen zu den Mehraufwendungen bei doppelter Haushaltsführung sind dem Grunde und der Höhe nach entsprechend anzuwenden. Zu den Mehraufwendungen bei doppelter Haushaltsführung zählen Fahrtkosten aus Anlass der Wohnungswechsel zu Beginn und am Ende der doppelten Haushaltsführung sowie für wöchentliche Heimfahrten an den Ort des eigenen Hausstandes oder Aufwendungen für wöchentliche Familien-Ferngespräche, Verpflegungsmehraufwendungen, Aufwendungen für die Zweitwohnung und Umzugskosten. **205k**

R 4.13. Abzugsverbot für Sanktionen

R 4.13

Abzugsverbot

(1) ① Geldbußen, Ordnungsgelder und Verwarnungsgelder, die von einem Gericht oder einer Behörde in der Bundesrepublik Deutschland oder von Organen der Europäischen Gemeinschaften festgesetzt werden, dürfen nach § 4 Abs. 5 Satz 1 Nr. 8 Satz 1 EStG den Gewinn auch dann nicht mindern, wenn sie betrieblich veranlasst sind. ② Dasselbe gilt für Leistungen zur Erfüllung von Auflagen oder Weisungen, die in einem berufsgerichtlichen Verfahren erteilt werden, soweit die Auflagen oder Weisungen nicht lediglich der Wiedergutmachung des durch die Tat verursachten Schadens dienen (§ 4 Abs. 5 Satz 1 Nr. 8 Satz 2 EStG). ③ Dagegen gilt das Abzugsverbot nicht für Nebenfolgen vermögensrechtlicher Art, z. B. die Abführung des Mehrerlöses nach § 8 des Wirtschaftsstrafgesetzes, den Verfall nach § 29 a OWiG und die Einziehung nach § 22 OWiG. **206**

Geldbußen

(2) ① Zu den Geldbußen rechnen alle Sanktionen, die nach dem Recht der Bundesrepublik Deutschland so bezeichnet sind, insbesondere Geldbußen nach dem Ordnungswidrigkeitenrecht einschließlich der nach § 30 OWiG vorgesehenen Geldbußen gegen juristische Personen oder Personenvereinigungen, Geldbußen nach den berufsgerichtlichen Gesetzen des Bundes oder der Länder, z. B. der Bundesrechtsanwaltsordnung, der Bundesnotarordnung, der Patentanwaltsordnung, der Wirtschaftsprüferordnung oder dem Steuerberatungsgesetz sowie Geldbußen nach den Disziplinargesetzen des Bundes oder der Länder. ② Geldbußen, die von Organen der Europäischen Union festgesetzt werden, sind Geldbußen nach den Artikeln 101, 102, 103 Abs. 2 des Vertrages über die Arbeitsweise der Europäischen Union (AEUV) insbesondere i. V. m. Artikel 23 Abs. 2 der Verordnung (EG) Nr. 1/2003 des Rates vom 16. 12. 2002. ③ Betrieblich veranlasste Geldbußen, die von Gerichten oder Behörden anderer Staaten festgesetzt werden, fallen nicht unter das Abzugsverbot.[1] **207**

Einschränkung des Abzugsverbotes für Geldbußen

(3) ① Das Abzugsverbot für Geldbußen, die von Gerichten oder Behörden in der Bundesrepublik Deutschland oder von Organen der Europäischen Union verhängt werden, gilt uneingeschränkt für den Teil, der die rechtswidrige und vorwerfbare Handlung ahndet. ② Für den Teil, der den rechtswidrig erlangten wirtschaftlichen Vorteil abschöpft, gilt das Abzugsverbot für die Geldbuße nur dann uneingeschränkt, wenn bei der Berechnung des Vermögensvorteils die darauf entfallende ertragsteuerliche Belastung – ggf. im Wege der Schätzung – berücksichtigt worden ist. ③ Macht der Stpfl. durch geeignete Unterlagen glaubhaft, dass diese ertragsteuerliche Belastung nicht berücksichtigt und der gesamte rechtswidrig erlangte Vermögensvorteil abgeschöpft wurde, darf der auf die Abschöpfung entfallende Teil der Geldbuße als Betriebsausgabe abgezogen werden. ④ Die von der Europäischen Kommission festgesetzten Geldbußen wegen **208**

---

[1] Überholt für Geldbußen, die von einem Mitgliedstaat der Europäischen Union festgesetzt werden, siehe § 4 Abs. 5 Satz 1 Nr. 8 Satz 1 EStG.

Verstoßes gegen das Wettbewerbsrecht enthalten keinen Anteil, der den rechtswidrig erlangten wirtschaftlichen Vorteil abschöpft, und unterliegen in vollem Umfang dem Betriebsausgabenabzugsverbot.

Ordnungsgelder

209 (4) ① Ordnungsgelder sind die nach dem Recht der Bundesrepublik Deutschland so bezeichneten Unrechtsfolgen, die namentlich in den Verfahrensordnungen oder in verfahrensrechtlichen Vorschriften anderer Gesetze vorgesehen sind, z. B. das Ordnungsgeld gegen einen Zeugen wegen Verletzung seiner Pflicht zum Erscheinen und das Ordnungsgeld nach § 890 ZPO wegen Verstoßes gegen eine nach einem Vollstreckungstitel (z. B. Urteil) bestehende Verpflichtung, eine Handlung zu unterlassen oder die Vornahme einer Handlung zu dulden. ② Nicht unter das Abzugsverbot fallen Zwangsgelder.

Verwarnungsgelder

210 (5) Verwarnungsgelder sind die in § 56 OWiG so bezeichneten geldlichen Einbußen, die dem Betroffenen aus Anlass einer geringfügigen Ordnungswidrigkeit, z. B. wegen falschen Parkens, mit seinem Einverständnis auferlegt werden, um der Verwarnung Nachdruck zu verleihen.

H 4.13

212 **Abschöpfung**

- Bemisst sich die wegen eines Wettbewerbsverstoßes festgesetzte Geldbuße – über den regulären gesetzlichen Höchstbetrag hinaus – unter Einbeziehung des durch die Zuwiderhandlung erlangten Mehrerlöses, wird zugleich der erlangte wirtschaftliche Vorteil abgeschöpft. Hat die Bußgeldbehörde die Ertragsteuern, die auf diesen Vorteil entfallen, bei der Festsetzung nicht berücksichtigt, mindert die Geldbuße bis zu den gesetzlich zulässigen Höchstbeträgen den Gewinn. Darauf, dass sich der abschöpfende Teil der einheitlichen Geldbuße eindeutig abgrenzen lässt, kommt es nicht an (→ BFH vom 9. 6. 1999 – BStBl. II S. 658).
- Die bloße Heranziehung des tatbezogenen Umsatzes zur Ermittlung der Höhe einer am Bilanzstichtag angedrohten und nachfolgend auch festgesetzten Kartellgeldbuße bewirkt keine Abschöpfung des unrechtmäßig erlangten wirtschaftlichen Vorteils i. S. d. § 4 Abs. 5 Satz 1 Nr. 8 Satz 4 Halbsatz 1 EStG (→ BFH vom 22. 5. 2019 – BStBl. II S. 663).
- § 4 Abs. 5 Satz 1 Nr. 8 Satz 4 Halbsatz 1 EStG ist dahingehend auszulegen, dass es auf die objektive Abschöpfungswirkung der Geldbuße ankommt; der Wille der Kartellbehörde ist dabei nicht entscheidend (→ BFH vom 22. 5. 2019 – BStBl. II S. 663).

Abzugsverbot für Geldstrafen, die in einem anderen Staat festgesetzt werden → R 12.3.

Ausländisches Gericht. Von ausländischem Gericht verhängte Geldstrafe kann bei Widerspruch zu wesentlichen Grundsätzen der deutschen Rechtsordnung Betriebsausgabe sein (→ BFH vom 31. 7. 1991 – BStBl. 1992 II S. 85).

EU-Geldbußen. Eine von der Europäischen Kommission wegen eines Kartellrechtsverstoßes verhängte Geldbuße, die sich nach dem Grundbetrag i. S. d. Art. 23 Abs. 3 EG-Verordnung 1/2003 bemisst, enthält keinen Abschöpfungsanteil (→ BFH vom 7. 11. 2013 – BStBl. 2014 II S. 306).

Leistungen zur Erfüllung von Auflagen oder Weisungen. Hinsichtlich des Abzugsverbots von Leistungen zur Erfüllung von Auflagen und Weisungen, die in einem berufsgerichtlichen Verfahren erteilt werden, → H 12.3.

Rückstellungen → H 5.7 (1) Nichtabziehbare Betriebsausgaben.

R 4.14

R 4.14. Abzugsverbot für Zuwendungen i. S. d. § 4 Abs. 5 Satz 1 Nr. 10 EStG

213 ① Zuwendungen i. S. d. § 4 Abs. 5 Satz 1 Nr. 10 EStG dürfen nicht als Betriebsausgaben abgezogen werden, wenn mit der Zuwendung von Vorteilen objektiv gegen das Straf- oder Ordnungswidrigkeitenrecht verstoßen wird; auf ein Verschulden[1] des Zuwendenden, auf die Stellung eines Strafantrags oder auf eine tatsächliche Ahndung kommt es nicht an. ② Mit der Anknüpfung an die Tatbestände des Straf- und Ordnungswidrigkeitenrechts werden auch Leistungen an ausländische Amtsträger und Abgeordnete vom Abzugsverbot erfasst. ③ Wird dem Finanzamt auf Grund einer Mitteilung des Gerichts, der Staatsanwaltschaft oder einer Verwaltungsbehörde nach § 4 Abs. 5 Satz 1 Nr. 10 Satz 2 EStG erstmals bekannt, dass eine rechtswidrige Handlung i. S. d. § 4 Abs. 5 Satz 1 Nr. 10 Satz 1 EStG vorliegt, ist der Steuerbescheid nach den Vorschriften der AO zu ändern.

H 4.14

214 **Mitteilungspflicht.** Bei Vorteilszuwendungen, die als Betriebsausgaben berücksichtigt wurden, besteht ein Verdacht i. S. d. § 4 Abs. 5 Satz 1 Nr. 10 Satz 3 EStG, der die Information der Strafverfolgungsbehörden gebietet, wenn ein Anfangsverdacht i. S. d. Strafrechts gegeben ist. Es müssen also zureichende tatsächliche Anhaltspunkte für eine Tat nach § 4 Abs. 5 Satz 1 Nr. 10 Satz 1 EStG vorliegen (→ BFH vom 14. 7. 2008 – BStBl. II S. 850).

---

[1] Überholt durch *BFH vom 15. 4. 2021 IV R 25/18 (BStBl. II S. 703)*, siehe H 4.14 (Voraussetzung des Abzugsverbots).

Umfang des Abzugsverbots. Das für die „Zuwendung von Vorteilen sowie damit zusammenhängende Aufwendungen" geltende Abzugsverbot des § 4 Abs. 5 Satz 1 Nr. 10 EStG erfasst nicht nur die Bestechungsgelder als solche, sondern auch die Kosten eines nachfolgenden Strafverfahrens sowie Aufwendungen, die auf Grund einer im Strafurteil ausgesprochenen Verfallsanordnung entstehen. Zur Vermeidung einer verfassungswidrigen Doppelbelastung gilt das Abzugsverbot für verfallene Beträge jedoch nicht, wenn das Strafgericht die Ertragsteuerbelastung bei der Bemessung des Verfallsbetrags nicht mindernd berücksichtigt hat (→ BFH vom 14. 5. 2014 – BStBl. II S. 684).

Voraussetzung des Abzugsverbots. Wenn die Zuwendung der Vorteile eine rechtswidrige Handlung darstellt, die den Tatbestand eines Strafgesetzes verwirklicht, muss für das Abzugsverbot auch der subjektive Tatbestand des Strafgesetzes erfüllt sein (→ BFH vom 15. 4. 2021 – BStBl. II S. 703).

Zuwendungen

- Abzugsverbot für die Zuwendung von Vorteilen i. S. d. § 4 Abs. 5 Satz 1 Nr. 10 EStG → BMF vom 10. 10. 2002 (BStBl. I S. 1031).
- Tatbestände des Straf- und Ordnungswidrigkeitenrechts i. S. d. § 4 Abs. 5 Satz 1 Nr. 10 EStG sind:
  - § 108 b StGB (Wählerbestechung),
  - § 108 e StGB (Bestechung von Mandatsträgern),
  - § 265 c Abs. 2 und 4 StGB (Sportwettbetrug),
  - § 265 d Abs. 2 und 4 StGB (Manipulation von berufssportlichen Wettbewerben),
  - § 299 Abs. 2 StGB (Bestechung im geschäftlichen Verkehr),
  - § 299 b StGB (Bestechung im Gesundheitswesen),
  - § 333 StGB (Vorteilsgewährung),
  - § 334 StGB (Bestechung),
  - § 335 a StGB (Vorteilsgewährung und Bestechung ausländischer und internationaler Bediensteter),
  - Artikel 2 § 2 des Gesetzes zur Bekämpfung internationaler Bestechung (Bestechung ausländischer Abgeordneter im Zusammenhang mit internationalem geschäftlichen Verkehr),
  - § 119 Abs. 1 des Betriebsverfassungsgesetzes (Straftaten gegen Betriebsverfassungsorgane und ihre Mitglieder),
  - § 81 Abs. 3 Nr. 2 i. V. m. § 21 Abs. 2 des Gesetzes gegen Wettbewerbsbeschränkungen (Vorteilsgewährung für wettbewerbsbeschränkendes Verhalten),
  - § 405 Abs. 3 Nr. 7 AktG (Vorteilsgewährung in Bezug auf das Stimmverhalten in der Hauptversammlung),
  - § 152 Abs. 1 Nr. 2 GenG (Vorteilsgewährung in Bezug auf das Abstimmungsverhalten in der Generalversammlung),
  - § 23 Abs. 1 Nr. 3 des Gesetzes über Schuldverschreibungen aus Gesamtemissionen – SchVG (Vorteilsgewährung in Bezug auf die Abstimmung in der Gläubigerversammlung).

Abzugsverbot für Gewerbesteuer H 4.15 215

- Das Abzugsverbot für die Gewerbesteuer ist verfassungsgemäß (→ BFH vom 16. 1. 2014 – BStBl. II S. 531 und vom 10. 9. 2015 – BStBl. II S. 1046).
- § 4 Abs. 5 b EStG steht dem Abzug als Betriebsausgabe nur bei dem Schuldner der Gewerbesteuer entgegen, nicht auch bei demjenigen, der sich vertraglich zur Übernahme der Gewerbesteuer verpflichtet (→ BFH vom 7. 3. 2019 – BStBl. II S. 696).

Kein Betriebsausgabenabzug für Erststudium. § 4 Abs. 9 EStG i. d. F. des BeitrRLUmsG erfasst Aufwendungen für ein Erststudium, das eine Erstausbildung vermittelt, auch dann, wenn das Studium objektiv und subjektiv der Förderung einer konkreten späteren Erwerbstätigkeit dient (→ BFH vom 16. 6. 2020 – BStBl. 2021 II S. 11). H 4.16 216

EStG

§ 4a Gewinnermittlungszeitraum, Wirtschaftsjahr

(1) ① Bei Land- und Forstwirten und bei Gewerbetreibenden ist der Gewinn nach dem Wirtschaftsjahr zu ermitteln. ② Wirtschaftsjahr ist

1 **1. bei Land- und Forstwirten der Zeitraum vom 1. Juli bis zum 30. Juni. ② Durch Rechtsverordnung kann für einzelne Gruppen von Land- und Forstwirten ein anderer Zeitraum bestimmt werden, wenn das aus wirtschaftlichen Gründen erforderlich ist;**

2 **2. bei Gewerbetreibenden, deren Firma im Handelsregister eingetragen ist, der Zeitraum, für den sie regelmäßig Abschlüsse machen. ② Die Umstellung des Wirtschaftsjahres auf einen vom Kalenderjahr abweichenden Zeitraum ist steuerlich nur wirksam, wenn sie im Einvernehmen mit dem Finanzamt vorgenommen wird;**

3 **3. bei anderen Gewerbetreibenden das Kalenderjahr. ② Sind sie gleichzeitig buchführende Land- und Forstwirte, so können sie mit Zustimmung des Finanzamts den nach Nummer 1 maßgebenden Zeitraum als Wirtschaftsjahr für den Gewerbebetrieb bestimmen, wenn sie für den Gewerbebetrieb Bücher führen und für diesen Zeitraum regelmäßig Abschlüsse machen.**

4 **(2) Bei Land- und Forstwirten und bei Gewerbetreibenden, deren Wirtschaftsjahr vom Kalenderjahr abweicht, ist der Gewinn aus Land- und Forstwirtschaft oder aus Gewerbebetrieb bei der Ermittlung des Einkommens in folgender Weise zu berücksichtigen:**

1. ① Bei Land- und Forstwirten ist der Gewinn des Wirtschaftsjahres auf das Kalenderjahr, in dem das Wirtschaftsjahr beginnt, und auf das Kalenderjahr, in dem das Wirtschaftsjahr endet, entsprechend dem zeitlichen Anteil aufzuteilen. ② Bei der Aufteilung sind Veräußerungsgewinne im Sinne des § 14 auszuscheiden und dem Gewinn des Kalenderjahres hinzuzurechnen, in dem sie entstanden sind;

2. bei Gewerbetreibenden gilt der Gewinn des Wirtschaftsjahres als in dem Kalenderjahr bezogen, in dem das Wirtschaftsjahr endet.

EStDV

§ 8b *Wirtschaftsjahr*

6 *① Das Wirtschaftsjahr umfasst einen Zeitraum von zwölf Monaten. ② Es darf einen Zeitraum von weniger als zwölf Monaten umfassen, wenn*

1. ein Betrieb eröffnet, erworben, aufgegeben oder veräußert wird oder

2. ein Steuerpflichtiger von regelmäßigen Abschlüssen auf einen bestimmten Tag zu regelmäßigen Abschlüssen auf einen anderen bestimmten Tag übergeht. ③ Bei Umstellung eines Wirtschaftsjahrs, das mit dem Kalenderjahr übereinstimmt, auf ein vom Kalenderjahr abweichendes Wirtschaftsjahr und bei Umstellung eines vom Kalenderjahr abweichenden Wirtschaftsjahrs auf ein anderes vom Kalenderjahr abweichendes Wirtschaftsjahr gilt dies nur, wenn die Umstellung im Einvernehmen mit dem Finanzamt vorgenommen wird.

§ 8c *Wirtschaftsjahr bei Land- und Forstwirten*

7 *(1) ① Als Wirtschaftsjahr im Sinne des § 4a Abs. 1 Nr. 1 des Gesetzes können Betriebe mit*

1. einem Futterbauanteil von 80 Prozent und mehr der Fläche der landwirtschaftlichen Nutzung den Zeitraum vom 1. Mai bis 30. April,

2. reiner Forstwirtschaft den Zeitraum vom 1. Oktober bis 30. September,

3. reinem Weinbau den Zeitraum vom 1. September bis 31. August

bestimmen. ② Ein Betrieb der in Satz 1 bezeichneten Art liegt auch dann vor, wenn daneben in geringem Umfang noch eine andere land- und forstwirtschaftliche Nutzung vorhanden ist. ③ Soweit die Oberfinanzdirektionen vor dem 1. Januar 1955 ein anderes als die in § 4a Abs. 1 Nr. 1 des Gesetzes oder in Satz 1 bezeichneten Wirtschaftsjahre festgesetzt haben, kann dieser andere Zeitraum als Wirtschaftsjahr bestimmt werden; dies gilt nicht für den Weinbau.

8 *(2)[1] ① Land- und forstwirtschaftliche Betriebe können auch das Kalenderjahr als Wirtschaftsjahr bestimmen. ② Stellt ein Land- und Forstwirt von einem vom Kalenderjahr abweichenden Wirtschaftsjahr auf ein mit dem Kalenderjahr übereinstimmendes Wirtschaftsjahr um, verlängert sich das letzte vom Kalenderjahr abweichende Wirtschaftsjahr um den Zeitraum bis zum Beginn des ersten mit dem Kalenderjahr übereinstimmenden Wirtschaftsjahr; ein Rumpfwirtschaftsjahr ist nicht zu bilden. ③ Stellt ein Land- und Forstwirt*

[1] Zur erstmaligen Anwendung siehe § 84 Abs. 2 EStDV.

das Wirtschaftsjahr für einen Betrieb mit reinem Weinbau auf ein Wirtschaftsjahr im Sinne des Absatzes 1 Satz 1 Nr. 3 um, gilt Satz 2 entsprechend.

(3) Buchführende Land- und Forstwirte im Sinne des § 4a Absatz 1 Satz 2 Nummer 3 Satz 2 des Gesetzes sind Land- und Forstwirte, die auf Grund einer gesetzlichen Verpflichtung oder ohne eine solche Verpflichtung Bücher führen und regelmäßig Abschlüsse machen. 9

R 4a. Gewinnermittlung bei einem vom Kalenderjahr abweichenden Wirtschaftsjahr

R 4a

Umstellung des Wirtschaftsjahres[1]

(1) ① Eine Umstellung des Wirtschaftsjahres liegt nicht vor, wenn ein Stpfl., der Inhaber eines Betriebs ist, einen weiteren Betrieb erwirbt und für diesen Betrieb ein anderes Wirtschaftsjahr als der Rechtsvorgänger wählt. ② Werden mehrere bisher getrennt geführte Betriebe eines Stpfl. zu einem Betrieb zusammengefasst, und führt der Stpfl. das abweichende Wirtschaftsjahr für einen der Betriebe fort, liegt keine zustimmungsbedürftige Umstellung des Wirtschaftsjahres vor. 16

Zustimmung des Finanzamts zum abweichenden Wirtschaftsjahr

(2) ① Das Wahlrecht zur Bestimmung des Wirtschaftsjahres kann durch die Erstellung des Jahresabschlusses oder außerhalb des Veranlagungsverfahrens ausgeübt werden. ② Bei Umstellung des Wirtschaftsjahres nach § 4a Abs. 1 Satz 2 Nr. 3 EStG ist dem Antrag zu entsprechen, wenn der Stpfl. Bücher führt, in denen die Betriebseinnahmen und die Betriebsausgaben für den land- und forstwirtschaftlichen Betrieb und für den Gewerbebetrieb getrennt aufgezeichnet werden, und der Stpfl. für beide Betriebe getrennte Abschlüsse fertigt. ③ Die Geldkonten brauchen nicht getrennt geführt zu werden. 17

Abweichendes Wirtschaftsjahr bei Betriebsverpachtung

(3) Sind die Einkünfte aus der Verpachtung eines gewerblichen Betriebs Einkünfte aus Gewerbebetrieb (→ R 16 Abs. 5)[2], so kann der Verpächter ein abweichendes Wirtschaftsjahr beibehalten, wenn die Voraussetzungen des § 4a Abs. 1 Satz 2 Nr. 2 oder Nr. 3 Satz 2 EStG weiterhin erfüllt sind. 18

Gewinnschätzung bei abweichendem Wirtschaftsjahr

(4) Wird bei einem abweichenden Wirtschaftsjahr der Gewinn geschätzt, ist die Schätzung nach dem abweichenden Wirtschaftsjahr vorzunehmen. 19

Zeitpunkt der Gewinnrealisierung

(5) Der Gewinn aus der Veräußerung oder Aufgabe eines Mitunternehmeranteiles ist auch dann im Jahr der Veräußerung oder Aufgabe zu versteuern, wenn die Mitunternehmerschaft ein abweichendes Wirtschaftsjahr hat. 20

H 4a

Antrag auf Umstellung des Wirtschaftsjahres außerhalb des Veranlagungsverfahrens. Über einen außerhalb des Veranlagungsverfahrens gestellten Antrag auf Erteilung der Zustimmung zur Umstellung des Wj. hat das Finanzamt durch besonderen Bescheid zu entscheiden (→ BFH vom 24. 1. 1963 – BStBl. III S. 142). 21

Ausscheiden einzelner Gesellschafter. Das Ausscheiden eines Gesellschafters aus einer fortbestehenden Personengesellschaft führt nicht zur Bildung eines Rumpfwirtschaftsjahres (→ BFH vom 24. 11. 1988 – BStBl. 1989 II S. 312). Der Gewinn wird im Kj. des Ausscheidens bezogen (→ BFH vom 18. 8. 2010 – BStBl. II S. 1043).

Betriebsaufspaltung. Wählt eine im Wege der Betriebsaufspaltung entstandene Betriebsgesellschaft ein vom Kj. abweichendes Wj., ist dies keine zustimmungsbedürftige Umstellung (→ BFH vom 27. 9. 1979 – BStBl. 1980 II S. 94).

Doppelstöckige Personengesellschaft

- Wählt eine Personenobergesellschaft, die selbst keine aktive Wirtschaftstätigkeit ausübt, ihr Wj. in der Weise, dass dieses kurze Zeit vor dem Wj. der Personenuntergesellschaft endet, liegt hierin eine missbräuchliche Gestaltung, da die Gewinne der Untergesellschaft nicht im laufenden VZ, sondern einen VZ später steuerlich erfasst werden und hierdurch eine einjährige „Steuerpause" eintritt; dies gilt nicht nur bei der zustimmungspflichtigen Umstellung des Wj., sondern auch bei der – nicht zustimmungsbedürftigen – Festlegung des vom Kj. abweichenden Wj. anlässlich der Betriebseröffnung (→ BFH vom 18. 12. 1991 – BStBl. 1992 II S. 486).
- Legt eine Personenobergesellschaft ihr Wj. abweichend von den Wj. der Untergesellschaft fest, liegt hierin jedenfalls dann kein Missbrauch von Gestaltungsmöglichkeiten des Rechts, wenn dadurch die Entstehung eines Rumpfwirtschaftsjahres vermieden wird (→ BFH vom 9. 11. 2006 – BStBl. 2010 II S. 230).

---

[1] Zur Umstellung von einem unzulässigerweise gewählten abweichenden Wirtschaftsjahr auf das Kalenderjahr siehe *BFH-Urteil vom 12. 7. 2007 X R 34/05 (BStBl. II S. 775).*

[2] Jetzt „§ 16 Abs. 3b EStG".

H 4a

Freiberufler
- Ermittelt ein Freiberufler seinen Gewinn für ein vom Kj. abweichendes Wj., kann die Gewinnermittlung der Besteuerung nicht zugrunde gelegt werden. Der im Kj. bezogene Gewinn ist im Wege der Schätzung zu ermitteln. Dies kann in der Regel durch eine zeitanteilige Aufteilung der für die abweichenden Wj. ermittelten Gewinne erfolgen (→ BFH vom 23. 9. 1999 – BStBl. 2000 II S. 24).
- Eine in das Handelsregister eingetragene KG, die nur Einkünfte aus selbständiger Arbeit erzielt, kann kein vom Kj. abweichendes Wj. bilden (→ BFH vom 18. 5. 2000 – BStBl. II S. 498).

Gewinnschätzung → H 4.1.

Rumpfwirtschaftsjahr
- Bei der Umstellung des Wj. darf nur ein Rumpfwirtschaftsjahr entstehen (→ BFH vom 7. 2. 1969 – BStBl. II S. 337).
- H 6b.2 (Wirtschaftsjahr).

Umwandlung
- In der Umwandlung oder Einbringung eines Einzelunternehmens in eine neu gegründete Personengesellschaft liegt eine Neueröffnung eines Betriebes. Der Zeitpunkt der Umwandlung oder Einbringung ist das Ende des Wj. des bisherigen Einzelunternehmens und der Beginn des ersten Wj. der neugegründeten Personengesellschaft (→ BFH vom 26. 5. 1994 – BStBl. II S. 891).
- Wird ein bisher als Personengesellschaft geführter Betrieb nach Ausscheiden der Mitgesellschafter als Einzelunternehmen fortgeführt, liegt darin die Eröffnung eines neuen Betriebes mit der Folge, dass das Wj. der Personengesellschaft im Zeitpunkt der Umwandlung endet und das erste Wj. des Einzelunternehmens beginnt (→ BFH vom 10. 2. 1989 – BStBl. II S. 519).

Verpachtung eines Betriebs der Land- und Forstwirtschaft. Sind die Einkünfte aus der Verpachtung eines Betriebs der Land- und Forstwirtschaft als Einkünfte aus Land- und Forstwirtschaft zu behandeln, ist für die Ermittlung des Gewinns weiterhin das nach § 4a Abs. 1 Satz 2 Nr. 1 EStG oder § 8c EStDV in Betracht kommende abweichende Wj. maßgebend (→ BFH vom 11. 3. 1965 – BStBl. III S. 286).

Wirtschaftsjahr bei Land- und Forstwirten. Das Wj. bei Land- und Forstwirten richtet sich nach der Art der Bewirtschaftung. Eine unschädliche andere land- oder forstwirtschaftliche Nutzung in geringem Umfang i. S. d. § 8c Abs. 1 Satz 2 EStDV liegt nur vor, wenn der Vergleichswert der anderen land- oder forstwirtschaftlichen Nutzung etwa 10% des Wertes der gesamten land- und forstwirtschaftlichen Nutzungen nicht übersteigt (→ BFH vom 3. 12. 1987 – BStBl. 1988 II S. 269).

Wirtschaftsjahr für den Gewerbebetrieb eines Land- und Forstwirts. Kann ein Land- und Forstwirt erst nach Beginn des Wj. für seinen Betrieb erkennen, dass sich aus diesem Betrieb ein Gewerbebetrieb herausgelöst hat, reicht es für die Ausübung des Wahlrechts zur Bestimmung eines dem land- und forstwirtschaftlichen Wj. entsprechenden Wj. für den Gewerbebetrieb aus, wenn er dem Finanzamt einen einheitlichen Jahresabschluss für den Gesamtbetrieb verbunden mit einer sachlich nachvollziehbaren Aufteilung des Gewinns auf den land- und forstwirtschaftlichen Betrieb und den Gewerbebetrieb vorlegt. Das Finanzamt erklärt konkludent seine Zustimmung, wenn es im Einkommensteuerbescheid der Steuererklärung folgt (→ BFH vom 7. 11. 2013 – BStBl. 2015 II S. 226).

Zustimmungsbedürftige Umstellung des Wirtschaftsjahrs
- Die Zustimmung ist nur dann zu erteilen, wenn der Stpfl. in der Organisation des Betriebs gelegene **gewichtige Gründe** für die Umstellung des Wj. anführen kann; es ist jedoch nicht erforderlich, dass die Umstellung des Wj. betriebsnotwendig ist (→ BFH vom 9. 1. 1974 – BStBl. II S. 238).
- Die Umstellung des Wj. eines im Wege der **Gesamtrechtsnachfolge** auf Erben übergegangenen Unternehmens auf einen vom Kj. abweichenden Zeitraum bedarf der Zustimmung des Finanzamtes (→ BFH vom 22. 8. 1968 – BStBl. 1969 II S. 34).
- Wird die Umstellung des Wj. wegen **Inventurschwierigkeiten** begehrt, kann die Zustimmung zur Umstellung des Wj. zu versagen sein, wenn die Buchführung nicht ordnungsmäßig ist und auch nicht sichergestellt ist, dass durch die Umstellung des Wj. die Mängel der Buchführung beseitigt werden (→ BFH vom 9. 11. 1966 – BStBl. 1967 III S. 111).
- Will ein Pächter sein Wj. auf das vom Kj. abweichende **Pachtjahr** umstellen, weil dieses in mehrfacher Beziehung für die Abrechnung mit dem Verpächter maßgebend ist, ist die Zustimmung im Allgemeinen zu erteilen (→ BFH vom 8. 10. 1969 – BStBl. 1970 II S. 85).
- Bei Forstbetrieben bedarf die Umstellung eines mit dem Kj. übereinstimmenden Wj. auf das sog. **Forstwirtschaftsjahr** (1. 10.–30. 9.) der Zustimmung des Finanzamts (→ BFH vom 23. 9. 1999 – BStBl. 2000 II S. 5).
- Die Erlangung einer **„Steuerpause"** oder anderer steuerlicher Vorteile ist kein betrieblicher Grund, der die Zustimmung des Finanzamts zur Umstellung des Wj. rechtfertigt (→ BFH vom 24. 4. 1980 – BStBl. 1981 II S. 50 und vom 15. 6. 1983 – BStBl. II S. 672).

§ 4b Direktversicherung

EStG

① Der Versicherungsanspruch aus einer Direktversicherung, die von einem Steuerpflichtigen aus betrieblichem Anlass abgeschlossen wird, ist dem Betriebsvermögen des Steuerpflichtigen nicht zuzurechnen, soweit am Schluss des Wirtschaftsjahres hinsichtlich der Leistungen des Versicherers die Person, auf deren Leben die Lebensversicherung abgeschlossen ist, oder ihre Hinterbliebenen bezugsberechtigt sind. ② Das gilt auch, wenn der Steuerpflichtige die Ansprüche aus dem Versicherungsvertrag abgetreten oder beliehen hat, sofern er sich der bezugsberechtigten Person gegenüber schriftlich verpflichtet, sie bei Eintritt des Versicherungsfalls so zu stellen, als ob die Abtretung oder Beleihung nicht erfolgt wäre. 1

R 4b. Direktversicherung

R 4b

Begriff

(1) ① Eine Direktversicherung ist eine Lebensversicherung auf das Leben des Arbeitnehmers, die durch den Arbeitgeber abgeschlossen worden ist und bei der der Arbeitnehmer oder seine Hinterbliebenen hinsichtlich der Leistungen des Versicherers ganz oder teilweise bezugsberechtigt sind (→ § 1b Abs. 2 Satz 1 Betriebsrentengesetz).[1] ② Dasselbe gilt für eine Lebensversicherung auf das Leben des Arbeitnehmers, die nach Abschluss durch den Arbeitnehmer vom Arbeitgeber übernommen worden ist. ③ Dagegen liegt begrifflich keine Direktversicherung vor, wenn der Arbeitgeber für den Ehegatten eines verstorbenen früheren Arbeitnehmers eine Lebensversicherung abschließt. ④ Als Versorgungsleistungen können Leistungen der Alters-, Invaliditäts- oder Hinterbliebenenversorgung in Betracht kommen. ⑤ Es ist gleichgültig, ob es sich um Kapitalversicherungen – einschließlich Risikoversicherungen –, Rentenversicherungen oder fondsgebundene Lebensversicherungen handelt und welche → Laufzeit vereinbart wird. ⑥ Unfallversicherungen sind keine Lebensversicherungen, auch wenn bei Unfall mit Todesfolge eine Leistung vorgesehen ist. ⑦ Dagegen gehören Unfallzusatzversicherungen und Berufsunfähigkeitszusatzversicherungen, die im Zusammenhang mit Lebensversicherungen abgeschlossen werden, sowie selbständige Berufsunfähigkeitsversicherungen und Unfallversicherungen mit Prämienrückgewähr, bei denen der Arbeitnehmer Anspruch auf die Prämienrückgewähr hat, zu den Direktversicherungen. 2

(2) ① Die Bezugsberechtigung des Arbeitnehmers oder seiner Hinterbliebenen muss vom Versicherungsnehmer (Arbeitgeber) der Versicherungsgesellschaft gegenüber erklärt werden (§ 159 VVG). ② Die Bezugsberechtigung kann widerruflich oder unwiderruflich sein; bei widerruflicher Bezugsberechtigung sind die Bedingungen eines Widerrufes steuerlich unbeachtlich. ③ Unbeachtlich ist auch, ob die Anwartschaft des Arbeitnehmers arbeitsrechtlich bereits unverfallbar ist. 3

Behandlung bei der Gewinnermittlung

(3) ① Die Beiträge zu Direktversicherungen sind sofort abziehbare Betriebsausgaben. ② Eine Aktivierung der Ansprüche aus der Direktversicherung kommt beim Arbeitgeber vorbehaltlich Satz 5 erst in Betracht, wenn eine der in § 4b EStG genannten Voraussetzungen weggefallen ist, z. B. wenn der Arbeitgeber von einem Widerrufsrecht Gebrauch gemacht hat. ③ In diesen Fällen ist der Anspruch grundsätzlich mit dem geschäftsplanmäßigen Deckungskapital der Versicherungsgesellschaft zu aktivieren zuzüglich eines etwa vorhandenen Guthabens aus Beitragsrückerstattungen; soweit die Berechnung des Deckungskapitals nicht zum Geschäftsplan gehört, tritt an die Stelle des geschäftsplanmäßigen Deckungskapitals der nach § 169 Abs. 4 VVG berechnete Zeitwert. ④ Die Sätze 1 bis 3 gelten auch für Versicherungen gegen Einmalprämie; bei diesen Versicherungen kommt eine Aktivierung auch nicht unter dem Gesichtspunkt der Rechnungsabgrenzung in Betracht, da sie keinen Aufwand für eine „bestimmte Zeit" (§ 5 Abs. 5 Satz 1 Nr. 1 EStG) darstellen. ⑤ Sind der Arbeitnehmer oder seine Hinterbliebenen nur für bestimmte Versicherungsfälle oder nur hinsichtlich eines Teiles der Versicherungsleistungen bezugsberechtigt, sind die Ansprüche aus der Direktversicherung insoweit zu aktivieren, als der Arbeitgeber bezugsberechtigt ist. 4

(4) ① Die Verpflichtungserklärung des Arbeitgebers nach § 4b Satz 2 EStG muss an dem Bilanzstichtag schriftlich vorliegen, an dem die Ansprüche aus dem Versicherungsvertrag ganz oder zum Teil abgetreten oder beliehen sind. ② Liegt diese Erklärung nicht vor, sind die Ansprüche aus dem Versicherungsvertrag dem Arbeitgeber zuzurechnen. 5

Sonderfälle

(5) Die Absätze 1 bis 4 gelten entsprechend für Personen, die nicht Arbeitnehmer sind, für die jedoch aus Anlass ihrer Tätigkeit für das Unternehmen Direktversicherungen abgeschlossen worden sind (§ 17 Abs. 1 Satz 2 Betriebsrentengesetz), z. B. Handelsvertreter und Zwischenmeister. 6

---

[1] Abgedruckt im „Handbuch zur Lohnsteuer" im Anhang **I** Nr. **15**.

H 4b

8 **Abgrenzung der Direktversicherung von einem Sparvertrag.** Ist das für eine Versicherung typische Todesfallwagnis und bereits bei Vertragsabschluss das Rentenwagnis ausgeschlossen, liegt ein atypischer Sparvertrag und keine begünstigte Direktversicherung vor (→ BFH vom 9. 11. 1990 – BStBl. 1991 II S. 189 und R 40 b.1 Abs. 2 Satz 2 bis 4 LStR 2015).

Arbeitnehmer-Ehegatten. Zur steuerlichen Behandlung von Aufwendungen für die betriebliche Altersversorgung des mitarbeitenden Ehegatten → BMF vom 4. 9. 1984 (BStBl. I S. 495),[1] ergänzt durch BMF vom 9. 1. 1986 (BStBl. I S. 7).[2] Die Aufwendungen sind nur als Betriebsausgaben anzuerkennen, soweit sie einem Fremdvergleich (→ H 4.8) standhalten.

Beleihung von Versicherungsansprüchen. Vorauszahlungen auf die Versicherungsleistung (sog. Policendarlehen) stehen einer Beleihung des Versicherungsanspruchs gleich (→ BFH vom 19. 12. 1973 – BStBl. 1974 II S. 237).

Gesellschafter-Geschäftsführer. Der ertragsteuerlichen Anerkennung einer zu Gunsten des beherrschenden Gesellschafter-Geschäftsführers einer Kapitalgesellschaft abgeschlossenen Direktversicherung steht nicht entgegen, dass als vertraglicher Fälligkeitstermin für die Erlebensleistung das 65. Lebensjahr des Begünstigten vereinbart wird.

Hinterbliebenenversorgung für den Lebensgefährten → BMF vom 25. 7. 2002 (BStBl. I S. 706).

Konzerngesellschaft → R 40 b.1 Abs. 1 Satz 3 LStR 2015.

Überversorgung.

– Zur bilanzsteuerrechtlichen Berücksichtigung von überdurchschnittlich hohen Versorgungsanwartschaften (Überversorgung) → BMF vom 3. 11. 2004 (BStBl. I S. 1045) und vom 13. 12. 2012 (BStBl. 2013 I S. 35).

– → H 6 a (17).

---

[1] Abgedruckt als Anlage b zu § 6 a EStG.

[2] Abgedruckt als Anlage c zu § 6 a EStG.

§ 4c Zuwendungen an Pensionskassen

EStG

(1) ① **Zuwendungen an eine Pensionskasse dürfen von dem Unternehmen, das die Zuwendungen leistet (Trägerunternehmen), als Betriebsausgaben abgezogen werden, soweit sie auf einer in der Satzung oder im Geschäftsplan der Kasse festgelegten Verpflichtung oder auf einer Anordnung der Versicherungsaufsichtsbehörde beruhen oder der Abdeckung von Fehlbeträgen bei der Kasse dienen. ② Soweit die allgemeinen Versicherungsbedingungen und die fachlichen Geschäftsunterlagen im Sinne des § 219 Absatz 3 Nummer 1 Buchstabe b des Versicherungsaufsichtsgesetzes nicht zum Geschäftsplan gehören, gelten diese als Teil des Geschäftsplans.** 1

(2) **Zuwendungen im Sinne des Absatzes 1 dürfen als Betriebsausgaben nicht abgezogen werden, soweit die Leistungen der Kasse, wenn sie vom Trägerunternehmen unmittelbar erbracht würden, bei diesem nicht betrieblich veranlasst wären.** 2

R 4c. Zuwendungen an Pensionskassen

R 4c

Pensionskassen

(1) Als Pensionskassen sind sowohl rechtsfähige Versorgungseinrichtungen i. S. d. → § 1b Abs. 3 Satz 1 Betriebsrentengesetz[1] als auch rechtlich unselbständige Zusatzversorgungseinrichtungen des öffentlichen Dienstes i. S. d. → § 18 Betriebsrentengesetz anzusehen, die den Leistungsberechtigten (Arbeitnehmer und Personen i. S. d. → § 17 Abs. 1 Satz 2 Betriebsrentengesetz sowie deren Hinterbliebene) auf ihre Leistungen einen Rechtsanspruch gewähren. 3

Zuwendungen

(2) ① Der Betriebsausgabenabzug kommt sowohl für laufende als auch für einmalige Zuwendungen in Betracht. ② Zuwendungen an eine Pensionskasse sind auch abziehbar, wenn die Kasse ihren Sitz oder ihre Geschäftsleitung im Ausland hat. 4

(3) ① Zuwendungen zur Abdeckung von Fehlbeträgen sind auch dann abziehbar, wenn sie nicht auf einer entsprechenden Anordnung der Versicherungsaufsichtsbehörde beruhen. ② Für die Frage, ob und in welcher Höhe ein Fehlbetrag vorliegt, ist das Vermögen der Kasse nach den handelsrechtlichen Grundsätzen ordnungsmäßiger Buchführung unter Berücksichtigung des von der Versicherungsaufsichtsbehörde genehmigten Geschäftsplans bzw. der in § 4c Abs. 1 Satz 2 EStG genannten Unterlagen anzusetzen. ③ Für Pensionskassen mit Sitz oder Geschäftsleitung im Ausland sind die für inländische Pensionskassen geltenden Grundsätze anzuwenden. 5

(4) ① Zuwendungen an die Kasse dürfen als Betriebsausgaben nicht abgezogen werden, soweit die Leistungen der Kasse, wenn sie vom Trägerunternehmen unmittelbar erbracht würden, bei diesem nicht betrieblich veranlasst wären. ② Nicht betrieblich veranlasst sind z. B. Leistungen der Kasse an den Inhaber (Unternehmer, Mitunternehmer) des Trägerunternehmens oder seine Angehörigen. ③ Für Angehörige gilt das Verbot nicht, soweit die Zuwendungen im Rahmen eines steuerlich anzuerkennenden Arbeitsverhältnisses gemacht werden (→ R 4.8). ④ Die allgemeinen Gewinnermittlungsgrundsätze bleiben durch § 4c Abs. 2 EStG unberührt; auch bei nicht unter das Abzugsverbot fallenden Zuwendungen ist daher zu prüfen, ob sie nach allgemeinen Bilanzierungsgrundsätzen zu aktivieren sind, z. B. bei Zuwendungen, die eine Gesellschaft für ein Tochterunternehmen erbringt. 6

(5) ① Für Zuwendungen, die vom Trägerunternehmen nach dem Bilanzstichtag geleistet werden, ist bereits zum Bilanzstichtag ein Passivposten zu bilden, sofern zu diesem Zeitpunkt eine entsprechende Verpflichtung besteht (Bestimmung in der Satzung oder im Geschäftsplan der Kasse, Anordnung der Aufsichtsbehörde). ② Werden Fehlbeträge der Kasse abgedeckt, ohne dass hierzu eine Verpflichtung des Trägerunternehmens besteht, kann in sinngemäßer Anwendung des § 4d Abs. 2 EStG zum Bilanzstichtag eine Rückstellung gebildet werden, wenn innerhalb eines Monats nach Aufstellung oder Feststellung der Bilanz des Trägerunternehmens die Zuwendung geleistet oder die Abdeckung des Fehlbetrags verbindlich zugesagt wird. 7

H 4c

Hinterbliebenenversorgung für den Lebensgefährten → BMF vom 25. 7. 2002 (BStBl. I S. 706). 8

Zusatzversorgungseinrichtung. Eine nicht rechtsfähige Zusatzversorgungseinrichtung des öffentlichen Dienstes ist eine Pensionskasse i. S. d. § 4c EStG (→ BFH vom 22. 9. 1995 – BStBl. 1996 II S. 136).

---

[1] Abgedruckt im „Handbuch zur Lohnsteuer" im Anhang **I Nr. 15**.

EStG

§ 4d Zuwendungen an Unterstützungskassen

1 (1) ① Zuwendungen an eine Unterstützungskasse dürfen von dem Unternehmen, das die Zuwendungen leistet (Trägerunternehmen), als Betriebsausgaben abgezogen werden, soweit die Leistungen der Kasse, wenn sie vom Trägerunternehmen unmittelbar erbracht würden, bei diesem betrieblich veranlasst wären und sie die folgenden Beträge nicht übersteigen:

2 1. bei Unterstützungskassen, die lebenslänglich laufende Leistungen gewähren:

a) das Deckungskapital für die laufenden Leistungen nach der dem Gesetz als Anlage 1 beigefügten Tabelle.[1] ② Leistungsempfänger ist jeder ehemalige Arbeitnehmer des Trägerunternehmens, der von der Unterstützungskasse Leistungen erhält; soweit die Kasse Hinterbliebenenversorgung gewährt, ist Leistungsempfänger der Hinterbliebene eines ehemaligen Arbeitnehmers des Trägerunternehmens, der von der Kasse Leistungen erhält. ③ Dem ehemaligen Arbeitnehmer stehen andere Personen gleich, denen Leistungen der Alters-, Invaliditäts- oder Hinterbliebenenversorgung aus Anlass ihrer ehemaligen Tätigkeit für das Trägerunternehmen zugesagt worden sind;

3 b) in jedem Wirtschaftsjahr für jeden Leistungsanwärter,

aa) wenn die Kasse nur Invaliditätsversorgung oder nur Hinterbliebenenversorgung gewährt, jeweils 6 Prozent,

bb) wenn die Kasse Altersversorgung mit oder ohne Einschluss von Invaliditätsversorgung oder Hinterbliebenenversorgung gewährt, 25 Prozent

der jährlichen Versorgungsleistungen, die der Leistungsanwärter oder, wenn nur Hinterbliebenenversorgung gewährt wird, dessen Hinterbliebene nach den Verhältnissen am Schluss des Wirtschaftsjahres der Zuwendung im letzten Zeitpunkt der Anwartschaft, spätestens zum Zeitpunkt des Erreichens der Regelaltersgrenze der gesetzlichen Rentenversicherung erhalten können. ② Leistungsanwärter ist jeder Arbeitnehmer oder ehemalige Arbeitnehmer des Trägerunternehmens, der von der Unterstützungskasse schriftlich zugesagte Leistungen erhalten kann und am Schluss des Wirtschaftsjahres, in dem die Zuwendung erfolgt,

aa) bei erstmals nach dem 31. Dezember 2017 zugesagten Leistungen das 23. Lebensjahr vollendet hat,

bb) bei erstmals nach dem 31. Dezember 2008 und vor dem 1. Januar 2018 zugesagten Leistungen das 27. Lebensjahr vollendet hat oder

cc) bei erstmals vor dem 1. Januar 2009 zugesagten Leistungen das 28. Lebensjahr vollendet hat;

soweit die Kasse nur Hinterbliebenenversorgung gewährt, gilt als Leistungsanwärter jeder Arbeitnehmer oder ehemalige Arbeitnehmer des Trägerunternehmens, der am Schluss des Wirtschaftsjahres, in dem die Zuwendung erfolgt, das nach dem ersten Halbsatz maßgebende Lebensjahr vollendet hat und dessen Hinterbliebene die Hinterbliebenenversorgung erhalten können. ③ Das Trägerunternehmen kann bei der Berechnung nach Satz 1 statt des dort maßgebenden Betrags den Durchschnittsbetrag der von der Kasse im Wirtschaftsjahr an Leistungsempfänger im Sinne des Buchstabens a Satz 2 gewährten Leistungen zugrunde legen. ④ In diesem Fall sind Leistungsanwärter im Sinne des Satzes 2 nur die Arbeitnehmer oder ehemaligen Arbeitnehmer des Trägerunternehmens, die am Schluss des Wirtschaftsjahres, in dem die Zuwendung erfolgt, das 50. Lebensjahr vollendet haben. ⑤ Dem Arbeitnehmer oder ehemaligen Arbeitnehmer als Leistungsanwärter stehen andere Personen gleich, denen schriftlich Leistungen der Alters-, Invaliditäts- oder Hinterbliebenenversorgung aus Anlass ihrer Tätigkeit für das Trägerunternehmen zugesagt worden sind;

4 c) den Betrag des Beitrages, den die Kasse an einen Versicherer zahlt, soweit sie sich die Mittel für ihre Versorgungsleistungen, die der Leistungsanwärter oder Leistungsempfänger nach den Verhältnissen am Schluss des Wirtschaftsjahres der Zuwendung erhalten kann, durch Abschluss einer Versicherung verschafft. ② Bei Versicherungen für einen Leistungsanwärter ist der Abzug des Beitrages nur zulässig, wenn der Leistungsanwärter die in Buchstabe b Satz 2 und 5 genannten Voraussetzungen erfüllt, die Versicherung für die Dauer bis zu dem Zeitpunkt abgeschlossen ist, für den erstmals Leistungen der Altersversorgung vorgesehen sind, mindestens jedoch bis zu dem Zeitpunkt, an dem der Leistungsanwärter das 55. Lebensjahr vollendet hat, und während dieser Zeit jährlich Beiträge gezahlt werden, die der Höhe nach gleich bleiben oder steigen. ③ Das Gleiche gilt für Leistungsanwärter, die das nach Buchstabe b Satz 2 jeweils maßgebende Lebensjahr noch nicht vollendet haben, für Leistungen der Invaliditäts- oder Hinterbliebenenversorgung, für Leistungen der Altersversor-

[1] Nachstehend abgedruckt.

EStG

gung unter der Voraussetzung, dass die Leistungsanwartschaft bereits unverfallbar ist. ④ Ein Abzug ist ausgeschlossen, wenn die Ansprüche aus der Versicherung der Sicherung eines Darlehens dienen. ⑤ Liegen die Voraussetzungen der Sätze 1 bis 4 vor, sind die Zuwendungen nach den Buchstaben a und b in dem Verhältnis zu vermindern, in dem die Leistungen der Kasse durch die Versicherung gedeckt sind;

d) den Betrag, den die Kasse einem Leistungsanwärter im Sinne des Buchstabens b 5
Satz 2 und 5 vor Eintritt des Versorgungsfalls als Abfindung für künftige Versorgungsleistungen gewährt, den Übertragungswert nach § 4 Absatz 5 des Betriebsrentengesetzes oder den Betrag, den sie an einen anderen Versorgungsträger zahlt, der eine ihr obliegende Versorgungsverpflichtung übernommen hat.

② Zuwendungen dürfen nicht als Betriebsausgaben abgezogen werden, wenn das 6
Vermögen der Kasse ohne Berücksichtigung künftiger Versorgungsleistungen am Schluss des Wirtschaftsjahres das zulässige Kassenvermögen übersteigt. ③ Bei der Ermittlung des Vermögens der Kasse ist am Schluss des Wirtschaftsjahres vorhandener Grundbesitz mit 200 Prozent der Einheitswerte anzusetzen, die zu dem Feststellungszeitpunkt maßgebend sind, der dem Schluss des Wirtschaftsjahres folgt; Ansprüche aus einer Versicherung sind mit dem Wert des geschäftsplanmäßigen Deckungskapitals zuzüglich der Guthaben aus Beitragsrückerstattung am Schluss des Wirtschaftsjahres anzusetzen, und das übrige Vermögen ist mit dem gemeinen Wert am Schluss des Wirtschaftsjahres zu bewerten. ④ Zulässiges Kassenvermögen ist die Summe aus dem Deckungskapital für alle am Schluss des Wirtschaftsjahres laufenden Leistungen nach der dem Gesetz als Anlage 1 beigefügten Tabelle[1] für Leistungsempfänger im Sinne des Satzes 1 Buchstabe a und dem Achtfachen der nach Satz 1 Buchstabe b abzugsfähigen Zuwendungen. ⑤ Soweit sich die Kasse die Mittel für ihre Leistungen durch Abschluss einer Versicherung verschafft, ist, wenn die Voraussetzungen für den Abzug des Beitrages nach Satz 1 Buchstabe c erfüllt sind, zulässiges Kassenvermögen der Wert des geschäftsplanmäßigen Deckungskapitals aus der Versicherung am Schluss des Wirtschaftsjahres; in diesem Fall ist das zulässige Kassenvermögen nach Satz 4 in dem Verhältnis zu vermindern, in dem die Leistungen der Kasse durch die Versicherung gedeckt sind. ⑥ Soweit die Berechnung des Deckungskapitals nicht zum Geschäftsplan gehört, tritt an die Stelle des geschäftsplanmäßigen Deckungskapitals der nach § 169 Absatz 3 und 4 des Versicherungsvertragsgesetzes berechnete Wert, beim zulässigen Kassenvermögen ohne Berücksichtigung des Guthabens aus Beitragsrückerstattung. ⑦ Gewährt eine Unterstützungskasse anstelle von lebenslänglich laufenden Leistungen eine einmalige Kapitalleistung, so gelten 10 Prozent der Kapitalleistung als Jahresbetrag einer lebenslänglich laufenden Leistung;

2. bei Kassen, die keine lebenslänglich laufenden Leistungen gewähren, für jedes 7
Wirtschaftsjahr 0,2 Prozent der Lohn- und Gehaltssumme des Trägerunternehmens, mindestens jedoch den Betrag der von der Kasse in einem Wirtschaftsjahr erbrachten Leistungen, soweit dieser Betrag höher ist als die in den vorangegangenen fünf Wirtschaftsjahren vorgenommenen Zuwendungen abzüglich der in dem gleichen Zeitraum erbrachten Leistungen. ② Diese Zuwendungen dürfen nicht als Betriebsausgaben abgezogen werden, wenn das Vermögen der Kasse am Schluss des Wirtschaftsjahres das zulässige Kassenvermögen übersteigt. ③ Als zulässiges Kassenvermögen kann 1 Prozent der durchschnittlichen Lohn- und Gehaltssumme der letzten drei Jahre angesetzt werden. ④ Hat die Kasse bereits zehn Wirtschaftsjahre bestanden, darf das zulässige Kassenvermögen zusätzlich die Summe der in den letzten zehn Wirtschaftsjahren gewährten Leistungen nicht übersteigen. ⑤ Für die Bewertung des Vermögens der Kasse gilt Nummer 1 Satz 3 entsprechend. ⑥ Bei der Berechnung der Lohn- und Gehaltssumme des Trägerunternehmens sind Löhne und Gehälter von Personen, die von der Kasse keine nicht lebenslänglich laufenden Leistungen erhalten können, auszuscheiden.

② Gewährt eine Kasse lebenslänglich laufende und nicht lebenslänglich laufende Leistungen, so gilt Satz 1 Nummer 1 und 2 nebeneinander. ③ Leistet ein Trägerunternehmen Zuwendungen an mehrere Unterstützungskassen, so sind diese Kassen bei der Anwendung der Nummern 1 und 2 als Einheit zu behandeln.

(2) **① Zuwendungen im Sinne des Absatzes 1 sind von dem Trägerunternehmen in** 8
dem Wirtschaftsjahr als Betriebsausgaben abzuziehen, in dem sie geleistet werden. ② Zuwendungen, die bis zum Ablauf eines Monats nach Aufstellung oder Feststellung der Bilanz des Trägerunternehmens für den Schluss eines Wirtschaftsjahres geleistet werden, können von dem Trägerunternehmen noch für das abgelaufene Wirtschaftsjahr durch eine Rückstellung gewinnmindernd berücksichtigt werden. ③ Übersteigen die in einem Wirtschaftsjahr geleisteten Zuwendungen die nach Absatz 1 abzugsfähi-

[1] Nachstehend abgedruckt.

gen Beträge, so können die übersteigenden Beträge im Wege der Rechnungsabgrenzung auf die folgenden drei Wirtschaftsjahre vorgetragen und im Rahmen der für diese Wirtschaftsjahre abzugsfähigen Beträge als Betriebsausgaben behandelt werden. ④ § 5 Absatz 1 Satz 2 ist nicht anzuwenden.

9 (3) ① **Abweichend von Absatz 1 Satz 1 Nummer 1 Satz 1 Buchstabe d und Absatz 2 können auf Antrag die insgesamt erforderlichen Zuwendungen an die Unterstützungskasse für den Betrag, den die Kasse an einen Pensionsfonds zahlt, der eine ihr obliegende Versorgungsverpflichtung ganz oder teilweise übernommen hat, nicht im Wirtschaftsjahr der Zuwendung, sondern erst in den dem Wirtschaftsjahr der Zuwendung folgenden zehn Wirtschaftjahren gleichmäßig verteilt als Betriebsausgaben abgezogen werden. ② Der Antrag ist unwiderruflich; der jeweilige Rechtsnachfolger ist an den Antrag gebunden.**

Übersicht

Anl zu § 4 d Abs. 1

– Anlage 1 des Gesetzes –

Tabelle für die Errechnung des Deckungskapitals für lebenslänglich laufende Leistungen von Unterstützungskassen

10

Erreichtes Alter des Leistungsempfängers (Jahre)	Die Jahresbeiträge der laufenden Leistungen sind zu vervielfachen bei Leistungen an männliche Leistungsempfänger mit	an weibliche Leistungsempfänger mit
1	2	3
bis 26	11	17
27 bis 29	12	17
30	13	17
31 bis 35	13	16
36 bis 39	14	16
40 bis 46	14	15
47 und 48	14	14
49 bis 52	13	14
53 bis 56	13	13
57 und 58	13	12
59 und 60	12	12
61 bis 63	12	11
64	11	11
65 bis 67	11	10
68 bis 71	10	9
72 bis 74	9	8
75 bis 77	8	7
78	8	6
79 bis 81	7	6
82 bis 84	6	5
85 bis 87	5	4
88	4	4
89 und 90	4	3
91 bis 93	3	3
94	3	2
95 und älter	2	2

R 4d (1)

R 4 d. Zuwendungen an Unterstützungskassen

Unterstützungskasse

11 (1) ① Für die Höhe der abziehbaren Zuwendungen an die → Unterstützungskasse kommt es nicht darauf an, ob die Kasse von der Körperschaftsteuer befreit ist oder nicht. ② Wegen der Zuwendungen an Unterstützungskassen bei Bildung von Pensionsrückstellungen für die gleichen Versorgungsleistungen an denselben Empfängerkreis → R 6 a Abs. 15.

H 4d (1)

11a **Allgemeines** → BMF vom 28. 11. 1996 (BStBl. I S. 1435):

1. Konzeptions- und Verwaltungskosten,
2. Leistungsanwärter und Leistungsempfänger,
3. Ermittlung der Rückdeckungsquote,

4. Verwendung von Gewinngutschriften,
5. Unterbrechung der laufenden Beitragszahlung oder Beitragseinstellung,
6. Rückdeckungsversicherungen für unter 30-jährige Leistungsanwärter,
7. zulässiges Kassenvermögen bei abweichender Fälligkeit der Versorgungs- und Versicherungsleistungen,
8. Übergangsregelung nach § 52 Abs. 5 Satz 2 EStG a. F.,
9. zulässiges Kassenvermögen für nicht lebenslänglich laufende Leistungen,
10. tatsächliches Kassenvermögen und überhöhte Zuwendungen.

Hinterbliebenenversorgung für den Lebensgefährten → BMF vom 25. 7. 2002 (BStBl. I S. 706).

Übertragung von Unterstützungskassenzusagen auf Pensionsfonds. Zur Übertragung von Unterstützungskassenzusagen auf Pensionsfonds nach § 4 d Abs. 3 und § 4 e Abs. 3 EStG i. V. m. § 3 Nr. 66 EStG → BMF vom 26. 10. 2006 (BStBl. I S. 709) und 10. 7. 2015 (BStBl. I S. 544).

Überversorgung
- Zur bilanzsteuerrechtlichen Berücksichtigung von überdurchschnittlich hohen Versorgungsanwartschaften (Überversorgung) → BMF vom 3. 11. 2004 (BStBl. I S. 1045) und vom 13. 12. 2012 (BStBl. 2013 I S. 35).
- Bei angemessenen Barlohnumwandlungen sind Beiträge für eine rückgedeckte Unterstützungskasse betrieblich veranlasst und ohne Prüfung einer sog. Überversorgung als Betriebsausgabe zu berücksichtigen (→ BFH vom 28. 10. 2020 – BStBl. 2021 II S. 279).
- → H 6 a (17).

Unterstützungskasse. Eine Unterstützungskasse ist eine rechtsfähige Versorgungseinrichtung, die auf ihre Leistungen keinen Rechtsanspruch gewährt (→ BFH vom 5. 11. 1992 – BStBl. 1993 II S. 185, → § 1 b Abs. 4 Betriebsrentengesetz).[1]

Versorgungsausgleich. Zu den Auswirkungen des Gesetzes zur Strukturreform des Versorgungsausgleiches (VAStrRefG) auf Unterstützungskassen → BMF vom 12. 11. 2010 (BStBl. I S. 1303).

Zuwendungen. Zuwendungen i. S. d. § 4 d EStG sind Vermögensübertragungen, die die Unterstützungskasse einseitig bereichern und nicht auf einem Leistungsaustausch beruhen. Es ist unerheblich, ob die Zuwendung auf einer Verpflichtung des Trägerunternehmens beruht oder freiwillig erfolgt (→ BFH vom 5. 11. 1992 – BStBl. 1993 II S. 185).

Leistungsarten R 4d (2)

(2) ① Bei den von der Kasse aus Anlass einer Tätigkeit für das Trägerunternehmen erbrachten Leistungen muss es sich um Leistungen der Alters-, Invaliditäts- oder Hinterbliebenenversorgung oder um Leistungen bei Arbeitslosigkeit oder zur Hilfe in sonstigen Notlagen handeln. ② Für die Frage, ob Leistungen der betrieblichen Altersversorgung vorliegen, ist ausschließlich § 1 Betriebsrentengesetz maßgebend. ③ Werden Leistungen in Aussicht gestellt, die mit denen einer Kapitallebensversicherung mit steigender Todesfallleistung vergleichbar sind, müssen diese nicht die in den LStR geforderten Voraussetzungen an den Mindesttodesfallschutz erfüllen. ④ Der Bezug von Leistungen der Altersversorgung setzt mindestens die Vollendung des 60. Lebensjahres voraus; nur in berufsspezifischen Ausnahmefällen kann eine niedrigere Altersgrenze zwischen 55 und 60 in Betracht kommen. ⑤ Für Zusagen, die nach dem 31. 12. 2011 erteilt werden, tritt an die Stelle des 60. Lebensjahres regelmäßig das 62. Lebensjahr. ⑥ Für andere als die vorgenannten Leistungen sind Zuwendungen im Sinne von § 4 d EStG durch das Trägerunternehmen mit steuerlicher Wirkung nicht möglich. ⑦ Zu den lebenslänglich laufenden Leistungen gehören alle laufenden (wiederkehrenden) Leistungen, soweit sie nicht von vornherein nur für eine bestimmte Anzahl von Jahren oder bis zu einem bestimmten Lebensalter des Leistungsberechtigten vorgesehen sind. ⑧ Vorbehalte, nach denen Leistungen an den überlebenden Ehegatten bei einer Wiederverheiratung oder Invaliditätsrenten bei einer Wiederaufnahme einer Arbeitstätigkeit wegfallen, berühren die Eigenschaft der Renten als lebenslänglich laufende Leistung nicht. ⑨ Dasselbe gilt, wenn eine Invaliditätsrente bei Erreichen einer bestimmten Altersgrenze von einer Altersrente der Unterstützungskasse abgelöst wird. ⑩ Keine lebenslänglich laufenden Leistungen sind z.B. Überbrückungszahlungen für eine bestimmte Zeit, Waisenrenten, abgekürzte Invaliditätsrenten und zeitlich von vornherein begrenzte Leistungen an den überlebenden Ehegatten. 12

H 4d (2)

Lebenslänglich laufende Leistungen. Auch einmalige Kapitalleistungen einer Unterstützungskasse in geringem Umfang sind als lebenslänglich laufende Leistungen i. S. v. § 4 d EStG anzusehen (→ BFH vom 15. 6. 1994 – BStBl. 1995 II S. 21). 12a

Zuwendungen zum Deckungskapital R 4d (3)

(3) ① Das Deckungskapital für die bereits laufenden Leistungen (§ 4 d Abs. 1 Satz 1 Nr. 1 Satz 1 Buchstabe a EStG) kann der Kasse sofort bei Beginn der Leistungen oder, solange der Leistungsempfänger lebt, in einem späteren Wirtschaftsjahr in einem Betrag oder verteilt auf mehrere Wirtschaftsjahre zugewendet werden. ② Mithin kann 13

[1] Abgedruckt im „Handbuch zur Lohnsteuer" im Anhang **I** Nr. **15**.

1. das Deckungskapital für eine Rente an einen früheren Arbeitnehmer in dem Zeitraum, in dem der frühere Arbeitnehmer Leistungsempfänger ist,
2. das Deckungskapital für eine Rente an den überlebenden Ehegatten in dem Zeitraum, in dem dieser Leistungsempfänger ist, und
3. das Deckungskapital für eine Rente im Falle der Ehescheidung oder der Aufhebung einer eingetragenen Lebenspartnerschaft an den Ausgleichsberechtigten nach dem VersAusglG in dem Zeitraum, in dem dieser Leistungsempfänger ist,

zugewendet werden. ③ Das Deckungskapital für die Rente an den überlebenden Ehegatten kann selbst dann ungeschmälert zugewendet werden, wenn das Deckungskapital für die Rente an den früheren Arbeitnehmer bereits voll zugewendet war. ④ Auf die Anrechnung des im Deckungskapital für die Rente an den früheren Arbeitnehmer enthaltenen Anteiles für die Anwartschaft auf Rente an den überlebenden Ehegatten wird aus Praktikabilitätsgründen verzichtet. ⑤ Das für die Zuwendungen maßgebende Deckungskapital ist jeweils nach dem erreichten Alter des Leistungsempfängers zu Beginn der Leistungen oder zum Zeitpunkt der Leistungserhöhung und nach der Höhe der Jahresbeträge dieser Leistungen zu berechnen; das Alter des Leistungsberechtigten ist nach dem bürgerlichen Recht (§ 187 Abs. 2 Satz 2, § 188 Abs. 2 BGB) zu bestimmen. ⑥ Bei den am 1. 1. 1975 bereits laufenden Leistungen ist für die Bemessung weiterer Zuwendungen auf das Deckungskapital von der als Anlage 1 dem Einkommensteuergesetz beigefügten Tabelle und von dem Lebensalter auszugehen, das der Berechtigte am 1. 1. 1975 erreicht hat; auf das so ermittelte Deckungskapital sind die früheren Zuwendungen zum Deckungskapital anzurechnen. ⑦ Lässt sich in den Fällen, in denen ein Trägerunternehmen die nach dem Zuwendungsgesetz (ZuwG) vom 26. 3. 1952 (BGBl. I S. 206) höchstzulässigen Jahreszuwendungen nicht ausgeschöpft und die Zuwendungen nicht nach den im ZuwG aufgeführten Kategorien gegliedert hat, nicht mehr feststellen, welcher Teil dieser Zuwendungen auf das Deckungskapital vorgenommen wurde, kann das Trägerunternehmen die Gliederung der früheren Zuwendungen nach eigener Entscheidung vornehmen.

H 4d (3)

13a

Berechnungsbeispiel für die Zuwendung zum Deckungskapital

Deckungskapital zum 31.12. 01 für die in 01 beginnenden laufenden Leistungen von jährlich 1 000 € an die männlichen Leistungsempfänger

A (63 Jahre): 12 × 1 000 € =	12 000 €
B (58 Jahre): 13 × 1 000 € =	13 000 €
	25 000 €

Der Kasse werden hiervon 01 nur 10 000 € zugewendet.
Im Wj. 02 oder in späteren Wj. können der Kasse für die Leistungen an diese Empfänger nach § 4 d Abs. 1 Satz 1 Nr. 1 Satz 1 Buchstabe a EStG insgesamt 25 000 € – 10 000 € = 15 000 € zugewendet werden.

R 4d (4)

14

Zuwendungen zum Reservepolster

(4) ① Für die Ermittlung der Höhe der zulässigen Zuwendungen zum Reservepolster nach § 4 d Abs. 1 Satz 1 Nr. 1 Satz 1 Buchstabe b EStG besteht ein Wahlrecht. ② Das Trägerunternehmen kann entweder von den jährlichen Versorgungsleistungen ausgehen, welche die jeweils begünstigten Leistungsanwärter im letzten Zeitpunkt der Anwartschaft, spätestens im Zeitpunkt des Erreichens der Regelaltersgrenze der gesetzlichen Rentenversicherung (§§ 35 und 235 SGB VI), nach dem Leistungsplan der Kasse erhalten können (Grundsatzregelung). ③ Stattdessen kann auch vom Durchschnittsbetrag der von der Kasse im Wirtschaftsjahr tatsächlich gewährten lebenslänglich laufenden Leistungen ausgegangen werden (Sonderregelung). ④ Das Trägerunternehmen hat in dem Wirtschaftsjahr, ab dem dieses Wahlrecht besteht bzw. in dem erstmals Leistungen über eine Unterstützungskasse zugesagt werden, zu entscheiden, ob die Ermittlung der Höhe der Zuwendungen zum Reservepolster nach der Grundsatzregelung oder der Sonderregelung erfolgen soll. ⑤ An die getroffene Wahl ist es grundsätzlich fünf Wirtschaftsjahre lang gebunden. ⑥ Die für das Wirtschaftsjahr zulässigen Zuwendungen zum Reservepolster ergeben sich, wenn auf den jeweils ermittelten Betrag die nach § 4 d Abs. 1 Satz 1 Nr. 1 Satz 1 Buchstabe b Satz 1 EStG maßgebenden Prozentsätze angewandt werden; im Falle der Sonderregelung ist das Ergebnis mit der Anzahl der berücksichtigungsfähigen Leistungsanwärter zu vervielfältigen. ⑦ Wird die Zuwendungshöhe nach der Grundsatzregelung berechnet, sind die dem einzelnen Leistungsanwärter jeweils schriftlich zugesagten erreichbaren Leistungen nach den Verhältnissen am Ende des Wirtschaftsjahres der Kasse maßgebend. ⑧ Änderungen, die erst nach dem Bilanzstichtag wirksam werden, sind nur zu berücksichtigen, wenn sie am Bilanzstichtag bereits feststehen. ⑨ Die Leistungen sind jeweils bezogen auf die einzelnen zulässigen Zuwendungssätze getrennt zu erfassen, wobei im Falle des § 4 d Abs. 1 Satz 1 Nr. 1 Satz 1 Buchstabe b Satz 1 Doppelbuchstabe aa EStG jeweils gesondert die Leistungen der Invaliditätsversorgung bzw. Hinterbliebenenversorgung und im Falle des Doppelbuchstabens bb die Leistungen der Altersversorgung zu berücksichtigen sind. ⑩ Wird die Zuwendungshöhe nach der Sonderregelung berechnet, ist vom Durchschnittsbetrag der von der Kasse in ihrem Wirtschaftsjahr tatsächlich gewährten lebenslänglich laufenden Leistungen auszugehen. ⑪ Zur Vereinfachung kann statt einer genaueren Berechnung als Durchschnittsbetrag der Betrag angenommen werden, der sich ergibt, wenn die Summe der im Wirtschaftsjahr der Kasse tatsächlich gezahlten lebenslänglich laufenden Leistungen durch die Zahl der am Ende ihres Wirtschaftsjahres vorhandenen berück-

sichtigungsfähigen Leistungsempfänger geteilt wird. ⑫ Auf diesen Durchschnittsbetrag sind die Zuwendungssätze von jeweils 25%, 12% oder 6% anzuwenden.

Ermittlungszeitpunkt für die Höhe der Zuwendungen an eine Unterstützungskasse → BMF vom 7. 1. 1994 (BStBl. I S. 18). H 4d (4) 15

Näherungsverfahren. Zur Berücksichtigung von Renten aus der gesetzlichen Rentenversicherung → BMF vom 15. 3. 2007 (BStBl. I S. 290)[1] und vom 5. 5. 2008 (BStBl. I S. 570).

Leistungsanwärter R 4d (5)

(5) ① Der Kreis der Leistungsanwärter umfasst grundsätzlich alle Arbeitnehmer und ehemaligen Arbeitnehmer des Trägerunternehmens, die von der Unterstützungskasse schriftlich zugesagte Leistungen erhalten können, soweit sie nicht bereits Empfänger lebenslänglich laufender Leistungen sind. ② Bei Zusagen von Hinterbliebenenversorgung ohne Altersversorgung gilt die Person als Leistungsanwärter, bei deren Ableben die Hinterbliebenenversorgung einsetzt; hierbei ist nicht zu prüfen, ob Angehörige vorhanden sind, die Anspruch auf eine Versorgung haben. ③ Angehörige des Unternehmers oder von Mitunternehmern des Trägerunternehmens dürfen nur als Leistungsanwärter berücksichtigt werden, soweit ein steuerlich anzuerkennendes Arbeitsverhältnis (→ R 4.8) vorliegt. ④ Personen, die mit einer unverfallbaren Anwartschaft aus dem Trägerunternehmen ausgeschieden sind, gehören unter den vorstehenden Voraussetzungen zu den Leistungsanwärtern, solange die Kasse mit einer späteren Inanspruchnahme zu rechnen hat; sofern der Kasse nicht bereits vorher bekannt ist, dass Leistungen nicht zu gewähren sind, braucht bei diesen Personen die Frage, ob die Kasse mit einer Inanspruchnahme zu rechnen hat, erst nach Erreichen der Altersgrenze geprüft zu werden. ⑤ Personen, bei denen bis zum Ablauf des auf das Erreichen der Altersgrenze folgenden Wirtschaftsjahres nicht feststeht, dass die Kasse mit einer Inanspruchnahme zu rechnen hat, gehören vom Ende dieses Wirtschaftsjahres an nicht mehr zu den Leistungsanwärtern. 16

Rückgedeckte Unterstützungskasse R 4d (6)

Allgemeines

(6) ① Soweit die Unterstützungskasse die einem Leistungsempfänger oder einem Leistungsanwärter zugesagten Leistungen ganz oder teilweise durch den Abschluss einer Versicherung abgesichert hat, liegt eine rückgedeckte Unterstützungskasse vor. ② Ist der Betriebsausgabenabzug nach § 4d Abs. 1 Satz 1 Nr. 1 Satz 1 Buchstabe c EStG ausgeschlossen, können die Zuwendungen im Rahmen des § 4d Abs. 1 Satz 1 Nr. 1 Satz 1 Buchstabe a und b EStG abgezogen werden. ③ Die Voraussetzungen für den Betriebsausgabenabzug nach § 4d Abs. 1 Satz 1 Nr. 1 Satz 1 Buchstabe c EStG sind auch dann erfüllt, wenn die Unterstützungskasse ihre Ansprüche aus von ihr abgeschlossenen Rückdeckungsversicherungsverträgen an die begünstigten Arbeitnehmer verpfändet, denen sie Leistungen in Aussicht gestellt hat. 17

Zuwendungen für Leistungsempfänger R 4d (7)

(7) ① Werden die zugesagten Leistungen erst nach Eintritt des Versorgungsfalles rückgedeckt, können hierfür Einmalprämien mit steuerlicher Wirkung zugewendet werden. ② § 4d Abs. 1 Satz 1 Nr. 1 Satz 1 Buchstabe c Satz 2 bis 4 EStG ist nicht anzuwenden. 18

Zuwendungen für Leistungsanwärter R 4d (8)

(8) ① Das Trägerunternehmen kann den für den einzelnen Leistungsanwärter an die Kasse zugewendeten Betrag der Versicherungsprämie nur als Betriebsausgaben geltend machen, wenn die Unterstützungskasse laufende Prämien zu entrichten hat. ② Dies ist bei Zusagen einer Altersversorgung der Fall, wenn es sich um eine Versicherung handelt, bei der in jedem Jahr zwischen Vertragsabschluß und Zeitpunkt, für den erstmals Leistungen der Altersversorgung vorgesehen sind, Prämien zu zahlen sind. ③ Der Zeitpunkt, für den erstmals Leistungen der Altersversorgung vorgesehen sind, darf nicht vor Vollendung des 55. Lebensjahres des begünstigten Leistungsanwärters liegen. ④ Werden Leistungen der Invaliditäts- oder Hinterbliebenenversorgung rückversichert, muss die abgeschlossene Versicherung eine Mindestlaufzeit bis zu dem Zeitpunkt haben, an dem der Leistungsanwärter sein 55. Lebensjahr vollendet. ⑤ Eine Versicherung mit kürzerer Laufzeit ist nur begünstigt, wenn feststeht, dass im Anschluss an die Laufzeit des Versicherungsvertrages eine Zusage auf Altersversorgung besteht; ist diese rückgedeckt, müssen die Voraussetzungen der Sätze 2 und 3 erfüllt sein. ⑥ Der Abzug der Zuwendungen als Betriebsausgabe ist in dem Wirtschaftsjahr ausgeschlossen, in dem die Kasse zu irgendeinem Zeitpunkt die Ansprüche aus der Versicherung zur Sicherung eines Darlehens verwendet. ⑦ Soweit einem Leistungsanwärter vor Vollendung des 28. Lebensjahres (bei erstmaliger Zusage vor dem 1. 1. 2001: des 30. Lebensjahres, bei erstmaliger Zusage nach dem 31. 12. 2008: des 27. Lebensjahres) Zusagen mit vertraglicher Unverfallbarkeit gewährt werden, können hierfür laufende Prämien als Zuwendungen nur berücksichtigt werden, wenn die Bestimmungen der vertraglichen Unverfallbarkeit mindestens den Berechnungsvorschriften des § 2 Betriebsrentengesetz[2] entsprechen. 19

---

[1] Abgedruckt als Anlage a zu § 6 a EStG.

[2] Abgedruckt im „Handbuch zur Lohnsteuer" im Anhang **I** Nr. **15.**

R 4d (9)

Kürzung der als Betriebsausgabe abzugsfähigen Prämien

20 (9) ① Laufende Prämien sind bezogen auf die notwendige und vereinbarte Versicherungssumme nur begünstigt, wenn sie der Höhe nach entweder gleich bleiben oder steigen. ② Eine gleich bleibende Prämie liegt in diesen Fällen auch vor, wenn die von der Unterstützungskasse jährlich zu zahlende Prämie mit Gewinngutschriften aus dem Versicherungsvertrag verrechnet wird. ③ In diesen Fällen kann der Kasse nur der verbleibende Restbetrag steuerbegünstigt zugewendet werden. ④ Entsprechendes gilt, wenn die Gewinngutschriften durch die Kasse nicht mit fälligen Prämien verrechnet und auch nicht zur Erhöhung der Rückdeckungsquote hinsichtlich der bestehenden Zusage verwendet werden. ⑤ Beruht die Verminderung der Beiträge auf einer Änderung der Versorgungszusage und sind die Prämien nach der Vertragsänderung mindestens in konstanter Höhe bis zum Eintritt des Versorgungsfalles zu zahlen, sind die Zuwendungen weiterhin als Betriebsausgaben abzugsfähig; Entsprechendes gilt bei der Änderung von Entgeltumwandlungsvereinbarungen. ⑥ Eine Änderung der Versorgungszusage liegt auch dann vor, wenn der Arbeitgeber auf Verlangen des Arbeitnehmers eine Entgeltumwandlung im Wege einer vertraglichen Vereinbarung reduziert. ⑦ Dies gilt unabhängig davon, aus welchem Grund die Gehaltsumwandlung vermindert wird. ⑧ Sinkende Beiträge an eine rückgedeckte Unterstützungskasse führen auch dann (ausnahmsweise) nicht zu einer Versagung des Betriebsausgabenabzuges, wenn sich die Beitragsminderung aus gesetzlich vorgegebenen Faktoren ergibt (z. B. aus der Erhöhung der Beitragsbemessungsgrenzen in der gesetzlichen Rentenversicherung) und die Prämienzahlungen nach der Minderung mindestens in konstanter Höhe bis zum Eintritt des Versorgungsfalles zu leisten sind.

R 4d (10)

Nachweispflicht

21 (10) Das Trägerunternehmen hat die Voraussetzungen des § 4 d Abs. 1 Satz 1 Nr. 1 Satz 1 Buchstabe c EStG im Jahr der Zuwendung nachzuweisen.

H 4d (6–10)

22 **Entgeltumwandlungen bei Ehegattenarbeitsverhältnissen.** Zur Anwendung des Fremdvergleichsmaßstabes bei Entgeltumwandlungen in Beiträge für eine rückgedeckte Unterstützungskasse zum Zweck der betrieblichen Altersvorsorge → BFH vom 28. 10. 2020 (BStBl. 2021 II S. 434).

Rückdeckungsversicherung. Der Betriebsausgabenabzug von Zuwendungen an eine rückgedeckte Unterstützungskasse nach § 4 d Abs. 1 Satz 1 Nr. 1 Satz 1 Buchstabe c EStG ist bei einer Beleihung oder Abtretung von Ansprüchen aus der Rückdeckungsversicherung ausgeschlossen. Die Inanspruchnahme von Vorauszahlungen steht einer Beleihung gleich (→ BFH vom 28. 2. 2002 – BStBl. II S. 358).

Zweifelsfragen bei Zuwendungen an rückgedeckte Unterstützungskassen → BMF vom 31. 1. 2002 (BStBl. I S. 214):
1. Versicherung gegen laufende Einmalbeiträge
2. Sinkende Beiträge auf Grund einer Bemessung nach variablen Gehaltsbestandteilen → H 4 d (1) Allgemeines.

R 4d (11)

Zuwendungen für nicht lebenslänglich laufende Leistungen

(11) *(unbesetzt)*

23

H 4d (11)

Beispiel:

23a

Lohn- und Gehaltssumme des Trägerunternehmens im Wj. 01	1 000 000 €
Die Zuwendung beträgt 01 1 000 € und liegt damit unter der möglichen Zuwendung von 0,2% von 1 000 000 € = 2 000 €.	
Lohn- und Gehaltssumme 02 bis 05 je	1 200 000 €
Zuwendungen 02 bis 05 je 0,2% von 1 200 000 €, zusammen	9 600 €
Kassenleistungen 01 bis 05 zusammen	4 000 €
Lohn- und Gehaltssumme 06	1 500 000 €
Tatsächliche Kassenleistungen 06	12 000 €
In 06 können der Kasse statt der normalen Zuwendung von 0,2% von 1 500 000 € = 3 000 € zugewendet werden:	
– die tatsächlichen Kassenleistungen 06 von	12 000 €
– abzüglich der aus den vorangegangenen 5 Wj. noch nicht durch Leistungen aufgezehrten Zuwendungen (10 600 € – 4 000 € =)	6 600 €
	5 400 €

R 4d (12)

Lohn- und Gehaltssumme

24 (12) ① Zur Lohn- und Gehaltssumme im Sinne des § 4 d Abs. 1 Satz 1 Nr. 2 EStG gehören alle Arbeitslöhne i. S. d. § 19 Abs. 1 Satz 1 Nr. 1 EStG, soweit sie nicht von der Einkommensteuer befreit sind. ② Zuschläge für Mehrarbeit und für Sonntags-, Feiertags- und Nachtarbeit gehören zur Lohn- und Gehaltssumme, auch soweit sie steuerbefreit sind. ③ Wegen der Vergütungen an Personen, die nicht Arbeitnehmer sind, → Absatz 15.

R 4d (13)

Kassenvermögen der Unterstützungskasse

25 (13) ① Zuwendungen an eine Unterstützungskasse sind beim Trägerunternehmen nur abziehbar, soweit am Schluss des Wirtschaftsjahres der Kasse das tatsächliche Kassenvermögen

nicht höher ist als das zulässige Kassenvermögen (§ 4 d Abs. 1 Satz 1 Nr. 1 Satz 2 bis 7 und Nr. 2 Satz 2 bis 6 EStG). ② Dabei ist die Unterstützungskasse bei der Ermittlung ihres zulässigen Kassenvermögens nicht an die Bewertungsmethode gebunden, die das Trägerunternehmen bei der Ermittlung des Dotierungsrahmens zum Reservepolster (→ Absatz 4) angewandt hat. ③ Weicht das Wirtschaftsjahr der Kasse von dem des Trägerunternehmens ab, ist für die Frage, ob das tatsächliche Kassenvermögen das zulässige Kassenvermögen übersteigt, das Wirtschaftsjahr der Kasse maßgebend, das vor dem Ende des Wirtschaftsjahres des Trägerunternehmens endet. ④ Bei Kassen, die sowohl lebenslänglich laufende als auch nicht lebenslänglich laufende Leistungen gewähren, ist sowohl das tatsächliche als auch das zulässige Kassenvermögen für beide Gruppen von Leistungen gemeinsam festzustellen.

Beispiel: H 4d (13)

Tatsächliches Kassenvermögen einer Unterstützungskasse mit lebenslänglich laufenden und nicht lebenslänglich laufenden Leistungen am 31. 12. 02 vor der Zuwendung für 02 720 000 €. 26

Die Kasse zahlt an bereits laufenden jährlichen Altersrenten seit 01 an 14 Berechtigte insgesamt 33 600 €, d. h. durchschnittlich 2 400 €.

Das Deckungskapital hierfür betrug bei Beginn der Leistungen im Jahr 01 340 000 €, zum 31. 12. 02 336 000 € (340 000 € voll zugewendet).

Am 1. 1. 02 kommen 3 laufende Leistungen mit je 2 400 € Jahresrente hinzu (Alter der männlichen Berechtigten 65 Jahre). Die Kasse hat daneben insgesamt 80 Leistungsanwärter, denen nach dem 31. 12. 2000 vom Trägerunternehmen eine Zusage erteilt wurde. Diesen ist nach den Verhältnissen zum 31. 12. 02 eine Jahresrente von je 2 400 € zugesagt. 10 Leistungsanwärter haben am 31. 12. 02 das 28. Lebensjahr noch nicht vollendet. 10 Leistungsanwärter haben zu diesem Zeitpunkt das 50. Lebensjahr vollendet. Die Lohn- und Gehaltssumme des Trägerunternehmens beträgt in allen Jahren je 1 500 000 €.

Der Kasse können 02 folgende Beträge zugewendet werden:

a) Das Deckungskapital für die neu hinzugekommenen laufenden Leistungen in Höhe von 11 × 2 400 € × 3 = ... 79 200 €

b) Zuwendungen zum Reservepolster für lebenslänglich laufende Leistungen:
   aa) Nach dem Grundsatz:
   2 400 €, hiervon 25% (§ 4 d Abs. 1 Satz 1 Nr. 1 Satz 1 Buchstabe b Satz 1 Doppelbuchstabe bb EStG) = 600 €, vervielfältigt mit der Zahl der berücksichtigungsfähigen Leistungsanwärter: 600 € × 70 = .. 42 000 €
   bb) Nach der Sonderregelung:
   Durchschnitt der laufenden Leistungen 02: 33 600 € + (3 × 2 400 €) = 40 800 €: 17 Empfänger = 2 400 €, hiervon 25% (§ 4 d Abs. 1 Satz 1 Nr. 1 Satz 1 Buchstabe b Satz 1 Doppelbuchstabe bb EStG) = 600 €, vervielfältigt mit der Zahl der berücksichtigungsfähigen Leistungsanwärter: 600 € × 10 = . 6 000 €

c) Zuwendungen für nicht lebenslänglich laufende Leistungen:
   0,2% von 1 500 000 € = 3 000 €

Der Zuwendungsumfang beträgt
– unter Berücksichtigung von b) aa) .... 124 200 €
– und unter Berücksichtigung von b) bb) .... 88 200 €
Zulässiges Kassenvermögen am 31. 12. 02:
Deckungskapital für die laufenden Leistungen (336 000 € + 79 200 € =) .... 415 200 €
Reservepolster für lebenslänglich laufende Leistungen
– nach b) aa) 42 000 € × 8 = ... 336 000 €
– nach b) bb) 6000 € × 8 = ... 48 000 €
Reservepolster für nicht lebenslänglich laufende Leistungen (1% von 1 500 000 € =) .... 15 000 €

Das tatsächliche Kassenvermögen von bisher 720 000 € würde nach der Zuwendung von 124 200 € – b) aa) – insgesamt 844 200 € betragen und damit das zulässige Kassenvermögen von (415 200 € + 336 000 € + 15 000 €) 766 200 € um 78 000 € übersteigen. Es sind deshalb nicht 124 200 €, sondern nur (124 200 € – 78 000 €) 46 200 € der Zuwendungen als Betriebsausgaben abziehbar. Unter Berücksichtigung des Zuwendungsumfangs unter b) bb) beträgt das zulässige Kassenvermögen nur (415 200 € + 48 000 € + 15 000 €) 478 200 €. In diesem Fall kann die Zuwendung in 02 nicht als Betriebsausgabe abgezogen werden.

Sonderfälle R 4d (14)

(14) ① Bei Konzern- und Gruppenkassen ist die Bemessungsgrundlage für die Zuwendungen zum Reservepolster für jedes Trägerunternehmen gesondert nach den bei diesen Unternehmen vorliegenden Tatbeständen zu errechnen. ② Die auf das einzelne Trägerunternehmen entfallenden Teile des tatsächlichen und zulässigen Kassenvermögens sind ebenfalls jeweils getrennt festzustellen. 27

H 4d (14)

Zuwendungen an mehrere Kassen. Leistet ein Trägerunternehmen Zuwendungen an mehrere Unterstützungskassen, sind diese Kassen bei der Ermittlung der Höhe der steuerbegünstigten Zuwendungen i. S. v. § 4 d EStG als Einheit zu behandeln (→ § 4 d Abs. 1 Satz 3 EStG). Soweit danach der Betriebsausgabenabzug nach § 4 d Abs. 1 Satz 3 EStG beschränkt ist, gilt dies auch für den Fall, dass bei getrennter Betrachtung infolge der Unterdotierung einer oder mehrerer Kassen der Abzug nicht beschränkt wäre. Daran ändert sich selbst dann nichts, wenn sich der durch die Kassen begünstigte Kreis der Arbeitnehmer nicht überschneidet (→ BFH vom 8. 11. 1989 – BStBl. 1990 II S. 210). 28

R 4d (15)

(15) ① Bei der Berechnung der Zuwendungen können neben den Arbeitnehmern auch Personen berücksichtigt werden, die nicht Arbeitnehmer sind, z. B. Handelsvertreter, wenn ihnen nach der Satzung der Unterstützungskasse Leistungen aus Anlass ihrer Tätigkeit für ein Trägerunternehmen zugesagt worden sind (§ 17 Abs. 1 Satz 2 Betriebsrentengesetz).[1] ② Die Provisionszahlungen oder sonstigen Entgelte an diese Personen sind zur Lohn- und Gehaltssumme i. S. d. § 4 d Abs. 1 Satz 1 Nr. 2 EStG zu rechnen. 29

[1] Abgedruckt im „Handbuch zur Lohnsteuer" im Anhang **I** Nr. **15**.

EStG

§ 4 e Beiträge an Pensionsfonds

1 **(1) Beiträge an einen Pensionsfonds im Sinne des § 236 des Versicherungsaufsichtsgesetzes dürfen von dem Unternehmen, das die Beiträge leistet (Trägerunternehmen), als Betriebsausgaben abgezogen werden, soweit sie auf einer festgelegten Verpflichtung beruhen oder der Abdeckung von Fehlbeträgen bei dem Fonds dienen.**

2 **(2) Beiträge im Sinne des Absatzes 1 dürfen als Betriebsausgaben nicht abgezogen werden, soweit die Leistungen des Fonds, wenn sie vom Trägerunternehmen unmittelbar erbracht würden, bei diesem nicht betrieblich veranlasst wären.**

3 **(3) ① Der Steuerpflichtige kann auf Antrag die insgesamt erforderlichen Leistungen an einen Pensionsfonds zur teilweisen oder vollständigen Übernahme einer bestehenden Versorgungsverpflichtung oder Versorgungsanwartschaft durch den Pensionsfonds erst in den dem Wirtschaftsjahr der Übertragung folgenden zehn Wirtschaftsjahren gleichmäßig verteilt als Betriebsausgaben abziehen. ② Der Antrag ist unwiderruflich; der jeweilige Rechtsnachfolger ist an den Antrag gebunden. ③ Ist eine Pensionsrückstellung nach § 6 a gewinnerhöhend aufzulösen, ist Satz 1 mit der Maßgabe anzuwenden, dass die Leistungen an den Pensionsfonds im Wirtschaftsjahr der Übertragung in Höhe der aufgelösten Rückstellung als Betriebsausgaben abgezogen werden können; der die aufgelöste Rückstellung übersteigende Betrag ist in den dem Wirtschaftsjahr der Übertragung folgenden zehn Wirtschaftsjahren gleichmäßig verteilt als Betriebsausgaben abzuziehen. ④ Satz 3 gilt entsprechend, wenn es im Zuge der Leistungen des Arbeitgebers an den Pensionsfonds zu Vermögensübertragungen einer Unterstützungskasse an den Arbeitgeber kommt.**

H 4e

5 **Pensionsfonds.** Als Pensionsfonds i. S. d. § 236 VAG sind nur rechtsfähige Versorgungseinrichtungen in der Rechtsform einer AG oder eines Pensionsfondsvereins auf Gegenseitigkeit anzusehen, die den Leistungsberechtigten (Arbeitnehmer, ehemalige Arbeitnehmer und Personen i. S. d. § 17 Abs. 1 Satz 2 Betriebsrentengesetz[1]) einen eigenen Anspruch ausschließlich auf Altersversorgungsleistungen gegen den Pensionsfonds einräumen (→ §§ 236, 237 VAG).

Übertragung von Versorgungszusagen auf Pensionsfonds. Zur Übertragung von Versorgungsverpflichtungen und Versorgungsanwartschaften auf Pensionsfonds nach § 4 e Abs. 3 EStG i. V. m. § 3 Nr. 66 EStG → BMF vom 26. 10. 2006 (BStBl. I S. 709) und vom 10. 7. 2015 (BStBl. I S. 544).

[1] Abgedruckt im „Handbuch zur Lohnsteuer" im Anhang **I Nr. 15.**

EStG

§ 4f[1] Verpflichtungsübernahmen, Schuldbeitritte und Erfüllungsübernahmen

(1)[2] ① **Werden Verpflichtungen übertragen, die beim ursprünglich Verpflichteten Ansatzverboten, -beschränkungen oder Bewertungsvorbehalten unterlegen haben, ist der sich aus diesem Vorgang ergebende Aufwand im Wirtschaftsjahr der Schuldübernahme und den nachfolgenden 14 Jahren gleichmäßig verteilt als Betriebsausgabe abziehbar.** ② **Ist auf Grund der Übertragung einer Verpflichtung ein Passivposten gewinnerhöhend aufzulösen, ist Satz 1 mit der Maßgabe anzuwenden, dass der sich ergebende Aufwand im Wirtschaftsjahr der Schuldübernahme in Höhe des aufgelösten Passivpostens als Betriebsausgabe abzuziehen ist; der den aufgelösten Passivposten übersteigende Betrag ist in dem Wirtschaftsjahr der Schuldübernahme und den nachfolgenden 14 Wirtschaftsjahren gleichmäßig verteilt als Betriebsausgabe abzuziehen.** ③ **Eine Verteilung des sich ergebenden Aufwands unterbleibt, wenn die Schuldübernahme im Rahmen einer Veräußerung oder Aufgabe des ganzen Betriebes oder des gesamten Mitunternehmeranteils im Sinne der §§ 14, 16 Absatz 1, 3 und 3 a sowie des § 18 Absatz 3 erfolgt; dies gilt auch, wenn ein Arbeitnehmer unter Mitnahme seiner erworbenen Pensionsansprüche zu einem neuen Arbeitgeber wechselt oder wenn der Betrieb am Schluss des vorangehenden Wirtschaftsjahres die Gewinngrenze des § 7 g Absatz 1 Satz 2 Nummer 1 nicht überschreitet.** ④ **Erfolgt die Schuldübernahme in dem Fall einer Teilbetriebsveräußerung oder -aufgabe im Sinne der §§ 14, 16 Absatz 1, 3 und 3 a sowie des § 18 Absatz 3, ist ein Veräußerungs- oder Aufgabeverlust um den Aufwand im Sinne des Satzes 1 zu vermindern, soweit dieser den Verlust begründet oder erhöht hat.** ⑤ **Entsprechendes gilt für den einen aufgelösten Passivposten übersteigenden Betrag im Sinne des Satzes 2.** ⑥ **Für den hinzugerechneten Aufwand gelten Satz 2 zweiter Halbsatz und Satz 3 entsprechend.** ⑦ **Der jeweilige Rechtsnachfolger des ursprünglichen Verpflichteten ist an die Aufwandsverteilung nach den Sätzen 1 bis 6 gebunden.** 1

(2) **Wurde für Verpflichtungen im Sinne des Absatzes 1 ein Schuldbeitritt oder eine Erfüllungsübernahme mit ganzer oder teilweiser Schuldfreistellung vereinbart, gilt für die vom Freistellungsberechtigten an den Freistellungsverpflichteten erbrachten Leistungen Absatz 1 Satz 1, 2 und 7 entsprechend.** 2

H 4f

Aufwandsverteilung bei Verpflichtungsübertragungen. Zur steuerlichen Berücksichtigung des Aufwandes im Zusammenhang mit der Übertragung von Verpflichtungen, mit Schuldbeitritten und Erfüllungsübernahmen mit vollständiger oder teilweiser Schuldfreistellung → BMF vom 30. 11. 2017 (BStBl. I S. 1619).[3] 4

Anl zu H 4f

Schreiben betr. steuerliche Gewinnermittlung; Bilanzsteuerrechtliche Berücksichtigung von Verpflichtungsübernahmen, Schuldbeitritten und Erfüllungsübernahmen mit vollständiger oder teilweiser Schuldfreistellung, Anwendung der Regelungen in § 4f und § 5 Absatz 7 Einkommensteuergesetz (EStG)

Vom 30. November 2017 (BStBl. I S. 1619)
(BMF IV C 6 – S 2133/14/10001; DOK 2017/0978503)

Der Bundesfinanzhof (BFH) hat in mehreren Urteilen entschieden, dass übernommene Verpflichtungen beim Übernehmer keinen Ansatz- und Bewertungsbeschränkungen unterliegen, sondern als ungewisse Verbindlichkeiten auszuweisen und mit den „Anschaffungskosten" oder dem höheren Teilwert zu bewerten sind (BFH-Urteile vom 14. Dezember 2011 und 12. Dezember 2012, BStBl. 2017 II S. 1226, 1232 und 1265). Tritt ein Dritter neben dem bisherigen Schuldner in die Verpflichtung ein (sog. Schuldbeitritt) und verpflichtet sich der Dritte, den bisherigen Schuldner von der Verpflichtung freizustellen, kann der bisherige Schuldner mangels Wahrscheinlichkeit der Inanspruchnahme weder eine Rückstellung für die Verpflichtung passivieren, noch einen Freistellungsanspruch gegenüber dem Schuldbeitretenden ansetzen (Urteil vom 26. April 2012, BStBl. 2017 II S. 1228). Der BFH weicht somit von den BMF-Schreiben vom 16. Dezember 2005 und 24. Juni 2011 (BStBl. 2005 I S. 1052 und BStBl. 2011 I S. 627) ab. Für Wirtschaftsjahre, die nach dem 28. November 2013 enden, sind indes die Regelungen des § 5 Absatz 7 EStG in der Fassung des AIFM-Steuer-Anpassungsgesetzes vom 18. Dezember 2013 (BGBl. I S. 4318; BStBl. 2014 I S. 2) zu beachten, wonach der Übernehmer einer Verpflichtung die gleichen Bilanzierungsvorschriften zu beachten hat, die auch für den ursprünglich Verpflichteten gegolten haben. 5

Zur Anwendung der Grundsätze der BFH-Rechtsprechung und zu den Auswirkungen auf die o.g. BMF-Schreiben vom 16. Dezember 2005 und 24. Juni 2011 im Zusammenhang mit den gesetzlichen Neuregelungen in den §§ 4f und 5 Absatz 7 EStG nehme ich nach Abstimmung mit den obersten Finanzbehörden der Länder wie folgt Stellung:

---

[1] Zur erstmaligen Anwendung siehe § 52 Abs. 8 EStG.
[2] Zur erstmaligen Anwendung von Abs. 1 Satz 3 siehe § 52 Abs. 8 Satz 2 EStG.
[3] Nachstehend abgedruckt.

Anl zu H 4f

1 Verpflichtungen können entweder im Wege einer Schuldübernahme nach den §§ 414 ff. Bürgerliches Gesetzbuch (BGB) oder durch Übernahme der mit der Verpflichtung verbundenen Lasten (Schuldbeitritte und Erfüllungsübernahmen mit vollständiger oder teilweiser Schuldfreistellung) übernommen werden.

2 Übernommene Verpflichtungen, die beim ursprünglich Verpflichteten bilanzsteuerlichen Ansatzverboten, -beschränkungen oder Bewertungsvorbehalten unterlegen haben, sind in der steuerlichen Gewinnermittlung des Übernehmers oder dessen Rechtsnachfolger nach Maßgabe des § 5 Absatz 7 EStG anzusetzen und zu bewerten. § 5 Absatz 7 EStG gilt ausschließlich für am Bilanzstichtag bestehende Verpflichtungen, die aufgrund der Vorschriften des EStG (z. B. § 5 Absatz 2 a bis 4 b, Absatz 5 Satz 1 Nummer 2, § 6 Absatz 1 Nummer 3 und 3 a sowie § 6 a EStG) und des Körperschaftsteuergesetzes (KStG, z. B. Schwankungs- und Schadenrückstellungen nach § 20 KStG) nicht oder niedriger anzusetzen und zu bewerten sind als die für die Übernahme der Verpflichtung erhaltene Gegenleistung („Anschaffungskosten" i. S. d. BFH-Rechtsprechung).

3 Auf Seiten des Übertragenden kommt eine Verteilung des Aufwandes nach § 4 f EStG nur dann in Betracht, wenn die Verpflichtung an dem der Übertragung vorangegangenen Bilanzstichtag bestand und die Verpflichtung beim Übernehmer oder dessen Rechtsnachfolger in den Anwendungsbereich des § 5 Absatz 7 EStG fällt oder § 5 Absatz 7 EStG zur Anwendung käme, wenn der Übernehmer dem deutschen Steuerrecht unterläge.

4 Ändert sich bei einer betrieblichen Altersversorgungszusage der Durchführungsweg (Direktzusage, Unterstützungskassenzusage, Direktversicherung, Pensionskasse oder Pensionsfonds), sind die §§ 4 f und 5 Absatz 7 EStG nicht anzuwenden; das bei einer Übertragung von Versorgungsleistungen auf Pensionsfonds bestehende Wahlrecht zur Verteilung der Betriebsausgaben gemäß § 4 d Absatz 3 und § 4 e Absatz 3 i. V. m. § 3 Nummer 66 EStG bleibt unberührt.

I. Schuldübernahme nach §§ 414 ff. BGB

6 **5** Eine Schuld kann von einem Dritten durch Vertrag mit dem Gläubiger in der Weise übernommen werden, dass der Dritte an die Stelle des bisherigen Schuldners tritt (§§ 414 ff. BGB). Verpflichtungen können einzeln oder im Rahmen einer entgeltlichen Betriebsübertragung übertragen werden oder kraft Gesetzes (z. B. nach § 613 a BGB) auf einen Dritten übergehen.

1. Bilanzielle Behandlung beim Verpflichtungsübernehmer

a) Ansatz und Bewertung in Wirtschaftsjahren, die vor dem 29. November 2013 enden

6 In vor dem 29. November 2013 endenden Wirtschaftsjahren ist die o. g. BFH-Rechtsprechung zu beachten, wonach übernommene Verpflichtungen im Wirtschaftsjahr der Übernahme mit den „Anschaffungskosten" oder dem höheren Teilwert anzusetzen sind.

7 Auf Antrag können die Neuregelungen des § 5 Absatz 7 EStG (Rdnr. 8 bis 10) bereits für vor dem 29. November 2013 endende Wirtschaftsjahre angewendet werden (§ 52 Absatz 9 Satz 2 EStG). Der Antrag ist nicht formgebunden und gilt durch den entsprechenden Ansatz in der steuerlichen Gewinnermittlung als ausgeübt.

b) Ansatz und Bewertung in Wirtschaftsjahren, die nach dem 28. November 2013 enden

8 In nach dem 28. November 2013 endenden Wirtschaftsjahren ist die Neuregelung in § 5 Absatz 7 EStG maßgebend (§ 52 Absatz 9 Satz 1 EStG). Der Übernehmer hat die gleichen Bilanzierungsvorschriften zu beachten, die auch für den ursprünglich Verpflichteten am Bilanzstichtag gegolten hätten, wenn er die Verpflichtung nicht übertragen hätte. Unterlag der ursprünglich Verpflichtete nicht dem deutschen Steuerrecht, ist der Wert maßgebend, der nach den Regelungen des EStG oder KStG anzusetzen gewesen wäre. Dadurch wird sichergestellt, dass der Übernehmer entsprechend dem Sinn und Zweck der Regelungen in § 5 Absatz 7 EStG die Verpflichtung unter Berücksichtigung der steuerlichen Ansatz- und Bewertungsvorbehalte Rdnr. 10).

9 Wurde eine Verpflichtung bereits mehrfach übertragen, ist derjenige ursprünglich verpflichtet i. S. v. § 5 Absatz 7 Satz 1 EStG, der die Schuld erstmalig begründet hat.

10 In der ersten für die Besteuerung maßgebenden Schlussbilanz nach der Übernahme sind Verpflichtungen unter Berücksichtigung der steuerlichen Ansatz- und Bewertungsvorbehalte anzusetzen; insbesondere die Regelungen in § 5 Absatz 2 a bis 4 b, Absatz 5 Satz 1 Nr. 2, § 6 Absatz 1 Nummer 3 und 3 a sowie § 6 a EStG (vgl. Rdnr. 26 bis 33 zu Pensionsverpflichtungen) sind zu beachten. Bilanzsteuerliche Wahlrechte (z. B. Teilwert- oder Pauschalwertverfahren bei Jubiläumsrückstellungen) können unabhängig von der Wahl des Rechtsvorgängers in Anspruch genommen werden.

c) Gewinnmindernde Rücklagen nach § 5 Absatz 7 Satz 5 und 6 EStG

11 Für den Gewinn, der sich aus der Anwendung von § 5 Absatz 7 EStG ergibt, kann gemäß § 5 Absatz 7 Satz 5 EStG jeweils i. H. v. $^{14}/_{15}$ eine gewinnmindernde Rücklage gebildet werden, die in den folgenden 14 Wirtschaftsjahren jeweils mit mindestens $^{1}/_{14}$ gewinnerhöhend aufzulösen ist (Auflösungszeitraum). Wurde die Verpflichtung vor dem 14. Dezember 2011 übernommen, können $^{19}/_{20}$ des Gewinns als Rücklage passiviert werden, die in den folgenden 19 Wirtschaftsjahren aufzulösen ist (§ 52 Absatz 9 Satz 3 EStG). Scheidet eine Verpflichtung vor Ablauf des Auflösungszeitraums aus dem Betriebsvermögen aus, ist eine für diese Verpflichtung noch nicht aufgelöste Rücklage gewinnerhöhend auszubuchen (§ 5 Absatz 7 Satz 6 EStG).

12 *Die in Rdnr. 11 genannten* Verteilungszeiträume sind auch dann maßgebend, wenn die Verpflichtung, für die eine Rücklage gebildet wurde, voraussichtlich bereits vor Ende des Auflösungszeitraums nicht mehr bestehen wird. In diesen Fällen kann aber die bei Ausscheiden erforderliche Auflösung der verbleibenden Rücklage dadurch vermieden werden, dass jährlich mehr als $1/14$ oder $1/19$ gewinnerhöhend aufgelöst werden (z. B. Verteilung über die tatsächliche Laufzeit der Verpflichtung). Anl zu H 4f

13 Gewinn i. S. v. § 5 Absatz 7 Satz 5 EStG ist der Unterschiedsbetrag zwischen den „Anschaffungskosten" zum Zeitpunkt der Übernahme der Verpflichtung und dem in der folgenden Schlussbilanz nach § 5 Absatz 7 EStG anzusetzenden niedrigeren Wert (Rdnr. 10). Scheidet eine übernommene Verpflichtung bereits vor dem folgenden Bilanzstichtag aus dem Betriebsvermögen aus, kann für einen sich insoweit ergebenden Gewinn keine Rücklage gebildet werden (vgl. auch Rdnr. 2).

Beispiel 1:

Unternehmer U pachtet seit dem 1. 1. 2003 für 20 Jahre ein unbebautes Grundstück und errichtet darauf eine betrieblich genutzte Lagerhalle. U hat sich verpflichtet, die Lagerhalle nach Ablauf des Pachtvertrages am 31. 12. 2022 abzureißen. Am Bilanzstichtag 31. 12. 2012 betragen die voraussichtlichen Abrisskosten 10 000 €. U hat für die Abrissverpflichtung eine Rückstellung für ungewisse Verbindlichkeiten passiviert. Da für das Entstehen der Verpflichtung im wirtschaftlichen Sinne der laufende Betrieb ursächlich ist (Nutzung der Lagerhalle), ist die Rückstellung nach § 6 Absatz 1 Nummer 3a Buchstabe d Satz 1 EStG zeitanteilig in gleichen Raten anzusammeln und nach § 6 Absatz 1 Nummer 3a Buchstabe e Satz 1 EStG abzuzinsen. Die von U zum 31. 12. 2012 passivierte Rückstellung beträgt bei einer Restlaufzeit von 10 Jahren und einem Abzinsungsfaktor von 0,585 (Tabelle 2 des BMF-Schreibens vom 26. Mai 2005, BStBl. I S. 699) zutreffend 10 000 € × 10/20 × 0,585 = 2925 €.
Am 2. 1. 2013 übernimmt A (Wirtschaftsjahr = Kalenderjahr) mit Zustimmung des Verpächters den Pachtvertrag von U. Der von A an U zu zahlende Kaufpreis für die Lagerhalle beträgt 50000 €. Die mit der übernommenen Abrissverpflichtung verbundenen Kosten werden entsprechend den voraussichtlichen Abrisskosten zum 31. 12. 2012 zutreffend auf 10000 € geschätzt und mit dem Kaufpreis für die Lagerhalle verrechnet. A bucht den Geschäftsvorfall zutreffend wie folgt:

Betriebsanlage	50 000 €	an	Bank	40 000 €
			Abrissverpflichtung	10 000 €

Bis zum Ende des Wirtschaftsjahres 2013 ergeben sich folgende Änderungen bei den prognostizierten Abrisskosten:

Variante a: keine
Variante b: 20 000 €
Variante c: 5000 €

Die „Anschaffungskosten" der Abrissverpflichtung betragen 10 000 €. Am folgenden Bilanzstichtag 31. 12. 2013 ist diese Pflicht gemäß § 5 Absatz 7 Satz 1 EStG so zu bilanzieren, wie sie beim ursprünglich Verpflichteten U ohne Übertragung zu bilanzieren wäre. Demzufolge hat A für die Abrissverpflichtung eine Rückstellung für ungewisse Verbindlichkeiten zu passivieren und bei einer Restlaufzeit von
9 Jahren und einem Abzinsungsfaktor von 0,618 wie folgt zu bewerten:

Variante a: 10 000 € × 11/20 × 0,618 = 3399 €
Variante b: 20 000 € × 11/20 × 0,618 = 6798 €
Variante c: 5 000 € × 11/20 × 0,618 = 1700 €

Es ergibt sich unter Berücksichtigung der bei Schuldübernahme eingebuchten Abrissverpflichtung von 10 000 € folgender Gewinn, für den i. H. v. 14/15 eine gewinnmindernde Rücklage gebildet werden kann:

Variante a: 10 000 € – 3399 € = 6601 € (Rücklage 6161 €)
Variante b: 10 000 € – 6798 € = 3202 € (Rücklage 2989 €)
Variante c: 10 000 € – 1700 € = 8300 € (Rücklage 7747 €)

14 In den Fällen der Rdnr. 6 (Passivierung der „Anschaffungskosten" in vor dem 29. November 2013 endenden Wirtschaftsjahren) ist Gewinn i. S. v. § 5 Absatz 7 Satz 5 EStG der Unterschiedsbetrag zwischen den letztmals passivierten „Anschaffungskosten" und dem am folgenden Bilanzstichtag erstmals nach § 5 Absatz 7 EStG angesetzten Wert (Rdnr. 10). Rdnr. 13 Satz 2 (keine Rücklage bei vor dem folgenden Bilanzstichtag ausscheidenden Verpflichtungen) gilt entsprechend.

15 Soweit die Steuer- oder Feststellungsbescheide des Wirtschaftsjahres der Verpflichtungsübernahme und die folgenden Steuer- oder Feststellungsbescheide bereits bestandskräftig sind, sind die Rdnrn. 6 bis 14 in der steuerlichen Gewinnermittlung des ersten noch änderbaren Steuer- oder Feststellungsbescheides anzuwenden.

2. Abzug des Aufwandes beim ursprünglich Verpflichteten (§ 4f Absatz 1 EStG)

a) Verteilung des Aufwandes

16 Ein Aufwand, der sich für den ursprünglich Verpflichteten in einem nach dem 28. November 2013 endenden Wirtschaftsjahr aus einem Übertragungsvorgang ergibt, kann gemäß § 4f Absatz 1 Satz 1 i. V. m. § 52 Absatz 8 EStG grundsätzlich nur auf das Jahr der Schuldübernahme und die folgenden 14 Wirtschaftsjahre gleichmäßig verteilt als Betriebsausgabe abgezogen werden. Die Verteilung des Aufwandes erfolgt durch außerbilanzielle Hinzurechnungen und Abrechnungen.

17 Ein zu verteilender Aufwand aus einem Übertragungsvorgang kann auch dann nicht mit Gewinnen aus anderen Geschäftsvorfällen verrechnet werden, wenn diese Gewinne in einem mittelbaren oder unmittelbaren Zusammenhang mit dem Aufwand aus dem Übertragungsvorgang stehen.

b) Gewinnerhöhend aufzulösende Passivposten i. S. d. § 4f Absatz 1 Satz 2 EStG

18 Sind infolge der Übertragung einer Verpflichtung in der steuerlichen Gewinnermittlung des Vorjahres ausgewiesene Passivposten wie Rückstellungen, Verbindlichkeiten und steuerliche Rücklagen (z. B. nach R 6.11 Absatz 3 EStR bei niedrigeren handelsrechtlichen Bilanzansätzen) gewinnerhöhend aufzulösen, ist der sich aus dem Übertragungsvorgang ergebende Aufwand in dem Wirtschaftsjahr der Übertragung nach § 4f Absatz 1 Satz 2 erster Halbsatz EStG in Höhe der aufgelösten Passivposten als Betriebsausgabe abzugsfähig. Dabei ist immer auf die am vorangegangenen Bilanzstichtag angesetzten Passivposten abzustellen, soweit die Auflösung auf der Übertragung der Verpflichtung beruht. Der Bilanzansatz in einer im Zusammenhang mit einem Umwandlungssteuervorgang erstellten steuerlichen Schlussbilanz ist insoweit unbeachtlich. Weicht der Übertragungszeitpunkt vom Bilanzstichtag ab, kommt eine Zugrundelegung fiktiver Passivposten, die zu diesem Zeitpunkt maßgebend gewesen wä-

Anl zu H 4f

ren, nicht in Betracht. Der übersteigende Aufwand ist auf das Jahr der Schuldübernahme und die folgenden 14 Wirtschaftsjahre gleichmäßig zu verteilen (§ 4f Absatz 1 Satz 2 EStG). Im Ergebnis ist ein Aufwand, der sich daraus ergibt, dass die Gegenleistung höher ist als die bislang in der steuerlichen Gewinnermittlung passivierte Verpflichtung, nur über 15 Jahre verteilt als Betriebsausgabe abzugsfähig.

c) Teilbetriebsaufgaben/-veräußerungen, Umwandlungen und Einbringungen

19 Bei der Veräußerung oder Aufgabe eines Teilbetriebes wird der Übertragungsaufwand nach § 4f Absatz 1 Satz 1 und 2 EStG nur verteilt, soweit er einen Verlust begründet oder erhöht (§ 4f Absatz 1 Satz 4 EStG). Der insoweit hinzugerechnete Aufwand ist wie bei einer im laufenden Wirtschaftsjahr erfolgten Schuldübertragung auf das Wirtschaftsjahr der Schuldübernahme und die nachfolgenden Wirtschaftsjahre zu verteilen, d.h. der sofort abzugsfähige Aufwand von 1/15 ist im Rahmen der Ermittlung des Veräußerungs- oder Aufgabegewinns nach § 16 Absatz 2 EStG zu berücksichtigen und der verbleibende Betrag auf die folgenden 14 Wirtschaftsjahre zu verteilen. Entsprechendes gilt bei Umwandlungen und Einbringungen von Teilbetrieben nach dem Umwandlungssteuergesetz.

d) Übertragung von (Teil-)Mitunternehmeranteilen

20 Eine Verpflichtung kann auch durch entgeltliche Übertragung von (Teil-)Mitunternehmeranteilen übertragen werden. Wird der gesamte Mitunternehmeranteil übertragen, unterbleibt nach § 4f Absatz 1 Satz 3 EStG eine Verteilung des sich ergebenden Aufwandes.

e) Ausnahmen von der Aufwandsverteilung

21 Die Verteilungsregelung gilt nach § 4f Absatz 1 Satz 3 EStG nicht für kleine und mittlere Betriebe i. S. v. § 7g EStG sowie für Betriebsveräußerungen und Betriebsaufgaben.

II. Übernahme von mit einer Verpflichtung verbundenen Lasten (Schuldbeitritte und Erfüllungsübernahmen mit vollständiger oder teilweiser Schuldfreistellung)

7 **22** Bei Schuldbeitritten und Erfüllungsübernahmen mit vollständiger oder teilweiser Schuldfreistellung besteht das bisherige Vertragsverhältnis zwischen dem Freigestellten und dem Gläubiger der Verpflichtung unverändert fort. Der Übernehmer verpflichtet sich, den bislang alleine Verpflichteten von den künftigen Leistungspflichten ganz oder teilweise freizustellen.

1. Bilanzierung beim Übernehmer oder Beitretenden

23 Für die zu passivierende Freistellungsverpflichtung gelten die Rdnrn. 6 bis 15 entsprechend.

2. Bilanzielle Folgen beim Freistellungsberechtigten

24 Eine vom Freistellungsberechtigten bislang passivierte Rückstellung ist aufgrund fehlender Wahrscheinlichkeit der Inanspruchnahme gewinnerhöhend aufzulösen (BFH-Urteil vom 26. April 2012, BStBl. 2017 II S. 1228). Der Freistellungsberechtigte hat in der steuerlichen Gewinnermittlung keinen Freistellungsanspruch gegenüber dem Freistellungsverpflichteten auszuweisen.

25 Ist die Gegenleistung für den Schuldbeitritt oder die Erfüllungsübernahme höher als die bislang passivierte Rückstellung, entsteht ein Aufwand i. S. v. § 4f Absatz 2 i. V. m. Absatz 1 EStG; die Rdnrn. 16 bis 18 gelten entsprechend. Bei Schuldbeitritten und Erfüllungsübernahmen kommen Ausnahmen von der Verteilungspflicht nach § 4f Absatz 1 Satz 3 EStG (vgl. Rdnr. 21) nicht in Betracht, da gemäß § 4f Absatz 2 EStG nur die Sätze 1, 2 und 7 des Absatzes 1 entsprechend gelten.

III. Schuldübernahmen, Schuldbeitritte und Erfüllungsübernahmen mit vollständiger oder teilweiser Schuldfreistellung im Zusammenhang mit Pensionsverpflichtungen i. S. v. § 6a EStG

8 **26** Bei der Bewertung übernommener Pensionsverpflichtungen nach § 6a EStG können bilanzsteuerrechtliche Wahlrechte (insbesondere das Pensionsalter nach R 6a Absatz 11 EStR und die Wahl der biometrischen Rechnungsgrundlagen) unabhängig von der Entscheidung des Rechtsvorgängers in Anspruch genommen werden (vgl. Rdnr. 10). Das sog. Nachholverbot nach § 6a Absatz 4 EStG gilt für bei einem Rechtsvorgänger entstandene Fehlbeträge in der ersten Schlussbilanz nach der Übernahme nicht.

27 In den Fällen der Übernahme von Pensionsverpflichtungen gegenüber Arbeitnehmern, die bisher in einem anderen Unternehmen tätig waren (Unternehmenswechsel), unter gleichzeitiger Übernahme von Vermögenswerten gilt für die Bewertung der Pensionsverpflichtungen die Sonderregelung des § 5 Absatz 7 Satz 4 EStG: Bei der Ermittlung des Teilwertes der jeweiligen Verpflichtung ist der Jahresbetrag nach § 6a Absatz 3 Satz 2 Nummer 1 EStG so zu bemessen, dass zu Beginn des Wirtschaftsjahres der Übernahme der Barwert der Jahresbeträge zusammen mit den übernommenen Vermögenswerten gleich dem Barwert der künftigen Pensionsleistungen ist, wobei sich kein negativer Jahresbetrag ergeben darf. Das gilt unabhängig von der Anzahl der übernommenen Pensionsverpflichtungen. Bei Betriebsübergängen gemäß § 613a BGB kommt die Anwendung der Sonderregelung nach § 5 Absatz 7 Satz 4 EStG nicht in Betracht, da in diesen Fällen der neue Betriebsinhaber in die Rechte und Pflichten aus den bestehenden Arbeitsverhältnissen eintritt und kein Unternehmenswechsel erfolgt.

28 Wurde eine Pensionsverpflichtung bereits mehrfach übertragen und wurde bei mindestens einer der Übertragungen die in § 5 Absatz 7 Satz 4 EStG dargelegte Sonderregelung angewendet, ist abweichend von Rdnr. 9 derjenige ursprünglich verpflichtet i. S. v. § 5 Absatz 7 Satz 1 EStG, der zuletzt die Sonderregelung angewendet hat.

29 Nach § 4f Absatz 1 Satz 3 zweiter Teilsatz EStG unterbleibt die Verteilung von Aufwand im Zusammenhang mit der Übertragung von Pensionsansprüchen von Versorgungsberechtigten, die zu einem neuen Arbeitgeber wechseln. Das gilt auch für Verpflichtungen aus Jubiläumszusagen, Altersteilzeitvereinbarungen und ähnlichen Verpflichtungen gegenüber dem Arbeitnehmer, die auf den neuen Arbeitgeber übertragen werden. In den Fällen des § 613a BGB ist § 4f Absatz 1 Satz 3 zweiter Teilsatz EStG aber nicht anzuwenden (vgl. Rdnr. 27 letzter Satz). Anl zu H 4f

30 Beispiel 2:

Arbeitgeber K (Wirtschaftsjahr = Kalenderjahr) hat seinem Arbeitnehmer Pensionsleistungen zugesagt und in seiner Steuerbilanz zum 31. 12. 2012 eine Pensionsrückstellung nach § 6a EStG i. H. v. 100 000 € zutreffend passiviert. Mit Vertrag vom 16. 12. 2013 vereinbart K mit F (Wirtschaftsjahr = Kalenderjahr) einen Schuldbeitritt mit Freistellungsverpflichtung und zahlt hierfür am 17. 12. 2013 150 000 € an F.
Wegen der Freistellungsverpflichtung des F ist nicht mehr davon auszugehen, dass K aus der Pensionsverpflichtung in Anspruch genommen wird. Die bislang passivierte Pensionsrückstellung nach § 6a EStG ist daher in der Bilanz zum 31. 12. 2013 gewinnerhöhend aufzulösen (BFH-Urteil vom 26. April 2012, BStBl. 2017 II S. 1228). Die Zahlung von 150 000 € an F ist Betriebsausgabe, so dass sich im Ergebnis ein Verlust von 50 000 € ergibt. Dieser Verlust ist nach § 4f EStG über 15 Jahre zu verteilen, da der Aufwand in einem nach dem 28. 11. 2013 endenden Wirtschaftsjahr entstanden ist (vgl. § 52 Absatz 8 EStG). In den Wirtschaftsjahren 2013 bis 2027 können jeweils $^1/_{15}$ × 50 000 € = 3333 € als Betriebsausgabe abgezogen werden (außerbilanzielle Hinzurechnungen und Abrechnungen).
Die aufgrund des Schuldbeitrittes bei F zu passivierende Pensionsverpflichtung ist zunächst mit den „Anschaffungskosten" von 150 000 € anzusetzen (Buchung: Bank 150 000 € an Pensionsverpflichtung 150 000 €). Am folgenden Bilanzstichtag 31. 12. 2013 ist § 5 Absatz 7 Satz 2 EStG zu beachten. Die Freistellungsverpflichtung ist so zu bilanzieren, wie sie der ursprünglich alleine verpflichtete K am 31. 12. 2013 anzusetzen gehabt hätte (Pensionsrückstellung, Teilwert nach § 6a EStG zum 31. 12. 2013, hier angenommen 110 000 €). Nimmt F die Rücklagenregelung gemäß § 5 Absatz 7 Satz 5 EStG in Anspruch, kann der Gewinn aus dem Teilwertansatz nach § 6a EStG (150 000 € – 110 000 € = 40 000 €) zu $^{14}/_{15}$ = 37 334 € als Rücklage passiviert werden. Es verbleibt ein Gewinn von $^1/_{15}$ × 40 000 € = 2666 €. Dementsprechend ergibt sich folgende Steuerbilanz:

Steuerbilanz F 31. 12. 2013

Aktiva		Passiva		
Bank	150 000 €	Schuldbeitrittsverpflichtung, § 6 a EStG		110 000 €
		Rücklage § 5 Absatz 7 Satz 5 EStG		37 334 €
		Kapital		
		Anfangsbestand	0 €	
		+ Gewinn Ansatz § 6 a EStG	2 666 €	2 666 €

31 Verpflichtet sich der Beitretende, den bislang alleine Verpflichteten von den künftigen Leistungspflichten gegenüber einem Anwärter ganz freizustellen, zahlt der bislang alleine Verpflichtete als Gegenleistung für den Schuldbeitritt aber zunächst nur ein Basisentgelt für die bis zum Beitritt erdiente Versorgungsanwartschaft und vergütet die nach diesem Stichtag erdienten Anwartschaften durch entsprechende Entgelterhöhungen, gilt als Wirtschaftsjahr des Schuldbeitrittes für die gesamte Pensionsverpflichtung das Wirtschaftsjahr, in dem die Verpflichtung zur Zahlung des Basisentgeltes gewinnwirksam wird. Die Verteilungs- und Rücklagenregelung der §§ 4f und 5 Absatz 7 EStG kommen aus Vereinfachungsgründen nur für das Basisentgelt in Betracht. Die in den dem Schuldbeitritt folgenden Wirtschaftsjahren für die neu erdienten Anwartschaften gezahlten Entgelterhöhungen sind beim bislang alleine Verpflichteten uneingeschränkt in voller Höhe als Betriebsausgabe abzugsfähig und beim Beitretenden in voller Höhe als Betriebseinnahme anzusetzen.

32 Abwandlung Beispiel 2:

K zahlt am 17. 12. 2013 an F für den Schuldbeitritt zunächst nur ein Basisentgelt in Höhe des nach HGB-Grundsätzen ermittelten Barwertes der bis zum Schuldbeitritt erdienten Anwartschaft des noch im Unternehmen tätigen Versorgungsberechtigten (120000 €). Die Vergütung der nach dem Schuldbeitritt erdienten Anwartschaft soll durch jährliche Entgelterhöhungen erfolgen.
K hat die bislang passivierte Pensionsrückstellung nach § 6a EStG i. H. v. 100 000 € in der Bilanz zum 31. 12. 2013 vollständig gewinnerhöhend aufzulösen, da er von der gesamten Versorgungsverpflichtung freigestellt wird. Das gezahlte Basisentgelt von 120 000 € ist bis zur Höhe der aufgelösten Rückstellung sofort als Betriebsausgabe abzugsfähig. Der übersteigende Betrag von 20 000 € ist in den Wirtschaftsjahren 2013 bis 2027 gleichmäßig verteilt abzuziehen. Die in den folgenden Jahren für die neu erdienten Anwartschaften gezahlten Entgelterhöhungen sind in voller Höhe Betriebsausgabe.
F hat zum 31. 12. 2013 die gesamte übernommene Verpflichtung nach § 6a EStG zu bewerten (110 000 €). Unter Berücksichtigung der erhaltenen Zahlung von 120 000 € ergibt sich ein Gewinn von 10 000 €, für den nach § 5 Absatz 7 Satz 5 EStG eine gewinnmindernde Rücklage gebildet werden kann, die über 15 Jahre zu verteilen ist. Die Entgelte in den Folgejahren sind jeweils in vollem Umfang gewinnwirksam.

33 Die Regelungen gemäß Rdnr. 31 gelten entsprechend bei Erhöhungsbeträgen, die aufgrund des Bilanzrechtsmodernisierungsgesetzes gezahlt werden, wenn der bislang alleine Verpflichtete das handelsrechtliche Wahlrecht zur Verteilung der Rückstellungszuführung nach Art. 65 Absatz 1 des Einführungsgesetzes zum Handelsgesetzbuch in Anspruch genommen hat.

IV. Zeitliche Anwendung

34 Dieses Schreiben gilt in allen noch offenen Fällen. Das BMF-Schreiben vom 16. Dezember 2005 (BStBl. I S. 1052) zur bilanziellen Behandlung von Schuldbeitrittsvereinbarungen und das BMF-Schreiben vom 24. Juni 2011 (BStBl. I S. 627) zu den bilanzsteuerrechtlichen Ansatz- und Bewertungsvorbehalten bei der Übernahme von schuldrechtlichen Verpflichtungen werden aufgehoben. **9**

35 Hat der Freistellungsberechtigte abweichend von Rdnr. 24 bislang aufgrund der in Rdnr. 34 genannten BMF-Schreiben eine Rückstellung und einen Freistellungsanspruch gegenüber dem Freistellungsverpflichteten angesetzt, ist es nicht zu beanstanden, wenn Rückstellung und Anspruch spätestens in dem Wirtschaftsjahr gewinnwirksam aufgelöst werden, das nach der Veröffentlichung dieses Schreibens im Bundessteuerblatt endet. Die Betriebsausgabenverteilung gemäß § 4f Absatz 2 i. V. m. Absatz 1 EStG kommt nur dann in Betracht, wenn die Vereinbarung auch ohne Anwendung der in Rdnr. 34 genannten BMF-Schreiben in nach dem 28. November 2013 endenden Wirtschaftsjahren zu einem Aufwand geführt hätte.

EStG

§ 4g Bildung eines Ausgleichspostens bei Entnahme nach § 4 Absatz 1 Satz 3

1 (1)[1] ① **Der Steuerpflichtige kann in Höhe des Unterschiedsbetrags zwischen dem Buchwert und dem nach § 6 Absatz 1 Nummer 4 Satz 1 zweiter Halbsatz anzusetzenden Wert eines Wirtschaftsguts auf Antrag einen Ausgleichsposten bilden, soweit das Besteuerungsrecht der Bundesrepublik Deutschland hinsichtlich des Gewinns aus der Veräußerung des Wirtschaftsguts zugunsten eines Staates im Sinne des § 36 Absatz 5 Satz 1 beschränkt oder ausgeschlossen wird (§ 4 Absatz 1 Satz 3).** ② **Der Ausgleichsposten ist für jedes Wirtschaftsgut getrennt auszuweisen.** ③ **Der Antrag ist unwiderruflich.** ④ **Die Vorschriften des Umwandlungssteuergesetzes bleiben unberührt.**

2 (2) ① **Der Ausgleichsposten ist im Wirtschaftsjahr der Bildung und in den vier folgenden Wirtschaftsjahren zu jeweils einem Fünftel gewinnerhöhend aufzulösen.** ② **Er ist in vollem Umfang gewinnerhöhend aufzulösen, wenn ein Ereignis im Sinne des § 36 Absatz 5 Satz 4 eintritt oder wenn ein künftiger Steueranspruch aus der Auflösung des Ausgleichspostens gemäß Satz 1 gefährdet erscheint und der Steuerpflichtige dem Verlangen der zuständigen Finanzbehörde auf Leistung einer Sicherheit nicht nachkommt.**

3 (3) *(aufgehoben)*

4 (4) ① **Die Absätze 1 und 2 finden entsprechende Anwendung bei der Ermittlung des Überschusses der Betriebseinnahmen über die Betriebsausgaben gemäß § 4 Absatz 3.** ② **Wirtschaftsgüter, für die ein Ausgleichsposten nach Absatz 1 gebildet worden ist, sind in ein laufend zu führendes Verzeichnis aufzunehmen.** ③ **Der Steuerpflichtige hat darüber hinaus Aufzeichnungen zu führen, aus denen die Bildung und Auflösung der Ausgleichsposten hervorgeht.** ④ **Die Aufzeichnungen nach den Sätzen 2 und 3 sind der Steuererklärung beizufügen.**

5 (5) ① **Der Steuerpflichtige ist verpflichtet, der zuständigen Finanzbehörde die Entnahme oder ein Ereignis im Sinne des Absatzes 2 unverzüglich anzuzeigen.** ② **Kommt der Steuerpflichtige dieser Anzeigepflicht, seinen Aufzeichnungspflichten nach Absatz 4 oder seinen sonstigen Mitwirkungspflichten im Sinne des § 90 der Abgabenordnung nicht nach, ist der Ausgleichsposten dieses Wirtschaftsguts gewinnerhöhend aufzulösen.** ③ **§ 36 Absatz 5 Satz 8 gilt entsprechend.**

6 (6) **Absatz 2 Satz 2 ist mit der Maßgabe anzuwenden, dass allein der Austritt des Vereinigten Königreichs Großbritannien und Nordirland aus der Europäischen Union nicht dazu führt, dass ein als entnommen geltendes Wirtschaftsgut als aus der Besteuerungshoheit der Mitgliedstaaten der Europäischen Union ausgeschieden gilt.**

[1] Zur Anwendung siehe § 52 Abs. 8 a EStG.

EStG

§ 4h Betriebsausgabenabzug für Zinsaufwendungen (Zinsschranke)[1]

(1) ① Zinsaufwendungen eines Betriebs sind abziehbar in Höhe des Zinsertrags, darüber hinaus nur bis zur Höhe des verrechenbaren EBITDA. ② Das verrechenbare EBITDA ist 30 Prozent des um die Zinsaufwendungen und um die nach § 6 Absatz 2 Satz 1 abzuziehenden, nach § 6 Absatz 2a Satz 2 gewinnmindernd aufzulösenden und nach § 7 abgesetzten Beträge erhöhten und um die Zinserträge verminderten maßgeblichen Gewinns. ③ Soweit das verrechenbare EBITDA die um die Zinserträge geminderten Zinsaufwendungen des Betriebs übersteigt, ist es in die folgenden fünf Wirtschaftsjahre vorzutragen (EBITDA-Vortrag); ein EBITDA-Vortrag entsteht nicht in Wirtschaftsjahren, in denen Absatz 2 die Anwendung von Absatz 1 Satz 1 ausschließt. ④ Zinsaufwendungen, die nach Satz 1 nicht abgezogen werden können, sind bis zur Höhe der EBITDA-Vorträge aus vorangegangenen Wirtschaftsjahren abziehbar und mindern die EBITDA-Vorträge in ihrer zeitlichen Reihenfolge. ⑤ Danach verbleibende nicht abziehbare Zinsaufwendungen sind in die folgenden Wirtschaftsjahre vorzutragen (Zinsvortrag). ⑥ Sie erhöhen die Zinsaufwendungen dieser Wirtschaftsjahre, nicht aber den maßgeblichen Gewinn. 1

(2)[2] ① Absatz 1 Satz 1 ist nicht anzuwenden, wenn 2

a) der Betrag der Zinsaufwendungen, soweit er den Betrag der Zinserträge übersteigt, weniger als drei Millionen Euro beträgt,

b) der Betrieb nicht oder nur anteilmäßig zu einem Konzern gehört oder

c) der Betrieb zu einem Konzern gehört und seine Eigenkapitalquote am Schluss des vorangegangenen Abschlussstichtages gleich hoch oder höher ist als die des Konzerns (Eigenkapitalvergleich). ② Ein Unterschreiten der Eigenkapitalquote des Konzerns um bis zu zwei Prozentpunkte ist unschädlich.

③ Eigenkapitalquote ist das Verhältnis des Eigenkapitals zur Bilanzsumme; sie bemisst sich nach dem Konzernabschluss, der den Betrieb umfasst, und ist für den Betrieb auf der Grundlage des Jahresabschlusses oder Einzelabschlusses zu ermitteln. ④ Wahlrechte sind im Konzernabschluss und im Jahresabschluss oder Einzelabschluss einheitlich auszuüben; bei gesellschaftsrechtlichen Kündigungsrechten ist insoweit mindestens das Eigenkapital anzusetzen, das sich nach den Vorschriften des Handelsgesetzbuchs ergeben würde. ⑤ Bei der Ermittlung der Eigenkapitalquote des Betriebs ist das Eigenkapital um einen im Konzernabschluss enthaltenen Firmenwert, soweit er auf den Betrieb entfällt, und um die Hälfte von Sonderposten mit Rücklagenanteil (§ 273 des Handelsgesetzbuchs) zu erhöhen sowie um das Eigenkapital, das keine Stimmrechte vermittelt – mit Ausnahme von Vorzugsaktien –, die Anteile an anderen Konzerngesellschaften und um Einlagen der letzten sechs Monate vor dem maßgeblichen Abschlussstichtag, soweit ihnen Entnahmen oder Ausschüttungen innerhalb der ersten sechs Monate nach dem maßgeblichen Abschlussstichtag gegenüberstehen, zu kürzen. ⑥ Die Bilanzsumme ist um Kapitalforderungen zu kürzen, die nicht im Konzernabschluss ausgewiesen sind und denen Verbindlichkeiten im Sinne des Absatzes 3 in mindestens gleicher Höhe gegenüberstehen. ⑦ Sonderbetriebsvermögen ist dem Betrieb der Mitunternehmerschaft zuzuordnen, soweit es im Konzernvermögen enthalten ist.

⑧ Die für den Eigenkapitalvergleich maßgeblichen Abschlüsse sind einheitlich nach den International Financial Reporting Standards (IFRS) zu erstellen. ⑨ Hiervon abweichend können Abschlüsse nach dem Handelsrecht eines Mitgliedstaats der Europäischen Union verwendet werden, wenn kein Konzernabschluss nach den IFRS zu erstellen und offen zu legen ist und für keines der letzten fünf Wirtschaftsjahre ein Konzernabschluss nach den IFRS erstellt wurde; nach den Generally Accepted Accounting Principles der Vereinigten Staaten von Amerika (US-GAAP) aufzustellende und offen zu legende Abschlüsse sind zu verwenden, wenn kein Konzernabschluss nach den IFRS oder dem Handelsrecht eines Mitgliedstaats der Europäischen Union zu erstellen und offen zu legen ist. ⑩ Der Konzernabschluss muss den Anforderungen an die handelsrechtliche Konzernrechnungslegung genügen oder die Voraussetzungen erfüllen, unter denen ein Abschluss nach den §§ 291 und 292 des Handelsgesetzbuchs befreiende Wirkung hätte. ⑪ Wurde der Jahresabschluss oder Einzelabschluss nicht nach denselben Rechnungslegungsstandards wie der Konzernabschluss aufgestellt, ist die Eigenkapitalquote des Betriebs in einer Überleitungsrechnung nach den für den Konzernabschluss geltenden Rechnungslegungsstandards zu ermitteln. ⑫ Die Überleitungsrechnung ist einer prüferischen Durchsicht zu unterziehen. ⑬ Auf Verlangen

---

[1] Zur Frage der Aussetzung der Vollziehung wegen ernsthafter Zweifel an der Verfassungsmäßigkeit der Zinsschranke siehe *BFH-Beschluss vom 18. 12. 2013 I B 85/13 (BStBl. 2014 II S. 947)* und *BMF-Schreiben vom 13. 11. 2014 (BStBl. I S. 1516).* Zur Frage der Verfassungsmäßigkeit ist ein Verfahren beim BVerfG – Az.: 2 BvL 1/16 – anhängig, siehe *Vorlagebeschluss des BFH vom 14. 10. 2015 I R 20/15 (BStBl. 2017 II S. 1240).*

[2] **Zur Fassung von § 4h Abs. 2 Satz 16 ab 1. 1. 2023 siehe in der geschlossenen Wiedergabe.**

der Finanzbehörde ist der Abschluss oder die Überleitungsrechnung des Betriebs durch einen Abschlussprüfer zu prüfen, der die Voraussetzungen des § 319 des Handelsgesetzbuchs erfüllt.

⑭ Ist ein dem Eigenkapitalvergleich zugrunde gelegter Abschluss unrichtig und führt der zutreffende Abschluss zu einer Erhöhung der nach Absatz 1 nicht abziehbaren Zinsaufwendungen, ist ein Zuschlag entsprechend § 162 Absatz 4 Satz 1 und 2 der Abgabenordnung festzusetzen. ⑮ Bemessungsgrundlage für den Zuschlag sind die nach Absatz 1 nicht abziehbaren Zinsaufwendungen. ⑯ § 162 Absatz 4 Satz 4 bis 6 der Abgabenordnung gilt sinngemäß.

② Ist eine Gesellschaft, bei der der Gesellschafter als Mitunternehmer anzusehen ist, unmittelbar oder mittelbar einer Körperschaft nachgeordnet, gilt für die Gesellschaft § 8 a Absatz 2 und 3 des Körperschaftsteuergesetzes entsprechend.

3 **(3) ① Maßgeblicher Gewinn ist der nach den Vorschriften dieses Gesetzes mit Ausnahme des Absatzes 1 ermittelte steuerpflichtige Gewinn. ② Zinsaufwendungen sind Vergütungen für Fremdkapital, die den maßgeblichen Gewinn gemindert haben. ③ Zinserträge sind Erträge aus Kapitalforderungen jeder Art, die den maßgeblichen Gewinn erhöht haben. ④ Die Auf- und Abzinsung unverzinslicher oder niedrig verzinslicher Verbindlichkeiten oder Kapitalforderungen führen ebenfalls zu Zinserträgen oder Zinsaufwendungen. ⑤ Ein Betrieb gehört zu einem Konzern, wenn er nach dem für die Anwendung des Absatzes 2 Satz 1 Buchstabe c zugrunde gelegten Rechnungslegungsstandard mit einem oder mehreren anderen Betrieben konsolidiert wird oder werden könnte. ⑥ Ein Betrieb gehört für Zwecke des Absatzes 2 auch zu einem Konzern, wenn seine Finanz- und Geschäftspolitik mit einem oder mehreren anderen Betrieben einheitlich bestimmt werden kann.**

4 **(4) ① Der EBITDA-Vortrag und der Zinsvortrag sind gesondert festzustellen. ② Zuständig ist das für die gesonderte Feststellung des Gewinns und Verlusts der Gesellschaft zuständige Finanzamt, im Übrigen das für die Besteuerung zuständige Finanzamt. ③ § 10 d Absatz 4 gilt sinngemäß. ④ Feststellungsbescheide sind zu erlassen, aufzuheben oder zu ändern, soweit sich die nach Satz 1 festzustellenden Beträge ändern.**

5 **(5) ① Bei Aufgabe oder Übertragung des Betriebs gehen ein nicht verbrauchter EBITDA-Vortrag und ein nicht verbrauchter Zinsvortrag unter. ② Scheidet ein Mitunternehmer aus einer Gesellschaft aus, gehen der EBITDA-Vortrag und der Zinsvortrag anteilig mit der Quote unter, mit der der ausgeschiedene Gesellschafter an der Gesellschaft beteiligt war. ③ § 8 c des Körperschaftsteuergesetzes ist auf den Zinsvortrag einer Gesellschaft entsprechend anzuwenden, soweit an dieser unmittelbar oder mittelbar eine Körperschaft als Mitunternehmer beteiligt ist.**

H 4h

Anwendungsschreiben → BMF vom 4. 7. 2008 (BStBl. I S. 718).[1]

7

Anl zu § 4h

Schreiben betr. Zinsschranke[2] (§ 4 h EStG; § 8 a KStG)

Vom 4. Juli 2008 (BStBl. I S. 718)

(BMF IV C 7 – S 2742-a/07/10001; DOK 2008/0336202)

Inhaltsübersicht

[1] Nachstehend abgedruckt.

[2] Ergänzend siehe *Vfg. OFD Nordrhein-Westfalen vom 11. 7. 2013, S 2742 a – 2003 – St 137 (DStR S. 1947).*

Unter Bezugnahme auf das Ergebnis der Erörterungen mit den obersten Finanzbehörden der Länder wird zu Anwendungsfragen des § 4h EStG und des § 8a KStG in der Fassung des Unternehmensteuerreformgesetzes 2008 vom 14. August 2007 (BGBl. I S. 1912, BStBl. I S. 630) – Zinsschranke – wie folgt Stellung genommen:

I. Zeitliche Anwendung

1 Die Zinsschranke ist erstmals für Wirtschaftsjahre anzuwenden, die nach dem 25. Mai 2007 (Tag des Beschlusses des Deutschen Bundestags über das Unternehmensteuerreformgesetz 2008) beginnen und nicht vor dem 1. Januar 2008 enden (§ 52 Abs. 12d EStG[1], § 34 Abs. 6a Satz 3 KStG[2]). **8**

II. Betriebsausgabenabzug für Zinsaufwendungen (§ 4h Abs. 1 EStG, § 8a Abs. 1 KStG)

1. Betrieb

2 § 4h EStG ist eine Gewinnermittlungsvorschrift und beschränkt den Betriebsausgabenabzug für Zinsaufwendungen eines Betriebs. Voraussetzung sind Einkünfte des Betriebs aus Land- und Forstwirtschaft, Gewerbebetrieb oder selbständiger Arbeit.

3 Ein Einzelunternehmer kann mehrere Betriebe haben (siehe hierzu aber Tz. 62 und 64).

4 Die Zinsschranke ist auch anzuwenden, wenn der Gewinn gemäß § 4 Abs. 3 EStG durch den Überschuss der Betriebseinnahmen über die Betriebsausgaben ermittelt wird.

5 Eine vermögensverwaltend tätige Personengesellschaft ist kein Betrieb im Sinne der Zinsschranke, es sei denn, ihre Einkünfte gelten kraft gewerblicher Prägung nach § 15 Abs. 3 Nr. 2 EStG als Gewinneinkünfte.

6 Eine Mitunternehmerschaft hat nur einen Betrieb im Sinne der Zinsschranke. Zum Betrieb der Mitunternehmerschaft gehört neben dem Gesamthandsvermögen auch das Sonderbetriebsvermögen von Mitunternehmern im Sinne des § 15 Abs. 1 Satz 1 Nr. 2 und Abs. 3 EStG.

7 Eine Kapitalgesellschaft hat grundsätzlich nur einen Betrieb im Sinne der Zinsschranke. Nach § 8a Abs. 1 Satz 4 KStG ist § 4h EStG auf Kapitalgesellschaften, die ihre Einkünfte durch den Überschuss der Einnahmen über die Werbungskosten ermitteln (§ 2 Abs. 2 Nr. 2 EStG), sinngemäß anzuwenden.

8 Die Kommanditgesellschaft auf Aktien (KGaA) hat nur einen Betrieb im Sinne der Zinsschranke; dazu gehört auch der Gewinnanteil des persönlich haftenden Gesellschafters. Zur KGaA siehe auch Tz. 44.

9 Betriebsstätten sind keine eigenständigen Betriebe.

10 Der Organkreis gilt für Zwecke der Zinsschranke als ein Betrieb (§ 15 Satz 1 Nr. 3 KStG).

2. Kapitalforderungen/Fremdkapital

11 Die Zinsschranke erfasst grundsätzlich nur Erträge und Aufwendungen aus der Überlassung von Geldkapital (Zinserträge und Zinsaufwendungen im engeren Sinne) und nicht solche aus der Überlassung von Sachkapital. Fremdkapital im Sinne des § 4h Abs. 3 EStG sind damit alle als Verbindlichkeit passivierungspflichtigen Kapitalzuführungen in Geld, die nach steuerlichen Kriterien nicht zum Eigenkapital gehören. Das sind insbesondere:
- fest und variabel verzinsliche Darlehen (auch soweit es sich um Darlehensforderungen und -verbindlichkeiten im Sinne des § 8b Abs. 3 Satz 4 ff. KStG handelt),
- partiarische Darlehen,
- typisch stille Beteiligungen,
- Gewinnschuldverschreibungen und
- Genussrechtskapital (mit Ausnahme des Genussrechtskapitals im Sinne des § 8 Abs. 3 Satz 2 KStG).

12 Auf die Dauer der Überlassung des Fremdkapitals kommt es nicht an.

13 Bei Banken stellt auch das nach dem Kreditwesengesetz (KWG) dem haftenden Eigenkapital zuzurechnende Fremdkapital Fremdkapital im Sinne des § 4h Abs. 3 Satz 2 EStG dar.

14 Die Abtretung einer Forderung zu einem Betrag unter dem Nennwert gilt als eigenständige Überlassung von Fremdkapital im Sinne von § 4h Abs. 3 EStG, wenn die Abtretung nach allgemeinen Grundsätzen als Darlehensgewährung durch den Zessionar an den Zedenten zu beurteilen ist (sog. unechte Forfaitierung/unechtes Factoring). Die Grundsätze des BMF-Schreibens vom 9. Januar 1996 (BStBl. I S. 9) sind zu beachten.

[1] § 52 Abs. 12d EStG i. d. F. vor dem Gesetz zur Anpassung des nationalen Steuerrechts an den Beitritt Kroatiens zur EU und zur Änderung weiterer steuerlicher Vorschriften.

[2] § 34 Abs. 6a Satz 3 KStG i. d. F. vor dem Gesetz zur Anpassung des nationalen Steuerrechts an den Beitritt Kroatiens zur EU und zur Änderung weiterer steuerlicher Vorschriften.

Anl zu § 4h

Übernimmt der Zessionar zusätzlich das Risiko der Zahlungsunfähigkeit des Schuldners der abgetretenen Forderung (sog. echte Forfaitierung/echtes Factoring), ergeben sich durch die Abtretung grundsätzlich weder beim Zedenten noch beim Zessionar Zinsaufwendungen und Zinserträge im Sinne des § 4h Abs. 3 Satz 2 und 3 EStG. Es wird aber nicht beanstandet, wenn Zessionar und Zedent auf Grund eines übereinstimmenden schriftlichen Antrags, der bei dem für den Zessionar örtlich zuständigen Finanzamt zu stellen ist, die echte Forfaitierung bzw. das echte Factoring als Überlassung von Fremdkapital im Sinne von § 4h Abs. 3 EStG behandeln (siehe hierzu Tz. 32 ff. und 37 ff.). Der Zessionar hat in diesen Fällen nachzuweisen, dass der Zedent gegenüber dem für ihn örtlich zuständigen Veranlagungsfinanzamt eine schriftliche und unwiderrufliche Einverständniserklärung abgegeben hat, wonach er mit der Erfassung der Zinsanteile als Zinsaufwendungen im Rahmen der Zinsschranke einverstanden ist. Die Anwendung der Billigkeitsregelung beim Zessionar hängt von der korrespondierenden Erfassung der Zinsen beim Zedenten ab.

Entgelte für die Übernahme des Bonitätsrisikos und anderer Kosten stellen keine Zinsaufwendungen beim Zedenten und keine Zinserträge beim Zessionar dar.

Unerheblich ist, ob die abgetretene Forderung ihrerseits eine Forderung aus der Überlassung von Geldkapital ist; auch die Abtretung einer Forderung aus der Überlassung von Sachkapital kann ihrerseits die Überlassung von Fremdkapital darstellen.

3. Zinsaufwendungen/Zinserträge

15 Zinsaufwendungen im Sinne der Zinsschranke sind Vergütungen für Fremdkapital (§ 4h Abs. 3 Satz 2 EStG); Zinserträge im Sinne der Zinsschranke sind Erträge aus Kapitalforderungen jeder Art (§ 4h Abs. 3 Satz 3 EStG). Hierzu gehören auch Zinsen zu einem festen oder variablen Zinssatz, aber auch Gewinnbeteiligungen (Vergütungen für partiarische Darlehen, typisch stille Beteiligungen, Genussrechte und Gewinnschuldverschreibungen) und Umsatzbeteiligungen. Zinsaufwendungen bzw. Zinserträge sind auch Vergütungen, die zwar nicht als Zins berechnet werden, aber Vergütungscharakter haben (z. B. Damnum, Disagio, Vorfälligkeitsentschädigungen, Provisionen und Gebühren, die an den Geber des Fremdkapitals gezahlt werden).

16 Keine Zinsaufwendungen oder -erträge sind Dividenden, Zinsen nach §§ 233 ff. AO sowie Skonti und Boni.

17 Ausgeschüttete oder ausschüttungsgleiche Erträge aus Investmentvermögen, die aus Zinserträgen im Sinne des § 4h Abs. 3 Satz 3 EStG stammen, sind beim Anleger im Rahmen des § 4h Abs. 1 EStG als Zinserträge zu berücksichtigen (§ 2 Abs. 2a InvStG in der Fassung des Jahressteuergesetzes 2008).

18 Der Zinsschranke unterliegen nur solche Zinsaufwendungen und Zinserträge, die den maßgeblichen Gewinn bzw. das maßgebliche Einkommen gemindert oder erhöht haben. Insbesondere nicht abziehbare Zinsen gemäß § 3c Abs. 1 und Abs. 2 EStG, § 4 Abs. 4a EStG, § 4 Abs. 5 Satz 1 Nr. 8a EStG und Zinsen, die gemäß § 8 Abs. 3 Satz 2 KStG als verdeckte Gewinnausschüttungen das Einkommen einer Körperschaft nicht gemindert haben, sind keine Zinsaufwendungen im Sinne des § 4h Abs. 3 Satz 2 EStG.

19 Zinsaufwendungen, die im Inland steuerpflichtige Sondervergütungen eines Mitunternehmers im Sinne des § 15 Abs. 1 Satz 1 Nr. 2 EStG sind, stellen weder Zinsaufwendungen der Mitunternehmerschaft noch Zinserträge des Mitunternehmers dar. Zinsaufwendungen und -erträge, die Sonderbetriebsausgaben oder -einnahmen sind, werden der Mitunternehmerschaft zugeordnet.

20 Zinsaufwendungen für Fremdkapital, das zur Finanzierung der Herstellung eines Vermögensgegenstands verwendet wird (z. B. Bauzeitzinsen), dürfen nach § 255 Abs. 3 Satz 2 HGB als Herstellungskosten angesetzt werden, soweit sie auf den Zeitraum der Herstellung entfallen. In diesem Fall führt die spätere Ausbuchung bzw. Abschreibung des entsprechenden Aktivpostens nicht zu Zinsaufwendungen im Sinne der Zinsschranke (vgl. BFH-Urteil vom 30. April 2003, BStBl. 2004 II S. 192).

21 Erbbauzinsen stellen ein Entgelt für die Nutzung des Grundstücks dar und führen nicht zu Zinsaufwendungen oder Zinserträgen.

22 Gewinnauswirkungen in Zusammenhang mit Rückstellungen in der Steuerbilanz sind keine Zinserträge und keine Zinsaufwendungen im Rahmen der Zinsschranke. Dies gilt nicht, soweit Zinsaufwendungen im Sinne des § 4h Abs. 3 Satz 2 EStG zurückgestellt werden.

23 Vergütungen für die vorübergehende Nutzung von fremdem Sachkapital stellen grundsätzlich keine Zinserträge bzw. Zinsaufwendungen im Sinne der Zinsschranke dar. Dazu gehören auch Aufwendungen und Erträge, die Scheideanstalten aus der Goldleihe bzw. aus Edelmetallkonten erzielen.

24 Eine Wertpapierleihe oder ein ähnliches Geschäft kann einen Missbrauch von rechtlichen Gestaltungsmöglichkeiten (§ 42 AO) darstellen, wenn es z. B. dazu dienen soll, beim Entleiher künstlich Zinseinnahmen zu erzielen und dadurch die Abzugsmöglichkeit für anfallende Zinsaufwendungen zu erhöhen.

25 Zinsanteile in Leasingraten führen zu Zinsaufwendungen oder -erträgen, wenn das wirtschaftliche Eigentum am Leasinggegenstand (Sachkapital) auf den Leasingnehmer übergeht, der Leasinggeber also eine Darlehensforderung und der Leasingnehmer eine Darlehensverbindlichkeit auszuweisen hat. Die in den BMF-Schreiben vom 19. April 1971 (BStBl. I S. 264),[1] vom 21. März 1972 (BStBl. I S. 188),[1] vom 22. Dezember 1975 (Anhang 21 III EStH 2007),[1] und vom 23. Dezember 1991 (BStBl. 1992 I S. 13),[1] niedergelegten Grundsätze sind zu beachten.

26 Verbleibt nach Maßgabe der in Tz. 25 angeführten BMF-Schreiben das wirtschaftliche Eigentum am Leasinggegenstand beim Leasinggeber (Voll- und Teilamortisationsverträge) und handelt es sich um Finanzierungsleasing von Immobilien, ist eine Erfassung von Zinsanteilen in Leasingraten möglich, wenn der Leasinggeber mit den in der Grundmietzeit zu entrichtenden Raten zuzüglich des Erlöses aus einer

[1] Abgedruckt als Anlagen zu § 6 EStG.

Ausübung eines von Anfang an zum Ende der Grundmietzeit vertraglich vereinbarten Optionsrechts seine Anschaffungs- oder Herstellungskosten für den Leasinggegenstand sowie alle Nebenkosten einschließlich der Finanzierungskosten deckt und er dies gegenüber den Finanzbehörden nachweist.

Anl zu § 4h

Der Leasinggeber kann in diesen Fällen die Zinsanteile als Zinserträge im Rahmen der Zinsschranke saldieren, soweit er in Leasingraten enthaltene Zinsanteile gegenüber dem Leasingnehmer offen ausweist; der Leasingnehmer hat seinerseits die Zinsanteile als Zinsaufwendungen im Rahmen der Zinsschranke zu erfassen. Die Erfassung von Zinsanteilen in Leasingraten setzt einen gemeinsamen schriftlichen Antrag von Leasinggeber und Leasingnehmer bei dem für den Leasinggeber örtlich zuständigen Finanzamt voraus. Der Leasinggeber muss außerdem nachweisen, dass der Leasingnehmer gegenüber dem für ihn örtlich zuständigen Veranlagungsfinanzamt eine schriftliche und unwiderrufliche Einverständniserklärung abgegeben hat, dass er mit der Erfassung der Zinsanteile als Zinsaufwendungen im Rahmen der Zinsschranke einverstanden ist.

Die Anwendung der Billigkeitsregelung beim Leasinggeber hängt von der korrespondierenden Erfassung der Zinsen beim Leasingnehmer ab.

Bei Leasingverträgen über Immobilien, die bis zum 25. Mai 2007 (Tag des Beschlusses des Deutschen Bundestags über das Unternehmensteuerreformgesetz 2008) abgeschlossen worden sind, wird es im Zeitraum bis zur erstmaligen Änderungsmöglichkeit des Leasingvertrags nicht beanstandet, wenn der Leasinggeber in Leasingraten enthaltene Zinsanteile auch ohne Ausweis gegenüber dem Leasingnehmer als Zinserträge im Rahmen der Zinsschranke saldiert. Voraussetzung hierfür ist ein schriftlicher Antrag des Leasinggebers und der Nachweis des enthaltenen Zinsanteils gegenüber den Finanzbehörden.

4. Aufzinsung

27 Die Aufzinsung unverzinslicher oder niedrig verzinslicher Verbindlichkeiten oder Kapitalforderungen führt zu Zinserträgen oder Zinsaufwendungen im Sinne der Zinsschranke (§ 4h Abs. 3 Satz 4 EStG). Ausgenommen sind Erträge anlässlich der erstmaligen Bewertung von Verbindlichkeiten (Abzinsung). Die vom Nennwert abweichende Bewertung von Kapitalforderungen mit dem Barwert führt ebenfalls nicht zu Zinsaufwendungen im Sinne der Zinsschranke. Die Auf- und Abzinsung und Bewertungskorrekturen von Verbindlichkeiten oder Kapitalforderungen mit einer Laufzeit am Bilanzstichtag von weniger als zwölf Monaten bleiben unberücksichtigt.

Beispiel 1 (Endfällige Forderung):

Die V-GmbH liefert am 30. 12. 01 Waren an die S-GmbH. Der Kaufpreis beträgt 10 Mio. EUR und ist am 31. 12. 10 endfällig. Das Wirtschaftsjahr aller Beteiligten entspricht dem Kalenderjahr. Die Voraussetzungen für die Anwendbarkeit der Zinsschranke (Überschreiten der Freigrenze, kein Escape etc.) sind bei allen Beteiligten gegeben.

Lösung:

B1

Die S-GmbH hat die Waren zum Barwert der Kaufpreisverpflichtung angeschafft. Zum Zwecke der Ermittlung des Barwerts kann der Vervielfältiger 0,618 nach Tabelle 2 des BMF-Schreibens vom 26. Mai 2005 (BStBl. I S. 699) verwendet werden. Der durch die Neubewertung der Verbindlichkeit zu den nachfolgenden Stichtagen sukzessiv entstehende Aufwand ist Zinsaufwand im Sinne des § 4h Abs. 3 Satz 2 EStG. Im Wirtschaftsjahr 02 entsteht auf diese Weise ein Zinsaufwand in Höhe von 340 TEUR, im Wirtschaftsjahr 03 von 350 TEUR, im Wirtschaftsjahr 04 von 380 TEUR etc.; im Wirtschaftsjahr 10 wird die Verbindlichkeit vollständig getilgt, und der Zinsaufwand beträgt 520 TEUR. Der zu berücksichtigende Gesamtzinsaufwand der S-GmbH über die Laufzeit der Verbindlichkeit beläuft sich auf 3,82 Mio. EUR.

B2

Die V-GmbH hat auf den 31. 12. 01 eine Forderung gegen die S-GmbH auszuweisen. Die Forderung ist in Höhe der Anschaffungskosten der Forderung, die deren Barwert entspricht, zu bilanzieren. Zur Ermittlung der Anschaffungskosten (Barwert) kann ebenfalls der Vervielfältiger 0,618 nach Tabelle 2 des BMF-Schreibens vom 26. Mai 2005 (a. a. O.) verwendet werden. Der Barwert der Forderung beläuft sich auf 6,18 Mio. EUR. Der durch die Neubewertung der Forderung zu den nachfolgenden Stichtagen sukzessiv entstehende Ertrag ist Zinsertrag im Sinne des § 4h Abs. 3 Satz 3 EStG. Im Wirtschaftjahr 02 kommt es zu einem Zinsertrag in Höhe von 340 TEUR, im Wirtschaftsjahr 03 von 350 TEUR etc. Der berücksichtigungsfähige Gesamtzinsertrag der V-GmbH über die Laufzeit der Forderung beträgt 3,82 Mio. EUR.

28 Teilwertberichtigungen führen – vorbehaltlich der in Tz. 27 genannten Grundsätze – nicht zu Zinsaufwendungen oder Zinserträgen im Sinne des § 4h Abs. 3 Satz 2 und 3 EStG.

5. Abtretung

a) Abtretung einer Forderung aus der Überlassung von Geldkapital

aa) Unechte Forfaitierung/unechtes Factoring

29 Bei der unechten Forfaitierung bzw. dem unechten Factoring bleibt die Forderung beim Zedenten weiterhin mit ihrem Barwert aktiviert. Der Zedent hat eine verzinsliche Darlehensschuld in Höhe des Nennwerts der gegenüber dem Zessionar bestehenden Rückzahlungsverpflichtung (= Nennwert der abgetretenen Forderung) zu passivieren.

30 In Höhe der Differenz zwischen dem Nennwert der Verbindlichkeit und dem überlassenen Geldkapital hat der Zedent einen aktiven Rechnungsabgrenzungsposten zu bilden. Der Zessionar weist eine Darlehensforderung gegenüber dem Zedenten und einen passiven Rechnungsabgrenzungsposten in entsprechender Höhe aus. Die Rechnungsabgrenzungsposten sind bei Fälligkeitsdarlehen linear aufzulösen. Der hierdurch entstehende Aufwand bzw. Ertrag ist Zinsaufwand bzw. -ertrag im Sinne des § 4h Abs. 3 Satz 2 und 3 EStG. Factoring-Gebühren bzw. Forfaitierungs-Gebühren, die sonstige Kosten – z. B. für die Übernahme der Debitorenbuchhaltung durch den Zessionar – abdecken, stellen keine Zinsaufwendungen und keine Zinserträge dar. Die Zinsaufwendungen des Zedenten vermindern

Anl zu § 4h

sich um Factoring-Gebühren bzw. Forfaitierungs-Gebühren nur insoweit, als er eine ordnungsgemäße Rechnung des Zessionars über diese Beträge vorlegt.

Beispiel 2 (Abtretung endfälliger Forderung):
Die V-GmbH verkauft ihre endfällige Forderung gegen die S-GmbH aus Beispiel 1 noch am 30. 12. 01 an die K-GmbH und tritt sie mit sofortiger Wirkung ab. Der Kaufpreis beträgt 6,0 Mio. EUR und wird sofort gezahlt. Das Risiko der Zahlungsunfähigkeit der S-GmbH trägt laut Kaufvertrag weiterhin die V-GmbH. Ein gesonderter Abschlag für Inkassokosten etc. ist nicht vereinbart worden. Das Wirtschaftsjahr aller Beteiligten entspricht dem Kalenderjahr. Die Voraussetzungen für die Anwendbarkeit der Zinsschranke (Überschreiten der Freigrenze, kein Escape etc.) sind bei allen Beteiligten gegeben.

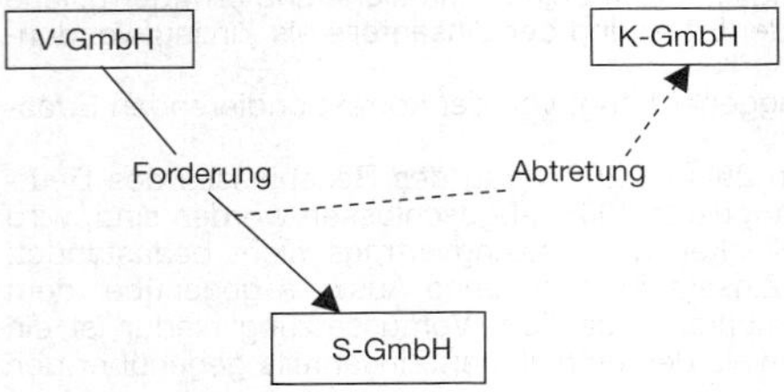

Lösung:

B3

Die bilanzielle Behandlung der Verbindlichkeit der S-GmbH gegenüber der V-GmbH wird von der Forderungsabtretung nicht berührt. Das Bilanzbild und die Ergebnisentwicklung entsprechen jener in Tz. B1. Der zu berücksichtigende Gesamtzinsaufwand der S-GmbH über die Laufzeit der Verbindlichkeit beträgt unverändert 3,82 Mio. EUR.

B4

Die V-GmbH hat auf den 31. 12. 01 – neben der Forderung gegen die S-GmbH (siehe Tz. B2) – nunmehr eine Darlehensverbindlichkeit in Höhe von 10,0 Mio. EUR gegenüber der K-GmbH sowie einen aktiven Rechnungsabgrenzungsposten in Höhe von 4,0 Mio. EUR auszuweisen:

V-GmbH	**Aktiva**		**Passiva**	
31. 12. 01	Forderung gg. S-GmbH	6 180 000	EK	6 180 000
	Bankguthaben	6 000 000	Darlehensverbindlichkeit	10 000 000
	aktiver RAP	4 000 000		
		16 180 000		16 180 000

B5

Die Darlehensverbindlichkeit unterliegt keiner Abzinsung nach § 6 Abs. 1 Nr. 3 EStG, da sie verzinslich ist. Zu den nachfolgenden Abschlussstichtagen entstehen durch die Neubewertung der Forderung Erträge, die über die Gesamtlaufzeit zu einem Zinsertrag im Sinne des § 4 h Abs. 3 Satz 3 EStG in Höhe von 3,82 Mio. EUR führen (siehe Tz. B2). Der aktive Rechnungsabgrenzungsposten ist linear (endfällige Verbindlichkeit) über die Laufzeit der Darlehensverbindlichkeit aufzulösen und führt jährlich zu einem Zinsaufwand im Sinne des § 4 h Abs. 3 Satz 2 EStG in Höhe von 444 444 EUR. Über die Laufzeit der Darlehensverbindlichkeit kommt es bei V insgesamt zu einem Zinsaufwand von 180 TEUR.

B6

Die K-GmbH erwirbt durch den Forderungskauf eine Darlehensforderung gegen die V-GmbH. Das Bilanzbild stellt sich auf den 31. 12. 01 wie folgt dar:

K-GmbH	**Aktiva**		**Passiva**	
31. 12. 01	Forderung gg. V-GmbH	10 000 000	Bank	6 000 000
			passiver RAP	4 000 000
		10 000 000		10 000 000

B7

Die Darlehensforderung unterliegt keiner Bewertungskorrektur nach § 6 Abs. 1 Nr. 2 EStG, da sie verzinslich ist. Der passive Rechnungsabgrenzungsposten ist linear (endfällige Forderung) über die Laufzeit der Forderung aufzulösen und führt jährlich zu einem Zinsertrag im Sinne des § 4 h Abs. 3 Satz 3 EStG in Höhe von 444 444 EUR.

31 Erfolgt die Tilgung der (abgetretenen) Forderung in Raten, sind die Rechnungsabgrenzungsposten nach der Zinsstaffelmethode aufzulösen.

bb) Echte Forfaitierung/echtes Factoring

32 Bei der echten Forfaitierung bzw. dem echten Factoring übernimmt der Zessionar das Risiko der Uneinbringlichkeit der abgetretenen Forderung. Die Forderung ist bilanziell bei ihm zu aktivieren. Die Abtretung gilt nur auf übereinstimmenden schriftlichen Antrag von Zessionar und Zedent im Sinne von Tz. 14 als Überlassung von Fremdkapital im Sinne von § 4 h Abs. 3 Satz 2 EStG.
Als Zinsertrag des Zessionars im Sinne der Zinsschranke ist in diesen Fällen die Differenz zwischen Nennwert und Kaufpreis der erworbenen bereits realisierten Forderung anzusetzen. Factoring-Gebühren bzw. Forfaitierungs-Gebühren, die sonstige Kosten – z. B. für die Übernahme des Delkredererisikos und der Debitorenbuchhaltung durch den Zessionar – abdecken, stellen jedoch keine Zinserträge im Sinne des § 4 h Abs. 3 Satz 3 EStG dar.

33 Der Zedent hat in diesen Fällen in Höhe des Differenzbetrags zwischen Verkaufserlös und Buchwert der verkauften Forderung einen Zinsertrag bzw. -aufwand im Sinne der Zinsschranke. Soweit dieser Differenzbetrag auf in einer ordnungsgemäßen Rechnung offen ausgewiesene Factoring-Gebühren bzw. Forfaitierungs-Gebühren entfällt, liegen keine Zinsaufwendungen im Sinne des § 4h Abs. 3 Satz 2 EStG vor.

Beispiel 3 (Abtretung endfälliger Forderung):

Siehe Beispiel 2. Das Risiko der Zahlungsunfähigkeit der S-GmbH trägt laut Kaufvertrag die K-GmbH. Ein gesondertes Entgelt für Risikoübernahme und Inkasso wurde in der Rechnung in Höhe von 100 TEUR von dem Kaufpreis der Forderung (6,1 Mio. EUR) abgesetzt. V erhält 6 Mio. EUR ausbezahlt. Die V-GmbH und die K-GmbH haben einen übereinstimmenden schriftlichen Antrag nach Tz. 14 gestellt.

Lösung:

B8

Die bilanzielle Behandlung der Verbindlichkeit der S-GmbH gegenüber der V-GmbH wird von der Forderungsabtretung nicht berührt. Das Bilanzbild und die Ergebnisentwicklung entsprechen jener in Tz. B1. Der zu berücksichtigende Gesamtzinsaufwand der S-GmbH über die Laufzeit der Verbindlichkeit beträgt 3,82 Mio. EUR.

B9

Die V-GmbH hat die Forderung auszubuchen und den Verkaufserlös einzubuchen. In Höhe der Wertdifferenz zwischen dem Buchwert der abgetretenen Forderung und dem Verkaufspreis kommt es zu einem Zinsaufwand bzw. einem Zinsertrag im Sinne der Zinsschranke. Bei der V-GmbH entsteht damit ein sofort zu berücksichtigender Zinsaufwand im Sinne von § 4 h Abs. 3 Satz 2 EStG in Höhe von 80 TEUR (= 6,1 Mio. EUR ./. 6,18 Mio. EUR). In Höhe der offen in der Rechnung ausgewiesenen Gebühren für Risikoübernahme und Inkasso entstehen sofort abziehbare Betriebsausgaben in Höhe von 100 TEUR, die keine Zinsaufwendungen im Sinne des § 4 h Abs. 3 Satz 2 EStG sind.

B10

Die K-GmbH erwirbt eine Forderung gegen die S-GmbH und realisiert einen Ertrag in Höhe von 100 TEUR für Risikoübernahme und Inkasso. Die Forderung gegen die S-GmbH ist zum 31. 12. 01 mit 6,1 Mio. EUR zu bilanzieren. Zu den nachfolgenden Bilanzstichtagen ist die Forderung grundsätzlich mit ihren Anschaffungskosten von 6,1 Mio. EUR zu bewerten. Bei Erfüllung der Forderung im Wirtschaftsjahr 10 realisiert die K-GmbH einen Zinsertrag im Sinne von § 4 h Abs. 3 Satz 3 EStG in Höhe von 3,9 Mio. EUR.

34 In den Fällen der echten Forfaitierung/des echten Factorings einer ratenweise zu tilgenden Forderung ist sinngemäß zu verfahren.

b) Abtretung einer Forderung aus schwebenden Geschäften

35 Im Falle der Abtretung einer noch nicht realisierten Geldforderung aus einem Dauerschuldverhältnis ergeben sich vor der Abtretung keine Zinsaufwendungen oder -erträge im Sinne der Zinsschranke aus der Auf- oder Abzinsung der Forderung und Verbindlichkeit, da diese bilanziell noch nicht erfasst sind.

aa) Unechte Forfaitierung

36 Die Abtretung einer Forderung zu einem Betrag unter dem Nennwert ist eine eigenständige Überlassung von Fremdkapital im Sinne des § 4 h Abs. 3 Satz 2 EStG, wenn der Vorgang bilanziell als Darlehensgeschäft auszuweisen ist (sog. unechte Forfaitierung). Bei der Ermittlung der Zinsaufwendungen und Zinserträge aus der Abtretung einer Forderung im o. g. Sinne sind die Grundsätze zur Abtretung einer Forderung aus der Überlassung von Geldkapital (siehe Tz. 29 ff.) und des BMF-Schreibens vom 9. Januar 1996 (BStBl. I S. 9) zu beachten. Der Zedent hat in Höhe der Differenz zwischen dem Nennwert der Darlehensschuld und dem überlassenen Geldkapital einen aktiven Rechnungsabgrenzungsposten zu bilden, der nach der Zinsstaffelmethode aufzulösen ist. Der hierdurch entstehende Aufwand ist Zinsaufwand im Sinne des § 4 h Abs. 3 Satz 2 EStG. Der Zessionar hat einen Zinsertrag im Sinne des § 4 h Abs. 3 Satz 3 EStG in entsprechender Höhe. Factoring-Gebühren bzw. Forfaitierungs-Gebühren, die sonstige Kosten – z. B. für die Übernahme der Debitorenbuchhaltung durch den Zessionar – abdecken, stellen keine Zinsaufwendungen und keine Zinserträge im Sinne des § 4 h Abs. 3 Satz 2 und 3 EStG dar. Die Zinsaufwendungen des Zedenten vermindern sich um Forfaitierungs-Gebühren nur insoweit, als er eine ordnungsgemäße Rechnung des Zessionars über diese Beträge vorlegt.

Beispiel 4 (Unechte Forfaitierung einer Mietforderung):

Die V-GmbH überlässt der S-GmbH ab dem 1. 1. 01 ein Grundstück zur Miete. Der Mietvertrag ist bis zum 31. 12. 10 befristet. Der jährlich auf den 1. 1. zu entrichtende Mietzins beträgt 1 Mio. EUR. Die V-GmbH verkauft sämtliche noch nicht beglichenen Mietzinsansprüche mit einem Nennwert von 9 Mio. EUR am 30. 12. 01 an die K-GmbH und tritt sie mit sofortiger Wirkung ab. Der Kaufpreis beträgt 7,5 Mio. EUR und wird sofort gezahlt. Das Risiko der Zahlungsunfähigkeit der S-GmbH trägt laut Kaufvertrag weiterhin die V-GmbH. Ein gesonderter Abschlag für Inkassokosten etc. ist nicht vereinbart worden. Das Wirtschaftsjahr aller Beteiligten entspricht dem Kalenderjahr. Die Voraussetzungen für die Anwendbarkeit der Zinsschranke (Überschreiten der Freigrenze, kein Escape etc.) sind bei allen Beteiligten gegeben.

Lösung:

B11

Die S-GmbH als Mieterin bilanziert ihre zukünftigen, wirtschaftlich noch nicht entstandenen Verbindlichkeiten aus dem Mietvertrag nicht. Der von ihr für das jeweils laufende Wirtschaftsjahr entrichtete Mietzins für den Gebrauch der Mietsache führt unmittelbar zu Mietaufwand.

B12

Die V-GmbH hat der K-GmbH gegenüber eine Darlehensverbindlichkeit in Höhe des Nennwerts der veräußerten Mietzinsansprüche zu passivieren. Sie vereinnahmt den Mietzins bei Zahlung durch die S-GmbH erfolgswirksam als Miet-

Anl zu § 4h

ertrag, der in voller Höhe als sofort an die K-GmbH weitergeleitet gilt. Die Darlehensverbindlichkeit mindert sich um den jeweiligen Mietzins. In Höhe der Differenz zwischen dem Nennwert der abgetretenen Mietzinsansprüche und dem Kaufpreis ist ein aktiver Rechnungsabgrenzungsposten in Höhe von 1,5 Mio. EUR zu bilden, der entsprechend der Zinsstaffelmethode aufzulösen ist und zu Zinsaufwand im Sinne des § 4 h Abs. 3 Satz 2 EStG führt. Der zu berücksichtigende Gesamtzinsaufwand im Sinne des § 4 h Abs. 3 Satz 2 EStG der V-GmbH beläuft sich im Beispielsfall auf 1,5 Mio. EUR.

B13

Die K-GmbH aktiviert eine (Darlehens-)Forderung in Höhe des Nennwerts der Mietzinsansprüche gegen die V-GmbH und passiviert einen Rechnungsabgrenzungsposten in Höhe der Differenz zwischen Nennwert und Kaufpreis, der entsprechend der Zinsstaffelmethode aufzulösen ist. Der Gesamtzinsertrag im Sinne des § 4 h Abs. 3 Satz 3 EStG der K-GmbH über die Laufzeit der erworbenen Forderung beträgt 1,5 Mio. EUR.

bb) Echte Forfaitierung

37 In den Fällen, in denen der Zessionar zusätzlich das Risiko der Zahlungsunfähigkeit des Schuldners der abgetretenen Forderung übernimmt (sog. echte Forfaitierung) gilt die Abtretung einer Forderung zu einem Betrag unter dem Nennwert nach Tz. 14 nur auf übereinstimmenden schriftlichen Antrag von Zessionar und Zedent als eigenständige Überlassung von Fremdkapital im Sinne von § 4 h Abs. 3 Satz 2 EStG.

38 Als Zinsertrag des Zessionars im Sinne des § 4 h Abs. 3 Satz 3 EStG ist in diesen Fällen die Differenz zwischen den vereinnahmten Erlösen aus dem Dauerschuldverhältnis (z. B. Mieterträge) und dem Kaufpreis der Forderung anzusetzen. Forfaitierungs-Gebühren, die sonstige Kosten – z. B. für die Übernahme des Delkredererisikos und der Debitorenbuchhaltung durch den Zessionar – abdecken, stellen jedoch keine Zinserträge im Sinne des § 4 h Abs. 3 Satz 3 EStG dar.

39 Der Zedent hat in Höhe des Differenzbetrags zwischen Verkaufserlös und Nennwert der verkauften Forderung einen Zinsaufwand bzw. einen Zinsertrag im Sinne der Zinsschranke. Soweit dieser Differenzbetrag auf in einer ordnungsgemäßen Rechnung offen ausgewiesene Forfaitierungs-Gebühren entfällt, liegen keine Zinsaufwendungen im Sinne des § 4 h Abs. 3 Satz 2 EStG vor.

Beispiel 5 (Echte Forfaitierung einer Mietforderung):

Siehe Beispiel 4. Das Risiko der Zahlungsunfähigkeit der S-GmbH trägt laut Kaufvertrag die K-GmbH. Ein gesondertes Entgelt für die Risikoübernahme wurde nicht vereinbart. Die V-GmbH und die K-GmbH haben einen übereinstimmenden schriftlichen Antrag nach Tz. 14 gestellt.

Lösung:

B14

Die S-GmbH als Mieterin bilanziert ihre Verbindlichkeit aus dem Mietvertrag in der Regel nicht. Der von ihr entrichtete Mietzins für den Gebrauch der Mietsache führt unmittelbar zu Aufwand, der kein Zinsaufwand im Sinne der Zinsschranke ist.

B15

Es ist für Zwecke der Zinsschranke abweichend von den allgemeinen bilanzsteuerlichen Grundsätzen davon auszugehen, dass die V-GmbH eine Mieteinnahme in Höhe des Nennbetrags der (Summe der) abgetretenen Mietforderungen vereinnahmt. In Höhe des Differenzbetrags zwischen dem Nennbetrag der abgetretenen Mietforderungen und dem vereinnahmten Kaufpreis entsteht gleichzeitig ein Zinsaufwand der V-GmbH im Sinne des § 4 h Abs. 3 Satz 2 EStG. Der zu berücksichtigende Gesamtzinsaufwand der V-GmbH beläuft sich im Beispielsfall somit auf 1,5 Mio. EUR. Der durch die Mieteinnahme erlöste Ertrag und der Gesamtzinsaufwand sind über die Laufzeit des Mietvertrags wie ein Rechnungsabgrenzungsposten auf die Wirtschaftsjahre linear zu verteilen.

B16

Die K-GmbH aktiviert die erworbenen Forderungen gegen die S-GmbH in Höhe des Kaufpreises. Der vereinnahmte Mietzins ist in einen Zinsanteil und einen Tilgungsanteil aufzuteilen. Die Ermittlung des Zinsanteils pro Rate erfolgt nach allgemeinen bilanzsteuerrechtlichen Grundsätzen. Der danach ermittelte Zinsanteil stellt Zinsertrag im Sinne des § 4 h Abs. 3 Satz 3 EStG dar. Die Forderung vermindert sich um den Tilgungsanteil. Der Gesamtzinsertrag beträgt im Beispielsfall 1,5 Mio. EUR.

6. Steuerliches EBITDA

40 Die Zinsaufwendungen eines Betriebs sind in Höhe des Zinsertrags abziehbar, darüber hinaus ist der Abzug auf 30 Prozent des um die Zinsaufwendungen und um die nach § 6 Abs. 2 Satz 1, § 6 Abs. 2 a Satz 2 und § 7 EStG abgesetzten Beträge erhöhten und um die Zinserträge verminderten maßgeblichen Gewinns bzw. des maßgeblichen Einkommens begrenzt (sog. steuerliches EBITDA). Bei Personenunternehmen ist maßgeblicher Gewinn der nach den Vorschriften des EStG mit Ausnahme von § 4 h Abs. 1 EStG ermittelte steuerpflichtige Gewinn (§ 4 h Abs. 3 Satz 1 EStG):
Steuerpflichtiger Gewinn vor Anwendungen des § 4 h EStG

./.	Zinserträge
+	Zinsaufwendungen
+	Abschreibungen nach § 6 Abs. 2 und 2 a sowie § 7 EStG
=	steuerliches EBITDA.

41 Bei Körperschaften tritt an die Stelle des maßgeblichen Gewinns das nach den Vorschriften des EStG und des KStG mit Ausnahme der §§ 4 h, 10 d EStG und § 9 Abs. 1 Satz 1 Nr. 2 KStG ermittelte Einkommen. Das steuerliche EBITDA einer Körperschaft wird insbesondere durch verdeckte Gewinn-

ausschüttungen erhöht und durch Dividenden und Veräußerungsgewinne vermindert, soweit diese nach § 8b KStG steuerfrei sind:
Einkommen der Körperschaft im Sinne des § 8 Abs. 1 KStG vor Anwendung des § 4h EStG

./. Zinserträge
\+ Zinsaufwendungen
\+ Abschreibungen nach § 6 Abs. 2 und 2a sowie § 7 EStG
\+ Verlustabzug im Sinne von § 10d EStG (Verlustrück- und -vortrag)
\+ Spendenabzug im Sinne von § 9 Abs. 1 Satz 1 Nr. 2 KStG

= steuerliches EBITDA.

42 Das steuerliche EBITDA ist betriebsbezogen zu ermitteln. Zinsaufwendungen, Zinserträge, Abschreibungen und Anteile am maßgeblichen Gewinn, die in das steuerliche EBITDA einer Mitunternehmerschaft einfließen, finden deshalb beim Mitunternehmer nicht nochmals Berücksichtigung.

43 Hält ein Gesellschafter einer vermögensverwaltenden Personengesellschaft seine Beteiligung im Betriebsvermögen (sog. Zebragesellschaft), kommt die Zinsschranke auf der Ebene des Gesellschafters zur Anwendung. Zinsaufwendungen, Zinserträge und Abschreibungen der Personengesellschaft und die Beteiligungseinkünfte sind anteilig beim Gesellschafter im Rahmen seiner Gewinneinkünfte zu berücksichtigen.

44 Bei einer KGaA ist zur Ermittlung des maßgeblichen Einkommens im Sinne des § 8a Abs. 1 KStG die Vorschrift des § 9 Abs. 1 Satz 1 Nr. 1 KStG nicht anzuwenden. Hinsichtlich eventueller Sondervergütungen ist § 8a Abs. 2 und 3 KStG zu prüfen. Bei der Bildung des steuerlichen EBITDA des persönlich haftenden Gesellschafters bleibt der Gewinnanteil unberücksichtigt.

45 Zinsaufwendungen und Zinserträge im Sinne des § 4h Abs. 3 EStG einer Organgesellschaft sind beim Organträger im Rahmen des § 4h Abs. 1 EStG zu berücksichtigen (§ 15 Satz 1 Nr. 3 Satz 3 KStG). Entsprechendes gilt für Abschreibungen nach § 6 Abs. 2 Satz 1, § 6 Abs. 2a Satz 2 und § 7 EStG.

7. Zinsvortrag

46 Die nicht abziehbaren Zinsaufwendungen eines Veranlagungszeitraums sind nach § 4h Abs. 1 Satz 2 EStG in die folgenden Wirtschaftsjahre vorzutragen (Zinsvortrag). Sie erhöhen die Zinsaufwendungen dieser Wirtschaftsjahre und können dazu führen, dass im Vortragsjahr die Freigrenze nach § 4h Abs. 2 Satz 1 Buchstabe a EStG überschritten wird.

47 Nach § 4h Abs. 5 EStG geht ein nicht verbrauchter Zinsvortrag bei Aufgabe oder Übertragung des Betriebs unter. Bei Aufgabe oder Übertragung eines Teilbetriebs geht der Zinsvortrag anteilig unter. Als Aufgabe eines Teilbetriebs gilt auch das Ausscheiden einer Organgesellschaft aus dem Organkreis.

48 Die Nutzung eines vororganschaftlichen Zinsvortrags der Organgesellschaft ist während der Organschaft nicht zulässig; die Grundsätze zu § 15 Satz 1 Nr. 1 KStG gelten entsprechend.

49 Der Zinsvortrag ist gemäß § 4h Abs. 4 Satz 1 EStG gesondert festzustellen. Der Feststellungsbescheid ist für jeden Betrieb an den Betriebsinhaber (Personengesellschaft, Körperschaft) zu richten, bei Einzelunternehmern an diesen unter Bezeichnung des Betriebs. Bei Mitunternehmerschaften sind diese selbst Adressaten des Feststellungsbescheids, nicht die Mitunternehmer. Bei Betrieben gewerblicher Art ist der Feststellungsbescheid an dessen Rechtsträger unter Bezeichnung des Betriebs zu richten.

8. Mitunternehmerschaften

50 Zu Sonderbetriebsvermögen und Sondervergütungen von Mitunternehmern siehe Tz. 6 und 19.

51 Die Ermittlung der nicht abziehbaren Zinsaufwendungen erfolgt betriebsbezogen. Nicht abziehbare Zinsaufwendungen sind den Mitunternehmern auch dann nach dem allgemeinen Gewinnverteilungsschlüssel zuzurechnen, wenn es sich um Zinsaufwendungen aus dem Sonderbetriebsvermögensbereich eines Mitunternehmers handelt.

52 Bei Ausscheiden eines Mitunternehmers aus einer Gesellschaft geht der Zinsvortrag anteilig mit der Quote unter, mit der der ausgeschiedene Mitunternehmer an der Gesellschaft beteiligt war (§ 4h Abs. 5 Satz 2 EStG).

Beispiel:

An der ABC-OHG sind die A-GmbH zu 10%, die B-GmbH zu 60%, die C-GmbH zu 30% beteiligt. Alle Gesellschaften gehören einem Konzern an. Der Gewinnverteilungsschlüssel der OHG richtet sich nach den Beteiligungsquoten. Der Gewinn der OHG (Gesamthandsbereich) beträgt am 31. 12. 01 10 Mio. EUR. Die A-GmbH hat ihre Beteiligung fremdfinanziert. Es entstehen bis zum 31. 12. 01 im Sonderbetriebsvermögensbereich der A-GmbH Sonderbetriebsausgaben in Höhe von 7 Mio. EUR. Der OHG gelingt der Escape nicht.
Am 1. 1. 02 scheidet
a) die A-GmbH
b) die C-GmbH
aus.

Anl zu § 4 h

Lösung:

1. Gewinnverteilung:

		A (10%)	B (60%)	C (30%)
Gesamthand	10 000 000	1 000 000	6 000 000	3 000 000
SBA	./. 7 000 000	./. 7 000 000		
Gewinn	3 000 000	./. 6 000 000	6 000 000	3 000 000

2. Ermittlung der abziehbaren Zinsen:
Der maßgebliche Gewinn beträgt 3 Mio. EUR + 7 Mio. EUR = 10 Mio. EUR.
Die abziehbaren Zinsen betragen 10 Mio. EUR × 30% = 3 Mio. EUR
3. Ermittlung des Zinsvortrags
7 Mio. EUR ./. 3 Mio. EUR = 4 Mio. EUR
4. Gewinnverteilung nach Anwendung der Zinsschranke

		A (10%)	B (60%)	C (30%)
Gesamthand	10 000 000	1 000 000	6 000 000	3 000 000
SBA	./. 7 000 000	./. 7 000 000		
	3 000 000	./. 6 000 000	6 000 000	3 000 000
Nicht abziehbare Zinsen	4 000 000	400 000	2 400 000	1 200 000
Gewinn	7 000 000	./. 5 600 000	8 400 000	4 200 000

5. Untergehender Zinsvortrag nach § 4 h Abs. 5 Satz 2 EStG
a) bei Ausscheiden der A-GmbH: 4 Mio. EUR × 10/100 = 0,4 Mio. EUR,
b) bei Ausscheiden der C-GmbH: 4 Mio. EUR × 30/100 = 1,2 Mio. EUR.

9. Organschaften

53 Zur Behandlung der Organschaft als Betrieb siehe Tz. 10 und 65.

54 Zur Freigrenze bei Organschaft siehe Tz. 57.

III. Ausnahmetatbestände (§ 4 h Abs. 2 EStG)

1. Freigrenze

9 **55** Die Zinsschranke kommt nicht zur Anwendung, wenn die die Zinserträge übersteigenden Zinsaufwendungen (Zinssaldo) weniger als *eine Million Euro*[1] betragen (Freigrenze des § 4 h Abs. 2 Satz 1 Buchstabe a EStG).

56 Die Freigrenze ist betriebsbezogen. Sie gilt auch für Körperschaften, Personenvereinigungen und Vermögensmassen (§ 8 a Abs. 1 KStG).

57 Die Freigrenze wird für den Organkreis nur einmal gewährt.

58 Die Freigrenze bezieht sich auf das jeweilige Wirtschaftsjahr des Betriebs.

2. Konzernzugehörigkeit

59 Der Zinsschranke liegt ein erweiterter Konzernbegriff zugrunde. Ein Betrieb kann nur durch einen Rechtsträger beherrscht werden. Ob ein Betrieb konzernzugehörig ist, bestimmt sich regelmäßig nach § 4 h Abs. 3 Satz 5 EStG (Grundfall). Ein Betrieb gehört danach zu einem Konzern, wenn er nach dem einschlägigen Rechnungslegungsstandard in einen Konzernabschluss einzubeziehen ist oder einbezogen werden könnte.

60 Liegt kein Konzern im Sinne des § 4 h Abs. 3 Satz 5 EStG vor, sind die Voraussetzungen des § 4 h Abs. 3 Satz 6 EStG (sog. Gleichordnungskonzern) zu prüfen. Voraussetzung für einen Gleichordnungskonzern ist, dass die Finanz- und Geschäftspolitik eines Betriebs mit einem oder mehreren anderen Betrieben einheitlich bestimmt werden kann. Ein Konzern kann somit auch dann vorliegen, wenn eine natürliche Person an der Spitze des Konzerns steht und die Beteiligungen an den beherrschten Rechtsträgern im Privatvermögen gehalten werden. Auch eine vermögensverwaltend tätige Gesellschaft kann Konzernspitze sein.

In den Fällen, in denen die Konzernspitze selbst keinen Betrieb im Sinne des § 4 h Abs. 1 EStG darstellt oder unterhält, sind in den Konzernabschluss nur die beherrschten Betriebe einzubeziehen. Zur Frage der Gesellschafterfremdfinanzierung in diesen Fällen siehe Tz. 80.

61 Gemeinschaftlich geführte Unternehmen nach § 310 HGB oder vergleichbare Unternehmen, die nach anderen zur Anwendung kommenden Rechnungslegungsstandards (z. B. IAS 31) nur anteilmäßig in den Konzernabschluss einbezogen werden, gehören für Zwecke der Zinsschranke nicht zu einem Konzern. Gleiches gilt für assoziierte Unternehmen (§ 311 HGB) oder diesen vergleichbare Unternehmen.

62 Ein Einzelunternehmer mit mehreren Betrieben begründet für sich noch keinen Konzern im Sinne der Zinsschranke.

63 Ergibt sich die Gewerblichkeit eines Besitzunternehmens nur aufgrund einer personellen und sachlichen Verflechtung mit dem Betriebsunternehmen (Betriebsaufspaltung), liegt ebenfalls kein Konzern im Sinne der Zinsschranke vor.

---

[1] Ab VZ 2008: 3 Millionen Euro.

Anl zu § 4h

64 Ein Einzelunternehmer oder eine Gesellschaft begründet nicht bereits deshalb einen Konzern, weil er oder sie eine oder mehrere Betriebsstätten im Ausland hat. Für die Dotation der Betriebsstätte mit Eigenkapital gelten die Betriebsstätten-Verwaltungsgrundsätze nach dem BMF-Schreiben vom 24. Dezember 1999 (BStBl. I S. 1076).[1]

65 Ein Organkreis gilt als ein Betrieb (§ 15 Satz 1 Nr. 3 KStG) und bildet für sich allein keinen Konzern im Sinne der Zinsschranke.

66 Bei einer GmbH & Co. KG gelten die KG und die als Komplementär allein haftende GmbH als ein Betrieb im Sinne der Zinsschranke, wenn sich die Tätigkeit der GmbH – neben ihrer Vertretungsbefugnis – in der Übernahme der Haftung und Geschäftsführung für die KG erschöpft und weder die KG noch die als Komplementär allein haftende GmbH anderweitig zu einem Konzern gehören. Die GmbH & Co. KG ist in diesen Fällen nicht als Konzern anzusehen. Das gilt nicht, wenn die GmbH darüber hinaus eine eigene Geschäftstätigkeit entfaltet. Dies ist z. B. dann anzunehmen, wenn ihr nach den Grundsätzen dieses Schreibens Zinsaufwendungen zuzuordnen sind. Entsprechendes gilt bei Gesellschaften in Rechtsformen, die der GmbH & Co. KG vergleichbar sind (z. B. die Limited & Co. KG).

67 Zweckgesellschaften sind für Zwecke der Zinsschranke konzernangehörige Betriebe, wenn nach dem jeweils zur Anwendung kommenden Rechnungslegungsstandard eine Konsolidierung in den Konzernabschluss zu erfolgen hat. In den Fällen des Gleichordnungskonzerns nach § 4 h Abs. 3 Satz 6 EStG sind Zweckgesellschaften dann als konzernangehörig anzusehen, wenn ihre Finanz- und Geschäftspolitik mit einem oder mehreren anderen Betrieben einheitlich bestimmt werden kann.

Verbriefungszweckgesellschaften im Rahmen von Asset-Backed-Securities-Gestaltungen, deren Unternehmensgegenstand in dem rechtlichen Erwerb von Forderungen aller Art und/oder der Übernahme von Risiken aus Forderung und Versicherungen liegt, gelten für Zwecke der Zinsschranke nicht als konzernangehörige Unternehmen, wenn eine Einbeziehung in den Konzernabschluss allein aufgrund einer wirtschaftlichen Betrachtungsweise unter Berücksichtigung der Nutzen- und Risikoverteilung erfolgt ist.

68 Für die Frage, ob und zu welchem Konzern ein Betrieb gehört, ist grundsätzlich auf die Verhältnisse am vorangegangenen Abschlussstichtag abzustellen. Das gilt auch für die Fälle des unterjährigen Erwerbs oder der unterjährigen Veräußerung von Gesellschaften.

Bei Neugründung einer Gesellschaft, einschließlich der Neugründung durch Umwandlung, gilt die Gesellschaft ab dem Zeitpunkt der Neugründung für Zwecke der Zinsschranke als konzernangehörig. Entsteht ein Konzern im Sinne des § 4 h Abs. 3 Sätze 5 und 6 EStG neu, gelten die einzelnen Betriebe erst zum folgenden Abschlussstichtag als konzernangehörig.

3. Eigenkapitalvergleich bei konzernzugehörigen Betrieben (Escape-Klausel)

69 Nach § 4 h Abs. 2 Satz 1 Buchstabe c Satz 2 EStG unterliegt der Zinsabzug nicht den Beschränkungen des § 4 h Abs. 1 EStG, wenn die Eigenkapitalquote des Betriebs die Eigenkapitalquote des Konzerns um nicht mehr als *einen Prozentpunkt*[2] unterschreitet. Die Eigenkapitalquote ermittelt sich als Verhältnis des Eigenkapitals zur Bilanzsumme (§ 4 h Abs. 2 Satz 1 Buchstabe c Satz 3 EStG).

70 Für die Anwendung der Escape-Klausel ist auf die Eigenkapitalquote am vorangegangenen Abschlussstichtag abzustellen (§ 4 h Abs. 2 Satz 1 Buchstabe c Satz 1 EStG). Bei Neugründung eines Betriebs wird ausnahmsweise auf das Eigenkapital in der Eröffnungsbilanz abgestellt. Die Eigenkapitalquote des Betriebs ist mit der Eigenkapitalquote des Konzerns am vorangegangenen Abschlussstichtag zu vergleichen. Der Konzernabschluss wird nicht um den neu gegründeten Betrieb erweitert.

Weicht der Abschlussstichtag des Betriebs vom Abschlussstichtag des Konzerns ab, ist für den Vergleich der Eigenkapitalquoten derjenige Abschluss des Betriebs maßgeblich, der in den Konzernabschluss eingegangen ist. Es kann sich dabei um einen Zwischenabschluss handeln (vergleiche z. B. bei Abschlüssen nach dem Handelsgesetzbuch § 299 Abs. 2 HGB).

71 Für den Eigenkapitalvergleich sind der bestehende Konzernabschluss und der bestehende Abschluss des Betriebs zugrunde zu legen. Die für den Eigenkapitalvergleich erforderlichen Korrekturen von Eigenkapital und Bilanzsumme des Konzernabschlusses oder/und des Abschlusses des Betriebs sind außerhalb des Abschlusses in einer Nebenrechnung vorzunehmen.

72 Bestehende Konzernabschlüsse werden in den Fällen des § 4 h Abs. 3 Satz 5 EStG grundsätzlich unverändert für den Eigenkapitalvergleich herangezogen, wenn sie nach den §§ 291, 292 und 315 a HGB befreiende Wirkung haben. Sie müssen nicht um diejenigen konzernzugehörigen Betriebe erweitert werden, die zulässigerweise – etwa nach § 296 HGB – nicht in den Konzernabschluss aufgenommen wurden; diese Betriebe sind dessen ungeachtet konzernangehörige Betriebe im Sinne des § 4 h Abs. 2 Satz 1 Buchstabe c EStG.

Konsolidierte Verbriefungszweckgesellschaften sind zur Ermittlung der Eigenkapitalquote des Konzerns aus dem Konzernabschluss herauszurechnen, wenn sie für Zwecke der Zinsschranke als nicht konzernangehörig gelten.

Für gemeinschaftlich geführte Unternehmen darf ein Wahlrecht auf anteilmäßige Konsolidierung (Quotenkonsolidierung) für Zwecke der Zinsschranke nicht ausgeübt werden. Die Eigenkapitalquote des Konzernabschlusses ist ggf. entsprechend anzupassen.

Eine Korrektur des Konzernabschlusses um Verbriefungszweckgesellschaften und gemeinschaftlich geführte Unternehmen kann unterbleiben, sofern sich dadurch keine erheblichen Veränderungen der Konzerneigenkapitalquote ergäben.

---

[1] Das BMF-Schreiben vom 24. 12. 1999 wurde geändert durch BMF-Schreiben vom 20. 11. 2000 (BStBl. I S. 1509), vom 29. 9. 2004 (BStBl. I S. 917), vom 25. 8. 2009 (BStBl. I S. 888), vom 16. 4. 2010 (BStBl. I S. 354), vom 20. 6. 2013 (BStBl. I S. 980), vom 26. 9. 2014 (BStBl. I S. 1258) und ergänzt durch Tz. 6 des BMF-Schreibens vom 22. 12. 2016 (BStBl. 2017 I S. 182).

[2] Ab VZ 2010: 2 Prozent.

Anl zu § 4h

73 Bei der Ermittlung der Eigenkapitalquote des Betriebs sind Vermögensgegenstände und Schulden, einschließlich Rückstellungen, Bilanzierungshilfen, Rechnungsabgrenzungsposten u. ä., sofern sie im Konzernabschluss enthalten sind, mit den dort abgebildeten Werten anzusetzen. Ein im Konzernabschluss enthaltener Firmenwert und im Rahmen eines Beteiligungserwerbs mitbezahlte stille Reserven der Beteiligungsgesellschaft sind dem Betrieb zuzuordnen, soweit sie auf diesen entfallen. Die Bilanzsumme des Betriebs ist ggf. anzupassen.

74 Die in § 4 h Abs. 2 Satz 1 Buchstabe c Satz 5 EStG vorgesehene Kürzung der Anteile an anderen inländischen und ausländischen Konzerngesellschaften umfasst auch die Beteiligungen an Mitunternehmerschaften. Die Beteiligungshöhe ist unmaßgeblich.
Eine Kürzung um eigene Anteile und um Anteile an nicht konzernangehörigen Gesellschaften unterbleibt.

75 Bei der Ermittlung der Eigenkapitalquote des Betriebs ist das nach den jeweils relevanten Rechnungslegungsstandards ermittelte Eigenkapital um folgende Größen zu modifizieren (§ 4 h Abs. 2 Satz 1 Buchstabe c Satz 5 bis 7 EStG):

+ im Konzernabschluss enthaltener Firmenwert, soweit er auf den Betrieb entfällt,
+ ./. Korrektur der Wertansätze der Vermögensgegenstände und Schulden (Ausweis – vorbehaltlich der Tz. 73 – mit den im Konzernabschluss enthaltenen Werten),
+ die Hälfte des Sonderpostens mit Rücklagenanteil (§ 273 HGB),
./. Eigenkapital, das keine Stimmrechte vermittelt – mit Ausnahme von Vorzugsaktien –,
./. Anteile an anderen Konzerngesellschaften,
./. Einlagen der letzten sechs Monate vor dem maßgeblichen Abschlussstichtag, soweit ihnen Entnahmen oder Ausschüttungen innerhalb der ersten sechs Monate nach dem maßgeblichen Abschlussstichtag gegenüberstehen;
+./. Sonderbetriebsvermögen ist dem Betrieb der Mitunternehmerschaft zuzuordnen.

76 Die Bilanzsumme des Betriebs ist wie folgt zu verändern:

+ im Konzernabschluss enthaltener Firmenwert, soweit er auf den Betrieb entfällt,
+ ./. Korrektur der Wertansätze der Vermögensgegenstände und Schulden (Ausweis – vorbehaltlich der Tz. 73 – mit den im Konzernabschluss enthaltenen Werten),
./. Anteile an anderen Konzerngesellschaften,
./. Einlagen der letzten sechs Monate vor dem maßgeblichen Abschlussstichtag, soweit ihnen Entnahmen oder Ausschüttungen innerhalb der ersten sechs Monate nach dem maßgeblichen Abschlussstichtag gegenüberstehen,
./. Kapitalforderungen, die nicht im Konzernabschluss ausgewiesen sind und denen Verbindlichkeiten im Sinne des § 4 h Abs. 3 EStG in mindestens gleicher Höhe gegenüberstehen;
+ ./. Sonderbetriebsvermögen ist dem Betrieb der Mitunternehmerschaft zuzuordnen.

77 Der Eigenkapitalvergleich hat grundsätzlich auch dann auf der Grundlage von nach den International Financial Reporting Standards (IFRS) erstellten Abschlüssen zu erfolgen, wenn bislang kein Konzernabschluss erstellt wurde (§ 4 h Abs. 2 Satz 1 Buchstabe c Satz 8 EStG). Hiervon abweichend können Abschlüsse nach dem Handelsrecht eines Mitgliedstaats der Europäischen Union verwendet werden, wenn kein Konzernabschluss nach den IFRS zu erstellen und offen zu legen ist und für keines der letzten fünf Wirtschaftsjahre ein Konzernabschluss nach den IFRS erstellt wurde.

78 Nach den Generally Accepted Accounting Principles der Vereinigten Staaten von Amerika (US-GAAP) aufzustellende und offen zu legende Abschlüsse sind zu verwenden, wenn kein Konzernabschluss nach den IFRS oder dem Handelsrecht eines Mitgliedstaats der Europäischen Union zu erstellen und offen zu legen ist.

IV. Gesellschafterfremdfinanzierung

10 **79** Auf Rechtsträger, die nicht zu einem Konzern gehören (§ 4 h Abs. 2 Satz 1 Buchstabe b EStG), findet die Abzugsbeschränkung des § 4 h Abs. 1 EStG Anwendung, wenn eine schädliche Gesellschafterfremdfinanzierung vorliegt. Diese setzt eine Vergütung für Gesellschafterfremdfinanzierung in Höhe von mehr als 10% der die Zinserträge übersteigenden Zinsaufwendungen der Körperschaft an einen unmittelbar oder mittelbar zu mehr als einem Viertel am Kapital beteiligten Anteilseigner (wesentlich beteiligter Anteilseigner), eine diesem nahe stehende Person im Sinne des § 1 Abs. 2 AStG oder einen Dritten, der auf den wesentlich beteiligten Anteilseigner oder die nahe stehende Person zurückgreifen kann, voraus (vgl. § 8 a Abs. 2 KStG).

80 Ein zu einem Konzern gehörender Rechtsträger kann die Escape-Klausel des § 4 h Abs. 2 Satz 1 Buchstabe c EStG nur in Anspruch nehmen, wenn ihm der Nachweis im Sinne des § 8 a Abs. 3 Satz 1 KStG für sämtliche zum Konzern gehörende Rechtsträger gelingt. § 8 a Abs. 3 KStG setzt eine schädliche Fremdfinanzierung irgendeiner inländischen oder ausländischen Konzerngesellschaft durch einen unmittelbar oder mittelbar wesentlich beteiligten nicht konzernangehörigen Anteilseigner dieser oder einer anderen Konzerngesellschaft, eine diesem nahe stehende Person oder einen Dritten, der auf diesen wesentlich beteiligten Anteilseigner oder die nahe stehende Person zurückgreifen kann, voraus. Es muss sich dabei nicht um eine Fremdfinanzierung des Rechtsträgers handeln, auf den § 4 h Abs. 1 EStG Anwendung findet.

Konzerninterne Finanzierungen führen nicht zu einer schädlichen Gesellschafterfremdfinanzierung im Sinne von § 8 a Abs. 3 KStG; dies gilt z. B. auch für konzerninterne Bürgschaften. Eine konzerninterne Finanzierung liegt dann nicht vor, wenn das Fremdkapital durch die Konzernspitze überlassen wird und die Konzernspitze selbst nicht zum Konzern gehört (Gleichordnungskonzern). Eine Fremdfinanzierung von Konzerngesellschaften durch die Konzernspitze kann in diesen Fällen unter den Voraussetzungen des § 8 a Abs. 3 KStG schädlich sein. Eine solche Konstellation kann z. B. dann vorliegen, wenn eine natürliche Person mehrere Kapitalgesellschaften beherrscht und diesen Gesellschaften Fremdkapital überlässt.

81 Unmittelbare und mittelbare Beteiligungen werden für die Beurteilung, ob ein Gesellschafter wesentlich beteiligt ist, zusammengerechnet; mittelbare Beteiligungen reichen aus.

82 Eine Gesellschafterfremdfinanzierung ist schädlich, wenn die auf sie entfallene Vergütung 10% des Nettozinsaufwands der Gesellschaft übersteigt. Es werden die Vergütungen für Fremdkapital aller Gesellschafter zusammengerechnet (Gesamtbetrachtung).

Einbezogen werden Gesellschafterfremdfinanzierungen unabhängig davon, ob sie sich auf den inländischen oder ausländischen Gewinn des Rechtsträgers auswirken.

83 Ein konkreter rechtlich durchsetzbarer Anspruch (z. B. aufgrund einer Garantieerklärung oder einer Bürgschaft), eine Vermerkpflicht in der Bilanz, eine dingliche Sicherheit (z. B. Sicherungseigentum, Grundschuld) oder eine harte bzw. weiche Patronatserklärung vermögen einen Rückgriff im Sinne der Tz. 79 f. zu begründen, sind hierfür aber nicht erforderlich. Es genügt bereits, wenn der Anteilseigner oder die ihm nahe stehende Person dem Dritten gegenüber faktisch für die Erfüllung der Schuld einsteht. Insbesondere werden auch Gestaltungen erfasst, bei denen eine Bank der Kapitalgesellschaft ein Darlehen gewährt und der Anteilseigner seinerseits bei der Bank eine Einlage unterhält (sog. Back-to-back-Finanzierung); die Abtretung der Einlageforderung an die Bank ist nicht Voraussetzung. Auch die Verpfändung der Anteile an der fremdfinanzierten Gesellschaft begründet einen Rückgriff.

V. Öffentlich Private Partnerschaften

Zur Anwendung der Zinsschranke auf Öffentlich Private Partnerschaften – ÖPP (Public Private Partnerships – PPP) gilt Folgendes: 11

1. Grundlagen

84 Unter ÖPP ist eine vertraglich geregelte und langfristig angelegte Zusammenarbeit zwischen öffentlicher Hand und Privatwirtschaft zur wirtschaftlichen Erfüllung öffentlicher Aufgaben zu verstehen, wobei der private Partner regelmäßig die Planung, den Bau, die Finanzierung, den Betrieb und ggf. die Verwertung des Projektgegenstands übernimmt. Als Vertragsmodelle kommen dabei im Wesentlichen das Inhabermodell, das Erwerbermodell, das Vermietungsmodell, das Leasingmodell, das Contracting-Modell sowie das Konzessionsmodell in Betracht. Die Projekte können sowohl im Rahmen von bereits bestehenden Betrieben als auch im Rahmen von für Zwecke des Projekts gegründeten Gesellschaften abgewickelt werden, ggf. unter Beteiligung des öffentlichen Auftraggebers als Gesellschafter (Gesellschaftsmodell).

2. Grundsätze

85 Die Zurechnung der Wirtschaftsgüter, die Gegenstand eines ÖPP-Vertrags sind, ist von der von den Parteien gewählten Vertragsgestaltung und deren tatsächlicher Durchführung abhängig. Unter Würdigung der gesamten Umstände ist im Einzelfall nach allgemeinen Grundsätzen zu entscheiden, wem die Gegenstände zuzurechnen sind. Die in den Tz. 27 ff. dargelegten Grundsätze zur Auf- und Abzinsung und zur Abtretung von Forderungen (Forfaitierung) sind auch auf Vertragsbeziehungen im Rahmen von ÖPP anzuwenden.

3. Inhabermodell/Erwerbermodell

86 Kennzeichnend für das Inhaber- und das Erwerbermodell ist es, dass die öffentliche Hand nach Übergabe und Abnahme des Projektgegenstands zivilrechtlicher und wirtschaftlicher (beim Inhabermodell) oder zumindest wirtschaftlicher Eigentümer (beim Erwerbermodell) des Projektgegenstands wird. Zur Refinanzierung seiner Aufwendungen erhält der private Auftragnehmer ein monatliches Leistungsentgelt vom öffentlichen Auftraggeber. Wird hinsichtlich der über die Vertragslaufzeit gestundeten Forderung des privaten Auftragnehmers eine gesonderte Kreditvereinbarung getroffen, stellen die vereinbarten Vergütungen beim privaten Auftragnehmer Zinserträge und beim öffentlichen Auftraggeber Zinsaufwendungen dar. Fehlt eine gesonderte Zinsvereinbarung, ist die Forderung des privaten Auftragnehmers mit dem Barwert zu bilanzieren. Entsprechend Tz. 27 entstehen beim privaten Auftragnehmer sukzessive Zinserträge und beim öffentlichen Auftraggeber sukzessive Zinsaufwendungen.

Bei Forfaitierung der Forderung durch den privaten Auftragnehmer kann es nach Maßgabe der Tz. 29 ff. bei einer unechten Forfaitierung und nach Maßgabe der Tz. 32 ff. bei einer echten Forfaitierung beim privaten Auftragnehmer zu einem Zinsaufwand kommen, der der Zinsschranke unterliegt.

4. Vermietungsmodell

87 Kennzeichnend für das Vermietungsmodell ist es, dass das zivilrechtliche und wirtschaftliche Eigentum am Projektgegenstand während der gesamten Vertragslaufzeit beim privaten Auftragnehmer liegt. Mietzahlungen, die durch die öffentliche Hand an den privaten Auftragnehmer geleistet werden, enthalten keinen Zinsanteil und führen bei diesem nicht zu Zinserträgen, die zur Saldierung mit Zinsaufwendungen im Rahmen der Zinsschranke berechtigen.

Die Forfaitierung von künftigen Mieterlösen durch den privaten Auftragnehmer führt unter den Voraussetzungen der Tz. 36 ff. bei diesem zu Zinsaufwendungen.

Anl zu § 4h

5. Leasingmodell

88 In Leasingraten enthaltene Zinsanteile führen nach Maßgabe der Tz. 25 zu Zinserträgen beim privaten Auftragnehmer als Leasinggeber und zu Zinsaufwendungen beim öffentlichen Auftraggeber als Leasingnehmer.

Die Forfaitierung von künftigen Leasingerlösen durch den privaten Auftragnehmer führt unter den Voraussetzungen der Tz. 36 ff. bei diesem zu Zinsaufwendungen.

6. Contracting-Modell

89 Vertragsgegenstand ist regelmäßig der Einbau und der Betrieb von technischen Anlagen in Gebäuden. Entsprechend den für Mietereinbauten geltenden Grundsätzen ist im konkreten Einzelfall unter Berücksichtigung der jeweiligen vertraglichen Vereinbarungen zu prüfen, wem die Contracting-Anlage bilanzsteuerlich zuzurechnen ist. Im Falle der Zurechnung zum privaten Auftragnehmer gelten die Ausführungen zu Tz. 87 und im Falle der Zurechnung zum öffentlichen Auftraggeber die Ausführungen in Tz. 86 entsprechend.

7. Konzessionsmodell

90 Bei ÖPP, die vertraglich über das Konzessionsmodell abgewickelt werden, besteht die Besonderheit, dass Nutzer des Projektgegenstands und ggf. der weiteren Leistungen des privaten Auftragnehmers nicht der öffentliche Auftraggeber, sondern Dritte sind. Die Dritten sind nicht Vertragspartner im Rahmen des Konzessionsvertrags, der zwischen dem privaten Auftragnehmer und dem öffentlichen Auftraggeber abgeschlossen wird. Der öffentliche Auftraggeber räumt im Konzessionsvertrag dem privaten Auftragnehmer das Recht ein, sich durch Entgelte bzw. Gebühren der Nutzer zu refinanzieren.

Unabdingbare Voraussetzung für die Annahme einer Finanzierungsleistung des privaten Auftragnehmers, die bei diesem zu Zinserträgen führt, ist es, dass zumindest das wirtschaftliche Eigentum an dem Projektgegenstand beim öffentlichen Auftraggeber liegt bzw. spätestens bei Fertigstellung auf diesen übertragen wird. Soweit im Rahmen von Konzessionsverträgen gesonderte Darlehensvereinbarungen zwischen den Vertragsparteien über die Finanzierungsleistungen des privaten Auftragnehmers getroffen werden, stellen die in Rechnung gestellten und gezahlten Zinsen beim privaten Auftragnehmer Zinserträge und beim öffentlichen Auftraggeber Zinsaufwendungen dar. Der private Auftragnehmer hat nachzuweisen, dass die vereinbarte Vergütung marktüblich ist. Übersteigen die dem öffentlichen Auftraggeber in Rechnung gestellten und gezahlten Zinsen die Refinanzierungskosten des privaten Auftragnehmers, ist dies als Indiz gegen die Marktüblichkeit ist zu werten.

VI. Öffentliche Hand

91 Körperschaften des öffentlichen Rechts (z. B. Gebietskörperschaften, Kirchen) bilden mit ihren Betrieben gewerblicher Art und ihren Beteiligungen an anderen Unternehmen, soweit sie nicht in einem Betrieb gewerblicher Art gehalten werden, keinen Gleichordnungskonzern im Sinne der Zinsschranke.

92 Beteiligungsgesellschaften der öffentlichen Hand können Teil eines Konzerns im Sinne der Zinsschranke sein. Im Besitz von Körperschaften des öffentlichen Rechts stehende Holdinggesellschaften des privaten Rechts können ebenfalls einen eigenständigen Konzern im Sinne des § 4 h EStG bilden.

93 Körperschaften des öffentlichen Rechts und steuerbefreite Einrichtungen im Sinne des § 5 Abs. 1 Nr. 2 KStG erfüllen durch die Gewährung von Bürgschaften und anderen Sicherheiten bei der Finanzierung von Gesellschaften, an denen sie zu mindestens 50% unmittelbar oder mittelbar am Kapital beteiligt sind, nicht die Voraussetzungen einer Gesellschafterfremdfinanzierung nach § 8 a KStG, es sei denn, es handelt sich um eine Gestaltung, bei der der rückgriffsberechtigte Dritte der Kapitalgesellschaft ein Darlehen gewährt und die Körperschaft des öffentlichen Rechts ihrerseits gegen den Dritten oder eine diesem nahe stehende Person eine Forderung hat, auf die der Dritte zurückgreifen kann (sog. Back-to-back-Finanzierungen). Entsprechendes gilt im Fall einer gesamtschuldnerischen Mithaftung der öffentlichen Hand. Die öffentliche Hand erfüllt mit ihren wirtschaftlichen Betätigungen regelmäßig Aufgaben der Daseinsvorsorge im Rahmen gesetzlicher Vorgaben und unterliegt regelmäßig einer Aufsicht.

VII. Sonderfälle

94 Vergütungen für Darlehen, die auf Grund von allgemeinen Förderbedingungen vergeben werden, sind keine Zinsaufwendungen oder Zinserträge im Sinne der Zinsschranke, wenn es sich um mittelbar oder unmittelbar aus öffentlichen Haushalten gewährte Mittel der Europäischen Union, von Bund, Ländern, Gemeinden oder Mittel anderer öffentlich-rechtlicher Körperschaften oder einer nach § 5 Abs. 1 Nr. 2, 17 oder 18 KStG steuerbefreiten Einrichtung handelt.

Hierzu zählen insbesondere

- Förderdarlehen der Förderinstitute (im Sinne der Verständigung zwischen der EU-Kommission und der Bundesrepublik Deutschland über die Ausrichtung rechtlich selbstständiger Förderinstitute in Deutschland vom 1. März 2002),
- öffentliche und nicht öffentliche Baudarlehen,
- Wohnungsfürsorgemittel,
- Mittel, die mit Auflagen (z. B. Belegungsrechten oder Mietpreisbindungen) verbunden sind.

§ 4i Sonderbetriebsausgabenabzug bei Vorgängen mit Auslandsbezug

EStG

**① Aufwendungen dürfen nicht als Sonderbetriebsausgaben abgezogen werden, so- 1
weit sie auch die Steuerbemessungsgrundlage in einem anderen Staat mindern. ② Satz 1 gilt nicht, soweit diese Aufwendungen Erträge desselben Steuerpflichtigen mindern, die bei ihm sowohl der inländischen Besteuerung unterliegen als auch nachweislich der tatsächlichen Besteuerung in dem anderen Staat.**

§ 4j[1] Aufwendungen für Rechteüberlassungen[2]

(1) **① Aufwendungen für die Überlassung der Nutzung oder des Rechts auf Nut- 1
zung von Rechten, insbesondere von Urheberrechten und gewerblichen Schutzrechten, von gewerblichen, technischen, wissenschaftlichen und ähnlichen Erfahrungen, Kenntnissen und Fertigkeiten, zum Beispiel Plänen, Mustern und Verfahren, sind ungeachtet eines bestehenden Abkommens zur Vermeidung der Doppelbesteuerung nur nach Maßgabe des Absatzes 3 abziehbar, wenn die Einnahmen des Gläubigers einer von der Regelbesteuerung abweichenden, niedrigen Besteuerung nach Absatz 2 unterliegen (Präferenzregelung) und der Gläubiger eine dem Schuldner nahestehende Person im Sinne des § 1 Absatz 2 des Außensteuergesetzes ist. ② Wenn auch der Gläubiger nach Satz 1 oder eine andere dem Schuldner nach Satz 1 nahestehende Person im Sinne des § 1 Absatz 2 des Außensteuergesetzes wiederum Aufwendungen für Rechte hat, aus denen sich die Rechte nach Satz 1 unmittelbar oder mittelbar ableiten, sind die Aufwendungen nach Satz 1 ungeachtet eines bestehenden Abkommens zur Vermeidung der Doppelbesteuerung auch dann nur nach Maßgabe des Absatzes 3 abziehbar, wenn die weiteren Einnahmen des weiteren Gläubigers einer von der Regelbesteuerung abweichenden, niedrigen Besteuerung nach Absatz 2 unterliegen und der weitere Gläubiger eine dem Schuldner nach Satz 1 nahestehende Person im Sinne des § 1 Absatz 2 des Außensteuergesetzes ist; dies gilt nicht, wenn die Abziehbarkeit der Aufwendungen beim Gläubiger oder der anderen dem Schuldner nahestehenden Person bereits nach dieser Vorschrift beschränkt ist. ③ Als Schuldner und Gläubiger gelten auch Betriebsstätten, die ertragsteuerlich als Nutzungsberechtigter oder Nutzungsverpflichteter der Rechte für die Überlassung der Nutzung oder des Rechts auf Nutzung von Rechten behandelt werden. ④ Die Sätze 1 und 2 sind nicht anzuwenden, soweit sich die niedrige Besteuerung daraus ergibt, dass die Einnahmen des Gläubigers oder des weiteren Gläubigers einer Präferenzregelung unterliegen, die dem Nexus-Ansatz gemäß Kapitel 4 des Abschlussberichts 2015 zu Aktionspunkt 5, OECD (2016) „Wirksamere Bekämpfung schädlicher Steuerpraktiken unter Berücksichtigung von Transparenz und Substanz", OECD/G20 Projekt Gewinnverkürzung und Gewinnverlagerung[3], entspricht. ⑤ Die Sätze 1 und 2 sind insoweit nicht anzuwenden, als auf Grund der aus den Aufwendungen resultierenden Einnahmen ein Hinzurechnungsbetrag im Sinne des § 10 Absatz 1 Satz 1 des Außensteuergesetzes anzusetzen ist.**

(2) **① Eine niedrige Besteuerung im Sinne des Absatzes 1 liegt vor, wenn die von 2
der Regelbesteuerung abweichende Besteuerung der Einnahmen des Gläubigers oder des weiteren Gläubigers zu einer Belastung durch Ertragsteuern von weniger als 25 Prozent führt; maßgeblich ist bei mehreren Gläubigern die niedrigste Belastung. ② Bei der Ermittlung, ob eine niedrige Besteuerung vorliegt, sind sämtliche Regelungen zu berücksichtigen, die sich auf die Besteuerung der Einnahmen aus der Rechteüberlassung auswirken, insbesondere steuerliche Kürzungen, Befreiungen, Gutschriften oder Ermäßigungen. ③ Werden die Einnahmen für die Überlassung der Nutzung oder des Rechts auf Nutzung von Rechten einer anderen Person ganz oder teilweise zugerechnet oder erfolgt die Besteuerung aus anderen Gründen ganz oder teilweise bei einer anderen Person als dem Gläubiger oder dem weiteren Gläubiger, ist auf die Summe der Belastungen abzustellen. ④ § 8 Absatz 5 Satz 2 und 3 des Außensteuergesetzes gilt entsprechend.**

(3) **① Aufwendungen nach Absatz 1 sind in den Fällen einer niedrigen Besteuerung 3
nach Absatz 2 nur zum Teil abziehbar. ② Der nicht abziehbare Teil ist dabei wie folgt zu ermitteln:**

$$\frac{25\% - \text{Belastung durch Ertragsteuern in }\%}{25\%}$$

---

[1] Zur erstmaligen Anwendung siehe § 52 Abs. 8 b EStG.

[2] Siehe dazu auch *BMF-Schreiben vom 5. 1. 2022 (BStBl. I S. 100) und vom 6. 1. 2022 (BStBl. I S. 103).*

[3] **Amtlicher Hinweis:** Zu beziehen unter OECD Publishing, Paris, http://dx.doi.org/10.1787/9789264258037-de.

Übersicht

H 4j

5 **Allgemeines.** Anwendungsschreiben zur Lizenzschranke → BMF vom 5. 1. 2022 (BStBl. I S. 100).[1]

Anl zu H 4j

Schreiben betr. Anwendungsfragen zur Lizenzschranke (§ 4 j EStG)

Vom 5. Januar 2022 (BStBl. I S. 100)

(BMF IV C 2 – S 2144-g/20/10002 :007; DOK 2022/0000838)

Aufwendungen für Rechteüberlassungen sind beim Schuldner nach Maßgabe des § 4 j Absatz 3 EStG nicht oder nur anteilig abziehbar, wenn die Einnahmen des Gläubigers einer von der Regelbesteuerung abweichenden, niedrigen Besteuerung unterliegen (Präferenzregelung) und der Gläubiger eine dem Schuldner nahestehende Person i. S. d. § 1 Absatz 2 AStG ist (§ 4 j Absatz 1 Satz 1 EStG).

Die Abzugsbeschränkung findet keine Anwendung, soweit die auf die entsprechenden Einnahmen beim Gläubiger angewandte Präferenzregelung dem Nexus-Ansatz der OECD entspricht (§ 4 j Absatz 1 Satz 4 EStG). Dieser wurde in Kapitel 4 des Abschlussberichts 2015 zu OECD-BEPS Aktionspunkt 5[2] definiert.

Nach Erörterung mit den obersten Finanzbehörden der Länder gilt zur Anwendung des § 4 j EStG Folgendes:

I. Präferenzregelung i. S. d. § 4 j Absatz 1 Satz 1 EStG

6 Voraussetzung der Abzugsbeschränkung für Aufwendungen für Rechteüberlassungen (sog. Lizenzschranke) ist die Besteuerung der korrespondierenden Einnahmen des Gläubigers im Rahmen einer Präferenzregelung i. S. d. § 4 j Absatz 1 Satz 1 EStG.

Eine Präferenzregelung i. S. d. Lizenzschranke liegt vor, wenn

1. die Einnahmen des Gläubigers aus der Rechteüberlassung einer von der Regelbesteuerung abweichenden Besteuerung unterliegen (s. I. 1.) und
2. die auf diese Einnahmen entfallende Ertragsteuerbelastung weniger als 25 % beträgt (s. I. 2.).

1. Abweichen von der Regelbesteuerung

Die tatsächliche Besteuerung der Einnahmen des Gläubigers aus der Rechteüberlassung ist mit der Regelbesteuerung anderer Einkünfte in demselben Staat zu vergleichen.

Die „Regelbesteuerung" als Vergleichsmaßstab ist der reguläre Steuersatz, der auf die Einkünfte einer dem Gläubiger vergleichbaren Rechtspersönlichkeit ohne jede Vergünstigung (insbesondere aufgrund der Rechtsform oder Ansässigkeit des Gläubigers oder für bestimmte Einkunftsarten oder Einkunftsquellen) angewendet werden würde. Es ist dabei ohne Bedeutung, ob die Abweichung von der Regelbesteuerung einen Antrag des Steuerpflichtigen voraussetzt.

Eine Präferenzregelung muss nicht ausschließlich für Einnahmen aus Rechteüberlassungen gelten. Präferenzregelungen sind nicht nur auf sog. „Intellectual Property"(IP)-Regime wie z. B. Lizenzboxen, IP-Boxen oder Patentboxen beschränkt, sondern können auch Einnahmen oder Einkünfte begünstigen, die über die Einnahmen aus Rechteüberlassungen hinausgehen. Anknüpfungspunkt der Präferenzbesteuerung muss dabei nicht das Erzielen einer bestimmten Einkunftsart sein, sondern kann z. B. auch eine Einkunftsquelle sowie die Rechtsform oder der Ort der Geschäftsleitung oder der Sitz des Gläubigers sein. Zwingende Voraussetzung ist jedoch, dass **auch** die Einnahmen aus Rechteüberlassungen von der Präferenzregelung erfasst werden.

Sogenannte „Tax Rulings", also einzelfallbezogene Absprachen zwischen ausländischen Finanzbehörden und Empfängern von Lizenzzahlungen, können ebenfalls die Voraussetzungen einer Präferenzregelung im Sinne der Lizenzschranke erfüllen.

2. Niedrige Besteuerung i. S. d. § 4 j Absatz 2 Satz 1 EStG

Eine niedrige Besteuerung i. S. d. § 4 j Absatz 1 Satz 1 EStG liegt unter den Voraussetzungen des § 4 j Absatz 2 Satz 1 EStG vor. Die Einnahmen aus Rechteüberlassungen unterliegen demnach entweder keiner Besteuerung oder einer Ertragsteuerbelastung von unter 25 %. Ob der niedrigen Besteuerung auch weitere Einnahmen oder Einkünfte des Gläubigers der Einnahmen aus Rechteüberlassungen unterliegen, ist unbeachtlich (vgl. I. 1.).

Durch den Verweis auf § 8 Absatz 5 Satz 2 und 3 AStG (§ 4 j Absatz 2 Satz 4 EStG) kommt es bei der Prüfung der Niedrigbesteuerung nicht auf die rechtlich geschuldete, sondern auf die tatsächlich erhobene und abgeführte Steuer an. Etwaige nachgelagerte Erstattungsansprüche sind folglich ebenfalls einzubeziehen (§ 8 Absatz 5 Satz 3 AStG). Zudem sind auch rechtssubjektübergreifende Steuererstattungen zu berücksichtigen, die dem Gesellschafter der die Einnahmen aus der Rechteüberlassung empfangenden Gesellschaft im Fall einer Gewinnausschüttung zustehen (§ 8 Absatz 5 Satz 2 AStG).

[1] Nachstehend abgedruckt.

[2] **Amtl. Anm.:** https://www.oecd.org/publications/wirksamere-bekampfung-schadlicher-steuerpraktiken-unter-berucksichtigung-von-transparenz-und-substanz-aktionspunkt-5-abschlussbericht-9789264258037-de.htm.

Ein allgemein niedriges Besteuerungsniveau im Staat des Gläubigers erfüllt allein nicht die Voraussetzung einer Präferenzregelung für Zwecke der Lizenzschranke. Vielmehr muss die Niedrigbesteuerung im Zusammenhang mit einem Abweichen von der Regelbesteuerung (vgl. I. 1.) stehen. Es ist für das Vorliegen einer Präferenzregelung unbeachtlich, ob der Gläubiger neben den der Präferenzregelung unterliegenden Einnahmen weitere, nicht präferenziell besteuerte Einkünfte erzielt.

Werden die Einnahmen für die Überlassung der Nutzung oder des Rechts auf Nutzung von Rechten einer anderen Person ganz oder teilweise zugerechnet oder erfolgt die Besteuerung aus anderen Gründen ganz oder teilweise bei einer anderen Person als dem Gläubiger oder dem weiteren Gläubiger, ist auf die Summe der Belastungen abzustellen (§ 4 j Absatz 2 Satz 3 EStG).

II. Nexus-Konformität i. S. d. § 4 j Absatz 1 Satz 4 EStG

§ 4 j Absatz 1 Satz 4 EStG enthält eine Ausnahme von der Abzugsbeschränkung, wenn die angewandte Präferenzregelung dem in Kapitel 4 des Abschlussberichts 2015 zu OECD-BEPS Aktionspunkt 5 definierten Nexus-Ansatz entspricht. Entspricht die Präferenzregelung nicht dem Nexus-Ansatz, ist die Anwendung der Ausnahmeregelung des § 4 j Absatz 1 Satz 4 EStG auch dann ausgeschlossen, wenn der Gläubiger selbst die Kriterien für eine substanzielle Geschäftstätigkeit erfüllt. 7

1. Prüfung der Nexus-Konformität durch die OECD

Das Forum on Harmful Tax Practices (FHTP) der OECD analysiert international bestehende Präferenzregime und stuft diese ggf. als Instrument schädlichen Steuerwettbewerbs ein. Die Analysen des FHTP werden im Rahmen von Reviews laufend aktualisiert und auf den Internetseiten der OECD bereitgestellt.[1]

Das FHTP differenziert bei der Prüfung zwischen IP-Regimen, die ausschließlich Lizenzeinnahmen begünstigen und sonstigen Präferenzregimen, die nicht oder nicht ausschließlich für Lizenzeinnahmen gelten.

Die Mitgliedstaaten der OECD haben sich hinsichtlich der als schädlich eingestuften IP-Regime zu einer Abschaffung oder Nexus-konformen Anpassung der Regelungen bis spätestens 30. Juni 2021 verpflichtet.

a) IP-Regime

Soweit es sich um IP-Regime handelt, werden diese vom FHTP hinsichtlich ihrer Nexus-Konformität geprüft. IP-Regime gelten nur dann als schädlich, wenn sie nicht dem Nexus-Ansatz entsprechen.

Soweit das FHTP die geprüften IP-Regime als nicht mit dem Nexus-Ansatz vereinbar deklariert, sind die Voraussetzungen des § 4 j Absatz 1 Satz 4 EStG nicht erfüllt und die Abzugsbeschränkung kommt zur Anwendung. Eine Arbeitshilfe mit einer nicht abschließenden Liste der vom FHTP als nicht Nexuskonform eingestuften Präferenzregime hat BMF für die Veranlagungszeiträume 2018 bis 2020 bereitgestellt; vgl. BMF-Schreiben vom 6. Januar 2022 (BStBl. I S. 103). Die Abzugsbeschränkung nach § 4 j Absatz 1 Satz 1 EStG findet auch bei Nexus-konformer Anpassung des jeweiligen IP-Regimes bis zum Ende des Übergangszeitraums am 30. Juni 2021 Anwendung, soweit die Einnahmen auf Ebene des Gläubigers noch dem nicht Nexus-konformen IP-Regime unterlegen haben.

b) Sonstige Präferenzregime

Vom FHTP als „Sonstige Regelungen" kategorisierte Präferenzregime werden ebenfalls auf Elemente schädlichen Steuerwettbewerbs analysiert, jedoch im Gegensatz zu reinen IP-Regimen nicht hinsichtlich ihrer Nexus-Konformität geprüft. Für „Sonstige Regelungen" besteht ebenfalls die Verpflichtung, diese aufzuheben oder anzupassen, sofern sie vom FHTP als schädlich eingestuft wurden. Werden die beanstandeten Regelungen vor Abschluss der Prüfung aufgehoben, so läuft die Verpflichtung ins Leere.

2. Prüfung der Nexus-Konformität auf nationaler Ebene

Soweit Präferenzregelungen im Sinne der Lizenzschranke (vgl. I.) nicht vom FHTP auf ihre Nexus-Konformität geprüft wurden, muss diese Prüfung im Rahmen des inländischen Besteuerungsverfahrens vorgenommen werden. Dies kann insbesondere der Fall sein, wenn

- das FHTP das als Präferenzregelung i. S. d. Lizenzschranke anzusehende Präferenzregime als „Sonstige Regelung" eingestuft hat und deshalb keine Prüfung der Nexus-Konformität erfolgt,
- das Präferenzregime im Übergangszeitraum bis zum 30. Juni 2021 aufgehoben oder Nexus-konform angepasst wurde, sodass sich eine Prüfung durch das FHTP erübrigt hat oder eingestellt wurde, oder
- individuelle „Tax Rulings" vorliegen, die die Voraussetzungen einer Präferenzregelung im Sinne der Lizenzschranke erfüllen (vgl. I. 1.).

Darüber hinaus kann es aufgrund des Übergangszeitraumes bis zum 30. Juni 2021, in dem nicht Nexus-konforme Präferenzregime weiterbestehen und angewendet werden durften, zu einer Überschneidung des Anwendungszeitraumes von zwei Präferenzregimen in einem Staat kommen. So kann ein nicht Nexus-konformes „Altregime" neben einem neuen, Nexus-konformen Präferenzregime bestehen. In diesen Fällen ist für die Anwendung des § 4 j Absatz 1 Satz 4 EStG zu prüfen, ob die zum Abzug begehrten Aufwendungen beim Gläubiger tatsächlich dem Nexus-konformen Präferenzregime unterlegen haben.

III. Beweislastverteilung

Für die Beweislastverteilung bei Anwendung der Lizenzschranke gelten die allgemeinen Grundsätze. Danach trägt die Finanzverwaltung grundsätzlich die Beweislast für steuererhöhende und der Steuerpflichtige die Beweislast für steuermindernde Tatsachen. 8

[1] **Amtl. Anm.:** https://www.oecd.org/tax/beps/beps-actions/action5/.

Anl zu H 4j

1. Betriebsausgabenabzug und Abzugsbeschränkung

Die objektive Beweislast für die Höhe und betriebliche Veranlassung der Lizenzaufwendungen trägt der Steuerpflichtige.

Das Vorliegen einer Präferenzregelung i. S. d. § 4j Absatz 1 Satz 1 EStG mit daraus grundsätzlich resultierender Abzugsbeschränkung nach § 4j Absatz 3 EStG ist als steuererhöhende Tatsache in der objektiven Beweislast der Finanzverwaltung angesiedelt. Ein Rückgriff auf die vom FHTP bereitgestellten Reviews zum Nachweis einer Präferenzregelung ist dabei möglich, allerdings ist die Liste der geprüften Regime in den Reviews nicht als abschließende Aufzählung aller bestehenden Präferenzregelungen anzusehen.

2. Mitwirkungspflichten des Steuerpflichtigen

Bei der Prüfung der Abzugsbeschränkung hat der Steuerpflichtige wegen des Vorliegens eines Auslandssachverhalts den erhöhten Mitwirkungs- und Beweisvorsorgepflichten des § 90 Absatz 2 AO nachzukommen und die für die Prüfung im Einzelfall erforderlichen Unterlagen zur Verfügung zu stellen. Anderenfalls kann die Finanzbehörde ggf. nachteilige Schlüsse für den Steuerpflichtigen auch hinsichtlich solcher Tatsachen ziehen, für welche die Finanzverwaltung grundsätzlich die Beweislast trägt.

Soweit im Staat des Empfängers der Lizenzaufwendungen das Vorliegen einer Präferenzregelung festgestellt wurde, kann grundsätzlich von deren tatsächlicher Anwendung auf die Lizenzeinnahmen ausgegangen werden. Die Anwendung der Präferenzregelung kann vom Steuerpflichtigen jedoch durch entsprechende Nachweise widerlegt werden.

3. Nachweis der Regelbesteuerung

Der Nachweis, dass eine Lizenzzahlung an einen ausländischen Empfänger keiner Präferenzregelung unterlegen hat, kann grundsätzlich nur durch Vorlage von Unterlagen aus der Buchführung des Gläubigers der Lizenzaufwendungen sowie dem für den Veranlagungszeitraum ergangenen ausländischen Steuerbescheid nebst Berechnungsgrundlagen geführt werden.

Im Einzelnen muss sich aus den einzureichenden Unterlagen insbesondere ergeben, dass

- die Lizenzeinnahme in der Gewinnermittlung des Empfängers erfasst wurde,
- die Einnahme nicht durch einen fiktiven Betriebsausgabenabzug oder ähnlich begünstigende Regelungen verringert wurde, die an die Lizenzeinnahme anknüpfen,
- der Lizenzertrag in voller Höhe in die Steuerberechnung einbezogen wurde,
- kein ermäßigter Steuersatz/keine gänzliche Steuerbefreiung auf die Lizenzerträge angewendet wurde,
- das zur Nutzung überlassene Recht sich im zivilrechtlichen Eigentum bzw. im wirtschaftlichen Eigentum nach § 39 Absatz 2 Nr. 1 AO des Empfängers der Lizenzzahlungen befindet oder in Fällen der Unterlizenzierung, wer zivilrechtlicher bzw. wirtschaftlicher Eigentümer des überlassenen Rechtes ist und aus welcher Rechtsposition heraus die Unterlizenzierung an den deutschen Steuerpflichtigen erfolgt.

4. Ausnahme bei Nexus-Konformität der Präferenzregelung

Die Nexus-Konformität als Voraussetzung der Ausnahme in § 4j Absatz 1 Satz 4 EStG ist als begünstigende, steuermindernde Tatsache grundsätzlich vom Steuerpflichtigen nachzuweisen.

Bei einer durch das FHTP bestätigten Nexus-Konformität einer Präferenzregelung sind die Voraussetzungen des Ausnahmetatbestandes erfüllt. Es bedarf insoweit keines weiteren Nachweises durch den Steuerpflichtigen. Zum zeitgleichen Bestehen sowohl Nexus-konformer als auch nicht Nexus-konformer Präferenzregelungen im gleichen Staat siehe II. 2. In diesen Fällen hat der Steuerpflichtige nachzuweisen, dass die Lizenzzahlung der Nexus-konformen Regelung unterlegen hat. Wenn der Steuerpflichtige eine Bestätigung der ausländischen Finanzbehörde vorlegen kann, dass die fraglichen Einnahmen der Nexus-konformen Präferenzregelung unterlegen haben, ist der Nachweis durch den Steuerpflichtigen erbracht.

Soweit das FHTP die fehlende Nexus-Konformität eines Präferenzregimes festgestellt hat, liegen die Voraussetzungen der Ausnahme nach § 4 j Absatz 1 Satz 4 EStG nicht vor.

Bei Präferenzregelungen, die vom FHTP nicht auf Nexus-Konformität geprüft wurden, hat der Steuerpflichtige den diesbezüglichen Nachweis anhand geeigneter Unterlagen zu erbringen. Erkenntnisse der Finanzverwaltung zur Nexus-Konformität einer Präferenzregelung, die aus vorangegangenen Prüfungen resultieren, sind jedoch zu berücksichtigen. Die Nexus-Konformität einer Präferenzregelung ist insoweit grundsätzlich keine Einzelfallprüfung.

EStG

§ 4k[1] Betriebsausgabenabzug bei Besteuerungsinkongruenzen

(1) ① Aufwendungen für die Nutzung oder im Zusammenhang mit der Übertragung von Kapitalvermögen sind insoweit nicht als Betriebsausgaben abziehbar, als die den Aufwendungen entsprechenden Erträge auf Grund einer vom deutschen Recht abweichenden steuerlichen Qualifikation oder Zurechnung des Kapitalvermögens nicht oder niedriger als bei dem deutschen Recht entsprechender Qualifikation oder Zurechnung besteuert werden. ② Satz 1 gilt nicht, soweit die Besteuerungsinkongruenz voraussichtlich in einem künftigen Besteuerungszeitraum beseitigt wird und die Zahlungsbedingungen einem Fremdvergleich standhalten. 1

(2) ① Soweit nicht bereits die Voraussetzungen für die Versagung des Betriebsausgabenabzugs nach Absatz 1 vorliegen, sind Aufwendungen auch insoweit nicht als Betriebsausgaben abziehbar, als die den Aufwendungen entsprechenden Erträge auf Grund einer vom deutschen Recht abweichenden steuerlichen Behandlung des Steuerpflichtigen oder auf Grund einer vom deutschen Recht abweichenden steuerlichen Beurteilung von anzunehmenden schuldrechtlichen Beziehungen im Sinne des § 1 Absatz 4 Satz 1 Nummer 2 des Außensteuergesetzes in keinem Staat einer tatsächlichen Besteuerung unterliegen. ② Handelt es sich bei dem Gläubiger der Erträge im Sinne des Satzes 1 um einen unbeschränkt steuerpflichtigen, unmittelbaren oder mittelbaren Gesellschafter einer ausländischen vermögensverwaltenden Personengesellschaft oder um eine Personengesellschaft, an der ein solcher Gesellschafter unmittelbar oder mittelbar beteiligt ist, gilt § 39 Absatz 2 Nummer 2 der Abgabenordnung nicht, soweit die in Satz 1 genannten Aufwendungen in dem anderen Staat zum Abzug zugelassen sind und die den Aufwendungen entsprechenden Erträge durch die vom deutschen Recht abweichende Zurechnung keiner tatsächlichen Besteuerung unterliegen. ③ Satz 1 gilt nicht, soweit den Aufwendungen Erträge desselben Steuerpflichtigen gegenüberstehen, die sowohl im Inland als auch nachweislich in dem Staat des Gläubigers oder, wenn es sich bei dem Gläubiger um eine Personengesellschaft handelt, im Staat des unmittelbaren oder mittelbaren Gesellschafters beziehungsweise des anderen Unternehmensteils im Rahmen einer anzunehmenden schuldrechtlichen Beziehung einer tatsächlichen Besteuerung unterliegen. 2

(3) Soweit nicht bereits die Voraussetzungen für die Versagung des Betriebsausgabenabzugs nach den vorstehenden Absätzen vorliegen, sind Aufwendungen auch insoweit nicht als Betriebsausgaben abziehbar, als die den Aufwendungen entsprechenden Erträge auf Grund deren vom deutschen Recht abweichender steuerlicher Zuordnung oder Zurechnung nach den Rechtsvorschriften anderer Staaten in keinem Staat einer tatsächlichen Besteuerung unterliegen. 3

(4) ① Soweit nicht bereits die Voraussetzungen für die Versagung des Betriebsausgabenabzugs nach den vorstehenden Absätzen vorliegen, sind Aufwendungen auch insoweit nicht als Betriebsausgaben abziehbar, als die Aufwendungen auch in einem anderen Staat berücksichtigt werden. ② Eine Berücksichtigung der Aufwendungen im Sinne des Satzes 1 liegt bei unbeschränkt Steuerpflichtigen auch vor, wenn der andere Staat den Abzug der Aufwendungen bereits nach seinen Vorschriften nicht zulässt, die diesem oder den vorstehenden Absätzen entsprechen; dies gilt nicht, wenn der Abzug der Aufwendungen in einem anderen Staat auf Grund einer diesem Absatz entsprechenden Regelung nicht zugelassen wird bei 4

1. einem mittelbaren oder unmittelbaren Gesellschafter eines unbeschränkt Steuerpflichtigen im Sinne des § 1 des Körperschaftsteuergesetzes oder
2. dem Steuerpflichtigen, sofern sich dessen Wohnsitz, Sitz oder Ort der Geschäftsleitung auch in einem anderen Mitgliedstaat der Europäischen Union befindet und dieser Staat den Steuerpflichtigen für Zwecke der Anwendung eines Abkommens zur Vermeidung der Doppelbesteuerung zwischen der Bundesrepublik Deutschland und diesem Staat als nicht in diesem Staat ansässig behandelt.

③ Satz 1 gilt nicht, soweit den Aufwendungen Erträge desselben Steuerpflichtigen gegenüberstehen, die sowohl im Inland als auch nachweislich in dem anderen Staat einer tatsächlichen Besteuerung unterliegen. ④ Bei unbeschränkt Steuerpflichtigen, bei denen eine Doppelbesteuerung durch Anrechnung oder Abzug der ausländischen Steuer vermieden wird, finden die Sätze 1 bis 3 nur Anwendung, soweit die Aufwendungen auch Erträge in einem anderen Staat mindern, die nicht der inländischen Besteuerung unterliegen.

(5) ① Soweit nicht bereits die Voraussetzungen für die Versagung des Betriebsausgabenabzugs nach den vorstehenden Absätzen vorliegen, sind Aufwendungen auch insoweit nicht als Betriebsausgaben abziehbar, als den aus diesen Aufwendungen un- 5

[1] Zu erstmaligen Anwendung siehe § 52 Abs. 8 c EStG.

EStG

mittelbar oder mittelbar resultierenden Erträgen Aufwendungen gegenüberstehen, deren Abzug beim Gläubiger, einem weiteren Gläubiger oder einer anderen Person bei entsprechender Anwendung dieses Absatzes oder der Absätze 1 bis 4 versagt würde. ② Satz 1 findet keine Anwendung, soweit der steuerliche Vorteil infolge einer Besteuerungsinkongruenz im Sinne dieses Absatzes oder der Absätze 1 bis 4 bereits beim Gläubiger, beim weiteren Gläubiger oder bei der anderen Person im Sinne des Satzes 1 beseitigt wird.

6 (6) ① **Die Absätze 1 bis 5 finden nur Anwendung, wenn der Tatbestand dieser Absätze zwischen nahestehenden Personen im Sinne des § 1 Absatz 2 des Außensteuergesetzes oder zwischen einem Unternehmen und seiner Betriebsstätte verwirklicht wird oder wenn eine strukturierte Gestaltung anzunehmen ist. ② Einer Person, die mit einer anderen Person durch abgestimmtes Verhalten zusammenwirkt, werden für Zwecke dieses Absatzes und der Absätze 1 bis 5 die Beteiligung, die Stimmrechte und die Gewinnbezugsrechte der anderen Person zugerechnet. ③ Eine strukturierte Gestaltung im Sinne des Satzes 1 ist anzunehmen, wenn der steuerliche Vorteil, der sich ohne die Anwendung der vorstehenden Absätze ergeben würde, ganz oder zum Teil in die Bedingungen der vertraglichen Vereinbarungen eingerechnet wurde oder die Bedingungen der vertraglichen Vereinbarungen oder die den vertraglichen Vereinbarungen zugrunde liegenden Umstände darauf schließen lassen, dass die an der Gestaltung Beteiligten den steuerlichen Vorteil erwarten konnten. ④ Ein Steuerpflichtiger wird nicht als Teil einer strukturierten Gestaltung behandelt, wenn nach den äußeren Umständen vernünftigerweise nicht davon auszugehen ist, dass ihm der steuerliche Vorteil bekannt war und er nachweist, dass er nicht an dem steuerlichen Vorteil beteiligt wurde.**

7 (7) **Die Absätze 1 bis 6 sind ungeachtet der Vorschriften eines Abkommens zur Vermeidung der Doppelbesteuerung anzuwenden.**

§ 5 Gewinn bei Kaufleuten und bei bestimmten anderen Gewerbetreibenden EStG

(1) ① Bei Gewerbetreibenden, die auf Grund gesetzlicher Vorschriften verpflichtet sind, Bücher zu führen und regelmäßig Abschlüsse zu machen, oder die ohne eine solche Verpflichtung Bücher führen und regelmäßig Abschlüsse machen, ist für den Schluss des Wirtschaftsjahres das Betriebsvermögen anzusetzen (§ 4 Absatz 1 Satz 1), das nach den handelsrechtlichen Grundsätzen ordnungsmäßiger Buchführung auszuweisen ist, es sei denn, im Rahmen der Ausübung eines steuerlichen Wahlrechts wird oder wurde ein anderer Ansatz gewählt. ② Voraussetzung für die Ausübung steuerlicher Wahlrechte ist, dass die Wirtschaftsgüter, die nicht mit dem handelsrechtlich maßgeblichen Wert in der steuerlichen Gewinnermittlung ausgewiesen werden, in besondere, laufend zu führende Verzeichnisse aufgenommen werden. ③ In den Verzeichnissen sind der Tag der Anschaffung oder Herstellung, die Anschaffungs- oder Herstellungskosten, die Vorschrift des ausgeübten steuerlichen Wahlrechts und die vorgenommenen Abschreibungen nachzuweisen. 1

(1 a) ① Posten der Aktivseite dürfen nicht mit Posten der Passivseite verrechnet werden. ② Die Ergebnisse der in der handelsrechtlichen Rechnungslegung zur Absicherung finanzwirtschaftlicher Risiken gebildeten Bewertungseinheiten[1] sind auch für die steuerliche Gewinnermittlung maßgeblich. 1a

(2) Für immaterielle Wirtschaftsgüter des Anlagevermögens ist ein Aktivposten nur anzusetzen, wenn sie entgeltlich erworben wurden. 2

(2 a)[2] Für Verpflichtungen, die nur zu erfüllen sind, soweit künftig Einnahmen oder Gewinne anfallen, sind Verbindlichkeiten oder Rückstellungen erst anzusetzen, wenn die Einnahmen oder Gewinne angefallen sind. 2a

(3) ① Rückstellungen wegen Verletzung fremder Patent-, Urheber- oder ähnlicher Schutzrechte dürfen erst gebildet werden, wenn 3

1. der Rechtsinhaber Ansprüche wegen der Rechtsverletzung geltend gemacht hat oder
2. mit einer Inanspruchnahme wegen der Rechtsverletzung ernsthaft zu rechnen ist.

② Eine nach Satz 1 Nummer 2 gebildete Rückstellung ist spätestens in der Bilanz des dritten auf ihre erstmalige Bildung folgenden Wirtschaftsjahres gewinnerhöhend aufzulösen, wenn Ansprüche nicht geltend gemacht worden sind.

(4) Rückstellungen für die Verpflichtung zu einer Zuwendung anlässlich eines Dienstjubiläums dürfen nur gebildet werden, wenn das Dienstverhältnis mindestens zehn Jahre bestanden hat, das Dienstjubiläum das Bestehen eines Dienstverhältnisses von mindestens 15 Jahren voraussetzt, die Zusage schriftlich erteilt ist und soweit der Zuwendungsberechtigte seine Anwartschaft nach dem 31. Dezember 1992 erwirbt. 4

(4 a) ① Rückstellungen für drohende Verluste aus schwebenden Geschäften dürfen nicht gebildet werden. ② Das gilt nicht für Ergebnisse nach Absatz 1 a Satz 2. 4a

(4 b) ① Rückstellungen für Aufwendungen, die in künftigen Wirtschaftsjahren als Anschaffungs- oder Herstellungskosten eines Wirtschaftsguts zu aktivieren sind, dürfen nicht gebildet werden. ② Rückstellungen für die Verpflichtung zur schadlosen Verwertung radioaktiver Reststoffe sowie ausgebauter oder abgebauter radioaktiver Anlagenteile dürfen nicht gebildet werden, soweit Aufwendungen im Zusammenhang mit der Bearbeitung oder Verarbeitung von Kernbrennstoffen stehen, die aus der Aufarbeitung bestrahlter Kernbrennstoffe gewonnen worden sind und keine radioaktiven Abfälle darstellen. 4b

(5) ① Als Rechnungsabgrenzungsposten sind nur anzusetzen 5

1. auf der Aktivseite Ausgaben vor dem Abschlussstichtag, soweit sie Aufwand für eine bestimmte Zeit nach diesem Tag darstellen;
2. auf der Passivseite Einnahmen vor dem Abschlussstichtag, soweit sie Ertrag für eine bestimmte Zeit nach diesem Tag darstellen.

② Der Ansatz eines Rechnungsabgrenzungspostens kann unterbleiben, wenn die jeweilige Ausgabe oder Einnahme im Sinne des Satzes 1 den Betrag des § 6 Absatz 2 Satz 1 nicht übersteigt; das Wahlrecht ist einheitlich für alle Ausgaben und Einnahmen im Sinne des Satzes 1 auszuüben.[3] ③ Auf der Aktivseite sind ferner anzusetzen

1. als Aufwand berücksichtigte Zölle und Verbrauchsteuern, soweit sie auf am Abschlussstichtag auszuweisende Wirtschaftsgüter des Vorratsvermögens entfallen,
2. als Aufwand berücksichtigte Umsatzsteuer auf am Abschlussstichtag auszuweisende Anzahlungen.

---

[1] Siehe dazu auch *Vfg. OFD Frankfurt vom 22. 3. 2012, S 2133 A – A – 30 – St 210 (DStR S. 1389).*

[2] Zu den Auswirkungen des § 5 Abs. 2 a EStG auf die Passivierung von Verbindlichkeiten bei Vereinbarung eines Rangrücktritts siehe BMF-Schreiben vom 8. 9. 2006 (BStBl. I S. 497), abgedruckt als Anlage c zu R 4.2 (15) EStR.

[3] Zur Anwendung siehe § 52 Abs. 9 Satz 1 EStG.

EStG

6 (6) **Die Vorschriften über die Entnahmen und die Einlagen, über die Zulässigkeit der Bilanzänderung, über die Betriebsausgaben, über die Bewertung und über die Absetzung für Abnutzung oder Substanzverringerung sind zu befolgen.**

7 (7)[1] ① **Übernommene Verpflichtungen, die beim ursprünglich Verpflichteten Ansatzverboten, -beschränkungen oder Bewertungsvorbehalten unterlegen haben, sind zu den auf die Übernahme folgenden Abschlussstichtagen bei dem Übernehmer und dessen Rechtsnachfolger so zu bilanzieren, wie sie beim ursprünglich Verpflichteten ohne Übernahme zu bilanzieren wären.** ② **Dies gilt in Fällen des Schuldbeitritts oder der Erfüllungsübernahme mit vollständiger oder teilweiser Schuldfreistellung für die sich aus diesem Rechtsgeschäft ergebenden Verpflichtungen sinngemäß.** ③ **Satz 1 ist für den Erwerb eines Mitunternehmeranteils entsprechend anzuwenden.** ④ **Wird eine Pensionsverpflichtung unter gleichzeitiger Übernahme von Vermögenswerten gegenüber einem Arbeitnehmer übernommen, der bisher in einem anderen Unternehmen tätig war, ist Satz 1 mit der Maßgabe anzuwenden, dass bei der Ermittlung des Teilwertes der Verpflichtung der Jahresbetrag nach § 6 a Absatz 3 Satz 2 Nummer 1 so zu bemessen ist, dass zu Beginn des Wirtschaftsjahres der Übernahme der Barwert der Jahresbeträge zusammen mit den übernommenen Vermögenswerten gleich dem Barwert der künftigen Pensionsleistungen ist; dabei darf sich kein negativer Jahresbetrag ergeben.** ⑤ **Für einen Gewinn, der sich aus der Anwendung der Sätze 1 bis 3 ergibt, kann jeweils in Höhe von vierzehn Fünfzehntel eine gewinnmindernde Rücklage gebildet werden, die in den folgenden 14 Wirtschaftsjahren jeweils mit mindestens einem Vierzehntel gewinnerhöhend aufzulösen ist (Auflösungszeitraum).**[2] ⑥ **Besteht eine Verpflichtung, für die eine Rücklage gebildet wurde, bereits vor Ablauf des maßgebenden Auflösungszeitraums nicht mehr, ist die insoweit verbleibende Rücklage erhöhend aufzulösen.**

Übersicht

[1] Zur erstmaligen Anwendung siehe § 52 Abs. 9 Sätze 2 bis 4 EStG.

[2] Bei Schuldübertragungen, Schuldbeitritten und Erfüllungsübernahmen, die vor dem 14. 12. 2011 vereinbart wurden, ist Absatz 7 Satz 5 mit der Maßgabe anzuwenden, dass für einen Gewinn, der sich aus der Anwendung von Absatz 7 Satz 1 bis 3 ergibt, jeweils in Höhe von 19 Zwanzigsteln eine gewinnmindernde Rücklage gebildet werden kann, die in den folgenden 19 Wj. jeweils mit mindestens einem Neunzehntel gewinnerhöhend aufzulösen ist, siehe § 52 Abs. 9 Satz 4 EStG.

R 5.1. Allgemeines zum Betriebsvermögensvergleich nach § 5 EStG *(unbesetzt)*

R 5.1

11

H 5.1

12

Besonderes, laufend zu führendes Verzeichnis → BMF vom 12. 3. 2010 (BStBl. I S. 239)[1], Rz. 19 ff.

Betriebsvermögensvergleich für gewerbliche Betriebe → R 4.1 Abs. 2.

Bodengewinnbesteuerung → H 55 (Abschreibung auf den niedrigeren Teilwert, Bodengewinnbesteuerung).

Buchführungspflicht einer Personenhandelsgesellschaft für ihr gesamtes Betriebsvermögen (→ R 4.2 Abs. 2) einschließlich etwaigen Sonderbetriebsvermögens der Gesellschafter ergibt sich aus § 141 AO (→ BFH vom 23. 10. 1990 – BStBl. 1991 II S. 401 und vom 11. 3. 1992 – BStBl. II S. 797).

Buchführungs- und Aufzeichnungspflichten nach anderen Gesetzen → AEAO[2] zu § 140 AO.

Gesetzliche Vorschriften
- für die Buchführung und den Jahresabschluss i. S. d. § 5 Abs. 1 Satz 1 EStG sind insbesondere die handelsrechtlichen Vorschriften (§§ 238, 240, 241 a, 242, 264–264 c, 336, 340 a und 341 a HGB) und die Vorschriften des § 141 AO.
- für die Buchführungspflicht können auch ausländische Rechtsnormen sein (→ R 4.1 Abs. 4 Satz 2 und BFH vom 25. 6. 2014 – BStBl. 2015 II S. 141).

Gewinnermittlung für Sonderbetriebsvermögen der Gesellschafter einer gewerblich tätigen Personenhandelsgesellschaft (→ R 4.2 Abs. 2) richtet sich ebenfalls nach § 5 EStG; sie erfolgt in der Weise, dass die Steuerbilanz der Gesellschaft mit den Ergebnissen etwaiger Ergänzungsbilanzen und den Sonderbilanzen der Gesellschafter zusammengefasst wird (→ BFH vom 11. 3. 1992 – BStBl. II S. 797).

Handelsregister
- **Eintragung im Handelsregister** ist für Annahme eines Gewerbebetriebs allein nicht entscheidend (→ BFH vom 29. 1. 1952 – BStBl. III S. 99 und vom 14. 2. 1956 – BStBl. III S. 103).
- **Personengesellschaft** – Ist eine Personengesellschaft in das Handelsregister eingetragen, so besteht die Vermutung, dass gewerbliche Einkünfte vorliegen (→ BFH vom 6. 10. 1977 – BStBl. 1978 II S. 54). Diese Vermutung kann durch den Nachweis widerlegt werden, dass die Personengesellschaft eindeutig kein Handelsgewerbe betreibt (→ BFH vom 19. 3. 1981 – BStBl. II S. 527).

Maßgeblichkeit der Handelsbilanz[3]
- Zur Maßgeblichkeit der handelsrechtlichen Grundsätze ordnungsmäßiger Buchführung für die steuerliche Gewinnermittlung → BMF vom 12. 3. 2010 (BStBl. I S. 239)[1] unter Berücksichtigung der Änderungen durch BMF vom 22. 6. 2010 (BStBl. I S. 597).
- Zur Maßgeblichkeit der Handelsbilanz bei der Bewertung von Rückstellungen → H 6.11.

Passivierungsverbot nach § 5 Abs. 2 a EStG. Die Regelung des § 5 Abs. 2 a EStG betrifft sowohl den Ansatz „dem Grunde nach" als auch den (weiteren) Ansatz „der Höhe nach", wenn zwar „tilgungsrelevante" Einnahmen (Erlöse) oder Gewinne angefallen sind, diese aber zur vollständigen Tilgung der Verbindlichkeit nicht ausreichen. In diesem Fall besteht für den Teil der Verbindlichkeit, der nicht aus den erwirtschafteten Beträgen getilgt werden kann, das Passivierungsverbot fort (→ BFH vom 10. 7. 2019 – BStBl. II S. 803).

Schreiben betr. Maßgeblichkeit der handelsrechtlichen Grundsätze ordnungsmäßiger Buchführung für die steuerliche Gewinnermittlung; Änderung des § 5 Absatz 1 EStG durch das Gesetz zur Modernisierung des Bilanzrechts (Bilanzrechtsmodernisierungsgesetz – BilMoG) vom 15. Mai 2009 (BGBl. I S. 1102, BStBl. I S. 650)

Anl zu H 5.1

Vom 12. März 2010 (BStBl. I S. 239)

(BMF IV C 6 – S 2133/09/10001; DOK 2010/0482262)

Geändert durch BMF-Schreiben v. 22. 6. 2010 (BStBl. I S. 597)

Durch das Gesetz zur Modernisierung des Bilanzrechts (BilMoG vom 25. Mai 2009, BGBl. I S. 1102, 12a
BStBl. I S. 650) wurde § 5 Absatz 1 EStG geändert. Danach ist für den Schluss des Wirtschaftsjahres das Betriebsvermögen anzusetzen (§ 4 Absatz 1 Satz 1 EStG), das nach den handelsrecht-

---

[1] Nachstehend abgedruckt.
[2] Abgedruckt im „AO/FGO-Handbuch 2023" als Anlage zu § 140 AO.
[3] Siehe dazu „Beck'sches Steuerberater-Handbuch 2023/2024", Teil A, Rz. 99 ff., Maßgeblichkeitsgrundsatz.

Anl zu H 5.1

lichen Grundsätzen ordnungsmäßiger Buchführung auszuweisen ist, es sei denn, im Rahmen der Ausübung eines steuerlichen Wahlrechtes wird oder wurde ein anderer Ansatz gewählt (§ 5 Absatz 1 Satz 1 EStG). § 5 Absatz 1 Satz 2 und 3 EStG knüpfen die Ausübung steuerlicher Wahlrechte an bestimmte Dokumentationspflichten. Zur Anwendung des § 5 Absatz 1 EStG i. d. F. des BilMoG nehme ich im Einvernehmen mit den obersten Finanzbehörden der Länder wie folgt Stellung:

I. Maßgeblichkeit der handelsrechtlichen Grundsätze ordnungsmäßiger Buchführung für die steuerliche Gewinnermittlung

1. Anwendung des § 5 Absatz 1 Satz 1 Halbsatz 1 EStG

1 Ausgangspunkt für die Ermittlung des steuerlichen Gewinns ist der Betriebsvermögensvergleich nach § 4 Absatz 1 Satz 1 EStG. Bei Gewerbetreibenden, die auf Grund gesetzlicher Vorschriften verpflichtet sind, Bücher zu führen und regelmäßig Abschlüsse zu machen, oder die dies freiwillig machen, ist das Betriebsvermögen anzusetzen, das nach den handelsrechtlichen Grundsätzen ordnungsmäßiger Buchführung auszuweisen ist (§ 5 Absatz 1 EStG). Soweit der Steuerpflichtige keine gesonderte Steuerbilanz aufstellt, ist Grundlage für die steuerliche Gewinnermittlung die Handelsbilanz unter Beachtung der vorgeschriebenen steuerlichen Anpassungen (§ 60 Absatz 2 Satz 1 EStDV).

2 Die allgemeinen Grundsätze zur Aktivierung, Passivierung und Bewertung der einzelnen Bilanzposten wurden durch das BilMoG nicht geändert und sind für die steuerliche Gewinnermittlung maßgeblich. Der Grundsatz der Maßgeblichkeit wird durch die steuerlichen Ansatz- und Bewertungsvorbehalte durchbrochen (§ 5 Absatz 1 a bis 4 b, Absatz 6; §§ 6, 6 a und 7 EStG).

a) Ansatz von Wirtschaftsgütern, Schulden und Rechnungsabgrenzungsposten

aa) Aktivierungsgebote, Aktivierungsverbote und Aktivierungswahlrechte

3 Handelsrechtliche Aktivierungsgebote und Aktivierungswahlrechte führen zu Aktivierungsgeboten in der Steuerbilanz, es sei denn, die Aktivierung in der Steuerbilanz ist aufgrund einer steuerlichen Regelung ausgeschlossen.

Beispiel: Selbst geschaffene immaterielle Wirtschaftsgüter (§ 248 Absatz 2 Satz 1 HGB/§ 5 Absatz 2 EStG)

Nach § 248 Absatz 2 HGB können selbst geschaffene immaterielle Vermögensgegenstände des Anlagevermögens als Aktivposten in die Bilanz aufgenommen werden, soweit es sich nicht um Marken, Drucktitel, Verlagsrechte, Kundenlisten oder vergleichbare immaterielle Vermögensgegenstände des Anlagevermögens handelt. Eine Aktivierung selbst geschaffener immaterieller Wirtschaftsgüter des Anlagevermögens ist nach § 5 Absatz 2 EStG ausgeschlossen. Das Aktivierungswahlrecht in der Handelsbilanz führt nicht zu einem Aktivierungsgebot in der Steuerbilanz.

bb) Passivierungsgebote, Passivierungsverbote und Passivierungswahlrechte

4 Handelsrechtliche Passivierungsgebote sind – vorbehaltlich steuerlicher Vorschriften – auch für die steuerliche Gewinnermittlung maßgeblich. So sind für Pensionsverpflichtungen nach den Grundsätzen ordnungsmäßiger Buchführung Rückstellungen für ungewisse Verbindlichkeiten zu bilden (im Einzelnen Randnummern 9 bis 11).
Passivierungsverbote und Passivierungswahlrechte in der Handelsbilanz führen zu Passivierungsverboten in der Steuerbilanz (BFH vom 3. Februar 1969, BStBl. II S. 291).

b) Bewertungswahlrechte und Bewertungsvorbehalte

5 Bewertungswahlrechte, die in der Handelsbilanz ausgeübt werden können, ohne dass eine eigenständige steuerliche Regelung besteht, wirken wegen des maßgeblichen Handelsbilanzansatzes auch auf den Wertansatz in der Steuerbilanz.

Beispiel 1: Fremdkapitalzinsen (§ 255 Absatz 3 Satz 2 HGB; R 6.3 Absatz 4 EStR)[1]

6 Zinsen für Fremdkapital gelten gemäß § 255 Absatz 3 Satz 2 HGB als Herstellungskosten des Vermögensgegenstands, wenn das Fremdkapital zur Herstellung eines Vermögensgegenstands verwendet wird. Sind handelsrechtlich Fremdkapitalzinsen in die Herstellungskosten einbezogen worden, sind sie gemäß § 5 Absatz 1 Satz 1 Halbsatz 1 EStG auch in der steuerlichen Gewinnermittlung als Herstellungskosten zu beurteilen.

Beispiel 2: Bewertungsvereinfachungsverfahren (§ 240 Absatz 3 und 4 HGB)

7 Nach § 240 Absatz 3 (Festwertbewertung) und 4 (Gruppenbewertung) HGB werden bei der Bewertung bestimmter Wirtschaftsgüter unter den genannten Voraussetzungen Erleichterungen gewährt. Steuerliche Regelungen hierzu bestehen nicht. Aufgrund des § 5 Absatz 1 Satz 1 EStG sind bei Anwendung dieser Bewertungsvereinfachungsverfahren die Wertansätze der Handelsbilanz in die Steuerbilanz zu übernehmen.

Beispiel 3: Einbeziehungswahlrechte (§ 255 Absatz 2 Satz 3 HGB)

8[2] Nach § 255 Absatz 2 Satz 3 HGB ist der Kaufmann nicht verpflichtet, sondern berechtigt, angemessene Teile der Kosten der allgemeinen Verwaltung sowie angemessene Aufwendungen für soziale Einrichtungen des Betriebes, für freiwillige soziale Leistungen und für die betriebliche Alterversorgung bei der Berechnung der Herstellungskosten einzubeziehen. Bei der steuerlichen Gewinnermittlung sind nach § 6 Absatz 1 Nummer 2 Satz 1 EStG die Herstellungskosten anzusetzen, also alle Aufwendungen, die ihrer Art nach Herstellungskosten sind (BFH vom 21. Oktober 1993, BStBl. 1994 II S. 176). Dazu gehören auch die in § 255 Absatz 2 Satz 3 HGB aufgeführten Kosten. Die steuerrechtliche Bewertungsvorschrift geht wegen des Bewertungsvorbehaltes in § 5 Absatz 6 EStG der handelsrechtlichen Regelung vor. Das gilt auch dann, wenn der Kaufmann gem. § 255 Absatz 2 Satz 3 HGB vom Ansatz dieser Kosten als Teil der Herstellungskosten in der Handelsbilanz absehen kann (BFH vom 21. Oktober 1993, BStBl. 1994 II S. 176).

---

[1] Jetzt: R 6.3 Abs. 5 EStR 2012.
[2] Überholt durch § 6 Abs. 1 Nr. 1 b EStG.

c) Ansatz und Bewertung von Pensionsverpflichtungen im Sinne von § 6a EStG

9 Nach § 249 HGB müssen in der Handelsbilanz für unmittelbare Pensionszusagen Rückstellungen gebildet werden. Dieses Passivierungsgebot gilt auch für die steuerliche Gewinnermittlung. Die bilanzsteuerlichen Ansatz- und Bewertungsvorschriften des § 6a EStG schränken jedoch die Maßgeblichkeit des handelsrechtlichen Passivierungsgebotes ein.

10 In der steuerlichen Gewinnermittlung sind Pensionsrückstellungen nur anzusetzen, wenn die Voraussetzungen des § 6a Absatz 1 und 2 EStG (z. B. Schriftformerfordernis, § 6a Absatz 1 Nummer 3 EStG) erfüllt sind. Die Passivierung einer Pensionszusage unterliegt zudem dem Bewertungsvorbehalt des § 6a Absatz 3 und 4 EStG. Die Bewertung kann somit vom handelsrechtlichen Wert abweichen; die Regelungen in R 6a Absatz 20 Satz 2 bis 4 EStR[1], wonach der handelsrechtliche Ansatz der Pensionsrückstellung die Bewertungsobergrenze ist, sind nicht weiter anzuwenden.

11 Für laufende Pensionen und Anwartschaften auf Pensionen, die vor dem 1. Januar 1987 rechtsverbindlich zugesagt worden sind (sog. Altzusagen), gilt nach Artikel 28 des Einführungsgesetzes zum HGB in der durch Gesetz vom 19. Dezember 1985 (BGBl. I S. 2355, BStBl. 1986 I S. 94) geänderten Fassung weiterhin das handels- und steuerrechtliche Passivierungswahlrecht.

2. Anwendung des § 5 Absatz 1 Satz 1 Halbsatz 2 EStG

12 Steuerliche Wahlrechte können sich aus dem Gesetz oder aus den Verwaltungsvorschriften (z. B. R 6.5 Absatz 2 EStR, R 6.6 EStR oder BMF-Schreiben) ergeben.

a) Steuerliche Wahlrechte

13 Wahlrechte, die nur steuerrechtlich bestehen, können unabhängig vom handelsrechtlichen Wertansatz ausgeübt werden (§ 5 Absatz 1 Satz 1 Halbsatz 2 EStG). Die Ausübung des steuerlichen Wahlrechtes wird insoweit nicht nach § 5 Absatz 1 Satz 1 Halbsatz 1 EStG durch die Maßgeblichkeit der handelsrechtlichen Grundsätze ordnungsmäßiger Buchführung beschränkt.

Beispiel 1: Übertragung stiller Reserven bei der Veräußerung bestimmter Anlagegüter (§ 6b EStG)

14 Stille Reserven aus der Veräußerung bestimmter Anlagegüter können zur Vermeidung der Besteuerung auf die Anschaffungs- oder Herstellungskosten anderer bestimmter Wirtschaftsgüter übertragen werden. Dazu sind deren Anschaffungs- oder Herstellungskosten zu mindern. Soweit die Übertragung auf ein anderes Wirtschaftsgut nicht vorgenommen wird, kann der Steuerpflichtige eine den steuerlichen Gewinn mindernde Rücklage bilden. Eine Minderung der Anschaffungs- oder Herstellungskosten oder die Bildung einer entsprechenden Rücklage in der Handelsbilanz ist nach den Vorschriften des HGB nicht zulässig. Die Abweichung vom Handelsbilanzansatz in der Steuerbilanz wird durch § 5 Absatz 1 Satz 1 Halbsatz 2 EStG zugelassen.

Beispiel 2: Teilwertabschreibungen (§ 6 Absatz 1 Nummer 1 Satz 2 und Nummer 2 Satz 2 EStG)

15 Vermögensgegenstände des Anlage- und Umlaufvermögens sind bei voraussichtlich dauernder Wertminderung außerplanmäßig abzuschreiben (§ 253 Absatz 3 Satz 3, Absatz 4 HGB). Nach § 6 Absatz 1 Nummer 1 Satz 2 und Nummer 2 Satz 2 EStG kann bei einer voraussichtlich dauernden Wertminderung der Teilwert angesetzt werden. Die Vornahme einer außerplanmäßigen Abschreibung in der Handelsbilanz ist nicht zwingend in der Steuerbilanz durch eine Teilwertabschreibung nachzuvollziehen; der Steuerpflichtige kann darauf auch verzichten.
Hat der Steuerpflichtige in einem Wirtschaftsjahr eine Teilwertabschreibung vorgenommen und verzichtet er in einem darauf folgenden Jahr auf den Nachweis der dauernden Wertminderung (z. B. im Zusammenhang mit Verlustabzügen), ist zu prüfen, ob eine willkürliche Gestaltung vorliegt.

b) Handelsrechtliche und steuerliche Wahlrechte

16 Wahlrechte, die sowohl handelsrechtlich als auch steuerrechtlich bestehen, können aufgrund des § 5 Absatz 1 Satz 1 Halbsatz 2 EStG in der Handelsbilanz und in der Steuerbilanz unterschiedlich ausgeübt werden.

Beispiel 1: Verbrauchsfolgeverfahren (§ 256 HGB/§ 6 Absatz 1 Nummer 2a EStG)

17 Nach § 256 HGB kann für den Wertansatz gleichartiger Vermögensgegenstände des Vorratsvermögens eine bestimmte Verbrauchsfolge unterstellt werden (Fifo und Lifo). Steuerrechtlich besteht nach § 6 Absatz 1 Nummer 2a EStG dieses Wahlrecht nur für das Verbrauchsfolgeverfahren, bei dem die zuletzt angeschafften oder hergestellten Wirtschaftsgüter zuerst verbraucht oder veräußert werden (Lifo).
Die Anwendung des Verbrauchsfolgeverfahrens in der Steuerbilanz setzt nicht voraus, dass der Steuerpflichtige die Wirtschaftsgüter auch in der Handelsbilanz unter Verwendung von Verbrauchsfolgeverfahren bewertet. Eine Einzelbewertung der Wirtschaftsgüter in der Handelsbilanz steht der Anwendung des Verbrauchsfolgeverfahrens nach § 6 Absatz 1 Nummer 2a Satz 1 EStG unter Beachtung der dort genannten Voraussetzungen nicht entgegen.

Beispiel 2: lineare und degressive Absetzung für Abnutzung (§ 253 HGB/§ 5 Absatz 6 i. V. m. § 7 Absatz 2 EStG)

18 Gemäß § 253 Absatz 3 Satz 1 HGB sind bei Vermögensgegenständen des Anlagevermögens, deren Nutzung zeitlich begrenzt ist, die Anschaffungs- oder die Herstellungskosten um planmäßige Abschreibungen zu vermindern. Es ist demnach eine lineare oder degressive Abschreibung und eine Leistungsabschreibung sowie auch eine progressive Abschreibung möglich.
Gemäß § 7 Absatz 2 EStG i. d. F. des Gesetzes zur Umsetzung steuerrechtlicher Regelungen des Maßnahmenpakets „Beschäftigungssicherung durch Wachstumsstärkung" vom 21. Dezember 2008 (BGBl. I S. 2896, BStBl. 2009 I S. 133) kann bei beweglichen Wirtschaftsgütern des Anlagevermögens statt der Absetzung für Abnutzung in gleichen Jahresbeträgen (lineare Absetzung für Abnutzung) die Absetzung für Abnutzung in fallenden Jahresbeträgen (degressive Absetzung für Abnutzung) in Anspruch genommen werden. Die Absetzung für Abnutzung nach § 7 Absatz 2 EStG setzt nicht voraus, dass der Steuerpflichtige auch in der Handelsbilanz eine degressive Abschreibung vornimmt.

II. Aufzeichnungspflichten

19 Voraussetzung für die Ausübung steuerlicher Wahlrechte ist nach § 5 Absatz 1 Satz 2 EStG die Aufnahme der Wirtschaftsgüter, die nicht mit dem handelsrechtlich maßgeblichen Wert in der steuerli-

[1] EStR 2008.

chen Gewinnermittlung ausgewiesen werden, in besondere, laufend zu führende Verzeichnisse. Die Verzeichnisse sind Bestandteil der Buchführung. Sie müssen nach § 5 Absatz 1 Satz 3 EStG den Tag der Anschaffung oder Herstellung, die Anschaffungs- oder Herstellungskosten, die Vorschrift des ausgeübten steuerlichen Wahlrechtes und die vorgenommenen Abschreibungen enthalten. Bei der Ausübung steuerlicher Wahlrechte für Wirtschaftsgüter des Sonderbetriebsvermögens ist eine gesonderte Aufzeichnung nach § 5 Absatz 1 Satz 2 EStG nicht erforderlich. Dies gilt auch für Umwandlungsvorgänge des Umwandlungssteuerrechtes.

20 Eine besondere Form der Verzeichnisse ist nicht vorgeschrieben. Soweit die Angaben bereits im Anlagenverzeichnis oder in einem Verzeichnis für geringwertige Wirtschaftsgüter gemäß § 6 Absatz 2 Satz 4 EStG (für Wirtschaftsgüter, die nach dem 31. Dezember 2009 angeschafft, hergestellt oder in das Betriebsvermögen eingelegt worden sind) enthalten sind, oder das Anlagenverzeichnis um diese Angaben ergänzt wird, ist diese Dokumentation ausreichend. Zum Ausweis des Feldinventars genügt das Anbauverzeichnis nach § 142 AO. Die Aufstellung der Verzeichnisse kann auch nach Ablauf des Wirtschaftsjahres im Rahmen der Erstellung der Steuererklärung (z. B. bei vorbereitenden Abschlussbuchungen) erfolgen.

21 Die laufende Führung des in § 5 Absatz 1 Satz 3 EStG genannten Verzeichnisses ist Tatbestandsvoraussetzung für die wirksame Ausübung des jeweiligen steuerlichen Wahlrechtes. Wird das Verzeichnis nicht oder nicht vollständig geführt, ist der Gewinn hinsichtlich des betreffenden Wirtschaftsguts durch die Finanzbehörde so zu ermitteln, als wäre das Wahlrecht nicht ausgeübt worden. Wird ein steuerliches Wahlrecht im Wege der Bilanzänderung erstmals ausgeübt, ist dies durch eine Aufzeichnung nach § 5 Absatz 1 Satz 2 EStG zu dokumentieren.

22 Für die Bildung von steuerlichen Rücklagen ist eine Aufnahme in das besondere, laufend zu führende Verzeichnis nicht erforderlich, wenn die Rücklage in der Steuerbilanz abgebildet wird. Wird die Rücklage in einem folgenden Wirtschaftsjahr auf die Anschaffungs- oder Herstellungskosten eines Wirtschaftsgutes übertragen, handelt es sich um die Ausübung eines steuerlichen Wahlrechts im Sinne des § 5 Absatz 1 Satz 1 Halbsatz 2 EStG. Das Wirtschaftsgut ist mit den erforderlichen Angaben in das besondere, laufend zu führende Verzeichnis aufzunehmen. Soweit sich die Angaben aus der Buchführung im Sinne des § 6 b Absatz 4 EStG ergeben, ist diese Dokumentation ausreichend.

23 Behandelt ein Steuerpflichtiger Zuschüsse für Anlagegüter erfolgsneutral, indem er die Anschaffungs- oder Herstellungskosten für das Wirtschaftsgut um die erhaltenen Zuschüsse mindert (R 6.5 Absatz 2 Satz 3 EStR), ist die gesonderte Aufzeichnung nach § 5 Absatz 1 Satz 2 EStG erforderlich. Die Aufzeichnungspflicht entfällt, sofern der Steuerpflichtige die Zuschüsse als Betriebseinnahme ansetzt (R 6.5 Absatz 2 Satz 2 EStR).

III. Anwendungsregelung

24 § 5 Absatz 1 EStG i. d. F. des BilMoG ist nach § 52 Absatz 1 Satz 1 EStG[1] i. V. m. Artikel 15 des BilMoG erstmals für den Veranlagungszeitraum 2009, d. h. für Wirtschaftsjahre, die nach dem 31. Dezember 2008 enden, anzuwenden. Danach ist die Ausübung steuerlicher Wahlrechte nicht mehr an die Übereinstimmung mit der handelsrechtlichen Jahresbilanz gebunden. Änderungen in der Handelsbilanz, wie z. B. die Auflösung eines auf der Ausübung eines steuerlichen Wahlrechtes beruhenden Sonderpostens mit Rücklagenanteil nach § 247 Absatz 3 HGB a. F., haben ab diesem Zeitpunkt keine Auswirkungen auf die Steuerbilanz. Soweit handelsrechtlich die steuerlichen Ansätze im Rahmen der Übergangsvorschriften zum BilMoG noch beibehalten werden, bestehen die besonderen Aufzeichnungspflichten nicht.

25[2] Soweit Randnummer 8 von R 6.3 Absatz 4 EStR 2008 abweicht, ist es nicht zu beanstanden, wenn für Wirtschaftsjahre, die vor der Veröffentlichung einer geänderten Richtlinienfassung enden, noch nach R 6.3 Absatz 4 EStR 2008 verfahren wird.

R 5.2

R 5.2. Ordnungsmäßige Buchführung[3]

Kreditgeschäfte und ihre periodenweise Erfassung

13 (1) ① Bei Kreditgeschäften sind die Entstehung der Forderungen und Schulden und ihre Tilgung grundsätzlich als getrennte Geschäftsvorfälle zu behandeln. ② Bei einer doppelten Buchführung ist für Kreditgeschäfte in der Regel ein → Kontokorrentkonto, unterteilt nach Schuldnern und Gläubigern, zu führen. ③ Es ist jedoch nicht zu beanstanden, wenn Waren- und Kostenrechnungen, die innerhalb von acht Tagen nach Rechnungseingang oder innerhalb der ihrem gewöhnlichen Durchlauf durch den Betrieb entsprechenden Zeit beglichen werden, kontokorrentmäßig nicht erfasst werden. ④ Werden bei der Erstellung der Buchführung die Geschäftsvorfälle nicht laufend, sondern nur periodenweise gebucht, ist es nicht zu beanstanden, wenn die Erfassung der Kreditgeschäfte eines Monats im Grundbuch bis zum Ablauf des folgenden Monats erfolgt, sofern durch organisatorische Vorkehrungen sichergestellt ist, dass Buchführungsunterlagen bis zu ihrer Erfassung im Grundbuch nicht verloren gehen, z. B. durch laufende Nummerierung der eingehenden und ausgehenden Rechnungen oder durch ihre Ab-

[1] § 52 Abs. 1 EStG i. d. F. des JStG 2009.
[2] Rn. 25 angefügt durch BMF-Schreiben vom 22. 6. 2010 (BStBl. I S. 597). Jetzt aber überholt, siehe § 6 Abs. 1 Nr. 1b, § 52 Abs. 12 Satz 1 EStG.
[3] Siehe dazu „Beck'sches Steuerberater-Handbuch 2023/2024", Teil A, Rz. 46 ff., Buchführungs- und Aufzeichnungspflichten.

lage in besonderen Mappen oder Ordnern. ⑤ Neben der Erfassung der Kreditgeschäfte in einem Grundbuch müssen die unbaren Geschäftsvorfälle, aufgegliedert nach Geschäftspartnern, kontenmäßig dargestellt werden. ⑥ Dies kann durch Führung besonderer Personenkonten oder durch eine geordnete Ablage der nicht ausgeglichenen Rechnungen (Offene-Posten-Buchhaltung) erfüllt werden. ⑦ Ist die Zahl der Kreditgeschäfte verhältnismäßig gering, gelten hinsichtlich ihrer Erfassung die folgenden Erleichterungen:

a) Besteht kein laufender unbarer Geschäftsverkehr mit Geschäftspartnern, müssen für jeden Bilanzstichtag über die an diesem Stichtag bestehenden Forderungen und Schulden Personenübersichten aufgestellt werden.

b) Einzelhändler und Handwerker können Krediteinkäufe und Kreditverkäufe kleineren Umfangs vereinfacht buchen. ② Es genügt, wenn sie die Wareneinkäufe auf Kredit im Wareneingangsbuch in einer besonderen Spalte als Kreditgeschäfte kennzeichnen und den Tag der Begleichung der Rechnung vermerken. ③ Bei Kreditverkäufen reicht es aus, wenn sie einschließlich der Zahlung in einer Kladde festgehalten werden, die als Teil der Buchführung aufzubewahren ist. ④ Außerdem müssen in beiden Fällen für jeden Bilanzstichtag Personenübersichten aufgestellt werden.

Mängel der Buchführung

(2) ① Enthält die Buchführung formelle Mängel, ist ihre Ordnungsmäßigkeit nicht zu beanstanden, wenn das sachliche Ergebnis der Buchführung dadurch nicht beeinflusst wird und die Mängel kein erheblicher Verstoß gegen die Anforderungen an die → zeitgerechte Erfassung der Geschäftsvorfälle, die besonderen Anforderungen bei Kreditgeschäften, die Aufbewahrungsfristen sowie die Besonderheiten bei der Buchführung auf Datenträgern sind. ② Enthält die Buchführung materielle Mängel, z. B. wenn Geschäftsvorfälle nicht oder falsch gebucht sind, wird ihre Ordnungsmäßigkeit dadurch nicht berührt, wenn es sich dabei um unwesentliche Mängel handelt, z. B. wenn nur unbedeutende Vorgänge nicht oder falsch dargestellt sind. ③ Die Fehler sind dann zu berichtigen, oder das Buchführungsergebnis ist durch eine Zuschätzung richtig zu stellen. ④ Bei schwer wiegenden materiellen Mängeln gilt R 4.1 Abs. 2 Satz 3. **14**

H 5.2

15

Allgemeines. Zur Führung von Büchern und Aufzeichnungen → §§ 140 bis 148 AO.[1]

Aufbewahrungspflichten

- → § 147 AO (Ordnungsvorschriften für die Aufbewahrung von Unterlagen).
- → AEAO zu § 147 AO.[2]
- Haben Rechnungen usw. Buchfunktion, z. B. bei der Offene-Posten-Buchhaltung, so sind sie so lange wie Bücher aufzubewahren (§ 146 Abs. 5 i. V. m. § 147 Abs. 3 AO).
- Aufbewahrung digitaler Unterlagen bei Bargeschäften → BMF vom 26. 11. 2010 (BStBl. I S. 1342).[2]

Aufzeichnungspflichten. Besondere Aufzeichnungspflichten nach § 4 Abs. 7 EStG → R 4.11.

Belegablage. Anforderungen an eine geordnete und übersichtliche Belegablage → BFH vom 16. 9. 1964 (BStBl. III S. 654) und vom 23. 9. 1966 (BStBl. 1967 III S. 23).[3]

Beweiskraft der Buchführung → AEAO zu § 158 AO.[4]

Freie Berufe. Die Angehörigen der freien Berufe, die ihren Gewinn nach § 4 Abs. 1 EStG auf Grund ordnungsmäßiger Buchführung ermitteln, müssen bei der Buchung der Geschäftsvorfälle die allgemeinen Regeln der kaufmännischen Buchführung befolgen (→ BFH vom 18. 2. 1966 – BStBl. III S. 496). Das in § 252 Abs. 1 Nr. 4 2. Halbsatz HGB geregelte Realisationsprinzip findet auch für die Gewinnermittlung bilanzierender Freiberufler Anwendung (→ BFH vom 10. 9. 1998 – BStBl. 1999 II S. 21).

Gesellschafterwechsel. Eine Personengesellschaft ist nicht verpflichtet, auf den Stichtag eines Gesellschafterwechsels eine Zwischenbilanz aufzustellen (→ BFH vom 9. 12. 1976 – BStBl. 1977 II S. 241).

Grundbuchaufzeichnungen. Die Funktion der Grundbuchaufzeichnungen kann auf Dauer auch durch eine geordnete und übersichtliche Belegablage erfüllt werden (§ 239 Abs. 4 HGB; § 146 Abs. 5 AO).

Grundsätze ordnungsmäßiger Buchführung (GoB)

- Eine Buchführung ist ordnungsmäßig, wenn die für die kaufmännische Buchführung erforderlichen Bücher geführt werden, die Bücher förmlich in Ordnung sind und der Inhalt sachlich richtig ist (→ BFH vom 24. 6. 1997 – BStBl. 1998 II S. 51).
- Ein bestimmtes Buchführungssystem ist nicht vorgeschrieben; allerdings muss bei Kaufleuten die Buchführung den Grundsätzen der doppelten Buchführung entsprechen (§ 242 Abs. 3 HGB). Im Übrigen muss die Buchführung so beschaffen sein, dass sie einem sachverständigen Dritten innerhalb angemessener Zeit einen Überblick über die Geschäftsvorfälle und über

---

[1] Zu Informationen zum Thema „Ordnungsmäßigkeit der Kassenbuchführung" siehe *Vfg. OFD Karlsruhe vom 7. 8. 2020 S 0315-St 42 (DStR S. 2254).*
[2] Abgedruckt im „AO/FGO-Handbuch 2023" zu § 147 AO.
[3] Siehe auch *BFH-Urteil vom 26. 8. 1975 VIII R 109/70 (BStBl. 1976 II S. 210).*
[4] Abgedruckt im „AO/FGO-Handbuch 2023" zu § 158 AO.

die Vermögenslage des Unternehmens vermitteln kann. Die Geschäftsvorfälle müssen sich in ihrer Entstehung und Abwicklung verfolgen lassen (§ 238 Abs. 1 HGB; → auch BFH vom 18. 2. 1966 – BStBl. III S. 496 und vom 23. 9. 1966 – BStBl. 1967 III S. 23). Grundsätze zur ordnungsmäßigen Führung und Aufbewahrung von Büchern, Aufzeichnungen und Unterlagen in elektronischer Form sowie zum Datenzugriff (GoBS) → BMF vom 28. 11. 2019 (BStBl. I S. 1269).[1] Ordnungsvorschrift für die Buchführung und für Aufzeichnungen mittels elektronischer Aufzeichnungssysteme → § 146 a AO, → AEAO zu § 146 a AO.

– Bei Aufstellung der Bilanz sind alle wertaufhellenden Umstände zu berücksichtigen, die für die Verhältnisse am Bilanzstichtag von Bedeutung sind (→ BFH vom 20. 8. 2003 – BStBl. II S. 941). Als „wertaufhellend" sind nur die Umstände zu berücksichtigen, die zum Bilanzstichtag bereits objektiv vorlagen und nach dem Bilanzstichtag, aber vor dem Tag der Bilanzerstellung lediglich bekannt oder erkennbar wurden (→ BFH vom 19. 10. 2005 – BStBl. 2006 II S. 371).
– → Zeitgerechte Erfassung.

Inventurunterlagen. Vorlage der Inventurunterlagen → BFH vom 25. 3. 1966 (BStBl. III S. 487).

Jahresabschluss. Der Jahresabschluss muss „innerhalb der einem ordnungsmäßigen Geschäftsgang entsprechenden Zeit" (§ 243 Abs. 3 HGB) aufgestellt werden (→ BFH vom 6. 12. 1983 – BStBl. 1984 II S. 227); bei Kapitalgesellschaften gilt § 264 Abs. 1 HGB; bei bestimmten Personenhandelsgesellschaften gilt § 264 a i. V. m. § 264 Abs. 1 HGB, soweit nicht § 264 b HGB zur Anwendung kommt; bei Versicherungsunternehmen gilt § 341 a Abs. 1 HGB.

Kontokorrentkonto. Eine Buchführung ohne Kontokorrentkonto kann ordnungsmäßig sein, wenn die Honorarforderungen der Zeitfolge nach in einem Hilfsbuch erfasst sind und wenn der Stpfl. oder ein sachverständiger Dritter daraus in angemessener Zeit einen Überblick über die Außenstände gewinnen kann (→ BFH vom 18. 2. 1966 – BStBl. III S. 496).

Mikrofilmaufnahmen. Verwendung zur Erfüllung gesetzlicher Aufbewahrungspflichten → BMF vom 1. 2. 1984 (BStBl. I S. 155).

Personenübersichten. Wo ein laufender unbarer Geschäftsverkehr mit Geschäftsfreunden, der im Interesse der erforderlichen Übersicht die Führung eines kontenmäßig gegliederten Geschäftsfreundebuches sachlich notwendig macht, nicht gegeben ist, genügt es, wenn die unbaren Geschäftsvorfälle in Tagebüchern zeitfolgemäßig aufgezeichnet und im Kontokorrentbuch lediglich die am Bilanzstichtag bestehenden Forderungen und Schulden ausgewiesen werden (→ BFH vom 23. 2. 1951 – BStBl. III S. 75).

Zeitgerechte Erfassung. Die Eintragungen in den Geschäftsbüchern und die sonst erforderlichen Aufzeichnungen müssen vollständig, richtig, zeitgerecht und geordnet vorgenommen werden (§ 239 Abs. 2 HGB). Die zeitgerechte Erfassung der Geschäftsvorfälle erfordert – mit Ausnahme des baren Zahlungsverkehrs – keine tägliche Aufzeichnung. Es muss jedoch ein zeitlicher Zusammenhang zwischen den Vorgängen und ihrer buchmäßigen Erfassung bestehen (→ BFH vom 25. 3. 1992 – BStBl. II S. 1010).

R 5.3

R 5.3. Bestandsaufnahme des Vorratsvermögens

Inventur

31 (1) ① Die → Inventur für den Bilanzstichtag braucht nicht am Bilanzstichtag vorgenommen zu werden. ② Sie muss aber zeitnah – in der Regel innerhalb einer Frist von zehn Tagen vor oder nach dem Bilanzstichtag – durchgeführt werden. ③ Dabei muss sichergestellt sein, dass die Bestandsveränderungen zwischen dem Bilanzstichtag und dem Tag der Bestandsaufnahme anhand von Belegen oder Aufzeichnungen ordnungsgemäß berücksichtigt werden. ④ Können die Bestände aus besonderen, insbesondere klimatischen Gründen nicht zeitnah, sondern erst in einem größeren Zeitabstand vom Bilanzstichtag aufgenommen werden, sind an die Belege und Aufzeichnungen über die zwischenzeitlichen Bestandsveränderungen strenge Anforderungen zu stellen.

Zeitverschobene Inventur

32 (2) ① Nach § 241 Abs. 3 HGB kann die jährliche körperliche Bestandsaufnahme ganz oder teilweise innerhalb der letzten drei Monate vor oder der ersten zwei Monate nach dem Bilanzstichtag durchgeführt werden. ② Der dabei festgestellte Bestand ist nach Art und Menge in einem besonderen Inventar zu verzeichnen, das auch auf Grund einer → permanenten Inventur erstellt werden kann. ③ Der in dem besonderen Inventar erfasste Bestand ist auf den Tag der Bestandsaufnahme (Inventurstichtag) nach allgemeinen Grundsätzen zu bewerten. ④ Der sich danach ergebende Gesamtwert des Bestands ist dann wertmäßig auf den Bilanzstichtag fortzuschreiben oder zurückzurechnen. ⑤ Der Bestand braucht in diesem Fall auf den Bilanzstichtag nicht nach Art und Menge festgestellt zu werden; es genügt die Feststellung des Gesamtwerts des Bestands auf den Bilanzstichtag. ⑥ Die Bestandsveränderungen zwischen dem Inventurstichtag und dem Bi-

[1] Abgedruckt im „AO/FGO-Handbuch 2023" als Anlage zu § 146 AO.

lanzstichtag brauchen ebenfalls nicht nach Art und Menge aufgezeichnet zu werden. ⑦ Sie müssen nur wertmäßig erfasst werden. ⑧ Das Verfahren zur wertmäßigen Fortschreibung oder Rückrechnung des Gesamtwerts des Bestands am Inventurstichtag auf den Bilanzstichtag muss den Grundsätzen ordnungsmäßiger Buchführung entsprechen. ⑨ Die Fortschreibung des Warenbestands kann dabei nach der folgenden Formel vorgenommen werden, wenn die Zusammensetzung des Warenbestands am Bilanzstichtag von der des Warenbestands am Inventurstichtag nicht wesentlich abweicht: Wert des Warenbestands am Bilanzstichtag = Wert des Warenbestands am Inventurstichtag zuzüglich Wareneingang abzüglich Wareneinsatz (Umsatz abzüglich des durchschnittlichen Rohgewinns). ⑩ Voraussetzung für die Inanspruchnahme von steuerlichen Vergünstigungen, für die es auf die Zusammensetzung der Bestände am Bilanzstichtag ankommt, wie z. B. bei der Bewertung nach § 6 Abs. 1 Nr. 2 a EStG, ist jedoch, dass die tatsächlichen Bestände dieser Wirtschaftsgüter am Bilanzstichtag durch körperliche Bestandsaufnahme oder durch → permanente Inventur nachgewiesen werden.

Nichtanwendbarkeit der permanenten und der zeitverschobenen Inventur

(3) Eine → permanente oder eine zeitverschobene Inventur ist nicht zulässig 33

1. für Bestände, bei denen durch Schwund, Verdunsten, Verderb, leichte Zerbrechlichkeit oder ähnliche Vorgänge ins Gewicht fallende unkontrollierbare Abgänge eintreten, es sei denn, dass diese Abgänge auf Grund von Erfahrungssätzen schätzungsweise annähernd zutreffend berücksichtigt werden können;
2. für Wirtschaftsgüter, die – abgestellt auf die Verhältnisse des jeweiligen Betriebs – besonders wertvoll sind.

Fehlerhafte Bestandsaufnahme

(4) ① Fehlt eine körperliche Bestandsaufnahme oder enthält das Inventar in formeller oder materieller Hinsicht nicht nur unwesentliche Mängel, ist die Buchführung nicht als ordnungsmäßig anzusehen. ② R 5.2 Abs. 2 gilt entsprechend. 34

Anwendungsbereich

(5) Die Absätze 1 bis 4 gelten entsprechend für Stpfl., die nach § 141 Abs. 1 AO verpflichtet sind, Bücher zu führen und auf Grund jährlicher Bestandsaufnahme regelmäßig Abschlüsse zu machen, oder die freiwillig Bücher führen und regelmäßig Abschlüsse machen. 35

Inventur H 5.3

- Nach § 240 Abs. 2, § 242 Abs. 1 und 2 HGB haben Kaufleute für den Schluss eines jeden Geschäftsjahrs ein Inventar, eine Bilanz und eine Gewinn- und Verlustrechnung aufzustellen. Das Inventar, in dem die einzelnen Vermögensgegenstände nach Art, Menge und unter Angabe ihres Werts genau zu verzeichnen sind (→ BFH vom 23. 6. 1971 – BStBl. II S. 709), ist auf Grund einer **körperlichen Bestandsaufnahme** (Inventur) zu erstellen. 36
- Inventurerleichterungen → § 241 Abs. 1 HGB, → R 6.8 Abs. 4, → H 6.8 (Festwert), (Gruppenbewertung).
- → Permanente Inventur.

Permanente Inventur. Auf Grund des § 241 Abs. 2 HGB kann das Inventar für den Bilanzstichtag auch ganz oder teilweise auf Grund einer **permanenten Inventur** erstellt werden. Der Bestand für den Bilanzstichtag kann in diesem Fall nach Art und Menge anhand von Lagerbüchern (Lagerkarteien) festgestellt werden, wenn die folgenden Voraussetzungen erfüllt sind:

1. In den Lagerbüchern und Lagerkarteien müssen alle Bestände und alle Zugänge und Abgänge einzeln nach Tag, Art und Menge (Stückzahl, Gewicht oder Kubikinhalt) eingetragen werden. Alle Eintragungen müssen belegmäßig nachgewiesen werden.
2. In jedem Wj. muss mindestens einmal durch körperliche Bestandsaufnahme geprüft werden, ob das Vorratsvermögen, das in den Lagerbüchern oder Lagerkarteien ausgewiesen wird, mit den tatsächlich vorhandenen Beständen übereinstimmt (→ BFH vom 11. 11. 1966 – BStBl. 1967 III S. 113). Die Prüfung braucht nicht gleichzeitig für alle Bestände vorgenommen zu werden. Sie darf sich aber nicht nur auf Stichproben oder die Verprobung eines repräsentativen Querschnitts beschränken; die Regelung in § 241 Abs. 1 HGB bleibt unberührt. Die Lagerbücher und Lagerkarteien sind nach dem Ergebnis der Prüfung zu berichtigen. Der Tag der körperlichen Bestandsaufnahme ist in den Lagerbüchern oder Lagerkarteien zu vermerken.
3. Über die Durchführung und das Ergebnis der körperlichen Bestandsaufnahme sind Aufzeichnungen (Protokolle) anzufertigen, die unter Angabe des Zeitpunkts der Aufnahme von den aufnehmenden Personen zu unterzeichnen sind. Die Aufzeichnungen sind wie Handelsbücher zehn Jahre aufzubewahren.

Zeitliche Erfassung von Waren. Gekaufte Waren gehören wirtschaftlich zum Vermögen des Kaufmanns, sobald er die Verfügungsmacht in Gestalt des unmittelbaren oder mittelbaren Besitzes an ihr erlangt hat. Dies ist bei „schwimmender" Ware erst nach Erhalt des Konnossements oder des Auslieferungsscheins der Fall (→ BFH vom 3. 8. 1988 – BStBl. 1989 II S. 21).

R 5.4

R 5.4. Bestandsmäßige Erfassung des beweglichen Anlagevermögens

Allgemeines

38 (1) ① Nach § 240 Abs. 2 HGB, §§ 140 und 141 AO besteht die Verpflichtung, für jeden Bilanzstichtag auch ein Verzeichnis der Gegenstände des beweglichen Anlagevermögens aufzustellen (Bestandsverzeichnis). ② In das Bestandsverzeichnis müssen sämtliche beweglichen Gegenstände des Anlagevermögens, auch wenn sie bereits in voller Höhe abgeschrieben sind, aufgenommen werden. ③ Das gilt nicht für geringwertige Wirtschaftsgüter (§ 6 Abs. 2 EStG), für Wirtschaftsgüter, die in einem Sammelposten erfasst werden (§ 6 Abs. 2a EStG), und für die mit einem → Festwert angesetzten Wirtschaftsgüter. ④ Das Bestandsverzeichnis muss

1. die genaue Bezeichnung des Gegenstandes und
2. seinen Bilanzwert am Bilanzstichtag

enthalten. ⑤ Das Bestandsverzeichnis ist auf Grund einer jährlichen körperlichen Bestandsaufnahme aufzustellen; R 5.3 Abs. 1 bis 3 gilt sinngemäß.

Zusammenfassen mehrerer Gegenstände

39 (2) ① Gegenstände, die eine geschlossene Anlage bilden, können statt in ihren einzelnen Teilen als Gesamtanlage in das Bestandsverzeichnis eingetragen werden, z. B. die einzelnen Teile eines Hochofens einschließlich Zubehör, die einzelnen Teile einer Breitbandstraße einschließlich Zubehör, die Überlandleitungen einschließlich der Masten usw. eines Elektrizitätswerks, die entsprechenden Anlagen von Gas- und Wasserwerken sowie die Wasser-, Gas- und sonstigen Rohrleitungen innerhalb eines Fabrikationsbetriebs. ② Voraussetzung ist, dass die AfA auf die Gesamtanlage einheitlich vorgenommen werden. ③ Gegenstände der gleichen Art können unter Angabe der Stückzahl im Bestandsverzeichnis zusammengefasst werden, wenn sie in demselben Wirtschaftsjahr angeschafft sind, die gleiche Nutzungsdauer und die gleichen Anschaffungskosten haben und nach der gleichen Methode abgeschrieben werden.

Bestandsaufnahme und Wertanpassung bei Festwerten

41 (3) ① Für Gegenstände des beweglichen Anlagevermögens, die zulässigerweise mit einem → Festwert angesetzt worden sind, ist im Regelfall an jedem dritten, spätestens aber an jedem fünften Bilanzstichtag, eine körperliche Bestandsaufnahme vorzunehmen. ② Übersteigt der für diesen Bilanzstichtag ermittelte Wert den bisherigen Festwert um mehr als 10%, ist der ermittelte Wert als neuer Festwert maßgebend. ③ Der bisherige Festwert ist so lange um die Anschaffungs- und Herstellungskosten der im Festwert erfassten und nach dem Bilanzstichtag des vorangegangenen Wirtschaftsjahres angeschafften oder hergestellten Wirtschaftsgüter aufzustocken, bis der neue Festwert erreicht ist. ④ Ist der ermittelte Wert niedriger als der bisherige Festwert, kann der Stpfl. den ermittelten Wert als neuen Festwert ansetzen. ⑤ Übersteigt der ermittelte Wert den bisherigen Festwert um nicht mehr als 10%, kann der bisherige Festwert beibehalten werden.

Keine Inventur bei fortlaufendem Bestandsverzeichnis

42 (4) ① Der Stpfl. braucht die jährliche körperliche Bestandsaufnahme (→ Absatz 1) für steuerliche Zwecke nicht durchzuführen, wenn er jeden Zugang und jeden Abgang laufend in das Bestandsverzeichnis einträgt und die am Bilanzstichtag vorhandenen Gegenstände des beweglichen Anlagevermögens auf Grund des fortlaufend geführten Bestandsverzeichnisses ermittelt werden können; in diesem Fall müssen aus dem Bestandsverzeichnis außer den in Absatz 1 bezeichneten Angaben noch ersichtlich sein:

1. der Tag der Anschaffung oder Herstellung des Gegenstandes,
2. die Höhe der Anschaffungs- oder Herstellungskosten oder, wenn die Anschaffung oder Herstellung vor dem 21. 6. 1948[1] oder im Beitrittsgebiet[2] vor dem 1. 7. 1990 erfolgt ist, die in Euro umgerechneten Werte der DM-Eröffnungsbilanz,
3. der Tag des Abgangs.

② Wird das Bestandsverzeichnis in der Form einer Anlagekartei geführt, ist der Bilanzansatz aus der Summe der einzelnen Bilanzwerte (→ Absatz 1 Satz 4 Nr. 2) der Anlagekartei nachzuweisen. ③ Ist das Bestandsverzeichnis nach den einzelnen Zugangsjahren und Abschreibungssätzen gruppenweise geordnet, kann auf die Angabe des Bilanzwerts am Bilanzstichtag für den einzelnen Gegenstand (→ Absatz 1 Satz 4 Nr. 2) verzichtet werden, wenn für jede Gruppe in besonderen Zusammenstellungen die Entwicklung der Bilanzwerte unter Angabe der Werte der Abgänge und des Betrags der AfA summenmäßig festgehalten wird. ④ Die in Absatz 1 Satz 4 Nr. 1 und unter den in Satz 1 Nr. 1 bis 3 bezeichneten Angaben müssen auch in diesem Fall für den einzelnen Gegenstand aus dem Bestandsverzeichnis ersichtlich sein. ⑤ Die Sachkonten der Ge-

[1] **Amtl. Anm.:** Für Berlin-West: 1. 4. 1949; für das Saargebiet: 6. 7. 1959.
[2] **Amtl. Anm.:** Das in Artikel 3 des Einigungsvertrags genannte Gebiet → Einigungsvertragsgesetz vom 23. 9. 1990 (BGBl. II S. 885, 890).

schäftsbuchhaltung können als Bestandsverzeichnis gelten, wenn sie die in Absatz 1 und unter den in Satz 1 Nr. 1 bis 3 bezeichneten Angaben enthalten und wenn durch diese Angaben die Übersichtlichkeit der Konten nicht beeinträchtigt wird.

Erleichterungen

(5) Das Finanzamt kann unter Abweichung von den Absätzen 1 bis 4 für einzelne Fälle Erleichterungen bewilligen. 43

H 5.4

Fehlende Bestandsaufnahme. Ein materieller Mangel der Buchführung kann auch vorliegen, wenn die körperliche Bestandsaufnahme nach R 5.4 Abs. 1 fehlt oder unvollständig ist, es sei denn, dass eine körperliche Bestandsaufnahme nach R 5.4 Abs. 4 nicht erforderlich ist (→ BFH vom 14.12.1966 – BStBl. 1967 III S. 247). 44

Fehlendes Bestandsverzeichnis. Fehlt das Bestandsverzeichnis oder ist es unvollständig, so kann darin ein materieller Mangel der Buchführung liegen (→ BFH vom 14. 12. 1966 – BStBl. 1967 III S. 247).

Festwert

- → H 6.8.
- Kein Zugang von Wirtschaftsgütern des Anlagevermögens, deren Nutzungsdauer zwölf Monate nicht übersteigt (kurzlebige Wirtschaftsgüter) zum Festwert (→ BFH vom 26. 8. 1993 – BStBl. 1994 II S. 232).
- Voraussetzungen für den Ansatz von Festwerten sowie deren Bemessung bei der Bewertung des beweglichen Anlagevermögens und des Vorratsvermögens → BMF vom 8. 3. 1993 (BStBl. I S. 276).

R 5.5. Immaterielle Wirtschaftsgüter[1]

R 5.5

Allgemeines

(1) ① Als → immaterielle (unkörperliche) Wirtschaftsgüter kommen in Betracht: Rechte, rechtsähnliche Werte und sonstige Vorteile. ② Trivialprogramme sind abnutzbare bewegliche und selbständig nutzbare Wirtschaftsgüter. ③ Computerprogramme, deren Anschaffungskosten nicht mehr als *410 Euro*[2] betragen, sind wie Trivialprogramme zu behandeln. ④ → Keine immateriellen Wirtschaftsgüter sind die nicht selbständig bewertbaren geschäftswertbildenden Faktoren. 45

Entgeltlicher Erwerb

(2) ① Für → immaterielle Wirtschaftsgüter des Anlagevermögens ist ein Aktivposten nur anzusetzen, wenn sie entgeltlich erworben (§ 5 Abs. 2 EStG) oder in das Betriebsvermögen eingelegt (→ R 4.3 Abs. 1) wurden. ② Ein → immaterielles Wirtschaftsgut ist entgeltlich erworben worden, wenn es durch einen Hoheitsakt oder ein Rechtsgeschäft gegen Hingabe einer bestimmten Gegenleistung übergegangen oder eingeräumt worden ist. ③ Es ist nicht erforderlich, dass das Wirtschaftsgut bereits vor Abschluss des Rechtsgeschäfts bestanden hat; es kann auch erst durch den Abschluss des Rechtsgeschäfts entstehen, z. B. bei entgeltlich erworbenen Belieferungsrechten. ④ Ein entgeltlicher Erwerb eines → immateriellen Wirtschaftsguts liegt auch bei der Hingabe eines sog. verlorenen Zuschusses vor, wenn der Zuschussgeber von dem Zuschussempfänger eine bestimmte Gegenleistung erhält oder eine solche nach den Umständen zu erwarten ist oder wenn der Zuschussgeber durch die Zuschusshingabe einen besonderen Vorteil erlangt, der nur für ihn wirksam ist. 46

Kein Aktivierungsverbot

(3) ① Das Aktivierungsverbot des § 5 Abs. 2 EStG wird nicht wirksam, wenn ein beim Rechtsvorgänger aktiviertes → immaterielles Wirtschaftsgut des Anlagevermögens im Rahmen der unentgeltlichen Übertragung eines Betriebs, Teilbetriebs oder Mitunternehmeranteils auf einen anderen übergeht (→ Geschäftswerts- oder Firmenwert/Praxiswert). ② In diesem Fall hat der Erwerber dieses immaterielle Wirtschaftsgut mit dem Betrag zu aktivieren, mit dem es beim Rechtsvorgänger aktiviert war (§ 6 Abs. 3 EStG). ③ Das Aktivierungsverbot findet auch dann keine Anwendung, wenn ein → immaterielles Wirtschaftsgut des Anlagevermögens eingelegt wird. 47

---

[1] Zu von Lieferanten an Handelsketten gezahlte Zuschüsse als Aufwendungen für immaterielle Wirtschaftsgüter vgl. *Vfg. OFD Münster vom 24. 1. 1997 S 2134 a – 182 – St 13 – 31 (BeckVerw 150289; FR S. 196).*

Zu Anschaffungsnebenkosten eines im Übrigen als schwebendes Geschäft zu behandelnden immateriellen Wirtschaftsguts vgl. *BFH-Urteil vom 19. 6. 1997 IV R 16/95 (BStBl. II S. 808);* siehe auch H 6.2 (Nebenkosten) EStH.

Zur steuerlichen Behandlung von Zertifizierungsaufwendungen nach ISO 9001–9003 vgl. *BMF-Schreiben vom 22. 1. 1998 (DStR S. 207).*

Zu einem Eigenjagdrecht siehe *BMF-Schreiben vom 23. 6. 1999 (BStBl. I S. 593).*

Zur bilanzrechtlichen Beurteilung von Arbeitnehmererfindungen siehe *Vfg. BayLfSt vom 19. 7. 2017, S 2134a – 1.1 – 3/12 St 32 (DStR S. 2055)* und *Vfg. OFD Frankfurt vom 3. 5. 2018 S 2134a A – 012 – St 210 (DStR S. 2639).*

[2] Bei Anschaffung ab dem 1. 1. 2018: 800 Euro.

H 5.5

48 **Abgrenzung zu materiellen Wirtschaftsgütern.** Zur Einordnung von Wirtschaftsgütern mit materiellen und immateriellen Komponenten wird vorrangig auf das wirtschaftliche Interesse abgestellt, d. h. wofür der Kaufpreis gezahlt wird (Wertrelation) und ob es dem Erwerber überwiegend auf den materiellen oder den immateriellen Gehalt ankommt. Daneben wird auch danach unterschieden, ob der Verkörperung eine eigenständige Bedeutung zukommt oder ob sie lediglich als „Träger" den immateriellen Gehalt festhalten soll. Bücher und Tonträger sind als materielle Wirtschaftsgüter anzusehen (→ BFH vom 30. 10. 2008 – BStBl. 2009 II S. 421).

Arzneimittelzulassungen
– Eine entgeltlich erworbene Arzneimittelzulassung ist dem Grunde nach ein abnutzbares Wirtschaftsgut (→ BMF vom 12. 7. 1999 – BStBl. I S. 686);
– → Warenzeichen (Marke).

Auffüllrecht. Das Recht, ein Grundstück mit Klärschlamm zu verfüllen, ist kein vom Grund und Boden verselbständigtes Wirtschaftsgut (→ BFH vom 20. 3. 2003 – BStBl. II S. 878).

Belieferungsrechte aus Abonnentenverträgen. Gelegentlich eines Erwerbs von Belieferungsrechten aus Abonnentenverträgen entstandene Aufwendungen begründen noch nicht den entgeltlichen Erwerb eines immateriellen Wirtschaftsguts (→ BFH vom 3. 8. 1993 – BStBl. 1994 II S. 444).

Emissionsberechtigungen. Ertragsteuerliche Behandlung von Emissionsberechtigungen nach dem Treibhausgas-Emissionshandelsgesetz → BMF vom 6. 12. 2005 (BStBl. I S. 1047)[1] unter Berücksichtigung der Änderungen durch BMF vom 7. 3. 2013 (BStBl. I S. 275).

Erbbaurecht. Das Erbbaurecht ist als grundstücksgleiches Recht i. S. d. BGB ein Vermögensgegenstand i. S. d. Handelsrechts und ein Wirtschaftsgut i. S. d. Steuerrechts. Es gehört zum Sachanlagevermögen und ist damit kein immaterielles Wirtschaftsgut → BFH vom 4. 6. 1991 (BStBl. 1992 II S. 70).

Geschäfts- oder Firmenwert/Praxiswert
– Firmenwert bei vorweggenommener Erbfolge → BMF vom 13. 1. 1993 (BStBl. I S. 80)[2] unter Berücksichtigung der Änderungen durch BMF vom 26. 2. 2007 (BStBl. I S. 269).
– Geschäfts- oder Firmenwert, der bei Veräußerung eines Einzelunternehmens an eine GmbH unentgeltlich übergeht, kann Gegenstand einer verdeckten Einlage sein (→ BFH vom 24. 3. 1987 – BStBl. II S. 705); zu den hierfür maßgebenden Kriterien → H 4.3 (1) Verdeckte Einlage.
– Unterscheidung zwischen Geschäftswert und Praxiswert → BFH vom 13.3. 1991 (BStBl. II S. 595).
– Unterscheidung zwischen (selbständigen) immateriellen Einzelwirtschaftsgütern und (unselbständigen) geschäftswertbildenden Faktoren → BFH vom 7. 11. 1985 (BStBl. 1986 II S. 176) und vom 30. 3. 1994 (BStBl. II S. 903).
– Das „Vertreterrecht" eines Handelsvertreters ist ein immaterielles Wirtschaftsgut, das nicht mit einem Geschäfts- oder Firmenwert gleichzusetzen ist (→ BFH vom 12.7. 2007 – BStBl. II S. 959).
– Bei der Aufteilung eines Unternehmens in Teilbetriebe geht der Geschäftswert nicht notwendigerweise unter (→ BFH vom 27. 3. 1996 – BStBl. II S. 576).
– Wird einem ausscheidenden Mitunternehmer eine Abfindung gezahlt, die auch den selbst geschaffenen, bisher nicht bilanzierten Geschäftswert abgilt, ist der darauf entfallende Anteil der Abfindung als derivativer Geschäftswert zu aktivieren. Der auf den originären Geschäftswert entfallende Anteil bleibt außer Ansatz (→ BFH vom 16. 5. 2002 – BStBl. 2003 II S. 10).
– Der Geschäftswert ist Ausdruck der Gewinnchancen eines Unternehmens, soweit diese nicht auf einzelnen Wirtschaftsgütern oder der Person des Unternehmers beruhen, sondern auf dem Betrieb eines lebenden Unternehmens (→ BFH vom 26. 11. 2009 – BStBl. 2010 II S. 609).
– Orientiert sich der für eine Arztpraxis mit Vertragsarztsitz zu zahlende Kaufpreis ausschließlich am Verkehrswert, so ist in dem damit abgegoltenen Praxiswert der Vorteil aus der Zulassung als Vertragsarzt untrennbar enthalten (→ BFH vom 9. 8. 2011 – BStBl. II S. 875). Dies gilt auch, wenn ein Zuschlag zum Verkehrswert (Überpreis) gezahlt wird (→ BFH 21. 2. 2017 – BStBl. II S. 689). Die Vertragsarztzulassung kann nur dann Gegenstand eines gesonderten Veräußerungsgeschäftes sein und sich damit zu einem selbständigen Wirtschaftsgut konkretisieren, wenn die Leistung für die Zulassung ohne eine Praxisübernahme erfolgt, weil der Vertragsarztsitz an einen anderen Ort verlegt wird (→ BFH vom 9. 8. 2011 – BStBl. II S. 875 und vom 21. 7. 2017 – BStBl. II S. 694).
– → H 6.1 (Geschäfts- oder Firmenwert), (Praxiswert/Sozietätspraxiswert).

Gewinnermittlung nach § 4 Abs. 1 oder Abs. 3. R 5.5 gilt bei der Gewinnermittlung nach § 4 Abs. 1 und 3 sinngemäß (→ § 141 Abs. 1 Satz 2 AO, BFH vom 8. 11. 1979 – BStBl. 1980 II S. 146).

---

[1] Nachstehend abgedruckt.
[2] Abgedruckt als Anlage c zu § 7 EStG.

H 5.5

Güterfernverkehrskonzessionen
- Keine AfA von entgeltlich erworbenen Güterfernverkehrskonzessionen (→ BFH vom 4. 12. 1991 – BStBl. 1992 II S. 383 und vom 22. 1. 1992 – BStBl. II S. 529).
- Zur Abschreibung auf den niedrigeren Teilwert → BMF vom 12. 3. 1996 – BStBl. I S. 372.

Immaterielle Wirtschaftsgüter des Anlagevermögens. Unentgeltliche Übertragung zwischen Schwestergesellschaften führt zur verdeckten Gewinnausschüttung an die Muttergesellschaft und anschließende verdeckte Einlage in die begünstigte Schwestergesellschaft (→ BFH vom 20. 8. 1986 – BStBl. 1987 II S. 455).

Immaterielle Wirtschaftsgüter sind u. a.
- Belieferungsrechte, Optionsrechte, Konzessionen (→ BFH vom 10. 8. 1989 – BStBl. 1990 II S. 15),
- Computerprogramme (→ BFH vom 3. 7. 1987 – BStBl. II S. 728 und S. 787, vom 28. 7. 1994 – BStBl. II S. 873 und vom 18. 5. 2011 – BStBl. II S. 865), siehe aber → Keine immateriellen Wirtschaftsgüter,
- Datensammlungen, die speziell für den Stpfl. erhoben werden und auch nur von diesem verwertet werden dürfen (→ BFH vom 30. 10. 2008 – BStBl. 2009 II S. 421),
- Domain-Namen (→ BFH vom 19. 10. 2006 – BStBl. 2007 II S. 301), → H 7.1 (Domain-Namen),
- Filmrechte (→ BFH vom 20. 9. 1995 – BStBl. 1997 II S. 320 und → BMF vom 23. 2. 2001 – BStBl. I S. 175 unter Berücksichtigung der Änderungen durch BMF vom 5. 8. 2003 – BStBl. I S. 406),[1]
- Kaufoption aus einem Pkw-Leasingvertrag (→ BFH vom 26. 11. 2014 – BStBl. 2015 II S. 325),
- Lizenzen, ungeschützte Erfindungen, Gebrauchsmuster, Fabrikationsverfahren, Know-how, Tonträger in der Schallplattenindustrie (→ BFH vom 28. 5. 1979 – BStBl. II S. 734),
- Patente, Markenrechte, Urheberrechte, Verlagsrechte (→ BFH vom 24. 11. 1982 – BStBl. 1983 II S. 113),
- Rezeptur eines Pflanzenschutzmittels (→ BFH vom 8. 9. 2011 – BStBl. 2012 II S. 122),
- Rückverkaufsoption im Kfz-Handel (→ BMF vom 12. 10. 2011 – BStBl. I S. 967),[2]
- Spielerlaubnisse nach Maßgabe des Lizenzspielerstatuts des Deutschen Fußballbundes (→ BFH vom 14. 12. 2011 – BStBl. 2012 II S. 238),
- Vertragsarztzulassung, wenn sie nicht zum Praxiswert gehört (→ BFH vom 21. 2. 2017 – BStBl. II S. 694),
- Wiederbepflanzungsrechte im Weinbau (→ BFH vom 6. 12. 2017 – BStBl. 2018 II S. 353), → H 13.3 (Wiederbepflanzungsrechte im Weinbau).

Keine immateriellen Wirtschaftsgüter, sondern materielle (körperliche) und zugleich abnutzbare bewegliche Wirtschaftsgüter sind, wenn sie nicht unter anderen rechtlichen Gesichtspunkten, z. B. als Kundenkartei oder Verlagsarchiv, als immaterielle Wirtschaftsgüter anzusehen sind, Computerprogramme (→ Immaterielle Wirtschaftsgüter), die keine Befehlsstruktur enthalten, sondern nur Bestände von Daten, die allgemein bekannt und jedermann zugänglich sind, z. B. mit Zahlen und Buchstaben (→ BFH vom 5. 2. 1988 – BStBl. II S. 737 und vom 2. 9. 1988 – BStBl. 1989 II S. 160).

Kein entgeltlicher Erwerb liegt u. a. vor bei
- Aufwendungen, die nicht Entgelt für den Erwerb eines Wirtschaftsguts von einem Dritten, sondern nur Arbeitsaufwand oder sonstiger Aufwand, z. B. Honorar für Dienstleistungen, für einen im Betrieb selbst geschaffenen Wert oder Vorteil sind (→ BFH vom 26. 2. 1975 – BStBl. II S. 443),
- Aufwendungen, die lediglich einen Beitrag zu den Kosten einer vom Stpfl. mitbenutzten Einrichtung bilden, z. B. Beiträge zum Ausbau einer öffentlichen Straße oder zum Bau einer städtischen Kläranlage; diese Aufwendungen gehören zu den nicht aktivierbaren Aufwendungen für einen selbstgeschaffenen Nutzungsvorteil (→ BFH vom 26. 2. 1980 – BStBl. II S. 687 und vom 25. 8. 1982 – BStBl. 1983 II S. 38),[3]
- selbstgeschaffenen → immateriellen Wirtschaftsgütern, z. B. Patenten (→ BFH vom 8. 11. 1979 – BStBl. 1980 II S. 146).

Kundenstamm
- Der Kundenstamm ist beim Erwerb eines Unternehmens in der Regel kein selbständig bewertbares → immaterielles Wirtschaftsgut, sondern ein geschäftswertbildender Faktor (→ BFH vom 16. 9. 1970 – BStBl. 1971 II S. 175 und vom 25. 11. 1981 – BStBl. 1982 II S. 189).
- Kundenstamm und Lieferantenbeziehungen, die selbständig übertragen werden können, sind immaterielle Wirtschaftsgüter und nicht identisch mit dem Geschäfts- oder Firmenwert (→ BFH vom 26. 11. 2009 – BStBl. 2010 II S. 609).

Mietereinbauten. Einbauten oder Umbauten des Mieters sind als Herstellungskosten eines materiellen Wirtschaftsguts zu aktivieren, wenn sie unmittelbar besonderen Zwecken dienen

[1] Abgedruckt als Anlage c zu R 15.8 EStR.
[2] Abgedruckt als Anlage d zu R 4.2 (15) EStR.
[3] Siehe ferner *BFH-Urteile vom 13. 12. 1984 VIII R 249/80 (BStBl. 1985 II S. 289)* und *vom 2. 5. 1990 VIII R 198/85 (BStBl. 1991 II S. 448).*

und in diesem Sinne in einem von der eigentlichen Gebäudenutzung verschiedenen Funktionszusammenhang stehen (→ BFH vom 26. 2. 1975 – BStBl. II S. 443 und BMF vom 15. 1. 1976 – BStBl. I S. 66).[1]

Namensrechte. Der kommerzialisierbare Teil des Namensrechts einer natürlichen Person stellt ein abnutzbares immaterielles Wirtschaftsgut dar (→ BFH vom 12. 6. 2019 – BStBl. 2020 II S. 3).

Nutzungsrechte, die durch Baumaßnahmen des Nutzungsberechtigten entstanden sind → H 4.7 (Eigenaufwand für ein fremdes Wirtschaftsgut).

Pensionszusagen. Ansprüche aus Pensionszusagen nach dem Betriebsrentengesetz können nicht aktiviert werden (→ BFH vom 14. 12. 1988 – BStBl. 1989 II S. 323).

Schwebende Arbeitsverträge mit im Unternehmen tätigen Arbeitnehmern sind keine → immateriellen Wirtschaftsgüter, sondern nicht selbständig bewertbare geschäftswertbildende Faktoren (→ BFH vom 7. 11. 1985 – BStBl. 1986 II S. 176).

Vertreterrecht. Löst ein Handelsvertreter durch Vereinbarung mit dem Geschäftsherrn den Ausgleichsanspruch (§ 89 b HGB) seines Vorgängers in einer bestimmten Höhe ab, erwirbt er damit entgeltlich ein immaterielles Wirtschaftsgut „Vertreterrecht" (→ BFH vom 18. 1. 1989 – BStBl. II S. 549). Dieses ist nicht mit einem Geschäfts- oder Firmenwert gleichzusetzen (→ BFH vom 12. 7. 2007 – BStBl. II S. 959).

Warenzeichen (Marke). Ein entgeltlich erworbenes Warenzeichen (Marke) ist dem Grunde nach ein abnutzbares Wirtschaftsgut (→ BMF vom 12. 7. 1999 – BStBl. I S. 686).

Anl zu H 5.5

Schreiben betr. ertragsteuerliche Behandlung von Emissionsberechtigungen nach dem Gesetz über den Handel mit Berechtigungen zur Emission von Treibhausgasen (Treibhausgas-Emissionshandelsgesetz – TEHG) vom 8. Juli 2004 (BGBl. I S. 1578)

Vom 6. Dezember 2005 (BStBl. I S. 1047)
(BMF IV B 2 – S 2134 a – 42/05)

Geändert durch BMF-Schreiben vom 7. März 2013 (BStBl. I S. 275)

1 Durch das Gesetz über den Handel mit Berechtigungen zur Emission von Treibhausgasen (Treibhausgas-Emissionshandelsgesetz – TEHG) vom 8. Juli 2004 (BGBl. I S. 1578) wurden die rechtlichen und institutionellen Voraussetzungen für ein gemeinschaftsweites Emissionshandelssystem in Deutschland geschaffen. Das TEHG schreibt vor, dass die Betreiber der durch das Gesetz erfassten Anlagen für deren Emissionen Berechtigungen nachweisen müssen. Diese werden ihnen nach Maßgabe des Gesetzes über den nationalen Zuteilungsplan für Treibhausgas-Emissionsberechtigungen in der Zuteilungsperiode 2005 bis 2007 (Zuteilungsgesetz 2007 – ZuG 2007) vom 26. August 2004 (BGBl. I S. 2211) in einer gewissen Höhe zugeteilt und sind handelbar. Nach Ablauf eines Emissionszeitraums (Kalenderjahr) müssen die Berechtigungen für die erfolgten CO_2-Emissionen abgegeben werden. Reichen die ausgegebenen Emissionsberechtigungen nicht aus, müssen fehlende Berechtigungen zugekauft werden. Bei Nichtabgabe drohen Sanktionen.

Für die Zuteilung werden Gebühren nach der Kostenverordnung zum Treibhaus-Emissionshandelsgesetz und zum Zuteilungsgesetz 2007 (Emissionshandelskostenverordnung 2007 – EHKostV 2007) vom 31. August 2004 (BGBl. I S. 2273) erhoben.

1. Emissionshandelssystem nach dem TEHG

1.1. Emissionsberechtigung

53 **2** Eine Emissionsberechtigung im Sinne des TEHG ist die Befugnis zur Emission von einer Tonne Kohlendioxidäquivalent in einem bestimmten Zeitraum (§ 3 Abs. 4 TEHG). Berechtigungen nach dem TEHG gelten nicht als Finanzinstrumente im Sinne des § 1 Abs. 11 des Kreditwesengesetzes (§ 15 Satz 1 TEHG).

1.2. Zuteilung

3 Berechtigungen nach dem TEHG werden für eine Zuteilungsperiode in jeweils gleich großen Teilmengen für das Jahr, für das Berechtigungen abzugeben sind, an die Verantwortlichen als Betreiber der Anlagen ausgegeben (§ 9 Abs. 2 Satz 3 TEHG, § 19 Abs. 1 ZuG 2007) und auf einem Konto im Emissionshandelsregister erfasst (§ 14 TEHG). Die Zuteilung erfolgt kostenlos (§ 18 ZuG 2007). Die erste Zuteilungsperiode umfasst die Kalenderjahre 2005 bis 2007 und die zweite Zuteilungsperiode die Kalenderjahre 2008 bis 2012. Künftige Zuteilungsperioden umfassen jeweils fünf Kalenderjahre (§ 6 Abs. 4 Satz 2 TEHG). Nicht in Anspruch genommene Berechtigungen des Zuteilungszeitraums 2005 bis 2007 erlöschen mit Ablauf des 30. April 2008 (§ 20 ZuG 2007). Berechtigungen des Zuteilungszeitraums 2008 bis 2012 und nachfolgender Zuteilungszeiträume können in die folgenden Zuteilungsperioden überführt werden (§ 6 Abs. 4 Satz 3 TEHG).

---

[1] Abgedruckt als Anlage zu R 7.1 EStR.

Anl zu H 5.5

4 § 10 ZuG (Zuteilung für Neuanlagen als Ersatzanlagen) eröffnet Betreibern von Neuanlagen in Deutschland, durch die eine Altanlage ersetzt wird, die Möglichkeit einer Zuteilung von Berechtigungen für Betriebsjahre, wie sie sie nach den Regelungen für die ersetzte Altanlage beanspruchen konnten. Die Regelung setzt insofern einen Innovationsanreiz, da sie für einen beschränkten Zeitraum eine Ausstattung einer emissionsärmeren Neuanlage in einem Umfang wie für eine emissionsintensivere Altanlage vorsieht.

1.3. Handel

5 Die Emissionsberechtigungen sind übertragbar (§ 6 Abs. 3 Satz 1 TEHG). Die Übertragung von Berechtigungen nach dem TEHG erfolgt durch Einigung und Eintragung auf dem Konto des Erwerbers im Emissionshandelsregister (§ 16 Abs. 1 Satz 1 TEHG).

1.4. Abgabepflicht

6 Der Verantwortliche hat bis zum 30. April eines Jahres, erstmals im Jahr 2006, eine Anzahl von Berechtigungen nach dem TEHG abzugeben, die den durch seine Tätigkeit im vorangegangenen Kalenderjahr verursachten Emissionen entspricht (§ 6 Abs. 1 TEHG). Die abgegebenen Berechtigungen werden im Emissionshandelsregister gelöscht. Kommt der Verantwortliche dieser Verpflichtung nicht ausreichend nach, setzt das Umweltbundesamt (Deutsche Emissionshandelsstelle) für jede emittierte Tonne Kohlendioxidäquivalent, für die der Verantwortliche keine Berechtigung abgegeben hat, eine Zahlungspflicht von 40,00 € im Zuteilungszeitraum 2005 bis 2007, danach von 100,00 € fest (§ 18 Abs. 1 TEHG). Die Abgabeverpflichtung nach § 6 Abs. 1 TEHG bleibt davon unberührt (§ 18 Abs. 3 TEHG).

2. Steuerbilanzielle Behandlung der Emissionsberechtigungen

2.1. Zuteilung

7 Die auf Antrag erfolgte Zuteilung von Emissionsberechtigungen durch Bescheid der Deutschen Emissionshandelsstelle führt nicht zur Aktivierung eines Anspruches. **54**

2.2. Bilanzielle Einordnung der Emissionsberechtigungen

8 Emissionsberechtigungen sind immaterielle Wirtschaftsgüter und dem Umlaufvermögen zuzuordnen.

2.3. Unentgeltliche Ausgabe von Emissionsberechtigungen

9 Kostenlos ausgegebene Emissionsberechtigungen sind im Zeitpunkt ihrer Ausgabe mit 0 € zu bewerten. Der Wert von 0 € gilt als Anschaffungskosten. Erfolgt in der Handelsbilanz ein Ausweis der unentgeltlich ausgegebenen Emissionsberechtigungen zum Zeitwert bei gleichzeitiger Passivierung eines Sonderpostens (z. B. Sonderposten für unentgeltlich ausgegebene Schadstoffemissionsrechte), sind diese Positionen in der Steuerbilanz zu saldieren. Ein Gewinn entsteht daher daraus nicht.

10 Aufwendungen, die im Zusammenhang mit dem kostenlosen Erwerb getätigt werden und im Falle einer entgeltlichen Ausgabe Anschaffungsnebenkosten im Sinne von § 255 Abs. 1 Satz 2 HGB wären, wie beispielsweise Aufwendungen für die Beantragung der Zuteilung von Emissionsberechtigungen, sind sofort abzugsfähige Aufwendungen. Die Aufwendungen für die Gebühren für die Zuteilung nach EHKostV 2007 sind dabei dem Wirtschaftsjahr zuzuordnen, in dem der Zuteilungsbescheid ergeht.

11 § 6 Abs. 4 EStG ist auf die unentgeltliche Ausgabe der Emissionsberechtigungen nicht anwendbar, da es sich bei der Ausgabe der Emissionsberechtigungen um einen öffentlich-rechtlichen Akt handelt und damit keine Übertragung aus einem anderen Betriebsvermögen heraus stattfindet.

2.4. Entgeltlicher Erwerb von Emissionsberechtigungen und Bewertung unentgeltlich und entgeltlich erworbener Emissionsberechtigungen am Bilanzstichtag

12 Werden Emissionsberechtigungen entgeltlich erworben, sind sie nach § 6 Abs. 1 Nr. 2 EStG mit ihren Anschaffungskosten zu bewerten. Ist der Teilwert auf Grund einer voraussichtlich dauernden Wertminderung niedriger, kann dieser angesetzt werden. Die Grundsätze des BMF-Schreibens vom 25. Februar 2000 (BStBl. I S. 372) zur Neuregelung der Teilwertabschreibung gemäß § 6 Abs. 1 Nrn. 1 und 2 EStG durch das Steuerentlastungsgesetz 1999/2000/2002 (voraussichtlich dauernde Wertminderung, Wertaufholungsgebot und steuerliche Rücklage nach § 52 Abs. 16 EStG) sind zu beachten.

13 § 6 Abs. 1 Nr. 2 a EStG kann nicht angewendet werden. Eine Durchschnittsbewertung nach § 256 Satz 2 i. V. m. § 240 Abs. 4 HGB und § 5 Abs. 1 Satz 1 EStG ist dagegen zulässig.

2.5. Handel mit Emissionsberechtigungen

14 Der Handel mit Emissionsberechtigungen richtet sich nach den allgemeinen ertragsteuerlichen Grundsätzen über den Kauf und Verkauf von Wirtschaftsgütern. Daher wird beim Verkauf unentgeltlich erworbener Emissionsberechtigungen ein Gewinn in Höhe des vollen Veräußerungserlöses realisiert.

3. Steuerbilanzielle Behandlung der Abgabepflicht von Emissionsberechtigungen der Verantwortlichen am Bilanzstichtag

3.1. Emissionsberechtigungen sind vorhanden

15 Für die Abgabepflicht für die im Kalenderjahr erfolgten Emissionen ist am Bilanzstichtag eine Verbindlichkeit auszuweisen, soweit Emissionsberechtigungen vorhanden sind, denn nur insoweit ist die Verpflichtung dem Grunde und der Höhe nach gewiss. Sie ist nach § 6 Abs. 1 Nr. 3 i. V. m. Nr. 2 EStG in Höhe des Erfüllungsbetrages zu bewerten. Sie umfasst danach die Beträge, mit denen die aktivierten Emissionsberechtigungen am Bilanzstichtag bewertet sind, soweit diese abgegeben werden müssen. **55**

Anl zu H 5.5

Die Passivierung der Verbindlichkeit mindert den Gewinn, soweit entgeltlich erworbene Emissionsberechtigungen zur Erfüllung der Abgabeverpflichtung verwendet werden.

16[1] Stehen am Bilanzstichtag sowohl unentgeltlich als auch entgeltlich erworbene Emissionsberechtigungen zur Erfüllung der Abgabeverpflichtung zur Verfügung, ist die Verbrauchsfolge zur Bestimmung des Endbestands anhand der bei einer Transaktion anzugebenden ID-Nummer (z. B. Seriennummern der Emissionszertifikate oder Registernachweis) zu bestimmen.

16 a[1] Ist die Verbrauchsfolge nicht feststellbar, ist davon auszugehen, dass zur Erfüllung der Abgabeverpflichtung zuerst die unentgeltlich erworbenen Emissionsberechtigungen eingesetzt werden.

3.2. Emissionsberechtigungen sind nicht vorhanden

17 Soweit am Bilanzstichtag auf dem Konto des Verantwortlichen im Emissionshandelsregister weniger Berechtigungen vorhanden sind als zur Erfüllung der Abgabeverpflichtung für die tatsächlichen Emissionen des abgelaufenen Kalenderjahres erforderlich, ist nach § 249 Abs. 1 Satz 1 HGB i. V. m. § 5 Abs. 1 EStG eine Rückstellung für ungewisse Verbindlichkeiten zu bilden. § 5 Abs. 4 b EStG kommt nicht zur Anwendung. Die Verpflichtung zur Abgabe der Emissionsberechtigungen ist im abgelaufenen Wirtschaftsjahr wirtschaftlich verursacht, weil sie an die bereits erfolgten CO_2-Emissionen anknüpft und diese abgilt. Die Abgabeverpflichtung ist auch rechtlich verursacht, weil sie unmittelbar aus jeder ausgestoßenen Tonne CO_2 entsteht. Des Weiteren muss der Verantwortliche ernsthaft mit einer sanktionsbewehrten Inanspruchnahme rechnen.

3.3. Beispiele

18 Ein Anlagenbetreiber (Wirtschaftsjahr = Kalenderjahr) hat für das Kalenderjahr 2005 insgesamt 9709 Emissionsberechtigungen kostenlos erhalten. Seine historischen, aktuellen und zukünftigen CO_2-Emissionen sollen jährlich 10 000 Tonnen betragen. Der Wert von Emissionsberechtigungen am 31. 12. 2005 soll 10 € betragen.

Alternative 1:

Am 31. 12. 2005 sind die 9709 Emissionsberechtigungen noch vorhanden.
Am Bilanzstichtag 31. 12. 2005 ist eine Rückstellung in Höhe von 2901 € gewinnmindernd zu passivieren (10 000 abzugebende – 9709 vorhandene = 291 nicht vorhandene Emissionsberechtigungen; 291 Emissionsberechtigungen × 10 €; zur Bewertung vgl. Rdnr. 22). Soweit sich die Rückgabeverpflichtung auf die vorhandenen, unentgeltlich erworbenen 9709 Berechtigungen bezieht, ergibt sich nach Rdnr. 15 i. V. m. Rdnr. 9 eine Verbindlichkeit von 0 €.

Alternative 2:

In 2005 wurden zunächst 1000 Emissionsberechtigungen verkauft und anschließend 500 Emissionsberechtigungen zu je 8 € zugekauft.
Am 31. 12. 2005 ist eine Verbindlichkeit in Höhe von 4000 € (500 vorhandene und entgeltlich erworbene Emissionsberechtigungen × 8 €) und eine Rückstellung in Höhe von 7910 € gewinnmindernd zu passivieren (Kontostand Emissionsberechtigungen am 31. 12. 2005: 9709–1000 + 500 = 9209 Stück; folglich müssen 791 Emissionsberechtigungen × 10 € nachgekauft werden; zur Bewertung vgl. Rdnr. 22).

Alternative 3:

In 2005 wurden zunächst 1000 Emissionsberechtigungen verkauft und anschließend 1500 zu je 8 € zugekauft.
Am 31. 12. 2005 besteht eine Verbindlichkeit in Höhe von 10 328 €, die sich wie folgt ermittelt:
Der Kontostand an Emissionsberechtigungen beträgt am 31. 12. 2005: 9709–1000 + 1500 = 10 209 Stück. Folglich sind 209 Emissionsberechtigungen über Bedarf vorhanden. Ausgehend von der Annahme, dass zuerst die unentgeltlich erhaltenen Emissionsberechtigungen zur Erfüllung der Abgabeverpflichtung eingesetzt/gelöscht werden, werden 1291 entgeltlich erworbene Emissionsberechtigungen zur Erfüllung der Abgabeverpflichtung eingesetzt (10 000 Emissionsberechtigungen sind abzugeben, davon sind 8709 unentgeltlich und 1291 entgeltlich erworben). Folglich sind 1291 Stück × 8 € = 10 328 € gewinnmindernd zu passivieren.

3.4. Vom Kalenderjahr abweichendes Wirtschaftsjahr

19 Bei einem vom Kalenderjahr abweichenden Wirtschaftsjahr ist zur Bildung von Verbindlichkeiten oder Rückstellungen nach den Rdnrn. 15 bis 18 zu unterscheiden, ob es sich um die noch steigende Abgabeverpflichtung für das laufende oder die bereits abgeschlossene Abgabeverpflichtung für das vorangegangene Kalenderjahr handelt.

20 Beispiel:

Eine Anlage stößt gleich bleibend monatlich 100 Tonnen CO_2 aus. Der Steuerpflichtige hat ein abweichendes Wirtschaftsjahr vom 1. April bis zum 31. März. Er besitzt ausreichend, ausschließlich entgeltlich erworbene Emissionsberechtigungen.
Am Bilanzstichtag 31. 3. 2006 ist eine Abgabeverpflichtung (Verbindlichkeit) für 2006 im Wert von 3 × 100 Emissionsberechtigungen und für 2005 im Wert von 9 × 100 Emissionsberechtigungen auszuweisen. Diese erhöht die bereits am 31. 3. 2005 zu passivierende Abgabeverpflichtung für den Zeitraum von Januar bis März 2005 im Wert von 3 × 100 Emissionsberechtigungen.

21 Beispiel:

Wie vor, jedoch läuft das abweichende Wirtschaftsjahr vom 1. Juli bis 30. Juni. Der Steuerpflichtige ist seiner Abgabeverpflichtung für 2005 am 30. 4. 2006 vollständig nachgekommen. Am Bilanzstichtag 30. 6. 2006 ist demnach eine Abgabeverpflichtung (Verbindlichkeit) nur für 2006 im Wert von 6 × 100 Emissionsberechtigungen auszuweisen.

3.5. Bewertung der Rückstellung

22 Die Rückstellung nach Rdnr. 17 ist mit den Einzelkosten (Wert von Emissionsberechtigungen am Bilanzstichtag) und den notwendigen Gemeinkosten zu bewerten (§ 6 Abs. 1 Nr. 3 a Buchstabe b EStG). Bei der Bewertung der Rückstellung spielt es keine Rolle, dass die Abgabeverpflichtung auch

[1] Rdnr. 16 geändert und Rdnr. 16 a eingefügt durch BMF-Schreiben vom 7. 3. 2013 (BStBl. I S. 275). Diese Grundsätze sind in allen offenen Fällen anzuwenden.

durch zukünftig unentgeltlich zugeteilte Emissionsberechtigungen der Folgejahre erfüllt werden kann (vgl. Beispiel in Rdnr. 24).

3.6. Auflösung der Rückstellung

23 Rückstellungen sind aufzulösen, wenn der Grund für ihre Bildung entfallen ist (§ 249 Abs. 3 Satz 2 HGB i. V. m. § 5 Abs. 1 Satz 1 EStG; vgl. R 31 c Abs. 13 EStR 2003).

24 Beispiel:
Ein Anlagenbetreiber (Wirtschaftsjahr = Kalenderjahr) erhält aufgrund seines Zuteilungsbescheides von 2005 bis 2007 jährlich 9709 Emissionsberechtigungen kostenlos. Seine historischen, aktuellen und zukünftigen CO_2-Emissionen sollen jährlich 10 000 Tonnen betragen. Der Wert von Emissionsberechtigungen beträgt an allen Bilanzstichtagen 10 €. Erst im Februar 2008 kauft er 873 Emissionsberechtigungen (3 × 291 Stück) zu je 10 € zu. Das Wirtschaftsjahr entspricht dem Kalenderjahr.

Datum	Konto im Emissionshandelsregister	Buchungen Steuerbilanz	Erläuterungen
28. 2. 2005	+ 9709	–	Kostenlose Ausgabe für 2005
31. 12. 2005	= 9709	Aufwand 2910 € an Rückstellung 2910 €	291 Berechtigungen fehlen; Gewinnauswirkung 2005: – 2910 €
28. 2. 2006	+ 9709	–	Kostenlose Ausgabe für 2006
30. 4. 2006	– 10 000	Rückstellung 2910 € an Ertrag 2910 €	Die Abgabeverpflichtung für 2005 ist erfüllt, damit entfällt der Grund für die am 31. 12. 2005 gebildete Rückstellung.
31. 12. 2006	= 9418	Aufwand 5820 € an Rückstellung 5820 €	582 Berechtigungen fehlen; Gewinnauswirkung gesamt 2006: – 2910 €
28. 2. 2007	+ 9709	–	Kostenlose Ausgabe für 2007
30. 4. 2007	– 10 000	Rückstellung 5820 € an Ertrag 5820 €	Die Abgabeverpflichtung für 2006 ist erfüllt, damit entfällt der Grund für die am 31. 12. 2006 gebildete Rückstellung.
31. 12. 2007	= 9127	Aufwand 8730 € an Rückstellung 8730 €	873 Berechtigungen fehlen; Gewinnauswirkung gesamt 2007: – 2910 €
1. 2. 2008	+ 873	Aktiva 8730 € an Bank 8730 €	Zukauf der fehlenden Berechtigungen für die Zuteilungsperiode 2005 bis 2007
30. 4. 2008	– 10 000 = 0	Aufwand 8730 € an Aktiva 8730 € Rückstellung 8730 € an Ertrag 8730 €	Abgang von Aktiva; die Abgabeverpflichtung für 2007 ist erfüllt, damit entfällt der Grund für die am 31. 12. 2007 gebildete Rückstellung.

3.7. Festsetzung von Zahlungen nach § 18 Abs. 1 TEHG

25 Kommt der Verantwortliche seiner Verpflichtung nach § 6 Abs. 1 TEHG nicht ausreichend nach und setzt das Umweltbundesamt (Deutsche Emissionshandelsstelle) für nicht abgegebene Emissionsberechtigungen eine Zahlungsverpflichtung nach § 18 Abs. 1 TEHG fest, kann dafür am zurückliegenden Bilanzstichtag keine Rückstellung für ungewisse Verbindlichkeiten gebildet werden.

26 Aufwendungen aufgrund einer Zahlungsverpflichtung nach § 18 Abs. 1 TEHG, die festgesetzt werden, wenn der Verantwortliche nicht ausreichend Emissionszertifikate für CO_2-Emissionen abgegeben hat, sind als Betriebsausgaben abzugsfähig. Sie gehören nicht zu den nicht abziehbaren Betriebsausgaben nach § 4 Abs. 5 Satz 1 Nr. 8 EStG, weil es sich nicht um eine Geldbuße, ein Ordnungsgeld oder ein Verwarnungsgeld im Sinne dieser Vorschrift handelt.

R 5.6. Rechnungsabgrenzungen

R 5.6

Transitorische Posten

(1) ① Nach § 5 Abs. 5 Satz 1 EStG ist die Rechnungsabgrenzung auf die sog. transitorischen Posten beschränkt. ② Es kommen danach für die Rechnungsabgrenzung in der Regel nur Ausgaben und Einnahmen in Betracht, die vor dem Abschlussstichtag angefallen, aber erst der Zeit nach dem Abschlussstichtag zuzurechnen sind. 56

Bestimmte Zeit nach dem Abschlussstichtag

(2) Die Bildung eines Rechnungsabgrenzungspostens ist nur zulässig, soweit die vor dem Abschlussstichtag angefallenen Ausgaben oder Einnahmen Aufwand oder Ertrag für eine → bestimmte Zeit nach dem Abschlussstichtag darstellen. 57

(3) ① Antizipative Posten (Ausgaben oder Einnahmen nach dem Bilanzstichtag, die Aufwand oder Ertrag für einen Zeitraum vor diesem Tag darstellen), dürfen als Rechnungsabgrenzungsposten nur in den Fällen des § 5 Abs. 5 *Satz 2 EStG*[1] ausgewiesen werden. ② Soweit sich aus den 58

[1] Jetzt: Satz 3.

ihnen zugrunde liegenden Geschäftsvorfällen bereits Forderungen oder Verbindlichkeiten ergeben haben, sind sie als solche zu bilanzieren.

H 5.6

59 **Abschlussgebühren** können eine (Gegen-)Leistung darstellen, die dem jeweiligen Bausparvertrag als Entgelt für den eigentlichen Vertragsabschluss zuzuordnen sind, sie wirken sich unmittelbar mit ihrer Vereinnahmung erfolgswirksam aus und sind bilanziell nicht passiv abzugrenzen (→ BFH vom 11. 2. 1998 – BStBl. II S. 381).

Auflösung von Rechnungsabgrenzungsposten im Zusammenhang mit Zinsaufwand. Der Rechnungsabgrenzungsposten ist ratierlich über die gesamte Darlehenslaufzeit, bei Tilgungs- oder Abzahlungsdarlehen degressiv nach der Zinsstaffelmethode und bei Endfälligkeitsdarlehen linear, aufzulösen. Bei vorzeitiger Sondertilgung des Darlehens ist der Rechnungsabgrenzungsposten im Verhältnis der Sondertilgung zu dem Gesamtdarlehensbetrag aufzulösen (→ BFH vom 24. 6. 2009 – BStBl. II S. 781).

Ausbeuteverträge. Vorausgezahlte Ausbeuteentgelte für Bodenschätze, mit deren Abbau vor dem Bilanzstichtag bereits begonnen wurde, sind in einen Rechnungsabgrenzungsposten einzustellen, der über die jährlich genau festzustellende Fördermenge aufzulösen ist; ist mit dem Abbau vor dem Bilanzstichtag noch nicht begonnen worden, ist das vorausgezahlte Entgelt als Anzahlung zu behandeln (→ BFH vom 25. 10. 1994 – BStBl. 1995 II S. 312).

Bestimmte Zeit nach dem Abschlussstichtag
liegt vor:
- wenn die abzugrenzenden Ausgaben und Einnahmen für einen bestimmten nach dem Kj. bemessenen Zeitraum bezahlt oder vereinnahmt werden, z.B. monatliche, vierteljährliche, halbjährliche **Mietvorauszahlungen** oder Zahlung der Miete im Voraus für einen Messestand für eine zeitlich feststehende Messe (→ BFH vom 9. 12. 1993 – BStBl. 1995 II S. 202);
- bei **Übernahme von Erschließungskosten und Kanalanschlussgebühren durch den Erbbauberechtigten** (→ BFH vom 17. 4. 1985 – BStBl. II S. 617);[1]
- bei zeitlich nicht begrenzten Dauerleistungen (→ BFH vom 9. 12. 1993 – BStBl. 1995 II S. 202, BMF vom 15. 3. 1995 – BStBl. I S. 183 und BFH vom 15. 2. 2017 – BStBl. II S. 884).

liegt nicht vor:
- wenn sich der Zeitraum nur durch **Schätzung** ermitteln lässt (→ BFH vom 3. 11. 1982 – BStBl. 1983 II S. 132);
- bei planmäßiger oder betriebsgewöhnlicher **Nutzungsdauer** eines abnutzbaren Sachanlageguts (→ BFH vom 22. 1. 1992 – BStBl. II S. 488).

Darlehen mit fallenden Zinssätzen. Der Darlehensnehmer hat bei einer Vereinbarung fallender Zinssätze einen aktiven Rechnungsabgrenzungsposten zu bilden, wenn im Falle einer vorzeitigen Vertragsbeendigung die anteilige Erstattung der bereits gezahlten Zinsen verlangt werden kann oder wenn das Darlehnsverhältnis nur aus wichtigem Grund gekündigt werden kann und keine konkreten Anhaltspunkte für eine solche vorzeitige Beendigung bestehen (→ BFH vom 27. 7. 2011 – BStBl. 2012 II S. 284).

Dauerschuldverhältnis
- Die Entschädigung für die **Aufhebung** eines für eine bestimmte Laufzeit begründeten Schuldverhältnisses kann nicht in einen passiven Rechnungsabgrenzungsposten eingestellt werden (→ BFH vom 23. 2. 2005 – BStBl. II S. 481).
- Eine Vergütung, die der Kreditgeber für seine Bereitschaft zu einer für ihn nachteiligen **Änderung der Vertragskonditionen** vom Kreditnehmer vereinnahmt hat, ist in der Bilanz des Kreditgebers nicht passiv abzugrenzen (→ BFH vom 7. 3. 2007 – BStBl. II S. 697).

Erbbaurecht. Für im Voraus gezahlte Erbbauzinsen ist ein Rechnungsabgrenzungsposten zu bilden (→ BFH vom 20. 11. 1980 – BStBl. 1981 II S. 398).

Ertragszuschüsse. Für Ertragszuschüsse ist ggf. ein passiver Rechnungsabgrenzungsposten zu bilden (→ BFH vom 5. 4. 1984 – BStBl. II S. 552).

Film- und Fernsehfonds
- Filmherstellungskosten → BMF vom 23. 2. 2001 (BStBl. I S. 175)[2] unter Berücksichtigung der Änderungen durch BMF vom 5. 8. 2003 (BStBl. I S. 406), Tzn. 34 und 35.
- Zahlt ein Filmproduktionsfonds dem zum Alleinvertrieb des Films berechtigten Lizenznehmer einen Einmalbetrag für Medien, Marketing- und Kinostartkosten (Vermarktungskostenzuschuss), kann darin ungeachtet der Bezeichnung als verlorener Zuschuss die Gewährung eines partiarischen Darlehens gesehen werden, wenn mit der Zahlung eine Erhöhung der Lizenzgebühren verbunden und die Rückzahlung des Betrages abgesichert ist. Folglich dürfen weder in Höhe des vollen Vermarktungskostenzuschusses Betriebsausgaben angesetzt noch ein aktiver Rechnungsabgrenzungsposten berücksichtigt werden (→ BFH vom 21. 5. 2015 – BStBl. II S. 772).

---

[1] Siehe ferner *BFH-Urteil vom 8. 12. 1988 IV R 33/87 (BStBl. 1989 II S. 407).* Vgl. auch *Vfg. OFD Düsseldorf S 2133 A – St 11 H vom 10. 11. 1992 (DStR 1993 S. 15).*
[2] Abgedruckt als Anlage c zu R 15.8 EStR.

– Zur Passivierung eines nur aus zukünftigen Verwertungserlösen zu bedienenden Filmförderdarlehens → H 5.1 (Passivierungsverbot nach § 5 Abs. 2a EStG).

Finanzierungskosten[1]

– Für ein bei der Ausgabe einer festverzinslichen Schuldverschreibung mit bestimmter Laufzeit vereinbartes Disagio ist in der Steuerbilanz ein Rechnungsabgrenzungsposten zu aktivieren (→ BFH vom 29. 11. 2006 – BStBl. 2009 II S. 955).
– → H 6.10 (Damnum, Kreditbedingungen, Umschuldung, Vermittlungsprovision, Zinsfestschreibung).

Forfaitierung von Forderungen aus Leasing-Verträgen → BMF vom 9. 1. 1996 (BStBl. I S. 9) und → BFH vom 24. 7. 1996 (BStBl. 1997 II S. 122).
Abweichend von Abschnitt III 2 Buchstabe b des BMF-Schreibens vom 9. 1. 1996 ist bei der sog. Restwertforfaitierung aus Teilamortisationsverträgen die Zahlung des Dritten an den Leasinggeber steuerlich als ein Darlehen an den Leasinggeber zu beurteilen. Die Forfaitierungserlöse sind von ihm nicht als Erträge aus zukünftigen Perioden passiv abzugrenzen, sondern als Verbindlichkeiten auszuweisen und bis zum Ablauf der Grundmietzeit ratierlich aufzuzinsen (→ BFH vom 8. 11. 2000 – BStBl. 2001 II S. 722).

Garantiegebühr. Wegen vereinnahmter Garantiegebühr gebildeter passiver Rechnungsabgrenzungsposten ist während der Garantiezeit insoweit aufzulösen, als die Vergütung auf den bereits abgelaufenen Garantiezeitraum entfällt (→ BFH vom 23. 3. 1995 – BStBl. II S. 772).

Gewinnermittlung nach § 4 Abs. 1 EStG. R 5.6 gilt bei der Gewinnermittlung nach § 4 Abs. 1 EStG sinngemäß (→ § 141 Abs. 1 Satz 2 AO, BFH vom 20. 11. 1980 – BStBl. 1981 II S. 398).

Honorare. Sind im Voraus erhaltene Honorare zeitraumbezogen und besteht für den gesamten Zeitraum eine Dauerverpflichtung, ist für die anteilig auf folgende Wj. entfallenden Honorare ein passiver Rechnungsabgrenzungsposten zu bilden (→ BFH vom 10. 9. 1998 – BStBl. 1999 II S. 21).

Investitionszuschüsse

– Soweit Zuschüsse zu Anschaffungs- oder Herstellungskosten eines Wirtschaftgutes geleistet werden, sind sie nicht passiv abzugrenzen (→ BFH vom 22. 1. 1992 – BStBl. II S. 488).
– → R 6.5.

Kraftfahrzeugsteuer. Für gezahlte Kraftfahrzeugsteuer ist ein Rechnungsabgrenzungsposten zu aktivieren, soweit die Steuer auf die voraussichtliche Zulassungszeit des Fahrzeuges im nachfolgenden Wj. entfällt (→ BFH vom 19. 5. 2010 – BStBl. II S. 967).

Leasingvertrag mit degressiven Leasingraten – Behandlung beim Leasingnehmer

– **Immobilienleasing.** Bilanzsteuerrechtlich ist die Summe der während der vertraglichen Grundmietzeit geschuldeten Jahresmieten in jährlich gleichbleibenden Beträgen auf die Grundmietzeit zu verteilen und demgemäß der Teil der vertraglichen Jahresmieten, der in den ersten Jahren der Grundmietzeit über den sich für die gesamte Grundmietzeit ergebenden Jahresaufwand hinausgeht, zu aktivieren (→ BFH vom 12. 8. 1982 – BStBl. II S. 696 und → BMF vom 10. 10. 1983 – BStBl. I S. 431).
– **Mobilienleasing.** Für degressive Raten beim Leasing beweglicher Wirtschaftsgüter des Anlagevermögens ist kein aktiver Rechnungsabgrenzungsposten zu bilden (→ BFH vom 28. 2. 2001 – BStBl. II S. 645).

Maklerprovision. Für Maklerprovisionen im Zusammenhang mit dem Abschluss eines Mietvertrages kann kein aktiver Rechnungsabgrenzungsposten gebildet werden (→ BFH vom 19. 6. 1997 – BStBl. II S. 808).

Mobilfunkdienstleistungsverträge. Vergünstigungen im Zusammenhang mit dem Abschluss von Mobilfunkdienstleistungsverträgen → BMF vom 20. 6. 2005 (BStBl. I S. 801) und → BFH vom 15. 5. 2013 (BStBl. II S. 730).

Öffentlich Private Partnerschaft – ÖPP – (auch Public Private Partnership – PPP –).

– Zum A-Modell → BMF vom 4. 10. 2005 (BStBl. I S. 916).[2]
– Zur Anwendbarkeit auf andere Modelle und zur Bildung eines Passivpostens für künftige Instandhaltungsaufwendungen → BMF vom 27. 5. 2013 (BStBl. I S. 722).[3]

Öffentlich-rechtliche Verpflichtungen. Die Bildung passiver Rechnungsabgrenzungsposten ist nicht auf Fälle beschränkt, in denen Vorleistungen im Rahmen eines gegenseitigen Vertrags erbracht werden (→ BFH vom 26. 6. 1979 – BStBl. II S. 625). Sie kann auch in Fällen geboten sein, in denen die gegenseitigen Verpflichtungen ihre Grundlage im öffentlichen Recht haben (→ BFH vom 17. 9. 1987 – BStBl. 1988 II S. 327).

Urlaubsgeld bei abweichendem Wirtschaftsjahr. Es hängt von den Vereinbarungen der Vertragspartner ab, ob Urlaubsgeld, das bei einem abweichenden Wj. vor dem Bilanzstichtag für

[1] Zur Rechnungsabgrenzung bei einem vom Darlehensnehmer zu zahlenden „Bearbeitungsentgelt" siehe *BFH-Urteil vom 22. 6. 2011 I R 7/10 (BStBl. 2011 II S. 870).*
[2] Nachstehend abgedruckt als Anlage a zu H 5.6.
[3] Nachstehend abgedruckt als Anlage b zu H 5.6.

das gesamte Urlaubsjahr bezahlt wird, anteilig aktiv abzugrenzen ist (→ BFH vom 6. 4. 1993 – BStBl. II S. 709).

Zeitbezogene Gegenleistung. Der Vorleistung des einen Vertragsteils muss eine zeitbezogene Gegenleistung des Vertragspartners gegenüberstehen (→ BFH vom 11. 7. 1973 – BStBl. II S. 840 und vom 4. 3. 1976 – BStBl. 1977 II S. 380) und der Zeitraum, auf den sich die Vorleistung des einen Vertragsteils bezieht, muss bestimmt sein (→ BFH vom 7. 3. 1973 – BStBl. II S. 565).

Zinszuschuss

– Der kapitalisiert ausgezahlte Zinszuschuss für die Aufnahme eines langjährigen Kapitalmarktdarlehens ist passiv abzugrenzen (→ BFH vom 24. 6. 2009 – BStBl. II S. 781).
– → Auflösung von Rechnungsabgrenzungsposten im Zusammenhang mit Zinsaufwand.

Anl a zu H 5.6

a) Schreiben betr. Öffentlich Private Partnerschaften (ÖPP); Ertragsteuerliche Behandlung im Zusammenhang mit A-Modellen

Vom 4. Oktober 2005 (BStBl. I S. 916)

(BMF IV B 2 – S 2134 a – 37/05)

Im Einvernehmen mit den obersten Finanzbehörden der Länder gilt zur ertragsteuerlichen Behandlung von Öffentlich Privaten Partnerschaften – ÖPP (Public Private Partnership – PPP) in Form von A-Modellen Folgendes:

I. Gegenstand des A-Modells

60 **1** Mit dem Gesetz über die Erhebung streckenbezogener Gebühren für die Benutzung von Bundesautobahnen mit schweren Nutzfahrzeugen – Autobahnmautgesetz für schwere Nutzfahrzeuge – ABMG – Neufassung vom 2. Dezember 2004 (BGBl. I, 3122) will der Gesetzgeber die Verkehrsinfrastruktur verbessern. Dazu können für den Bau und die Unterhaltung öffentlicher Straßen Private (Konzessionsnehmer) eingesetzt werden.

2 Bei der rechtlichen Ausgestaltung des Verkehrsprojekts nach dem „A-Modell" werden von den Konzessionsnehmern Autobahnstreckenabschnitte errichtet und auch im verkehrsrechtlichen Sinne betrieben, der Bund (Konzessionsgeber) bleibt jedoch Eigentümer des Autobahnstreckenabschnitts und allein berechtigt, für die Benutzung Mautgebühren zu erheben. In Zusammenarbeit mit dem Bundesministerium für Verkehr, Bau und Wohnungswesen sind Musterverträge erstellt worden, die Grundlage sowohl der Angebotserstellung als auch der bilanzsteuerrechtlichen Beurteilung sind.

Der Inhalt des Mustervertrags für das A-Modell ist als Heft 889 (ISBN 3-934 458-84-86-6) der Schriftenreihe „Forschungsberichte aus dem Forschungsprogramm des Bundesministeriums für Verkehr, Bau und Wohnungswesen e. V.", herausgegeben vom Bundesministerium für Verkehr, Bau und Wohnungswesen, Abteilung Straßenbau, Straßenverkehr, Bonn, veröffentlicht.

3 A-Modelle sind Vertragsmodelle, bei denen sich der Konzessionsnehmer vertraglich gegenüber dem Konzessionsgeber (Bund) verpflichtet, eine bestimmte Konzessionsstrecke (Bundesautobahnabschnitt) auszubauen (dies beinhaltet auch die Erweiterung um weitere Richtungsfahrbahnen) und diese während des Konzessionszeitraumes (i. d. R. 30 Jahre) zu betreiben und zu erhalten. Als Gegenleistung erhält der Konzessionsnehmer ggf. eine Anschubfinanzierung sowie einen prozentualen Anteil an den Gesamtmauteinnahmen. Diese werden monatlich vom Konzessionsgeber an den Konzessionsnehmer weitergeleitet. Zum Ende des Konzessionszeitraumes ist der Konzessionsnehmer verpflichtet, die Konzessionsstrecke in einen bestimmten Mindestzustand zu versetzen, der über die normale Erhaltungsverpflichtung hinausgeht.

II. Vertragliche Ausgestaltung des A-Modells

60a **4** Die ertragsteuerliche Würdigung wird anhand der nachfolgend dargestellten vertraglichen Regelungen vorgenommen. Abweichungen davon führen ggf. zu einer anderen steuerlichen Behandlung.

1. Pflichten des Konzessionsnehmers

5 – Bauleistung

Der Konzessionsnehmer ist verpflichtet, die Konzessionsstrecke gem. den Vertragsvereinbarungen auszubauen. Er hat eine betriebsfertige Gesamtleistung zu erbringen.

6 – Betriebspflicht

Der Konzessionsnehmer hat die Konzessionsstrecke für die Dauer des Konzessionszeitraumes nach Maßgabe der Vertragsbedingungen auf seine Kosten zu betreiben. Dazu zählen u. a. Verkehrsüberwachung, Verkehrssicherungspflicht und der Winterdienst.

7 – Erhaltungspflicht

Die Konzessionsstrecke ist für die Dauer des Konzessionszeitraumes durch den Konzessionsnehmer auf seine Kosten vertragsgemäß (Leistungsbeschreibung, technische Regelwerke und Rechtsvorschriften) zu erhalten. Inbegriffen sind erforderliche Bauleistungen, für die die Bestimmungen über die Erbringung von Bauleistungen gelten.

8 – Versicherungen

Der Konzessionsnehmer ist verpflichtet, die vertraglich vorgegebenen Versicherungen abzuschließen.

9 – Rückgabe

Zum Ende des Konzessionszeitraumes hat der Konzessionsnehmer die Konzessionsstrecke in einem vertraglich bestimmten Mindestzustand „zurückzugeben". Besteht dieser nicht, ist er herzustellen.

2. Pflichten des öffentlich-rechtlichen Auftraggebers (Konzessionsgeber)

10 – Anschubfinanzierung

Der Konzessionsgeber kann sich verpflichten, eine betragsmäßig bestimmte Anschubfinanzierung zu leisten. Diese stellt eine Teilvergütung für die Baukosten dar. Sie kann gemäß Baufortschritt in Teilbeträgen abgerechnet werden.

11 – Lkw-Maut

Der Konzessionsgeber ist verpflichtet, einen bestimmten Prozentsatz der tatsächlich zugeflossenen Mauteinnahmen an den Konzessionsnehmer weiterzuleiten (i. d. R. 95%). Die Weiterleitung soll monatlich, bis zum 10. des Folgemonats erfolgen. Anpassungen an tatsächliche rechtliche oder technische Änderungen sind vorgesehen.

Diese Zahlungen stellen die Gegenleistung für den Ausbau, den Betrieb und die Erhaltung der Konzessionsstrecke dar.

III. Bilanzsteuerrechtliche Beurteilung

1. Beurteilung des Vertragsverhältnisses

12 Die vertragliche Gestaltung des A-Modells begründet ein Dauerschuldverhältnis mit unterschiedlichen zeitraumbezogenen Leistungen. Diese bestehen in der Herstellung der Konzessionsstrecke, der Unterhaltungs- und Betriebspflicht sowie der Herstellung eines bestimmten Mindestzustandes bei Rückgabe einerseits und der Zahlung der Gegenleistung andererseits bis zum Ende der Laufzeit. Das Dauerschuldverhältnis ist als schwebendes Geschäft grundsätzlich nicht bilanzwirksam. Soweit Vorleistungen des einen Vertragspartners erbracht worden sind, sind sie über Rechnungsabgrenzungsposten oder Anzahlungen zu berücksichtigen. **60b**

2. Aufwendungen zur Herstellung der Konzessionsstrecke

13 In Höhe der Ausbaukosten abzüglich einer etwaigen Anschubfinanzierung liegt eine Vorleistung des Konzessionsnehmers vor. Die anfallenden Aufwendungen sind daher während der Bauphase ebenso wie eine Anschubfinanzierung gewinnneutral zu behandeln (d. h. wie eine Anzahlung) und nach Fertigstellung und Abnahme des Bauwerkes in einen aktiven Rechnungsabgrenzungsposten (§ 5 Abs. 5 Satz 1 Nr. 1 EStG) einzustellen.

14 Dieser Posten ist bis zum Ende des Konzessionszeitraums in gleichmäßigen Raten aufzulösen.

3. Verpflichtung zur Herstellung eines Mindestzustandes zum Ende des Konzessionszeitraums

15 Für die Verpflichtung, die Konzessionsstrecke in einem vertraglich bestimmten Mindestzustand zurückzugeben, ist eine Rückstellung für ungewisse Verbindlichkeiten gemäß § 249 Abs. 1 Satz 1, 1. Alt. HGB zu bilden, die wegen des Maßgeblichkeitsgrundsatzes auch in der steuerlichen Gewinnermittlung anzusetzen ist.

16 Die Höhe der Rückstellung orientiert sich an einer Schätzung der zu erwartenden Kosten. Der Rückstellungsbetrag ist gemäß § 6 Abs. 1 Nr. 3 a Buchst. d EStG anzusammeln (vgl. *R 38 Satz 1 EStR 2003*)[1] und ab dem Zeitpunkt der Nutzung der Konzessionsstrecke, d. h. ab Fertigstellung bis zum Ende des Konzessionszeitraumes zu berechnen. Er ist gemäß § 6 Abs. 1 Nr. 3 a Buchst. e EStG bis zum Beginn der Erfüllung der Verpflichtung (Beginn der Maßnahmen zur Herstellung des vereinbarten Mindestzustandes) abzuzinsen. Rückstellungsfähig sind dabei nur die Beträge, die über die normale Erhaltungsverpflichtung hinausgehen.

4. Laufende Aufwendungen des Betriebs und der Erhaltung der Konzessionsstrecke

17 Die Aufwendungen für Betrieb und Erhaltung der Konzessionsstrecke sind als laufende Betriebsausgaben zu erfassen.

5. Weitergeleitete Mauteinnahmen

18 Die Einnahmen aus der anteiligen Weiterleitung des Mautaufkommens sind als laufende Erträge zu berücksichtigen. Soweit vor Fertigstellung der Baumaßnahme die Mautzahlungen an den Konzessionsnehmer weitergeleitet werden, sind sie während der Bauphase gewinnneutral als Anzahlung zu passivieren, soweit sie im Wege einer sachgerechten Schätzung anteilig auf die Bauleistung für die Konzessionsstrecke entfallen. Es ist jedoch nicht zu beanstanden, wenn diese Mauteinnahmen bis zur Höhe der laufenden Ausgaben gewinnwirksam erfasst werden und nur ein überschießender Betrag als Anzahlung passiviert wird.

b) Schreiben betr. Öffentliche Private Partnerschaften (ÖPP); Passivierungsmöglichkeiten für Instandhaltungsverpflichtungen

Anl b zu H 5.6

Vom 27. Mai 2013 (BStBl. I S. 722)

(BMF IV C 6 – S 2134 – a/07/10002; DOK 2013/0467485)

Im Einvernehmen mit den obersten Finanzbehörden der Länder nehme ich zur ertragsteuerlichen Beurteilung von Verträgen bei Öffentlich Privaten Partnerschaften (ÖPP) wie folgt Stellung:

I. Anwendungsbereich

1 Mit Schreiben vom 4. Oktober 2005 (BStBl. I S. 916)[2] hat das BMF zur ertragsteuerlichen Behandlung von Öffentlichen Privaten Partnerschaften im Zusammenhang mit dem A-Modell Stellung **60c**

[1] Jetzt „R 6.11 Abs. 2 Satz 1 EStR".
[2] Vorstehend abgedruckt.

genommen. Gegenstand des A-Modells ist der Ausbau und der Betrieb einer bestimmten Konzessionsstrecke (Bundesautobahnabschnitt) über einen bestimmten Konzessionszeitraum.

2 Die im Schreiben vom 4. Oktober 2005 (BStBl. I S. 916)[1] dargelegte ertragsteuerliche Beurteilung der A-Modelle ist grundsätzlich auf andere Projekte Öffentlich Privater Partnerschaften übertragbar. Bei der Beurteilung des jeweiligen steuerlichen Einzelsachverhaltes sind jedoch die konkreten Vertragsvereinbarungen zu berücksichtigen. Ziel ist es, die Aufwendungen, die im Rahmen solcher Projekte anfallen, auf die Vertragslaufzeit zu verteilen und daher ihre Auswirkung zu periodisieren. Andere Projekte Öffentlich Privater Partnerschaften sind dabei insbesondere F-Modelle (Konzessionsmodell, z. B. Errichtung und Betrieb eines Tunnels) und Modelle im öffentlichen Hochbau (z. B. Errichtung und Betrieb einer Schule).

II. Bilanzsteuerrechtliche Beurteilung

1. Beurteilung des Vertragsverhältnisses

60d **3** Nach Rdnr. 12 des BMF-Schreibens vom 4. Oktober 2005 (BStBl. I S. 916)[1] begründen die vertraglichen Gestaltungen bei ÖPP-Projekten regelmäßig Dauerschuldverhältnisse, die grundsätzlich als schwebendes Geschäft nicht in der Bilanz abzubilden sind. Ein Bilanzausweis ist nur geboten, wenn und soweit das Gleichgewicht solcher Vertragsbeziehungen durch Vorleistungen oder Erfüllungsrückstände eines Vertragspartners gestört ist. Vorleistungen können hierbei beispielsweise einzelne Bestandteile der laufenden Zahlungen des öffentlichen Auftraggebers sein. Diese Bilanzierungsgrundsätze gelten nicht nur für gegenseitige Verträge, die auf einen einmaligen Leistungsaustausch gerichtet sind, sondern auch für Dauerschuldverhältnisse (Großer Senat des BFH vom 23. Juni 1997, BStBl. II S. 735).

2. Verpflichtung zur Herstellung eines Mindestzustandes

4 Nach Rdnr. 15 des BMF-Schreibens vom 4. Oktober 2005 (BStBl. I S. 916)[1] ist für die Verpflichtung, die Konzessionsstrecke zum Ende der Vertragslaufzeit in einem vertraglich bestimmten Mindestzustand zurückzugeben, eine Rückstellung für ungewisse Verbindlichkeiten zu bilden.

5 Rückstellungen für andere Sachverhalte, wie die vertraglich vereinbarte Aufrechterhaltung oder die Herstellung eines vertraglich definierten (Mindest-)Zustandes innerhalb des Projektzeitraumes, werden durch diese Aussage nicht ausgeschlossen. Bei entsprechenden Vereinbarungen ist vielmehr zu prüfen, ob die Bildung einer Rückstellung nach allgemeinen Bilanzierungsgrundsätzen zulässig ist. Für die bei ÖPP-Projekten anfallenden, über das normale Maß hinausgehenden Erhaltungs- und Instandsetzungsaufwendungen, die ein- oder mehrmalig innerhalb der Projektlaufzeit anfallen können, ist die Bildung einer Rückstellung für ungewisse Verbindlichkeiten zulässig, soweit ein Erfüllungsrückstand eingetreten ist. Ein Erfüllungsrückstand liegt vor, wenn der Verpflichtete sich mit seinen Leistungen gegenüber seinem Vertragspartner im Rückstand befindet, also weniger geleistet hat, als er nach dem Vertrag für die bis dahin vom Vertragspartner erbrachte Leistung insgesamt zu leisten hatte. Erfüllungsrückstand setzt nicht die Fälligkeit der vertraglich noch geschuldeten Leistung zum Bilanzstichtag voraus (BFH vom 15. Juli 1998, BStBl. II S. 728). Bei Verträgen Öffentlich Privater Partnerschaften kann vom Eintritt eines Erfüllungsrückstandes ausgegangen werden, wenn in den laufenden Zahlungen des Öffentlichen ein kalkulierter Anteil für die Erfüllung der Erhaltungs- und Instandsetzungsverpflichtung des Privaten enthalten ist, der solche Maßnahmen abgilt, die bis zu dem entsprechenden Bilanzstichtag von dem zur Leistung Verpflichteten zu erbringen sind (wirtschaftliche Verursachung). Für Maßnahmen, die erst nach dem Bilanzstichtag wirtschaftlich verursacht sind, dürfen Rückstellungen nicht gebildet werden. Da eine solche betragliche Differenzierung unter Umständen mit Schwierigkeiten verbunden ist, kann aufgrund der kalkulatorischen Vorstellungen eine Schätzung entsprechend Rdnr. 16 des BMF-Schreibens vom 4. Oktober 2005 (BStBl. I S. 916)[1] vorgenommen werden.

6 Soweit ein Erfüllungsrückstand nicht vorliegt, ist zu prüfen, ob eine Vorleistung gegeben ist, für die der Ausweis eines passiven Rechnungsabgrenzungspostens nach Rdnr. 3 geboten ist. Eine Passivierung ist jedenfalls dann geboten, wenn der Private vertraglich zur Rückzahlung zumindest eines wesentlichen Anteils der nicht eingesetzten Mittel des Öffentlichen für die jeweiligen Aufwendungen verpflichtet ist.

R 5.7 (1)

R 5.7. Rückstellungen

Bilanzieller Ansatz von Rückstellungen

61 (1) ①Die nach den handelsrechtlichen Grundsätzen ordnungsmäßiger Buchführung gem. § 249 HGB anzusetzenden Rückstellungen sind auch in der steuerlichen Gewinnermittlung (Steuerbilanz) zu bilden, soweit eine betriebliche Veranlassung besteht und steuerliche Sondervorschriften z. B. § 5 Abs. 2a, 3, 4, 4a, 4b, 6 und § 6a EStG, nicht entgegenstehen.[2] ②Ungeachtet des Abzugsverbotes des § 4 Abs. 5b EStG ist in der Steuerbilanz eine Gewerbesteuerrückstellung zu bilden; dadurch verursachte Gewinnauswirkungen sind außerbilanziell zu neutralisieren.

H 5.7 (1)

Bewertung von Rückstellungen → R 6.11.

62 **Drohverlust**

- Optionsprämie → H.4.2 (15)
- Rückverkaufsoption → H 4.2 (15)

---

[1] Vorstehend abgedruckt.

[2] Zur betrieblichen Veranlassung einer Schadensersatzverpflichtung vgl. *BFH-Urteil vom 6.3. 2003 XI R 52/01 (BStBl. II S. 658).*

– Teilwertabschreibung. Die Teilwertabschreibung hat gegenüber der Drohverlustrückstellung Vorrang. Das Verbot der Rückstellungen für drohende Verluste (§ 5 Abs. 4a Satz 1 EStG) erfasst nur denjenigen Teil des Verlustes, der durch die Teilwertabschreibung nicht verbraucht ist (→ BFH vom 7. 9. 2005 – BStBl. 2006 II S. 298).

Eiserne Verpachtung. Zur Gewinnermittlung bei der Verpachtung von Betrieben mit Substanzerhaltungspflicht des Pächters nach §§ 582a, 1048 BGB → BMF vom 21. 2. 2002 (BStBl. I S. 262).[1]

ERA-Anpassungsfonds in der Metall- und Elektroindustrie → BMF vom 2. 4. 2007 (BStBl. I S. 301).

Gewinnermittlung nach § 4 Abs. 1 EStG. Die Grundsätze über Rückstellungen gelten sinngemäß bei Gewinnermittlung nach § 4 Abs. 1 EStG (→ § 141 Abs. 1 Satz 2 AO und BFH vom 20. 11. 1980 – BStBl. 1981 II S. 398).

Handelsrechtliches Passivierungswahlrecht. Besteht handelsrechtlich ein Wahlrecht zur Bildung einer Rückstellung, darf die Rückstellung steuerrechtlich nicht gebildet werden (→ BMF vom 12. 3. 2010 – BStBl. I S. 239).[2]

Jubiläumszuwendungen. Zu den Voraussetzungen für die Bildung von Rückstellungen für Zuwendungen anlässlich eines Dienstjubiläums → BMF vom 8. 12. 2008 (BStBl. I S. 1013).[3]

Künftige Anschaffungs- oder Herstellungskosten. Das Passivierungsverbot nach § 5 Abs. 4b Satz 1 EStG erfasst auch in künftigen Wj. als Anschaffungs- oder Herstellungskosten eines Wirtschaftsgutes zu aktivierende Aufwendungen, die zu keinem Ertrag mehr führen können (→ BFH vom 8. 11. 2016 – BStBl. 2017 II S. 768).

Nicht abziehbare Betriebsausgaben. Eine handelsbilanziell gebildete und damit für das Steuerrecht maßgebliche Rückstellung ist außerbilanziell zu neutralisieren, soweit der Rückstellung nicht abziehbare Betriebsausgaben i. S. d. § 4 Abs. 5 EStG zugrunde liegen (→ BFH vom 7. 11. 2013 – BStBl. 2014 II S. 306 und vom 22. 5. 2019 – BStBl. II S. 663).

Rückabwicklung. Für die Bildung von Rückstellungen im Zusammenhang mit Rückgewährschuldverhältnissen ist wie folgt zu differenzieren:
- Ein Verkäufer darf wegen seiner Verpflichtung zur Rückerstattung dann keine Rückstellung bilden, wenn er am Bilanzstichtag mit einem Rücktritt vom Kaufvertrag, bei Verbraucherverträgen mit Widerrufs- oder Rückgaberecht mit dessen Ausübung, nicht rechnen muss; das gilt auch dann, wenn noch vor der Aufstellung der Bilanz der Rücktritt erklärt bzw. das Widerrufs- oder Rückgaberecht ausgeübt wird.
- Ist jedoch bereits am Bilanzstichtag eine Vertragsauflösung durch Erklärung des Rücktritts bzw. Ausübung des Widerrufs- oder Rückgaberechts wahrscheinlich, so ist eine Rückstellung für ungewisse Verbindlichkeiten wegen des Risikos der drohenden Vertragsauflösung zu bilden. Ist der Verkäufer auf Grund eines Rücktrittsrechts bzw. eines Widerrufs- oder Rückgaberechts verpflichtet, die bereits verkaufte und übergebene Sache wieder zurückzunehmen, steht die Vorschrift des § 5 Abs. 4b Satz 1 EStG der Rückstellungsbildung nicht entgegen. Die Rückstellung ist in Höhe der Differenz zwischen dem zurückzugewährenden Kaufpreis und dem Buchwert des veräußerten Wirtschaftsguts zu bilden. Sie neutralisiert damit lediglich den Veräußerungsgewinn.

(→ BMF vom 21. 2. 2002 – BStBl. I S. 335).

Rückstellungen für ungewisse Verbindlichkeiten R 5.7 (2)

Grundsätze

(2) Eine Rückstellung für ungewisse Verbindlichkeiten ist nur zu bilden, wenn 63

1. es sich um eine Verbindlichkeit gegenüber einem anderen oder eine öffentlich-rechtliche Verpflichtung handelt,
2. die Verpflichtung vor dem Bilanzstichtag wirtschaftlich verursacht ist,
3. mit einer Inanspruchnahme aus einer nach ihrer Entstehung oder Höhe ungewissen Verbindlichkeit ernsthaft zu rechnen ist und
4. die Aufwendungen in künftigen Wirtschaftsjahren nicht zu Anschaffungs- oder Herstellungskosten für ein Wirtschaftsgut führen.

Verpflichtung gegenüber einem anderen R 5.7 (3)

(3) ① Die Bildung einer Rückstellung für ungewisse Verbindlichkeiten setzt – als Abgrenzung zur → Aufwandsrückstellung – eine Verpflichtung gegenüber einem anderen voraus. ② Die Verpflichtung muss den Verpflichteten wirtschaftlich wesentlich belasten. ③ Die Frage, ob eine Verpflichtung den Stpfl. wesentlich belastet, ist nicht nach dem Aufwand für das einzelne 64

---

[1] Abgedruckt als Anlage zu H 6.11.
[2] Abgedruckt als Anlage zu H 5.1.
[3] Nachstehend abgedruckt als Anlage a zu R 5.7 EStR.
Ergänzend siehe BMF-Schreiben vom 27. 2. 2020 (BStBl. I S. 254), abgedruckt als 2. Schreiben in Anlage a zu R 5.7 EStR.

Vertragsverhältnis, sondern nach der Bedeutung der Verpflichtung für das Unternehmen zu beurteilen.

H 5.7 (3)
65
Abrechnungsverpflichtung. Für die sich aus § 14 VOB/B ergebende Verpflichtung zur Abrechnung gegenüber dem Besteller ist eine Rückstellung zu bilden (→ BFH vom 25. 2. 1986 – BStBl. II S. 788); Entsprechendes gilt für die Abrechnungsverpflichtung nach den allgemeinen Bedingungen für die Gasversorgung/Elektrizitätsversorgung (→ BFH vom 18. 1. 1995 – BStBl. II S. 742).

Aufwandsrückstellungen können in der Steuerbilanz nicht gebildet werden (→ BFH vom 8. 10. 1987 – BStBl. 1988 II S. 57, vom 12. 12. 1991 – BStBl. 1992 II S. 600 und vom 8. 11. 2000 – BStBl. 2001 II S. 570); Ausnahmen → R 5.7 Abs. 11.

Eigenbetriebliches Interesse. Unabhängig von einer bestehenden Außenverpflichtung (hier: Räumung eines Baustellenlagers bei Vertragsende) ist der Ansatz einer Rückstellung für ungewisse Verbindlichkeiten ausgeschlossen, wenn die Verpflichtung in ihrer wirtschaftlichen Belastungswirkung von einem eigenbetrieblichen Interesse vollständig „überlagert" wird (→ BFH vom 22. 1. 2020 – BStBl. II S. 493).

Faktischer Leistungszwang. Eine Rückstellung für ungewisse Verbindlichkeiten ist nicht nur für Verpflichtungen aus einem am Bilanzstichtag bestehenden Vertrag zu bilden, sondern auch für Verpflichtungen, die sich aus einer Branchenübung ergeben (faktischer Leistungszwang). Dies ist z. B. der Fall, wenn ein Unternehmen von seinen Kunden Zuschüsse zu den Herstellungskosten für Werkzeuge erhält, die es bei der Preisgestaltung für die von ihm mittels dieser Werkzeuge herzustellenden und zu liefernden Produkte preismindernd berücksichtigen muss; die Rückstellung ist über die voraussichtliche Dauer der Lieferverpflichtung aufzulösen (→ BFH vom 29. 11. 2000 – BStBl. 2002 II S. 655).

Gesellschaftsvertraglich begründete Pflicht zur Prüfung des Jahresabschlusses. Für die Verpflichtung zur Prüfung des Jahresabschlusses einer Personengesellschaft darf eine Rückstellung nicht gebildet werden, wenn diese Verpflichtung ausschließlich durch den Gesellschaftsvertrag begründet worden ist (→ BFH vom 5. 6. 2014 – BStBl. II S. 886).

Honorar-Rückzahlungsverpflichtung. Eine Rückstellung für mögliche Honorar-Rückzahlungsverpflichtungen kann nur gebildet werden, wenn am Bilanzstichtag mehr Gründe für als gegen das Bestehen einer solchen Verpflichtung sprechen. Ein gegen eine dritte Person in einer vergleichbaren Sache ergangenes erstinstanzliches Urteil genügt für sich allein noch nicht, um für das Bestehen einer entsprechenden Verbindlichkeit überwiegende Gründe annehmen zu können (→ BFH vom 19. 10. 2005 – BStBl. 2006 II S. 371). Dagegen ist für eine nach Maßgabe des § 106 Abs. 5a SGB V zu erwartende Honorar-Rückzahlungsverpflichtung an eine Kassenärztliche Vereinigung eine Rückstellung für ungewisse Verbindlichkeiten zu passivieren (→ BFH vom 5. 11. 2014 – BStBl. 2015 II S. 523).

Kostenüberdeckung. Ist eine sog. Kostenüberdeckung nach Maßgabe öffentlich-rechtlicher Vorschriften in der folgenden Kalkulationsperiode auszugleichen (Rückgabe der Kostenüberdeckung durch entsprechende Preiskalkulation der Folgeperiode), liegt eine rückstellungsfähige ungewisse Verbindlichkeit vor (→ BFH vom 6. 2. 2013 – BStBl. II S. 954).

Provisionsfortzahlungen an einen Handelsvertreter. Eine Passivierung als Verbindlichkeit oder Rückstellung ist anders als bei einem Ausgleichsanspruch eines Handelsvertreters (→ H 5.7 (5)) grundsätzlich möglich, wenn die Zahlung unabhängig von aus der ehemaligen Tätigkeit stammenden zukünftigen erheblichen Vorteilen des vertretenen Unternehmens ist und sie nicht für ein Wettbewerbsverbot vorgenommen wird. Steht die Provisionsverpflichtung unter einer aufschiebenden Bedingung, ist die Wahrscheinlichkeit des Eintritts der Bedingung zu prüfen (→ BMF vom 21. 6. 2005 – BStBl. I S. 802).

Werkzeugkostenzuschuss → Faktischer Leistungszwang.

R 5.7 (4)
66
Öffentlich-rechtliche Verpflichtung

(4) ① Auch eine öffentlich-rechtliche Verpflichtung kann Grundlage für eine Rückstellung für ungewisse Verbindlichkeiten sein; zur Abgrenzung von nicht zulässigen reinen Aufwandsrückstellungen ist jedoch Voraussetzung, dass die Verpflichtung hinreichend konkretisiert ist, d. h. es muss ein inhaltlich bestimmtes Handeln durch Gesetz oder Verwaltungsakt innerhalb eines bestimmbaren Zeitraums vorgeschrieben und an die Verletzung der Verpflichtung müssen Sanktionen geknüpft sein. ② Ergibt sich eine öffentlich-rechtliche Verpflichtung nicht unmittelbar aus einem Gesetz, sondern setzt sie den Erlass einer behördlichen Verfügung (Verwaltungsakt) voraus, ist eine Rückstellung für ungewisse Verbindlichkeiten erst zu bilden, wenn die zuständige Behörde einen vollziehbaren Verwaltungsakt erlassen hat, der ein bestimmtes Handeln vorschreibt.

H 5.7 (4)
67
Konkretisierung öffentlich-rechtlicher Verpflichtungen

– Die Bildung von Rückstellungen für öffentlich-rechtliche Verpflichtungen setzt eine hinreichende Konkretisierung voraus. Konkretisiert wird eine derartige Pflicht regelmäßig durch einen konkreten Gesetzesbefehl oder durch einen Rechtsakt, z. B. Verwaltungsakt, Verfügung

oder Abschluss einer entsprechenden verwaltungsrechtlichen Vereinbarung (→ BFH vom 25. 1. 2017 – BStBl. II S. 780).
– Allgemeine öffentliche Leitsätze, z. B. die Verpflichtung der Wohnungsbauunternehmen, im Interesse der Volkswirtschaft die errichteten Wohnungen zu erhalten, rechtfertigen keine Rückstellung (→ BFH vom 26. 5. 1976 – BStBl. II S. 622).

Rückstellungen für öffentlich-rechtliche Verpflichtungen sind u. a.
zulässig für:
– die Verpflichtung zur Aufstellung der Jahresabschlüsse (→ BFH vom 20. 3. 1980 – BStBl. II S. 297).
– die Verpflichtung zur Buchung laufender Geschäftsvorfälle des Vorjahres (→ BFH vom 25. 3. 1992 – BStBl. II S. 1010),
– die gesetzliche Verpflichtung zur Prüfung der Jahresabschlüsse, zur Veröffentlichung des Jahresabschlusses im Bundesanzeiger, zur Erstellung des Lageberichts und zur Erstellung der die Betriebssteuern des abgelaufenen Jahres betreffenden Steuererklärungen (→ BFH vom 23. 7. 1980 – BStBl. 1981 II S. 62, 63), aber → H 5.7 (3) Gesellschaftsvertraglich begründete Pflicht zur Prüfung des Jahresabschlusses,
– die Verpflichtung zur Aufbewahrung von Geschäftsunterlagen gem. § 257 HGB und § 147 AO (→ BFH vom 19. 8. 2002 – BStBl. 2003 II S. 131),
– die Verpflichtungen zur Wiederaufbereitung (Recycling) und Entsorgung von Bauschutt (→ BFH vom 25. 3. 2004 – BStBl. 2006 II S. 644 und vom 21. 9. 2005 – BStBl. 2006 II S. 647). § 5 Abs. 4 b EStG ist zu beachten,
– die Verpflichtungen für die Entsorgung der ab dem 13. 8. 2005 in Verkehr gebrachten Energiesparlampen, wenn sich diese Pflichten durch den Erlass einer Abholanordnung nach § 16 Abs. 5 Elektro- und Elektronikgerätegesetz hinreichend konkretisiert haben (→ BFH vom 25. 1. 2017 – BStBl. II S. 780),
– die Zulassungskosten (Gebühren) für ein neu entwickeltes Pflanzenschutzmittel (→ BFH vom 8. 9. 2011 – BStBl. 2012 II S. 122),
– eine nach Maßgabe des § 106 Abs. 5a SGB V zu erwartende Honorar-Rückzahlungsverpflichtung an eine Kassenärztliche Vereinigung (→ BFH vom 5. 11. 2014 – BStBl. 2015 II S. 523).

nicht zulässig für:
– die Verpflichtung zur Durchführung der Hauptversammlung (→ BFH vom 23. 7. 1980 – BStBl. 1981 II S. 62),
– künftige Betriebsprüfungskosten, solange es an einer Prüfungsanordnung fehlt (→ BFH vom 24. 8. 1972 – BStBl. 1973 II S. 55); das gilt nicht für Großbetriebe → BMF vom 7. 3. 2013 (BStBl. I S. 274),[1]
– künftige Beitragszahlungen an den Pensionssicherungsverein (→ BFH vom 6. 12. 1995 – BStBl. 1996 II S. 406),
– Kammerbeiträge (z. B. zur Handwerkskammer) eines künftigen Beitragsjahres, die sich nach der Höhe des in einem vergangenen Steuerjahr erzielten Gewinns bemessen (→ BFH vom 5. 4. 2017 – BStBl. II S. 900),
– die Verpflichtung zur Erstellung der Einkommensteuererklärung und der Erklärung zur gesonderten und einheitlichen Feststellung des Gewinns einer Personengesellschaft (→ BFH vom 24. 11. 1983 – BStBl. 1984 II S. 301),
– die Verpflichtung zur Entsorgung eigenen Abfalls (→ BFH vom 8. 11. 2000 – BStBl. 2001 II S. 570),
– die gesetzlichen Verpflichtungen, wenn die Rechtsnorm eine Frist für die Erfüllung enthält und diese am Bilanzstichtag noch nicht abgelaufen ist (→ BFH vom 13. 12. 2007 – BStBl. 2008 II S. 516, vom 6. 2. 2013 – BStBl. II S. 686 und vom 17. 10. 2013 – BStBl. 2014 II S. 302),
– die gesetzlichen Wartungsverpflichtungen vor Ablauf der zulässigen Betriebszeit (→ BFH vom 9. 11. 2016 – BStBl. 2017 II S. 379).

Sanierungsverpflichtungen. Zur Bildung von Rückstellungen für Verpflichtungen zur Sanierung von schadstoffbelasteten Grundstücken → BMF vom 11. 5. 2010 (BStBl. I S. 495).[2]

Wirtschaftliche Verursachung[3] R 5.7 (5)

(5) ① Rückstellungen für ungewisse Verbindlichkeiten sind erstmals im Jahresabschluss des Wirtschaftsjahres zu bilden, in dem sie wirtschaftlich verursacht sind. ② Die Annahme einer wirtschaftlichen Verursachung setzt voraus, dass der Tatbestand, an den das Gesetz oder der Vertrag die Verpflichtung knüpft, im Wesentlichen verwirklicht ist. ③ Die Erfüllung der Verpflichtung darf nicht nur an Vergangenes anknüpfen, sondern muss auch Vergangenes abgelten. 68

Aktienoptionsprogramme. Rückstellungen für Verbindlichkeiten aus Aktienoptionsprogrammen können nicht gebildet werden, wenn die Ausübung der Optionen von am Bilanzstichtag noch ungewissen künftigen Ereignissen abhängt. Dabei ist der Grad der Wahrscheinlichkeit des Eintritts dieser Ereignisse unerheblich (→ BFH vom 15. 3. 2017 – BStBl. II S. 1043). H 5.7 (5) 69

---

[1] Nachstehend abgedruckt als Anlage d zu R 5.7 EStR.
[2] Nachstehend abgedruckt als Anlage b zu R 5.7 EStR.
[3] Zur Rückstellungsbildung für Verpflichtungen aus einem Kundenkartenprogramm siehe *BFH-Urteil vom 29. 9. 2022 IV R 20/19 (DStR 2022, 2537).*

H 5.7 (5)

Altersteilzeitverpflichtungen. Zur bilanziellen Berücksichtigung von Altersteilzeitverpflichtungen nach dem Altersteilzeitgesetz (AltTZG) → BMF vom 28. 3. 2007 (BStBl. I S. 297)[1] unter Berücksichtigung der Änderungen durch BMF vom 11. 3. 2008 (BStBl. I S. 496) und vom 22. 10. 2018 (BStBl. I S. 1112).

Arbeitsfreistellung. Rückstellungen für Verpflichtungen zur Gewährung von Vergütungen für die Zeit der Arbeitsfreistellung vor Ausscheiden aus dem Dienstverhältnis und Jahreszusatzleistungen im Jahr des Eintritts des Versorgungsfalls (→ BMF vom 11. 11. 1999 – BStBl. I S. 959[2] und vom 28. 3. 2007 – BStBl. I S. 297).[1]

Ausgleichsanspruch eines Handelsvertreters

- Eine Rückstellung für die Verpflichtung zur Zahlung eines Ausgleichs an einen Handelsvertreter nach § 89 b HGB ist vor Beendigung des Vertragsverhältnisses nicht zulässig, da wesentliche Voraussetzung für einen solchen Ausgleich ist, dass dem Unternehmer aus der früheren Tätigkeit des Vertreters mit hoher Wahrscheinlichkeit noch nach Beendigung des Vertragsverhältnisses erhebliche Vorteile erwachsen (→ BFH vom 20. 1. 1983 – BStBl. II S. 375).
- Zur Abgrenzung gegenüber einer Provisionsfortzahlung → H 5.7 (3) Provisionsfortzahlungen an einen Handelsvertreter.

Beihilfen an Pensionäre. Für die Verpflichtung, Pensionären und aktiven Mitarbeitern während der Zeit ihres Ruhestandes in Krankheits-, Geburts- und Todesfällen Beihilfen zu gewähren, ist eine Rückstellung zu bilden (→ BFH vom 30. 1. 2002 – BStBl. 2003 II S. 279).

Entstandene Verpflichtungen. Eine am Bilanzstichtag bereits rechtlich entstandene öffentlich-rechtliche Verpflichtung ist zu diesem Zeitpunkt auch wirtschaftlich verursacht (→ BFH vom 17. 10. 2013 – BStBl. 2014 II S. 302).

Garantierückstellungen. Garantierückstellungen, mit denen das Risiko künftigen Aufwands durch kostenlose Nacharbeiten oder durch Ersatzlieferungen oder aus Minderungen oder Schadenersatzleistungen wegen Nichterfüllung auf Grund gesetzlicher oder vertraglicher Gewährleistungen erfasst werden soll, können bei Vorliegen der entsprechenden Voraussetzungen als Einzelrückstellungen für die bis zum Tag der Bilanzaufstellung bekannt gewordenen einzelnen Garantiefälle oder als Pauschalrückstellung gebildet werden. Für die Bildung von Pauschalrückstellungen ist Voraussetzung, dass der Kaufmann auf Grund der Erfahrungen in der Vergangenheit mit einer gewissen Wahrscheinlichkeit mit Garantieinanspruchnahmen rechnen muss oder dass sich aus der branchenmäßigen Erfahrung und der individuellen Gestaltung des Betriebs die Wahrscheinlichkeit ergibt, Garantieleistungen erbringen zu müssen (→ BFH vom 30. 6. 1983 – BStBl. 1984 II S. 263 und vom 24. 3. 1999 – BStBl. 2001 II S. 612).

Gutscheine. Für Gutscheine, die einen Anspruch auf preisermäßigte künftige Leistungen gewähren, können im Ausgabejahr keine Rückstellungen gebildet werden (→ BFH vom 19. 9. 2012 – BStBl. 2013 II S. 123).

Nachbetreuungsleistungen bei Hörgeräte-Akustikern. Nachbetreuungsverpflichtungen sind im Zeitpunkt der Veräußerung der Hörhilfen auch wirtschaftlich verursacht (→ BMF vom 12. 10. 2005 – BStBl. I S. 953).

Prozesskosten. Bei am Bilanzstichtag noch nicht anhängigen Verfahren/Instanzen fehlt es grundsätzlich an der wirtschaftlichen Verursachung (→ BFH vom 6. 12. 1995 – BStBl. 1996 II S. 406).

Sonderzahlungen an Versorgungseinrichtungen. Für Sonderzahlungen an Versorgungseinrichtungen zur Schließung künftiger Deckungslücken können wegen fehlender wirtschaftlicher Verursachung vor dem Bilanzstichtag keine Rückstellungen gebildet werden (→ BFH vom 27. 1. 2010 – BStBl. II S. 614).

Wartungsverpflichtung. Gesetzliche Wartungsverpflichtungen sind wirtschaftlich nicht in der Vergangenheit verursacht, da wesentliches Merkmal der Überholungsverpflichtung das Erreichen der zulässigen Betriebszeit ist. Dagegen kann bei einer privatrechtlichen Verpflichtung zur Übernahme künftiger Wartungsaufwendungen die Bildung einer Rückstellung für ungewisse Verbindlichkeiten in Betracht kommen, wenn bei Beendigung des Vertrages kein Anspruch auf Rückerstattung der Beträge besteht und der Stpfl. deshalb mit den vereinbarten Beträgen belastet bleibt (→ BFH vom 9. 11. 2016 – BStBl. 2017 II S. 379).

Zinszahlung.[3] Eine Verpflichtung zur Zinszahlung ist am Bilanzstichtag nur insoweit wirtschaftlich verursacht, als damit eine Zeitspanne vor dem Bilanzstichtag abgegolten wird (→ BFH vom 6. 12. 1995 – BStBl. 1996 II S. 406).

Zuwendungen aus Anlass eines Geschäfts- oder Firmenjubiläums. Für rechtsverbindlich zugesagte Zuwendungen aus Anlass eines Geschäfts- oder Firmenjubiläums, die sich nach der Dauer der Betriebszugehörigkeit der einzelnen Mitarbeiter bemessen, ist eine Rückstellung in

---

[1] Letztmals abgedruckt im „Handbuch zur ESt-Veranlagung 2020“ als Anlage c zu R 5.7 EStR.
[2] Letztmals abgedruckt im „Handbuch zur ESt-Veranlagung 2020“ als Anlage b zu R 5.7 EStR.
[3] Zu Rückstellungen für Zinsen nach § 233 a AO siehe *Vfg. OFD Frankfurt vom 12. 7. 2013, S 2133 A – 21 – St 210 (DStR S. 2396).*

dem Umfang zu bilden, in dem die Anspruchsvoraussetzungen durch die vergangene Betriebszugehörigkeit des jeweiligen Mitarbeiters erfüllt sind. Die Regelung für Zuwendungen aus Anlass eines Dienstjubiläums (§ 5 Abs. 4 EStG) gilt dafür nicht (→ BFH vom 29. 11. 2000 – BStBl. 2004 II S. 41).

Wahrscheinlichkeit der Inanspruchnahme[1] R 5.7 (6)

(6) ① Rückstellungen für ungewisse Verbindlichkeiten setzen in tatsächlicher Hinsicht voraus, dass die Verbindlichkeiten, die den Rückstellungen zu Grunde liegen, bis zum Bilanzstichtag entstanden sind oder aus Sicht am Bilanzstichtag mit einiger Wahrscheinlichkeit entstehen werden und der Stpfl. spätestens bei Bilanzaufstellung ernsthaft damit rechnen muss, hieraus in Anspruch genommen zu werden. ② Die Wahrscheinlichkeit der Inanspruchnahme ist auf Grund objektiver, am Bilanzstichtag vorliegender und spätestens bei Aufstellung der Bilanz erkennbarer Tatsachen aus der Sicht eines sorgfältigen und gewissenhaften Kaufmanns zu beurteilen; es müssen mehr Gründe für als gegen die Inanspruchnahme sprechen. 70

Allgemeines. Eine Inanspruchnahme ist wahrscheinlich, wenn der Stpfl. nach den Umständen, die am Bilanzstichtag objektiv vorlagen und bis zum Zeitpunkt der Bilanzerstellung bekannt oder erkennbar wurden, ernstlich damit rechnen musste, aus der Verpflichtung in Anspruch genommen zu werden. Er darf im Hinblick auf seine Inanspruchnahme nicht die pessimistischste Alternative wählen; für die Inanspruchnahme müssen mehr Gründe dafür als dagegen sprechen (→ BFH vom 19. 10. 2005 – BStBl. 2006 II S. 371). H 5.7 (6) 71

Entdeckung. Die Wahrscheinlichkeit der Inanspruchnahme ist gegeben, wenn die anspruchsbegründenden Tatsachen bis zum Tag der Bilanzaufstellung entdeckt sind (→ BFH vom 2. 10. 1992 – BStBl. 1993 II S. 153).

Hinterzogene Steuern. Hinterzogene Lohnsteuer ist vom Arbeitgeber in dem Zeitpunkt zurückzustellen, in dem er mit seiner Haftungsinanspruchnahme ernsthaft rechnen muss (→ BFH vom 16. 2. 1996 – BStBl. II S. 592).

Patronatserklärungen. Die Passivierung von Rückstellungen für Verpflichtungen aus sog. harten Patronatserklärungen setzt voraus, dass die Gefahr der Inanspruchnahme aus der Verpflichtung ernsthaft droht. Eine Inanspruchnahme aus einer konzerninternen Patronatserklärung der Muttergesellschaft für ein Tochterunternehmen droht dann nicht, wenn das Schuldnerunternehmen zwar in der Krise ist, innerhalb des Konzerns ein Schwesterunternehmen aber die erforderliche Liquidität bereitstellt und auf Grund der gesellschaftsrechtlichen Verbundenheit nicht damit zu rechnen ist, dass dieses Schwesterunternehmen Ansprüche gegen die Muttergesellschaft geltend machen wird (→ BFH vom 25. 10. 2006 – BStBl. 2007 II S. 384).

Schadensersatz

- Bei einseitigen Verbindlichkeiten ist die Wahrscheinlichkeit der Inanspruchnahme erst gegeben, wenn der Gläubiger die sich aus ihnen ergebende (mögliche) Berechtigung kennt. Dies gilt auch für öffentlich-rechtliche Verbindlichkeiten (→ BFH vom 19. 10. 1993 – BStBl. II S. 891).
- Bei privat-rechtlichen Schadensersatzansprüchen ist entweder die Kenntnis des Gläubigers von den den Schadensersatzanspruch begründenden Umständen oder zumindest eine derartige unmittelbar bevorstehende Kenntniserlangung erforderlich (→ BFH vom 25. 4. 2006 – BStBl. II S. 749).
- Bei der Bildung von Rückstellungen für Schadensersatzforderungen ist zwischen der Wahrscheinlichkeit des Bestehens der Verpflichtung und der Wahrscheinlichkeit der tatsächlichen Inanspruchnahme hieraus zu unterscheiden, da die beiden Voraussetzungen innewohnenden Risiken unterschiedlich hoch zu bewerten sein können. Ist nach einem von fachkundiger dritter Seite erstellten Gutachten das Unterliegen im Prozess am Bilanzstichtag nicht überwiegend wahrscheinlich, scheidet die Bildung einer Rückstellung aus (→ BFH vom 16. 12. 2014 – BStBl. 2015 II S. 759).

Rückstellungen für Erfüllungsrückstand bei schwebenden Geschäften R 5.7 (7)

Schwebende Geschäfte

(7) ① Schwebende Geschäfte sind gegenseitige Verträge i. S. d. §§ 320 ff. BGB (z. B. Dauerschuldverhältnisse wie Arbeits- oder Mietverträge), die von den Beteiligten noch nicht voll erfüllt sind. ② Noch zu erbringende unwesentliche Nebenleistungen stehen der Beendigung des Schwebezustandes nicht entgegen. ③ Verpflichtungen aus schwebenden Geschäften werden nicht passiviert, es sei denn, dass Gleichgewicht von Leistung und Gegenleistung ist durch Erfüllungsrückstände gestört; in diesen Fällen sind Rückstellungen für Erfüllungsrückstand auszuweisen. 72

---

[1] Zu einer Abbruchverpflichtung siehe *BFH-Urteil vom 28. 3. 2000 VIII R 13/99 (BStBl. II S. 612).* Zu Rückstellungen für Sanierungsverpflichtungen siehe *BFH-Urteil vom 19. 11. 2003 I R 77/01 (BStBl. 2010 II S. 482),* sowie BMF-Schreiben vom 11. 5. 2010 (BStBl. I S. 495), abgedruckt als Anlage b zu R 5.7 EStR.

R 5.7 (8) **Erfüllungsrückstand**

73 (8) ① Ein Erfüllungsrückstand entsteht, wenn ein Vertragspartner seine Leistung erbracht hat, der andere Vertragspartner die entsprechende Gegenleistung jedoch noch schuldet. ② Eine Fälligkeit der vertraglich noch geschuldeten Leistung zum Bilanzstichtag ist nicht erforderlich. ③ Erfüllungsrückstände eines Vermieters liegen z.B. vor, wenn sich die allgemeine Pflicht zur Erhaltung der vermieteten Sache in der Notwendigkeit einzelner Erhaltungsmaßnahmen konkretisiert hat und der Vermieter die Maßnahmen unterlässt. ④ Die wirtschaftliche Verursachung der Verpflichtung richtet sich nach Absatz 5.

H 5.7 (8) **Erfüllungsrückstand**

74
- Ein Erfüllungsrückstand liegt insbesondere vor, wenn der Schuldner einer Verpflichtung nicht nachgekommen ist, die er im abgelaufenen Wj. hätte erfüllen müssen (→ BFH vom 3. 12. 1991 – BStBl. 1993 II S. 89). Die noch ausstehende Gegenleistung muss eine Vorleistung abgelten und ihr damit synallagmatisch zweckgerichtet und zeitlich zuordenbar sein (→ BFH vom 5. 4. 2006 – BStBl. II S. 593).
- Wegen der Verpflichtung, eine am Bilanzstichtag bestehende Darlehensverbindlichkeit – mit fest vereinbarter Vertragslaufzeit und ohne ordentliche Kündigungsmöglichkeit – in späteren Jahren höher zu verzinsen (Darlehen mit steigenden Zinssätzen), ist in der Bilanz grundsätzlich eine Verbindlichkeit oder eine Rückstellung wegen eines wirtschaftlichen Erfüllungsrückstandes auszuweisen (→ BFH vom 25. 5. 2016 – BStBl. II S. 930).
- Für die Verpflichtung zur Lohnfortzahlung im Krankheitsfall kann keine Rückstellung gebildet werden (→ BFH vom 27. 6. 2001 – BStBl. II S. 758).
- Für die Verpflichtung eines Vermieters, den Mietgegenstand zum Ende der Mietzeit zu veräußern und den Veräußerungserlös insoweit an den Mieter auszuzahlen, als er einen vertraglich vereinbarten, unter dem Buchwert zum Vertragsende liegenden Restwert übersteigt, ist eine anzusammelnde und abzuzinsende Rückstellung in der Höhe zu passivieren, in der der vereinbarte Restwert unter dem Buchwert des Mietgegenstands liegt (→ BFH vom 21. 9. 2011 – BStBl. 2012 II S. 197).
- Für Verpflichtungen zur Nachbetreuung bereits abgeschlossener Versicherungen sind Rückstellungen wegen Erfüllungsrückstandes zu bilden (→ BMF vom 20. 11. 2012 – BStBl. I S. 1100,[1] BFH vom 12. 2. 2013 – BStBl. 2014 II S. 517 und vom 27. 2. 2014 – BStBl. II S. 675, ber. S. 919).

Einzelfälle

R 5.7 (9) **Leistungen auf Grund eines Sozialplans**

75 (9) ① Rückstellungen für Leistungen auf Grund eines Sozialplans nach den §§ 111, 112 des Betriebsverfassungsgesetzes sind insbesondere unter Beachtung der Grundsätze in den Absätzen 5 und 6 im Allgemeinen ab dem Zeitpunkt zulässig, in dem der Unternehmer den Betriebsrat über die geplante Betriebsänderung nach § 111 Satz 1 des Betriebsverfassungsgesetzes unterrichtet hat. ② Die Voraussetzungen für die Bildung von Rückstellungen für ungewisse Verbindlichkeiten liegen am Bilanzstichtag auch vor, wenn der Betriebsrat erst nach dem Bilanzstichtag, aber vor der Aufstellung oder Feststellung der Bilanz unterrichtet wird und der Unternehmer sich bereits vor dem Bilanzstichtag zur Betriebsänderung entschlossen oder schon vor dem Bilanzstichtag eine wirtschaftliche Notwendigkeit bestanden hat, eine zur Aufstellung eines Sozialplans verpflichtende Maßnahme durchzuführen. ③ Soweit vorzeitig betriebliche Pensionsleistungen bei alsbaldigem Ausscheiden infolge der Betriebsänderung erbracht werden, richtet sich die Rückstellungsbildung ausschließlich nach § 6 a EStG. ④ Die vorstehenden Grundsätze gelten sinngemäß für Leistungen, die auf Grund einer auf Tarifvertrag oder Betriebsvereinbarung beruhenden vergleichbaren Vereinbarung zu erbringen sind.

R 5.7 (10) **Patent-, Urheber- oder ähnliche Schutzrechte**

77 (10) ① Rückstellungen für ungewisse Verbindlichkeiten wegen Benutzung einer offen gelegten, aber noch nicht patentgeschützten Erfindung sind nur unter den Voraussetzungen zulässig, die nach § 5 Abs. 3 EStG für Rückstellungen wegen Verletzung eines Patentrechts gelten. ② Das Auflösungsgebot in § 5 Abs. 3 EStG bezieht sich auf alle Rückstellungsbeträge, die wegen der Verletzung ein und desselben Schutzrechts passiviert worden sind. ③ Hat der Stpfl. nach der erstmaligen Bildung der Rückstellung das Schutzrecht weiterhin verletzt und deshalb die Rückstellung in den folgenden Wirtschaftsjahren erhöht, beginnt für die Zuführungsbeträge keine neue Frist. ④ Nach Ablauf der Drei-Jahres-Frist sind weitere Rückstellungen wegen Verletzung desselben Schutzrechts nicht zulässig, solange Ansprüche nicht geltend gemacht worden sind.

[1] Nachstehend abgedruckt als Anlage c zu R 5.7 EStR.

Patentverletzung H 5.7 (10)

– Die Bildung einer Rückstellung wegen Verletzung fremder Patentrechte nach § 5 Abs. 3 Satz 1 Nr. 2 EStG setzt nicht voraus, dass der Patentinhaber von der Rechtsverletzung Kenntnis erlangt hat. **77a**
– Wird ein und dasselbe Schutzrecht in mehreren Jahren verletzt, bestimmt sich der Ablauf der dreijährigen Auflösungsfrist i. S. d. § 5 Abs. 3 Satz 2 EStG nach der erstmaligen Rechtsverletzung.

(→ BFH vom 9. 2. 2006 – BStBl. II S. 517).

Instandhaltung und Abraumbeseitigung R 5.7 (11)

(11) ①Die nach den Grundsätzen des § 249 Abs. 1 Satz 2 Nr. 1 HGB gebildete Rückstellung ist auch in der Steuerbilanz anzusetzen. ②Das Gleiche gilt für die Bildung von Rückstellungen für unterlassene Aufwendungen für Abraumbeseitigungen, die im folgenden Wirtschaftsjahr nachgeholt werden. ③Bei unterlassener Instandhaltung muss es sich um Erhaltungsarbeiten handeln, die bis zum Bilanzstichtag bereits erforderlich gewesen wären, aber erst nach dem Bilanzstichtag durchgeführt werden. ④Rückstellungen für Abraumbeseitigungen auf Grund rechtlicher Verpflichtungen sind nach § 249 Abs. 1 Satz 1 HGB (ungewisse Verbindlichkeit) zu bilden. **78**

Turnusmäßige Erhaltungsarbeiten. Bei Erhaltungsarbeiten, die erfahrungsgemäß in ungefähr gleichem Umfang und in gleichen Zeitabständen anfallen und turnusgemäß durchgeführt werden, liegt in der Regel keine unterlassene Instandhaltung vor (→ BFH vom 15. 2. 1955 – BStBl. III S. 172). H 5.7 (11) **79**

Kulanzleistungen R 5.7 (12)

(12) Rückstellungen nach § 249 Abs. 1 Satz 2 Nr. 2 HGB für Gewährleistungen, die ohne rechtliche Verpflichtungen erbracht werden, sind nur zulässig, wenn sich der Kaufmann den Gewährleistungen aus geschäftlichen Erwägungen nicht entziehen kann. **80**

Garantierückstellung → H 5.7 (5). H 5.7 (12)

Geschäftliche Erwägungen. Geschäftliche Erwägungen sind anzunehmen, wenn am Bilanzstichtag unter Berücksichtigung des pflichtgemäßen Ermessens des vorsichtigen Kaufmanns damit zu rechnen ist, dass Kulanzleistungen auch in Zukunft bewilligt werden müssen (→ BFH vom 6. 4. 1965 – BStBl. III S. 383). **81**

Auflösung von Rückstellungen R 5.7 (13)

(13) Rückstellungen sind aufzulösen, soweit die Gründe hierfür entfallen. **82**

Auflösung. Rückstellungen sind auch dann aufzulösen, wenn H 5.7 (13)

– nach dem Bilanzstichtag, aber vor der Bilanzerstellung Umstände bekannt werden, die am Bilanzstichtag objektiv vorlagen, aus denen sich ergibt, dass mit einer Inanspruchnahme nicht mehr zu rechnen ist (→ BFH vom 30. 1. 2002 – BStBl. II S. 688). **83**
– die Verbindlichkeit trotz weiterbestehender rechtlicher Verpflichtung keine wirtschaftliche Belastung mehr darstellt (→ BFH vom 22. 11. 1988 – BStBl. 1989 II S. 359).

Erfolgsneutrale Auflösung. Eine Rückstellung ist erfolgsneutral aufzulösen, wenn der Wegfall der Voraussetzungen für ihre Bildung und Beibehaltung auf Umständen beruht, die als Einlage i. S. d. § 4 Abs. 1 Satz 8 EStG zu beurteilen sind (→ BFH vom 12. 4. 1989 – BStBl. II S. 612).

Rechtsmittel

– Eine Rückstellung wegen einer gerichtsanhängigen Schadensersatzverpflichtung ist erst aufzulösen, wenn über die Verpflichtung endgültig und rechtskräftig ablehnend entschieden ist (→ BFH vom 27. 11. 1997 – BStBl. 1998 II S. 375).
– Eine Rückstellung ist nicht aufzulösen, wenn der Stpfl. in einer Instanz obsiegt hat, der Prozessgegner gegen diese Entscheidung aber noch ein Rechtsmittel einlegen kann (→ BFH vom 30. 1. 2002 – BStBl. II S. 688).
– Ein nach dem Bilanzstichtag, aber vor dem Zeitpunkt der Bilanzaufstellung erfolgter Verzicht des Prozessgegners auf ein Rechtsmittel wirkt nicht auf die Verhältnisse am Bilanzstichtag zurück (→ BFH vom 30. 1. 2002 – BStBl. II S. 688).

Schadensersatz → Rechtsmittel.

Verhandlungen. Wird am Bilanzstichtag über den Wegfall einer Verpflichtung verhandelt, so rechtfertigt dies die Auflösung einer gebildeten Rückstellung grundsätzlich nicht (→ BFH vom 17. 11. 1987 – BStBl. 1988 II S. 430).[1]

---

[1] Siehe ferner *BFH-Urteil vom 27. 11. 1997 IV R 95/96 (BStBl. 1998 II S. 375).*

Anl a zu R 5.7

a) Zwei Schreiben betr. Rückstellungen für Zuwendungen anlässlich eines Dienstjubiläums

Vom 8. Dezember 2008 (BStBl. I S. 1013)

(BMF IV C 6 – S 2137/07/10002; DOK 2008/0690725)

1 Anlage

Nach dem Ergebnis der Erörterung mit den obersten Finanzbehörden der Länder gilt für den Ansatz und die Bewertung von Rückstellungen für Zuwendungen anlässlich eines Dienstjubiläums Folgendes:

1. Begriff der Jubiläumszuwendung

86 **1** Eine Jubiläumszuwendung ist jede Einmalzuwendung in Geld- oder Geldeswert an den Arbeitnehmer anlässlich eines Dienstjubiläums, die dieser neben dem laufenden Arbeitslohn und anderen sonstigen Bezügen erhält. Dazu gehören auch zusätzliche Urlaubstage im Jubiläumsjahr.

2. Voraussetzungen für die Bildung von Rückstellungen für Zuwendungen anlässlich eines Dienstjubiläums

2 Nach § 5 Abs. 4 EStG ist die Bildung einer Rückstellung für die Verpflichtung zu einer Zuwendung anlässlich eines Dienstjubiläums nur zulässig, wenn das maßgebende Dienstverhältnis mindestens zehn Jahre bestanden hat, die Zuwendung das Bestehen eines Dienstverhältnisses von mindestens 15 Jahren voraussetzt und die Zusage schriftlich erteilt wird. Darüber hinaus kann ausschließlich der Teil der Anwartschaft berücksichtigt werden, der auf die Dienstzeiten nach dem 31. Dezember 1992 entfällt (vgl. auch Randnummern 13 bis 16).

3 Liegen die Voraussetzungen des § 5 Abs. 4 EStG vor, kann eine Rückstellung aber dennoch nicht angesetzt werden, wenn der Steuerpflichtige nicht ernsthaft damit rechnen muss, aus der Zusage auch tatsächlich in Anspruch genommen zu werden (vgl. R 5.7 Abs. 5 EStR 2005 zur Wahrscheinlichkeit der Inanspruchnahme aus einer Verpflichtung).

4 Es ist nicht erforderlich, dass die Zusage rechtsverbindlich, unwiderruflich und vorbehaltlos erteilt wird. Bei Verpflichtungen mit Widerrufsvorbehalten ist aber in besonderem Maße zu prüfen, ob die Entstehung der Verbindlichkeit nach der bisherigen betrieblichen Übung oder nach den objektiv erkennbaren Tatsachen am zu beurteilenden Bilanzstichtag wahrscheinlich im Sinne von Randnummer 3 ist (BFH-Urteil vom 18. Januar 2007 IV R 42/04, BStBl. 2008 II S. 956).

3. Schriftformerfordernis

87 **5** Rückstellungen für Jubiläumszuwendungen können nach § 5 Abs. 4 EStG nur passiviert werden, wenn die Zusage schriftlich erteilt wurde. Hinsichtlich des Schriftformerfordernisses gilt R 6a Abs. 7 EStR 2005 entsprechend.

4. Bewertung der Verpflichtung

a) Umfang der Verpflichtung

88 **6** Für die Bewertung der zugesagten Leistungen sind die Wertverhältnisse am Bilanzstichtag maßgebend. Die Grundsätze der Inventurerleichterung bei der Bewertung von Pensionsrückstellungen gemäß R 6a Abs. 18 EStR 2005 sind entsprechend anzuwenden. Soll der Arbeitgeber die Lohnsteuerbelastung des Arbeitnehmers tragen (Nettolohnvereinbarung), ist der am Bilanzstichtag geltende Steuertarif zu berücksichtigen. Änderungen der Bemessungsgrundlage oder des Steuertarifes, die erst nach dem Bilanzstichtag wirksam werden, sind zu berücksichtigen, wenn sie am Bilanzstichtag bereits feststehen.

b) Berücksichtigung der Wahrscheinlichkeit des Ausscheidens

89 **7** Die Bildung einer Rückstellung für eine dem Arbeitnehmer zugesagte Jubiläumszuwendung setzt voraus, dass das Dienstverhältnis mindestens zehn Jahre bestanden hat (vgl. Randnummer 2). Mit dieser Regelung wird das Ausscheiden von Arbeitnehmern aufgrund von Kündigungen (Fluktuation) in pauschaler Weise berücksichtigt. Ein zusätzlicher Fluktuationsabschlag zum jeweiligen Bilanzstichtag ist nicht vorzunehmen.

Demgegenüber ist die Wahrscheinlichkeit des Ausscheidens wegen Tod oder Invalidität gesondert zu ermitteln.

8 Für die Bestimmung des Zeitpunktes, zu dem der Begünstigte wegen des Eintritts in den Ruhestand aus dem Unternehmen ausscheidet, ist das dienstvertragliche Pensionsalter, spätestens die jeweilige Regelaltersgrenze in der gesetzlichen Rentenversicherung zugrunde zu legen. Sofern für den Begünstigten auch eine Pensionszusage besteht, ist dasselbe Alter zu berücksichtigen, das nach R 6a Abs. 11 EStR 2005 bei der Bewertung der Pensionsrückstellung angesetzt wird.[1]

c) Bewertungsverfahren

– Bewertung unter Berücksichtigung der anerkannten Regeln der Versicherungsmathematik

90 **9** Der Teilwert der Verpflichtung zur Leistung der einzelnen Jubiläumszuwendung ist grundsätzlich unter Berücksichtigung der anerkannten Regeln der Versicherungsmathematik als Barwert der künftigen Jubiläumszuwendung am Schluss des Wirtschaftsjahres abzüglich des sich auf denselben Zeitpunkt ergebenen Barwertes betragsmäßig gleich bleibender Jahresbeträge zu ermitteln; auf

[1] Satz 2 überholt durch BMF-Schreiben vom 2. 5. 2022 (BStBl. I S. 631). Für die Bestimmung des Zeitpunkts, zu dem der Begünstigte wegen des Eintritts in den Ruhestand aus dem Unternehmen ausscheidet, ist ausschließlich das dienstvertragliche Pensionsalter, spätestens die jeweilige Regelaltersgrenze in der gesetzlichen Rentenversicherung zugrunde zu legen (Rn. 8 Satz 1).

Nummer 2 des BMF-Schreibens vom 16. Dezember 2005 (BStBl. I S. 1054)[1] zum Übergang auf die „Richttafeln 2005 G" von Professor Klaus Heubeck wird hingewiesen. Die Jahresbeträge sind dabei so zu bemessen, dass ihr Barwert zu Beginn des Wirtschaftsjahres, in dem die für die Jubiläumszuwendung maßgebende Dienstzeit begonnen hat, gleich dem Barwert der künftigen Jubiläumszuwendung ist. Die künftige Jubiläumszuwendung ist dabei mit dem Betrag anzusetzen, der sich nach den Verhältnissen am Bilanzstichtag ergibt. Zur Ermittlung des Teilwertes ist die Verpflichtung unter Zugrundelegung eines Zinssatzes von mindestens 5,5% abzuzinsen.

– Pauschalwertverfahren[2, 3]

10 Es ist nicht zu beanstanden, wenn der Teilwert abweichend von Randnummer 9 nach einem pauschalen Verfahren (Pauschalwertverfahren) ermittelt wird. Dabei sind zwingend die Werte der in der Anlage beigefügten Tabelle zugrunde zu legen. Diese Werte berücksichtigen bereits die Wahrscheinlichkeit des Ausscheidens und die Abzinsung.

11 Die Berechnung der Rückstellungen kann für alle Jubiläumsverpflichtungen des Betriebes nur einheitlich entweder nach dem Verfahren gemäß Randnummer 9 oder nach dem Pauschalwertverfahren gemäß Randnummer 10 erfolgen. Das gewählte Verfahren bindet den Steuerpflichtigen für fünf Wirtschaftsjahre.

12 Beispiel 1:

Erforderliche Dienstjahre für die Jubiläumszuwendung:	25 Jahre
Höhe der Zuwendung:	2000 EUR
Beginn des maßgebenden Dienstverhältnisses:	1. Januar 1996
Berechnung der Rückstellung zum 31. Dezember 2008:	
abgeleistete Dienstjahre:	13 Jahre
Wert gemäß Anlage je 1000 EUR:	173 EUR
anzusetzende Rückstellung somit: 173 EUR × 2 =	346 EUR

d) Kürzung der Rückstellung bei Beginn des Dienstverhältnisses vor dem 1. Januar 1993

13 Nach § 5 Abs. 4 EStG können Rückstellungen nur passiviert werden, soweit der Zuwendungsberechtigte seine Anwartschaft nach dem 31. Dezember 1992 erworben hat. Demzufolge ist in den Fällen, in denen das für die Jubiläumszuwendung maßgebende Dienstverhältnis vor dem 1. Januar 1993 begonnen hat, die nach den Randnummern 9 oder 10 ermittelte Rückstellung um den Teilbetrag zu kürzen, der sich bezogen auf die Verhältnisse am Bilanzstichtag als Rückstellungsbetrag nach dem gleichen Verfahren zum 31. Dezember 1992 ergeben hätte. **91**

14 Bei einer Veränderung der Jubiläumszuwendung ist der Kürzungsbetrag neu zu ermitteln. Eine Kürzung ist auch in den Fällen vorzunehmen, in denen die Zusage zwar nach dem 31. Dezember 1992 erteilt oder verändert wird, sich aber auch auf Dienstzeiten vor dem 1. Januar 1993 bezieht.

15 Beispiel 2:

Erforderliche Dienstjahre für die Jubiläumszuwendung:	30 Jahre
Höhe der Zuwendung:	3000 EUR
Beginn des maßgebenden Dienstverhältnisses:	1. März 1990
Berechnung zum 31. Dezember 2008:	
a) Rückstellung zum 31. Dezember 2008:	
abgeleistete Dienstjahre (aufgerundet):	19 Jahre
Wert gemäß Anlage je 1000 EUR:	225 EUR
Rückstellung somit: 225 EUR × 3 =	675 EUR
b) Rückstellung zum 31. Dezember 1992:	
abgeleistete Dienstjahre (aufgerundet):	3 Jahre
Wert gemäß Anlage je 1000 EUR:	14 EUR
Rückstellung somit: 14 EUR × 3 =	42 EUR
Anzusetzen zum 31. Dezember 2008: 675 EUR – 42 EUR =	633 EUR

16 Beispiel 3:

Erforderliche Dienstjahre für die Jubiläumszuwendung:	40 Jahre
Höhe der Zuwendung:	1 Monatsgehalt
Beginn des maßgebenden Dienstverhältnisses:	1. Oktober 1991
Monatsgehalt zum 31. Dezember 2008:	3000 EUR
Monatsgehalt zum 31. Dezember 2009:	3200 EUR
Berechnung der Rückstellung zum 31. Dezember 2008:	
a) Rückstellung zum 31. Dezember 2008:	
abgeleistete Dienstjahre (abgerundet):	17 Jahre
Wert gemäß Anlage je 1000 EUR:	73 EUR
Rückstellung somit: 73 EUR × 3 =	219 EUR
b) Rückstellung zum 31. Dezember 1992:	
abgeleistete Dienstjahre (abgerundet):	1 Jahr
Wert gemäß Anlage je 1000 EUR:	2 EUR
Rückstellung somit: 2 EUR × 3 =	6 EUR
Anzusetzen zum 31. Dezember 2008: 219 EUR – 6 EUR =	213 EUR
Berechnung zum 31. Dezember 2009:	
a) Rückstellung zum 31. Dezember 2009:	
abgeleistete Dienstjahre (abgerundet):	18 Jahre
Wert gemäß Anlage je 1000 EUR:	82 EUR
Rückstellung somit: 82 EUR × 3,2 =	262,40 EUR

[1] Letztmals abgedruckt im „Handbuch zur ESt-Veranlagung 2017" als Anlage g zu § 6 a EStG. Zum Übergang auf die „Heubeck-Richttafeln 2018 G" siehe BMF-Schreiben vom 19. 10. 2018 (BStBl. I S. 1107), Rdnr. 2, abgedruckt als Anlage g zu § 6 a EStG.

[2] Ergänzend siehe *Vfg. OFD Niedersachsen vom 6. 2. 2017 S 2137 – 48 – St 221/St 222 (DStR S. 1484).*

[3] Siehe auch BMF-Scheiben vom 27. 2. 2020 mit Anwendungsregelung, nachstehend abgedruckt.

b) Rückstellung zum 31. Dezember 1992:

abgeleistete Dienstjahre (abgerundet):	1 Jahr
Wert gemäß Anlage je 1000 EUR:	2 EUR
Rückstellung somit: 2 EUR × 3,2 =	6,40 EUR
Anzusetzen zum 31. Dezember 2009: 262,40 EUR – 6,40 EUR =	256 EUR

5. Zeitliche Anwendung

92 **17** Dieses Schreiben ist grundsätzlich in allen noch offenen Fällen anzuwenden. Abweichend hiervon gilt für die Anwendung der folgenden Randnummern Folgendes:

a) Randnummer 4 (Jubiläumszusagen mit Widerrufsvorbehalten)

18 Bei Jubiläumszusagen im Sinne von § 5 Abs. 4 EStG, die allein wegen bestehender Widerrufsvorbehalte bislang bilanzsteuerrechtlich nicht berücksichtigt wurden, kann Randnummer 4 erstmals in nach dem 18. Januar 2007 (Datum der BFH-Entscheidung IV R 42/04) aufgestellten Bilanzen berücksichtigt werden. Sie ist spätestens für Bilanzen maßgebend, die nach dem Tag der Veröffentlichung des BFH-Urteils IV R 42/04 im Bundessteuerblatt aufgestellt werden.

19 Der Ansatz einer Rückstellung für eine Jubiläumszusage mit Widerrufsvorbehalt in vor dem 19. Januar 2007 aufgestellten Bilanzen ist im Rahmen einer Bilanzberichtigung nach § 4 Abs. 2 Satz 1 EStG möglich. Diese ist zulässig, wenn der Steuerpflichtige durch den Ausweis einer entsprechenden Rückstellung in der Handelsbilanz oder durch entsprechende Zusätze oder Vermerke in der steuerlichen Gewinnermittlung dokumentiert hat, dass er einen solchen Ansatz begehrt, und die Festsetzung verfahrensrechtlich noch änderbar ist. Entsprechendes gilt, wenn der Steuerpflichtige nach der erstmaligen Steuerfestsetzung innerhalb der Einspruchsfrist nach § 355 Abgabenordnung (AO) die bilanzielle Berücksichtigung von widerruflichen Jubiläumszusagen erstmals beantragt.

b) Randnummer 8 (maßgebendes Pensionsalter)

20 Randnummer 8 Satz 1 kann erstmals der Gewinnermittlung des Wirtschaftsjahres zugrunde gelegt werden, das nach dem 30. April 2007 (Tag der Veröffentlichung des RV-Altersgrenzenanpassungsgesetzes vom 20. April 2007, BGBl. I S. 554, im Bundesgesetzblatt) endet. Sie ist spätestens in der Bilanz des ersten Wirtschaftsjahres zu berücksichtigen, das nach dem 30. Dezember 2008 endet (Übergangszeit).

c) Randnummer 10 und Anlage (Pauschalwertverfahren)

21 Die Anlage dieses Schreibens kann frühestens der pauschalen Bewertung von Rückstellungen für Zuwendungen anlässlich eines Dienstjubiläums am Ende des Wirtschaftsjahres zugrunde gelegt werden, das nach dem 6. Juli 2005 (Tag der Veröffentlichung der „Richttafeln 2005 G" von Prof. Klaus Heubeck) endet, wenn auch bei der Bewertung eventuell vorhandener Pensionsverpflichtungen und sonstiger versicherungsmathematischer Bilanzposten des Unternehmens der Übergang auf die „Richttafeln 2005 G" erfolgt ist (vgl. Nummer 2 des BMF-Schreibens vom 16. Dezember 2005, BStBl. I S. 1054).[1]

22 Die Übergangsregelungen nach den Randnummern 17 bis 21 gelten einheitlich für alle Verpflichtungen des Unternehmens zur Zahlung von Zuwendungen anlässlich eines Dienstjubiläums. Ab dem Übergangszeitpunkt sind die BMF-Schreiben vom 29. Oktober 1993 (BStBl. I S. 898)[2] und 12. April 1999 (BStBl. I S. 434)[2] nicht weiter anzuwenden.

Anlage zum BMF-Schreiben vom 8. Dezember 2008

93 **Höhe des Teilwertes nach dem Pauschalwertverfahren bei Verpflichtung zur Leistung einer Jubiläumszuwendung in Höhe von je 1000 Euro**

(Als Rechnungsgrundlagen wurden im Wesentlichen die „Richttafeln 2005 G" von Prof. Klaus Heubeck mit einem Rechnungszinsfuß von 5,5% verwendet.)

abgeleistete Dienstjahre (gerundet)	Leistung der Jubiläumszuwendung nach										abgeleistete Dienstjahre (gerundet)
	15 Dienstjahren	20 Dienstjahren	25 Dienstjahren	30 Dienstjahren	35 Dienstjahren	40 Dienstjahren	45 Dienstjahren	50 Dienstjahren	55 Dienstjahren	60 Dienstjahren	
1	19	11	6	4	3	2	1	1	0	0	1
2	41	23	14	9	6	4	3	2	1	1	2
3	66	36	22	14	9	6	4	3	2	1	3
4	95	52	31	19	13	8	6	4	2	1	4
5	127	68	41	26	17	11	8	5	3	2	5
6	164	87	52	32	21	14	10	7	4	2	6
7	207	109	64	40	26	17	12	8	4	2	7
8	257	133	78	48	31	21	14	10	5	3	8
9	315	160	93	58	37	25	17	12	6	3	9
10	384	191	110	68	44	29	20	14	7	4	10
11	467	226	128	79	51	34	23	16	9	5	11
12	566	266	149	91	59	39	26	18	10	5	12
13	686	313	173	105	67	45	30	21	11	6	13
14	829	368	199	120	77	51	34	24	13	7	14

[1] Letztmals abgedruckt im „Handbuch zur ESt-Veranlagung 2017" als Anlage g zu § 6 a EStG.
[2] Letztmals abgedruckt im „Handbuch zur ESt-Veranlagung 2007" als Anlage a zu R 5.7 EStR.

Anl a zu R 5.7

abgeleistete Dienstjahre (gerundet)	Leistung der Jubiläumszuwendung nach										abgeleistete Dienstjahre (gerundet)
	15 Dienstjahren	20 Dienstjahren	25 Dienstjahren	30 Dienstjahren	35 Dienstjahren	40 Dienstjahren	45 Dienstjahren	50 Dienstjahren	55 Dienstjahren	60 Dienstjahren	
15	1000*	432	229	137	87	58	39	27	14	8	15
16		509	263	156	99	65	44	30	16	9	16
17		601	302	176	111	73	49	34	18	10	17
18		712	347	199	125	82	55	38	20	11	18
19		844	399	225	140	91	61	42	23	12	19
20		1000*	461	254	157	102	68	47	25	13	20
21			535	287	175	113	76	52	28	15	21
22			622	325	195	125	84	57	31	16	22
23			728	369	218	140	93	63	34	18	23
24			853	420	244	155	103	70	37	19	24
25			1000*	480	272	171	113	77	41	21	25
26				551	305	190	125	84	45	23	26
27				636	342	210	137	93	49	26	27
28				739	385	232	151	102	54	28	28
29				858	435	258	166	111	59	31	29
30				1000*	494	286	183	122	65	33	30
31					564	318	201	134	71	37	31
32					647	355	221	146	77	40	32
33					746	397	243	160	85	43	33
34					863	446	268	175	92	47	34
35					1000*	504	297	192	101	52	35
36						573	328	210	110	56	36
37						654	365	230	121	61	37
38						752	407	252	132	67	38
39						866	455	277	144	73	39
40						1000*	512	305	158	79	40
41							580	337	174	87	41
42							660	373	191	95	42
43							756	414	212	105	43
44							868	462	235	115	44
45							1000*	519	261	128	45
46								585	293	142	46
47								665	330	159	47
48								760	374	178	48
49								870	426	201	49
50								1000*	487	229	50
51									559	261	51
52									643	298	52
53									742	342	53
54									860	394	54
55									1000*	455	55
56										527	56
57										614	57
58										718	58
59										845	59
60										1000*	60

Steuerliche Gewinnermittlung; Pauschale Bewertung von Rückstellungen für Zuwendungen anlässlich eines Dienstjubiläums

Vom 27. Februar 2020 (BStBl. I S. 254)

(BMF IV C 6 – S 2137/19/10002 :001; DOK 2020/0178923)

1 Anlage

Nach Randnummer 10 des BMF-Schreibens vom 8. Dezember 2008 (BStBl. I S. 1013) kann für die Bewertung von Rückstellungen für Zuwendungen anlässlich eines Dienstjubiläums (sog. Jubiläumsrückstellungen) neben dem Teilwertverfahren auch ein sog. Pauschalwertverfahren angewendet werden. Dabei sind zwingend die Werte zugrunde zu legen, die sich aus der Anlage zu dem BMF-Schreiben vom 8. Dezember 2008 (a. a. O.) ergeben. Die Tabellenwerte beruhen im Wesentlichen auf den „Richttafeln 2005 G" von Professor Klaus Heubeck. **93a**

Im Juli 2018 wurden die „Richttafeln 2005 G" durch die „Heubeck-Richttafeln 2018 G" ersetzt. Daher werden die bisherigen Tabellenwerte durch die in der Anlage abgedruckten Tabellenwerte, die auf den „Heubeck-Richttafeln 2008 G" beruhen, ersetzt.

Die Anlage dieses Schreibens ist spätestens der pauschalen Bewertung von Rückstellungen für Zuwendungen anlässlich Dienstjubiläen am Ende der Wirtschaftsjahre zugrunde zu legen, die nach dem 29. Juni 2020 enden; sie kann frühestens für Wirtschaftsjahre angewendet werden, die nach dem 20. Juli 2018 (Tag der Veröffentlichung der „Heubeck-Richttafeln 2018 G") enden. Sind neben Jubi-

* Soweit am Bilanzstichtag das jeweilige Jubiläum noch nicht erreicht wurde.

Anl a zu R 5.7

läumsrückstellungen auch Pensionsverpflichtungen oder sonstige versicherungsmathematische Bilanzposten des Unternehmens zu bewerten, setzt die frühere Berücksichtigung voraus, dass auch bei diesen Bewertungen der Übergang auf die „Heubeck-Richttafeln 2018 G" erfolgt ist.

Höhe des Teilwertes nach dem Pauschalwertverfahren bei Verpflichtung zur Leistung einer Jubiläumszuwendung in Höhe von je 1000 Euro

(Als Rechnungsgrundlagen wurden im Wesentlichen die „Heubeck-Richttafeln 2008 G" mit einem Rechnungszinsfuß von 5,5% verwendet.)

abgeleistete Dienstjahre (gerundet)	Leistung der Jubiläumszuwendung nach									
	15 Dienstjahren	20 Dienstjahren	25 Dienstjahren	30 Dienstjahren	35 Dienstjahren	40 Dienstjahren	45 Dienstjahren	50 Dienstjahren	55 Dienstjahren	60 Dienstjahren
1	26	14	9	5	4	2	2	1	1	1
2	55	30	18	11	7	5	3	2	2	1
3	88	48	29	18	12	8	5	4	3	2
4	125	68	41	25	16	11	7	5	4	2
5	167	90	54	34	22	15	10	7	5	3
6	215	115	68	43	28	18	12	9	6	4
7	269	144	84	53	34	23	15	11	7	5
8	330	175	102	64	41	27	19	13	9	6
9	399	211	122	76	49	32	22	15	10	7
10	475	251	145	89	58	38	26	18	12	8
11	561	296	169	104	67	44	30	21	14	10
12	655	346	197	121	77	51	35	24	16	11
13	759	402	228	139	89	59	39	27	18	13
14	873	465	262	159	101	67	45	31	21	14
15	1000*	535	301	181	115	76	51	35	24	16
16		612	344	205	130	85	57	39	27	18
17		696	392	232	146	96	64	44	30	20
18		788	446	263	165	108	72	49	33	23
19		889	505	296	185	120	80	55	37	25
20		1000*	571	334	207	134	90	61	41	28
21			642	376	231	149	100	68	46	31
22			720	423	258	166	110	75	50	34
23			805	475	288	184	122	83	56	38
24			898	532	321	204	135	91	61	41
25			1000*	594	358	226	149	101	68	46
26				663	399	250	164	111	74	50
27				737	445	277	181	122	82	55
28				817	795	307	199	134	90	60
29				904	551	339	219	147	98	66
30				1000*	611	376	241	161	107	72
31					677	416	265	176	118	79
32					749	461	292	193	129	86
33					825	511	321	211	140	94
34					909	565	354	231	154	102
35					1000*	624	390	253	168	111
36						688	430	277	183	121
37						757	474	304	200	132
38						832	523	333	219	145
39						912	576	365	240	158
40						1000*	634	401	263	172
41							697	441	288	188
42							764	484	316	206
43							837	532	347	226
44							915	585	381	247
45							1000*	642	418	271
46								703	458	297
47								770	501	324
48								840	547	354
49								917	597	386
50								1000*	650	420
51									708	457
52									771	496
53									840	539
54									916	586
55									1000*	638
56										695
57										759
58										830
59										910
60										1000*

* Soweit am Bilanzstichtag das jeweilige Jubiläum noch nicht erreicht wurde.

Anl b zu R 5.7

b) Schreiben betr. bilanzsteuerrechtliche Behandlung von schadstoffbelasteten Grundstücken; Bildung von Rückstellungen für Sanierungsverpflichtungen und Teilwertabschreibungen nach § 6 Absatz 1 Nummer 2 Satz 2 EStG

Vom 11. Mai 2010 (BStBl. I S. 495)

(BMF IV C 6 – S 2137/07/10004; DOK 2010/0367332)

Der Bundesfinanzhof (BFH) hat mit Urteil vom 19. November 2003 I R 77/01, BStBl. 2010 II S. 482, entschieden, dass in den Fällen, in denen die zuständige Behörde von der Schadstoffbelastung eines Grundstückes und der dadurch bedingten Sanierungsverpflichtung Kenntnis erlangt, ernsthaft mit der Inanspruchnahme aus dieser Verpflichtung gerechnet werden müsse. Eine mögliche Teilwertabschreibung sei unabhängig von der Bildung einer Rückstellung für die Sanierungsverpflichtung zu prüfen. **104**

Zur Bildung von Rückstellungen für Sanierungsverpflichtungen und zu Teilwertabschreibungen nach § 6 Absatz 1 Nummer 2 Satz 2 EStG im Zusammenhang mit schadstoffbelasteten Grundstücken nehme ich nach Abstimmung mit den obersten Finanzbehörden der Länder wie folgt Stellung:

I. Rückstellung für ungewisse Verbindlichkeiten

1 Nach R 5.7 Absatz 2 der Einkommensteuerrichtlinien 2008 (EStR 2008) ist eine Rückstellung für ungewisse Verbindlichkeiten nur zu bilden, wenn

- es sich um eine Verbindlichkeit gegenüber einem anderen oder eine öffentlich-rechtliche Verpflichtung handelt,
- die Verpflichtung vor dem Bilanzstichtag wirtschaftlich verursacht ist,
- mit einer Inanspruchnahme aus einer nach ihrer Entstehung oder Höhe nach ungewissen Verbindlichkeit ernsthaft zu rechnen ist und
- die Aufwendungen in künftigen Wirtschaftsjahren nicht zu Anschaffungs- oder Herstellungskosten für ein Wirtschaftsgut führen.

1. Öffentlich-rechtliche Verpflichtungen nach dem Gesetz zum Schutz vor schädlichen Bodenveränderungen und zur Sanierung von Altlasten – Bundes-Bodenschutzgesetz (BBodSchG) – vom 17. März 1998 (BGBl. I S. 502), zuletzt geändert durch Artikel 3 des Gesetzes zur Anpassung von Verjährungsvorschriften an das Gesetz zur Modernisierung des Schuldrechts vom 9. Dezember 2004 (BGBl. I S. 3214)

2 Nach § 4 Absatz 3 BBodSchG sind der Verursacher einer schädlichen Bodenveränderung oder Altlast sowie dessen Gesamtrechtsnachfolger, der Grundstückseigentümer und der Inhaber der tatsächlichen Gewalt über ein Grundstück verpflichtet, den Boden und Altlasten sowie durch schädliche Bodenveränderungen oder Altlasten verursachte Verunreinigungen von Gewässern so zu sanieren, dass dauerhaft keine Gefahren, erhebliche Nachteile oder Belästigungen für den Einzelnen oder die Allgemeinheit entstehen.

2. Keine hinreichende Konkretisierung der Verpflichtung nach dem BBodSchG

3 Die hinreichende Konkretisierung einer öffentlich-rechtlichen Verpflichtung liegt vor, wenn sich ein inhaltlich bestimmtes Handeln innerhalb eines bestimmbaren Zeitraums unmittelbar durch Gesetz oder Verwaltungsakt ergibt und an die Verletzung der Verpflichtung Sanktionen geknüpft sind (vgl. R 5.7 Absatz 4 Satz 1 EStR 2008).

4 Die allgemeinen Grundpflichten zur Beseitigung von Altlasten nach dem BBodSchG schreiben kein inhaltlich bestimmtes Handeln innerhalb eines bestimmbaren Zeitraums vor. Die Erfüllung der Grundpflicht ist auch nicht sanktionsbewehrt. Eine Ordnungswidrigkeit setzt vielmehr voraus, dass der Verpflichtete einer vollziehbaren Anordnung zuwider handelt (§ 26 Absatz 1 Nummer 2 BBodSchG). Da sich die öffentlich-rechtliche Verpflichtung nicht unmittelbar aus dem Gesetz ergibt, sondern den Erlass einer behördlichen Verfügung (Verwaltungsakt) voraussetzt, ist eine Rückstellung für ungewisse Verbindlichkeiten erst zu bilden, wenn die zuständige Behörde einen vollziehbaren Verwaltungsakt erlassen hat, der ein bestimmtes Handeln innerhalb eines bestimmbaren Zeitraums vorschreibt (R 5.7 Absatz 4 Satz 2 EStR 2008).

3. Wirtschaftliche Verursachung der Verpflichtung

5 Die wirtschaftliche Verursachung einer Verpflichtung liegt zum Zeitpunkt des Erlasses der in Randnummer 4 genannten behördlichen Anordnung vor. Der Tatbestand, an den der Verwaltungsakt die Verpflichtung knüpft, ist bereits verwirklicht (vgl. R 5.7 Absatz 5 EStR 2008). Die Erfüllung der Verpflichtung knüpft an Vergangenes an und gilt Vergangenes ab.

4. Wahrscheinlichkeit der Inanspruchnahme aus der Verpflichtung

6 Mit Bekanntgabe der behördlichen Anordnung (vgl. Randnummer 4) ist auch mit der Inanspruchnahme aus der Verpflichtung im Sinne von R 5.7 Absatz 6 EStR 2008 ernsthaft zu rechnen.

II. Teilwertabschreibungen nach § 6 Absatz 1 Nummer 2 Satz 2 EStG bei schadstoffbelasteten Grundstücken

7 Nach § 6 Absatz 1 Nummer 2 Satz 2 EStG erfordert eine Teilwertabschreibung eine voraussichtlich dauernde Wertminderung.

1. Grundsatz

8 Die Frage einer Teilwertabschreibung ist losgelöst von der Bildung einer Rückstellung für Sanierungsverpflichtungen zu prüfen. Es handelt sich um zwei unterschiedliche Sachverhalte, die im Hinblick auf den Grundsatz der Einzelbewertung und des Vollständigkeitsgebotes – vorbehaltlich der Randnummer 9 – unabhängig voneinander zu beurteilen sind (vgl. auch Entscheidungsgründe unter II Nr. 8 Buchstabe b des Urteils vom 19. November 2003).

2. Die Voraussetzungen für die Bildung einer Rückstellung für eine Sanierungsverpflichtung liegen vor

9 Liegen die Voraussetzungen für die Bildung einer Rückstellung für eine Sanierungsverpflichtung nach den Randnummern 1 bis 6 vor, scheidet eine mit der bestehenden Schadstoffbelastung begründete Teilwertabschreibung oder die Beibehaltung eines niedrigeren Teilwertes gemäß § 6 Absatz 1 Nummer 2 Satz 2 und 3 EStG aus, soweit die Sanierung voraussichtlich zu einer Wertaufholung führen wird. In diesen Fällen kommt eine Teilwertabschreibung nur insoweit in Betracht, als der Steuerpflichtige anhand geeigneter Nachweise (z. B. Gutachten) darlegen kann, dass trotz der voraussichtlichen Sanierung eine dauernde Wertminderung anzunehmen ist.

3. Die Voraussetzungen für die Bildung einer Rückstellung für eine Sanierungsverpflichtung liegen nicht vor

10 Ist nach den Grundsätzen der Randnummern 1 bis 6 eine Rückstellungsbildung nicht zulässig, kommt eine Teilwertabschreibung nach § 6 Absatz 1 Nummer 2 Satz 2 EStG in Betracht (vgl. Randnummern 11 bis 13 des BMF-Schreibens vom 25. Februar 2000, BStBl. I S. 372[1] unter Berücksichtigung der Änderungen durch das BMF-Schreiben vom 26. März 2009, BStBl. I S. 514). Das gilt nicht, wenn die Rückstellung aufgrund § 5 Absatz 4b Satz 1 EStG nicht gebildet werden kann. In diesen Fällen ist Randnummer 9 anzuwenden.

Anl c zu R 5.7

c) Schreiben betr. steuerliche Gewinnermittlung; Rückstellungen für die Betreuung bereits abgeschlossener Versicherungen

Vom 20. November 2012 (BStBl. I S. 1100)

(BMF IV C 6 – S 2137/09/10002; DOK 2012/1045691)

106 Der Bundesfinanzhof (BFH) hat mit Urteil vom 19. Juli 2011 (BStBl. 2012 II S. 856) entschieden, dass für Verpflichtungen zur Nachbetreuung bereits abgeschlossener Versicherungen Rückstellungen wegen Erfüllungsrückstandes zu bilden sind. Die Rückstellungen sind wie folgt anzusetzen und zu bewerten:

- Es sind nur Versicherungsverträge zu berücksichtigen, für die nach dem Bilanzstichtag aufgrund rechtlicher Verpflichtungen noch Betreuungsleistungen zu erbringen sind, für die aber kein weiteres Entgelt in Anspruch genommen werden kann. Die Restlaufzeiten sind anzugeben. Bei der Anzahl der maßgebenden Verträge ist auch der Erfahrungssatz einzubeziehen, dass ein Teil der Verträge vorzeitig aufgelöst wird.
- Rückstellungsfähig sind nur Leistungen für die Nachbetreuung bereits abgeschlossener Verträge. Werbeleistungen mit dem Ziel neuer Vertragsabschlüsse und die eigene künftige Arbeitsleistung des Betriebsinhabers dürfen nicht angesetzt werden.
- Maßgebend ist der jeweilige Zeitaufwand für die Betreuung je Vertrag und Jahr. Hierfür sind die einzelnen Betreuungstätigkeiten mit dem jeweiligen Zeitaufwand genau zu beschreiben. Es ist anzugeben, wie oft die einzelnen Tätigkeiten über die Gesamtlaufzeit des jeweiligen Vertrages zu erbringen sind und wie hoch die Personalkosten je Stunde Betreuungszeit sind.
- Die einzelne Rückstellung ist gemäß § 6 Absatz 1 Nummer 3a Buchstabe e Satz 2 EStG als Sachleistungsverpflichtung bis zum Beginn der erstmaligen Nachbetreuungstätigkeit abzuzinsen.

Die erforderlichen Aufzeichnungen müssen vertragsbezogen und hinreichend konkret und spezifiziert sein, so dass eine angemessene Schätzung der Höhe der zu erwartenden Betreuungsaufwendungen möglich ist.

Nach Abstimmung mit den obersten Finanzbehörden der Länder ist das o. g. BFH-Urteil vom 19. Juli 2011 in allen noch offenen Fällen anzuwenden. Das BMF-Schreiben vom 28. November 2006 (BStBl. I S. 765) wird aufgehoben.

Der BFH hat klargestellt, dass die geforderten Aufzeichnungen dem Steuerpflichtigen keine unangemessenen und unverhältnismäßigen Belastungen auferlegen. Bei der Bewertung der Rückstellungen für die Betreuungsverpflichtungen kommen daher pauschalierende Ansätze nicht in Betracht.

Anl d zu R 5.7

d) Schreiben betr. steuerliche Gewinnermittlung; Rückstellung wegen zukünftiger Betriebsprüfungen bei Großbetrieben

Vom 7. März 2013 (BStBl. I S. 274)

(BMF IV C 6 – S 2137/12/10001; DOK 2013/0214527)

107 Mit Urteil vom 6. Juni 2012 (BStBl. 2013 II S. 196) hat der BFH entschieden, dass in der Bilanz einer als Großbetrieb im Sinne von § 3 BpO eingestuften Kapitalgesellschaft Rückstellungen für im Zusammenhang mit einer Außenprüfung bestehende Mitwirkungspflichten gemäß § 200 AO grundsätzlich zu bilden sind, soweit diese die am jeweiligen Bilanzstichtag bereits abgelaufenen Wirtschaftsjahre (Prüfungsjahre) betreffen. Die Passivierung einer Rückstellung für diese Kosten sei auch vor Erlass einer Prüfungsanordnung möglich.

[1] Letztmals abgedruckt im „Handbuch zur ESt-Veranlagung 2013" als Anlage a zu R 6.7 EStR; nunmehr Rdnr. 11 und 12 des BMF-Schreibens vom 2. 9. 2016 (BStBl. I S. 995), abgedruckt als Anlage zu R 6.7 EStR.

Der BFH ließ mangels Entscheidungserheblichkeit die Frage offen, ob eine Rückstellung für Betriebsprüfungskosten auch bei nicht anschlussgeprüften Steuerpflichtigen gebildet werden dürfe. Für diese Steuerpflichtigen kommt die Regelung des § 4 Absatz 2 BpO nicht zur Anwendung. Ebenso blieb mangels Entscheidungserheblichkeit offen, welche Kosten bei der Bewertung der Rückstellung zu berücksichtigen sind.

Auf Grundlage der Erörterung der obersten Finanzbehörden des Bundes und der Länder gilt für alle noch offenen Fälle Folgendes:

Die Grundsätze des BFH-Urteils vom 6. Juni 2012 sind über den entschiedenen Einzelfall hinaus allgemein anzuwenden.

Für Steuerpflichtige, bei denen eine Anschlussprüfung i. S. d. § 4 Absatz 2 BpO nicht in Betracht kommt, gelten die Grundsätze des BFH-Urteils nicht. Die Soll-Vorgabe des § 4 Absatz 2 BpO war ein tragender Grund für den BFH, um von einer hinreichend bestimmten sanktionsbewerten Verpflichtung auszugehen, bei der die Inanspruchnahme überwiegend wahrscheinlich ist. Somit kommt die Passivierung einer Rückstellung für Kosten, die in Zusammenhang mit einer zukünftigen möglichen Betriebsprüfung stehen, bei Steuerpflichtigen, die nicht vom Anwendungsbereich des § 4 Absatz 2 BpO umfasst sind, nicht in Betracht.

In die Rückstellung dürfen nur die Aufwendungen einbezogen werden, die in direktem Zusammenhang mit der Durchführung einer zu erwartenden Betriebsprüfung stehen. Hierzu zählen beispielsweise die Kosten, die für die Inanspruchnahme rechtlicher oder steuerlicher Beratung zur Durchführung einer Betriebsprüfung entstehen. Nicht einzubeziehen sind insbesondere die allgemeinen Verwaltungskosten, die bei der Verpflichtung zur Aufbewahrung von Geschäftsunterlagen gemäß § 257 HGB und § 147 AO, der Verpflichtung zur Erstellung des Jahresabschlusses und der Verpflichtung zur Anpassung des betrieblichen EDV-Systems an die Grundsätze zum Datenzugriff und zur Prüfbarkeit digitaler Unterlagen (GDPdU) berücksichtigt worden sind.

Die Rückstellung für diese Mitwirkungsverpflichtung zur Durchführung einer Betriebsprüfung ist als Sachleistungsverpflichtung gemäß § 6 Absatz 1 Nummer 3a Buchstabe b EStG mit der Einzelkosten und den angemessenen Teilen der notwendigen Gemeinkosten zu bewerten und nach Buchstabe e abzuzinsen.

Zeitliche Anwendung:

Dieses BMF-Schreiben ist in allen offenen Fällen anzuwenden. Die Regelungen zur Bilanzberichtigung gemäß R 4.4 Absatz 1 Sätze 3 bis 10 EStR[1] sind zu beachten.

Verpflichtungsübernahmen. Zur bilanziellen Berücksichtigung von Verpflichtungsübernahmen, Schuldbeitritten und Erfüllungsübernahmen mit vollständiger oder teilweiser Schuldfreistellung → BMF vom 30. 11. 2017 (BStBl. I S. 1619).[2] H 5.8 **108**

[1] R 4.4 Absatz 1 Sätze 3 bis 8 EStR sind überholt, siehe dort.
[2] Abgedruckt als Anlage zu H 4 f.

EStG

§ 5 a[1] Gewinnermittlung bei Handelsschiffen im internationalen Verkehr

1 **(1) ① Anstelle der Ermittlung des Gewinns nach § 4 Absatz 1 oder § 5 ist bei einem Gewerbebetrieb mit Geschäftsleitung im Inland der Gewinn, soweit er auf den Betrieb von Handelsschiffen im internationalen Verkehr entfällt, auf unwiderruflichen Antrag des Steuerpflichtigen nach der in seinem Betrieb geführten Tonnage zu ermitteln, wenn die Bereederung dieser Handelsschiffe im Inland durchgeführt wird. ② Der im Wirtschaftsjahr erzielte Gewinn beträgt pro Tag des Betriebs für jedes im internationalen Verkehr betriebene Handelsschiff für jeweils volle 100 Nettotonnen (Nettoraumzahl)**

0,92 Euro bei einer Tonnage bis zu 1000 Nettotonnen,
0,69 Euro für die 1000 Nettotonnen übersteigende Tonnage bis zu 10 000 Nettotonnen,
0,46 Euro für die 10 000 Nettotonnen übersteigende Tonnage bis zu 25 000 Nettotonnen,
0,23 Euro für die 25 000 Nettotonnen übersteigende Tonnage.

2 **(2) ① Handelsschiffe werden im internationalen Verkehr betrieben, wenn eigene oder gecharterte Seeschiffe, die im Wirtschaftsjahr überwiegend in einem inländischen Seeschiffsregister eingetragen sind, in diesem Wirtschaftsjahr überwiegend zur Beförderung von Personen oder Gütern im Verkehr mit oder zwischen ausländischen Häfen, innerhalb eines ausländischen Hafens oder zwischen einem ausländischen Hafen und der Hohen See eingesetzt werden. ② Zum Betrieb von Handelsschiffen im internationalen Verkehr gehören auch ihre Vercharterung, wenn sie vom Vercharterer ausgerüstet worden sind, und die unmittelbar mit ihrem Einsatz oder ihrer Vercharterung zusammenhängenden Neben- und Hilfsgeschäfte einschließlich der Veräußerung der Handelsschiffe und der unmittelbar ihrem Betrieb dienenden Wirtschaftsgüter. ③ Der Einsatz und die Vercharterung von gecharterten Handelsschiffen gilt nur dann als Betrieb von Handelsschiffen im internationalen Verkehr, wenn gleichzeitig eigene oder ausgerüstete Handelsschiffe im internationalen Verkehr betrieben werden. ④ Sind gecharterte Handelsschiffe nicht in einem inländischen Seeschiffsregister eingetragen, gilt Satz 3 unter der weiteren Voraussetzung, dass im Wirtschaftsjahr die Nettotonnage der gecharterten Handelsschiffe das Dreifache der nach den Sätzen 1 und 2 im internationalen Verkehr betriebenen Handelsschiffe nicht übersteigt; für die Berechnung der Nettotonnage sind jeweils die Nettotonnen pro Schiff mit der Anzahl der Betriebstage nach Absatz 1 zu vervielfältigen. ⑤ Dem Betrieb von Handelsschiffen im internationalen Verkehr ist gleichgestellt, wenn Seeschiffe, die im Wirtschaftsjahr überwiegend in einem inländischen Seeschiffsregister eingetragen sind, in diesem Wirtschaftsjahr überwiegend außerhalb der deutschen Hoheitsgewässer zum Schleppen, Bergen oder zur Aufsuchung von Bodenschätzen eingesetzt werden; die Sätze 2 bis 4 sind sinngemäß anzuwenden.**

3 **(3)[2] ① Der Antrag auf Anwendung der Gewinnermittlung nach Absatz 1 ist im Wirtschaftsjahr der Anschaffung oder Herstellung des Handelsschiffs (Indienststellung) mit Wirkung ab Beginn dieses Wirtschaftsjahres zu stellen. ② Vor Indienststellung des Handelsschiffs durch den Betrieb von Handelsschiffen im internationalen Verkehr erwirtschaftete Gewinne sind in diesem Fall nicht zu besteuern; Verluste sind weder ausgleichsfähig noch verrechenbar. ③ Bereits erlassene Steuerbescheide sind insoweit zu ändern. ④ Das gilt auch dann, wenn der Steuerbescheid unanfechtbar geworden ist; die Festsetzungsfrist endet insoweit nicht, bevor die Festsetzungsfrist für den Veranlagungszeitraum abgelaufen ist, in dem der Gewinn erstmals nach Absatz 1 ermittelt wird. ⑤ Wird der Antrag auf Anwendung der Gewinnermittlung nach Absatz 1 nicht nach Satz 1 im Wirtschaftsjahr der Anschaffung oder Herstellung des Handelsschiffs (Indienststellung) gestellt, kann er erstmals in dem Wirtschaftsjahr gestellt werden, das jeweils nach Ablauf eines Zeitraumes von zehn Jahren, vom Beginn des Jahres der Indienststellung gerechnet, endet. ⑥ Die Sätze 2 bis 4 sind insoweit nicht anwendbar. ⑦ Der Steuerpflichtige ist an die Gewinnermittlung nach Absatz 1 vom Beginn des Wirtschaftsjahres an, in dem er den Antrag stellt, zehn Jahre gebunden. ⑧ Nach Ablauf dieses Zeitraumes kann er den Antrag mit Wirkung für den Beginn jedes folgenden Wirtschaftsjahres bis zum Ende des Jahres unwiderruflich zurücknehmen. ⑨ An die Gewinnermittlung nach allgemeinen Vorschriften ist der Steuerpflichtige ab dem Beginn des Wirtschaftsjahres, in dem er den Antrag zurücknimmt, zehn Jahre gebunden.**

4 **(4)[3] ① Zum Schluss des Wirtschaftsjahres, das der erstmaligen Anwendung des Absatzes 1 vorangeht (Übergangsjahr), ist für jedes Wirtschaftsgut, das unmittelbar dem**

---

[1] Zur erstmaligen Anwendung siehe § 52 Abs. 10 EStG.
[2] Zur erstmaligen Anwendung siehe § 52 Abs. 10 Satz 1 EStG.
[3] **Zur Anwendung von Satz 5 bis 7 siehe § 52 Abs. 10 Satz 4 EStG.**

Betrieb von Handelsschiffen im internationalen Verkehr dient, der Unterschiedsbetrag zwischen Buchwert und Teilwert in ein besonderes Verzeichnis aufzunehmen. ② Der Unterschiedsbetrag ist gesondert und bei Gesellschaften im Sinne des § 15 Absatz 1 Satz 1 Nummer 2 einheitlich festzustellen. ③ Der Unterschiedsbetrag nach Satz 1 ist dem Gewinn hinzuzurechnen:

1. in den dem letzten Jahr der Anwendung des Absatzes 1 folgenden fünf Wirtschaftsjahren jeweils in Höhe von mindestens einem Fünftel,

2. in dem Jahr, in dem das Wirtschaftsgut aus dem Betriebsvermögen ausscheidet oder in dem es nicht mehr unmittelbar dem Betrieb von Handelsschiffen im internationalen Verkehr dient,

3. in dem Jahr des Ausscheidens eines Mitunternehmers hinsichtlich des auf ihn entfallenden Unterschiedsbetrags; mindert sich die Beteiligung des Mitunternehmers, ohne dass er aus der Mitunternehmerschaft ausscheidet, erfolgt eine Hinzurechnung entsprechend der Minderung der Beteiligung.

④ Satz 3 Nummer 3 gilt auch in den Fällen der §§ 20 und 24 des Umwandlungssteuergesetzes. ⑤ Wird ein Betrieb, Teilbetrieb oder Anteil eines Mitunternehmers an einem Betrieb auf einen Rechtsnachfolger zum Buchwert nach § 6 Absatz 3 übertragen, geht der Unterschiedsbetrag insoweit auf den Rechtsnachfolger über. ⑥ § 182 Absatz 2 der Abgabenordnung gilt sinngemäß. ⑦ Die Sätze 1 bis 6 sind entsprechend anzuwenden, wenn der Steuerpflichtige Wirtschaftsgüter des Betriebsvermögens dem Betrieb von Handelsschiffen im internationalen Verkehr zuführt.

(4a) **① Bei Gesellschaften im Sinne des § 15 Absatz 1 Satz 1 Nummer 2 tritt für die** 5
Zwecke dieser Vorschrift an die Stelle des Steuerpflichtigen die Gesellschaft. ② Der nach Absatz 1 ermittelte Gewinn ist den Gesellschaftern entsprechend ihrem Anteil am Gesellschaftsvermögen zuzurechnen. ③ Vergütungen im Sinne des § 15 Absatz 1 Satz 1 Nummer 2 und Satz 2 sind hinzuzurechnen.

(5) **① Gewinne nach Absatz 1 umfassen auch Einkünfte nach § 16. ② Die §§ 34, 34c** 6
Absatz 1 bis 3 und § 35 sind nicht anzuwenden. ③ Rücklagen nach den §§ 6b und 6d sind beim Übergang zur Gewinnermittlung nach Absatz 1 dem Gewinn im Erstjahr hinzuzurechnen; bis zum Übergang in Anspruch genommene Investitionsabzugsbeträge nach § 7g Absatz 1 sind nach Maßgabe des § 7g Absatz 3 rückgängig zu machen. ④ Für die Anwendung des § 15a ist der nach § 4 Absatz 1 oder § 5 ermittelte Gewinn zugrunde zu legen.

(6)[1] **① In der Bilanz zum Schluss des Wirtschaftsjahres, in dem Absatz 1 letztmalig** 7
angewendet wird, ist für jedes Wirtschaftsgut, das unmittelbar dem Betrieb von Handelsschiffen im internationalen Verkehr dient, der Teilwert anzusetzen. ② Für Wirtschaftsgüter des abnutzbaren Anlagevermögens sind den weiteren Absetzungen für Abnutzung unverändert die ursprünglichen Anschaffungs- oder Herstellungskosten zugrunde zu legen.

Übersicht

H 5a

Allgemeines → BMF vom 12. 6. 2002 (BStBl. I S. 614)[2] unter Berücksichtigung der Änderungen durch BMF vom 31. 10. 2008 (BStBl. I S. 956) und vom 10. 9. 2013 (BStBl. I S. 1152); Rz. 12 9
Satz 2 bis Rz. 14 sind überholt und nicht mehr anzuwenden (→ BFH vom 16. 1. 2014 – BStBl. II S. 774).

Feststellung eines Unterschiedsbetrags. Ein Unterschiedsbetrag ist nur für diejenigen Wirtschaftsgüter festzustellen, die in der Steuerbilanz des Wirtschaftsjahres, das der erstmaligen Anwendung der Tonnagebesteuerung vorangeht, anzusetzen sind (→ BFH vom 29. 11. 2012 – BStBl. 2013 II S. 324).

Hilfsgeschäft. Die Veräußerung eines Schiffs stellt nur dann ein Hilfsgeschäft i. S. d. § 5a Abs. 2 Satz 2 EStG dar, wenn dieses Schiff zunächst in der Absicht eingesetzt wurde, langfristig Handelsschiffe i. S. d. § 5a EStG zu betreiben. Der Erwerb und die Veräußerung eines Schiffes mit dem Ziel, aus dem Veräußerungserlös erst ein anderes i. S. d. § 5a EStG langfristig betriebenes Handelsschiff zu erwerben, ist kein Hilfsgeschäft nach § 5a Abs. 2 Satz 2 EStG (→ BFH vom 26. 9. 2013 – BStBl. 2014 II S. 253).

---

[1] Zur erstmaligen Anwendung siehe § 52 Abs. 10 Satz 6 EStG.
[2] Nachstehend abgedruckt.

Hinzurechnung einer Sondervergütung nach § 5a Abs. 4a Satz 3 EStG. Sondervergütungen i. S. d. § 15 Abs. 1 Satz 1 Nr. 2 EStG sind auch in den Jahren vor Indienststellung eines Handelsschiffes dem nach § 5a Abs. 1 EStG pauschal ermittelten Gewinn (dieser beträgt mangels Tonnage und mangels Betriebstagen 0 Euro) in vollem Umfang nach § 5a Abs. 4a Satz 3 EStG hinzuzurechnen (→ BFH vom 6. 2. 2014 – BStBl. II S. 522).

Hinzurechnung eines Unterschiedsbetrags nach § 5a Abs. 4 Satz 3 Nr. 3 EStG. Der in dem Jahr des Ausscheidens eines Gesellschafters hinsichtlich des auf ihn entfallenden Anteils gem. § 5a Abs. 4 Satz 3 Nr. 3 EStG dem Gewinn hinzuzurechnende Unterschiedsbetrag nach § 5a Abs. 4 Satz 1 EStG führt nicht zu einem nach den §§ 16, 34 EStG steuerbegünstigten Veräußerungsgewinn (→ BFH vom 19. 7. 2011 – BStBl. II S. 878).

Langfristiger Betrieb von Handelsschiffen. Die Anwendung der Gewinnermittlung nach der Tonnage setzt die Absicht zum langfristigen Betrieb von Handelsschiffen im internationalen Verkehr voraus. Wird der schuldrechtliche Vertrag über die Veräußerung eines Schiffes schon innerhalb eines Jahres seit dem Zeitpunkt geschlossen, zu dem erstmals alle übrigen Voraussetzungen des § 5a EStG vorlagen (Jahresfrist), spricht eine widerlegbare Vermutung dafür, dass schon zu Beginn der Jahresfrist nicht die nach § 5a EStG erforderliche Absicht zum langfristigen Betrieb von Handelsschiffen bestand (→ BFH vom 26. 9. 2013 – BStBl. 2014 II S. 253).

Anl zu § 5a

Schreiben betr. Gewinnermittlung bei Handelsschiffen im internationalen Verkehr, sog. Tonnagesteuer § 5a EStG[1]

Vom 12. Juni 2002 (BStBl. I S. 614)

(BMF IV A 6 – S 2133 a – 11/02)

Geändert durch BMF vom 31. 10. 2008 (BStBl. I S. 956) und vom 10. 9. 2013 (BStBl. I S. 1152)

Im Einvernehmen mit den obersten Finanzbehörden der Länder gilt zur Gewinnermittlung bei Handelsschiffen im internationalen Verkehr (§ 5a EStG) Folgendes:

A. Gewinnermittlung bei Handelsschiffen im internationalen Verkehr (§ 5a EStG)

10

I. Besondere Gewinnermittlung (§ 5a Abs. 1 EStG)

1. Geschäftsleitung und Bereederung im Inland (§ 5a Abs. 1 Satz 1 EStG)

1 Neben der Geschäftsleitung (§ 10 AO) ist die Bereederung im Inland eine zusätzliche und eigenständige Voraussetzung. Die Bereederung eines Handelsschiffes umfasst insbesondere folgende wesentliche Tätigkeiten:

a) Abschluss von Verträgen, die den Einsatz des Schiffes betreffen,
b) Ausrüstung und Verproviantierung der Schiffe,
c) Einstellung von Kapitänen und Schiffsoffizieren,
d) Befrachtung des Schiffes,
e) Abschluss von Bunker- und Schmierölverträgen,
f) Erhaltung des Schiffes,
g) Abschluss von Versicherungsverträgen über Schiff und Ausrüstung,
h) Führung der Bücher,
i) Rechnungslegung,
j) Herbeiführung und Verwirklichung der Beschlüsse der Mitreeder (bei Korrespondentreedern).

2 Diese wesentlichen Tätigkeiten der Bereederung müssen zumindest fast ausschließlich tatsächlich im Inland durchgeführt werden. Dies gilt auch bei Delegation einzelner Aufgaben der Bereederung auf andere Unternehmen.

2. Gewinnermittlung bei Mischbetrieben (§ 5a Abs. 1 Satz 1 EStG)

3 Ist Gegenstand eines Gewerbebetriebes nicht ausschließlich der Betrieb von Handelsschiffen im internationalen Verkehr (gemischter Betrieb), so müssen der Gewinn aus dem Betrieb von Handelsschiffen im internationalen Verkehr und der übrige Gewinn getrennt ermittelt werden. Das erfordert regelmäßig eine klare und einwandfreie buchmäßige Zuordnung der Betriebseinnahmen und Betriebsausgaben zu den verschiedenen Tätigkeitsbereichen. Betriebseinnahmen und Betriebsausgaben, die sowohl durch den Betrieb von Handelsschiffen im internationalen Verkehr als auch durch andere gewerbliche Betätigungen veranlasst sind, sind entsprechend den tatsächlichen Verhältnissen aufzuteilen. Hierbei sind die jeweiligen Anteile erforderlichenfalls zu schätzen.

3. Betriebstage (§ 5a Abs. 1 Satz 2 EStG)

4 Betriebstag ist grundsätzlich jeder Kalendertag ab Infahrtsetzung des Schiffes bzw. ab Charterbeginn bis zum Ausscheiden des Schiffes bzw. bis zum Charterende. Ein zwölf Monate umfassendes Wirtschaftsjahr hat demnach grundsätzlich 365 Betriebstage; ausgenommen sind Tage des Umbaus oder der Großreparatur. Für Kalendertage, die keine Betriebstage sind, bleibt es bei der Gewinnermittlung nach § 5a Abs. 1 EStG mit der Folge, dass der Gewinn für diese Tage 0 € beträgt.

[1] Das Schreiben wird zurzeit überarbeitet.

Anl zu § 5a

II. Handelsschiffe im internationalen Verkehr (§ 5 a Abs. 2 EStG)

1. Überwiegender Einsatz im internationalen Verkehr (§ 5 a Abs. 2 Satz 1 EStG)

5 Die Entscheidung, ob ein Schiff im Wirtschaftsjahr überwiegend im internationalen Verkehr eingesetzt 11
war, hängt ab von dem Anteil der entsprechenden Reisetage an der Gesamtzahl der Reisetage des Schiffes in einem Wirtschaftsjahr. Wartezeiten des Schiffes im betriebsbereiten Zustand gelten als Reisetage. Wurde ein Schiff im Laufe eines Wirtschaftsjahres in Fahrt gesetzt, so ist insoweit der Zeitraum von der Infahrtsetzung bis zum Schluss des Wirtschaftsjahres maßgebend. Entsprechend ist zu verfahren, wenn ein Schiff im Laufe eines Wirtschaftsjahres veräußert worden ist. Ist im Laufe eines Wirtschaftsjahres die Eintragung in einem inländischen Seeschiffsregister[1] entfallen ohne Wechsel des wirtschaftlichen Eigentums an dem Schiff, so sind die Reisetage im internationalen Verkehr, die das Schiff bis zum Fortfall der Voraussetzung zurückgelegt hat, der Gesamtzahl der Reisetage des vollen Wirtschaftsjahres gegenüberzustellen. Entsprechendes gilt, wenn die Eintragung in einem inländischen Seeschiffsregister[1] erst im Laufe eines Wirtschaftsjahres erfolgt.

2. Neben- und Hilfsgeschäfte (§ 5 a Abs. 2 Satz 2 EStG)

6 Nebengeschäfte sind solche Geschäfte, die nicht den eigentlichen Zweck der unternehmerischen Betätigung ausmachen und sich auch nicht notwendig aus dem eigentlichen Geschäftsbetrieb ergeben, aber in seiner Folge vorkommen und nebenbei miterledigt werden. Hilfsgeschäfte sind solche Geschäfte, die der Geschäftsbetrieb üblicherweise mit sich bringt und die die Aufnahme, Fortführung und Abwicklung der Haupttätigkeit erst ermöglichen. Während Nebengeschäfte regelmäßig bei Gelegenheit des Hauptgeschäftes, also zeitlich neben diesem vorkommen, ist es für Hilfsgeschäfte, die in einer funktionalen Beziehung zum Hauptgeschäft stehen, typisch, dass sie dem Hauptgeschäft zeitlich vorgehen. Solche das Hauptgeschäft vorbereitenden Maßnahmen sind beispielsweise die Einstellung von Personal, das Anmieten von Geschäftsräumen und die Anschaffung von Maschinen und Material, die die Aufnahme der Haupttätigkeit ermöglichen. Bei einem Schifffahrtsbetrieb sind dementsprechende Maßnahmen, die auf den Erwerb oder die Herstellung eines Seeschiffes gerichtet sind, Hilfsgeschäfte des Unternehmens (BFH-Urteil vom 24. November 1983, BStBl. II 1984 S. 156).

7 Die Bereederung von Handelschiffen im internationalen Verkehr ist begünstigt, wenn der Bereederer an den Schiffen beteiligt ist. Die Bereederung fremder Schiffe ist dagegen nicht begünstigt. Zur Behandlung anderer Entgelte an Gesellschafter vgl. Rz. 34.

8 Gecharterte Teile von Seeschiffen, insbesondere Stellplätze, können zwar vom Steuerpflichtigen nicht selbst eingesetzt werden, die Anwendung des § 5 a EStG kommt insoweit aber als Neben- oder Hilfsgeschäft in Betracht.

9 Erträge aus Kapitalanlagen bzw. Beteiligungen an Kapitalgesellschaften gehören mangels unmittelbaren Zusammenhangs mit dem Betrieb von Schiffen grundsätzlich nicht zu dem Gewinn nach § 5 a Abs. 1 EStG. Zinserträge aus laufenden Geschäftskonten sind hingegen abgegolten; eine Anrechnung von Steuerabzugsbeträgen ist insoweit möglich.

3. Einkünfte aus vercharterten Handelsschiffen (§ 5 a Abs. 2 Satz 2 EStG)

10 Die Voraussetzungen des § 5 a Abs. 2 Satz 1 EStG müssen erfüllt sein. Alle wesentlichen Tätigkeiten der dem Vercharterer obliegenden Aufgaben müssen im Inland erfüllt werden. In den Fällen der sog. bare-boat-charter liegen beim Vercharterer keine begünstigten Einkünfte vor.

4. Einkünfte aus gecharterten Handelsschiffen (§ 5 a Abs. 2 Sätze 3 und 4 EStG)

11 Nicht in einem inländischen Seeschiffsregister eingetragene gecharterte Seeschiffe sind nur begünstigt, wenn das Verhältnis gemäß § 5 a Abs. 2 Satz 4 EStG beachtet wird und die dem Charterer obliegenden wesentlichen Bereederungsaufgaben im Inland erfüllt werden. Bei einem Konsortium oder einem Pool wird bei der Bestimmung des Verhältnisses der Nettotonnage der im Inland registrierten eigenen oder gecharterten Schiffe zur Nettotonnage der im Ausland registrierten hinzugecharterten Schiffe nur die Nettotonnage der selbst eingebrachten Schiffe berücksichtigt. Soweit nur Teile eines Schiffes (z. B. Stellplätze oder Slots) hinzugechartet werden, ist nur der entsprechende Anteil zu berücksichtigen.

III. Antrag auf besondere Gewinnermittlung (§ 5 a Abs. 3 EStG)[2] 12

1. Beginn der Antragsfrist bei neu gegründeten Betrieben (§ 5 a Abs. 3 Satz 1 EStG)

12 Für den Beginn der Antragsfrist bei neu gegründeten Betrieben ist der Zeitpunkt entscheidend, in dem erstmals Einkünfte aus dem Betrieb von Handelsschiffen im internationalen Verkehr im Sinne des § 5 a Abs. 2 EStG erzielt werden. *Dies ist bei neuen Betrieben regelmäßig mit Abschluss des Bau- bzw. Kaufvertrages der Fall.*[3]

Beispiel:

13[3] *Ein neuer Betrieb schließt am 14. Februar 2000 einen Vertrag über die Bestellung eines neuen Containerschiffes ab und stellt gleichzeitig den Antrag auf Gewinnermittlung nach § 5 a Abs. 1 EStG. Die Infahrtsetzung erfolgt am 10. Januar 2001. Das Schiff wird in einem inländischen Seeschiffsregister eingetragen, die Bereederung findet im Inland statt und das Schiff wird im Sinne des § 5 a Abs. 2 Satz 1 EStG verwendet. Das Wirtschaftsjahr entspricht dem Kalenderjahr.*

---

[1] Zur Eintragung in einem inländischen Seeschiffsregister als Voraussetzung für die Berechtigung zur Gewinnermittlung nach § 5 a EStG siehe *Vfg. BayLfSt vom 22. 5. 2015 S 2133 a. 1.1 – 8/2 St 32 (IStR S. 796).*

[2] Siehe aber Neuregelung in § 5 a Abs. 3 EStG durch Gesetz vom 29. 12. 2003 (BGBl. I S. 3076, BStBl. I S. 120); zur erstmaligen Anwendung der gesetzlichen Neuregelung siehe § 52 Abs. 10 EStG.

[3] Rz. 12 Satz 2 und Rz. 13 überholt durch *BFH-Urteil vom 16. 1. 2014 IV R 15/13 (BStBl. II S. 774).*

Anl zu § 5a

Lösung:

14[1] *Die Bestellung eines Schiffes stellt ein Hilfsgeschäft dar. Da dieses Hilfsgeschäft zum Betrieb von Handelsschiffen im internationalen Verkehr gehört (§ 5 a Abs. 2 Satz 2 EStG), werden im Jahr 2000 erstmals Einkünfte hieraus erzielt. Mangels tatsächlich im Betrieb vorhandener Tonnage beträgt im Jahr 2000 der nach § 5 a Abs. 1 EStG pauschal ermittelte Gewinn 0 €.*

Der Antrag auf die pauschale Gewinnermittlung nach der im Betrieb geführten Tonnage kann frühestens im Jahr 2000 mit Wirkung ab dem Jahr 2000 und könnte spätestens am 31. Dezember 2002 mit Wirkung ab dem 1. Januar 2002 gestellt werden. Würde diese Frist versäumt, so könnte ein Antrag auf die pauschale Gewinnermittlung erst wieder mit Wirkung ab dem Jahr 2010 (Erstjahr ist 2000) gestellt werden.

2. Beginn der Antragsfrist bei Betrieben, die bereits vor dem 1. Januar 1999 Einkünfte aus dem Betrieb von Handelschiffen im internationalen Verkehr erzielt haben

15 Für einen Betrieb, der bereits vor dem 1. Januar 1999 Einkünfte aus dem Betrieb von Handelsschiffen im internationalen Verkehr erzielt hat, ist der Antrag bis spätestens 31. Dezember 2001 mit Wirkung ab 1. Januar 2001 zu stellen. Nach § 52 Abs. 15 Satz 3 EStG konnte der Antrag für Altbetriebe aus Billigkeitsgründen bereits in 1999 mit Wirkung ab dem Wirtschaftsjahr gestellt werden, welches nach dem 31. Dezember 1998 endet.

3. Beginn der Antragsfrist in sonstigen Fällen

16 Für den Beginn der Antragsfrist in sonstigen Fällen ist gleichfalls der Zeitpunkt entscheidend, in dem erstmals Einkünfte aus dem Betrieb von Handelsschiffen im internationalen Verkehr erzielt werden. Diese Voraussetzung ist erst in dem Wirtschaftsjahr erfüllt, in dem die Anzahl der Tage mit inländischer Registrierung die übrigen Tage überwiegt und die Schiffe zu mehr als der Hälfte der tatsächlichen Seereisetage des gesamten Wirtschaftsjahres zur Beförderung von Personen und Gütern auf Fahrten im Verkehr mit oder zwischen ausländischen Häfen, innerhalb eines ausländischen Hafens oder zwischen einem ausländischen Hafen und der freien See eingesetzt waren.

4. Zeitpunkt der Antragstellung

17 Während der Antragsfrist kann der Antrag auf Anwendung der pauschalen Gewinnermittlung nach § 5 a Abs. 1 EStG erst in dem Wirtschaftsjahr gestellt werden, von dessen Beginn an sämtliche Voraussetzungen des § 5 a Abs. 1 EStG vorliegen.

18 Aus Billigkeitsgründen wird es als ausreichend angesehen, wenn die Voraussetzungen der Durchführung der Bereederung und Geschäftsleitung im Inland für das in 1999 endende Wirtschaftsjahr spätestens am Ende dieses Wirtschaftsjahres und für das in 2000 endende Wirtschaftsjahr spätestens am 30. Juni 2000 vorlagen.

19 Die Grundsätze in Rz. 16 sind in den Fällen anzuwenden, in denen das Handelsschiff nach dem 27. 6. 2002 in Dienst gestellt wird. Bei bereits vor dem 28. 6. 2002 in Dienst gestellten Handelsschiffen kann Rz. 15 a meines Schreibens vom 25. Mai 2000 (BStBl. I S. 809)[2] weiter angewendet werden, bis die Anwendung der Tonnagesteuer in einem Wirtschaftsjahr beantragt wird, das dem im Kalenderjahr 2002 endenden Wirtschaftsjahr folgt.

20 Der Antrag für die Anwendung der Gewinnermittlung nach § 5 a Abs. 1 EStG ist schriftlich zu stellen.

13

IV. Unterschiedsbetrag (§ 5 a Abs. 4 EStG)

1. Unmittelbar dem Betrieb von Handelsschiffen im internationalen Verkehr dienendes Wirtschaftsgut (§ 5 a Abs. 4 Satz 1 EStG)

21[3] Ein Wirtschaftsgut, das unmittelbar dem Betrieb von Handelsschiffen im internationalen Verkehr dient, kann nicht nur das Handelsschiff, sondern auch ein anderes Wirtschaftsgut des Betriebsvermögens sein, z. B. die Betriebs- und Geschäftsausstattung. Bei Mischbetrieben (s. Rz. 3) kann ein Wirtschaftsgut ggf. nur anteilig unmittelbar dem Betrieb von Handelsschiffen im internationalen Verkehr dienen. Der auf diesen Teil entfallende Unterschiedsbetrag ist ggf. zu schätzen. In passiven Wirtschaftsgütern ruhende stille Reserven (z. B. Fremdwährungsverbindlichkeiten) sind einzubeziehen. Zur Ermittlung des Unterschiedsbetrages des Handelsschiffes wird nicht beanstandet, wenn der Steuerpflichtige den Teilwert in der Weise ermittelt, dass von den ursprünglichen Anschaffungs-/Herstellungskosten Absetzungen für Abnutzung nach § 7 Abs. 1 Satz 1 EStG abgezogen werden; es sei denn, das Handelsschiff wird zeitnah zur Feststellung des Unterschiedsbetrags veräußert. Bei dieser vereinfachten Teilwertermittlung ist von einer Nutzungsdauer von 25 Jahren auszugehen. Ein Schrottwert bleibt außer Ansatz.

2. Aufstellung des Verzeichnisses (§ 5 a Abs. 4 Satz 1 EStG)

22 Zum Schluss des Übergangsjahres ist ein Verzeichnis entsprechend dem Anlageverzeichnis zu erstellen, in dem jedes Wirtschaftsgut und der darauf entfallende Unterschiedsbetrag aufgeführt ist. Dienen Wirtschaftsgüter nur teilweise dem Betrieb von Handelsschiffen im internationalen Verkehr, ist nur der darauf entfallende anteilige Unterschiedsbetrag aufzuzeichnen. Der Unterschiedsbetrag der geringwertigen Wirtschaftsgüter kann aus Vereinfachungsgründen in einer Summe ausgewiesen werden.

---

[1] Rz. 14 überholt durch *BFH-Urteil vom 16. 1. 2014 IV R 15/13 (BStBl. II S. 774).*

[2] Rz. 15 a des BMF-Schreibens vom 25. 5. 2000 (BStBl. I S. 809) lautet wie folgt:

„**15 a** Für den Beginn der Antragsfrist in sonstigen Fällen ist gleichfalls der Zeitpunkt entscheidend, in dem erstmals Einkünfte aus dem Betrieb von Handelsschiffen im internationalen Verkehr erzielt werden. Diese Voraussetzung ist u. a. erst in dem Wirtschaftsjahr erfüllt, in dem die Anzahl der Reisetage mit inländischer Registrierung die übrigen Reisetage überwiegt und von dessen Beginn an die Geschäftsleitung des Gewerbebetriebes und die Bereederung im Inland durchgeführt wird."

[3] Rz. 21 geändert durch BMF-Schreiben vom 31. 10. 2008 (BStBl. I S. 956).

Anl zu § 5a

3. Gesonderte und ggf. einheitliche Feststellung des Unterschiedsbetrags (§ 5a Abs. 4 Satz 1 EStG)

23 Die Unterschiedsbeträge sind gesondert bzw. gesondert und einheitlich festzustellen. Dabei sind die folgenden Feststellungen zu treffen:
a) Bezeichnung der Wirtschaftsgüter,
b) auf die Wirtschaftsgüter jeweils entfallende Unterschiedsbeträge bzw. bei Mischbetrieben im Fall von gemischt genutzten Wirtschaftsgütern der auf den begünstigten Betrieb entfallende Anteil des Unterschiedsbetrages,
c) Anteile der Gesellschafter an den einzelnen Unterschiedsbeträgen. Wird ein Wirtschaftsgut dem Betriebsvermögen ganz oder dem Miteigentumsanteil des Mitunternehmers entsprechend zugeführt oder erhöht sich der Nutzungsanteil, ist der jeweilige Unterschiedsbetrag gesondert bzw. gesondert und einheitlich festzustellen; war das Betriebsvermögen bisher teilweise gemischt genutzt, ist nur der auf den Erhöhungsbetrag entfallende Unterschiedsbetrag zum Zeitpunkt der Nutzungsänderung festzustellen. Der bisher festgestellte Betrag bleibt unberührt. Die Feststellungen nach § 5a Abs. 4 Satz 2 oder Satz 4 EStG sind für die Steuerbescheide oder Feststellungsbescheide (Folgebescheide) bindend, in denen der Unterschiedsbetrag hinzuzurechnen ist.

4. Fortschreibung des Verzeichnisses

24 Das Verzeichnis ist fortzuschreiben, wenn
a) Wirtschaftsgüter ausscheiden oder sich ihr Nutzungsanteil verringert,
b) Wirtschaftsgüter zugeführt werden oder sich ihr Nutzungsanteil erhöht,
c) Fremdwährungsverbindlichkeiten, für die ein Unterschiedsbetrag festgestellt wurde, getilgt werden oder
d) Veränderungen im personellen Bestand eintreten und eine Hinzurechnung nach § 5a Abs. 4 Satz 3 Nr. 3 EStG nicht erfolgte.

5. Besteuerung des Unterschiedsbetrages (§ 5a Abs. 4 Satz 3 EStG)

25 Der Unterschiedsbetrag ist in dem Jahr, in dem das Wirtschaftsgut aus der Gewinnermittlung nach § 5a EStG ausscheidet, dem Gewinn nach § 5a Abs. 1 Satz 1 EStG hinzuzurechnen und ist damit Bestandteil der Einkünfte aus Gewerbebetrieb im Sinne des § 15 EStG. Dies gilt auch für den Fall, dass das Ausscheiden eines Wirtschaftsguts, wie z. B. bei Ein-Schiffs-Gesellschaften, gleichzeitig die Betriebsaufgabe darstellt. Soweit ein Wirtschaftsgut bei Mischbetrieben in den nicht begünstigten Teil überführt wird, ist es entsprechend § 5a Abs. 6 EStG dort mit dem Teilwert anzusetzen.

26 Bei ratierlicher Tilgung von Fremdwährungsverbindlichkeiten ist der Unterschiedsbetrag (teilweise) aufzulösen. Auch Nutzungsänderungen von Wirtschaftsgütern (z. B. bei Bürogebäuden) können zur Zurechnung von Unterschiedsbeträgen führen.

27 Die Anwendung des § 5a Abs. 4 Satz 3 Nr. 1 EStG setzt voraus, dass der Steuerpflichtige sich gemäß § 5a Abs. 3 Satz 4 EStG nach Ablauf des 10-Jahres-Zeitraums für die Anwendung der Normalbesteuerung entscheidet und der Betrieb fortgeführt wird. § 5a Abs. 4 Satz 3 Nr. 2 EStG ist in allen sonstigen Fällen anwendbar.

28[1] § 5a Abs. 4 Satz 3 Nr. 3 EStG gilt für den Fall, dass ein Gesellschafter im Sinne des § 15 Abs. 1 Satz 1 Nr. 2 EStG seinen Anteil an der Personengesellschaft veräußert. Für die verbleibenden Gesellschafter ändert sich der festgestellte Unterschiedsbetrag nicht. In den Fällen der Übertragung oder Einbringung zu Buchwerten (z. B. § 6 Abs. 3 EStG und § 24 UmwStG) findet § 5a Abs. 4 Satz 3 Nr. 3 EStG keine Anwendung.[2]

V. Gesellschaften nach § 15 Abs. 1 Satz 1 Nr. 2 EStG (§ 5a Abs. 4a EStG) 14

1. Umfang des Gewinns bei Personengesellschaften; Behandlung von Gewinnen und Verlusten im Sonderbetriebsvermögen eines Gesellschafters (§ 5a Abs. 4a Satz 1 EStG)

29 Die Gewinnermittlungsvorschrift im Sinne des § 5a Abs. 1 Satz 1 EStG stellt grundsätzlich auf den Gesamtgewinn der Mitunternehmerschaft ab. Die zusätzliche Berücksichtigung von Sonderbetriebsausgaben, z. B. für die Finanzierung des Anteilserwerbes, ist daher nicht zulässig. Eine Ausnahme gilt nur für Ausgaben, die im unmittelbaren Zusammenhang mit hinzuzurechnenden Sondervergütungen im Sinne des § 15 Abs. 1 Satz 1 Nr. 2 und Satz 2 EStG stehen.[3]

30 Zur Behandlung von Vergütungen siehe Rz. 34.

2. Verhältnis zu § 15a EStG (§ 5a Abs. 4a Satz 2 EStG)

31 Nach § 5a Abs. 5 Satz 4 EStG ist für die Anwendung des § 15a EStG der nach § 4 Abs. 1 oder 5 EStG ermittelte Gewinn zugrunde zu legen.

32 § 15a EStG findet während des Tonnagesteuerzeitraums uneingeschränkt Anwendung: Parallel zur Gewinnermittlung nach der Tonnagesteuer wird die Steuerbilanz einschließlich der Kapitalkonten

---

[1] Rz. 28 geändert durch BMF-Schreiben vom 31. 10. 2008 (BStBl. I S. 956).
[2] Siehe aber *BFH-Urteil vom 28. 11. 2019 IV R 28/19 (DStRK 2020 S. 86)* und *BFH-Urteil vom 29. 4. 2020 IV R 17/19 (BFH/NV 2020, 1058)* sowie Neufassung des § 5a Abs. 4 EStG durch das AbzStEntModG vom 2. 6. 2021 (BGBl. I S. 1253).
[3] Siehe auch *BFH-Urteil vom 19. 7. 2018 IV R 14/16 (DStR S. 2259).*

Anl zu § 5 a

fortgeführt; der verrechenbare Verlust wird jährlich festgestellt und mit den Ergebnissen der Steuerbilanz (Gesamthands- bzw. Ergänzungsbilanz) verrechnet. Im Einzelnen bedeutet dies:

a) Verrechenbare Verluste aus der Zeit vor der Tonnagebesteuerung sind mit den tatsächlichen laufenden Gewinnen aus der Zeit der Tonnagebesteuerung auszugleichen.

b) Verluste aus der Zeit der Tonnagebesteuerung erhöhen bereits vorhandene verrechenbare Verluste, auch soweit sie auf die Zeit vor der Tonnagebesteuerung entfallen.

c) Ein im Zeitpunkt des Ausscheidens oder der Veräußerung eines Wirtschaftsguts oder der Veräußerung des ganzen Betriebs oder des Ausscheidens eines Gesellschafters noch vorhandener verrechenbarer Verlust ist zunächst mit einem dabei entstehenden Veräußerungsgewinn auszugleichen, auch wenn dieser Veräußerungsgewinn wegen § 5 a Abs. 5 Satz 1 EStG durch die Tonnagebesteuerung abgegolten ist; *ein nach Gegenrechnung des Veräußerungsgewinns etwa noch verbleibender verrechenbarer Verlust ist beim Unterschiedsbetrag vor dessen Besteuerung nach § 5 a Abs. 4 Satz 3 EStG abzuziehen.*[1]

d)[2] *Verrechenbare Verluste sind in den Fällen des § 5 a Abs. 4 Satz 3 Nr. 1 EStG sowie in den Fällen, in denen das Schiff nicht mehr dem Betrieb von Handelsschiffen im internationalen Verkehr dient, mit dem im Zusammenhang mit dem Ansatz des Teilwerts gem. § 5 a Abs. 6 EStG entstehenden Gewinn zu verrechnen; ein nach Gegenrechnung eines so entstandenen Gewinns etwa noch verbleibender verrechenbarer Verlust ist beim Unterschiedsbetrag vor dessen Besteuerung nach § 5 a Abs. 4 Satz 3 EStG abzuziehen.*

3. Gewinnerzielungsabsicht (§ 5 a Abs. 4 a Satz 2 EStG)

33 Zur Sicherstellung des mit der zweijährigen Antragsfrist (§ 5 a Abs. 3 EStG) verfolgten Förderziels des Gesetzgebers ist für die Prüfung der Gewinnerzielungsabsicht auch während des Tonnagesteuerzeitraums die Gewinnermittlung nach § 4 Abs. 1 oder § 5 EStG (ohne Berücksichtigung des Unterschiedsbetrages nach § 5 a Abs. 4 EStG) zugrunde zu legen.

4. Hinzuzurechnende Vergütungen (§ 5 a Abs. 4 a Satz 3 EStG)

34[3] Zu den hinzuzurechnenden Vergütungen im Sinne des § 15 Abs. 1 Satz 1 Nr. 2 und Satz 2 EStG gehören nicht:

- ein auf gesellschaftsrechtlicher Vereinbarung beruhender Vorabgewinn sowie
- das Bereederungsentgelt eines am Schiff beteiligten Bereederers (Rz. 7), soweit das Bereederungsentgelt zuzüglich des für die Bereederung gezahlten Vorabgewinns 4% der Bruttofrachtraten nicht übersteigt. Übersteigt das Bereederungsentgelt den vorstehenden Betrag, so sind auch die dazugehörigen Aufwendungen in dem Verhältnis des Bereederungsentgelts, das mit der Tonnagesteuer abgegolten ist, zu dem Bereederungsentgelt, das darüber hinaus eine gem. § 5 a Abs. 4 a Satz 3 EStG hinzuzurechnende Sondervergütung darstellt, aufzuteilen. Auf die Anzahl der beteiligten Vertragsreeder kommt es insoweit nicht an.

Eine neben dem Bereederungsentgelt anfallende Befrachtungskommission ist nicht mit dem Tonnagegewinn abgegolten. Sie ist als hinzuzurechnende Vergütung im Sinne des § 15 Abs. 1 Satz 1 Nr. 2 und Satz 2 EStG zu berücksichtigen.

Ob ein Vorabgewinn vorliegt oder eine hinzuzurechnende Vergütung, bestimmt sich grundsätzlich nach den im Gesellschaftsvertrag getroffenen Vereinbarungen. Allerdings ist die formale Bezeichnung im Gesellschaftsvertrag als „Vorabgewinn" für die steuerliche Beurteilung nicht entscheidend. Bei der Abgrenzung, ob für den Gesellschafter ein Gewinnvorab oder eine Tätigkeits-(Sonder-)vergütung vorliegt, ist auf den wirtschaftlichen Gehalt der getroffenen Vereinbarung abzustellen. Die buchtechnischen Abwicklungen entfalten allenfalls eine nachrangige Wirkung.

(Tätigkeits-)Vergütungen, die in einem Gesellschaftsvertrag vereinbart sind, sind nach der Rechtsprechung des BFH als Sondervergütungen im Sinne des § 15 Abs. 1 Satz 1 Nr. 2 und Satz 2 EStG zu qualifizieren, wenn sie handelsrechtlich nach den Bestimmungen des Gesellschaftsvertrags als Kosten zu behandeln, insbesondere im Gegensatz zu einem Vorabgewinn auch dann zu zahlen sind, wenn kein Gewinn erwirtschaftet wird (BFH-Urteil vom 6. Juli 1999, BStBl. II S. 720). Im Gesellschaftsvertrag als Vorabgewinn bezeichnete Leistungen, die auch in Verlustfällen zu leisten sind und nicht als Entnahmen das Kapitalkonto des Gesellschafters mindern, sind für die Gewinnermittlung nach § 5 a EStG als hinzuzurechnende Vergütungen zu behandeln.

---

[1] **Rz. 32 Buchstabe c 2. Halbsatz wird durch BMF-Schreiben vom 10. 9. 2013 (BStBl. I S. 1152) wie folgt gefasst:**

„ein nach Gegenrechnung des Veräußerungsgewinns etwa noch verbleibender verrechenbarer Verlust darf beim Unterschiedsbetrag vor dessen Besteuerung nach § 5 a Absatz 4 Satz 3 EStG nicht abgezogen werden (BFH-Urteil vom 31. Mai 2012, BStBl. 2013 II S. 673)."

Die Änderungen sind erstmals für Wirtschaftsjahre anzuwenden, die nach dem Tag der Veröffentlichung des BFH-Urteils im BStBl. 2013 II S. 673 [30. 9. 2013] beginnen.

[2] **Rz. 32 Buchstabe d wird durch BMF-Schreiben vom 10. 9. 2013 (BStBl. I S. 1152) wie folgt gefasst:**

„Verrechenbare Verluste sind mit dem im Zusammenhang mit dem Ansatz des Teilwerts gemäß § 5 a Absatz 6 EStG entstehenden Gewinn zu verrechnen; ein danach etwa noch verbleibender verrechenbarer Verlust darf beim Unterschiedsbetrag vor dessen Besteuerung nach § 5 a Absatz 4 Satz 3 EStG nicht abgezogen werden (BFH-Urteil vom 31. Mai 2012, BStBl. 2013 II S. 673)."

Die Änderungen sind erstmals für Wirtschaftsjahre anzuwenden, die nach dem Tag der Veröffentlichung des BFH-Urteils im BStBl. 2013 II S. 673 [30. 9. 2013] beginnen.

[3] Rz. 34, 35, 37 und 38 geändert durch BMF-Schreiben vom 31. 10. 2008 (BStBl. I S. 956). Zur zeitlichen Anwendung enthält es folgende Regelung: „Dieses Schreiben ist grundsätzlich in allen offenen Fällen anzuwenden. Rz. 34 ist hinsichtlich der Begrenzung des Bereederungsentgeltes ebenso wie die Änderungen in Rz. 38 erstmalig für Wirtschaftsjahre anzuwenden, die nach dem 31. Dezember 2007 beginnen".

Anl zu § 5a

VI. Tarifbegrenzung/Steuerermäßigung bei Einkünften aus Gewerbebetrieb

35[1] Der in § 5a Abs. 5 Satz 2 EStG festgelegte Ausschluss bezieht sich auf den nach § 5a EStG ermittelten Gewinn. 15

VII. Unterlagen zur Steuererklärung (§ 60 EStDV) 16

36 Neben der Gewinnermittlung nach § 5a EStG ist eine Steuerbilanz nach § 4 Abs. 1 oder § 5 EStG, bei Personengesellschaften einschließlich etwaiger Ergänzungs- oder Sonderbilanzen sowie ein jährlich fortentwickeltes Verzeichnis im Sinne des § 5a Abs. 4 EStG, aus dem sich Veränderungen der Unterschiedsbeträge (vgl. Rz. 23) ergeben, beizufügen. Bei Mischbetrieben sind die Unterlagen über die getrennte Gewinnermittlung (vgl. Rz. 3) vorzulegen.

B. Gewerbesteuer 17

37[1] Soweit der Gewinn nach § 5a EStG ermittelt worden ist, kommen Hinzurechnungen und Kürzungen nicht in Betracht (BFH-Urteil vom 6. Juli 2005, BStBl. II 2008 S. 180).

38[1] Die Auflösung des Unterschiedsbetrags nach § 5a Abs. 4 EStG (BFH-Urteil vom 13. Dezember 2007, BStBl. II 2008 S. 583) gehört zum Gewerbeertrag nach § 7 Satz 3 GewStG.

39 Auch der nach § 5a EStG ermittelte Gewerbeertrag ist gemäß § 10a GewStG mit Verlusten aus Vorjahren verrechenbar.

Dieses Schreiben ersetzt vorbehaltlich der Aussage in Rz. 19 meine Schreiben vom 24. Juni 1999 – IV C 2 – S 1900 – 65/99 –, BStBl. I S. 669 und vom 25. Mai 2000 – IV C 2 – S 2133 a – 12/00 –, BStBl. I S. 809.

---

[1] Rz. 34, 35, 37 und 38 geändert durch BMF-Schreiben vom 31. 10. 2008 (BStBl. I S. 956). Zur zeitlichen Anwendung enthält es folgende Regelung: „Dieses Schreiben ist grundsätzlich in allen offenen Fällen anzuwenden. Rz. 34 ist hinsichtlich der Begrenzung des Bereederungsentgeltes ebenso wie die Änderungen in Rz. 38 erstmalig für Wirtschaftsjahre anzuwenden, die nach dem 31. Dezember 2007 beginnen".

EStG

§ 5b[1] Elektronische Übermittlung von Bilanzen sowie Gewinn- und Verlustrechnungen

1 (1) ① **Wird der Gewinn nach § 4 Absatz 1, § 5 oder § 5 a ermittelt, so ist der Inhalt der Bilanz sowie der Gewinn- und Verlustrechnung nach amtlich vorgeschriebenem Datensatz durch Datenfernübertragung zu übermitteln.** ② **Enthält die Bilanz Ansätze oder Beträge, die den steuerlichen Vorschriften nicht entsprechen, so sind diese Ansätze oder Beträge durch Zusätze oder Anmerkungen den steuerlichen Vorschriften anzupassen und nach amtlich vorgeschriebenem Datensatz durch Datenfernübertragung zu übermitteln.** ③ **Der Steuerpflichtige kann auch eine den steuerlichen Vorschriften entsprechende Bilanz nach amtlich vorgeschriebenem Datensatz durch Datenfernübertragung übermitteln.** ④ **Im Fall der Eröffnung des Betriebs sind die Sätze 1 bis 4[2] für den Inhalt der Eröffnungsbilanz entsprechend anzuwenden.**

2 (2) ① **Auf Antrag kann die Finanzbehörde zur Vermeidung unbilliger Härten auf eine elektronische Übermittlung verzichten.** ② **§ 150 Absatz 8 der Abgabenordnung gilt entsprechend.**

Übersicht

H 5 b

5 **Allgemeines.** Anwendungsschreiben zur Veröffentlichung der Taxonomie → BMF vom 28. 9. 2011 (BStBl. I S. 855)[3].

Atypische stille Gesellschaft → BMF vom 24. 11. 2017 (BStBl. I S. 1543).[4]

Taxonomien
- → BMF vom 9. 7. 2021 (BStBl. I S. 911),
- → BMF vom 21. 6. 2022 (BStBl. I S. 954).

Unbillige Härte. Eine „unbillige Härte" i. S. d. § 5 b Abs. 2 ist demnach zu beurteilen, ob angesichts des Umfangs der Bilanz sowie der Gewinn- und Verlustrechnung vom Stpfl. zu tragenden Kosten der elektronischen Übermittlung unverhältnismäßig sind und somit ein nicht unerheblicher finanzieller Aufwand i. S. d. § 150 Abs. 8 Satz 2 erster Halbsatz AO vorliegt. Sie liegt nicht bereits deshalb vor, weil die Einkünfte des bilanzierenden Stpfl. im Wj. gering oder negativ sind (→ BFH vom 21. 4. 2021 – BStBl. II 2022 S. 52).

Verfassungsmäßigkeit. § 5 b Abs. 1 ist verfassungsgemäß (→ BFH vom 21. 4. 2021 – BStBl. II 2022 S. 52).

Anl a zu H 5 b

a) Schreiben betr. elektronische Übermittlung von Bilanzen sowie Gewinn- und Verlustrechnungen; Anwendungsschreiben zur Veröffentlichung der Taxonomie

Vom 28. September 2011 (BStBl. I S. 855)
(BMF IV C 6 – S 2133-b/11/10009; DOK 2011/0770620)

Nach § 5 b EStG besteht für Steuerpflichtige, die ihren Gewinn nach § 4 Absatz 1, § 5 oder § 5 a EStG ermitteln, die Verpflichtung, den Inhalt der Bilanz sowie der Gewinn- und Verlustrechnung nach amtlich vorgeschriebenem Datensatz durch Datenfernübertragung zu übermitteln. Nach § 51 Absatz 4 Nummer 1 b EStG ist das Bundesministerium der Finanzen ermächtigt, im Einvernehmen mit den obersten Finanzbehörden der Länder den Mindestumfang der elektronisch zu übermittelnden Bilanzen und Gewinn- und Verlustrechnung zu bestimmen.

Unter Bezugnahme auf das Ergebnis der Erörterung mit den obersten Finanzbehörden der Länder gilt Folgendes:

I. Persönlicher Anwendungsbereich

6 **1** § 5 b EStG gilt für alle Unternehmen, die ihren Gewinn nach § 4 Absatz 1, § 5 oder § 5 a EStG ermitteln. Danach sind die Inhalte einer Bilanz sowie Gewinn- und Verlustrechnung durch Datenfernübertragung zu übermitteln (sog. E-Bilanz), wenn diese nach den handels- oder steuerrechtlichen Bestim-

[1] Zur Anwendung siehe § 52 Abs. 11 EStG i. V. m. § 1 der Anwendungszeitpunktverschiebungsverordnung vom 20. 12. 2010 (BGBl. I S. 2135).
[2] Wohl richtig: „3".
[3] Nachstehend abgedruckt als Anlage a zu H 5 b.
[4] Nachstehend abgedruckt als Anlage b zu H 5 b.

mungen aufzustellen sind oder freiwillig aufgestellt werden. Damit wird die bisherige Übermittlung durch Abgabe in Papierform durch eine Übermittlung durch Datenfernübertragung ersetzt. Dies gilt unabhängig von der Rechtsform und der Größenklasse des bilanzierenden Unternehmens. Auch die anlässlich einer Betriebsveräußerung, Betriebsaufgabe, Änderung der Gewinnermittlungsart oder in Umwandlungsfällen aufzustellende Bilanz ist durch Datenfernübertragung zu übermitteln. Zwischenbilanzen, die auf den Zeitpunkt eines Gesellschafterwechsels aufgestellt werden, sind als Sonderform einer Schlussbilanz ebenso wie Liquidationsbilanzen nach § 11 KStG durch Datenfernübertragung zu übermitteln.

II. Besonderer sachlicher Anwendungsbereich

1. Betriebsstätten

2 Die vom BFH in ständiger Rechtsprechung aufgestellten Grundsätze zur Abgabe der Bilanz und Gewinn- und Verlustrechnung bei ausländischen und inländischen Betriebsstätten gelten gleichermaßen für die Übermittlung der Daten durch Datenfernübertragung. 7

3 Hat ein inländisches Unternehmen eine **ausländische Betriebsstätte**, ist – soweit der Gewinn nach § 4 Absatz 1, § 5 oder § 5 a EStG ermittelt wird (siehe Rn. 1) – für das Unternehmen als Ganzes eine Bilanz und Gewinn- und Verlustrechnung abzugeben (vgl. BFH-Urteil vom 16. Februar 1996, BStBl. 1997 II S. 128). Entsprechend ist ein Datensatz durch Datenfernübertragung zu übermitteln.

4 Hat ein ausländisches Unternehmen eine **inländische Betriebsstätte** und wird der Gewinn nach § 4 Absatz 1, § 5 oder § 5 a EStG ermittelt (siehe Rn. 1), beschränkt sich die Aufstellung der Bilanz und Gewinn- und Verlustrechnung auf die inländische Betriebsstätte als unselbständiger Teil des Unternehmens. Gleiches gilt grundsätzlich für Sachverhalte im Sinne der Randziffern 3 und 7 des BMF-Schreibens vom 16. Mai 2011, BStBl. I S. 530 (Einkünfte aus Vermietung und Verpachtung gemäß § 49 Absatz 1 Nummer 2 Buchstabe f Doppelbuchstabe aa und Nummer 6 EStG). Entsprechend ist in diesen Fällen ein Datensatz durch Datenfernübertragung zu übermitteln.

2. Steuerbefreite Körperschaften

5 Auf unbeschränkt körperschaftsteuerpflichtige Körperschaften, die persönlich von der Körperschaftsteuer befreit sind (z. B. § 5 Absatz 1 Nummern 1, 2, 2 a, 15 KStG), findet § 5 b EStG keine Anwendung. Erstreckt sich bei einer von der Körperschaftsteuer oder Gewerbesteuer befreiten Körperschaft die Befreiung nur auf einen Teil der Einkünfte der Körperschaft (z. B. § 5 Absatz 1 Nummern 5, 6, 7, 9, 10, 14, 16, 19, 22 KStG) und ist von der Körperschaft eine Bilanz sowie eine Gewinn- und Verlustrechnung aufzustellen, ist dieser Datensatz durch Datenfernübertragung zu übermitteln.

3. Juristische Personen des öffentlichen Rechts mit Betrieben gewerblicher Art

6 Sind für einen Betrieb gewerblicher Art eine Bilanz sowie eine Gewinn- und Verlustrechnung aufzustellen, ist dieser Datensatz durch Datenfernübertragung zu übermitteln.

4. Übergangsregelungen

7 Zur Vermeidung unbilliger Härten wird es in den Fällen der Rn. 2 bis 6 für eine Übergangszeit nicht beanstandet, wenn die Inhalte der Bilanz und Gewinn- und Verlustrechnung erstmals für Wirtschaftsjahre, die nach dem 31. Dezember 2014 beginnen, durch Datenfernübertragung übermittelt werden; in den Fällen der Rn. 3 jedoch nur, soweit sie auf die Ergebnisse der ausländischen Betriebsstätte entfallen. In dieser Übergangszeit kann die Bilanz sowie die Gewinn- und Verlustrechnung in Papierform abgegeben werden; eine Gliederung gemäß der Taxonomie ist dabei nicht erforderlich.

III. Übermittlungsformat

8 Für die Übermittlung des amtlich vorgeschriebenen Datensatzes wurde mit BMF-Schreiben vom 19. Januar 2010 (BStBl. I S. 47) XBRL (eXtensible Business Reporting Language) als Übermittlungsformat festgelegt. 8

IV. Taxonomie (Datenschema für Jahresabschlussdaten)

1. Taxonomie

9 Eine Taxonomie ist ein Datenschema für Jahresabschlussdaten. Durch die Taxonomie werden die verschiedenartigen Positionen definiert, aus denen z. B. eine Bilanz oder eine Gewinn- und Verlustrechnung bestehen kann (also etwa die Firma des Kaufmanns oder die einzelnen Positionen von Bilanz und Gewinn- und Verlustrechnung) und entsprechend ihrer Beziehungen zueinander geordnet. 9

2. Taxonomiearten

10 Das Datenschema der Taxonomien wird hiermit als amtlich vorgeschriebener Datensatz nach § 5 b EStG veröffentlicht. Die Taxonomien stehen unter www.eSteuer.de zur Ansicht und zum Abruf bereit. Die elektronische Übermittlung der Inhalte der Bilanz und der Gewinn- und Verlustrechnung erfolgt grundsätzlich nach der Kerntaxonomie. Sie beinhaltet die Positionen für alle Rechtsformen, wobei im jeweiligen Einzelfall nur die Positionen zu befüllen sind, zu denen auch tatsächlich Geschäftsvorfälle vorliegen. Für bestimmte Wirtschaftszweige wurden **Branchentaxonomien** erstellt, die in diesen Fällen für die Übermittlung der Datensätze zu verwenden sind. Dies sind **Spezialtaxonomien** (Banken und Versicherungen) oder **Ergänzungstaxonomien** (Wohnungswirtschaft, Verkehrsunternehmen, Land- und Forstwirtschaft, Krankenhäuser, Pflegeeinrichtungen, Kommunale Eigenbetriebe). Individuelle Erweiterungen der Taxonomien können nicht übermittelt werden.

Anl a zu H 5b

3. Technische Ausgestaltung der Taxonomie

11 Einzelheiten zur technischen Ausgestaltung, insbesondere den Rechenregeln, sind der Anlage zu entnehmen.

4. Unzulässige Positionen

12 Als „für handelsrechtlichen Einzelabschluss unzulässig" gekennzeichnete Positionen dürfen in den der Finanzverwaltung zu übermittelnden Datensätzen nicht verwendet werden.

13 Als „steuerlich unzulässig" gekennzeichnete Positionen sind im Rahmen der Umgliederung/Überleitung aufzulösen und dürfen in den der Finanzverwaltung zu übermittelnden Datensätzen nicht enthalten sein.

5. Rechnerisch notwendige Positionen/Summenmussfelder

14 Da die übermittelten Datensätze auch im Übrigen den im Datenschema hinterlegten Rechenregeln genügen müssen, werden Positionen, die auf der gleichen Ebene wie rechnerisch verknüpfte Mussfelder stehen, als „Rechnerisch notwendig, soweit vorhanden" gekennzeichnet. Diese Positionen sind dann zwingend mit Werten zu übermitteln, wenn ohne diese Übermittlung die Summe der Positionen auf der gleichen Ebene nicht dem Wert der Oberposition entspricht, mit denen diese Positionen rechnerisch verknüpft sind. Oberpositionen, die über rechnerisch verknüpften Mussfeldern stehen, sind als Summenmussfelder gekennzeichnet. Werden z. B. im Datenschema rechnerisch in eine Oberposition verknüpfte Positionen übermittelt, so ist auch die zugehörige Oberposition mit zu übermitteln.

V. Mindestumfang nach § 51 Absatz 4 Nummer 1 b EStG

10 **15** Die Taxonomie enthält die für den Mindestumfang im Sinne der §§ 5 b, 51 Absatz 4 Nummer 1 b EStG erforderlichen Positionen, die mit den am Bilanzstichtag vorhandenen Daten der einzelnen Buchungskonten zu befüllen sind. Dies gilt in Abhängigkeit davon, ob ein derartiger Geschäftsvorfall überhaupt vorliegt und in welchem Umfang diese Angaben für Besteuerungszwecke benötigt werden.

Folgende Positionseigenschaften sind hierbei zu unterscheiden:

Mussfeld

16 Die in den Taxonomien als „Mussfeld" gekennzeichneten Positionen sind zwingend zu befüllen (Mindestumfang). Bei Summenmussfeldern gilt dies auch für die darunter liegenden Ebenen (vgl. Rn. 14). Es wird elektronisch geprüft, ob formal alle Mussfelder in den übermittelten Datensätzen enthalten sind. Sofern sich ein Mussfeld nicht mit Werten füllen lässt, weil die Position in der ordnungsmäßigen individuellen Buchführung nicht geführt wird oder aus ihr nicht ableitbar ist, ist zur erfolgreichen Übermittlung des Datensatzes die entsprechende Position ohne Wert (technisch: NIL-Wert) zu übermitteln.

Mussfeld, Kontennachweis erwünscht

17 Für die als „Mussfeld, Kontennachweis erwünscht" gekennzeichneten Positionen gelten die Ausführungen zum Mussfeld in gleicher Weise. Der Auszug aus der Summen-/Saldenliste der in diese Position einfließenden Konten im XBRL-Format kann vom Steuerpflichtigen mitgeliefert werden (Angaben: Kontonummer, Kontobezeichnung, Saldo zum Stichtag).

18 Darüber hinaus ist ein freiwilliger Kontennachweis auch für jedwede andere Taxonomieposition durch Datenfernübertragung (Angabe der Kontonummer, Kontenbezeichnung sowie des Saldos zum Stichtag im Datensatz) möglich.

Auffangpositionen

19 Um Eingriffe in das Buchungsverhalten zu vermeiden, aber dennoch einen möglichst hohen Grad an Standardisierung zu erreichen, sind im Datenschema der Taxonomie Auffangpositionen eingefügt (erkennbar durch die Formulierungen im beschreibenden Text „nicht zuordenbar" in der Positionsbezeichnung). Ein Steuerpflichtiger, der eine durch Mussfelder vorgegebene Differenzierung für einen bestimmten Sachverhalt nicht aus der Buchführung ableiten kann, kann zur Sicherstellung der rechnerischen Richtigkeit für die Übermittlung der Daten alternativ die Auffangpositionen nutzen.

VI. Ausnahmeregelungen für bestimmte Berichtsteile/Positionen

1. Kapitalkontenentwicklung für Personenhandelsgesellschaften und andere Mitunternehmerschaften

11 **20** Die in diesem Bereich als Mussfelder gekennzeichneten Positionen sind für eine verpflichtende Übermittlung erst für Wirtschaftsjahre vorgesehen, die nach dem 31. Dezember 2014 (Übergangsphase) beginnen.

21 In der Übergangsphase werden die nach Gesellschaftergruppen zusammengefassten Mussfelder der Kapitalkontenentwicklung in der Bilanz erwartet, sofern keine Übermittlung im eigenen Teil „Kapitalkontenentwicklung für Personenhandelsgesellschaften und andere Mitunternehmerschaften" erfolgt. Wird in dieser Übergangsphase der eigene Berichtsbestandteil Kapitalkontenentwicklung dennoch eingereicht, so müssen in der Bilanz nur die Positionen der Ebene „Kapitalanteile der persönlich haftenden Gesellschafter"/„Kapitalanteile der Kommanditisten" verpflichtend übermittelt werden. Die untergeordneten Mussfelder können ohne Wert (NIL-Wert) übermittelt werden.

Anl a zu H 5b

2. Sonder- und Ergänzungsbilanzen bei Personenhandelsgesellschaften und anderen Mitunternehmerschaften

22 Sonder- und Ergänzungsbilanzen sind jeweils in gesonderten Datensätzen nach dem amtlich vorgeschriebenen Datensatz durch Datenfernübertragung zu übermitteln.

Für Wirtschaftsjahre, die vor dem 1. Januar 2015 enden, wird es nicht beanstandet, wenn Sonder- und Ergänzungsbilanzen in dem Freitextfeld „Sonder- und Ergänzungsbilanzen" im Berichtsbestandteil „Steuerliche Modifikationen" übermittelt werden.

3. Abschreibungen auf immaterielle Vermögensgegenstände des Anlagevermögens und Sachanlagen

23 Die Positionen in den Ebenen unter „Abschreibungen auf immaterielle Vermögensgegenstände des Anlagevermögens und Sachanlagen" können ohne Wert (NIL-Wert) übermittelt werden, wenn der Datensatz die Angaben in einem freiwillig übermittelten Anlagespiegel im XBRL-Format enthält.

VII. Überleitungsrechnung

24 Wird ein handelsrechtlicher Einzelabschluss mit Überleitungsrechnung übermittelt, müssen die Positionen in den Berichtsbestandteilen Bilanz und Gewinn- und Verlustrechnung die handelsrechtlichen Positionen und jeweiligen Wertansätze enthalten. Die nach § 5b Absatz 1 Satz 2 EStG vorzunehmenden steuerrechtlichen Anpassungen aller Positionen (auf allen Ebenen), deren Ansätze und Beträge den steuerlichen Vorschriften nicht entsprechen, sind mit der Überleitungsrechnung der Taxonomie darzustellen. **12**

VIII. Zusätzlich einzureichende Unterlagen

25 Die zusätzlichen nach § 60 Abs. 3 EStDV der Steuererklärung beizufügenden Unterlagen können in den entsprechenden Berichtsteilen der Taxonomie durch Datenfernübertragung übermittelt werden. **13**

IX. Zeitliche Anwendung des § 5b EStG

1. Anwendung (Nichtbeanstandungsregelung für 2012)

26 § 5b EStG ist erstmals für Wirtschaftsjahre anzuwenden, die nach dem 31. Dezember 2011 beginnen (*§ 52 Absatz 15a EStG*[1] i. V. m. § 1 der AnwZpvV). Grundsätzlich sind die Inhalte der Bilanz und Gewinn- und Verlustrechnung für Wirtschaftsjahre, die nach dem 31. Dezember 2011 beginnen, durch Datenfernübertragung zu übermitteln. Die unter Rn. 7, 20 und 22 vorgesehenen Übergangsregelungen bleiben hiervon unberührt. **14**

27 Für das erste Wirtschaftsjahr, das nach dem 31. Dezember 2011 beginnt, wird es von der Finanzverwaltung nicht beanstandet, wenn die Bilanz und die Gewinn- und Verlustrechnung für dieses Jahr noch nicht gemäß § 5b EStG nach amtlich vorgeschriebenem Datensatz durch Datenfernübertragung übermittelt werden. Eine Bilanz sowie die Gewinn- und Verlustrechnung können in diesen Fällen in Papierform abgegeben werden; eine Gliederung gemäß der Taxonomie ist dabei nicht erforderlich.

2. Aktualisierung

28 Die Taxonomie wird regelmäßig auf notwendige Aktualisierungen geprüft und gegebenenfalls um Branchentaxonomien erweitert. Wird eine aktuellere Taxonomie veröffentlicht, ist diese unter Angabe des Versionsdatums zu verwenden. Es wird in jeder Aktualisierungsversion sichergestellt, dass eine Übermittlung auch für frühere Wirtschaftsjahre möglich ist.

29 Eine Taxonomie ist so lange zu verwenden, bis eine aktualisierte Taxonomie veröffentlicht wird.

X. Härtefallregelung nach § 5b Absatz 2 Satz 2 EStG

30 Hinsichtlich der allgemeinen Härtefallregelung gemäß § 5b Absatz 2 Satz 2 EStG i. V. m. § 150 Absatz 8 AO wird auf die Rn. 3 des BMF-Schreibens vom 19. Januar 2010 (BStBl. I S. 47)[2] hingewiesen. **15**

Dieses Schreiben ersetzt das Schreiben vom 16. Dezember 2010 (BStBl. I S. 1500).

Anlage zu Rn. 11

Ausgestaltung der Taxonomie

Das für steuerliche Zwecke angepasste Datenschema basiert auf der aktuellen HGB-Taxonomie 4.1 vom 8. Februar 2011 und enthält die Bilanzposten und Gewinn- und Verlustpositionen des amtlichen Datensatzes nach § 5b EStG. **16**

Es umfasst ein Stammdaten-Modul („GCD-Modul") und ein Jahresabschluss-Modul („GAAP-Modul"):

Das „GCD"-Modul enthält ein Datenschema zur Übermittlung von
– Dokumentinformationen,

---

[1] Jetzt: „§ 52 Abs. 11 EStG".

[2] Rn. 3 des BMF-Schreibens vom 19. 1. 2010 lautet wie folgt:

„**3** Auf Antrag kann die Finanzbehörde zur Vermeidung unbilliger Härten auf eine elektronische Übermittlung verzichten. Dem Antrag ist zu entsprechen, wenn eine elektronische Übermittlung für den Steuerpflichtigen wirtschaftlich oder persönlich unzumutbar ist. Dies ist insbesondere der Fall, wenn die Schaffung der technischen Möglichkeiten für eine elektronische Übermittlung nur mit einem nicht unerheblichen finanziellen Aufwand möglich wäre oder wenn der Steuerpflichtige nach seinen individuellen Kenntnissen und Fähigkeiten nicht oder nur eingeschränkt in der Lage ist, die Möglichkeiten der elektronischen Übermittlung zu nutzen (§ 5b Absatz 2 Satz 2 EStG i. V. m. § 150 Absatz 8 AO)."

- Informationen zum Bericht und
- Informationen zum Unternehmen.

Das „GAAP"-Modul enthält ein Datenschema zur Übermittlung der gebräuchlichen Berichtsbestandteile für Unternehmen aller Rechtsformen und Größenordnungen. Folgende Berichtsbestandteile können zur Übermittlung genutzt werden:

- Bilanz,
- Haftungsverhältnisse,
- Gewinn- und Verlustrechnung in den Varianten Gesamtkosten- und Umsatzkostenverfahren,
- Ergebnisverwendungsrechnung,
- Kapitalkontenentwicklung für Personenhandelsgesellschaften/Mitunternehmerschaften,
- Eigenkapitalspiegel,
- Kapitalflussrechnung,
- Anhang,
  - Anlagespiegel,
  - diverse Felder zur Aufnahme von textlichen Informationen,
- Lagebericht,
- steuerliche Modifikationen (Überleitungsrechnung der Wertansätze aus der Handelsbilanz zur Steuerbilanz und Zusatzangaben),
- Bericht des Aufsichtsrats, Beschlüsse und zugehörige Erklärungen,
- Detailinformationen zu Positionen (Kontensalden zu einer Position).

Zusätzlich enthält das Datenschema alternativ verwendbare weitere Bestandteile, wie etwa die beiden Formen der Gewinn- und Verlustrechnung: Gesamtkostenverfahren und Umsatzkostenverfahren.

Auf dieser Grundlage ermöglicht das Datenschema der Taxonomie die elektronische Übermittlung des Inhalts der Bilanz und Gewinn- und Verlustrechnung an die Finanzverwaltung nach amtlich vorgeschriebenem Datensatz. Neben dem Stammdaten-Modul („GCD"-Modul) sind aus dem Jahresabschluss-Modul („GAAP"-Modul) insbesondere die Berichtsbestandteile

- Bilanz,
- Gewinn- und Verlustrechnung,
- Ergebnisverwendung,
- Kapitalkontenentwicklung für Personenhandelsgesellschaften (und andere Mitunternehmerschaften),
- steuerliche Gewinnermittlung (für Einzelunternehmen und Personengesellschaften),
- steuerliche Gewinnermittlung bei Personengesellschaften,
- steuerliche Gewinnermittlung für besondere Fälle (u. a. steuerliche Gewinnermittlung bei Betrieben gewerblicher Art und wirtschaftlichem Geschäftsbetrieb),
- steuerliche Modifikationen (insbes. Umgliederung/Überleitungsrechnung),
- Detailinformationen zu Positionen (Kontensalden zu einer Position)

zu übermitteln.

Die daneben existierenden Berichtsbestandteile können zur freiwilligen elektronischen Übermittlung von weiteren Informationen genutzt werden (z. B. der von der Finanzverwaltung in der Regel benötigte Anlagespiegel im Anhang).

Hinweis:

Einige Positionen des Anhangs enthalten Mussfeld-Vermerke. Hierbei handelt es sich um Positionen der Bilanz mit Mussfeldeigenschaft, die technisch in den Anhang gespiegelt wurden. Dies führt nicht zur Übermittlungspflicht des Anhangs.

Es besteht für den Steuerpflichtigen gem. § 5 b Absatz 1 EStG die Möglichkeit, den Inhalt des handelsrechtlichen Einzelabschlusses mit Überleitungsrechnung oder alternativ eine Steuerbilanz zu übermitteln. Die Steuerbilanz stellt in diesem Fall eine auf den handelsrechtlichen Grundsätzen ordnungsmäßiger Bilanzierung beruhende Bilanz dar, deren Ansätze ohne weitere Zusätze und Anmerkungen den steuerlichen Vorschriften entsprechen.

Rechenregeln (calculation link base)

Der Datensatz muss anhand der in der Taxonomie enthaltenen Rechenregeln auf seine rechnerische Richtigkeit hin überprüft werden. Diese Rechenregeln sind dem Datenschema direkt zu entnehmen. Soweit in der Taxonomie Positionen rechnerisch verknüpft sind, müssen die übermittelten Werte diesen Rechenregeln genügen. Datensätze, die den Rechenregeln nicht entsprechen, werden zurückgewiesen. Die Bilanz und die Gewinn- und Verlustrechnung gelten in diesen Fällen als nicht übermittelt.

„davon-Positionen"

Soweit in der Taxonomie Positionen nicht rechnerisch zur jeweiligen Oberposition verknüpft sind (erkennbar daran, dass eine entsprechende rechnerische Verknüpfung im Datenschema nicht enthalten ist), handelt es sich um so genannte „davon-Positionen". Diese Positionen enthalten in der Positionsbezeichnung das Wort „davon". Dementsprechend werden Rechenregeln nicht geprüft.

Anl b zu H 5b

b) Schreiben betr. E-Bilanz; Übermittlungspflicht in Fällen atypisch stiller Gesellschaften gemäß § 5 b EStG

Vom 24. November 2017 (BStBl. I S. 1543)

(BMF IV C 6 – S 2133-b/17/10004; DOK 2017/0914052)

17 Zu der Frage, zu welcher Steuererklärung der Inhalt der Bilanz sowie der Gewinn- und Verlustrechnung des Betriebs des Inhabers eines Handelsgewerbes in Fällen der atypisch stillen Beteiligung nach

amtlich vorgeschriebenem Datensatz durch Datenfernübertragung gemäß § 5 b Absatz 1 EStG zu übermitteln ist, nehme ich im Einvernehmen mit den obersten Finanzbehörden der Länder im Folgenden Stellung. Anl b zu H 5 b

I. Übermittlungspflicht nach § 5 b EStG

Für die Dauer des Bestehens der atypisch stillen Gesellschaft wird das Unternehmen dem Umfang der begründeten atypisch stillen Beteiligung entsprechend ertragsteuerlich vollumfänglich oder teilweise der atypisch stillen Gesellschaft zugeordnet (vgl. hierzu u. a. BFH-Urteile vom 26. November 1996 VIII R 42/94, BStBl. 1998 II S. 328, vom 25. Juni 2014 I R 24/13, BStBl. 2015 II S. 141, vom 18. Juni 2015 IV R 5/12, BStBl. II S. 935, und vom 8. Dezember 2016 IV R 8/14, BStBl. 2017 II S. 538). Gemäß § 5 b Absatz 1 EStG ist der Inhalt der Bilanz sowie der Gewinn- und Verlustrechnung (nachfolgend: E-Bilanz) des Betriebs des Inhabers des Handelsgewerbes wie folgt zu übermitteln:

- **Atypisch stille Beteiligung an dem gesamten Unternehmen**
  In dem Fall einer atypisch stillen Beteiligung an dem gesamten Unternehmen des Inhabers des Handelsgewerbes ist eine E-Bilanz für den Betrieb nur zu der Erklärung zur gesonderten und einheitlichen Feststellung der atypisch stillen Gesellschaft mit allen für eine Mitunternehmerschaft relevanten Berichtsbestandteilen und Angaben zu übermitteln.
  Die gemäß § 5 b Absatz 1 EStG bestehende Verpflichtung zur Übermittlung einer E-Bilanz zu der Steuererklärung des Inhabers des Handelsgewerbes für einen Gewerbebetrieb, den der Inhaber des Handelsgewerbes ertragsteuerlich neben dem der atypisch stillen Gesellschaft zuzuordnenden Betrieb unterhält, bleibt unberührt (z. B. Gewerbebetrieb kraft Rechtsform nach § 8 Absatz 2 KStG in Fällen der GmbH & atypisch still und bei Personengesellschaften i. S. d. § 15 Absatz 3 EStG).
- **Atypisch stille Beteiligung an einem Teil des Unternehmens**
  Zu der Erklärung zur gesonderten und einheitlichen Feststellung der atypisch stillen Gesellschaft ist eine E-Bilanz mit allen für eine Mitunternehmerschaft relevanten Berichtsbestandteilen und Angaben für den Teil des Betriebs zu übermitteln, der auf Grund der begründeten atypisch stillen Beteiligung ertragsteuerlich der atypisch stillen Gesellschaft zugeordnet wird.
  Zu der Steuererklärung des Inhabers des Handelsgewerbes ist in diesen Fällen eine E-Bilanz für den Teil des Betriebs zu übermitteln, der dem Inhaber des Handelsgewerbes auch ertragsteuerlich weiterhin zugeordnet wird.
  Entsprechendes gilt in den Fällen, in denen mehrere atypisch stille Beteiligungen an dem gesamten Unternehmen, einem Teil des Unternehmens oder verschiedenen Teilen des Unternehmens bestehen.

II. Übergangsregelung

Es wird nicht beanstandet, wenn der Inhalt der Bilanz sowie der Gewinn- und Verlustrechnung des Betriebs, soweit dieser ertragsteuerlich der atypisch stillen Gesellschaft zugeordnet wird, für Wirtschaftsjahre, die vor dem 1. Januar 2018 begonnen haben, zu der Steuererklärung des Inhabers des Handelsgewerbes übermittelt wird.

EStG

§ 6 Bewertung

(1)[1] Für die Bewertung der einzelnen Wirtschaftsgüter, die nach § 4 Absatz 1 oder nach § 5 als Betriebsvermögen anzusetzen sind, gilt das Folgende:

1 **1.[2] ① Wirtschaftsgüter des Anlagevermögens, die der Abnutzung unterliegen, sind mit den Anschaffungs- oder Herstellungskosten oder dem an deren Stelle tretenden Wert, vermindert um die Absetzungen für Abnutzung, erhöhte Absetzungen, Sonderabschreibungen, Abzüge nach § 6b und ähnliche Abzüge, anzusetzen. ② Ist der Teilwert auf Grund einer voraussichtlich dauernden Wertminderung niedriger, so kann dieser angesetzt werden. ③ Teilwert ist der Betrag, den ein Erwerber des ganzen Betriebs im Rahmen des Gesamtkaufpreises für das einzelne Wirtschaftsgut ansetzen würde; dabei ist davon auszugehen, dass der Erwerber den Betrieb fortführt. ④ Wirtschaftsgüter, die bereits am Schluss des vorangegangenen Wirtschaftsjahres zum Anlagevermögen des Steuerpflichtigen gehört haben, sind in den folgenden Wirtschaftsjahren gemäß Satz 1 anzusetzen, es sei denn, der Steuerpflichtige weist nach, dass ein niedrigerer Teilwert nach Satz 2 angesetzt werden kann.**

1a **1a. ① Zu den Herstellungskosten eines Gebäudes gehören auch Aufwendungen für Instandsetzungs- und Modernisierungsmaßnahmen, die innerhalb von drei Jahren nach der Anschaffung des Gebäudes durchgeführt werden, wenn die Aufwendungen ohne die Umsatzsteuer 15 Prozent der Anschaffungskosten des Gebäudes übersteigen (anschaffungsnahe Herstellungskosten). ② Zu diesen Aufwendungen gehören nicht die Aufwendungen für Erweiterungen im Sinne des § 255 Absatz 2 Satz 1 des Handelsgesetzbuchs sowie Aufwendungen für Erhaltungsarbeiten, die jährlich üblicherweise anfallen.**

1b **1b.[3] ① Bei der Berechnung der Herstellungskosten brauchen angemessene Teile der Kosten der allgemeinen Verwaltung sowie angemessene Aufwendungen für soziale Einrichtungen des Betriebs, für freiwillige soziale Leistungen und für die betriebliche Altersversorgung im Sinne des § 255 Absatz 2 Satz 3 des Handelsgesetzbuchs nicht einbezogen zu werden, soweit diese auf den Zeitraum der Herstellung entfallen. ② Das Wahlrecht ist bei Gewinnermittlung nach § 5 in Übereinstimmung mit der Handelsbilanz auszuüben.**

2 **2.[4] ① Andere als die in Nummer 1 bezeichneten Wirtschaftsgüter des Betriebs (Grund und Boden, Beteiligungen, Umlaufvermögen) sind mit den Anschaffungs- oder Herstellungskosten oder dem an deren Stelle tretenden Wert, vermindert um Abzüge nach § 6b und ähnliche Abzüge, anzusetzen. ② Ist der Teilwert (Nummer 1 Satz 3) auf Grund einer voraussichtlich dauernden Wertminderung niedriger, so kann dieser angesetzt werden. ③ Nummer 1 Satz 4 gilt entsprechend.**

3 **2a. ① Steuerpflichtige, die den Gewinn nach § 5 ermitteln, können für den Wertansatz gleichartiger Wirtschaftsgüter des Vorratsvermögens unterstellen, dass die zuletzt angeschafften oder hergestellten Wirtschaftsgüter zuerst verbraucht oder veräußert worden sind, soweit dies den handelsrechtlichen Grundsätzen ordnungsmäßiger Buchführung entspricht. ② Der Vorratsbestand am Schluss des Wirtschaftsjahres, das der erstmaligen Anwendung der Bewertung nach Satz 1 vorangeht, gilt mit seinem Bilanzansatz als erster Zugang des neuen Wirtschaftsjahres. ③ Von der Verbrauchs- oder Veräußerungsfolge nach Satz 1 kann in den folgenden Wirtschaftsjahren nur mit Zustimmung des Finanzamts abgewichen werden.**

3a **2b. ① Steuerpflichtige, die in den Anwendungsbereich des § 340 des Handelsgesetzbuchs fallen, haben die zu Handelszwecken erworbenen Finanzinstrumente, die nicht in einer Bewertungseinheit im Sinne des § 5 Absatz 1a Satz 2 abgebildet werden, mit dem beizulegenden Zeitwert abzüglich eines Risikoabschlages (§ 340e Absatz 3 des Handelsgesetzbuchs) zu bewerten. ② Nummer 2 Satz 2 ist nicht anzuwenden.**

---

[1] Vgl. zur steuerlichen Behandlung des Leasing die Anlagen zu § 6 EStG.

[2] Siehe dazu „Beck'sches Steuerberater-Handbuch 2023/2024", Teil A, Rz. 12ff., Anschaffungskosten sowie Teil A, Rz. 119ff., Teilwert.

Zur Bilanzierung von Leitungsanlagen der Energieversorgungsunternehmen vgl. *BMF-Schreiben vom 30. 5. 1997 (BStBl. I S. 567).*

[3] Zur Anwendung siehe § 52 Abs. 12 Satz 1 EStG.

[4] Unverzinsliche oder niedrig verzinsliche Arbeitnehmerdarlehen sind mit dem Nennwert zu bilanzieren, *BFH-Urteil vom 30. 11. 1988 I R 114/84 (BStBl. 1990 II S. 117).*

Pauschale Wertberichtigungen zu Kundenforderungen sind auf der Basis der Nettorechnungsbeträge (ohne Berücksichtigung der Umsatzsteuer) vorzunehmen. *BFH-Urteil vom 16. 7. 1981 (BStBl. II S. 766).*

Zur Pauschalwertberichtigung bei Kreditinstituten vgl. *BMF-Schreiben vom 10. 1. 1994 (BStBl. I S. 98),* wird derzeit überarbeitet.

Zur bilanzsteuerrechtlichen Behandlung von Zero-Bonds (Null-Kupon-Anleihen) siehe *BMF-Schreiben vom 5. 3. 1987 (BStBl. I S. 394).*

EStG

[alte Fassung:]	[neue Fassung:]
3. ① Verbindlichkeiten sind unter sinngemäßer Anwendung der Vorschriften der Nummer 2 anzusetzen und mit einem Zinssatz von 5,5 Prozent abzuzinsen. ② Ausgenommen von der Abzinsung sind Verbindlichkeiten, deren Laufzeit am Bilanzstichtag weniger als 12 Monate beträgt, und Verbindlichkeiten, die verzinslich sind oder auf einer Anzahlung oder Vorausleistung beruhen.	3.[1] Verbindlichkeiten sind unter sinngemäßer Anwendung der Vorschriften der Nummer 2 anzusetzen. 4

3 a. **Rückstellungen sind höchstens insbesondere unter Berücksichtigung folgender Grundsätze anzusetzen:** 5

a) **bei Rückstellungen für gleichartige Verpflichtungen ist auf der Grundlage der Erfahrungen in der Vergangenheit aus der Abwicklung solcher Verpflichtungen die Wahrscheinlichkeit zu berücksichtigen, dass der Steuerpflichtige nur zu einem Teil der Summe dieser Verpflichtungen in Anspruch genommen wird;**

b) **Rückstellungen für Sachleistungsverpflichtungen sind mit den Einzelkosten und den angemessenen Teilen der notwendigen Gemeinkosten zu bewerten;**

c) **künftige Vorteile, die mit der Erfüllung der Verpflichtung voraussichtlich verbunden sein werden, sind, soweit sie nicht als Forderung zu aktivieren sind, bei ihrer Bewertung wertmindernd zu berücksichtigen;**

d) **Rückstellungen für Verpflichtungen, für deren Entstehen im wirtschaftlichen Sinne der laufende Betrieb ursächlich ist, sind zeitanteilig in gleichen Raten anzusammeln. ② Rückstellungen für gesetzliche Verpflichtungen zur Rücknahme und Verwertung von Erzeugnissen, die vor Inkrafttreten entsprechender gesetzlicher Verpflichtungen in Verkehr gebracht worden sind, sind zeitanteilig in gleichen Raten bis zum Beginn der jeweiligen Erfüllung anzusammeln; Buchstabe e ist insoweit nicht anzuwenden. ③ Rückstellungen für die Verpflichtung, ein Kernkraftwerk stillzulegen, sind ab dem Zeitpunkt der erstmaligen Nutzung bis zum Zeitpunkt, in dem mit der Stilllegung begonnen werden muss, zeitanteilig in gleichen Raten anzusammeln; steht der Zeitpunkt der Stilllegung nicht fest, beträgt der Zeitraum für die Ansammlung 25 Jahre;**

e) **Rückstellungen für Verpflichtungen sind mit einem Zinssatz von 5,5 Prozent abzuzinsen;** *Nummer 3 Satz 2 ist entsprechend anzuwenden* **[*neue Fassung:* ; ausgenommen von der Abzinsung sind Rückstellungen für Verpflichtungen, deren Laufzeit am Bilanzstichtag weniger als zwölf Monate beträgt, und Rückstellungen für Verpflichtungen, die verzinslich sind oder auf einer Anzahlung oder Vorausleistung beruhen][1]. ② Für die Abzinsung von Rückstellungen für Sachleistungsverpflichtungen ist der Zeitraum bis zum Beginn der Erfüllung maßgebend. ③ Für die Abzinsung von Rückstellungen für die Verpflichtung, ein Kernkraftwerk stillzulegen, ist der sich aus Buchstabe d Satz 3 ergebende Zeitraum maßgebend; und**

f) **bei der Bewertung sind die Wertverhältnisse am Bilanzstichtag maßgebend; künftige Preis- und Kostensteigerungen dürfen nicht berücksichtigt werden.**

4.[2, 3] **① Entnahmen des Steuerpflichtigen für sich, für seinen Haushalt oder für andere betriebsfremde Zwecke sind mit dem Teilwert anzusetzen; die Entnahme ist in den Fällen des § 4 Absatz 1 Satz 3 erster Halbsatz mit dem gemeinen Wert und in den Fällen des § 4 Absatz 1 Satz 3 zweiter Halbsatz mit dem Wert anzusetzen, den der andere Staat der Besteuerung zugrunde legt, höchstens jedoch mit dem gemeinen Wert. ② Die private Nutzung eines Kraftfahrzeugs, das zu mehr als 50 Prozent betrieblich genutzt wird, ist für jeden Kalendermonat mit 1 Prozent des inländischen Listenpreises im Zeitpunkt der Erstzulassung zuzüglich der Kosten für Sonderausstattung einschließlich Umsatzsteuer anzusetzen; bei der privaten Nutzung von Fahrzeugen mit Antrieb ausschließlich durch Elektromotoren, die ganz oder überwiegend aus mechanischen oder elektrochemischen Energiespeichern oder aus emissionsfrei betriebenen Energiewandlern gespeist werden (Elektrofahrzeuge), oder von extern aufladbaren Hybridelektrofahrzeugen, ist der Listenpreis dieser Kraftfahrzeuge** 6

1. **soweit die Nummern 2, 3 oder 4 nicht anzuwenden sind und bei Anschaffung vor dem 1. Januar 2023 um die darin enthaltenen Kosten des Batteriesystems im Zeitpunkt der Erstzulassung des Kraftfahrzeugs wie folgt zu mindern: für bis zum 31. Dezember 2013 angeschaffte Kraftfahrzeuge um 500 Euro pro**

[1] **Zur Anwendung siehe § 52 Abs. 12 Satz 2 und 3 EStG.**

[2] Zur pauschalen Bewertung von Sachentnahmen für das Kj. 2021 siehe *BMF-Schreiben vom 15. 6. 2021 (BStBl. I S. 811);* für das Kj. 2022 siehe BMF-Schreiben vom 20. 1. 2022 (BStBl. I S. 137); für das Kj. 2023 siehe BMF-Schreiben vom 21. 12. 2022 (BStBl. I 2023 S. 52).

[3] Zur Anwendung von § 6 Abs. 1 Nr. 4 Satz 1 2. Halbsatz siehe § 52 Abs. 12 Satz 11 EStG.

EStG

Kilowattstunde der Batteriekapazität, dieser Betrag mindert sich für in den Folgejahren angeschaffte Kraftfahrzeuge um jährlich 50 Euro pro Kilowattstunde der Batteriekapazität; die Minderung pro Kraftfahrzeug beträgt höchstens 10 000 Euro; dieser Höchstbetrag mindert sich für in den Folgejahren angeschaffte Kraftfahrzeuge um jährlich 500 Euro, oder

2. soweit Nummer 3 nicht anzuwenden ist und bei Anschaffung nach dem 31. Dezember 2018 und vor dem 1. Januar 2022 nur zur Hälfte anzusetzen; bei extern aufladbaren Hybridelektrofahrzeugen muss das Fahrzeug die Voraussetzungen des § 3 Absatz 2 Nummer 1 oder 2 des Elektromobilitätsgesetzes erfüllen, oder

3.[1] bei Anschaffung nach dem 31. Dezember 2018 und vor dem 1. Januar 2031 nur zu einem Viertel anzusetzen, wenn das Kraftfahrzeug keine Kohlendioxidemission je gefahrenen Kilometer hat und der Bruttolistenpreis des Kraftfahrzeugs nicht mehr als 60 000 Euro beträgt, oder

4. soweit Nummer 3 nicht anzuwenden ist und bei Anschaffung nach dem 31. Dezember 2021 und vor dem 1. Januar 2025 nur zur Hälfte anzusetzen, wenn das Kraftfahrzeug
   a) eine Kohlendioxidemission von höchstens 50 Gramm je gefahrenen Kilometer hat oder
   b) die Reichweite des Fahrzeugs unter ausschließlicher Nutzung der elektrischen Antriebsmaschine mindestens 60 Kilometer beträgt, oder

5. soweit Nummer 3 nicht anzuwenden ist und bei Anschaffung nach dem 31. Dezember 2024 und vor dem 1. Januar 2031 nur zur Hälfte anzusetzen, wenn das Kraftfahrzeug
   a) eine Kohlendioxidemission von höchstens 50 Gramm je gefahrenen Kilometer hat oder
   b) die Reichweite des Fahrzeugs unter ausschließlicher Nutzung der elektrischen Antriebsmaschine mindestens 80 Kilometer beträgt,

die maßgebliche Kohlendioxidemission sowie die Reichweite des Kraftfahrzeugs unter ausschließlicher Nutzung der elektrischen Antriebsmaschine ist der Übereinstimmungsbescheinigung nach Anhang IX der Richtlinie 2007/46/EG oder aus der Übereinstimmungsbescheinigung nach Artikel 38 der Verordnung (EU) Nr. 168/2013 zu entnehmen. ③ Die private Nutzung kann abweichend von Satz 2 mit den auf die Privatfahrten entfallenden Aufwendungen angesetzt werden, wenn die für das Kraftfahrzeug insgesamt entstehenden Aufwendungen durch Belege und das Verhältnis der privaten zu den übrigen Fahrten durch ein ordnungsgemäßes Fahrtenbuch nachgewiesen werden; bei der privaten Nutzung von Fahrzeugen mit Antrieb ausschließlich durch Elektromotoren, die ganz oder überwiegend aus mechanischen oder elektrochemischen Energiespeichern oder aus emissionsfrei betriebenen Energiewandlern gespeist werden (Elektrofahrzeuge), oder von extern aufladbaren Hybridelektrofahrzeugen, sind

1. soweit die Nummern 2, 3 oder 4 nicht anzuwenden sind und bei Anschaffung vor dem 1. Januar 2023 die der Berechnung der Entnahme zugrunde zu legenden insgesamt entstandenen Aufwendungen um Aufwendungen für das Batteriesystem zu mindern; dabei ist bei zum Betriebsvermögen des Steuerpflichtigen gehörenden Elektro- und Hybridelektrofahrzeugen die der Berechnung der Absetzungen für Abnutzung zugrunde zu legende Bemessungsgrundlage um die nach Satz 2 in pauschaler Höhe festgelegten Aufwendungen zu mindern, wenn darin Kosten für ein Batteriesystem enthalten sind, oder

2. soweit Nummer 3 nicht anzuwenden ist und bei Anschaffung nach dem 31. Dezember 2018 und vor dem 1. Januar 2022 bei der Ermittlung der insgesamt entstandenen Aufwendungen die Anschaffungskosten für das Kraftfahrzeug oder vergleichbare Aufwendungen nur zur Hälfte zu berücksichtigen; bei extern aufladbaren Hybridelektrofahrzeugen muss das Fahrzeug die Voraussetzungen des § 3 Absatz 2 Nummer 1 oder 2 des Elektromobilitätsgesetzes erfüllen, oder

3.[1] bei Anschaffung nach dem 31. Dezember 2018 und vor dem 1. Januar 2031 bei der Ermittlung der insgesamt entstandenen Aufwendungen die Anschaffungskosten für das Kraftfahrzeug oder vergleichbare Aufwendungen nur zu einem Viertel zu berücksichtigen, wenn das Kraftfahrzeug keine Kohlendioxidemission je gefahrenen Kilometer hat, und der Bruttolistenpreis des Kraftfahrzeugs nicht mehr als 60 000 Euro beträgt oder

4. soweit Nummer 3 nicht anzuwenden ist und bei Anschaffung nach dem 31. Dezember 2021 und vor dem 1. Januar 2025 bei der Ermittlung der insgesamt entstandenen Aufwendungen die Anschaffungskosten für das Kraftfahrzeug

[1] Zur Anwendung siehe § 52 Abs. 12 Satz 4 EStG.

EStG

oder vergleichbare Aufwendungen nur zur Hälfte zu berücksichtigen, wenn das Kraftfahrzeug
a) eine Kohlendioxidemission von höchstens 50 Gramm je gefahrenen Kilometer hat oder
b) die Reichweite des Kraftfahrzeugs unter ausschließlicher Nutzung der elektrischen Antriebsmaschine mindestens 60 Kilometer beträgt, oder

5. soweit Nummer 3 nicht anzuwenden ist und bei Anschaffung nach dem 31. Dezember 2024 und vor dem 1. Januar 2031 bei der Ermittlung der insgesamt entstandenen Aufwendungen die Anschaffungskosten für das Kraftfahrzeug oder vergleichbare Aufwendungen nur zur Hälfte zu berücksichtigen, wenn das Kraftfahrzeug
a) eine Kohlendioxidemission von höchstens 50 Gramm je gefahrenen Kilometer hat oder
b) die Reichweite des Kraftfahrzeugs unter ausschließlicher Nutzung der elektrischen Antriebsmaschine mindestens 80 Kilometer beträgt,

die maßgebliche Kohlendioxidemission sowie die Reichweite des Kraftfahrzeugs unter ausschließlicher Nutzung der elektrischen Antriebsmaschine ist der Übereinstimmungsbescheinigung nach Anhang IX der Richtlinie 2007/46/EG oder aus der Übereinstimmungsbescheinigung nach Artikel 38 der Verordnung (EU) Nr. 168/2013 zu entnehmen. ④ Wird ein Wirtschaftsgut unmittelbar nach seiner Entnahme einer nach § 5 Absatz 1 Nummer 9 des Körperschaftsteuergesetzes von der Körperschaftsteuer befreiten Körperschaft, Personenvereinigung oder Vermögensmasse oder einer juristischen Person des öffentlichen Rechts zur Verwendung für steuerbegünstigte Zwecke im Sinne des § 10 b Absatz 1 Satz 1 unentgeltlich überlassen, so kann die Entnahme mit dem Buchwert angesetzt werden. ⑤ Satz 4 gilt nicht für die Entnahme von Nutzungen und Leistungen. ⑥ Die private Nutung eines betrieblichen Fahrrads, das kein Kraftfahrzeug im Sinne des Satzes 2 ist, bleibt außer Ansatz.[1]

5. ① Einlagen sind mit dem Teilwert für den Zeitpunkt der Zuführung anzusetzen; sie sind jedoch höchstens mit den Anschaffungs- oder Herstellungskosten anzusetzen, wenn das zugeführte Wirtschaftsgut 7
a) innerhalb der letzten drei Jahre vor dem Zeitpunkt der Zuführung angeschafft oder hergestellt worden ist,
b) ein Anteil an einer Kapitalgesellschaft ist und der Steuerpflichtige an der Gesellschaft im Sinne des § 17 Absatz 1 oder 6 beteiligt ist; § 17 Absatz 2 Satz 5 gilt entsprechend, oder
c)[2] ein Wirtschaftsgut im Sinne des § 20 Absatz 2 oder im Sinne des § 2 Absatz 4 des Investmentsteuergesetzes ist.

② Ist die Einlage ein abnutzbares Wirtschaftsgut, so sind die Anschaffungs- oder Herstellungskosten um Absetzungen für Abnutzung zu kürzen, die auf den Zeitraum zwischen der Anschaffung oder Herstellung des Wirtschaftsguts und der Einlage entfallen. ③ Ist die Einlage ein Wirtschaftsgut, das vor der Zuführung aus einem Betriebsvermögen des Steuerpflichtigen entnommen worden ist, so tritt an die Stelle der Anschaffungs- oder Herstellungskosten der Wert, mit dem die Entnahme angesetzt worden ist, und an die Stelle des Zeitpunkts der Anschaffung oder Herstellung der Zeitpunkt der Entnahme.

5 a.[3] In den Fällen des § 4 Absatz 1 Satz 8 zweiter Halbsatz ist das Wirtschaftsgut mit dem gemeinen Wert anzusetzen; unterliegt der Steuerpflichtige in einem anderen Staat einer Besteuerung auf Grund des Ausschlusses oder der Beschränkung des Besteuerungsrechts dieses Staates, ist das Wirtschaftsgut mit dem Wert anzusetzen, den der andere Staat der Besteuerung zugrunde legt, höchstens jedoch mit dem gemeinen Wert. 7a

5 b.[3] Im Fall des § 4 Absatz 1 Satz 9 ist das Wirtschaftsgut jeweils mit dem Wert anzusetzen, den der anderen Staat der Besteuerung zugrunde legt, höchstens jedoch mit dem gemeinen Wert. 7b

6.[4] Bei Eröffnung eines Betriebs ist Nummer 5 entsprechend anzuwenden. 8

7. Bei entgeltlichem Erwerb eines Betriebs sind die Wirtschaftsgüter mit dem Teilwert, höchstens jedoch mit den Anschaffungs- oder Herstellungskosten anzusetzen. 9

(2)[5] ① Die Anschaffungs- oder Herstellungskosten oder der nach Absatz 1 Nummer 5 bis 6 an deren Stelle tretende Wert von abnutzbaren beweglichen Wirtschafts- 10

[1] Zur Anwendung von Satz 6 bis zum 31. 12. 2030 siehe § 52 Abs. 12 Satz 5 EStG.
[2] Zur erstmaligen Anwendung siehe § 52 Abs. 12 Satz 6 EStG.
[3] **Zur erstmaligen Anwendung von § 6 Abs. 1 Nr. 5 a und 5 b siehe § 52 Abs. 12 Satz 11 EStG.**
[4] Vgl. hierzu *BFH-Urteil vom 29. 4. 1999 IV R 63/97 (BStBl. 2004 II S. 639).*
[5] Zur erstmaligen Anwendung siehe § 52 Abs. 12 Satz 7 und 8 EStG.

EStG

gütern des Anlagevermögens, die einer selbständigen Nutzung fähig sind, können im Wirtschaftsjahr der Anschaffung, Herstellung oder Einlage des Wirtschaftsguts oder der Eröffnung des Betriebs in voller Höhe als Betriebsausgaben abgezogen werden, wenn die Anschaffungs- oder Herstellungskosten, vermindert um einen darin enthaltenen Vorsteuerbetrag (§ 9b Absatz 1), oder der nach Absatz 1 Nummer 5 bis 6 an deren Stelle tretende Wert für das einzelne Wirtschaftsgut 800 Euro nicht übersteigen. ② Ein Wirtschaftsgut ist einer selbständigen Nutzung nicht fähig, wenn es nach seiner betrieblichen Zweckbestimmung nur zusammen mit anderen Wirtschaftsgütern des Anlagevermögens genutzt werden kann und die in den Nutzungszusammenhang eingefügten Wirtschaftsgüter technisch aufeinander abgestimmt sind. ③ Das gilt auch, wenn das Wirtschaftsgut aus dem betrieblichen Nutzungszusammenhang gelöst und in einen anderen betrieblichen Nutzungszusammenhang eingefügt werden kann. ④ Wirtschaftsgüter im Sinne des Satzes 1, deren Wert 250 Euro übersteigt, sind unter Angabe des Tages der Anschaffung, Herstellung oder Einlage des Wirtschaftsguts oder der Eröffnung des Betriebs und der Anschaffungs- oder Herstellungskosten oder des nach Absatz 1 Nummer 5 bis 6 an deren Stelle tretenden Werts in ein besonderes, laufend zu führendes Verzeichnis aufzunehmen. ⑤ Das Verzeichnis braucht nicht geführt zu werden, wenn diese Angaben aus der Buchführung ersichtlich sind.

10a (2a)[1] ① Abweichend von Absatz 2 Satz 1 kann für die abnutzbaren beweglichen Wirtschaftsgüter des Anlagevermögens, die einer selbständigen Nutzung fähig sind, im Wirtschaftsjahr der Anschaffung, Herstellung oder Einlage des Wirtschaftsguts oder der Eröffnung des Betriebs ein Sammelposten gebildet werden, wenn die Anschaffungs- oder Herstellungskosten, vermindert um einen darin enthaltenen Vorsteuerbetrag (§ 9b Absatz 1), oder der nach Absatz 1 Nummer 5 bis 6 an deren Stelle tretende Wert für das einzelne Wirtschaftsgut 250 Euro, aber nicht 1000 Euro übersteigen. ② Der Sammelposten ist im Wirtschaftsjahr der Bildung und den folgenden vier Wirtschaftsjahren mit jeweils einem Fünftel gewinnmindernd aufzulösen. ③ Scheidet ein Wirtschaftsgut im Sinne des Satzes 1 aus dem Betriebsvermögen aus, wird der Sammelposten nicht vermindert. ④ Die Anschaffungs- oder Herstellungskosten oder der nach Absatz 1 Nummer 5 bis 6 an deren Stelle tretende Wert von abnutzbaren beweglichen Wirtschaftsgütern des Anlagevermögens, die einer selbständigen Nutzung fähig sind, können im Wirtschaftsjahr der Anschaffung, Herstellung oder Einlage des Wirtschaftsguts oder der Eröffnung des Betriebs in voller Höhe als Betriebsausgaben abgezogen werden, wenn die Anschaffungs- oder Herstellungskosten, vermindert um einen darin enthaltenen Vorsteuerbetrag (§ 9b Absatz 1), oder der nach Absatz 1 Nummer 5 bis 6 an deren Stelle tretende Wert für das einzelne Wirtschaftsgut 250 Euro nicht übersteigen ⑤ Die Sätze 1 bis 3 sind für alle in einem Wirtschaftsjahr angeschafften, hergestellten oder eingelegten Wirtschaftsgüter einheitlich anzuwenden.

11 (3) ① Wird ein Betrieb, ein Teilbetrieb oder der Anteil eines Mitunternehmers an einem Betrieb unentgeltlich übertragen, so sind bei der Ermittlung des Gewinns des bisherigen Betriebsinhabers (Mitunternehmers) die Wirtschaftsgüter mit den Werten anzusetzen, die sich nach den Vorschriften über die Gewinnermittlung ergeben, sofern die Besteuerung der stillen Reserven sichergestellt ist; dies gilt auch bei der unentgeltlichen Aufnahme einer natürlichen Person in ein bestehendes Einzelunternehmen sowie bei der unentgeltlichen Übertragung eines Teils eines Mitunternehmeranteils auf eine natürliche Person. ② Satz 1 ist auch anzuwenden, wenn der bisherige Betriebsinhaber (Mitunternehmer) Wirtschaftsgüter, die weiterhin zum Betriebsvermögen derselben Mitunternehmerschaft gehören, nicht überträgt, sofern der Rechtsnachfolger den übernommenen Mitunternehmeranteil über einen Zeitraum von mindestens fünf Jahren nicht veräußert oder aufgibt. ③ Der Rechtsnachfolger ist an die in Satz 1 genannten Werte gebunden.

12 (4) Wird ein einzelnes Wirtschaftsgut außer in den Fällen der Einlage (§ 4 Absatz 1 Satz 8) unentgeltlich in das Betriebsvermögen eines anderen Steuerpflichtigen übertragen, gilt sein gemeiner Wert für das aufnehmende Betriebsvermögen als Anschaffungskosten.

13 (5) ① Wird ein einzelnes Wirtschaftsgut von einem Betriebsvermögen in ein anderes Betriebsvermögen desselben Steuerpflichtigen überführt, ist bei der Überführung der Wert anzusetzen, der sich nach den Vorschriften über die Gewinnermittlung ergibt, sofern die Besteuerung der stillen Reserven sichergestellt ist; § 4 Absatz 1 Satz 4 ist entsprechend anzuwenden.[2] ② Satz 1 gilt auch für die Überführung aus einem eigenen Betriebsvermögen des Steuerpflichtigen in dessen Sonderbetriebsvermögen bei einer Mitunternehmerschaft und umgekehrt sowie für die Überführung zwischen verschiedenen Sonderbetriebsvermögen desselben Steuerpflichtigen bei verschiedenen Mitunternehmerschaften. ③ Satz 1 gilt entsprechend, soweit ein Wirtschaftsgut

[1] Zur erstmaligen Anwendung siehe § 52 Abs. 12 Satz 10 EStG.
[2] Zur Anwendung siehe § 52 Abs. 12 Satz 9 EStG.

1. **unentgeltlich oder gegen Gewährung oder Minderung von Gesellschaftsrechten aus einem Betriebsvermögen des Mitunternehmers in das Gesamthandsvermögen einer Mitunternehmerschaft und umgekehrt,**
2. **unentgeltlich oder gegen Gewährung oder Minderung von Gesellschaftsrechten aus dem Sonderbetriebsvermögen eines Mitunternehmers in das Gesamthandsvermögen derselben Mitunternehmerschaft oder einer anderen Mitunternehmerschaft, an der er beteiligt ist, und umgekehrt oder**
3. **unentgeltlich zwischen den jeweiligen Sonderbetriebsvermögen verschiedener Mitunternehmer derselben Mitunternehmerschaft**

übertragen wird. ④ Wird das nach Satz 3 übertragene Wirtschaftsgut innerhalb einer Sperrfrist veräußert oder entnommen, ist rückwirkend auf den Zeitpunkt der Übertragung der Teilwert anzusetzen, es sei denn, die bis zur Übertragung entstandenen stillen Reserven sind durch Erstellung einer Ergänzungsbilanz dem übertragenden Gesellschafter zugeordnet worden; diese Sperrfrist endet drei Jahre nach Abgabe der Steuererklärung des Übertragenden für den Veranlagungszeitraum, in dem die in Satz 3 bezeichnete Übertragung erfolgt ist. ⑤ Der Teilwert ist auch anzusetzen, soweit in den Fällen des Satzes 3 der Anteil einer Körperschaft, Personenvereinigung oder Vermögensmasse an dem Wirtschaftsgut unmittelbar oder mittelbar begründet wird oder dieser sich erhöht. ⑥ Soweit innerhalb von sieben Jahren nach der Übertragung des Wirtschaftsguts nach Satz 3 der Anteil einer Körperschaft, Personenvereinigung oder Vermögensmasse an dem übertragenen Wirtschaftsgut aus einem anderen Grund unmittelbar oder mittelbar begründet wird oder dieser sich erhöht, ist rückwirkend auf den Zeitpunkt der Übertragung ebenfalls der Teilwert anzusetzen.

(6) **① Wird ein einzelnes Wirtschaftsgut im Wege des Tausches übertragen, bemessen sich die Anschaffungskosten nach dem gemeinen Wert des hingegebenen Wirtschaftsguts. ② Erfolgt die Übertragung im Wege der verdeckten Einlage, erhöhen sich die Anschaffungskosten der Beteiligung an der Kapitalgesellschaft um den Teilwert des eingelegten Wirtschaftsguts. ③ In den Fällen des Absatzes 1 Nummer 5 Satz 1 Buchstabe a erhöhen sich die Anschaffungskosten im Sinne des Satzes 2 um den Einlagewert des Wirtschaftsguts. ④ Absatz 5 bleibt unberührt.** 14

(7) **Im Fall des § 4 Absatz 3 sind** 15

1. **bei der Bemessung der Absetzungen für Abnutzung oder Substanzverringerung die sich bei der Anwendung der Absätze 3 bis 6 ergebenden Werte als Anschaffungskosten zugrunde zu legen und**
2. **die Bewertungsvorschriften des Absatzes 1 Nummer 1a und der Nummern 4 bis 7 entsprechend anzuwenden.**

Übersicht

§ 7 *(weggefallen)* EStDV

§ 8 *[abgedruckt bei § 4 EStG]*

§§ 8b, 8c *[abgedruckt bei § 4a EStG]*

§ 9 *(weggefallen)*

R 6.1. Anlagevermögen und Umlaufvermögen

R 6.1

(1) ① Zum **Anlagevermögen** gehören die Wirtschaftsgüter, die bestimmt sind, dauernd dem Betrieb zu dienen. ② Ob ein Wirtschaftsgut zum Anlagevermögen gehört, ergibt sich aus dessen Zweckbestimmung, nicht aus seiner Bilanzierung. ③ Ist die Zweckbestimmung nicht eindeutig feststellbar, kann die Bilanzierung Anhaltspunkt für die Zuordnung zum Anlagevermögen sein. ④ Zum Anlagevermögen können immaterielle Wirtschaftsgüter, Sachanlagen und Finanzanlagen gehören. ⑤ Zum abnutzbaren Anlagevermögen gehören insbesondere die auf Dauer dem Betrieb gewidmeten Gebäude, technischen Anlagen und Maschinen sowie die Betriebs- und Geschäftsausstattung. ⑥ Zum nichtabnutzbaren Anlagevermögen gehören insbesondere Grund und Boden, Beteiligungen und andere Finanzanlagen, wenn sie dazu bestimmt sind, dauernd dem Betrieb zu dienen. ⑦ Ein Wirtschaftsgut des Anlagevermögens, dessen Veräußerung beabsichtigt ist, bleibt so lange Anlagevermögen, wie sich seine bisherige Nutzung nicht ändert, auch wenn bereits vorbereitende Maßnahmen zu seiner Veräußerung getroffen worden sind. ⑧ Bei Grundstücken des Anlagevermögens, die bis zu ihrer Veräußerung unverändert genutzt werden, ändert somit selbst eine zum Zwecke der Veräußerung vorgenommene Parzellierung des Grund und Bodens oder Aufteilung des Gebäudes in Eigentumswohnungen nicht die Zugehörigkeit zum Anlagevermögen. **20**

(2) Zum **Umlaufvermögen** gehören die Wirtschaftsgüter, die zur Veräußerung, Verarbeitung oder zum Verbrauch angeschafft oder hergestellt worden sind, insbesondere Roh-, Hilfs- und Betriebsstoffe, Erzeugnisse und Waren, Kassenbestände. **21**

H 6.1

Anlagevermögen **22**
- Begriff → § 247 Abs. 2 HGB;
- Umfang → Gliederungsschema in § 266 Abs. 2 HGB.

Baumbestand. Der in einem selbständigen Nutzungs- und Funktionszusammenhang stehende Baumbestand gehört als Wirtschaftsgut zum nicht abnutzbaren Anlagevermögen eines Forstbetriebs (→ BMF vom 16. 5. 2012 – BStBl. I S. 595).[1]

Digitale Wirtschaftsgüter. Zur Nutzungsdauer von Computerhardware und Software zur Dateneingabe und -verarbeitung → BMF vom 22. 2. 2022 (BStBl. I S. 187).[2]

Erwerb von Wirtschaftsgütern kurz vor Betriebsveräußerung. Wirtschaftsgüter, die zum Zweck der dauerhaften Einbindung in einen bereits bestehenden Geschäftsbetrieb erworben werden, sind auch dann im Anlagevermögen auszuweisen, wenn die gesamte organisatorische Einheit (Betrieb einschließlich erworbener Wirtschaftsgüter) kurze Zeit später mit der Absicht der Weiterführung veräußert wird (→ BFH vom 10. 8. 2005 – BStBl. 2006 II S. 58).

Filme.[3] In echter Auftragsproduktion hergestellte Filme sind immaterielle Wirtschaftsgüter des Umlaufvermögens (→ BFH vom 20. 9. 1995 – BStBl. 1997 II S. 320).

Geschäfts- oder Firmenwert
- Zur bilanzsteuerlichen Behandlung des Geschäfts- oder Firmenwerts und sog. firmenwertähnlicher Wirtschaftsgüter → BMF vom 20. 11. 1986 (BStBl. I S. 532).[4]
- → H 5.5 (Geschäfts- oder Firmenwert/Praxiswert).

Gewerblicher Grundstückshandel → BMF vom 26. 3. 2004 (BStBl. I S. 434), Tz. 33.[5]

Grund und Boden eines land- und forstwirtschaftlichen Betriebs → BMF vom 26. 3. 2004 (BStBl. I S. 434), Tz. 27.[5]

---

[1] Abgedruckt als Anlage c zu H 13.3.
[2] Abgedruckt als Anlage c zu R 7.4 EStR.
[3] Siehe auch Tz. 20 des BMF-Schreibens vom 23. 2. 2001 (BStBl. I S. 175), abgedruckt als Anlage c zu R 15.8 EStR.
[4] Nachstehend abgedruckt.
[5] Abgedruckt als Anlage a zu R 15.7 EStR.

Halbfertige Bauten auf fremdem Grund und Boden
- werden als Vorräte dem Umlaufvermögen zugeordnet (→ BFH vom 7. 9. 2005 – BStBl. 2006 II S. 298);
- → H 6.7.

Leergut in der Getränkeindustrie
- → BFH vom 9. 1. 2013 (BStBl. 2019 II S. 150):
  - Leergut ist nach seiner Art unterschiedlich zu beurteilen: Der Eigentumsübergang erstreckt sich bei Einheitsleergut nicht nur auf den Inhalt, sondern auch auf die Flaschen und die Kästen selbst (BGH-Urteil vom 9. Juli 2007 II ZR 233/05, BGHZ 173, 159). Bei Brunneneinheitsleergut und Individualleergut erstreckt sich der Eigentumsübergang allein auf den Inhalt der Flaschen und Kästen.
  - Für die Verpflichtung zur Rückzahlung des erhaltenen Pfandgeldes für Brunneneinheitsleergut und Individualleergut ist eine Verbindlichkeit auszuweisen. Die Pfandverbindlichkeiten können um Bruch und Schwund zu mindern sein.
  - Ausführungen zu Mehr- und Minderrücknahmen bei einem Leergutpool.
- Zur Anwendung des BFH-Urteils vom 9. 1. 2013 (BStBl. 2019 II S. 150) und zur Vereinfachungsregelung bei Einheitsleergut → BMF vom 8. 12. 2020 (BStBl. I S. 1367).[1]

Musterhäuser rechnen zum Anlagevermögen (→ BFH vom 31. 3. 1977 – BStBl. II S. 684).

Praxiswert/Sozietätspraxiswert → BFH vom 24. 2. 1994 (BStBl. II S. 590).

Rohstoff. Zum Begriff des Rohstoffs und seiner Zuordnung zum Umlauf-(Vorrats-)Vermögen → BFH vom 2. 12. 1987 (BStBl. 1988 II S. 502).

Umlaufvermögen. Umfang → Gliederungsschema in § 266 Abs. 2 HGB.

Vorführ- und Dienstwagen rechnen zum Anlagevermögen (→ BFH vom 17. 11. 1981 – BStBl. 1982 II S. 344).

Anl a zu H 6.1

a) Schreiben betr. bilanzsteuerrechtliche Behandlung des Geschäfts- oder Firmenwerts, des Praxiswerts und sogenannter firmenwertähnlicher Wirtschaftsgüter

Vom 20. November 1986 (BStBl. I S. 532)

(BMF IV B 2 – S 2172 – 13/86)

Durch Artikel 10 Abs. 15 des Bilanzrichtlinien-Gesetzes vom 19. Dezember 1985 (BGBl. I S. 2355, BStBl. I S. 704) sind in § 6 Abs. 1 Nr. 2 EStG die Worte „Geschäfts- oder Firmenwert" gestrichen und in § 7 Abs. 1 EStG für den Geschäfts- oder Firmenwert eine betriebsgewöhnliche Nutzungsdauer von 15 Jahren festgelegt worden.

Zu der Frage, welche Folgen sich aus diesen Gesetzesänderungen für die bilanzsteuerrechtliche Behandlung des Geschäfts- oder Firmenwerts, des Praxiswerts und sogenannter firmenwertähnlicher Wirtschaftsgüter ergeben, wird unter Bezugnahme auf das Ergebnis der Erörterung mit den Vertretern der obersten Finanzbehörden der Länder wie folgt Stellung genommen:

I. Geschäfts- oder Firmenwert

25 Der Geschäfts- oder Firmenwert eines Gewerbebetriebs oder eines Betriebs der Land- und Forstwirtschaft gehört nach der Änderung der §§ 6 und 7 EStG zu den abnutzbaren Wirtschaftsgütern des Anlagevermögens (§ 6 Abs. 1 Nr. 1 EStG). Entgeltlich erworbene Geschäfts- oder Firmenwerte sind wie bisher zu aktivieren (§ 5 Abs. 2 EStG). Auf den Aktivposten sind Absetzungen für Abnutzung (AfA) während der gesetzlich festgelegten Nutzungsdauer von 15 Jahren vorzunehmen (§ 7 Abs. 1 Satz 3 EStG). Die AfA dürfen auch dann nicht nach einer kürzeren Nutzungsdauer bemessen werden, wenn im Einzelfall Erkenntnisse dafür vorliegen, daß die tatsächliche Nutzungsdauer kürzer als 15 Jahre sein wird, beispielsweise bei sogenannten personenbezogenen Betrieben, bei denen der Unternehmenswert so eng mit der Person des Betriebsinhabers verbunden ist, daß nach dessen Ausscheiden mit einer kürzeren Nutzungsdauer des erworbenen Geschäfts- oder Firmenwerts zu rechnen ist.

Die Möglichkeit des Ansatzes eines niedrigeren Teilwerts bleibt grundsätzlich unberührt. Die gesetzliche Festlegung der betriebsgewöhnlichen Nutzungsdauer auf 15 Jahre ist jedoch auch hierbei zu beachten. Der Ansatz eines niedrigeren Teilwerts ist deshalb nur in dem von der Rechtsprechung bisher als zulässig erachteten Rahmen anzuerkennen (vgl. BFH-Urteil vom 13. April 1983 – BStBl. II S. 667 mit weiteren Nachweisen).

II. Praxiswert[2]

26 *(überholt)*

III. Sogenannte firmenwertähnliche Wirtschaftsgüter

a) Verkehrsgenehmigungen[3]

27 Aufwendungen für den wirtschaftlichen Vorteil, der mit einer behördlichen Verkehrsgenehmigung verbunden ist, sind nach der Rechtsprechung des BFH aktivierungspflichtige Aufwendungen für den

---

[1] Nachstehend abgedruckt als Anlage b zu H 6.1.

[2] Siehe nunmehr *BFH-Urteil vom 24. 2. 1994 IV R 33/93 (BStBl. II S. 590).*

[3] Zur Zulässigkeit einer Abschreibung bei Konzessionen (Verkehrsgenehmigungen) für Personenbeförderung siehe *Kurzinformation OFD Nordrhein-Westfalen vom 16. 1. 2014 ESt Nr. 04/2014 (DStR S. 268),* aktualisiert am 30. 6. 2014 (StEd S. 475; BeckVerw 281236).

Erwerb eines nichtabnutzbaren immateriellen Wirtschaftsguts (vgl. z. B. die Urteile vom 13. März 1956, BStBl. III S. 149, zum Fall einer Omnibuslinie, oder vom 8. Mai 1963, BStBl. III S. 377, zum Fall einer Güterverkehrsgenehmigung). Das immaterielle Wirtschaftsgut nutzt sich nach den Ausführungen des BFH nicht durch Zeitablauf ab, weil der Erwerber der Genehmigung nach der Verfahrensübung der Genehmigungsbehörden mit einer Verlängerung oder Erneuerung der Genehmigung rechnen kann, solange der Betrieb besteht. AfA sind deshalb nicht zulässig. Aus diesem Grunde wurden die Wirtschaftsgüter als „firmenwertähnlich" bezeichnet. Die Unzulässigkeit der AfA beruhte jedoch bei Verkehrsgenehmigungen anders als beim Geschäfts- oder Firmenwert nicht auf der gesetzlichen Fiktion als nicht abnutzbares Wirtschaftsgut, sondern auf der tatsächlichen Nichtabnutzbarkeit. Die bilanzielle Behandlung wird deshalb von der Gesetzesänderung nicht berührt.

b) Verlagswerte

Nach dem BFH-Urteil vom 5. August 1970 (BStBl. II S. 804) ist der Verlagswert ein vom Geschäfts- oder Firmenwert abzugrenzendes immaterielles Einzelwirtschaftsgut, das bei entgeltlichem Erwerb vom Geschäfts- oder Firmenwert gesondert zu aktivieren ist, aber wie dieser nicht nach § 7 EStG abgeschrieben werden darf. Beim entgeltlich erworbenen Verlagswert ergab sich die Begründung für die Unzulässigkeit von AfA daraus, daß der tatsächliche Abnutzungsverlauf dem des entgeltlich erworbenen Geschäfts- oder Firmenwerts vergleichbar ist. Mit dem Wegfall des Abschreibungsverbots für den Geschäfts- oder Firmenwert entfällt deshalb in diesem Fall auch das Abschreibungsverbot für das dem Geschäfts- oder Firmenwert vergleichbare Wirtschaftsgut. Entsprechend der bisherigen Gleichbehandlung sind die nunmehr für den Geschäfts- oder Firmenwert maßgebenden Vorschriften über Nutzungsdauer (§ 7 Abs. 1 Satz 3 EStG) und Abschreibungsbeginn (§ 52 Abs. 6 a EStG)[1] auch bei der bilanziellen Behandlung von Verlagswerten anzuwenden. 28

b) Schreiben betr. bilanzsteuerrechtliche Beurteilung vereinnahmter und verausgabter Pfandgelder; Vereinfachungs- und Anwendungsregelung Anl b zu H 6.1

Vom 8. Dezember 2020 (BStBl. I S. 1367)

(BMF IV C 6 – S 2133/19/10002 :013; DOK 2020/1240192)

Unter Bezugnahme auf das Ergebnis der Erörterungen mit den obersten Finanzbehörden der Länder gilt für die ertragsteuerliche Beurteilung vereinnahmter und verausgabter Pfandgelder Folgendes:

1. Entscheidung des BFH vom 9. Januar 2013 (BStBl. 2019 II S. 150)

Die bilanzsteuerrechtliche Beurteilung von Individual-, Pooleinheits- und Einheitsleergut richtet sich vorbehaltlich der Tz. 2 nach den vom BFH in seiner Entscheidung vom 9. Januar 2013 (a. a. O.) aufgestellten Grundsätzen und orientiert sich am zivilrechtlichen Eigentumsübergang. 29

2. Vereinfachungsregelung

Aus Vereinfachungsgründen wird es nicht beanstandet, wenn der Steuerpflichtige Einheitsleergut weiterhin wie Individualleergut bilanziell abbildet und auf der Passivseite der Bilanz entsprechend verfährt. Hat der Steuerpflichtige in einem Wirtschaftsjahr, das nach der Veröffentlichung dieses BMF-Schreibens endet, auf die Ausübung dieses Wahlrechtes unwiderruflich verzichtet, ist er daran auch für die Zukunft gebunden. Die Entscheidung ist einheitlich für den gesamten Betrieb zu treffen.

3. Anwendungsregelung

Macht der Steuerpflichtige von der Anwendung der Vereinfachungsregelung nach Tz. 2 keinen Gebrauch, kann er den Gewinn aus der Auflösung der nach der bisherigen Verwaltungsauffassung gebildeten Rückstellungen (vgl. BMF-Schreiben vom 13. Juni 2005, BStBl. I 2005, S. 715) und der Aktivierung des am Lager befindlichen Einheitsleergutes im Umlaufvermögen auf einen Zeitraum verteilen, der spätestens am 31. 12. 2029 endet. Die gebildete Rücklage ist dabei jährlich mit mindestens dem Teil gewinnerhöhend aufzulösen, der sich bei einer gleichmäßigen Verteilung des entstandenen Buchgewinns über den gesamten Auflösungszeitraum ergibt.

R 6.2. Anschaffungskosten[2]

R 6.2

① Wird ein Wirtschaftsgut gegen Übernahme einer → Rentenverpflichtung erworben, kann der als → Anschaffungskosten zu behandelnde Barwert der Rente abweichend von den §§ 12 ff. BewG auch nach versicherungsmathematischen Grundsätzen berechnet werden. ② Dagegen sind die Anschaffungskosten eines Wirtschaftsgutes, das mittels Ratenkauf ohne gesonderte Zinsvereinbarung erworben wird, stets mit dem nach §§ 12 ff. BewG ermittelten Barwert im Zeitpunkt der Anschaffung anzusetzen. 30

H 6.2

Ablösezahlungen im Profifußball. Zahlungen an den abgebenden Verein für den Transfer von Spielern sind aktivierungspflichtige Anschaffungskosten. Zu aktivieren sind auch die an Spielervermittler gezahlten Provisionen, soweit sie im Zusammenhang mit Vereinswechseln von Spielern gezahlt werden. Hingegen sind gezahlte Provisionen, die für Spieler gezahlt wer- 31

---

[1] „§ 52 Abs. 6 a EStG i. d. F. des BiRiLiG".

[2] Keine Minderung der Anschaffungskosten durch Schadenersatzleistungen des Steuerberaters wegen fehlerhafter Beratung. *BFH-Urteil vom 26. 3. 1992 IV R 74/90 (BStBl. 1993 II S. 96).* Ergänzend siehe *BFH-Urteil vom 18. 6. 1998 IV R 61/97 (BStBl. II S. 621).*

Zur steuerlichen Behandlung von Zertifizierungsaufwendungen nach ISO 9001–9003 vgl. *BMF-Schreiben vom 22. 1. 1998 (DStR 1998 S. 207).*

Zu Beiträgen an den Erdölbevorratungsverband siehe *BFH-Urteil vom 17. 10. 2001 I R 32/00 (BStBl. 2002 II S. 349).*

H 6.2

den, die ablösefrei zu einem anderen Verein wechseln, als sofort abziehbare Betriebsausgaben zu behandeln. Gleiches gilt für Ausbildungs- und Förderungsentschädigungen, die für ablösefrei zu einem anderen Verein gewechselte Spieler gezahlt werden (→ BFH vom 14. 12. 2011 – BStBl. 2012 II S. 238).

Anschaffungskosten. Begriff und Umfang → § 255 Abs. 1 HGB.[1]

Ausländische Währung

– Bei einem Anschaffungsgeschäft in ausländischer Währung ist der Wechselkurs im Anschaffungszeitpunkt für die Berechnung der Anschaffungskosten maßgebend (→ BFH vom 16. 12. 1977 – BStBl. 1978 II S. 233).

– Ist der in einer Fremdwährung geleistete Einzahlungsbetrag eines Gesellschafters in die Kapitalrücklage der Gesellschaft, durch den sich die Anschaffungskosten seiner Beteiligung erhöht haben, später an den Gesellschafter zurückzuzahlen und hat sich der – in € – berechnete Wert jenes Betrags inzwischen durch einen Kursverlust der fremden Währung vermindert, entsteht für den Gesellschafter auch dann kein sofort abziehbarer Aufwand, wenn er die Beteiligung im Betriebsvermögen hält. Der Anspruch auf die Rückzahlung ist bei Gewinnermittlung durch Bestandsvergleich mit demjenigen Wert anzusetzen, der sich unter Berücksichtigung des Wechselkurses am Tag der Darlehensgewährung oder – im Fall der dauernden Wertminderung – eines ggf. niedrigeren Kurses am Bilanzstichtag ergibt (→ BFH vom 27. 4. 2000 – BStBl. 2001 II S. 168).

Ausschüttung aus dem steuerlichen Einlagekonto i. S. d. § 27 KStG. Die Ausschüttung aus dem Eigenkapital nach § 27 KStG verringert wie eine → Rückzahlung aus Kapitalherabsetzung die Anschaffungskosten der Beteiligung an einer Kapitalgesellschaft → BMF vom 4. 6. 2003 (BStBl. I S. 366),[2] → BFH vom 16. 3. 1994 (BStBl. II S. 527) und vom 19. 7. 1994 (BStBl. 1995 II S. 362).

Ausschüttungen aus dem steuerlichen Einlagekonto i. S. d. § 27 KStG sind als Beteiligungsertrag zu erfassen, soweit sie den Buchwert übersteigen (→ BFH vom 20. 4. 1999 – BStBl. II S. 647).

Beteiligung an einer Kapitalgesellschaft

– Die Anschaffungskosten einer betrieblichen Beteiligung an einer Kapitalgesellschaft umfassen neben den ursprünglichen Anschaffungskosten auch die Nachschüsse sowie alle sonstigen Kapitalzuführungen durch die Gesellschafter, die auf der Ebene der Kapitalgesellschaft zu offenen oder verdeckten Einlagen führen. Sie umschließen – anders als im Bereich des § 17 EStG (→ R 17 Abs. 5) – nicht die Zuführung von Fremdkapital, wie die Gewährung von Darlehen, oder die Bürgschaftsleistungen von Gesellschaftern; die entsprechende Darlehensforderung ist vielmehr ein eigenständiges Wirtschaftsgut im Betriebsvermögen des Gesellschafters (→ BFH vom 20. 4. 2005 – BStBl. II S. 694).

– Die Zusammenlegung von GmbH-Anteilen lässt die Anschaffungskosten der betroffenen Anteile unberührt. Sie setzen sich in dem neu entstandenen Anteil fort (→ BFH vom 9. 11. 2017 – BStBl. II S. 575).

Disagio. Dem Veräußerer erstattete Damnum-/Disagiobeträge gehören beim Erwerber zu den Anschaffungskosten, wenn deren verpflichtende Erstattung im Kaufvertrag als Teil des Kaufpreises vereinbart worden ist (→ BFH vom 17. 2. 1981 – BStBl. II S. 466).

Einlagenrückgewähr

– → Kapitalherabsetzung (Rückzahlung aus Kapitalherabsetzung);

– → Ausschüttung aus dem steuerlichen Einlagekonto i. S. d. § 27 KStG.

Erbauseinandersetzung und vorweggenommene Erbfolge. Anschaffungskosten bei Erbauseinandersetzung und vorweggenommener Erbfolge → BMF vom 14. 3. 2006 (BStBl. I S. 253)[3] unter Berücksichtigung der Änderungen durch BMF vom 27. 12. 2018 (BStBl. 2019 I S. 11) und → BMF vom 13. 1. 1993 (BStBl. I S. 80)[3] unter Berücksichtigung der Änderungen durch BMF vom 26. 2. 2007 (BStBl. I S. 269).

Erbbaurecht[4]

– Zu den Anschaffungskosten des Wirtschaftsguts „Erbbaurecht" gehören auch einmalige Aufwendungen wie Grunderwerbsteuer, Maklerprovision, Notar- und Gerichtsgebühren, jedoch nicht vorausgezahlte oder in einem Einmalbetrag gezahlte Erbbauzinsen (→ BFH vom 4. 6. 1991 – BStBl. 1992 II S. 70) und vom 8. 11. 2017 – BStBl. 2018 II S. 518.

---

[1] **§ 255 Abs. 1 HGB lautet wie folgt:**

„(1) ① Anschaffungskosten sind die Aufwendungen, die geleistet werden, um einen Vermögensgegenstand zu erwerben und ihn in einen betriebsbereiten Zustand zu versetzen, soweit sie dem Vermögensgegenstand einzeln zugeordnet werden können. ② Zu den Anschaffungskosten gehören auch die Nebenkosten sowie die nachträglichen Anschaffungskosten. ③ Anschaffungspreisminderungen, die dem Vermögensgegenstand einzeln zugeordnet werden können, sind abzusetzen."

[2] Abgedruckt im „Handbuch zur KSt-Veranlagung 2021".

[3] Abgedruckt als Anlage a zu § 7 EStG.

[4] Siehe auch *BFH-Urteil vom 23. 11. 1993 IX R 84/92 (BStBl. 1994 II S. 292)* zur Zahlung eines festen Quadratmeterpreises für die Übertragung eines Erbbaurechts an einem vom Vorerbbauberechtigten zu erschließenden Grundstück.

Werden bei Erwerb eines Erbbaugrundstücks in Ausübung des eingeräumten Ankaufrechts vom Erbbauberechtigten übernommene Erschließungskosten auf den Kaufpreis angerechnet, sind diese Anschaffungskosten des Grundstücks. *BFH-Urteil vom 23. 11. 1993 IX R 101/92 (BStBl. 1994 II S. 348).*

- Beim Erwerb eines „bebauten" Erbbaurechts entfallen die gesamten Anschaffungskosten auf das Gebäude, wenn der Erwerber dem bisherigen Erbbauberechtigten nachweislich ein Entgelt nur für den Gebäudeanteil gezahlt hat, während er gegenüber dem Erbbauverpflichteten (Grundstückseigentümer) nur zur Zahlung des laufenden Erbbauzinses verpflichtet ist (→ BFH vom 15. 11. 1994 – BStBl. 1995 II S. 374).
- → H 6.4 (Erschließungs-, Straßenanlieger- und andere Beiträge).

Forderung auf Rückzahlung eines Fremdwährungsdarlehens. In der Bilanz ist der Anspruch auf Rückzahlung eines in Fremdwährung gewährten Darlehens mit demjenigen Wert anzusetzen, der sich unter Berücksichtigung des Wechselkurses am Tag der Darlehensgewährung oder – im Fall der dauernden Wertminderung – eines ggf. niedrigeren Kurses am Bilanzstichtag ergibt (→ BFH vom 27. 4. 2000 – BStBl. 2001 II S. 168).

Gemeinkosten gehören nicht zu den Anschaffungskosten (→ BFH vom 13. 4. 1988 – BStBl. II S. 892).

Grunderwerbsteuer
- **bei Anteilsvereinigung:** Die infolge einer Sacheinlage von Gesellschaftsanteilen auf Grund Anteilsvereinigung ausgelöste Grunderwerbsteuer ist von der aufnehmenden Gesellschaft nicht als Anschaffungs(neben)kosten der eingebrachten Anteile zu aktivieren (→ BFH vom 20. 4. 2011 – BStBl. II S. 761).
- **bei Gesellschafterwechsel:** Die infolge eines Wechsels im Gesellschafterbestand ausgelösten Grunderwerbsteuern nach § 1 Abs. 2a GrEStG stellen keine Anschaffungs(neben)kosten der erworbenen Kommanditanteile oder des vorhandenen Grundbesitzes der Objektgesellschaft dar (→ BFH vom 2. 9. 2014 – BStBl. 2015 II S. 260).

Grundstücke → H 6.4.

Kapitalherabsetzung
- **Rückzahlung aus Kapitalherabsetzung**
  Die Rückzahlung aus Kapitalherabsetzung verringert die Anschaffungskosten der Beteiligung an einer Kapitalgesellschaft, soweit die Rückzahlung nicht zu den Einnahmen i. S. d. § 20 Abs. 1 Nr. 2 EStG rechnet (→ BFH vom 29. 6. 1995 – BStBl. II S. 725 und BMF vom 4. 6. 2003 – BStBl. I S. 366).
- **Kapitalherabsetzung durch Einziehung von Aktien**
  Bei einer vereinfachten Kapitalherabsetzung durch Einziehung unentgeltlich zur Verfügung gestellter Aktien (§ 237 Abs. 3 Nr. 1, Abs. 4 und 5 AktG) gehen die anteiligen Buchwerte der von einem Aktionär zur Einziehung zur Verfügung gestellten Aktien mit deren Übergabe auf die dem Aktionär verbleibenden Aktien anteilig über, soweit die Einziehung bei diesen Aktien zu einem Zuwachs an Substanz führt. Soweit die Einziehung der von dem Aktionär zur Verfügung gestellten Aktien bei den Aktien anderer Aktionäre zu einem Zuwachs an Substanz führt, ist der auf die eingezogenen Aktien entfallende anteilige Buchwert von dem Aktionär ergebniswirksam auszubuchen (→ BFH vom 10. 8. 2005 – BStBl. 2006 II S. 22).

Mitunternehmeranteil
- Für den Erwerber stellen die Aufwendungen zum Erwerb des Anteils einschließlich eines negativen Kapitalkontos Anschaffungskosten dar; ggf. sind sie oder Teile davon als Ausgleichsposten in der Ergänzungsbilanz des Erwerbers zu berücksichtigen (→ BFH vom 21. 4. 1994 – BStBl. II S. 745).
- Ist die Abfindung eines ausscheidenden Gesellschafters geringer als sein Kapitalkonto, sind in der Steuerbilanz in Höhe der Differenz die Buchwerte der bilanzierten Wirtschaftsgüter abzustocken. Buchwerte für Bargeld und Guthaben bei Geldinstituten können infolge des Nominalwertprinzips nicht abgestockt werden. Ist der Differenzbetrag höher als die möglichen Abstockungen, muss im Übrigen ein passiver Ausgleichsposten gebildet werden, der mit künftigen Verlusten zu verrechnen und spätestens bei Beendigung der Beteiligung gewinnerhöhend aufzulösen ist (→ BFH vom 12. 12. 1996 – BStBl. 1998 II S. 180).
- Zur Abschreibung von Mehrwerten in einer Ergänzungsbilanz → BMF vom 19. 12. 2016 (BStBl. 2017 I S. 34).[1]

Nebenkosten gehören zu den Anschaffungskosten, soweit sie dem Wirtschaftsgut einzeln zugeordnet werden können (→ BFH vom 13. 10. 1983 – BStBl. 1984 II S. 101). Sie können nur dann aktiviert werden, wenn auch die Anschaffungs(haupt)kosten aktiviert werden können (→ BFH vom 19. 6. 1997 – BStBl. II S. 808).

Optionsprämie. Die für die Einräumung der Option ursprünglich angefallenen Anschaffungskosten sind bei Optionsausübung als Anschaffungsnebenkosten Teil der Anschaffungskosten der erworbenen Aktien (→ BFH vom 22. 5. 2019 – BStBl. 2020 II S. 44).

Preisnachlass oder Rabatt. Der Preisnachlass, der nicht von dem Verkäufer (Hersteller), sondern von dem Händler (Agent) aus dessen Provision gewährt wird, mindert ebenso wie ein vom Verkäufer gewährter Rabatt die Anschaffungskosten (→ BFH vom 22. 4. 1988 – BStBl. II S. 901).

---

[1] Nachstehend abgedruckt.

Rentenverpflichtung. Der Barwert einer übernommenen Rentenverpflichtung ist grundsätzlich nach den §§ 12ff. BewG zu ermitteln (→ BFH vom 31. 1. 1980 – BStBl. II S. 491); → aber R 6.2.

Rückzahlung einer offenen Gewinnausschüttung → H 17 (5).

Schuldübernahmen

– Schuldübernahmen rechnen zu den Anschaffungskosten (→ BFH vom 31. 5. 1972 – BStBl. II S. 696 und vom 2. 10. 1984 – BStBl. 1985 II S. 320).

– → Erbauseinandersetzung und vorweggenommene Erbfolge.

Skonto. Die Anschaffungskosten von Wirtschaftsgütern mindern sich weder im Anschaffungszeitpunkt noch zum nachfolgenden Bilanzstichtag um einen möglichen Skontoabzug, sondern erst im Zeitpunkt seiner tatsächlichen Inanspruchnahme (→ BFH vom 27. 2. 1991 – BStBl. II S. 456).

Tätigkeitsvergütungen → H 15.8 (3).

Vorsteuerbeträge. Zur Behandlung von Vorsteuerbeträgen, die nach dem UStG nicht abgezogen werden können, als Anschaffungskosten → § 9b Abs. 1 EStG.

Wahlrecht eines Mitunternehmers → H 4.4.

Waren. Werden die Anschaffungskosten von Waren nach dem Verkaufswertverfahren durch retrograde Berechnung in der Weise ermittelt, dass von den ausgezeichneten Preisen die kalkulierte Handelsspanne abgezogen wird, ist dieses Verfahren nicht zu beanstanden; bei am Bilanzstichtag bereits herabgesetzten Preisen darf jedoch nicht von der ursprünglich kalkulierten Handelsspanne, sondern nur von dem verbleibenden Verkaufsaufschlag ausgegangen werden (→ BFH vom 27. 10. 1983 – BStBl. 1984 II S. 35).

Wertaufholungsgebot bei Beteiligungen

– Für die Bemessung der Anschaffungskosten einer Beteiligung ist im Rahmen des steuerlichen Wertaufholungsgebotes als Obergrenze auf die historischen Anschaffungskosten der Beteiligung und nicht auf den unter Anwendung des sog. Tauschgutachtens fortgeführten Buchwert abzustellen (→ BFH vom 24. 4. 2007 – BStBl. II S. 707).

– Zu jedem Bilanzstichtag ist zu prüfen, ob (irgend)ein Grund für eine Bewertung unterhalb der historischen Anschaffungskosten vorliegt. Eine gewinnerhöhende Wertaufholung ist z. B. auch dann vorzunehmen, wenn nach einer ausschüttungsbedingten Teilwertabschreibung von Anteilen an einer Kapitalgesellschaft diese später wieder werthaltig werden, weil der Kapitalgesellschaft durch einen begünstigten Einbringungsvorgang neues Betriebsvermögen zugeführt wird (→ BFH vom 8. 11. 2016 – BStBl. 2017 II S. 1002).

– → H 3.40 (Wertaufholungen).

Wertsicherungsklausel. Die Anschaffungskosten eines gegen Übernahme einer Rentenverpflichtung erworbenen Wirtschaftsguts bleiben unverändert, wenn sich der Barwert der Rentenverpflichtung auf Grund einer Wertsicherungsklausel nachträglich erhöht (→ BFH vom 27. 1. 1998 – BStBl. II S. 537).

Zuzahlung des Veräußerers. Zuzahlungen im Rahmen eines Anschaffungsvorgangs führen nicht zum passiven Ausweis „negativer Anschaffungskosten". Vielmehr ist beim Erwerber ein passiver Ausgleichsposten auszuweisen, es sei denn, die Zuzahlung ist als Entgelt für eine gesonderte Leistung des Erwerbers, beispielsweise für eine Übernahme einer Bürgschaft, anzusehen (→ BFH vom 26. 4. 2006 – BStBl. II S. 656).

Zwangsversteigerung. Zu den Anschaffungskosten beim Erwerb eines Grundstücks im Zwangsversteigerungsverfahren gehört nicht nur das Gebot nebst den dazugehörigen Kosten, zu denen dem die Zwangsversteigerung betreibenden Grundpfandgläubiger das Grundstück zugeschlagen wird, sondern auch die gemäß § 91 des Zwangsversteigerungsgesetzes erloschenen nachrangigen eigenen Grundpfandrechte des Gläubigers, soweit sie nicht ausgeboten sind, wenn ihr Wert durch den Verkehrswert des ersteigerten Grundstücks gedeckt ist (→ BFH vom 11. 11. 1987 – BStBl. 1988 II S. 424).

Anl zu H 6.2

Schreiben betr. Absetzungen für Abnutzung eines in der Ergänzungsbilanz eines Mitunternehmers aktivierten Mehrwerts für ein bewegliches Wirtschaftsgut; Anwendung des BFH-Urteils vom 20. November 2014 IV R 1/11 (BStBl. 2017 II S. 34)

Vom 19. Dezember 2016 (BStBl. 2017 I S. 34)

(BMF IV C 6 – S 2241/15/10005; DOK 2016/1123341)

31a Mit BFH-Urteil vom 20. November 2014 – IV R 1/11 – (BStBl. 2017 II S. 34) wurde entschieden, dass anlässlich eines Gesellschafterwechsels und der Aufstellung einer positiven Ergänzungsbilanz für den Erwerber des Anteils an einer Mitunternehmerschaft die AfA eines abnutzbaren Wirtschaftsguts des Gesellschaftsvermögens auf die im Zeitpunkt des Anteilserwerbs geltende Restnutzungsdauer vorzunehmen ist. Zugleich – so der BFH – stehen dem Gesellschafter die Abschreibungswahlrechte zu, die auch ein Einzelunternehmer in Anspruch nehmen könnte, wenn er ein entsprechendes Wirtschaftsgut im Zeitpunkt des Anteilserwerbs angeschafft hätte. Der BFH folgt in dem Streitfall im Ergebnis zwar der Auffassung des beklagten Finanzamts und wendet für die in der Ergänzungsbilanz erfassten (Mehr-)Anschaffungskosten

(AK) eigene, von der Gesellschaftsbilanz (Gesamthandsbilanz) unabhängige Abschreibungsregeln an. Die Ausführungen des BFH könnten aber so zu verstehen sein, dass sich diese (eigenen) Abschreibungsregeln nur auf die in der Ergänzungsbilanz ausgewiesenen AK, also nur auf den Mehrwert (= aufgedeckte stille Reserven) beziehen, so dass die in der Gesellschaftsbilanz sich auswirkenden AfA-Beträge dabei unberührt bleiben. Spezielle Ausführungen dazu sind dem Urteil allerdings nicht zu entnehmen.

Zur Berechnung der AfA anlässlich eines Gesellschafterwechsels bei einer Mitunternehmerschaft und – in Abgrenzung hierzu – zur Berechnung der AfA bei Einbringungsvorgängen nach § 24 UmwStG nehme ich unter Bezugnahme auf das Ergebnis der Erörterungen mit den obersten Finanzbehörden der Länder wie folgt Stellung:

1. Fälle des Gesellschafterwechsels

Tragendes Argument für den BFH ist es, den Erwerber des Mitunternehmeranteils soweit wie möglich einem Einzelunternehmer, dem AK für entsprechende Wirtschaftsgüter entstanden sind, gleichzustellen. Erwirbt ein Einzelunternehmer einen Betrieb, sind nach § 6 Absatz 1 Nummer 7 EStG die Wirtschaftsgüter höchstens mit den Anschaffungs- oder Herstellungskosten (AK/HK) anzusetzen. Die AK/HK sind auch die Bemessungsgrundlage für die AfA nach § 7 EStG. Übertragen auf den Erwerb eines Mitunternehmeranteils bei gleichzeitiger Aufstellung einer positiven Ergänzungsbilanz sind für die AfA die auf das jeweils (anteilig) erworbene Wirtschaftsgut entfallenden (gesamten) AK maßgebend. Zu diesen (gesamten) AK gehört aber nicht nur ein in der Ergänzungsbilanz ausgewiesener Mehrwert, sondern auch der in der Gesellschaftsbilanz ausgewiesene anteilige (auf den Erwerber des Mitunternehmeranteils entfallende) Buchwert. Die (eigene) AfA des Erwerbers des Mitunternehmeranteils bezieht sich also nicht nur isoliert auf die in der Ergänzungsbilanz ausgewiesenen AK, sondern erfasst auch in der Gesellschaftsbilanz angesetzte AK/HK. Hinsichtlich der AfA-Höhe sind zudem die im Zeitpunkt des Erwerbs für den abschreibungsberechtigten Gesellschafter anwendbaren Abschreibungswahlrechte sowie AfA-Sätze (vgl. auch BMF-Schreiben vom 5. August 2002, BStBl. I S. 710) zu beachten.

Beispiel 1 (abnutzbares bewegliches Wirtschaftsgut):

A erwirbt am 1. 1. 01 zum Preis von 35 000 einen 50%igen Mitunternehmeranteil an einer KG, zu deren Betriebsvermögen ausschließlich ein abnutzbares Wirtschaftsgut mit einem Buchwert von 20 000 gehört (ursprüngliche AK 100 000, bisher linear auf eine Nutzungsdauer von 10 Jahren abgeschrieben, d. h. jährlicher Abschreibungsbetrag 10 000). Im Zeitpunkt des Erwerbs des Mitunternehmeranteils beträgt die Nutzungsdauer für das gebrauchte Wirtschaftsgut noch 5 Jahre. In einer Ergänzungsbilanz des A auf den Erwerbszeitpunkt ist ein Mehrbetrag von 25 000 (Kaufpreis 35 000 ./. anteiliger Buchwert 10 000) auszuweisen.

Lösung:

A hat AK i. H. v. 35 000 für den Erwerb des Anteils an dem Wirtschaftsgut aufgewendet, wovon 10 000 in der Gesellschaftsbilanz und 25 000 in der Ergänzungsbilanz auszuweisen sind.

AfA-Anteil des A gesamt: AK gesamt 35 000 × $^1/_5$ =	7000
Bereits in der Gesellschaftsbilanz berücksichtigte AfA ($^1/_2$ von 10 000)	./. 5000
Noch in der Ergänzungsbilanz zu berücksichtigende AfA	2000

Beispiel 2 (Gebäude):

A erwirbt am 1. 1. 01 zum Preis von 360 000 einen 50%igen Mitunternehmeranteil an einer KG, zu deren Betriebsvermögen ausschließlich ein bebautes Grundstück mit einem Buchwert für den Grund und Boden von 100 000 (enthält keine stillen Reserven) und dem Gebäude von 420 000 (stille Reserven 200 000, ursprüngliche Anschaffungskosten 700 000, AfA-Satz nach § 7 Abs. 4 Satz 1 Nr. 1 EStG = 3%, Restnutzungsdauer 40 Jahre) gehört. In einer Ergänzungsbilanz des A auf den Erwerbszeitpunkt ist ein Mehrbetrag für das Gebäude von 100 000 (Kaufpreis Gebäude 310 000 ./. anteiliger Buchwert Gebäude 210 000) auszuweisen.

Lösung:

A hat Anschaffungskosten i. H. v. 310 000 für den Erwerb des Anteils an dem Gebäude aufgewendet, wobei 210 000 in der Gesamthandsbilanz und 100 000 in der Ergänzungsbilanz auszuweisen sind. Aufgrund der im Vergleich zur in der Gesamthandsbilanz maßgeblichen AfA-Bemessungsgrundlage (= ursprüngliche Anschaffungskosten) ergibt sich somit – bei gleichbleibendem AfA-Satz – in der Ergänzungsbilanz eine Minder-AfA. Die Minder-AfA führt zu einer jährlichen Erhöhung des Mehrwerts für das Gebäude in der Ergänzungsbilanz.

AfA-Anteil des A gesamt:	
310 000 × 3% (§ 7 Abs. 4 Satz 1 Nr. 1 EStG) =	9300
Bereits in der Gesamthandsbilanz berücksichtigte AfA ($^1/_2$ von 3% von 700 000) =	10 500
Minder-AfA in der Ergänzungsbilanz	./. 1200

Korrespondierend zu den Fällen, in denen – wie in den Beispielsfällen 1 und 2 – bei einem Mitunternehmerwechsel die Anschaffungskosten für das jeweilige Wirtschaftsgut über dem (anteiligen) Buchwert der Gesellschaftsbilanz liegen, ist auch in den Fällen, in denen bei einem Mitunternehmerwechsel die Anschaffungskosten für das jeweilige Wirtschaftsgut unter dem (anteiligen) Buchwert der Gesellschaftsbilanz liegen, die vom BFH herausgestellte Gleichbehandlung mit einem Einzelunternehmer zu beachten. Danach sind für die dem Mitunternehmer zustehenden AfA-Beträge ausschließlich seine eigenen Anschaffungskosten und die im Anschaffungszeitpunkt neu zu schätzende Restnutzungsdauer maßgebend; die bei Abstockungen im Rahmen des § 24 UmwStG geltenden Grundsätze zur Ermittlung des Korrekturbetrags können in diesen Fällen nicht angewandt werden (zur Abschreibung von Mehr- oder Minderwerten in einer Ergänzungsbilanz bei Einbringungsvorgängen nach § 24 UmwStG siehe nachfolgend unter 2).

2. Einbringungsvorgänge nach § 24 UmwStG

Hinsichtlich der Abschreibung von Mehr- oder Minderwerten in einer Ergänzungsbilanz im Rahmen von Einbringungsvorgängen nach § 24 UmwStG ergeben sich – mit Ausnahme der Fälle des § 24 Absatz 4 i. V. m. § 23 Absatz 4 1. Halbsatz UmwStG – keine Änderungen durch das BFH-Urteil vom 20. November 2014 – IV R 1/11 – (BStBl. 2017 II S. 34). Hier verbleibt es bei der in der Ergänzungsbilanz – parallel zur Abschreibung in der Gesamthandsbilanz – vorzunehmenden gesellschafterbezogenen Korrektur der dem einbringenden Gesellschafter hinsichtlich seiner höheren oder geringeren Anschaffungskosten gegenüber der Gesamthandsbilanz zuzuordnenden zu niedrigen oder zu hohen Abschreibung (vgl. BFH-Urteil vom 28. September 1995, BStBl. 1996 II S. 68).

R 6.3

R 6.3. Herstellungskosten[1]

32 (1) In die **Herstellungskosten** eines Wirtschaftsgutes sind auch angemessene Teile der notwendigen **Materialgemeinkosten** und **Fertigungsgemeinkosten** (→ Absatz 2), der angemessenen Kosten der allgemeinen Verwaltung, der angemessenen Aufwendungen für soziale Einrichtungen des Betriebs, für freiwillige soziale Leistungen und für die betriebliche Altersversorgung (→ Absatz 3) sowie der **Wertverzehr von Anlagevermögen,** soweit er durch die Herstellung des Wirtschaftsgutes veranlasst ist (→ Absatz 4), einzubeziehen.[2]

33 (2) Zu den **Materialgemeinkosten und den Fertigungsgemeinkosten** gehören u. a. auch die Aufwendungen für folgende Kostenstellen:
– Lagerhaltung, Transport und Prüfung des Fertigungsmaterials,
– Vorbereitung und Kontrolle der Fertigung,
– Werkzeuglager,
– Betriebsleitung, Raumkosten, Sachversicherungen,
– Unfallstationen und Unfallverhütungseinrichtungen der Fertigungsstätten,
– Lohnbüro, soweit in ihm die Löhne und Gehälter der in der Fertigung tätigen Arbeitnehmer abgerechnet werden.

34 (3) ① Zu den Kosten für die allgemeine Verwaltung gehören u. a. die Aufwendungen für Geschäftsleitung, Einkauf und Wareneingang, Betriebsrat, Personalbüro, Nachrichtenwesen, Ausbildungswesen, Rechnungswesen – z. B. Buchführung, Betriebsabrechnung, Statistik und Kalkulation –, Feuerwehr, Werkschutz sowie allgemeine Fürsorge einschließlich Betriebskrankenkasse. ② Zu den Aufwendungen für soziale Einrichtungen gehören z. B. Aufwendungen für Kantine einschließlich der Essenszuschüsse sowie für Freizeitgestaltung der Arbeitnehmer. ③ Freiwillige soziale Leistungen sind nur Aufwendungen, die nicht arbeitsvertraglich oder tarifvertraglich vereinbart worden sind; hierzu können z. B. Jubiläumsgeschenke, Wohnungs- und andere freiwillige Beihilfen, Weihnachtszuwendungen oder Aufwendungen für die Beteiligung der Arbeitnehmer am Ergebnis des Unternehmens gehören. ④ Aufwendungen für die betriebliche Altersversorgung sind Beiträge an Direktversicherungen und Pensionsfonds, Zuwendungen an Pensions- und Unterstützungskassen sowie Zuführungen zu Pensionsrückstellungen.

35 (4) ① Als **Wertverzehr** des **Anlagevermögens,** soweit er der Fertigung der Erzeugnisse gedient hat, ist grundsätzlich der Betrag anzusetzen, der bei der Bilanzierung des Anlagevermögens als AfA berücksichtigt ist. ② Es ist nicht zu beanstanden, wenn der Stpfl., der bei der Bilanzierung des beweglichen Anlagevermögens die AfA in fallenden Jahresbeträgen vorgenommen hat, bei der Berechnung der Herstellungskosten der Erzeugnisse die AfA in gleichen Jahresbeträgen (§ 7 Abs. 1 Satz 1 und 2 EStG) berücksichtigt. ③ In diesem Fall muss der Stpfl. jedoch dieses Absetzungsverfahren auch dann bei der Berechnung der Herstellungskosten beibehalten, wenn gegen Ende der Nutzungsdauer die AfA in fallenden Jahresbeträgen niedriger sind als die AfA in gleichen Jahresbeträgen. ④ Der Wertverzehr des der Fertigung dienenden Anlagevermögens ist bei der Berechnung der Herstellungskosten der Erzeugnisse auch dann in Höhe der sich nach den Anschaffungs- oder Herstellungskosten des Anlagevermögens ergebenden AfA in gleichen Jahresbeträgen zu berücksichtigen, wenn der Stpfl. Bewertungsfreiheiten, Sonderabschreibungen oder erhöhte Absetzungen in Anspruch genommen und diese nicht in die Herstellungskosten der Erzeugnisse einbezogen hat. ⑤ Der Wertverzehr von Wirtschaftsgütern i. S. d. § 6 Abs. 2 oder 2a EStG darf nicht in die Berechnung der Herstellungskosten der Erzeugnisse einbezogen werden. ⑥ Teilwertabschreibungen auf das Anlagevermögen i. S. d. § 6 Abs. 1 Nr. 1 Satz 2 EStG sind bei der Berechnung der Herstellungskosten der Erzeugnisse nicht zu berücksichtigen.

35a (5) ① Das handelsrechtliche Bewertungswahlrecht für Fremdkapitalzinsen gilt auch für die steuerliche Gewinnermittlung. ② Sind handelsrechtlich Fremdkapitalzinsen in die Herstellungskosten einbezogen worden, sind sie gem. § 5 Abs. 1 Satz 1 1. Halbsatz EStG auch in der steuerlichen Gewinnermittlung als Herstellungskosten zu beurteilen.

36 (6) ① Die **Steuern vom Einkommen** gehören nicht zu den steuerlich abziehbaren Betriebsausgaben und damit auch nicht zu den Herstellungskosten. ② Entsprechendes gilt für die Gewerbesteuer (§ 4 Abs. 5b EStG). ③ Die **Umsatzsteuer** gehört zu den Vertriebskosten, die die Herstellungskosten nicht berühren.

37 (7) Wird ein Betrieb infolge teilweiser Stilllegung oder mangelnder Aufträge nicht voll ausgenutzt, sind die dadurch verursachten Kosten bei der Berechnung der Herstellungskosten nicht zu berücksichtigen.

---

[1] Siehe dazu „Beck'sches Steuerberater-Handbuch 2023/2024", Teil A, Rz. 83 ff., Herstellungskosten.
Zur steuerlichen Behandlung von Zertifizierungsaufwendungen nach ISO 9001–9003 vgl. *BMF-Schreiben vom 22. 1. 1998 (DStR S. 207).*
Zu Beiträgen an den Erdölbevorratungsverband siehe *BFH-Urteil vom 17. 10. 2001 I R 32/00 (BStBl. 2002 II S. 349).*
[2] Teilweise überholt durch § 6 Abs. 1 Nr. 1b EStG.

(8) Bei am Bilanzstichtag noch nicht fertig gestellten Wirtschaftsgütern (→ halbfertige Arbeiten) ist es für die Aktivierung der Herstellungskosten unerheblich, ob die bis zum Bilanzstichtag angefallenen Aufwendungen bereits zur Entstehung eines als Einzelheit greifbaren Wirtschaftsgutes geführt haben. 38

(9) Soweit die Absätze 1 und 3 von R 6.3 Abs. 4 EStR 2008 abweichen, darf R 6.3 Abs. 4 EStR 2008 weiterhin für Wirtschaftsgüter angewendet werden, mit deren Herstellung vor Veröffentlichung der EStÄR 2012 im Bundessteuerblatt begonnen wurde.[1] 38a

H 6.3

Abraumvorrat. Kosten der Schaffung eines Abraumvorrats bei der Mineralgewinnung sind Herstellungskosten (→ BFH vom 23. 11. 1978 – BStBl. 1979 II S. 143). 39

Ausnutzung von Produktionsanlagen. Die nicht volle Ausnutzung von Produktionsanlagen führt nicht zu einer Minderung der in die Herstellungskosten einzubeziehenden Fertigungsgemeinkosten, wenn sich die Schwankung in der Kapazitätsausnutzung aus der Art der Produktion, wie z. B. bei einer Zuckerfabrik als Folge der Abhängigkeit von natürlichen Verhältnissen, ergibt (→ BFH vom 15. 2. 1966 – BStBl. III S. 468); → R 6.3 Abs. 7.

Bewertungswahlrecht. Ein handelsrechtliches Bewertungswahlrecht führt steuerrechtlich zum Ansatz des höchsten nach Handels- und Steuerrecht zulässigen Werts, soweit nicht auch steuerrechtlich ein inhaltsgleiches Wahlrecht besteht (→ BFH vom 21. 10. 1993 – BStBl. 1994 II S. 176).

Geldbeschaffungskosten gehören nicht zu den Herstellungskosten (→ BFH vom 24. 5. 1968 – BStBl. II S. 574).

Halbfertige Arbeiten. Bei Wirtschaftsgütern, die am Bilanzstichtag noch nicht fertiggestellt sind, mit deren Herstellung aber bereits begonnen worden ist, sind die bis zum Bilanzstichtag angefallenen Herstellungskosten zu aktivieren, soweit nicht von ihrer Einbeziehung abgesehen werden kann (→ BFH vom 23. 11. 1978 – BStBl. 1979 II S. 143); → H 6.1 und → H 6.7 (Halbfertige Bauten auf fremdem Grund und Boden).

Herstellungskosten. Begriff und Umfang → § 255 Abs. 2 HGB[2] sowie BFH vom 4. 7. 1990 (BStBl. II S. 830).

Kalkulatorische Kosten. Kalkulatorische Kosten sind nicht tatsächlich entstanden und rechnen deshalb **nicht** zu den Herstellungskosten. Das gilt z. B. für:

- **Zinsen für Eigenkapital** (→ BFH vom 30. 6. 1955 – BStBl. III S. 238).
- **Wert der eigenen Arbeitsleistung** (fiktiver Unternehmerlohn des Einzelunternehmers → BFH vom 10. 5. 1995 – BStBl. II S. 713); nicht dagegen Tätigkeitsvergütung i. S. d. § 15 Abs. 1 Satz 1 Nr. 2 EStG, die dem Gesellschafter von der Gesellschaft im Zusammenhang mit der Herstellung eines Wirtschaftsguts gewährt wird (→ BFH vom 8. 2. 1996 – BStBl. II S. 427) → H 6.4 (Arbeitsleistung).

Vorsteuerbeträge. Zur Behandlung von Vorsteuerbeträgen, die nach dem UStG nicht abgezogen werden können, als Herstellungskosten → § 9b Abs. 1 EStG.

Zinsen für Fremdkapital → § 255 Abs. 3 HGB[3] sowie R 6.3 Abs. 5.

R 6.4. Aufwendungen im Zusammenhang mit einem Grundstück[4]

R 6.4

Anschaffungsnahe Herstellungskosten

(1) ① Zu den Instandsetzungs- und Modernisierungsmaßnahmen i. S. d. § 6 Abs. 1 Nr. 1 a EStG gehört auch die Beseitigung versteckter Mängel. ② Bei teilentgeltlichem Erwerb des Gebäudes können anschaffungsnahe Herstellungskosten nur im Verhältnis zum entgeltlichen Teil des Erwerbsvorgangs gegeben sein. 40

Kinderspielplatz

(2) ① Entstehen dem Stpfl. Aufwendungen für die Anlage eines Kinderspielplatzes im Zusammenhang mit der Errichtung eines Wohngebäudes, liegen nur dann Herstellungskosten des Gebäudes vor, wenn die Gemeinde als Eigentümerin den Kinderspielplatz angelegt und dafür 41

---

[1] Überholt, jetzt § 6 Abs. 1 Nr. 1 b EStG.

[2] **§ 255 Abs. 2 HGB lautet wie folgt:**

„(2) ① Herstellungskosten sind die Aufwendungen, die durch den Verbrauch von Gütern und die Inanspruchnahme von Diensten für die Herstellung eines Vermögensgegenstands, seine Erweiterung oder für eine über seinen ursprünglichen Zustand hinausgehende wesentliche Verbesserung entstehen. ② Dazu gehören die Materialkosten, die Fertigungskosten und die Sonderkosten der Fertigung sowie angemessene Teile der Materialgemeinkosten, der Fertigungsgemeinkosten und des Werteverzehrs des Anlagevermögens, soweit dieser durch die Fertigung veranlasst ist. ③ Bei der Berechnung der Herstellungskosten dürfen angemessene Teile der Kosten der allgemeinen Verwaltung sowie angemessene Aufwendungen für soziale Einrichtungen des Betriebs, für freiwillige soziale Leistungen und für die betriebliche Altersversorgung einbezogen werden, soweit diese auf den Zeitraum der Herstellung entfallen. ④ Forschungs- und Vertriebskosten dürfen nicht einbezogen werden."

[3] **§ 255 Abs. 3 HGB lautet wie folgt:**

„(3) ① Zinsen für Fremdkapital gehören nicht zu den Herstellungskosten. ② Zinsen für Fremdkapital, das zur Finanzierung der Herstellung eines Vermögensgegenstands verwendet wird, dürfen angesetzt werden, soweit sie auf den Zeitraum der Herstellung entfallen; in diesem Falle gelten sie als Herstellungskosten des Vermögensgegenstands."

[4] Zur steuerlichen Behandlung von Provisionszahlungen im Zusammenhang mit Grundstückserwerb vgl. *BFH-Urteil vom 16. 3. 2004 IX R 46/03 (BStBl. II S. 1046).*

Beiträge von den Grundstückseigentümern erhoben hat. ② In allen anderen Fällen (Errichtung des Spielplatzes auf einem Grundstück des Stpfl. oder als gemeinsamer Spielplatz mit anderen Hauseigentümern) entsteht durch die Aufwendungen ein selbständig zu bewertendes Wirtschaftsgut, dessen Nutzungsdauer im Allgemeinen mit zehn Jahren angenommen werden kann.

H 6.4

42 **Abbruchkosten.** Wird ein Gebäude oder ein Gebäudeteil abgerissen, sind für die steuerrechtliche Behandlung folgende Fälle zu unterscheiden:

1. Der Stpfl. hatte das Gebäude auf einem ihm bereits gehörenden Grundstück errichtet,
2. der Stpfl. hat das Gebäude in der Absicht erworben, es als Gebäude zu nutzen (Erwerb ohne Abbruchabsicht),
3. der Stpfl. hat das Gebäude zum Zweck des Abbruchs erworben (Erwerb mit Abbruchabsicht),
4. der Stpfl. plant den Abbruch eines zum Privatvermögen gehörenden Gebäudes und die Errichtung eines zum Betriebsvermögen gehörenden Gebäudes (Einlage mit Abbruchabsicht),

aber: → Abbruchkosten bei vorheriger Nutzung außerhalb der Einkünfteerzielung.

In den Fällen der Nummern 1 und 2 sind im Jahr des Abbruchs die Abbruchkosten und der Restbuchwert des abgebrochenen Gebäudes sofort abziehbare Betriebsausgaben (zu Nr. 1 → BFH vom 21. 6. 1963 – BStBl. III S. 477 und vom 28. 3. 1973 – BStBl. II S. 678, zu Nr. 2 → BFH vom 12. 6. 1978 – BStBl. II S. 620). Dies gilt auch bei einem in Teilabbruchabsicht erworbenen Gebäude für die Teile, deren Abbruch nicht geplant war. Die darauf entfallenden Abbruchkosten und der anteilige Restbuchwert sind ggf. im Wege der Schätzung zu ermitteln (→ BFH vom 15. 10. 1996 – BStBl. 1997 II S. 325).

Im Fall der Nummer 3 gilt Folgendes:

a) War das Gebäude technisch oder wirtschaftlich nicht verbraucht, gehören sein Buchwert und die Abbruchkosten, wenn der Abbruch des Gebäudes mit der Herstellung eines neuen Wirtschaftsguts in einem engen wirtschaftlichen Zusammenhang steht, zu den Herstellungskosten dieses Wirtschaftsguts, sonst zu den Anschaffungskosten des Grund und Bodens (→ BFH vom 4. 12. 1984 – BStBl. 1985 II S. 208). Müssen bei einem in Teilabbruchabsicht erworbenen Gebäude umfangreichere Teile als geplant abgerissen werden, gehören die Abbruchkosten und der Restwert des abgerissenen Gebäudes insoweit zu den Herstellungskosten des neuen Gebäudes, als sie auf Gebäudeteile entfallen, die bei Durchführung des im Erwerbszeitpunkt geplanten Umbaus ohnehin hätten entfernt werden sollen. Dieser Anteil ist ggf. im Wege der Schätzung zu ermitteln (→ BFH vom 15. 10. 1996 – BStBl. 1997 II S. 325).

b) War das Gebäude im Zeitpunkt des Erwerbs objektiv wertlos, entfällt der volle Anschaffungspreis auf den Grund und Boden (→ BFH vom 15. 2. 1989 – BStBl. II S. 604); für die Abbruchkosten gilt Buchstabe a entsprechend.

Wird mit dem Abbruch eines Gebäudes innerhalb von drei Jahren nach dem Erwerb begonnen, spricht der Beweis des ersten Anscheins dafür, dass der Erwerber das Gebäude in der Absicht erworben hat, es abzureißen. Der Stpfl. kann diesen Anscheinsbeweis durch den Gegenbeweis entkräften, z. B. dass es zu dem Abbruch erst aufgrund eines ungewöhnlichen Geschehensablaufs gekommen ist. Damit ist nicht ausgeschlossen, dass in besonders gelagerten Fällen, z. B. bei großen Arrondierungskäufen, auch bei einem Zeitraum von mehr als drei Jahren zwischen Erwerb und Beginn des Abbruchs der Beweis des ersten Anscheins für einen Erwerb in Abbruchabsicht spricht (→ BFH vom 12. 6. 1978 – BStBl. II S. 620). Für den Beginn der Dreijahresfrist ist in der Regel der Abschluss des obligatorischen Rechtsgeschäfts maßgebend (→ BFH vom 6. 2. 1979 – BStBl. II S. 509).

→ Abbruchkosten bei unentgeltlicher Betriebsübertragung nach § 6 Abs. 3 EStG.

Im Fall der Nummer 4 gehören der Wert des abgebrochenen Gebäudes und die Abbruchkosten zu den Herstellungskosten des neu zu errichtenden Gebäudes; der Einlagewert des Gebäudes ist nicht schon deshalb mit 0 Euro anzusetzen, weil sein Abbruch beabsichtigt ist (→ BFH vom 9. 2. 1983 – BStBl. II S. 451).

Abbruchkosten bei unentgeltlicher Betriebsübertragung nach § 6 Abs. 3 EStG. Die Rechtsgrundsätze zur Behandlung von Abbruchkosten beim Erwerb eines Gebäudes in Abbruchabsicht gelten auch für den unentgeltlichen Erwerb eines Mitunternehmeranteils im Wege der vorweggenommenen Erbfolge. Die aus der Abbruchabsicht resultierende Qualifikation als Herstellungskosten des neuen Gebäudes bleibt von der in § 6 Abs. 3 EStG geregelten Buchwertfortführung unberührt (→ BFH vom 27. 5. 2020 – BStBl. 2021 II S. 748).

Abbruchkosten bei vorheriger Nutzung außerhalb der Einkünfteerzielung. Wurde das abgebrochene Gebäude zuvor zu eigenen Wohnzwecken oder anderen nicht einkommensteuerlich relevanten Zwecken genutzt, stehen die Abbruchkosten und ggf. die Absetzungen für außergewöhnliche Abnutzung ausschließlich im Zusammenhang mit dem Neubau und bilden Herstellungskosten des neuen Gebäudes (→ BFH vom 16. 4. 2002 – BStBl. II S. 805).

Abgrenzung der selbständigen von den unselbständigen Gebäudeteilen → R 4.2 Abs. 5.

Abgrenzung von Anschaffungs-, Herstellungskosten und Erhaltungsaufwendungen → R 21.1 und → BMF vom 18. 7. 2003 (BStBl. I S. 386).[1] H 6.4

Ablöse- und Abstandszahlungen
- an Mieter oder Pächter → Entschädigungs- oder Abfindungszahlungen
- → Stellplätze
- Aufwendungen zur Ablösung des Erbbaurechts zählen zu den Herstellungskosten des anschließend auf dem Grundstück nach dem Abriss der vorhandenen Bebauung neu errichteten Gebäudes (→ BFH vom 13. 12. 2005 – BStBl. 2006 II S. 461).

Abtragung unselbständiger Gebäudeteile → Baumängelbeseitigung.

Anschaffungskosten des Grund und Bodens
- → Erdarbeiten
- → Erschließungs-, Straßenanlieger- und andere Beiträge
- → Hausanschlusskosten
- → Zwangsräumung

Anschaffungsnahe Herstellungskosten[2]
- → BMF vom 20. 10. 2017 (BStBl. I S. 1447)[3]
- Nicht zu den anschaffungsnahen Herstellungskosten gehören Aufwendungen für Instandsetzungsmaßnahmen zur Beseitigung eines Schadens, welcher im Zeitpunkt der Anschaffung noch nicht vorhanden war und nachweislich erst später durch schuldhaftes Verhalten eines Dritten am Gebäude verursacht worden ist (→ BFH vom 9. 5. 2017 – BStBl. 2018 II S. 9).
- Zu anschaffungsnahen Herstellungskosten können auch unvermutete Aufwendungen für Renovierungsmaßnahmen führen, die lediglich dazu dienen, Schäden zu beseitigen, welche aufgrund eines langjährigen vertragsgemäßen Gebrauchs der Mietsache durch den Nutzungsberechtigten entstanden sind. Dies gilt auch, wenn im Zeitpunkt der Anschaffung vorhandene, dem Stpfl. bei Erwerb aber verborgen gebliebene Mängel behoben werden (→ BFH vom 13. 3. 2018 – BStBl. II S. 533).

Arbeitsleistung. Zu den Herstellungskosten des Gebäudes zählt nicht der Wert der eigenen Arbeitsleistung (→ BFH vom 10. 5. 1995 – BStBl. II S. 713). → H 6.3 (Kalkulatorische Kosten) → Tätigkeitsvergütung.

Ausgleichsbeträge nach § 154 BauGB. Die anlässlich einer städtebaulichen Sanierungsmaßnahme zu zahlenden Ausgleichs- oder Ablösungsbeträge sind
- als Anschaffungs- oder Herstellungskosten zu behandeln, wenn das Grundstück in seiner Substanz oder seinem Wesen verändert wird (z. B. bei einer erstmaligen Erschließung oder bei Maßnahmen zur Verbesserung der Bebaubarkeit) oder
- als Werbungskosten/Betriebsausgaben sofort abziehbar, wenn z. B. vorhandene Anlagen ersetzt oder modernisiert werden.

Die Erhöhung des Grundstückswerts allein führt noch nicht zu Anschaffungs-/Herstellungskosten.

Die Aufwendungen sind nur dann als Anschaffungs-/Herstellungskosten zu behandeln, wenn
- die Bodenwerterhöhung 10% überschreitet und
- die Bodenwerterhöhung auf Verbesserungen der Erschließung und/oder Bebaubarkeit beruht.

→ BMF vom 8. 9. 2003 (BStBl. I S. 489) einschließlich Vordruck „Bescheinigung über sanierungsrechtliche Ausgleichs- oder Ablösungsbeträge nach dem Baugesetzbuch (§ 154 BauGB)".

Außenanlagen. Hofbefestigungen und Straßenzufahrt stehen grundsätzlich mit einem Betriebsgebäude in keinem einheitlichen Nutzungs- und Funktionszusammenhang. Die Aufwendungen gehören daher nicht zu den Herstellungskosten des Gebäudes (→ BFH vom 1. 7. 1983 – BStBl. II S. 686). → Erdarbeiten → Gartenanlage

Baumängelbeseitigung. Aufwendungen zur Beseitigung von Baumängeln vor Fertigstellung des Gebäudes (mangelhafte Bauleistungen) gehören zu den Herstellungskosten des Gebäudes (→ BFH vom 31. 3. 1992 – BStBl. II S. 805). Das gilt auch dann, wenn sie zwar bei der Herstellung des Gebäudes aufgetreten, aber erst nach seiner Fertigstellung behoben worden sind (→ BFH vom 1. 12. 1987 – BStBl. 1988 II S. 431) sowie in den Fällen, in denen noch während der Bauzeit unselbständige Gebäudeteile wieder abgetragen werden müssen (→ BFH vom 30. 8. 1994 – BStBl. 1995 II S. 306). → H 7.4 (AfaA) → Prozesskosten → Vorauszahlungen.

Baumaterial aus Enttrümmerung. Zu den Herstellungskosten des Gebäudes gehört auch der Wert des bei der Enttrümmerung eines kriegszerstörten Gebäudes gewonnenen und wieder verwendeten Baumaterials (→ BFH vom 5. 12. 1963 – BStBl. 1964 III S. 299).

[1] Abgedruckt als Anlage zu R 21.1 EStR.
[2] Zu anschaffungsnahen Herstellungskosten nach § 6 Abs. 1 Nr. 1 a EStG im Zusammenhang mit §§ 7 i und 11 b EStG siehe *Vfg. OFD Frankfurt vom 2. 8. 2012 S 2198 b – A – 19 – St 215 (DStR S. 1864).*
[3] Nachstehend abgedruckt als Anlage zu H 6.4.

H 6.4

Bauplanungskosten. Zu den Herstellungskosten des Gebäudes gehören auch vergebliche Planungskosten, wenn der Stpfl. die ursprüngliche Planung zwar nicht verwirklicht, später aber ein die beabsichtigten Zwecke erfüllendes Gebäude erstellt (→ BFH vom 29. 11. 1983 – BStBl. 1984 II S. 303, 306) und den Aufwendungen tatsächlich erbrachte Leistungen gegenüberstehen (→ BFH vom 8. 9. 1998 – BStBl. 1999 II S. 20). → Honorare.

Bauzeitversicherung. Beiträge für die Bauzeitversicherung gehören nicht zu den Herstellungskosten des Gebäudes. Sie können nach den allgemeinen Grundsätzen als (vorweggenommene) Betriebsausgaben oder Werbungskosten abgezogen werden (→ BFH vom 25. 2. 1976 – BStBl. 1980 II S. 294).

Betriebsvorrichtungen. Aufwendungen für das Entfernen von Betriebsvorrichtungen gehören zu den Herstellungskosten des Gebäudes, wenn dieses dadurch wesentlich verbessert wird (→ BFH vom 25. 1. 2006 – BStBl. II S. 707).

Dingliche Belastungen. Erwirbt ein Stpfl. ein mit einem dinglichen Nutzungsrecht belastetes Grundstück, führt er seinem Vermögen ein um dieses Nutzungsrecht eingeschränktes Eigentum an diesem Grundstück zu. Dingliche Belastungen begründen keine Verbindlichkeiten, deren Übernahme zu Anschaffungskosten des Grundstücks führt (→ BFH vom 17. 11. 2004 – BStBl. 2008 II S. 296).

Eigenkapitalvermittlungsprovision und andere Gebühren bei geschlossenen Fonds → BMF vom 20. 10. 2003 (BStBl. I S. 546).[1]

Einbauküche. Bei einer Einbauküche mit ihren einzelnen Elementen (Spüle, Herd, Einbaumöbel, Elektrogeräte, Arbeitsplatte) handelt es sich grundsätzlich um ein einheitliches Wirtschaftsgut, das über einen Zeitraum von zehn Jahren abzuschreiben ist. Aufwendungen für die vollständige Erneuerung einer Einbauküche sind dann nicht als Erhaltungsaufwand abziehbar (→ BFH vom 3. 8. 2016 – BStBl. 2017 II S. 437).[2]

Einbauten als unselbständige Gebäudeteile. Aufwendungen für Einbauten als unselbständige Gebäudeteile gehören zu den Herstellungskosten des Gebäudes, soweit die unselbständigen Gebäudeteile nicht Betriebsvorrichtungen sind (→ BFH vom 26. 11. 1973 – BStBl. 1974 II S. 132).

Entschädigungs- oder Abfindungszahlungen an Mieter oder Pächter für vorzeitige Räumung eines Grundstücks zur Errichtung eines Gebäudes gehören zu den Herstellungskosten des neuen Gebäudes (→ BFH vom 9. 2. 1983 – BStBl. II S. 451).

Erdarbeiten

– **Buschwerk und Bäume**

Zu den Herstellungskosten eines Gebäudes oder einer Außenanlage rechnen neben den Aufwendungen für die beim Bau anfallenden üblichen Erdarbeiten auch die Kosten für das Freimachen des Baugeländes von Buschwerk und Bäumen, soweit dies für die Herstellung des Gebäudes und der Außenanlage erforderlich ist (→ BFH vom 26. 8. 1994 – BStBl. 1995 II S. 71).

– **Hangabtragung**

Die beim Bau eines Gebäudes regelmäßig anfallenden Erdarbeiten (Abtragung, Lagerung, Einplanierung bzw. Abtransport des Mutterbodens, der Aushub des Bodens für die Baugrube, seine Lagerung und ggf. sein Abtransport) gehören zu den Herstellungskosten des Gebäudes und der Außenanlage. Aufwendungen, die unmittelbar der erstmaligen oder einer wesentlich verbesserten Nutzung des Wirtschaftsguts Grund und Boden dienen, sind unter der Voraussetzung, dass der Grund und Boden durch diese Maßnahmen eine über seinen ursprünglichen Zustand hinausgehende wesentliche Verbesserung erfährt, nachträgliche Herstellungskosten des Grund und Bodens, ansonsten sofort abziehbare Betriebsausgaben (→ BFH vom 27. 1. 1994 – BStBl. II S. 512).

Erschließungs-, Straßenanlieger- und andere Beiträge

– **Erbbaurecht**

Wird ein Gebäude im Erbbaurecht errichtet und zahlt der Erbbauberechtigte den Erschließungsbeitrag, gehört der Beitrag weder ganz noch teilweise zu den Herstellungskosten des im Erbbaurecht errichteten Gebäudes (→ BFH vom 22. 2. 1967 – BStBl. III S. 417). → H 5.6 (Erbbaurecht), (Bestimmte Zeit nach dem Abschlussstichtag) → H 6.2 → H 21.2

– **Erstmalige Beiträge, Ersetzung, Modernisierung**

Beiträge zur Finanzierung erstmaliger Anlagen sind nachträgliche Anschaffungskosten des Grund und Bodens, wenn durch die Baumaßnahmen, für die die Beiträge geleistet worden sind, eine Werterhöhung des Grund und Bodens eintritt, die unabhängig von der Bebauung des Grundstücks und dem Bestand eines auf dem Grundstück errichteten Gebäudes ist, und die Beiträge in einem Sachbezug zum Grundstück stehen. Werden hingegen Erschließungsanlagen ersetzt oder modernisiert, führen Erschließungsbeiträge zu Erhaltungsaufwendungen, es sei denn, das Grundstück wird hierdurch ausnahmsweise in seiner Substanz oder in seinem Wesen verändert (→ BFH vom 22. 3. 1994 – BStBl. II S. 842, vom 3. 7. 1997 – BStBl. II S. 811, vom 3. 8. 2005 – BStBl. 2006 II S. 369 und BFH vom 20. 7. 2010 – BStBl. 2011 II S. 35).

---

[1] Abgedruckt als Anlage c zu § 21 EStG.
[2] Zur zeitlichen Anwendung siehe *BMF-Schreiben vom 16. 5. 2017 (BStBl. I S. 775).*

Erhaltungsaufwendungen sind daher

a) nachträgliche **Straßenbaukostenbeiträge** für ein bereits durch eine Straße erschlossenes Grundstück, die eine Gemeinde für die bauliche Veränderung des Straßenbelags und des Gehwegs zur Schaffung einer verkehrsberuhigten Zone erhebt (→ BFH vom 22. 3. 1994 – BStBl. II S. 842),

b) die **Kanalanschlussgebühren,** wenn eine eigene Sickergrube oder Kläranlage ersetzt wird (→ BFH vom 13. 9. 1984 – BStBl. 1985 II S. 49 und vom 4. 11. 1986 – BStBl. 1987 II S. 333). Werden durch eine einheitliche Erschließungsmaßnahme bisher als Weideland genutzte Flächen bebaubar, handelt es sich bei den darauf entfallenden Abwasserbeiträgen jedoch um nachträgliche Anschaffungskosten für den Grund und Boden, auch wenn ein Wohngebäude, das mit erschlossen wird, bereits über eine Sickergrube verfügte (→ BFH vom 11. 12. 2003 – BStBl. 2004 II S. 282).

– **Flächenbeiträge**
Ein Flächenbeitrag nach § 58 Abs. 1 BauGB kann zu nachträglichen Anschaffungskosten des Grund und Bodens führen, und zwar auch dann, wenn ein förmliches Umlegungsverfahren durch privatrechtliche Vereinbarungen vermieden wurde (→ BFH vom 6. 7. 1989 – BStBl. 1990 II S. 126).

– **Kanalbaubeitrag (Kanalanschlussgebühr)**
  – Der vom Hauseigentümer für Anlagen der Gemeinde außerhalb seines Grundstücks an die Gemeinde zu zahlende Kanalbaubeitrag (Kanalanschlussgebühr) gehört zu den Anschaffungskosten des Grund und Bodens (→ BFH vom 24. 11. 1967 – BStBl. 1968 II S. 178).
  – → Erstmalige Beiträge, Ersetzung, Modernisierung
  – → Hausanschlusskosten

– **Privatstraße**
Aufwendungen des Erwerbers eines Grundstücks für eine von einem Dritten zu errichtende Privatstraße stellen auch dann Anschaffungskosten eines selbständigen abnutzbaren Wirtschaftsgutes dar, wenn die Straße der erstmaligen Erschließung des Grundstücks dient (→ BFH vom 19. 10. 1999 – BStBl. 2000 II S. 257).

– **Zweit- oder Zusatzerschließung**
Beiträge für die Zweit- oder Zusatzerschließung eines Grundstücks durch eine weitere Straße sind nachträgliche Anschaffungskosten des Grund und Bodens, wenn sich der Wert des Grundstücks auf Grund einer Erweiterung der Nutzbarkeit oder einer günstigeren Lage erhöht. Das gilt auch dann, wenn ein durch einen Privatweg an das öffentliche Straßennetz angebundenes Grundstück zusätzlich durch eine erstmals errichtete öffentliche Straße erschlossen wird (→ BFH vom 12. 1. 1995 – BStBl. II S. 632, vom 7. 11. 1995 – BStBl. 1996 II S. 89 und 190 und vom 19. 12. 1995 – BStBl. 1996 II S. 134) oder wenn das Grundstück mittels eingetragener Zufahrtsbaulast auf dem Nachbargrundstück eine erweiterte Nutzbarkeit und damit ein besonderes, über den bisherigen Zustand hinausgehendes Gepräge erlangt (→ BFH vom 20. 7. 2010, BStBl. 2011 II S. 35).

Fahrtkosten des Stpfl. zur Baustelle gehören in tatsächlicher Höhe zu den Herstellungskosten (→ BFH vom 10. 5. 1995 – BStBl. II S. 713).

Gartenanlage. Die zu einem Gebäude gehörende Gartenanlage ist ein selbständiges Wirtschaftsgut (→ BFH vom 30. 1. 1996 – BStBl. 1997 II S. 25).
→ Umzäunung
→ R 21.1 Abs. 3

Gebäude. Begriff → R 7.1 Abs. 5.

Gebäudebestandteile
→ Einbauküche
→ Heizungsanlagen
→ Kassettendecken
→ Waschmaschine
→ R 7.1 Abs. 6
→ H 4.2 (5) (unselbständige Gebäudeteile)

Generalüberholung → BMF vom 18. 7. 2003 (BStBl. I S. 386).[1]

Grunderwerbsteuer
– Aussetzungszinsen für Grunderwerbsteuer gehören nicht zu den Anschaffungskosten (→ BFH vom 25. 7. 1995 – BStBl. II S. 835).
– Säumniszuschläge zur Grunderwerbsteuer rechnen zu den Anschaffungskosten des Grundstücks (→ BFH vom 14. 1. 1992 – BStBl. II S. 464).

Hausanschlusskosten
– **Anlagen zur Ableitung von Abwässern**
  – Aufwendungen für die (Erst- oder Zweit-)Herstellung von Zuleitungsanlagen eines Gebäudes zum öffentlichen Kanal (sog. Hausanschlusskosten) einschließlich der sog. Kanalanstichgebühr gehören zu den Herstellungskosten des Gebäudes, soweit die Kosten für

[1] Abgedruckt als Anlage zu R 21.1 EStR.

H 6.4

Anlagen auf privatem Grund und nicht für Anlagen der Gemeinde außerhalb des Grundstücks entstanden sind. Aufwendungen für die Ersetzung, Modernisierung oder (ggf. teilweise) Instandsetzung einer vorhandenen und funktionsfähigen Kanalisation sind demgegenüber Erhaltungsaufwand. Dies gilt unabhängig davon, ob die Kosten für Anlagen auf privatem oder auf öffentlichem Grund entstanden sind (→ BFH vom 3. 9. 2019 – BStBl. 2020 II S. 191).

– → Erschließungs-, Straßenanlieger- und andere Beiträge

– **Anschlüsse an Versorgungsnetze (Strom, Gas, Wasser, Wärme)**
Die Kosten für den Anschluss eines Hauses an Versorgungsnetze gehören zu den Herstellungskosten des Gebäudes (→ BFH vom 15. 1. 1965 – BStBl. III S. 226).

Heizungsanlagen. Eine in ein Gebäude eingebaute Heizungsanlage ist regelmäßig als Gebäudebestandteil anzusehen. Für die Annahme einer Betriebsvorrichtung ist es nicht ausreichend, wenn eine Heizungsanlage für einen Betrieb aufgrund brandschutzrechtlicher Bestimmungen oder einfachgesetzlicher Umweltschutzbestimmungen vorgeschrieben ist. Entscheidend ist, ob die Gegenstände von ihrer Funktion her unmittelbar zur Ausübung des Gewerbes benutzt werden (→ BFH vom 7. 9. 2000 – BStBl. 2001 II S. 253).

Honorare

– Hat der Stpfl. ein zur Erzielung von Einkünften bestimmtes Gebäude geplant, aber nicht errichtet, und muss er deshalb an den Architekten ein gesondertes Honorar für Bauüberwachung und Objektbetreuung zahlen, ohne dass der Architekt solche Leistungen tatsächlich erbracht hat, gehören diese Aufwendungen nicht zu den Herstellungskosten eines später errichteten anderen Gebäudes, sondern sind als Betriebsausgaben/Werbungskosten abziehbar (→ BFH vom 8. 9. 1998 – BStBl. 1999 II S. 20).
– → Bauplanungskosten

Instandsetzung → BMF vom 18. 7. 2003 (BStBl. I S. 386).[1]
Renovierungskosten, die der Veräußerer der Wohnung im Kaufvertrag in Rechnung stellt, sind Bestandteil des Kaufpreises und deshalb Anschaffungskosten der Wohnung (→ BFH vom 17. 12. 1996 – BStBl. 1997 II S. 348).

Kassettendecken. Die Aufwendungen für eine abgehängte, mit einer Beleuchtungsanlage versehene Kassettendecke eines Büroraums gehören zu den Herstellungskosten des Gebäudes, weil die Kassettendecke Gebäudebestandteil und nicht Betriebsvorrichtung ist (→ BFH vom 8. 10. 1987 – BStBl. 1988 II S. 440).

Modernisierung → BMF vom 18. 7. 2003 (BStBl. I S. 386).[1]

Prozesskosten teilen als Folgekosten das rechtliche Schicksal der Aufwendungen, um die gestritten wurde. Gehören die Aufwendungen, um die gestritten wurde, zu den Herstellungskosten eines Gebäudes, gilt dies auch für die Prozesskosten (→ BFH vom 1. 12. 1987 – BStBl. 1988 II S. 431).

Restitutionsverfahren. Im Restitutionsverfahren nach dem VermG zum Ausgleich von Instandsetzungs- und Modernisierungsaufwendungen an einem rückübertragenen Gebäude geleistete Zahlungen stellen Anschaffungskosten dar (→ BFH vom 11. 1. 2005 – BStBl. II S. 477).

Stellplätze. Aufwendungen für die Ablösung der Verpflichtung zur Errichtung von Stellplätzen gehören auch dann zu den Herstellungskosten eines Gebäudes, wenn eine Verpflichtung zur nachträglichen Herstellung von Stellplätzen bei bereits bestehenden baulichen Anlagen abgelöst wird (→ BFH vom 8. 3. 1984 – BStBl. II S. 702). Bei (Nutzungs-)Änderung eines Gebäudes gehören sie zu den Herstellungskosten, wenn die zur Änderung führende Baumaßnahme als Herstellung i. S. v. § 255 Abs. 2 HGB anzusehen ist (→ BFH vom 6. 5. 2003 – BStBl. II S. 710).

Tätigkeitsvergütung

– Zahlt eine Personengesellschaft, die ein Betriebsgebäude errichtet, einem ihrer Gesellschafter für die Bauaufsicht und für die Koordinierung der Handwerkerarbeiten Arbeitslohn, gehört dieser auch dann zu den Herstellungskosten des Gebäudes, wenn es sich um eine Tätigkeitsvergütung i. S. d. § 15 Abs. 1 Satz 1 Nr. 2 EStG handelt (→ BFH vom 8. 2. 1996 – BStBl. II S. 427).
– → H 6.3 (Kalkulatorische Kosten)
– → Arbeitsleistung

Umzäunung. Aufwendungen für die Umzäunung eines Mietwohngrundstücks (z. B. Maschendrahtzaun) können in einem einheitlichen Nutzungs- und Funktionszusammenhang mit dem Gebäude stehen und gehören daher in der Regel zu den Gebäudeherstellungskosten (→ BFH vom 15. 12. 1977 – BStBl. 1978 II S. 210). Ein solcher Zusammenhang ist bei einem Betriebsgrundstück jedoch im Allgemeinen zu verneinen (→ BFH vom 1. 7. 1983 – BStBl. II S. 686). Diese Grundsätze gelten auch für angemessene Aufwendungen für das Anpflanzen von Hecken, Büschen und Bäumen an den Grundstücksgrenzen (lebende Umzäunung) (→ BFH vom 30. 6. 1966 – BStBl. III S. 541).

Versorgungsnetz

– → Erschließungs-, Straßenanlieger- und andere Beiträge
– → Hausanschlusskosten

---

[1] Abgedruckt als Anlage zu R 21.1 EStR.

Vorauszahlungen auf Herstellungskosten für die der Stpfl. infolge Insolvenz des Bauunternehmers keine Bauleistungen erhalten hat und die er auch nicht zurückerlangen kann, gehören nicht zu den Herstellungskosten des Gebäudes, sondern können unter den allgemeinen Voraussetzungen als Betriebsausgaben bzw. Werbungskosten abgezogen werden. Stehen ihnen jedoch Herstellungsleistungen des Bauunternehmers gegenüber, gehören sie zu den Herstellungskosten eines Gebäudes, selbst wenn die Herstellungsleistungen mangelhaft sind (→ BFH vom 31.3. 1992 – BStBl. II S. 805). Vorauszahlungen auf Anschaffungskosten können als Betriebsausgaben oder Werbungskosten abgezogen werden, wenn das Anschaffungsgeschäft nicht zustande gekommen ist und eine Rückzahlung nicht erlangt werden kann (→ BFH vom 28.6. 2002 – BStBl. II S. 758).
→ Baumängelbeseitigung

Wärmerückgewinnungsanlage. Eine Wärmerückgewinnungsanlage ist nicht schon deshalb als Betriebsvorrichtung zu beurteilen, weil es sich bei den Kühlzellen, deren abgegebene Wärme durch die Anlage aufbereitet wird, um eine Betriebsvorrichtung handelt. Eine Betriebsvorrichtung kann jedoch dann vorliegen, wenn die Anlage dem in einem Gebäude ausgeübten Gewerbebetrieb unmittelbar dient und der Zweck, das Gebäude zu beheizen und mit Warmwasser zu versorgen, demgegenüber in den Hintergrund tritt (→ BFH vom 5. 9. 2002 – BStBl. II S. 877).

Waschmaschine. Eine Waschmaschine ist kein Gebäudebestandteil, sondern ein selbständiges bewegliches Wirtschaftsgut. Das gilt auch dann, wenn sie auf einem Zementsockel angeschraubt ist und den Mietern gegen Entgelt zur Verfügung steht (→ BFH vom 30. 10. 1970 – BStBl. 1971 II S. 95).

Wesentliche Verbesserung

- → BMF vom 18. 7. 2003 (BStBl. I S. 386).
- Baumaßnahmen an einem betrieblich genutzten Gebäude oder Gebäudeteil führen zu einer wesentlichen Verbesserung i. S. d. § 255 Abs. 2 Satz 1 Alternative 3 HGB, wenn durch sie eine neue betriebliche Gebrauchs- oder Verwendungsmöglichkeit (→ BFH vom 25. 1. 2006 – BStBl. II S. 707) oder eine höherwertige (verbesserte) Nutzbarkeit (→ BFH vom 25. 9. 2007 – BStBl. 2008 II S. 218) geschaffen wird.

Wohnrechtsablösung. Aufwendungen für die Wohnrechtsablösung durch den Miterben führen zu nachträglichen Anschaffungskosten (→ BFH vom 28. 11. 1991 – BStBl. 1992 II S. 381 und vom 3. 6. 1992 – BStBl. 1993 II S. 98).

Zwangsräumung. Wird ein unbebautes, besetztes Grundstück zwangsweise geräumt, um es anschließend teilweise bebauen und teilweise als Freifläche vermieten zu können, sind die Aufwendungen für die Zwangsräumung, soweit sie die zu bebauende Fläche betreffen, Herstellungskosten der später errichteten Gebäude, und soweit sie die Freifläche betreffen, Anschaffungskosten des Grund und Bodens (→ BFH vom 18. 5. 2004 – BStBl. II S. 872).

Schreiben betr. anschaffungsnahe Herstellungskosten im Sinne von § 6 Absatz 1 Nummer 1 a EStG; BFH-Urteile vom 14. Juni 2016 IX R 25/14 (BStBl. II S. 992), IX R 15/15 (BStBl. II S. 996) und IX R 22/15 (BStBl. II S. 999)

Anl zu H 6.4

Vom 20. Oktober 2017 (BStBl. I S. 1447)

(BMF IV C 1 – S 2171-c/09/10004 :006; DOK 2017/0397458)

Der BFH hat mit seinen Urteilen X R 25/14, IX R 15/15 und IX R 22/15 vom 14. Juni 2016 entschieden, dass zu den anschaffungsnahen Herstellungskosten nach § 6 Absatz 1 Nummer 1 a i. V. m. § 9 Absatz 5 Satz 2 EStG sämtliche Aufwendungen für bauliche Maßnahmen gehören, die im Rahmen einer Instandsetzung und Modernisierung im Zusammenhang mit der Anschaffung des Gebäudes anfallen. Dazu zählen sowohl originäre Aufwendungen zur Herstellung der Betriebsbereitschaft durch Wiederherstellung funktionsuntüchtiger Gebäudeteile sowie Aufwendungen für eine über den ursprünglichen Zustand hinausgehende wesentliche Verbesserung des Gebäudes i. S. d. § 255 Absatz 2 Satz 1 HGB als auch Schönheitsreparaturen. Soweit der BFH bisher bei Schönheitsreparaturen einen engen räumlichen, zeitlichen und sachlichen Zusammenhang mit den Modernisierungs- und Instandsetzungsmaßnahmen gefordert hatte (vgl. auch BFH vom 25. August 2009, BStBl. 2010 II S. 125), hält er daran nicht mehr fest. 43

Der BFH hat zudem klargestellt, dass bei der Prüfung, ob die Aufwendungen für Instandsetzungs- und Modernisierungsmaßnahmen zu anschaffungsnahen Herstellungskosten i. S. v. § 6 Absatz 1 Nummer 1 a EStG führen, bei einem aus mehreren Einheiten bestehenden Gebäude nicht auf das gesamte Gebäude, sondern auf den jeweiligen selbständigen Gebäudeteil abzustellen ist, wenn das Gesamtgebäude in unterschiedlicher Weise genutzt wird. Maßgeblich ist insoweit, ob die einzelnen Gebäudeteile in verschiedenen Nutzungs- und Funktionszusammenhängen stehen.

Im Einvernehmen mit den obersten Finanzbehörden der Länder sind die Grundsätze der BFH-Urteile IX R 25/14, IX R 15/15 und IX R 22/15 – unter Beachtung des § 176 Absatz 1 Nummer 3 AO – in allen offenen Fällen anzuwenden.

Es wird jedoch nicht beanstandet, wenn auf Antrag des Steuerpflichtigen abweichend hiervon

- die bisherige BFH-Rechtsprechung zur Behandlung der Schönheitsreparaturen im Zusammenhang mit anschaffungsnahen Herstellungskosten und

– die bisher von der Finanzverwaltung vertretene Rechtsauffassung, dass eine gebäudebezogene Prüfung der Aufwendungen nach § 6 Absatz 1 Nummer 1 a EStG vorzunehmen ist,
auf Sachverhalte weiter angewendet wird, bei denen der Kaufvertrag bzw. ein ihm gleichstehender Rechtsakt vor dem 1. Januar 2017 abgeschlossen wurde.

R 6.5

R 6.5. Zuschüsse für Anlagegüter

Begriff des Zuschusses

45 (1) ①Ein Zuschuss ist ein Vermögensvorteil, den ein Zuschussgeber zur Förderung eines – zumindest auch – in seinem Interesse liegenden Zwecks dem Zuschussempfänger zuwendet. ②Fehlt ein Eigeninteresse des Leistenden, liegt kein Zuschuss vor. ③In der Regel wird ein Zuschuss auch nicht vorliegen, wenn ein unmittelbarer wirtschaftlicher Zusammenhang mit einer Leistung des Zuschussempfängers feststellbar ist.

Wahlrecht

46 (2) ①Werden Anlagegüter mit Zuschüssen aus öffentlichen oder privaten Mitteln angeschafft oder hergestellt, hat der Stpfl. ein → Wahlrecht. ②Er kann die Zuschüsse als Betriebseinnahmen ansetzen; in diesem Fall werden die Anschaffungs- oder Herstellungskosten der betreffenden Wirtschaftsgüter durch die Zuschüsse nicht berührt. ③Er kann die Zuschüsse aber auch erfolgsneutral behandeln; in diesem Fall dürfen die Anlagegüter, für die die Zuschüsse gewährt worden sind, nur mit den Anschaffungs- oder Herstellungskosten bewertet werden, die der Stpfl. **selbst,** also ohne Berücksichtigung der Zuschüsse **aufgewendet** hat. ④Weicht die Bewertung von der Handelsbilanz ab, sind die entsprechenden Anlagegüter in ein besonderes, laufend zu führendes Verzeichnis aufzunehmen (§ 5 Abs. 1 Satz 2 EStG).

Nachträglich gewährte Zuschüsse

47 (3) ①Werden Zuschüsse, die erfolgsneutral behandelt werden, erst nach der Anschaffung oder Herstellung von Anlagegütern gewährt, sind sie **nachträglich** von den gebuchten Anschaffungs- oder Herstellungskosten abzusetzen. ②Ebenso ist zu verfahren, wenn die Anlagen mit Hilfe eines **Darlehens** angeschafft oder hergestellt worden sind und der nachträglich gewährte Zuschuss auf dieses Darlehen verrechnet oder zur Tilgung des Darlehens verwendet wird.

Im Voraus gewährte Zuschüsse

48 (4) ①Werden Zuschüsse gewährt, die erfolgsneutral behandelt werden sollen, wird aber das Anlagegut ganz oder teilweise erst in einem auf die Gewährung des Zuschusses folgenden Wirtschaftsjahr angeschafft oder hergestellt, kann in Höhe der – noch – nicht verwendeten Zuschussbeträge eine steuerfreie **Rücklage** gebildet werden, die im Wirtschaftsjahr der Anschaffung oder Herstellung auf das Anlagegut zu übertragen ist. ②Zur Erfüllung der Aufzeichnungspflichten nach § 5 Abs. 1 Satz 2 EStG ist bei der Bildung der steuerfreien Rücklage der Ansatz in der Steuerbilanz ausreichend. ③Die Aufnahme des Wirtschaftsguts in das besondere Verzeichnis ist erst bei Übertragung der Rücklage erforderlich.

H 6.5

49 **Baukostenzuschüsse bei Energieversorgungsunternehmen.** Nicht rückzahlbare Beiträge (Baukostenzuschüsse), die Versorgungsunternehmen dem Kunden als privatem oder gewerblichem Endabnehmer oder dem Weiterverteiler im Zusammenhang mit der Herstellung des Versorgungsanschlusses als Baukostenzuschüsse in Rechnung stellen, sind Zuschüsse i. S. v. R 6.5. Das gilt für von Windkraftanlagenbetreibern gezahlte Baukostenzuschüsse bei Energieversorgungsunternehmen entsprechend (→ BMF vom 27. 5. 2003 – BStBl. I S. 361).

Betriebsunterbrechungsversicherung

– Leistungen der Betriebsunterbrechungsversicherung sind keine Zuschüsse → BFH vom 29. 4. 1982 (BStBl. II S. 591).
– → H 6.6 (1) Entschädigung.

Geld- oder Bauleistungen des Mieters zur Erstellung eines Gebäudes sind keine Zuschüsse, sondern zusätzliches Nutzungsentgelt für die Gebrauchsüberlassung des Grundstücks (→ BFH vom 28. 10. 1980 – BStBl. 1981 II S. 161).

Investitionszulagen sind keine Zuschüsse § 13 InvZulG 2010.[1]

Investitionszuschüsse bei Einnahmenüberschussrechnung. Erhält ein Stpfl., der seinen Gewinn nach § 4 Abs. 3 EStG ermittelt, für die Anschaffung oder Herstellung bestimmter Wirtschaftsgüter öffentliche Investitionszuschüsse, mindern diese die Anschaffungs- oder Herstellungskosten bereits im Jahr der Bewilligung und nicht im Jahr der Auszahlung. Sofern der Stpfl. den Zuschuss sofort als Betriebseinnahme versteuern will, muss er das entsprechende Wahlrecht ebenfalls im Jahr der Zusage ausüben (→ BFH vom 29. 11. 2007 – BStBl. 2008 II S. 561).

Mieterzuschüsse → R 21.5 Abs. 3.

Nachträglich gewährte Zuschüsse. Zur AfA → R 7.3 Abs. 4.

Öffentliche Zuschüsse unter Auflage → H 21.5 (Zuschüsse).

[1] Letztmals abgedruckt im „Handbuch zur ESt-Veranlagung 2013" im Anhang **I** Nr. **2**.

Rechnungsabgrenzungsposten → H 5.6 (Investitionszuschüsse).

Wahlrecht. Das Wahlrecht, Investitionszuschüsse aus öffentlichen Mitteln nicht als Betriebseinnahmen zu erfassen, sondern von den Anschaffungs- bzw. Herstellungskosten des bezuschussten Wirtschaftsguts abzusetzen (→ R 6.5 Abs. 2), ist rechtens (→ BFH vom 5. 6. 2003 – BStBl. II S. 801). Mit der Bildung von Wertberichtigungsposten nach der KHBV übt ein Krankenhausträger das Wahlrecht im Sinne einer Minderung der Anschaffungs- oder Herstellungskosten der mit Fördermitteln angeschafften oder hergestellten Anlagegüter aus (→ BFH vom 26. 11. 1996 – BStBl. 1997 II S. 390).

R 6.6. Übertragung stiller Reserven bei Ersatzbeschaffung R 6.6 (1)

Allgemeines

(1) ①Die Gewinnverwirklichung durch Aufdeckung stiller Reserven kann in bestimmten Fällen der Ersatzbeschaffung vermieden werden. ②Voraussetzung ist, dass **50**

1. ein Wirtschaftsgut des Anlage- oder Umlaufvermögens infolge höherer Gewalt oder infolge oder zur Vermeidung eines behördlichen Eingriffs gegen → Entschädigung aus dem Betriebsvermögen ausscheidet,
2. innerhalb einer bestimmten Frist ein funktionsgleiches Wirtschaftsgut (Ersatzwirtschaftsgut) angeschafft oder hergestellt wird, auf dessen Anschaffungs- oder Herstellungskosten die aufgedeckten stillen Reserven übertragen werden, und
3. das Wirtschaftsgut wegen der Abweichung von der Handelsbilanz in ein besonderes laufend zu führendes Verzeichnis aufgenommen wird (§ 5 Abs. 1 Satz 2 EStG).

Aufdeckung stiller Reserven. Das Unterlassen der Aufdeckung stiller Reserven in bestimmten Fällen der Ersatzbeschaffung ist aus einer einschränkenden Auslegung des Realisationsgrundsatzes herzuleiten; es gibt keinen durchgängigen Gewinnrealisierungszwang für sämtliche Veräußerungsvorgänge (→ BFH vom 14. 11. 1990 – BStBl. 1991 II S. 222). H 6.6 (1) **51**

Einlage. Die Einlage eines Wirtschaftsguts in das Betriebsvermögen ist keine Ersatzbeschaffung (→ BFH vom 11. 12. 1984 – BStBl. 1985 II S. 250).

Entnahme. Eine Gewinnverwirklichung kann nicht durch Ersatzbeschaffung vermieden werden, wenn ein Wirtschaftsgut durch Entnahme aus dem Betriebsvermögen ausscheidet (→ BFH vom 24. 5. 1973 – BStBl. II S. 582).

Entschädigung

- Eine Entschädigung i. S. v. R 6.6 Abs. 1 liegt nur vor, soweit sie für das aus dem Betriebsvermögen ausgeschiedene Wirtschaftsgut als solches und nicht für Schäden gezahlt worden ist, die die Folge des Ausscheidens aus dem Betriebsvermögen sind (z. B. Entschädigungen für künftige Nachteile beim Wiederaufbau, Ertragswertentschädigung für die Beeinträchtigung des verbleibenden Betriebs); ausnahmsweise können auch Zinsen in die Entschädigung im Sinne von R 6.6 Abs. 1 einzubeziehen sein (→ BFH vom 29. 4. 1982 – BStBl. II S. 568).
- Leistungen einer Betriebsunterbrechungsversicherung, soweit diese die Mehrkosten für die beschleunigte Wiederbeschaffung eines durch Brand zerstörten Wirtschaftsguts übernimmt, sind Entschädigungen im Sinne von R 6.6 Abs. 1 (→ BFH vom 9. 12. 1982 – BStBl. 1983 II S. 371).
- Es ist nicht schädlich, wenn die Entschädigung für das ausgeschiedene Wirtschaftsgut in einem Sachwert besteht, der Privatvermögen wird (→ BFH vom 19. 12. 1972 – BStBl. 1973 II S. 297).
- Wird einem vorsteuerabzugsberechtigten Unternehmer anlässlich eines Versicherungsfalls der Wiederbeschaffungswert einschließlich Umsatzsteuer ersetzt, ist auch die Umsatzsteuer Teil der Entschädigung (→ BFH vom 24. 6. 1999 – BStBl. II S. 561).

Ersatzwirtschaftsgut

- Ein Ersatzwirtschaftsgut setzt nicht nur ein der Art nach funktionsgleiches Wirtschaftsgut voraus, es muss auch funktionsgleich genutzt werden (→ BFH vom 29. 4. 1999 – BStBl. II S. 488).
- Rücklagen für Ersatzbeschaffung können nur gebildet werden, wenn das Ersatzwirtschaftsgut in demselben Betrieb angeschafft oder hergestellt wird, dem auch das entzogene Wirtschaftsgut diente. Das gilt nicht, wenn die durch Enteignung oder höhere Gewalt entstandene Zwangslage zugleich den Fortbestand des bisherigen Betriebes selbst gefährdet oder beeinträchtigt hat (→ BFH vom 22. 1. 2004 – BStBl. II S. 421).

Veräußerung. Scheidet ein Wirtschaftsgut infolge einer behördlichen Anordnung oder zur Vermeidung eines behördlichen Eingriffs durch Veräußerung aus dem Betriebsvermögen aus, tritt an die Stelle der Entschädigung der Veräußerungserlös (→ BFH vom 12. 6. 2001 – BStBl. II S. 830).

Höhere Gewalt – behördlicher Eingriff R 6.6 (2)

(2) ①Höhere Gewalt liegt vor, wenn das Wirtschaftsgut infolge von Elementarereignissen **52**
wie z. B. Brand, Sturm oder Überschwemmung sowie durch andere unabwendbare Ereignisse

wie z. B. Diebstahl oder unverschuldeten Unfall ausscheidet; eine Mithaftung auf Grund Betriebsgefahr ist unschädlich. ② Fälle eines behördlichen Eingriffs sind z. B. Maßnahmen zur Enteignung oder Inanspruchnahme für Verteidigungszwecke.

H 6.6 (2)

53 **Behördlicher Eingriff**

ist zu **bejahen**
- bei Enteignung (→ BFH vom 14. 11. 1990 – BStBl. 1991 II S. 222),
- bei behördlichen Bauverboten (→ BFH vom 17. 10. 1961 – BStBl. III S. 566 und vom 6. 5. 1971 – BStBl. II S. 664),
- bei behördlich angeordneter Betriebsunterbrechung (→ BFH vom 8. 10. 1975 – BStBl. 1976 II S. 186).

ist zu **verneinen**
- bei Ausübung eines Wiederkaufsrechts durch die Gemeinde (→ BFH vom 21. 2. 1978 – BStBl. II S. 428),
- bei Aufstellung eines Bebauungsplans, der die bisherige Nutzung des Grundstücks wegen Bestandsschutzes unberührt lässt, selbst wenn dadurch eine sinnvolle Betriebserweiterung oder -umstellung ausgeschlossen wird; bei Veräußerungen zur Durchführung erforderlicher Maßnahmen zur Strukturanpassung kann aber eine Gewinnverwirklichung unter den Voraussetzungen der §§ 6b, 6c EStG vermieden werden (→ BFH vom 14. 11. 1990 – BStBl. 1991 II S. 222),
- bei Veräußerung infolge einer wirtschaftlichen Zwangslage, selbst wenn die Unterlassung der Veräußerung unter Berücksichtigung aller Umstände eine wirtschaftliche Fehlmaßnahme gewesen wäre (→ BFH vom 20. 8. 1964 – BStBl. III S. 504),
- bei Tausch von Grundstücken oder Veräußerung eines Grundstücks und Erwerb eines Ersatzgrundstücks, wenn lediglich ein gewisses öffentliches Interesse an den Maßnahmen besteht (→ BFH vom 29. 3. 1979 – BStBl. II S. 412),
- bei privatrechtlich bedingten Zwangssituationen auf Grund zivilrechtlicher Vorgaben, z. B. bei der Übertragung von Aktien gegen Barabfindung gem. § 327a AktG, sog. Squeeze-out (→ BFH vom 13. 10. 2010 – BStBl. 2014 II S. 943).

Höhere Gewalt

ist zu **bejahen**
- bei Abriss eines Gebäudes wegen erheblicher, kurze Zeit nach der Fertigstellung auftretender Baumängel (→ BFH vom 18. 9. 1987 – BStBl. 1988 II S. 330),
- bei Ausscheiden eines Wirtschaftsgutes infolge eines unverschuldet erlittenen Verkehrsunfalls (→ BFH vom 14. 10. 1999 – BStBl. 2001 II S. 130); → auch R 6.6 Abs. 2 Satz 1.

ist zu **verneinen**
- bei Unbrauchbarwerden einer Maschine infolge eines Material- oder Konstruktionsfehlers oder eines Bedienungsfehlers (→ BFH vom 15. 5. 1975 – BStBl. II S. 692).

R 6.6 (3)

54 **Übertragung aufgedeckter stiller Reserven**

(3) ① Bei einem ausgeschiedenen Betriebsgrundstück mit aufstehendem Gebäude können beim Grund und Boden und beim Gebäude aufgedeckte stille Reserven jeweils auf neu angeschafften Grund und Boden oder auf ein neu angeschafftes oder hergestelltes Gebäude übertragen werden. ② Soweit eine Übertragung der bei dem Grund und Boden aufgedeckten stillen Reserven auf die Anschaffungskosten des erworbenen Grund und Bodens nicht möglich ist, können die stillen Reserven auf die Anschaffungs- oder Herstellungskosten des Gebäudes übertragen werden. ③ Entsprechendes gilt für die bei dem Gebäude aufgedeckten stillen Reserven.

H 6.6 (3)

55 **Buchwert.** Wegen des Begriffs Buchwert → R 6b.1 Abs. 2.

Mehrentschädigung. Scheidet ein Wirtschaftsgut gegen Barzahlung und gegen Erhalt eines Ersatzwirtschaftsguts aus dem Betriebsvermögen aus oder wird die für das Ausscheiden eines Wirtschaftsguts erhaltene Entschädigung nicht in voller Höhe zur Beschaffung eines Ersatzwirtschaftsguts verwendet, dürfen die aufgedeckten stillen Reserven nur anteilig auf das Ersatzwirtschaftsgut übertragen werden (→ BFH vom 3. 9. 1957 – BStBl. III S. 386).

Beispiel:

Letzter Buchwert des ausgeschiedenen Wirtschaftsguts	30 000 €
Entschädigung oder Gegenleistung für das ausgeschiedene Wirtschaftsgut (Wert des Ersatzwirtschaftsguts zuzüglich der erhaltenen Barzahlung)	50 000 €
Aufgedeckte stille Reserven	20 000 €
Anschaffungs- oder Herstellungskosten des Ersatzwirtschaftsguts	40 000 €
Zu übertragende stille Reserven anteilig $\frac{20\,000 \times 40\,000}{50\,000}$	16 000 €
Das Ersatzwirtschaftsgut wird angesetzt mit (40 000 € – 16 000 € =)	24 000 €
Steuerpflichtiger Gewinn in Höhe der nicht übertragbaren stillen Reserven (20 000 € – 16 000 € =)	4 000 €

Teilwertabschreibung. Eine Teilwertabschreibung auf das Ersatzwirtschaftsgut ist nur möglich, wenn der nach der Übertragung der stillen Reserven verbleibende Betrag höher ist als der Teilwert (→ BFH vom 5. 2. 1981 – BStBl. II S. 432).

Übertragung aufgedeckter stiller Reserven. Die zu übertragenden stillen Reserven bemessen sich auch dann nach dem Unterschied zwischen der Entschädigung und dem Buchwert des ausgeschiedenen Wirtschaftsguts, wenn die Entschädigung höher ist als der Teilwert (→ BFH vom 9. 12. 1982 – BStBl. 1983 II S. 371).

Vorherige Anschaffung. Die Gewinnverwirklichung wegen eines behördlichen Eingriffs kann auch vermieden werden, wenn das Ersatzwirtschaftsgut vor dem Eingriff angeschafft oder hergestellt wurde. Erforderlich ist jedoch ein ursächlicher Zusammenhang zwischen Veräußerung und Ersatzbeschaffung (→ BFH vom 12. 6. 2001 – BStBl. II S. 830).

Rücklage für Ersatzbeschaffung[1] R 6.6 (4)

(4)[2] ① Soweit am Schluss des Wirtschaftsjahres, in dem das Wirtschaftsgut aus dem Betriebsvermögen ausgeschieden ist, noch keine Ersatzbeschaffung vorgenommen wurde, kann in Höhe der aufgedeckten stillen Reserven eine steuerfreie Rücklage gebildet werden, wenn zu diesem Zeitpunkt eine Ersatzbeschaffung ernstlich geplant und zu erwarten ist. ② Die Nachholung der Rücklage für Ersatzbeschaffung in einem späteren Wirtschaftsjahr ist nicht zulässig. ③ Eine Rücklage, die auf Grund des Ausscheidens eines beweglichen Wirtschaftsgutes gebildet wurde, ist am Schluss des ersten auf ihre Bildung folgenden Wirtschaftsjahres gewinnerhöhend aufzulösen, wenn bis dahin ein Ersatzwirtschaftsgut weder angeschafft noch hergestellt worden ist. ④ Die Frist von einem Jahr verlängert sich bei einer Rücklage, die auf Grund des Ausscheidens eines Wirtschaftsgutes i. S. d. § 6b Abs. 1 Satz 1 EStG gebildet wurde auf vier Jahre; bei neu hergestellten Gebäuden verlängert sich die Frist auf sechst Jahre. ⑤ Die Frist von einem Jahr kann im Einzelfall angemessen auf bis zu vier Jahre verlängert werden, wenn der Stpfl. glaubhaft macht, dass die Ersatzbeschaffung noch ernstlich geplant und zu erwarten ist, aber aus besonderen Gründen noch nicht durchgeführt werden konnte. ⑥ Eine Verlängerung auf bis zu sechs Jahre ist möglich, wenn die Ersatzbeschaffung im Zusammenhang mit der Neuherstellung eines Gebäudes i. S. d. Satzes 4 2. Halbsatz erfolgt. ⑦ Zur Erfüllung der Aufzeichnungspflichten nach § 5 Abs. 1 Satz 2 EStG ist bei der Bildung der steuerfreien Rücklage der Ansatz in der Steuerbilanz ausreichend. ⑧ Im Zeitpunkt der Ersatzbeschaffung ist die Rücklage durch Übertragung auf die Anschaffungs- oder Herstellungskosten des Ersatzwirtschaftsgutes aufzulösen. ⑨ Absatz 3 gilt entsprechend. 56

Betriebsaufgabe/Betriebsveräußerung. Wegen der Besteuerung eines Gewinns aus der Auflösung einer Rücklage für Ersatzbeschaffung anlässlich der Veräußerung oder Aufgabe eines Betriebs → H 16 (9) Rücklage. H 6.6 (4) 57

Gewinnermittlung nach § 4 Abs. 3 EStG R 6.6 (5)

(5)[3] ① Die vorstehenden Grundsätze gelten bei Gewinnermittlung durch Einnahmenüberschussrechnung sinngemäß. ② Ist die Entschädigungsleistung höher als der im Zeitpunkt des Ausscheidens noch nicht abgesetzte Teil der Anschaffungs- oder Herstellungskosten, kann der darüber hinausgehende Betrag im Wirtschaftsjahr der Ersatzbeschaffung von den Anschaffungs- oder Herstellungskosten des Ersatzwirtschaftsgutes sofort voll abgesetzt werden. ③ Fließt die Entschädigungsleistung nicht in dem Wirtschaftsjahr zu, in dem der Schaden entstanden ist, ist es aus Billigkeitsgründen nicht zu beanstanden, wenn der Stpfl. den noch nicht abgesetzten Betrag der Anschaffungs- oder Herstellungskosten des ausgeschiedenen Wirtschaftsgutes in dem Wirtschaftsjahr berücksichtigt, in dem die Entschädigung geleistet wird. ④ Wird der Schaden nicht in dem Wirtschaftsjahr beseitigt, in dem er eingetreten ist oder in dem die Entschädigung gezahlt wird, ist es aus Billigkeitsgründen auch nicht zu beanstanden, wenn sowohl der noch nicht abgesetzte Betrag der Anschaffungs- oder Herstellungskosten des ausgeschiedenen Wirtschaftsguts als auch die Entschädigungsleistung erst in dem Wirtschaftsjahr berücksichtigt werden, in dem der Schaden beseitigt wird. ⑤ Voraussetzung ist, dass die Anschaffung oder Herstellung eines Ersatzwirtschaftsgutes am Schluss des Wirtschaftsjahres, in dem der Schadensfall eingetreten ist, ernstlich geplant und zu erwarten ist und das Ersatzwirtschaftsgut bei beweglichen Gegenständen bis zum Schluss des ersten, bei Wirtschaftsgütern i. S. d. § 6b Abs. 1 Satz 1 EStG bis zum Schluss des vierten und bei neu hergestellten Gebäuden bis zum Schluss des sechsten Wirtschaftsjahres, das auf das Wirtschaftsjahr des Eintritts des Schadensfalles folgt, angeschafft oder hergestellt oder bestellt worden ist. ⑥ Absatz 4 Satz 5 und 6 gilt entsprechend. 58

---

[1] Zur Höhe der Rücklage bei vorsteuerabzugsberechtigten Unternehmen vgl. *BFH-Urteil vom 24. 6. 1999 IV R 46/97 (BStBl. II S. 561).*

[2] Die in R 6.6 Abs. 4 Satz 3 bis 6 EStR geregelten Fristen für die Ersatzbeschaffung nach Bildung einer Rücklage nach R 6.6 Abs. 4 EStR verlängern sich jeweils um drei Jahre, wenn die Rücklage ansonsten am Schluss des nach dem 29. Februar 2020 und vor dem 1. Januar 2021 endenden Wirtschaftsjahres aufzulösen wäre. Die genannten Fristen verlängern sich um zwei Jahre, wenn die Rücklage am Schluss des nach dem 31. Dezember 2020 und vor dem 1. Januar 2022 endenden Wirtschaftsjahres aufzulösen wäre. Sie verlängern sich jeweils um ein Jahr, wenn sie am Schluss des nach dem 31. 12. 2021 und vor dem 1. 1. 2023 endenden Wj. ablaufen würden, siehe *BMF-Schreiben vom 20. 9. 2022 (BStBl. I S. 1379).*

[3] Die in R 6.6 Abs. 5 Satz 5 und 6 EStR geregelten Fristen für die Ersatzbeschaffung nach Bildung einer Rücklage nach R 6.6 Abs. 4 EStR verlängern sich jeweils um drei Jahre, wenn die Rücklage ansonsten am Schluss des nach dem 29. Februar 2020 und vor dem 1. Januar 2021 endenden Wirtschaftsjahres aufzulösen wäre. Die genannten Fristen verlängern sich um zwei Jahre, wenn die Rücklage am Schluss des nach dem 31. Dezember 2020 und vor dem 1. Januar 2022 endenden Wirtschaftsjahres aufzulösen wäre. Sie verlängern sich jeweils um ein Jahr, wenn sie am Schluss des nach dem 31. 12. 2021 und vor dem 1. 1. 2023 endenden Wj. ablaufen würden, siehe *BMF-Schreiben vom 20. 9. 2022 (BStBl. I S. 1379).*

H 6.6 (5)
59
Wechsel der Gewinnermittlungsart. Eine Rücklage für Ersatzbeschaffung kann auch fortgeführt werden, wenn der Stpfl. von der Gewinnermittlung durch Betriebsvermögensvergleich zur Einnahmenüberschussrechnung übergeht (→ BFH vom 29. 4. 1999 – BStBl. II S. 488).

R 6.6 (6)
60
Gewinnermittlung nach Durchschnittssätzen

(6) Wird der Gewinn nach Durchschnittssätzen gemäß § 13 a EStG ermittelt, sind das zwangsweise Ausscheiden von Wirtschaftsgütern und die damit zusammenhängenden Entschädigungsleistungen auf Antrag nicht zu berücksichtigen, wenn eine Ersatzbeschaffung zeitnah vorgenommen wird; die Fristen in Absatz 4 Satz 3 bis 6 gelten entsprechend.

R 6.6 (7)
61
Beschädigung

(7)[1] ① Erhält der Stpfl. für ein Wirtschaftsgut, das infolge höherer Gewalt oder eines behördlichen Eingriffs beschädigt worden ist, eine Entschädigung, kann in Höhe der Entschädigung eine Rücklage gebildet werden, wenn das Wirtschaftsgut erst in einem späteren Wirtschaftsjahr repariert wird. ② Die Rücklage ist im Zeitpunkt der Reparatur in voller Höhe aufzulösen. ③ Ist die Reparatur bei beweglichen Gegenständen am Ende des ersten und bei Wirtschaftsgütern i. S. d. § 6 b Abs. 1 Satz 1 EStG Ende des vierten auf die Bildung der Rücklage folgenden Wirtschaftsjahres noch nicht durchgeführt, ist die Rücklage zu diesem Zeitpunkt aufzulösen. ④ Absatz 4 Satz 5 und 7 gilt entsprechend.

H 6.6 (7)
62
Beispiel für den Fall der Beschädigung

Beschädigung des Wirtschaftsguts im Jahr 01, Versicherungsleistung auf Grund der Beschädigung im Jahr 01 50 000 €; Schadensbeseitigung im Jahr 02, Reparaturaufwand 49 000 €.

Rücklage für Ersatzbeschaffung im Jahr 01 (Entschädigung 50 000 €)	50 000 €
Reparaturaufwand im Jahr 02	49 000 €
Erfolgswirksame Rücklagenauflösung im Jahr 02 in voller Höhe	50 000 €
Steuerpflichtiger Gewinn	1 000 €

Gewinnübertragung. Wegen der Gewinne, die bei der Veräußerung bestimmter Anlagegüter entstanden und nach § 6 b oder § 6 c EStG begünstigt sind, → auch R 6 b.1 bis R 6 c.

R 6.7
63
R 6.7. Teilwert

① Der Teilwert kann nur im Wege der → Schätzung nach den Verhältnissen des Einzelfalles ermittelt werden. ② Zur Ermittlung des niedrigeren Teilwerts bestehen → Teilwertvermutungen. ③ Die Teilwertvermutung kann widerlegt werden. ④ Sie ist widerlegt, wenn der Stpfl. anhand konkreter Tatsachen und Umstände darlegt und nachweist, dass die Anschaffung oder Herstellung eines bestimmten Wirtschaftsgutes von Anfang an eine Fehlmaßnahme war, oder dass zwischen dem Zeitpunkt der Anschaffung oder Herstellung und dem maßgeblichen Bilanzstichtag Umstände eingetreten sind, die die Anschaffung oder Herstellung des Wirtschaftsgutes nachträglich zur Fehlmaßnahme werden lassen. ⑤ Die Teilwertvermutung ist auch widerlegt, wenn der Nachweis erbracht wird, dass die → Wiederbeschaffungskosten am Bilanzstichtag niedriger als der vermutete Teilwert sind. ⑥ Der Nachweis erfordert es, dass die behaupteten Tatsachen objektiv feststellbar sind.

H 6.7
64
Abbruchabsicht. Bei der Ermittlung des Teilwerts eines Gebäudes ist die Abbruchabsicht nicht zu berücksichtigen (→ BFH vom 7. 12. 1978 – BStBl. 1979 II S. 729).

Beteiligung. Zur Bestimmung des Teilwerts einer Beteiligung → BFH vom 7. 11. 1990 (BStBl. 1991 II S. 342) und vom 6. 11. 2003 (BStBl. 2004 II S. 416).

Einlage. Teilwert bei Einlage im Zusammenhang mit einer Betriebseröffnung, → H 6.12 (Teilwert), → BFH vom 29. 4. 1999 (BStBl. 2004 II S. 639).

Ersatzteile[2] im Kfz-Handel → BFH vom 24. 2. 1994 (BStBl. II S. 514).

Fehlmaßnahme. Eine Fehlmaßnahme liegt unabhängig von der Ertragslage des Betriebs vor, wenn der wirtschaftliche Nutzen der Anschaffung oder Herstellung eines Wirtschaftsguts bei objektiver Betrachtung deutlich hinter dem für den Erwerb oder die Herstellung getätigten Aufwand zurückbleibt und demgemäß dieser Aufwand so unwirtschaftlich war, dass er von einem gedachten Erwerber des gesamten Betriebs im Kaufpreis nicht honoriert würde (→ BFH vom 20. 5. 1988 – BStBl. 1989 II S. 269); → Überpreis.

Forderungen

– Der Wertberichtigung von Forderungen steht nicht entgegen, dass sie nach dem Tage der Bilanzerstellung (teilweise) erfüllt worden sind und der Gläubiger den Schuldner weiterhin beliefert hat (→ BFH vom 20. 8. 2003 – BStBl. II S. 941).

---

[1] Die in R 6.6 Abs. 7 Satz 3 und 4 EStR geregelten Fristen für die Reparatur bei Beschädigung nach Bildung einer Rücklage nach R 6.6 Absatz 4 EStR verlängern sich jeweils um drei Jahre, wenn die Rücklage ansonsten am Schluss des nach dem 29. Februar 2020 und vor dem 1. Januar 2021 endenden Wirtschaftsjahres aufzulösen wäre. Die genannten Fristen verlängern sich um zwei Jahre, wenn die Rücklage am Schluss des nach dem 31. Dezember 2020 und vor dem 1. Januar 2022 endenden Wirtschaftsjahres aufzulösen wäre. Sie verlängern sich jeweils um ein Jahr, wenn sie am Schluss des nach dem 31. 12. 2021 und vor dem 1. 1. 2023 endenden Wj. ablaufen würden, siehe *BMF-Schreiben vom 20. 9. 2022 (BStBl. I S. 1379).*

[2] Keine Teilwertabschreibung auf Lagervorräte allein aus dem Gesichtspunkt mangelnder Gängigkeit. *Erlaß Hessen vom 10. 7. 1997 S 2173 A – 14 – II B 1 a (BeckVerw 150298).*

H 6.7

– Bei Forderungen aus Schuldscheindarlehen kann im Allgemeinen aus dem Anstieg der Marktzinsen nicht auf einen unter den Anschaffungskosten liegenden Teilwert geschlossen werden (→ BFH vom 19. 5. 1998 – BStBl. 1999 II S. 277).
– Gekündigte Darlehensforderungen, bei denen Erlöse nur noch aus der Verwertung der Sicherheiten aber nicht mehr aus Zinszahlungen zu erwarten sind, sind im Rahmen einer Teilwertabschreibung auf den Betrag der voraussichtlichen Erlöse zu vermindern und auf den Zeitpunkt abzuzinsen, zu dem mit dem Eingang der Erlöse zu rechnen ist (→ BFH vom 24. 10. 2006 – BStBl. 2007 II S. 469).
– Bei einer eingeschränkten Solvenz des Schuldners eines ungekündigten Darlehens hängt die Abzinsung vom Umfang der noch zu erwartenden Teilleistungen ab (→ BFH vom 24. 10. 2006 – BStBl. 2007 II S. 469).
– Der Teilwert einer Forderung des Besitzunternehmens gegen die Betriebsgesellschaft kann nur nach den Maßstäben abgeschrieben werden, die für die Teilwertberichtigung der Beteiligung am Betriebsunternehmen durch das Besitzunternehmen bestehen; es ist eine Gesamtbetrachtung der Ertragsaussichten von Besitz- und Betriebsunternehmen notwendig (→ BFH vom 14. 10. 2009 – BStBl. 2010 II S. 274).
– Die auf der Unverzinslichkeit einer im Anlagevermögen gehaltenen Forderung beruhende Teilwertminderung ist keine voraussichtlich dauernde Wertminderung (→ BMF vom 2. 9. 2016 – BStBl. I S. 995, Rn. 15).[1]

Halbfertige Bauten auf fremdem Grund und Boden
– Halbfertige Bauten auf fremdem Grund und Boden sind mit den Herstellungskosten der halbfertigen Arbeiten, ohne die in solchen Arbeiten ruhenden, im laufenden Geschäftsbetrieb noch nicht aufzudeckenden Gewinnanteile anzusetzen. Bei der Einbringung zum gemeinen Wert oder Zwischenwerten nach dem UmwStG gehören zum gemeinen Wert halbfertiger Arbeiten auch darin enthaltene anteilige Gewinne (→ BFH vom 10. 7. 2002 – BStBl. II S. 784).
– Eine → Teilwertabschreibung auf halbfertige Bauten auf fremdem Grund und Boden ist hinsichtlich des gesamten Verlusts aus dem noch nicht abgewickelten Auftrag bis zur Höhe der aktivierten Herstellungskosten zulässig und nicht auf den dem jeweiligen Fertigungsstand entsprechenden Anteil begrenzt. Die Höhe der Teilwertabschreibung ist nach der retrograden Bewertungsmethode (→ H 6.8) zu ermitteln. Eine → Teilwertabschreibung ist regelmäßig nicht zulässig, wenn
  – die Verpflichtung zur Fertigstellung des Bauvorhabens entfallen ist,
  – selbständige Teilleistungen abgenommen werden oder
  – die Aufträge bewusst verlustbringend kalkuliert werden (→ BFH vom 7. 9. 2005 – BStBl. 2006 II S. 298); → Verlustprodukte.
– → H 6.1.

Investitionszuschüsse mindern grundsätzlich nicht den Teilwert der bezuschussten Wirtschaftsgüter (→ BFH vom 19. 7. 1995 – BStBl. 1996 II S. 28).

Retrograde Wertermittlung. Bei der retrograden Ermittlung des Teilwerts von Wirtschaftsgütern können nach dem Bilanzstichtag entstehende Selbstkosten nur insoweit berücksichtigt werden, als auch ein gedachter Erwerber sie berechtigterweise geltend machen könnte (→ BFH vom 9. 11. 1994 – BStBl. 1995 II S. 336); → H 6.8 (Retrograde Bewertungsmethode).

Schätzung. Im Rahmen der Schätzung des Teilwerts gelten die Wiederbeschaffungskosten als Ober- und der Einzelveräußerungspreis als Untergrenze (→ BFH vom 25. 8. 1983 – BStBl. 1984 II S. 33).

Teilwertabschreibung
– Zur Teilwertabschreibung, zur voraussichtlich dauernden Wertminderung und zum Wertaufholungsgebot → BMF vom 2. 9. 2016 (BStBl. I S. 995).[1]
– Die Teilwertabschreibung hat gegenüber der Drohverlustrückstellung Vorrang. Das Verbot der Rückstellungen für drohende Verluste (§ 5 Abs. 4 a Satz 1 EStG) erfasst nur denjenigen Teil des Verlustes, der durch die Teilwertabschreibung nicht verbraucht ist (→ BFH vom 7. 9. 2005 – BStBl. 2006 II S. 298).
– Keine Teilwertabschreibung bei Einnahmenüberschussrechnung (→ BFH vom 5. 11. 2015 – BStBl. 2016 II S. 468).
– Zur Teilwertabschreibung schadstoffbelasteter Grundstücke → BMF vom 11.5. 2010 (BStBl. I S. 495).[2]
– Zur Anwendung des Teileinkünfteverfahrens bei Teilwertabschreibungen auf Darlehensforderungen (für Beteiligungen von nicht mehr als 25%) → BMF vom 23. 10. 2013 (BStBl. I S. 1269).[3]
– → H 17 (8) Einlage einer wertgeminderten Beteiligung.
– → H 6.12 (Bodenschatz).

---

[1] Nachstehend abgedruckt.
[2] Abgedruckt als Anlage b zu R 5.7 EStR.
[3] Abgedruckt als Anlage zu H 3 c. Für Beteiligungen von mehr als 25% siehe § 3 c Abs. 2 Satz 2 bis 6 EStG.

H 6.7

Teilwertbegriff. Der Teilwert ist ein ausschließlich objektiver Wert, der von der Marktlage am Bilanzstichtag bestimmt wird; es ist unerheblich, ob die Zusammensetzung und Nutzbarkeit eines Wirtschaftsguts von besonderen Kenntnissen und Fertigkeiten des Betriebsinhabers abhängt (→ BFH vom 31. 1. 1991 – BStBl. II S. 627).

Teilwertvermutungen

1. Im Zeitpunkt des Erwerbs oder der Fertigstellung eines Wirtschaftsguts entspricht der Teilwert den Anschaffungs- oder Herstellungskosten (→ BFH vom 13. 4. 1988 – BStBl. II S. 892; nicht ohne weiteres anwendbar bei Erwerb eines Unternehmens oder Mitunternehmeranteils → BFH vom 6. 7. 1995 – BStBl. II S. 831).
2. Bei nicht abnutzbaren Wirtschaftsgütern des Anlagevermögens entspricht der Teilwert auch zu späteren, dem Zeitpunkt der Anschaffung oder Herstellung nachfolgenden Bewertungsstichtagen den Anschaffungs- oder Herstellungskosten (→ BFH vom 21. 7. 1982 – BStBl. II S. 758).
3. Bei abnutzbaren Wirtschaftsgütern des Anlagevermögens entspricht der Teilwert zu späteren, dem Zeitpunkt der Anschaffung oder Herstellung nachfolgenden Bewertungsstichtagen den um die lineare AfA verminderten Anschaffungs- oder Herstellungskosten (→ BFH vom 30. 11. 1988 – BStBl. 1989 II S. 183).
4. Bei Wirtschaftsgütern des Umlaufvermögens entspricht der Teilwert grundsätzlich den Wiederbeschaffungskosten. Der Teilwert von zum Absatz bestimmten Waren hängt jedoch auch von deren voraussichtlichem Veräußerungserlös (Börsen- oder Marktpreis) ab (→ BFH vom 27. 10. 1983 – BStBl. 1984 II S. 35).
5. Der Teilwert einer Beteiligung entspricht im Zeitpunkt ihres Erwerbs den Anschaffungskosten. Für ihren Wert sind nicht nur die Ertragslage und die Ertragsaussichten, sondern auch der Vermögenswert und die funktionale Bedeutung des Beteiligungsunternehmens, insbesondere im Rahmen einer Betriebsaufspaltung, maßgebend (→ BFH vom 6. 11. 2003 – BStBl. 2004 II S. 416).

Überpreis. Die → Teilwertvermutung gilt auch bei Zahlung eines Überpreises. Ein beim Erwerb eines Grundstücks gezahlter Überpreis rechtfertigt allein keine Teilwertabschreibung auf den niedrigeren Vergleichswert zu einem späteren Bilanzstichtag. Eine Berufung auf eine → Fehlmaßnahme allein im Hinblick auf die Zahlung eines Überpreises ist ausgeschlossen. Der Überpreis nimmt jedoch an einer aus anderen Gründen gerechtfertigten Teilwertabschreibung in dem Verhältnis teil, das dem gegenüber dem Anschaffungszeitpunkt gesunkenen Vergleichswert entspricht (→ BFH vom 7. 2. 2002 – BStBl. II S. 294).

Unrentabler Betrieb. Zur Abschreibung auf den niedrigeren Teilwert bei unrentablem Betrieb → BFH vom 1. 3. 1994 (BStBl. II S. 569) und vom 20. 9. 1989 (BStBl. 1990 II S. 206).

Verlustprodukte. Eine Teilwertabschreibung ist bei sog. „bewussten Verlustprodukten" jedenfalls dann nicht zulässig, wenn das Unternehmen Gewinne erzielt (→ BFH vom 29. 4. 1999 – BStBl. II S. 681).

Vorzugspreise einer Gemeinde. Bei der Ermittlung des Teilwerts eines Grundstücks sind Vorzugspreise, die eine Gemeinde Erwerbern vergleichbarer Grundstücke aus ansiedlungspolitischen Gründen einräumt, nur zu berücksichtigen, wenn die Gemeinde dadurch nachhaltig, über längere Zeit und mit in etwa gleichbleibenden Beträgen in das Marktgeschehen eingreift, so dass zum Bilanzstichtag auch andere Eigentümer ihre Grundstücke nicht teurer verkaufen können (→ BFH vom 8. 9. 1994 – BStBl. 1995 II S. 309).

Wärmeenergie. Die Wärmeenergie verselbständigt sich zu einem eigenen Wirtschaftsgut, wenn sie über Wärmemengenzähler bestimmungsgemäß an Abnehmer geliefert oder für private Zwecke verbraucht wird. Der private Verbrauch selbst erzeugter Wärmeenergie ist eine mit dem Teilwert zu bewertende Sachentnahme. Die (Wieder)Herstellungskosten sind auch bei sog. Kuppelerzeugnissen tauglicher Maßstab zur Bestimmung des Teilwerts. Als Teilwert ist jedoch der Veräußerungspreis anzusetzen, wenn sich für Erzeugnisse gleicher Art und Güte ein niedrigerer Marktpreis gebildet hat (→ BFH vom 12. 3. 2020 – BStBl. 2021 II S. 226).

Wertaufholungsgebot

– Zum Wertaufholungsgebot → BMF vom 2. 9. 2016 (BStBl. I S. 995).[1]
– → H 6.2 (Wertaufholungsgebot bei Beteiligungen).

Wiederbeschaffungskosten umfassen auch die Anschaffungsnebenkosten (→ BFH vom 29. 4. 1999 – BStBl. 2004 II S. 639).

Zeitpunkt der Teilwertabschreibung. Eine Teilwertabschreibung kann nur zum Bilanzstichtag und nicht auf einen beliebigen Tag zwischen zwei Bilanzstichtagen vorgenommen werden (→ BFH vom 5. 2. 1981 – BStBl. II S. 432).

[1] Nachstehend abgedruckt.

Anl zu R 6.7

Schreiben betr. Teilwertabschreibungen gemäß § 6 Absatz 1 Nummer 1 und 2 EStG; Voraussichtlich dauernde Wertminderung, Wertaufholungsgebot

Vom 2. September 2016 (BStBl. I S. 995)

(BMF IV C 6 – S 2171-b/09/10002 :002; DOK 2016/0666535)

1 Gemäß § 6 Absatz 1 Nummer 1 Satz 2 und Nummer 2 Satz 2 EStG kann der niedrigere Teilwert nur angesetzt werden, wenn eine voraussichtlich dauernde Wertminderung vorliegt. Gemäß § 6 Absatz 1 Nummer 1 Satz 4 und Nummer 2 Satz 3 EStG gilt ein striktes Wertaufholungsgebot.

2 Im Einvernehmen mit den obersten Finanzbehörden der Länder nehme ich dazu wie folgt Stellung:

I. Ermittlung des Teilwerts

3 Der Teilwert ist grundsätzlich nach den in den R 6.7 ff. EStR und den EStH enthaltenen Anweisungen zu ermitteln. Danach kann der Teilwert von zum Absatz bestimmten Waren retrograd ermittelt werden (vgl. R 6.8 Absatz 2 EStR). Wenn bei rentabel geführten Betrieben der Verkaufspreis bewusst nicht kostendeckend kalkuliert ist (sogenannte Verlustprodukte), ist eine Teilwertabschreibung nicht zulässig (BFH vom 29. April 1999 IV R 14/98, BStBl. II S. 681). 65

4 Die Nachweispflicht für den niedrigeren Teilwert liegt beim Steuerpflichtigen. Darüber hinaus trägt der Steuerpflichtige auch die Darlegungs- und Feststellungslast für eine voraussichtlich dauernde Wertminderung. Zudem ist im Rahmen des Wertaufholungsgebots nachzuweisen, dass und in welchem Umfang der Teilwert weiterhin unter der Bewertungsobergrenze liegt.

II. Voraussichtlich dauernde Wertminderung

1. Begriff

5 Eine voraussichtlich dauernde Wertminderung bedeutet ein voraussichtlich nachhaltiges Absinken des Werts des Wirtschaftsguts unter den maßgeblichen Buchwert; eine nur vorübergehende Wertminderung reicht für eine Teilwertabschreibung nicht aus (vgl. auch § 253 Absatz 3 Satz 5 HGB). 66

6 Die Wertminderung ist voraussichtlich nachhaltig, wenn der Steuerpflichtige hiermit aus der Sicht am Bilanzstichtag aufgrund objektiver Anzeichen ernsthaft zu rechnen hat. Aus der Sicht eines sorgfältigen und gewissenhaften Kaufmanns müssen mehr Gründe für als gegen eine Nachhaltigkeit sprechen. Grundsätzlich ist von einer voraussichtlich dauernden Wertminderung auszugehen, wenn der Wert des Wirtschaftsguts die Bewertungsobergrenze während eines erheblichen Teils der voraussichtlichen Verweildauer im Unternehmen nicht erreichen wird. Wertminderungen aus besonderem Anlass (z. B. Katastrophen oder technischer Fortschritt) sind regelmäßig von Dauer. Werterhellende Erkenntnisse bis zum Zeitpunkt der Aufstellung der Handelsbilanz sind zu berücksichtigen. Wenn keine Handelsbilanz aufzustellen ist, ist der Zeitpunkt der Aufstellung der Steuerbilanz maßgeblich.

Davon zu unterscheiden sind Erkenntnisse, die einer Wertbegründung nach dem Bilanzstichtag entsprechen.

7 Für die Beurteilung eines voraussichtlich dauernden Wertverlustes zum Bilanzstichtag kommt der Eigenart des betreffenden Wirtschaftsguts eine maßgebliche Bedeutung zu (BFH vom 26. September 2007 I R 58/06, BStBl. 2009 II S. 294; BFH vom 24. Oktober 2012 I R 43/11, BStBl. 2013 II S. 162).

2. Abnutzbares Anlagevermögen

8 Für die Wirtschaftsgüter des abnutzbaren Anlagevermögens kann von einer voraussichtlich dauernden Wertminderung ausgegangen werden, wenn der Wert des jeweiligen Wirtschaftsguts zum Bilanzstichtag mindestens für die halbe Restnutzungsdauer unter dem planmäßigen Restbuchwert liegt (BFH vom 29. April 2009 I R 74/08, BStBl. II S. 899). Die verbleibende Nutzungsdauer ist für Gebäude nach § 7 Absatz 4 und 5 EStG, für andere Wirtschaftsgüter grundsätzlich nach den amtlichen AfA-Tabellen zu bestimmen. Dies gilt auch dann, wenn der Steuerpflichtige beabsichtigt, das Wirtschaftsgut vor Ablauf seiner betriebsgewöhnlichen Nutzungsdauer zu veräußern (BFH vom 29. April 2009 I R 74/08, BStBl. II S. 899). 67

9 Beispiel 1:

Der Steuerpflichtige hat eine Maschine in 01 zu Anschaffungskosten von 100 000 € erworben. Die Nutzungsdauer beträgt zehn Jahre, die jährliche AfA beträgt 10 000 €. Im Jahre 02 beträgt der Teilwert nur noch 30 000 € bei einer Restnutzungsdauer von acht Jahren.

Lösung:

Eine Teilwertabschreibung auf 30 000 € ist zulässig. Die Minderung ist voraussichtlich von Dauer, da der Wert des Wirtschaftsguts zum Bilanzstichtag bei planmäßiger Abschreibung erst nach fünf Jahren (Ende Jahr 07), das heißt, erst nach mehr als der Hälfte der Restnutzungsdauer, erreicht wird.

10 Abwandlung:

Der Teilwert beträgt 50 000 €.

Lösung:

Eine Teilwertabschreibung auf 50 000 € ist nicht zulässig. Die Minderung ist voraussichtlich nicht von Dauer, da der Wert des Wirtschaftsguts zum Bilanzstichtag bei planmäßiger Abschreibung schon nach drei Jahren (Ende Jahr 05) und damit früher als nach mehr als der Hälfte der Restnutzungsdauer erreicht wird.

3. Nicht abnutzbares Anlagevermögen

11 Für die Wirtschaftsgüter des nichtabnutzbaren Anlagevermögens ist grundsätzlich darauf abzustellen, ob die Gründe für eine niedrigere Bewertung voraussichtlich anhalten werden. 68

Anl zu R 6.7

a) Grundstücke

12 **Beispiel 2:**

Der Steuerpflichtige ist Eigentümer eines mit Altlasten verseuchten Grundstücks. Die ursprünglichen Anschaffungskosten des Grund und Bodens betragen 200 000 €. Zum Bilanzstichtag ermittelt ein Gutachter den Wert des Grundstücks aufgrund der festgestellten Altlast mit nur noch 10 000 €. Aus umweltrechtlichen Gründen ist der Steuerpflichtige grundsätzlich verpflichtet, die Altlast zu beseitigen. Mangels akuter Umweltgefährdung wird die zuständige Behörde die Schadensbeseitigung jedoch erst fordern, wenn der Steuerpflichtige die derzeitige Nutzung des Grundstücks ändert. Die Bildung einer Rückstellung ist aus diesem Grund nicht zulässig.

Lösung:

Eine Teilwertabschreibung in Höhe von 190 000 € auf den vom Gutachter ermittelten Wert ist zulässig. Zwar ist der Steuerpflichtige grundsätzlich verpflichtet, die Altlast zu beseitigen. Allerdings ist vor dem Hintergrund einer eventuellen Nutzungsänderung des Grundstücks nicht zu erwarten, dass der Steuerpflichtige in absehbarer Zeit behördlich zur Beseitigung des Schadens aufgefordert wird. Aus der Sicht am Bilanzstichtag ist daher von einer voraussichtlich dauernden Wertminderung des Grundstücks auszugehen (vgl. Rn. 9 und 10 des BMF-Schreibens vom 11. Mai 2010, BStBl. I S. 495). Wird die Altlast später beseitigt und erhöht sich dementsprechend der Wert des Grundstücks, ist eine Zuschreibung bis höchstens zu den ursprünglichen Anschaffungskosten vorzunehmen.

13 **Beispiel 3:**

Der Steuerpflichtige betreibt ein Kiesausbeuteunternehmen. Der zu dem Unternehmen gehörende Grund und Boden ist z. T. aufgeschlossen, z. T. rekultiviert und wieder der ursprünglichen landwirtschaftlichen Nutzung zugeführt. Da die Preise für landwirtschaftliche Grundstücke allgemein gefallen sind, macht der Steuerpflichtige zum Bilanzstichtag eine Teilwertabschreibung für die Grundstücke geltend. Nach den Feststellungen des Finanzamtes übersteigen die Anschaffungskosten die Richtwerte für die verfüllten Grundstücke.

Lösung:

Eine Teilwertabschreibung ist ohne weiteres nicht zulässig. Die Preise auf dem Markt für landwirtschaftliche Grundstücke unterliegen ebenso wie die anderen Immobilienpreise marktbedingten Schwankungen. Die Preisschwankungen stellen deshalb eine nur vorübergehende Wertminderung dar. Aus diesem Grund ist es auch für die Grundstücke, auf denen noch die Kiesausbeute betrieben wird, nicht ausgeschlossen, dass die Preise bis zu dem Zeitpunkt, an dem die Kiesausbeute und die sich daran anschließende Wiederauffüllung abgeschlossen sein werden, die Anschaffungskosten wieder erreichen oder sogar noch übersteigen.

b) Forderungen

14 **Beispiel 4:**

Der Steuerpflichtige hat eine Forderung aus einem Kredit im Nennwert von 100 an die Y-KG. Wegen unerwarteter Zahlungsausfälle ist die Y-KG im Laufe des Wirtschaftsjahrs notleidend geworden. Am Bilanzstichtag kann die Forderung des Steuerpflichtigen deshalb nur in Höhe von 20% bedient werden. Bis zum Zeitpunkt der Bilanzaufstellung stellt die Y-KG wider Erwarten eine Sicherheit in Höhe von 30% der Forderung.

Lösung:

Am Bilanzstichtag ist eine Teilwertabschreibung auf die Forderung des Steuerpflichtigen in Höhe von 80% zulässig, da mit überwiegender Wahrscheinlichkeit nur mit einem Zahlungseingang von 20% gerechnet werden kann. Zwar gewinnt die Forderung bis zum Zeitpunkt der Bilanzaufstellung durch die Gestellung der Sicherheit nachträglich an Wert. Dieses – nach dem Bilanzstichtag eingetretene – Ereignis ist jedoch als wertbegründend und daher als zusätzliche Erkenntnis nicht zu berücksichtigen.

15 Der auf der Unverzinslichkeit einer im Anlagevermögen gehaltenen Forderung beruhende Wert ist keine voraussichtlich dauernde Wertminderung und rechtfertigt deshalb keine Teilwertabschreibung (BFH vom 24. Oktober 2012 I R 43/11, BStBl. 2013 II S. 162).

4. Umlaufvermögen

69 **16** Die Wirtschaftsgüter des Umlaufvermögens sind nicht dazu bestimmt, dem Betrieb auf Dauer zu dienen. Sie werden stattdessen regelmäßig für den Verkauf oder den Verbrauch gehalten. Demgemäß kommt dem Zeitpunkt der Veräußerung oder Verwendung für die Bestimmung einer voraussichtlich dauernden Wertminderung eine besondere Bedeutung zu. Hält die Minderung bis zum Zeitpunkt der Aufstellung der Bilanz (vgl. Tz. II. 1., Rn. 6) oder dem vorangegangenen Verkaufs- oder Verbrauchszeitpunkt an, so ist die Wertminderung voraussichtlich von Dauer. Zusätzliche werterhellende Erkenntnisse bis zu diesen Zeitpunkten sind in die Beurteilung einer voraussichtlich dauernden Wertminderung der Wirtschaftsgüter zum Bilanzstichtag einzubeziehen.

5. Börsennotierte, börsengehandelte und aktienindexbasierte Wertpapiere des Anlage- und Umlaufvermögens

17[1] Bei börsennotierten, börsengehandelten und aktienindexbasierten Wertpapieren des Anlage- und Umlaufvermögens ist von einer voraussichtlich dauernden Wertminderung auszugehen, wenn der Börsenwert zum Bilanzstichtag unter denjenigen im Erwerbszeitpunkt gesunken ist und der Kursverlust die Bagatellgrenze von 5% der Notierung bei Erwerb überschreitet. Bei einer vorangegangenen Teilwertabschreibung ist für die Bestimmung der Bagatellgrenze der Bilanzansatz am vorangegangenen Bilanzstichtag maßgeblich. In Fällen der Wertaufholung nach erfolgter Inanspruchnahme einer Teilwertabschreibung kommt die Bagatellgrenze von 5% nicht zur Anwendung. Die Wertaufholung ist auf den aktuellen Börsenkurs am Bilanzstichtag, maximal auf die Anschaffungskosten vorzunehmen.

18 Der Teilwert eines Wertpapiers kann nur dann nicht nach dem Kurswert (zuzüglich der im Fall eines Erwerbs anfallenden Erwerbsnebenkosten) bestimmt werden, wenn aufgrund konkreter und objektiv überprüfbarer Anhaltspunkte davon auszugehen ist, dass der Börsenpreis den tatsächlichen Anteilswert nicht widerspiegelt (BFH vom 21. September 2011 I R 89/10, BStBl. 2014 II S. 612). Dies

[1] Zur Teilwertabschreibung von Anteilen an offenen Immobilienfonds, deren Ausgabe und Rücknahme endgültig eingestellt ist, siehe *BFH vom 13. 2. 2019 XI R 41/17 (BStBl. 2021 II S. 717).*

wäre z. B. dann der Fall, wenn der Kurs durch Insidergeschäfte beeinflusst (manipuliert) wurde oder über einen längeren Zeitraum kein Handel mit den zu bewertenden Wertpapieren stattfand.

19 Bei den bis zum Tag der Bilanzaufstellung eintretenden Kursänderungen handelt es sich um wertbeeinflussende (wertbegründende) Umstände, die die Bewertung der Wertpapiere zum Bilanzstichtag grundsätzlich nicht berühren (vgl. BFH-Urteil vom 21. September 2011 I R 89/10, BStBl. 2014 II S. 612).

Die besonderen Bestimmungen unter Tzn. II. 6. (Rn. 21–23) und II. 7. (Rn. 24–26) bleiben unberührt.

20 Beispiel 5:

Der Steuerpflichtige hat Aktien der börsennotierten X-AG zum Preis von 100 €/Stück erworben. Die Aktien sind als langfristige Kapitalanlage dazu bestimmt, dauernd dem Geschäftsbetrieb zu dienen.

20 a a) Der Kurs der Aktien schwankt nach der Anschaffung zwischen 70 € und 100 €. Am Bilanzstichtag beträgt der Börsenpreis 90 €. Am Tag der Bilanzaufstellung beträgt der Wert 92 €.

Lösung:

Eine Teilwertabschreibung auf 90 € ist zulässig, da der Kursverlust am Bilanzstichtag im Vergleich zum Erwerb mehr als 5% beträgt. Die Kursentwicklung nach dem Bilanzstichtag ist als wertbegründender Umstand unerheblich.

20 b b) wie a). Am Tag der Bilanzaufstellung beträgt der Wert 80 €.

Lösung:

Eine Teilwertabschreibung ist auf 90 € zulässig, da der Kursverlust am Bilanzstichtag im Vergleich zum Erwerb mehr als 5% beträgt und die Kursentwicklung nach dem Bilanzstichtag als wertbegründender Umstand unerheblich ist. Eine Teilwertabschreibung auf 80 € ist daher nicht möglich.

20 c c) Der Kurs der Aktien schwankt nach der Anschaffung zwischen 70 € und 100 €. Am Bilanzstichtag beträgt der Börsenpreis 98 € und am Tag der Bilanzaufstellung 80 €.

Lösung:

Eine Teilwertabschreibung ist nicht zulässig, da der Kursverlust am Bilanzstichtag im Vergleich zum Erwerb nicht mehr als 5% beträgt. Die Erkenntnisse zwischen Bilanzstichtag und Aufstellung der Bilanz bleiben bei der Feststellung der voraussichtlich dauernden Wertminderung unberücksichtigt. Eine Teilwertabschreibung auf 80 € ist daher nicht möglich.

6. Festverzinsliche Wertpapiere, die eine Forderung in Höhe des Nominalwerts der Forderung verbriefen

21 Eine Teilwertabschreibung unter den Nennwert allein wegen gesunkener Kurse ist regelmäßig nicht zulässig, weil es bei festverzinslichen Wertpapieren des Anlage- und Umlaufvermögens, die eine Forderung in Höhe des Nominalwerts der Forderung verbriefen, in der Regel an einer voraussichtlich dauernden Wertminderung fehlt. Eine Teilwertabschreibung unter den Nennwert ist nur zulässig, wenn ein Bonitäts- oder Liquiditätsrisiko hinsichtlich der Rückzahlung der Nominalbeträge besteht und die Wertpapiere bei Endfälligkeit nicht zu ihrem Nennbetrag eingelöst werden können (BFH vom 8. Juni 2011 I R 98/10, BStBl. 2012 II S. 716).

22 Für börsennotierte festverzinsliche Wertpapiere, die eine Forderung in Höhe des Nominalwerts der Forderung verbriefen, gelten die unter Tz. II. 5. (Rn. 17–20 c) dargestellten Grundsätze entsprechend. Die Bagatellgrenze von 5% wird bei börsennotierten festverzinslichen Wertpapieren, die eine Forderung in Höhe des Nominalwerts der Forderung verbriefen, aber nicht angewendet.

23 Beispiel 6:

Der Steuerpflichtige hält im Umlaufvermögen börsennotierte festverzinsliche Wertpapiere im Nennwert von 100 €, die er für 102 € erworben hat und die bei Endfälligkeit zu 100% des Nennwerts eingelöst werden. Aufgrund einer Änderung des Zinsniveaus beträgt der Börsenkurs am Bilanzstichtag nur noch 98 €. Bis zum Zeitpunkt der Bilanzaufstellung hat sich der Börsenkurs auf 100,5 € erholt.

Lösung:

Der Tatsache, dass die festverzinslichen Wertpapiere im Umlaufvermögen gehalten werden, kommt bei der Beurteilung der voraussichtlichen Dauerhaftigkeit der Wertminderung keine besondere Bedeutung zu. Wie auch bei festverzinslichen Wertpapieren des Anlagevermögens ist eine Teilwertabschreibung grundsätzlich nur auf 100 € zulässig, weil die Papiere bei Fälligkeit zum Nennwert eingelöst werden (BFH-Urteil vom 8. Juni 2011 I R 98/10, BStBl. 2012 II S. 716). Die Bagatellgrenze in Höhe von 5% ist nicht anzuwenden. Im Übrigen ist der Kursanstieg bis zur Bilanzaufstellung als wertbegründender Umstand unbeachtlich.

7. Anteile an Investmentfonds, die als Finanzanlage im Anlagevermögen gehalten werden

24 Die unter Tz. II. 5. zur Bewertung von börsennotierten, börsengehandelten und aktienindexbasierten Wertpapieren des Anlage- und Umlaufvermögens aufgestellten Grundsätze sind entsprechend auf im Anlagevermögen gehaltene Investmentanteile an Publikums- und Spezial-Investmentfonds anzuwenden, wenn der Investmentfond überwiegend in börsennotierten Aktien als Vermögensgegenstände investiert ist, vgl. auch BFH vom 21. September 2011 I R 7/11 (BStBl. 2014 II S. 616). Der Investmentfond ist dann überwiegend in börsennotierten Aktien investiert, wenn mehr als 50% seines Wertes zum Bilanzstichtag in Aktien investiert ist. Abzustellen ist auf die tatsächlichen Verhältnisse beim Investmentfond am Bilanzstichtag des Anlegers. Unerheblich ist, ob der zu bewertende Investmentanteil selbst börsennotiert ist.

25 Von einer voraussichtlich dauernden Wertminderung i. S. d. § 6 Absatz 1 Nummer 2 Satz 2 EStG ist auszugehen, wenn der Preis, zu dem der Investmentanteil erworben werden kann (Ausgabepreis, zuzüglich der ggf. anfallenden Erwerbsnebenkosten), zu dem jeweils aktuellen Bilanzstichtag um mehr als 5% (sog. Bagatellgrenze) unter die Anschaffungskosten gesunken ist.

26 Bei der Beurteilung der steuerlichen Auswirkungen einer Teilwertabschreibung auf Investmentanteile auf das zu versteuernde Einkommen eines betrieblichen Anlegers sind § 8 Absatz 3 InvStG und das BMF-Schreiben vom 18. August 2009, BStBl. I S. 931, Rn. 162 ff. zu beachten.

Anl zu R 6.7

III. Wertaufholungsgebot[1]

1. Grundsätze

70 **27** Aufgrund des Wertaufholungsgebots ergibt sich der Wertansatz eines Wirtschaftsguts für jeden Bilanzstichtag aus dem Vergleich der um die zulässigen Abzüge geminderten Anschaffungs- oder Herstellungskosten oder des an deren Stelle tretenden Werts als der Bewertungsobergrenze und dem niedrigeren Teilwert als der Bewertungsuntergrenze. Hat sich der Wert des Wirtschaftsguts nach einer vorangegangenen Teilwertabschreibung wieder erhöht, so ist diese Betriebsvermögensmehrung bis zum Erreichen der Bewertungsobergrenze steuerlich zu erfassen. Dabei kommt es nicht darauf an, ob die konkreten Gründe für die vorherige Teilwertabschreibung weggefallen sind. Auch eine Erhöhung des Teilwerts aus anderen Gründen führt zu einer Korrektur des Bilanzansatzes (z. B. der Steuerpflichtige kann oder will eine dauernde Wertminderung nicht nachweisen – siehe „2. Nachweispflicht"). Gleiches gilt auch, wenn die vorherige Teilwertabschreibung steuerlich nicht oder nicht vollständig wirksam wurde (vgl. Tz. III. 3., Rn. 29). Auf die Besonderheiten bei der Wertaufholung im Zusammenhang mit der Bagatellgrenze bei börsennotierten, börsengehandelten und aktienindexbasierten Wertpapieren (vgl. Tz. II. 5., Rn. 17) wird hingewiesen.

2. Nachweispflicht

28 Grundsätzlich hat der Steuerpflichtige die Bewertungsobergrenze anhand geeigneter Unterlagen (historische Anschaffungs- oder Herstellungskosten) nachzuweisen. Vor allem bei unbebauten Grundstücken kann auf die beim zuständigen Grundbuchamt vorliegenden notariellen Verträge zurückgegriffen werden. Können die historischen Anschaffungs- oder Herstellungskosten nicht nachgewiesen werden, gilt der Buchwert, der in der ältesten noch vorhandenen Bilanz als Anfangswert für das Wirtschaftsgut ausgewiesen ist, als Bewertungsobergrenze, es sei denn, die Finanzbehörde legt – zum Beispiel auf Grund der dort vorhandenen Unterlagen – eine höhere Bewertungsobergrenze dar.

3. Steuerrechtliche Sonderregelungen (z. B. § 3 c Absatz 2 i. V. m. § 3 Nummer 40 EStG)

29 Steuerrechtliche Sonderregelungen stehen dem Wertaufholungsgebot nicht entgegen (vgl. Tz. III. 1., Rn. 27). So dienen die Regelungen der § 3 Nummer 40 und § 3 c Absatz 2 EStG der Umsetzung des Teileinkünfteverfahrens. Die Teilwertabschreibung als solche und damit das Wertaufholungsgebot bleiben hiervon unberührt.

IV. Verbindlichkeiten

1. Grundsätze

71 **30** Verbindlichkeiten sind nach § 6 Absatz 1 Nummer 3 Satz 1 erster Halbsatz EStG unter sinngemäßer Anwendung der Regelungen in § 6 Absatz 1 Nummer 2 EStG anzusetzen. Verbindlichkeiten, die Kursschwankungen unterliegen (z. B. Fremdwährungsverbindlichkeiten), sind daher unter Berücksichtigung der in diesem Schreiben für das Aktivvermögen aufgestellten Grundsätze, mit Ausnahme der Tzn. II. 5. bis II. 7., wie folgt zu bewerten:

31 Verbindlichkeiten sind mit ihrem Erfüllungsbetrag anzusetzen (§ 5 Absatz 1 Satz 1 EStG i. V. m. § 253 Absatz 1 Satz 2 HGB). Ist die Höhe der Zahlungsverpflichtung von einem bestimmten Kurswert abhängig (z. B. Fremdwährungsverbindlichkeiten), ist grundsätzlich der Wert zum Zeitpunkt des Entstehens der Verbindlichkeit maßgebend (bei Fremdwährungsverbindlichkeiten der entsprechende Wechselkurs). Nur unter der Voraussetzung einer voraussichtlich dauernden Erhöhung des Kurswertes kann an den nachfolgenden Bilanzstichtagen der höhere Wert angesetzt werden (§ 6 Absatz 1 Nummer 3 Satz 1 i. V. m. Nummer 2 Satz 2 EStG).

32[2] Eine voraussichtlich dauernde Erhöhung des Kurswertes einer Verbindlichkeit liegt nur bei einer nachhaltigen Erhöhung des Wechselkurses gegenüber dem Kurs bei Entstehung der Verbindlichkeit vor. Die Änderung ist voraussichtlich nachhaltig, wenn der Steuerpflichtige hiermit aus der Sicht des Bilanzstichtages aufgrund objektiver Anzeichen ernsthaft rechnen muss. Aus Sicht eines sorgfältigen und gewissenhaften Kaufmanns müssen mehr Gründe für als gegen eine Nachhaltigkeit sprechen. Bei Fremdwährungsverbindlichkeiten, die eine Restlaufzeit von jedenfalls zehn Jahren haben, begründet ein Kursanstieg der Fremdwährung grundsätzlich keine voraussichtlich dauernde Teilwerterhöhung; die Währungsschwankungen werden in der Regel ausgeglichen (BFH vom 23. April 2009 IV R 62/06, BStBl. II S. 778).

33 Auf den Devisenmärkten übliche Wechselkursschwankungen berechtigen nicht zu einem höheren Ansatz der Verbindlichkeit.

2. Verbindlichkeiten des laufenden Geschäftsverkehrs

34 Ist nach den Umständen des jeweiligen Einzelfalls eine Verbindlichkeit dem laufenden Geschäftsverkehr zuzuordnen und somit nicht dazu bestimmt, das Betriebskapital auf Dauer zu verstärken, kommt dem Zeitpunkt der Tilgung oder Entnahme der Verbindlichkeit für die Bestimmung einer voraussichtlich dauernden Werterhöhung eine besondere Bedeutung zu.

35 Nach der Rechtsprechung des BFH (vgl. z. B. BFH vom 31. Oktober 1990 I R 77/86, BStBl. 1991 II S. 471) ist der Begriff „Verbindlichkeit des laufenden Geschäftsverkehrs" durch folgende Merkmale gekennzeichnet:

---

[1] Das Wertaufholungsgebot ist auch insoweit verfassungsgemäß, als es Teilwertabschreibungen erfasst, die vor dessen Einführung vorgenommen worden sind *(BFH-Urteil vom 25. 2. 2010 IV R 37/07, BStBl. II S. 784).*

[2] Zur Teilwertabschreibung von Fremdwährungsverbindlichkeiten bei fundamentaler Änderung der wirtschaftlichen oder währungspolitischen Daten siehe *BFH-Urteil vom 10. 6. 2021 IV R 18/18 (BStBl. II 2022 S. 211)* und bei einer Fremdwährungsverbindlichkeit mit Restlaufzeit von mehr als zehn Jahren aufgrund von Stützungskäufen einer Notenbank siehe *BFH-Urteil vom 2. 7. 2021 X I R 29/18 (BStBl. II 2022 S. 205).*

– Ihr Entstehen hängt wirtschaftlich eng mit einzelnen bestimmbaren, nach Art des Betriebs immer wiederkehrenden und nicht die Anschaffung oder Herstellung von Wirtschaftsgütern des Anlagevermögens betreffenden laufenden Geschäftsvorfällen zusammen.
– Dieser Zusammenhang bleibt bis zur Tilgung der Verbindlichkeit erhalten.
– Die Verbindlichkeit wird innerhalb der nach Art des laufenden Geschäftsvorfalls allgemein üblichen Frist getilgt.

36 Hält eine Wechselkurserhöhung im Zusammenhang mit einer Verbindlichkeit des laufenden Geschäftsverkehrs bis zum Zeitpunkt der Aufstellung der Bilanz (vgl. Tz. II. 1., Rn. 6) oder dem vorangegangenen Tilgungs- oder Entnahmezeitpunkt an, ist davon auszugehen, dass die Werterhöhung voraussichtlich von Dauer ist. Soweit keine Handelsbilanz aufzustellen ist, ist der Zeitpunkt der Aufstellung der Steuerbilanz maßgebend. Zusätzliche Erkenntnisse bis zu diesen Zeitpunkten sind zu berücksichtigen. Allgemeine Entwicklungen, z. B. Wechselkursschwankungen auf den Devisenmärkten, sind zusätzliche Erkenntnisse und als solche in die Beurteilung einer voraussichtlich dauernden Werterhöhung einer Verbindlichkeit zum Bilanzstichtag einzubeziehen.

V. Zeitliche Anwendung

1. Grundsätze

37 Für Wirtschaftsjahre, die nach dem 31. Dezember 2008 enden, sind bei der Vornahme der steuerrechtlichen Teilwertabschreibung die Grundsätze des BMF-Schreibens vom 12. März 2010, BStBl. I S. 239, zu beachten. 72

2. Bewertung festverzinslicher Wertpapiere im Umlaufvermögen

38 Die Grundsätze des BFH-Urteils vom 8. Juni 2011 I R 98/10, BStBl. 2012 II S. 716, zur Bewertung von festverzinslichen Wertpapieren im Umlaufvermögen sind spätestens in der ersten auf einen Bilanzstichtag nach dem 22. Oktober 2012 (Tag der Veröffentlichung des BFH-Urteils vom 8. Juni 2011 im BStBl. 2012 II S. 716) aufzustellenden Bilanz anzuwenden. Die Nichtanwendung der Grundsätze des BFH-Urteils vom 8. Juni 2011 I R 98/10, BStBl. 2012 II S. 716, in einer auf einen Bilanzstichtag vor dem 23. Oktober 2012 aufzustellenden Bilanz darf aber nicht zu einem niedrigeren als dem sich aufgrund der damaligen Verwaltungsauffassung ergebenden Bilanzansatz führen.

3. Anteile an Investmentfonds, die als Finanzanlage im Anlagevermögen gehalten werden

39 Bei der Teilwertabschreibung von Anteilen an Investmentfonds, die überwiegend in börsennotierten Aktien als Vermögensgegenstände investiert sind und die als Finanzanlage im Anlagevermögen gehalten werden, wird es nicht beanstandet, wenn bei einer Teilwertabschreibung vor dem 1. Januar 2015 noch die Regelungen des BMF-Schreibens vom 5. Juli 2011 (BStBl. I S. 735) Anwendung finden, wonach bei der Ermittlung des niedrigeren Teilwerts der Rücknahmepreis zu Grunde zu legen ist.

4. Anwendung der Bagatellgrenze bei börsennotierten, börsengehandelten und aktienindexbasierten Wertpapieren des Anlage- und Umlaufvermögens

40 Die unter Tz. II. 5. zur Bewertung börsennotierter, börsengehandelter und aktienindexbasierter Wertpapiere des Anlage- und Umlaufvermögens genannten Grundsätze zur Anwendung der Bagatellgrenze von 5% sind spätestens in der ersten auf einen Bilanzstichtag nach dem 23. September 2016 aufzustellenden Bilanz anzuwenden, soweit sie nicht bereits nach dem BMF-Schreiben vom 16. Juli 2014 (BStBl. I S. 1162) anzuwenden waren.

5. Andere Wirtschaftsgüter

41 Die Grundsätze dieses Schreibens sind in allen offenen Fällen anzuwenden, soweit § 176 AO einer Änderung nicht entgegensteht.

VI. Aufhebung eines BMF-Schreibens

42 Dieses Schreiben ersetzt das BMF-Schreiben vom 16. Juli 2014 (BStBl. I S. 1162).[1]

R 6.8. Bewertung des Vorratsvermögens

R 6.8

Niedrigerer Teilwert

(1) ① Wirtschaftsgüter des Vorratsvermögens, insbesondere Roh-, Hilfs- und Betriebsstoffe, unfertige und fertige Erzeugnisse sowie Waren, sind nach § 6 Abs. 1 Nr. 2 EStG mit ihren Anschaffungs- oder Herstellungskosten (→ R 6.2 und 6.3) anzusetzen. ② Ist der Teilwert (→ R 6.7) am Bilanzstichtag auf Grund einer voraussichtlich dauernden Wertminderung niedriger, kann dieser angesetzt werden. ③ Die Vornahme einer außerplanmäßigen Abschreibung in der Handelsbilanz ist nicht zwingend in der Steuerbilanz durch eine Teilwertabschreibung nachzuvollziehen; der Stpfl. kann darauf auch verzichten. ④ Bei einer Abweichung von der Handelsbilanz sind die Wirtschaftsgüter in besondere, laufend zu führende Verzeichnisse aufzunehmen (§ 5 Abs. 1 Satz 2 EStG). 75

(2) ① Der Teilwert von Wirtschaftsgütern des Vorratsvermögens, deren Einkaufspreis am Bilanzstichtag unter die Anschaffungskosten gesunken ist, deckt sich in der Regel mit deren Wiederbeschaffungskosten am Bilanzstichtag, und zwar auch dann, wenn mit einem entsprechenden Rückgang der Verkaufspreise nicht gerechnet zu werden braucht. ② Bei der Bestimmung des Teilwerts von nicht zum Absatz bestimmten Vorräten (z. B. → Ärztemuster) kommt es nicht darauf an, welcher Einzelveräußerungspreis für das jeweilige Wirtschaftsgut erzielt werden könnte. 76

[1] Letztmals abgedruckt im „Handbuch zur ESt-Veranlagung 2015" als Anlage zu R 6.7 EStR.

③ Sind Wirtschaftsgüter des Vorratsvermögens, die zum Absatz bestimmt sind, durch Lagerung, Änderung des modischen Geschmacks oder aus anderen Gründen im Wert gemindert, ist als niedrigerer Teilwert der Betrag anzusetzen, der von dem voraussichtlich erzielbaren Veräußerungserlös nach Abzug des durchschnittlichen Unternehmergewinns und des nach dem Bilanzstichtag noch anfallenden betrieblichen Aufwands verbleibt. ④ Im Regelfall kann davon ausgegangen werden, dass der Teilwert dem Betrag entspricht, der sich nach Kürzung des erzielbaren Verkaufserlöses um den nach dem Bilanzstichtag noch anfallenden Teil des durchschnittlichen Rohgewinnaufschlags ergibt. ⑤ Soweit es dem Stpfl. auf Grund der tatsächlichen Gegebenheiten des Betriebs, z. B. wegen Fehlens entsprechender Warenwirtschaftssysteme, nicht möglich ist, die für die Ermittlung des Teilwerts nach Satz 3 (sog. Subtraktionsmethode) notwendigen Daten zu Grunde zu legen, ist es nicht zu beanstanden, wenn der Teilwert nach folgender Formel ermittelt wird (sog. → Formelmethode):

$$X = Z : (1 + Y1 + Y2 \times W).$$

⑥ Dabei sind:

X	der zu suchende Teilwert
Z	der erzielbare Verkaufspreis
Y1	der Durchschnittsunternehmergewinnprozentsatz (bezogen auf die Anschaffungskosten)
Y2	der Rohgewinnaufschlagsrest
W	der Prozentsatz an Kosten, der noch nach Abzug des durchschnittlichen Unternehmergewinnprozentsatzes vom Rohgewinnaufschlagssatz nach dem Bilanzstichtag anfällt

⑦ Macht ein Stpfl. für Wertminderungen eine Teilwertabschreibung geltend, muss er die voraussichtliche dauernde Wertminderung nachweisen. ⑧ Dazu muss er Unterlagen vorlegen, die aus den Verhältnissen seines Betriebs gewonnen sind und die eine sachgemäße Schätzung des Teilwerts ermöglichen. In der Regel sind die tatsächlich erzielten Verkaufspreise für die im Wert geminderten Wirtschaftsgüter in der Weise und in einer so großen Anzahl von Fällen nachzuweisen, dass sich daraus ein repräsentativer Querschnitt für die zu bewertenden Wirtschaftsgüter ergibt und allgemeine Schlussfolgerungen gezogen werden können. ⑩ Bei Wirtschaftsgütern des Vorratsvermögens, für die ein Börsen- oder Marktpreis besteht, darf dieser nicht überschritten werden, es sei denn, dass der objektive Wert der Wirtschaftsgüter höher ist oder nur vorübergehende, völlig außergewöhnliche Umstände den Börsen- oder Marktpreis beeinflusst haben; der Wertansatz darf jedoch die Anschaffungs- oder Herstellungskosten nicht übersteigen.

Einzelbewertung

77 (3) ① Die Wirtschaftsgüter des Vorratsvermögens sind grundsätzlich einzeln zu bewerten. ② Enthält das Vorratsvermögen am Bilanzstichtag Wirtschaftsgüter, die im Verkehr nach Maß, Zahl oder Gewicht bestimmt werden (vertretbare Wirtschaftsgüter) und bei denen die Anschaffungs- oder Herstellungskosten wegen Schwankungen der Einstandspreise im Laufe des Wirtschaftsjahres im Einzelnen nicht mehr einwandfrei feststellbar sind, ist der Wert dieser Wirtschaftsgüter zu schätzen. ③ In diesen Fällen stellt die Durchschnittsbewertung (Bewertung nach dem gewogenen Mittel der im Laufe des Wirtschaftsjahres erworbenen und gegebenenfalls zu Beginn des Wirtschaftsjahres vorhandenen Wirtschaftsgüter) ein zweckentsprechendes Schätzungsverfahren dar.

Gruppenbewertung

78 (4) ① Zur Erleichterung der Inventur und der Bewertung können gleichartige Wirtschaftsgüter des Vorratsvermögens jeweils zu einer Gruppe zusammen gefasst und mit dem gewogenen Durchschnittswert angesetzt werden. ② Die Gruppenbildung und → Gruppenbewertung darf nicht gegen die Grundsätze ordnungsmäßiger Buchführung verstoßen. ③ Gleichartige Wirtschaftsgüter brauchen für die Zusammenfassung zu einer Gruppe (→ R 6.9 Abs. 3) nicht gleichwertig zu sein. ④ Es muss jedoch für sie ein Durchschnittswert bekannt sein. ⑤ Das ist der Fall, wenn bei der Bewertung der gleichartigen Wirtschaftsgüter ein ohne Weiteres feststellbarer, nach den Erfahrungen der betreffenden Branche sachgemäßer Durchschnittswert verwendet wird. ⑥ Macht der Stpfl. glaubhaft, dass in seinem Betrieb in der Regel die zuletzt beschafften Wirtschaftsgüter zuerst verbraucht oder veräußert werden – das kann sich z. B. aus der Art der Lagerung ergeben –, kann diese Tatsache bei der Ermittlung der Anschaffungs- oder Herstellungskosten berücksichtigt werden. ⑦ Zur Bewertung nach unterstelltem Verbrauchsfolgeverfahren → R 6.9.

H 6.8

Ärztemuster. Ein als unverkäuflich gekennzeichnetes Ärztemuster ist grundsätzlich mit den Herstellungskosten zu aktivieren (→ BFH vom 30. 1. 1980 – BStBl. II S. 327).

79 **Beispiele für die Bewertung von Wirtschaftsgütern des Vorratsvermögens, die durch Lagerung, Änderung des modischen Geschmacks oder aus anderen Gründen im Wert gemindert sind (→ R 6.8 Abs. 2 ff.):**

– **Subtraktionsmethode.** Die Anwendung der Subtraktionsmethode setzt voraus, dass aus der Betriebsabrechnung die nach dem Bilanzstichtag bei den einzelnen Kostenarten noch jeweils anfallenden Kosten ersichtlich sind.

Beispiel:

Der Stpfl. hat einen Warenbestand einer zu bewertenden Gruppe mit Anschaffungskosten von 10 000 €. Der Rohgewinnaufschlagssatz für diese Warengruppe beträgt 100%. Der noch erzielbare Verkaufspreis beträgt 40% des ursprünglichen Verkaufspreises (40% von 20 000 € = 8000 €). Der durchschnittliche Unternehmergewinn beträgt 5% des noch erzielbaren Verkaufspreises (= 400 €). Nach dem Bilanzstichtag fallen ausweislich der Betriebsabrechnung noch 70% der betrieblichen Kosten an. Die betrieblichen Kosten errechnen sich ausgehend von dem ursprünglich geplanten Verkaufspreis (20 000 €), der um die Anschaffungskosten und den durchschnittlichen Unternehmergewinn, bezogen auf den ursprünglichen Verkaufspreis (5% von 20 000 € = 1000 €), vermindert wird.
Niedrigerer Teilwert = voraussichtlich erzielbarer Verkaufserlös ./. durchschnittlicher Unternehmergewinn ./. des nach dem Bilanzstichtag noch anfallenden betrieblichen Aufwands
X = 8000 € ./. 400 € ./. 70% von 9000 € (ursprünglicher Verkaufspreis 20 000 € ./. durchschnittlicher Unternehmergewinn 1000 € ./. Anschaffungskosten 10 000 €)
X = 8000 € ./. 400 € ./. 6300 €
X = 1300 €

– **Formelmethode.** In den Fällen, in denen der Stpfl. keine Betriebsabrechnung hat, die die für die Ermittlung des Teilwerts nach der Subtraktionsmethode notwendigen Daten liefert, ist es nicht zu beanstanden, die Formelmethode zu Grunde zu legen.

Beispiel:

Der Stpfl. hat einen Warenbestand einer zu bewertenden Gruppe mit Anschaffungskosten von 10 000 €. Sein durchschnittlicher Rohgewinnaufschlagssatz beträgt 150% der Anschaffungskosten. Der noch erzielbare Verkaufspreis beträgt 75% des ursprünglichen Verkaufspreises (75% von 25 000 € = 18 750 €). Der durchschnittliche Unternehmergewinn beträgt 5% des ursprünglichen Verkaufspreises, das entspricht 12,5% der Anschaffungskosten. Die nach dem Bilanzstichtag noch anfallenden betrieblichen Kosten, d. h. der dann noch anfallende Kostenanteil des ursprünglichen Rohgewinnaufschlagssatzes ohne den hierin enthaltenen Gewinnanteil, werden mit 60% geschätzt.
X = 18 750 € : (1 + 12,5% + 137,5% × 60%)
X = 18 750 € : (1 + 0,125 + 0,825)
X = 18 750 € : 1,95
X = 9615 €

Ersatzteile im Kfz-Handel → H 6.7.

Festwert
– Begriff und Zulässigkeit → § 240 Abs. 3 i. V. m. § 256 Satz 2 HGB
– Ansatzvoraussetzungen und Bemessung → BMF vom 8. 3. 1993 (BStBl. I S. 276)
– Bestandsaufnahme und Wertanpassung → R 5.4 Abs. 3 Satz 2 bis 5,
– → H 5.4
– Der Festwert darf nur der Erleichterung der Inventur und der Bewertung, nicht jedoch dem Ausgleich von Preisschwankungen, insbesondere Preissteigerungen, dienen (→ BFH vom 1. 3. 1955 – BStBl. III S. 144 und vom 3. 3. 1955 – BStBl. III S. 222).

Gruppenbewertung → § 240 Abs. 4 i. V. m. § 256 Satz 2 HGB.

Retrograde Bewertungsmethode
– Die verlustfreie Bewertung von Waren und sonstigem Vorratsvermögen ist nicht auf die Bewertung großer Warenlager beschränkt, bei denen es technisch schwierig ist, die Wareneinstandspreise im Einzelnen zu ermitteln, sie kann auch bei individualisierbaren Wirtschaftsgütern mit bekannten Anschaffungskosten und selbst dann eine geeignete Methode zur Ermittlung des Teilwerts sein, wenn am Bilanzstichtag der kalkulierte oder der nach den Erfahrungen der Vergangenheit voraussichtlich erzielbare Veräußerungserlös den Anschaffungskosten entspricht oder darunter liegt. Bei der retrograden Bestimmung des Teilwerts sind als Selbstkosten insbesondere die noch anfallenden Verkaufs-, Vertriebs- und Reparaturkosten sowie ggf. auch anteilige betriebliche Fixkosten zu berücksichtigen (→ BFH vom 25. 7. 2000 – BStBl. 2001 II S. 566).
– → H 6.7 (Retrograde Wertermittlung).

Wertlosigkeit. Wirtschaftsgüter, die wertlos oder so gut wie wertlos sind, dürfen auch von Stpfl., die den Gewinn nach § 4 Abs. 1 EStG ermitteln, nicht mit den Anschaffungs- oder Herstellungskosten ausgewiesen werden (→ BFH vom 1. 12. 1950 – BStBl. 1951 III S. 10).

R 6.9. Bewertung nach unterstellten Verbrauchs- und Veräußerungsfolgen[1] R 6.9

Allgemeines

(1) ① Andere Bewertungsverfahren mit unterstellter Verbrauchs- oder Veräußerungsfolge als die in § 6 Abs. 1 Nr. 2a EStG genannte Lifo-Methode sind steuerrechtlich nicht zulässig. ② Die Anwendung der Lifo-Methode setzt nicht voraus, dass der Stpfl. die Wirtschaftsgüter auch in der Handelsbilanz nach dieser Methode bewertet. ③ Eine Einzelbewertung der Wirtschaftsgüter **85**

[1] Zur Lifo-Bewertung in der Weinwirtschaft vgl. *BMF-Schreiben vom 28. 3. 1990 (BStBl. I S. 148).*
Zur Lifo-Methode in der Sekundärrohstoff- und Entsorgungswirtschaft vgl. *Erlaß Bayern 31 a – S 2174 – 65/5 – 32569 vom 21. 5. 1992 (Beck Verw 150362).*
Wegen Anwendung der Lifo-Methode auf Fleisch siehe *Erlaß FM Thüringen vom 3. 6. 1997 S 2174 A – 16/97 – 203.1 (DStR S. 1123).*
Zur Lifo-Methode bei der Bewertung von Tabakwaren siehe *Vfg. BayLfSt vom 23. 10. 2009 S 2174.1.1 – 5/16 St 33/St 32 (DStR S. 2318).*

in der Handelsbilanz steht der Anwendung der Lifo-Methode nicht entgegen. ④ Bei einer Abweichung von der Handelsbilanz sind die Wirtschaftsgüter in besondere, laufend zu führende Verzeichnisse aufzunehmen (§ 5 Abs. 1 Satz 2 EStG).

Grundsätze ordnungsmäßiger Buchführung

86 (2) ① Die Lifo-Methode muss den handelsrechtlichen Grundsätzen ordnungsmäßiger Buchführung entsprechen. ② Das bedeutet nicht, dass die Lifo-Methode mit der tatsächlichen Verbrauchs- oder Veräußerungsfolge übereinstimmen muss; sie darf jedoch, wie z.B. bei leicht verderblichen Waren, nicht völlig unvereinbar mit dem betrieblichen Geschehensablauf sein. ③ Die Lifo-Methode muss nicht auf das gesamte Vorratsvermögen angewandt werden. ④ Sie darf auch bei der Bewertung der Materialbestandteile unfertiger oder fertiger Erzeugnisse angewandt werden, wenn der Materialbestandteil dieser Wirtschaftsgüter in der Buchführung getrennt erfasst wird und dies handelsrechtlichen Grundsätzen ordnungsmäßiger Buchführung entspricht.

Gruppenbildung

87 (3) ① Für die Anwendung der Lifo-Methode können gleichartige Wirtschaftsgüter zu Gruppen zusammengefasst werden. ② Zur Beurteilung der Gleichartigkeit sind die kaufmännischen Gepflogenheiten, insbesondere die marktübliche Einteilung in Produktklassen unter Beachtung der Unternehmensstruktur, und die allgemeine Verkehrsanschauung heranzuziehen. ③ Wirtschaftsgüter mit erheblichen Qualitätsunterschieden sind nicht gleichartig. ④ Erhebliche Preisunterschiede sind Anzeichen für Qualitätsunterschiede.

Methoden der Lifo-Bewertung

88 (4) ① Die Bewertung nach der Lifo-Methode kann sowohl durch permanente Lifo als auch durch Perioden-Lifo erfolgen. ② Die permanente Lifo setzt eine laufende mengen- und wertmäßige Erfassung aller Zu- und Abgänge voraus. ③ Bei der Perioden-Lifo wird der Bestand lediglich zum Ende des Wirtschaftsjahres bewertet. ④ Dabei können Mehrbestände mit dem Anfangsbestand zu einem neuen Gesamtbestand zusammengefasst oder als besondere Posten (Layer) ausgewiesen werden. ⑤ Bei der Wertermittlung für die Mehrbestände ist von den Anschaffungs- oder Herstellungskosten der ersten Lagerzugänge des Wirtschaftsjahres oder von den durchschnittlichen Anschaffungs- oder Herstellungskosten aller Zugänge des Wirtschaftsjahres auszugehen. ⑥ Minderbestände sind beginnend beim letzten Layer zu kürzen.

Wechsel der Bewertungsmethoden

89 (5) ① Von der Lifo-Methode kann in den folgenden Wirtschaftsjahren nur mit Zustimmung des Finanzamts abgewichen werden (§ 6 Abs. 1 Nr. 2a Satz 3 EStG). ② Der Wechsel der Methodenwahl bei Anwendung der Lifo-Methode (→ Absatz 4) bedarf nicht der Zustimmung des Finanzamts. ③ Der Grundsatz der → Bewertungsstetigkeit ist jedoch zu beachten.

Niedrigerer Teilwert

90 (6) ① Wird der Ansatz des niedrigeren Teilwerts gewählt (§ 6 Abs. 1 Nr. 2 Satz 2 EStG), ist der Teilwert der zu einer Gruppe zusammengefassten Wirtschaftsgüter mit dem Wertansatz, der sich nach Anwendung der Lifo-Methode ergibt, zu vergleichen. ② Hat der Stpfl. Layer gebildet (→ Absatz 4), ist der Wertansatz des einzelnen Layer mit dem Teilwert zu vergleichen und kann gegebenenfalls gesondert auf den niedrigeren Teilwert abgeschrieben werden.

Übergang zur Lifo-Methode

91 (7) Der beim Übergang zur Lifo-Methode vorhandene Warenbestand ist mit dem steuerrechtlich zulässigen Wertansatz fortzuführen, den der Stpfl. in der Handelsbilanz des Wirtschaftsjahres gewählt hat, das dem Wirtschaftsjahr des Übergangs zur Lifo-Methode vorangeht (Ausgangswert).

H 6.9

Bewertungsstetigkeit → § 252 Abs. 1 Nr. 6 HGB.

92 **Gebrauchtwagen.** Keine Anwendung der sog. Lifo-Methode → BFH vom 20. 6. 2000 (BStBl. 2001 II S. 636).

Grundsätze ordnungsmäßiger Buchführung. Eine Bewertung nach der sog. Lifo-Methode entspricht nicht den handelsrechtlichen Grundsätzen ordnungsmäßiger Buchführung und ist deshalb auch steuerrechtlich ausgeschlossen, wenn Vorräte mit – absolut betrachtet – hohen Erwerbsaufwendungen in Frage stehen, die Anschaffungskosten ohne Weiteres identifiziert und den einzelnen Vermögensgegenständen angesichts derer individueller Merkmale ohne Schwierigkeiten zugeordnet werden können (→ BFH vom 20. 6. 2000 – BStBl. 2001 II S. 636).

Lifo-Methode → BMF vom 12. 5. 2015 (BStBl. I S. 462).[1]

---

[1] Nachstehend abgedruckt.

Anl zu H 6.9

Schreiben betr. Bewertung des Vorratsvermögens gemäß § 6 Absatz 1 Nummer 2 a EStG – Lifo-Methode

Vom 12. Mai 2015 (BStBl. I S. 462)

(BMF IV C 6 – S 2174/07/10001 :002; DOK 2015/0348300)

Gemäß § 6 Absatz 1 Nummer 2 a EStG können Steuerpflichtige, die den Gewinn nach § 5 EStG ermitteln, für den Wertansatz gleichartiger Wirtschaftsgüter des Vorratsvermögens unterstellen, dass die zuletzt angeschafften oder hergestellten Wirtschaftsgüter zuerst verbraucht oder veräußert worden sind, soweit dies den handelsrechtlichen Grundsätzen ordnungsmäßiger Buchführung entspricht („last in – first out"). Durch die steuerliche Anerkennung der Lifo-Methode mit dem Steuerreformgesetz 1990 sollte neben der Bewertungsvereinfachung auch die Verhinderung der Besteuerung von Scheingewinnen erreicht werden (BT-Drs. 11/2157 S. 140 und BT-Drs. 11/2536 S. 47). Zur Zulässigkeit der Anwendung dieses Bewertungsvereinfachungsverfahrens nehme ich im Einvernehmen mit den obersten Finanzbehörden der Länder wie folgt Stellung: 93

1. Wirtschaftsgüter des Vorratsvermögens

1 Wirtschaftsgüter des Vorratsvermögens, für die eine Anwendung der Lifo-Methode in Betracht kommt, sind gemäß § 266 Absatz 2 Buchstabe B I. HGB Roh-, Hilfs- und Betriebsstoffe, unfertige Erzeugnisse, fertige Erzeugnisse und Waren.

2. Grundsätze ordnungsmäßiger Buchführung

2 Die Bewertung des Vorratsvermögens unter Anwendung der Lifo-Methode setzt voraus, dass sie den handelsrechtlichen Grundsätzen ordnungsmäßiger Buchführung entspricht. Diese Voraussetzung ist erfüllt, wenn die am Schluss des Wirtschaftsjahres vorhandenen Wirtschaftsgüter mengenmäßig vollständig erfasst sind und die Anwendung der Lifo-Methode nach den betriebsindividuellen Verhältnissen zu einer Vereinfachung bei der Bewertung des Vorratsvermögens führt.

3 § 6 Absatz 1 Nummer 2 a EStG enthält eine Ausnahme vom Einzelbewertungsgrundsatz. Zu diesem Zweck wird für den Wertansatz des Vorratsvermögens unterstellt, dass die zuletzt angeschafften oder hergestellten Wirtschaftsgüter zuerst verbraucht oder veräußert werden. Einer weiteren Prüfung, ob eine Durchbrechung dieses Einzelbewertungsgrundsatzes zulässig ist, bedarf es daher nicht. Die weitere Voraussetzung der Entsprechung mit den handelsrechtlichen Grundsätzen ordnungsmäßiger Buchführung verlangt nur, dass die Bewertung des Vorratsvermögens nach dem Wirtschaftlichkeits- und Wesentlichkeitsgrundsatz zu einer Bewertungsvereinfachung führt.

3. Anwendbarkeit der Lifo-Methode

4 Für die Anwendung der Lifo-Methode können gleichartige Wirtschaftsgüter zu einer Gruppe zusammengefasst werden. Wirtschaftsgüter sind gleichartig, wenn es sich bei diesen um eine gleichartige Warengattung handelt oder sie funktionsgleich sind (siehe auch R 6.9 Absatz 3 EStR). Das Bewertungswahlrecht kann für verschiedene Bewertungsgruppen unterschiedlich ausgeübt werden. Sämtliche Wirtschaftsgüter einer Bewertungsgruppe sind nach einheitlichen Grundsätzen zu bewerten. Der Steuerpflichtige darf die Lifo-Methode auch bei der Bewertung der Materialbestandteile unfertiger oder fertiger Erzeugnisse anwenden (zu den weiteren Voraussetzungen siehe R 6.9 Absatz 2 Satz 4 EStR). Zum Wechsel der Bewertungsmethoden vgl. R 6.9 Absatz 5 EStR.

5 Die Lifo-Methode muss nicht mit der tatsächlichen Verbrauchs- oder Veräußerungsfolge übereinstimmen. Sie ist somit unabhängig vom Vorhandensein besonderer ordnungsrechtlicher Vorschriften (z. B. Lebensmittelrecht) zulässig. Auch Zertifizierungs-Verfahren, die eine bestimmte tatsächliche Verbrauchsfolge vorschreiben, schließen die Anwendung der Lifo-Methode nicht aus.

a) Handelsware

6 Ist es bei zum Verkauf und nicht zur weiteren Ver- oder Bearbeitung bestimmten Vorräten (Handelsware) z. B. durch im Betrieb eingesetzte moderne EDV-Systeme technisch möglich, die individuellen Anschaffungskosten der einzelnen Wirtschaftsgüter ohne weiteres zu ermitteln (z. B. durch Codierung), so ist die Anwendung der Lifo-Methode unzulässig. Zur Bewertungsvereinfachung ist die Lifo-Methode für Handelsware jedoch zulässig, wenn durch den Einsatz solcher EDV-Systeme eine Einzelbewertung der Wirtschaftsgüter zwar möglich wäre, dies aber weiteren Aufwand oder weitere Rechen- oder Ermittlungsschritte erfordern würde (z. B. Zuordnung weiterer anteiliger Anschaffungsnebenkosten, aber auch weitere Programmierungs- oder Implementierungsschritte oder Kosten für den zusätzlichen manuellen Erfassungsaufwand in der Buchhaltung). Der Umfang dieser weiteren Ermittlungsschritte ist dabei unbeachtlich.

b) Ver- oder bearbeitete Erzeugnisse

7 Handelt es sich bei den Vorräten um Erzeugnisse, die im Betrieb erst nach einer weiteren Ver- oder Bearbeitung von Roh-, Hilfs- und Betriebsstoffen hergestellt wurden (z. B. durch Verbindung oder Trennung/Teilung, Ver- oder Entmischung, Verformung), sind zur Ermittlung der individuellen Anschaffungs- oder Herstellungskosten weitere Kosten aus dem Fertigungsprozess in die Einzelkosten einzubeziehen. Für diese Fertig- oder Teilfertigerzeugnisse ist auch bei Einsatz eines elektronischen Warenwirtschaftssystems die Anwendung der Lifo-Methode zulässig. Dies gilt für die zugehörigen Roh-, Hilfs- und Betriebsstoffe sowie unfertigen Erzeugnisse entsprechend.

8 Eine Codierung der Ausgangs-, Zwischen- oder Endprodukte ist für die Anwendung der Lifo-Methode unschädlich.

c) Verderbliche Vorräte

9 Sind Vorräte dauerhaft haltbar oder werden sie dies durch Be- und Verarbeitung, darf die Lifo-Methode angewandt werden. Als dauerhaft gilt eine Haltbarkeit von mindestens einem Jahr. Haben Vorräte eine geringere Haltbarkeit, so ist die Lifo-Methode nicht zulässig, weil eine Verbrauchs- oder Veräußerungsfolge, wonach die zuletzt gekauften Waren als erstes verarbeitet und verkauft werden, dem betrieblichen Geschehensablauf völlig widerspricht.

4. Einzelbewertung im HGB- oder IFRS-Abschluss

10 Bei der Bewertung nach § 6 Absatz 1 Nummer 2 a EStG handelt es sich um ein eigenständiges steuerliches Wahlrecht, das unabhängig davon ausgeübt werden kann, ob in der Handelsbilanz das entsprechende Wahlrecht gemäß § 256 Satz 1 HGB ausgeübt wird; jedoch muss dem Grunde nach auch handelsrechtlich die Anwendung des Bewertungsvereinfachungsverfahrens Lifo zulässig sein. Auch eine Einzelbewertung im IFRS-Abschluss steht der Anwendung der Lifo-Methode in der Steuerbilanz nicht entgegen.

5. Anwendung

11 Die Regelungen sind in allen offenen Fällen anwendbar.

R 6.10

R 6.10. Bewertung von Verbindlichkeiten[1] *(unbesetzt)*

95

H 6.10

96

Abzinsung. Grundsätze für die Abzinsung von Verbindlichkeiten nach § 6 Abs. 1 Nr. 3 EStG (→ BMF vom 26. 5. 2005 – BStBl. I S. 699).[2]

Anschaffungskosten. Als Anschaffungskosten einer Verbindlichkeit gilt der Nennwert (Rückzahlungsbetrag) der Verbindlichkeit (→ BFH vom 4. 5. 1977 – BStBl. II S. 802).

Bearbeitungsgebühren. Gebühren, die ein Schuldner an ein Kreditinstitut für die Übernahme einer Bürgschaft zu zahlen hat, sind auf die Zeit, für die sich das Kreditinstitut vertraglich verbürgt hat, aktiv abzugrenzen (→ BFH vom 19. 1. 1978 – BStBl. II S. 262).

Damnum

– Darlehensschulden, bei denen der dem Schuldner zugefallene Betrag (Ausgabebetrag) niedriger als der Rückzahlungsbetrag ist, sind mit dem Rückzahlungsbetrag anzusetzen; der Unterschiedsbetrag (Agio, Disagio, Damnum, Abschluss-, Bearbeitungs- oder Verwaltungsgebühren) ist als Rechnungsabgrenzungsposten auf die Laufzeit des Darlehens zu verteilen (→ BFH vom 19. 1. 1978 – BStBl. II S. 262).

– → aber Zinsfestschreibung.

Eiserne Verpachtung. Zur Gewinnermittlung bei der Verpachtung von Betrieben mit Substanzerhaltungspflicht des Pächters nach §§ 582 a, 1048 BGB → BMF vom 21. 2. 2002 (BStBl. I S. 262).[3]

Fremdwährungsverbindlichkeiten. Voraussichtlich dauernde Werterhöhung bei Kursschwankungen unterliegenden Verbindlichkeiten (→ BMF vom 2. 9. 2016 – BStBl. I S. 995).[4]

Kreditbedingungen. Eine Verbesserung der allgemeinen Kreditbedingungen seit der Darlehensaufnahme rechtfertigt es nicht, einen bei der Kreditaufnahme aktivierten Rechnungsabgrenzungsposten niedriger anzusetzen (→ BFH vom 20. 11. 1969 – BStBl. 1970 II S. 209).

Optionsprämie → H 4.2 (15).

Passivierungsverbot nach § 5 Abs. 2 a EStG → H 5.1.

Pfandverbindlichkeiten → H 6.1 (Leergut in der Getränkeindustrie).

Rangrücktrittsvereinbarungen. Zur Passivierung von Verbindlichkeiten bei Vereinbarung eines einfachen oder qualifizierten Rangrücktritts → BMF vom 8. 9. 2006 (BStBl. I S. 497).[5]

Rentenverpflichtungen

– Rentenverpflichtungen sind – vorbehaltlich → R 6 a – mit dem Barwert anzusetzen (→ BFH vom 31. 1. 1980 – BStBl. II S. 491).

– Ergibt sich bei einer betrieblichen Versorgungsrente aus dem Inhalt der Versorgungszusage, dass eine rechtliche Abhängigkeit zwischen den Pensionszahlungen und der Erzielung von Gewinnen aus dem Betrieb nicht gegeben ist, kann die Passivierung der Rentenverpflichtung nicht mit der Begründung versagt werden, die Rentenzahlungen belasteten die Gewinne späterer Jahre (→ BFH vom 7. 4. 1994 – BStBl. II S. 740).

---

[1] Siehe hierzu „Beck'sches Steuerberater-Handbuch 2023/2024", Teil Z, Rz. 11 f., Bewertungsrechtliche Tabellen.
Verbindlichkeiten, die mit an Sicherheit grenzender Wahrscheinlichkeit nicht erfüllt werden müssen, dürfen weder in der Handels- noch in der Steuerbilanz passiviert werden. Dies gilt auch dann, wenn solche Verbindlichkeiten Teil eines Gesamtbestandes von Verpflichtungen und angesichts ihres geringen Einzelwerts und nach den Umständen ihrer Begründung einer individuellen Bewertung nicht zugänglich sind. *BFH-Urteil vom 22. 11. 1988 VIII R 62/85 (BStBl. 1989 II S. 359).* Ergänzend siehe *BFH-Urteil vom 27. 3. 1996 I R 3/95 (BStBl. II S. 470).*

[2] Nachstehend abgedruckt.

[3] Abgedruckt als Anlage zu H 6.11.

[4] Vorstehend abgedruckt als Anlage zu R 6.7 EStR.

[5] Abgedruckt als Anlage c zu R 4.2 (15) EStR.

Umschuldung. Im Falle einer Umschuldung ist der bisherige Rechnungsabgrenzungsposten nur dann in voller Höhe aufzulösen, wenn die abgegrenzten Beträge in keinem wirtschaftlichen Zusammenhang mit dem neuen oder veränderten Darlehen stehen (→ BFH vom 13. 3. 1974 – BStBl. II S. 359).

Verbindlichkeiten mit steigenden Zinssätzen. Wegen der Verpflichtung, eine am Bilanzstichtag bestehende Darlehensverbindlichkeit – mit fest vereinbarter Vertragslaufzeit und ohne ordentliche Kündigungsmöglichkeit – in späteren Jahren höher zu verzinsen (Darlehen mit steigenden Zinssätzen), ist in der Bilanz grundsätzlich eine Verbindlichkeit oder eine Rückstellung wegen eines wirtschaftlichen Erfüllungsrückstandes auszuweisen. Für die Höhe des zu passivierenden Erfüllungsrückstandes ist auf die dem Vertrag zu Grunde liegende Durchschnittsverzinsung abzustellen. Die so ermittelte Zinsverbindlichkeit ist grundsätzlich abzuzinsen (→ BFH vom 25. 5. 2016 – BStBl. II S. 930).

Verjährung. Eine Verbindlichkeit ist gewinnerhöhend auszubuchen, wenn anzunehmen ist, dass sich der Schuldner auf deren Verjährung beruft (→ BFH vom 9. 2. 1993 – BStBl. II S. 543).

Vermittlungsprovision. Aufwendungen, die dem Darlehensnehmer im Zusammenhang mit der Darlehensaufnahme durch Zahlungen an Dritte entstehen, z. B. Vermittlungsprovisionen, sind Betriebsausgaben des Jahres, in dem sie anfallen (→ BFH vom 4. 5. 1977 – BStBl. II S. 802).

Wohnungsbaudarlehen. Abzinsung → BMF vom 23. 8. 1999 (BStBl. I S. 818).

Zahlungsunfähigkeit. Der Umstand, dass der Schuldner bei Fälligkeit der Verpflichtung zahlungsunfähig ist, rechtfertigt allein keine gewinnerhöhende Ausbuchung der Verbindlichkeit (→ BFH vom 9. 2. 1993 – BStBl. II S. 747).

Zinsfestschreibung. Ist der Zinsfestschreibungszeitraum kürzer als die Darlehenslaufzeit, ist der Rechnungsabgrenzungsposten für ein Disagio, Damnum, etc. auf diesen Zeitraum zu verteilen (→ BFH vom 21. 4. 1988 – BStBl. 1989 II S. 722).

Anl zu R 6.10

Schreiben betr. Abzinsung von Verbindlichkeiten und Rückstellungen in der steuerlichen Gewinnermittlung nach § 6 Abs. 1 Nrn. 3 und 3a EStG in der Fassung des Steuerentlastungsgesetzes 1999/2000/2002

Vom 26. Mai 2005 (BStBl. I S. 699)

(BMF IV B 2 – S 2175 – 7/05)

Inhaltsübersicht

Anl zu R 6.10

Nach § 6 Abs. 1 Nr. 3 und 3a Buchstabe e Satz 1 des Einkommensteuergesetzes (EStG) in der Fassung des Steuerentlastungsgesetzes 1999/2000/2002 (BGBl. 1999 I S. 402) sind Verbindlichkeiten und Rückstellungen mit einem Zinssatz von 5,5% abzuzinsen.[2] Die Neuregelung ist für nach dem 31. Dezember 1998 endende Wirtschaftsjahre anzuwenden (§ 52 Abs. 16 Satz 2 EStG)[3]. Ausgenommen sind Verbindlichkeiten und Rückstellungen, deren Laufzeiten am Bilanzstichtag weniger als 12 Monate betragen, die verzinslich sind oder auf einer Anzahlung oder Vorausleistung beruhen. Nach dem Ergebnis einer Erörterung mit den obersten Finanzbehörden der Länder gilt für die Abzinsung von Verbindlichkeiten und Rückstellungen Folgendes:

A. Bewertungsverfahren

97 **1** Bei der Abzinsung von Verbindlichkeiten und Rückstellungen nach § 6 Abs. 1 Nr. 3 und 3a EStG sind finanz- oder versicherungsmathematische Grundsätze unter Berücksichtigung eines Zinssatzes von 5,5% anzuwenden.

2 Aus Vereinfachungsgründen kann der Abzinsungsbetrag auch nach §§ 12 bis 14 Bewertungsgesetz (BewG) ermittelt werden. Die vereinfachten Bewertungsverfahren sind einheitlich für alle abzuzinsenden Verbindlichkeiten oder Rückstellungen maßgebend und an den nachfolgenden Bilanzstichtagen beizubehalten.

98 B. Abzinsung von Verbindlichkeiten in der steuerlichen Gewinnermittlung[4]

I. Abzinsung von unverzinslichen Verbindlichkeiten, die in einem Betrag fällig sind (Fälligkeitsdarlehen)

1. Ermittlung der maßgebenden Restlaufzeit am Bilanzstichtag

a) Grundsätze

3 Die (verbleibende) Laufzeit einer Verbindlichkeit am Bilanzstichtag ist tagegenau zu berechnen. Dabei kann aus Vereinfachungsgründen das Kalenderjahr mit 360 Tagen, jeder volle Monat mit 30 Tagen, der Monat, in dem der Fälligkeitstag liegt, mit der Anzahl der tatsächlichen Tage einschließlich des Fälligkeitstages, höchstens jedoch mit 30 Tagen gerechnet werden.

4 Grundsätzlich ist der vereinbarte Rückzahlungszeitpunkt maßgebend. Ist nach den Verhältnissen am Bilanzstichtag davon auszugehen, dass die Rückzahlung voraussichtlich zu einem anderen Zeitpunkt erfolgt, ist dieser zu berücksichtigen.

Beispiel 1

Nach dem Darlehensvertrag beträgt die Laufzeit einer Verbindlichkeit am Bilanzstichtag 31. 12. 2001 noch zwei Jahre (Rückzahlung am 31. 12. 2003). Eine vorzeitige Tilgung ist jedoch möglich. Im Dezember 2001 hat der Schuldner mitgeteilt, dass die Rückzahlung voraussichtlich bereits am 31. 12. 2002 erfolgen wird.
Die voraussichtliche Restlaufzeit beträgt nach den Erkenntnissen am Bilanzstichtag 31. 12. 2001 noch zwölf Monate. Der vertragliche Rückzahlungstermin ist unbeachtlich.

b) Vom Leben bestimmter Personen abhängige Laufzeit

5 Ist die Laufzeit einer unverzinslichen Verbindlichkeit durch das Leben einer oder mehrerer Personen bedingt, ist bei Anwendung der Vereinfachungsregelung nach Randnummer 2 zur Berechnung der Laufzeit von der mittleren Lebenserwartung der betreffenden Personen am Bilanzstichtag auszugehen. Die jeweilige mittlere Lebenserwartung ergibt sich aus der „Sterbetafel für die Bundesrepublik Deutschland 1986/88 nach dem Gebietsstand seit dem 3. Oktober 1990" (vgl. Tabelle 1 in Anlage).

c) Verbindlichkeiten mit unbestimmter Laufzeit

6 Steht am Bilanzstichtag der Rückzahlungszeitpunkt einer unverzinslichen Verbindlichkeit, deren Fälligkeit nicht vom Leben einer oder mehrerer bestimmter Personen abhängt, nicht fest, ist vorrangig die Restlaufzeit zu schätzen. Das gilt auch dann, wenn die Darlehensvereinbarung eine jederzeitige Kündbarkeit vorsieht oder die gesetzliche Kündigungsfrist nach § 488 Abs. 3 des Bürgerlichen Gesetzbuches

---

[1] EStG i. d. F. vor BilMoG.

[2] Dies gilt auch für unverzinsliche betriebliche Verbindlichkeiten aus Angehörigendarlehen, *BFH-Urteil vom 13. 7. 2017 VI R 62/15 (BStBl. 2018 II S. 15).*

[3] EStG i. d. F vor BiLMoG.

[4] Überholt durch § 6 Abs. 1 Nr. 3 i. d. F. des Artikel 3 des Vierten Corona-Steuerhilfegesetzes vom 19. 6. 2022 (BGBl. I S. 911); die Regelung ist erstmals für Wj. anzuwenden, die nach dem 31. 12. 2022 enden. Auf Antrag ist die Regelung auch für frühere Wj. anzuwenden, siehe § 52 Abs. 12 Satz 2 und 3 EStG.

(BGB) in der Fassung des Gesetzes zur Modernisierung des Schuldrechtes vom 26. November 2001 (BGBl. I S. 3138) nicht ausgeschlossen wird.[1] Anl zu R 6.10

7 Liegen für eine objektive Schätzung der Restlaufzeit keine Anhaltspunkte vor, kann hilfsweise § 13 Abs. 2 BewG analog angewendet werden:

Nach § 13 Abs. 2 BewG sind Nutzungen und Leistungen von unbestimmter Dauer, die nicht vom Leben bestimmter Personen abhängen, mit dem 9,3fachen des Jahreswertes zu bewerten. Nach der Tabelle 3 (Vervielfältiger für Tilgungsdarlehen, vgl. Randnummer 10) entspricht dieser Faktor unter Berücksichtigung der Randnummer 3 einer Laufzeit von zwölf Jahren, zehn Monaten und zwölf Tagen. Dementsprechend ergibt sich nach Tabelle 2 für Fälligkeitsdarlehen (vgl. Randnummer 8) ein Vervielfältiger von 0,503.

2. Maßgebender Vervielfältiger

8 Bei Anwendung der Vereinfachungsregelung nach Randnummer 2 erfolgt die Bewertung einer unverzinslichen Verbindlichkeit, die in einem Betrag fällig ist, mittels der als Anlage beigefügten siehe Tabelle 2. Dabei ist der Nennwert der Verbindlichkeit mit dem von der Restlaufzeit abhängigen Vervielfältiger zu multiplizieren.

Beispiel 2

Die Restlaufzeit einer Verbindlichkeit beträgt am Bilanzstichtag 31. 12. 2001 noch ein Jahr, drei Monate und zehn Tage. Bei Anwendung der Vereinfachungsregelung ist der maßgebende Vervielfältiger nach Tabelle 2 wie folgt zu interpolieren:

Vervielfältiger für zwei Jahre:	0,898
Vervielfältiger für ein Jahr:	0,948
Differenz:	– 0,050
davon ($^3/_{12}$ + $^{10}/_{360}$):	– 0,014
interpoliert (0,948–0,014):	**0,934**

In der steuerlichen Gewinnermittlung zum 31. 12. 2001 ist die Verbindlichkeit (Nennwert 100 000 €) somit in Höhe von 100 000 € x 0,934 = 93 400 € anzusetzen.

II. Abzinsung von unverzinslichen Verbindlichkeiten, die in gleichen Jahresraten getilgt werden (Tilgungsdarlehen)

1. Ermittlung der maßgebenden Restlaufzeit am Bilanzstichtag

9 Die Restlaufzeit einer Verbindlichkeit, die in gleichen Jahresraten getilgt wird (Tilgungsdarlehen), endet unter sinngemäßer Anwendung der Randnummern 3 und 4 mit Fälligkeit der letzten Rate.

Beispiel 3

Zum Bilanzstichtag 31. 12. 2001 ist eine unverzinsliche Verbindlichkeit mit einem Restwert von 10 000 € zu bewerten, die an jedem ersten Tag eines Monats in Höhe von 500 € zu tilgen ist.

Zum Bilanzstichtag 31. 12. 2001 sind noch insgesamt 20 Monatsraten à 500 € erforderlich, um die Verbindlichkeit vollständig zu tilgen. Die letzte Zahlung wird demnach am 1. 8. 2003 erfolgen. Die Restlaufzeit zum Bilanzstichtag 31. 12. 2001 beträgt somit ein Jahr, sieben Monate und ein Tag.

2. Jahreswert und maßgebender Vervielfältiger (Kapitalwert)

10 Bei Anwendung der Vereinfachungsregelung nach Randnummer 2 erfolgt die Bewertung einer unverzinslichen Verbindlichkeit, die in gleichen Jahresraten getilgt wird (Tilgungsdarlehen), mittels der als Anlage beigefügten Tabelle 3. Dabei ist der Jahreswert (Jahresbetrag) der Verbindlichkeit mit dem von der Restlaufzeit abhängigen Vervielfältiger zu multiplizieren. Der Jahreswert ist die Summe der Zahlungen innerhalb eines Jahres.

Beispiel 4

Sachverhalt wie Beispiel 3, von der Vereinfachungsregelung wird Gebrauch gemacht.

Der Jahreswert beträgt 12 × 500 € = 6000 €. Zum Bilanzstichtag 31. 12. 2001 ist eine Restlaufzeit von 1 Jahr und 7 Monaten und 1 Tag maßgebend. Der Vervielfältiger (Kapitalwert) nach Tabelle 3 ermittelt sich wie folgt:

Kapitalwert für 2 Jahre:	1,897
Kapitalwert für 1 Jahr:	0,974
Differenz:	0,923
davon ($^7/_{12}$ + $^1/_{360}$):	0,541
interpoliert 0,974 + 0,541:	1,515

In der steuerlichen Gewinnermittlung zum 31. 12. 2001 ist die Verbindlichkeit mit 6000 € x 1,515 = 9090 € anzusetzen.

III. Ausnahmen von der Abzinsung

11 Eine Abzinsung unterbleibt, wenn die Laufzeit der Verbindlichkeit am Bilanzstichtag weniger als 12 Monate beträgt, die Verbindlichkeit verzinslich ist oder auf einer Anzahlung oder Vorausleistung beruht (§ 6 Abs. 1 Nr. 3 Satz 2 EStG). Der Steuerpflichtige hat darzulegen, dass ein Tatbestand des § 6 Abs. 1 Nr. 3 Satz 2 EStG vorliegt.

1. Laufzeit am Bilanzstichtag von weniger als zwölf Monaten[2]

12 Eine Laufzeit von weniger als zwölf Monaten ist gegeben, wenn die Verbindlichkeit vor Ablauf eines Jahres nach dem Bilanzstichtag vollständig getilgt wird. Auf die Randnummern 4 bis 7 wird hingewiesen.

---

[1] Siehe auch *BFH-Beschluss vom 6. 10. 2009 I R 4/08 (BStBl. 2010 II S. 177)* und *BFH-Urteil vom 27. 1. 2010 I R 35/09 (BStBl. II S. 478).*

[2] Ein mit gesetzlicher Frist kündbares Darlehen begründet keine Verbindlichkeit mit einer Laufzeit von weniger als 12 Monaten, wenn nach den Erfahrungen der Vergangenheit keine alsbaldige Kündigung droht *(BFH-Urteil vom 27. 1. 2010 I R 35/09, BStBl. II S. 478).*

Anl zu R 6.10

2. Verzinsliche Verbindlichkeiten

a) Allgemeines

13 Eine verzinsliche Verbindlichkeit liegt vor, wenn ein Zinssatz von mehr als 0% vereinbart wurde. Dabei ist es unerheblich, ob am Bilanzstichtag fällige Zinsen auch tatsächlich gezahlt wurden. So ist bei einer Stundung von Zinszahlungen weiterhin eine verzinsliche Verbindlichkeit anzunehmen.

14 Stehen einer Verbindlichkeit keine Kapitalverzinsung, sondern andere wirtschaftliche Nachteile[1, 2] gegenüber (z. B. Verpflichtung zur unentgeltlichen Überlassung eines Wirtschaftsgutes des Betriebsvermögens), liegt eine verzinsliche Verbindlichkeit vor.

15 Die mit der Gewährung von Darlehen zur Förderung des sozialen Wohnungsbaus, des Wohnungsbaus für Angehörige des öffentlichen Dienstes und des Bergarbeiterwohnungsbaus oder anderer Förderprogramme im Bereich des Wohnungswesens verbundenen Auflagen, die den Darlehensnehmer insbesondere dazu verpflichten, die geförderten Wohnungen nur bestimmten Wohnungssuchenden zu überlassen (Belegungsbindung) oder Vorteile aus der Zinslosigkeit in Form von preisgünstigen Mieten an Dritte weiterzugeben, entsprechen in ihrem wirtschaftlichen Gehalt einer Zinsvereinbarung; derartige Darlehen sind nicht abzuzinsen (BMF-Schreiben vom 23. August 1999, BStBl. I S. 818). Entsprechendes kann gelten, wenn zinslose Kredite im Rahmen einer Regionalförderung an Unternehmen zweckgebunden gewährt werden und die Zweckbindung ihrem wirtschaftlichen Gehalt nach einer Zinsbelastung entspricht (z. B. Verpflichtung zur Schaffung zusätzlicher Dauerarbeitsplätze über einen bestimmten Zeitraum).

16 Ist nach den Umständen des jeweiligen Einzelfalles davon auszugehen, dass bei wirtschaftlicher Betrachtung eine Verzinslichkeit (d. h. eine Gegenleistung für die Kapitalüberlassung) nicht gegeben ist, liegt eine unverzinsliche Verbindlichkeit vor.

b) Verbindlichkeiten, die zeitweise verzinslich sind

17 Ist nach der Darlehensvereinbarung nur in bestimmten Zeiträumen eine Verzinsung vorgesehen, liegt eine verzinsliche Verbindlichkeit vor.[3] In diesem Fall unterbleibt eine Abzinsung; Randnummer 16 ist zu beachten.

Beispiel 5

A gewährt Unternehmer U am 1. 1. 2001 ein Darlehen über 50 000 €. Die Rückzahlung soll am 31. 12. 2005 erfolgen. Eine vorzeitige Rückzahlung ist möglich. Für den Zeitraum 1. 1. 2004 bis 31. 10. 2004 sind Zinsen in Höhe von 5% p. a. zu entrichten.
Es handelt sich um ein verzinsliches Darlehen im Sinne von § 6 Abs. 1 Nr. 3 Satz 2 EStG, auch wenn teilweise keine Verzinsung vorgesehen ist. Eine Abzinsung unterbleibt.

Weiterführung Beispiel 5

Das Darlehen wird vorzeitig am 31. 12. 2003 zurückgezahlt.
Die jeweiligen Bilanzansätze zum 31. 12. 2001 und 31. 12. 2002 bleiben unverändert, auch wenn das Darlehen aufgrund der vorzeitigen Tilgung vor Beginn des Zinslaufes tatsächlich unverzinst bleibt.

18[4] Entsteht oder entfällt aufgrund eines bestimmten Ereignisses die Verzinslichkeit im Sinne von § 6 Abs. 1 Nr. 3 Satz 2 EStG (z. B. neue vertragliche Vereinbarung zu den Zinskonditionen, Eintritt einer Bedingung), ist die Verbindlichkeit für die Anwendung der Steuerrechtsnorm ab dem Bilanzstichtag, der dem Ereignis folgt, nach den vorgenannten Grundsätzen neu zu bewerten. Das gilt unabhängig von der zivilrechtlichen Rechtslage. Die Bilanzansätze der dem Ereignis vorangegangenen Wirtschaftsjahre bleiben unberührt.

c) Verbindlichkeiten, deren Verzinsung vom Eintritt eines bestimmten Ereignisses abhängt (bedingt verzinsliche Verbindlichkeiten)

19 Hängt nach der Darlehensvereinbarung die Verzinslichkeit im Sinne von § 6 Abs. 1 Nr. 3 Satz 2 EStG vom Eintritt einer Bedingung ab, bleibt diese Bedingung zunächst unberücksichtigt. Bei Eintritt der Bedingung gilt Randnummer 18 entsprechend.

Beispiel 6

A gewährt dem Unternehmer B am 1. 1. 2000 ein betriebliches Fälligkeitsdarlehen, das jährlich mit 5% zu verzinsen ist. Fallen im Betrieb des B vor Rückzahlung des Darlehens Verluste an, entfällt die Verzinsung rückwirkend ab Beginn der Laufzeit. Bereits gezahlte Zinsen sind zu erstatten. Im Wirtschaftsjahr 1. 1. 2002 bis 31. 12. 2002 erwirtschaftet B einen Verlust.
Die Bedingung (Entstehung eines Verlustes) ist erst zu berücksichtigen, wenn sie eingetreten ist (Randnummer 19). Die Verbindlichkeit ist daher als verzinsliches Darlehen (zunächst) nicht abzuzinsen. Der Verlust in 2002 führt zu einem die Verzinslichkeit beeinflussenden Ereignis im Sinne der Randnummer 18. Ab dem Bilanzstichtag, der dem Verlustentstehungsjahr folgt, d. h. ab dem 31. 12. 2003, ist die Verbindlichkeit abzuzinsen. Die Bilanzstichtage 31. 12. 2000 bis 31. 12. 2002 (keine Abzinsung) bleiben unberührt.

Beispiel 7

Nach der Darlehensvereinbarung ist die betriebliche Verbindlichkeit nur dann (rückwirkend) zu verzinsen, wenn der Gläubiger seinen Arbeitsplatz verliert und innerhalb eines Jahres keine neue Anstellung findet.

---

[1] Die bloße Zweckbindung ist nicht geeignet, einen die Verzinsung ersetzenden Nachteil zu begründen, denn sie ändert nichts daran, dass der Zinsvorteil dem Darlehensnehmer ungeschmälert zugute kommt *(BFH-Urteil vom 27. 1. 2010 I R 35/09, BStBl. II S. 478).*

[2] Zu anderen wirtschaftlichen Nachteilen von Banken bei Null- und Negativzinsen siehe *Vfg. LfSt Niedersachsen vom 2. 5. 2019 S 2741-436-St 242 (DStR S. 1308).*

[3] Das gilt auch dann, wenn vor dem Bilanzstichtag eine Zinsvereinbarung getroffen wurde, die erst für Zeiträume nach diesem Bilanzstichtag eine Verzinsung vorsieht, *BFH-Urteil vom 18. 9. 2018 XI R 30/16 (BStBl. 2019 II S. 67).*

[4] Bestätigt durch *BFH-Urteil vom 22. 5. 2019 X R 19/17 (BStBl. II S. 795).*

Das Darlehen ist (zunächst) unverzinslich und daher abzuzinsen. Bei Eintritt der Bedingung ist die Verbindlichkeit zu verzinsen, so dass ab dem diesem Ereignis folgenden Bilanzstichtag der Nennwert anzusetzen ist. Die vorangegangenen Bewertungen bleiben aber unberührt (Randnummer 18).

3. Anzahlungen oder Vorausleistungen

20 Anzahlungen und Vorausleistungen sind Vorleistungen, die in Erfüllung eines zu einem späteren Zeitpunkt noch zu vollziehenden Rechtsgeschäftes erbracht werden (vgl. auch Urteil des Bundesfinanzhofes – BFH – vom 2. Juni 1978 – BStBl. II S. 475 – und vom 21. November 1980, BStBl. 1981 II S. 179).

IV. Unverzinsliche Verbindlichkeiten von Körperschaften gegenüber ihren Anteilseignern

21 Erhält eine Körperschaft von einem Anteilseigner ein unverzinsliches Darlehen, sind die Regelungen zur Abzinsung von Verbindlichkeiten anzuwenden.[1] Das gilt auch für verbundene Unternehmen (z. B. Organschaften). Ein Darlehen ist verzinslich im Sinne von § 6 Abs. 1 Nr. 3 Satz 2 EStG, wenn anstelle der Kapitalverzinsung andere Gegenleistungen im Sinne der Randnummern 14 und 15 gewährt werden.

22 Die gewinnmindernden Erhöhungen der abgezinsten Verbindlichkeiten aufgrund kürzerer Restlaufzeiten sind keine Vergütungen im Sinne von § 8 a KStG.

V. Unverzinsliche Verbindlichkeiten innerhalb einer Mitunternehmerschaft im Sinne von § 15 Abs. 1 Satz 1 Nr. 2 EStG

23 Die o. g. Regelungen zur Abzinsung von Verbindlichkeiten gelten auch bei Darlehen innerhalb einer Mitunternehmerschaft im Sinne von § 15 Abs. 1 Satz 1 Nr. 2 EStG, soweit es sich dabei ertragsteuerlich nicht um Einlagen oder Entnahmen handelt (vgl. z. B. BFH-Urteile vom 12. Dezember 1996, BStBl. 1998 II S. 180 zu Kapitalüberlassungen eines Gesellschafters an seine Personengesellschaft[2] und vom 9. Mai 1996, BStBl. II S. 642 zu Darlehen von Personengesellschaften an deren Mitunternehmer).

C. Abzinsung von Rückstellungen in der steuerlichen Gewinnermittlung

I. Abzinsung von Rückstellungen für Geld- und Sachleistungsverpflichtungen

1. Ermittlung der voraussichtlichen Restlaufzeit einer Rückstellung am Bilanzstichtag 99

a) Grundsatz

24 Die voraussichtliche Restlaufzeit einer Rückstellung für eine ungewisse Verpflichtung am Bilanzstichtag ist nach den Umständen des jeweiligen Einzelfalles zu schätzen; die Randnummern 3 bis 7 gelten entsprechend. Hinsichtlich der Berechnung des Abzinsungsbetrages wird auf die Randnummern 1 und 2 verwiesen.

b) Geldleistungsverpflichtungen

25 Bei der Ermittlung der Laufzeit einer Geldleistungsverpflichtung ist auf den voraussichtlichen Erfüllungszeitpunkt abzustellen. Sind mehrere Teilbeträge zu entrichten, ist die Rückstellung entsprechend aufzuteilen. Die Teilleistungen sind dann hinsichtlich ihrer Fälligkeit einzeln zu beurteilen.

c) Sachleistungsverpflichtungen

26 Bei Sachleistungsverpflichtungen ist gemäß § 6 Abs. 1 Nr. 3a Buchstabe e Satz 2 EStG auf den Zeitraum bis zum Beginn der Erfüllung der Verpflichtung abzustellen. Ist eine in Teilleistungen zu erbringende Verpflichtung als Einheit zu sehen, ist der Beginn der ersten Teilleistung maßgebend.

d) Garantie- und Gewährleistungsrückstellungen

27 Die Laufzeit von Einzelrückstellungen für Garantie- und Gewährleistungsansprüche (Sachleistungsverpflichtungen) ist nach den Umständen des jeweiligen Einzelfalles zu schätzen. Auf Pauschalrückstellungen findet das Abzinsungsgebot gemäß § 6 Abs. 1 Nr. 3a Buchstabe e EStG aus Vereinfachungsgründen keine Anwendung.

2. Maßgebender Vervielfältiger

28 Bei Anwendung der Vereinfachungsregelung nach Randnummer 2 erfolgt die Bewertung einer abzuzinsenden Rückstellung für eine Geld- oder Sachleistungsverpflichtung mittels siehe Tabelle 2. Dabei ist die Rückstellung unter Berücksichtigung der Wertverhältnisse am Bilanzstichtag mit dem von der Restlaufzeit abhängigen Vervielfältiger zu multiplizieren.

II. Abzinsung von Rückstellungen für Verpflichtungen, für deren Entstehen im wirtschaftlichen Sinne der laufende Betrieb ursächlich ist

29 Nach § 6 Abs. 1 Nr. 3a Buchstabe d Satz 1 EStG sind Rückstellungen für Verpflichtungen, für deren Entstehen im wirtschaftlichen Sinne der laufende Betrieb ursächlich ist, zeitanteilig in gleichen Raten anzusammeln. Gleichzeitig sind die ratierlich angesammelten Rückstellungen abzuzinsen (§ 6 Abs. 1 Nr. 3a Buchstabe e Satz 1 EStG). Bei der Abzinsung gelten die Randnummern 24 bis 28 entsprechend.

Beispiel 8

Unternehmer U pachtet ab 1. 1. 2001 für 20 Jahre ein unbebautes Grundstück und errichtet eine betrieblich genutzte Lagerhalle. U hat sich verpflichtet, die Lagerhalle nach Ablauf des Pachtvertrages abzureißen. Die voraussichtlichen Kosten betragen nach den Verhältnissen des Bilanzstichtages 31. 12. 2001 insgesamt 20 000 €, am 31. 12. 2002 21 000 €. Bei der Abzinsung soll die Vereinfachungsregelung angewendet werden.

---

[1] Bestätigt durch *BFH-Beschluss vom 6. 10. 2009 I R 4/08 (BStBl. 2010 II S. 177).* Siehe auch *BFH-Urteil vom 27. 1. 2010 I R 35/09 (BStBl. II S. 478).*

[2] Siehe auch *BFH-Urteil vom 24. 1. 2008 IV R 37/06 (BStBl. 2011 II S. 617).*

Anl zu R 6.10

Für die Abrissverpflichtung hat U eine Rückstellung für ungewisse Verbindlichkeiten zu bilden. Da für das Entstehen der Verpflichtung im wirtschaftlichen Sinne der laufende Betrieb ursächlich ist (Nutzung der Lagerhalle), ist die Rückstellung nach § 6 Abs. 1 Nr. 3 a Buchstabe d Satz 1 EStG zeitanteilig in gleichen Raten anzusammeln.

Bewertung am Bilanzstichtag 31. 12. 2001
Zum 31. 12. 2001 ist unter Berücksichtigung der Wertverhältnisse am Bilanzstichtag eine Rückstellung von $^{1}/_{20}$ × 20 000 € = 1000 € anzusetzen, die zusätzlich nach § 6 Abs. 1 Nr. 3 a Buchstabe e Satz 1 EStG abzuzinsen ist. Der Beginn der Erfüllung der Sachleistungsverpflichtung (Abbruch) ist voraussichtlich der 31. 12. 2020 (Ablauf des Pachtvertrages). Am 31. 12. 2001 ist somit eine Restlaufzeit von 19 Jahren maßgebend. Nach Tabelle 2 ergibt sich ein Vervielfältiger von 0,362. Der Ansatz in der steuerlichen Gewinnermittlung zum 31. 12. 2001 beträgt somit 1000 € × 0,362 = 362 €.

Bewertung am Bilanzstichtag 31. 12. 2002
Am 31. 12. 2002 sind unter Berücksichtigung der erhöhten voraussichtlichen Kosten nach den Verhältnissen am Bilanzstichtag 31. 12. 2002 und einer Restlaufzeit von 18 Jahre $^{2}/_{20}$ x 21 000 € x 0,381 = 800 € anzusetzen.

III. Ausnahmen von der Abzinsung

30 Die Ausnahmen hinsichtlich der Abzinsung von Verbindlichkeiten (§ 6 Abs. 1 Nr. 3 Satz 2 EStG) gelten nach § 6 Abs. 1 Nr. 3 a Buchstabe e Satz 1 zweiter Halbsatz EStG entsprechend. Somit unterbleibt eine Abzinsung, wenn die Laufzeit der Rückstellung am Bilanzstichtag weniger als zwölf Monate beträgt, die auf der Rückstellung basierende ungewisse Verbindlichkeit verzinslich ist oder die Rückstellung auf einer Anzahlung oder Vorausleistung beruht.

1. Laufzeit am Bilanzstichtag von weniger als zwölf Monaten

31 Auf die Randnummern 24 bis 27 wird hingewiesen.

2. Verzinslichkeit der einer Rückstellung zugrunde liegenden Verbindlichkeit

a) Grundsatz

32 Für die Frage, ob die einer Rückstellung zugrunde liegende Verbindlichkeit verzinslich ist, gelten die in Abschnitt B genannten Regelungen (Randnummern 13 bis 18) zur Verzinslichkeit von Verbindlichkeiten entsprechend.

b) Rückstellungen für Steuerschulden

33 Rückstellungen für Steuerschulden, die nach § 233 a Abgabenordnung – AO – verzinst werden, sind nicht abzuzinsen. Insoweit basiert die ungewisse Verbindlichkeit auf einer zeitweise verzinslichen Verpflichtung im Sinne der Randnummer 17. Aus Vereinfachungsgründen gilt dies auch dann, wenn möglicherweise Zinsen nicht festgesetzt werden (z. B. bei einer Steuerfestsetzung vor Beginn des Zinslaufs nach § 233 a Abs. 2 AO).

3. Auf Anzahlungen oder Vorausleistungen beruhende Rückstellungen

34 Auf Randnummer 20 wird verwiesen.

D. Rücklagen nach § 52 Abs. 16 EStG[1]

100 **1. Gesetzliche Regelung**

35 Nach § 52 Abs. 16 Sätze 10 und 12 EStG[1] gelten die Regelungen in § 6 Abs. 1 Nr. 3 und 3 a EStG auch für Verbindlichkeiten und Rückstellungen, die bereits zum Ende eines vor dem 1. Januar 1999 endenden Wirtschaftsjahres angesetzt oder gebildet worden sind. Für den entsprechenden, aufgrund der erstmaligen Abzinsung entstandenen Gewinn kann jeweils in Höhe von neun Zehntel eine den Gewinn mindernde Rücklage gebildet werden (Wahlrecht), die in den folgenden neun Wirtschaftsjahren jeweils mit mindestens einem Neuntel gewinnerhöhend aufzulösen ist (§ 52 Abs. 16 Sätze 11 und 14 EStG[1]). Scheidet die gesamte Verbindlichkeit während des Auflösungszeitraums aus dem Betriebsvermögen aus oder ist die gesamte Rückstellung aufzulösen, ist die entsprechende Rücklage zum Ende des Wirtschaftsjahres des Ausscheidens oder der Auflösung in vollem Umfang gewinnerhöhend aufzulösen. Wird die Verbindlichkeit nicht vollständig, sondern lediglich bis auf einen geringen Restbetrag getilgt, ist zu prüfen, ob im Hinblick auf § 52 Abs. 16 Satz 11 zweiter Teilsatz EStG[1] ein Missbrauch von Gestaltungsmöglichkeiten im Sinne von § 42 AO vorliegt. Die Rücklage ist in Übereinstimmung mit der handelsrechtlichen Jahresbilanz zu bilden (§ 5 Abs. 1 Satz 2 EStG); die steuerrechtliche Anerkennung der Rücklage ist jedoch vom Ausweis eines entsprechenden Sonderpostens mit Rücklagenanteil in der Handelsbilanz nur abhängig, soweit auch in der Handelsbilanz durch Abzinsung ein entsprechend höherer Gewinn ausgewiesen wird.

36 Die genannten Grundsätze gelten nicht für Gewinne aus der Abzinsung von Verbindlichkeiten und Rückstellungen, die erstmals in nach dem 31. Dezember 1998 endenden Wirtschaftsjahren passiviert werden.

2. Rücklagefähige Gewinne

37 Es ist ausschließlich die Gewinnauswirkung aufgrund der erstmaligen Anwendung der Abzinsungsregelung rücklagefähig. Sonstige gewinnwirksame Änderungen der Bewertung einer Verbindlichkeit oder Rückstellung bleiben unberücksichtigt. Dabei ist die am Ende des dem Wirtschaftsjahr der erstmaligen Abzinsung vorangegangenen Wirtschaftsjahres passivierte Verbindlichkeit oder Rückstellung (Ausgangswert) nach den Verhältnissen am Ende des Wirtschaftsjahres der erstmaligen Anwendung der Abzinsungsregelung abzuzinsen. Soweit im Wirtschaftsjahr der erstmaligen Abzinsung Änderungen zu einer gewinnerhöhenden Verminderung der abzuzinsenden Verbindlichkeit oder Rückstellung führen (z. B. geringere voraussichtliche Aufwendungen), sind diese Änderungen vom Ausgangswert abzuziehen.

[1] EStG i. d. F. vor BilMoG.

Anl zu R 6.10

Beispiel 9

Wie Beispiel 8, der Bilanzstichtag 31. 12. 2001 ist jedoch durch 31. 12. 1998 und der Bilanzstichtag 31. 12. 2002 durch 31. 12. 1999 (erstmalige gesetzliche Abzinsung) zu ersetzen. Die noch in Deutsche Mark aufzustellende Bilanz 31. 12. 1998 wurde aus Vereinfachungsgründen in Euro umgerechnet.

In der steuerlichen Gewinnermittlung 31. 12. 1998 ist die Ansammlungsrückstellung nach bisheriger Rechtslage noch nicht abzuzinsen und somit in Höhe von 1000 € anzusetzen. Bei der Bewertung der Rückstellungen in der steuerlichen Gewinnermittlung 31. 12. 1999 ist erstmals eine Abzinsung erforderlich.

Ohne Abzinsung wäre die Rückstellung mit $^2/_{20} \times 21\,000$ € = 2100 € zu bewerten. Die Gewinnminderung aufgrund der aufzustockenden Rückstellung würde 1100 € betragen. Nach der gesetzlichen Neuregelung sind jedoch $^2/_{20} \times 21\,000$ € $\times$ 0,381 = 800 € anzusetzen, so dass die bisherige Rückstellung um 200 € zu vermindern ist und sich der Gewinn entsprechend erhöht.

Rücklagefähig nach § 52 Abs. 16 EStG[1] ist die Gewinnauswirkung aus der Abzinsung der Rückstellung zum 31. 12. 1998 (1000 €) mit dem Abzinsungsfaktor am Ende des Wirtschaftsjahres 1999. Eine Korrektur des Rückstellungsansatzes 31. 12. 1998 als Ausgangswert für die Abzinsung erfolgt nicht, da die Rückstellung in 1999 vor der Abzinsung nicht zu vermindern, sondern ausschließlich zu erhöhen ist.

Ansatz zum 31. 12. 1998:	1000 €
Ansatz nach Abzinsung mit dem Faktor am 31. 12. 1999: 1000 € × 0,381 =	381 €
Abzinsungsbetrag:	619 €
davon rücklagefähig $^9/_{10}$ =	**557 €**

Beispiel 10

In der Bilanz 31. 12. 1998 wurde eine Rückstellung für eine unverzinsliche, ungewisse Verbindlichkeit mit 10 0000 € bewertet (zur Vereinfachung Umrechnung DM in €). Nach den Erkenntnissen bei Aufstellung der Bilanz zum 31. 12. 1999 werden die voraussichtlichen Aufwendungen jedoch nur 80 000 € betragen (voraussichtliche Erfüllung in fünf Jahren). Bei der Abzinsung wird von der Vereinfachungsregelung Gebrauch gemacht.

In der Bilanz 31. 12. 1999 sind die voraussichtlichen Aufwendungen in Höhe von 80 000 € maßgebend. Zudem ist die Rückstellung nach § 6 Abs. 1 Nr. 3 a Buchstabe e EStG abzuzinsen. Es ergibt sich ein Ansatz von 80 000 € × 0,765 = 61 200 € und eine Gewinnerhöhung von 100 000 € – 61 200 € = 38 800 €.

Rücklagefähig ist jedoch nur der Teil der Gewinnerhöhung, der auf der (erstmaligen) Abzinsung beruht:

Ansatz am 31. 12. 1998 abzüglich der Verminderung in 1999 vor der Abzinsung (100 000 € – 20 000 €):	80 000 €
Ansatz nach Abzinsung mit dem Faktor am 31. 12. 1999: 80 000 € × 0,765 =	61 200 €
Abzinsungsbetrag:	18 800 €
davon rücklagefähig $^9/_{10}$:	**16 920 €**

3. Auflösung der Rücklage

38 Die Rücklage ist in den dem Wirtschaftsjahr der Bildung folgenden Wirtschaftsjahren jeweils mit mindestens $^1/_9$ gewinnerhöhend aufzulösen. Das gilt auch dann, wenn die tatsächliche oder voraussichtliche Restlaufzeit kürzer ist als der Auflösungszeitraum. In diesen Fällen ist die verbleibende Rücklage bei Ausscheiden der Verbindlichkeit oder bei Auflösung der Rückstellung in einem Betrag gewinnerhöhend aufzulösen.

Fortsetzung Beispiel 10

Zum 31. 12. 1999 wird eine den Gewinn mindernde Rücklage von 16 920 € passiviert, die in den folgenden Wirtschaftsjahren mindestens zu $^1/_9$ = 1880 € gewinnerhöhend aufzulösen ist. Da die Rückstellung zum 31. 12. 2004 aufgelöst wird, ist auch die verbleibende Rücklage von 16 920 € – (1880 € × 4) = 9400 € gewinnerhöhend auszubuchen.

Die Ausbuchung des höheren Restbetrages kann beispielsweise dadurch vermieden werden, dass anstelle der jährlichen Auflösung von $^1/_9$ die Rücklage an den Bilanzstichtagen 31. 12. 2000 bis 31. 12. 2004 zu je $^1/_5$ = 3384 € gewinnerhöhend aufgelöst wird. Ein höherer Restbetrag bei Auflösung der Rückstellung verbleibt in diesem Fall nicht.

E. Gewerbesteuerliche Behandlung 101

39 Aus dem Abzinsungsvorgang nach § 6 Abs. 1 Nr. 3 EStG ergeben sich keine Dauerschuldentgelte im Sinne von § 8 Nr. 1 Gewerbesteuergesetz (GewStG).

F. Buchtechnische Abwicklung 102

40 Die Abzinsungsregelungen nach § 6 Abs. 1 Nr. 3 und 3 a Buchstabe e Satz 1 und 2 EStG sind spezielle bilanzsteuerrechtliche Vorschriften für die Bewertung von Verbindlichkeiten und Rückstellungen in der steuerlichen Gewinnermittlung.

41 Ist eine Verbindlichkeit oder Rückstellung abzuzinsen, ist in der steuerlichen Gewinnermittlung stets der abgezinste Betrag auszuweisen; die Bildung eines Rechnungsabgrenzungspostens unterbleibt. Dabei stellt die Abzinsung einen außerordentlichen Ertrag, die nachfolgende Aufzinsung einen außerordentlichen Aufwand dar.

G. Zeitliche Anwendung 103

42 Die Grundsätze dieses Schreibens sind vorbehaltlich Randnummer 43 in allen noch offenen Fällen anzuwenden.

43 Bei der Bewertung von Verbindlichkeiten, die vor dem 1. Juni 2005 entstanden sind und deren Verzinsung von künftigen Einnahmen, Gewinnen oder ähnlichen Betriebsvermögensmehrungen abhängt, ist abweichend von Randnummer 19 aus Vertrauensschutzgründen davon auszugehen, dass diese Bedingungen eintreten werden und folglich zeitweise verzinsliche Verbindlichkeiten im Sinne von Randnummer 17 vorliegen. Bei Verbindlichkeiten, die nach dem 31. Mai 2005 entstanden sind, ist Randnummer 19 uneingeschränkt anzuwenden.

[1] EStG i. d. F. vor BilMoG.

Anl zu R 6.10

Beispiel 11

Einem in Zahlungsschwierigkeiten befindlichen Unternehmen wird am 1. Juli 2004 ein Darlehen gewährt. Um eine Überschuldung zu vermeiden, hat der Darlehensgeber gegen Besserungsschein auf eine Verzinsung der Verbindlichkeit verzichtet. Bei Wegfall des Liquiditätsengpasses soll aber eine (nachträgliche) marktübliche Verzinsung ab Beginn der Darlehenslaufzeit erfolgen.

Die Verzinslichkeit der Verbindlichkeit hängt vom Betriebsvermögensmehrungsmerkmal „Liquidität" ab. Nach Randnummer 43 bei in vor dem 1. Juni 2005 entstandenen Verbindlichkeiten bei der Bewertung davon auszugehen, dass die Bedingung (Wegfall des Liquiditätsengpasses) eintreten wird. Eine Abzinsung unterbleibt, da aufgrund dieser Annahme eine teilweise verzinsliche Verpflichtung i. S. v. Randnummer 17 vorliegt.

Beispiel 12

Nach der Darlehensvereinbarung (Vertrag vom 30. Juni 2004) ist die Verbindlichkeit grundsätzlich verzinslich. Für Wirtschaftsjahre, in denen kein Bilanzgewinn ausgewiesen wird, sind jedoch keine Zinsleistungen zu erbringen. Im Wirtschaftsjahr 1. Januar 2004 bis 31. Dezember 2004 weist der Schuldner einen Bilanzverlust aus.

Nach Randnummer 19 bleibt die Bedingung, nach der eine Verzinsung für Wirtschaftsjahre unterbleibt, in denen kein Bilanzgewinn ausgewiesen wird, zunächst unberücksichtigt. Da der Schuldner bereits im Wirtschaftsjahr des Beginns der Darlehenslaufzeit einen Bilanzverlust ausgewiesen hat, d. h. die Bedingung eingetreten ist, gilt Randnummer 18 entsprechend, so dass für Zwecke der **steuerbilanziellen Abzinsung** ab dem Bilanzstichtag, der dem Verlustentstehungsjahr folgt, d. h. ab dem 31. Dezember 2005, grundsätzlich abzuzinsen wäre, da das Darlehen (zunächst) unverzinst bleibt. Gleichzeitig liegt aber ein **neues** ungewisses Ereignis i. S. v. Randnummer 19 vor, denn im Falle von künftigen Bilanzgewinnen lebt die Verzinsung wieder auf. Da die Verzinsung des Darlehens weiterhin von künftigen Bilanzgewinnen abhängt, gilt die Fiktion gemäß Randnummer 43, so dass weiterhin nicht abgezinst wird.

Anlage

104

Tabelle 1: Mittlere Lebenserwartung, abgeleitet aus der „Sterbetafel für die Bundesrepublik Deutschland 1986/1988 nach dem Gebietsstand seit dem 3. Oktober 1990"

(Die Zahlen der mittleren Lebenserwartung sind jeweils auf- oder abgerundet)

Bei einem erreichten Alter von ... Jahren	beträgt die mittlere Lebenserwartung für Männer	Frauen	Bei einem erreichten Alter von ... Jahren	beträgt die mittlere Lebenserwartung für Männer	Frauen
20	53	53	61	17	21
21	52	52	62	16	20
22	51	57	63	15	19
23	50	56	64	14	18
24	49	55	65	14	17
25	48	54	66	13	17
26	47	53	67	12	16
27	46	52	68	12	15
28	45	51	69	11	14
29	44	50	70	11	14
30	43	49	71	10	13
31	42	48	72	10	12
32	42	47	73	9	11
33	41	46	74	8	11
34	40	45	75	8	10
35	39	44	76	8	9
36	38	43	77	7	9
37	37	42	78	7	8
38	36	41	79	6	8
39	35	40	80	6	7
40	34	40	81	6	7
41	33	39	82	5	6
42	32	38	83	5	6
43	31	37	84	5	6
44	30	36	85	4	5
45	29	35	86	4	5
46	29	34	87	4	4
47	28	33	88	4	4
48	27	32	89	3	4
49	26	31	90	3	4
50	25	30	91	3	3
51	24	29	92	3	3
52	23	28	93	3	3
53	23	27	94	2	3
54	22	27	95	2	3
55	21	26	96	2	2
56	20	25	97	2	2
57	19	24	98	2	2
58	19	23	99	2	2
59	18	22	100	2	2
60	17	21			

Anl zu R 6.10

Tabelle 2: Vervielfältiger für die Abzinsung einer unverzinslichen Schuld, die nach bestimmter Zeit in einem Betrag fällig ist, im Nennwert von 1,– €

Laufzeit in Jahren	maßgebender Vervielfältiger	Laufzeit in Jahren	maßgebender Vervielfältiger	Laufzeit in Jahren	maßgebender Vervielfältiger
1	0,948	35	0,154	69	0,025
2	0,898	36	0,146	70	0,024
3	0,852	37	0,138	71	0,022
4	0,807	38	0,131	72	0,021
5	0,765	39	0,124	73	0,020
6	0,725	40	0,117	74	0,019
7	0,687	41	0,111	75	0,018
8	0,652	42	0,106	76	0,017
9	0,618	43	0,100	77	0,016
10	0,585	44	0,095	78	0,015
11	0,555	45	0,090	79	0,015
12	0,526	46	0,085	80	0,014
13	0,499	47	0,081	81	0,013
14	0,473	48	0,077	82	0,012
15	0,448	49	0,073	83	0,012
16	0,425	50	0,069	84	0,011
17	0,402	51	0,065	85	0,011
18	0,381	52	0,062	86	0,010
19	0,362	53	0,059	87	0,009
20	0,343	54	0,056	88	0,009
21	0,325	55	0,053	89	0,009
22	0,308	56	0,050	90	0,008
23	0,292	57	0,047	91	0,008
24	0,277	58	0,045	92	0,007
25	0,262	59	0,042	93	0,007
26	0,249	60	0,040	94	0,007
27	0,236	61	0,038	95	0,006
28	0,223	62	0,036	96	0,006
29	0,212	63	0,034	97	0,006
30	0,201	64	0,032	98	0,005
31	0,190	65	0,031	99	0,005
32	0,180	66	0,029	100	0,005
33	0,171	67	0,028		
34	0,162	68	0,026		

Tabelle 3: Vervielfältiger für die Abzinsung einer unverzinslichen Schuld, die in gleichen Jahresraten getilgt wird

Der Jahresbetrag der Raten wurde mit 1,– € angesetzt

Laufzeit in Jahren	maßgebender Vervielfältiger	Laufzeit in Jahren	maßgebender Vervielfältiger	Laufzeit in Jahren	maßgebender Vervielfältiger
1	0,974	23	13,229	45	17,003
2	1,897	24	13,513	46	17,090
3	2,772	25	13,783	47	17,173
4	3,602	26	14,038	48	17,252
5	4,388	27	14,280	49	17,326
6	5,133	28	14,510	50	17,397
7	5,839	29	14,727	51	17,464
8	6,509	30	14,933	52	17,528
9	7,143	31	15,129	53	17,588
10	7,745	32	15,314	54	17,645
11	8,315	33	15,490	55	17,699
12	8,856	34	15,656	56	17,750
13	9,368	35	15,814	57	17,799
14	9,853	36	15,963	58	17,845
15	10,314	37	16,105	59	17,888
16	10,750	38	16,239	60	17,930
17	11,163	39	16,367	61	17,969
18	11,555	40	16,487	62	18,006
19	11,927	41	16,602	63	18,041
20	12,279	42	16,710	64	18,075
21	12,613	43	16,813	65	18,106
22	12,929	44	16,910	66	18,136

Laufzeit in Jahren	maßgebender Vervielfältiger	Laufzeit in Jahren	maßgebender Vervielfältiger	Laufzeit in Jahren	maßgebender Vervielfältiger
67	18,165	92	18,546	117	18,646
68	18,192	93	18,553	118	18,648
69	18,217	94	18,560	119	18,650
70	18,242	95	18,566	120	18,652
71	18,264	96	18,572	121	18,653
72	18,286	97	18,578	122	18,655
73	18,307	98	18,583	123	18,656
74	18,326	99	18,589	124	18,657
75	18,345	100	18,593	125	18,659
76	18,362	101	18,598	126	18,660
77	18,379	102	18,602	127	18,661
78	18,395	103	18,607	128	18,662
79	18,410	104	18,611	129	18,663
80	18,424	105	18,614	130	18,664
81	18,437	106	18,618	131	18,665
82	18,450	107	18,621	132	18,666
83	18,462	108	18,624	133	18,667
84	18,474	109	18,627	134	18,668
85	18,485	110	18,630	135	18,668
86	18,495	111	18,633	136	18,669
87	18,505	112	18,635	137	18,670
88	18,514	113	18,638	138	18,670
89	18,523	114	18,640	139	18,671
90	18,531	115	18,642	140	18,671
91	18,539	116	18,644		

R 6.11

R 6.11. Bewertung von Rückstellungen

Gegenrechnung von Vorteilen

113 (1) ① Die Gegenrechnung setzt voraus, dass am Bilanzstichtag nach den Umständen des jeweiligen Einzelfalles mehr Gründe für als gegen den Eintritt des Vorteils sprechen. ② Die Möglichkeit, dass künftig wirtschaftliche Vorteile eintreten könnten, genügt für die Gegenrechnung nicht. ③ Bei Rückstellungen, die in einem vor dem 1. 1. 2005 endenden Wirtschaftsjahr gebildet wurden, kann für die Gewinnauswirkung, die sich in einem vor dem 1. 1. 2005 endenden Wirtschaftsjahr aus der erstmaligen Anwendung von Satz 1 ergibt, jeweils in Höhe von neun Zehnteln eine gewinnmindernde Rücklage gebildet werden, die in den folgenden neun Wirtschaftsjahren jeweils mit mindestens einem Neuntel gewinnerhöhend aufzulösen ist (Auflösungszeitraum); sonstige gewinnwirksame Änderungen der Bewertung der Rückstellung bleiben unberücksichtigt. ④ Satz 3 ist nur anzuwenden, wenn die Gegenrechnung nicht auf einer vertraglichen Vereinbarung beruht. ⑤ Scheidet eine Rückstellung, für die eine Rücklage nach Satz 3 gebildet wurde, während des Auflösungszeitraums aus dem Betriebsvermögen aus, ist auch die Rücklage zum Ende des Wirtschaftsjahres des Ausscheidens in vollem Umfang gewinnerhöhend aufzulösen.

Ansammlung

114 (2) ① In den Fällen, in denen der laufende Betrieb des Unternehmens im wirtschaftlichen Sinne ursächlich für die Entstehung der Verpflichtung ist, ist der Rückstellungsbetrag durch jährliche Zuführungsraten in den Wirtschaftsjahren **anzusammeln.** ② Dies ist insbesondere der Fall bei Verpflichtungen zur Erneuerung oder zum Abbruch von Betriebsanlagen. ③ Verpflichtungen, die von Jahr zu Jahr nicht nur im wirtschaftlichen Sinne, sondern tatsächlich zunehmen, sind bezogen auf den am Bilanzstichtag tatsächlich entstandenen Verpflichtungsumfang zu bewerten. ④ Dies ist beispielsweise der Fall bei Verpflichtungen zur Rekultivierung oder zum Auffüllen abgebauter Hohlräume. ⑤ Die Summe der in früheren Wirtschaftsjahren angesammelten Rückstellungsraten ist am Bilanzstichtag auf das Preisniveau dieses Stichtages anzuheben. ⑥ Der Aufstockungsbetrag ist der Rückstellung in einem Einmalbetrag zuzuführen; eine gleichmäßige Verteilung auf die einzelnen Jahre bis zur Erfüllung der Verbindlichkeit kommt insoweit nicht in Betracht.

Niedrigerer handelsrechtlicher Wert

114a (3) ① Mit Ausnahme der Pensionsrückstellungen darf die Höhe der Rückstellung in der Steuerbilanz den zulässigen Ansatz in der Handelsbilanz nicht überschreiten.[1] ② Für den Gewinn, der sich aus der erstmaligen Anwendung des Gesetzes zur Modernisierung des Bilanzrechts (Bilanzrechtsmodernisierungsgesetz – BilMoG) vom 15. 5. 2009 (BGBl. I S. 1102) durch die Auflösung von Rückstellungen ergibt, die bereits in dem vor dem 1. 1. 2010 endenden Wirtschaftsjahr passi-

[1] Siehe auch *BFH-Urteil vom 20. 11. 2019 XI R 46/17 (BStBl. 2020 II S. 195).*

viert wurden, kann jeweils i. H. v. 14/15 eine gewinnmindernde Rücklage passiviert werden, die in den folgenden vierzehn Wirtschaftsjahren jeweils mit mindestens 1/15 gewinnerhöhend aufzulösen ist (Auflösungszeitraum). ③ Besteht eine Verpflichtung, für die eine Rücklage passiviert wurde, bereits vor Ablauf des maßgebenden Auflösungszeitraums nicht mehr, ist die insoweit verbleibende Rücklage zum Ende des Wirtschaftsjahres des Wegfalls der Verpflichtung in vollem Umfang gewinnerhöhend aufzulösen; Entsprechendes gilt, wenn sich der Verpflichtungsumfang innerhalb des Auflösungszeitraums verringert.

Abzinsung.[1] Grundsätze für die Abzinsung von Rückstellungen nach § 6 Abs. 1 Nr. 3a Buchstabe e EStG → BMF vom 26. 5. 2005 (BStBl. I S. 699).[2] H 6.11 115

Altersteilzeitverpflichtungen. Zur Bewertung von Rückstellungen für Altersteilzeitverpflichtungen nach dem Altersteilzeitgesetz (AltTZG) → BMF vom 28. 3. 2007 (BStBl. I S. 297) unter Berücksichtigung der Änderungen durch BMF vom 11. 3. 2008 (BStBl. I S. 496) und vom 22. 10. 2018 (BStBl. I S. 1112).[3]

Ansammlung. Bei Ansammlungsrückstellungen ist das Stichtagsprinzip zu beachten. Wird beispielsweise das einer Beseitigungspflicht für Bauten auf fremdem Grund und Boden zugrunde liegende Rechtsverhältnis über das Vertragsende hinaus fortgesetzt (Änderung des bisherigen Vertrages oder Begründung eines neuen Rechtsverhältnisses), ist der verlängerte Nutzungszeitraum bei der Rückstellungsbewertung zu berücksichtigen (→ BFH vom 2. 7. 2014 – BStBl. II S. 979).

Arbeitsfreistellung. Rückstellungen für Verpflichtungen zur Gewährung von Vergütungen für die Zeit der Arbeitsfreistellung vor Ausscheiden aus dem Dienstverhältnis und Jahreszusatzleistungen im Jahr des Eintritts des Versorgungsfalls (→ BMF vom 11. 11. 1999 – BStBl. I S. 959).[4]

Aufbewahrung von Geschäftsunterlagen

- Die Rückstellung ist in Höhe des voraussichtlichen Erfüllungsbetrags zu bilden. Hierbei ist zu berücksichtigen, welche Unterlagen tatsächlich aufbewahrungspflichtig sind und wie lange die Aufbewahrungspflicht für die einzelnen Unterlagen noch besteht. Für die Berechnung der Rückstellung sind nur diejenigen Unterlagen zu berücksichtigen, die zum betreffenden Bilanzstichtag entstanden sind (→ BFH vom 18. 1. 2011 – BStBl. II S. 496).
- Eine Rückstellung für die Verpflichtung zur Aufbewahrung von Geschäftsunterlagen kann Finanzierungskosten (Zinsen) für die zur Aufbewahrung genutzten Räume auch dann enthalten, wenn die Anschaffung/Herstellung der Räume nicht unmittelbar (einzel)finanziert worden ist, sondern der Aufbewahrungspflichtige seine gesamten liquiden Eigen- und Fremdmittel in einen „Pool" gegeben und hieraus sämtliche Aufwendungen seines Geschäftsbetriebs finanziert hat (sog. Poolfinanzierung). Voraussetzung für die Berücksichtigung der Zinsen (als Teil der notwendigen Gemeinkosten) ist in diesem Fall, dass sie sich durch Kostenschlüsselung verursachungsgerecht der Anschaffung/Herstellung der Räume zuordnen lassen und dass sie angemessen sind (→ BFH vom 11. 10. 2012 – BStBl. 2013 II S. 676).[5]

Deponien. Zur Bewertung der Rückstellungen für Aufwendungen zur Stilllegung, Rekultivierung und Nachsorge von Deponien → BMF vom 25. 7. 2005 (BStBl. I S. 826) und → BFH vom 5. 5. 2011 (BStBl. 2012 II S. 98).

Eiserne Verpachtung. Zur Gewinnermittlung bei der Verpachtung von Betrieben mit Substanzerhaltungspflicht des Pächters nach §§ 582a, 1048 BGB → BMF vom 21. 2. 2002 (BStBl. I S. 262).[6]

Gratifikationen. Bei der Rückstellung für die Verpflichtung zur Gewährung einer Gratifikation ist die Fluktuation mindernd zu berücksichtigen (→ BFH vom 7. 7. 1983 – BStBl. II S. 753).

Jubiläumszuwendungen. Zur Bewertung von Rückstellungen für Zuwendungen anlässlich eines Dienstjubiläums → BMF vom 8. 12. 2008 (BStBl. I S. 1013)[7] unter Berücksichtigung der Änderungen durch BMF vom 27. 2. 2020 (BStBl. I S. 254)[8] und vom 2. 5. 2022 (BStBl. I S. 631).

Maßgeblichkeit der Handelsbilanz. Der Handelsbilanzwert für eine Rückstellung bildet gegenüber einem höheren steuerrechtlichen Rückstellungswert die Obergrenze (→ BFH vom 20. 11. 2019 – BStBl. 2020 II S. 195).

Nachbetreuung abgeschlossener Versicherungen

- Zur Bewertung von Rückstellungen für Verpflichtungen zur Nachbetreuung bereits abgeschlossener Versicherungen (→ BMF vom 20. 11. 2012 – BStBl. I S. 1100).[9]

---

[1] Zu den Auswirkungen der Abzinsung auf Rückstellungen für bergrechtliche Verpflichtungen vgl. *BMF-Schreiben vom 9. 12. 1999 (BStBl. I S. 1127).*
[2] Abgedruckt als Anlage zu R 6.10 EStR.
[3] Letztmals abgedruckt im „Handbuch zur ESt-Veranlagung 2020" als Anlage c zu R 5.7 EStR.
[4] Letztmals abgedruckt im „Handbuch zur ESt-Veranlagung 2020" als Anlage b zu R 5.7 EStR.
[5] Ergänzend siehe *Vfg. BayLfSt vom 31. 1. 2014 S 2175.2.1-20/4 St 32 (DB S. 270).*
[6] Nachstehend abgedruckt.
[7] Abgedruckt als Anlage a zu R 5.7 EStR.
[8] Abgedruckt als 2. Schreiben in Anlage a zu R 5.7 EStR.
[9] Abgedruckt als Anlage c zu R 5.7 EStR.

– Ist der Stpfl. vertraglich zur Betreuung von Versicherungsverträgen verpflichtet und erbringt er tatsächlich auch entsprechende Nachbetreuungsleistungen, hat er Aufzeichnungen zu führen, die so konkret und spezifiziert sein müssen, dass eine angemessene Schätzung der Höhe der zu erwartenden Betreuungsaufwendungen sowie des Zeitraums bis zum Beginn der erstmaligen Durchführung von Betreuungsmaßnahmen (Abzinsungszeitraum) möglich ist. Kann er keine der Rechtsprechung entsprechenden Aufzeichnungen über den Umfang der Betreuungsleistungen vorlegen, muss sich die dann vorzunehmende Schätzung des Betreuungsaufwandes im Hinblick auf die den Stpfl. treffende Darlegungs- und Beweislast im unteren Rahmen bewegen (→ BFH vom 12. 12. 2013 – BStBl. 2014 II S. 517).

Rückabwicklung → H 5.7 (1).

Rückgriffsansprüche. (Unbestrittene) Rückgriffsansprüche sind bei der Bewertung von Rückstellungen zu berücksichtigen, wenn sie nicht als eigenständige Forderung zu aktivieren sind und derart in einem unmittelbaren Zusammenhang mit der drohenden Inanspruchnahme stehen, dass sie dieser wenigstens teilweise spiegelbildlich entsprechen, sie in rechtlich verbindlicher Weise der Entstehung oder Erfüllung der Verbindlichkeit zwangsläufig nachfolgen und sie vollwertig sind (→ BFH vom 17. 2. 1993 – BStBl. II S. 437 und vom 3. 8. 1993 – BStBl. 1994 II S. 444).

Schadenrückstellungen der Versicherungswirtschaft → BMF vom 20. 10. 2016 (BStBl. I S. 1145).

Sparprämien. Rückstellungen für die Leistung einer Sparprämie bei Ablauf eines Sparvertrags sind über die Laufzeit des Sparvertrages anzusammeln und abzuzinsen (→ BFH vom 15. 7. 1998 – BStBl. II S. 728).

Urlaubsverpflichtung. Bei der Ermittlung der Höhe der rückständigen Urlaubsverpflichtung sind das Bruttoarbeitsentgelt, die Arbeitgeberanteile zur Sozialversicherung, das Urlaubsgeld und andere lohnabhängige Nebenkosten zu berücksichtigen. Nicht zu berücksichtigen sind jährlich vereinbarte Sondervergütungen (z. B. Weihnachtsgeld, Tantiemen oder Zuführungen zu Pensions- und Jubiläumsrückstellungen) sowie Gehaltssteigerungen nach dem Bilanzstichtag (→ BFH vom 6. 12. 1995 – BStBl. 1996 II S. 406).

Verbindlichkeiten mit steigenden Zinssätzen → H 6.10.

Verwendung von Wirtschaftsgütern. Können Wirtschaftsgüter, z. B. Roh-, Hilfs- und Betriebsstoffe oder unfertige Erzeugnisse, die bereits am Bilanzstichtag vorhanden waren, bei der Erfüllung von Sachleistungsverpflichtungen verwendet werden, sind sie mit ihren Buchwerten zu berücksichtigen (→ BFH vom 26. 6. 1975 – BStBl. II S. 700).

Weihnachtsgeld. In einer Rückstellung für zu zahlendes Weihnachtsgeld bei abweichendem Wj. kann nur der Teil der Vergütung berücksichtigt werden, der bei zeitproportionaler Aufteilung des Weihnachtsgeldes auf die Zeit vom Beginn des Kj. bis zum Bilanzstichtag entfällt (→ BFH vom 26. 6. 1980 – BStBl. II S. 506).

Anl zu H 6.11

Schreiben betr. Nutzungsüberlassung von Betrieben mit Substanzerhaltungspflicht des Berechtigten; Sog. Eiserne Verpachtung

Vom 21. Februar 2002 (BStBl. I S. 262)

(BMF IV A 6 – S 2132 – 4/02)

116 Zur Gewinnermittlung des Verpächters und des Pächters bei der Verpachtung von Betrieben mit Substanzerhaltungspflicht des Pächters („Eiserne Verpachtung") nach §§ 582 a, 1048 BGB nehme ich im Einvernehmen mit den obersten Finanzbehörden der Länder wie folgt Stellung:

Für den Verpächter und für den Pächter sind entsprechend der BFH-Rechtsprechung (BFH-Urteil vom 17. Februar 1998, BStBl. II S. 505; BFH-Urteil vom 28. Mai 1998, BStBl. 2000 II S. 286; BFH-Urteil vom 24. Juni 1999, BStBl. 2000 II S. 309) die allgemeinen Gewinnermittlungsgrundsätze, im Falle des Betriebsvermögensvergleichs nach § 4 Abs. 1, § 5 EStG insbesondere die handels- und steuerrechtlichen Grundsätze ordnungsmäßiger Buchführung maßgebend. Die für den Bereich der Land- und Forstwirtschaft getroffenen Erleichterungsregelungen (Ziffer 4 zweiter Absatz der einheitlichen Ländererlasse vom 17. Dezember 1965, BStBl. 1996 II S. 34) sowie die ergänzenden Regelungen der Länder werden aufgehoben. Es gilt Folgendes:

I. Gewinnermittlung nach § 4 Abs. 1, § 5 EStG

A. Pachtbeginn

1. Anlagevermögen:

Das vom Pächter unter Rückgabeverpflichtung (§ 582 a Abs. 3 Satz 1, § 1048 BGB) zur Nutzung übernommene Inventar, d. h. die beweglichen Wirtschaftsgüter des Anlagevermögens, bleibt im zivilrechtlichen und wirtschaftlichen Eigentum des Verpächters und ist ohne Rücksicht auf die Gewinnermittlungsart weiterhin ihm zuzurechnen und von ihm unverändert mit den Werten fortzuführen, die sich nach den Vorschriften über die Gewinnermittlung ergeben. Die Abschreibungen der abnutzbaren Wirtschaftsgüter stehen allein dem Verpächter als dem zivilrechtlichen und wirtschaftlichen Eigentümer zu (BFH-Urteil vom 21. Dezember 1965, BStBl. 1966 III S. 147).

Anl zu H 6.11

2. Umlaufvermögen

Übergibt der Verpächter im Zeitpunkt der Verpachtung mit eisernem Inventar auch Umlaufvermögen, das der Pächter nach Beendigung des Pachtverhältnisses zurückzugeben hat, so handelt es sich dabei um die Gewährung eines Sachdarlehens. Beim Verpächter tritt an die Stelle der übergebenen Wirtschaftsgüter eine Sachwertforderung, die mit dem gleichen Wert anzusetzen ist wie die übergebenen Wirtschaftsgüter (BFH-Urteil vom 6. Dezember 1984, BStBl. 1985 II S. 391; BFH-Urteil vom 30. Januar 1986, BStBl. II S. 399). Der Pächter wird wirtschaftlicher Eigentümer der überlassenen Wirtschaftsgüter. Er muss diese bei Gewinnermittlung durch Betriebsvermögensvergleich nach § 4 Abs. 1, § 5 EStG nach den allgemeinen Grundsätzen aktivieren und in gleicher Höhe eine Rückgabeverpflichtung passivieren (BFH-Urteil vom 16. November 1978, BStBl. 1979 II S. 138 und *R 131 Abs. 2 EStR*[1]).

B. Substanzerhaltung

1. Anspruch des Verpächters auf Substanzerhaltung

Der Verpächter hat den Anspruch gegen den Pächter auf Substanzerhaltung des eisern verpachteten Inventars als sonstige Forderungen zu aktivieren (BFH-Urteil vom 17. Februar 1998, a. a. O.; BFH-Urteil vom 24. Juni 1999, a. a. O.). Der Anspruch ist zu jedem Bilanzstichtag unter Berücksichtigung der Wiederbeschaffungskosten neu zu bewerten. Er trägt bei Pachtbeginn 0 DM/0 Euro und wird infolge der Abnutzung der verpachteten Wirtschaftsgüter von Jahr zu Jahr um den Wert der Abnutzung – unter Berücksichtigung der veränderten Wiederbeschaffungskosten – erhöht. Im Ergebnis wirkt sich damit beim Verpächter nur der Unterschiedsbetrag zwischen der vorgenommenen Abschreibung und der Veränderung des Anspruchs auf Substanzerhaltung gewinnwirksam aus.

2. Verpflichtung des Pächters zur Substanzerhaltung

Die Verpflichtung des Pächters, die zur Nutzung übernommenen Pachtgegenstände bei Beendigung der Pacht zurückzugeben, muss sich in seiner Bilanz gewinnwirksam widerspiegeln. Der Pächter muss den Erfüllungsrückstand (noch nicht eingelöste Verpflichtung zur Substanzerhaltung) erfolgwirksam durch Passivierung einer Rückstellung ausweisen, auch wenn diese Verpflichtung noch nicht fällig ist (BFH-Urteil vom 3. Dezember 1991, BStBl. 1993 II S. 89). Der Bilanzposten entwickelt sich korrespondierend mit jenem des Verpächters wegen seines Anspruchs auf Substanzerhaltung (BFH-Urteil vom 17. Februar 1998, a. a. O.).

3. Erhaltungsaufwendungen und Ersatzbeschaffungen des Pächters

Der Pächter hat die Verpflichtung, das zur Nutzung übernommene bewegliche Anlagevermögen zu erhalten und laufend zu ersetzen (§ 582 a Abs. 2 Satz 1, § 1048 Abs. 1 Satz 2, 1. Halbsatz BGB). Die Erhaltungsaufwendungen im ertragsteuerlichen Sinn sind bei ihm als Betriebsausgaben zu berücksichtigen. Die vom Pächter ersetzten Wirtschaftsgüter werden Eigentum des Verpächters auch insoweit, als ihre Anschaffung oder Herstellung durch den Pächter über diese Verpflichtung hinausgeht (§ 582 a Abs. 2 Satz 2, § 1048 Abs. 1 Satz 2, 2. Halbsatz BGB). Sie sind vom Verpächter mit den vom Pächter aufgewendeten Anschaffungs- oder Herstellungskosten zu aktivieren und abzuschreiben. Der Verpächter hat den auf die ersetzten Wirtschaftsgüter entfallenden (als sonstige Forderung aktivierten) Anspruch auf Substanzerhaltung aufzulösen (vgl. BFH-Urteil vom 17. Februar 1998, a. a. O.). Beim Pächter ist die Rückstellung insoweit aufzulösen.

Für über die zivilrechtliche Verpflichtung hinausgehende Anschaffungs- oder Herstellungskosten hat der Verpächter eine Wertausgleichsverpflichtung zu passivieren und der Pächter einen Wertausgleichsanspruch als sonstige Forderung zu aktivieren. Beide Bilanzposten sind in den folgenden Wirtschaftsjahren unter Berücksichtigung von geänderten Wiederbeschaffungskosten gleichmäßig aufzulösen. Der Auflösungszeitraum ergibt sich aus der Differenz zwischen der Nutzungsdauer des neu angeschafften oder hergestellten Wirtschaftsguts und der bei Pachtbeginn verbliebenen Restnutzungsdauer des ersetzten Wirtschaftsguts.

II. Gewinnermittlung nach § 4 Abs. 3 EStG

Bei Gewinnermittlung durch Einnahmenüberschussrechnung nach § 4 Abs. 3 EStG haben die vorgenannten Forderungen und Verbindlichkeiten keine Auswirkung auf den Gewinn. Ersatzbeschaffungen von Wirtschaftsgütern des Anlagevermögens führen beim Pächter im Wirtschaftsjahr der Zahlung zu einer Betriebsausgabe. Beim Verpächter führen sie im Wirtschaftsjahr der Ersatzbeschaffung zu einer Betriebseinnahme. 117

Dies gilt unabhängig von der Gewinnermittlungsart des jeweils anderen Vertragspartners.

III. Unentgeltliche Betriebsübertragung vom Verpächter auf den Pächter

Durch eine unentgeltliche Betriebsübertragung auf den Pächter (§ 6 Abs. 3 EStG) verzichtet der Verpächter aus privaten Gründen auf seinen Anspruch auf Substanzerhaltung (BFH-Urteil vom 24. Juni 1999, a. a. O.). 118

Der Forderungsverzicht löst beim Verpächter eine Gewinnrealisierung aus, wenn dieser seinen Gewinn durch Einnahmenüberschussrechnung ermittelt. Bei einem bilanzierenden Verpächter ist der Vorgang dagegen erfolgsneutral.

Ist der Pächter verpflichtet, die gepachteten Gegenstände dem Verpächter nach Ablauf der Pachtzeit in neuwertigem Zustand zurückzugeben und erlässt der Verpächter dem Pächter diese Verbindlichkeit

[1] Jetzt: R 14 Abs. 2 und 3 EStR.

Anl zu H 6.11

aus privaten Gründen (z. B. in Schenkungsabsicht), so ist die gebildete Pachterneuerungsrückstellung vom Pächter erfolgsneutral aufzulösen. Es entsteht bei diesem Vorgang eine betriebliche Vermögensmehrung, die auf den Wegfall eines Passivpostens aus außerbetrieblichen Gründen zurückzuführen ist (BFH-Urteil vom 12. April 1989, BStBl. II S. 612). Bei Gewinnermittlung des Pächters durch Einnahmenüberschussrechnung kann der Pächter eine Betriebsausgabe in der Höhe geltend machen, in der bei Gewinnermittlung nach Bestandsvergleich eine Rückstellung für die Verpflichtung zur Substanzerhaltung zu bilden gewesen wäre.

Hat der Pächter im Zeitpunkt des Betriebsübergangs gegen den Verpächter einen Wertausgleichsanspruch, entfällt dieser durch Vereinigung von Forderung und Verbindlichkeit in seiner Person.

IV. Buchwertmethode

119 Ist die Eiserne Verpachtung im Vorgriff auf eine spätere Hofübertragung in der Land- und Forstwirtschaft vorgenommen worden, kann auf gemeinsamen Antrag von Pächter und Verpächter abweichend von den vorstehenden Grundsätzen aus Vereinfachungs- und Billigkeitsgründen auch nach der sog. Buchwertmethode verfahren werden. Dies gilt jedoch nicht, wenn sowohl der Pächter als auch der Verpächter ihren Gewinn nach § 4 Abs. 1 EStG ermitteln.

Unter Zugrundelegung der Buchwertmethode hat der Pächter die eisern übernommenen Wirtschaftsgüter in der Anfangsbilanz mit den Buchwerten des Verpächters anzusetzen und in gleicher Höhe eine Rückgabeverpflichtung zu bilanzieren, die in unveränderter Höhe fortzuführen ist; eine Abzinsung ist nicht vorzunehmen. Er hat die Abschreibungen des Verpächters für die „eisern" zur Nutzung überlassenen Wirtschaftsgüter fortzuführen und kann für die von ihm vorgenommenen Ersatzbeschaffungen Absetzungen für Abnutzung, Sonderabschreibungen und Teilwertabschreibungen vornehmen. Der Verpächter ist dagegen nicht mehr zu Abschreibungen berechtigt. Die Buchwerte für die „eisern" zur Nutzung überlassenen Wirtschaftsgüter bleiben unverändert bestehen.

Im Falle einer späteren unentgeltlichen Übertragung des Betriebs vom Verpächter auf den Pächter ist unter Zugrundelegung dieser Vereinfachungsregelung davon auszugehen, dass sich die Rückgabeverpflichtung des Pächters und die eingefrorenen Buchwerte des Verpächters gegenseitig ausgleichen, so dass sich eine Gewinnauswirkung im Sinne der Tz. III Abs. 2 daraus nicht ergibt. Durch die Buchwertmethode werden im Ergebnis die steuerlichen Auswirkungen der späteren Betriebsübertragung in den Zeitpunkt der Verpachtung teilweise vorverlagert.

V. Übergangsregelungen

120 Die vorstehenden Regelungen sind grundsätzlich auf alle noch offenen Fälle anzuwenden. Sind Verträge vor dem 1. April 2002 abgeschlossen worden, für die die Erleichterungsregelungen für den Bereich der Land- und Forstwirtschaft (a. a. O.) in Anspruch genommen worden sind, sind jedoch auf einvernehmlichen Antrag von Pächter und Verpächter aus Vertrauensschutzgründen die bisherigen Grundsätze anzuwenden. Beim Übergang auf die neuen Grundsätze gilt Folgendes:

1. Auswirkungen beim Verpächter

a) mit Gewinnermittlung nach § 4 Abs. 1, § 5 EStG

Die Wirtschaftsgüter des Anlagevermögens sind mit ihren fortentwickelten Anschaffungs- oder Herstellungskosten anzusetzen, unabhängig davon, ob sie vom Verpächter oder vom Pächter angeschafft oder hergestellt worden sind. Der auf der Grundlage der Wiederbeschaffungskosten ermittelte Anspruch auf Substanzerhaltung und ggf. eine Wertausgleichsverpflichtung sind in der Bilanz auszuweisen.

b) mit Gewinnermittlung nach § 4 Abs. 3 EStG

Die nicht in Anspruch genommenen Absetzungen für Abnutzung oder Substanzverringerung für die bei Vertragsbeginn auf den Pächter übertragenen Wirtschaftsgüter des Anlagevermögens sind nachzuholen. Die Buchwerte der vom Pächter ersatzbeschafften Wirtschaftsgüter sind gewinnerhöhend zu berücksichtigen.

2. Auswirkungen beim Pächter

a) mit Gewinnermittlung nach § 4 Abs. 1, § 5 EStG

Die vom Verpächter übernommenen und die ersatzbeschafften Wirtschaftsgüter des Anlagevermögens sind auszubuchen. Die bisher angesetzte Verpflichtung zur Substanzerhaltung ist durch eine auf der Grundlage der Wiederbeschaffungskosten ermittelte Verpflichtung oder ggf. durch eine Forderung (Wertausgleichsanspruch) zu ersetzen.

b) mit Gewinnermittlung nach § 4 Abs. 3 EStG

Die während der Vertragslaufzeit vorgenommenen Absetzungen für Abnutzung oder Substanzverringerung für die vom Verpächter übernommenen Wirtschaftsgüter des Anlagevermögens sind gewinnerhöhend rückgängig zu machen. Die Buchwerte der vom Pächter ersatzbeschafften Wirtschaftsgüter sind gewinnmindernd zu berücksichtigen.

Die vorgenannten Grundsätze sind bei Gewinnermittlung nach § 4 Abs. 1 EStG gewinnwirksam im Wege einer Bilanzberichtigung in der ersten Schlussbilanz vorzunehmen, deren Ergebnis noch nicht einer bestandskräftigen Veranlagung zugrunde liegt.

Bei Gewinnermittlung nach § 4 Abs. 3 EStG sind die Gewinnauswirkungen im ersten Wirtschaftsjahr, dessen Ergebnis noch nicht einer bestandskräftigen Veranlagung zugrunde liegt, zu berücksichtigen.

R 6.12. Bewertung von Entnahmen und Einlagen[1]

R 6.12

(1) ①Bei **Einlage** eines abnutzbaren Wirtschaftsgutes innerhalb von drei Jahren nach der Anschaffung oder Herstellung sind die Anschaffungs- oder Herstellungskosten um AfA nach § 7 EStG, erhöhte Absetzungen sowie etwaige Sonderabschreibungen zu kürzen, die auf den Zeitraum zwischen der Anschaffung oder der Herstellung des Wirtschaftsgutes und der Einlage entfallen. ②In diesen Fällen sind die Anschaffungs- oder Herstellungskosten auch dann um die AfA nach § 7 EStG zu kürzen, wenn das Wirtschaftsgut nach einer Nutzung außerhalb der Einkunftsarten eingelegt wird. **125**

(2) ①Die einer Entnahme gleichgestellte Entstrickung ist mit dem gemeinen Wert anzusetzen. ②Der gemeine Wert entspricht regelmäßig dem Fremdvergleichspreis. **126**

(3) Das Buchwertprivileg des § 6 Abs. 1 Nr. 4 Satz 4 EStG findet auch dann Anwendung, wenn die übernehmende steuerbegünstigte Körperschaft das ihr unentgeltlich zur Verwendung für steuerbegünstigte Zwecke i. S. d. § 10b Abs. 1 Satz 1 EStG überlassene Wirtschaftsgut zeitnah weiterveräußert. **126a**

H 6.12

127 **Anteilsvereinigung bei verdeckter Einlage.** Die in Folge der Einlage auf Grund Anteilsvereinigung entstehenden Grunderwerbsteuern erhöhen weder den Teilwert der eingelegten Anteile noch sind sie den bereits vorher gehaltenen (Alt-)Anteilen als nachträgliche Anschaffungs(neben)kosten zuzurechnen (→ BFH vom 14. 3. 2011 – BStBl. 2012 II S. 281).

Bausparvertrag. Einlage eines nicht zugeteilten Bausparvertrags ins Betriebsvermögen höchstens mit den gezahlten Bauspareinlagen einschließlich der aufgelaufenen Guthabenzinsen und der Abschlussgebühren (→ BFH vom 13. 1. 1994 – BStBl. II S. 454).

Bodenschatz. Ein im eigenen Grund und Boden entdecktes Kiesvorkommen ist ein materielles Wirtschaftsgut, das bei Zuführung zum Betriebsvermögen mit dem Teilwert zu bewerten ist. Es dürfen aber weder AfS noch Teilwertabschreibungen aufwandswirksam vorgenommen werden (→ BFH vom 4. 12. 2006 – BStBl. 2007 II S. 508 und vom 4. 2. 2016 – BStBl. II S. 607).

Buchwertprivileg
- bei Betriebsaufgabe → R 16 Abs. 2 Satz 7,
- zulässig bei Entnahmen im Fall des Übergangs von Sonderbetriebsvermögen auf den Erben, wenn die Gesellschaft auf Grund einer Fortsetzungsklausel mit den bisherigen Gesellschaftern fortgeführt wird (→ BFH vom 5. 2. 2002 – BStBl. 2003 II S. 237).

Einlage bei Ausbuchung einer Verbindlichkeit. Darf eine Verbindlichkeit nach § 5 Abs. 2a EStG nicht mehr passiviert werden, ist der daraus resultierende Wegfallgewinn bei gesellschaftsrechtlicher Verursachung durch eine Einlage in Höhe des werthaltigen Teils der Forderung zu neutralisieren (→ BFH vom 10. 8. 2016 – BStBl. 2017 II S. 670).

Einlage eines Anteils an einer Kapitalgesellschaft
- Die Einlage eines Anteils an einer Kapitalgesellschaft ist mit den Anschaffungskosten zu bewerten, wenn der Stpfl. an der Gesellschaft im Zeitpunkt der Einlage i. S. v. § 17 Abs. 1 oder 6 EStG beteiligt ist. Dem steht nicht entgegen, dass es sich bei dem eingelegten Geschäftsanteil selbst nicht um eine Beteiligung i. S. v. § 17 Abs. 1 oder 6 EStG handelt. Erforderlich und ausreichend ist vielmehr, dass der Stpfl. an der Kapitalgesellschaft überhaupt i. S. v. § 17 Abs. 1 oder 6 EStG beteiligt ist (→ BFH vom 5. 6. 2008 – BStBl. II S. 965).
- Einlagen von Beteiligungen i. S. v. § 17 EStG in ein Betriebsvermögen sind mit den Anschaffungskosten zu bewerten. Die Grundsätze der Entscheidung des BVerfG vom 7. 7. 2010 (BStBl. 2011 II S. 86) sind erst im Zeitpunkt der Veräußerung durch außerbilanzielle Korrektur des Gewinns aus der Veräußerung der Beteiligung anzuwenden (→ BMF vom 21. 12. 2011 – BStBl. 2012 I S. 42[2] unter Berücksichtigung der Änderungen durch BMF vom 16. 12. 2015 – BStBl. 2016 I S. 11).

Einlage einer wertgeminderten Beteiligung → H 17 (8).

Einlagewert nach vorangegangener Entnahme. Der Einlagewert nach § 6 Abs. 1 Nr. 5 Satz 3 EStG ist auch dann anzusetzen, wenn die vorangegangene Entnahme aus dem Betriebsvermögen steuerfrei gewesen ist (→ BFH vom 20. 4. 2005 – BStBl. II S. 698).

Geringwertiges Wirtschaftsgut. Sind bei Einlage innerhalb von drei Jahren nach der Anschaffung oder Herstellung die Anschaffungs- oder Herstellungskosten während der Zugehörigkeit des Wirtschaftsguts zum Privatvermögen nach § 9 Abs. 1 Satz 3 Nr. 7 Satz 2 EStG in voller Höhe als Werbungskosten abgesetzt worden, beträgt der Einlagewert 0 € (→ BFH vom 27. 1. 1994 – BStBl. II S. 638).

---

[1] Zur Bewertung der Einlage bei Umwandlung einer Darlehnsforderung in eine atypisch stille Beteiligung vgl. *BFH-Urteil vom 29. 5. 2001 VIII R 10/00 (BStBl. II S. 747).*

Zur pauschalen Bewertung von Sachentnahmen für 2021 siehe *BMF-Schreiben vom 15. 6. 2021 (BStBl. I S. 811),* für 2022 siehe *BMF-Schreiben vom 20. 1. 2022 (BStBl. I S. 137),* für 2023 siehe *BMF-Schreiben vom 21. 12. 2022 (BStBl. I 2023 S. 52).*

[2] Nachstehend abgedruckt.

Nutzungen

– Die Entnahme von Nutzungen ist mit den tatsächlichen Selbstkosten des Stpfl. zu bewerten (→ BFH vom 24. 5. 1989 – BStBl. 1990 II S. 8).

– → BFH vom 16. 6. 2020 – BStBl. II S. 845.

Private Kraftfahrzeugnutzung

– → BMF vom 18. 11. 2009 (BStBl. I S. 1326)[1] unter Berücksichtigung der Änderungen durch BMF vom 15. 11. 2012 (BStBl. I S. 1099);

– Bei Nutzung von Elektro- und Hybridelektrofahrzeugen → BMF vom 5. 11. 2021 (BStBl. I S. 2205);[2]

– → H 12.4 (Umsatzsteuer bei Anwendung der 1%-Regelung).

Teilwert

– Bei Einlagen im Zusammenhang mit einer Betriebseröffnung entspricht der Teilwert grundsätzlich dem gemeinen Wert der eingelegten Wirtschaftsgüter. Anschaffungsnebenkosten sind dabei zu berücksichtigen (→ BFH vom 29. 4. 1999 – BStBl. 2004 II S. 639).

– Ein geschenktes Wirtschaftsgut ist auch dann mit dem Teilwert ins Betriebsvermögen des Beschenkten einzulegen, wenn der Schenker das eingelegte Wirtschaftsgut innerhalb der letzten drei Jahre vor der Einlage angeschafft, hergestellt oder entnommen hat (→ BFH vom 14. 7. 1993 – BStBl. 1994 II S. 15).

Übertragung eines Kommanditanteils unter dem Buchwert des Anteils. Annahme einer Einlage in Höhe der Differenz zwischen fortzuführendem Buchwert und fehlendem oder niedrigerem Erwerbspreis bei privat veranlasster unentgeltlicher oder teilentgeltlicher Übertragung eines Kommanditanteils unter dem Buchwert des Anteils (→ BFH vom 7. 2. 1995 – BStBl. II S. 770).

Verdeckte Einlage

– Die Bewertung der verdeckten Einlage einer Beteiligung i. S. d. § 17 Abs. 1 Satz 1 EStG bei der aufnehmenden Kapitalgesellschaft erfolgt mit dem Teilwert (→ BMF vom 2. 11. 1998 – BStBl. I S. 1227 und BFH vom 4. 3. 2011 – BStBl. 2012 II S. 341).

– Behandlung der Einbringung zum Privatvermögen gehörender Wirtschaftsgüter in das betriebliche Gesamthandsvermögen einer Personengesellschaft → BMF vom 29. 3. 2000 (BStBl. I S. 462)[3] und BMF vom 11. 7. 2011 (BStBl. I S. 713) unter Berücksichtigung BMF-Schreiben vom 26. 7. 2016 (BStBl. I S. 684).[4]

– Anteile an einer Kapitalgesellschaft, die eine juristische Person des öffentlichen Rechts in eine Tochtergesellschaft eingelegt hat, sind bei der Tochtergesellschaft mit dem Teilwert und nicht mit den Anschaffungskosten anzusetzen (→ BFH vom 14. 3. 2011 – BStBl. 2012 II S. 281).

Anl zu H 6.12

Schreiben betr. Beschluss des BVerfG vom 7. Juli. 2010 – 2 BvR 748/05, 2 BvR 753/05 und 2 BvR 1738/05 – (BStBl. 2011 II S. 86); Auswirkungen auf Einlagen nach § 6 Absatz 1 Nummer 5 Satz 1 Buchstabe b EStG und Einbringungen nach § 22 Absatz 1 Satz 5 i. V. m. Absatz 2 UmwStG

Vom 21. Dezember 2011 (BStBl. 2012 I S. 42)

Geändert durch BMF-Schreiben vom 16. Dezember 2015 (BStBl. 2016 I S. 11)

(BMF IV C 6 – S 2178/11/10001; DOK 2011/093512)

128 Das Bundesverfassungsgericht (BVerfG) hat mit Beschluss vom 7. Juli. 2010 (BStBl. 2011 II S. 86) entschieden, dass § 17 Absatz 1 Satz 4 in Verbindung mit § 52 Absatz 1 Satz 1 EStG in der Fassung des Steuerentlastungsgesetzes 1999/2000/2002 (StEntlG 1999/2000/2002) vom 24. März 1999 (BGBl. I S. 402) gegen die verfassungsrechtlichen Grundsätze des Vertrauensschutzes verstößt und nichtig ist, soweit in einem Veräußerungsgewinn Wertsteigerungen steuerlich erfasst werden, die bis zur Verkündung des StEntlG 1999/2000/2002 am 31. März 1999 entstanden sind und die entweder – bei einer Veräußerung bis zu diesem Zeitpunkt – nach der zuvor geltenden Rechtslage steuerfrei realisiert worden sind oder – bei einer Veräußerung nach Verkündung des Gesetzes – sowohl zum Zeitpunkt der Verkündung als auch zum Zeitpunkt der Veräußerung nach der zuvor geltenden Rechtslage steuerfrei hätten realisiert werden können. Das BVerfG begründet seine Entscheidung damit, dass insoweit bereits eine konkrete Vermögensposition entstanden sei, die durch die rückwirkende Absenkung der Beteiligungsgrenze nachträglich entwertet werde. Das führe zu einer unzulässigen Ungleichbehandlung im Vergleich zu Anteilseignern, die ihre Anteile noch bis Ende 1998 verkauft hatten, da diese den Gewinn noch steuerfrei vereinnahmen konnten. Dies sei unter dem Gesichtspunkt der Lastengleichheit nicht zulässig.

[1] Abgedruckt als Anlage b zu R 4.12 EStR.
[2] Abgedruckt als Anlage c zu R 4.12 EStR.
[3] Abgedruckt als Anlage a zu R 4.3 EStR.
[4] Abgedruckt als Anlage b zu R 4.3 EStR.

Soweit sich der steuerliche Zugriff auf die erst nach der Verkündung der Neuregelung eintretenden Wertsteigerungen beschränke, begegne dies unter Gesichtspunkten des Vertrauensschutzes jedoch keinen verfassungsrechtlichen Bedenken, auch wenn sie bislang steuerfrei gewesen wären. Zwar könne der Erwerb einer Beteiligung in einer bestimmten Höhe maßgeblich von der Erwartung bestimmt sein, etwaige Wertsteigerungen steuerfrei realisieren zu können. Die bloße Möglichkeit, Gewinne später steuerfrei vereinnahmen zu können, begründe aber keine rechtlich geschützte Vertrauensposition, weil damit im Zeitpunkt des Erwerbs nicht sicher gerechnet werden könne.

Zur Anwendung der Grundsätze dieser Entscheidung auf Fälle des § 17 EStG hat die Finanzverwaltung mit BMF-Schreiben vom 20. Dezember 2010 (BStBl. 2011 I S. 16) Stellung genommen.

Im Einvernehmen mit den obersten Finanzbehörden der Länder sind die Grundsätze dieser Entscheidung des BVerfG auch auf
- die Fälle von Einlagen nach § 6 Absatz 1 Nummer 5 Satz 1 Buchstabe b EStG und
- Einbringungen nach § 22 Absatz 1 Satz 5 i. V. m. Absatz 2 UmwStG

entsprechend anzuwenden, in denen es über den Ansatz der originären Anschaffungskosten zur Erfassung des bis zum 31. März 1999 eingetretenen nicht steuerbaren Wertzuwachses kommt.

A. Einlage nach § 6 Absatz 1 Nr. 5 Satz 1 Buchstabe b EStG

Einlagen von Beteiligungen i. S. v. § 17 EStG in ein Betriebsvermögen sind nach § 6 Absatz 1 Nummer 5 Satz 1 Buchstabe b EStG mit den Anschaffungskosten zu bewerten. **129**

Die Grundsätze der Entscheidung des BVerfG sind erst im Zeitpunkt der Veräußerung durch außerbilanzielle Korrektur des Gewinns aus der Veräußerung der Beteiligung entsprechend den nachfolgenden Grundsätzen anzuwenden.

I. Veräußerung von Beteiligungen an Kapitalgesellschaften i. S. v. § 17 Absatz 1 oder 6 EStG nach dem 31. März 1999 ohne zwischenzeitliche Teilwertabschreibungen nach dem Zeitpunkt der Einlage

Für die Veräußerung von im Betriebsvermögen gehaltenen Anteilen an Kapitalgesellschaften mit einer Beteiligungshöhe von mind. 10% und höchstens 25%, die vor dem 1. April 1999 angeschafft wurden und nach dem 31. Dezember 1998 nach § 6 Absatz 1 Nummer 5 Satz 1 Buchstabe b EStG zu Anschaffungskosten in das Betriebsvermögen eingelegt wurden und zwischenzeitlich keine Teilwertabschreibungen auf diese Beteiligung vorgenommen wurde, gilt, soweit der Teilwert am 31. März 1999 über den Anschaffungskosten lag, Folgendes:

1. Ermittlung des steuerbaren Gewinns[1]

Der Gewinn aus der Veräußerung der Anteile ist insoweit nicht steuerbar, als er auf den im Privatvermögen entstandenen Wertzuwachs bis zum 31. März 1999 entfällt. Der Gewinn aus der Veräußerung der Anteile ist außerbilanziell um den Unterschiedsbetrag zwischen dem erzielten Gewinn und dem Gewinn zu kürzen, der sich ergibt, wenn die Einlage abweichend von § 6 Absatz 1 Nummer 5 Satz 1 Buchstabe b EStG mit dem die Anschaffungskosten übersteigenden Teilwert der veräußerten Anteile zum 31. März 1999 bewertet worden wäre. Die Kürzung darf jedoch nicht zur Entstehung eines Veräußerungsverlustes führen. Einer anteiligen Zuordnung der Veräußerungskosten bedarf es nicht. Diese sind unter Beachtung von § 3 c Absatz 2 EStG in vollem Umfang vom steuerbaren Veräußerungserlös abzuziehen. Soweit es sich um börsennotierte Anteile an Kapitalgesellschaften handelt, ist der höchste an einer deutschen Börse notierte Börsenschlusskurs vom 31. März 1999 maßgebend. Liegt für den 31. März 1999 keine Notierung vor, ist der letzte innerhalb von 30 Tagen im regulierten Markt notierte Kurs anzusetzen. Soweit es sich nicht um börsennotierte Anteile handelt, vgl. Aussagen unter a)–c).

Beispiel:

A hielt seit 1990 eine 10%ige Beteiligung an der A-GmbH (AK umgerechnet 100 000 €) im Privatvermögen. Er legte diese Beteiligung am 1. Oktober 2005 nach § 6 Absatz 1 Nummer 5 Satz 1 Buchstabe b EStG mit den Anschaffungskosten in das Betriebsvermögen seines Einzelunternehmens ein. Er veräußerte die Beteiligung am 2. August 2010 für 1 000 000 €. Der Wert der Beteiligung belief sich am 31. März 1999 auf umgerechnet 500 000 €.

Die beim Verkauf realisierten stillen Reserven (900 000 €) dürfen nur besteuert werden, soweit sie nach dem 31. März 1999 entstanden sind. Es dürfen im VZ 2010 daher nur 500 000 € (1 000 000 € (Veräußerungspreis) abzüglich 500 000 € (Wert der Beteiligung zum 31. März 1999)) im Rahmen des Gewinns des Einzelunternehmens besteuert werden. Der steuerbare Gewinn aus der Veräußerung der Beteiligung i. H. v. 500 000 € ist unter Berücksichtigung des Teileinkünfteverfahrens (§ 3 Nummer 40 Satz 1 Buchst. a EStG) zu 60% (= 300 000 €) steuerpflichtig.

a) Vereinfachungsregelung zur Ermittlung des steuerbaren Anteils des Gewinns aus der Veräußerung[2]

Aus Vereinfachungsgründen ist der Umfang des steuerbaren Anteils des Gewinns der veräußerten Anteile regelmäßig entsprechend dem Verhältnis der Besitzzeit nach dem 31. März 1999 im Vergleich zur Gesamthaltedauer zeitanteilig linear (monatsweise) zu ermitteln. Angefangene Monate werden bei der Ermittlung der Gesamtbesitzzeit aufgerundet und bei der Ermittlung der steuerbaren Besitzzeit (1. April 1999 bis Veräußerungsdatum) abgerundet. Einer anteiligen Zuordnung der Veräußerungskosten bedarf es nicht. Diese sind unter Beachtung von § 3c Absatz 2 EStG in vollem Umfang vom steuerbaren Veräußerungserlös abzuziehen.

[1] A. I. 1. Satz 4 ersetzt durch Satz 4 und 5 durch BMF-Schreiben vom 16. 12. 2015 (BStBl. 2016 I S. 11), dieses Schreiben ist in allen offenen Fällen anzuwenden.

[2] A. I. 1. a) Satz 3 ersetzt durch Satz 3 und 4 durch BMF-Schreiben vom 16. 12. 2015 (BStBl. 2016 I S. 11), dieses Schreiben ist in allen offenen Fällen anzuwenden.

Anl zu H 6.12

Beispiel:

A hat am 15. Januar 1997 Anteile i. H. v. 20% an der C-GmbH erworben (AK umgerechnet 100 000 €), die er am 31. Dezember 2000 nach § 6 Absatz 1 Nummer 5 Satz 1 Buchstabe b EStG mit den Anschaffungskosten in das Betriebsvermögen seines Einzelunternehmens eingelegt hat. Am 3. August 2009 veräußerte A die Anteile für 500 000 €.

Die Gesamtbesitzzeit für die Anteile an der C-GmbH beträgt 150 volle und einen angefangenen Monat (= aufgerundet 151 Monate). Auf den Zeitraum 31. März 1999 bis 3. August 2009 entfallen 124 volle Monate und 1 angefangener Monat (= abgerundet 124 Monate). Der Wertzuwachs von 400 000 € für die Anteile an der C-GmbH ist zu einem Anteil von $^{124}/_{151}$ = 328 476 € steuerbar. Der Gewinn des Einzelunternehmens ist daher um 71 524 € außerbilanziell zu kürzen. Unter Berücksichtigung des Teileinkünfteverfahrens beträgt der steuerpflichtige Gewinn aus der Veräußerung der Anteile im Jahr 2009 (328 476 € x 60% =) 197 085 €.

b) Abweichende Aufteilung zugunsten des Steuerpflichtigen

Abweichend davon findet die Vereinfachungsregelung auf Antrag des Steuerpflichtigen keine Anwendung, wenn dieser einen tatsächlich höheren Wertzuwachs für den Zeitraum zwischen dem Erwerb der Anteile und dem Zeitpunkt der Verkündung des StEntlG 1999/2000/2002 in geeigneter Weise (z. B. durch Gutachten oder anhand von tatsächlichen Veräußerungen in zeitlicher Nähe zum 31. März 1999) nachweist.

War der Teilwert der Anteile bis zum 31. März 1999 über die Anschaffungskosten gestiegen und ist danach wieder gesunken, ohne dabei unter die Anschaffungskosten zu fallen, ist der Veräußerungsgewinn außerbilanziell auf 0 € zu kürzen, weil die Wertsteigerung bis zum 31. März 1999 realisiert wurde. Ein Verlust ist nicht zu berücksichtigen.

c) Abweichende Aufteilung zuungunsten des Steuerpflichtigen

Sofern im Einzelfall die grundsätzlich durchzuführende zeitanteilig lineare Aufteilung des Wertzuwachses zu offensichtlichen Widersprüchen zu den tatsächlichen Wertverhältnissen führt und klare, nachweisbare Anhaltspunkte für eine wesentliche – den linear ermittelten steuerbaren Wertzuwachs übersteigende – Wertsteigerung für den Zeitraum zwischen dem 31. März 1999 und dem Veräußerungszeitpunkt vorliegen, kann die Finanzverwaltung abweichend von der Vereinfachungsregelung eine andere – im Einzelfall sachgerechtere – Aufteilung des Wertzuwachses auch zuungunsten des Steuerpflichtigen durchführen.

2. Verluste aus der Veräußerung von Anteilen an Kapitalgesellschaften

Soweit Anteile an Kapitalgesellschaften mit Verlust veräußert werden (bezogen auf die gesamte Besitzzeit), findet der Beschluss des BVerfG vom 7. Juli 2010 (a. a. O.) keine Anwendung. Bei der Ermittlung des Verlustes aus der Veräußerung sind daher die ursprünglichen Anschaffungskosten zu berücksichtigen (§ 6 Absatz 1 Nummer 5 Satz 1 Buchstabe b EStG). Der Verlust ist ohne zeitanteilig lineare Aufteilung unter Beachtung von § 3 Nummer 40 Satz 1 Buchstabe a i. V. m. § 3 c Absatz 2 EStG bei der Ermittlung des Gewinns des Betriebs zu berücksichtigen.

Beispiel:

A war seit 1990 zu 10% an der C-GmbH (AK umgerechnet 100 000 €) beteiligt. Am 31. März 1999 belief sich der Wert seiner Anteile auf umgerechnet 60 000 €. A legte die Beteiligung am 10. Januar 2005 zu Anschaffungskosten in das Betriebsvermögen seines Einzelunternehmens ein. Am 2. August 2010 veräußerte A seine Anteile für 50 000 €.

Aus dem Verkauf entsteht ein Verlust i. H. v. 50 000 €, der im Teileinkünfteverfahren (§ 3 Nummer 40 Satz 1 Buchstabe a EStG i. V. m. § 3 c Absatz 2 EStG) mit 60% (30 000 €) abzugsfähig ist.

Dies gilt auch, wenn bis zum 31. März 1999 eine Werterhöhung eingetreten ist.

3. Veräußerung von Anteilen an Kapitalgesellschaften im Rahmen einer Betriebsveräußerung oder -aufgabe i. S. v. § 16 EStG

Werden im Rahmen einer Betriebsveräußerung im Ganzen Anteile an Kapitalgesellschaften veräußert, auf die der Beschluss des BVerfG anzuwenden ist, ist der gemeine Wert der Beteiligung zum Zeitpunkt der Betriebsveräußerung separat – ggf. im Schätzungswege – zu ermitteln. Der Veräußerungsgewinn nach § 16 EStG ist nach Maßgabe der Ausführungen unter 1. ggf. zu kürzen.

Werden im Rahmen einer Betriebsaufgabe Anteile an Kapitalgesellschaften ins Privatvermögen überführt, auf die der Beschluss des BVerfG anzuwenden ist, ist der gemeine Wert der Beteiligung zum Zeitpunkt der Betriebsaufgabe separat – ggf. im Schätzungswege – zu ermitteln. Der Aufgabegewinn nach § 16 EStG ist nach Maßgabe der Ausführungen unter 1. ggf. zu kürzen.

Werden im Rahmen einer Betriebsaufgabe Anteile an Kapitalgesellschaften veräußert, auf die der Beschluss des BVerfG anzuwenden ist, ist der Aufgabegewinn nach § 16 EStG nach Maßgabe der Ausführungen unter 1. unter Berücksichtigung des tatsächlich erzielten Veräußerungspreises ggf. zu kürzen.

II. Veräußerung von Beteiligungen an Kapitalgesellschaften i. S. v. § 17 Absatz 1 oder 6 EStG nach dem 31. März 1999 mit zwischenzeitlichen Teilwertabschreibungen und/oder Wertaufholungen nach dem Zeitpunkt der Einlage

1. Wertminderungen bis zum 31. März 1999

Wertminderungen, die bis zum 31. März 1999 eingetreten sind, jedoch nach diesem Zeitpunkt wieder aufgeholt wurden, bleiben – unabhängig davon, ob sie im Zeitpunkt der Einlage noch oder nicht bestanden – ohne steuerliche Auswirkung. Der Beschluss des BVerfG vom 7. Juli 2010 (a. a. O.) ist nicht dahingehend zu interpretieren, dass bis zum 31. März 1999 eingetretene Wertminderungen den späteren Veräußerungsgewinn erhöhen. H 17 (8) EStH (Einlage einer wertgeminderten Beteiligung) bleibt unberührt. Der Beschluss betrifft ausdrücklich nur die bis zum 31. März 1999 eingetretene Wertsteigerung als verfassungsrechtlich geschützte Vermögensposition. Einer außerbilanziellen Korrektur des Gewinns bedarf es nicht. Bei der Ermittlung des Gewinns aus der Veräußerung der Anteile ist der Einlagewert (= ursprüngliche Anschaffungskosten) zu berücksichtigen. R 17 Abs. 8 EStR 2008 ist überholt und damit nicht anzuwenden.

Beispiel:

A war seit 1990 zu 10% an der C-GmbH (AK umgerechnet 100 000 €) beteiligt. Am 31. März 1999 belief sich der Wert seiner Anteile auf umgerechnet 60 000 €. A legte die Beteiligung am 31. Dezember 2009 nach § 6 Absatz 1 Nummer 5 Satz 1 Buchstabe b EStG i. V. m. H 17 (8) (Einlage einer wertgeminderten Beteiligung) zu Anschaffungskosten in das Betriebsvermögen seines Einzelunternehmens ein. Am 2. August 2010 veräußerte A seine Anteile für 300 000 €.

Aus dem Verkauf der Anteile entsteht ein Gewinn von 200 000 €, der unter Berücksichtigung des Teileinkünfteverfahrens (§ 3 Nummer 40 Satz 1 Buchstabe a EStG i. V. m. § 3 c Absatz 2 EStG) zu 60% (= 120 000 €) steuerpflichtig ist.

2. Wertminderungen nach dem 31. März 1999

War der Teilwert der Anteile bis zum 31. März 1999 über die Anschaffungskosten gestiegen und wurde später aufgrund einer dauerhaften Wertminderung eine Teilwertabschreibung vorgenommen, ist der Gewinn aus der Veräußerung der Anteile (Veräußerungspreis abzgl. Buchwert der Anteile) um den Unterschiedsbetrag zwischen dem Teilwert am 31. März 1999 (ggf. Ermittlung des Teilwerts unter Berücksichtigung der Vereinfachungsregelung unter I.1.a) und den Anschaffungskosten zu kürzen. Die Kürzung darf nicht zur Entstehung eines Veräußerungsverlustes führen.

Gleiches gilt in den Fällen, in denen die Teilwertabschreibung durch spätere Wertaufholungen teilweise wieder rückgängig gemacht wurde.

B. Umwandlung

Die oben unter A. I.1. genannten Grundsätze sind in den Fällen des § 22 Absatz 1 Satz 5 i. V. m. Absatz 2 UmwStG (Einbringungsgewinn II aufgrund der späteren Veräußerung der im Rahmen einer Betriebseinbringung miteingebrachten von dem o. g. Beschluss des BVerfG betroffenen Anteile durch die aufnehmende Kapitalgesellschaft) analog anzuwenden. 130

Fand der Anteilstausch in eine Kapitalgesellschaft nach Maßgabe des UmwStG a. F. (bis 12. Dezember 2006) statt, muss die aufnehmende Kapitalgesellschaft den Gewinn aus der Veräußerung der eingebrachten Anteile innerhalb der siebenjährigen Sperrfrist des alten Rechts nach § 8 b Absatz 4 Satz 1 Nummer 2 KStG a. F. in voller Höhe versteuern, wenn die Anteile von einer natürlichen Person eingebracht wurden (§ 34 Absatz 7 a KStG).[1] Auch in diesen Fällen sind die unter A. I.1 genannten Grundsätze analog anzuwenden.

C. Absenkung der Beteiligungsgrenze auf mind. 1% durch das StSenkG vom 23. Oktober 2000 (BGBl. I S. 1435 vom 26. Oktober 2000, BStBl. I S. 1428)

Die unter A. dargestellten Grundsätze sind entsprechend anzuwenden. Maßgeblicher Stichtag ist der 26. Oktober 2000 (Tag der Verkündung des StSenkG im BGBl.). 131

D. Anwendungsregelung

Dieses Schreiben ist auf alle noch offenen Fälle anzuwenden. 132

R 6.13. Bewertungsfreiheit für geringwertige Wirtschaftsgüter und Bildung eines Sammelpostens R 6.13

(1) ① Die Frage, ob ein Wirtschaftsgut des Anlagevermögens selbständig nutzungsfähig ist, stellt sich regelmäßig für solche Wirtschaftsgüter, die in einem Betrieb zusammen mit anderen Wirtschaftsgütern genutzt werden. ② Für die Entscheidung in dieser Frage ist maßgeblich auf die betriebliche Zweckbestimmung des Wirtschaftsgutes abzustellen. ③ Hiernach ist ein Wirtschaftsgut des Anlagevermögens einer selbständigen Nutzung nicht fähig, wenn folgende Voraussetzungen kumulativ vorliegen: 135

1. Das Wirtschaftsgut kann nach seiner betrieblichen Zweckbestimmung nur zusammen mit anderen Wirtschaftsgütern des Anlagevermögens genutzt werden,
2. das Wirtschaftsgut ist mit den anderen Wirtschaftsgütern des Anlagevermögens in einen ausschließlichen betrieblichen Nutzungszusammenhang eingefügt, d.h., es tritt mit den in den Nutzungszusammenhang eingefügten anderen Wirtschaftsgütern des Anlagevermögens nach außen als einheitliches Ganzes in Erscheinung, wobei für die Bestimmung dieses Merkmals im Einzelfall die Festigkeit der Verbindung, ihre technische Gestaltung und ihre Dauer von Bedeutung sein können,
3. das Wirtschaftsgut ist mit den anderen Wirtschaftsgütern des Anlagevermögens technisch abgestimmt.

④ Dagegen bleiben Wirtschaftsgüter, die zwar in einen betrieblichen Nutzungszusammenhang mit anderen Wirtschaftsgütern eingefügt und technisch aufeinander abgestimmt sind, dennoch selbständig nutzungsfähig, wenn sie nach ihrer betrieblichen Zweckbestimmung auch ohne die anderen Wirtschaftsgüter im Betrieb genutzt werden können (z. B. Müllbehälter eines Müllabfuhrunternehmens). ⑤ Auch Wirtschaftsgüter, die nach ihrer betrieblichen Zweckbestimmung nur mit anderen Wirtschaftsgütern genutzt werden können, sind selbständig nutzungsfähig, wenn

---

[1] § 34 Abs. 7 a KStG i. d. F. vor dem Gesetz zur Anpassung des nationalen Steuerrechts an den Beitritt Kroatiens zur EU und zur Änderung weiterer steuerlicher Vorschriften.

sie nicht in einen Nutzungszusammenhang eingefügt sind, so dass die zusammen nutzbaren Wirtschaftsgüter des Betriebs nach außen nicht als ein einheitliches Ganzes in Erscheinung treten (z. B. Bestecke, Trivialprogramme). ⑥ Selbständig nutzungsfähig sind ferner Wirtschaftsgüter, die nach ihrer betrieblichen Zweckbestimmung nur zusammen mit anderen Wirtschaftsgütern genutzt werden können, technisch mit diesen Wirtschaftsgütern aber nicht abgestimmt sind (z. B. Paletten, Einrichtungsgegenstände).

136 (2) Bei der Beurteilung der Frage, ob die Anschaffungs- oder Herstellungskosten für das einzelne Wirtschaftsgut *150 Euro*[1], *410 Euro*[2] oder 1000 Euro nicht übersteigen, ist,

1. wenn von den Anschaffungs- oder Herstellungskosten des Wirtschaftsgutes ein Betrag nach § 6 b oder § 6 c EStG abgesetzt worden ist, von den nach § 6 b Abs. 6 EStG maßgebenden
2. wenn die Anschaffungs- oder Herstellungskosten nach § 7 g Abs. 2 Satz 2 EStG gewinnmindernd herabgesetzt wurden, von den geminderten
3. wenn das Wirtschaftsgut mit einem erfolgsneutral behandelten Zuschuss aus öffentlichen oder privaten Mitteln nach R 6.5 angeschafft oder hergestellt worden ist, von den um den Zuschuss gekürzten
4. und wenn von den Anschaffungs- oder Herstellungskosten des Wirtschaftsgutes ein Betrag nach R 6.6 abgesetzt worden ist, von den um diesen Betrag gekürzten

Anschaffungs- oder Herstellungskosten auszugehen.

137 (3) Stellt ein Stpfl. ein selbständig bewertungsfähiges und selbständig nutzungsfähiges Wirtschaftsgut aus erworbenen Wirtschaftsgütern her, muss die Sofortabschreibung gem. § 6 Abs. 2 EStG oder die Einstellung in den Sammelposten gem. § 6 Abs. 2 a EStG in dem Wirtschaftsjahr erfolgen, in dem das Wirtschaftsgut fertig gestellt worden ist.

138 (4) ① Wurden die Anschaffungs- oder Herstellungskosten eines Wirtschaftsguts gem. § 6 Abs. 2 oder Abs. 2 a Satz 4 EStG im Jahr der Anschaffung oder Herstellung in voller Höhe als Betriebsausgaben abgesetzt, sind in späteren Wirtschaftsjahren nachträgliche Anschaffungs- oder Herstellungskosten im Jahr ihrer Entstehung ebenfalls in voller Höhe als Betriebsausgaben zu behandeln. ② Dies gilt unabhängig davon, ob sie zusammen mit den ursprünglichen Anschaffungs- oder Herstellungskosten den Betrag von *410 Euro*[3] bzw. im Falle der Bildung des Sammelpostens gem. § 6 Abs. 2 a EStG von *150 Euro*[4] übersteigen.

139 (5) ① Für jedes Wirtschaftsjahr, in dem vom einheitlich für alle Anlagegüter i. S. d. § 6 Abs. 2 a EStG auszuübenden Antragsrecht zur Bildung eines Sammelpostens Gebrauch gemacht wurde, ist ein gesonderter Sammelposten zu bilden. ② Nachträgliche Anschaffungs- oder Herstellungskosten, die nicht im Wirtschaftsjahr der Anschaffung oder Herstellung angefallen sind, erhöhen den Sammelposten des Wirtschaftsjahres, in dem die nachträglichen Anschaffungs- oder Herstellungskosten anfallen. ③ Macht der Stpfl. in diesem Wirtschaftsjahr vom Wahlrecht nach § 6 Abs. 2 a EStG keinen Gebrauch, beschränkt sich der Sammelposten auf die nachträglichen Anschaffungs- oder Herstellungskosten der betroffenen Wirtschaftsgüter. ④ Dies gilt unabhängig davon, ob die nachträglichen Anschaffungs- oder Herstellungskosten zusammen mit den ursprünglichen Anschaffungs- oder Herstellungskosten den Betrag von 1000 Euro übersteigen.

140 (6) ① Der Sammelposten i. S. d. § 6 Abs. 2 a EStG ist kein Wirtschaftsgut, sondern eine Rechengröße und damit beispielsweise einer Teilwertabschreibung nicht zugänglich. ② Ein Sammelposten i. S. d. § 6 Abs. 2 a EStG wird nicht dadurch vermindert, dass ein oder mehrere darin erfasste Wirtschaftsgüter durch Veräußerung oder Entnahme oder auf Grund höherer Gewalt (R 6.6 Abs. 2) aus dem Betriebsvermögen des Stpfl. ausscheiden. ③ Dies gilt auch für Wirtschaftsgüter, die nach § 6 Abs. 3 EStG zusammen mit einem Teilbetrieb übertragen, nach § 6 Abs. 5 EStG in ein anderes Betriebsvermögen überführt oder übertragen oder nach den §§ 20, 24 UmwStG zusammen mit einem Teilbetrieb in eine Kapital- oder Personengesellschaft eingebracht werden.

H 6.13

Allgemeines. Zweifelsfragen zur bilanziellen Behandlung geringwertiger Wirtschaftsgüter und zum Sammelposten → BMF vom 30. 9. 2010 (BStBl. I S. 755).[5]

141 **Einlage.** Zur Einlage von geringwertigen Wirtschaftsgütern, für die die Bewertungsfreiheit bereits während der Zugehörigkeit zum Privatvermögen in Anspruch genommen wurde → H 6.12 (Geringwertiges Wirtschaftsgut).

Private Mitbenutzung. Hat ein Stpfl. die Anschaffungs- oder Herstellungskosten eines geringwertigen Wirtschaftsguts im Jahr der Anschaffung oder Herstellung in voller Höhe als Betriebsausgaben abgesetzt, muss er den Teil der Aufwendungen, der dem privaten Nutzungsanteil entspricht, während der Nutzungszeit des Wirtschaftsguts dem Gewinn jeweils in dem

---

[1] Bei Anschaffung, Herstellung oder Einlage in das Betriebsvermögen ab 1. 1. 2018: 250 Euro (§ 52 Abs. 12 Satz 8 EStG).

[2] Bei Anschaffung, Herstellung oder Einlage in das Betriebsvermögen ab 1. 1. 2018: 800 Euro (§ 52 Abs. 12 Satz 6 EStG).

[3] Bei Anschaffung, Herstellung oder Einlage in das Betriebsvermögen ab 1. 1. 2018: 800 Euro (§ 52 Abs. 12 Satz 6 EStG).

[4] Bei Anschaffung, Herstellung oder Einlage in das Betriebsvermögen ab 1. 1. 2018: 250 Euro (§ 52 Abs. 12 Satz 8 EStG).

[5] Nachstehend abgedruckt als Anlage zu H 6.13.

Umfang hinzurechnen, der der tatsächlichen Nutzung in jedem Wj. entspricht (→ BFH vom 13. 3. 1964 – BStBl. III S. 455). H 6.13

Selbständige Bewertbarkeit bzw. Nutzungsfähigkeit. Die selbständige Nutzungsfähigkeit verbundener oder gemeinsam genutzter Wirtschaftsgüter ist kein Kriterium bei der Beurteilung der selbständigen Bewertbarkeit. Ein selbständig bewertbares Wirtschaftsgut liegt vor, wenn es in seiner Einzelheit von Bedeutung und bei einer Veräußerung greifbar ist. Ob es auch selbständig genutzt werden kann, hängt neben dem Zweck, den zwei oder mehrere bewegliche Sachen gemeinsam zu erfüllen haben, vor allem vom Grad der Festigkeit einer eventuell vorgenommenen Verbindung (§ 93 BGB), dem Zeitraum, auf den eine eventuelle Verbindung oder die gemeinsame Nutzung angelegt sind, sowie dem äußeren Erscheinungsbild ab. Erscheinen die beweglichen Gegenstände danach für sich genommen unvollständig oder erhält ein Gegenstand ohne den oder die anderen gar ein negatives Gepräge, ist regelmäßig von einem einheitlichen Wirtschaftsgut auszugehen; Entsprechendes gilt für Sachen, die in einen unbeweglichen Gegenstand eingebaut werden (→ BFH vom 5. 9. 2002 – BStBl. II S. 877).

ABC der selbständig nutzungsfähigen Wirtschaftsgüter

- Ausstellungsgegenstände – einzelne Gegenstände, die zu einer Verkaufsausstellung (z. B. Sanitärausstellung) zusammengefasst sind, es sei denn, einzelne der zu der Ausstellung zusammengefassten Wirtschaftsgüter haben ihre selbständige Bewertbarkeit dadurch verloren, dass sie fest und auf längere Dauer mit anderen Gegenständen verbunden sind und nur in dieser technischen Verbundenheit ihren bestimmungsgemäßen Zweck erfüllen können, z. B. Badewanne und Armaturen (→ BFH vom 9. 8. 2001 – BStBl. II S. 842)
- Bestecke in Gaststätten, Hotels, Kantinen (→ BFH vom 19. 11. 1953 – BStBl. 1954 III S. 18)
- Bibliothek eines Rechtsanwalts (→ BFH vom 17. 5. 1968 – BStBl. II S. 566)
- Bücher einer Leih- oder Fachbücherei (→ BFH vom 8. 12. 1967 – BStBl. 1968 II S. 149)
- Einrichtungsgegenstände in Läden, Werkstätten, Büros, Hotels, Gaststätten u. Ä. – auch als Erstausstattung und in einheitlichem Stil (→ BFH vom 29. 7. 1966 – BStBl. 1967 III S. 61)
- Fässer/Flaschen (→ BFH vom 1. 7. 1981 – BStBl. 1982 II S. 246)
- Grundausstattung einer Kfz-Werkstatt mit Spezialwerkzeugen (→ BFH vom 17. 5. 1968 – BStBl. II S. 571)
- Instrumentarium eines Arztes, auch als Grundausstattung (→ BFH vom 17. 5. 1968 – BStBl. II S. 566)
- Kisten (→ BFH vom 1. 7. 1981 – BStBl. 1982 II S. 246)
- Lampen als selbständige Wirtschaftsgüter (Steh-, Tisch- und Hängelampen; → BFH vom 17. 5. 1968 – BStBl. II S. 567)
- Leergut (→ BFH vom 1. 7. 1981 – BStBl. 1982 II S. 246)
- Legehennen in eiererzeugenden Betrieben
- Möbel in Hotels und Gaststätten, auch als Erstausstattung (→ BFH vom 17. 5. 1968 – BStBl. II S. 566)
- Müllbehälter eines Müllabfuhrunternehmens, auch Systemmüllbehälter
- Musterbücher und -kollektionen im Tapeten- und Buchhandel (→ BFH vom 25. 11. 1965 – BStBl. 1966 III S. 86)
- Notfallkoffer eines Arztes und darin enthaltene Geräte wie Sauerstoffflasche, Beatmungsbeutel, Absauggerät (→ BFH vom 7. 9. 2000 – BStBl. 2001 II S. 41)
- Paletten zum Transport und zur Lagerung von Waren (→ BFH vom 9. 12. 1977 – BStBl. 1978 II S. 322 und vom 25. 8. 1989 – BStBl. 1990 II S. 82)
- Regale, die aus genormten Stahlregalteilen zusammengesetzt und nach ihrer betrieblichen Zweckbestimmung in der Regel auf Dauer in dieser Zusammensetzung genutzt werden (→ BFH vom 26. 7. 1979 – BStBl. 1980 II S. 176) sowie Regale, die zu Schrankwänden zusammengesetzt sind (→ BFH vom 9. 8. 2001 – BStBl. 2002 II S. 100)
- Ruhebänke als Werbeträger
- Schallplatten
- Schreibtischkombinationsteile, die nicht fest miteinander verbunden sind, wie z. B. Tisch, Rollcontainer, Computerbeistelltisch (→ BFH vom 21. 7. 1998 – BStBl. II S. 789) sowie einzelne Elemente einer aus genormten Teilen zusammengesetzten und verschraubten Schreibtischkombination, es sei denn, das einzelne Element ist aus technischen Gründen (z. B. wegen fehlender Standfestigkeit) nicht selbständig nutzungsfähig (→ BFH vom 9. 8. 2001 – BStBl. 2002 II S. 100)
- Schriftenminima in einem Druckereibetrieb (→ BFH vom 18. 11. 1975 – BStBl. 1976 II S. 214)
- Spezialbeleuchtungsanlagen in einem Schaufenster (→ BFH vom 5. 3. 1974 – BStBl. II S. 353)
- Spinnkannen einer Weberei (→ BFH vom 9. 12. 1977 – BStBl. 1978 II S. 322)
- Straßenleuchten (→ BFH vom 28. 3. 1973 – BStBl. 1974 II S. 2)
- Tonbandkassetten
- Transportkästen in einer Weberei zum Transport von Garnen (→ BFH vom 17. 5. 1968 – BStBl. II S. 568)
- Trivialprogramme (→ R 5.5 Abs. 1)
- Videokassetten
- Wäsche in Hotels (→ BFH vom 17. 5. 1968 – BStBl. II S. 566).

ABC der nicht selbständig nutzungsfähigen Wirtschaftsgüter

- Beleuchtungsanlage als Lichtband zur Beleuchtung in Fabrikräumen und Werkhallen (→ BFH vom 5. 10. 1956 – BStBl. III S. 376) oder zur Beleuchtung einzelner Stockwerke eines Wohnhauses (→ BFH vom 5. 3. 1974 – BStBl. II S. 353)
- Bestuhlung in Kinos und Theatern (→ BFH vom 5. 10. 1966 – BStBl. III S. 686)
- Bohrer i. V. m. Werkzeugmaschinen (→ Maschinenwerkzeuge)
- Drehbank mit als Antrieb eingebautem Elektromotor (→ BFH vom 14. 12. 1966 – BStBl. 1967 III S. 247)
- Drehstähle i. V. m. Werkzeugmaschinen (→ Maschinenwerkzeuge)
- EDV-Kabel nebst Zubehör zur Vernetzung einer EDV-Anlage: Kabel, die als Verlängerung der Verbindung der Peripheriegeräte mit der Zentraleinheit genutzt werden, sind zwar selbständig bewertungsfähig, nicht jedoch selbständig nutzungsfähig und somit keine geringwertigen Wirtschaftsgüter (→ BFH vom 25. 11. 1999 – BStBl. 2002 II S. 233)
- Elektromotor zum Einzelantrieb einer Maschine, einer Drehbank oder eines Webstuhls (→ BFH vom 16. 12. 1958 – BStBl. 1959 III S. 77)
- Ersatzteile für Maschinen usw. (→ BFH vom 17. 5. 1968 – BStBl. II S. 568)
- Formen (→ BFH vom 9. 3. 1967 – BStBl. III S. 283)
- Formplatten (→ BFH vom 30. 3. 1967 – BStBl. III S. 302)
- Fräser i. V. m. Werkzeugmaschinen (→ Maschinenwerkzeuge)
- Gerüst- und Schalungsteile sowie Schalungstafeln, die genormt und technisch aufeinander abgestimmt sind (→ BFH vom 29. 7. 1966 – BStBl. 1967 III S. 151)
- Kühlkanäle (→ BFH vom 17. 4. 1985 – BStBl. 1988 II S. 126)
- Leuchtstoffröhren (→ Beleuchtungsanlage)

– Lichtbänder (→ Beleuchtungsanlage)
– Lithographien (→ BFH vom 15. 3. 1991 – BStBl. II S. 682)
– Maschinenwerkzeuge und -verschleißteile (→ BFH vom 6. 10. 1995 – BStBl. 1996 II S. 166)
– Peripheriegeräte einer PC-Anlage; dies gilt nicht für so genannte Kombinations-Geräte und für externe Datenspeicher (→ BFH vom 19. 2. 2004 – BStBl. II S. 958)
– Pflanzen von Dauerkulturen (→ BFH vom 30. 11. 1978 – BStBl. 1979 II S. 281)
– Regalteile (→ BFH vom 20. 11. 1970 – BStBl. 1971 II S. 155; zu Regalen aus genormten Stahlregalteilen → Beispiele für selbständig nutzungsfähige Wirtschaftsgüter)
– Sägeblätter in Diamantsägen und -gattern (→ BFH vom 19. 10. 1972 – BStBl. 1973 II S. 53)
– Stanzwerkzeuge i. V. m. Werkzeugmaschinen (→ Maschinenwerkzeuge)
– Technische Sicherheitseinrichtung – TSE (→ BMF vom 21. 8. 2020 – BStBl. I S. 1047)[1]
– Webstuhlmotor (→ Elektromotor)
– Werkzeuge (→ Maschinenwerkzeuge).

Anl zu H 6.13

Schreiben betr. steuerliche Gewinnermittlung; Zweifelsfragen zur bilanzsteuerlichen Behandlung sog. geringwertiger Wirtschaftsgüter nach § 6 Absatz 2 EStG und zum Sammelposten nach § 6 Absatz 2 a EStG in der Fassung des Gesetzes zur Beschleunigung des Wirtschaftswachstums vom 22. Dezember 2009 (BGBl. 2009 I S. 3950, BStBl. 2010 I S. 2)

Vom 30. September 2010 (BStBl. I S. 755)

(BMF IV C 6 – S 2180/09/10001; DOK 2010/0750885)

Nach § 6 Abs. 2 EStG in der Fassung des Gesetzes zur Beschleunigung des Wirtschaftswachstums vom 22. Dezember 2009 (BGBl. 2009 I S. 3950, BStBl. 2010 I S. 2) können die Anschaffungs- oder Herstellungskosten von abnutzbaren, beweglichen und einer selbständigen Nutzung fähigen Wirtschaftsgütern des Anlagevermögens in voller Höhe als Betriebsausgaben abgezogen werden, wenn die um einen enthaltenen Vorsteuerbetrag verminderten Anschaffungs- oder Herstellungskosten für das einzelne Wirtschaftsgut *410 Euro*[2] nicht übersteigen. Für gleichartige Wirtschaftsgüter, deren Anschaffungs- oder Herstellungskosten *150 Euro*[3], aber nicht 1000 Euro übersteigen, kann im Wirtschaftsjahr der Anschaffung oder Herstellung ein Sammelposten gebildet werden (§ 6 Abs. 2 a EStG). Die Regelungen gemäß § 6 Abs. 2 und 2 a EStG gelten auch bei Einlagen und im Falle der Betriebseröffnung (§ 6 Abs. 1 Nummer 5 bis 6 EStG).
Nach dem Ergebnis einer Erörterung mit den obersten Finanzbehörden der Länder gelten für die Anwendung von § 6 Abs. 2 und 2 a EStG in Ergänzung zu Richtlinie R 6.13 *EStR 2008*[4] die folgenden Regelungen. Soweit nichts anderes angegeben, sind bei Verwendung der Begriffe

- **Aufwendungen**
  die Anschaffungs- oder Herstellungskosten, vermindert um einen darin enthaltenen Vorsteuerbetrag (§ 9 b Abs. 1 EStG), oder der nach § 6 Abs. 1 Nummer 5 bis 6 EStG an deren Stelle tretende Wert für das einzelne abnutzbare, bewegliche und einer selbständigen Nutzung fähige Wirtschaftsgut des Anlagevermögens und
- **Wirtschaftsjahr**
  das Wirtschaftsjahr der Anschaffung, Herstellung oder Einlage eines Wirtschaftsgutes oder der Eröffnung eines Betriebes

gemeint.

I. Bilanzsteuerrechtliche Wahlrechte für Aufwendungen bis 1000 Euro

1. Grundsatz

142 **1** Die Aufwendungen sind grundsätzlich durch Absetzungen für Abnutzung (AfA) nach Maßgabe der §§ 7 ff. EStG (insbesondere § 7 Abs. 1 oder Abs. 2 EStG) unter Berücksichtigung der jeweiligen betriebsgewöhnlichen Nutzungsdauer des Wirtschaftsgutes gewinnmindernd als Betriebsausgaben abzuziehen.

2. Aufwendungen bis *150 Euro*[3]

2 Abweichend von Rn. 1 können Aufwendungen bis *150 Euro*[3] im maßgebenden Wirtschaftsjahr in voller Höhe gemäß § 6 Abs. 2 EStG als Betriebsausgaben abgezogen werden. Das Wahlrecht kann für jedes Wirtschaftsgut individuell in Anspruch genommen werden (wirtschaftsgutbezogenes Wahlrecht).

3 Bei Anwendung des § 6 Abs. 2 EStG bestehen mit Ausnahme der buchmäßigen Erfassung des Zugangs des Wirtschaftsgutes keine weiteren Aufzeichnungspflichten; aus steuerlichen Gründen ist eine Aufnahme in ein Inventar im Sinne des § 240 HGB nicht erforderlich.

3. Aufwendungen von mehr als *150 Euro*[3] und nicht mehr als *410 Euro*[2]

a) Erstes Wahlrecht

4 Abweichend von Rn. 1 können Aufwendungen von mehr als *150 Euro*[3] und nicht mehr als *410 Euro*[2] im maßgebenden Wirtschaftsjahr in voller Höhe gemäß § 6 Abs. 2 EStG als Betriebsausgaben abgezogen werden.

5 Nach § 6 Abs. 2 Satz 4 und 5 EStG ist das Wirtschaftsgut unter Angabe des Tages der Anschaffung, Herstellung oder Einlage sowie der Anschaffungs- oder Herstellungskosten oder des Einlagewer-

[1] Abgedruckt als Anlage b zu R 7.4 EStR.
[2] Bei Anschaffung, Herstellung oder Einlage in das Betriebsvermögen ab 1. 1. 2018: 800 Euro (§ 52 Abs. 12 Satz 6 EStG).
[3] Bei Anschaffung, Herstellung oder Einlage in das Betriebsvermögen ab 1. 1. 2018: 250 Euro (§ 52 Abs. 12 Satz 8 EStG).
[4] Jetzt: EStR 2012.

tes in ein besonderes, laufend zu führendes Verzeichnis aufzunehmen. Das Verzeichnis braucht nicht geführt zu werden, wenn diese Angaben aus der Buchführung ersichtlich sind. Anl zu H 6.13

b) Zweites Wahlrecht

6 Die Aufwendungen können im maßgebenden Wirtschaftsjahr gemäß § 6 Abs. 2a EStG in einem Sammelposten erfasst werden (zu den Einzelheiten vgl. Rn. 8 bis 25). Dieses Wahlrecht kann nach § 6 Abs. 2a Satz 5 EStG nur einheitlich für alle Wirtschaftsgüter des Wirtschaftsjahres mit Aufwendungen von mehr als *150 Euro*[1] und nicht mehr als 1000 Euro (Rn. 4 bis 7) in Anspruch genommen werden (wirtschaftsjahrbezogenes Wahlrecht).

4. Aufwendungen von mehr als *410 Euro*[2] und nicht mehr als 1000 Euro

7 Abweichend von Rn. 1 können Aufwendungen von mehr als *410 Euro*[2] und nicht mehr als 1000 Euro im maßgebenden Wirtschaftsjahr gemäß § 6 Abs. 2a EStG in einem Sammelposten (Rn. 8 bis 25) erfasst werden. Dieses Wahlrecht kann nur einheitlich für alle Wirtschaftsgüter des Wirtschaftsjahres mit Aufwendungen von mehr als *150 Euro*[1] und nicht mehr als 1000 Euro in Anspruch genommen werden (wirtschaftsjahrbezogenes Wahlrecht, Rn. 6 Satz 2).

II. Sammelposten nach § 6 Abs. 2a EStG

1. Bildung des Sammelpostens

8 Der Sammelposten ist kein Wirtschaftsgut, sondern eine Rechengröße (R 6.13 Abs. 6 Satz 1 EStR). 143

9 Wirtschaftsgüter im Sinne des § 6 Abs. 2a EStG können alternativ zur Sofortabschreibung nach § 6 Abs. 2 EStG oder zur ratierlichen Absetzung für Abnutzung im maßgebenden Wirtschaftsjahr in einem jahrgangsbezogenen Sammelposten je Bilanz (Gesamthandsbilanz, Sonderbilanz, Ergänzungsbilanz) erfasst werden (vgl. R 6.13 Abs. 5 Satz 1 EStR). Dies gilt sinngemäß auch bei einer Gewinnermittlung durch Einnahmenüberschussrechnung. Ein Schrott- oder Schlachtwert für im Sammelposten erfasste Wirtschaftsgüter bleibt außer Ansatz, da bei diesen Wirtschaftsgütern nach vollständiger gewinnmindernder Auflösung des Sammelpostens nicht mehr von einem beträchtlichen Restwert ausgegangen werden kann (BFH-Urteil vom 22. Juli 1971, BStBl. II S. 800). Abgesehen von der buchmäßigen Erfassung des Zugangs der Wirtschaftsgüter in den Sammelposten bestehen keine weiteren Aufzeichnungspflichten. Die Wirtschaftsgüter des Sammelpostens müssen aus steuerlichen Gründen nicht in ein Inventar im Sinne des § 240 HGB aufgenommen werden.

10 Nachträgliche Anschaffungs- oder Herstellungskosten von Wirtschaftsgütern im Sinne des § 6 Abs. 2a EStG erhöhen den Sammelposten des Wirtschaftsjahres, in dem die Aufwendungen entstehen (R 6.13 Abs. 5 Satz 2 EStR). Beabsichtigt der Steuerpflichtige, in diesem Wirtschaftsjahr § 6 Abs. 2a EStG nicht anzuwenden (vgl. Rn. 6 und 7), beschränkt sich der Sammelposten auf die nachträglichen Anschaffungs- oder Herstellungskosten der in Satz 1 genannten Wirtschaftsgüter. Fallen die nachträglichen Anschaffungs- oder Herstellungskosten bereits im Wirtschaftsjahr der Investition an und übersteigt die Summe der Gesamtkosten in diesem Wirtschaftsjahr die Betragsgrenze von 1000 Euro, kann § 6 Abs. 2a EStG nicht angewendet werden; das Wirtschaftsgut ist nach § 6 Abs. 1 Nummer 1 EStG einzeln zu bewerten. Scheidet ein Wirtschaftsgut im Jahr der Anschaffung, Herstellung oder Einlage aus dem Betriebsvermögen aus, liegen die Voraussetzungen für die Berücksichtigung des Wirtschaftsgutes im Sammelposten zum Schluss dieses Wirtschaftsjahres nicht vor.

11 Anschaffungs- oder Herstellungskosten von nicht selbständig nutzbaren Wirtschaftsgütern sind, sofern sie keine nachträglichen Anschaffungs- oder Herstellungskosten darstellen, nicht im Sammelposten zu erfassen.

Beispiel:

Einzelunternehmer A schafft am Ende des Wirtschaftsjahres 01 für sein Anlagevermögen einen PC an. Die Anschaffungskosten betragen 500 Euro. Im Wirtschaftsjahr 02 erfolgt die Anschaffung eines Druckers – welcher neben dem Drucken keine weiteren Funktionen ausführen kann – sowie einer PC-Maus, die bisher nicht im Lieferumfang des PC enthalten war. Die Anschaffungskosten für den Drucker betragen 180 Euro und für die PC-Maus 25 Euro. A wendet in 01 und 02 die Regelungen zum Sammelposten gemäß § 6 Abs. 2a EStG an.

Lösung:

Der PC ist als selbständig nutzungsfähiges Wirtschaftsgut des Anlagevermögens im Sammelposten des Wirtschaftsjahres 01 zu erfassen. Eine Abschreibung über die betriebsgewöhnliche Nutzungsdauer kommt nicht in Betracht, da A sich für die Anwendung der Regelungen zum Sammelposten entschieden hat (einheitliche Wahlrechtsausübung). Dagegen ist der Drucker ein nicht selbständig nutzungsfähiges Wirtschaftsgut (vgl. BFH-Urteil vom 19. Februar 2004, BStBl. II S. 958). Die Aufwendungen stellen aber keine nachträglichen Anschaffungskosten des PC dar. Der Drucker ist einzeln nach den Vorschriften des § 6 Abs. 1 Nummer 1 EStG zu bewerten und die Anschaffungskosten sind über die betriebsgewöhnliche Nutzungsdauer abzuschreiben. Demgegenüber bildet die ebenfalls nicht selbständig nutzungsfähige PC-Maus eine Nutzungseinheit mit dem PC. Daher sind die Aufwendung für die PC-Maus nachträgliche Anschaffungskosten des PC und im Sammelposten des Wirtschaftsjahres 02 zu erfassen (vgl. R 6.13 Abs. 5 Satz 2 EStR).

12 Die Regelungen zum Sammelposten gelten sowohl für notwendiges als auch für gewillkürtes Betriebsvermögen.

13 Der Ansatz von Festwerten (§ 240 Abs. 3 HGB) ist für im Sammelposten erfasste Wirtschaftsgüter nicht zulässig. Der Festwert für Wirtschaftsgüter, die zulässigerweise mit einem gleich bleibenden Wert angesetzt wurden, ist planmäßig gemäß R 5.4 Abs. 3 EStR anzupassen.

---

[1] Bei Anschaffung, Herstellung oder Einlage in das Betriebsvermögen ab 1. 1. 2018: 250 Euro (§ 52 Abs. 12 Satz 8 EStG).
[2] Bei Anschaffung, Herstellung oder Einlage in das Betriebsvermögen ab 1. 1. 2018: 800 Euro (§ 52 Abs. 12 Satz 6 EStG).

Anl zu H 6.13

2. Auflösung des Sammelpostens

14 Scheidet ein im Sammelposten erfasstes Wirtschaftsgut aus dem Betriebsvermögen durch Entnahme, Veräußerung, Verschrottung oder sonstiges Abhandenkommen aus, hat dieser Vorgang keine Auswirkung auf den Sammelposten. Auch der Abgang sämtlicher im Sammelposten erfasster Wirtschaftsgüter führt nicht zu einer Auflösung des Sammelpostens. Bei im Sammelposten erfassten Wirtschaftsgütern sind Sonderabschreibungen sowie Teilwertabschreibungen nicht zulässig.

15 Sammelposten sind jahrgangsbezogen mit jeweils einem Fünftel gewinnmindernd zum Ende des jeweiligen Wirtschaftsjahres aufzulösen. Die betriebsgewöhnliche Nutzungsdauer der einzelnen Wirtschaftsgüter ist für die Auflösung des Sammelpostens auch dann unbeachtlich, wenn diese weniger als fünf Jahre beträgt. Die jahrgangsbezogene Auflösung zum Ende des jeweiligen Wirtschaftsjahres mit jeweils einem Fünftel gilt auch bei Rumpfwirtschaftsjahren, beispielsweise bei Betriebsveräußerung oder Betriebsaufgabe vor Ablauf des regulären Wirtschaftsjahres. Die gewinnmindernde Auflösung zum Ende des (Rumpf-)Wirtschaftsjahres mit einem Fünftel ist beim laufenden Gewinn dieses (Rumpf-) Wirtschaftsjahres zu erfassen. Der verbleibende Restbuchwert ist bei der Ermittlung des Gewinns nach § 16 Abs. 2 EStG zu berücksichtigen.

16 Die Grundsätze der Rn. 15 gelten für die Feststellung des Unterschiedsbetrages nach § 5a Abs. 4 EStG entsprechend. Der Unterschiedsbetrag ist für den einzelnen Sammelposten insgesamt durch die Gegenüberstellung des Buchwerts des Sammelpostens und der Teilwerte der im Betriebsvermögen noch vorhandenen Wirtschaftsgüter des jeweiligen Sammelpostens festzustellen. Scheidet ein in einem Sammelposten erfasstes Wirtschaftsgut aus dem Betriebsvermögen aus oder dient es nicht mehr dem Betrieb von Handelsschiffen im internationalen Verkehr, führt dies nicht zur Hinzurechnung nach § 5a Abs. 4 Satz 3 Nummer 2 EStG.

17 In den Fällen der Realteilung (§ 16 Abs. 3 Satz 2 bis 4 EStG) sind die Sammelposten des Gesamthandsvermögens entsprechend der Beteiligung am Betriebsvermögen der Mitunternehmerschaft bei den einzelnen Mitunternehmern fortzuführen. Sammelposten des Sonderbetriebsvermögens sind unmittelbar bei den einzelnen Mitunternehmern planmäßig aufzulösen.

18 Werden im Sammelposten erfasste Wirtschaftsgüter außerbetrieblich genutzt, ist für die Ermittlung der als Entnahme zu behandelnden Selbstkosten der Wertverzehr im Schätzungsweg zu berücksichtigen.

3. Sammelposten in Fällen der Übertragung im Sinne des § 6 Abs. 3 EStG, Überführung oder Übertragung im Sinne des § 6 Abs. 5 EStG und Einbringung im Sinne der §§ 20, 24 UmwStG

a) Übertragung oder Einbringung eines gesamten Betriebes

19 In den Fällen der Übertragung oder Einbringung eines gesamten Betriebes zum Buchwert gehen die im Sammelposten erfassten Wirtschaftsgüter zusammen mit dem Betrieb auf den neuen Rechtsträger über. Der übernehmende Rechtsträger führt den Sammelposten unverändert fort.

20 Bei einer Einbringung zu einem über dem Buchwert liegenden Wert liegt für den übernehmenden Rechtsträger ein Anschaffungsvorgang vor, der unter den Voraussetzungen des § 6 Abs. 2a EStG zur Bildung eines neuen Sammelpostens führen kann.

21 Behält der übertragende, überführende oder einbringende Rechtsträger Betriebsvermögen zurück (z. B. Einbringung des Betriebsvermögens einer Personengesellschaft in eine andere Personengesellschaft oder eine Kapitalgesellschaft, wenn die einbringende Personengesellschaft fortbesteht), ist der Sammelposten im verbleibenden Betriebsvermögen auszuweisen.

b) Übertragung oder Einbringung eines Teilbetriebes

22 Die Übertragung oder Einbringung eines Teilbetriebes hat ungeachtet des Verbleibs der im Sammelposten zu erfassenden erfassten Wirtschaftsgüter keine Auswirkung auf den Sammelposten des übertragenden oder einbringenden Rechtsträgers (R 6.13 Abs. 6 EStR); Entsprechendes gilt für nach § 6 Abs. 5 EStG überführte oder übertragene und im Sammelposten erfasste Wirtschaftsgüter.

23 Wird ein Teilbetrieb zum Buchwert übertragen oder eingebracht, erfolgt beim übernehmenden Rechtsträger mangels eines eigenen Buchwertes für im Sammelposten erfasste Wirtschaftsgüter weder ein Ausweis dieser Wirtschaftsgüter noch der Ausweis eines Sammelpostens. Dies gilt auch für eine Übertragung oder Überführung von Wirtschaftsgütern zum Buchwert nach entsprechender Anwendung des § 6 Abs. 5 EStG.

4. Übertragung und Veräußerung eines Mitunternehmeranteils

24 Bei der unentgeltlichen Übertragung des gesamten oder eines Teils eines Mitunternehmeranteils bleibt der im Gesamthandsvermögen der Mitunternehmerschaft gebildete Sammelposten unverändert bestehen. Ein im Sonderbetriebsvermögen des übertragenen Mitunternehmeranteils enthaltener Sammelposten geht auf den Rechtsnachfolger über, wenn der gesamte Mitunternehmeranteil übertragen wird. Wird hingegen nur ein Teil eines Mitunternehmeranteils übertragen, wird der Sammelposten im Sonderbetriebsvermögen des Übertragenden unverändert fortgeführt, es sei denn, mit der Übertragung des Teils eines Mitunternehmeranteils wird das gesamte Sonderbetriebsvermögen unentgeltlich übertragen. Beim rückwirkenden Ansatz des Teilwerts nach § 6 Abs. 3 Satz 2 EStG bleibt der Sammelposten aus Vereinfachungsgründen in unveränderter Höhe bestehen.

25 Die Veräußerung eines Mitunternehmeranteils hat keine Auswirkungen auf den Sammelposten der Gesamthandsbilanz der Mitunternehmerschaft. Für die Sammelposten der Sonderbilanz des veräußerten Mitunternehmeranteils ist Rn. 15 zu beachten. In der Ergänzungsbilanz des Erwerbers ist aus Vereinfachungsgründen immer nur ein Posten für im Sammelposten enthaltene Mehr- oder Minderwerte zu bilden, unabhängig davon, ob der Mehr- oder Minderwert auf Wirtschaftsgüter entfällt, die in einem oder in verschiedenen Sammelposten erfasst wurden. Der Sammelposten in der Ergänzungsbilanz ist im Wirtschaftsjahr des Erwerbs und in den folgenden vier Wirtschaftsjahren mit jeweils einem Fünftel aufzulösen.

Beispiel:

Die ABCD-oHG hat in der Gesamthandsbilanz zum 31. 12. 02 für Anschaffungen des Jahres 01 (200 Wirtschaftsgüter zu je 500 Euro; Anschaffungskosten somit 100 000 Euro) einen Sammelposten 01 in Höhe von 60 000 Euro (Anschaffungskosten 100 000 Euro abzgl. je ein Fünftel = 20 000 Euro für 01 und 02) und für Anschaffungen des Jahres 02 (100 Wirtschaftsgüter zu je 250 Euro; Anschaffungskosten somit 25 000 Euro) einen Sammelposten 02 in Höhe von 20 000 Euro (Anschaffungskosten 25 000 Euro abzgl. ein Fünftel = 5000 Euro für 02) gebildet.
Mitunternehmer A hat in seiner Sonderbilanz zum 31. 12. 02 für Anschaffungen des Jahres 01 (Anschaffungskosten 20 000 Euro) einen Sammelposten 01 in Höhe von 12 000 Euro (Anschaffungskosten 20 000 Euro abzgl. je ein Fünftel = 4000 Euro für 01 und 02) und für Anschaffungen des Jahres 02 (Anschaffungskosten 5000 Euro) einen Sammelposten 02 in Höhe von 4000 Euro (Anschaffungskosten 5000 Euro abzgl. ein Fünftel = 1000 Euro für 02) gebildet.

ABCD-oHG 31. 12. 02

Sammelposten 01	60 000	Kapital A	20 000
Sammelposten 02	20 000	Kapital B	20 000
		Kapital C	20 000
		Kapital D	20 000

Sonderbilanz A 31. 12. 02

Sammelposten 01	12 000	Kapital	16 000
Sammelposten 02	4 000		

Zum 1. 1. 03 veräußert A seinen Mitunternehmeranteil für 50 000 Euro an E. Die Wirtschaftsgüter seines Sonderbetriebsvermögens entnimmt er in sein Privatvermögen (Teilwert = 17 000 Euro). Von den Anschaffungskosten des E entfallen 24 000 Euro auf die in den Sammelposten erfassten Wirtschaftsgüter, der Rest entfällt auf den Geschäfts- oder Firmenwert.

Behandlung A

Veräußerungserlös	50 000 Euro
Entnahmewert	17 000 Euro
Kapitalkonto Gesamthandsvermögen	– 20 000 Euro
Kapitalkonto Sonderbetriebsvermögen	– 16 000 Euro
Veräußerungsgewinn	31 000 Euro

Behandlung oHG und E:

In der Gesamthandsbilanz der BCDE-oHG erfolgt keine Änderung auf Grund der Veräußerung des Mitunternehmeranteils bei den Sammelposten 01 und 02. Die Sammelposten in der Gesamthandsbilanz werden in den Folgejahren wie bisher jeweils um ein Fünftel (für 01 je 20 000 Euro und für 02 je 5000 Euro) gewinnmindernd aufgelöst. Den Mehrwert für die im Sammelposten der Gesamthandsbilanz erfassten Wirtschaftsgüter (24 000 Euro abzgl. 20 000 Euro = 4000 Euro) hat E in einem Sammelposten neben dem Geschäfts- oder Firmenwert (26 000 Euro) in seiner Ergänzungsbilanz zu erfassen. E muss im Jahr 03 in seiner Ergänzungsbilanz den Mehrwert für die im Sammelposten erfassten Wirtschaftsgüter entsprechend § 6 Abs. 2 a Satz 2 EStG um ein Fünftel (= 800 Euro) gewinnmindernd auflösen.

5. Zeitliche Anwendung

a) Wirtschaftsgüter, die nach dem 31. Dezember 2009 angeschafft, hergestellt oder in das Betriebsvermögen eingelegt werden

26 Bei Wirtschaftsgütern, die nach dem 31. Dezember 2009 angeschafft, hergestellt oder in das Betriebsvermögen eingelegt werden, sind die Rn. 1 bis 25 anzuwenden (§ 52 Abs. 16 Satz 14 EStG).[1]

b) Wirtschaftsgüter, die nach dem 31. Dezember 2007 und vor dem 1. Januar 2010 angeschafft, hergestellt oder in das Betriebsvermögen eingelegt wurden

27 Abweichend von den Rn. 1 bis 7 ist bei Wirtschaftsgütern, die nach dem 31. Dezember 2007 und vor dem 1. Januar 2010 angeschafft, hergestellt oder in das Betriebsvermögen eingelegt wurden, § 6 Abs. 2 und 2 a i. V. m. § 52 Abs. 16 Satz 17 EStG i. d. F. des Unternehmensteuerreformgesetzes 2008 vom 14. August 2007 (BGBl. I S. 1912, BStBl. I S. 630) anzuwenden. Danach sind Aufwendungen bis *150 Euro*[2] zwingend in voller Höhe als Betriebsausgaben abzusetzen. Für Aufwendungen von mehr als *150 Euro*[2] und nicht mehr als 1000 Euro ist zwingend ein Sammelposten im Sinne der Rn. 8 bis 13 zu bilden, der nach Maßgabe der Rn. 14 bis 18 aufzulösen ist. Abgesehen von der buchmäßigen Erfassung des Zugangs der Wirtschaftsgüter mit Aufwendungen bis 1000 Euro bestehen keine weiteren steuerlichen Aufzeichnungspflichten.

c) Vom Kalenderjahr abweichendes Wirtschaftsjahr (§ 4 a EStG)

28 Weicht das Wirtschaftsjahr vom Kalenderjahr ab (§ 4 a Abs. 1 Nummer 1 und 2 EStG), sind in dem vor dem 1. Januar 2010 beginnenden Wirtschaftsjahr (Übergangsjahr) sowohl Rn. 26 als auch Rn. 27 zu beachten. Wird im Übergangsjahr hinsichtlich der nach dem 31. Dezember 2009 angeschafften, hergestellten oder eingelegten Wirtschaftsgüter das Wahlrecht nach den Rn. 6 und 7 in Anspruch genommen, ist insoweit kein eigener Sammelposten zu bilden; diese Wirtschaftsgüter sind vielmehr in dem für die vor dem 1. Januar 2010 angeschafften, hergestellten oder eingelegten Wirtschaftsgüter mit Aufwendungen von mehr als *150 Euro*[2] und nicht mehr als 1000 Euro zwingend gebildeten Sammelposten zu erfassen.

[1] § 52 Abs. 16 Satz 14 EStG i d. F. vor dem Gesetz zur Anpassung des nationalen Steuerrechts an den Beitritt Kroatiens zur EU und zur Änderung weiterer steuerlicher Vorschriften.

[2] Bei Anschaffung, Herstellung oder Einlage in das Betriebsvermögen ab 2018: 250 Euro, siehe § 52 Abs. 12 Satz 8 EStG.

Anl zu H 6.13

29 In vor dem 1. Januar 2008 beginnenden abweichenden Wirtschaftsjahren ist für die vor dem 1. Januar 2008 angeschafften, hergestellten oder eingelegten Wirtschaftsgüter ausschließlich § 6 Abs. 2 EStG in der Fassung vor der zeitlichen Anwendung des Unternehmensteuerreformgesetzes 2008 vom 14. August 2007 (BGBl. I S. 1912, BStBl. I S. 630) maßgebend; Rn. 27 ist insoweit nicht anzuwenden.

R 6.14

R 6.14. Unentgeltliche Übertragung von Betrieben,[1] Teilbetrieben[1] und Mitunternehmeranteilen *(unbesetzt)*

146

H 6.14

147

Anteile an einer Betriebskapitalgesellschaft sind wesentliche Betriebsgrundlagen i. S. d. funktionalen Betrachtungsweise (→ BFH vom 4. 7. 2007 – BStBl. II S. 772).

Beteiligung an einer Kapitalgesellschaft. Eine das gesamte Nennkapital umfassende Beteiligung an einer Kapitalgesellschaft ist kein Teilbetrieb i. S. d. § 6 Abs. 3 EStG (→ BFH vom 20. 7. 2005 – BStBl. 2006 II S. 457).

Realteilung → BMF vom 19. 12. 2018 (BStBl. 2019 I S. 6).[2]

Unentgeltliche Übertragung von Mitunternehmeranteilen mit Sonderbetriebsvermögen. → BMF vom 20. 11. 2019 (BStBl. I S. 1291[3] unter Berücksichtigung der Änderungen durch BMF vom 5. 5. 2021 (BStBl. I S. 696).

Anl zu H 6.14

Schreiben betr. Zweifelsfragen zu § 6 Absatz 3 EStG im Zusammenhang mit der unentgeltlichen Übertragung von Mitunternehmeranteilen mit Sonderbetriebsvermögen und von Anteilen an Mitunternehmeranteilen mit Sonderbetriebsvermögen sowie mit der unentgeltlichen Aufnahme in ein Einzelunternehmen; Verhältnis von § 6 Absatz 3 zu § 6 Absatz 5 EStG

Vom 20. November 2019 (BStBl. I S. 1291)

(BMF IV C 6 – S 2241/15/10003; DOK 2019/0964762)

Geändert durch BMF-Schreiben vom 5. 5. 2021 (BStBl. I S. 696)

Unter Bezugnahme auf das Ergebnis der Erörterung mit den obersten Finanzbehörden der Länder wird zu den im obigen Betreff genannten Zweifelsfragen wie folgt Stellung genommen:

Inhaltsverzeichnis

A. Persönlicher Anwendungsbereich

148 **1** Übertragende und Aufnehmende können natürliche Personen, Mitunternehmerschaften und Kapitalgesellschaften sein. Aufnehmende kann auch eine Stiftung sein. Voraussetzung ist in allen Fällen, dass die Besteuerung der stillen Reserven sichergestellt ist. In den Fällen der Übertragung von Teilen eines Mitunternehmeranteils sowie der unentgeltlichen Aufnahme in ein Einzelunternehmen nach § 6 Absatz 3 Satz 1 2. Halbsatz und Satz 2 EStG ist die Übertragung nur auf natürliche Personen zulässig.

2 Bei den grundsätzlich unter § 6 Absatz 3 EStG fallenden unentgeltlichen Übertragungen von einer oder auf eine Kapitalgesellschaft gehen jedoch die Regelungen zur verdeckten Gewinnausschüttung i. S. d. § 8 Absatz 3 KStG oder der verdeckten Einlage vor (BFH-Urteil vom 18. Dezember 1990, VIII R

[1] Zur unentgeltlichen Übertragung eines Betriebs oder Teilbetriebs in eine Mitunternehmerschaft bzw. in das jeweilige Sonderbetriebsvermögen der Mitunternehmer siehe *Vfg. BayLfSt vom 15. 12. 2020 S 2242.2.1 – 57/11 St 32 (DStR 2021 S. 480).*

[2] Abgedruckt als Anlage zu H 16 (2).

[3] Nachstehend abgedruckt.

17/85, BStBl. 1991 II S. 512).[1] Handelt es sich bei der unentgeltlichen Übertragung eines Mitunternehmeranteils oder eines Teils eines Mitunternehmeranteils um eine verdeckte Einlage (z. B. bei der Übertragung auf eine GmbH, an der der Übertragende beteiligt ist), greifen die Regelungen über die Betriebsaufgabe ein (BFH-Urteil vom 24. August 2000, IV R 51/98, BStBl. 2005 II S. 173).[2] In Fällen der verdeckten Einlage eines Teils eines Mitunternehmeranteils ist § 16 Absatz 1 Satz 2 EStG zu beachten.

Beispiel 1:

A überträgt seinen Mitunternehmeranteil im Rahmen einer verdeckten Einlage unentgeltlich auf die A-GmbH, deren Gesellschafter er ist.
Der Übertragungsvorgang führt zur Aufdeckung der stillen Reserven (ggf. nach §§ 16 und 34 EStG begünstigt). Die Anschaffungskosten der GmbH-Beteiligung erhöhen sich bei A um den Wert des Mitunternehmeranteils.

3 Handelt es sich bei der aufnehmenden Körperschaft um eine Stiftung, die als solche keine Gesellschaftsrechte vermittelt, kommen die Grundsätze der verdeckten Einlage nicht zur Anwendung und die Buchwerte sind fortzuführen, wenn die Besteuerung der stillen Reserven sichergestellt ist.

Beispiel 2:

A überträgt seinen Mitunternehmeranteil unentgeltlich auf eine steuerpflichtige Stiftung. Der Übertragende A realisiert keinen Gewinn, da die Wirtschaftsgüter mit den Buchwerten anzusetzen sind (§ 6 Absatz 3 Satz 1 EStG). Bei der aufnehmenden Stiftung kommt es unter Anwendung des § 8 Absatz 1 KStG und des § 6 Absatz 3 Satz 3 EStG zu einer Buchwertfortführung.

4 Ist die aufnehmende Körperschaft eine steuerbefreite Stiftung und begründet der übertragene Mitunternehmeranteil einen steuerpflichtigen wirtschaftlichen Geschäftsbetrieb, sind ebenfalls die Buchwerte nach § 6 Absatz 3 EStG anzusetzen.

Beispiel 3:

A überträgt seinen Mitunternehmeranteil an einer gewerblich tätigen Personengesellschaft unentgeltlich auf eine steuerbefreite Stiftung.
Der Übertragende A realisiert keinen Gewinn, da die Wirtschaftsgüter mit den Buchwerten anzusetzen sind (§ 6 Absatz 3 Satz 1 EStG). Der übertragene Mitunternehmeranteil führt bei der aufnehmenden steuerbefreiten Stiftung zur Begründung eines steuerpflichtigen wirtschaftlichen Geschäftsbetriebs. Es kommt unter Anwendung des § 8 Absatz 1 KStG und des § 6 Absatz 3 Satz 3 EStG deshalb zu einer Buchwertfortführung.

5 Anders ist dies im Falle der Gewerblichkeit, die lediglich aufgrund Prägung nach § 15 Absatz 3 Nummer 2 EStG gegeben ist. Denn ein wirtschaftlicher Geschäftsbetrieb i. S. d. § 14 AO liegt bei der aufnehmenden steuerbefreiten Stiftung nicht vor, wenn die Tätigkeit der gewerblich geprägten Personengesellschaft nicht über eine reine Vermögensverwaltung hinausgeht (BFH-Urteil vom 25. Mai 2011, I R 60/10, BStBl. II S. 858).

Beispiel 4:

A überträgt seinen Mitunternehmeranteil an einer vermögensverwaltenden gewerblich geprägten GmbH & Co. KG (§ 15 Absatz 3 Nummer 2 EStG) unentgeltlich auf eine gemeinnützige Stiftung.
Der Übertragungsvorgang führt zur Aufdeckung der stillen Reserven (ggf. nach §§ 16 und 34 EStG begünstigt), denn die übernehmende gemeinnützige Stiftung begründet mit dem Mitunternehmeranteil keinen wirtschaftlichen Geschäftsbetrieb.

B. Sachlicher Anwendungsbereich

6 Der Mitunternehmeranteil eines Gesellschafters umfasst sowohl den Anteil am Gesamthandsvermögen als auch das dem einzelnen Mitunternehmer zuzurechnende Sonderbetriebsvermögen (BFH-Urteil vom 12. April 2000, XI R 35/99, BStBl. 2001 II S. 26). Im Rahmen des § 6 Absatz 3 EStG kommt nur die funktionale Betrachtung zur Anwendung. Funktional wesentlich können nur solche Wirtschaftsgüter sein, die im Zeitpunkt des Übertragungsvorgangs für die Funktion des Betriebes von Bedeutung sind; auf das Vorhandensein erheblicher stiller Reserven kommt es nicht an.

I. Übertragung des gesamten Mitunternehmeranteils (§ 6 Absatz 3 Satz 1 1. Halbsatz EStG)

1. Übertragung unter Vorbehalt eines Nießbrauchsrechts

7 Erfolgt die Übertragung eines Mitunternehmeranteils unter Vorbehalt eines Nießbrauchsrechts und wird der neue Gesellschafter Mitunternehmer, steht der Nießbrauchsvorbehalt der Buchwertfortführung nach § 6 Absatz 3 EStG nicht entgegen. Die Grundsätze des zu Einzelbetrieben mit gewerblichen Einkünften nach § 15 EStG ergangenen BFH-Urteils vom 25. Januar 2017, X R 59/14 (BStBl. 2019 II S. 730) gelten nicht für die Übertragung von Mitunternehmeranteilen. Dagegen ist die unentgeltliche Übertragung eines im Ganzen verpachteten gewerblichen Einzelunternehmens unter Vorbehalt eines Nießbrauchsrechts kein von § 6 Absatz 3 EStG erfasster Vorgang (BFH-Urteil vom 25. Januar 2017, X R 59/14, BStBl. 2019 II S. 730). **149**

2. Behandlung von funktional wesentlichem Sonderbetriebsvermögen[3]

8 Wird der gesamte Anteil des Mitunternehmers an der Gesellschaft übertragen, setzt § 6 Absatz 3 Satz 1 EStG vorbehaltlich der nachfolgenden Ausführungen in Rn. 10 bis 15 voraus, dass neben dem

---

[1] Bestätigt durch *BFH-Urteil vom 20. 7. 2005 X R 22/02 (BStBl. 2006 II S. 457).*

[2] Bestätigt in Bezug auf eine das gesamte Nennkapital umfassende Beteiligung an einer Kapitalgesellschaft durch *BFH-Urteil vom 20. 7. 2005 X R 22/02 (BStBl. 2006 II S. 457).*

[3] Zur Frage, ob die einem Mitunternehmer gehörenden Anteile an einer Kapitalgesellschaft eine funktional wesentliche Betriebsgrundlage darstellen, siehe *Vfg. OFD Frankfurt vom 12. 12. 2022 S 2134 A – 014 – St 517 (DStR 2023 S. 151).*

Anl zu H 6.14

Anteil am Gesamthandsvermögen auch sämtliche Wirtschaftsgüter des Sonderbetriebsvermögens, die im Zeitpunkt der Übertragung für die Funktion des Betriebes von Bedeutung sind (im Folgenden funktional wesentliches Sonderbetriebsvermögen genannt), übertragen werden.

9[1] Wird im Zeitpunkt der Übertragung des Anteils am Gesamthandsvermögen funktional wesentliches Sonderbetriebsvermögen zurückbehalten und zeitgleich (vgl. Rn. 9 a) in das Privatvermögen des Übertragenden überführt, ist eine Buchwertfortführung nach § 6 Absatz 3 Satz 1 EStG nicht zulässig, weil sich das funktional wesentliche Sonderbetriebsvermögen zum Zeitpunkt der Entnahme noch im Betriebsvermögen des Übertragenden befand und bei einer derartigen Konstellation gerade nicht alle im Übertragungszeitpunkt noch vorhandenen wesentlichen Betriebsgrundlagen des vorhandenen Betriebs nach § 6 Absatz 3 Satz 1 EStG übertragen werden (vgl. hierzu BFH-Urteil vom 29. November 2017, I R 7/16, BStBl. 2019 II S. 738). Es liegt in diesem Fall insgesamt grundsätzlich eine tarifbegünstigte Aufgabe des gesamten Mitunternehmeranteils vor (BFH-Beschluss vom 31. August 1995, VIII B 21/93, BStBl. II S. 890). Die stillen Reserven im Gesamthandsvermögen und im Sonderbetriebsvermögen sind aufzudecken. § 6 Absatz 3 Satz 2 EStG ist nicht anwendbar, da der Übertragende mit der Übertragung des (gesamten) Anteils am Gesamthandsvermögen nicht mehr Mitunternehmer ist.

9a[2] Bei der Prüfung, ob die Übertragung des Anteils am Gesamthandsvermögen und die Veräußerung an Dritte oder die Überführung ins Privatvermögen zeitgleich vorgenommen werden, ist auf das im Zeitpunkt der Übertragung vorhandene Betriebsvermögen abzustellen. Hierfür ist eine zeitpunktbezogene Prüfung vorzunehmen, bei der der Zeitpunkt des Übergangs des wirtschaftlichen Eigentums (§ 39 Absatz 2 Nummer 1 Satz 1 AO) maßgeblich ist. Es ist unschädlich, wenn vor Übertragung des (verbliebenen) gesamten Mitunternehmeranteils eine (funktional) wesentliche Betriebsgrundlage aus diesem durch Veräußerung an Dritte oder Überführung in das Privatvermögen ausgeschieden ist. Dies ist auch dann der Fall, wenn es sich nur um eine „juristische Sekunde" handelt (vgl. BFH-Urteil vom 10. September 2020, IV R 14/18, BStBl. 2021 II S. 367). Rn. 11 und 12 gelten sinngemäß.

3. Keine Gesamtplanbetrachtung bei Anwendung von § 6 Absatz 3 und § 6 Absatz 5 EStG

a) Umstrukturierung und Überführung oder Übertragung

10[3] Die gleichzeitige Anwendung der beiden Buchwertprivilegien nach § 6 Absatz 5 EStG (Auslagerung von funktional wesentlichem Betriebsvermögen/Sonderbetriebsvermögen) und § 6 Absatz 3 EStG ist möglich, denn es steht der Anwendung des § 6 Absatz 3 EStG nicht entgegen, dass im Zeitpunkt der Übertragung nach § 6 Absatz 3 EStG zum Betriebsvermögen/Sonderbetriebsvermögen der Mitunternehmerschaft gehörende Wirtschaftsgüter zeitgleich nach § 6 Absatz 5 EStG überführt oder übertragen werden (BFH-Urteile vom 2. August 2012, IV R 41/11, BStBl. 2019 II S. 715 und vom 12. Mai 2016, IV R 12/15, BStBl. 2019 II S. 726).

11 Die gleichzeitige Anwendung der beiden Buchwertprivilegien darf jedoch keine Betriebszerschlagung zur Folge haben. Vielmehr muss auch nach Auslagerung von funktional wesentlichem Betriebsvermögen/Sonderbetriebsvermögen noch weiterhin eine funktionsfähige betriebliche Einheit bestehen und die Besteuerung der stillen Reserven sichergestellt sein. § 6 Absatz 3 EStG ist demnach auch als eine Regelung der Umstrukturierung zu verstehen, welche mit der Umstrukturierungsnorm des § 6 Absatz 5 EStG auf einer Ebene steht (BFH-Urteile vom 2. August 2012, IV R 41/11, BStBl. 2019 II S. 715 und vom 12. Mai 2016, IV R 12/15, BStBl. 2019 II S. 726). Das Erfordernis der Sicherstellung der Besteuerung der stillen Reserven ist sowohl in § 6 Absatz 5 EStG als auch in § 6 Absatz 3 EStG i. d. F. des Gesetzes zur Umsetzung der Änderungen der EU-Amtshilferichtlinie und von weiteren Maßnahmen gegen Gewinnkürzungen und -verlagerungen vom 20. Dezember 2016 (BStBl. 2017 I S. 5) enthalten.

b) Funktionsfähige betriebliche Einheit versus Betriebszerschlagung

12 Die gleichzeitige (parallele) Anwendung der Buchwertprivilegien nach § 6 Absatz 5 und § 6 Absatz 3 EStG zu Buchwerten kommt dagegen nicht in Betracht, wenn nach der Auslagerung von funktional wesentlichem Betriebsvermögen/Sonderbetriebsvermögen gem. § 6 Absatz 5 EStG keine funktionsfähige betriebliche Einheit mehr besteht. Für die Buchwertfortführung gem. § 6 Absatz 3 EStG ist deshalb jeweils zeitpunktbezogen zu prüfen, ob auch nach der Auslagerung gem. § 6 Absatz 5 EStG noch eine funktionsfähige betriebliche Einheit nach § 6 Absatz 3 EStG übertragen werden kann. Voraussetzung hierfür ist, dass das nach der Auslagerung von Betriebsvermögen/Sonderbetriebsvermögen gem. § 6 Absatz 5 EStG noch verbleibende „Restbetriebsvermögen" für sich gesehen wirtschaftlich lebensfähig ist und dieses weiterhin alle Merkmale eines Betriebs oder Teilbetriebs i. S. d. § 16 EStG erfüllt. Stellt das nach der Auslagerung gem. § 6 Absatz 5 EStG verbleibende „Restbetriebsvermögen" keine funktionsfähige betriebliche Einheit mehr dar, liegt hinsichtlich des verbleibenden „Restbetriebsvermögens" eine Betriebszerschlagung und damit grundsätzlich eine nicht nach § 16 Absatz 4, § 34 EStG steuerbegünstigte Betriebsaufgabe vor, da eine im zeitlichen und sachlichen Zusammenhang stehende Übertragung oder Überführung einer wesentlichen Betriebsgrundlage zu Buchwerten nach § 6 Absatz 5 EStG die Inanspruchnahme der Vergünstigungen nach § 16 Absatz 4, § 34 EStG ausschließt (vgl. hierzu auch Rn. 16). Eine wirtschaftliche Zerschlagung des bisherigen Betriebs im Sinne einer Betriebsaufgabe gem. § 16 EStG ist aber nicht allein deshalb anzunehmen, weil das Buchwertprivileg auch für die unentgeltliche Übertragung einer bis zum Übertragungszeitpunkt verkleinerten betrieblichen Einheit zu gewähren ist.

[1] Rn. 9 geändert durch BMF-Schreiben vom 5. 5. 2021 (BStBl. I S. 696) und ist in allen offenen Fällen anzuwenden.
[2] Rn. 9 a eingefügt durch BMF-Schreiben vom 5. 5. 2021 (BStBl. I S. 696) und ist in allen offenen Fällen anzuwenden.
[3] Rn. 10 geändert durch BMF-Schreiben vom 5. 5. 2021 (BStBl. I S. 696) und ist in allen offenen Fällen anzuwenden.

c) Aufdeckung der stillen Reserven im Betriebsvermögen/Sonderbetriebsvermögen

13[1] Wird aufgrund einheitlicher Planung zeitlich vor der Übertragung des Mitunternehmeranteils funktional wesentliches Betriebsvermögen/Sonderbetriebsvermögen unter Aufdeckung der stillen Reserven entweder entnommen (z. B. durch unentgeltliche Übertragung auf einen Angehörigen) oder zum gemeinen Wert veräußert, kann der Mitunternehmeranteil gleichwohl nach § 6 Absatz 3 EStG zum Buchwert übertragen werden, sofern es sich bei dem verbleibenden „Restbetriebsvermögen" weiterhin um eine funktionsfähige betriebliche Einheit handelt (BFH-Urteil vom 9. Dezember 2014, IV R 29/14, BStBl. 2019 II S. 723). § 6 Absatz 3 EStG ist hier also nur dann anwendbar, wenn funktional wesentliches Betriebsvermögen/Sonderbetriebsvermögen bereits vor dem Zeitpunkt der Übertragung des Mitunternehmeranteils entweder veräußert oder entnommen wurde. Zeitgleiche Veräußerungen oder Entnahmen sind dagegen – mit Ausnahme von Überführungen und Übertragungen nach § 6 Absatz 5 EStG – für eine Buchwertfortführung nach § 6 Absatz 3 EStG schädlich (siehe hierzu auch Rn. 9a sowie BFH-Urteil vom 29. November 2017, I R 7/16, BStBl. 2019 II S. 738, und BFH-Urteil vom 10. September 2020, IV R 14/18, BStBl. 2021 II S. 367).

d) Beispiel:

14 Vater V war Kommanditist bei der X-KG, an die er ein Grundstück (wesentliche Betriebsgrundlage) vermietet hatte. V übertrug im Juli 2018 seinen gesamten Kommanditanteil unentgeltlich auf seinen Sohn S. Bereits im März 2018 hatte V das Grundstück nach § 6 Absatz 5 Satz 3 Nummer 2 EStG zum Buchwert auf die von ihm neu gegründete gewerblich geprägte Y-GmbH & Co KG übertragen.
Die Voraussetzungen für eine Buchwertübertragung des Kommanditanteils nach § 6 Absatz 3 EStG liegen hier vor, auch wenn das Grundstück (wesentliche Betriebsgrundlage im Sonderbetriebsvermögen) zuvor nach § 6 Absatz 5 Satz 3 Nummer 2 EStG auf die Y-GmbH & Co KG ausgelagert und deshalb nicht ebenfalls an den Sohn übertragen wurde, weil nach den BFH-Urteilen vom 2. August 2012 – IV R 41/11 – (BStBl. 2019 II S. 715) und vom 12. Mai 2016 – IV R 12/15 – (BStBl. 2019 II S. 726) eine gleichzeitige Anwendung der Buchwertprivilegien des § 6 Absatz 3 und des § 6 Absatz 5 EStG möglich ist.

e) Zeitlich gestreckte Aufgabe eines Mitunternehmeranteils (§§ 16, 34 EStG)

15 Die Aufgabe einer betrieblichen Einheit und damit auch eines Mitunternehmeranteils kann in mehreren Schritten zeitlich gestreckt als einheitlicher Vorgang i. S. d. §§ 16, 34 EStG erfolgen. Danach liegt eine Betriebsaufgabe i. S. d. § 16 Absatz 3 EStG vor, wenn der Steuerpflichtige den Entschluss gefasst hat, seine betriebliche Tätigkeit einzustellen und seinen Betrieb als selbständigen Organismus des Wirtschaftslebens aufzulösen, und wenn er in Ausführung dieses Entschlusses alle wesentlichen Betriebsgrundlagen in einem einheitlichen Vorgang innerhalb kurzer Zeit (hier gilt eine Frist von bis zu 18 Monaten) an verschiedene Abnehmer veräußert, überträgt oder in das Privatvermögen überführt. In diesen Fällen entsteht ein insgesamt nach §§ 16, 34 EStG steuerbegünstigter Gewinn (vgl. hierzu BFH-Urteile vom 19. Mai 2005, IV R 17/02, BStBl. II S. 637, und vom 30. August 2007, IV R 5/06, BStBl. 2008 II S. 113).

4. Weitere Anwendung des Gesamtplangedankens bei § 16 Absatz 4 und § 34 EStG

16 Abweichend von den Aussagen unter 3. ist übereinstimmend mit der BFH-Rechtsprechung der Gedanke des Gesamtplans im Rahmen der Gewährung der Steuervergünstigungen nach § 16 Absatz 4 und § 34 EStG auch weiterhin anzuwenden. Der Gesamtplangedanke dient in diesem Bereich der Verwirklichung des Zwecks der Vergünstigungen nach § 16 Absatz 4 und § 34 EStG, die zusammengeballte Realisierung der während vieler Jahre entstandenen stillen Reserven nicht ungemildert dem progressiven Einkommensteuertarif zu unterwerfen (siehe BFH-Urteil vom 17. Dezember 2014, IV R 57/11, BStBl. 2015 II S. 536). Außerdem sind bei der Prüfung der Vergünstigungen nach § 16 Absatz 4 und § 34 EStG auch funktional nicht wesentliche Wirtschaftsgüter mit stillen Reserven zu berücksichtigen.

Stellt das nach der Auslagerung verbleibende „Restbetriebsvermögen" keine funktionsfähige betriebliche Einheit mehr dar, liegt hinsichtlich des verbleibenden „Restbetriebsvermögens" eine Betriebszerschlagung und damit eine Betriebsaufgabe gem. § 16 EStG vor. Eine derartige Betriebszerschlagung führt zu einer nicht steuerbegünstigten Betriebsaufgabe i. S. d. § 16 Absatz 4 und § 34 EStG, da eine im zeitlichen und sachlichen Zusammenhang stehende Übertragung oder Überführung einer wesentlichen Betriebsgrundlage zu Buchwerten nach § 6 Absatz 5 EStG die Inanspruchnahme der Vergünstigungen nach § 16 Absatz 4 und § 34 EStG mangels Aufdeckung aller stiller Reserven ausschließt.

5. Behandlung von funktional nicht wesentlichem Sonderbetriebsvermögen

17 Wird im Zeitpunkt der Übertragung des Anteils am Gesamthandsvermögen funktional nicht wesentliches Sonderbetriebsvermögen entnommen oder nach § 6 Abs. 5 EStG zum Buchwert in ein anderes Betriebsvermögen überführt oder übertragen, steht dies der Anwendung des § 6 Absatz 3 Satz 1 EStG im Hinblick auf die Übertragung des Mitunternehmeranteils ebenfalls nicht entgegen. Wird dieses Sonderbetriebsvermögen entnommen, entsteht insoweit grundsätzlich ein laufender Gewinn (BFH-Urteil vom 29. Oktober 1987, IV R 93/85, BStBl. 1988 II S. 374).

II. Übertragung eines Teils eines Mitunternehmeranteils

1. Übertragung unter Vorbehalt eines Nießbrauchsrechts

18 Rn. 7 Satz 1 gilt entsprechend für die Übertragung eines Teils eines Mitunternehmeranteils. **150**

2. Übertragung bei funktional wesentlichem Sonderbetriebsvermögen

19 Die unter I. dargestellten Grundsätze zur Anwendung der BFH-Urteile vom 2. August 2012 – IV R 41/11 – (BStBl. 2019 II S. 715), vom 12. Mai 2016 – IV R 12/15 – (BStBl. 2019 II S. 726), vom 9. De-

[1] Rn. 13 geändert durch BMF-Schreiben vom 5. 5. 2021 (BStBl. I S. 696) und ist in allen offenen Fällen anzuwenden.

Anl zu H 6.14

zember 2014 – IV R 29/14 – (BStBl. 2019 II S. 723) und vom 10. September 2020 – IV R 14/18 – (BGBl. 2021 II S. 367) zur Übertragung des gesamten Anteils am Gesamthandsvermögen einer Personengesellschaft sind bei der Übertragung eines Teils des Anteils am Gesamthandsvermögen einer Personengesellschaft entsprechend anzuwenden.[1] Im Übrigen gilt hier Folgendes:

a) Quotale Übertragung eines Teils des Anteils am Gesamthandsvermögen und eines Teils des Sonderbetriebsvermögens (§ 6 Absatz 3 Satz 1 2. Halbsatz EStG)

20 § 6 Absatz 3 Satz 1 EStG ist im Falle der unentgeltlichen Übertragung eines Teils eines Anteils am Gesamthandsvermögen bei gleichzeitigem Vorhandensein von funktional wesentlichem Sonderbetriebsvermögen auch dann anwendbar, soweit das funktional wesentliche Sonderbetriebsvermögen quotal nicht in demselben Verhältnis übergeht, in dem der übertragene Teil des Anteils am Gesamthandsvermögen zum gesamten Anteil am Gesamthandsvermögen steht (vgl. BFH-Urteil vom 24. August 2000 IV R 51/98, BStBl. 2005 II S. 173). Umfasst das Sonderbetriebsvermögen mehrere Wirtschaftsgüter, z. B. Grundstücke, müssen deshalb nicht alle funktional wesentlichen Wirtschaftsgüter anteilig mit übertragen werden.

21 Gem. BFH-Urteil vom 2. August 2012 – IV R 41/11 – (BStBl. 2019 II S. 715), wird für die Fälle der Übertragung eines Teils eines Mitunternehmeranteils bei gleichzeitigem Vorhandensein von funktional wesentlichem Sonderbetriebsvermögen eine rein wertmäßige (rechnerische) Betrachtung vorgenommen. Eines Wertgutachtens bedarf es nicht, wenn das funktional wesentliche Sonderbetriebsvermögen in demselben Verhältnis übergeht, in dem der übertragene Teil des Anteils am Gesamthandsvermögen zum gesamten Anteil am Gesamthandsvermögen steht.

22 Die Voraussetzungen des § 6 Absatz 3 Satz 2 EStG sind (nur) dann erfüllt, wenn nicht mindestens ein Anteil am Sonderbetriebsvermögen übertragen wird, der dem übertragenen Teil des Anteils am Gesamthandsvermögen des Übertragenden entspricht; nur dann liegt eine unterquotale Übertragung i. S. d. § 6 Absatz 3 Satz 2 EStG vor.

23 Beispiel 1:

Vater V ist alleiniger Kommanditist der V GmbH & Co. KG. Die V GmbH ist als Komplementärin nicht am Vermögen der KG beteiligt. Für ihren Betrieb überlässt V der KG zwei Grundstücke (wesentliche Betriebsgrundlagen), nämlich das Grundstück 1 mit aufstehender Produktionshalle sowie das Grundstück 2 mit aufstehendem Bürogebäude und angeschlossenem Lagerplatz. Beide Grundstücke haben den identischen Teilwert von 3 Mio. Euro. V überträgt nun auf seinen Sohn S neben dem hälftigen Kommanditanteil das ganze Grundstück 1. Grundstück 2 behält er hingegen vollständig zurück. Wertmäßig betrachtet kommt es damit weder zu einer unter- noch zu einer überquotalen Übertragung von Sonderbetriebsvermögen. Diese Vorgehensweise führt daher im rechnerischen Ergebnis zu einer quotalen Übertragung und deshalb nicht zur Aufdeckung von stillen Reserven in dem vorhandenen Sonderbetriebsvermögen (hier also die Grundstücke 1 und 2). Die Behaltefrist nach § 6 Absatz 3 Satz 2 EStG kommt nicht zur Anwendung, weil V wertmäßig einen Anteil am Sonderbetriebsvermögen überträgt, der dem übertragenen Teil des Anteils am Gesamthandsvermögen des Übertragenden entspricht.

Diese Grundsätze gelten für den Fall der unentgeltlichen Aufnahme einer natürlichen Person in ein Einzelunternehmen entsprechend.

24 Beispiel 2:

Vater V erzielt aus seinem Einzelunternehmen Einkünfte aus Gewerbebetrieb nach § 15 Absatz 1 Satz 1 Nummer 1 EStG. Im Betriebsvermögen des V befinden sich zwei Grundstücke (wesentliche Betriebsgrundlagen), nämlich das Grundstück 1 mit aufstehender Produktionshalle sowie das Grundstück 2 mit aufstehendem Bürogebäude und angeschlossenem Lagerplatz. Beide Grundstücke haben den identischen Teilwert von 3 Mio. Euro. V nimmt seinen Sohn S unentgeltlich in sein Einzelunternehmen auf und S erhält einen Vermögensanteil von 50% am Betriebsvermögen. Abweichend davon erhält S das Alleineigentum am Grundstück 1 und V bleibt dafür Alleineigentümer des Grundstücks 2. Wertmäßig betrachtet kommt es damit weder zu einer unter- noch zu einer überquotalen Begründung von Sonderbetriebsvermögen. Dieses Vorgehen führt daher im rechnerischen Ergebnis zu einer quotalen Aufnahme des S. Die Behaltefrist nach § 6 Absatz 3 Satz 2 EStG kommt auch hier nicht zur Anwendung.

b) Disquotale Übertragung von Gesamthandsvermögen und Sonderbetriebsvermögen

aa) Übertragung eines Teils des Anteils am Gesamthandsvermögen unter gleichzeitiger Zurückbehaltung von Sonderbetriebsvermögen (unterquotale Übertragung – § 6 Absatz 3 Satz 2 EStG)

25 Wird im Zeitpunkt der unentgeltlichen Aufnahme einer natürlichen Person in ein Einzelunternehmen oder der unentgeltlichen Übertragung eines Teils des Anteils am Gesamthandsvermögen funktional wesentliches Betriebsvermögen/Sonderbetriebsvermögen nicht oder in geringerem Umfang (unterquotal) übertragen, als es dem übertragenen Teil des Einzelunternehmens oder des Anteils am Gesamthandsvermögen entspricht, liegt insgesamt eine Übertragung nach § 6 Absatz 3 Satz 2 EStG vor.

26 Voraussetzung für die Buchwertübertragung ist dann, dass der Übernehmer den übernommenen Mitunternehmeranteil über einen Zeitraum von mindestens fünf Jahren nicht veräußert oder aufgibt. Der Veräußerung des Mitunternehmeranteils steht die Veräußerung nur des Anteils am Gesamthandsvermögen oder eines Teils davon und/oder des mit dem Mitunternehmeranteil übernommenen funktional wesentlichen Sonderbetriebsvermögens oder eines Teils davon innerhalb der Fünf-Jahresfrist gleich. Veräußert der Rechtsnachfolger den übernommenen Mitunternehmeranteil – oder einen Teil davon – oder gibt er den Mitunternehmeranteil innerhalb der Behaltefrist auf, liegen in Bezug auf den ursprünglichen Übertragungsvorgang die Voraussetzungen für die Buchwertübertragung nach § 6 Absatz 3 Satz 2 EStG nicht mehr vor. Für die gesamte Übertragung sind dann rückwirkend auf den

[1] Rn. 19 Satz 1 geändert durch BMF-Schreiben vom 5. 5. 2021 (BStBl. I S. 696) und ist in allen offenen Fällen anzuwenden.

ursprünglichen Übertragungsstichtag die Teilwerte anzusetzen (§ 175 Absatz 1 Satz 1 Nummer 2 AO). Der dabei beim Übertragenden entstehende Gewinn ist laufender Gewinn (§ 16 Absatz 1 Satz 2 i. V. m. § 16 Absatz 3 EStG). Für die Berechnung der Behaltefrist ist grundsätzlich auf den Übergang des wirtschaftlichen Eigentums hinsichtlich des übernommenen Mitunternehmeranteils (= Übergang von Nutzen und Lasten) abzustellen. Die Behaltefrist endet spätestens dann, wenn dem Rechtsnachfolger neben dem Teil des Anteils auch der restliche Bruchteil des Anteils am Gesamthandsvermögen übertragen wird (BFH-Urteil vom 2. August 2012, IV R 41/11, BStBl. 2019 II S. 715). Anl zu H 6.14

27 War der Übernehmer bereits vor der unentgeltlichen Übertragung des Teils des Anteils Mitunternehmer dieser Mitunternehmerschaft, ist von einer Veräußerung des übernommenen Anteils erst auszugehen, wenn der Anteil der Beteiligung nach der Veräußerung des Teils des Mitunternehmeranteils unter dem Anteil der übernommenen Beteiligung liegt oder das mit dem Mitunternehmeranteil übernommene funktional wesentliche Sonderbetriebsvermögen innerhalb der Fünf-Jahresfrist veräußert oder entnommen wird.

28 Beispiel:

Vater V und Sohn S sind jeweils zu 50% an einer OHG beteiligt. V überträgt unentgeltlich einen Teil seines Gesellschaftsanteils auf S, behält sein Sonderbetriebsvermögen aber zurück, so dass V jetzt zu 25% und S zu 75% an der OHG beteiligt sind. S reduziert innerhalb der Fünf-Jahresfrist seine Beteiligung auf 20% und veräußert entsprechend einen Teil seines Mitunternehmeranteils.

Es liegt eine unterquotale Übertragung von V auf S nach § 6 Absatz 3 Satz 2 EStG vor, bei der die Behaltefrist zu beachten ist. Da der Anteil des S nach der Veräußerung (20%) unter dem Anteil der übernommenen Beteiligung (25%) liegt, hat er auch einen Teil des übernommenen Mitunternehmeranteils veräußert. Für die ursprüngliche Übertragung von V auf S ist damit insgesamt § 6 Absatz 3 EStG nicht anwendbar (Rn. 26).Für die gesamte Übertragung sind rückwirkend auf den ursprünglichen Übertragungsstichtag die Teilwerte anzusetzen (§ 6 Absatz 3 Satz 2 EStG, § 175 Absatz 1 Satz 1 Nummer 2 AO). Der bei V entstehende Gewinn ist laufender Gewinn (§ 16 Absatz 1 Satz 2 i. V. m. § 16 Absatz 3 EStG).

29 Eine Veräußerung i. S. d. § 6 Absatz 3 Satz 2 EStG ist grundsätzlich auch eine Einbringung nach den §§ 20 oder 24 UmwStG, unabhängig davon, ob die Buchwerte, gemeinen Werte oder Zwischenwerte angesetzt werden. Als Veräußerung gilt auch ein Formwechsel nach § 25 UmwStG. Überträgt der Rechtsnachfolger einzelne Wirtschaftsgüter des übernommenen Sonderbetriebsvermögens gegen Gewährung von Gesellschaftsrechten nach § 6 Absatz 5 Satz 3 EStG auf einen Dritten, liegt auch eine Veräußerung vor. Wird der nach § 6 Absatz 3 Satz 2 EStG übertragene Teil eines Mitunternehmeranteils vom Übernehmer zu einem späteren Zeitpunkt insgesamt zu Buchwerten nach § 20 UmwStG in eine Kapitalgesellschaft oder zu Buchwerten nach § 24 UmwStG in eine Personengesellschaft eingebracht, liegt – abweichend vom oben genannten Grundsatz – keine schädliche Veräußerung i. S. d. § 6 Absatz 3 Satz 2 EStG vor, wenn der Einbringende die hierfür erhaltene Beteiligung an der Kapitalgesellschaft oder den erhaltenen Mitunternehmeranteil über einen Zeitraum von mindestens fünf Jahren – beginnend mit der ursprünglichen Übertragung des Mitunternehmeranteils nach § 6 Absatz 3 Satz 2 EStG – nicht veräußert oder aufgibt und die Kapitalgesellschaft oder die Personengesellschaft den eingebrachten Mitunternehmeranteil oder die eingebrachten Wirtschaftsgüter innerhalb der genannten Frist nicht veräußert.

30 Eine unentgeltliche Weiterübertragung ist unschädlich; dabei geht die Behaltefrist jedoch auf den Rechtsnachfolger über. Dem Rechtsnachfolger ist die Behaltedauer des Übertragenden anzurechnen.

31[1] Voraussetzung für eine Buchwertübertragung i. S. d. § 6 Absatz 3 Satz 2 EStG ist nicht, dass das zurückbehaltene Sonderbetriebsvermögen dauerhaft zum Betriebsvermögen derselben Mitunternehmerschaft gehört. Denn nach dem BFH-Urteil vom 12. Mai 2016 – IV R 12/15 – (BStBl. 2019 II S. 726) entfällt die Buchwertprivilegierung der unentgeltlichen Übertragung eines Teils eines Mitunternehmeranteils unter Zurückbehaltung eines Wirtschaftsgutes des Sonderbetriebsvermögens nicht deshalb rückwirkend, weil das zurückbehaltene Wirtschaftsgut zu einem späteren Zeitpunkt von dem Übertragenden zum Buchwert nach § 6 Absatz 5 EStG in ein anderes Betriebsvermögen übertragen wird. Wird Betriebsvermögen/Sonderbetriebsvermögen aufgrund einheitlicher Planung vor der unentgeltlichen Aufnahme einer natürlichen Person in ein bestehendes Einzelunternehmen oder der unentgeltlichen Übertragung eines Teils eines Mitunternehmeranteils entnommen oder unter Aufdeckung der stillen Reserven zum Verkehrswert veräußert, schließt dies eine Buchwertübertragung nach § 6 Absatz 3 EStG nicht aus. Die zeitgleiche Entnahme oder Veräußerung ist jedoch schädlich (vgl. auch Rn. 13 und 9 a).

bb) Übertragung eines Teils des Anteils am Gesamthandsvermögen unter gleichzeitiger überquotaler Übertragung von Sonderbetriebsvermögen

32 Wird im Zeitpunkt der unentgeltlichen Aufnahme einer natürlichen Person in ein Einzelunternehmen oder der unentgeltlichen Übertragung eines Teils des Anteils am Gesamthandsvermögen funktional wesentliches Betriebsvermögen/Sonderbetriebsvermögen in größerem Umfang (überquotal) übertragen, als es dem übertragenen Teil des Einzelunternehmens oder des Anteils am Gesamthandsvermögen entspricht, ist der Vorgang nicht in eine Übertragung nach § 6 Absatz 3 Satz 1 EStG für den quotalen Teil des Betriebsvermögens/Sonderbetriebsvermögens (ohne Lauf einer Sperrfrist) und eine Übertragung nach § 6 Absatz 5 EStG für den überquotalen Teil des Betriebsvermögens/Sonderbetriebsvermögens (mit Lauf einer Sperrfrist) aufzuteilen. Denn in diesem Fall handelt es sich ausschließlich (und einheitlich) um eine unentgeltliche Aufnahme einer natürlichen Person in ein Einzelunternehmen oder eine unentgeltliche Übertragung eines Teils eines Mitunternehmeranteils nach § 6 Absatz 3 Satz 1 EStG ohne Lauf einer Sperrfrist (BFH-Urteil vom 2. August 2012, IV R 41/11, BStBl. 2019 II S. 715).

[1] Rn. 31 geändert durch BMF-Schreiben vom 5. 5. 2021 (BStBl. I S. 696) und ist in allen offenen Fällen anzuwenden.

Anl zu H 6.14

33 Die o. g. Grundsätze gelten auch, wenn die Mitunternehmerstellung des Empfängers mit der Übertragung eines Teils eines Mitunternehmeranteils erstmals begründet wird (BFH-Urteil vom 6. Dezember 2000, VIII R 21/00, BStBl. 2003 II S. 194).

3. Übertragung bei funktional nicht wesentlichem Sonderbetriebsvermögen

34 Wird ein Teil eines Mitunternehmeranteils unentgeltlich übertragen, jedoch für die Mitunternehmerschaft funktional nicht wesentliches Sonderbetriebsvermögen zurückbehalten, ist § 6 Absatz 3 Satz 1 EStG uneingeschränkt anwendbar. Der übernehmende Gesellschafter hat die Buchwerte fortzuführen. Bei der Überführung des zurückbehaltenen Sonderbetriebsvermögens in das Privatvermögen entsteht laufender Gewinn (vgl. Rn. 17).

III. Isolierte Übertragung von Sonderbetriebsvermögen

151 35 Wird das Sonderbetriebsvermögen isoliert (d. h. ohne Änderung der Beteiligungsverhältnisse bei der Mitunternehmerschaft) unentgeltlich übertragen, liegt keine Übertragung eines Mitunternehmeranteils vor (BFH-Urteil vom 11. Dezember 1990, VIII R 14/87, BStBl. 1991 II S. 510). Liegen die Voraussetzungen des § 6 Absatz 5 Satz 3 EStG vor, erfolgt die Übertragung zum Buchwert. Andernfalls handelt es sich um eine Entnahme. § 16 Absatz 4 und § 34 EStG sind nicht anwendbar.

C. Unentgeltliche Aufnahme einer natürlichen Person in ein bestehendes Einzelunternehmen (§ 6 Absatz 3 Satz 1 2. Halbsatz EStG)

152 36 Bei der unentgeltlichen Aufnahme einer natürlichen Person in ein bestehendes Einzelunternehmen unter Zurückbehaltung von Betriebsvermögen ist § 6 Abs. 3 Satz 2 EStG anzuwenden, wenn das zurückbehaltene Betriebsvermögen Sonderbetriebsvermögen bei der entstandenen Mitunternehmerschaft wird (vgl. Rn. 20 ff.).

D. Fälle der mitunternehmerischen Betriebsaufspaltung

153 37 Entsteht infolge einer unentgeltlichen Übertragung nach § 6 Absatz 3 EStG eine mitunternehmerische Betriebsaufspaltung (vgl. hierzu auch BMF-Schreiben vom 28. April 1998, BStBl. I S. 583), sind verschiedene Fallgruppen zu unterscheiden:

a) Übertragung von Sonderbetriebsvermögen, das nach der Übertragung im Gesamthandseigentum des Übertragenden und des Übernehmenden steht

38 Begründen der Übertragende und der Übernehmer hinsichtlich des anteilig übertragenen Sonderbetriebsvermögens nach der Übertragung zivilrechtlich eine Gesamthandsgemeinschaft (§§ 718 ff. BGB), wird diese unmittelbar zur Besitzpersonengesellschaft. In diesem Fall folgt der unter § 6 Absatz 3 Satz 1 EStG fallenden Übertragung eine Zurechnung der Wirtschaftsgüter des Sonderbetriebsvermögens zum Gesamthandsvermögen der Besitzpersonengesellschaft gem. § 6 Absatz 5 Satz 3 EStG unmittelbar nach.

Entsteht die mitunternehmerische Betriebsaufspaltung infolge einer Übertragung nach § 6 Absatz 3 Satz 2 EStG, so führt eine unterquotale Übertragung des Sonderbetriebsvermögens in die Besitzpersonengesellschaft zu keiner schädlichen Veräußerung oder Aufgabe i. S. d. § 6 Absatz 3 Satz 2 EStG; für die einer Übertragung nach § 6 Absatz 3 Satz 2 EStG nachfolgenden Übertragungen sind insbesondere die Rn. 26 und 29 zu beachten.

b) Übertragung von Sonderbetriebsvermögen, das nach der Übertragung im Bruchteilseigentum des Übertragenden und Übernehmenden steht

39 Wird bei der anteiligen Übertragung von Sonderbetriebsvermögen dem Übernehmer zivilrechtlich ein Bruchteil zu Eigentum übertragen (§ 741 BGB), findet zuerst eine unentgeltliche Übertragung eines Teils eines Mitunternehmeranteils (einschließlich des Sonderbetriebsvermögens) auf den übernehmenden Gesellschafter nach § 6 Absatz 3 Satz 2 EStG statt. Anschließend erfolgt sowohl bei dem übertragenden Gesellschafter als auch bei dem übernehmenden Gesellschafter eine Überführung des Sonderbetriebsvermögens in das Sonderbetriebsvermögen bei der Besitzpersonengesellschaft (GbR) gem. § 6 Absatz 5 Satz 2 EStG.

Hinsichtlich des Sonderbetriebsvermögens findet hier allerdings kein Rechtsträgerwechsel statt, sondern es erfolgt hier nur ein Zuordnungswechsel von dem Sonderbetriebsvermögen bei der bisherigen Personengesellschaft in das Sonderbetriebsvermögen der Besitzpersonengesellschaft (BFH-Urteil vom 18. August 2005, IV R 59/04, BStBl. II S. 830).

Beispiel (für eine quotale Übertragung des Sonderbetriebsvermögens):

A ist zu 60% an der AB OHG beteiligt, der er auch ein im Sonderbetriebsvermögen befindliches Grundstück zur Nutzung überlässt. In 2018 überträgt A die Hälfte seines Mitunternehmeranteils (½ des Anteils am Gesamthandsvermögen und ½ des Sonderbetriebsvermögens) unentgeltlich auf C. Die AC-GbR überlässt das Grundstück der ABC-OHG entgeltlich zur Nutzung.

a) Das Grundstück steht im Gesamthandsvermögen von A und C.

b) Das Grundstück steht im Bruchteilseigentum von A und C.

zu a)

Zunächst liegt eine unentgeltliche Übertragung eines Teils eines Mitunternehmeranteils nach § 6 Absatz 3 Satz 1 EStG vor, der zwingend eine Buchwertfortführung vorschreibt. Im zweiten Schritt ändert sich aufgrund der steuerlichen Beurteilung des neu entstandenen Gebildes als mitunternehmerische Betriebsaufspaltung die bisherige Zuordnung des Grundstücks als Sonderbetriebsvermögen bei der OHG. Das Grundstück wird Gesamthandsvermögen bei der AC-GbR. Die damit verbundene Übertragung des Sonderbetriebsvermögens in das Gesamthandsvermögen der AC-GbR erfolgt nach § 6 Absatz 5 Satz 3 Nummer 2 EStG zum Buchwert.

zu b)

Zunächst liegt eine unentgeltliche Übertragung eines Teils eines Mitunternehmeranteils nach § 6 Absatz 3 Satz 1 EStG vor, der zwingend eine Buchwertfortführung vorschreibt. Im zweiten Schritt ändert sich aufgrund der steuerlichen Beurteilung des neu entstandenen Gebildes als mitunternehmerische Betriebsaufspaltung die bisherige Zuordnung des Grundstücks als Sonderbetriebsvermögen bei der OHG. Das Grundstück wird – wegen des fehlenden Rechtsträgerwechsels bei dem Bruchteilseigentum – zu Sonderbetriebsvermögen der Mitunternehmer bei der „gesamthandsvermögenslosen" AC-GbR (BFH-Urteil vom 18. August 2005, IV R 59/04, BStBl. II S. 830). Die damit verbundene Überführung des Sonderbetriebsvermögens bei der OHG auf das Sonderbetriebsvermögen bei der AC-GbR erfolgt nach § 6 Absatz 5 Satz 2 EStG zum Buchwert.

E. Aufhebung einzelner Regelungen in anderen Verwaltungsanweisungen

40 Rn. 19 des BMF-Schreibens zur Anwendung des § 6 Absatz 5 EStG vom 8. Dezember 2011 (BStBl. I S. 1279)[1] ist insoweit überholt, als dort unter Rn. 19 zu prüfen ist, ob einer Buchwertfortführung nach § 6 Absatz 5 EStG die Gesamtplanrechtsprechung entgegensteht. **154**

Hinsichtlich der in Rn. 8 des BMF-Schreibens zu den wiederkehrenden Leistungen nach § 10 Absatz 1a Nummer 2 EStG vom 11. März 2010 (BStBl. I S. 227)[2] in Bezug genommenen quotalen Übertragung von Sonderbetriebsvermögen sind die Grundsätze dieses Schreibens anzuwenden.

Außerdem ist das BMF-Schreiben vom 12. September 2013 (BStBl. I S. 1164)[3] insoweit überholt, als dort unter Punkt II.2. die Veröffentlichung des BFH-Urteils vom 2. August 2012 – IV R 41/11 – im Bundessteuerblatt zurückgestellt wurde; dieses BMF-Schreiben wird insoweit aufgehoben.

F. Zeitliche Anwendung

41 Dieses Schreiben ersetzt das bisherige BMF-Schreiben zur Anwendung des § 6 Absatz 3 EStG vom 3. März 2005 (BStBl. I S. 458)[4] mit Ergänzung vom 7. Dezember 2006 (BStBl. I S. 766) und ist auf alle noch offenen Veranlagungszeiträume mit Übertragungsvorgängen gem. § 6 Absatz 3 und § 6 Absatz 5 EStG anzuwenden. **155**

42 Aus Vertrauensschutzgründen kann das BMF-Schreiben zur Anwendung des § 6 Absatz 3 EStG vom 3. März 2005 (BStBl. I S. 458)[4] mit Ergänzung vom 7. Dezember 2006 (BStBl. I S. 766) für bereits abgeschlossene Übertragungsvorgänge weiterhin angewendet werden, wenn die Beteiligten auf Antrag hieran einvernehmlich auch weiterhin festhalten möchten.

R 6.15. Überführung und Übertragung von Einzelwirtschaftsgütern

R 6.15

In den Fällen des § 6 Abs. 5 Satz 4 EStG ist rückwirkend auf den Zeitpunkt der Übertragung der Teilwert auch dann anzusetzen, wenn die bis zur Übertragung entstandenen stillen Reserven durch Erstellung einer Ergänzungsbilanz dem übertragenden Gesellschafter zugeordnet worden sind, durch die Übertragung jedoch keine Änderung des Anteils des übertragenden Gesellschafters an dem übertragenen Wirtschaftsgut eingetreten ist.[5] **161**

H 6.15

Allgemeines. Zu Zweifelsfragen zur Überführung und Übertragung von einzelnen Wirtschaftsgütern → BMF vom 8. 12. 2011 (BStBl. I S. 1279).[6]

162

Einmann-GmbH & Co. KG. Wird ein Wirtschaftsgut durch den an einer KG zu 100% beteiligten Kommanditisten aus dessen (Sonder-)Betriebsvermögen nach § 6 Abs. 5 Satz 3 EStG in das Gesamthandsvermögen der KG übertragen, ist für die Übertragung nicht deshalb rückwirkend der Teilwert anzusetzen, weil die KG – bei unveränderten Beteiligungsverhältnissen – das Wirtschaftsgut innerhalb der Sperrfrist des § 6 Abs. 5 Satz 4 EStG veräußert. Dies gilt auch dann, wenn das Wirtschaftsgut in der Gesamthandsbilanz der KG mit dem bisherigen Buchwert ausgewiesen und deshalb für den Übertragenden keine negative Ergänzungsbilanz erstellt worden ist (→ BFH vom 31. 7. 2013 – BStBl. 2015 I S. 450 und vom 26. 6. 2014 – BStBl. 2015 II S. 463).

a) Schreiben betr. Zweifelsfragen zur Übertragung und Überführung von einzelnen Wirtschaftsgütern nach § 6 Absatz 5 EStG

Anl a zu H 6.15

Vom 8. 12. 2011 (BStBl. I S. 1279)

(BMF IV C 6 – S 2241/10/10002; DOK 2011097385 8)

Zur Anwendung des § 6 Absatz 5 EStG in der Fassung des Gesetzes zur Fortentwicklung des Unternehmenssteuerrechts vom 20. Dezember 2001 (BGBl. I S. 3858, BStBl. 2002 I S. 35), zuletzt geändert durch das Jahressteuergesetz 2010 vom 8. Dezember 2010 (BGBl. I S. 1768, BStBl. I S. 1394), nehme ich nach Abstimmung mit den obersten Finanzbehörden der Länder wie folgt Stellung:

I. Überführung von Wirtschaftsgütern nach § 6 Absatz 5 Satz 1 und 2 EStG

1 Bei der Überführung eines einzelnen Wirtschaftsguts nach § 6 Absatz 5 Satz 1 und 2 EStG handelt es sich um eine Entnahme i. S. d. § 4 Absatz 1 Satz 2 EStG aus dem abgebenden Betriebsvermögen und um eine Einlage i. S. d. § 4 Absatz 1 Satz 8 EStG bei dem aufnehmenden Betriebsvermö- **163**

[1] Abgedruckt als Anlage a zu H 6.15.
[2] Abgedruckt als Anlage zu R 10.3 EStR.
[3] Abgedruckt als Anlage c zu H 6.15.
[4] Letztmals abgedruckt im „Handbuch zur ESt-Veranlagung 2018" als Anlage zu H 6.14.
[5] Siehe aber H 6.15 (Einmann-GmbH & Co. KG).
[6] Nachstehend abgedruckt.

Anl a zu H 6.15

gen (vgl. BMF-Schreiben vom 17. November 2005, BStBl. I S. 1019,[1] Rdnr. 10), deren Bewertungen abweichend von § 6 Absatz 1 Satz 1 Nummer 4 und 5 EStG in § 6 Absatz 5 EStG geregelt sind.

1. Persönlicher Anwendungsbereich

2 Überführender i. S. v. § 6 Absatz 5 Satz 1 EStG ist grundsätzlich jede unbeschränkt oder beschränkt steuerpflichtige natürliche Person, die mehrere Betriebe unterhält. Es können aber auch Erbengemeinschaften und eheliche Gütergemeinschaften mit mehreren eigenen Betriebsvermögen unter den Anwendungsbereich der Sätze 1 und 2 fallen. Da eine Körperschaft i. S. d. § 1 Absatz 1 Nummer 1 bis 3 KStG und eine Personengesellschaft steuerlich immer nur einen Betrieb führen können, steht der Körperschaft als Mitunternehmer (über § 8 Absatz 1 KStG) oder der (doppelstöckigen) Personengesellschaft regelmäßig nur der Anwendungsbereich des § 6 Absatz 5 Satz 2 EStG offen.

2. Sachlicher Anwendungsbereich

3 Nach § 6 Absatz 5 Satz 1 und 2 EStG müssen einzelne Wirtschaftsgüter[2] mit dem Buchwert angesetzt werden, wenn sie aus einem (Sonder-)Betriebsvermögen in ein anderes Betriebs- oder Sonderbetriebsvermögen desselben Steuerpflichtigen überführt werden, sofern die Besteuerung der stillen Reserven sichergestellt ist. Dabei ist es unerheblich, ob es sich bei dem zu überführenden Wirtschaftsgut um ein Wirtschaftsgut des Anlage- oder Umlaufvermögens handelt. Das zu überführende Wirtschaftsgut kann auch eine wesentliche Betriebsgrundlage des abgebenden Betriebsvermögens sein. Bei der Überführung von Wirtschaftsgütern ist die gleichzeitige Übernahme von Verbindlichkeiten unschädlich.

4 In den Anwendungsbereich des § 6 Absatz 5 Satz 1 und 2 EStG fallen auch selbst geschaffene nicht bilanzierungsfähige immaterielle Wirtschaftsgüter des Anlagevermögens (§ 5 Absatz 2 EStG) und im Sammelposten erfasste Wirtschaftsgüter (vgl. BMF-Schreiben vom 30. September 2010 – BStBl. I S. 755),[3] sofern die Besteuerung der stillen Reserven sichergestellt ist (siehe auch Rdnr. 24).

5 Das Betriebs- oder Sonderbetriebsvermögen, in das das Wirtschaftsgut überführt wird, muss nicht bereits vor der Überführung bestanden haben, sondern es kann auch erst durch die Überführung des Wirtschaftsguts entstehen. Das abgebende und aufnehmende Betriebsvermögen muss nicht derselben Einkunftsart (§§ 13, 15, 18 EStG) zuzuordnen sein.

Beispiel 1:

A und B sind zu jeweils 50% an der AB-OHG beteiligt. Die AB-OHG betreibt eine Metzgerei. Im Sonderbetriebsvermögen des A befindet sich ein Verkaufswagen, mit dem die AB-OHG ihre Waren auf Wochenmärkten verkauft. Diesen Wagen vermietet A an die AB-OHG für ein monatliches Entgelt. Die AB-OHG stellt den Verkauf auf den Wochenmärkten ein. A will nun diesen Wagen im Rahmen eines im eigenen Namen neu gegründeten Einzelunternehmens zum Fischverkauf einsetzen.

Lösung:

Der Verkaufswagen ist nunmehr dem Betriebsvermögen des neu gegründeten Einzelunternehmens des A zuzurechnen. Die Überführung aus dem Sonderbetriebsvermögen des A bei der AB-OHG in das Betriebsvermögen des Einzelunternehmens muss nach § 6 Absatz 5 Satz 2 EStG zum Buchwert erfolgen.

6 Der Anwendung des § 6 Absatz 5 Satz 1 und 2 EStG steht nicht entgegen, dass mehrere Wirtschaftsgüter zeitgleich überführt werden. Dabei ist es unschädlich, wenn die überführten Wirtschaftsgüter einen Betrieb, Teilbetrieb bilden oder es sich insgesamt um einen Mitunternehmeranteil handelt.

7 Sicherstellung der Besteuerung der stillen Reserven bedeutet, dass im Zeitpunkt der späteren Veräußerung auch diejenigen stillen Reserven zu besteuern sind, die sich in dem überführten Wirtschaftsgut zeitlich erst nach der Überführung gebildet haben (also Besteuerung auch der künftigen stillen Reserven). Eine Sicherstellung der Besteuerung der stillen Reserven liegt deshalb unter anderem dann nicht vor, wenn ein bisher einer inländischen Betriebsstätte des Steuerpflichtigen zugeordnetes Wirtschaftsgut einer ausländischen Betriebsstätte des Steuerpflichtigen zugeordnet wird (§ 6 Absatz 5 Satz 1 i. V. m. § 4 Absatz 1 Satz 4 EStG).

II. Übertragung von Wirtschaftsgütern nach § 6 Absatz 5 Satz 3 Nummer 1 bis 3 EStG

164 **8** Bei der Übertragung von Wirtschaftsgütern nach § 6 Absatz 5 Satz 3 EStG gegen Gewährung oder Minderung von Gesellschaftsrechten handelt es sich als eine Spezialform des Tauschs um einen Veräußerungsvorgang (tauschähnlicher Vorgang), dessen Bewertung abweichend von den allgemeinen Grundsätzen zwingend zum Buchwert vorzunehmen ist (§ 6 Absatz 6 Satz 4 EStG). Die unentgeltliche Übertragung von Wirtschaftsgütern nach § 6 Absatz 5 Satz 3 EStG stellt hingegen eine Entnahme dar (vgl. Rdnr. 1).

1. Persönlicher Anwendungsbereich

9 Übertragender i. S. v. § 6 Absatz 5 Satz 3 Nummer 1 bis 3 EStG ist ein Mitunternehmer, der neben seiner Beteiligung an einer Mitunternehmerschaft mindestens einen weiteren Betrieb unterhält, oder dem Sonderbetriebsvermögen bei der selben Mitunternehmerschaft oder einer weiteren Mitunternehmerschaft zuzurechnen ist; bei einer doppelstöckigen Personengesellschaft kann Mitunternehmer der Tochterpersonengesellschaft auch die Mutterpersonengesellschaft (Mitunternehmerschaft) und der Mitunternehmer der Mutterpersonengesellschaft sein. Bei Mitunternehmerschaften ohne Gesamt-

[1] Jetzt BMF-Schreiben vom 2. 11. 2018 (BStBl. I S. 1207), abgedruckt als Anlage a zu R 4.2 (15) EStR.
[2] Die Rücklage nach § 6 b EStG ist kein Wirtschaftsgut, *BFH-Urteil vom 22. 11. 2018 VI R 50/16 (BStBl. 2019 II S. 313).*
[3] Abgedruckt als Anlage zu H 6.13.

handsvermögen, z. B. atypisch stillen Gesellschaften und Ehegatten-Mitunternehmerschaften in der Land- und Forstwirtschaft, gelten § 6 Absatz 5 Satz 3 Nummer 1 bis 3 EStG entsprechend. Auch für eine Körperschaft i. S. d. KStG gelten über § 8 Absatz 1 KStG die Regelungen des § 6 Absatz 5 Satz 3 Nummer 1 bis 3 EStG. Bei Übertragungen unter Beteiligung einer Kapitalgesellschaft sind die Regelungen zur verdeckten Gewinnausschüttung und zur verdeckten Einlage zu beachten (BFH-Urteil vom 20. Juli 2005, BStBl. 2006 II S. 457).

Anl a zu H 6.15

2. Sachlicher Anwendungsbereich

10 Nach § 6 Absatz 5 Satz 3 Nummer 1 bis 3 EStG müssen einzelne Wirtschaftsgüter[1] mit dem Buchwert angesetzt werden, wenn diese

- aus dem Betriebsvermögen des Mitunternehmers in das Gesamthandsvermögen einer Mitunternehmerschaft und umgekehrt gegen Gewährung oder Minderung von Gesellschaftsrechten oder unentgeltlich (Nummer 1),
- aus dem Sonderbetriebsvermögen eines Mitunternehmers in das Gesamthandsvermögen derselben Mitunternehmerschaft und umgekehrt gegen Gewährung oder Minderung von Gesellschaftsrechten oder unentgeltlich (Nummer 2),
- aus dem Sonderbetriebsvermögen eines Mitunternehmers in das Gesamthandsvermögen bei einer anderen Mitunternehmerschaft, an der er beteiligt ist, und umgekehrt gegen Gewährung oder Minderung von Gesellschaftsrechten oder unentgeltlich (Nummer 2),
- unentgeltlich aus einem Sonderbetriebsvermögen des Mitunternehmers in das Sonderbetriebsvermögen eines anderen Mitunternehmers bei derselben Mitunternehmerschaft, (Nummer 3),

übertragen werden und die Besteuerung der stillen Reserven sichergestellt ist. Dabei ist es unerheblich, ob es sich bei dem zu übertragenden Wirtschaftsgut um ein Wirtschaftsgut des Anlage- oder Umlaufvermögens handelt. § 6 Absatz 5 Satz 3 EStG gilt auch, wenn es sich bei dem zu übertragenden Wirtschaftsgut um eine wesentliche Betriebsgrundlage des abgebenden Betriebsvermögens handelt.

11 Für den Zeitpunkt der Übertragung ist aus steuerlicher Sicht immer die Zurechnung des wirtschaftlichen Eigentums (§ 39 Absatz 2 Nummer 1 Satz 1 AO) maßgeblich.

12 Die Rdnrn. 4, 5, 6 Satz 1 und Rdnr. 7 gelten bei der Übertragung von einzelnen Wirtschaftsgütern nach § 6 Absatz 5 Satz 3 Nummer 1 bis 3 EStG entsprechend (siehe auch Rdnr. 24). Vorrangig sind jedoch die Vorschriften des § 6 Absatz 3 EStG oder § 24 UmwStG anzuwenden, wenn die dortigen Voraussetzungen erfüllt sind. Dies ist insbesondere bei der gleichzeitigen Übernahme von Verbindlichkeiten der Fall.

13 § 6 Absatz 5 Satz 3 EStG regelt nicht die Übertragungen von Wirtschaftsgütern aus dem Privatvermögen in das Gesamthandsvermögen und umgekehrt (vgl. BMF-Schreiben vom 29. März 2000, BStBl. I S. 462).[2] Für die Übertragung von Wirtschaftsgütern des Privatvermögens des Mitunternehmers in das Gesamthandsvermögen der Mitunternehmerschaft gelten die Grundsätze des BMF-Schreibens vom 11. Juli 2011 (BStBl. I S. 713).[3]

3. Unentgeltliche Übertragung oder Übertragung gegen Gewährung oder Minderung von Gesellschaftsrechten

14 § 6 Absatz 5 Satz 3 Nummer 1 und 2 EStG ist anzuwenden, soweit die Übertragung unentgeltlich oder gegen Gewährung oder Minderung von Gesellschaftsrechten erfolgt; § 6 Absatz 5 Satz 3 Nummer 3 EStG ist anzuwenden, soweit die Übertragung unentgeltlich erfolgt. Ob eine Übertragung unentgeltlich oder gegen Gewährung oder Minderung von Gesellschaftsrechten vorgenommen wird, richtet sich auch nach den Grundsätzen des BMF-Schreibens vom 11. Juli 2011 (BStBl. I S. 713).[3]

a) Unentgeltlichkeit

15[4] Die Übertragung eines Wirtschaftsguts erfolgt unentgeltlich, soweit keine Gegenleistung hierfür erbracht wird. Eine Gegenleistung kann sowohl durch die Hingabe von Aktiva als auch durch die Übernahme von Passiva (z. B. Verbindlichkeiten) erfolgen. In diesen Fällen ist die Übertragung des Wirtschaftsguts nicht vollumfänglich unentgeltlich. Die Übernahme von Verbindlichkeiten stellt wirtschaftlich gesehen ein (sonstiges) Entgelt dar. Ob eine teilentgeltliche Übertragung vorliegt, ist nach den Grundsätzen der sog. „Trennungstheorie" anhand der erbrachten Gegenleistung im Verhältnis zum Verkehrswert des übertragenen Wirtschaftsguts zu prüfen. Liegt die Gegenleistung unter dem Verkehrswert, handelt es sich um eine teilentgeltliche Übertragung, bei der der unentgeltliche Teil nach § 6 Absatz 5 Satz 3 EStG zum Buchwert zu übertragen ist. Hinsichtlich des entgeltlichen Teils der Übertragung liegt eine Veräußerung des Wirtschaftsguts vor und es kommt insoweit zur Aufdeckung der stillen Reserven des Wirtschaftsguts (vgl. BFH-Urteil vom 11. Dezember 2001, BStBl. 2002 II S. 420).

Beispiel 2:

A und B sind zu jeweils 50% an der AB-OHG beteiligt. In seinem Einzelunternehmen hat A einen PKW mit einem Buchwert von 1000 €. Der Verkehrswert des PKW beträgt 10 000 €. Zudem hat A eine Verbindlichkeit bei der Bank des PKW-Herstellers i. H. v. 3000 €. A überträgt den PKW nach § 6 Absatz 5 Satz 3 Nummer 1 EStG ohne Gewährung von Gesellschaftsrechten in das Gesamthandsvermögen der AB-OHG. Dabei übernimmt die AB-OHG auch das Darlehen.

---

[1] Die Rücklage nach § 6 b EStG ist kein Wirtschaftsgut, *BFH-Urteil vom 22. 11. 2018 VI R 50/16 (BStBl. 2019 II S. 313).*
[2] Abgedruckt als Anlage a zu R 4.3 EStR.
[3] Abgedruckt als Anlage b zu R 4.3 EStR.
[4] Rdnr. 15 ist vorerst weiterhin uneingeschränkt anzuwenden, siehe BMF-Schreiben vom 12. 9. 2013 (BStBl. I S. 1164), nachstehend abgedruckt als Anlage c zu H 6.15.

Anl a zu H 6.15

Lösung:

Es handelt sich um eine teilentgeltliche Übertragung des PKW. Der entgeltliche Anteil liegt durch die Übernahme der Verbindlichkeit bei 30% (3000 € von 10 000 €), der unentgeltliche Anteil bei 70%. Im Einzelunternehmen des A werden durch die teilentgeltliche Übertragung stille Reserven i. H. v. 2700 € (3000 € abzgl. 30% des Buchwerts = 300 €) aufgedeckt. Die AB-OHG muss den PKW mit 3700 € (3000 € zzgl. 70% des Buchwerts = 700 €) auf der Aktivseite und die Verbindlichkeit mit 3000 € auf der Passivseite im Gesamthandsvermögen bilanzieren.

b) Gesellschaftsrechte

16 Für die Entscheidung, ob eine Übertragung nach § 6 Absatz 5 Satz 3 Nummer 1 und 2 EStG gegen Gewährung oder Minderung von Gesellschaftsrechten erfolgt, ist maßgeblich auf den Charakter des in diesem Zusammenhang angesprochenen Kapitalkontos des Gesellschafters abzustellen. Zur Abgrenzung zwischen Eigenkapital- und Darlehenskonten des Gesellschafters wird auf das BFH-Urteil vom 16. Oktober 2008 (BStBl. 2009 II S. 272) sowie auf das BMF-Schreiben vom 30. Mai 1997 (BStBl. I S. 627)[1] verwiesen.

Abwandlung Beispiel 2:

Der Buchwert des PKW beträgt 1000 € (Verkehrswert 10 000 €). Von der AB-OHG wurden keine Verbindlichkeiten übernommen. A überträgt den PKW in das Gesamthandsvermögen der AB-OHG gegen Gewährung von Gesellschaftsrechten i. H. v. 1000 € (Buchung auf dem Kapitalkonto I des A) und Buchung auf dem gesamthänderisch gebundenen Rücklagenkonto i. H. v. 9000 €. Die OHG setzt den PKW mit 10 000 € in ihrem Gesamthandsvermögen an.

Lösung:

Die nur teilweise Buchung über ein Gesellschaftsrechte vermittelndes Kapitalkonto führt insgesamt zu einem entgeltlichen Vorgang. Die Übertragung des PKW muss gleichwohl zwingend mit dem Buchwert angesetzt werden, weil die Übertragung gegen Gewährung von Gesellschaftsrechten erfolgt ist (§ 6 Absatz 5 Satz 3 Nummer 1 EStG). Ist mit der Übertragung eine Änderung der Gewinnverteilung und der Beteiligung am Liquidationserlös verbunden, haben sowohl A als auch B zum Zwecke der Erfolgsneutralität des Vorgangs eine negative Ergänzungsbilanz aufzustellen. In den übrigen Fällen sind nach § 6 Absatz 5 Satz 4 EStG die bis zur Übertragung entstandenen stillen Reserven in vollem Umfang dem Einbringenden A zuzuordnen.

4. Einzelfälle zu Übertragungen nach § 6 Absatz 5 Satz 3 Nummer 1 bis 3 EStG

a) Übertragung nach § 6 Absatz 5 Satz 3 Nummer 1 EStG

17 § 6 Absatz 5 Satz 3 Nummer 1 EStG regelt ausschließlich die Übertragung einzelner Wirtschaftsgüter zwischen dem Betriebsvermögen eines Mitunternehmers in das Gesamthandsvermögen einer Mitunternehmerschaft, an der der Übertragende beteiligt ist oder umgekehrt, sofern die Besteuerung der stillen Reserven sichergestellt ist. Für die Übertragung eines Wirtschaftsguts nach § 6 Absatz 5 Satz 3 Nummer 1 EStG aus dem Gesamthandsvermögen einer Mitunternehmerschaft in das Betriebsvermögen des Mitunternehmers und umgekehrt ist die Buchwertfortführung nicht auf den ideellen Anteil des Mitunternehmers am Wirtschaftsgut des Gesamthandsvermögens begrenzt; § 6 Absatz 5 Satz 5 EStG ist zu beachten (siehe auch Rdnr. 31).

Beispiel 3:

Vater V und Sohn S betreiben eine land- und forstwirtschaftliche GbR. Zum 30. Juni 10 scheidet V in der Form aus der GbR aus, dass er nur die wesentlichen Betriebsgrundlagen (Grund und Boden, Hofstelle), die sich in seinem Sonderbetriebsvermögen befinden, behält. Das gesamte Gesamthandsvermögen erhält hingegen S, der das land- und forstwirtschaftliche Unternehmen als Einzelunternehmen fortführt. V verpachtet die wesentlichen Betriebsgrundlagen (Grund und Boden, Hofstelle) an S und übt gleichzeitig das Verpächterwahlrecht (R 16 Absatz 5 EStR 2008) aus.

Lösung:

Es handelt sich nicht um einen Fall der steuerneutralen Realteilung i. S. v. § 16 Absatz 3 Satz 2 EStG, weil S das nämliche Unternehmen in unveränderter Weise fortführt und es somit begrifflich an der erforderlichen Betriebsaufgabe fehlt.[2] Es liegt auch kein Fall des § 6 Absatz 3 EStG vor, da V zwar seinen gesamten Anteil am Gesamthandsvermögen auf S übertragen, jedoch seinen Anteil am Sonderbetriebsvermögen zurückbehalten hat. Das zurückbehaltene Sonderbetriebsvermögen gehört infolge der Auflösung der Mitunternehmerschaft nicht mehr zum Betriebsvermögen derselben Mitunternehmerschaft. Bei der Übertragung der Wirtschaftsgüter des Gesamthandsvermögens von der land- und forstwirtschaftlichen GbR in das Betriebsvermögen des Einzelunternehmens hat S jedoch nach § 6 Absatz 5 Satz 3 Nummer 1 EStG zwingend die Buchwerte der Wirtschaftsgüter fortzuführen, wenn er im Rahmen der Übertragung keine Verbindlichkeiten übernommen hat.

b) Übertragung nach § 6 Absatz 5 Satz 3 Nummer 2 EStG

18 § 6 Absatz 5 Satz 3 Nummer 2 EStG regelt ausschließlich die Übertragung zwischen dem Sonderbetriebsvermögen eines Mitunternehmers in das Gesamthandsvermögen derselben oder einer anderen Mitunternehmerschaft, an der der Übertragende beteiligt ist oder umgekehrt, sofern die Besteuerung der stillen Reserven sichergestellt ist. Die unmittelbare Übertragung von einzelnen Wirtschaftsgütern zwischen den Gesamthandsvermögen von Schwesterpersonengesellschaften stellt hingegen keinen Anwendungsfall des § 6 Absatz 5 Satz 3 Nummer 2 EStG dar und ist somit nicht zu Buchwerten möglich (BFH-Urteil vom 25. November 2009, BStBl. 2010 II S. 471); dies gilt selbst dann, wenn es sich um beteiligungsidentische Schwesterpersonengesellschaften handelt.[3, 4] Die Buchwertfortführung kann in diesen Fällen auch nicht nach § 6 Absatz 5 Satz 1 EStG erfolgen, da es sich um

[1] Abgedruckt als Anlage a zu § 15 a EStG.
[2] Überholt, siehe BMF-Schreiben vom 19. 12. 2018 (BStBl. 2019 I S. 6), abgedruckt als Anlage zu H 16 (2).
[3] **Amtl. Anm.:** Hinweis auf das BMF-Schreiben vom 29. Oktober 2010 (BStBl. I S. 1206) zum AdV-Beschluss des BFH vom 15. April 2010 (BStBl. II S. 971). Nachstehend abgedruckt.
[4] Siehe aber auch *Vorlagebeschluss des BFH an das BVerfG vom 10. 4. 2013 I R 80/12 (BStBl. II S. 1004), Az. BVerfG: 2 BvL 8/13.*

einen Übertragungsvorgang mit Rechtsträgerwechsel handelt und nicht um einen Überführungsvorgang (BMF-Schreiben vom 28. Februar 2006, BStBl. I S. 228, Tz. IV.1.).[1] Anl a zu H 6.15

19 Bei einer Kettenübertragung eines Wirtschaftsguts zwischen zwei Mitunternehmerschaften, bei der das zu übertragende Wirtschaftsgut in einem zeitlichen und sachlichen Zusammenhang zunächst vom Gesamthandsvermögen der Mitunternehmerschaft in das Sonderbetriebsvermögen derselben Mitunternehmerschaft und anschließend ins Gesamthandsvermögen der anderen (Schwester-)Mitunternehmerschaft übertragen wird, ist zu prüfen, ob der Buchwertfortführung die Gesamtplanrechtsprechung[2] oder andere missbräuchliche Gestaltungen i. S. d. § 42 AO entgegenstehen.

20 Durch die Rückkehr zur gesellschafterbezogenen Betrachtungsweise bei Anwendung des § 6b EStG für Veräußerungen nach dem 31. Dezember 2001 können nach § 6b EStG begünstigte Wirtschaftsgüter von einer Mitunternehmerschaft verkauft und (gleichzeitig) der Gewinn bei der erwerbenden Mitunternehmerschaft über §§ 6b, 6c EStG im Rahmen der Anschaffung oder Herstellung der Wirtschaftsgüter übertragen werden, soweit die Anschaffungs- oder Herstellungskosten dieser Wirtschaftsgüter anteilig dem Mitunternehmer der anschaffenden Gesellschaft zuzurechnen sind und soweit der begünstigte Gewinn anteilig auf diesen Mitunternehmer entfällt (R 6b.2 Absatz 7 *EStR 2008*[3]). Eine vollständige Gewinnübertragung nach §§ 6b, 6c EStG ist möglich, wenn dieselben Mitunternehmer an beiden Mitunternehmerschaften in demselben Beteiligungsverhältnis beteiligt sind.

c) Übertragung nach § 6 Absatz 5 Satz 3 Nummer 3 EStG

21 § 6 Absatz 5 Satz 3 Nummer 3 EStG regelt ausschließlich die Übertragung zwischen den jeweiligen Sonderbetriebsvermögen verschiedener Mitunternehmer derselben Mitunternehmerschaft, sofern die Besteuerung der stillen Reserven sichergestellt ist.

Beispiel 4:

Vater V und Sohn S betreiben eine land- und forstwirtschaftliche GbR. Zum 30. Juni 10 scheidet V aus der GbR aus. Im Rahmen der Aufgabe der land- und forstwirtschaftlichen GbR erhält S zusätzlich zu den gesamten Wirtschaftsgütern des Gesamthandsvermögens auch die im Sonderbetriebsvermögen des V stehende Hofstelle. Den Grund und Boden überträgt V nicht auf S.

Lösung:

Die Übertragung der Hofstelle vom V auf S kann nicht zum Buchwert nach § 6 Absatz 5 Satz 3 Nummer 3 EStG erfolgen, da durch das Ausscheiden des V und die sich dadurch ergebende Anwachsung des Anteils auf S zu einem Einzelunternehmen die GbR beendet und somit eine Übertragung zwischen zwei Sonderbetriebsvermögen (des V und des S) begrifflich nicht mehr möglich ist. Die in der Hofstelle enthaltenen stillen Reserven sind daher aufzudecken. Soweit die Wirtschaftsgüter des Gesamthandsvermögens in das Einzelunternehmen des S übertragen werden, gelten die Ausführungen zu Beispiel 3.

Abwandlung Beispiel 4:

Vor seinem Ausscheiden überträgt V die Hofstelle aus seinem Sonderbetriebsvermögen in das Sonderbetriebsvermögen des S. Zum 30. Juni 10 scheidet V dann aus der GbR aus und S erhält die gesamten Wirtschaftsgüter des Gesamthandsvermögens. Den Grund und Boden überträgt V nicht auf S.

Lösung:

Die Übertragung der Hofstelle vom V auf S erfolgt zum Buchwert nach § 6 Absatz 5 Satz 3 Nummer 3 EStG vom Sonderbetriebsvermögen des V in das Sonderbetriebsvermögen des S. Durch das Ausscheiden des V zum 30. Juni 10 wird die GbR beendet. Soweit die Wirtschaftsgüter des Gesamthandsvermögens in das Einzelunternehmen des S übertragen werden, gelten die Ausführungen zu Beispiel 3.

III. Einzelheiten zu § 6 Absatz 5 Satz 4 bis 6 EStG

1. Sperrfrist des § 6 Absatz 5 Satz 4 EStG und rückwirkender Ansatz des Teilwerts

22 Der zwingende Buchwertansatz bei der Übertragung von Wirtschaftsgütern nach § 6 Absatz 5 Satz 3 Nummer 1 bis 3 EStG ist beim Übernehmer zur Vermeidung von missbräuchlichen Gestaltungen mit einer sog. Sperrfrist verknüpft (§ 6 Absatz 5 Satz 4 EStG). Der Übernehmer darf innerhalb der Sperrfrist das übertragene Wirtschaftsgut weder aus dem Betriebsvermögen entnehmen noch veräußern; ansonsten wird rückwirkend auf das Ereignis der Übertragung der Teilwert für das Wirtschaftsgut angesetzt. Die Sperrfrist endet drei Jahre nach Abgabe der Steuererklärung des Übertragenden für den Veranlagungs-/Feststellungszeitraum der Übertragung. Wurde keine Steuer-/Feststellungserklärung abgegeben, endet die Sperrfrist mit Ablauf des sechsten Jahres, das auf den Veranlagungs-/Feststellungszeitraum der Übertragung folgt. **165**

23 Keine Verletzung der Sperrfrist (§ 6 Absatz 5 Satz 4 EStG) liegt vor, wenn die einer Buchwertübertragung nach § 6 Absatz 5 Satz 3 EStG nachfolgende Übertragung ebenfalls wieder unter § 6 Absatz 5 Satz 3 EStG fällt und damit auch zwingend zum Buchwert vorzunehmen ist, wenn bei einer Realteilung für die übertragenen Wirtschaftsgüter eine neue Sperrfrist ausgelöst wird oder wenn das Wirtschaftsgut aufgrund höherer Gewalt (Zerstörung, Untergang etc.) aus dem Betriebsvermögen ausgeschieden ist. Die Sperrfrist wird durch jede nachfolgende Übertragung nach § 6 Absatz 5 Satz 3 EStG neu ausgelöst und tritt somit an die Stelle der bisherigen Sperrfrist. Bei einer nachfolgenden Überführung nach § 6 Absatz 5 Satz 1 und 2 EStG liegt ebenfalls keine Verletzung der Sperrfrist vor; allerdings läuft hier die ursprüngliche Sperrfrist weiter, da eine Überführung keine neue Sperrfrist auslösen kann. Im Fall einer Veräußerung oder Entnahme innerhalb der Sperrfrist ist der Teilwert rückwirkend auf den Zeit-

[1] Letztmals abgedruckt im „Handbuch zur ESt-Veranlagung 2015" als Anlage zu H 16 (2), siehe nun BMF-Schreiben vom 19. 12. 2018 (BStBl. 2019 I S. 6), Rn. 12, abgedruckt als Anlage zu H 16 (2).

[2] Insoweit überholt, als zu prüfen ist, ob einer Buchwertfortprüfung nach § 6 Abs. 5 EStG die Gesamtplanrechtsprechung entgegensteht, BMF-Schreiben vom 20. 11. 2019 (BStBl. I S. 1291), Rn. 40 Satz 1, abgedruckt als Anlage zu H 6.14.

[3] Jetzt: EStR 2012.

Anl a zu H 6.15

punkt der letzten Übertragung anzusetzen. Eine „fiktive" Entnahme i. S. v. § 4 Absatz 1 Satz 3 EStG oder eine „fiktive" Veräußerung i. S. v. § 12 Absatz 1 KStG innerhalb der Sperrfrist führt ebenfalls zum rückwirkenden Ansatz des Teilwerts auf den Übertragungsstichtag i. S. v. § 6 Absatz 5 Satz 4 EStG.

24 Bei der Übertragung selbst geschaffener nicht bilanzierungsfähiger immaterieller Wirtschaftsgüter des Anlagevermögens (§ 5 Absatz 2 EStG) und von im Sammelposten erfassten Wirtschaftsgütern (§ 6 Absatz 2 a EStG) muss die Besteuerung der stillen Reserven sichergestellt sein.

Beispiel 5:

A und B sind Mitunternehmer der AB-OHG. In 01 schafft sich A für seine Tätigkeit bei der AB-OHG einen Schreibtisch (AK 900 €) und einen Stuhl (AK 400 €) an. Diese Wirtschaftsgüter erfasst er im Sammelposten 01 in seinem Sonderbetriebsvermögen bei der AB-OHG. In 03 benötigt B diese Wirtschaftsgüter für seine Tätigkeit bei der AB-OHG. Die Übertragung von A auf den B erfolgt unentgeltlich.

Lösung:

Die Übertragung des Schreibtisches und des Stuhls vom Sonderbetriebsvermögen des A in das Sonderbetriebsvermögen des B bei der AB-OHG führt nicht zur Aufdeckung der stillen Reserven (§ 6 Absatz 5 Satz 3 Nummer 3 EStG), da diese unentgeltlich erfolgt. Die Wirtschaftsgüter sind nun dem Sonderbetriebsvermögen des B zuzurechnen und entsprechende stille Reserven sind dort steuerverstrickt. Gleichwohl werden die Wirtschaftsgüter nicht aus dem Sammelposten 01 im Sonderbetriebsvermögen des A ausgebucht. Dieser wird regulär über 5 Jahre aufgelöst.

Entsprechendes gilt, wenn der Steuerpflichtige von der Regelung des *R 14 Absatz 2 EStR 2008*[1] für das übertragene Feldinventar, die stehende Ernte und die nicht zum Verkauf bestimmten Vorräte Gebrauch gemacht hat.

25 Der mit der Sperrfrist des § 6 Absatz 5 Satz 4 EStG verbundene rückwirkende Ansatz des Teilwerts für das veräußerte Wirtschaftsgut wird ausschließlich einheitlich angewendet, d. h. bei einer vorherigen Übertragung auf eine Gesamthand wird der rückwirkende Ansatz des Teilwerts in voller Höhe vorgenommen und nicht nur für den Anteil des Wirtschaftsguts, der auf neue Mitunternehmer der Gesamthand übergegangen ist.

Beispiel 6:

A und B sind zu jeweils 50% an der landwirtschaftlichen AB-GbR beteiligt. Neben der AB-GbR betreibt A noch ein landwirtschaftliches Einzelunternehmen. A überträgt aus seinem Einzelunternehmen eine Maschine in das Gesamthandsvermögen der AB-GbR. Die Maschine wird nach einem halben Jahr von der AB-GbR an einen fremden Dritten veräußert.

Lösung:

Die Übertragung der Maschine aus dem Einzelunternehmen des A in das Gesamthandsvermögen der AB-GbR erfolgt zunächst nach § 6 Absatz 5 Satz 3 Nummer 1 EStG zum Buchwert. Bei einer Veräußerung innerhalb der dreijährigen Sperrfrist (§ 6 Absatz 5 Satz 4 EStG) muss rückwirkend auf den Tag der Übertragung der Teilwert der Maschine angesetzt werden. Der Entnahmegewinn fällt beim Einzelunternehmen des A an. Der Teilwert ist in voller Höhe rückwirkend anzusetzen und nicht lediglich für den hälftigen Anteil an der Maschine, der durch die Übertragung auch dem B zuzurechnen ist.

26 Ein rückwirkender Ansatz des Teilwerts erfolgt nicht, wenn die bis zur Übertragung entstandenen stillen Reserven durch Erstellung einer Ergänzungsbilanz dem übertragenden Mitunternehmer zugeordnet werden. Hierdurch ist sichergestellt, dass die bis zur Übertragung entstandenen stillen Reserven in der Person des übertragenden Mitunternehmers – wie in Beispiel 6 – versteuert werden.
Trotz Erstellung einer Ergänzungsbilanz ist nach R 6.15 EStR *2008*[2] ein sofortiger (rückwirkender) Ansatz des Teilwerts im Übertragungszeitpunkt vorzunehmen, wenn durch die Übertragung keine Änderung des Anteils des übertragenden Gesellschafters an dem übertragenen Wirtschaftsgut eingetreten ist, aber das Wirtschaftsgut einem anderen Rechtsträger zuzuordnen ist. Dies ist z. B. der Fall, wenn ein Wirtschaftsgut aus einem Betriebsvermögen in das Gesamthandsvermögen einer Mitunternehmerschaft übertragen wird, an deren Vermögen der Übertragende zu 100% beteiligt ist.[3]

Beispiel 7:

An einer KG ist A zu 100% und eine GmbH zu 0% beteiligt. A überträgt aus seinem Einzelunternehmen ein unbebautes Grundstück (Buchwert 100 000 €, Teilwert 500 000 €) in das Gesamthandsvermögen der KG gegen Gewährung von Gesellschaftsrechten. Die KG setzt das unbebaute Grundstück mit dem Teilwert in ihrer Gesamthandsbilanz an; zum Zwecke der Erfolgsneutralität des Vorgangs wird für A eine negative Ergänzungsbilanz mit einem Minderwert des unbebauten Grundstücks von 400 000 € ausgewiesen. Das unbebaute Grundstück wird nach einem Jahr von der KG an einen fremden Dritten veräußert.

Lösung:

Auf den Tag der Übertragung ist der Teilwert des Grundstücks anzusetzen. A versteuert somit – wie auch durch die Erstellung der Ergänzungsbilanz sichergestellt – die bis zur Übertragung entstandenen stillen Reserven (400 000 €). Die Versteuerung erfolgt jedoch nicht erst im Veräußerungs-, sondern schon im Übertragungszeitpunkt. Sofern A § 6 b EStG anwenden will, ist somit für die Sechs-Jahres-Frist i. S. d. § 6 b Absatz 4 Satz 1 Nummer 2 EStG auf den Übertragungszeitpunkt abzustellen.

27 Ob die dreijährige Sperrfrist eingehalten worden ist, kann regelmäßig nur das Finanzamt des Übernehmers erkennen. Stellt dieses fest, dass das übertragene Wirtschaftsgut innerhalb der Sperrfrist vom Übernehmer entnommen oder veräußert wurde, muss es dieses Ereignis dem Finanzamt des Übertragenden mitteilen. Dieses Finanzamt muss dann prüfen, ob rückwirkend der Teilwert anzusetzen und deshalb die Steuerfestsetzung nach § 175 Absatz 1 Satz 1 Nummer 2 i. V. m. Absatz 2 Satz 1 AO

[1] Jetzt: R 14 Abs. 2 und 3 EStR 2012.
[2] Jetzt: EStR 2012.
[3] Überholt durch *BFH-Urteile vom 31. 7. 2013 I R 44/12 (BStBl. 2015 II S. 450)* und *vom 26. 6. 2014 IV R 31/12 (BStBl. 2015 II S. 463);* siehe H 6.15 (Einmann-GmbH & Co. KG).

zu ändern ist. Die entsprechenden Änderungen beim Übernehmer hat das für die Besteuerung zuständige Finanzamt ebenfalls nach § 175 Absatz 1 Satz 1 Nummer 2 AO vorzunehmen, z. B. eine höhere Abschreibungsbemessungsgrundlage für das übertragene Wirtschaftsgut.

Anl a zu H 6.15

Beispiel 8:

Im April 06 übertragen die Mitunternehmer A und B jeweils ein Wirtschaftsgut (keine wesentliche Betriebsgrundlage), das sie bis dahin in ihrem jeweiligen Einzelunternehmen genutzt haben, in das Gesamthandsvermögen der AB-OHG. A gibt seine Einkommensteuererklärung für 06 im Mai 07 und B seine Einkommensteuererklärung 06 im Dezember 07 ab. Im September 10 veräußert die AB-OHG, die auf sie im April 06 übertragenen Wirtschaftsgüter.

Lösung:

Für das von A übertragene Wirtschaftsgut ist bei der Veräußerung durch die AB-OHG die Sperrfrist bereits abgelaufen; es verbleibt beim Buchwertansatz zum Übertragungsstichtag. Für das von B übertragene Wirtschaftsgut ist dagegen rückwirkend der Teilwert anzusetzen.

2. Begründung oder Erhöhung eines Anteils einer Körperschaft, Personenvereinigung oder Vermögensmasse an einem Wirtschaftsgut i. S. d. § 6 Absatz 5 Satz 5 EStG

28 Bei einer Übertragung eines Wirtschaftsguts nach § 6 Absatz 5 Satz 3 Nummer 1 oder 2 EStG aus dem (Sonder-)Betriebsvermögen des Mitunternehmers in das Gesamthandsvermögen einer Mitunternehmerschaft, an der vermögensmäßig auch eine Körperschaft, Personenvereinigung oder Vermögensmasse beteiligt ist, ist der Teilwert anzusetzen, soweit der vermögensmäßige Anteil einer Körperschaft, Personenvereinigung oder Vermögensmasse an dem Wirtschaftsgut unmittelbar oder mittelbar begründet wird oder sich erhöht (§ 6 Absatz 5 Satz 5 EStG). Auch die Erstellung einer Ergänzungsbilanz ändert an den Rechtsfolgen des § 6 Absatz 5 Satz 5 EStG nichts.

Beispiel 9:

A und die B-GmbH sind zu jeweils 50% vermögensmäßig an der AB-OHG beteiligt. In seinem Einzelunternehmen hat A einen PKW mit einem Buchwert von 1000 €. Der Teilwert des PKW beträgt 10 000 €. A überträgt den PKW unentgeltlich in das Gesamthandsvermögen der AB-OHG. A ist nicht Gesellschafter der B-GmbH und auch keine nahe stehende Person.

Lösung:

Grundsätzlich ist bei einer Übertragung von Wirtschaftsgütern nach § 6 Absatz 5 Satz 3 Nummer 1 EStG aus einem Betriebsvermögen eines Mitunternehmers in das Gesamthandsvermögen einer Mitunternehmerschaft die Buchwertverknüpfung vorgeschrieben. Durch die Beteiligung der B-GmbH an der AB-OHG gehen 50% der stillen Reserven des PKW auf die B-GmbH über. Aus diesem Grund muss nach § 6 Absatz 5 Satz 5 EStG der hälftige Teilwert i. H. v. 5000 € angesetzt werden, da ein Anteil der B-GmbH am übertragenen PKW von 50% begründet wird. Die AB-OHG muss den PKW mit 5500 € (5000 € zzgl. 50% des Buchwerts i. H. v. 500 €) im Gesamthandsvermögen bilanzieren. Im Einzelunternehmen des A entsteht ein anteiliger Gewinn aus der Übertragung des PKW i. H. v. 4500 € (5000 € abzgl. 50% des Buchwerts = 500 €).

29 Ist eine Körperschaft, Personenvereinigung oder Vermögensmasse zu 100% vermögensmäßig am Gesamthandsvermögen einer Mitunternehmerschaft beteiligt, ist die Übertragung eines Wirtschaftsguts aus dem (Sonder-)Betriebsvermögen dieser Körperschaft, Personenvereinigung oder Vermögensmasse in das Gesamthandsvermögen der Mitunternehmerschaft oder umgekehrt zwingend nach § 6 Absatz 5 Satz 3 Nummer 1 oder 2 EStG zum Buchwert vorzunehmen, da ihr vermögensmäßiger Anteil an dem Wirtschaftsgut weder begründet wird noch sich erhöht. Gleiches gilt, wenn eine Körperschaft, Personenvereinigung oder Vermögensmasse nicht am Vermögen der Mitunternehmerschaft beteiligt ist, auf die das Wirtschaftsgut übertragen wird. In beiden Fällen findet § 6 Absatz 5 Satz 5 EStG keine Anwendung.

Beispiel 10:

A ist als Kommanditist vermögensmäßig alleine an der B-GmbH & Co. KG beteiligt. Die B-GmbH ist als Komplementärin vermögensmäßig nicht an der B-GmbH & Co. KG beteiligt. In seinem Einzelunternehmen hat A einen PKW mit einem Buchwert von 1000 €. Der Teilwert des PKW beträgt 10 000 €. A überträgt den PKW unentgeltlich in das Gesamthandsvermögen der KG.

Lösung:

Grundsätzlich ist bei einer Übertragung von Wirtschaftsgütern nach § 6 Absatz 5 Satz 3 Nummer 1 EStG aus einem Betriebsvermögen eines Mitunternehmers in das Gesamthandsvermögen einer Mitunternehmerschaft die Buchwertverknüpfung vorgeschrieben. Da die B-GmbH an der B-GmbH & Co. KG vermögensmäßig nicht beteiligt ist, gehen hier – anders als in Beispiel 9 – auch keine stillen Reserven des PKW auf die B-GmbH über, denn wirtschaftlich gesehen ist der PKW sowohl vor als auch nach der Übertragung allein dem A zuzurechnen. Aus diesem Grund müssen bei der Übertragung des PKW keine stillen Reserven nach § 6 Absatz 5 Satz 5 EStG aufgedeckt werden.

30 § 6 Absatz 5 Satz 5 EStG findet auch dann keine Anwendung, wenn sowohl eine natürliche Person als auch eine Körperschaft, Personenvereinigung oder Vermögensmasse vermögensmäßig am Gesamthandsvermögen einer Mitunternehmerschaft beteiligt sind und sich durch die Übertragung der ideelle Anteil der Körperschaft, Personenvereinigung oder Vermögensmasse am Wirtschaftsgut verringert.

Beispiel 11:

A und die B-GmbH sind im Verhältnis 2:1 an der AB-OHG beteiligt. Zum Gesamthandsvermögen der OHG gehört ein PKW (Buchwert 1000 €, Teilwert 10 000 €). Gegen Minderung von Gesellschaftsrechten überträgt die OHG den PKW in das Einzelunternehmen des A.

Lösung:

Bei der Übertragung des PKW aus dem Gesamthandsvermögen der OHG in das Betriebsvermögen des A ist nach § 6 Absatz 5 Satz 3 Nummer 1 EStG die Buchwertverknüpfung vorgeschrieben, sofern die Besteuerung der stillen Reser-

Anl a zu H 6.15

ven bei A sichergestellt ist. § 6 Absatz 5 Satz 5 EStG ist nicht einschlägig, da der Anteil der B-GmbH am PKW nicht begründet oder erhöht wird, sondern sich verringert.

31 Ist eine Körperschaft, Personenvereinigung oder Vermögensmasse zu weniger als 100% vermögensmäßig am Gesamthandsvermögen einer Mitunternehmerschaft beteiligt, ist die Übertragung eines Wirtschaftsguts aus dem (Sonder-)Betriebsvermögen einer anderen beteiligten Körperschaft, Personenvereinigung oder Vermögensmasse in das Gesamthandsvermögen der Mitunternehmerschaft zwingend nach § 6 Absatz 5 Satz 3 Nummer 1 oder 2 EStG zum Buchwert vorzunehmen, allerdings beschränkt auf den der übertragenden Kapitalgesellschaft, Personenvereinigung oder Vermögensmasse nach der Übertragung mittelbar zuzurechnenden Anteil am Wirtschaftsgut. Die Übertragung eines Wirtschaftsguts aus dem Sonderbetriebsvermögen einer Körperschaft, Personenvereinigung oder Vermögensmasse in das Sonderbetriebsvermögen einer anderen Körperschaft, Personenvereinigung oder Vermögensmasse bei derselben Mitunternehmerschaft nach § 6 Absatz 5 Satz 3 Nummer 3 EStG erfolgt unter Beachtung des § 6 Absatz 5 Satz 5 EStG stets zum Teilwert.

Beispiel 12:

Die A-GmbH ist Komplementärin und die B-GmbH ist Kommanditistin der A-GmbH & Co. KG. Die A-GmbH ist am Vermögen der KG zu 90% und die B-GmbH zu 10% beteiligt. Nun überträgt die A-GmbH einen PKW aus ihrem Betriebsvermögen in das Gesamthandsvermögen der KG.

Lösung:

Der PKW kann nur i. H. v. 90% zum Buchwert nach § 6 Absatz 5 Satz 3 Nummer 1 EStG in das Gesamthandsvermögen der KG übertragen werden, da der übertragenden A-GmbH der PKW nur insoweit weiterhin mittelbar zugerechnet wird. Hinsichtlich des 10%igen Anteils am PKW, der auf die B-GmbH entfällt, sind die stillen Reserven aufzudecken, da insoweit ein 10%iger Anteil an dem PKW für die B-GmbH neu begründet wird (§ 6 Absatz 5 Satz 5 EStG).

Abwandlung Beispiel 12:

Die A-GmbH ist Komplementärin und B (natürliche Person) ist Kommanditist der A-GmbH & Co. KG. Die A-GmbH ist am Vermögen der KG zu 90% und B zu 10% beteiligt.

Lösung:

Der PKW kann insgesamt zum Buchwert nach § 6 Absatz 5 Satz 3 Nummer 1 EStG in das Gesamthandsvermögen der KG übertragen werden. Der übertragenden A-GmbH wird der PKW weiterhin zu 90% zugerechnet. Somit wird der vermögensmäßige Anteil der A-GmbH an dem Wirtschaftsgut nicht unmittelbar oder mittelbar begründet oder erhöht. Hinsichtlich des 10%igen Anteils am PKW, der auf B entfällt, sind ebenfalls nicht die stillen Reserven aufzudecken, da insoweit ein (mittelbarer) Anteil einer natürlichen Person begründet wird.

32 Ist der Gesellschafter der Körperschaft gleichzeitig Mitunternehmer der Mitunternehmerschaft und wird ein Wirtschaftsgut von der Körperschaft in das Gesamthandsvermögen der Mitunternehmerschaft übertragen, können die Regelungen zur verdeckten Gewinnausschüttung Anwendung finden.

3. Sperrfrist bei Umwandlungsvorgängen (§ 6 Absatz 5 Satz 4 und 6 EStG)

33 Eine Veräußerung innerhalb der Sperrfrist ist z. B. auch eine Umwandlung oder eine Einbringung i. S. d. UmwStG unabhängig davon, ob die Buchwerte, gemeinen Werte oder Zwischenwerte angesetzt werden, wenn zu dem eingebrachten Betriebsvermögen ein Wirtschaftsgut gehört, für das noch die Sperrfrist nach § 6 Absatz 5 Satz 4 EStG läuft.

34 Die zwingende Buchwertverknüpfung bei der Übertragung von Wirtschaftsgütern wird innerhalb einer Sperrfrist von sieben Jahren nach § 6 Absatz 5 Satz 6 EStG rückwirkend versagt, wenn innerhalb dieser Frist ein Anteil einer Körperschaft, Personenvereinigung oder Vermögensmasse an dem übertragenen Wirtschaftsgut unmittelbar oder mittelbar begründet wird oder sich erhöht. Diese Regelung gilt insbesondere in Umwandlungsfällen (z. B. in den Fällen der §§ 20, 25 UmwStG) oder auch – vorbehaltlich der Rdnr. 29 – bei Anwachsung des Vermögens auf eine Körperschaft, Personenvereinigung oder Vermögensmasse.

35 Für die Überwachung der siebenjährigen Sperrfrist gelten die Ausführungen zu Rdnr. 27 entsprechend.

IV. Verhältnis von § 6 Absatz 5 EStG zu anderen Vorschriften

166 Die Buchwertverknüpfung des § 6 Absatz 5 EStG steht bei Überführungen oder Übertragungen von Wirtschaftsgütern in Konkurrenz zu anderen steuerrechtlichen Vorschriften:

1. Fortführung des Unternehmens (§ 6 Absatz 3 EStG)

36 Scheidet ein Mitunternehmer aus der Mitunternehmerschaft aus und überträgt er zu Lebzeiten oder durch Tod seinen gesamten Mitunternehmeranteil auf eine oder mehrere natürliche Personen unentgeltlich, so sind nach § 6 Absatz 3 EStG die Buchwerte fortzuführen (vgl. im Weiteren BMF-Schreiben vom 3. März 2005, BStBl. I S. 458,[1] unter Berücksichtigung der Änderungen durch das BMF-Schreiben vom 7. Dezember 2006, BStBl. I S. 766). Der Rechtsnachfolger tritt in die steuerliche Rechtsstellung des Rechtsvorgängers ein (Gesamtrechtsnachfolge), dies gilt insbesondere für die Sperrfristen des § 6 Absatz 5 Satz 4 EStG.

2. Realteilung

37 Eine Realteilung einer Mitunternehmerschaft nach § 16 Absatz 3 Satz 2 EStG liegt vor, wenn die bisherige Mitunternehmerschaft beendet wird und zumindest ein Mitunternehmer den ihm zugeteilten

[1] Jetzt BMF-Schreiben vom 20. 11. 2019 (BStBl. I S. 1291), abgedruckt als Anlage zu H 6.14.

Teilbetrieb, Mitunternehmeranteil oder die ihm zugeteilten Einzelwirtschaftsgüter als Betriebsvermögen fortführt. Insoweit sind die Buchwerte fortzuführen (vgl. auch BMF-Schreiben vom 28. Februar 2006, BStBl. I S. 228).[1] Scheidet ein Mitunternehmer aus einer bestehenden Mitunternehmerschaft aus und wird diese von den verbleibenden Mitunternehmern unverändert fortgeführt, liegt kein Fall der Realteilung vor (BFH-Urteil vom 10. März 1998, BStBl. 1999 II S. 269).[2] Die Realteilung, bei der unschädlich zusammen mit Einzelwirtschaftgütern auch Verbindlichkeiten übertragen werden können, hat Vorrang vor der Regelung des § 6 Absatz 5 EStG.

3. Veräußerung

38 Bei einer teilentgeltlichen oder vollentgeltlichen Veräußerung des Wirtschaftsguts kommt es zur anteiligen oder zur vollumfänglichen Aufdeckung der stillen Reserven des Wirtschaftsguts, insoweit findet § 6 Absatz 5 EStG keine Anwendung (sog. „Trennungstheorie" – vgl. Rdnr. 15).

4. Tausch

39 Der Anwendungsbereich des § 6 Absatz 5 Satz 3 EStG geht den allgemeinen Regelungen zur Gewinnrealisierung bei Tauschvorgängen nach § 6 Absatz 6 EStG vor.

V. Zeitliche Anwendung

40 Dieses Schreiben ist in allen noch offenen Fällen anzuwenden. **167**

b) Schreiben betr. Gewinnrealisierung bei Übertragung eines Wirtschaftsguts zwischen beteiligungsidentischen Schwesterpersonengesellschaften;[3] BFH-Beschluss vom 15. April 2010 – IV B 105/09 – (BStBl. II S. 971)

Anl b zu H 6.15

Vom 29. Oktober 2010 (BStBl. I S. 1206)
(BMF IV C 6 – S 2241/10/10002 :001; DOK 2010/0823164)

Zur Gewährung einer Aussetzung der Vollziehung (§ 361 AO), die im Rahmen eines Einspruchsverfahrens hinsichtlich der Gewinnrealisierung bei Übertragung eines Wirtschaftsguts zwischen beteiligungsidentischen Schwesterpersonengesellschaften begehrt wird (§ 6 Absatz 5 EStG in der Fassung des Gesetzes zur Fortentwicklung des Unternehmenssteuerrechts vom 20. Dezember 2001 [BGBl. I S. 3858, BStBl. 2002 I S. 35]), nehme ich nach Abstimmung mit den obersten Finanzbehörden der Länder wie folgt Stellung: **168**

Der IV. Senat des BFH hat in seinem Beschluss vom 15. April 2010 – IV B 105/09 – (BStBl. II S. 971) entschieden, dass es ernstlich zweifelhaft sei, ob die Übertragung eines Wirtschaftsguts des Gesamthandsvermögens einer Personengesellschaft auf eine beteiligungsidentische Schwesterpersonengesellschaft zur Aufdeckung stiller Reserven führt. Die Ausführungen des IV. Senats zur Begründung dieses Beschlusses stehen nicht im Einklang mit dem Wortlaut des Gesetzes und widersprechen dem Urteil des I. Senats vom 25. November 2009 (BStBl. 2010 II S. 471) und der Verwaltungsauffassung.

Unter die Übertragung von Wirtschaftsgütern nach § 6 Absatz 5 Satz 3 Nummer 2 EStG fällt ausschließlich die Übertragung zwischen dem Sonderbetriebsvermögen eines Mitunternehmers in das Gesamthandsvermögen derselben oder einer anderen Mitunternehmerschaft, an der der Mitunternehmer beteiligt ist, oder die umgekehrte Übertragung. Die unmittelbare Übertragung von einzelnen Wirtschaftsgütern zwischen den Gesamthandsvermögen von Schwesterpersonengesellschaften stellt hingegen keinen Anwendungsfall des § 6 Absatz 5 Satz 3 Nummer 2 EStG dar und ist somit nicht zu Buchwerten zulässig. Ein Analogieschluss dahingehend, dass eine steuerneutrale Übertragung von Wirtschaftsgütern auch in diesem Fall möglich sein müsse, weil die stillen Reserven auch in diesem Fall in einem inländischen Betriebsvermögen verbleiben, ist für die Übertragung von einzelnen Wirtschaftsgütern zwischen den Gesamthandsvermögen von Schwesterpersonengesellschaften nicht zulässig, da dies eine planwidrige Unvollständigkeit des Gesetzes voraussetzen würde, die nach dem Willen des historischen Gesetzgebers nicht gegeben ist. Dies gilt auch für beteiligungsidentische Schwesterpersonengesellschaften.

Der Gleichheitsgrundsatz ist ebenfalls nicht verletzt, da es im deutschen Steuerrecht keinen allgemeinen Grundsatz gibt, der eine gewinnneutrale Übertragung zulässt oder vorschreibt, soweit die Besteuerung der stillen Reserven im Inland sichergestellt ist.

Bei Erlass von Feststellungsbescheiden ist weiterhin daran festzuhalten, dass die Übertragung eines Wirtschaftsguts des Gesamthandsvermögens einer Personengesellschaft auf eine beteiligungsidentische Schwesterpersonengesellschaft zur Aufdeckung stiller Reserven führt. Aufgrund des BFH-Beschlusses vom 15. April 2010 (a. a. O.) ist allerdings auf Antrag des Steuerpflichtigen Aussetzung der Vollziehung zu gewähren (§ 361 Absatz 2 und 3 AO).

---

[1] Letztmals abgedruckt im „Handbuch zur ESt-Veranlagung 2015" als Anlage zu H 16 (2), siehe jetzt BMF-Schreiben vom 19. 12. 2018 (BStBl. 2019 I S. 6), abgedruckt als Anlage zu H 16 (2).

[2] Überholt, BMF-Schreiben vom 19. 12. 2018 (BStBl. 2019 I S. 6), Rn. 2 und Übergangsregelung Rn. 32, abgedruckt als Anlage zu H 16 (2).

[3] Siehe aber auch *Vorlagebeschluss des BFH an das BVerfG vom 10. 4. 2013 I R 80/12 (BStBl. II S. 1004), Az. BVerfG: 2 BvL 8/13.*

Anl c zu H 6.15

c) Schreiben betr. 1. Anwendung des § 6 Abs. 5 Satz 3 Nr. 2 EStG bei Übertragung eines einzelnen Wirtschaftsguts und Übernahme von Verbindlichkeiten innerhalb einer Mitunternehmerschaft; 2. Unentgeltliche Übertragung eines Mitunternehmeranteils nach § 6 Abs. 3 EStG bei gleichzeitiger Ausgliederung von Wirtschaftsgütern des Sonderbetriebsvermögens nach § 6 Abs. 5 EStG; Anwendung der BFH-Urteile vom 21. Juni 2012 IV R 1/08, vom 19. September 2012 IV R 11/12 und vom 2. August 2012 IV R 41/11

Vom 12. September 2013 (BStBl. I S. 1164)

(BMF IV C 6 – S 2241/10/10002; DOK 2013/0837216)

I. Urteile des BFH zur Übertragung von Mitunternehmeranteilen und von Wirtschaftsgütern des Betriebsvermögens nach § 6 Abs. 3 und 5 EStG

1. Teilentgeltliche Übertragungen und Übernahme von Verbindlichkeiten

a) BFH-Urteil vom 19. September 2012 IV R 11/12

169 Der IV. Senat des BFH hat mit Urteil vom 19. September 2012 IV R 11/12 entschieden, dass die teilentgeltliche Übertragung eines Wirtschaftsguts aus dem Sonderbetriebsvermögen in das Gesamthandsvermögen derselben Personengesellschaft nicht zur Realisierung eines Gewinns führe, wenn das Entgelt den Buchwert des übertragenen Wirtschaftsguts nicht übersteige. Er ist der Auffassung, dass bei Annahme einer teilentgeltlichen Übertragung eines Wirtschaftsguts der entstandene Veräußerungsgewinn in der Weise zu ermitteln sei, dass dem erbrachten Teilentgelt der gesamte Buchwert des Wirtschaftsguts gegenübergestellt werden müsse. Erreiche das Teilentgelt den Buchwert des Wirtschaftsguts nicht, so sei von einem insgesamt unentgeltlichen Vorgang auszugehen.

b) BFH-Urteil vom 21. Juni 2012 IV R 1/08

In dem zu § 6 Abs. 5 EStG i. d. F. des Steuerentlastungsgesetzes 1999/2000/2002 ergangenen Urteil vom 21. Juni 2012 IV R 1/08 hat der IV. Senat des BFH zur teilentgeltlichen Übertragung eines Grundstücks aus dem Sonderbetriebsvermögen in das Gesamthandsvermögen einer Schwesterpersonengesellschaft im Streitjahr 1999 Stellung genommen. Er ist dabei der Auffassung des Finanzamts gefolgt, dass diese Übertragung nach der damaligen Gesetzeslage gemäß dem Steuerentlastungsgesetz 1999/2000/2002 zur Aufdeckung der gesamten stillen Reserven des Grundstücks geführt habe. In der Urteilsbegründung führt der IV. Senat des BFH aus, dass es hinsichtlich des entgeltlich übertragenen Teils zu keinem Gewinn komme, weil ein Entgelt (eine Forderung) genau in Höhe des Buchwerts des Grundstücks eingeräumt worden sei (Rdnr. 22). Soweit die Übertragung unentgeltlich durchgeführt worden sei, habe sie zu einem Entnahmegewinn geführt (Rdnr. 23).

2. Übertragungen auf Grund eines „Gesamtplans" – BFH-Urteil vom 2. August 2012 IV R 41/11

Ferner hat der BFH mit Urteil vom 2. August 2012 IV R 41/11 entschieden, dass der Gesellschafter einer Personengesellschaft seinen Gesellschaftsanteil steuerneutral übertragen könne, auch wenn er ein in seinem Sonderbetriebsvermögen befindliches Grundstück zeitgleich und ebenfalls steuerneutral auf eine zweite (neugegründete) Personengesellschaft übertrage. Im entschiedenen Fall war der Steuerpflichtige alleiniger Kommanditist einer GmbH & Co. KG sowie alleiniger Gesellschafter der Komplementär-GmbH. Der Steuerpflichtige vermietete der KG das in seinem Eigentum stehende Betriebsgrundstück. Am 1. Oktober 2002 schenkte er seiner Tochter zunächst 80% seines Anteils an der KG sowie die gesamten Anteile an der GmbH. Anschließend gründete er eine zweite GmbH & Co. KG, auf die er dann am 19. Dezember 2002 das Betriebsgrundstück übertrug. Am selben Tag wurde auch der restliche KG-Anteil auf die Tochter übertragen. Der Stpfl. ging davon aus, dass alle Übertragungen zum Buchwert und damit steuerneutral erfolgen könnten. Das Finanzamt stimmte dem nur in Bezug auf die Übertragung des Grundstücks zu. Wegen dessen steuerneutraler Ausgliederung nach § 6 Abs. 5 Satz 3 Nr. 2 EStG sei nicht der gesamte Mitunternehmeranteil übertragen worden mit der Folge, dass die stillen Reserven im Mitunternehmeranteil aufzudecken seien. Nach Tz. 7 des BMF-Schreibens zu § 6 Abs. 3 EStG vom 3. März 2005 (BStBl. I S. 458)[1] bewirke die steuerneutrale Ausgliederung von Wirtschaftsgütern des Sonderbetriebsvermögens (hier das Grundstück) in ein anderes Betriebsvermögen, dass der Anteil am Gesamthandsvermögen nicht nach § 6 Abs. 3 EStG zum Buchwert übertragen werden könne. Eine gleichzeitige Inanspruchnahme („Kumulation") von Steuervergünstigungen nach § 6 Abs. 3 EStG einerseits und nach § 6 Abs. 5 EStG andererseits sei nicht möglich.

Von dieser Ansicht der Finanzverwaltung ist der IV. Senat des BFH mit Urteil vom 2. August 2012 IV R 41/11 abgewichen. In der Urteilsbegründung führt er aus, dass der gleichzeitige Eintritt der Rechtsfolgen beider Normen (Buchwerttransfer) dem Sinn und Zweck des Gesetzes regelmäßig nicht zuwiderlaufe. Der Zweck der Regelungen des § 6 Abs. 3 EStG und des § 6 Abs. 5 EStG gebiete keine Auslegung beider Vorschriften dahingehend, dass bei gleichzeitigem Vorliegen ihrer Tatbestandsvoraussetzungen § 6 Abs. 3 Satz 1 EStG stets nur eingeschränkt nach Maßgabe einer anders lautenden Zweckbestimmung des – im Streitfall einschlägigen – § 6 Abs. 5 Satz 3 EStG verstanden werden und zur Anwendung gelangen dürfe. Bei der gleichzeitigen (auch taggleichen) Anwendung beider Normen komme es auch nicht zu einer Kumulation von Steuervergünstigungen. Denn die durch ein nach § 6 Abs. 5 EStG begünstigtes Einzelwirtschaftsgut verkörperten stillen Reserven wären anlässlich der Übertragung einer nach § 6 Abs. 3 EStG begünstigten Sachgesamtheit gleichfalls nicht aufzudecken gewesen, wenn das betreffende Wirtschaftsgut weiterhin dieser Sachgesamtheit zugehörig gewesen

[1] Letztmals abgedruckt im „Handbuch zur ESt-Veranlagung 2018" als Anlage zu H 6.14.

wäre. Zugleich blieben die stillen Reserven dieses Wirtschaftsguts in beiden Fällen gleichermaßen steuerverhaftet. Soweit durch die parallele Anwendung beider Vorschriften missbräuchliche Gestaltungen zu befürchten seien, werde dem durch die Regelung von Sperrfristen in beiden Vorschriften vorgebeugt. Das Gesetz gestatte somit beide Buchwertübertragungen nebeneinander und räume keiner der beiden Regelungen einen Vorrang ein.

II. Auffassung der Finanzverwaltung

Unter Bezugnahme auf das Ergebnis der Erörterung mit den obersten Finanzbehörden der Länder in der Sitzung ESt II/2013 zu TOP 15 wird zur Anwendung der o. g. BFH-Urteile durch die Finanzverwaltung wie folgt Stellung genommen: **170**

1. Teilentgeltliche Übertragungen und Übernahme von Verbindlichkeiten

a) BFH-Urteil vom 19. September 2012 IV R 11/12

Der IV. Senat des BFH lehnt in dieser Entscheidung die von der Finanzverwaltung in Tz. 15 des BMF-Schreibens vom 8. Dezember 2011 (BStBl. I S. 1279)[1] vertretene Rechtsauffassung ab. Danach ist die Frage, ob eine teilentgeltliche Übertragung vorliegt, nach den Grundsätzen der „Trennungstheorie" anhand der erbrachten Gegenleistung im Verhältnis zum Verkehrswert des übertragenen Wirtschaftsguts zu prüfen. Liegt die Gegenleistung unter dem Verkehrswert, handelt es sich um eine teilentgeltliche Übertragung, bei der der unentgeltliche Teil nach § 6 Abs. 5 Satz 3 EStG zum Buchwert zu übertragen ist. Hinsichtlich des entgeltlichen Teils der Übertragung liegt eine Veräußerung des Wirtschaftsguts vor und es kommt insoweit zur Aufdeckung der stillen Reserven des Wirtschaftsguts. Nach Auffassung des IV. Senats des BFH ist bei einer teilentgeltlichen Übertragung eines Wirtschaftsguts zur Ermittlung des Veräußerungsgewinns dem erbrachten Teilentgelt der gesamte Buchwert des Wirtschaftsguts gegenüber zu stellen. Eine Gewinnrealisierung ist nicht gegeben, soweit das Entgelt den Buchwert nicht übersteigt.

Zur Frage der Gewinnrealisation bei teilentgeltlichen und mischentgeltlichen (d. h. gegen Gewährung von Gesellschaftsrechten und sonstiges Entgelt) Übertragungen von Einzelwirtschaftsgütern ist ein Revisionsverfahren beim X. Senat des BFH anhängig (X R 28/12).[2] Die noch ausstehende Entscheidung des X. Senats des BFH bleibt abzuwarten. Daher wird die Entscheidung über die Veröffentlichung des BFH-Urteils vom 19. September 2012 IV R 11/12 im Bundessteuerblatt Teil II zunächst zurückgestellt. In einschlägigen Fällen ist vorerst weiterhin uneingeschränkt die in Tz. 15 des BMF-Schreibens zu § 6 Abs. 5 EStG vom 8. Dezember 2011 (BStBl. I S. 1279)[1] vertretene Rechtsauffassung anzuwenden. Einsprüche von Steuerpflichtigen, die gegen entsprechende Steuerbescheide unter Berufung auf das BFH-Urteil vom 19. September 2012 IV R 11/12 eingelegt werden, ruhen gemäß § 363 Abs. 2 Satz 2 AO kraft Gesetzes bis zur endgültigen Klärung der Problematik.

b) BFH-Urteil vom 21. Juni 2012 IV R 1/08

Mit den Aussagen des IV. Senats des BFH in seinen Entscheidungsgründen zeichnete sich bereits in diesem Urteil ab, dass er bei einer teilentgeltlichen Übertragung von Einzelwirtschaftsgütern nicht dem Verständnis der Finanzverwaltung zur Behandlung von teilentgeltlichen Übertragungsvorgängen gemäß Tz. 15 des BMF-Schreibens zu § 6 Abs. 5 EStG vom 8. Dezember 2011 (BStBl. I S. 1279)[1] folgen will. Deshalb wird die Entscheidung über die Veröffentlichung des BFH-Urteils vom 21. Juni 2012 IV R 1/08 im Bundessteuerblatt Teil II gleichfalls vorerst zurückgestellt.

2. Übertragungen auf Grund eines „Gesamtplans" – BFH-Urteil vom 2. August 2012 IV R 41/11[3]

a) Schreiben betr. ertragsteuerliche Behandlung von Leasing-Verträgen über bewegliche Wirtschaftsgüter

Anl a zu § 6

Vom 19. April 1971 (BStBl. I S. 264)

(BMF IV B/2 – S 2170 – 31/71)

Unter Bezugnahme auf das Ergebnis der Erörterungen mit den obersten Finanzbehörden der Länder wird zu der Frage der steuerlichen Behandlung von Leasing-Verträgen über bewegliche Wirtschaftsgüter wie folgt Stellung genommen:

I. Allgemeines

Der Bundesfinanzhof hat mit Urteil vom 26. Januar 1970 (BStBl. 1970 II S. 264) zur steuerlichen Behandlung von sogenannten Finanzierungs-Leasing- Verträgen über bewegliche Wirtschaftsgüter Stellung genommen. **171**

Um eine einheitliche Rechtsanwendung durch die Finanzverwaltung zu gewährleisten, kann bei vor dem 24. April 1970 abgeschlossenen Leasing-Verträgen aus Vereinfachungsgründen von dem wirtschaftlichen Eigentum des Leasing-Gebers am Leasing-Gut und einer Vermietung oder Verpachtung an den Leasing-Nehmer ausgegangen werden, wenn die Vertragsparteien in der Vergangenheit übereinstimmend eine derartige Zurechnung zugrunde gelegt haben und auch in Zukunft daran fest-

[1] Vorstehend abgedruckt als Anlage a zu H 6.15.

[2] Das Revisionsverfahren X R 28/12 ist inzwischen ohne Entscheidung über die Rechtsfrage beendet, *BFH-Beschluss vom 30. 10. 2018 X R 28/12 (BFH/NV 2019 S. 39)*.

[3] Tz. II.2 aufgehoben durch BMF-Schreiben vom 20. 11. 2019 (BStBl. I S. 1291), Rz. 40 Satz 3, abgedruckt als Anlage zu H 6.14.

Anl a zu § 6

halten. Das gilt auch, wenn die Vertragslaufzeit über den genannten Stichtag hinausreicht (vgl. Schreiben vom 21. Juli 1970
IV B / 2 – S 2170 – 52 / 70 / IV A / 1 – S 7471 – 10 / 70 BStBl. I S. 913).

Für die steuerliche Behandlung von nach dem 23. April 1970 abgeschlossenen Leasing-Verträgen über bewegliche Wirtschaftsgüter sind die folgenden Grundsätze zu beachten. Dabei ist als betriebsgewöhnliche Nutzungsdauer der in den amtlichen AfA-Tabellen angegebene Zeitraum zugrunde zu legen.

II. Begriff und Abgrenzung des Finanzierungs-Leasing-Vertrages bei beweglichen Wirtschaftsgütern

172 1. Finanzierungs-Leasing im Sinne dieses Schreibens ist nur dann anzunehmen, wenn
a) der Vertrag über eine bestimmte Zeit abgeschlossen wird, während der der Vertrag bei vertragsgemäßer Erfüllung von beiden Vertragsparteien nicht gekündigt werden kann (Grundmietzeit),
und
b) der Leasing-Nehmer mit den in der Grundmietzeit zu entrichtenden Raten mindestens die Anschaffungs- oder Herstellungskosten sowie alle Nebenkosten einschließlich der Finanzierungskosten des Leasing-Gebers deckt.

173 2. Beim Finanzierungs-Leasing von beweglichen Wirtschaftsgütern sind im wesentlichen folgende Vertragstypen[1] festzustellen:

a) Leasing-Verträge ohne Kauf- oder Verlängerungsoption

Bei diesem Vertragstyp sind zwei Fälle zu unterscheiden:
Die Grundmietzeit
aa) deckt sich mit der betriebsgewöhnlichen Nutzungsdauer des Leasing-Gegenstandes,
bb) ist geringer als die betriebsgewöhnliche Nutzungsdauer des Leasing-Gegenstandes.

Der Leasing-Nehmer hat nicht das Recht, nach Ablauf der Grundmietzeit den Leasing-Gegenstand zu erwerben oder den Leasing-Vertrag zu verlängern.

b) Leasing-Verträge mit Kaufoption

Der Leasing-Nehmer hat das Recht, nach Ablauf der Grundmietzeit, die regelmäßig kürzer ist als die betriebsgewöhnliche Nutzungsdauer des Leasing-Gegenstandes, den Leasing-Gegenstand zu erwerben.

c) Leasing-Verträge mit Mietverlängerungsoption

Der Leasing-Nehmer hat das Recht, nach Ablauf der Grundmietzeit, die regelmäßig kürzer ist als die betriebsgewöhnliche Nutzungsdauer des Leasing-Gegenstandes, das Vertragsverhältnis auf bestimmte oder unbestimmte Zeit zu verlängern.

Leasing-Verträge ohne Mietverlängerungsoption, bei denen nach Ablauf der Grundmietzeit eine Vertragsverlängerung für den Fall vorgesehen ist, daß der Mietvertrag nicht von einer der Vertragsparteien gekündigt wird, sind steuerlich grundsätzlich ebenso wie Leasing-Verträge mit Mietverlängerungsoption zu behandeln. Etwas anderes gilt nur dann, wenn nachgewiesen wird, daß der Leasing-Geber bei Verträgen über gleiche Wirtschaftsgüter innerhalb eines Zeitraums von neun Zehnteln der betriebsgewöhnlichen Nutzungsdauer in einer Vielzahl von Fällen das Vertragsverhältnis auf Grund seines Kündigungsrechts beendet.

d) Verträge über Spezial-Leasing

Es handelt sich hierbei um Verträge über Leasing-Gegenstände, die speziell auf die Verhältnisse des Leasing- Nehmers zugeschnitten und nach Ablauf der Grundmietzeit regelmäßig nur noch beim Leasing-Nehmer wirtschaftlich sinnvoll verwendbar sind. Die Verträge kommen mit oder ohne Optionsklausel vor.

III. Steuerliche Zurechnung des Leasing-Gegenstandes[2]

Die Zurechnung des Leasing-Gegenstandes ist von der von den Parteien gewählten Vertragsgestaltung und deren tatsächlicher Durchführung abhängig. Unter Würdigung der gesamten Umstände ist im Einzelfall zu entscheiden, wem der Leasing-Gegenstand steuerlich zuzurechnen ist. Bei den unter II.2. genannten Grundvertragstypen gilt für die Zurechnung das Folgende:

174 **1. Leasing-Verträge ohne Kauf- oder Verlängerungsoption**

Bei Leasing-Verträgen ohne Optionsrecht ist der Leasing-Gegenstand regelmäßig zuzurechnen
a) dem Leasing-Geber,
wenn die Grundmietzeit mindestens 40 v. H. und höchstens 90 v. H. der betriebsgewöhnlichen Nutzungsdauer des Leasing-Gegenstandes beträgt,

[1] Zu Leasingverträgen mit Andienungsrecht siehe Fußnote zu Abschnitt III.

[2] Leasingverträge mit Andienungsrecht:
Wirtschaftliches Eigentum des Leasingnehmers an den Leasinggegenstand kommt nicht in Betracht, wenn die betriebsgewöhnliche Nutzungsdauer des Leasinggegenstandes länger als die Grundmietzeit ist und der Leasingnehmer rechtlich nicht in der Lage ist, den Leasinggeber auch für die über die Grundmietzeit hinausgehende betriebsgewöhnliche Nutzungsdauer von der Einwirkung auf den Leasinggegenstand auszuschließen. Ein solcher Ausschluss ist grundsätzlich nicht gegeben, wenn dem Leasinggeber ein Andienungsrecht zusteht, *BFH-Urteil vom 13. 10. 2016 IV R 33/13 (BStBl. 2018 II S. 81).*

b) dem Leasing-Nehmer,
wenn die Grundmietzeit weniger als 40 v. H. oder mehr als 90 v. H. der betriebsgewöhnlichen Nutzungsdauer beträgt.

2. Leasing-Verträge mit Kaufoption[1] 175

Bei Leasing-Verträgen mit Kaufoption ist der Leasing-Gegenstand regelmäßig zuzurechnen

a) dem Leasing-Geber,
wenn die Grundmietzeit mindestens 40 v. H. und höchstens 90 v. H. der betriebsgewöhnlichen Nutzungsdauer des Leasing-Gegenstandes beträgt
und der für den Fall der Ausübung des Optionsrechts vorgesehene Kaufpreis nicht niedriger ist als der unter Anwendung der linearen AfA nach der amtlichen AfA-Tabelle[2] ermittelte Buchwert oder der niedrigere gemeine Wert im Zeitpunkt der Veräußerung,

b) dem Leasing-Nehmer,
aa) wenn die Grundmietzeit weniger als 40 v. H. oder mehr als 90 v. H. der betriebsgewöhnlichen Nutzungsdauer beträgt oder
bb) wenn bei einer Grundmietzeit von mindestens 40 v. H. und höchstens 90 v. H. der betriebsgewöhnlichen Nutzungsdauer der für den Fall der Ausübung des Optionsrechts vorgesehene Kaufpreis niedriger ist als der unter Anwendung der linearen AfA nach der amtlichen AfA-Tabelle[2] ermittelte Buchwert oder der niedrigere gemeine Wert im Zeitpunkt der Veräußerung.

Wird die Höhe des Kaufpreises für den Fall der Ausübung des Optionsrechts während oder nach Ablauf der Grundmietzeit festgelegt oder verändert, so gilt Entsprechendes. Die Veranlagungen sind gegebenenfalls zu berichtigen.

3. Leasing-Verträge mit Mietverlängerungsoption 176

Bei Leasing-Verträgen mit Mietverlängerungsoption ist der Leasing-Gegenstand regelmäßig zuzurechnen

a) dem Leasing-Geber,
wenn die Grundmietzeit mindestens 40 v. H. und höchstens 90 v. H. der betriebsgewöhnlichen Nutzungsdauer des Leasing-Gegenstandes beträgt
und die Anschlußmiete so bemessen ist, daß sie den Wertverzehr für den Leasing-Gegenstand deckt, der sich auf das Basis des unter Berücksichtigung der linearen Absetzung für Abnutzung nach der amtlichen AfA-Tabelle[2] ermittelten Buchwerts oder des niedrigeren gemeinen Werts und der Restnutzungsdauer lt. AfA-Tabelle ergibt,

b) dem Leasing-Nehmer,
aa) wenn die Grundmietzeit weniger als 40 v. H. oder mehr als 90 v. H. der betriebsgewöhnlichen Nutzungsdauer des Leasing-Gegenstandes beträgt oder
bb) wenn bei einer Grundmietzeit von mindestens 40 v. H. und höchstens 90 v. H. der betriebsgewöhnlichen Nutzungsdauer die Anschlußmiete so bemessen ist, daß sie den Wertverzehr für den Leasing-Gegenstand nicht deckt, der sich auf der Basis des unter Berücksichtigung der linearen AfA nach der amtlichen AfA-Tabelle ermittelten Buchwerts oder des niedrigeren gemeinen Werts und der Restnutzungsdauer lt. AfA-Tabelle ergibt.

Wird die Höhe der Leasing-Raten für den Verlängerungszeitraum während oder nach Ablauf der Grundmietzeit festgelegt oder verändert, so gilt Entsprechendes.
Abschnitt II Nr. 2 Buchstabe c Sätze 2 und 3 sind zu beachten.

4. Verträge über Spezial-Leasing[3] 177

Bei Spezial-Leasing-Verträgen ist der Leasing-Gegenstand regelmäßig dem Leasing-Nehmer ohne Rücksicht auf das Verhältnis von Grundmietzeit und Nutzungsdauer und auf Optionsklauseln zuzurechnen.

IV. Bilanzmäßige Darstellung von Leasing-Verträgen bei Zurechnung des Leasing-Gegenstandes beim Leasing-Geber

1. Beim Leasing-Geber 178

Der Leasing-Geber hat den Leasing-Gegenstand mit seinen Anschaffungs- oder Herstellungskosten zu aktivieren. Die Absetzung für Abnutzung ist nach der betriebsgewöhnlichen Nutzungsdauer vorzunehmen.

Die Leasing-Raten sind Betriebseinnahmen.

2. Beim Leasing-Nehmer

Die Leasing-Raten sind Betriebsausgaben.

V. Bilanzmäßige Darstellung von Leasing-Verträgen bei Zurechnung des Leasing-Gegenstandes beim Leasing-Nehmer

1. Beim Leasing-Nehmer 179

Der Leasing-Nehmer hat den Leasing-Gegenstand mit seinen Anschaffungs- oder Herstellungskosten zu aktivieren. Als Anschaffungs- oder Herstellungskosten gelten die Anschaffungs- oder Herstel-

---

[1] Zur Ermittlung des Kaufoptionspreises bei Zuschüssen und steuerfreien Rücklagen vgl. *Vfg. LfSt Niedersachsen vom 26. 2. 2020 S 2170-22-St 227 (DStR S. 1739).*

[2] Zu Verlustzuweisungsgesellschaften vgl. *BMF-Schreiben vom 15. 6. 1999 (BStBl. I S. 543).*

[3] Bei Spezialleasing ist eine Zurechnung beim Leasingnehmer auch dann vorzunehmen, wenn dem Leasinggeber ein Andienungsrecht zusteht, *BFH-Urteil vom 13. 10. 2016 IV R 33/13 (BStBl. 2018 II S. 81).*

lungskosten des Leasing-Gebers, die der Berechnung der Leasing-Raten zugrunde gelegt worden sind, zuzüglich etwaiger weiterer Anschaffungs- oder Herstellungskosten, die nicht in den Leasing-Raten enthalten sind (vgl. Schreiben vom 5. Mai 1970 – IV B/2 – S 2170 – 4/70 –).

Dem Leasing-Nehmer steht die AfA nach der betriebsgewöhnlichen Nutzungsdauer des Leasing-Gegenstandes zu.

In Höhe der aktivierten Anschaffungs- oder Herstellungskosten mit Ausnahme der nicht in den Leasing-Raten berücksichtigten Anschaffungs- oder Herstellungskosten des Leasing-Nehmers ist eine Verbindlichkeit gegenüber dem Leasing-Geber zu passivieren.

Die Leasing-Raten sind in einen Zins- und Kostenanteil sowie einen Tilgungsanteil aufzuteilen. Bei der Aufteilung ist zu berücksichtigen, daß sich infolge der laufenden Tilgung der Zinsanteil verringert und der Tilgungsanteil entsprechend erhöht.

Der Zins- und Kostenanteil stellt eine sofort abzugsfähige Betriebsausgabe dar, während der andere Teil der Leasing-Rate als Tilgung der Kaufpreisschuld erfolgsneutral zu behandeln ist.

180 **2. Beim Leasing-Geber**

Der Leasing-Geber aktiviert eine Kaufpreisforderung an den Leasing-Nehmer in Höhe der den Leasing-Raten zugrunde gelegten Anschaffungs- oder Herstellungskosten. Dieser Betrag ist grundsätzlich mit der vom Leasing-Nehmer ausgewiesenen Verbindlichkeit identisch.

Die Leasing-Raten sind in einen Zins- und Kostenanteil sowie in einen Anteil Tilgung der Kaufpreisforderung aufzuteilen. Wegen der Aufteilung der Leasing-Raten und deren steuerlicher Behandlung gelten die Ausführungen unter V. 1. entsprechend.

VI. Die vorstehenden Grundsätze gelten entsprechend auch für Verträge mit Leasing-Nehmern, die ihren Gewinn nicht durch Bestandsvergleich ermitteln.

Anl b zu § 6

b) Schreiben betr. ertragsteuerliche Behandlung von Finanzierungs-Leasing-Verträgen über unbewegliche Wirtschaftsgüter[1]

Vom 21. März 1972 (BStBl. I S. 188)

(BMWF F/IV B 2 – S 2170 – 11/72)

Unter Bezugnahme auf das Ergebnis der Erörterungen mit den obersten Finanzbehörden der Länder wird zu der Frage der ertragsteuerlichen Behandlung von Finanzierungs-Leasing-Verträgen über unbewegliche Wirtschaftsgüter wie folgt Stellung genommen:

I. Finanzierungs-Leasing-Verträge

1. Allgemeines

181 **a)** In meinem Schreiben vom 19. April 1971[2] – IV B/2 – S 2170 – 31/71 – habe ich unter Berücksichtigung des BFH-Urteils vom 26. 1. 1970 (BStBl. II S. 264) zur steuerlichen Behandlung von Finanzierungs-Leasing-Verträgen über bewegliche Wirtschaftsgüter Stellung genommen. Die in Abschnitt II dieses Schreibens enthaltenen Ausführungen über den Begriff und die Abgrenzung des Finanzierungs-Leasing-Vertrages bei beweglichen Wirtschaftsgütern gelten entsprechend für Finanzierungs-Leasing-Verträge über unbewegliche Wirtschaftsgüter.

b) Ebenso wie bei den Finanzierungs-Leasing-Verträgen über bewegliche Wirtschaftsgüter kann bei vor dem 24. April 1970 abgeschlossenen Finanzierungs-Leasing-Verträgen über unbewegliche Wirtschaftsgüter zur Gewährleistung einer einheitlichen Rechtsanwendung und aus Vereinfachungsgründen von dem wirtschaftlichen Eigentum des Leasing-Gebers am Leasing-Gegenstand, einer Vermietung oder Verpachtung an den Leasing-Nehmer und von der bisherigen steuerlichen Behandlung ausgegangen werden, wenn die Vertragsparteien in der Vergangenheit übereinstimmend eine derartige Zurechnung zugrunde gelegt haben und auch in Zukunft daran festhalten. Das gilt auch, wenn die Vertragslaufzeit über den genannten Stichtag hinausreicht.

c) Für die steuerliche Zurechnung von unbeweglichen Wirtschaftsgütern bei Finanzierungs-Leasing-Verträgen, die nach dem 23. April 1970 abgeschlossen wurden, gelten unter Berücksichtigung der in Abschnitt III meines Schreibens vom 19. 4. 1971 aufgestellten Grundsätze und des BFH-Urteils vom 18. 11. 1970 (BStBl. 1971 II S. 133)[3] über Mietkaufverträge bei unbeweglichen Wirtschaftsgütern die in Nummer 2 aufgeführten Kriterien.

d) Die Grundsätze für die Behandlung von unbeweglichen Wirtschaftsgütern gelten nicht für Betriebsvorrichtungen, auch wenn sie wesentliche Bestandteile eines Grundstücks sind (§ 50 Abs. 1 Satz 2 BewG a. F.). Die Zurechnung von Betriebsvorrichtungen, die Gegenstand eines Finanzierungs-Leasing-Vertrages sind, ist vielmehr nach den Grundsätzen für die ertragsteuerliche Behandlung von beweglichen Wirtschaftsgütern zu beurteilen. Für die Abgrenzung der Betriebsvorrichtungen von den Gebäuden sind die Anweisungen in dem *übereinstimmenden Ländererlaß über die Abgrenzung der Betriebsvorrichtungen vom Grundvermögen vom 28. 3. 1960 (BStBl. 1960 II S. 93)*[4] maßgebend.

---

[1] Zur einkommensteuerrechtlichen Beurteilung eines Immobilien-Leasing-Vertrags mit degressiven Leasing-Raten sowie Vormieten und Sonderzahlungen vgl. *BFH-Urteil vom 12. 8. 1982 IV R 184/79 (BStBl. II S. 696)* und *BMF-Schreiben vom 10. 10. 1983 (BStBl. I S. 431).*

[2] Vorstehend abgedruckt.

[3] Siehe auch *BFH-Urteil vom 30. 5. 1984 I R 146/81 (BStBl. II S. 825).*

[4] Vgl. nunmehr *Erlass vom 5. 6. 2013 (BStBl. I S. 734),* abgedruckt im „Handbuch Erbschaftsteuer und Bewertung 2021" als Anlage zu Abschnitt 3 BewR Gr (§ 68 BewG).

Anl b zu § 6

2. Steuerliche Zurechnung unbeweglicher Leasing-Gegenstände

a) Die Zurechnung des unbeweglichen Leasing-Gegenstandes ist von der von den Parteien gewählten Vertragsgestaltung und deren tatsächlicher Durchführung abhängig. Unter Würdigung der gesamten Umstände ist im Einzelfall zu entscheiden, wem der Leasing-Gegenstand zuzurechnen ist. 182

Die Zurechnungs-Kriterien sind dabei für Gebäude und Grund und Boden getrennt zu prüfen.

b) Bei Finanzierungs-Leasing-Verträgen ohne Kauf- oder Verlängerungsoption und Finanzierungs-Leasing-Verträgen mit Mietverlängerungsoption ist der Grund und Boden grundsätzlich dem Leasing-Geber zuzurechnen, bei Finanzierungs-Leasing-Verträgen mit Kaufoption dagegen regelmäßig dem Leasing-Nehmer, wenn nach Buchstabe c auch das Gebäude dem Leasing-Nehmer zugerechnet wird. Für die Zurechnung des Grund und Bodens in Fällen des Spezial-Leasings ist entsprechend zu verfahren.

c) Für die Zurechnung der Gebäude gilt im einzelnen das Folgende:

aa)[1] Ist die Grundmietzeit kürzer als 40 v. H. oder länger als 90 v. H. der betriebsgewöhnlichen Nutzungsdauer des Gebäudes, so ist das Gebäude regelmäßig dem Leasing-Nehmer zuzurechnen. Wird die Absetzung für Abnutzung des Gebäudes nach § 7 Abs. 4 Satz 1 oder Abs. 5 EStG bemessen, so gilt als betriebsgewöhnliche Nutzungsdauer ein Zeitraum von 50 Jahren. Hat der Leasing-Nehmer dem Leasing-Geber an dem Grundstück, das Gegenstand des Finanzierungs-Leasing-Vertrages ist, ein Erbbaurecht eingeräumt und ist der Erbbaurechtszeitraum kürzer als die betriebsgewöhnliche Nutzungsdauer des Gebäudes, so tritt bei Anwendung des vorstehenden Satzes an die Stelle der betriebsgewöhnlichen Nutzungsdauer des Gebäudes der kürzere Erbbaurechtszeitraum.

bb)[1] Beträgt die Grundmietzeit mindestens 40 v. H. und höchstens 90 v. H. der betriebsgewöhnlichen Nutzungsdauer, so gilt unter Berücksichtigung der Sätze 2 und 3 des vorstehenden Doppelbuchstabens aa folgendes:

Bei Finanzierungs-Leasing-Verträgen ohne Kauf- oder Mietverlängerungsoption ist das Gebäude regelmäßig dem Leasing-Geber zuzurechnen.

Bei Finanzierungs-Leasing-Verträgen mit Kaufoption kann das Gebäude regelmäßig nur dann dem Leasing-Geber zugerechnet werden, wenn der für den Fall der Ausübung des Optionsrechtes vorgesehene Gesamtkaufpreis nicht niedriger ist als der unter Anwendung der linearen AfA ermittelte Buchwert des Gebäudes zuzüglich des Buchwertes für den Grund und Boden oder der niedrigere gemeine Wert des Grundstücks im Zeitpunkt der Veräußerung. Wird die Höhe des Kaufpreises für den Fall der Ausübung des Optionsrechtes während oder nach Ablauf der Grundmietzeit festgelegt oder verändert, so gilt Entsprechendes. Die Veranlagungen sind ggf. zu berichtigen.

Bei Finanzierungs-Leasing-Verträgen mit Mietverlängerungsoption kann das Gebäude regelmäßig nur dann dem Leasing-Geber zugerechnet werden, wenn die Anschlußmiete mehr als 75 v. H. des Mietentgeltes beträgt, das für ein nach Art, Lage und Ausstattung vergleichbares Grundstück üblicherweise gezahlt wird. Wird die Höhe der Leasing-Raten für den Verlängerungszeitraum während oder nach Ablauf der Grundmietzeit festgelegt oder verändert, so gilt Entsprechendes. Die Veranlagungen sind ggf. zu berichtigen.

Verträge ohne Mietverlängerungsoption, bei denen nach Ablauf der Grundmietzeit eine Vertragsverlängerung für den Fall vorgesehen ist, daß der Mietvertrag nicht von einer der Vertragsparteien gekündigt wird, sind steuerlich grundsätzlich ebenso wie Finanzierungs-Leasing-Verträge mit Mietverlängerungsoption zu behandeln.

d) Bei Spezial-Leasing-Verträgen ist das Gebäude stets dem Leasing-Nehmer zuzurechnen.

II. Bilanzmäßige Darstellung

1. Zurechnung des Leasing-Gegenstandes beim Leasing-Geber

a) Darstellung beim Leasing-Geber 183

Der Leasing-Geber hat den Leasing-Gegenstand mit seinen Anschaffungs- oder Herstellungskosten zu aktivieren.

Die Leasing-Raten sind Betriebseinnahmen.

b) Darstellung beim Leasing-Nehmer

Die Leasing-Raten sind grundsätzlich Betriebsausgaben.

2. Zurechnung des Leasing-Gegenstandes beim Leasing-Nehmer

a) Bilanzierung beim Leasing-Nehmer 184

Der Leasing-Nehmer hat den Leasing-Gegenstand mit seinen Anschaffungs- oder Herstellungskosten zu aktivieren. Als Anschaffungs- oder Herstellungskosten gelten die Anschaffungs- oder Herstellungskosten des Leasing-Gebers, die der Berechnung der Leasing-Raten zugrunde gelegt worden sind, zuzüglich etwaiger weiterer Anschaffungs- oder Herstellungskosten, die nicht in den Leasing-Raten enthalten sind (vgl. Schreiben vom 5. Mai 1970 – IV B/2 – S 2170 – 4/70 –).

In Höhe der aktivierten Anschaffungs- oder Herstellungskosten mit Ausnahme der nicht in den Leasing-Raten berücksichtigten Anschaffungs- oder Herstellungskosten des Leasing-Nehmers ist eine Verbindlichkeit gegenüber dem Leasing-Geber zu passivieren.

Die Leasing-Raten sind in einen Zins- und Kostenanteil sowie einen Tilgungsanteil aufzuteilen. Bei der Aufteilung ist zu berücksichtigen, daß sich infolge der laufenden Tilgung der Zinsanteil verringert und der Tilgungsanteil entsprechend erhöht.

Der Zins- und Kostenanteil stellt eine sofort abzugsfähige Betriebsausgabe dar, während der andere Teil der Leasing-Rate als Tilgung der Kaufpreisschuld erfolgsneutral zu behandeln ist.

---

[1] Siehe hierzu BMF-Schreiben vom 9. 6. 1987 und vom 10. 9. 2002, nachstehend abgedruckt.

b) Bilanzierung beim Leasing-Geber

Der Leasing-Geber aktiviert eine Kaufpreisforderung an den Leasing-Nehmer in Höhe der den Leasing-Raten zugrunde gelegten Anschaffungs- oder Herstellungskosten. Dieser Betrag ist grundsätzlich mit der vom Leasing-Nehmer ausgewiesenen Verbindlichkeit identisch.

Die Leasing-Raten sind in einen Zins- und Kostenanteil sowie in einen Anteil Tilgung der Kaufpreisforderung aufzuteilen. Wegen der Aufteilung der Leasing-Raten und deren steuerlicher Behandlung gelten die Ausführungen unter a entsprechend.

III. Andere Verträge

185 Erfüllen Verträge über unbewegliche Wirtschaftsgüter nicht die Merkmale, die als Voraussetzung für den Begriff des Finanzierungs-Leasings in Abschnitt II meines Schreibens vom 19. 4. 1971 aufgeführt sind, so ist nach allgemeinen Grundsätzen, insbesondere auch nach den von der Rechtsprechung aufgestellten Grundsätzen über Mietkaufverträge zu entscheiden, wem der Leasing- oder Mietgegenstand zuzurechnen ist (vgl. hierzu insbesondere BFH-Urteile vom 5. 11. 1957 – BStBl. 1957 III S. 445 –, 25. 10. 1963 – BStBl. 1964 III S. 44 –, 2. 8. 1966 – BStBl. 1967 III S. 63 – und 18. 11. 1970 – BStBl. 1971 II S. 133).

Anl c zu § 6

c) Zwei Schreiben betr. ertragsteuerliche Behandlung von Finanzierungs-Leasing-Verträgen über unbewegliche Wirtschaftsgüter; hier: betriebsgewöhnliche Nutzungsdauer und Restbuchwert bei Wirtschaftsgebäuden

Vom 9. Juni 1987 (BStBl. I S. 440)

(BMF IV B 2 – S 2170 – 14/87)

Nach dem Bezugsschreiben[1] hängt bei Finanzierungs-Leasing-Verträgen die Zurechnung unbeweglicher Wirtschaftsgüter beim Leasing-Nehmer u. a. von der betriebsgewöhnlichen Nutzungsdauer des Gebäudes und bei Finanzierungs-Leasing-Verträgen mit Kaufoption zusätzlich von dem nach linearer AfA ermittelten Buchwert des Gebäudes ab. Durch das Gesetz zur Verbesserung der Abschreibungsbedingungen für Wirtschaftsgebäude und für moderne Heizungs- und Warmwasseranlagen vom 19. Dezember 1985 (BGBl. I S. 2434, BStBl. I S. 705) ist § 7 Abs. 4 und 5 EStG geändert worden. Nach der geänderten Fassung dieser Vorschrift ergibt sich für Gebäude, soweit sie zu einem Betriebsvermögen gehören und nicht Wohnzwecken dienen und für die der Antrag auf Baugenehmigung nach dem 31. März 1985 gestellt worden ist, ein Absetzungszeitraum von 25 Jahren. Unter Bezugnahme auf das Ergebnis der Erörterung mit den obersten Finanzbehörden der Länder wird zu der Frage, welche Auswirkungen die gesetzliche Neuregelung auf die ertragsteuerliche Zurechnung unbeweglicher Wirtschaftsgüter bei Finanzierungs-Leasing-Verträgen hat, wie folgt Stellung genommen:

186 Bei Gebäuden, für die die AfA nach § 7 Abs. 4 Satz 1 Nr. 1 oder Abs. 5 Satz 1 Nr. 1 EStG in der Fassung des Änderungsgesetzes vom 19. Dezember 1985 zu bemessen ist, ist

1. für die Berechnung der betriebsgewöhnlichen Nutzungsdauer im Sinne des Abschnitts I Nr. 2 Buchstabe c Doppelbuchstabe aa des Bezugsschreibens und
2. für die Bemessung der linearen AfA im Sinne des Abschnitts I Nr. 2 Buchstabe c Doppelbuchstabe bb des Bezugsschreibens

der sich aus dem Gesetz ergebende Absetzungszeitraum von 25 Jahren zugrunde zu legen.

Vom 10. September 2002 (DB S. 2245)

(BMF IV A 6 – S 2196 – 1/02)

187 Zur Klärung der Frage, welche betriebsgewöhnliche Nutzungsdauer für Betriebsgebäude nach Änderung des § 7 Abs. 4 Nr. 1 EStG durch das Steuersenkungsgesetz vom 23. 10. 2000 (BGBl. I 2000 S. 1433 = BStBl. I 2000 S. 1428) für Finanzierungs-Leasing-Verträge zu Grunde zu legen ist:

Nach BMF-Schreiben vom 9. 6. 1987 (BStBl. I S. 440) ist für die Zurechnung unbeweglicher Wirtschaftsgüter bei Finanzierungs-Leasing-Verträgen für Betriebsgebäude i. S. des § 7 Abs. 4 Satz 1 Nr. 1 EStG auf der Grundlage der damals geltenden Abschreibung in Höhe von 4 v. H. eine betriebsgewöhnliche Nutzungsdauer von 25 Jahren zu Grunde zu legen. Durch das StSenkG (a. a. O.) wurde die Abschreibung von 4 v. H. auf 3 v. H. abgesenkt, woraus sich ein Absetzungszeitraum von 33 Jahren und 4 Monaten ergibt.

Für Finanzierungs-Leasing-Verträge über Betriebsgebäude, die der neuen Abschreibungsregelung unterliegen, ist daher der geänderte Absetzungszeitraum maßgeblich.

Anl d zu § 6

d) Schreiben betr. steuerrechtliche Zurechnung des Leasing-Gegenstandes beim Teilamortisations-Leasing;[2] hier: bewegliche Wirtschaftsgüter

Vom 22. Dezember 1975

(BMF IV B 2 – S2170 – 161/75)

(StEK EStG § 6 Abs. 1 Ziff. 1 Nr. 45)

Unter Bezugnahme auf das Ergebnis der Erörterung mit den obersten Finanzbehörden der Länder nehme ich zu Ihrem o. a. Schreiben wie folgt Stellung:

---

[1] BMF-Schreiben vom 21. 3. 1972, vorstehend abgedruckt.
[2] Siehe auch *BFH-Urteil vom 8. 8. 1990 X R 149/88 (BStBl. 1991 II S. 70).*

1. Gemeinsames Merkmal der in Ihrem Schreiben dargestellten Vertragsmodelle ist, daß eine unkündbare Grundmietzeit vereinbart wird, die mehr als 40 v. H., jedoch nicht mehr als 90 v. H. der betriebsgewöhnlichen Nutzungsdauer[1] des Leasing-Gegenstandes beträgt und daß die Anschaffungs- oder Herstellungskosten des Leasing-Gebers sowie alle Nebenkosten einschließlich der Finanzierungskosten des Leasing- Gebers in der Grundmietzeit durch die Leasing-Raten nur zum Teil gedeckt werden. Da mithin Finanzierungs-Leasing im Sinne des BMF-Schreibens über die ertragsteuerrechtliche Behandlung von Leasing-Verträgen über bewegliche Wirtschaftsgüter vom 19. 4. 1971 (BStBl. I S. 264) nicht vorliegt, ist die Frage, wem der Leasing-Gegenstand zuzurechnen ist, nach den allgemeinen Grundsätzen zu entscheiden. **188**

2. Die Prüfung der Zurechnungsfrage hat folgendes ergeben: **189**

a) Vertragsmodell mit Andienungsrecht des Leasing-Gebers jedoch ohne Optionsrecht des Leasing-Nehmers

Bei diesem Vertragsmodell hat der Leasing-Geber ein Andienungsrecht. Danach ist der Leasing-Nehmer, sofern ein Verlängerungsvertrag nicht zustande kommt, auf Verlangen des Leasing-Gebers verpflichtet, den Leasing-Gegenstand zu einem Preis zu kaufen, der bereits bei Abschluß des Leasing-Vertrags fest vereinbart wird. Der Leasing-Nehmer hat kein Recht, den Leasing-Gegenstand zu erwerben.

Der Leasing-Nehmer trägt bei dieser Vertragsgestaltung das Risiko der Wertminderung, weil er auf Verlangen des Leasing-Gebers den Leasing-Gegenstand auch dann zum vereinbarten Preis kaufen muß, wenn der Wiederbeschaffungspreis für ein gleichwertiges Wirtschaftsgut geringer als der vereinbarte Preis ist. Der Leasing-Geber hat jedoch die Chance der Wertsteigerung, weil er sein Andienungsrecht nicht ausüben muß, sondern das Wirtschaftsgut zu einem über dem Andienungspreis liegenden Preis verkaufen kann, wenn ein über dem Andienungspreis liegender Preis am Markt erzielt werden kann.

Der Leasing-Nehmer kann unter diesen Umständen nicht als wirtschaftlicher Eigentümer des Leasing-Gegenstandes angesehen werden.

b) Vertragsmodell mit Aufteilung des Mehrerlöses

Nach Ablauf der Grundmietzeit wird der Leasing-Gegenstand durch den Leasing-Geber veräußert. **190**
Ist der Veräußerungserlös niedriger als die Differenz zwischen den Gesamtkosten des Leasing-Gebers und den in der Grundmietzeit entrichteten Leasing-Raten (Restamortisation), so muß der Leasing-Nehmer eine Abschlußzahlung in Höhe der Differenz zwischen Restamortisation und Veräußerungserlös zahlen. Ist der Veräußerungserlös hingegen höher als die Restamortisation, so erhält der Leasing-Geber 25 v. H., der Leasing-Nehmer 75 v. H. des die Restamortisation übersteigenden Teils des Veräußerungserlöses.

Durch die Vereinbarung, daß der Leasing-Geber 25 v. H. des die Restamortisation übersteigenden Teils des Veräußerungserlöses erhält, wird bewirkt, daß der Leasing-Geber noch in einem wirtschaftlich ins Gewicht fallenden Umfang an etwaigen Wertsteigerungen des Leasing-Gegenstandes beteiligt ist. Der Leasing-Gegenstand ist daher dem Leasing-Geber zuzurechnen.

Eine ins Gewicht fallende Beteiligung des Leasing-Gebers an Wertsteigerungen des Leasing-Gegenstandes ist hingegen nicht mehr gegeben, wenn der Leasing-Geber weniger als 25 v. H. des die Restamortisation übersteigenden Teils des Veräußerungserlöses erhält. Der Leasing-Gegenstand ist in solchen Fällen dem Leasing-Nehmer zuzurechnen.

c) Kündbarer Mietvertrag mit Anrechnung des Veräußerungserlöses auf die vom Leasing-Nehmer zu leistende Schlußzahlung

Der Leasing-Nehmer kann den Leasing-Vertrag frühestens nach Ablauf einer Grundmietzeit, die 40 v. H. der betriebsgewöhnlichen Nutzungsdauer beträgt, kündigen. Bei Kündigung ist eine Abschlußzahlung in Höhe der durch die Leasing-Raten nicht gedeckten Gesamtkosten des Leasing-Gebers zu entrichten. Auf die Abschlußzahlung werden 90 v. H. des vom Leasing-Geber erzielten Veräußerungserlöses angerechnet. Ist der anzurechnende Teil des Veräußerungserlöses zuzüglich der vom Leasing-Nehmer bis zur Veräußerung entrichteten Leasing-Raten niedriger als die Gesamtkosten des Leasing-Gebers, so muß der Leasing-Nehmer in Höhe der Differenz eine Abschlußzahlung leisten. Ist jedoch der Veräußerungserlös höher als die Differenz zwischen Gesamtkosten des Leasing-Gebers und den bis zur Veräußerung entrichteten Leasing-Raten, so behält der Leasing-Geber diesen Differenzbetrag in vollem Umfang. **191**

Bei diesem Vertragsmodell kommt eine während der Mietzeit eingetretene Wertsteigerung in vollem Umfang dem Leasing-Geber zugute. Der Leasing-Geber ist daher nicht nur rechtlicher, sondern auch wirtschaftlicher Eigentümer des Leasing-Gegenstandes.

Die vorstehenden Ausführungen gelten nur grundsätzlich, d. h. nur insoweit, wie besondere Regelungen in Einzelverträgen nicht zu einer anderen Beurteilung zwingen.

---

[1] Zu Verlustzuweisungsgesellschaften vgl. *BMF-Schreiben vom 15. 6. 1999 (BStBl. I S. 543).*

Anl e zu § 6

e) Schreiben betr. ertragsteuerliche Behandlung von Teilamortisations-Leasing-Verträgen über unbewegliche Wirtschaftsgüter

Vom 23. Dezember 1991 (BStBl. 1992 I S. 13)

(BMF IV B 2 – S 2170 – 115/91)

1 In meinem Schreiben vom 21. März 1972 (BStBl. I S. 188)[1] habe ich zur ertragsteuerlichen Behandlung von Finanzierungs-Leasing-Verträgen über unbewegliche Wirtschaftsgüter Stellung genommen. Dabei ist unter Finanzierungs-Leasing das Vollamortisations-Leasing verstanden worden. Zu der Frage der ertragsteuerlichen Behandlung von Teilamortisations-Leasing-Verträgen über unbewegliche Wirtschaftsgüter wird unter Bezugnahme auf das Ergebnis der Erörterung mit den obersten Finanzbehörden der Länder wie folgt Stellung genommen:

I. Begriff und Abgrenzung des Teilamortisations-Leasing-Vertrages bei unbeweglichen Wirtschaftsgütern

192 **2** 1. Teilamortisations-Leasing im Sinne dieses Schreibens ist nur dann anzunehmen, wenn

a) der Vertrag über eine bestimmte Zeit abgeschlossen wird, während der er bei vertragsgemäßer Erfüllung von beiden Vertragsparteien nur aus wichtigem Grund gekündigt werden kann (Grundmietzeit),
und

3 b) der Leasing-Nehmer mit den in der Grundmietzeit zu entrichtenden Raten die Anschaffungs- oder Herstellungskosten sowie alle Nebenkosten einschließlich der Finanzierungskosten des Leasing-Gebers nur zum Teil deckt.

4 2. Wegen der möglichen Vertragstypen weise ich auf Abschnitt II Ziffer 2 meines Schreibens vom 19. April 1971 (BStBl. I S. 264)[2] hin. Die dortigen Ausführungen gelten beim Teilamortisations-Leasing von unbeweglichen Wirtschaftsgütern entsprechend.

II. Steuerrechtliche Zurechnung des Leasing-Gegenstandes

193 **5** 1. Die Zurechnung des unbeweglichen Leasing-Gegenstandes hängt von der Vertragsgestaltung und deren tatsächlicher Durchführung ab. Unter Würdigung der gesamten Umstände ist im Einzelfall zu entscheiden, wem der Leasing-Gegenstand zuzurechnen ist. Dabei ist zwischen Gebäude sowie Grund und Boden zu unterscheiden.

2. Für die Zurechnung der Gebäude gilt im einzelnen folgendes:

6 a) Der Leasing-Gegenstand ist – vorbehaltlich der nachfolgenden Ausführungen – grundsätzlich dem Leasing-Geber zuzurechnen.

b) Der Leasing-Gegenstand ist in den nachfolgenden Fällen ausnahmsweise dem Leasing-Nehmer zuzurechnen:

7 aa) Verträge über Spezial-Leasing

Bei Spezial-Leasing-Verträgen ist der Leasing-Gegenstand regelmäßig dem Leasing-Nehmer ohne Rücksicht auf das Verhältnis von Grundmietzeit und Nutzungsdauer und auf etwaige Optionsklauseln zuzurechnen.

8 bb) Verträge mit Kaufoption[3]

Bei Leasing-Verträgen mit Kaufoption ist der Leasing-Gegenstand regelmäßig dem Leasing-Nehmer zuzurechnen,
wenn die Grundmietzeit mehr als 90 v. H. der betriebsgewöhnlichen Nutzungsdauer beträgt oder der vorgesehene Kaufpreis geringer ist als der Restbuchwert des Leasing-Gegenstandes unter Berücksichtigung der AfA gemäß § 7 Abs. 4 EStG nach Ablauf der Grundmietzeit.

9 Die betriebsgewöhnliche Nutzungsdauer berechnet sich nach der Zeitspanne, für die AfA nach § 7 Abs. 4 Satz 1 EStG vorzunehmen ist, in den Fällen des § 7 Abs. 4 Satz 2 EStG nach der tatsächlichen Nutzungsdauer.

10 cc) Verträge mit Mietverlängerungsoption

Bei Leasing-Verträgen mit Mietverlängerungsoption ist der Leasing-Gegenstand regelmäßig dem Leasing-Nehmer zuzurechnen,
wenn die Grundmietzeit mehr als 90 v. H. der betriebsgewöhnlichen Nutzungsdauer des Leasing-Gegenstandes beträgt oder die Anschlußmiete nicht mindestens 75 v. H. des Mietentgelts beträgt, das für ein nach Art, Lage und Ausstattung vergleichbares Grundstück üblicherweise gezahlt wird. Wegen der Berechnung der betriebsgewöhnlichen Nutzungsdauer vgl. unter Tz. 9.

11 dd) Verträge mit Kauf- oder Mietverlängerungsoption und besonderen Verpflichtungen

Der Leasing-Gegenstand ist bei Verträgen mit Kauf- oder Mietverlängerungsoption dem Leasing-Nehmer stets zuzurechnen, wenn ihm eine der nachfolgenden Verpflichtungen auferlegt wird:

12 – Der Leasing-Nehmer trägt die Gefahr des zufälligen ganzen oder teilweisen Untergangs des Leasing-Gegenstandes. Die Leistungspflicht aus dem Mietvertrag mindert sich in diesen Fällen nicht.

---

[1] Abgedruckt als Anlage b.

[2] Abgedruckt als Anlage a.

[3] Zur Ermittlung des Kaufoptionspreises bei Zuschüssen und steuerfreien Rücklagen vgl. *Vfg. LfSt Niedersachsen vom 26. 2. 2020 S 2170-22-St 227 (DStR S. 1739).*

13 – Der Leasing-Nehmer ist bei ganzer oder teilweiser Zerstörung des Leasing-Gegenstandes, die nicht von ihm zu vertreten ist, dennoch auf Verlangen des Leasing-Gebers zur Wiederherstellung bzw. zum Wiederaufbau auf seine Kosten verpflichtet oder die Leistungspflicht aus dem Mietvertrag mindert sich trotz der Zerstörung nicht.

14 – Für den Leasing-Nehmer mindert sich die Leistungspflicht aus dem Mietvertrag nicht, wenn die Nutzung des Leasing-Gegenstandes aufgrund eines nicht von ihm zu vertretenden Umstands langfristig ausgeschlossen ist.[1]

15 – Der Leasing-Nehmer hat dem Leasing-Geber die bisher nicht gedeckten Kosten ggf. auch einschließlich einer Pauschalgebühr zur Abgeltung von Verwaltungskosten zu erstatten, wenn es zu einer vorzeitigen Vertragsbeendigung kommt, die der Leasing-Nehmer nicht zu vertreten hat.

16 – Der Leasing-Nehmer stellt den Leasing-Geber von sämtlichen Ansprüchen Dritter frei, die diese hinsichtlich des Leasing-Gegenstandes gegenüber dem Leasing-Geber geltend machen, es sei denn, daß der Anspruch des Dritten von dem Leasing-Nehmer verursacht worden ist.

17 – Der Leasing-Nehmer als Eigentümer des Grund und Bodens, auf dem der Leasing-Geber als Erbbauberechtigter den Leasing-Gegenstand errichtet, ist aufgrund des Erbbaurechtsvertrags unter wirtschaftlichen Gesichtspunkten gezwungen, den Leasing-Gegenstand nach Ablauf der Grundmietzeit zu erwerben.

18 3. Der Grund und Boden ist grundsätzlich demjenigen zuzurechnen, dem nach den Ausführungen unter Tz. 6 bis 17 das Gebäude zugerechnet wird.

III. Bilanzmäßige Darstellung

19 Die bilanzmäßige Darstellung erfolgt nach den Grundsätzen unter Abschnitt II meines Schreibens vom 21. März 1972 (BStBl. I S. 188).[2]

IV. Übergangsregelung

20 Soweit die vorstehend aufgeführten Grundsätze zu einer Änderung der bisherigen Verwaltungspraxis für die Zurechnung des Leasing-Gegenstandes bei Teilamortisations-Leasing-Verträgen über unbewegliche Wirtschaftsgüter führen, sind sie nur auf Leasing-Verträge anzuwenden, die nach dem 31. Januar 1992 abgeschlossen werden.

---

[1] Zum Verzicht auf das Mietminderungsrecht bei einem werthaltigen Rückgriffsanspruch vgl. *Erlaß Sachsen vom 21. 12. 1993 32 – S 2170 – 2/20 – 057311 (DStR 1994 S. 208).*

[2] Als Anlage b abgedruckt.

EStG

§ 6a Pensionsrückstellung

1 (1) **Für eine Pensionsverpflichtung darf eine Rückstellung (Pensionsrückstellung) nur gebildet werden, wenn und soweit**

1. der Pensionsberechtigte einen Rechtsanspruch auf einmalige oder laufende Pensionsleistungen hat,

2. die Pensionszusage keine Pensionsleistungen in Abhängigkeit von künftigen gewinnabhängigen Bezügen vorsieht und keinen Vorbehalt enthält, dass die Pensionsanwartschaft oder die Pensionsleistung gemindert oder entzogen werden kann, oder ein solcher Vorbehalt sich nur auf Tatbestände erstreckt, bei deren Vorliegen nach allgemeinen Rechtsgrundsätzen unter Beachtung billigen Ermessens eine Minderung oder ein Entzug der Pensionsanwartschaft oder der Pensionsleistung zulässig ist, und

3. die Pensionszusage schriftlich erteilt ist; die Pensionszusage muss eindeutige Angaben zu Art, Form, Voraussetzungen und Höhe der in Aussicht gestellten künftigen Leistungen enthalten.

2 (2) **Eine Pensionsrückstellung darf erstmals gebildet werden**

1. vor Eintritt des Versorgungsfalls für das Wirtschaftsjahr, in dem die Pensionszusage erteilt wird, frühestens jedoch für das Wirtschaftsjahr, bis zu dessen Mitte der Pensionsberechtigte bei

a) erstmals nach dem 31. Dezember 2017 zugesagten Pensionsleistungen das 23. Lebensjahr vollendet,

b) erstmals nach dem 31. Dezember 2008 und vor dem 1. Januar 2018 zugesagten Pensionsleistungen das 27. Lebensjahr vollendet,

c) erstmals nach dem 31. Dezember 2000 und vor dem 1. Januar 2009 zugesagten Pensionsleistungen das 28. Lebensjahr vollendet,

d) erstmals vor dem 1. Januar 2001 zugesagten Pensionsleistungen das 30. Lebensjahr vollendet

oder bei nach dem 31. Dezember 2000 vereinbarten Entgeltumwandlungen im Sinne von § 1 Absatz 2 des Betriebsrentengesetzes für das Wirtschaftsjahr, in dessen Verlauf die Pensionsanwartschaft gemäß den Vorschriften des Betriebsrentengesetzes unverfallbar wird,

2. nach Eintritt des Versorgungsfalls für das Wirtschaftsjahr, in dem der Versorgungsfall eintritt.

3 (3) ① **Eine Pensionsrückstellung darf höchstens mit dem Teilwert der Pensionsverpflichtung angesetzt werden.** ② **Als Teilwert einer Pensionsverpflichtung gilt**

1. vor Beendigung des Dienstverhältnisses des Pensionsberechtigten der Barwert der künftigen Pensionsleistungen am Schluss des Wirtschaftsjahres abzüglich des sich auf denselben Zeitpunkt ergebenden Barwertes betragsmäßig gleich bleibender Jahresbeträge, bei einer Entgeltumwandlung im Sinne von § 1 Absatz 2 des Betriebsrentengesetzes mindestens jedoch der Barwert der gemäß den Vorschriften des Betriebsrentengesetzes unverfallbaren künftigen Pensionsleistungen am Schluss des Wirtschaftsjahres. ② **Die Jahresbeträge sind so zu bemessen, dass am Beginn des Wirtschaftsjahres, in dem das Dienstverhältnis begonnen hat, ihr Barwert gleich dem Barwert der künftigen Pensionsleistungen ist; die künftigen Pensionsleistungen sind dabei mit dem Betrag anzusetzen, der sich nach den Verhältnissen am Bilanzstichtag ergibt.** ③ **Es sind die Jahresbeträge zugrunde zu legen, die vom Beginn des Wirtschaftsjahres, in dem das Dienstverhältnis begonnen hat, bis zu dem in der Pensionszusage vorgesehenen Zeitpunkt des Eintritts des Versorgungsfalls rechnungsmäßig aufzubringen sind.** ④ **Erhöhungen oder Verminderungen der Pensionsleistungen nach dem Schluss des Wirtschaftsjahres, die hinsichtlich des Zeitpunktes ihres Wirksamwerdens oder ihres Umfangs ungewiss sind, sind bei der Berechnung des Barwertes der künftigen Pensionsleistungen und der Jahresbeträge erst zu berücksichtigen, wenn sie eingetreten sind.** ⑤ **Wird die Pensionszusage erst nach dem Beginn des Dienstverhältnisses erteilt, so ist die Zwischenzeit für die Berechnung der Jahresbeträge nur insoweit als Wartezeit zu behandeln, als sie in der Pensionszusage als solche bestimmt ist.** ⑥ **Hat das Dienstverhältnis schon vor der Vollendung des nach Absatz 2 Nummer 1 maßgebenden Lebensjahres des Pensionsberechtigten bestanden, gilt es als zu Beginn des Wirtschaftsjahres begonnen, bis zu dessen Mitte der Pensionsberechtigte das nach Absatz 2 Nummer 1 maßgebende Lebensjahr vollendet; bei nach dem 31. Dezember 2000 vereinbarten Entgeltumwandlungen im Sinne von § 1 Absatz 2 des Betriebsrentengesetzes gilt für davor liegende Wirtschaftsjahre als Teilwert der Barwert der gemäß den Vorschriften des Betriebsrentengesetzes unverfallbaren künftigen Pensionsleistungen am Schluss des Wirtschaftsjahres;**

EStG

2. nach Beendigung des Dienstverhältnisses des Pensionsberechtigten unter Aufrechterhaltung seiner Pensionsanwartschaft oder nach Eintritt des Versorgungsfalls der Barwert der künftigen Pensionsleistungen am Schluss des Wirtschaftsjahres; Nummer 1 Satz 4 gilt sinngemäß.

③ **Bei der Berechnung des Teilwertes der Pensionsverpflichtung sind ein Rechnungszinsfuß von 6 Prozent[1] und die anerkannten Regeln der Versicherungsmathematik anzuwenden.**

(4) ① **Eine Pensionsrückstellung darf in einem Wirtschaftsjahr höchstens um den Unterschied zwischen dem Teilwert der Pensionsverpflichtung am Schluss des Wirtschaftsjahres und am Schluss des vorangegangenen Wirtschaftsjahres erhöht werden.** ② **Soweit der Unterschiedsbetrag auf der erstmaligen Anwendung neuer oder geänderter biometrischer Rechnungsgrundlagen beruht, kann er nur auf mindestens drei Wirtschaftsjahre gleichmäßig verteilt der Pensionsrückstellung zugeführt werden; Entsprechendes gilt beim Wechsel auf andere biometrische Rechnungsgrundlagen.** ③ **In dem Wirtschaftsjahr, in dem mit der Bildung einer Pensionsrückstellung frühestens begonnen werden darf (Erstjahr), darf die Rückstellung bis zur Höhe des Teilwertes der Pensionsverpflichtung am Schluss des Wirtschaftsjahres gebildet werden; diese Rückstellung kann auf das Erstjahr und die beiden folgenden Wirtschaftsjahre gleichmäßig verteilt werden.** ④ **Erhöht sich in einem Wirtschaftsjahr gegenüber dem vorangegangenen Wirtschaftsjahr der Barwert der künftigen Pensionsleistungen um mehr als 25 Prozent, so kann die für dieses Wirtschaftsjahr zulässige Erhöhung der Pensionsrückstellung auf dieses Wirtschaftsjahr und die beiden folgenden Wirtschaftsjahre gleichmäßig verteilt werden.** ⑤ **Am Schluss des Wirtschaftsjahres, in dem das Dienstverhältnis des Pensionsberechtigten unter Aufrechterhaltung seiner Pensionsanwartschaft endet oder der Versorgungsfall eintritt, darf die Pensionsrückstellung stets bis zur Höhe des Teilwertes der Pensionsverpflichtung gebildet werden; die für dieses Wirtschaftsjahr zulässige Erhöhung der Pensionsrückstellung kann auf dieses Wirtschaftsjahr und die beiden folgenden Wirtschaftsjahre gleichmäßig verteilt werden.** ⑥ **Satz 2 gilt in den Fällen der Sätze 3 bis 5 entsprechend.** 4

(5) **Die Absätze 3 und 4 gelten entsprechend, wenn der Pensionsberechtigte zu dem Pensionsverpflichteten in einem anderen Rechtsverhältnis als einem Dienstverhältnis steht.** 5

Übersicht

[1] Zur Frage der Verfassungsmäßigkeit des Rechnungszinsfußes von 6 Prozent im Jahr 2015 siehe *Vorlagebeschluss des FG Köln an das BVerfG vom 12. 10. 2017 10 K 977/17 (DStR S. 2792), Az. beim BVerfG: 2 BvL 22/17. Siehe auch Kurzinformation FM Schleswig-Holstein vom 19. 2. 2018 Nr. 2018/7 (DStR S. 568).*

EStDV

§ 9 *(weggefallen)*

R 6a (1)

R 6a. Rückstellungen für Pensionsverpflichtungen

Zulässigkeit von Pensionsrückstellungen

8 (1) ① Nach § 249 HGB müssen für unmittelbare Pensionszusagen Rückstellungen in der Handelsbilanz gebildet werden. ② Entsprechend dem Grundsatz der Maßgeblichkeit der Handelsbilanz hat die handelsrechtliche Passivierungspflicht die Passivierungspflicht für Pensionszusagen in der Steuerbilanz dem Grunde, aber nicht der Höhe nach zur Folge, wenn die Voraussetzungen des § 6 a Abs. 1 und 2 EStG vorliegen. ③ Für laufende Pensionen und Anwartschaften auf Pensionen, die vor dem 1. 1. 1987 rechtsverbindlich zugesagt worden sind (Altzusagen), gilt nach Artikel 28 des Einführungsgesetzes zum HGB in der durch Gesetz vom 19. 12. 1985 (BGBl. I S. 2355, BStBl. 1986 I S. 94) geänderten Fassung weiterhin das handels- und steuerrechtliche Passivierungswahlrecht; insoweit sind die Anweisungen in Abschnitt 41 EStR 1984[1] mit Ausnahme des Absatzes 24 Satz 5 und 6 weiter anzuwenden. ④ Für die Frage, wann eine Pension oder eine Anwartschaft auf eine Pension rechtsverbindlich zugesagt worden ist, ist die erstmalige, zu einem Rechtsanspruch führende arbeitsrechtliche Verpflichtungserklärung maßgebend. ⑤ Für Pensionsverpflichtungen, für die der Berechtigte einen Rechtsanspruch auf Grund einer unmittelbaren Zusage nach dem 31. 12. 1986 erworben hat (→ Neuzusagen), gelten die folgenden Absätze.

H 6a (1)

Beihilfen an Pensionäre

9 – Die Verpflichtung, Pensionären und aktiven Mitarbeitern während der Zeit ihres Ruhestandes in Krankheits-, Geburts- und Todesfällen Beihilfen zu gewähren, ist keine Pensionsverpflichtung (→ BFH vom 30. 1. 2002 – BStBl. 2003 II S. 279).
– → H 5.7 (5).

Einstandspflicht. Die Verpflichtung des Arbeitgebers, wegen des nicht ausreichenden Vermögens einer Unterstützungskasse für den Ausfall von Versorgungsleistungen gegenüber seinen Arbeitnehmern einstehen zu müssen, erfüllt die Voraussetzungen für eine Pensionsrückstellung nicht. Das gilt auch für Versorgungsverpflichtungen des Erwerbers eines Betriebs, auf den die Arbeitsverhältnisse mit den durch die Unterstützungskasse begünstigten Arbeitnehmern nach § 613 a BGB übergegangen sind (→ BFH vom 16. 12. 2002 – BStBl. 2003 II S. 347).

Gewinnabhängige Pensionsleistungen
– Am Bilanzstichtag bereits feststehende gewinnabhängige Pensionsleistungen sind zu berücksichtigen, wenn und soweit sie dem Grunde und der Höhe nach eindeutig bestimmt sind und die Erhöhung der Versorgungsleistungen schriftlich durch eine Ergänzung der Pensionszusage festgeschrieben wurde (→ BMF vom 18. 10. 2013 – BStBl. I S. 1268).
– → H 6 a (7) Schriftformerfordernis.

Hinterbliebenenversorgung für den Lebensgefährten → BMF vom 25. 7. 2002 (BStBl. I S. 706).

Jahreszusatzleistungen. Für Jahreszusatzleistungen im Jahr des Eintritts des Versorgungsfalls darf eine Rückstellung nach § 6 a EStG nicht gebildet werden → BMF vom 11. 11. 1999 (BStBl. I S. 959, RdNr. 23).[2]

Nur-Pensionszusagen. Für eine sog. Nur-Pensionszusage kann keine Rückstellung nach § 6 a EStG gebildet werden, wenn dieser Verpflichtung keine ernsthaft vereinbarte Entgeltumwandlung zugrunde liegt (→ BMF vom 13. 12. 2012 – BStBl. 2013 I S. 35).

Pensionsleistungen ohne Ausscheiden aus dem Dienstverhältnis. Zur bilanzsteuerrechtlichen Berücksichtigung von Versorgungsleistungen, die ohne die Voraussetzung des Ausscheidens aus dem Dienstverhältnis gewährt werden → BMF vom 18. 9. 2017 (BStBl. I S. 1293).[3]

Pensionsverpflichtungen innerhalb einer GmbH & Co. KG
– Zur Pensionszusage an einen Gesellschafter durch die Komplementär-GmbH → BMF vom 29. 1. 2008 (BStBl. I S. 317), RdNrn. 12–14.[4]
– Sagt die Komplementär-GmbH einer GmbH & Co. KG ihrem gesellschaftsfremden Geschäftsführer eine Pension zu und kann sie nach dem Gesellschaftsvertrag von der KG Ersatz der Versorgungsleistungen verlangen, ist die bei der GmbH zu bildende Pensionsrückstellung durch einen Aufwendungsersatzanspruch zu neutralisieren. Bei der KG ist eine Rückstellung für ungewisse Verbindlichkeiten zu bilden, deren Höhe sich nach § 6 a EStG bestimmt (→ BFH vom 7. 2. 2002 – BStBl. 2005 II S. 88).

Personengesellschaft. Bilanzsteuerliche Behandlung von Pensionszusagen einer Personengesellschaft an einen Gesellschafter und dessen Hinterbliebene → BMF vom 29. 1. 2008 (BStBl. I S. 317).[4]

---

[1] Abgedruckt im „Handbuch zur Einkommensteuerveranlagung 1986".
[2] Letztmals abgedruckt im „Handbuch zur ESt-Veranlagung 2020" als Anlage b zu R 5.7 EStR.
[3] Nachstehend abgedruckt als Anlage d zu § 6 a EStG.
[4] Nachstehend abgedruckt als Anlage h zu § 6 a EStG.

Vererbliche Versorgungsanwartschaften und Versorgungsleistungen. Sieht eine Pensionszusage die Vererblichkeit von Versorgungsanwartschaften oder Versorgungsleistungen vor und sind nach der Zusage vorrangig Hinterbliebene entsprechend der Rdnr. 4 des BMF vom 12. 8. 2021 (BStBl. I S. 1050) Erben, ist die Pensionsverpflichtung nach § 6 a EStG anzusetzen und zu bewerten. Im Vererbungsfall ist für die Bewertung der Leistungen, soweit sie nicht an Hinterbliebene im o. g. Sinne erbracht werden, § 6 EStG maßgebend (→ BMF vom 18. 9. 2017 – BStBl. I S. 1293).[1]

Verpflichtungsübernahmen, Schuldbeitritte und Erfüllungsübernahmen. Zur bilanziellen Berücksichtigung von Verpflichtungsübernahmen, Schuldbeitritten und Erfüllungsübernahmen mit vollständiger oder teilweiser Schuldfreistellung im Zusammenhang mit Pensionsverpflichtungen → BMF vom 30. 11. 2017 (BStBl. I S. 1619).[2]

Versorgungsausgleich. Zu den Auswirkungen des Gesetzes zur Strukturreform des Versorgungsausgleiches (VAStrRefG) auf Pensionszusagen → BMF vom 12. 11. 2010 (BStBl. I S. 1303).

Rechtsverbindliche Verpflichtung R 6a (2)

(2) ① Eine rechtsverbindliche Pensionsverpflichtung ist z. B. gegeben, wenn sie auf Einzelvertrag, Gesamtzusage (Pensionsordnung), Betriebsvereinbarung, Tarifvertrag oder Besoldungsordnung beruht. ② Bei Pensionsverpflichtungen, die nicht auf Einzelvertrag beruhen, ist eine besondere Verpflichtungserklärung gegenüber dem einzelnen Berechtigten nicht erforderlich. ③ Ob eine rechtsverbindliche Pensionsverpflichtung vorliegt, ist nach arbeitsrechtlichen Grundsätzen zu beurteilen. ④ Für ausländische Arbeitnehmer sind Pensionsrückstellungen unter den gleichen Voraussetzungen zu bilden wie für inländische Arbeitnehmer. 10

Schädlicher Vorbehalt R 6a (3)

(3) ① Ein schädlicher Vorbehalt im Sinne des § 6 a Abs. 1 Nr. 2 EStG liegt vor, wenn der Arbeitgeber die Pensionszusage nach freiem Belieben, d. h. nach seinen eigenen Interessen ohne Berücksichtigung der Interessen des Pensionsberechtigten widerrufen kann. ② Ein Widerruf nach freiem Belieben ist nach dem Urteil des Bundesarbeitsgerichtes (BAG) vom 14. 12. 1956 (BStBl. 1959 I S. 258) gegenüber einem noch aktiven Arbeitnehmer im Allgemeinen zulässig, wenn die Pensionszusage eine der folgenden Formeln 11
„freiwillig und ohne Rechtsanspruch",
„jederzeitiger Widerruf vorbehalten",
„ein Rechtsanspruch auf die Leistungen besteht nicht",
„die Leistungen sind unverbindlich"
oder ähnliche Formulierungen enthält, sofern nicht besondere Umstände eine andere Auslegung rechtfertigen. ③ Solche besonderen Umstände liegen nicht schon dann vor, wenn das Unternehmen in der Vergangenheit tatsächlich Pensionszahlungen geleistet oder eine Rückdeckungsversicherung abgeschlossen hat oder Dritten gegenüber eine Verpflichtung zur Zahlung von Pensionen eingegangen ist oder wenn die unter den oben bezeichneten Vorbehalten gegebene Pensionszusage die weitere Bestimmung enthält, dass der Widerruf nur nach „billigem Ermessen" ausgeübt werden darf oder dass im Falle eines Widerrufes die gebildeten Rückstellungen dem Versorgungszweck zu erhalten sind. ④ Vorbehalte der oben bezeichneten Art in einer Pensionszusage schließen danach die Bildung von Rückstellungen für Pensionsanwartschaften aus. ⑤ Befindet sich der Arbeitnehmer bereits im Ruhestand oder steht er unmittelbar davor, ist der Widerruf von Pensionszusagen, die unter den oben bezeichneten Vorbehalten erteilt worden sind, nach dem BAG-Urteil vom 14. 12. 1956 nicht mehr nach freiem Belieben, sondern nur noch nach billigem Ermessen (→ Absatz 4) zulässig. ⑥ Enthält eine Pensionszusage die oben bezeichneten allgemeinen Widerrufsvorbehalte, ist die Rückstellungsbildung vorzunehmen, sobald der Arbeitnehmer in den Ruhestand tritt; dies gilt auch hinsichtlich einer etwa zugesagten Hinterbliebenenversorgung.

Abfindungsklauseln H 6a (3)

- Zu schädlichen Abfindungsklauseln in Pensionszusagen → BMF vom 6. 4. 2005 (BStBl. I S. 619) und vom 1. 9. 2005 (BStBl. I S. 860). 11a
- Lassen sich Abfindungsklauseln nicht dahingehend auslegen, dass die für die Berechnung der jeweiligen Abfindungshöhe maßgebenden Sterbetafeln und Abzinsungssätze ausreichend sicher bestimmt sind, liegt ein schädlicher Vorbehalt i. S. d. § 6 a Abs. 1 Nr. 2 EStG vor (→ BFH vom 23. 7. 2019 – BStBl. II S. 763).

Externe Versorgungsträger. Werden die künftigen Pensionsleistungen aus einer Versorgungszusage voraussichtlich von einem externen Versorgungsträger (z. B. Versorgungskasse) erbracht, scheidet die Bildung einer Rückstellung nach § 6 a EStG aus (→ BFH vom 5. 4. 2006 – BStBl. II S. 688 und vom 8. 10. 2008 – BStBl. 2010 II S. 186). Zur Anwendung der vorgenannten Urteile, zur Abgrenzung des sog. Umlageverfahrens vom sog. Erstattungsverfahren und allgemein zur Bildung von Pensionsrückstellungen nach § 6 a EStG bei Erbringung der Versorgungsleistungen durch externe Versorgungsträger → BMF vom 26. 1. 2010 (BStBl. I S. 138).

---

[1] Nachstehend abgedruckt als Anlage d zu § 6 a EStG.
[2] Abgedruckt als Anlage zu H 4 f.

Übertragung auf eine Unterstützungskasse. Ist vereinbart, dass die Pensionsverpflichtung nach Eintritt des Versorgungsfalles auf eine Unterstützungskasse übertragen wird, kann eine Rückstellung nicht gebildet werden (→ BMF vom 2. 7. 1999 – BStBl. I S. 594).

R 6a (4)
12

Unschädlicher Vorbehalt

(4) ① Ein unschädlicher Vorbehalt im Sinne des § 6a Abs. 1 Nr. 2 EStG liegt vor, wenn der Arbeitgeber den Widerruf der Pensionszusage bei geänderten Verhältnissen nur nach billigem Ermessen (§ 315 BGB), d. h. unter verständiger Abwägung der berechtigten Interessen des Pensionsberechtigten einerseits und des Unternehmens andererseits, aussprechen kann. ② Das gilt in der Regel für die Vorbehalte, die eine Anpassung der zugesagten Pensionen an nicht voraussehbare künftige Entwicklungen oder Ereignisse, insbesondere bei einer wesentlichen Verschlechterung der wirtschaftlichen Lage des Unternehmens, einer wesentlichen Änderung der Sozialversicherungsverhältnisse oder der Vorschriften über die steuerliche Behandlung der Pensionsverpflichtungen oder bei einer Treupflichtverletzung des Arbeitnehmers vorsehen. ③ Danach sind z. B. die folgenden Vorbehalte als unschädlich anzusehen:

1. als allgemeiner Vorbehalt:
„Die Firma behält sich vor, die Leistungen zu kürzen oder einzustellen, wenn die bei Erteilung der Pensionszusage maßgebenden Verhältnisse sich nachhaltig so wesentlich geändert haben, daß der Firma die Aufrechterhaltung der zugesagten Leistungen auch unter objektiver Beachtung der Belange des Pensionsberechtigten nicht mehr zugemutet werden kann";
2. als spezielle Vorbehalte:
„Die Firma behält sich vor, die zugesagten Leistungen zu kürzen oder einzustellen, wenn
   a) die wirtschaftliche Lage des Unternehmens sich nachhaltig so wesentlich verschlechtert hat, dass ihm eine Aufrechterhaltung der zugesagten Leistungen nicht mehr zugemutet werden kann, oder
   b) der Personenkreis, die Beiträge, die Leistungen oder das Pensionierungsalter bei der gesetzlichen Sozialversicherung oder anderen Versorgungseinrichtungen mit Rechtsanspruch sich wesentlich ändern, oder
   c) die rechtliche, insbesondere die steuerrechtliche Behandlung der Aufwendungen, die zur planmäßigen Finanzierung der Versorgungsleistungen von der Firma gemacht werden oder gemacht worden sind, sich so wesentlich ändert, dass der Firma die Aufrechterhaltung der zugesagten Leistungen nicht mehr zugemutet werden kann, oder
   d) der Pensionsberechtigte Handlungen begeht, die in grober Weise gegen Treu und Glauben verstoßen oder zu einer fristlosen Entlassung berechtigen würden",

oder inhaltlich ähnliche Formulierungen. ④ Hat der Arbeitnehmer die Möglichkeit, anstelle einer bisher zugesagten Altersversorgung eine Erhöhung seiner laufenden Bezüge zu verlangen, liegt hierin kein schädlicher Vorbehalt.

H 6a (4)
12a

Abfindungsklauseln

– Zu unschädlichen Abfindungsklauseln in Pensionszusagen → BMF vom 6. 4. 2005 (BStBl. I S. 619) und vom 1. 9. 2005 (BStBl. I S. 860).
– Ergibt sich aus der Abfindungsklausel, dass die für die Berechnung der Abfindungshöhe anzuwendende Sterbetafel trotz fehlender ausdrücklicher Benennung eindeutig bestimmbar ist, steht sie der bilanzsteuerrechtlichen Anerkennung nicht entgegen (→ BFH vom 10. 7. 2019 – BStBl. II S. 760).

R 6a (5)
13

Vorbehalt (Sonderfälle)

(5) ① In besonderen Vorbehalten werden oft bestimmte wirtschaftliche Tatbestände bezeichnet, bei deren Eintritt die zugesagten Pensionsleistungen gekürzt oder eingestellt werden können. ② Es wird z. B. vereinbart, dass die Pensionen gekürzt oder eingestellt werden können, wenn der Umsatz, der Gewinn oder das Kapital eine bestimmte Grenze unterschreiten oder wenn mehrere Verlustjahre vorliegen oder wenn die Pensionsleistungen einen bestimmten Prozentsatz der Lohn- und Gehaltssumme überschreiten. ③ Diese Vorbehalte sind nur dann als unschädlich anzusehen, wenn sie in dem Sinne ergänzt werden, es müsse bei den bezeichneten Tatbeständen eine so erhebliche und nachhaltige Beeinträchtigung der Wirtschaftslage des Unternehmens vorliegen, dass es dem Unternehmen nicht mehr zumutbar ist, die Pensionszusage aufrechtzuerhalten, oder dass es aus unternehmerischer Verantwortung geboten erscheint, die Versorgungsleistungen einzuschränken oder einzustellen.

R 6a (6)
14

(6) ① Der Vorbehalt, dass der Pensionsanspruch erlischt, wenn das Unternehmen veräußert wird oder aus anderen Gründen ein Wechsel des Unternehmers eintritt (sog. Inhaberklausel), ist steuerlich schädlich. ② Entsprechendes gilt für Vorbehalte oder Vereinbarungen, nach denen die Haftung aus einer Pensionszusage auf das Betriebsvermögen beschränkt wird, es sei denn, es gilt eine gesetzliche Haftungsbeschränkung für alle Verpflichtungen gleichermaßen, wie z. B. bei Kapitalgesellschaften.

H 6a (6)
15

Gewichtung des Widerrufsvorbehalts. Bei der Beurteilung, ob ein schädlicher oder unschädlicher Vorbehalt vorliegt, ist ein strenger Maßstab anzulegen (→ BFH vom 6. 10. 1967 – BStBl. 1968 II S. 90).

Schriftform

R 6a (7) 16

(7) ① Für die nach § 6a Abs. 1 Nr. 3 EStG vorgeschriebene Schriftform kommt jede schriftliche Festlegung in Betracht, aus der sich der Pensionsanspruch nach Art und Höhe ergibt, z. B. Einzelvertrag, Gesamtzusage (Pensionsordnung), Betriebsvereinbarung, Tarifvertrag, Gerichtsurteil. ② Bei Gesamtzusagen ist eine schriftliche Bekanntmachung in geeigneter Form nachzuweisen, z. B. durch ein Protokoll über den Aushang im Betrieb. ③ Die Schriftform muss am Bilanzstichtag vorliegen. ④ Für Pensionsverpflichtungen, die auf betrieblicher Übung oder auf dem → Grundsatz der Gleichbehandlung beruhen, kann wegen der fehlenden Schriftform keine Rückstellung gebildet werden; dies gilt auch dann, wenn arbeitsrechtlich (§ 1b Abs. 1 Satz 4 Betriebsrentengesetz) eine unverfallbare Anwartschaft besteht, es sei denn, dem Arbeitnehmer ist beim Ausscheiden eine schriftliche Auskunft nach § 4a Betriebsrentengesetz erteilt worden. ⑤ Pensionsrückstellungen müssen insoweit vorgenommen werden, als sich die Versorgungsleistungen aus der schriftlichen Festlegung dem Grunde und der Höhe nach ergeben. ⑥ Zahlungsbelege allein stellen keine solche Festlegung dar.

H 6a (7) 17

Grundsatz der Gleichbehandlung. Die wegen arbeitsrechtlicher Entscheidungen notwendige Ergänzung einer bestehenden Witwenversorgung um eine Witwerversorgung ist erst wirksam, wenn die Ergänzung schriftlich vorgenommen wurde.

Schriftformerfordernis

- Voraussetzung für die steuerliche Anerkennung einer Pensionsrückstellung nach § 6a EStG ist u. a. eine schriftlich erteilte Pensionszusage. Die Vereinbarung muss neben dem Zusagezeitpunkt eindeutige und präzise Angaben zu Art, Form, Voraussetzungen und Höhe der in Aussicht gestellten künftigen Leistungen enthalten. Sofern es zur eindeutigen Ermittlung der in Aussicht gestellten Leistungen erforderlich ist, sind auch Angaben für die versicherungsmathematische Ermittlung der Höhe der Versorgungsverpflichtung (z. B. anzuwendender Rechnungszinsfuß oder anzuwendende biometrische Ausscheidewahrscheinlichkeiten) schriftlich festzulegen. Sind diese Angaben nicht vorhanden, scheidet die Bildung einer Pensionsrückstellung jedenfalls in der Steuerbilanz aus (→ BMF vom 28. 8. 2001 – BStBl. I S. 594).
- Eine schriftliche Pensionszusage liegt auch dann vor, wenn der Verpflichtete eine schriftliche Erklärung mit dem erforderlichen Inhalt abgibt und der Berechtigte die Zusage nach den Regeln des Zivilrechtes (z. B. durch mündliche Erklärung) annimmt (→ BFH vom 27. 4. 2005 – BStBl. II S. 702).
- Am Bilanzstichtag bereits feststehende gewinnabhängige Pensionsleistungen sind bei der Bewertung einzubeziehen, wenn und soweit sie dem Grunde und der Höhe nach eindeutig bestimmt sind und die Erhöhung der Versorgungsleistungen schriftlich durch eine Ergänzung der Pensionszusage gem. § 6a Abs. 1 Nr. 3 EStG festgeschrieben werden. Unabhängig vom maßgebenden Gewinnentstehungsjahr können die zusätzlichen Versorgungsleistungen wegen des Schriftformerfordernisses erstmals an dem der schriftlichen Festschreibung folgenden Bilanzstichtag bei der Rückstellungsbewertung berücksichtigt werden (→ BMF vom 18. 10. 2013 – BStBl. I S. 1268).

Beherrschende Gesellschafter-Geschäftsführer von Kapitalgesellschaften

R 6a (8) 20

(8) ① Für die Bildung von Pensionsrückstellungen für beherrschende Gesellschafter-Geschäftsführer von Kapitalgesellschaften ist zu unterstellen, dass die Jahresbeträge nach § 6a Abs. 3 Satz 2 Nr. 1 Satz 3 EStG vom Beginn des Dienstverhältnisses, frühestens vom nach Absatz 10 Satz 3 maßgebenden Alter, bis zur vertraglich vorgesehenen Altersgrenze, mindestens jedoch bis zum folgenden geburtsjahrabhängigen Pensionsalter aufzubringen sind:[1]

für Geburtsjahrgänge	Pensionsalter
bis 1952	65
ab 1953 bis 1961	66
ab 1962	67

② Als Beginn des Dienstverhältnisses gilt der Eintritt in das Unternehmen als Arbeitnehmer. ③ Das gilt auch dann, wenn der Geschäftsführer die Pensionszusage erst nach Erlangung der beherrschenden Stellung erhalten hat. ④ Absatz 11 Satz 1, 3 bis 6, 8, 9 und 13 bis 15 ist nicht anzuwenden.[2] ⑤ Für anerkannt schwer behinderte Menschen kann geburtsjahrabhängig eine vertragliche Altersgrenze wie folgt zugrunde gelegt werden:

für Geburtsjahrgänge	Pensionsalter
bis 1952	60
ab 1953 bis 1961	61
ab 1962	62

[1] R 6a Abs. 8 Satz 1 letzter Teilsatz und Satz 5 EStR zum Mindestpensionsalter bei der Bildung von Pensionsrückstellungen für beherrschende Gesellschafter-Geschäftsführer sind nicht weiter anzuwenden, BMF-Schreiben vom 9. 12. 2016 (BStBl. I S. 1427) nachstehend abgedruckt als Anlage j zu § 6a EStG.

[2] Abweichend von R 6a Abs. 8 Satz 4 EStR ist R 6a Abs. 11 Satz 1 EStR (grundsätzliche Zugrundelegung des vertraglich vereinbarten Pensionsalters) anzuwenden, siehe BMF-Schreiben vom 9. 12. 2016 (BStBl. I S. 1427), nachstehend abgedruckt als Anlage j zu § 6a EStG.

R 6a (9) **Ehegatten-Arbeitsverhältnisse** *(unbesetzt)*

22

H 6a (9) **Anerkennungsgrundsätze.** An den Nachweis der Ernsthaftigkeit von Pensionszusagen an → Arbeitnehmer-Ehegatten sind mit Rücksicht auf die besonderen persönlichen Beziehungen der Vertragspartner strenge Anforderungen zu stellen. Es ist insbesondere zu prüfen, ob die Pensionszusage nach den Umständen des Einzelfalls dem Grunde und der Höhe nach angemessen ist (→ BFH vom 14. 7. 1989 – BStBl. II S. 969). Für Pensionszusagen, die im Rahmen eines steuerlich anzuerkennenden Arbeitsverhältnisses dem → Arbeitnehmer-Ehegatten gegeben werden, sind Pensionsrückstellungen zu bilden, wenn

23

1. eine ernstlich gewollte, klar und eindeutig vereinbarte Verpflichtung vorliegt,
2. die Zusage dem Grunde nach angemessen ist und
3. der Arbeitgeber-Ehegatte auch tatsächlich mit der Inanspruchnahme aus der gegebenen Pensionszusage rechnen muss.

(→ BMF vom 4. 9. 1984 – BStBl. I S. 495[1] und vom 9. 1. 1986 – BStBl. I S. 7).[2]

Arbeitnehmer-Ehegatten. Pensionszusagen zwischen Ehegatten, die im Rahmen von steuerlich anzuerkennenden Arbeitsverhältnissen (→ R 4.8) erteilt werden, sind auch steuerlich zu beachten und berechtigen zur Bildung von Pensionsrückstellungen (→ BVerfG vom 22. 7. 1970 – BStBl. II S. 652).

Fremdvergleich. Eine betriebliche Veranlassung einer Pensionszusage an einen Arbeitnehmer, der naher Angehöriger des Arbeitgebers ist, ist nicht allein deshalb zu verneinen, weil keine fremden Arbeitnehmer mit vergleichbaren Tätigkeitsmerkmalen im Betrieb beschäftigt werden und auch bei anderen Betrieben gleicher Größenordnung keine vergleichbaren Beschäftigungsverhältnisse ermittelt werden können.
Maßgebend ist eine Gesamtwürdigung aller Umstände des konkreten Einzelfalls (→ BFH vom 18. 12. 2001 – BStBl. 2002 II S. 353).

Rückdeckungsversicherung. Prämienzahlungen für eine Rückdeckungsversicherung einer Pensionszusage an den Arbeitnehmer-Ehegatten können als Betriebsausgaben behandelt werden, wenn auch die Pensionszusage als rückstellungsfähig anerkannt werden kann (→ BMF vom 4. 9. 1984 – BStBl. I S. 495).[1]

Verpflichtungsumfang. Für die Bildung der Pensionsrückstellung bei Pensionszusagen zwischen Ehegatten in Einzelunternehmen kommt nur eine Zusage auf Alters-, Invaliden- und Waisenrente in Betracht (→ BMF vom 4. 9. 1984 – BStBl. I S. 495).[1]

Witwen-/Witwerversorgung. Eine Zusage auf Witwen- oder Witwerversorgung ist im Rahmen von Ehegatten-Pensionszusagen in Einzelunternehmen nicht rückstellungsfähig, da hier bei Eintritt des Versorgungsfalls Anspruch und Verpflichtung in einer Person zusammenfallen (→ BMF vom 4. 9. 1984 – BStBl. I S. 495);[1] dies gilt auch dann, wenn in der Zusage vereinbart ist, dass sie durch eine mögliche Eheschließung oder Betriebsveräußerung nicht berührt wird.

R 6a (10) **Höhe der Pensionsrückstellung**

24 (10) ① Als Beginn des Dienstverhältnisses ist ein früherer Zeitpunkt als der tatsächliche Dienstantritt zugrunde zu legen (sog. Vordienstzeiten), wenn auf Grund gesetzlicher Vorschriften Zeiten außerhalb des Dienstverhältnisses als Zeiten der Betriebszugehörigkeit gelten, z. B. § 8 Abs. 3 des Soldatenversorgungsgesetzes, § 6 Abs. 2 des Arbeitsplatzschutzgesetzes. ② Bei der Ermittlung des Teilwertes einer Pensionsverpflichtung sind folgende Mindestalter zu beachten:

Erteilung der Pensionszusage	maßgebendes Mindestalter
vor dem 1. 1. 2001	30
nach dem 31. 12. 2000 und vor dem 1. 1. 2009	28
nach dem 31. 12. 2008	27

③ Ergibt sich durch die Anrechnung von Vordienstzeiten ein fiktiver Dienstbeginn, der vor der Vollendung des nach Satz 2 maßgebenden Lebensjahres des Berechtigten liegt, gilt das Dienstverhältnis als zu Beginn des Wirtschaftsjahres begonnen, bis zu dessen Mitte der Berechtigte dieses Lebensjahr vollendet (→ § 6 a Abs. 3 Satz 2 Nr. 1 letzter Satz EStG).

H 6a (10) **Betriebsübergang.** Für die Anwendung des § 613 a BGB ist entscheidend, ob das im Zeitpunkt des Betriebsübergangs bestehende Dienstverhältnis als Arbeitsverhältnis anzusehen ist (→ BFH vom 10. 8. 1994 – BStBl. 1995 II S. 250).

25

Rechnungsgrundlagen. Zur Anerkennung unternehmensspezifischer und modifizierter biometrischer Rechnungsgrundlagen bei der Bewertung der Pensionsverpflichtungen nach § 6 a EStG → BMF vom 9. 12. 2011 (BStBl. I S. 1247).[3]

Richttafeln 2018 G → BMF vom 19. 10. 2018 (BStBl. I S. 1107) unter Berücksichtigung der Änderungen durch BMF vom 17. 12. 2019 (BStBl. 2020 I S. 82).[4]

---

[1] Abgedruckt als Anlage b zu § 6 a EStG.
[2] Abgedruckt als Anlage c zu § 6 a EStG.
[3] Abgedruckt als Anlage i zu § 6 a EStG.
[4] Abgedruckt als Anlage g zu § 6 a EStG.

Tatsächlicher Dienstantritt. Bei der Ermittlung des Diensteintrittsalters ist – unabhängig vom Bestehen eines Rumpfwirtschaftsjahres – auf den Beginn des Kj. des Diensteintritts abzustellen (→ BFH vom 21.8.2007 – BStBl. 2008 II S. 513). Als Beginn des Dienstverhältnisses ist grundsätzlich der tatsächliche Dienstantritt im Rahmen des bestehenden Dienstverhältnisses anzusehen (→ BFH vom 25.5.1988 – BStBl. II S. 720); das Dienstverhältnis wird nicht unterbrochen, wenn der Stpfl. auf Grund gesetzlicher Vorschriften in die Pflichten des Dienstverhältnisses eintritt (z. B. § 613a BGB).

Verpflichtungsübernahmen, Schuldbeitritte und Erfüllungsübernahmen. Zur bilanziellen Berücksichtigung von Verpflichtungsübernahmen, Schuldbeitritten und Erfüllungsübernahmen mit vollständiger oder teilweiser Schuldfreistellung im Zusammenhang mit Pensionsverpflichtungen → BMF vom 30. 11. 2017 (BStBl. I S. 1619).[1]

Vordienstzeiten. Zur Berücksichtigung von vertraglichen Vordienstzeiten → BMF vom 22. 12. 1997 (BStBl. I S. 1020)[2] und → BFH vom 7. 2. 2002 (BStBl. 2005 II S. 88).

(11) ① Bei der Ermittlung des Teilwerts der Pensionsanwartschaft ist das vertraglich vereinbarte Pensionsalter zugrunde zu legen (Grundsatz). ② Der Stpfl. kann für alle oder für einzelne Pensionsverpflichtungen von einem höheren Pensionsalter ausgehen, sofern mit einer Beschäftigung des Arbeitnehmers bis zu diesem Alter gerechnet werden kann (erstes Wahlrecht). ③ Bei der Ermittlung des Teilwertes der Pensionsanwartschaft nach § 6a Abs. 3 EStG kann mit Rücksicht auf § 6 Betriebsrentengesetz[3] anstelle des vertraglichen Pensionsalters nach Satz 1 für alle oder für einzelne Pensionsverpflichtungen als Zeitpunkt des Eintritts des Versorgungsfalles der Zeitpunkt der frühestmöglichen Inanspruchnahme der vorzeitigen Altersrente aus der gesetzlichen Rentenversicherung angenommen werden (zweites Wahlrecht). ④ Voraussetzung für die Ausübung des zweiten Wahlrechtes ist, dass in der Pensionszusage festgelegt ist, in welcher Höhe Versorgungsleistungen von diesem Zeitpunkt an gewährt werden. ⑤ Bei der Ausübung des zweiten Wahlrechtes braucht nicht geprüft zu werden, ob ein Arbeitnehmer die sozialversicherungsrechtlichen Voraussetzungen für die vorzeitige Inanspruchnahme der Altersrente erfüllen wird. ⑥ Das zweite Wahlrecht kann unabhängig von der Wahl des Pensionsalters für die Berechnung der unverfallbaren Versorgungsanwartschaften nach § 2 Betriebsrentengesetz[3] ausgeübt werden. ⑦ Das erste Wahlrecht ist in der Bilanz des Wirtschaftsjahres auszuüben, in dem mit der Bildung der Pensionsrückstellung begonnen wird. ⑧ Das zweite Wahlrecht ist in der Bilanz des Wirtschaftsjahres auszuüben, in dem die Festlegung nach Satz 4 getroffen worden ist. ⑨ Hat der Stpfl. das zweite Wahlrecht ausgeübt und ändert sich danach der Zeitpunkt der frühestmöglichen Inanspruchnahme der vorzeitigen Altersrente aus der gesetzlichen Rentenversicherung (z. B. Beendigung des Arbeitsverhältnisses), ist die Änderung zum Ende des betreffenden Wirtschaftsjahres zu berücksichtigen; ist in diesem Wirtschaftsjahr die Festlegung nach Satz 4 für den neuen Zeitpunkt nicht getroffen worden, ist das vertragliche Pensionsalter nach Satz 1 bei der Ermittlung des Teilwertes der Pensionsanwartschaft zugrunde zu legen. ⑩ Die gegenüber einem Berechtigten getroffene Wahl gilt einheitlich für die gesamte Pensionsverpflichtung, einschließlich einer etwaigen Entgeltumwandlung im Sinne von § 1 Abs. 2 Betriebsrentengesetz.[3,4] ⑪ Der Rückstellungsbildung kann nur die Pensionsleistung zugrunde gelegt werden, die zusagegemäß bis zu dem Pensionsalter erreichbar ist, für das sich der Stpfl. bei Ausübung der Wahlrechte entscheidet. ⑫ Setzt der Arbeitnehmer nach Erreichen dieses Alters seine Tätigkeit fort und erhöht sich dadurch sein Ruhegehaltanspruch, ist der Rückstellung in dem betreffenden Wirtschaftsjahr der Unterschiedsbetrag zwischen der nach den vorstehenden Sätzen höchstzulässigen Rückstellung (Soll-Rückstellung) und dem versicherungsmathematischen Barwert der um den Erhöhungsbetrag vermehrten Pensionsleistungen zuzuführen. ⑬ Hat der Stpfl. bei der Ermittlung des Teilwertes einer Pensionsanwartschaft bereits bisher vom zweiten Wahlrecht Gebrauch gemacht, ist er bei einer Änderung des frühestmöglichen Pensionsalters auf Grund einer gesetzlichen Neuregelung auch künftig an diese Entscheidung gebunden; Satz 4 ist zu beachten. ⑭ Für die sich wegen der Änderung des frühestmöglichen Pensionsalters ergebende Änderung der Teilwerte der Pensionsanwartschaft gilt das Nachholverbot, das sich aus § 6a Abs. 4 EStG herleitet, nicht. ⑮ Liegen die in Satz 4 genannten Voraussetzungen für die Anwendung des zweiten Wahlrechtes am Bilanzstichtag nicht vor, so ist das vertragliche Pensionsalter nach Satz 1 bei der Ermittlung des Teilwertes der Pensionsanwartschaft zugrunde zu legen. R 6a (11) 26

Pensionsalter. Zum maßgebenden Pensionsalter bei der Bewertung von Versorgungszusagen → BMF vom 9. 12. 2016 (BStBl. I S. 1427).[5] H 6a (11) 26a

---

[1] Abgedruckt als Anlage zu H 4f.

[2] Abgedruckt als Anlage f zu § 6a EStG.

[3] Abgedruckt im „Handbuch zur Lohnsteuer" im Anhang **I** Nr. **15.**

[4] R 6a Abs. 11 Satz 10 EStR ist nicht weiter anzuwenden. Das zweite Wahlrecht kann für unterschiedliche Pensionszusagen des Berechtigten unabhängig voneinander ausgeübt werden. Wurde bei der Teilwertermittlung einer Versorgungsverpflichtung das Pensionsalter unter Bezugnahme auf R 6a Abs. 11 Satz 10 EStR in Übereinstimmung mit einer weiteren gegenüber dem Berechtigten erteilten Zusage angesetzt, kann das zweite Wahlrecht nach R 6a Abs. 11 Satz 3 EStR spätestens in der Bilanz des nach dem 29. 6. 2023 endenden Wj. einmalig neu ausgeübt oder eine frühere Ausübung dieses Wahlrechts zurückgenommen werden; R 6a Abs. 11 Satz 15 EStR ist zu beachten, *BMF-Schreiben vom 2. 5. 2022 (BStBl. I S. 631).*

[5] Abgedruckt als Anlage j zu § 6a EStG.

R6a (12) **Entgeltumwandlungen**

27 (12) ① Für Pensionsverpflichtungen, die auf nach dem 31.12. 2000 vereinbarten Entgeltumwandlungen im Sinne von § 1 Abs. 2 Betriebsrentengesetz[1] beruhen, ist vor Vollendung des 28. Lebensjahres (für nach dem 31.12. 2008 erstmals erteilte Pensionszusagen: des 27. Lebensjahres) des Pensionsberechtigten eine Rückstellung in Höhe des Barwerts der nach den §§ 1 und 2 Betriebsrentengesetz[1] unverfallbaren künftigen Pensionsleistungen zu bilden (§ 6 a Abs. 2 Nr. 1 zweite Alternative und § 6 a Abs. 3 Satz 2 Nr. 1 Satz 6 zweiter Halbsatz EStG); nach Vollendung des 28. Lebensjahres (für nach dem 31.12. 2008 erstmals erteilte Pensionszusagen: des 27. Lebensjahres) des Pensionsberechtigten ist für diese Pensionsverpflichtungen für die Ermittlung des Teilwertes nach § 6 a Abs. 3 Satz 2 Nr. 1 Satz 1 EStG eine Vergleichsrechnung erforderlich. ② Dabei sind der Wert nach § 6 a Abs. 3 Satz 2 Nr. 1 Satz 1 erster Halbsatz EStG und der Barwert der unverfallbaren künftigen Pensionsleistungen zu berechnen; der höhere Wert ist anzusetzen. ③ Bei der Vergleichsrechnung sind die für einen Berechtigten nach dem 31.12. 2000 vereinbarten Entgeltumwandlungen als Einheit zu behandeln. ④ Die Regelungen des Satzes 1 gelten nicht für Pensionsverpflichtungen, soweit sie auf Grund einer vertraglichen Vereinbarung unverfallbar sind.

H6a (12) 27a **Beherrschender Gesellschafter-Geschäftsführer einer Kapitalgesellschaft.** Der Ansatz einer Pensionsrückstellung mit dem Barwert nach § 6a Abs. 3 Satz 2 Nr. 1 Satz 1 2. Halbsatz EStG setzt eine Entgeltumwandlung nach § 1 Abs. 2 BetrAVG voraus. Diese Voraussetzung ist bei einem beherrschenden Gesellschafter-Geschäftsführer nicht erfüllt, da er kein Arbeitnehmer im Sinne des § 17 Abs. 1 Satz 1 oder 2 BetrAVG ist (→ BFH vom 27. 5. 2020 – BStBl. II S. 802).

Maßgebendes Finanzierungsendalter. Bei im Rahmen von Entgeltumwandlungen erteilten Pensionszusagen mit jeweils unterschiedlichen Pensionsaltern ist hinsichtlich des jeweiligen Finanzierungsendalters auf den in den einzelnen Zusagen festgelegten Leistungszeitpunkt abzustellen (→ BFH vom 20. 11. 2019 – BStBl. 2020 II S. 271).

Übertragung von Pensionszusagen auf Pensionsfonds. Zur Übertragung von Versorgungsverpflichtungen und Versorgungsanwartschaften auf Pensionsfonds nach § 4 e Abs. 3 EStG i. V. m. § 3 Nr. 66 EStG → BMF vom 26. 10. 2006 (BStBl. I S. 709) und vom 10. 7. 2015 (BStBl. I S. 544).

R6a (13) **Arbeitgeberwechsel**[2]

28 (13) Übernimmt ein Stpfl. in einem Wirtschaftsjahr eine Pensionsverpflichtung gegenüber einem Arbeitnehmer, der bisher in einem anderen Unternehmen tätig gewesen ist, unter gleichzeitiger Übernahme von Vermögenswerten, ist bei der Ermittlung des Teilwertes der Verpflichtung der Jahresbetrag im Sinne des § 6 a Abs. 3 Satz 2 Nr. 1 EStG so zu bemessen, dass zu Beginn des Wirtschaftsjahres der Übernahme der Barwert der Jahresbeträge zusammen mit den übernommenen Vermögenswerten gleich dem Barwert der künftigen Pensionsleistungen ist; dabei darf sich kein negativer Jahresbetrag ergeben.

R6a (14) **Berücksichtigung von Renten aus der gesetzlichen Rentenversicherung**

30 (14) Sieht die Pensionszusage vor, dass die Höhe der betrieblichen Rente in bestimmter Weise von der Höhe der Renten aus der gesetzlichen Rentenversicherung abhängt, darf die Pensionsrückstellung in diesen Fällen nur auf der Grundlage der von dem Unternehmen nach Berücksichtigung der Renten aus der gesetzlichen Rentenversicherung tatsächlich noch selbst zu zahlenden Beträge berechnet werden.

H6a (14) 31 **Näherungsverfahren.** Zur Berücksichtigung von Renten aus der gesetzlichen Rentenversicherung → BMF vom 15. 3. 2007 (BStBl. I S. 290)[3] und vom 5. 5. 2008 (BStBl. I S. 570).[3]

R6a (15) **Doppelfinanzierung**

32 (15) ① Wenn die gleichen Versorgungsleistungen an denselben Empfängerkreis sowohl über eine Pensions- oder Unterstützungskasse oder einen Pensionsfonds als auch über Pensionsrückstellungen finanziert werden sollen, ist die Bildung einer Pensionsrückstellung nicht zulässig. ② Eine schädliche Überschneidung liegt dagegen nicht vor, wenn es sich um verschiedene Versorgungsleistungen handelt, z. B. bei der Finanzierung der Invaliditäts-Renten über Pensions- oder Unterstützungskassen und der Altersrenten über Pensionsrückstellungen oder der Finanzierung rechtsverbindlich zugesagter Leistungen über Rückstellungen und darüber hinausgehender freiwilliger Leistungen über eine Unterstützungskasse.

H6a (15) 33 **Überschneidung.** Die Bildung von Pensionsrückstellungen und Zuwendungen an Pensions- und Unterstützungskassen schließen sich gegenseitig aus (→ BFH vom 22. 1. 1958 – BStBl. III S. 186).

R6a (16) **Handelsvertreter**

34 (16) ① Sagt der Unternehmer dem selbständigen Handelsvertreter eine Pension zu, so muss sich der Handelsvertreter die versprochene Versorgung nach *§ 89 b Abs. 1 Satz 1 Nr. 3 HGB*[4] auf seinen

[1] Abgedruckt im „Handbuch zur Lohnsteuer" im Anhang **I** Nr. **15.**
[2] Siehe § 5 Abs. 7 Satz 4 EStG.
[3] Abgedruckt als Anlage a zu § 6 a EStG.
[4] Jetzt: § 89 b Abs. 1 Satz 1 Nr. 2 HGB.

Ausgleichsanspruch anrechnen lassen. ② Die Pensionsverpflichtung des Unternehmers wird also durch die Ausgleichsverpflichtung nicht gemindert, es sei denn, es ist etwas anderes vereinbart.

Stichtagsprinzip R 6a (17)

(17) ① Für die Bildung der Pensionsrückstellung sind die Verhältnisse am Bilanzstichtag maßgebend. ② Änderungen der Bemessungsgrundlagen, die erst nach dem Bilanzstichtag wirksam werden, sind zu berücksichtigen, wenn sie am Bilanzstichtag bereits feststehen. ③ Danach sind Erhöhungen von Anwartschaften und laufenden Renten, die nach dem Bilanzstichtag eintreten, in die Rückstellungsberechnung zum Bilanzstichtag einzubeziehen, wenn sowohl ihr Ausmaß als auch der Zeitpunkt ihres Eintritts am Bilanzstichtag feststehen. ④ Wird die Höhe der Pension z. B. von Bezugsgrößen der gesetzlichen Rentenversicherungen beeinflusst, sind künftige Änderungen dieser Bezugsgrößen, die am Bilanzstichtag bereits feststehen, z. B. die ab 1. 1. des Folgejahres geltende Beitragsbemessungsgrenze, bei der Berechnung der Pensionsrückstellung zum Bilanzstichtag zu berücksichtigen. ⑤ Die für das Folgejahr geltenden Bezugsgrößen stehen in dem Zeitpunkt fest, in dem die jeweilige Sozialversicherungs-Rechengrößenverordnung im Bundesgesetzblatt verkündet wird.[1] 35

Mehrjährige Gehaltssteigerung H 6a (17)

Beispiel: 36

Ein Arbeitnehmer hat eine Pensionszusage in Höhe von 10% des letzten vor Eintritt des Versorgungsfalls bezogenen Gehalts. Am 10. 12. 01 wird rechtsverbindlich vereinbart, dass sich das derzeitige Gehalt von 3000 € mit Wirkung vom 1. 4. 02 auf 3150 € und mit Wirkung vom 1. 2. 03 auf 3250 € erhöht. Die dadurch vereinbarten Erhöhungen des Pensionsanspruchs von 15 € monatlich zum 1. 4. 02 und von 10 € monatlich zum 1. 2. 03 sind bereits bei der Rückstellungsberechnung zum 31. 12. 01 zu berücksichtigen.

Steigerungen der Versorgungsansprüche. Fest zugesagte prozentuale Rentenerhöhungen sind bei der Bewertung der Pensionsrückstellung zu berücksichtigen (→ BFH vom 17. 5. 1995 – BStBl. 1996 II S. 423); Entsprechendes gilt für zugesagte prozentuale Steigerungen der Rentenanwartschaft (→ BFH vom 25. 10. 1995 – BStBl. 1996 II S. 403).
Mögliche künftige Anpassungen nach § 16 Abs. 1 Betriebsrentengesetz sind nicht rückstellungsfähig (→ BFH vom 6. 12. 1995 – BStBl. 1996 II S. 406).

Überversorgung

- Zur bilanzsteuerrechtlichen Berücksichtigung von überdurchschnittlich hohen Versorgungsanwartschaften (Überversorgung) → BMF vom 3. 11. 2004 (BStBl. I S. 1045) und vom 13. 12. 2012 (BStBl. 2013 I S. 35).
- Wird eine Versorgungszusage trotz dauerhaft reduzierter Aktivbezüge nicht ihrerseits vermindert, liegt eine Überversorgung vor, die zu einer Kürzung der Pensionsrückstellung nach § 6 a EStG führt (→ BFH vom 27. 3. 2012 – BStBl. II S. 665).

Wertpapiergebundene Pensionszusagen. Pensionsrückstellungen können nur insoweit gebildet werden, als der Versorgungsanspruch auf die garantierte Mindestleistung entfällt. Zusätzliche Leistungen, die vom Wert bestimmter Wertpapiere (z. B. Fondsanteile, Aktien) zu einem festgelegten künftigen Zeitpunkt (z. B. Eintritt des Versorgungsfalles) abhängen, sind nicht zu berücksichtigen (→ BMF vom 17. 12. 2002 – BStBl. I S. 1397).

Inventurerleichterung R 6a (18)

(18) ① Die Pensionsverpflichtungen sind grundsätzlich auf Grund einer körperlichen Bestandsaufnahme (Feststellung der pensionsberechtigten Personen und der Höhe ihrer Pensionsansprüche) für den Bilanzstichtag zu ermitteln. ② In Anwendung von § 241 Abs. 3 HGB kann der für die Berechnung der Pensionsrückstellungen maßgebende Personenstand auch auf einen Tag (Inventurstichtag) innerhalb von drei Monaten vor oder zwei Monaten nach dem Bilanzstichtag aufgenommen werden, wenn sichergestellt ist, dass die Pensionsverpflichtungen für den Bilanzstichtag ordnungsgemäß bewertet werden können. ③ Es ist nicht zu beanstanden, wenn im Falle der Vorverlegung der Bestandsaufnahme bei der Berechnung der Pensionsrückstellungen wie folgt verfahren wird: 37

1. Die für den Inventurstichtag festgestellten Pensionsverpflichtungen sind bei der Berechnung der Pensionsrückstellungen für den Bilanzstichtag mit ihrem Wert vom Bilanzstichtag anzusetzen.
2. ① Aus Vereinfachungsgründen können bei der Berechnung der Pensionsrückstellungen für den Bilanzstichtag die folgenden Veränderungen der Pensionsverpflichtungen, die in der Zeit vom Inventurstichtag bis zum Bilanzstichtag eintreten, unberücksichtigt bleiben:
   a) Veränderungen, die auf biologischen Ursachen, z. B. Tod, Invalidität, beruhen;
   b) Veränderungen durch normale Zu- oder Abgänge von pensionsberechtigten Personen oder durch Übergang in eine andere Gehalts- oder Pensionsgruppe, z. B. Beförderung. ② Außergewöhnliche Veränderungen, z. B. Stillegung oder Eröffnung eines Teilbetriebs, bei Massenentlassungen oder bei einer wesentlichen Erweiterung des Kreises der pensionsberechtigten Personen, sind bei der Rückstellungsberechnung für den Bilanzstichtag zu berücksichtigen.

[1] Die Bezugsgrößen für 2023 siehe im BGBl. 2022 I S. 2128.

② Allgemeine Leistungsänderungen für eine Gruppe von Verpflichtungen, die nicht unter Satz 1 Buchstabe a oder b fallen, sind bei der Rückstellungsberechnung für den Bilanzstichtag mindestens näherungsweise zu berücksichtigen; für den folgenden Bilanzstichtag ist der sich dann ergebende tatsächliche Wert anzusetzen.

3. Soweit Veränderungen der Pensionsverpflichtungen nach Nummer 2 bei der Berechnung der Rückstellungen für den Bilanzstichtag unberücksichtigt bleiben, sind sie zum nächsten Bilanzstichtag bis zur steuerlich zulässigen Höhe zu berücksichtigen.
4. Werden werterhöhende Umstände, die nach Nummer 2 bei der Berechnung der Rückstellungen für den Bilanzstichtag unberücksichtigt bleiben können, dennoch in die Rückstellungsberechnung einbezogen, sind bei der Rückstellungsberechnung auch wertmindernde Umstände, die nach Nummer 2 außer Betracht bleiben können, zu berücksichtigen.
5. ① Die Nummern 2 bis 4 gelten nicht, wenn bei einem Stpfl. am Inventurstichtag nicht mehr als 20 Pensionsberechtigte vorhanden sind. ② Sie gelten ferner nicht für Vorstandsmitglieder und Geschäftsführer von Kapitalgesellschaften.

R 6a (19)

Ausscheiden eines Anwärters

38 (19) ① Die Rückstellung für Pensionsverpflichtungen gegenüber einer Person, die mit einer unverfallbaren Versorgungsanwartschaft ausgeschieden ist, ist beizubehalten, solange das Unternehmen mit einer späteren Inanspruchnahme zu rechnen hat. ② Sofern dem Unternehmen nicht bereits vorher bekannt ist, dass Leistungen nicht zu gewähren sind, braucht die Frage, ob mit einer Inanspruchnahme zu rechnen ist, erst nach Erreichen der vertraglich vereinbarten Altersgrenze geprüft zu werden. ③ Steht bis zum Ende des Wirtschaftsjahres, das auf das Wirtschaftsjahr des Erreichens der Altersgrenze folgt, die spätere Inanspruchnahme nicht fest, ist die Rückstellung zu diesem Zeitpunkt aufzulösen.

H 6a (19)

39 **Ablösung der Rente.** Bei der Bewertung einer Pensionsverpflichtung kann eine Ablösungsvereinbarung erst berücksichtigt werden, wenn sie feststeht (→ BFH vom 7. 4. 1994 – BStBl. II S. 740).

R 6a (20)

Zuführung zur Pensionsrückstellung

40 (20) Nach § 249 HGB in Verbindung mit § 6 a Abs. 4 EStG muss in einem Wirtschaftsjahr der Rückstellung der Unterschiedsbetrag zwischen dem Teilwert am Schluss des Wirtschaftsjahres und dem Teilwert am Schluss des vorangegangenen Wirtschaftsjahres zugeführt werden.

H 6a (20)

Nachholverbot

41
- Das Nachholverbot gilt nicht, wenn am Schluss des vorangegangenen Wj. eine Pensionsverpflichtung bestand, für die in der Vorjahresbilanz keine Rückstellung gebildet werden konnte. Entsprechendes gilt, wenn zwar in der Vorjahresbilanz eine Pensionsrückstellung gebildet wird, diese aber nur einen Teil der bestehenden Verpflichtung abdecken durfte (→ BFH vom 8. 10. 2008 – BStBl. 2010 II S. 186).
- Ist eine Rückstellung nicht gebildet worden, weil ihr die BFH-Rechtsprechung entgegenstand, so führt die Aufgabe dieser Rechtsprechung nicht dazu, dass für die Zeit bis zur Aufgabe dieser Rechtsprechung das Nachholverbot des § 6 a Abs. 4 EStG gilt. Die Rückstellung kann spätestens in dem Jahr, in dem die Rechtsprechung aufgegeben wird, in vollem Umfang nachgeholt werden (→ BFH vom 7. 4. 1994 – BStBl. II S. 740).
- Das Nachholverbot ist auch bei Pensionsrückstellungen anzuwenden, die in einem vorangegangenen Wj. aufgrund einer zulässigen Bewertungsmethode niedriger als möglich bewertet worden sind (→ BFH vom 10. 7. 2002 – BStBl. 2003 II S. 936).
- Beruht der fehlende oder fehlerhafte Ansatz einer Pensionsrückstellung auf einem Rechtsirrtum, ist das Nachholverbot anzuwenden. Das gilt unabhängig davon, ob nach den Umständen des jeweiligen Einzelfalles eine willkürliche Gewinnverschiebung anzunehmen ist (→ BMF vom 11. 12. 2003 – BStBl. I S. 746).
- Wurde infolge eines Berechnungsfehlers eine Pensionsrückstellung in einer früheren Bilanz mit einem Wert angesetzt, der unterhalb des Teilwerts liegt, greift das Nachholverbot (→ BFH vom 14. 1. 2009 – BStBl. II S. 457).
- Das Nachholverbot geht dem Grundsatz des formellen Bilanzenzusammenhangs vor (→ BFH vom 13. 2. 2008 – BStBl. II S. 673).

R 6a (21)

Auflösung der Pensionsrückstellung

43 (21) ① Auflösungen oder Teilauflösungen in der Steuerbilanz sind nur insoweit zulässig, als sich die Höhe der Pensionsverpflichtung gemindert hat. ② Wird die Pensionszusage widerrufen (→ Absätze 3 bis 6), ist die Pensionsrückstellung in der nächstfolgenden Bilanz gewinnerhöhend aufzulösen und ist erst wieder zu passivieren, wenn die Zusage mit unschädlichen Vorbehalten wieder in Kraft gesetzt wird (z. B. durch rechtskräftiges Urteil oder Vergleich). ③ Ist die Rückstellung ganz oder teilweise aufgelöst worden, ohne dass sich die Pensionsverpflichtung entsprechend geändert hat, ist die Steuerbilanz insoweit unrichtig. ④ Dieser Fehler ist im Wege der Bilanzberichtigung (→ R 4.4) zu korrigieren. ⑤ Dabei ist die Rückstellung in Höhe des Betrags anzusetzen, der nicht hätte aufgelöst werden dürfen, höchstens jedoch mit dem Teilwert der Pensionsverpflichtung.

(22) ① Nach dem Zeitpunkt des vertraglich vorgesehenen Eintritts des Versorgungsfalles oder eines gewählten früheren Zeitpunktes (→ zweites Wahlrecht, Absatz 11 Satz 3) ist die Pensionsrückstellung in jedem Wirtschaftsjahr in Höhe des Unterschiedsbetrages zwischen dem versicherungsmathematischen Barwert der künftigen Pensionsleistungen am Schluss des Wirtschaftsjahres und der am Schluss des vorangegangenen Wirtschaftsjahres passivierten Pensionsrückstellung gewinnerhöhend aufzulösen; die laufenden Pensionsleistungen sind dabei als Betriebsausgaben abzusetzen. ② Eine Pensionsrückstellung ist auch dann in Höhe des Unterschiedsbetrages nach Satz 1 aufzulösen, wenn der Pensionsberechtigte nach dem Zeitpunkt des vertraglich vorgesehenen Eintritts des Versorgungsfalles noch weiter gegen Entgelt tätig bleibt („technischer Rentner"), es sei denn, dass bereits die Bildung der Rückstellung auf die Zeit bis zu dem voraussichtlichen Ende der Beschäftigung des Arbeitnehmers verteilt worden ist (→ Absatz 11). ③ Ist für ein Wirtschaftsjahr, das nach dem Zeitpunkt des vertraglich vorgesehenen Eintritts des Versorgungsfalles endet, die am Schluss des vorangegangenen Wirtschaftsjahres ausgewiesene Rückstellung niedriger als der versicherungsmathematische Barwert der künftigen Pensionsleistungen am Schluss des Wirtschaftsjahres, darf die Rückstellung erst von dem Wirtschaftsjahr ab aufgelöst werden, in dem der Barwert der künftigen Pensionsleistungen am Schluss des Wirtschaftsjahres niedriger ist als der am Schluss des vorangegangenen Wirtschaftsjahres ausgewiesene Betrag der Rückstellung. ④ In dem Wirtschaftsjahr, in dem eine bereits laufende Pensionsleistung herabgesetzt wird oder eine Hinterbliebenenrente beginnt, darf eine bisher ausgewiesene Rückstellung, die höher ist als der Barwert, nur bis zur Höhe dieses Barwerts aufgelöst werden. R 6a (22) 44

Rückdeckungsversicherung R 6a (23)

(23) ① Eine aufschiebend bedingte Abtretung des Rückdeckungsanspruchs an den pensionsberechtigten Arbeitnehmer für den Fall, dass der Pensionsanspruch durch bestimmte Ereignisse gefährdet wird, z.B. bei Insolvenz des Unternehmens, wird – soweit er nicht im Insolvenzfall nach § 9 Abs. 2 Betriebsrentengesetz[1] auf den Träger der Insolvenzsicherung übergeht – erst wirksam, wenn die Bedingung eintritt (§ 158 Abs. 1 BGB). ② Die Rückdeckungsversicherung behält deshalb bis zum Eintritt der Bedingung ihren bisherigen Charakter bei. ③ Wird durch Eintritt der Bedingung die Abtretung an den Arbeitnehmer wirksam, wird die bisherige Rückdeckungsversicherung zu einer Direktversicherung. 44a

Begriff der Rückdeckungsversicherung. Eine Rückdeckungsversicherung liegt vor, wenn H 6a (23) 44b
- dem Arbeitnehmer ausreichend bestimmt eine Versorgung aus den Mitteln des Arbeitgebers zugesagt ist,
- zur Gewährleistung der Mittel für die Ausführung dieser Versorgung eine Sicherung geschaffen ist,
- die Sicherung nicht zusätzlich den Belangen des Arbeitnehmers dient, sondern allein oder überwiegend den Belangen des Arbeitgebers zu dienen bestimmt ist.

Das ist gewährleistet, wenn der Arbeitgeber Versicherungsnehmer, alleiniger Prämienzahler und Bezugsberechtigter auf die Versicherungsleistungen ist (→ BFH vom 28. 6. 2001 – BStBl. 2002 II S. 724).

Getrennte Bilanzierung. Der Rückdeckungsanspruch einerseits und die Pensionsverpflichtung andererseits stellen unabhängig voneinander zu bilanzierende Wirtschaftsgüter dar (→ BFH vom 25. 2. 2004 – BStBl. II S. 654). Eine Saldierung des Rückdeckungsanspruches mit der Pensionsrückstellung ist auch dann nicht zulässig, wenn eine solche nicht passiviert werden muss, weil es sich um eine Altzusage (→ R 6a Abs. 1 Satz 3) handelt (→ BFH vom 28. 6. 2001 – BStBl. 2002 II S. 724). Auch bei Rückdeckung in voller Höhe (kongruente Rückdeckung) ist eine Saldierung nicht zulässig (→ BFH vom 25. 2. 2004 – BStBl. II S. 654).

Rückdeckungsanspruch
- Ansprüche aus der Rückdeckung von Pensionsverpflichtungen sind als Forderungen grundsätzlich mit ihren Anschaffungskosten anzusetzen. Das sind die bis zum jeweiligen Bilanzstichtag vom Versicherungsnehmer unmittelbar aufgewendeten Sparanteile der Versicherungsprämien (Sparbeiträge) zzgl. der Zinsansprüche sowie der Guthaben aus Überschussbeteiligungen. Hierfür ist das vom Versicherer jeweils nachgewiesene Deckungskapital (Deckungsrückstellung) die Bewertungsgrundlage und der Bewertungsmaßstab. Hierzu gehören alle aus dem Versicherungsvertragsverhältnis resultierenden Ansprüche gegen den Versicherer (z.B. Guthaben aus Überschussbeteiligungen, verzinslichen Ansammlungen, Anwartschaft auf Hinterbliebenenleistungen usw.). Eine Begrenzung des Bilanzansatzes auf den Betrag der passivierten Pensionsrückstellung ist nicht zulässig (→ BFH vom 25. 2. 2004 – BStBl. II S. 654).
- Der Anspruch aus der Rückdeckung einer Zusage auf Hinterbliebenenversorgung ist mit dem vom Versicherer nachgewiesenen Deckungskapital (Deckungsrückstellung) zu aktivieren (→ BFH vom 9. 8. 2006 – BStBl. II S. 762).
- Der Anspruch aus einer Kapitallebensversicherung, die mit einer Berufsunfähigkeits-Zusatzversicherung kombiniert ist, ist auch nach Eintritt der Berufsunfähigkeit als ein einheitliches Wirtschaftsgut zu aktivieren und mit dem Rechnungszinssatz zu bemessen, den der Ver-

[1] Abgedruckt im „Handbuch zur Lohnsteuer" im Anhang **I** Nr. **15**.

sicherer für die Berechnung der Deckungsrückstellung für die Lebensversicherung verwendet hat (→ BFH vom 10. 6. 2009 – BStBl. 2010 II S. 32).

Teilwertabschreibung. Eine Teilwertabschreibung von Ansprüchen aus der Rückdeckung von Pensionsverpflichtungen kommt nur in Betracht, wenn besondere Anhaltspunkte vorliegen, die den Abschluss der Rückdeckungsversicherung als geschäftliche Fehlmaßnahme erscheinen lassen. Die Tatsache, dass der Rückkaufswert einer Versicherung das angesammelte Deckungskapital regelmäßig unterschreitet, rechtfertigt keine Teilwertabschreibung auf diesen Wert, solange der Rückkauf nicht beabsichtigt ist oder wenn der Rückkauf mit Rentenbeginn ausgeschlossen ist (→ BFH vom 25. 2. 2004 – BStBl. II S. 654).

Vereinfachungsregelung. Wegen einer Vereinfachungsregelung bei der Aktivierung des Rückdeckungsanspruches → BMF vom 30. 6. 1975 (BStBl. I S. 716), A IV Abs. 25.

Anl a zu § 6a

a) Schreiben betr. betriebliche Altersversorgung; Berücksichtigung von Renten aus der gesetzlichen Rentenversicherung bei der bilanzsteuerrechtlichen Bewertung von Pensionsverpflichtungen und bei der Ermittlung der als Betriebsausgaben abzugsfähigen Zuwendungen an Unterstützungskassen (sog. Näherungsverfahren)

Vom 15. März 2007 (BStBl. I S. 290)

(BMF B 2 – S 2176/07/0003; DOK 2007/0111221)

Geändert durch BMF vom 5. 5. 2008 (BStBl. I S. 570)

2 Anlagen

Unter Bezugnahme auf das Ergebnis der Erörterung mit den obersten Finanzbehörden der Länder gilt für die Berücksichtigung von Renten aus der gesetzlichen Rentenversicherung bei der Berechnung von Pensionsrückstellungen nach § 6 a EStG und der Ermittlung der als Betriebsausgaben abzugsfähigen Zuwendungen an Unterstützungskassen nach § 4 d EStG Folgendes:

I. Pensionsrückstellungen

53 **1** Pensionszusagen sehen häufig eine volle oder teilweise Anrechnung von Renten aus der gesetzlichen Rentenversicherung auf die betrieblichen Renten oder eine Begrenzung der Gesamtversorgung aus betrieblichen Renten und Renten aus der gesetzlichen Rentenversicherung vor. Die Pensionsrückstellungen dürfen in diesen Fällen nur auf der Grundlage der von den Unternehmen nach Berücksichtigung der Renten aus der gesetzlichen Rentenversicherung und der Begrenzung der Gesamtversorgung tatsächlich noch zu zahlenden Beträge berechnet werden. Die genaue Berücksichtigung der Renten aus der gesetzlichen Rentenversicherung bereitet in der Praxis erhebliche Schwierigkeiten, da sich bei der geltenden Rentenformel die künftig zu erwartende Rente aus der gesetzlichen Rentenversicherung eines noch aktiven Arbeitnehmers nur schwer errechnen lässt. Aus diesem Grund ist ein Näherungsverfahren zur Anrechnung der Renten aus der gesetzlichen Rentenversicherung bei der Berechnung der Pensionsrückstellungen nach § 6 a EStG zugelassen, vgl. gleichlautende Erlasse der obersten Finanzbehörden der Länder vom 4. Oktober 1968 (BStBl. I S. 1145) und BMF-Schreiben vom 27. November 1970 (BStBl. I S. 1072), 18. Juni 1973 (BStBl. I S. 529), 28. Juli 1975 (BStBl. I S. 767), 3. Mai 1979 (BStBl. I S. 273), 22. Januar 1981 (BStBl. I S. 41), 23. April 1985 (BStBl. I S. 185),[1] 10. Dezember 1990 (BStBl. I S. 868),[2] 31. Oktober 1996 (BStBl. I S. 1195),[3] 30. Dezember 1997 (BStBl. I S. 1024),[4] 8. Februar 1999 (BStBl. I S. 212),[4] 17. Juli 2000 (BStBl. I S. 1197), 5. Oktober 2001 (BStBl. I S. 661),[5] 10. Januar 2003 (BStBl. I S. 76), 16. August 2004 (BStBl. I S. 849)[5] und 16. Dezember 2005 (BStBl. I S. 1056).[6] Dieses Näherungsverfahren ist erneut anzupassen.

Es bestehen keine Bedenken, folgendes Verfahren anzuwenden:

1. Näherungsformel

2 Die im Alter x maßgebende Monatsrente eines Arbeitnehmers aus der allgemeinen Rentenversicherung wird bei der Berechnung der Pensionsrückstellung nach der Formel

$R_x = EP_x \cdot AR \cdot ZF_x$

ermittelt. Dabei bedeuten:

EP_x = die im Alter x maßgebenden Entgeltpunkte (vgl. Randnummer 3),
AR = der am Bilanzstichtag maßgebende aktuelle Rentenwert (§ 68 SGB VI) und
ZF_x = der im Alter x maßgebende Zugangsfaktor (vgl. Randnummer 12).

2. Maßgebende Entgeltpunkte

3 Bezeichnet t_0 das Alter des Arbeitnehmers am Bilanzstichtag und x_0 sein maßgebliches fiktives Versicherungsbeginnalter (vgl. Randnummer 5, werden für die bis zum Alter x ($x \geq x_0$) aufgelaufenen Entgeltpunkte EP_x folgende Näherungen getrennt für die Vergangenheit und die Zukunft herangezogen.

---

[1] Abgedruckt im „Handbuch zur ESt-Veranlagung 1992" als Anlage a zu Abschnitt 41 EStR.
[2] Abgedruckt im „Handbuch zur ESt-Veranlagung 1995" als Anlage a zu § 6 a EStG.
[3] Abgedruckt im „Handbuch zur ESt-Veranlagung 1996" als Anlage a zu § 6 a EStG.
[4] Abgedruckt im „Handbuch zur ESt-Veranlagung 2000" als Anlage a zu § 6 a EStG.
[5] Abgedruckt im „Handbuch zur ESt-Veranlagung 2006" als Anlage a zu § 6 a EStG.
[6] Abgedruckt im „Handbuch zur ESt-Veranlagung 2007" als Anlage a zu § 6 a EStG.

Für die in der Vergangenheit bis zum Alter t_0 (höchstens das Prognosealter x) erworbenen Entgeltpunkte V_{t_0},x gilt mit $t := \min\{t_0; x\}$ die Schätzung:

$$V_{t_0,x} = \max(t - x_0; 0) \cdot \left[0{,}0831 + 0{,}7748 \cdot \frac{\min\{0{,}9 \cdot BBG; G\}}{GD} \cdot B_t \right]$$

Für die Zukunft ab Alter t_0 bis zum Prognosealter x wird der Erwerb weiterer Entgeltpunkte in Höhe von Z_{t_0},x unterstellt. Hierfür gilt:

$$Z_{t_0,x} = \max\{x - t_0; 0\} \cdot \frac{\min\{G; BBG\}}{GD}$$

Als Näherung für die im Alter x maßgebenden Entgeltpunkte gilt dann unter Berücksichtigung von Zurechnungszeiten (vgl. Randnummer 4):

$$EP_x = (V_{t_0,x} + Z_{t_0,x}) \cdot \left[1 + \frac{\max\{60 - x; 0\}}{x - x_0} \right]$$

Zur Berücksichtigung der allgemeinen Wartezeit von 5 Jahren (§ 50 SGB VI) ist zusätzlich zu setzen: $EP_x = 0$ für $x < x_0 + 5$

In den Formeln bedeuten:

G	=	die für den Arbeitnehmer am Bilanzstichtag maßgebenden Bezüge (vgl. Randnummern 9 bis 11),
GD	=	das am Bilanzstichtag maßgebende vorläufige Durchschnittsentgelt im Sinne von § 69 Abs. 2 Nr. 2 SGB VI,
BBG	=	die am Bilanzstichtag maßgebende Beitragsbemessungsgrenze in der allgemeinen Rentenversicherung (§ 159 SGB VI) und
B_t	=	den BBG-Faktor (vgl. Randnummer 13).

3. Maßgebendes Versicherungsbeginnalter

4 Als Versicherungsjahr zählt bei einem in der gesetzlichen Rentenversicherung versicherten Arbeitnehmer jedes Lebensjahr nach Vollendung des fiktiven Versicherungsbeginnalters x_0. Dabei ergibt sich x_0 in Abhängigkeit vom Verhältnis G/GD der maßgebenden Bezüge zum Durchschnittsentgelt am Bilanzstichtag aus folgender Tabelle: 54

G/GD	x_0
bis 0,4	18
über 0,4 bis 0,7	19
über 0,7 bis 1,1	20
über 1,1 bis 1,3	21
über 1,3 bis 1,5	22
über 1,5 bis 1,7	23
über 1,7	24

Für Versicherungsfälle im Altersbereich unter 60 Jahren ist die Zurechnungszeit (§ 59 SGB VI) einzubeziehen. Als Zurechnungszeit gilt die Zeit vom Eintritt des Versicherungsfalles bis zur Vollendung des 60. Lebensjahres. Sind nach den gleichlautenden Ländererlassen vom 4. Oktober 1968 (hier: Abs. 2, Abschnitt A Nr. 2 bis 4) versicherungsfreie Jahre festgestellt worden, vermindern sich die Versicherungsjahre ab Alter x_0 um die Zahl der versicherungsfreien Jahre.

5 Wird ein Arbeitsverhältnis gegenüber einem Arbeitnehmer neu begründet, dessen maßgebende Bezüge zu diesem Zeitpunkt die Beitragsbemessungsgrenze übersteigen, gelten die Kalenderjahre ab 1963, höchstens jedoch die nach dem Alter x_0 zurückgelegten Lebensjahre als Versicherungsjahre. Im Fall der Übernahme einer Pensionsverpflichtung durch den neuen Arbeitgeber sind statt dessen die bisher zulässigerweise berücksichtigten versicherungsfreien Jahre anzusetzen. Die Zurechnungszeit ist entsprechend den Bestimmungen in Randnummer 4 zu berücksichtigen.

6 Ist ein Angestellter auch nach dem 1. Januar 1968 von der Versicherungspflicht in der gesetzlichen Rentenversicherung befreit, sind die Kalenderjahre, in denen nach dem 1. Januar 1968 Versicherungsfreiheit bestand, nicht als Versicherungsjahre zu berücksichtigen. Besteht Versicherungsfreiheit am Bewertungsstichtag, ist davon auszugehen, dass die Versicherungsfreiheit bis zum Ende des Beschäftigungsverhältnisses andauert.

7 Hat ein Arbeitnehmer in nicht versicherungspflichtigen Zeiten Ansprüche aufgrund von freiwilligen Beitragszahlungen zur gesetzlichen Rentenversicherung erworben, die bei Bemessung der betrieblichen Rente berücksichtigt werden, gelten diese Zeiten nicht als versicherungsfreie Jahre.

8 Ist in der Pensionszusage anstelle der Anrechnung der Rente aus der gesetzlichen Rentenversicherung die Anrechnung einer befreienden Lebensversicherung vorgesehen, ist es nicht zu beanstanden, wenn – unabhängig von der Art der Anrechnung für die Lebensversicherung – die Zeiten der Beitragszahlung zur Lebensversicherung als Versicherungsjahre berücksichtigt werden.

Anl a zu § 6a

4. Maßgebende Bezüge

55 **9** Als maßgebende Bezüge gelten die für die Beitragsbemessung in der gesetzlichen Rentenversicherung maßgebenden Bruttobezüge. Dabei sind einmalige Zahlungen (wie z. B. zusätzliche Urlaubsvergütungen, Weihnachtsgratifikationen, Ergebnisbeteiligungen, Tantiemen o. Ä.) nur insoweit einzubeziehen, als sie nach den sozialversicherungsrechtlichen Bestimmungen zu Rentenleistungen führen.

10 Die maßgebenden Bezüge und die Beitragsbemessungsgrenze in der allgemeinen Rentenversicherung (vgl. § 159 SGB VI) sind nach den Verhältnissen des Bilanzstichtages zu ermitteln. Dabei sind die das Stichtagsprinzip betreffenden Regelungen von R 6 a Abs. 17 EStR 2005 zu beachten.

11 Die maßgebenden Bezüge sind für jede einzelne Verpflichtung nach Maßgabe der Randnummern 9 und 10 zu berücksichtigen. Es ist nicht zu beanstanden, wenn die maßgebenden Bezüge oder einzelne Bestandteile davon (z. B. Überstundenvergütungen, einmalige Zahlungen), die nur unter Schwierigkeiten ermittelt werden können, für Gruppen pensionsberechtigter Arbeitnehmer eines Betriebes, deren Beschäftigungs- und Vergütungsmerkmale sich annähernd entsprechen, mit einem einheitlichen Vervielfältiger aus den feststehenden pensionsfähigen Bezügen oder den feststehenden Grundbezügen näherungsweise ermittelt werden. Zur Vermeidung von Schwankungen bei der Rückstellungsbildung ist am Bilanzstichtag jeweils das arithmetische Mittel aus den zum Bilanzstichtag und zu den vier vorhergehenden Bilanzstichtagen (soweit ermittelt) gültigen Vervielfältigern anzuwenden. In gleicher Weise kann bei der Berechnung von Bezügen verfahren werden, die für die Limitierung der betrieblichen Renten und der Renten aus der gesetzlichen Rentenversicherung maßgeblich sein sollen.

5. Zugangsfaktoren[1]

55a **12**[2] Beim Bezug von Renten aus der gesetzlichen Rentenversicherung sind nach § 63 Abs. 5 i. V. m. § 77 SGB VI folgende Zugangsfaktoren zu berücksichtigen:

- Bei Renten wegen Alters, die mit Ablauf des Kalendermonats des Erreichens der Regelaltersgrenze oder eines für den Versicherten maßgebenden niedrigeren Rentenalters beginnen, beträgt der Zugangsfaktor 1,0. Er vermindert sich für jeden Monat der vorzeitigen Inanspruchnahme um 0,3% und erhöht sich für jeden Monat der über die Regelaltersgrenze hinausgeschobenen Inanspruchnahme um 0,5%. Vor Berechnung der Zugangsfaktoren ist sowohl die Regelaltersgrenze als auch das gewählte Finanzierungsendalter auf volle Jahre zu runden.
- Bei Renten wegen verminderter Erwerbsfähigkeit oder wegen Todes ist der Zugangsfaktor für jeden Monat, für den der Versicherungsfall vor der Vollendung des 65. Lebensjahres des Arbeitnehmers (Versicherten) eingetreten ist, um 0,3%, höchstens um 10,8% niedriger als 1,0.
- Hat der Steuerpflichtige vom zweiten Wahlrecht gemäß R 6 a Abs. 11 EStR 2005 Gebrauch gemacht, ergeben sich folgende Werte:

  a) Für nicht schwerbehinderte männliche Arbeitnehmer gelten die folgenden Pensionsalter und Zugangsfaktoren:

Geburtsjahrgang	Pensionsalter	Kürzung der Altersrente	Zugangsfaktor
bis 1952	63	7,2%	0,928
ab 1953 bis 1961	63	10,8%	0,892
ab 1962	63	14,4%	0,856

  Für nicht schwerbehinderte weibliche Arbeitnehmer gelten die folgenden Pensionsalter und Zugangsfaktoren:

Geburtsjahrgang	Pensionsalter	Kürzung der Altersrente	Zugangsfaktor
bis 1951	60	18,0%	0,820
1952	63	7,2%	0,928
ab 1953 bis 1961	63	10,8%	0,892
ab 1962	63	14,4%	0,856

  b) Abweichend hiervon gelten für nicht schwerbehinderte Männer und Frauen, die nach Vollendung des 55. Lebensjahres in Altersteilzeit im Sinne von § 237 SGB VI gegangen sind oder deren Arbeitsverhältnis nach Vollendung des 55. Lebensjahres geendet hat, die folgenden Pensionsalter und Zugangsfaktoren:

Geburtsjahrgang	Pensionsalter	Kürzung der Altersrente	Zugangsfaktor
1945 bis Juni 1946	60	18,0%	0,820
Juli 1946 bis Juni 1947	61	14,4%	0,856
Juli 1947 bis Juni 1948	62	10,8%	0,892
Juli 1948 bis 1951	63	7,2%	0,928

[1] Das Gesetz zur Anpassung der Regelaltersgrenze an die demografische Entwicklung und zur Stärkung der Finanzierungsgrundlagen der gesetzlichen Rentenversicherung (RV-Altersgrenzenanpassungsgesetz) vom 20. April 2007 (BGBl. I S. 554) wirkt sich auf die beim Bezug von Renten der gesetzlichen Rentenversicherung zu berücksichtigenden Zugangsfaktoren aus (BMF vom 5. 5. 2008, BStBl. I S. 570).

[2] Rn. 12 geändert durch BMF-Schreiben vom 5. 5. 2008 (BStBl. I S. 570).

Steht bei einem männlichen oder weiblichen Arbeitnehmer mit einem Geburtsdatum vor dem 1. Juli 1948, der nach Vollendung des 55. Lebensjahres in Altersteilzeit im Sinne von § 237 SGB VI gegangen ist oder dessen Arbeitsverhältnis nach Vollendung des 55. Lebensjahres geendet hat, aufgrund seines erreichten Alters oder nach den vertraglichen Vereinbarungen im Ausscheidezeitpunkt oder bei Übergang in die Altersteilzeit fest, dass er im frühestens möglichen Zeitpunkt nicht die Voraussetzungen für den Bezug der vorzeitigen Altersrente wegen Arbeitslosigkeit (1 Jahr Arbeitslosigkeit) oder nach Altersteilzeitarbeit (2 Jahre Altersteilzeitarbeit) erfüllen kann, erhöht sich das jeweilige Pensionsalter und damit der Zugangsfaktor (maximal 1) entsprechend.

c) Für schwerbehinderte Arbeitnehmerinnen und Arbeitnehmer gelten die folgenden Pensionsalter und Zugangsfaktoren:

Geburtsjahrgang	Pensionsalter	Kürzung der Altersrente	Zugangsfaktor
bis 1952	60	10,8%	0,892
ab 1953 bis 1961	61	10,8%	0,892
ab 1962	62	10,8%	0,892

d) Für Renten wegen verminderter Erwerbsfähigkeit oder wegen Todes ergeben sich die folgenden Zugangsfaktoren:

Versorgungsfälle bis 2012:

Alter im Versicherungsfall	Kürzung der Rente	Zugangsfaktor
63 Jahre und älter	0,0%	1,000
62 Jahre	1,8%	0,982
61 Jahre	5,4%	0,946
60 Jahre	9,0%	0,910
59 Jahre und jünger	10,8%	0,892

Versorgungsfälle von 2013 bis 2021:

Alter im Versicherungsfall	Kürzung der Rente	Zugangsfaktor
64 Jahre und älter	0,0%	1,000
63 Jahre	1,8%	0,982
62 Jahre	5,4%	0,946
61 Jahre	9,0%	0,910
60 Jahre und jünger	10,8%	0,892

Versorgungsfälle ab 2022:

Alter im Versicherungsfall	Kürzung der Rente	Zugangsfaktor
65 Jahre und älter	0,0%	1,000
64 Jahre	1,8%	0,982
63 Jahre	5,4%	0,946
62 Jahre	9,0%	0,910
61 Jahre und jünger	10,8%	0,892

6. BBG-Faktor

13 Der BBG-Faktor B_t berücksichtigt die außerordentliche Erhöhung der Beitragsbemessungsgrenze im Jahre 2003 (§ 275 c SGB VI). Für B_t gilt unter Beibehaltung der Bezeichnungen aus Randnummer 3:

Falls G oberhalb 90 v. H. der BBG und $t > x_0$:

$$B_t = 1 + \frac{\min\{G;BBG\} - 0{,}9 \cdot BBG}{0{,}9 \cdot BBG} \cdot \frac{\max(t - \max(x_0;\, t_{2003});0)}{t - x_0}$$

Sonst:

$B_t = 1$

wobei t_{2003} das versicherungstechnische Alter am 1. Januar 2003 bezeichnet.

7. Grundsatz der Einzelbewertung

14 Die Rente aus der gesetzlichen Rentenversicherung ist bei jeder einzelnen Verpflichtung nach Maßgabe der Randnummern 2 bis 13 zu berücksichtigen. **55b**

8. Knappschaftsrenten

15 Die Bestimmungen der Randnummern 2 bis 14 sind sinngemäß anzuwenden, wenn Renten aus der knappschaftlichen Rentenversicherung bei der Ermittlung der Pensionsrückstellungen berücksichtigt werden müssen. In diesen Fällen sind die im Alter x maßgebenden Entgeltpunkte mit dem Faktor 4/3 zu multiplizieren; es ist die Beitragsbemessungsgrenze der knappschaftlichen Rentenversicherung zugrunde zu legen. Bei den sog. Wanderversicherungen (Versicherungszeiten sowohl in der knappschaftlichen Rentenversicherung als auch in der allgemeinen Rentenversicherung) sind die auf die verschiedenen Versicherungszweige entfallenden Versicherungsjahre getrennt zu bewerten; für künftige Versicherungsjahre sind die am Bilanzstichtag vorliegenden Verhältnisse zu unterstellen. Versicherungsfreie Jahre von Angestellten müssen im Einzelfall nachgewiesen und entsprechend berücksichtigt werden. Sonderregelungen für die Ermittlung von Rentenansprüchen nach der Leistungsordnung des Bochumer Verbandes bleiben unberührt. **55c**

Anl a zu § 6a

16[1] Die Hinzurechnungszeit ist nach dem Wechsel dem neuen Versicherungszweig zuzuordnen (§ 60 SGB VI). Für Bilanzstichtage nach dem Wechsel von der knappschaftlichen zur allgemeinen Rentenversicherung sind die Entgeltpunkte unter Berücksichtigung der Hinzurechnungszeit für beide Rentenzweige getrennt zu berechnen. Dabei sind im jeweiligen Versicherungszweig nur die dort abgeleisteten Versicherungszeiten zu berücksichtigen. Formelmäßig ergibt sich folgende Darstellung:

$$EP_x^{Gesamt} = EP_x^{KN} + EP_x^{AV} + EP_x^{HinzuAV}$$

mit:

$$EP_x^{Kn} = V_{w_0;x}^{Kn}$$

$$EP_x^{AV} = V_{t_0;max(w_0;x)}^{AV} + Z_{t_0;x}^{AV}$$

$$EP_x^{HinzuAV} = (EP_x^{Kn} + EP_x^{AV}) \cdot \frac{max(60 - x;0)}{x - x_0}$$

w_0 = Alter im Zeitpunkt des Wechsels.

Dabei sind das Versicherungsbeginnalter x_0 und die Entgeltpunkte auf der Basis der aktuellen Stichtagsgrößen zu ermitteln. Die Höhe der Rentenanwartschaft ergibt sich nach Randnummer 2 wie folgt:

$$R_x = \{EP_x^{Kn} \cdot 4/3 + (EP_x^{AV} + EP_x^{HinzuAV})\} \cdot AR \cdot ZF_x$$

Bei einem Wechsel von der allgemeinen zur knappschaftlichen Rentenversicherung sind diese Regelungen entsprechend anzuwenden.

9. Allgemeine Rentenversicherung im Beitrittsgebiet (Ost)

55d 17 In den ostdeutschen Bundesländern (sog. Beitrittsgebiet) sind für Beitragszeiten Entgeltpunkte Ost zu ermitteln (§ 254d SGB VI). Dabei ist die Beitragsbemessungsgrenze (Ost) zu berücksichtigen (§ 275a SGB VI) sowie das Durchschnittsentgelt (§ 69 SGB VI) über die Anlage 10 zum SGB VI auf das Entgeltniveau im Beitrittsgebiet abzusenken (§ 255b SGB VI).

18[1] Für Bilanzstichtage nach einem Wechsel aus der allgemeinen Rentenversicherung in das Beitrittsgebiet (Ost) werden die Entgeltpunkte für West und Ost getrennt berechnet. Dabei sind im jeweiligen Versicherungszweig nur die dort abgeleisteten Versicherungszeiten zu berücksichtigen. Bei Versicherungsfällen im Altersbereich unter 60 Jahren werden die für die Hinzurechnungszeit im Rahmen der Gesamtleistungsbewertung ermittelten Entgeltpunkte den westdeutschen und den ostdeutschen Bundesländern getrennt zugeordnet. Dies erfolgt in dem Verhältnis der jeweils dort erworbenen Entgeltpunkte (vgl. § 263a SGB VI).

19 Für den Wechsler in das Beitrittsgebiet (Ost) sind die Entgeltpunkte nach den folgenden Formeln zu berechnen:

$$EP_x^{Gesamt} = EP_x^{West} + EP_x^{Ost} + EP_x^{HinzuWest} + EP_x^{HinzuOst}$$

mit:

$$EP_x^{West} = V_{t_0;x)}^{West}$$

$$EP_x^{Ost} = V_{t_0 max(w_0;x)}^{Ost} + Z_{t_0;x}^{Ost}$$

$$EP_x^{HinzuWest} = + EP_x^{West} \cdot \frac{max(60 - x;0)}{x - x_0}$$

$$EP_x^{HinzuOst} = + EP_x^{Ost} \cdot \frac{max(60 - x;0)}{x - x_0}$$

w_0 = Alter im Zeitpunkt des Wechsels.

Dabei ist das Versicherungsbeginnalter x_0 und die Entgeltpunkte auf der Basis der aktuellen Stichtagsgrößen zu ermitteln; maßgebend für x_0 ist der neue Rentenzweig.

20[1] Auf die sich so ergebenden Entgeltpunkte ist für die Berechnung des Rentenanspruches für die Entgeltpunkte (West) der aktuelle Rentenwert (§ 68 SGB VI) und für die Entgeltpunkte (Ost) der aktuelle Rentenwert (Ost) anzuwenden (§ 255a SGB VI). Die Rentenansprüche aus der allgemeinen Rentenversicherung sind wie folgt zu berechnen:

$$R_x = \{(EP_x^{West} + EP_x^{HinzuWest}) \cdot AR^{West} + (EP_x^{Ost} + EP_x^{HinzuOst}) \cdot AR^{Ost}\} \cdot ZF_x$$

Bei einem Wechsel aus dem Beitrittsgebiet (Ost) in die allgemeine Rentenversicherung sind diese Regelungen entsprechend anzuwenden.

10. Befreiung oder Wegfall von der Versicherungspflicht

55e 21 Eine Anrechnung von Rentenanwartschaften aus der gesetzlichen Rentenversicherung kann auch gegenüber nicht mehr pflichtversicherten oder von der Pflichtversicherung befreiten Beschäftigten erfolgen. Zu diesem Personenkreis gehören insbesondere beherrschende Gesellschafter-Geschäftsführer (§ 1 SGB VI i. V. m. § 7 SGB IV), Vorstände von Aktiengesellschaften (§ 1 Satz 4 SGB VI) sowie

[1] Rdnr. 16, 18 und 20 geändert durch BMF-Schreiben vom 5. 5. 2008 (BStBl. I S. 570).

Arbeitnehmer öffentlich-rechtlicher Einrichtungen, denen beamtenähnliche Pensionszusagen erteilt wurden (§ 5 Abs. 1 Nr. 2 SGB VI). In diesen Fällen sind die Anwartschaften aus der gesetzlichen Rentenversicherung folgendermaßen zu berechnen: Anl a zu § 6a

22 Die für die Berechnung der Entgeltpunkte nach dem Näherungsverfahren relevanten Größen sind im Zeitpunkt der Befreiung oder der Beendigung der Versicherungspflicht festzuschreiben und den künftigen Berechnungen zu Grunde zu legen. Dies sind die maßgebenden Bezüge, die Beitragsbemessungsgrenze, das maßgebende vorläufige Durchschnittsentgelt, das Versicherungsbeginnalter sowie der in Randnummer 13 definierte BBG-Faktor B_t.

23 Gemäß § 59 Abs. 2 Nr. 3 SGB VI ist bei der Anwartschaft auf Hinterbliebenenrente die Hinzurechnungszeit für die Zeit vom Tod bis zur Vollendung des 60. Lebensjahres des Versicherten zu berücksichtigen. Diese Versicherungszeiten sind mit dem folgenden Durchschnittswert zu belegen:

Die zum Zeitpunkt der Befreiung oder Beendigung der Versicherungspflicht erreichten Entgeltpunkte sind durch die Jahre des belegungsfähigen Gesamtzeitraums zu teilen, d. h. durch die Jahre vom Versicherungsbeginn bis zum Todesfall.

24 Eine Anwartschaft auf eine sofort beginnende Rente wegen Erwerbsminderung besteht nach § 43 Abs. 1 Nr. 2 oder Abs. 2 Nr. 2 SGB VI i. d. R. nur noch für den Zeitraum von 2 Jahren nach der Befreiung oder dem Wegfall der Versicherungspflicht. Dabei ist eine Hinzurechnungszeit wie für Hinterbliebenenleistungen zu berücksichtigen. Tritt eine Erwerbsminderung im Zeitraum ab dem zweiten Jahr nach der Befreiung oder dem Wegfall der Versicherungspflicht ein, verbleibt lediglich eine bis zur Altersgrenze aufgeschobene Rentenanwartschaft.

25 In besonders gelagerten Fällen, in denen das Verfahren nach den Randnummern 2 bis 24 zu unzutreffenden Ergebnissen führt, kann ein anderes, diesen besonderen Verhältnissen angepasstes Verfahren

1. vom Steuerpflichtigen angewendet werden oder
2. vom Finanzamt für künftige Berechnungen verlangt werden.

26 Das Näherungsverfahren zur Berechnung von Renten aus der gesetzlichen Rentenversicherung ist nur bei Pensionsanwartschaften zulässig. Bei bereits laufenden Pensionen ist stets von den tatsächlich bezahlten Beträgen der betrieblichen Renten auszugehen.

II. Zuwendungen an Unterstützungskassen

27 Das Näherungsverfahren zur Berechnung von Renten aus der gesetzlichen Rentenversicherung gilt sinngemäß auch bei der Ermittlung der als Betriebsausgaben abzugsfähigen Zuwendungen an Unterstützungskassen. **55f**

III. Zeitliche Anwendung

a) Bewertung von Versorgungsanwartschaften aktiver Beschäftigter

28 Bei aktiven Beschäftigten können die Regelungen dieses BMF-Schreibens erstmals der Gewinnermittlung des Wirtschaftsjahres zugrunde gelegt werden, das nach dem Tag der Veröffentlichung dieses Schreibens im Bundessteuerblatt endet. Sie sind spätestens für das erste Wirtschaftsjahr anzuwenden, das nach dem 30. Dezember 2007 endet. Das BMF-Schreiben vom 16. Dezember 2005 (a. a. O.)[1] kann letztmals der Gewinnermittlung des letzten vor dem 31. Dezember 2007 endenden Wirtschaftsjahres zugrunde gelegt werden. Der Übergang hat einheitlich für alle Pensionsverpflichtungen des Unternehmens zu erfolgen. **55g**

b) Bewertung von unverfallbaren Versorgungsanwartschaften ausgeschiedener Versorgungsberechtigter

29 Bei ausgeschiedenen Anwärtern ist stets das im Zeitpunkt des Ausscheidens neueste Näherungsverfahren auch für künftige Bilanzstichtage anzuwenden. Bei ausgeübtem zweiten Wahlrecht gemäß R 6a Abs. 11 EStR 2005 ist jedoch wegen § 6 Betriebsrentengesetz (BetrAVG) stets auf die aktuellen Zeitpunkte der frühestmöglichen Inanspruchnahme der vorzeitigen Altersrente aus der gesetzlichen Rentenversicherung abzustellen, vgl. Randnummer 12.

Anlage 1

Beispiel 1:

Ermittlung des EPx-Vektors für ein **Gehalt bis zu 90% der BBG**

Bilanzstichtag:	30. 9. 2007
Beitragsbemessungsgrenze in der allgemeinen Rentenversicherung für 2007 BBG =	63 000 €
Gehalt G **(= 75% BBG) =**	47 250 €
Vorläufiges Durchschnittsentgelt aller Versicherten für 2007 GD =	29 488 €
Versicherungsbeginnalter x_0 =	23
Bilanzalter t_0 =	42
Alter am 1. 1. 2003 t_{2003} =	37

Alter x	BBG-Faktor B_t	Maßgebende Entgeltpunkte Vergangenheit $V_{t0,\,x}$	Zukunft $Z_{t0,\,x}$	incl. Zurechnungs- und Wartezeit EP_x
20	1,0000	0,00	0,00	0,00
21	1,0000	0,00	0,00	0,00
22	1,0000	0,00	0,00	0,00

[1] Letztmals abgedruckt im „Handbuch zur ESt-Veranlagung 2007“ als Anlage a zu § 6a EStG.

Anl a zu § 6 a

Alter x	BBG-Faktor B_t	Maßgebende Entgeltpunkte Vergangenheit $V_{t0,\,x}$	Zukunft $Z_{t0,\,x}$	incl. Zurechnungs- und Wartezeit EP_x
23	1,0000	0,00	0,00	0,00
24	1,0000	1,32	0,00	0,00
25	1,0000	2,65	0,00	0,00
26	1,0000	3,97	0,00	0,00
27	1,0000	5,30	0,00	0,00
28	1,0000	6,62	0,00	49,01
29	1,0000	7,95	0,00	49,01
30	1,0000	9,27	0,00	49,01
31	1,0000	10,60	0,00	49,01
32	1,0000	11,92	0,00	49,01
33	1,0000	13,25	0,00	49,01
34	1,0000	14,57	0,00	49,01
35	1,0000	15,90	0,00	49,01
36	1,0000	17,22	0,00	49,01
37	1,0000	18,54	0,00	49,01
38	1,0000	19,87	0,00	49,01
39	1,0000	21,19	0,00	49,01
40	1,0000	22,52	0,00	49,01
41	1,0000	23,84	0,00	49,01
42	1,0000	25,17	0,00	49,01
43	1,0000	25,17	1,60	49,52
44	1,0000	25,17	3,20	49,99
45	1,0000	25,17	4,81	50,41
46	1,0000	25,17	6,41	50,80
47	1,0000	25,17	8,01	51,15
48	1,0000	25,17	9,61	51,48
49	1,0000	25,17	11,22	51,78
50	1,0000	25,17	12,82	52,06
51	1,0000	25,17	14,42	52,31
52	1,0000	25,17	16,02	52,55
53	1,0000	25,17	17,63	52,78
54	1,0000	25,17	19,23	52,99
55	1,0000	25,17	20,83	53,19
56	1,0000	25,17	22,43	53,37
57	1,0000	25,17	24,04	53,54
58	1,0000	25,17	25,64	53,71
59	1,0000	25,17	27,24	53,86
60	1,0000	25,17	28,84	54,01
61	1,0000	25,17	30,44	55,61
62	1,0000	25,17	32,05	57,21
63	1,0000	25,17	33,65	58,82
64	1,0000	25,17	35,25	60,42
65	1,0000	25,17	36,85	62,02

Anlage 2

Beispiel 2:

Ermittlung des EPx-Vektors für ein **Gehalt bis zu 90% der BBG**

Bilanzstichtag:	30. 9. 2007
Beitragsbemessungsgrenze in der allgemeinen Rentenversicherung für 2007 BBG =	63 000 €
Gehalt G **(= 95% BBG)** =	59 850 €
Vorläufiges Durchschnittsentgelt aller Versicherten für 2007 GD =	29 488 €
Versicherungsbeginnalter x_0 =	24
Bilanzalter t_0 =	42
Alter am 1. 1. 2003 t_{2003} =	37

Alter x	BBG-Faktor B_t	Maßgebende Entgeltpunkte Vergangenheit $V_{t0,\,x}$	Zukunft $Z_{t0,\,x}$	incl. Zurechnungs- und Wartezeit EP_x
20	1,0000	0,00	0,00	0,00
21	1,0000	0,00	0,00	0,00
22	1,0000	0,00	0,00	0,00
23	1,0000	0,00	0,00	0,00
24	1,0000	0,00	0,00	0,00
25	1,0000	2,57	0,00	0,00
26	1,0000	3,15	0,00	0,00
27	1,0000	5,72	0,00	0,00
28	1,0000	6,29	0,00	0,00
29	1,0000	7,86	0,00	56,62
30	1,0000	9,44	0,00	56,62
31	1,0000	11,01	0,00	56,62
32	1,0000	12,58	0,00	56,62
33	1,0000	14,16	0,00	56,62
34	1,0000	15,73	0,00	56,62

Alter x	BBG-Faktor B_t	Maßgebende Entgeltpunkte Vergangenheit $V_{t0,\,x}$	Zukunft $Z_{t0,\,x}$	incl. Zurechnungs- und Wartezeit EP_x
35	1,0000	17,30	0,00	56,62
36	1,0000	18,87	0,00	56,62
37	1,0000	20,45	0,00	56,62
38	1,0040	22,10	0,00	56,84
39	1,0074	23,76	0,00	57,02
40	1,0104	25,41	0,00	57,18
41	1,0131	27,07	0,00	57,33
42	1,0154	28,73	0,00	57,45
43	1,0154	28,73	2,03	58,27
44	1,0154	28,73	4,06	59,01
45	1,0154	28,73	6,09	59,68
46	1,0154	28,73	8,12	60,29
47	1,0154	28,73	10,15	60,85
48	1,0154	28,73	12,13	61,36
49	1,0154	28,73	14,21	61,82
50	1,0154	28,73	16,24	62,26
51	1,0154	28,73	18,27	62,66
52	1,0154	28,73	20,30	63,03
53	1,0154	28,73	22,33	63,37
54	1,0154	28,73	24,36	63,70
55	1,0154	28,73	26,39	64,00
56	1,0154	28,73	28,41	64,28
57	1,0154	28,73	30,44	64,55
58	1,0154	28,73	32,47	64,80
59	1,0154	28,73	34,50	65,04
60	1,0154	28,73	36,53	65,26
61	1,0154	28,73	38,56	67,29
62	1,0154	28,73	40,59	69,32
63	1,0154	28,73	42,62	71,35
64	1,0154	28,73	44,65	73,38
65	1,0154	28,73	46,68	75,41

b) Schreiben betr. steuerrechtliche Behandlung von Aufwendungen des Arbeitgebers für die betriebliche Altersversorgung des im Betrieb mitarbeitenden Ehegatten

Anl b zu § 6a

Vom 4. September 1984 (BStBl. I S. 495)

(BMF IV B 1 – S 2176 – 85/84)

Unter Bezugnahme auf das Ergebnis der Erörterungen mit den obersten Finanzbehörden der Länder gilt für die steuerliche Behandlung von Aufwendungen des Arbeitgebers für die betriebliche Altersversorgung des im Betrieb mitarbeitenden Ehegatten auf der Grundlage des Beschlusses des Bundesverfassungsgerichts vom 22. 7. 1970 – BStBl. II S. 652 – (vgl. auch BFH-Urteil vom 16. 12. 1970 – BStBl. 1971 II S. 178) und der BFH-Urteile vom 15. 7. 1976 (BStBl. 1977 II S. 112), 10. 11. 1982 (BStBl. 1983 II S. 173), 26. 10. 1982 (BStBl. 1983 II S. 209), 24. 11. 1982 (BStBl. 1983 II S. 405 und 406), 30. 3. 1983 (BStBl. II S. 500 und 664), 18. 5. 1983 (BStBl. II S. 562) und vom 28. 7. 1983 (BStBl. 1984 II S. 60) folgendes:

I. Voraussetzungen für die steuerliche Anerkennung von Pensionszusagen

(1) Für Pensionszusagen, die im Rahmen eines steuerlich anzuerkennenden Arbeitsverhältnisses dem Arbeitnehmer-Ehegatten gegeben werden, können Pensionsrückstellungen nach Maßgabe des § 6 a EStG gebildet werden, wenn **63**

1. eine ernstlich gewollte, klar und eindeutig vereinbarte Verpflichtung vorliegt,
2. die Zusage dem Grunde nach angemessen ist und
3. der Arbeitgeber-Ehegatte tatsächlich mit der Inanspruchnahme aus der gegebenen Pensionszusage rechnen muß.

Liegen diese Voraussetzungen vor, sind Pensionsrückstellungen insoweit anzuerkennen, als die Pen-sionszusage der Höhe nach angemessen ist (vgl. BFH-Urteile vom 30. 3. 1983 – BStBl. II S. 500 und 664).

Für die Bildung der Pensionsrückstellung bei Pensionszusagen zwischen Ehegatten in Einzelunternehmen kommt nur eine Zusage auf Alters-, Invaliden- und Waisenrente in Betracht. Eine Zusage auf Witwen-/Witwerversorgung ist im Rahmen von Ehegatten-Pensionszusagen nicht rückstellungsfähig, da hier bei Eintritt des Versorgungsfalls Anspruch und Verpflichtung in einer Person zusammentreffen. Sagt hingegen eine Personengesellschaft einem Arbeitnehmer, dessen Ehegatte Mitunternehmer der Personengesellschaft ist, eine Witwen-/Witwerrente zu, so kann sie hierfür eine Pensionsrückstellung bilden (vgl. BFH-Urteil vom 29. 1. 1976 – BStBl. II S. 372[1] – und *Abschnitt 174 a Abs. 4 Sätze 8 und 9 sowie Abs. 5 Satz 1 EStR 1981*). Aufwendungen für die Pensionszusage einer Personengesellschaft an den Ehegatten des Mitunternehmers, wenn mit dem Ehegatten ein steuerlich anzuerkennendes Arbeitsverhältnis besteht, sind als Betriebsausgaben abzugsfähig, wenn sie betrieblich veranlaßt sind.

[1] Siehe ferner *BFH-Urteil vom 21. 4. 1988 IV R 80/86 (BStBl. II S. 883).*

Anl b zu § 6 a

Für die Beurteilung der Frage, ob die Aufwendungen betrieblich veranlaßt sind, gelten die gleichen Rechtsgrundsätze, die auch bei einer Altersversorgung des Arbeitnehmer-Ehegatten eines Einzelunternehmers anzuwenden sind; es sei denn, der Mitunternehmer-Ehegatte hat in der Personengesellschaft keine beherrschende Stellung[1] und sein Ehegatte wird in der Gesellschaft wie ein fremder Arbeitnehmer beschäftigt (vgl. *Abschnitt 174a Abs. 5 Satz 2 EStR 1981*).[2]

64 (2)[3] Eine ernstlich gewollte und dem Grunde nach angemessene Pensionszusage an den Arbeitnehmer-Ehegatten kann regelmäßig angenommen werden, wenn familienfremden Arbeitnehmern eine vergleichbare Pensionszusage eingeräumt oder zumindest ernsthaft angeboten worden ist und diese Arbeitnehmer

1. nach ihren Tätigkeits- und Leistungsmerkmalen mit dem Arbeitnehmer-Ehegatten vergleichbar sind oder eine geringerwertige Tätigkeit als der Arbeitnehmer-Ehegatte ausüben,
2. im Zeitpunkt der Pensionszusage oder des entsprechenden ernsthaften Angebots dem Betrieb nicht wesentlich länger angehört haben als der Arbeitnehmer-Ehegatte in dem Zeitpunkt, in dem ihm die Pensionszusage erteilt wird und
3. kein höheres Pensionsalter als der Arbeitnehmer-Ehegatte haben.

Die Pensionszusage an den Arbeitnehmer-Ehegatten ist nicht anzuerkennen, wenn sie zu einem Lebensalter erteilt wird, zu dem einem familienfremden Arbeitnehmer keine Pensionszusage mehr eingeräumt oder ernsthaft angeboten würde, weil seine aktive Dienstzeit in absehbarer Zeit endet.

Ein ernsthaftes Angebot liegt vor, wenn das Angebot an den familienfremden Arbeitnehmer eindeutige und objektive Bestimmungen enthält und der Arbeitnehmer durch Annahme des Angebots einen Rechtsanspruch auf Zahlung einer betrieblichen Altersversorgung erlangen würde (z. B. Angebot der betrieblichen Altersversorgung als zusätzliche Entlohnung, nicht als Ausgleich für den Verzicht auf einen Teil des Gehalts, BFH-Urteil vom 24. 11. 1982 – BStBl. 1983 II S. 406; Gleichbehandlung des mitarbeitenden Ehegatten und der familienfremden Arbeitnehmer bei der Festlegung der Voraussetzungen zur Erlangung der betrieblichen Altersversorgung).[4]

Werden neben dem Arbeitnehmer-Ehegatten keine weiteren Arbeitnehmer beschäftigt oder wird eine der Tätigkeit des Arbeitnehmer-Ehegatten gleichwertige Tätigkeit von anderen Arbeitnehmern im Betrieb nicht ausgeübt und Arbeitnehmern mit geringerwertiger Tätigkeit keine Pensionszusage gewährt oder ernsthaft angeboten, so ist die Pensionszusage an den Arbeitnehmer-Ehegatten in der Regel als ernstlich gewollt und dem Grunde nach angemessen anzuerkennen, wenn nach Würdigung der Gesamtumstände eine hohe Wahrscheinlichkeit dafür spricht, daß der Steuerpflichtige auch einem fremden Arbeitnehmer mit den Funktions- und Leistungsmerkmalen des tätigen Ehegatten eine solche Versorgung eingeräumt haben würde. Hiervon kann z. B. ausgegangen werden, wenn der Arbeitnehmer-Ehegatte die Tätigkeit eines ausgeschiedenen fremden Arbeitnehmers ausübt, dem der Steuerpflichtige eine Pensionszusage gewährt oder ernsthaft angeboten hatte. Das gleiche gilt, wenn zwar der Arbeitnehmer-Ehegatte für eine Zwischenzeit aus dem Betrieb ausgeschieden ist, aber dem dafür eingestellten fremden Arbeitnehmer eine entsprechende Versorgung eingeräumt oder ernsthaft angeboten worden ist. Die Pensionszusage ist nicht anzuerkennen, wenn als Pensionsaltersgrenze, sofern der Ehemann der Arbeitnehmer-Ehegatte ist, ein Alter unter 63 Jahren und, sofern die Ehefrau der Arbeitnehmer-Ehegatte ist, ein Alter unter 60 Jahren festgelegt ist, es sei denn, daß ein niedrigeres Pensionsalter bei familienfremden Arbeitnehmern im Betrieb üblich ist. Bei Pensionszusagen an Schwerbehinderte ist das BMF-Schreiben vom 10. 8. 1982 (BStBl. I S. 667)[5] anzuwenden.

65 (3) Absatz 2 gilt auch bei Teilzeitbeschäftigung, wenn Pensionszusagen an Teilzeitbeschäftigte im Betrieb eingeräumt oder ernsthaft angeboten worden sind oder wenn im Falle des Absatzes 2 Satz 4 nach Würdigung der Gesamtumstände eine hohe Wahrscheinlichkeit dafür spricht, daß der Steuerpflichtige eine solche Versorgung einem teilzeitbeschäftigten fremden Arbeitnehmer erteilt haben würde, mit dem ihn keine familiären Beziehungen verbinden. Bei Aushilfs- oder Kurzbeschäftigung des Arbeitnehmer-Ehegatten ist eine ihm gegebene Pensionszusage dem Grunde nach nicht anzuerkennen, da bei einer derartigen Beschäftigung Pensionszusagen nicht üblich sind.

66 (4) Die Angemessenheit der Pensionszusagen an den Arbeitnehmer-Ehegatten der Höhe nach ist ebenfalls regelmäßig durch Vergleich mit Pensionszusagen oder den entsprechenden ernsthaften Angeboten an familienfremde Arbeitnehmer zu prüfen. Werden keine familienfremden Arbeitnehmer beschäftigt oder wird familienfremden Arbeitnehmern mit einer geringerwertigen Tätigkeit als der des Arbeitnehmer-Ehegatten keine oder eine gegenüber dem Arbeitnehmer-Ehegatten niedrigere Pensionszusage gegeben, so ist die Pensionszusage der Höhe nach nur dann angemessen, wenn die zugesagten Leistungen der betrieblichen Altersversorgung zusammen mit einer zu erwartenden Sozialversicherungsrente 75 v. H. des letzten steuerlich anzuerkennenden Arbeitslohns des Arbeitnehmer-Ehegatten nicht übersteigen. Bei der Ermittlung des Arbeitslohns ist auf die Verhältnisse am jeweiligen Bilanzstichtag abzustellen. Zur Ermittlung der zu erwartenden Sozialversicherungsrente wird auf *Abschnitt 41 Abs. 15 EStR 1981*[6] hingewiesen. In Fällen, in denen eine gesetzliche Rentenversicherung besteht, kann aus Vereinfachungsgründen von der Einhaltung der 75-v. H.-Grenze ausgegangen werden, wenn die zugesagten Leistungen der betrieblichen Altersversorgung 30 v. H. des letzten steuerlich anzuerkennenden Arbeitslohns nicht übersteigen.

---

[1] Siehe aber *BFH-Urteil vom 18. 12. 2001 VIII R 69/98 (BStBl. 2002 II S. 353).*
[2] Siehe nunmehr „R 4.8 Abs. 2 Satz 2 EStR".
[3] Siehe hierzu *BFH-Urteil vom 10. 3. 1993 I R 118/91 (BStBl. II S. 604).*
[4] Siehe nachstehendes BMF-Schreiben vom 9. 1. 1986.
[5] Nicht in der Positivliste des BMF (BMF-Schreiben vom 14. 3. 2016, BStBl. I S. 290), daher nicht mehr anzuwenden.
[6] Siehe nunmehr „R 6 a Abs. 14 EStR".

Anl b zu § 6a

(5)[1] Die in Absatz 1 Nr. 3 genannte Voraussetzung für die Rückstellungsbildung, daß der Arbeitgeber-Ehegatte aller Voraussicht nach tatsächlich aus der Pensionszusage in Anspruch genommen werden wird, liegt bei Einzelunternehmen, die nach ihrer Art und Größe weitgehend von der Arbeitskraft des Arbeitgeber-Ehegatten abhängen, nur vor, wenn die späteren Pensionszahlungen nach Einstellung des Einzelunternehmens oder nach Aufgabe der Unternehmenstätigkeit des Arbeitgeber-Ehegatten sichergestellt sind. Anhaltspunkte für die Sicherstellung späterer Pensionszahlungen können der Abschluß einer Rückdeckungsversicherung, die vertragliche Vereinbarung über die Leistung von Pensionszahlungen durch den Nachfolger des Unternehmens oder für den Fall vorzeitiger Betriebsbeendigung die Vereinbarung einer Kapitalabfindung statt laufender Pensionszahlungen sein (vgl. BFH-Urteile vom 15. 7. 1976 – BStBl. 1977 II S. 112 – und vom 26. 10. 1982 – BStBl. 1983 II S. 209). **67**

II. Rückdeckungsversicherung

Prämienzahlungen für eine Rückdeckungsversicherung einer Pensionszusage an den Arbeitnehmer-Ehegatten können als Betriebsausgaben behandelt werden, soweit auch die Pensionszusage nach Abschnitt I als rückstellungsfähig anerkannt wird. Wegen der Aktivierung des Rückdeckungsanspruchs gilt *Abschnitt 41 Abs. 25 EStR 1981.*[2] **68**

III. Voraussetzungen für die Anerkennung von Direktversicherungsbeiträgen als Betriebsausgaben

(1) Im Rahmen eines steuerlich anzuerkennenden Arbeitsverhältnisses sind Beiträge des Arbeitgebers zu einer Direktversicherung zugunsten des im Betrieb mitarbeitenden Ehegatten als Betriebsausgaben abziehbar, wenn **69**

1. die Verpflichtung aus der Zusage der Direktversicherung ernstlich gewollt sowie klar und eindeutig vereinbart und
2. die Zusage dem Grunde nach angemessen ist.[3]

Liegen diese Voraussetzungen vor, sind die Versicherungsbeiträge insoweit abziehbar, als sie der Höhe nach angemessen sind (vgl. BFH-Urteil vom 30. 3. 1983 – BStBl. II S. 664).

(2) Eine ernstlich gewollte und dem Grunde nach angemessene Versorgungszusage kann regelmäßig angenommen werden, wenn auch familienfremden Arbeitnehmern, die **70**

1. nach ihren Tätigkeits- und Leistungsmerkmalen mit dem Arbeitnehmer-Ehegatten vergleichbar sind oder eine geringerwertige Tätigkeit als der Arbeitnehmer-Ehegatte ausüben und
2. im Zeitpunkt des Abschlusses oder des ernsthaften Angebots der Versicherung auf ihr Leben dem Betrieb nicht wesentlich länger angehört haben als der Arbeitnehmer-Ehegatte in dem Zeitpunkt, in dem die Versicherung auf sein Leben abgeschlossen wird,

eine vergleichbare Direktversicherung eingeräumt oder ernsthaft angeboten worden ist. Wird z. B. eine Direktversicherung zugunsten des Arbeitnehmer-Ehegatten bei Beginn des Ehegatten-Arbeitsverhältnisses abgeschlossen, zugunsten familienfremder Arbeitnehmer aber erst nach längerer Betriebszugehörigkeit, so kann die Direktversicherung zugunsten des Ehegatten steuerlich nicht anerkannt werden. Die Direktversicherung muß dem familienfremden Arbeitnehmer als eine zusätzliche Entlohnung eingeräumt oder ernsthaft angeboten worden sein. Eine eingeräumte oder angebotene Direktversicherung etwa unter der Bedingung, einen Teil des Gehalts für die Beiträge zu einer Direktversicherung einzubehalten, ist beim betrieblichen Vergleich nicht zu berücksichtigen (BFH-Urteil vom 24. 11. 1982 – BStBl. 1983 II S. 406). Die Ausführungen in Abschnitt I Abs. 2 Sätze 2 bis 6 sind entsprechend anzuwenden. Abschnitt I Abs. 2 Satz 7 gilt entsprechend mit der Maßgabe, daß an die Stelle der dort genannten Altersgrenze von 63 Jahren für Direktversicherungen eine Altersgrenze von 60 Jahren tritt.[4]

(3) Die Ausführungen in Absatz 2 gelten auch bei Teilzeitbeschäftigung des Arbeitnehmer-Ehegatten, soweit Direktversicherungen an Teilzeitbeschäftigte im Betrieb eingeräumt oder ernsthaft angeboten worden sind oder wenn nach Würdigung der Gesamtumstände eine hohe Wahrscheinlichkeit dafür spricht, daß der Steuerpflichtige eine solche Versorgung einem teilzeitbeschäftigten fremden Arbeitnehmer erteilt haben würde, mit dem ihn keine familiären Beziehungen verbinden. Bei Aushilfs- oder Kurzbeschäftigung des Arbeitnehmer-Ehegatten ist eine zu seinen Gunsten abgeschlossene Direktversicherung steuerlich nicht anzuerkennen, da bei einer derartigen Beschäftigung Direktversicherungen nicht üblich sind. **71**

(4) Die Angemessenheit der Beiträge zu einer Direktversicherung zugunsten des Arbeitnehmer-Ehegatten der Höhe nach ist regelmäßig durch Vergleich mit Beiträgen zu Direktversicherungen oder den entsprechenden ernsthaften Angeboten auf Abschluß einer Direktversicherung zugunsten familienfremder Arbeitnehmer zu prüfen. Werden keine familienfremden Arbeitnehmer beschäftigt oder werden nur Arbeitnehmer beschäftigt, deren Tätigkeits- und Leistungsmerkmale nicht mit denen des Arbeitnehmer-Ehegatten vergleichbar sind und ist für diese keine Direktversicherung abgeschlossen oder **72**

---

[1] Erteilt ein Arbeitgeber-Ehegatte seinem wesentlich jüngeren Arbeitnehmer-Ehegatten eine Pensionszusage, so ist bei einem Einzelunternehmen eine Rückstellung für eine Pensionsverpflichtung nur dann zulässig, wenn eine Betriebsübernahme durch den Arbeitnehmer-Ehegatten ausgeschlossen werden kann und wenn bei einer Betriebsveräußerung durch den Arbeitgeber-Ehegatten mit einer Übernahme der Pensionsverpflichtung durch den Erwerber zu rechnen ist, soweit sie nicht aus dem Veräußerungserlös erfüllt werden kann. *BFH-Urteil vom 29. 5. 1984 VIII R 177/78 (BStBl. II S. 661).*

Siehe ferner *BFH-Urteil vom 27. 10. 1993 XI R 2/93 (BStBl. 1994 II S. 111).*

[2] Siehe nunmehr „R 6 a Abs. 23 EStR".

[3] Siehe auch *BFH-Urteile vom 21. 8. 1984 VIII R 106/81 (BStBl. 1985 II S. 124), vom 17. 4. 1986 IV R 2/86 (BStBl. II S. 559)* und *vom 10. 6. 2008 VIII R 68/06 (BStBl. II S. 973).*

[4] Siehe nachstehendes BMF-Schreiben vom 9. 1. 1986.

ernsthaft angeboten worden, so ist die Angemessenheit der Versicherungsbeiträge der Höhe nach zu bejahen, wenn
- die geleisteten Beiträge für die Direktversicherung – im Falle einer Einmalprämie der auf das Kalenderjahr entfallende Teil – zusammen mit dem tatsächlich gezahlten Arbeitsentgelt insgesamt nicht zu einer überhöhten Lohnzahlung führen (vgl. BFH-Urteil vom 30. 3. 1983 – BStBl. II S. 664) und
- die Leistungen der betrieblichen Altersversorgung (bei einem Kapitalbetrag der Jahreswert der vergleichbaren Rente, der aus Vereinfachungsgründen unter Berücksichtigung des Fälligkeitstermins durch Anwendung der Anlage 9 zu § 14 BewG umgerechnet werden kann) zusammen mit einer zu erwartenden Sozialversicherungsrente 75 v. H. des letzten steuerlich anzuerkennenden Arbeitslohns[1] des Arbeitnehmer-Ehegatten nicht übersteigen. Bei der Ermittlung des Arbeitslohns ist auf die Verhältnisse am jeweiligen Bilanzstichtag abzustellen. Zur Ermittlung der zu erwartenden Sozialversicherungsrente wird auf *Abschnitt 41 Abs. 15 EStR 1981*[2] hingewiesen. Die Ausführungen in Abschnitt I Abs. 4 Satz 5 sind entsprechend anzuwenden.

Künftige Beitragsrückerstattungen, die die Versicherungsleistung (Kapital oder Rente) erhöhen, sind wegen des Stichtagsprinzips nicht zu berücksichtigen.

73 (5) Der Versicherungsanspruch einer nach Absatz 1 anzuerkennenden Direktversicherung ist auch bei Ehegatten-Arbeitsverhältnissen insoweit zu aktivieren, als in einem Betrieb die Versicherungsverträge zugunsten familienfremder verheirateter Arbeitnehmer den Arbeitgeber als Bezugsberechtigten bezeichnen *(Abschnitt 26 Abs. 2 EStR 1981).* Bei Beleihung oder Abtretung der Ansprüche aus dem zugunsten des Arbeitnehmer-Ehegatten abgeschlossenen Versicherungsvertrags gilt Abschnitt 26 Abs. 4 und 5 EStR 1981.

IV. Andere Formen der Zukunftssicherung

74 Die Ausführungen in den Abschnitten I und III gelten sinngemäß für Zuwendungen des Arbeitgeber-Ehegatten an eine Pensions- oder Unterstützungskasse zugunsten eines Arbeitnehmer-Ehegatten sowie für die Übernahme von Beiträgen zur freiwilligen Höherversicherung und Weiterversicherung in der gesetzlichen Rentenversicherung.

V. Erstmalige Anwendung

Die Regelungen in den Abschnitten I bis IV sind für alle noch nicht bestandskräftigen Veranlagungen anzuwenden. Das BMF-Schreiben vom 1.2. 1977 – IV B 1 – S 2176 – 6/77 – wird aufgehoben.

Anl c zu § 6 a

c) Ergänzung zum Schreiben vom 4. September 1984

Vom 9. Januar 1986 (BStBl. I S. 7)

(BMF IV B 1 – S 2176 – 2/86)

Unter Bezugnahme auf das Ergebnis der Erörterungen mit den obersten Finanzbehörden der Länder sind seit der Veröffentlichung des BMF-Schreibens vom 4. 9. 1984 – BStBl. I S. 495[3] – aufgetretene weitere Fragen zur betrieblichen Altersversorgung des im Betrieb mitarbeitenden Ehegatten steuerrechtlich wie folgt zu behandeln (zum besseren Verständnis wird auf die entsprechenden Abschnitte des o. a. BMF-Schreibens Bezug genommen):

Zu Abschnitt I Absatz 2 Satz 3:

75 Die betriebliche Altersversorgung des mitarbeitenden Ehegatten in Form einer Gehaltsumwandlung ist dem Grunde nach anzuerkennen, wenn die Altersversorgung den im Betrieb beschäftigten, mit dem Arbeitnehmer-Ehegatten vergleichbaren familienfremden Arbeitnehmern ernsthaft angeboten wird. Wird die Altersversorgung den familienfremden Arbeitnehmern in Form einer Gehaltsumwandlung, dem Arbeitnehmer-Ehegatten aber als zusätzliche Entlohnung angeboten, so ist die Anerkennung der betrieblichen Altersversorgung für den mitarbeitenden Arbeitnehmer-Ehegatten zu versagen (vgl. Abschnitt I Absatz 2 Satz 3 des BMF-Schreibens vom 4. 9. 1984). Werden im Betrieb keine oder keine mit dem Arbeitnehmer-Ehegatten vergleichbaren familienfremden Arbeitnehmer beschäftigt, ist die Zusage einer Altersversorgung für den Arbeitnehmer-Ehegatten im Falle der Gehaltsumwandlung als betrieblich veranlaßt anzuerkennen, wenn die Zusage nach den Grundsätzen des BMF-Schreibens vom 4.9. 1984 ernstlich gewollt und dem Grunde und der Höhe nach angemessen ist.

Zu Abschnitt I Absatz 2 Satz 7:

76 Der steuerlichen Anerkennung einer Pensionszusage an den Arbeitnehmer-Ehegatten steht es nicht entgegen, wenn die Leistung der Versorgungsbezüge, sofern der Ehemann der Arbeitnehmer-Ehegatte ist, nach Vollendung des 62. Lebensjahrs und, sofern die Ehefrau der Arbeitnehmer-Ehegatte ist, nach Vollendung des 59. Lebensjahrs vereinbart worden ist.

Zu Abschnitt III Absatz 2 letzter Satz:

77 Der steuerlichen Anerkennung von Direktversicherungsbeiträgen steht nicht entgegen, wenn die Versicherung auf den Erlebensfall nach Vollendung des 59. Lebensjahrs abgeschlossen worden ist.

Zu Abschnitt III Absatz 4 2. Tiret:

78 Der Begriff des „letzten steuerlich anzuerkennenden Arbeitslohns" bestimmt sich nach § 19 Abs. 1 EStG und § 2 LStDV. Deshalb sind auch neben dem normalen Arbeitslohn steuerpflichtige sonstige

[1] Siehe nachstehendes BMF-Schreiben vom 9. 1. 1986.
[2] Siehe nunmehr „R 6 a Abs. 14 EStR".
[3] Vorstehend abgedruckt.

Bezüge und Vorteile (z. B. Weihnachtszuwendungen, Urlaubsgeld, Erfolgsprämien usw.) einzubeziehen. Dies gilt auch für Zukunftssicherungsleistungen, die nach §§ 40 a und 40 b EStG pauschal besteuert werden – *abzüglich des steuerfreien Betrags von 312,– DM jährlich nach § 3 Nr. 62 EStG bzw. § 2 Abs. 3 Nr. 2 LStDV (vgl. § 2 Abs. 2 LStDV).*[1] Anders ist es, wenn der Arbeitnehmer-Ehegatte von der Sozialversicherung befreit ist und die Direktversicherung an die Stelle der gesetzlichen Rentenversicherung zur Altersversorgung tritt. In diesem Fall sind für die Berechnung der Angemessenheit der Höhe nach die Beiträge zur Lebensversicherung grundsätzlich je zur Hälfte aufzuteilen in Arbeitgeber- und Arbeitnehmerbeiträge. Soweit die anteiligen Prämien die Funktion der Arbeitnehmerbeiträge erfüllen, stellen sie – unbeschadet ihrer lohnsteuerrechtlichen Behandlung – zusätzlich laufenden Arbeitslohn dar. Die Beiträge, die anstelle der Arbeitgeberbeiträge aufgewendet werden, sind demnach nicht als zusätzlicher laufender Arbeitslohn zu behandeln (vgl. BFH-Urteil vom 30. 3. 1983 – BStBl. II S. 664).

d) Schreiben betr. betriebliche Altersversorgung; Bilanzsteuerrechtliche Berücksichtigung von Versorgungsleistungen, die ohne die Voraussetzung des Ausscheidens aus dem Dienstverhältnis gewährt werden, und von vererblichen Versorgungsanwartschaften

Anl d zu § 6a

Vom 18. September 2017 (BStBl. I S. 1293)

(BMF IV C 6 – S 2176/07/10006; DOK 2017/0761018)

Der Bundesfinanzhof (BFH) hat mit Urteilen vom 5. März 2008 (BStBl. 2015 II S. 409) und vom 23. Oktober 2013 (BStBl. 2015 II S. 413) entschieden, dass Versorgungszusagen nicht den Charakter als betriebliche Altersversorgung verlieren, wenn Leistungen nicht von dem Ausscheiden des Begünstigten aus dem Dienstverhältnis abhängig gemacht werden. Der BFH stellt aber klar, dass Pensionsleistungen in erster Linie der Deckung des Versorgungsbedarfes dienen und folglich regelmäßig erst bei Wegfall der Bezüge aus der betrieblichen Tätigkeit gezahlt werden. **79**

Zur bilanzsteuerrechtlichen Berücksichtigung von Versorgungsleistungen, die ohne die Voraussetzung des Ausscheidens aus dem Dienstverhältnis gewährt werden, und von vererblichen Versorgungsanwartschaften nehme ich nach Abstimmung mit den obersten Finanzbehörden der Länder wie folgt Stellung:

1. Grundsatz der Ausgeglichenheitsvermutung von Arbeitsleistung und Entgelt

1 Pensionsrückstellungen nach § 6 a EStG können wegen der Ausgeglichenheitsvermutung von Arbeitsleistung und Entgelt grundsätzlich nur auf Basis der nach dem Ausscheiden aus dem Dienstverhältnis zu gewährenden Leistungen angesetzt und bewertet werden.

2. Versorgungszusagen ohne Aussagen zum Ausscheiden aus dem Dienstverhältnis als Voraussetzung für die Gewährung von Pensionsleistungen

2 Enthält eine Pensionszusage i. S. v. § 6 a EStG keine Aussagen zum Ausscheiden aus dem Dienstverhältnis als Voraussetzung für die Gewährung der Versorgungsleistungen nach Eintritt des Versorgungsfalles, ist davon auszugehen, dass zeitgleich mit der Inanspruchnahme der Leistungen auch das Arbeitsverhältnis beendet wird. Die Möglichkeit einer Ausübung des sog. zweiten Wahlrechtes nach R 6 a Absatz 11 Satz 3 ff. EStR bleibt davon unberührt. In der Anwartschaftsphase ist die Versorgungsverpflichtung nach § 6 a Absatz 3 Satz 2 Nummer 1 EStG zu bewerten.

3 Werden bei Eintritt der Invalidität oder bei Erreichen einer vereinbarten Altersgrenze die schriftlich zugesagten Versorgungsleistungen gewährt, gilt der Versorgungsfall auch dann als eingetreten, wenn das Arbeitsverhältnis weiter bestehen bleibt. Ab diesem Zeitpunkt ist die Pensionsrückstellung nach § 6 a Absatz 3 Satz 2 Nummer 2 EStG zu berechnen.

4 Randnummer 2 des BMF-Schreibens vom 11. November 1999 (BStBl. I S. 959)[2] ist nicht weiter anzuwenden.

5 Beiträge an Direktversicherungen, Pensionskassen und Pensionsfonds sind unter den Voraussetzungen der §§ 4 Absatz 4, 4 c und 4 e EStG unabhängig davon als Betriebsausgaben abzugsfähig, ob das Arbeitsverhältnis für den Erhalt der zugesagten Leistungen beendet werden muss.

6 Zuwendungen an Unterstützungskassen sind nach Maßgabe des § 4 d EStG abzugsfähig. Bei Zusagen auf lebenslänglich laufende Leistungen ist das Deckungskapital nach § 4 d Absatz 1 Satz 1 Nummer 1 Satz 1 Buchstabe a EStG aber erst maßgebend, wenn der Berechtigte aus dem Dienstverhältnis ausgeschieden ist, da nur ehemalige Arbeitnehmer Leistungsempfänger i. S. d. Regelung sind.

3. Versorgungszusagen, die Versorgungsleistungen neben dem Arbeitslohn in Aussicht stellen

7 Steht bei Pensionszusagen, die den Bezug von Versorgungsleistungen neben dem laufenden Arbeitslohn eröffnen oder vorsehen, der Ausscheidezeitpunkt noch nicht fest, ist dieser wegen der Ausgeglichenheitsvermutung von Arbeitsleistung und Entgelt (Randnummer 1) sachgerecht zu schätzen und der Bewertung der Pensionsrückstellung nach § 6 a EStG zugrunde zu legen. Ein Anhaltspunkt für die Schätzung kann die Regelaltersgrenze in der gesetzlichen Rentenversicherung oder das Ende des Anstellungsvertrages sein. Die Randnummer 3 sowie die Randnummern 5 und 6 bei den Durchführungswegen Direktversicherungen, Pensionskassen, Pensionsfonds und Unterstützungskassen gelten entsprechend.

---

[1] Ab VZ 1990 Steuerbefreiung weggefallen.

[2] Letztmals abgedruckt im „Handbuch zur ESt-Veranlagung 2020" als Anlage b zu R 5.7 EStR.

4. Teilweise Inanspruchnahme von Versorgungsleistungen ohne Ausscheiden

8 Werden die zugesagten Versorgungsleistungen bei Erreichen einer bestimmten Altersgrenze oder bei Eintritt der Invalidität unter entsprechender Herabsetzung des Beschäftigungsgrades und des Arbeitslohns nur teilweise in Anspruch genommen, gilt der Versorgungsfall insoweit als eingetreten. In diesem Fall ist die Bewertung der Pensionsverpflichtung an Bilanzstichtagen zwischen der erstmaligen teilweisen Inanspruchnahme von Versorgungsleistungen und dem Erreichen des vom Steuerpflichtigen zulässigerweise gewählten Finanzierungsendalters (sog. rechnerisches Pensionsalter) für bilanzsteuerliche Zwecke aufzuteilen. Soweit Leistungen bereits gewährt werden, gilt Randnummer 3 entsprechend. Für die noch nicht laufenden Leistungen ist bis zum Erreichen des maßgebenden rechnerischen Pensionsalters weiterhin § 6 a Absatz 3 Satz 2 Nummer 1 EStG maßgebend. Für Bilanzstichtage nach Erreichen des rechnerischen Pensionsalters bedarf es einer Aufteilung nicht, da in diesen Fällen die Bewertung der noch nicht laufenden Leistungen nach § 6 a Absatz 3 Satz 2 Nummer 1 EStG (Teilwert eines sog. technischen Rentners) dem Barwert nach § 6 a Absatz 3 Satz 2 Nummer 2 EStG entspricht. Die Nachholung von Fehlbeträgen gemäß § 6 a Absatz 4 Satz 5 EStG ist nur insoweit zulässig, als der Versorgungsfall nach Satz 1 als eingetreten gilt.

9 Das BMF-Schreiben vom 25. April 1995 (BStBl. I S. 250)[1] zu Pensionsrückstellungen für betriebliche Teilrenten ist nicht weiter anzuwenden und wird aufgehoben.

5. Körperschaftsteuerliche Regelungen

10 Die körperschaftsteuerlichen Regelungen für Gesellschafter-Geschäftsführer von Kapitalgesellschaften bleiben unberührt (BFH-Urteile vom 5. März 2008, BStBl. 2015 II S. 409, und vom 23. Oktober 2013, BStBl. 2015 II S. 413).

In der Anwartschaftsphase ist eine Pensionszusage an den Gesellschafter-Geschäftsführer, die zwar die Vollendung des vereinbarten Pensionsalters voraussetzt, nicht jedoch dessen Ausscheiden aus dem Betrieb oder die Beendigung des Dienstverhältnisses, körperschaftsteuerrechtlich grundsätzlich nicht zu beanstanden. Sie führt nicht von vorneherein wegen Unüblichkeit oder fehlender Ernsthaftigkeit zu einer verdeckten Gewinnausschüttung.

In der Auszahlungsphase der Pension führt die parallele Zahlung von Geschäftsführergehalt und Pension – sowohl bei einem beherrschenden als auch bei einem nicht beherrschenden Gesellschafter-Geschäftsführer – zu einer verdeckten Gewinnausschüttung, soweit das Aktivgehalt nicht auf die Pensionsleistung angerechnet wird.

Die Grundsätze gelten sowohl bei monatlicher Pensionsleistung als auch bei Ausübung eines vereinbarten Kapitalwahlrechts bei Erreichen der vereinbarten Altersgrenze.

Die Auflösung der Pensionsrückstellung steht der Annahme einer verdeckten Gewinnausschüttung nicht entgegen. Eine verdeckte Gewinnausschüttung ist auch dann zu bejahen, wenn das Aktivgehalt und die Arbeitszeit nach Eintritt des Versorgungsfalls deutlich reduziert werden, da eine „Teilzeittätigkeit" mit dem Aufgabenbild eines Gesellschafter-Geschäftsführers nicht vereinbar ist.

6. Vererbliche Versorgungsanwartschaften und Versorgungsleistungen

11 Sieht eine Pensionszusage die Vererblichkeit von Versorgungsanwartschaften oder Versorgungsleistungen vor und sind nach der Zusage vorrangig Hinterbliebene entsprechend der Randnummer 287 des BMF-Schreibens vom 24. Juli 2013 (BStBl. I S. 1022) Erben, ist die Pensionsverpflichtung nach § 6 a EStG zu bewerten. Im Vererbungsfall ist für die Bewertung der Leistungen, soweit sie nicht an Hinterbliebene i. S. d. Satzes 1 erbracht werden, § 6 EStG maßgebend.

Anl e zu § 6a

e) Schreiben betr. Bewertung von Pensionsrückstellungen nach § 6 a EStG; Anhebung der Altersgrenzen der gesetzlichen Rentenversicherung durch das RV-Altersgrenzenanpassungsgesetz vom 20. April 2007 (BGBl. I S. 554)

Vom 5. Mai 2008 (BStBl. I S. 569)

(BMF IV B 2 – S 2176/07/0009; DOK 2008/0221776)

80 Durch das Gesetz zur Anpassung der Regelaltersgrenze an die demografische Entwicklung und zur Stärkung der Finanzierungsgrundlagen der gesetzlichen Rentenversicherung (RV-Altersgrenzenanpassungsgesetz) vom 20. April 2007 (BGBl. I S. 554) werden die Altersgrenzen in der gesetzlichen Rentenversicherung in Abhängigkeit vom Geburtsjahrgang der Versicherten stufenweise heraufgesetzt. Diese Neuregelung wirkt sich auf die Festlegung des Pensionsalters nach R 6 a Abs. 11 EStR 2005 aus. Nach dem Ergebnis der Erörterung mit den obersten Finanzbehörden der Länder gilt hierzu Folgendes:

1. Grundsatz

Bei der Ermittlung des Teilwertes einer Pensionsanwartschaft ist weiterhin grundsätzlich das vertraglich vereinbarte Pensionsalter zugrunde zu legen (R 6 a Abs. 11 Satz 1 EStR 2005). Sofern in der Pensionszusage als vertragliches Pensionsalter auf die Regelaltersgrenze der gesetzlichen Rentenversicherung verwiesen wird, sind grundsätzlich die folgenden gerundeten Pensionsalter zu verwenden (vgl. §§ 35 und 235 SGB VI):

für Geburtsjahrgänge	Pensionsalter
bis 1952	65
ab 1953 bis 1961	66
ab 1962	67

[1] Letztmals abgedruckt im „Handbuch zur ESt-Veranlagung 2016" als Anlage d zu § 6 a EStG.

2. Erstes Wahlrecht (R 6 a Abs. 11 Satz 2 EStR 2005)

Der Steuerpflichtige hat daneben wie bisher die Möglichkeit, bei der Teilwertberechnung auf ein späteres Pensionsalter abzustellen.

3. Zweites Wahlrecht (R 6 a Abs. 11 Satz 3 ff. EStR 2005)

Mit Rücksicht auf § 6 des Gesetzes zur Verbesserung der betrieblichen Altersversorgung (Betriebsrentengesetz – BetrAVG) kann bei der Ermittlung des Teilwertes der Pensionsanwartschaft anstelle des vertraglich vereinbarten Pensionsalters als Zeitpunkt des Eintritts des Versorgungsfalles der Zeitpunkt der frühestmöglichen Inanspruchnahme der vorzeitigen Altersrente aus der gesetzlichen Rentenversicherung angenommen werden.

Aufgrund des RV-Altersgrenzenanpassungsgesetzes gilt grundsätzlich als frühestes Pensionsalter die Vollendung des 63. Lebensjahres, bei Schwerbehinderten die Vollendung des 62. Lebensjahres.

Hiervon abweichend gilt als frühestes Pensionsalter

a) für schwerbehinderte Menschen (§ 236 a SGB VI)

für Geburtsjahrgänge	Pensionsalter
bis 1952	60
ab 1953 bis 1961	61

b) bei nicht schwerbehinderten Männern und Frauen, die Altersrente wegen Arbeitslosigkeit oder nach Altersteilzeitarbeit erhalten (§ 237 Abs. 3 SGB VI unter Verweis auf Anlage 19)

für Geburtsjahrgänge	Pensionsalter
1945 bis Juni 1946	60
Juli 1946 bis Juni 1947	61
Juli 1947 bis Juni 1948	62
Juli 1948 bis 1951	63

Steht aufgrund des erreichten Alters oder nach den vertraglichen Vereinbarungen im Ausscheidungszeitpunkt oder bei Übergang in die Altersteilzeit fest, dass bis zu diesem Pensionsalter die Voraussetzungen für den Bezug der vorzeitigen Altersrente wegen Arbeitslosigkeit (ein Jahr Arbeitslosigkeit) oder nach Altersteilzeitarbeit (zwei Jahre Altersteilzeitarbeit) nicht erfüllt werden, erhöhen sich diese Altersgrenzen entsprechend.

c) für nicht schwerbehinderte Frauen der Geburtsjahrgänge bis 1951 die Vollendung des 60. Lebensjahres (§ 237 a SGB VI unter Verweis auf Anlage 20). Dabei ist Buchstabe b vorrangig anzuwenden.

Hat der Steuerpflichtige bei der Ermittlung des Teilwertes einer Pensionsanwartschaft bereits bisher vom zweiten Wahlrecht Gebrauch gemacht, ist er auch künftig an diese Entscheidung gebunden. In einem solchen Fall ist bei der weiteren Ermittlung des Teilwertes der Pensionsanwartschaft von dem neuen, oben angeführten, frühestmöglichen Pensionsalter auszugehen.

4. Zeitliche Anwendung

Die Regelungen dieses Schreibens können erstmals der Gewinnermittlung des Wirtschaftsjahres zugrunde gelegt werden, das nach dem 30. April 2007 (Tag der Veröffentlichung des RV-Altersgrenzenanpassungsgesetzes im Bundesgesetzblatt) endet. Sie sind spätestens in der Bilanz des ersten Wirtschaftsjahres zu berücksichtigen, das nach dem 30. Dezember 2008 endet (Übergangszeit). Der Übergang hat einheitlich für alle Pensionsverpflichtungen des Unternehmens zu erfolgen. Ab dem Übergangszeitpunkt ist das BMF-Schreiben vom 29. Dezember 1997 (BStBl. I S. 1023)[1] nicht weiter anzuwenden.

Anl f zu § 6a

f) Schreiben betr. Bildung von Pensionsrückstellungen; Berücksichtigung von Vordienstzeiten

Vom 22. Dezember 1997 (BStBl. I S. 1020)

(BMF IV B 2 – S 2176 – 120/97)

Erteilt ein Arbeitgeber seinem Arbeitnehmer im Rahmen eines bestehenden Dienstverhältnisses eine Pensionszusage, so hat er bei der Bewertung der Pensionsrückstellung als Beginn des Dienstverhältnisses des Pensionsberechtigten u. a. dann einen früheren Zeitpunkt als den tatsächlichen Diensteintritt im bestehenden Dienstverhältnis zugrunde zu legen, wenn dieser Arbeitnehmer Zeiten in einem früheren Dienstverhältnis bei diesem Arbeitgeber zurückgelegt hat – sog. Vordienstzeiten – (vgl. R 41 Abs. 11 Satz 1 EStR 1996). Der BFH hat im Urteil vom 9. April 1997 (BStBl. II S. 799) hiervon abweichend entschieden, daß Vordienstzeiten bei der Rückstellungsbewertung nicht zu berücksichtigen sind, wenn 81

- dieses frühere Dienstverhältnis endgültig beendet worden ist,
- aus ihm keine unverfallbaren Anwartschaften erwachsen sind und
- die Anrechnung der Vordienstzeiten nicht vertraglich vereinbart worden ist.

Nach dem Ergebnis einer Erörterung mit den obersten Finanzbehörden der Länder sind die Grundsätze dieses BFH-Urteils über den entschiedenen Einzelfall hinaus nur anzuwenden, wenn der Arbeitnehmer nach dem 31. 12. 1997 in das Unternehmen des Arbeitgebers zurückkehrt und ein neues Dienstverhältnis beginnt.

[1] Zuletzt abgedruckt im „Handbuch zur ESt-Veranlagung 2007" als Anlage g zu § 6 a EStG.

Hat in einem solchen Fall der Arbeitnehmer von dem Arbeitgeber, bei dem er vor der Rückkehr zum jetzigen Arbeitgeber beschäftigt war, eine Pensionszusage erhalten, die der jetzige Arbeitgeber übernimmt, sind die Grundsätze von R 41 Abs. 13 EStR 1996 und H 41 Abs. 13 EStH 1996 anzuwenden. Dabei ist für die Ermittlung des Teilwerts der Zeitpunkt maßgebend, in dem das bestehende Dienstverhältnis beginnt.

Beginnt das bestehende Dienstverhältnis nach dem 31. 12. 1997 und bestand bei Rückkehr eine unverfallbare Anwartschaft aufgrund einer Pensionszusage aus dem früheren Dienstverhältnis mit dem Arbeitgeber, ist die Pensionsrückstellung unter sinngemäßer Anwendung der Grundsätze von R 41 Abs. 13 EStR 1996 und H 41 Abs. 13 EStH 1996 zu bewerten. Dabei gilt der Teilwert dieser unverfallbaren Anwartschaft als übernommener Vermögenswert im Sinne dieser Richtlinienregelung.

Beginnt das bestehende Dienstverhältnis zu einem früheren Zeitpunkt, sind die in R 41 Abs. 11 Satz 1 EStR 1996 festgelegten Grundsätze auch künftig weiterhin anzuwenden.

Anl g zu § 6a

g) Schreiben betr. steuerliche Gewinnermittlung; Bewertung von Pensionsrückstellungen nach § 6a EStG; Übergang auf die „Heubeck-Richttafeln 2018 G"

Vom 19. Oktober 2018 (BStBl. I S. 1107)

(BMF IV C 6 – S 2176/07/10004 :001; DOK 2018/0833103)

Geändert durch BMF-Schreiben vom 17. Dezember 2019 (BStBl. 2020 I S. 82)

Bei der Bewertung von Pensionsrückstellungen sind u. a. die anerkannten Regeln der Versicherungsmathematik anzuwenden (§ 6a Absatz 3 Satz 3 Einkommensteuergesetz – EStG). Sofern in diesem Zusammenhang bislang die „Richttafeln 2005 G" von Professor Klaus Heubeck verwendet wurden, ist zu beachten, dass diese durch die „Heubeck-Richttafeln 2018 G" ersetzt wurden.

Das BMF-Schreiben vom 16. Dezember 2005 (BStBl. I S. 1054)[1] nimmt unter Bezugnahme auf das BMF-Schreiben vom 13. April 1999 (BStBl. I S. 436)[2] zum Übergang auf neue oder geänderte biometrische Rechnungsgrundlagen bei der Bewertung von Pensionsrückstellungen Stellung. Unter Berücksichtigung der in diesen Schreiben dargelegten Grundsätze ergibt sich für die Anwendung der neuen „Heubeck-Richttafeln 2018 G" in der steuerlichen Gewinnermittlung nach Abstimmung mit den obersten Finanzbehörden der Länder Folgendes:

1. Steuerliche Anerkennung der „Heubeck-Richttafeln 2018 G"

86 **1** Die „Heubeck-Richttafeln 2018 G" werden als mit den anerkannten versicherungsmathematischen Grundsätzen i. S. v. § 6a Absatz 3 Satz 3 EStG übereinstimmend anerkannt.

2. Zeitliche Anwendung

87 **2** Die „Heubeck-Richttafeln 2018 G" können erstmals der Bewertung von Pensionsrückstellungen am Ende des Wirtschaftsjahres zugrunde gelegt werden, das nach dem 20. Juli 2018 (Tag der Veröffentlichung der neuen Richttafeln) endet. Der Übergang hat einheitlich für alle Pensionsverpflichtungen und alle sonstigen versicherungsmathematisch zu bewertende Bilanzposten des Unternehmens zu erfolgen. Die „Richttafeln 2005 G" können letztmals für das Wirtschaftsjahr verwendet werden, das vor dem 30. Juni 2019 endet.

3. Verteilung des Unterschiedsbetrages nach § 6a Absatz 4 Satz 2 EStG

88 **3** Nach § 6a Absatz 4 Satz 2 EStG kann der Unterschiedsbetrag, der auf der erstmaligen Anwendung der „Heubeck-Richttafeln 2018 G" beruht, nur auf mindestens drei Wirtschaftsjahre gleichmäßig verteilt der jeweiligen Pensionsrückstellung zugeführt werden (Verteilungszeitraum). Die gleichmäßige Verteilung ist sowohl bei positiven als auch bei negativen Unterschiedsbeträgen erforderlich. Bei einer Verteilung des Unterschiedsbetrages auf drei Wirtschaftsjahre gilt Folgendes:

a) Zuführungen am Ende des Wirtschaftsjahres, für das die „Heubeck-Richttafeln 2018 G" erstmals anzuwenden sind (Übergangsjahr)

4 Am Ende des Wirtschaftsjahres, für das die neuen Rechnungsgrundlagen erstmals anzuwenden sind (Übergangsjahr), ist die jeweilige Pensionsrückstellung zunächst auf der Grundlage der bisherigen Rechnungsgrundlagen (z. B. „Richttafeln 2005 G") nach § 6a Absatz 3 und Absatz 4 Satz 1 und 3 bis 5 EStG zu ermitteln. Anschließend ist zu demselben Stichtag die so ermittelte Rückstellung um ein Drittel des Unterschiedsbetrages zwischen dem Teilwert der Pensionsverpflichtung am Ende des Übergangsjahres nach den „Heubeck-Richttafeln 2018 G" und den bisher verwendeten Rechnungsgrundlagen zu erhöhen oder – bei negativem Unterschiedsbetrag – zu vermindern.

Ist die Pensionsrückstellung, die sich nach Satz 1 ergibt (Ist-Rückstellung auf Grundlage der bisherigen Rechnungsgrundlagen), niedriger als der Teilwert der Pensionsverpflichtung gemäß § 6a Absatz 3 EStG nach den bisherigen Rechnungsgrundlagen (Soll-Rückstellung), kann ein negativer Unterschiedsbetrag insoweit gekürzt werden (entsprechend R 6a Absatz 22 Satz 3 EStR 2012).

5[3] Die Verteilungsregelung gilt nicht für Versorgungszusagen, die im Übergangsjahr erteilt werden (BFH-Beschluss vom 13. Februar 2019, BStBl. 2020 II S. 2). Die entsprechenden Pensionsrückstellungen sind zum Schluss des Wirtschaftsjahres in Höhe der Teilwerte unter Zugrundelegung der „Heubeck-Richttafeln 2018 G" anzusetzen. Aus Billigkeitsgründen wird es jedoch nicht beanstandet,

[1] Zuletzt abgedruckt im „Handbuch zur ESt-Veranlagung 2017" als Anlage g zu § 6a EStG.
[2] Zuletzt abgedruckt im „Handbuch zur ESt-Veranlagung 2008" als Anlage i zu § 6a EStG.
[3] Tz. 5 neugefasst durch BMF-Schreiben vom 17. 12. 2019 (BStBl. 2020 I S. 82). Die Neufassung ist in allen noch offenen Fällen anzuwenden.

auch die Pensionsrückstellungen für Versorgungszusagen im Sinne des Satzes 1 gemäß § 6 a Absatz 4 Satz 2 EStG (vgl. Randnummern 3 und 4 sowie 6 bis 8) zu verteilen. Satz 3 kann nur einheitlich für alle Versorgungszusagen im Sinne des Satzes 1 angewendet werden.

b) Zuführungen im Folgejahr

6 In dem auf das Übergangsjahr folgenden Wirtschaftsjahr (Folgejahr) ist die Pensionsrückstellung zunächst auf Grundlage der „Heubeck-Richttafeln 2018 G" nach § 6a Absatz 3 und Absatz 4 Satz 1 und 3 bis 5 EStG zu ermitteln. Die so berechnete Pensionsrückstellung ist um ein Drittel des Unterschiedsbetrages gemäß Randnummer 4 zu vermindern oder zu erhöhen.

7 Wird in einem Folgejahr eine Pensionszusage neu erteilt oder erhöht sich bei einer bestehenden Zusage die Verpflichtung, sind insoweit die Pensionsrückstellungen in vollem Umfang auf der Basis der „Heubeck-Richttafeln 2018 G" ohne Verteilung eines Unterschiedsbetrages zu bewerten.

c) Zuführungen im zweiten Folgejahr

8 In dem auf das Übergangsjahr folgenden zweiten Wirtschaftsjahr (zweites Folgejahr) ist die Pensionsrückstellung auf Grundlage der „Heubeck-Richttafeln 2018 G" gemäß § 6a Absatz 3 und Absatz 4 Satz 1 und 3 bis 5 EStG zu ermitteln. Eine Kürzung der Rückstellung unterbleibt.

d) Arbeitgeberwechsel

9 Die Grundsätze der Randnummern 4 bis 8 gelten auch bei einem Übergang des Dienstverhältnisses im Übergangsjahr und Folgejahr auf einen neuen Arbeitgeber aufgrund gesetzlicher Bestimmungen, z. B. nach § 613a BGB. In Fällen eines Arbeitgeberwechsels i. S. v. § 5 Absatz 7 Satz 4 EStG im Übergangsjahr oder in vorherigen Jahren hat der neue Arbeitgeber die Grundsätze der Randnummern 4 bis 8 entsprechend zu berücksichtigen.

e) Billigkeitsregelung

10 Aus Billigkeitsgründen ist es nicht zu beanstanden, wenn der Unterschiedsbetrag für sämtliche Pensionsverpflichtungen eines Betriebes anstelle der Berechnung nach den Randnummern 4 bis 9 insgesamt als Differenz zwischen den Teilwerten nach den „Heubeck-Richttafeln 2018 G" und den bisherigen Rechnungsgrundlagen am Ende des Übergangsjahres ermittelt und dieser Gesamtunterschiedsbetrag in unveränderter Höhe auf das Übergangsjahr und die beiden folgenden Wirtschaftsjahre gleichmäßig verteilt wird, indem von der Summe der Pensionsrückstellungen nach den „Richttafeln 2018 G" am Ende des Übergangsjahres zwei Drittel und am Ende des Folgejahres ein Drittel dieses Gesamtunterschiedsbetrages abgezogen werden.

11 Hat sich der Bestand der Pensionsberechtigten im Folgejahr durch einen Übergang des Dienstverhältnisses aufgrund einer gesetzlichen Bestimmung verändert, ist das für dieses Wirtschaftsjahr zu berücksichtigende Drittel des Gesamtunterschiedsbetrages entsprechend zu korrigieren.

12 Wird der maßgebende Unterschiedsbetrag über mehr als drei Wirtschaftsjahre gleichmäßig verteilt, gelten die Regelungen der Randnummern 4 bis 11 unter Berücksichtigung der veränderten Zuführungsquoten und Übergangszeiträume entsprechend.

4. Andere Verpflichtungen, die nach § 6a EStG bewertet werden

13 Die Grundsätze dieses Schreibens gelten für andere Verpflichtungen, die nach den Grundsätzen des § 6a EStG zu bewerten sind (z. B. Vorruhestandsleistungen), entsprechend. **89**

Anl h zu § 6a

h) Schreiben betr. bilanzsteuerliche Behandlung von Pensionszusagen einer Personengesellschaft an einen Gesellschafter und dessen Hinterbliebene

Vom 29. Januar 2008 (BStBl. I S. 317)

(BMF IV B 2 – S 2176/07/0001; DOK 2008/0027617)

1 Nach dem der bisherigen Verwaltungsauffassung zugrunde liegenden BFH-Urteil vom 8. Januar 1975 (BStBl. II S. 437) ist eine Pensionszusage, die eine Personengesellschaft ihrem Gesellschafter-Geschäftsführer erteilt, als Gewinnverteilungsabrede zwischen den Gesellschaftern anzusehen, die den Gewinn der Gesellschaft nicht beeinflussen darf und dementsprechend auch nicht zur Rückstellungsbildung für die künftigen Pensionsleistungen berechtigt. Demgegenüber hat der BFH im Urteil vom 2. Dezember 1997 – VIII R 15/96 – (BStBl. 2008 II S. 174) entschieden, eine derartige Pensionszusage führe bei der Gesellschaft zu einer zu passivierenden Verpflichtung, der auf der Gesellschafterebene eine korrespondierende Forderung gegenüberstehe. Das Urteil lässt offen, ob diese Forderung in einer Sonderbilanz nur bei dem durch die Zusage begünstigten Gesellschafter oder anteilig bei allen Gesellschaftern erfasst werden muss. **91**

Inzwischen hat der BFH mit Urteilen vom 14. Februar 2006 – VIII R 40/03 – (BStBl. 2008 II S. 182) und vom 30. März 2006 – IV R 25/04 – (BStBl. 2008 II S. 171) entschieden, dass der zur Pensionsrückstellung korrespondierende Aktivposten ausschließlich in der Sonderbilanz des begünstigten Gesellschafters zu aktivieren ist. In seinem Urteil vom 30. März 2006 – IV R 25/04 – (BStBl. 2008 II S. 171) hat der BFH außerdem festgelegt, dass diese Rechtsprechung auch auf bereits vorher bestehende Pensionszusagen anzuwenden ist. Dies bedeutet, dass in solchen Fällen im ersten Jahr, dessen Veranlagung verfahrensrechtlich noch geändert werden kann, in der Sonderbilanz des begünstigten Gesellschafters die bisher nicht aktivierte Zuführung zur Pensionsrückstellung gewinnerhöhend nachzuholen ist.

2 Unter Berücksichtigung der Grundsätze dieser BFH-Urteile gilt zur künftigen bilanzsteuerrechtlichen Behandlung von Pensionszusagen einer Personengesellschaft an einen Gesellschafter und dessen Hinterbliebene im Einvernehmen mit den obersten Finanzbehörden der Länder Folgendes:

Anl h zu § 6a

I. Pensionszusagen an einen Gesellschafter unmittelbar durch die Gesellschaft

1. Gesellschaftsebene

3 Die Gesellschaft hat für die sich aus der Pensionszusage ergebende Verpflichtung in der Gesellschaftsbilanz nach Maßgabe des § 6 a EStG eine Pensionsrückstellung zu bilden; zum Passivierungswahlrecht bei laufenden Pensionen und Anwartschaften auf Pensionen, die vor dem 1. Januar 1987 rechtsverbindlich zugesagt worden sind (Altzusagen), vgl. R 6 a Abs. 1 Satz 3 *EStR 2005.*[1]

4 Für die Zeit nach vertraglich vorgesehenem Eintritt des Versorgungsfalls sind unter Beachtung der Grundsätze in R 6 a Abs. 22 *EStR 2005*[1] laufende Pensionsleistungen auf der Gesellschaftsebene als Betriebsausgaben abziehbar und ist die gebildete Pensionsrückstellung anteilig gewinnerhöhend aufzulösen. Entfällt die Verpflichtung und ist die Rückstellung deshalb in vollem Umfang aufzulösen (z. B. im Falle des Todes des Gesellschafters ohne Hinterbliebenenversorgung), entsteht auf Gesellschaftsebene ein außerordentlicher, allen Gesellschaftern zugute kommender Ertrag. Zur Auflösung der Pensionsrückstellungen allgemein vgl. R 6 a Abs. 21 *EStR 2005.*[1]

2. Gesellschafterebene

5 Der aus der Zusage begünstigte Gesellschafter hat gemäß § 15 Abs. 1 Satz 1 Nr. 2 EStG in seiner Sonderbilanz eine Forderung auf künftige Pensionsleistungen zu aktivieren, die der Höhe der bei der Gesellschaft passivierten Pensionsverpflichtung entspricht (korrespondierende Bilanzierung); bei den nicht begünstigten Gesellschaftern sind keine Ansprüche zu aktivieren. Ist die Pensionszusage bereits vor Beginn des Wirtschaftsjahres, das nach dem 31. Dezember 2007 endet, erteilt worden (Altzusage), kann der begünstigte Gesellschafter in den Fällen, in denen die Pensionszusage bisher entweder als steuerlich unbeachtliche Gewinnverteilungsabrede behandelt worden ist oder zwar eine Passivierung der Pensionszusage in der Gesellschaftsbilanz erfolgt ist, aber die hierdurch entstehende Gewinnminderung durch eine anteilige Aktivierung in den Sonderbilanzen aller Gesellschafter neutralisiert worden ist, aus Billigkeitsgründen eine Rücklage in Höhe von $^{14}/_{15}$ des aus der erstmaligen Anwendung dieses Schreibens entstehenden Gewinns (Ertrag aus der erstmaligen Aktivierung des Pensionsanspruchs in der Sonderbilanz und anteiliger Aufwand aus der erstmaligen Passivierung aller Pensionsrückstellungen in der Gesamthandsbilanz oder Ertrag aus der Differenz zwischen dem bisher aktivierten anteiligen Anspruch und dem nunmehr zu aktivierenden vollen Anspruch) bilden, die in den nachfolgenden vierzehn Wirtschaftsjahren zu mindestens je einem vierzehntel gewinnerhöhend aufzulösen ist. Die Rücklage darf nur gebildet werden, soweit aufgrund der erstmaligen Anwendung dieses Schreibens insgesamt – also unter anteiliger Berücksichtigung aller in der Gesamthandsbilanz zu passivierenden Rückstellungen – ein Gewinn beim begünstigten Gesellschafter verbleibt.

Beispiel:

A und B sind als Mitunternehmer an einer Personengesellschaft zu je 50% beteiligt. Beide Mitunternehmer haben eine Pensionszusage erhalten, und zwar beträgt der

Wert für A am Bilanzstichtag	80
Wert für B am Bilanzstichtag (wegen längerer Zugehörigkeit zur Gesellschaft)	100.

Für die Rücklagenbildung ist bei jedem Gesellschafter nicht nur die anteilige Passivierung „seiner" Pensionsrückstellung zu berücksichtigen, sondern die anteilige Passivierung aller Pensionsrückstellungen. Also ergibt sich für A kein rücklagefähiger Gewinn, sondern vielmehr ein Verlust von 10 (Aktivierung 80 ./. ½ von 180 = ./. 10). Bei B ergibt sich hingegen ein rücklagefähiger Gewinn von 10 (Aktivierung 100 ./. ½ von 180 = 10).

Die Rücklage in der Sonderbilanz des begünstigten Gesellschafters ist nur für Zwecke der Einkommensteuer zu berücksichtigen. Die Rücklage kann außerdem nur in Anspruch genommen werden, wenn von der Gesellschaft für Altzusagen die Grundsätze dieses Schreibens ab dem Erstjahr (das ist das Wirtschaftsjahr, das nach dem 31. Dezember 2007 endet – siehe RdNr. 10 –, in den Fällen der RdNr. 11 das entsprechende Vorjahr) angewendet werden. Wird also zunächst ein Antrag nach RdNr. 20 dieses Schreibens gestellt, für Altzusagen weiterhin nach der bisherigen Rechtslage zu verfahren und wird ein solcher Antrag später wieder zurückgenommen, kann die Rücklage nicht in Anspruch genommen werden. Die Rücklage ist bereits vor Ablauf des Fünfzehnjahreszeitraums aufzulösen, wenn der Pensionsanspruch wegfällt.

Entsprechendes gilt, wenn in der Vergangenheit in der Gesamthandsbilanz eine Pensionsrückstellung gebildet worden ist, die Zuführungen zur Rückstellung jedoch durch außerbilanzielle Hinzurechnungen neutralisiert worden sind. Die außerbilanziellen Hinzurechnungen sind hier bei dem Gesellschafter, bei dem sie vorgenommen worden sind, im Jahr der erstmaligen Anwendung dieses Schreibens als Aufwand zu berücksichtigen. Beim begünstigten Gesellschafter ist zusätzlich der Ertrag aus der erstmaligen Aktivierung des Pensionsanspruchs in der Sonderbilanz gewinnerhöhend zu erfassen. Der Saldo aus Gewinnerhöhung und Aufwandsberücksichtigung kann beim begünstigten Gesellschafter in eine Rücklage eingestellt werden; RdNr. 5 Satz 2 ff. sind hier entsprechend anzuwenden.

6 Laufende Pensionsleistungen sind als Sonderbetriebseinnahmen beim begünstigten Gesellschafter zu erfassen. Entsprechend den unterschiedlichen Rechtsgrundlagen ist zwischen Pensionsleistungen, die an noch beteiligte Gesellschafter gezahlt werden (§ 15 Abs. 1 Satz 1 Nr. 2 EStG), und Pensionsleistungen an ehemalige Gesellschafter (§ 15 Abs. 1 Satz 2 EStG) zu unterscheiden:

a) Pensionsleistungen an noch beteiligte Gesellschafter

7 Die Pensionsleistungen sind nach § 15 Abs. 1 Satz 1 Nr. 2 EStG als Sonderbetriebseinnahmen beim begünstigten Gesellschafter zu erfassen. Aufgrund der korrespondierenden Bilanzierung ist die

[1] Jetzt: EStR 2012.

in der Sonderbilanz aktivierte Forderung (RdNr. 5) entsprechend der gewinnerhöhenden Auflösung der Pensionsrückstellung in der Gesellschaftsbilanz (RdNr. 4) gewinnmindernd aufzulösen.

b) Pensionsleistungen an ehemalige Gesellschafter

8[1] Der ehemalige Gesellschafter ist mit den nachträglichen Einkünften in die gesonderte und einheitliche Feststellung für die Gesellschaft einzubeziehen; laufende Pensionsleistungen sind nach § 15 Abs. 1 Satz 2 EStG als Sonderbetriebseinnahmen dieses Gesellschafters zu erfassen.

Die aufgrund der Pensionszusage ausgewiesene Forderung bleibt nach § 15 Abs. 1 Satz 2 EStG nach dem Ausscheiden des Gesellschafters Sonderbetriebsvermögen dieses Gesellschafters. Die Forderung ist entsprechend der gewinnerhöhenden Auflösung der Pensionsrückstellung in der Gesamthandsbilanz gewinnmindernd aufzulösen.

c) Wegfall des Pensionsanspruches

9 Bei Wegfall des Pensionsanspruches (z. B. durch Tod des Gesellschafters ohne Hinterbliebenenversorgung) entsteht durch die Ausbuchung der Forderung ein außerordentlicher Aufwand, der zu Sonderbetriebsausgaben beim betreffenden Gesellschafter führt. Eine noch bestehende Rücklage nach RdNr. 5 ist gewinnerhöhend aufzulösen.

3. Zeitliche Anwendung

10 Die Regelungen in den RdNrn. 3 bis 9 sind erstmals in der Schlussbilanz des Wirtschaftsjahres anzuwenden, das nach dem 31. Dezember 2007 endet.

Die Regelungen in RdNrn. 3 bis 9 können auch bereits für Wirtschaftsjahre noch offener Veranlagungszeiträume der Vorjahre angewendet werden, wenn die Gesellschafter der Personengesellschaft dies einvernehmlich gegenüber dem für die Gesellschaft örtlich zuständigen Finanzamt schriftlich und unwiderruflich erklären und die bisher vorgelegten Bilanzen (Gesellschaftsbilanzen und Sonderbilanzen) entsprechend berichtigen.

II. Pensionszusage an einen Gesellschafter durch die Komplementär-GmbH einer GmbH & Co. KG

1. Gesellschaftsebene

12 Durch die von der Komplementär-GmbH gewährte Pensionszusage wird die Gesamthandsbilanz der GmbH & Co. KG nicht berührt.

2. Komplementärebene

13 Die Komplementär-GmbH hat für die sich aus der Zusage ergebende Verpflichtung in ihrer Steuerbilanz nach Maßgabe des § 6a EStG eine Pensionsrückstellung zu bilden; die übrigen in RdNrn. 3 und 4 aufgeführten Grundsätze gelten entsprechend. Der Rückstellungsaufwand stellt für die Komplementär-GmbH eine Sonderbetriebsausgabe im Rahmen der Gewinnermittlung für die Personengesellschaft dar (§ 15 Abs. 1 Satz 1 Nr. 2 EStG).

3. Kommanditistenebene

14 Für den aus der Zusage (noch beteiligten oder ehemaligen) begünstigten Gesellschafter sind die Grundsätze in RdNr. 5 Satz 1 und in RdNrn. 6 bis 9 entsprechend anzuwenden. Die Billigkeitsregelung der RdNr. 5 Satz 2 ff. ist hier nicht anzuwenden, weil diese Fallgestaltung bereits dem BFH-Urteil vom 16. Dezember 1992 (BStBl. 1993 II S. 792) zugrunde lag.

III. Pensionszusage im Rahmen einer doppelstöckigen Personengesellschaft

15 Nach § 15 Abs. 1 Satz 1 Nr. 2 Satz 2 EStG steht der mittelbar über eine oder mehrere Personengesellschaften beteiligte Gesellschafter dem unmittelbar beteiligten Gesellschafter gleich. Für Pensionszusagen, die ein Gesellschafter von der Gesellschaft erhält, an der ermittelbar beteiligt ist, sind die Grundsätze der RdNrn. 3 bis 11 entsprechend anzuwenden. Erhält der Gesellschafter die Zusage von der Komplementär-GmbH der Gesellschaft, an der ermittelbar beteiligt ist, sind die Grundsätze der RdNrn. 12 bis 14 entsprechend anzuwenden.

16 Dem steht § 52 Abs. 18 Satz 2 EStG i. d. F. des StÄndG 1992 vom 25. Februar 1992 (BGBl. I S. 297; BStBl. I S. 146) nicht entgegen. Diese Vorschrift betraf die Auflösung von Pensionsrückstellungen in der ersten Schlussbilanz nach Einfügung des § 15 Abs. 1 Satz 1 Nr. 2 Satz 2 EStG (doppelstöckige Personengesellschaft) in das Einkommensteuergesetz und galt damit nur für das erste Wirtschaftsjahr, das nach dem 31. Dezember 1991 endete.

IV. Pensionszusage an Hinterbliebene eines Gesellschafters

17 Pensionszusagen an Hinterbliebene eines Gesellschafters (Witwen-/Witwerversorgung oder Waisenversorgung) sind vor Eintritt des Versorgungsfalls unselbständiger Bestandteil der Pensionszusage an den Gesellschafter; die insoweit bestehenden Verpflichtungen sind im Rahmen der Bewertung des Pensionsanspruchs und der Pensionsverpflichtung zu berücksichtigen. Auf die Ausführungen unter RdNrn. 3 bis 16 wird verwiesen. Wird nach dem Tod des Gesellschafters der Hinterbliebene Gesellschafter, so führt er den Wert in seiner Sonderbilanz fort. Andere Hinterbliebene sind mit ihren nachträglichen Einkünften als Rechtsnachfolger des Gesellschafters nach § 15 Abs. 1 Satz 2 und § 24 Nr. 2 EStG in die gesonderte und einheitliche Gewinnfeststellung für die Gesellschaft einzubeziehen (BFH-Beschluss vom 25. Januar 1994, BStBl. II S. 455); RdNr. 8 Satz 1 zweiter Halbsatz gilt entsprechend. Die Forderung des begünstigten Gesellschafters ist in dessen Sonderbilanz an den Wert anzupassen,

[1] Bestätigt durch *BFH-Urteil vom 6. 3. 2014 IV R 14/11 (BStBl. II S. 624).*

der bei dem Hinterbliebenen anzusetzen ist. Der Hinterbliebene führt dann als Rechtsnachfolger die Sonderbilanz des Gesellschafters gemäß § 15 Abs. 1 Satz 2 EStG fort. War im Zeitpunkt der erstmaligen Anwendung der Grundsätze dieses Schreibens der Versorgungsfall für den Hinterbliebenen bereits eingetreten, ist hinsichtlich des Gewinns aus der erstmaligen Aktivierung des (restlichen) Pensionsanspruchs die Billigkeitsregelung in RdNr. 5 entsprechend anzuwenden.

18 Mit Urteil vom 2. Dezember 1997 – VIII R 42/96 – (BStBl. II 2008 S. 177) hat der BFH entgegen der Auffassung im BMF-Schreiben vom 10. März 1992 (BStBl. I S. 190) entschieden, dass eine bis einschließlich 31. Dezember 1985 in den Steuerbilanzen einer Personengesellschaft gebildete Rückstellung wegen Versorgungsleistungen an eine Gesellschafter-Witwe in der Bilanz zum 31. Dezember 1986 nicht gewinnerhöhend aufzulösen ist und eine Aktivierung des Versorgungsanspruchs in einer Sonderbilanz der Witwe zum 31. Dezember 1986 nicht gefordert werden kann. Die Grundsätze dieses BFH-Urteils sind in allen noch offenen Fällen anzuwenden; an der entgegenstehenden Auffassung in den BMF-Schreiben vom 16. Juli 1986 (BStBl. I S. 359) und vom 10. März 1992 (BStBl. I S. 190) wird nicht mehr festgehalten.

V. Rückdeckungsversicherung

19 Hat die Personengesellschaft eine Pensionszusage an einen Gesellschafter und dessen Hinterbliebene durch den Abschluss eines Versicherungsvertrags rückgedeckt, gehört der der Personengesellschaft zustehende Versicherungsanspruch (Rückdeckungsanspruch) nicht zum Betriebsvermögen der Gesellschaft. Die Prämien für die Rückdeckungsversicherung stellen keine Betriebsausgaben dar. Sie sind Entnahmen, die allen Gesellschaftern nach Maßgabe ihrer Beteiligung zuzurechnen sind (BFH-Urteil vom 28. Juni 2001 – BStBl. 2002 II S. 724).

VI. Allgemeine Übergangsregelung betreffend die Behandlung von sog. Altzusagen

20 Die jeweilige Gesellschaft kann auf Antrag für Altzusagen (siehe RdNr. 5) auch für Wirtschaftsjahre, die nach dem 31. Dezember 2007 enden, die Pensionszusage als steuerlich unbeachtliche Gewinnverteilungsabrede behandeln oder aber bei Passivierung der Pensionsverpflichtung in der Gesamthandsbilanz die anteilige Aktivierung der Ansprüche in den Sonderbilanzen aller Gesellschafter vornehmen, wenn die betreffende Gesellschaft bisher kontinuierlich in dieser Weise verfahren ist und die Gesellschafter der betreffenden Personengesellschaft dies übereinstimmend gegenüber dem für die Gesellschaft örtlich zuständigen Finanzamt schriftlich erklären. In diesem Fall kann für Altzusagen die bisherige Behandlung zeitlich unbeschränkt fortgeführt werden. Der Antrag kann nur im Einvernehmen aller Gesellschafter zurückgenommen werden; eine Rücknahme des Antrags wirkt nur für die Zukunft.

Anl i zu § 6a

i) Schreiben betr. betriebliche Altersversorgung; Bewertung von Pensionsverpflichtungen nach § 6 a EStG; Anerkennung unternehmensspezifischer und modifizierter biometrischer Rechnungsgrundlagen

Vom 9. Dezember 2011 (BStBl. I S. 1247)

(BMF IV C 6 – S 2176/07/10004:001; DOK 2011/0991968)

Bei der Bewertung von Pensionsrückstellungen nach § 6 a EStG sind die anerkannten Regeln der Versicherungsmathematik anzuwenden (§ 6 a Absatz 3 Satz 3 EStG). Die Finanzverwaltung erkennt hierfür allgemein anerkannte biometrische Rechnungsgrundlagen ohne besonderen Nachweis der Angemessenheit an (vgl. z. B. BMF-Schreiben vom 16. Dezember 2005, BStBl. I S. 1054,[1] zum Übergang auf die „Richttafeln 2005 G" von Professor Klaus Heubeck). Soweit unternehmensspezifische Verhältnisse die Anwendung anderer oder modifizierter biometrischer Rechnungsgrundlagen erfordern, setzt deren Berücksichtigung nach Abstimmung mit den obersten Finanzbehörden der Länder u. a. die Einhaltung folgender Grundsätze voraus:

1. Notwendiges Datenmaterial

92 **1** Die Herleitung vollständig neuer unternehmensspezifischer biometrischer Rechnungsgrundlagen kommt nur in besonderen Ausnahmefällen in Betracht. Das den Berechnungen zugrunde liegende Datenmaterial muss in der Regel über die Daten des betreffenden Unternehmens deutlich hinausgehen.

2 Wird dabei auf Datenmaterial zurückgegriffen, das als aussagekräftige Basis für die Herleitung von biometrischen Rechnungsgrundlagen angesehen werden kann, ist darzulegen, dass diese größere Datenbasis den Verhältnissen des Unternehmens noch gerecht wird. Als aussagekräftige Datenbasis können ggf. unternehmensübergreifende Untersuchungen der gleichen Branche in Frage kommen.

3 Werden signifikante Abweichungen von den allgemein anerkannten biometrischen Rechnungsgrundlagen nachgewiesen, kommt deren Modifikation nur unter Berücksichtigung der in den Randnummern 4 bis 11 dargelegten Grundsätze in Betracht. Abweichungen sind als signifikant anzusehen, wenn mathematisch-statistische Tests auf einem Signifikanzniveau von mindestens 95% (Irrtumswahrscheinlichkeit 5%) bestätigen, dass die im untersuchten Datenbestand über einen Zeitraum von mindestens fünf Jahren beobachteten Häufigkeiten im Hinblick auf mindestens eine Ausscheideursache (z. B. Aktiven- bzw. Altersrentnertod) von den allgemein anerkannten biometrischen Rechnungsgrundlagen abweichen.

[1] Siehe jetzt „Heubeck-Richttafeln 2018 G", abgedruckt als Anlage g zu § 6 a EStG.

2. Prüfung des gesamten Bestandes der Pensionsverpflichtungen

4 Die Angemessenheit einer Modifikation ist für den gesamten Bestand der Pensionsverpflichtungen zu prüfen und nachzuweisen. Weicht ein Teilbestand signifikant vom gesamten Bestand des Unternehmens ab und werden für diesen Teilbestand die biometrischen Rechnungsgrundlagen modifiziert, ist für den Komplementärbestand zu diesem Teilbestand eine gegenläufig wirkende Modifikation zu den für den gesamten Bestand angemessenen biometrischen Rechnungsgrundlagen vorzunehmen.

5 Bei Konzernen im Sinne von § 18 des Aktiengesetzes (AktG) ist grundsätzlich auf den gesamten Bestand der Pensionsverpflichtungen der inländischen Konzerngesellschaften des jeweiligen Konzerns abzustellen.

3. Überprüfung aller Grundwerte

6 Bei der Prüfung modifizierter Rechnungsgrundlagen sind alle Grundwerte zu überprüfen. Allgemein anerkannte versicherungsmathematische Zusammenhänge zwischen den Grundwerten – beispielsweise zwischen der Sterblichkeit und der Invalidität – sind zu berücksichtigen und gegebenenfalls zu schätzen.

4. Sicherheitsniveau und Projektivität

7 Das Sicherheitsniveau muss demjenigen der allgemein anerkannten biometrischen Rechnungsgrundlagen entsprechen. Dabei ist auf Erwartungswerte ohne besondere Sicherheitszuschläge abzustellen. Art und Umfang der verwendeten Projektivität sind zu begründen.

5. Bestätigung modifizierter biometrischer Rechnungsgrundlagen

8 Zur Verifizierung von Modifikationen ist mittels mathematisch-statistischer Tests zu bestätigen, dass die aus dem untersuchten Datenbestand abgeleiteten modifizierten biometrischen Rechnungsgrundlagen nicht signifikant von den dort beobachteten Häufigkeiten abweichen.

6. Typisierende Modifikationen

9 Soweit von der Finanzverwaltung typisierende Modifikationen der allgemein anerkannten biometrischen Rechnungsgrundlagen bei Erfüllung bestimmter Kriterien (z. B. Branchenzugehörigkeit oder Art der Beschäftigung) anerkannt werden, können diese bei Vorliegen der jeweiligen Kriterien im gesamten Bestand des Unternehmens ohne besonderen Nachweis der Angemessenheit angewendet werden.

7. Überprüfung modifizierter biometrischer Rechnungsgrundlagen

10 Die nach den Randnummern 1 bis 9 modifizierten biometrischen Rechnungsgrundlagen sind in regelmäßigen Abständen, spätestens jedoch nach fünf Jahren, zu überprüfen. Auch bei Umstrukturierungen innerhalb eines Konzerns (insbesondere bei Veräußerung oder Hinzuerwerb von Konzerngesellschaften) ist spätestens zum nächsten regulären Überprüfungszeitpunkt nach Satz 1 eine Untersuchung nach Maßgabe der Randnummern 4 und 5 für den nunmehr vorliegenden gesamten Bestand der Pensionsverpflichtungen durchzuführen.

11 Unabhängig davon ist eine Überprüfung auch bei einer Änderung der allgemein anerkannten Rechnungsgrundlagen vorzunehmen, auf die sich die Modifikation bezieht.

Anl j zu § 6a

j) Schreiben betr. betriebliche Altersversorgung; Maßgebendes Pensionsalter bei der Bewertung von Versorgungszusagen; Urteile des Bundesfinanzhofes (BFH) vom 11. September 2013 (BStBl. 2016 II S. 1008) und des Bundesarbeitsgerichtes (BAG) vom 15. Mai 2012 – 3 AZR 11/10 – und vom 13. Januar 2015 – 3 AZR 897/12 –

Vom 9. Dezember 2016 (BStBl. I S. 1427)

(BMF IV C 6 – S 2176/07/10004 :003; DOK 2016/1112009)

Der Bundesfinanzhof (BFH) und das Bundesarbeitsgericht (BAG) haben in drei Urteilen zu dem bei Versorgungszusagen maßgebenden Pensionsalter entschieden. Zu diesen Entscheidungen nehme ich nach Abstimmung mit den obersten Finanzbehörden der Länder wie folgt Stellung:

I. Maßgebendes Pensionsalter

1 Bei der bilanzsteuerrechtlichen Bewertung von Pensionszusagen nach § 6a Einkommensteuergesetz (EStG) ist grundsätzlich das Pensionsalter maßgebend, das in der jeweiligen Versorgungszusage festgeschrieben wurde; Änderungen erfordern eine schriftliche Anpassung der Pensionszusage (§ 6a Absatz 1 Nummer 3 EStG). 93

2 Wird in der Pensionszusage ausschließlich auf die Regelaltersgrenze in der gesetzlichen Rentenversicherung Bezug genommen (keine Angabe des Pensionsalters), ist als Pensionsalter die gesetzliche Regelaltersgrenze der Rückstellungsbewertung zugrunde zu legen, die am Bilanzstichtag für den Eintritt des Versorgungsfalles maßgebend ist; das BMF-Schreiben vom 5. Mai 2008 (BStBl. I S. 569)[1] zur Anhebung der Altersgrenzen der gesetzlichen Rentenversicherung durch das RV-Altersgrenzenanpassungsgesetz vom 20. April 2007 ist weiterhin anzuwenden.

[1] Vorstehend abgedruckt als Anlage e zu § 6a EStG.

Anl j zu
§ 6a

II. BFH-Urteil vom 11. September 2013 (BStBl. 2016 II S. 1008) zur Bewertung von Pensionsverpflichtungen gegenüber Gesellschafter-Geschäftsführern

3 Der BFH hat mit Urteil vom 11. September 2013 (a. a. O.) entschieden, dass nach dem eindeutigen Wortlaut des § 6 a EStG bei der Bewertung von Pensionsverpflichtungen hinsichtlich des Pensionsalters ausschließlich auf den in der Pensionszusage vorgesehenen Zeitpunkt des Eintritts des Versorgungsfalles abzustellen ist. Maßgebend seien dabei die Verhältnisse zum Zeitpunkt der Zusageerteilung. Abweichend von R 6 a Absatz 8 EStR schreibe das Gesetz auch bei Versorgungszusagen gegenüber beherrschenden Gesellschafter-Geschäftsführern kein Mindestpensionsalter vor.

4 Die Grundsätze dieses BFH-Urteils sind über den entschiedenen Einzelfall hinaus in allen noch offenen vergleichbaren Fällen anzuwenden.

1. Pensionsrückstellungen nach § 6 a EStG

5 R 6 a Absatz 8 Satz 1 letzter Teilsatz und Satz 5 EStR zum Mindestpensionsalter bei der Bildung von Pensionsrückstellungen für beherrschende Gesellschafter-Geschäftsführer sind nicht weiter anzuwenden; das BMF-Schreiben vom 3. Juli 2009 (BStBl. I S. 712) zur erstmaligen Anwendung von R 6 a Absatz 8 EStR i. d. F. der Einkommensteuer-Änderungsrichtlinien 2008 (EStÄR 2008) wird aufgehoben. Abweichend von R 6 a Absatz 8 Satz 4 EStR ist R 6 a Absatz 11 Satz 1 EStR (grundsätzliche Zugrundelegung des vertraglich vereinbarten Pensionsalters) nunmehr anzuwenden. Es ist grundsätzlich zu unterstellen, dass die Jahresbeträge nach § 6 a Absatz 3 Satz 2 Nummer 1 Satz 3 EStG vom Beginn des Dienstverhältnisses bis zur vertraglich vorgesehenen Altersgrenze aufzubringen sind. Das sog. zweite Wahlrecht nach R 6 a Absatz 11 Satz 3 EStR kann nicht in Anspruch genommen werden.

6 In den Fällen, in denen bislang aufgrund des Mindestalters nach R 6 a Absatz 8 EStR der vertraglich vereinbarte frühere Pensionsbeginn nicht berücksichtigt wurde, kann von einem späteren Pensionseintritt ausgegangen werden, sofern mit einer Beschäftigung des Berechtigten bis zu diesem Alter gerechnet werden kann (analoge Anwendung des sog. ersten Wahlrechtes, R 6 a Absatz 11 Satz 2 EStR). Dieses einmalige Wahlrecht ist spätestens in der Bilanz des Wirtschaftsjahres auszuüben, das nach dem 9. Dezember 2016 beginnt.

2. Verdeckte Gewinnausschüttungen (vGA) bei Pensionszusagen an Gesellschafter-Geschäftsführer von Kapitalgesellschaften

7 Ist die Pensionsrückstellung dem Grunde und der Höhe nach zutreffend bilanziert, ist bei Zusagen an Gesellschafter-Geschäftsführer von Kapitalgesellschaften im zweiten Schritt zu prüfen, ob und inwieweit die Gewinnminderung aufgrund der Pensionsverpflichtung eine vGA darstellt.

8 Bei Neuzusagen nach dem 9. Dezember 2016 ist bei einer vertraglichen Altersgrenze von weniger als 62 Jahren davon auszugehen, dass keine ernsthafte Vereinbarung vorliegt (vGA dem Grunde nach). Zuführungen zur Pensionsrückstellung sind in voller Höhe vGA. Bei zum 9. Dezember 2016 bereits bestehenden Zusagen gilt die R 38 Satz 8 KStR 2004 (Altersgrenze von 60 Jahren) weiter.

9 Bei beherrschenden Gesellschafter-Geschäftsführern ist bei Neuzusagen nach dem 9. Dezember 2016 grundsätzlich davon auszugehen, dass eine Pensionszusage insoweit unangemessen ist, als eine geringere vertragliche Altersgrenze als 67 Jahre vereinbart wird (vGA der Höhe nach). Zuführungen zur Pensionsrückstellung sind dann insoweit vGA, als diese nicht auf das 67. Lebensjahr, sondern auf das vertraglich vereinbarte geringere Pensionsalter berechnet werden. Den Steuerpflichtigen bleibt es aber unbenommen, die Fremdüblichkeit eines niedrigeren Pensionsalters darzulegen.

Bei zum 9. Dezember 2016 bereits bestehenden Zusagen wird es nicht beanstandet, wenn eine vertragliche Altersgrenze von mindestens 65 Jahren vereinbart wurde (BFH-Urteile vom 11. September 2013 (a. a. O.); vom 23. Januar 1991, I R 113/88, BStBl. II S. 379; vom 28. April 1982, I R 51/76, BStBl. II S. 612 und vom 23. Januar 1980, I R 12/77, BStBl. II S. 304) oder nachträglich spätestens bis zum Ende des Wirtschaftsjahres vereinbart wird, das nach dem 9. Dezember 2016 beginnt. Ist eine vertragliche Altersgrenze von weniger als 65 Jahren vereinbart, gelten die Sätze 1 und 2 dieser Randnummer mit der Maßgabe entsprechend, dass für die Berechnung der vGA statt auf das 67. Lebensjahr auf das 65. Lebensjahr abzustellen ist.

10 Bei Neuzusagen nach dem 9. Dezember 2016 an beherrschende Gesellschafter-Geschäftsführer mit Behinderung im Sinne des § 2 Absatz 2 SGB IX ist es abweichend von Randnummer 9 nicht zu beanstanden, wenn eine vertragliche Altersgrenze von mindestens 62 Jahren zugrunde gelegt wird. Bei zum 9. Dezember 2016 bereits bestehenden Zusagen ist es nicht zu beanstanden, wenn eine vertragliche Altersgrenze von mindestens 60 Jahren zugrunde gelegt wird (R 38 Satz 7 KStR 2004).

11 Für die Frage, ob eine vGA vorliegt, ist grundsätzlich auf die Verhältnisse bei Erteilung der Zusage abzustellen (u. a. BFH-Urteil vom 31. März 2004, I R 65/03, BStBl. II 2005 S. 664). Ein Statuswechsel vom nicht beherrschenden zum beherrschenden Gesellschafter begründet für sich alleine regelmäßig noch keinen Anlass zur Prüfung, ob das in der Zusage vereinbarte Pensionsalter durch das Gesellschaftsverhältnis veranlasst ist. Dies gilt jedoch nicht, wenn weitere Anhaltspunkte für eine mögliche Veranlassung durch das Gesellschaftsverhältnis hinzutreten (z. B. eine zeitliche Nähe von Erteilung der Zusage und Erwerb der beherrschenden Stellung). Wird die Zusage wesentlich geändert, ist stets auch im Hinblick auf das vereinbarte Pensionsalter erneut zu prüfen, ob die Pensionszusage durch das Gesellschaftsverhältnis veranlasst ist.

III. Auswirkungen der BAG-Urteile vom 15. Mai 2012 – 3 AZR 11/10 – und 13. Januar 2015 – 3 AZR 897/12 – auf Zusagen über Unterstützungskassen (§ 4 d EStG) und unmittelbare Pensionszusagen (§ 6 a EStG)

12 Nach den BAG-Urteilen vom 15. Mai 2012 – 3 AZR 11/10 – und vom 13. Januar 2015 – 3 AZR 897/12 – zu Gesamtversorgungssystemen ist die Bezugnahme auf die Vollendung des 65. Lebensjahres in einer vor dem Inkrafttreten des RV-Altersgrenzenanpassungsgesetzes vom 20. April 2007 (BGBl. I S. 554) entstandenen Versorgungsordnung regelmäßig dahingehend auszulegen, dass damit auf die Regelaltersgrenze in der gesetzlichen Rentenversicherung Bezug genommen wird.

13 Auch bei von der BAG-Rechtsprechung betroffenen Gesamtversorgungszusagen bleibt bilanzsteuerrechtlich das schriftlich fixierte Pensionseintrittsalter maßgebend.

14 Soll aufgrund der BAG-Entscheidungen das bislang schriftlich vereinbarte Pensionsalter geändert werden, ist diese Anpassung nach den allgemeinen Grundsätzen durch eine schriftliche Änderung der betroffenen Zusagen zu dokumentieren (Schriftformerfordernis gemäß § 4 d Absatz 1 Satz 1 Nummer 1 Satz 1 Buchstabe b Satz 2 und 5 EStG bei Leistungsanwärtern sowie § 6 a Absatz 1 Nummer 3 EStG bei Pensionszusagen); bei mit unverfallbaren Anwartschaften ausgeschiedenen Versorgungsberechtigten reicht eine betriebsöffentliche schriftliche Erklärung des Versorgungsverpflichteten aus (z. B. Veröffentlichung im Bundesanzeiger, Aushang am „schwarzen Brett"). Es ist bilanzsteuerrechtlich nicht zu beanstanden, wenn die betreffenden Versorgungszusagen spätestens bis zum Ende des Wirtschaftsjahres angepasst werden, das nach dem 9. Dezember 2016 beginnt (Übergangsfrist). Nach Ablauf der Übergangsfrist nicht nach den oben genannten Grundsätzen angepasste Versorgungszusagen können aufgrund der o. g. Regelungen in § 4 d und § 6 a EStG mangels hinreichender Schriftform bilanzsteuerrechtlich nicht mehr berücksichtigt werden; in der Steuerbilanz insoweit passivierte Pensionsrückstellungen sind gewinnerhöhend aufzulösen.

EStG

§ 6b Übertragung stiller Reserven bei der Veräußerung bestimmter Anlagegüter

1 (1) ① **Steuerpflichtige, die**
Grund und Boden,
Aufwuchs auf Grund und Boden mit dem dazugehörigen Grund und Boden, wenn der Aufwuchs zu einem land- und forstwirtschaftlichen Betriebsvermögen gehört,
Gebäude oder Binnenschiffe
veräußern, können im Wirtschaftsjahr der Veräußerung von den Anschaffungs- oder Herstellungskosten der in Satz 2 bezeichneten Wirtschaftsgüter, die im Wirtschaftsjahr der Veräußerung oder im vorangegangenen Wirtschaftsjahr angeschafft oder hergestellt worden sind, einen Betrag bis zur Höhe des bei der Veräußerung entstandenen Gewinns abziehen. ② **Der Abzug ist zulässig bei den Anschaffungs- oder Herstellungskosten von**

1. **Grund und Boden,**
   soweit der Gewinn bei der Veräußerung von Grund und Boden entstanden ist,
2. **Aufwuchs auf Grund und Boden mit dem dazugehörigen Grund und Boden, wenn der Aufwuchs zu einem land- und forstwirtschaftlichen Betriebsvermögen gehört,**
   soweit der Gewinn bei der Veräußerung von Grund und Boden oder der Veräußerung von Aufwuchs auf Grund und Boden mit dem dazugehörigen Grund und Boden entstanden ist,
3. **Gebäuden,**
   soweit der Gewinn bei der Veräußerung von Grund und Boden, von Aufwuchs auf Grund und Boden mit dem dazugehörigen Grund und Boden oder Gebäuden entstanden ist, oder
4. **Binnenschiffen,**
   soweit der Gewinn bei der Veräußerung von Binnenschiffen entstanden ist.

③ **Der Anschaffung oder Herstellung von Gebäuden steht ihre Erweiterung, ihr Ausbau oder ihr Umbau gleich.** ④ **Der Abzug ist in diesem Fall nur von dem Aufwand für die Erweiterung, den Ausbau oder den Umbau der Gebäude zulässig.**

2 (2) ① **Gewinn im Sinne des Absatzes 1 Satz 1 ist der Betrag, um den der Veräußerungspreis nach Abzug der Veräußerungskosten den Buchwert übersteigt, mit dem das veräußerte Wirtschaftsgut im Zeitpunkt der Veräußerung anzusetzen gewesen wäre.** ② **Buchwert ist der Wert, mit dem ein Wirtschaftsgut nach § 6 anzusetzen ist.**

2a (2 a)[1, 2] ① **Werden im Wirtschaftsjahr der Veräußerung der in Absatz 1 Satz 1 bezeichneten Wirtschaftsgüter oder in den folgenden vier Wirtschaftsjahren in Absatz 1 Satz 2 bezeichnete Wirtschaftsgüter angeschafft oder hergestellt oder sind sie in dem der Veräußerung vorangegangenen Wirtschaftsjahr angeschafft oder hergestellt worden, die einem Betriebsvermögen des Steuerpflichtigen in einem anderen Mitgliedstaat der Europäischen Union oder des Europäischen Wirtschaftsraums zuzuordnen sind, kann auf Antrag des Steuerpflichtigen die festgesetzte Steuer, die auf den Gewinn im Sinne des Absatzes 2 entfällt, in fünf gleichen Jahresraten entrichtet werden; die Frist von vier Jahren verlängert sich bei neu hergestellten Gebäuden auf sechs Jahre, wenn mit ihrer Herstellung vor dem Schluss des vierten auf die Veräußerung folgenden Wirtschaftsjahres begonnen worden ist.** ② **Der Antrag kann nur im Wirtschaftsjahr der Veräußerung der in Absatz 1 Satz 1 bezeichneten Wirtschaftsgüter gestellt werden. 3§ 36 Absatz 5 Satz 2 bis 5 ist sinngemäß anzuwenden.** ④ **Unterbleibt der Nachweis einer in Satz 1 genannten Anschaffung oder Herstellung durch den Steuerpflichtigen, sind für die Dauer des durch die Ratenzahlung gewährten Zahlungsaufschubs Zinsen in entsprechender Anwendung des § 234 der Abgabenordnung zu erheben.** ⑤ **Unterschreiten die Anschaffungs- oder Herstellungskosten der angeschafften oder hergestellten Wirtschaftsgüter den Gewinn im Sinne des Absatzes 2, gilt Satz 4 mit der Maßgabe, dass die Zinsen nur auf den Unterschiedsbetrag erhoben werden.** ⑥ **Bei der Zinsberechnung ist davon auszugehen, dass der Unterschiedsbetrag anteilig auf alle Jahresraten entfällt.** ⑦ **Zu den nach Satz 1 angeschafften oder hergestellten Wirtschaftsgütern gehören auch die einem Betriebsvermögen des Steuerpflichtigen im Vereinigten Königreich Großbritannien und Nordirland zuzuordnenden Wirtschaftsgüter, soweit der Antrag nach Satz 1 vor dem Zeitpunkt gestellt worden ist, ab dem das Vereinigte Königreich Großbritannien und Nordirland nicht mehr Mitgliedstaat der Europäischen Union ist und auch nicht wie ein solcher zu behandeln ist.**

[1] Zur erstmaligen Anwendung siehe § 52 Abs. 14 Satz 3 EStG.
[2] Zur Vereinbarkeit der Regelung in § 6 b Abs. 2 a EStG mit Unionsrecht siehe *BFH-Urteil vom 22. 6. 2017 VI R 84/14 (BStBl. 2018 II S. 171).*

EStG

(3)[1] ① Soweit Steuerpflichtige den Abzug nach Absatz 1 nicht vorgenommen haben, können sie im Wirtschaftsjahr der Veräußerung eine den steuerlichen Gewinn mindernde Rücklage bilden. ② Bis zur Höhe dieser Rücklage können sie von den Anschaffungs- oder Herstellungskosten der in Absatz 1 Satz 2 bezeichneten Wirtschaftsgüter, die in den folgenden vier Wirtschaftsjahren angeschafft oder hergestellt worden sind, im Wirtschaftsjahr ihrer Anschaffung oder Herstellung einen Betrag unter Berücksichtigung der Einschränkungen des Absatzes 1 Satz 2 bis 4 abziehen. ③ Die Frist von vier Jahren verlängert sich bei neu hergestellten Gebäuden auf sechs Jahre, wenn mit ihrer Herstellung vor dem Schluss des vierten auf die Bildung der Rücklage folgenden Wirtschaftsjahres begonnen worden ist. ④ Die Rücklage ist in Höhe des abgezogenen Betrags gewinnerhöhend aufzulösen. ⑤ Ist eine Rücklage am Schluss des vierten auf ihre Bildung folgenden Wirtschaftsjahres noch vorhanden, so ist sie in diesem Zeitpunkt gewinnerhöhend aufzulösen, soweit nicht ein Abzug von den Herstellungskosten von Gebäuden in Betracht kommt, mit deren Herstellung bis zu diesem Zeitpunkt begonnen worden ist; ist die Rücklage am Schluss des sechsten auf ihre Bildung folgenden Wirtschaftsjahres noch vorhanden, so ist sie in diesem Zeitpunkt gewinnerhöhend aufzulösen. 3

(4) ① Voraussetzung für die Anwendung der Absätze 1 und 3 ist, dass 4

1. **der Steuerpflichtige den Gewinn nach § 4 Absatz 1 oder § 5 ermittelt,**
2. **die veräußerten Wirtschaftsgüter im Zeitpunkt der Veräußerung mindestens sechs Jahre ununterbrochen zum Anlagevermögen einer inländischen Betriebsstätte gehört haben,**
3. **die angeschafften oder hergestellten Wirtschaftsgüter zum Anlagevermögen einer inländischen Betriebsstätte gehören,**
4. **der bei der Veräußerung entstandene Gewinn bei der Ermittlung des im Inland steuerpflichtigen Gewinns nicht außer Ansatz bleibt und**
5. **der Abzug nach Absatz 1 und die Bildung und Auflösung der Rücklage nach Absatz 3 in der Buchführung verfolgt werden können.**

② Der Abzug nach den Absätzen 1 und 3 ist bei Wirtschaftsgütern, die zu einem land- und forstwirtschaftlichen Betrieb gehören oder der selbständigen Arbeit dienen, nicht zulässig, wenn der Gewinn bei der Veräußerung von Wirtschaftsgütern eines Gewerbebetriebs entstanden ist.

(5) An die Stelle der Anschaffungs- oder Herstellungskosten im Sinne des Absatzes 1 tritt in den Fällen, in denen das Wirtschaftsgut im Wirtschaftsjahr vor der Veräußerung angeschafft oder hergestellt worden ist, der Buchwert am Schluss des Wirtschaftsjahres der Anschaffung oder Herstellung. 5

(6) ① Ist ein Betrag nach Absatz 1 oder 3 abgezogen worden, so tritt für die Absetzungen für Abnutzung oder Substanzverringerung oder in den Fällen des § 6 Absatz 2 und Absatz 2 a im Wirtschaftsjahr des Abzugs der verbleibende Betrag an die Stelle der Anschaffungs- oder Herstellungskosten. ② In den Fällen des § 7 Absatz 4 Satz 1 und Absatz 5 sind die um den Abzugsbetrag nach Absatz 1 oder 3 geminderten Anschaffungs- oder Herstellungskosten maßgebend. 6

(7) Soweit eine nach Absatz 3 Satz 1 gebildete Rücklage gewinnerhöhend aufgelöst wird, ohne dass ein entsprechender Betrag nach Absatz 3 abgezogen wird, ist der Gewinn des Wirtschaftsjahres, in dem die Rücklage aufgelöst wird, für jedes volle Wirtschaftsjahr, in dem die Rücklage bestanden hat, um 6 Prozent des aufgelösten Rücklagenbetrags zu erhöhen. 7

(8)[2] ① Werden Wirtschaftsgüter im Sinne des Absatzes 1 zum Zweck der Vorbereitung oder Durchführung von städtebaulichen Sanierungs- oder Entwicklungsmaßnahmen an einen der in Satz 2 bezeichneten Erwerber übertragen, sind die Absätze 1 bis 7 mit der Maßgabe anzuwenden, dass 8

1.[3] **die Fristen des Absatzes 3 Satz 2, 3 und 5 sich jeweils um drei Jahre verlängern und**

---

[1] Die Fristen des § 6 b Abs. 3 Satz 2, 3 und 5 verlängern sich jeweils um drei Jahre, wenn die Rücklage wegen § 6 b Abs. 3 Satz 5 am Schluss des nach dem 29. Februar 2020 und vor dem 1. Januar 2021 endenden Wirtschaftsjahres aufzulösen wäre. Die Fristen verlängern sich um zwei Jahre, wenn die Rücklage wegen § 6 b Abs. 3 Satz 5 am Schluss des nach dem 31. Dezember 2020 und vor dem 1. Januar 2022 endenden Wirtschaftsjahres aufzulösen wäre. Die Fristen verlängern sich um ein Jahr, wenn die Rücklage wegen § 6 b Abs. 3 Satz 5 am Schluss des nach dem 31. Dezember 2021 und vor dem 1. Januar 2023 endenden Wirtschaftsjahres aufzulösen wäre, § 52 Abs. 14 Satz 4–6 EStG.

[2] Siehe hierzu *Rdvfg. OFD Kiel vom 14. 2. 2000 S 2139 A – St 232 (DStR 2000 S. 777).*

[3] Die Fristen des § 6 b Abs. 8 Satz 1 Nr. 1 verlängern sich jeweils um drei Jahre, wenn die Rücklage wegen Abs. 8 Satz 1 Nr. 1 i. V. m. Abs. 3 Satz 5 am Schluss des nach dem 29. Februar 2020 und vor dem 1. Januar 2021 endenden Wirtschaftsjahres aufzulösen wäre. Die Fristen verlängern sich um zwei Jahre, wenn die Rücklage wegen § 6 b Abs. 8 Satz 1 Nr. 1 i. V. m. Abs. 3 Satz 5 am Schluss des nach dem 31. Dezember 2020 und vor dem 1. Januar 2022 endenden Wirtschaftsjahres aufzulösen wäre. Die Fristen verlängern sich um ein Jahr, wenn die Rücklage wegen § 6 b Abs. 8 Satz 1 i. V. m. Abs. 3 Satz 5 am Schluss des nach dem 31. Dezember 2021 und vor dem 1. Januar 2023 endenden Wirtschaftsjahres aufzulösen wäre, § 52 Abs. 14 Satz 4–6 EStG.

2. an die Stelle der in Absatz 4 Nummer 2 bezeichneten Frist von sechs Jahren eine Frist von zwei Jahren tritt.

② Erwerber im Sinne des Satzes 1 sind Gebietskörperschaften, Gemeindeverbände, ***Verbände im Sinne des § 166 Absatz 4 des Baugesetzbuchs,***[1] **Planungsverbände nach § 205 des Baugesetzbuchs, Sanierungsträger nach § 157 des Baugesetzbuchs, Entwicklungsträger nach § 167 des Baugesetzbuchs sowie Erwerber, die städtebauliche Sanierungsmaßnahmen als Eigentümer selbst durchführen (§ 147 Absatz 2 und § 148 Absatz 1 Baugesetzbuch).**[2]

9 (9) **Absatz 8 ist nur anzuwenden, wenn die nach Landesrecht zuständige Behörde bescheinigt, dass die Übertragung der Wirtschaftsgüter zum Zweck der Vorbereitung oder Durchführung von städtebaulichen Sanierungs- oder Entwicklungsmaßnahmen an einen der in Absatz 8 Satz 2 bezeichneten Erwerber erfolgt ist.**

10 (10)[3] ① **Steuerpflichtige, die keine Körperschaften, Personenvereinigungen oder Vermögensmassen sind, können Gewinne aus der Veräußerung von Anteilen an Kapitalgesellschaften bis zu einem Betrag von 500 000 Euro auf die im Wirtschaftsjahr der Veräußerung oder in den folgenden zwei Wirtschaftsjahren angeschafften Anteile an Kapitalgesellschaften oder angeschafften oder hergestellten abnutzbaren beweglichen Wirtschaftsgüter oder auf die im Wirtschaftsjahr der Veräußerung oder in den folgenden vier Wirtschaftsjahren angeschafften oder hergestellten Gebäude nach Maßgabe der Sätze 2 bis** ***11*** **[10] übertragen. ② Wird der Gewinn im Jahr der Veräußerung auf Gebäude oder abnutzbare bewegliche Wirtschaftsgüter übertragen, so kann ein Betrag bis zur Höhe des bei der Veräußerung entstandenen und nicht nach § 3 Nummer 40 Satz 1 Buchstabe a und b in Verbindung mit § 3 c Absatz 2 steuerbefreiten Betrags von den Anschaffungs- oder Herstellungskosten für Gebäude oder abnutzbare bewegliche Wirtschaftsgüter abgezogen werden. ③ Wird der Gewinn im Jahr der Veräußerung auf Anteile an Kapitalgesellschaften übertragen, mindern sich die Anschaffungskosten der Anteile an Kapitalgesellschaften in Höhe des Veräußerungsgewinns einschließlich des nach § 3 Nummer 40 Satz 1 Buchstabe a und b in Verbindung mit § 3 c Absatz 2 steuerbefreiten Betrages. ④ Absatz 2, Absatz 4 Satz 1 Nummer 1, 2, 3, 5 und Satz 2 sowie Absatz 5 sind sinngemäß anzuwenden. ⑤ Soweit Steuerpflichtige den Abzug nach den Sätzen 1 bis 4 nicht vorgenommen haben, können sie eine Rücklage nach Maßgabe des Satzes 1 einschließlich des nach § 3 Nummer 40 Satz 1 Buchstabe a und b in Verbindung mit § 3 c Absatz 2 steuerbefreiten Betrages bilden. ⑥ Bei der Auflösung der Rücklage gelten die Sätze 2 und 3 sinngemäß. ⑦ Im Fall des Satzes 2 ist die Rücklage in gleicher Höhe um den nach § 3 Nummer 40 Satz 1 Buchstabe a und b in Verbindung mit § 3 c Absatz 2 steuerbefreiten Betrag aufzulösen. ⑧ Ist eine Rücklage am Schluss des vierten auf ihre Bildung folgenden Wirtschaftsjahres noch vorhanden, so ist sie in diesem Zeitpunkt gewinnerhöhend aufzulösen. ⑨ Soweit der Abzug nach Satz 6 nicht vorgenommen wurde, ist der Gewinn des Wirtschaftsjahres, in dem die Rücklage aufgelöst wird, für jedes volle Wirtschaftsjahr, in dem die Rücklage bestanden hat, um 6 Prozent des nicht nach § 3 Nummer 40 Satz 1 Buchstabe a und b in Verbindung mit § 3 c Absatz 2 steuerbefreiten aufgelösten Rücklagenbetrags zu erhöhen. ⑩ Für die zum Gesamthandsvermögen von Personengesellschaften oder Gemeinschaften gehörenden Anteile an Kapitalgesellschaften gelten die Sätze 1 bis 9 nur, soweit an den Personengesellschaften und Gemeinschaften keine Körperschaften, Personenvereinigungen oder Vermögensmassen beteiligt sind. ⑪**[4] ***Die Sätze 1 bis 10 sind bei der Veräußerung von einbringungsgeborenen Anteilen im Sinne des § 21 des Umwandlungssteuergesetzes nur anzuwenden, wenn die Voraussetzungen des § 3 Nr. 40 Satz 4 erfüllt sind.***

EStDV

§ 9a *[abgedruckt bei § 7 EStG]*

Übersicht

[1] § 166 Abs. 4 BauGB a. F. durch Gesetz vom 22. 4. 1993 (BGBl. I S. 466) mit Wirkung ab 1. 5. 1993 aufgehoben.

[2] Die zitierten Vorschriften sind nachstehend abgedruckt.

[3] Die Fristen des § 6 b Abs. 10 Satz 1 und 8 verlängern sich jeweils um drei Jahre, wenn die Rücklage wegen § 6 b Abs. 10 Satz 8 am Schluss des nach dem 29. Februar 2020 und vor dem 1. Januar 2021 endenden Wirtschaftsjahres aufzulösen wäre. Die Fristen verlängern sich um zwei Jahre, wenn die Rücklage wegen § 6 b Abs. 10 Satz 8 am Schluss des nach dem *31. Dezember 2020 und vor dem* 1. Januar 2022 endenden Wirtschaftsjahres aufzulösen wäre. Die Fristen verlängern sich um ein Jahr, wenn die Rücklage wegen § 6 b Abs. 10 Satz 8 am Schluss des nach dem 31. Dezember 2021 und vor dem 1. Januar 2023 endenden Wirtschaftsjahres aufzulösen wäre, § 52 Abs. 14 Satz 4–6 EStG.

[4] § 6 b Abs. 10 Satz 11 aufgehoben; zur weiteren Anwendung siehe § 52 Abs. 14 Satz 2 EStG.

Anl zu § 6 b

Baugesetzbuch (BauGB)

In der Fassung der Bek. vom 3. November 2017 (BGBl. I S. 3634),
zuletzt geändert durch Art. 1 und 2 des Gesetzes vom 4. Januar 2023 (BGBl. I Nr. 6)

– Auszug –

§ 147 Ordnungsmaßnahmen

Die Durchführung der Ordnungsmaßnahmen ist Aufgabe der Gemeinde; hierzu gehören 16

1. die Bodenordnung einschließlich des Erwerbs von Grundstücken,
2. der Umzug von Bewohnern und Betrieben,
3. die Freilegung von Grundstücken,
4. die Herstellung und Änderung von Erschließungsanlagen sowie
5. sonstige Maßnahmen, die notwendig sind, damit die Baumaßnahmen durchgeführt werden können.

Als Ordnungsmaßnahme gilt auch die Bereitstellung von Flächen und die Durchführung von Maßnahmen zum Ausgleich im Sinne des § 1 a Abs. 3, soweit sie gemäß § 9 Abs. 1 a an anderer Stelle den Grundstücken, auf denen Eingriffe in Natur und Landschaft zu erwarten sind, ganz oder teilweise zugeordnet sind. Durch die Sanierung bedingte Erschließungsanlagen einschließlich Ersatzanlagen können außerhalb des förmlich festgelegten Sanierungsgebiets liegen.

§ 148 Baumaßnahmen

(1) Die Durchführung von Baumaßnahmen bleibt den Eigentümern überlassen, soweit die zügige und zweckmäßige Durchführung durch sie gewährleistet ist; der Gemeinde obliegt jedoch 17

1. für die Errichtung und Änderung der Gemeinbedarfs- und Folgeeinrichtungen zu sorgen und
2. die Durchführung sonstiger Baumaßnahmen, soweit sie selbst Eigentümerin ist oder nicht gewährleistet ist, daß diese vom einzelnen Eigentümer zügig und zweckmäßig durchgeführt werden.

Ersatzbauten, Ersatzanlagen und durch die Sanierung bedingte Gemeinbedarfs- und Folgeeinrichtungen können außerhalb des förmlich festgelegten Sanierungsgebiets liegen.

(2) Zu den Baumaßnahmen gehören

1. die Modernisierung und Instandsetzung,
2. die Neubebauung und die Ersatzbauten,
3. die Errichtung und Änderung von Gemeinbedarfs- und Folgeeinrichtungen,
4. die Verlagerung oder Änderung von Betrieben sowie
5. die Errichtung oder Erweiterung von Anlagen und Einrichtungen zur dezentralen und zentralen Erzeugung, Verteilung, Nutzung oder Speicherung von Strom, Wärme oder Kälte aus erneuerbaren Energien oder Kraft-Wärme-Kopplung.

Als Baumaßnahmen gelten auch Maßnahmen zum Ausgleich im Sinne des § 1 a Abs. 3, soweit sie auf den Grundstücken durchgeführt werden, auf denen Eingriffe in Natur und Landschaft zu erwarten sind.

§ 157 Erfüllung von Aufgaben für die Gemeinde

(1) Die Gemeinde kann sich zur Erfüllung von Aufgaben, die ihr bei der Vorbereitung oder Durchführung der Sanierung obliegen, eines geeigneten Beauftragten bedienen. Sie darf jedoch die Aufgabe, 18

1. städtebauliche Sanierungsmaßnahmen durchzuführen, die der Gemeinde nach den §§ 146 bis 148 obliegen,
2. Grundstücke oder Rechte an ihnen zur Vorbereitung oder Durchführung der Sanierung im Auftrag der Gemeinde zu erwerben,
3. der Sanierung dienende Mittel zu bewirtschaften,

nur einem Unternehmen (Sanierungsträger) übertragen, das die Voraussetzungen für die Übernahme der Aufgaben als Sanierungsträger nach § 158 erfüllt.

(2) Die Gemeinde soll die Ausarbeitung der Bauleitpläne und die Aufgaben eines für eigene Rechnung tätigen Sanierungsträgers nicht demselben Unternehmen oder einem rechtlich oder wirtschaftlich von ihm abhängigen Unternehmen übertragen.

§ 167 Erfüllung von Aufgaben für die Gemeinde; Entwicklungsträger

(1) Die Gemeinde kann sich zur Erfüllung von Aufgaben, die ihr bei der Vorbereitung oder Durchführung der städtebaulichen Entwicklungsmaßnahme obliegen, eines geeigneten Beauftragten, insbesondere eines Entwicklungsträgers, bedienen. § 157 Abs. 1 Satz 2 und § 158 sind entsprechend anzuwenden. 19

(2) Der Entwicklungsträger erfüllt die ihm von der Gemeinde übertragenen Aufgaben in eigenem Namen für Rechnung der Gemeinde als deren Treuhänder. § 159 Abs. 1 Satz 3 und Abs. 2 sowie die §§ 160 und 161 sind entsprechend anzuwenden.

(3) Der Entwicklungsträger ist verpflichtet, die Grundstücke des Treuhandvermögens nach Maßgabe des § 169 Abs. 5 bis 8 zu veräußern; er ist dabei an Weisungen der Gemeinde gebunden.

§ 205 Planungsverbände

20 (1) Gemeinden und sonstige öffentliche Planungsträger können sich zu einem Planungsverband zusammenschließen, um durch gemeinsame zusammengefasste Bauleitplanung den Ausgleich der verschiedenen Belange zu erreichen. Der Planungsverband tritt nach Maßgabe seiner Satzung für die Bauleitplanung und ihre Durchführung an die Stelle der Gemeinden.

(2) Kommt ein Zusammenschluss nach Absatz 1 nicht zustande, können die Beteiligten auf Antrag eines Planungsträgers zu einem Planungsverband zusammengeschlossen werden, wenn dies zum Wohl der Allgemeinheit dringend geboten ist. Ist der Zusammenschluss aus Gründen der Raumordnung geboten, kann den Antrag auch die für die Landesplanung nach Landesrecht zuständige Stelle stellen. Über den Antrag entscheidet die Landesregierung. Sind Planungsträger verschiedener Länder beteiligt, erfolgt der Zusammenschluss nach Vereinbarung zwischen den beteiligten Landesregierungen. Sollen der Bund oder eine bundesunmittelbare Körperschaft oder Anstalt an dem Planungsverband beteiligt werden, erfolgt der Zusammenschluss nach Vereinbarung zwischen der Bundesregierung und der Landesregierung, sofern die beteiligte Behörde des Bundes oder der bundesunmittelbaren Körperschaft oder Anstalt dem Zusammenschluss durch die Landesregierung widerspricht.

(3) Kommt eine Einigung über die Satzung oder über den Plan unter den Mitgliedern nicht zustande, stellt die zuständige Landesbehörde eine Satzung oder einen Plan auf und legt sie dem Planungsverband zur Beschlussfassung vor. Einigen sich die Mitglieder über diese Satzung oder diesen Plan nicht, setzt die Landesregierung die Satzung oder den Plan fest. Absatz 2 Satz 4 ist entsprechend anzuwenden. Ist der Bund oder eine bundesunmittelbare Körperschaft oder Anstalt an dem Planungsverband beteiligt, wird die Satzung oder der Plan nach Vereinbarung zwischen der Bundesregierung und der Landesregierung festgesetzt, sofern die beteiligte Behörde des Bundes oder der bundesunmittelbaren Körperschaft oder Anstalt der Festsetzung durch die Landesregierung widerspricht.

(4) Dem Planungsverband können nach Maßgabe der Satzung die Aufgaben der Gemeinde, die ihr nach diesem Gesetzbuch obliegen, übertragen werden.

(5) Der Planungsverband ist aufzulösen, wenn die Voraussetzungen für den Zusammenschluss entfallen sind oder der Zweck der gemeinsamen Planung erreicht ist. Kommt ein übereinstimmender Beschluss über die Auflösung nicht zustande, ist unter den in Satz 1 bezeichneten Voraussetzungen die Auflösung auf Antrag eines Mitglieds anzuordnen; im Übrigen ist Absatz 2 entsprechend anzuwenden. Nach Auflösung des Planungsverbands gelten die von ihm aufgestellten Pläne als Bauleitpläne der einzelnen Gemeinden.

(6) Ein Zusammenschluss nach dem Zweckverbandsrecht oder durch besondere Landesgesetze wird durch diese Vorschriften nicht ausgeschlossen.

(7) Wird die Befugnis zur Aufstellung von Bauleitplänen nach den Absätzen 1 bis 3 oder 6 übertragen, sind die Entwürfe der Bauleitpläne mit Begründung vor der Beschlussfassung hierüber oder der Festsetzung nach Absatz 3 Satz 2 oder 4 den Gemeinden, für deren Gebiet der Bauleitplan aufgestellt werden soll, zur Stellungnahme innerhalb angemessener Frist zuzuleiten. Auf die Behandlung der von den Gemeinden fristgemäß vorgebrachten Anregungen ist § 3 Abs. 2 Satz 4 und 6 entsprechend anzuwenden.

R 6b.1

R 6b.1. Ermittlung des Gewinns aus der Veräußerung bestimmter Anlagegüter i. S. d. § 6b EStG

Begriff der Veräußerung[1]

27 (1) ① Es ist ohne Bedeutung, ob der Unternehmer das Wirtschaftsgut freiwillig veräußert oder ob die Veräußerung unter Zwang erfolgt, z. B. infolge oder zur Vermeidung eines behördlichen Eingriffs oder im Wege einer Zwangsversteigerung. ② Die Veräußerung setzt den Übergang eines Wirtschaftsgutes von einer Person auf eine andere voraus. ③ Auch der Tausch von Wirtschaftsgütern ist eine Veräußerung. ④ Die Überführung von Wirtschaftsgütern aus einem Betrieb in einen anderen Betrieb des Stpfl. und die Überführung von Wirtschaftsgütern aus dem Betriebsvermögen in das Privatvermögen sowie das Ausscheiden von Wirtschaftsgütern infolge höherer Gewalt sind keine Veräußerungen. ⑤ In den Fällen des rückwirkenden Teilwertansatzes nach § 6 Abs. 5 Satz 4 EStG ist eine Gewinnübertragung nach § 6b EStG zulässig, wenn die Übertragung des Wirtschaftsgutes entgeltlich (z. B. gegen Gewährung von Gesellschaftsrechten) erfolgt ist.

Buchwert

28 (2)[2] ① Buchwert ist der Wert, der sich für das Wirtschaftsgut im Zeitpunkt seiner Veräußerung ergeben würde, wenn für diesen Zeitpunkt eine Bilanz aufzustellen wäre. ② Das bedeutet, dass bei abnutzbaren Anlagegütern auch noch AfA nach § 7 EStG, erhöhte Absetzungen sowie etwaige Sonderabschreibungen für den Zeitraum vom letzten Bilanzstichtag bis zum Veräußerungs-

---

[1] Eine Veräußerung von Gebäuden ist auch dann anzunehmen, wenn der Berechtigte einem Dritten entgeltlich das Recht zum Abbruch der Gebäude einräumt. *BFH-Urteil vom 13. 11. 1991 I R 58/90 (BStBl. 1992 II S. 517).*

[2] Zur Aufteilung des Buchwerts bei Veräußerung einer Teilfläche aus einem Gesamtgrundstück siehe *BFH-Urteil vom 1. 12. 1982 I R 37/81 (BStBl. 1983 II S. 130).*

zeitpunkt vorgenommen werden können. ③ Eine Wertaufholung nach § 6 Abs. 1 Nr. 1 Satz 4 oder § 7 Abs. 1 Satz 7 EStG ist vorzunehmen. H 6b.1

Abbruchkosten. Kosten für den anlässlich einer Veräußerung des Grund und Bodens erfolgten Abbruch eines Gebäudes stellen laufenden Aufwand dar und haben keine Auswirkung auf die Höhe des Veräußerungsgewinns i. S. d. § 6b Abs. 2 EStG (→ BFH vom 27. 2. 1991 – BStBl. II S. 628). 29

Aufwuchs auf Grund und Boden

– Begriff
Aufwuchs auf dem Grund und Boden sind die Pflanzen, die auf dem Grund und Boden gewachsen und noch darin verwurzelt sind (→ BFH vom 7. 5. 1987 – BStBl. II S. 670).
– Veräußerungsvorgänge
Die Anwendung des § 6b EStG ist auch dann möglich, wenn Aufwuchs auf Grund und Boden und der dazugehörige Grund und Boden in engem sachlichen (wirtschaftlichen) und zeitlichen Zusammenhang an zwei verschiedene Erwerber veräußert werden und die Veräußerungen auf einem einheitlichen Veräußerungsentschluss beruhen (→ BFH vom 7. 5. 1987 – BStBl. II S. 670).

Entnahme. Erwirbt der Stpfl. für die Hingabe eines Wirtschaftsguts ein Wirtschaftsgut des Privatvermögens oder wird er dafür von einer privaten Schuld befreit, liegt eine nach § 6b EStG nicht begünstigte Entnahme vor (→ BFH vom 23. 6. 1981 – BStBl. 1982 II S. 18); siehe aber → Tausch.

Freiwilliger Landtausch

– Der Austausch von Grundstücken im Rahmen eines freiwilligen Landtauschs nach §§ 103a ff. des Flurbereinigungsgesetzes ist nicht nach den Grundsätzen des § 6 Abs. 6 EStG zu beurteilen, soweit Wertgleichheit besteht. Es gelten dieselben Folgen wie beim Regelflurbereinigungs- und Baulandumlegungsverfahren (→ BFH vom 23. 10. 2019 – BStBl. 2021 II S. 425).
– → auch Umlegungs- und Flurbereinigungsverfahren.

Grund und Boden

– Der Begriff „Grund und Boden" umfasst nur den „nackten" Grund und Boden → BFH vom 24. 8. 1989 (BStBl. II S. 1016).
– Das Recht, ein Grundstück mit Klärschlamm zu verfüllen, ist kein vom Grund und Boden verselbständigtes Wirtschaftsgut (→ BFH vom 20. 3. 2003 – BStBl. II S. 878).
– Die baurechtliche Möglichkeit, ein Grundstück mit einer Windenergieanlage zu bebauen, stellt kein selbständiges Wirtschaftsgut dar, sondern lediglich einen für den Grund und Boden wertbildenden Faktor (→ BFH vom 10. 3. 2016 – BStBl. II S. 984).

Nicht begünstigte Wirtschaftsgüter

Zum Grund und Boden rechnen nicht
– Gebäude,
– Bodenschätze, soweit sie als Wirtschaftsgut bereits entstanden sind,
– Eigenjagdrechte (→ BMF vom 23. 6. 1999 – BStBl. I S. 593),
– grundstücksgleiche Rechte,
– Be- und Entwässerungsanlagen,
– stehendes Holz,
– Obst- und Baumschulanlagen,
– Korbweidenkulturen,
– Rebanlagen,
– Spargelanlagen,
– Feldinventar,
– Rechte, den Grund und Boden zu nutzen (→ BFH vom 24. 8. 1989 – BStBl. II S. 1016).

Tausch. Bei tauschweiser Hingabe eines betrieblichen Wirtschaftsguts setzt die Inanspruchnahme des § 6 b EStG voraus, dass der Anspruch auf das eingetauschte Wirtschaftsgut (zunächst) Betriebsvermögen wird (→ BFH vom 29. 6. 1995 – BStBl. 1996 II S. 60); siehe aber → Entnahme.

Umlegungs- und Flurbereinigungsverfahren. Zwischen Grundstücken, die in ein Umlegungs- oder Flurbereinigungsverfahren eingebracht werden und den daraus im Zuteilungswege erlangten Grundstücken besteht Identität, soweit die eingebrachten und erlangten Grundstücke wertgleich sind; eine Gewinnrealisierung nach Tauschgrundsätzen tritt insoweit nicht ein (→ BFH vom 13. 3. 1986 – BStBl. II S. 711).

Veräußerung ist die entgeltliche Übertragung des wirtschaftlichen Eigentums an einem Wirtschaftsgut (→ BFH vom 27. 8. 1992 – BStBl. 1993 II S. 225).

Veräußerung aus dem Gesamthandsvermögen. Veräußert eine Personengesellschaft ein Wirtschaftsgut aus dem Gesamthandsvermögen an einen Gesellschafter zu Bedingungen, die bei entgeltlichen Veräußerungen zwischen Fremden üblich sind, und wird das Wirtschaftsgut bei dem Erwerber Privatvermögen, ist der dabei realisierte Gewinn insgesamt, d. h. auch soweit der Erwerber als Gesellschafter am Vermögen der veräußernden Personengesellschaft beteiligt ist, ein begünstigungsfähiger Veräußerungsgewinn (→ BFH vom 10. 7. 1980 – BStBl. 1981 II S. 84).

Zeitpunkt des Übergangs des wirtschaftlichen Eigentums

– Das wirtschaftliche Eigentum ist in dem Zeitpunkt übertragen, in dem die Verfügungsmacht (Herrschaftsgewalt) auf den Erwerber übergeht. In diesem Zeitpunkt scheidet das Wirtschaftsgut bestandsmäßig aus dem Betriebsvermögen des veräußernden Stpfl. aus und darf dementsprechend (auch handelsrechtlich) nicht mehr bilanziert werden (→ BFH vom 27. 2. 1986 – BStBl. II S. 552).

– → H 4.2 (1) Gewinnrealisierung.

R 6b.2 (1)

R 6b.2. Übertragung aufgedeckter stiller Reserven und Rücklagenbildung nach § 6b EStG

Abzug des begünstigten Gewinns

35 (1) ① Voraussetzung für den Abzug des begünstigten Gewinns von den Anschaffungs- oder Herstellungskosten eines Wirtschaftsgutes nach § 6b Abs. 1, 3 oder 10 EStG ist, dass das Wirtschaftsgut wegen der Abweichung von der Handelsbilanz in ein besonderes, laufend zu führendes Verzeichnis aufgenommen wird (→ § 5 Abs. 1 Satz 2 EStG). ② Nach § 6b Abs. 1 oder Abs. 10 Satz 1 bis 3 EStG kann der Abzug nur in dem Wirtschaftsjahr vorgenommen werden, in dem der begünstigte Gewinn entstanden ist (Veräußerungsjahr). ③ Ist das Wirtschaftsgut in diesem Wirtschaftsjahr angeschafft oder hergestellt worden, ist der Abzug von den gesamten in diesem Wirtschaftsjahr angefallenen Anschaffungs- oder Herstellungskosten vorzunehmen. ④ Dies gilt unabhängig davon, ob das Wirtschaftsgut vor oder nach der Veräußerung angeschafft oder hergestellt worden ist. ⑤ Ist das Wirtschaftsgut in dem Wirtschaftsjahr angeschafft oder hergestellt worden, das dem Veräußerungsjahr vorangegangen ist, ist der Abzug nach § 6b Abs. 1 EStG von dem Buchwert nach § 6b Abs. 5 EStG vorzunehmen. ⑥ Sind im Veräußerungsjahr noch nachträgliche Anschaffungs- oder Herstellungskosten angefallen, ist der Abzug von dem um diese Kosten erhöhten Buchwert vorzunehmen. ⑦ Nach § 6b Abs. 3 oder Abs. 10 EStG kann der Abzug nur in dem Wirtschaftsjahr vorgenommen werden, in dem das Wirtschaftsgut angeschafft oder hergestellt worden ist. ⑧ Der Abzug ist von den gesamten in diesem Wirtschaftsjahr angefallenen Anschaffungs- oder Herstellungskosten des Wirtschaftsguts vorzunehmen. ⑨ Bei nachträglichen Herstellungskosten, die durch die Erweiterung, den Ausbau oder den Umbau eines Gebäudes entstehen, ist der Abzug nach § 6b Abs. 1, Abs. 3 oder Abs. 10 EStG unabhängig vom Zeitpunkt der ursprünglichen Anschaffung oder Herstellung dieses Wirtschaftsgutes zulässig.

R 6b.2 (2) **Rücklagenbildung**

36 (2) ① Zur Erfüllung der Aufzeichnungspflichten nach § 5 Abs. 1 Satz 2 EStG ist bei der Bildung der steuerfreien Rücklage der Ansatz in der Steuerbilanz ausreichend. ② Die Aufnahme des Wirtschaftsguts in das besondere Verzeichnis ist erst bei Übertragung der Rücklage erforderlich.

R 6b.2 (3) (3) ① Rücklagen nach § 6b Abs. 3 oder Abs. 10 EStG können in der Bilanz in einem Posten zusammengefasst werden. ② In der Buchführung muss aber im Einzelnen nachgewiesen werden, bei
37 welchen Wirtschaftsgütern der in die Rücklage eingestellte Gewinn entstanden und auf welche Wirtschaftsgüter er übertragen oder wann die Rücklage gewinnerhöhend aufgelöst worden ist.

R 6b.2 (4) **Rücklagenauflösung**

38 (4) Wird der Gewinn des Stpfl. in einem Wirtschaftsjahr, das in den nach § 6b Abs. 3 oder Abs. 10 EStG maßgebenden Zeitraum fällt, geschätzt, weil keine Bilanz aufgestellt wurde, so ist die Rücklage in diesem Wirtschaftsjahr gewinnerhöhend aufzulösen und ein Betrag in Höhe der Rücklage im Rahmen der Gewinnschätzung zu berücksichtigen.

R 6b.2 (5) **Gewinnzuschlag**

39 (5) ① Der → Gewinnzuschlag nach § 6b Abs. 7 oder Abs. 10 EStG ist in den Fällen vorzunehmen, in denen ein Abzug von den Anschaffungs- oder Herstellungskosten begünstigter Wirtschaftsgüter nicht oder nur teilweise vorgenommen worden ist und die Rücklage oder der nach Abzug verbleibende Rücklagenbetrag aufgelöst wird. ② Ein Gewinnzuschlag ist demnach auch vorzunehmen, soweit die Auflösung einer Rücklage vor Ablauf der in § 6b Abs. 3 oder Abs. 10 EStG genannten Fristen erfolgt (vorzeitige Auflösung der Rücklage).

R 6b.2 (6) **Übertragungsmöglichkeiten**

40 (6) ① Ein Stpfl. kann den begünstigten Gewinn, der in einem als Einzelunternehmen geführten Betrieb entstanden ist, vorbehaltlich der Regelung in § 6b Abs. 4 Satz 2 EStG auf Wirtschaftsgüter übertragen, die

1. zu demselben oder einem anderen als Einzelunternehmen geführten Betrieb des Stpfl. gehören oder
2. zum Betriebsvermögen einer Personengesellschaft gehören, an der der Stpfl. als Mitunternehmer beteiligt ist, soweit die Wirtschaftsgüter dem Stpfl. als Mitunternehmer zuzurechnen sind.

② Ein Stpfl. kann den begünstigten Gewinn aus der Veräußerung eines Wirtschaftsgutes, das zu seinem Sonderbetriebsvermögen bei einer Mitunternehmerschaft gehört, vorbehaltlich der Regelung in § 6b Abs. 4 Satz 2 EStG auf Wirtschaftsgüter übertragen, die

1. zu demselben Sonderbetriebsvermögen des Stpfl. oder zum Sonderbetriebsvermögen des Stpfl. bei einer anderen Personengesellschaft gehören oder
2. zum Gesamthandsvermögen der Personengesellschaft, der das veräußerte Wirtschaftsgut gedient hat, oder zum Gesamthandsvermögen einer anderen Personengesellschaft gehören, soweit die Wirtschaftsgüter dem Stpfl. als Mitunternehmer zuzurechnen sind, oder
3. zu einem als Einzelunternehmen geführten Betrieb des Stpfl. gehören.

③ Wegen der Rücklage bei Betriebsveräußerung oder -aufgabe → Absatz 10.

(7) Der begünstigte Gewinn aus der Veräußerung eines Wirtschaftsgutes, das zum Gesamthandsvermögen einer Personengesellschaft gehört, kann übertragen werden R 6b.2 (7) 41

1. auf Wirtschaftsgüter, die zum Gesamthandsvermögen der Personengesellschaft gehören,
2. auf Wirtschaftsgüter, die zum Sonderbetriebsvermögen eines Mitunternehmers der Personengesellschaft gehören, aus deren Betriebsvermögen das veräußerte Wirtschaftsgut ausgeschieden ist, soweit der begünstigte Gewinn anteilig auf diesen Mitunternehmer entfällt,
3. vorbehaltlich der Regelung in § 6b Abs. 4 Satz 2 EStG auf Wirtschaftsgüter, die zum Betriebsvermögen eines anderen als Einzelunternehmen geführten Betriebs eines Mitunternehmers gehören, soweit der begünstigte Gewinn anteilig auf diesen Mitunternehmer entfällt,
4.[1] vorbehaltlich der Regelung in § 6b Abs. 4 Satz 2 EStG auf Wirtschaftsgüter, die zum Gesamthandsvermögen einer anderen Personengesellschaft oder zum Sonderbetriebsvermögen des Mitunternehmers bei einer anderen Personengesellschaft gehören, soweit diese Wirtschaftsgüter dem Mitunternehmer der Gesellschaft, aus deren Betriebsvermögen das veräußerte Wirtschaftsgut ausgeschieden ist, zuzurechnen sind und soweit der begünstigte Gewinn anteilig auf diesen Mitunternehmer entfällt.

(8) ① Wird der begünstigte Gewinn, der bei der Veräußerung eines Wirtschaftsgutes entstanden ist, bei den Anschaffungs- oder Herstellungskosten eines Wirtschaftsgutes eines anderen Betriebs des Stpfl. berücksichtigt, ist er erfolgsneutral dem Kapitalkonto der für den veräußernden Betrieb aufzustellenden Bilanz hinzuzurechnen. ② Gleichzeitig ist ein Betrag in Höhe des begünstigten Gewinns von den Anschaffungs- oder Herstellungskosten der in dem anderen Betrieb angeschafften oder hergestellten Wirtschaftsgüter erfolgsneutral (zu Lasten des Kapitalkontos) abzusetzen. ③ Eine nach § 6b Abs. 3 oder Abs. 10 EStG gebildete Rücklage kann auf einen anderen Betrieb erst in dem Wirtschaftsjahr übertragen werden, in dem der Abzug von den Anschaffungs- oder Herstellungskosten bei Wirtschaftsgütern des anderen Betriebs vorgenommen wird.[2] R 6b.2 (8) 42

Rücklage bei Änderung der Unternehmensform R 6b.2 (9)

(9) ① Bei der Umwandlung eines Einzelunternehmens in eine Personengesellschaft kann der bisherige Einzelunternehmer eine von ihm gebildete Rücklage in einer Ergänzungsbilanz weiterführen. ② Wird eine Personengesellschaft in ein Einzelunternehmen umgewandelt, kann der den Betrieb fortführende Gesellschafter eine Rücklage der Gesellschaft insoweit weiterführen, als sie (anteilig) auf ihn entfällt. ③ Bei der Realteilung einer Personengesellschaft unter Fortführung entsprechender Einzelunternehmen kann die Rücklage anteilig in den Einzelunternehmen fortgeführt werden. 43

→ Rücklage bei Betriebsveräußerung R 6b.2 (10)

(10) ① Veräußert ein Stpfl. seinen Betrieb, zu dessen Betriebsvermögen eine Rücklage im Sinne des § 6b Abs. 3 oder Abs. 10 EStG gehört, oder bildet er eine solche Rücklage anlässlich der Betriebsveräußerung, kann er die Rücklage noch für die Zeit weiterführen, für die sie ohne Veräußerung des Betriebs zulässig gewesen wäre. ② Wegen der Übertragungsmöglichkeit → Absatz 6 und 7. ③ Wird eine Rücklage, die nicht anlässlich der Betriebsveräußerung gebildet worden ist, weitergeführt, kann für den Veräußerungsgewinn der Freibetrag nach § 16 Abs. 4 EStG und eine Tarifermäßigung nach § 34 EStG nur in Anspruch genommen werden, wenn die Rücklage keine stillen Reserven enthält, die bei der Veräußerung einer wesentlichen Grundlage des Betriebs aufgedeckt worden sind. ④ Liegen die Voraussetzungen für die Weiterführung der Rücklage nicht oder nicht mehr vor, ist sie gewinnerhöhend aufzulösen. ⑤ Wird eine Rücklage allerdings im Rahmen einer Betriebsveräußerung aufgelöst, gehört der dabei entstehende Gewinn zum Veräußerungsgewinn. ⑥ Diese Grundsätze gelten bei der Veräußerung eines Mitunternehmeranteiles, bei der Auflösung einer Personengesellschaft und bei der Aufgabe eines Betriebs entsprechend. 44

Wechsel der Gewinnermittlungsart R 6b.2 (11)

(11) ① Geht ein Stpfl. während des Zeitraums, für den eine nach § 6b Abs. 3 oder Abs. 10 EStG gebildete Rücklage fortgeführt werden kann, von der Gewinnermittlung nach § 4 Abs. 1 oder § 5 EStG zur Gewinnermittlung nach § 4 Abs. 3 EStG oder nach Durchschnittssätzen (§ 13a EStG) über, gelten für die Fortführung und die Übertragungsmöglichkeiten dieser Rücklage die Vorschriften des § 6c EStG. ② Geht der Stpfl. von der Gewinnermittlung nach § 4 Abs. 3 EStG oder nach Durchschnittssätzen (§ 13a EStG) zur Gewinnermittlung nach § 4 Abs. 1 oder § 5 EStG über und sind im Zeitpunkt des Wechsels der Gewinnermittlungsart nach § 6c EStG begüns- 45

[1] Siehe auch *BFH-Urteil vom 9. 11. 2017 IV R 19/14 (BStBl. 2018 II S. 575).*
[2] Bestätigt durch *BFH-Urteil vom 22. 11. 2018 VI R 50/16 (BStBl. 2019 II S. 313).*

tigte Gewinne noch nicht aufzulösen, ist in Höhe der noch nicht übertragenen Gewinne eine Rücklage in der Übergangsbilanz auszuweisen. ③ Für die weitere Behandlung dieser Rücklage gelten die Vorschriften des § 6 b EStG.

R 6b.2 (12)

Gewinne aus der Veräußerung von Anteilen an Kapitalgesellschaften

46 (12) ① Für die Berechnung des Höchstbetrages nach § 6 b Abs. 10 Satz 1 EStG ist der einzelne Mitunternehmer als Stpfl. anzusehen, mit der Folge, dass der Höchstbetrag von 500 000 Euro für jeden Mitunternehmer zur Anwendung kommt. ② Dabei ist für die zeitliche Zuordnung der Gewinne bei abweichendem Wirtschaftsjahr auf den VZ abzustellen, dem die entstandenen Gewinne aus der Veräußerung nach § 4 a EStG zuzuordnen sind.

R 6b.2 (13)

47 (13) ① Eine Übertragung des Gewinns auf die in dem der Veräußerung vorangegangenen Wirtschaftsjahr angeschafften oder hergestellten Wirtschaftsgüter sieht § 6 b Abs. 10 Satz 1 EStG (anders als § 6 b Abs. 1 Satz 1 EStG) ausdrücklich nicht vor. ② Eine Übertragung des Gewinns ist auf die frühestens im gleichen Wirtschaftsjahr angeschafften oder hergestellten Reinvestitionsgüter möglich.

H 6b.2

48 **Anschaffungszeitpunkt.** Gehen Besitz, Nutzen und Lasten eines Wirtschaftsguts erst zum ersten Tag des folgenden Wj. über, ist das Wirtschaftsgut erst in diesem Wj. angeschafft (→ BFH vom 7. 11. 1991 – BStBl. 1992 II S. 398).

Buchwert. Bei der Ermittlung des für die Berechnung des übertragbaren Gewinns maßgeblichen Buchwerts sind alle Bewertungsregeln des § 6 EStG zu beachten, auch die Regelungen zur Wertaufholung (→ BFH vom 9. 11. 2017 – BStBl. 2018 II S. 575).

Eigenaufwand für ein fremdes Wirtschaftsgut. Die Übertragung einer Rücklage auf Eigenaufwand, den der Stpfl. im betrieblichen Interesse für ein im Miteigentum oder in fremdem Eigentum stehendes Gebäude geleistet hat (→ H 4.7), ist nicht zulässig (→ BMF vom 16. 12. 2016 – BStBl. I S. 1431,[1] Rdnr. 3). Wurde in der Vergangenheit anders verfahren, sind die dadurch entstandenen stillen Reserven nach den Grundsätzen zur Bilanzberichtigung gewinnerhöhend aufzulösen (→ BMF vom 16. 12. 2016 – BStBl. I S. 1431,[1] Rdnr. 4 mit Übergangsregelung).

Einlage. Die Einlage eines Wirtschaftsguts in das Betriebsvermögen ist keine Anschaffung i. S. d. § 6 b EStG (→ BFH vom 11. 12. 1984 – BStBl. 1985 II S. 250).

Gewinnzuschlag. Die Rücklage hat auch dann während des ganzen Wj. bestanden, wenn sie buchungstechnisch bereits während des laufenden Wj. aufgelöst worden ist (→ BFH vom 26. 10. 1989 – BStBl. 1990 II S. 290).

Beispiel zur Berechnung des Gewinnzuschlags:

Ein Stpfl., dessen Wj. mit dem Kj. übereinstimmt, veräußert am 1. 2. 01 ein Wirtschaftsgut. Der nach § 6 b EStG begünstigte Gewinn beträgt 400 000 €. Der Stpfl. bildet in der Bilanz des Jahres 01 eine Rücklage in Höhe von 400 000 €, die er auch in den Bilanzen der Jahre 02 und 03 ausweist. Am 1.10. 04 erwirbt er ein begünstigtes Wirtschaftsgut, dessen Anschaffungskosten 300 000 € betragen. Der Stpfl. nimmt einen gewinnmindernden Abzug von 300 000 € vor und löst die gesamte Rücklage gewinnerhöhend auf.

Der Gewinn aus der Auflösung der Rücklage beträgt 400 000 € – davon werden 300 000 € nach § 6 b Abs. 3 Satz 4 EStG und 100 000 € nach § 6 b Abs. 3 Satz 5 EStG aufgelöst. Bemessungsgrundlage für den Gewinnzuschlag sind 100 000 €. Die Rücklage hat in den Wj. 01 bis 04 bestanden. Der Gewinnzuschlag ist für jedes volle Wj. des Bestehens der Rücklage vorzunehmen; das sind die Wj. 02 bis 04, denn im Wj. 04 kann die Auflösung der Rücklage erst zum Bilanzabschluss und nicht bereits zum Zeitpunkt der Wiederanlage erfolgen.

Der Gewinnzuschlag beträgt 3 × 6% von 100 000 € = 18 000 €.

Herstellungsbeginn

- Der für die Verlängerung der Auflösungsfrist nach § 6 b Abs. 3 Satz 3 EStG maßgebende Herstellungsbeginn kann die Einreichung des Bauantrags sein (→ BFH vom 15. 10. 1981 – BStBl. 1982 II S. 63 und vom 9. 7. 2019 – BStBl. 2020 II S. 635).
- Ein vor Einreichung des Bauantrags durchgeführter Gebäudeabbruch zum Zweck der Errichtung eines Neubaus kann als Beginn der Herstellung in Betracht kommen (→ BFH vom 12. 6. 1978 – BStBl. II S. 620).[2]

Mittelbare Grundstücksschenkung. Eine Rücklage kann nicht auf ein im Wege der mittelbaren Grundstücksschenkung erworbenes Grundstück übertragen werden (→ BFH vom 23. 4. 2009 – BStBl. 2010 II S. 664).

Rücklage bei Betriebsveräußerung

- Gewinne aus der Auflösung von Rücklagen, die nicht im Rahmen eines Gewinns aus einer Betriebsveräußerung oder -aufgabe angefallen sind, sind nicht tarifbegünstigt (→ BFH vom 4. 2. 1982 – BStBl. II S. 348).
- Die Zulässigkeit der Rücklage nach § 6 b Abs. 3 EStG setzt nicht voraus, dass die Mittel aus der Rücklage für eine Reinvestition noch zur Verfügung stehen und eine konkrete Reinvestitionsabsicht besteht. Es genügt, dass die spätere Übertragung der Rücklage auf ein begünstigtes Reinvestitionsobjekt am Bilanzstichtag objektiv möglich ist (→ BFH vom 12. 12. 2000 – BStBl. 2001 II S. 282).
- Nicht der Gewerbesteuer unterliegende Gewinne aus der Veräußerung oder Aufgabe eines Gewerbebetriebs können, soweit sie auf nach § 6 b Abs. 1 Satz 1 EStG begünstigte Wirt-

[1] Abgedruckt als Anlage e zu R 4.7 EStR.

[2] Siehe hierzu *Vfg. OFD Frankfurt a. M. vom 27. 3. 1995 S 2139 A – 9 – St II 21 (DStR S. 1112).*

schaftsgüter entfallen, auf Wirtschaftsgüter eines land- und forstwirtschaftlichen Betriebs oder einer selbständigen Tätigkeit übertragen werden (→ BFH vom 30. 8. 2012 – BStBl. II S. 877).

Rücklagenauflösung. Voraussetzung für die Übertragung der Rücklage ist, dass das Gebäude bis zum Schluss des sechsten Wj. nach Bildung der Rücklage fertiggestellt wird. Die Rücklage kann in diesem Fall zum Ende des vierten auf die Bildung folgenden Wj. nur noch in der Höhe der noch zu erwartenden Herstellungskosten für das Gebäude beibehalten werden (→ BFH vom 26. 10. 1989 – BStBl. 1990 II S. 290).

Rücklagenbildung

– Die Rücklage ist in der Bilanz des Wj. zu bilden, in dem der Veräußerungsgewinn entstanden ist; es handelt sich um die Ausübung eines Bilanzierungswahlrechts (→ BFH vom 30. 3. 1989 – BStBl. II S. 560). Das Bilanzierungswahlrecht für die Bildung und Auflösung der Rücklage ist immer durch entsprechenden Bilanzansatz im „veräußernden" Betrieb auszuüben, auch wenn sie auf Wirtschaftsgüter eines anderen Betriebs des Stpfl. übertragen werden soll (→ BFH vom 19. 12. 2012 – BStBl. 2013 II S. 313).
– Wird der Gewinn vom Finanzamt geschätzt, weil der Stpfl. keine Bilanz erstellt hat, ist die Bildung der Rücklage nicht zulässig (→ BFH vom 24. 1. 1990 – BStBl. II S. 426).
– Bei Mitunternehmern ist die Entscheidung, ob die Voraussetzungen für die Bildung einer Rücklage vorliegen, im Gewinnfeststellungsverfahren zu treffen (→ BFH vom 25. 7. 1979 – BStBl. 1980 II S. 43).

Übertragung einer Rücklage auf einen anderen Betrieb. Ein Veräußerungsgewinn, der in eine Rücklage nach § 6b EStG eingestellt worden ist, kann in einen anderen Betrieb des Stpfl. erst in dem Zeitpunkt überführt werden, in dem der Abzug von den Anschaffungs- oder Herstellungskosten des Reinvestitionswirtschaftsguts des anderen Betriebs vorgenommen wird (→ BFH vom 22. 11. 2018 – BStBl. 2019 II S. 313).

Veräußerungspreis. Der Stpfl. kann die Rücklage, die er für den Gewinn aus der Veräußerung eines Wirtschaftsguts gebildet hat, rückwirkend (§ 175 Abs. 1 Satz 1 Nr. 2 AO) aufstocken, wenn sich der Veräußerungspreis in einem späteren VZ erhöht (→ BFH vom 13. 9. 2000 – BStBl. 2001 II S. 641). Er kann sie rückwirkend bilden, wenn durch diese Erhöhung erstmalig ein Veräußerungsgewinn entsteht (→ BFH vom 10. 3. 2016 – BStBl. II S. 984).

Wahlrecht eines Mitunternehmers → H 4.4.

Wirtschaftsjahr. Im Fall der unentgeltlichen Betriebsübernahme während des laufenden Wj. ist das entstehende Rumpfwirtschaftsjahr beim Betriebsübergeber mit dem entstehenden Rumpfwirtschaftsjahr beim Betriebsübernehmer zu verklammern und lediglich als ein Wj. i. S. d. § 6b Abs. 3 und 7 EStG zu werten (→ BFH vom 23. 4. 2009 – BStBl. 2010 II S. 664).

Zeitliche Zuordnung von Gewinnen aus der Veräußerung von Anteilen an Kapitalgesellschaften

Beispiel:

A betreibt ein Einzelunternehmen und ist außerdem als Mitunternehmer zu 50% an der A-B OHG beteiligt, die gewerbliche Einkünfte erzielt. Im Einzelunternehmen entspricht das Wj. dem Kj. Die OHG hat ein abweichendes Wj. vom 1. 7. bis 30. 6.

A veräußert in seinem Einzelunternehmen im Jahr 02 Anteile an Kapitalgesellschaften mit einem Gewinn von 400 000 €. Auch die A-B OHG veräußert Anteile an Kapitalgesellschaften mit einem Gewinn von 400 000 €, wovon 200 000 € anteilig auf A entfallen, im Februar 02 (Variante 1) oder im November 02 (Variante 2).

Rechtsfolgen

Variante 1:

a) **Einzelunternehmen:**
Der Gewinn aus der Veräußerung (400 000 €) ist dem VZ 02 zuzuordnen.

b) **A-B OHG:**
Der Gewinn des abweichenden Wj. 01/02 ist im VZ 02 steuerlich zu erfassen. Aus diesem Grund ist der Gewinn aus der Veräußerung (Gewinnanteil des A: 200 000 €) ebenfalls dem VZ 02 zuzuordnen.

c) **Höchstbetrag 500 000 €:**
Da dem VZ 02 Gewinne des A aus der Veräußerung von Anteilen an Kapitalgesellschaften in Höhe von insgesamt 600 000 € zuzuordnen sind, kommt bei ihm der Höchstbetrag von 500 000 € zum Tragen. A kann wählen, in welchem Unternehmen er den über den Höchstbetrag hinausgehenden Gewinn von 100 000 € als laufenden Gewinn, der ggf. dem Teileinkünfteverfahren unterliegt, ansetzt.

Variante 2:

a) **Einzelunternehmen:**
Der Gewinn aus der Veräußerung (400 000 €) ist dem VZ 02 zuzuordnen.

b) **A-B OHG:**
Der Gewinn des abweichenden Wj. 02/03 ist im VZ 03 steuerlich zu erfassen. Aus diesem Grund ist der Gewinn aus der Veräußerung (Gewinnanteil des A: 200 000 €) ebenfalls dem VZ 03 zuzuordnen.

c) **Höchstbetrag 500 000 €:**
Da die Gewinne des A aus der Veräußerung von Anteilen an Kapitalgesellschaften in Höhe von 400 000 € dem VZ 02 und in Höhe von 200 000 € dem VZ 03 zuzuordnen sind, ist der Höchstbetrag von 500 000 € in keinem der beiden VZ überschritten.

R 6b.3. Sechs-Jahres-Frist i. S. d. § 6b Abs. 4 Satz 1 Nr. 2 EStG R6b.3

(1) ① Zur Frage der Zugehörigkeit eines Wirtschaftsgutes zum Anlagevermögen → R 6.1. 49
② Wirtschaftsgüter, die sechs Jahre zum Betriebsvermögen des Stpfl. gehört haben, können in der

Regel als Anlagevermögen angesehen werden, es sei denn, dass besondere Gründe vorhanden sind, die einer Zurechnung zum Anlagevermögen entgegenstehen. ③ Hat der Stpfl. mehrere inländische Betriebsstätten oder Betriebe, deren Einkünfte zu verschiedenen Einkunftsarten gehören, ist die Sechs-Jahres-Frist auch dann gewahrt, wenn das veräußerte Wirtschaftsgut innerhalb der letzten sechs Jahre zum Betriebsvermögen verschiedener Betriebe oder Betriebsstätten des Stpfl. gehörte.

50 (2) Ist ein neues Wirtschaftsgut unter Verwendung von gebrauchten Wirtschaftsgütern hergestellt worden, ist die Voraussetzung des § 6b Abs. 4 Satz 1 Nr. 2 EStG nur erfüllt, wenn seit der Fertigstellung dieses Wirtschaftsguts sechs Jahre vergangen sind und das Wirtschaftsgut seit dieser Zeit ununterbrochen zum Anlagevermögen einer inländischen Betriebsstätte des veräußernden Stpfl. gehört hat.

51 (3) ① Die Dauer der Zugehörigkeit eines Wirtschaftsgutes zum Betriebsvermögen wird durch nachträgliche Herstellungskosten nicht berührt. ② Das gilt auch dann, wenn es sich bei den nachträglichen Herstellungskosten um Aufwendungen für einen Ausbau, einen Umbau oder eine Erweiterung eines Gebäudes handelt. ③ Entstehen dagegen durch Baumaßnahmen selbständige Gebäudeteile, gilt Absatz 2 entsprechend.

52 (4) Bei einem Wirtschaftsgut, das an Stelle eines infolge höherer Gewalt oder infolge oder zur Vermeidung eines behördlichen Eingriffs aus dem Betriebsvermögen ausgeschiedenen Wirtschaftsguts angeschafft oder hergestellt worden ist (Ersatzwirtschaftsgut im Sinne von R 6.6 Abs. 1 Satz 2 Nr. 2), ist die Sechs-Jahres-Frist erfüllt, wenn das zwangsweise ausgeschiedene Wirtschaftsgut und das Ersatzwirtschaftsgut zusammen sechs Jahre zum Anlagevermögen des Stpfl. gehört haben.[1]

53 (5) Werden beim Übergang eines Betriebs oder Teilbetriebs die Buchwerte fortgeführt, ist für die Berechnung der Sechs-Jahres-Frist des § 6b Abs. 4 Satz 1 Nr. 2 EStG die Besitzzeit des Rechtsvorgängers der Besitzzeit des Rechtsnachfolgers hinzuzurechnen.

54 (6) ① Sind Anteile an einer Kapitalgesellschaft durch Kapitalerhöhung aus Gesellschaftsmitteln entstanden, ist der Besitzzeit dieser (neuen) Anteilsrechte die Besitzzeit der (alten) Anteilsrechte hinzuzurechnen, auf die die (neuen) Anteilsrechte entfallen sind. ② Der Besitzzeit von Bezugsrechten ist die Besitzzeit der (alten) Anteilsrechte hinzuzurechnen, von denen sie abgespalten sind. ③ Anteilsrechte, die bei einer Kapitalerhöhung gegen Leistung einer Einlage erworben worden sind, können jedoch nicht – auch nicht teilweise – als mit den aus den alten Anteilsrechten abgespaltenen Bezugsrechten wirtschaftlich identisch angesehen werden. ④ Sie erfüllen deshalb nur dann die Voraussetzung des § 6b Abs. 4 Satz 1 Nr. 2 EStG, wenn sie selbst mindestens sechs Jahre ununterbrochen zum Anlagevermögen einer inländischen Betriebsstätte des Stpfl. gehört haben.

H 6b.3

Baulandumlegungen → H 6b.1 (Umlegungs- und Flurbereinigungsverfahren).

55 **Erbauseinandersetzung/vorweggenommene Erbfolge.** Wegen der Besitzzeitanrechnung im Falle der Erbauseinandersetzung und der vorweggenommenen Erbfolge → BMF vom 14. 3. 2006 (BStBl. I S. 253) unter Berücksichtigung der Änderungen durch BMF vom 27. 12. 2018 (BStBl. 2019 I S. 11) und → BMF vom 13.1. 1993 (BStBl. I S. 80)[2] unter Berücksichtigung der Änderungen durch BMF vom 26. 2. 2007 (BStBl. I S. 269).

H 6b.4

Zweifelsfragen im Zusammenhang mit § 6b Abs. 2a EStG → BMF vom 7. 3. 2018 (BStBl. I S. 309).[3]

56

Anl zu H 6b.4

Schreiben betr. Zweifelsfragen im Zusammenhang mit § 6b Absatz 2a EStG[4]

Vom 7. März 2018 (BStBl. I S. 309)

(BMF IV C 6 – S 2139/17/10001 :001; DOK 2018/0024866)

57 Nach § 6b Absatz 2a Satz 1 EStG i. d. F. des Steueränderungsgesetzes 2015 (StÄndG 2015) kann die festgesetzte Steuer, die auf einen Gewinn i. S. d. § 6b Absatz 2 EStG entfällt, auf Antrag des Steuerpflichtigen in fünf gleichen Jahresraten entrichtet werden. Voraussetzung hierfür ist, dass im Jahr der Veräußerung eines nach § 6b Absatz 1 Satz 1 EStG begünstigten Wirtschaftsguts oder in den folgenden vier Jahren ein in § 6b Absatz 1 Satz 2 EStG bezeichnetes Wirtschaftsgut angeschafft oder hergestellt wird oder werden soll, das einem Betriebsvermögen des Steuerpflichtigen in einem anderen Mitgliedstaat der Europäischen Union (EU) oder des Europäischen Wirtschaftsraums (EWR) zuzuordnen ist. § 36 Absatz 5 Satz 2 bis 5 EStG ist sinngemäß anzuwenden (§ 6b Absatz 2a Satz 3 EStG i. d. F. des StÄndG 2015). § 6b Absatz 2a EStG gilt über § 31 Absatz 1 Satz 1 KStG auch für Körperschaftsteuerpflichtige.

Nach dem BFH-Urteil vom 22. Juni 2017 – VI R 84/14 – (BStBl. II 2018 S. 171) bestehen gegen die Regelung des § 6b Absatz 2a EStG keine unionsrechtlichen Bedenken. Im Anschluss an dieses BFH-Urteil nehme ich zur Anwendung des § 6b Absatz 2a EStG unter Bezugnahme auf das Ergebnis der Erörterungen mit den obersten Finanzbehörden der Länder wie folgt Stellung:

---

[1] Zur Auflösung der Rücklage wegen Ablaufs der Reinvestitionsfrist beim übertragenden Rechtsträger im Rahmen einer Verschmelzung siehe *BFH vom 29. 4. 2020 XI R 39/18 (BStBl. 2021 II S. 517).*

[2] Abgedruckt als Anlage c zu § 7 EStG.

[3] Nachstehend abgedruckt.

[4] Ergänzend siehe *Fachinformation Finbeh. Hamburg vom 20. 6. 2018 O 1000 – 2018/001–52 (DStR S. 2639).*

1. Stellung des Antrags nach § 6b Absatz 2a Satz 2 EStG

1 Nach dem Wortlaut des § 6b Absatz 2a Satz 2 EStG kann der Antrag nach § 6b Absatz 2a EStG zwar „nur im Wirtschaftsjahr der Veräußerung" gestellt werden. Gemäß § 52 Absatz 14 Satz 1 EStG sind allerdings auch Gewinne i. S. d. § 6b Absatz 2a EStG begünstigt, die bereits vor dem Datum der Verkündung des StÄndG 2015 am 6. November 2015 entstanden sind.

2 Hinsichtlich der Frage, bis zu welchem Zeitpunkt der Antrag nach § 6b Absatz 2a EStG noch wirksam beim Finanzamt gestellt werden kann, ist im Hinblick auf die gebotene unionsrechtskonforme Handhabung zu Gunsten des Steuerpflichtigen auch für Gewinne i. S. d. § 6b Absatz 2a EStG, die erst nach der Verkündung des StÄndG 2015 am 6. November 2015 entstanden sind, eine weite Auslegung zu befürworten. Der Antrag nach § 6b Absatz 2a EStG kann deshalb in allen Fällen berücksichtigt werden, in denen die materielle Bestandskraft des betroffenen Steuerbescheids noch nicht eingetreten ist; bei vom Kalenderjahr abweichendem Wirtschaftsjahr von Land- und Forstwirten ist der noch nicht bestandskräftig veranlagte Steuerbescheid maßgebend, in dem der anteilige Gewinn i. S. d. § 6b Absatz 2 EStG aus der Veräußerung des begünstigten Wirtschaftsguts erfasst ist.

3 Werden die Einkünfte, in deren Rahmen der Gewinn i. S. d. § 6b Absatz 2 EStG erfasst ist, gesondert oder gesondert und einheitlich festgestellt, ist der Antrag nach § 6b Absatz 2a EStG beim Wohnsitz-Finanzamt des jeweiligen Antragstellers zu stellen.

4 Der Antrag nach § 6b Absatz 2a EStG kann auch im Rahmen einer Betriebsveräußerung gestellt werden. In diesem Fall findet im Hinblick auf die gebotene unionsrechtskonforme Handhabung zu Gunsten des Steuerpflichtigen die Regelung in R 6b.2 Absatz 10 EStR bei einer Betriebsveräußerung entsprechende Anwendung.

5 Dies hat zur Folge, dass eine bereits gewährte Ratenzahlung nach § 6b Absatz 2a EStG auch noch für die Zeit weitergeführt werden kann, für die sie ohne Veräußerung des Betriebs zulässig gewesen wäre. In diesem Fall kann für den Veräußerungsgewinn der Freibetrag nach § 16 Absatz 4 EStG und eine Tarifermäßigung nach § 34 EStG nur in Anspruch genommen werden, wenn die Ratenzahlung nach § 6b Absatz 2a EStG nicht auf stille Reserven zurückgeht, die bei der Veräußerung einer wesentlichen Grundlage des Betriebs aufgedeckt worden sind. Wird demgegenüber für den Gewinn aus der Betriebsveräußerung ein Antrag nach § 6b Absatz 2a EStG erstmals gestellt, so scheidet gemäß § 34 Absatz 1 Satz 4 und Absatz 3 Satz 6 EStG eine ermäßigte Besteuerung für außerordentliche Einkünfte i. S. d. § 34 Absatz 2 Nummer 1 EStG aus.

6 Der Antrag nach § 6b Absatz 2a EStG ist nicht formgebunden.

2. Verhältnis des § 6b Absatz 2a EStG zu § 6b Absatz 1 EStG und § 6b Absatz 3 EStG

7 § 6b Absatz 2a EStG greift grundsätzlich nicht ein, soweit der Gewinn i. S. d. § 6b Absatz 2 EStG nach § 6b Absatz 1 EStG übertragen oder in eine Rücklage nach § 6b Absatz 3 EStG eingestellt wurde und dieser Bilanzansatz nicht nach § 4 Absatz 2 Satz 2 EStG geändert werden kann.

3. Behandlung von „Altfällen"

8 Abweichend von den Aussagen unter Rn. 7 ist in sog. „Altfällen" das BFH-Urteil vom 22. Juni 2017 – VI R 84/14 – (BStBl. II 2018 S. 171) zu beachten. Ein als „Altfall" zu behandelnder Fall liegt vor,
- wenn ein nach § 6b EStG begünstigter Veräußerungsgewinn vor der Verkündung des StÄndG 2015 am 6. November 2015 entstanden und zulässigerweise in eine Rücklage nach § 6b Absatz 3 EStG eingestellt worden ist,
- wenn die Steuererklärung vor dem 6. November 2015 abgegeben worden ist und
- soweit Anschaffungs- oder Herstellungskosten für in § 6b Absatz 1 Satz 2 EStG bezeichnete Wirtschaftsgüter angefallen sind, die vor Auflösung der Rücklage angeschafft oder hergestellt worden sind und einem Betriebsvermögen des Steuerpflichtigen in einem anderen Mitgliedstaat der EU oder des EWR zuzuordnen sind.

9 In diesen „Altfällen" ist zur Herstellung einer unionsrechtskonformen Rückwirkung des § 6b Absatz 2a EStG das Jahr, in dem der Auflösungsbetrag für die nach § 6b Absatz 3 EStG gebildete Rücklage zu versteuern ist, als das Jahr der Veräußerung zu werten. Die auf den Auflösungsbetrag entfallende Steuer kann auf Antrag nach § 6b Absatz 2a EStG auf fünf gleiche Jahresraten verteilt entrichtet werden. Nach Maßgabe dieses Urteils kommt es demnach in diesen „Altfällen", in denen es um eine unionsrechtskonforme Rückwirkung des § 6b Absatz 2a EStG geht, auf die Möglichkeit der Bilanzänderung nicht an. Denn der – nicht die Steuerfestsetzung, sondern nur die Steuererhebung betreffende – Zahlungsantrag nach § 6b Absatz 2a EStG ist von der Beschränkung der Bilanzänderung nach § 4 Absatz 2 Satz 2 EStG nicht betroffen.

4. Reinvestitionsabsicht im Rahmen des § 6b Absatz 2a Satz 2 EStG

10 Die Darlegung einer Reinvestitionsabsicht wird nach § 6b Absatz 2a EStG nicht gefordert. Damit reicht die objektive Möglichkeit künftiger grenzüberschreitender Aktivitäten aus. Dies entspricht auch der Handhabung bei der Rücklage nach § 6b Absatz 3 EStG, bei der ebenfalls keine Investitionsabsicht dargelegt werden muss. Es ist daher für die Anwendung des § 6b Absatz 2a EStG nicht zwingend, dass der Steuerpflichtige bereits vor Stellung des Antrags nach § 6b Absatz 2a EStG eine Betriebsstätte im begünstigten Ausland unterhält. Es ist für die Anwendung des § 6b Absatz 2a EStG vielmehr ausreichend, wenn eine spätere Reinvestition in das Betriebsvermögen einer EU-/EWR-Betriebsstätte denkbar und möglich ist.

5. Partielle oder ausbleibende Reinvestition im Rahmen des § 6b Absatz 2a Satz 2 EStG

11 Eine partielle oder ausbleibende Reinvestition in eine EU/EWR-Betriebsstätte führt nicht zu einer Aufhebung der gewährten Ratenzahlung nach § 6b Absatz 2a EStG.

EStG

§ 6c Übertragung stiller Reserven bei der Veräußerung bestimmter Anlagegüter, bei der Ermittlung des Gewinns nach § 4 Absatz 3 oder nach Durchschnittssätzen

1 **(1) ① § 6b mit Ausnahme des § 6b Absatz 4 Nummer 1 ist entsprechend anzuwenden, wenn der Gewinn nach § 4 Absatz 3 oder die Einkünfte aus Land- und Forstwirtschaft nach Durchschnittssätzen ermittelt werden. ② Soweit nach § 6b Absatz 3 eine Rücklage gebildet werden kann, ist ihre Bildung als Betriebsausgabe (Abzug) und ihre Auflösung als Betriebseinnahme (Zuschlag) zu behandeln; der Zeitraum zwischen Abzug und Zuschlag gilt als Zeitraum, in dem die Rücklage bestanden hat.**

2 **(2) ① Voraussetzung für die Anwendung des Absatzes 1 ist, dass die Wirtschaftsgüter, bei denen ein Abzug von den Anschaffungs- oder Herstellungskosten oder von dem Wert nach § 6b Absatz 5 vorgenommen worden ist, in besondere, laufend zu führende Verzeichnisse aufgenommen werden. ② In den Verzeichnissen sind der Tag der Anschaffung oder Herstellung, die Anschaffungs- oder Herstellungskosten, der Abzug nach § 6b Absatz 1 und 3 in Verbindung mit Absatz 1, die Absetzungen für Abnutzung, die Abschreibungen sowie die Beträge nachzuweisen, die nach § 6b Absatz 3 in Verbindung mit Absatz 1 als Betriebsausgaben (Abzug) oder Betriebseinnahmen (Zuschlag) behandelt worden sind.**

R 6c

R 6c. Übertragung stiller Reserven bei der Veräußerung bestimmter Anlagegüter bei der Ermittlung des Gewinns nach § 4 Abs. 3 EStG oder nach Durchschnittssätzen[1]

6 (1) ① Für die Ermittlung des nach § 6c EStG begünstigten Gewinns gilt § 6b Abs. 2 EStG entsprechend. ② Danach ist bei der Veräußerung eines nach § 6c EStG begünstigten Wirtschaftsgutes ohne Rücksicht auf den Zeitpunkt des Zufließens des Veräußerungspreises als Gewinn der Betrag begünstigt, um den der Veräußerungspreis nach Abzug der Veräußerungskosten die Aufwendungen für das veräußerte Wirtschaftsgut übersteigt, die bis zu seiner Veräußerung noch nicht als Betriebsausgaben abgesetzt worden sind. ③ Der Veräußerungspreis ist also in voller Höhe im Veräußerungszeitpunkt als Betriebseinnahme zu behandeln, auch wenn er nicht gleichzeitig zufließt. ④ Der (früher oder später) tatsächlich zufließende Veräußerungserlös bleibt außer Betracht, wird also nicht als Betriebseinnahme angesetzt. ⑤ Ein nach § 6c EStG i. V. m. § 6b Abs. 1 Satz 1 EStG vorgenommener Abzug von den Anschaffungs- oder Herstellungskosten begünstigter Investitionen ist als Betriebsausgabe zu behandeln. ⑥ Soweit der Stpfl. im Jahr der Veräußerung keinen Abzug in Höhe des begünstigten Gewinns von den Anschaffungs- und Herstellungskosten der im Veräußerungsjahr durchgeführten begünstigten Neuinvestitionen und auch keinen Abzug von dem Betrag nach § 6b Abs. 5 EStG der im Vorjahr angeschafften oder hergestellten begünstigten Wirtschaftsgüter vornimmt, kann er im Jahr der Veräußerung eine fiktive Betriebsausgabe absetzen. ⑦ Diese Betriebsausgabe ist innerhalb des Zeitraums, in dem bei einem buchführenden Stpfl. eine nach § 6b Abs. 3 EStG gebildete Rücklage auf Neuinvestitionen übertragen werden kann (Übertragungsfrist), durch fiktive Betriebseinnahmen in Höhe der Beträge auszugleichen, die nach § 6c EStG in Verbindung mit § 6b Abs. 3 EStG von den Anschaffungs- oder Herstellungskosten begünstigter Investitionen abgezogen und als Betriebsausgabe behandelt werden. ⑧ In Höhe des am Ende der Übertragungsfrist verbleibenden Betrags ist eine (sich in vollem Umfang gewinnerhöhend auswirkende) Betriebseinnahme anzusetzen. ⑨ Soweit nur für einen Teil des Veräußerungsgewinnes § 6c EStG in Anspruch genommen wird, gelten vorstehende Regelungen für den entsprechenden Teil des Veräußerungserlöses bzw. Veräußerungsgewinns.

7 (2) ① Wird der Gewinn vom Finanzamt geschätzt, ist der Abzug nicht zulässig. ② Wird der Gewinn des Stpfl. in einem Wirtschaftsjahr, das in den nach § 6b Abs. 3 EStG maßgebenden Zeitraum fällt, geschätzt, ist ein Zuschlag in Höhe des ursprünglichen Abzugsbetrags vorzunehmen; § 6b Abs. 7 EStG ist zu beachten.

8 (3) § 6b Abs. 10 EStG ist entsprechend anzuwenden.

H 6c

Antrag auf Rücklage. Wird der Gewinn nach § 4 Abs. 3 EStG ermittelt und ein Antrag auf Rücklage nach § 6b EStG gestellt, ist der Antrag dahin auszulegen, dass ein Abzug nach § 6c Abs. 1 EStG begehrt wird (→ BFH vom 30. 1. 2013 – BStBl. II S. 684).

9 **Berechnungsbeispiel:**

Ein Stpfl., der den Gewinn nach § 4 Abs. 3 EStG ermittelt, hat ein Werkstattgebäude für 15 000 € veräußert, auf das im Veräußerungszeitpunkt noch insgesamt 3000 € AfA hätten vorgenommen werden können. Die Veräußerungskosten betragen 1000 €. Der Stpfl. will für den bei der Veräußerung erzielten Gewinn § 6c EStG in Anspruch nehmen. Er nimmt im Veräußerungsjahr für 4000 € und in den beiden folgenden Wj. für 1000 € und 2000 € nach § 6b Abs. 1 Satz 3 EStG begünstigte Erweiterungen an seinem Ladengebäude vor.

[1] § 6c EStG kann auch in Anspruch genommen werden, wenn das Finanzamt trotz Buchführungspflicht die vom Steuerpflichtigen erstellte Einnahmenüberschußrechnung übernimmt. *BFH-Urteil vom 12. 11. 1992 IV R 92/91 (BStBl. 1993 II S. 366).*

Der Veräußerungserlös gilt ohne Rücksicht darauf, wann er tatsächlich zufließt, als im Veräußerungsjahr vereinnahmt. Entsprechend gelten die Veräußerungskosten als im Veräußerungsjahr verausgabt. Die Veräußerung des Werkstattgebäudes führt deshalb zu einem nach § 6c EStG begünstigten Gewinn von 15 000 € (Veräußerungserlös) – 3000 € („Restbuchwert") – 1000 € (Veräußerungskosten) = 11 000 €. Da der Stpfl. im Veräußerungsjahr von den Anschaffungs- oder Herstellungskosten der in diesem Jahr vorgenommenen Neuinvestitionen einen Abzug von 4000 € vornimmt, liegt in Höhe dieser 4000 € eine Betriebsausgabe vor, so dass sich von dem Gewinn aus der Veräußerung des Gebäudes nur noch ein Betrag von (11 000 € – 4000 €) = 7000 € auswirkt. In Höhe dieser 7000 € kann der Stpfl. im Veräußerungsjahr noch eine fiktive Betriebsausgabe absetzen und damit den bei der Veräußerung entstandenen Gewinn neutralisieren.
In dem auf die Veräußerung folgenden Wj. nimmt er von den Anschaffungs- oder Herstellungskosten der Neuinvestitionen einen Abzug von 1000 € vor, der als Betriebsausgabe zu behandeln ist. Er hat infolgedessen eine fiktive Betriebseinnahme von 1000 € anzusetzen, um den Vorgang zu neutralisieren.
Im zweiten auf die Veräußerung folgenden Wj. nimmt er von den Anschaffungs- oder Herstellungskosten der Neuinvestitionen einen Abzug von 2000 € vor, der als Betriebsausgabe zu behandeln ist. Er hat deshalb in diesem Wj. eine fiktive Betriebseinnahme von 2000 € anzusetzen, um den Vorgang zu neutralisieren.
Durch die beiden fiktiven Betriebseinnahmen von 1000 € und 2000 € ist die fiktive Betriebsausgabe im Jahr der Veräußerung von 7000 € bis auf einen Betrag von 4000 € ausgeglichen. In Höhe dieses Betrags hat der Stpfl. spätestens im vierten auf die Veräußerung folgenden Wj. eine weitere (sich in vollem Umfang gewinnerhöhend auswirkende) fiktive Betriebseinnahme anzusetzen, wenn er nicht bis zum Schluss des vierten auf die Veräußerung folgenden Wj. mit der Herstellung eines neuen Gebäudes begonnen hat.
Soweit der Stpfl. einen Abzug von den Anschaffungs- oder Herstellungskosten angeschaffter oder hergestellter Wirtschaftsgüter vorgenommen hat, kann er von dem Wirtschaftsgut keine AfA, erhöhte Absetzungen oder Sonderabschreibungen mehr vornehmen.

Veräußerungspreis → H 6b.2.

Wechsel der Gewinnermittlungsart. Zur Behandlung eines nach §§ 6b, 6c EStG begünstigten Gewinns bei Wechsel der Gewinnermittlung → R 6b.2 Abs. 11.

Zeitpunkt der Wahlrechtsausübung. Das Wahlrecht der Gewinnübertragung nach § 6c EStG kann bis zum Eintritt der formellen Bestandskraft der Steuerfestsetzung ausgeübt werden; seine Ausübung ist auch nach Ergehen eines Urteils in der Tatsacheninstanz bis zum Ablauf der Rechtsmittelfrist zulässig. In diesem Fall ist die Steuerfestsetzung in entsprechender Anwendung des § 175 Abs. 1 Satz 1 Nr. 2 AO zu ändern (→ BFH vom 30. 8. 2001 – BStBl. 2002 II S. 49).

Zweifelsfragen im Zusammenhang mit § 6b Abs. 2a EStG → H 6b.4.

§ 6d[1] ...

EStG

§ 6e[2] Fondsetablierungskosten als Anschaffungskosten

(1) ① **Zu den Anschaffungskosten von Wirtschaftsgütern, die ein Steuerpflichtiger gemeinschaftlich mit weiteren Anlegern gemäß einem von einem Projektanbieter vorformulierten Vertragswerk anschafft, gehören auch die Fondsetablierungskosten im Sinne der Absätze 2 und 3.** ② **Haben die Anleger in ihrer gesellschaftsrechtlichen Verbundenheit keine wesentlichen Möglichkeiten zur Einflussnahme auf das Vertragswerk, gelten die Wirtschaftsgüter im Sinne von Satz 1 als angeschafft.** 1

(2) ① **Fondsetablierungskosten sind alle auf Grund des vorformulierten Vertragswerks neben den Anschaffungskosten im Sinne von § 255 des Handelsgesetzbuchs vom Anleger an den Projektanbieter oder an Dritte zu zahlenden Aufwendungen, die auf den Erwerb der Wirtschaftsgüter im Sinne des Absatzes 1 Satz 1 gerichtet sind.** ② **Zu den Anschaffungskosten der Anleger im Sinne des Absatzes 1 Satz 2 gehören darüber hinaus alle an den Projektanbieter oder an Dritte geleisteten Aufwendungen in wirtschaftlichem Zusammenhang mit der Abwicklung des Projekts in der Investitionsphase.** ③ **Zu den Anschaffungskosten zählen auch die Haftungs- und Geschäftsführungsvergütungen für Komplementäre, Geschäftsführungsvergütungen bei schuldrechtlichem Leistungsaustausch und Vergütungen für Treuhandkommanditisten, soweit sie auf die Investitionsphase entfallen.** 2

(3) **Absatz 1 Satz 1 und Absatz 2 sind sinngemäß in den Fällen anzuwenden, in denen Fondsetablierungskosten vergleichbare Kosten außerhalb einer gemeinschaftlichen Anschaffung zu zahlen sind.** 3

(4) **Im Fall des § 4 Absatz 3 sind die Ansätze 1 bis 3 entsprechend anzuwenden.** 4

(5) **§ 15 bleibt unberührt.** 5

[1] Abgedruckt in der geschlossenen Wiedergabe.
[2] Zur Anwendung siehe § 52 Abs. 14a EStG.

EStG

§ 7 Absetzung für Abnutzung oder Substanzverringerung[1]

1 (1) ① **Bei Wirtschaftsgütern, deren Verwendung oder Nutzung durch den Steuerpflichtigen zur Erzielung von Einkünften sich erfahrungsgemäß auf einen Zeitraum von mehr als einem Jahr erstreckt, ist jeweils für ein Jahr der Teil der Anschaffungs- oder Herstellungskosten abzusetzen, der bei gleichmäßiger Verteilung dieser Kosten auf die Gesamtdauer der Verwendung oder Nutzung auf ein Jahr entfällt (Absetzung für Abnutzung in gleichen Jahresbeträgen). ② Die Absetzung bemisst sich hierbei nach der betriebsgewöhnlichen Nutzungsdauer des Wirtschaftsguts. ③ Als betriebsgewöhnliche Nutzungsdauer des Geschäfts- oder Firmenwerts eines Gewerbebetriebs oder eines Betriebs der Land- und Forstwirtschaft gilt ein Zeitraum von 15 Jahren.[2] ④ Im Jahr der Anschaffung oder Herstellung des Wirtschaftsguts vermindert sich für dieses Jahr der Absetzungsbetrag nach Satz 1 um jeweils ein Zwölftel für jeden vollen Monat, der dem Monat der Anschaffung oder Herstellung vorangeht. ⑤ Bei Wirtschaftsgütern, die nach einer Verwendung zur Erzielung von Einkünften im Sinne des § 2 Absatz 1 Satz 1 Nummer 4 bis 7 in ein Betriebsvermögen eingelegt worden sind, mindert sich der Einlagewert um die Absetzungen für Abnutzung oder Substanzverringerung, Sonderabschreibungen oder erhöhte Absetzungen, die bis zum Zeitpunkt der Einlage vorgenommen worden sind, höchstens jedoch bis zu den fortgeführten Anschaffungs- oder Herstellungskosten; ist der Einlagewert niedriger als dieser Wert, bemisst sich die weitere Absetzung für Abnutzung vom Einlagewert. ⑥ Bei beweglichen Wirtschaftsgütern des Anlagevermögens, bei denen es wirtschaftlich begründet ist, die Absetzung für Abnutzung nach Maßgabe der Leistung des Wirtschaftsguts vorzunehmen, kann der Steuerpflichtige dieses Verfahren statt der Absetzung für Abnutzung in gleichen Jahresbeträgen anwenden, wenn er den auf das einzelne Jahr entfallenden Umfang der Leistung nachweist. ⑦ Absetzungen für außergewöhnliche technische oder wirtschaftliche Abnutzung sind zulässig; soweit der Grund hierfür in späteren Wirtschaftsjahren entfällt, ist in den Fällen der Gewinnermittlung nach § 4 Absatz 1 oder nach § 5 eine entsprechende Zuschreibung vorzunehmen.**

2 (2)[3] ① **Bei beweglichen Wirtschaftsgütern des Anlagevermögens, die nach dem | 31. Dezember 2019 und vor dem 1. Januar 2023 angeschafft oder hergestellt worden sind, kann der Steuerpflichtige statt der Absetzung für Abnutzung in gleichen Jahresbeträgen die Absetzung für Abnutzung in fallenden Jahresbeträgen bemessen. ② Die Absetzung für Abnutzung in fallenden Jahresbeträgen kann nach einem unveränderlichen Prozentsatz vom jeweiligen Buchwert (Restwert) vorgenommen werden; der dabei anzuwendende Prozentsatz darf höchstens das Zweieinhalbfache des bei der Absetzung für Abnutzung in gleichen Jahresbeträgen in Betracht kommenden Prozentsatzes betragen und 25 Prozent nicht übersteigen. ③ Absatz 1 Satz 4 und § 7a Absatz 8 gelten entsprechend. ④ Bei Wirtschaftsgütern, bei denen die Absetzung für Abnutzung in fallenden Jahresbeträgen bemessen wird, sind Absetzungen für außergewöhnliche technische oder wirtschaftliche Abnutzung nicht zulässig.**

3 (3) ① **Der Übergang von der Absetzung für Abnutzung in fallenden Jahresbeträgen zur Absetzung für Abnutzung in gleichen Jahresbeträgen ist zulässig. ② In diesem Fall bemisst sich die Absetzung für Abnutzung vom Zeitpunkt des Übergangs an nach dem dann noch vorhandenen Restwert und der Restnutzungsdauer des einzelnen Wirtschaftsguts. ③ Der Übergang von der Absetzung für Abnutzung in gleichen Jahresbeträgen zur Absetzung für Abnutzung in fallenden Jahresbeträgen ist nicht zulässig.**

4 (4)[4] ① **Bei Gebäuden sind abweichend von Absatz 1 als Absetzung für Abnutzung die folgenden Beträge bis zur vollen Absetzung abzuziehen:**

1. bei Gebäuden, soweit sie zu einem Betriebsvermögen gehören und nicht Wohnzwecken dienen und für die der Bauantrag nach dem 31. März 1985 gestellt worden ist, jährlich 3 Prozent,

2.[5] bei Gebäuden, soweit sie die Voraussetzungen der Nummer 1 nicht erfüllen und die
   a) nach dem 31. Dezember 1924 fertig gestellt worden sind, jährlich 2 Prozent,
   b) vor dem 1. Januar 1925 fertig gestellt worden sind, jährlich 2,5 Prozent

---

[1] Siehe dazu „Beck'sches Steuerberater-Handbuch 2023/2024", Teil Z, Rz. 1 ff., AfA-Tabellen, wesentliche Abschreibungsregelungen im Überblick.

[2] Zur Behandlung des Geschäfts- oder Firmenwerts und sog. firmenwertähnlicher Wirtschaftsgüter vgl. BMF-Schreiben vom 20. 11. 1986, abgedruckt als Anlage zu R 6.1 EStR.

[3] Fassung von § 7 Abs. 2 für Wirtschaftsgüter, die nach dem 31. 12. 2008 und vor dem 1. 1. 2011 angeschafft wurden, letztmals abgedruckt im „Handbuch zur ESt-Veranlagung 2019".

[4] Zur Anwendung siehe § 52 Abs. 15 Satz 2 und 3 EStG.

[5] **Zur Fassung von § 7 Abs. 4 Satz 1 Nr. 2 ab 1. 1. 2023 siehe in der geschlossenen Wiedergabe.**

EStG

der Anschaffungs- oder Herstellungskosten; Absatz 1 Satz 5 gilt entsprechend. ② Beträgt die tatsächliche Nutzungsdauer eines Gebäudes in den Fällen des Satzes 1 Nummer 1 weniger als 33 Jahre, in den Fällen des Satzes 1 Nummer 2 Buchstabe a weniger als 50 Jahre, in den Fällen des Satzes 1 Nummer 2 Buchstabe b weniger als 40 Jahre, so können anstelle der Absetzungen nach Satz 1 die der tatsächlichen Nutzungsdauer entsprechenden Absetzungen für Abnutzung vorgenommen werden. ③ Absatz 1 letzter Satz bleibt unberührt. ④ Bei Gebäuden im Sinne der Nummer 2 rechtfertigt die für Gebäude im Sinne der Nummer 1 geltende Regelung weder die Anwendung des Absatzes 1 letzter Satz noch den Ansatz des niedrigeren Teilwerts (§ 6 Absatz 1 Nummer 1 Satz 2).

(5)[1] ① Bei Gebäuden, die in einem Mitgliedstaat der Europäischen Union oder einem anderen Staat belegen sind, auf den das Abkommen über den Europäischen Wirtschaftsraum (EWR-Abkommen) angewendet wird, und die vom Steuerpflichtigen hergestellt oder bis zum Ende des Jahres der Fertigstellung angeschafft worden sind, können abweichend von Absatz 4 als Absetzung für Abnutzung die folgenden Beträge abgezogen werden:

1. bei Gebäuden im Sinne des Absatzes 4 Satz 1 Nummer 1, die vom Steuerpflichtigen auf Grund eines vor dem 1. Januar 1994 gestellten Bauantrags hergestellt oder auf Grund eines vor diesem Zeitpunkt rechtswirksam abgeschlossenen obligatorischen Vertrags angeschafft worden sind, 5
   – im Jahr der Fertigstellung und in den folgenden 3 Jahren jeweils 10 Prozent,
   – in den darauf folgenden 3 Jahren jeweils 5 Prozent,
   – in den darauf folgenden 18 Jahren jeweils 2,5 Prozent,
2. bei Gebäuden im Sinne des Absatzes 4 Satz 1 Nummer 2, die vom Steuerpflichtigen auf Grund eines vor dem 1. Januar 1995 gestellten Bauantrags hergestellt oder auf Grund eines vor diesem Zeitpunkt rechtswirksam abgeschlossenen obligatorischen Vertrags angeschafft worden sind, 6
   – im Jahr der Fertigstellung und in den folgenden 7 Jahren jeweils 5 Prozent,
   – in den darauf folgenden 6 Jahren jeweils 2,5 Prozent,
   – in den darauf folgenden 36 Jahren jeweils 1,25 Prozent,
3. bei Gebäuden im Sinne des Absatzes 4 Satz 1 Nummer 2, soweit sie Wohnzwecken dienen, die vom Steuerpflichtigen 7
   a) auf Grund eines nach dem 28. Februar 1989 und vor dem 1. Januar 1996 gestellten Bauantrags hergestellt oder nach dem 28. Februar 1989 auf Grund eines nach dem 28. Februar 1989 und vor dem 1. Januar 1996 rechtswirksam abgeschlossenen obligatorischen Vertrags angeschafft worden sind,
      – im Jahr der Fertigstellung und in den folgenden 3 Jahren jeweils 7 Prozent,
      – in den darauf folgenden 6 Jahren jeweils 5 Prozent,
      – in den darauf folgenden 6 Jahren jeweils 2 Prozent,
      – in den darauf folgenden 24 Jahren jeweils 1,25 Prozent,
   b) auf Grund eines nach dem 31. Dezember 1995 und vor dem 1. Januar 2004 gestellten Bauantrags hergestellt oder auf Grund eines nach dem 31. Dezember 1995 und vor dem 1. Januar 2004 rechtswirksam abgeschlossenen obligatorischen Vertrags angeschafft worden sind,
      – im Jahr der Fertigstellung und in den folgenden 7 Jahren jeweils 5 Prozent,
      – in den darauf folgenden 6 Jahren jeweils 2,5 Prozent,
      – in den darauf folgenden 36 Jahren jeweils 1,25 Prozent,
   c) auf Grund eines nach dem 31. Dezember 2003 und vor dem 1. Januar 2006 gestellten Bauantrags hergestellt oder auf Grund eines nach dem 31. Dezember 2003 und vor dem 1. Januar 2006 rechtswirksam abgeschlossenen obligatorischen Vertrags angeschafft worden sind,
      – im Jahr der Fertigstellung und in den folgenden 9 Jahren jeweils 4 Prozent,
      – in den darauf folgenden 8 Jahren jeweils 2,5 Prozent,
      – in den darauf folgenden 32 Jahren jeweils 1,25 Prozent,

der Anschaffungs- oder Herstellungskosten. ② Im Fall der Anschaffung kann Satz 1 nur angewendet werden, wenn der Hersteller für das veräußerte Gebäude weder Absetzungen für Abnutzung nach Satz 1 vorgenommen noch erhöhte Absetzungen oder Sonderabschreibungen in Anspruch genommen hat. ③ Absatz 1 Satz 4 gilt nicht.

---

[1] Frühere Fassungen von Abs. 5 letztmals abgedruckt im „Handbuch zur ESt-Veranlagung 1999".

9 (5a) **Die Absätze 4 und 5 sind auf Gebäudeteile, die selbständige unbewegliche Wirtschaftsgüter sind, sowie auf Eigentumswohnungen und auf im Teileigentum stehende Räume entsprechend anzuwenden.**

10 (6) **Bei Bergbauunternehmen, Steinbrüchen und anderen Betrieben, die einen Verbrauch der Substanz mit sich bringen, ist Absatz 1 entsprechend anzuwenden; dabei sind Absetzungen nach Maßgabe des Substanzverzehrs zulässig (Absetzung für Substanzverringerung).**

Zu § 7 Abs. 5 EStG: *Für Steuerpflichtige im* ***Beitrittsgebiet*** *siehe § 56 Nr. 1 EStG.*

Übersicht

EStDV

§ 9a *Anschaffung, Herstellung*

16 *Jahr der Anschaffung ist das Jahr der Lieferung, Jahr der Herstellung ist das Jahr der Fertigstellung.*

§ 10 *Absetzung für Abnutzung im Fall des § 4 Abs. 3 des Gesetzes*

17 *(1) ① Bei nicht in dem in Artikel 3 des Einigungsvertrages genannten Gebiet[1] belegenen Gebäuden, die bereits am 21. Juni 1948 zum Betriebsvermögen gehört haben, sind im Fall des § 4 Abs. 3 des Gesetzes für die Bemessung der Absetzung für Abnutzung als Anschaffungs- oder Herstellungskosten höchstens die Werte zugrunde zu legen, die sich bei sinngemäßer Anwendung des § 16 Abs. 1 des D-Mark-*

[1] Das ist das Gebiet der ehem. DDR und Berlin (Ost).

bilanzgesetzes[1] *in der im Bundesgesetzblatt Teil III, Gliederungsnummer 4140-1, veröffentlichten bereinigten Fassung ergeben würden.* ② *In dem Teil des Landes Berlin, in dem das Grundgesetz bereits vor dem 3. Oktober 1990 galt, tritt an die Stelle des 21. Juni 1948 der 1. April 1949.*

(2) Für Gebäude, die zum Betriebsvermögen eines Betriebs oder einer Betriebsstätte im Saarland gehören, gilt Absatz 1 mit der Maßgabe, dass an die Stelle des 21. Juni 1948 der 6. Juli 1959 sowie an die Stelle des § 16 Abs. 1 des D-Markbilanzgesetzes der § 8 Abs. 1 und der § 11 des D-Markbilanzgesetzes für das Saarland in der im Bundesgesetzblatt Teil III, Gliederungsnummer 4140-2, veröffentlichten bereinigten Fassung treten. 18

§ 10 a[2] *(aufgehoben)*

§§ 11 *bis* 11 b *(weggefallen)*

§ 11 c *Absetzung für Abnutzung bei Gebäuden*

(1) ① *Nutzungsdauer eines Gebäudes im Sinne des § 7 Abs. 4 Satz 2 des Gesetzes ist der Zeitraum, in dem ein Gebäude voraussichtlich seiner Zweckbestimmung entsprechend genutzt werden kann.* ② *Der Zeitraum der Nutzungsdauer beginnt* 22

1. *bei Gebäuden, die der Steuerpflichtige vor dem 21. Juni 1948 angeschafft oder hergestellt hat, mit dem 21. Juni 1948;*
2. *bei Gebäuden, die der Steuerpflichtige nach dem 20. Juni 1948 hergestellt hat, mit dem Zeitpunkt der Fertigstellung;*
3. *bei Gebäuden, die der Steuerpflichtige nach dem 20. Juni 1948 angeschafft hat, mit dem Zeitpunkt der Anschaffung.*

③ *Für im Land Berlin belegene Gebäude treten an die Stelle des 20. Juni 1948 jeweils der 31. März 1949 und an die Stelle des 21. Juni 1948 jeweils der 1. April 1949.* ④ *Für im Saarland belegene Gebäude treten an die Stelle des 20. Juni 1948 jeweils der 19. November 1947 und an die Stelle des 21. Juni 1948 jeweils der 20. November 1947; soweit im Saarland belegene Gebäude zu einem Betriebsvermögen gehören, treten an die Stelle des 20. Juni 1948 jeweils der 5. Juli 1959 und an die Stelle des 21. Juni 1948 jeweils der 6. Juli 1959.*

(2) ① *Hat der Steuerpflichtige nach § 7 Abs. 4 Satz 3 des Gesetzes bei einem Gebäude eine Absetzung für außergewöhnliche technische oder wirtschaftliche Abnutzung vorgenommen, so bemessen sich die Absetzungen für Abnutzung von dem folgenden Wirtschaftsjahr oder Kalenderjahr an nach den Anschaffungs- oder Herstellungskosten des Gebäudes abzüglich des Betrags der Absetzung für außergewöhnliche technische oder wirtschaftliche Abnutzung.* ② *Entsprechendes gilt, wenn der Steuerpflichtige ein zu einem Betriebsvermögen gehörendes Gebäude nach § 6 Abs. 1 Nr. 1 Satz 2 des Gesetzes mit dem niedrigeren Teilwert angesetzt hat.* ③ *Im Fall der Zuschreibung nach § 7 Abs. 4 Satz 3 des Gesetzes oder der Wertaufholung nach § 6 Abs. 1 Nr. 1 Satz 4 des Gesetzes erhöht sich die Bemessungsgrundlage für die Absetzungen für Abnutzung von dem folgenden Wirtschaftsjahr oder Kalenderjahr an um den Betrag der Zuschreibung oder Wertaufholung.*[3] 23

§ 11 d *Absetzung für Abnutzung oder Substanzverringerung bei nicht zu einem Betriebsvermögen gehörenden Wirtschaftsgütern, die der Steuerpflichtige unentgeltlich erworben hat*

(1) ① *Bei den nicht zu einem Betriebsvermögen gehörenden Wirtschaftsgütern, die der Steuerpflichtige unentgeltlich erworben hat, bemessen sich die Absetzungen für Abnutzung nach den Anschaffungs- oder Herstellungskosten des Rechtsvorgängers oder dem Wert, der beim Rechtsvorgänger an deren Stelle getreten ist oder treten würde, wenn dieser noch Eigentümer wäre, zuzüglich der vom Rechtsnachfolger aufgewendeten Herstellungskosten und nach dem Prozentsatz, der für den Rechtsvorgänger maßgebend sein würde, wenn er noch Eigentümer des Wirtschaftsguts wäre.* ② *Absetzungen für Abnutzung durch den Rechtsnachfolger sind nur zulässig, soweit die vom Rechtsvorgänger und vom Rechtsnachfolger zusammen vorgenommenen Absetzungen für Abnutzung, erhöhten Absetzungen und Abschreibungen bei dem Wirtschaftsgut noch nicht zur vollen Absetzung geführt haben.* ③ *Die Sätze 1 und 2 gelten für die Absetzung für Substanzverringerung und für erhöhte Absetzungen entsprechend.* 24

(2) Bei Bodenschätzen, die der Steuerpflichtige auf einem ihm gehörenden Grundstück entdeckt hat, sind Absetzungen für Substanzverringerung nicht zulässig. 25

§§ 12 *bis* 14 *(weggefallen)*

[1] **Amtl. Anm.:** An die Stelle des Gesetzes über die Eröffnungsbilanz in Deutscher Mark und die Kapitalneufestsetzung (D-Markbilanzgesetz) vom 21. 8. 1949 (Gesetzblatt der Verwaltung des Vereinigten Wirtschaftsgebietes S. 279) tritt im Land Rheinland-Pfalz das Landesgesetz über die Eröffnungsbilanz in Deutscher Mark und die Kapitalneufestsetzung (D-Markbilanzgesetz) vom 6. 9. 1949 (Gesetz- und Verordnungsblatt der Landesregierung Rheinland-Pfalz Teil I S. 421) und in Berlin das Gesetz über die Eröffnungsbilanz in Deutscher Mark und die Kapitalneufestsetzung (D-Markbilanzgesetz) vom 12. 8. 1950 (Verordnungsblatt für Groß-Berlin Teil I S. 329).

[2] § 10 a EStDV aufgehoben durch Gesetz vom 8. 12. 2010 (BGBl. I S. 1864).

[3] Zur Anwendung siehe § 84 Abs. 2 a EStDV.

§ 15 ***Erhöhte Absetzungen für Einfamilienhäuser, Zweifamilienhäuser und Eigentumswohnungen***

26 *(1) Bauherr ist, wer auf eigene Rechnung und Gefahr ein Gebäude baut oder bauen lässt.*

(2) In den Fällen des § 7b des Gesetzes in den vor Inkrafttreten des Gesetzes vom 22. Dezember 1981 (BGBl. I S. 1523) geltenden Fassungen und des § 54 des Gesetzes in der Fassung der Bekanntmachung vom 24. Januar 1984 (BGBl. I S. 113) ist § 15 der Einkommensteuer-Durchführungsverordnung 1979 (BGBl. 1980 I S. 1801), geändert durch die Verordnung vom 11. Juni 1981 (BGBl. I S. 526), weiter anzuwenden.

R 7.1

R 7.1. Abnutzbare Wirtschaftsgüter

Allgemeines

31 (1) AfA ist vorzunehmen für

1. bewegliche Wirtschaftsgüter (§ 7 Abs. 1 Satz 1, 2, 4 bis 7 EStG),
2. immaterielle Wirtschaftsgüter (§ 7 Abs. 1 Satz 1 bis 5 und 7 EStG),[1]
3. → unbewegliche Wirtschaftsgüter, die keine Gebäude oder Gebäudeteile sind (§ 7 Abs. 1 Satz 1, 2, 5 und 7 EStG), und
4. Gebäude und Gebäudeteile (§ 7 Abs. 1 Satz 5 und Abs. 4, 5 und 5a EStG),

die zur Erzielung von Einkünften verwendet werden und einer → wirtschaftlichen oder technischen Abnutzung unterliegen.

→ Bewegliche Wirtschaftsgüter

32 (2) ① Bewegliche Wirtschaftsgüter können nur Sachen (§ 90 BGB), Tiere (§ 90a BGB) und Scheinbestandteile (§ 95 BGB) sein. ② Schiffe und Flugzeuge sind auch dann bewegliche Wirtschaftsgüter, wenn sie im Schiffsregister bzw. in der Luftfahrzeugrolle eingetragen sind.

33 (3) ① → Betriebsvorrichtungen sind selbständige Wirtschaftsgüter, weil sie nicht in einem einheitlichen Nutzungs- und Funktionszusammenhang mit dem Gebäude stehen. ② Sie gehören auch dann zu den beweglichen Wirtschaftsgütern, wenn sie wesentliche Bestandteile eines Grundstücks sind.

34 (4) ① → Scheinbestandteile entstehen, wenn bewegliche Wirtschaftsgüter zu einem vorübergehenden Zweck in ein Gebäude eingefügt werden. ② Einbauten zu vorübergehenden Zwecken sind auch

1. die vom Stpfl. für seine eigenen Zwecke vorübergehend eingefügten Anlagen,
2. die vom Vermieter oder Verpächter zur Erfüllung besonderer Bedürfnisse des Mieters oder Pächters eingefügten Anlagen, deren Nutzungsdauer nicht länger als die Laufzeit des Vertragsverhältnisses ist.

→ Gebäude und → Gebäudeteile

35 (5) ① Für den Begriff des Gebäudes sind die Abgrenzungsmerkmale des Bewertungsrechts maßgebend. ② Ein Gebäude ist ein Bauwerk auf eigenem oder fremdem Grund und Boden, das Menschen oder Sachen durch räumliche Umschließung Schutz gegen äußere Einflüsse gewährt, den Aufenthalt von Menschen gestattet, fest mit dem Grund und Boden verbunden, von einiger Beständigkeit und standfest ist.

36 (6) Zu den selbständigen unbeweglichen Wirtschaftsgütern im Sinne des § 7 Abs. 5a EStG gehören insbesondere Mietereinbauten und -umbauten, die keine Scheinbestandteile oder Betriebsvorrichtungen sind, Ladeneinbauten und ähnliche Einbauten (→ R 4.2 Abs. 3 Satz 3 Nr. 3) sowie sonstige selbständige Gebäudeteile im Sinne des → R 4.2 Abs. 3 Satz 3 Nr. 5.

H 7.1

Arzneimittelzulassungen. Eine entgeltlich erworbene Arzneimittelzulassung ist dem Grunde nach ein abnutzbares Wirtschaftsgut (→ BMF vom 12. 7. 1999 – BStBl. I S. 686).

37 **Betriebsvorrichtungen.** Zur Abgrenzung von den Betriebsgrundstücken sind die allgemeinen Grundsätze des Bewertungsrechts anzuwenden → § 68 Abs. 2 Nr. 2, § 99 Abs. 1 Nr. 1 BewG; gleich lautende Erlasse der obersten Finanzbehörden der Länder vom 5. 6. 2013 (BStBl. I S. 734).[2]

Bewegliche Wirtschaftsgüter. Immaterielle Wirtschaftsgüter (→ R 5.5 Abs. 1) gehören nicht zu den beweglichen Wirtschaftsgütern (→ BFH vom 22. 5. 1979 – BStBl. II S. 634).

Biogasanlage. Zur Abgrenzung der Wirtschaftsgüter und AfA → BMF vom 11. 4. 2022 (BStBl. I S. 633), Rn. 14–17.

Domain-Namen. Aufwendungen, die für die Übertragung eines Domain-Namens an den bisherigen Domaininhaber geleistet werden, sind Anschaffungskosten für ein in der Regel

[1] Zu Filmrechten vgl. Tz. 38 des BMF-Schreibens vom 23. 2. 2001 (BStBl. I S. 175), abgedruckt als Anlage c zu R 15.8 EStR.
[2] Abgedruckt im „Handbuch Erbschaftsteuer und Bewertung 2022" als Anlage zu Abschnitt 3 BewR Gr (§ 68 BewG).

nicht abnutzbares immaterielles Wirtschaftsgut (→ BFH vom 19. 10. 2006 – BStBl. 2007 II S. 301). H 7.1

Drittaufwand → H 4.7.

Eigenaufwand für ein fremdes Wirtschaftsgut → H 4.7.

Garagen. Garagen, die auf dem Gelände eines großen Mietwohnungskomplexes nachträglich errichtet werden, sind dann als selbständige Wirtschaftsgüter gesondert abzuschreiben, wenn ihre Errichtung nicht Bestandteil der Baugenehmigung für das Mietwohngebäude war und kein enger Zusammenhang zwischen der Nutzung der Wohnungen und der Garagen besteht, weil die Zahl der Garagen hinter der Zahl der Wohnungen deutlich zurückbleibt und die Garagen zum Teil an Dritte vermietet sind (→ BFH vom 22. 9. 2005 – BStBl. 2006 II S. 169).

Gebäude
- Ein Container ist ein Gebäude, wenn er nach seiner individuellen Zweckbestimmung für eine dauernde Nutzung an einem Ort aufgestellt ist und seine Beständigkeit durch die ihm zugedachte Ortsfestigkeit auch im äußeren Erscheinungsbild deutlich wird (→ BFH vom 23. 9. 1988 – BStBl. 1989 II S. 113).
- Ein sog. Baustellencontainer ist kein Gebäude, da es an der Ortsfestigkeit fehlt (→ BFH vom 18. 6. 1986 – BStBl. II S. 787).
- Bürocontainer, die auf festen Fundamenten ruhen, sind Gebäude (→ BFH vom 25. 4. 1996 – BStBl. II S. 613).
- Eine Tankstellenüberdachung mit einer Fläche von mehr als 400 m^2 ist ein Gebäude (→ BFH vom 28. 9. 2000 – BStBl. 2001 II S. 137).
- Musterhäuser der Fertighausindustrie sind Gebäude. Dies gilt auch dann, wenn das Musterhaus primär Präsentations- und Werbezwecken dient (→ BFH vom 23. 9. 2008 – BStBl. 2009 II S. 986).

Gebäudeteile
- Gebäudeteile sind selbständige Wirtschaftsgüter und deshalb gesondert abzuschreiben, wenn sie mit dem Gebäude nicht in einem einheitlichen Nutzungs- und Funktionszusammenhang stehen (→ BFH vom 26. 11. 1973 – BStBl. 1974 II S. 132).
- → R 4.2 Abs. 3.

Geschäfts- oder Firmenwert. Zur Abschreibung des Geschäfts- oder Firmenwerts → BMF vom 20. 11. 1986 (BStBl. I S. 532).[1]

Mietereinbauten
- Mieterein- und -umbauten als unbewegliche Wirtschaftsgüter, die keine Gebäude oder Gebäudeteile sind → BMF vom 15. 1. 1976 (BStBl. I S. 66).[2]
- Zur Höhe der AfA bei Mietereinbauten → H 7.4.

Namensrecht → H 5.5.

Nießbrauch und andere Nutzungsrechte
- Zur Abschreibung bei Bestellung eines Nießbrauchs oder eines anderen Nutzungsrechts bei Einkünften aus Vermietung und Verpachtung → BMF vom 30. 9. 2013 (BStBl. I S. 1184).[3]
- Berücksichtigung von Aufwendungen bei der unentgeltlichen Nutzungsüberlassung von Gebäuden oder Gebäudeteilen (Eigen- und Drittaufwand) → H 4.7 (Drittaufwand, Eigenaufwand für ein fremdes Wirtschaftsgut).

Praxiswert. Zur Abschreibung des Praxiswerts → BFH vom 24. 2. 1994 (BStBl. II S. 590).

Scheinbestandteile. Eine Einfügung zu einem vorübergehenden Zweck ist anzunehmen, wenn die Nutzungsdauer der eingefügten beweglichen Wirtschaftsgüter länger als die Nutzungsdauer ist, für die sie eingebaut werden, die eingefügten beweglichen Wirtschaftsgüter auch nach ihrem Ausbau noch einen beachtlichen Wiederverwendungswert repräsentieren und nach den Umständen, insbesondere nach Art und Zweck der Verbindung, damit gerechnet werden kann, dass sie später wieder entfernt werden (→ BFH vom 24. 11. 1970 – BStBl. 1971 II S. 157 und vom 4. 12. 1970 – BStBl. 1971 II S. 165).

Unbewegliche Wirtschaftsgüter, die keine Gebäude oder Gebäudeteile sind
- Außenanlagen wie Einfriedungen bei Betriebsgrundstücken (→ BFH vom 2. 6. 1971 – BStBl. II S. 673);
- Hof- und Platzbefestigungen, Straßenzufahrten und Umzäunungen bei Betriebsgrundstücken (→ BFH vom 1. 7. 1983 – BStBl. II S. 686 und vom 10. 10. 1990 – BStBl. 1991 II S. 59), wenn sie nicht ausnahmsweise Betriebsvorrichtungen sind (→ BFH vom 30. 4. 1976 – BStBl. II S. 527), nicht aber Umzäunungen bei Wohngebäuden, wenn sie in einem einheitlichen Nutzungs- und Funktionszusammenhang mit dem Gebäude stehen (→ BFH vom 30. 6. 1966 – BStBl. III S. 541 und vom 15. 12. 1977 – BStBl. 1978 II S. 210 sowie R 21.1 Abs. 3 Satz 1).

Vertragsarztzulassung. Aufwendungen für den entgeltlichen Erwerb einer unbefristet erteilten Vertragsarztzulassung sind Anschaffungskosten für ein nicht abnutzbares immaterielles

[1] Abgedruckt als Anlage a zu R 6.1 EStR.
[2] Nachstehend abgedruckt.
[3] Abgedruckt als Anlage b zu § 21 EStG.

Wirtschaftsgut, wenn die Vertragsarztzulassung nicht zum Praxiswert gehört (→ BFH vom 21. 2. 2017 – BStBl. II S. 694).

Warenzeichen (Marke). Ein entgeltlich erworbenes Warenzeichen (Marke) ist dem Grunde nach ein abnutzbares Wirtschaftsgut (→ BMF vom 12. 7. 1999 – BStBl. I S. 686).

Wirtschaftliche oder technische Abnutzung[1]

– Ständig in Gebrauch befindliche Möbelstücke unterliegen einer technischen Abnutzung, auch wenn die Gegenstände schon 100 Jahre alt sind und im Wert steigen (→ BFH vom 31. 1. 1986 – BStBl. II S. 355).
– Gemälde eines anerkannten Meisters sind keine abnutzbaren Wirtschaftsgüter (→ BFH vom 2. 12. 1977 – BStBl. 1978 II S. 164).
– Sammlungs- und Anschauungsobjekte sind keine abnutzbaren Wirtschaftsgüter (→ BFH vom 9. 8. 1989 – BStBl. 1990 II S. 50).

Wirtschaftsüberlassungsvertrag. Bei Überlassung der Nutzung eines landwirtschaftlichen Betriebs im Rahmen eines sog. Wirtschaftsüberlassungsvertrags steht dem Eigentümer und Nutzungsverpflichteten die AfA für die in seinem Eigentum verbliebenen Wirtschaftsgüter auch weiterhin zu (→ BFH vom 23. 1. 1992 – BStBl. 1993 II S. 327 und BMF vom 29. 4. 1993 – BStBl. I S. 337).

Anl zu R 7.1

Schreiben betr. ertragsteuerrechtliche Behandlung von Mietereinbauten und Mieterumbauten; hier: Anwendung der Grundsätze der BFH-Urteile vom 26. 2. 1975 – I R 32/73 und I R 184/73 – (BStBl. II S. 443)

Vom 15. Januar 1976 (BStBl. I S. 66)

(BMF IV B 2 – S 2133 – 1/76)

Unter Bezugnahme auf das Ergebnis der Besprechung mit den obersten Finanzbehörden der Länder nehme ich zur Frage der ertragsteuerrechtlichen Behandlung von Einbauten in ein Gebäude oder Umbauten eines Gebäudes durch den Mieter oder Pächter des Gebäudes oder eines Gebäudeteils wie folgt Stellung:

38 1. Mietereinbauten und Mieterumbauten sind solche Baumaßnahmen, die der Mieter eines Gebäudes oder Gebäudeteils auf seine Rechnung an dem gemieteten Gebäude oder Gebäudeteil vornehmen läßt, wenn die Aufwendungen des Mieters nicht Erhaltungsaufwand sind.[2]
Mietereinbauten und Mieterumbauten können sein:
a) Scheinbestandteile (Nr. 2),
b) Betriebsvorrichtungen (Nr. 3),
c) sonstige Mietereinbauten oder Mieterumbauten (Nr. 4).

2.[3] Ein Scheinbestandteil entsteht, wenn durch die Baumaßnahmen des Mieters Sachen „zu einem vorübergehenden Zweck" in das Gebäude eingefügt werden (§ 95 BGB). Der Mieter ist rechtlicher und wirtschaftlicher Eigentümer des Scheinbestandteils.
Nach der Rechtsprechung des Bundesfinanzhofs ist eine Einfügung zu einem vorübergehenden Zweck anzunehmen, wenn die Nutzungsdauer der eingefügten Sachen länger als die voraussichtliche Mietdauer ist, die eingefügten Sachen auch nach ihrem Ausbau nicht nur einen Schrottwert, sondern noch einen beachtlichen Wiederverwendungswert repräsentieren und nach den gesamten Umständen, insbesondere nach Art und Zweck der Verbindung damit gerechnet werden kann, daß die eingebauten Sachen später wieder entfernt werden (vgl. BFH-Urteile vom 24. 11. 1970 – BStBl. 1971 II S. 157 und vom 4. 12. 1970 – BStBl. 1971 II S. 165).

3. Die Frage, ob durch die Aufwendungen des Mieters eine Betriebsvorrichtung des Mieters entsteht, ist nach den allgemeinen Grundsätzen zu entscheiden (vgl. hierzu *Abschn. 43 Abs. 2 EStR*).[4] Entsteht durch die Aufwendungen des Mieters eine Betriebsvorrichtung, so handelt es sich bei der Betriebsvorrichtung nicht um einen Teil des Gebäudes, sondern um ein besonderes Wirtschaftsgut.

4. Aufwendungen des Mieters für Mietereinbauten oder Mieterumbauten, durch die weder ein Scheinbestandteil (vgl. Nr. 2) noch eine Betriebsvorrichtung (vgl. Nr. 3) entsteht (sonstige Mietereinbauten und Mieterumbauten), sind Aufwendungen für die Herstellung eines materiellen Wirtschaftsguts des Anlagevermögens, wenn
a) entweder der Mieter wirtschaftlicher Eigentümer der von ihm geschaffenen sonstigen Mietereinbauten oder Mieterumbauten ist (vgl. Nr. 6) oder
b) die Mietereinbauten oder Mieterumbauten unmittelbar den besonderen betrieblichen oder beruflichen Zwecken des Mieters dienen und mit dem Gebäude nicht in einem einheitlichen Nutzungs- und Funktionszusammenhang stehen (vgl. Nr. 7).

5. Durch Aufwendungen für Mietereinbauten oder Mieterumbauten, die weder Scheinbestandteile noch Betriebsvorrichtungen noch materielle Wirtschaftsgüter im vorstehenden Sinne sind, entsteht beim Mieter ein immaterielles Wirtschaftsgut des Anlagevermögens (vgl. Nr. 9).

---

[1] Zur AfA-Berechtigung für ein über 300 Jahre altes Musikinstrument, das regelmäßig in Konzerten bespielt wird, vgl. *BFH-Urteil vom 26. 1. 2001 VI R 26/98 (BStBl. II S. 194).*

[2] Vgl. hierzu *BFH-Urteile vom 21. 2. 1978 VIII R 148/73 (BStBl. II S. 345), vom 28. 7. 1993 I R 88/92 (BStBl. 1994 II S. 164), vom 15. 10. 1996 VIII R 44/94 (BStBl. 1997 II S. 533)* und *vom 28. 10. 1999 III R 55/97 (BStBl. 2000 II S. 150).*

[3] Siehe hierzu auch R 7.1 Abs. 4 EStR.

[4] Jetzt „R 7.1 Abs. 3 EStR".

6.[1] Der Mieter ist wirtschaftlicher Eigentümer eines sonstigen Mietereinbaus oder Mieterumbaus, wenn der mit Beendigung des Mietvertrags entstehende Herausgabeanspruch des Eigentümers zwar auch die durch den Einbau oder Umbau geschaffene Substanz umfaßt, dieser Anspruch jedoch keine wirtschaftliche Bedeutung hat. Das ist in der Regel der Fall, wenn
a) die eingebauten Sachen während der voraussichtlichen Mietdauer technisch oder wirtschaftlich verbraucht werden oder
b) der Mieter bei Beendigung des Mietvertrags vom Eigentümer mindestens die Erstattung des noch verbliebenen gemeinen Werts des Einbaus oder Umbaus verlangen kann.[2]

7. Entsteht durch die Aufwendungen des Mieters weder ein Scheinbestandteil (vgl. Nr. 2) noch eine Betriebsvorrichtung (vgl. Nr. 3) noch ein dem Mieter als wirtschaftlichem Eigentümer zuzurechnendes Wirtschaftsgut (vgl. Nr. 6), so sind die durch solche Aufwendungen entstehenden Einbauten oder Umbauten dem Mieter nach dem BFH-Urteil vom 26. 2. 1975 – I R 32/73 – (BStBl. II S. 443) als materielle Wirtschaftsgüter des Anlagevermögens zuzurechnen, wenn sie unmittelbar den besonderen betrieblichen oder beruflichen Zwecken des Mieters dienen und mit dem Gebäude nicht in einem einheitlichen Nutzungs- und Funktionszusammenhang stehen.
Mietereinbauten oder Mieterumbauten dienen unmittelbar den betrieblichen oder beruflichen Zwecken des Mieters, wenn sie eine unmittelbare sachliche Beziehung zum Betrieb aufweisen. Ein daneben bestehender Zusammenhang mit dem Gebäude tritt in diesen Fällen gegenüber dem Zusammenhang mit dem Betrieb des Mieters zurück.

8. Ist der Mieter wirtschaftlicher Eigentümer von sonstigen Mietereinbauten oder Mieterumbauten (Nr. 6) oder sind sonstige Mietereinbauten oder Mieterumbauten nach den in Nr. 7 dargestellten Grundsätzen dem Mieter zuzurechnen, so ist es für die Aktivierung als materielles Wirtschaftsgut des An-lagevermögens beim Mieter ohne Bedeutung, ob die Aufwendungen, hätte sie der Eigentümer getragen, nach den Grundsätzen des Beschlusses des Großen Senats vom 26. 11. 1973 (vgl. hierzu das BMF-Schreiben vom 26. 7. 1974 – BStBl. I S. 498 – und die entsprechenden Erlasse der obersten Finanzbehörde der Länder) nicht zur Entstehung selbständiger Gebäudeteile geführt hätten, sondern vom Eigentümer als unselbständige Gebäudeteile einheitlich mit dem Gebäude abzuschreiben wären.

Beispiele:
a) Der Mieter schafft durch Entfernen von Zwischenwänden ein Großraumbüro.
b) Der Mieter entfernt die vorhandenen Zwischenwände und teilt durch neue Zwischenwände den Raum anders ein.
c) Der Mieter gestaltet das Gebäude so um, daß es für seine besonderen gewerblichen Zwecke nutzbar wird, z. B. Entfernung von Zwischendecken, Einbau eines Tors, das an die Stelle einer Tür tritt.
d) Der Mieter ersetzt eine vorhandene Treppe durch eine Rolltreppe.

9. Eine unmittelbare sachliche Beziehung zum Betrieb des Mieters (vgl. Nr. 7) liegt nicht vor, wenn es sich um Baumaßnahmen handelt, die auch unabhängig von der vom Mieter vorgesehenen betrieblichen oder beruflichen Nutzung hätten vorgenommen werden müssen. Das ist z. B. der Fall, wenn in ein Gebäude, für das von Anfang an der Einbau einer Zentralheizung vorgesehen war, anstelle des Eigentümers der Mieter die Zentralheizung einbaut. In diesen Fällen entsteht beim Mieter – soweit nicht ein Fall der Nr. 6 vorliegt – kein körperliches, sondern ein immaterielles Wirtschaftsgut des Anlagevermögens, so daß er nach § 5 Abs. 2 EStG für die Aufwendungen, sofern nicht wegen vereinbarter Verrechnung mit der Miete ein Rechnungsabgrenzungsposten zu bilden ist, in seiner Bilanz keinen Aktivposten ausweisen darf.

10. Entsteht durch die Baumaßnahme des Mieters ein Scheinbestandteil (vgl. Nr. 2) oder eine Betriebsvorrichtung (vgl. Nr. 3), so handelt es sich um ein bewegliches Wirtschaftsgut des Anlagevermögens. Ist das durch die Baumaßnahme entstandene materielle Wirtschaftsgut dem Mieter nach den Grundsätzen unter Nr. 6 oder Nr. 7 zuzurechnen, so handelt es sich um ein unbewegliches Wirtschaftsgut. Die Absetzungen für Abnutzung richten sich nach der voraussichtlichen Mietdauer; ist die voraussichtliche betriebsgewöhnliche Nutzungsdauer kürzer, so ist diese maßgebend.[3]

11. Die vorstehenden Grundsätze gelten für alle Gewinnermittlungsarten.

12. Für die ertragsteuerrechtliche Behandlung von Einbauten und Umbauten des Eigentümers des Gebäudes gelten die Anordnungen in Abschn. 42 a Abs. 4 bis 6 EStR 1975.

R 7.2. Wirtschaftsgebäude, Mietwohnneubauten und andere Gebäude[4] R 7.2

→ Wohnzwecke

(1) ① Ein Gebäude dient Wohnzwecken, wenn es dazu bestimmt und geeignet ist, Menschen auf Dauer Aufenthalt und Unterkunft zu ermöglichen. ② Wohnzwecken dienen auch Wohnungen, die aus besonderen betrieblichen Gründen an Betriebsangehörige überlassen werden, z. B. Wohnungen für den Hausmeister, für das Fachpersonal, für Angehörige der Betriebsfeuerwehr und für andere Personen, auch wenn diese aus betrieblichen Gründen unmittelbar im Werksgelände ständig einsatzbereit sein müssen. ③ Gebäude dienen nicht Wohnzwecken, soweit sie zur vorübergehenden Beherbergung von Personen bestimmt sind, wie z. B. Ferienwohnungen sowie 41

[1] Ergänzend siehe *BFH-Urteil vom 11. 6. 1997 XI R 77/96 (BStBl. II S. 774).*
[2] Siehe hierzu *BFH-Urteil vom 28. 7. 1993 I R 88/92 (BStBl. 1994 II S. 164).*
[3] Nach dem *BFH-Urteil vom 15. 10. 1996 VIII R 44/94 (BStBl. 1997 II S. 533)* bestimmt sich bei unbeweglichen Wirtschaftsgütern die Höhe der AfA aber nach den für Gebäude geltenden Grundsätzen. Siehe auch H 7.4 (Mietereinbauten).
[4] Siehe dazu „Beck'sches Steuerberater-Handbuch 2023/2024", Teil Z, Rz. 4, Übersicht über die wesentlichen Abschreibungsregelungen für Gebäude.

Gemeinschaftsunterkünfte, in denen einzelne Plätze, z. B. für ausländische Flüchtlinge, zur Verfügung gestellt werden.

42 (2) Zu den Räumen, die Wohnzwecken dienen, gehören z. B.

1. die Wohn- und Schlafräume, Küchen und Nebenräume einer Wohnung,
2. die zur räumlichen Ausstattung einer Wohnung gehörenden Räume, wie Bodenräume, Waschküchen, Kellerräume, Trockenräume, Speicherräume, Vorplätze, Bade- und Duschräume, Fahrrad- und Kinderwagenräume usw., gleichgültig, ob sie zur Benutzung durch den einzelnen oder zur gemeinsamen Benutzung durch alle Hausbewohner bestimmt sind, und
3. die zu einem Wohngebäude gehörenden Garagen.

43 (3) ① Räume, die sowohl Wohnzwecken als auch gewerblichen oder beruflichen Zwecken dienen, sind, je nachdem, welchem Zweck sie überwiegend dienen, entweder ganz den Wohnzwecken oder ganz den gewerblichen oder beruflichen Zwecken dienenden Räumen zuzurechnen. ② Das häusliche Arbeitszimmer des Mieters ist zur Vereinfachung den Wohnzwecken dienenden Räumen zuzurechnen.

→ Bauantrag

44 (4) ① Unter Bauantrag ist das Schreiben zu verstehen, mit dem die landesrechtlich vorgesehene Genehmigung für den beabsichtigten Bau angestrebt wird. ② Zeitpunkt der Beantragung einer Baugenehmigung ist der Zeitpunkt, zu dem der Bauantrag bei der nach Landesrecht zuständigen Behörde gestellt wird; maßgebend ist regelmäßig der Eingangsstempel dieser Behörde. ③ Das gilt auch dann, wenn die Bauplanung nach Beantragung der Baugenehmigung geändert wird, ohne dass ein neuer Bauantrag erforderlich ist. ④ Ist ein Bauantrag abgelehnt worden und die Baugenehmigung erst auf Grund eines neuen Antrags erteilt worden, ist Zeitpunkt der Antragstellung der Eingang des neuen Bauantrags bei der zuständigen Behörde. ⑤ Bei baugenehmigungsfreien Bauvorhaben, für die Bauunterlagen einzureichen sind, ist der Zeitpunkt maßgebend, zu dem die Bauunterlagen eingereicht werden. ⑥ Bei baugenehmigungsfreien Bauvorhaben, für die keine Bauunterlagen einzureichen sind, tritt an die Stelle des Bauantrags der Beginn der Herstellung.

→ Obligatorischer Vertrag

45 (5) Ein obligatorischer Vertrag über den Erwerb eines Grundstücks (Kaufvertrag oder Kaufanwartschaftsvertrag) ist zu dem Zeitpunkt rechtswirksam abgeschlossen, zu dem er notariell beurkundet ist.

H 7.2

46

Bauantrag

- Anträge, die die Finanzierung des geplanten Baus betreffen, sowie sog. Bauvoranfragen bei der Baugenehmigungsbehörde sind nicht als Bauanträge anzusehen, weil sie nicht die Erlangung der Baugenehmigung, sondern nur die Klärung von Vorfragen zum Ziel haben (→ BFH vom 28. 3. 1966 – BStBl. III S. 454 und vom 7. 3. 1980 – BStBl. II S. 411).
- Wird die Bauplanung nach Beantragung der Baugenehmigung so grundlegend geändert, dass ein neuer Bauantrag gestellt werden muss, ist Zeitpunkt der Antragstellung der Eingang des neuen Bauantrags bei der zuständigen Behörde (→ BFH vom 28. 9. 1982 – BStBl. 1983 II S. 146).
- Die Bauanzeige steht einem Bauantrag gleich (→ BFH vom 18. 4. 1990 – BStBl. II S. 754).

Obligatorischer Vertrag. Mit einem obligatorischen Erwerbsvertrag wird zum einen eine beid-seitige Bindung von Voreigentümer und Erwerber definiert, zum anderen – notariell beurkundet – ein objektiv eindeutiger Zeitpunkt hierfür festgelegt (→ BFH vom 19. 2. 2013 – BStBl. II S. 482). Ein obligatorischer Vertrag gilt auch dann in dem Zeitpunkt der notariellen Beurkundung als rechtswirksam abgeschlossen, wenn der Vertrag erst nach Eintritt einer aufschiebenden Bedingung oder nach Ablauf einer Frist wirksam werden soll oder noch einer Genehmigung bedarf; bei einem Vertragsabschluss durch einen Vertreter ohne Vertretungsmacht gilt der obligatorische Vertrag im Zeitpunkt der Abgabe der Genehmigungserklärung durch den Vertretenen als rechtswirksam abgeschlossen (→ BFH vom 2. 2. 1982 – BStBl. II S. 390).

Wohnzwecke

- Die Nutzung zu Wohnzwecken setzt die Eignung der betreffenden Räume zur eigenständigen Haushaltsführung und die tatsächliche und rechtliche Sachherrschaft der Bewohner über sie voraus. Die Räume müssen überdies als Mindestausstattung eine Heizung, eine Küche, ein Bad und eine Toilette enthalten. Die überlassenen Wohneinheiten müssen aber nicht notwendig mit einem eigenen Bad/WC oder einer eigenen Küche ausgestattet sein. Das Merkmal „Wohnzwecken dienen" kann auch dann erfüllt sein, wenn die Möglichkeit des Einbaus einer Kochgelegenheit oder die Möglichkeit der Mitbenutzung von Küche und Bad/WC gegeben ist. Die tatsächliche und rechtliche Sachherrschaft über die Räume haben die Bewohner dann, wenn sie die ihnen überlassenen Zimmer abschließen und anderen Personen den Zutritt verwehren können. Auch die Unterbringung in einem Mehrbettzimmer steht der Beurteilung einer Nutzung zu Wohnzwecken nicht entgegen. Unerheblich ist, ob und in welchem Umfang der Bewohner in den Räumen neben dem Wohnen weitere Dienstleistungen in Anspruch

nimmt (→ BFH vom 30. 9. 2003 – BStBl. 2004 II S. 223 zum Pflegezimmer; BStBl. 2004 II S. 225 zum betreuten Wohnen; BStBl. 2004 II S. 221 und BFH vom 15. 12. 2005 – BStBl. 2006 II S. 559 zum Pflegeheim).
- Wohnungen, deren einzelne Zimmer in der Regel für zwölf Monate an obdachlose Suchtkranke vermietet werden, um sie auf ein selbständiges Wohnen vorzubereiten, dienen Wohnzwecken (→ BFH vom 15. 12. 2005 – BStBl. 2006 II S. 561).
- Das häusliche Arbeitszimmer eines Arbeitnehmers im eigenen Haus dient nicht Wohnzwecken (→ BFH vom 30. 6. 1995 – BStBl. II S. 598).
- Ein Gebäude, das Ferienwohnungen enthält, die für kürzere Zeiträume an wechselnde Feriengäste vermietet werden, dient nicht Wohnzwecken (→ BFH vom 14. 3. 2000 – BStBl. 2001 II S. 66).

R 7.3. Bemessungsgrundlage für die AfA

R 7.3

Entgeltlicher Erwerb und Herstellung[1]

(1) ① Bemessungsgrundlage für die AfA sind grundsätzlich die Anschaffungs- oder Herstellungskosten des Wirtschaftsgutes oder der an deren Stelle tretende Wert, z. B. § 6 Abs. 5 Satz 4 bis 6, § 7a Abs. 9, § 7b Abs. 1 Satz 2[2] und *§ 7g Abs. 2 Satz 2 EStG*[3]; §§ 10 und 10a EStDV. ② Wird ein teilfertiges Gebäude erworben und fertig gestellt, gehören zu den Herstellungskosten die Anschaffungskosten des teilfertigen Gebäudes und die Herstellungskosten zur Fertigstellung des Gebäudes. 51

→ Fertigstellung von Teilen eines Gebäudes zu verschiedenen Zeitpunkten[4]

(2) Wird bei der Errichtung eines zur unterschiedlichen Nutzung bestimmten Gebäudes zunächst ein zum Betriebsvermögen gehörender Gebäudeteil und danach ein zum Privatvermögen gehörender Gebäudeteil fertig gestellt, hat der Stpfl. ein Wahlrecht, ob er vorerst in die AfA-Bemessungsgrundlage des fertig gestellten Gebäudeteils die Herstellungskosten des noch nicht fertig gestellten Gebäudeteils einbezieht oder ob er hierauf verzichtet. 52

Unentgeltlicher Erwerb

(3) Bei unentgeltlich erworbenen Wirtschaftsgütern sind § 6 Abs. 3 und 4 EStG und § 11d EStDV sowohl im Falle der Gesamtrechtsnachfolge als auch im Falle der Einzelrechtsnachfolge anzuwenden. 53

Zuschüsse, Übertragung stiller Reserven

(4) ① Ist dem Stpfl. im Jahr der Anschaffung oder Herstellung eines Wirtschaftsgutes für dieses Wirtschaftsgut ein Zuschuss bewilligt worden, den er nach R 6.5 erfolgsneutral behandelt, oder hat er einen Abzug nach § 6b Abs. 1, 3 oder 10 EStG oder nach R 6.6 vorgenommen, ist die AfA von den um den Zuschuss oder Abzugsbetrag geminderten Anschaffungs- oder Herstellungskosten zu bemessen. ② Ist dem Stpfl. der Zuschuss in einem auf das Jahr der Anschaffung oder Herstellung folgenden Wirtschaftsjahr bewilligt worden oder hat er den Abzug zulässigerweise in einem auf das Jahr der Anschaffung oder Herstellung des Wirtschaftsgutes folgenden Wirtschaftsjahr vorgenommen, bemisst sich die weitere AfA in den Fällen des § 7 Abs. 4 Satz 1 und Abs. 5 EStG ebenfalls nach den um den Zuschuss- oder Abzugsbetrag geminderten Anschaffungs- oder Herstellungskosten, in allen anderen Fällen nach dem um den Zuschuss- oder Abzugsbetrag geminderten Buchwert oder Restwert des Wirtschaftsgutes. 54

→ Nachträgliche Herstellungskosten

(5) ① Sind nachträgliche Herstellungsarbeiten an einem Wirtschaftsgut so umfassend, dass hierdurch ein anderes Wirtschaftsgut entsteht, ist die weitere AfA nach der Summe aus dem Buchwert oder Restwert des bisherigen Wirtschaftsgutes und nach den nachträglichen Herstellungskosten zu bemessen. ② Aus Vereinfachungsgründen kann der Stpfl. bei unbeweglichen Wirtschaftsgütern von der Herstellung eines anderen Wirtschaftsgutes ausgehen, wenn der im zeitlichen und sachlichen Zusammenhang mit der Herstellung des Wirtschaftsgutes angefallene Bauaufwand zuzüglich des Werts der Eigenleistung nach überschlägiger Berechnung den Verkehrswert des bisherigen Wirtschaftsgutes übersteigt. 55

Einlage, → Entnahme, Nutzungsänderung und Übergang zur Buchführung

(6) ① Bei Wirtschaftsgütern, die der Stpfl. aus einem Betriebsvermögen in das Privatvermögen überführt hat, ist die weitere AfA nach dem Teilwert (§ 6 Abs. 1 Nr. 4 Satz 1 EStG) oder gemeinen Wert (§ 16 Abs. 3 Satz 6 bis 8 EStG) zu bemessen, mit dem das Wirtschaftsgut bei der Überführung steuerlich erfasst worden ist. ② Dagegen bleiben die Anschaffungs- oder Herstellungskosten oder der an deren Stelle tretende Wert des Wirtschaftsgutes für die weitere AfA als Bemessungsgrundlage maßgebend, wenn 56

---

[1] Der Gewinner eines verlosten Fertighauses kann mangels eigener Aufwendungen keine AfA in Anspruch nehmen. *BFH-Urteil vom 26. 4. 2006 IX R 24/04 (BStBl. II S. 754).*

[2] § 7 b Abs. 1 Satz 2 a. F.

[3] Jetzt: § 7 g Abs. 2 Satz 3 EStG.

[4] Siehe auch *Vfg. OFD Frankfurt a. M. vom 22. 2. 2000 S 2196 A – 25 – St II 23 (FR S. 528; BeckVerw 151194).*

1. a) ein Gebäude nach vorhergehender Nutzung zu eigenen Wohnzwecken oder zu fremden Wohnzwecken auf Grund unentgeltlicher Überlassung zur Erzielung von Einkünften im Sinne des § 21 EStG oder
   b) ein bewegliches Wirtschaftsgut nach einer Nutzung außerhalb der Einkunftsarten zur Erzielung von Einkünften im Sinne des § 2 Abs. 1 Satz 1 Nr. 4 bis 7 EStG

   verwendet wird oder
2. ein Wirtschaftsgut nach vorhergehender Gewinnermittlung durch Schätzung oder nach Durchschnittssätzen (§ 13 a EStG) bilanziert wird.

H 7.3

57 **Anschaffungskosten**

– Bei Erbauseinandersetzung → BMF vom 14. 3. 2006 (BStBl. I S. 253)[1] unter Berücksichtigung der Änderungen durch BMF vom 27. 12. 2018 (BStBl. 2019 I S. 11).[2]
– Bei Modernisierung von Gebäuden → BMF vom 18. 7. 2003 (BStBl. I S. 386).[3]
– Bei vorweggenommener Erbfolge → BMF vom 13. 1. 1993 (BStBl. I S. 80)[4] unter Berücksichtigung der Änderungen durch BMF vom 26. 2. 2007 (BStBl. I S. 269).
– Bei Tieren in land- und forstwirtschaftlich tätigen Betrieben sind die Anschaffungs- oder Herstellungskosten zur Berechnung der AfA um den Schlachtwert zu mindern → BMF vom 14. 11. 2001 (BStBl. I S. 864),[5] Rn. 24.
– Bei Schiffen sind die Anschaffungs- oder Herstellungskosten zur Berechnung der AfA um den Schrottwert zu mindern (→ BFH vom 22. 7. 1971 – BStBl. II S. 800).
– Aufwendungen für Baumaßnahmen, mit denen der Verkäufer einer Eigentumswohnung oder eine seiner Firmen zeitgleich mit dem Abschluss des Kaufvertrags beauftragt wird, gehören zu den Anschaffungskosten der Eigentumswohnung (→ BFH vom 17. 12. 1996 – BStBl. 1997 II S. 348).
– Bei Erwerb einer Eigentumswohnung gehört der im Kaufpreis enthaltene Anteil für das in der Instandhaltungsrückstellung angesammelte Guthaben nicht zu den Anschaffungskosten der Eigentumswohnung (→ BFH vom 9. 10. 1991 – BStBl. 1992 II S. 152).
– Zu den Anschaffungskosten gehören auch die Übernahme von Verbindlichkeiten des Veräußerers sowie Aufwendungen des Erwerbers zur Beseitigung bestehender Beschränkungen seiner Eigentümerbefugnis i. S. d. § 903 BGB (z. B. Ablösung dinglicher Nutzungsrechte wie Erbbaurecht, Vermächtnisnießbrauch oder Wohnungsrecht) oder Zahlungen aufgrund der Anfechtung des Kaufvertrags durch einen Gläubiger nach § 3 Abs. 2 AnfG (→ BFH vom 17. 4. 2007 – BStBl. II S. 956).
– Anschaffungskosten bei Einbringung von Miteigentumsanteilen an Grundstücken in eine vermögensverwaltende Personengesellschaft bemessen sich nach dem gemeinen Wert des hingegebenen Gebäudeteils. Soweit ein Gesellschafter an zwei Gebäuden Anteile (hinzu)erworben hat, ist der gemeine Wert des hingegebenen Gebäudeteils nach dem Verhältnis der gemeinen Werte der erworbenen Anteile aufzuteilen (→ BFH vom 2. 4. 2008 – BStBl. II S. 679).
– Bringen die Miteigentümer mehrerer Grundstücke ihre Miteigentumsanteile in eine Personengesellschaft mit Vermietungseinkünften ein, sind keine Anschaffungsvorgänge gegeben, soweit die den Gesellschaftern nach der Übertragung ihrer Miteigentumsanteile nach § 39 Abs. 2 Nr. 2 AO zuzurechnenden Anteile an den Grundstücken ihre bisherigen Miteigentumsanteile nicht übersteigen (→ BFH vom 2. 4. 2008 – BStBl. II S. 679).

Dachgeschoss. Baumaßnahmen an einem Dachgeschoss → BMF vom 10. 7. 1996 (BStBl. I S. 689).[6]

Einlage eines Wirtschaftsguts

– Zur Bemessungsgrundlage für die AfA nach Einlage von zuvor zur Erzielung von Überschusseinkünften genutzten Wirtschaftsgütern → BMF vom 27. 10. 2010 (BStBl. I S. 1204).[7]
– Die Einbringung von Wirtschaftsgütern des Privatvermögens in eine gewerbliche Personengesellschaft gegen die Gewährung von Gesellschaftsrechten begründet keine Einlage i. S. v. § 7 Abs. 1 Satz 5 EStG (→ BFH vom 24. 1. 2008 – BStBl. 2011 II S. 617).

Fertigstellung von Teilen eines Gebäudes zu verschiedenen Zeitpunkten. Bei der Errichtung eines zur unterschiedlichen Nutzung bestimmten Gebäudes sind die Herstellungskosten des noch nicht fertig gestellten selbständigen Gebäudeteils in die AfA-Bemessungsgrundlage des bereits fertig gestellten Gebäudeteils einzubeziehen (→ BFH vom 9. 8. 1989 – BStBl. 1991 II S. 132). Vgl. aber das Wahlrecht nach → R 7.3 Abs. 2.

Kaufpreisaufteilung

– Die bundeseinheitliche Arbeitshilfe zur Aufteilung eines Gesamtkaufpreises für ein bebautes Grundstück ist auf der Internetseite des BMF (www.bundesfinanzministerium.de) abrufbar.

---

[1] Abgedruckt als Anlage a zu § 7 EStG.
[2] Zur Erbauseinandersetzung bei zivilrechtlicher Nachlassspaltung siehe *BFH-Urteil vom 10. 10. 2018 IX R 1/17 (BStBl. 2019 II S. 170).*
[3] Abgedruckt als Anlage zu R 21.1 EStR.
[4] Abgedruckt als Anlage c zu § 7 EStG.
[5] Abgedruckt als Anlage a zu H 13.3.
[6] Letztmals abgedruckt im „Handbuch zur ESt-Veranlagung 2020" als Anlage b zu R 7.4 EStR.
[7] Nachstehend abgedruckt.

H 7.3

– Eine vertragliche Kaufpreisaufteilung ist der Berechnung der AfA zu Grunde zu legen, sofern sie zum einen nicht nur zum Schein getroffen wurde sowie keinen Gestaltungsmissbrauch darstellt und zum anderen unter Berücksichtigung der Gesamtumstände die realen Wertverhältnisse widerspiegelt und wirtschaftlich haltbar erscheint (→ BFH vom 16. 9. 2015 – BStBl. 2016 II S. 397).
– Fehlt eine vertragliche Kaufpreisaufteilung oder kann diese nicht der Besteuerung zugrunde gelegt werden, sind die Anschaffungskosten eines bebauten Grundstücks nicht nach der sog. Restwertmethode, sondern nach dem Verhältnis der Verkehrswerte oder Teilwerte auf den Grund und Boden und auf das Gebäude aufzuteilen (→ BFH vom 10. 10. 2000 – BStBl. 2001 II S. 183 und vom 16. 9. 2015 – BStBl. 2016 II S. 397). Das gilt auch bei der Anschaffung von Eigentumswohnungen; dabei rechtfertigt die eingeschränkte Nutzungs- und Verfügungsmöglichkeit des Wohnungseigentümers hinsichtlich seines Bodenanteils keinen niedrigeren Wertansatz des Bodenanteils (→ BFH vom 15. 1. 1985 – BStBl. II S. 252).
– Aufteilung der Anschaffungskosten bei Erwerb eines Gebäudes mit mehreren Wohnungen, von denen eine Wohnung mit einem Wohnrecht belastet ist → BMF vom 30. 9. 2013 (BStBl. I S. 1184, Rz. 50).[1]

Mittelbare Grundstücksschenkung. Bei mittelbarer Grundstücksschenkung bemisst sich die AfA nach den vom Schenker getragenen Anschaffungskosten (→ BFH vom 4. 10. 2016 – BStBl. 2017 II S. 343).

Nachträgliche Anschaffungs- oder Herstellungskosten
– Sind für ein Wirtschaftsgut nachträgliche Anschaffungs- oder Herstellungskosten aufgewendet worden, ohne dass hierdurch ein anderes Wirtschaftsgut entstanden ist, bemisst sich die weitere AfA
  – in den Fällen des § 7 Abs. 4 Satz 1 und Abs. 5 EStG nach der bisherigen Bemessungsgrundlage zuzüglich der nachträglichen Anschaffungs- oder Herstellungskosten (→ BFH vom 20. 2. 1975 – BStBl. II S. 412 und vom 20. 1. 1987 – BStBl. II S. 491),
  – in den Fällen des § 7 Abs. 1, Abs. 4 Satz 2 und § 7 Abs. 2 EStG nach dem Buchwert oder Restwert zuzüglich der nachträglichen Anschaffungs- oder Herstellungskosten (→ BFH vom 25. 11. 1970 – BStBl. 1971 II S. 142).
– Zu den nachträglichen Anschaffungskosten gehören Abwehrkosten zur Befriedung eines den Kaufvertrag nach § 3 Abs. 2 AnfG anfechtenden Gläubigers (→ BFH vom 17. 4. 2007 – BStBl. II S. 956).

Keine nachträglichen Herstellungskosten, sondern Herstellungskosten für ein anderes Wirtschaftsgut entstehen, wenn das bisherige Wirtschaftsgut im Wesen geändert und so tiefgreifend umgestaltet oder in einem solchen Ausmaß erweitert wird, dass die eingefügten neuen Teile der Gesamtsache das Gepräge geben und die verwendeten Altteile bedeutungs- und wertmäßig untergeordnet erscheinen. Das kann z. B. der Fall sein bei
– einem mit dem Gebäude verschachtelten Anbau (→ BFH vom 25. 1. 2007 – BStBl. II S. 586),
– Umbau einer einfachen Scheune in eine Pferdeklinik (→ BFH vom 26. 1. 1978 – BStBl. II S. 280),
– Umbau eines alten Gasthofs in eine moderne Gastwirtschaft (→ BFH vom 26. 1. 1978 – BStBl. II S. 363),
– Umbau einer Hochdruck-Rotationsmaschine zu einer Flachdruck-(Offset-)Maschine (→ BFH vom 6. 12. 1991 – BStBl. 1992 II S. 452),
– Umgestaltung von Pflanztischen in ein automatisches Tischbewässerungssystem (→ BFH vom 28. 9. 1990 – BStBl. 1991 II S. 361),
– Umbau einer Mühle zu einem Wohnhaus (→ BFH vom 31. 3. 1992 – BStBl. II S. 808).

Überführung in das Privatvermögen
– Bei der Überführung eines Wirtschaftsguts in das Privatvermögen ist die AfA auch dann nach dem Wert zu bemessen, mit dem das Wirtschaftsgut steuerlich erfasst worden ist, wenn er falsch ermittelt worden ist (→ BMF vom 30. 10. 1992 – BStBl. I S. 651).
– Die AfA ist nach den ursprünglichen Anschaffungs- oder Herstellungskosten zu bemessen, wenn bei einer vorangegangenen Überführung eines Wirtschaftsguts in das Privatvermögen der Entnahmegewinn kraft gesetzlicher Regelung außer Ansatz geblieben ist (→ BFH vom 3. 5. 1994 – BStBl. II S. 749). Das Gleiche gilt, wenn die Überführung nicht erkannt und in Folge dessen die stillen Reserven nicht erfasst worden sind und steuerliche Konsequenzen nicht mehr gezogen werden können (→ BFH vom 14. 12. 1999 – BStBl. 2000 II S. 656).
– Die AfA ist im Fall einer Betriebsaufgabe auch dann nach dem gemeinen Wert zu bemessen, wenn der Gewinn wegen des Freibetrags nach § 16 Abs. 4 EStG steuerfrei ist (→ BFH vom 14. 12. 1999 – BStBl. 2000 II S. 656).

[1] Abgedruckt als Anlage b zu § 21 EStG.

Anl zu H 7.3

Schreiben betr. Bemessungsgrundlage für die Absetzungen für Abnutzung nach Einlage von zuvor zur Erzielung von Überschusseinkünften genutzten Wirtschaftsgütern; Anwendung der Urteile des BFH vom 18. August 2009 – X R 40/06 – (BStBl. 2010 II S. 961) und vom 28. Oktober 2009 – VIII R 46/07 – (BStBl. 2010 II S. 964)

Vom 27. Oktober 2010 (BStBl. I S. 1204)

(BMF IV C 3 – S 2190/09/10007; DOK 2010/0764153)

57a Unter Bezugnahme auf das Ergebnis der Erörterungen mit den obersten Finanzbehörden der Länder gilt zur Ermittlung der Bemessungsgrundlage für die Absetzungen für Abnutzung (AfA) nach Einlage von zuvor zur Erzielung von Überschusseinkünften genutzten Wirtschaftsgütern Folgendes:

1 Die AfA in gleichen Jahresbeträgen von Wirtschaftsgütern, deren Verwendung oder Nutzung zur Erzielung von Einkünften sich erfahrungsgemäß auf einen Zeitraum von mehr als einem Jahr erstreckt, wird nach den Anschaffungs- oder Herstellungskosten des Wirtschaftsguts ermittelt (§ 7 Absatz 1 Satz 1 EStG). Bei einer Einlage aus dem Privatvermögen in ein Betriebsvermögen tritt an die Stelle der Anschaffungs- oder Herstellungskosten der Einlagewert (§ 6 Absatz 1 Nummer 5 Satz 1 EStG).

Einlagewert ist grundsätzlich der Teilwert (§ 6 Absatz 1 Nummer 5 Satz 1 Halbsatz 1 EStG). Bei der Einlage eines abnutzbaren Wirtschaftsguts in ein Betriebsvermögen innerhalb von drei Jahren nach Anschaffung oder Herstellung (§ 6 Absatz 1 Nummer 5 Satz 1 Halbsatz 2 Buchstabe a i. V. m. Satz 2 EStG) ermittelt sich der Einlagewert nach den Anschaffungs- oder Herstellungskosten abzüglich der AfA nach § 7 EStG, den erhöhten Absetzungen (außerplanmäßige AfA) sowie etwaigen Sonderabschreibungen, die auf den Zeitraum zwischen der Anschaffung oder Herstellung des Wirtschaftsguts und der Einlage entfallen, unabhängig davon, ob das Wirtschaftsgut vor der Einlage zur Einkunftserzielung genutzt worden ist (R 6.12 Absatz 1 EStR).

2 Werden Wirtschaftsgüter nach einer Verwendung zur Erzielung von Einkünften im Sinne des § 2 Absatz 1 Satz 1 Nummer 4 bis 7 EStG in ein Betriebsvermögen eingelegt, ist nach § 7 Absatz 1 Satz 5 EStG eine vom Einlagewert nach § 6 Absatz 1 Nummer 5 Satz 1 EStG abweichende AfA-Bemessungsgrundlage zu ermitteln. Die Abschreibung des eingelegten Wirtschaftsguts nach § 7 Absatz 1 EStG bemisst sich in diesem Fall abweichend von R 7.3 Absatz 6 Satz 1 und 2 EStR 2008 nach folgenden Grundsätzen:

Fallgruppe 1

3 Ist der Einlagewert des Wirtschaftsguts höher als oder gleich den historischen Anschaffungs- oder Herstellungskosten, ist die AfA ab dem Zeitpunkt der Einlage nach dem um die bereits in Anspruch genommenen AfA oder Substanzverringerungen (planmäßigen AfA), Sonderabschreibungen oder erhöhten Absetzungen **geminderten Einlagewert** zu bemessen.

Beispiel 1:

A erwarb im Jahr 01 ein Grundstück mit aufstehendem Gebäude (Anschaffungskosten 800 000 Euro, davon entfallen 700 000 Euro auf das Gebäude). Er vermietete das Grundstück an eine Versicherung und machte im Rahmen der Einkünfte aus Vermietung und Verpachtung für das Gebäude AfA geltend. Nach Beendigung des Mietverhältnisses im Jahr 25 legt er das Grundstück mit aufstehendem Gebäude zu Beginn des Jahres 26 in das Betriebsvermögen seines Einzelunternehmens ein. Das Gebäude wird nicht zu Wohnzwecken verwendet. Der Teilwert des Gebäudes beträgt zu diesem Zeitpunkt 1 000 000 Euro. Bis zur Einlage des Gebäudes hat A insgesamt 350 000 Euro als AfA in Anspruch genommen.

B 1 Die Bemessungsgrundlage für die AfA des Gebäudes im Betriebsvermögen beträgt 650 000 Euro. Sie wird nach dem Einlagewert (1 000 000 Euro) abzüglich der bis dahin in Anspruch genommenen AfA (350 000 Euro) ermittelt, denn der Einlagewert (1 000 000 Euro) ist höher als die historischen Anschaffungskosten (700 000 Euro).

B 2 Nach § 7 Absatz 4 Satz 1 Nummer 1 EStG ist von der nach § 7 Absatz 1 Satz 5 EStG ermittelten Bemessungsgrundlage des Gebäudes nach der Einlage jährlich mit einem Betrag von 19 500 Euro (= 3 % von 650 000 Euro) abzusetzen. Der nach Ablauf von 33 Jahren verbleibende Restwert von 6500 Euro ist im Folgejahr abzusetzen. Von dem danach verbleibenden Restbuchwert in Höhe von 350 000 Euro darf keine AfA vorgenommen werden. Bei einer Veräußerung ist dieser Restbuchwert gewinnmindernd zu berücksichtigen. § 6 Absatz 1 Nummer 1 Satz 2 und § 7 Absatz 1 Satz 7 EStG bleiben unberührt.

Fallgruppe 2

4 Ist der Einlagewert des Wirtschaftsguts geringer als die historischen Anschaffungs- oder Herstellungskosten, aber nicht geringer als die fortgeführten Anschaffungs- oder Herstellungskosten, ist die AfA ab dem Zeitpunkt der Einlage nach den **fortgeführten Anschaffungs- oder Herstellungskosten** zu bemessen.

Beispiel 2:

Wie Beispiel 1, der Teilwert beträgt im Zeitpunkt der Einlage jedoch 400 000 Euro.

B 3 Die Bemessungsgrundlage für die AfA des Gebäudes im Betriebsvermögen beträgt 350 000 Euro. Die AfA wird nach den fortgeführten Anschaffungskosten bemessen, weil der Einlagewert (400 000 Euro) geringer als die historischen Anschaffungskosten (700 000 Euro), jedoch höher als die fortgeführten Anschaffungskosten (350 000 Euro) ist.

B 4 Nach § 7 Absatz 4 Satz 1 Nummer 1 EStG ist von der nach § 7 Absatz 1 Satz 5 EStG ermittelten Bemessungsgrundlage das Gebäude jährlich mit einem Betrag von 10 500 Euro (= 3 % von 350 000 Euro) abzusetzen. Der nach Ablauf von 33 Jahren verbleibende Restwert von 3500 Euro ist im Folgejahr abzusetzen. Von dem danach verbleibenden Restbuchwert in Höhe von 50 000 Euro darf keine AfA vorgenommen werden. Bei einer Veräußerung ist dieser Restbuchwert gewinnmindernd zu berücksichtigen. § 6 Absatz 1 Nummer 1 Satz 2 und § 7 Absatz 1 Satz 7 EStG bleiben unberührt.

Fallgruppe 3

5 Ist der Einlagewert des Wirtschaftsguts geringer als die fortgeführten Anschaffungs- oder Herstellungskosten, bemisst sich die weitere AfA nach diesem **ungeminderten Einlagewert.**

Beispiel 3:

Wie Beispiel 1, der Teilwert beträgt im Zeitpunkt der Einlage jedoch 100 000 Euro.

B 5 Die Bemessungsgrundlage für die AfA des Gebäudes im Betriebsvermögen beträgt 100 000 Euro. Die AfA wird nach dem Einlagewert (100 000 Euro) bemessen, weil dieser geringer ist als die fortgeführten Anschaffungskosten (350 000 Euro).

B 6 Nach § 7 Absatz 4 Satz 1 Nummer 1 EStG ist vom Einlagewert des Gebäudes jährlich ein Betrag von 3000 Euro (= 3 % von 100 000 Euro) abzusetzen. Der nach Ablauf von 33 Jahren verbleibende Restbuchwert von 1000 Euro ist im Folgejahr abzusetzen. Das insgesamt geltend gemachte AfA-Volumen (vor und nach der Einlage) beträgt damit 450 000 Euro. Der von den ursprünglichen Anschaffungskosten des Gebäudes nicht abgeschriebene Betrag in Höhe von 250 000 Euro stellt einen einkommensteuerlich unbeachtlichen Wertverlust im Privatvermögen dar.

Fallgruppe 4

6 Der Einlagewert eines Wirtschaftsguts nach § 6 Absatz 1 Nummer 5 Satz 1 Halbsatz 2 Buchstabe a i. V. m. Satz 2 EStG gilt gleichzeitig auch als AfA-Bemessungsgrundlage gemäß § 7 Absatz 1 Satz 5 EStG.

7 Die vorstehenden Grundsätze sind in allen noch offenen Fällen anzuwenden. Rz. 5 ist erstmals auf Einlagen anzuwenden, die nach dem 31. Dezember 2010 vorgenommen werden.

R 7.4. Höhe der AfA

R 7.4

Beginn der AfA[1]

(1) ① AfA ist vorzunehmen, sobald ein Wirtschaftsgut angeschafft oder hergestellt ist. ② Ein Wirtschaftsgut ist im Zeitpunkt seiner → Lieferung angeschafft. ③ Ist Gegenstand eines Kaufvertrages über ein Wirtschaftsgut auch dessen Montage durch den Verkäufer, ist das Wirtschaftsgut erst mit der Beendigung der Montage geliefert. ④ Wird die Montage durch den Stpfl. oder in dessen Auftrag durch einen Dritten durchgeführt, so ist das Wirtschaftsgut bereits bei Übergang der wirtschaftlichen Verfügungsmacht an den Stpfl. geliefert; das zur Investitionszulage ergangene BFH-Urteil vom 2. 9. 1988 (BStBl. II S. 1009) ist ertragsteuerrechtlich nicht anzuwenden. ⑤ Ein Wirtschaftsgut ist zum Zeitpunkt seiner → Fertigstellung hergestellt. 58

AfA im Jahr der Anschaffung, Herstellung oder Einlage

(2) ① Der auf das Jahr der Anschaffung oder Herstellung entfallende AfA-Betrag vermindert sich zeitanteilig für den Zeitraum, in dem das Wirtschaftsgut nach der Anschaffung oder Herstellung nicht zur Erzielung von Einkünften verwendet wird; dies gilt auch für die AfA nach § 7 Abs. 5 EStG. ② Bei Wirtschaftsgütern, die im Laufe des Wirtschaftsjahres in das Betriebsvermögen eingelegt werden, gilt § 7 Abs. 1 Satz 4 EStG entsprechend. 59

Bemessung der AfA nach der → Nutzungsdauer

(3) ① Die AfA ist grundsätzlich so zu bemessen, dass die Anschaffungs- oder Herstellungskosten nach Ablauf der betriebsgewöhnlichen Nutzungsdauer des Wirtschaftsgutes voll abgesetzt sind. ② Bei einem Gebäude gilt Satz 1 nur, wenn die technischen oder wirtschaftlichen Umstände dafür sprechen, dass die tatsächliche Nutzungsdauer eines Wirtschaftsgebäudes (§ 7 Abs. 4 Satz 1 Nr. 1 EStG) weniger als 33 Jahre (bei Bauantrag/obligatorischem Vertrag nach dem 31. 12. 2000) oder 25 Jahre (bei Bauantrag/obligatorischem Vertrag vor dem 1. 1. 2001) bzw. eines anderen Gebäudes weniger als 50 Jahre (bei vor dem 1. 1. 1925 fertiggestellten Gebäuden weniger als 40 Jahre) beträgt. ③ Satz 2 gilt entsprechend bei Mietereinbauten und -umbauten, die keine Scheinbestandteile oder Betriebsvorrichtungen sind. 60

Bemessung der linearen AfA bei Gebäuden nach typisierten Prozentsätzen

(4) ① In anderen als den in Absatz 3 Satz 2 und 3 bezeichneten Fällen sind die in § 7 Abs. 4 Satz 1 EStG genannten AfA-Sätze maßgebend. ② Die Anwendung niedrigerer AfA-Sätze ist ausgeschlossen. ③ Die AfA ist bis zur vollen Absetzung der Anschaffungs- oder Herstellungskosten vorzunehmen. 61

Wahl der AfA-Methode

(5) ① Anstelle der AfA in gleichen Jahresbeträgen (§ 7 Abs. 1 Satz 1 und 2 EStG) kann bei beweglichen Wirtschaftsgütern des Anlagevermögens AfA nach Maßgabe der Leistung (§ 7 Abs. 1 Satz 6 EStG) vorgenommen werden, wenn deren Leistung in der Regel erheblich schwankt und deren Verschleiß dementsprechend wesentliche Unterschiede aufweist. ② Voraussetzung für AfA nach Maßgabe der Leistung ist, dass der auf das einzelne Wirtschaftsjahr entfallende Umfang der Leistung nachgewiesen wird. ③ Der Nachweis kann z. B. bei einer Maschine durch ein die Anzahl der Arbeitsvorgänge registrierendes Zählwerk, einen Betriebsstundenzähler oder bei einem Kraftfahrzeug durch den Kilometerzähler geführt werden. 62

(6)[2] ① Die degressive AfA nach § 7 Abs. 5 EStG ist nur mit den in dieser Vorschrift vorgeschriebenen Staffelsätzen zulässig. ② Besteht ein Gebäude aus sonstigen selbständigen Gebäude- 63

[1] Zum Beginn der AfA bei einem gemischt genutzten Gebäude mit unterschiedlichen Fertigstellungszeitpunkten der Gebäudeteile siehe *Vfg. OFD Frankfurt a. M. vom 22. 2. 2000 S 2196 A – 25 – St II 23 (FR S. 528; BeckVerw 151194).*

[2] Eine Übersicht über die degressiven Absetzungen für Gebäude nach § 7 Abs. 5 EStG ist nachstehend als Anlage a zu R 7.4 abgedruckt.

R 7.4 teilen (→ R 4.2 Abs. 3 Satz 3 Nr. 5), sind für die einzelnen Gebäudeteile unterschiedliche AfA-Methoden und AfA-Sätze zulässig.

→ Wechsel der AfA-Methode bei Gebäuden

64 (7) ① Ein Wechsel der AfA-Methode ist bei Gebäuden vorzunehmen, wenn

1. ein Gebäude in einem auf das Jahr der Anschaffung oder Herstellung folgenden Jahr die Voraussetzungen des § 7 Abs. 4 Satz 1 Nr. 1 EStG erstmals erfüllt oder
2. ein Gebäude in einem auf das Jahr der Anschaffung oder Herstellung folgenden Jahr die Voraussetzungen des § 7 Abs. 4 Satz 1 Nr. 1 EStG nicht mehr erfüllt oder
3. ein nach § 7 Abs. 5 Satz 1 Nr. 3 EStG abgeschriebener Mietwohnneubau nicht mehr Wohnzwecken dient.

② In den Fällen des Satzes 1 Nr. 1 ist die weitere AfA nach § 7 Abs. 4 Satz 1 Nr. 1 EStG, in den Fällen des Satzes 1 Nr. 2 und 3 ist die weitere AfA nach § 7 Abs. 4 Satz 1 Nr. 2 Buchstabe a EStG zu bemessen.

Ende der AfA

65 (8) ① Bei Wirtschaftsgütern, die im Laufe eines Wirtschaftsjahres oder Rumpfwirtschaftsjahres veräußert oder aus dem Betriebsvermögen entnommen werden oder nicht mehr zur Erzielung von Einkünften im Sinne des § 2 Abs. 1 Satz 1 Nr. 4 bis 7 EStG dienen, kann für dieses Jahr nur der Teil des auf ein Jahr entfallenden AfA-Betrags abgesetzt werden, der dem Zeitraum zwischen dem Beginn des Jahres und der Veräußerung, Entnahme oder Nutzungsänderung entspricht. ② Das gilt entsprechend, wenn im Laufe eines Jahres ein Wirtschaftsgebäude künftig Wohnzwecken dient oder ein nach § 7 Abs. 5 Satz 1 Nr. 3 EStG abgeschriebener Mietwohnneubau künftig nicht mehr Wohnzwecken dient.

→ AfA nach nachträglichen Anschaffungs- oder Herstellungskosten

66 (9) ① Bei nachträglichen Herstellungskosten für Wirtschaftsgüter, die nach § 7 Abs. 1, 2 oder 4 Satz 2 EStG abgeschrieben werden, ist die Restnutzungsdauer unter Berücksichtigung des Zustands des Wirtschaftsgutes im Zeitpunkt der Beendigung der nachträglichen Herstellungsarbeiten neu zu schätzen. ② In den Fällen des § 7 Abs. 4 Satz 2 EStG ist es aus Vereinfachungsgründen nicht zu beanstanden, wenn die weitere AfA nach dem bisher angewandten Prozentsatz bemessen wird. ③ Bei der Bemessung der AfA für das Jahr der Entstehung von nachträglichen Anschaffungs- und Herstellungskosten sind diese so zu berücksichtigen, als wären sie zu Beginn des Jahres aufgewendet worden. ④ Ist durch die nachträglichen Herstellungsarbeiten ein anderes Wirtschaftsgut entstanden (→ R 7.3 Abs. 5), ist die weitere AfA nach § 7 Abs. 4 Satz 2 EStG und der voraussichtlichen Nutzungsdauer des anderen Wirtschaftsgutes oder nach § 7 Abs. 4 Satz 1 EStG zu bemessen. ⑤ Die degressive AfA nach § 7 Abs. 5 EStG ist nur zulässig, wenn das andere Wirtschaftsgut ein Neubau ist.

AfA nach Einlage, Entnahme oder Nutzungsänderung oder nach Übergang zur Buchführung

67 (10) ① Nach einer Einlage, Entnahme oder Nutzungsänderung eines Wirtschaftsgutes oder nach Übergang zur Buchführung (→ R 7.3 Abs. 6) ist die weitere AfA wie folgt vorzunehmen:

1. Hat sich die AfA-Bemessungsgrundlage für das Wirtschaftsgut geändert (→ R 7.3 Abs. 6), ist die weitere AfA nach § 7 Abs. 1, 2 oder 4 Satz 2 EStG und der tatsächlichen künftigen Nutzungsdauer oder nach § 7 Abs. 4 Satz 1 EStG zu bemessen.
2. ① Bleiben die Anschaffungs- oder Herstellungskosten des Wirtschaftsgutes als Bemessungsgrundlage der AfA maßgebend (→ R 7.3 Abs. 6 Satz 2), ist die weitere AfA grundsätzlich nach dem ursprünglich angewandten Absetzungsverfahren zu bemessen. ② Die AfA kann nur noch bis zu dem Betrag abgezogen werden, der von der Bemessungsgrundlage nach Abzug von AfA, erhöhten Absetzungen und Sonderabschreibungen verbleibt (→ AfA-Volumen). ③ Ist für das Wirtschaftsgut noch nie AfA vorgenommen worden, ist die AfA nach § 7 Abs. 1, 2 oder 4 Satz 2 EStG und der tatsächlichen gesamten Nutzungsdauer oder nach § 7 Abs. 4 Satz 1 oder Abs. 5 EStG zu bemessen. ④ Nach dem Übergang zur Buchführung oder zur Einkünfteerzielung kann die AfA nur noch bis zu dem Betrag abgezogen werden, der von der Bemessungsgrundlage nach Abzug der Beträge verbleibt, die entsprechend der gewählten AfA-Methode auf den Zeitraum vor dem Übergang entfallen.

② Besteht ein Gebäude aus mehreren selbständigen Gebäudeteilen und wird der Nutzungsumfang eines Gebäudeteiles infolge einer Nutzungsänderung des Gebäudes ausgedehnt, so bemisst sich die weitere AfA von der neuen Bemessungsgrundlage insoweit nach § 7 Abs. 4 EStG. ③ Das Wahlrecht nach Satz 1 Nr. 2 Satz 3 und 4 bleibt unberührt.

→ Absetzungen für außergewöhnliche technische oder wirtschaftliche Abnutzung bei Gebäuden

68 (11) ① Absetzungen für außergewöhnliche technische oder wirtschaftliche Abnutzung (→ AfaA) sind nach dem Wortlaut des Gesetzes nur bei Gebäuden zulässig, bei denen die AfA

nach § 7 Abs. 4 EStG bemessen wird. ② AfaA sind jedoch auch bei Gebäuden nicht zu beanstanden, bei denen AfA nach § 7 Abs. 5 EStG vorgenommen wird.

H 7.4

69

AfaA[1]

– Wird ein im Privatvermögen gehaltenes Fahrzeug bei einer betrieblich veranlassten Fahrt infolge eines Unfalls beschädigt und nicht repariert, ist die Vermögenseinbuße im Wege der AfaA nach § 7 Abs. 1 Satz 7 EStG gewinnmindernd zu berücksichtigen. Die bei der Bemessung der AfaA zu Grunde zu legenden Anschaffungskosten sind um die (normale) AfA zu kürzen, die der Stpfl. hätte in Anspruch nehmen können, wenn er das Fahrzeug ausschließlich zur Einkünfteerzielung verwendet hätte (→ BFH vom 24. 11. 1994 – BStBl. 1995 II S. 318).
– AfaA sind grundsätzlich im Jahr des Schadenseintritts, spätestens jedoch im Jahr der Entdeckung des Schadens vorzunehmen (→ BFH vom 1. 12. 1992 – BStBl. 1994 II S. 11 und 12). Dies gilt unabhängig von evtl. Ersatzansprüchen gegen eine Versicherung (→ BFH vom 13. 3. 1998 – BStBl. II S. 443).
– Eine AfaA setzt voraus, dass die wirtschaftliche Nutzbarkeit eines Wirtschaftsguts durch außergewöhnliche Umstände gesunken ist (→ BFH vom 8. 7. 1980 – BStBl. II S. 743) oder das Wirtschaftsgut eine Substanzeinbuße (technische Abnutzung) erleidet (→ BFH vom 24. 1. 2008 – BStBl. 2009 II S. 449).
– Baumängel vor Fertigstellung eines Gebäudes rechtfertigen keine AfaA (→ BFH vom 31. 3. 1992 – BStBl. II S. 805); auch wenn infolge dieser Baumängel noch in der Bauphase unselbständige Gebäudeteile wieder abgetragen werden (→ BFH vom 30. 8. 1994 – BStBl. 1995 II S. 306); dies gilt auch, wenn die Baumängel erst nach der Fertigstellung oder Anschaffung entdeckt werden (→ BFH vom 27. 1. 1993 – BStBl. II S. 702 und vom 14. 1. 2004 – BStBl. II S. 592).
– AfaA aus wirtschaftlichen Gründen können abgezogen werden, wenn sich nach der Kündigung des Mietverhältnisses herausstellt, dass das auf die Bedürfnisse des Mieters ausgerichtete Gebäude nicht mehr oder nur noch eingeschränkt nutzbar ist und auch durch eine (nicht steuerbare) Veräußerung nicht mehr sinnvoll verwendet werden kann (→ BFH vom 17. 9. 2008 – BStBl. 2009 II S. 301).

Eine AfaA ist vorzunehmen, wenn

– ein Gebäude durch Abbruch, Brand oder ähnliche Ereignisse aus dem Betriebsvermögen ausgeschieden ist (→ BFH vom 7. 5. 1969 – BStBl. II S. 464),
– bei einem Umbau bestimmte Teile eines Gebäudes ohne vorherige Abbruchabsicht entfernt werden (→ BFH vom 15. 10. 1996 – BStBl. 1997 II S. 325),
– ein Gebäude abgebrochen wird → H 6.4 (Abbruchkosten).

Eine AfaA ist nicht vorzunehmen, wenn

– ein zum Privatvermögen gehörendes objektiv technisch oder wirtschaftlich noch nicht verbrauchtes Gebäude abgerissen wird, um ein unbebautes Grundstück veräußern zu können (→ BFH vom 6. 3. 1979 – BStBl. II S. 551), oder wenn es in der Absicht eines grundlegenden Umbaus erworben wird (→ BFH vom 4. 12. 1984 – BStBl. 1985 II S. 208 und 20. 4. 1993 – BStBl. II S. 504),
– im Verfahren nach dem WEG die Nutzung von erworbenen Gebäudeteilen als Wohnung untersagt wird, sich darin ein dem Kaufobjekt von vornherein anhaftender Mangel zeigt und die Parteien des Kaufvertrages die Gewährleistung hinsichtlich der Nutzungsmöglichkeiten der Sache ausgeschlossen haben (→ BFH vom 14. 1. 2004 – BStBl. II S. 592),
– die bestehende Substanz zum Abbau eines Bodenschatzes weiterhin vorhanden ist und auch abgebaut werden kann (→ BFH vom 24. 1. 2008 – BStBl. 2009 II S. 449).

AfA nach einer Nutzungsänderung

Beispiele:

1. AfA-Verbrauch bei Umwidmung eines Gebäudes zur Einkünfteerzielung

Eine im Jahr 01 fertig gestellte und am 1. 12. 01 erworbene Eigentumswohnung wird vom Dezember 01 bis Februar 03 vom Stpfl. selbst bewohnt und ab März 03 vermietet.

Der Stpfl. hat ab dem Jahr 03 die Wahl zwischen der linearen AfA nach § 7 Abs. 4 Satz 1 Nr. 2 EStG (Fall 1) und der degressiven AfA nach § 7 Abs. 5 Satz 1 Nr. 3 Buchstabe c EStG (Fall 2).

		Fall 1		Fall 2
Anschaffungskosten im Jahr 01		300 000 €		300 000 €
AfA-Verbrauch				
im Jahr 01	1/12 von 2%	500 €	4%	12 000 €
im Jahr 02	2%	6 000 €	4%	12 000 €
im Jahr 03	2/12 von 2%	1 000 €	2/12 von 4%	2 000 €
insgesamt		7 500 €		26 000 €
verbleibendes AfA-Volumen		292 500 €		274 000 €
AfA ab Übergang zur Einkünfteerzielung				
im Jahr 03	10/12 von 2%	5 000 €	10/12 von 4%	10 000 €
ab Jahr 04	je 2%	6 000 €		
im Jahr 04 bis 10			je 4%	12 000 €
im Jahr 11 bis 18			je 2,5%	7 500 €
ab Jahr 19			je 1,25%	3 750 €

[1] Zur AfaA bei endgültigem Verlust eines Wirtschaftsguts durch Diebstahl oder Unterschlagung vgl. *BFH-Urteil vom 9. 12. 2003 VI R 185/97 (BStBl. 2004 II S. 491).*

H 7.4

2. AfA bei Änderung des Nutzungsumfangs eines Gebäudeteils

Von den gesamten Herstellungskosten in Höhe von 600 000 € eines zum Betriebsvermögen gehörenden Gebäudes, das je zur Hälfte eigenbetrieblichen Zwecken und fremden Wohnzwecken dient, entfallen je 300 000 € auf die beiden selbständigen Gebäudeteile. Der eigenbetrieblich genutzte Gebäudeteil wird nach § 7 Abs. 5 Satz 1 Nr. 1 EStG degressiv, der zu fremden Wohnzwecken genutzte Gebäudeteil nach § 7 Abs. 4 Satz 1 Nr. 2 EStG linear abgeschrieben. Die jährliche AfA beträgt

a) für den eigenbetrieblich genutzten Gebäudeteil
   10% von 300 000 € = 30 000 €,
b) für den zu fremden Wohnzwecken genutzten Gebäudeteil
   2% von 300 000 € = 6000 €.

Vom Beginn des 3. Jahres an wird die eigenbetriebliche Nutzung auf ein Drittel des bisher zu Wohnzwecken genutzten Gebäudeteils ausgedehnt. Von diesem Zeitpunkt an beträgt die AfA-Bemessungsgrundlage für den eigenbetrieblich genutzten Gebäudeteil 400 000 €, für den zu fremden Wohnzwecken genutzten Gebäudeteil 200 000 €. Für den nunmehr eigenbetrieblich genutzten Teil des bisher zu fremden Wohnzwecken genutzten Gebäudeteils ist die lineare AfA künftig mit dem höheren AfA-Satz des § 7 Abs. 4 Satz 1 Nr. 1 EStG vorzunehmen. Die AfA beträgt somit im 3. Jahr

a) für den eigenbetrieblich genutzten Gebäudeteil
   10% von 300 000 € = 30 000 €,
   + 3% von 100 000 € = 3000 €,
b) für den zu fremden Wohnzwecken genutzten Gebäudeteil
   2% von 200 000 € = 4000 €.

AfA nach nachträglichen Anschaffungs- oder Herstellungskosten

Beispiele:

1. Degressive AfA nach § 7 Abs. 2 EStG bei nachträglichen Herstellungskosten

Für ein im Jahre 01 angeschafftes bewegliches Wirtschaftsgut mit einer betriebsgewöhnlichen Nutzungsdauer von 12 Jahren, für das degressive AfA von ($8^1/_3$% × 2[1] =) $16^2/_3$% vorgenommen worden ist, werden im Jahre 06 nachträgliche Herstellungskosten aufgewendet. Danach beträgt die neu geschätzte Restnutzungsdauer 8 Jahre.

Restwert Ende 05	4100 €
nachträgliche Herstellungskosten 06	+ 3900 €
Bemessungsgrundlage ab 06	8000 €

Die degressive AfA im Jahre 06 beträgt (12,5% × 2, höchstens jedoch) 20%[2] von 8000 €.

2. Lineare AfA nach § 7 Abs. 4 Satz 1 Nr. 2 EStG bei nachträglichen Herstellungskosten

Ein zu Beginn des Jahres 01 angeschafftes Gebäude, für das lineare AfA nach § 7 Abs. 4 Satz 1 Nr. 2 EStG vorgenommen worden ist, wird im Jahre 24 erweitert. Die Restnutzungsdauer beträgt danach noch mindestens 50 Jahre.

Anschaffungskosten im Jahr 01	200 000 €
AfA in den Jahren 01 bis 23: 23 × 2% = 92 000 €	
nachträgliche Herstellungskosten im Jahr 24	+ 100 000 €
Bemessungsgrundlage ab Jahr 24	300 000 €

Vom Jahr 24 bis zur vollen Absetzung des Betrags von 208 000 € (Restwert 108 000 € zuzüglich nachträglicher Herstellungskosten 100 000 €) beträgt die AfA jährlich 2% von 300 000 € = 6000 €.

3. Degressive AfA nach § 7 Abs. 5 EStG bei nachträglichen Herstellungskosten

Ein im Jahr 01 fertig gestelltes Gebäude, für das degressive AfA nach § 7 Abs. 5 Satz 1 Nr. 1 EStG vorgenommen worden ist, wird im Jahr 06 erweitert.

Herstellungskosten im Jahr 01	200 000 €
AfA in den Jahren 01 bis 04: 4 × 10% = 80 000 €	
AfA im Jahr 05: 1 × 5% = 10 000 €	
nachträgliche Herstellungskosten im Jahr 06	+ 80 000 €
Bemessungsgrundlage ab Jahr 06	280 000 €

In den Jahren 06 und 07 beträgt die AfA je 5% = 14 000 € (insgesamt 28 000 €); in den Jahren 08 bis 25 beträgt die AfA je 2,5% = 7000 € (insgesamt 126 000 €).

Herstellungskosten im Jahr 01	200 000 €
AfA in den Jahren 01 bis 04	– 80 000 €
AfA im Jahr 05	– 10 000 €
nachträgliche Herstellungskosten im Jahr 06	+ 80 000 €
AfA in den Jahren 06 und 07	– 28 000 €
AfA in den Jahren 08 bis 25	– 126 000 €
Restwert 31. 12. 25	36 000 €

Ab dem Jahr 26 bis zur vollen Absetzung des Restwerts von 36 000 € beträgt die AfA nach § 7 Abs. 4 Satz 1 Nr. 1 i. V. m. § 52 Abs. 21 b Satz 1 EStG 4% von 280 000 € = 11 200 €, soweit keine kürzere Restnutzungsdauer i. S. d. § 7 Abs. 4 Satz 2 EStG vorliegt.

AfA-Tabellen

– Zur Anwendung der amtlichen AfA-Tabellen → BMF vom 6. 12. 2001 (BStBl. I S. 860).
– Wer eine von den amtlichen AfA-Tabellen abweichende Nutzungsdauer geltend macht, hat entsprechende Gründe substantiiert vorzutragen (→ BFH vom 14. 4. 2011 – BStBl. II S. 696).

AfA-Volumen

– Übergang von der Schätzung zur Buchführung
  Die Buchwerte der abnutzbaren Anlagegüter sind, ausgehend von den Anschaffungs- oder Herstellungskosten, vermindert um die übliche AfA zu schätzen; übliche AfA ist die AfA in gleichen Jahresbeträgen nach einer den amtlichen AfA-Tabellen zu entnehmenden Nutzungsdauer. Für den Zeitraum der Schätzung können weder der Stpfl. noch das Finanzamt eine von den amtlichen AfA-Tabellen abweichende Nutzungsdauer geltend machen (→ BFH vom 5. 12. 1985 – BStBl. 1986 II S. 390).
– Übergang von der Gewinnermittlung nach Durchschnittssätzen zur Buchführung

[1] Das 2,5-fache bei Wirtschaftsgütern, die nach dem 31. 12. 2019 und vor dem 1. 1. 2023 angeschafft oder hergestellt worden sind.
[2] 25% bei Wirtschaftsgütern, die nach dem 31. 12. 2019 und vor dem 1. 1. 2023 angeschafft oder hergestellt worden sind.

H 7.4

- Zur Ermittlung der in die Übergangsbilanz einzustellenden Buchwerte der abnutzbaren Anlagegüter sind die Anschaffungs- oder Herstellungskosten beweglicher Anlagegüter um die übliche AfA zu mindern, die den amtlichen AfA-Tabellen zu entnehmen sind. Das Wesen der Gewinnermittlung nach Durchschnittssätzen schließt Abweichungen von den sich hiernach ergebenden AfA-Sätzen aus (→ BFH vom 12. 12. 1985 – BStBl. 1986 II S. 392).
- Vorhandene geringwertige Wirtschaftsgüter, die vor dem 1. 1. 2008 angeschafft oder hergestellt worden sind, sind in der Übergangsbilanz mit ihren Anschaffungs- oder Herstellungskosten, vermindert um die AfA nach § 7 EStG, anzusetzen, die während der Gewinnermittlung nach Durchschnittssätzen angefallen wäre. Es kann nicht unterstellt werden, dass in dieser Zeit das Wahlrecht gemäß § 6 Abs. 2 EStG a. F. ausgeübt worden ist (→ BFH vom 17. 3. 1988 – BStBl. II S. 770).
- Beim Wechsel von der Gewinnermittlung nach Durchschnittssätzen zum Bestandsvergleich bestimmen sich die in die Übergangsbilanz einzustellenden Buchwerte landwirtschaftlicher Betriebsgebäude nach den Anschaffungs- oder Herstellungskosten, gemindert um die im Zeitpunkt der Errichtung und im Laufe der Nutzung der Gebäude übliche AfA. Die besonderen betrieblichen Verhältnisse sind auch dann unbeachtlich, wenn für diesen Zeitraum amtliche AfA-Tabellen nicht zur Verfügung gestanden haben (→ BFH vom 5. 6. 2003 – BStBl. II S. 801).

- Umwidmung eines Wirtschaftsguts in den Bereich der Einkünfteerzielung
Werden Wirtschaftsgüter des bisher nicht der Einkünfteerzielung dienenden Vermögens umgewidmet und nunmehr zur Erzielung von Überschusseinkünften genutzt, sind die Anschaffungs- oder Herstellungskosten auf die Gesamtnutzungsdauer einschließlich der Zeit vor der Umwidmung zu verteilen. Als Werbungskosten (AfA) ist nur der Teil der Anschaffungs- oder Herstellungskosten abziehbar, der auf die Zeit nach der Umwidmung entfällt. § 6 Abs. 1 Nr. 5 Satz 1 EStG ist nicht entsprechend anwendbar (→ BFH vom 14. 2. 1989 – BStBl. II S. 922; → H 6.12 Geringwertiges Wirtschaftsgut).
- Zu Unrecht als Erhaltungsaufwand berücksichtigte Anschaffungskosten
Bestandskräftig zu Unrecht als sofort abziehbarer Erhaltungsaufwand berücksichtigte Anschaffungskosten führen zu einer Minderung des AfA-Volumens und stehen insoweit einer Weiterführung der AfA entgegen (→ BFH vom 28. 4. 2020 – BStBl. II S. 545).

Degressive AfA in Erwerbsfällen. § 7 Abs. 5 Satz 2 EStG schließt die Inanspruchnahme der degressiven AfA nach § 7 Abs. 5 EStG durch den Erwerber nur für das Jahr der Fertigstellung aus. Im folgenden Jahr kann der Erwerber zur degressiven AfA übergehen (→ BFH vom 3. 4. 2001 – BStBl. II S. 599).

Degressive AfA nach Einlage. Die degressive AfA nach einer Einlage ist nur zulässig, wenn das Gebäude bis zum Ende des Jahres der Fertigstellung in ein Betriebsvermögen eingelegt wird (→ BFH vom 18. 5. 2010 – BStBl. 2014 II S. 13).

Entnahme eines Gebäudes
- Für ein Gebäude, das **im** Jahr der Fertigstellung aus dem Betriebsvermögen entnommen worden ist, ist die Inanspruchnahme der degressiven AfA nach § 7 Abs. 5 EStG für den Zeitraum der Zugehörigkeit zum Privatvermögen im Jahr der Entnahme ausgeschlossen, wenn für das Gebäude bereits während der Zugehörigkeit zum Betriebsvermögen degressive AfA in Anspruch genommen worden ist. Im folgenden Jahr kann der Stpfl. zur degressiven AfA übergehen (→ BFH vom 3. 4. 2001 – BStBl. II S. 599).
- Für ein Gebäude, das **nach** dem Jahr der Fertigstellung unter Aufdeckung der stillen Reserven entnommen worden ist, kann die degressive AfA nach § 7 Abs. 5 EStG nicht mehr vorgenommen werden (→ BFH vom 8. 11. 1994 – BStBl. 1995 II S. 170).

Ergänzungsbilanz eines Mitunternehmers. Zur Abschreibung von Mehrwerten in einer Ergänzungsbilanz → BMF vom 19. 12. 2016 (BStBl. 2017 I S. 34).[1]

Fertigstellung
- Ein Wirtschaftsgut ist fertig gestellt, sobald es seiner Zweckbestimmung entsprechend genutzt werden kann (→ BFH vom 20. 2. 1975 – BStBl. II S. 412 und vom 21. 7. 1989 – BStBl. II S. 906).
- Ein Gebäude ist fertig gestellt, wenn die wesentlichen Bauarbeiten abgeschlossen sind und der Bau so weit errichtet ist, dass der Bezug der Wohnungen zumutbar ist oder dass das Gebäude für den Betrieb in all seinen wesentlichen Bereichen nutzbar ist (→ BFH vom 21. 7. 1989 – BStBl. II S. 906).
- Ein Gebäude ist nicht fertig gestellt, wenn Türen, Böden und der Innenputz noch fehlen (→ BFH vom 21. 7. 1989 – BStBl. II S. 906).
- Auf die Höhe der noch ausstehenden Herstellungskosten im Verhältnis zu den gesamten Herstellungskosten des Gebäudes kommt es nicht an (→ BFH vom 16. 12. 1988 – BStBl. 1989 II S. 203).
- Gebäudeteile, die auf Grund ihrer unterschiedlichen Funktion selbständige Wirtschaftsgüter sind, sind fertig gestellt, sobald diese Teile bestimmungsgemäß nutzbar sind (→ BFH vom 9. 8. 1989 – BStBl. 1991 II S. 132). Zur AfA-Bemessungsgrundlage → R 7.3 Abs. 2.
- Eine Eigentumswohnung ist mit der Bezugsfertigkeit fertig gestellt, auch wenn zu diesem Zeitpunkt zivilrechtlich noch kein Wohneigentum begründet und die Teilungserklärung noch nicht abgegeben worden ist (→ BFH vom 26. 1. 1999 – BStBl. II S. 589).

[1] Abgedruckt als Anlage zu H 6.2.

H 7.4

– Gebrauchstiere sind bei der ersten Ingebrauchnahme fertig gestellt (→ BMF vom 14. 11. 2001 – BStBl. I S. 864).[1]
– Die bestimmungsgemäße Nutzbarkeit einer Dauerkultur beginnt mit ihrer Ertragsreife (→ BMF vom 17. 9. 1990 – BStBl. I S. 420).

Lieferung[2]
– Ein Wirtschaftsgut ist geliefert, wenn der Erwerber nach dem Willen der Vertragsparteien darüber wirtschaftlich verfügen kann; das ist in der Regel der Fall, wenn Eigenbesitz, Gefahr, Nutzen und Lasten auf den Erwerber übergehen (→ BFH vom 28. 4. 1977 – BStBl. II S. 553).
– Liegt der Zeitpunkt des Übergangs eines Wirtschaftsguts auf den Erwerber im Schnittpunkt von zwei Zeiträumen, ist das Wirtschaftsgut mit Beginn des zweiten Zeitraums geliefert (→ BFH vom 7. 11. 1991 – BStBl. 1992 II S. 398).
– Wirtschaftlicher Übergang bei Leasing- und Mietkauf-Verträgen → BMF vom 28. 6. 2001 (BStBl. I S. 379), Rz. 144.[3]

Mietereinbauten
– Bei Mietereinbauten und -umbauten, die keine Scheinbestandteile oder Betriebsvorrichtungen sind, bestimmt sich die AfA abweichend von Nr. 10 des BMF-Schreibens vom 15. 1. 1976 (BStBl. I S. 66)[4] nach den für Gebäude geltenden Grundsätzen → BFH vom 15. 10. 1996 (BStBl. 1997 II S. 533).
– Zur Nutzungsdauer von Ladeneinbauten, Schaufensteranlagen und Gaststätteneinbauten → BMF vom 15. 12. 2000 (BStBl. I S. 1532), Tz. 3.7.

Musterhäuser. Der Abschreibungssatz gem. § 7 Abs. 4 Satz 1 Nr. 1 EStG gilt auch für Musterhäuser. In die Bemessung der tatsächlichen Nutzungsdauer gem. § 7 Abs. 4 Satz 2 EStG ist bei Musterhäusern auch der Zeitraum einer nach dem Ausscheiden aus dem Betrieb sich voraussichtlich anschließenden Nutzung des Hauses als Wohngebäude einzubeziehen. Das gilt auch für auf fremdem Grund und Boden errichtete Fertighäuser, die zum Zwecke der Veräußerung demontiert und andernorts wieder aufgebaut werden müssen (→ BFH vom 23. 9. 2008 – BStBl. 2009 II S. 986).

Nachträgliche Anschaffungs- oder Herstellungskosten
– Werden nachträgliche Anschaffungs- oder Herstellungskosten für Wirtschaftsgüter aufgewendet, die nach § 7 Abs. 1, Abs. 2 oder Abs. 4 Satz 2 EStG abgeschrieben werden, bemisst sich die AfA vom Jahr der Entstehung der nachträglichen Anschaffungs- oder Herstellungskosten an nach der Restnutzungsdauer (BFH vom 25. 11. 1970 – BStBl. 1971 II S. 142).
– Werden nachträgliche Anschaffungs- oder Herstellungskosten für Gebäude aufgewendet, die nach § 7 Abs. 4 Satz 1 oder Abs. 5 EStG abgeschrieben werden, ist der für das Gebäude geltende Prozentsatz anzuwenden (→ BFH vom 20. 2. 1975 – BStBl. II S. 412 und vom 20. 1. 1987 – BStBl. II S. 491).
– Wird in den Fällen des § 7 Abs. 4 Satz 1 EStG auf diese Weise die volle Absetzung innerhalb der tatsächlichen Nutzungsdauer nicht erreicht, kann die AfA vom Zeitpunkt der Beendigung der nachträglichen Herstellungsarbeiten an nach der Restnutzungsdauer des Gebäudes bemessen werden (→ BFH vom 7. 6. 1977 – BStBl. II S. 606).

Neubau
– Die AfA nach § 7 Abs. 5 EStG kann nur bei Neubauten in Anspruch genommen werden. Bei Umbauten, Ausbauten und Modernisierungsmaßnahmen liegt ein Neubau nicht bereits dann vor, wenn sich dadurch die Zweckbestimmung des Gebäudes ändert. Er entsteht nur, wenn die eingefügten Neubauteile dem Gesamtgebäude das Gepräge geben, so dass es in bautechnischer Hinsicht neu ist. Das ist dann der Fall, wenn die tragenden Gebäudeteile (z. B. Fundamente, tragende Außen- und Innenwände, Geschossdecken und die Dachkonstruktion) in überwiegendem Umfang ersetzt werden (→ BFH vom 25. 5. 2004 – BStBl. II S. 783).
– Bei Anbauten liegt ein Neubau vor, wenn
  – dadurch selbständige Wirtschaftsgüter i. S. d. R 4.2 geschaffen werden oder
  – sie mit dem bestehenden Gebäude verschachtelt sind und die Neubauteile dem Gesamtgebäude das Gepräge geben; hierfür sind regelmäßig die Größen- und Wertverhältnisse der Alt- und Neubauteile maßgebend (→ BFH vom 25. 1. 2007 – BStBl. II S. 586).
– Für Eigentumswohnungen, die durch die rechtliche Umwandlung eines bestehenden Gebäudes geschaffen werden, kann keine AfA nach § 7 Abs. 5 EStG in Anspruch genommen werden (→ BFH vom 24. 11. 1992 – BStBl. 1993 II S. 188).
– Für neu geschaffene Wohnungen, die in einem einheitlichen Nutzungs- und Funktionszusammenhang mit einer bereits vorhandenen Wohnung stehen, kann keine AfA nach § 7 Abs. 5 EStG in Anspruch genommen werden (→ BFH vom 7. 7. 1998 – BStBl. II S. 625).
– Zur degressiven AfA nach § 7 Abs. 5 EStG bei Baumaßnahmen an einem Dachgeschoss → BMF vom 10. 7. 1996 (BStBl. I S. 689).[5]

---

[1] Abgedruckt als Anlage a zu H 13.3.
[2] Zum Abschreibungsbeginn bei Windkraftanlagen siehe *BFH-Urteil vom 22. 9. 2016 IV R 1/14 (BStBl. 2017 II S. 171).*
[3] Letztmals abgedruckt im „Handbuch zur ESt-Veranlagung 2004" im Anhang **I** Nr. **2 b**.
[4] Abgedruckt als Anlage zu R 7.1 EStR.
[5] Letztmals abgedruckt im „Handbuch zur ESt-Veranlagung 2020" als Anlage b zu H 7.4.

H 7.4

Nutzungsdauer[1]
- → Zur kürzeren tatsächlichen Nutzungsdauer von Gebäuden → BMF vom 22. 2. 2023 (BStBl. I S. 332).
- → AfA-Tabellen.
- Anschaffungs- oder Herstellungskosten eines Wirtschaftsguts sind nur dann nach § 7 EStG zu verteilen, wenn die Nutzungsdauer des Wirtschaftsguts zwölf Monate (Jahreszeitraum im Sinne eines Zeitraums von 365 Tagen) übersteigt (→ BFH vom 26. 8. 1993 – BStBl. 1994 II S. 232).
- Die Nutzungsdauer eines Wirtschaftsguts entspricht regelmäßig dem Zeitraum, in dem es sich technisch abnutzt. Eine kürzere wirtschaftliche Nutzungsdauer liegt nicht vor, wenn das Wirtschaftsgut zwar nicht mehr entsprechend der ursprünglichen Zweckbestimmung rentabel nutzbar ist, aber noch einen erheblichen Verkaufswert hat (→ BFH vom 14. 4. 2011 – BStBl. II S. 696).
- Die AfA auf das entgeltlich erworbene immaterielle Wirtschaftsgut „Vertreterrecht“ (Ablösung des dem Vorgänger-Vertreter zustehenden Ausgleichsanspruchs durch Vereinbarung mit dem Geschäftsherrn) bemisst sich nach der für den Einzelfall zu bestimmenden betriebsgewöhnlichen Nutzungsdauer. Die Regelung des § 7 Abs. 1 Satz 3 EStG zur betriebsgewöhnlichen Nutzungsdauer des Geschäfts- oder Firmenwerts findet auf das Vertreterrecht keine Anwendung (→ BFH vom 12. 7. 2007 – BStBl. II S. 959).
- Zur Nutzungsdauer des Geschäfts- oder Firmenwerts, des Praxiswerts und sog. firmenwertähnlicher Wirtschaftsgüter → BMF vom 20. 11. 1986 (BStBl. I S. 532)[2] und BFH vom 24. 2. 1994 (BStBl. II S. 590).
- Begriff der Nutzungsdauer eines Gebäudes → § 11 c Abs. 1 EStDV.
- Die Absicht, ein zunächst noch genutztes Gebäude abzubrechen oder zu veräußern, rechtfertigt es nicht, eine kürzere Nutzungsdauer des Gebäudes zugrunde zu legen (→ BFH vom 15. 12. 1981 – BStBl. 1982 II S. 385).
- Eine Verkürzung der Nutzungsdauer kann erst angenommen werden, wenn die Gebäudeabbruchvorbereitungen so weit gediehen sind, dass die weitere Nutzung in der bisherigen oder einer anderen Weise so gut wie ausgeschlossen ist (→ BFH vom 8. 7. 1980 – BStBl. II S. 743).
- Die der tatsächlichen Nutzungsdauer entsprechende AfA kann erst vorgenommen werden, wenn der Zeitpunkt der Nutzungsbeendigung des Gebäudes feststeht, z. B. weil sich der Stpfl. verpflichtet hat, das Gebäude zu einem bestimmten Zeitpunkt abzubrechen (→ BFH vom 22. 8. 1984 – BStBl. 1985 II S. 126).[3]
- Nutzungsdauer für Ladeneinbauten, Schaufensteranlagen und Gaststätteneinbauten → BMF vom 15. 12. 2000 (BStBl. I S. 1532), Tz. 3.7.
- Zur Nutzungsdauer der Wirtschaftsgüter eines Windparks → BFH vom 14. 4. 2011 (BStBl. II S. 696) und vom 1. 2. 2012 (BStBl. II S. 407).
- Zur Nutzungsdauer einer Technischen Sicherheitseinrichtung – (TSE) → BMF vom 21. 8. 2020 (BStBl. I S. 1047).[4]
- Zur Nutzungsdauer von Computerhardware und Software zur Dateneingabe und -verarbeitung → BMF vom 22. 2. 2022 (BStBl. I S. 187).[5]

Rückgängigmachung des Anschaffungsvorgangs.[6] Eine AfA ist nicht zu gewähren, wenn der Anschaffungsvorgang in vollem Umfang rückgängig gemacht wird. Auf den Zeitpunkt der Rückzahlung der Aufwendungen, die als Anschaffungskosten geltend gemacht worden sind, kommt es nicht an (→ BFH vom 19. 12. 2007 – BStBl. 2008 II S. 480).

Teil des auf ein Jahr entfallenden AfA-Betrags
- Die AfA nach § 7 Abs. 5 EStG ist im Jahr der Anschaffung oder Herstellung eines Gebäudes in Höhe des vollen Jahresbetrags abzuziehen (→ BFH vom 19. 2. 1974 – BStBl. II S. 704); → aber R 7.4 Abs. 2 Satz 1.
- Bei Veräußerung eines Gebäudes kann die degressive AfA nach § 7 Abs. 5 EStG nur zeitanteilig abgezogen werden (→ BFH vom 18. 8. 1977 – BStBl. II S. 835).

Unterlassene oder überhöhte AfA
- **AfA – Allgemein.** Ist AfA nach § 7 Abs. 1 oder Abs. 4 Satz 2 EStG oder § 7 Abs. 2 EStG a. F. unterblieben, kann sie in der Weise nachgeholt werden, dass die noch nicht abgesetzten Anschaffungs- oder Herstellungskosten (Buchwert) entsprechend der bei dem Wirtschaftsgut angewandten Absetzungsmethode auf die noch verbleibende Restnutzungsdauer verteilt werden (→ BFH vom 21. 2. 1967 – BStBl. III S. 386 und vom 3. 7. 1980 – BStBl. 1981 II S. 255).
- **Lineare Gebäude-AfA.** Ist AfA nach § 7 Abs. 4 Satz 1 EStG überhöht vorgenommen worden oder unterblieben und hat sich die tatsächliche Nutzungsdauer des Gebäudes nicht geändert, sind weiterhin die gesetzlich vorgeschriebenen Prozentsätze anzusetzen, so dass sich ein anderer Abschreibungszeitraum als von 25, 33, 40 oder 50 Jahren ergibt (→ BFH vom 3. 7. 1984 – BStBl. II S. 709, vom 20. 1. 1987 – BStBl. II S. 491 und vom 11. 12. 1987 – BStBl.

---

[1] Zur Nutzungsdauer von Ladeinfrastruktur für E-Mobilität siehe *FM Thüringen, Erl. vom 15. 3. 2021 – S1551 – 65 – 25.11 (DStR S. 1308).*
[2] Abgedruckt als Anlage a zu R 6.1 EStR.
[3] Siehe ferner *BFH-Urteil vom 15. 2. 1989 X R 97/87 (BStBl. II S. 604).*
[4] Abgedruckt als Anlage b zu R 7.4 EStR.
[5] Abgedruckt als Anlage c zu R 7.4 EStR.
[6] Ergänzend siehe *Vfg. BayLfSt vom 16. 7. 2008 S 2256.1.1 – 1/3 St 32/St 33 (DB S. 2110; BeckVerw 125373).*

1988 II S. 335). Die Berichtigung zu hoch vorgenommener und verfahrensrechtlich nicht mehr änderbarer AfA ist bei Gebäuden im Privatvermögen in der Weise vorzunehmen, dass die gesetzlich vorgeschriebenen Abschreibungssätze auf die bisherige Bemessungsgrundlage bis zur vollen Absetzung des noch vorhandenen Restbuchwerts angewendet werden (→ BFH vom 21. 11. 2013 – BStBl. 2014 II S. 563).
- **Degressive Gebäude-AfA.** Ist AfA nach § 7 Abs. 5 EStG überhöht vorgenommen worden, ist die weitere AfA während des verbleibenden Abschreibungszeitraums weiterhin von den ungekürzten Anschaffungs- oder Herstellungskosten vorzunehmen (→ BFH vom 4. 5. 1993 – BStBl. II S. 661).
- **Betriebsvermögen.** Bisher unterlassene AfA kann nicht nachgeholt werden, wenn ein Wirtschaftsgut des notwendigen Betriebsvermögens im Wege der Fehlerberichtigung erstmals als Betriebsvermögen ausgewiesen wird (→ BFH vom 24. 10. 2001 – BStBl. 2002 II S. 75). Dies gilt wegen des Prinzips der Gesamtgewinngleichheit entsprechend auch bei der Gewinnermittlung durch Einnahmenüberschussrechnung, wenn das Wirtschaftsgut verspätet als Betriebsvermögen erfasst wird (→ BFH vom 22. 6. 2010 – BStBl. II S. 1035).
- **Unberechtigte Steuervorteile.** AfA, die unterblieben ist, um dadurch unberechtigte Steuervorteile zu erlangen, darf nicht nachgeholt werden (→ BFH vom 3. 7. 1980 – BStBl. 1981 II S. 255 und vom 20. 1. 1987 – BStBl. II S. 491).

Verlustzuweisungsgesellschaft. Geht eine Verlustzuweisungsgesellschaft nach ihrem Betriebskonzept von einer erheblich längeren Nutzungsdauer eines Wirtschaftsguts als in den amtlichen AfA-Tabellen angegeben aus und beruht ihre Betriebsführung überwiegend auf diesem Umstand, wird die in ihrem Betriebskonzept zugrunde gelegte Nutzungsdauer angewandt. Unberührt davon bleiben Wirtschaftsgüter, wenn der für die Anschaffung oder Herstellung maßgebliche obligatorische Vertrag oder gleichstehende Rechtsakt vor dem 5. 3. 1999 rechtswirksam abgeschlossen und das Wirtschaftsgut vor dem 1. 1. 2001 angeschafft oder hergestellt wurde (→ BMF vom 15. 6. 1999 – BStBl. I S. 543).

Wechsel der AfA-Methode bei Gebäuden. Der Wechsel zwischen den AfA-Methoden nach § 7 Abs. 5 EStG sowie zwischen den AfA-Methoden nach § 7 Abs. 4 EStG und § 7 Abs. 5 EStG ist unzulässig (→ BFH vom 10. 3. 1987 – BStBl. II S. 618 und vom 29. 5. 2018 – BStBl. II S. 646); → aber: Degressive AfA nach § 7 Abs. 5 EStG in Erwerbsfällen.

Anl a zu R 7.4

a) Übersicht über die degressiven Absetzungen für Gebäude nach § 7 Abs. 5 EStG[1]

72

	Zeitlicher Geltungsbereich	Begünstigte Objekte	Begünstigte Maßnahmen	AfA-Sätze	Gesetzliche Vorschriften
	1	2	3	4	5
1.	Fertigstellung nach dem 9. 10. 1962 und vor dem 1. 1. 1965 und Bauantrag nach dem 9. 10. 1962	Gebäude und Eigentumswohnungen, die zu mehr als $66\,^2/_3$% Wohnzwecken dienen und nicht nach § 7 b oder § 4 EStG begünstigt sind	Herstellung	12 × 3,5% 20 × 2 % 18 × 1 %	§ 7 Abs. 5 Satz 2 EStG 1965
2.	Fertigstellung nach dem 31. 12. 1964 und vor dem 1. 9. 1977 und Bauantrag vor dem 9. 5. 1973	Gebäude und Eigentumswohnungen jeder Art, soweit nicht infolge der Beschränkungen unter Nr. 3 ausgeschlossen	Herstellung	12 × 3,5% 20 × 2 % 18 × 1 %	§ 7 Abs. 5 Satz 1 EStG 1965, § 7 Abs. 5 Satz 1 EStG 1974/75, § 52 Abs. 8 Satz 2 EStG 1977
3.	Fertigstellung vor dem 1. 2. 1972 und Bauantrag nach dem 5. 7. 1970 und vor dem 1. 2. 1971	wie Nr. 2, soweit die Gebäude und Eigentumswohnungen nicht zum Anlagevermögen gehören oder soweit sie zu mehr als $66\,^2/_3$% Wohnzwecken dienen			§ 1 Abs. 3 der 2. KonjVO
4.	Fertigstellung vor dem 1. 9. 1977 und Bauantrag nach dem 8. 5. 1973	Gebäude und Eigentumswohnungen, deren Nutzfläche zu mehr als $66\,^2/_3$% mit Mitteln des sozialen Wohnungsbaus gefördert worden sind			§ 7 Abs. 5 Satz 1 EStG 1974/75, § 52 Abs. 8 Satz 2 EStG 1977
5.	Fertigstellung nach dem 31. 8. 1977 und vor dem 1. 1. 1979	Gebäude, selbständige Gebäudeteile, Eigentumswohnungen und Räume im Teileigentum	Herstellung	12 × 3,5% 20 × 2 % 18 × 1 %	§ 7 Abs. 5 EStG 1977, § 52 Abs. 8 Satz 1 EStG 1977, § 52 Abs. 8 Satz 1 EStG 1979
6.	Fertigstellung nach dem 31. 12. 1978 und vor dem 1. 1. 1983	wie zu 5., soweit im Ausland	Herstellung sowie Anschaffung, wenn Erwerb	12 × 3,5% 20 × 2 % 18 × 1 %	§ 7 Abs. 5 EStG 1979/81, § 52 Abs. 8 Satz 3 EStG 1981/85

[1] Für Steuerpflichtige im **Beitrittsgebiet** siehe § 56 Nr. 1 EStG.

	Zeitlicher Geltungsbereich	Begünstigte Objekte	Begünstigte Maßnahmen	AfA-Sätze	Gesetzliche Vorschriften
	1	2	3	4	5
7.	Fertigstellung nach dem 31. 12. 1978 und a) Bauantrag und Herstellungsbeginn bzw. Abschluß des obligatorischen Vertrags vor dem 30. 7. 1981	wie zu 5., soweit im Inland	spätestens im Jahr der Fertigstellung		§ 7 Abs. 5 EStG 1979/81, § 52 Abs. 8 Satz 3 EStG 1981/83, § 7 Abs. 5 EStG 1981/83, § 52 Abs. 8 Sätze 1 und 2 EStG 1981/85,
	b) Bauantrag oder Herstellungsbeginn bzw. Abschluß des obligatorischen Vertrags nach dem 29. 7. 1981 (soweit nicht Nummer 8) und Bauantrag bzw. Abschluß des obligatorischen Vertrags vor dem 1. 1. 1995			8 × 5 % 6 × 2,5 % 36 × 1,25%	§ 7 Abs. 5 Nr. 2 EStG 1987, § 52 Abs. 8 Satz 2 EStG 1987, § 7 Abs. 5 Satz 1 Nr. 2 EStG 1990, § 52 Abs. 11 Satz 3 EStG 1990, § 7 Abs. 5 Satz 1 Nr. 2 EStG 1993
8.	Bauantrag nach dem 31. 3. 1985 und Bauantrag bzw. Abschluß des obligatorischen Vertrags vor dem 1. 1. 1994	wie zu 7., soweit sie zu einem Betriebsvermögen gehören und nicht Wohnzwecken dienen		4 × 10 % 3 × 5 % 18 × 2,5%	§ 7 Abs. 5 Nr. 1 EStG 1987, § 52 Abs. 8 Satz 1 EStG 1987, § 7 Abs. 5 Satz 1 Nr. 1 EStG 1990, § 52 Abs. 11 Satz 2 EStG 1990 § 7 Abs. 5 Satz 1 Nr. 1 EStG 1993
9.	Bauantrag oder Anschaffung und Abschluß des obligatorischen Vertrags nach dem 28. 2. 1989 und vor dem 1. 1. 1996	wie zu 7., soweit sie Wohnzwecken dienen		4 × 7 % 6 × 5 % 6 × 2 % 24 × 1,25%	§ 7 Abs. 5 Satz 2 EStG 1990, § 52 Abs. 11 Satz 1 EStG 1990
10.	Bauantrag oder Abschluß des obligatorischen Vertrags nach dem 31. 12. 1995 und vor dem 1. 1. 2004	wie zu 9.		8 × 5 % 6 × 2,5 % 36 × 1,25%	§ 7 Abs. 5 Satz 1 Nr. 3 Buchstabe b EStG 1996
11.	Bauantrag oder Abschluss des obligatorischen Vertrags nach dem 31. 12. 2003 und vor dem 1. 1. 2006	wie zu 9.		10 × 4 % 8 × 2,5 % 32 × 1,25%	§ 7 Abs. 5 Satz 1 Nr. 3 Buchstabe c EStG 2002 i. d. F. des HBeglG 2004 i. V. m. dem Gesetz zum Einstieg in ein steuerliches Sofortprogramm

Anl b zu R 7.4

b) Schreiben betr. Gesetz zum Schutz vor Manipulationen an digitalen Grundaufzeichnungen vom 22. Dezember 2016; Steuerliche Behandlung der Kosten der erstmaligen Implementierung einer zertifizierten technischen Sicherheitseinrichtung

Vom 21. August 2020 (BStBl. I S. 1047)

(BMF IV A 4 – S 0316-a/19/10006 :007; DOK 2020/0834574)

Durch das Gesetz zum Schutz vor Manipulationen an digitalen Grundaufzeichnungen vom 22. Dezember 2016 (BGBl. S. 3152) ist § 146 a AO eingeführt worden, wonach seit dem 1. Januar 2020 die Pflicht besteht, dass jedes eingesetzte elektronische Aufzeichnungssystem i. S. d. § 146 a Absatz 1 Satz 1 AO i. V. m. § 1 Satz 1 KassenSichV sowie die damit zu führenden digitalen Aufzeichnungen durch eine zertifizierte technische Sicherheitseinrichtung (TSE) zu schützen sind. 75

Zur Frage der steuerlichen Behandlung der Kosten der Implementierung von TSE und der einheitlichen digitalen Schnittstelle nach § 4 KassenSichV gilt unter Bezugnahme auf das Ergebnis der Erörterung mit den obersten Finanzbehörden der Länder Folgendes:

1. TSE

Die aus einem Sicherheitsmodul, einem Speichermedium und einer einheitlichen digitalen Schnittstelle bestehenden TSE werden in verschiedenen Ausführungen angeboten. Das Sicherheitsmodul gibt der TSE dabei ihr Gepräge.

Zu den TSE-Ausführungen gehören z. B. USB-Sticks oder (micro)SD-Karten. Darüber hinaus werden auch Ausführungen angeboten, bei denen die TSE in ein anderes Gerät, z. B. Drucker oder elektronisches Aufzeichnungssystem, verbaut wird. Schließlich gibt es noch Hardware zur Einbindung mehrerer TSE über ein lokales Netzwerk (sog. „LAN-TSE" oder Konnektoren) und sog. Cloud-TSE.

Eine TSE stellt sowohl in Verbindung mit einem Konnektor als auch als USB-Stick, (micro)SD-Card u. ä. ein selbständiges Wirtschaftsgut dar, das aber nicht selbständig nutzbar ist. Die Aufwendungen für die Anschaffung der TSE sind daher zu aktivieren und über die betriebsgewöhnliche Nutzungsdauer von drei Jahren abzuschreiben. Ein Sofortabzug nach § 6 Absatz 2 EStG oder die Bildung eines Sammelpostens nach § 6 Absatz 2 a EStG scheiden mangels selbständiger Nutzbarkeit aus.

Nur wenn die TSE direkt als Hardware fest eingebaut wird, geht ihre Eigenständigkeit als Wirtschaftsgut verloren. Die Aufwendungen sind als nachträgliche Anschaffungskosten des jeweiligen Wirtschaftsguts zu aktivieren, in das die TSE eingebaut wurde, und über dessen Restnutzungsdauer abzuschreiben.

Laufende Entgelte, die für sog. Cloud-Lösungen zu entrichten sind, sind regelmäßig sofort als Betriebsausgaben abziehbar.

2. Einheitliche digitale Schnittstelle

Die einheitliche digitale Schnittstelle umfasst die Schnittstelle für die Anbindung der TSE an das elektronische Aufzeichnungssystem sowie die digitale Schnittstelle der Finanzverwaltung für Kassensysteme (DSFinV-K).

Die Aufwendungen für die Implementierung der einheitlichen digitalen Schnittstelle sind Anschaffungsnebenkosten des Wirtschaftsgutes „TSE".

3. Vereinfachungsregelung

Aus Vereinfachungsgründen wird es nicht beanstandet, wenn die Kosten für die nachträgliche erstmalige Ausrüstung bestehender Kassen oder Kassensysteme mit einer TSE und die Kosten für die erstmalige Implementierung der einheitlichen digitalen Schnittstelle eines bestehenden elektronischen Aufzeichnungssystems in voller Höhe sofort als Betriebsausgaben abgezogen werden.

Anl c zu R 7.4

c) Schreiben betr. Nutzungsdauer von Computerhardware und Software zur Dateneingabe und -verarbeitung

Vom 22. Februar 2022 (BStBl. I S. 187)

(BMF IV C 3 – S 2190/21/10002 :025; DOK 2022/0186479)

75a Den Kernbereich der Digitalisierung bilden die Computerhardware (einschließlich der dazu gehörenden Peripheriegeräte) sowie die für die Dateneingabe und -verarbeitung erforderliche Betriebs- und Anwendersoftware. Diese Wirtschaftsgüter unterliegen aufgrund des raschen technischen Fortschritts einem immer schnelleren Wandel. Die betriebsgewöhnliche Nutzungsdauer, die der Abschreibung nach § 7 Einkommensteuergesetz (EStG) zugrunde zu legen ist, wurde für diese Wirtschaftsgüter allerdings seit rund 20 Jahren nicht mehr geprüft und bedarf deshalb einer Anpassung an die geänderten tatsächlichen Verhältnisse.

Unter Bezugnahme auf das Ergebnis der Erörterungen mit den obersten Finanzbehörden der Länder gelten für die Nutzungsdauer von Computerhardware (einschließlich der dazu gehörenden Peripheriegeräte) und von Betriebs- und Anwendersoftware zur Dateneingabe und -verarbeitung steuerlich die folgenden Grundsätze:

I. Nutzungsdauer

1 Für die nach § 7 Absatz 1 EStG anzusetzende Nutzungsdauer kann für die in Rz. 2ff. aufgeführten materiellen Wirtschaftsgüter „Computerhardware" sowie die in Rz. 5 näher bezeichneten immateriellen Wirtschaftsgüter „Betriebs- und Anwendersoftware" eine betriebsgewöhnliche Nutzungsdauer von einem Jahr zugrunde gelegt werden.

1.1 Die betroffenen Wirtschaftsgüter unterliegen auch weiterhin § 7 Absatz 1 EStG. Die Möglichkeit, eine kürzere betriebsgewöhnliche Nutzungsdauer zugrunde zu legen, stellt
- keine besondere Form der Abschreibung,
- keine neue Abschreibungsmethode und
- keine Sofortabschreibung dar.

Die Anwendung der kürzeren Nutzungsdauer stellt zudem auch kein Wahlrecht im Sinne des § 5 Absatz 1 EStG dar.

1.2 Auch bei einer grundsätzlich anzunehmenden Nutzungsdauer von einem Jahr gilt, dass
- die Abschreibung im Zeitpunkt der Anschaffung oder Herstellung, mithin bei Fertigstellung, beginnt,
- die Wirtschaftsgüter in das nach R 5.4 EStR 2012 zu führende Bestandsverzeichnis aufzunehmen sind,
- der Steuerpflichtige von dieser Annahme auch abweichen kann,
- die Anwendung anderer Abschreibungsmethoden grundsätzlich möglich ist.

1.3 Die Regelung findet gemäß § 9 Absatz 1 Satz 3 Nummer 7 Satz 1 EStG auch für Überschusseinkünfte Anwendung.

1.4 Es wird nicht beanstandet, wenn abweichend zu § 7 Absatz 1 Satz 4 EStG die Abschreibung im Jahr der Anschaffung oder Herstellung in voller Höhe vorgenommen wird.

II. Begriffsbestimmung

2 Der Begriff „Computerhardware" umfasst Computer, Desktop-Computer, Notebook-Computer, Desktop-Thin-Clients, Workstations, Dockingstations, externe Speicher- und Datenverarbeitungsgeräte (Small-Scale-Server), externe Netzteile sowie Peripheriegeräte.

Anl c zu R 7.4

3 Die betroffenen Wirtschaftsgüter werden wie folgt definiert:

1. „Computer" bezeichnet ein Gerät, das Logikoperationen ausführt und Daten verarbeitet, das in der Lage ist, Eingabegeräte zu nutzen und Informationen auf Anzeigegeräten auszugeben und das in der Regel eine Zentraleinheit (ZE) beinhaltet, die die Operationen ausführt. Ist keine ZE vorhanden, muss das Gerät als Client Gateway zu einem Computerserver fungieren, der als Computerverarbeitungseinheit dient.
2. „Desktop-Computer" bezeichnet einen Computer, dessen Haupteinheit an einem festen Standort aufgestellt wird, der nicht als tragbares Gerät ausgelegt ist und der mit einem externen Anzeigegerät sowie externen Peripheriegeräten wie Tastatur und Maus genutzt wird. Bei einem „integrierten Desktop-Computer" funktionieren der Computer und das Anzeigegerät als Einheit, deren Wechselstromversorgung über ein einziges Kabel erfolgt.
3. „Notebook-Computer" bezeichnet einen Computer, der speziell als tragbares Gerät und für den längeren Betrieb mit oder ohne direkten Anschluss an eine Wechselstromquelle konzipiert ist. Notebook-Computer verfügen über ein integriertes Anzeigegerät mit einer sichtbaren Bildschirmdiagonale von mindestens 22,86 cm (9 Zoll) und können mit einem integrierten Akku oder einer anderen tragbaren Stromquelle betrieben werden. Unterkategorien des Notebook-Computers sind unter anderen:
   a) „Tablet-Computer": eine Notebook-Computerart, die sowohl über ein eingebautes berührungsempfindliches Anzeigegerät als auch über eine eingebaute physische Tastatur verfügt,
   b) „Slate-Computer": eine Notebook-Computerart, die über ein eingebautes berührungsempfindliches Anzeigegerät, nicht aber über eine eingebaute physische Tastatur verfügt,
   c) „mobiler Thin-Client": eine Notebook-Computerart, die eine Verbindung zu entfernten Rechenressourcen (z.B. Computerserver, Remote-Workstation) benötigt, mit denen die hauptsächliche Datenverarbeitung erfolgt, und die über kein eingebautes Rotations-Speichermedium verfügt.
4. „Desktop-Thin-Client" bezeichnet einen Computer, der eine Verbindung zu entfernten Rechenressourcen (z.B. Computerserver, Remote-Workstation) benötigt, mit denen die hauptsächliche Datenverarbeitung erfolgt, und der über kein eingebautes Rotations-Speichermedium verfügt. Die Haupteinheit eines Desktop-Thin-Clients wird an einem festen Standort (z.B. auf einem Schreibtisch) aufgestellt und ist nicht als tragbares Gerät ausgelegt. Desktop-Thin-Clients können Informationen entweder auf einem externen oder, soweit vorhanden, auf einem eingebauten Anzeigegerät ausgeben.
5. „Workstation" bezeichnet einen Hochleistungs-Einzelplatzcomputer, der neben anderen rechenintensiven Aufgaben hauptsächlich für Grafikanwendungen, Computer Aided Design, Softwareentwicklung sowie finanzwirtschaftliche und wissenschaftliche Anwendungen genutzt wird.
6. „Mobile Workstation" bezeichnet einen Hochleistungs-Einzelplatzcomputer, der neben anderen rechenintensiven Aufgaben mit Ausnahme von Spielen hauptsächlich für Grafikanwendungen, Computer Aided Design, Softwareentwicklung sowie finanzwirtschaftliche und wissenschaftliche Anwendungen genutzt wird, und der speziell als tragbares Gerät und für den längeren Betrieb mit oder ohne direkten Anschluss an eine Wechselstromquelle konzipiert ist. Mobile Workstations haben ein integriertes Anzeigegerät und können mit einem integrierten Akku oder einer anderen tragbaren Stromquelle betrieben werden. Die meisten mobilen Workstations verfügen über ein externes Netzteil sowie eine integrierte Tastatur und ein integriertes Zeigegerät.
7. „Small-Scale-Server" bezeichnet eine Computer-Art, die in der Regel Desktop-Computer-Komponenten im Desktopgeräteformat verwendet, jedoch in erster Linie als Speicherhost für andere Computer und zur Ausführung von Funktionen wie der Bereitstellung von Netzinfrastrukturdiensten und dem Daten-/Medien-Hosting bestimmt ist und
   a) als Standgerät, Turmgerät oder in einem sonstigen Format ausgelegt ist, das dem Format von Desktop-Computern ähnelt, so dass alle Datenverarbeitungs-, Speicher- und Netzschnittstellenkomponenten in einem Gehäuse untergebracht sind;
   b) die für den Betrieb 24 Stunden pro Tag an 7 Tagen in der Woche ausgelegt ist;
   c) die in erster Linie für den Simultanbetrieb in einer Mehrbenutzer-Umgebung ausgelegt ist, in der mehrere Benutzer an vernetzten Client-Geräten arbeiten können;
   d) die über ein Betriebssystem verfügt, das für Heimserver oder Serveranwendungen im unteren Leistungsbereich ausgelegt ist, sofern das Gerät mit einem Betriebssystem in Verkehr gebracht wird.
8. „Dockingstation" bezeichnet ein separates Produkt, das an einen Computer angeschlossen wird und dazu dient, Funktionen wie z.B. die Erweiterung der Anschlussmöglichkeiten oder das Zusammenlegen von Anschlüssen für Peripheriegeräte zu übernehmen. Dockingstations können auch das Laden von internen Akkus im angeschlossenen Computer erleichtern.
9. „Externes Netzteil" bezeichnet ein Gerät, das dafür konzipiert ist, Wechselstrom (AC) aus dem Stromnetz in Wechselstrom (AC) oder Gleichstrom (DC) niedrigerer Spannung umzuwandeln; das die Umwandlung jeweils nur in eine Gleichstrom- oder eine Wechselstromausgangsspannung vornehmen kann; das zum Betrieb mit einem separaten Gerät – dem Primärverbraucher – bestimmt ist; das sich in einem vom Primärverbraucher physisch getrennten Gehäuse befindet; das über einen abnehmbaren oder fest verdrahteten elektrischen Anschluss mit Stecker und Kupplung, ein Kabel, eine Litze oder eine sonstige Verdrahtung mit dem Primärverbraucher verbunden ist und das über eine Ausgangsleistung laut Typenschild von höchstens 250 Watt verfügt.
10. „Peripherie-Geräte" sind alle Geräte, die nach dem EVA-Prinzip (Eingabe-Verarbeitung-Ausgabe) zur Ein- und Ausgabe von Daten genutzt werden. Peripheriegeräte lassen sich funktional in drei Gruppen gliedern:

a) Eingabegeräte: Tastatur, Maus, Grafiktablett, Scanner, Kamera, Mikrofon, Headset, u. Ä.;
b) Externe Speicher: Festplatte, DVD-/CD-Laufwerk, Flash Speicher (USB-Stick), Bandlaufwerke (Streamer);
c) Ausgabegeräte: Beamer, Plotter, Headset, Lautsprecher und „Computer-Bildschirm" oder auch Monitor oder Display (dient der Darstellung der Benutzeroberfläche und der Datenausgabe) sowie „Drucker" (Geräte, die Computerdaten in graphischer Form auf Papier oder Folien bringen, Non-Impact-Drucker [anschlagfrei, Laserdrucker, Tintenstrahldrucker] und Impact-Drucker [Nadeldrucker]).

4 Die in der Rz. 3 unter Nummer 1 bis 7 aufgeführte Computerhardware wird nur unter der Voraussetzung von Rz. 2 erfasst, dass gemäß Anhang II der Verordnung (EU) Nr. 617/2013 der Kommission vom 26. Juni 2013 zur Durchführung der Richtlinie 2009/125/EG des Europäischen Parlaments und des Rates im Hinblick auf die Festlegung von Anforderungen an die umweltgerechte Gestaltung von Computern und Computerservern (ABl. L 175 vom 27. Juni 2013, S. 13) eine Kennzeichnungspflicht des Herstellers besteht, wonach die Produktart nach Art. 2 der EU-Verordnung in den technischen Unterlagen anzugeben ist. Die Aufzählung für die Computerhardware ist insoweit abschließend. Die Identifizierung der Peripheriegeräte ist in enger Anlehnung an die in der Rz. 3 Nummer 10 aufgeführten Geräte vorzunehmen, ohne dass die Aufzählung abschließend ist.

5 Der Begriff „Software" im Sinne dieses Schreibens erfasst die Betriebs- und Anwendersoftware zur Dateneingabe und -verarbeitung. Dazu gehören auch die nicht technisch physikalischen Anwendungsprogramme eines Systems zur Datenverarbeitung, sowie neben Standardanwendungen auch auf den individuellen Nutzer abgestimmte Anwendungen wie ERP-Software, Software für Warenwirtschaftssysteme oder sonstige Anwendungssoftware zur Unternehmensverwaltung oder Prozesssteuerung.

III. Anwendung

6 Dieses Schreiben findet erstmals Anwendung in Gewinnermittlungen für Wirtschaftsjahre, die nach dem 31. Dezember 2020 enden. In Gewinnermittlungen nach dem 31. Dezember 2020 können die Grundsätze dieses Schreibens auch auf entsprechende Wirtschaftsgüter angewandt werden, die in früheren Wirtschaftsjahren angeschafft oder hergestellt wurden und bei denen eine andere als die einjährige Nutzungsdauer zugrunde gelegt wurde.

7 Für Wirtschaftsgüter des Privatvermögens, die zur Einkünfteerzielung verwendet werden, gilt Rz. 6 ab dem Veranlagungszeitraum 2021 entsprechend.

8 Die Regelungen des BMF-Schreibens vom 18. November 2005 (BStBl. I 2005 S. 1025) sowie die Regelung unter 6.14.3.2 des BMF-Schreibens vom 15. Dezember 2000 (AfA-Tabelle für die allgemein verwendbaren Anlagegüter – BStBl. 2000 I S. 1532) sind letztmals für Wirtschaftsjahre anzuwenden, die vor dem 1. Januar 2021 enden.

Dieses Schreiben ersetzt das BMF-Schreiben vom 26. Februar 2021 (BStBl. I S. 298).

R 7.5

R 7.5. Absetzung für Substanzverringerung

76 ① Absetzungen für Substanzverringerung (AfS) sind beim unentgeltlichen Erwerb eines → Bodenschatzes nur zulässig, soweit der Rechtsvorgänger Anschaffungskosten für ein Wirtschaftsgut aufgewendet hat. ② AfS sind vorzunehmen, sobald mit dem Abbau des Bodenschatzes begonnen wird. ③ Sie berechnen sich nach dem Verhältnis der im Wirtschaftsjahr geförderten Menge des Bodenschatzes zur gesamten geschätzten Abbaumenge. ④ AfS, die unterblieben sind, um dadurch unberechtigte Steuervorteile zu erlangen, dürfen nicht nachgeholt werden.

H 7.5

Bodenschatz

77 – Bei Bodenschätzen, die ein Stpfl. auf einem ihm gehörenden Grundstück im Privatvermögen entdeckt und in sein (Sonder-)Betriebsvermögen einlegt, sind AfS nicht zulässig (→ BFH vom 4. 12. 2006 – BStBl. 2007 II S. 508 und vom 4. 2. 2016 – BStBl. II S. 607).[1]
– → H 4.2 (1).

Unterbliebene AfS. Unterbliebene AfS kann in der Weise nachgeholt werden, dass sie in gleichen Beträgen auf die restliche Nutzungsdauer verteilt wird (→ BFH vom 21.2. 1967 – BStBl. III S. 460).

Anl zu R 7.5

Schreiben betr. ertragsteuerliche Behandlung von im Eigentum des Grundeigentümers stehenden Bodenschätzen

Vom 7. Oktober 1998 (BStBl. I S. 1221)

(BMF IV B 2 – S 2134 – 67/98)

Zu der Frage, wann ein im Eigentum des Grundeigentümers stehender Bodenschatz als Wirtschaftsgut entsteht und ob ein solches Wirtschaftsgut dem Betriebs- oder Privatvermögen zuzuordnen ist, nehme ich im Einvernehmen mit den obersten Finanzbehörden der Länder wie folgt Stellung:

[1] Zur AfS bei Veräußerung von Bodenschätzen an eine (eigene) Personengesellschaft siehe *BFH-Urteil vom 1. 9. 2022 IV R 25/19 (DStR S. 2434).*

Anl zu R 7.5

1. Bergrechtliche Einteilung der Bodenschätze

Nach §3 des Bundesberggesetzes sind Bodenschätze entweder bergfrei oder stehen im Eigentum des Grundeigentümers. Zur Gewinnung bergfreier Bodenschätze bedarf es nach dem Bundesberggesetz einer Bergbauberechtigung, die das Recht zur Gewinnung und Aneignung der jeweiligen Bodenschätze gewährt. Dagegen ergibt sich das Recht zur Gewinnung der im Eigentum des Grundeigentümers stehenden Bodenschätze aus dem Inhalt des Grundeigentums selbst (§§ 903, 93, 94 BGB). Die im Eigentum des Grundeigentümers stehenden Bodenschätze gehören entweder zu den grundeigenen Bodenschätzen im Sinne des Bundesberggesetzes, deren Abbau dem Bergrecht unterliegt, oder zu den sonstigen Grundeigentümerbodenschätzen, auf die das Bundesberggesetz keine Anwendung findet. **78**

Ob ein Bodenschatz bergfrei oder grundeigen im Sinne des Bundesberggesetzes ist, bestimmt sich nach dem Bundesberggesetz. Im Gebiet der ehemaligen DDR (Beitrittsgebiet) galt ursprünglich gemäß Anl. I Kap. V Sachgebiet D Abschn. III Nr. 1 Buchst. a des Einigungsvertrages vom 31. August 1990 i. V. m. Art. 1 des Gesetzes vom 23. September 1990 (BGBl. II S. 885, 1004) ein erweiterter Geltungsbereich des Bergrechts. Diese unterschiedliche Rechtslage ist durch das am 23. April 1996 in Kraft getretene Gesetz zur Vereinheitlichung der Rechtsverhältnisse bei Bodenschätzen vom 15. April 1996 (BGBl. I S. 602) an die Rechtslage im alten Bundesgebiet angeglichen worden, wobei das vorgenannte Gesetz eine Bestandsschutzregelung für die Bergbauberechtigungen enthält, die vor Inkrafttreten der Rechtsangleichung auf die von der Neuregelung betroffenen Bodenschätze (z. B. hochwertige Kiese und Sande) erteilt worden sind, und zwar unter Aufrechterhaltung der Bergfreiheit dieser Bodenschätze.

Bergfreie Bodenschätze sind z. B. Stein- und Braunkohle, Erdöl und Erdgas, im Beitrittsgebiet auch die von der o. g. Bestandsschutzregelung erfaßten mineralischen Rohstoffe (z. B. hochwertige Kiese und Sande). Grundeigene Bodenschätze im Sinne des Bundesberggesetzes sind z. B. Feldspat und Kaolin, soweit sie nicht von der o. g. Bestandsschutzregelung erfaßt sind. Nicht zum Geltungsbereich des Bundesberggesetzes gehörende sonstige Grundeigentümerbodenschätze sind z. B. gewöhnliche Kiese und Sande.

Sowohl bergfreie als auch im Eigentum des Grundeigentümers stehende Bodenschätze dürfen regelmäßig erst dann abgebaut werden, wenn die erforderlichen behördlichen Genehmigungen erteilt sind.

2. Entstehung eines im Eigentum des Grundeigentümers stehenden Bodenschatzes als Wirtschaftsgut

a) Abbau eines Bodenschatzes durch den ursprünglichen Grundeigentümer

Der Bodenschatz entsteht als ein vom Grund und Boden getrennt zu behandelndes Wirtschaftsgut, wenn er zur nachhaltigen Nutzung in den Verkehr gebracht wird, indem mit seiner Aufschließung begonnen wird. Es genügt, daß mit der alsbaldigen Aufschließung zu rechnen ist. Mit der Aufschließung darf regelmäßig nur begonnen werden, wenn alle zum Abbau notwendigen öffentlich-rechtlichen Erlaubnisse, Genehmigungen, Bewilligungen oder sonstigen behördlichen Maßnahmen erteilt worden sind. Spätestens wenn diese Verwaltungsakte vorliegen, entsteht der Bodenschatz als selbständig bewertbares Wirtschaftsgut. Bis zu seiner Entstehung bleibt er unselbständiger Teil des Grund und Bodens (BFH-Urteil vom 7. Dezember 1989, BStBl. 1990 II S. 317). **79**

b) Veräußerung des den Bodenschatz enthaltenden Grundstücks

Wird ein bodenschatzführendes Grundstück veräußert, so entsteht der Bodenschatz als ein Wirtschaftsgut des Veräußerers auch ohne das Vorliegen der für den Abbau erforderlichen Verwaltungsakte, wenn neben dem Kaufpreis für den Grund und Boden ein besonderes Entgelt für den Bodenschatz zu zahlen ist und nach den Umständen des Einzelfalls alsbald mit dem Beginn der Aufschließung gerechnet werden kann.

Bei dem Erwerb durch einen Abbauunternehmer ist in der Regel davon auszugehen, daß alsbald mit dem Beginn der Aufschließung gerechnet werden kann. Bei dem Erwerb durch andere Personen gilt diese Vermutung nicht, sondern es muß im Einzelfall näher erläutert, ggf. durch entsprechende Unterlagen nachgewiesen werden (z. B. durch Vorlage des Antrags auf Erteilung der Abbaugenehmigung), daß alsbald mit der Aufschließung des Bodenschatzes begonnen wird.

Wird der Anspruch auf die Zahlung des auf den Bodenschatz entfallenden Teils des Kaufpreises von der Bedingung abhängig gemacht, daß die Genehmigungen erteilt werden, wird dem Erwerber zunächst nur die Möglichkeit gesichert, einen nach Erteilung der Genehmigungen verwertbaren Bodenschatz zu erwerben. In diesen Fällen wird der Bodenschatz erst durch die Erteilung der Genehmigungen zum selbständigen Wirtschaftsgut (BFH-Urteil vom 7. Dezember 1989 a. a. O.).

3. Zuordnung des Wirtschaftsguts „Bodenschatz" zum Betriebsvermögen oder Privatvermögen

Hat der Grundstückseigentümer einen Betrieb der Land- und Forstwirtschaft oder einen Gewerbebetrieb, ist der Bodenschatz als Wirtschaftsgut entsprechend seiner Nutzung dem Privatvermögen oder dem Betriebsvermögen zuzuordnen, und zwar unabhängig von der Zugehörigkeit des Grundstücks, in dem er lagert (vgl. Urteil des BFH vom 28. Oktober 1982, BStBl. 1983 II S. 106). **80**

a) Notwendiges Betriebsvermögen einer Land- und Forstwirtschaft ist der Bodenschatz, wenn er unter dem land- und forstwirtschaftlich genutzten Grund und Boden entdeckt und von Anfang an überwiegend für Zwecke der Land- und Forstwirtschaft gewonnen und verwertet wird (z. B. Bau von Forstwegen oder Betriebsgebäuden). Notwendiges Betriebsvermögen eines Gewerbebetriebs ist der Bodenschatz, wenn er in einem zum Gewerbebetrieb gehörenden Grundstück entdeckt und gewerbsmäßig abgebaut und verwertet wird (Urteil des BFH vom 28. Oktober 1982 a. a. O.).

b) Privatvermögen ist der Bodenschatz, wenn er in einem land- und forstwirtschaftlich genutzten Grundstück entdeckt, aber nicht überwiegend für land- und forstwirtschaftliche Zwecke des Grundstückseigentümers verwertet wird. Privatvermögen ist der Bodenschatz auch dann, wenn ein zum land- und forstwirtschaftlichen Betriebsvermögen gehörendes Grundstück veräußert wird und ein besonderes Entgelt für den Bodenschatz zu entrichten ist.

c) Der im Rahmen eines land- und forstwirtschaftlichen Betriebs i. S. des § 13 Abs. 1 EStG aufgeschlossene und dem Privatvermögen zuzuordnende Bodenschatz kann regelmäßig nicht als Betriebsvermögen gewillkürt werden. Gewillkürtes Betriebsvermögen in der Land- und Forstwirtschaft können nämlich nur solche Wirtschaftsgüter sein, deren Nutzung innerhalb der Land- und Forstwirtschaft möglich ist. Wirtschaftsgüter, die dem Betrieb der Land- und Forstwirtschaft wesensfremd sind und denen eine sachliche Beziehung zum Betrieb fehlt, können dagegen auch nicht im Wege der Willkürung zum Betriebsvermögen werden (vgl. Beschluß des BFH vom 19. Januar 1982, BStBl. II S. 526, und Urteil des BFH vom 28. Oktober 1982 a. a. O.).

4. Anwendungszeitpunkt

Die vorstehenden Regelungen treten an die Stelle der Regelungen des BMF-Schreibens vom 9. August 1993 (BStBl. I S. 678).[1] In den Fällen, in denen der Anspruch auf den Teil des Kaufpreises, der auf den Bodenschatz entfällt, von der Bedingung abhängt, daß die Abbaugenehmigung erteilt wird, sind die vorstehenden Regelungen jedoch nur auf nach dem 6. November 1998 getroffene Vereinbarungen anzuwenden. Auf Fälle, in denen eine entsprechende Vereinbarung bereits früher getroffen wurde, ist weiterhin Nr. 2 Buchstabe b 2. Satz des BMF-Schreibens vom 9. August 1993 (BStBl. I S. 678)[1] anzuwenden.

Anl a zu § 7

a) Schreiben betr. ertragsteuerliche Behandlung der Erbengemeinschaft und ihrer Auseinandersetzung

Vom 14. März 2006 (BStBl. I S. 253)

(BMF IV B 2 – S 2242 – 7/06)

Geändert durch BMF-Schreiben vom 27. Dezember 2018 (BStBl. 2019 I S. 11)

Im Einvernehmen mit den obersten Finanzbehörden der Länder gilt zur ertragsteuerlichen Behandlung der Erbengemeinschaft und ihrer Auseinandersetzung auf der Grundlage des BFH-Beschlusses vom 5. Juli 1990 (BStBl. II S. 837) Folgendes:

Inhaltsübersicht

[1] Letztmals abgedruckt im „Handbuch zur ESt-Veranlagung 1997“ als Anlage zu R 44 a.

A. Allgemeines

1 Mit dem Tod des Erblassers geht der gesamte Nachlass unentgeltlich im Wege der Gesamtrechtsnachfolge auf den Alleinerben oder die Erbengemeinschaft über. Der Nachlass ist Gesamthandsvermögen der Erben (§ 1922 BGB). Die Erbengemeinschaft wird bis zu ihrer Auseinandersetzung (§ 2042 BGB) steuerlich bei den Überschusseinkünften wie eine Bruchteilsgemeinschaft (§ 39 Abs. 2 Nr. 2 AO) und bei den Gewinneinkünften als Mitunternehmerschaft behandelt. **86**

Die steuerlichen Grundsätze zur Erbauseinandersetzung sind auch auf Abfindungszahlungen infolge eines gerichtlichen Vergleichs an angebliche Miterben anzuwenden (BFH-Urteil vom 14. März 1996 – BStBl. II S. 310). Ein Erbprätendent mit möglichem Pflichtteilsanspruch, der zur Vermeidung weiterer Streitigkeiten Wirtschaftsgüter aus dem Nachlass erhält, ist steuerlich wie ein Erbe zu behandeln (BFH-Urteil vom 13. Februar 1997 – BStBl. II S. 535).

B. Zurechnung der laufenden Einkünfte zwischen Erbfall und Erbauseinandersetzung

1. Allgemeines

2 Sowohl für den Bereich des Betriebsvermögens als auch für den Bereich des Privatvermögens bilden Erbfall und Erbauseinandersetzung keine rechtliche Einheit. Hinterlässt ein Erblasser mehrere Erben, geht sein Vermögen mit dem Tod im Ganzen auf die Erben über und wird bei ihnen zu gemeinschaftlichem Vermögen. Die Miterben verwalten den Nachlass gemeinsam und können über Nachlassgegenstände nur gemeinschaftlich verfügen. Die Erbengemeinschaft kann unbegrenzt bestehen bleiben. Das Ergebnis ihrer Betätigung wird Bestandteil des gemeinschaftlichen Vermögens. Hieraus ergeben sich Folgerungen für das Entstehen und die Zurechnung von steuerlichen Einkünften bei den Miterben. **87**

2. Zurechnung laufender Gewinneinkünfte

3 Gehört ein gewerbliches, freiberufliches oder land- und forstwirtschaftliches Unternehmen zum Nachlass, geht es mit dem Erbfall auf die Erbengemeinschaft über (§ 1922 BGB). Sämtliche Miterben werden – abgesehen von bestimmten Sonderfällen (siehe Tz. 69 ff.) – Mitunternehmer i. S. v. § 15 Abs. 1 Satz 1 Nr. 2 EStG. Aufgrund ihrer Stellung als Miterben tragen sie ein Mitunternehmerrisiko und können Mitunternehmerinitiative entfalten. Diese Beurteilung hängt nicht von der Länge des Zeitraums ab, in dem die Erbengemeinschaft das Unternehmen weiterführt. Auch wenn die Erben ein Unternehmen frühzeitig nach dem Erbfall abwickeln und einstellen oder es auf eine andere Person übertragen, haben sie zunächst die Eigenschaft von Mitunternehmern erlangt und behalten diese bis zur Betriebsbeendigung oder Auseinandersetzung über den Betrieb. Als solche beziehen die Erben ihre Einkünfte kraft eigener Verwirklichung des Einkünftetatbestandes. Die laufenden Einkünfte sind den einzelnen Miterben als Mitunternehmer nach dem allgemeinen Gewinnverteilungsschlüssel zuzurechnen, der sich bei den Miterben grundsätzlich nach ihren Erbteilen bestimmt (§ 2038 Abs. 2, § 743 Abs. 1 BGB). Zur rückwirkenden Zurechnung laufender Einkünfte vgl. Tz. 7 ff., zur Zurechnung der Einkünfte an einen Vermächtnisnehmer als wirtschaftlichem Eigentümer eines Gewerbebetriebes vgl. Tz. 61. **88**

Anl a zu § 7

4 Gehört zu einem Nachlass neben einem Gewerbebetrieb ein der selbständigen Arbeit dienendes Betriebsvermögen, ein land- und forstwirtschaftlicher Betrieb oder Privatvermögen, findet § 15 Abs. 3 Nr. 1 EStG (sog. Abfärberegelung) keine Anwendung.

5 Ist der Erblasser selbständig tätig i. S. d. § 18 Abs. 1 Nr. 1 EStG gewesen, erzielt die Erbengemeinschaft Einkünfte aus selbständiger Arbeit i. S. v. § 18 EStG allerdings nur dann, wenn keine berufsfremden Erben an der Erbengemeinschaft beteiligt sind. Berufsfremd ist, wer nicht die erforderliche freiberufliche Qualifikation besitzt. Ist zumindest ein Miterbe berufsfremd, erzielt die Erbengemeinschaft Einkünfte aus Gewerbebetrieb. Ist mit dem Übergang eines freiberuflichen Betriebsvermögens auf Grund fehlender Qualifikation des Erben, Miterben oder Vermächtnisnehmers eine Umqualifizierung des bisher freiberuflichen Vermögens in gewerbliches Betriebsvermögen und eine entsprechende Umqualifizierung der aus dem Betrieb erzielten Einkünfte verbunden, kommt es nicht zu einer Betriebsaufgabe (vgl. BFH-Urteil vom 12. März 1992 – BStBl. 1993 II S. 36).

3. Zurechnung laufender Überschusseinkünfte

89 6 Hat der Erblasser Einkünfte aus Kapitalvermögen oder aus vermietetem oder verpachtetem Vermögen gehabt, wird dieses Vermögen nach dem Erbfall durch die Erbengemeinschaft zur Nutzung oder zum Gebrauch überlassen. Die Miterben bestimmen über die Verwendung des Vermögens, ihnen fließt der Vermögensertrag zu. Sie verwirklichen damit gemeinsam den Tatbestand der Einkunftserzielung nach §§ 20 oder 21 EStG. Die erzielten Einkünfte werden ihnen grundsätzlich nach ihren Erbanteilen zugerechnet (§ 2038 Abs. 2, § 743 Abs. 1 BGB).

4. Beendigung der Erbengemeinschaft und rückwirkende Zurechnung der laufenden Einkünfte

90 7 Die Einkunftserzielung durch die Erbengemeinschaft und damit die Zurechnung der laufenden Einkünfte an die Miterben findet ihr Ende, soweit sich die Miterben hinsichtlich des gemeinsamen Vermögens auseinander setzen.

8 In den Fällen der Auseinandersetzung von Erbengemeinschaften – auch in den Fällen der Auseinandersetzung einer Mitunternehmerschaft – ist eine steuerlich unschädliche Rückwirkung auf den Zeitpunkt des Erbfalls in engen Grenzen anzuerkennen, da die Erbengemeinschaft eine gesetzliche Zufallsgemeinschaft ist, die auf Teilung angelegt ist. Bei der Auseinandersetzungsvereinbarung wird in der Regel eine rückwirkende Zurechnung laufender Einkünfte für sechs Monate anerkannt. Die Frist beginnt mit dem Erbfall. In diesen Fällen können die laufenden Einkünfte daher ohne Zwischenzurechnung ab dem Erbfall ungeschmälert dem die Einkunftsquelle übernehmenden Miterben zugerechnet werden. Dies gilt auch bei Teilauseinandersetzungen. Liegt eine Teilungsanordnung (§ 2048 BGB) des Erblassers vor und verhalten sich die Miterben tatsächlich bereits vor der Auseinandersetzung entsprechend dieser Anordnung, indem dem das Unternehmen fortführenden Miterben die Einkünfte zugeordnet werden, ist eine rückwirkende Zurechnung laufender Einkünfte auch über einen längeren Zeitraum, der sich an den Umständen des Einzelfalls zu orientieren hat, vorzunehmen. Soweit laufende Einkünfte rückwirkend zugerechnet werden, ist die Auseinandersetzung steuerlich so zu behandeln, als ob sich die Erbengemeinschaft unmittelbar nach dem Erbfall auseinander gesetzt hätte (Durchgangserwerb der Erbengemeinschaft). Solange die Teilungsanordnung von den Erben vor der Auseinandersetzung beachtet wird, sind die Veranlagungen vorläufig nach § 165 Abs. 1 Satz 1 AO durchzuführen.

9 Allerdings reicht es nicht aus, wenn die Miterben innerhalb der Frist lediglich den Entschluss fassen, sich auseinander zu setzen. Vielmehr muss innerhalb der Frist eine klare und rechtlich bindende Vereinbarung über die Auseinandersetzung und ihre Modalitäten vorliegen. Diese Auseinandersetzungsvereinbarung muss den Übergang von Nutzungen und Lasten für die von dieser Auseinandersetzung betroffenen Wirtschaftsgüter auf den Zeitpunkt des Erbfalls festlegen; sie muss auch tatsächlich durchgeführt werden. Soweit noch eine Wertfindung erforderlich ist, kann diese jedoch auch außerhalb der Frist erfolgen.

C. Erbauseinandersetzung durch Aufteilung des Nachlasses

I. Erbauseinandersetzung über Betriebsvermögen

1. Teilung ohne Abfindungszahlungen

a) Allgemeines

91 10 Gehört zum Nachlass nur Betriebsvermögen und wird der Nachlass ohne Zahlung von Abfindungen real geteilt, ist die Aufteilung kein entgeltlicher Vorgang, da es sich weder um einen Tausch von (Miteigentums-)Anteilen an den einzelnen Wirtschaftsgütern des Nachlasses noch um einen Tausch eines Gesamthandsanteils gegen Alleineigentum an den zugeteilten Wirtschaftsgütern, sondern um die Erfüllung des durch die Auseinandersetzungsvereinbarung konkretisierten gesetzlichen Auseinandersetzungsanspruchs handelt. Durch die Aufteilung können also weder Anschaffungskosten noch Veräußerungserlöse entstehen.

b) Gewinnrealisierung nach den Grundsätzen über die Betriebsaufgabe

11 Die Aufteilung eines Betriebsvermögens der Erbengemeinschaft ohne Betriebsfortführung ist zugleich eine Betriebsaufgabe, durch die regelmäßig ein begünstigter Aufgabegewinn (§ 16 Abs. 3 Satz 1, § 34 EStG) entsteht; es sei denn, es liegt ein Fall der Realteilung i. S. v. § 16 Abs. 3 Satz 2 bis 4 EStG (vgl. Tz. 12) oder der Buchwertfortführung nach § 6 Abs. 5 EStG vor.

Beispiel 1

A und B sind Miterben zu je 1/2. Zum Nachlass gehört ein Betriebsvermögen, das lediglich aus zwei Grundstücken besteht, die beide einen Buchwert von je 200 000 € und einen Verkehrswert von je 2 Mio. € haben. A und B setzen sich unter Aufgabe des Betriebs in der Weise auseinander, dass A das Grundstück 1 und B das Grundstück 2 erhält. Die Grundstücke gehören bei A und B jeweils zum Privatvermögen.

Durch die Betriebsaufgabe entsteht ein Aufgabegewinn von 3,6 Mio. € in der Erbengemeinschaft, den A und B je zur Hälfte zu versteuern haben. A und B müssen für die künftige Gebäude-AfA jeweils von den Entnahmewerten ausgehen (vgl. *R 7.3 Abs. 6 Satz 4 und R 7.4 Abs. 11 EStR*[1]). Anl a zu § 7

c) Buchwertfortführung bei Übertragung in ein anderes Betriebsvermögen der Miterben

12 Die Miterben haben jedoch nach Maßgabe des § 16 Abs. 3 Satz 2 bis 4 EStG die Buchwerte fortzuführen, wenn die bei der Aufteilung erworbenen Wirtschaftsgüter in ein anderes Betriebsvermögen übertragen werden. Die Grundsätze des BMF-Schreibens zur Realteilung vom 28. Februar 2006 (BStBl. I S. 228)[2] sind sinngemäß anzuwenden.

Beispiel 2

S und T sind Miterben zu je $1/2$. Zum Nachlass gehört ein aus zwei Teilbetrieben bestehender Betrieb im Wert von je 1 Mio. €. S erhält Teilbetrieb 1, T erhält Teilbetrieb 2.
Es liegt ein Fall der Realteilung vor. S und T haben nach § 16 Abs. 3 Satz 2 bis 4 EStG die Buchwerte fortzuführen.

Gleiches gilt, wenn der Nachlass aus zwei Betrieben besteht. Da die Mitunternehmerschaft (Erbengemeinschaft) nur ein Betriebsvermögen hat, sind die geerbten Betriebe wie Teilbetriebe der Erbengemeinschaft zu behandeln.

d) Ansatz bei Überführung von Wirtschaftsgütern in das Privatvermögen

13 Werden Wirtschaftsgüter, die zu den wesentlichen Betriebsgrundlagen gehören, von den Miterben insgesamt ins Privatvermögen überführt, liegt zwingend eine Betriebsaufgabe vor. Im Übrigen wird auf Abschnitt I des BMF-Schreibens zur Realteilung vom 28. Februar 2006 (BStBl. I S. 228)[3] verwiesen. Ein etwaiger Entnahmegewinn ist allen Miterben zuzurechnen; sei denn, dass der Gewinn nach den von den Miterben schriftlich getroffenen Vereinbarungen über die Erbauseinandersetzung dem entnehmenden Miterben zuzurechnen ist.

2. Teilung mit Spitzen- oder Wertausgleich

a) Allgemeines

14 Wird im Rahmen einer Erbauseinandersetzung ein Nachlass real geteilt und erhält ein Miterbe wertmäßig mehr, als ihm nach seiner Erbquote zusteht, und zahlt er für dieses „Mehr" an seine Miterben einen Spitzen- oder Wertausgleich (Abfindung), liegt insoweit ein Anschaffungs- und Veräußerungsgeschäft vor. In Höhe der Abfindungszahlung liegen Anschaffungskosten vor. Derjenige, der die Abfindung erhält, erzielt einen Veräußerungserlös. Werden die bei der Aufteilung erworbenen Wirtschaftsgüter in ein anderes Betriebsvermögen der Miterben übertragen, ist der sich aus dem Veräußerungsgeschäft ergebende Veräußerungsgewinn nicht nach §§ 16, 34 EStG begünstigt, sondern als laufender Gewinn zu besteuern. Der Gewinn rechnet grundsätzlich nicht zum Gewerbeertrag nach § 7 Satz 1 GewStG. Ab Erhebungszeitraum 2002 ist der Gewinn aus der Aufdeckung der stillen Reserven aber nach § 7 Satz 2 GewStG als Gewerbeertrag zu erfassen, soweit er nicht auf eine natürliche Person als unmittelbar beteiligtem Mitunternehmer entfällt. Werden die bei der Aufteilung erworbenen Wirtschaftsgüter insgesamt ins Privatvermögen übertragen, führt dieser Vorgang zu einer nach §§ 16, 34 EStG steuerbegünstigten Betriebsaufgabe. Aufgabegewinn ist der Gewinn, der sich aus dem Entnahmegewinn (Übertragung der Wirtschaftsgüter ins Privatvermögen) und dem Gewinn aus der Abfindungszahlung ergibt. 92

Beispiel 3

A und B sind Miterben zu je $1/2$. Zum Nachlass gehört ein Betriebsvermögen, das lediglich aus zwei Grundstücken besteht. Grundstück 1 hat einen Buchwert von 300 000 € und einen Verkehrswert von 3 Mio. €. Grundstück 2 hat einen Buchwert von 200 000 € und einen Verkehrswert von 2 Mio. €. A erhält das Grundstück 1, B das Grundstück 2 und eine Abfindung von A i. H. v. 500 000 €. A führt den Betrieb mit Grundstück 1 fort. Grundstück 2 wird Privatvermögen des B.
Die Abfindung stellt bei A Anschaffungskosten und bei B Veräußerungserlös dar. A erwirbt $5/6$ seines Betriebsvermögens unentgeltlich und führt insoweit den Buchwert (= 250 000 €) fort. Der Buchwert ist zusätzlich um die Abfindungszahlung i. H. v. 500 000 € zu erhöhen. Nach Erbauseinandersetzung beträgt der Buchwert 750 000 €.
Für B liegt eine Betriebsaufgabe vor. Durch die Aufgabe seines Mitunternehmeranteils erzielt er einen Aufgabegewinn i. H. v. 2,25 Mio. €, der sich aus dem Gewinn aus der Entnahme des Grundstücks 2 (2 Mio. abzgl. 200 000 € Buchwert) und dem Gewinn aus der Abfindungszahlung (500 000 € abzgl. 50 000 € Buchwert) zusammensetzen. Der Gewinn ist nach §§ 16, 34 EStG begünstigt zu besteuern.

15 Die vorstehenden Grundsätze gelten auch, soweit sich die Erbengemeinschaft gemäß § 2042 Abs. 2, § 753 Abs. 1 BGB durch Zwangsversteigerung zum Zweck der Aufhebung der Gemeinschaft auseinander setzt und die Erben dabei Nachlassgegenstände erwerben (BFH-Urteil vom 29. April 1992 – BStBl. II S. 727).

16 Bei der Teilung im Rahmen einer Erbauseinandersetzung bezieht sich das Entgelt nicht auf das, was ein Miterbe aufgrund seiner Erbquote erhält, sondern nur auf das „Mehr", das er aufgrund eines neben der Teilung bestehenden besonderen entgeltlichen Rechtsgeschäfts bekommt. Es handelt sich hier also nicht um die bloße Aufteilung eines einheitlichen Rechtsvorgangs, sondern um die Beurteilung von zwei rechtlich selbständigen Vorgängen, von denen der eine unentgeltlich und der andere entgeltlich ist. Für die Zahlung einer Abfindung bedarf es daher regelmäßig einer gesonderten Vereinbarung zwischen den Beteiligten, da sich eine derartige Abwicklung nicht aus dem erbrechtlichen Auseinandersetzungsanspruch ergibt; die Zahlung einer Abfindung kann sich allerdings auch aufgrund einer Teilungsanordnung des Erblassers oder aufgrund einer vom Erblasser angeordneten Testaments-

[1] Jetzt: R 7.3 Abs. 6 Satz 1 und R 7.4 Abs. 10 EStR 2012.
[2] Jetzt → BMF-Schreiben vom 19. 12. 2018 (BStBl. 2019 I S. 6), abgedruckt als Anlage zu H 16 (2).
[3] Jetzt → BMF-Schreiben vom 19. 12. 2018 (BStBl. 2019 I S. 6), Rn. 9 und 10, abgedruckt als Anlage zu H 16 (2).

Anl a zu § 7

vollstreckung ergeben. Die Vereinbarung ist bei der Berechnung des Anteils des Miterben am Aufgabegewinn in den Fällen der Betriebsaufgabe zu berücksichtigen.

17 Die Abfindungszahlung ist bei der Übertragung von Betrieben oder Teilbetrieben dem Teil des Kapitalkontos gegenüberzustellen, der dem Verhältnis von Abfindungszahlung zum Wert des übernommenen Betriebsvermögens entspricht.

Beispiel 4

S und T sind Miterben zu je 1/2. Zum Nachlass (3,6 Mio. €) gehört ein aus zwei Teilbetrieben bestehender Gewerbebetrieb. Teilbetriebsvermögen 1 hat einen Wert von 2 Mio. € und einen Buchwert von 200 000 €. Teilbetriebsvermögen 2 hat einen Wert von 1,6 Mio. € und einen Buchwert von 160 000 €. Im Wege der Erbauseinandersetzung erhält S das Teilbetriebsvermögen 1 und T das Teilbetriebsvermögen 2. Außerdem zahlt S an T eine Abfindung von 200 000 €.

S stehen wertmäßig am Nachlass 1,8 Mio. € (50% von 3,6 Mio. €) zu. Da er aber 2 Mio. € erhält, also 200 000 € mehr, zahlt er diesen Betrag für 1/10 (10% von 2 Mio. € = 200 000 €) des Teilbetriebsvermögens 1, das er mehr erhält. S erwirbt also 9/10 des Teilbetriebsvermögens 1 unentgeltlich und 1/10 entgeltlich. Auf diese 1/10 entfällt ein Buchwert von 20 000 €, so dass S die Aktivwerte um 180 000 € (200 000 € Abfindung abzgl. anteiligem Buchwert von 20 000 €) aufstocken muss und T einen als laufenden Gewinn zu versteuernden Veräußerungsgewinn von 180 000 € (200 000 € Abfindung ./. 20 000 € anteiliger Buchwert) zu versteuern hat. Im Übrigen (für 9/10 des Nachlasses) liegt eine steuerneutrale Realteilung vor (vgl. BMF-Schreiben zur Realteilung vom 28. Februar 2006, BStBl. I S. 228).[1]

Gleiches gilt, wenn der Nachlass aus zwei Betrieben besteht. Da die Mitunternehmerschaft (Erbengemeinschaft) nur ein Betriebsvermögen hat, sind die geerbten Betriebe wie Teilbetriebe der Erbengemeinschaft zu behandeln.

Beispiel 5

S und T sind Miterben zu je 1/2. Zum Nachlass gehört ein Betriebsvermögen, das aus dem Grundstück 1 (Teilwert 2 Mio. €, Buchwert 200 000 €) und dem Grundstück 2 (Teilwert 1,6 Mio. €, Buchwert 160 000 €) besteht. S erhält das Grundstück 1 und zahlt an T 200 000 € Abfindung. T erhält Grundstück 2 und die Abfindung. Beide bringen die Grundstücke in ein ihnen gehörendes Betriebsvermögen ein.

S stehen an dem Nachlass wertmäßig 1,8 Mio. € zu. Da er aber das Grundstück 1 im Wert von 2 Mio. € erhält, also 200 000 € mehr, zahlt er diesen Betrag für 1/10 (200 000 €/2 Mio. € = 1/10) des Grundstücks 1, das er erhält. S erwirbt also 9/10 des Grundstücks 1 unentgeltlich und 1/10 entgeltlich. Auf diese 1/10 entfällt ein Buchwert von 20 000 €, so dass S den Grundstücksbuchwert in seiner Bilanz um 180 000 € aufstocken muss und T einen Gewinn von 180 000 € (200 000 € Abfindung ./. 20 000 € anteiliger Buchwert) als laufenden Gewinn zu versteuern hat. Im Übrigen (für 9/10 des Nachlasses) liegt eine steuerneutrale Realteilung vor.

b) Übernahme von Verbindlichkeiten über die Erbquote hinaus

18[2] Eine Übernahme von Schulden über die Erbquote hinaus führt nicht zu Anschaffungskosten. Deshalb entsteht auch kein Veräußerungserlös, soweit ein Miterbe Verbindlichkeiten über die Erbquote hinaus übernimmt. Zur Übernahme von Verbindlichkeiten vgl. im Übrigen Tz. 23 ff.

Beispiel 6

Wie Beispiel 3 mit der Abwandlung, dass S den T von Betriebsschulden i. H. v. 200 000 €, die zum Teilbetriebsvermögen 2 gehören, freistellt, also zum gesamthänderisch gebundenen Nachlass gehörende Verbindlichkeiten i. H. v. 20 000 € übernimmt.

S erhält wertmäßig nur 1,8 Mio. € und braucht an T keine Abfindung zu zahlen. Es liegt keine entgeltliche Teilung vor.

c) Buchwertfortführung im Zusammenhang mit Abfindungszahlungen

19 Werden Abfindungszahlungen geleistet, haben die Miterben, abgesehen von der notwendigen teilweisen Gewinnrealisierung nach Maßgabe der Abfindung, nach § 16 Abs. 3 Satz 2 bis 4 EStG die Buchwerte fortzuführen, soweit die zugeteilten Wirtschaftsgüter Betriebsvermögen bleiben. Der vom Miterben, der die Abfindungszahlung erhält, zu versteuernde Gewinn ist nicht nach §§ 16, 34 EStG begünstigt. Der Gewinn rechnet grundsätzlich nicht zum Gewerbeertrag nach § 7 Satz 1 GewStG. Ab Erhebungszeitraum 2002 ist der Gewinn aus der Aufdeckung der stillen Reserven aber nach § 7 Satz 2 GewStG als Gewerbeertrag zu erfassen, soweit er nicht auf eine natürliche Person als unmittelbar beteiligtem Mitunternehmer entfällt. Ist eine Buchwertfortführung nach § 16 Abs. 3 Satz 2 bis 4 EStG nicht möglich, kommt ggf. unter den dortigen Voraussetzungen eine Buchwertfortführung nach § 6 Abs. 5 EStG in Betracht.

20 Soweit Wirtschaftsgüter gegen Abfindungszahlungen übernommen werden und Betriebsvermögen bleiben, gilt für die AfA Folgendes: Bei der Übernahme eines Grundstücks ergeben sich hinsichtlich des Gebäudes zwei AfA-Reihen. Hinsichtlich des unentgeltlich erworbenen Gebäudeteils muss der übernehmende Miterbe die Buchwerte der Erbengemeinschaft fortführen. Bezüglich des entgeltlich erworbenen Gebäudeteils hat er Anschaffungskosten in Höhe der Abfindungszahlung, die Bemessungsgrundlage für die weitere AfA hinsichtlich des entgeltlich erworbenen Teils des Gebäudes sind. Entsprechendes gilt im Grundsatz, wenn kein Gebäude, sondern ein bewegliches Wirtschaftsgut übernommen wird; da jedoch die Nutzungsdauer des entgeltlich erworbenen Teils des Wirtschaftsguts hier regelmäßig mit der Restnutzungsdauer des unentgeltlich erworbenen Teils des Wirtschaftsguts übereinstimmt, kann in diesen Fällen auf eine Aufspaltung in zwei AfA-Reihen verzichtet werden.

21 Soweit Wirtschaftsgüter gegen Abfindungszahlungen übernommen werden, gilt für die Anwendung des § 6 b Abs. 3 EStG Folgendes:

Für den entgeltlich erworbenen Teil des Wirtschaftsguts kann auf die durch die Abfindungszahlungen entstandenen Anschaffungskosten eine Rücklage nach § 6 b EStG übertragen werden. Hinsichtlich

[1] Jetzt → BMF-Schreiben vom 19. 12. 2018 (BStBl. 2019 I S. 6), abgedruckt als Anlage zu H 16 (2).

[2] Grundsätzlich bestätigt durch BFH vom 19. 12. 2006 IX R 44/04 (BStBl. 2008 II S. 216); eine überquotale Schuldübernahme kann ausnahmsweise zu Anschaffungskosten führen, wenn sie die Gegenleistung für ein zeitliches Vorziehen der Erbauseinandersetzung darstellt.

des unentgeltlich erworbenen Teils des Wirtschaftsgutes ist im Falle einer späteren Veräußerung die Besitzzeit der Erbengemeinschaft und des Erblassers für die Besitzzeit i. S. d. § 6 b Abs. 4 Satz 1 Nr. 2 EStG zu berücksichtigen, wenn die entsprechenden Voraussetzungen erfüllt sind.

II. Erbauseinandersetzung über Privatvermögen

1. Teilung ohne Abfindungszahlungen

a) Allgemeines

22 Auch bei der Erbauseinandersetzung über Privatvermögen führt eine Teilung ohne Abfindungszah- 93
lungen nicht zur Entstehung von Anschaffungskosten oder Veräußerungserlösen. Eine Erbauseinandersetzung kann auch in der Weise durchgeführt werden, dass einem Miterben ein Nutzungsrecht an einem zum Nachlass gehörenden Wirtschaftsgut eingeräumt wird, das einem anderen Miterben zugeteilt wird (z. B. Wohnrecht an einem Gebäude). Dieses Nutzungsrecht ist nicht gegen Entgelt bestellt. Die Ablösung des Nutzungsrechts durch den Miterben führt zu nachträglichen Anschaffungskosten (BFH-Urteil vom 28. November 1991 – BStBl. 1992 II S. 381).

Ein unentgeltlicher Vorgang liegt auch vor, wenn Gesamthandseigentum in Bruchteilseigentum umgewandelt wird und ein Miterbe Anteile an der Bruchteilsgemeinschaft von einem anderen Miterben im Tauschwege gegen eigene Anteile erwirbt.

b) Behandlung von Nachlassverbindlichkeiten

23[1] Eine Schuldübernahme führt auch insoweit nicht zu Anschaffungskosten, als sie die Erbquote übersteigt. Dies bedeutet gleichzeitig, dass Nachlassverbindlichkeiten einen wertmäßigen Ausgleich unter den Miterben bei einer Teilung und damit einen unentgeltlichen Rechtsvorgang ermöglichen. Dabei kommt es nicht darauf an, ob die übernommenen Verbindlichkeiten in einem Finanzierungszusammenhang mit zugeteilten Nachlassgegenständen stehen.

Beispiel 7

A und B sind Erben zu je 1/2. Zum Nachlass gehört ein Grundstück (Wert 2 Mio. €), das mit einer noch voll valutierten Hypothek von 1 Mio. € belastet ist. Zum Nachlass gehören außerdem Wertpapiere (Wert 3 Mio. €). Die Erben setzen sich dahin auseinander, dass A das Grundstück und B die Wertpapiere erhält. B übernimmt außerdem die Verbindlichkeit in voller Höhe.

Es liegt eine Teilung ohne Abfindungszahlung, also ein unentgeltlicher Rechtsvorgang vor. A erhält einen Wert von 2 Mio. € (Grundstück). B erhält ebenfalls einen Wert von 2 Mio. € (Wertpapiere im Wert von 3 Mio. € abzüglich einer übernommenen Verpflichtung von 1 Mio. €).

24[1] Die Übernahme von Verbindlichkeiten der Erbengemeinschaft durch einzelne Miterben über die Erbquote hinaus führt auch dann nicht zu Anschaffungskosten, wenn durch die Art der Verteilung von Verbindlichkeiten zusätzlich Abfindungsbedarf geschaffen wird. Dies gilt unabhängig davon, ob durch die Art der Verteilung von Verbindlichkeiten ein bisher bestehender Finanzierungszusammenhang zwischen Wirtschaftsgut und Schuld erhalten bleibt oder nicht. Regelmäßig wird der Übernahme von Verbindlichkeiten eine interne Freistellungsverpflichtung zugrunde liegen.

Beispiel 8

A und B sind Erben zu je 1/2. Zum Nachlass gehören zwei Grundstücke im Wert von je 1 Mio. €, die mit Hypotheken von je 500 000 € belastet sind. A erhält Grundstück 1 und übernimmt auch die das Grundstück 2 betreffende Hypothek. B erhält das Grundstück 2 und zahlt an A 500 000 €.

Es liegt eine Teilung ohne Abfindungszahlung vor. B hat mit der Zahlung von 500 000 € an A die Freistellung von der das Grundstück 2 belastenden Schuld intern beglichen.

Beispiel 9

A und B sind Erben zu je 1/2. Zum Nachlass gehört ein Grundstück (Wert 2 Mio. €), das mit einer noch voll valutierten Hypothek von 1 Mio. € belastet ist. Die zu Grunde liegende Verpflichtung betrifft ein Darlehen, das zur Anschaffung des Grundstücks verwendet worden ist. Zum Nachlass gehört außerdem eine Beteiligung an einer Kapitalgesellschaft (Wert 3 Mio. €). Die Erben setzen sich dahin auseinander, dass A das Grundstück und das dazugehörige Darlehen und B die Beteiligung übernimmt. B leistet zusätzlich an A eine Zahlung von 1 Mio. €.

B bezahlt mit der Leistung von 1 Mio. € an A eine interne Schuldfreistellung wegen der Übernahme des hypothekarisch gesicherten Darlehens durch A i. H. v. 1 Mio. €. Im Ergebnis hat somit A infolge der Freistellungsverpflichtung des B ein unbelastetes Grundstück im Wert von 2 Mio. € erhalten und B hat die Beteiligung zugeteilt bekommen, ist allerdings durch die Zahlung für die Freistellung belastet, so dass er im Ergebnis ebenfalls einen Wert von 2 Mio. € erhalten hat. Dass die Übernahme der Darlehensschuld durch A nach außen hin den Finanzierungszusammenhang zwischen Wirtschaftsgut und Schuld aufrechterhält, ist dabei ohne Bedeutung.

25 Die vom BFH in seinem Beschluss vom 5. Juli 1990 (BStBl. II S. 837) zur Wertangleichung zugelassene Möglichkeit der Übernahme von Verbindlichkeiten der Erbengemeinschaft über die Erbquote hinaus bezieht sich nur auf Nachlassverbindlichkeiten. Dabei kommt es nicht darauf an, ob die Verbindlichkeit bereits im Zeitpunkt des Erbfalls bestanden hat oder ob sie erst im Zuge der Verwaltung des Nachlasses entstanden ist. Geht die Erbengemeinschaft dagegen im engen zeitlichen Zusammenhang mit der Erbauseinandersetzung Verbindlichkeiten ein, um insoweit eine gewinnneutrale Realteilung zu ermöglichen, handelt es sich nicht mehr um Nachlassverbindlichkeiten (§ 42 AO).

2. Teilung mit Abfindungszahlungen

a) Allgemeines

26 Wird im Rahmen einer Erbauseinandersetzung ein Nachlass real geteilt und erhält ein Miterbe 94
wertmäßig mehr, als ihm nach seiner Erbquote zusteht, und zahlt er für dieses „Mehr" an seine Mit-

[1] Bestätigt durch *BFH-Urteil vom 10. 10. 2018 IX R 1/17 (BStBl. 2019 II S. 170)*; eine überquotale Schuldübernahme kann ausnahmsweise zu Anschaffungskosten führen, wenn sie die Gegenleistung für ein zeitliches Vorziehen der Erbauseinandersetzung darstellt, *BFH-Urteil vom 19. 12. 2006 IX R 44/04 (BStBl. 2008 II S. 216).*

Anl a zu § 7

erben eine Abfindung, liegt insoweit – wie bei der Erbauseinandersetzung über Betriebsvermögen – ein Anschaffungs- und Veräußerungsvorgang vor. In Höhe der Abfindungszahlung entstehen Anschaffungskosten. Das gilt auch, soweit sich die Erbengemeinschaft durch Zwangsversteigerung zum Zwecke der Aufhebung der Gemeinschaft auseinander setzt. Wird ein Wirtschaftsgut gegen Abfindungszahlung erworben, berechnen sich der entgeltlich und der unentgeltlich erworbene Teil des Wirtschaftsguts nach dem Verkehrswert (vgl. BFH-Urteil vom 29. Oktober 1991 – BStBl. 1992 II S. 512). In der Regel kann davon ausgegangen werden, dass der Verkehrswert dem Wert entspricht, den die Miterben der Erbauseinandersetzung zugrunde legen (Anrechnungswert).

Beispiel 10

A und B sind Miterben zu je $1/2$. Der Nachlass besteht aus einem Gebäude auf einem Erbbaugrundstück (Verkehrswert 1 Mio. €) und Bargeld (500 000 €). A erhält das Gebäude und zahlt an B eine Abfindung i. H. v. 250 000 €. B erhält das Bargeld und die Abfindungszahlung.

A hat Anschaffungskosten i. H. v. 250 000 €. Es ist unerheblich, aus welchem Vermögensbereich der die Abfindung Zahlende die Mittel für die Abfindungszahlung entnimmt. A zahlt die Abfindung nicht für das ganze Gebäude, auch nicht für den gesamten Anteil des B an dem Gebäude ($1/2$), sondern nur für das wertmäßige „Mehr", das er bei der Erbteilung erhalten hat. Das Gebäude ist 1 Mio. € wert. 750 000 € stehen dem A nach seiner Erbquote zu, so dass A mithin $1/4$ des Gebäudes für 250 000 € entgeltlich und $3/4$ des Gebäudes unentgeltlich erworben hat.

27 Der Veräußerungsgewinn ist nur steuerpflichtig, wenn die Voraussetzungen der §§ 17, 23 EStG oder *des § 21 UmwStG*[1] vorliegen.

Beispiel 11

Erblasser E, zu dessen Privatvermögen eine 50 v. H.-Beteiligung an einer GmbH gehörte, wird von A und B beerbt. Im Zuge der Erbauseinandersetzung erhält A die gesamte Beteiligung gegen Ausgleichszahlung an B für dessen hälftigen Anteil.

A erlangt – auf der Grundlage getrennter Rechtsgeschäfte – die Beteiligung zum einen i. H. v. $1/2$ (25 v. H.) in Erfüllung seines erbrechtlichen Auseinandersetzungsanspruchs entsprechend § 11 d EStDV und zum anderen bezüglich des Mehrempfangs entgeltlich von B. B erzielt in Höhe der Ausgleichszahlung einen Veräußerungserlös, der im Rahmen des § 17 EStG anzusetzen ist.

A führt die Anschaffungskosten des Erblassers zur Hälfte, nämlich für die auf ihn entfallende 25 v. H.-Beteiligung fort; im Übrigen ist die Zahlung des A als Anschaffungskosten für die von B erhaltene 25 v. H.-Beteiligung anzusehen.

b) Aufteilung von Abfindungsleistungen

28 Erhält ein Miterbe alle oder mehrere Wirtschaftsgüter des Nachlasses gegen Leistung einer Abfindung an die übrigen Miterben, ist die Abfindung nach dem Verhältnis der Verkehrswerte der Wirtschaftsgüter aufzuteilen. Tz. 42 ist entsprechend anzuwenden.

Beispiel 12

Erben sind A und B zu je $1/2$. Zum Nachlass gehören Grundstück 1 (Verkehrswert 800 000 €) und Grundstück 2 (Verkehrswert 400 000 €). A übernimmt beide Grundstücke und zahlt an B 600 000 €.

Die Abfindungszahlungen sind Anschaffungskosten, die mit 400 000 € für den Erwerb des hälftigen Anteils am Grundstück 1 und mit 200 000 € für den Erwerb des hälftigen Anteils am Grundstück 2 aufgewendet worden sind.

29 Erhalten bei einer Erbauseinandersetzung mit Abfindungszahlungen mehrere Miterben Wirtschaftsgüter des Nachlasses, sind die Anschaffungskosten ebenfalls im Verhältnis der Verkehrswerte auf die erlangten Nachlassgegenstände zu verteilen. Tz. 42 ist entsprechend anzuwenden.

Beispiel 13

Erben sind A und B zu je $1/2$. Zum Nachlass gehören Grundstück 1 (Verkehrswert 800 000 €), Grundstück 2 (Verkehrswert 600 000 €) und Grundstück 3 (Verkehrswert 400 000 €). A erhält Grundstück 1, B die Grundstücke 2 und 3. B zahlt an A eine Abfindung von 100 000 €.

Die Abfindung von 100 000 € stellt für B Anschaffungskosten dar. B muss diese Abfindung im Verhältnis der Verkehrswerte (6 : 4) auf Grundstück 2 und 3 verteilen. Somit erwirbt er jedes Grundstück zu $1/10$ entgeltlich und zu $9/10$ unentgeltlich.

c) Behandlung liquider Mittel des Nachlasses

30 Keine Anschaffungskosten liegen vor, soweit eine Abfindungszahlung dem Wert übernommener liquider Mittel des Nachlasses (z. B. Bargeld, Bankguthaben, Schecks) entspricht, weil es sich wirtschaftlich um einen Leistungsaustausch „Geld gegen Geld" handelt, der einer Rückzahlung der Abfindungszahlung gleichsteht.

Beispiel 14

Ein Nachlass besteht aus einem Grundstück (Verkehrswert 2 Mio. €) und aus Bankguthaben (Verkehrswert 2 Mio. €). Miterben sind A und B zu je $1/2$. A erhält das Grundstück und das Bankguthaben und zahlt an B eine Abfindung von 2 Mio. €

Es ist steuerlich davon auszugehen, dass der Nachlass im Wege der Naturalteilung verteilt wurde, bei der A das Grundstück und B das Bankguthaben erhalten hat. A hat deshalb keine Anschaffungskosten (vgl. auch Beispiel 8).

d) AfA-Bemessungsgrundlage und AfA-Satz nach Erbauseinandersetzung

31[2] Nach der Erbauseinandersetzung ist hinsichtlich der weiteren Abschreibung zwischen dem unentgeltlich erworbenen Teil des Wirtschaftsguts und dem entgeltlich erworbenen Teil zu unterscheiden.

Auf den unentgeltlich erworbenen Teil ist § 11 d Abs. 1 EStDV anzuwenden. Der Miterbe führt die von der Erbengemeinschaft vorgenommene Abschreibung anteilig fort.

---

[1] § 21 UmwStG i. d. F. des UmwStG vom 28. 10. 1994, zuletzt geändert durch das StVergAbG, war letztmals für Einbringungen vor dem 13. 12. 2006 anzuwenden.

[2] Erbauseinandersetzungskosten begründen als Anschaffungsnebenkosten eine eigenständige AfA-Bemessungsgrundlage, *BFH-Urteil vom 9. 7. 2013 IX R 43/11 (BStBl. 2014 II S. 878).*

Soweit der Miterbe das Wirtschaftsgut entgeltlich erworben hat, sind der weiteren AfA seine Anschaffungskosten zu Grunde zu legen. Für den entgeltlich erworbenen Teil des Wirtschaftsguts bemessen sich die AfA
- bei beweglichen Wirtschaftsgütern und bei unbeweglichen Wirtschaftsgütern, die keine Gebäude sind, nach der tatsächlichen künftigen Nutzungsdauer des Wirtschaftsguts im Zeitpunkt der Erbauseinandersetzung.
- bei Gebäuden nach den hierfür geltenden Vorschriften (i. d. R. § 7 Abs. 4 EStG).

Danach kann sich bei Gebäuden für den unentgeltlich und den entgeltlich erworbenen Teil eine unterschiedliche Abschreibungsdauer ergeben.

Beispiel 15

Miterben sind S und T je zu 1/2. Zum Nachlass gehören ein bebautes Grundstück (Verkehrswerte: Gebäude 1,5 Mio. € und Grund und Boden 500 000 €) und Bargeld (1 Mio. €). Die ursprünglichen Anschaffungskosten des Gebäudes i. H. v. 2 Mio. € sind bei der Auseinandersetzung der Erbengemeinschaft am 1. Januar 2004 bereits mit jährlich 2 v. H. bis auf 800 000 € abgeschrieben. S erhält das Grundstück und zahlt an T eine Abfindung i. H. v. 500 000 €. T erhält das Bargeld und die Abfindungszahlung.

S hat das Grundstück zu 1/4 entgeltlich erworben. Nach dem Verhältnis der Verkehrswerte entfallen auf das Gebäude 375 000 € und auf den Grund und Boden 125 000 € der Abfindungszahlung. Die AfA, die S nach der Erbauseinandersetzung vornehmen kann, bemessen sich wie folgt: Hinsichtlich 3/4 des Gebäudes hat S nach § 11 d EStDV die AfA-Reihe der Erbengemeinschaft fortzuführen und mithin jährlich 2 v. H. von 1 500 000 € (3/4 von 2 Mio. € Anschaffungskosten des Erblassers) = 30 000 € abzuschreiben. Hinsichtlich 1/4 des Gebäudes liegt ein entgeltlicher Erwerb vor. S hat insofern – soweit keine kürzere Nutzungsdauer als 50 Jahre in Betracht kommt (§ 7 Abs. 4 Satz 2 EStG) – 2 v. H. von 375 000 € (= 7500 €) jährlich abzusetzen.

III. Erbauseinandersetzung über einen Mischnachlass

1. Teilung ohne Abfindungszahlungen

a) Allgemeines

32 Auch beim Mischnachlass führt eine Teilung ohne Abfindungszahlungen nicht zur Entstehung von Anschaffungskosten oder Veräußerungserlösen. Demzufolge können auch hier keine Veräußerungsgewinne entstehen. **95**

Beispiel 16

Erben sind A und B zu je 1/2. Zum Nachlass gehört ein Betriebsvermögen (Wert 3 Mio. €) und privater Grundbesitz (Wert 3 Mio. €). A und B setzen sich in der Weise auseinander, dass A den Betrieb und B den privaten Grundbesitz erhält.

Es liegen keine Anschaffungs- oder Veräußerungsgeschäfte vor mit der Folge, dass weder für A noch für B Anschaffungskosten entstehen. Der Mitunternehmeranteil des B geht ohne Gewinnrealisierung auf A nach § 6 Abs. 3 EStG zum Buchwert über. Dies gilt auch dann, wenn die Erbauseinandersetzung erst viele Jahre nach dem Erbfall stattfindet und der Umfang des Betriebsvermögens sich zwischenzeitlich verändert hat. A muss die Buchwerte fortführen. B tritt gemäß § 11 d Abs. 1 EStDV in die Abschreibungsreihe der Erbengemeinschaft ein.

In der Teilung eines Mischnachlasses ohne Abfindungszahlungen liegt – ebenso wie in der Realteilung eines nur aus Betriebsvermögen bestehenden Nachlasses – nicht nur keine entgeltliche Anschaffung oder Veräußerung, sondern auch keine zur Gewinnrealisierung führende Aufgabe eines Mitunternehmeranteils gemäß § 16 Abs. 3 Satz 1 EStG, sofern nicht alle wesentlichen Betriebsgrundlagen in das Privatvermögen überführt werden (vgl. Tzn. 11 und 13).

b) Schaffung von Privatvermögen im engen zeitlichen Zusammenhang mit der Auseinandersetzung

33 Die Teilung eines Mischnachlasses ohne Abfindungszahlung führt nicht zur Entstehung von Anschaffungskosten einerseits sowie eines Veräußerungs- oder Aufgabegewinns andererseits, es sei denn alle wesentlichen Betriebsgrundlagen werden ins Privatvermögen überführt. Dabei kommt es nicht darauf an, ob bereits im Zeitpunkt des Erbfalls ein Mischnachlass bestanden hat oder ob sich im Zuge der Verwaltung des Nachlasses privates Nachlassvermögen gebildet hat. Wird dagegen durch Entnahmen liquider Mittel im engen zeitlichen Zusammenhang mit der Auseinandersetzung Privatvermögen geschaffen, um insoweit eine gewinnneutrale Teilung zu ermöglichen, ist diese Gestaltung nach § 42 AO steuerlich nicht anzuerkennen.

c) Behandlung von Nachlassverbindlichkeiten bei Mischnachlässen, insbesondere Schuldzinsenabzug

34 Auch bei einem Mischnachlass kann die Abstimmung mit dem Auseinandersetzungsguthaben des Miterben dadurch erreicht werden, dass der Miterbe Verbindlichkeiten der Erbengemeinschaft übernimmt. Wie sich derartige Schulden in der Folge bei den Miterben auswirken, hängt davon ab, mit welchem Vermögen sie in Zusammenhang stehen und wie dieses Vermögen beim Erben verwendet wird. So kann Privatvermögen der Erbengemeinschaft beim Miterben Betriebsvermögen und die damit zusammenhängende Verbindlichkeit Betriebsschuld werden.

Die Übernahme von Schulden über die Erbquote hinaus kann trotz fehlender Anschaffungskosten (vgl. Tz. 18 Satz 1) zu Betriebsvermögen führen, das den Schuldzinsenabzug ermöglicht.

Beispiel 17

A und B sind Miterben zu je 1/2. Zum Nachlass gehören ein Betrieb (Wert 3 Mio. €) sowie ein privates Grundstück (Wert 2 Mio. €), das mit einer Hypothek von 1 Mio. € belastet ist. A übernimmt den Betrieb und die Verbindlichkeit, B erhält das Grundstück.

Es ist von einer gewinnneutralen Teilung eines Mischnachlasses auszugehen, da auch beim Mischnachlass eine Wertangleichung zur Vermeidung von Ausgleichszahlungen durch überproportionale Übernahme von Nachlassverbindlichkeiten erreicht werden kann. Die von A zusätzlich zum Betrieb übernommene private Nachlassschuld bleibt keine Privatschuld, sondern wandelt sich nach der Übernahme durch A in eine Betriebsschuld um mit der Folge, dass A künftig die auf diese Schuld entfallenden Schuldzinsen als Betriebsausgaben abziehen kann.

Anl a zu § 7

35 Die Begleichung von Erbfallschulden (z. B. Pflichtteils- und Erbersatzansprüche) führt nicht zu Anschaffungskosten. Die Aufwendungen für die Finanzierung von Pflichtteils- und Erbersatzansprüchen dürfen nicht als Betriebsausgaben oder Werbungskosten abgezogen werden (BFH-Urteile vom 2. März 1993 – BStBl. 1994 II S. 619, vom 25. November 1993 – BStBl. 1994 II S. 623 und vom 27. Juli 1993 – BStBl. 1994 II S. 625). Dies gilt auch für die Aufwendungen zur Finanzierung von Vermächtnissen.

Werden Pflichtteilsansprüche durch die Übertragung von im Nachlass befindlichen Wirtschaftsgütern, Betrieben, Teilbetrieben oder Mitunternehmeranteilen abgegolten, liegt grundsätzlich eine entgeltliche Übertragung vor. Dies bedeutet, dass der Erbe das einzelne Wirtschaftsgut, den Betrieb, Teilbetrieb oder Mitunternehmeranteil veräußert und der Pflichtteilsberechtigte Anschaffungskosten für das erhaltene Vermögen in Höhe seines Pflichtteilsanspruchs hat (BFH-Urteil vom 16. Dezember 2004 – BStBl. 2005 II S. 554).

2. Teilung mit Abfindungszahlungen

96 **36** Auch beim Mischnachlass liegt Entgeltlichkeit nur vor, soweit Abfindungszahlungen geleistet werden. Hat daher im Rahmen einer Teilung ein Miterbe an andere Miterben Abfindungszahlungen zu leisten, führt dies insoweit zu Anschaffungskosten einerseits und zu einem – ggf. einkommensteuerpflichtigen – Veräußerungserlös andererseits.

Beispiel 18

Erben sind A und B zu je $1/2$. Zum Nachlass gehören ein Betrieb (Wert 1 Mio. €, Buchwert 200 000 €) und ein Privatgrundstück (Wert 500 000 €). A erhält den Betrieb, B das Grundstück und eine Abfindung von A i. H. v. 250 000 €.
Die Abfindung stellt bei A Anschaffungskosten, bei B Veräußerungserlös für die Übertragung eines Mitunternehmeranteils dar. Da A und B jeweils im Wert von 750 000 € am Gesamtnachlass beteiligt sind (= $1/2$ von 1,5 Mio. €), erwirbt A $3/4$ des Betriebs unentgeltlich und führt insoweit die Buchwerte (= 150 000 €) fort. B erzielt durch die Übertragung eines Mitunternehmeranteils von $1/4$ einen – als nicht nach §§ 16, 34 EStG begünstigten – Veräußerungsgewinn von 200 000 € (= 250 000 € ./. 50 000 €). A stockt die Buchwerte um 200 000 € auf, da B $1/4$ des Betriebs entgeltlich an A übertragen hat. Das restliche $1/4$, das dem B als Mitunternehmer zuzurechnen war, ist unentgeltlich auf A übergegangen.

D. Entgeltliche und unentgeltliche Übertragung eines Erbteils

1. Allgemeines

97 **37** Ein Miterbe kann seinen Anteil am Nachlass (seinen Erbteil) an einen anderen Miterben oder an einen Dritten verschenken oder verkaufen (§ 2033 Abs. 1 BGB). Wird ein Erbteil verschenkt, entstehen weder Anschaffungskosten noch Veräußerungserlöse. Wird ein Erbteil verkauft, hat der Käufer dagegen Anschaffungskosten und der Verkäufer einen Veräußerungserlös. Die Ausschlagung der Erbschaft gegen eine Abfindung steht der entgeltlichen Veräußerung des Erbteils gleich (vgl. BFH-Urteil vom 20. April 2004 – BStBl. II S. 987).

2. Zum Nachlass gehört nur Betriebsvermögen

a) Schenkung eines Erbteils

98 **38** Wird ein Erbteil verschenkt und gehört zum Nachlass nur Betriebsvermögen, hat der Beschenkte die Buchwerte des Schenkers fortzuführen (§ 6 Abs. 3 EStG).

b) Verkauf eines Erbteils

39 Die entgeltliche Übertragung des Erbanteils bedeutet die Veräußerung eines Mitunternehmeranteils i. S. v. § 16 Abs. 1 Satz 1 Nr. 2 EStG, und zwar auch dann, wenn der Erwerber Miterbe ist. Anschaffungskosten und Veräußerungsgewinn errechnen sich wie bei der Übertragung eines Mitunternehmeranteils.

Beispiel 19

Der Nachlass besteht allein aus einem Einzelunternehmen. Das Kapitalkonto betrug 600 000 €. Erben sind A, B und C zu je $1/3$, so dass auf jeden Miterben ein Kapitalkonto von 200 000 € entfällt. C verkauft seinen Erbteil und damit gleichzeitig seinen Mitunternehmeranteil an D für 320 000 €.
In diesem Fall liegt ein entgeltliches Veräußerungsgeschäft vor. Für C entsteht nach § 16 Abs. 2 EStG ein Veräußerungsgewinn i. H. v. 120 000 € (320 000 € Veräußerungserlös ./. 200 000 € Buchwert), der nach §§ 16, 34 EStG begünstigt ist. D hat Anschaffungskosten von 320 000 €, mit denen er seinen Anteil in der Bilanz der Erbengemeinschaft ausweisen muss. Das geschieht i. H. v. 200 000 € in der Hauptbilanz (Fortführung des Kapitalkontos des C) und i. H. v. 120 000 € in einer für D aufzustellenden positiven Ergänzungsbilanz.

3. Zum Nachlass gehört nur Privatvermögen

a) Schenkung eines Erbteils

99 **40** Wird ein Erbteil verschenkt und gehört zum Nachlass nur Privatvermögen, findet § 11 d Abs. 1 EStDV Anwendung. Durch den unentgeltlichen Erwerb des Erbteils ist der Beschenkte in die Rechtsstellung des Schenkers eingetreten, die dieser innerhalb der Erbengemeinschaft gehabt hat. Die anteilige AfA, die dem Beschenkten an den zum Nachlass gehörenden abnutzbaren Wirtschaftsgütern des Privatvermögens zusteht, bemisst sich demzufolge (weil der Schenker ebenfalls unentgeltlich erworben hat) nach der AfA-Bemessungsgrundlage der Erbengemeinschaft (§ 11 d Abs. 1 Satz 1 EStDV). Der Beschenkte kann – anteilmäßig – nur noch das nicht bereits verbrauchte AfA-Volumen abschreiben.

b) Verkauf eines Erbteils

41 Verkauft ein Miterbe seinen Erbteil und gehört zum Nachlass nur Privatvermögen, ist § 11 d Abs. 1 EStDV nicht anwendbar. Der Erwerber muss seine AfA ausgehend von seinen Anschaffungskosten nach § 7 EStG bemessen.

Beispiel 20

E wird von seinen Söhnen A, B und C zu je 1/3 beerbt. Zum Nachlass gehört nur ein privates Mietwohnhaus, das E für 2,5 Mio. € (Anteil Gebäude 2 Mio. €) erworben und jährlich mit 2 v. H. abgeschrieben hatte. C veräußert seinen Erbteil zum 1. Januar 2004 für 700 000 € an D. Hiervon entfallen 560 000 € auf das Gebäude und 140 000 € auf den Grund und Boden. Im Zeitpunkt der Veräußerung hatte das Gebäude einen Restwert von 1,2 Mio. €.
Die AfA für das immer noch zum Nachlass gehörende Gebäude kann nicht mehr einheitlich vorgenommen werden. A und B haben als Miterben ihre Anteile am Nachlass und damit an dem Grundstück, aus dem der Nachlass besteht, unentgeltlich erworben. Sie müssen demzufolge nach § 11 d Abs. 1 EStDV die AfA der Erbengemeinschaft – anteilig – fortführen. A und B können also jährlich je 13 334 € (je 1/3 von 40 000 €) absetzen. Für D hingegen ist, da er entgeltlich erworben hat, seine anteilige AfA nach seinen Anschaffungskosten zu bemessen. Er muss seinen Gebäudeanteil mit 2 v. H. von 560 000 € = 11 200 € abschreiben. Zu einem anderen Ergebnis kann D nur dann kommen, wenn er nachweist, dass die Nutzungsdauer kürzer ist.

42 Wird ein Erbteil entgeltlich erworben und gehören mehrere Wirtschaftsgüter zum Nachlass, ist für die Aufteilung der Anschaffungskosten des Erbteils einer nach außen hin erkennbaren Zuordnung der Anschaffungskosten durch die Erben zu folgen, soweit die Aufteilung nicht zu einer unangemessenen wertmäßigen Berücksichtigung der einzelnen Wirtschaftsgüter gehört (vgl. BFH-Urteil vom 27. Juli 2004 – BStBl. 2006 II S. 9).

43 Verkauft ein Miterbe seinen Erbteil, ist ein Veräußerungsgewinn nur steuerpflichtig, wenn die Voraussetzungen des § 17 EStG, des § 23 EStG oder des *§ 21 UmwStG*[1] vorliegen.

4. Mischnachlass

44 Wird der Anteil an einem Mischnachlass veräußert, gelten die unter Tz. 32 ff. genannten Grundsätze. 100

a) Schenkung eines Erbteils

45 Eine Bewertung der Nachlassgegenstände ist hier nicht erforderlich. Im privaten Bereich des Nachlasses hat der Erwerber die AfA der Erbengemeinschaft nach § 11 d Abs. 1 EStDV und im betrieblichen Bereich die Buchwerte der Erbengemeinschaft (§ 6 Abs. 3 EStG) fortzuführen.

b) Verkauf eines Erbteils

46 Wird bei einem Mischnachlass ein Erbteil verkauft, muss der für den Erbteil erzielte Veräußerungserlös aufgeteilt werden. Dabei ist der Veräußerungserlös im Verhältnis des Verkehrswertes des Mitunternehmeranteils und der anteiligen Verkehrswerte der Wirtschaftsgüter des Privatvermögens zu verteilen. Tz. 42 gilt entsprechend. Der Kaufpreis ist beim Erbschaftskäufer entsprechend aufzuteilen.

47 § 15 Abs. 3 Nr. 1 EStG (sog. Abfärberegelung) ist auch dann nicht auf die Erbengemeinschaft anzuwenden, wenn ein Miterbe seinen Erbteil veräußert und ein fremder Dritter in die Erbengemeinschaft eintritt.

E. Ausscheiden eines Miterben

1. Allgemeines

48 Scheidet ein Miterbe freiwillig aus der Erbengemeinschaft aus, wächst zivilrechtlich sein Anteil am Gemeinschaftsvermögen den verbliebenen Miterben zu. Die Anwachsung eines Erbteils für den Fall, dass mehrere Erben in der Weise eingesetzt sind, dass sie die gesetzliche Erbfolge ausschließen, und dass einer der Erben vor oder nach dem Eintritt des Erbfalls wegfällt, ist in § 2094 BGB geregelt. Die Anwachsung ist ein Unterfall der Veräußerung des Erbteils. Ertragsteuerlich ist das Anwachsen als entgeltliche oder unentgeltliche Übertragung des Anteils des ausscheidenden Miterben auf die verbleibenden Miterben anzusehen. 101

2. Ausscheiden ohne Abfindung

49 Scheidet ein Miterbe ohne Abfindung aus der Erbengemeinschaft aus, finden die Grundsätze über die Schenkung eines Erbteils Anwendung. 102

3. Ausscheiden gegen Barabfindung

50 Scheidet ein Miterbe gegen Barabfindung aus der Erbengemeinschaft aus, finden die Grundsätze über den Verkauf eines Erbteils Anwendung.

4. Ausscheiden gegen Sachwertabfindung

a) Grundsatz

51 Beim Ausscheiden gegen Sachwertabfindung können sich zusätzlich zu dem vom ausscheidenden Miterben zu versteuernden Veräußerungsgewinn auch für die verbleibenden Miterben Veräußerungsgewinne ergeben. 103

Beispiel 21

A, B und C sind Miterben zu je 1/3. Der Nachlass besteht nur aus einem Betriebsvermögen. Der Wert des Betriebsvermögens beträgt 3 Mio. €, der Buchwert 300 000 €. Die Bilanz des Unternehmens sieht wie folgt aus:

Aktiva			Passiva
Wirtschaftsgut 1	100 000 € (TW: 1 Mio. €)	KapKto A	100 000 €
		KapKto B	100 000 €
Wirtschaftsgut 2	200 000 € (TW: 2 Mio. €)	KapKto C	100 000 €
	300 000 €		300 000 €

[1] § 21 UmwStG i. d. F. des UmwStG vom 28. 10. 1994, zuletzt geändert durch das StVergAbG, war letztmals für Einbringungen vor dem 13. 12. 2006 anzuwenden.

Anl a zu § 7

C scheidet gegen eine Abfindung von 1 Mio. € aus dem Unternehmen aus. Nach dem Ausscheiden des C hat die Bilanz folgendes Bild:

Aktiva		Passiva	
Wirtschaftsgut 1	100 000 €	KapKto A	100 000 €
+ 300 000 €	= 400 000 €	KapKto B	100 000 €
Wirtschaftsgut 2	200 000 €	Anspruch C	1 000 000 €
+ 600 000 €	= 800 000 €		
	1 200 000 €		1 200 000 €

Für C ist ein tarifbegünstigter Veräußerungsgewinn von 900 000 € (1 000 000 € ./. 100 000 €) entstanden. A und B müssen die Buchwerte der Wirtschaftsgüter 1 und 2 entsprechend aufstocken. Da die Wirtschaftsgüter zu 1/3 entgeltlich erworben wurden, erhöht sich die AfA-Bemessungsgrundlage um 900 000 € (Anschaffungskosten 1 Mio. € ./. Buchwert 100 000 €). Wenn C das Wirtschaftsgut 1 (Buchwert nunmehr 400 000 €) zur Tilgung seiner Ausgleichsforderung von 1 Mio. € erhält, müssen A und B dieses Wirtschaftsgut aus dem Betrieb nehmen. Da das Wirtschaftsgut 1 Mio. € wert ist, entsteht dadurch ein Veräußerungsgewinn i. H. v. 600 000 €, den A und B je zur Hälfte als laufenden Gewinn versteuern müssen. Ein Veräußerungsgewinn – und kein Entnahmegewinn – entsteht deshalb, weil die Hingabe des Sachwerts zum Wegfall der Schuld führt. Darin ist keine Entnahme, sondern eine Veräußerung, verbunden mit einer Gewinnrealisierung hinsichtlich des den Buchwert des Wirtschaftsguts übersteigenden Schuldenteils (Ausgleichsanspruch des C), zu sehen.

b) Buchwertfortführung

52[1] Gelangt die Sachwertabfindung beim ausscheidenden Miterben in ein Betriebsvermögen, hat der Miterbe die Buchwerte der Erbengemeinschaft fortzuführen.

Beispiel 21a

Wie Beispiel 21. Jedoch erhält der Miterbe C statt einer Barabfindung das Wirtschaftsgut 1 als Abfindung. Dieses wird in das Betriebsvermögen des C gehörenden Einzelunternehmens übertragen.

Es liegt ein Fall der unechten Realteilung (vgl. Rn. 2 des BMF-Schreibens vom 19. Dezember 2018, IV C 6 – S 2242/07/10002 – / – 2018/0795144, BStBl. 2019 I S. 6) vor. C hat nach § 16 Absatz 3 Satz 2 EStG den Buchwert des Wirtschaftsgutes 1 (100 000 €) fortzuführen. Das Kapitalkonto des C beim Betrieb der Erbengemeinschaft sinkt unter gleichzeitigem Ausscheiden des C aus dem Betrieb auf null. C muss das Wirtschaftsgut in seinem eigenen Betrieb mit 100 000 € erfolgsneutral unter Erhöhung seines Kapitalkontos erfassen. Für C entstehen weder ein Entnahme- noch ein Veräußerungsgewinn. Auch für A und B ergeben sich keine Gewinnauswirkungen.

F. Erbauseinandersetzung durch Veräußerung des Nachlasses

1. Allgemeines

104 **53** Die Erbauseinandersetzung kann gem. §§ 2046 ff. BGB auch in der Weise erfolgen, dass alle Wirtschaftsgüter des Nachlasses veräußert werden. Anschließend werden alle Nachlassverbindlichkeiten abgezogen. Der Rest der Veräußerungserlöse wird den Erbquoten entsprechend anteilmäßig unter den Miterben verteilt.

2. Betriebsvermögen

105 **54** Gehört zum Nachlass ein Betriebsvermögen, kann der gesamte Betrieb von der Erbengemeinschaft veräußert werden. Dann liegt ein Fall des § 16 Abs. 1 EStG vor. Der von der Erbengemeinschaft erzielte Veräußerungsgewinn ist von den Miterben begünstigt zu versteuern (§§ 16, 34 EStG).

Wird der Betrieb von den Miterben nicht fortgeführt und werden die einzelnen Wirtschaftsgüter des Betriebsvermögens veräußert, kann eine begünstigte Betriebsaufgabe vorliegen (§ 16 Abs. 3 Satz 1 EStG).

3. Privatvermögen

106 **55** Soweit zum Nachlass Privatvermögen gehört, ist die Veräußerung einkommensteuerrechtlich nur dann zu erfassen, wenn die §§ 17, 23 EStG oder *§ 21 UmwStG*[2] zur Anwendung kommen.

G. Teilerbauseinandersetzung

1. Behandlung wie Gesamtauseinandersetzung

107 **56** Bei der gegenständlichen Teilauseinandersetzung stellen die geleisteten Abfindungen Anschaffungskosten bzw. Veräußerungsentgelt dar, und zwar unabhängig davon, dass die Miterben am Restnachlass beteiligt bleiben.

Beispiel 22

Erben sind A und B zu je 1/2. Zum Nachlass gehören ein Betrieb (Wert 1 Mio. €, Buchwert 200 000 €) und ein Privatgrundstück (Wert 500 000 €). Bei einer Teilauseinandersetzung erhält A den Betrieb, B bekommt eine Abfindung von A i. H. v. 500 000 €. Das Grundstück verbleibt in der Erbengemeinschaft.

B erzielt einen tarifbegünstigten Veräußerungsgewinn von 400 000 €. A stockt die Buchwerte des Betriebs um 400 000 € auf. Der Wert und die spätere Verteilung des Restnachlasses bleiben zunächst außer Betracht.

57 Soweit im Rahmen einer Teilauseinandersetzung ein Wirtschaftsgut des Betriebsvermögens einem Miterben zu Lasten seiner Beteiligung am Restnachlass zugewiesen wird, das er in sein Privatvermögen übernimmt, entsteht ein Entnahmegewinn. Der Entnahmegewinn ist Teil des Gesamtgewinns der Mitunternehmerschaft. Dieser ist den Mitunternehmern (Miterben) nach dem allgemeinen Gewinnverteilungsschlüssel zuzurechnen, der sich bei den Miterben nach ihrem Anteil am Nachlass bestimmt (§ 2038 Abs. 2, § 743 Abs. 1 BGB), es sei denn, dass der Gewinn nach den von den Miterben schriftlich getroffenen Vereinbarungen über die Teilauseinandersetzung dem entnehmenden Miterben zuzurechnen ist.

[1] Tz. 52 neugefasst durch BMF-Schreiben vom 27. 12. 2018 (BStBl. 2019 I S. 11).

[2] § 21 UmwStG i. d. F. des UmwStG vom 28. 10. 1994, zuletzt geändert durch das StVergAbG, war letztmals für Einbringungen vor dem 13. 12. 2006 anzuwenden.

Anl a zu § 7

Wird im Rahmen einer Teilauseinandersetzung ein Wirtschaftsgut aus dem Betriebsvermögen der Erbengemeinschaft (Mitunternehmerschaft) in ein anderes Betriebsvermögen eines der Miterben überführt, ist nach § 6 Abs. 5 EStG der Buchwert fortzuführen.

2. Behandlung von umgekehrten Abfindungen

58 Abfindungen in umgekehrter Richtung vermindern grundsätzlich die bei einer Teilauseinandersetzung angenommenen Anschaffungskosten und Veräußerungserlöse, wenn die Miterben eine weitere Auseinandersetzung im Auge hatten, bei der es zu umgekehrten Abfindungen kommt (BFH-Beschluss vom 5. Juli 1990 – BStBl. II S. 837). Davon ist auszugehen, wenn seit der vorausgegangenen Teilauseinandersetzung nicht mehr als fünf Jahre vergangen sind. Eine spätere (weitere) Teilauseinandersetzung oder Endauseinandersetzung ist nicht mehr mit vorangegangenen Teilauseinandersetzungen als Einheit zu betrachten, sondern wie eine selbständige Auseinandersetzung zu behandeln. **108**

Ist bei einer vorangegangenen Teilauseinandersetzung eine Abfindung für den Erwerb mehrerer Wirtschaftsgüter geleistet worden, ist die umgekehrte Abfindung auf diese Wirtschaftsgüter nach dem Verhältnis ihrer Verkehrswerte im Zeitpunkt der vorangegangenen Teilauseinandersetzung aufzuteilen. Tz. 42 ist entsprechend anzuwenden.

Beispiel 23

Erben sind A und B zu je 1/2. Zum Nachlass gehören ein Betrieb (Wert 1 Mio. €, Buchwert 200 000 €) und ein Privatgrundstück. Bei einer Teilauseinandersetzung erhält A den Betrieb und muss an B eine Abfindung i. H. v. 500 000 € zahlen. Im Rahmen der vier (sechs) Jahre später erfolgenden Endauseinandersetzung erhält B das Grundstück, dessen Wert auf 500 000 € festgestellt wurde, und zahlt deshalb an A eine Abfindung i. H. v. 250 000 €.

Die von B bei der Endauseinandersetzung an A zu zahlende umgekehrte Abfindung i. H. v. 250 000 € bewirkt, dass der Veräußerungsgewinn des B von ursprünglich 400 000 € nunmehr nur noch 200 000 € beträgt und nicht mehr nach §§ 16, 34 EStG begünstigt ist. Die bisherige Aufstockung der Buchwerte bei A um 400 000 € muss auf einen Aufstockungsbetrag von 200 000 € gemindert werden.

Dagegen würde sich die ursprüngliche Behandlung der Teilauseinandersetzung nicht mehr ändern, wenn die Endauseinandersetzung sechs Jahre später erfolgt.

Aus der Veräußerung des Mitunternehmeranteils hat B einen nach den §§ 16, 34 EStG begünstigten Veräußerungsgewinn i. H. v. 400 000 € zu versteuern; A hat die Buchwerte entsprechend aufzustocken. Der sich aus der sechs Jahre späteren Teilerbauseinandersetzung über das Grundstück ergebende Veräußerungsgewinn ist nur steuerpflichtig, wenn die Voraussetzungen des § 23 EStG vorliegen.

59 Werden im Rahmen einer Teilauseinandersetzung entstandene Veräußerungsgewinne durch umgekehrte Abfindungen gemindert, ist dies ein Ereignis, das Rückwirkung für die Vergangenheit hat (§ 175 Abs. 1 Satz 1 Nr. 2 AO), weshalb die Minderung des Veräußerungsgewinns rückwirkend erfolgen muss.

Auch die bei dem die ursprüngliche Abfindung leistenden Miterben durch die umgekehrte Abfindung eintretende Verminderung der Anschaffungskosten hat rückwirkend zu erfolgen (§ 175 Abs. 1 Satz 1 Nr. 2 AO). Umgekehrte Abfindungen sind insoweit nicht erst ab dem Jahr ihrer Zahlung zu berücksichtigen.

H. Vermächtnisse, Vorausvermächtnisse, Teilungsanordnung

1. Steuerliche Auswirkungen von Vermächtnissen

60 Im Falle der Erbeinsetzung liegt in vollem Umfang ein unentgeltlicher Erwerb unmittelbar vom Erblasser vor. Der Erbe ist an die Buch- und Steuerwerte gem. § 6 Abs. 3 EStG und § 11 d Abs. 1 EStDV gebunden, auch wenn ihm die Erfüllung von Vermächtnissen auferlegt wird. Die Erfüllung eines Vermächtnisses durch den beschwerten Erben stellt kein Entgelt für den Erwerb des Erbteils dar und führt daher bei ihm nicht zu Anschaffungskosten (BFH-Urteil vom 17. Oktober 1991 – BStBl. 1992 II S. 392). Dies gilt auch, wenn ein Sachvermächtnis hinsichtlich eines Wirtschaftsguts des Betriebsvermögens ausgesetzt wird und dieses Sachvermächtnis vom Erben und Betriebsübernehmer erfüllt wird. Geht daher ein Betrieb durch Erbeinsetzung mit der Verpflichtung über, dass der Erbe oder die Erbengemeinschaft ein Wirtschaftsgut des Betriebsvermögens an einen Dritten herausgeben muss, führt dies zur Entnahme dieses Wirtschaftsguts. Dies gilt auch dann, wenn das Wirtschaftsgut beim Vermächtnisnehmer Betriebsvermögen wird (vgl. aber Tz. 65). Der Entnahmegewinn ist dem Alleinerben oder allen Miterben zuzurechnen. **109**

Der Alleinerbe oder die Miterben können bei der Entnahme von Grund und Boden aus einem land- und forstwirtschaftlichen Betrieb ggf. den Freibetrag nach § 14 a Abs. 4 EStG in Anspruch nehmen, wenn die Entnahme vor dem 1. Januar 2006 erfolgt.

Beispiel 24

A wurde vom Erblasser als Alleinerbe eingesetzt. Zum Nachlass gehört ein Gewerbebetrieb. In Erfüllung eines Vermächtnisses überträgt A auf B ein Betriebsgrundstück (Teilwert 1 Mio. €, Buchwert 400 000 €).

A führt nach § 6 Abs. 3 EStG die Buchwerte des Erblassers fort. Er erzielt bei der Übertragung des Grundstücks auf B einen nicht begünstigten Entnahmegewinn i. H. v. 600 000 € (= 1 Mio. € ./. 400 000 €). Das gilt auch, wenn das Grundstück beim Vermächtnisnehmer ins Betriebsvermögen übernommen wird.

61 Betrifft das Sachvermächtnis dagegen einen ganzen Betrieb, erzielt die Erbengemeinschaft (oder der Alleinerbe) keinen Veräußerungs- oder Aufgabegewinn. Der Vermächtnisnehmer führt nach § 6 Abs. 3 EStG die Buchwerte der Erbengemeinschaft fort. Ist ein Betrieb (Einzelunternehmen) aufgrund eines Sachvermächtnisses an einen der Miterben oder einen Dritten (Vermächtnisnehmer) herauszugeben, sind die nach dem Erbfall bis zur Erfüllung des Vermächtnisses erzielten betrieblichen Einkünfte grundsätzlich den Miterben als Mitunternehmern zuzurechnen. Abweichend von diesem Grundsatz sind die zwischen Erbfall und Erfüllung des Vermächtnisses angefallenen Einkünfte dem Vermächtnisnehmer zuzurechnen, wenn dieser schon vor der Erfüllung des Vermächtnisses als Inhaber des Betriebs (Unternehmer) anzusehen ist (BFH-Urteil vom 24. September 1991 – BStBl. 1992 II S. 330).

62 Besteht das Vermächtnis darin, dass dem Bedachten ein privates Wirtschaftsgut zu übertragen ist, ist er nach § 11 d Abs. 1 EStDV an die bisher für den Alleinerben oder die Erbengemeinschaft maßgebenden Steuerwerte gebunden.

Anl a zu § 7

63 Wie die Erfüllung eines Vermächtnisses führt auch die Begleichung von Erbfallschulden (Pflichtteils- und Erbersatzansprüche) nicht zu Anschaffungskosten. Aufwendungen für die Finanzierung von Pflichtteils- und Erbersatzansprüchen dürfen nicht als Betriebsausgaben oder Werbungskosten abgezogen werden. Ein Vermächtnis führt ausnahmsweise dann zu einem Veräußerungserlös des beschwerten Erben oder der beschwerten Miterben und zu Anschaffungskosten des Vermächtnisnehmers, wenn der Vermächtnisnehmer für den Erwerb des vermachten Gegenstandes eine Gegenleistung zu erbringen hat.

2. Besonderheiten bei Vorausvermächtnissen

110 **64** Wird ein Miterbe durch ein Vermächtnis bedacht (Vorausvermächtnis), hat er – ebenso wie ein nicht zu den Miterben gehörender Vermächtnisnehmer – lediglich einen schuldrechtlichen Anspruch gegenüber der Erbengemeinschaft. Die ihm durch das Vorausvermächtnis zugewandten Vermögensgegenstände des Erblassers erwirbt er daher nicht unmittelbar vom Erblasser, sondern von der Erbengemeinschaft.

65 Betrifft das Vorausvermächtnis einen Betrieb, erzielt die Erbengemeinschaft keinen Veräußerungs- oder Aufgabegewinn. Der Vermächtnisnehmer führt nach § 6 Abs. 3 EStG die Buchwerte der Erbengemeinschaft fort. Demgegenüber liegt eine Entnahme durch die Erbengemeinschaft (nicht durch den Erblasser) vor, wenn ein Einzelwirtschaftsgut des Betriebsvermögens in Erfüllung eines Vorausvermächtnisses auf einen der Miterben in dessen Privatvermögen übertragen wird.

Beispiel 25

Erben sind A und B zu je 1/2. Der Nachlass umfasst neben anderen Nachlassgegenständen einen Betrieb. A erhält im Wege des Vorausvermächtnisses ein Grundstück dieses Betriebs (Teilwert 500 000 €, Buchwert 200 000 €), das er privat nutzt.

Die Erfüllung des Vorausvermächtnisses durch Übertragung des Betriebsgrundstücks auf A führt zu einem laufenden Entnahmegewinn bei der Erbengemeinschaft i. H. v. 300 000 €, der den beiden Miterben A und B im Rahmen der gesonderten und einheitlichen Feststellung der Gewinneinkünfte je hälftig zuzurechnen ist.

Wird in Erfüllung eines Vorausvermächtnisses ein Einzelwirtschaftsgut aus dem Betriebsvermögen der Erbengemeinschaft in ein anderes Betriebsvermögen eines der Miterben überführt, besteht nach § 6 Abs. 5 EStG die Pflicht zur – gewinnneutralen – Buchwertfortführung.

Beispiel 26

Erben sind A und B zu je 1/2. Zum Nachlass gehört u. a. ein Betrieb. A erhält im Wege des Vorausvermächtnisses ein Grundstück dieses Betriebs (Teilwert 500 000 €, Buchwert 200 000 €), das er in einem eigenen Betrieb nutzt.

Ein Entnahmegewinn entsteht nicht, da A als Mitunternehmer zur Fortführung des Buchwertes verpflichtet ist.

66 Besteht das Vorausvermächtnis darin, dass dem Bedachten ein privates Wirtschaftsgut zu übertragen ist, ist er nach § 11 d Abs. 1 EStDV an die bisher für die Erbengemeinschaft maßgebenden Steuerwerte gebunden.

3. Steuerliche Auswirkungen von Teilungsanordnungen

111 **67** Durch eine Teilungsanordnung (§ 2048 BGB) wird lediglich die Art und Weise der Erbauseinandersetzung durch den Erblasser festgelegt. Deshalb gehen auch bei der Teilungsanordnung zunächst alle Nachlassgegenstände auf die Erbengemeinschaft und nicht einzelne Nachlassgegenstände unmittelbar auf denjenigen Miterben über, der sie aufgrund der Teilungsanordnung erhalten soll. Verhalten sich die Miterben jedoch bereits vor der Auseinandersetzung entsprechend der Teilungsanordnung, ist dies auch steuerrechtlich anzuerkennen, solange die tatsächliche Auseinandersetzung innerhalb einer sich an den Umständen des Einzelfalls orientierten Frist vorgenommen wird. Dies gilt auch bei Anordnung einer Testamentsvollstreckung. Setzen sich die Erben einverständlich über die Teilungsanordnung hinweg, ist für die steuerliche Beurteilung die tatsächliche Auseinandersetzung maßgeblich. Solange die Teilungsanordnung von den Erben vor der Auseinandersetzung beachtet wird, sind die Veranlagungen vorläufig nach § 165 Abs. 1 Satz 1 AO durchzuführen.

68 Zur Abgrenzung zwischen Teilungsanordnung und Vorausvermächtnis ist von Bedeutung, dass sich die Teilungsanordnung in der Zuweisung bestimmter Nachlassgegenstände innerhalb des Rahmens des Erbteils erschöpft, während das Vorausvermächtnis in der Zuweisung bestimmter Nachlassgegenstände außerhalb des Erbteils, d. h. über den Erbteil hinaus, besteht. Mit dem Vorausvermächtnis will der Erblasser einem der Erben einen zusätzlichen Vermögensvorteil zuwenden. Bei der Teilungsanordnung fehlt ein derartiger Begünstigungswille, sie beschränkt sich auf die Verteilung der Nachlassgegenstände bei der Erbauseinandersetzung. Bei der Abgrenzung zwischen Teilungsanordnung und Vorausvermächtnis kommt es nicht auf die formale Bezeichnung, sondern auf das tatsächlich Gewollte an.

I. Sonderfragen

I. Erbfolge bei der Beteiligung an einer Personengesellschaft

1. Fortsetzung der Gesellschaft durch die übrigen Gesellschafter oder Auflösungsklausel

112 **69** Bei Tod eines Gesellschafters scheidet der verstorbene Gesellschafter aus der Gesellschaft aus und die überlebenden Gesellschafter setzen die Gesellschaft fort (§ 131 Abs. 3 Nr. 1 HGB). In diesem Fall geht zivilrechtlich der Gesellschaftsanteil nicht auf die Erben über. Diese erlangen lediglich einen privaten Abfindungsanspruch gegenüber den verbleibenden Gesellschaftern. Steuerlich realisiert der Erblasser durch Aufgabe seines Mitunternehmeranteils unter Anwachsung bei den verbleibenden Gesellschaftern einen begünstigten Veräußerungsgewinn (§§ 16, 34 EStG) in Höhe des Unterschieds zwischen dem Abfindungsanspruch und dem Buchwert seines Kapitalkontos im Todeszeitpunkt (BFH-Urteil vom 15. April 1993 – BStBl. 1994 II S. 227).

Ist im Gesellschaftsvertrag eine sog. Auflösungsklausel, nach der sich die Gesellschaft bei Tod eines Gesellschafters auflöst, enthalten, liegt insgesamt eine nach §§ 16, 34 EStG begünstigte Betriebsaufgabe vor, soweit weder nach Realteilungsgrundsätzen (vgl. BMF-Schreiben vom 28. Februar 2006 – BStBl. I S. 228)[1] noch nach § 6 Abs. 5 EStG eine Buchwertfortführung möglich ist. Satz 1 gilt nicht, sofern die Gesellschafter die Gesellschaft fortsetzen. Anl a zu § 7

2. Eintrittsklausel

70 Ist im Gesellschaftsvertrag eine Eintrittsklausel des Inhalts vereinbart worden, dass ein oder mehrere Erben mit dem Tod eines Gesellschafters das Recht haben, in die Gesellschaft einzutreten, wird die Gesellschaft zunächst mit den verbleibenden Gesellschaftern fortgesetzt. Der Gesellschaftsanteil des verstorbenen Gesellschafters wächst mithin den übrigen Gesellschaftern an und die eintrittsberechtigten Erben erben lediglich das Eintrittsrecht. Hieraus folgt grundsätzlich, dass bei Zahlung einer Abfindung im Fall des Nichteintritts – wie bei der Fortsetzungsklausel – der Erblasser einen tarifbegünstigten Veräußerungsgewinn (§§ 16, 34 EStG) erzielt. Wird allerdings das Eintrittsrecht innerhalb von sechs Monaten nach dem Erbfall ausgeübt, gelten, wenn alle Erben von ihrem Eintrittsrecht Gebrauch machen, die Ausführungen über die einfache Nachfolgeklausel (Tz. 71), wenn nur einer oder einige Erben von ihrem Eintrittsrecht Gebrauch machen, die Ausführungen über die qualifizierte Nachfolgeklausel (Tz. 72) entsprechend. **113**

3. Einfache Nachfolgeklausel

71 Im Fall der sog. einfachen Nachfolgeklausel wird die Gesellschaft beim Tod eines Gesellschafters mit allen Erben dieses Gesellschafters fortgesetzt. Mitunternehmeranteile, die vom Erblasser gesondert auf die Miterben übergegangen sind, können im Fall der sog. einfachen Nachfolgeklausel in die Erbauseinandersetzung einbezogen und abweichend aufgeteilt werden. Ausgleichszahlungen an die weichenden Miterben führen auch in diesem Fall zu Anschaffungskosten (BFH-Urteile vom 13. Dezember 1990 – BStBl. 1992 II S. 510 und vom 29. Oktober 1991 – BStBl. 1992 II S. 512). **114**

Diese Betrachtungsweise hat zur Folge, dass durch die Einbeziehung von Mitunternehmeranteilen in die Erbauseinandersetzung im Fall der sog. einfachen Nachfolgeklausel eine gewinnneutrale Realteilung eines Nachlasses erreicht wird.

Beispiel 27 (bei Mischnachlass)

Gesellschafter einer OHG sind A, B und C. A stirbt. Erben sind D und E je zur Hälfte. Zum Nachlass gehören der OHG-Anteil (Wert 2 Mio. €) sowie ein Privatgrundstück (Wert 2 Mio. €). D und E treten aufgrund der im Gesellschaftsvertrag verbrieften einfachen Nachfolgeklausel in die OHG ein. Das Grundstück wird zunächst in Erbengemeinschaft verwaltet. Nach einiger Zeit setzen sich D und E dergestalt auseinander, dass E dem D seinen Gesellschaftsanteil überlässt und dafür aus der Erbengemeinschaft das Privatgrundstück erhält. Ausgleichszahlungen erfolgen nicht.

Es ist von einer gewinnneutralen Teilung eines Mischnachlasses auszugehen, bei der D den Gesellschaftsanteil und E das Grundstück erhalten hat. Anschaffungskosten und Veräußerungsgewinne entstehen mangels Ausgleichszahlungen nicht.

Aus dieser Betrachtungsweise ergibt sich weiter, dass auch beim Vorhandensein von Sonderbetriebsvermögen eine gewinnneutrale Realteilung eines Nachlasses möglich ist.

Beispiel 28 (bei Mischnachlass)

Gesellschafter einer OHG sind A, B und C. A stirbt. Erben sind D und E je zur Hälfte. Zum Nachlass gehören der OHG-Anteil (Wert 1,2 Mio. €), ein der OHG überlassenes Grundstück (Wert 800 000 €) und ein Privatgrundstück (Wert 2 Mio. €). D und E treten aufgrund der im Gesellschaftsvertrag verbrieften einfachen Nachfolgeklausel in die OHG ein. Das Privatgrundstück wird zunächst von der Erbengemeinschaft verwaltet. Nach einiger Zeit setzen sich D und E dergestalt auseinander, dass E dem D seinen Gesellschaftsanteil und seinen Anteil an dem der OHG überlassenen Grundstück überträgt und dafür aus der Erbengemeinschaft das Privatgrundstück erhält. Ausgleichszahlungen erfolgen nicht.

Es liegt eine gewinnneutrale Teilung eines Mischnachlasses vor, bei der D den Gesellschaftsanteil an der OHG und das der OHG überlassene Grundstück und E das Privatgrundstück erhält. Anschaffungskosten und Veräußerungs- oder Entnahmegewinne entstehen mangels Ausgleichszahlungen nicht.

4. Qualifizierte Nachfolgeklausel

72 In den Fällen der sog. qualifizierten Nachfolgeklausel folgen nicht alle Miterben, sondern nur einer oder einzelne von mehreren Miterben dem Erblasser in seiner Gesellschafterstellung nach. Nach dem BFH-Urteil vom 29. Oktober 1991 (BStBl. 1992 II S. 512) hat dies zur Folge, dass nur die qualifizierten Miterben, nicht dagegen die nicht qualifizierten Miterben als Mitunternehmer anzusehen sind (kein Durchgangserwerb). Werden von den qualifizierten Erben an die nicht qualifizierten Miterben Abfindungen geleistet, entstehen deshalb weder Veräußerungsgewinne noch Anschaffungskosten. Zur Behandlung der Schuldzinsen, die durch die Finanzierung der Wertausgleichsverbindlichkeiten veranlasst sind, wird auf das BMF-Schreiben vom 11. August 1994 (BStBl. I S. 603)[2] verwiesen. **115**

73 Daraus ergibt sich weiter, dass es mit dem Erbfall zu einer anteiligen Entnahme etwaigen Sonderbetriebsvermögens kommt, soweit das Sonderbetriebsvermögen auf nicht qualifizierte Miterben entfällt (§ 39 Abs. 2 Nr. 2 AO). Denn das Sonderbetriebsvermögen geht – im Gegensatz zum Gesellschaftsanteil – zivilrechtlich auf die Erbengemeinschaft als Ganzes über. Dies gilt auch, wenn bei einer zeitnahen Auseinandersetzung das Sonderbetriebsvermögen auf den qualifizierten Miterben übergeht.

74 Der Entnahmegewinn ist dem Erblasser zuzurechnen, da der nicht qualifizierte Miterbe nicht Mitunternehmer geworden ist.

---

[1] Jetzt → BMF-Schreiben vom 19. 12. 2018 (BStBl. 2019 I S. 6), abgedruckt als Anlage zu H 16 (2).
[2] Nachstehend abgedruckt.

II. Sonderfragen im Bereich der Land- und Forstwirtschaft

1. Erbfolge im Bereich der Land- und Forstwirtschaft

116 **75** Die Erbfolge im Bereich der Land- und Forstwirtschaft ist zivilrechtlich nach Landesrecht unterschiedlich geregelt. Im Übrigen gibt es bundesrechtliche Besonderheiten.

Während in den Ländern Hamburg, Niedersachsen, Nordrhein-Westfalen und Schleswig-Holstein für bestimmte Höfe die sog. Höfeordnung (HöfeO) Anwendung findet, sind in anderen Ländern (z. B. in Hessen und in Teilen von Baden-Württemberg bis 31. Dezember 2000) für bestimmte Höfe sog. Landesanerbengesetze maßgebend. Es gibt aber auch Länder, die weder eine HöfeO noch ein Landesanerbenrecht kennen (Bayern, Berlin, Brandenburg, Mecklenburg-Vorpommern, Saarland, Sachsen, Sachsen-Anhalt und Thüringen). Soweit keine Sonderregelung eingreift, können das Landgutrecht nach § 2049 BGB sowie das Zuweisungsverfahren nach §§ 13 bis 17 Grundstücksverkehrsgesetz bedeutsam sein.

76 Abfindungen an weichende Erben sind stets Entgelte, wenn nach den jeweiligen landesrechtlichen Vorschriften der Hof nicht unmittelbar vom Altbauer im Wege der Sondererbfolge auf den Hoferben als Alleinerben übergeht („Höferecht"), sondern zunächst auf die Erbengemeinschaft („Anerbenrecht"). Im letzteren Falle erwirbt der Hoferbe den Hof von der Erbengemeinschaft (Durchgangserwerb).

77 Was die als partielles Bundesrecht geltende HöfeO angeht, bestimmt § 4 HöfeO, dass der Hof als Teil der Erbschaft kraft Gesetzes nur einem der Erben zufällt und an seine Stelle im Verhältnis der Miterben zueinander der Hofeswert tritt. Diese Norm ist zivilrechtlich so zu verstehen, dass im Rahmen eines gespaltenen Nachlasses der Hof unmittelbar und sofort dem Hoferben als Alleinerben zufällt, während daneben zugleich für das hofesfreie Vermögen eine Erbengemeinschaft besteht. In den Fällen der HöfeO ist eine Miterbengemeinschaft hinsichtlich des Hofes ausgeschlossen, die weichenden Miterben erhalten vielmehr insoweit schuldrechtliche Abfindungsansprüche im Sinne gesetzlich angeordneter Vermächtnisse. Die weichenden Erben erhalten daher die Abfindung nach § 12 HöfeO nicht als Entgelt für die Aufgabe einer Erbquote am Hof. Die Abfindung einschließlich einer Nachabfindung nach § 13 HöfeO ist daher kein Entgelt. Aufwendungen für die Finanzierung der Abfindung sind nicht als Betriebsausgaben abzugsfähig.

Diese Betrachtungsweise gilt auch für die übrigen Landes-Höfegesetze. Nach § 9 Abs. 1 des Bremischen HöfeG fällt der Hof als Teil der Erbschaft nur einem Erben zu. § 14 des Rheinland-Pfälzischen Landesgesetzes über die HöfeO regelt die Erbfolge in gleicher Weise wie § 4 der HöfeO.

78 Nehmen in den Fällen der Tz. 77 Wirtschaftsgüter des Betriebsvermögens nicht an der Sonderrechtsnachfolge teil (hofesfreies Vermögen), sind sie auch steuerlich der Erbengemeinschaft zuzurechnen. Soweit diese Wirtschaftsgüter nicht anteilig dem Hoferben zuzurechnen sind, liegt eine Entnahme durch den Erblasser vor. Im Übrigen gelten die allgemeinen Regeln über die Behandlung der Erbauseinandersetzung.

79 Nehmen umgekehrt Wirtschaftsgüter des Privatvermögens an der Sonderrechtsnachfolge teil (z. B. Wohnung des Betriebsinhabers), findet insoweit ein unentgeltlicher Erwerb vom Erblasser statt und die Abfindung führt nicht zu Anschaffungskosten.

80 Anders als bei land- und forstwirtschaftlichen Betrieben, die unter den Anwendungsbereich der HöfeO oder unter vergleichbare Landes-Höferechte fallen („Höferecht"), ist die Erbfolge bei Betrieben zu beurteilen, in denen der Hof zunächst auf die Erbengemeinschaft übergeht. Dies ist insbesondere nach dem Badischen Hofgütergesetz und der Hessischen Landgüterordnung der Fall („Anerbenrecht"). Die Abfindung der „weichenden Erben" nach Badischem und Hessischem Landesrecht sowie deren Ergänzungsabfindungen (wenn die Berechtigung zur erbrechtlichen Schlechterstellung der Nicht-Hoferben entfällt) sind Entgelte. Denn der Hofübernehmer hat mehr an land- und forstwirtschaftlichem Betriebsvermögen bekommen, als ihm nach seiner Erbquote zustand. Insoweit vollzieht sich die Erbauseinandersetzung nach den allgemeinen Regeln.

81 Nach den allgemeinen Regeln vollzieht sich die Erbauseinandersetzung über einen land- und forstwirtschaftlichen Betrieb auch in den Bundesländern, die weder eine HöfeO noch ein Landesanerbenrecht kennen (Bayern, Berlin, Brandenburg, Mecklenburg-Vorpommern, Saarland, Sachsen, Sachsen-Anhalt und Thüringen).

2. Behandlung von Abfindungen, die das Kapitalkonto unterschreiten

117 **82** Gehört zum Nachlass ein land- und forstwirtschaftlicher Betrieb, wird dieser gemäß § 2049 BGB im Rahmen der Erbauseinandersetzung in den meisten Fällen nur mit dem Ertragswert berücksichtigt. Wegen der geringen Ertragsfähigkeit liegen die Ertragswerte solcher Betriebe deutlich unter dem Verkehrswert und regelmäßig auch unter dem Buchwert. Das bedeutet, dass die weichenden Erben nach erbrechtlichen Regelungen eine geringere Abfindung erhalten, als ihrem Kapitalkonto (gemessen an der Erbquote) entspricht. Abfindungen, die das Kapitalkonto unterschreiten, sind ertragsteuerlich in der Weise zu behandeln, dass in solchen Fällen der Betriebsübernehmer gemäß § 6 Abs. 3 EStG die Buchwerte fortführt. Dies bedeutet, dass keine Abstockung der Buchwerte erforderlich ist und die weichenden Erben keinen Veräußerungsverlust erleiden.

J. Übergangsregelung

118 **83** Die Grundsätze dieses Schreibens sind in allen noch offenen Fällen anzuwenden. Es tritt an die Stelle der BMF-Schreiben vom 11. Januar 1993 (BStBl. I S. 62) und vom 5. Dezember 2002 (BStBl. I S. 1392).

Soweit die Erbauseinandersetzung vor dem 1. Januar 2001 durchgeführt worden ist, gelten weiterhin die in den BMF-Schreiben vom 11. Januar 1993[1] und 11. August 1994[2] genannten Grundsätze

[1] Letztmals abgedruckt im „Handbuch zur ESt-Veranlagung 2005" als Anlage a zu § 7 EStG.

[2] Nachstehend abgedruckt.

(einschließlich Übergangsregelungen) unter Berücksichtigung der Gesetzesänderungen in § 6 Abs. 5 Satz 3 und § 16 Abs. 3 Satz 2 EStG i. d. F. des StEntlG 1999/2000/2002 für Vorgänge in der Zeit vom 1. Januar 1999 bis 31. Dezember 2000.

Anl b zu § 7

b) Schreiben betr. Abzug von Schuldzinsen als Betriebsausgaben oder Werbungskosten – Aufgabe der sog. Sekundärfolgenrechtsprechung durch den BFH; hier: Anwendung der BFH-Urteile vom 2. März 1993 – VIII R 47/90 – (BStBl. 1994 II S. 619), vom 25. November 1993 – IV R 66/93 – (BStBl. 1994 II S. 623) und vom 27. Juli 1993 – VIII R 72/90 – (BStBl. 1994 II S. 625)

Vom 11. August 1994 (BStBl. I S. 603)

(BMF IV B 2 – S 2242 – 33/94)

Mit Urteil vom 2. März 1993 – VIII R 47/90 – (BStBl. 1994 II S. 619) hat der VIII. Senat des BFH mit Zustimmung des I., III. und IV. Senats die sog. Sekundärfolgenrechtsprechung (vgl. BFH-Urteile vom 2. April 1987 – BStBl. II S. 621 –, vom 28. April 1989 – BStBl. II S. 618 – und vom 17. Oktober 1991 – BStBl. 1992 II S. 392 –) unter Hinweis auf die Beschlüsse des Großen Senats zur steuerlichen Behandlung von Kontokorrentzinsen vom 4. Juli 1990 (BStBl. II S. 817) und zur Erbauseinandersetzung vom 5. Juli 1990 (BStBl. II S. 837) als überholt aufgegeben.

Wird ein Pflichtteilsanspruch aufgrund einer Vereinbarung mit dem Erben eines Betriebes verzinslich gestundet, dürfen die hierauf entfallenden Schuldzinsen nach dem Urteil des VIII. Senats vom 2. März 1993 (a. a. O.) mangels Vorliegens einer Betriebsschuld nicht als Betriebsausgaben abgezogen werden.[1]

Hat ein Hoferbe ein Darlehen aufgenommen, um damit die höferechtlichen Abfindungsansprüche der weichenden Erben zu tilgen, dürfen die Darlehenszinsen nach dem Urteil des IV. Senats vom 25. November 1993 – IV R 66/93 – (BStBl. 1994 II S. 623) nicht als Betriebsausgaben abgezogen werden.

Ist eine OHG-Beteiligung aufgrund einer sog. qualifizierten Nachfolgeklausel unmittelbar und ausschließlich auf einen Miterben mit der Maßgabe übergegangen, daß er die übrigen Miterben insoweit abzufinden hat, stellen die durch die Finanzierung dieser – privaten – Wertausgleichsverbindlichkeit entstandenen Schuldzinsen keine Sonderbetriebsausgaben dar, wie der VIII. Senat mit Urteil vom 27. Juli 1993 – VIII R 72/90 – (BStBl. 1994 II S. 625) entschieden hat.

Zur Anwendung der genannten BFH-Urteile nehme ich unter Bezugnahme auf das Ergebnis der Erörterungen mit den obersten Finanzbehörden der Länder wie folgt Stellung:

Das Urteil des VIII. Senats vom 2. März 1993 (a. a. O.) ist auch für Aufwendungen zur Finanzierung von Vermächtnisschulden, Erbersatzverbindlichkeiten und Zugewinnausgleichsschulden (vgl. zu letzteren auch das BFH-Urteil vom 8. Dezember 1992 – IX R 68/89 – BStBl. 1993 II S. 434) zu beachten. Solche Aufwendungen sind nach der neuen Rechtsprechung privat veranlaßt. Die geänderte Rechtsprechung des BFH hat deshalb zur Folge, daß Aufwendungen für die Stundung bzw. Finanzierung von **120**

- Pflichtteilsverbindlichkeiten
- Vermächtnisschulden
- Erbersatzverbindlichkeiten
- Zugewinnausgleichsschulden
- Abfindungsschulden nach der Höfeordnung
- Abfindungsschulden im Zusammenhang mit der Vererbung eines Anteils an einer Personengesellschaft im Wege der qualifizierten Nachfolgeklausel oder im Wege der qualifizierten Eintrittsklausel

nicht als Betriebsausgaben oder Werbungskosten abgezogen werden dürfen.

Die Tzn. 37 letzter Absatz, 70 und 89 Satz 4 des BMF-Schreibens zur ertragsteuerlichen Behandlung der Erbengemeinschaft und ihrer Auseinandersetzung (BStBl. 1993 I S. 62 ff.)[2] sind damit überholt. Dies gilt nicht, soweit nach Tzn. 36, 37 des BMF-Schreibens Privatschulden, die von Miterben im Rahmen der Realteilung eines Mischnachlasses übernommen werden, Betriebsschulden werden können.

Die geänderte Rechtsprechung und Verwaltungsauffassung ist für Werbungskosten erstmals für den Veranlagungszeitraum 1995 und für Betriebsausgaben erstmals für Wirtschaftsjahre, die nach dem 31. Dezember 1994 beginnen, anzuwenden.

Anl c zu § 7

c) Schreiben betr. ertragsteuerliche Behandlung der vorweggenommenen Erbfolge; hier: Anwendung des Beschlusses des Großen Senats vom 5. Juli 1990 (Bundessteuerblatt 1990 Teil II S. 847)

Vom 13. Januar 1993 (BStBl. I S. 80)

(BMF IV B 3 – S 2190 – 37/92)

unter Berücksichtigung der Änderungen durch BMF vom 26. 2. 2007 (BStBl. I S. 269)

Inhaltsübersicht

[1] Zahlungen zur Abgeltung von Pflichtteilsansprüchen sind auch dann nicht absetzbar, wenn sie vereinbarungsgemäß aus laufenden Betriebseinnahmen erfolgen. *BFH-Urteil vom 2. 3. 1995 IV R 62/93 (BStBl. II S. 413).*

[2] Zuletzt abgedruckt im „Handbuch zur ESt-Veranlagung 2005" als Anlage a zu § 7 EStG.

Unter Bezugnahme auf das Ergebnis der Erörterung mit den obersten Finanzbehörden der Länder nehme ich zur ertragsteuerlichen Behandlung der vorweggenommenen Erbfolge wie folgt Stellung:[1]

A. Allgemeines

1. Begriff der vorweggenommenen Erbfolge

121 **1** Unter vorweggenommener Erbfolge sind Vermögensübertragungen unter Lebenden mit Rücksicht auf die künftige Erbfolge zu verstehen. Der Übernehmer soll nach dem Willen der Beteiligten wenigstens teilweise eine unentgeltliche Zuwendung erhalten (Beschluß des Großen Senats des BFH vom 5. Juli 1990, BStBl. II S. 847). Der Vermögensübergang tritt nicht kraft Gesetzes, sondern aufgrund einzelvertraglicher Regelungen ein.

2. Abgrenzung zu voll entgeltlichen Geschäften

2 Im Gegensatz zum Vermögensübergang durch vorweggenommene Erbfolge ist ein Vermögensübergang durch voll entgeltliches Veräußerungsgeschäft anzunehmen, wenn die Werte der Leistung und Gegenleistung wie unter Fremden nach kaufmännischen Gesichtspunkten gegeneinander abgewogen sind (vgl. *Abschnitt 23 Abs. 1 und 123 Abs. 3 EStR 1990*).[2] Trotz objektiver Ungleichwertigkeit von Leistung und Gegenleistung kann ein Veräußerungs-/Erwerbsgeschäft vorliegen, wenn die Beteiligten subjektiv von der Gleichwertigkeit ausgegangen sind (BFH-Urteil vom 29. Januar 1992, BStBl. 1992 II S. 465).[3]

B. Übertragung von Privatvermögen

I. Arten der Vermögensübertragung

3 Je nach Art der anläßlich der Vermögensübertragung durch vorweggenommene Erbfolge vereinbarten Leistungen liegt eine voll unentgeltliche oder eine teilentgeltliche Übertragung vor.

1. Versorgungsleistungen

122 **4** Eine unentgeltliche Übertragung liegt vor, soweit Versorgungsleistungen (Versorgungsrenten und dauernde Lasten) bei der Übertragung von Vermögen vom Übernehmer dem Übergeber oder Dritten (z. B. Ehegatten des Übergebers, Geschwister des Übernehmers) zugesagt werden. Sie sind von den

---

[1] § 14 a Abs. 4 EStG ist letztmals für Entnahmen und Veräußerungen vor dem 1. 1. 2006 anzuwenden.
[2] Nunmehr „R 4.8 Abs. 1 EStR und H 12.6".
[3] Bestätigt durch *BFH-Urteil vom 16. 12. 1993 R 67/92 (BStBl. 1996 II S. 669)* und *vom 30. 7. 2003 X R 12/01 (BStBl. 2004 II S. 211).*

als Anschaffungskosten zu beurteilenden Veräußerungsleistungen und von steuerlich nicht abziehbaren Unterhaltsleistungen abzugrenzen.[1] Anl c zu § 7

5 Eine als Anschaffungskosten zu beurteilende Veräußerungsleistung ist anzunehmen, wenn die beiderseitigen Leistungen nach den unter Tz. 2 dargestellten Grundsätzen nach kaufmännischen Gesichtspunkten gegeneinander abgewogen sind. Bei Vermögensübertragungen auf Abkömmlinge besteht eine nur in Ausnahmefällen zu widerlegende Vermutung dafür, daß die Übertragung aus familiären Gründen, nicht aber im Wege eines Veräußerungsgeschäfts unter kaufmännischer Abwägung von Leistung und Gegenleistung erfolgt (Beschluß des Großen Senats des BFH vom 5. Juli 1990, a. a. O.).

Bei der Abgrenzung zu nicht abziehbaren Unterhaltsleistungen ist *Abschnitt 123 Absatz 3 EStR 1990*[2] zu beachten (Beschluß des Großen Senats des BFH vom 15. Juli 1991, BStBl. 1992 II S. 78).[3]

6[4] Versorgungsleistungen können mit dem Ertragsanteil zu berücksichtigende Leibrenten (§ 10 Abs. 1 Nr. 1a Satz 2, § 22 Nr. 1 Satz 1 i. V. m. *Satz 3 Buchstabe a*[5] EStG) oder in voller Höhe zu berücksichtigende dauernde Lasten (§ 10 Absatz 1 Nr. 1a Satz 1 EStG) darstellen (vgl. Beschluß des Großen Senats des BFH vom 5. Juli 1990 a. a. O.). Das gilt auch, wenn die Versorgungsleistung nicht aus den Erträgen des übertragenen Vermögens geleistet werden kann (BFH-Urteil vom 23. Januar 1992, BStBl. II S. 526).[6] Versorgungsleistungen in Geld sind als dauernde Last abziehbar, wenn sich ihre Abänderbarkeit entweder aus einer ausdrücklichen Bezugnahme auf § 323 ZPO oder in anderer Weise aus dem Vertrag ergibt (Beschluß des Großen Senats des BFH vom 15. Juli 1991, a. a. O.).[4]

2. Ausgleichs- und Abstandsverpflichtungen

7 Ein Veräußerungs- und Anschaffungsgeschäft liegt vor, soweit sich der Übernehmer zur Zahlung eines bestimmten Geldbetrags an andere Angehörige des Übergebers oder an Dritte (Gleichstellungsgeld) oder zu einer Abstandszahlung an den Übergeber verpflichtet. Entsprechendes gilt, wenn der Übernehmer verpflichtet ist, bisher in seinem Vermögen stehende Wirtschaftsgüter auf Dritte zu übertragen, oder wenn er zunächst zu einer Ausgleichszahlung verpflichtet war und diese Verpflichtung später durch Hingabe eines Wirtschaftsguts erfüllt. **123**

8 Der Übernehmer erwirbt nicht deshalb entgeltlich, weil er Teile des übernommenen Vermögens an Angehörige oder Dritte zu übertragen hat.

3. Übernahme von Verbindlichkeiten

9 Die Übernahme von Verbindlichkeiten des Übergebers durch den Übernehmer führt zu einem Veräußerungsentgelt und zu Anschaffungskosten. Hierbei macht es keinen Unterschied, ob die Verbindlichkeiten im wirtschaftlichen oder rechtlichen Zusammenhang mit dem übernommenen Wirtschaftsgut stehen oder ob es sich um Verbindlichkeiten handelt, die nicht mit einer Einkunftsart in Zusammenhang stehen (vgl. BMF-Schreiben vom 7. August 1992, BStBl. I S. 522). **124**

4. Vorbehalt oder Einräumung von Nutzungsrechten an dem übertragenen Vermögen[7]

10 Behält sich der Übergeber ein dingliches oder obligatorisches Nutzungsrecht (z. B. Nießbrauch, Wohnrecht) an übertragenen Wirtschaftsgütern vor oder verpflichtet er den Übernehmer, ihm oder einem Dritten ein solches Nutzungsrecht einzuräumen, wird das bereits mit dem Nutzungsrecht belastete Vermögen erworben. Ein entgeltlicher Erwerb liegt insoweit nicht vor (vgl. BFH-Urteil vom 24. April 1991, BStBl. II S. 793). **125**

II. Höhe der Anschaffungskosten

1. Unverzinsliche Geldleistungspflichten

11 Hat sich der Übernehmer zu einer unverzinslichen Geldleistung verpflichtet, die nach mehr als einem Jahr zu einem bestimmten Zeitpunkt fällig wird, liegen Anschaffungskosten nicht in Höhe des Nennbetrags, sondern in Höhe des nach den Vorschriften des Bewertungsgesetzes abgezinsten Gegenwartswerts vor (BFH-Urteil vom 21. Oktober 1980, BStBl. 1981 II S. 160). **126**

Den Zinsanteil kann der Übernehmer nach § 9 Abs. 1 Nr. 1 EStG als Werbungskosten im Jahr der Zahlung abziehen. Der Inhaber des aufgrund der getroffenen Vereinbarungen entstandenen Forderungsrechts hat insoweit steuerpflichtige Einkünfte nach § 20 Abs. 1 Nr. 7 EStG. Das ist bei echten Verträgen zugunsten Dritter der Begünstigte.

---

[1] Zur Abgrenzung siehe BMF-Schreiben vom 16. 9. 2004 (BStBl. I S. 922), letztmals abgedruckt im „Handbuch zur ESt-Veranlagung 2008" als Anlage zu § 10 EStG (gilt für wiederkehrende Leistungen im Zusammenhang mit einer Vermögensübertragung, die auf einem vor dem 1. 1. 2008 geschlossenen Übertragungsvertrag beruhen).

Zur Abgrenzung siehe BMF-Schreiben vom 11. 3. 2010 (BStBl. I S. 227), abgedruckt als Anlage zu R 10.3 (gilt für wiederkehrende Leistungen, die auf einem nach dem 31. 12. 2007 geschlossenen Übertragungsvertrag beruhen).

[2] Nunmehr „H 12.6".

[3] Überholt durch BMF-Schreiben vom 16. 9. 2004 (BStBl. I S. 922) Rz. 50, letztmals abgedruckt im „Handbuch zur ESt-Veranlagung 2008" als Anlage zu § 10 EStG und BMF-Schreiben vom 11. 3. 2010 (BStBl. I S. 227), abgedruckt als Anlage zu R 10.3.

[4] Überholt; § 10 Abs. 1 Nr. 1 a und § 22 Nr. 1 b EStG wurden durch das JStG 2008 neu gefasst. Siehe jetzt § 10 Abs. 1 a Nr. 2 und § 22 Nr. 1 a EStG.

Für wiederkehrende Leistungen im Zusammenhang mit einer Vermögensübertragung, die auf einem nach dem 31. 12. 2007 geschlossenen Übernahmevertrag beruhen, siehe BMF-Schreiben vom 11. 3. 2010 (BStBl. I S. 227), abgedruckt als Anlage zu R 10.3.

[5] Jetzt „Satz 3 Buchstabe a Doppelbuchstabe bb EStG".

[6] Siehe aber BMF-Schreiben vom 16. 9. 2004 (BStBl. I S. 922) Rz. 47 und Rz. 48, letztmals abgedruckt im „Handbuch zur ESt-Veranlagung 2008" als Anlage zu § 10 EStG (gilt für wiederkehrende Leistungen im Zusammenhang mit einer Vermögensübertragung, die auf einem vor dem 1. 1. 2008 geschlossenen Übertragungsvertrag beruhen). Für Verträge nach dem 31. 12. 2007 überholt; § 10 Abs. 1 Nr. 1 a wurde durch das JStG 2008 neu gefasst. Siehe jetzt § 10 Abs. 1 a Nr. 2 EStG.

[7] Zur einkommensteuerrechtlichen Behandlung des Nießbrauchs und anderer Nutzungsrechte bei Einkünften aus Vermietung und Verpachtung siehe BMF-Schreiben vom 30. 9. 2013 (BStBl. I S. 1184), abgedruckt als Anlage b zu § 21 EStG.

Anl c zu § 7

Beispiel:

V überträgt im Wege der vorweggenommenen Erbfolge auf seinen Sohn S zum 1. Januar 1992 ein schuldenfreies vermietetes Mehrfamilienhaus. S verpflichtet sich gegenüber V, an seine Schwester T am 1. Januar 1995 200 000 DM zu zahlen.

Lösung:

S hat Anschaffungskosten für das Mehrfamilienhaus i. H. des Gegenwartswerts der unverzinslichen Geldleistungspflicht. Der Gegenwartswert beträgt nach § 12 Abs. 3 BewG 170 322 DM.[1] Den Zinsanteil i. H. v. 29 678 DM[1] kann S im Jahr der Zahlung als Werbungskosten nach § 9 Abs. 1 Nr. 1 EStG abziehen. T hat im Jahr der Zahlung in gleicher Höhe Einnahmen i. S. d. § 20 Abs. 1 Nr. 7 EStG.

2. Leistungen in Sachwerten

127 **12** Ist der Übernehmer verpflichtet, Leistungen in Sachwerten zu erbringen (vgl. Tz. 7), hat er Anschaffungskosten in Höhe des gemeinen Werts der hingegebenen Wirtschaftsgüter. Entnimmt er ein Wirtschaftsgut aus dem Betriebsvermögen, ist der Teilwert maßgebend.

3. Anschaffungsnebenkosten

128 **13** Im Rahmen eines teilentgeltlichen Erwerbs aufgewandte Anschaffungsnebenkosten (z. B. Notar-, Gerichtsgebühren) werden in voller Höhe den Anschaffungskosten zugerechnet (BFH-Urteil vom 10. Oktober 1991, BStBl. 1992 II S. 239). Nebenkosten eines in vollem Umfang unentgeltlichen Erwerbs führen weder zu Anschaffungskosten noch zu Werbungskosten.[2] Nicht zu den Anschaffungskosten gehört die Schenkungsteuer (§ 12 Nr. 3 EStG).

III. Aufteilung des Veräußerungs- und Anschaffungsvorgangs in einen entgeltlichen und einen unentgeltlichen Teil

129 **14**[3] Wird ein Wirtschaftsgut teilentgeltlich übertragen, ist der Vorgang in einen entgeltlichen und einen unentgeltlichen Teil aufzuteilen. Dabei berechnen sich der entgeltlich und der unentgeltlich erworbene Teil des Wirtschaftsguts nach dem Verhältnis des Entgelts (ohne Anschaffungsnebenkosten) zu dem Verkehrswert des Wirtschaftsguts. Werden mehrere Wirtschaftsgüter teilentgeltlich übertragen, ist eine von den Vertragsparteien vorgenommene Zuordnung der Anschaffungskoten auf die einzelnen Wirtschaftsgüter maßgeblich für die Besteuerung, wenn die Zuordnung nach außen hin erkennbar ist und die Aufteilung nicht zu einer nach § 42 AO unangemessenen wertmäßigen Berücksichtigung der einzelnen Wirtschaftsgüter führt. Ansonsten sind die Anschaffungskosten vorweg nach dem Verhältnis der Verkehrswerte den einzelnen Wirtschaftsgütern anteilig zuzurechnen.

15 Hat sich der Übergeber ein Nutzungsrecht an dem übertragenen Wirtschaftsgut vorbehalten, ist bei Aufteilung des Rechtsgeschäfts in den entgeltlichen und den unentgeltlichen Teil dem Entgelt der um den Kapitalwert des Nutzungsrechts geminderte Wert des Wirtschaftsguts gegenüberzustellen (BFH-Urteil vom 24. April 1991, BStBl. II S. 793).

IV. Absetzungen für Abnutzung

1. Bemessungsgrundlage

130 **16** Soweit der Übernehmer das Wirtschaftsgut unentgeltlich erworben hat, führt er die AfA des Übergebers fort. Er kann die AfA nur bis zu dem Betrag abziehen, der anteilig von der Bemessungsgrundlage des Übergebers nach Abzug der AfA, der erhöhten Absetzungen und Sonderabschreibungen verbleibt (§ 11 d Abs. 1 EStDV). Soweit er das Wirtschaftsgut entgeltlich erworben hat, bemessen sich die AfA nach seinen Anschaffungskosten.

Beispiel:

V überträgt seinem Sohn S im Wege der vorweggenommenen Erbfolge ein schuldenfreies Mietwohngrundstück mit einem Verkehrswert von 2 Millionen DM (Gebäude 1,6 Millionen DM, Grund und Boden 400 000 DM). V hatte das Mietwohngrundstück zum 1. Januar 1970 erworben und die auf das Gebäude entfallenden Anschaffungskosten von 700 000 DM mit jährlich 2 v. H. abgeschrieben. S hat seiner Schwester T einen Betrag von 1 Million DM zu zahlen. Der Übergang von Nutzungen und Lasten erfolgt zum 1. Januar 1992.

Lösung:

S hat Anschaffungskosten in Höhe von 1 Million DM. Nach dem Verhältnis der Verkehrswerte entfallen auf das Gebäude 800 000 und auf den Grund und Boden 200 000 DM. Eine Gegenüberstellung von Anschaffungskosten und Verkehrswert ergibt, daß S das Gebäude zu 1/2 unentgeltlich und zu 1/2 entgeltlich für 800 000 DM erworben hat.
Die AfA-Bemessungsgrundlage und das AfA-Volumen ab 1992 berechnen sich wie folgt:

	unentgeltlich erworbener Teil des Gebäudes	entgeltlich erworbener Teil des Gebäudes
Bemessungsgrundlage ab 1992	350 000 DM (1/2 von 700 000 DM)	800 000 DM
·/. bereits von V für den unentgeltlich erworbenen Gebäudeteil in Anspruch genommene AfA 22 × 2 v. H. von 350 000 DM (1/2 von 700 000 DM)	154 000 DM	
AfA-Volumen ab 1992	196 000 DM	800 000 DM

[1] Berichtigt gemäß BStBl. 1993 I S. 464. Jetzt „170 400 DM und 29 600 DM" auf der Basis der Anlage zum BMF-Schreiben vom 26. 5. 2005 (BStBl. I S. 699), abgedruckt als Anlage zu R 6.10 EStR.

[2] Satz 2 ist überholt; Nebenkosten eines in vollem Umfang unentgeltlichen Erwerbs begründen als Anschaffungsnebenkosten eine eigenständige AfA-Bemessungsgrundlage, *BFH-Urteil vom 9. 7. 2013 IX R 43/11 (BStBl. 2014 II S. 878).*

[3] Tz. 14 geändert durch BMF-Schreiben vom 26. 2. 2007 (BStBl. I S. 269). Die Grundsätze dieses Schreibens sind in allen noch offenen Fällen anzuwenden.

2. Vomhundertsatz

17 Hinsichtlich des weiteren AfA-Satzes des Erwerbers ist zwischen dem unentgeltlich und dem entgeltlich erworbenen Teil des Wirtschaftsguts zu unterscheiden. **131**

Für den unentgeltlich erworbenen Teil des Wirtschaftsguts hat der Übernehmer die vom Übergeber begonnene Abschreibung anteilig fortzuführen (§ 11 d Abs. 1 EStDV).

Für den entgeltlich erworbenen Teil des Wirtschaftsguts bemessen sich die AfA

- bei beweglichen Wirtschaftsgütern und bei unbeweglichen Wirtschaftsgütern, die keine Gebäude sind, nach der tatsächlichen künftigen Nutzungsdauer des Wirtschaftsguts im Zeitpunkt des Übergangs von Nutzungen und Lasten,
- bei Gebäuden regelmäßig nach § 7 Abs. 4 EStG.

Danach ergibt sich bei Gebäuden für den unentgeltlich und den entgeltlich erworbenen Teil regelmäßig eine unterschiedliche Abschreibungsdauer.

Beispiel:

Beträgt im vorigen Beispiel die tatsächliche Nutzungsdauer des Gebäudes am 1. Januar 1992 nicht weniger als 50 Jahre, sind folgende Beträge als AfA abzuziehen:

	unentgeltlich erworbener Teil des Gebäudes	entgeltlich erworbener Teil des Gebäudes
AfA-Satz (§ 7 Abs. 4 S. 1 Nr. 2 a EStG)	2 v. H.	2 v. H.
AfA jährlich	7 000 DM	16 000 DM
Abschreibungszeitraum	1992–2019	1992–2041

Die abzuziehenden AfA betragen mithin in den Jahren 1992 bis 2019 insgesamt 23 000 DM jährlich und in den Jahren 2020 bis 2041 16 000 DM jährlich.

18 Entsprechendes gilt im Grundsatz, wenn kein Gebäude, sondern ein bewegliches Wirtschaftsgut übernommen wird; da jedoch die Nutzungsdauer des entgeltlich erworbenen Teils des Wirtschaftsguts hier regelmäßig mit der Restnutzungsdauer des unentgeltlich erworbenen Teils des Wirtschaftsguts übereinstimmt, kann in diesen Fällen auf eine Aufspaltung in zwei AfA-Reihen verzichtet werden.

V. Bedingung und Befristung

19 Eine Leistungsverpflichtung des Übernehmers steht i. d. R. unter einer aufschiebenden Bedingung, wenn ihre Entstehung von einem Ereignis abhängt, dessen Eintritt ungewiß ist (z. B. Heirat); sie steht i. d. R. unter einer aufschiebenden Befristung, wenn ihre Entstehung von einem Ereignis abhängt, dessen Eintritt sicher, der Zeitpunkt aber ungewiß ist (z. B. Tod). **132**

20 Von der Befristung ist die bloße Betagung zu unterscheiden, bei der lediglich der Eintritt der Fälligkeit der bereits bei Begründung des Schuldverhältnisses entstandenen Forderung von einem bestimmten Termin abhängt (BFH-Urteil vom 24. November 1972, BStBl. 1973 II S. 354). Hier liegen Anschaffungskosten bereits im Zeitpunkt der Vermögensübertragung vor. Die Grundsätze der Tz. 11 sind zu beachten.

21 Aufschiebend bedingte oder befristete Leistungsverpflichtungen des Übernehmers führen erst bei Eintritt des Ereignisses, von dem die Leistungspflicht abhängt, zu Veräußerungsentgelten und Anschaffungskosten (vgl. §§ 6, 8 BewG). Der Umfang des entgeltlichen Erwerbs des Wirtschaftsguts bestimmt sich nach dem Verhältnis seines Verkehrswertes zur Höhe der Leistungsverpflichtung im Zeitpunkt ihrer Entstehung und hat Auswirkungen für die Bemessung der künftigen AfA.

Beispiel:

V überträgt im Wege der vorweggenommenen Erbfolge auf seinen Sohn S zum 1. Januar 1985 ein schuldenfreies Mehrfamilienhaus. V hat die Herstellungskosten in Höhe von 400 000 DM mit jährlich 2 v. H. bis auf 320 000 DM abgeschrieben. S verpflichtet sich, an seine Schwester T im Zeitpunkt ihrer Heirat einen Betrag von 300 000 DM zu zahlen. T heiratet am 1. Januar 1990. Das Mehrfamilienhaus hat zu diesem Zeitpunkt einen Wert von 600 000 DM (Grund und Boden 120 000 DM, Gebäude 480 000 DM).

Lösung:

S hat das Mehrfamilienhaus zunächst unentgeltlich erworben und setzt gem. § 11 d EStDV die AfA des V fort. Zum 1. Januar 1990 entstehen dem S Anschaffungskosten in Höhe von 300 000 DM. Nach dem Verhältnis der Verkehrswerte zum 1. Januar 1990 entfallen auf das Gebäude 240 000 DM und auf den Grund und Boden 60 000 DM. Die Gegenüberstellung der Anschaffungskosten und des Verkehrswertes des Gebäudes ergibt, daß S das Gebäude jeweils zur Hälfte entgeltlich für 240 000 DM und zur Hälfte unentgeltlich erworben hat.

Die AfA berechnen sich ab 1985 wie folgt:
AfA 1. Januar 1985 bis 31. Dezember 1989:
5 Jahre × 2 v. H. = 10 v. H. von 400 000 DM = 40 000 DM
ab 1. Januar 1990:
AfA unentgeltlich erworbener Gebäudeteil:
2 v. H. von 200 000 DM (1/2 von 400 000 DM) = 4 000 DM
AfA entgeltlich erworbener Gebäudeteil:
2 v. H. von 240 000 DM = 4 800 DM

Der verbleibende Abschreibungszeitraum beträgt für den unentgeltlich erworbenen Gebäudeteil 35 Jahre und für den entgeltlich erworbenen Gebäudeteil 50 Jahre, wenn keine kürzere Nutzungsdauer nachgewiesen wird.

VI. Schuldzinsenabzug

22 Schuldzinsen für Verbindlichkeiten, die im Rahmen der vorweggenommenen Erbfolge übernommen werden oder die aufgenommen werden, um Abfindungszahlungen zu leisten, sind als Werbungskosten abziehbar, wenn und soweit der Übernehmer das betreffende Wirtschaftsgut zur Erzielung **133**

Anl c zu § 7

steuerpflichtiger Einkünfte einsetzt. Dies gilt auch, wenn die Verbindlichkeiten, die der Übernehmer übernehmen muß, beim Übergeber ursprünglich privat veranlaßt waren (BFH-Urteil vom 8. November 1990, BStBl. 1991 II S. 450).

VII. Steuerpflicht der Veräußerungsgewinne

134 **23** Die teilentgeltliche Veräußerung von Wirtschaftsgütern des Privatvermögens führt beim Übergeber nur unter den Voraussetzungen der §§ 17 und 23 EStG und der §§ 20, *21 Umwandlungssteuergesetz*[1] zu steuerpflichtigen Einkünften. Die Übertragung ist zur Ermittlung der steuerpflichtigen Einkünfte nach dem Verhältnis des nach den vorstehenden Grundsätzen ermittelten Veräußerungsentgelts zum Verkehrswert des übertragenen Wirtschaftsguts aufzuteilen (BFH-Urteil vom 17. Juli 1980, BStBl. 1981 II S. 11).[2]

Beispiel:

V hält Aktien einer Aktiengesellschaft (Grundkapital 100 000 DM) im Nennwert von 30 000 DM (Verkehrswert 120 000 DM). Er überträgt seine Aktien im Wege der vorweggenommenen Erbfolge auf seinen Sohn S. S leistet an V eine Abstandszahlung von 60 000 DM. V hatte die Anteile für 94 000 DM erworben.

Lösung:

V erhält ein Veräußerungsentgelt i. H. v. 60 000 DM. Nach dem Verhältnis des Veräußerungsentgelts zum Verkehrswert ist die Beteiligung zu ½ entgeltlich übertragen worden. Der Veräußerungsgewinn wird nach § 17 Abs. 3 EStG nur insoweit zur Einkommensteuer herangezogen, als er den Teil von 20 000 DM übersteigt, der dem Nennwert des entgeltlich übertragenen Anteils (½ von 30 000 DM = 15 000 DM) entspricht.

Der steuerpflichtige Veräußerungsgewinn i. S. d. § 17 EStG beträgt:

Veräußerungspreis		60 000 DM
./. ½ Anschaffungskosten des V		47 000 DM
		13 000 DM[3]
./. Freibetrag nach § 17 Abs. 3 EStG		
$\frac{15}{100}$ von 20 000 DM	3 000 DM	
Kürzung des Freibetrags		
Veräußerungsgewinn	13 000 DM	
./. $\frac{15}{100}$ von 80 000 DM	12 000 DM	
	1 000 DM	
		2 000 DM
verbleibender Freibetrag		11 000 DM

In den Fällen des § 17 EStG ist bei einer späteren Veräußerung des unentgeltlich übertragenen Anteils durch den Übernehmer § 17 Abs. 1 *Satz 5*[4] EStG zu beachten.

C. Übertragung von Betriebsvermögen

I. Arten der Vermögensübertragung

24 Für die Übertragung von Betriebsvermögen im Wege der vorweggenommenen Erbfolge gelten die unter den Tz. 3 bis 10 dargelegten Grundsätze entsprechend. Folgende Besonderheiten sind zu beachten:

1. Versorgungsleistungen

135 **25** Private Versorgungsleistungen stellen wie bei der Übertragung von Privatvermögen weder Veräußerungsentgelt noch Anschaffungskosten dar, sondern können wiederkehrende Bezüge (§ 22 Nr. 1 EStG)[5] und Sonderausgaben (§ 10 Abs. 1 Nr. 1 a EStG)[6] sein (vgl. Tz. 4).

26[7] Sie sind von betrieblichen Versorgungsleistungen und betrieblichen Veräußerungsrenten abzugrenzen. Betriebliche Versorgungsleistungen sind nur in Ausnahmefällen anzunehmen (vgl. BFH-Urteil vom 20. Dezember 1988, BStBl. 1989 II S. 585). Eine betriebliche Veräußerungsrente ist gegeben, wenn bei der Veräußerung eines Betriebs, eines Teilbetriebs, eines Mitunternehmeranteils oder einzelner Wirtschaftsgüter des Betriebsvermögens Leistung und Gegenleistung nach den unter Tz. 2 dargestellten Grundsätzen gegeneinander abgewogen werden. Bei Betriebsübertragungen zwischen nahen Angehörigen gegen wiederkehrende Leistungen spricht, unabhängig vom Wert der übertragenen Vermögenswerte, eine widerlegbare Vermutung für eine private Versorgungsrente (BFH-Urteile vom 9. Oktober 1985, BStBl. 1986 II S. 51 und vom 29. Januar 1992, BStBl. II S. 465). Dies gilt auch, wenn der Übernehmer Versorgungsleistungen an Angehörige des Übergebers zusagt (BFH-Beschluß vom 5. Juli 1990, a. a. O.).

---

[1] § 21 UmwStG i. d. F. vom 28. 10. 1994, zuletzt geändert durch StVergAbG, war letztmals für Einbringungen vor dem 13. 12. 2006 anzuwenden.

[2] Zum Werbungskostenabzug siehe BMF-Schreiben vom 5. 10. 2000 (BStBl. I S. 1383), Rz. 30, abgedruckt als Anlage zu H 23.

[3] Für Veräußerungen nach dem 31. 12. 2008 unterliegt der Veräußerungsgewinn nach § 3 Nr. 40 Satz 1 Buchstabe c dem Teileinkünfteverfahren.

[4] Nunmehr „Satz 4".

[5] Jetzt Leistungen i. S. des § 22 Nr. 1 a EStG.

[6] Jetzt § 10 Abs. 1 a Nr. 2 EStG.

[7] Zur Abgrenzung siehe BMF-Schreiben vom 16. 9. 2004 (BStBl. I S. 922), letztmals abgedruckt im „Handbuch zur ESt-Veranlagung 2008" als Anlage zu § 10 EStG (gilt für wiederkehrende Leistungen im Zusammenhang mit einer Vermögensübertragung, die auf einem vor dem 1. 1. 2008 geschlossenen Übernahmevertrag beruhen).

Zur Abgrenzung siehe BMF-Schreiben vom 11. 3. 2010 (BStBl. I S. 227) Rz. 80, abgedruckt als Anlage zu R 10.3 (gilt für wiederkehrende Leistungen im Zusammenhang mit einer Vermögensübertragung, die auf einem nach dem 31. 12. 2007 geschlossenen Übertragungsvertrag beruhen).

2. Übernahme von Verbindlichkeiten

27 Im Zusammenhang mit der Übertragung von Betriebsvermögen im Wege der vorweggenommenen Erbfolge übernommene private Verbindlichkeiten des Übergebers stellen Veräußerungsentgelte und Anschaffungskosten dar. Die Verbindlichkeiten sind, soweit sich aus ihrer Übernahme Anschaffungskosten des Betriebsvermögens ergeben, als Betriebsschulden zu passivieren (vgl. BFH-Urteil vom 8. November 1990, BStBl. 1991 II S. 450). **136**

28 Die Übernahme betrieblicher Verbindlichkeiten führt zu einem Veräußerungsentgelt und zu Anschaffungskosten, wenn sie im Zusammenhang mit der Übertragung einzelner Wirtschaftsgüter des Betriebsvermögens steht.

29 Bei der Übertragung eines Betriebs, Teilbetriebs oder Mitunternehmeranteils stellen die übernommenen Verbindlichkeiten des übertragenen Betriebs, Teilbetriebs oder Mitunternehmeranteils kein Veräußerungsentgelt und keine Anschaffungskosten dar, so daß der Betriebsübernehmer hinsichtlich der übernommenen positiven und negativen Wirtschaftsgüter die Buchwerte des Übergebers fortzuführen hat.

30 Dies gilt grundsätzlich auch bei der Übertragung eines Betriebs, Teilbetriebs oder Mitunternehmeranteils, dessen steuerliches Kapitalkonto negativ ist, da das Vorhandensein eines negativen Kapitalkontos einer unentgeltlichen Betriebsübertragung nicht entgegensteht (BFH-Urteile vom 23. April 1971, BStBl. II S. 686 und vom 24. August 1972, BStBl. 1973 II S. 111).

31[1] Ist allerdings neben der Übernahme des negativen Kapitalkontos noch ein Gleichstellungsgeld oder eine Abstandszahlung zu leisten oder wird eine private Verbindlichkeit übernommen, handelt es sich um eine entgeltliche Vermögensübertragung.

Der Übergeber erhält ein Veräußerungsentgelt in Höhe der ihm zusätzlich gewährten Leistungen zuzüglich des übertragenen negativen Kapitalkontos, das in der Regel auch der Veräußerungsgewinn ist, und der Übernehmer hat Anschaffungskosten in entsprechender Höhe.

Beispiel:

V überträgt seinen Gewerbebetrieb mit einem Verkehrswert von 600 000 DM im Wege der vorweggenommenen Erbfolge auf seinen Sohn S. V hat ein negatives Kapitalkonto von 100 000 DM (Aktiva 300 000 DM, Passiva 400 000 DM). S hat an seine Schwester T ein Gleichstellungsgeld in Höhe von 150 000 DM zu zahlen.

Lösung:

Das an T zu zahlende Gleichstellungsgeld zuzüglich des übertragenen negativen Kapitalkontos führen zu einem Veräußerungsentgelt i. H. v. 250 000 DM, das auch gleichzeitig der Veräußerungsgewinn ist, und zu Anschaffungskosten bei S in gleicher Höhe.

3. Verpflichtung zur Übertragung von Gegenständen des Betriebsvermögens

32 Überträgt der Übernehmer aufgrund einer Verpflichtung gegenüber dem Übergeber einem Dritten ein Wirtschaftsgut des übernommenen Betriebsvermögens in unmittelbarem Anschluß an die Übertragung oder hält der Übergeber ein Wirtschaftsgut des Betriebsvermögens zurück und verliert das Wirtschaftsgut dadurch seine Eigenschaft als Betriebsvermögen, handelt es sich um eine Entnahme des Wirtschaftsguts durch den Übergeber. Ist der Übernehmer verpflichtet, das Wirtschaftsgut zu einem späteren Zeitpunkt auf einen Dritten zu übertragen, erfolgt die Entnahme regelmäßig durch den Übernehmer, der den durch die Entnahme realisierten Gewinn zu versteuern hat. **137**

II. Übertragung einzelner Wirtschaftsgüter des Betriebsvermögens

1. Unentgeltliche Übertragung

33 Die unentgeltliche Übertragung einzelner Wirtschaftsgüter des Betriebsvermögens stellt beim Übergeber regelmäßig eine Entnahme des Wirtschaftsguts dar.[2] Die anschließende Übertragung im Rahmen der vorweggenommenen Erbfolge erfolgt im Privatvermögen nach den hierfür geltenden Grundsätzen. Der Übernehmer des Wirtschaftsguts hat daher seine Abschreibung regelmäßig nach dem Entnahmewert des Übergebers zu bemessen (§ 11 d Abs. 1 EStDV). **138**

2. Teilentgeltliche Übertragung

34 Werden einzelne Wirtschaftsgüter des Betriebsvermögens teilentgeltlich auf den Übernehmer übertragen, handelt es sich in Höhe des unentgeltlich übertragenen Teils um eine Entnahme in Höhe des anteiligen Teilwerts und in Höhe des entgeltlich übertragenen Teils um eine Veräußerung. **139**

Beispiel:

V überträgt ein bebautes Betriebsgrundstück im Wege der vorweggenommenen Erbfolge auf seinen Sohn S. Der Teilwert des Gebäudes beträgt 1 000 000 DM (Buchwert 100 000 DM). S hat an V eine Abstandszahlung zu leisten, die mit 250 000 DM auf das Gebäude entfällt.

Lösung:

Nach dem Verhältnis Veräußerungsentgelt zum Teilwert hat V das Gebäude zu $^3/_4$ entnommen (anteiliger Teilwert 750 000 DM) und zu $^1/_4$ veräußert (Veräußerungserlös 250 000 DM). S hat, soweit das Gebäude von V entnommen wurde, seine AfA nach dem Entnahmewert des V i. H. v. 750 000 DM ($^3/_4$ von 1 000 000 DM) und, soweit er das Gebäude entgeltlich erworben hat, nach seinen Anschaffungskosten von 250 000 DM zu bemessen.

III. Übertragung eines Betriebs, Teilbetriebs oder Mitunternehmeranteils

1. Über dem Kapitalkonto liegendes Veräußerungsentgelt

35 Führen die vom Vermögensübernehmer zu erbringenden Leistungen bei Erwerb eines Betriebs, Teilbetriebs oder Mitunternehmeranteils zu einem Veräußerungspreis, der über dem steuerlichen Kapi- **140**

---

[1] Siehe hierzu *BFH-Urteil vom 16. 12. 1992 XI R 34/92 (BStBl. 1993 II S. 436).*
[2] Vgl. *BFH-Urteil vom 27. 8. 1992 IV R 89/90 (BStBl. 1993 II S. 225).*

Anl c zu § 7

talkonto des Übergebers liegt, ist von einem entgeltlichen Erwerb des Betriebs, Teilbetriebs oder Mitunternehmeranteils auszugehen. Der Veräußerungsgewinn im Sinne des § 16 Abs. 2 EStG ist durch Gegenüberstellung des Entgelts und des steuerlichen Kapitalkontos des Übergebers zu ermitteln (BFH-Urteil vom 10. Juli 1986, BStBl. II S. 811). Zur Ermittlung der Anschaffungskosten muß zunächst festgestellt werden, in welchen Buchwerten stille Reserven enthalten sind und wieviel sie insgesamt betragen. Diese stillen Reserven sind dann gleichmäßig um den Vomhundertsatz aufzulösen, der dem Verhältnis des aufzustockenden Betrages (Unterschied zwischen dem Buchwert des übertragenen Betriebsvermögens und dem Veräußerungspreis) zum Gesamtbetrag der vorhandenen stillen Reserven des beim Veräußerer ausgewiesenen Betriebsvermögens entspricht.

Zu einer Aufdeckung der stillen Reserven, die auf einen in dem vom Übertragenden selbst geschaffenen Geschäfts- oder Firmenwert entfallen, kommt es erst nach vollständiger Aufdeckung der stillen Reserven, die in den übrigen Wirtschaftsgütern des Betriebsvermögens enthalten sind.

Beispiel:

V überträgt im Wege der vorweggenommenen Erbfolge seinen Gewerbebetrieb mit einem Verkehrswert von 10 000 000 DM einschließlich der betrieblichen Verbindlichkeiten auf seinen Sohn S. S verpflichtet sich, an seinen Vater V eine Abstandszahlung von 500 000 DM und an seine Schwester T einen Gleichstellungsbetrag von 2 Mio DM zu zahlen. Die Bilanz des Gewerbebetriebs zum Übertragungszeitpunkt stellt sich wie folgt dar:

	Buchwert	(Teilwert)		Buchwert
Geschäfts- oder Firmenwert	–	(3 Mio)	Kapital	1 Mio
Anlagevermögen	4 Mio	(9 Mio)	Verbindlichkeiten	7 Mio
Umlaufvermögen	5 Mio	(6 Mio)	Rückstellungen	1 Mio
	9 Mio	18 Mio		9 Mio

Lösung:

Zum Erwerb des Betriebs wendet S 2 500 000 DM auf. Nicht zu den Anschaffungskosten gehören die übernommenen betrieblichen Verbindlichkeiten. V erzielt durch die entgeltliche Übertragung seines Betriebs einen nach §§ 16,[1] 34[2] EStG begünstigten Veräußerungsgewinn in Höhe von 1 500 000 DM (Veräußerungsentgelt 2 500 000 DM ./. Betriebsvermögen 1 Mio DM).

S hat V neben dem Kapitalkonto von 1 Mio DM auch Teile der bisher nicht aufgedeckten stillen Reserven bezahlt (vgl. BFH-Urteil vom 10. Juli 1986, BStBl. II S. 811).

Für S ergeben sich folgende Wertansätze:

Im Anlage- und Umlaufvermögen sind folgende stille Reserven enthalten:

Anlagevermögen	5 Mio
Umlaufvermögen	1 Mio
	6 Mio

Diese stillen Reserven werden i. H. v. 1 500 000 DM (= 25 v. H.) aufgedeckt. Zu einer Aufdeckung der in dem von V selbst geschaffenen Geschäfts- oder Firmenwert enthaltenen stillen Reserven kommt es nicht.

S hat die Buchwerte um die anteilig aufgedeckten stillen Reserven wie folgt aufzustocken:

Anlagevermögen:	
bisheriger Buchwert	4 000 000 DM
+ anteilig aufgedeckte stille Reserven (25 v. H. von 5 Mio DM)	1 250 000 DM
	5 250 000 DM
Umlaufvermögen:	
bisheriger Buchwert + anteilig aufgedeckte stille Reserven (25 v. H. von 1 Mio DM)	5 000 000 DM
	250 000 DM
	5 250 000 DM

Die Eröffnungsbilanz des S lautet:

Geschäfts- oder Firmenwert	0 DM	Kapital	2 500 000 DM
Anlagevermögen	5 250 000 DM	Verbindlichkeiten	7 000 000 DM
Umlaufvermögen	5 250 000 DM	Rückstellungen	1 000 000 DM
	10 500 000 DM		10 500 000 DM

36[3] *Der Freibetrag nach § 16 Abs. 4 EStG wird in den Fällen, in denen das Entgelt den Verkehrswert des Betriebs, Teilbetriebs oder Mitunternehmeranteils nicht erreicht, nur im Verhältnis des bei der Veräußerung tatsächlich entstandenen Gewinns zu dem bei einer unterstellten Veräußerung des ganzen Betriebs erzielbaren Gewinn gewährt (BFH-Urteil vom 10. Juli 1986, BStBl. II S. 811).*

37 Überschreiten die Anschaffungskosten das steuerliche Kapitalkonto des Übergebers, bestimmt sich der entgeltlich und der unentgeltlich erworbene Teil der einzelnen Wirtschaftsgüter nach dem Verhältnis der gesamten Anschaffungskosten zum Verkehrswert des Betriebs, Teilbetriebs oder Mitunternehmeranteils.

Aus Vereinfachungsgründen können die Aufstockungsbeträge wie nachträgliche Anschaffungskosten behandelt werden.

[1] Für Veräußerungen nach dem 31. 12. 1995 ist dem Stpfl. der Freibetrag nach § 16 Abs. 4 EStG nur einmal zu gewähren.

[2] Für Veräußerungen nach dem 31. 12. 2000 kann der Stpfl. die Steuerermäßigung nach § 34 Abs. 3 EStG nur einmal im Leben in Anspruch nehmen.

[3] **Abweichend von Tz. 36** ist bei Übertragungen von Betrieben, Teilbetrieben oder Mitunternehmeranteilen im Wege der vorweggenommenen Erbfolge der Freibetrag nach § 16 Abs. 4 EStG auch in den Fällen, in denen das Entgelt den Verkehrswert des Betriebs, Teilbetriebs oder Mitunternehmeranteils nicht erreicht (teilentgeltliche Veräußerung), in voller Höhe zu gewähren. BMF-Schreiben vom 20. 12. 2005 (BStBl. 2006 I S. 7), abgedruckt als Anlage zu H 16 (13).

2. Veräußerungsentgelt bis zur Höhe des Kapitalkontos

38 Wendet der Übernehmer Anschaffungskosten bis zur Höhe des steuerlichen Kapitalkontos auf, hat er die Buchwerte des Übergebers fortzuführen. Ein Veräußerungsverlust liegt beim Übergeber nicht vor. **141**

Beispiel:

V überträgt seinen Gewerbebetrieb mit einem Verkehrswert von 1 000 000 DM (steuerliches Kapitalkonto 500 000 DM) im Wege der vorweggenommenen Erbfolge auf seinen Sohn S. S hat an seine Schwester T eine Abstandszahlung in Höhe von 200 000 DM zu leisten, die er durch Kredit finanziert.

Lösung:

V erzielt keinen Veräußerungsgewinn. S führt die Buchwerte des V unverändert fort *(§ 7 Abs. 1 EStDV).*[1] Der Kredit führt zu einer Betriebsschuld, die zu passivieren ist.

IV. Abschreibungen

39 Der Übernehmer hat, soweit ein entgeltlicher Erwerb nicht gegeben ist, die Abschreibungen des Übergebers fortzuführen *(§ 7 Abs. 1 EStDV).*[1] **142**

V. Schuldzinsen

40 Schuldzinsen für einen Kredit, der zur Finanzierung von Abstandszahlungen und Gleichstellungsgeldern aufgenommen wird, sind als Betriebsausgaben abziehbar, wenn und soweit sie im Zusammenhang mit der Übertragung des Betriebsvermögens stehen. Dies gilt auch, wenn die Schuldzinsen auf einer vom Rechtsvorgänger übernommenen privat veranlaßten Verbindlichkeit beruhen (vgl. Tz. 27). **143**

VI. Verbleibensfristen und Vorbesitzzeiten

41 Fordern einzelne Regelungen (z. B. § 6 b EStG, § 3 Zonenrandförderungsgesetz, § 5 Abs. 6 Investitionszulagengesetz 1986,[2] § 2 Fördergebietsgesetz) ein Verbleiben der begünstigten Wirtschaftsgüter für einen bestimmten Zeitraum im Betriebsvermögen des Steuerpflichtigen, können die Verbleibensfristen nur hinsichtlich des nach Tz. 24 bis 37 unentgeltlich übertragenen Teils des Betriebsvermögens beim Rechtsvorgänger und beim Rechtsnachfolger zusammengefaßt werden (vgl. BFH-Urteil vom 10. Juli 1986, BStBl. II S. 811). Hinsichtlich des entgeltlich erworbenen Teils der Wirtschaftsgüter handelt es sich um eine Anschaffung, die gegebenenfalls neue Fristen in Gang setzt. Zu den Verbleibensvoraussetzungen für die Sonderabschreibungen nach § 3 Zonenrandförderungsgesetz vgl. das BMF-Schreiben vom 27. Dezember 1989, BStBl. I S. 518.[3] **144**

D. Übertragung von land- und forstwirtschaftlichen Vermögen

42 Die vorstehenden Grundsätze gelten für die Übertragung land- und forstwirtschaftlichen Vermögens im Wege einer vorweggenommenen Erbfolge entsprechend. Folgende Besonderheiten sind zu beachten: **145**

1. Freibetrag nach § 14 a Abs. 4 EStG[4]

43 Veräußert der Hofübernehmer Grund und Boden, um mit dem Veräußerungserlös weichende Erben abzufinden, können ggf. die Freibeträge nach § 14 a Abs. 4 EStG beansprucht werden (vgl. *Abschnitt 133 b Abs. 3 EStR 1990).*[5]

2. Abfindungen nach der Höfeordnung

44 Auf Abfindungen und Ergänzungsabfindungen, die der Übernehmer eines land- und forstwirtschaftlichen Betriebs nach §§ 12, 13, 17 Abs. 2 Höfeordnung an andere Abkömmlinge des Übergebers zahlen muß, sind die Grundsätze der ertragsteuerlichen Behandlung der Erbauseinandersetzung *(Tz. 89 des BMF-Schreibens vom 11. 1. 1993, BStBl. I S. 62)*[6] anzuwenden.

Für die Übertragung von hofesfreiem Vermögen gelten die Grundsätze der vorweggenommenen Erbfolge.

3. Gutabstandsgelder

45 Bei der Hofübergabe neben Altenteilsleistungen vereinbarte unverzinsliche Geldansprüche des Übergebers, die nur auf sein Verlangen zu erbringen sind und die mit seinem Tod erlöschen (Gutabstandsgelder), führen erst bei ihrer Entstehung zu Veräußerungsentgelten des Übergebers und Anschaffungskosten des Übernehmers.

4. Nach § 55 EStG pauschal bewerteter Grund und Boden

46 Bei Übertragung von nach § 55 Abs. 1 EStG mit pauschalen Buchwerten angesetztem Grund und Boden ist die Verlustklausel des § 55 Abs. 6 EStG zu beachten.[7] Der entgeltlich erworbene Teil des

---

[1] Nunmehr „§ 6 Abs. 3 EStG".
[2] Siehe auch „§ 2 Abs. 1 Satz 1 InvZulG 2007 und InvZulG 2010".
[3] Letztmals abgedruckt im „Handbuch zur ESt-Veranlagung 1997" im Anhang **I** Nr. **2 a**.
[4] § 14 a Abs. 4 EStG ist letztmals für Entnahmen und Veräußerungen vor dem 1. 1. 2006 anzuwenden.
[5] Zuletzt „R 14 a Abs. 1 EStR 2005", letztmals abgedruckt im „Handbuch zur ESt-Veranlagung 2006".
[6] Letztmals abgedruckt als Anlage zu § 7 EStG im „Handbuch zur ESt-Veranlagung 2005". Jetzt BMF-Schreiben vom 14. 3. 2006 (BStBl. I S. 253), geändert durch BMF-Schreiben vom 27. 12. 2018 (BStBl. 2019 I S. 11), Tz. 77, vorstehend abgedruckt.
[7] Dies gilt auch für von pauschal bewertetem Grund und Boden abgespaltenen immateriellen Wirtschaftsgütern, siehe BMF-Schreiben vom 5. 11. 2014 (BStBl. I S. 1503), Rn. 29, letztmals abgedruckt im „Handbuch zur ESt-Veranlagung 2018" als Anlage b zu R 55 EStR.

Anl c zu § 7

Grund und Bodens ist beim Übernehmer mit den tatsächlichen Anschaffungskosten zu bilanzieren. Veräußerungsverluste, die sich für den entgeltlich übertragenen Teil aufgrund der pauschalen Werte ergeben, dürfen nach § 55 Abs. 6 EStG nicht berücksichtigt werden; d. h. der Veräußerungsgewinn ist um die Differenz aus pauschalem Wert und Entgelt für den entgeltlich übertragenen Teil des Grund und Bodens zu erhöhen.

Beispiel:
V überträgt seinen land- und forstwirtschaftlichen Betrieb mit einem Verkehrswert von 800 000 DM (steuerliches Kapitalkonto 300 000 DM) im Wege der vorweggenommenen Erbfolge auf seinen Sohn S. S hat an seine Schwester T ein Gleichstellungsgeld in Höhe von 400 000 DM zu leisten. Bei Aufstellung einer Bilanz zum Übertragungszeitpunkt ergeben sich folgende Werte:

	Buchwert	(Teilwert)		Buchwert	(Teilwert)
pauschal bewerteter Grund und Boden	390 000	(260 000)	Kapital	300 000	(800 000)
sonstige Aktiva	60 000	(690 000)	Verbindlichkeiten	150 000	(150 000)
	450 000	(950 000)		450 000	(950 000)

Lösung:
Mit dem Gleichstellungsgeld von 400 000 DM erwirbt S 100 000 DM stille Reserven (400 000 DM Gleichstellungsgeld ·/. 300 000 DM Kapital). Er hat damit 1/5 der gesamten stillen Reserven aufzudecken (500 000 DM gesamte stille Reserven zu 100 000 DM entgeltlich erworbene stille Reserven). Die sonstigen Aktiva sind somit um 126 000 DM (1/5 von 630 000 DM) aufzustocken, der Grund und Boden ist um 26 000 DM (1/5 von 130 000 DM) abzustocken. Der Betrag von 26 000 DM fällt unter das Verlustausgleichsverbot des § 55 Abs. 6 EStG.

E. Mischfälle

146 **47**[1] Besteht das übertragene Vermögen sowohl aus Privatvermögen als auch aus Betriebsvermögen, sind der steuerlichen Beurteilung die für die jeweiligen Vermögensarten geltenden Grundsätze zu Grunde zu legen. Werden zusammen mit dem Betrieb auch Wirtschaftsgüter des Privatvermögens übertragen, sind vertraglich vereinbarte Einzelpreise für das gesamte Betriebsvermögen einerseits und für das jeweilige Wirtschaftsgut des Privatvermögens andererseits bis zur Höhe der jeweiligen Verkehrswerte nicht zu beanstanden. Ansonsten ist das Entgelt vorweg nach dem Verhältnis der Verkehrswerte des Betriebsvermögens und der privaten Wirtschaftsgüter aufzuteilen.

Beispiel 1:
Im Rahmen der vorweggenommenen Erbfolge erhält Sohn S von seinem Vater V einen Betrieb der Land- und Forstwirtschaft mit einem Verkehrswert von 1 000 000 € (Buchwert 200 000 €) und ein Mietwohngrundstück mit einem Verkehrswert von 800 000 €. S ist verpflichtet, an V einen Betrag von 900 000 € zu zahlen. Sie vereinbaren einen Preis von 800 000 € für das Mietwohngrundstück und einen Preis von 100 000 € für den Betrieb der Land- und Forstwirtschaft.

Lösung 1:
S hat Anschaffungskosten für den Betrieb der Land- und Forstwirtschaft und das Mietwohngrundstück in Höhe der Zahlung von 900 000 €. Auf Grund der vereinbarten Einzelpreise ist das Mietwohngrundstück voll entgeltlich erworben worden, die Übernahme des Betriebs der Land- und Forstwirtschaft wird wegen Unterschreitung des Kapitalkontos dagegen steuerlich neutral behandelt. Zur Bemessung der Abschreibung ist für das Mietwohngrundstück eine Kaufpreisaufteilung (nach den Verkehrswertanteilen von Grund und Boden und vom Gebäude) vorzunehmen.

Beispiel 2:
Im Rahmen der vorweggenommenen Erbfolge erhält Sohn von seinem Vater V einen Gewerbebetrieb mit einem Verkehrswert von 1 000 000 € (Buchwert 100 000 €) und ein Mietwohngrundstück mit einem Verkehrswert von 500 000 €, das mit Verbindlichkeiten in Höhe von 150 000 € belastet ist. Die Verbindlichkeiten stehen im Zusammenhang mit dem Erwerb des Mietwohngrundstücks. S ist verpflichtet, seiner Schwester T einen Betrag von 600 000 € zu zahlen.

Lösung 2:
S hat Anschaffungskosten für den Gewerbebetrieb und das Mehrfamilienhaus von insgesamt 750 000 € (Verbindlichkeiten 150 000 €, Gleichstellungsgeld 600 000 €). Nach dem Verhältnis der Verkehrswerte (Gewerbebetrieb 1 000 000 €, Mietwohngrundstück 500 000 €) entfallen die Anschaffungskosten zu 2/3 auf den Gewerbebetrieb und zu 1/3 auf das Mietwohngrundstück. S hat danach Anschaffungskosten für den Gewerbebetrieb i. H. v. 500 000 € und für das Mietwohngrundstück von 250 000 €. Das Mehrfamilienhaus (Verkehrswert 500 000 €) erwirbt er zu 1/2 entgeltlich und zu 1/2 unentgeltlich. Die auf den Betriebserwerb entfallenden Verbindlichkeiten i. H. v. 100 000 € (2/3 von 150 000 €) stellen betriebliche Verbindlichkeiten des S dar.

F. Übergangsregelung

1. Allgemeines

147 **48** Die Grundsätze dieses Schreibens sind in allen noch offenen Fällen anzuwenden. Soweit die Vermögensübertragung vor dem 1. Januar 1991 rechtlich bindend festgelegt und bis spätestens 31. Dezember 1993 vollzogen worden ist, sind auf Antrag die Rechtsgrundsätze anzuwenden, die aufgrund der Rechtsprechung vor Ergehen des Beschlusses des BFH vom 5. Juli 1990 (BStBl. 1990 II S. 847) gegolten haben; in diesen Fällen ist nach den bisher maßgebenden Grundsätzen (vgl. BFH-Urteil vom 26. November 1985, BStBl. 1986 II S. 161) zu verfahren.

49 Im Falle der Tz. 48 Satz 2 ist ein Veräußerungsgewinn beim Übergeber unabhängig von der steuerlichen Behandlung beim Übernehmer gemäß § 163 AO oder § 176 AO außer Ansatz zu lassen. Zugunsten des Übernehmers sind auch in diesen Fällen die Grundsätze dieses Schreibens anzuwenden.

[1] Tz. 47 geändert durch BMF-Schreiben vom 26. 2. 2007 (BStBl. I S. 269). Die Grundsätze sind in allen noch offenen Fällen anzuwenden.

Anl c zu § 7

2. Nachholung unterbliebener AfA

50 Soweit eine vorweggenommene Erbfolge über abnutzbare Wirtschaftsgüter, die nach der Übertragung zur Erzielung von Einkünften im Sinne von § 2 Abs. 1 Nrn. 1 bis 7 EStG dienen, nach den bisher anzuwendenden Grundsätzen als unentgeltlicher Vorgang behandelt worden ist, sind die AfA in der Regel für den entgeltlich erworbenen Teil des Wirtschaftsguts zu niedrig angesetzt worden. **148**

51 Für bereits veranlagte Kalenderjahre können die AfA nur berichtigt werden, soweit eine Aufhebung oder Änderung der Steuerfestsetzung verfahrensrechtlich zulässig ist (§§ 164, 165, 172 ff. AO). Eine Aufhebung oder Änderung nach § 173 Abs. 1 Nr. 2 AO scheidet aus, weil das Finanzamt bei ursprünglicher Kenntnis des Sachverhalts nach damaliger Rechtslage nicht anders entschieden hätte (BFH-Beschluß vom 23. November 1987, BStBl. 1988 II S. 180).

52 AfA, die bei dem entgeltlich erworbenen Teil eines Gebäudes unterblieben sind, für den die AfA nach § 7 Abs. 4 Satz 1 EStG zu bemessen gewesen wären, sind in der Weise nachzuholen, daß die weiteren AfA von der nach den Grundsätzen dieses Schreibens ermittelten Bemessungsgrundlage mit dem für den entgeltlich erworbenen Teil des Gebäudes maßgebenden Vomhundertsatz vorgenommen werden. Die AfA können bis zu dem Betrag abgezogen werden, der von dieser Bemessungsgrundlage nach Abzug der bisherigen AfA, der erhöhten Absetzungen und Sonderabschreibungen verbleibt. Hierbei verlängert sich der Abschreibungszeitraum für den entgeltlich erworbenen Teil des Gebäudes über 25, 40 bzw. 50 Jahre hinaus (BFH-Urteil vom 3. Juli 1984, BStBl. II S. 709).

Beispiel:

V übertrug mit Wirkung zum 1. Januar 1980 im Wege der vorweggenommenen Erbfolge ein bebautes Grundstück mit einem Verkehrswert von 1 Mio DM (Gebäude 800 000 DM, Grund und Boden 200 000 DM) auf seinen Sohn S. V hatte das Grundstück zum 1. Januar 1970 für 600 000 DM (Gebäude 480 000 DM, Grund und Boden 120 000 DM) erworben. S übernahm auf dem Grundstück lastende Verbindlichkeiten in Höhe von 400 000 DM und hatte an seine Schwester T 300 000 DM zu zahlen. Das Gebäude hatte am 1. Januar 1980 eine tatsächliche Nutzungsdauer von 50 Jahren. S hat seitdem die AfA des V, der das Gebäude nach § 7 Abs. 4 Nr. 2 a EStG mit jährlich 2 v. H. abgeschrieben hat, unverändert fortgeführt. Die Einkommensteuerbescheide für S bis einschließlich 1989 sind bestandskräftig. In 1990 legte S dem Finanzamt den Sachverhalt dar.

Lösung:

S hat zum Erwerb des Grundstücks insgesamt 700 000 DM (Abfindungszahlung 300 000 DM und übernommene Verbindlichkeiten 400 000 DM) aufgewendet. Nach dem Verhältnis der Verkehrswerte entfallen auf das Gebäude 560 000 DM und auf den Grund und Boden 140 000 DM. Eine Gegenüberstellung der Anschaffungskosten und des Verkehrswerts des Gebäudes ergibt, daß S das Gebäude zu 3/10 unentgeltlich und zu 7/10 entgeltlich für Anschaffungskosten in Höhe von 560 000 DM erworben hat.
Ab 1990 berechnen sich die AfA wie folgt:

	unentgeltlich	entgeltlich
	erworbener Teil des Gebäudes	
Bemessungsgrundlage ab 1990	144 000 DM (3/10 von 480 000 DM)	560 000 DM
·/. AfA 1970 bis 1989 für den unentgeltlich erworbenen Teil: 20 Jahre × 2 v. H. = 40 v. H. von 144 000 DM	57 600 DM	
·/. AfA 1980 bis 1989 für den entgeltlich erworbenen Teil, die S nach § 11 d EStDV bemessen hat: 10 Jahre × 2 v. H. = 20 v. H. von 336 000 DM (= 7/10 von 480 000 DM)		67 200 DM
insgesamt verbleibende AfA ab 1990	86 400 DM	492 800 DM
jährliche AfA ab 1990 2 v. H.	2 880 DM	11 200 DM
verbliebener Absetzungszeitraum ab 1990 bis einschließlich	30 Jahre 2019	44 Jahre 2033

Die AfA betragen mithin in den Jahren 1990 bis 2019 insgesamt 14 080 DM jährlich und in den Jahren 2020 bis 2033 11 200 DM jährlich.

53 Sind AfA bei dem entgeltlich erworbenen Teil des Gebäudes teilweise unterblieben, den der Übernehmer nunmehr nach § 7 Abs. 4 Satz 2 EStG abschreibt, bemessen sich die weiteren AfA nach seinen um die bereits abgezogenen AfA, erhöhten Absetzungen und Sonderabschreibungen verminderten Anschaffungskosten und der Restnutzungsdauer des Gebäudes. Entsprechendes gilt für den entgeltlich erworbenen Teil eines beweglichen Wirtschaftsgutes.

54 Die vorstehenden Grundsätze sind entsprechend anzuwenden, wenn die Aufstockungsbeträge wie nachträgliche Anschaffungskosten behandelt werden (Tz. 36).

3. Anschaffungsnaher Aufwand

55 Erhaltungsaufwand, den der Übernehmer bereits in bestandskräftig veranlagten Kalenderjahren – ausgehend von den bisher für die vorweggenommene Erbfolge angewandten Grundsätzen – als Werbungskosten abgezogen hat, und der sich bei Annahme eines teilentgeltlichen Erwerbs als anschaffungsnaher Aufwand (*Abschnitt 157 Abs. 5 EStR 1990*)[1] darstellt, ist nicht nachträglich in die AfA-Bemessungsgrundlage einzubeziehen. **149**

[1] Siehe nunmehr § 6 Abs. 1 Nr. 1 a EStG und BMF-Schreiben vom 18. 7. 2003 (BStBl. I S. 386), abgedruckt als Anlage zu R 21.1 EStR.

EStG

§ 7a Gemeinsame Vorschriften für erhöhte Absetzungen und Sonderabschreibungen

1 (1) ① Werden in dem Zeitraum, in dem bei einem Wirtschaftsgut erhöhte Absetzungen oder Sonderabschreibungen in Anspruch genommen werden können (Begünstigungszeitraum), nachträgliche Herstellungskosten aufgewendet, so bemessen sich vom Jahr der Entstehung der nachträglichen Herstellungskosten an bis zum Ende des Begünstigungszeitraums die Absetzungen für Abnutzung, erhöhten Absetzungen und Sonderabschreibungen nach den um die nachträglichen Herstellungskosten erhöhten Anschaffungs- oder Herstellungskosten. ② Entsprechendes gilt für nachträgliche Anschaffungskosten. ③ Werden im Begünstigungszeitraum die Anschaffungs- oder Herstellungskosten eines Wirtschaftsguts nachträglich gemindert, so bemessen sich vom Jahr der Minderung an bis zum Ende des Begünstigungszeitraums die Absetzungen für Abnutzung, erhöhten Absetzungen und Sonderabschreibungen nach den geminderten Anschaffungs- oder Herstellungskosten.

2 (2) ① Können bei einem Wirtschaftsgut erhöhte Absetzungen oder Sonderabschreibungen bereits für Anzahlungen auf Anschaffungskosten oder für Teilherstellungskosten in Anspruch genommen werden, so sind die Vorschriften über erhöhte Absetzungen und Sonderabschreibungen mit der Maßgabe anzuwenden, dass an die Stelle der Anschaffungs- oder Herstellungskosten die Anzahlungen auf Anschaffungskosten oder die Teilherstellungskosten und an die Stelle des Jahres der Anschaffung oder Herstellung das Jahr der Anzahlung oder Teilherstellung treten. ② Nach Anschaffung oder Herstellung des Wirtschaftsguts sind erhöhte Absetzungen oder Sonderabschreibungen nur zulässig, soweit sie nicht bereits für Anzahlungen auf Anschaffungskosten oder für Teilherstellungskosten in Anspruch genommen worden sind. ③ Anzahlungen auf Anschaffungskosten sind im Zeitpunkt der tatsächlichen Zahlung aufgewendet. ④ Werden Anzahlungen auf Anschaffungskosten durch Hingabe eines Wechsels geleistet, so sind sie in dem Zeitpunkt aufgewendet, in dem dem Lieferanten durch Diskontierung oder Einlösung des Wechsels das Geld tatsächlich zufließt. ⑤ Entsprechendes gilt, wenn anstelle von Geld ein Scheck hingegeben wird.

3 (3) Bei Wirtschaftsgütern, bei denen erhöhte Absetzungen in Anspruch genommen werden, müssen in jedem Jahr des Begünstigungszeitraums mindestens Absetzungen in Höhe der Absetzungen für Abnutzung nach § 7 Absatz 1 oder 4 berücksichtigt werden.

4 (4) Bei Wirtschaftsgütern, bei denen Sonderabschreibungen in Anspruch genommen werden, sind die Absetzungen für Abnutzung nach § 7 Absatz 1 oder 4 vorzunehmen.

5 (5) Liegen bei einem Wirtschaftgut die Voraussetzungen für die Inanspruchnahme von erhöhten Absetzungen oder Sonderabschreibungen auf Grund mehrerer Vorschriften vor, so dürfen erhöhte Absetzungen oder Sonderabschreibungen nur auf Grund einer dieser Vorschriften in Anspruch genommen werden.

6 (6) Erhöhte Absetzungen oder Sonderabschreibungen sind bei der Prüfung, ob die in § 141 Absatz 1 Nummer 4 und 5 der Abgabenordnung bezeichneten Buchführungsgrenzen überschritten sind, nicht zu berücksichtigen.

7 (7) ① Ist ein Wirtschaftsgut mehreren Beteiligten zuzurechnen und sind die Voraussetzungen für erhöhte Absetzungen oder Sonderabschreibungen nur bei einzelnen Beteiligten erfüllt, so dürfen die erhöhten Absetzungen und Sonderabschreibungen nur anteilig für diese Beteiligten vorgenommen werden. ② Die erhöhten Absetzungen oder Sonderabschreibungen dürfen von den Beteiligten, bei denen die Voraussetzungen dafür erfüllt sind, nur einheitlich vorgenommen werden.

8 (8) ① Erhöhte Absetzungen oder Sonderabschreibungen sind bei Wirtschaftsgütern, die zu einem Betriebsvermögen gehören, nur zulässig, wenn sie in ein besonderes, laufend zu führendes Verzeichnis aufgenommen werden, das den Tag der Anschaffung oder Herstellung, die Anschaffungs- oder Herstellungskosten, die betriebsgewöhnliche Nutzungsdauer und die Höhe der jährlichen Absetzungen für Abnutzung, erhöhten Absetzungen und Sonderabschreibungen enthält. ② Das Verzeichnis braucht nicht geführt zu werden, wenn diese Angaben aus der Buchführung ersichtlich sind.

9 (9) Sind für ein Wirtschaftsgut Sonderabschreibungen vorgenommen worden, so bemessen sich nach Ablauf des maßgebenden Begünstigungszeitraums die Absetzungen für Abnutzung bei Gebäuden und bei Wirtschaftsgütern im Sinne des § 7 Absatz 5a nach dem Restwert und dem nach § 7 Absatz 4 unter Berücksichtigung der Restnutzungsdauer maßgebenden Prozentsatz, bei anderen Wirtschaftsgütern nach dem Restwert und der Restnutzungsdauer.

R 7a. Gemeinsame Vorschriften für erhöhte Absetzungen und Sonderabschreibungen

R 7a

Allgemeines

(1) ① Die Vorschriften des § 7a EStG sind auch auf alle erhöhten Absetzungen und Sonderabschreibungen anzuwenden, die ihre Rechtsgrundlage nicht im Einkommensteuergesetz haben. ② § 7a EStG ist nur dann nicht anzuwenden, wenn oder soweit dies in der jeweiligen Vorschrift über die erhöhten Absetzungen oder Sonderabschreibungen ausdrücklich bestimmt ist. **16**

Begünstigungszeitraum

(2) ① Der Begünstigungszeitraum im Sinne des § 7a Abs. 1 Satz 1 EStG umfasst die in der jeweiligen Vorschrift bestimmte Anzahl von Jahren. ② Er verkürzt sich bei den Sonderabschreibungen nach § 4 Abs. 3 FördG[1] und bei den erhöhten Absetzungen auf die Jahre, in denen die insgesamt zulässigen Sonderabschreibungen oder erhöhten Absetzungen tatsächlich vorgenommen worden sind. ③ Der Begünstigungszeitraum für Anzahlungen auf Anschaffungskosten und für Teilherstellungskosten endet mit Ablauf des Jahres, das dem Jahr der Anschaffung oder Herstellung oder der Beendigung nachträglicher Herstellungsarbeiten vorangeht. ④ Im Jahr der Anschaffung oder Herstellung beginnt ein neuer Begünstigungszeitraum für die Anschaffungs- oder Herstellungskosten. **17**

Nachträgliche Anschaffungs- oder Herstellungskosten im Begünstigungszeitraum

(3) ① Nachträgliche Anschaffungs- oder Herstellungskosten im Sinne des § 7a Abs. 1 Satz 1 und 2 EStG sind im Jahr ihrer Entstehung so zu berücksichtigen, als wären sie zu Beginn des Jahres aufgewendet worden. ② § 7a Abs. 1 EStG ist nicht anzuwenden, wenn nachträgliche Herstellungskosten selbständig abgeschrieben werden, z. B. nach den §§ 7h oder 7i EStG oder nach § 4 Abs. 3 FördG,[1] oder wenn nachträgliche Herstellungsarbeiten so umfassend sind, dass hierdurch ein anderes Wirtschaftsgut entsteht (→ R 7.3 Abs. 5). **18**

Minderung der Anschaffungs- oder Herstellungskosten im Begünstigungszeitraum

(4) ① Nachträgliche Minderungen der Anschaffungs- oder Herstellungskosten im Sinne des § 7a Abs. 1 Satz 3 EStG sind im Jahr der Minderung so zu berücksichtigen, als wäre die Minderung zu Beginn des Jahres eingetreten. ② Zuschüsse mindern die Bemessungsgrundlage im Jahr der Bewilligung des Zuschusses. ③ Wird ein Zuschuss zurückgezahlt, ist der Rückforderungsbetrag im Jahr des Entstehens der Rückforderungsverpflichtung der bisherigen Bemessungsgrundlage für die AfA, für die erhöhten Absetzungen und für die Sonderabschreibungen hinzuzurechnen und so zu berücksichtigen, als wäre der Betrag zu Beginn des Jahres zurückgefordert worden ④ Die Sätze 2 und 3 gelten sinngemäß **19**

1. bei Gewinnermittlung durch Betriebsvermögensvergleich oder Einnahmenüberschussrechnung und
2. bei Ermittlung der Einkünfte durch Überschuss der Einnahmen über die Werbungskosten.

Anzahlungen auf Anschaffungskosten

(5) ① → Anzahlungen auf Anschaffungskosten sind Zahlungen, die nach dem rechtswirksamen Abschluss des obligatorischen Vertrags (→ R 7.2 Abs. 5) und vor der Lieferung eines Wirtschaftsgutes auf die endgültigen Anschaffungskosten geleistet werden, soweit sie diese nicht übersteigen. ② Ohne Bedeutung ist, ob die Zahlungen verzinst werden oder zu einer Kaufpreisminderung führen. ③ Anzahlungen auf die Anschaffungskosten eines bebauten Grundstücks sind jeweils nach dem voraussichtlichen Verhältnis der Verkehrswerte oder Teilwerte auf den Grund und Boden und das Gebäude aufzuteilen. ④ Keine Anzahlungen sind → willkürlich geleistete Zahlungen. ⑤ Zahlungen können auch dann willkürlich sein, wenn sie vertraglich vereinbart sind. ⑥ Eine Zahlung gilt nicht als willkürlich, wenn das Wirtschaftsgut spätestens im folgenden Jahr geliefert wird. ⑦ Bei Erwerb eines Gebäudes ist die Willkürlichkeit von Zahlungen auch nicht anzunehmen, soweit im Jahr der Zahlung und im folgenden Kalenderjahr voraussichtlich eine Gegenleistung erbracht wird, die die Anforderung eines Teilbetrags nach § 3 Abs. 2 MaBV rechtfertigen würde. ⑧ Soweit die Zahlungen willkürlich sind, sind sie in dem Jahr als Anzahlung zu berücksichtigen, das dem Jahr vorausgeht, in dem die Anforderung eines entsprechenden Teilbetrags nach § 3 Abs. 2 MaBV voraussichtlich gerechtfertigt wäre. ⑨ Keine Anzahlungen sind auch Zahlungen auf ein Treuhand- oder Notaranderkonto sowie Zahlungen, die im Interesse des Stpfl. einem Konto gutgeschrieben werden, über das der Zahlungsempfänger nicht frei verfügen kann. ⑩ Keine Anzahlungen sind deshalb Zahlungen, die der Stpfl. unter der Bedingung geleistet hat, dass das Konto des Zahlungsempfängers zugunsten des Stpfl. ge- **20**

[1] Letztmals abgedruckt in „Handbuch zur ESt-Veranlagung 2000" im Anhang **I** Nr. **4**.

R 7a sperrt ist. ⑪ Die Anerkennung einer Zahlung als Anzahlung wird jedoch nicht ausgeschlossen, wenn der Stpfl. bedingungslos gezahlt und der Zahlungsempfänger über den Zahlungsbetrag verfügt hat, indem er seine Kaufpreisforderung abgetreten oder das Konto verpfändet hat, z.B. um eine Bankbürgschaft zugunsten des Stpfl. zu erhalten. ⑫ Dabei ist es ohne Bedeutung, ob die Abtretung oder Verpfändung vor oder nach dem Zeitpunkt der Zahlung wirksam geworden ist.

Teilherstellungskosten

21 (6) ① Zu den → Teilherstellungskosten eines Gebäudes gehören auch die Aufwendungen für das bis zum Ende des Wirtschaftsjahres auf der Baustelle angelieferte, aber noch nicht verbaute Baumaterial. ② Unerheblich ist, ob in dem Wirtschaftsjahr bereits Zahlungen für Teilherstellungskosten geleistet sind. ③ Auch bei Teilzahlungen an einen Unternehmer, der beauftragt ist, ein Bauobjekt als Generalunternehmer zu einem Festpreis herzustellen, bemessen sich die AfA, erhöhten Absetzungen und Sonderabschreibungen nur nach den tatsächlich entstandenen Teilherstellungskosten. ④ Soweit sich die Zahlungen am Baufortschritt ausrichten, können sie aus Vereinfachungsgründen als Anhaltspunkt für die Höhe der entstandenen Teilherstellungskosten dienen.

Kumulationsverbot

22 (7) Das Kumulationsverbot nach § 7a Abs. 5 EStG bezieht sich nicht auf die Fälle, in denen nachträgliche Anschaffungs- oder Herstellungskosten Gegenstand einer eigenen Abschreibungsvergünstigung sind und sowohl für das Wirtschaftsgut in seinem ursprünglichen Zustand als auch für die nachträglichen Anschaffungs- oder Herstellungskosten Abschreibungsvergünstigungen auf Grund verschiedener Vorschriften in Betracht kommen.

Verlustklausel

23 (8) ① Die Verlustklausel des § 7a Abs. 6 EStG i. d. F. der Bekanntmachung vom 21. 6. 1979 (BGBl. I S. 721, BStBl. I S. 379) ist im Rahmen der Übergangsregelung zu § 15a EStG *(§ 52 Abs. 22 und 33 EStG)*[1] weiter anzuwenden, und zwar wegen der Betriebsbezogenheit der Verlustklausel auf das gesamte Betriebsergebnis. ② Im Rahmen dieser Übergangsregelung ist die Verlustklausel bei allen erhöhten Absetzungen und Sonderabschreibungen anzuwenden, die für zu einem Betriebsvermögen gehörende Wirtschaftsgüter in Anspruch genommen werden, soweit die Anwendung der Verlustklausel nicht ausdrücklich eingeschränkt oder ausgeschlossen worden ist.

AfA bei Gebäuden nach Ablauf des Begünstigungszeitraums

24 (9) ① Bei Gebäuden, für die Sonderabschreibungen nach § 58 Abs. 1 EStG, nach § 3 ZRFG,[2] nach den §§ 3 und 4 FördG[3] oder nach § 76 EStDV a. F. oder erhöhte Absetzungen nach § 14 Abs. 1 oder § 14a Abs. 4 oder § 14d Abs. 1 Nr. 2 oder § 15 Abs. 2 Satz 2 BerlinFG[4] oder nach § 14a BerlinFG 1976 i. d. F. der Bekanntmachung vom 18. 2. 1976 (BGBl. I S. 353, BStBl. I S. 102) und den vorherigen Fassungen dieser Vorschrift vorgenommen worden sind, ist die lineare AfA in Anlehnung an § 7 Abs. 4 Satz 1 EStG nach einem um den Begünstigungszeitraum verminderten Abschreibungszeitraum von 25 Jahren, 33 Jahren, 40 Jahren oder 50 Jahren zu bemessen. ② In den Fällen des § 76 EStDV a. F. ist die Restwertabschreibung höchstens nach dem um den Begünstigungszeitraum verminderten Abschreibungszeitraum von 30 Jahren (§ 76 Abs. 4 Satz 3 EStDV a. F.) zu bemessen. ③ Die Regelung nach Satz 1 gilt nicht, wenn der Restwert nach Ablauf eines Begünstigungszeitraums den Anschaffungs- oder Herstellungskosten des Gebäudes oder dem an deren Stelle tretenden Wert hinzuzurechnen ist (z. B. § 7b Abs. 2 Satz 3, § 7c Abs. 5 Satz 1 EStG, § 82a Abs. 1 Satz 2 EStDV) oder nach einem festen Prozentsatz abzuschreiben ist (z. B. § 7b Abs. 1 Satz 2 EStG).

AfA bei anderen Wirtschaftsgütern nach Ablauf des Begünstigungszeitraums

25 (10) ① Die Restnutzungsdauer des Wirtschaftsgutes ist bei Beginn der Restwertabschreibung neu zu schätzen. ② Es ist jedoch nicht zu beanstanden, wenn für die weitere Bemessung der AfA die um den Begünstigungszeitraum verminderte ursprüngliche Nutzungsdauer des Wirtschaftsgutes als Restnutzungsdauer zugrunde gelegt wird. ③ Wurden für ein Wirtschaftsgut neben den Sonderabschreibungen nach § 7g Abs. 5 EStG AfA nach § 7 Abs. 2 EStG vorgenommen, kann dieses auch nach Ablauf des maßgebenden Begünstigungszeitraums weiterhin nach § 7 Abs. 2 EStG abgeschrieben werden.

---

[1] § 52 Abs. 22 EStG weggefallen; Abs. 33 nunmehr § 52 Abs. 24 EStG.
[2] Abgedruckt im „Handbuch zur ESt-Veranlagung 1997" im Anhang **I** Nr. **2**.
[3] Letztmals abgedruckt im „Handbuch zur ESt-Veranlagung 2000" im Anhang **I** Nr. **4**.
[4] Abgedruckt im „Handbuch zur ESt-Veranlagung 1994" im Anhang **I** Nr. **1**.

H 7a

Anzahlungen auf Anschaffungskosten

– Begriff

– Vorleistungen, die in Erfüllung eines zu einem späteren Zeitpunkt noch zu vollziehenden 26
Anschaffungsgeschäfts erbracht werden (→ BFH vom 2. 6. 1978 – BStBl. II S. 475 und vom 21. 11. 1980 – BStBl. 1981 II S. 179).

– Keine Anzahlungen auf Anschaffungskosten sind Zahlungen gelegentlich eines Anschaffungsgeschäfts, durch die eine Tilgung der Kaufpreisschuld nicht eintritt (→ BFH vom 4. 3. 1983 – BStBl. II S. 509).

– Eine Wechselhingabe kann nicht als in Erfüllung eines Anschaffungsgeschäfts erbracht angesehen werden, wenn sie für den Empfänger keinen wirtschaftlichen Wert hat (→ BFH vom 28. 11. 1980 – BStBl. 1981 II S. 286).

– Abschlagszahlungen nach MaBV

– Nach § 3 Abs. 2 MaBV in der ab 1. 6. 1997 anzuwendenden Fassung (BGBl. I S. 272) ist der Bauträger ermächtigt, Abschlagszahlungen entsprechend dem Bauablauf in bis zu sieben Teilbeträgen anzufordern, wobei die Teilbeträge aus den folgenden Prozentsätzen zusammengesetzt werden können:

– 30% der Vertragssumme in den Fällen, in denen Eigentum an einem Grundstück übertragen werden soll, oder 20% der Vertragssumme in den Fällen, in denen ein Erbbaurecht bestellt oder übertragen werden soll, nach Beginn der Erdarbeiten,
von der restlichen Vertragssumme
40% nach Rohbaufertigstellung, einschließlich Zimmererarbeiten,
8% für die Herstellung der Dachflächen und Dachrinnen,
3% für die Rohinstallation der Heizungsanlagen,
3% für die Rohinstallation der Sanitäranlagen,
3% für die Rohinstallation der Elektroanlagen,
10% für den Fenstereinbau, einschließlich der Verglasung,
6% für den Innenputz, ausgenommen Beiputzarbeiten,
3% für den Estrich,
4% für Fliesenarbeiten im Sanitärbereich,
12% nach Bezugsfertigkeit und Zug um Zug gegen Besitzübergabe,
3% für die Fassadenarbeiten,
5% nach vollständiger Fertigstellung.

– Über die Teilbeträge nach § 3 Abs. 2 MaBV hinausgehende Zahlungen sind nicht willkürlich, wenn der Bauträger Sicherheit nach § 7 MaBV geleistet hat und keine Anhaltspunkte für eine willkürliche Zahlung gegeben sind (→ BFH vom 14. 1. 2004 – BStBl. II S. 750).

– Zeitpunkt

– Anzahlungen sind nicht schon im Zeitpunkt der Diskontierung des Wechsels aufgewendet, wenn der Diskonterlös für die Laufzeit des Wechsels auf einem Festgeldkonto angelegt wird und der Diskontnehmer während der Laufzeit des Wechsels nicht über den Wechselgegenwert verfügen kann (→ BFH vom 30. 10. 1986 – BStBl. 1987 II S. 137).

– Zeitpunkt der Anzahlung ist grundsätzlich der Zeitpunkt, in dem der Schuldner seiner Bank den Überweisungsauftrag erteilt hat (→ BFH vom 22. 5. 1987 – BStBl. II S. 673).

Beispiele:

1. Nachträgliche Anschaffungs- oder Herstellungskosten

An einem im Januar 01 angeschafften beweglichen Wirtschaftsgut mit einer betriebsgewöhnlichen Nutzungsdauer von 10 Jahren, für das im Jahr 01 die nach § 7g EStG zulässigen Sonderabschreibungen von 20% und die lineare AfA in Anspruch genommen worden sind, werden nachträgliche Herstellungsarbeiten vorgenommen und im Jahr 05 beendet. Die nachträglichen Herstellungskosten entstehen im Dezember 04 und im Januar 05.

Anschaffungskosten		10 000 €
Abschreibungen 01 bis 03:		
a) 3 × 10% von 10 000 €		– 3 000 €
b) 20% von 10 000 €		– 2 000 €
Buchwert 31. 12. 03		5 000 €
nachträgliche Herstellungskosten 04		+ 1 800 €
		6 800 €
Abschreibungen 04:		
a) 10% von 11 800 €		– 1 180 €
b) 20% von 11 800 €	2 360 €	
abzüglich bisherige Sonderabschreibungen	2 000 €	– 360 €
Buchwert 31. 12. 04		5 260 €
nachträgliche Herstellungskosten 05		+ 200 €
		5 460 €
Abschreibungen 05:		
a) 10% von 12 000 €		– 1 200 €
b) 20% von 12 000 €	2 400 €	
abzüglich bisherige Sonderabschreibungen	2 360 €	– 40 €
Restwert 31. 12. 05		4 220 €

H 7a

2. Minderung der Anschaffungs- oder Herstellungskosten

An einem Gebäude werden im Jahr 01 Baumaßnahmen i. S. d. § 7 i EStG durchgeführt. Im Februar 03 wird ein Zuschuss bewilligt.

Herstellungskosten	100 000 €
Erhöhte Absetzungen 01 bis 02: 2 × 9% von 100 000 €	– 18 000 €
Buchwert 31. 12. 02	82 000 €
Zuschuss 03	– 40 000 €
	42 000 €
Erhöhte Absetzungen 03 bis 08: 6 × 9% von 60 000 € =	– 32 400 €
Erhöhte Absetzungen 09 bis 10: 2 × 7% von 60 000 € =	– 8 400 €
Erhöhte Absetzungen 11 (Rest)	– 1 200 €
Buchwert 31. 12. 11	0 €

3. Rückforderung eines Zuschusses

Sachverhalt wie in Beispiel 2 mit der Ergänzung, dass der Zuschuss im Jahr 04 zurückgefordert wird.

Herstellungskosten	100 000 €
Erhöhte Absetzungen 01 bis 02: 2 × 9% von 100 000 €	– 18 000 €
Buchwert 31. 12. 02	82 000 €
Zuschuss 03	– 40 000 €
	42 000 €
Erhöhte Absetzungen 03: 9% von 60 000 €	– 5 400 €
Buchwert 31. 12. 03	36 600 €
Rückforderung Zuschuss 04	+ 40 000 €
	76 600 €
Erhöhte Absetzungen 04 bis 08: 5 × 9% von 100 000 €	– 45 000 €
Erhöhte Absetzungen 09 bis 12: 4 × 7% von 100 000 €	– 28 000 €
Restwert 31. 12. 12	3 600 €

4. AfA bei Gebäuden nach Ablauf des Begünstigungszeitraums

Für ein im Januar 01 hergestelltes Wirtschaftsgebäude sind in den Jahren 01 bis 03 die nach § 4 FördG zulässigen Sonderabschreibungen vorgenommen worden. Nach Ablauf des Begünstigungszeitraums am 31. 12. 05 beträgt die restliche Abschreibungsdauer des Gebäudes noch 20 Jahre.

Herstellungskosten	500 000 €
Abschreibungen 01 bis 03: 3 × 4% = 12% =	– 60 000 €
Sonderabschreibungen 50% =	– 250 000 €
Abschreibungen 04 und 05: 2 × 4% = 8% =	– 40 000 €
Restwert 31. 12. 05 = Bemessungsgrundlage ab 06	150 000 €

Vom Jahr 06 an beträgt die AfA jeweils 5% = 7 500 € jährlich.

Degressive AfA. Die AfA nach § 7 Abs. 5 EStG gehört nicht zu den erhöhten Absetzungen (→ BFH vom 25. 5. 2004 – BStBl. II S. 783). § 7 a Abs. 4 EStG bezieht sich nur auf die kumulative Inanspruchnahme von Sonderabschreibungen und degressiver AfA in ein und demselben VZ (→ BFH vom 14. 3. 2006 – BStBl. II S. 799).

Mehrere Beteiligte[1]

- Sind Wirtschaftsgüter mehreren Beteiligten zuzurechnen, so können erhöhte Absetzungen und Sonderabschreibungen grundsätzlich nur einheitlich von allen Beteiligten in Anspruch genommen werden (→ BFH vom 7. 8. 1986 – BStBl. II S. 910).
- → R 21.6 Satz 3.
- Nur der Gesellschafter, nicht die Personengesellschaft, ist zur Inanspruchnahme der erhöhten Absetzungen berechtigt. Scheidet ein Gesellschafter nach Durchführung der begünstigten Maßnahmen aus der Gesellschaft aus und übernehmen die übrigen Gesellschafter dessen Anteil (Anwachsung), so sind jedem der verbliebenen Gesellschafter nur in Höhe seiner ursprünglichen Beteiligung begünstigte Herstellungskosten zuzurechnen (→ BFH vom 17. 7. 2001 – BStBl. II S. 760).
- Übernimmt im Rahmen der Liquidation einer vermögensverwaltenden Personengesellschaft ein Gesellschafter das weitgehend aus einem einzigen Wirtschaftsgut bestehende Gesellschaftsvermögen im Wege der Übertragung von Aktiva und Passiva, liegt hierin keine Anschaffung eines Unternehmens, sondern eine Gesamtrechtsnachfolge des zuletzt verbleibenden Gesellschafters in das Gesellschaftsvermögen der Gesellschaft (→ BFH vom 25. 6. 2002 – BStBl. II S. 756).

Teilherstellungskosten

- Teilherstellungskosten sind die Aufwendungen, die bis zum Ende des Wj. durch den Verbrauch von Gütern und die Inanspruchnahme von Diensten für die Herstellung eines Wirtschaftsgutes entstanden sind (→ BFH vom 15. 11. 1985 – BStBl. 1986 II S. 367).
- Anzahlungen auf Teilherstellungskosten sind nicht begünstigt (→ BFH vom 10. 3. 1982 – BStBl. II S. 426).

Verzeichnis. Das nach § 7 a Abs. 8 EStG erforderliche Verzeichnis braucht erst im Zeitpunkt der Inanspruchnahme der erhöhten Absetzungen oder Sonderabschreibungen erstellt zu werden (→ BFH vom 9. 8. 1984 – BStBl. 1985 II S. 47).

Willkürlich geleistete Zahlungen. Willkürlich geleistete Zahlungen sind keine Anzahlungen (→ BFH vom 3. 2. 1987 – BStBl. II S. 492).

---

[1] Zur Verteilung von Abschreibungen bei Neueintritt von Gesellschaftern in eine Personengesellschaft vgl. *Vfg. OFD Hannover vom 12. 10. 2007 S 2241 – 30 – StO 221/StO 222 (StEd S. 745).* Siehe ferner *BFH-Urteil vom 27. 7. 2004 IX R 20/03 (BStBl. 2005 II S. 33).*

EStG

§ 7b[1] Sonderabschreibung für Mietwohnungsneubau

(1) ① Für die Anschaffung oder Herstellung neuer Wohnungen, die in einem Mitgliedstaat der Europäischen Union belegen sind, können nach Maßgabe der nachfolgenden Absätze im Jahr der Anschaffung oder Herstellung und in den folgenden drei Jahren Sonderabschreibungen bis zu jährlich 5 Prozent der Bemessungsgrundlage neben der Absetzung für Abnutzung nach § 7 Absatz 4 in Anspruch genommen werden. ② Im Fall der Anschaffung ist eine Wohnung neu, wenn sie bis zum Ende des Jahres der Fertigstellung angeschafft wird. ③ In diesem Fall können die Sonderabschreibungen nach Satz 1 nur vom Anschaffenden in Anspruch genommen werden. ④ Bei der Anwendung des Satzes 1 sind den Mitgliedstaaten der Europäischen Union Staaten gleichgestellt, die auf Grund vertraglicher Verpflichtung Amtshilfe entsprechend dem EU-Amtshilfegesetz in einem Umfang leisten, der für die Überprüfung der Voraussetzungen dieser Vorschrift erforderlich ist. 1

(2) Die Sonderabschreibungen können nur in Anspruch genommen werden, wenn 2

1. **durch Baumaßnahmen auf Grund eines nach dem 31. August 2018 und vor dem 1. Januar 2022 gestellten Bauantrags oder einer in diesem Zeitraum getätigten Bauanzeige neue, bisher nicht vorhandene, Wohnungen geschaffen werden, die die Voraussetzungen des § 181 Absatz 9 des Bewertungsgesetzes erfüllen; hierzu gehören auch die zu einer Wohnung gehörenden Nebenräume,**
2. **die Anschaffungs- oder Herstellungskosten 3000 Euro je Quadratmeter Wohnfläche nicht übersteigen und**
3. **die Wohnung im Jahr der Anschaffung oder Herstellung und in den folgenden neun Jahren der entgeltlichen Überlassung zu Wohnzwecken dient; Wohnungen dienen nicht Wohnzwecken, soweit sie zur vorübergehenden Beherbergung von Personen genutzt werden.**

(3) Bemessungsgrundlage für die Sonderabschreibungen nach Absatz 1 sind die Anschaffungs- oder Herstellungskosten der nach Absatz 2 begünstigten Wohnung, jedoch maximal 2000 Euro je Quadratmeter Wohnfläche. 3

(4) ① Die nach Absatz 1 in Anspruch genommenen Sonderabschreibungen sind rückgängig zu machen, wenn 4

1. **die begünstigte Wohnung im Jahr der Anschaffung oder Herstellung und in den folgenden neun Jahren nicht der entgeltlichen Überlassung zu Wohnzwecken dient,**
2. **die begünstigte Wohnung oder ein Gebäude mit begünstigten Wohnungen im Jahr der Anschaffung oder der Herstellung oder in den folgenden neun Jahren veräußert wird und der Veräußerungsgewinn nicht der Einkommen- oder Körperschaftsteuer unterliegt oder**
3. **die Baukostenobergrenze nach Absatz 2 Nummer 2 innerhalb der ersten drei Jahre nach Ablauf des Jahres der Anschaffung oder Herstellung der begünstigten Wohnung durch nachträgliche Anschaffungs- oder Herstellungskosten überschritten wird.**

② Steuer- oder Feststellungsbescheide, in denen Sonderabschreibungen nach Absatz 1 berücksichtigt wurden, sind insoweit aufzuheben oder zu ändern. ③ Das gilt auch dann, wenn die Steuer- oder Feststellungsbescheide bestandskräftig, geworden sind; die Festsetzungsfristen für das Jahr der Anschaffung oder Herstellung und für die folgenden drei Kalenderjahre beginnen insoweit mit Ablauf des Kalenderjahres, in dem das Ereignis im Sinne des Satzes 1 eingetreten ist. ④ § 233 a Absatz 2 a der Abgabenordnung ist insoweit nicht anzuwenden.

(5) ① Die Sonderabschreibungen nach Absatz 1 werden nur gewährt, soweit die Voraussetzungen der Verordnung (EU) Nr. 1407/2013 der Kommission vom 18. Dezember 2013 über die Anwendung der Artikel 107 und 108 des Vertrags über die Arbeitsweise der Europäischen Union auf De-minimis-Beihilfen (ABl. L 352 vom 24. 12. 2013, S. 1) (De-minimis-Verordnung) in der jeweils geltenden Fassung eingehalten sind. ② Unter anderem darf hiernach der Gesamtbetrag der einem einzigen Unternehmen gewährten De-minimis-Beihilfe in einem Zeitraum von drei Veranlagungszeiträumen 200 000 Euro nicht übersteigen. ③ Bei dieser Höchstgrenze sind auch andere in diesem Zeitraum an das Unternehmen gewährte De-minimis-Beihilfen gleich welcher Art und Zielsetzung zu berücksichtigen. ④ Die Sonderabschreibungen werden erst gewährt, wenn der Anspruchsberechtigte in geeigneter Weise den Nachweis erbracht hat, in welcher Höhe ihm in den beiden vorangegangenen sowie im laufenden Veranlagungszeitraum De-minimis-Beihilfen gewährt worden sind, für die die vorliegende oder andere De-minimis-Verordnungen gelten, und nur soweit, wie die Voraussetzungen der De-minimis-Verordnung bei dem Unternehmen im Sinne der De-minimis-Verordnung eingehalten werden. 5

---

[1] § 7 b eingefügt mWv VZ 2018; zur Anwendung siehe auch § 52 Abs. 15 a EStG.
Zur Fassung von § 7 b ab VZ 2023 siehe in der geschlossenen Wiedergabe.

Übersicht

H 7b

11 **Anwendungsschreiben** → BMF vom 7. 7. 2020 (BStBl. I S. 623)[1] unter Berücksichtigung der Änderungen durch BMF vom 21. 9. 2021 (BStBl. I S. 1805).

Anl zu H 7b

Anwendungsschreiben zur Sonderabschreibung für die Anschaffung oder Herstellung neuer Mietwohnungen nach § 7 b Einkommensteuergesetz (EStG)

Vom 7. Juli 2020 (BStBl. I S. 623)

(BMF IV C 3 – S 2197/19/10009 :008; DOK 2020/0578401)

Geändert durch BMF-Schreiben vom 21. September 2021 (BStBl. I S. 1805)

1 Anlage

Mit Artikel 1 Nummer 2 des Gesetzes zur steuerlichen Förderung des Mietwohnungsneubaus vom 4. August 2019 (BGBl. I S. 1122)[2] wurde mit § 7 b Einkommensteuergesetz (EStG) eine neue Sonderabschreibung für die Anschaffung oder Herstellung neuer Mietwohnungen eingeführt. Mit Artikel 1 Nummer 27 Buchstabe e des Gesetzes zur weiteren steuerlichen Förderung der Elektromobilität und zur Änderung weiterer steuerlicher Vorschriften vom 12. Dezember 2019 (BGBl. I S. 2451)[3] wurden der Anwendungsbereich des § 7 b EStG auf den Veranlagungszeitraum 2018 erweitert (§ 52 Absatz 15 a Satz 1 EStG) und der Abzug als Werbungskosten ermöglicht (§ 9 Absatz 1 Satz 3 Nummer 7 EStG).

Unter Bezugnahme auf das Ergebnis der Erörterungen mit den obersten Finanzbehörden der Länder gelten für die Anwendung des § 7 b EStG die folgenden Grundsätze:

Inhaltsübersicht

[1] Nachstehend abgedruckt.

[2] **Amtl. Anm.:** BStBl. I S. 1306.

[3] **Amtl. Anm.:** BStBl. I S. 17.

I. Einkommensteuerrechtliche Voraussetzungen der Inanspruchnahme der Sonderabschreibung nach § 7 b EStG

1. Anspruchsvoraussetzungen

1.1. Persönliche Voraussetzungen

1 Zur Inanspruchnahme der Sonderabschreibung nach § 7 b EStG sind alle beschränkt und unbeschränkt Steuerpflichtigen i. S. d. EStG und des KStG berechtigt, die auch die beihilferechtlichen Voraussetzungen erfüllen (vgl. II. Beihilferechtliche Voraussetzungen der Inanspruchnahme der Sonderabschreibung nach § 7 b EStG). **12**

2 Bei Mitunternehmerschaften oder Gemeinschaften ist nach § 7 a Absatz 7 Satz 1 EStG der einzelne Beteiligte anspruchsberechtigt. Das Wahlrecht zur Inanspruchnahme der Sonderabschreibung nach § 7 b EStG darf nach § 7 a Absatz 7 Satz 2 EStG sowohl dem Grunde als auch der Höhe nach nur einheitlich ausgeübt werden.

1.2. Sachliche Voraussetzungen

3 Die Sonderabschreibung nach § 7 b EStG kann in Anspruch genommen werden für eine neue Mietwohnung (vgl. 4. Förderobjekt), die im entsprechenden Förderzeitraum (vgl. 3. Förderzeitraum) angeschafft oder hergestellt wird – unter Erfüllung der Nutzungsvoraussetzung (vgl. 5. Nutzungsvoraussetzung) und Einhaltung der Baukostenobergrenze (vgl. 7. Baukostenobergrenze).

4 Beschränkt Steuerpflichtige, die im Inland eine neue Mietwohnung herstellen oder anschaffen und mit den aus deren entgeltlichen Überlassung erzielten Einkünften im Inland steuerpflichtig sind, können die Sonderabschreibung nach § 7 b EStG bei Vorliegen der übrigen Voraussetzungen in Anspruch nehmen.

5 Wird eine neue Mietwohnung bis zum Ende des Jahres der Fertigstellung angeschafft, kann die Sonderabschreibung nach § 7 b EStG nur vom Erwerber in Anspruch genommen werden (§ 7 b Absatz 1 Satz 3 EStG). Veräußert der Erwerber die neue Mietwohnung noch bis zum Ende des Jahres der Fertigstellung weiter, kann nur der Zweit- bzw. Letzterwerber die Sonderabschreibung nach § 7 b EStG in Anspruch nehmen.

2. Fördergebiet

6 Die Regelung gilt für jede neue Mietwohnung im Inland. **13**

7 § 7 b EStG findet auch Anwendung, wenn die neue Mietwohnung in einem anderen Mitgliedstaat der Europäischen Union oder einem Staat belegen ist, der aufgrund vertraglicher Verpflichtung Amtshilfe entsprechend dem EU-Amtshilfegesetz in einem Umfang leistet, der für die Überprüfung der Voraussetzungen dieser Vorschrift erforderlich ist. Soweit es sich um einen Drittstaat handelt, ist anhand der jeweiligen vertraglichen Vereinbarungen mit diesem Staat zu prüfen, ob die entsprechenden Voraussetzungen vorliegen. Anhaltspunkte hierfür ergeben sich aus der Anlage 1 (Anwendungsbereich des EUAHiG sowie der DBA und der TIEA) zum „Merkblatt zur zwischenstaatlichen Amtshilfe durch Informationsaustausch in Steuersachen" (BMF-Schreiben vom 29. Mai 2019, BStBl. I S. 480). Für die dort unter „A. Staaten mit großem Informationsaustausch" aufgeführten Staaten ist davon auszugehen, dass die Voraussetzungen erfüllt sind.

3. Förderzeitraum

8 Förderzeitraum ist der Zeitraum, für den die Förderung nach § 7 b EStG dem Grunde nach in Betracht kommt. **14**

3.1. Zeitpunkt des Bauantrags/der Bauanzeige

9[1] Die Sonderabschreibung nach § 7 b EStG kann nur in Anspruch genommen werden, wenn der Bauantrag oder – wenn eine Baugenehmigung nicht erforderlich ist – die Bauanzeige nach dem 31. August 2018 und vor dem 1. Januar 2022 gestellt bzw. getätigt worden ist. Für Mietwohnungen, die nach den baurechtlichen Vorschriften ohne Bauantrag bzw. Bauanzeige errichtet werden können, kann hinsichtlich des in Satz 1 genannten Zeitraums auf den Zeitpunkt des Beginns der Bauausführung abgestellt werden.

10 Wurde der Bauantrag vor dem 1. September 2018 gestellt oder die Bauanzeige vor diesem Zeitpunkt getätigt, mit der tatsächlichen Bautätigkeit aber erst nach diesem Stichtag begonnen, ist die Inanspruchnahme der Sonderabschreibung nach § 7 b EStG nicht zulässig, da die Regelung nicht auf den Beginn der Bautätigkeit, sondern auf den Zeitpunkt der Bauantragstellung bzw. der Tätigung der Bauanzeige abstellt.

11 Ein Bauantrag bzw. eine Bauanzeige wird mittels des von der nach Landesrecht zuständigen Behörde veröffentlichten Vordrucks gestellt bzw. getätigt, mit dem die landesrechtlich vorgesehene Baugenehmigung für die beabsichtigte Herstellung der Mietwohnung angestrebt wird.

---

[1] Rn. 9 neugefasst durch BMF-Schreiben vom 21. 9. 2021 (BStBl. I S. 1805) und ist in allen offenen Fällen anzuwenden.

Anl zu H 7 b

12 Für die Bestimmung des Zeitpunkts der Stellung des Bauantrags bzw. der Tätigung der Bauanzeige ist regelmäßig das Datum des Eingangsstempels der nach Landesrecht zuständigen Behörde maßgebend. Dieses Datum gilt auch dann als entscheidender Zeitpunkt, wenn die Bauplanung nach dem Eingang des Bauantrags bzw. der Bauanzeige geändert wird, ohne dass ein neuer Bauantrag bzw. eine neue Bauanzeige erforderlich ist.

13 Ist ein Bauantrag abgelehnt bzw. eine angezeigte Bauausführung untersagt worden und die Baugenehmigung erst aufgrund eines unter neuen Bedingungen gestellten Bauantrags erteilt bzw. der Bau erst aufgrund einer veränderten Bauanzeige begonnen worden, ist der maßgebliche Zeitpunkt des Bauantrags bzw. der Bauanzeige der Eingang des unter neuen Bedingungen gestellten Bauantrags bzw. der neuen Bauanzeige bei der zuständigen Behörde. Dies gilt auch, wenn sich die Bauplanung des Steuerpflichtigen so grundlegend ändert, dass ein neuer Bauantrag gestellt bzw. eine neue Bauanzeige getätigt werden muss. Wird ein Bauantrag bzw. eine Bauanzeige allerdings annulliert und anschließend derselbe Bauantrag bzw. dieselbe Bauanzeige unverändert erneut gestellt bzw. getätigt, bleibt der Zeitpunkt des ursprünglich gestellten Bauantrags bzw. der bisherigen Bauanzeige maßgeblich.

14 Im Fall der Anschaffung einer neuen Mietwohnung ist der Zeitpunkt der Stellung des Bauantrags bzw. der Tätigung der Bauanzeige des Steuerpflichtigen, der die Wohnung hergestellt hat, maßgebend. Nicht entscheidend ist das Datum des Kaufvertrags.

15 Für Mietwohnungen, die entgegen den baurechtlichen Vorschriften ohne Baugenehmigung errichtet wurden, kann die Sonderabschreibung nach § 7 b EStG nicht in Anspruch genommen werden.

3.2. Begrenzung des Förderzeitraums

16 Die Sonderabschreibung nach § 7 b EStG kann nach § 52 Absatz 15 a EStG letztmals im Veranlagungszeitraum 2026 bzw. in dem letzten vor dem 1. Januar 2027 endenden Wirtschaftsjahr in Anspruch genommen werden. Ab dem Veranlagungszeitraum 2027 bzw. für nach dem 31. Dezember 2026 endende Wirtschaftsjahre kann die Sonderabschreibung nach § 7 b EStG auch dann nicht mehr in Anspruch genommen werden, wenn der vorgesehene Begünstigungszeitraum (Rz. 65) noch nicht abgelaufen ist.

17 Bei der Bestimmung und Einhaltung des Förderzeitraums kommt es – anders als beim Begünstigungszeitraum (Rz. 65) – nicht auf den Anschaffungs- oder Herstellungszeitpunkt der begünstigten Baumaßnahme an. Das Jahr der Fertigstellung der Baumaßnahme ist damit für die Einhaltung des Förderzeitraums der Sonderabschreibung nach § 7 b EStG nicht entscheidend. Die Sonderabschreibung nach § 7 b EStG kann auch dann in Anspruch genommen werden, wenn die neue Mietwohnung, für die der Bauantrag gestellt wurde oder die Bauanzeige erfolgt ist, erst nach dem 31. Dezember 2021 fertiggestellt wird. Der Förderzeitraum endet jedoch spätestens im Veranlagungszeitraum 2026 bzw. in dem letzten vor dem 1. Januar 2027 endenden Wirtschaftsjahr.

18 **Beispiel 1:**

Ein Mehrfamilienhaus wird im Jahr 2024 aufgrund eines im Jahr 2021 gestellten Bauantrags fertiggestellt. Zum 1. Dezember 2024 geht das Eigentum auf einen Erwerber über, der die Wohnungen ab diesem Zeitpunkt vermietet.

Der Erwerber kann für die Jahre 2024, 2025 und 2026 jährlich bis zu 5 Prozent der förderfähigen Anschaffungskosten geltend machen. Das vierte Jahr des Begünstigungszeitraums für die Inanspruchnahme der Sonderabschreibung nach § 7 b EStG entfällt aufgrund der Begrenzung des Förderzeitraums auf den Veranlagungszeitraum 2026 (§ 52 Absatz 15 a EStG). Die lineare Absetzung für Abnutzung (AfA) wird im Jahr 2027 gegenüber den Vorjahren unverändert berücksichtigt. Erst ab dem 5. Jahr, dem Jahr 2028, erfolgt die AfA nach § 7 a Absatz 9 EStG (vgl. Rz. 70 ff.).

4. Förderobjekt

15 **19** Gegenstand der Sonderabschreibung nach § 7 b EStG ist die einzelne neue Mietwohnung einschließlich der zu ihr gehörenden Nebenräume (begünstigte Wohnung). Die Sonderabschreibung nach § 7 b EStG wird nicht – wie nach den üblichen ertragsteuerrechtlichen Grundsätzen – für die Anschaffung oder Herstellung eines neuen Gebäudes oder selbständigen Gebäudeteils gewährt. So ist bei der linearen AfA nach § 7 Absatz 4 EStG Gegenstand der AfA das selbständige unbewegliche Wirtschaftsgut Gebäude. Die Vereinfachungsregelung zur Herstellung eines anderen Wirtschaftsgutes in R 7.3 Absatz 5 EStR findet für die Sonderabschreibung nach § 7 b EStG keine Anwendung. Begünstigt sind neue Mietwohnungen in neuen oder vorhandenen Gebäuden und anderen Gebäudeteilen, die selbständige unbewegliche Wirtschaftsgüter sind (Gebäude) sowie Eigentumswohnungen und im Teileigentum stehende Räume.

4.1. Wohnung i. S. d. § 7 b EStG

20 Nach § 7 b Absatz 2 Nummer 1 EStG muss die begünstigte Wohnung die bewertungsrechtlichen Anforderungen des § 181 Absatz 9 Bewertungsgesetz (BewG) erfüllen. Danach ist eine Wohnung die Zusammenfassung einer Mehrheit von Räumen, die in ihrer Gesamtheit so beschaffen sein muss, dass die Führung eines selbständigen Haushalts möglich ist. Die Zusammenfassung einer Mehrheit von Räumen muss eine von anderen Wohnungen oder Räumen, insbesondere Wohnräumen, baulich getrennte, in sich abgeschlossene Wohneinheit bilden und einen selbständigen Zugang haben. Außerdem ist es erforderlich, dass die für die Führung eines selbständigen Haushalts notwendigen Nebenräume (Küche, Bad oder Dusche, Toilette) vorhanden sind. Nach § 181 Absatz 9 Satz 4 BewG muss die Wohnfläche mindestens 23 m^2 betragen. Außerhalb der Wohnung belegene Räume werden dabei nicht berücksichtigt.

21 Ist die Wohnfläche der neuen Mietwohnung kleiner als 23 m^2, kann die Sonderabschreibung nach § 7 b EStG auch dann in Anspruch genommen werden, wenn es sich um eine Wohnung in einem Studentenwohnheim in Gestalt eines Appartementhauses oder um ein abgeschlossenes Appartement in einem Seniorenheim oder einer Unterkunft für betreutes Wohnen handelt. Die Wohnung muss in diesen Fällen aus einem Wohn-Schlafraum mit einer vollständig eingerichteten Küchenkombination oder zumindest einer Kochgelegenheit mit den für eine Kleinkücheneinrichtung üblichen Anschlüssen und einem Bad/WC bestehen und eine Gesamtwohnfläche von mindestens 20 m^2 haben (BFH vom 4. Dezember 2014, BStBl. 2015 II S. 610). Vgl. auch § 249 Absatz 10 BewG wonach – für Zwecke der Grundsteuer – eine Wohnung eine Wohnfläche von mindestens 20 m^2 aufweisen soll. Anl zu H 7b

22 Gemäß § 7 b Absatz 2 Nummer 1 EStG gehören zu einer Wohnung auch Nebenräume. Hierbei handelt es sich um Räume, die sich nicht im abgeschlossenen Bereich der Wohnung befinden, aber zu dieser gehören. Dies sind z. B. Keller- oder Abstellräume, gemeinschaftlich genutzte Räume im selben Gebäude, Stellplätze in Tiefgaragen sowie die zu einem Gebäude gehörenden Garagen.

23 Garagen, die neben dem Gebäude errichtet werden, gehören dann zu einer Wohnung, wenn Wohnung und Garagen als Bewertungseinheit i. S. d. BewG anzusehen sind.

4.2. Neue Wohnung i. S. d. § 7 b EStG

24 Die Sonderabschreibung nach § 7 b EStG kommt nur in Betracht, wenn eine neue Wohnung geschaffen wird, die bisher nicht vorhanden war.

25 Eine neue Wohnung i. S. d. § 7 b EStG kann entstehen durch
- den Neubau von Ein-, Zwei- oder Mehrfamilienhäusern,
- den Aus- oder Umbau von bestehenden Gebäudeflächen (insbesondere Dachgeschossausbauten, aber auch Teilung bestehender Wohnflächen) oder
- die Aufstockung oder den Anbau auf oder an einem bestehenden Gebäude (mit Flächenerweiterung).

Voraussetzung ist, dass der neu geschaffene Wohnraum die Anforderungen des Wohnungsbegriffs i. S. d. § 7 b EStG erfüllt.

26 Keine neue Wohnung i. S. d. § 7 b EStG entsteht hingegen, wenn vorhandener Wohnraum nur modernisiert oder saniert wird, auch wenn dies mit hohen Kosten verbunden ist und sich die Ausstattungsmerkmale der Wohnung dadurch deutlich verbessern. Das gilt auch dann, wenn vorhandener Wohnraum innerhalb des Gebäudes verlegt oder die bestehende Wohnung um Wohnfläche erweitert wird. Dies gilt nicht, wenn vor Durchführung der Sanierung keine den Anforderungen des Wohnungsbegriffs genügende Wohnung vorhanden war. Sind diese Anforderungen nach Durchführung der Sanierung erfüllt, ist eine neue Wohnung entstanden.

27 Eine neue Wohnung i. S. d. § 7 b EStG kann auch dann entstehen, wenn unter Nutzung bestehender Gebäudeflächen neuer Wohnraum geschaffen wird, z. B. im Wege der Umgestaltung von gewerblich genutzten Flächen oder durch den Ausbau eines bisher nicht genutzten Dachgeschosses. Voraussetzung ist, dass der unter Verwendung der Altbausubstanz neu geschaffene Wohnraum erstmals die Anforderungen des Wohnungsbegriffs i. S. d. § 7 b EStG erfüllt (vgl. 5.2. Wohnzwecke). Nicht entscheidend ist, dass mit der Wohnung auch ein neues selbständiges „Wirtschaftsgut" entsteht. Auch wenn die neu geschaffene Wohnung ertragsteuerrechtlich nicht als selbständiges Wirtschaftsgut behandelt wird, sondern in einen bereits bestehenden Nutzungs- und Funktionszusammenhang (zu fremden Wohnzwecken vermietete Wohnungen) eingeht, kann abweichend von dieser ertragsteuerrechtlichen Zuordnung eine neue Wohnung i. S. d. § 7 b EStG entstehen.

28 Beispiel 2:

In einem im Jahr 2011 errichteten Gebäude gibt es vier Mietwohnungen in den oberen Etagen. Im Erdgeschoss und in der ersten Etage befinden sich Ladengeschäfte und Büroräume. Die Büroräume werden im Jahr 2019 (Tätigung der Bauanzeige am 1. Februar 2019) zu zwei 80 m^2 großen Wohnungen umgebaut, die ab dem 1. Dezember 2019 vermietet werden.

Bei den zwei Wohnungen handelt es sich um neue Wohnungen, für die eine Sonderabschreibung nach § 7 b EStG in Anspruch genommen werden kann.

29 Werden durch die Teilung einer Wohnung (unter Verwendung der vorhandenen Altbausubstanz) mehrere bisher nicht vorhandene baulich getrennte und in sich abgeschlossene Wohneinheiten hergestellt, werden damit mehrere neue Wohnungen i. S. d. § 7 b EStG geschaffen. Gehören allerdings die Räume, in denen sich vor der Teilung Bad und Küche der alten Wohnung befunden haben, nach der Teilung nur zu einer der neu entstandenen Wohnungen, so sprechen die objektiven Kriterien dafür, dass diese Wohnung nicht neu i. S. d. § 7 b EStG, sondern an die Stelle der alten Wohnung getreten ist.

30 Im Fall der Anschaffung einer Wohnung gilt diese Wohnung für den Erwerber nur dann als neu i. S. d. § 7 b EStG, wenn sie bis zum Ende des Jahres der Fertigstellung angeschafft wird. Eine Wohnung ist fertiggestellt, wenn sie entsprechend ihrer Zweckbestimmung genutzt werden kann. Der Zeitpunkt der Anschaffung einer Wohnung ist der Zeitpunkt der Erlangung der wirtschaftlichen Verfügungsmacht. Das ist der Fall, wenn Eigenbesitz, Gefahr, Nutzen und Lasten auf den Erwerber übergehen. Für die Inanspruchnahme der Sonderabschreibung nach § 7 b EStG müssen also Fertigstellung und Erlangung der wirtschaftlichen Verfügungsmacht in einem Kalenderjahr liegen.

31 Beispiel 3:

Ein Investor lässt in einem neu errichteten Gebäude mehrere Wohnungen herstellen. Das Gebäude und auch die Wohnungen werden am 30. November 2020 (Bauantrag vom 10. Mai 2019) fertiggestellt.
a) Der Investor begründet durch Teilungserklärung Eigentumswohnungen, welche einzeln veräußert werden.
b) Das Gebäude wird als Ganzes veräußert.

In beiden Fällen können die Erwerber die Sonderabschreibung nach § 7 b EStG in Anspruch nehmen, wenn die neuen Wohnungen oder das Gebäude bis zum 31. Dezember 2020 rechtswirksam unter Erlangung der wirtschaftlichen Verfügungsmacht erworben wurden.

5. Nutzungsvoraussetzung

32 Für die Inanspruchnahme der Sonderabschreibung nach § 7 b EStG muss die begünstigte Wohnung der entgeltlichen Überlassung zu fremden Wohnzwecken dienen. **16**

Anl zu H 7 b

5.1. Entgeltliche Überlassung zu fremden Wohnzwecken

33 Wird eine Wohnung selbstgenutzt oder unentgeltlich zu fremden Wohnzwecken überlassen, liegt keine entgeltliche Überlassung zu fremden Wohnzwecken i. S. d. § 7 b EStG vor. Ist die Nutzungsüberlassung gemäß § 21 Absatz 2 EStG in einen entgeltlichen und einen unentgeltlichen Teil aufzuteilen, so ist auch die Sonderabschreibung nach § 7 b EStG im gleichen Verhältnis aufzuteilen und nur in Höhe des auf die entgeltliche Nutzungsüberlassung entfallenden Anteils abzugsfähig.

34 Eine Wohnung dient der entgeltlichen Überlassung zu fremden Wohnzwecken auch dann, wenn sie zwar vorübergehend leer steht, die entgeltliche Überlassung aber (weiterhin) vorgesehen ist und die Wohnung dafür bereitgehalten wird. Im Übrigen vgl. Rz. 24 bis 26 des BMF-Schreibens vom 8. Oktober 2004, BStBl. I S. 933[1] („Einkünfteerzielungsabsicht bei den Einkünften aus Vermietung und Verpachtung").

5.2. Wohnzwecke

35 Eine Wohnung dient Wohnzwecken, wenn sie dazu bestimmt und geeignet ist, Menschen auf Dauer Aufenthalt und Unterkunft zu ermöglichen.

36 Eine entgeltlich überlassene Wohnung dient Wohnzwecken i. S. d. § 7 b EStG, wenn die entgeltliche Überlassung unbefristet oder mindestens für einen Zeitraum von einem Jahr mietvertraglich festgelegt ist. Wird eine kürzere Mietdauer vereinbart, kann dies unschädlich sein, wenn ein entsprechender Nachweis erbracht wird, dass die Wohnung nicht lediglich der vorübergehenden Beherbergung von Personen, sondern der längerfristigen Nutzung zu Wohnzwecken dienen soll (z. B. Vermietung an einen Praktikanten für die Dauer des Praktikums, Vermietung an einen Studenten für die Dauer eines Semesters). Eine Untervermietung durch den Mieter ist unschädlich, wenn sie zu Wohnzwecken im vorstehenden Sinne erfolgt. Wird eine Wohnung möbliert vermietet, steht dies dem Begriff „zu Wohnzwecken dienen" nicht entgegen.

37 Eine Wohnung dient nach § 7 b Absatz 2 Nummer 3 2. Halbsatz EStG allerdings nicht Wohnzwecken, soweit sie lediglich zur vorübergehenden Beherbergung von Personen bestimmt ist, insbesondere bei regelmäßig wechselnden Personen wie z. B. in Ferienwohnungen, Hotels und Boardinghouses sowie bei der Vermietung von Serviced Apartments (auch Aparthotels oder Apartment Hotels). Anhaltspunkt für eine nicht Wohnzwecken dienende, vorübergehende Beherbergung kann z. B. die Bereitstellung oder das Angebot von Serviceleistungen, wie z. B. Wäscheservice oder Mahlzeiten, sein.

38 Eine Wohnung dient auch Wohnzwecken, wenn sie aus besonderen betrieblichen Gründen an Betriebsangehörige überlassen wird, z. B. Wohnung für den Hausmeister, für das Fachpersonal oder für Angehörige der Betriebsfeuerwehr. Das häusliche Arbeitszimmer des Mieters ist zur Vereinfachung den Wohnzwecken dienenden Räumen zuzurechnen. Räume, die sowohl Wohnzwecken als auch betrieblichen oder beruflichen Zwecken dienen, sind je nachdem, welchem Zweck sie überwiegend dienen, entweder ganz den Wohnzwecken oder ganz den betrieblichen oder beruflichen Zwecken dienenden Räumen zuzurechnen.

6. Abschreibungsfähige Anschaffungs- oder Herstellungskosten

17 **39** Die abschreibungsfähigen Anschaffungs- oder Herstellungskosten, die im Rahmen der Anschaffung oder der Herstellung einer begünstigten Wohnung entstehen und für die Prüfung der Baukostenobergrenze (Rz. 49 ff.) und die Ermittlung der Bemessungsgrundlage (Rz. 55 ff.) heranzuziehen sind, werden gemäß § 255 Handelsgesetzbuch (HGB) und den für die Einkommensbesteuerung maßgebenden Grundsätzen ermittelt.

40 Danach sind Anschaffungskosten eines Gebäudes oder einer Wohnung alle Aufwendungen, die geleistet werden, um ein Gebäude/eine Wohnung zu erwerben und es/sie in einen betriebsbereiten Zustand zu versetzen, soweit sie dem Gebäude/der Wohnung einzeln zugerechnet werden können, ferner die Nebenkosten und die nachträglichen Anschaffungskosten (vgl. § 255 Absatz 1 HGB).

41 Typische Anschaffungsnebenkosten sind Maklergebühr, Provisionen, Notarkosten, Grundbuchgebühren, Grunderwerbsteuer, Gerichtskosten, Vermessungskosten, Gutachterkosten und Erschließungskosten (sofern diese notwendigerweise im Zusammenhang mit der Anschaffung des Grundstücks bzw. mit der Herstellung des Gebäudes anfallen und die Benutzbarkeit oder den Wert des angeschafften Grundstücks erhöhen).

42 Nach § 255 Absatz 2 Satz 1 HGB sind Herstellungskosten die Aufwendungen, die durch den Verbrauch von Gütern und die Inanspruchnahme von Diensten für die Herstellung eines Vermögensgegenstandes/Wirtschaftsgutes entstehen. Zu den Herstellungskosten gehören auch anschaffungsnahe Herstellungskosten i. S. d. § 6 Absatz 1 Nummer 1 a EStG.

43 Kosten für die Grundstückserschließung, z. B. für Straßen, Versorgungsleitungen und Entsorgungsanlagen außerhalb des Grundstücks, sind dem Grund und Boden zuzuordnen. Anschlüsse vom Gebäude bis zur Grundstücksgrenze an Versorgungsnetze (Strom, Gas, Wasser, Wärme) sind hingegen dem Gebäude zuzurechnen und gehören zu den abschreibungsfähigen Anschaffungs- oder Herstellungskosten, wenn sie zusammen mit dem Gebäude neu hergestellt werden.

44 Aufwendungen für das Grundstück (Anschaffungskosten des Grunds und Bodens sowie die hierauf entfallenden Anschaffungsnebenkosten) sind keine abschreibungsfähigen Aufwendungen und können daher auch nicht für die Sonderabschreibung nach § 7 b EStG berücksichtigt werden.

45 Aufwendungen für ein Gebäude, das für Zwecke von Aufstockungen, Aus-, Um-, An- oder Aufbauten angeschafft wird (vgl. Rz. 25), gehören insoweit zu den abschreibungsfähigen Aufwendungen

[1] Abgedruckt als Anlage d zu § 21 EStG.

Anl zu H 7b

i. S. d. § 7 b EStG, als die erworbene Altbausubstanz für die Errichtung der neuen Wohnung i. S. d. § 7 b EStG verwendet wird. Dies gilt entsprechend für einen ggf. vorhandenen Restbuchwert eines Gebäudes, soweit Aufstockungen, Aus-, Um-, An- oder Aufbauten an einem Gebäude vorgenommen werden, das sich bereits im Eigentum des Steuerpflichtigen befindet.

46 Für die Aufwendungen für Außenanlagen gilt R 21.1 Absatz 3 Satz 1 EStR (vgl. auch H 6.4 „Außenanlagen" EStH und H 7.1 „Unbewegliche Wirtschaftsgüter, die keine Gebäude oder Gebäudebestandteile sind").

47 Aufwendungen für die Möblierung einer neuen Mietwohnung stellen keine abschreibungsfähigen Aufwendungen i. S. d. § 7 b EStG dar.

48 Im Fall der Anschaffung sind die Anschaffungskosten zuzüglich der Anschaffungsnebenkosten sowie nachträglich anfallende Anschaffungskosten ggf. mittels einer Kaufpreisaufteilung in einen Grund- und Bodenanteil sowie einen Gebäude- oder Wohnungsanteil aufzuteilen (siehe hierzu auch die Arbeitshilfe und Anleitung des Bundesministeriums der Finanzen zur Aufteilung eines Gesamtkaufpreises für ein bebautes Grundstück (Kaufpreisaufteilung) auf den Internetseiten des Bundesministeriums der Finanzen [www.bundesfinanzministerium.de]).

7. Baukostenobergrenze

49 Nach § 7 b Absatz 2 Nummer 2 EStG ist die Inanspruchnahme der Sonderabschreibung nach 18
§ 7 b EStG nur zulässig, wenn die abschreibungsfähigen Anschaffungs- oder Herstellungskosten nicht mehr als 3000 Euro je m^2 Wohnfläche betragen. Fallen höhere abschreibungsfähige Anschaffungs- oder Herstellungskosten an, führt dies zum vollständigen Ausschluss der Förderung.

50 Für die Prüfung der Baukostenobergrenze müssen die gesamten Anschaffungs- oder Herstellungskosten auf die gesamte Fläche, für die diese Kosten aufgewendet wurden, verteilt werden. Die dabei zugrunde zu legende Fläche ist bei der Anschaffung oder Herstellung eines neuen Gebäudes die Nutzfläche des gesamten Gebäudes, bei Aufstockungen, Aus-, Um-, An- oder Aufbauten die durch die Baumaßnahme insgesamt neu geschaffene Nutzfläche und bei der Anschaffung oder Herstellung einer Eigentumswohnung die den Eigentumsrechten entsprechende Nutzfläche des erworbenen Anteils.

51 Die Nutzfläche wird in sinngemäßer Anwendung der Verordnung zur Berechnung der Wohnfläche (Wohnflächenverordnung – WoFlV)[1] vom 25. November 2003 (BGBl. I S. 2346) in der jeweils geltenden Fassung ermittelt (vgl. R 4.2 Absatz 6 Satz 4 EStR). Bei der Ermittlung der Nutzfläche sind – in Abweichung zu § 2 Absatz 3 WoFlV[1] – auch Nebenräume, wie Bodenräume, Waschküchen, Kellerräume, Trockenräume, Speicherräume, Bade- und Brauseräume, Fahrrad- und Kinderwagenräume usw., soweit sie zur Benutzung durch den einzelnen oder zur gemeinsamen Benutzung durch alle Hausbewohner bestimmt sind, und die zur begünstigten Wohnung gehörenden Garagen (vgl. Definition der Wohnung unter 4. Förderobjekt) einzubeziehen.

52 Für Zwecke einer sachgerechten Ermittlung der Baukosten je m^2 (Wohn)Fläche kann alternativ die Bruttogrundfläche (BGF) des aufgrund der Baumaßnahme entstandenen Gebäudes herangezogen werden. Die BGF ermittelt sich als Gesamtfläche aller Grundrissebenen eines Bauwerks, die nach der DIN 277 ermittelt werden. Die entsprechenden Angaben müssen anhand der Bauunterlagen nachgewiesen werden können.

53 Zur Ermittlung der Baukosten je m^2 (Wohn)Fläche sind die abschreibungsfähigen Anschaffungs- oder Herstellungskosten durch die ermittelte gesamte Nutzfläche zu dividieren. Mehraufwendungen für Sonderausstattungen, z. B. bei einer barrierefreien Wohnung, gehen in die allgemeine Kostenaufteilung ein und werden nicht vorab individuell dieser Wohnung zugerechnet. Mehraufwendungen für Sonderausstattungen können jedoch unberücksichtigt bleiben, wenn sie eindeutig und nachweisbar anderen Nutzflächen als der begünstigten Wohnung zuzurechnen sind.

54 Beispiel 4:
Ein Gebäude mit einer BGF von insgesamt 750 m^2 wird neu errichtet.
Die Nutzung des Gebäudes stellt sich wie folgt dar:

300 m^2	Fläche entfallen auf Mietwohnungen,
350 m^2	Fläche entfallen auf vermietete gewerblich genutzte Flächen
50 m^2	Fläche entfallen auf gemeinschaftlich genutzte Nebenräume und
50 m^2	Fläche entfallen auf Funktions- und Haustechnikflächen, Aufzüge und Aufzugsschächte, Treppenläufe und -podeste.

Die Herstellungskosten betragen insgesamt 1 850 000 Euro, darin enthalten sind Mehraufwendungen für Sonderausstattung der gewerblich genutzten Fläche i. H. v. 100 000 Euro.
Die Baukosten je m^2 (Wohn)Fläche ermitteln sich wie folgt:
a) Nach WoFlV[1] und R 4.2 Absatz 6 Satz 4 EStR: 1 750 000 Euro/700 m^2 = 2500 Euro je m^2
b) Nach DIN 277 : 1 750 000 Euro/750 m^2 = 2333 Euro je m^2
Die Baukostenobergrenze nach § 7 b Absatz 2 Nummer 2 EStG ist damit in beiden Fällen nicht überschritten.

8. Bemessungsgrundlage

8.1. Ermittlung der förderfähigen Anschaffungs- oder Herstellungskosten

55 Zu den förderfähigen Anschaffungs- oder Herstellungskosten i. S. d. § 7 b EStG gehören entgegen 19
§ 2 Absatz 3 WoFlV[1] neben den abschreibungsfähigen Anschaffungs- oder Herstellungskosten für die neue Mietwohnung selbst (Rz. 39 ff.) auch die Anschaffungs- oder Herstellungskosten für die zu dieser Wohnung gehörenden Nebenräume, wie Bodenräume, Waschküchen, Kellerräume, Trockenräume,

[1] Abgedruckt als Anhang **I** Nr. **1a**.

Anl zu H 7 b

Speicherräume, Bade- und Brauseräume, Fahrrad- und Kinderwagenräume usw., gleichgültig, ob sie zur Benutzung durch den einzelnen oder zur gemeinsamen Benutzung durch alle Hausbewohner bestimmt sind, und die Anschaffungs- oder Herstellungskosten der zur begünstigten Wohnung gehörenden Garagen (vgl. Definition der Wohnung unter Rz. 20 ff.).

56 Bei Nebenräumen, die vollständig einer neuen Mietwohnung zugerechnet werden können, sind die darauf entfallenden Anschaffungs- oder Herstellungskosten in voller Höhe in die Bemessungsgrundlage einzubeziehen. Für gemeinschaftlich genutzte Nebenräume werden die Anschaffungs- oder Herstellungskosten entsprechend dem Anteil der Nutzfläche der neuen Mietwohnung an der Nutzfläche des gesamten Gebäudes aufgeteilt.

57 Werden neben einer begünstigten Wohnung auch andere Nutzflächen, wie z. B. Büro- oder Gewerbeflächen oder eine eigengenutzte Wohnung angeschafft oder hergestellt, werden die abschreibungsfähigen Anschaffungs- oder Herstellungskosten des gesamten Gebäudes nach den allgemeinen ertragsteuerrechtlichen Regelungen auf die einzelnen Gebäudeteile aufgeteilt. Für diese Aufteilung ist das Verhältnis der Nutzfläche eines Gebäudeteiles zur Nutzfläche des gesamten Gebäudes maßgebend (vgl. R 4.2 Absatz 6 EStR). D. h. die Aufteilung der Kosten hat so zu erfolgen, dass die gesamten abschreibungsfähigen Anschaffungs- oder Herstellungskosten vollständig verteilt werden.

58 Entsteht eine begünstigte Wohnung durch Um- oder Ausbaumaßnahmen, ist ebenfalls eine entsprechende Aufteilung der abschreibungsfähigen Anschaffungs- oder Herstellungskosten vorzunehmen, wenn mit der Baumaßnahme weitere – nicht begünstigte – Flächen geschaffen werden. Das kann z. B. dann der Fall sein, wenn neben einer begünstigten Wohnung auch eine Wohnung für die Eigennutzung hergestellt wird. Bei der Kostenaufteilung sind alle von der Baumaßnahme betroffenen Flächen zu berücksichtigen.

59 Um die gesamten abschreibungsfähigen Anschaffungs- oder Herstellungskosten auf die begünstigte Wohnung und die nicht zu ihr gehörende Fläche aufzuteilen, ist die Nutzfläche, die mit der Baumaßnahme insgesamt geschaffen wurde, und die Nutzfläche der begünstigten Wohnung zu ermitteln. So können die gesamten Aufwendungen gleichmäßig auf alle Nutzflächen verteilt werden. Es erfolgt grundsätzlich keine individuelle Zuordnung der Kosten nach Ausstattungsmerkmalen.

60 Beispiel 5:

Fortführung des Beispiels 4:
Die Nutzfläche des Gebäudes beträgt 700 m^2, die Nutzfläche der begünstigten Wohnungen beträgt 323 m^2 (die gemeinschaftlich genutzten Nebenräume werden zu 46,15 Prozent [300/650] den begünstigten Wohnungen zugerechnet). Die Funktionsflächen von 50 m^2 werden in die Berechnung der Nutzflächen nicht einbezogen.

Die auf die begünstigten Wohnungen entfallenden förderfähigen Herstellungskosten ermitteln sich nach dem Verhältnis der Nutzfläche der neuen Mietwohnungen zur Gesamtnutzfläche:
(1 750 000 Euro × 323 m^2)/700 m^2 = 807 500 Euro

8.2. Ermittlung der Bemessungsgrundlage

61 Die Bemessungsgrundlage für die Sonderabschreibung nach § 7 b EStG ermittelt sich aus den förderfähigen Anschaffungs- oder Herstellungskosten der begünstigten Wohnung unter Berücksichtigung der Förderhöchstgrenze.

62 Die Bemessungsgrundlage für die Sonderabschreibung nach § 7 b EStG wird auf maximal 2000 Euro je m^2 Wohnfläche begrenzt (Förderhöchstgrenze). Liegen die Anschaffungs- oder Herstellungskosten je m^2 Wohnfläche darunter, sind diese in der tatsächlich angefallenen Höhe der Sonderabschreibung nach § 7 b EStG zu Grunde zu legen.

63 Betragen die grundsätzlich förderfähigen Anschaffungs- oder Herstellungskosten mehr als 2000 Euro je m^2 Wohnfläche, ermittelt sich die Bemessungsgrundlage für die Sonderabschreibung nach § 7 b EStG wie folgt:

2000 Euro × Nutzfläche der begünstigten Wohnung = Bemessungsgrundlage

64 Beispiel 6:

Fortführung der Beispiele 4 und 5:
Herstellungskosten je m^2 Wohnfläche: 1 750 000 Euro/700 m^2 = 2500 Euro je m^2
Da die Herstellungskosten je m^2 Wohnfläche (wobei auf die Nutzfläche abgestellt werden darf) die Förderhöchstgrenze i. H. v. 2000 Euro überschreiten, ermittelt sich die Bemessungsgrundlage für die Sonderabschreibung nach § 7 b EStG unter Berücksichtigung des Förderhöchstbetrages wie folgt:
2000 Euro × 323 m^2 = 646 000 Euro

9. Begünstigungszeitraum, Höhe der Sonderabschreibung nach § 7 b EStG und der AfA

9.1. Begünstigungszeitraum

20 **65** Die Sonderabschreibung nach § 7 b EStG kann im Jahr der Anschaffung oder Fertigstellung und den folgenden drei Jahren (Begünstigungszeitraum) in Anspruch genommen werden. Zur Inanspruchnahme der Sonderabschreibung nach § 7 b EStG besteht keine Verpflichtung, sondern ein Wahlrecht. So kann die Sonderabschreibung nach § 7 b EStG wahlweise nur in einem Jahr oder nur in zwei oder drei Jahren in Anspruch genommen werden (vgl. Rz. 68). Beteiligte von Mitunternehmerschaften oder Gemeinschaften dürfen dieses Wahlrecht nur einheitlich ausüben (§ 7 a Absatz 7 Satz 2 EStG).

9.2. Höhe der Sonderabschreibung nach § 7 b EStG

66 Die Sonderabschreibung nach § 7 b EStG beträgt jährlich bis zu 5 Prozent der Bemessungsgrundlage einer begünstigten Wohnung im Jahr der Anschaffung oder Fertigstellung und in den darauffolgenden drei Jahren.

67 Die Sonderabschreibung nach § 7b EStG ist eine Jahresabschreibung. Sie wird daher ohne zeitanteilige Aufteilung für jedes Jahr des Begünstigungszeitraumes vorgenommen.

68 Die Sonderabschreibung nach § 7b EStG kann mit „bis zu" 5 Prozent der Bemessungsgrundlage geltend gemacht werden. Es besteht somit eine Wahlmöglichkeit für den Steuerpflichtigen, jährlich auch weniger als 5 Prozent Sonderabschreibung nach § 7 b EStG in Anspruch zu nehmen. Ein nicht-ausgeschöpfter Anteil des Sonderabschreibungsvolumens erhöht den nach § 7 a Absatz 9 EStG verbleibenden Restwert, der über die Restnutzungsdauer ab dem vierten Jahr nach dem Jahr der Fertigstellung linear abgeschrieben wird. Ein darüber hinaus gehendes individuelles Verteilen des Sonderabschreibungsvolumens in Höhe von insgesamt 20 Prozent innerhalb des vierjährigen Begünstigungszeitraums ist nicht zulässig.

9.3. Höhe der AfA

69 Die AfA nach § 7 Absatz 4 EStG ist in jedem Fall in der gesetzlich vorgesehenen Höhe vorzunehmen (§ 7a Absatz 4 EStG). Die lineare AfA nach § 7 Absatz 4 EStG wird entsprechend der für diese Regelung vorgesehenen Bemessungsgrundlage ermittelt, d. h. maßgebend sind – unabhängig von der Bemessungsgrundlage der Sonderabschreibung nach § 7b EStG – die tatsächlichen Anschaffungs- oder Herstellungskosten der begünstigten Wohnung. Eine Begrenzung auf den Förderhöchstbetrag je m² Wohnfläche erfolgt für die lineare AfA nach § 7 Absatz 4 EStG nicht.

70 Nach Ablauf des Begünstigungszeitraums des § 7 b EStG von vier Jahren bemisst sich die weitere reguläre AfA nach § 7 a Absatz 9 EStG. Danach ermittelt sich die weitere Abschreibung bei Gebäuden nach dem Restwert nach Ablauf des Begünstigungszeitraums und dem nach § 7 Absatz 4 EStG unter Berücksichtigung der rechnerischen Restnutzungsdauer maßgebenden Prozentsatz. Die Begrenzung des Förderzeitraums (Rz. 16) führt nicht zu einer Verkürzung des Begünstigungszeitraums.

71 Beispiel 7:

a) Fortführung der Beispiele 4 bis 6:

	1. Jahr (in Euro)	2. Jahr (in Euro)	3. Jahr (in Euro)	4. Jahr (in Euro)	5. Jahr (in Euro)
Sonderabschreibung nach § 7 b EStG i. H. v. 5% (Bemessungsgrundlage von 646 000 Euro)	32 300	32 300	32 300	32 300	0
Reguläre AfA 1. bis 4. Jahr: Lineare AfA nach § 7 Absatz 4 Satz 1 Nummer 2 Buchstabe a EStG (Bemessungsgrundlage von 807 500 Euro) Ab 5. Jahr: Restwert-AfA	16 150[1]	16 150	16 150	16 150	13 342
Insgesamt	48 450	48 450	48 450	48 450	13 342

Bei vollständiger Inanspruchnahme der Sonderabschreibung nach § 7 b EStG und bei regulärer linearer AfA nach § 7 Absatz 4 EStG beträgt der Restwert:

807 500 Euro – (4 × 48 450 Euro) = 613 700 Euro.

Die Restwert-AfA gemäß § 7 a Absatz 9 EStG beträgt ab dem fünften Jahr bei einer Restnutzungsdauer von 46 Jahren 13 342 Euro.

b) Abwandlung: Fertigstellung im Jahr 2026

Die Sonderabschreibung nach § 7b EStG kann nur für ein Jahr in Höhe von 32 300 Euro in Anspruch genommen werden. Bis zum Ende des vierjährigen Begünstigungszeitraums, d. h. in den Jahren 2027 bis 2029 wird die lineare AfA unverändert mit 16 150 Euro berücksichtigt. Ab dem 5. Jahr, dem Jahr 2030, erfolgt die AfA dann verteilt über die Restnutzungsdauer.

Der Restwert beträgt:

807 500 Euro – 32 300 Euro – (4 × 16 150 Euro) = 710 600 Euro.

Die AfA beträgt ab dem 5. Jahr bei einer Restnutzungsdauer von 46 Jahren 15 448 Euro.

9.4. Kumulierung mit anderen Sonderabschreibungen/erhöhten Absetzungen

72 Liegen für die Anschaffung oder Herstellung einer Mietwohnung sowohl die Voraussetzungen für die Inanspruchnahme der Sonderabschreibung nach § 7b EStG als auch für die Inanspruchnahme der erhöhten Absetzungen nach den §§ 7h, 7i EStG vor, dürfen nach dem Kumulationsverbot gemäß § 7a Absatz 5 EStG die erhöhten Absetzungen nach den §§ 7h, 7i EStG oder die Sonderabschreibung nach § 7b EStG nur aufgrund einer dieser Vorschriften in Anspruch genommen werden. Daran ändert auch die Tatsache nichts, dass die erhöhten Absetzungen nach den §§ 7h und 7 i EStG an die Stelle der linearen AfA nach § 7 Absatz 4 EStG treten und die lineare AfA nach § 7 Absatz 4 EStG neben der Sonderabschreibung nach § 7b EStG in Anspruch genommen werden muss.

---

[1] **Amtl. Anm.:** Hinweis: bei Fertigstellung nach dem 31. Januar wäre eine zeitanteilige Kürzung der linearen AfA im Jahr der Fertigstellung erforderlich.

Anl zu H 7b

10. Einhaltung der Nutzungsvoraussetzung

21 **73** Die begünstigte Wohnung muss nach § 7 b Absatz 2 Nummer 3 EStG im Jahr der Anschaffung oder Fertigstellung und in den folgenden neun Jahren der entgeltlichen Überlassung zu Wohnzwecken dienen (zehnjähriger Nutzungszeitraum).

74 Der Nachweis über die Einhaltung der mindestens zehnjährigen Nutzung zur entgeltlichen Überlassung zu fremden Wohnzwecken ist vom Steuerpflichtigen jährlich in geeigneter Art und Weise zu erbringen (vgl. Rz. 126).

75 Wird die Nutzung zur entgeltlichen Überlassung zu fremden Wohnzwecken vor Ablauf des zehnjährigen Nutzungszeitraums beendet, hat der Steuerpflichtige dies mit der Steuererklärung des Veranlagungszeitraums, in den die Beendigung fällt, in geeigneter Art und Weise anzuzeigen.

76 Wird eine Wohnung, für die § 7 b EStG in Anspruch genommen wurde, vor Ablauf des Nutzungszeitraums veräußert, hat der Veräußerer nachzuweisen, dass die begünstigte Wohnung innerhalb des Nutzungszeitraums auch beim Erwerber der weiteren entgeltlichen Überlassung zu fremden Wohnzwecken gedient hat. Daher ist es grundsätzlich auch möglich, eine begünstigte Wohnung, für die die Sonderabschreibung nach § 7 b EStG in Anspruch genommen wurde, innerhalb des zehnjährigen Nutzungszeitraums zu veräußern, ohne dass die in Anspruch genommene Sonderabschreibung nach § 7 b Absatz 4 Satz 1 Nummer 1 EStG rückgängig zu machen ist (beachte Rz. 77 ff.). Der entsprechende Nachweis ist vom Veräußerer im Rahmen der Steuererklärung des Veranlagungszeitraums, in den der Ablauf des zehnjährigen Nutzungszeitraums fällt, in geeigneter Art und Weise zu erbringen. Ausreichend ist eine Bestätigung des Erwerbers über die Einhaltung der Nutzungsvoraussetzung. Die Nutzungsvoraussetzung ist auch bei den in Rz. 82 geregelten Vorgängen einzuhalten.

11. Rückgängigmachung der Sonderabschreibung nach § 7 b EStG

22 **77** Wird eine begünstigte Wohnung, für die die Sonderabschreibung nach § 7 b EStG in Anspruch genommen wurde, innerhalb des zehnjährigen Nutzungszeitraums dem Mietwohnungsmarkt entzogen oder veräußert, ohne dass der Veräußerungsgewinn der Einkommen- oder Körperschaftsteuer unterliegt, oder wird die Baukostenobergrenze nachträglich innerhalb der ersten drei Kalenderjahre nach Ablauf des Jahres der Anschaffung oder Herstellung der begünstigten Wohnung durch nachträgliche Anschaffungs- oder Herstellungskosten überschritten, ist die in Anspruch genommene Sonderabschreibung nach § 7 b Absatz 4 EStG in voller Höhe verzinslich rückgängig zu machen und die bisher in Anspruch genommene lineare AfA (ohne Berücksichtigung von § 7 a Absatz 9 EStG) entsprechend anzupassen (Berichtigungszeitraum). Für diese Fälle sieht § 7 b Absatz 4 Satz 3 EStG eine Anlaufhemmung der Festsetzungsfrist vor. Die Änderung erfolgt nach § 7 b Absatz 4 Satz 2 EStG. Die Verzinsung erfolgt gemäß § 233 a Absatz 2 i. V. m. Absatz 5 AO.

11.1. Veräußerung innerhalb des Nutzungszeitraums

78 Eine Veräußerung innerhalb des zehnjährigen Nutzungszeitraums, bei der der Veräußerungsgewinn nicht der Einkommen- oder Körperschaftsteuer unterliegt, führt in voller Höhe zu einer Rückgängigmachung der in Anspruch genommenen Sonderabschreibung nach § 7 b EStG. Dies gilt nicht nur im Fall der Erzielung eines Veräußerungsgewinns, sondern auch im Fall des Vorliegens eines Veräußerungsverlustes. Entscheidend ist allein, ob die Veräußerung grundsätzlich steuerbar ist.

79 Bei der Veräußerung langfristig gehaltener Grundstücke des Privatvermögens, die der Steuerpflichtige erst neu bebaut hat, liegt regelmäßig keine steuerbare Veräußerung vor, denn bei der Berechnung der in § 23 EStG vorgesehenen zehnjährigen Veräußerungsfrist wird ausschließlich an den Zeitpunkt der Anschaffung des Grunds und Bodens und nicht an den Zeitpunkt der Herstellung des Gebäudes angeknüpft.

80 Beispiel 8:

a) Grundfall:

A erwarb im Jahr 2010 einen Bauplatz. Am 1. Oktober 2018 stellte er einen Bauantrag zur Errichtung eines Zweifamilienhauses. Das Gebäude wurde am 1. Juli 2020 fertiggestellt und A vermietet es seitdem entgeltlich zu Wohnzwecken. A beansprucht in den Jahren 2020, 2021 und 2022 Sonderabschreibungen nach § 7 b EStG. Ende des Jahres 2022 verkauft A das vermietete Gebäude an B, der dieses weiterhin entgeltlich zu Wohnzwecken überlässt.

Der zehnjährige Nutzungszeitraum läuft vom 1. Juli 2020 bis 30. Juni 2030. A veräußert das Gebäude innerhalb des zehnjährigen Nutzungszeitraums. Der Gewinn aus der Veräußerung des Gebäudes an B im Jahr 2022 ist nicht nach § 22 Nummer 2 i. V. m. § 23 EStG steuerbar. Die zehnjährige Veräußerungsfrist des § 23 EStG begann mit dem Erwerb des Bauplatzes im Jahr 2010 und endet im Jahr 2020; sie ist deshalb im Jahr 2022 bereits abgelaufen.

Gemäß § 7 b Absatz 4 Satz 1 Nummer 2 EStG ist die Sonderabschreibung nach § 7 b EStG bei A – trotz entgeltlicher Weitervermietung des Gebäudes durch B – in voller Höhe verzinslich rückgängig zu machen.

b) Abwandlung:

A erwarb den Bauplatz erst im Jahr 2017.

Der Gewinn aus der Veräußerung des Gebäudes an B im Jahr 2022 ist nach § 22 Nummer 2 i. V. m. § 23 EStG steuerbar. Die zehnjährige Veräußerungsfrist des § 23 EStG ist im Jahr 2022 noch nicht abgelaufen. Gemäß § 7 b Absatz 4 Satz 1 Nummer 2 EStG ist die Sonderabschreibung nach § 7 b EStG bei A sodann nicht rückgängig zu machen, da der Erwerber B das Gebäude weiterhin entgeltlich zu Wohnzwecken vermietet.

81 Ist eine Veräußerung steuerbar, hat die Bundesrepublik Deutschland aber aufgrund einer Regelung in einem Doppelbesteuerungsabkommen kein Recht zur Besteuerung des Veräußerungserlöses, ist der Tatbestand des § 7 b Absatz 4 Satz 1 Nummer 2 EStG nicht erfüllt. In diesen Fällen liegt ein grundsätzlich steuerbarer Vorgang vor.

82 Kein schädlicher Vorgang i. S. d. § 7 b Absatz 4 Satz 1 Nummer 2 EStG liegt vor, wenn eine Übertragung nicht als Veräußerung anzusehen ist (z. B. im Wege der Erbfolge).

11.2. Überschreiten der Baukostenobergrenze bei nachträglichen Anschaffungs- oder Herstellungskosten

83 Wird die Baukostenobergrenze in Höhe von 3000 Euro je m^2 Wohnfläche innerhalb der ersten drei Kalenderjahre nach Ablauf des Jahres der Anschaffung oder Fertigstellung der begünstigten Wohnung durch nachträgliche Anschaffungs- oder Herstellungskosten überschritten, ist die bisher in Anspruch genommene Sonderabschreibung nach § 7b Absatz 4 Satz 1 Nummer 3 EStG in voller Höhe verzinslich rückgängig zu machen.

84 Es handelt sich um eine kalenderjahrbezogene Betrachtung; eine taggenaue Fristberechnung bezogen auf den Anschaffungs- oder Fertigstellungszeitpunkt ist dabei nicht vorgesehen. Bei vom Kalenderjahr abweichenden Wirtschaftsjahren ist auch auf das Kalenderjahr abzustellen.

85 Unschädlich sind nachträgliche Anschaffungs- oder Herstellungskosten, die nach einer Veräußerung innerhalb des Begünstigungszeitraums beim Erwerber des Förderobjekts anfallen, wenn der Erwerber keinen Anspruch auf die Sonderabschreibung nach § 7b EStG hat.

12. Anwendung weiterer Vorschriften des EStG

86 Im Übrigen gelten die gemeinsamen Vorschriften für erhöhte Absetzungen und Sonderabschreibungen nach § 7a EStG vollumfänglich auch für die Sonderabschreibung nach § 7b EStG. 23

87 Die Anwendung des § 7b EStG ist nicht auf Wirtschaftsgüter des Anlagevermögens beschränkt, d. h. die Sonderabschreibung nach § 7b EStG kann auch bei den Einkünften aus Vermietung und Verpachtung in Anspruch genommen werden (vgl. § 9 Absatz 1 Satz 3 Nummer 7 EStG).

88 § 6b Absatz 6 EStG findet in Zusammenhang mit der Sonderabschreibung nach § 7b EStG keine Anwendung.

II. Beihilferechtliche Voraussetzungen der Inanspruchnahme der Sonderabschreibung nach § 7b EStG

1. Anwendung der De-minimis-Verordnung

89 Die Sonderabschreibung nach § 7b EStG kann aufgrund von § 7b Absatz 5 EStG nur in Anspruch genommen werden, soweit die Voraussetzungen der Verordnung (EU) Nr. 1407/2013 der Kommission vom 18. Dezember 2013 über die Anwendung der Artikel 107 und 108 des Vertrags über die Arbeitsweise der Europäischen Union auf De-minimis-Beihilfen (ABl. L 352 vom 24. Dezember 2013, S. 1) (De-minimis-Verordnung) in der jeweils geltenden Fassung eingehalten sind. 24

2. Beihilfehöchstbeträge

90 Werden Beihilfen auf der Grundlage der De-minimis-Verordnung gewährt, so darf der Gesamtbetrag der einem einzigen Unternehmen gewährten De-minimis-Beihilfen – unabhängig davon, aus welchen Förderprogrammen diese gewährt worden sind – in einem Zeitraum von drei Kalenderjahren die folgenden Beihilfehöchstbeträge nicht übersteigen: 25

Nach der De-minimis-Verordnung:	200 000 Euro
Nach der DAWI-de-minimis-Verordnung[1]:	500 000 Euro

91 Die Sonderabschreibung nach § 7b EStG kann also nur in Anspruch genommen werden, wenn der nach der De-minimis-Verordnung maximal zulässige Beihilfehöchstbetrag von 200 000 Euro unter Einbeziehung des Beihilfewertes aus der Sonderabschreibung nach § 7b EStG nicht überschritten wird. Soweit ein Steuerpflichtiger auch Beihilfen nach der DAWI-de-minimis-Verordnung erhalten hat, sind insoweit Beihilfen bis zu einem Höchstbetrag von 500 000 Euro – unter Einhaltung der 200 000-Euro-Grenze der De-minimis-Verordnung – zulässig. Zur Prüfung der Beihilfehöchstbeträge vgl. Rz. 114 ff.

92 Werden für die nach § 7b EStG förderfähigen Kosten auch noch andere staatliche Beihilfen gewährt, ist dies nur insoweit zulässig, als dass die höchste einschlägige Beihilfeintensität oder der höchste einschlägige Beihilfebetrag, die bzw. der im Einzelfall in einer Gruppenfreistellungsverordnung oder einem Beschluss der Kommission festgelegt ist, nicht überschritten wird.

3. Erklärung zu anderen De-minimis-Beihilfen

93 Für die Inanspruchnahme der Sonderabschreibung nach § 7b EStG muss der Steuerpflichtige nach § 7b Absatz 5 Satz 4 EStG für jedes Jahr des Begünstigungszeitraums Angaben zu den von ihm im jeweiligen Kalenderjahr der Inanspruchnahme der Sonderabschreibung nach § 7b EStG und in den jeweils zwei vorausgegangenen Kalenderjahren erhaltenen anderen Beihilfen auf der Basis der De-minimis-Verordnung und der DAWI-de-minimis-Verordnung machen. Maßgeblich ist hierbei der Zeitpunkt der Gewährung (Datum des Bewilligungsbescheides) und nicht der Zuflusszeitpunkt der Beihilfe. 26

94 Nicht anzugeben sind in diesem Zusammenhang Beihilfen, die aufgrund einer genehmigten Beihilferegelung oder aufgrund einer auf der Basis der Allgemeinen Gruppenfreistellungsverordnung gewährten Beihilferegelung (z. B. Zentrales Innovationsprogramm Mittelstand – ZIM) bewilligt worden sind.

---

[1] **Amtl. Anm.:** Verordnung (EU) Nr. 360/2012 der Kommission vom 25. April 2012 über die Anwendung der Artikel 107 und 108 des Vertrags über die Arbeitsweise der Europäischen Union auf De-minimis-Beihilfen an Unternehmen, die Dienstleistungen von allgemeinem wirtschaftlichem Interesse erbringen (ABl. L 114 vom 26. April 2012, S. 8).

Anl zu H 7b

95 Beihilfen, die einem Steuerpflichtigen auf der Basis der De-minimis-Verordnung oder der DAWI-de-minimis-Verordnung gewährt wurden, sind für diesen regelmäßig ersichtlich, da von jeder beihilfegewährenden Stelle eine Mitteilung über den erhaltenen Beihilfewert ausgestellt werden muss.

96 Hat der Steuerpflichtige im jeweiligen Kalenderjahr der Inanspruchnahme der Sonderabschreibung nach § 7b EStG und in den jeweils zwei vorausgegangenen Kalenderjahren Beihilfen nach der De-minimis-Verordnung oder der DAWI-de-minimis-Verordnung erhalten, so hat er den Beihilfegeber, das Datum der Gewährung und die Höhe des bescheinigten Beihilfewertes dieser Beihilfen gegenüber dem für ihn zuständigen Finanzamt zu erklären. Diese Erklärung ist Voraussetzung für die jeweilige Inanspruchnahme der Sonderabschreibung nach § 7b EStG. Wurden keine anderen Beihilfen nach der De-minimis-Verordnung oder der DAWI-de-minimis-Verordnung in diesem Zeitraum bezogen, ist dies ebenfalls schriftlich zu erklären.

97 Handelt es sich bei dem anspruchsberechtigten Steuerpflichtigen um einen Beteiligten einer Mitunternehmerschaft oder einer Gemeinschaft, für die die Einkünfte gesondert und einheitlich festgestellt werden, sind die Angaben über die erhaltenen Beihilfen nach der De-minimis-Verordnung oder der DAWI-de-minimis-Verordnung für die Mitunternehmerschaft oder die Gemeinschaft im Rahmen der Erklärung zur gesonderten und einheitlichen Feststellung für jedes Jahr des Begünstigungszeitraums zu tätigen.

98 Werden die Einkünfte des anspruchsberechtigten Steuerpflichtigen gesondert festgestellt, sind die Angaben über die erhaltenen Beihilfen nach der De-minimis-Verordnung oder der DAWI-de-minimis-Verordnung im Rahmen der Erklärung zur gesonderten Feststellung für jedes Jahr des Begünstigungszeitraums zu tätigen.

99 Beträgt der Beihilfewert aus weiteren Beihilfen nach der De-minimis-Verordnung insgesamt bereits 200 000 Euro oder mehr bzw. aus weiteren Beihilfen nach der DAWI-de-minimis-Verordnung insgesamt bereits 500 000 Euro oder mehr, kann die Sonderabschreibung nach § 7b EStG gemäß § 7b Absatz 5 EStG im betreffenden Jahr des Begünstigungszeitraums nicht in Anspruch genommen werden. Ggf. kommt eine Inanspruchnahme im folgenden Jahr/in den folgenden Jahren des Begünstigungszeitraums in Betracht.

4. Ermittlung des Beihilfewerts der Sonderabschreibung nach § 7b EStG

27 **100** Sind im Kalenderjahr der Inanspruchnahme der Sonderabschreibung nach § 7b EStG und in den zwei vorausgegangenen Kalenderjahren die Beihilfehöchstbeträge durch weitere De-minimis-Beihilfen nicht erreicht worden oder wurden in diesem Zeitraum bisher keine De-minimis-Beihilfen bezogen, muss der Beihilfewert der Sonderabschreibung nach § 7b EStG ermittelt werden.

101 Bei der Ermittlung des sich aus der Sonderabschreibung nach § 7b EStG ergebenden Beihilfewerts ist nicht auf die Höhe der Sonderabschreibung nach § 7b EStG selbst, sondern nur auf den relevanten wirtschaftlichen Vorteil, der durch die vorgezogene höhere Abschreibungsmöglichkeit entsteht, abzustellen.

4.1. Grundsatz: Ermittlung des relevanten wirtschaftlichen Vorteils

102 Der zu Grunde zu legende relevante wirtschaftliche Vorteil der Maßnahme entsteht durch die vorgezogene höhere Abschreibungsmöglichkeit innerhalb des Referenzzeitraums des Abschreibungszeitraums des Förderobjekts. D. h. der relevante wirtschaftliche Vorteil aus der Inanspruchnahme der Sonderabschreibung nach § 7b EStG wird mittels einer Barwertberechnung über den gesamten Abschreibungszeitraum von 50 Jahren ermittelt. Denn den durch die Inanspruchnahme der Sonderabschreibung nach § 7b EStG entstehenden Steuervorteilen stehen im Zeitraum der Gewährung der Restwert-AfA Steuernachteile durch eine niedrigere Restwert-AfA gegenüber. Beides ist für die Ermittlung des relevanten wirtschaftlichen Vorteils in der Gesamtbetrachtung zu berücksichtigen.

103 Bei der Barwertberechnung werden jährlich die jeweiligen nominalen Vor- bzw. Nachteile auf den Investitionszeitpunkt diskontiert. Die Summe der entsprechenden Barwerte über den Abschreibungszeitraum eines Gebäudes (50 Jahre) ergibt den Liquiditätsvorteil der Investition insgesamt, welcher auf die Jahre aufgeteilt wird, in denen durch die Inanspruchnahme der Sonderabschreibung nach § 7b EStG Steuervorteile eintreten. Dabei wird in Einkommensteuerfällen auf den prozentualen Durchschnittssteuersatz abgestellt. Dieser ermittelt sich aus der tariflichen Einkommensteuer zuzüglich Solidaritätszuschlag (soweit erhoben), dividiert durch das zu versteuernde Einkommen (nach Berücksichtigung der Sonderabschreibung nach § 7b EStG). In Körperschaftsteuerfällen wird auf den Körperschaftsteuersatz (15 Prozent) zuzüglich Solidaritätszuschlag und dem individuellen Gewerbesteuersatz abgestellt. Maßgebend sind die Werte des Jahres der erstmaligen Inanspruchnahme der Sonderabschreibung nach § 7b EStG. Zur Diskontierung ist der Abzinsungszinssatz entsprechend der Mitteilung der Kommission über die Änderung der Methode zur Festsetzung der Referenz- und Abzinsungssätze (ABl. C 14 vom 19. Januar 2008, S. 6), der zum Ende des Jahres, das der Fertigstellung vorausgeht, gilt, zu verwenden.

104 Der für die Berechnung des Referenz- und Abzinsungssatzes maßgebende Basissatz wird regelmäßig aktualisiert und im Internet unter der folgenden Adresse veröffentlicht: http://ec.europa.eu/competition/state_aid/legislation/reference_rates.html.

105 Zur Ermittlung des relevanten wirtschaftlichen Vorteils aus der Sonderabschreibung nach § 7b EStG steht im Internet auf den Seiten des Bundesministeriums der Finanzen (https://www.bundesfinanzministerium.de/Content/DE/Standardartikel/Themen/Steuern/Steuerarten/Einkommensteuer/2020-07-07-berechnungsschema-sonderabschreibung-7b-estg) ein Berechnungsschema zur Verfügung. Der relevante wirtschaftliche Vorteil, der sich daraus ergibt, wird über den vierjährigen Begünstigungszeitraum gleichmäßig verteilt.

106 Der relevante wirtschaftliche Vorteil wird einmalig im ersten Jahr der Inanspruchnahme der Sonderabschreibung nach § 7 b EStG ermittelt. Nachträgliche Anschaffungs- oder Herstellungskosten innerhalb der Baukostenobergrenze, eine Veräußerung oder eine Nutzungsänderung des Förderobjekts innerhalb des Abschreibungszeitraumes führen daher nicht rückwirkend zu einer Neuberechnung des relevanten wirtschaftlichen Vorteils. Anl zu H 7 b

4.2. Ermittlung des relevanten wirtschaftlichen Vorteils bei Mitunternehmerschaften oder Gemeinschaften

107 Im Rahmen der gesonderten und einheitlichen Feststellung sind entsprechend dem für die Mitunternehmerschaft oder Gemeinschaft geltenden Einkünfteverteilungsschlüssel

1. der verbrauchte Beihilfewert der Mitunternehmerschaft oder Gemeinschaft (bereits erhaltene Beihilfen nach der De-minimis-Verordnung oder der DAWI-de-minimis-Verordnung)

und

2. die Bemessungsgrundlage der Sonderabschreibung nach § 7 b EStG (vgl. Rz. 55 ff.)

auf die Feststellungsbeteiligten aufzuteilen.

108 Im Feststellungsbescheid ist für jeden Feststellungsbeteiligten der auf ihn entfallende Anteil am verbrauchten Beihilfewert und an der Bemessungsgrundlage nach § 7 b EStG auszuweisen. Der verbrauchte Beihilfewert ist für jedes Jahr des Begünstigungszeitraums auszuweisen.

109 Bei mehrstöckigen Personengesellschaften ist entsprechend zu verfahren.

110 Im Rahmen der Veranlagung zur Einkommen- oder Körperschaftsteuer des einzelnen Feststellungsbeteiligten wird für die Ermittlung des wirtschaftlichen Vorteils der Sonderabschreibung nach § 7 b EStG der im Feststellungsbescheid festgestellte Anteil an der Bemessungsgrundlage nach § 7 b EStG der Barwertberechnung, wie unter 4.1 dargestellt, zugrunde gelegt.

111 **Beispiel 9:**

Die A-KG, bestehend aus der Komplementär-GmbH [K-GmbH] (Anteil 0 Prozent) und den Kommanditisten A und B (Anteil jeweils 50 Prozent), hat mit Fertigstellung im Jahr 2020 ein Gebäude mit ausschließlich Mietwohnungen errichten lassen.

Die nach § 7 b EStG förderfähigen Herstellungskosten betragen 2 000 000 Euro (eine Begrenzung der Bemessungsgrundlage i. S. d. § 7 b Absatz 3 EStG erfolgt nicht).

Die A-KG erklärt im Rahmen der gesonderten und einheitlichen Feststellung für 2020 folgende bereits erhaltene Beihilfen für das laufende und die beiden vorausgegangenen Kalenderjahre:

nach der De-minimis-Verordnung:

80 000 Euro (erhalten im Jahr 2019)

nach der DAWI-de-minimis-Verordnung:

400 000 Euro (erhalten im Jahr 2019)

Die A-KG erzielte im Jahr 2020 unter Berücksichtigung der Sonderabschreibung nach § 7 b EStG gewerbliche Einkünfte nach § 15 EStG i. H. v. 50 000 Euro.

Der Feststellungsbescheid enthält für die Feststellungsbeteiligten folgende Werte:

Feststellungsbeteiligter	Einkünfte aus Gewerbebetrieb in Euro	Bemessungsgrundlage nach § 7 b EStG in Euro	Verbrauchter Beihilfewert nach De-minimis-Verordnung in Euro	Verbrauchter Beihilfewert nach DAWI-de-minimis-Verordnung in Euro
K-GmbH	0	0	0	0
A	25 000	1 000 000	40 000	200 000
B	25 000	1 000 000	40 000	200 000

Weil die Sonderabschreibung nach § 7 b EStG in voller Höhe (5 Prozent) in Anspruch genommen wurde, muss keine Aussage hierzu aufgenommen werden.

Im Rahmen der Veranlagung zur Einkommen- oder Körperschaftsteuer werden über die in den ESt 4 B-Mitteilungen für die jeweiligen Feststellungsbeteiligten mitgeteilten Werte die für die Feststellungsbeteiligten maßgeblichen Beihilfewerte aus der Inanspruchnahme der Sonderabschreibung nach § 7 b EStG mittels des Berechnungsschemas, wie unter 4.1 dargestellt, ermittelt.

4.3. Ermittlung des relevanten wirtschaftlichen Vorteils bei gesonderten Feststellungen

112 Bei gesonderten Feststellungen nach § 180 Absatz 1 Satz 1 Nummer 2 Buchst. b AO sind im Feststellungsbescheid der verbrauchte Beihilfewert und die Bemessungsgrundlage der Sonderabschreibung nach § 7 b EStG auszuweisen. Der verbrauchte Beihilfewert ist für jedes Jahr des Begünstigungszeitraums auszuweisen.

113 Im Rahmen der Veranlagung zur Einkommensteuer des Steuerpflichtigen wird über die im Feststellungsbescheid mitgeteilten Werte der maßgebliche Beihilfewert aus der Inanspruchnahme der Sonderabschreibung nach § 7 b EStG mittels des Berechnungsschemas, wie unter 4.1 dargestellt, ermittelt.

5. Prüfung der Beihilfehöchstbeträge

5.1. Grundsatz

114 Die Prüfung, ob die Beihilfehöchstbeträge eingehalten werden, ist für jedes Jahr des Begünstigungszeitraums gesondert vorzunehmen. **28**

Anl zu H 7 b

115 Im ersten Jahr des Begünstigungszeitraums werden 25 Prozent des ermittelten Beihilfewerts der Sonderabschreibung nach § 7 b EStG in die Berechnung einbezogen. Ist die Summe der erklärten anderen Beihilfen nach der De-minimis-Verordnung für das laufende und für die zwei vorausgegangenen Kalenderjahre sowie des für das erste Jahr des Begünstigungszeitraums anzusetzenden Teilbetrags des ermittelten Beihilfewerts der Sonderabschreibung nach § 7 b EStG kleiner als 200 000 Euro, kann die Sonderabschreibung nach § 7 b EStG gewährt werden. Hat der Steuerpflichtige zusätzlich auch Beihilfen nach der DAWI-de-minimis-Verordnung erhalten, kann die Sonderabschreibung nach § 7 b EStG gewährt werden, wenn der ermittelte Beihilfewert aus den De-minimis-Beihilfen kleiner ist als 200 000 Euro und bei Hinzurechnung der DAWI-de-minimis-Beihilfen den Betrag von 500 000 Euro nicht überschreitet.

116 Im zweiten Jahr des Begünstigungszeitraums sind wiederum die erklärten anderen De-minimis-Beihilfen für das laufende und für die zwei vorausgegangenen Kalenderjahre und die anteiligen Beihilfewerte der Sonderabschreibung nach § 7 b EStG für das erste und das zweite Jahr des Begünstigungszeitraums (jeweils 25 Prozent des gesamten im ersten Jahr des Begünstigungszeitraums ermittelten Beihilfewertes) einzubeziehen. Im dritten Jahr des Begünstigungszeitraums sind dann die anteiligen Beihilfewerte der Sonderabschreibung nach § 7 b EStG des ersten bis dritten Jahres des Begünstigungszeitraums zu den wiederum aktualisiert mitgeteilten weiteren De-minimis-Beihilfen zu addieren. Im vierten Jahr des Begünstigungszeitraums sind die anteiligen Beihilfewerte der Sonderabschreibung nach § 7 b EStG des zweiten bis vierten Jahres des Begünstigungszeitraums zu den wiederum aktualisiert mitgeteilten weiteren De-minimis-Beihilfen zu addieren.

117 Macht der Steuerpflichtige in späteren Jahren Sonderabschreibungen nach § 7 b EStG für weitere begünstigte Förderobjekte geltend, ist für Zwecke der Prüfung der Beihilfehöchstbeträge entsprechend zu verfahren: d.h. die Beihilfewerte aus diesen Sonderabschreibungen nach § 7 b EStG sind entsprechend zu ermitteln und in die in Rz. 116 erläuterte Prüfung einzubeziehen.

118 Werden für den Steuerpflichtigen Einkünfte gesondert festgestellt, ist anhand der im Feststellungsbescheid ausgewiesenen Werte sowie der im Rahmen der Einkommensteuererklärung ggf. gemachten Angaben über weitere De-minimis-Beihilfen entsprechend zu verfahren.

5.2. Prüfung bei Mitunternehmerschaften oder Gemeinschaften

119 Der für einen Feststellungsbeteiligten ermittelte Beihilfewert der Sonderabschreibung nach § 7 b EStG ist der Prüfung der Einhaltung der Beihilfehöchstbeträge zugrunde zu legen. Neben eigenen De-minimis-Beihilfen eines Feststellungsbeteiligten sind auch die festgestellten, anteilig auf den Feststellungsbeteiligten entfallenden verbrauchten Beihilfewerte aus anderen De-minimis-Beihilfen der Mitunternehmerschaft oder Gemeinschaft in die Berechnung des bereits verbrauchten Beihilfewerts für den Feststellungsbeteiligten einzubeziehen.

120 Beispiel 10:

Fortführung des Beispiels 9:

Die Feststellungsbeteiligten der A-KG haben im Jahr 2020 und den beiden vorausgegangenen Kalenderjahren bereits De-minimis-Beihilfen mit den folgenden Beihilfewerten erhalten:

K-GmbH: 200 000 Euro
A: 10 000 Euro
B: 5000 Euro

Für die Inanspruchnahme der Sonderabschreibung nach § 7 b EStG werden für die Feststellungsbeteiligten die folgenden Beihilfewerte ermittelt:

K-GmbH: 0 Euro, d. h. 0 Euro/Jahr
A: 10 384 Euro, d. h. 2596 Euro/Jahr
B: 7632 Euro, d. h. 1908 Euro/Jahr

Feststellungsbeteiligter	Beihilfewert der Sonderabschreibung nach § 7 b EStG in Euro	Verbrauchter Beihilfewert nach De-minimis-Verordnung in Euro	Verbrauchter Beihilfewert nach DAWI-de-minimis-Verordnung in Euro	Beihilfewerte bereits erhaltener De-minimis-Beihilfen in Euro
K-GmbH	0	0	0	200 000
A	2596	40 000	200 000	10 000
B	1908	40 000	200 000	5000

Da die Feststellungsbeteiligten A und B für das Jahr 2020 den Beihilfehöchstbetrag sowohl nach der De-minimis-Verordnung (A: 52 596 Euro; B: 46 908 Euro) als auch nach der DAWI-de-minimis-Verordnung (A: 252 596 Euro; B: 246 908 Euro) noch nicht überschritten haben, kann die Sonderabschreibung nach § 7 b EStG in voller Höhe in Anspruch genommen werden. Für die K-GmbH ergibt sich aus der Inanspruchnahme der Sonderabschreibung nach § 7 b EStG durch die A-KG keine Auswirkung.

5.3. Überschreiten der Beihilfehöchstbeträge

121 Ergibt die Prüfung der Einhaltung der Beihilfehöchstbeträge nach der De-minimis-Verordnung und der DAWI-de-minimis-Verordnung, dass mit der Inanspruchnahme der Sonderabschreibung nach § 7 b EStG der Beihilfehöchstbetrag von 200 000 Euro nach der De-minimis-Verordnung bzw. von 500 000 Euro nach der DAWI-de-minimis-Verordnung überschritten wird, ist die Sonderabschreibung nach § 7 b EStG nur in der Höhe zulässig, wie der Beihilfewert aus allen De-minimis-Beihilfeprogrammen 200 000 Euro bzw. 500 000 Euro nicht überschreitet. In diesen Fällen ist die Sonderabschreibung nach § 7 b EStG für das betreffende Jahr anteilig zu kürzen.

122 Das Überschreiten der Beihilfehöchstbeträge führt nur dann zur vollständigen Versagung der Sonderabschreibung nach § 7 b EStG, wenn die Beihilfehöchstbeträge bereits ohne Hinzurechnung des Beihilfewerts aus der Sonderabschreibung nach § 7 b EStG erreicht sind.

123 Bei Überschreiten der Beihilfehöchstbeträge hat eine entsprechende Mitteilung über die Höhe der zu gewährenden Sonderabschreibung nach § 7 b EStG (ggfs. mit 0 Euro) an das für die (gesonderte bzw. gesondert und einheitliche) Feststellung zuständige Finanzamt bzw. an die zuständige Dienststelle zu ergehen. In der Folge ist ein nach § 175 Absatz 1 Satz 1 Nummer 2 AO geänderter Feststellungsbescheid zu erlassen.

124 **Beispiel 11:**

Abwandlung des Beispiels 10:

B hat weitere Beihilfen nach der De-minimis-Verordnung mit Beihilfewerten von insgesamt 160 000 Euro erhalten.

Die Prüfung des Beihilfehöchstbetrags für B ergibt, dass der Beihilfehöchstbetrag nach der De-minimis-Verordnung i. H. v. 200 000 Euro bereits erreicht ist (40 000 Euro aus der Beteiligung an der A-KG und 160 000 Euro für weitere Beihilfen nach der De-minimis-Verordnung). B kann die Sonderabschreibung nach § 7 b EStG damit nicht mehr in Anspruch nehmen. Nach einer entsprechenden Mitteilung der für die Veranlagung zur Einkommensteuer zuständigen Dienststelle an die für die gesonderte und einheitliche Feststellung zuständige Dienststelle ergeben sich bei der gesonderten und einheitlichen Feststellung folgende Änderungen (die bislang erklärten bereits verbrauchten Beihilfewerte bleiben unverändert):

Feststellungs-beteiligter	Einkünfte aus Gewerbebetrieb in Euro			Bemessungsgrundlage nach § 7 b EStG in Euro
	Gesamt	nach Quote verteilt	Ergänzungs-vermögen	
K-GmbH	0	0		0
A	25 000	25 000	0	1 000 000
B	75 000	25 000	50 000[1]	1 000 000

6. Bescheinigung des Beihilfewerts der Sonderabschreibung nach § 7 b EStG

125 Der Beihilfewert der Sonderabschreibung nach § 7 b EStG ist für jedes Jahr des Begünstigungszeitraums im entsprechenden Bescheid über die Festsetzung der Einkommen- oder Körperschaftsteuer auszuweisen. 29

III. Prüfungserfordernisse für die Inanspruchnahme der Sonderabschreibung nach § 7 b EStG

126 Für die Prüfung der Sonderabschreibung nach § 7 b EStG sind die in der Anlage zu diesem Schreiben zusammengestellten Angaben („Angaben zur Inanspruchnahme einer Sonderabschreibung nach § 7 b EStG") erforderlich. 30

127 Die erforderlichen Angaben sind nach der diesem Schreiben beigefügten Anlage an das örtlich zuständige Finanzamt zu übersenden. Die Vollständigkeit und Richtigkeit der Angaben sind mit der Unterschrift des Steuerpflichtigen bzw. des gesetzlichen Vertreters zu bestätigen. Die Angaben sind spätestens auf Anforderung des Finanzamts vorzulegen.

IV. Anwendungsregelung

128 Dieses Schreiben ist in allen noch offenen Fällen anzuwenden. 31

[1] **Amtl. Anm.:** Hinweis: Die Einkünfte des Ergänzungsvermögens i. H. v. 50 000 Euro ergeben sich aus der vollständigen Versagung der Sonderabschreibung nach § 7 b EStG (1 000 000 Euro × 5 Prozent).

Anl zu H 7 b

32

Anlage

Angaben zur Inanspruchnahme einer Sonderabschreibung nach § 7b EStG

für den **Veranlagungszeitraum** (VZ) bzw. das vom **Kalenderjahr abweichende Wirtschaftsjahr** (WJ) ____ / ____

Hinweis: Zur inhaltlichen Erläuterung siehe BMF-Schreiben vom 7. Juli 2020 lfd. Nr. ____

Zeile	
	Allgemeine Angaben
1	Name, ggf. Bezeichnung der Firma / Gesellschaft / Gemeinschaft
2	Vorname
3	Steuernummer ____ Identifikationsnummer ____
	Allgemeine Angaben zum Förderobjekt
4	Straße, Hausnummer
5	Postleitzahl, Ort
6	Einheitswert-Aktenzeichen
7	Bauantrag gestellt / Bauanzeige getätigt am ____ Fertigstellung am ____ Im Fall der Anschaffung **zusätzlich**: angeschafft am ____
8	____ Wohnung(en) ist / sind durch die Baumaßnahme entstanden / wurde(n) angeschafft
9	davon wird / werden ____ Wohnung(en) entgeltlich zu fremden Wohnzwecken überlassen
10	____ Wohnung(en) selbstgenutzt
11	Es wurden auch Flächen für andere Nutzungen hergestellt / angeschafft (z. B. für gewerbliche Vermietung) ____ 1 = Ja 2 = Nein
	Erklärung zu den Nutzungsvoraussetzungen
	Die Wohnung(en), für die die Sonderabschreibung nach § 7b EStG in Anspruch genommen wird / wurde,
12	☐ dient / dienen seit ihrer Fertigstellung / Anschaffung der entgeltlichen Überlassung zu fremden Wohnzwecken.
13	☐ dient / dienen seit dem ____ nicht mehr der entgeltlichen Überlassung zu fremden Wohnzwecken. (Soweit nur anteilig: Erläuterungen zum Umfang der Nutzungsänderung bitte gesondert vorlegen.)
14	☐ wurde / wurden am ____ veräußert. (Soweit nur anteilig: Erläuterungen zum Umfang der Nutzungsänderung bitte gesondert vorlegen.)
15	Der Veräußerungsgewinn unterliegt der Ertragsbesteuerung. ____ 1 = Ja 2 = Nein
	Hinweis: *Die bereits in den Vorjahren in Anspruch genommene Sonderabschreibung nach § 7b EStG wird verzinslich rückgängig gemacht, wenn die neue(n) Wohnung(en) im Jahr der Anschaffung oder Herstellung und in den folgenden neun Jahren nicht der entgeltlichen Überlassung zu Wohnzwecken dient / dienen oder die begünstigte(n) Wohnung(en) im folgenden Jahr der Anschaffung oder Herstellung oder in den folgenden neun Jahren veräußert wird / werden und der Veräußerungsgewinn nicht der Ertragsbesteuerung unterliegt.* *Ein Nachweis, dass die begünstigte(n) Wohnung(en) innerhalb des zehnjährigen Nutzungszeitraums auch beim Erwerber der weiterhin der entgeltlichen Überlassung zu fremden Wohnzwecken gedient hat / haben, ist vom Veräußerer im Rahmen der Steuererklärung des Veranlagungszeitraums, in den der Ablauf des zehnjährigen Nutzungszeitraums fällt, in geeigneter Art und Weise zu erbringen. Ausreichend ist eine Bestätigung des Erwerbers über die Einhaltung der Nutzungsvoraussetzung.*
	Nur auszufüllen bei Folgeantrag
16	Es haben sich keine Änderungen ☐ ja – weiter bei Zeile 36.
17	zu den Angaben des VZ bzw. WJ (erstes Jahr der Inanspruchnahme) ____ / ____ ergeben. ☐ nein – bitte die Angaben in den Zeilen 18 bis 35 entsprechend eintragen.

Zeile	**Angaben zur Nutzfläche**	☐ Neubau Gebäude	☐ Aufstockung / Aus-, Um-, An- oder Aufbauten	☐ Anschaffung Eigentumswohnung / Gebäude
18				
19	Nutzfläche des Gebäudes / der Eigentumswohnung insgesamt	m²		m²
20	Nutzfläche, die durch die Baumaßnahme neu geschaffen wurde, insgesamt		m²	
21	Davon entfällt auf die neue(n) Mietwohnung(en) (inkl. zu dieser / diesen gehörende(n) Nebenräume und anteilig gemeinsam genutzte Räume)	m²	m²	m²
22	auf andere Nutzungen	m²	m²	m²
	Alternativ zur Berechnung der Baukostenobergrenze:			
	Verwendung der Brutto-Grundfläche (BGF) nach DIN 277			
24	BGF des Gebäudes / der Eigentumswohnung insgesamt	m²		m²
25	BGF, die durch die Baumaßnahme neu geschaffen wurde, insgesamt		m²	

Angaben zur Inanspruchnahme § 7b EStG – Juli 2020 –

Anl zu H 7b

Angaben zu den Anschaffungs- oder Herstellungskosten

		EUR
26	Anschaffungs- oder Herstellungskosten – ohne Anteil Grund und Boden – (ohne Aufwendungen für Sonderausstattung für andere Nutzungen)	
27	nachträgliche Anschaffungs- oder Herstellungskosten – Kalenderjahr der Fertigstellung + 1 –	+
28	nachträgliche Anschaffungs- oder Herstellungskosten – Kalenderjahr der Fertigstellung + 2 –	+
29	nachträgliche Anschaffungs- oder Herstellungskosten – Kalenderjahr der Fertigstellung + 3 –	+
30	Summe	=

Prüfung der Baukostenobergrenze

31 Summe der Anschaffungs- oder Herstellungskosten der neuen Wohnung(en) ______ EUR (Übernahme aus Zeile 30) = ______ EUR

32 Gesamte Nutzfläche **oder** BGF ______ m² (Übernahme aus Zeile 19 bzw. 20 **oder** aus Zeile 24 bzw. 25)

Hinweis: *Ist das Ergebnis der Zeile 31 dividiert durch Zeile 32 größer als 3.000 EUR darf die Sonderabschreibung nach § 7b EStG nicht in Anspruch genommen werden. Die bereits in den Vorjahren in Anspruch genommene Sonderabschreibung nach § 7b EStG wird verzinslich rückgängig gemacht, wenn der Betrag von 3.000 EUR innerhalb von drei Kalenderjahren nach Ablauf des Jahres der Anschaffung oder Herstellung überschritten wird.*

Ermittlung der Sonderabschreibung nach § 7b EStG

33 Summe der Anschaffungs- oder Herstellungskosten der neuen Wohnung(en) (Übernahme aus Zeile 30) ______ EUR × Wohnfläche der neuen Mietwohnung(en) inkl. Nebenräume (Übernahme aus Zeile 21) ______ m² / ______ m² Nutzfläche insgesamt (Übernahme aus Zeile 19 bzw. 20) = ______ EUR

Wohnfläche der neuen Mietwohnung(en) inkl. Nebenräume

34 höchstens ______ m² (Übernahme aus Zeile 21) × **2.000 EUR** = ______ EUR

Prozentsatz der Sonderabschreibung nach § 7b EStG **max. 5 %**

35 Übernahme kleinerer Betrag aus Zeile 33 oder 34 ______ EUR × ____ % ☐ wie Vorjahr = ______ EUR

Das Ergebnis der Zeile 35 ist – vorbehaltlich der Prüfung der Zeilen 36 ff. – in die Anlage V / die Anlage EÜR / die E-Bilanz zu übernehmen (bei mehreren Objekten ist für die Anlage EÜR / die E-Bilanz die Summe aller Sonderabschreibungen nach § 7b EStG zu übernehmen).

De-minimis-Verordnung

Erklärung:

Hiermit erkläre ich (sofern gegeben als gesetzlicher Vertreter der Steuerpflichtigen lt. Zeile 1),

36 ______________________________

Name

dass **im laufenden Kalenderjahr sowie in den beiden vorangegangenen Kalenderjahren**

37 ☐ keine ☐ folgende Beihilfen im Sinne der Verordnung (EU) Nr. 1407/2013 der Kommission vom 18. Dezember 2013 über die Anwendung der Artikel 107 und 108 des Vertrags über die Arbeitsweise der Europäischen Union auf De-minimis-Beihilfen (ABl. L 352 vom 24. Dezember 2013, S. 1) (De-minimis-Verordnung) oder der Verordnung (EU) Nr. 360/2012 der Kommission vom 25. April 2012 über die Anwendung der Artikel 107 und 108 des Vertrags über die Arbeitsweise der Europäischen Union auf De-minimis-Beihilfen an Unternehmen, die Dienstleistungen von allgemeinem wirtschaftlichem Interesse erbringen (ABl. L 114 vom 26. April 2012, S. 8) (sog. DAWI-de-minimis-Verordnung) bezogen wurden.

De-minimis-Beihilfen

	Datum des Bewilligungsbescheids / der Zusage	Beihilfegeber De-minimis-Beihilfen	Beihilfewert EUR
38			
39			
40			
41			
42		Summe	

Ist das Ergebnis in Zeile 42 größer als 200.000 EUR darf die Sonderabschreibung nach § 7b EStG nicht in Anspruch genommen werden.

DAWI-de-minimis-Beihilfen

	Datum des Bewilligungsbescheids / der Zusage	Beihilfegeber DAWI-de-minimis-Beihilfen	Beihilfewert EUR
43			
44			
45		Summe	

Ist das Ergebnis in Zeile 42 zzgl. des Ergebnisses in Zeile 45 größer als 500.000 EUR darf die Sonderabschreibung nach § 7b EStG nicht in Anspruch genommen werden.

Anl zu H 7 b

Beihilfewert der Sonderabschreibung nach § 7b EStG:
(Ermittlung unter Verwendung des online unter „https://www.bundesfinanzministerium.de/Content/DE/Standardartikel/Themen/Steuern/Steuerarten/Einkommensteuer/2020-07-07-berechnungsschema-sonderabschreibung-7b-estg" bereitgestellten Berechnungsschemas)

		Beihilfewert EUR
46	Erstes Jahr des Begünstigungszeitraums	
47	Zweites Jahr des Begünstigungszeitraums	
48	Drittes Jahr des Begünstigungszeitraums	
49	Viertes Jahr des Begünstigungszeitraums	

Die Sonderabschreibung nach § 7b EStG ist nur in der Höhe zulässig, wie der Beihilfewert im ersten Jahr des Begünstigungszeitraums (Zeile 46) bzw. bei Folgeanträgen die Summe aus dem Beihilfewert des aktuellen Jahres des Begünstigungszeitraums usw. zzgl. der Beihilfewerte aus max. zwei dem aktuellen Jahr des Begünstigungszeitraums vorangegangenen Jahren zusammen mit dem Ergebnis aus Zeile 42 den Betrag von 200.000 EUR und zusammen mit den Ergebnissen aus Zeile 42 und Zeile 45 den Betrag von 500.000 EUR nicht überschreitet.

50 ☐ Ich erkläre, dass ich die vorstehenden Angaben wahrheitsgemäß nach bestem Wissen und Gewissen gemacht habe und sie durch entsprechende Unterlagen belegen kann. Mir ist bekannt, dass die Angabe falscher Tatsachen, sowie das Unterlassen einer Anzeige strafrechtliche Folgen nach sich ziehen können (§§ 370, 153 Abgabenordnung – AO).

Ich erkläre ferner, dass ich die Anwendung der Verordnung (EG) Nr. 1407/2013 der Kommission vom 18. Dezember 2013 als Rechtsgrundlage anerkenne und dass mir bekannt ist, dass die vorstehenden Angaben steuerlich erhebliche Tatsachen im Sinne von § 370 AO sind. Außerdem ist mir bekannt, dass zu den steuerlich erheblichen Tatsachen insbesondere etwaige Sachverhalte gehören, die durch Scheingeschäfte und Scheinhandlungen verdeckt werden, sowie Rechtsgeschäfte oder Handlungen unter Missbrauch von Gestaltungsmöglichkeiten im Zusammenhang mit der in Anspruch genommenen Sonderabschreibung nach § 7b EStG. Das gilt auch für nachträgliche Änderungen von Vereinbarungen oder Rechtshandlungen, die mit dem Ziel vorgenommen werden, den Zeitpunkt des Beginns des Investitionsvorhabens oder des Investitionsabschlusses in eine Zeit, die eine Sonderabschreibung nach § 7b EStG bewirkt, zu verlegen, um dadurch eine Sonderabschreibung nach § 7b EStG in Anspruch zu nehmen.

Unterschrift

Datenschutzhinweis:

Informationen über die Verarbeitung personenbezogener Daten in der Steuerverwaltung und über Ihre Rechte nach der Datenschutz-Grundverordnung sowie über Ihre Ansprechpartner in Datenschutzfragen entnehmen Sie bitte dem allgemeinen Informationsschreiben der Finanzverwaltung. Dieses Informationsschreiben finden Sie unter www.finanzamt.de (unter der Rubrik „Datenschutz") oder erhalten Sie bei Ihrem Finanzamt.

Datum, Unterschrift(en) (ggf. vom gesetzlichen Vertreter)

Bei der Anfertigung hat mitgewirkt: (Name, Anschrift, Telefonnummer)

EStG

§ 7c[1] Sonderabschreibung für Elektronutzfahrzeuge und elektrisch betriebene Lastenfahrräder

1 (1) **Bei neuen Elektronutzfahrzeugen im Sinne des Absatzes 2 sowie elektrisch betriebenen Lastenfahrrädern im Sinne des Absatzes 3, die zum Anlagevermögen gehören, kann im Jahr der Anschaffung neben der Absetzung für Abnutzung nach § 7 Absatz 1 eine Sonderabschreibung in Höhe von 50 Prozent der Anschaffungskosten in Anspruch genommen werden.**

2 (2) **Elektronutzfahrzeuge sind Fahrzeuge der EG-Fahrzeugklassen N1, N2 und N3, die ausschließlich durch Elektromotoren angetrieben werden, die ganz oder überwiegend aus mechanischen oder elektrochemischen Energiespeichern oder aus emissionsfrei betriebenen Energiewandlern gespeist werden.**

3 (3) **Elektrisch betriebene Lastenfahrräder sind Schwerlastfahrräder mit einem Mindest-Transportvolumen von einem Kubikmeter und einer Nutzlast von mindestens 150 Kilogramm, die mit einem elektromotorischen Hilfsantrieb angetrieben werden.**

4 (4) ① **Die Sonderabschreibung kann nur in Anspruch genommen werden, wenn der Steuerpflichtige die der Sonderabschreibung zugrundeliegenden Anschaffungskosten sowie Angaben zu den in den Absätzen 1 bis 3 enthaltenen Voraussetzungen nach amtlich vorgeschriebenen Datensätzen durch Datenfernübertragung übermittelt.** ② **Auf Antrag kann die Finanzbehörde zur Vermeidung unbilliger Härten auf eine elektronische Übermittlung verzichten; § 150 Absatz 8 der Abgabenordnung gilt entsprechend.** ③ **In den Fällen des Satzes 2 müssen sich die entsprechenden Angaben aus den beim Finanzamt einzureichenden Unterlagen ergeben.**

§ 7d *(aufgehoben)*

§ 7e *(weggefallen)*

§ 7f *(aufgehoben)*

---

[1] § 7c EStG tritt an dem Tag in Kraft, an dem die Europäische Kommission durch Beschluss festgestellt hat, dass die Regelungen entweder keine Beihilfen oder mit dem Binnenmarkt vereinbare Beihilfen darstellen. Der Tag des Beschlusses der Europäischen Kommission sowie der Tag des Inkrafttretens werden vom Bundesministerium der Finanzen gesondert im Bundesgesetzblatt bekannt gemacht (Art. 39 Abs. 7 des Gesetzes vom 12. 12. 2019, BGBl. I S. 2451).
Zur Anwendung siehe § 52 Abs. 15 b EStG.

EStG

§ 7g Investitionsabzugsbeträge und Sonderabschreibungen zur Förderung kleiner und mittlerer Betriebe

1 (1)[1] ① Steuerpflichtige können für die künftige Anschaffung oder Herstellung von abnutzbaren beweglichen Wirtschaftsgütern des Anlagevermögens, die mindestens bis zum Ende des dem Wirtschaftsjahr der Anschaffung oder Herstellung folgenden Wirtschaftsjahres vermietet oder in einer inländischen Betriebsstätte des Betriebes ausschließlich oder fast ausschließlich betrieblich genutzt werden, bis zu 50 Prozent der voraussichtlichen Anschaffungs- oder Herstellungskosten gewinnmindernd abziehen (Investitionsabzugsbeträge). ② Investitionsabzugsbeträge können nur in Anspruch genommen werden, wenn

1. der Gewinn:
   a) nach § 4 oder § 5 ermittelt wird;
   b) im Wirtschaftsjahr, in dem die Abzüge vorgenommen werden sollen, ohne Berücksichtigung der Investitionsabzugsbeträge nach Satz 1 und der Hinzurechnungen nach Absatz 2 200 000 Euro nicht überschreitet und
2. der Steuerpflichtige die Summen der Abzugsbeträge und der nach den Absätzen 2 bis 4 hinzuzurechnenden oder rückgängig zu machenden Beträge nach amtlich vorgeschriebenen Datensätzen durch Datenfernübertragung übermittelt. ② Auf Antrag kann die Finanzbehörde zur Vermeidung unbilliger Härten auf eine elektronische Übermittlung verzichten; § 150 Absatz 8 der Abgabenordnung gilt entsprechend. ③ In den Fällen des Satzes 2 müssen sich die Summen der Abzugsbeträge und der nach den Absätzen 2 bis 4 hinzuzurechnenden oder rückgängig zu machenden Beträge aus den beim Finanzamt einzureichenden Unterlagen ergeben.

③ Abzugsbeträge können auch dann in Anspruch genommen werden, wenn dadurch ein Verlust entsteht oder sich erhöht. ④ Die Summe der Beträge, die im Wirtschaftsjahr des Abzugs und in den drei vorangegangenen Wirtschaftsjahren nach Satz 1 insgesamt abgezogen und nicht nach Absatz 2 hinzugerechnet oder nach den Absätzen 3 oder 4 rückgängig gemacht wurden, darf je Betrieb 200 000 Euro nicht übersteigen.

2 (2)[1] ① Im Wirtschaftsjahr der Anschaffung oder Herstellung eines begünstigten Wirtschaftsguts im Sinne von Absatz 1 Satz 1 können bis zu 50 Prozent der Anschaffungs- oder Herstellungskosten gewinnerhöhend hinzugerechnet werden; die Hinzurechnung darf die Summe der nach Absatz 1 abgezogenen und noch nicht nach den Absätzen 2 bis 4 hinzugerechneten oder rückgängig gemachten Abzugsbeträge nicht übersteigen. ② Bei nach Eintritt der Unanfechtbarkeit der erstmaligen Steuerfestsetzung oder der erstmaligen gesonderten Feststellung nach Absatz 1 in Anspruch genommenen Investitionsabzugsbeträgen setzt die Hinzurechnung nach Satz 1 voraus, dass das begünstigte Wirtschaftsgut zum Zeitpunkt der Inanspruchnahme der Investitionsabzugsbeträge noch nicht angeschafft oder hergestellt worden ist.[2] ③ Die Anschaffungs- oder Herstellungskosten des Wirtschaftsguts können in dem in Satz 1 genannten Wirtschaftsjahr um bis zu 50 Prozent, höchstens jedoch um die Hinzurechnung nach Satz 1, gewinnmindernd herabgesetzt werden; die Bemessungsgrundlage für die Absetzungen für Abnutzung, erhöhten Absetzungen und Sonderabschreibungen sowie die Anschaffungs- oder Herstellungskosten im Sinne von § 6 Absatz 2 und 2 a verringern sich entsprechend.

3 (3) ① Soweit in Anspruch genommene Investitionsabzugsbeträge nicht bis zum Ende des *dritten*[3] auf das Wirtschaftsjahr des jeweiligen Abzugs folgenden Wirtschaftsjahres nach Absatz 2 Satz 1 hinzugerechnet wurden, sind die Abzüge nach Absatz 1 rückgängig zu machen; die vorzeitige Rückgängigmachung von Investitionsabzugsbeträgen vor Ablauf der Investitionsfrist ist zulässig. ② Wurde der Gewinn des maßgebenden Wirtschaftsjahres bereits einer Steuerfestsetzung oder einer gesonderten Feststellung zugrunde gelegt, ist der entsprechende Steuer- oder Feststellungsbescheid insoweit zu ändern. ③ Das gilt auch dann, wenn der Steuer- oder Feststellungsbescheid bestandskräftig geworden ist; die Festsetzungsfrist endet insoweit nicht, bevor die Festsetzungsfrist für den Veranlagungszeitraum abgelaufen ist, in dem das dritte auf das Wirtschaftsjahr des Abzugs folgende Wirtschaftsjahr endet. ④ § 233 a Absatz 2 a der Abgabenordnung ist nicht anzuwenden.

4 (4)[1] ① Wird in den Fällen des Absatzes 2 ein begünstigtes Wirtschaftsgut nicht bis zum Ende des dem Wirtschaftsjahr der Anschaffung oder Herstellung folgenden Wirtschaftsjahres vermietet oder in einer inländischen Betriebsstätte des Betriebes ausschließlich oder fast ausschließlich betrieblich genutzt, sind die Herabsetzung der Anschaffungs- oder Herstellungskosten, die Verringerung der Bemessungsgrundlage

[1] Zur erstmaligen Anwendung von § 7g Abs. 1 Satz 1, 2 Nr. 1, Abs. 2 Satz 1 und Satz 3 sowie Abs. 4 Satz 1 siehe § 52 Abs. 16 Satz 1 EStG.
[2] Zur erstmaligen Anwendung siehe § 52 Abs. 16 Satz 2 EStG.
[3] **Siehe aber hierzu § 52 Abs. 16 Satz 3 bis 5 EStG.**

EStG

und die Hinzurechnung nach Absatz 2 rückgängig zu machen. ② Wurden die Gewinne der maßgebenden Wirtschaftsjahre bereits Steuerfestsetzungen oder gesonderten Feststellungen zugrunde gelegt, sind die entsprechenden Steuer- oder Feststellungsbescheide insoweit zu ändern. ③ Das gilt auch dann, wenn die Steuer- oder Feststellungsbescheide bestandskräftig geworden sind; die Festsetzungsfristen enden insoweit nicht, bevor die Festsetzungsfrist für den Veranlagungszeitraum abgelaufen ist, in dem die Voraussetzungen des Absatzes 1 Satz 1 erstmals nicht mehr vorliegen. ④ § 233 a Absatz 2 a der Abgabenordnung ist nicht anzuwenden.

(5) **Bei abnutzbaren beweglichen Wirtschaftsgütern des Anlagevermögens können unter den Voraussetzungen des Absatzes 6 im Jahr der Anschaffung oder Herstellung und in den vier folgenden Jahren neben den Absetzungen für Abnutzung nach § 7 Absatz 1 oder Absatz 2 Sonderabschreibungen bis zu insgesamt 20 Prozent der Anschaffungs- oder Herstellungskosten in Anspruch genommen werden.** 5

(6)[1] **Die Sonderabschreibungen nach Absatz 5 können nur in Anspruch genommen werden, wenn** 6

1. **der Betrieb im Wirtschaftsjahr, das der Anschaffung oder Herstellung vorangeht, die Gewinngrenze des Absatzes 1 Satz 2 Nr. 1 nicht überschreitet, und**
2. **das Wirtschaftsgut im Jahr der Anschaffung oder Herstellung und im darauf folgenden Wirtschaftsjahr vermietet oder in einer inländischen Betriebsstätte des Betriebs des Steuerpflichtigen ausschließlich oder fast ausschließlich betrieblich genutzt wird; Absatz 4 gilt entsprechend.**

(7)[2] ① **Bei Personengesellschaften und Gemeinschaften sind die Absätze 1 bis 6 mit der Maßgabe anzuwenden, dass an die Stelle des Steuerpflichtigen die Gesellschaft oder die Gemeinschaft tritt. ② Vom Gewinn der Gesamthand oder Gemeinschaft abgezogene Investitionsabzugsbeträge können ausschließlich bei Investitionen der Personengesellschaft oder Gemeinschaft nach Absatz 2 Satz 1 gewinnerhöhend hinzugerechnet werden. ③ Entsprechendes gilt für vom Sonderbetriebsgewinn eines Mitunternehmers abgezogene Investitionsabzugsbeträge bei Investitionen dieses Mitunternehmers oder seines Rechtsnachfolgers in seinem Sonderbetriebsvermögen.** 7

Übersicht

H 7 g

Investitionsabzugsbetrag 9

– Zu Zweifelsfragen zu den Investitionsabzugsbeträgen nach § 7 g Abs. 1 bis 4 und 7 EStG i. d. F. des JStG 2020 vom 21. 12. 2020 (BGBl. I S. 3096) → BMF vom 15. 6. 2022 (BStBl. I S. 945).[3]

– Zur zeitlichen Anwendung des BMF-Schreiben vom 20. 3.2017 (BStBl. I S. 423)[4] und vom 26. 8. 2019 (BStBl. I S. 870), → BMF vom 15. 6. 2022 (BStBl. I S. 945),[3] Rn. 59.

Anl zu § 7 g

Schreiben betr. steuerliche Gewinnermittlung; Zweifelsfragen zu den Investitionsabzugsbeträgen nach § 7g Absatz 1 bis 4 und 7 EStG in der Fassung des Jahressteuergesetzes 2020 (JStG 2020) vom 21. Dezember 2020 (BGBl. I S. 3096)[5]

Vom 15. Juni 2022 (BStBl. I S. 945)

(BMF IV C 6 – S 2139-b/21/10001 :001; DOK 2022/0547974)

Inhaltsübersicht

[1] Zur erstmaligen Anwendung siehe § 52 Abs. 16 Satz 1 EStG.
[2] Zur erstmaligen Anwendung siehe § 52 Abs. 16 Satz 2 EStG.
[3] Nachstehend abgedruckt.
[4] Letztmals abgedruckt im „Handbuch zur ESt-Veranlagung 2021" als Anlage zu § 7 g EStG.
[5] **Amtl. Anm.:** BStBl. 2021 I S. 6.

Anl zu § 7 g

Zur Anwendung von § 7 g Absatz 1 bis 4 und 7 EStG in der Fassung des Jahressteuergesetzes 2020 (JStG 2020) vom 21. Dezember 2020 (BGBl. I S. 3096) nehme ich nach Abstimmung mit den obersten Finanzbehörden der Länder wie folgt Stellung:

I. Voraussetzungen für die Inanspruchnahme von Investitionsabzugsbeträgen (§ 7 g Absatz 1 EStG)

1. Begünstigte Betriebe

a) Aktive Betriebe

10 **1** Die Inanspruchnahme von Investitionsabzugsbeträgen ist grundsätzlich nur bei Betrieben (Einzelunternehmen, Personengesellschaften und Körperschaften) möglich, die aktiv am wirtschaftlichen Verkehr teilnehmen und eine in diesem Sinne werbende Tätigkeit ausüben. Steuerpflichtige, die ihren Betrieb ohne Aufgabeerklärung durch Verpachtung im Ganzen fortführen (sog. Betriebsverpachtung im Ganzen, vgl. § 16 Absatz 3 b Satz 1 Nummer 1 EStG), können die Regelungen des § 7 g EStG nicht anwenden (BFH-Urteil vom 27. September 2001, BStBl. 2002 II S. 136). Im Falle einer Betriebsaufspaltung können sowohl das Besitzunternehmen als auch das Betriebsunternehmen Investitionsabzugsbeträge beanspruchen. Entsprechendes gilt bei Organschaften für Organträger und Organgesellschaft.

b) Noch nicht eröffnete Betriebe

2 Begünstigt im Sinne des § 7 g EStG sind auch Betriebe, die sich noch in der Eröffnungsphase befinden. Die Betriebseröffnungsphase beginnt in dem Zeitpunkt, in dem der Steuerpflichtige erstmals Tätigkeiten ausübt, die objektiv erkennbar auf die Vorbereitung der beabsichtigten betrieblichen Tätigkeit gerichtet sind (BFH-Urteil vom 9. Februar 1983, BStBl. II S. 451) und endet erst, wenn alle wesentlichen Grundlagen vorhanden sind (Abschluss der Betriebseröffnung, BFH-Urteil vom 10. Juli 1991, BStBl. II S. 840).

3 In Zweifelsfällen hat der Steuerpflichtige die Betriebseröffnungsabsicht glaubhaft darzulegen. Indizien für eine Betriebseröffnung sind beispielsweise eine Gewerbeanmeldung, beantragte Kredite oder Unterlagen, aus denen sich die geplante Anschaffung oder Herstellung der wesentlichen Betriebsgrundlagen ergibt (z. B. Kostenvoranschläge, Informationsmaterial, konkrete Verhandlungen oder Bestellungen). Für eine beabsichtigte Betriebseröffnung spricht außerdem, dass der Steuerpflichtige bereits selbst und endgültig mit Aufwendungen belastet ist oder dass die einzelnen zum Zwecke der Betriebseröffnung bereits unternommenen Schritte sich als sinnvolle, zeitlich zusammenhängende Abfolge mit dem Ziel des endgültigen Abschlusses der Betriebseröffnung darstellen.

c) Personengesellschaften und Gemeinschaften

4 Auch Personengesellschaften und Gemeinschaften können unter entsprechender Anwendung der Regelungen dieses Schreibens § 7 g EStG in Anspruch nehmen (§ 7 g Absatz 7 Satz 1 EStG), wenn es sich um eine Mitunternehmerschaft (§ 13 Absatz 7, § 15 Absatz 1 Satz 1 Nummer 2, § 18 Absatz 4 Satz 2 EStG) handelt. Investitionsabzugsbeträge können sowohl vom gemeinschaftlichen Gewinn als auch vom Sonderbetriebsgewinn eines Mitunternehmers abgezogen werden. Bei der Prüfung der Gewinngrenze im Sinne des § 7 g Absatz 1 Satz 2 Nummer 1 Buchstabe b EStG (Randnummern 13 bis 16) sind der gemeinschaftliche Gewinn (inklusive der Gewinne aus Ergänzungsbilanzen/-rechnungen der Mitunternehmer) und die Sonderbetriebsgewinne zusammenzurechnen. Bei der Ermittlung des Höchstbetrages von 200 000 € (§ 7 g Absatz 1 Satz 4 EStG, vgl. Randnummer 10) sind die im Bereich des gemeinschaftlichen Gewinns und die im Bereich der Sonderbetriebsgewinne in Anspruch genommenen und nicht wieder hinzugerechneten oder rückgängig gemachten Investitionsabzugsbeträge zusammenzufassen.

5 Vom Gewinn der Gesamthand oder Gemeinschaft abgezogene Investitionsabzugsbeträge können ausschließlich bei begünstigten Investitionen im Gesamthandsvermögen gewinnerhöhend hinzugerechnet werden (§ 7 g Absatz 7 Satz 2 EStG). Vom Sonderbetriebsgewinn eines Gesellschafters oder

Gemeinschafters abgezogene Investitionsabzugsbeträge können ausschließlich bei begünstigten Investitionen im Sonderbetriebsvermögen dieses Gesellschafters oder Gemeinschafters sonderbetriebsgewinnerhöhend hinzugerechnet werden (§ 7g Absatz 7 Satz 3 EStG).

Die Anschaffung eines begünstigten Wirtschaftsgutes liegt nicht vor, wenn ein Gesellschafter oder Gemeinschafter ein Wirtschaftsgut von der Personengesellschaft oder Gemeinschaft erwirbt oder die Personengesellschaft oder Gemeinschaft oder ein anderer Gesellschafter oder Gemeinschafter ein Wirtschaftsgut erwirbt, das zuvor zum Sonderbetriebsvermögen eines Gesellschafters oder Gemeinschafters gehörte, da in diesen Fällen das Wirtschaftsgut bereits vor der Anschaffung dem Betriebsvermögen der Mitunternehmerschaft zuzurechnen war.

2. Begünstigte Wirtschaftsgüter

6 Investitionsabzugsbeträge können für neue oder gebrauchte abnutzbare bewegliche Wirtschafts- **11**
güter des Anlagevermögens geltend gemacht werden, die in einem dem Wirtschaftsjahr des Abzuges folgenden Wirtschaftsjahr angeschafft oder hergestellt werden. Für immaterielle Wirtschaftsgüter, z. B. Software, kann § 7g EStG nicht in Anspruch genommen werden (BFH-Urteil vom 18. Mai 2011, BStBl. II S. 865). Das gilt nicht für sog. Trivialprogramme, die nach R 5.5 Absatz 1 EStR zu den abnutzbaren beweglichen und selbständig nutzbaren Wirtschaftsgütern gehören.

7 Sogenannte geringwertige Wirtschaftsgüter (§ 6 Absatz 2 EStG) oder Wirtschaftsgüter, die nach § 6 Absatz 2a EStG in einem Sammelposten erfasst werden, sind nach § 7g EStG begünstigt.

8 Die Wirtschaftsgüter müssen mindestens bis zum Ende des dem Wirtschaftsjahr der Anschaffung oder Herstellung folgenden Wirtschaftsjahres vermietet oder in einer inländischen Betriebsstätte des Betriebes ausschließlich oder fast ausschließlich betrieblich genutzt werden (Verbleibens- und Nutzungszeitraum gemäß § 7g Absatz 1 Satz 1 EStG, vgl. Randnummern 33 bis 44).

3. Höhe der Investitionsabzugsbeträge

9 Nach § 7g EStG sind höchstens 50% der tatsächlichen Aufwendungen für begünstigte Wirt- **12**
schaftsgüter (Randnummern 6 bis 8), die innerhalb der dreijährigen Investitionsfrist angeschafft oder hergestellt werden, berücksichtigungsfähig. Soweit Investitionsabzugsbeträgen keine entsprechenden Investitionen gegenüberstehen, sind sie rückgängig zu machen (Randnummern 29 bis 51).

10 Begünstigte Betriebe (Randnummern 1 bis 4) können Investitionsabzugsbeträge bis zu einer Summe von insgesamt 200 000 € in Anspruch nehmen (§ 7g Absatz 1 Satz 4 EStG). Dieser betriebsbezogene Höchstbetrag vermindert sich im jeweiligen Wirtschaftsjahr des Abzuges um die in den drei vorangegangenen Wirtschaftsjahren berücksichtigten Abzugsbeträge nach § 7g Absatz 1 EStG, die noch „vorhanden" sind, d. h. nicht wieder hinzugerechnet (§ 7g Absatz 2 Satz 1 EStG) oder rückgängig gemacht wurden (§ 7g Absatz 3 und 4 EStG).

4. Gewinngrenze nach § 7g Absatz 1 Satz 2 Nummer 1 EStG

11 Investitionsabzugsbeträge können nur in Wirtschaftsjahren in Anspruch genommen werden, in **13**
denen der Gewinn 200 000 € nicht überschreitet. Das gilt auch bei noch nicht eröffneten Betrieben (Randnummern 2 und 3).

a) Gewinnermittlung nach § 4 oder § 5 EStG

12 Die Inanspruchnahme von Investitionsabzugsbeträgen setzt die Ermittlung des Gewinns durch Betriebsvermögensvergleich nach § 4 Absatz 1 oder § 5 EStG bzw. Einnahmenüberschussrechnung nach § 4 Absatz 3 EStG voraus. Bei einer Tonnagebesteuerung gemäß § 5a EStG oder einer Gewinnermittlung nach Durchschnittsätzen (§ 13a EStG) ist § 7g EStG nicht anwendbar (vgl. § 5a Absatz 5 Satz 3 zweiter Teilsatz EStG bzw. § 13a Absatz 3 Satz 2 EStG und Randnummer 85 des BMF-Schreibens vom 10. November 2015, BStBl. I S. 877).

b) Maßgebender Gewinn

13 Gewinn im Sinne von § 7g Absatz 1 Satz 2 Nummer 1 Buchstabe b EStG ist der Betrag, der ohne Berücksichtigung von Abzügen und Hinzurechnungen gemäß § 7g Absatz 1 und Absatz 2 Satz 1 EStG der Besteuerung zugrunde zu legen ist (§ 2 Absatz 2 Satz 1 Nummer 1 i. V. m. §§ 4 bis 5 sowie 6 bis 7i EStG); außerbilanzielle Korrekturen der Steuerbilanz sowie Hinzu- und Abrechnungen bei der Einnahmeüberschussrechnung sind zu berücksichtigen. Bei Körperschaften ist der steuerliche Gewinn (Punkt 31 der Richtlinie R 7.1 Absatz 1 Satz 2 KStR 2022) ohne Berücksichtigung von Abzügen und Hinzurechnungen gemäß § 7g Absatz 1 und Absatz 2 Satz 1 EStG (Punkt 9 der Richtlinie R 7.1 Absatz 1 Satz 2 KStR 2022) maßgebend. Die Gewinngrenze ist für jeden Betrieb getrennt zu ermitteln und gilt unabhängig davon, wie viele Personen an dem Unternehmen beteiligt sind.

14 Wird ein Betrieb im Laufe eines Wirtschaftsjahres unentgeltlich nach § 6 Absatz 3 EStG übertragen, ist für die Prüfung der Gewinngrenze des § 7g Absatz 1 Satz 2 Nummer 1 Buchstabe b EStG der anteilige Gewinn oder Verlust des Rechtsvorgängers und des Rechtsnachfolgers zusammenzufassen.

15 Hat der Steuerpflichtige mehrere Betriebe, ist für jeden Betrieb gesondert zu prüfen, ob die Voraussetzungen des § 7g Absatz 1 Satz 2 Nummer 1 EStG vorliegen. Bei Personengesellschaften, bei denen die Gesellschafter als Mitunternehmer anzusehen sind, ist der Gewinn der Personengesellschaft (gemeinschaftlicher Gewinn inklusive Ergebnisse aus Ergänzungsbilanzen/-rechnungen zzgl. Sonderbetriebsgewinne) maßgebend. Das gilt auch dann, wenn die Investitionsabzugsbeträge für Wirtschaftsgüter in Anspruch genommen werden, die zum Sonderbetriebsvermögen eines Mitunternehmers der Personengesellschaft gehören. In den Fällen der Betriebsaufspaltung sind das Besitz- und

Anl zu § 7 g

das Betriebsunternehmen bei der Prüfung der Gewinngrenze des § 7 g Absatz 1 Satz 2 Nummer 1 Buchstabe b EStG getrennt zu beurteilen (BFH-Urteil vom 17. Juli 1991, BStBl. 1992 II S. 246). Entsprechendes gilt bei Organschaften für Organträger und Organgesellschaft. Partnerschaftsgesellschaften, die weder rechtlich selbständige noch im Rahmen der Mitunternehmerschaft einkommensteuerrechtlich gesondert zu betrachtende Kanzleien in verschiedenen Städten betreiben und hieraus ausschließlich Einkünfte aus selbständiger Arbeit erzielen, unterhalten nur einen Betrieb im Sinne des § 7 g EStG (BFH-Urteil vom 13. Juli 2016, BStBl. II S. 936).

16 Wird eine Steuerfestsetzung oder eine gesonderte Feststellung nachträglich mit der Folge geändert, dass die Gewinngrenze von 200 000 € überschritten wird, können ggf. in diesem Jahr geltend gemachte Investitionsabzugsbeträge nicht mehr berücksichtigt werden. Der entsprechende Steuer- oder Feststellungsbescheid ist unter den Voraussetzungen der §§ 164, 165 und 172 ff. Abgabenordnung (AO) zu ändern.

5. Inanspruchnahme von Investitionsabzugsbeträgen

14 **17** Investitionsabzugsbeträge können ohne weitere Angaben entweder im Rahmen der Steuererklärung oder – bei Vorliegen der verfahrensrechtlichen Voraussetzungen – nach der erstmaligen Steuerfestsetzung bzw. gesonderten Feststellung (z. B. im Rechtsbehelfsverfahren oder durch Änderungsantrag nach § 172 Absatz 1 Satz 1 Nummer 2 Buchstabe a AO) geltend gemacht werden. Das gilt auch bei noch nicht abgeschlossenen Betriebseröffnungen (Randnummern 2 und 3). Der Nachweis oder die Glaubhaftmachung von Investitionsabsichten ist nicht erforderlich.

18 Für Wirtschaftsjahre vor einer unentgeltlichen Betriebsübertragung nach § 6 Absatz 3 EStG kann der bisherige Betriebsinhaber auch dann noch Investitionsabzugsbeträge in Anspruch nehmen, wenn davon auszugehen ist, dass er vor der Übertragung keine begünstigten Investitionen mehr tätigt (vgl. BFH-Urteil vom 10. März 2016, BStBl. II S. 763). Entsprechendes gilt für Wirtschaftsjahre vor einer Einbringung von Betriebsvermögen in eine Personengesellschaft nach § 24 Umwandlungssteuergesetz (UmwStG).

19 Behält der Steuerpflichtige im Rahmen einer Betriebsveräußerung, Betriebsaufgabe oder Einbringung in einen anderen Betrieb Betriebsvermögen zurück und übt er seine bisherige Tätigkeit der Art nach weiterhin mit Gewinnerzielungsabsicht aus, können für mit dem „Restbetrieb" im Zusammenhang stehende Investitionen bei Vorliegen der Voraussetzungen des § 7 g EStG weiterhin Investitionsabzugsbeträge in Anspruch genommen werden. Dies gilt unabhängig davon, ob die Veräußerung oder Entnahme des sonstigen Betriebsvermögens nach den §§ 16 und 34 EStG besteuert wird (BFH-Urteil vom 1. August 2007, BStBl. 2008 II S. 106).

6. Datenfernübertragung der Angaben zu § 7 g EStG nach amtlich vorgeschriebenen Datensätzen (§ 7 g Absatz 1 Satz 2 Nummer 2 EStG)

15 **20** Die Abzugsbeträge, Hinzurechnungen und Rückgängigmachungen nach § 7 g EStG sind bei einer Gewinnermittlung
- nach § 4 Absatz 1 oder § 5 EStG im Rahmen der sog. E-Bilanz (§ 5b EStG),
- nach § 4 Absatz 3 EStG mit der sog. Anlage EÜR (§ 60 Absatz 4 Einkommensteuer-Durchführungsverordnung)

nach amtlich vorgeschriebenem Datensatz durch Datenfernübertragung zu übermitteln (§ 7 g Absatz 1 Satz 2 Nummer 2 Satz 1 EStG). Bei Inanspruchnahme, Hinzurechnung oder Rückgängigmachung von Investitionsabzugsbeträgen sowie entsprechenden Änderungen nach der erstmaligen Übermittlung eines Datensatzes ist jeweils ein neuer Datensatz mittels E-Bilanz oder Anlage EÜR zu versenden. Im Einzelnen sind die Daten mit folgenden Datensätzen zu übermitteln:

Vorgang	§ 4 Absatz 1, § 5 EStG	§ 4 Absatz 3 EStG
Investitionsabzugsbeträge, § 7 g Absatz 1 EStG (Randnummern 17 bis 19)	E-Bilanz Datensatz Abzugsjahr	Anlage EÜR Abzugsjahr
Hinzurechnung, § 7 g Absatz 2 EStG (Randnummern 23 bis 25)	E-Bilanz Datensatz Wirtschaftsjahr der Hinzurechnung (mit Angabe des Abzugsjahres/der Abzugsjahre)	Anlage EÜR Wirtschaftsjahr der Hinzurechnung (mit Angabe des Abzugsjahres/der Abzugsjahre)
Rückgängigmachung, § 7 g Absatz 3 EStG (Randnummern 29 bis 32)	neuer E-Bilanz Datensatz Abzugsjahr (Korrektur ursprünglicher Abzugsbetrag)	geänderte Anlage EÜR Abzugsjahr (Korrektur ursprünglicher Abzugsbetrag)
Rückabwicklung, § 7 g Absatz 4 EStG (Randnummern 33 bis 50)	neue E-Bilanz Datensätze Wirtschaftsjahr der Hinzurechnung und ggf. Abzugsjahr (entsprechend der „Verwendung" betroffener Abzugsbeträge, vgl. Randnummern 49 und 50)	geänderte Anlage EÜR Wirtschaftsjahr der Hinzurechnung und ggf. Abzugsjahr (entsprechend der „Verwendung" betroffener Abzugsbeträge, vgl. Randnummern 49 und 50)

Bei Körperschaftsteuerpflichtigen sind die Abzugsbeträge, Hinzurechnungen und Rückgängigmachungen nach § 7 g EStG nicht in dem E-Bilanz-Datensatz, sondern in der Körperschaftsteuererklärung (Anlage GK) anzugeben. Werden Investitionsabzugsbeträge rückgängig gemacht, nachträglich beansprucht oder geändert, ist jeweils eine berichtigte Körperschaftsteuererklärung für alle betroffenen Jahre zu übermitteln.

Anl zu § 7g

21 Nach § 7 g Absatz 1 Satz 2 Nummer 2 Satz 2 EStG i. V. m. § 150 Absatz 8 AO sind die Finanzbehörden nach pflichtgemäßem Ermessen angehalten, einem Härtefallantrag zu entsprechen, wenn die elektronische Datenübermittlung aus wirtschaftlichen oder persönlichen Gründen unzumutbar ist. Die wirtschaftlichen und persönlichen Gründe liegen insbesondere dann vor, wenn der Steuerpflichtige **16**
- nicht über die erforderliche technische Ausstattung verfügt und es für ihn nur mit nicht unerheblichem finanziellem Aufwand möglich wäre, die für die elektronische Übermittlung notwendigen Möglichkeiten zu schaffen oder
- nach seinen individuellen Kenntnissen und Fähigkeiten nicht oder nur eingeschränkt in der Lage ist, die Möglichkeiten der Datenfernübertragung zu nutzen.

22 Verzichtet die Finanzbehörde in den Fällen der Randnummer 21 auf Antrag des Steuerpflichtigen auf die elektronische Übermittlung der Steuerdaten (§ 7 g Absatz 1 Satz 2 Nummer 2 Satz 2 EStG), müssen sich Geltendmachung, Hinzurechnung und Rückgängigmachung von Investitionsabzugsbeträgen aus den der Steuererklärung beizufügenden Unterlagen ergeben (§ 7 g Absatz 1 Satz 2 Nummer 2 Satz 3 EStG). Insoweit maßgebend ist die steuerliche Gewinnermittlung. In den Fällen des § 4 Absatz 3 EStG sind die erforderlichen Angaben bei Inanspruchnahme der Regelungen zu den Investitionsabzugsbeträgen stets auf dem amtlichen Vordruck der Anlage EÜR zu erklären. Bei Körperschaftsteuerpflichtigen sind die erforderlichen Angaben immer auf den amtlichen Vordrucken der Körperschaftsteuererklärung zu übermitteln.

II. Hinzurechnung von Investitionsabzugsbeträgen bei Durchführung begünstigter Investitionen und gleichzeitige gewinnmindernde Herabsetzung der Anschaffungs- oder Herstellungskosten (§ 7 g Absatz 2 EStG)

23 Wird ein begünstigtes Wirtschaftsgut (Randnummern 6 und 7) angeschafft oder hergestellt, das die Verbleibens- und Nutzungsvoraussetzungen (§ 7 g Absatz 1 Satz 1 EStG, Randnummern 33 bis 44) voraussichtlich erfüllen wird, kann § 7 g Absatz 2 EStG angewendet werden. **17**

1. Hinzurechnung von Investitionsabzugsbeträgen (§ 7 g Absatz 2 Satz 1 und 2 EStG)

24 Der Gewinn des Wirtschaftsjahres, in dem ein oder mehrere begünstigte Wirtschaftsgüter angeschafft oder hergestellt werden, kann um bis zu 50% der jeweiligen Anschaffungs- oder Herstellungskosten, höchstens jedoch in Höhe der insgesamt geltend gemachten und bislang noch nicht hinzugerechneten oder rückgängig gemachten Abzugsbeträge, erhöht werden (Hinzurechnung von Investitionsabzugsbeträgen). Entsprechendes gilt für nachträglich anfallende Anschaffungs- oder Herstellungskosten. Bei der Hinzurechnung ist anzugeben, welche Investitionsabzugsbeträge verwendet werden (Abzugsjahr und Höhe). Mit der Ausübung des Wahlrechtes nach § 7 g Absatz 2 Satz 1 EStG entscheidet der Steuerpflichtige, ob und in welchem Umfang in Anspruch genommene Investitionsabzugsbeträge getätigten Investitionen zugeordnet werden. Teilhinzurechnungen sind möglich.

25 Die Hinzurechnung von Investitionsabzugsbeträgen, die weder im Rahmen der Steuererklärung noch bis zum Eintritt der Unanfechtbarkeit der erstmaligen Steuerfestsetzung oder der erstmaligen gesonderten Feststellung (Ablauf der Einspruchsfrist von einem Monat, § 355 Absatz 1 Satz 1 AO) geltend gemacht werden, setzt voraus, dass das betreffende Wirtschaftsgut zum Zeitpunkt der jeweiligen Inanspruchnahme dieser Investitionsabzugsbeträge noch nicht angeschafft oder hergestellt worden ist (§ 7 g Absatz 2 Satz 2 EStG). So können beispielsweise im Rahmen einer Betriebsprüfung zulässigerweise nachträglich beanspruchte Investitionsabzugsbeträge nur für Investitionen verwendet werden, die zeitlich nach der Inanspruchnahme erfolgen. Im Ergebnis scheidet nach Ablauf der Investitionsfrist die nachträgliche Inanspruchnahme von Investitionsabzugsbeträgen aufgrund § 7 g Absatz 2 Satz 2 EStG aus.

Beispiel:

Im Anschluss an eine Betriebsprüfung betreffend das Wirtschaftsjahr 2021 (Steuerfestsetzung in 2022) nimmt der Steuerpflichtige am 24. Mai 2023 zulässigerweise für 2021 einen Investitionsabzugsbetrag in Anspruch und möchte diesen für eine in 2022 durchgeführte Investition verwenden.

Die Verwendung des nach Eintritt der Unanfechtbarkeit der erstmaligen Steuerfestsetzung nachträglich zulässigerweise in Anspruch genommenen Investitionsabzugsbetrages für die in 2022 durchgeführte Investition ist nicht zulässig, da das betreffende Wirtschaftsgut zum Zeitpunkt der Inanspruchnahme des Investitionsabzugsbetrages am 24. Mai 2023 bereits angeschafft worden ist (§ 7 g Absatz 2 Satz 2 EStG). Der am 24. Mai 2023 in Anspruch genommene Investitionsabzugsbetrag kann nur für begünstigte Investitionen verwendet werden, die zwischen dem 25. Mai 2023 und dem 31. Dezember 2024 (Ende der dreijährigen Investitionsfrist) erfolgen. Andernfalls ist er nach § 7 g Absatz 3 EStG rückgängig zu machen.

26 Wird die erstmalige Steuerfestsetzung oder erstmalige gesonderte Feststellung fristgerecht angefochten, Investitionsabzugsbeträge aber erst nach Ablauf der Einspruchsfrist gemäß § 355 Absatz 1 Satz 1 AO tatsächlich geltend gemacht (z. B. Einspruch gegen eine Steuerschätzung, Abgabe der Steuererklärung mit beanspruchten Investitionsabzugsbeträgen erst nach der Monatsfrist), liegt kein Fall des § 7 g Absatz 2 Satz 2 EStG vor.

2. Gewinnmindernde Herabsetzung der Anschaffungs- oder Herstellungskosten (§ 7 g Absatz 2 Satz 3 EStG)

27 Zum Ausgleich der Gewinnerhöhung durch die Hinzurechnung von Investitionsabzugsbeträgen aufgrund begünstigter Investitionen können die jeweiligen Anschaffungs- oder Herstellungskosten im Wirtschaftsjahr der Anschaffung oder Herstellung um bis zu 50% gewinnmindernd herabgesetzt werden. Die Höhe der gewinnmindernden Herabsetzung ist beschränkt auf die wirtschaftsgutbezogene Hin-

Anl zu § 7 g

zurechnung nach § 7 g Absatz 2 Satz 1 EStG (Randnummer 24). Damit wird im Ergebnis – entsprechend dem Sinn und Zweck des § 7 g EStG – Abschreibungsvolumen in einem Jahr vor der tatsächlichen Investition gewinnmindernd berücksichtigt. Die gewinnmindernde Herabsetzung der Anschaffungs- oder Herstellungskosten stellt ein steuerrechtliches Wahlrecht dar, das im Rahmen der Gewinnermittlung nach § 4 Absatz 1, § 5 EStG innerhalb der Steuerbilanz (Bilanz zuzüglich Überleitungsrechnung im Sinne des § 60 Absatz 2 Satz 1 EStDV oder separate Steuerbilanz im Sinne des § 60 Absatz 2 Satz 2 EStDV) ausgeübt wird. Eine Änderung des ausgeübten Wahlrechtes ist nur nach Maßgabe der Regelungen zur Bilanzänderung gemäß § 4 Absatz 2 Satz 2 EStG zulässig. Dies gilt auch für die Änderung des im Rahmen einer Überleitungsrechnung ausgeübten Wahlrechtes (vgl. auch BFH-Urteil vom 27. Mai 2020, BStBl. II S. 779).

28 Bei Inanspruchnahme der Herabsetzungen nach § 7 g Absatz 2 Satz 3 EStG vermindern sich die jeweiligen Bemessungsgrundlagen für die Absetzungen nach den §§ 7 ff. EStG um diese Beträge. Darüber hinaus kann die gewinnmindernde Herabsetzung der Anschaffungs- oder Herstellungskosten zur Anwendung der Regelungen zu den geringwertigen Wirtschaftsgütern nach § 6 Absatz 2 EStG oder zum Sammelposten nach § 6 Absatz 2 a EStG führen, wenn die dort genannten Betragsgrenzen unterschritten werden.

III. Rückgängigmachung von Investitionsabzugsbeträgen (§ 7 g Absatz 3 EStG)

18 **29** Werden bis zum Ende des dreijährigen Investitionszeitraums keine (ausreichenden) begünstigten Investitionen getätigt, die zu Hinzurechnungen nach § 7 g Absatz 2 Satz 1 EStG geführt haben (Randnummer 24), sind insoweit noch „vorhandene" Investitionsabzugsbeträge bei der Steuerfestsetzung oder gesonderten Feststellung rückgängig zu machen, bei der der Abzug vorgenommen wurde (§ 7 g Absatz 3 Satz 1 erster Teilsatz EStG). Auf Antrag des Steuerpflichtigen können Investitionsabzugsbeträge auch vorzeitig ganz oder teilweise rückgängig gemacht werden (§ 7 g Absatz 3 Satz 1 letzter Teilsatz EStG). Investitionsabzugsbeträge sind auch dann rückgängig zu machen, wenn der Steuerpflichtige zwar fristgerecht begünstigte Investitionen tätigt, es aber unterlassen hat, in einem Vorjahr abgezogene Investitionsabzugsbeträge außerbilanziell entsprechend hinzuzurechnen und das Finanzamt auf dieser Grundlage einen nicht mehr änderbaren Steuerbescheid für das Jahr der Investitionen erlassen hat (BFH-Urteil vom 3. Dezember 2019, BStBl. 2020 II S. 276).

30 Bei einer unentgeltlichen Betriebsübertragung nach § 6 Absatz 3 EStG entsteht im Übertragungsjahr kein Rumpfwirtschaftsjahr, so dass sich die maßgebenden Investitionszeiträume nicht verkürzen. Erfolgt die Übertragung beispielsweise im letzten Wirtschaftsjahr der Investitionsfrist, kann der Rechtsnachfolger die Investition noch bis zum Ende der regulären Investitionsfrist steuerbegünstigt durchführen. Die beiden vorstehenden Sätze gelten bei einer Buchwerteinbringung von Betriebsvermögen in eine Personengesellschaft gemäß § 24 UmwStG entsprechend.

31 Sind im Zeitpunkt einer Betriebsveräußerung, Betriebsaufgabe oder Buchwerteinbringung nach § 20 UmwStG noch Abzugsbeträge für nicht mehr realisierbare Investitionen vorhanden, sind diese Investitionsabzugsbeträge nach § 7 g Absatz 3 EStG rückgängig zu machen. Das gilt nicht, wenn ein „Restbetrieb" bestehen bleibt (Randnummer 19) und die Investitionsfristen noch nicht abgelaufen sind.

32 Nach § 7 g Absatz 2 Satz 1 EStG nicht hinzugerechnete Investitionsabzugsbeträge sind rückgängig zu machen, wenn der Steuerpflichtige zur Gewinnermittlung nach § 5 a Absatz 1 oder § 13 a EStG übergeht.

IV. Nichteinhaltung der Verbleibens- und Nutzungsfristen (§ 7 g Absatz 4 EStG)

19 **33** Werden aufgrund der Anschaffung oder Herstellung eines begünstigten Wirtschaftsgutes Investitionsabzugsbeträge hinzugerechnet und gegebenenfalls die Anschaffungs- oder Herstellungskosten gemindert (§ 7 g Absatz 2 EStG, Randnummern 24 bis 28), das Wirtschaftsgut aber nicht bis zum Ende des dem Wirtschaftsjahr der Anschaffung oder Herstellung folgenden Wirtschaftsjahres vermietet oder in einer inländischen Betriebsstätte des Betriebes ausschließlich oder fast ausschließlich betrieblich genutzt (Verbleibens- und Nutzungsfristen), ist die Anwendung von § 7 g Absatz 2 EStG nach Maßgabe der Randnummern 48 bis 51 rückgängig zu machen (§ 7 g Absatz 4 Satz 1 EStG).

34 Hat die Herabsetzung der Anschaffungs- oder Herstellungskosten gemäß § 7 g Absatz 2 Satz 3 EStG zur Anwendung von § 6 Absatz 2 oder 2 a EStG geführt (Randnummer 28) oder wurden die insoweit maßgebenden maximalen Anschaffungs- oder Herstellungskosten bereits vor Anwendung von § 7 g Absatz 2 Satz 3 EStG unterschritten, sind aus Vereinfachungsgründen die Einhaltung der Verbleibens- und Nutzungsfristen im Sinne des § 7 g Absatz 4 Satz 1 EStG nicht zu prüfen.

1. Schädliche Verwendung einer Investition

35 Eine im Sinne des § 7 g Absatz 4 EStG schädliche Verwendung liegt insbesondere dann vor, wenn das betreffende Wirtschaftsgut vor dem Ende des dem Wirtschaftsjahr der Anschaffung oder Herstellung folgenden Wirtschaftsjahres aus dem begünstigten Betrieb ausscheidet, dort nicht mehr zu mindestens 90% betrieblich genutzt oder vermietet wird oder der Betrieb veräußert oder aufgegeben wird.

a) Nutzung in einer inländischen Betriebsstätte des Betriebes

36 Eine betriebliche Nutzung im Sinne des § 7 g EStG liegt entweder bei einer Verwendung des Wirtschaftsgutes in einer inländischen Betriebsstätte des Betriebes oder bei einer Vermietung (Nutzungsüberlassung gegen Entgelt) vor. Dabei ist die betriebliche Nutzung funktional zu prüfen, so dass ein

Wirtschaftsgut (z.B. Werkzeug) auch dann einer inländischen Betriebsstätte des Betriebes zuzurechnen sein kann, wenn es sich räumlich im Betrieb eines Anderen befindet (vgl. hierzu BFH-Urteil vom 3. Dezember 2020, BStBl. 2021 II S. 382). Anhaltspunkt für die betriebliche Nutzung des Wirtschaftsgutes in einer inländischen Betriebsstätte des begünstigten Betriebes im Verbleibens- und Nutzungszeitraum (Randnummern 8 und 33) ist regelmäßig die Erfassung im Bestandsverzeichnis (Anlageverzeichnis), es sei denn, es handelt sich um ein geringwertiges Wirtschaftsgut im Sinne von § 6 Absatz 2 EStG oder um ein Wirtschaftsgut, das nach § 6 Absatz 2 a EStG in einem Sammelposten erfasst wurde. Der Steuerpflichtige hat die Möglichkeit, die betriebliche Nutzung auch anderweitig nachzuweisen. Soweit das Wirtschaftsgut vermietet wird, muss die Miete als Betriebseinnahme erfasst sein. Die Angemessenheit der Miete ist bei der Prüfung der betrieblichen Nutzung im Sinne des § 7 g EStG unbeachtlich. Bei nicht fremdüblichen und unangemessenen Mieten sind aber die allgemeinen Regelungen zu Nutzungsentnahmen und verdeckten Gewinnausschüttungen anzuwenden.

37 Die Verbleibens- und Nutzungsvoraussetzung wird insbesondere dann nicht mehr erfüllt, wenn das Wirtschaftsgut innerhalb des Verbleibens- und Nutzungszeitraums
- veräußert,
- entnommen,
- in einen anderen Betrieb,
- in eine ausländische Betriebsstätte oder
- in das Umlaufvermögen überführt wird.

38 Bei einer wegen sachlicher und personeller Verflechtung bestehenden Betriebsaufspaltung gilt die Verbleibensvoraussetzung auch dann als erfüllt, wenn das Besitzunternehmen dem Betriebsunternehmen das Wirtschaftsgut unentgeltlich überlässt. Das gilt jedoch nicht, wenn die personelle Verflechtung zwischen dem Besitz- und Betriebsunternehmen ausschließlich auf einer tatsächlichen Beherrschung beruht.

39 Wird der Betrieb im Jahr nach der Anschaffung oder Herstellung des begünstigten Wirtschaftsgutes aufgegeben oder veräußert, müssen die Nutzungs- und Verbleibensvoraussetzungen bis zum Schluss des mit der Betriebsaufgabe endenden Rumpfwirtschaftsjahres im Sinne des § 8 b EStDV erfüllt sein (BFH-Urteil vom 28. Juli 2021, BStBl. 2022 II S. 439). Der Erbfall, der Vermögensübergang im Sinne des UmwStG oder die unentgeltliche Übertragung des Betriebes, Teilbetriebes oder Mitunternehmeranteils nach § 6 Absatz 3 EStG sind unschädlich, wenn der begünstigte Betrieb, Teilbetrieb oder Mitunternehmeranteil bis zum Ende des Verbleibens- und Nutzungszeitraums in der Hand des neuen Eigentümers bestehen bleibt und gleichzeitig die Nutzungs- und Verbleibensvoraussetzungen für das begünstigte Wirtschaftsgut erfüllt werden. Der vom ursprünglichen Anschaffungs- oder Herstellungszeitpunkt ausgehend ermittelte Nutzungs- und Verbleibenszeitraum bleibt auch für Erwerber der Sachgesamtheit maßgebend; innerhalb dieses Zeitraums sind mehrere begünstigte Übertragungen möglich. Bei einer Betriebsverpachtung im Ganzen gilt Entsprechendes. Unbeachtlich ist auch, wenn der Steuerpflichtige aufgrund struktureller Veränderungen im Betrieb künftig Gewinne oder Verluste aus einer anderen Einkunftsart im Sinne des § 2 Absatz 1 Satz 1 Nummer 1 bis 3 EStG erzielt (z.B. Wechsel von Einkünften aus Land- und Forstwirtschaft zu Einkünften aus Gewerbebetrieb).

40 Die Verbleibens- und Nutzungsvoraussetzung gilt auch dann als erfüllt, wenn das vorzeitige Ausscheiden des Wirtschaftsgutes unmittelbar auf einem nicht vom Willen des Steuerpflichtigen abhängigen Ereignis beruht, z.B. infolge
- Ablaufes der Nutzungsdauer wegen wirtschaftlichen Verbrauches,
- Umtausches wegen Mangelhaftigkeit gegen ein anderes Wirtschaftsgut gleicher oder besserer Qualität oder
- höherer Gewalt oder behördlicher Eingriffe (vgl. R 6.6 Absatz 2 EStR).

Ein noch erzielbarer Schrott- oder Schlachtwert steht einem wirtschaftlichen Verbrauch oder einer Mangelhaftigkeit nicht entgegen.

b) Ausschließliche oder fast ausschließliche betriebliche Nutzung

41 Ein Wirtschaftsgut wird ausschließlich oder fast ausschließlich betrieblich genutzt, wenn es der Steuerpflichtige zu nicht mehr als 10% privat nutzt. Der Steuerpflichtige hat in begründeten Zweifelsfällen darzulegen, dass der Umfang der betrieblichen Nutzung mindestens 90% beträgt.

42 Die außerbetriebliche Nutzung eines Wirtschaftsgutes ist zeitraumbezogen und nicht wirtschaftsjahrbezogen zu prüfen. Eine schädliche Verwendung liegt nicht vor, wenn das Wirtschaftsgut im Wirtschaftsjahr der Anschaffung oder Herstellung zwar mehr als 10% privat genutzt wird, die außerbetriebliche Nutzung aber bezogen auf den gesamten Nutzungszeitraum (von der Anschaffung oder Herstellung bis zum Ende des der Anschaffung oder Herstellung folgenden Wirtschaftsjahres) die 10%-Grenze nicht übersteigt.

43 Fahrten zwischen Wohnung und Betriebsstätte und Familienheimfahrten im Rahmen einer doppelten Haushaltsführung mit einem betrieblichen Fahrzeug sind der betrieblichen Nutzung zuzurechnen. Der Umfang der betrieblichen Nutzung im maßgebenden Nutzungszeitraum ist vom Steuerpflichtigen anhand geeigneter Unterlagen darzulegen (BFH-Urteile vom 15. Juli 2020, BStBl. 2022 II S. 435, und vom 16. März 2022, BStBl. II S. 450); im Fall des § 6 Absatz 1 Nummer 4 Satz 3 EStG durch das ordnungsgemäße Fahrtenbuch. Bei Anwendung der sog. 1%-Regelung (§ 6 Absatz 1 Nummer 4 Satz 2 EStG) ist ohne Vorlage ergänzender Belege, die eine ausschließliche oder fast ausschließliche betriebliche Nutzung des Kraftfahrzeuges zweifelsfrei dokumentieren, von einem schädlichen Nutzungsumfang auszugehen.

44 Wird eine Photovoltaikanlage gewerblich betrieben, ist der private Verbrauch des Stroms keine schädliche außerbetriebliche Nutzung im Sinne des § 7 g EStG, sondern eine Sachentnahme des pro-

Anl zu § 7g

duzierten Stroms, auch soweit für den selbst verbrauchten Strom keine Vergütung mehr gezahlt wird. Für die Frage der Nutzung kommt es auf die unmittelbare Verwendung des Wirtschaftsgutes „Photovoltaikanlage" an. Der erzeugte „Strom" ist lediglich dessen Produkt. Entsprechendes gilt bei sog. Blockheizkraftwerken, soweit diese als Betriebsvorrichtung zu behandeln sind (zur Sachentnahme von Wärme bei Blockheizkraftwerken vgl. BFH-Urteil vom 12. März 2020, BStBl. 2021 II S. 226).

c) Nutzung des Wirtschaftsgutes in einem anderen Betrieb des Steuerpflichtigen

45 Die Verbleibens- und Nutzungsfristen (Randnummern 33 ff.) sind betriebsbezogen zu prüfen, so dass die Nutzung des Wirtschaftsgutes in einem anderen Betrieb des Steuerpflichtigen zu mehr als 10% grundsätzlich eine schädliche außerbetriebliche Verwendung im Sinne des § 7g Absatz 4 EStG darstellt. Das gilt nicht, wenn das Wirtschaftsgut an einen anderen Betrieb vermietet wird (vgl. hierzu Randnummer 36) oder das Wirtschaftsgut in den Fällen der Betriebsaufspaltung unentgeltlich überlassen wird (Randnummer 38).

46 Beträgt der private Nutzungsanteil nicht mehr als 10% (Randnummer 41), ist abweichend von Randnummer 45 die Nutzung des Wirtschaftsgutes in einem anderen Betrieb des Steuerpflichtigen zu mehr als 10% unschädlich, wenn ein einheitliches Unternehmen aus ertragsteuerrechtlichen Gründen funktionell in zwei Betriebe aufgeteilt wurde. So ist die Verwendung eines Wirtschaftsgutes in dem landwirtschaftlichen Betrieb eines Steuerpflichtigen, der hierfür einen Investitionsabzugsbetrag in seinem aus ertragsteuerlichen Gründen separierten Lohnunternehmen in Anspruch genommen hat, nicht außerbetrieblich und damit unschädlich (BFH-Urteil vom 19. März 2014, BStBl. 2017 II S. 291). Entsprechendes gilt beispielsweise bei Augenärzten, die neben ihrer selbständigen Tätigkeit Kontaktlinsen und Pflegemittel anbieten, oder Zahnärzten, die neben ihrer selbständigen Tätigkeit Artikel zur Mundhygiene verkaufen.

47 Die Ausnahmeregelung nach Randnummer 46 setzt grundsätzlich voraus, dass die Bedingungen für die Inanspruchnahme der Investitionsabzugsbeträge, die für das in beiden Betrieben genutzte Wirtschaftsgut verwendet wurden, auch bei einer Zusammenlegung dieser Betriebe erfüllt worden wären (vgl. BFH-Urteil vom 19. März 2014, a. a. O.). Dabei sind der summierte Gewinn und die in beiden Betrieben insgesamt beanspruchten Investitionsabzugsbeträge zu ermitteln. Der Steuerpflichtige hat die Einhaltung der maßgebenden Gewinngrenze gemäß § 7g Absatz 1 Satz 2 Nummer 1 Buchstabe b EStG und des Höchstbetrages (§ 7g Absatz 1 Satz 4 EStG) nachzuweisen.

2. Erforderliche Änderungen der betroffenen Steuerfestsetzungen

48 Im Wirtschaftsjahr der Anwendung von § 7g Absatz 2 Satz 1 EStG sind die erfolgte Hinzurechnung von Investitionsabzugsbeträgen (höchstens 50% der Anschaffungs- oder Herstellungskosten des schädlich verwendeten Wirtschaftsgutes) sowie die insoweit beanspruchte Minderung der Anschaffungs- oder Herstellungskosten nach § 7g Absatz 2 Satz 3 EStG (abgesehen von den Fällen der Randnummer 34) rückgängig zu machen. Dadurch erhöht sich die Bemessungsgrundlage für die Absetzungen nach den §§ 7 ff. EStG. Die Abschreibungen sind entsprechend zu erhöhen.

49 Hat der Steuerpflichtige andere begünstigte Investitionen getätigt, können Abzugsbeträge, deren Hinzurechnung wieder rückgängig gemacht wurde (Randnummer 48), auf diese Investitionen unter Berücksichtigung der Regelungen des § 7g Absatz 2 EStG „übertragen" werden, soweit die Steuerfestsetzung oder gesonderte Feststellung für das jeweilige Investitionsjahr verfahrensrechtlich noch änderbar ist.

50 Ist die dreijährige Investitionsfrist zum Zeitpunkt der Rückgängigmachung nach § 7g Absatz 4 Satz 1 EStG noch nicht abgelaufen, können die betreffenden Investitionsabzugsbeträge entweder nach § 7g Absatz 3 EStG vorzeitig rückgängig gemacht oder für eventuelle künftige Investitionen verwendet werden. Der Verzicht auf die vorzeitige Rückgängigmachung ist aber nur zulässig, soweit dadurch der Höchstbetrag nach § 7g Absatz 1 Satz 4 EStG nicht überschritten wird. Spätestens nach Ablauf der Investitionsfrist sind die nicht verwendeten Investitionsabzugsbeträge gemäß § 7g Absatz 3 EStG im Wirtschaftsjahr des ursprünglichen Abzuges rückgängig zu machen.

51 Soweit sich die Änderungen nach den Randnummern 49 und 50 auf die Anwendung anderer Rechtsnormen des EStG (z. B. § 4 Absatz 4a EStG, § 34a EStG) auswirken, sind die entsprechenden Anpassungen vorzunehmen. Randnummer 56 zu Steuerrückstellungen ist zu beachten.

V. Buchtechnische und verfahrensrechtliche Grundlagen

20 Für die Inanspruchnahme von § 7g EStG gilt Folgendes:

1. Inanspruchnahme von Investitionsabzugsbeträgen nach § 7g Absatz 1 EStG im Abzugsjahr

52 Liegen die Voraussetzungen für die Inanspruchnahme von Investitionsabzugsbeträgen nach § 7g Absatz 1 EStG vor, kann der Gewinn im Sinne von § 2 Absatz 2 Satz 1 Nummer 1 EStG entsprechend gemindert werden. Bei einer Gewinnermittlung nach § 4 Absatz 1 oder § 5 EStG erfolgt der Abzug außerhalb der Bilanz.

2. Gewinnhinzurechnung und gewinnmindernde Herabsetzung der Anschaffungs- oder Herstellungskosten nach § 7g Absatz 2 EStG in den Investitionsjahren

53 Bei der Hinzurechnung von Investitionsabzugsbeträgen nach § 7g Absatz 2 Satz 1 EStG (Randnummer 24) ist der jeweilige Gewinn im Sinne des § 2 Absatz 2 Satz 1 Nummer 1 EStG zu erhöhen. Bei der Gewinnermittlung nach § 4 Absatz 1 oder § 5 EStG erfolgt die Hinzurechnung außerhalb der Bilanz. Die Minderung der Investitionskosten begünstigter Wirtschaftsgüter nach § 7g Absatz 2 Satz 3 EStG (Randnummer 27) ist durch eine erfolgswirksame Kürzung der entsprechenden Anschaffungs- oder Herstellungskosten vorzunehmen (Buchung bei Bilanzierung: a. o. Aufwand/Wirtschaftsgut).

3. Rückgängigmachung von Investitionsabzugsbeträgen nach § 7 g Absatz 3 oder 4 EStG

Anl zu § 7 g

54 In den Fällen des § 7 g Absatz 3 oder 4 EStG hat der Steuerpflichtige die maßgebenden Sachverhalte spätestens mit Abgabe der Steuererklärung für das Wirtschaftsjahr anzuzeigen, in dem das die jeweilige Rückabwicklung auslösende Ereignis (z. B. Ablauf der Investitionsfrist, schädliche Verwendung) eintritt. Der Steuerpflichtige hat aber auch die Möglichkeit, zu einem früheren Zeitpunkt Rückgängigmachungen gegenüber dem Finanzamt zu erklären und die Änderung der entsprechenden Steuerfestsetzung(en) oder gesonderte(n) Feststellung(en) zu beantragen.

55 Die Absätze 3 und 4 des § 7 g EStG enthalten eigene Änderungsvorschriften und Ablaufhemmungen der Festsetzungsfrist zur Rückabwicklung von Investitionsabzugsbeträgen. Sie ermöglichen als spezielle Korrekturvorschriften lediglich punktuelle Rückgängigmachungen von Investitionsabzugsbeträgen. Über diesen Rahmen hinausgehende Gewinnänderungen können nur vorgenommen werden, wenn diese durch andere Änderungsvorschriften der AO gedeckt sind. Dies gilt auch für Fehler, die dem Finanzamt im Zusammenhang mit der Rückgängigmachung von Investitionsabzugsbeträgen unterlaufen sind (BFH-Urteil vom 25. März 2021, BStBl. II S. 530).

VI. Auswirkungen auf andere Besteuerungsgrundlagen

1. Auswirkungen der Rückgängigmachung von Investitionsabzugsbeträgen nach § 7 g Absatz 3 oder 4 EStG auf Steuerrückstellungen

56 Steuerrückstellungen sind auf der Grundlage objektiver, am Bilanzstichtag vorliegender Tatsachen aus der Sicht eines sorgfältigen und gewissenhaften Kaufmanns zu bewerten (BFH-Urteil vom 30. Januar 2002, BStBl. II S. 688). Geltend gemachte Investitionsabzugsbeträge sind bei der Berechnung der Steuerrückstellungen mindernd zu berücksichtigen. Die Verhältnisse aus Sicht des Bilanzstichtages ändern sich nicht, wenn beanspruchte Investitionsabzugsbeträge zu einem späteren Zeitpunkt nach § 7 g Absatz 3 oder 4 EStG rückgängig gemacht werden. In diesen Fällen sind die Steuerrückstellungen daher nicht zu erhöhen. **21**

2. Berücksichtigung von Investitionsabzugsbeträgen bei der Berechnung des steuerbilanziellen Kapitalkontos nach § 15 a EStG

57 Aufgrund der außerbilanziellen Abzüge und Hinzurechnungen von Investitionsabzugsbeträgen nach § 7 g EStG bleibt das steuerbilanzielle Kapitalkonto von Kommanditisten im Sinne von § 15 a EStG unberührt. Infolgedessen sind die Berechnungen nach § 15 a EStG insgesamt ohne die Berücksichtigung von Investitionsabzugsbeträgen durchzuführen. Die Inanspruchnahme des § 7 g EStG führt immer zu einem insoweit ausgleichs- und abzugsfähigen (anteiligen) Verlust. Dementsprechend darf der (anteilige) Gewinn aus der Hinzurechnung von Investitionsabzugsbeträgen nicht mit einem vorhandenen verrechenbaren Verlust nach § 15 a Absatz 2 EStG verrechnet werden. Es entsteht insoweit immer ein laufender Gewinn. Hiervon zu unterscheiden sind die innerbilanziellen Minderungen der Anschaffungs- oder Herstellungskosten nach § 7 g Absatz 2 Satz 3 EStG. Dieser Aufwand ist Teil des Steuerbilanzergebnisses und hat daher insoweit auch das steuerbilanzielle Kapitalkonto gemindert. Insoweit können sich Auswirkungen im Rahmen des § 15 a EStG ergeben.

VII. Zeitliche Anwendung

58 Dieses Schreiben ist erstmals für Investitionsabzugsbeträge anzuwenden, die in nach dem 31. Dezember 2019 endenden Wirtschaftsjahren in Anspruch genommen werden. In den folgenden Fällen gelten gemäß § 52 Absatz 16 Satz 1 und 2 EStG i. d. F. des JStG 2020 vom 21. Dezember 2020 (a. a. O.) abweichende Anwendungsregelungen: **22**

1. Mögliche spätere Anwendung der Neuregelungen zur Gewinngrenze bei nach § 4 a EStG vom Kalenderjahr abweichenden Wirtschaftsjahren (Randnummern 11 bis 16)
   Die Randnummern 11 bis 16 (Gewinngrenze nach § 7 g Absatz 1 Satz 2 Nummer 1 EStG) sind spätestens für Investitionsabzugsbeträge maßgebend, die in nach dem 17. Juli 2020 endenden Wirtschaftsjahren beansprucht werden.
2. Eingeschränkte Verwendung von nachträglich geltend gemachten Investitionsabzugsbeträgen (Randnummer 25)
   Randnummer 25 zu § 7 g Absatz 2 Satz 2 EStG ist für Investitionsabzugsbeträge anzuwenden, die in nach dem 31. Dezember 2020 endenden Wirtschaftsjahren in Anspruch genommen werden. Die Regelung ist wirtschaftsjahrbezogen zu verstehen und betrifft ausschließlich Investitionsabzugsbeträge, die in Gewinnermittlungen für die Veranlagungszeiträume ab 2021 nachträglich geltend gemacht werden.
3. Eingeschränkte Verwendung von Investitionsabzugsbeträgen bei Personengesellschaften und Gemeinschaften (Randnummer 5)
   Randnummer 5 zu § 7 g Absatz 7 Satz 2 EStG ist für Investitionsabzugsbeträge anzuwenden, die in nach dem 31. Dezember 2020 endenden Wirtschaftsjahren beansprucht werden.

59 Für Investitionsabzugsbeträge, die in vor den in Randnummer 58 genannten endenden Wirtschaftsjahren in Anspruch genommen wurden, bleiben § 7 g EStG a. F. sowie die BMF-Schreiben vom 20. März 2017 (BStBl. I S. 423) und 26. August 2019 (BStBl. I S. 870) weiter maßgebend. Das gilt auch für die Frage, ob Investitionsabzugsbeträge bis zu 40% oder bis zu 50% nach § 7 g Absatz 2 Satz 1 EStG hinzugerechnet werden können (Randnummern 24 und 25) und ebenso für das Tatbestandsmerkmal der Vermietung im Sinne des § 7 g Absatz 1 Satz 1 EStG (Randnummer 8). Hinsichtlich des Nachweises der betrieblichen Nutzung von Fahrzeugen sind die in Randnummer 43 dieses Schreibens zitierten BFH-Urteile vom 15. Juli 2020 (BStBl. 2022 II S. 435) und 16. März 2022 (BStBl. II S. 450) in allen noch offenen Fällen anzuwenden.

Anl zu § 7 g

Beispiel 1:

In den Gewinnermittlungen für die Wirtschaftsjahre 2019 und 2020 macht der Steuerpflichtige Investitionsabzugsbeträge in Höhe von 21 000 € (2019) und 6000 € (2020) geltend. Im Wirtschaftsjahr 2022 investiert er in einen neuen Lieferwagen mit Anschaffungskosten in Höhe von 50 000 € und möchte die höchstmögliche Hinzurechnung nach § 7 g Absatz 2 Satz 1 EStG beanspruchen.

Der Steuerpflichtige kann die Investitionsabzugsbeträge der Wirtschaftsjahre 2019 und 2020 wie folgt für die Anschaffungskosten des neuen Lieferwagens im Wirtschaftsjahr 2022 verwenden:

Investitionsabzugsbetrag 2019:	40% × 50 000 € =		**20 000 €**
Investitionsabzugsbetrag 2020:	50% × 50 000 € =	25 000 €	
	abzgl. des durch die Hinzurechnung des Investitionsabzugsbetrages 2019 verbrauchten Volumens:	20 000 €	
	verbleiben:		**5000 €**

Beispiel 2:

Der Steuerpflichtige macht in seiner Gewinnermittlung 2019 einen Investitionsabzugsbetrag nach § 7 g EStG geltend. In 2021 schafft er eine Maschine an, die er ausschließlich vermietet.

Da der Investitionsabzugsbetrag in der Gewinnermittlung 2019 beansprucht wurde, ist die alte Rechtslage maßgebend, die die Begünstigung bei vermieteten Wirtschaftsgütern noch nicht vorsah. Daher kann er den Investitionsabzugsbetrag nicht für die in 2021 angeschaffte Maschine verwenden.

§ 7h Erhöhte Absetzungen bei Gebäuden in Sanierungsgebieten und städtebaulichen Entwicklungsbereichen

EStG

(1) ① Bei einem im Inland belegenen Gebäude in einem förmlich festgelegten Sanierungsgebiet oder städtebaulichen Entwicklungsbereich kann der Steuerpflichtige abweichend von § 7 Absatz 4 und 5 im Jahr der Herstellung und in den folgenden sieben Jahren jeweils bis zu 9 Prozent und in den folgenden vier Jahren jeweils bis zu 7 Prozent der Herstellungskosten für Modernisierungs- und Instandsetzungsmaßnahmen im Sinne des § 177 des Baugesetzbuchs[1] absetzen. ② Satz 1 ist entsprechend anzuwenden auf Herstellungskosten für Maßnahmen, die der Erhaltung, Erneuerung und funktionsgerechten Verwendung eines Gebäudes im Sinne des Satzes 1 dienen, das wegen seiner geschichtlichen, künstlerischen oder städtebaulichen Bedeutung erhalten bleiben soll, und zu deren Durchführung sich der Eigentümer neben bestimmten Modernisierungsmaßnahmen gegenüber der Gemeinde verpflichtet hat. ③ Der Steuerpflichtige kann die erhöhten Absetzungen im Jahr des Abschlusses der Maßnahme und in den folgenden elf Jahren auch für Anschaffungskosten in Anspruch nehmen, die auf Maßnahmen im Sinne der Sätze 1 und 2 entfallen, soweit diese nach dem rechtswirksamen Abschluss eines obligatorischen Erwerbsvertrags oder eines gleichstehenden Rechtsakts durchgeführt worden sind. ④ Die erhöhten Absetzungen können nur in Anspruch genommen werden, soweit die Herstellungs- oder Anschaffungskosten durch Zuschüsse aus Sanierungs- oder Entwicklungsförderungsmitteln nicht gedeckt sind. ⑤ Nach Ablauf des Begünstigungszeit-raums ist ein Restwert den Herstellungs- oder Anschaffungskosten des Gebäudes oder dem an deren Stelle tretenden Wert hinzuzurechnen; die weiteren Absetzungen für Abnutzung sind einheitlich für das gesamte Gebäude nach dem sich hiernach ergebenden Betrag und dem für das Gebäude maßgebenden Prozentsatz zu bemessen. 1

(1a)[2] ① Absatz 1 ist nicht anzuwenden, sofern Maßnahmen zur Herstellung eines neuen Gebäudes führen. ② Die Prüfung, ob Maßnahmen zur Herstellung eines neuen Gebäudes führen, obliegt der Finanzbehörde. 1a

(2)[3] ① Der Steuerpflichtige kann die erhöhten Absetzungen nur in Anspruch nehmen, wenn er durch eine nicht offensichtlich rechtswidrige Bescheinigung der zuständigen Gemeindebehörde die Voraussetzungen des Absatzes 1 für das Gebäude und die Maßnahmen nachweist; die Bescheinigung hat die Höhe der Aufwendungen für die Maßnahmen nach Absatz 1 Satz 1 und 2 zu enthalten.[4] ② Sind ihm Zuschüsse aus Sanierungs- oder Entwicklungsförderungsmitteln gewährt worden, so hat die Bescheinigung auch deren Höhe zu enthalten; werden ihm solche Zuschüsse nach Ausstellung der Bescheinigung gewährt, so ist diese entsprechend zu ändern. 2

(3)[5] Die Absätze 1 bis 2 sind auf Gebäudeteile, die selbständige unbewegliche Wirtschaftsgüter sind, sowie auf Eigentumswohnungen und auf im Teileigentum stehende Räume entsprechend anzuwenden. 3

Übersicht

R 7h. Erhöhte Absetzungen nach § 7h EStG von Aufwendungen für bestimmte Maßnahmen an Gebäuden in Sanierungsgebieten und städtebaulichen Entwicklungsbereichen

R 7h

(1) Den Miteigentümern eines Gebäudes stehen erhöhte Absetzungen nach § 7h EStG grundsätzlich im Verhältnis ihrer Eigentumsanteile zu; auf R 21.6 wird hingewiesen. 6

(2) Wird ein Gebäude, bei dem erhöhte Absetzungen nach § 7h EStG vorgenommen werden, aus dem Betriebsvermögen in das Privatvermögen oder umgekehrt überführt, ist eine sich dabei ergebende Erhöhung oder Minderung der Bemessungsgrundlage dem Teil des Gebäudes zuzuordnen, für den keine erhöhten Absetzungen nach § 7h EStG gewährt werden. 7

---

[1] Nachstehend abgedruckt.
[2] Zur erstmaligen Anwendung siehe § 52 Abs. 16a Sätze 1 bis 3 EStG.
[3] Zur erstmaligen Anwendung siehe § 52 Abs. 16a Satz 4 EStG.
[4] Zur erstmaligen Anwendung siehe § 52 Abs. 16a Satz 5 EStG.
[5] Zur erstmaligen Anwendung siehe § 52 Abs. 16a Satz 6 EStG.

8 (3) ① Werden erhöhte Absetzungen nach § 7h EStG in Anspruch genommen, braucht aus Vereinfachungsgründen das Vorliegen der Voraussetzungen nur für den VZ geprüft zu werden, in dem die begünstigten Baumaßnahmen fertiggestellt worden sind. ② Die Nachholung versehentlich unterlassener erhöhter Absetzungen nach § 7h EStG ist nicht möglich.

9 (4) ① Die zuständige Gemeindebehörde hat nach den länderspezifischen Bescheinigungsrichtlinien zu prüfen,

1. ob das Gebäude in einem förmlich festgelegten Sanierungsgebiet oder städtebaulichen Entwicklungsbereich belegen ist,
2. ob Modernisierungs- und Instandsetzungsmaßnahmen im Sinne des § 177 BauGB[1] oder andere Maßnahmen im Sinne des § 7h Abs. 1 Satz 2 EStG durchgeführt worden sind,
3. in welcher Höhe Aufwendungen, die die vorstehenden Voraussetzungen erfüllen, angefallen sind,
4. inwieweit Zuschüsse aus öffentlichen Mitteln durch eine der für Sanierungsgebiete oder städtebaulichen Entwicklungsbereiche zuständigen Behörde bewilligt worden sind oder nach Ausstellung der Bescheinigung bewilligt werden (Änderung der Bescheinigung).

② Die Bescheinigung unterliegt weder in rechtlicher noch in tatsächlicher Hinsicht der Nachprüfung durch die Finanzbehörden. ③ Es handelt sich hierbei um einen Verwaltungsakt in Form eines Grundlagenbescheides, an den die Finanzbehörden im Rahmen des gesetzlich vorgegebenen Umfangs gebunden sind (§ 175 Abs. 1 Satz 1 Nr. 1 AO). ④ Ist jedoch offensichtlich, dass die Bescheinigung für Maßnahmen erteilt worden ist, bei denen die Voraussetzungen nicht vorliegen, hat die Finanzbehörde ein Remonstrationsrecht, d. h. sie kann die Gemeindebehörde zur Überprüfung veranlassen sowie um Rücknahme oder Änderung der Bescheinigung nach Maßgabe des § 48 Abs. 1 VwVfG bitten. ⑤ Die Gemeindebehörde ist verpflichtet, dem Finanzamt die Rücknahme oder Änderung der Bescheinigung mitzuteilen (§ 4 Mitteilungsverordnung).

10 (5) Die Finanzbehörden haben zu prüfen,

1. ob die vorgelegte Bescheinigung von der zuständigen Gemeindebehörde ausgestellt worden ist,
2. ob die bescheinigten Aufwendungen steuerrechtlich dem Gebäude im Sinne des § 7h Abs. 1 EStG zuzuordnen sind,
3. ob die bescheinigten Aufwendungen zu den Herstellungskosten oder den nach § 7h Abs. 1 Satz 3 EStG begünstigten Anschaffungskosten, zu den sofort abziehbaren Betriebsausgaben oder Werbungskosten, insbesondere zum Erhaltungsaufwand, oder zu den nicht abziehbaren Ausgaben gehören,
4. ob weitere Zuschüsse für die bescheinigten Aufwendungen gezahlt werden oder worden sind,
5. ob die Aufwendungen bei einer Einkunftsart oder bei einem zu eigenen Wohnzwecken genutzten Gebäude wie Sonderausgaben (§ 10f EStG) berücksichtigt werden können,
6. in welchem VZ die erhöhten Absetzungen, die Verteilung von Erhaltungsaufwand (§ 11a EStG) oder der Abzug wie Sonderausgaben (§ 10f EStG) erstmals in Anspruch genommen werden können.

11 (6) ① Eine begünstigte Maßnahme im Sinne des § 7h Abs. 1 Satz 1 EStG liegt auch vor, wenn die Modernisierungs- und Instandhaltungsmaßnahmen auf Grund einer konkreten vertraglichen Vereinbarung zwischen Eigentümer und Gemeinde durchgeführt werden. ② Die Prüfungs- und Bescheinigungspflicht im Sinne des Absatzes 4 besteht auch in diesen Fällen. ③ Baumaßnahmen, die ohne konkrete vertragliche Vereinbarung auf freiwilliger Grundlage durchgeführt werden, sind von dem Begünstigungstatbestand des § 7h Abs. 1 Satz 1 EStG nicht erfasst.

11a (7) Für die Begünstigung von Modernisierungs- und Instandsetzungsmaßnahmen i. S. d. § 177 BauGB[1] ist es unschädlich, wenn die zugrunde liegende Sanierungssatzung während oder nach Durchführung der Maßnahmen aufgehoben wird.

H 7h

Bauherrenmodelle. Zu den Besonderheiten bei Baumaßnahmen i. S. d. §§ 7h und 7i EStG im Rahmen von Bauherrenmodellen → BMF vom 20. 10. 2003 (BStBl. I S. 546),[2] RdNr. 10.

12 **Begünstigte Baumaßnahmen**

– Begünstigt sind nur Herstellungskosten an einem im Sanierungsgebiet liegenden, bestehenden Gebäude, nicht hingegen der Neubau oder Wiederaufbau von Gebäuden (BFH vom 2. 9. 2008 – BStBl. 2009 II S. 596).
– Auch Aufwendungen für eine Eigentumswohnung, mit der neuer Wohnraum geschaffen wird, können begünstigt sein, wenn und soweit sie sich auf den Altbaubestand beziehen und die Voraussetzungen des § 7h Abs. 1 und 2 EStG erfüllen. Es ist unerheblich, ob und mit welchem Anteil die begünstigten Aufwendungen das Sondereigentum oder das Gemeinschaftseigentum betreffen (→ BFH vom 10. 10. 2017 – BStBl. 2018 II S. 272).

---

[1] Nachstehend abgedruckt.
[2] Abgedruckt als Anlage c zu § 21 EStG.

H 7h

Bescheinigungsrichtlinien. Übersicht über die Veröffentlichung der länderspezifischen Bescheinigungsrichtlinien → BMF vom 21. 1. 2020 (BStBl. I S. 169).

Bindungswirkung der Bescheinigung

– Die Bindungswirkung der Bescheinigung umfasst nicht die persönliche Abzugsberechtigung (→ BFH vom 21. 8. 2001 – BStBl. 2003 II S. 910).

– Allein die Gemeinde prüft, ob Modernisierungs- und Instandsetzungsmaßnahmen i. S. d. § 177 BauGB durchgeführt wurden. Auf Grund der Wertungen des BauGB ist zu entscheiden, wie die Begriffe „Modernisierung" und „Instandsetzung" zu verstehen sind und ob darunter auch ein Neubau im bautechnischen Sinne zu subsumieren ist. Es besteht keine Bindungswirkung in Bezug auf die Höhe der begünstigten Kosten (→ BFH vom 22. 10. 2014 – BStBl. 2015 II S. 367, vom 6. 12. 2016 – BStBl. 2017 II S. 523 und vom 17. 4. 2018 – BStBl. II S. 597).

Gleichstehender Rechtsakt. An den einem obligatorischen Erwerbsvertrag gleichstehenden Rechtsakt sind hinsichtlich seiner Rechtsbindung und der Rechtsklarheit dieselben Anforderungen zu stellen wie an den obligatorischen Erwerbsvertrag. Es bedarf einer formgerechten schuldrechtlichen Erwerbsverpflichtung, von der sich kein Beteiligter mehr einseitig lösen kann. Hierzu zählt insbesondere der Erbfall, der Zuschlag im Zwangsversteigerungsverfahren oder der Erwerb von Anteilen an einer Personengesellschaft. Ein unwiderrufliches Kaufangebot begründet weder eine beidseitige Verpflichtung noch definiert es einen konkreten Erwerbszeitpunkt und stellt mithin keinen gleichstehenden Rechtsakt i. S. d. §§ 7h, 7i EStG dar (→ BFH vom 19. 2. 2013 – BStBl. II S. 482).

Nichtvorliegen der Bescheinigung

– Fehlt es an einer Bescheinigung nach § 7h Abs. 2, z. B. weil die Gemeindebehörde keine den formellen Anforderungen entsprechende Bescheinigung erstellt hat, geht die Prüfungsbefugnis nicht auf das Finanzamt über; dieses ist allenfalls zur vorläufigen Schätzung nach § 162 Abs. 5 AO befugt (→ BFH vom 10. 10. 2017 – BStBl. 2018 II S. 272).

– → H 7i.

Objektbezogenheit der Bescheinigung

– Erhöhte Absetzungen können für eine Eigentumswohnung geltend gemacht werden, wenn die Bescheinigung objektbezogen ausgestellt wird. Bei einem aus mehreren Eigentumswohnungen bestehenden Gebäude muss für jede einzelne Eigentumswohnung eine Bescheinigung ausgestellt werden (→ BFH vom 6. 5. 2014 – BStBl. 2015 II S. 581 und vom 10. 10. 2017 – BStBl. 2018 II S. 272).

– Besteht ein Gebäude aus mehreren selbständigen unbeweglichen Wirtschaftsgütern, weil es in verschiedenen Nutzungs- und Funktionszusammenhängen steht (z. B. fremde Wohnzwecke; eigene Wohnzwecke), ist eine objektbezogene Bescheinigung für den jeweiligen Gebäudeteil erforderlich. Eine Bescheinigung, die sich lediglich auf das Gesamtgebäude bezieht, genügt nicht (→ BFH vom 6. 12. 2016 – BStBl. 2017 II S. 523).

Personengesellschaft. Erhöhte Absetzungen nach Ausscheiden eines Gesellschafters → H 7a (Mehrere Beteiligte).

Verwaltungsverfahrensgesetz:

§ 48 VwVfG – Rücknahme eines rechtswidrigen Verwaltungsaktes

„(1) ① Ein rechtswidriger Verwaltungsakt kann, auch nachdem er unanfechtbar geworden ist, ganz oder teilweise mit Wirkung für die Zukunft oder für die Vergangenheit zurückgenommen werden. ② Ein Verwaltungsakt, der ein Recht oder einen rechtlich erheblichen Vorteil begründet oder bestätigt hat (begünstigender Verwaltungsakt), darf nur unter den Einschränkungen der Absätze 2 bis 4 zurückgenommen werden.

(2) ① Ein rechtswidriger Verwaltungsakt, der eine einmalige oder laufende Geldleistung oder teilbare Sachleistung gewährt oder hierfür Voraussetzung ist, darf nicht zurückgenommen werden, soweit der Begünstigte auf den Bestand des Verwaltungsaktes vertraut hat und sein Vertrauen unter Abwägung mit dem öffentlichen Interesse an einer Rücknahme schutzwürdig ist. ② Das Vertrauen ist in der Regel schutzwürdig, wenn der Begünstigte gewährte Leistungen verbraucht oder eine Vermögensdisposition getroffen hat, die er nicht mehr oder nur unter unzumutbaren Nachteilen rückgängig machen kann. ③ Auf Vertrauen kann sich der Begünstigte nicht berufen, wenn er

1. den Verwaltungsakt durch arglistige Täuschung, Drohung oder Bestechung erwirkt hat;
2. den Verwaltungsakt durch Angaben erwirkt hat, die in wesentlicher Beziehung unrichtig oder unvollständig waren;
3. die Rechtswidrigkeit des Verwaltungsaktes kannte oder infolge grober Fahrlässigkeit nicht kannte.

④ In den Fällen des Satzes 3 wird der Verwaltungsakt in der Regel mit Wirkung für die Vergangenheit zurückgenommen.

(3) ① Wird ein rechtswidriger Verwaltungsakt, der nicht unter Absatz 2 fällt, zurückgenommen, so hat die Behörde dem Betroffenen auf Antrag den Vermögensnachteil auszugleichen, den dieser dadurch erleidet, dass er auf den Bestand des Verwaltungsaktes vertraut hat, soweit sein Vertrauen unter Abwägung mit dem öffentlichen Interesse schutzwürdig ist. ② Absatz 2 Satz 3 ist anzuwenden. ③ Der Vermögensnachteil ist jedoch nicht über den Betrag des Interesses hinaus zu ersetzen, das der Betroffene an dem Bestand des Verwaltungsaktes hat. ④ Der auszugleichende Vermögensnachteil wird durch die Behörde festgesetzt. ⑤ Der Anspruch kann nur innerhalb eines Jahres geltend gemacht werden; die Frist beginnt, sobald die Behörde den Betroffenen auf sie hingewiesen hat.

(4) ① Erhält die Behörde von Tatsachen Kenntnis, welche die Rücknahme eines rechtswidrigen Verwaltungsaktes rechtfertigen, so ist die Rücknahme nur innerhalb eines Jahres seit dem Zeitpunkt der Kenntnisnahme zulässig. ② Dies gilt nicht im Falle des Absatzes 2 Satz 3 Nr. 1.

(5) Über die Rücknahme entscheidet nach Unanfechtbarkeit des Verwaltungsaktes die nach § 3 zuständige Behörde; dies gilt auch dann, wenn der zurückzunehmende Verwaltungsakt von einer anderen Behörde erlassen worden ist."

Anl zu § 7h

§ 177 Baugesetzbuch (BauGB)

In der Fassung der Bek. vom 3. November 2017 (BGBl. I S. 3634), zuletzt geändert durch Art. 1 und 2 des Gesetzes vom 4. Januar 2023 (BGBl. I Nr. 6)

§ 177 Modernisierungs- und Instandsetzungsgebot

16 (1) Weist eine bauliche Anlage nach ihrer inneren oder äußeren Beschaffenheit Missstände oder Mängel auf, deren Beseitigung oder Behebung durch Modernisierung oder Instandsetzung möglich ist, kann die Gemeinde die Beseitigung der Missstände durch ein Modernisierungsgebot und die Behebung der Mängel durch ein Instandsetzungsgebot anordnen. Zur Beseitigung der Missstände und zur Behebung der Mängel ist der Eigentümer der baulichen Anlage verpflichtet. In dem Bescheid, durch den die Modernisierung oder Instandsetzung angeordnet wird, sind die zu beseitigenden Missstände oder zu behebenden Mängel zu bezeichnen und eine angemessene Frist für die Durchführung der erforderlichen Maßnahmen zu bestimmen.

(2) Missstände liegen insbesondere vor, wenn die bauliche Anlage nicht den allgemeinen Anforderungen an gesunde Wohn- und Arbeitsverhältnisse entspricht.

(3) Mängel liegen insbesondere vor, wenn durch Abnutzung, Alterung, Witterungseinflüsse oder Einwirkungen Dritter
1. die bestimmungsgemäße Nutzung der baulichen Anlage nicht nur unerheblich beeinträchtigt wird,
2. die bauliche Anlage nach ihrer äußeren Beschaffenheit das Straßen- oder Ortsbild nicht nur unerheblich beeinträchtigt oder
3. die bauliche Anlage erneuerungsbedürftig ist und wegen ihrer städtebaulichen, insbesondere geschichtlichen oder künstlerischen Bedeutung erhalten bleiben soll.

Kann die Behebung der Mängel einer baulichen Anlage nach landesrechtlichen Vorschriften auch aus Gründen des Schutzes und der Erhaltung von Baudenkmälern verlangt werden, darf das Instandsetzungsgebot nur mit Zustimmung der zuständigen Landesbehörde erlassen werden. In dem Bescheid über den Erlass des Instandsetzungsgebots sind die auch aus Gründen des Denkmalschutzes gebotenen Instandsetzungsmaßnahmen besonders zu bezeichnen.

(4) Der Eigentümer hat die Kosten der von der Gemeinde angeordneten Maßnahmen insoweit zu tragen, als er sie durch eigene oder fremde Mittel decken und die sich daraus ergebenden Kapitalkosten sowie die zusätzlich entstehenden Bewirtschaftungskosten aus Erträgen der baulichen Anlage aufbringen kann. Sind dem Eigentümer Kosten entstanden, die er nicht zu tragen hat, hat die Gemeinde sie ihm zu erstatten, soweit nicht eine andere Stelle einen Zuschuss zu ihrer Deckung gewährt. Dies gilt nicht, wenn der Eigentümer auf Grund anderer Rechtsvorschriften verpflichtet ist, die Kosten selbst zu tragen, oder wenn er Instandsetzungen unterlassen hat und nicht nachweisen kann, dass ihre Vornahme wirtschaftlich unvertretbar oder ihm nicht zuzumuten war. Die Gemeinde kann mit dem Eigentümer den Kostenerstattungsbetrag unter Verzicht auf eine Berechnung im Einzelfall als Pauschale in Höhe eines bestimmten Vomhundertsatzes der Modernisierungs- oder Instandsetzungskosten vereinbaren.

(5) Der vom Eigentümer zu tragende Kostenanteil wird nach der Durchführung der Modernisierungs- oder Instandsetzungsmaßnahmen unter Berücksichtigung der Erträge ermittelt, die für die modernisierte oder instandgesetzte bauliche Anlage bei ordentlicher Bewirtschaftung nachhaltig erzielt werden können; dabei sind die mit einem Bebauungsplan, einem Sozialplan, einer städtebaulichen Sanierungsmaßnahme oder einer sonstigen städtebaulichen Maßnahme verfolgten Ziele und Zwecke zu berücksichtigen.

EStG

§ 7i Erhöhte Absetzungen bei Baudenkmalen

(1) ① Bei einem im Inland belegenen Gebäude, das nach den jeweiligen landesrechtlichen Vorschriften ein Baudenkmal ist, kann der Steuerpflichtige abweichend von § 7 Absatz 4 und 5 im Jahr der Herstellung und in den folgenden sieben Jahren jeweils bis zu 9 Prozent und in den folgenden vier Jahren jeweils bis zu 7 Prozent der Herstellungskosten für Baumaßnahmen, die nach Art und Umfang zur Erhaltung des Gebäudes als Baudenkmal oder zu seiner sinnvollen Nutzung erforderlich sind, absetzen. ② Eine sinnvolle Nutzung ist nur anzunehmen, wenn das Gebäude in der Weise genutzt wird, dass die Erhaltung der schützenswerten Substanz des Gebäudes auf die Dauer gewährleistet ist. ③ Bei einem im Inland belegenen Gebäudeteil, das nach den jeweiligen landesrechtlichen Vorschriften ein Baudenkmal ist, sind die Sätze 1 und 2 entsprechend anzuwenden. ④ Bei einem im Inland belegenen Gebäude oder Gebäudeteil, das für sich allein nicht die Voraussetzungen für ein Baudenkmal erfüllt, aber Teil einer Gebäudegruppe oder Gesamtanlage ist, die nach den jeweiligen landesrechtlichen Vorschriften als Einheit geschützt ist, kann der Steuerpflichtige die erhöhten Absetzungen von den Herstellungskosten für Baumaßnahmen vornehmen, die nach Art und Umfang zur Erhaltung des schützenswerten äußeren Erscheinungsbildes der Gebäudegruppe oder Gesamtanlage erforderlich sind. ⑤ Der Steuerpflichtige kann die erhöhten Absetzungen im Jahr des Abschlusses der Baumaßnahme und in den folgenden elf Jahren auch für Anschaffungskosten in Anspruch nehmen, die auf Baumaßnahmen im Sinne der Sätze 1 bis 4 entfallen, soweit diese nach dem rechtswirksamen Abschluss eines obligatorischen Erwerbsvertrags oder eines gleichstehenden Rechtsakts durchgeführt worden sind. ⑥ Die Baumaßnahmen müssen in Abstimmung mit der in Absatz 2 bezeichneten Stelle durchgeführt worden sein. ⑦ Die erhöhten Absetzungen können nur in Anspruch genommen werden, soweit die Herstellungs- oder Anschaffungskosten nicht durch Zuschüsse aus öffentlichen Kassen gedeckt sind. ⑧ § 7h Absatz 1 Satz 5 ist entsprechend anzuwenden. 1

(2)[1] ① Der Steuerpflichtige kann die erhöhten Absetzungen nur in Anspruch nehmen, wenn er durch eine nicht offensichtlich rechtswidrige Bescheinigung der nach Landesrecht zuständigen oder von der Landesregierung bestimmten Stelle die Voraussetzungen des Absatzes 1 für das Gebäude oder Gebäudeteil und für die Erforderlichkeit der Aufwendungen nachweist. ② Hat eine der für Denkmalschutz oder Denkmalpflege zuständigen Behörden ihm Zuschüsse gewährt, so hat die Bescheinigung auch deren Höhe zu enthalten; werden ihm solche Zuschüsse nach Ausstellung der Bescheinigung gewährt, so ist diese entsprechend zu ändern. 2

(3) § 7h Absatz 3 ist entsprechend anzuwenden. 3

R 7i

R 7i. Erhöhte Absetzungen nach § 7i EStG von Aufwendungen für bestimmte Baumaßnahmen an Baudenkmalen

(1) R 7h Abs. 1 bis 3 gilt entsprechend. 6

(2) ① Die nach Landesrecht zuständige Denkmalbehörde hat zu prüfen und zu bescheinigen, 7

1. ob das Gebäude oder der Gebäudeteil nach den landesrechtlichen Vorschriften ein Baudenkmal ist,
2. ob die Baumaßnahmen nach Art und Umfang
   a) zur Erhaltung des Gebäudes oder Gebäudeteiles als Baudenkmal oder zu seiner sinnvollen Nutzung,
   b) bei einem Gebäude, das Teil einer geschützten Gesamtanlage oder Gebäudegruppe ist, zur Erhaltung des schützenswerten äußeren Erscheinungsbildes der Gesamtanlage oder Gebäudegruppe

   erforderlich waren,
3. ob die Arbeiten vor Beginn und bei Planungsänderungen vor Beginn der geänderten Vorhaben mit der Bescheinigungsbehörde abgestimmt waren,
4. in welcher Höhe Aufwendungen, die die vorstehenden Voraussetzungen erfüllen, angefallen sind,
5. ob und in welcher Höhe Zuschüsse aus öffentlichen Mitteln durch eine der für den Denkmalschutz oder Denkmalpflege zuständigen Behörden bewilligt worden sind oder nach Ausstellung der Bescheinigung bewilligt werden (Änderung der Bescheinigung).

② R 7h Abs. 4 Satz 2 bis 5 gilt entsprechend.

(3) ① Die Finanzbehörden haben zu prüfen, 8

1. ob die vorgelegte Bescheinigung von der nach Landesrecht zuständigen oder der von den Landesregierungen bestimmten Behörde ausgestellt worden ist,

[1] Zur erstmaligen Anwendung siehe § 52 Abs. 16a Satz 7 EStG.

2. ob die bescheinigten Aufwendungen zu den Herstellungskosten oder den nach § 7i Abs. 1 Satz 5 EStG begünstigten Anschaffungskosten, zu den sofort abziehbaren Betriebsausgaben oder Werbungskosten, insbesondere zum Erhaltungsaufwand, oder zu den nicht abziehbaren Ausgaben gehören,
3. ob die bescheinigten Aufwendungen steuerrechtlich dem Gebäude oder Gebäudeteil im Sinne des § 7i Abs. 1 EStG zuzurechnen sind,
4. ob weitere Zuschüsse für die bescheinigten Aufwendungen gezahlt werden oder worden sind,
5. ob die Aufwendungen bei einer Einkunftsart oder bei einem zu eigenen Wohnzwecken genutzten Gebäude wie Sonderausgaben (→ § 10f EStG) berücksichtigt werden können,
6. in welchem VZ die erhöhten Absetzungen, die Verteilung von Erhaltungsaufwand (→ § 11b EStG) oder der Abzug wie Sonderausgaben (→ § 10f EStG) erstmals in Anspruch genommen werden können.

② Fällt die Eigenschaft als Baudenkmal innerhalb des Begünstigungszeitraums weg, können die erhöhten Absetzungen ab dem Jahr, das auf den Wegfall folgt, nicht weiter in Anspruch genommen werden.

H 7i

9

Bauherrenmodelle. Zu den Besonderheiten bei Baumaßnahmen i. S. d. §§ 7h und 7i EStG im Rahmen von Bauherrenmodellen → BMF vom 20. 10. 2003 (BStBl. I S. 546),[1] RdNr. 10.

Bescheinigungsbehörde. Übersicht über die zuständigen Bescheinigungsbehörden → BMF vom 4. 6. 2015 (BStBl. I S. 506).

Bescheinigungsrichtlinien. Übersicht über die Veröffentlichung der länderspezifischen Bescheinigungsrichtlinien → BMF vom 21. 1. 2020 (BStBl. I S. 169).

Bindungswirkung der Bescheinigung

– Sind die bescheinigten Aufwendungen steuerrechtlich den (nachträglichen) Herstellungskosten eines selbständigen, vom Baudenkmal getrennten Wirtschaftsguts (z. B. den Außenanlagen, dem Grund und Boden, einer getrennt vom Baudenkmal errichteten Tiefgarage) zuzurechnen, sind die Finanzbehörden nicht an die Bescheinigung gebunden (→ BFH vom 15. 10. 1996 – BStBl. 1997 II S. 176). Ob ein zusätzlich errichtetes Bauwerk einen Bestandteil des als Denkmal geschützten Gebäudes oder ein selbständiges neues Gebäude bildet, ist keine denkmalrechtliche, sondern eine steuerrechtliche Frage, die von den Finanzbehörden eigenständig zu prüfen ist (→ BFH vom 14. 1. 2003 – BStBl. II S. 916).
– Sind die bescheinigten Aufwendungen den nachträglichen Herstellungskosten des Baudenkmals zuzurechnen, sind die Finanzbehörden an die Bescheinigung auch dann gebunden, wenn diese unzutreffend ist. Das Remonstrationsrecht der Finanzbehörden (→ R 7i Abs. 2 Satz 2) bleibt unberührt (→ BFH vom 5. 11. 1996 – BStBl. 1997 II S. 244).
– Die Bindungswirkung der Bescheinigung umfasst nicht die persönliche Abzugsberechtigung (→ BFH vom 6. 3. 2001 – BStBl. II S. 796).
– Die Voraussetzungen des § 7i EStG sind nicht erfüllt, wenn die Bescheinigung keine Angaben zur Höhe der begünstigten Aufwendungen enthält (→ BFH vom 11. 6. 2002 – BStBl. 2003 II S. 578).

Flutkatastrophe vom Juli 2021. Zum Verzicht auf die vorherige Abstimmung mit der Bescheinigungsbehörde bei Baumaßnahmen zur Beseitigung der Schäden der Flutkatastrophe vom Juli 2021 → BMF vom 14. 10. 2021 (BStBl. I S. 1806).

Gleichstehender Rechtsakt → H 7h.

Neubau. Denkmal i. S. d. § 7i EStG kann steuerrechtlich auch ein Neubau im bautechnischen Sinne sein. Nicht förderungsfähig sind hingegen der Wiederaufbau oder die völlige Neuerrichtung des Gebäudes (→ BFH vom 24. 6. 2009 – BStBl. II S. 960).

Nichtvorliegen der Bescheinigung

– Das Finanzamt hat bei Nichtvorliegen der Bescheinigung eine überprüfbare Ermessensentscheidung darüber zu treffen, ob und in welcher Höhe es die erhöhten Absetzungen im Wege der Schätzung nach § 162 Abs. 5 AO anerkennt. Gegen die vorläufige Anerkennung spricht, wenn die vom Stpfl. vorgelegten Unterlagen keine Informationen darüber enthalten, auf welche einzelnen Baumaßnahmen sich die Kosten bezogen haben und ob die Aufwendungen konkret Herstellungskosten für begünstigte Maßnahmen darstellen (→ BFH vom 14. 5. 2014 – BStBl. 2015 II S. 12).
– → H 7h.

Objektbezogenheit der Bescheinigung → H 7h.

Personengesellschaft. Erhöhte Absetzungen nach Ausscheiden eines Gesellschafters → H 7a (Mehrere Beteiligte).

Teilherstellungskosten. Die erhöhten Absetzungen nach § 7i EStG können hinsichtlich einzelner Baumaßnahmen bereits im Jahr des Abschlusses der jeweiligen Maßnahme und nicht

[1] Abgedruckt als Anlage c zu § 21 EStG.

erst bei Beendigung der Gesamtbaumaßnahme vorgenommen werden, wenn die einzelne Baumaßnahme von anderen sachlich abgrenzbar und als solche abgeschlossen ist (→ BFH vom 20. 8. 2002 – BStBl. 2003 II S. 582).

Veräußerung. Im Jahr der Veräußerung des Baudenkmals kann der Stpfl. die erhöhten Absetzungen mit dem vollen Jahresbetrag in Anspruch nehmen (→ BFH vom 18. 6. 1996 – BStBl. II S. 645).

§ 7k *(aufgehoben)* EStG

4. Überschuss der Einnahmen über die Werbungskosten

EStG

§ 8 Einnahmen

1 (1) ① **Einnahmen sind alle Güter, die in Geld oder Geldeswert bestehen und dem Steuerpflichtigen im Rahmen einer der Einkunftsarten des § 2 Absatz 1 Satz 1 Nummer 4 bis 7 zufließen. ② Zu den Einnahmen in Geld gehören auch zweckgebundene Geldleistungen, nachträgliche Kostenerstattungen, Geldsurrogate und andere Vorteile, die auf einen Geldbetrag lauten. ③ Satz 2 gilt nicht bei Gutscheinen und Geldkarten, die ausschließlich zum Bezug von Waren oder Dienstleistungen berechtigen und die Kriterien des § 2 Absatz 1 Nummer 10 des Zahlungsdiensteaufsichtsgesetzes erfüllen.**

2 (2) ① **Einnahmen, die nicht in Geld bestehen (Wohnung, Kost, Waren, Dienstleistungen und sonstige Sachbezüge), sind mit den um übliche Preisnachlässe geminderten üblichen Endpreisen am Abgabeort anzusetzen. ② Für die private Nutzung eines betrieblichen Kraftfahrzeugs zu privaten Fahrten gilt § 6 Absatz 1 Nummer 4 Satz 2 entsprechend. ③ Kann das Kraftfahrzeug auch für Fahrten zwischen Wohnung und erster Tätigkeitsstätte sowie Fahrten nach § 9 Absatz 1 Satz 3 Nummer 4 a Satz 3 genutzt werden, erhöht sich der Wert in Satz 2 für jeden Kalendermonat um 0,03 Prozent des Listenpreises im Sinne des § 6 Absatz 1 Nummer 4 Satz 2 für jeden Kilometer der Entfernung zwischen Wohnung und erster Tätigkeitsstätte sowie der Fahrten nach § 9 Absatz 1 Satz 3 Nummer 4 a Satz 3. ④ Der Wert nach den Sätzen 2 und 3 kann mit dem auf die private Nutzung und die Nutzung zu Fahrten zwischen Wohnung und erster Tätigkeitsstätte sowie Fahrten nach § 9 Absatz 1 Satz 3 Nummer 4 a Satz 3 entfallenden Teil der gesamten Kraftfahrzeugaufwendungen angesetzt werden, wenn die durch das Kraftfahrzeug insgesamt entstehenden Aufwendungen durch Belege und das Verhältnis der privaten Fahrten und der Fahrten zwischen Wohnung und erster Tätigkeitsstätte sowie Fahrten nach § 9 Absatz 1 Satz 3 Nummer 4 a Satz 3 zu den übrigen Fahrten durch ein ordnungsgemäßes Fahrtenbuch nachgewiesen werden; § 6 Absatz 1 Nummer 4 Satz 3 zweiter Halbsatz gilt entsprechend. ⑤ Die Nutzung des Kraftfahrzeugs zu einer Familienheimfahrt im Rahmen einer doppelten Haushaltsführung ist mit 0,002 Prozent des Listenpreises im Sinne des § 6 Absatz 1 Nummer 4 Satz 2 für jeden Kilometer der Entfernung zwischen dem Ort des eigenen Hausstands und dem Beschäftigungsort anzusetzen; dies gilt nicht, wenn für diese Fahrt ein Abzug von Werbungskosten nach § 9 Absatz 1 Satz 3 Nummer 5 Satz 5 und 6 in Betracht käme; Satz 4 ist sinngemäß anzuwenden. ⑥ Bei Arbeitnehmern, für deren Sachbezüge durch Rechtsverordnung nach § 17 Absatz 1 Satz 1 Nummer 4 des Vierten Buches Sozialgesetzbuch Werte bestimmt worden sind, sind diese Werte maßgebend. ⑦ Die Werte nach Satz 6 sind auch bei Steuerpflichtigen anzusetzen, die nicht der gesetzlichen Rentenversicherungspflicht unterliegen. ⑧ Wird dem Arbeitnehmer während einer beruflichen Tätigkeit außerhalb seiner Wohnung und ersten Tätigkeitsstätte oder im Rahmen einer beruflich veranlassten doppelten Haushaltsführung vom Arbeitgeber oder auf dessen Veranlassung von einem Dritten eine Mahlzeit zur Verfügung gestellt, ist diese Mahlzeit mit dem Wert nach Satz 6 (maßgebender amtlicher Sachbezugswert nach der Sozialversicherungsentgeltverordnung) anzusetzen, wenn der Preis für die Mahlzeit 60 Euro nicht übersteigt. ⑨ Der Ansatz einer nach Satz 8 bewerteten Mahlzeit unterbleibt, wenn beim Arbeitnehmer für ihm entstehende Mehraufwendungen für Verpflegung ein Werbungskostenabzug nach § 9 Absatz 4 a Satz 1 bis 7 in Betracht käme. ⑩ Die oberste Finanzbehörde eines Landes kann mit Zustimmung des Bundesministeriums der Finanzen für weitere Sachbezüge der Arbeitnehmer Durchschnittswerte festsetzen. ⑪ Sachbezüge, die nach Satz 1 zu bewerten sind, bleiben außer Ansatz, wenn die sich nach Anrechnung der | vom Steuerpflichtigen gezahlten Entgelte ergebenden Vorteile insgesamt 50 Euro im Kalendermonat nicht übersteigen; die nach Absatz 1 Satz 3 nicht zu den Einnahmen in Geld gehörenden Gutscheine und Geldkarten bleiben nur dann außer Ansatz, wenn sie zusätzlich zum ohnehin geschuldeten Arbeitslohn gewährt werden. ⑫ Der Ansatz eines Sachbezugs für eine dem Arbeitnehmer vom Arbeitgeber, auf dessen Veranlassung von einem verbundenen Unternehmen (§ 15 des Aktiengesetzes) oder bei einer juristischen Person des öffentlichen Rechts als Arbeitgeber auf dessen Veranlassung von einem entsprechend verbundenen Unternehmen zu eigenen Wohnzwecken überlassene Wohnung unterbleibt, soweit das vom Arbeitnehmer gezahlte Entgelt mindestens zwei Drittel des ortsüblichen Mietwerts und dieser nicht mehr als 25 Euro je Quadratmeter ohne umlagefähige Kosten im Sinne der Verordnung über die Aufstellung von Betriebskosten beträgt.**

3 (3) ① **Erhält ein Arbeitnehmer auf Grund seines Dienstverhältnisses Waren oder Dienstleistungen, die vom Arbeitgeber nicht überwiegend für den Bedarf seiner Arbeitnehmer hergestellt, vertrieben oder erbracht werden und deren Bezug nicht nach**

EStG

§ 40 pauschal versteuert wird, so gelten als deren Werte abweichend von Absatz 2 die um 4 Prozent geminderten Endpreise, zu denen der Arbeitgeber oder der dem Abgabeort nächstansässige Abnehmer die Waren oder Dienstleistungen fremden Letztverbrauchern im allgemeinen Geschäftsverkehr anbietet. ② Die sich nach Abzug der vom Arbeitnehmer gezahlten Entgelte ergebenden Vorteile sind steuerfrei, soweit sie aus dem Dienstverhältnis insgesamt 1080 Euro im Kalenderjahr nicht übersteigen.

(4) ① Im Sinne dieses Gesetzes werden Leistungen des Arbeitgebers oder auf seine Veranlassung eines Dritten (Sachbezüge oder Zuschüsse) für eine Beschäftigung nur dann zusätzlich zum ohnehin geschuldeten Arbeitslohn erbracht, wenn 4

1. die Leistung nicht auf den Anspruch auf Arbeitslohn angerechnet,

2. der Anspruch auf Arbeitslohn nicht zugunsten der Leistung herabgesetzt,

3. die verwendungs- oder zweckgebundene Leistung nicht anstelle einer bereits vereinbarten künftigen Erhöhung des Arbeitslohns gewährt und

4. bei Wegfall der Leistung der Arbeitslohn nicht erhöht

wird. ② Unter den Voraussetzungen des Satzes 1 ist von einer zusätzlich zum ohnehin geschuldeten Arbeitslohn erbrachten Leistung auch dann auszugehen, wenn der Arbeitnehmer arbeitsvertraglich oder auf Grund einer anderen arbeits- oder dienstrechtlichen Rechtsgrundlage (wie Einzelvertrag, Betriebsvereinbarung, Tarifvertrag, Gesetz) einen Anspruch auf diese hat.

EStG

§ 9 Werbungskosten

1 (1) ① **Werbungskosten sind Aufwendungen zur Erwerbung, Sicherung und Erhaltung der Einnahmen. ② Sie sind bei der Einkunftsart abzuziehen, bei der sie erwachsen sind. ③ Werbungskosten sind auch**

2 **1. Schuldzinsen und auf besonderen Verpflichtungsgründen beruhende Renten und dauernde Lasten, soweit sie mit einer Einkunftsart in wirtschaftlichem Zusammenhang stehen. ② Bei Leibrenten kann nur der Anteil abgezogen werden, der sich nach § 22 Nummer 1 Satz 3 Buchstabe a Doppelbuchstabe bb ergibt;**

3 **2. Steuern vom Grundbesitz, sonstige öffentliche Abgaben und Versicherungsbeiträge, soweit solche Ausgaben sich auf Gebäude oder auf Gegenstände beziehen, die dem Steuerpflichtigen zur Einnahmeerzielung dienen;**

4 **3. Beiträge zu Berufsständen und sonstigen Berufsverbänden, deren Zweck nicht auf einen wirtschaftlichen Geschäftsbetrieb gerichtet ist;**

5 **4. Aufwendungen des Arbeitnehmers für die Wege zwischen Wohnung und erster Tätigkeitsstätte im Sinne des Absatzes 4. ② Zur Abgeltung dieser Aufwendungen ist für jeden Arbeitstag, an dem der Arbeitnehmer die erste Tätigkeitsstätte aufsucht eine Entfernungspauschale für jeden vollen Kilometer der Entfernung zwischen Wohnung und erster Tätigkeitsstätte von 0,30 Euro anzusetzen, höchstens jedoch 4500 Euro im Kalenderjahr; ein höherer Betrag als 4500 Euro ist anzusetzen, soweit der Arbeitnehmer einen eigenen oder ihm zur Nutzung überlassenen Kraftwagen benutzt. ③ Die Entfernungspauschale gilt nicht für Flugstrecken und Strecken mit steuerfreier Sammelbeförderung nach § 3 Nummer 32. ④ Für die Bestimmung der Entfernung ist die kürzeste Straßenverbindung zwischen Wohnung und erster Tätigkeitsstätte maßgebend; eine andere als die kürzeste Straßenverbindung kann zugrunde gelegt werden, wenn diese offensichtlich verkehrsgünstiger ist und vom Arbeitnehmer regelmäßig für die Wege zwischen Wohnung und erster Tätigkeitsstätte benutzt wird. ⑤ Nach § 8 Absatz 2 Satz 11 oder Absatz 3 steuerfreie Sachbezüge für Fahrten zwischen Wohnung und erster Tätigkeitsstätte mindern den nach Satz 2 abziehbaren Betrag; ist der Arbeitgeber selbst der Verkehrsträger, ist der Preis anzusetzen, den ein dritter Arbeitgeber an den Verkehrsträger zu entrichten hätte. ⑥ Hat ein Arbeitnehmer mehrere Wohnungen, so sind die Wege von einer Wohnung, die nicht der ersten Tätigkeitsstätte am nächsten liegt, nur zu berücksichtigen, wenn sie den Mittelpunkt der Lebensinteressen des Arbeitnehmers bildet und nicht nur gelegentlich aufgesucht wird. ⑦ Nach § 3 Nummer 37 steuerfreie Sachbezüge mindern den nach Satz 2 abziehbaren Betrag nicht; § 3 c Absatz 1 ist nicht anzuwenden. ⑧ Zur Abgeltung der Aufwendungen im Sinne des Satzes 1 ist für die Veranlagungszeiträume 2021 bis 2026 abweichend von Satz 2 für jeden Arbeitstag, an dem der Arbeitnehmer die erste Tätigkeitsstätte aufsucht, eine Entfernungspauschale für jeden vollen Kilometer der ersten 20 Kilometer der Entfernung zwischen Wohnung und erster Tätigkeitsstätte von 0,30 Euro und für jeden weiteren vollen Kilometer**
a) von 0,35 Euro für 2021 bis 2023,
b) von 0,38 Euro für 2024 bis 2026
anzusetzen, höchstens 4 500 Euro im Kalenderjahr; ein höherer Betrag als 4 500 Euro ist anzusetzen, soweit der Arbeitnehmer einen eigenen oder ihm zur Nutzung überlassenen Kraftwagen benutzt.

5a **4 a. Aufwendungen des Arbeitnehmers für beruflich veranlasste Fahrten, die nicht Fahrten zwischen Wohnung und erster Tätigkeitsstätte im Sinne des Absatzes 4 sowie keine Familienheimfahrten sind. ② Anstelle der tatsächlichen Aufwendungen, die dem Arbeitnehmer durch die persönliche Benutzung eines Beförderungsmittels entstehen, können die Fahrtkosten mit den pauschalen Kilometersätzen angesetzt werden, die für das jeweils benutzte Beförderungsmittel (Fahrzeug) als höchste Wegstreckenentschädigung nach dem Bundesreisekostengesetz festgesetzt sind. ③ Hat ein Arbeitnehmer keine erste Tätigkeitsstätte (§ 9 Absatz 4) und hat er nach den dienst- oder arbeitsrechtlichen Festlegungen sowie den diese ausfüllenden Absprachen und Weisungen zur Aufnahme seiner beruflichen Tätigkeit dauerhaft denselben Ort oder dasselbe weiträumige Tätigkeitsgebiet typischerweise arbeitstäglich aufzusuchen, gilt Absatz 1 Satz 3 Nummer 4 und Absatz 2 für die Fahrten von der Wohnung zu diesem Ort oder dem zur Wohnung nächstgelegenen Zugang zum Tätigkeitsgebiet entsprechend. ④ Für die Fahrten innerhalb des weiträumigen Tätigkeitsgebietes gelten die Sätze 1 und 2 entsprechend.**

6 **5. notwendige Mehraufwendungen, die einem Arbeitnehmer wegen einer beruflich veranlassten doppelten Haushaltsführung entstehen. ② Eine doppelte Haushaltsführung liegt nur vor, wenn der Arbeitnehmer außerhalb des Ortes seiner ersten Tätigkeitsstätte einen eigenen Hausstand unterhält und auch am Ort der ersten Tätigkeitsstätte wohnt. ③ Das Vorliegen eines eigenen Hausstandes setzt das Inne-**

haben einer Wohnung sowie eine finanzielle Beteiligung an den Kosten der Lebensführung voraus. ④ Als Unterkunftskosten für eine doppelte Haushaltsführung können im Inland die tatsächlichen Aufwendungen für die Nutzung der Unterkunft angesetzt werden, höchstens 1000 Euro im Monat. ⑤ Aufwendungen für die Wege vom Ort der ersten Tätigkeitsstätte zum Ort des eigenen Hausstandes und zurück (Familienheimfahrt) können jeweils nur für eine Familienheimfahrt wöchentlich abgezogen werden. ⑥ Zur Abgeltung der Aufwendungen für eine Familienheimfahrt ist eine Entfernungspauschale von 0,30 Euro für jeden vollen Kilometer der Entfernung zwischen dem Ort des eigenen Hausstandes und dem Ort der ersten Tätigkeitsstätte anzusetzen. ⑦ Nummer 4 Satz 3 bis 5 ist entsprechend anzuwenden. ⑧ Aufwendungen für Familienheimfahrten mit einem dem Steuerpflichtigen im Rahmen einer Einkunftsart überlassenen Kraftfahrzeug werden nicht berücksichtigt. ⑨ Zur Abgeltung der Aufwendungen für eine Familienheimfahrt ist für die Veranlagungszeiträume 2021 bis 2026 abweichend von Satz 6 eine Entfernungspauschale für jeden vollen Kilometer der ersten 20 Kilometer der Entfernung zwischen dem Ort des eigenen Hausstandes und dem Ort der ersten Tätigkeitsstätte von 0,30 Euro und für jeden weiteren vollen Kilometer
a) von 0,35 Euro für 2021 bis 2023,
b) von 0,38 Euro für 2024 bis 2026
anzusetzen.

5 a. notwendige Mehraufwendungen eines Arbeitnehmers für beruflich veranlasste Übernachtungen an einer Tätigkeitsstätte, die nicht erste Tätigkeitsstätte ist. ② Übernachtungskosten sind die tatsächlichen Aufwendungen für die persönliche Inanspruchnahme einer Unterkunft zur Übernachtung. ③ Soweit höhere Übernachtungskosten anfallen, weil der Arbeitnehmer eine Unterkunft gemeinsam mit Personen nutzt, die in keinem Dienstverhältnis zum selben Arbeitgeber stehen, sind nur diejenigen Aufwendungen anzusetzen, die bei alleiniger Nutzung durch den Arbeitnehmer angefallen wären. ④ Nach Ablauf von 48 Monaten einer längerfristigen beruflichen Tätigkeit an derselben Tätigkeitsstätte, die nicht erste Tätigkeitsstätte ist, können Unterkunftskosten nur noch bis zur Höhe des Betrags nach Nummer 5 angesetzt werden. ⑤ Eine Unterbrechung dieser beruflichen Tätigkeit an derselben Tätigkeitsstätte führt zu einem Neubeginn, wenn die Unterbrechung mindestens sechs Monate dauert. 6a

5 b. notwendige Mehraufwendungen, die einem Arbeitnehmer während seiner auswärtigen beruflichen Tätigkeit auf einem Kraftfahrzeug des Arbeitgebers oder eines vom Arbeitgeber beauftragten Dritten im Zusammenhang mit einer Übernachtung in dem Kraftfahrzeug für Kalendertage entstehen, an denen der Arbeitnehmer eine Verpflegungspauschale nach Absatz 4 a Satz 3 Nummer 1 und 2 sowie Satz 5 zur Nummer 1 und 2 beanspruchen könnte. ② Anstelle der tatsächlichen Aufwendungen, die dem Arbeitnehmer im Zusammenhang mit einer Übernachtung in dem Kraftfahrzeug entstehen, kann im Kalenderjahr einheitlich eine Pauschale von 8 Euro für jeden Kalendertag berücksichtigt werden, an dem der Arbeitnehmer eine Verpflegungspauschale nach Absatz 4 a Satz 3 Nummer 1 und 2 sowie Satz 5 zur Nummer 1 und 2 beanspruchen könnte, 6b

6. Aufwendungen für Arbeitsmittel, zum Beispiel für Werkzeuge und typische Berufskleidung. ② Nummer 7 bleibt unberührt; 7

7.[1] Absetzungen für Abnutzung und für Substanzverringerung, Sonderabschreibungen nach § 7 b und erhöhte Absetzungen. ② § 6 Absatz 2 Satz 1 bis 3 ist in Fällen der Anschaffung oder Herstellung von Wirtschaftsgütern entsprechend anzuwenden. 8

(2) ① Durch die Entfernungspauschalen sind sämtliche Aufwendungen abgegolten, die durch die Wege zwischen Wohnung und erster Tätigkeitsstätte im Sinne des Absatzes 4 und durch die Familienheimfahrten veranlasst sind. ② Aufwendungen für die Benutzung öffentlicher Verkehrsmittel können angesetzt werden, soweit sie den im Kalenderjahr insgesamt als Entfernungspauschale abziehbaren Betrag übersteigen. ③ Menschen mit Behinderungen, 9

1. deren Grad der Behinderung mindestens 70 beträgt,
2. deren Grad der Behinderung weniger als 70, aber mindestens 50 beträgt und die in ihrer Bewegungsfähigkeit im Straßenverkehr erheblich beeinträchtigt sind,

können anstelle der Entfernungspauschalen die tatsächlichen Aufwendungen für die Wege zwischen Wohnung und erster Tätigkeitsstätte und die Familienheimfahrten ansetzen. ④ Die Voraussetzungen der Nummern 1 und 2 sind durch amtliche Unterlagen nachzuweisen.

(3) Absatz 1 Satz 3 Nummer 4 bis 5 a sowie die Absätze 2 und 4a gelten bei den Einkunftsarten im Sinne des § 2 Absatz 1 Satz 1 Nummer 5 bis 7 entsprechend. 10

---

[1] Zur erstmaligen Anwendung siehe § 52 Abs. 16 b Satz 1 EStG.

11 (4) ① Erste Tätigkeitsstätte ist die ortsfeste betriebliche Einrichtung des Arbeitgebers, eines verbundenen Unternehmens (§ 15 des Aktiengesetzes) oder eines vom Arbeitgeber bestimmten Dritten, der der Arbeitnehmer dauerhaft zugeordnet ist. ② Die Zuordnung im Sinne des Satzes 1 wird durch die dienst- oder arbeitsrechtlichen Festlegungen sowie die diese ausfüllenden Absprachen und Weisungen bestimmt. ③ Von einer dauerhaften Zuordnung ist insbesondere auszugehen, wenn der Arbeitnehmer unbefristet, für die Dauer des Dienstverhältnisses oder über einen Zeitraum von 48 Monaten hinaus an einer solchen Tätigkeitsstätte tätig werden soll. ④ Fehlt eine solche dienst- oder arbeitsrechtliche Festlegung auf eine Tätigkeitsstätte oder ist sie nicht eindeutig, ist erste Tätigkeitsstätte die betriebliche Einrichtung, an der der Arbeitnehmer dauerhaft

1. typischerweise arbeitstäglich tätig werden soll oder
2. je Arbeitswoche zwei volle Arbeitstage oder mindestens ein Drittel seiner vereinbarten regelmäßigen Arbeitszeit tätig werden soll.

⑤ Je Dienstverhältnis hat der Arbeitnehmer höchstens eine erste Tätigkeitsstätte. ⑥ Liegen die Voraussetzungen der Sätze 1 bis 4 für mehrere Tätigkeitsstätten vor, ist diejenige Tätigkeitsstätte erste Tätigkeitsstätte, die der Arbeitgeber bestimmt. ⑦ Fehlt es an dieser Bestimmung oder ist sie nicht eindeutig, ist die der Wohnung örtlich am nächsten liegende Tätigkeitsstätte die erste Tätigkeitsstätte. ⑧ Als erste Tätigkeitsstätte gilt auch eine Bildungseinrichtung, die außerhalb eines Dienstverhältnisses zum Zwecke eines Vollzeitstudiums oder einer vollzeitigen Bildungsmaßnahme aufgesucht wird; die Regelungen für Arbeitnehmer nach Absatz 1 Satz 3 Nummer 4 und 5 sowie Absatz 4a sind entsprechend anzuwenden.

12 (4a) ① Mehraufwendungen des Arbeitnehmers für die Verpflegung sind nur nach Maßgabe der folgenden Sätze als Werbungskosten abziehbar. ② Wird der Arbeitnehmer außerhalb seiner Wohnung und ersten Tätigkeitsstätte beruflich tätig (auswärtige berufliche Tätigkeit), ist zur Abgeltung der ihm tatsächlich entstandenen, beruflich veranlassten Mehraufwendungen eine Verpflegungspauschale anzusetzen. ③ Diese beträgt

1. 28 Euro für jeden Kalendertag, an dem der Arbeitnehmer 24 Stunden von seiner Wohnung und der ersten Tätigkeitsstätte abwesend ist,
2. jeweils 14 Euro für den An- und Abreisetag, wenn der Arbeitnehmer an diesem, einem anschließenden oder vorhergehenden Tag außerhalb seiner Wohnung übernachtet,
3. 14 Euro für den Kalendertag, an dem der Arbeitnehmer ohne Übernachtung außerhalb seiner Wohnung mehr als 8 Stunden von seiner Wohnung und der ersten Tätigkeitsstätte abwesend ist; beginnt die auswärtige berufliche Tätigkeit an einem Kalendertag und endet am nachfolgenden Kalendertag ohne Übernachtung, werden 12 Euro für den Kalendertag gewährt, an dem der Arbeitnehmer den überwiegenden Teil der insgesamt mehr als 8 Stunden von seiner Wohnung und der ersten Tätigkeitsstätte abwesend ist.

④ Hat der Arbeitnehmer keine erste Tätigkeitsstätte, gelten die Sätze 2 und 3 entsprechend; Wohnung im Sinne der Sätze 2 und 3 ist der Hausstand, der den Mittelpunkt der Lebensinteressen des Arbeitnehmers bildet sowie eine Unterkunft am Ort der ersten Tätigkeitsstätte im Rahmen der doppelten Haushaltsführung. ⑤ Bei einer Tätigkeit im Ausland treten an die Stelle der Pauschbeträge nach Satz 3 länderweise unterschiedliche Pauschbeträge, die für die Fälle der Nummer 1 mit 120 sowie der Nummern 2 und 3 mit 80 Prozent der Auslandstagegelder nach dem Bundesreisekostengesetz vom Bundesministerium der Finanzen im Einvernehmen mit den obersten Finanzbehörden der Länder aufgerundet auf volle Euro festgesetzt werden; dabei bestimmt sich der Pauschbetrag nach dem Ort, den der Arbeitnehmer vor 24 Uhr Ortszeit zuletzt erreicht, oder, wenn dieser Ort im Inland liegt, nach dem letzten Tätigkeitsort im Ausland. ⑥ Der Abzug der Verpflegungspauschalen ist auf die ersten drei Monate einer längerfristigen beruflichen Tätigkeit an derselben Tätigkeitsstätte beschränkt. ⑦ Eine Unterbrechung der beruflichen Tätigkeit an derselben Tätigkeitsstätte führt zu einem Neubeginn, wenn sie mindestens vier Wochen dauert. ⑧ Wird dem Arbeitnehmer anlässlich oder während einer Tätigkeit außerhalb seiner ersten Tätigkeitsstätte vom Arbeitgeber oder auf dessen Veranlassung von einem Dritten eine Mahlzeit zur Verfügung gestellt, sind die nach den Sätzen 3 und 5 ermittelten Verpflegungspauschalen zu kürzen:

1. für Frühstück um 20 Prozent,
2. für Mittag- und Abendessen um jeweils 40 Prozent,

der nach Satz 3 Nummer 1 gegebenenfalls in Verbindung mit Satz 5 maßgebenden Verpflegungspauschale für einen vollen Kalendertag; die Kürzung darf die ermittelte Verpflegungspauschale nicht übersteigen. ⑨ Satz 8 gilt auch, wenn Reisekostenvergütungen wegen der zur Verfügung gestellten Mahlzeiten einbehalten oder gekürzt werden oder die Mahlzeiten nach § 40 Absatz 2 Satz 1 Nummer 1a pauschal besteu-

ert werden. ⑩ Hat der Arbeitnehmer für die Mahlzeit ein Entgelt gezahlt, mindert dieser Betrag den Kürzungsbetrag nach Satz 8. ⑪ Erhält der Arbeitnehmer steuerfreie Erstattungen für Verpflegung, ist ein Werbungskostenabzug insoweit ausgeschlossen. ⑫ Die Verpflegungspauschalen nach den Sätzen 3 und 5, die Dreimonatsfrist nach den Sätzen 6 und 7 sowie die Kürzungsregelungen nach den Sätzen 8 bis 10 gelten entsprechend auch für den Abzug von Mehraufwendungen für Verpflegung, die bei einer beruflich veranlassten doppelten Haushaltsführung entstehen, soweit der Arbeitnehmer vom eigenen Hausstand im Sinne des § 9 Absatz 1 Satz 3 Nummer 5 abwesend ist; dabei ist für jeden Kalendertag innerhalb der Dreimonatsfrist, an dem gleichzeitig eine Tätigkeit im Sinne des Satzes 2 oder des Satzes 4 ausgeübt wird, nur der jeweils höchste in Betracht kommende Pauschbetrag abziehbar. ⑬ Die Dauer einer Tätigkeit im Sinne des Satzes 2 an dem Tätigkeitsort, an dem die doppelte Haushaltsführung begründet wurde, ist auf die Dreimonatsfrist anzurechnen, wenn sie ihr unmittelbar vorausgegangen ist.

(5)[1] ① **§ 4 Absatz 5 Satz 1 Nummer 1 bis 4, 6 b bis 8 a, 10, 12 und Absatz 6 gilt sinngemäß. ② Die §§ 4 j, 4 k[2], 6 Absatz 1 Nummer 1 a und § 6 e gelten entsprechend.** 13

(6)[3] ① **Aufwendungen des Steuerpflichtigen für seine Berufsausbildung oder für sein Studium sind nur dann Werbungskosten, wenn der Steuerpflichtige zuvor bereits eine Erstausbildung (Berufsausbildung oder Studium) abgeschlossen hat oder wenn die Berufsausbildung oder das Studium im Rahmen eines Dienstverhältnisses stattfindet. ② Eine Berufsausbildung als Erstausbildung nach Satz 1 liegt vor, wenn eine geordnete Ausbildung mit einer Mindestdauer von 12 Monaten bei vollzeitiger Ausbildung und mit einer Abschlussprüfung durchgeführt wird. ③ Eine geordnete Ausbildung liegt vor, wenn sie auf der Grundlage von Rechts- oder Verwaltungsvorschriften oder internen Vorschriften eines Bildungsträgers durchgeführt wird. ④ Ist eine Abschlussprüfung nach dem Ausbildungsplan nicht vorgesehen, gilt die Ausbildung mit der tatsächlichen planmäßigen Beendigung als abgeschlossen. ⑤ Eine Berufsausbildung als Erstausbildung hat auch abgeschlossen, wer die Abschlussprüfung einer durch Rechts- oder Verwaltungsvorschriften geregelten Berufsausbildung mit einer Mindestdauer von 12 Monaten bestanden hat, ohne dass er zuvor die entsprechende Berufsausbildung durchlaufen hat.** 14

§§ 24 ***bis*** **28** *(weggefallen)* EStDV

---

[1] Zur erstmaligen Anwendung siehe § 52 Abs. 16 b Satz 3 EStG.

[2] Zur erstmaligen Anwendung siehe § 52 Abs. 16 b Satz 4 EStG.

[3] § 9 Abs. 6 EStG i. d. F. des Beitreibungsrichtlinie-Umsetzungsgesetzes vom 7. 12. 2011, wonach Aufwendungen des Steuerpflichtigen für seine erstmalige Berufsausbildung oder für ein Erststudium, das zugleich eine Erstausbildung vermittelt, keine Werbungskosten sind, wenn diese Berufsausbildung oder dieses Erststudium nicht im Rahmen eines Dienstverhältnisses stattfinden, ist mit dem Grundgesetz vereinbar, *Beschluss BVerfG vom 19. 11. 2019 2 BvL 22-27/14 (BGBl. I 2022 S. 413).*

Wegen vorläufiger Steuerfestsetzung siehe BMF-Schreiben vom 15. 1. 2018 (BStBl. I S. 2), zuletzt geändert durch BMF-Schreiben vom 28. 3. 2022 (BStBl. I S. 203), abgedruckt im Anhang **III**.

EStG

§ 9a Pauschbeträge für Werbungskosten

1 ① **Für Werbungskosten sind bei der Ermittlung der Einkünfte die folgenden Pauschbeträge abzuziehen wenn nicht höhere Werbungskosten nachgewiesen werden:**

1. a)[1] von den Einnahmen aus nichtselbständiger Arbeit vorbehaltlich Buchstabe b: ein Arbeitnehmer-Pauschbetrag von 1000 Euro;

b) von den Einnahmen aus nichtselbständiger Arbeit, soweit es sich um Versorgungsbezüge im Sinne des § 19 Absatz 2 handelt: ein Pauschbetrag von 102 Euro;

2. (weggefallen)

3. von den Einnahmen im Sinne des § 22 Nummer 1, 1 a und 5: ein Pauschbetrag von insgesamt 102 Euro.

② **Der Pauschbetrag nach Satz 1 Nummer 1 Buchstabe b darf nur bis zur Höhe der um den Versorgungsfreibetrag einschließlich des Zuschlags zum Versorgungsfreibetrag (§ 19 Absatz 2) geminderten Einnahmen, die Pauschbeträge nach Satz 1 Nummer 1 Buchstabe a und Nummer 3 dürfen nur bis zur Höhe der Einnahmen abgezogen werden.**

R 9a

R 9a. Pauschbeträge für Werbungskosten

3 Die Pauschbeträge für Werbungskosten sind nicht zu ermäßigen, wenn die unbeschränkte Steuerpflicht lediglich während eines Teiles des Kalenderjahres bestanden hat.

H 9a

4 **Beschränkt Einkommensteuerpflichtige.** Zur Anwendung der Pauschbeträge für Werbungskosten bei beschränkt Einkommensteuerpflichtigen → § 50 Abs. 1 Satz 3 bis 5 EStG.

---

[1] Zur Fassung von Satz 1 Nr. 1 Buchstabe a ab 1. 1. 2023 siehe in der geschlossenen Wiedergabe.

4 a. Umsatzsteuerrechtlicher Vorsteuerabzug

§ 9b [Umsatzsteuerrechtlicher Vorsteuerabzug]

EStG

1 **(1) Der Vorsteuerbetrag nach § 15 des Umsatzsteuergesetzes gehört, soweit er bei der Umsatzsteuer abgezogen werden kann, nicht zu den Anschaffungs- oder Herstellungskosten des Wirtschaftsguts, auf dessen Anschaffung oder Herstellung er entfällt.**

2 **(2)[1] ① Wird der Vorsteuerabzug nach § 15 a des Umsatzsteuergesetzes berichtigt, so sind die Mehrbeträge als Betriebseinnahmen oder Einnahmen zu behandeln, wenn sie im Rahmen einer der Einkunftsarten des § 2 Absatz 1 Satz 1 bezogen werden; die Minderbeträge sind als Betriebsausgaben oder Werbungskosten zu behandeln, wenn sie durch den Betrieb veranlasst sind oder der Erwerbung, Sicherung und Erhaltung von Einnahmen dienen. ② Die Anschaffungs- oder Herstellungskosten bleiben in den Fällen des Satzes 1 unberührt.**

R 9b. Auswirkungen der Umsatzsteuer auf die Einkommensteuer[2]

R 9b

Allgemeines

3 (1) ① Soweit ein Vorsteuerbetrag nach § 15 UStG umsatzsteuerrechtlich nicht abgezogen werden darf, ist er den Anschaffungs- oder Herstellungskosten des zugehörigen Wirtschaftsgutes zuzurechnen. ② Diese Zurechnung gilt sowohl für Wirtschaftsgüter des Anlagevermögens als auch für Wirtschaftsgüter des Umlaufvermögens. ③ In die Herstellungskosten sind die auf den Materialeinsatz und die Gemeinkosten entfallenden nicht abziehbaren Vorsteuerbeträge einzubeziehen.

Wertgrenzen

4 (2) ① Für die Frage, ob bei den Wirtschaftsgütern i. S. d. § 6 Abs. 2 oder 2a oder § 9 Abs. 1 Satz 3 Nr. 7 Satz 2 EStG die Grenzen von *150*[3], 1000 oder *410*[4] Euro überschritten sind, ist stets von den Anschaffungs- oder Herstellungskosten abzüglich eines darin enthaltenen Vorsteuerbetrags, also von dem reinen Warenpreis ohne Vorsteuer (Nettowert), auszugehen. ② Ob der Vorsteuerbetrag umsatzsteuerrechtlich abziehbar ist, spielt in diesem Fall keine Rolle. ③ Dagegen sind für die Bemessung der Freigrenze für **Geschenke** nach § 4 Abs. 5 Satz 1 Nr. 1 EStG die Anschaffungs- oder Herstellungskosten einschließlich eines umsatzsteuerrechtlich nicht abziehbaren Vorsteuerbetrags maßgebend; dabei bleibt § 15 Abs. 1 a UStG unberücksichtigt.

Nicht abziehbare Vorsteuerbeträge nach § 15 Abs. 1 a UStG

5 (3) ① Die nach **§ 15 Abs. 1 a UStG nicht abziehbaren Vorsteuerbeträge** unterliegen dem Abzugsverbot des § 12 Nr. 3 EStG. ② § 9 b EStG findet insoweit keine Anwendung.

Freigrenze für Geschenke nach § 4 Abs. 5 Satz 1 Nr. 1 EStG

H 9b

6 **Beispiele:**

Ein Unternehmer erwirbt ein Geschenk, dessen Bruttokaufpreis 40,46 € beträgt (darin enthaltene Vorsteuer 19% = 6,46 €).

a) Bei Unternehmern mit Umsätzen, die zum Vorsteuerabzug berechtigen, ist für die Bemessung der Freigrenze auf den Nettowarenwert i. H. v. 34 € abzustellen. Die Freigrenze von 35 € wird nicht überschritten.

b) Bei Unternehmern mit Umsätzen, die nicht zum Vorsteuerabzug berechtigen, ist für die Bemessung der Freigrenze auf den Bruttowarenwert abzustellen. Die Freigrenze von 35 € wird überschritten.

Gewinnermittlung nach § 4 Abs. 3 EStG und Ermittlung des Überschusses der Einnahmen über die Werbungskosten. Die vereinnahmten Umsatzsteuerbeträge (für den Umsatz geschuldete Umsatzsteuer und vom Finanzamt erstattete Vorsteuer) gehören im Zeitpunkt ihrer Vereinnahmung zu den Betriebseinnahmen oder Einnahmen, die verausgabten Umsatzsteuerbeträge (gezahlte Vorsteuer und an das Finanzamt abgeführte Umsatzsteuerbeträge) im Zeitpunkt ihrer Verausgabung zu den Betriebsausgaben oder Werbungskosten, es sei denn, dass die Vorsteuerbeträge nach R 9b Abs. 1 den Anschaffungs- oder Herstellungskosten des zugehörigen Wirtschaftsguts zuzurechnen sind und diese nicht sofort abziehbar sind (BFH vom 29. 6. 1982 – BStBl. II S. 755). § 4 Abs. 3 Satz 2 EStG findet insoweit keine Anwendung (→ BFH vom 19. 2. 1975 – BStBl. II S. 441). Hierbei spielt es keine Rolle, ob der Stpfl. zum Vorsteuerabzug berechtigt ist und ob er seine Umsätze nach den allgemeinen umsatzsteuer-

---

[1] Zur Anwendung siehe § 52 Abs. 17 EStG.

[2] Zur Behandlung der USt bei Land- und Forstwirten, die ihre Umsätze nach Durchschnittssätzen versteuern, vgl. *Vfg. OFD Kiel vom 23. 10. 2001 S 2170 A – St 264 (BeckVerw 151207).*

[3] Bei Anschaffung oder Herstellung ab 1. 1. 2018: 250 Euro (§ 52 Abs. 12 Satz 10 EStG).

[4] Bei Anschaffung oder Herstellung ab 1. 1. 2018: 800 Euro (§ 52 Abs. 12 Satz 8 EStG).

H 9b rechtlichen Vorschriften versteuert oder ob die Umsatzsteuer nach § 19 Abs. 1 UStG nicht erhoben wird.

Irrtümlich erstattete Vorsteuerbeträge. Nicht abziehbare Vorsteuerbeträge sind auch bei zunächst irrtümlicher Erstattung Herstellungskosten des Wirtschaftsguts (→ BFH vom 4. 6. 1991 – BStBl. II S. 759).

Umsatzsteuerlich fehlgeschlagene Option. Bei umsatzsteuerlich fehlgeschlagener Option führt die Rückzahlung der Vorsteuererstattung nicht zu Werbungskosten bei den Einkünften aus Vermietung und Verpachtung (→ BFH vom 13. 11. 1986 – BStBl. 1987 II S. 374).

5. Sonderausgaben

§ 10 [Sonderausgaben]

EStG

(1) **Sonderausgaben sind die folgenden Aufwendungen, wenn sie weder Betriebsausgaben noch Werbungskosten sind oder wie Betriebsausgaben oder Werbungskosten behandelt werden:**

1. *(aufgehoben)* 1

1 a. *(aufgehoben)* 2

1 b. *(aufgehoben)* 2a

2. a) Beiträge zu den gesetzlichen Rentenversicherungen oder zur landwirtschaftlichen Alterskasse sowie zu berufsständischen Versorgungseinrichtungen, die den gesetzlichen Rentenversicherungen vergleichbare Leistungen erbringen; 3

b) Beiträge des Steuerpflichtigen

aa) zum Aufbau einer eigenen kapitalgedeckten Altersversorgung, wenn der Vertrag nur die Zahlung einer monatlichen, auf das Leben des Steuerpflichtigen bezogenen lebenslangen Leibrente nicht vor Vollendung des 62. Lebensjahres oder zusätzlich die ergänzende Absicherung des Eintritts der Berufsunfähigkeit (Berufsunfähigkeitsrente), der verminderten Erwerbsfähigkeit (Erwerbsminderungsrente) oder von Hinterbliebenen (Hinterbliebenenrente) vorsieht. ② Hinterbliebene in diesem Sinne sind der Ehegatte des Steuerpflichtigen und die Kinder, für die er Anspruch auf Kindergeld oder auf einen Freibetrag nach § 32 Absatz 6 hat. ③ Der Anspruch auf Waisenrente darf längstens für den Zeitraum bestehen, in dem der Rentenberechtigte die Voraussetzungen für die Berücksichtigung als Kind im Sinne des § 32 erfüllt;

bb) für seine Absicherung gegen den Eintritt der Berufsunfähigkeit oder der verminderten Erwerbsfähigkeit (Versicherungsfall), wenn der Vertrag nur die Zahlung einer monatlichen, auf das Leben des Steuerpflichtigen bezogenen lebenslangen Leibrente für einen Versicherungsfall vorsieht, der bis zur Vollendung des 67. Lebensjahres eingetreten ist. ② Der Vertrag kann die Beendigung der Rentenzahlung wegen eines medizinisch begründeten Wegfalls der Berufsunfähigkeit oder der verminderten Erwerbsfähigkeit vorsehen. ③ Die Höhe der zugesagten Rente kann vom Alter des Steuerpflichtigen bei Eintritt des Versicherungsfalls abhängig gemacht werden, wenn der Steuerpflichtige das 55. Lebensjahr vollendet hat.

② Die Ansprüche nach Buchstabe b dürfen nicht vererblich, nicht übertragbar, nicht beleihbar, nicht veräußerbar und nicht kapitalisierbar sein. ③ Anbieter und Steuerpflichtiger können vereinbaren, dass bis zu zwölf Monatsleistungen in einer Auszahlung zusammengefasst werden oder eine Kleinbetragsrente im Sinne von § 93 Absatz 3 Satz 2 abgefunden wird. ④ Bei der Berechnung der Kleinbetragsrente sind alle bei einem Anbieter bestehenden Verträge des Steuerpflichtigen jeweils nach Buchstabe b Doppelbuchstabe aa oder Doppelbuchstabe bb zusammenzurechnen. ⑤ Neben den genannten Auszahlungsformen darf kein weiterer Anspruch auf Auszahlungen bestehen. ⑥ Zu den Beiträgen nach den Buchstaben a und b ist der nach § 3 Nummer 62 steuerfreie Arbeitgeberanteil zur gesetzlichen Rentenversicherung und ein diesem gleichgestellter steuerfreier Zuschuss des Arbeitgebers hinzuzurechnen. ⑦ Beiträge nach § 168 Absatz 1 Nummer 1 b oder 1 c oder nach § 172 Absatz 3 oder 3 a des Sechsten Buches Sozialgesetzbuch werden abweichend von Satz 6 nur auf Antrag des Steuerpflichtigen hinzugerechnet;

3.[1] Beiträge zu 3a

a) Krankenversicherungen, soweit diese zur Erlangung eines durch das Zwölfte Buch Sozialgesetzbuch bestimmten sozialhilfegleichen Versorgungsniveaus erforderlich sind und sofern auf die Leistungen ein Anspruch besteht. ② Für Beiträge zur gesetzlichen Krankenversicherung sind dies die nach dem Dritten Titel des Ersten Abschnitts des Achten Kapitels des Fünften Buches Sozialgesetzbuch oder die nach dem Sechsten Abschnitt des Zweiten Gesetzes über die Krankenversicherung der Landwirte festgesetzten Beiträge. ③ Für Beiträge zu einer privaten Krankenversicherung sind dies die Beitragsanteile, die auf Vertragsleistungen entfallen, die, mit Ausnahme der auf das Krankengeld entfallenden Beitragsanteile, in Art, Umfang und Höhe den Leistungen nach dem Dritten Kapitel des Fünften Buches Sozialgesetzbuch vergleichbar sind; § 158 Absatz 2 des Versicherungsaufsichtsgesetzes gilt entsprechend. ④ Wenn sich aus den Krankenversicherungsbeiträgen nach Satz 2 ein Anspruch auf Krankengeld oder ein Anspruch auf eine Leistung, die anstelle von Krankengeld gewährt wird, ergeben kann, ist der jeweilige Beitrag um 4 Prozent zu vermindern;

---

[1] **Zur Fassung von § 10 Abs. 1 Nr. 3 Satz 2 ab VZ 2023 siehe in der geschlossenen Wiedergabe.**

EStG

b) gesetzlichen Pflegeversicherungen (soziale Pflegeversicherung und private Pflege-Pflichtversicherung).

② Als eigene Beiträge des Steuerpflichtigen können auch eigene Beiträge im Sinne der Buchstaben a oder b eines Kindes behandelt werden, wenn der Steuerpflichtige die Beiträge des Kindes, für das ein Anspruch auf einen Freibetrag nach § 32 Absatz 6 oder auf Kindergeld besteht, durch Leistungen in Form von Bar- oder Sachunterhalt wirtschaftlich getragen hat, unabhängig von Einkünften oder Bezügen des Kindes. ③ Satz 2 gilt entsprechend, wenn der Steuerpflichtige die Beiträge für ein unterhaltspflichtiges Kind trägt, welches nicht selbst Versicherungsnehmer ist, sondern der andere Elternteil. ④ Hat der Steuerpflichtige in den Fällen des Absatzes 1 a Nummer 1 eigene Beiträge im Sinne des Buchstaben a oder des Buchstaben b zum Erwerb einer Krankenversicherung oder gesetzlichen Pflegeversicherung für einen geschiedenen oder dauernd getrennt lebenden unbeschränkt einkommensteuerpflichtigen Ehegatten geleistet, dann werden diese abweichend von Satz 1 als eigene Beiträge des geschiedenen oder dauernd getrennt lebenden unbeschränkt einkommensteuerpflichtigen Ehegatten behandelt. ⑤ Beiträge, die für nach Ablauf des Veranlagungszeitraums beginnende Beitragsjahre geleistet werden und in der Summe das Dreifache der auf den Veranlagungszeitraum entfallenden Beiträge überschreiten, sind in dem Veranlagungszeitraum anzusetzen, für den sie geleistet wurden;

3b 3 a. Beiträge zu Kranken- und Pflegeversicherungen, soweit diese nicht nach Nummer 3 zu berücksichtigen sind; Beiträge zu Versicherungen gegen Arbeitslosigkeit, zu Erwerbs- und Berufsunfähigkeitsversicherungen, die nicht unter Nummer 2 Satz 1 Buchstabe b fallen, zu Unfall- und Haftpflichtversicherungen sowie zu Risikoversicherungen, die nur für den Todesfall eine Leistung vorsehen; Beiträge zu Versicherungen im Sinne des § 10 Absatz 1 Nummer 2 Buchstabe b Doppelbuchstabe bb bis dd in der am 31. Dezember 2004 geltenden Fassung,[1] wenn die Laufzeit dieser Versicherungen vor dem 1. Januar 2005 begonnen hat und ein Versicherungsbeitrag bis zum 31. Dezember 2004 entrichtet wurde; § 10 Absatz 1 Nummer 2 Satz 2 bis 6 und Absatz 2 Satz 2 in der am 31. Dezember 2004 geltenden Fassung ist in diesen Fällen weiter anzuwenden;

4 4. gezahlte Kirchensteuer; dies gilt nicht, soweit die Kirchensteuer als Zuschlag zur Kapitalertragsteuer oder als Zuschlag auf die nach dem gesonderten Tarif des § 32 d Absatz 1 ermittelte Einkommensteuer gezahlt wurde;

5 5.[2] zwei Drittel der Aufwendungen, höchstens 4000 Euro je Kind, für Dienstleistungen zur Betreuung eines zum Haushalt des Steuerpflichtigen gehörenden Kindes im Sinne des § 32 Absatz 1, welches das 14. Lebensjahr noch nicht vollendet hat oder wegen einer vor Vollendung des 25. Lebensjahres eingetretenen körperlichen, geistigen oder seelischen Behinderung außerstande ist, sich selbst zu unterhalten. ② Dies gilt nicht für Aufwendungen für Unterricht, die Vermittlung besonderer Fähigkeiten sowie für sportliche und andere Freizeitbetätigungen. ③ Ist das zu betreuende Kind nicht nach § 1 Absatz 1 oder Absatz 2 unbeschränkt einkommensteuerpflichtig, ist der in Satz 1 genannte Betrag zu kürzen, soweit es nach den Verhältnissen im Wohnsitzstaat des Kindes notwendig und angemessen ist. ④ Voraussetzung für den Abzug der Aufwendungen nach Satz 1 ist, dass der Steuerpflichtige für die Aufwendungen eine Rechnung erhalten hat und die Zahlung auf das Konto des Erbringers der Leistung erfolgt ist;

6. (weggefallen)

7 7.[3] Aufwendungen für die eigene Berufsausbildung bis zu 6000 Euro im Kalenderjahr. ② Bei Ehegatten, die die Voraussetzungen des § 26 Absatz 1 Satz 1 erfüllen, gilt Satz 1 für jeden Ehegatten. ③ Zu den Aufwendungen im Sinne des Satzes 1 gehören auch Aufwendungen für eine auswärtige Unterbringung. ④ § 4 Absatz 5 Satz 1 Nummer 6 b sowie § 9 Absatz 1 Satz 3 Nummer 4 und 5, Absatz 2, 4 Satz 8 und Absatz 4 a sind bei der Ermittlung der Aufwendungen anzuwenden;

8 8. (weggefallen)

9 9. 30 Prozent des Entgelts, höchstens 5000 Euro, das der Steuerpflichtige für ein Kind, für das er Anspruch auf einen Freibetrag nach § 32 Absatz 6 oder auf Kindergeld hat, für dessen Besuch einer Schule in freier Trägerschaft oder einer überwiegend privat finanzierten Schule entrichtet, mit Ausnahme des Entgelts für Beherbergung, Betreuung und Verpflegung. ② Voraussetzung ist, dass die Schule in einem Mitgliedstaat der Europäischen Union oder in einem Staat belegen ist, auf den das Abkommen über den Europäischen Wirtschaftsraum Anwendung findet, und die Schule zu einem von dem zuständigen inländischen Ministerium eines

[1] Fassung letztmals abgedruckt im „Handbuch zur ESt-Veranlagung 2020" ab Anlage d zu R 10.5 EStR.
[2] Zur Anwendung siehe § 52 Abs. 18 Satz 3 EStG.
[3] **Zur Fassung von § 10 Abs. 1 Nr. 7 Satz 4 ab VZ 2023 siehe in der geschlossenen Wiedergabe.**

Landes, von der Kultusministerkonferenz der Länder oder von einer inländischen Zeugnisanerkennungsstelle anerkannten oder einem inländischen Abschluss an einer öffentlichen Schule als gleichwertig anerkannten allgemein bildenden oder berufsbildenden Schul-, Jahrgangs- oder Berufsabschluss führt. ③ Der Besuch einer anderen Einrichtung, die auf einen Schul-, Jahrgangs- oder Berufsabschluss im Sinne des Satzes 2 ordnungsgemäß vorbereitet, steht einem Schulbesuch im Sinne des Satzes 1 gleich. ④ Der Besuch einer Deutschen Schule im Ausland steht dem Besuch einer solchen Schule gleich, unabhängig von ihrer Belegenheit. ⑤ Der Höchstbetrag nach Satz 1 wird für jedes Kind, bei dem die Voraussetzungen vorliegen, je Elternpaar nur einmal gewährt.

(1 a) **Sonderausgaben sind auch die folgenden Aufwendungen:** **9a**

1. **Unterhaltsleistungen an den geschiedenen oder dauernd getrennt lebenden unbeschränkt einkommensteuerpflichtigen Ehegatten, wenn der Geber dies mit Zustimmung des Empfängers beantragt, bis zu 13 805 Euro im Kalenderjahr. ② Der Höchstbetrag nach Satz 1 erhöht sich um den Betrag der im jeweiligen Veranlagungszeitraum nach Absatz 1 Nummer 3 für die Absicherung des geschiedenen oder dauernd getrennt lebenden unbeschränkt einkommensteuerpflichtigen Ehegatten aufgewandten Beiträge. ③ Der Antrag kann jeweils nur für ein Kalenderjahr gestellt und nicht zurückgenommen werden. ④ Die Zustimmung ist mit Ausnahme der nach § 894 der Zivilprozessordnung als erteilt geltenden bis auf Widerruf wirksam. ⑤ Der Widerruf ist vor Beginn des Kalenderjahres, für das die Zustimmung erstmals nicht gelten soll, gegenüber dem Finanzamt zu erklären. ⑥ Die Sätze 1 bis 5 gelten für Fälle der Nichtigkeit oder der Aufhebung der Ehe entsprechend. ⑦ Voraussetzung für den Abzug der Aufwendungen ist die Angabe der erteilten Identifikationsnummer (§ 139 b der Abgabenordnung) der unterhaltenen Person in der Steuererklärung des Unterhaltsleistenden, wenn die unterhaltene Person der unbeschränkten oder beschränkten Steuerpflicht unterliegt. ⑧ Die unterhaltene Person ist für diese Zwecke verpflichtet, dem Unterhaltsleistenden ihre erteilte Identifikationsnummer (§ 139 b der Abgabenordnung) mitzuteilen. ⑨ Kommt die unterhaltene Person dieser Verpflichtung nicht nach, ist der Unterhaltsleistende berechtigt, bei der für ihn zuständigen Finanzbehörde die Identifikationsnummer der unterhaltenen Person zu erfragen;**
2. [1] **auf besonderen Verpflichtungsgründen beruhende, lebenslange und wiederkehrende Versorgungsleistungen, die nicht mit Einkünften in wirtschaftlichem Zusammenhang stehen, die bei der Veranlagung außer Betracht bleiben, wenn der Empfänger unbeschränkt einkommensteuerpflichtig ist. ② Dies gilt nur für**
   a) **Versorgungsleistungen im Zusammenhang mit der Übertragung eines Mitunternehmeranteils an einer Personengesellschaft, die eine Tätigkeit im Sinne der §§ 13, 15 Absatz 1 Satz 1 Nummer 1 oder des § 18 Absatz 1 ausübt,**
   b) **Versorgungsleistungen im Zusammenhang mit der Übertragung eines Betriebs oder Teilbetriebs, sowie**
   c) **Versorgungsleistungen im Zusammenhang mit der Übertragung eines mindestens 50 Prozent betragenden Anteils an einer Gesellschaft mit beschränkter Haftung, wenn der Übergeber als Geschäftsführer tätig war und der Übernehmer diese Tätigkeit nach der Übertragung übernimmt.**

   ③ Satz 2 gilt auch für den Teil der Versorgungsleistungen, der auf den Wohnteil eines Betriebs der Land- und Forstwirtschaft entfällt. ④ Voraussetzung für den Abzug der Aufwendungen ist die Angabe der erteilten Identifikationsnummer (§ 139 b der Abgabenordnung) des Empfängers in der Steuererklärung des Leistenden; Nummer 1 Satz 8 und 9 gilt entsprechend;
3. **Ausgleichsleistungen zur Vermeidung eines Versorgungsausgleichs nach § 6 Absatz 1 Satz 2 Nummer 2 und § 23 des Versorgungsausgleichsgesetzes sowie § 1408 Absatz 2 und § 1587 des Bürgerlichen Gesetzbuchs, soweit der Verpflichtete dies mit Zustimmung des Berechtigten beantragt und der Berechtigte unbeschränkt einkommensteuerpflichtig ist. ② Nummer 1 Satz 3 bis 5 gilt entsprechend. ③ Voraussetzung für den Abzug der Aufwendungen ist die Angabe der erteilten Identifikationsnummer (§ 139 b der Abgabenordnung) des Berechtigten in der Steuererklärung des Verpflichteten; Nummer 1 Satz 8 und 9 gilt entsprechend;**
4. **Ausgleichszahlungen im Rahmen des Versorgungsausgleichs nach den §§ 20 bis 22 und 26 des Versorgungsausgleichsgesetzes und nach den §§ 1587 f, 1587 g und 1587 i des Bürgerlichen Gesetzbuchs in der bis zum 31. August 2009 geltenden Fassung sowie nach § 3 a des Gesetzes zur Regelung von Härten im Versorgungsausgleich, soweit die ihnen zu Grunde liegenden Einnahmen bei der ausgleichspflichtigen Person der Besteuerung unterliegen, wenn die ausgleichsberechtigte Person unbeschränkt einkommensteuerpflichtig ist. ② Nummer 3 Satz 3 gilt entsprechend.**

---

[1] Zur Anwendung siehe § 52 Abs. 18 Satz 1 EStG.

EStG

(2) ① **Voraussetzung für den Abzug der in Absatz 1 Nummer 2, 3 und 3 a bezeichneten Beträge (Vorsorgeaufwendungen) ist, dass sie**

10 **1.[1] nicht in unmittelbarem wirtschaftlichen Zusammenhang mit steuerfreien Einnahmen stehen; ungeachtet dessen sind Vorsorgeaufwendungen im Sinne des Absatzes 1 Nummer 2, 3 und 3 a zu berücksichtigen, soweit**

a) sie in unmittelbarem wirtschaftlichen Zusammenhang mit in einem Mitgliedstaat der Europäischen Union oder einem Vertragsstaat des Abkommens über den Europäischen Wirtschaftsraum oder in der Schweizerischen Eidgenossenschaft erzielten Einnahmen aus nichtselbständiger Tätigkeit stehen,

b) diese Einnahmen nach einem Abkommen zur Vermeidung der Doppelbesteuerung im Inland steuerfrei sind und

c) der Beschäftigungsstaat keinerlei steuerliche Berücksichtigung von Vorsorgeaufwendungen im Rahmen der Besteuerung dieser Einnahmen zulässt;

steuerfreie Zuschüsse zu einer Kranken- oder Pflegeversicherung stehen insgesamt in unmittelbarem wirtschaftlichen Zusammenhang mit den Vorsorgeaufwendungen im Sinne des Absatzes 1 Nummer 3,

2. geleistet werden an

11 **a) Versicherungsunternehmen,**

aa) die ihren Sitz oder ihre Geschäftsleitung in einem Mitgliedstaat der Europäischen Union oder einem Vertragsstaat des Abkommens über den Europäischen Wirtschaftsraum haben und das Versicherungsgeschäft im Inland betreiben dürfen, oder

bb) denen die Erlaubnis zum Geschäftsbetrieb im Inland erteilt ist.

② **Darüber hinaus werden Beiträge nur berücksichtigt, wenn es sich um Beträge im Sinne des Absatzes 1 Nummer 3 Satz 1 Buchstabe a an eine Einrichtung handelt, die eine anderweitige Absicherung im Krankheitsfall im Sinne des § 5 Absatz 1 Nummer 13 des Fünften Buches Sozialgesetzbuch oder eine der Beihilfe oder freien Heilfürsorge vergleichbare Absicherung im Sinne des § 193 Absatz 3 Satz 2 Nummer 2 des Versicherungsvertragsgesetzes gewährt.** ③ **Dies gilt entsprechend, wenn ein Steuerpflichtiger, der weder seinen Wohnsitz noch seinen gewöhnlichen Aufenthalt im Inland hat, mit den Beiträgen einen Versicherungsschutz im Sinne des Absatzes 1 Nummer 3 Satz 1 erwirbt,**

12 **b) berufsständische Versorgungseinrichtungen,**

13 **c) einen Sozialversicherungsträger oder**

d) einen Anbieter im Sinne des § 80.

② **Vorsorgeaufwendungen nach Absatz 1 Nummer 2 Buchstabe b werden nur berücksichtigt, wenn die Beiträge zugunsten eines Vertrags geleistet wurden, der nach § 5 a des Altersvorsorgeverträge-Zertifizierungsgesetzes zertifiziert ist, wobei die Zertifizierung Grundlagenbescheid im Sinne des § 171 Absatz 10 der Abgabenordnung ist.**

13a (2 a) ① **Bei Vorsorgeaufwendungen nach Absatz 1 Nummer 2 Buchstabe b hat der Anbieter als mitteilungspflichtige Stelle nach Maßgabe des § 93 c der Abgabenordnung und unter Angabe der Vertrags- oder der Versicherungsdaten die Höhe der im jeweiligen Beitragsjahr geleisteten Beiträge und die Zertifizierungsnummer an die zentrale Stelle (§ 81) zu übermitteln.** ② **§ 22 a Absatz 2 gilt entsprechend.** ③ **§ 72 a Absatz 4 und § 93 c Absatz 4 der Abgabenordnung finden keine Anwendung.**

13b (2 b) ① **Bei Vorsorgeaufwendungen nach Absatz 1 Nummer 3 hat das Versicherungsunternehmen, der Träger der gesetzlichen Kranken- und Pflegeversicherung, die Künstlersozialkasse oder eine Einrichtung im Sinne des Absatzes 2 Satz 1 Nummer 2 Buchstabe a Satz 2 als mitteilungspflichtige Stelle nach Maßgabe des § 93 c der Abgabenordnung und unter Angabe der Vertrags- oder der Versicherungsdaten die Höhe der im jeweiligen Beitragsjahr geleisteten und erstatteten Beiträge sowie die in § 93 c Absatz 1 Nummer 2 Buchstabe c der Abgabenordnung genannten Daten mit der Maßgabe, dass insoweit als Steuerpflichtiger die versicherte Person gilt, an die zentrale Stelle (§ 81) zu übermitteln; sind Versicherungsnehmer und versicherte Person nicht identisch, sind zusätzlich die Identifikationsnummer und der Tag der Geburt des Versicherungsnehmers anzugeben.** ② **Satz 1 gilt nicht, soweit diese Daten mit der elektronischen Lohnsteuerbescheinigung (§ 41 b Absatz 1 Satz 2) oder der Rentenbezugsmitteilung (§ 22 a Absatz 1 Satz 1 Nummer 4) zu übermitteln sind.** ③ **§ 22 a Absatz 2 gilt entsprechend.** ④ **Zuständige Finanzbehörde im Sinne des § 72 a Absatz 4 und des § 93 c Absatz 4 der Abgabenordnung ist das Bundeszentralamt für Steuern.** ⑤ **Wird in den Fällen des § 72 a Absatz 4 der Abgabenordnung eine unzutreffende Höhe der Beiträge übermittelt, ist die entgangene Steuer mit 30 Prozent des zu hoch ausgewiesenen Betrags anzusetzen.**

---

[1] Zur Anwendung siehe § 52 Abs. 18 Satz 4 EStG.

EStG

(3)[1] ① **Vorsorgeaufwendungen nach Absatz 1 Nummer 2 sind bis zu dem Höchstbetrag zur knappschaftlichen Rentenversicherung, aufgerundet auf einen vollen Betrag in Euro, zu berücksichtigen. ② Bei zusammenveranlagten Ehegatten verdoppelt sich der Höchstbetrag. ③ Der Höchstbetrag nach Satz 1 oder 2 ist bei Steuerpflichtigen, die** 14

1. Arbeitnehmer sind und die während des ganzen oder eines Teils des Kalenderjahres
   a) in der gesetzlichen Rentenversicherung versicherungsfrei oder auf Antrag des Arbeitgebers von der Versicherungspflicht befreit waren und denen für den Fall ihres Ausscheidens aus der Beschäftigung auf Grund des Beschäftigungsverhältnisses eine lebenslängliche Versorgung oder an deren Stelle eine Abfindung zusteht oder die in der gesetzlichen Rentenversicherung nachzuversichern sind oder
   b) nicht der gesetzlichen Rentenversicherungspflicht unterliegen, eine Berufstätigkeit ausgeübt und im Zusammenhang damit auf Grund vertraglicher Vereinbarungen Anwartschaftsrechte auf eine Altersversorgung erworben haben, oder

2. Einkünfte im Sinne des § 22 Nummer 4 erzielen und die ganz oder teilweise ohne eigene Beitragsleistung einen Anspruch auf Altersversorgung erwerben,

um den Betrag zu kürzen, der, bezogen auf die Einnahmen aus der Tätigkeit, die die Zugehörigkeit zum genannten Personenkreis begründen, dem Gesamtbeitrag (Arbeitgeber- und Arbeitnehmeranteil) zur allgemeinen Rentenversicherung entspricht. ④ Im Kalenderjahr 2013 sind 76 Prozent der nach den Sätzen 1 bis 3 ermittelten Vorsorgeaufwendungen anzusetzen. ⑤ Der sich danach ergebende Betrag, vermindert um den nach § 3 Nummer 62 steuerfreien Arbeitgeberanteil zur gesetzlichen Rentenversicherung und einen diesem gleichgestellten steuerfreien Zuschuss des Arbeitgebers, ist als Sonderausgabe abziehbar. ⑥ Der Prozentsatz in Satz 4 erhöht sich in den folgenden Kalenderjahren bis zum Kalenderjahr 2025 um je 2 Prozentpunkte je Kalenderjahr. ⑦ Beiträge nach § 168 Absatz 1 Nummer 1 b oder 1 c oder nach § 172 Absatz 3 oder 3 a des Sechsten Buches Sozialgesetzbuch vermindern den abziehbaren Betrag nach Satz 5 nur, wenn der Steuerpflichtige die Hinzurechnung dieser Beiträge zu den Vorsorgeaufwendungen nach Absatz 1 Nummer 2 Satz 7 beantragt hat.

(4)[2] ① **Vorsorgeaufwendungen im Sinne des Absatzes 1 Nummer 3 und 3 a können je Kalenderjahr insgesamt bis 2800 Euro abgezogen werden. ② Der Höchstbetrag beträgt 1900 Euro bei Steuerpflichtigen, die ganz oder teilweise ohne eigene Aufwendungen einen Anspruch auf vollständige oder teilweise Erstattung oder Übernahme von Krankheitskosten haben oder für deren Krankenversicherung Leistungen im Sinne des § 3 Nummer 9, 14, 57 oder 62 erbracht werden. ③ Bei zusammenveranlagten Ehegatten bestimmt sich der gemeinsame Höchstbetrag aus der Summe der jedem Ehegatten unter den Voraussetzungen von Satz 1 und 2 zustehenden Höchstbeträge. ④ Übersteigen die Vorsorgeaufwendungen im Sinne des Absatzes 1 Nummer 3 die nach den Sätzen 1 bis 3 zu berücksichtigenden Vorsorgeaufwendungen, sind diese abzuziehen und ein Abzug von Vorsorgeaufwendungen im Sinne des Absatzes 1 Nummer 3 a scheidet aus.** 15

(4 a) ① **Ist in den Kalenderjahren 2013 bis 2019 der Abzug der Vorsorgeaufwendungen nach Absatz 1 Nummer 2 Buchstabe a, Absatz 1 Nummer 3 und Nummer 3 a in der für das Kalenderjahr 2004 geltenden Fassung des § 10 Absatz 3 mit folgenden Höchstbeträgen für den Vorwegabzug** 16

Kalenderjahr	Vorwegabzug für den Steuerpflichtigen	Vorwegabzug im Falle der Zusammenveranlagung von Ehegatten
2013	2100	4200
2014	1800	3600
2015	1500	3000
2016	1200	2400
2017	900	1800
2018	600	1200
2019	300	600

zuzüglich des Erhöhungsbetrags nach Satz 3 günstiger, ist der sich danach ergebende Betrag anstelle des Abzugs nach Absatz 3 und 4 anzusetzen. ② Mindestens ist bei Anwendung des Satzes 1 der Betrag anzusetzen, der sich ergeben würde, wenn zusätzlich noch die Vorsorgeaufwendungen nach Absatz 1 Nummer 2 Buchstabe b in die Günstigerprüfung einbezogen werden würden; der Erhöhungsbetrag nach Satz 3 ist nicht hinzuzurechnen. ③ Erhöhungsbetrag sind die Beiträge nach Absatz 1 Nummer 2 Buchstabe b, soweit sie nicht den um die Beiträge nach Absatz 1 Nummer 2

[1] **Zur Fassung von § 10 Abs. 3 Satz 6 ab VZ 2023 siehe in der geschlossenen Wiedergabe.**
[2] *Verfassungsbeschwerde (Az. 2 BvR 2445/15)* wurde nicht zur Entscheidung angenommen.

EStG

Buchstabe a und den nach § 3 Nummer 62 steuerfreien Arbeitgeberanteil zur gesetzlichen Rentenversicherung und einen diesem gleichgestellten steuerfreien Zuschuss verminderten Höchstbetrag nach Absatz 3 Satz 1 bis 3 überschreiten; Absatz 3 Satz 4 und 6 gilt entsprechend.

17 (4b) ① **Erhält der Steuerpflichtige für die von ihm für einen anderen Veranlagungszeitraum geleisteten Aufwendungen im Sinne des Satzes 2 einen steuerfreien Zuschuss, ist dieser den erstatteten Aufwendungen gleichzustellen.** ② **Übersteigen bei den Sonderausgaben nach Absatz 1 Nummer 2 bis 3a die im Veranlagungszeitraum erstatteten Aufwendungen die geleisteten Aufwendungen (Erstattungsüberhang), ist der Erstattungsüberhang mit anderen im Rahmen der jeweiligen Nummer anzusetzenden Aufwendungen zu verrechnen.** ③ **Ein verbleibender Betrag des sich bei den Aufwendungen nach Absatz 1 Nummer 3 und 4 ergebenden Erstattungsüberhangs ist dem Gesamtbetrag der Einkünfte hinzuzurechnen.** ④ **Nach Maßgabe des § 93c der Abgabenordnung haben Behörden im Sinne des § 6 Absatz 1 der Abgabenordnung und andere öffentliche Stellen, die einem Steuerpflichtigen für die von ihm geleisteten Beiträge im Sinne des Absatzes 1 Nummer 2, 3 und 3a steuerfreie Zuschüsse gewähren oder Vorsorgeaufwendungen im Sinne dieser Vorschrift erstatten als mitteilungspflichtige Stellen, neben den nach § 93c Absatz 1 der Abgabenordnung erforderlichen Angaben, die zur Gewährung und Prüfung des Sonderausgabenabzugs nach § 10 erforderlichen Daten an die zentrale Stelle zu übermitteln.** ⑤ **§ 22a Absatz 2 gilt entsprechend.** ⑥ **§ 72a Absatz 4 und § 93c Absatz 4 der Abgabenordnung finden keine Anwendung.**

18 (5)[1] **Durch Rechtsverordnung wird bezogen auf den Versicherungstarif bestimmt, wie der nicht abziehbare Teil der Beiträge zum Erwerb eines Krankenversicherungsschutzes im Sinne des Absatzes 1 Nummer 3 Buchstabe a Satz 3 durch einheitliche prozentuale Abschläge auf die zugunsten des jeweiligen Tarifs gezahlte Prämie zu ermitteln ist, soweit der nicht abziehbare Beitragsteil nicht bereits als gesonderter Tarif oder Tarifbaustein ausgewiesen wird.**

19 (6) **Absatz 1 Nummer 2 Buchstabe b Doppelbuchstabe aa ist für Vertragsabschlüsse vor dem 1. Januar 2012 mit der Maßgabe anzuwenden, dass der Vertrag die Zahlung der Leibrente nicht vor der Vollendung des 60. Lebensjahres vorsehen darf.**

Übersicht

[1] Zur Anwendung siehe § 52 Abs. 18 Satz 6 EStG.

EStDV

§ 29 *Anzeigepflichten bei Versicherungsverträgen*

① Bei Versicherungen, deren Laufzeit vor dem 1. Januar 2005 begonnen hat, hat der Sicherungsnehmer nach amtlich vorgeschriebenem Muster dem für die Veranlagung des Versicherungsnehmers nach dem Einkommen zuständigen Finanzamt, bei einem Versicherungsnehmer, der im Inland weder einen Wohnsitz noch seinen gewöhnlichen Aufenthalt hat, dem für die Veranlagung des Sicherungsnehmers zuständigen Finanzamt (§§ 19, 20 der Abgabenordnung) unverzüglich die Fälle anzuzeigen, in denen Ansprüche aus Versicherungsverträgen zur Tilgung oder Sicherung von Darlehen eingesetzt werden. ② Satz 1 gilt entsprechend für das Versicherungsunternehmen, wenn der Sicherungsnehmer Wohnsitz, Sitz oder Geschäftsleitung im Ausland hat. ③ Werden Ansprüche aus Versicherungsverträgen von Personen, die im Inland einen Wohnsitz oder ihren gewöhnlichen Aufenthalt haben (§ 1 Abs. 1 des Gesetzes), zur Tilgung oder Sicherung von Darlehen eingesetzt, sind die Sätze 1 und 2 nur anzuwenden, wenn die Darlehen den Betrag von 25 565 Euro übersteigen. ④ Der Steuerpflichtige hat dem für seine Veranlagung zuständigen Finanzamt (§ 19 der Abgabenordnung) die Abtretung und die Beleihung unverzüglich anzuzeigen. 21

§ 30 *Nachversteuerung bei Versicherungsverträgen*

① Eine Nachversteuerung ist durchzuführen, wenn die Voraussetzungen für den Sonderausgabenabzug von Vorsorgeaufwendungen nach § 10 Absatz 2 Satz 2 des Gesetzes in der am 31. Dezember 2004 geltenden Fassung nicht erfüllt sind. ② Zu diesem Zweck ist die Steuer zu berechnen, die festzusetzen gewesen wäre, wenn der Steuerpflichtige die Beiträge nicht geleistet hätte. ③ Der Unterschied zwischen dieser und der festgesetzten Steuer ist als Nachsteuer zu erheben. 27

§§ 31 *und* 32 *(aufgehoben)*

§§ 33 *bis* 44 *(weggefallen)*

R 10.1

R 10.1. Sonderausgaben (Allgemeines)

32 Bei Ehegatten, die nach § 26b EStG zusammen zur Einkommensteuer veranlagt werden, kommt es für den Abzug von Sonderausgaben nicht darauf an, ob sie der Ehemann oder die Ehefrau[1] geleistet hat.

H 10.1

Abkürzung des Zahlungsweges. Bei den Sonderausgaben kommt der Abzug von Aufwendungen eines Dritten auch unter dem Gesichtspunkt der Abkürzung des Vertragswegs nicht in
33 Betracht (→ BMF vom 7. 7. 2008 – BStBl. I S. 717).

Abzugshöhe/Abzugszeitpunkt

– Sonderausgaben sind in dem VZ abziehbar, in dem sie geleistet worden sind (§ 11 Abs. 2 EStG). Dies gilt auch, wenn sie der Stpfl. mit Darlehensmitteln bestritten hat (→ BFH vom 15. 3. 1974 – BStBl. II S. 513). Sie dürfen nur dann bei der Ermittlung des Einkommens abgezogen werden, wenn der Stpfl. tatsächlich und endgültig wirtschaftlich belastet ist (→ BFH vom 14. 4. 2021 – BStBl. II S. 772). Steht im Zeitpunkt der Zahlung, ggf. auch im Zeitpunkt der Erstattung noch nicht fest, ob der Stpfl. durch die Zahlung endgültig wirtschaftlich belastet bleibt (z. B. bei Kirchensteuer im Falle der Aufhebung der Vollziehung), sind sie im Jahr des Abflusses abziehbar (→ BFH vom 24. 4. 2002 – BStBl. II S. 569).
  Werden gezahlte Sonderausgaben in einem späteren VZ an den Stpfl. erstattet, ist der Erstattungsbetrag aus Gründen der Praktikabilität im Erstattungsjahr mit gleichartigen Sonderausgaben zu verrechnen mit der Folge, dass die abziehbaren Sonderausgaben des Erstattungsjahres entsprechend gemindert werden. Ob die Sonderausgaben gleichartig sind, richtet sich nach deren Sinn und Zweck sowie deren wirtschaftlichen Bedeutung und Auswirkungen für den Stpfl. Bei Versicherungsbeiträgen kommt es auf die Funktion der Versicherung und das abgesicherte Risiko an (→ BFH vom 21. 7. 2009 – BStBl. 2010 II S. 38).
– Kirchensteuer → H 10.7 (Willkürliche Zahlungen).

Erstattungsüberhänge

– → BMF vom 24. 5. 2017 (BStBl. I S. 820),[2] unter Berücksichtigung der Änderungen durch BMF vom 28. 9. 2021 (BStBl. I S. 1833), Rz. 203, 204.
– Die Hinzurechnung nach § 10 Abs. 4b Satz 3 EStG erfolgt auch dann, wenn sich die erstattete Zahlung im Zahlungsjahr nicht steuermindernd ausgewirkt hat (→ BFH vom 12. 3. 2019 – BStBl. II S. 658).

R 10.2

R 10.2. Unterhaltsleistungen an den geschiedenen oder dauernd getrennt lebenden Ehegatten

34 (1) Der Antrag nach *§ 10 Abs. 1 Nr. 1 EStG*[3] kann auf einen Teilbetrag der Unterhaltsleistungen beschränkt werden.

35 (2) ①Die Zustimmung wirkt auch dann bis auf Widerruf, wenn sie im Rahmen eines Vergleichs erteilt wird. ②Die Zustimmung zum Abzug von Unterhaltsleistungen als Sonderausgaben dem Grunde nach wirkt auch für die Erhöhung des Höchstbetrags nach *§ 10 Abs. 1 Nr. 1 Satz 2 EStG*[4]. ③Dies gilt unabhängig davon, wann die Zustimmung erteilt wurde.

36 (3) Leistet jemand Unterhalt an mehrere Empfänger, sind die Unterhaltsleistungen an jeden bis zum Höchstbetrag abziehbar.

H 10.2

Allgemeines

– Durch Antrag und Zustimmung werden alle in dem betreffenden VZ geleisteten Unterhalts-
37 aufwendungen zu Sonderausgaben umqualifiziert. Für den Abzug ist es unerheblich, ob es sich um einmalige oder laufende Leistungen bzw. Nachzahlungen oder Vorauszahlungen handelt. Ein Abzug als außergewöhnliche Belastung ist nicht möglich, auch nicht, soweit sie den für das Realsplitting geltenden Höchstbetrag übersteigen (→ BFH vom 7. 11. 2000 – BStBl. 2001 II S. 338).
– Antrag und Zustimmung zum begrenzten Realsplitting können nicht – auch nicht übereinstimmend – zurückgenommen oder nachträglich beschränkt werden (→ BFH vom 22. 9. 1999 – BStBl. 2000 II S. 218).
– Ein Einkommensteuerbescheid ist nach § 175 Abs. 1 Satz 1 Nr. 2 AO zu ändern, wenn nach Eintritt der Bestandskraft
  – sowohl die Zustimmung erteilt als auch der Antrag nach § 10 Abs. 1a Nr. 1 Satz 1 EStG gestellt werden (→ BFH vom 12. 7. 1989 – BStBl. II S. 957) oder
  – der Antrag i. V. m. einer nachträglichen Zustimmungserweiterung ausgedehnt wird (→ BFH vom 28. 6. 2006 – BStBl. 2007 II S. 5).
– Ein Einkommensteuerbescheid ist nach § 175 Abs. 1 Satz 1 Nr. 2 AO nicht zu ändern, wenn der Antrag auf Realsplitting erst nach Bestandskraft des Einkommensteuerbescheids gestellt wird,

---

[1] Gilt auch für gleichgeschlechtliche Ehegatten, siehe Gesetz zur Einführung des Rechts auf Eheschließung für Personen gleichen Geschlechts vom 20. 7. 2017 (BGBl. I S. 2787).
[2] Abgedruckt als Anlage a zu R 10.4 EStR.
[3] Jetzt: § 10 Abs. 1a Nr. 1 EStG.
[4] Jetzt: § 10 Abs. 1a Nr. 1 Satz 2 EStG.

obwohl die Zustimmungserklärung des Unterhalsempfängers dem Geber bereits vor Eintritt der Bestandskraft vorlag → BFH vom 20. 8. 2014 – BStBl. 2015 II S. 138).

Erbe. Unterhaltsleistungen, die der Erbe nach § 1586 b BGB an den geschiedenen Ehegatten des Erblassers zu erbringen hat, sind nicht als Sonderausgaben abzugsfähig (→ BFH vom 12. 11. 1997 – BStBl. 1998 II S. 148).

Nicht unbeschränkt steuerpflichtiger Empfänger. Ist der Empfänger nicht unbeschränkt steuerpflichtig, kann ein Abzug der Unterhaltsleistungen bei Vorliegen der Voraussetzungen des § 1 a Abs. 1 Nr. 1 EStG oder auf Grund eines DBA in Betracht kommen. Entsprechende Regelungen gibt es z. B. in den DBA Kanada, Artikel 18 Abs. 3 Buchst. d und Protokoll Nr. 8 (BStBl. 2002 I S. 505, 521) und den USA, Artikel 18 Abs. 3 und Protokoll Nr. 15 (BStBl. 2008 I S. 766) sowie in der mit der Schweiz getroffenen Verständigungsvereinbarung, § 21 Abs. 2 Deutsch-Schweizerische Konsultationsvereinbarungsverordnung (BStBl. 2011 I S. 146).

Rechtsanwaltskosten. Rechtsanwaltskosten, die ein Stpfl. aufwendet, um die Zustimmung seines geschiedenen oder dauernd getrennt lebenden unbeschränkt steuerpflichtigen Ehegatten zum begrenzten Realsplitting zu erlangen, sind keine Unterhaltsleistungen (→ BFH vom 10. 3. 1999 – BStBl. II S. 522).

Unterhaltsleistungen. Es ist unerheblich, ob die Unterhaltsleistungen freiwillig oder auf Grund gesetzlicher Unterhaltspflicht erbracht werden. Auch als Unterhalt erbrachte Sachleistungen sind zu berücksichtigen (→ BFH vom 12. 4. 2000 – BStBl. 2002 II S. 130).

Wohnungsüberlassung. Bei unentgeltlicher Wohnraumüberlassung kann der Mietwert als Sonderausgabe abgezogen werden. Befindet sich die überlassene Wohnung im Miteigentum des geschiedenen oder dauernd getrennt lebenden Ehegatten, kann der überlassende Ehegatte neben dem Mietwert seines Miteigentumsanteils auch die von ihm auf Grund der Unterhaltsvereinbarung getragenen verbrauchsunabhängigen Kosten für den Miteigentumsanteil des anderen Ehegatten als Sonderausgabe abziehen (→ BFH vom 12. 4. 2000 – BStBl. 2002 II S. 130).

Zur Wohnungsüberlassung an den geschiedenen oder dauernd getrennt lebenden Ehegatten bei Abschluss eines Mietvertrages → H 21.4 (Vermietung an Unterhaltsberechtigte).

Zustimmung

– Die Finanzbehörden sind nicht verpflichtet zu prüfen, ob die Verweigerung der Zustimmung rechtsmissbräuchlich ist (→ BFH vom 25. 7. 1990 – BStBl. II S. 1022).
– Im Fall der rechtskräftigen Verurteilung zur Erteilung der Zustimmung (§ 894 Abs. 1 ZPO; → BFH vom 25. 10. 1988 – BStBl. 1989 II S. 192) wirkt sie nur für das Kj., das Gegenstand des Rechtsstreits war.
– Stimmt der geschiedene oder dauernd getrennt lebende Ehegatte dem der Höhe nach beschränkten Antrag auf Abzug der Unterhaltszahlungen als Sonderausgaben zu, beinhaltet dies keine der Höhe nach unbeschränkte Zustimmung für die Folgejahre (→ BFH vom 14. 4. 2005 – BStBl. II S. 825).
– Der **Widerruf** der Zustimmung muss vor Beginn des Kj., für den er wirksam werden soll, erklärt werden. Er ist gegenüber dem Wohnsitzfinanzamt sowohl des Unterhaltleistenden als auch des Unterhaltsempfängers möglich. Wird er gegenüber dem Wohnsitzfinanzamt des Unterhaltsempfängers erklärt, ist das Wissen dieser Behörde für die Änderungsbefugnis nach § 173 Abs. 1 Nr. 1 AO des für die Veranlagung des Unterhaltleistenden zuständigen Finanzamtes ohne Bedeutung (→ BFH vom 2. 7. 2003 – BStBl. II S. 803).

R 10.3. Versorgungsleistungen

R 10.3

(1) Versorgungsleistungen, die mit steuerbefreiten Einkünften, z. B. auf Grund eines DBA, in wirtschaftlichem Zusammenhang stehen, können nicht als Sonderausgaben abgezogen werden. **41**

(2) ① Versorgungsleistungen, die freiwillig oder auf Grund einer freiwillig begründeten Rechtspflicht geleistet werden, sind grundsätzlich nicht als Sonderausgaben abziehbar. ② Das gilt auch für Zuwendungen an eine gegenüber dem Stpfl. oder seinem Ehegatten gesetzlich unterhaltsberechtigte Person oder an deren Ehegatten (§ 12 Nr. 2 EStG). **42**

H 10.3

Ablösung eines Nießbrauchs oder eines anderen Nutzungsrechts

– → BMF vom 11. 3. 2010 (BStBl. I S. 227)[1] unter Berücksichtigung der Änderungen durch BMF vom 6. 5. 2016 (BStBl. I S. 476), Rz. 25 und 85; **44**
– → BMF vom 30. 9. 2013 (BStBl. I S. 1184), Rz. 55–67.[2]

Altenteilsleistung. Der Wert unbarer Altenteilsleistungen ist nach § 2 Abs. 2 SvEV vom 21. 12. 2006 (BGBl. I S. 3385) in der für den jeweiligen VZ geltenden Fassung zu schätzen (→ BFH vom 18. 12. 1990 – BStBl. 1991 II S. 354).

Beerdigungskosten. Soweit der Vermögensübernehmer kein Erbe und vertraglich zur Übernahme der durch den Tod des letztverstorbenen Vermögensübergebers entstandenen Be-

[1] Nachstehend abgedruckt als Anlage zu R 10.3 EStR.
[2] Abgedruckt als Anlage b zu § 21 EStG.

erdigungskosten verpflichtet ist, kann er die durch den Tod des letztverstorbenen Vermögensübergebers entstandenen Beerdigungskosten als dauernde Last abziehen (→ BFH vom 19. 1. 2010 – BStBl. II S. 544). Ist er hingegen Alleinerbe, sind die Beerdigungskosten auch dann nicht abziehbar, wenn er sich vertraglich zur Übernahme dieser Kosten verpflichtet hat (→ BFH vom 19. 1. 2010 – BStBl. 2011 II S. 162).

Erbbauzinsen. Erbbauzinsen, die im Zusammenhang mit der Selbstnutzung einer Wohnung im eigenen Haus anfallen, können nicht als dauernde Last abgezogen werden (→ BFH vom 24. 10. 1990 – BStBl. 1991 II S. 175).

Schuldzinsen. Schuldzinsen zur Finanzierung von als Sonderausgaben abziehbaren privaten Versorgungsleistungen sind nicht als Versorgungsleistungen abziehbar (→ BFH vom 14. 11. 2001 – BStBl. 2002 II S. 413).

Vermögensübertragung im Zusammenhang mit Versorgungsleistungen → BMF vom 11. 3. 2010 (BStBl. I S. 227)[1] unter Berücksichtigung der Änderungen durch BMF vom 6. 5. 2016 (BStBl. I S. 476).

Vorweggenommene Erbfolge. Zur ertragsteuerlichen Behandlung der vorweggenommenen Erbfolge → BMF vom 13. 1. 1993 (BStBl. I S. 80)[2] unter Berücksichtigung der Änderungen durch BMF vom 26. 2. 2007 (BStBl. I S. 269).

Anl zu R 10.3

Schreiben betr. einkommensteuerrechtliche Behandlung von wiederkehrenden Leistungen im Zusammenhang mit einer Vermögensübertragung

Vom 11. März 2010 (BStBl. I S. 227)

(BMF IV C 3 – S 2221/09/10004; DOK 2010/0188949)

Geändert durch BMF-Schreiben vom 6. Mai 2016 (BStBl. I S. 476)

Inhalt

[1] Nachstehend abgedruckt als Anlage zu R 10.3 EStR.
[2] Abgedruckt als Anlage c zu § 7 EStG.
[3] Jetzt: § 10 Abs. 1 a Nr. 2 EStG.

Unter Bezugnahme auf das Ergebnis der Erörterungen mit den obersten Finanzbehörden der Länder gilt zur einkommensteuerrechtlichen Behandlung von wiederkehrenden Leistungen im Zusammenhang mit einer Vermögensübertragung Folgendes: Anl zu R 10.3

A. Allgemeines/Abgrenzung

1 Wiederkehrende Leistungen im Zusammenhang mit einer Vermögensübertragung können Versorgungsleistungen, Unterhaltsleistungen oder wiederkehrende Leistungen im Austausch mit einer Gegenleistung sein. Liegen die Voraussetzungen des § 10 Absatz 1 Nummer 1 a EStG vor, sind die Versorgungsleistungen beim Verpflichteten als Sonderausgaben abziehbar und beim Berechtigten nach § 22 Nummer 1 b EStG steuerpflichtig (vgl. B.). Unterhaltsleistungen (Zuwendungen) dürfen nach § 12 Nummer 2 EStG nicht abgezogen werden. Wiederkehrende Leistungen im Austausch mit einer Gegenleistung enthalten eine nichtsteuerbare oder steuerbare Vermögensumschichtung und einen Zinsanteil (vgl. C.). **45**

B. Versorgungsleistungen im Zusammenhang mit einer unentgeltlichen Vermögensübertragung

I. Vermögensübertragung i. S. des § 10 Absatz 1 Nummer 1 a EStG

1. Begriff der Vermögensübertragung

2 Nach § 10 Absatz 1 Nummer 1 a EStG begünstigte Versorgungsleistungen sind wiederkehrende Leistungen, die im Zusammenhang mit einer Vermögensübertragung – in der Regel zur vorweggenommenen Erbfolge – geleistet werden. Voraussetzung ist die Übertragung bestimmten Vermögens (vgl. B. I.4.) grundsätzlich kraft einzelvertraglicher Regelung unter Lebenden mit Rücksicht auf die künftige Erbfolge. Eine Vermögensübertragung i. S. des § 10 Absatz 1 Nummer 1 a EStG kann ihren Rechtsgrund auch in einer Verfügung von Todes wegen haben, wenn sie im Wege der vorweggenommenen Erbfolge zu Lebzeiten des Erblassers ebenfalls begünstigt wäre (BFH vom 11. Oktober 2007 – BStBl. 2008 II S. 123). **46**

3 Der Übergeber behält sich in Gestalt der Versorgungsleistungen typischerweise Erträge seines Vermögens vor, die nunmehr allerdings vom Übernehmer erwirtschaftet werden müssen (BFH vom 15. Juli 1991 – BStBl. 1992 II S. 78). Somit ist eine Versorgung insoweit gewährleistet, als der Vermögensübergeber durch die jeweilige Übertragung begünstigten Vermögens nicht länger selbst die Früchte aus diesem übertragenen Vermögen erwirtschaftet. Soweit im Zusammenhang mit der Vermögensübertragung Versorgungsleistungen zugesagt werden, sind diese weder Veräußerungsentgelt noch Anschaffungskosten (BFH vom 5. Juli 1990 – BStBl. II S. 847).

2. Empfänger des Vermögens

4 Eine nach § 10 Absatz 1 Nummer 1 a EStG begünstigte Vermögensübertragung (vgl. Rz. 2 f.) ist stets unter Angehörigen, grundsätzlich aber auch unter Fremden möglich (BFH vom 16. Dezember 1997 – BStBl. 1998 II S. 718). Empfänger des Vermögens können die Abkömmlinge und grundsätzlich auch gesetzlich erbberechtigte entferntere Verwandte des Übergebers sein (vgl. BFH vom 16. Dezember 1993 – BStBl. 1996 II S. 669). Hat der Übernehmer aufgrund besonderer persönlicher Beziehungen zum Übergeber ein persönliches Interesse an der lebenslangen angemessenen Versorgung des Übergebers oder sind die Vertragsbedingungen allein nach dem Versorgungsbedürfnis des Übergebers und der Leistungsfähigkeit des Übernehmers vereinbart worden, können auch nahe stehende Dritte (z. B. Schwiegerkinder, Neffen und Nichten) und ausnahmsweise auch familienfremde Dritte Empfänger des Vermögens sein (vgl. BFH vom 16. Dezember 1997 – BStBl. 1998 II S. 718).

3. Unentgeltlichkeit

5 Bei der Vermögensübertragung im Zusammenhang mit Versorgungsleistungen soll der Übernehmer nach dem Willen der Beteiligten – wenigstens teilweise – eine unentgeltliche Zuwendung erhalten. In den Fällen der Vermögensübertragung auf Angehörige spricht eine widerlegbare Vermutung dafür, dass die wiederkehrenden Leistungen unabhängig vom Wert des übertragenen Vermögens nach dem Versorgungsbedürfnis des Berechtigten und nach der wirtschaftlichen Leistungsfähigkeit des Verpflichteten (vgl. B. I.6.) bemessen worden sind. Diese Vermutung ist widerlegt, wenn die Beteiligten Leistung und Gegenleistung nach kaufmännischen Gesichtspunkten gegeneinander abgewogen haben und subjektiv von der Gleichwertigkeit der beiderseitigen Leistungen ausgehen durften, auch wenn Leistung und Gegenleistung objektiv ungleichwertig sind (vgl. hierzu BFH vom 29. Januar 1992 – BStBl. II S. 465, vom 16. Dezember 1993 – BStBl. 1996 II S. 669 und vom 30. Juli 2003 – BStBl. 2004 II S. 211). In diesem Fall ist der Anwendungsbereich des § 10 Absatz 1 Nummer 1 a EStG nicht eröffnet. Es gelten die Grundsätze über die einkommensteuerrechtliche Behandlung wiederkehrender Leistungen im Austausch mit einer Gegenleistung (vgl. C.).

6 Unter Fremden besteht eine nur in Ausnahmefällen widerlegbare Vermutung, dass bei der Übertragung von Vermögen Leistung und Gegenleistung kaufmännisch gegeneinander abgewogen sind. Ein Anhaltspunkt für ein entgeltliches Rechtsgeschäft kann sich auch daraus ergeben, dass die wiederkehrenden Leistungen auf Dauer die erzielbaren Erträge übersteigen. Die für die Entgeltlichkeit des Übertragungsvorgangs sprechende Vermutung kann hingegen z. B. widerlegt sein, wenn der Übernehmer aufgrund besonderer persönlicher (insbesondere familienähnlicher) Beziehungen zum Übergeber ein persönliches Interesse an der lebenslangen angemessenen Versorgung des Übergebers hat (BFH vom 16. Dezember 1997 – BStBl. 1998 II S. 718).

Anl zu R 10.3

4. Gegenstand der Vermögensübertragung

7 Eine begünstigte Vermögensübertragung i. S. des § 10 Absatz 1 Nummer 1 a EStG liegt nur vor bei Versorgungsleistungen im Zusammenhang mit der Übertragung
- eines Mitunternehmeranteils an einer Personengesellschaft, die eine Tätigkeit i. S. der §§ 13, 15 Absatz 1 Satz 1 Nummer 1 oder des § 18 Absatz 1 EStG ausübt (vgl. Rz. 8 bis 11),
- eines Betriebs oder Teilbetriebs (vgl. Rz. 12 bis 14) sowie
- eines mindestens 50 Prozent betragenden Anteils an einer Gesellschaft mit beschränkter Haftung (GmbH), wenn der Übergeber als Geschäftsführer tätig war und der Übernehmer diese Tätigkeit nach der Übertragung übernimmt (vgl. Rz. 15 bis 20).

a) Mitunternehmeranteil an einer Personengesellschaft

8 Die Übertragung eines Mitunternehmeranteils an einer Personengesellschaft (OHG, KG, GbR) oder an einer anderen Gesellschaft, bei der der Gesellschafter als Mitunternehmer anzusehen ist (z. B. atypisch stille Gesellschaft), ist nur dann begünstigt, wenn die Gesellschaft Einkünfte aus Land- und Forstwirtschaft, Gewerbebetrieb oder selbständiger Arbeit erzielt. Als Personengesellschaften gelten auch Gemeinschaften, wenn die Beteiligten eine dem Gesellschafter einer Personengesellschaft wirtschaftlich vergleichbare Stellung haben, z. B. als Beteiligter an einer Erbengemeinschaft oder Gütergemeinschaft (BFH vom 25. Juni 1984 – BStBl. II S. 751). Die Begünstigung kann in Anspruch genommen werden bei der Übertragung des gesamten Mitunternehmeranteils (einschließlich Sonderbetriebsvermögen) auf einen oder mehrere Übernehmer, bei der Übertragung eines Teils eines Mitunternehmeranteils (einschließlich der quotalen[1] Übertragung der wesentlichen Betriebsgrundlagen des Sonderbetriebsvermögens) und bei der unentgeltlichen Aufnahme des Übernehmers in ein bestehendes Einzelunternehmen.

9 Die Übertragung von Anteilen an einer gewerblich infizierten Personengesellschaft i. S. des § 15 Absatz 3 Nummer 1 1. Alternative EStG erfüllt den Tatbestand der begünstigten Übertragung eines Mitunternehmeranteils i. S. von § 10 Absatz 1 Nummer 1 a Satz 2 Buchstabe a EStG. Ein Mitunternehmeranteil an einer Besitzgesellschaft im Rahmen einer Betriebsaufspaltung kann begünstigt im Zusammenhang mit Versorgungsleistungen übertragen werden, soweit ihr die gewerbliche Tätigkeit der Betriebsgesellschaft auch nach der Übertragung zugerechnet wird. Keine Begünstigung liegt vor, wenn eine vermögensverwaltende Personengesellschaft lediglich an einer gewerblich tätigen Gesellschaft beteiligt ist, § 15 Absatz 3 Nummer 1 2. Alternative EStG.

10 Anteile an einer gewerblich geprägten Personengesellschaft i. S. des § 15 Absatz 3 Nummer 2 EStG (z. B. an einer vermögensverwaltenden GmbH & Co. KG) können nicht im Rahmen einer begünstigten Vermögensübertragung im Zusammenhang mit Versorgungsleistungen übertragen werden, da die Gesellschaft keine Tätigkeit i. S. des § 15 Absatz 1 Satz 1 Nummer 1 EStG ausübt.

11 Der Sonderausgabenabzug kommt auch in Betracht, wenn im Zusammenhang mit Versorgungsleistungen Anteile an einer Personengesellschaft übertragen werden, die verpachtet sind, oder wenn Anteile an einer Personengesellschaft übertragen werden, die selbst ihren gesamten Betrieb verpachtet hat, sofern der Betrieb mangels Betriebsaufgabeerklärung als fortgeführt gilt.

b) Betrieb[2] oder Teilbetrieb

12 Neben der Übertragung eines laufenden Betriebs oder Teilbetriebs ist nach § 10 Absatz 1 Nummer 1 a Satz 2 Buchstabe b EStG auch die Übertragung eines verpachteten Betriebs oder Teilbetriebs begünstigt, sofern der Betrieb oder Teilbetrieb mangels Betriebsaufgabeerklärung als fortgeführt gilt.

13 Ein Teilbetrieb i. S. des § 10 Absatz 1 Nummer 1 a Satz 2 Buchstabe b EStG liegt vor, wenn ein mit einer gewissen Selbständigkeit ausgestatteter, organisch geschlossener Teil des Gesamtbetriebs übertragen wird, der für sich betrachtet alle Merkmale eines Betriebs i. S. des EStG aufweist und für sich lebensfähig ist. Eine völlig selbständige Organisation mit eigener Buchführung ist nicht erforderlich (R 16 Absatz 3 EStR). Der Teilbetrieb muss bereits vor der Vermögensübertragung als solcher existiert haben.

14 Die Teilbetriebsfiktion des § 16 Absatz 1 Satz 1 Nummer 1 Satz 2 EStG ist für die Fälle der begünstigten Vermögensübertragung im Zusammenhang mit Versorgungsleistungen nicht anzuwenden. Eine das gesamte Nennkapital umfassende Beteiligung an einer Kapitalgesellschaft kann daher nicht nach § 10 Absatz 1 Nummer 1 a Satz 2 Buchstabe b EStG begünstigt übertragen werden. Für die Übertragung von Anteilen an einer GmbH richtet sich die begünstigte Übertragung nach den Tatbestandsvoraussetzungen des § 10 Absatz 1 Nummer 1 a Satz 2 Buchstabe c EStG.

c) Anteil an einer GmbH

15 Zu einer begünstigten Vermögensübertragung im Zusammenhang mit Versorgungsleistungen führt nur die Übertragung eines mindestens 50 Prozent betragenden Anteils an einer GmbH (einschließlich Unternehmergesellschaft, § 5 a GmbHG), wenn der Übergeber als Geschäftsführer tätig war und der Übernehmer die Geschäftsführertätigkeit nach der Übertragung übernimmt. Begünstigt ist auch die Übertragung von Anteilen an einer der GmbH vergleichbaren Gesellschaftsform eines anderen Mitgliedstaats der Europäischen Union oder eines Staates, auf den das Abkommen über den Euro-

[1] Jetzt aber BMF-Schreiben vom 20. 11. 2019 (BStBl. I S. 1291), Rn. 40 Satz 2, abgedruckt als Anlage zu H 6.14.
[2] Zur Mitübertragung von gewillkürtem Betriebsvermögen eines land- und forstwirtschaftlichen Betriebs siehe *Erl. FinMin. Schleswig-Holstein vom 6. 9. 2011 VI 30–S 2221–165 (DStR 2012 S. 240).*

päischen Wirtschaftsraum anwendbar ist (vgl. Tabellen zum BMF-Schreiben vom 24. Dezember 1999 – BStBl. I S. 1076). Werden Anteile an anderen Körperschaften im Zusammenhang mit wiederkehrenden Leistungen übertragen, liegt keine begünstigte Vermögensübertragung nach § 10 Absatz 1 Nummer 1 a EStG vor. Anl zu R 10.3

16 Es ist nicht erforderlich, dass der Übergeber seinen gesamten Anteil überträgt, sofern der übertragene Anteil mindestens 50 Prozent beträgt. Dabei sind Teilübertragungen jeweils isoliert zu betrachten.

17 Beispiel:

V ist zu 80 Prozent an der X-GmbH beteiligt. Außerdem ist er Geschäftsführer der X-GmbH. V überträgt am 10. Januar 2008 einen 20 Prozent betragenden Anteil an der X-GmbH auf seinen Sohn S. S verpflichtet sich dafür, wiederkehrende Leistungen i. H. v. monatlich 200 € an V zu zahlen. Am 1. Januar 2011 überträgt V den restlichen Anteil an der X-GmbH (60 Prozent) auf S. S wird Geschäftsführer der X-GmbH, V zieht sich aus der Geschäftsführertätigkeit vollständig zurück. S verpflichtet sich im Zuge dieser Übertragung, V zusätzlich monatliche Versorgungsleistungen i. H. v. 2000 € zu zahlen.

Lösung:

Die wiederkehrenden Leistungen, die S im Zusammenhang mit der ersten Teilübertragung an V zu leisten hat, stellen keine Leistungen aufgrund einer nach § 10 Absatz 1 Nummer 1 a Satz 2 Buchstabe c EStG begünstigten Vermögensübertragung dar, weil der übertragene GmbH-Anteil nicht mindestens 50 Prozent betragen hat. Im Übrigen hat S die Geschäftsführertätigkeit von V zu diesem Zeitpunkt noch nicht übernommen. Die Übertragung des 60 Prozent betragenden GmbH-Anteils stellt hingegen eine begünstigte Übertragung dar, weil isoliert betrachtet alle Voraussetzungen des § 10 Absatz 1 Nummer 1 a Satz 2 Buchstabe c EStG erfüllt sind. S kann daher ab dem 1. Januar 2011 einen Betrag i. H. v. 2000 € monatlich als Sonderausgaben geltend machen.

18 Überträgt ein Gesellschafter-Geschäftsführer einen mindestens 50 Prozent betragenden Anteil an der GmbH auf den Übernehmer, liegen begünstigte Versorgungsleistungen nur vor, solange der Vermögensübernehmer eine Geschäftsführertätigkeit ausübt. Es ist unschädlich, wenn der Übernehmer bereits vor der Übertragung Geschäftsführer der Gesellschaft war, solange er es auch nach der Übertragung bleibt. Voraussetzung ist jedoch, dass der Übergeber seine Geschäftsführertätigkeit insgesamt aufgibt.[1] So ist es z. B. unschädlich, wenn der Vermögensübernehmer bereits die Funktion des Geschäftsführers für die finanziellen Aufgaben innehatte und der Vermögensübergeber Geschäftsführer für den technischen Bereich war und der Übergeber die Geschäftsführertätigkeit mit der Vermögensübertragung aufgibt. Es ist nicht erforderlich, dass der Übernehmer dieselbe Funktion im Rahmen der Geschäftsführung ausübt wie vormals der Übergeber. Wird der Vermögensübergeber für die GmbH in anderer Weise als der eines Geschäftsführers tätig (im Rahmen einer selbständigen oder nichtselbständigen Tätigkeit), so ist dieses ebenfalls unschädlich.

19 Überträgt der Vermögensübergeber seine GmbH-Beteiligung auf mehrere Vermögensübernehmer, liegt eine begünstigte Vermögensübertragung i. S. des § 10 Absatz 1 Nummer 1 a Satz 2 Buchstabe c EStG nur bezogen auf den Vermögensübernehmer vor, der mindestens einen 50 Prozent betragenden Anteil erhalten und die Geschäftsführertätigkeit übernommen hat. Überträgt der Vermögensübergeber seine 100 Prozent-GmbH-Beteiligung zu jeweils 50 Prozent auf zwei Vermögensübernehmer, wird aber nur einer der Vermögensübernehmer Geschäftsführer, führt nur die Anteilsübertragung auf diesen zu einer begünstigten Vermögensübertragung i. S. des § 10 Absatz 1 Nummer 1 a EStG. Sind oder werden beide Übernehmer Geschäftsführer der Gesellschaft, dann liegt in beiden Fällen eine begünstigte Übertragung i. S. des § 10 Absatz 1 Nummer 1 a EStG vor.

20 Beispiel:

V ist zu 80 Prozent an der X-GmbH beteiligt. Er ist außerdem Geschäftsführer der Gesellschaft. V überträgt seine GmbH-Beteiligung auf seine drei Söhne S, T und U. S erhält einen 15 Prozent betragenden Anteil an der GmbH und verpflichtet sich, seinem Vater V wiederkehrende Leistungen i. H. v. 300 € monatlich zu zahlen. V überträgt dem Sohn T ebenfalls einen 15 Prozent betragenden Anteil an der GmbH und die Geschäftsführung im Bereich der Produktionsplanung. T verpflichtet sich, V wiederkehrende Leistungen i. H. v. 800 € monatlich zu zahlen. U erhält von V einen 50 Prozent betragenden Anteil an der GmbH und übernimmt die Geschäftsführung für den finanziellen Bereich der Gesellschaft von V. Er verpflichtet sich, V wiederkehrende Leistungen i. H. v. 2000 € monatlich zu zahlen. V hat die Geschäftsführertätigkeit insgesamt aufgegeben.

Lösung:

Die Übertragungen der Anteile an S und T stellen keine begünstigten Übertragungen von Vermögen i. S. des § 10 Absatz 1 Nummer 1 a Satz 2 EStG dar, da in beiden Fällen nicht mindestens ein 50 Prozent betragender Anteil übertragen wurde. An diesem Ergebnis ändert im Fall des T auch die Übertragung der Geschäftsführertätigkeit im Bereich der Produktionsplanung nichts, da die Voraussetzungen der Anteilshöhe und der Übernahme der Geschäftsführung gemeinsam erfüllt sein müssen. Die monatlichen Zahlungen der Söhne S und T sind somit nach den Grundsätzen über die einkommensteuerrechtliche Behandlung wiederkehrender Leistungen im Austausch mit einer Gegenleistung zu behandeln (vgl. C.). Lediglich die Übertragung auf den Sohn U ist begünstigt nach § 10 Absatz 1 Nummer 1 a EStG.

d) Anderes Vermögen, Wirtschaftsüberlassungsverträge und Nießbrauchsrechte

21[2] Wird anderes als das in Rz. 7 genannte Vermögen übertragen (z. B. privater Grundbesitz, Wertpapiervermögen) oder erfüllt das übertragene Vermögen nicht die in Rz. 8 bis 20 genannten Bedingun-

[1] Bestätigt durch *BFH-Urteil vom 20. 3. 2017 X R 35/16 (BStBl. II S. 985).*
[2] Bestätigt durch *BFH vom 29. 9. 2021 (BStBl. II 2022 S. 228).*

Anl zu R 10.3

gen, liegt keine begünstigte Vermögensübertragung im Zusammenhang mit Versorgungsleistungen vor. Dies gilt auch für die Einräumung eines Nießbrauchsrechts und zwar unabhängig davon, ob das Nießbrauchsrecht an Vermögen i. S. des § 10 Absatz 1 Nummer 1 a Satz 2 EStG bestellt ist oder nicht (vgl. aber zur sog. zeitlich gestreckten „gleitenden" Vermögensübertragung Rz. 25). Es gelten die Grundsätze über die einkommensteuerrechtliche Behandlung wiederkehrender Leistungen im Austausch mit einer Gegenleistung (vgl. C.).

22 Entsprechendes gilt für land- und forstwirtschaftliche Betriebe, wenn sie aufgrund von Wirtschaftsüberlassungsverträgen, die Vorstufe zur Hof- und Betriebsübertragung sind, überlassen werden.[1] Eine begünstigte Vermögensübertragung im Zusammenhang mit Versorgungsleistungen kann in diesen Fällen erst bei der späteren tatsächlichen Übertragung des Hofs und Betriebs im Zusammenhang mit wiederkehrenden Leistungen vorliegen. Dies gilt auch für Pachtverträge, die steuerrechtlich als Wirtschaftsüberlassungsverträge gewürdigt werden.

e) Missbrauchsregelung

23 Wird der Anteil an einer GmbH im Betriebsvermögen eines Betriebs, Teilbetriebs oder einer Mitunternehmerschaft (Gesamthands- und Sonderbetriebsvermögen) im Zusammenhang mit wiederkehrenden Leistungen auf den Vermögensübernehmer (mit-)übertragen, liegt eine insgesamt nach § 10 Absatz 1 Nummer 1 a Satz 2 Buchstabe a oder b EStG begünstigte Übertragung vor. Wurde der Anteil an der Körperschaft binnen eines Jahres vor der Vermögensübertragung in den Betrieb, Teilbetrieb oder die Mitunternehmerschaft eingelegt und gehört er dort nicht zum notwendigen Betriebsvermögen, oder der Betrieb, Teilbetrieb oder die Mitunternehmerschaft ist binnen eines Jahres vor der Vermögensübertragung durch Umwandlung einer Körperschaft entstanden, ist zu vermuten, dass § 10 Absatz 1 Nummer 1 a Satz 2 Buchstabe c EStG umgangen werden soll; § 2 Absatz 1 und Absatz 2 UmwStG ist nicht anzuwenden.

5. Übertragung von Vermögen unter Nießbrauchsvorbehalt

24 Überträgt der Vermögensübergeber begünstigtes Vermögen im Zusammenhang mit Versorgungsleistungen (vgl. Rz. 7 bis 20) unter Vorbehalt eines Nießbrauchs, steht dies der Anerkennung von Versorgungsleistungen nicht entgegen, wenn der Nießbrauch lediglich Sicherungszwecken dient und der Vermögensübergeber gleichzeitig mit der Bestellung des Nießbrauchs dessen Ausübung nach § 1059 BGB dem Vermögensübernehmer überlässt.

25 Wird ein an begünstigtem Vermögen (vgl. Rz. 7 bis 20) vorbehaltenes oder durch Vermächtnis eingeräumtes Nießbrauchsrecht im Zusammenhang mit wiederkehrenden Leistungen abgelöst, können diese im sachlichen Zusammenhang mit der Vermögensübertragung stehen und daher Versorgungsleistungen sein (sog. zeitlich gestreckte „gleitende" Vermögensübertragung; vgl. BFH vom 3. Juni 1992, BStBl. 1993 II S. 23). Dies gilt nicht, wenn die Ablösung des Nießbrauchs der lastenfreien Veräußerung des Vermögens dient. Für die Anerkennung von Versorgungsleistungen kommt es nicht darauf an, ob die wiederkehrenden Leistungen bereits im Übertragungsvertrag selbst vereinbart wurden oder erst im Zusammenhang mit der Ablösung des Nießbrauchs vereinbart werden. Dies gilt auch, wenn im Fall des § 14 HöfeO Versorgungsleistungen (in Form des Altenteils) erbracht werden, sowie in den Fällen der sog. „Rheinischen Hofübergabe", wenn der Übergeber den Betrieb in Ausübung des Nießbrauchs wiederum an den Übernehmer verpachtet.

6. Ausreichend Ertrag bringendes Vermögen

a) Grundsätze

26 Das Merkmal der Versorgung ist nur bei der Übertragung von Vermögen i. S. des § 10 Absatz 1 Nummer 1 a Satz 2 EStG erfüllt, das ausreichend Ertrag bringt, um die Versorgung des Übergebers aus dem übernommenen Vermögen zumindest zu einem Teil zu sichern.

27 Von ausreichend Ertrag bringendem Vermögen ist auszugehen, wenn nach überschlägiger Berechnung die wiederkehrenden Leistungen nicht höher sind als der langfristig erzielbare Ertrag des übergebenen Vermögens.

28 Zu Erträgen führen grundsätzlich nur Einnahmen, die den Tatbestand einer Einkunftsart i. S. des § 2 Absatz 1 EStG erfüllen. Einnahmen aus einer Tätigkeit ohne Einkünfte- oder Gewinnerzielungsabsicht sind daher nicht als Erträge zu beurteilen.

29 Wird ein Betrieb oder Teilbetrieb i. S. des § 10 Absatz 1 Nummer 1 a Satz 2 Buchstabe b EStG im Zusammenhang mit wiederkehrenden Leistungen im Wege der vorweggenommenen Erbfolge übertragen, besteht eine widerlegbare Vermutung (z. B. mehrjährige Verluste oder im Verhältnis zu den wiederkehrenden Leistungen geringe Gewinne des Unternehmens) dafür, dass die Erträge ausreichen, um die wiederkehrenden Leistungen in der vereinbarten Höhe zu erbringen, wenn der Betrieb oder Teilbetrieb vom Übernehmer tatsächlich fortgeführt wird. Entsprechendes gilt, wenn ein Mitunternehmeranteil oder der Teil eines Mitunternehmeranteils i. S. des § 10 Absatz 1 Nummer 1 a Satz 2 Buchstabe a EStG oder ein Anteil an einer GmbH i. S. des § 10 Absatz 1 Nummer 1 a Satz 2 Buchstabe c EStG übertragen wird. Die Beweiserleichterung ist nicht anzuwenden bei verpachteten oder überwiegend

[1] Auf einem Wirtschaftsüberlassungsvertrag beruhende Leistungen des Nutzungsberechtigten an den Überlassenden sind nicht als Sonderausgaben abziehbar, *BFH vom 25. 6. 2014 X R 16/13 (BStBl. II S. 889).*

verpachteten Betrieben, Teilbetrieben, (Teil-)Mitunternehmeranteilen und GmbH-Anteilen oder bei Personengesellschaften, die selbst ihren gesamten Betrieb verpachtet haben.

30 Wird im Rahmen einer einheitlichen Vermögensübertragung neben begünstigtem Vermögen i. S. des § 10 Absatz 1 Nummer 1 a Satz 2 EStG weiteres nicht begünstigtes Vermögen übertragen, greift die Beweiserleichterung nicht. Im Übrigen vgl. in diesem Fall Rz. 47.

31 Versorgungsleistungen, die aus den langfristig erzielbaren Erträgen des übergebenen Vermögens erbracht werden können, sind auch dann als Sonderausgaben abziehbar, wenn das übertragene Vermögen nicht über einen ausreichenden Unternehmenswert verfügt (entgegen BFH vom 12. Mai 2003 – BStBl. 2004 II S. 100).

b) Ermittlung der Erträge

32 Greift die Beweiserleichterung (Rz. 29) nicht, sind zur Ermittlung der maßgebenden Erträge die auf der Grundlage des steuerlichen Gewinns ermittelten Erträge heranzuziehen. Absetzungen für Abnutzung, erhöhte Absetzungen und Sonderabschreibungen sowie außerordentliche Aufwendungen, z. B. größere Erhaltungsaufwendungen, die nicht jährlich üblicherweise anfallen, sind dabei den Erträgen hinzuzurechnen. Bei Einkünften aus Land- und Forstwirtschaft, aus Gewerbebetrieb und aus selbständiger Arbeit ist ein Unternehmerlohn nicht abzuziehen. Bei der Übertragung eines Anteils an einer GmbH mindert im Falle der Rz. 34 das Gesellschafter-Geschäftsführergehalt des Vermögensübergebers und im Falle der Rz. 35 das Gesellschafter-Geschäftsführergehalt des Vermögensübernehmers die auf der Grundlage des steuerlichen Gewinns ermittelten Erträge nicht. Bei der Ermittlung der Erträge aus dem GmbH-Anteil ist im Übrigen nicht auf die tatsächlich ausgeschütteten, sondern auf die ausschüttungsfähigen Gewinne abzustellen (BFH vom 21. Juli 2004 – BStBl. 2005 II S. 133).

33 Greift die Beweiserleichterung (Rz. 29) bei einem land- und forstwirtschaftlichen Betrieb nicht, kann die Ertragskraft ungeachtet der tatsächlichen Gewinnermittlung nach § 13 a EStG durch Betriebsvermögensvergleich oder Einnahmen-Überschussrechnung berechnet werden.

34 Die wiederkehrenden Leistungen müssen durch entsprechende Erträge aus dem übernommenen Vermögen abgedeckt sein. Davon ist auszugehen, wenn nach den Verhältnissen im Zeitpunkt der Vermögensübertragung der durchschnittliche jährliche Ertrag ausreicht, um die jährlichen wiederkehrenden Leistungen zu erbringen. Bei Ablösung eines vom Übergeber vorbehaltenen Nutzungsrechts in den Fällen der zeitlich gestreckten Vermögensübertragung (vgl. Rz. 25) sind die Verhältnisse im Zeitpunkt der Ablösung maßgeblich (BFH vom 16. Juni 2004 – BStBl. 2005 II S. 130). Aus Vereinfachungsgründen ist es nicht zu beanstanden, wenn zur Ermittlung des durchschnittlichen Ertrags die Gewinne des Jahres der Vermögensübertragung und der beiden vorangegangenen Jahre herangezogen werden.

35 Reicht der durchschnittliche jährliche Ertrag nach den Verhältnissen im Zeitpunkt der Vermögensübertragung nicht aus, um die jährlichen wiederkehrenden Leistungen zu erbringen, bleibt es dem Übernehmer unbenommen, nachzuweisen, dass für die Zukunft ausreichend hohe Nettoerträge zu erwarten sind. Hiervon kann regelmäßig ausgegangen werden, wenn die durchschnittlichen Erträge des Jahres der Vermögensübertragung und der beiden folgenden Jahre ausreichen, um die wiederkehrenden Leistungen zu erbringen. Die Veranlagungen sind insoweit sowohl beim Übergeber als auch beim Übernehmer in dem Jahr der Vermögensübertragung und in den beiden Folgejahren vorläufig gemäß § 165 AO vorzunehmen.

7. Betriebsaufgabe, Übertragung, Umwandlung und Umschichtung von übertragenem Vermögen

a) Umschichtungsverpflichtung im Übertragungsvertrag

36 Verpflichtet sich der Übernehmer im Übertragungsvertrag zur Umschichtung des übertragenen Vermögens in Vermögen i. S. des § 10 Absatz 1 Nummer 1 a Satz 2 EStG, liegt keine begünstigte Vermögensübertragung im Zusammenhang mit Versorgungsleistungen vor.

b) Betriebsaufgabe, Übertragung, Umwandlung und nachträgliche Umschichtung

37 Der sachliche Zusammenhang der wiederkehrenden Leistungen mit der begünstigten Vermögensübertragung endet grundsätzlich, wenn der Übernehmer den Betrieb aufgibt oder das übernommene Vermögen dem Übernehmer steuerrechtlich nicht mehr zuzurechnen ist. Die im Zusammenhang mit der Vermögensübertragung vereinbarten wiederkehrenden Leistungen zwischen dem Übergeber und dem Übernehmer sind ab diesem Zeitpunkt Unterhaltsleistungen i. S. des § 12 Nummer 2 EStG und dürfen beim Übernehmer nicht mehr als Sonderausgaben nach § 10 Absatz 1 Nummer 1 a EStG abgezogen werden. Beim Übergeber sind sie nicht mehr nach § 22 Nummer 1 b EStG steuerbar (BFH vom 31. März 2004 – BStBl. II S. 830).

38 Der sachliche Zusammenhang der wiederkehrenden Leistungen mit der Vermögensübertragung endet nicht, wenn der Übernehmer seinerseits das übernommene Vermögen im Wege der vorweggenommenen Erbfolge weiter überträgt (vgl. Rz. 50). Geht dabei die Versorgungsverpflichtung nicht mit über, können die Versorgungsleistungen weiterhin abgezogen werden, wenn der Übernehmer diese aus ihm im Rahmen der weiteren Vermögensübertragung seinerseits eingeräumten Versorgungsleistungen oder aus einem an dem weiter übertragenen Vermögen vorbehaltenen Nießbrauchsrecht bewirken kann.

Anl zu R 10.3

39 Beispiel:

Der 65jährige Vater V übergab seinen bislang als Einzelunternehmen geführten Betrieb im Jahre 2008 im Zusammenhang mit lebenslänglich zu erbringenden wiederkehrenden Leistungen von monatlich 5000 € an seinen Sohn S. Im Jahre 2028 überträgt S das Einzelunternehmen im Hinblick auf die Generationennachfolge an seinen Sohn, den Enkel E des V. S erhält hierfür von dem weiteren Vermögensübernehmer E lebenslang monatlich 10 000 €. Er bleibt aber weiterhin verpflichtet, an seinen inzwischen 85jährigen Vater wiederkehrende Leistungen zu erbringen, die zwischenzeitlich in steuerlich anzuerkennender Weise auf 8000 € monatlich angepasst wurden.

Lösung:

Die von S zu erbringenden Zahlungen an V bleiben auch im Jahre 2028 und in den folgenden Jahren Versorgungsleistungen und können von S als Sonderausgaben abgezogen werden. Korrespondierend muss V die von S erhaltenen wiederkehrenden Leistungen ebenso als sonstige Einkünfte versteuern, wie dies für S hinsichtlich der von E gezahlten Versorgungsleistungen der Fall ist.

40 Werden nur Teile des begünstigt übernommenen Vermögens i. S. des § 10 Absatz 1 Nummer 1 a Satz 2 EStG auf Dritte übertragen, können die nach der Übertragung entrichteten wiederkehrenden Leistungen an den Übergeber weiterhin als Versorgungsleistungen zu beurteilen sein. Voraussetzung ist, dass der nicht übertragene Teil des übernommenen Vermögens nach der Übertragung auf den Dritten ausreichende Erträge abwirft, um die Versorgungsleistungen zu finanzieren, und weiterhin begünstigtes Vermögen i. S. des § 10 Absatz 1 Nummer 1 a Satz 2 EStG vorliegt. Maßgebend für die Beurteilung sind die Erträge ab dem Zeitpunkt, ab dem der übertragene Vermögensteil dem Übernehmer steuerrechtlich nicht mehr zuzurechnen ist (zur Ermittlung der Erträge vgl. Rz. 32 bis 35).

41[1] Überträgt der Vermögensübernehmer das begünstigt übernommene Vermögen auf einen Dritten und erwirbt mit dem Erlös zeitnah anderes Vermögen i. S. des § 10 Absatz 1 Nummer 1 a Satz 2 EStG, sind die nach der Übertragung an den Übergeber entrichteten wiederkehrenden Leistungen weiterhin Versorgungsleistungen.

Dies gilt auch, wenn

- nicht der gesamte Erlös aus der Veräußerung zur Anschaffung verwendet wird, die wiederkehrenden Leistungen aber durch die Erträge aus dem neu angeschafften Vermögen abgedeckt werden

oder

- der gesamte Erlös aus der Veräußerung zur Anschaffung dieses Vermögens nicht ausreicht, der Übernehmer bei der Umschichtung zusätzlich eigene Mittel zur Anschaffung aufwendet und der auf den reinvestierten Veräußerungserlös entfallende Anteil an den Erträgen ausreicht, um die vereinbarten wiederkehrenden Leistungen zu erbringen.

Maßgebend für die Beurteilung sind die Erträge ab dem Zeitpunkt der Anschaffung dieses Vermögens (nachträgliche Umschichtung). Von ausreichenden Erträgen kann regelmäßig ausgegangen werden, wenn die durchschnittlichen Erträge des Jahres der nachträglichen Umschichtung und der beiden folgenden Jahre ausreichen, um die wiederkehrenden Leistungen zu erbringen. Die Veranlagungen sind insoweit sowohl beim Übergeber als auch beim Übernehmer in dem Jahr der Umschichtung und in den beiden Folgejahren vorläufig gemäß § 165 AO vorzunehmen.

42 Die Einbringung begünstigt übernommenen Vermögens in eine GmbH i. S. des § 20 UmwStG oder in eine Personengesellschaft i. S. des § 24 UmwStG gegen Gewährung von Gesellschaftsanteilen oder -rechten und der Anteilstausch i. S. des § 21 UmwStG stellen – unabhängig davon, mit welchem Wert das eingebrachte Vermögen bei der übernehmenden Gesellschaft angesetzt wird – keine nachträgliche Umschichtung i. S. der Rz. 41 dar, wenn auch nach der Einbringung die übrigen Voraussetzungen der Rz. 7 bis 11 und 15 bis 20 bzw. nach dem Anteilstausch die übrigen Voraussetzungen der Rz. 15 bis 20 erfüllt sind. Der sachliche Zusammenhang der wiederkehrenden Leistungen mit der begünstigten Vermögensübertragung endet in diesen Fällen nicht. Dies gilt auch für die formwechselnde Umwandlung oder Verschmelzung von Personengesellschaften. Der sachliche Zusammenhang endet hingegen, soweit dem Vermögensübernehmer die erhaltenen GmbH-Anteile oder Mitunternehmeranteile steuerrechtlich nicht mehr zuzurechnen sind; Rz. 38 bleibt unberührt.

43 Im Fall der Realteilung (§ 16 Absatz 3 Satz 2 bis 4 EStG) wird der sachliche Zusammenhang der wiederkehrenden Leistungen mit der begünstigten Vermögensübertragung nur dann nicht beendet, wenn der Vermögensübernehmer einen Teilbetrieb oder Mitunternehmeranteil erhält und nach der Realteilung die übrigen Voraussetzungen der Rz. 7 bis 11 oder der Rz. 13 und 14 erfüllt sind. Im Falle der Realteilung eines land- und forstwirtschaftlichen Betriebs gilt dies auch, wenn der Vermögensübernehmer einzelne Wirtschaftsgüter erhält, die bei ihm nach der Realteilung einen selbständigen landwirtschaftlichen Betrieb darstellen (vgl. BMF-Schreiben vom 28. Februar 2006 – BStBl. I S. 228).[2]

II. Versorgungsleistungen i. S. des § 10 Absatz 1 Nummer 1 a EStG

1. Umfang der Versorgungsleistungen

47 **44** Versorgungsleistungen sind alle im Übertragungsvertrag vereinbarten wiederkehrenden Leistungen in Geld oder Geldeswert. Hierzu gehören insbesondere Geldleistungen, Übernahme von Aufwendungen und Sachleistungen. Bei Sachleistungen sind mit Ausnahme persönlicher Dienstleistungen und

[1] Schichtet ein Vermögensübernehmer das überlassene Vermögen in nicht ausreichend ertragbringende Wirtschaftsgüter um, sind die wiederkehrenden Leistungen auch dann nicht als Sonderausgaben abziehbar, wenn die Beteiligten die geschuldeten Versorgungsleistungen an die Erträge der neu erworbenen Vermögensgegenstände anpassen *(BFH-Urteil vom 18. 8. 2010 X R 55/09, BStBl. 2011 II S. 633).*

[2] Jetzt BMF-Schreiben vom 19. 12. 2018 (BStBl. 2019 I S. 6), abgedruckt als Anlage zu H 16 (2).

der Wohnraumüberlassung die Werte nach § 8 Absatz 2 EStG maßgebend. Zur Bewertung von unbaren Altenteilsleistungen vgl. BFH vom 18. Dezember 1990 – BStBl. 1991 II S. 354.

45 Die Verpflichtung zur Erbringung wiederkehrender persönlicher Dienstleistungen durch persönliche Arbeit ist keine Versorgungsleistung. Stellt der Verpflichtete dagegen eine fremde Arbeitskraft, sind die Dienstleistungen Versorgungsleistungen i. H. des Lohnaufwands (BFH vom 22. Januar 1992 – BStBl. II S. 552).

46 In den Fällen der Wohnungsüberlassung an den Übergeber sind nur die mit der Nutzungsüberlassung tatsächlich zusammenhängenden Aufwendungen anzusetzen. Hierzu gehören insbesondere Aufwendungen für Sachleistungen wie Strom, Heizung, Wasser und Instandhaltungskosten, zu denen der Übernehmer aufgrund einer klaren und eindeutigen Bestimmung im Übertragungsvertrag verpflichtet ist. Entsprechendes gilt für Aufwendungen, mit denen der Übernehmer seiner bürgerlich-rechtlich wirksamen Verpflichtung zur Instandhaltung nachkommt. Instandhaltungskosten dürfen jedoch nur als Versorgungsleistungen abgezogen werden, soweit sie der Erhaltung des vertragsgemäßen Zustands der Wohnung im Zeitpunkt der Übertragung dienen (BFH vom 25. August 1999 – BStBl. 2000 II S. 21 sowie BMF-Schreiben vom 21. Juli 2003 – BStBl. I S. 405). Ein Abzug anteiliger Absetzungen für Abnutzung und Schuldzinsen sowie anteiliger – vor allem öffentlicher – Lasten des Grundstücks, die vom Übernehmer als Eigentümer geschuldet werden, kommt nicht in Betracht (BFH vom 25. März 1992 – BStBl. II S. 1012).

47 Hat der Vermögensübergeber neben dem nach § 10 Absatz 1 Nummer 1 a Satz 2 EStG begünstigten Vermögen im Rahmen des Übertragungsvertrags oder der Verfügung von Todes wegen weiteres nicht begünstigtes Vermögen übertragen (z. B. Grundvermögen, Wertpapiervermögen), ist für die Zuordnung der Versorgungsleistungen die konkrete Vereinbarung im Übertragungsvertrag maßgebend. Dabei wird es grundsätzlich nicht beanstandet, wenn die wiederkehrenden Leistungen in vollem Umfang der Übertragung des begünstigten Vermögens zugeordnet werden. Wirft das begünstigte Vermögen im Zeitpunkt der Vermögensübertragung im Verhältnis zu den wiederkehrenden Leistungen durchschnittlich nur geringe Erträge ab oder wurde keine konkrete Vereinbarung getroffen, sind die wiederkehrenden Leistungen anhand eines angemessenen Maßstabs (z. B. Verhältnis der Erträge der einzelnen Vermögenswerte) aufzuteilen.

48 Wird ein Betrieb der Land- und Forstwirtschaft übertragen, ist auch der Teil der Versorgungsleistungen begünstigt, der auf den Wohnteil des Betriebes (§ 160 Absatz 1 Nummer 3 BewG) entfällt (§ 10 Absatz 1 Nummer 1 a Satz 3 EStG).

49 Versorgungsleistungen, die mit steuerbefreiten Einkünften des Übernehmers, z. B. aufgrund eines DBA, in wirtschaftlichem Zusammenhang stehen, können nicht als Sonderausgaben berücksichtigt werden. § 3 Nummer 40, § 3 Nummer 40 a und § 32 d EStG stehen der Abziehbarkeit der Versorgungsleistungen nicht entgegen.

2. Empfänger der Versorgungsleistungen

50[1] Als Empfänger der Versorgungsleistungen kommen in erster Linie der Übergeber des Vermögens i. S. des § 10 Absatz 1 Nummer 1 a EStG, dessen Ehegatte und die gesetzlich erb- und pflichtteilsberechtigten Abkömmlinge des Übergebers (vgl. BFH vom 27. Februar 1992 – BStBl. II S. 612 und vom 26. November 2003 – BStBl. 2004 II S. 820) sowie der Lebenspartner einer eingetragenen Lebenspartnerschaft in Betracht. Empfänger von Versorgungsleistungen können auch die Eltern des Übergebers sein, wenn der Übergeber das übergebene Vermögen seinerseits von den Eltern im Wege der Vermögensübertragung im Zusammenhang mit Versorgungsleistungen erhalten hat (BFH vom 23. Januar 1997 – BStBl. II S. 458). Sind Empfänger der wiederkehrenden Leistungen die Geschwister des Übernehmers, besteht die widerlegbare Vermutung, dass diese nicht versorgt, sondern gleichgestellt werden sollen (vgl. BFH vom 20. Oktober 1999 – BStBl. 2000 II S. 602). Nicht zum Generationennachfolgeverbund gehörende Personen (z. B. die langjährige Haushälterin, der Lebensgefährte/die Lebensgefährtin, Mitarbeiter im Betrieb) können nicht Empfänger von Versorgungsleistungen sein (vgl. BFH vom 26. November 2003 – a. a. O.).

3. Korrespondenzprinzip bei Versorgungsleistungen

51 Im Zusammenhang mit einer Vermögensübertragung vereinbarte Versorgungsleistungen sind vom Berechtigten als Einkünfte nach § 22 Nummer 1 b EStG zu versteuern, wenn der Verpflichtete zum Abzug der Leistungen als Sonderausgaben nach § 10 Absatz 1 Nummer 1 a EStG berechtigt ist. Es kommt nicht darauf an, dass sich die wiederkehrenden Leistungen auch tatsächlich steuermindernd ausgewirkt haben.

52 Versorgungsleistungen anlässlich einer begünstigten Vermögensübertragung sind beim Empfänger in vollem Umfang steuerpflichtig und beim Verpflichteten in vollem Umfang als Sonderausgaben abziehbar. Dies gilt unabhängig davon, ob die wiederkehrenden Versorgungsleistungen in Form von Renten oder dauernden Lasten vereinbart sind. Bei der Ermittlung der Einkünfte nach § 22 Nummer 1 b EStG ist § 9 a Satz 1 Nummer 3 EStG anzuwenden.

53 Versorgungsleistungen können nur dann nach § 10 Absatz 1 Nummer 1 a EStG als Sonderausgaben abgezogen werden, wenn der Empfänger der Versorgungsleistungen unbeschränkt einkommensteuerpflichtig ist. Eine Ausnahme gilt in den Fällen des § 1 a Absatz 1 Nummer 1 a EStG: Ist der Vermögensübernehmer Staatsangehöriger eines Mitgliedstaates der Europäischen Union oder eines Staates, auf den das Abkommen über den Europäischen Wirtschaftsraum anwendbar ist, und ist er nach § 1 Absatz 1 oder Absatz 3 EStG unbeschränkt einkommensteuerpflichtig, sind Versorgungsleistungen auch dann als Sonderausgaben abziehbar, wenn der Empfänger nicht unbeschränkt einkommensteuerpflichtig ist.

---

[1] Wiederkehrende Leistungen, die der Erblasser einem Vorerben zugunsten eines Generationennachfolge-Verbund gehörenden Nacherben für die Dauer der Vorerbschaft auferlegt und die aus dem übergegangenen Vermögen zu erbringen sind, können den Versorgungsleistungen zuzuordnen sein, *BFH-Urteil vom 16. 6. 2021 X R 30/20 (BStBl. II 2022 S. 161).*

Anl zu R 10.3

Voraussetzung ist in diesem Fall, dass der Empfänger seinen Wohnsitz oder gewöhnlichen Aufenthalt im Hoheitsgebiet eines anderen Mitgliedstaates der Europäischen Union oder eines Staates hat, auf den das Abkommen über den Europäischen Wirtschaftsraum Anwendung findet, und dass die Besteuerung der Versorgungsleistungen beim Empfänger durch eine Bescheinigung der zuständigen ausländischen Steuerbehörde nachgewiesen wird.

54 Fallen die Voraussetzungen der Rz. 53 nach der Vermögensübertragung weg, liegen ab dem Zeitpunkt des Wegfalls nichtabziehbare Unterhaltsleistungen i. S. des § 12 Nummer 2 EStG vor. Ebenso stellen die wiederkehrenden Leistungen solange Unterhaltsleistungen i. S. des § 12 Nummer 2 EStG dar, bis die Voraussetzungen der Rz. 53 erfüllt werden, sofern diese Voraussetzungen im Zeitpunkt der Vermögensübertragung nicht vorliegen.

55 Ist der Vermögensübernehmer in Deutschland nicht unbeschränkt einkommensteuerpflichtig und kann daher die wiederkehrenden Leistungen nicht als Sonderausgaben nach § 10 Absatz 1 Nummer 1 a EStG abziehen, hat der Empfänger der Versorgungsleistungen die wiederkehrenden Leistungen nicht zu versteuern.

4. Wiederkehrende Leistungen auf die Lebenszeit des Empfängers der Versorgungsleistungen

56 Versorgungsleistungen sind nur wiederkehrende Leistungen, die lebenslang – auf die Lebenszeit des Empfängers – gezahlt werden. Wiederkehrende Leistungen auf die Lebenszeit des Empfängers der Versorgungsleistungen, die

(a) für eine Mindestlaufzeit zu erbringen sind (sog. Mindestzeitrenten oder verlängerte Leibrenten oder dauernde Lasten),

(b) auf eine bestimmte Zeit beschränkt sind (sog. abgekürzte Leibrenten oder dauernde Lasten),

sind stets nach den Grundsätzen über die einkommensteuerrechtliche Behandlung wiederkehrender Leistungen im Austausch mit einer Gegenleistung zu behandeln (zu (a) BFH vom 21. Oktober 1999 – BStBl. 2002 II S. 650).

5. Rechtliche Einordnung von wiederkehrenden Leistungen, die keine Versorgungsleistungen sind

57 Liegen die Voraussetzungen einer begünstigten unentgeltlichen Vermögensübertragung im Zusammenhang mit Versorgungsleistungen nicht vor, weil z. B. kein begünstigtes Vermögen i. S. des § 10 Absatz 1 Nummer 1 a Satz 2 EStG übertragen worden ist, die wiederkehrenden Leistungen nicht auf die Lebenszeit des Berechtigten zu zahlen sind (vgl. Rz. 56) oder die Erträge nicht ausreichen, um die wiederkehrenden Leistungen zu finanzieren (vgl. Rz. 26 bis 35), gelten die Grundsätze zu C. (BFH vom 12. Mai 2003 – BStBl. 2004 II S. 95).

58 Sind wiederkehrende Leistungen an Berechtigte zu erbringen, die nicht zum Generationennachfolgeverbund gehören (vgl. Rz. 50 Satz 4) oder erfüllt der Übertragungsvertrag die Voraussetzungen für eine steuerrechtliche Anerkennung nicht (Rz. 59 bis 64), ist zu prüfen, ob nichtabziehbare Unterhaltsleistungen nach § 12 Nummer 2 EStG oder wiederkehrende Leistungen im Austausch mit einer Gegenleistung vorliegen. Gleiches gilt, wenn der Übernehmer das übernommene Vermögen auf einen Dritten überträgt und die Voraussetzungen der Rz. 38 und 40 nicht vorliegen.

III. Anforderungen an den Übertragungsvertrag[1]

48 **59** Die steuerrechtliche Anerkennung des Übertragungsvertrags setzt voraus, dass die gegenseitigen Rechte und Pflichten klar und eindeutig sowie rechtswirksam vereinbart und ernsthaft gewollt sind und die Leistungen wie vereinbart tatsächlich erbracht werden. Als wesentlicher Inhalt des Übertragungsvertrags müssen der Umfang des übertragenen Vermögens, die Höhe der Versorgungsleistungen und die Art und Weise der Zahlung vereinbart sein (BFH vom 15. Juli 1992 – BStBl. II S. 1020).

60 Die Vereinbarungen müssen zu Beginn des durch den Übertragungsvertrag begründeten Rechtsverhältnisses oder bei Änderung dieses Verhältnisses für die Zukunft getroffen werden. Änderungen der Versorgungsleistungen sind steuerrechtlich nur anzuerkennen, wenn sie durch ein in der Regel langfristig verändertes Versorgungsbedürfnis des Berechtigten und/oder die veränderte wirtschaftliche Leistungsfähigkeit des Verpflichteten veranlasst sind (BFH vom 15. Juli 1992 – BStBl. II S. 1020). Rückwirkende Vereinbarungen sind steuerrechtlich nicht anzuerkennen, es sei denn, die Rückbeziehung ist nur von kurzer Zeit und hat lediglich technische Bedeutung (BFH vom 21. Mai 1987 – BStBl. II S. 710 und vom 29. November 1988 – BStBl. 1989 II S. 281).

61 Einigen sich die Vertragsbeteiligten auf ein in Anbetracht des gestiegenen Versorgungsbedürfnisses – z. B. wegen des Umzugs des Versorgungsberechtigten in ein Pflegeheim – neues Versorgungskonzept, sind Zahlungen, die ab diesem Zeitpunkt nicht mehr aus dem Ertrag des übergebenen Vermögens erbracht werden können, freiwillige Leistungen i. S. des § 12 Nummer 2 EStG (BFH vom 13. Dezember 2005 – BStBl. 2008 II S. 16). Um freiwillige Leistungen i. S. des § 12 Nummer 2 EStG handelt es sich auch, soweit die Zahlungen zwar aus dem Ertrag des übergebenen Vermögens erbracht werden können, aber die Anpassung der wiederkehrenden Leistungen zwecks Übernahme eines Pflegerisikos im ursprünglichen Übertragungsvertrag ausdrücklich ausgeschlossen war.

62 Werden die Versorgungsleistungen im Fall einer erheblichen Ertragsminderung infolge einer Betriebsverpachtung nicht angepasst, obwohl die Abänderbarkeit aufgrund wesentlich veränderter Bedingungen vertraglich nicht ausgeschlossen war, sind die die dauerhaften Erträge übersteigenden Zahlungen freiwillige Leistungen i. S. des § 12 Nummer 2 EStG.

---

[1] Änderungen eines Versorgungsvertrags können nur dann steuerlich berücksichtigt werden, wenn sie von den Vertragsparteien schriftlich fixiert worden sind *(BFH-Urteil vom 15. 9. 2010 X R 13/09, BStBl. 2011 II S. 641).*

Das geänderte Formerfordernis gilt für alle nach dem 29. 7. 2011 vorgenommenen Vertragsveränderungen. *Vfg. OFD Frankfurt vom 19. 8. 2011 S 2221 A – 82 – St 218 (DStR S. 2099).*

63[1] Werden die auf der Grundlage eines Übertragungsvertrags geschuldeten Versorgungsleistungen ohne Änderung der Verhältnisse, also willkürlich nicht mehr erbracht, sind sie steuerrechtlich nicht anzuerkennen, auch wenn die vereinbarten Zahlungen später wieder aufgenommen werden. Rz. 59 und 60 bleiben unberührt. Anl zu R 10.3

64 Machen die Parteien eines Übertragungsvertrags von einer vereinbarten Wertsicherungsklausel keinen Gebrauch, lässt dies für sich allein noch keinen zwingenden Schluss auf das Fehlen des Rechtsbindungswillens zu; die Abweichung vom Vereinbarten kann aber im Rahmen der gebotenen Gesamtwürdigung von Bedeutung sein (BFH vom 3. März 2004 – BStBl. II S. 826).

C. Entgeltliche Vermögensübertragung gegen wiederkehrende Leistungen

65 Wiederkehrende Leistungen im Austausch mit einer Gegenleistung enthalten bis zur Grenze der Angemessenheit eine nichtsteuerbare oder steuerbare Vermögensumschichtung i. H. ihres Barwerts (Tilgungsanteil) und einen Zinsanteil. 49

66 Ist der Barwert (Tilgungsanteil) der wiederkehrenden Leistungen höher als der Wert des übertragenen Vermögens, ist Entgeltlichkeit i. H. des angemessenen Kaufpreises anzunehmen. Der übersteigende Betrag ist eine Zuwendung i. S. des § 12 Nummer 2 EStG. Ist der Barwert der wiederkehrenden Leistungen mehr als doppelt so hoch wie der Wert des übertragenen Vermögens, liegt insgesamt eine Zuwendung i. S. des § 12 Nummer 2 EStG vor. Wiederkehrende Leistungen werden teilentgeltlich erbracht, wenn der Wert des übertragenen Vermögens höher ist als der Barwert der wiederkehrenden Leistungen.

I. Übertragung von Betriebsvermögen

67 Zur ertragsteuerlichen Behandlung der Veräußerung von Wirtschaftsgütern des Betriebsvermögens gegen Leibrenten, Veräußerungsrenten oder Kaufpreisraten gelten die allgemeinen Grundsätze. Im Fall der Gewinnermittlung nach § 4 Absatz 3 EStG siehe R 4.5 Absatz 5 EStR. 50

68 Das Wahlrecht nach R 16 Absatz 11 EStR im Fall der Veräußerung eines Betriebs gegen wiederkehrende Bezüge bleibt unberührt.

II. Übertragung von Privatvermögen gegen wiederkehrende Leistungen auf Lebenszeit

1. Behandlung beim Verpflichteten

a) Anschaffungskosten

69 Die Anschaffungskosten bemessen sich nach dem Barwert der wiederkehrenden Leistungen, ggf. nach dem anteiligen Barwert (vgl. Rz. 65 f.), der nach §§ 12 ff. BewG (bei lebenslänglichen Leistungen nach § 14 Absatz 1 BewG) oder nach versicherungsmathematischen Grundsätzen berechnet werden kann (vgl. R 6.2 Satz 1 EStR). Bei der Berechnung des Barwerts ungleichmäßig wiederkehrender Leistungen (dauernde Lasten) ist als Jahreswert der Betrag zu Grunde zu legen, der – aus der Sicht des Anschaffungszeitpunkts – in Zukunft im Durchschnitt der Jahre voraussichtlich erzielt wird (BFH vom 18. Oktober 1994 – BStBl. 1995 II S. 169). 51

70 Werden die wiederkehrenden Leistungen für den Erwerb eines zur Einkünfteerzielung dienenden abnutzbaren Wirtschaftsguts gezahlt, ist der Barwert der Rente oder dauernden Last Bemessungsgrundlage für die Absetzungen für Abnutzung, erhöhten Absetzungen und Sonderabschreibungen (BFH vom 9. Februar 1994 – BStBl. 1995 II S. 47). Der in den wiederkehrenden Leistungen enthaltene Tilgungsanteil kann im Zeitpunkt der Zahlung nicht gesondert als Werbungskosten abgezogen werden.

b) Zinsanteil

71 Der Zinsanteil von Veräußerungsleibrenten ist nach der Ertragsanteilstabelle des § 22 Nummer 1 Satz 3 Buchstabe a Doppelbuchstabe bb EStG (ggf. i. V. m. § 55 Absatz 1 EStDV) zu ermitteln (BFH vom 25. November 1992 – BStBl. 1996 II S. 666). Der Zinsanteil von dauernden Lasten ist in entsprechender Anwendung der Ertragsanteilstabelle des § 22 Nummer 1 Satz 3 Buchstabe a Doppelbuchstabe bb EStG (ggf. i. V. m. § 55 Absatz 1 EStDV) zu berechnen (BFH vom 9. Februar 1994 – BStBl. 1995 II S. 47), kann aber auch nach finanzmathematischen Grundsätzen unter Verwendung eines Zinsfußes von 5,5 Prozent berechnet werden. Bei der Berechnung nach finanzmathematischen Grundsätzen ist die voraussichtliche Laufzeit nach der zum jeweiligen Berechnungszeitpunkt geltenden Sterbetafel (zurzeit Sterbetafel nach dem Stand 2005/2007) zu bemessen (BFH vom 25. November 1992 – BStBl. 1996 II S. 663).

72[2] Der Zinsanteil von Renten und dauernden Lasten darf grundsätzlich nicht abgezogen werden (BFH vom 25. November 1992 – BStBl. 1996 II S. 666). Dient das gegen Zahlung einer Rente oder dauernden Last erworbene Wirtschaftsgut der Einkünfteerzielung, ist der in den einzelnen Zahlungen enthaltene Zinsanteil dagegen als Werbungskosten abzuziehen (BFH vom 9. Februar 1994 – BStBl. 1995 II S. 47), sofern kein Werbungskostenabzugsverbot greift (z. B. § 20 Absatz 9 EStG). Bei Veräußerungsleibrenten sind auch die Erhöhungs- und Mehrbeträge aufgrund einer Wertsicherungsklausel nur mit dem Ertragsanteil als Werbungskosten zu berücksichtigen (BFH vom 19. August 2008 – BStBl. 2010 II S. 24).

[1] Bestätigt durch *BFH-Urteil vom 15. 9. 2010 X R 13/09 (BStBl. 2011 II S. 641).*
[2] Bestätigt durch *BFH-Urteil vom 18. 5. 2010 X R 32–33/01 (BStBl. 2011 II S. 675).*

Anl zu R 10.3

2. Behandlung beim Berechtigten

a) Veräußerungspreis

73 Der Berechtigte erzielt für das entgeltlich im Austausch mit wiederkehrenden Leistungen übertragene Vermögen einen Veräußerungspreis i. H. des nach Rz. 69 zu ermittelnden Barwerts der wiederkehrenden Leistungen.

74 Veräußerungspreis bei privaten Veräußerungsgeschäften (§ 22 Nummer 2 EStG) gegen wiederkehrende Leistungen (Renten oder dauernde Lasten) ist – bis zur Höhe des nach Rz. 69 ermittelten Barwerts der wiederkehrenden Leistungen – der Unterschiedsbetrag zwischen der Summe der jährlichen Zahlungen und dem nach Rz. 71 zu ermittelnden Zinsanteil. Ein Gewinn aus privaten Veräußerungsgeschäften entsteht erstmals in dem Veranlagungszeitraum, in dem der in der Summe der jährlichen Zahlungen enthaltene Veräußerungspreis die ggf. um die Absetzungen für Abnutzung, erhöhten Absetzungen und Sonderabschreibungen verminderten Anschaffungs- oder Herstellungskosten sowie die zugehörigen Werbungskosten übersteigt. Bei Veräußerungsgewinnen i. S. des § 17 Absatz 2 EStG entsteht der Gewinn im Zeitpunkt der Veräußerung. Wird eine Beteiligung i. S. des § 17 EStG gegen eine Leibrente oder gegen einen in Raten zu zahlenden Kaufpreis veräußert, sind die Grundsätze der R 17 Absatz 7 Satz 2 i. V. m. R 16 Absatz 11 EStR und des BMF-Schreibens vom 3. August 2004 (BStBl. I S. 1187) zu beachten. Wird Kapitalvermögen gegen wiederkehrende Leistungen veräußert, kann auch ein Gewinn oder Ertrag i. S. des § 20 Absatz 2 EStG vorliegen, der den Regelungen über die Abgeltungsteuer unterliegt.

b) Zinsanteil

75 Der in wiederkehrenden Leistungen enthaltene Zinsanteil ist Entgelt für die Stundung des Veräußerungspreises, das auf die Laufzeit der wiederkehrenden Leistungen zu verteilen ist. Der Zinsanteil wird gemäß den in Rz. 71 dargelegten Grundsätzen ermittelt. Bei dauernden Lasten ist der zu ermittelnde Zinsanteil als Einkünfte aus Kapitalvermögen nach § 20 Absatz 1 Nummer 7 EStG zu versteuern (vgl. BFH vom 25. November 1992 – BStBl. 1996 II S. 663 und vom 26. November 1992 – BStBl. 1993 II S. 298). Der in Veräußerungsleibrenten enthaltene Ertragsanteil ist nach § 22 Nummer 1 Satz 3 Buchstabe a Doppelbuchstabe bb EStG zu versteuern.[1]

76 Beispiel:

V überträgt seinem Sohn S im Wege der vorweggenommenen Erbfolge eine vermietete Eigentumswohnung mit einem Verkehrswert von 210 000 €. S verpflichtet sich, V eine an dessen Bedürfnissen orientierte lebenslängliche Rente i. H. von monatlich 2500 € (jährlich 30 000 €) zu zahlen. Der Barwert der wiederkehrenden Leistungen beträgt 350 000 €.

Lösung:

Da die vermietete Eigentumswohnung nicht zu den begünstigten Wirtschaftsgütern i. S. des § 10 Absatz 1 Nummer 1 a Satz 2 EStG gehört (vgl. Rz. 7), liegt keine Vermögensübertragung im Zusammenhang mit Versorgungsleistungen (vgl. B.), sondern bis zur Höhe eines angemessenen Kaufpreises (210 000 €) ein entgeltliches Geschäft gegen wiederkehrende Leistungen vor. Die Gegenleistung ist in dem Umfang als unangemessen anzusehen, in dem der Barwert der wiederkehrenden Leistungen (350 000 €) den Verkehrswert des übertragenen Vermögens (210 000 €) übersteigt (140 000 / 350 000 = 40 Prozent). S hat Anschaffungskosten für die vermietete Eigentumswohnung i. H. v. 210 000 €, die – abzüglich des Anteils für den Grund und Boden – Bemessungsgrundlage für die Absetzungen für Abnutzung sind. Der unangemessene Anteil der jährlichen Zahlung, also ein Betrag i. H. von (40 Prozent von 30 000 € =) 12 000 €, ist als Zuwendung i. S. des § 12 Nummer 2 EStG zu beurteilen. Der verbleibende Betrag von (30 000 € ./. 12 000 € =) 18 000 € ist in einen Tilgungs- und einen Zinsanteil zu zerlegen. Den nach der Ertragsanteilstabelle des § 22 Nummer 1 Satz 3 Buchstabe a Doppelbuchstabe bb EStG ermittelten Zinsanteil der Veräußerungsleibrente muss V als Berechtigter versteuern. S, als Verpflichteter, kann den Zinsanteil, der ebenfalls nach der Ertragsanteilstabelle des § 22 Nummer 1 Satz 3 Buchstabe a Doppelbuchstabe bb EStG zu ermitteln ist, als Werbungskosten nach § 9 Absatz 1 Satz 3 Nummer 1 EStG abziehen, weil er das erworbene Wirtschaftsgut zur Erzielung von Einkünften aus Vermietung und Verpachtung verwendet. Bei V ist zu prüfen, ob der (angemessene) Tilgungsanteil als Gewinn aus einem privaten Veräußerungsgeschäft zu erfassen ist (vgl. Rz. 74).

III. Übertragung von Privatvermögen gegen wiederkehrende Leistungen auf bestimmte Zeit

1. Anschaffungskosten und Veräußerungspreis

52 **77** Bei wiederkehrenden Leistungen auf bestimmte Zeit und bei für eine Mindestlaufzeit zu erbringenden wiederkehrenden Leistungen liegen Anschaffungskosten i. H. des nach § 13 Absatz 1 BewG zu ermittelnden (ggf. anteiligen) Barwerts (Tilgungsanteil) vor. Bei wiederkehrenden Leistungen auf die Lebenszeit des Berechtigten, die auf eine bestimmte Zeit beschränkt sind, hat der Verpflichtete Anschaffungskosten i. H. des nach § 13 Absatz 1 Satz 2 BewG i. V. m. § 14 BewG zu ermittelnden Barwerts. Der Barwert kann auch nach versicherungsmathematischen Grundsätzen ermittelt werden. Der Veräußerungspreis ist diesen Grundsätzen entsprechend zu ermitteln. Zur steuerlichen Behandlung der Anschaffungskosten vgl. Rz. 69 f. Zur steuerlichen Behandlung des Veräußerungspreises vgl. Rz. 73 f.

2. Zinsanteil

78 Für die Ermittlung des Zinsanteils einer Rente auf die Lebenszeit des Berechtigten bei vereinbarter Mindestlaufzeit ist zunächst zu bestimmen, ob die laufenden Zahlungen mehr von den begrifflichen Merkmalen einer Leibrente oder mehr von denjenigen einer (Kaufpreis-)Rate geprägt werden. Eine einheitliche Rente ist dabei nicht in eine Zeitrente und in eine durch den Ablauf der Mindestlaufzeit aufschiebend bedingte Leibrente aufzuspalten. Wurde die durch die Lebensdauer des Berechtigten bestimmte Wagniskomponente nicht zugunsten eines vorausbestimmten Leistungsvolumens ausgeschaltet, dann ist der Ertragsanteil mittels der Ertragswerttabelle des § 22 Nummer 1 Satz 3 Buchstabe a Doppelbuchstabe bb Satz 4 EStG zu ermitteln (BFH vom 19. August 2008 – BStBl. 2010 II S. 24). Dies ist z. B. bei einer Rente auf die Lebenszeit des Empfängers mit vereinbarter Mindestlaufzeit, die kürzer ist als die durchschnittliche Lebensdauer, der Fall. Zur steuerlichen Behandlung dieses Ertragsanteils beim Verpflichteten und Berechtigten vgl. Rz. 72 und 75.

---

[1] Bestätigt durch *BFH-Urteil vom 18. 5. 2010 X R 32–33/01 (BStBl. 2011 II S. 675).*

Anl zu R 10.3

79 Überwiegen hingegen die Gründe für die Annahme, bei den wiederkehrenden Leistungen handele es sich um (Kaufpreis-)Raten (z. B. bei einer Zeitrente, bei einer abgekürzten Leibrente oder bei einer Leibrente, bei der die Mindestlaufzeit höher ist als die durchschnittliche Lebensdauer), dann ist der Zinsanteil dieser auf besonderen Verpflichtungsgründen beruhenden Renten bzw. dauernden Lasten der Unterschiedsbetrag zwischen der Summe der jährlichen Zahlungen (vgl. aber Rz. 65 ff.) und der jährlichen Minderung des Barwerts der wiederkehrenden Leistungen, der nach finanzmathematischen Grundsätzen unter Verwendung eines Zinsfußes von 5,5 Prozent zu ermitteln ist (BFH vom 26. November 1992 – BStBl. 1993 II S. 298). Die jährliche Barwertminderung ist nach § 13 Absatz 1 BewG, bei sog. verlängerten Leibrenten oder dauernden Lasten nach § 13 Absatz 1 Satz 2 BewG i. V. m. § 14 BewG zu bestimmen. Aus Vereinfachungsgründen kann der Zinsanteil auch in Anlehnung an die Ertragswerttabelle des § 55 Absatz 2 EStDV bestimmt werden. Zur steuerlichen Behandlung dieses Zinsanteils beim Verpflichteten vgl. Rz. 72. Beim Berechtigten ist der Zinsanteil nach § 20 Absatz 1 Nummer 7 EStG zu besteuern.[1]

D. Anwendungsregelung

I. Allgemeines

80 Vorstehende Regelungen sind grundsätzlich auf alle wiederkehrenden Leistungen im Zusammenhang mit einer Vermögensübertragung anzuwenden, die auf einem nach dem 31. Dezember 2007 geschlossenen Übertragungsvertrag (Abschluss des schuldrechtlichen Rechtsgeschäfts) beruhen. 53

81 Für wiederkehrende Leistungen im Zusammenhang mit einer Vermögensübertragung, die auf einem vor dem 1. Januar 2008 geschlossenen Übertragungsvertrag beruhen, bleiben grundsätzlich § 10 Absatz 1 Nummer 1 a EStG in der vor dem 1. Januar 2008 geltenden Fassung und das BMF-Schreiben vom 16. September 2004 (BStBl. I S. 922)[2] weiter anwendbar. Dies gilt auch für vor dem 1. Januar 2008 geschlossene Wirtschaftsüberlassungsverträge und Pachtverträge, die als Wirtschaftsüberlassungsverträge anzusehen sind.

82 Bringt das übertragene Vermögen nur deshalb einen ausreichenden Ertrag, weil ersparte Aufwendungen zu den Erträgen des Vermögens gerechnet werden, gelten § 10 Absatz 1 Nummer 1 a EStG in der Fassung des JStG 2008 und die Regelungen dieses BMF-Schreibens. Rz. 76 des BMF-Schreibens vom 16. September 2004 findet ab dem Veranlagungszeitraum 2008 keine Anwendung mehr. § 10 Absatz 1 Nummer 1 a EStG in der vor dem 1. Januar 2008 geltenden Fassung und das BMF-Schreiben vom 16. September 2004 (BStBl. I S. 922)[2] sind jedoch weiter anwendbar, wenn ein ausreichender Ertrag in Form des Nutzungsvorteils eines zu eigenen Zwecken genutzten Grundstücks vorliegt.

83 Maßgeblich für die zeitliche Einordnung ist bei der Regelung der Vermögensübertragung in einer Verfügung von Todes wegen der Eintritt des Erbfalls. Ergibt sich der Anspruch auf Versorgungsleistungen aus einem in einer Verfügung von Todes wegen geregelten Vermächtnis, ist auf den Zeitpunkt des Anfalls des entsprechenden Vermächtnisses, also auf den Zeitpunkt der schuldrechtlichen Entstehung des Vermächtnisanspruchs oder der Auflagenbegünstigung abzustellen.

84 Bedarf die schuldrechtliche Vereinbarung einer staatlichen Genehmigung (z. B. familien-, vormundschafts- oder nachlassgerichtliche Genehmigung), wirkt die Erteilung dieser Genehmigung auf den Zeitpunkt der Vornahme des Rechtsgeschäfts zurück, wenn die Vertragsparteien alles in ihrer Macht stehende getan haben, um einen wirksamen zivilrechtlichen Vertrag abzuschließen. Steht die schuldrechtliche Vereinbarung unter einer aufschiebenden Bedingung, tritt die von der Bedingung abhängige Wirkung erst mit dem Eintritt der aufschiebenden Bedingung ein.

II. Ablösung eines Nießbrauchsrechts

85[3] Wurde aufgrund eines vor dem 1. Januar 2008 abgeschlossenen Übertragungsvertrags Vermögen unter Nießbrauchsvorbehalt auf den Vermögensübernehmer übertragen und wird dieses Nießbrauchsrecht nach dem 31. Dezember 2007 im Zusammenhang mit wiederkehrenden Leistungen abgelöst, gilt ebenfalls Rz. 81 (vgl. BFH vom 12. Mai 2015, BStBl. 2016 II S. 331).

---

[1] Bestätigt durch *BFH-Urteil vom 14. 7. 2020 VIII R 3/17 (BStBl. I S. 813).*

[2] Letztmals abgedruckt im „Handbuch zur ESt-Veranlagung 2008" als Anlage b zu § 10 EStG.

[3] Rz. 85 neugefasst durch BMF-Schreiben vom 6. 5. 2016 (BStBl. I S. 476), gemäß BMF-Schreiben gilt für die Anwendung der Neufassung Folgendes:
„① Grundsätzlich ist Rz. 85 in der Fassung dieses BMF-Schreibens in allen offenen Fällen anzuwenden.
② Für Veranlagungszeiträume **vor 2016** gilt Rz. 85 des BMF-Schreibens vom 11. März 2010 (BStBl. I S. 227) jedoch für die Veranlagung des Vermögensübernehmers **oder** Vermögensübergebers fort, wenn die Anwendung der Rz. 81 zu einer höheren Steuerlast führen würde.
③ Für Veranlagungszeiträume **nach 2015** gilt Rz. 85 des BMF-Schreibens vom 11. März 2010 (BStBl. I S. 227) sowohl für die Veranlagung des Vermögensübernehmers als auch für die Veranlagung des Vermögensübergebers fort, wenn die Ablösung des Nießbrauchsrechts vor dem 1. Juni 2016 vereinbart wurde sowie Vermögensübernehmer und Vermögensübergeber übereinstimmend an der Fortgeltung festhalten. ④ An die einmal getroffene, korrespondierende Entscheidung sind die Beteiligten für die Zukunft gebunden.
⑤ Die vorstehenden Sätze 2 bis 4 gelten nicht, wenn die Ablösung des Nießbrauchsrechts gegen Versorgungsleistungen und deren Zeitpunkt bereits im Übertragungsvertrag verbindlich vereinbart wurden."

Rz. 85 i. d. F. des BMF-Schreibens vom 11. 3. 2010 (BStBl. I S. 227):

„Wurde aufgrund eines vor dem 1. Januar 2008 abgeschlossenen Übertragungsvertrags (Rz. 81) Vermögen unter Nießbrauchsvorbehalt auf den Vermögensübernehmer übertragen und wird dieses Nießbrauchsrecht nach dem 31. Dezember 2007 im Zusammenhang mit wiederkehrenden Leistungen abgelöst, gilt Folgendes:

- Wurde die Ablösung des Nießbrauchsrechts gegen Versorgungsleistungen und der Zeitpunkt bereits im Übertragungsvertrag verbindlich vereinbart, bleiben § 10 Absatz 1 Nummer 1 a EStG in der vor dem 1. Januar 2008 geltenden Fassung und das BMF-Schreiben vom 16. September 2004 (BStBl. I S. 922) weiter anwendbar.
- Erfolgt die Vereinbarung der Ablösung des Nießbrauchsrechts erst später und nach dem 31. Dezember 2007, gelten § 10 Absatz 1 Nummer 1 a EStG in der Fassung des JStG 2008 und die Regelungen dieses BMF-Schreibens."

86 Entsprechendes gilt, wenn das Nießbrauchsrecht im Wege des Vermächtnisses eingeräumt worden ist.

III. Umschichtung

1. Umschichtungsverpflichtung im Übertragungsvertrag

87 Wurde vor dem 1. Januar 2008 ein Übertragungsvertrag abgeschlossen, der die Verpflichtung des Vermögensübernehmers vorsieht, ertragloses oder nicht ausreichend Ertrag bringendes Vermögen in eine ihrer Art nach bestimmte, ausreichend Ertrag bringende Vermögensanlage umzuschichten (vgl. Rz. 13 des BMF Schreibens vom 16. September 2004 – BStBl. I S. 922),[1] gelten § 10 Absatz 1 Nummer 1 a EStG in der Fassung des JStG 2008 und die Regelungen dieses BMF Schreibens, wenn die Umschichtung nicht vor dem 1. Januar 2008 vollzogen ist.

2. Nachträgliche Umschichtung

88 Wurde vor dem 1. Januar 2008 rechtswirksam eine Vermögensübertragung im Zusammenhang mit Versorgungsleistungen vereinbart und wird das begünstigte Vermögen nach dem 31. Dezember 2007 nachträglich umgeschichtet, ist die nachträgliche Umschichtung nach den Regelungen in den Rz. 28 ff. des BMF-Schreibens vom 16. September 2004 (BStBl. I S. 922)[1] zu beurteilen. Es ist in diesen Fällen nicht erforderlich, dass in Vermögen i. S. des § 10 Absatz 1 Nummer 1 a Satz 2 EStG in der Fassung des JStG 2008 umgeschichtet wird.

IV. Besteuerung nach § 22 Nummer 1 b EStG

89 § 22 Nummer 1 b EStG gilt ab dem Veranlagungszeitraum 2008 für die Besteuerung von Versorgungsleistungen beim Empfänger der Leistungen unabhängig vom Zeitpunkt des Abschlusses des Übertragungsvertrags. § 22 Nummer 1 b EStG regelt, dass die Einkünfte aus Versorgungsleistungen zu versteuern sind, soweit sie beim Zahlungsverpflichteten nach § 10 Absatz 1 Nummer 1 a EStG als Sonderausgaben abgezogen werden können. Sofern also bei einem Vertragsabschluss vor dem 1. Januar 2008 Versorgungsleistungen in Form einer Leibrente vereinbart wurden und diese beim Vermögensübernehmer lediglich i. H. des Ertragsanteils als Sonderausgaben abziehbar sind, unterliegen beim Vermögensübergeber die Bezüge auch nur insoweit der Besteuerung nach § 22 Nummer 1 b EStG.

V. Umwandlung einer Versorgungsleistung

90 Für vor dem 1. Januar 2008 abgeschlossene Vermögensübertragungsverträge bleibt Rz. 48 des BMF-Schreibens vom 16. September 2004 (BStBl. I S. 922)[1] weiter anwendbar, auch wenn die Umwandlung einer Leibrente in eine dauernde Last erst nach dem 31. Dezember 2007 erfolgt.

R 10.3a

R 10.3a. Versorgungsausgleich *(unbesetzt)*

55

H 10.3a

56

Versorgungsausgleich i. S. d. § 10 Abs. 1 a Nr. 4 EStG. Zur einkommensteuerrechtlichen Behandlung der Leistungen auf Grund eines schuldrechtlichen Versorgungsausgleichs → BMF vom 9. 4. 2010 (BStBl. I S. 323).[2]

Anl zu H 10.3 a

Schreiben betr. einkommensteuerrechtliche Behandlung von Ausgleichszahlungen im Rahmen des Versorgungsausgleichs nach § 10 Absatz 1 Nummer 1 b EStG[3] und § 22 Nummer 1 c EStG[4]

Vom 9. April 2010 (BStBl. I S. 323)

(BMF IV C 3 – S 2221/09/10024; DOK 2010/0267359)

Inhalt

---

[1] Letztmals abgedruckt im „Handbuch zur ESt-Veranlagung 2008" als Anlage b zu § 10 EStG.
[2] Nachstehend abgedruckt.
[3] Jetzt: § 10 Abs. 1 a Nr. 4 EStG.
[4] Jetzt: § 22 Nr. 1 a EStG.

Anl zu H 10.3a

A. Anwendungsbereich

57 **1** Im Zuge der Scheidung von Ehegatten oder der Aufhebung einer eingetragenen Lebenspartnerschaft (§ 20 Absatz 1 Lebenspartnerschaftsgesetz) kommt es im Regelfall zur Durchführung eines Versorgungsausgleichs. Hierbei werden die in der Ehezeit erworbenen Anrechte geteilt (§ 1 Absatz 1 Versorgungsausgleichsgesetz – VersAusglG; bei eingetragenen Lebenspartnern gemäß § 20 Absatz 1 Lebenspartnerschaftsgesetz). Diese Anrechte werden grundsätzlich intern (also innerhalb des jeweiligen Versorgungssystems) oder ausnahmsweise extern geteilt (§§ 10 bis 13 und §§ 14 bis 19 VersAusglG). Anrechte, die am Ende der Ehezeit noch nicht ausgleichsreif sind (z. B. weil ein Anrecht i. S. des Betriebsrentengesetzes noch verfallbar ist oder weil das Anrecht bei einem ausländischen, zwischenstaatlichen oder überstaatlichen Versorgungsträger besteht, § 19 Absatz 2 VersAusglG), sind von der internen und externen Teilung ausgeschlossen. Insoweit kommen gemäß § 19 Absatz 4 VersAusglG Ausgleichsansprüche nach der Scheidung in Betracht. Entsprechendes gilt, wenn die Ehegatten bzw. eingetragenen Lebenspartner gemäß § 6 Absatz 1 Nummer 3 VersAusglG den Versorgungsausgleich ganz oder teilweise Ausgleichsansprüchen nach der Scheidung vorbehalten haben.

2 Schuldrechtliche Ausgleichzahlungen des Ausgleichsverpflichteten an den Ausgleichsberechtigten in Form einer schuldrechtlichen Ausgleichsrente (§ 20 VersAusglG, §§ 1587 f, 1587 g BGB a. F.; zur Abtretung von Versorgungsansprüchen: § 21 VersAusglG, § 1587 i BGB a. F.) oder in Form von Kapitalzahlungen (§ 22 VersAusglG) kann der Ausgleichsverpflichtete unter den nachfolgend aufgeführten Voraussetzungen als Sonderausgaben nach § 10 Absatz 1 Nummer 1 b EStG geltend machen.

3 Der Sonderausgabenabzug nach § 10 Absatz 1 Nummer 1 b EStG kommt auch in Betracht, wenn ein noch nicht ausgeglichenes Anrecht bei einem ausländischen, zwischenstaatlichen oder überstaatlichen Versorgungsträger besteht und die Witwe oder der Witwer des Ausgleichsverpflichteten gegenüber dessen geschiedenen Ehegatten zum Ausgleich verpflichtet ist (§ 26 VersAusglG, § 3 a des Gesetzes zur Regelung von Härten im Versorgungsausgleich – VAHRG a. F.).

4 Der Sonderausgabenabzug nach § 10 Absatz 1 Nummer 1 b EStG kommt indes nicht in Betracht, wenn statt einer schuldrechtlichen Ausgleichszahlung ein Anrecht nach § 23 VersAusglG abgefunden wird. Der Abfindung nach § 23 VersAusglG liegt – im Gegensatz zu den schuldrechtlichen Ausgleichszahlungen – kein steuerbarer Zufluss beim Ausgleichsverpflichteten zu Grunde. Der wirtschaftliche Wertetransfer zwischen den Eheleuten, realisiert durch einen Zahlungsfluss zwischen dem Ausgleichsverpflichteten und dem aufnehmenden Versorgungsträger findet auf der privaten Vermögensebene statt und führt zu keinem steuerbaren Zufluss beim Ausgleichsberechtigten aus dem auszugleichenden Anrecht.

B. Korrespondenzprinzip

I. Behandlung beim Ausgleichsverpflichteten

5 Ausgleichszahlungen im Rahmen des Versorgungsausgleichs (Rz. 2, 3) können vom Ausgleichsverpflichteten in dem Umfang als Sonderausgaben nach § 10 Absatz 1 Nummer 1 b EStG geltend gemacht werden, in dem die den Ausgleichszahlungen zu Grunde liegenden Einnahmen bei ihm der Besteuerung unterliegen. Sind die zu Grunde liegenden Einnahmen nicht steuerbar oder steuerfrei, kommt ein Sonderausgabenabzug nach § 10 Absatz 1 Nummer 1 b EStG nicht in Betracht.

II. Behandlung beim Ausgleichsberechtigten

6 Ausgleichszahlungen im Rahmen des Versorgungsausgleichs (Rz. 2, 3) sind vom Ausgleichsberechtigten als Einkünfte nach § 22 Nummer 1 c EStG zu versteuern, soweit die Leistungen beim Ausgleichsverpflichteten als Sonderausgaben nach § 10 Absatz 1 Nummer 1 b EStG abgezogen werden können. Bei der Ermittlung der Einkünfte nach § 22 Nummer 1 c EStG ist § 9 a Satz 1 Nummer 3 EStG anzuwenden.

III. Unbeschränkte Steuerpflicht

7 Einstweilen frei

8 Ist der Ausgleichsverpflichtete nicht unbeschränkt einkommensteuerpflichtig (§ 1 Absatz 4 EStG), kann er die Ausgleichszahlungen im Rahmen des Versorgungsausgleichs (Rz. 2, 3) nicht als Sonderausgaben nach § 10 Absatz 1 Nummer 1 b EStG abziehen. In diesem Fall hat der Ausgleichsberechtigte diese Leistungen nicht zu versteuern.

C. Formen der Ausgleichszahlungen

I. Anspruch auf schuldrechtliche Ausgleichsrente, § 20 VersAusglG/§ 1587 g BGB a. F.; Rente auf Lebenszeit des Berechtigten, § 1587 k Absatz 2 BGB a. F.

9 Befindet sich das Anrecht bereits in der Leistungsphase und wird eine Ausgleichsrente an den Ausgleichsberechtigten gezahlt (§ 20 VersAusglG; § 1587 g BGB a. F.; Rente auf Lebenszeit des Berechtigten, § 1587 k Absatz 2 BGB a. F.), kann der Ausgleichsverpflichtete die Zahlungen nach § 10 Absatz 1 Nummer 1 b EStG abziehen, soweit die ihnen zu Grunde liegenden Einnahmen bei ihm der Besteuerung unterliegen. Der Ausgleichsberechtigte hat die entsprechenden Leistungen nach § 22 Nummer 1 c EStG zu versteuern.

Anl zu H 10.3a

1. Laufende Versorgung in Form einer Basisversorgung

10 Liegt der Ausgleichsrente eine Leibrente zu Grunde, die beim Ausgleichspflichtigen nach § 22 Nummer 1 Satz 3 Buchstabe a Doppelbuchstabe aa EStG steuerpflichtig ist (Leistungen aus der gesetzlichen Rentenversicherung, berufsständischen Versorgungseinrichtung, landwirtschaftlichen Alterskasse, Basisversorgung i. S. des § 10 Absatz 1 Nummer 2 Buchstabe b EStG), ist der Teil der Ausgleichsrente als Sonderausgabe nach § 10 Absatz 1 Nummer 1 b EStG anzusetzen, der dem steuerpflichtigen Teil der zu Grunde liegenden Leistung entspricht.

11 In gleicher Höhe unterliegt die Ausgleichsrente beim Ausgleichsberechtigten als Leistung aufgrund schuldrechtlicher Ausgleichszahlungen der Besteuerung nach § 22 Nummer 1 c EStG.

Beispiel 1:

Die Ausgleichsverpflichtete A bezieht seit dem Jahr 2009 eine Leibrente aus der gesetzlichen Rentenversicherung. Laut Rentenbezugsmitteilung für das Jahr 2011 beträgt der Leistungsbetrag 10 000 EUR und der darin enthaltene Anpassungsbetrag 1000 EUR. Als Ausgleichsrente zahlt A 50 Prozent ihrer Leibrente – und somit insgesamt im Jahr 2011 einen Betrag in Höhe von 5000 EUR – an den Ausgleichsberechtigten B.

Lösung:

Die Leibrente unterliegt für das Jahr 2011 bei der Ausgleichsverpflichteten nach § 22 Nummer 1 Satz 3 Buchstabe a Doppelbuchstabe aa EStG in Höhe von 6220 EUR der Besteuerung (58 Prozent von 9000 EUR = 5220 EUR zzgl. Anpassungsbetrag von 1000 EUR). Nach § 10 Absatz 1 Nummer 1 b EStG kann A von den an B geleisteten 5000 EUR einen Betrag in Höhe von 3110 EUR (50 Prozent von 6220 EUR, da die Ausgleichsrente 50 Prozent der Leibrente beträgt) als Sonderausgaben geltend machen. B muss korrespondierend hierzu 3008 EUR (= 3110 EUR ./. 102 EUR Werbungskostenpauschbetrag bzw. ggf. abzüglich tatsächlicher Werbungskosten) nach § 22 Nummer 1 c EStG versteuern.

2. Laufende Versorgung in Form eines Versorgungsbezugs i. S. des § 19 EStG

12 Wird im Wege der schuldrechtlichen Ausgleichsrente ein Anrecht auf einen Versorgungsbezug nach § 19 EStG (z. B. Beamtenpension oder Werkspension) ausgeglichen, kann anteilig der an den Versorgungsempfänger geleistete Teil der Bezüge, die nach Abzug des Versorgungsfreibetrags und des Zuschlags zum Versorgungsfreibetrag nach § 19 Absatz 2 EStG der Besteuerung unterliegen, als Sonderausgaben nach § 10 Absatz 1 Nummer 1 b EStG geltend gemacht werden. Der Ausgleichsberechtigte hat die Leistungen in entsprechendem Umfang nach § 22 Nummer 1 c EStG zu versteuern.

Beispiel 2:

Der Ausgleichsverpflichtete A bezieht im Jahr 2011 (Versorgungsbeginn 1. Januar 2011) eine Beamtenpension in Höhe von 20 000 EUR. Die Ausgleichsberechtigte B erhält eine Ausgleichsrente in Höhe von 10 000 EUR jährlich.

Lösung:

Nach Abzug der Freibeträge für Versorgungsbezüge nach § 19 Absatz 2 EStG in Höhe von 2964 EUR, wird ein Betrag von 17 036 EUR, bei A der Besteuerung zu Grunde gelegt. A kann einen Betrag in Höhe von 8518 EUR (= 50 Prozent von 17 036 EUR) als Sonderausgaben geltend machen. B hat einen Betrag in Höhe von 8416 EUR (= 8518 EUR ./. 102 EUR Werbungskostenpauschbetrag bzw. ggf. abzüglich tatsächlicher Werbungskosten) nach § 22 Nummer 1 c EStG zu versteuern.

3. Laufende Versorgung in Form einer Leibrente i. S. des § 22 Nummer 1 Satz 3 Buchst. a Doppelbuchst. bb EStG

13 Soweit der Ausgleichsrente eine mit dem Ertragsanteil nach § 22 Nummer 1 Satz 3 Buchst. a Doppelbuchst. bb EStG steuerbare Leibrente zu Grunde liegt, sind die Ausgleichszahlungen in Höhe des Ertragsanteils als Sonderausgaben nach § 10 Absatz 1 Nummer 1 b EStG zu berücksichtigen. Korrespondierend hierzu hat der Ausgleichsberechtigte die Ausgleichsrente in entsprechender Höhe nach § 22 Nummer 1 c EStG zu versteuern.

Beispiel 3:

Der Ausgleichsverpflichtete A bezieht seit Vollendung des 63. Lebensjahres eine nach § 22 Nummer 1 Satz 3 Buchst. a Doppelbuchst. bb EStG nur mit dem Ertragsanteil zu versteuernde Leibrente. Laut Rentenbezugsmitteilung für das Jahr 2011 beträgt der Leistungsbetrag 10 000 EUR. Im Rahmen des Versorgungsausgleichs leistet A als Ausgleichsrente 50 Prozent seiner Leibrente an die Ausgleichsberechtigte B. A zahlt im Jahr 2011 dementsprechend an B eine Ausgleichsrente in Höhe von 5000 EUR.

Lösung:

Die Leibrente unterliegt beim Ausgleichsverpflichteten nach § 22 Nummer 1 Satz 3 Buchst. a Doppelbuchst. bb EStG in Höhe von 2000 EUR (Ertragsanteil: 20 Prozent/Jahresrente 10 000 EUR) der Besteuerung. Als Sonderausgaben nach § 10 Absatz 1 Nummer 1 b EStG kann A 50 Prozent von 2000 EUR, somit einen Betrag in Höhe von 1000 EUR, geltend machen. B muss korrespondierend hierzu einen Betrag in Höhe von 898 EUR (= 1000 EUR ./. 102 EUR Werbungskostenpauschbetrag bzw. ggf. abzüglich tatsächlicher Werbungskosten) nach § 22 Nummer 1 c EStG versteuern.

4. Laufende Versorgung aus einem Pensionsfonds, einer Pensionskasse, einer Direktversicherung oder einem Riester-Vertrag

14 Liegt der Ausgleichsrente eine Leistung aus einem Pensionsfonds, einer Pensionskasse, einer Direktversicherung oder einem Altersvorsorgevertrag (Vertrag, der nach § 5 des Gesetzes über die Zertifizierung von Altersvorsorgeverträgen – AltZertG – zertifiziert ist, sog. Riester-Vertrag) zu Grunde, kann beim Ausgleichsverpflichteten der Teil der Ausgleichsrente als Sonderausgaben nach § 10 Absatz 1 Nummer 1 b EStG berücksichtigt werden, der nach § 22 Nummer 5 EStG bei ihm der Besteuerung unterliegt. Dabei ist es unerheblich, ob die zu Grunde liegende Leistung in Form einer Rentenzahlung oder eines Auszahlungsplans mit anschließender Teilkapitalverrentung ausgezahlt wird. Der Ausgleichsberechtigte hat die Leistung in entsprechendem Umfang nach § 22 Nummer 1 c EStG zu versteuern. Eine schädliche Verwendung nach § 93 EStG tritt nicht ein, da das geförderte Altersvorsorgevermögen unter den Voraussetzungen des AltZertG an den Ausgleichsverpflichteten gezahlt wird. Anl zu H 10.3a

Beispiel 4:

Der Ausgleichsverpflichtete A erhält nach Vollendung des 60. Lebensjahres aus dem Auszahlungsplan seines Riester-Vertrags eine monatliche Leistung in Höhe von 600 EUR bzw. eine jährliche Leistung in Höhe von 7200 EUR. Bei der erstmaligen Auszahlung der Leistung waren bereits mehr als zwölf Jahre seit dem Vertragsabschluss vergangen. Die Leistung beruht zu 70 Prozent auf geförderten und zu 30 Prozent auf ungeförderten Beiträgen; die ungeförderten Beiträge betragen 2000 EUR. A hat die auf geförderten Beiträgen beruhende anteilige Leistung von 70 Prozent nach § 22 Nummer 5 Satz 1 EStG in Höhe von 5040 EUR im Rahmen der sonstigen Einkünfte zu versteuern. Die auf ungeförderten Beiträgen beruhende anteilige Leistung von 30 Prozent hat er nach § 22 Nummer 5 Satz 2 Buchstabe c EStG mit der Hälfte des Unterschiedsbetrags zwischen der Leistung und der Summe der auf sie entrichteten Beiträge zu versteuern. Der Unterschiedsbetrag zwischen der Leistung in Höhe von 2160 EUR und der Summe der auf sie entrichteten ungeförderten Beiträge in Höhe von 2000 EUR beträgt 160 EUR. Die ausgezahlte Leistung hat A in Höhe von 80 EUR (Hälfte des Unterschiedsbetrags, § 22 Nummer 5 Satz 2 Buchstabe c EStG) zu versteuern. Im Rahmen des Versorgungsausgleichs zahlt A 50 Prozent seiner (gesamten) Leistungen aus dem Riester-Vertrag an den Ausgleichsberechtigten B.

Lösung:

Beim Ausgleichsverpflichteten unterliegt die Leistung aus dem Auszahlungsplan zunächst in Höhe von 5120 EUR (= 5040 EUR + 80 EUR) der Besteuerung. Als Sonderausgaben nach § 10 Absatz 1 Nummer 1 b EStG kann A einen Betrag in Höhe von 2560 EUR geltend machen, da er 50 Prozent der von ihm bezogenen Leistungen als Ausgleichsrente an B zahlt. B muss korrespondierend hierzu 2458 EUR (= 2560 EUR ./. 102 EUR Werbungskostenpauschbetrag bzw. ggf. abzüglich tatsächlicher Werbungskosten) nach § 22 Nummer 1 c EStG versteuern.

II. Abtretung von Versorgungsansprüchen (§ 21 VersAusglG/§ 1587 i BGB a. F.)

15 Hat der Ausgleichsverpflichtete dem Ausgleichsberechtigten seinen Anspruch gegen den Versorgungsträger in Höhe der Ausgleichsrente abgetreten (§ 21 VersAusglG; § 1587 i BGB a. F.), sind die Versorgungsleistungen in der Auszahlungsphase beim Ausgleichsverpflichteten auch insoweit steuerlich zu erfassen, als sie wegen der Abtretung nicht an ihn, sondern unmittelbar an den Ausgleichsberechtigten geleistet werden. Der Ausgleichsverpflichtete kann den jeweils abgetretenen und bei ihm der Besteuerung unterliegenden Teil der Versorgungsleistungen als Sonderausgaben nach § 10 Absatz 1 Nummer 1 b EStG abziehen. Der Ausgleichsberechtigte hat die Ausgleichszahlungen im Rahmen des Versorgungsausgleichs nach § 22 Nummer 1 c EStG zu versteuern.

16 Die Ausführungen in den Rz. 10 bis 14 gelten entsprechend.

17 Bei einem zertifizierten Altersvorsorgevertrag führt die Abtretung des Leistungsanspruchs in der Auszahlungsphase im Rahmen einer Ausgleichsrente nicht zu einer schädlichen Verwendung i. S. von § 93 EStG. Dies gilt auch, wenn die Abtretung bereits vor Beginn der Auszahlungsphase vorgenommen wird. Es handelt sich insoweit lediglich um einen abgekürzten Zahlungsweg. Die Leistung gilt steuerrechtlich weiterhin als dem Ausgleichsverpflichteten zugeflossen.

III. Anspruch auf Ausgleich von Kapitalzahlungen (§ 22 VersAusglG)

18 Zahlt der Ausgleichsverpflichtete einen Ausgleichswert für Kapitalzahlungen aus einem noch nicht ausgeglichenen Anrecht (§ 22 VersAusglG), ist die Zahlung beim Ausgleichsverpflichteten nach § 10 Absatz 1 Nummer 1 b EStG in dem Umfang zu berücksichtigen, wie die dem Ausgleichswert zu Grunde liegenden Kapitalzahlungen beim Ausgleichsverpflichteten zu versteuern sind. Der Ausgleichsberechtigte hat die Zahlung korrespondierend hierzu nach § 22 Nummer 1 c EStG zu versteuern. Hierbei wird es sich meist um betriebliche Anrechte handeln, die eine (Teil-)Kapitalisierung vorsehen, oder aber um Anrechte i. S. des AltZertG, soweit eine Teilkapitalisierung vereinbart ist.

Beispiel 5:

Der Ausgleichsverpflichtete A hat auf seinem zertifizierten Altersvorsorgevertrag gefördertes Altersvorsorgevermögen in Höhe von 50 000 EUR angespart. Zu Beginn der Auszahlungsphase lässt sich A im Rahmen einer förderunschädlichen Teilkapitalauszahlung 30 Prozent des vorhandenen geförderten Altersvorsorgekapitals auszahlen (15 000 EUR). A zahlt dem Ausgleichsberechtigten B einen Ausgleichswert in Höhe von 7500 EUR (50 Prozent von 15 000 EUR).

Lösung:

Die Auszahlung unterliegt bei A nach § 22 Nummer 5 Satz 1 EStG in Höhe von 15 000 EUR der vollen nachgelagerten Besteuerung. Als Sonderausgaben nach § 10 Absatz 1 Nummer 1 b EStG kann A einen Betrag in Höhe von 7500 EUR (50 Prozent von 15 000 EUR) ansetzen. B muss korrespondierend hierzu 7398 EUR (= 7500 EUR ./. 102 EUR Werbungskostenpauschbetrag bzw. ggf. abzüglich tatsächlicher Werbungskosten) nach § 22 Nummer 1 c EStG versteuern.

IV. Anspruch auf Abfindung (§ 23 VersAusglG/§ 1587 l BGB a. F.)

19 Verlangt der Ausgleichsberechtigte vom Ausgleichsverpflichteten für ein noch nicht ausgeglichenes Anrecht eine zweckgebundene Abfindung (§ 23 VersAusglG; § 1587 l BGB a. F.), scheidet beim Ausgleichsverpflichteten ein Sonderausgabenabzug nach § 10 Absatz 1 Nummer 1 b EStG aus. Der Ausgleichsberechtigte muss die Leistungen nicht als Einkünfte nach § 22 Nummer 1 c EStG versteuern. Gleiches gilt für Abfindungszahlungen, die im Rahmen eines Scheidungsfolgenvergleichs gezahlt werden, um den Versorgungsausgleich auszuschließen (§ 6 Absatz 1 Nummer 2 VersAusglG; §§ 1408 Absatz 2 und 1587 o BGB a. F.).

20 Die Zahlung der Abfindung (§ 23 VersAusglG; § 1587 l BGB a. F.) ist ein Vorgang auf der privaten Vermögensebene. Daher scheidet auch eine Steuerermäßigung wegen außergewöhnlicher Belastung nach § 33 EStG aus.

21 Die Besteuerung der dem Ausgleichsberechtigten aufgrund der Abfindung nach § 23 VersAusglG (§ 1587 l BGB a. F.) – später – zufließenden Versorgungsleistungen richtet sich nach der Rechtsnatur dieser Leistungen. Handelt es sich z. B. um Rentenzahlungen aus der gesetzlichen Rentenversicherung, sind diese bei ihm als Leibrenten nach § 22 Nummer 1 Satz 3 Buchst. a Doppelbuchst. aa EStG zu versteuern.

V. Anspruch gegen die Witwe oder den Witwer (§ 26 VersAusglG)

22 Stirbt der Ausgleichsverpflichtete und besteht ein noch nicht ausgeglichenes Anrecht bei einem ausländischen, zwischenstaatlichen oder überstaatlichen Versorgungsträger und leistet der Versorgungsträger eine Hinterbliebenenversorgung, kann die Witwe oder der Witwer zu Leistungen an den ausgleichsberechtigten, geschiedenen Ehegatten des Verstorbenen verpflichtet sein (§ 26 VersAusglG, § 3 a Absatz 5 VAHRG a. F.). Die Witwe oder der Witwer kann die Leistungen an den Ausgleichsberechtigten als Sonderausgaben nach § 10 Absatz 1 Nummer 1 b EStG geltend machen. Der Ausgleichsberechtigte hat die Leistungen nach § 22 Nummer 1 c EStG zu versteuern.

Beispiel 6:

Die Witwe W (zweite Ehefrau des verstorbenen Ausgleichsverpflichteten) bezieht seit dem Jahr 2010 eine Hinterbliebenenrente in Höhe von 10 000 EUR jährlich von einem Versorgungsträger in der Schweiz. Die Hinterbliebenenrente ist wie eine (große) Witwenrente aus der deutschen gesetzlichen Rentenversicherung nach § 22 Nummer 1 Satz 3 Buchst. a Doppelbuchst. aa EStG zu versteuern. Die geschiedene erste Ehefrau E des Verstorbenen hat gegen W einen Anspruch nach § 26 Absatz 1 VersAusglG auf Versorgungsausgleich in Höhe von 50 Prozent der Rente. W zahlt daher im Jahr 2010 an E eine Ausgleichsrente in Höhe von 5000 EUR.

Lösung:

Die Leibrente unterliegt bei der Ausgleichsverpflichteten W nach § 22 Nummer 1 Satz 3 Buchst. a Doppelbuchst. aa EStG in Höhe von 6000 EUR der Besteuerung (60 Prozent von 10 000 EUR). Nach § 10 Absatz 1 Nummer 1 b EStG kann W von 5000 EUR einen Betrag in Höhe von 3000 EUR (50 Prozent von 6000 EUR) als Sonderausgaben geltend machen. E muss korrespondierend hierzu 2898 EUR (= 3000 EUR ./. 102 EUR Werbungskostenpauschbetrag bzw. ggf. abzüglich tatsächlicher Werbungskosten) nach § 22 Nummer 1 c EStG versteuern.

D. Anwendungsregelungen

23 Die steuerrechtlichen Regelungen zum schuldrechtlichen Versorgungsausgleich wurden mit dem Jahressteuergesetz 2008 (JStG 2008, BGBl. 2007 I S. 3150) in § 10 Absatz 1 Nummer 1 b EStG niedergelegt. Außerdem wurden die zivilrechtlichen Regelungen zum Versorgungsausgleich mit dem Gesetz zur Strukturreform des Versorgungsausgleichs (VAStrRefG, BGBl. I S. 700) mit Wirkung zum 1. September 2009 geändert. Die bisherige zivilrechtliche Systematik der Ausgleichsansprüche nach der Scheidung (bisher: schuldrechtlicher bzw. verlängerter schuldrechtlicher Versorgungsausgleich nach den §§ 1587 f bis 1587 n BGB a. F. sowie § 3 a VAHRG) wurde hierbei weitgehend beibehalten.

24 Ab dem Veranlagungszeitraum 2008 findet für Ausgleichsansprüche nach der Scheidung § 10 Absatz 1 Nummer 1 b EStG in der ab dem 1. Januar 2008 geltenden Fassung und dieses BMF-Schreiben Anwendung. Die Ausführungen in diesem Schreiben sind sowohl für die – zivilrechtliche – Rechtslage bis zum 31. August 2009 als auch ab diesem Zeitpunkt anwendbar. Das BMF-Schreiben vom 20. Juli 1981 (BStBl. I S. 567)[1] findet ab dem Veranlagungszeitraum 2008 keine Anwendung mehr.

R 10.4

R 10.4. Vorsorgeaufwendungen (Allgemeines)

61 ① Nach § 10 Abs. 1 Nr. 3 Satz 2 EStG können eigene Beiträge des Kindes zur Basiskranken- und gesetzlichen Pflegeversicherung im Rahmen des Sonderausgabenabzugs bei den Eltern berücksichtigt werden, wenn diese das Kind, für das sie Anspruch auf einen Freibetrag nach § 32 Abs. 6 EStG oder auf Kindergeld haben, durch Unterhaltsleistungen in Form von Bar- oder Sachleistungen (z. B. Unterkunft und Verpflegung) unterstützen. ② Ob das Kind über eigene Einkünfte verfügt, ist insoweit ohne Bedeutung. ③ Allerdings können die Basiskranken- und gesetzlichen Pflegeversicherungsbeiträge des Kindes insgesamt nur einmal als Vorsorgeaufwendungen berücksichtigt werden. ④ Entweder erfolgt die Berücksichtigung nach § 10 Abs. 1 Nr. 3 Satz 2 EStG bei den Eltern oder nach § 10 Abs. 1 Nr. 3 Satz 1 EStG beim Kind.

H 10.4

Abzug von Vorsorgeaufwendungen

62
- Zum Sonderausgabenabzug für Beiträge nach § 10 Abs. 1 Nr. 2 bis 3 a EStG → BMF vom 24. 5. 2017 (BStBl. I S. 820)[2] unter Berücksichtigung der Änderungen durch BMF vom 6. 11. 2017 (BStBl. I S. 1455), vom 28. 9. 2021 (BStBl. I S. 1833) und vom 16. 12. 2021 (BStBl. 2022 I S. 155).
- Zum Sonderausgabenabzug für im Rahmen einer Unterhaltsverpflichtung getragene Basiskranken- und Pflegepflichtversicherungsbeiträge eines Kindes bei den Eltern → BMF vom 3. 4. 2019 (BStBl. I S. 254).[3]
- Zur Verfassungsmäßigkeit der beschränkten Abziehbarkeit von Altersvorsorgeaufwendungen → BFH vom 18. 11. 2009 (BStBl. 2010 II S. 414) und vom 9. 12. 2009 (BStBl. 2010 II S. 348).

Berufsständische Versorgungseinrichtungen

- Liste der berufsständischen Versorgungseinrichtungen, die den gesetzlichen Rentenversicherungen vergleichbare Leistungen i. S. d. § 10 Abs. 1 Nr. 2 Satz 1 Buchstabe a EStG erbringen → BMF vom 19. 6. 2020 (BStBl. I S. 617).[4]

---

[1] Zuletzt abgedruckt im „Handbuch zur ESt-Veranlagung 2008" als Anlage zu R 10.3.
[2] Nachstehend abgedruckt als Anlage a zu R 10.4 EStR.
[3] Nachstehend abgedruckt als Anlage c zu R 10.4 EStR.
[4] Nachstehend abgedruckt als Anlage b zu R 10.4 EStR.

– Zum Sonderausgabenabzug bei beschränkt Stpfl. für Pflichtbeiträge an berufsständische Versorgungseinrichtungen (§ 10 Abs. 1 Nr. 2 Buchstabe a, § 50 Abs. 1 Satz 3 EStG) → BMF vom 26. 6. 2019 (BStBl. I S. 624).

Bonuszahlungen

– Zur steuerlichen Behandlung von Bonusleistungen aus gesetzlicher Krankenversicherung (§ 65a SGB V) → BMF vom 24.5.2017 (BStBl I S. 820) unter Berücksichtigung der Änderungen durch BMF vom 16.12.2021 (BStBl. I 2022 S. 155), Rz. 88-89b;
– Bonuszahlungen aus privater Krankenversicherung → BFH vom 16.12.2020 (BStBl. II 2022 S. 106).

Höchstbetragsregelung. Die Regelung über die beschränkte Abziehbarkeit von sonstigen Vorsorgeaufwendungen (§ 10 Abs. 1 Nr. 3a EStG) ist verfassungsrechtlich nicht zu beanstanden (→ BFH vom 9. 9. 2015 – BStBl. II S. 1043).

a) Schreiben betr. einkommensteuerrechtliche Behandlung von Vorsorgeaufwendungen

Anl a zu R 10.4

Vom 24. Mai 2017 (BStBl. I S. 820)

(BMF IV C 3 – S 2221/16/10001 :004; DOK 2017/0392623)

Geändert durch BMF vom 6. November 2017 (BStBl. I S. 1455), durch BMF-Schreiben vom 28. September 2021 (BStBl. I S. 1833) und durch BMF-Schreiben vom 16. Dezember 2021 (BStBl. 2022 I S. 155)

Zum Sonderausgabenabzug für Beiträge nach § 10 Absatz 1 Nummer 2, 3 und 3a Einkommensteuergesetz (EStG) gilt im Einvernehmen mit den obersten Finanzbehörden der Länder Folgendes:

Inhaltsübersicht

[1] **Amtl. Anm.:** Der Begriff „Lebenspartner" bezeichnet in diesem BMF-Schreiben Lebenspartner einer eingetragenen Lebenspartnerschaft.

Anl a zu R 10.4

A. Abzug von Vorsorgeaufwendungen – § 10 EStG –

I. Sonderausgabenabzug für Altersvorsorgeaufwendungen nach § 10 Absatz 1 Nummer 2 EStG (Basisversorgung)

1. Begünstigte Beiträge

1.1. Beiträge i. S. d. § 10 Absatz 1 Nummer 2 Satz 1 Buchstabe a EStG (gesetzliche Altersvorsorge)

1.1.1. Beiträge zu den gesetzlichen Rentenversicherungen

64 **1** Begünstigt sind nach § 10 Absatz 1 Nummer 2 Satz 1 Buchstabe a EStG Beiträge an folgende Träger der gesetzlichen Rentenversicherung (RV):
- Deutsche Rentenversicherung Bund,
- Deutsche Rentenversicherung Knappschaft-Bahn-See,
- Deutsche Rentenversicherung Regionalträger.

Die Künstlersozialkasse fungiert dagegen nicht als Träger der gesetzlichen RV, sondern lediglich als Einzugsstelle der Beiträge.

Anl a zu R 10.4

2 Die Beiträge können wie folgt erbracht und nachgewiesen werden:

Art der Beitragsleistung	Nachweis durch
Pflichtbeiträge aufgrund einer abhängigen Beschäftigung einschließlich des nach § 3 Nummer 62 EStG steuerfreien Arbeitgeberanteils	Lohnsteuerbescheinigung
Pflichtbeiträge aufgrund einer selbständigen Tätigkeit	Beitragsbescheinigung des Rentenversicherungsträgers oder der Künstlersozialkasse
freiwillige Beiträge/Nachzahlung von freiwilligen Beiträgen	Beitragsbescheinigung des Rentenversicherungsträgers
freiwillige Zahlung von Beiträgen zum Ausgleich einer Rentenminderung (bei vorzeitiger Inanspruchnahme einer Altersrente), § 187 a des Sechsten Buches Sozialgesetzbuch (SGB VI)	Lohnsteuerbescheinigung oder Beitragsbescheinigung des Rentenversicherungsträgers
freiwillige Zahlung von Beiträgen zum Auffüllen von Rentenanwartschaften, die durch einen Versorgungsausgleich gemindert worden sind, § 187 SGB VI[1]	Besondere Beitragsbescheinigung des Rentenversicherungsträgers
Abfindung von Anwartschaften auf betriebliche Altersversorgung, § 187 b SGB VI	Besondere Beitragsbescheinigung des Rentenversicherungsträgers

3 Selbständige Künstler und Publizisten, die nach dem Künstlersozialversicherungsgesetz versicherungspflichtig sind, entrichten die Hälfte des zu entrichtenden Gesamtbeitrags an die Künstlersozialkasse. Dieser Anteil am Gesamtbeitrag ist als Beitrag zur gesetzlichen RV nach § 10 Absatz 1 Nummer 2 EStG zu berücksichtigen. Der übrige Beitragsanteil wird in der Regel von der Künstlersozialkasse aufgebracht und setzt sich aus der Künstlersozialabgabe und einem Zuschuss des Bundes zusammen. Dieser von der Künstlersozialkasse gezahlte Beitragsanteil ist nicht als Beitrag des Steuerpflichtigen i. S. d. § 10 Absatz 1 Nummer 2 EStG zu berücksichtigen.

4 Zu den Beiträgen nach § 10 Absatz 1 Nummer 2 Satz 1 Buchstabe a EStG gehören auch Beiträge an ausländische gesetzliche Rentenversicherungsträger (vgl. BFH vom 24. Juni 2009, BStBl. II S. 1000);[2] die inländischen Beitragsbemessungsgrenzen zur gesetzlichen RV sind insoweit nicht maßgebend. Zur Aufteilung von Globalbeiträgen wird auf Rz. 205 verwiesen. Der Beitrag eines inländischen Arbeitgebers an eine ausländische RV ist dem Arbeitnehmer zuzurechnen, wenn die Abführung auf vertraglicher und nicht auf gesetzlicher Grundlage erfolgte (BFH vom 18. Mai 2004, BStBl. II S. 1014). § 3 Nummer 62 EStG greift in diesen Fällen nicht.

5 Die Übertragung von Anrechten auf eine zwischen- oder überstaatliche Einrichtung aufgrund eines Abkommens zur Begründung von Anrechten auf Altersversorgung ist steuerfrei nach § 3 Nummer 55 e EStG. Das übertragene Vermögen ist nicht als Beitrag nach § 10 Absatz 1 Nummer 2 Satz 1 Buchstabe a EStG zu berücksichtigen.

1.1.2. Beiträge zur landwirtschaftlichen Alterskasse

6 In der Alterssicherung der Landwirte können der Landwirt, sein Ehegatte, sein Lebenspartner oder in bestimmten Fällen mitarbeitende Familienangehörige versichert sein.

7 Beiträge zur landwirtschaftlichen Alterskasse können, soweit sie zum Aufbau einer eigenen Altersversorgung führen, von dem zur Zahlung Verpflichteten als Beiträge i. S. d. § 10 Absatz 1 Nummer 2 Satz 1 Buchstabe a EStG geltend gemacht werden.

1.1.3. Beiträge zu berufsständischen Versorgungseinrichtungen

8 Berufsständische Versorgungseinrichtungen im steuerlichen Sinne sind öffentlich-rechtliche Versicherungs- oder Versorgungseinrichtungen für Beschäftigte und selbständig tätige Angehörige der kammerfähigen freien Berufe, die den gesetzlichen RV vergleichbare Leistungen erbringen. Welche berufsständischen Versorgungseinrichtungen diese Voraussetzung erfüllen, wird jeweils durch gesondertes BMF-Schreiben bekannt gegeben (vgl. zuletzt BMF-Schreiben vom 8. Juli 2014, BStBl. I S. 1098).[3]

9 Die Mitgliedschaft in der berufsständischen Versorgungseinrichtung ist bei Aufnahme der betreffenden Berufstätigkeit gesetzlich verpflichtend. Sie führt in den in § 6 Absatz 1 SGB VI genannten Fällen auf Antrag zu einer Befreiung von der gesetzlichen Rentenversicherungspflicht.

1.2. Beiträge i. S. d. § 10 Absatz 1 Nummer 2 Satz 1 Buchstabe b EStG (private Basisrente)

a) Allgemeines

10 Eine Basisrente i. S. d. § 10 Absatz 1 Nummer 2 Satz 1 Buchstabe b EStG i. V. m. dem Altersvorsorgeverträge-Zertifizierungsgesetz (AltZertG) liegt vor bei einem Vertrag zum Aufbau einer eigenen kapitalgedeckten Altersversorgung (Basisrente-Alter), ggf. ergänzt um eine Absicherung des Eintritts

[1] Zur einkommensteuerlichen Berücksichtigung siehe *BFH-Urteil vom 19. 8. 2021 X R 4/19 (BStBl. II 2022 S. 256).*

[2] Zur einkommensteuerlichen Behandlung der Beiträge an Vorsorgeeinrichtungen nach der zweiten Säule der schweizerischen Altersvorsorge siehe *BMF-Schreiben vom 27. 7. 2016 (BStBl. I S. 759).*

[3] Jetzt BMF-Schreiben vom 19. 6. 2020 (BStBl. I S. 617), nachstehend abgedruckt als Anlage b zu R 10.4 EStR.

Anl a zu R 10.4

der verminderten Erwerbsfähigkeit, der Berufsunfähigkeit oder von Hinterbliebenen oder zur Absicherung gegen den Eintritt der verminderten Erwerbsfähigkeit im Versicherungsfall (Basisrente-Erwerbsminderung), ggf. verbunden mit einer Absicherung gegen den Eintritt der Berufsunfähigkeit.

11 Nach § 10 Absatz 1 Nummer 2 Satz 1 Buchstabe b EStG sind nur die eigenen Beiträge des Versicherten abziehbar. Dies setzt Personenidentität zwischen dem Beitragszahler, der versicherten Person und dem Leistungsempfänger voraus (bei Ehegatten siehe R 10.1 EStR 2016 – bei Lebenspartnern entsprechend). Dies gilt nicht für Beiträge zu einer die Basisrente-Alter ergänzenden Hinterbliebenenabsicherung; insoweit ist ein abweichender Leistungsempfänger zulässig.

12 Der Anbieter kann davon ausgehen, dass die zugunsten des Vertrags geleisteten Beiträge der Person zuzurechnen sind, die einen vertraglichen Anspruch auf die Leistung hat. Ihn trifft keine Verpflichtung zur Feststellung der Mittelherkunft.

13 Auch Beiträge an Pensionsfonds, Pensionskassen und für Direktversicherungen, die im Rahmen der betrieblichen Altersversorgung erbracht werden, können nach § 10 Absatz 1 Nummer 2 Satz 1 Buchstabe b EStG begünstigt sein, sofern es sich um Beiträge zu einem zertifizierten Vertrag handelt (vgl. Rz. 15). Nicht zu berücksichtigen sind dagegen steuerfreie Beiträge, pauschal besteuerte Beiträge und Beiträge, die aufgrund einer Altzusage geleistet werden (vgl. Rz. 349 ff., 374 und 376 des BMF-Schreibens vom 24. Juli 2013, BStBl. I S. 1022, geändert durch BMF-Schreiben vom 13. Januar 2014, BStBl. I S. 97[1] und BMF-Schreiben vom 13. März 2014, BStBl. I S. 554[1]).

14 Beinhaltet ein Vorsorgevertrag u. a. folgende Möglichkeiten, liegen keine Beiträge nach § 10 Absatz 1 Nummer 2 Satz 1 Buchstabe b EStG vor:
- Kapitalwahlrecht,
- Anspruch bzw. Optionsrecht auf (Teil-)Auszahlung nach Eintritt des Versorgungsfalls,
- Zahlung eines Sterbegeldes,
- Abfindung einer Rente – Abfindungsansprüche und Beitragsrückerstattungen im Fall einer Kündigung des Vertrags; dies gilt nicht für gesetzliche Abfindungsansprüche (z. B. § 3 Betriebsrentengesetz – BetrAVG) oder die Abfindung einer Kleinbetragsrente (vgl. Rz. 34).

15 Voraussetzung für den Sonderausgabenabzug nach § 10 Absatz 1 Nummer 2 Satz 1 Buchstabe b EStG ist u. a., dass
- die Beiträge zugunsten eines Vertrags geleistet wurden, der nach § 5 a AltZertG zertifiziert ist (Grundlagenbescheid i. S. d. § 171 Absatz 10 Abgabenordnung – AO), und
- der Steuerpflichtige gegenüber dem Anbieter in die Datenübermittlung nach § 10 Absatz 2 a EStG eingewilligt hat (vgl. Rz. 186 ff.).

b) Voraussetzungen der vertraglichen Vereinbarungen

aa) Monatliche Zahlung

16 Der Vertrag darf nur die Zahlung einer monatlichen Leibrente vorsehen. Abweichend hiervon ist eine vertragliche Vereinbarung, wonach bis zu zwölf Monatsleistungen in einer Auszahlung zusammengefasst werden können, zulässig.

bb) Gleichbleibende oder steigende Leibrente

17 Der Vertrag darf nur die Zahlung einer gleichbleibenden oder steigenden Leibrente vorsehen.

18 Ein planmäßiges Sinken der Rentenhöhe ist nicht zulässig. Geringfügige Schwankungen in der Rentenhöhe sind jedoch unschädlich, sofern diese Schwankungen auf in einzelnen Jahren unterschiedlich hohen Überschussanteilen während der Rentenzahlung beruhen, die für die ab Leistungsbeginn garantierten Rentenleistungen gewährt werden. Für die Basisrente-Alter bedeutet dies z. B., dass der auf Basis des zu Beginn der Auszahlungsphase garantierten Kapitals zzgl. der unwiderruflich zugeteilten Überschüsse zu errechnende Rentenbetrag während der gesamten Auszahlungsphase nicht unterschritten werden darf.

19 Um das Vorliegen der Voraussetzungen für eine Leibrente i. S. d. § 10 Absatz 1 Nummer 2 Satz 1 Buchstabe b Doppelbuchstabe aa EStG sicherzustellen, insbesondere dass die Rente während ihrer Laufzeit nicht sinken kann, muss der Vertrag die Verpflichtung des Anbieters enthalten, vor Rentenbeginn die Leibrente auf Grundlage einer anerkannten Sterbetafel zu berechnen und dabei den während der Laufzeit der Rente geltenden Zinsfaktor festzulegen.

cc) Lebenslange Leibrente

20 Der Vertrag darf nur die Zahlung einer lebenslangen Leibrente vorsehen.

21 Eine Auszahlung durch die regelmäßige Gutschrift einer gleichbleibenden oder steigenden Anzahl von Investmentanteilen sowie die Auszahlung von regelmäßigen Raten im Rahmen eines Auszahlungsplans sind keine lebenslange Leibrente i. S. d. § 10 Absatz 1 Nummer 2 Satz 1 Buchstabe b EStG.

22 Hierbei wird nur ein bestimmtes Kapital über eine gewisse Laufzeit verteilt. Nach Laufzeitende ist das Kapital aufgebraucht, so dass die Zahlungen dann enden. Insoweit ist eine lebenslange Auszahlung nicht gewährleistet. Eine andere Wertung ergibt sich auch nicht durch eine Kombination eines Auszahlungsplans mit einer sich anschließenden Teilkapitalverrentung. Begrifflich ist die „Teilverrentung" zwar eine Leibrente, allerdings wird der Auszahlungsplan durch die Verknüpfung mit einer Rente nicht selbst zu einer Leibrente.

[1] Nicht mehr in der sog. Positivliste des BMF-Schreibens vom 18. 3. 2019 (BStBl. I S. 270).

dd) Nichtvererblichkeit

23 Die Vertragsbedingungen dürfen eine Auszahlung an die Erben im Todesfall nicht vorsehen. Das vorhandene Vermögen kommt dann der Versichertengemeinschaft bzw. der Gemeinschaft der verbleibenden Vorsorgesparer zugute.

24 Die Nichtvererblichkeit wird nicht berührt durch gesetzlich zugelassene Hinterbliebenenleistungen im Rahmen der ergänzenden Hinterbliebenenabsicherung (Rz. 37 ff.) bei der Basisrente-Alter oder durch Rentenzahlungen an die Erben für den Zeitraum bis zum Ablauf des Todesmonats der versicherten Person.

25 Eine Rentengarantiezeit – also die Vereinbarung, dass die Rente unabhängig vom Tod der versicherten Person mindestens bis zum Ablauf einer vereinbarten Garantiezeit gezahlt wird – widerspricht der im EStG geforderten Nichtvererblichkeit.

26 Im Rahmen von Fondsprodukten (Publikumsfonds) kann die Nichtvererblichkeit bei der Basisrente-Alter dadurch sichergestellt werden, dass keine erbrechtlich relevanten Vermögenswerte aufgrund des Basisrentenvertrags beim Steuerpflichtigen vorhanden sind. Diese Voraussetzung kann entweder über eine auflösend bedingte Ausgestaltung des schuldrechtlichen Leistungsanspruchs („Treuhandlösung") oder im Wege spezieller Sondervermögen erfüllt werden, deren Vertragsbedingungen vorsehen, dass im Falle des Todes des Anlegers dessen Anteile zugunsten des Sondervermögens eingezogen werden („Fondslösung"). Ebenso kann diese Voraussetzung durch eine vertragliche Vereinbarung zwischen dem Anbieter und dem Steuerpflichtigen erfüllt werden, nach der im Falle des Todes des Steuerpflichtigen der Gegenwert seiner Fondsanteile der Sparergemeinschaft zugutekommt („vertragliche Lösung").

27 Für die bei einem fondsbasierten Basis-/Rürup-Rentenprodukt im Rahmen der „vertraglichen Lösung" anfallenden „Sterblichkeitsgewinne" sowie für den Einzug der Anteile am Sondervermögen und die anschließende Verteilung bei der „Treuhandlösung" fällt mit Blick auf die persönlichen Freibeträge der Erwerber keine Erbschaftsteuer an.

ee) Nichtübertragbarkeit

28 Der Vertrag muss die Möglichkeit zur Übertragung der Ansprüche des Leistungsempfängers auf eine andere Person (z. B. im Wege der Schenkung) ausschließen; die Pfändbarkeit nach den Vorschriften der Zivilprozessordnung (ZPO) steht dem nicht entgegen.

29 Der Vertrag darf zulassen, dass die Ansprüche des Leistungsempfängers aus dem Vertrag unmittelbar auf einen nach § 5 a AltZertG zertifizierten Vertrag (vgl. Rz. 15) des Leistungsempfängers auch bei einem anderen Unternehmen übertragen werden. Dabei ist lediglich die Übertragung innerhalb der jeweiligen Produktgruppe (Basisrente-Alter oder Basisrente-Erwerbsminderung) zulässig. Dieser Vorgang ist steuerfrei nach § 3 Nummer 55 d EStG. Das übertragene Vermögen ist nicht als Beitrag nach § 10 Absatz 1 Nummer 2 Satz 1 Buchstabe b EStG zu berücksichtigen.

30 Die Übertragung von Anrechten aus einem Basisrentenvertrag i. S. d. § 10 Absatz 1 Nummer 2 Satz 1 Buchstabe b Doppelbuchstabe aa EStG zur Regelung von Scheidungsfolgen nach dem Versorgungsausgleichsgesetz (VersAusglG) vom 3. April 2009 (BGBl. I 2009 S. 700), insbesondere im Rahmen einer internen (§ 10 VersAusglG) oder externen Teilung (§ 14 VersAusglG), ist unschädlich.

ff) Nichtbeleihbarkeit

31 Es muss vertraglich ausgeschlossen sein, dass die Ansprüche – z. B. sicherungshalber – abgetreten oder verpfändet werden können.

gg) Nichtveräußerbarkeit

32 Der Vertrag muss so gestaltet sein, dass die Ansprüche nicht an einen Dritten veräußert werden können.

hh) Nichtkapitalisierbarkeit

33 Vertraglich darf kein Recht auf Kapitalisierung des Rentenanspruchs vorgesehen sein.

34 Eine Ausnahme gilt bei der Abfindung einer Kleinbetragsrente in Anlehnung an § 93 Absatz 3 Satz 2 und 3 EStG. Die Abfindungsmöglichkeit besteht bei einer Altersrente i. S. d. § 10 Absatz 1 Nummer 2 Satz 1 Buchstabe b Doppelbuchstabe aa EStG erst mit dem Beginn der Auszahlungsphase, frühestens mit Vollendung des 62. Lebensjahres des Leistungsempfängers (bei vor dem 1. Januar 2012 abgeschlossenen Verträgen ist grundsätzlich die Vollendung des 60. Lebensjahres maßgebend, vgl. Rz. 35). Bei Renten aus einem Basisrentenvertrag (Basisrente-Alter oder Basisrente-Erwerbsminderung) wegen Berufsunfähigkeit, verminderter Erwerbsfähigkeit und an Hinterbliebene ist die Abfindung einer Kleinbetragsrente schon im Versicherungsfall möglich.

1.2.1. Beiträge i. S. d. § 10 Absatz 1 Nummer 2 Satz 1 Buchstabe b Doppelbuchstabe aa EStG (Basisrente-Alter)

a) Allgemeines

35 Beiträge zur Basisrente-Alter können nur berücksichtigt werden, wenn die Laufzeit des Vertrags nach dem 31. Dezember 2004 beginnt (zu Laufzeitbeginn und mindestens einer Beitragsleistung vor dem 1. Januar 2005 vgl. Rz. 122) und der Vertrag eine Leibrente vorsieht, die nicht vor Vollendung des 62. Lebensjahres des Steuerpflichtigen beginnt (bei vor dem 1. Januar 2012 abgeschlossenen Verträgen ist regelmäßig die Vollendung des 60. Lebensjahres maßgebend).

36 Voraussetzung für den Abzug nach § 10 Absatz 1 Nummer 2 Satz 1 Buchstabe b Doppelbuchstabe aa EStG ist seit dem Veranlagungszeitraum (VZ) 2010, dass der Vertrag zertifiziert ist (vgl. Rz. 15).

Anl a zu R 10.4

b) Ergänzende Absicherung von Berufsunfähigkeit, verminderter Erwerbsfähigkeit und Hinterbliebenen

37 Bei der Basisrente-Alter können ergänzend der Eintritt der Berufsunfähigkeit, der verminderten Erwerbsfähigkeit oder auch Hinterbliebene abgesichert werden, wenn die Zahlung einer Rente vorgesehen ist. Eine zeitliche Befristung einer Berufsunfähigkeits- oder Erwerbsminderungsrente ist ausschließlich im Hinblick auf die entfallende Versorgungsbedürftigkeit (Verbesserung der Gesundheitssituation oder Erreichen der Altersgrenze für den Bezug der Altersrente aus dem entsprechenden Vertrag) nicht zu beanstanden. Ebenso ist es unschädlich, wenn der Vertrag bei Eintritt der Berufsunfähigkeit oder der verminderten Erwerbsfähigkeit anstelle oder ergänzend zu einer Rentenzahlung eine Beitragsfreistellung vorsieht.

38 Die ergänzende Absicherung ist nur dann unschädlich, wenn mehr als 50% der Beiträge auf die eigene Altersversorgung des Steuerpflichtigen entfallen. Für das Verhältnis der Beitragsanteile zueinander ist regelmäßig auf den konkret vom Steuerpflichtigen zu zahlenden (Gesamt-)Beitrag abzustellen. Dabei dürfen die Überschussanteile aus den entsprechenden Risiken die darauf entfallenden Beiträge mindern.

39 Sieht der Basisrentenvertrag vor, dass der Steuerpflichtige bei Eintritt der Berufsunfähigkeit oder einer verminderten Erwerbsfähigkeit von der Verpflichtung zur Beitragszahlung für diesen Vertrag – vollständig oder teilweise – freigestellt wird, sind die insoweit auf die Absicherung dieses Risikos entfallenden Beitragsanteile der Altersvorsorge zuzuordnen. Das gilt jedoch nur, wenn sie der Finanzierung der vertraglich vereinbarten lebenslangen Leibrente i. S. d. § 10 Absatz 1 Nummer 2 Satz 1 Buchstabe b Doppelbuchstabe aa EStG dienen und aus diesen Beitragsanteilen keine Leistungen wegen Berufsunfähigkeit oder verminderter Erwerbsfähigkeit gezahlt werden, d. h., es wird lediglich der Anspruch auf eine Altersversorgung weiter aufgebaut. Eine Zuordnung zur Altersvorsorge erfolgt jedoch nicht, wenn der Steuerpflichtige vertragsgemäß wählen kann, ob er eine Rente wegen Berufsunfähigkeit oder verminderter Erwerbsfähigkeit erhält oder die Beitragsfreistellung in Anspruch nimmt.

40 Sieht der Basisrentenvertrag vor, dass der Steuerpflichtige eine Altersrente und nach seinem Tode der überlebende Ehegatte oder Lebenspartner seinerseits eine lebenslange gleichbleibende oder steigende Leibrente i. S. d. § 10 Absatz 1 Nummer 2 Satz 1 Buchstabe b Doppelbuchstabe aa EStG (insbesondere nicht vor Vollendung seines 62. bzw. 60. Lebensjahres; vgl. Rz. 35) erhält, handelt es sich nicht um eine ergänzende Hinterbliebenenabsicherung, sondern insgesamt um eine Altersvorsorge. Der Beitrag ist in diesen Fällen in vollem Umfang der Altersvorsorge zuzurechnen. Erfüllt dagegen die zugesagte Rente für den hinterbliebenen Ehegatten oder Lebenspartner nicht die Voraussetzungen des § 10 Absatz 1 Nummer 2 Satz 1 Buchstabe b Doppelbuchstabe aa EStG (insbesondere im Hinblick auf das Mindestalter für den Beginn der Rentenzahlung), liegt eine ergänzende Hinterbliebenenabsicherung vor. Die Beitragsanteile, die nach versicherungsmathematischen Grundsätzen auf das Risiko der Rentenzahlung an den hinterbliebenen Ehegatten oder Lebenspartner entfallen, sind daher der ergänzenden Hinterbliebenenabsicherung zuzuordnen.

41 Wird die Hinterbliebenenversorgung ausschließlich aus dem bei Tod des Steuerpflichtigen vorhandenen Altersvorsorge-(Rest)kapitals finanziert, ist die Hinterbliebenenabsicherung keine Risikoabsicherung und der Beitrag ist insoweit der Altersvorsorge zuzurechnen. Das gilt auch, wenn der Steuerpflichtige eine entsprechend gestaltete Absicherung des Ehegatten oder Lebenspartners als besondere Komponente im Rahmen seines (einheitlichen) Basisrentenvertrags hinzu- oder später wieder abwählen kann (z. B. bei Scheidung, Wiederheirat etc.).

42 Sowohl die Altersversorgung als auch die ergänzenden Absicherungen müssen in einem einheitlichen Vertrag geregelt sein. Andernfalls handelt es sich nicht um ergänzende Absicherungen zu einem Basisrentenvertrag, sondern um eigenständige Versicherungen. Die Aufwendungen hierfür sind bei Vorliegen der Voraussetzungen nach § 10 Absatz 1 Nummer 3 a EStG als sonstige Vorsorgeaufwendungen zu berücksichtigen (Rz. 121 ff.). Erfüllt die Absicherung der verminderten Erwerbsfähigkeit jedoch die Voraussetzungen des § 10 Absatz 1 Nummer 2 Satz 1 Buchstabe b Doppelbuchstabe bb EStG, ist auch ein Abzug der Aufwendungen nach § 10 Absatz 1 Nummer 2 Satz 1 Buchstabe b EStG möglich.

43 Bei einem Basisrentenvertrag auf Grundlage von Investmentfonds kann der Einschluss einer ergänzenden Absicherung des Eintritts der Berufsunfähigkeit, der verminderten Erwerbsfähigkeit oder einer zusätzlichen Hinterbliebenenrente im Wege eines einheitlichen Vertrags zugunsten Dritter gem. §§ 328 ff. des Bürgerlichen Gesetzbuchs (BGB) erfolgen. Hierbei ist die Kapitalanlagegesellschaft Versicherungsnehmer (VN), während der Steuerpflichtige die versicherte Person ist und den eigentlichen (Renten-)Anspruch gegen das entsprechende Versicherungsunternehmen erhält. Dies wird im Fall der Vereinbarung einer Berufsunfähigkeits- bzw. Erwerbsunfähigkeitsrente in den Vertragsbedingungen durch Abtretung des Bezugsrechts an den Steuerpflichtigen ermöglicht. Im Falle der Vereinbarung einer zusätzlichen Hinterbliebenenrente erfolgt die Abtretung des Bezugsrechts an den privilegierten Hinterbliebenen. Die Kapitalanlagegesellschaft leitet die Beiträge des Steuerpflichtigen, soweit sie für die ergänzende Absicherung bestimmt sind, an den Versicherer weiter.

44 Zu den Hinterbliebenen, die zusätzlich abgesichert werden können, gehören nur der Ehegatte oder der Lebenspartner des Steuerpflichtigen und Kinder i. S. d. § 32 EStG. Der Anspruch auf Waisenrente ist dabei auf den Zeitraum zu begrenzen, in dem das Kind die Voraussetzungen des § 32 EStG erfüllt. Es ist nicht zu beanstanden, wenn die Waisenrente auch für den Zeitraum gezahlt wird, in dem das Kind nur die Voraussetzungen nach § 32 Absatz 4 Satz 1 EStG erfüllt. Für die vor dem 1. Januar 2007 abgeschlossenen Verträge gilt für das Vorliegen einer begünstigten Hinterbliebenenversorgung die Altersgrenze des § 32 EStG in der bis zum 31. Dezember 2006 geltenden Fassung (§ 52 Absatz 32 Satz 3 EStG). In diesen Fällen können z. B. Kinder in Berufsausbildung in der Regel bis zur Vollendung des 27. Lebensjahres berücksichtigt werden.

Anl a zu R 10.4

1.2.2. Beiträge i. S. d. § 10 Absatz 1 Nummer 2 Satz 1 Buchstabe b Doppelbuchstabe bb EStG i. V. m. § 2 Absatz 1 a AltZertG (Basisrente-Erwerbsminderung)

45 Beiträge zur Basisrente-Erwerbsminderung können nur berücksichtigt werden, wenn diese auf einen nach § 5 a AltZertG zertifizierten Vertrag eingezahlt werden (vgl. Rz. 15). Zertifizierungen können auf Antrag des Anbieters erstmalig mit Wirkung zum 1. Januar 2014 erteilt werden. Demnach sind Beiträge zur Basisrente-Erwerbsminderung grundsätzlich ab dem VZ 2014 abziehbar.

46 Der Vertrag muss nach § 2 Absatz 1 a Nummer 1 AltZertG zwingend eine Absicherung gegen den Eintritt der teilweisen oder vollen Erwerbsminderung vorsehen. Eine Erwerbsminderung liegt vor, wenn der VN voraussichtlich für mindestens zwölf Monate aufgrund von Krankheit, Körperverletzung oder Behinderung nicht in der Lage ist, unter den üblichen Bedingungen des allgemeinen Arbeitsmarktes voll erwerbstätig zu sein. Dabei ist von einer teilweisen Erwerbsminderung auszugehen, wenn der VN nicht imstande ist, mindestens sechs Stunden täglich erwerbstätig zu sein. Eine volle Erwerbsminderung liegt dagegen vor, wenn er hierzu nicht mindestens drei Stunden täglich in der Lage ist. Für die Beurteilung, ob eine Beschäftigung unter den üblichen Bedingungen des allgemeinen Arbeitsmarktes möglich und zumutbar ist, kommt es ausschließlich auf die gesundheitlichen Einschränkungen des Versicherten an. Die allgemeine Arbeitsmarktlage ist nicht zu beachten.

47 Neben der Absicherung gegen den Eintritt der verminderten Erwerbsfähigkeit darf ein Basisrentenvertrag-Erwerbsminderung zusätzlich auch die Absicherung gegen den Eintritt der Berufsunfähigkeit enthalten. Es handelt sich in diesen Fällen weiterhin um einen einheitlichen Vertrag. Die verschiedenen Vertragskomponenten können versicherungsrechtlich sowohl der Haupt- als auch der Zusatzversicherung zugeordnet werden. Tritt der Versicherungsfall (Erwerbsminderung oder ggf. Berufsunfähigkeit) im versicherten Zeitraum, spätestens bis zur Vollendung des 67. Lebensjahres ein, hat der Anbieter eine lebenslange gleichbleibende oder steigende Leibrente vorzusehen.

48 Eine zeitliche Befristung der Erwerbsminderungs- oder Berufsunfähigkeitsrente ist nur dann nicht zu beanstanden, wenn die Erwerbsminderung oder Berufsunfähigkeit bis zur Vollendung des 67. Lebensjahres weggefallen ist. Der Wegfall ist medizinisch zu begründen. Ein medizinisch begründeter Wegfall der Berufsunfähigkeit kann – wenn dies vereinbart wurde – auch dann vorliegen, wenn der VN eine andere Tätigkeit ausübt oder ausüben kann, die zu übernehmen er aufgrund seiner Ausbildung und Fähigkeiten in der Lage ist und die seiner bisherigen Lebensstellung entspricht.

49 Sofern der Steuerpflichtige bei Eintritt des Versicherungsfalls das 55. Lebensjahr vollendet hat, darf die zugesagte Rente in ihrer Höhe vom Alter des Steuerpflichtigen bei Eintritt des Versicherungsfalls abhängig gemacht werden. Es muss allerdings auch bei Eintritt des Versicherungsfalls zwischen dem 55. und 67. Lebensjahr eine gleichbleibende oder steigende lebenslange Leibrente (> 0 €) gezahlt werden (vgl. aber Rz. 33 f.).

50 Für die Absicherung gegen den Eintritt der Berufsunfähigkeit sind die allgemeinen versicherungsvertraglichen Grundsätze zu beachten. Daneben müssen für die Absicherung gegen den Eintritt der verminderten Erwerbsfähigkeit folgende Regelungen nach § 2 Absatz 1 a AltZertG im Vertrag vorgesehen werden:

51 – Leistungsumfang:
Sieht der Vertrag sowohl eine Absicherung des Eintritts der vollen als auch teilweisen Erwerbsminderung vor, hat der Anbieter bei Eintritt der teilweisen Erwerbsminderung mindestens die Hälfte der versicherten Leistung zu gewähren.

52 – Leistungsbeginn:
Die Leistung ist spätestens ab Beginn des Kalendermonats zu gewähren, der dem Kalendermonat folgt, in dem die teilweise oder volle Erwerbsminderung eingetreten ist. Dies gilt, wenn die Leistung bis zum Ende des 36. Kalendermonats nach Ablauf des Monats des Eintritts der teilweisen oder vollen Erwerbsminderung beantragt wird. Wird der Antrag zu einem späteren Zeitpunkt gestellt, hat der Anbieter spätestens ab Beginn des Kalendermonats zu leisten, der 36 Monate vor dem Monat der Beantragung liegt, frühestens jedoch ab Vertragsbeginn.

53 – Beitragsstundung:
Die Beiträge (Beitragsanteile) zur Absicherung des Risikos „verminderte Erwerbsfähigkeit" sind auf Antrag des Steuerpflichtigen ab dem Zeitpunkt der Rentenantragstellung wegen teilweiser oder voller Erwerbsminderung bis zur endgültigen Entscheidung über die Leistungspflicht zinslos und ohne andere Auflagen zu stunden.

54 – Kündigungs- und Abänderungsverzicht:
Verletzt der Steuerpflichtige (Vertragspartner) schuldlos seine Pflicht, ihm bekannte erhebliche Gefahrumstände anzuzeigen, die für den Versicherer hinsichtlich der Entscheidung zum Abschluss des Vertrags entscheidend sein können, hat der Anbieter auf sein Kündigungsrecht nach § 19 Absatz 3 Satz 2 Versicherungsvertragsgesetz (VVG) und das Abänderungsrecht nach § 19 Absatz 4 VVG zu verzichten.

55 – Begrenzung der medizinischen Mitwirkungspflicht des Steuerpflichtigen:
Die Verpflichtung des Steuerpflichtigen zur medizinischen Mitwirkung muss nicht nur auf medizinisch indizierte, sondern auch auf zumutbare ärztliche Untersuchungs- und Behandlungsleistungen begrenzt sein. Dies gilt sowohl zur als auch nach der Feststellung der teilweisen oder vollen Erwerbsminderung.

1.3. Steuerfreie Zuschüsse und Beitragsrückerstattungen

56 Steuerfreie Beitragszuschüsse und Beitragsrückerstattungen mindern den Sonderausgabenabzug für Altersvorsorgeaufwendungen, z. B. bei

Anl a zu R 10.4

- steuerfrei gezahlten Zuschüssen zum Beitrag nach § 32 des Gesetzes über die Alterssicherung der Landwirte (§ 3 Nummer 17 EStG),
- steuerfreien Zuschüssen und geleisteten Erstattungen von Behörden i. S. d. § 6 Absatz 1 AO und anderen öffentlichen Stellen (z. B. vom Jugendamt; § 23 Absatz 2 Satz 1 Nummer 3 des Achten Buches Sozialgesetzbuch – SGB VIII – i. V. m. § 3 Nummer 9 EStG).

56 a[1] Leistungen, die nach § 22 Nummer 1 Satz 3 Buchstabe a Doppelbuchstabe aa EStG steuerbare Einkünfte darstellen, mindern die als Sonderausgaben abzugsfähigen Altersvorsorgeaufwendungen nicht (vgl. BFH vom 7. Juli 2020, BStBl. 2021 II S. 750). § 10 Absatz 4 b EStG ist in diesen Fällen nicht anzuwenden.

57[2] Auch bei Rückzahlung von zu Unrecht geleisteten Beiträgen infolge einer rückwirkenden Vertragsänderung oder aufgrund einer Erstattung nach § 26 SGB IV mindern diese als Beitragsrückerstattung die im Jahr des Zuflusses geleisteten Rentenversicherungsbeiträge und sind nach § 10 Absatz 4 b Satz 4 EStG zu melden. Für unterjährige Beitragsrückerstattungen, die Beiträge desselben VZ betreffen, ist in der Beitragsbescheinigung der saldierte Wert anzugeben.

57 a[3] Abweichend von Rz. 57 kann es bei Basisrenten nicht zu einer Beitragsrückerstattung kommen, da eine Kapitalisierung nicht zulässig ist (vgl. Rz. 33). Soweit zu Unrecht geleistete bzw. zivilrechtlich nicht geschuldete Beträge (z. B. bei einem Widerruf des Vertrages) zurückgezahlt werden, hat die mitteilungspflichtige Stelle eine Datensatzstornierung bzw. -korrektur der betreffenden Jahre vorzunehmen.

1.4. Beitragsempfänger

58 Zu den Beitragsempfängern i. S. d. § 10 Absatz 2 Satz 1 Nummer 2 EStG gehören auch Pensionsfonds, die wie Versicherungsunternehmen den aufsichtsrechtlichen Regelungen des Versicherungsaufsichtsgesetzes (VAG) unterliegen und – seit 1. Januar 2006 – Anbieter i. S. d. § 80 EStG. Die Produktvoraussetzungen für das Vorliegen einer Basisrente (§ 10 Absatz 1 Nummer 2 Satz 1 Buchstabe b EStG) werden dadurch nicht erweitert.

2. Ermittlung des Abzugsbetrags nach § 10 Absatz 3 EStG

2.1. Höchstbetrag

59 Die begünstigten Beiträge sind nach § 10 Absatz 3 EStG bis zu dem Höchstbetrag zur knappschaftlichen RV (West) – aufgerundet auf einen vollen Betrag in Euro – als Sonderausgaben abziehbar (gültig ab VZ 2015: 22 172 €; für VZ 2016: 22 767 €).[4] Dieser ergibt sich aus der von der Bundesregierung zu erlassenen Verordnung über maßgebende Rechengrößen der Sozialversicherung und der Verordnung zur Bestimmung der Beitragssätze in der gesetzlichen RV unter Anwendung des jeweiligen Beitragssatzes auf die Beitragsbemessungsgrenze der knappschaftlichen RV (West).

60 Im Falle der Zusammenveranlagung von Ehegatten oder Lebenspartnern verdoppelt sich der Betrag nach Rz. 59, unabhängig davon, wer von den Ehegatten oder Lebenspartnern die begünstigten Beiträge entrichtet hat.

2.2. Kürzung des Höchstbetrags nach § 10 Absatz 3 Satz 3 EStG

61 Der Höchstbetrag nach § 10 Absatz 3 Satz 1 EStG ist bei Steuerpflichtigen, die zum Personenkreis des § 10 Absatz 3 Satz 3 Nummer 1 oder 2 EStG gehören, um den Betrag zu kürzen, der dem (fiktiven) Gesamtbeitrag (Arbeitgeber- und Arbeitnehmeranteil) zur allgemeinen RV entspricht.

62 Der (fiktive) Gesamtbeitrag ist anhand der erzielten steuerpflichtigen Einnahmen aus der Tätigkeit zu ermitteln, die die Zugehörigkeit zum genannten Personenkreis begründen (Bemessungsgrundlage für den Kürzungsbetrag). Dabei ist unerheblich, ob die Zahlungen insgesamt beitragspflichtig gewesen wären, wenn Versicherungspflicht in der gesetzlichen RV bestanden hätte.

63 Bei der Berechnung des Kürzungsbetrags ist einheitlich höchstens auf die Beitragsbemessungsgrenze (Ost) in der allgemeinen RV abzustellen.

64 Für die Berechnung des Kürzungsbetrags ist der zu Beginn des jeweiligen Kalenderjahres geltende Beitragssatz in der allgemeinen RV maßgebend.

2.2.1. Kürzung des Höchstbetrags beim Personenkreis des § 10 Absatz 3 Satz 3 Nummer 1 Buchstabe a EStG

65 Zum Personenkreis des § 10 Absatz 3 Satz 3 Nummer 1 Buchstabe a EStG gehören u. a.:
- Beamte, Richter, Berufssoldaten, Soldaten auf Zeit, Amtsträger,
- Arbeitnehmer, die nach § 5 Absatz 1 Satz 1 Nummer 2 und 3 SGB VI oder § 230 SGB VI versicherungsfrei sind (z. B. Beschäftigte bei Trägern der Sozialversicherung, Geistliche der als öffentlich-rechtliche Körperschaften anerkannten Religionsgemeinschaften),
- Arbeitnehmer, die auf Antrag des Arbeitgebers von der gesetzlichen Rentenversicherungspflicht befreit worden sind, z. B. eine Lehrkraft an nicht öffentlichen Schulen, bei der eine Altersversorgung nach beamtenrechtlichen oder entsprechenden kirchenrechtlichen Grundsätzen gewährleistet ist.

---

[1] Rz. 56 a eingefügt durch BMF-Schreiben vom 28. 9. 2021 (BStBl. I S. 1833); Anwendung in allen offenen Fällen ab Bekanntgabe im BStBl.

[2] Rz. 57 ist erstmals für VZ 2017 anzuwenden, siehe Rz. 211.

[3] Rz. 57 a eingefügt durch BMF-Schreiben vom 6. 11. 2017 (BStBl. I S. 1455). Anzuwenden ab 27. 11. 2017 (Tag der Bekanntgabe im BStBl.) auf alle offenen Fälle.

[4] Für den VZ 2017: 23 362 €; für den VZ 2018: 23 712 €; für den VZ 2019: 24 305 €; für den VZ 2020: 25 046 €; für den VZ 2021 25 787 €; für den VZ 2022: 25 639 €.

2.2.2. Kürzung des Höchstbetrags beim Personenkreis des § 10 Absatz 3 Satz 3 Nummer 1 Buchstabe b EStG

Anl a zu R 10.4

66 Zum Personenkreis des § 10 Absatz 3 Satz 3 Nummer 1 Buchstabe b EStG gehören seit dem VZ 2008 Arbeitnehmer, die während des ganzen oder eines Teils des Kalenderjahres nicht der gesetzlichen Rentenversicherungspflicht unterliegen und denen eine betriebliche Altersversorgung im Zusammenhang mit einem im betreffenden VZ bestehenden Dienstverhältnis zugesagt worden ist. Hierzu können insbesondere beherrschende Gesellschafter-Geschäftsführer einer GmbH oder Vorstandsmitglieder einer Aktiengesellschaft gehören (für VZ 2005 bis 2007 vgl. BMF-Schreiben vom 22. Mai 2007, BStBl. I S. 493).

67 Für die Beurteilung der Zugehörigkeit zum Personenkreis sind alle Formen der betrieblichen Altersversorgung zu berücksichtigen. Ohne Bedeutung sind dabei die Art der Finanzierung, die Höhe der Versorgungszusage und die Art des Durchführungswegs. Ebenso ist unerheblich, ob im betreffenden VZ Beiträge erbracht wurden oder die Versorgungsanwartschaft angewachsen ist.

68 Für die Beurteilung, ob eine Kürzung vorzunehmen ist, ist auf das konkrete Dienstverhältnis in dem jeweiligen VZ abzustellen. Nicht einzubeziehen sind Anwartschaftsrechte aus einer im gesamten VZ privat fortgeführten Direktversicherung, bei der der Arbeitnehmer selbst VN ist.

2.2.3. Kürzung des Höchstbetrags beim Personenkreis des § 10 Absatz 3 Satz 3 Nummer 2 EStG

69 Zu den Steuerpflichtigen mit Einkünften nach § 22 Nummer 4 EStG gehören u. a.
- Bundestagsabgeordnete,
- Landtagsabgeordnete,
- Abgeordnete des Europaparlaments.

70 Nicht zu diesem Personenkreis gehören z. B.
- ehrenamtliche Mitglieder kommunaler Vertretungen,
- kommunale Wahlbeamte wie Landräte und Bürgermeister.

71 Eine Kürzung des Höchstbetrags nach § 10 Absatz 3 Satz 3 Nummer 2 EStG ist vorzunehmen, wenn der Steuerpflichtige zum genannten Personenkreis gehört und ganz oder teilweise ohne eigene Beitragsleistung einen Anspruch auf Altersversorgung nach dem Abgeordnetengesetz, dem Europaabgeordnetengesetz oder entsprechenden Gesetzen der Länder erwirbt.

2.3. Kürzung des Höchstbetrags bei Ehegatten und Lebenspartnern

72 Bei Ehegatten ist jeweils gesondert zu prüfen, ob und in welcher Höhe der gemeinsame Höchstbetrag nach § 10 Absatz 3 Satz 2 EStG zu kürzen ist (Rz. 61 ff.). Dies gilt für Lebenspartner entsprechend.

2.4. Übergangsregelung (bis 2024)

73 Bis 2024 sind die nach Rz. 1 bis 42 und 44 bis 72 zu berücksichtigenden Aufwendungen mit dem sich aus § 10 Absatz 3 Satz 4 und 6 EStG ergebenden Prozentsatz anzusetzen:

Jahr	Prozentsatz
2012	74
2013	76
2014	78
2015	80
2016	82
2017	84
2018	86
2019	88
2020	90
2021	92
2022	94
2023	96
2024	98
ab 2025	100

2.5. Kürzung des Abzugsbetrags bei Arbeitnehmern nach § 10 Absatz 3 Satz 5 EStG

74 Bei Arbeitnehmern, die steuerfreie Arbeitgeberleistungen nach § 3 Nummer 62 EStG oder diesen gleichgestellte steuerfreie Zuschüsse des Arbeitgebers erhalten haben, ist der sich nach Rz. 73 ergebende Abzugsbetrag um diese Beträge zu kürzen (maximal bis 0 €). Haben beide Ehegatten oder beide Lebenspartner steuerfreie Arbeitgeberleistungen erhalten, ist der Abzugsbetrag um beide Beträge zu kürzen.

2.6. Beispiele

75 Bei der Berechnung der Beispiele wurde ein Beitragssatz zur allgemeinen RV i. H. v. 18,7% herangezogen.

Beispiel 1:

76 Ein lediger Arbeitnehmer zahlt im Jahr 2016 einen Arbeitnehmeranteil zur allgemeinen RV i. H. v. 4000 €. Zusätzlich wird ein steuerfreier Arbeitgeberanteil in gleicher Höhe gezahlt. Daneben hat der Arbeitnehmer noch Beiträge in einen Basisrentenvertrag i. S. d. § 10 Absatz 1 Nummer 2 Satz 1 Buchstabe b EStG i. H. v. 3000 € eingezahlt.
Im Jahr 2016 können Altersvorsorgeaufwendungen i. H. v. 5020 € als Sonderausgaben nach § 10 Absatz 1 Nummer 2 i. V. m. Absatz 3 EStG abgezogen werden:

Anl a zu R 10.4

Arbeitnehmerbeitrag	4000 €	
Arbeitgeberbeitrag	4000 €	
Basisrentenvertrag	3000 €	
insgesamt	11 000 €	
Höchstbetrag (91 800 € × 24,8%)	22 767 €	
82% des geringeren Betrags		9020 €
abzügl. steuerfreier Arbeitgeberanteil		4000 €
verbleibender Betrag		5020 €

Zusammen mit dem steuerfreien Arbeitgeberbeitrag werden Altersvorsorgeaufwendungen i. H. v. 9020 € von der Besteuerung freigestellt. Dies entspricht 82% der insgesamt geleisteten Beiträge.

Beispiel 2:

77 Ein lediger Beamter zahlt 3000 € in einen begünstigten Basisrentenvertrag i. S. d. § 10 Absatz 1 Nummer 2 Satz 1 Buchstabe b EStG, um zusätzlich zu seinem Pensionsanspruch eine Altersversorgung zu erwerben. Seine Einnahmen aus dem Beamtenverhältnis betragen 42 781 €.

Im Jahr 2016 können Altersvorsorgeaufwendungen i. H. v. 2460 € als Sonderausgaben abgezogen werden:

Basisrentenvertrag		3000 €
Höchstbetrag (91 800 € × 24,8%)	22 767 €	
abzügl. fiktiver Gesamtbeitrag RV (42 781 € × 18,7%)	8000 €	
gekürzter Höchstbetrag		14 767 €
82% des geringeren Betrags		2460 €

Damit werden 82% der Beiträge des Steuerpflichtigen von der Besteuerung freigestellt.

Beispiel 3:

78 Die Eheleute A und B zahlen im Jahr 2016 jeweils 8000 € für einen Basisrentenvertrag i. S. d. § 10 Absatz 1 Nummer 2 Satz 1 Buchstabe b EStG. A ist im Jahr 2016 als selbständiger Steuerberater tätig und zahlt darüber hinaus 15 000 € in die berufsständische Versorgungseinrichtung der Steuerberater, die der gesetzlichen RV vergleichbare Leistungen erbringt. B ist Beamtin ohne eigene Aufwendungen für ihre künftige Pension. Ihre Einnahmen aus dem Beamtenverhältnis betragen 42 781 €.

Im Jahr 2016 können Altersvorsorgeaufwendungen i. H. v. 25 420 € als Sonderausgaben abgezogen werden:

abgezogen werden:

berufsständische Versorgungseinrichtung	15 000 €	
Basisrentenverträge	16 000 €	
insgesamt		31 000 €
Höchstbetrag	45 534 €	
abzügl. fiktiver Gesamtbeitrag RV (42 781 € × 18,7%)	8000 €	
gekürzter Höchstbetrag		37 534 €
82% des geringeren Betrags		25 420 €

79 Die Beiträge nach § 168 Absatz 1 Nummer 1 b oder 1 c SGB VI (geringfügig versicherungspflichtig Beschäftigte) oder nach § 172 Absatz 3 oder 3 a SGB VI (versicherungsfrei geringfügig Beschäftigte) vermindern den abziehbaren Betrag nur, wenn der Steuerpflichtige die Hinzurechnung dieser Beiträge zu den Vorsorgeaufwendungen nach § 10 Absatz 1 Nummer 2 Satz 7 EStG beantragt hat. Dies gilt, obwohl der Arbeitgeberbeitrag nach § 3 Nummer 62 EStG steuerfrei ist.

II. Sonderausgabenabzug für sonstige Vorsorgeaufwendungen nach § 10 Absatz 1 Nummer 3 und 3 a EStG

1. Allgemeines

65 **80** Mit dem Gesetz zur verbesserten steuerlichen Berücksichtigung von Vorsorgeaufwendungen (Bürgerentlastungsgesetz Krankenversicherung vom 16. Juli 2009) hat der Gesetzgeber die steuerliche Berücksichtigung von Kranken- und Pflegeversicherungsbeiträgen zum 1. Januar 2010 neu geregelt. Die vom Steuerpflichtigen tatsächlich geleisteten Beiträge für eine Absicherung auf sozialhilfegleichem Versorgungsniveau (Basisabsicherung) zur privaten und gesetzlichen Krankenversicherung und zur gesetzlichen Pflegeversicherung werden in vollem Umfang steuerlich berücksichtigt. Ab dem VZ 2010 ist deshalb innerhalb der sonstigen Vorsorgeaufwendungen zwischen den Basiskrankenversicherungsbeiträgen (Rz. 83 ff.) und den Beiträgen zur gesetzlichen Pflegeversicherung in § 10 Absatz 1 Nummer 3 EStG (Rz. 117 ff.) sowie den weiteren sonstigen Vorsorgeaufwendungen in § 10 Absatz 1 Nummer 3 a EStG (Rz. 121 ff.) zu unterscheiden.

81 Die Beiträge zur Basisabsicherung können grundsätzlich bei der Veranlagung des wirtschaftlich belasteten VN (Beitragsschuldner) als Sonderausgaben berücksichtigt werden, unabhängig davon, wer die versicherte Person ist. In den Fällen des § 10 Absatz 1 Nummer 3 Satz 2 EStG können sie abweichend aber auch vom Unterhaltsverpflichteten geltend gemacht werden, wenn dieser die eigenen Beiträge eines Kindes, für das ein Anspruch auf einen Kinderfreibetrag oder auf Kindergeld besteht, wirtschaftlich getragen hat. Hierbei kommt es nicht darauf an, ob die Beiträge in Form von Bar- oder Sachunterhaltsleistungen getragen wurden.[1] Die Beiträge können zwischen den Eltern und dem Kind aufgeteilt, im Ergebnis aber nur einmal – entweder bei den Eltern oder beim Kind – als Vorsorgeaufwendungen berücksichtigt werden (Grundsatz der Einmalberücksichtigung). Die Einkünfte und Bezüge des Kindes haben keinen Einfluss auf die Höhe der bei den Eltern zu berücksichtigenden Vorsorgeaufwendungen. Die Berücksichtigung der Kranken- und Pflegeversicherungsbeiträge des Kindes bei der Grenzbetragsprüfung nach § 32 Absatz 4 Satz 2 EStG in der bis zum VZ 2012 geltenden Fassung steht einer Berücksichtigung der Beiträge zur Basisabsicherung als Sonderausgaben bei den Eltern nicht entgegen.

[1] Ergänzend BMF-Schreiben vom 3. 4. 2019 (BStBl. I S. 254), nachstehend abgedruckt als Anlage c.

82 Keine Beiträge i. S. d. § 10 Absatz 1 Nummer 3 und 3 a EStG sind
- Prämienzuschläge nach § 193 Absatz 4 VVG. Diese werden erhoben, wenn sich Personen nicht bereits bei Eintritt der Versicherungspflicht, sondern verspätet versichern. Sie sind ein reines Sanktionsmittel, welches dem Ausgleich materieller Vorteile dient. Durch die Zahlung des Prämienzuschlags wird rückwirkend kein Versicherungsschutz begründet.
- selbst getragene Eigenleistungen für Vorsorgeuntersuchungen.
- selbst getragene Krankheitskosten aufgrund eines tariflichen Selbstbehalts oder wegen der Wahl einer Beitragsrückerstattung[1] (BFH vom 1. Juni 2016, BStBl. 2017 II S. 55).

2. Sonstige Vorsorgeaufwendungen

2.1. Beiträge zur Basiskrankenversicherung (§ 10 Absatz 1 Nummer 3 Satz 1 Buchstabe a EStG)

a) Allgemeines

83 Begünstigt sind nach § 10 Absatz 1 Nummer 3 Satz 1 Buchstabe a EStG Beiträge zur Krankenversicherung, soweit diese zur Erlangung eines durch das Zwölfte Buch Sozialgesetzbuch (SGB XII) bestimmten sozialhilfegleichen Versorgungsniveaus erforderlich sind (Basiskrankenversicherung) und sofern auf die Leistungen ein (Rechts-)Anspruch besteht:
- Für Beiträge zur gesetzlichen Krankenversicherung (GKV) sind dies die nach dem Dritten Titel des Ersten Abschnitts des Achten Kapitels des Fünften Buches Sozialgesetzbuch (SGB V) oder die nach dem Sechsten Abschnitt des Zweiten Gesetzes über die Krankenversicherung der Landwirte festgesetzten Beiträge. Soweit sich aus den Beiträgen ein Anspruch auf Krankengeld oder ein Anspruch auf eine Leistung, die anstelle von Krankengeld gewährt wird, ergeben kann, sind diese für die Ermittlung der Basisabsicherung um 4% zu mindern.
- Für Beiträge zu einer privaten Krankenversicherung (PKV) sind dies die Beitragsanteile, die auf Vertragsleistungen entfallen, die – mit Ausnahme der auf das Krankengeld entfallenden Beitragsanteile – in Art, Umfang und Höhe den Leistungen nach dem Dritten Kapitel des SGB V vergleichbar sind, auf die ein Anspruch besteht (vgl. Rz. 110 ff.).
- Bei einer bestehenden Basisabsicherung durch die GKV ist eine zeitgleiche zusätzliche private Krankheitskostenvollversicherung zur Basisabsicherung nicht erforderlich. In diesen Fällen sind bei Pflichtversicherten ausschließlich die Beiträge zur GKV[2] und bei freiwillig Versicherten die höheren Beiträge als Beiträge für eine Basisabsicherung anzusetzen. Aus verwaltungsökonomischen Gründen ist der Sonderausgabenabzug für Beiträge an eine PKV als Basisabsicherung zu gewähren, wenn zeitgleich eine beitragsfreie Familienversicherung in der GKV gegeben ist. Werden Beiträge zu einer Anwartschaftsversicherung in der PKV neben den Beiträgen zu einer bestehenden Versicherung in der GKV geleistet, sind sowohl die Beiträge zur GKV als auch die Beiträge zur Anwartschaftsversicherung nach § 10 Absatz 1 Nummer 3 Satz 1 Buchstabe a EStG abziehbar, soweit diese nach Rz. 114 einer Basisabsicherung dienen.

84 Keine Beiträge i. S. d. § 10 Absatz 1 Nummer 3 Satz 1 Buchstabe a EStG sind Beiträge zu einer Auslandskrankenversicherung (Reisekrankenversicherung), die zusätzlich zu einem bestehenden Versicherungsschutz in der GKV oder PKV ohne eingehende persönliche Risikoprüfung abgeschlossen wird (vgl. Rz. 121).

85 Die im einkommensteuerrechtlichen Zusammenhang verwendeten Begriffe Basisabsicherung und Basiskrankenversicherung sind vom Basistarif i. S. d. § 152 Absatz 1 VAG (vormals § 12 Absatz 1 a VAG) abzugrenzen. Der Basistarif wurde zum 1. Januar 2009 eingeführt und ist ein besonders gestalteter Tarif. Dieser muss grundsätzlich von jedem privaten Krankenversicherungsunternehmen angeboten werden. Die Leistungen des Basistarifs entsprechen den Pflichtleistungen der GKV. Die so genannte Basisabsicherung i. S. d. Einkommensteuerrechts ist jedoch kein spezieller Tarif, sondern die Absicherung der Leistungen auf dem Niveau der GKV (mit Ausnahme des Krankengeldes), die auch in jedem anderen Tarif als dem Basistarif enthalten sein kann. Für die Absicherung solcher Leistungen gezahlte Beitragsanteile können nach § 10 Absatz 1 Nummer 3 Satz 1 Buchstabe a EStG steuerlich geltend gemacht werden.

b) Steuerfreie Zuschüsse und Beitragsrückerstattungen

86 Steuerfreie Beitragszuschüsse zur Krankenversicherung mindern den als Sonderausgaben abzugsfähigen Betrag, z. B. bei
- steuerfrei gezahlten Arbeitgeberzuschüssen (§ 3 Nummer 62 EStG; Rz. 115),
- von der Künstlersozialkasse (an Stelle eines steuerfreien Arbeitgeberanteils) gewährten Zuschüssen (§ 3 Nummer 57 EStG),
- steuerfrei gezahlten Zuschüssen des Rentenversicherungsträgers (§ 3 Nummer 14 EStG),
- steuerfreien Zuschüssen und geleisteten Erstattungen von Behörden i. S. d. § 6 Absatz 1 AO und anderen öffentlichen Stellen (z. B. Zuschüsse des Jugendamtes zu Vorsorgeaufwendungen von Tagespflegepersonen; § 3 Nummer 9 EStG),
- steuerfreien Zuschüssen aufgrund des Abgeordnetengesetzes oder entsprechender Gesetze der Länder (§ 22 Nummer 4 Satz 4 Buchstabe a EStG).

87 Beitragsrückerstattungen mindern, soweit sie auf die Basisabsicherung entfallen – unabhängig von ihrer Bezeichnung, z. B. als Pauschalleistung –, die nach § 10 Absatz 1 Nummer 3 Satz 1 Buchstabe a EStG abziehbaren Krankenversicherungsbeiträge in dem Jahr, in dem sie zufließen. Die Minderung erfolgt unabhängig davon, ob oder in welcher Höhe sich die Beiträge im Abflussjahr steuerlich ausgewirkt haben (BFH vom 6. Juli 2016, BStBl. II S. 933). Zur Ermittlung der auf die Basisabsicherung entfallenden Höhe der Beitragsrückerstattung ist der Vertragsstand zugrunde zu legen, der den erstatteten Beitragszahlungen

[1] Bestätigt durch *BFH-Urteil vom 29. 11. 2017 X R 3/16 (BStBl. 2018 II S. 384).*
[2] Bestätigt durch *BFH-Urteil vom 29. 11. 2017 X R 5/17 (BStBl. 2018 II S. 230).*

zugrunde lag, unabhängig vom Vertragsstand zum Zuflusszeitpunkt der Beitragsrückerstattung (zu Erstattungsüberhängen vgl. Rz. 203 f.). Aus Vereinfachungsgründen kann auf den Vertragsstand zum 31. Dezember des Jahres abgestellt werden, welcher der erstatteten Beitragszahlung zugrunde lag.

88[1] Beitragsrückerstattungen in diesem Sinne sind z.B. auch Prämienzahlungen nach § 53 SGB V[2] und Bonusleistungen nach § 65a SGB V, soweit diese Bonusleistungen nicht eine Leistung der GKV darstellen (vgl. Rz. 89). Beitragsrückerstattungen aus Bonusprogrammen sind zu dem Zeitpunkt zu melden, zu dem der Vorteil aus der Bonusleistung dem Grunde nach verfügbar ist (Zufluss). Als Zufluss gilt bei
– Geldprämien der Zeitpunkt der Auszahlung des Geldbetrags,
– Sachprämien der Zeitpunkt der Ausgabe der Sachprämie,
– einer Gutschrift auf dem Bonuskonto der Zeitpunkt der Gutschrift,
– Verzicht auf eine Bonusleistung der Zeitpunkt des Verzichts.
Wird der Vorteil z. B. in Form von Bonuspunkten gewährt, sind diese in Euro umzurechnen und als Beitragsrückerstattung zu melden. Boni für familienversicherte Bonusprogrammteilnehmer sind dem Stammversicherten zuzurechnen. Aus Vereinfachungsgründen kann die Beitragsrückerstattung aus Bonusprogrammen, bei denen der Bonuskontoinhaber erst mit dem Erfüllen bestimmter Mindestvoraussetzungen – z. B. nach einem gewissen Zeitablauf oder nach Erreichen einer bestimmten Anzahl von Bonuspunkten – über fortlaufend angesammelte und dem Bonuskonto gutgeschriebene Bonuspunkte verfügen kann, erst in dem Jahr gemeldet werden, in dem die Bonuspunkte in Form einer Sach- oder Geldprämie an den Versicherten ausgezahlt bzw. ausgegeben werden oder auf die Bonusleistung verzichtet wird. Die Meldung hat in den Fällen, in denen die Versicherten ein Wahlrecht haben, ob sie eine Geldprämie oder eine Sachprämie in Anspruch nehmen, erst für das Jahr der Ausübung des Wahlrechts zu erfolgen.

89[3] Werden von der GKV im Rahmen eines Bonusprogramms nach § 65 a SGB V Kosten für Gesundheitsmaßnahmen erstattet bzw. bonifiziert, die nicht im regulären Versicherungsumfang des Basiskrankenversicherungsschutzes enthalten sind (z.B. Osteopathie-Behandlung) bzw. der Förderung gesundheitsbewussten Verhaltens dienen (z.B. Mitgliedschaft in einem Sportverein oder einem Fitnessstudio) und von den Versicherten privat finanziert werden bzw. worden sind, handelt es sich um eine nicht steuerbare Leistung der Krankenkasse und nicht um eine Beitragsrückerstattung (BFH vom 6. Mai 2020, BStBl. II 2022 II S. 109). Die als Sonderausgaben abziehbaren Krankenversicherungsbeiträge sind daher nicht um den Betrag der Kostenerstattung bzw. des darauf entfallenden Bonus zu mindern. Auf den Zeitpunkt des Abflusses der Kosten kommt es nicht an (§ 11 Absatz 2 EStG). Eine pauschale Bonusleistung muss die tatsächlich entstandenen bzw. entstehenden Kosten nicht exakt abdecken.

89 a[4] Eine Beitragsrückerstattung liegt vor, wenn sich ein Bonus der GKV auf eine Maßnahme bezieht, die vom Basiskrankenversicherungsschutz umfasst ist (insbesondere gesundheitliche Vorsorge- oder Schutzmaßnahmen, z.B. zur Früherkennung bestimmter Krankheiten) oder für aufwandsunabhängiges Verhalten (z. B. Nichtraucherstatus, gesundes Körpergewicht) gezahlt wird.

89 b[4] Aus Vereinfachungsgründen wird davon ausgegangen, dass Bonuszahlungen auf der Grundlage von § 65 a SGB V bis zur Höhe von 150 Euro pro versicherte Person Leistungen der GKV darstellen. Übersteigen die Bonuszahlungen diesen Betrag, liegt in Höhe des übersteigenden Betrags eine Beitragsrückerstattung vor. Etwas anderes gilt nur, soweit der Steuerpflichtige nachweist, dass Bonuszahlungen von mehr als 150 Euro auf Leistungen der GKV gemäß Rz. 89 beruhen.

Diese Regelung gilt für bis zum 31. Dezember 2023 geleistete Zahlungen.

90[5] Auch bei Rückzahlung von zu Unrecht oder rechtsgrundlos geleisteten Beiträgen aus Vorjahren, z. B. infolge einer rückwirkenden Vertragsänderung oder aufgrund einer Erstattung nach § 26 des Vierten Buches Sozialgesetzbuch (SGB IV), mindern diese als Beitragsrückerstattung die im Jahr des Zuflusses geleisteten Kranken- und Pflegeversicherungsbeiträge. Unerheblich ist, auf welcher Rechtsgrundlage die Erstattung beruht und/oder ob der der Erstattung zugrunde liegende Beitrag materiell zu Recht oder zu Unrecht geleistet wurde (BFH vom 28. Mai 1998, BStBl. 1999 II S. 95; bestätigt durch BFH vom 3. August 2016, n. v.).

Beispiel 1:

91 Eine Steuerpflichtige ist grundsätzlich über ihren Ehemann beihilfeberechtigt und privat krankenversichert. Sie war im VZ 00 zeitweise als Geringverdienerin nichtselbständig tätig und damit in der GKV pflichtversichert. Auf Antrag kann die Steuerpflichtige die an die PKV geleisteten Beiträge, die auf Zeiträume der nichtselbständigen Tätigkeit entfallen, anteilig erstattet bekommen, indem der bisherige Tarif Vollversicherung auf den Tarif Anwartschaftsversicherung umgestellt wird. Werden diese anteiligen Beiträge von der PKV für 00 im Kalenderjahr 01 erstattet, handelt es sich um eine Rückzahlung von zu Unrecht geleisteten Beiträgen aus dem Vorjahr infolge einer rückwirkenden Vertragsänderung und damit um eine Beitragsrückerstattung.

Abwandlung zu Beispiel 1:

Der sich aufgrund der Umstellung des Tarifs ergebende Erstattungsanspruch der Ehefrau wird durch eine Verrechnung mit dem laufenden Krankenversicherungsbeitrag 01 anstelle einer Auszahlung des Guthabens beglichen. Entsprechend der Lösung zum Beispiel 1 veranlasst auch die Abwicklung über eine Ver-/Aufrechnung die Meldung einer Beitragsrückerstattung in 01.

[1] Rz. 88 neugefasst durch BMF-Schreiben vom 16. 12. 2021 (BStBl. 2022 I S. 155); Anwendung in allen offenen Fällen ab Bekanntgabe im BStBl.
[2] Bestätigt durch *BFH-Urteil vom 6. 6. 2018 X R 41/17 (BStBl. II S. 648).*
[3] Rz. 89 neugefasst durch BMF-Schreiben vom 16. 12. 2021 (BStBl. 2022 I S. 155); Anwendung in allen offenen Fällen ab Bekanntgabe im BStBl.
[4] Rz. 89 a und 89 b neu eingefügt durch BMF-Schreiben vom 16. 12. 2021 (BStBl. 2022 I S. 155); Anwendung in allen offenen Fällen ab Bekanntgabe im BStBl.
[5] Rz. 90 ist erstmals für VZ 2017 anzuwenden, siehe Rz. 211.

Beispiel 2:

92 Aufgrund einer gerichtlich festgestellten Scheinselbständigkeit wurden Beiträge zur freiwilligen Kranken- und Pflegeversicherung von der GKV für die Jahre 00 bis 05 in 06 erstattet. Die Steuerpflichtige sei laut Gerichtsurteil seit 00 nicht (mehr) freiwillig krankenversichert, sondern pflichtversichert. Werden die Beiträge für 00 bis 05 in 06 erstattet, handelt es sich um eine Rückzahlung wegen zu Unrecht geleisteter Beiträge nach § 26 SGB IV und damit um eine Beitragsrückerstattung.

Beispiel 3:

93 Ein gesetzlich Krankenversicherter erhält von der GKV in 01 eine Erstattung zu viel gezahlter Beiträge für 00, da aufgrund des Zusammentreffens mehrerer Einnahmearten insgesamt beitragspflichtige Einnahmen über der Beitragsbemessungsgrenze hinaus zu Beiträgen herangezogen worden sind (§ 231 SGB V). In Höhe des Auszahlungsbetrags handelt es sich um eine Rückzahlung von zu Unrecht geleisteten Beiträgen und damit um eine Beitragsrückerstattung.

94 Keine Beitragsrückerstattung ist das sog. „Ersatz"-Krankenhaustagegeld. Diese Leistung erhält der Versicherte aufgrund vertraglicher Vereinbarungen, wenn während eines Krankenhausaufenthaltes auf die Inanspruchnahme bestimmter Wahlleistungen verzichtet wird.

c) Beiträge an ausländische Versicherungsunternehmen (§ 10 Absatz 2 Satz 1 Nummer 2 Buchstabe a EStG)

95 Bei Versicherungsunternehmen innerhalb eines Mitgliedstaates der Europäischen Union bzw. eines Vertragsstaates des Abkommens über den Europäischen Wirtschaftsraum kann regelmäßig davon ausgegangen werden, dass deren Erlaubnis für das Gebiet aller Mitglied- und Vertragsstaaten – und damit zum Geschäftsbetrieb im Inland – gilt. Welche Unternehmen eine Erlaubnis besitzen, notifiziert sind oder eine Repräsentanz in Deutschland unterhalten, kann unter folgendem Link ermittelt werden: https://portal.mvp.bafin.de/database/InstInfo/.

96 § 10 Absatz 2 Satz 1 Nummer 2 Buchstabe a Satz 2 EStG gilt rückwirkend ab dem VZ 2010.

97 Wird durch eine Bestätigung des jeweiligen Staates oder eine andere geeignete Quelle (z. B. Dachverband der Versicherungen im jeweiligen Land) nachgewiesen, dass es sich beim Empfänger der Beiträge um einen ausländischen Sozialversicherungsträger handelt, sind diese Beiträge für eine Absicherung im Krankheitsfall nach § 10 Absatz 1 Nummer 3 Satz 1 Buchstabe a EStG bzw. § 10 Absatz 1 Nummer 3 a EStG i. V. m. § 10 Absatz 2 Satz 1 Nummer 2 Buchstabe c EStG als Sonderausgaben abziehbar (http://ec.europa.eu/employment_social/social-security-directory/welcome.seam?langId=de&cid=109205).

98 Beiträge in ausländischer Währung sind nach dem Jahresdurchschnitt der monatlich festgesetzten und im BStBl. I veröffentlichten Umsatzsteuer-Umrechnungskurse zu berechnen. Zur Aufteilung von Globalbeiträgen wird auf Rz. 205 verwiesen.

2.1.1. Beiträge zur gesetzlichen Krankenversicherung

a) Allgemeines

99 Beiträge zur GKV sowie Beiträge zur landwirtschaftlichen Krankenkasse gehören grundsätzlich zu den Beiträgen für eine Basiskrankenversicherung. Hierzu zählt auch ein eventuell von der Krankenkasse erhobener kassenindividueller Zusatzbeitrag i. S. d. § 242 SGB V. Seit dem 1. Januar 2015 wird der Zusatzbeitrag von der Krankenkasse anstelle eines bisher einkommensunabhängigen Beitrags, als Prozentsatz der beitragspflichtigen Einnahmen (einkommensabhängig) erhoben. Dieser ist kein vom Hauptbeitrag unabhängig erhobener Geldbetrag mehr, sondern originärer Bestandteil des Krankenversicherungsbeitrags (vgl. § 220 Absatz 1 Satz 1 zweiter Halbsatz SGB V – „Nebenleistung" teilt Schicksal der „Hauptleistung"). Soweit im Folgenden auf den „GKV-Beitrag" Bezug genommen wird, umfasst dieser sowohl den allgemeinen Beitrag zur Krankenversicherung nach §§ 241 und 243 ff. SGB V als auch den ab 1. Januar 2015 gültigen Zusatzbeitrag nach § 242 SGB V n. F.

100 Beiträge, die über die Pflichtleistungen der GKV hinausgehende Leistungen absichern, sind nicht der Basisabsicherung i. S. d. § 10 Absatz 1 Nummer 3 Satz 1 EStG zuzurechnen, da sie nicht zur Erlangung des sozialhilfegleichen Versorgungsniveaus erforderlich sind. Hierzu gehören Beiträge für Wahl- und Zusatztarife, die z. B. Leistungen wie Chefarztbehandlung oder Einbettzimmer abdecken.

b) Kürzung der Beiträge bei Anspruch auf Krankengeld

101 Auch nicht der Basisabsicherung zuzurechnen ist der Beitragsanteil, der der Finanzierung des Krankengeldes dient. Dieser Anteil wird mit einem pauschalen Abschlag i. H. v. 4% bemessen und von der Finanzverwaltung von den – ggf. um steuerfreie Beitragszuschüsse und Beitragsrückerstattungen geminderten – übermittelten Beträgen abgezogen.

102 Der ab 1. Januar 2015 erhobene Zusatzbeitrag i. S. d. § 242 SGB V ist in die Bemessungsgrundlage für die Ermittlung des 4%-Abschlags einzubeziehen. Vom kassenindividuellen Zusatzbeitrag i. S. d. § 242 SGB V in der bis 31. Dezember 2014 geltenden Fassung war hingegen kein Abschlag vorzunehmen.

103 Der Abschlag ist allerdings nur dann vorzunehmen, wenn sich aus dem GKV-Beitrag für den Steuerpflichtigen im Krankheitsfall ein Anspruch auf Krankengeldzahlung oder ein Anspruch auf eine Leistung ergeben kann, die anstelle von Krankengeld gewährt wird.

104 Der GKV-Beitrag eines pflichtversicherten Arbeitnehmers ist grundsätzlich um 4% zu mindern, es sei denn, der Finanzverwaltung ist bekannt, dass sich im Einzelfall aus den Beiträgen kein Anspruch auf Krankengeld bzw. auf eine Leistung, die anstelle von Krankengeld gewährt wird, ergeben kann.

105 Der GKV-Beitrag ist auch um 4% zu mindern

a) bei freiwillig gesetzlich versicherten Arbeitnehmern (Firmenzahler und Selbstzahler), Versorgungsempfängern, Selbständigen oder Künstlern und Publizisten,

b) bei pflichtversicherten selbständigen Künstlern und Publizisten,

wenn sich grundsätzlich ein Anspruch auf Krankengeld oder auf eine Leistung ergeben kann, die anstelle von Krankengeld gewährt wird.

Anl a zu R 10.4

106 Bezieht ein gesetzlich Versicherter Teilrentner (Teilrente wegen Alters, teilweiser Erwerbsminderung oder Berufsunfähigkeit) neben der Rente noch andere Einkünfte und kann sich im Zusammenhang mit diesen anderen Einkünften ein Anspruch auf Krankengeld oder ein Anspruch auf eine Leistung ergeben, die anstelle von Krankengeld gewährt wird, ist der GKV-Beitrag um 4% zu mindern.

107 Der von pflichtversicherten Rentnern im Rahmen der Krankenversicherung der Rentner (KVdR) erhobene Beitrag ist nicht um 4% zu mindern.

108 Bezieht ein gesetzlich Versicherter Vollrentner (Rente wegen Alters, voller Erwerbsminderung oder Erwerbsunfähigkeit und Ruhegehalt) neben der Rente noch andere Einkünfte, ist der GKV-Beitrag ebenfalls nicht um 4% zu mindern, da sich im Zusammenhang mit diesen anderen Einkünften kein Anspruch auf Krankengeld oder ein Anspruch auf eine Leistung, die anstelle von Krankengeld gewährt wird, ergeben kann.

109 Ermittelt sich bei einem freiwillig Versicherten der Beitrag unter Berücksichtigung mehrerer Einkunftsarten nach einem einheitlichen Beitragssatz, ist die Kürzung um 4% für den gesamten GKV-Beitrag vorzunehmen, auch wenn nur ein Teil der Einkünfte bei der Bemessung der Höhe des Krankengeldes berücksichtigt wird.

2.1.2. Beiträge zur privaten Krankenversicherung

110 Der Basisabsicherung in einer PKV dienen die jeweiligen Beitragsanteile, mit denen Versicherungsleistungen finanziert werden, die in Art, Umfang und Höhe den Leistungen nach dem Dritten Kapitel des SGB V – also den Pflichtleistungen der GKV – vergleichbar sind und auf die ein Anspruch besteht. Nicht zur Basisabsicherung gehören – wie bei der GKV – Beitragsanteile, die der Finanzierung von Wahlleistungen i. S. d. §§ 1 Absatz 1 i. V. m. 2 Absatz 1 der Verordnung zur tarifbezogenen Ermittlung der steuerlich berücksichtigungsfähigen Beiträge zum Erwerb eines Krankenversicherungsschutzes i. S. d. § 10 Absatz 1 Nummer 3 Satz 1 Buchstabe a des Einkommensteuergesetzes (Krankenversicherungsbeitragsanteil-Ermittlungsverordnung; KVBEVO; BGBl. 2009 I S. 2730; z. B. Chefarztbehandlung, Einbettzimmer), des Krankenhaustagegeldes oder des Krankentagegeldes dienen.

111 Sind in einem Versicherungstarif sowohl begünstigte als auch nicht begünstigte Versicherungsleistungen abgesichert, muss der vom VN geleistete Beitrag durch das Krankenversicherungsunternehmen aufgeteilt werden. Wie diese Aufteilung in typisierender Weise zu erfolgen hat, wird durch die KVBEVO geregelt.[1] Die wesentlichen Grundsätze der Beitragsaufteilung lassen sich wie folgt zusammenfassen:

- Enthält ein Tarif nur Leistungen, mit denen eine Basisabsicherung gewährleistet wird, ist eine tarifbezogene Beitragsaufteilung nicht erforderlich. Der für diesen Tarif geleistete Beitrag ist insgesamt abziehbar. Dies gilt auch für Beiträge zum Basistarif i. S. d. § 152 Absatz 1 VAG (vormals § 12 Absatz 1 a VAG). Kann sich im Rahmen des Basistarifs ein Anspruch auf Krankengeld ergeben, ist vom Beitrag ein Abschlag von 4% vorzunehmen.
- Enthält ein Tarif nur Wahlleistungen, ist eine tarifbezogene Beitragsaufteilung nicht durchzuführen. Der für diesen Tarif geleistete Beitrag ist insgesamt nicht nach § 10 Absatz 1 Nummer 3 EStG abziehbar.
- Enthält ein Tarif sowohl Leistungen, mit denen eine Basisabsicherung gewährleistet wird, als auch solche, die darüber hinausgehen, hat das Krankenversicherungsunternehmen nach den Vorschriften der KVBEVO den nicht nach § 10 Absatz 1 Nummer 3 EStG abziehbaren Beitragsanteil zu ermitteln.
- Enthält ein erstmals nach dem 1. Mai 2009 für das Neugeschäft angebotener Tarif nur in geringerem Umfang Leistungen, mit denen eine Basisabsicherung gewährleistet wird, und im Übrigen Leistungen, die diesem Niveau nicht entsprechen, hat das Krankenversicherungsunternehmen vom geleisteten Beitrag einen Abschlag i. H. v. 99% vorzunehmen. Gleiches gilt, wenn – mit Ausnahme des Basistarifs i. S. d. § 152 Absatz 1 VAG (vormals § 12 Absatz 1 a VAG) – Krankentagegeld oder Krankenhaustagegeld zusammen mit anderen Leistungen in einem Tarif abgesichert ist. Bei der zum 21. Dezember 2012 eingeführten verpflichtenden Umstellung eines Bisextarifs auf einen Unisextarif, handelt es sich nicht um einen für das Neugeschäft angebotenen Tarif, wenn das Leistungsversprechen tariflich unverändert geblieben ist.

112 Zur Vorsorge für die mit dem Alter steigende Inanspruchnahme von Gesundheitskosten wird von den Krankenkassen ein Zuschlag auf die Tarifprämie des Versicherten erhoben und als sog. Alterungsrückstellung nach § 149 VAG (vormals § 12 Absatz 4 a VAG) angelegt. Der für die Bildung der Alterungsrückstellung abgeführte Beitragsanteil ist – soweit auf die Basisabsicherung entfallend – nach § 10 Absatz 1 Nummer 3 Satz 1 Buchstabe a EStG in Einheit mit dem regulären Versicherungsbeitrag abziehbar.

113 Zahlt der Versicherte im Rahmen eines freiwillig vertraglich vereinbarten sog. Beitragsentlastungstarifs einen erhöhten Beitrag, um ab einem bestimmten Alter eine zuvor vereinbarte zeitlich unbefristete Beitragsentlastung für seine Basisabsicherung zu erhalten, ist der auf die Basisabsicherung entfallende Beitragsanteil nach § 10 Absatz 1 Nummer 3 Satz 1 Buchstabe a EStG abziehbar.

114 Mit Beiträgen zugunsten einer sog. Anwartschaftsversicherung erwirbt der VN den Anspruch, zu einem späteren Zeitpunkt eine PKV zu einem ermäßigten Beitrag zu erhalten. Der VN wird dabei hinsichtlich seines der Beitragsbemessung zugrunde gelegten Gesundheitszustands und ggf. auch hinsichtlich der Alterungsrückstellung so gestellt, als sei der Krankenversicherungsvertrag bereits zu einem früheren Zeitpunkt abgeschlossen worden. Bis zu einem Betrag von 100 € jährlich sind Beiträge für eine Anwartschaftsversicherung aus Billigkeitsgründen insgesamt wie Beiträge zu einer Basiskrankenversicherung zu behandeln. Darüber hinaus sind sie nur insoweit wie Beiträge zu einer Basiskrankenversicherung zu behandeln, als sie auf die Minderung von Beitragsbestandteilen gerichtet sind, die der Basiskrankenversicherung zuzurechnen sind.

115 Hat ein Arbeitnehmer mit dem Lohn einen steuerfreien Zuschuss für seine Krankenversicherung erhalten, steht dieser insgesamt in unmittelbarem Zusammenhang mit den Vorsorgeaufwendungen

[1] Siehe auch *BFH-Urteil vom 29. 11. 2017 X R 26/16 (DStR 2018 S. 457).*

i. S. d. § 10 Absatz 1 Nummer 3 EStG (§ 10 Absatz 2 Satz 1 Nummer 1 EStG). Dies gilt auch, wenn der Arbeitnehmer Wahlleistungen abgesichert hat. Der Zuschuss mindert in vollem Umfang die Beiträge zur Basisabsicherung (BFH vom 2. September 2014, BStBl. 2015 II S. 257).

Beispiel:

116 A ist privat krankenversicherter Arbeitnehmer und hat für seine Krankenversicherung einen Beitrag i. H. v. insgesamt 6000 € jährlich zu leisten. Darin enthalten sind 500 € für einen Tarif, der ausschließlich Wahlleistungen abdeckt, und ein Beitrag i. H. v. 5500 € für einen Tarif, der sowohl Leistungen abdeckt, die der Basisabsicherung dienen, als auch darüber hinausgehende Leistungen. A erhält von seinem Arbeitgeber jährlich einen steuerfreien Zuschuss i. H. v. 3000 € zu seinem Krankenversicherungsbeitrag.

Der Beitrag i. H. v. 5500 € ist durch das Versicherungsunternehmen nach der KVBEVO aufzuteilen. Nach der Aufteilung ergibt sich für die Absicherung von Leistungen, die der Basisabsicherung dienen, ein Beitragsanteil i. H. v. 4500 € und für die Absicherung von Leistungen, die nicht der Basisabsicherung dienen, ein Beitragsanteil i. H. v. 1000 €. Das Versicherungsunternehmen übermittelt einen Beitrag für die Basisabsicherung i. H. v. 4500 € an die Finanzverwaltung. Der übermittelte Beitrag wird von der Finanzverwaltung um den vom Arbeitgeber steuerfrei gezahlten Zuschuss i. H. v. 3000 € vermindert. Es verbleibt danach ein Beitrag i. H. v. 1500 €, der als Vorsorgeaufwendungen i. S. d. § 10 Absatz 1 Nummer 3 EStG in vollem Umfang abzugsfähig ist. Die nicht nach § 10 Absatz 1 Nummer 3 EStG abzugsfähigen Beiträge sind als Vorsorgeaufwendungen nach § 10 Absatz 1 Nummer 3 a EStG bis zum Höchstbetrag nach § 10 Absatz 4 EStG zu berücksichtigen.

2.2. Beiträge zur gesetzlichen Pflegeversicherung (§ 10 Absatz 1 Nummer 3 Satz 1 Buchstabe b EStG)

a) Allgemeines

117 Begünstigt sind nach § 10 Absatz 1 Nummer 3 Satz 1 Buchstabe b EStG Beiträge zur gesetzlichen Pflegeversicherung, d. h. zur sozialen Pflegeversicherung und zur privaten Pflege-Pflichtversicherung.

118 Für Beiträge zugunsten einer Anwartschaftsversicherung zur Pflegeversicherung gilt Rz. 114 entsprechend.

b) Steuerfreie Zuschüsse und Beitragsrückerstattungen

119 Die Beiträge zur gesetzlichen Pflegeversicherung sind nach Abzug des steuerfreien Arbeitgeberzuschusses (§ 3 Nummer 62 EStG) bzw. des an Stelle des steuerfreien Arbeitgeberzuschusses gezahlten Betrags, z. B. von der Künstlersozialkasse, ungekürzt anzusetzen.

120 Beitragsrückerstattungen mindern die nach § 10 Absatz 1 Nummer 3 Satz 1 Buchstabe b EStG abziehbaren Pflegeversicherungsbeiträge in dem Jahr, in dem sie zufließen.

2.3. Weitere sonstige Vorsorgeaufwendungen (§ 10 Absatz 1 Nummer 3 a EStG)

121 Begünstigt sind nach § 10 Absatz 1 Nummer 3 a EStG Beiträge zu

- gesetzlichen oder privaten Kranken- und Pflegeversicherungen, soweit diese nicht nach § 10 Absatz 1 Nummer 3 EStG zu berücksichtigen sind; hierzu zählen z. B. Beitragsanteile, die auf Wahlleistungen entfallen oder der Finanzierung des Krankengeldes dienen, Beiträge zu einer Reisekrankenversicherung (vgl. Rz. 84), Beiträge zur freiwilligen privaten Pflegeversicherung oder Basiskrankenversicherungsbeiträge und Beiträge zur gesetzlichen Pflegeversicherung bei fehlender Einwilligung nach § 10 Absatz 2 a EStG (vgl. Rz. 186 ff.),
- Versicherungen gegen Arbeitslosigkeit (gesetzliche Beiträge an die Bundesagentur für Arbeit und Beiträge zu privaten Versicherungen),
- Erwerbs- und Berufsunfähigkeitsversicherungen, die nicht Bestandteil einer Versicherung i. S. d. § 10 Absatz 1 Nummer 2 Satz 1 Buchstabe b EStG sind; dies gilt auch für Beitragsbestandteile einer kapitalbildenden Lebensversicherung i. S. d. § 20 Absatz 1 Nummer 6 EStG, die bei der Ermittlung des steuerpflichtigen Ertrags nicht abgezogen werden dürfen,
- Unfallversicherungen, wenn es sich nicht um eine Unfallversicherung mit garantierter Beitragsrückzahlung handelt, die insgesamt als RV oder Kapitalversicherung behandelt wird,
- Haftpflichtversicherungen,
- Lebensversicherungen, die nur für den Todesfall eine Leistung vorsehen (Risikolebensversicherung).

122 Beiträge zu nachfolgenden Versicherungen sind ebenfalls nach § 10 Absatz 1 Nummer 3 a EStG begünstigt, wenn die Laufzeit dieser Versicherungen vor dem 1. Januar 2005 begonnen hat und mindestens ein Versicherungsbeitrag bis zum 31. Dezember 2004 entrichtet wurde; auf den Zeitpunkt des Vertragsabschlusses kommt es insoweit nicht an:

- RV ohne Kapitalwahlrecht, die die Voraussetzungen des § 10 Absatz 1 Satz 1 Nummer 2 EStG nicht erfüllen,
- RV mit Kapitalwahlrecht gegen laufende Beitragsleistungen, wenn das Kapitalwahlrecht nicht vor Ablauf von zwölf Jahren seit Vertragsabschluss ausgeübt werden kann,
- Kapitalversicherungen gegen laufende Beitragsleistungen mit Sparanteil, wenn der Vertrag für die Dauer von mindestens zwölf Jahren abgeschlossen worden ist.

123 Ein Versicherungsbeitrag ist bis zum 31. Dezember 2004 entrichtet, wenn nach § 11 Absatz 2 EStG der Beitrag einem Kalenderjahr vor 2005 zuzuordnen ist. Für Beiträge im Rahmen der betrieblichen Altersversorgung an einen Pensionsfonds, an eine Pensionskasse oder für eine Direktversicherung gilt Rz. 330 des BMF-Schreibens vom 24. Juli 2013, BStBl. I S. 1022, geändert durch BMF-Schreiben vom 13. Januar 2014, BStBl. I S. 97[1] und BMF-Schreiben vom 13. März 2014, BStBl. I S. 554[1].

124 Für die Berücksichtigung von diesen Beiträgen (Rz. 122) gelten außerdem die bisherigen Regelungen des § 10 Absatz 1 Nummer 2 Buchstabe b Satz 2 bis 6 und Absatz 2 Satz 2 EStG in der am 31. Dezember 2004 geltenden Fassung.

---

[1] Nicht mehr in der sog. Positivliste des BMF-Schreibens vom 18. 3. 2019 (BStBl. I S. 270).

Anl a zu R 10.4

3. Ermittlung des Abzugsbetrags

3.1. Höchstbetrag nach § 10 Absatz 4 EStG

125 Vorsorgeaufwendungen i. S. d. § 10 Absatz 1 Nummer 3 und Nummer 3 a EStG können vorbehaltlich des Mindestansatzes (siehe Rz. 129) und der Günstigerprüfung (siehe Rz. 207 ff.) gem. § 10 Absatz 4 EStG grundsätzlich bis zur Höhe von 2800 € abgezogen werden.

126 Bei einem Steuerpflichtigen, der ganz oder teilweise ohne eigene Aufwendungen einen Anspruch auf vollständige oder teilweise Erstattung oder Übernahme von Krankheitskosten hat oder für dessen Krankenversicherung Leistungen i. S. d. § 3 Nummer 9, 14, 57 oder 62 EStG erbracht werden, vermindert sich der Höchstbetrag auf 1900 €. Dies gilt auch, wenn die Voraussetzungen dafür nur in einem Teil des Kalenderjahres vorliegen. Ohne Bedeutung ist hierbei, ob aufgrund eines Anspruchs tatsächlich Leistungen erbracht werden und wie hoch der Anspruch ist. Ein vom Arbeitgeber im Rahmen einer geringfügigen Beschäftigung erbrachter pauschaler Beitrag zur GKV führt nicht zum Ansatz des verminderten Höchstbetrags.

127 Der verminderte Höchstbetrag i. H. v. 1900 € gilt z. B. für

- sozialversicherungspflichtige Arbeitnehmer, für die der Arbeitgeber nach § 3 Nummer 62 EStG steuerfreie Beiträge zur Krankenversicherung leistet; das gilt auch dann, wenn der Arbeitslohn aus einer Auslandstätigkeit aufgrund eines Doppelbesteuerungsabkommens (DBA) steuerfrei gestellt wird,
- Besoldungsempfänger oder gleichgestellte Personen, die von ihrem Arbeitgeber nach § 3 Nummer 11 EStG steuerfreie Beihilfen zu Krankheitskosten erhalten,
- Rentner, die aus der gesetzlichen RV nach § 3 Nummer 14 EStG steuerfreie Zuschüsse zu den Krankenversicherungsbeiträgen erhalten,
- Rentner, bei denen der Träger der gesetzlichen RV Beiträge an die GKV zahlt,
- den Ehegatten oder Lebenspartner des Arbeitnehmers, wenn der Arbeitgeber Leistungen i. S. d. § 3 Nummer 62 EStG auch für Ehegatten oder Lebenspartner erbringt (BFH vom 23. Januar 2013, BStBl. II S. 608),
- im VZ beihilferechtlich berücksichtigungsfähige Ehegatten oder Lebenspartner (BFH vom 23. Januar 2013, BStBl. II S. 608),
- Beamte, die in der GKV freiwillig versichert sind und deshalb keine Beihilfe zu ihren Krankheitskosten – trotz eines grundsätzlichen Anspruchs – erhalten,
- Versorgungsempfänger im öffentlichen Dienst mit Beihilfeanspruch oder gleichgestellte Personen,
- in der GKV ohne eigene Beiträge familienversicherte Angehörige,
- Personen, für die steuerfreie Leistungen der Künstlersozialkasse nach § 3 Nummer 57 EStG erbracht werden,
- Beamte, bei denen der Dienstherr seine Fürsorgeverpflichtung dadurch erfüllt, dass er statt der Gewährung eines Beihilfeanspruchs einen Zuschuss zur Krankenversorgung leistet.

128 Der nach § 3 Nummer 62 EStG steuerfreie Arbeitgeberanteil zur gesetzlichen Kranken- und Pflegeversicherung ist bei der Ermittlung des Höchstbetrags nach § 10 Absatz 4 EStG nicht zu berücksichtigen. Dies gilt auch für den von der Künstlersozialkasse getragenen steuerfreien Beitragsanteil (§ 3 Nummer 57 EStG).

3.2. Mindestansatz

129 Übersteigen die vom Steuerpflichtigen geleisteten Beiträge für die Basisabsicherung (Basiskrankenversicherung – Rz. 83 ff. – und gesetzliche Pflegeversicherung – Rz. 117 ff. –) den Höchstbetrag von 2800 €/1900 €, sind diese Beiträge als Sonderausgaben anzusetzen. Eine betragsmäßige Deckelung auf den Höchstbetrag erfolgt in diesen Fällen nicht. Ein zusätzlicher Abzug von Beiträgen nach § 10 Absatz 1 Nummer 3 a EStG ist daneben nicht möglich (vorbehaltlich der Günstigerprüfung, Rz. 207 ff.).

3.3. Abzugsbetrag bei Ehegatten und Lebenspartnern

a) Zusammenveranlagung nach § 26 b EStG

130 Bei zusammen veranlagten Ehegatten oder Lebenspartnern ist zunächst für jeden Ehegatten oder Lebenspartner nach dessen persönlichen Verhältnissen der ihm zustehende Höchstbetrag zu bestimmen. Die Summe der beiden Höchstbeträge ist der gemeinsame Höchstbetrag (§ 10 Absatz 4 Satz 3 EStG). Übersteigen die von den Ehegatten oder Lebenspartnern geleisteten Beiträge für die Basisabsicherung in der Summe den gemeinsamen Höchstbetrag, sind diese Beiträge als Sonderausgaben zu berücksichtigen. Eine betragsmäßige Deckelung auf den gemeinsamen Höchstbetrag erfolgt in diesen Fällen nicht. Ein zusätzlicher Abzug von Beiträgen nach § 10 Absatz 1 Nummer 3 a EStG ist – vorbehaltlich der Günstigerprüfung (Rz. 207 ff.) – daneben nicht möglich.

b) Einzelveranlagung nach § 26 a EStG und „Patchwork-Familien"

131 Wird von den Ehegatten oder Lebenspartnern die Einzelveranlagung beantragt, wird der Höchstbetrag sowie der Mindestansatz für jeden Ehegatten oder Lebenspartner gesondert ermittelt. Für die Berechnung des Mindestansatzes ist bei jedem Ehegatten oder Lebenspartner der von ihm als VN geleistete Beitrag zur Basisabsicherung anzusetzen. Ist ein Kind VN (vgl. Rz. 81), werden die Beiträge zur Kranken- und Pflegeversicherung i. S. d. § 10 Absatz 1 Nummer 3 Satz 2 EStG jedoch von Unterhaltsverpflichteten getragen, sind die Beiträge von dem jeweiligen unterhaltsverpflichteten Elternteil zu beantragen und anzusetzen, der sie wirtschaftlich getragen hat (Grundsatz der Einmalberücksichtigung). Innerhalb der Ehe bzw. Lebenspartnerschaft folgt die weitere Zuordnung den Regelungen des § 26 a Absatz 2 EStG.

Beispiel 1:

132 Ehemann A ist selbständig tätig und privat versichert. Er leistet als VN für seine Basiskrankenversicherung einen Jahresbeitrag i. H. v. 6000 € bei Versicherung X. Seine Ehefrau B ist Beamtin und privat versichert bei Versicherung Y. Der von B als VN zu leistende Jahresbeitrag zur Basiskrankenversicherung beträgt 3500 €. Der gemeinsame Sohn S ist im Vertrag von B mitversichert. Der hierfür zu leistende und von B getragene Jahresbeitrag zur Basiskrankenversicherung beträgt 1000 €. Die Tochter T – steuerlich als Kind i. S. d. § 10 Absatz 1 Nummer 3 Satz 2 EStG zu berücksichtigen – ist in der studentischen Krankenversicherung (KVdS) versichert und zahlt als VN einen Jahresbeitrag zu ihrer Basiskrankenversicherung i. H. v. 2000 €. A und B erstatten T den von ihr geleisteten Jahresbeitrag im Rahmen ihrer Unterhaltsverpflichtung. Die Eheleute A und B beantragen die Einzelveranlagung, wobei § 26 a Absatz 2 Satz 1 EStG Anwendung finden soll. Anl a zu R 10.4

Nach § 10 Absatz 4 Satz 1 EStG kann A Vorsorgeaufwendungen grundsätzlich bis zu einem Höchstbetrag von 2800 € abziehen, da er seine Krankenversicherung vollständig aus eigenen Mitteln finanziert und auch keine steuerfreien Leistungen zu seinen Krankheitskosten erhält. Für B mindert sich der Höchstbetrag nach § 10 Absatz 4 Satz 2 EStG auf 1900 €, da B einen Anspruch auf steuerfreie Beihilfen zu ihren Krankheitskosten hat. Dem für jeden Ehegatten gesondert ermittelten Höchstbetrag sind die jeweils von A bzw. von B als VN geleisteten Jahresbeiträge zur Basiskrankenversicherung gegenüberzustellen. Sowohl bei A als auch bei B übersteigen die als VN geleisteten Jahresbeiträge zur Basiskrankenversicherung die Höchstbeträge nach § 10 Absatz 4 EStG. Daher sind jeweils die Beiträge zur Basiskrankenversicherung anzusetzen (Mindestansatz, vgl. Rz. 129).

A kann seinen Beitrag i. H. v. 6000 € geltend machen. B kann in ihrer Veranlagung den von ihr als VN geleisteten Beitrag i. H. v. 3500 € zzgl. des von ihr getragenen Beitrags für S i. H. v. 1000 € (= 4500 €) ansetzen. Den von A und B an T erstatteten Krankenversicherungsbeitrag i. H. v. 2000 € können A und B jeweils zu 1000 € im Rahmen der Sonderausgaben geltend machen.

Beispiel 2:

133 A und B sind verheiratet. B ist die leibliche Mutter des Kindes K. Der Kindesvater ist C. K ist selbst VN seiner Kranken- und Pflegeversicherung. Im Rahmen ihrer Unterhaltspflicht haben C und B die Beiträge des K wirtschaftlich getragen – C zu 20% und B zu 80%. A und B beantragen die Einzelveranlagung nach § 26 a EStG, wobei § 26 a Absatz 2 Satz 2 EStG Anwendung finden soll.

Gem. § 10 Absatz 1 Nummer 3 Satz 2 EStG werden entsprechend der wirtschaftlichen Belastung 20% bei C und 80% bei B der jeweils für K getragenen Krankenversicherungsbeiträge wie eigene Beiträge behandelt. Nach der Verteilungsregelung des § 26 a Absatz 2 Satz 2 EStG werden bei A und B sämtliche Sonderausgaben – und damit auch die der B nach § 10 Absatz 1 Nummer 3 Satz 2 EStG zugewiesenen Beiträge des K – jeweils hälftig abgezogen, so dass im Ergebnis A und B jeweils 40% der Beiträge des K absetzen können. Dass bei A keine Unterhaltsverpflichtung gegenüber K besteht, da es sich nicht um sein leibliches Kind handelt, ist für die Verteilung durch § 26 a Absatz 2 Satz 2 EStG ohne Belang.

4. Beitragsvorauszahlungen

4.1. Anwendungsbereich

134 § 10 Absatz 1 Nummer 3 Satz 4 EStG begrenzt ab dem VZ 2011 die innerhalb eines VZ als Sonderausgaben abziehbaren Basiskranken- und gesetzlichen Pflegeversicherungsbeiträge, soweit diese für nach Ablauf des VZ beginnende Beitragsjahre geleistet werden (Beitragsvorauszahlungen). Beitragsvorauszahlungen, die in der Summe das Zweieinhalbfache der im VZ vertraglich geschuldeten Beiträge überschreiten, sind nicht im Jahr der Verausgabung, sondern in dem VZ anzusetzen, für den sie geleistet wurden (Einschränkung des Abflussprinzips gem. § 11 Absatz 2 Satz 1 EStG). Die Einhaltung der Regelung wird durch die Finanzverwaltung überprüft.

135 Soweit Basiskranken- und gesetzliche Pflegeversicherungsbeiträge im Rahmen eines freiwillig vertraglich vereinbarten sog. Beitragsentlastungstarifs zur unbefristeten Beitragsminderung frühestens nach Vollendung des 62. Lebensjahres (Rz. 113) für nach Ablauf des VZ beginnende Beitragsjahre gezahlt werden, stellen diese keine Vorauszahlungen i. S. d. § 10 Absatz 1 Nummer 3 Satz 4 EStG dar. Sie sind gem. § 10 Absatz 1 Nummer 3 Satz 4 zweiter Halbsatz EStG stets im VZ der Zahlung abziehbar.

136 Die Vorschrift gilt für Beiträge zur freiwilligen gesetzlichen und zur privaten Kranken- und Pflegeversicherung gleichermaßen. Für die Beiträge zur Pflegeversicherung und für die Beiträge zur Krankenversicherung sind jeweils getrennte Berechnungen durchzuführen.

4.2. Zeitliche Zuordnung der Beitragsvorauszahlungen

137 Die zeitliche Zuordnung der geleisteten Beiträge ist in Abhängigkeit von zwei Berechnungsgrößen zu ermitteln:
- das Zweieinhalbfache der im VZ vertraglich geschuldeten Beiträge (zulässiges Vorauszahlungsvolumen) und
- die Summe der für nach Ablauf des VZ beginnende Beitragsjahre geleisteten Beiträge (Summe der geleisteten Beitragsvorauszahlungen).

138 In den Fällen des § 10 Absatz 1 Nummer 3 Satz 2 und Satz 3 EStG ist für die Ermittlung des zulässigen Vorauszahlungsvolumens und die Summe der geleisteten Beitragsvorauszahlungen auf die Verhältnisse des VN abzustellen.

a) Ermittlung des zulässigen Vorauszahlungsvolumens

139 Zunächst sind die für den VZ der Zahlung vertraglich geschuldeten Beiträge zur Basiskranken- bzw. zur gesetzlichen Pflegeversicherung – jeweils gesondert – zu ermitteln. Auf die tatsächlich gezahlten Beiträge kommt es hierbei nicht an. Das Ergebnis ist jeweils mit 2,5 zu multiplizieren.

140 Wird das Versicherungsunternehmen im Laufe eines VZ gewechselt, sind die für den VZ vertraglich geschuldeten Basiskranken- bzw. gesetzlichen Pflegeversicherungsbeiträge aller betroffenen Versicherungsunternehmen einzubeziehen.

141 Schuldet der Steuerpflichtige für den VZ keine eigenen Beiträge, z. B. weil er als Kind in einer Familienversicherung mitversichert war, beträgt das zulässige Vorauszahlungsvolumen 0 €. Dagegen erhöht der von den Eltern im laufenden VZ letztmalig für das Kind geleistete Beitrag deren zulässiges Vorauszahlungsvolumen, obwohl insoweit die Beitragsverpflichtung im Folge-VZ nicht mehr besteht.

142 Steuerfreie Zuschüsse und Beitragsrückerstattungen bleiben bei der Ermittlung des zulässigen Vorauszahlungsvolumens außer Betracht. Auch die in einem späteren VZ zufließenden Beitragsrückerstattungen oder die dann gewährten steuerfreien Zuschüsse ändern nicht das zulässige Vorauszahlungsvolumen.

Anl a zu R 10.4

143 Beitragsanteile aufgrund eines freiwillig vertraglich vereinbarten sog. Beitragsentlastungstarifs zur unbefristeten Beitragsminderung frühestens nach Vollendung des 62. Lebensjahres (Rz. 113, 135) sind bei der Ermittlung der vertraglich geschuldeten Beiträge nicht zu berücksichtigen. Dagegen erhöhen die Beitragsanteile, die der sog. Alterungsrückstellung nach § 149 VAG (vormals § 12 Absatz 4 a VAG) (Rz. 112) zugeführt werden, in Einheit mit dem Gesamtversicherungsbeitrag die vertraglich geschuldeten Beiträge.

b) Summe der geleisteten Beitragsvorauszahlungen

144 In die Summe der Beitragsvorauszahlungen sind sämtliche im VZ abgeflossenen Basiskranken- bzw. gesetzlichen Pflegeversicherungsbeiträge – jeweils gesondert – einzubeziehen, die für nach dem VZ beginnende Beitragsjahre geleistet werden.

145 Keine Vorauszahlungen und somit nicht einzubeziehen sind jedoch Beiträge, die entsprechend ihrer wirtschaftlichen Zugehörigkeit gem. § 11 Absatz 2 Satz 2 EStG ohnehin erst im folgenden VZ anzusetzen sind (vgl. Beispiele 3 und 4, Rz. 157 f.; Rz. 195 ff.).

146 Beitragsanteile aufgrund eines sog. Beitragsentlastungstarifs zur unbefristeten Beitragsminderung frühestens nach Vollendung des 62. Lebensjahres (Rz. 113, 135) sind bei der Ermittlung der geleisteten Beitragsvorauszahlungen nicht zu berücksichtigen. Dagegen erhöhen die Beitragsanteile, die der sog. Alterungsrückstellung nach § 149 VAG (vormals § 12 Absatz 4 a VAG) (Rz. 112) zugeführt werden, in Einheit mit dem Gesamtversicherungsbeitrag die geleisteten Beitragsvorauszahlungen.

4.3. Rechtsfolge

a) Allgemein

147 Basiskranken- und Pflegeversicherungsbeiträge, die der Steuerpflichtige als Vorauszahlungen leistet, sind im VZ der Zahlung abziehbar, soweit sie das Zweieinhalbfache der für das Zahlungsjahr geschuldeten Beiträge nicht übersteigen.

148 Abweichend vom Jahr der Zahlung sind die das Zweieinhalbfache übersteigenden Beiträge in dem VZ anzusetzen, für den sie geleistet wurden. Die Zuordnung der vorausbezahlten Beiträge zu den Zeiträumen, für die sie geleistet wurden, erfolgt gemäß ihrer zeitlichen Abfolge. Vom zulässigen Vorauszahlungsvolumen sind dabei die Beiträge für jene VZ gedeckt, die zeitlich am nächsten am Kalenderjahr der Zahlung liegen.

Beispiel 1:

149 Der für das Kalenderjahr 00 zu leistende Beitrag beträgt 1000 €. Der Steuerpflichtige leistet am 10. Dezember 00 für die Jahre 01 bis 04 jeweils 1000 € im Voraus.

Das zulässige Vorauszahlungsvolumen für 00 ist mit 2,5 × 1000 € = 2500 € zu bemessen. Die geleisteten Beitragsvorauszahlungen betragen in der Summe 4 × 1000 € = 4000 €. Der in 00 absetzbare Teil der Vorauszahlungen i. H. v. 2500 € ist den Jahren 01, 02 (jeweils i. H. v. 1000 €) und i. H. v. 500 € dem Jahr 03 chronologisch zuzuordnen. Der verbleibende Betrag i. H. v. 1500 € ist mit 500 € in 03 und mit 1000 € in 04 anzusetzen.

Abwandlung 1 zu Beispiel 1:

150 In dem Beitrag i. H. v. 1000 € sind 100 € für einen Beitragsentlastungstarif zur unbefristeten Beitragsminderung frühestens nach Vollendung des 62. Lebensjahres enthalten.

Die Vorauszahlungen auf den Beitragsentlastungstarif i. H. v. 400 € sind im VZ der Zahlung (00) anzusetzen. Für die übrigen Vorauszahlungen i. H. v. 3600 € gilt:

Das zulässige Vorauszahlungsvolumen für 00 ist mit 2,5 × 900 € = 2250 € zu bemessen. Der in 00 absetzbare Teil der Vorauszahlungen i. H. v. 2250 € ist den Jahren 01, 02 (jeweils i. H. v. 900 €) und i. H. v. 450 € dem Jahr 03 chronologisch zuzuordnen. Der verbleibende Betrag i. H. v. 1350 € ist mit 450 € in 03 und mit 900 € in 04 anzusetzen.

Abwandlung 2 zu Beispiel 1:

151 Im Beitrag i. H. v. 1000 € sind 100 € für einen Beitragsentlastungstarif zur unbefristeten Beitragsminderung frühestens nach Vollendung des 60. Lebensjahres enthalten.

Lösung wie zu Beispiel 1.

152 Für die vom VN vorausbezahlten Beiträge findet die Rechtsfolge des § 10 Absatz 1 Nummer 3 Satz 4 EStG in den Fällen des § 10 Absatz 1 Nummer 3 Satz 2 EStG beim unterhaltsverpflichteten Steuerpflichtigen und in den Fällen des § 10 Absatz 1 Nummer 3 Satz 3 EStG beim Unterhaltsberechtigten Anwendung.

b) Vorauszahlungen vs. regelmäßig wiederkehrende Zahlungen (vgl. Rz. 195 ff.)

153 Regelmäßig wiederkehrende Ausgaben, die kurze Zeit vor Beginn oder kurze Zeit nach Beendigung des Kalenderjahres, zu dem sie wirtschaftlich gehören, abgeflossen und fällig geworden sind, werden dem Kalenderjahr zugeordnet, zu dem sie wirtschaftlich gehören (§ 11 Absatz 2 Satz 2 i. V. m. Absatz 1 Satz 2 EStG). Für im Voraus entrichtete Beiträge bedeutet „kurze Zeit", dass die Zahlung innerhalb des Zeitraums vom 22. Dezember bis 31. Dezember vorgenommen wird und die Beiträge entsprechend der vertraglichen Vereinbarung innerhalb des Zeitraums vom 22. Dezember bis 10. Januar fällig werden.

154 Rz. 153 gilt auch für Kranken- und Pflegeversicherungsbeiträge, die kumuliert für mehrere Monate oder Jahre in einer Zahlung geleistet werden. Sind die Voraussetzungen des § 11 Absatz 2 Satz 2 i. V. m. Absatz 1 Satz 2 EStG erfüllt, wird der für das folgende Jahr geleistete Beitrag steuerlich im Folgejahr berücksichtigt.

155 § 10 Absatz 1 Nummer 3 Satz 4 EStG greift nicht, soweit aufgrund der Anwendbarkeit des § 11 Absatz 2 Satz 2 i. V. m. Absatz 1 Satz 2 EStG keine Vorauszahlungen i. S. d. Rz. 144 vorliegen (vgl. auch Rz. 145).

Beispiel 2:

156 Am 28. Dezember 00 leistet der Steuerpflichtige in einer Zahlung die Beiträge für die Jahre 01 und 02. Der Jahresbeitrag ist regelmäßig am 1. Januar des jeweiligen Beitragsjahres fällig. Insgesamt überschreitet die Summe der geleisteten Beitragsvorauszahlungen das Zweieinhalbfache der für den VZ 00 geschuldeten Beiträge nicht.

Der in 00 geleistete Beitrag für das Beitragsjahr 01 ist gem. § 11 Absatz 2 Satz 2 i. V. m. Absatz 1 Satz 2 EStG abweichend vom Zahlungsjahr im Jahr der wirtschaftlichen Zugehörigkeit – 01 – zu berücksichtigen. Insoweit liegen keine Vorauszahlungen i. S. d. § 10 Absatz 1 Nummer 3 Satz 4 EStG vor. Der vorausgezahlte Betrag für das Beitragsjahr 02 ist im Jahr 00 anzusetzen.

Beispiel 3:

157 Am 28. Dezember 00 leistet der Steuerpflichtige in einer Zahlung die Beiträge für die Jahre 01 bis 04. Der Jahresbeitrag ist regelmäßig am 1. Januar des jeweiligen Beitragsjahres fällig. Für das Kalenderjahr 00 bis 04 beträgt der zu leistende Beitrag jeweils 1000 €.
Der zum Jahreswechsel geleistete Beitrag für das Jahr 01 i. H. v. 1000 € ist gem. § 11 Absatz 2 Satz 2 i. V. m. Absatz 1 Satz 2 EStG im VZ 01 zu berücksichtigen. Insoweit liegen keine Vorauszahlungen i. S. d. § 10 Absatz 1 Nummer 3 Satz 4 EStG vor.
Die Summe der geleisteten Beitragsvorauszahlungen i. H. v. 3000 € für die Jahre 02 bis 04 überschreitet das zulässige Vorauszahlungsvolumen von 2500 € um 500 €. Die Vorauszahlungen sind somit aufzuteilen und, soweit das zulässige Vorauszahlungsvolumen überschritten ist, den künftigen VZ chronologisch zuzuordnen. Bis zur Höhe des zulässigen Vorauszahlungsvolumens i. H. v. 2500 € ist der Beitrag für 02, 03 und ein Betrag i. H. v. 500 € für das Kalenderjahr 04 in 00 anzusetzen. Der das zulässige Vorauszahlungsvolumen überschreitende Betrag von 500 € ist gem. § 10 Absatz 1 Nummer 3 Satz 4 EStG im VZ 04 anzusetzen.

Beispiel 4:

158 Der Steuerpflichtige leistet regelmäßig zum Monatsende den für den Folgemonat geschuldeten Beitrag, der jeweils am ersten Tag des Monats fällig ist. Am 28. Dezember 00 leistet er die Beiträge für die Jahre 01 bis 06 im Voraus. Der monatlich zu leistende Beitrag beträgt in allen Kalenderjahren 100 € (Jahresbeitrag jeweils 1200 €).
Der Beitrag für Januar 01 ist nach der Regelung in § 11 Absatz 2 Satz 2 i. V. m. Absatz 1 Satz 2 EStG abweichend vom Zahlungsjahr 00 im Jahr 01 zu berücksichtigen. Somit ist dieser nicht in die Summe der geleisteten Beitragsvorauszahlungen mit einzubeziehen.
Die Summe der geleisteten Beitragsvorauszahlungen (Februar bis Dezember 01: 1100 € + 02 bis 06: 6000 € = 7100 €) überschreitet das zulässige Vorauszahlungsvolumen von 3000 € (= 2,5 × 1200 €) um 4100 €. Bis zur Höhe des zulässigen Vorauszahlungsvolumens i. H. v. 3000 € können die Beiträge für Februar 01 bis Juli 03 (1100 € für 01, 1200 € für 02, 700 € für 03) in 00 als Sonderausgaben angesetzt werden. Der das zulässige Vorauszahlungsvolumen überschreitende Betrag i. H. v. 4100 € ist aufzuteilen und gem. § 10 Absatz 1 Nummer 3 Satz 4 EStG im jeweiligen Kalenderjahr, für das er gezahlt wurde, abzuziehen. In 03 sind daher 500 €, in 04 bis 06 jeweils 1200 € als Sonderausgaben anzusetzen.

5. Verfahren

159 Die mitteilungspflichtigen Stellen haben die geleisteten und erstatteten Beiträge i. S. d. § 10 Absatz 1 Nummer 3 EStG sowie die weiteren nach § 10 Absatz 2a Satz 4 Nummer 2 EStG erforderlichen Daten an die Finanzverwaltung (Zentrale Zulagenstelle für Altersvermögen – ZfA) zu übermitteln; wegen Einzelheiten vgl. die Ausführungen unter Rz. 181 ff.

160 Der Abzug der steuerfreien Zuschüsse zu den Kranken- und Pflegeversicherungsbeiträgen (vgl. Rz. 86) sowie die Minderung um 4% bei den Beiträgen zur GKV (im Einzelnen vgl. Rz. 101 ff.) werden von der Finanzverwaltung vorgenommen. Die Beiträge zu einer PKV werden bereits durch das Versicherungsunternehmen um einen Beitragsanteil, der auf Krankentagegeld entfällt, gemindert, so dass die Finanzverwaltung hier nur noch ggf. gewährte Zuschüsse abziehen muss.

161 Werden Beitragsvorauszahlungen (siehe Rz. 134) geleistet, sind die vertraglich geschuldeten Beiträge zur Basiskranken- und gesetzlichen Pflegeversicherung des Beitragsjahres als Bestandteil der Vertrags- bzw. Versicherungsdaten i. S. d. § 10 Absatz 2a Satz 4 EStG in den Datensatz aufzunehmen. Nicht dazu gehören Beiträge, die der unbefristeten Beitragsminderung frühestens ab Vollendung des 62. Lebensjahres im Rahmen eines freiwillig vertraglich vereinbarten sog. Beitragsentlastungstarifs dienen (Rz. 113). Eine Übermittlung der vertraglich geschuldeten Beiträge ist aus Vereinfachungsgründen nicht erforderlich, sofern es sich lediglich um eine Vorauszahlung für den Monat Januar des Folgejahres handelt. Im Datensatz ist anzugeben, ob sich aus den Beiträgen ein Anspruch auf Krankengeld oder ein Anspruch auf eine Leistung ergeben kann, die anstelle von Krankengeld gewährt wird. Auf der Grundlage der übermittelten Daten ermittelt die Finanzverwaltung die sofort abziehbaren Vorauszahlungen nach § 10 Absatz 1 Nummer 3 Satz 4 EStG.

5.1. Gesetzlich Versicherte

162 Bei Vorliegen einer Familienversicherung i. S. d. § 10 SGB V ist für die mitversicherte Person mangels eigener Beitragsleistung kein Datensatz zu übermitteln.

163 Kann sich für
- einen freiwillig gesetzlich versicherten Arbeitnehmer (Selbstzahler), Selbständigen, Künstler oder Publizisten,
- einen pflichtversicherten selbständigen Künstler und Publizisten

aus der GKV ein Anspruch auf Krankengeld bzw. eine Leistung ergeben, die anstelle von Krankengeld gewährt wird, ist dies bei der Übermittlung der Daten anzugeben.

164 Falls die Kranken- und Pflegeversicherungsbeiträge von einem Dritten, der nicht zur Datenübermittlung mittels elektronischer Lohnsteuerbescheinigung oder im Rentenbezugsmitteilungsverfahren verpflichtet ist, einbehalten und per Sammelüberweisung an die Krankenkassen überwiesen werden, ist – mit Ausnahme der in Rz. 184 geregelten Fälle – grundsätzlich die GKV zur Datenübermittlung verpflichtet.

Beispiel 1:

165 Selbständig tätige Knappschaftsärzte, die im Rahmen ihrer Berufstätigkeit auch für die Knappschaft-Bahn-See tätig sind, beziehen aus der gesamten Tätigkeit Einkünfte aus selbständiger Tätigkeit nach § 18 EStG. Die Alters- und Hinterbliebenenbezüge, die nach Abschluss der aktiven selbständigen Tätigkeit von der Knappschaft-Bahn-See an die Knappschaftsärzte geleistet werden, sind als betriebliche Versorgungsrenten in voller Höhe nach § 24 Nummer 2 EStG als nachträgliche Einkünfte aus der selbständigen Tätigkeit zu erfassen. Die Knappschaft behält Beiträge zur gesetzlichen Kranken- und Pflegeversicherung ein und führt diese im sog. Zahlstellenverfahren (§ 256 SGB V) an den Träger der GKV ab.

Anl a zu R 10.4

Nach § 10 Absatz 2 a Satz 4 EStG ist die GKV zur Datenübermittlung der Basiskranken- und gesetzlichen Pflegeversicherungsbeiträge i. S. d. § 10 Absatz 1 Nummer 3 Satz 1 EStG an die Finanzverwaltung verpflichtet. Gründe, aus denen die Daten bereits mit der elektronischen Lohnsteuerbescheinigung oder im Rentenbezugsmitteilungsverfahren zu melden sind (vgl. Rz. 183), liegen nicht vor. Eine Verpflichtung zur Datenübermittlung aufgrund des Einbehaltens der Sozialversicherungsbeiträge und anschließender Sammelüberweisung an die Krankenkasse ergibt sich für die Knappschaft-Bahn-See („Dritter") nicht.

Beispiel 2:

166 Honorare der freien Mitarbeiter des Hessischen Rundfunks (und auch der Synchronsprecher) sind einkommensteuerrechtlich im Einzelfall als Einkünfte aus selbständiger Tätigkeit nach § 18 Absatz 1 Nummer 1 EStG zu beurteilen. Sozialversicherungsrechtlich können die freien Mitarbeiter jedoch als sozialversicherungspflichtige abhängig Beschäftigte eingestuft werden. Entsprechend behält der Hessische Rundfunk dann die Kranken- und Pflegeversicherungsbeiträge von den Honoraren ein und führt sie an den Träger der GKV ab.
Aufgrund der steuerrechtlichen Qualifikation als Einkünfte aus selbständiger Tätigkeit werden die von den Einkünften aus der sozialversicherungspflichtigen abhängigen Beschäftigung einbehaltenen Kranken- und Pflegeversicherungsbeiträge nicht im Lohnsteuerbescheinigungsverfahren übermittelt. Der Hessische Rundfunk ist keine Einrichtung i. S. d. § 10 Absatz 2 a Satz 1 EStG und somit keine mitteilungspflichtige Stelle. Nach § 10 Absatz 2 a Satz 4 EStG ist daher die GKV zur Datenübermittlung der Basiskranken- und gesetzlichen Pflegeversicherungsbeiträge i. S. d. § 10 Absatz 1 Nummer 3 Satz 1 EStG an die Finanzverwaltung verpflichtet.

a) Pflichtversicherte Arbeitnehmer

167 Der vom Arbeitgeber einbehaltene und abgeführte GKV- und Pflegeversicherungsbeitrag des Arbeitnehmers wird im Rahmen der elektronischen Lohnsteuerbescheinigung an die Finanzverwaltung übermittelt. Erstattet die GKV Beiträge, sind diese – sofern sie auf die Basisabsicherung entfallen – unmittelbar von der GKV an die Finanzverwaltung zu übermitteln.

168 Der vom Arbeitgeber einbehaltene und abgeführte GKV- und Pflegeversicherungsbeitrag des Arbeitnehmers, welcher nicht im Rahmen der elektronischen Lohnsteuerbescheinigung an die Finanzverwaltung übermittelt wird (z. B. Fälle der Pauschalbesteuerung nach § 40 a Absatz 2 a EStG), ist von der GKV an die Finanzverwaltung zu übermitteln. Erstattet die GKV Beiträge, sind diese – sofern sie auf die Basisabsicherung entfallen – ebenfalls unmittelbar von der GKV an die Finanzverwaltung zu übermitteln.

b) Freiwillig gesetzlich versicherte Arbeitnehmer

169 Für Arbeitnehmer, bei denen der Arbeitgeber den Gesamtbeitrag zur Kranken- und Pflegeversicherung an die GKV abführt (Firmenzahler), hat der Arbeitgeber in der elektronischen Lohnsteuerbescheinigung der Finanzverwaltung den abgeführten GKV-Beitrag und den geleisteten steuerfreien Arbeitgeberzuschuss (§ 3 Nummer 62 EStG) mitzuteilen. Erstattet die GKV Beiträge, sind diese – sofern sie auf die Basisabsicherung entfallen – unmittelbar von der GKV an die Finanzverwaltung zu übermitteln.

170 Für Arbeitnehmer, bei denen der Kranken- und Pflegeversicherungsbeitrag an die GKV vom Arbeitnehmer selbst gezahlt wird (Selbstzahler), hat der Arbeitgeber in der elektronischen Lohnsteuerbescheinigung den geleisteten steuerfreien Arbeitgeberzuschuss (§ 3 Nummer 62 EStG) mitzuteilen. Die vom Arbeitnehmer unmittelbar an die GKV geleisteten oder von der GKV erstatteten Beiträge sind – sofern sie auf die Basisabsicherung entfallen – von der GKV an die Finanzverwaltung zu übermitteln.

c) Freiwillig gesetzlich versicherte Selbständige

171 An die GKV geleistete oder von der GKV erstattete Beiträge sind – sofern sie auf die Basisabsicherung entfallen – von der GKV an die Finanzverwaltung zu übermitteln.

d) Pflichtversicherte selbständige Künstler und Publizisten

172 Die Künstlersozialkasse übermittelt nach § 10 Absatz 2 a Satz 4 Nummer 2 EStG die Höhe des eigenen Anteils des Künstlers oder Publizisten am GKV- und Pflegeversicherungsbeitrag, nicht aber die von der Künstlersozialkasse getragenen steuerfreien Beitragsanteile an die Finanzverwaltung. Erstattet die GKV Beiträge, sind diese – sofern sie auf die Basisabsicherung entfallen – als Beitragsrückerstattung von der GKV an die Finanzverwaltung zu übermitteln.

e) Freiwillig gesetzlich versicherte Künstler und Publizisten

173 An die GKV geleistete oder von der GKV erstattete Beiträge sind – sofern sie auf die Basisabsicherung entfallen – von der GKV an die Finanzverwaltung zu übermitteln. Die Künstlersozialkasse übermittelt zudem die Höhe des an den Künstler oder Publizisten steuerfrei gezahlten Beitragszuschusses.

f) Pflichtversicherte Rentner

174 Bei den Empfängern einer Rente aus der gesetzlichen RV oder aus einer betrieblichen Altersversorgung wird in der Regel der GKV- und Pflegeversicherungsbeitrag unmittelbar vom Rentenversicherungs-/Versorgungsträger einbehalten und abgeführt. Die entsprechenden Daten werden zusammen mit der Rentenbezugsmitteilung vom Träger der gesetzlichen RV bzw. vom Versorgungsträger an die Finanzverwaltung übermittelt. Erstattet die GKV Beiträge, sind diese – sofern sie auf die Basisabsicherung entfallen – unmittelbar von der GKV an die Finanzverwaltung zu übermitteln.

g) Pflichtversicherte Empfänger einer Kapitalleistung aus der betrieblichen Altersversorgung

175 Die vom Empfänger einer Kapitalleistung aus der betrieblichen Altersversorgung unmittelbar an die GKV geleisteten oder von der GKV erstatteten Kranken- und Pflegeversicherungsbeiträge sind von der GKV an die Finanzverwaltung zu übermitteln.

h) Freiwillig gesetzlich versicherte Rentner

176 An die GKV geleistete oder von der GKV erstattete GKV- und Pflegeversicherungsbeiträge sind – sofern sie auf die Basisabsicherung entfallen – von der GKV an die Finanzverwaltung zu übermitteln.

Die Höhe des von der mitteilungspflichtigen Stelle i. S. d. § 22 a Absatz 1 Satz 1 EStG (z. B. Träger der gesetzlichen RV) gewährten steuerfreien Zuschusses zu den Krankenversicherungsbeiträgen ist im Rahmen der Rentenbezugsmitteilung an die Finanzverwaltung zu übermitteln.

5.2. Privat Versicherte

a) Privat versicherte Arbeitnehmer

177 Das Versicherungsunternehmen übermittelt die Höhe der geleisteten und erstatteten Beiträge zur Basiskrankenversicherung und zur privaten Pflege-Pflichtversicherung an die Finanzverwaltung.

178 Bei Arbeitnehmern, denen mit dem Lohn ein steuerfreier Zuschuss gezahlt wird, hat der Arbeitgeber in der elektronischen Lohnsteuerbescheinigung die Höhe des geleisteten steuerfreien Arbeitgeberzuschusses mitzuteilen.

b) Privat versicherte Künstler und Publizisten

179 Unmittelbar an die PKV geleistete oder von der PKV erstattete Kranken- und Pflegeversicherungsbeiträge sind von der PKV an die Finanzverwaltung zu übermitteln. Bei Künstlern und Publizisten, für die von der Künstlersozialkasse ein Zuschuss zur Krankenversicherung abgeführt wird, hat die Künstlersozialkasse der Finanzverwaltung die Höhe des Zuschusses mitzuteilen.

c) Privat versicherte Rentner

180 Unmittelbar an die PKV geleistete oder von der PKV erstattete Kranken- und Pflegeversicherungsbeiträge sind von der PKV an die Finanzverwaltung zu übermitteln. Der von der mitteilungspflichtigen Stelle i. S. d. § 22 a Absatz 1 Satz 1 EStG (z. B. Träger der gesetzlichen RV) gewährte steuerfreie Zuschuss zu den Krankenversicherungsbeiträgen ist im Rahmen der Rentenbezugsmitteilung an die Finanzverwaltung zu übermitteln.

III. Gemeinsame Regelungen

1. Datenübermittlung

181 Die erforderlichen Daten nach § 10 Absatz 1 Nummer 2 Satz 1 Buchstabe b und Nummer 3 **65a**
EStG sowie § 10 Absatz 4 b Satz 4 EStG (ab VZ 2016) werden von den mitteilungspflichtigen Stellen nach amtlich vorgeschriebenem Datensatz durch Datenfernübertragung unter Angabe der steuerlichen Identifikationsnummer (§ 139 b AO) und der Vertragsdaten an die ZfA (§ 81 EStG) übermittelt.

182 Mitteilungspflichtige Stellen sind in den Fällen des
- § 10 Absatz 1 Nummer 2 Satz 1 Buchstabe b EStG der Anbieter,
- § 10 Absatz 1 Nummer 3 EStG das Versicherungsunternehmen, der Träger der gesetzlichen Kranken- und Pflegeversicherung, die Künstlersozialkasse und Einrichtungen i. S. d. § 10 Absatz 2 Satz 1 Nummer 2 Buchstabe a Satz 2 EStG,
- § 10 Absatz 4 b Satz 4 EStG die Behörden i. S. d. § 6 Absatz 1 AO und andere öffentliche Stellen, die entsprechende Zuschüsse/Erstattungen gewährt haben.

183 In den Fällen des § 10 Absatz 1 Nummer 3 EStG ist eine Datenübermittlung durch die mitteilungspflichtigen Stellen nicht vorzunehmen, soweit die Daten bereits mit der elektronischen Lohnsteuerbescheinigung oder der Rentenbezugsmitteilung übermittelt werden. Wurden die auf eine Rente entfallenden Beiträge i. S. d. § 10 Absatz 1 Satz 1 Nummer 3 Buchstabe a Satz 1 und 2 und Buchstabe b EStG bereits mit einer elektronischen Lohnsteuerbescheinigung übermittelt, sind diese insoweit nicht in die Rentenbezugsmitteilung nach § 22 a Absatz 1 Satz 1 EStG aufzunehmen (vgl. Rz. 97 des BMF-Schreibens vom 7. Dezember 2011, BStBl. I S. 1223). In den Fällen des § 10 Absatz 4 b Satz 4 EStG besteht eine Mitteilungspflicht nicht, wenn die mitteilungspflichtige Stelle der Finanzverwaltung die Zahlung der geleisteten und zurückgeforderten steuerfreien Zuschüsse und der erstatteten Vorsorgeaufwendungen bereits aufgrund anderer Vorschriften elektronisch mitzuteilen hat (§ 24 Satz 2 Altersvorsorge-Durchführungsverordnung – AltvDV).

184[1] Abweichend vom allgemeingültigen Verfahren zur Datenübermittlung gilt folgende Ausnahmeregelung:

Werden Kranken- und Pflegeversicherungsbeiträge aufgrund unterschiedlicher Einkunftsarten insgesamt an eine Zahlstelle entrichtet, welche eine mitteilungspflichtige Stelle i. S. d. § 22 a Absatz 1 Satz 1 EStG darstellt und welche den Gesamtbeitrag im sog. Zahlstellenverfahren (§ 256 SGB V) an den Träger der GKV abzuführen hat, erfolgt die Datenübermittlung für den Gesamtbeitrag insgesamt durch diese Zahlstelle. Eine Datenübermittlung nach § 10 Absatz 2 a Satz 4 EStG durch die GKV darf insoweit nicht zusätzlich vorgenommen werden.

Beispiel:

185 Ein ehemals selbständiger Versicherungsmakler der X-AG erhält vom Vertreterversorgungswerk sowohl Versorgungsleistungen, die nach §§ 15, 24 Nummer 2 EStG als nachträgliche gewerbliche Einkünfte zu versteuern sind, als auch eine nach § 22 EStG zu erfassende Leibrente. Die X-AG (= hier mitteilungspflichtige Stelle nach § 22 a Absatz 1 Satz 1 EStG) ermittelt anhand der gesamten erzielten Einkünfte die zu entrichtenden Kranken- und Pflegeversicherungsbeiträge, behält diese ein und führt sie im sog. Zahlstellenverfahren an den Träger der GKV (= hier mitteilungspflichtige Stelle nach § 10 Absatz 2 a Satz 1 EStG) ab.

Ohne Berücksichtigung der Rz. 184 würde die X-AG nur in Bezug auf die Leibrente eine Rentenbezugsmitteilung nach § 22 a EStG übermitteln, in der die anteilig auf die Einnahmen aus § 22 EStG entfallenden und geleisteten Kranken- und Pflegeversicherungsbeiträge mitgeteilt werden. Für die Versicherungsbeiträge, die auf dem Teil der Vertreterversorgung basieren, müsste der Träger der GKV – bei Vorliegen einer entsprechenden Einwilligung – die Beiträge an die Finanzverwaltung übermitteln.

---

[1] Rz. 184 ist erstmals für VZ 2017 anzuwenden, siehe Rz. 211.

Anl a zu R 10.4

Unter Berücksichtigung der Vereinfachungsregelung in Rz. 184 sind der Finanzverwaltung die gesamten von der X-AG abgeführten Kranken- und Pflegeversicherungsbeiträge durch sie als Zahlstelle mitzuteilen. Eine teilweise Datenübermittlung nach § 10 Absatz 2 a Satz 4 EStG durch den Träger der GKV ist insoweit nicht zusätzlich vorzunehmen (vgl. Rz. 183).

2. Einwilligung in die Datenübermittlung

a) Allgemeines

186 Voraussetzung für den Sonderausgabenabzug nach § 10 Absatz 1 Nummer 2 Satz 1 Buchstabe b und Nummer 3 EStG ist, dass der Steuerpflichtige (= VN) gegenüber der mitteilungspflichtigen Stelle in die Übermittlung der erforderlichen Daten schriftlich einwilligt bzw. nicht widersprochen hat, als die mitteilungspflichtige Stelle ihn informierte, dass sie von seinem Einverständnis ausgeht (§ 10 Absatz 6 Satz 2 EStG). Die Einwilligung in die Übermittlung der Beiträge umfasst die das gesamte Versicherungsverhältnis betreffenden Daten aller mitversicherten Personen sowie Beitragsrückerstattungen.

187 Der VN kann die Entscheidung, ob die Datenübermittlung erfolgen darf, nur einheitlich für ein Beitragsjahr treffen. Die Einwilligung muss der mitteilungspflichtigen Stelle spätestens bis zum Ablauf des zweiten Kalenderjahres vorliegen, das auf das Beitragsjahr folgt. Die Einwilligung gilt auch für die folgenden Beitragsjahre, wenn der Steuerpflichtige sie nicht gegenüber der mitteilungspflichtigen Stelle schriftlich widerruft.

188 Widerruft der Steuerpflichtige seine Einwilligung, so muss der Widerruf der mitteilungspflichtigen Stelle vor Beginn des Beitragsjahres, für das die Einwilligung erstmals nicht mehr gelten soll, vorliegen.

189 Wurde eine Einwilligung erteilt (oder gilt diese nach § 10 Absatz 6 Satz 2 EStG als erteilt) und wurde diese nicht widerrufen, hat ein zwischenzeitlicher Statuswechsel (z. B. ein privat krankenversicherter Selbständiger ist vorübergehend als gesetzlich Versicherter Arbeitnehmer tätig) auf den Sonderausgabenabzug von Basiskranken- und gesetzlichen Pflegeversicherungsbeiträgen keinen Einfluss.

190 Die mitteilungspflichtige Stelle hat die Daten auch dann zu übermitteln, wenn die Einwilligung offenbar verspätet erteilt wurde. Ob die Frist eingehalten wurde, ist vom Finanzamt als materiellrechtliche Grundlage für den Sonderausgabenabzug zu prüfen.

b) Einwilligungsfiktion bei Kranken- und Pflegeversicherungsbeiträgen

191 Im Lohnsteuerabzugs- und Rentenbezugsmitteilungsverfahren gilt für den Zeitraum der Datenübermittlung im Rahmen dieser Verfahren die Einwilligung für alle sich aus dem Versicherungsverhältnis ergebenden Zahlungsverpflichtungen (einschließlich Beitragsrückerstattungen) als erteilt.

192 Bei Beiträgen an ein ausländisches Versicherungsunternehmen oder den Träger einer ausländischen GKV ist die Einwilligung mangels Datenübermittlung irrelevant. Hat der Steuerpflichtige seine Beiträge in geeigneter Form nachgewiesen, werden die nach § 10 Absatz 1 Nummer 3 Buchstabe a EStG abziehbaren Beiträge nach den Regelungen der KVBEVO ermittelt.

3. Nachweis bei fehlgeschlagener Datenübermittlung

a) Kranken- und Pflegeversicherungsbeiträge

193 Werden die erforderlichen Daten aus Gründen, die der Steuerpflichtige nicht zu vertreten hat (z. B. technische Probleme), von der mitteilungspflichtigen Stelle nach § 10 Absatz 2 a Satz 1 EStG und nach § 22 a Absatz 1 Satz 1 EStG oder dem Arbeitgeber nicht übermittelt, kann der Steuerpflichtige den Nachweis über die geleisteten und erstatteten Beiträge i. S. v. § 10 Absatz 1 Nummer 3 EStG auch in anderer Weise erbringen. Die mitteilungspflichtigen Stellen haben die Datenübermittlung gleichwohl unverzüglich nachzuholen.

b) Beiträge zur Basisrente

194 Liegen die in § 10 Absatz 2 Satz 2 EStG genannten Voraussetzungen vor und kann der vorgegebene Übermittlungstermin durch den Anbieter, z. B. wegen technischer Probleme, nicht eingehalten werden, hat er dem Steuerpflichtigen die für den Sonderausgabenabzug erforderlichen Daten nach dem mit BMF-Schreiben vom 18. August 2011 (BStBl. I S. 788) bekannt gegebenen Vordruckmuster grundsätzlich bis zum 31. März des dem Beitragsjahr folgenden Kalenderjahres zu bescheinigen. Die Bescheinigung entbindet den Anbieter nicht von seiner Verpflichtung zur Datenübermittlung. Er hat diese unverzüglich nachzuholen. Bei fristgerechter Datenübermittlung hat der Anbieter keine solche Bescheinigungspflicht, selbst wenn dem Finanzamt im Zeitpunkt der Veranlagung die erforderlichen Daten für den Sonderausgabenabzug (noch) nicht vorliegen.

4. Zufluss- und Abflussprinzip (§ 11 EStG)

195 Regelmäßig wiederkehrende Ausgaben (z. B. Versicherungsbeiträge) sind im Rahmen des Sonderausgabenabzugs grundsätzlich in dem Kalenderjahr anzusetzen, in dem sie geleistet wurden (allgemeines Abflussprinzip des § 11 Absatz 2 Satz 1 EStG). Eine Ausnahme von diesem Grundsatz wird durch § 11 Absatz 2 Satz 2 EStG normiert. Danach sind regelmäßig wiederkehrende Ausgaben, die kurze Zeit (Zeitraum von bis zu 10 Tagen) vor oder nach Beendigung des Kalenderjahres geleistet werden, abweichend vom Jahr des tatsächlichen Abflusses dem Jahr der wirtschaftlichen Zugehörigkeit zuzuordnen, wenn die Ausgaben kurze Zeit vor oder nach dem Jahreswechsel fällig werden (vgl. H 11 EStH „Allgemeines", Rz. 153 ff.).

Beispiel 1:

196 Der am 1. Januar 01 fällige Beitrag für den Monat Dezember 00 wird am 10. Januar 01 geleistet.
Grundsätzlich wäre der Beitrag im Kalenderjahr 01 (Zahlung im Jahr 01) anzusetzen. Da die laufenden Beitragszahlungen aber regelmäßig wiederkehrend sind und die hier aufgeführte Zahlung innerhalb des Zeitraums vom 22. Dezember bis 10. Januar fällig war und geleistet wurde, ist sie abweichend vom Jahr der Zahlung (01) dem Jahr der wirtschaftlichen Zugehörigkeit 00 zuzuordnen.

Anl a zu R 10.4

Beispiel 2:

197 Der am 15. Januar 01 fällige Beitrag für den Monat Dezember 00 wird am 5. Januar 01 geleistet.

Da die Fälligkeit des Dezemberbeitrags außerhalb des sog. „10-Tageszeitraums" liegt, ist die Zahlung vom 5. Januar 01 steuerlich dem Jahr 01 zuzuordnen.

198 Bei Erstellung der Datensätze haben die mitteilungspflichtigen Stellen für die zeitliche Zuordnung § 11 EStG zu beachten (vgl. in diesem Zusammenhang auch H 11 EStH).

5. Zusammenhang mit steuerfreien Einnahmen

199 Voraussetzung für die Berücksichtigung von Vorsorgeaufwendungen i. S. d. § 10 EStG ist, dass sie nicht in unmittelbarem wirtschaftlichen Zusammenhang mit steuerfreien Einnahmen stehen. Dieser Zusammenhang ist z. B. in folgenden Fällen gegeben:

- Gesetzliche Arbeitnehmeranteile, die auf steuerfreien Arbeitslohn entfallen (z. B. nach dem Auslandstätigkeitserlass, aufgrund eines DBA oder aufgrund des zusätzlichen Höchstbetrags von 1800 € nach § 3 Nummer 63 Satz 3 EStG),
- Aufwendungen aus Mitteln, die nach ihrer Zweckbestimmung zur Leistung der Vorsorgeaufwendungen dienen:
  - Steuerfreie Zuschüsse zur Krankenversicherung der Rentner, z. B. nach § 106 SGB VI,
  - steuerfreie Beträge, die Land- und Forstwirte nach dem Gesetz über die Alterssicherung der Landwirte zur Entlastung von Vorsorgeaufwendungen i. S. d. § 10 Absatz 1 Nummer 2 Satz 1 Buchstabe a EStG erhalten,
- Krankenversicherungsbeiträge, soweit sie auf steuerfrei ausgezahlte Erträge einer Kapitalleistung aus der betrieblichen Altersversorgung entfallen. Ausgenommen sind Beitragsanteile, soweit sie auf die Rückzahlung der eingezahlten Beiträge in die betriebliche Altersversorgung entfallen. Die Kapitalauszahlung unterliegt insgesamt nicht der Besteuerung, wenn diese nach Ablauf von 12 Jahren seit Vertragsabschluss eines vor dem 1. Januar 2005 abgeschlossenen Versicherungsvertrags erfolgt und der Vertrag die weiteren Voraussetzungen des § 10 Absatz 1 Nummer 2 EStG in der am 31. Dezember 2004 geltenden Fassung erfüllt (§ 52 Absatz 28 Satz 5 EStG).

Beiträge in unmittelbarem wirtschaftlichen Zusammenhang mit steuerfreiem Arbeitslohn sind nicht als Sonderausgaben abziehbar (BFH vom 18. April 2012, BStBl. II S. 721). Dies gilt nicht, wenn der Arbeitslohn nicht zum Zufluss von Arbeitslohn führt, jedoch beitragspflichtig ist (z. B. Umwandlung zugunsten einer Direktzusage oberhalb von 4% der Beitragsbemessungsgrenze in der allgemeinen RV). Die Hinzurechnung des nach § 3 Nummer 62 EStG steuerfreien Arbeitgeberanteils zur gesetzlichen RV oder eines gleichgestellten steuerfreien Zuschusses des Arbeitgebers nach § 10 Absatz 1 Nummer 2 Satz 2 EStG und die Verminderung um denselben nach § 10 Absatz 3 Satz 5 EStG bleiben hiervon unberührt; dies gilt nicht, soweit der steuerfreie Arbeitgeberanteil auf steuerfreien Arbeitslohn entfällt.

200 Die von einem Rentner gezahlten Kranken- und Pflegeversicherungsbeiträge sind – trotz der nur anteiligen steuerlichen Erfassung der Rente im Rahmen der Kohortenbesteuerung – ungekürzt bei den Sonderausgaben zu berücksichtigen.

Beispiel 1:

201 Der alleinstehende 57-jährige Steuerpflichtige ist arbeitslos und bezieht Arbeitslosengeld i. H. v. 1150 € monatlich. Da der Steuerpflichtige freiwillig in der gesetzlichen RV und privat kranken- und pflegeversichert ist, übernimmt die Bundesagentur für Arbeit während des Bezugs des Arbeitslosengelds seine freiwillig an die gesetzliche RV gezahlten Beiträge i. H. v. 130 € und seine Beiträge zur privaten Kranken- und Pflegeversicherung i. H. v. 270 €.
Die von der Bundesagentur für Arbeit übernommenen freiwilligen Beiträge zur gesetzlichen RV sowie die Beiträge zur privaten Kranken- und Pflegeversicherung stehen mit dem nach § 3 Nummer 2 EStG steuerfreien Arbeitslosengeld in einem unmittelbaren wirtschaftlichen Zusammenhang. Daher sind diese Beiträge nicht als Sonderausgaben nach § 10 Absatz 1 Nummer 2, 3 und 3a EStG zu berücksichtigen.

Beispiel 2:

202 Der Steuerpflichtige erhält im Jahr 2016 nach Ablauf von 22 Jahren eine Kapitalauszahlung aus einer pauschal besteuerten Direktversicherung i. H. v. 50 000 €. Die pauschal besteuerten Beiträge betragen 40 000 €. Zur Berechnung der Kranken- und Pflegeversicherungsbeiträge wird die Kapitalleistung auf 120 Monate verteilt. Es ergibt sich eine jährliche Bemessungsgrundlage von 5000 € (416,67 € × 12 Monate). Die Kranken- und Pflegeversicherungsbeiträge betragen hierfür für das Jahr 2016 902,50 € (Krankenversicherung: 14,6% zzgl. – angenommen – 1,1% und Pflegeversicherung 2,35% = 18,05% von 5000 €).
Die Kranken- und Pflegeversicherungsbeiträge sind i. H. v. 722 € jährlich als Sonderausgaben abziehbar (entspricht dem Verhältnis der eingezahlten Beiträge zur Kapitalleistung = 4/5 von 902,50 €, 1/5 beruht auf „steuerfreien" Erträgen).

6. Erstattungsüberhänge

203[1] Übersteigen die vom Steuerpflichtigen erhaltenen Erstattungen zzgl. steuerfreier Zuschüsse die im VZ geleisteten Aufwendungen i. S. d. § 10 Absatz 1 Nummer 2 bis 3a EStG, sind – soweit § 10 Absatz 4b EStG anzuwenden ist (siehe Rz. 56a) – die Aufwendungen mit null anzusetzen. Für den insoweit entstandenen Erstattungsüberhang ist entsprechend § 10 Absatz 4b Satz 2 und 3 EStG zu verfahren (gültig ab VZ 2012).[2] Ein Erstattungsüberhang, der sich bei den Aufwendungen nach § 10 Absatz 1 Nummer 2 und 3a EStG ergibt, ist in den VZ der Zahlung zurückzutragen (§ 175 Absatz 1 Satz 1 Nummer 2 AO).

[1] Rz. 203 neugefasst durch BMF-Schreiben vom 28. 9. 2021 (BStBl. I S. 1833); Anwendung in allen offenen Fällen ab Bekanntgabe im BStBl.

[2] Die Hinzurechnung nach § 10 Abs. 4b Satz 3 EStG erfolgt auch dann, wenn sich die erstattete Zahlung im Zahlungsjahr nicht steuermindernd ausgewirkt hat, *BFH-Urteil vom 12. 3. 2019 IX R 34/17 (BStBl. II S. 658).*

Anl a zu R 10.4

Beispiel:

204 A ist nichtselbständig tätig und privat krankenversichert. Folgende Beiträge hat A im Jahr 01 entrichtet:

- Krankenversicherung 1500 €
  davon für Basisabsicherung 1200 €
  davon für Wahlleistungen 300 €
- Pflege-Pflichtversicherung 300 €
- gesetzliche RV 800 €
- Kirchensteuer 200 €

Für das Vorjahr 00 erhält er folgende Beitragsrückerstattungen:

- Krankenversicherung 2000 €
  davon für Basisabsicherung 1600 €
- gesetzliche RV 500 €
  (Erstattung von zu Unrecht geleisteten Beiträgen nach § 26 SGB IV, siehe Rz. 57)[1]
- Kirchensteuer 1500 €

Die im VZ erhaltenen Erstattungen sind mit den geleisteten Zahlungen wie folgt zu verrechnen:

	Zahlungen im VZ 01	Erstattungen im VZ 01	Erstattungs- bzw. Zahlungsüberhang	Verrechnung innerhalb der Nummern (§ 10 Abs. 4 b S. 2 EStG)	Hinzurechnung des Erstattungsüberhangs zum Gesamtbetrag der Einkünfte (§ 10 Abs. 4 b S. 3 EStG)
Rentenversicherung § 10 Abs. 1 Nr. 2 S. 1 Buchst. a EStG	800 €	500 €	+ 300 €	–	–
Krankenversicherung § 10 Abs. 1 Nr. 3 S. 1 Buchst. a EStG	1200 €	1600 €	– 400 €	– 400 €	100 €
Gesetzliche Pflegeversicherung § 10 Abs. 1 Nr. 3 S. 1 Buchst. b EStG	300 €	0 €	+ 300 €	+ 300 € = – 100 €	
Krankenversicherung § 10 Abs. 1 Nr. 3 a EStG	300 €	400 €	–100 €	Keine Verrechnung	Keine Hinzurechnung
Kirchensteuer § 10 Abs. 1 Nr. 4 EStG	200	1500 €	– 1300 €	Keine Verrechnung	1300 €

Gem. § 10 Absatz 4 b Satz 2 EStG ist ein Erstattungsüberhang bei den Sonderausgaben nach § 10 Absatz 1 Nummer 2 bis 3 a EStG im Rahmen der jeweiligen Nummer zu verrechnen. Daher ist der Erstattungsüberhang aus den Krankenversicherungsbeiträgen zur Absicherung von Basisleistungen mit den Beiträgen zur gesetzlichen Pflegeversicherung zu verrechnen. Eine Verrechnung des Erstattungsüberhangs aus den Krankenversicherungsbeiträgen für die Absicherung von Wahlleistungen ist mangels anderer Beiträge nach § 10 Absatz 1 Nummer 3 a EStG nicht möglich. Für die Kirchensteuer sieht § 10 Absatz 4 b Satz 2 EStG keine Verrechnungsmöglichkeit mit Sonderausgaben nach § 10 Absatz 1 Nummer 2 bis 3 a EStG vor (BFH vom 21. Juli 2009, BStBl. 2010 II S. 38).

Nach § 10 Absatz 4 b Satz 3 EStG ist ein sich aus § 10 Absatz 1 Nummer 3 und 4 EStG ergebender Erstattungsüberhang dem Gesamtbetrag der Einkünfte (§ 2 Absatz 3 EStG) hinzuzurechnen. Deshalb sind die Erstattungsüberhänge aus den Krankenversicherungsbeiträgen zur Absicherung von Basisleistungen und aus der Kirchensteuer dem Gesamtbetrag der Einkünfte hinzuzurechnen. Der Erstattungsüberhang aus den Krankenversicherungsbeiträgen für die Absicherung von Wahlleistungen nach § 10 Absatz 1 Nummer 3 a EStG ist dagegen mit den entsprechenden Beiträgen im VZ 00 zu verrechnen. Der Bescheid für den VZ 00 ist diesbezüglich nach § 175 Absatz 1 Satz 1 Nummer 2 AO zu ändern.

7. Globalbeiträge

205 Anders als bei der inländischen gesetzlichen Sozialversicherung gibt es einige ausländische Sozialversicherungen, in denen – bezogen auf die Beitragsleistung – nicht nach den verschiedenen Sozialversicherungszweigen unterschieden und ein einheitlicher Sozialversicherungsbeitrag (Globalbeitrag) erhoben wird. Mit dem Globalbeitrag werden Leistungen u. a. bei Arbeitslosigkeit, Krankheit, Mutterschutz, Invalidität, Alter und Tod finanziert. Wie die vom Steuerpflichtigen geleisteten Globalbeiträge zur Ermittlung der steuerlich berücksichtigungsfähigen Vorsorgeaufwendungen (u. a. Beiträge an einen ausländischen gesetzlichen Rentenversicherungsträger) aufzuteilen sind, wird für jeden VZ durch gesondertes BMF-Schreiben bekannt gegeben:

- für den VZ 2011 und früher:
  BMF-Schreiben vom 5. Juli 2011, BStBl. I S. 711,
- für den VZ 2012 und teilweise auch für den VZ 2011:
  BMF-Schreiben vom 26. Januar 2012, BStBl. I S. 169,[2]

[1] Geändert durch BMF-Schreiben vom 28. 9. 2021 (BStBl. I S. 1833); Anwendung in allen offenen Fällen ab Bekanntgabe im BStBl.

[2] Letztmals abgedruckt im „Handbuch zur ESt-Veranlagung 2012" als Anlage c zu R 10.5 EStR.

- für den VZ 2013:
  BMF-Schreiben vom 29. Oktober 2012, BStBl. I S. 1013,[1]
- für den VZ 2014:
  BMF-Schreiben vom 8. Oktober 2013, BStBl. I S. 1266,[2]
- für den VZ 2015:
  BMF-Schreiben vom 3. Dezember 2014, BStBl. I S. 1606,[3]
- für den VZ 2016:
  BMF-Schreiben vom 28. August 2015, BStBl. I S. 632,[4]
- für den VZ 2017:
  BMF-Schreiben vom 22. August 2016, *BStBl. I S. 805.*[5]

8. Änderungsnorm

206 Ein Steuerbescheid ist nach § 10 Absatz 2 a Satz 8 EStG zu ändern, soweit Daten bis einschließlich VZ 2016 betroffen sind. Ab VZ 2017 enthält § 175 b AO die im Grundsatz bislang in § 10 Absatz 2 a Satz 8 EStG verortete Änderungsvorschrift, welche für alle Fälle gilt, in denen sich die Datenübermittlung nach § 93 c Absatz 1 AO richtet.

IV. Günstigerprüfung nach § 10 Absatz 4a EStG

207 bis **210**[6] …

B. Anwendungsregelung

211 Dieses Schreiben ist ab dem Zeitpunkt seiner Bekanntgabe im Bundessteuerblatt auf alle offenen Fälle anzuwenden. Abweichend hiervon gelten die Rz. 57, 90 und 184 erstmals für den VZ 2017. 67

212 Teil A des BMF-Schreibens vom 19. August 2013 IV C 3 – S 2221/12/10010 :004/IV C 5 – S 2345/08/0001, DOK 2013/0760735 (BStBl. I S. 1087),[7] geändert durch BMF-Schreiben vom 10. Januar 2014 (BStBl. I S. 70), durch BMF-Schreiben vom 10. April 2015 (BStBl. I S. 256), durch BMF-Schreiben vom 1. Juni 2015 (BStBl. I S. 475), durch BMF-Schreiben vom 4. Juli 2016 (BStBl. I S. 645), durch BMF-Schreiben vom 6. Dezember 2016 (BStBl. I S. 1426) und durch das BMF-Schreiben vom 19. Dezember 2016 (BStBl. I S. 1433) wird zum Zeitpunkt der Bekanntgabe dieses Schreibens im Bundessteuerblatt aufgehoben.

b) Schreiben betr. Anwendung des § 10 Absatz 1 Nummer 2 Satz 1 Buchstabe a EStG bei Beiträgen an berufsständische Versorgungseinrichtungen; Aktualisierung der Liste der berufsständischen Versorgungseinrichtungen

Anl b zu R 10.4

Vom 19. Juni 2020 (BStBl. I S. 617)

(BMF IV C 3 – S 2221/19/10058 :001; DOK 2020/0460035)

Im Einvernehmen mit den obersten Finanzbehörden der Länder übersende ich die aktualisierte Liste der berufsständischen Versorgungseinrichtungen, die den gesetzlichen Rentenversicherungen vergleichbare Leistungen im Sinne des § 10 Absatz 1 Nummer 2 Satz 1 Buchstabe a EStG erbringen. 82

Der Vollständigkeit halber wird darauf hingewiesen, dass es für die Frage des Vorliegens von Beiträgen im Sinne des § 10 Absatz 1 Nummer 2 Satz 1 Buchstabe a EStG nicht darauf ankommt, in welchem Land der Versicherungsnehmer seinen Wohnsitz hat.

Anlage

Berufsgruppe	Versorgungseinrichtung
Ärzte	Baden-Württembergische Versorgungsanstalt für Ärzte, Zahnärzte und Tierärzte Postfach 26 49, 72016 Tübingen Bayerische Ärzteversorgung 81919 München Berliner Ärzteversorgung Postfach 1 46, 14131 Berlin Ärzteversorgung Land Brandenburg Postfach 10 01 35, 03001 Cottbus Versorgungswerk der Ärztekammer Bremen Postfach 10 77 29, 28077 Bremen

[1] Letztmals abgedruckt im „Handbuch zur ESt-Veranlagung 2013" als Anlage c zu R 10.5 EStR.
[2] Letztmals abgedruckt im „Handbuch zur ESt-Veranlagung 2014" als Anlage c zu R 10.5 EStR.
[3] Letztmals abgedruckt im „Handbuch zur ESt-Veranlagung 2015" als Anlage c zu R 10.5 EStR.
[4] Letztmals abgedruckt im „Handbuch zur ESt-Veranlagung 2016" als Anlage c zu R 10.5 EStR.
[5] Redaktionelles Versehen, muss lauten: BStBl. I S. 804, letztmals abgedruckt im „Handbuch zur ESt-Veranlagung 2017".
Für den VZ 2018 siehe BMF-Schreiben vom 9. 10. 2017 (BStBl. I S. 1326), letztmals abgedruckt im „Handbuch zur ESt-Veranlagung 2018" als Anlage c zu R 10.5 EStR. Für den VZ 2019 siehe BMF-Schreiben vom 17. 9. 2018 (BStBl. I S. 1024), letztmals abgedruckt im „Handbuch zur ESt-Veranlagung 2019" als Anlage c zu R 10.5 EStR. Für den VZ 2020 siehe BMF-Schreiben vom 15. 10. 2019 (BStBl. I S. 985), letztmals abgedruckt im „Handbuch zur ESt-Veranlagung 2020" als Anlage c zu R 10.5 EStR. Für den VZ 2021 siehe BMF-Schreiben vom 13. 11. 2020 (BStBl. I S. 1215), letztmals abgedruckt im „Handbuch zur ESt-Veranlagung 2021" als Anlage c zu R 10.5 EStR. Für den VZ 2022 siehe BMF-Schreiben vom 19. 11. 2021 (BStBl. I S. 2275), nachstehend abgedruckt als Anlage c zu R 10.5 EStR. Für den VZ 2023 siehe BMF-Schreiben vom 21. 11. 2022 (BStBl. I S. 1632).
[6] Rz. 207 bis 210 letztmals abgedruckt im „Handbuch zur ESt-Veranlagung 2019".
[7] Teil A letztmals abgedruckt im „Handbuch des ESt-Veranlagung 2016" in der Anlage a zu R 10.4 EStR.

Anl b zu R 10.4

Berufsgruppe	Versorgungseinrichtung
	Versorgungswerk der Ärztekammer Hamburg Winterhuder Weg 62, 22085 Hamburg
	Versorgungswerk der Landesärztekammer Hessen Mittlerer Hasenpfad 25, 60598 Frankfurt am Main
	Ärzteversorgung Mecklenburg-Vorpommern Postfach 1 20, 30001 Hannover
	Ärzteversorgung Niedersachsen Postfach 1 20, 30001 Hannover
	Nordrheinische Ärzteversorgung Postfach 10 39 53, 40030 Düsseldorf
	Ärzteversorgung Westfalen-Lippe Postfach 59 03, 48135 Münster
	Versorgungseinrichtung der Bezirksärztekammer Koblenz Emil-Schüller-Straße 45, 56068 Koblenz
	Versorgungseinrichtung der Bezirksärztekammer Trier Balduinstraße 10–14, 54290 Trier
	Versorgungswerk der Ärztekammer des Saarlandes Postfach 10 02 62, 66002 Saarbrücken
	Sächsische Ärzteversorgung Dr.-Külz-Ring 10, 01067 Dresden
	Ärzteversorgung Sachsen-Anhalt Postfach 1 20, 30001 Hannover
	Versorgungseinrichtung der Ärztekammer Schleswig-Holstein Postfach 11 06, 23781 Bad Segeberg
	Ärzteversorgung Thüringen Postfach 10 06 19, 07706 Jena
Apotheker	Bayerische Apothekerversorgung Postfach 81 01 09, 81901 München
	Apothekerversorgung Berlin Postfach 37 01 46, 14131 Berlin
	Versorgungswerk der Landesapothekerkammer Hessen Postfach 90 06 43, 60446 Frankfurt am Main
	Apothekerversorgung Mecklenburg-Vorpommern Wismarsche Straße 304, 19055 Schwerin
	Apothekerversorgung Niedersachsen Potsdamer Straße 47, 14163 Berlin
	Versorgungswerk der Apothekerkammer Nordrhein Postfach 4, 40213 Düsseldorf
	Versorgungswerk der Apothekerkammer Westfalen-Lippe Bismarckallee 25, 48151 Münster
	Sächsisch-Thüringische Apothekerversorgung Pillnitzer Landstraße 10, 01326 Dresden
	Apothekerversorgung Schleswig-Holstein Düsternbrooker Weg 75, 24105 Kiel
Architekten	Versorgungswerk der Architektenkammer Baden-Württemberg Danneckerstraße 52, 70182 Stuttgart
	Bayerische Architektenversorgung Postfach 81 01 20, 81901 München
	Versorgungswerk der Architektenkammer Berlin Potsdamer Straße 47, 14163 Berlin-Zehlendorf
	Versorgungswerk der Architektenkammer Nordrhein-Westfalen Postfach 32 12 45, 40427 Düsseldorf
	Versorgungswerk der Architektenkammer Sachsen Goetheallee 37, 01309 Dresden
Ingenieure	Versorgungswerk der Architektenkammer Baden-Württemberg Danneckerstraße 52, 70182 Stuttgart
	Ingenieurversorgung Baden-Württemberg Zellerstraße 26, 70180 Stuttgart
	Bayerische Ingenieurversorgung Bau mit Psychotherapeutenversorgung Postfach 81 02 06, 81901 München
	Ingenieurversorgung Mecklenburg-Vorpommern Alexandrinenstraße 32, 19055 Schwerin
	Versorgungswerk der Ingenieurkammer Niedersachsen Hohenzollernstraße 52, 30161 Hannover
	Versorgungswerk der Architektenkammer Nordrhein-Westfalen Postfach 32 12 45, 40427 Düsseldorf
Mitglieder des Landtags	Versorgungswerk der Mitglieder der Landtage von Nordrhein-Westfalen, Brandenburg und Baden-Württemberg Platz des Landtags 1, 40221 Düsseldorf

Berufsgruppe	Versorgungseinrichtung
Notare	Notarkasse Anstalt des öffentlichen Rechts Ottostraße 10, 80333 München Notarversorgungswerk Hamburg Gustav-Mahler-Platz 1, 20354 Hamburg Notarversorgung Köln Breite Straße 67, 40213 Düsseldorf Notarversorgungskasse Koblenz Postfach 20 11 54, 56011 Koblenz Versorgungswerk der Saarländischen Notarkammer Rondell 3, 66424 Homburg Ländernotarkasse – Anstalt des öffentlichen Rechts – Springerstraße 8, 04105 Leipzig Notarversorgungswerk Baden-Württemberg Sophienstraße 13, 70178 Stuttgart
Psychologische Psychotherapeuten	Bayerische Ingenieurversorgung-Bau mit Psychotherapeutenversorgung Postfach 81 02 06, 81901 München Psychotherapeutenversorgungswerk Neue Wiesen 3, 30855 Langenhagen Versorgungswerk der Psychotherapeutenkammer Nordrhein-Westfalen Postfach 10 52 41, 40043 Düsseldorf Versorgungswerk der Psychotherapeutenkammer Schleswig-Holstein Schützenwall 59, 24114 Kiel
Rechtsanwälte	Versorgungswerk der Rechtsanwälte in Baden-Württemberg Hohe Straße 16, 70174 Stuttgart Bayerische Rechtsanwalts- und Steuerberaterversorgung Postfach 81 01 23, 81901 München Versorgungswerk der Rechtsanwälte in Berlin Walter-Benjamin-Platz 6, 10629 Berlin Versorgungswerk der Rechtsanwälte im Land Brandenburg Grillendamm 2, 14776 Brandenburg an der Havel Hanseatische Rechtsanwaltsversorgung Bremen Knochenhauerstraße 36/37, 28195 Bremen Versorgungswerk der Rechtsanwältinnen und Rechtsanwälte in der Freien und Hansestadt Hamburg Esplanade 39, 20354 Hamburg Versorgungswerk der Rechtsanwälte im Lande Hessen Bockenheimer Landstraße 23, 60325 Frankfurt am Main Versorgungswerk der Rechtsanwälte in Mecklenburg-Vorpommern Bleicherufer 9, 19053 Schwerin Rechtsanwaltsversorgungswerk Niedersachsen Postfach 12 11, 29202 Celle Versorgungswerk der Rechtsanwälte im Lande Nordrhein-Westfalen Postfach 10 51 61, 40042 Düsseldorf Versorgungswerk der rheinland-pfälzischen Rechtsanwaltskammern Löhrstraße 113, 56068 Koblenz Versorgungswerk der Rechtsanwaltskammer des Saarlandes Am Schloßberg 5, 66119 Saarbrücken Sächsisches Rechtsanwaltsversorgungswerk Wallgässchen 2, 01097 Dresden Versorgungswerk der Rechtsanwälte in Sachsen-Anhalt Breite Straße 67, 40213 Düsseldorf Schleswig-Holsteinisches Versorgungswerk für Rechtsanwälte Gottorfstraße 13 a, 24837 Schleswig Versorgungswerk der Rechtsanwälte in Thüringen Lange Brücke 21, 99084 Erfurt
Steuerberater	Versorgungswerk der Steuerberater in Baden-Württemberg Sophienstraße 13, 70178 Stuttgart Bayerische Rechtsanwalts- und Steuerberaterversorgung Postfach 81 01 23, 81901 München Versorgungswerk der Steuerberater und Steuerbevollmächtigten im Land Brandenburg Tuchmacherstraße 48 b, 14482 Potsdam Versorgungswerk der Steuerberater in Hessen Postfach 10 52 41, 40043 Düsseldorf Versorgungswerk der Steuerberater und Steuerbevollmächtigten in Mecklenburg-Vorpommern Ostseeallee 40, 18107 Rostock Steuerberaterversorgung Niedersachsen Adenauerallee 20, 30175 Hannover

Anl b zu R 10.4

Berufsgruppe	Versorgungseinrichtung
	Versorgungswerk der Steuerberater im Land Nordrhein-Westfalen Postfach 10 52 41, 40043 Düsseldorf
	Versorgungswerk der Steuerberaterinnen und Steuerberater in Rheinland-Pfalz Postfach 10 52 41, 40043 Düsseldorf
	Versorgungswerk der Steuerberater/Steuerberaterinnen und Wirtschaftsprüfer/Wirtschaftsprüferinnen im Saarland Am Kieselhumes 15, 66123 Saarbrücken
	Versorgungswerk der Steuerberater und Steuerbevollmächtigten im Freistaat Sachsen Emil-Fuchs-Straße 2, 04105 Leipzig
	Steuerberaterversorgungswerk Sachsen-Anhalt Zum Domfelsen 4, 39104 Magdeburg
	Versorgungswerk der Steuerberaterinnen und Steuerberater im Land Schleswig-Holstein Hopfenstraße 2 d, 24114 Kiel
Tierärzte	Baden-Württembergische Versorgungsanstalt für Ärzte, Zahnärzte und Tierärzte Postfach 26 49, 72016 Tübingen
	Bayerische Ärzteversorgung 81919 München
	Versorgungswerk der Landestierärztekammer Hessen Postfach 14 09, 65524 Niedernhausen
	Versorgungswerk der Landestierärztekammer Mecklenburg-Vorpommern Postfach 1 46, 14131 Berlin
	Tierärzteversorgung Niedersachsen Postfach 1 20, 30001 Hannover
	Versorgungswerk der Tierärztekammer Nordrhein Postfach 10 07 23, 47884 Kempen
	Versorgungswerk der Tierärztekammer Westfalen-Lippe Goebenstraße 50, 48151 Münster
	Sächsische Ärzteversorgung Dr.-Külz-Ring 10, 01067 Dresden
	Versorgungswerk der Landestierärztekammer Thüringen Postfach 37 01 46, 14131 Berlin
Wirtschaftsprüfer	Versorgungswerk der Wirtschaftsprüfer und der vereidigten Buchprüfer im Lande Nordrhein-Westfalen Lindenstraße 87, 40233 Düsseldorf
	Versorgungswerk der Steuerberater/Steuerberaterinnen und Wirtschaftsprüfer/Wirtschaftsprüferinnen im Saarland Am Kieselhumes 15, 66123 Saarbrücken
Zahnärzte	Baden-Württembergische Versorgungsanstalt für Ärzte, Zahnärzte und Tierärzte Postfach 26 49, 72016 Tübingen
	Bayerische Ärzteversorgung 81919 München
	Versorgungswerk der Zahnärztekammer Berlin Klaus-Groth-Straße 3, 14050 Berlin
	Versorgungswerk der Zahnärztekammer Hamburg Postfach 74 09 25, 22099 Hamburg
	Hessische Zahnärzteversorgung Lyoner Straße 21, 60528 Frankfurt am Main
	Versorgungswerk der Zahnärztekammer Mecklenburg-Vorpommern Postfach 74 09 25, 22099 Hamburg
	Altersversorgungswerk der Zahnärztekammer Niedersachsen Postfach 81 06 61, 30506 Hannover
	Versorgungswerk der Zahnärztekammer Nordrhein Postfach 10 51 32, 40042 Düsseldorf
	Versorgungswerk der Zahnärztekammer Westfalen-Lippe Postfach 88 43, 48047 Münster
	Versorgungsanstalt bei der Landeszahnärztekammer Rheinland-Pfalz 117er Ehrenhof 3, 55118 Mainz
	Versorgungswerk der Ärztekammer des Saarlandes Postfach 10 02 62, 66002 Saarbrücken
	Zahnärzteversorgung Sachsen Schützenhöhe 11, 01099 Dresden
	Altersversorgungswerk der Zahnärztekammer Sachsen-Anhalt Postfach 81 06 61, 30506 Hannover
	Versorgungswerk der Zahnärztekammer Schleswig-Holstein Westring 496, 24106 Kiel
	Versorgungswerk der Landeszahnärztekammer Thüringen Barbarossahof 16, 99092 Erfurt

Anl c zu R 10.4

c) Schreiben betr. Sonderausgabenabzug für im Rahmen einer Unterhaltsverpflichtung getragene Basiskranken- und Pflegepflichtversicherungsbeiträge eines Kindes bei den Eltern nach § 10 Absatz 1 Nummer 3 Satz 2 EStG; BFH-Urteil vom 13. März 2018 – X R 25/15 – (BStBl. 2019 II S. 191)

Vom 3. April 2019 (BStBl. I S. 254)

(BMF IV C 3 – S 2221/10/10005 :005; DOK 2019/0225692)

Der Bundesfinanzhof (BFH) hat mit Urteil vom 13. März 2018 – X R 25/15 – (BStBl. 2019 II S. 191) entschieden, dass die Regelung des § 10 Absatz 1 Nummer 3 Satz 2 EStG, nach der Eltern die von ihnen getragenen Basiskranken- und gesetzlichen Pflegeversicherungsbeiträge eines unterhaltsberechtigten Kindes (Kind ist Versicherungsnehmer) im Rahmen des Sonderausgabenabzugs berücksichtigen können, auch dann gelte, wenn das Kind erwerbstätig sei und der Arbeitgeber die Beiträge unmittelbar vom Lohn des Kindes einbehalten habe. Nach Auffassung des BFH ist aber Voraussetzung für den Steuerabzug, dass die Eltern die Beiträge des Kindes tatsächlich gezahlt oder erstattet, d. h. in Form von Barunterhalt getragen haben. Hingegen reiche eine Leistung in Form von Sachunterhalt laut BFH nicht aus. Zum anderen bedürfe es laut Urteilsbegründung im Hinblick auf die Unterhaltsverpflichtung bei volljährigen, in Ausbildung befindlichen Kindern – ggf. unter Anrechnung deren eigener Einkünfte und Bezüge – einer im Einzelfall zu überprüfenden Unterhaltsbedürftigkeit. 83

Der BFH knüpft damit für die Gewährung des Sonderausgabenabzugs nach § 10 Absatz 1 Nummer 3 Satz 2 EStG – der bestehenden Verwaltungsauffassung folgend – entscheidend an eine dem Grunde nach bestehende **Unterhaltsverpflichtung** der Eltern gegenüber dem als Versicherungsnehmer auftretenden Kind an (§ 1610 Absatz 2 i. V. m. § 1601 BGB). Daneben setzen sowohl die Finanzverwaltung als auch der BFH in seiner o. g. Entscheidung für einen Sonderausgabenabzug bei den unterhaltsverpflichteten Eltern eine durch die Tragung der Beiträge des Kindes entstandene **wirtschaftliche Belastung** der Eltern voraus, welche jedenfalls nicht allein dadurch, dass die Beiträge im Rahmen eines Dienstverhältnisses vom Lohn des Kindes einbehalten wurden, ausgeschlossen ist.

In Bezug auf die vorstehend genannten Anspruchsvoraussetzungen steht das BFH-Urteil X R 25/15 (BStBl. 2019 II S. 191) damit dem Grunde nach im Einklang mit der bestehenden Verwaltungsauffassung (vgl. Rz. 81 des Bezugsschreibens sowie R 10.4 EStR). Im Hinblick auf die konkrete Beurteilung dieser beiden wesentlichen Anspruchsvoraussetzungen legt der BFH die Vorschrift des § 10 Absatz 1 Nummer 3 Satz 2 EStG jedoch deutlich enger als die Finanzverwaltung aus, die ihre Rechtsansicht auf die Regelungen der Rz. 81 des Bezugsschreibens stützt.

Im Einvernehmen mit den obersten Finanzbehörden der Länder ist das BFH-Urteil vom 13. März 2018 – X R 25/15 – (BStBl. 2019 II S. 191) daher lediglich in Bezug auf die in der Entscheidung aufgestellten Grundsätze, nicht aber bezüglich der laut Urteilsbegründung enger ausgestalteten Anforderungen zur Umsetzung dieser Grundsätze über den entschiedenen Einzelfall hinaus anzuwenden.

Damit gilt im Umgang mit dem o. g. Urteil zur steuerlichen Berücksichtigung von im Rahmen einer Unterhaltsverpflichtung getragenen Basiskranken- und Pflegepflichtversicherungsbeiträgen eines Kindes bei den Eltern in Bezug auf den Sonderausgabenabzug nach § 10 Absatz 1 Nummer 3 Satz 2 EStG Folgendes:

Rz. 81 des BMF-Schreibens zur einkommensteuerrechtlichen Behandlung von Vorsorgeaufwendungen vom 24. Mai 2017 (BStBl. I S. 820);[1] ergänzt durch BMF-Schreiben vom 6. November 2017 (BStBl. I S. 1455) sowie R 10.4 EStR bleiben von der BFH-Entscheidung vom 13. März 2018 X R 25/15 (BStBl. 2019 II S. 191) unberührt.

R 10.5. Versicherungsbeiträge

R 10.5

① Wird ein Kraftfahrzeug teils für berufliche und teils für private Zwecke benutzt, kann der Stpfl. den Teil seiner **Aufwendungen für die Kfz-Haftpflichtversicherung,** der dem Anteil der privaten Nutzung entspricht, im Rahmen des § 10 EStG als Sonderausgaben abziehen. ② Werden Aufwendungen für Wege zwischen Wohnung und Arbeitsstätte oder Familienheimfahrten mit eigenem Kraftfahrzeug in Höhe der Entfernungspauschale nach § 9 Abs. 1 Satz 3 Nr. 4 EStG abgezogen, können die Aufwendungen für die Kfz-Haftpflichtversicherung zur Vereinfachung in voller Höhe als Sonderausgaben anerkannt werden. 94

H 10.5

Beiträge an ausländische Sozialversicherungsträger. Zur Aufteilung der an ausländische Sozialversicherungsträger geleisteten Globalbeiträge zur Berücksichtigung der Vorsorgeaufwendungen im Rahmen des Sonderausgabenabzugs → BMF vom 19. 11. 2021 (BStBl. I S. 2275).[2] 95

Erbschaftsteuerversicherung

– Zum Begriff der Erbschaftsteuerversicherung → BMF vom 1. 10. 2009 (BStBl. I S. 1172), Rz. 30.[3]
– Die Beiträge gehören zu den sonstigen Vorsorgeaufwendungen nach § 10 Abs. 1 Nr. 3 a EStG (→ BMF vom 24. 5. 2017 – BStBl. I S. 820, Rz. 121–124).[1]

[1] Abgedruckt als Anlage a zu R 10.4 EStR.

[2] Nachstehend abgedruckt als Anlage c zu R 10.5 EStR. Für den VZ 2023 siehe *BMF-Schreiben vom 22. 11. 2022 (BStBl. I S. 1632).*

[3] Abgedruckt als Anlage a zu § 20 EStG.

H 10.5

Kapitalwahlrecht. Für vor dem 1. 10. 1996 abgeschlossene Verträge ist Abschnitt 88 Abs. 1 Satz 4 EStR 1987 weiter anzuwenden. Abschnitt 88 Abs. 1 Satz 4 EStR 1987 lautet: „Beiträge zu Rentenversicherungen mit Kapitalwahlrecht gegen laufende Beitragsleistung können als Sonderausgaben abgezogen werden, wenn die Auszahlung des Kapitals frühestens zu einem Zeitpunkt nach Ablauf von zwölf Jahren seit Vertragsabschluß verlangt werden kann."

Keine Sonderausgaben. Die als Sonderausgaben zu berücksichtigenden Aufwendungen sind in § 10 EStG abschließend aufgezählt. Nicht benannte Aufwendungen können nicht als Sonderausgaben abgezogen werden (→ BFH vom 4. 2. 2010 – BStBl. II S. 617). Hierzu zählen z. B. Beiträge für eine

- Hausratversicherung,
- Kaskoversicherung,
- Rechtsschutzversicherung,
- Sachversicherung.

Krankentagegeldversicherung. Die Beiträge gehören zu den sonstigen Vorsorgeaufwendungen nach § 10 Abs. 1 Nr. 3 a EStG (→ BMF vom 24. 5. 2017 – BStBl. I S. 820, Rz. 121–124).[1]

Lebensversicherung (Vertragsabschluss vor dem 1. 1. 2005)

- Allgemeines/Grundsätze
  - → BMF vom 22. 8. 2002 (BStBl. I S. 827)[2] unter Berücksichtigung der Änderungen durch BMF vom 1. 10. 2009 (BStBl. I S. 1188).
  - → Auszug aus dem EStG 2002 in der am 31. 12. 2004 geltenden Fassung.[3]
  - → Verzeichnis der ausländischen Versicherungsunternehmen, denen die Erlaubnis zum Betrieb eines nach § 10 Abs. 1 Nr. 2 EStG a. F. begünstigten Versicherungszweigs im Inland erteilt ist – Stand: 1. 1. 2004.[4]
- Beiträge zu Lebensversicherungen mit Teilleistungen auf den Erlebensfall vor Ablauf der Mindestvertragsdauer von zwölf Jahren sind auch nicht teilweise als Sonderausgaben abziehbar (→ BFH vom 27. 10. 1987 – BStBl. 1988 II S. 132).
- Einsatz von Lebensversicherungen zur Tilgung oder Sicherung von Darlehen → BMF vom 15. 6. 2000 (BStBl. I S. 1118)[5] und vom 16. 7. 2012 (BStBl. I S. 686).[6]

Loss-of-Licence-Versicherung. Beiträge zur Berufsunfähigkeitsversicherung eines Flugzeugführers sind regelmäßig Sonderausgaben, keine Werbungskosten (→ BFH vom 13. 4. 1976 – BStBl. II S. 599).

Pflegekrankenversicherung. Die Beiträge zu einer ergänzenden Pflegekrankenversicherung gehören zu den sonstigen Vorsorgeaufwendungen nach § 10 Abs. 1 Nr. 3 a EStG (→ BMF vom 24. 5. 2017 – BStBl. I S. 820, Rz. 121–124).[1]

Pflegerentenversicherung. Die Beiträge gehören zu den sonstigen Vorsorgeaufwendungen nach § 10 Abs. 1 Nr. 3 a EStG (→ BMF vom 24. 5. 2017 – BStBl. I S. 820, Rz. 121–124).[1]

Unfallversicherung

- Zuordnung von Versicherungsbeiträgen zu Werbungskosten oder Sonderausgaben → BMF vom 28. 10. 2009 (BStBl. I S. 1275), Tz. 4.[7]
- Soweit die Beiträge nicht den Werbungskosten zuzuordnen sind, liegen sonstige Vorsorgeaufwendungen nach § 10 Abs. 1 Nr. 3 a EStG vor (→ BMF vom 24. 5. 2017 – BStBl. I S. 820, Rz. 121–124).[1]

Versorgungsbeiträge Selbständiger. Beiträge, für die eine gesetzliche Leistungspflicht besteht, stellen, auch soweit sie auf die sog. „alte Last" entfallen, regelmäßig keine Betriebsausgaben dar, wenn sie gleichzeitig der eigenen Versorgung oder der Versorgung der Angehörigen dienen (→ BFH vom 13. 4. 1972 – BStBl. II S. 728 und 730).

Sie können in diesem Fall als Sonderausgaben im Rahmen des § 10 EStG abgezogen werden.

Vertragseintritt. Wer in den Lebensversicherungsvertrag eines anderen eintritt, kann nur die nach seinem Eintritt fällig werdenden Beiträge als Sonderausgaben abziehen; der Eintritt gilt nicht als neuer Vertragsabschluss (→ BFH vom 9. 5. 1974 – BStBl. II S. 633).

---

[1] Abgedruckt als Anlage a zu R 10.4 EStR.

[2] Letztmals abgedruckt im „Handbuch zur ESt-Veranlagung 2018" als Anlage a zu R 10.5 EStR; weiterhin aufrufbar im Online-Modul über das Inhaltsverzeichnis.

[3] Letztmals abgedruckt im „Handbuch zur ESt-Veranlagung" als Anlage d zu R 10.5.

[4] Nachstehend abgedruckt als Anlage d zu R 10.5 EStR.

[5] Letztmals abgedruckt im „Handbuch zur ESt-Veranlagung 2018" als Anlage b zu R 10.5 EStR; weiterhin aufrufbar im Online-Modul über das Inhaltsverzeichnis.

[6] Abgedruckt im „AO/FGO-Handbuch 2023" als Anlage zu § 180 AO.

[7] Abgedruckt im „Handbuch zur Lohnsteuer 2022" als Anlage zu R 40 b.1 LStR.

Anl a zu R 10.5

a) Schreiben betr. Vertragsänderungen bei Versicherungen auf den Erlebens- oder Todesfall im Sinne des § 10 Abs. 1 Nr. 2 Buchstabe b Doppelbuchstaben cc und dd EStG

Vom 22. August 2002 (BStBl. I S. 827)[1]

Geändert durch Schreiben vom 1. 10. 2009 (BStBl. I S. 1188)

(BMF IV C 4 – S 2221 – 211/02)

[letztmals abgedruckt im „Handbuch zur ESt-Veranlagung 2018" als Anlage a zu R 10.5 EStR][2]

Anl b zu R 10.5

b) Schreiben betr. Anwendung des § 10 Abs. 2 Satz 2 und des § 52 Abs. 24 Satz 3 EStG;[3] Finanzierungen unter Einsatz von Lebensversicherungsansprüchen; Zusammenfassung der bisher ergangenen BMF-Schreiben

Vom 15. Juni 2000 (BStBl. I S. 1118)[4]

(BMF IV C 4 – S 2221 – 86/00)

[letztmals abgedruckt im „Handbuch zur ESt-Veranlagung 2018" als Anlage b zu R 10.5 EStR][2]

Anl c zu R 10.5

c) Schreiben betr. Aufteilung eines einheitlichen Sozialversicherungsbeitrags (Globalbeitrag); Anpassung der Aufteilungsmaßstäbe für den Veranlagungszeitraum 2022[5]

Vom 19. November 2021 (BStBl. I S. 2275)

(BMF IV C 3 – S 2221/20/10002 :003; DOK 2021/1200738)

Unter Bezugnahme auf das Ergebnis der Erörterungen mit den obersten Finanzbehörden der Länder sind zur Ermittlung der steuerlich berücksichtigungsfähigen Vorsorgeaufwendungen die vom Steuerpflichtigen geleisteten einheitlichen Sozialversicherungsbeiträge (Globalbeiträge) staatenbezogen wie folgt aufzuteilen:[6] 117

Vorsorgeaufwendungen nach	Belgien	Irland	Lettland	Malta	Norwegen	Portugal	Spanien	Zypern
§ 10 Absatz 1 Nummer 2 Buchstabe a EStG	52,25%	75,61%	76,86%	52,25%	57,06%	86,12%	96,88%	86,11%
§ 10 Absatz 1 Nummer 3 Satz 1 Buchstabe a und b EStG (ohne Krankengeldanteil)	39,33%	12,20%	2,93%	39,33%	42,94%	–	–	–
§ 10 Absatz 1 Nummer 3 a EStG (Anteil vom Globalbeitrag für Krankengeld)	8,43% (1,69%)	12,20% (2,44%)	16,81% (10,18%)	8,43% (1,69%)	–	13,89% (2,78%)	3,12% (3,12%)	13,89% (2,78%)
Gesamtaufwand	100,00%[7]	100,00%[7]	96,60% (3,40% sonstige nicht Abziehbare)	100,00%[7]	100,00%	100,00%[7]	100,00%	100,00%
Für Höchstbetragsberechnung gemäß § 10 Absatz 3 EStG anzusetzender Arbeitgeberanteil	99,62%	166,34%	172,68%	52,25%	98,12%	185,94%	486,46%	86,11%

Anwendungsbeispiel:

Der ledige Arbeitnehmer A leistet für das Jahr 2022 in Belgien einen Globalbeitrag i. H. v. 1000 Euro.

[1] Dieses Schreiben ist für Verträge, die vor dem 1. 1. 2005 abgeschlossen wurden (Altverträge) weiterhin anzuwenden. Siehe Rz. 90 des BMF-Schreibens vom 1. 10. 2009 (BStBl. I S. 1172), abgedruckt als Anlage c zu § 20 EStG.

[2] **Weiterhin abrufbar im Online-Modul über das Inhaltsverzeichnis.**

[3] § 52 Abs. 24 EStG in der am 31. 12. 2004 geltenden Fassung, letztmals abgedruckt im „Handbuch zur ESt-Veranlagung 2020" als Anlage d zu R 10.5 EStR.

[4] Dieses Schreiben ist für Verträge, die vor dem 1. 1. 2005 abgeschlossen wurden (Altverträge) weiterhin anzuwenden. Siehe Rz. 90 des BMF-Schreibens vom 1. 10. 2009 (BStBl. I S. 1172), abgedruckt als Anlage c zu § 20 EStG.

[5] Zur Anpassung der Aufteilungsmaßstäbe für den VZ 2023 siehe BMF-Schreiben vom 22. 11. 2022 (BStBl. I S. 1632).

[6] **Amtl. Anm.:** Angaben in Prozent des vom Arbeitnehmer geleisteten Globalbeitrags.

[7] **Amtl. Anm.:** Die Abweichung in der Summe beruht auf der Rundung der Einzelwerte.

Lösung:

A kann an Vorsorgeaufwendungen geltend machen:

- Altersvorsorgeaufwendungen i. S. d. § 10 Absatz 1 Nummer 2 Buchstabe a EStG i. H. v. 522,50 Euro (= 52,25% von 1000 Euro),
- Beiträge zur Basiskranken- und gesetzlichen Pflegeversicherung i. S. d. § 10 Absatz 1 Nummer 3 Satz 1 Buchstabe a und Buchstabe b EStG i. H. v. 393,30 Euro (= 39,33% von 1000 Euro),
- Beiträge für sonstige Vorsorgeaufwendungen i. S. d. § 10 Absatz 1 Nummer 3 a EStG i. H. v. 84,30 Euro (= 8,43% von 1000 Euro, darin enthalten 16,90 Euro = 1,69% von 1000 Euro für Krankengeld und 67,40 Euro = 6,74% von 1000 Euro für die weiteren sonstigen Vorsorgeaufwendungen).

Im Rahmen der Höchstbetragsberechnung gemäß § 10 Absatz 3 EStG ist ein Arbeitgeberanteil i. H. v. 996,20 Euro (= 99,62% von 1000 Euro) anzusetzen.

Eine entsprechende Aufteilung ist hinsichtlich der Altersvorsorgeaufwendungen auch bei der Ausstellung von elektronischen Lohnsteuerbescheinigungen und Besonderen Lohnsteuerbescheinigungen durch den Arbeitgeber für das Kalenderjahr 2022 vorzunehmen (s. Abschnitt I Tz. 13 Buchstabe a des für Kalenderjahre ab 2020 maßgeblichen BMF-Schreibens vom 9. September 2019, BStBl. I S. 911,[1] i. V. m. der Bekanntmachung vom 18. August 2021, BStBl. I S. 1079).

Die Tabelle ist für den Veranlagungszeitraum 2022 anzuwenden. Sie gilt für den gesamten Veranlagungszeitraum.

Die Aufteilung von Globalbeiträgen, die an Sozialversicherungsträger in Ländern außerhalb Europas geleistet werden, ist nach den Umständen des Einzelfalls vorzunehmen. Gleiches gilt auch für das Vereinigte Königreich. Informationen zur Aufteilung der dortigen Globalbeiträge stehen seit Januar 2020 nicht mehr zur Verfügung.

Anl d zu R 10.5

118

d) I. Verzeichnis der ausländischen Versicherungsunternehmen, denen die Erlaubnis zum Betrieb eines nach § 10 Abs. 1 Nr. 2 EStG begünstigten Versicherungszweigs im Inland erteilt ist

Stand: 1. 1. 2004

[letztmals abgedruckt im „Handbuch zur ESt-Veranlagung 2018"]

R 10.6

126

R 10.6. Nachversteuerung von Versicherungsbeiträgen

① Bei einer Nachversteuerung nach § 30 EStDV wird der Steuerbescheid des Kalenderjahres, in dem die Versicherungsbeiträge für Versicherungen i. S. d. § 10 Abs. 1 Nr. 3 Buchstabe b EStG als Sonderausgaben berücksichtigt worden sind, nicht berichtigt. ② Es ist lediglich festzustellen, welche Steuer für das jeweilige Kalenderjahr festzusetzen gewesen wäre, wenn der Stpfl. die Versicherungsbeiträge nicht geleistet hätte. ③ Der Unterschiedsbetrag zwischen dieser Steuer und der seinerzeit festgesetzten Steuer ist als Nachsteuer für das Kalenderjahr zu erheben, in dem das steuerschädliche Ereignis eingetreten ist.

H 10.6

127

Nachsteuer. Bei Berechnung der Nachsteuer nach § 10 Abs. 5 EStG findet § 177 AO keine Anwendung; bisher nicht geltend gemachte Aufwendungen können nicht nachgeschoben werden (→ BFH vom 15. 12. 1999 – BStBl. 2000 II S. 292).

Nachversteuerung für Versicherungsbeiträge bei Ehegatten im Falle ihrer getrennten Veranlagung. Sind die Ehegatten in einem dem VZ 1990 vorangegangenen Kalenderjahr nach § 26 a EStG in der für das betreffende Kalenderjahr geltenden Fassung getrennt veranlagt worden und waren in ihren zusammengerechneten Sonderausgaben mit Ausnahme des Abzugs für den steuerbegünstigten nicht entnommenen Gewinn und des Verlustabzugs Versicherungsbeiträge enthalten, für die eine Nachversteuerung durchzuführen ist, ist nach Abschnitt 109 a EStR 1990 zu verfahren.

Veräußerung von Ansprüchen aus Lebensversicherungen. Die Veräußerung von Ansprüchen aus Lebensversicherungen führt weder zu einer Nachversteuerung der als Sonderausgaben abgezogenen Versicherungsbeiträge noch zur Besteuerung eines etwaigen Überschusses des Veräußerungserlöses über die eingezahlten Versicherungsbeiträge (→ BMF vom 22. 8. 2002 – BStBl. I S. 827, RdNr. 32 unter Berücksichtigung der Änderungen durch BMF vom 1. 10. 2009 – BStBl. I S. 1188).[2]

R 10.7

131

R 10.7. Kirchensteuern und Kirchenbeiträge

(1) ① Beiträge der Mitglieder von Religionsgemeinschaften (Kirchenbeiträge), die mindestens in einem Land als Körperschaft des öffentlichen Rechts anerkannt sind, aber während des ganzen Kalenderjahres keine Kirchensteuer erheben, sind aus Billigkeitsgründen wie Kirchensteuern abziehbar. ② Voraussetzung ist, dass der Stpfl. über die geleisteten Beiträge eine Empfangsbestätigung der Religionsgemeinschaft vorlegt. ③ Der Abzug ist bis zur Höhe der Kirchensteuer zulässig, die in dem betreffenden Land von den als Körperschaften des öffentlichen Rechts anerkannten Religionsgemeinschaften erhoben wird. ④ Bei unterschiedlichen Kirchensteuersätzen ist der höchste Steuersatz maßgebend. ⑤ Die Sätze 1 bis 4 sind nicht anzuwenden, wenn der Stpfl. gleichzeitig als Mitglied einer öffentlich-rechtlichen Religionsgemeinschaft zur Zahlung von Kirchensteuer verpflichtet ist.

[1] Abgedruckt im „Handbuch zur Lohnsteuer 2022" als Anlage a zu LStH 41 b.

[2] Letztmals abgedruckt im „Handbuch zur ESt-Veranlagung 2018" als Anlage a zu R 10.5 EStR.

(2) Kirchenbeiträge, die nach Absatz 1 nicht wie Kirchensteuer als Sonderausgaben abgezogen werden, können im Rahmen des § 10b EStG steuerlich berücksichtigt werden. 132

H 10.7

Beiträge an Religionsgemeinschaften (R 10.7 Abs. 1 Satz 1 bis 3 EStR). Die in R 10.7 Abs. 1 getroffene Regelung stellt eine Billigkeitsmaßnahme (§ 163 AO) dar, die zwingend anzuwenden ist. Der höchstmögliche Abzug beträgt 8% bzw. 9% der festgesetzten Einkommensteuer auf das um die Beiträge geminderte z. v. E.; § 51 a Abs. 1 und 2 EStG ist anzuwenden (→ BFH vom 10. 10. 2001 – BStBl. 2002 II S. 201 und vom 12. 6. 2002 – BStBl. 2003 II S. 281). 133

Kirchensteuern an Religionsgemeinschaften in EU-/EWR-Staaten. Auch Kirchensteuerzahlungen an Religionsgemeinschaften, die in einem anderen EU-Mitgliedstaat oder in einem EWR-Staat belegen sind und die bei Inlandsansässigkeit als Körperschaften des öffentlichen Rechts anzuerkennen wären, sind als Sonderausgabe nach § 10 Abs. 1 Nr. 4 EStG abziehbar. Das betrifft die Staaten Finnland (evangelisch-lutherische und orthodoxe Staatskirchen) und Dänemark (evangelisch-lutherische Staatskirche). Soweit in den vorgenannten Staaten andere Religionsgemeinschaften ansässig sind, sind für die fiktive Einordnung als Körperschaft des öffentlichen Rechts die zuständigen Innen- oder Kultusbehörden einzubeziehen (→ BMF vom 16. 11. 2010 – BStBl. I S. 1311).

Kirchensteuer auf Kapitaleinkünfte. Werden Zinseinnahmen nach dem regulären Einkommensteuertarif besteuert, löst eine spätere Anwendung des Abgeltungssteuertarif eine Herabsetzung der als Zuschlag zur tariflichen Einkommensteuer festgesetzten Kirchensteuer aus. Die Minderung des Sonderabgabenabzugs ist in dem VZ zu berücksichtigen, in dem die insoweit geänderte Steuerfestsetzung wirksam wird (→ BFH vom 16. 3. 2021 – BStBl. II 2022 S. 510).

Kirchensteuern des Erblassers. Zahlungen auf offene Kirchensteuern des Erblassers durch den Erben sind bei diesem im Jahr der Zahlung als Sonderausgabe abziehbar (→ BFH vom 21. 7. 2016 – BStBl. 2017 II S. 256).

Kirchensteuern i. S. d. § 10 Abs. 1 Nr. 4 EStG. Sie sind Geldleistungen, die von den als Körperschaften des öffentlichen Rechts anerkannten Religionsgemeinschaften von ihren Mitgliedern auf Grund gesetzlicher Vorschriften erhoben werden. Die Kirchensteuer wird in der Regel als Zuschlagsteuer zur Einkommen- bzw. Lohnsteuer erhoben. Kirchensteuern können aber nach Maßgabe der Gesetze auch erhoben werden als Kirchensteuern vom Einkommen, vom Vermögen, vom Grundbesitz und als Kirchgeld. **Keine Kirchensteuern** sind freiwillige Beiträge, die an öffentlich-rechtliche Religionsgemeinschaften oder andere religiöse Gemeinschaften entrichtet werden.

Willkürliche Zahlungen. Kirchensteuern sind grundsätzlich in dem VZ als Sonderausgabe abzugsfähig, in dem sie tatsächlich entrichtet wurden, soweit es sich nicht um willkürliche, die voraussichtliche Steuerschuld weit übersteigende Zahlungen handelt (→ BFH vom 25. 1. 1963 – BStBl. III S. 141).

R 10.8

R 10.8. Kinderbetreuungskosten *(unbesetzt)*

136

H 10.8

Abzugsbeschränkung. Die Beschränkung des Abzugs von Kinderbetreuungskosten auf zwei Drittel der Aufwendungen und einen Höchstbetrag von 4000 Euro je Kind ist verfassungsgemäß (→ BFH vom 9. 2. 2012 – BStBl. II S. 567). 137

Anwendungsschreiben → BMF vom 14. 3. 2012 (BStBl. I S. 307).[1]

Anl zu H 10.8

Schreiben betr. steuerliche Berücksichtigung von Kinderbetreuungskosten ab dem Veranlagungszeitraum 2012 (§ 10 Abs. 1 Nr. 5 EStG); Anwendungsschreiben

Vom 14. März 2012 (BStBl. I S. 307)

(BMF IV C 4 – S 2221/07/0012 :012; DOK 2012/0204082)

Steuervereinfachungsgesetz 2011 vom 1. November 2011 (BGBl. I S. 2131);
BMF-Schreiben vom 19. Januar 2007 IV C 4 – S 2221 – 2/07 (BStBl. I S. 184);
Sitzung ESt I/12 – TOP 18

Im Einvernehmen mit den obersten Finanzbehörden der Länder gilt für die steuerliche Berücksichtigung von Kinderbetreuungskosten ab dem Veranlagungszeitraum 2012 Folgendes:

I. Änderung des Einkommensteuergesetzes durch das Steuervereinfachungsgesetz 2011

1 Die mit Wirkung vom Veranlagungszeitraum 2006 eingeführten und seit 2009 in § 9c EStG zusammengeführten Regelungen zum Abzug von erwerbsbedingten und nicht erwerbsbedingten Kinderbetreuungskosten bis zu einem Höchstbetrag von 4000 Euro je Kind sind – unter Verringerung der Anspruchsvoraussetzungen – mit Wirkung ab dem Veranlagungszeitraum 2012 in den neuen § 10 Abs. 1 Nr. 5 EStG übernommen worden. Die Unterscheidung nach erwerbsbedingten und nicht erwerbsbedingten Kinderbetreuungskosten entfällt. Auf die persönlichen Anspruchsvoraussetzungen bei den 137a

[1] Nachstehend abgedruckt.

Anl zu H 10.8

steuerpflichtigen Eltern, wie z. B. Erwerbstätigkeit oder Ausbildung, kommt es nicht mehr an. Aus diesem Grund können Betreuungskosten für Kinder im Sinne des § 32 Abs. 1 EStG ab dem Veranlagungszeitraum 2012 ab Geburt des Kindes bis zur Vollendung seines 14. Lebensjahres berücksichtigt werden. Darüber hinaus können solche Aufwendungen für Kinder berücksichtigt werden, die wegen einer vor Vollendung des 25. Lebensjahres eingetretenen körperlichen, geistigen oder seelischen Behinderung außerstande sind, sich selbst zu unterhalten. Das gilt auch für Kinder, die wegen einer vor dem 1. Januar 2007 in der Zeit ab Vollendung des 25. Lebensjahres und vor Vollendung des 27. Lebensjahres eingetretenen körperlichen, geistigen oder seelischen Behinderung außerstande sind, sich selbst zu unterhalten (§ 52 Abs. 24 a Satz 2 EStG).[1]

2 Kinderbetreuungskosten sind ab Veranlagungszeitraum 2012 einheitlich als Sonderausgaben abziehbar. Der Abzug wie Betriebsausgaben oder Werbungskosten ist ab diesem Zeitraum entfallen. Soweit es sich um Kinderbetreuungskosten handelt, die unter den Voraussetzungen der bis einschließlich 2011 geltenden gesetzlichen Regelung des § 9 c EStG wie Betriebsausgaben oder Werbungskosten abgezogen werden konnten, kann die Neuregelung Auswirkungen haben, soweit außersteuerliche Rechtsnormen an steuerliche Einkommensbegriffe anknüpfen, wie z. B. § 14 Abs. 1 Wohngeldgesetz. Diese Auswirkungen werden durch den mit dem Steuervereinfachungsgesetz 2011 eingefügten § 2 Abs. 5 a Satz 2 EStG vermieden: Knüpfen außersteuerliche Rechtsnormen an die Begriffe „Einkünfte", „Summe der Einkünfte" oder „Gesamtbetrag der Einkünfte" an, mindern sich für deren Zwecke diese Größen um die nach § 10 Abs. 1 Nr. 5 EStG abziehbaren Kinderbetreuungskosten. Auch bei Anwendung dieser Regelung wird nicht danach unterschieden, ob die Kinderbetreuungskosten erwerbsbedingt oder nicht erwerbsbedingt angefallen sind.

II. Allgemeine Voraussetzungen

1. Dienstleistungen zur Betreuung

137b **3**[2] Betreuung im Sinne des § 10 Abs. 1 Nr. 5 EStG ist die behütende oder beaufsichtigende Betreuung, d. h. die persönliche Fürsorge für das Kind muss der Dienstleistung erkennbar zugrunde liegen. Berücksichtigt werden können danach z. B. Aufwendungen für
- die Unterbringung von Kindern in Kindergärten, Kindertagesstätten, Kinderhorten, Kinderheimen und Kinderkrippen sowie bei Tagesmüttern, Wochenmüttern und in Ganztagespflegestellen,
- die Beschäftigung von Kinderpflegern und Kinderpflegerinnen oder -schwestern, Erziehern und Erzieherinnen,
- die Beschäftigung von Hilfen im Haushalt, soweit sie ein Kind betreuen,
- die Beaufsichtigung des Kindes bei Erledigung seiner häuslichen Schulaufgaben (BFH-Urteil vom 17. November 1978, BStBl. 1979 II S. 142).

4 Aufwendungen für Kinderbetreuung durch Angehörige des Steuerpflichtigen können nur berücksichtigt werden, wenn den Leistungen klare und eindeutige Vereinbarungen zugrunde liegen, die zivilrechtlich wirksam zustande gekommen sind, inhaltlich dem zwischen Fremden Üblichen entsprechen, tatsächlich so auch durchgeführt werden und die Leistungen nicht üblicherweise auf familienrechtlicher Grundlage unentgeltlich erbracht werden. So können z. B. Aufwendungen für eine Mutter, die zusammen mit dem gemeinsamen Kind im Haushalt des Steuerpflichtigen lebt, nicht berücksichtigt werden (BFH-Urteil vom 6. November 1997, BStBl. 1998 II S. 187). Auch bei einer eheähnlichen Lebensgemeinschaft oder einer Lebenspartnerschaft zwischen dem Steuerpflichtigen und der Betreuungsperson ist eine Berücksichtigung von Kinderbetreuungskosten nicht möglich. Leistungen an eine Person, die für das betreute Kind Anspruch auf einen Freibetrag nach § 32 Abs. 6 EStG oder auf Kindergeld hat, können nicht als Kinderbetreuungskosten anerkannt werden.

2. Aufwendungen[3]

5 Zu berücksichtigen sind Ausgaben in Geld oder Geldeswert (Wohnung, Kost, Waren, sonstige Sachleistungen) für Dienstleistungen zur Betreuung eines Kindes einschließlich der Erstattungen an die Betreuungsperson (z. B. Fahrtkosten), wenn die Leistungen im Einzelnen in der Rechnung oder im Vertrag aufgeführt werden. Wird z. B. bei einer ansonsten unentgeltlich erbrachten Betreuung ein Fahrtkostenersatz gewährt, so ist dieser zu berücksichtigen, wenn hierüber eine Rechnung erstellt wird. Aufwendungen für Fahrten des Kindes zur Betreuungsperson sind nicht zu berücksichtigen (BFH-Urteil vom 29. August 1986, BStBl. 1987 II S. 167). Eine Gehaltsreduzierung, die dadurch entsteht, dass der Steuerpflichtige seine Arbeitszeit zugunsten der Betreuung seines Kindes kürzt, stellt keinen Aufwand für Kinderbetreuung dar. Für Sachleistungen gilt § 8 Abs. 2 EStG entsprechend.

6 Wird ein einheitliches Entgelt sowohl für Betreuungsleistungen als auch für andere Leistungen gezahlt, ist mit Ausnahme der in Randnr. 9 bezeichneten Fälle gegebenenfalls eine Aufteilung im Schätzungswege vorzunehmen. Von einer Aufteilung ist abzusehen, wenn die anderen Leistungen von untergeordneter Bedeutung sind.

7 Bei Aufnahme eines Au-pairs in eine Familie fallen in der Regel sowohl Aufwendungen für die Betreuung der Kinder als auch für leichte Hausarbeiten an. Wird in einem solchen Fall der Umfang der

---

[1] Jetzt: § 52 Abs. 18 Satz 3 EStG.

[2] Kinderbetreuung umfasst auch die pädagogisch sinnvolle Gestaltung der in Kindergärten und ähnlichen Einrichtungen verbrachten Zeit. Um nicht begünstigte Aufwendungen für Unterricht oder die Vermittlung besonderer Fähigkeiten handelt es sich daher nur, wenn die Dienstleistungen in einem regelmäßig organisatorisch, zeitlich und räumlich verselbständigten Rahmen stattfinden und die vom Leistungserbringer während der Unterrichtszeit ausgeübte Aufsicht über das Kind und damit die behütende Betreuung gegenüber der Vermittlung der besonderen Fähigkeiten als dem Hauptzweck der Dienstleistung in den Hintergrund rückt, *BFH-Urteil vom 19. 4. 2012 III R 29/11 (BStBl. II S. 862).*

[3] Als Sonderausgaben abziehbare Kinderbetreuungskosten sind um steuerfreie Arbeitgeberzuschüsse nach § 3 Nr. 33 EStG zu kürzen, *BFH vom 14. 4. 2021 III R 30/20 (BStBl. II S. 772).*

Anl zu H 10.8

Kinderbetreuungskosten nicht nachgewiesen (z. B. durch Festlegung der Tätigkeiten im Vertrag und entsprechende Aufteilung des Entgelts), kann ein Anteil von 50 Prozent der Gesamtaufwendungen als Kinderbetreuungskosten berücksichtigt werden.

8 Aufwendungen für Unterricht (z. B. Schulgeld, Nachhilfe oder Fremdsprachenunterricht), die Vermittlung besonderer Fähigkeiten (z. B. Musikunterricht, Computerkurse) oder für sportliche und andere Freizeitbetätigungen (z. B. Mitgliedschaft in Sportvereinen oder anderen Vereinen, Tennis- oder Reitunterricht) sind nicht zu berücksichtigen. Auch Aufwendungen für die Verpflegung des Kindes sind nicht zu berücksichtigen (BFH-Urteil vom 28. November 1986, BStBl. 1987 II S. 490).

9 Werden für eine Nachmittagsbetreuung in der Schule Elternbeiträge erhoben und umfassen diese nicht nur eine Hausaufgabenbetreuung, sind Entgeltanteile, die z. B. auf Nachhilfe oder bestimmte Kurse (z. B. Computerkurs) oder auf eine etwaige Verpflegung entfallen, nicht zu berücksichtigen. Ein Abzug von Kinderbetreuungskosten ist nur möglich, wenn eine entsprechende Aufschlüsselung der Beiträge vorliegt.

10 Die Zuordnung von Kinderbetreuungskosten zu einem Veranlagungszeitraum richtet sich nach § 11 EStG.

11 Bei beschränkter Steuerpflicht ist ein Abzug von Kinderbetreuungskosten ausgeschlossen (§ 50 Abs. 1 Satz 3 EStG).

3. Haushaltszugehörigkeit

12 Ein Kind gehört zum Haushalt des jeweiligen Elternteils, in dessen Wohnung es dauerhaft lebt oder mit dessen Einwilligung es vorübergehend auswärtig untergebracht ist. Auch in Fällen, in denen dieser Elternteil mit dem Kind in der Wohnung seiner Eltern oder Schwiegereltern oder in Wohngemeinschaft mit anderen Personen lebt, ist die Haushaltszugehörigkeit des Kindes als gegeben anzusehen. Haushaltszugehörigkeit erfordert ferner eine Verantwortung für das materielle (Versorgung, Unterhaltsgewährung) und immaterielle Wohl (Fürsorge, Betreuung) des Kindes. Eine Heimunterbringung ist unschädlich, wenn die Wohnverhältnisse in der Familienwohnung die speziellen Bedürfnisse des Kindes berücksichtigen und es sich im Haushalt dieses Elternteils regelmäßig aufhält (BFH-Urteil vom 14. November 2001, BStBl. 2002 II S. 244). Bei nicht zusammenlebenden Elternteilen ist grundsätzlich die Meldung des Kindes maßgebend.

13 Ein Kind kann ausnahmsweise zum Haushalt des Elternteils gehören, bei dem es nicht gemeldet ist, wenn der Elternteil dies nachweist oder glaubhaft macht. Die Zahlung des Kindergeldes an einen Elternteil ist ein weiteres Indiz für die Zugehörigkeit des Kindes zu dessen Haushalt. In Ausnahmefällen kann ein Kind auch zu den Haushalten beider getrennt lebender Elternteile gehören (BFH-Beschluss vom 14. Dezember 2004, BStBl. 2008 II S. 762; BFH-Urteil vom 28. April 2010, BStBl. 2011 II S. 30).

4. Berechtigter Personenkreis

14 Zum Abzug von Kinderbetreuungskosten ist grundsätzlich nur der Elternteil berechtigt, der die Aufwendungen getragen hat (BFH-Urteil vom 25. November 2010, BStBl. 2011 II S. 450) und zu dessen Haushalt das Kind gehört. Trifft dies auf beide Elternteile zu, kann jeder seine tatsächlichen Aufwendungen grundsätzlich nur bis zur Höhe des hälftigen Abzugshöchstbetrages geltend machen. Zur Zuordnung der Aufwendungen siehe im Übrigen Randnrn. 25 bis 29.

15 Aufwendungen zur Betreuung von Stiefkindern und Enkelkindern können nicht berücksichtigt werden, da es sich insoweit nicht um Kinder im Sinne des § 32 Abs. 1 EStG handelt.

5. Höchstbetrag

16 Kinderbetreuungskosten sind in Höhe von zwei Dritteln der Aufwendungen, höchstens 4000 Euro je Kind und Kalenderjahr abziehbar.

17 Der Höchstbetrag beläuft sich auch bei einem Elternpaar, das entweder gar nicht oder nur zeitweise zusammengelebt hat, auf 4000 Euro je Kind für das gesamte Kalenderjahr. Eine Aufteilung auf die Zeiträume des gemeinsamen Haushalts bzw. der getrennten Haushalte ist nicht vorzunehmen. Haben beide Elternteile entsprechende Aufwendungen getragen, sind diese bei jedem Elternteil grundsätzlich nur bis zu einem Höchstbetrag von 2000 Euro zu berücksichtigen. Siehe im Übrigen Randnrn. 25 bis 29.

18 Der Höchstbetrag ist ein Jahresbetrag. Eine zeitanteilige Aufteilung findet auch dann nicht statt, wenn für das Kind nicht im gesamten Kalenderjahr Betreuungskosten angefallen sind.

Beispiel:

Das Kind eines verheirateten Elternpaares geht von Januar bis Juni 2012 in den Kindergarten. Die Sommermonate Juli bis zu seiner Einschulung Ende September 2012 verlebt es bei seinen Großeltern. Ab der Einschulung geht es nachmittags in den Kinderhort. Den Eltern sind 2012 Kinderbetreuungskosten in Höhe von insgesamt 3600 Euro entstanden. Davon können sie zwei Drittel, also 2400 Euro als Sonderausgaben geltend machen. Es findet keine zeitanteilige Kürzung statt.

19 Ist das zu betreuende Kind nicht unbeschränkt einkommensteuerpflichtig, ist der Höchstbetrag zu kürzen, soweit es nach den Verhältnissen im Wohnsitzstaat des Kindes notwendig und angemessen ist. Die für die einzelnen Staaten in Betracht kommenden Kürzungen ergeben sich aus der Ländergruppeneinteilung, die durch BMF-Schreiben bekannt gemacht wird, zuletzt durch BMF-Schreiben vom 4. Oktober 2011 (BStBl. I S. 961).[1]

---

[1] Ab 1. 1. 2014 BMF-Schreiben vom 18. 11. 2013 (BStBl. I S. 1462). Ab 1. 1. 2017 BMF-Schreiben vom 20. 10. 2016 (BStBl. I S. 1183), abgedruckt als Anlage b zu R 33 a.1 EStR. Ab 1. 1. 2021 BMF-Schreiben vom 11. 11. 2020 (BStBl. I S. 1212).

Anl zu H 10.8

III. Nachweis

1. Rechnung

137c 20 Der Abzug von Kinderbetreuungskosten setzt nach § 10 Abs. 1 Nr. 5 Satz 4 EStG voraus, dass der Steuerpflichtige für die Aufwendungen eine Rechnung erhalten hat und die Zahlung auf das Konto des Erbringers der Leistung erfolgt ist. Die Rechnung sowie die Zahlungsnachweise sind nur auf Verlangen des Finanzamts vorzulegen. Es muss sich nicht um eine Rechnung im Sinne des Umsatzsteuergesetzes handeln.

21 Einer Rechnung stehen gleich:
- bei einem sozialversicherungspflichtigen Beschäftigungsverhältnis oder einem Minijob der zwischen dem Arbeitgeber und dem Arbeitnehmer abgeschlossene schriftliche (Arbeits-)Vertrag,
- bei Au-pair-Verhältnissen ein Au-pair-Vertrag, aus dem ersichtlich ist, dass ein Anteil der Gesamtaufwendungen auf die Kinderbetreuung entfällt,
- bei der Betreuung in einem Kindergarten oder Hort der Bescheid des öffentlichen oder privaten Trägers über die zu zahlenden Gebühren,
- eine Quittung, z. B. über Nebenkosten zur Betreuung, wenn die Quittung genaue Angaben über die Art und die Höhe der Nebenkosten enthält. Ansonsten sind Nebenkosten nur zu berücksichtigen, wenn sie in den Vertrag oder die Rechnung aufgenommen worden sind.

2. Zahlungsarten

22 Die Zahlung auf das Konto des Erbringers der Leistung erfolgt in der Regel durch Überweisung. Beträge, für deren Begleichung ein Dauerauftrag eingerichtet worden ist oder die durch eine Einzugsermächtigung abgebucht oder im Wege des Online-Bankings überwiesen wurden, können in Verbindung mit dem Kontoauszug, der die Abbuchung ausweist, anerkannt werden. Das gilt auch bei Übergabe eines Verrechnungsschecks oder der Teilnahme am Electronic-Cash-Verfahren oder an elektronischen Lastschriftverfahren.

3. Keine Barzahlung

23 Barzahlungen einschließlich Baranzahlungen oder Barteilzahlungen sowie Barschecks können in keinem Fall anerkannt werden.[1] Das gilt selbst dann, wenn die Barzahlung von dem Erbringer der Betreuungsleistung tatsächlich ordnungsgemäß verbucht worden ist und der Steuerpflichtige einen Nachweis über die ordnungsgemäße Buchung erhalten hat oder wenn eine Barzahlung durch eine später veranlasste Zahlung auf das Konto des Erbringers der Leistung ersetzt wird.

4. Konto eines Dritten

24 Der Sonderausgabenabzug durch den Steuerpflichtigen ist auch möglich, wenn die Betreuungsleistung, für die der Steuerpflichtige eine Rechnung erhalten hat, von dem Konto eines Dritten bezahlt worden ist (abgekürzter Zahlungsweg). Siehe auch Randnummer 29.

IV. Zuordnung der Aufwendungen

1. Verheiratete Eltern, welche die Voraussetzungen des § 26 Abs. 1 Satz 1 EStG erfüllen

a) Zusammenveranlagung

137d 25 Für den Abzug von Kinderbetreuungskosten als Sonderausgaben kommt es bei verheirateten Eltern, die nach § 26 b EStG zusammen zur Einkommensteuer veranlagt werden, nicht darauf an, welcher Elternteil die Aufwendungen geleistet hat oder ob sie von beiden getragen wurden.

b) Getrennte Veranlagung 2012

26 Mangels einer ausdrücklichen gesetzlichen Regelung für den Sonderausgabenabzug von Kinderbetreuungskosten im Fall der getrennten Veranlagung von Ehegatten im Veranlagungszeitraum 2012 sind die Sonderausgaben demjenigen Ehegatten zuzurechnen, der die Aufwendungen getragen hat. Trifft dies auf beide Ehegatten zu, kann jeder seine tatsächlichen Aufwendungen grundsätzlich nur bis zur Höhe des hälftigen Abzugshöchstbetrages geltend machen. Etwas anderes gilt nur dann, wenn die Ehegatten einvernehmlich gegenüber dem Finanzamt eine anderweitige Aufteilung des Höchstbetrages wählen. Abweichend davon können die Kinderbetreuungskosten aus Billigkeitsgründen auf übereinstimmenden Antrag der Ehegatten von diesen jeweils zur Hälfte abgezogen werden. Der Abzug ist dabei bei jedem Ehegatten auf den hälftigen Abzugshöchstbetrag beschränkt.

c) Einzelveranlagung ab 2013

27 Mit Wirkung ab dem Veranlagungszeitraum 2013 wird die getrennte Veranlagung durch die Einzelveranlagung von Ehegatten nach § 26 a EStG in der Fassung des Steuervereinfachungsgesetzes 2011 ersetzt (§ 52 Abs. 1, 68 Satz 1 EStG i. V. m. Art. 18 Abs. 1 des Steuervereinfachungsgesetzes 2011). Nach § 26 a Abs. 2 Satz 1 EStG sind Sonderausgaben demjenigen Ehegatten zuzurechnen, der die Aufwendungen wirtschaftlich getragen hat. Trifft dies auf beide Ehegatten zu, kann jeder seine tatsächlichen Aufwendungen grundsätzlich bis zur Höhe des hälftigen Abzugshöchstbetrages geltend machen. Etwas anderes gilt nur dann, wenn die Ehegatten einvernehmlich gegenüber dem Finanzamt eine anderweitige Aufteilung des Abzugshöchstbetrages wählen. Abweichend davon können die Kinderbetreuungskosten auf übereinstimmenden Antrag der Ehegatten von diesen jeweils zur Hälfte

[1] Dies gilt auch, wenn die Zahlungen im Rahmen eines geringfügigen Beschäftigungsverhältnisses (Minijob) geleistet werden, *BFH-Urteil vom 18. 12. 2014 III R 63/13 (BStBl. 2015 II S. 583).* Siehe auch *Erl. FinBeh. Hamburg vom 31. 7. 2015 S 2221 – 2012/038 – 52 (DStR 2016 S. 478).*

abgezogen werden (§ 26 a Abs. 2 Satz 2 EStG). Der Abzug ist dabei bei jedem Ehegatten auf den hälftigen Abzugshöchstbetrag beschränkt. In begründeten Einzelfällen reicht der Antrag desjenigen Ehegatten, der die Aufwendungen wirtschaftlich getragen hat, aus (§ 26 a Abs. 2 Satz 3 EStG). Die Wahl des Abzugs wird durch Angabe in der Steuererklärung getroffen (§ 26 a Abs. 2 Satz 4 i. V. m. § 26 Abs. 2 Satz 3 EStG).

2. Nicht verheiratete, dauernd getrennt lebende oder geschiedene Eltern

28 Bei nicht verheirateten, dauernd getrennt lebenden oder geschiedenen Eltern ist derjenige Elternteil zum Abzug von Kinderbetreuungskosten berechtigt, der die Aufwendungen getragen hat (BFH-Urteil vom 25. November 2010, BStBl. 2011 II S. 450) und zu dessen Haushalt das Kind gehört. Trifft dies auf beide Elternteile zu, kann jeder seine tatsächlichen Aufwendungen grundsätzlich nur bis zur Höhe des hälftigen Abzugshöchstbetrages geltend machen. Etwas anderes gilt nur dann, wenn die Eltern einvernehmlich eine abweichende Aufteilung des Abzugshöchstbetrages wählen und dies gegenüber dem Finanzamt anzeigen.

29 Wenn von den zusammenlebenden, nicht miteinander verheirateten Eltern nur ein Elternteil den Kinderbetreuungsvertrag (z. B. mit der Kindertagesstätte) abschließt und das Entgelt von seinem Konto zahlt, kann dieses weder vollständig noch anteilig dem anderen Elternteil als von ihm getragener Aufwand zugerechnet werden (BFH-Urteil vom 25. November 2010, BStBl. 2011 II S. 450).

V. Ausschluss eines weiteren Abzugs

30 Erfüllen Kinderbetreuungskosten grundsätzlich die Voraussetzungen für einen Abzug als Sonderausgaben, kommt für diese Aufwendungen eine Steuerermäßigung nach § 35 a EStG nicht in Betracht (§ 35 a Abs. 5 Satz 1, 2. Halbsatz EStG). Auf den tatsächlichen Abzug als Sonderausgaben kommt es dabei nicht an. Dies gilt sowohl für das nicht abziehbare Drittel der Aufwendungen, als auch für die Aufwendungen, die den Höchstbetrag von 4000 Euro je Kind übersteigen. **137e**

VI. Abweichendes Wirtschaftsjahr

31 Für Steuerpflichtige mit abweichendem Wirtschaftsjahr, die Kinderbetreuungskosten bis einschließlich 31. Dezember 2011 wie Betriebsausgaben abziehen können, gilt Folgendes: Die auf die Zeit vom Beginn des abweichenden Wirtschaftsjahrs 2011 bis zum 31. Dezember 2011 entfallenden Kinderbetreuungskosten können bis zu dem zeitanteiligen Höchstbetrag wie Betriebsausgaben abgezogen werden. Die ab 1. Januar 2012 anfallenden Kinderbetreuungskosten können nur als Sonderausgaben nach Maßgabe des § 10 Abs. 1 Nr. 5 EStG in der Fassung des Steuervereinfachungsgesetzes 2011 geltend gemacht werden. **137f**

Beispiel:

Ein Ehepaar betreibt gemeinsam einen land- und forstwirtschaftlichen Betrieb mit abweichendem Wirtschaftsjahr 1. Juli bis 30. Juni. Die im Jahr 2011 anfallenden Kinderbetreuungskosten können beide wie Betriebsausgaben abziehen. Der auf die Zeit vom 1. Juli bis 31. Dezember 2011 entfallende Höchstbetrag beträgt zeitanteilig zwei Drittel der Aufwendungen, maximal 2000 Euro.

VII. Anwendungsregelungen

32 Dieses BMF-Schreiben ist mit Ausnahme der Randnummern 27 und 31 ab dem Veranlagungszeitraum 2012 anzuwenden. **137g**

33 Randnummer 27 ist ab dem Veranlagungszeitraum 2013 und Randnummer 31 ist nur für die Veranlagungszeiträume 2011 und 2012 anzuwenden.

34 Für die Veranlagungszeiträume 2006 bis 2011 ist das BMF-Schreiben vom 19. Januar 2007 (BStBl. I S. 184) weiter anzuwenden.

R 10.9. Aufwendungen für die Berufsausbildung

R 10.9

138 (1) ① Erhält der Stpfl. zur unmittelbaren Förderung seiner Ausbildung steuerfreie Bezüge, mit denen Aufwendungen im Sinne des § 10 Abs. 1 Nr. 7 EStG abgegolten werden, entfällt insoweit der Sonderausgabenabzug. ② Das gilt auch dann, wenn die zweckgebundenen steuerfreien Bezüge erst nach Ablauf des betreffenden Kalenderjahres gezahlt werden. ③ Zur Vereinfachung ist eine Kürzung der für den Sonderausgabenabzug in Betracht kommenden Aufwendungen nur dann vorzunehmen, wenn die steuerfreien Bezüge ausschließlich zur Bestreitung der in § 10 Abs. 1 Nr. 7 EStG bezeichneten Aufwendungen bestimmt sind. ④ Gelten die steuerfreien Bezüge dagegen ausschließlich oder teilweise Aufwendungen für den Lebensunterhalt ab – ausgenommen solche für auswärtige Unterbringung –, z. B. Berufsausbildungsbeihilfen nach § 59 SGB III, Leistungen nach den §§ 12 und 13 BAföG, sind die als Sonderausgaben geltend gemachten Berufsausbildungsaufwendungen nicht zu kürzen.

Nachlaufende Studiengebühren

(2) Staatlich gestundete Studienbeiträge, die erst nach Abschluss des Studiums gezahlt werden (sog. nachlaufende Studiengebühren), sind nach den allgemeinen Grundsätzen des § 11 Abs. 2 EStG im Jahr der Zahlung der gestundeten Beiträge und somit auch nach Abschluss der Berufsausbildung als Sonderausgaben abziehbar.

Aufwendungen i. S. d. § 10 Abs. 1 Nr. 7 EStG:

H 10.9

139

– **Arbeitsmittel.** Die für Arbeitsmittel i. S. d. § 9 Abs. 1 Satz 3 Nr. 6 EStG geltenden Vorschriften sind sinngemäß anzuwenden. Schafft ein Stpfl. abnutzbare Wirtschaftsgüter von mehrjähri-

ger Nutzungsdauer an, sind im Rahmen des § 10 Abs. 1 Nr. 7 EStG nur die auf die Nutzungsdauer verteilten Anschaffungskosten als Sonderausgaben abziehbar (→ BFH vom 7. 5. 1993 – BStBl. II S. 676).
Die Anschaffungs- oder Herstellungskosten von Arbeitsmitteln einschließlich der Umsatzsteuer können im Jahr der Anschaffung oder Herstellung in voller Höhe als Sonderausgaben abgesetzt werden, wenn sie ausschließlich der Umsatzsteuer für das einzelne Arbeitsmittel 800 € nicht übersteigen (→ R 9.12 LStR 2015),
- **häusliches Arbeitszimmer** → BMF vom 6. 10. 2017 (BStBl. I S. 1320),[1]
- **Fachliteratur** → BFH vom 28. 11. 1980 (BStBl. 1981 II S. 309),
- **Mehraufwand für Verpflegung** → BFH vom 3. 12. 1974 (BStBl. 1975 II S. 356), → R 9.6 LStR 2015,
- **Mehraufwand wegen doppelter Haushaltsführung** → R 9.11 LStR 2015.

Ausbildungsdarlehen/Studiendarlehen
- Abzugshöhe/Abzugszeitpunkt → H 10.1.
- Aufwendungen zur Tilgung von Ausbildungs-/Studiendarlehen gehören nicht zu den abziehbaren Aufwendungen i. S. d. § 10 Abs. 1 Nr. 7 EStG (→ BFH vom 15. 3. 1974 – BStBl. II S. 513).
- Zinsen für ein Ausbildungsdarlehen gehören zu den abziehbaren Aufwendungen, auch wenn sie nach Abschluss der Berufsausbildung gezahlt werden (→ BFH vom 28. 2. 1992 – BStBl. II S. 834).
- Ist ein Ausbildungsdarlehen nebst Zuschlag zurückzuzahlen, sind die Aufwendungen für den Zuschlag Ausbildungs- und keine Werbungskosten, wenn damit nachträglich die im Zusammenhang mit der Berufsausbildung gewährten Vorteile abgegolten werden sollen und wenn der Zuschlag nicht weitaus überwiegend als Druckmittel zur Einhaltung der vorvertraglichen Verpflichtung zur Eingehung eines langfristigen Arbeitsverhältnisses dienen soll (→ BFH vom 28. 2. 1992 – BStBl. II S. 834).

Aus- und Fortbildung → R 9.2 LStR 2015.

Auswärtige Unterbringung. Ein Student, der seinen Lebensmittelpunkt an den Studienort verlagert hat, ist regelmäßig nicht auswärts untergebracht (→ BFH vom 19. 9. 2012 – BStBl. 2013 II S. 284).

Beruf. Der angestrebte Beruf muss nicht innerhalb bestimmter bildungspolitischer Zielvorstellungen des Gesetzgebers liegen (→ BFH vom 18. 12. 1987 – BStBl. 1988 II S. 494).

Berufsausbildungskosten. Aufwendungen für die erstmalige Berufsausbildung oder ein Erststudium → BMF vom 22. 9. 2010 (BStBl. I S. 721).[2]

Deutschkurs. Aufwendungen eines in Deutschland lebenden Ausländers für den Erwerb von Deutschkenntnissen sind nicht als Aufwendungen für die Berufsausbildung abziehbar (→ BFH vom 15. 3. 2007 – BStBl. II S. 814).

Habilitation. Aufwendungen eines wissenschaftlichen Assistenten an einer Hochschule für seine Habilitation sind Werbungskosten i. S. v. § 9 EStG (→ BFH vom 7. 8. 1967 – BStBl. III S. 778).

Klassenfahrt. Aufwendungen eines Berufsschülers für eine im Rahmen eines Ausbildungsdienstverhältnisses als verbindliche Schulveranstaltung durchgeführte Klassenfahrt sind in der Regel Werbungskosten (→ BFH vom 7. 2. 1992 – BStBl. II S. 531).

Studienreisen → R 12.2.

Umschulung. Aufwendungen für eine Umschulungsmaßnahme, die die Grundlage dafür bildet, von einer Berufs- oder Erwerbsart zu einer anderen überzuwechseln, können vorab entstandene Werbungskosten sein (→ BFH vom 4. 12. 2002 – BStBl. 2003 II S. 403).

Anl zu R 10.9

Schreiben betr. Neuregelung der einkommensteuerlichen Behandlung von Berufsausbildungskosten gemäß § 10 Absatz 1 Nummer 7, § 12 Nummer 5 EStG in der Fassung des Gesetzes zur Änderung der Abgabenordnung und weiterer Gesetze vom 21. Juli 2004 (BGBl. I S. 1753, BStBl. I 2005 S. 343) ab 2004[3·4]

Vom 22. September 2010 (BStBl. I S. 721)

(BMF IV C 4 – S 2227/07/10002 :002; DOK 2010/0416045)

Bezug: BMF-Schreiben vom 4. November 2005 IV C 8 – S 2227 – 5/05 (BStBl. I S. 955)[5] unter Berücksichtigung der Änderungen durch BMF-Schreiben vom 21. Juni 2007 IV C 4 – S 2227/07/0002 – 2007/0137269 (BStBl. I S. 492) und BFH-Urteil vom 18. Juni 2009 VI R 14/07 (BStBl. 2010 II S. 816)

---

[1] Abgedruckt als Anlage b zu R 4.10 EStR.
[2] Nachstehend abgedruckt.
[3] Ab dem VZ 2015 gelten neue gesetzliche Regelungen zur Definition einer Erstausbildung (§ 9 Abs. 6 i. d. F. des Gesetzes zur Anpassung der Abgabenordnung an den Zollkodex der Union und zur Änderung weiterer steuerlicher Vorschriften).
[4] § 9 Abs. 6 EStG i. d. F. des Beitreibungsrichtlinie-Umsetzungsgesetzes vom 7. 12. 2011, wonach Aufwendungen des Steuerpflichtigen für seine erstmalige Berufsausbildung oder für ein Erststudium, das zugleich eine Erstausbildung vermittelt, keine Werbungskosten sind, wenn diese Berufsausbildung oder dieses Erststudium nicht im Rahmen eines Dienstverhältnisses stattfinden, ist mit dem Grundgesetz vereinbar, *Beschluss BVerfG vom 19. 11. 2019 2 BvL 22-27/14 (DStR 2020 S. 93)*. Festsetzungen der Einkommensteuer werden hinsichtlich der Abziehbarkeit der Aufwendungen für eine Berufsausbildung oder ein Studium als Werbungskosten oder Betriebsausgaben vorläufig durchgeführt, *BMF-Schreiben vom 10. 1. 2019 (BStBl. I S. 2)*.
[5] Letztmals abgedruckt im „Handbuch zur ESt-Veranlagung 2009" als Anlage zu R 10.9 EStR.

Die einkommensteuerliche Behandlung von Berufsausbildungskosten wurde durch das Gesetz zur Änderung der Abgabenordnung und weiterer Gesetze vom 21. Juli 2004 (BGBl. I S. 1753, BStBl. 2005 I S. 343) neu geordnet (Neuordnung). Nach dem Ergebnis der Erörterungen mit den obersten Finanzbehörden der Länder unter Einbeziehung der Rechtsfolgen aus der allgemeinen Anwendung des BFH-Urteils vom 18. Juni 2009 VI R 14/07 (BStBl. 2010 II S. 816) und notwendiger redaktioneller Änderungen gelten dazu die nachfolgenden Ausführungen.

Inhaltsverzeichnis

1. Grundsätze

1 Aufwendungen für die erstmalige Berufsausbildung oder ein Erststudium stellen nach § 12 Nummer 5 EStG keine Betriebsausgaben oder Werbungskosten dar, es sei denn, die Bildungsmaßnahme findet im Rahmen eines Dienstverhältnisses statt (Ausbildungsdienstverhältnis). **140**

Aufwendungen für die eigene Berufsausbildung, die nicht Betriebsausgaben oder Werbungskosten darstellen, können nach § 10 Absatz 1 Nummer 7 EStG bis zu 4000 Euro[1] im Kalenderjahr als Sonderausgaben abgezogen werden.

2 Ist einer Berufsausbildung oder einem Studium eine abgeschlossene erstmalige Berufsausbildung oder ein abgeschlossenes Erststudium vorausgegangen (weitere Berufsausbildung oder weiteres Studium), handelt es sich dagegen bei den durch die weitere Berufsausbildung oder das weitere Studium veranlassten Aufwendungen um Betriebsausgaben oder Werbungskosten, wenn ein hinreichend konkreter, objektiv feststellbarer Zusammenhang mit späteren im Inland steuerpflichtigen Einnahmen aus der angestrebten beruflichen Tätigkeit besteht. Entsprechendes gilt für ein Erststudium nach einer abgeschlossenen nichtakademischen Berufsausbildung (BFH vom 18. Juni 2009 VI R 14/07, BStBl. 2010 II S. 816). Die Rechtsprechung des BFH zur Rechtslage vor der Neuordnung ist insoweit weiter anzuwenden, (BFH vom 4. Dezember 2002 VI R 120/01, BStBl. 2003 II S. 403; vom 17. Dezember 2002 VI R 137/01, BStBl. 2003 II S. 407; vom 13. Februar 2003 IV R 44/01, BStBl. II S. 698; vom 29. April 2003 VI R 86/99, BStBl. II S. 749; vom 27. Mai 2003 VI R 33/01, BStBl. 2004 II S. 884; vom 22. Juli 2003 VI R 190/97, BStBl. 2004 II S. 886; vom 22. Juli 2003 VI R 137/99, BStBl. 2004 II S. 888; vom 22. Juli 2003 VI R 50/02, BStBl. 2004 II S. 889; vom 13. Oktober 2003 VI R 71/02, BStBl. 2004 II S. 890; vom 4. November 2003 VI R 96/01, BStBl. 2004 II S. 891).

3 Unberührt von der Neuordnung bleibt die Behandlung von Aufwendungen für eine berufliche Fort- und Weiterbildung. Sie stellen Betriebsausgaben oder Werbungskosten dar, sofern sie durch den Beruf veranlasst sind, soweit es sich dabei nicht um eine erstmalige Berufsausbildung oder ein Erststudium i. S. d. § 12 Nummer 5 EStG handelt.

2. Erstmalige Berufsausbildung, Erststudium und Ausbildungsdienstverhältnisse i. S. d. § 12 Nummer 5 EStG

2.1 Erstmalige Berufsausbildung

4 Unter dem Begriff „Berufsausbildung" i. S. d. § 12 Nummer 5 EStG ist eine berufliche Ausbildung unter Ausschluss eines Studiums zu verstehen. **140a**

Eine Berufsausbildung i. S. d. § 12 Nummer 5 EStG liegt vor, wenn der Steuerpflichtige durch eine berufliche Ausbildungsmaßnahme die notwendigen fachlichen Fertigkeiten und Kenntnisse erwirbt, die zur Aufnahme eines Berufs befähigen. Voraussetzung ist, dass der Beruf durch eine Ausbildung im Rahmen eines öffentlich-rechtlich geordneten Ausbildungsgangs erlernt wird (BFH vom 6. März 1992, VI R 163/88, BStBl. 1992 II S. 661) und der Ausbildungsgang durch eine Prüfung abgeschlossen wird.

Die Auslegung des Begriffs „Berufsausbildung" im Rahmen des § 32 Absatz 4 EStG ist für § 12 Nummer 5 EStG nicht maßgeblich.

5 Zur Berufsausbildung zählen:

- Berufsausbildungsverhältnisse gemäß § 1 Absatz 3, §§ 4 bis 52 Berufsbildungsgesetz (Artikel 1 des Gesetzes zur Reform der beruflichen Bildung [Berufsbildungsreformgesetz – BerBiRefG] vom 23. März 2005, BGBl. I S. 931, zuletzt geändert durch Gesetz vom 5. Februar 2009, BGBl. I S. 160, im Folgenden BBiG), sowie anerkannte Lehr- und Anlernberufe oder vergleichbar geregelte Ausbildungsberufe aus der Zeit vor dem In-Kraft-Treten des BBiG, § 104 BBiG. Der erforderliche Abschluss besteht hierbei in der erfolgreich abgelegten Abschlussprüfung i. S. d. § 37 BBiG. Gleiches gilt, wenn die Abschlussprüfung nach § 43 Abs. 2 BBiG ohne ein Ausbildungsverhältnis auf Grund einer entsprechenden schulischen Ausbildung abgelegt wird, die gemäß den Voraussetzungen des § 43 Absatz 2 BBiG als im Einzelnen gleichwertig anerkannt ist;

[1] Ab VZ 2012 bis zu 6000 Euro.

Anl zu R 10.9

– mit Berufsausbildungsverhältnissen vergleichbare betriebliche Ausbildungsgänge außerhalb des Geltungsbereichs des BBiG (zurzeit nach der Schiffsmechaniker-Ausbildungsverordnung vom 12. April 1994, BGBl. I S. 797 in der jeweils geltenden Fassung);
– die Ausbildung auf Grund der bundes- oder landesrechtlichen Ausbildungsregelungen für Berufe im Gesundheits- und Sozialwesen;
– landesrechtlich geregelte Berufsabschlüsse an Berufsfachschulen;
– die Berufsausbildung behinderter Menschen[1] in anerkannten Berufsausbildungsberufen oder auf Grund von Regelungen der zuständigen Stellen in besonderen „Behinderten-Ausbildungsberufen" und
– die Berufsausbildung in einem öffentlich-rechtlichen Dienstverhältnis sowie die Berufsausbildung auf Kauffahrtschiffen, die nach dem Flaggenrechtsgesetz vom 8. Februar 1951 (BGBl. I S. 79) die Bundesflagge führen, soweit es sich nicht um Schiffe der kleinen Hochseefischerei und der Küstenfischerei handelt.

6 Andere Bildungsmaßnahmen werden einer Berufsausbildung i. S. d. § 12 Nummer 5 EStG gleichgestellt, wenn sie dem Nachweis einer Sachkunde dienen, die Voraussetzung zur Aufnahme einer fest umrissenen beruflichen Betätigung ist.[2] Die Ausbildung muss im Rahmen eines geordneten Ausbildungsgangs erfolgen und durch eine staatliche oder staatlich anerkannte Prüfung abgeschlossen werden. Der erfolgreiche Abschluss der Prüfung muss Voraussetzung für die Aufnahme der beruflichen Betätigung sein. Die Ausbildung und der Abschluss müssen vom Umfang und Qualität der Ausbildungsmaßnahmen und Prüfungen her grundsätzlich mit den Anforderungen, die im Rahmen von Berufsausbildungsmaßnahmen i. S. d. Rz. 5 gestellt werden, vergleichbar sein.

Dazu gehört z. B. die Ausbildung zu Berufspiloten auf Grund der JAR-FCL 1 deutsch vom 15. April 2003, Bundesanzeiger 2003 Nummer 80 a.

7 Aufwendungen für den Besuch allgemein bildender Schulen sind Kosten der privaten Lebensführung i. S. d. § 12 Nummer 1 EStG und dürfen daher nicht bei den einzelnen Einkunftsarten abgezogen werden. Der Besuch eines Berufskollegs zum Erwerb der Fachhochschulreife gilt als Besuch einer allgemein bildenden Schule. Dies gilt auch, wenn ein solcher Abschluss, z. B. das Abitur, nach Abschluss einer Berufsausbildung nachgeholt wird (BFH vom 22. Juni 2006 VI R 5/04, BStBl. II S. 717). Derartige Aufwendungen können als Sonderausgaben gemäß § 10 Absatz 1 Nummer 7 oder Nummer 9 EStG vom Gesamtbetrag der Einkünfte abgezogen werden.

8 Die Berufsausbildung ist als erstmalige Berufsausbildung anzusehen, wenn ihr keine andere abgeschlossene Berufsausbildung beziehungsweise kein abgeschlossenes berufsqualifizierendes Hochschulstudium vorausgegangen ist. Wird ein Steuerpflichtiger ohne entsprechende Berufsausbildung in einem Beruf tätig und führt er die zugehörige Berufsausbildung nachfolgend durch (nachgeholte Berufsausbildung), handelt es sich dabei um eine erstmalige Berufsausbildung (BFH vom 6. März 1992 VI R 163/88, BStBl. II 1992 S. 661).

9 Diese Grundsätze gelten auch für die Behandlung von Aufwendungen für Anerkennungsjahre und praktische Ausbildungsabschnitte als Bestandteil einer Berufsausbildung. Soweit keine vorherige abgeschlossene Berufsausbildung vorangegangen ist, stellen sie Teil einer ersten Berufsausbildung dar und unterliegen § 12 Nummer 5 EStG. Nach einer vorherigen abgeschlossenen Berufsausbildung oder einem berufsqualifizierenden Studium können Anerkennungsjahre und Praktika einen Bestandteil einer weiteren Berufsausbildung darstellen oder bei einem entsprechenden Veranlassungszusammenhang als Fort- oder Weiterbildung anzusehen sein.

10 Bei einem Wechsel und einer Unterbrechung der erstmaligen Berufsausbildung sind die in Rz. 19 angeführten Grundsätze entsprechend anzuwenden.

11 Inländischen Abschlüssen gleichgestellt sind Berufsausbildungsabschlüsse von Staatsangehörigen eines Mitgliedstaats der Europäischen Union (EU) oder eines Vertragstaats des europäischen Wirtschaftsraums (EWR) oder der Schweiz, die in einem dieser Länder erlangt werden, sofern der Abschluss in mindestens einem dieser Länder unmittelbar den Zugang zu dem entsprechenden Beruf eröffnet. Ferner muss die Tätigkeit, zu denen die erlangte Qualifikation in mindestens einem dieser Länder befähigt, der Tätigkeit, zu der ein entsprechender inländischer Abschluss befähigt, gleichartig sein. Zur Vereinfachung kann in der Regel davon ausgegangen werden, dass eine Gleichartigkeit vorliegt.

2.2 Erststudium

2.2.1 Grundsätze

12 Ein Studium i. S. d. § 12 Nummer 5 EStG liegt dann vor, wenn es sich um ein Studium an einer Hochschule i. S. d. § 1 Hochschulrahmengesetz handelt (Gesetz vom 26. Januar 1976, BGBl. I S. 185 in der Fassung der Bekanntmachung vom 19. Januar 1999, BGBl. I S. 18, zuletzt geändert durch Gesetz vom 12. April 2007, BGBl. I S. 506, im Folgenden HRG). Nach dieser Vorschrift sind Hochschulen die Universitäten, die Pädagogischen Hochschulen, die Kunsthochschulen, die Fachhochschulen und die sonstigen Einrichtungen des Bildungswesens, die nach Landesrecht staatliche Hochschulen sind. Gleichgestellt sind private und kirchliche Bildungseinrichtungen sowie die Hochschulen des Bundes, die nach Landesrecht als Hochschule anerkannt werden, § 70 HRG. Studien können auch als Fernstudien durchgeführt werden, § 13 HRG. Auf die Frage, welche schulischen Abschlüsse oder sonstigen Leistungen den Zugang zum Studium eröffnet haben, kommt es nicht an.

13 Ein Studium stellt dann ein erstmaliges Studium i. S. d. § 12 Nummer 5 EStG dar, wenn es sich um eine Erstausbildung handelt. Es darf ihm kein anderes durch einen berufsqualifizierenden Abschluss beendetes Studium oder keine andere abgeschlossene nichtakademische Berufsausbildung i. S. d. Rz. 4

[1] Jetzt: Menschen mit Behinderung.
[2] Ab dem VZ 2015 gelten neue gesetzliche Regelungen zur Definition einer Erstausbildung; siehe § 9 Abs. 6 EStG.

bis 11 vorangegangen sein (BFH vom 18. Juni 2009 VI R 14/07, BStBl. 2010 II S. 816).[1] Dies gilt auch in den Fällen, in denen während eines Studiums eine Berufsausbildung erst abgeschlossen wird, unabhängig davon, ob die beiden Ausbildungen sich inhaltlich ergänzen. In diesen Fällen ist eine Berücksichtigung der Aufwendungen für das Studium als Werbungskosten/Betriebsausgaben erst – unabhängig vom Zahlungszeitpunkt – ab dem Zeitpunkt des Abschlusses der Berufsausbildung möglich. Davon ausgenommen ist ein Studium, das im Rahmen eines Dienstverhältnisses stattfindet (siehe Rz. 27). Ein Studium wird auf Grund der entsprechenden Prüfungsordnung einer inländischen Hochschule durch eine Hochschulprüfung oder eine staatliche oder kirchliche Prüfung abgeschlossen (§§ 15, 16 HRG). Anl zu R 10.9

14 Auf Grund einer berufsqualifizierenden Hochschulprüfung kann ein Hochschulgrad verliehen werden. Hochschulgrade sind der Diplom- und der Magistergrad i. S. d. § 18 HRG. Das Landesrecht kann weitere Grade vorsehen. Ferner können die Hochschulen Studiengänge einrichten, die auf Grund entsprechender berufsqualifizierender Prüfungen zu einem Bachelor- oder Bakkalaureusgrad und einem Master- oder Magistergrad führen, § 19 HRG. Der Magistergrad i. S. d. § 18 HRG setzt anders als der Master- oder Magistergrad i. S. d. des § 19 HRG keinen vorherigen anderen Hochschulabschluss voraus. Zwischenprüfungen stellen keinen Abschluss eines Studiums i. S. d. § 12 Nummer 5 EStG dar.

15 Die von den Hochschulen angebotenen Studiengänge führen in der Regel zu einem berufsqualifizierenden Abschluss (§ 10 Absatz 1 Satz 1 HRG). Im Zweifel ist davon auszugehen, dass die entsprechenden Prüfungen berufsqualifizierend sind.

16 Die Ausführungen bei den Berufsausbildungskosten zur Behandlung von Aufwendungen für Anerkennungsjahre und Praktika gelten entsprechend (vgl. Rz. 9).

17 Studien- und Prüfungsleistungen an ausländischen Hochschulen, die zur Führung eines ausländischen akademischen Grades berechtigen, der nach § 20 HRG in Verbindung mit dem Recht des Landes, in dem der Gradinhaber seinen inländischen Wohnsitz oder inländischen gewöhnlichen Aufenthalt hat, anerkannt wird, sowie Studien- und Prüfungsleistungen, die von Staatsangehörigen eines Mitgliedstaats der EU oder von Vertragstaaten des EWR oder der Schweiz an Hochschulen dieser Staaten erbracht werden, sind nach diesen Grundsätzen inländischen Studien- und Prüfungsleistungen gleichzustellen. Der Steuerpflichtige hat die Berechtigung zur Führung des Grades nachzuweisen. Für die Gleichstellung von Studien- und Prüfungsleistungen werden die in der Datenbank „anabin" (www.anabin.de) der Zentralstelle für ausländisches Bildungswesen beim Sekretariat der Kultusministerkonferenz aufgeführten Bewertungsvorschläge zugrunde gelegt.

2.2.2 Einzelfragen

18 Fachschulen:

Die erstmalige Aufnahme eines Studiums nach dem berufsqualifizierenden Abschluss einer Fachschule stellt auch dann ein Erststudium dar, wenn die von der Fachschule vermittelte Bildung und das Studium sich auf ein ähnliches Wissensgebiet beziehen. Die Aufwendungen für ein solches Erststudium können bei Vorliegen der entsprechenden Voraussetzungen als Betriebsausgaben oder Werbungskosten berücksichtigt werden.

19 Wechsel und Unterbrechung des Studiums:

Bei einem Wechsel des Studiums ohne Abschluss des zunächst betriebenen Studiengangs, z. B. von Rechtswissenschaften zu Medizin, stellt das zunächst aufgenommene Jurastudium kein abgeschlossenes Erststudium dar. Bei einer Unterbrechung eines Studiengangs ohne einen berufsqualifizierenden Abschluss und seiner späteren Weiterführung stellt der der Unterbrechung nachfolgende Studienteil kein weiteres Studium dar.

Beispiel:

An einer Universität wird der Studiengang des Maschinenbaustudiums aufgenommen, anschließend unterbrochen und nunmehr eine Ausbildung als Kfz-Mechaniker begonnen, aber ebenfalls nicht abgeschlossen. Danach wird der Studiengang des Maschinenbaustudiums weitergeführt und abgeschlossen. § 12 Nummer 5 EStG ist auf beide Teile des Maschinenbaustudiums anzuwenden. Das gilt unabhängig davon, ob das Maschinenbaustudium an derselben Hochschule fortgeführt oder an einer anderen Hochschule bzw. Fachhochschule aufgenommen und abgeschlossen wird.

Abwandlung:

Wird das begonnene Studium statt dessen, nachdem die Ausbildung zum Kfz-Mechaniker erfolgreich abgeschlossen wurde, weitergeführt und abgeschlossen, ist § 12 Nummer 5 EStG nur auf den ersten Teil des Studiums anzuwenden, da der Fortsetzung des Studiums eine abgeschlossene nichtakademische Berufsausbildung vorausgeht.

20 Mehrere Studiengänge:

Werden zwei (oder ggf. mehrere) Studiengänge parallel studiert, die zu unterschiedlichen Zeiten abgeschlossen werden, stellt der nach dem berufsqualifizierenden Abschluss eines der Studiengänge weiter fortgesetzte andere Studiengang vom Zeitpunkt des Abschlusses an ein weiteres Studium dar.

21 Aufeinander folgende Abschlüsse unterschiedlicher Hochschultypen:

Da die Universitäten, Pädagogischen Hochschulen, Kunsthochschulen, Fachhochschulen sowie weitere entsprechende landesrechtliche Bildungseinrichtungen gleichermaßen Hochschulen i. S. d. § 1 HRG darstellen, stellt ein Studium an einer dieser Bildungseinrichtungen nach einem abgeschlossen Studium an einer anderen dieser Bildungseinrichtungen ein weiteres Studium dar. So handelt es sich bei einem Universitätsstudium nach einem abgeschlossenen Fachhochschulstudium um ein weiteres Studium.

---

[1] Aufwendungen für ein Erststudium, welches zugleich eine Erstausbildung vermittelt und das nicht im Rahmen eines Dienstverhältnisses stattgefunden hat, sind keine (vorweggenommenen) Betriebsausgaben, *BFH-Urteil vom 5. 11. 2013 VIII R 22/12 (BStBl. 2014 II S. 165).*

Anl zu R 10.9

22 Ergänzungs- und Aufbaustudien:

Postgraduale Zusatz-, Ergänzungs- und Aufbaustudien i. S. d. § 12 HRG setzen den Abschluss eines ersten Studiums voraus und stellen daher ein weiteres Studium dar.

23 Vorbereitungsdienst:

Als berufsqualifizierender Studienabschluss gilt auch der Abschluss eines Studiengangs, durch den die fachliche Eignung für einen beruflichen Vorbereitungsdienst oder eine berufliche Einführung vermittelt wird (§ 10 Absatz 1 Satz 2 HRG). Dazu zählt beispielhaft der juristische Vorbereitungsdienst (Referendariat). Das erste juristische Staatsexamen stellt daher einen berufsqualifizierenden Abschluss dar.

24 Bachelor- und Masterstudiengänge:

Nach § 19 Absatz 2 HRG stellt der Bachelor- oder Bakkalaureusgrad einer inländischen Hochschule einen berufsqualifizierenden Abschluss dar. Daraus folgt, dass der Abschluss eines Bachelorstudiengangs den Abschluss eines Erststudiums darstellt und ein nachfolgender Studiengang als weiteres Studium anzusehen ist.

Nach § 19 Absatz 3 HRG kann die Hochschule auf Grund von Prüfungen, mit denen ein weiterer berufsqualifizierender Abschluss erworben wird, einen Master- oder Magistergrad verleihen. Die Hochschule kann einen Studiengang ausschließlich mit dem Abschluss Bachelor anbieten (grundständig). Sie kann einen Studiengang mit dem Abschluss als Bachelor und einem inhaltlich darauf aufbauenden Masterstudiengang vorsehen (konsekutives Masterstudium). Sie kann aber auch ein Masterstudium anbieten, ohne selbst einen entsprechenden Bachelorstudiengang anzubieten (postgraduales Masterstudium).

Ein Masterstudium i. S. d. § 19 HRG kann nicht ohne ein abgeschlossenes Bachelor- oder anderes Studium aufgenommen werden. Es stellt daher ein weiteres Studium dar. Dies gilt auch für den Master of Business Administration (MBA).

Er ermöglicht Studenten verschiedener Fachrichtungen ein anwendungsbezogenes Postgraduiertenstudium in den Wirtschaftswissenschaften.

25 Berufsakademien und andere Ausbildungseinrichtungen:

Nach Landesrecht kann vorgesehen werden, dass bestimmte an Berufsakademien oder anderen Ausbildungseinrichtungen erfolgreich absolvierte Ausbildungsvorgänge einem abgeschlossenen Studium an einer Fachhochschule gleichwertig sind und die gleichen Berechtigungen verleihen, auch wenn es sich bei diesen Ausbildungseinrichtungen nicht um Hochschulen i. S. d. § 1 HRG handelt. Soweit dies der Fall ist, stellt ein entsprechend abgeschlossenes Studium unter der Voraussetzung, dass ihm kein anderes abgeschlossenes Studium oder keine andere abgeschlossene Berufsausbildung vorangegangen ist, ein Erststudium i. S. d. § 12 Nummer 5 EStG dar.

26 Promotion:

Es ist regelmäßig davon auszugehen, dass dem Promotionsstudium und der Promotion durch die Hochschule selber der Abschluss eines Studiums vorangeht. Aufwendungen für ein Promotionsstudium und die Promotion stellen Betriebsausgaben oder Werbungskosten dar, sofern ein berufsbezogener Veranlassungszusammenhang zu bejahen ist (BFH vom 4. November 2003, VI R 96/01, BStBl. II 2004, 891). Dies gilt auch, wenn das Promotionsstudium bzw. die Promotion im Einzelfall ohne vorhergehenden berufsqualifizierenden Studienabschluss durchgeführt wird.

Eine Promotion stellt keinen berufsqualifizierenden Abschluss eines Studienganges dar.

2.3 Berufsausbildung oder Studium im Rahmen eines Ausbildungsdienstverhältnisses

27 Eine erstmalige Berufsausbildung oder ein Studium findet im Rahmen eines Ausbildungsdienstverhältnisses statt, wenn die Ausbildungsmaßnahme Gegenstand des Dienstverhältnisses ist (vgl. R 9.2 LStR 2008[1] und H 9.2 „Ausbildungsdienstverhältnis" LStH 2010[2] sowie die dort angeführte Rechtsprechung des BFH). Die dadurch veranlassten Aufwendungen stellen Werbungskosten dar. Zu den Ausbildungsdienstverhältnissen zählen z. B. die Berufsausbildungsverhältnisse gemäß § 1 Absatz 3, §§ 4 bis 52 BBiG.

28 Dementsprechend liegt kein Ausbildungsdienstverhältnis vor, wenn die Berufsausbildung oder das Studium nicht Gegenstand des Dienstverhältnisses ist, auch wenn die Berufsbildungsmaßnahme oder das Studium seitens des Arbeitgebers durch Hingabe von Mitteln, z. B. eines Stipendiums, gefördert wird.

3. Abzug von Aufwendungen für die eigene Berufsausbildung als Sonderausgaben, § 10 Absatz 1 Nummer 7 EStG

140b **29** Bei der Ermittlung der Aufwendungen gelten die allgemeinen Grundsätze des Einkommensteuergesetzes. Dabei sind die Regelungen in § 4 Absatz 5 Satz 1 Nummer 5 und 6b, § 9 Absatz 1 Satz 3 Nummer 4 und 5 und Absatz 2 EStG[3] zu beachten. Zu den abziehbaren Aufwendungen gehören z. B.

- Lehrgangs-, Schul- oder Studiengebühren, Arbeitsmittel, Fachliteratur,
- Fahrten zwischen Wohnung und Ausbildungsort,
- Mehraufwendungen für Verpflegung,
- Mehraufwendungen wegen auswärtiger Unterbringung.

---

[1] Jetzt: LStR 2021.

[2] Jetzt: LStH 2022.

[3] Ab 2014 ist erste Tätigkeitsstätte auch eine Bildungseinrichtung, die außerhalb eines Dienstverhältnisses zum Zwecke eines Vollzeitstudiums oder einer vollzeitigen Bildungsmaßnahme aufgesucht wird (§ 9 Abs. 4 Satz 8 EStG). Siehe auch *BMF-Schreiben vom 25. 11. 2020 (BStBl. I S. 1228) Rz. 33 ff.*

Für den Abzug von Aufwendungen für eine auswärtige Unterbringung ist nicht erforderlich, dass die Voraussetzungen einer doppelten Haushaltsführung vorliegen.

4. Anwendungszeitraum

30 Die Grundsätze dieses Schreibens sind in allen noch offenen Fällen ab dem Veranlagungszeitraum 2004 anzuwenden. Dieses Schreiben ersetzt die BMF-Schreiben vom 4. November 2005 IV C 8 – S 2227 – 5/05 (BStBl. I S. 955)[1] und 21. Juni 2007 IV C 4 – S 2227/07/0002, DOK 2007/0137269 (BStBl. I S. 492). **140c**

R 10.10. Schulgeld

R 10.10

Kind als Vertragspartner **141**

(1) ① Schulgeldzahlungen eines Stpfl. sind bei diesem auch dann nach § 10 Abs. 1 Nr. 9 EStG abziehbar, wenn dessen unterhaltsberechtigtes Kind selbst Vertragspartner der Schule ist. ② Hat der Stpfl. für das sich in der Ausbildung befindende Kind einen Anspruch auf einen Freibetrag nach § 32 Abs. 6 EStG oder auf Kindergeld, ist davon auszugehen, dass die erforderliche Unterhaltsberechtigung des Kindes besteht.

Schulbesuche im Ausland

(2) ① Zu den nach § 10 Abs. 1 Nr. 9 EStG abziehbaren Sonderausgaben gehören u. a. Schulgeldzahlungen für den Besuch einer im EU-/EWR-Raum belegenen Bildungsstätte, wenn der Besuch mit dem „International Baccalaureate" (Internationales Abitur) abschließen soll. ② Für die Anerkennung mehrjähriger Auslandsschulbesuche ist die Vorlage einer einmaligen Prognoseentscheidung der im Einzelfall zuständigen Behörde (z. B. Zeugnisanerkennungsstelle) ausreichend. **141a**

H 10.10

Allgemeines **142**
- → BMF vom 9. 3. 2009 (BStBl. I S. 487).[2]
- Der Abzug von Schulgeldzahlungen setzt nicht voraus, dass die Eltern selbst Vertragspartner des mit der Privatschule abgeschlossenen Vertrages sind (→ BFH vom 9. 11. 2011 – BStBl. 2012 II S. 321).

Aufwendungen für den Schulbesuch als außergewöhnliche Belastungen
→ H 33.1–33.4 (Schulbesuch).

Privatschule in der Schweiz. Schulgeld, das an eine schweizerische Privatschule gezahlt wird, kann nicht als Sonderausgabe abgezogen werden. Hierin liegt keine Verletzung der Kapitalverkehrsfreiheit. Das Freizügigkeitsabkommen zwischen der Europäischen Gemeinschaft und ihren Mitgliedstaaten und der Schweiz vom 21. 6. 1999 (BGBl. 2001 II S. 811) gewährt keinen Anspruch auf Gleichbehandlung mit Privatschulen, die in der EU oder im EWR belegen sind (→ BFH vom 9. 5. 2012 – BStBl. II S. 585).

Spendenabzug. Zum Spendenabzug von Leistungen der Eltern an gemeinnützige Schulvereine – Schulen in freier Trägerschaft → BMF vom 4. 1. 1991 (BStBl. 1992 I S. 266).

Anl zu H 10.10

Schreiben betr. Berücksichtigung von Schulgeldzahlungen als Sonderausgaben nach § 10 Abs. 1 Nr. 9 EStG; Änderungen durch das Jahressteuergesetz 2009

Vom 9. März 2009 (BStBl. I S. 487)

(BMF IV C 4 – S 2221/07/0007; DOK 2009/0158048)

Aufgrund der Änderungen durch das Jahressteuergesetz 2009 (JStG 2009) vom 19. Dezember 2008 (BGBl. I S. 2794 vom 24. Dezember 2008, BStBl. I S. 74) gilt in Abstimmung mit den obersten Finanzbehörden der Länder für die Berücksichtigung von Schulgeldzahlungen als Sonderausgaben nach § 10 Abs. 1 Nr. 9 EStG Folgendes: **142a**

1.

Ab dem Veranlagungszeitraum 2008 ist die Klassifizierung der Schule (z. B. als Ersatz- oder Ergänzungsschule) für die Berücksichtigung von Schulgeldzahlungen nicht mehr von Bedeutung. Vielmehr kommt es nunmehr – auch für Schulgeldzahlungen an inländische Schulen – allein auf den erreichten oder beabsichtigten Abschluss an. Führt eine in der Europäischen Union bzw. im Europäischen Wirtschaftsraum (EU/EWR-Raum) belegene Privatschule oder eine Deutsche Schule im Ausland zu einem anerkannten Schul-, Jahrgangs- oder Berufsabschluss oder bereitet sie hierauf vor, kommt ein Sonderausgabenabzug der Schulgeldzahlungen in Betracht. Daher sind im Inland nicht nur wie bisher Entgelte an staatlich genehmigte oder nach Landesrecht erlaubte allgemein bildende und berufsbildende Ersatzschulen sowie an allgemein bildende anerkannte Ergänzungsschulen einbezogen, sondern erstmalig auch solche an andere Schulen (z. B. berufsbildende Ergänzungsschulen einschließlich der Schulen des Gesundheitswesens) und solche Einrichtungen, die auf einen Beruf oder einen allgemein bildenden Abschluss vorbereiten (s.

---

[1] Letztmals abgedruckt im „Handbuch zur ESt-Veranlagung 2009" als Anlage zu R 10.9 EStR.
[2] Nachstehend abgedruckt.

Nr. 2). Die Prüfung und Feststellung der schulrechtlichen Kriterien obliegt allein dem zuständigen inländischen Landesministerium (z. B. dem Schul- oder Kultusministerium), der Kultusministerkonferenz der Länder oder der zuständigen inländischen Zeugnisanerkennungsstelle. Die Finanzverwaltung ist – wie bisher – an deren Entscheidung gebunden und führt keine eigenen Prüfungen durch.[1]

2.
Zu den Einrichtungen, die auf einen Schul-, Jahrgangs- oder Berufsabschluss ordnungsgemäß vorbereiten, gehören solche, die nach einem staatlich vorgegebenen, genehmigten oder beaufsichtigten Lehrplan ausbilden. Hierzu gehören auch Volkshochschulen und Einrichtungen der Weiterbildung in Bezug auf die Kurse zur Vorbereitung auf die Prüfungen für Nichtschülerinnen und Nichtschüler zum Erwerb des Haupt- oder Realschulabschlusses, der Fachhochschulreife oder des Abiturs, wenn die Kurse hinsichtlich der angebotenen Fächer sowie in Bezug auf Umfang und Niveau des Unterrichts den Anforderungen und Zielsetzungen der für die angestrebte Prüfung maßgeblichen Prüfungsordnung entsprechen. Dagegen sind Besuche von Nachhilfeeinrichtungen, Musikschulen, Sportvereinen, Ferienkursen (z. B. Feriensprachkursen) und Ähnlichem nicht einbezogen.

3.
Auch Entgelte an private Grundschulen können von § 10 Abs. 1 Nr. 9 EStG erfasst sein; der Schulbesuch von Grund- oder Förderschulen wird von der Norm durch den Verweis auf Jahrgangsabschlüsse umfasst. Dies gilt aber regelmäßig erst ab Beginn der öffentlich-rechtlichen Schulpflicht (vgl. BFH-Urteil vom 16. November 2005 XI R 79/03, BStBl. 2006 II S. 377).

4.
Hochschulen, einschließlich der Fachhochschulen und die ihnen im EU/EWR-Ausland gleichstehenden Einrichtungen, sind keine Schulen im Sinne des § 10 Abs. 1 Nr. 9 EStG, so dass Entgelte für den Besuch dieser Einrichtungen nicht berücksichtigt werden. Ein Abzug von Studiengebühren ist somit ausgeschlossen.[2]

5.
Der Höchstbetrag beläuft sich auch bei einem Elternpaar, das nicht zusammen zur Einkommensteuer veranlagt wird, auf 5000 Euro je Kind. Die Schulgeldzahlungen sind dabei grundsätzlich bei dem Elternteil zu berücksichtigen, der sie getragen hat. Haben beide Elternteile entsprechende Aufwendungen getragen, sind sie bei jedem Elternteil nur bis zu einem Höchstbetrag von 2500 Euro zu berücksichtigen, es sei denn, die Eltern beantragen einvernehmlich eine andere Aufteilung. Eine abweichende Aufteilung kommt z. B. in Betracht, wenn die von einem Elternteil getragenen Aufwendungen den anteiligen Höchstbetrag von 2500 Euro überschreiten, während die von dem anderen Elternteil getragenen Aufwendungen den anteiligen Höchstbetrag nicht erreichen.

6. Übergangsregelung für Veranlagungszeiträume bis einschließlich 2007
Für Schulgeldzahlungen an inländische Privatschulen für Veranlagungszeiträume bis einschließlich 2007 gilt weiterhin H 10.10 in der Fassung des Einkommensteuerhandbuchs (EStH) 2007. Für Schulgeldzahlungen, die vor 2008 an Privatschulen geleistet wurden, die in einem anderen Mitgliedstaat der Europäischen Union oder in einem Staat belegen sind, auf den das Abkommen über den Europäischen Wirtschaftsraum Anwendung findet, gilt bei Vorliegen der in § 52 Abs. 24 b Satz 2 EStG genannten Voraussetzungen die Rechtsfolge des § 10 Abs. 1 Nr. 9 EStG in der vor dem Jahressteuergesetz 2009 geltenden Fassung, also ohne Beschränkung auf einen absoluten Höchstbetrag, wenn bei Inkrafttreten des JStG 2009 am 25. Dezember 2008 noch keine bestandskräftige Steuerfestsetzung erfolgt war. Das Sonderungsverbot ist in diesen Fällen nicht mehr zu prüfen.

R 10.11
143
R 10.11. Kürzung des Vorwegabzugs bei der Günstigerprüfung *(unbesetzt)*

H 10.11
144
[letztmals abgedruckt im „Handbuch zur ESt-Veranlagung 2019"]

[1] Überholt durch *BFH-Urteil vom 20. 6. 2017 X R 26/15 (BStBl. 2018 II S. 58):* Die Prüfung und Feststellung der schulrechtlichen Kriterien in Bezug auf die ordnungsgemäße Vorbereitung eines schulischen Abschlusses gem. § 10 Abs. 1 Nr. 9 Satz 3 EStG obliegt nicht den Schulbehörden, sondern ist Aufgabe der Finanzbehörden.
[2] Siehe auch *BFH-Urteil vom 10. 10. 2017 X R 32/15 (DStR 2018 S. 560).*

EStG

§ 10a[1] Zusätzliche Altersvorsorge

(1) ① **In der inländischen gesetzlichen Rentenversicherung Pflichtversicherte können Altersvorsorgebeiträge (§ 82) zuzüglich der dafür nach Abschnitt XI zustehenden Zulage jährlich bis zu 2100 Euro als Sonderausgaben abziehen; das Gleiche gilt für** 1

1. **Empfänger von inländischer Besoldung nach dem Bundesbesoldungsgesetz oder einem Landesbesoldungsgesetz,**
2. **Empfänger von Amtsbezügen aus einem inländischen Amtsverhältnis, deren Versorgungsrecht die entsprechende Anwendung des § 69 e Absatz 3 und 4 des Beamtenversorgungsgesetzes vorsieht,**
3. **die nach § 5 Absatz 1 Satz 1 Nummer 2 und 3 des Sechsten Buches Sozialgesetzbuch versicherungsfrei Beschäftigten, die nach § 6 Absatz 1 Satz 1 Nummer 2 oder nach § 230 Absatz 2 Satz 2 des Sechsten Buches Sozialgesetzbuch von der Versicherungspflicht befreiten Beschäftigten, deren Versorgungsrecht die entsprechende Anwendung des § 69 e Absatz 3 und 4 des Beamtenversorgungsgesetzes vorsieht,**
4. **Beamte, Richter, Berufssoldaten und Soldaten auf Zeit, die ohne Besoldung beurlaubt sind, für die Zeit einer Beschäftigung, wenn während der Beurlaubung die Gewährleistung einer Versorgungsanwartschaft unter den Voraussetzungen des § 5 Absatz 1 Satz 1 des Sechsten Buches Sozialgesetzbuch auf diese Beschäftigung erstreckt wird, und**
5. **Steuerpflichtige im Sinne der Nummern 1 bis 4, die beurlaubt sind und deshalb keine Besoldung, Amtsbezüge oder Entgelt erhalten, sofern sie eine Anrechnung von Kindererziehungszeiten nach § 56 des Sechsten Buches Sozialgesetzbuch in Anspruch nehmen könnten, wenn die Versicherungsfreiheit in der inländischen gesetzlichen Rentenversicherung nicht bestehen würde,**

wenn sie spätestens bis zum Ablauf des Beitragsjahres (§ 88) gegenüber der zuständigen Stelle (§ 81 a) schriftlich eingewilligt haben, dass diese der zentralen Stelle (§ 81) jährlich mitteilt, dass der Steuerpflichtige zum begünstigten Personenkreis gehört, dass die zuständige Stelle der zentralen Stelle die für die Ermittlung des Mindesteigenbeitrags (§ 86) und die Gewährung der Kinderzulage (§ 85) erforderlichen Daten übermittelt und die zentrale Stelle diese Daten für das Zulageverfahren verarbeiten darf. ② **Bei der Erteilung der Einwilligung ist der Steuerpflichtige darauf hinzuweisen, dass er die Einwilligung vor Beginn des Kalenderjahres, für das sie erstmals nicht mehr gelten soll, gegenüber der zuständigen Stelle widerrufen kann.** ③ **Versicherungspflichtige nach dem Gesetz über die Alterssicherung der Landwirte stehen Pflichtversicherten gleich; dies gilt auch für Personen, die**

1. **eine Anrechnungszeit nach § 58 Absatz 1 Nummer 3 oder Nummer 6 des Sechsten Buches Sozialgesetzbuch in der gesetzlichen Rentenversicherung erhalten und**
2. **unmittelbar vor einer Anrechnungszeit nach § 58 Absatz 1 Nummer 3 oder Nummer 6 des Sechsten Buches Sozialgesetzbuch einer der im ersten Halbsatz, in Satz 1 oder in Satz 4 genannten begünstigten Personengruppen angehörten.**

④ **Die Sätze 1 und 2 gelten entsprechend für Steuerpflichtige, die nicht zum begünstigten Personenkreis nach Satz 1 oder 3 gehören und eine Rente wegen voller Erwerbsminderung oder Erwerbsunfähigkeit oder eine Versorgung wegen Dienstunfähigkeit aus einem der in Satz 1 oder 3 genannten Alterssicherungssysteme beziehen, wenn unmittelbar vor dem Bezug der entsprechenden Leistungen der Leistungsbezieher einer der in Satz 1 oder 3 genannten begünstigten Personengruppen angehörte; dies gilt nicht, wenn der Steuerpflichtige das 67. Lebensjahr vollendet hat.** ⑤ **Bei der Ermittlung der dem Steuerpflichtigen zustehenden Zulage nach Satz 1 bleibt die Erhöhung der Grundzulage nach § 84 Satz 2 außer Betracht.**

(1 a) ① **Sofern eine Zulagenummer (§ 90 Absatz 1 Satz 2) durch die zentrale Stelle oder eine Versicherungsnummer nach § 147 des Sechsten Buches Sozialgesetzbuch noch nicht vergeben ist, haben die in Absatz 1 Satz 1 Nummer 1 bis 5 genannten Steuerpflichtigen über die zuständige Stelle eine Zulagenummer bei der zentralen Stelle zu beantragen.** ② **Für Empfänger einer Versorgung im Sinne des Absatzes 1 Satz 4 gilt Satz 1 entsprechend.** 2

(2) ① **Ist der Sonderausgabenabzug nach Absatz 1 für den Steuerpflichtigen günstiger als der Anspruch auf die Zulage nach Abschnitt XI, erhöht sich die unter Berücksichtigung des Sonderausgabenabzugs ermittelte tarifliche Einkommensteuer um den Anspruch auf Zulage.** ② **In den anderen Fällen scheidet der Sonderausgabenabzug aus.** ③ **Die Günstigerprüfung wird von Amts wegen vorgenommen.** 3

(2 a) *(aufgehoben)* 3a

---

[1] Zur Anwendung siehe Abs. 6.
Zur Fassung von § 10 a Abs. 1 a (neu) und Abs. 6 Satz 4 ab 1. 1. 2023 siehe in der geschlossenen Wiedergabe.

EStG

4 **(3) ① Der Abzugsbetrag nach Absatz 1 steht im Fall der Veranlagung von Ehegatten nach § 26 Absatz 1 jedem Ehegatten unter den Voraussetzungen des Absatzes 1 gesondert zu. ② Gehört nur ein Ehegatte zu dem nach Absatz 1 begünstigten Personenkreis und ist der andere Ehegatte nach § 79 Satz 2 zulageberechtigt, sind bei dem nach Absatz 1 abzugsberechtigten Ehegatten die von beiden Ehegatten geleisteten Altersvorsorgebeiträge und die dafür zustehenden Zulagen bei der Anwendung der Absätze 1 und 2 zu berücksichtigen. ③ Der Höchstbetrag nach Absatz 1 Satz 1 erhöht sich in den Fällen des Satzes 2 um 60 Euro. ④ Dabei sind die von dem Ehegatten, der zu dem nach Absatz 1 begünstigten Personenkreis gehört, geleisteten Altersvorsorgebeiträge vorrangig zu berücksichtigen, jedoch mindestens 60 Euro der von dem anderen Ehegatten geleisteten Altersvorsorgebeiträge. ⑤ Gehören beide Ehegatten zu dem nach Absatz 1 begünstigten Personenkreis und liegt ein Fall der Veranlagung nach § 26 Absatz 1 vor, ist bei der Günstigerprüfung nach Absatz 2 der Anspruch auf Zulage beider Ehegatten anzusetzen.**

5 **(4) ① Im Fall des Absatzes 2 Satz 1 stellt das Finanzamt die über den Zulageanspruch nach Abschnitt XI hinausgehende Steuerermäßigung gesondert fest und teilt diese der zentralen Stelle (§ 81) mit; § 10 d Absatz 4 Satz 3 bis 5 gilt entsprechend. ② Sind Altersvorsorgebeiträge zugunsten von mehreren Verträgen geleistet worden, erfolgt die Zurechnung im Verhältnis der nach Absatz 1 berücksichtigten Altersvorsorgebeiträge. ③ Ehegatten ist der nach Satz 1 festzustellende Betrag auch im Falle der Zusammenveranlagung jeweils getrennt zuzurechnen; die Zurechnung erfolgt im Verhältnis der nach Absatz 1 berücksichtigten Altersvorsorgebeiträge. ④ Werden Altersvorsorgebeiträge nach Absatz 3 Satz 2 berücksichtigt, die der nach § 79 Satz 2 zulageberechtigte Ehegatte zugunsten eines auf seinen Namen lautenden Vertrages geleistet hat, ist die hierauf entfallende Steuerermäßigung dem Vertrag zuzurechnen, zu dessen Gunsten die Altersvorsorgebeiträge geleistet wurden. ⑤ Die Übermittlung an die zentrale Stelle erfolgt unter Angabe der Vertragsnummer und der Identifikationsnummer (§ 139 b der Abgabenordnung) sowie der Zulage- oder Versicherungsnummer nach § 147 des Sechsten Buches Sozialgesetzbuch.**

6 **(5) ① Nach Maßgabe des § 93 c der Abgabenordnung hat der Anbieter als mitteilungspflichtige Stelle auch unter Angabe der Vertragsdaten die Höhe der im jeweiligen Beitragsjahr zu berücksichtigenden Altersvorsorgebeiträge sowie die Zulage- oder die Versicherungsnummer nach § 147 des Sechsten Buches Sozialgesetzbuch an die zentrale Stelle zu übermitteln. ② § 22 a Absatz 2 gilt entsprechend. ③ Die Übermittlung muss auch dann erfolgen, wenn im Fall der mittelbaren Zulageberechtigung keine Altersvorsorgebeiträge geleistet worden sind. ④ § 72 a Absatz 4 der Abgabenordnung findet keine Anwendung. ⑤ Die übrigen Voraussetzungen für den Sonderausgabenabzug nach den Absätzen 1 bis 3 werden im Wege der Datenerhebung und des automatisierten Datenabgleichs nach § 91 überprüft. ⑥ Erfolgt eine Datenübermittlung nach Satz 1 und wurde noch keine Zulagenummer (§ 90 Absatz 1 Satz 2) durch die zentrale Stelle oder keine Versicherungsnummer nach § 147 des Sechsten Buches Sozialgesetzbuch vergeben, gilt § 90 Absatz 1 Satz 2 und 3 entsprechend.**

7 **(6) ① Für die Anwendung der Absätze 1 bis 5 stehen den in der inländischen gesetzlichen Rentenversicherung Pflichtversicherten nach Absatz 1 Satz 1 die Pflichtmitglieder in einem ausländischen gesetzlichen Alterssicherungssystem gleich, wenn diese Pflichtmitgliedschaft**

1. mit einer Pflichtmitgliedschaft in einem inländischen Alterssicherungssystem nach Absatz 1 Satz 1 oder 3 vergleichbar ist und
2. vor dem 1. Januar 2010 begründet wurde.

② Für die Anwendung der Absätze 1 bis 5 stehen den Steuerpflichtigen nach Absatz 1 Satz 4 die Personen gleich,

1. die aus einem ausländischen gesetzlichen Alterssicherungssystem eine Leistung erhalten, die den in Absatz 1 Satz 4 genannten Leistungen vergleichbar ist,
2. die unmittelbar vor dem Bezug der entsprechenden Leistung nach Satz 1 oder Absatz 1 Satz 1 oder 3 begünstigt waren und
3. die noch nicht das 67. Lebensjahr vollendet haben.

③ Als Altersvorsorgebeiträge (§ 82) sind bei den in Satz 1 oder 2 genannten Personen nur diejenigen Beiträge zu berücksichtigen, die vom Abzugsberechtigten zugunsten seines vor dem 1. Januar 2010 abgeschlossenen Vertrags geleistet wurden. ④ Endet die unbeschränkte Steuerpflicht eines Zulageberechtigten im Sinne des Satzes 1 oder 2 durch Aufgabe des inländischen Wohnsitzes oder gewöhnlichen Aufenthalts und wird die Person nicht nach § 1 Absatz 3 als unbeschränkt einkommensteuerpflichtig behandelt, so gelten die §§ 93 und 94 entsprechend; § 95 Absatz 2 und 3 und § 99 Absatz 1 in der am 31. Dezember 2008 geltenden Fassung sind anzuwenden.

8 **(7) Soweit nichts anderes bestimmt ist, sind die Regelungen des § 10 a und des Abschnitts XI in der für das jeweilige Beitragsjahr geltenden Fassung anzuwenden.**

Private Altersvorsorge → BMF vom 21. 12. 2017 (BStBl. 2018 I S. 93)[1] unter Berücksichtigung der Änderungen durch BMF vom 17. 2. 2020 (BGBl. II S. 213) und vom 11. 2. 2022 (BStBl. I S. 186). H 10a 9

Anl zu H 10a

Schreiben betr. steuerliche Förderung der privaten Altersvorsorge

Vom 21. Dezember 2017 (BStBl. I 2018 S. 93)

(BMF IV C 3 – S 2015/17/10001 :005; DOK 2017/1067450)

Geändert durch BMF-Schreiben vom 17. Februar 2020 (BStBl. I S. 213) und vom 11. Februar 2022 (BStBl. I S. 186)

2 Anlagen

Zur steuerlichen Förderung der privaten Altersvorsorge nehme ich im Einvernehmen mit den obersten Finanzbehörden der Länder wie folgt Stellung:

Für die Inanspruchnahme des Sonderausgabenabzugs nach § 10a EStG wird, was die Prüfungskompetenz der Finanzämter betrifft, vorab auf § 10a Abs. 5 Satz 5 EStG hingewiesen, wonach die vom Anbieter mitgeteilten übrigen Voraussetzungen für den Sonderausgabenabzug nach § 10a Abs. 1 bis 3 EStG (z. B. die Zulageberechtigung oder die Art der Zulageberechtigung) grundsätzlich im Wege des automatisierten Datenabgleichs nach § 91 EStG durch die zentrale Stelle (Zentrale Zulagenstelle für Altersvermögen – ZfA –) überprüft werden.[2]

Inhaltsübersicht

[1] Nachstehend abgedruckt.
[2] Einleitung neugefasst durch BMF-Schreiben vom 11. 2. 2022 (BStBl. I S. 186).

Anl zu H 10a

Anl zu H 10 a

A. Private Altersvorsorge

I. Förderung durch Zulage und Sonderausgabenabzug

1. Begünstigter Personenkreis

a) Allgemeines

1 Die persönlichen Voraussetzungen müssen im jeweiligen Beitragsjahr (Veranlagungszeitraum) zumindest während eines Teils des Jahres vorgelegen haben. 10

b) Unmittelbar begünstigte Personen

aa) Pflichtversicherte in der inländischen gesetzlichen Rentenversicherung (§ 10 a Abs. 1 Satz 1 Halbsatz 1 EStG) und Pflichtversicherte nach dem Gesetz über die Alterssicherung der Landwirte (§ 10 a Abs. 1 Satz 3 EStG)

2 In der inländischen gesetzlichen Rentenversicherung pflichtversichert ist, wer nach §§ 1 bis 4, 229, 229 a und 230 SGB VI der Versicherungspflicht unterliegt. Hierzu gehört der in der Anlage 1 Abschnitt A aufgeführte Personenkreis. Allein die Zahlung von Pflichtbeiträgen zur inländischen gesetzlichen Rentenversicherung ohne Vorliegen einer Versicherungspflicht, beispielsweise von dritter Seite aufgrund eines Forderungsüberganges (Regressierung) wegen eines Schadensersatzanspruchs (§ 119 SGB X), begründet nicht die Zugehörigkeit zu dem nach § 10 a Abs. 1 Satz 1 EStG begünstigten Personenkreis.

3 Pflichtversicherte nach dem Gesetz über die Alterssicherung der Landwirte gehören, soweit sie nicht als Pflichtversicherte der inländischen gesetzlichen Rentenversicherung ohnehin bereits anspruchsberechtigt sind, in dieser Eigenschaft ebenfalls zum begünstigten Personenkreis. Darunter fallen insbesondere die in Anlage 1 Abschnitt B aufgeführten Personen.

bb) Empfänger von inländischer Besoldung und diesen gleichgestellte Personen (§ 10 a Abs. 1 Satz 1 Halbsatz 2 EStG)

4 Zum begünstigten Personenkreis nach § 10 a Abs. 1 Satz 1 Halbsatz 2 EStG gehören:
- Empfänger von inländischer Besoldung nach dem Bundesbesoldungsgesetz – BBesG – oder einem entsprechenden Landesbesoldungsgesetz (§ 10 a Abs. 1 Satz 1 Halbsatz 2 Nr. 1 EStG),
- Empfänger von Amtsbezügen aus einem inländischen Amtsverhältnis, deren Versorgungsrecht die entsprechende Anwendung des § 69 e Abs. 3 und 4 des Beamtenversorgungsgesetzes – BeamtVG – vorsieht (§ 10 a Abs. 1 Satz 1 Halbsatz 2 Nr. 2 EStG),
- die nach § 5 Abs. 1 Satz 1 Nr. 2 und 3 SGB VI versicherungsfrei Beschäftigten und die nach § 6 Abs. 1 Satz 1 Nr. 2 SGB VI oder nach § 230 Abs. 2 Satz 2 SGB VI von der Versicherungspflicht befreiten Beschäftigten, deren Versorgungsrecht die entsprechende Anwendung des § 69 e Abs. 3 und 4 BeamtVG vorsieht (§ 10 a Abs. 1 Satz 1 Halbsatz 2 Nr. 3 EStG),
- Beamte, Richter, Berufssoldaten und Soldaten auf Zeit, die ohne Besoldung beurlaubt sind, für die Zeit einer Beschäftigung, wenn während der Beurlaubung die Gewährleistung einer Versorgungsanwartschaft unter den Voraussetzungen des § 5 Abs. 1 Satz 1 SGB VI auf diese Beschäftigung erstreckt wird (§ 10 a Abs. 1 Satz 1 Halbsatz 2 Nr. 4 EStG) und
- Steuerpflichtige im Sinne von § 10 a Abs. 1 Satz 1 Nr. 1 bis 4 EStG, die beurlaubt sind und deshalb keine Besoldung, Amtsbezüge oder Entgelt erhalten, sofern sie eine Anrechnung von Kindererziehungszeiten nach § 56 SGB VI in Anspruch nehmen könnten, wenn die Versicherungsfreiheit in der inländischen gesetzlichen Rentenversicherung nicht bestehen würde (§ 10 a Abs. 1 Satz 1 Halbsatz 2 Nr. 5 EStG). Der formale Grund für die Beurlaubung ist insoweit ohne Bedeutung.

Einzelheiten ergeben sich aus der Anlage 2 zu diesem Schreiben.

5 Neben den vorstehend genannten Voraussetzungen ist für die steuerliche Förderung die schriftliche Einwilligung nach § 10 a Abs. 1 Satz 1 Halbsatz 2 EStG zur Weitergabe der für einen maschinellen Datenabgleich notwendigen Daten von der zuständigen Stelle (§ 81 a EStG) an die ZfA erforderlich. Die Einwilligung ist spätestens bis zum Ablauf des zweiten Kalenderjahres, das auf das Beitragsjahr folgt (ab Beitragsjahr 2019: bis zum Ablauf des Beitragsjahres) gegenüber der zuständigen Stelle zu erteilen. Im Falle einer verspätet oder nicht erteilten Einwilligung ist gleichwohl – bei Erfüllung der Voraussetzungen des § 79 Satz 2 EStG – eine mittelbare Zulageberechtigung möglich (vgl. auch BFH-Urteil vom 25. März 2015, BStBl. II S. 709).

6 Im Rahmen eines Festsetzungsverfahrens nach § 90 Abs. 4 EStG kann der Zulageberechtigte ab Beitragsjahr 2019 bis zum rechtskräftigen Abschluss des Festsetzungsverfahrens eine nicht fristgerecht abgegebene Einwilligung gegenüber der zuständigen Stelle nachholen. Über die Nachholung hat er die zentrale Stelle unter Angabe des Datums der Erteilung der Einwilligung unmittelbar zu informieren. Hat der Zulageberechtigte im Rahmen des Festsetzungsverfahrens eine wirksame Einwilligung gegenüber der zuständigen Stelle erteilt, wird er – für das Zulageverfahren und für die Inanspruchnahme des Sonderausgabenabzugs nach § 10 a EStG im Einkommensteuerfestsetzungsverfahren – so gestellt, als hätte er die Einwilligung innerhalb der Frist nach § 10 a Abs. 1 Satz 1 Halbsatz 2 EStG wirksam gestellt (§ 90 Abs. 5 EStG). Bei der Prüfung im Festsetzungsverfahren, ob eine wirksame Einwilligung vorliegt, sind auch Einwilligungen zu berücksichtigen, die nach Ablauf der Frist nach § 10 a Abs. 1 Satz 1 Halbsatz 2 EStG und vor Stellung des Festsetzungsantrags erteilt wurden.

7 Die zuständigen Stellen haben die Daten nach § 10 a Abs. 1 Satz 1 EStG bis zum 31. März des dem Beitragsjahr folgenden Kalenderjahres an die ZfA zu übermitteln (§ 91 Abs. 2 Satz 1 EStG). Liegt

Anl zu H 10a

die Einwilligung erst nach dieser Übermittlungsfrist vor, hat die zuständige Stelle die Daten nach § 10a Abs. 1 Satz 1 EStG zeitnah – spätestens bis zum Ende des folgenden Kalendervierteljahres – nach Vorlage der Einwilligung an die ZfA zu übermitteln (§ 91 Abs. 2 Satz 2 EStG). Wechselt die zuständige Stelle, muss gegenüber der neuen zuständigen Stelle eine Einwilligung abgegeben werden.

8 Auch der Gesamtrechtsnachfolger (z. B. Witwe, Witwer) kann die Einwilligung innerhalb der gesetzlichen Frist (Rz. 5) oder im Rahmen eines Festsetzungsverfahrens (Rz. 6) für den Erblasser/die Erblasserin nachholen.

9 Wenn ein Angehöriger des Personenkreises des § 10a Abs. 1 Satz 1 Halbsatz 2 EStG keine Sozialversicherungsnummer hat, muss über die zuständige Stelle eine Zulagenummer bei der ZfA beantragt werden (§ 10a Abs. 1a EStG).

cc) Pflichtversicherten gleichstehende Personen

10 Nach § 10a Abs. 1 Satz 3 EStG stehen den Pflichtversicherten der inländischen gesetzlichen Rentenversicherung Personen gleich, die eine Anrechnungszeit nach § 58 Abs. 1 Nr. 3 oder Nr. 6 SGB VI in der gesetzlichen Rentenversicherung erhalten und unmittelbar vor einer Anrechnungszeit nach § 58 Abs. 1 Nr. 3 oder Nr. 6 SGB VI zum begünstigten Personenkreis nach § 10a Abs. 1 Satz 1, Satz 3 Halbsatz 1 oder Satz 4 EStG gehörten. Der unmittelbare zeitliche Zusammenhang ist gegeben, wenn im Veranlagungszeitraum vor dem Beginn der Anrechnungszeit eine Zugehörigkeit zum genannten begünstigten Personenkreis bestand. Anrechnungszeiten nach § 58 Abs. 1 Nr. 3 SGB VI erhalten Personen, die wegen Arbeitslosigkeit bei einer deutschen Agentur für Arbeit als Arbeitsuchende gemeldet waren und eine öffentlich-rechtliche Leistung bezogen oder nur wegen des zu berücksichtigenden Einkommens oder Vermögens nicht bezogen haben. Anrechnungszeiten nach § 58 Abs. 1 Nr. 6 SGB VI erhalten Personen, die nach dem 31. Dezember 2010 Arbeitslosengeld II bezogen haben; dies gilt nicht für Empfänger der Leistung,
- die Arbeitslosengeld II nur darlehensweise oder
- nur Leistungen nach § 24 Abs. 3 Satz 1 SGB II bezogen haben oder
- die aufgrund von § 2 Abs. 1a des Bundesausbildungsförderungsgesetzes keinen Anspruch auf Ausbildungsförderung gehabt haben oder
- deren Bedarf sich nach § 12 Abs. 1 Nr. 1 des Bundesausbildungsförderungsgesetzes, nach § 62 Abs. 1 oder § 124 Abs. 1 Nr. 1 SGB III bemessen hat oder
- die versicherungspflichtig beschäftigt oder versicherungspflichtig selbständig tätig gewesen sind oder eine Leistung bezogen haben, wegen der sie nach § 3 Satz 1 Nr. 3 SGB VI versicherungspflichtig gewesen sind.

Wird eine Anrechnungszeit in der Rentenversicherung nicht gewährt, weil
- durch die Zeit der Arbeitslosigkeit keine versicherungspflichtige Beschäftigung oder selbständige Tätigkeit im Sinne von § 58 Abs. 2 SGB VI unterbrochen worden ist oder
- die Anwartschaftszeiten in der Arbeitslosenversicherung nicht erfüllt waren oder
- sich der Arbeitslose nicht bei einer Agentur für Arbeit als Arbeitssuchender gemeldet hat,

besteht keine Förderberechtigung nach § 10a Abs. 1 Satz 3 EStG.

dd) Entsendete Pflichtversicherte und Beamte, denen eine Tätigkeit im Ausland zugewiesen wurde

11 Bei Pflichtversicherten in der inländischen gesetzlichen Rentenversicherung, die von ihrem Arbeitgeber entsendet werden, ergibt sich die Zugehörigkeit zum begünstigten Personenkreis unmittelbar aus § 10a Abs. 1 Satz 1 Halbsatz 1 EStG.

12 Beamte, denen im dienstlichen oder öffentlichen Interesse vorübergehend eine Tätigkeit bei einer öffentlichen Einrichtung außerhalb der Bundesrepublik Deutschland zugewiesen wurde (§ 123a BRRG) und die in ihrem bisherigen inländischen Alterssicherungssystem verbleiben, gehören unmittelbar zu der nach § 10a Abs. 1 Satz 1 Nr. 1 EStG begünstigten Personengruppe.

ee) Bezieher einer Rente wegen voller Erwerbsminderung oder Erwerbsunfähigkeit oder einer Versorgung wegen Dienstunfähigkeit

13 Zum begünstigten Personenkreis nach § 10a Abs. 1 Satz 4 EStG gehören Personen, die nicht nach § 10a Abs. 1 Satz 1 oder 3 EStG begünstigt sind und eine Rente wegen voller Erwerbsminderung oder Erwerbsunfähigkeit oder eine Versorgung wegen Dienstunfähigkeit aus einem der in § 10a Abs. 1 Satz 1 oder 3 EStG genannten inländischen Alterssicherungssysteme beziehen, wenn sie unmittelbar vor dem Bezug der Leistung einer in § 10a Abs. 1 Satz 1 oder 3 EStG genannten Personengruppe angehörten. Eine vorangegangene Zugehörigkeit zu einer begünstigten Personengruppe ist auch anzunehmen, wenn eine Förderberechtigung nur wegen des Fehlens der Einwilligung (Rz. 5f.) nicht bestand. Der Bezug einer Rente wegen teilweiser Erwerbsminderung oder einer Rente wegen Berufsunfähigkeit begründet keine Zugehörigkeit zum begünstigten Personenkreis nach § 10a Abs. 1 Satz 4 EStG. Voraussetzung für die Inanspruchnahme der steuerlichen Förderung bei Beziehern einer Versorgung wegen Dienstunfähigkeit ist die Erteilung einer Einwilligungserklärung (Rz. 5f.). Zum begünstigten Personenkreis gehören auch Bezieher einer Rente wegen voller Erwerbsminderung oder Erwerbsunfähigkeit oder einer Versorgung wegen Dienstunfähigkeit, deren Rente/Versorgung vor dem 1. Januar 2002 begonnen hat.

14 Ein tatsächlicher Bezug der Rente wegen voller Erwerbsminderung oder Erwerbsunfähigkeit oder Versorgung wegen Dienstunfähigkeit ist nicht erforderlich, wenn ein Anspruch dem Grunde nach besteht (einschließlich Antragstellung), aber die Rente oder Versorgung aufgrund von Anrechnungsvorschriften (z. B. § 93 Abs. 1 SGB VI, §§ 53ff. BeamtVG) nicht geleistet wird.

15 Gehörte der Empfänger einer Versorgung wegen Dienstunfähigkeit vor Beginn der Versorgung zum begünstigten Personenkreis und wechselt die zuständige Stelle (§ 81 a EStG) wegen des Versorgungsbezugs, muss er gegenüber der die Versorgung anordnenden Stelle seine Einwilligung (vgl. Rz. 5) erklären. Anl zu H 10a

16 Bei den Personen nach § 10a Abs. 1 Satz 4 EStG ist der unmittelbare zeitliche Zusammenhang gegeben, wenn im Veranlagungszeitraum vor dem Eintritt der vollen Erwerbsminderung/Erwerbsunfähigkeit oder Dienstunfähigkeit eine Zugehörigkeit zur Personengruppe nach § 10a Abs. 1 Satz 1 oder 3 EStG bestand. Dies gilt entsprechend für den in Rz. 21 genannten Personenkreis.

17 Die Begünstigung nach § 10a Abs. 1 Satz 4 EStG endet, wenn die anspruchsbegründende Leistung wegfällt oder in eine Altersrente umgestellt wird, spätestens jedoch mit der Vollendung des 67. Lebensjahres des Steuerpflichtigen. Rz. 1 findet Anwendung.

ff) Bestandsschutz ausländische Alterssicherungssysteme

18 Aufgrund der Änderung durch das Gesetz zur Umsetzung steuerlicher EU-Vorgaben sowie zur Änderung steuerlicher Vorschriften (BGBl. I 2010 S. 386) gehören ab dem 1. Januar 2010 die in einem ausländischen Alterssicherungssystem Versicherten nicht mehr zum Kreis der nach § 10a Abs. 1 EStG begünstigten Personen. Für Altfälle sieht das Gesetz eine Bestandsschutzregelung in § 10a Abs. 6 EStG vor.

(1) Pflichtversicherte in einer ausländischen gesetzlichen Rentenversicherung

19 Zum begünstigten Personenkreis gehören nach § 10a Abs. 6 Satz 1 EStG auch Pflichtmitglieder in einem ausländischen gesetzlichen Alterssicherungssystem, wenn diese Pflichtmitgliedschaft
- mit einer Pflichtmitgliedschaft in einem inländischen Alterssicherungssystem nach § 10a Abs. 1 Satz 1 oder 3 EStG vergleichbar ist und
- vor dem 1. Januar 2010 begründet wurde,

sofern sie unbeschränkt einkommensteuerpflichtig sind oder für das Beitragsjahr nach § 1 Abs. 3 EStG als unbeschränkt einkommensteuerpflichtig behandelt werden. Das gilt ebenso für den Fall der Arbeitslosigkeit, wenn die Pflichtversicherung in der ausländischen gesetzlichen Rentenversicherung fortbesteht. Endet die Pflichtmitgliedschaft in diesem ausländischen gesetzlichen Alterssicherungssystem oder wird sie für länger als ein Beitragsjahr unterbrochen, endet der Bestandsschutz des § 10a Abs. 6 EStG.

20 Der Bestandsschutz des § 10a Abs. 6 EStG besteht nur, wenn die in Rz. 19 genannten Voraussetzungen vorliegen und der Anleger vor dem 1. Januar 2010 einen Vertrag abgeschlossen hat. Wird der vom Anleger vor dem 1. Januar 2010 abgeschlossene Vertrag gekündigt, ist dieser für die Prüfung der Voraussetzungen der Bestandsschutzregelung des § 10a Abs. 6 EStG nicht zu berücksichtigen. Ein nach dem 31. Dezember 2009 abgeschlossener Vertrag ist für die Prüfung der Voraussetzungen der Bestandsschutzregelung des § 10a Abs. 6 EStG nicht zu berücksichtigen, selbst wenn Altersvorsorgevermögen von einem vor dem 1. Januar 2010 abgeschlossenen Vertrag auf diesen übertragen wird. Für die Anwendung des § 10a/Abschnitt XI EStG im Rahmen der Bestandsschutzregelung werden nur Altersvorsorgebeiträge zugunsten eines vor dem 1. Januar 2010 abgeschlossenen Vertrags berücksichtigt (vgl. Rz. 45).

(2) Bezieher einer Rente wegen voller Erwerbsminderung oder Erwerbsunfähigkeit oder einer Versorgung wegen Dienstunfähigkeit aus einem ausländischen Alterssicherungssystem

21 Die Bestandsschutzregelung gilt auch für Personen,
- die aus einem vergleichbaren ausländischen gesetzlichen Alterssicherungssystem eine Leistung erhalten, die mit einer Rente wegen voller Erwerbsminderung oder Erwerbsunfähigkeit oder einer Versorgung wegen Dienstunfähigkeit aus einem der in § 10a Abs. 1 Satz 1 oder 3 EStG genannten inländischen Alterssicherungssysteme vergleichbar ist,
- die unmittelbar vor dem Bezug dieser Leistung einer der in Rzn. 2 bis 12, 19, 22 oder 23 genannten Personengruppen angehörten,
- das 67. Lebensjahr noch nicht vollendet haben und

unbeschränkt einkommensteuerpflichtig sind oder für das Beitragsjahr nach § 1 Abs. 3 EStG als unbeschränkt einkommensteuerpflichtig behandelt werden (vgl. Rz. 45).

(3) Beschäftigte internationaler Institutionen

22 Für die Anwendung der Bestandsschutzregelung des § 10a Abs. 6 EStG sind die Alterssicherungssysteme der folgenden internationalen Organisationen als ein einem begünstigten inländischen Alterssicherungssystem vergleichbares Alterssicherungssystem anzusehen:
- Bank für Internationalen Zahlungsausgleich (BIZ),
- Europäische Agentur für Flugsicherheit (EASA),
- Europäische Investitionsbank (EIB),
- Europäische Kommission (KOM),
- Europäische Organisation für astronomische Forschung in der südlichen Hemisphäre, (ESO),
- Europäische Organisation für die Nutzung meteorologischer Satelliten (EUMETSAT),
- Europäische Organisation für Kernforschung (CERN),
- Europäische Organisation zur Sicherung der Luftfahrt (EUROCONTROL),
- Europäische Patentorganisation (EPO),
- Europäische Weltraumorganisation (ESA),
- Europäische Zentralbank (EZB),

Anl zu H 10a

- Europäischer Rechnungshof (EuRH),
- Europäisches Hochschulinstitut (EHI),
- Europäisches Laboratorium für Molekularbiologie (EMBL),
- Europäisches Patentamt (EPA),
- Europäisches Zentrum für mittelfristige Wettervorhersage (EZMV, engl. ECWMF),
- Europarat,
- Nordatlantikvertragsorganisation (NATO),
- Organisation für wirtschaftliche Zusammenarbeit und Entwicklung (OECD),
- Vereinte Nationen (VN) und
- Westeuropäische Union (WEU).

Das Alterssicherungssystem der Gemeinsamen Organisation der Rüstungskooperation (OCCAR) ist hingegen für die Anwendung der Bestandsschutzregelung des § 10 a Abs. 6 EStG nicht als ein einem begünstigten inländischen Alterssicherungssystem vergleichbares Alterssicherungssystem anzusehen.

23 Bedienstete der Europäischen Gemeinschaften (Beamte und sonstige Bedienstete) sind für die Beurteilung der Zugehörigkeit zum begünstigten Personenkreis so zu behandeln, als bestünde für sie eine Pflichtmitgliedschaft in einem ausländischen gesetzlichen Rentenversicherungssystem, die mit einer Pflichtmitgliedschaft in einem inländischen Alterssicherungssystem nach § 10 a Abs. 1 Satz 1 oder 3 EStG vergleichbar ist.

c) Nicht unmittelbar begünstigte Personen

24 Nicht unmittelbar begünstigt sind insbesondere die in Anlage 1 Abschnitt C aufgeführten Personengruppen.

25 Ein Steuerpflichtiger ist nicht berechtigt, seine Altersvorsorgebeiträge als Sonderausgaben gem. § 10 a EStG abzuziehen, wenn er im gesamten Beitragsjahr nicht mehr „aktiv", sondern lediglich in früheren Jahren in der gesetzlichen Rentenversicherung pflichtversichert gewesen ist. Eine Berechtigung zum zusätzlichen Sonderausgabenabzug ergibt sich ebenfalls nicht aus einer bestehenden Pflichtmitgliedschaft in einem berufsständischen Versorgungswerk und ist auch nicht daraus abzuleiten, dass der Steuerpflichtige über seinen Ehegatten gem. § 79 EStG mittelbar einen Anspruch auf die Altersvorsorgezulage hat (vgl. BFH-Urteil vom 29. Juli 2015, BStBl. II 2016 S. 18).

d) Mittelbar zulageberechtigte Personen

26 Bei Ehegatten oder Lebenspartnern einer Lebenspartnerschaft nach dem Lebenspartnerschaftsgesetz (BGBl. I 2001 S. 266) – LPartG – (nachfolgend: Lebenspartner), von denen nur ein Ehegatte/ Lebenspartner unmittelbar zulageberechtigt ist, ist auch der andere Ehegatte/Lebenspartner (mittelbar) zulageberechtigt, wenn

- die Ehegatten/Lebenspartner nicht dauernd getrennt gelebt haben (§ 26 Abs. 1 EStG),
- beide Ehegatten/Lebenspartner jeweils einen auf ihren Namen lautenden, nach § 5 des Altersvorsorgeverträge-Zertifizierungsgesetzes (AltZertG) zertifizierten Vertrag (Altersvorsorgevertrag) abgeschlossen haben oder der unmittelbar zulageberechtigte Ehegatte/Lebenspartner über eine förderbare Versorgung im Sinne des § 82 Abs. 2 EStG bei einer Pensionskasse, einem Pensionsfonds oder über eine nach § 82 Abs. 2 EStG förderbare Direktversicherung verfügt und der andere Ehegatte/ Lebenspartner einen auf seinen Namen lautenden, nach § 5 AltZertG zertifizierten Vertrag abgeschlossen hat,
- sie ihren Wohnsitz oder gewöhnlichen Aufenthalt in einem Mitgliedstaat der Europäischen Union oder einem Staat gehabt haben, auf den das Abkommen über den Europäischen Wirtschaftsraum anwendbar ist (EU-/EWR-Staat),
- der nicht unmittelbar zulageberechtigte Ehegatte/Lebenspartner Altersvorsorgebeiträge i. H. v. mindestens 60 € auf seinen Altersvorsorgevertrag geleistet hat. Eine anteilige Zahlung ist nicht ausreichend; dies gilt auch, wenn dieser Ehegatte/Lebenspartner innerhalb des Beitragsjahres verstirbt und
- bei dem Altersvorsorgevertrag, für den die Zulage beansprucht wird, die Auszahlungsphase noch nicht begonnen hat.

Die Voraussetzungen für das Vorliegen einer mittelbaren Zulageberechtigung sind für jedes Beitragsjahr gesondert zu prüfen.

27 Es reicht nicht aus, wenn der nicht unmittelbar zulageberechtigte Ehegatte/Lebenspartner über eine förderbare Versorgung im Sinne des § 82 Abs. 2 EStG bei einer Pensionskasse, einem Pensionsfonds oder über eine nach § 82 Abs. 2 EStG förderbare Direktversicherung verfügt hat (BFH-Urteil vom 21. Juli 2009, BStBl. II S. 995). Zum Sonderausgabenabzug nach § 10 a EStG vgl. Rz. 100. Im Hinblick auf die Beantragung einer Zulagenummer wird auf § 89 Abs. 1 Satz 4 EStG verwiesen.

28 Die mittelbare Zulageberechtigung entfällt, wenn

- der mittelbar Zulageberechtigte unmittelbar zulageberechtigt wird,
- der unmittelbar zulageberechtigte Ehegatte/Lebenspartner für das Beitragsjahr nicht mehr zum zulageberechtigten Personenkreis gehört,
- die Ehegatten/Lebenspartner im gesamten Beitragsjahr dauernd getrennt gelebt haben,
- mindestens ein Ehegatte/Lebenspartner seinen Wohnsitz oder gewöhnlichen Aufenthalt im gesamten Beitragsjahr nicht mehr in einem EU-/EWR-Staat gehabt hat.

29 Ein mittelbar zulageberechtigter Ehegatte/Lebenspartner verliert im Fall der Auflösung der Ehe bzw. der Aufhebung der Lebenspartnerschaft – auch wenn die Ehegatten/Lebenspartner nicht bereits während des ganzen Jahres getrennt gelebt haben – bereits für das Jahr der Auflösung der Ehe bzw. der Aufhebung der Lebenspartnerschaft seine Zulageberechtigung, wenn der unmittelbar Zulageberechtigte im selben Jahr wieder geheiratet hat bzw. eine neue Lebenspartnerschaft begründet hat und er und der neue Ehegatte/Lebenspartner nicht dauernd getrennt leben und ihren Wohnsitz oder gewöhnlichen Aufenthalt in einem EU-/EWR-Staat haben.

Anl zu H 10a

2. Altersvorsorgebeiträge (§ 82 EStG)

a) Private Altersvorsorgebeiträge

30 Altersvorsorgebeiträge im Sinne des § 82 Abs. 1 EStG sind die zugunsten eines auf den Namen des Zulageberechtigten lautenden nach § 5 AltZertG zertifizierten Vertrags (Altersvorsorgevertrag) bis zum Beginn der Auszahlungsphase geleisteten Beiträge und Tilgungsleistungen. Die dem Vertrag gutgeschriebenen oder zur Tilgung eingesetzten Zulagen stellen – anders als im AltZertG – keine Altersvorsorgebeiträge dar und sind daher selbst nicht zulagefähig. Erträge des Altersvorsorgevermögens sind keine Altersvorsorgebeiträge. Es reicht daher für eine Förderung nicht aus, wenn lediglich Zinsen und Erträge des Vorsorgevermögens dem Vertrag gutgeschrieben werden (BFH-Urteil vom 8. Juli 2015, BStBl. II 2016 S. 525). Beiträge zugunsten von Verträgen, bei denen mehrere Personen Vertragspartner sind, sind nicht begünstigt. Dies gilt auch für Verträge, die von Ehegatten/Lebenspartnern gemeinsam abgeschlossen werden. Der Notwendigkeit zum Abschluss eigenständiger Verträge steht jedoch nicht entgegen, wenn eine dritte Person oder der Ehegatte/Lebenspartner für das im Rahmen eines zertifizierten Altersvorsorgevertrags aufgenommene Darlehen mithaftet. Sämtliche Beträge, die bei den in § 3 Nr. 55 bis 55c EStG genannten Übertragungsvorgängen übertragen werden, sind nach § 82 Abs. 4 Nr. 5 EStG für die Berücksichtigung als Altersvorsorgebeiträge ausgeschlossen. Dem Zulageberechtigten bleibt es unbenommen, Zulageanträge innerhalb der Antragsfrist an den vorherigen Anbieter zu richten, an den die Altersvorsorgebeiträge gezahlt wurden. Ein abgebender Anbieter hat aufgrund seiner nachvertraglichen Pflichten diesen Antrag anzunehmen. Er kann den Zulageantrag ohne weitere Bearbeitung an den neuen Anbieter weiterreichen. Es wird jedoch nicht beanstandet, wenn der Zulageberechtigte für die im Jahr der Übertragung an den abgebenden Anbieter gezahlten Beiträge über den annehmenden Anbieter eine Zulage beantragt, sofern dem annehmenden Anbieter die Höhe der an den abgebenden Anbieter im laufenden Jahr gezahlten Beiträge bekannt ist. **11**

31 Altersvorsorgebeiträge nach § 82 Abs. 1 Satz 1 Nr. 2 EStG sind die zugunsten eines auf den Namen des Zulageberechtigten lautenden Altersvorsorgevertrags geleisteten Tilgungen für ein Darlehen, das der Zulageberechtigte ausschließlich für eine nach dem 31. Dezember 2007 vorgenommene wohnungswirtschaftliche Verwendung im Sinne des § 92a Abs. 1 Satz 1 EStG eingesetzt hat, vgl. hierzu Rzn. 251 bis 275. Dies gilt auch, wenn das für eine wohnungswirtschaftliche Verwendung im Sinne des § 92a Abs. 1 Satz 1 Nr. 1 oder 2 EStG aufgenommene Darlehen später auf einen zertifizierten Altersvorsorgevertrag in Form eines Darlehensvertrags umgeschuldet wird; auch mehrfache Umschuldungen sind in den Fällen der wohnungswirtschaftlichen Verwendung im Sinne des § 92a Abs. 1 Satz 1 Nr. 1 oder 2 EStG möglich. Es kommt nicht darauf an, ob das abgelöste Darlehen im Rahmen eines zertifizierten Altersvorsorgevertrags gewährt worden ist und ob der Zulageberechtigte alleiniger oder gemeinschaftlicher Darlehensnehmer des abgelösten Darlehens war. Die für die Tilgungsleistungen gezahlten Zulagen sind unmittelbar für die Tilgung des jeweiligen Darlehens zu verwenden. Bei Beiträgen zugunsten mehrerer Altersvorsorgeverträge vgl. Rzn. 119, 120. Der Zulageberechtigte muss die vertragsgemäße Verwendung des Darlehens gegenüber seinem Anbieter nachweisen. Der Anbieter hat so lange ganz oder teilweise von nicht ordnungsgemäß verwendeten Darlehensbeträgen auszugehen, bis die ordnungsgemäße Verwendung nachgewiesen ist.

32 Setzt sich ein Altersvorsorgevertrag aus einer Vertragsgestaltung im Sinne des § 1 Abs. 1 AltZertG und einem Rechtsanspruch auf Gewährung eines Darlehens zusammen (§ 1 Abs. 1a Satz 1 Nr. 2 AltZertG), handelt es sich bei den geleisteten Beiträgen für den Vertragsteil, der nach § 1 Abs. 1 AltZertG ausgestaltet ist, um Altersvorsorgebeiträge nach § 82 Abs. 1 Satz 1 Nr. 1 EStG und bei den zur Tilgung des Darlehens geleisteten Zahlungen um Altersvorsorgebeiträge nach § 82 Abs. 1 Satz 1 Nr. 2 EStG.

33 Handelt es sich um Zahlungen zugunsten eines zertifizierten Altersvorsorgevertrags nach § 1 Abs. 1a Satz 1 Nr. 3 AltZertG, ist zu differenzieren: Zahlungen, die unmittelbar für die Tilgung des Darlehens eingesetzt werden, sind Tilgungsleistungen nach § 82 Abs. 1 Satz 1 Nr. 2 EStG. Wird mit den vom Zulageberechtigten geleisteten Zahlungen jedoch zunächst Altersvorsorgevermögen gebildet, welches zu einem späteren Zeitpunkt zur Tilgung des Darlehens eingesetzt wird, und ist dies bereits bei Vertragsabschluss unwiderruflich vereinbart worden, dann gelten die geleisteten Zahlungen bereits im Zahlungszeitpunkt als Tilgungsleistungen nach § 82 Abs. 1 Satz 3 EStG.

34 Der in der zu zahlenden Kreditrate enthaltene Zinsanteil sowie die anfallenden Kosten und Gebühren sind keine Altersvorsorgebeiträge und damit nicht nach § 10a/Abschnitt XI EStG begünstigt. Die Förderung bezieht sich nur auf den in der gezahlten Kreditrate enthaltenen Tilgungsanteil.

35 Die während der Nichtnutzung aufgrund des beruflichen Umzugs geleisteten Tilgungsbeträge sind ab dem Jahr nach Aufgabe der Selbstnutzung bis zum Jahr vor der Wiederaufnahme der Selbstnutzung keine Altersvorsorgebeiträge und damit nicht nach § 10a/Abschnitt XI EStG begünstigt, auch wenn die weiteren steuerlichen Folgen (Besteuerung des Wohnförderkontos bzw. schädliche Verwendung im Sinne des § 93 EStG) wegen der Regelung des § 92a Abs. 4 EStG nicht eintreten. Nach § 82 Abs. 1 Satz 5 EStG werden Tilgungsleistungen nur berücksichtigt, wenn das zugrunde liegende Darlehen für eine nach dem 31. Dezember 2007 vorgenommene wohnungswirtschaftliche Verwendung im Sinne des § 92a Abs. 1 Satz 1 EStG eingesetzt wurde. Eine wohnungswirtschaftliche Verwendung im Sinne des § 92a EStG liegt in der Zeit der berufsbedingten Nichtnutzung nicht vor, da die Wohnung in dieser Zeit weder die Hauptwohnung noch den Mittelpunkt der Lebensinteressen des Zulageberechtigten darstellt. Die ZfA hat den Anbieter durch Datensatz über eine Bescheiderteilung nach § 92a Abs. 4 Satz 3 EStG, eine Wiederaufnahme der Selbstnutzung nach einem beruflichen Umzug sowie den Wegfall der Voraussetzungen nach § 92a Abs. 4 EStG zu informieren.

36 Im Beitragsjahr der Aufgabe der Selbstnutzung gelten auch die nach der Aufgabe der Selbstnutzung geleisteten Beiträge oder Tilgungsleistungen als Altersvorsorgebeiträge. Im Beitragsjahr einer Reinvestition in eine weitere begünstigte Wohnung (§ 92a Abs. 3 Satz 9 Nr. 1 EStG) oder des Wieder-

Anl zu H 10a

einzugs in dieselbe Wohnung nach einem beruflich bedingten Umzug (§ 82 Abs. 1 Satz 8 Nr. 2 EStG) gelten auch die vor der Reinvestition bzw. die vor dem Wiedereinzug geleisteten Beiträge oder Tilgungsleistungen als Altersvorsorgebeiträge.

Beispiel:

37 Z gibt die Selbstnutzung am 1. Mai 2016 auf und teilt gleichzeitig seine Reinvestitionsabsicht mit. Er zahlt für die Beitragsjahre 2017, 2018 und 2019 weiterhin Beiträge in seinen Altersvorsorgevertrag ein. Am 1. Mai 2020 nimmt er die Selbstnutzung einer neuen Wohnung auf. Die gezahlten Beiträge für die Beitragsjahre 2016 und 2020 sind Altersvorsorgebeiträge.

38 Wird gefördertes Altersvorsorgevermögen von einem Altersvorsorgevertrag im Sinne des § 1 Abs. 1 oder Abs. 1a Satz 1 Nr. 2 AltZertG in einen Altersvorsorgevertrag im Sinne des § 1 Abs. 1a Satz 1 Nr. 3 AltZertG übertragen (§ 1 Abs. 1 Nr. 10 Buchstabe b AltZertG), sind ab dem Zeitpunkt der Übertragung des gebildeten Kapitals, frühestens ab der Inanspruchnahme des Vorfinanzierungsdarlehens oder des Zwischenkredits, die damit übertragenen und bereits geförderten Beiträge nicht mehr Beiträge im Sinne des § 82 Abs. 1 Satz 1 Nr. 1 EStG, sondern bereits geförderte Tilgungsleistungen nach § 82 Abs. 1 Satz 3 EStG. Dies gilt auch, wenn ein Altersvorsorgevertrag im Sinne des § 1 Abs. 1a Satz 1 Nr. 3 AltZertG für eine Umschuldung im Sinne der Rz. 31 genutzt wird.

39 Der Zulageberechtigte kann für abgelaufene Beitragsjahre bis einschließlich 2011 Altersvorsorgebeiträge auf einen auf seinen Namen lautenden Altersvorsorgevertrag nachzahlen (§ 82 Abs. 5 EStG), wenn er

- im jeweiligen für die Nachzahlung bestimmten Beitragsjahr bereits einen Altersvorsorgevertrag hatte,
- im fristgerechten Antrag auf Zulage für dieses Beitragsjahr eine mittelbare Zulageberechtigung angegeben hat und
- tatsächlich aber unmittelbar zulageberechtigt war.

Die Nachzahlungsmöglichkeit besteht längstens bis zum Beginn der Auszahlungsphase des Altersvorsorgevertrags. Die Zahlung dieser Beiträge muss bis zum Ablauf von zwei Jahren nach Erteilung der Bescheinigung nach § 92 EStG erfolgen, mit der zuletzt Ermittlungsergebnisse für das betreffende Beitragsjahr bescheinigt wurden. Die Nachzahlung muss nicht auf den Altersvorsorgevertrag geleistet werden, für den der Antrag auf Zulage für dieses Beitragsjahr gestellt wurde. Eine Nachzahlung auf eine betriebliche Altersversorgung im Sinne des § 82 Abs. 2 EStG ist nicht zulässig. Der Anbieter meldet die nachgezahlten Altersvorsorgebeiträge zusammen mit den korrigierten Daten des Zulageantrags oder des Änderungsantrags für das jeweilige Beitragsjahr, für das die Nachzahlung erfolgt ist. Erfolgt nach der bereits gemeldeten Nachzahlung für dieses Beitragsjahr eine weitere Nachzahlung, hat der Anbieter einen korrigierten Antragsdatensatz mit dem Gesamtnachzahlungsbetrag zu melden.

40 Eine Nachzahlungsmöglichkeit nach § 82 Abs. 5 EStG für die Erben oder den überlebenden Ehegatten/Lebenspartner besteht nicht, da nach dem Tod des Zulageberechtigten kein auf den Namen des Zulageberechtigten lautender Vertrag mehr besteht.

b) Beiträge im Rahmen der betrieblichen Altersversorgung

41 Auf die Ausführungen in den Rzn. 25 ff. und 67 ff. des BMF-Schreibens vom 6. Dezember 2017 (BStBl. I 2018 S. 147)[1] wird hingewiesen.

c) Altersvorsorgebeiträge nach Beginn der Auszahlungsphase

42 Beiträge zugunsten eines Vertrags, die nach Beginn der Auszahlungsphase geleistet wurden, sind keine Altersvorsorgebeiträge im Sinne des § 82 EStG. D. h., für diese Beiträge kommt eine steuerliche Förderung nach § 10a/Abschnitt XI EStG nicht in Betracht.

d) Beiträge, die über den Mindesteigenbeitrag hinausgehen

43 Auch Beiträge, die über den Mindesteigenbeitrag hinausgehen, sind Altersvorsorgebeiträge. Zum Begriff der Überzahlung wird auf Rz. 134 verwiesen.

44 Sieht der Altersvorsorgevertrag allerdings eine vertragliche Begrenzung auf einen festgelegten Höchstbetrag vor (z. B. den Betrag nach § 10a EStG oder den nach § 86 EStG erforderlichen Mindesteigenbeitrag zuzüglich Zulageanspruch), handelt es sich bei Zahlungen, die darüber hinausgehen, um zivilrechtlich nicht geschuldete Beträge, hinsichtlich derer dem Anleger ein Rückerstattungsanspruch gegen den Anbieter zusteht. Diese Beträge stellen grundsätzlich keine Altersvorsorgebeiträge im Sinne des § 82 Abs. 1 EStG dar (Ausnahme vgl. Rz. 136). Der Anbieter darf diese Beträge daher nicht in den Datensatz nach § 10a Abs. 5 Satz 1 EStG aufnehmen.

e) Beiträge von Versicherten in einer ausländischen gesetzlichen Rentenversicherung

45 Als Altersvorsorgebeiträge im Sinne des § 82 EStG sind bei den in Rzn. 19 bis 23 genannten Personengruppen nur diejenigen Beiträge zu berücksichtigen, die vom Zulageberechtigten zugunsten eines vor dem 1. Januar 2010 abgeschlossenen Vertrags geleistet wurden.

3. Zulage

a) Grundzulage

12 **46** Jeder unmittelbar oder mittelbar Zulageberechtigte erhält auf Antrag für seine im abgelaufenen Beitragsjahr gezahlten Altersvorsorgebeiträge eine Grundzulage. Für die Zulagengewährung bei mittelbar zulageberechtigten Ehegatten/Lebenspartnern sind die Rzn. 26 bis 29 zu beachten. Die Grundzulage beträgt ab dem Beitragsjahr 2018 jährlich 175 €.

[1] Abgedruckt im „Handbuch zur Lohnsteuer 2021" im Anhang **I** Nr. **15 b;** siehe jetzt BMF-Schreiben vom 12. 8. 2021 (BStBl. I S. 1050), abgedruckt im „Handbuch zur Lohnsteuer 2022" im Anhang **I** Nr. **15 b.**

47 Für unmittelbar Zulageberechtigte, die das 25. Lebensjahr noch nicht vollendet haben, erhöht sich die Grundzulage einmalig um einen Betrag von 200 € (sog. Berufseinsteiger-Bonus). Für die Erhöhung ist kein gesonderter Antrag erforderlich. Die erhöhte Grundzulage ist einmalig für das erste nach dem 31. Dezember 2007 beginnende Beitragsjahr zu zahlen, für das der Zulageberechtigte die Altersvorsorgezulage beantragt, wenn er zu Beginn des betreffenden Beitragsjahres das 25. Lebensjahr noch nicht vollendet hat. Das Datum des Vertragsabschlusses ist insoweit unerheblich. Für die Berechnung des Mindesteigenbeitrags ist in dem ersten Beitragsjahr, in dem die Voraussetzungen für die Gewährung des Erhöhungsbetrags vorliegen, die erhöhte Grundzulage zu berücksichtigen. Erbringt der Zulageberechtigte nicht den erforderlichen Mindesteigenbeitrag (§ 86 Abs. 1 EStG), erfolgt eine entsprechende Kürzung der Altersvorsorgezulage und damit auch des in der erhöhten Grundzulage enthaltenen einmalig zu gewährenden Erhöhungsbetrags (vgl. Rz. 90). Eine Nachholungsmöglichkeit des gekürzten Erhöhungsbetrags in späteren Beitragsjahren besteht nicht.

b) Kinderzulage

aa) Allgemeines

48 Anspruch auf Kinderzulage besteht für jedes Kind, für das gegenüber dem Zulageberechtigten für mindestens einen Monat des Beitragsjahres Kindergeld festgesetzt worden ist. Die Kinderzulage beträgt ab dem Jahr 2008 für jedes vor dem 1. Januar 2008 geborene Kind 185 € und für jedes nach dem 31. Dezember 2007 geborene Kind 300 € jährlich. Auf den Zeitpunkt der Auszahlung des Kindergeldes kommt es nicht an. Anspruch auf Kinderzulage besteht für ein Beitragsjahr auch dann, wenn das Kindergeld für dieses Jahr erst in einem späteren Kalenderjahr rückwirkend festgesetzt wurde. Wird ein Kind z. B. am Ende des Beitragsjahres geboren, so besteht der Anspruch auf Kinderzulage für das gesamte Jahr, auch wenn das Kindergeld für Dezember regelmäßig erst im nachfolgenden Kalenderjahr festgesetzt wird.

49 Die Festsetzung ist gegenüber der Auszahlung des Kindergeldes vorrangig.

Beispiel:

50 Für den kindergeldberechtigten Vater wird Kindergeld festgesetzt. Wegen der Unterbringung des Kindes in einem Heim stellt das Jugendamt einen Antrag auf Abzweigung des Kindergelds, dem stattgegeben wird. Das Kindergeld wird nicht an den Vater, sondern an das Jugendamt ausgezahlt.
Anspruch auf Kinderzulage hat in diesem Fall der Vater.

51 Dem Kindergeld gleich stehen andere Leistungen für Kinder im Sinne des § 65 Abs. 1 Satz 1 EStG (§ 65 Abs. 1 Satz 2 EStG). Zu den mit dem Kindergeld vergleichbaren Leistungen im Sinne des § 65 Abs. 1 Satz 1 Nr. 2 EStG wird auf das Schreiben des Bundeszentralamts für Steuern vom 16. Januar 2017 (BStBl. I S. 151) verwiesen.

bb) Kinderzulageberechtigung bei Eltern, die miteinander verheiratet sind oder eine Lebenspartnerschaft führen

52 Steht ein Kind zu beiden Ehegatten, die
- nicht dauernd getrennt leben (§ 26 Abs. 1 EStG) und
- ihren Wohnsitz oder gewöhnlichen Aufenthalt in einem EU-/EWR-Staat haben,

in einem Kindschaftsverhältnis (§ 32 Abs. 1 EStG), erhält grundsätzlich die Mutter die Kinderzulage. Die Eltern können gemeinsam für das jeweilige Beitragsjahr beantragen, dass der Vater die Zulage erhält. In beiden Fällen kommt es nicht darauf an, gegenüber welchem Elternteil das Kindergeld festgesetzt wurde. Die Übertragung der Kinderzulage muss auch in den Fällen beantragt werden, in denen die Mutter keinen Anspruch auf Altersvorsorgezulage hat, weil sie beispielsweise keinen Altersvorsorgevertrag abgeschlossen hat. Eine Übertragungsmöglichkeit besteht nicht, wenn das Kind nur zu einem der Ehegatten in einem Kindschaftsverhältnis steht (vgl. Rz. 57).

53 Der Antrag kann
- für jedes einzelne Kind gestellt werden,
- nach Eingang beim Anbieter nicht mehr widerrufen werden.

54 Hat der Vater seinem Anbieter eine Vollmacht (vgl. Rz. 287) zur formlosen Antragstellung erteilt, kann der Antrag auf Übertragung der Kinderzulage von der Mutter auf ihn auch für die Folgejahre bis auf Widerruf erteilt werden. Der Antrag kann vor Ende des Beitragsjahres, für das er erstmals nicht mehr gelten soll, gegenüber dem Anbieter des Vaters widerrufen werden.

55 Bei Eltern, die miteinander eine Lebenspartnerschaft führen, nicht dauernd getrennt leben (§ 26 Abs. 1 EStG) und ihren Wohnsitz oder gewöhnlichen Aufenthalt in einem EU-/EWR-Staat haben, ist die Kinderzulage dem Lebenspartner zuzuordnen, gegenüber dem das Kindergeld festgesetzt wurde; auf Antrag beider Eltern dem anderen Lebenspartner. Eine Übertragungsmöglichkeit besteht nicht, wenn das Kind nur zu einem der Lebenspartner in einem Kindschaftsverhältnis steht (vgl. Rz. 57).

cc) Kinderzulageberechtigung in anderen Fällen

56 Sind die Eltern nicht miteinander verheiratet und führen keine Lebenspartnerschaft, leben sie dauernd getrennt oder haben sie ihren Wohnsitz oder gewöhnlichen Aufenthalt nicht in einem EU-/EWR-Staat, erhält der Elternteil die Kinderzulage, gegenüber dem das Kindergeld für das Kind festgesetzt wurde (§ 85 Abs. 1 Satz 1 EStG). Eine Übertragung der Kinderzulage nach § 85 Abs. 2 EStG ist in diesen Fällen nicht möglich. Dies gilt auch, wenn derjenige Elternteil, gegenüber dem das Kindergeld festgesetzt wurde, keine Grundzulage erhält.

57 Sind nicht beide Ehegatten Eltern des Kindes, ist eine Übertragung der Kinderzulage nach § 85 Abs. 2 EStG nicht zulässig. Wird beispielsweise gegenüber einem Zulageberechtigten Kindergeld für ein in seinen Haushalt aufgenommenes Kind seines Ehegatten (§ 63 Abs. 1 Satz 1 Nr. 2 EStG) festgesetzt, steht nur ihm die Kinderzulage nach § 85 Abs. 1 EStG zu.

Anl zu H 10a

58 Wird gegenüber einem Großelternteil im Sinne von § 64 Abs. 2 EStG das Kindergeld festgesetzt, steht nur ihm die Kinderzulage zu.

dd) Wechsel des Kindergeldberechtigten im Laufe des Beitragsjahres

59 Wurde während des Beitragsjahres gegenüber mehreren Zulageberechtigten für unterschiedliche Zeiträume Kindergeld festgesetzt, hat gem. § 85 Abs. 1 Satz 4 EStG grundsätzlich derjenige den Anspruch auf die Kinderzulage, dem gegenüber für den zeitlich frühesten Anspruchszeitraum im Beitragsjahr Kindergeld festgesetzt wurde. Dies gilt nicht bei einem Wechsel zwischen den in Rz. 52 genannten Elternteilen.

Beispiel:

60 Das Kind lebt mit den Großeltern und der unverheirateten Mutter in einem gemeinsamen Haushalt. Einem Großelternteil gegenüber wird das Kindergeld für die Monate Januar bis Mai 2018 festgesetzt. Ab Juni 2018 wird das Kindergeld gegenüber der Mutter festgesetzt. Die Kinderzulage steht dem zulageberechtigten Großelternteil zu, da gegenüber diesem im Jahr 2018 zeitlich zuerst das Kindergeld festgesetzt wurde.

61 Hat der Kindergeldberechtigte keinen Kindergeldantrag gestellt, besteht nach § 85 Abs. 1 Satz 1 EStG selbst dann kein Anspruch auf die Kinderzulage, wenn vom Finanzamt der Kinderfreibetrag nach § 32 Abs. 6 Satz 1 EStG berücksichtigt wird.

ee) Kindergeldrückforderung

62 Stellt sich zu einem späteren Zeitpunkt heraus, dass das gesamte Kindergeld im Beitragsjahr zu Unrecht festgesetzt und ausgezahlt wurde, und wird das Kindergeld dahingehend insgesamt zurückgefordert, entfällt der Anspruch auf die Zulage gem. § 85 Abs. 1 Satz 3 EStG. Darf dieses zu Unrecht festgesetzte und ausgezahlte Kindergeld aus verfahrensrechtlichen Gründen nicht zurückgefordert werden, bleibt der Anspruch auf die Zulage für das entsprechende Beitragsjahr bestehen. Wird Kindergeld teilweise zu Unrecht festgesetzt und ausgezahlt und später für diese Monate zurückgezahlt, bleibt der Anspruch auf Zulage für das entsprechende Beitragsjahr ebenfalls bestehen; allerdings ist in diesen Fällen Rz. 59 zu beachten.

c) Mindesteigenbeitrag

aa) Allgemeines

63 Die Altersvorsorgezulage wird nur dann in voller Höhe gewährt, wenn der Berechtigte einen bestimmten Mindesteigenbeitrag zugunsten der begünstigten – maximal zwei – Verträge erbracht hat (§§ 86, 87 EStG). Zinsen und Erträge sind keine Beiträge (vgl. Rz. 30).

64 Der jährliche Mindesteigenbeitrag ermittelt sich wie folgt: 4% der maßgebenden Einnahmen, maximal 2100 €, abzüglich der Zulage.

65 Der Mindesteigenbeitrag gem. Rz. 64 ist – auch bei Beiträgen zugunsten von Verträgen, die vor dem 1. Januar 2005 abgeschlossen wurden – mit dem Sockelbetrag nach § 86 Abs. 1 Satz 4 EStG zu vergleichen. Dieser beträgt jährlich einheitlich 60 €. Die Altersvorsorgezulage wird nicht gekürzt, wenn der Berechtigte in dem maßgebenden Beitragsjahr den höheren der beiden Beträge als Eigenbeitrag zugunsten der begünstigten – maximal zwei – Verträge eingezahlt hat. Zu den Besonderheiten bei Ehegatten/Lebenspartnern vgl. Rzn. 85 ff.

66 Hat der Zulageberechtigte in dem dem Beitragsjahr vorangegangenen Kalenderjahr keine maßgebenden Einnahmen (vgl. Rz. 70) erzielt, ist als Mindesteigenbeitrag immer der Sockelbetrag zugrunde zu legen.

Beispiel 1:

67 Der ledige A ohne Kinder erzielt Einkünfte aus nichtselbständiger Arbeit und ist in der inländischen gesetzlichen Rentenversicherung pflichtversichert. Für ihn ist die Beitragsbemessungsgrenze West maßgeblich. Er zahlt zugunsten seines Altersvorsorgevertrags im Jahr 2018 eigene Beiträge von 1 925 € ein. Im Jahr 2017 hatte er beitragspflichtige Einnahmen i. H. v. 53 000 €. Die beitragspflichtigen Einnahmen des A überschreiten nicht die Beitragsbemessungsgrenze in der allgemeinen Rentenversicherung (West) für das Kalenderjahr 2017.

Beitragspflichtige Einnahmen	53 000 €	
4%	2 120 €	
höchstens	2 100 €	
anzusetzen		2100 €
abzüglich Zulage		175 €
Mindesteigenbeitrag (§ 86 Abs. 1 Satz 2 EStG)		1925 €
Sockelbetrag (§ 86 Abs. 1 Satz 4 EStG)		60 €
maßgebend (§ 86 Abs. 1 Satz 5 EStG)		1925 €

Da A den Mindesteigenbeitrag erbracht hat, wird die Zulage von 175 € nicht gekürzt.

68 **Abwandlung des Beispiels 1 in Rz. 67:**

A erhält zudem Kinderzulage für seine in den Jahren 2004 und 2005 geborenen Kinder.

Beitragspflichtige Einnahmen	53 000 €	
4%	2 120 €	
höchstens	2 100 €	
anzusetzen		2100 €
abzüglich Zulage (175 € + 2 x 185 €)		545 €
Mindesteigenbeitrag (§ 86 Abs. 1 Satz 2 EStG)		1555 €
Sockelbetrag (§ 86 Abs. 1 Satz 4 EStG)		60 €
maßgebend (§ 86 Abs. 1 Satz 5 EStG)		1555 €

Die von A geleisteten Beiträge übersteigen den Mindesteigenbeitrag. Die Zulage wird nicht gekürzt.

69 **Beispiel 2:**

B werden in der gesetzlichen Rentenversicherung für das Jahr 2018 Kindererziehungszeiten (§ 56 SGB VI) angerechnet. Sie hat zwei Kinder, die in den Jahren 2006 und 2017 geboren worden sind, und zahlt zugunsten ihres Altersvorsorgevertrags im Jahr 2018 eigene Beiträge i. H. v. 30 € ein. Im Jahr 2018 hat sie keine beitragspflichtigen Einnahmen erzielt, 2017 erzielte sie aus einer rentenversicherungspflichtigen Beschäftigung beitragspflichtige Einnahmen i. H. v. insgesamt 4.800 €. Außerdem erhielt sie im Jahr 2017 Elterngeld i. H. v. 300 € (keine beitragspflichtigen Einnahmen, vgl. Rz. 82).

Elterngeld (kein Ansatz)	0 €		
Beitragspflichtige Einnahmen	4800 €		
4%	192 €		
höchstens	2100 €		
anzusetzen		192 €	
abzüglich Zulage (175 € + 185 € + 300 €)		660 €	
Mindesteigenbeitrag (§ 86 Abs. 1 Satz 2 EStG)		0 €	
Sockelbetrag (§ 86 Abs. 1 Satz 4 EStG)		60 €	
maßgebend (§ 86 Abs. 1 Satz 5 EStG)			60 €
geleisteter Eigenbeitrag			30 €
Kürzungsfaktor (Eigenbeitrag/Mindesteigenbeitrag x 100)			50%

Da B den Mindesteigenbeitrag (in Höhe des Sockelbetrags) nur zu 50% geleistet hat, wird die Zulage von insgesamt 660 € um 50% gekürzt, so dass lediglich eine Zulage i. H. v. 330 € gewährt werden kann.

bb) Berechnungsgrundlagen

70 Maßgebend für den individuell zu ermittelnden Mindesteigenbeitrag (Rz. 58) ist die Summe der in dem dem Beitragsjahr vorangegangenen Kalenderjahr erzielten beitragspflichtigen Einnahmen im Sinne des SGB VI, der bezogenen Besoldung und Amtsbezüge, in den Fällen des § 10a Abs. 1 Satz 1 Halbsatz 2 Nr. 3 und 4 EStG der erzielten Einnahmen, die beitragspflichtig gewesen wären, wenn die Versicherungsfreiheit in der gesetzlichen Rentenversicherung nicht bestanden hätte und der bezogenen Bruttorente wegen voller Erwerbsminderung oder Erwerbsunfähigkeit oder bezogenen Versorgungsbezüge wegen Dienstunfähigkeit (maßgebende Einnahmen). Die entsprechenden Beträge sind auf volle Euro abzurunden, dies gilt auch für die Ermittlung des Mindesteigenbeitrags.

Zu Besonderheiten siehe Rzn. 83 ff.

(1) Beitragspflichtige Einnahmen

71 Als „beitragspflichtige Einnahmen" im Sinne des SGB VI ist nur der Teil des Arbeitsentgelts zu erfassen, der die jeweils gültige Beitragsbemessungsgrenze nicht übersteigt. Insoweit ist auf diejenigen Einnahmen abzustellen, die im Rahmen des sozialrechtlichen Meldeverfahrens den Trägern der gesetzlichen Rentenversicherung gemeldet werden.

72 Die beitragspflichtigen Einnahmen ergeben sich

- bei Arbeitnehmern und Beziehern von Vorruhestandsgeld aus der Durchschrift der „Meldung zur Sozialversicherung nach der DEÜV" (Arbeitsentgelte) und
- bei rentenversicherungspflichtigen Selbständigen aus der vom Rentenversicherungsträger erstellten Bescheinigung.

73 Ausländische Einkünfte sind grundsätzlich nicht bei den maßgebenden Einnahmen zu berücksichtigen. Eine Ausnahme besteht nur dann, wenn der Zulageberechtigte in dem dem Beitragsjahr vorangegangenen Kalenderjahr die Voraussetzungen für die Bestandsschutzregelung nach § 10a Abs. 6 EStG erfüllt hat. Nach dieser Vorschrift gehören – unter bestimmten Voraussetzungen – auch Pflichtmitglieder in einem ausländischen gesetzlichen Alterssicherungssystem zum unmittelbar zulageberechtigten Personenkreis (vgl. Rzn. 19 bis 23). In diesem Fall sind als maßgebende Einnahmen auch die Einnahmen aus der Tätigkeit zu berücksichtigen, die zur Erfüllung der Voraussetzungen nach § 10a Abs. 6 EStG führten. Freistellungen nach dem jeweiligen DBA sind bei der Bestimmung der beitragspflichtigen Einnahmen unbeachtlich.

74 Bei der Ermittlung der nach § 86 EStG maßgebenden Einnahmen ist auf die in dem Beitragsjahr vorangegangenen Kalenderjahr erzielten beitragspflichtigen Einnahmen im Sinne des SGB VI abzustellen. Dabei handelt es sich um diejenigen Einnahmen, die im Rahmen des sozialversicherungsrechtlichen Meldeverfahrens den Trägern der gesetzlichen Sozialversicherung gemeldet wurden. Für die Zuordnung der erzielten beitragspflichtigen Einnahmen zu den einzelnen Beitragsjahren ist auf die sozialversicherungsrechtlichen Wertungen abzustellen. Dies gilt auch, wenn der Steuerpflichtige in einem Beitragsjahr beitragspflichtige Einnahmen erzielt, die sozialversicherungsrechtlich einem von der tatsächlichen Zahlung abweichenden Jahr zuzurechnen sind.

(2) Besoldung und Amtsbezüge

75 Die Besoldung und die Amtsbezüge ergeben sich aus den Bezüge-/Besoldungsmitteilungen bzw. den Mitteilungen über die Amtsbezüge der die Besoldung bzw. die Amtsbezüge anordnenden Stelle. Für die Bestimmung der maßgeblichen Besoldung ist auf die in dem betreffenden Kalenderjahr zugeflossene Besoldung/zugeflossenen Amtsbezüge entsprechend der Besoldungsmitteilung/Mitteilung über die Amtsbezüge abzustellen.

76 Für die Mindesteigenbeitragsberechnung sind sämtliche Bestandteile der Besoldung oder Amtsbezüge außer der Auslandsbesoldung nach §§ 52 ff. BBesG oder entsprechenden Vorschriften der Länder zu berücksichtigen. Dabei ist es unerheblich, ob die Bestandteile

- beitragspflichtig wären, wenn die Versicherungsfreiheit in der gesetzlichen Rentenversicherung nicht bestünde,
- steuerfrei oder
- ruhegehaltfähig sind.

Anl zu H 10a

Besoldungsbestandteile sind u. a. das Grundgehalt, Leistungsbezüge an Hochschulen, der Familienzuschlag, Zulagen und Vergütungen, ferner Anwärterbezüge, vermögenswirksame Leistungen, jährliche Sonderzahlungen (Sonderzuwendung, Urlaubsgeld), der Altersteilzeitzuschlag und die Sachbezüge. Nicht zur Besoldung im Sinne der Vorschriften über den Mindesteigenbetrag gehören Fürsorgeleistungen (z. B. Beihilfe, Zuschuss zur privaten Krankenversicherung bei Elternzeit), die zwar zum Teil zusammen mit der Besoldung ausgezahlt werden, aber auf gesetzlichen Regelungen mit anderer Zielsetzung beruhen.

77 Die Höhe der Amtsbezüge richtet sich nach den jeweiligen bundes- oder landesrechtlichen Vorschriften.

(3) Land- und Forstwirte

78 Bei einem Land- und Forstwirt, der nach dem Gesetz über die Alterssicherung der Landwirte pflichtversichert ist, ist für die Berechnung des Mindesteigenbeitrags auf die Einkünfte im Sinne des § 13 EStG des zweiten dem Beitragsjahr vorangegangenen Veranlagungszeitraums abzustellen (§ 86 Abs. 3 EStG). Ist dieser Land- und Forstwirt neben seiner land- und forstwirtschaftlichen Tätigkeit auch als Arbeitnehmer tätig und in der gesetzlichen Rentenversicherung pflichtversichert, sind die beitragspflichtigen Einnahmen des Vorjahres und die positiven Einkünfte im Sinne des § 13 EStG des zweiten dem Beitragsjahr vorangegangenen Veranlagungszeitraums zusammenzurechnen. Eine Saldierung mit negativen Einkünften im Sinne des § 13 EStG erfolgt nicht.

(4) Bezieher einer Rente wegen voller Erwerbsminderung oder Erwerbsunfähigkeit oder einer Versorgung wegen Dienstunfähigkeit

79 Der Bruttorentenbetrag ist der Jahresbetrag der Rente vor Abzug der einbehaltenen eigenen Beitragsanteile zur Kranken- und Pflegeversicherung. Nicht diesem Betrag hinzuzurechnen sind Zuschüsse zur Krankenversicherung. Leistungsbestandteile, wie z. B. der Auffüllbetrag nach § 315 a SGB VI oder der Rentenzuschlag nach § 319 a SGB VI sowie Steigerungsbeträge aus der Höherversicherung nach § 269 SGB VI zählen zum Bruttorentenbetrag. Es sind nur die Rentenzahlungen für die Mindesteigenbeitragsberechnung zu berücksichtigen, die zur unmittelbaren Zulageberechtigung führen. Private Renten oder Leistungen der betrieblichen Altersversorgung bleiben unberücksichtigt.

80 Hat der Bezieher einer Rente wegen voller Erwerbsminderung oder Erwerbsunfähigkeit oder einer Versorgung wegen Dienstunfähigkeit im maßgeblichen Bemessungszeitraum (auch) Einnahmen nach § 86 Abs. 1 Satz 2 Nr. 1 bis 3 EStG bezogen, sind diese Einnahmen bei der Mindesteigenbeitragsberechnung mit zu berücksichtigen.

Beispiel:

81 A erhält im April 2018 den Bescheid, mit dem ihm die Deutsche Rentenversicherung rückwirkend ab dem 1. Oktober 2017 eine Rente wegen voller Erwerbsminderung bewilligt. Das Krankengeld, das ihm bis zum Beginn der laufenden Rentenzahlung noch bis zum 31. Mai 2018 von seiner gesetzlichen Krankenkasse gezahlt wird, wird aufgrund deren Erstattungsanspruchs mit der Rentennachzahlung verrechnet.

In dem Beitragsjahr 2017, in das der Beginn der rückwirkend bewilligten Rente fällt, gehörte A noch aufgrund des Bezugs von Entgeltersatzleistungen zum begünstigten Personenkreis nach § 10 a Abs. 1 Satz 1 EStG. Als Bemessungsgrundlage für den für 2017 zu zahlenden Mindesteigenbeitrag wäre hier entweder die in 2016 berücksichtigten beitragspflichtigen Einnahmen oder das ggf. niedrigere tatsächlich bezogene Krankengeld heranzuziehen – vgl. Rz. 84.

Ab Beginn des Beitragsjahres 2018 liegt der Tatbestand des Leistungsbezuges vor, aus dem sich die Zugehörigkeit zum begünstigten Personenkreis nach § 10 a Abs. 1 Satz 4 EStG begründet. Die Bemessungsgrundlage für den im Kalenderjahr 2018 zu leistenden Mindesteigenbeitrag bildet damit die Rente, die am 1. Oktober 2017 begonnen hat und das im Zeitraum vom 1. Januar bis zum 30. September 2017 bezogene Krankengeld.

(5) Elterngeld

82 Das Elterngeld ist keine maßgebende Einnahme im Sinne des § 86 EStG. Eine Berücksichtigung in der Mindesteigenbeitragsberechnung scheidet daher aus.

(6) Sonderfälle

83 In der gesetzlichen Rentenversicherung werden für bestimmte pflichtversicherte Personen abweichend vom tatsächlich erzielten Entgelt (§ 14 SGB IV) oder von der Entgeltersatzleistung andere Beträge als beitragspflichtige Einnahmen berücksichtigt. Beispielhaft sind folgende Personen zu nennen:

- zu ihrer Berufsausbildung Beschäftigte,
- behinderte Menschen, die in Einrichtungen der Jugendhilfe oder in anerkannten Werkstätten für behinderte Menschen beschäftigt werden,
- Personen, die für eine Erwerbstätigkeit befähigt werden sollen,
- Bezieher von Kurzarbeiter- oder Winterausfallgeld,
- Beschäftigte, die in einem Altersteilzeitarbeitsverhältnis stehen,
- Bezieher von Vorruhestandsgeld, Krankengeld, Arbeitslosengeld, Unterhaltsgeld, Übergangsgeld, Verletztengeld oder Versorgungskrankengeld,
- als wehr- oder zivildienstleistende Versicherte,
- Versicherte, die für Zeiten der Arbeitsunfähigkeit oder Rehabilitation ohne Anspruch auf Krankengeld versichert sind,
- Personen, die einen Pflegebedürftigen nicht erwerbsmäßig wenigstens 14 Stunden in der Woche in seiner häuslichen Umgebung pflegen.

84 Sind die rentenrechtlich berücksichtigten beitragspflichtigen Einnahmen in den genannten Fallgestaltungen höher als das tatsächlich erzielte Entgelt oder der Zahlbetrag der Entgeltersatzleistung

(z. B. das Arbeitslosengeld oder Krankengeld), dann sind die tatsächlichen Einnahmen anstelle der rentenrechtlich berücksichtigten Einnahmen für die Berechnung des individuellen Mindesteigenbeitrags zugrunde zu legen. Bei Altersteilzeitarbeit ist das aufgrund der abgesenkten Arbeitszeit erzielte Arbeitsentgelt – ohne Aufstockungs- und Unterschiedsbetrag – maßgebend. Bei Personen, die einen Pflegebedürftigen nicht erwerbsmäßig pflegen, ist ein tatsächlich erzieltes Entgelt von 0 € zu berücksichtigen.

cc) Besonderheiten bei Ehegatten/Lebenspartnern

85 Gehören beide Ehegatten/Lebenspartner zum unmittelbar begünstigten Personenkreis, ist für jeden Ehegatten/Lebenspartner anhand seiner jeweiligen maßgebenden Einnahmen (Rzn. 70 bis 84) ein eigener Mindesteigenbeitrag nach Maßgabe der Rzn. 64 und 66 zu berechnen.

86 Die Grundsätze zur Zuordnung der Kinderzulage (Rzn. 52 ff.) gelten auch für die Ermittlung des Mindesteigenbeitrags.

87 Ist nur ein Ehegatte/Lebenspartner unmittelbar und der andere mittelbar begünstigt, ist die Mindesteigenbeitragsberechnung nur für den unmittelbar begünstigten Ehegatten/Lebenspartner durchzuführen. Berechnungsgrundlage sind seine Einnahmen im Sinne der Rzn. 70 bis 84. Der sich ergebende Betrag (4% der maßgebenden Einnahmen, höchstens 2100 €) ist um die den Ehegatten/Lebenspartnern insgesamt zustehenden Zulagen zu vermindern.

88 Hat der unmittelbar begünstigte Ehegatte/Lebenspartner den erforderlichen geförderten Mindesteigenbeitrag zugunsten seines Altersvorsorgevertrags oder einer förderbaren Versorgung im Sinne des § 82 Abs. 2 EStG bei einer Pensionskasse, einem Pensionsfonds oder einer nach § 82 Abs. 2 EStG förderbaren Direktversicherung erbracht, erhält auch der Ehegatte/Lebenspartner mit dem mittelbaren Zulageanspruch (vgl. Rzn. 26 ff.) die Altersvorsorgezulage ungekürzt.

Beispiel:

89 A und B sind verheiratet und haben drei Kinder, die in den Jahren 2000, 2004, 2006 geboren wurden. A erzielt Einkünfte aus nichtselbständiger Arbeit und ist in der inländischen gesetzlichen Rentenversicherung pflichtversichert. Für ihn ist die Beitragsbemessungsgrenze West maßgeblich. Im Jahr 2017 betragen seine beitragspflichtigen Einnahmen 53 000 €.

B erzielt keine Einkünfte und hat für das Beitragsjahr auch keinen Anspruch auf Kindererziehungszeiten mehr. B ist nur mittelbar zulageberechtigt. Beide haben in 2008 einen eigenen Altersvorsorgevertrag abgeschlossen. A zahlt einen eigenen jährlichen Beitrag von 1195 € zugunsten seines Vertrags ein. B erbringt den Mindestbeitrag zur Erlangung der mittelbaren Zulageberechtigung i. H. v. 60 €. Daneben fließen die ihr zustehende Grundzulage und die Kinderzulagen für drei Kinder auf ihren Vertrag.

Mindesteigenbeitragsberechnung für A für 2018:

Beitragspflichtige Einnahmen	53 000 €	
4%	2 120 €	
höchstens	2 100 €	
anzusetzen		2100 €
abzüglich Zulage (2 × 175 € + 3 × 185 €)		905 €
Mindesteigenbeitrag (§ 86 Abs. 1 Satz 2 EStG)		1195 €
Sockelbetrag (§ 86 Abs. 1 Satz 4 EStG)		60 €
maßgebend (§ 86 Abs. 1 Satz 5 EStG)		1195 €

Beide Ehegatten haben Anspruch auf die volle Zulage, da B den Mindestbeitrag zur Erlangung der mittelbaren Zulageberechtigung i. H. v. 60 € und A seinen Mindesteigenbeitrag von 1 195 € erbracht hat, der sich auch unter Berücksichtigung der B zustehenden Kinder- und Grundzulage errechnet.

dd) Kürzung der Zulage

90 Erbringt der unmittelbar Begünstigte in einem Beitragsjahr nicht den erforderlichen Mindesteigenbeitrag, ist die für dieses Beitragsjahr zustehende Altersvorsorgezulage (Grundzulage und Kinderzulage) nach dem Verhältnis der geleisteten Altersvorsorgebeiträge zum erforderlichen Mindesteigenbeitrag zu kürzen. Der Kürzungsfaktor wird hierbei auf neun Nachkommastellen gerundet und einzeln auf jede maximale Teilzulage angewendet. Das Produkt wird auf zwei Nachkommastellen gerundet. Für den mittelbar zulageberechtigten Ehegatten/Lebenspartner gilt dieser Kürzungsmaßstab auch für seinen Zulageanspruch (§ 86 Abs. 2 Satz 1 EStG); der vom mittelbar zulageberechtigten Ehegatten/Lebenspartner zu leistende Mindestbeitrag wird nicht als Altersvorsorgebeitrag des unmittelbar berechtigten Ehegatten/Lebenspartners berücksichtigt.

Beispiel:

91 Wie Beispiel in Rz. 89, allerdings haben A und B im Beitragsjahr 2018 zugunsten ihrer Verträge jeweils folgende Beiträge geleistet:

A	1100 €
B	200 €

Mindesteigenbeitragsberechnung für A für 2018:

Beitragspflichtige Einnahmen	53 000 €	
4%	2 120 €	
höchstens	2 100 €	
anzusetzen		2100 €
abzüglich Zulage (2 x 175 € + 3 x 185 €)		905 €
Mindesteigenbeitrag (§ 86 Abs. 1 Satz 2 EStG)		1195 €
Sockelbetrag (§ 86 Abs. 1 Satz 4 EStG)		60 €
maßgebend (§ 86 Abs. 1 Satz 5 EStG)		1195 €
tatsächlich geleisteter Eigenbeitrag		1100 €

dies entspricht 92,050209205 % des Mindesteigenbeitrags (1100 / 1195 × 100)

Anl zu H 10a

Zulageanspruch A:	
92,050209205 % von 175 €	161,09 €
Zulageanspruch B:	
92,050209205 % von 175 €	161,09 €
92,050209205 % von 185 €	170,29 €
92,050209205 % von 185 €	170,29 €
92,050209205 % von 185 €	170,29 €
Zulageansprüche insgesamt	833,05 €

Die eigenen Beiträge von B haben keine Auswirkung auf die Berechnung der Zulageansprüche, können aber von A im Rahmen seines Sonderausgabenabzugs nach § 10 a Abs. 1 EStG (vgl. Rz. 100) geltend gemacht werden (1100 € + 200 € + Zulageansprüche von A und B 833,05 € = 2133,05 €).

4. Sonderausgabenabzug

13 **92** Neben der Zulageförderung nach Abschnitt XI EStG können die zum begünstigten Personenkreis gehörenden Steuerpflichtigen ihre Altersvorsorgebeiträge (vgl. Rzn. 30 bis 45) bis zu bestimmten Höchstbeträgen als Sonderausgaben geltend machen (§ 10 a Abs. 1 EStG). Bei Ehegatten/Lebenspartnern, die nach § 26 b EStG zusammen zur Einkommensteuer veranlagt werden, kommt es nicht darauf an, ob der Ehemann oder die Ehefrau bzw. welcher der Ehegatten/Lebenspartner die Altersvorsorgebeiträge geleistet hat. Altersvorsorgebeiträge gelten auch dann als eigene Beiträge des Steuerpflichtigen, wenn sie im Rahmen der betrieblichen Altersversorgung direkt vom Arbeitgeber an die Versorgungseinrichtung gezahlt werden.

93 Zu den abziehbaren Sonderausgaben gehören die im Veranlagungszeitraum geleisteten Altersvorsorgebeiträge (siehe Rzn. 30 ff. sowie Rzn. 67 ff. des BMF-Schreibens vom 6. Dezember 2017, BStBl. 2018 I S. 147). Außerdem ist die dem Steuerpflichtigen zustehende Altersvorsorgezulage (Grund- und Kinderzulage) zu berücksichtigen. Hierbei ist abweichend von § 11 Abs. 2 EStG der für das Beitragsjahr (= Kalenderjahr) entstandene Anspruch auf Zulage für die Höhe des Sonderausgabenabzugs maßgebend (§ 10 a Abs. 1 Satz 1 EStG). Ob und wann die Zulage dem begünstigten Vertrag gutgeschrieben wird, ist unerheblich. Bei der Ermittlung des nach § 10 a Abs. 1 EStG anzusetzenden Anspruchs auf Zulage ist der Erhöhungsbetrag nach § 84 Satz 2 EStG nicht zu berücksichtigen. Für die Anwendung des § 10 a Abs. 1 Satz 1 EStG sowie bei der Ermittlung der dem Steuerpflichtigen zustehenden Zulage im Rahmen des § 2 Abs. 6 EStG und des § 10 a EStG sind die nach § 82 Abs. 5 Satz 1 EStG gezahlten Altersvorsorgebeiträge (vgl. Rz. 39) weder für das Beitragsjahr, für das sie gezahlt werden, noch für das Beitragsjahr der Zahlung zu berücksichtigen (§ 82 Abs. 5 Satz 4 EStG).

94 Die Höhe der vom Steuerpflichtigen geleisteten Altersvorsorgebeiträge ist durch einen entsprechenden Datensatz des Anbieters nachzuweisen. Dies gilt nicht für nachgezahlte Beiträge nach § 82 Abs. 5 EStG (vgl. Rz. 93). Hierzu hat der Steuerpflichtige gegenüber dem Anbieter schriftlich darin einzuwilligen, dass dieser die im jeweiligen Beitragsjahr zu berücksichtigenden Altersvorsorgebeiträge unter Angabe der steuerlichen Identifikationsnummer (§ 139 b AO) an die ZfA übermittelt. Die Einwilligung muss dem Anbieter spätestens bis zum Ablauf des zweiten Kalenderjahres, das auf das Beitragsjahr folgt, vorliegen. Die Einwilligung gilt auch für folgende Beitragsjahre, wenn der Steuerpflichtige sie nicht gegenüber seinem Anbieter schriftlich widerruft. Sind beide Ehegatten/Lebenspartner unmittelbar zulageberechtigt oder ist ein Ehegatte/Lebenspartner unmittelbar zulageberechtigt und ein Ehegatte/Lebenspartner mittelbar berechtigt, müssen beide Ehegatten/Lebenspartner die Einwilligungserklärung abgeben. Die Einwilligung gilt auch ohne gesonderte Erklärung als erteilt, wenn

- der Zulageberechtigte seinen Anbieter bevollmächtigt hat, für ihn den Zulageantrag zu stellen (Rz. 287), oder
- dem Anbieter für das betreffende Beitragsjahr ein Zulageantrag vorliegt.

Liegt eine solche Einwilligungsfiktion vor, ist ein Widerruf der Einwilligung nicht möglich. Eine Einwilligungsfiktion entfällt, wenn der Zulageberechtigte seine Bevollmächtigung nach § 89 Abs. 1 a EStG widerrufen bzw. seinen Zulageantrag zurückgenommen hat. Der Zulageberechtigte kann in diesen Fällen die Einwilligung zur Datenübermittlung nach § 10 a Abs. 5 EStG gesondert erteilen, wenn er eine Steuerermäßigung beanspruchen möchte. Wird der Zulageantrag zurückgenommen und eine gesonderte Einwilligung nicht erteilt, ist ein bereits übermittelter Datensatz nach § 10 a Abs. 5 EStG vom Anbieter zu stornieren.

95 Bei Vorliegen der Einwilligung hat der Anbieter die nach § 10 a Abs. 5 EStG erforderlichen Daten an die ZfA zu übermitteln. Zu diesen Daten zählt u. a. die Versicherungsnummer nach § 147 SGB VI oder die Zulagenummer. Soweit noch keine Versicherungs- oder Zulagenummer vergeben wurde, gilt die Einwilligung des Zulageberechtigten auch als Antrag auf Vergabe einer Zulagenummer durch die ZfA. Der Anbieter hat die Daten auch dann zu übermitteln, wenn die Einwilligung offenbar verspätet erteilt wurde. Die Einhaltung von Fristen ist insoweit vom Finanzamt als materiell-rechtliche Grundlage für den Sonderausgabenabzug zu prüfen. Der Anbieter hat den Zulageberechtigten über die erfolgte Datenübermittlung in der Bescheinigung nach § 92 EStG bis zum Ablauf des auf das Beitragsjahr folgenden Jahres zu informieren. Werden die erforderlichen Daten aus Gründen, die der Steuerpflichtige nicht zu vertreten hat (z. B. technische Probleme), vom Anbieter nicht übermittelt, kann der Steuerpflichtige den Nachweis über die geleisteten Altersvorsorgebeiträge auch in anderer Weise erbringen. Liegen die in § 10 a Abs. 5 Satz 1 EStG genannten Voraussetzungen vor und kann die vorgegebene Übermittlungsfrist durch den Anbieter, z. B. wegen technischer Probleme, nicht eingehalten werden, hat er dem Steuerpflichtigen die für den Sonderausgabenabzug erforderlichen Daten nach dem mit BMF-Schreiben vom 18. August 2011 (BStBl. I S. 788) bekannt gegebenen Vordruckmuster grundsätzlich bis zum 31. März des dem Beitragsjahr folgenden Kalenderjahres zu bescheinigen. Die Bescheinigung entbindet den Anbieter nicht von der Verpflichtung einer Datenübermittlung. Er hat diese unverzüglich nachzuholen. Bei fristgerechter Datenübermittlung hat der Anbieter keine solche Bescheinigungspflicht, selbst wenn dem Finanzamt im Zeitpunkt der Veranlagung die erforderlichen Daten für den Sonderausgabenabzug (noch) nicht vorliegen.

Bei fehlender Einwilligung darf der Anbieter keine Bescheinigung nach dem mit BMF-Schreiben vom 18. August 2011 (BStBl. I S. 788) bekannt gegebenen Vordruckmuster erstellen.

96[1] Die übrigen Tatbestandsvoraussetzungen für die Inanspruchnahme des Sonderausgabenabzugs nach § 10 a EStG – insbesondere die Zulageberechtigung – werden grundsätzlich im Wege des Datenabgleichs nach § 91 EStG durch die ZfA überprüft.

97 Hat das Finanzamt aufgrund einer Mitteilung der ZfA (z. B. wegen fehlender Zulageberechtigung) den Sonderausgabenabzug nach § 91 Abs. 1 Satz 4 EStG korrigiert, entfällt die Steuerermäßigung. Erfolgt danach eine schädliche Verwendung (z. B. wegen einer Vertragskündigung), kann es in Einzelfällen zusätzlich zu einer Rückforderung dieser Steuerermäßigung durch die ZfA kommen. In diesen Fällen verbleibt es bei der geänderten Steuerfestsetzung. Die ZfA wird über die Änderung der Steuerermäßigung im Rahmen des Datenaustauschs informiert und erstattet zu Unrecht zurückgezahlte Beträge.

98 Der für die Übersendung des Datensatzes nach § 10 a Abs. 5 EStG erforderliche amtlich vorgeschriebene Datensatz ist auf der Internetseite des Bundeszentralamtes für Steuern – BZSt – (www.bzst.bund.de) veröffentlicht (vgl. BMF-Schreiben vom 13. September 2007, BStBl. I S. 700). Die für die Datenübermittlung erforderliche Schnittstelle und die dazugehörige Dokumentation werden von der ZfA in einem geschützten Bereich des Internets unter www.zfa.deutsche-rentenversicherung-bund.de zur Verfügung gestellt.

a) Umfang des Sonderausgabenabzugs bei Ehegatten/Lebenspartnern

99 Für Ehegatten/Lebenspartner, die beide unmittelbar begünstigt sind, ist die Begrenzung auf den Höchstbetrag nach § 10 a Abs. 1 EStG jeweils gesondert vorzunehmen. Ein nicht ausgeschöpfter Höchstbetrag eines Ehegatten/Lebenspartners kann dabei nicht auf den anderen Ehegatten/Lebenspartner übertragen werden.

100 Ist nur ein Ehegatte/Lebenspartner nach § 10 a Abs. 1 EStG unmittelbar begünstigt, kommt ein Sonderausgabenabzug bis zu der in § 10 a Abs. 1 EStG genannten Höhe grundsätzlich nur für seine Altersvorsorgebeiträge sowie die ihm und dem mittelbar zulageberechtigten Ehegatten/Lebenspartner zustehenden Zulagen in Betracht. Der Höchstbetrag erhöht sich um 60 €, wenn der andere Ehegatte/ Lebenspartner die Voraussetzungen der mittelbaren Zulageberechtigung (§ 79 Satz 2 EStG) erfüllt. Die vom mittelbar zulageberechtigten Ehegatten/Lebenspartner zugunsten seines Altersvorsorgevertrags geleisteten Altersvorsorgebeiträge können beim Sonderausgabenabzug des unmittelbar zulageberechtigten Ehegatten/Lebenspartners berücksichtigt werden, wenn der Höchstbetrag durch die vom unmittelbar Zulageberechtigten geleisteten Altersvorsorgebeiträge sowie die zu berücksichtigenden Zulagen nicht ausgeschöpft wird. Dabei sind die vom unmittelbar zulageberechtigten Ehegatten/ Lebenspartner geleisteten Altersvorsorgebeiträge vorrangig zu berücksichtigen, jedoch mindestens 60 € der vom mittelbar zulageberechtigten Ehegatten/Lebenspartner geleisteten Altersvorsorgebeiträge. Auf das Beispiel in Rz. 91 wird hingewiesen. Der mittelbar Begünstigte hat gegenüber seinem Anbieter in die Datenübermittlung nach § 10 a Abs. 2 a Satz 1 EStG einzuwilligen (§ 10 a Abs. 2 a Satz 3 EStG), sofern die Einwilligung nicht als erteilt gilt (§ 10 a Abs. 2 a Satz 4 EStG).

b) Günstigerprüfung

101 Ein Sonderausgabenabzug nach § 10 a Abs. 1 EStG wird nur gewährt, wenn er für den Steuerpflichtigen einkommensteuerlich günstiger ist als der Anspruch auf Zulage nach Abschnitt XI EStG (§ 10 a Abs. 2 Satz 1 und 2 EStG). Bei der Veranlagung zur Einkommensteuer wird diese Prüfung von Amts wegen vorgenommen. Voraussetzung hierfür ist allerdings, dass der Steuerpflichtige gegenüber seinem Anbieter in die Datenübermittlung nach § 10 a Abs. 2 a Satz 1 EStG eingewilligt und die weiteren für den Sonderausgabenabzug erforderlichen Angaben in die Anlage AV zur Einkommensteuererklärung erklärt oder dies bis zum Eintritt der Bestandskraft des Steuerbescheids nachholt.[2] Der Nachweis über die Höhe der geleisteten Beiträge erfolgt dann durch den entsprechenden Datensatz des Anbieters. Bei der Günstigerprüfung sind alle Riester-Verträge einzubeziehen, für welche der Steuerpflichtige der Datenübermittlung zugestimmt hat.

102 Bei der Günstigerprüfung wird stets auf den sich nach den erklärten Angaben ergebenden Zulageanspruch abgestellt. Daher ist es für die Höhe des beim Sonderausgabenabzug zu berücksichtigenden Zulageanspruchs unerheblich, ob ein Zulageantrag gestellt worden ist. Der Erhöhungsbetrag nach § 84 Satz 2 EStG bleibt bei der Ermittlung der dem Steuerpflichtigen zustehenden Zulage außer Betracht.

103 Ein Steuerbescheid ist für Veranlagungszeiträume ab 2017 nach § 175 b Abs. 1 AO aufzuheben oder zu ändern, soweit Daten im Sinne des § 93 c AO
- erstmals übermittelt oder
- zwecks Korrektur erneut übermittelt oder storniert

worden sind und diese Daten oder Stornierungen bei der bisherigen Steuerfestsetzung nicht berücksichtigt wurden. Dies gilt auch dann, wenn die Daten oder Stornierungen im zu ändernden Einkommensteuerbescheid bereits hätten berücksichtigt werden können. Auf die Kenntnis des Bearbeiters kommt es insoweit nicht an. Ein Steuerbescheid ist nach § 175 b Abs. 3 AO zu ändern, wenn das Finanzamt feststellt, dass der Steuerpflichtige die Einwilligung in die Datenübermittlung nach § 10 a Abs. 2 a Satz 1 EStG innerhalb der hierfür maßgeblichen Frist (§ 10 a Abs. 2 a Satz 2 i. V. m. § 10 Abs. 2 a Satz 1 EStG) nicht

[1] Rz. 96 geändert durch BMF-Schreiben vom 11. 2. 2022 (BStBl. I S. 186); Anwendung in allen noch nicht bestandskräftigen Fällen.

[2] Das Wahlrecht muss nicht zwingend durch Abgabe der Anlage AV zur Einkommensteuererklärung ausgeübt werden, *BFH-Urteil vom 19. 1. 2022 X R 32/20 (BStBl. II S. 617).*

erteilt hat. Ohne diese Einwilligung sind die Voraussetzungen für den Sonderausgabenabzug nicht gegeben. Auf eine Verletzung der Mitwirkungspflichten seitens des Steuerpflichtigen oder der Ermittlungspflichten durch die Finanzbehörde kommt es in den Fällen des § 175 b AO nicht an.

Für Veranlagungszeiträume bis einschließlich 2016 gilt weiterhin die Regelung in § 10 Abs. 2 a Satz 8 EStG a. F. (z. B. bei der Auswertung einer korrigierten Mitteilung des VZ 2016 im Laufe des Jahres 2018).

aa) Anrechnung des Zulageanspruchs

104 Erfolgt aufgrund der Günstigerprüfung ein Sonderausgabenabzug, erhöht sich die unter Berücksichtigung des Sonderausgabenabzugs ermittelte tarifliche Einkommensteuer um den Anspruch auf Zulage (§ 10 a Abs. 2 EStG i. V. m. § 2 Abs. 6 Satz 2 EStG). Durch diese Hinzurechnung wird erreicht, dass dem Steuerpflichtigen bei der Einkommensteuerveranlagung nur die über den Zulageanspruch hinausgehende Steuerermäßigung gewährt wird. Der Erhöhungsbetrag nach § 84 Satz 2 EStG bleibt bei der Ermittlung der dem Steuerpflichtigen zustehenden Zulage außer Betracht. Um die volle Förderung sicherzustellen, muss stets die Zulage beantragt werden. Über die zusätzliche Steuerermäßigung kann der Steuerpflichtige verfügen; sie wird nicht Bestandteil des Altersvorsorgevermögens. Die Zulage verbleibt auch dann auf dem Altersvorsorgevertrag, wenn die Günstigerprüfung ergibt, dass der Sonderausgabenabzug für den Steuerpflichtigen günstiger ist.

bb) Ehegatten/Lebenspartner

105 Wird bei einer Zusammenveranlagung von Ehegatten/Lebenspartnern der Sonderausgabenabzug beantragt, gilt für die Günstigerprüfung Folgendes:

106 Ist nur ein Ehegatte/Lebenspartner unmittelbar begünstigt und hat der andere Ehegatte/Lebenspartner keinen Altersvorsorgevertrag abgeschlossen, wird die Steuerermäßigung für die Aufwendungen nach § 10 a Abs. 1 EStG des berechtigten Ehegatten/Lebenspartners mit seinem Zulageanspruch verglichen.

107 Ist nur ein Ehegatte/Lebenspartner unmittelbar begünstigt und hat der andere Ehegatte/Lebenspartner einen Anspruch auf Altersvorsorgezulage aufgrund seiner mittelbaren Zulageberechtigung nach § 79 Satz 2 EStG, wird die Steuerermäßigung für die im Rahmen des § 10 a Abs. 1 EStG berücksichtigten Aufwendungen beider Ehegatten/Lebenspartner einschließlich der hierfür zustehenden Zulagen mit dem den Ehegatten/Lebenspartnern insgesamt zustehenden Zulageanspruch verglichen (§ 10 a Abs. 3 Satz 2 bis 4 i. V. m. Abs. 2 EStG; vgl. auch das Beispiel in Rz. 111).

108 Haben beide unmittelbar begünstigten Ehegatten/Lebenspartner Altersvorsorgebeiträge geleistet, wird die Steuerermäßigung für die Summe der für jeden Ehegatten/Lebenspartner nach § 10 a Abs. 1 EStG anzusetzenden Aufwendungen mit dem den Ehegatten/Lebenspartnern insgesamt zustehenden Zulageanspruch verglichen (§ 10 a Abs. 3 Satz 1 i. V. m. Abs. 2 EStG; vgl. auch das Beispiel in Rz. 110). Auch wenn nur für die von einem Ehegatten/Lebenspartner geleisteten Altersvorsorgebeiträge ein Sonderausgabenabzug nach § 10 a Abs. 1 EStG beantragt wird, wird bei der Ermittlung der über den Zulageanspruch hinausgehenden Steuerermäßigung die den beiden Ehegatten/Lebenspartnern zustehende Zulage berücksichtigt (§ 10 a Abs. 3 Satz 5 EStG).

109 Im Fall der Einzelveranlagung von Ehegatten/Lebenspartnern nach § 26 a EStG (bis 31. Dezember 2012: getrennte Veranlagung nach § 26 a EStG oder besondere Veranlagung nach § 26 c EStG) ist Rz. 106 oder Rz. 107 entsprechend anzuwenden; sind beide Ehegatten/Lebenspartner unmittelbar begünstigt, erfolgt die Günstigerprüfung für jeden Ehegatten/Lebenspartner wie bei einer Einzelveranlagung. Es wird daher nur der den jeweiligen Ehegatten/Lebenspartnern zustehende Zulageanspruch angesetzt.

Beispiel:

110 Ehegatten, die beide unmittelbar begünstigt sind, haben im Jahr 2018 ein zu versteuerndes Einkommen i. H. v. 150 000 € (ohne Sonderausgabenabzug nach § 10 a EStG). Darin sind Einkünfte aus unterschiedlichen Einkunftsarten enthalten. Sie haben mit den Beiträgen i. H. v. 2300 € (Ehemann)/900 € (Ehefrau) zugunsten ihrer Verträge mehr als die erforderlichen Mindesteigenbeiträge gezahlt und daher für das Beitragsjahr 2018 jeweils einen Zulageanspruch von 175 €.

Ehemann		Ehefrau	
Eigenbeitrag	2300 €	Eigenbeitrag	900 €
davon gefördert höchstens (2100 € – 175 €)	1925 €	davon gefördert höchstens (2100 € – 175 €)	1 925 €
gefördert somit	1925 €	gefördert somit	900 €
Abziehbare Sonderausgaben (1925 € + 175 € =)	2100 €	Abziehbare Sonderausgaben (900 € + 175 € =)	1 075 €

zu versteuerndes Einkommen (bisher)		150 000 €
abzüglich Sonderausgaben Ehemann	2100 €	
abzüglich Sonderausgaben Ehefrau	1075 €	
		3 175 €
zu versteuerndes Einkommen (neu)		146 825 €
Einkommensteuer auf 150 000 €		54 378 €
Einkommensteuer auf 146 846 €		53 045 €
Differenz		1 333 €
abzüglich Zulageansprüche insgesamt (2 × 175 €)		350 €
zusätzliche Steuerermäßigung insgesamt		983 €

Der Sonderausgabenabzug nach § 10 a EStG ergibt für die Ehegatten eine zusätzliche Steuerermäßigung i. H. v. 983 €. Zur Zurechnung der auf den einzelnen Ehegatten entfallenden Steuerermäßigung vgl. Rz. 117.

Beispiel:

111 Ehegatten haben im Jahr 2018 ein zu versteuerndes Einkommen i. H. v. 150 000 € (ohne Sonderausgabenabzug nach § 10 a EStG). Darin sind Einkünfte aus unterschiedlichen Einkunftsarten enthalten. Nur der Ehemann ist unmittelbar begünstigt; er hat den erforderlichen Mindesteigenbeitrag erbracht. Seine Ehefrau hat einen eigenen Altersvorsorge- vertrag abgeschlossen und den Mindestbeitrag von 60 € erbracht. Sie ist daher mittelbar zulageberechtigt. Sie haben Beiträge i. H. v. 1700 € (Ehemann) bzw. 250 € (Ehefrau) zugunsten ihrer Verträge gezahlt und – da der Ehemann den erforderlichen Mindesteigenbeitrag geleistet hat - für das Beitragsjahr 2018 jeweils einen Zulageanspruch von 175 €.

Ehemann		Ehefrau	
Eigenbeitrag	1700 €	Eigenbeitrag	250 €
davon gefördert	1700 €		
durch den unmittelbar Zulageberechtigten ausgeschöpftes Abzugsvolumen:			
Eigenbeitrag des Ehemanns	1700 €		
Zulageanspruch Ehemann	175 €		
Zulageanspruch Ehefrau	175 €		
ausgeschöpft somit	2050 €		
Abzugsvolumen	2100 €		60 €
noch nicht ausgeschöpft	50 €		
von der Ehefrau noch nutzbares Abzugsvolumen			50 €
Abzugsvolumen Ehefrau			110 €
Eigenbeitrag Ehefrau			250 €
davon abziehbar			110 €
förderbar (1700 € + 175 € + 175 € =) 2050 €		förderbar	110 €
Abziehbare Sonderausgaben der Ehegatten insgesamt (1700 € + 110 € + 175 € + 175 € =) 2160 €			
zu versteuerndes Einkommen (bisher)			150 000 €
abzüglich Sonderausgaben Ehemann/Ehefrau			2 160 €
zu versteuerndes Einkommen (neu)			147 840 €
Einkommensteuer auf 150 000 €			54 378 €
Einkommensteuer auf 147 840 €			53 471 €
Differenz			907 €
abzüglich Zulageansprüche insgesamt (2 × 175 €)			350 €
zusätzliche Steuerermäßigung insgesamt			557 €

Der Sonderausgabenabzug nach § 10 a EStG ergibt für die Ehegatten eine zusätzliche Steuerermäßigung i. H. v. 557 €. Zur Zurechnung der auf den einzelnen Ehegatten entfallenden Steuerermäßigung vgl. Rz. 118.

c) Gesonderte Feststellung der zusätzlichen Steuerermäßigung

112 Eine gesonderte Feststellung der zusätzlichen Steuerermäßigung nach § 10 a Abs. 4 Satz 1 EStG ist nur durchzuführen, wenn der Sonderausgabenabzug nach § 10 a Abs. 1 EStG günstiger ist als der Zulageanspruch nach Abschnitt XI EStG. Das Wohnsitzfinanzamt stellt in diesen Fällen die über den Zulageanspruch hinausgehende Steuerermäßigung fest und teilt sie der ZfA mit. Wirkt sich eine Änderung der Einkommensteuerfestsetzung auf die Höhe der Steuerermäßigung aus, ist die Feststellung nach § 10 a Abs. 4 Satz 1 i. V. m. § 10 d Abs. 4 Satz 4 EStG ebenfalls zu ändern.

113 Ehegatten/Lebenspartner, bei denen die Voraussetzungen des § 26 Abs. 1 EStG vorliegen, ist die über den Zulageanspruch hinausgehende Steuerermäßigung – unabhängig von der gewählten Veranlagungsart – jeweils getrennt zuzurechnen (§ 10 a Abs. 4 Satz 3 EStG). Hierbei gilt Folgendes:

114 Gehören beide Ehegatten/Lebenspartner zu dem nach § 10 a Abs. 1 EStG begünstigten Personenkreis, ist die über den Zulageanspruch hinausgehende Steuerermäßigung jeweils getrennt zuzurechnen (§ 10 a Abs. 4 Satz 3 EStG). Die Zurechnung erfolgt im Verhältnis der als Sonderausgaben berücksichtigten Altersvorsorgebeiträge (geförderte Eigenbeiträge; § 10 a Abs. 4 Satz 3 Halbsatz 2 EStG).

115 Gehört nur ein Ehegatte/Lebenspartner zu dem nach § 10 a Abs. 1 EStG begünstigten Personenkreis und ist der andere Ehegatte/Lebenspartner nicht nach § 79 Satz 2 EStG zulageberechtigt, weil er keinen eigenen Altersvorsorgevertrag abgeschlossen oder weniger als 60 € im Beitragsjahr zugunsten seines Altersvorsorgevertrags geleistet hat, ist die Steuerermäßigung dem Ehegatten/Lebenspartner zuzurechnen, der zum unmittelbar begünstigten Personenkreis gehört.

116 Gehört nur ein Ehegatte/Lebenspartner zu dem nach § 10 a Abs. 1 EStG begünstigten Personenkreis und ist der andere Ehegatte/Lebenspartner nach § 79 Satz 2 EStG zulageberechtigt, ist die Steuerermäßigung den Ehegatten/Lebenspartnern getrennt zuzurechnen. Die Zurechnung erfolgt im Verhältnis der als Sonderausgaben berücksichtigten Altersvorsorgebeiträge (geförderte Eigenbeiträge; § 10 a Abs. 4 Satz 3 und 4 EStG).

Fortführung des Beispiels aus Rz. 110:

117 Die zusätzliche Steuerermäßigung von 983 € ist den Ehegatten für die gesonderte Feststellung nach § 10 a Abs. 4 Satz 2 EStG getrennt zuzurechnen. Aufteilungsmaßstab hierfür sind die nach § 10 a Abs. 1 EStG berücksichtigten Eigenbeiträge.

Zusätzliche Steuerermäßigung insgesamt		983,00 €
davon Ehemann	(1925 € / 2825 € × 100 = 68,14%)	669,82 €
davon Ehefrau	(900 € / 2825 € × 100 = 31,86%)	313,18 €

Diese Beträge und die Zuordnung zu den jeweiligen Verträgen sind nach § 10 a Abs. 4 EStG gesondert festzustellen und der ZfA als den jeweiligen Verträgen zugehörig mitzuteilen.

Fortführung des Beispiels aus Rz. 111:

118 Die zusätzliche Steuerermäßigung von 557 € ist den Ehegatten für die gesonderte Feststellung nach § 10 a Abs. 4 Satz 4 EStG getrennt zuzurechnen. Aufteilungsmaßstab hierfür ist das Verhältnis der Eigenbeiträge des unmittelbar zulageberechtigten Ehegatten zu den wegen der Nichtausschöpfung des Höchstbetrags berücksichtigten Eigenbeiträgen des mittelbar zulageberechtigten Ehegatten.

Anl zu H 10a

Zusätzliche Steuerermäßigung insgesamt		557,00 €
davon Ehemann	(1700 € / 1810 € × 100 = 93,92%)	523,13 €
davon Ehefrau	(110 € / 1810 € × 100 = 6,08%)	33,87 €

Diese Beträge und die Zuordnung zu den jeweiligen Verträgen sind nach § 10 a Abs. 4 EStG gesondert festzustellen und der ZfA als den jeweiligen Verträgen zugehörig mitzuteilen.

5. Zusammentreffen mehrerer Verträge

a) Altersvorsorgezulage

14 **119** Die Altersvorsorgezulage wird bei einem unmittelbar Zulageberechtigten höchstens für zwei Verträge gewährt (§ 87 Abs. 1 Satz 1 EStG). Der Zulageberechtigte kann im Zulageantrag jährlich neu bestimmen, für welche Verträge die Zulage gewährt werden soll (§ 89 Abs. 1 Satz 2 EStG). Wurde nicht der gesamte nach § 86 EStG erforderliche Mindesteigenbeitrag zugunsten dieser Verträge geleistet, wird die Zulage entsprechend gekürzt (§ 86 Abs. 1 Satz 6 EStG). Die zu gewährende Zulage wird entsprechend dem Verhältnis der zugunsten dieser beiden Verträge geleisteten Altersvorsorgebeiträge verteilt. Es steht dem Zulageberechtigten allerdings frei, auch wenn er mehrere Verträge abgeschlossen hat, die Förderung nur für einen Vertrag in Anspruch zu nehmen.

120 Erfolgt bei mehreren Verträgen keine Bestimmung oder wird die Zulage für mehr als zwei Verträge beantragt, wird die Zulage nur für die zwei Verträge gewährt, für die im Beitragsjahr die höchsten Altersvorsorgebeiträge geleistet wurden (§ 89 Abs. 1 Satz 3 EStG).

Beispiel:

121 Der Zulageberechtigte zahlt im Jahr 2018 800 €, 800 € und 325 € zugunsten von drei verschiedenen Altersvorsorgeverträgen (ohne Zulage). Sein Mindesteigenbeitrag beträgt 1461 €.
Der Zulageberechtigte beantragt die Zulage für die Verträge 1 und 2:

	Vertrag 1	Vertrag 2	Vertrag 3
Beiträge	800 €	800 €	325 €
Zulage	87,50 € (800 €/1600 € × 175 €)	87,50 € (800 €/1600 € × 175 €)	–

Er erhält die ungekürzte Zulage von 175 €, da zugunsten der Verträge 1 und 2 in der Summe der erforderliche Mindesteigenbeitrag geleistet worden ist.

Abwandlung:

122 Wie oben, der Zulageberechtigte zahlt die Beiträge (ohne Zulage) jedoch i. H. v. 650 €, 650 € und 325 € zugunsten von drei verschiedenen Altersvorsorgeverträgen.
Weil der Zulageberechtigte mit den Einzahlungen zugunsten der zwei Verträge, für die die Zulage beantragt wird, nicht den Mindesteigenbeitrag von 1461 € erreicht, wird die Zulage von 175 € im Verhältnis der Altersvorsorgebeiträge zum Mindesteigenbeitrag gekürzt (§ 86 Abs. 1 Satz 6 EStG). Die Zulage beträgt 175 € × 1300 € / 1 461 € = 155,72 €, sie wird den Verträgen 1 und 2 mit jeweils 77,86 € gutgeschrieben:

	Vertrag 1	Vertrag 2	Vertrag 3
Beiträge	650 €	650 €	325 €
Zulage	77,86 € (650 € / 1300 € × 155,72 €)	77,86 € (650 € / 1300 € × 155,72 €)	–

123 Der nach § 79 Satz 2 EStG mittelbar Zulageberechtigte kann die Zulage für das jeweilige Beitragsjahr nicht auf mehrere Verträge verteilen (§ 87 Abs. 2 EStG). Es ist nur der Vertrag begünstigt, für den zuerst die Zulage beantragt wird.

b) Sonderausgabenabzug

124 Für den Sonderausgabenabzug nach § 10 a Abs. 1 EStG ist keine Begrenzung der Anzahl der zu berücksichtigenden Verträge vorgesehen. Der Steuerpflichtige kann im Rahmen des Höchstbetrags nach § 10 a Abs. 1 Satz 1 EStG auch Altersvorsorgebeiträge für Verträge geltend machen, für die keine Zulage beantragt wurde oder aufgrund des § 87 Abs. 1 EStG keine Zulage gewährt wird. In dem Umfang, in dem eine Berücksichtigung nach § 10 a EStG erfolgt, gelten die Beiträge als steuerlich gefördert. Die Zurechnung der über den Zulageanspruch nach Abschnitt XI EStG hinausgehenden Steuerermäßigung erfolgt hierbei im Verhältnis der berücksichtigten Altersvorsorgebeiträge (§ 10 a Abs. 4 Satz 2 EStG).

Beispiel:

125 Der Steuerpflichtige zahlt im Jahr 2018 insgesamt 2400 € Beiträge (ohne Zulage von 175 €) auf vier verschiedene Altersvorsorgeverträge ein (800 €, 800 €, 400 €, 400 €). Sein Mindesteigenbeitrag beträgt 1461 €. Die Zulage wird für die beiden Verträge mit je 800 € Beitragsleistung beantragt. Die zusätzliche Steuerermäßigung für den Sonderausgabenabzug nach § 10 a Abs. 1 EStG beträgt 270 €.
Obwohl die Altersvorsorgebeiträge für die Verträge 3 und 4 sich nicht auf die Zulagegewährung auswirken (§ 87 Abs. 1 Satz 1 EStG), gehören die auf diese Beiträge entfallenden Leistungen aus diesen Verträgen in der Auszahlungsphase ebenfalls zu den sonstigen Einkünften nach § 22 Nr. 5 Satz 1 EStG, soweit sie als Sonderausgaben berücksichtigt wurden. In folgender Höhe sind die Beiträge steuerlich begünstigt worden:

Anl zu H 10 a

	Vertrag 1	Vertrag 2	Vertrag 3	Vertrag 4
Sonderausgabenhöchstbetrag abzüglich Zulage (2100 € – 175 € = 1925 €) im Verhältnis zu den geleisteten Beiträgen	641,67 € (1925 € / 2400 € × 800 €)	641,67 € (1925 € / 2400 € × 800 €)	320,83 € (1925 € / 2400 € × 400 €)	320,83 € (1925 € / 2400 € × 400 €)
Zulage	87,50 €	87,50 €	–	–
bei den einzelnen Verträgen sind somit die folgenden Beträge steuerlich begünstigt (729,17 € + 729,17 € + 320,83 € + 320,83 € = 2100,00 €)	729,17 €	729,17 €	320,83 €	320,83 €

Die Steuerermäßigung ist den vier Verträgen wie folgt zuzurechnen:

	Vertrag 1	Vertrag 2	Vertrag 3	Vertrag 4
Beiträge	800 €	800 €	400 €	400 €
Zulage	87,50 €	87,50 €	–	–
Zusätzliche Steuerermäßigung	90 € (641,67 € / 1925 € × 270 €)	90 € (641,67 € / 1925 € × 270 €)	45 € (320,83 € / 1925 € × 270 €)	45 € (320,83 € / 1925 € × 270 €)

II. Nachgelagerte Besteuerung nach § 22 Nr. 5 EStG

1. Allgemeines

126 § 22 Nr. 5 EStG ist anzuwenden auf Leistungen aus Altersvorsorgeverträgen im Sinne des § 82 Abs. 1 EStG sowie auf Leistungen aus Pensionsfonds, Pensionskassen und Direktversicherungen. Korrespondierend mit der Freistellung der Beiträge, Zahlungen, Erträge und Wertsteigerungen von steuerlichen Belastungen in der Ansparphase werden die Leistungen erst in der Auszahlungsphase besteuert (nachgelagerte Besteuerung; zu Ausnahmen vgl. Rzn. 195 ff.), und zwar auch dann, wenn zugunsten des Vertrags ausschließlich Beiträge geleistet wurden, die nicht nach § 10 a/Abschnitt XI EStG gefördert worden sind. § 22 Nr. 5 EStG ist gegenüber anderen Vorschriften des EStG und des InvStG eine vorrangige Spezialvorschrift. Dies bedeutet auch, dass die ab dem 1. Januar 2009 geltende Abgeltungsteuer in diesen Fällen keine Anwendung findet. 15

127 Während der Ansparphase erfolgt bei zertifizierten Altersvorsorgeverträgen keine Besteuerung von Erträgen und Wertsteigerungen. Dies gilt unabhängig davon, ob oder in welchem Umfang die Altersvorsorgebeiträge nach § 10 a/Abschnitt XI EStG gefördert wurden.

128 Die Regelungen über die Erhebung der Kapitalertragsteuer sind nicht anzuwenden. In der Ansparphase fallen keine kapitalertragsteuerpflichtigen Kapitalerträge an; die Leistungen in der Auszahlungsphase unterliegen nach § 22 Nr. 5 EStG der Besteuerung im Rahmen der Einkommensteuerveranlagung, so dass auch in der Auszahlungsphase kein Kapitalertragsteuerabzug vorzunehmen ist. Da es sich um Einkünfte nach § 22 Nr. 5 EStG handelt, ist kein Sparer-Pauschbetrag nach § 20 Abs. 9 EStG anzusetzen. Der Pauschbetrag für Werbungskosten bestimmt sich nach § 9 a Satz 1 Nr. 3 EStG.

129 Der Umfang der Besteuerung der Leistungen in der Auszahlungsphase richtet sich danach, inwieweit die Beiträge in der Ansparphase steuerfrei gestellt (§ 3 Nr. 63, 63 a und 66 EStG), nach § 10 a/Abschnitt XI EStG (Sonderausgabenabzug und Altersvorsorgezulage) gefördert worden sind, durch steuerfreie Zuwendungen nach § 3 Nr. 56 EStG oder durch die nach § 3 Nr. 55 b Satz 1 oder § 3 Nr. 55 c EStG steuerfreien Leistungen aus einem neu begründeten Anrecht erworben wurden. Dies gilt auch für Leistungen aus einer ergänzenden Absicherung der verminderten Erwerbsfähigkeit oder Dienstunfähigkeit und einer zusätzlichen Absicherung der Hinterbliebenen. Dabei ist von einer einheitlichen Behandlung der Beitragskomponenten für Alter und Zusatzrisiken auszugehen. An den Leistungsempfänger auszuzahlende Anteile an den Bewertungsreserven sind steuerlich so zu behandeln wie die zu Grunde liegende Hauptleistung. Negative Einkünfte nach § 22 Nr. 5 EStG können mit anderen Einkünften im Sinne des § 22 EStG und positiven Einkünften anderer Einkunftsarten verrechnet werden (horizontaler und vertikaler Verlustausgleich). Bei Leistungen in Form von Teil- bzw. Einmalkapitalauszahlungen handelt es sich nicht um außerordentliche Einkünfte im Sinne des § 34 Abs. 2 EStG (vgl. auch BFH-Urteil vom 20. September 2016, BStBl. II 2017 S. 347). Eine Anwendung der Fünftelungsregelung des § 34 EStG auf diese Zahlungen kommt daher nicht in Betracht, es sei denn, es handelt sich um eine Kleinbetragsrentenabfindung nach § 93 Abs. 3 EStG (vgl. Rzn. 200 ff.), auf die § 34 Abs. 1 EStG nach § 22 Nr. 5 Satz 13 EStG entsprechend anzuwenden ist. Die Abgrenzung von geförderten und nicht geförderten Beiträgen im Fall einer internen Teilung nach § 10 des Versorgungsausgleichsgesetzes – VersAusglG – (BGBl. I 2009 S. 700) ist bei der ausgleichsberechtigten Person genauso vorzunehmen, wie sie bei der ausgleichspflichtigen Person erfolgt wäre, wenn die interne Teilung nicht stattgefunden hätte.

130 Zu den Einzelheiten zur Besteuerung der Leistungen aus Pensionsfonds, Pensionskassen und Direktversicherungen vgl. Rzn. 148 ff. des BMF-Schreibens vom 6. Dezember 2017 (BStBl. I 2018 S. 147).[1]

---

[1] Abgedruckt im „Handbuch zur Lohnsteuer 2021" im Anhang **I** Nr. **15 b;** siehe jetzt BMF-Schreiben vom 12. 8. 2021 (BStBl. I S. 1050), abgedruckt im „Handbuch zur Lohnsteuer 2022" im Anhang **I** Nr. **15 b.**

Anl zu H 10a

2. Abgrenzung der geförderten und der nicht geförderten Beiträge

a) Geförderte Beiträge

16 **131** Zu den geförderten Beiträgen gehören die geleisteten Eigenbeiträge zuzüglich der für das Beitragsjahr zustehenden oder gezahlten Altersvorsorgezulage, soweit sie den Höchstbetrag nach § 10a EStG nicht übersteigen, mindestens jedoch die gewährten Zulagen und die geleisteten Sockelbeträge im Sinne des § 86 Abs. 1 Satz 4 EStG. Bei mehreren Verträgen ist der Höchstbetrag für diese insgesamt nur einmal anzuwenden; die Aufteilung erfolgt entsprechend dem Verhältnis der zugunsten dieser Verträge geleisteten Altersvorsorgebeiträge (vgl. Rzn. 124 f.). Eine zu Unrecht gewährte Förderung, deren Rückforderung nicht mehr möglich ist, kann zu einer Steuerverstrickung über den Höchstbetrag hinaus führen. Zu den im Rahmen der betrieblichen Altersversorgung im Sinne des § 22 Nr. 5 EStG geförderten Beiträgen vgl. BMF-Schreiben vom 6. Dezember 2017 (BStBl. I 2018 S. 147).[1]

132 Soweit Altersvorsorgebeiträge zugunsten eines zertifizierten Altersvorsorgevertrags, für den keine Zulage beantragt wird oder der als weiterer Vertrag nicht mehr zulagebegünstigt ist (§ 87 Abs. 1 Satz 1 EStG), als Sonderausgaben im Sinne des § 10a EStG berücksichtigt werden, gehören die Beiträge bis zum Höchstbetrag nach § 10a EStG ebenfalls zu den geförderten Beiträgen. Rz. 131 gilt entsprechend.

133 Bei einem mittelbar zulageberechtigten Ehegatten/Lebenspartner gehören die im Rahmen des Sonderausgabenabzugs nach § 10a Abs. 1 EStG berücksichtigten Altersvorsorgebeiträge (vgl. Rzn. 100, 111 und 116) und die für dieses Beitragsjahr zustehende Altersvorsorgezulage zu den geförderten Beiträgen.

b) Nicht geförderte Beiträge

134 Zu den nicht geförderten Beiträgen gehören Beträge,
- die zugunsten eines zertifizierten Altersvorsorgevertrags in einem Beitragsjahr eingezahlt werden, in dem der Anleger nicht zum begünstigten Personenkreis gehört,
- für die er keine Altersvorsorgezulage und keinen steuerlichen Vorteil aus dem Sonderausgabenabzug nach § 10a EStG erhalten hat oder
- die den Höchstbetrag nach § 10a EStG abzüglich der individuell für das Beitragsjahr zustehenden Zulage übersteigen („Überzahlungen"), sofern es sich nicht um den Sockelbetrag handelt.

135 Erträge und Wertsteigerungen, die auf zu Unrecht gezahlte und dementsprechend später zurückgeforderte Zulagen entfallen, sind als ungefördertes Altersvorsorgevermögen zu behandeln.

136 Sieht der zertifizierte Altersvorsorgevertrag vertraglich die Begrenzung auf einen festgelegten Höchstbetrag (z. B. den Betrag nach § 10a EStG, den Mindestbeitrag nach § 79 Satz 2 EStG oder den nach § 86 EStG erforderlichen Mindesteigenbeitrag zuzüglich Zulageanspruch) vor, handelt es sich bei Zahlungen, die darüber hinausgehen, um zivilrechtlich nicht geschuldete Beträge und damit nicht um Altersvorsorgebeiträge, für die eine Förderung beansprucht werden kann. Das Gleiche gilt für andere gezahlte Beträge, die zivilrechtlich nicht geschuldet waren. Der Anleger kann sie entweder nach den allgemeinen zivilrechtlichen Vorschriften vom Anbieter zurückfordern oder in Folgejahren mit geschuldeten Beiträgen verrechnen lassen. Diese Beträge sind erst für das Jahr der Verrechnung als Altersvorsorgebeiträge zu behandeln.

3. Leistungen, die ausschließlich auf geförderten Altersvorsorgebeiträgen beruhen (§ 22 Nr. 5 Satz 1 EStG)

17 **137** Die Leistungen in der Auszahlungsphase unterliegen in vollem Umfang der Besteuerung nach § 22 Nr. 5 Satz 1 EStG, wenn
- die gesamten Altersvorsorgebeiträge in der Ansparphase nach § 10a/Abschnitt XI EStG gefördert worden sind,
- sie auf einem nach § 3 Nr. 55b Satz 1 oder § 3 Nr. 55c EStG vollständig steuerfrei begründeten Anrecht beruhen oder
- die gesamten Beiträge nach § 3 Nr. 63, § 3 Nr. 63a oder Abschnitt XII EStG gefördert worden sind.

Dies gilt auch, soweit die Leistungen auf gutgeschriebenen Zulagen sowie den erzielten Erträgen und Wertsteigerungen beruhen.

Beispiel:

138 Der Steuerpflichtige hat über 25 Jahre einschließlich der Zulagen immer genau die förderbaren Höchstbeiträge zugunsten eines begünstigten Altersvorsorgevertrags eingezahlt. Er erhält ab Vollendung des 65. Lebensjahres eine monatliche Rente i. H. v. 500 €.

Die Rentenzahlung ist mit 12 x 500 € = 6000 € im Rahmen der Einkommensteuerveranlagung nach § 22 Nr. 5 Satz 1 EStG voll steuerpflichtig.

4. Leistungen, die zum Teil auf geförderten, zum Teil auf nicht geförderten Altersvorsorgebeiträgen beruhen (§ 22 Nr. 5 Satz 1 und 2 EStG)

18 **139** Hat der Steuerpflichtige in der Ansparphase sowohl geförderte als auch nicht geförderte Beiträge zugunsten des Vertrags geleistet, sind die Leistungen in der Auszahlungsphase aufzuteilen.

140 Soweit Beiträge in der Ansparphase gefördert oder steuerfrei gestellt (z. B. Rzn. 150 ff.) worden sind, sind die Leistungen nach § 22 Nr. 5 Satz 1 EStG voll zu besteuern. Insoweit gilt Rz. 137 entsprechend.

[1] Abgedruckt im „Handbuch zur Lohnsteuer 2021" im Anhang **I** Nr. **15 b;** siehe jetzt BMF-Schreiben vom 12. 8. 2021 (BStBl. I S. 1050), abgedruckt im „Handbuch zur Lohnsteuer 2022" im Anhang **I** Nr. **15 b.**

Anl zu H 10a

141 Aufteilungsfälle liegen z. B. vor, wenn
- ein zertifizierter Altersvorsorgevertrag nicht in der gesamten Ansparphase gefördert worden ist, weil z. B. in einigen Jahren die persönlichen Fördervoraussetzungen nicht vorgelegen haben, aber weiterhin Beiträge eingezahlt worden sind,
- der Begünstigte höhere Beiträge eingezahlt hat, als im einzelnen Beitragsjahr nach § 10 a EStG begünstigt waren.

Für die Frage des Aufteilungsmaßstabs sind die Grundsätze des BMF-Schreibens vom 11. November 2004 (BStBl. I S. 1061) unter Berücksichtigung der Änderungen durch das BMF-Schreiben vom 14. März 2012 (BStBl. I S. 311) anzuwenden. Beiträge, die nach dem 31. Dezember 2001 zugunsten eines zertifizierten Altersvorsorgevertrags geleistet wurden, sind danach getrennt aufzuzeichnen und die sich daraus ergebenden Leistungen einschließlich zugeteilter Erträge getrennt zu ermitteln. Dabei scheidet die Anwendung eines beitragsproportionalen Verfahrens für einen längeren Zeitraum – mehr als zwei Beitragsjahre – zur Ermittlung der sich aus den entsprechenden Beiträgen ergebenden Leistungen und Erträge aus.

142 Wird vom Anbieter zur Erfüllung der Beitragserhaltungszusage (§ 1 Abs. 1 Satz 1 Nr. 3 AltZertG) zu Beginn der Auszahlungsphase ein Betrag auf den Altersvorsorgevertrag eingezahlt, ist dieser im gleichen Verhältnis in einen geförderten und einen ungeförderten Teil aufzuteilen, in dem das zu Beginn der Auszahlungsphase auf dem Altersvorsorgevertrag vorhandene geförderte Kapital zum ungeförderten Kapital ohne Berücksichtigung des vom Anbieter eingezahlten Betrags zur Erfüllung der Beitragserhaltungszusage steht.

143 Die Besteuerung von Leistungen, die auf nicht geförderten Beiträgen beruhen, richtet sich nach der Art der Leistung. Es werden insoweit drei Gruppen unterschieden:
- Leistungen in Form einer lebenslangen Rente oder einer Berufsunfähigkeits-, Erwerbsminderungs- und Hinterbliebenenrente, § 22 Nr. 5 Satz 2 Buchstabe a EStG (Rz. 144)
- andere Leistungen aus Altersvorsorgeverträgen (zertifizierten Versicherungsverträgen), Pensionsfonds, Pensionskassen und Direktversicherungen, § 22 Nr. 5 Satz 2 Buchstabe b EStG (Rz. 145)
- übrige Leistungen (z. B. aus zertifizierten Bank- oder Fondssparplänen oder aus zertifizierten Bausparverträgen), § 22 Nr. 5 Satz 2 Buchstabe c EStG (Rz. 146).

144 Soweit es sich um eine lebenslange Rente oder eine Berufsunfähigkeits-, Erwerbsminderungs- und Hinterbliebenenrente handelt, die auf nicht geförderten Beiträgen beruht, erfolgt die Besteuerung in der Regel nach § 22 Nr. 5 Satz 2 Buchstabe a i. V. m. § 22 Nr. 1 Satz 3 Buchstabe a Doppelbuchstabe bb EStG mit dem entsprechenden Ertragsanteil. Leistungen aus einem Pensionsfonds, einer Pensionskasse (inkl. Versorgungsausgleichskasse) oder aus einer Direktversicherung, die auf nicht gefördertem Kapital beruhen und für die die Voraussetzungen der Basis-Rente erfüllt sind (zertifiziert nach § 5 a AltZertG), werden hingegen nach § 22 Nr. 5 Satz 2 Buchstabe a i. V. m. § 22 Nr. 1 Satz 3 Buchstabe a Doppelbuchstabe aa EStG mit dem Besteuerungsanteil besteuert. Werden neben einer Grundrente Überschussbeteiligungen in Form einer Bonusrente gezahlt, so ist der gesamte Auszahlungsbetrag mit einem einheitlichen Ertragsanteil der Besteuerung zu unterwerfen. R 22.4 Abs. 1 Satz 1 EStR ist in diesen Fällen nicht einschlägig, da mit der Überschussbeteiligung in Form einer Bonusrente kein neues Rentenrecht begründet wird. In der Mitteilung nach § 22 Nr. 5 EStG ist der Betrag von Grund- und Bonusrente in einer Summe auszuweisen.

145 Wird auf nicht geförderten Beiträgen beruhendes Kapital aus einem zertifizierten Versicherungsvertrag ausgezahlt, ist nach § 22 Nr. 5 Satz 2 Buchstabe b EStG die Regelung des § 20 Abs. 1 Nr. 6 EStG in der für den zugrunde liegenden Vertrag geltenden Fassung entsprechend anzuwenden. Erfolgt bei einem vor dem 1. Januar 2005 abgeschlossenen Versicherungsvertrag die Kapitalauszahlung erst nach Ablauf von zwölf Jahren seit Vertragsabschluss und erfüllt der Vertrag die weiteren Voraussetzungen des § 10 Abs. 1 Nr. 2 EStG in der am 31. Dezember 2004 geltenden Fassung, unterliegt die Kapitalauszahlung insgesamt nicht der Besteuerung (§ 52 Abs. 28 Satz 5 EStG). Liegen die genannten Voraussetzungen nicht vor, unterliegen die rechnungsmäßigen und außerrechnungsmäßigen Zinsen der Besteuerung (§ 52 Abs. 28 Satz 5 EStG). Bei einem nach dem 31. Dezember 2004 abgeschlossenen Versicherungsvertrag, der die Voraussetzungen des § 20 Abs. 1 Nr. 6 EStG erfüllt, unterliegt bei Kapitalauszahlungen der Unterschiedsbetrag zwischen der Versicherungsleistung und der Summe der auf sie entrichteten Beiträge der Besteuerung. Erfolgt die Auszahlung erst nach Vollendung des 60. Lebensjahres des Steuerpflichtigen und hat der Vertrag im Zeitpunkt der Auszahlung mindestens zwölf Jahre bestanden, ist nur die Hälfte dieses Unterschiedsbetrags der Besteuerung zu Grunde zu legen. Für nach dem 31. Dezember 2011 abgeschlossene Verträge ist grundsätzlich auf die Vollendung des 62. Lebensjahres abzustellen.

146 Erhält der Steuerpflichtige in der Auszahlungsphase gleich bleibende oder steigende monatliche (Teil-)Raten, variable Teilraten oder eine Kapitalauszahlung, auf die § 22 Nr. 5 Satz 2 Buchstabe b EStG nicht anzuwenden ist (z. B. Teilkapitalauszahlung aus einem Altersvorsorgevertrag in der Form eines zertifizierten Bank-/Fondssparplans oder Bausparvertrags), gilt § 22 Nr. 5 Satz 2 Buchstabe c EStG. Zu versteuern ist der Unterschiedsbetrag zwischen der ausgezahlten Leistung und den auf sie entrichteten Beiträgen. Erfolgt die Auszahlung der Leistung nach Vollendung des 60. Lebensjahres des Leistungsempfängers und hatte der Vertrag eine Laufzeit von mehr als zwölf Jahren, ist nur die Hälfte des Unterschiedsbetrags zu versteuern. Für nach dem 31. Dezember 2011 abgeschlossene Verträge ist grundsätzlich auf die Vollendung des 62. Lebensjahres abzustellen. Für die Berechnung des Unterschiedsbetrags ist das BMF-Schreiben vom 1. Oktober 2009 (BStBl. I S. 1172)[1] ergänzt durch BMF-Schreiben vom 6. März 2012 (BStBl. I S. 238), 11. November 2016 (BStBl. I S. 1238) und geändert durch BMF-Schreiben vom 18. Juni 2013 (BStBl. I S. 768) entsprechend anzuwenden.

---

[1] Abgedruckt als Anlage c zu § 20 EStG.

Anl zu H 10a

Beispiel:

147 A (geb. im Januar 1961) hat einen Altersvorsorgevertrag abgeschlossen und zugunsten dieses Vertrags ausschließlich geförderte Beiträge eingezahlt (§ 10 a EStG/Abschnitt XI EStG). Der Vertrag sieht vor, dass 10% der geleisteten Beiträge zur Absicherung der verminderten Erwerbsfähigkeit eingesetzt werden.
Im Januar 2020 wird A vermindert erwerbsfähig und erhält aus dem Altersvorsorgevertrag eine Erwerbsminderungsrente i. H. v. 100 € monatlich ausgezahlt. Die Zahlung der Erwerbsminderungsrente steht unter der auflösenden Bedingung des Wegfalls der Erwerbsminderung. Der Versicherer hat sich vorbehalten, die Voraussetzungen für die Rentengewährung alle zwei Jahre zu überprüfen. Diese Rente endet mit Ablauf des Jahres 2025. Ab dem Jahr 2026 erhält A aus dem Vertrag eine Altersrente i. H. v. monatlich 150 €.
Die Erwerbsminderungsrente ist im Jahr 2020 i. H. v. 1200 € (12 × 100 €) im Rahmen der Einkünfte aus § 22 Nr. 5 Satz 1 EStG zu erfassen. Dies gilt entsprechend für die Jahre 2021 bis 2025. Ab dem Jahr 2026 erfolgt eine Erfassung der Altersrente i. H. v. 1800 € (12 × 150 €) nach § 22 Nr. 5 Satz 1 EStG.

Abwandlung:

A leistet ab dem Jahr 2008 einen jährlichen Beitrag i. H. v. insgesamt 1000 €. Er ist in den Jahren 2008 bis 2017 (zehn Jahre) unmittelbar förderberechtigt. Die von ihm geleisteten Beiträge werden nach § 10 a EStG/Abschnitt XI EStG gefördert. Im Jahr 2018 und 2019 ist er hingegen nicht förderberechtigt. Er zahlt in den Jahren jedoch – trotz der fehlenden Förderung – weiterhin einen jährlichen Beitrag i. H. v. 1000 €. Ende des Jahres 2019 beträgt das von A geförderte Altersvorsorgevermögen 15 000 €. Das Gesamtvermögen beläuft sich auf 18 000 €.
Die Erwerbsminderungsrente ist im Jahr 2020 i. H. v. 1000 € (1200 € × 15/18) im Rahmen der Einkünfte aus § 22 Nr. 5 Satz 1 EStG zu erfassen. Die verbleibenden 200 € sind nach § 22 Nr. 5 Satz 2 Buchstabe a EStG i. V. m. § 22 Nr. 1 Satz 3 Buchstabe a Doppelbuchstabe bb Satz 5 EStG i. V. m. § 55 EStDV mit einem Ertragsanteil i. H. v. 7% (bemessen nach einer voraussichtlichen Laufzeit von sechs Jahren) steuerlich zu erfassen. Der Ertragsanteil bemisst sich grundsätzlich nach der Zeitspanne zwischen dem Eintritt des Versicherungsfalls (Begründung der Erwerbsminderung) und dem voraussichtlichen Leistungsende (hier: Erreichen der für die Hauptversicherung vereinbarten Altersgrenze). Steht der Anspruch auf Rentengewährung unter der auflösenden Bedingung des Wegfalls der Erwerbsminderung und lässt der Versicherer das Fortbestehen der Erwerbsminderung in mehr oder minder regelmäßigen Abständen prüfen, wird hierdurch die zu berücksichtigende voraussichtliche Laufzeit nicht berührt. Ab dem Jahr 2026 erfolgt eine Erfassung der Altersrente i. H. v. 1500 € (1800 € × 15/18) nach § 22 Nr. 5 Satz 1 EStG. Der verbleibende Rentenbetrag i. H. v. 300 € wird mit dem vom Alter des Rentenberechtigten bei Beginn der Altersrente abhängigen Ertragsanteil nach § 22 Nr. 5 Satz 2 Buchstabe a EStG i. V. m. § 22 Nr. 1 Satz 3 Buchstabe a Doppelbuchstabe bb EStG erfasst.

5. Leistungen, die ausschließlich auf nicht geförderten Altersvorsorgebeiträgen beruhen

19 **148** Hat der Steuerpflichtige in der Ansparphase ausschließlich nicht geförderte Beiträge zugunsten eines zertifizierten Altersvorsorgevertrags eingezahlt, gelten für die gesamte Auszahlungsleistung die Ausführungen in Rzn. 143 bis 147.

6. Vertragswechsel

20 **149** Die Übertragung von Altersvorsorgevermögen auf einen anderen Altersvorsorgevertrag führt grundsätzlich zu einem steuerpflichtigen Zufluss, bei dem die Leistungen nach § 22 Nr. 5 EStG zu besteuern sind.

Unter den nachfolgenden Voraussetzungen ist eine steuerfreie Übertragung möglich:

a) Steuerfreiheit nach § 3 Nr. 55 c EStG

150 Nach § 3 Nr. 55 c EStG sind Übertragungen von Altersvorsorgevermögen auf einen anderen auf den Namen des Zulageberechtigten lautenden Altersvorsorgevertrag (§ 1 Abs. 1 Satz 1 Nr. 10 Buchstabe b AltZertG) steuerfrei, soweit die Leistungen zu steuerpflichtigen Einkünften nach § 22 Nr. 5 EStG führen würden.

151 Dies gilt entsprechend, wenn

- Anwartschaften aus einer betrieblichen Altersversorgung, die über einen Pensionsfonds, eine Pensionskasse oder ein Unternehmen der Lebensversicherung (Direktversicherung) durchgeführt wird, lediglich auf einen anderen Träger einer betrieblichen Altersversorgung in Form eines Pensionsfonds, einer Pensionskasse oder eines Unternehmens der Lebensversicherung (Direktversicherung) übertragen werden, soweit keine Zahlungen unmittelbar an den Arbeitnehmer erfolgen (vgl. Rz. 63 des BMF-Schreibens vom 6. Dezember 2017, BStBl. I 2018 S. 147)[1] oder
- Anwartschaften der betrieblichen Altersversorgung abgefunden werden, soweit das Altersvorsorgevermögen zugunsten eines auf den Namen des Zulageberechtigten lautenden Altersvorsorgevertrags geleistet wird oder
- im Fall des Todes des Zulageberechtigten das Altersvorsorgevermögen auf einen auf den Namen des Ehegatten/Lebenspartners lautenden Altersvorsorgevertrag übertragen wird, wenn die Ehegatten/Lebenspartner im Zeitpunkt des Todes des Zulageberechtigten nicht dauernd getrennt gelebt haben (§ 26 Abs. 1 EStG) und ihren Wohnsitz oder gewöhnlichen Aufenthalt in einem EU-/EWR-Staat hatten.

152 Soweit die Übertragung im Rahmen des Vertragswechsels nicht zu Einkünften im Sinne des EStG führt, bedarf es keiner Steuerfreistellung nach § 3 Nr. 55 c EStG.

b) Besteuerung beim überlebenden Ehegatten/Lebenspartner

153 Für die Besteuerung der Leistungen bei dem überlebenden Ehegatten/Lebenspartner ist unerheblich, zu welchen Einkünften die Leistungen aus dem übertragenen Altersvorsorgevermögen bei dem verstorbenen Zulageberechtigten geführt hätten, da mit der Übertragung des Altersvorsorgevermögens ein neues Anrecht begründet wird. Bei dem überlebenden Ehegatten/Lebenspartner unterliegen die Leistungen aus dem Altersvorsorgevertrag, die auf dem nach § 3 Nr. 55 c EStG steuerfreien

[1] Abgedruckt im „Handbuch zur Lohnsteuer 2021" im Anhang **I** Nr. **15 b;** siehe jetzt BMF-Schreiben vom 12. 8. 2022 (BStBl. I S. 1050), abgedruckt im „Handbuch zur Lohnsteuer 2022" im Anhang **I** Nr. **15 b.**

Anl zu H 10a

Betrag beruhen, insoweit in vollem Umfang der nachgelagerten Besteuerung nach § 22 Nr. 5 Satz 1 EStG.

Beispiel:

154 A hat am 1. Januar 2002 einen versicherungsförmigen Altersvorsorgevertrag abgeschlossen, auf den geförderte und ungeförderte Beiträge eingezahlt wurden. Im Jahr 2012 verstirbt A. Das Altersvorsorgevermögen wird auf den im Jahr 2012 abgeschlossenen Altersvorsorgevertrag (Fondssparplan) seiner überlebenden Ehefrau B übertragen.
Das übertragene geförderte Altersvorsorgevermögen wird nach § 3 Nr. 55 c EStG steuerfrei gestellt, da die Leistungen, die auf dem geförderten Altersvorsorgevermögen beruhen, im Zeitpunkt der Übertragung zu steuerpflichtigen Einkünften nach § 22 Nr. 5 EStG führen würden. Eine Steuerfreistellung des übertragenen ungeförderten Altersvorsorgevermögens erfolgt nicht, da die Leistungen bei einer unterstellten Auszahlung im Todesfall nach § 22 Nr. 5 Satz 2 Buchstabe b EStG i. V. m. § 20 Abs. 1 Nr. 6 EStG in der am 31. Dezember 2004 geltenden Fassung nicht der Besteuerung unterlegen hätten (kein Erlebensfall oder Rückkauf).
Zwei Jahre nach der Übertragung des Altersvorsorgevermögens beginnt die Auszahlungsphase des Altersvorsorgevertrags von B. Das geförderte Kapital wird im Rahmen eines Auszahlungsplans mit einer Teilkapitalverrentung ab dem 85. Lebensjahr ausgezahlt. Das ungeförderte Kapital erhält B als Einmalauszahlung.

	Gefördertes AV in €	Ungefördertes AV in €
Beiträge des A	23 012	10 460
Zulagen des A	3 388	
Erträge des A	8 000	3 000
Altersvorsorgevermögen zum Zeitpunkt der Kapitalübertragung wegen Todes	34 400	13 460
Nach § 3 Nr. 55 c EStG gefördertes Altersvorsorgevermögen (bisher nach anderen Vorschriften gefördert)	34 400	
Bisher ungefördertes jetzt gefördertes Altersvorsorgevermögen (§ 3 Nr. 55 c EStG)	–	–
Altersvorsorgevermögen nach dem Zeitpunkt der Kapitalübertragung	34 400	13 460
Erträge nach der Kapitalübertragung	1 400	550
Tatsächliche Auszahlung	35 800	14 010

Die Auszahlung des übertragenen geförderten Kapitals im Rahmen eines Auszahlungsplans mit einer Teilkapitalverrentung ab dem 85. Lebensjahr ist wegen der Steuerfreistellung nach § 3 Nr. 55 c EStG steuerpflichtig nach § 22 Nr. 5 Satz 1 EStG. Die Besteuerung der Einmalauszahlung aus dem übertragenen ungeförderten Kapital erfolgt nach § 22 Nr. 5 Satz 2 Buchstabe c EStG. Danach ist der steuerpflichtige Unterschiedsbetrag zwischen der Leistung und der Summe der auf sie entrichteten Beiträge wie folgt zu ermitteln: 14 010 € – 13 460 € = 550 €. Die Anwendung des hälftigen Unterschiedsbetrags (§ 22 Nr. 5 Satz 2 Buchstabe c EStG) kommt nicht in Betracht, da die Laufzeit des Vertrags von B nur zwei Jahre betragen hat.

c) Übertragung von ungefördertem Altersvorsorgevermögen

155 Um beim Vertragswechsel die praktische Umsetzung zu gewährleisten gilt im Hinblick auf die Übertragung von ungefördertem Altersvorsorgevermögen von einem zertifizierten Altersvorsorgevertrag auf einen anderen zertifizierten Altersvorsorgevertrag des Zulageberechtigten Folgendes:

aa) Ermittlung des nach § 3 Nr. 55 c EStG steuerfreien Betrags bei einem vor dem 1. Januar 2005 abgeschlossenen, versicherungsförmigen Altersvorsorgevertrag

156 Bei einer Übertragung eines vor dem 1. Januar 2005 abgeschlossenen, versicherungsförmigen Altersvorsorgevertrags im Sinne der Rz. 150 ist § 3 Nr. 55 c EStG anzuwenden, wenn die Leistungen bei einer unterstellten Auszahlung an den Zulageberechtigten im Zeitpunkt der Kapitalübertragung zu steuerpflichtigen Einkünften geführt hätten (§ 22 Nr. 5 Satz 2 Buchstabe b i. V. m. § 20 Abs. 1 Nr. 6 EStG in der am 31. Dezember 2004 geltenden Fassung). Für die Ermittlung des insoweit steuerfrei zu stellenden Betrags ist aus Vereinfachungsgründen auf den Unterschiedsbetrag zwischen dem ungeförderten Teil des übertragenen Altersvorsorgevermögens und der Summe der auf ihn entrichteten Beiträge statt auf die rechnungsmäßigen und außerrechnungsmäßigen Zinsen im Sinne des § 20 Abs. 1 Nr. 6 EStG in der am 31. Dezember 2004 geltenden Fassung abzustellen. Dies gilt auch, wenn die Übertragung von einem vor dem 1. Januar 2005 abgeschlossenen versicherungsförmigen Altersvorsorgevertrag auf einen vor dem 1. Januar 2005 abgeschlossenen versicherungsförmigen Altersvorsorgevertrag erfolgt. Die Sätze 2 und 3 sind auch bei Übertragungen im Sinne des § 3 Nr. 55 a oder 55 b EStG von einem versicherungsförmigen Altersvorsorgevertrag anzuwenden.

bb) Besteuerung im Auszahlungszeitpunkt

157 Die auf den nach § 3 Nr. 55 c EStG steuerfrei gestellten Beträgen (einschließlich ihrer Erträge und Wertsteigerungen) beruhenden Leistungen werden bei der Auszahlung an den Zulageberechtigten nach § 22 Nr. 5 Satz 1 EStG besteuert. Sie sind vom aufnehmenden Anbieter entsprechend in die Mitteilung nach § 22 Nr. 5 Satz 7 EStG aufzunehmen und mit der Rentenbezugsmitteilung nach § 22 a EStG zu melden (vgl. Rz. 193).

158 Hat der abgebende Anbieter dem aufnehmenden Anbieter einen nach § 3 Nr. 55 c EStG freizustellenden Betrag für den ungeförderten Teil des übertragenen Altersvorsorgevermögens i. H. v. 0 € gemeldet, weil z. B. bei einer unterstellten Auszahlung an den Zulageberechtigten im Zeitpunkt der Kapitalübertragung nach § 22 Nr. 5 Satz 2 i. V. m. § 20 Abs. 1 Nr. 6 EStG in der am 31. Dezember 2004 geltenden Fassung die Leistungen nicht der Besteuerung unterlägen hätten, dann wird dieser Teil des übertragenen Kapitals im Zeitpunkt der Auszahlung an den Zulageberechtigten nicht besteuert. Die sich aus dem übertragenen ungeförderten Kapital beim aufnehmenden Anbieter ergebenden Erträge und Wertsteigerungen werden nach § 22 Nr. 5 Satz 2 EStG steuerlich erfasst. Sie sind vom aufnehmenden Anbieter entsprechend in die Mitteilung nach § 22 Nr. 5 Satz 7 EStG aufzunehmen und mit der Rentenbezugsmitteilung nach § 22 a EStG zu melden (vgl. Rz. 193).

Anl zu H 10 a

159 Eine Kapitalübertragung im Sinne des § 3 Nr. 55 c EStG löst grundsätzlich eine Vertragsänderung im Sinne der Rzn. 67 ff. des BMF-Schreibens vom 1. Oktober 2009 (BStBl. I S. 1172) ergänzt durch BMF-Schreiben vom 6. März 2012 (BStBl. I S. 238), 11. November 2016 (BStBl. I S. 1238) und geändert durch BMF-Schreiben vom 18. Juni 2013 (BStBl. I S. 768) aus. Die vertraglichen Vereinbarungen des aufnehmenden Vertrags (z. B. zum frühestmöglichen Beginn der Auszahlungsphase) bleiben unberührt.

Beispiel 1:

160 A hat am 1. Januar 2008 einen versicherungsförmigen Altersvorsorgevertrag und einen Altersvorsorgevertrag in Form eines Fondssparplans abgeschlossen. Am 1. Januar 2011 erfolgt eine Kapitalübertragung des bisher auf dem versicherungsförmigen Altersvorsorgevertrag angesparten, ausschließlich ungeförderten Altersvorsorgevermögens i. H. v. 3000 € auf den bestehenden Altersvorsorgevertrag in Form eines Fondssparplans. Im Übertragungswert sind 2900 € an Beiträgen sowie Erträge enthalten. Mit der Vollendung seines 61. Lebensjahres am 1. April 2020 lässt sich A das auf seinem Altersvorsorgevertrag in Form eines Fondssparplans angesparte, ausschließlich ungeförderte Altersvorsorgevermögen i. H. v. insgesamt 30 000 € in einer Summe auszahlen. Darin enthalten sind 20 000 € Eigenbeiträge, 3000 € Übertragungswert sowie Erträge. Von den Erträgen sind 800 € für den Übertragungswert nach der Kapitalübertragung angefallen.
Betrag, auf den nach § 22 Nr. 5 Satz 2 Buchstabe c i. V. m. § 20 Abs. 1 Nr. 6 EStG der hälftige Unterschiedsbetrag anzuwenden ist:

Altersvorsorgevermögen	30 000 €
abzügl. Übertragungswert	3 000 €
abzügl. für den Übertragungswert nach der Übertragung angefallene Erträge	800 €
abzügl. Eigenbeiträge	20 000 €
=	6 200 €

Da der Altersvorsorgevertrag in Form eines Fondssparplans vor dem 1. Januar 2012 abgeschlossen wurde und die Auszahlung nach dem 60. Lebensjahr des Steuerpflichtigen und nach Ablauf von zwölf Jahren seit dem Vertragsabschluss erfolgte, ist die Hälfte von den 6200 €, also 3100 € zu versteuern.
Betrag, auf den nach § 22 Nr. 5 Satz 2 Buchstabe c i. V. m. § 20 Abs. 1 Nr. 6 EStG der volle Unterschiedsbetrag anzuwenden ist:

Übertragungswert	3000 €
zuzügl. für den Übertragungswert nach der Übertragung angefallene Erträge	800 €
abzügl. Eigenbeiträge im Übertragungswert	2900 €
=	900 €

Da der Übertragungswert als Neuvertrag zu behandeln ist und die Auszahlung vor dem Ablauf von 12 Jahren seit dem Vertragsabschluss dieses Neuvertrags erfolgt, sind bezogen auf diesen Neuvertrag die 900 € voll zu versteuern.
Insgesamt sind somit 3100 € + 900 € = 4000 € zu versteuern.

Beispiel 2:

161 B hat am 1. Januar 2008 einen versicherungsförmigen Altersvorsorgevertrag und einen Altersvorsorgevertrag in Form eines Banksparplans abgeschlossen. Am 1. Januar 2013 erfolgt eine Kapitalübertragung des bisher auf dem versicherungsförmigen Altersvorsorgevertrag angesparten, ausschließlich geförderten Altersvorsorgevermögens i. H. v. 3250 € auf den bestehenden Altersvorsorgevertrag in Form eines Banksparplans. Im Übertragungswert sind 2919 € an Beiträgen, 231 € an Zulagen sowie Erträge enthalten. Mit der Vollendung seines 61. Lebensjahres am 1. April 2025 lässt sich B das auf seinem Altersvorsorgevertrag in Form eines Banksparplans angesparte, ausschließlich geförderte Altersvorsorgevermögen **i. H. v.** insgesamt 36 000 € in einer Summe auszahlen. Darin enthalten sind 26 800 € Eigenbeiträge, 1848 € Zulagen (ohne die Zulagen aus dem Übertragungswert), 3250 € Übertragungswert sowie Erträge. Von den Erträgen sind 800 € für den Übertragungswert nach der Kapitalübertragung angefallen. Für das geförderte Altersvorsorgevermögen hat er insgesamt einen Steuervorteil von 2200 € erhalten.
Zur Auszahlung gelangen:

Altersvorsorgevermögen	36 000 €
abzüglich Zulagen (einschließlich der Zulagen aus dem Übertragungswert)	2 079 €
abzüglich Steuervorteil	2 200 €
=	31 721 €

Betrag auf den nach § 22 Nr. 5 Satz 3 i. V. m. § 22 Nr. 5 Satz 2 Buchstabe c i. V. m. § 20 Abs. 1 Nr. 6 EStG der hälftige Unterschiedsbetrag anzuwenden ist:

Altersvorsorgevermögen	36 000 €
abzügl. Zulagen (ohne Zulagen aus dem Übertragungswert)	1 848 €
abzügl. Übertragungswert	3 250 €
abzügl. für den Übertragungswert nach der Übertragung angefallene Erträge	800 €
abzügl. Eigenbeiträge	26 800 €
=	3 302 €

Da der Altersvorsorgevertrag in Form eines Banksparplans vor dem 1. Januar 2012 abgeschlossen wurde und die Auszahlung nach dem 60. Lebensjahr des Steuerpflichtigen und nach Ablauf von zwölf Jahren seit dem Vertragsabschluss erfolgte, ist die Hälfte von den 3302 €, also 1651 € zu versteuern.
Betrag auf den nach § 22 Nr. 5 Satz 3 i. V. m. § 22 Nr. 5 Satz 2 Buchstabe c i. V. m. § 20 Abs. 1 Nr. 6 EStG der volle Unterschiedsbetrag anzuwenden ist:

Übertragungswert	3250 €
zuzügl. für den Übertragungswert nach der Übertragung angefallene Erträge	800 €
abzügl. Zulagen im Übertragungswert	231 €
abzügl. Eigenbeiträge im Übertragungswert	2919 €
=	900 €

Da der Übertragungswert als Neuvertrag zu behandeln ist und dieser Neuvertrag nach dem 31. Dezember 2011 abgeschlossen wurde, sind bezogen auf diesen Neuvertrag die 900 € voll zu versteuern, weil die Auszahlung vor dem 62. Lebensjahr des Steuerpflichtigen erfolgte.
Insgesamt sind somit 1651 € + 900 € = 2551 € zu versteuern.

Anl zu H 10a

162 Ergibt sich nach der Kapitalübertragung eine Änderung, die Auswirkung auf die Aufteilung des übertragenen Altersvorsorgevermögens in einen geförderten und einen ungeförderten Anteil hat, so hat der aufnehmende Anbieter eine neue Aufteilung des übertragenen Altersvorsorgevermögens vorzunehmen. Erfolgte die Kapitalübertragung vor dem 8. August 2012 und liegen dem aufnehmenden Anbieter keine jahresbezogenen Aufteilungen hinsichtlich des geförderten und ungeförderten übertragenen Altersvorsorgevermögens vor, wird es nicht beanstandet, wenn eine für diesen Zeitraum erforderliche neue Aufteilung nach einem beitragsproportionalen Verfahren vorgenommen wird. Bei der späteren Leistungsauszahlung hat der Anbieter den entsprechend angepassten nach § 3 Nr. 55 c Satz 1 EStG steuerfreien Betrag bei der Mitteilung nach § 22 Nr. 5 Satz 7 EStG und der Rentenbezugsmitteilung nach § 22 a EStG zu berücksichtigen (vgl. Rz. 193).

Beispiel 1:

163 A hat am 1. Januar 2002 einen versicherungsförmigen Altersvorsorgevertrag abgeschlossen. Im Jahr 2013 wird das Altersvorsorgevermögen auf seinen im Jahr 2013 abgeschlossenen Altersvorsorgevertrag in Form eines Fondssparplans übertragen.
Das übertragene geförderte Altersvorsorgevermögen wird nach § 3 Nr. 55 c EStG steuerfrei gestellt, da die Leistungen, die auf dem geförderten Altersvorsorgevermögen beruhen, im Zeitpunkt der Übertragung zu steuerpflichtigen Einkünften nach § 22 Nr. 5 EStG führen würden. Vom übertragenen ungeförderten Altersvorsorgevermögen wird der Unterschiedsbetrag zwischen der Leistung und der Summe der auf sie entrichteten Beiträge nach § 3 Nr. 55 c EStG steuerfrei gestellt (vgl. Rz. 156).
Zwei Jahre nach der Übertragung des Altersvorsorgevermögens beginnt die Auszahlungsphase des Altersvorsorgevertrags. Das geförderte Kapital wird im Rahmen eines Auszahlungsplans mit einer Teilkapitalverrentung ab dem 85. Lebensjahr ausgezahlt. Das ungeförderte Kapital erhält A als Einmalauszahlung.

	Gefördertes AV in €	Ungefördertes AV in €
Beiträge 1. Vertrag	23 012	10 460
Zulagen 1. Vertrag	3 388	
Erträge 1. Vertrag	8 000	3 000
Altersvorsorgevermögen zum Zeitpunkt der Kapitalübertragung	34 400	13 460
Nach § 3 Nr. 55 c EStG gefördertes Altersvorsorgevermögen (bisher nach anderen Vorschriften gefördert)	34 400	
Bisher ungefördertes jetzt gefördertes Altersvorsorgevermögen (§ 3 Nr. 55 c EStG)	3 000	– 3000
Altersvorsorgevermögen nach dem Zeitpunkt der Kapitalübertragung	37 400	10 460
Erträge nach Kapitalübertragung	(1400 + 122 =) 1 522	428
Tatsächliche Auszahlung	38 922	10 888

Die Auszahlung des übertragenen geförderten Kapitals im Rahmen eines Auszahlungsplans mit einer Teilkapitalverrentung ab dem 85. Lebensjahr ist wegen der Steuerfreistellung nach § 3 Nr. 55 c EStG steuerpflichtig nach § 22 Nr. 5 Satz 1 EStG. Die Besteuerung der Einmalauszahlung aus dem übertragenen ungeförderten Kapital erfolgt nach § 22 Nr. 5 Satz 2 Buchstabe c EStG. Danach ist der steuerpflichtige Unterschiedsbetrag zwischen der Leistung und der Summe der auf sie entrichteten Beiträge wie folgt zu ermitteln: 10 888 € – 10 460 € = 428 €. Die Anwendung des hälftigen Unterschiedsbetrags (§ 22 Nr. 5 Satz 2 Buchstabe c EStG) kommt nicht in Betracht, da die Laufzeit des zweiten Vertrags von A nur zwei Jahre betragen hat.

Beispiel 2:

164 A hat am 1. Januar 2002 einen Altersvorsorgevertrag in Form eines Fondssparplans abgeschlossen. Im Jahr 2013 wird das Altersvorsorgevermögen auf seinen im Jahr 2013 abgeschlossenen Altersvorsorgevertrag in Form eines Banksparplans übertragen.
Das übertragene geförderte Altersvorsorgevermögen wird nach § 3 Nr. 55 c EStG steuerfrei gestellt, da die Leistungen, die auf dem geförderten Altersvorsorgevermögen beruhen, im Zeitpunkt der Übertragung zu steuerpflichtigen Einkünften nach § 22 Nr. 5 EStG führen würden. Vom übertragenen ungeförderten Altersvorsorgevermögen wird der Unterschiedsbetrag zwischen der Leistung und der Summe der auf sie entrichteten Beiträge nach § 3 Nr. 55 c EStG steuerfrei gestellt. Da A einen Verlust erzielt hat, sind negative Erträge zu berücksichtigen.

	Gefördertes AV in €	Ungefördertes AV in €
Beiträge 1. Vertrag	23 012	10 460
Zulagen 1. Vertrag	3 388	
Erträge 1. Vertrag	– 80	– 30
Altersvorsorgevermögen zum Zeitpunkt der Kapitalübertragung	26 320	10 430
Nach § 3 Nr. 55 c EStG gefördertes Altersvorsorgevermögen (bisher nach anderen Vorschriften gefördert)	26 320	
Bisher ungefördertes jetzt gefördertes Altersvorsorgevermögen (§ 3 Nr. 55 c EStG)	0	0
Verlustverrechnung	– 30	30
Altersvorsorgevermögen nach dem Zeitpunkt der Kapitalübertragung	26 290	10 460
Erträge nach Kapitalübertragung	1060	428
Tatsächliche Auszahlung	27 350	10 888

Die Auszahlung des übertragenen geförderten Kapitals im Rahmen eines Auszahlungsplans mit einer Teilkapitalverrentung ab dem 85. Lebensjahr ist wegen der Steuerfreistellung nach § 3 Nr. 55 c EStG steuerpflichtig nach § 22 Nr. 5 Satz 1 EStG. Die Besteuerung der Einmalauszahlung aus dem übertragenen ungeförderten Kapital erfolgt nach § 22 Nr. 5 Satz 2 Buchstabe c EStG. Danach ist der steuerpflichtige Unterschiedsbetrag zwischen der Leistung und der Summe der auf sie entrichteten Beiträge wie folgt zu ermitteln: 10 888 € – 10460 € = 428 €. Die Anwendung des hälftigen Unterschiedsbetrags (§ 22 Nr. 5 Satz 2 Buchstabe c EStG) kommt nicht in Betracht, da die Laufzeit des zweiten Vertrags von A nur zwei Jahre betragen hat.

Beispiel 3:

165 Der 1957 geborene A hat am 1. Januar 2005 einen versicherungsförmigen Altersvorsorgevertrag abgeschlossen. Im Jahr 2018 wird das Altersvorsorgevermögen auf seinen im Jahr 2018 abgeschlossenen Altersvorsorgevertrag in

Anl zu H 10a

Form eines Fondssparplans übertragen. Das übertragene geförderte Altersvorsorgevermögen wird nach § 3 Nr. 55 c EStG steuerfrei gestellt, da die Leistungen, die auf dem geförderten Altersvorsorgevermögen beruhen, im Zeitpunkt der Übertragung zu steuerpflichtigen Einkünften nach § 22 Nr. 5 EStG führen würden. Vom übertragenen ungeförderten Altersvorsorgevermögen wird der hälftige Unterschiedsbetrag zwischen der Leistung und der Summe der auf sie entrichteten Beiträge nach § 3 Nr. 55 c EStG steuerfrei gestellt, weil der ursprüngliche Altersvorsorgevertrag zum Zeitpunkt der Übertragung bereits eine Laufzeit von 12 Jahren erreicht und A sein 60. Lebensjahr bereits vollendet hatte. Zwei Jahre nach der Übertragung des Altersvorsorgevermögens beginnt die Auszahlungsphase des Altersvorsorgevertrags. Das geförderte Kapital wird im Rahmen eines Auszahlungsplans mit einer Teilkapitalverrentung ab dem 85. Lebensjahr ausgezahlt. Das ungeförderte Kapital erhält A als Einmalauszahlung.

	Gefördertes AV in €	Ungefördertes AV in €
Beiträge 1. Vertrag	23 012	10 460
Zulagen 1. Vertrag	3 388	
Erträge 1. Vertrag	8 000	3 000
Altersvorsorgevermögen zum Zeitpunkt der Kapitalübertragung	34 400	13 460
Nach § 3 Nr. 55 c EStG gefördertes Altersvorsorgevermögen (bisher nach anderen Vorschriften gefördert)	34 400	
Bisher ungefördertes jetzt gefördertes Altersvorsorgevermögen (§ 3 Nr. 55 c EStG)	1 500	– 1 500
Altersvorsorgevermögen nach dem Zeitpunkt der Kapitalübertragung	35 900	11 960
Erträge nach Kapitalübertragung	(1 400 + 61 =) 1 461	489
Tatsächliche Auszahlung	37 361	12 449

Die Auszahlung des übertragenen geförderten Kapitals im Rahmen eines Auszahlungsplans mit einer Teilkapitalverrentung ab dem 85. Lebensjahr ist wegen der Steuerfreistellung nach § 3 Nr. 55 c EStG steuerpflichtig nach § 22 Nr. 5 Satz 1 EStG. Die Besteuerung der Einmalauszahlung aus dem übertragenen ungeförderten Kapital erfolgt nach § 22 Nr. 5 Satz 2 Buchstabe c EStG. Danach ist der steuerpflichtige Unterschiedsbetrag zwischen der Leistung und der Summe der auf sie entrichteten Beiträge wie folgt zu ermitteln: 12 449 € – 11 960 € = 489 €. Die Anwendung des hälftigen Unterschiedsbetrags (§ 22 Nr. 5 Satz 2 Buchstabe c EStG) kommt nicht in Betracht, da die Laufzeit des zweiten Vertrags von A nur zwei Jahre betragen hat.

166 Die Regelungen der Rzn. 150 bis 165 können auch für vor dem 14. Dezember 2011 (Inkrafttreten des Beitreibungsrichtlinien-Umsetzungsgesetzes) durchgeführte Vertragswechsel angewendet werden.

7. Wohnförderkonto

21 **167** Das im Wohneigentum gebundene steuerlich geförderte Altersvorsorgekapital wird nach § 22 Nr. 5 EStG nachgelagert besteuert und zu diesem Zweck in einem vertragsbezogenen Wohnförderkonto erfasst (Altersvorsorgevertrag mit Wohnförderkonto). Das Wohnförderkonto wird unabhängig vom Zeitpunkt der Eröffnung durch die ZfA geführt. Im Wohnförderkonto hat die ZfA die geförderten Tilgungsbeiträge (vgl. Rzn. 31 bis 36 und 38), die hierfür gewährten Zulagen sowie den entnommenen Altersvorsorge-Eigenheimbetrag zu erfassen. Die ZfA teilt dem Anbieter eines Altersvorsorgevertrags, zu dem sie ein Wohnförderkonto führt, jährlich den Stand des Wohnförderkontos mit.

168 Die Tilgungsleistungen für ein zur wohnungswirtschaftlichen Verwendung in Anspruch genommenes Darlehen werden in das Wohnförderkonto eingestellt, wenn die ZfA die Steuerverstrickung dieser Tilgungsleistungen (§ 90 Abs. 2 Satz 6 EStG) dem Anbieter mitteilt. Die Zulagen für Tilgungsleistungen werden in das Wohnförderkonto eingestellt, wenn die ZfA die Auszahlung an den Anbieter zur Gutschrift auf den Altersvorsorgevertrag veranlasst. Zulagen für Tilgungsleistungen, die erst nach der vollständigen Tilgung des Darlehens ausgezahlt werden, müssen vom Anbieter unmittelbar an den Zulageberechtigten weitergereicht werden. Diese Zulagen werden im Wohnförderkonto erfasst. Zulagen für Tilgungsleistungen, die erst nach Beginn der Auszahlungsphase ausgezahlt werden, müssen vom Anbieter an den Anleger weitergereicht werden. In diesem Fall werden diese Zulagen nicht im Wohnförderkonto erfasst. Die dazugehörigen Tilgungsleistungen werden rückwirkend zum letzten Tag vor Beginn der Auszahlungsphase in das Wohnförderkonto eingestellt.

169 Beiträge, die nach § 82 Abs. 1 Satz 3 EStG als Tilgungsleistungen gelten (Rzn. 33 und 38), werden erst im Zeitpunkt der unmittelbaren Darlehenstilgung einschließlich der zur Tilgung eingesetzten Zulagen und Erträge in das Wohnförderkonto eingestellt (§ 92 a Abs. 2 Satz 2 EStG). Der Anbieter hat spätestens bis zum Ablauf des zweiten Monats, der auf den Monat der unmittelbaren Darlehenstilgung folgt, das zur Ablösung verwendete geförderte Altersvorsorgevermögen an die ZfA zu melden. Die zur Tilgung eingesetzten ungeförderten Beiträge einschließlich der darauf entfallenden Erträge fließen dem Zulageberechtigten im Zeitpunkt der Ablösung des Vorfinanzierungsdarlehens zu; die Erträge unterliegen der Besteuerung (Rzn. 134 ff.).

170 Wird vor dem Zeitpunkt der Darlehenstilgung die Selbstnutzung der geförderten Wohnung aufgegeben, sind die als Tilgungsleistungen behandelten Beiträge (§ 82 Abs. 1 Satz 3 EStG), die dafür gewährten Zulagen und die entsprechenden Erträge vom Anbieter an die ZfA zu melden und in das Wohnförderkonto aufzunehmen; anschließend sind die Regelungen des § 92 a Abs. 3 EStG (vgl. Rz. 279) anzuwenden (§ 92 a Abs. 3 Satz 8 EStG; vgl. Rz. 280). Der Anbieter hat im Zeitpunkt der unmittelbaren Darlehenstilgung die als Tilgungsleistung geltenden Beiträge an die ZfA zu melden. Hinsichtlich des ungeförderten Altersvorsorgevermögens ist Rz. 189 Satz 1 entsprechend anzuwenden.

171 Der sich aus dem Wohnförderkonto ergebende Gesamtbetrag ist in der Ansparphase jährlich um 2% zu erhöhen. Diese Erhöhung erfolgt – unabhängig vom Zeitpunkt der Einstellung der entsprechenden Beträge ins Wohnförderkonto – nach Ablauf des jeweiligen Beitragsjahres; letztmals ist sie im Zeitpunkt des Beginns der Auszahlungsphase vorzunehmen.

Beispiel:

172 Der am 5. Februar 1970 geborene Zulageberechtigte hat in seinem zertifizierten Darlehensvertrag mit dem Anbieter vereinbart, dass die Auszahlungsphase am 1. Februar 2035 beginnt. Das Darlehen wurde im Jahr 2033 vollständig getilgt. Der Gesamtbetrag des Wohnförderkontos am 31. Dezember 2034 beträgt nach der Erhöhung um 2% 30 000 €.

Das Wohnförderkonto wird letztmals zum 1. Februar 2035 für 2035 um 2% auf 30 600 € erhöht. Im Fall der jährlichen Teilauflösung (Rz. 176) ist dieser Betrag in den Veranlagungszeiträumen 2035 bis 2055 i. H. v. $1/_{21}$ von 30 600 € = 1457,14 € zu versteuern. Wählt der Zulageberechtigte die Auflösung des Wohnförderkontos (Rz. 179), werden im Veranlagungszeitraum 2035 70% von 30 600 € = 21 420 € versteuert.

173 Das Wohnförderkonto wird vermindert um Zahlungen des Zulageberechtigten, die dieser – soweit Vertragsvereinbarungen nicht entgegenstehen – bis zum Beginn der Auszahlungsphase auf einen auf seinen Namen lautenden Altersvorsorgevertrag zur Minderung der in das Wohnförderkonto eingestellten Beträge leistet. Die zur Minderung des Wohnförderkontos geleisteten Beträge (Minderungsbeträge) sind keine Altersvorsorgebeiträge (§ 82 Abs. 4 Nr. 4 EStG); insoweit kann keine erneute Förderung beansprucht werden. Sie stellen jedoch gefördertes Altersvorsorgevermögen dar, welches im Fall einer schädlichen Verwendung bei der Berechnung des Rückzahlungsbetrags (§ 94 EStG) zu berücksichtigen ist. Hierbei bestimmt sich der Rückzahlungsbetrag nach der Förderung, die für die in das Wohnförderkonto eingestellten und durch die Zahlung getilgten Beträge gewährt wurde. Für die Anwendung des § 22 Nr. 5 Satz 2 EStG ist auf die Art des Vertrags abzustellen, aus welchem die schädliche Verwendung des Altersvorsorgevermögens erfolgte.

Beispiel:

174 Der Stand des Wohnförderkontos des Zulageberechtigten beträgt 10 000 €. Dieser Betrag setzt sich aus eingestellten Zulagen (4000 €), Tilgungsleistungen (5000 €) und dem Erhöhungsbetrag (1000 €) zusammen. Neben den Zulagen hat der Zulageberechtigte noch einen über die Zulage hinausgehenden Steuervorteil (§ 10 a EStG) i. H. v. 800 € erhalten. Der Zulageberechtigte entscheidet sich, Einzahlungen auf einen zertifizierten Altersvorsorgevertrag in Form eines Fondssparplans zur Minderung seines Wohnförderkontos i. H. v. 5000 € vorzunehmen. Auf dem Wohnförderkonto verbleiben somit 5000 €. Auf dem neu abgeschlossenen Altersvorsorgevertrag gehen in den nächsten zehn Jahren keine zusätzlichen Einzahlungen ein. Das angesparte Altersvorsorgevermögen einschließlich der Erträge beläuft sich nach zehn Jahren auf insgesamt 6100 €. Jetzt verwendet der Zulageberechtigte das geförderte Altersvorsorgevermögen schädlich.

Zur Auszahlung gelangen:

Altersvorsorgevermögen	6100 €
abzüglich Zulagen	2000 €
abzüglich Steuervorteil	400 €
=	3700 €
Betrag nach § 22 Nr. 5 Satz 3 EStG	
Altersvorsorgevermögen	6100 €
abzüglich Zulagen	2000 €
=	4100 €

Auf diesen Betrag ist § 22 Nr. 5 Satz 2 Buchstabe c EStG anzuwenden.

Maßgebender Betrag	4100 €
abzüglich eingezahlte Beträge (Tilgungsleistungen)	2500 €
=	1600 €

Nach § 22 Nr. 5 Satz 2 Buchstabe c EStG sind 1600 € zu versteuern.
Das Wohnförderkonto bleibt von der schädlichen Verwendung unberührt.

175 Der Anbieter hat die Einzahlung von Minderungsbeträgen der ZfA mitzuteilen; die ZfA teilt dem Anbieter daraufhin den von ihr als Minderungsbetrag verwendeten Betrag mit. Der Zulageberechtigte kann die Einzahlung auch an einen anderen Anbieter leisten als an den, für dessen Altersvorsorgevertrag die ZfA das Wohnförderkonto führt. In diesem Fall hat der Zulageberechtigte dem Anbieter, an den die Einzahlung erfolgt, die Vertragsdaten des Altersvorsorgevertrags mit Wohnförderkonto mitzuteilen. Diese Daten hat der Anbieter im Rahmen seiner Datenübermittlung über die erfolgte Einzahlung der ZfA mitzuteilen. Die ZfA schließt das bisherige Wohnförderkonto und führt es ab dem Zeitpunkt der Einzahlung für den Altersvorsorgevertrag weiter, auf dem die Einzahlung erfolgt ist. Die Schließung des Wohnförderkontos teilt sie dem Anbieter des bisherigen Vertrags mit Wohnförderkonto mit. Dies gilt entsprechend für Zahlungen nach § 92 a Abs. 3 Satz 9 Nr. 2 EStG (Einzahlung der in das Wohnförderkonto eingestellten Beträge bei Aufgabe der Selbstnutzung).

176 Eine weitere Verminderung des Wohnförderkontos erfolgt durch den jährlichen Verminderungsbetrag (§ 92 a Abs. 2 Satz 5 EStG), der nachgelagert besteuert wird (§ 22 Nr. 5 Satz 4 EStG). Dieser Betrag stellt eine jährliche Teilauflösung des Wohnförderkontos dar. Er ergibt sich, indem zu Beginn der Auszahlungsphase der im Wohnförderkonto eingestellte Gesamtbetrag einschließlich des darin enthaltenen Erhöhungsbetrags zu gleichen Teilen auf die Jahre bis zur Vollendung des 85. Lebensjahres verteilt wird (vgl. auch Beispiel unter Rz. 172).

177 Der Beginn der Auszahlungsphase ergibt sich grundsätzlich aus den vertraglichen Vereinbarungen. Er muss zwischen der Vollendung des 60. und des 68. Lebensjahres des Zulageberechtigten liegen (§ 92 a Abs. 2 Satz 5 EStG). Der vereinbarte Zeitpunkt kann zwischen Anbieter und Zulageberechtigtem einvernehmlich bis zu Beginn der Auszahlungsphase geändert werden. Soweit der Vertrag keine anders lautende Vereinbarung enthält, gilt als Beginn der Auszahlungsphase die Vollendung des 67. Lebensjahres. Sieht der Altersvorsorgevertrag einen von § 92 a Abs. 2 Satz 5 EStG abweichenden Auszahlungsbeginn vor, dann handelt es sich bei einer entsprechenden Kapitalentnahme nicht um eine Verwendung im Sinne des § 92 a EStG, sondern um eine schädliche Verwendung im Sinne des § 93

Anl zu H 10a

EStG. Dies gilt ggf. auch rückwirkend, wenn nach der Entnahme der Beginn der Auszahlungsphase auf einen Zeitpunkt nach Vollendung des 68. Lebensjahres geändert wird.

Für neu zertifizierte Verträge ab 2018 gilt: Eine Verschiebung des Beginns der Auszahlungsphase über das 68. Lebensjahr des Zulageberechtigten hinaus ist unschädlich, sofern es sich um eine Verschiebung im Zusammenhang mit der Abfindung einer Kleinbetragsrente auf Grund der Regelung nach § 1 Abs. 1 Satz 1 Nr. 4 Buchstabe a AltZertG handelt (§ 92 a Abs. 2 Satz 5 letzter Halbsatz EStG).

Beispiel 1:

Z entnimmt im Jahr 2017 einen Altersvorsorge-Eigenheimbetrag i. H. v. 20 000 € aus seinem geförderten Altersvorsorgevermögen. Der Beginn der Auszahlungsphase war auf die Vollendung des 67. Lebensjahres festgelegt. Im Jahr 2019 entscheidet sich Z, den Beginn der Auszahlungsphase auf die Vollendung des 70. Lebensjahres zu verschieben.
Dies führt rückwirkend zu einer schädlichen Verwendung des entnommenen Betrags, da die Bedingungen des § 92 a Abs. 2 Satz 5 EStG nicht mehr eingehalten werden.

Beispiel 2:

Z entnimmt einen Altersvorsorge-Eigenheimbetrag i. H. v. 20 000 € aus seinem geförderten Altersvorsorgevermögen. Der Beginn der Auszahlungsphase war auf die Vollendung des 68. Lebensjahres festgelegt. Der Anbieter teilt Z kurz vor Beginn der Auszahlungsphase mit, dass das im Altersvorsorgevertrag verbliebene Altersvorsorgevermögen nur eine Kleinbetragsrente ergeben wird und deshalb der Anspruch durch eine Einmalzahlung abgefunden wird. Z entscheidet sich fristgemäß innerhalb von 4 Wochen dazu, sich die Einmalzahlung erst im darauffolgenden Jahr (1. Januar) auszahlen zu lassen. Dies führt dazu, dass der Beginn der Auszahlungsphase auf einen Zeitpunkt nach Vollendung des 68. Lebensjahres verschoben wird. Die Verschiebung ergibt sich aus der Ausübung seines Wahlrechts und ist hier unschädlich, da die Bedingungen des § 92 a Abs. 2 Satz 5 letzter Halbsatz EStG eingehalten werden.

178 Gibt der Zulageberechtigte die Selbstnutzung der geförderten Wohnung nicht nur vorübergehend auf (Rz. 276), ist das Wohnförderkonto aufzulösen. Dies gilt auch für den Fall der Aufgabe der Reinvestitionsabsicht im Sinne des § 92 a Abs. 3 Satz 9 Nr. 1 und 2 i. V. m. Satz 10 EStG (vgl. Abschnitt IV). Gleiches gilt, wenn der Zulageberechtigte in der Auszahlungsphase stirbt und das Wohnförderkonto noch nicht vollständig zurückgeführt worden ist. Der Auflösungsbetrag (§ 92 a Abs. 3 Satz 5 EStG) gilt im Zeitpunkt der Aufgabe der Selbstnutzung als Leistung im Sinne des § 22 Nr. 5 Satz 1 EStG (§ 22 Nr. 5 Satz 4 EStG). Im Fall des Todes des Zulageberechtigten ist der Auflösungsbetrag noch dem Erblasser zuzurechnen, so dass in dessen letzter Einkommensteuererklärung die nachgelagerte Besteuerung vorgenommen wird.

179 Anstelle der sukzessiven Besteuerung durch Verminderung des Wohnförderkontos kann der Steuerpflichtige die einmalige Besteuerung wählen. Hierfür kann er schon vor Beginn der Auszahlungsphase für einen Zeitpunkt ab Beginn der Auszahlungsphase als auch jederzeit in der Auszahlungsphase verlangen, dass das Wohnförderkonto vollständig aufgelöst wird. Der Antrag ist bei der ZfA zu stellen. Im Fall eines wirksamen Antrags wird der Auflösungsbetrag (§ 92 a Abs. 2 Satz 6 EStG) als der im Wohnförderkonto eingestellte Gesamtbetrag einschließlich des darin enthaltenen Erhöhungsbetrags zu 70% der Besteuerung unterworfen (§ 22 Nr. 5 Satz 5 EStG; vgl. auch Beispiel unter Rz. 172).

180 Gibt der Zulageberechtigte die Selbstnutzung noch in dem Jahr auf, in dem er zuvor die vollständige Auflösung des Wohnförderkontos bei der ZfA beantragt hat, so ist der Auflösungsbetrag nicht zu 70 % der Besteuerung nach § 22 Nr. 5 Satz 5 EStG, sondern als Auflösungsbetrag nach § 92 a Abs. 3 Satz 5 zu 100% als Leistung nach § 22 Nr. 5 Satz 1 EStG zu erfassen. Der Bescheid nach § 92 b Abs. 3 EStG ist zu korrigieren.

181 Gibt der Zulageberechtigte die Selbstnutzung der geförderten Wohnung nach der Einmalbesteuerung innerhalb einer Frist von 20 Jahren nicht nur vorübergehend auf, ist der bisher noch nicht besteuerte Betrag gestaffelt nach der Haltedauer im Zeitpunkt der Aufgabe der Selbstnutzung eineinhalbfach (innerhalb eines Zeitraums von zehn Jahren ab Beginn der Auszahlungsphase) oder einfach (in den nachfolgenden zehn Jahren) mit dem individuellen Steuersatz der Besteuerung zu unterwerfen (§ 22 Nr. 5 Satz 6 EStG). Der Tod des Zulageberechtigten führt hingegen nicht zu einer nachgelagerten Besteuerung des noch nicht erfassten Betrags.

Beispiel:

182 Der Zulageberechtigte bestimmt zum Beginn der Auszahlungsphase, die am 1. Juli 2034 beginnt, die Auflösung des Wohnförderkontos. Bei einer Aufgabe der Selbstnutzung in der Zeit vom 1. Januar 2035 bis einschließlich 30. Juni 2044 ist der bisher noch nicht besteuerte Betrag mit dem Eineinhalbfachen der Besteuerung zu unterwerfen, in der Zeit vom 1. Juli 2044 bis einschließlich 30. Juni 2054 mit dem Einfachen.

183 Geht im Rahmen der Regelung von Scheidungsfolgen bzw. der Aufhebung der Lebenspartnerschaft der Eigentumsanteil des Zulageberechtigten an der geförderten Wohnung ganz oder teilweise auf den anderen Ehegatten/Lebenspartner über, geht auch das Wohnförderkonto in Höhe des Anteils, der dem Verhältnis des übergegangenen Eigentumsanteils zum ursprünglichen Eigentumsanteil entspricht, mit allen Rechten und Pflichten auf den anderen Ehegatten/Lebenspartner über.

Beispiel:

184 Den Eheleuten A und B gehört die geförderte Wohnung (Einfamilienhaus) jeweils zu 50%. Bei der Scheidung wird der Eigentumsanteil von A zur Hälfte auf B übertragen; A wohnt auch nach der Scheidung weiterhin neben B in dem Haus. A und B haben jeweils ein Wohnförderkonto mit einem Stand von je 50 000 € zum Zeitpunkt der Scheidung. Mit dem Übergang des Eigentumsanteils geht auch das hälftige Wohnförderkonto – 25 000 € – auf B über.

185 Der Beginn der Besteuerung des auf den anderen Ehegatten/Lebenspartner übergegangenen Wohnförderkontos richtet sich nach dessen Lebensalter bzw. nach dem Beginn der Auszahlungsphase seines Vertrags. Hat der andere Ehegatte/Lebenspartner das Lebensalter für den vertraglich vereinbarten Beginn der Auszahlungsphase oder, soweit kein Beginn der Auszahlungsphase vereinbart wurde, das 67. Lebensjahr im Zeitpunkt des Übergangs des Wohnförderkontos bereits überschritten, so gilt als Beginn der Auszahlungsphase der Zeitpunkt des Übergangs des Wohnförderkontos.

186 Die Rzn. 183 bis 185 gelten entsprechend für Ehegatten/Lebenspartner, die im Zeitpunkt des Todes des Zulageberechtigten
- nicht dauernd getrennt gelebt haben (§ 26 Abs. 1 EStG) und
- ihren Wohnsitz oder gewöhnlichen Aufenthalt in einem EU-/EWR-Staat hatten.

187 Die ZfA stellt zu Beginn der vertraglich vereinbarten Auszahlungsphase oder, soweit kein Beginn der Auszahlungsphase vereinbart wurde, mit Vollendung des 67. Lebensjahres den Stand des Wohnförderkontos sowie den Verminderungsbetrag oder den Auflösungsbetrag (vgl. Rz. 179) von Amts wegen gesondert fest. Hierzu hat ihr der Anbieter zu Beginn der Auszahlungsphase den vertraglich vereinbarten Auszahlungszeitpunkt mittels amtlich vorgeschriebenem Datensatz mitzuteilen. Der Anbieter muss die Mitteilung spätestens bis zum Ablauf des zweiten Monats, der auf den Monat der unmittelbaren Darlehenstilgung oder des Beginns der Auszahlungsphase folgt, übersenden.

8. Nachträgliche Änderung der Vertragsbedingungen

188 Erfüllt ein Altersvorsorgevertrag aufgrund nachträglicher Änderungen nicht mehr die Zertifizierungskriterien nach dem AltZertG, gilt im Zeitpunkt der Vertragsänderung das Altersvorsorgevermögen als zugeflossen. Wird bei einem Altersvorsorgevertrag nach § 1 Abs. 1 a AltZertG das Darlehen nicht wohnungswirtschaftlich im Sinne des § 92 a Abs. 1 Satz 1 EStG verwendet, erfolgt kein Zufluss, soweit das Altersvorsorgevermögen innerhalb eines Jahres nach Ablauf des Veranlagungszeitraumes, in dem die Darlehensauszahlung erfolgt, auf einen weiteren auf den Namen des Zulageberechtigten lautenden zertifizierten Vertrag übertragen wird. **22**

189 Soweit ungefördertes Altersvorsorgevermögen zufließt, gelten die Ausführungen in Rzn. 128, 143 bis 147. Soweit gefördertes Altersvorsorgevermögen zufließt, finden die Regelungen der schädlichen Verwendung Anwendung (vgl. Rzn. 216 ff.).

9. Provisionserstattungen bei geförderten Altersvorsorgeverträgen

190 Abschluss- und Vertriebskosten eines Altersvorsorgevertrags, die dem Steuerpflichtigen erstattet werden, unterliegen der Besteuerung nach § 22 Nr. 5 Satz **8** EStG unabhängig davon, ob der Erstattungsbetrag auf den Altersvorsorgevertrag eingezahlt oder an den Steuerpflichtigen ausgezahlt wird. **23**

10. Bonusleistungen bei geförderten Altersvorsorgeverträgen

191 Bonusleistungen, die im Zusammenhang mit einem Altersvorsorgevertrag stehen, z. B. Sonderauszahlungen oder Zins-Boni für die Nichtinanspruchnahme eines Bau-Darlehens, unterliegen ebenfalls der Besteuerung nach § 22 Nr. 5 EStG. **24**

11. Vorweggenommene Werbungskosten

192 Die aus den Altersvorsorgebeiträgen geleisteten Aufwendungen eines Altersvorsorgevertrags (z. B. Abschluss-, Verwaltungskosten, Depotgebühren) mindern das Altersvorsorgevermögen und können nicht zusätzlich als vorweggenommene Werbungskosten in Zusammenhang mit Einkünften nach § 22 Nr. 5 EStG geltend gemacht werden. **25**

12. Bescheinigungs- und Mitteilungspflicht des Anbieters

193 Nach § 22 Nr. 5 Satz 7 EStG hat der Anbieter beim erstmaligen Bezug von Leistungen sowie bei Änderung der im Kalenderjahr auszuzahlenden Leistungen dem Steuerpflichtigen nach amtlich vorgeschriebenem Vordruck[1] den Betrag der im abgelaufenen Kalenderjahr zugeflossenen Leistungen nach § 22 Nr. 5 Satz 1 bis 3 EStG zu bescheinigen. In dieser Bescheinigung sind die Leistungen entsprechend den Grundsätzen in Rzn. 139 bis 191 gesondert auszuweisen. Zusätzlich hat der Anbieter bis zum Ablauf des zweiten Kalendermonats des Jahres, das auf das Jahr folgt, in dem eine Leistung nach § 22 Nr. 5 EStG einem Leistungsempfänger zugeflossen ist, unter Beachtung der im Bundessteuerblatt veröffentlichten Auslegungsvorschriften der Finanzverwaltung eine Rentenbezugsmitteilung nach § 22 a EStG zu übermitteln (hierzu ausführlich: BMF-Schreiben vom 19. August 2013, BStBl. I S. 1087 und BMF-Schreiben vom 7. Dezember 2011, BStBl. I S. 1223). **26**

194 Wird bei einem Altersvorsorgevertrag nach Beginn der Auszahlungsphase noch eine Förderung gewährt oder eine gewährte Förderung zurückgefordert, ist die Aufteilung der Leistung hinsichtlich des Beruhens auf geförderten/nicht geförderten Beiträgen neu vorzunehmen. Die Bescheinigung(en) nach § 22 Nr. 5 Satz 7 EStG sowie die Rentenbezugsmitteilung(en) nach § 22 a EStG sind ab Beginn der Auszahlungsphase zu korrigieren. Aus steuerrechtlicher Sicht bestehen keine Bedenken, wenn bei einer Rückforderung der Zulage nach Beginn der Auszahlungsphase im Einvernehmen zwischen dem Zulageberechtigten und dem Anbieter auf eine Neuberechnung der (Gesamt)Leistungshöhe verzichtet wird. In diesem Fall muss zwischen beiden Einigkeit bestehen, dass die vom Anbieter an die ZfA zurückgezahlte Zulage vom Zulageberechtigten beim Anbieter durch eine entsprechende Einzahlung oder durch eine Verrechnung mit auszuzahlenden Leistungen ausgeglichen wird.

---

[1] Amtliches Muster ab 2020 vgl. *BMF-Schreiben vom 9. 11. 2020 (BStBl. I S. 1061).*

Anl zu H 10a

III. Schädliche Verwendung von Altersvorsorgevermögen

1. Allgemeines

27 **195** Nach den Regelungen des AltZertG und des § 93 EStG darf gefördertes Altersvorsorgevermögen, auf das § 10a oder Abschnitt XI des EStG angewandt wurde, nur wie folgt ausgezahlt werden:

frühestens

- mit Vollendung des 62. Lebensjahres (bei vor dem 1. Januar 2012 abgeschlossenen Verträgen grundsätzlich mit Vollendung des 60. Lebensjahres – § 14 Abs. 2 AltZertG)
  oder
- mit Beginn der Altersrente
  • aus der gesetzlichen Rentenversicherung
  oder
  • nach dem Gesetz über die Alterssicherung der Landwirte
  oder
- mit Beginn einer Versorgung nach beamten- oder soldatenversorgungsrechtlichen Regelungen wegen Erreichens der Altersgrenze

in monatlichen Leistungen in Form

- einer lebenslangen gleich bleibenden oder steigenden monatlichen Leibrente (§ 1 Abs. 1 Satz 1 Nr. 2 und 4 Buchstabe a AltZertG)
  oder
- eines Auszahlungsplans mit gleich bleibenden oder steigenden Raten und unmittelbar anschließender lebenslanger Teilkapitalverrentung spätestens ab dem 85. Lebensjahr des Zulageberechtigten (§ 1 Abs. 1 Satz 1 Nr. 4 Buchstabe a AltZertG)
  oder
- einer lebenslangen Verminderung des monatlichen Nutzungsentgelts für eine vom Zulageberechtigten selbst genutzte Genossenschaftswohnung (§ 1 Abs. 1 Satz 1 Nr. 4 Buchstabe b AltZertG)
  oder
- einer zeitlich befristeten Verminderung des monatlichen Nutzungsentgelts für eine vom Zulageberechtigten selbst genutzte Genossenschaftswohnung mit einer anschließenden Teilkapitalverrentung ab spätestens dem 85. Lebensjahr des Zulageberechtigten (§ 1 Abs. 1 Satz 1 Nr. 4 Buchstabe b AltZertG)
  oder
- einer Hinterbliebenenrente (§ 1 Abs. 1 Satz 1 Nr. 2 AltZertG)
  oder
- einer Rente wegen verminderter Erwerbsfähigkeit oder Dienstunfähigkeit (§ 1 Abs. 1 Satz 1 Nr. 2 AltZertG)

außerhalb der monatlichen Leistungen

- in Form eines zusammengefassten Auszahlungsbetrags i. H. v. bis zu 12 Monatsleistungen (§ 1 Abs. 1 Satz 1 Nr. 4 Buchstabe a und b AltZertG; dies gilt auch bei einer Hinterbliebenen- oder Erwerbsminderungsrente)
  oder
- die in der Auszahlungsphase anfallenden Zinsen und Erträge (§ 1 Abs. 1 Satz 1 Nr. 4 Buchstabe a und b AltZertG); hierbei handelt es sich um die bereits erwirtschafteten Zinsen und Erträge
  oder
- in Form einer Auszahlung zur Abfindung einer Kleinbetragsrente im Sinne des § 93 Abs. 3 EStG (§ 1 Abs. 1 Satz 1 Nr. 4 Buchstabe a und b AltZertG; dies gilt auch bei einer Hinterbliebenen- oder Erwerbsminderungsrente); vgl. Rz. 200
  oder
- in Form einer einmaligen Teilkapitalauszahlung von bis zu 30% des zu Beginn der Auszahlungsphase zur Verfügung stehenden Kapitals (§ 1 Abs. 1 Satz 1 Nr. 4 Buchstabe a und b AltZertG)
  oder
- wenn der Vertrag im Verlauf der Ansparphase gekündigt und das gebildete geförderte Kapital auf einen anderen auf den Namen des Zulageberechtigten lautenden Altersvorsorgevertrag übertragen wird (§ 1 Abs. 1 Satz 1 Nr. 10 Buchstabe b AltZertG)
  oder
- wenn im Fall der Aufgabe der Selbstnutzung der Genossenschaftswohnung, des Ausschlusses, des Ausscheidens des Mitglieds aus der Genossenschaft oder der Auflösung der Genossenschaft mindestens die eingezahlten Eigenbeiträge, Zulagen und die gutgeschriebenen Erträge auf einen auf den Namen des Zulageberechtigten lautenden Altersvorsorgevertrag übertragen werden (§ 1 Abs. 1 Satz 1 Nr. 5 Buchstabe a AltZertG)
  oder
- wenn im Fall der Verminderung des monatlichen Nutzungsentgelts für eine vom Zulageberechtigten selbst genutzte Genossenschaftswohnung der Vertrag bei Aufgabe der Selbstnutzung der Genossenschaftswohnung in der Auszahlungsphase gekündigt wird und das noch nicht verbrauchte Kapital auf einen anderen auf den Namen des Zulageberechtigten lautenden Altersvorsorgevertrag desselben oder eines anderen Anbieters übertragen wird (§ 1 Abs. 1 Satz 1 Nr. 11 AltZertG)
  oder
- wenn im Fall des Versorgungsausgleichs aufgrund einer internen oder externen Teilung nach den §§ 10 oder 14 VersAusglG gefördertes Altersvorsorgevermögen auf einen auf den Namen der ausgleichsberechtigten Person lautenden Altersvorsorgevertrag oder eine nach § 82 Abs. 2 EStG be-

günstigte betriebliche Altersversorgung (einschließlich der Versorgungsausgleichskasse nach dem Gesetz über die Versorgungsausgleichskasse) übertragen wird (§ 93 Abs. 1 a Satz 1 EStG) oder
- wenn im Fall des Todes des Zulageberechtigten das geförderte Altersvorsorgevermögen auf einen auf den Namen des Ehegatten/Lebenspartners lautenden Altersvorsorgevertrag übertragen wird, wenn die Ehegatten/Lebenspartner im Zeitpunkt des Todes des Zulageberechtigten nicht dauernd getrennt gelebt haben (§ 26 Abs. 1 EStG) und ihren Wohnsitz oder gewöhnlichen Aufenthalt in einem EU-/EWR-Staat hatten oder
- im Verlauf der Ansparphase als Altersvorsorge-Eigenheimbetrag im Sinne des § 92a EStG (§ 1 Abs. 1 Satz 1 Nr. 10 Buchstabe c AltZertG).

196 Der gesetzliche Forderungs- und Vermögensübergang nach § 9 BetrAVG und die gesetzlich vorgesehenen schuldbefreienden Übertragungen nach § 8 Abs. 1 BetrAVG sind ebenfalls förderunschädlich (vgl. § 93 Abs. 2 Satz 4 EStG).

197 Bei einem Altersvorsorgevertrag, bei dem die Auszahlung in Form eines Auszahlungsplans mit anschließender Teilkapitalverrentung vorgesehen ist, ist die Höhe der über die gesamte Auszahlungsphase (Auszahlungsplan und Teilkapitalverrentung) mindestens auszuzahlenden monatlichen Leistung wie folgt zu bestimmen:
- Auszahlungsplan:
  Das gesamte zu Beginn der Auszahlungsphase zur Verfügung stehende Kapital ist durch die Anzahl der Monate vom Beginn der Auszahlungsphase bis zum Beginn der Teilkapitalverrentung zu teilen. Das zu Beginn der Auszahlungsphase zur Verfügung stehende Kapital ist zu vermindern, um
  - das für die Teilkapitalverrentung spätestens ab dem 85. Lebensjahr eingesetzte Kapital,
  - den Betrag einer Einmalauszahlung von maximal 30% sowie
  - den Betrag, der zur Entschuldung einer begünstigten Wohnung entnommen wurde.

  Wird vom Anbieter eine Mindestverzinsung garantiert, ist der errechnete monatliche Betrag um diese Mindestverzinsung zu erhöhen.
- Teilkapitalverrentung:
  Die monatliche Rente aus der Teilkapitalverrentung muss mindestens so hoch sein, wie die errechnete monatliche Leistung aus dem Auszahlungsplan.

198 Geringfügige Schwankungen in der Höhe der Altersleistungen sind unschädlich, sofern diese Schwankungen auf in einzelnen Jahren unterschiedlich hohen Überschussanteilen, Zinsen oder Erträgen beruhen. D. h., der auf Basis des zu Beginn der Auszahlungsphase garantierten Kapitals zzgl. der unwiderruflich zugeteilten Überschüsse bzw. zugesagten Zinsen oder Erträge zu errechnende Leistungsbetrag darf während der gesamten Auszahlungsphase nicht unterschritten werden. Aus Vereinfachungsgründen können darüber hinausgehende Leistungen auch außerhalb der monatlichen Leistungen ausgezahlt werden, unabhängig davon, ob es sich um Zinsen, Erträge, Überschussanteile, Wertsteigerungen oder Verkaufserlöse aus Fonds handelt.

199 Soweit der Vertrag Leistungen für den Fall der Erwerbsminderung oder eine Hinterbliebenenrente im Sinne des § 1 Abs. 1 Satz 1 Nr. 2 AltZertG vorsieht, dürfen diese im Versicherungsfall schon vor Erreichen der Altersgrenze zur Auszahlung kommen.

200 Nach § 93 Abs. 3 Satz 1 EStG sind Auszahlungen zur Abfindung einer Kleinbetragsrente keine schädliche Verwendung. Die steuerunschädliche Kleinbetragsrentenabfindung ist jedoch ausschließlich zulässig
- zum ursprünglich vereinbarten Beginn der Auszahlungsphase,
- (für ab 1. Januar 2018 zertifizierte Verträge) zum nach § 1 Abs. 1 Satz 1 Nr. 4 Buchstabe a AltZertG verschobenen Beginn der Auszahlungsphase auf den 1. Januar des darauffolgenden Jahres oder
- wenn nach dem Beginn der Auszahlungsphase ein Versorgungsausgleich durchgeführt wird und sich dadurch die Rente verringert.

Hat die Auszahlungsphase bereits begonnen, ist im Übrigen keine steuerunschädliche Kleinbetragsrentenabfindung mehr zulässig, selbst wenn die sonstigen Voraussetzungen für eine Kleinbetragsrentenabfindung zu diesem späteren Zeitpunkt (noch) vorliegen. Eine Kleinbetragsrente nach § 93 Abs. 3 EStG liegt vor, wenn bei gleichmäßiger Verteilung des zu Beginn der Auszahlungsphase zur Verfügung stehenden geförderten Kapitals – einschließlich einer eventuellen Teilkapitalauszahlung, jedoch ohne einen eventuellen Altersvorsorge-Eigenheimbetrag – über die gesamte Auszahlungsphase der Wert von 1% der monatlichen Bezugsgröße (West) nach § 18 SGB IV nicht überschritten wird. Die monatliche Bezugsgröße zum 1. Januar 2018 beträgt 3045 €, so dass im Jahr 2018 eine Kleinbetragsrente bei einem monatlichen Rentenbetrag von nicht mehr als 30,45 € vorliegt. Das geförderte Altersvorsorgevermögen von sämtlichen Verträgen bei einem Anbieter ist für die Berechnung zusammenzufassen.

201 Bestehen bei einem Anbieter mehrere Verträge, aus denen sich unterschiedliche Auszahlungstermine ergeben, liegt eine Kleinbetragsrente vor, wenn alle für die Altersversorgung zur Auszahlung kommenden Leistungen, die auf geförderten Altersvorsorgebeiträgen beruhen, den Wert von 1% der monatlichen Bezugsgröße nach § 18 SGB IV nicht übersteigen. Stichtag für die Berechnung, ob die Voraussetzungen für das Vorliegen einer Kleinbetragsrente gegeben sind, ist der Tag des Beginns der Auszahlungsphase für den abzufindenden Vertrag. Bei Beginn der Auszahlung aus dem ersten Vertrag ist zu prognostizieren und festzuhalten, in welcher Höhe zukünftig Leistungen monatlich anfallen würden. Wird der Höchstwert nicht überschritten, liegen insgesamt Kleinbetragsrenten vor, die unschädlich abgefunden werden können. Wird der Höchstwert bei Auszahlung der weiteren Leistungen dennoch überschritten, z. B. wegen günstiger Konditionen am Kapitalmarkt, verbleibt es für die bereits abgefundenen Verträge bei der ursprünglichen Prognose; eine schädliche Verwendung tritt insoweit nicht ein.

Anl zu H 10a

Für den bei Feststellung der Überschreitung des Höchstwerts zur Auszahlung anstehenden und alle weiteren Verträge mit späterem Auszahlungsbeginn kommt eine Abfindung nicht mehr in Betracht.

202 Für die Zusammenfassung (§ 93 Abs. 3 Satz 3 EStG) ist auf die sich aus der entsprechenden Absicherung des jeweiligen biometrischen Risikos ergebende Leistung abzustellen, wenn für dieses Risiko ein eigenes Deckungskapital gebildet wurde. Für die Prüfung, ob eine Kleinbetragsrente vorliegt, erfolgt die Zusammenfassung getrennt nach dem jeweils abgesicherten Risiko und dem jeweiligen Deckungskapital. In die Prüfung, ob eine Kleinbetragsrente vorliegt, sind nur die Leistungen einzubeziehen, die für den entsprechenden Versicherungsfall zur Auszahlung kommen. Eine nachträgliche Verschiebung von Deckungskapital mit dem Ziel, das Vorliegen der Voraussetzungen für eine Kleinbetragsrente herbeizuführen, ist nicht zulässig.

203[1] Für die Abfindung einer Altersrente kann eine solche Betrachtung erst zu Beginn der Auszahlungsphase dieser Rente vorgenommen werden. Verschiebt der Zulageberechtigte den Beginn der Auszahlung der Kleinbetragsrentenabfindung nach der Regelung des § 1 Abs. 1 Satz 1 Nr. 4 Buchstabe a AltZertG (für ab 1. Januar 2018 zertifizierte Verträge) auf den 1. Januar des Folgejahres, ist nicht erneut zu prüfen, ob die Voraussetzungen für eine Kleinbetragsrentenabfindung vorliegen (§ 93 Abs. 3 Satz 1 EStG). Dies gilt nicht, wenn zwischen dem ursprünglich vereinbarten und dem verschobenen Beginn der Auszahlungsphase eine Kapitalübertragung zugunsten des abzufindenden Vertrages stattfindet; in diesem Fall ist eine erneute Überprüfung des Vorliegens der Voraussetzungen für eine Kleinbetragsrentenabfindung auf den Stichtag des verschobenen Beginns der Auszahlungsphase vorzunehmen. Die Auszahlung der Abfindung einer Kleinbetragsrente aus der Altersrente bereits vor Beginn der Auszahlungsphase ist eine schädliche Verwendung im Sinne des § 93 EStG. Bei Leistungen für den Fall der Erwerbsminderung oder bei Hinterbliebenenrenten im Sinne des § 1 Abs. 1 Satz 1 Nr. 2 AltZertG ist für den Beginn der Auszahlungsphase Rz. 199 zu beachten.

204 Geht nach der Auszahlung der Kleinbetragsrentenabfindung beim Anbieter eine Zulagezahlung für den Anleger ein, hat dies keinen Einfluss auf das Vorliegen einer Kleinbetragsrente. Diese Zulage gehörte im Zeitpunkt des Beginns der Auszahlungsphase noch nicht zum zur Verfügung stehenden Altersvorsorgevermögen und ist daher nicht in die Berechnung des Höchstbetrags für die Kleinbetragsrentenabfindung einzubeziehen.

205 Die Zulage kann im Fall einer abgefundenen Altersrente vom Anbieter unmittelbar an den Zulageberechtigten weitergereicht werden. Sie ist in diesem Fall nicht in die Bescheinigung nach § 92 EStG als dem Vertrag gutgeschriebene Zulage aufzunehmen. Der Anbieter hat diese Zulage als Leistung nach § 22 Nr. 5 Satz 1 EStG zu behandeln und entsprechend nach § 22a EStG zu melden (vgl. Rz. 193). Ist der Zulageberechtigte zwischenzeitlich verstorben, ist die nachlaufende Zulage – unter den Voraussetzungen des vorhergehenden Satzes – an die Erben auszuzahlen; dies führt nicht zu einer schädlichen Verwendung im Sinne des § 93 EStG.

206 Zulagen, die nach der Auszahlung der Kleinbetragsrentenabfindung wegen Erwerbsminderung beim Anbieter eingehen, sind dem Altersvorsorgevertrag für die Alters- und ggf. Hinterbliebenenabsicherung gutzuschreiben und nicht unmittelbar an den Zulageberechtigten oder die Erben (bei Tod des Zulageberechtigten) weiterzureichen.

207 Wird eine Hinterbliebenenrente aus einer zusätzlichen Hinterbliebenenrisikoabsicherung ohne Kapitalbildung gezahlt oder als Kleinbetragsrente abgefunden, darf eine nach dem Beginn der Auszahlungsphase für diese Hinterbliebenenrisikorente ermittelte Zulage nicht mehr an den/die Hinterbliebenen ausgezahlt werden. Sie fällt dem bisherigen Altersvorsorgekapital zu.

208 Etwas anderes gilt für den Teil der Zulagen, der auf nach § 1 Abs. 1 Nr. 2 AltZertG angespartes gefördertes Altersvorsorgevermögen entfällt, das in Form einer Hinterbliebenenrente oder Abfindung einer Hinterbliebenenkleinbetragsrente an die in § 1 Abs. 1 Nr. 2 AltZertG genannten Hinterbliebenen ausgezahlt wird (d. h., für die Hinterbliebenenrente wird das bei Risikoeintritt vorhandene Kapital eingesetzt). Dieser Teil der Zulagen darf nach Beginn der Auszahlungsphase der Hinterbliebenenrente(n) an den/die Hinterbliebenen weitergereicht werden. Der Anbieter hat diesen Teil der Zulage als Leistung nach § 22 Nr. 5 Satz 1 EStG zu behandeln und entsprechend nach § 22a EStG zu melden (vgl. Rz. 193).

209 Die Rzn. 200 bis 208 gelten in den Fällen des § 93 Abs. 3 Satz 4 EStG entsprechend mit der Maßgabe, dass an die Stelle des Beginns der Auszahlungsphase der Zeitpunkt der Durchführung des Versorgungsausgleichs tritt.

210 Die Entnahme des Teilkapitalbetrags von bis zu 30% des zur Verfügung stehenden Kapitals aus dem Vertrag hat zu Beginn der Auszahlungsphase zu erfolgen. Eine Verteilung über mehrere Auszahlungszeitpunkte ist nicht möglich. Eine Kombination mit der Entnahme eines Altersvorsorge-Eigenheimbetrags zu Beginn der Auszahlungsphase ist zulässig, solange die Einschränkung der Entnahmemöglichkeit im Hinblick auf die Mindestentnahme- bzw. Restbeträge nach § 92a Abs. 1 Satz 1 EStG beachtet wird.

Beispiel:

211 Der Altersvorsorgevertrag des A enthält zu Beginn der Auszahlungsphase ein Altersvorsorgevermögen von 10 000 €, davon sind 7000 € gefördert und 3000 € ungefördert. Lässt sich A die maximal steuerunschädlich zulässige Teilkapitalauszahlung von 3000 € (30% von 10 000 €) auszahlen, kann er maximal 4000 € als Altersvorsorge-Eigenheimbetrag entnehmen, weil bei einer solchen Teilentnahme mindestens 3000 € im Altersvorsorgevertrag verbleiben müssen.

[1] Rz. 203 neugefasst durch BMF-Schreiben vom 17. 2. 2020 (BStBl. I S. 213); dieses Schreiben ist ab dem Zeitpunkt seiner Bekanntgabe im Bundessteuerblatt auf alle offenen Fälle anzuwenden. Bekannt gegeben in BStBl. I 2020 Nr. 3 vom 29. 2. 2020.

212 Soweit gefördertes Altersvorsorgevermögen, auf das § 10 a oder Abschnitt XI des EStG angewandt wurde, nicht diesen gesetzlichen Regelungen entsprechend ausgezahlt wird, liegt eine schädliche Verwendung (§ 93 EStG) vor. Anl zu H 10 a

213 Erfolgt die Auszahlung des geförderten Altersvorsorgevermögens abweichend von den in Rz. **195** aufgeführten Möglichkeiten in Raten, z. B. als Rentenzahlung im Rahmen einer vereinbarten Rentengarantiezeit im Fall des Todes des Zulageberechtigten, so stellt jede Teilauszahlung eine anteilige schädliche Verwendung dar.

214 Wird nicht gefördertes Altersvorsorgevermögen (zur Abgrenzung von geförderten und nicht geförderten Beiträgen vgl. Rzn. 131 ff.) abweichend von den in Rz. 195 aufgeführten Möglichkeiten verwendet, liegt keine schädliche Verwendung vor (Rzn. 234 f.).

2. Auszahlung von gefördertem Altersvorsorgevermögen

a) Möglichkeiten der schädlichen Verwendung

215 Eine schädliche Verwendung von gefördertem Altersvorsorgevermögen liegt beispielsweise in folgenden Fällen vor:[1] **28**

- (Teil-)Kapitalauszahlung aus einem geförderten Altersvorsorgevertrag an den Zulageberechtigten während der Ansparphase oder nach Beginn der Auszahlungsphase (§ 93 Abs. 1 Satz 1 und 2 EStG), soweit das Kapital nicht als Altersvorsorge-Eigenheimbetrag (§ 1 Abs. 1 Satz 1 Nr. 10 Buchstabe c AltZertG i. V. m. § 93 Abs. 1 Satz 1 EStG), im Rahmen einer Rente, eines Auszahlungsplans oder einer Verminderung des monatlichen Nutzungsentgelts für eine vom Zulageberechtigten selbst genutzte Genossenschaftswohnung im Sinne des § 1 Abs. 1 Satz 1 Nr. 4 Buchstabe a und b AltZertG oder als Abfindung einer Kleinbetragsrente ausgezahlt wird;
- (Teil-)Kapitalauszahlung aus gefördertem Altersvorsorgevermögen bei einer externen Teilung (§ 14 VersAusglG) im Rahmen des Versorgungsausgleichs, soweit das Kapital nicht unmittelbar zur Begründung eines Anrechts in einem Altersvorsorgevertrag oder in einer nach § 82 Abs. 2 EStG begünstigten betrieblichen Altersversorgung (einschließlich Versorgungsausgleichskasse) verwendet wird (vgl. Rz. 221);
- Weiterzahlung der Raten oder Renten aus gefördertem Altersvorsorgevermögen an die Erben im Fall des Todes des Zulageberechtigten nach Beginn der Auszahlungsphase (§ 93 Abs. 1 Satz 2 EStG), sofern es sich nicht um eine Hinterbliebenenversorgung im Sinne des § 1 Abs. 1 Satz 1 Nr. 2 AltZertG handelt (§ 93 Abs. 1 Satz 4 Buchstabe a EStG); zu Heilungsmöglichkeiten für den überlebenden Ehegatten/Lebenspartner vgl. Rzn. 230 ff.;
- (Teil-)Kapitalauszahlung aus gefördertem Altersvorsorgevermögen im Fall des Todes des Zulageberechtigten an die Erben (§ 93 Abs. 1 Satz 2 EStG; zu Heilungsmöglichkeiten für den überlebenden Ehegatten/Lebenspartner vgl. Rzn. 230 ff.).

b) Folgen der schädlichen Verwendung

aa) Rückzahlung der Förderung

216 Liegt eine schädliche Verwendung von gefördertem Altersvorsorgevermögen vor, sind die darauf entfallenden während der Ansparphase gewährten Altersvorsorgezulagen und die nach § 10 a Abs. 4 EStG gesondert festgestellten Steuerermäßigungen zurückzuzahlen (Rückzahlungsbetrag § 94 Abs. 1 EStG; vgl. Beispiel in Rz. 226). Der Anbieter darf Kosten und Gebühren, die durch die schädliche Verwendung entstehen (z. B. Kosten für die Vertragsbeendigung), nicht mit diesem Rückzahlungsbetrag verrechnen. Abschluss- und Vertriebskosten im Sinne des § 1 Abs. 1 Satz 1 Nr. 8 AltZertG sowie bis zur schädlichen Verwendung angefallene Kosten im Sinne des § 7 Abs. 1 Satz 1 Nr. 1 und 2 und Beitragsanteile zur Absicherung der verminderten Erwerbsfähigkeit oder der Hinterbliebenenabsicherung im Sinne des § 1 Abs. 1 Satz 1 Nr. 3 AltZertG können dagegen vom Anbieter berücksichtigt werden, soweit sie auch angefallen wären, wenn die schädliche Verwendung nicht stattgefunden hätte.

217 Wurde für ein Beitragsjahr bereits eine Zulage zugunsten eines Vertrags ausgezahlt, dessen steuerlich gefördertes Altersvorsorgevermögen anschließend schädlich verwendet wird, und gehen während der Antragsfrist noch weitere Zulageanträge für zugunsten anderer Verträge geleistete Beiträge ein, so werden neben dem Antrag zu dem zwischenzeitlich schädlich verwendeten Vertrag alle für dieses Beitragsjahr eingehenden rechtswirksamen Zulageanträge in die Zulageermittlung nach den Verteilungsvorschriften gem. § 87 Abs. 1 und § 89 Abs. 1 Satz 3 EStG einbezogen.

218 Eine Rückzahlungsverpflichtung besteht nicht für den Teil der Zulagen, der auf nach § 1 Abs. 1 Nr. 2 AltZertG angespartes gefördertes Altersvorsorgevermögen entfällt, wenn es in Form einer Hinterbliebenenrente an die dort genannten Hinterbliebenen ausgezahlt wird. Dies gilt auch für den entsprechenden Teil der Steuerermäßigung.

219 Im Fall der schädlichen Verwendung besteht ebenfalls keine Rückzahlungsverpflichtung für den Teil der Zulagen oder der Steuerermäßigung, der den Beitragsanteilen zuzuordnen ist, die für die Absicherung der verminderten Erwerbsfähigkeit und einer zusätzlichen Hinterbliebenenabsicherung ohne Kapitalbildung eingesetzt worden sind.

220 Für den Fall der schädlichen Verwendung sowie für die Beitragszusage nach § 1 Abs. 1 Nr. 3 AltZertG ist zu beachten, dass nach dem Beginn der Auszahlungsphase einer Rente wegen Erwerbsminderung oder einer Abfindung einer Kleinbetragsrente wegen Erwerbsminderung keine Beitragsanteile mehr der Absicherung der verminderten Erwerbsfähigkeit zuzuordnen sind.

---

[1] Eine förderschädliche Auszahlung von Altersvorsorgevermögen liegt aufgrund der gebotenen objektiven Betrachtungsweise auch vor, wenn der Anbieter Zahlungen entgegen den in § 93 Abs. 1 Satz 1 EStG genannten Voraussetzungen – wenn auch irrtümlich – vorgenommen hat, *BFH-Urteil vom 16. 12. 2020 X R 21/19 (BStBl. 2021 II S. 527).*

Anl zu H 10 a

221 Erfolgt aufgrund des § 6 VersAusglG eine Auszahlung aus gefördertem Altersvorsorgevermögen oder wird gefördertes Altersvorsorgevermögen aufgrund einer externen Teilung nach § 14 VersAusglG nicht im Rahmen des § 93 Abs. 1 a Satz 1 EStG übertragen, treten die Folgen der schädlichen Verwendung zu Lasten der ausgleichspflichtigen Person ein. Dies gilt selbst dann, wenn die ausgleichsberechtigte Person das an sie im Rahmen einer Vereinbarung nach § 6 VersAusglG ausgezahlte Kapital wieder auf einen Altersvorsorgevertrag oder in eine nach § 82 Abs. 2 EStG begünstigte betriebliche Altersversorgung (einschließlich Versorgungsausgleichskasse) einzahlt. Die auf das ausgezahlte geförderte Altersvorsorgevermögen entfallenden Zulagen und die nach § 10 a Abs. 4 EStG gesondert festgestellten Beträge sind zurückzuzahlen.

222 Werden dem Zulageberechtigten Raten im Rahmen eines Auszahlungsplans mit einer anschließenden Teilkapitalverrentung ab spätestens dem 85. Lebensjahr gezahlt und lässt er sich nach Beginn der Auszahlungsphase, aber vor Beginn der Teilkapitalverrentung, das gesamte für den Auszahlungsplan noch vorhandene Kapital auszahlen, handelt es sich um eine schädliche Verwendung des gesamten noch vorhandenen geförderten Altersvorsorgevermögens. Dies gilt selbst dann, wenn dem Anleger aus dem Teil des Kapitals, das als Einmalbetrag in eine Rentenversicherung eingezahlt wurde, ab spätestens dem 85. Lebensjahr eine Rente gezahlt wird. Deshalb sind auch die auf das gesamte zum Zeitpunkt der Teil-Kapitalentnahme noch vorhandene geförderte Altersvermögen entfallenden Zulagen und die nach § 10 a Abs. 4 EStG gesondert festgestellte Beträge zurückzuzahlen.

223 Die Rückforderung erfolgt sowohl für die Zulagen als auch für die gesondert festgestellten Steuerermäßigungen durch die ZfA (siehe auch Rz. 97). Die Rückforderung zieht keine Änderung von Einkommensteuer- oder Feststellungsbescheiden im Sinne des § 10 a Abs. 4 EStG nach sich.

224 Verstirbt der Zulageberechtigte und wird steuerlich gefördertes Altersvorsorgevermögen schädlich verwendet (Rz. 215), hat die Rückzahlung (Rz. 216) vor der Auszahlung des Altersvorsorgevermögens an die Erben oder Vermächtnisnehmer zu erfolgen.

bb) Besteuerung nach § 22 Nr. 5 Satz 3 EStG

225 § 22 Nr. 5 Satz 3 EStG regelt die Besteuerung in den Fällen, in denen das ausgezahlte geförderte Altersvorsorgevermögen steuerschädlich verwendet wird (§ 93 EStG). Der Umfang der steuerlichen Erfassung richtet sich insoweit nach der Art der ausgezahlten Leistung (§ 22 Nr. 5 Satz 2 EStG). Hierbei sind Rzn. 143 bis 166 zu beachten. Als ausgezahlte Leistung im Sinne des § 22 Nr. 5 Satz 2 EStG gilt das geförderte Altersvorsorgevermögen nach Abzug der Zulagen im Sinne des Abschnitts XI EStG. Die insoweit nach § 10 a Abs. 4 EStG gesondert festgestellten, zurückgezahlten Beträge sind nicht in Abzug zu bringen. Ein negativer Unterschiedsbetrag stellt dabei negative Einkünfte im Sinne des § 22 EStG dar, welche sowohl mit anderen Einkünften im Sinne des § 22 EStG als auch mit Einkünften aus anderen Einkunftsarten verrechnet werden können (horizontaler und vertikaler Verlustausgleich). Der negative Leistungsbetrag ist in der Rentenbezugsmitteilung anzugeben (vgl. Rz. 38 des BMF-Schreibens vom 7. Dezember 2011, BStBl. I S. 1223).

Beispiel 1:

226 Der 50-jährige Steuerpflichtige hat zugunsten eines Altersvorsorgevertrags ausschließlich geförderte Beiträge (insgesamt 38 000 €) eingezahlt. Zum Zeitpunkt der schädlichen Verwendung (Kapitalauszahlung aus einem zertifizierten Banksparplan) beträgt das Altersvorsorgevermögen 55 000 €. Dem Altersvorsorgevertrag wurden Zulagen i. H. v. insgesamt 3500 € gutgeschrieben. Die Steuerermäßigungen nach § 10 a EStG wurden i. H. v. 5000 € festgestellt.

Zur Auszahlung gelangen:	
Altersvorsorgevermögen	55 000 €
abzüglich Zulagen	3 500 €
abzüglich Steuervorteil	5 000 €
=	46 500 €
Betrag nach § 22 Nr. 5 Satz 3 EStG	
Altersvorsorgevermögen	55 000 €
abzüglich Zulagen	3 500 €
=	51 500 €
Auf diesen Betrag ist § 22 Nr. 5 Satz 2 Buchstabe c EStG anzuwenden.	
Maßgebender Betrag	51 500 €
abzüglich Eigenbeiträge	38 000 €
	13 500 €

Nach § 22 Nr. 5 Satz 2 Buchstabe c EStG sind 13 500 € zu versteuern.

Beispiel 2:

A hat zum 1. Januar 2018 einen Altersvorsorgevertrag (Fondssparplan) abgeschlossen und zugunsten dieses Vertrags jährliche Beiträge i. H. v. jeweils 1000 € eingezahlt, die nach § 10 a/Abschnitt XI EStG gefördert wurden. Der Anbieter verteilt die Abschluss- und Vertriebskosten i. H. v. insgesamt 500 € auf fünf Jahre. Zum 31. Dezember 2020 wird der Vertrag von A gekündigt. Die von den Beiträgen abzüglich der anteiligen Abschluss- und Vertriebskosten erworbenen Fondsanteile sind auf einen Wert von 2500 € gesunken. Kosten für die Kündigung werden vom Anbieter nicht erhoben. Die Besteuerung erfolgt nach § 22 Nummer 5 Satz 2 Buchstabe c EStG mit dem Unterschiedsbetrag zwischen der Leistung und der Summe der auf sie entrichteten Beiträge:

Leistung (nach Abzug der Zulagen)	2500 €
abzüglich geleistete Beiträge	3000 €
negativer Leistungsbetrag	– 500 €

Es liegen negative Einkünfte i. H. v. 500 € vor.

227 Verstirbt der Zulageberechtigte und wird steuerlich gefördertes Altersvorsorgevermögen außerhalb einer zulässigen Hinterbliebenenabsicherung an die Erben ausgezahlt, sind die Erträge von den Erben zu versteuern.

Anl zu H 10a

Abwandlung des Beispiels 1 zu Rz. 226:

228 Der 62-jährige Steuerpflichtige hat zugunsten eines seit 20 Jahren laufenden Altersvorsorgevertrags (zertifizierter Banksparplan) ausschließlich geförderte Beiträge (insgesamt 38 000 €) eingezahlt. Dem Altersvorsorgevertrag wurden Zulagen i. H. v. insgesamt 3500 € gutgeschrieben. Die Steuerermäßigungen nach § 10 a EStG wurden i. H. v. 5000 € festgestellt. Bevor die Auszahlung beginnt, verstirbt er. Im Zeitpunkt seines Todes beträgt das angesparte Altersvorsorgevermögen 55 000 €. Bis es im Wege der Einmalkapitalauszahlung zur Auszahlung des Altersvorsorgevermögens an die 42-jährige Tochter kommt, beträgt das Vermögen 55 500 €.

Zur Auszahlung gelangen:

Altersvorsorgevermögen	55 500 €
abzüglich Zulagen	3 500 €
abzüglich Steuervorteil	5 000 €
=	47 000 €

Betrag nach § 22 Nr. 5 Satz 3 EStG

Altersvorsorgevermögen	55 500 €
abzüglich Zulagen	3 500 €
=	52 000 €

Auf diesen Betrag ist § 22 Nr. 5 Satz 2 Buchstabe c EStG anzuwenden.

Maßgebender Betrag	52 000 €
abzüglich Eigenbeiträge	38 000 €
Unterschiedsbetrag	14 000 €

Bei der Tochter unterliegen 14 000 € der Besteuerung nach § 22 Nr. 5 Satz 3 i. V. m. Satz 2 Buchstabe c EStG.

229 Die als Einkünfte nach § 22 Nr. 5 Satz 3 i. V. m. § 22 Nr. 5 Satz 2 EStG zu besteuernden Beträge muss der Anbieter gem. § 22 Nr. 5 Satz 7 EStG dem Zulageberechtigten bescheinigen und im Wege des Rentenbezugsmitteilungsverfahrens (§ 22 a EStG) mitteilen (vgl. Rz. 193). Ergeben sich insoweit steuerpflichtige Einkünfte nach § 22 Nr. 5 Satz 3 EStG für einen anderen Leistungsempfänger (z. B. Erben), ist für diesen eine entsprechende Rentenbezugsmitteilung der ZfA zu übermitteln.

c) Übertragung begünstigten Altersvorsorgevermögens auf den überlebenden Ehegatten/Lebenspartner

230 Haben die Ehegatten/Lebenspartner im Zeitpunkt des Todes des Zulageberechtigten nicht dauernd getrennt gelebt (§ 26 Abs. 1 EStG) und hatten sie im Zeitpunkt des Todes ihren Wohnsitz oder gewöhnlichen Aufenthalt in einem EU-/EWR-Staat, treten die Folgen der schädlichen Verwendung nicht ein, wenn das geförderte Altersvorsorgevermögen des verstorbenen Ehegatten/Lebenspartners zugunsten eines auf den Namen des überlebenden Ehegatten/Lebenspartners lautenden zertifizierten Altersvorsorgevertrags übertragen wird (§ 93 Abs. 1 Satz 4 Buchstabe c EStG). Eine solche Übertragung kann beispielsweise durch Abtretung eines Auszahlungsanspruchs erfolgen. Der Anbieter des verstorbenen Zulageberechtigten hat sich vor der Kapitalübertragung durch eine Erklärung des überlebenden Ehegatten/Lebenspartners bestätigen zu lassen, dass die Voraussetzungen für eine steuerunschädliche Übertragung (§ 26 Abs. 1 EStG und Wohnsitz EU/EWR) im Zeitpunkt des Todes vorgelegen haben. Es ist unerheblich, ob der Vertrag des überlebenden Ehegatten/Lebenspartners bereits bestand oder im Zuge der Kapitalübertragung neu abgeschlossen wird und ob der überlebende Ehegatte/Lebenspartner selbst zum begünstigten Personenkreis gehört oder nicht. Die Auszahlung von Leistungen aus diesem Altersvorsorgevertrag richtet sich nach § 1 Abs. 1 AltZertG. Zur steuerlichen Behandlung der auf dem übertragenen Altersvorsorgevermögen beruhenden Leistungen an den überlebenden Ehegatten/Lebenspartner vgl. Rzn. 153 f.

231 Hat der verstorbene Ehegatte/Lebenspartner einen Altersvorsorgevertrag mit einer Rentengarantiezeit abgeschlossen, treten die Folgen einer schädlichen Verwendung auch dann nicht ein, wenn die jeweiligen Rentengarantieleistungen fortlaufend mit dem jeweiligen Auszahlungsanspruch und nicht kapitalisiert unmittelbar zugunsten eines zertifizierten Altersvorsorgevertrags des überlebenden Ehegatten/Lebenspartners übertragen werden. Im Fall der Kapitalisierung des Auszahlungsanspruchs gilt Rz. 230 entsprechend.

232 Steht das Altersvorsorgevermögen nicht dem überlebenden Ehegatten/Lebenspartner allein zu, sondern beispielsweise einer aus dem überlebenden Ehegatten/Lebenspartner und den Kindern bestehenden Erbengemeinschaft, treten ebenfalls die in Rz. 230 genannten Rechtsfolgen ein, wenn das gesamte geförderte Altersvorsorgevermögen zugunsten eines auf den Namen des überlebenden Ehegatten/Lebenspartners lautenden zertifizierten Altersvorsorgevertrags übertragen wird. Es ist unschädlich, wenn die übrigen Erben für den über die Erbquote des überlebenden Ehegatten/Lebenspartners hinausgehenden Kapitalanteil einen Ausgleich erhalten. Satz 1 und 2 gelten entsprechend, wenn Rentengarantieleistungen im Sinne der Rz. 231 der Erbengemeinschaft zustehen und diese unmittelbar mit dem jeweiligen Auszahlungsanspruch zugunsten eines zertifizierten Altersvorsorgevertrags des überlebenden Ehegatten/Lebenspartners übertragen werden.

233 Die Verwendung des geförderten geerbten Altersvorsorgevermögens zur Begleichung der durch den Erbfall entstehenden Erbschaftsteuer stellt auch beim überlebenden Ehegatten/Lebenspartner eine schädliche Verwendung dar.

3. Auszahlung von nicht gefördertem Altersvorsorgevermögen

234 Die Auszahlung von Altersvorsorgevermögen, das aus nicht geförderten Beiträgen (vgl. 29
Rzn. 134 ff.) stammt, stellt keine schädliche Verwendung im Sinne von § 93 EStG dar. Bei Teilauszahlungen aus einem zertifizierten Altersvorsorgevertrag gilt das nicht geförderte Kapital als zuerst ausgezahlt (Meistbegünstigung). Dies schließt jedoch nicht aus, dass sich der Zulageberechtigte aktiv dafür entscheiden kann, dass das geförderte Kapital zuerst ausgezahlt werden soll (mit den entsprechenden Konsequenzen einer schädlichen Verwendung).

Anl zu H 10a

Beispiel:

235 A, ledig, hat ab 2018 über 20 Jahre jährlich (einschließlich der Grundzulage von 175 €) 2100 € geförderte Beiträge zugunsten eines Fondssparplans eingezahlt. Zusätzlich hat er jährlich 500 € nicht geförderte Beiträge geleistet. Zusätzlich zur Zulage von 3500 € hat A über die gesamte Ansparphase insgesamt einen – gesondert festgestellten – Steuervorteil i. H. v. 12 500 € erhalten (§ 10 a EStG). Am 31. Dezember 2037 beträgt das Kapital, das aus nicht geförderten Beiträgen besteht, 14 000 €. A entnimmt einen Betrag von 12 000 €.
Nach Rz. 234 ist davon auszugehen, dass A das nicht geförderte Altersvorsorgevermögen entnommen hat. Aus diesem Grund kommt es nicht zur Rückforderung der gewährten Zulagen und Steuerermäßigungen. Allerdings hat A nach § 22 Nr. 5 Satz 2 Buchstabe c EStG den Unterschiedsbetrag zwischen der Leistung (Auszahlung) und der Summe der auf sie entrichteten Beiträge zu versteuern.

4. Sonderfälle der Rückzahlung

30 **236** Endet die Zulageberechtigung oder hat die Auszahlungsphase des Altersvorsorgevertrags begonnen, treten grundsätzlich die Folgen der schädlichen Verwendung ein,
- wenn sich der Wohnsitz oder gewöhnliche Aufenthalt des Zulageberechtigten außerhalb der EU-/EWR-Staaten befindet oder
- wenn sich der Wohnsitz oder gewöhnliche Aufenthalt zwar in einem EU-/EWR-Staat befindet, der Zulageberechtigte aber nach einem DBA als außerhalb eines EU-/EWR-Staates ansässig gilt.

Dabei kommt es nicht darauf an, ob aus dem Altersvorsorgevertrag Auszahlungen erfolgen oder nicht.

237 Auf Antrag des Zulageberechtigten wird der Rückzahlungsbetrag (Zulagen und Steuerermäßigungen) bis zum Beginn der Auszahlungsphase gestundet, wenn keine vorzeitige Auszahlung von gefördertem Altersvorsorgevermögen erfolgt (§ 95 Abs. 2 EStG). Bei Beginn der Auszahlungsphase ist die Stundung auf Antrag des Zulageberechtigten zu verlängern bzw. erstmalig zu gewähren, wenn der Rückzahlungsbetrag mit mindestens 15% der Leistungen aus dem Altersvorsorgevertrag getilgt wird. Für die Dauer der gewährten Stundung sind Stundungszinsen nach § 234 AO zu erheben. Die Stundung kann innerhalb eines Jahres nach Erteilung der Bescheinigung nach § 94 Abs. 1 Satz 4/§ 95 Abs. 1 EStG beim Anbieter beantragt werden. Beantragt der Zulageberechtigte eine Stundung innerhalb der Jahresfrist, aber erst nach Zahlung des Rückzahlungsbetrags, ist ein Bescheid über die Stundung eines Rückzahlungsbetrages zu erlassen und der maschinell einbehaltene und abgeführte Rückzahlungsbetrag rückabzuwickeln.

Beispiel:

238 Ende der Zulageberechtigung

bei Wohnsitz außerhalb eines EU-/EWR-Staats am	31. 12. 2010
Beginn der Auszahlungsphase am	1. 2. 2013
Das Altersvorsorgevermögen wird nicht vorzeitig ausgezahlt.	
Summe der zurückzuzahlenden Zulagen und Steuervorteile:	1500 €
Monatliche Leistung aus dem Altersvorsorgevertrag ab 1. 2. 2013:	100 €

Der Rückzahlungsbetrag i. H. v. 1 500 € ist bis zum 31. Januar 2013 zu stunden. Die Stundung ist zu verlängern, wenn der Rückzahlungsbetrag vom 1. Februar 2013 an mit 15 € pro Monat getilgt wird. Für die Dauer der gewährten Stundung sind Stundungszinsen nach § 234 AO zu erheben. Die Stundungszinsen werden mit Ablauf des Kalenderjahres, in dem die Stundung geendet hat, festgesetzt (§ 239 Abs. 1 Satz 2 Nr. 2 AO).

239 Wurde der Rückzahlungsbetrag gestundet und
- verlegt der ehemals Zulageberechtigte seinen ausschließlichen Wohnsitz oder gewöhnlichen Aufenthalt in einen EU-/EWR-Staat oder
- wird der ehemals Zulageberechtigte erneut zulageberechtigt,

sind der Rückzahlungsbetrag und die bereits entstandenen Stundungszinsen von der ZfA zu erlassen (§ 95 Abs. 3 EStG).

IV. Altersvorsorge-Eigenheimbetrag und Tilgungsförderung für eine wohnungswirtschaftliche Verwendung

1. Allgemeines

31 **240** Die Auszahlung eines Altersvorsorge-Eigenheimbetrags ist nur aus einem zertifizierten Altersvorsorgevertrag und die Tilgungsförderung nur bei Zahlung von Tilgungsleistungen auf einen zertifizierten Altersvorsorgevertrag möglich. Diese Möglichkeiten bestehen jedoch nur bis zum Beginn der Auszahlungsphase des Altersvorsorgevertrags. Der vereinbarte Beginn der Auszahlungsphase darf dabei nicht nach der Vollendung des 68. Lebensjahres des Zulageberechtigten liegen. Es kommt ggf. auch rückwirkend zu einer schädlichen Verwendung, wenn nach einer Entnahme des Altersvorsorge-Eigenheimbetrags die Vereinbarung zum Beginn der Auszahlungsphase auf einen Zeitpunkt nach der Vollendung des 68. Lebensjahres des Zulageberechtigten geändert wird (vgl. dazu auch Rz. 177). Für den Bereich der betrieblichen Altersversorgung sind diese Möglichkeiten gesetzlich nicht vorgesehen. Dies gilt auch, wenn das Altersvorsorgevermögen aus Beiträgen im Sinne des § 82 Abs. 2 EStG gebildet worden ist.

241 Das angesparte Kapital kann als Altersvorsorge-Eigenheimbetrag vollständig oder teilweise entnommen werden. Bei einer teilweisen Entnahme müssen mindestens 3000 € Restkapital im Vertrag verbleiben. Der im Rahmen der Entnahme zu beachtende Restbetrag nach § 92 a Abs. 1 Satz 1 EStG bezieht sich nur auf das nach § 10 a/Abschnitt XI EStG geförderte Altersvorsorgevermögen einschließlich der erwirtschafteten Erträge, Wertsteigerungen und Zulagen. Der Mindestentnahmebetrag nach § 92 a Abs. 1 Satz 1 EStG bezieht sich auf das gesamte geförderte und ungeförderte Altersvorsorgevermögen. Der Altersvorsorgevertrag darf vorsehen, dass nur eine vollständige Auszahlung des gebildeten Kapitals für eine Verwendung im Sinne des § 92 a EStG verlangt werden kann. Nicht gefördertes Kapital kann unbegrenzt ausgezahlt werden, wenn der Vertrag dies zulässt; insoweit sind die in der Auszahlung enthaltenen Erträge im Rahmen des § 22 Nr. 5 Satz 2 EStG zu besteuern.

2. Zulageberechtigter als Entnahmeberechtigter

242 Entnahmeberechtigt im Sinne des § 92 a Abs. 1 Satz 1 EStG sind Personen, denen das in einem Altersvorsorgevertrag gebildete Altersvorsorgevermögen, das nach § 10 a/Abschnitt XI EStG gefördert wurde, zugerechnet wird. Eine Zulageberechtigung nach § 79 EStG muss im Zeitpunkt der Entnahme und der wohnungswirtschaftlichen Verwendung nicht bestehen. 32

3. Entnehmbare Beträge

243 Der Altersvorsorge-Eigenheimbetrag oder die Summe der Altersvorsorge-Eigenheimbeträge darf die Herstellungs- oder Anschaffungskosten der Wohnung inklusive der Anschaffungsnebenkosten (z. B. Notargebühren, Grunderwerbsteuer) zuzüglich der Anschaffungskosten für den dazugehörenden Grund und Boden nicht überschreiten (vgl. Rz. 265). 33

244 Für den barrierereduzierenden Umbau einer vom Zulageberechtigten selbst genutzten Wohnung darf der Altersvorsorge-Eigenheimbetrag die vom Zulageberechtigten getragenen Umbaukosten nicht übersteigen. Die Höhe des Miteigentumsanteils an der Wohnung ist hierbei unbeachtlich.

245 Hat der Zulageberechtigte mehrere Altersvorsorgeverträge, kann er die Entnahmemöglichkeit für jeden dieser Verträge nutzen. Dabei muss der Zeitpunkt der Entnahme aus den einzelnen Verträgen nicht identisch sein. Es ist auch eine mehrmalige Entnahme aus demselben Vertrag zulässig. Jede Entnahme muss jedoch unmittelbar mit einer wohnungswirtschaftlichen Verwendung nach § 92 a Abs. 1 Satz 1 EStG zusammenhängen. Auch eine Entnahme in mehreren Teilbeträgen, beispielsweise in Abhängigkeit vom Baufortschritt, ist zulässig, solange die Einschränkung der Entnahmemöglichkeit im Hinblick auf die Mindestentnahme- bzw. Restbeträge nach § 92 a Abs. 1 Satz 1 EStG beachtet wird.

246 Bei der Ermittlung des Restkapitals im Zuge der Auszahlung ist auf den Stand des geförderten Altersvorsorgevermögens zum Ablauf des Tages (Stichtag) abzustellen, an dem die ZfA den Bescheid über die Höhe der wohnungswirtschaftlichen Verwendung ausgestellt und den Anbieter darüber informiert hat (§ 92 b Abs. 1 Satz 3 EStG).

247 Die Mindesthöhe für die Entnahme kann, soweit die Vertragsvereinbarungen dies nicht ausschließen, auch durch die Entnahme aus mehreren Verträgen erreicht werden. Der Mindestentnahmebetrag ist innerhalb von zwölf Monaten nach dem Zeitpunkt der erstmaligen Auszahlung zu entnehmen. Der Mindestbetrag ist auch bei einem Darlehen nach § 1 Abs. 1 a AltZertG zu beachten. Wird ein Darlehen nach § 1 Abs. 1 a AltZertG in Höhe des Mindestbetrags für eine wohnungswirtschaftliche Verwendung nach § 92 a EStG genutzt, dieses aber auch mit ungefördertem Vermögen getilgt (z. B. durch Tilgungsleistungen oberhalb der Förderhöchstgrenze des § 10 a EStG), ist dies unschädlich. Es ist ausreichend, wenn der Mindestbetrag für eine wohnungswirtschaftliche Verwendung insgesamt durch die Kombination aus Altersvorsorge-Eigenheimbeträgen und Darlehen nach § 1 Abs. 1 a AltZertG erreicht wird.

Beispiel:

248 Der barrierereduzierende Umbau des selbst genutzten Hauses von R kostet insgesamt 20 000 €. R hat auf seinem Altersvorsorgevertrag bei Anbieter A bisher 15 000 € angespart. R beantragt im Januar 2014 unter Vorlage der notwendigen Nachweise die Entnahme der 15 000 € bei der ZfA. Gleichzeitig schließt er bei Anbieter B ein zertifiziertes Darlehen zur Finanzierung der Umbaumaßnahmen über 5000 € ab. Die ZfA bestätigt nach § 92 b Abs. 1 Satz 3 EStG eine wohnungswirtschaftliche Verwendung i. H. v. 20 000 €. Damit die Anbieter die Erfüllung der Voraussetzungen prüfen können, muss R Anbieter A Nachweise zum Darlehen bei Anbieter B und Anbieter B Nachweise zur Entnahme bei Anbieter A vorlegen.

249 Hat der Zulageberechtigte 100% des geförderten Altersvorsorgevermögens entnommen, gehören auch die Zulagen, die nach erfolgter Entnahme für die entnommenen Beiträge noch auf den Altersvorsorgevertrag ausgezahlt werden, zum entnehmbaren Betrag. Dies gilt auch dann, wenn die Auszahlung dieser Zulagen nicht mehr im unmittelbar zeitlichen Zusammenhang mit der wohnungswirtschaftlichen Verwendung steht. Ein gesonderter Entnahmeantrag ist hierfür nicht erforderlich.

250 Ändert sich nach Erteilung des Bescheides über die Höhe der wohnungswirtschaftlichen Verwendung rückwirkend der Umfang der steuerlichen Förderung, gilt das nicht geförderte Kapital als zuerst entnommen (vgl. Rz. 234), soweit es nicht vom Anbieter für die Rückforderung einer Zulage verwendet wurde. Das Wohnförderkonto ist entsprechend zu korrigieren.

4. Begünstigte Verwendung (§ 92 a Abs. 1 EStG)

251 Für den Altersvorsorge-Eigenheimbetrag sieht der Gesetzgeber drei verschiedene begünstigte Verwendungsarten vor: 34

1. bis zum Beginn der Auszahlungsphase unmittelbar für die Anschaffung oder Herstellung einer Wohnung oder zur Tilgung eines zu diesem Zweck aufgenommenen Darlehens, wenn das dafür entnommene Kapital mindestens 3000 € beträgt (§ 92 a Abs. 1 Satz 1 Nr. 1 EStG),[1]
2. bis zum Beginn der Auszahlungsphase unmittelbar für den Erwerb von Pflicht- Geschäftsanteilen an einer eingetragenen Genossenschaft für die Selbstnutzung einer Genossenschaftswohnung oder zur Tilgung eines zu diesem Zweck aufgenommenen Darlehens, wenn das dafür entnommene Kapital mindestens 3000 € beträgt (§ 92 a Abs. 1 Satz 1 Nr. 2 EStG), oder
3. bis zum Beginn der Auszahlungsphase für die Finanzierung von Umbaumaßnahmen zur Reduzierung von Barrieren in oder an einer Wohnung; zu den weiteren Voraussetzungen wird auf die Rzn. 259 ff. verwiesen (§ 92 a Abs. 1 Satz 1 Nr. 3 EStG).

Andere begünstigte Verwendungsarten sieht das Gesetz nicht vor.[2]

---

[1] Weder reine Zinszahlungen noch Sparleistungen sind als Tilgung eines Darlehens i. S. d. § 92 a Abs. 1 Satz 1 Nr. 1 anzusehen, *BFH-Urteil vom 16. 2. 2022 X R 20/20 (BStBl. II S. 622).*

[2] Eine förderschädliche wohnwirtschaftliche Verwendung liegt auch dann vor, wenn durch die Einzahlung auf einen nicht zertifizierten Bausparvertrag eine frühere Zuteilung erreicht werden soll, *BFH-Urteil vom 12. 2. 2020 X R 28/18 (BStBl. II S. 496).*

Anl zu H 10a

a) Unmittelbare Anschaffung oder Herstellung

252 Der Entnahmevorgang und die Anschaffung/Herstellung der Wohnung müssen in einem unmittelbaren zeitlichen Zusammenhang erfolgen. Davon ist auszugehen, wenn innerhalb von sechs Monaten vor Antragstellung bei der ZfA und bis zwölf Monate nach Auszahlung entsprechende Aufwendungen für die Anschaffung/Herstellung entstanden sind. Aufwendungen, für die der Zulageberechtigte bereits eine vertragsmäßige Verwendung im Sinne des WoPG erklärt hat, bleiben unberücksichtigt.

253 Wird die Wohnung nach dem Anschaffungszeitpunkt zunächst durch einen Dritten/Mieter genutzt, kann von einer wohnungswirtschaftlichen Verwendung ab Beginn der Selbstnutzung durch den Zulageberechtigten ausgegangen werden, wenn
- der Zulageberechtigte innerhalb eines Monats nach der Eintragung seiner Eigentümerstellung im Grundbuch der Wohnung die beabsichtigte Selbstnutzung durch eine schriftliche Kündigung des Mietverhältnisses zum nächstmöglichen Zeitpunkt nachweist und
- die Selbstnutzung des Zulageberechtigten innerhalb von sechs Monaten nach Auszug des Dritten/Mieters aufgenommen wird.

Andernfalls ist keine Unmittelbarkeit gegeben.

254 Der Antrag nach § 92b Abs. 1 EStG ist unter Vorlage der notwendigen Nachweise vom Zulageberechtigten spätestens zehn Monate vor dem Beginn der Auszahlungsphase bei der ZfA zu stellen. Der Zulageberechtigte kann den Anbieter hierzu bevollmächtigen. Im Rahmen eines einheitlichen Vertrags nach § 1 Abs. 1a AltZertG ist nicht zu beanstanden, wenn der Anbieter die für die Prüfung der Entnahmevoraussetzungen erforderlichen Daten an die ZfA übermittelt und das Vorliegen der den Daten zugrunde liegenden Nachweise bestätigt.

b) Entschuldung

255 Der Altersvorsorge-Eigenheimbetrag kann auch zur vollständigen oder teilweisen Ablösung eines für die Finanzierung der Anschaffungs-/Herstellungskosten der selbst genutzten Wohnung oder für den Erwerb von Pflicht-Geschäftsanteilen an einer eingetragenen Genossenschaft eingesetzten Darlehens (Entschuldung) verwendet werden. Diese Entschuldung ist eine wohnungswirtschaftliche Verwendung im Sinne des § 92a Abs. 1 EStG.[1] Auf den Anschaffungs-/Herstellungszeitpunkt der Wohnung kommt es insoweit nicht an. Von einer Finanzierung von Anschaffungs- und Herstellungskosten einer selbst genutzten Wohnung kann insoweit ausgegangen werden, als das ursprüngliche Darlehen im zeitlichen Kontext (Zeitraum von drei Jahren vor und nach der Anschaffung bzw. Herstellung) aufgenommen wurde. Eine Entschuldung im Sinne des § 92a Abs. 1 EStG liegt auch dann vor, wenn das abzulösende Darlehen unmittelbar und ausschließlich zur Umschuldung des ursprünglichen Anschaffungs- oder Herstellungsdarlehens diente. Dies gilt auch bei mehrfacher Umschuldung des ursprünglichen Darlehens. Soweit das Darlehen zur Finanzierung von Modernisierungs- bzw. Renovierungsaufwendungen aufgenommen wurde, auch wenn es sich um Umbaumaßnahmen im Sinne des § 92a Abs. 1 Satz 1 Nr. 3 EStG handelt, und keine anschaffungsnahen Herstellungskosten vorliegen, ist die Entnahme von gefördertem Kapital zur Entschuldung dieses Teils des Darlehens eine schädliche Verwendung. Im Zeitpunkt der Entschuldung muss eine Selbstnutzung vorliegen, eine vorangegangene Vermietung ist unerheblich. Rz. 254 Satz 1 und 2 gilt entsprechend.

c) Genossenschaftsanteile

256 Eine weitere begünstigte Verwendung für den Altersvorsorge-Eigenheimbetrag ist – bis zum Beginn der Auszahlungsphase – der Erwerb von Geschäftsanteilen (Pflichtanteilen) an einer eingetragenen Genossenschaft für die Selbstnutzung einer Genossenschaftswohnung (§ 92a Abs. 1 Satz 1 Nr. 2 EStG). Der Pflichtanteil ist der Anteil, den der Zulageberechtigte erwerben muss, um eine Genossenschaftswohnung selbst beziehen zu können. Hiervon abzugrenzen ist der Erwerb von weiteren Geschäftsanteilen an einer eingetragenen Genossenschaft.

257 Die Wohnungsgenossenschaft muss in diesen Fällen nicht die im AltZertG genannten Voraussetzungen für das Anbieten von Altersvorsorgeverträgen erfüllen, da eine entsprechende Bezugnahme in § 92a Abs. 1 Satz 1 Nr. 2 EStG fehlt. Erforderlich ist lediglich, dass es sich um eine in das Genossenschaftsregister eingetragene Genossenschaft handelt.

258 Rz. 254 Satz 1 und 2 und Rz. 270 gelten entsprechend.

d) Umbau einer Wohnung

259 Der Altersvorsorge-Eigenheimbetrag kann auch für die Finanzierung eines barrierereduzierenden Umbaus einer selbst genutzten Wohnung verwendet werden (§ 92a Abs. 1 Satz 1 Nr. 3 EStG). Das für diesen Umbau entnommene Kapital muss mindestens 6000 € betragen, wenn die Umbaumaßnahmen innerhalb eines Zeitraums von drei Jahren nach der Anschaffung oder Herstellung der Wohnung vorgenommen werden. Im Hinblick auf den Mindestentnahmebetrag ist es ausreichend, wenn die Maßnahmen innerhalb dieses Zeitraumes begonnen werden. Werden die begünstigten Maßnahmen nach diesem Zeitraum aufgenommen, muss das entnommene Kapital mindestens 20 000 € betragen.

260 Das für den Umbau entnommene Kapital muss mindestens zu 50% für Maßnahmen verwendet werden, die den Vorgaben der DIN 18 040 Teil 2, Ausgabe September 2011, entsprechen, soweit baustrukturell möglich. Der verbleibende Teil des entnommenen Kapitals ist für die Reduzierung von Barrieren in oder an der Wohnung zu verwenden. Die technischen Mindestanforderungen für die Reduzierung von Barrieren in oder an der Wohnung nach § 92a Abs. 1 Satz 1 Nr. 3 Buchstabe b EStG wurden im Bundesbaublatt veröffentlicht.

---

[1] Auch im Fall der Verwendung des geförderten Altersvorsorgekapitals zur Tilgung eines Darlehens nach § 92a Abs. 1 Satz 1 Nr. 1 muss ein unmittelbarer Zusammenhang zwischen der Auszahlung des geförderten Kapitals und der Darlehnstilgung bestehen, *BFH-Urteil vom 16. 2. 2022 X R 26/20 (BStBl. II S. 611).*

Anl zu H 10a

261 Der Zulageberechtigte hat die zweckgerechte Verwendung durch einen Sachverständigen bestätigen zu lassen. Als Sachverständige sind hierfür neben den nach Landesrecht Bauvorlageberechtigten (z. B. Architekten und Bauingenieure) auch nach § 91 Abs. 1 Nr. 8 der Handwerksordnung öffentlich bestellte und vereidigte Sachverständige zugelassen. Voraussetzung ist, dass die Sachverständigen für ein Sachgebiet bestellt sind, das die Barrierefreiheit und Barrierereduzierung in Wohngebäuden umfasst. Des Weiteren müssen sie eine besondere Sachkunde oder ergänzende Fortbildung auf diesem Gebiet nachweisen. Die Kosten für die Bestätigung des Sachverständigen gehören zu den förderunschädlich entnehmbaren Beträgen.

262 Der Zulageberechtigte hat schriftlich zu bestätigen, dass weder er selbst noch ein Mitnutzer der Wohnung für die Umbaukosten
- eine Förderung durch Zuschüsse oder
- eine Steuerermäßigung nach § 35 a EStG oder
- eine Berücksichtigung als außergewöhnliche Belastung nach § 33 EStG

beantragt hat oder beantragen wird. Diese Bestätigung ist bei der Antragstellung (vgl. Rz. 254) gegenüber der ZfA abzugeben. Wird zur Finanzierung des Umbaus ein Darlehen im Rahmen eines Altersvorsorgevertrags nach § 1 Abs. 1 a AltZertG aufgenommen, hat der Zulageberechtigte diese Bestätigung gegenüber seinem Anbieter abzugeben. Zu den jeweiligen Umbaukosten gehören neben den Materialkosten auch die anteiligen Lohnkosten für die entsprechende Maßnahme. Für darüber hinaus gehende Umbaukosten, für die keine Entnahme nach § 92 a Abs. 1 Satz 1 Nr. 3 EStG erfolgt und für die kein Darlehen nach § 1 Abs. 1 a AltZertG in Anspruch genommen wird, gelten keine Beschränkungen.

263 Rz. 254 sowie Rz. 270 gelten entsprechend.

5. Begünstigte Wohnung

264 Als begünstigte Wohnung zählt 35
- eine Wohnung in einem eigenen Haus (dies kann auch ein Mehrfamilienhaus sein),
- eine eigene Eigentumswohnung,
- eine Genossenschaftswohnung einer in das Genossenschaftsregister eingetragenen Genossenschaft oder
- ein eigentumsähnliches oder lebenslanges Dauerwohnrecht.

Die Wohnung muss in einem EU-/EWR-Staat liegen und mit Beginn der Selbstnutzung die Hauptwohnung oder den Mittelpunkt der Lebensinteressen des Zulageberechtigten darstellen. Nicht begünstigt sind somit Ferien- oder Wochenendwohnungen.

265 Der Zulageberechtigte muss wirtschaftlicher Eigentümer (§ 39 Abs. 2 Nr. 1 Satz 1 AO) der begünstigten Wohnung sein. Er muss nicht Alleineigentümer der Wohnung werden, ein Miteigentumsanteil ist grundsätzlich ausreichend. Die Höhe des Eigentumsanteils ist insoweit von nachrangiger Bedeutung. Der Entnahmebetrag darf jedoch die Anschaffungs-/Herstellungskosten des Miteigentumsanteils nicht übersteigen.

266 Im Fall der Entschuldung gilt Rz. 265 sinngemäß mit der Maßgabe, dass der Entnahmebetrag auf die Höhe der auf den Miteigentumsanteil entfallenden originären Anschaffungs-/Herstellungskosten beschränkt ist. Sind Ehegatten/Lebenspartner gesamtschuldnerische Darlehensnehmer, kann der Zulageberechtigte das Darlehen bis zur Höhe seiner anteiligen originären Anschaffungs-/Herstellungskosten ablösen. Wurden mit dem umzuschuldenden Darlehen sowohl Anschaffungs-/Herstellungskosten der begünstigten Wohnung als auch andere Kosten finanziert, kann der Zulageberechtigte das Darlehen bis zur Höhe seiner anteiligen originären Anschaffungs-/Herstellungskosten ablösen.

267 Der Erwerb eines eigentumsähnlichen (unbefristeten und vererbbaren) oder lebenslangen (befristeten und nicht vererbbaren) Dauerwohnrechts nach § 33 Wohneigentumsgesetz wird bei der Verwendung des Altersvorsorge-Eigenheimbetrags dem Wohneigentum gleichgestellt. Voraussetzung hierfür ist, dass Vereinbarungen im Sinne des § 39 Wohnungseigentumsgesetz getroffen werden, die den Fortbestand des Dauerwohnrechts auch im Fall einer Zwangsversteigerung sicherstellen.

268 Für den Begriff der Wohnung gelten die bewertungsrechtlichen Abgrenzungsmerkmale, die nach der Rechtsprechung des Bundesfinanzhofs, insbesondere zur Abgeschlossenheit und zum eigenen Zugang, maßgebend sind. Auf die Art des Gebäudes, in dem sich die Wohnung befindet, kommt es nicht an.

6. Anschaffung oder Herstellung

269 Es gelten die allgemeinen einkommensteuerlichen Grundsätze zur Anschaffung oder Herstellung. 36

7. Selbstnutzung (Nutzung zu eigenen Wohnzwecken)

270 Eine Wohnung wird nur zu Wohnzwecken genutzt, wenn sie tatsächlich bewohnt wird. Der Zula- 37
geberechtigte muss nicht Alleinnutzer der Wohnung sein. Ein Ehegatte/Lebenspartner nutzt eine ihm gehörende Wohnung, die er zusammen mit dem anderen Ehegatten/Lebenspartner bewohnt, auch dann zu eigenen Wohnzwecken, wenn der andere Ehegatte/Lebenspartner ein Wohnrecht an der gesamten Wohnung hat. Eine Nutzung zu eigenen Wohnzwecken liegt regelmäßig auch vor, wenn die Wohnung in der Form des betreuten Wohnens genutzt wird.

271 Eine Wohnung im eigenen Haus oder eine Eigentumswohnung dient nicht eigenen Wohnzwecken, wenn sie in vollem Umfang betrieblich oder beruflich genutzt oder unentgeltlich überlassen oder vermietet wird. Die unentgeltliche Überlassung an Angehörige im Sinne des § 15 AO dient ebenfalls nicht den eigenen Wohnzwecken des Zulageberechtigten. Dient die Wohnung teilweise beruflichen oder betrieblichen Zwecken oder werden Teile der Wohnung unentgeltlich überlassen oder vermietet, liegt insoweit keine Nutzung zu eigenen Wohnzwecken vor.

272 Sofern der Zulageberechtigte die Anschaffungs- oder Herstellungskosten einer Wohnung ganz oder teilweise unmittelbar durch ein Darlehen finanziert, liegt eine wohnungswirtschaftliche Verwendung ab dem Beginn der Darlehensauszahlung vor,

Anl zu H 10a

– wenn die Selbstnutzung des Zulageberechtigten innerhalb von sechs Monaten nach dem Anschaffungs- oder Herstellungszeitpunkt aufgenommen wird und
– die Wohnung zwischenzeitlich nicht von einem Dritten/Mieter genutzt wird.

273 Nimmt der Zulageberechtigte, der das Darlehen eines Altersvorsorgevertrags nach § 1 Abs. 1 a AltZertG ausgezahlt bekommen hat, die Selbstnutzung nicht innerhalb der in Rz. 272 genannten Frist, aber innerhalb eines Jahres nach Ablauf des Veranlagungszeitraums, in dem die Darlehensauszahlung erfolgt ist, auf und wird die Wohnung zwischenzeitlich nicht von einem Dritten/Mieter genutzt, ist der Vertrag bis zur Aufnahme der Selbstnutzung jedoch längstens bis zum Ablauf der Jahresfrist wie ein zertifizierter Altersvorsorgevertrag zu behandeln. Die zugunsten des Vertrags bis zur Aufnahme der Selbstnutzung geleisteten Beträge sind nach § 82 Abs. 1 Satz 5 EStG grundsätzlich keine förderbaren Altersvorsorgebeiträge.

274 Nimmt der Zulageberechtigte die Selbstnutzung innerhalb der Jahresfrist auf, ist jedoch § 82 Abs. 1 Satz 7 EStG analog anzuwenden. D. h., im Beitragsjahr der Aufnahme der Selbstnutzung gelten auch die davor geleisteten Tilgungsleistungen als Altersvorsorgebeiträge nach § 82 Abs. 1 Satz 1 EStG.

275 Nimmt der Zulageberechtigte die Selbstnutzung nicht innerhalb der Jahresfrist auf, ist der Vertrag rückwirkend wie ein nicht zertifizierter Vertrag zu behandeln. Ggf. auf Sparleistungen beruhende Erträge unterliegen (nachträglich) nach den allgemeinen Grundsätzen der Abgeltungsteuer.

8. Aufgabe der Selbstnutzung der eigenen Wohnung

38 **276** Die Auflösung des Wohnförderkontos und Besteuerung des Auflösungsbetrags erfolgt, wenn der Zulageberechtigte die Selbstnutzung der geförderten Wohnung nicht nur vorübergehend oder das Eigentum an der geförderten Wohnung vollständig aufgibt. Bei anteiliger Aufgabe des Eigentums erfolgt die Auflösung des Wohnförderkontos und die Besteuerung des Auflösungsbetrags, soweit der Stand des Wohnförderkontos die auf den verbleibenden Miteigentumsanteil entfallenden originären Anschaffungs-/Herstellungskosten übersteigt. Von einer nur vorübergehenden Aufgabe der Selbstnutzung kann nach Würdigung des Einzelfalls bei einem Zeitraum von bis zu einem Jahr ausgegangen werden. Bei einer anteiligen Aufgabe der Selbstnutzung kommt es nur insoweit zu den Rechtsfolgen des § 92 a Abs. 3 EStG, als die Anschaffungs-/Herstellungskosten des verbleibenden selbstgenutzten Anteils geringer sind als der Stand des Wohnförderkontos.

277 In den Fällen, in denen der Zulageberechtigte sein Eigentum an der begünstigten Wohnung überträgt und im Gegenzug ein Dauerwohnrecht im Sinne des § 92 a Abs. 1 Satz 6 EStG an dieser Wohnung erhält, gilt Folgendes: Das Wohnförderkonto ist nur insoweit aufzulösen, als sein Stand zum Zeitpunkt der Eigentumsübertragung den Wert des eingetragenen Dauerwohnrechts übersteigt. Die Begründung lediglich eines Nießbrauchs- oder Wohnrechts löst eine Auflösung des Wohnförderkontos aus.

278 Sofern das Wohnförderkonto noch nicht vollständig zurückgeführt ist oder es bei einer Einmalbesteuerung des Wohnförderkontos zu einer Nachversteuerungspflicht nach § 22 Nr. 5 Satz 6 EStG kommt, hat der Zulageberechtigte dem Anbieter des Altersvorsorgevertrags mit Wohnförderkonto unverzüglich den Zeitpunkt der Aufgabe der Selbstnutzung oder des Eigentumsübergangs anzuzeigen. Der Anbieter hat dies der ZfA nach amtlich vorgeschriebenem Datensatz spätestens bis zum Ablauf des zweiten Monats, der auf den Monat der Anzeige des Zulageberechtigten folgt, mitzuteilen. Erfolgt die Aufgabe der Selbstnutzung in der Auszahlungsphase, so hat der Zulageberechtigte dies der ZfA anzuzeigen. Im Fall des Todes des Zulageberechtigten besteht diese Anzeigepflicht für den Rechtsnachfolger.

279 Eine Auflösung des Wohnförderkontos in den Fällen der Rz. 276 unterbleibt,

a) wenn der Zulageberechtigte einen Betrag in Höhe des Stands des Wohnförderkontos innerhalb von zwei Jahren vor dem Veranlagungszeitraum und von fünf Jahren nach Ablauf des Veranlagungszeitraums, in dem die Nutzung zu eigenen Wohnzwecken aufgegeben wurde, für eine weitere förderbare Wohnung verwendet (§ 92 a Abs. 3 Satz 9 Nr. 1 EStG). In diesem Fall hat der Zulageberechtigte dem Anbieter des Altersvorsorgevertrags mit Wohnförderkonto, in der Auszahlungsphase der ZfA, seine Absicht anzuzeigen, in eine weitere selbst genutzte Wohnung zu investieren. Übersteigt der Stand des Wohnförderkontos die auf den Eigentumsanteil des Zulageberechtigten entfallenden Anschaffungs- oder Herstellungskosten für die weitere Wohnung, erfolgt zum Zeitpunkt der Reinvestition die Teilauflösung und Besteuerung des den reinvestierten Betrag übersteigenden Anteils des Wohnförderkontos. Buchstabe b gilt entsprechend. Gibt er die Reinvestitionsabsicht auf, hat er dies seinem Anbieter, in der Auszahlungsphase der ZfA, anzuzeigen. Zu diesem Zeitpunkt erfolgt die Auflösung des Wohnförderkontos und Besteuerung des Auflösungsbetrags;

b) wenn der Zulageberechtigte innerhalb eines Jahres nach Ablauf des Veranlagungszeitraums, in dem die Nutzung zu eigenen Wohnzwecken aufgegeben wurde, einen Betrag in Höhe des Stands des Wohnförderkontos auf einen auf seinen Namen lautenden Altersvorsorgevertrag zahlt (§ 92 a Abs. 3 Satz 9 Nr. 2 EStG). In diesem Fall hat der Zulageberechtigte dem Anbieter seine Absicht anzuzeigen, in einen Altersvorsorgevertrag zu investieren. In der Auszahlungsphase hat er dies der ZfA anzuzeigen. Erfolgt die Einzahlung nicht auf den Altersvorsorgevertrag mit Wohnförderkonto, hat der Zulageberechtigte dem Anbieter, bei dem die Einzahlung erfolgt, die Vertragsdaten des Altersvorsorgevertrags mit Wohnförderkonto mitzuteilen. Diese Daten hat der Anbieter im Rahmen seiner Datenübermittlung über die erfolgte Einzahlung der ZfA mitzuteilen. Ist der reinvestierte Betrag geringer als der Stand des Wohnförderkontos, erfolgt zum Zeitpunkt der Reinvestition die Teilauflösung und Besteuerung des den reinvestierten Betrag übersteigenden Anteils des Wohnförderkontos. Gibt der Zulageberechtigte die Reinvestitionsabsicht auf, hat er dies seinem Anbieter, in der Auszahlungsphase der ZfA, anzuzeigen. Zu diesem Zeitpunkt erfolgt die Auflösung des Wohnförderkontos und Besteuerung des Auflösungsbetrags;

c) solange die Ehewohnung aufgrund einer richterlichen Entscheidung nach § 1361 b BGB oder nach der Verordnung über die Behandlung der Ehewohnung und des Hausrats dem Ehegatten/Lebenspartner des Zulageberechtigten zugewiesen und von diesem selbst genutzt wird (§ 92 a Abs. 3 Satz 9 Nr. 3 EStG). Hierbei wird das Wohnförderkonto grundsätzlich für den Zulageberechtigten weitergeführt; Anl zu H 10 a

d) wenn der Zulageberechtigte krankheits- oder pflegebedingt die Wohnung nicht mehr bewohnt, sofern er Eigentümer dieser Wohnung bleibt, sie ihm weiterhin zur Selbstnutzung zur Verfügung steht und sie nicht von Dritten, mit Ausnahme seines Ehegatten/Lebenspartners, genutzt wird (§ 92 a Abs. 3 Satz 9 Nr. 4 EStG);

e) auf Antrag des Zulageberechtigten bei der ZfA, wenn er die eigene Wohnung aufgrund eines beruflich bedingten Umzugs für die Dauer der beruflich bedingten Abwesenheit nicht mehr selbst nutzt und beabsichtigt, die Selbstnutzung wieder aufzunehmen. Ein beruflich bedingter Umzug liegt auch dann vor, wenn die Ursache des Umzugs in den Berufsbereich des Ehegatten/Lebenspartners des Zulageberechtigten fällt; die Zulageberechtigung dieses Ehegatten/Lebenspartners ist unerheblich. Die Selbstnutzung muss bei Beendigung der beruflich bedingten Abwesenheit, spätestens mit der Vollendung des 67. Lebensjahres des Zulageberechtigten wieder aufgenommen werden. Wird während der beruflich bedingten Abwesenheit mit einer anderen Person ein Nutzungsrecht vereinbart, muss die Vereinbarung von vorneherein entsprechend befristet werden (§ 92 a Abs. 4 EStG). Gibt der Zulageberechtigte seine Absicht, die Selbstnutzung wieder aufzunehmen, auf oder hat er die Selbstnutzung bis zur Vollendung seines 67. Lebensjahres nicht wieder aufgenommen, erfolgt die Auflösung des Wohnförderkontos und Besteuerung des Auflösungsbetrags; es sei denn, es handelt sich um einen Fall der Buchstaben a bis d. Dies gilt auch für den Fall, dass die Selbstnutzung nach einem Wegfall der berufsbedingten Abwesenheitsgründe nicht wieder aufgenommen wird;

f) wenn der Zulageberechtigte innerhalb von fünf Jahren nach Ablauf des Veranlagungszeitraums, in dem er die Wohnung letztmals zu eigenen Wohnzwecken genutzt hat, die Selbstnutzung dieser Wohnung wieder aufnimmt (§ 92 a Abs. 3 Satz 9 Nr. 5 EStG). In diesem Fall hat der Zulageberechtigte dem Anbieter, in der Auszahlungsphase der zentralen Stelle, die Absicht der fristgerechten Wiederaufnahme anzuzeigen.

In den Fällen des Buchstabens c und des § 92 a Abs. 2 a EStG tritt der andere, geschiedene, frühere oder überlebende Ehegatte/Lebenspartner für die Anwendung der Regelungen des § 92 a EStG an die Stelle des Zulageberechtigten.

Eine Teilreinvestition des Betrags des Wohnförderkontos in einen Altersvorsorgevertrag nach § 92 a Abs. 3 Satz 9 Nr. 2 EStG (vgl. Buchstabe b) vor einer Reinvestition in eine selbst genutzte Wohnung nach § 92 a Abs. 3 Satz 9 Nr. 1 EStG (vgl. Buchstabe a) ist zulässig.

280 Geförderte Beiträge,
- die nach § 82 Abs. 1 Satz 3 EStG wie Tilgungsleistungen behandelt wurden, weil sie zugunsten eines Altersvorsorgevertrags im Sinne des § 1 Abs. 1 a Satz 1 Nr. 3 AltZertG erbracht und zur Tilgung eines im Rahmen des Altersvorsorgevertrags abgeschlossenen Darlehens abgetreten worden sind,
- die aber noch nicht in das Wohnförderkonto eingestellt wurden, weil die unmittelbare Darlehenstilgung noch nicht erfolgt ist,

sind einschließlich der darauf entfallenden Zulagen und Erträge in ein Wohnförderkonto aufzunehmen, wenn der Zulageberechtigte die Selbstnutzung der geförderten Wohnung nicht nur vorübergehend oder das Eigentum an der Wohnung vollständig aufgibt. Rzn. 276 und 279 gelten entsprechend. Von einer Zahlung des Zulageberechtigten im Sinne der Rz. 279 Buchstabe b ist in diesem Zusammenhang auszugehen, wenn der Zulageberechtigte und der Anbieter innerhalb eines Jahres nach Ablauf des Veranlagungszeitraums, in dem die Nutzung zu eigenen Wohnzwecken aufgegeben wurde, eine Trennung des Altersvorsorgevertrags nach § 1 Abs. 1 a Satz 1 Nr. 3 AltZertG in einen Altersvorsorgevertrag nach § 1 Abs. 1 a Satz 1 Nr. 2 AltZertG und ein nicht zertifiziertes Darlehen vereinbaren (Trennungsvereinbarung). Wurde für diese Beiträge noch keine Förderung gewährt, fließen sie einschließlich der darauf entfallenden Erträge dem Zulageberechtigten zu dem Zeitpunkt zu, zu dem die Tilgungsleistungen nach § 82 Abs. 1 Satz 3 EStG in das Wohnförderkonto eingestellt werden. Dies gilt auch im Fall des Todes des Zulageberechtigten. Der Anbieter hat dies der ZfA nach amtlich vorgeschriebenem Datensatz mitzuteilen, sobald er davon Kenntnis erlangt (vgl. Rz. 278).

281 Im Beitragsjahr der Aufgabe der Selbstnutzung gelten auch die nach der Aufgabe der Selbstnutzung geleisteten Beiträge oder Tilgungsleistungen als Altersvorsorgebeiträge. Im Beitragsjahr einer Reinvestition in eine weitere begünstigte Wohnung (§ 92 a Abs. 3 Satz 9 Nr. 1 EStG) gelten auch die vor der Reinvestition geleisteten Beiträge oder Tilgungsleistungen als Altersvorsorgebeiträge.

V. Sonstiges

1. Pfändungsschutz (§ 97 EStG)

282 Gem. § 97 EStG sind das geförderte Altersvorsorgevermögen einschließlich der hierauf entfallenden Erträge und Wertzuwächse, die geförderten laufenden Altersvorsorgebeiträge und der Anspruch auf Zulage nicht übertragbar. Dieses Vermögen ist daher unpfändbar; dies gilt auch für den Fall einer Verbraucherinsolvenz (§ 851 Abs. 1 Zivilprozessordnung – ZPO – sowie §§ 4 und 304 ff. InsO). Der Pfändungsschutz erstreckt sich nicht auf Kapital, das auf nicht geförderten Beiträgen (vgl. Rzn. 134 ff.) einschließlich der hierauf entfallenden Erträge und Wertzuwächse beruht, und auch nicht auf das in einer Wohnung gebundene geförderte Vermögen. Der Pfändung des steuerlich nicht geförderten Altersvorsorgevermögens steht ein vertragliches Abtretungs- und Übertragungsverbot nicht entgegen. Im Fall einer Pfändung tritt insoweit keine schädliche Verwendung im Sinne des § 93 EStG ein. 39

283 Der Einsatz des geförderten Altersvorsorgevermögens zur Tilgung des Darlehens, zur Verpfändung, zur Sicherungsabtretung und zur Aufrechnung bei Altersvorsorgeverträgen nach § 1 Abs. 1 a Satz 1 Nr. 3 AltZertG stellt keine Übertragung im Sinne des § 97 EStG dar. Das Übertragungsverbot

Anl zu H 10a

des § 97 EStG findet auf gefördertes Altersvorsorgevermögen, das im Rahmen eines Altersvorsorgevertrags nach § 1 Abs. 1 a Satz 1 Nr. 3 AltZertG gebildet wurde, im Verhältnis der Vertragspartner untereinander keine Anwendung. Da es sich um einen einheitlichen Vertrag handeln muss, erfolgt lediglich eine Umbuchung innerhalb des Vertrags.

284 Die in der Auszahlungsphase an den Vertragsinhaber zu leistenden Beträge unterliegen nicht dem Pfändungsschutz nach § 97 EStG. Insoweit sind ausschließlich die zivilrechtlichen Regelungen (z. B. §§ 850 ff. ZPO) maßgeblich.

2. Verfahrensfragen

a) Zulageantrag

40 **285** Die Zulage wird nur auf Antrag gewährt. Ein rechtswirksamer Antrag setzt nach § 89 Abs. 1 EStG voraus, dass der Steuerpflichtige die Altersvorsorgezulage nach amtlich vorgeschriebenem Vordruck beantragt. Der Vordruck muss innerhalb der Antragsfrist des § 89 Abs. 1 Satz 1 EStG beim Anbieter eingehen und bis dahin vom Antragsteller eigenhändig unterschrieben sein. Zudem muss erkennbar sein, wer Antragsteller ist; dies setzt voraus, dass die üblichen Personaldaten angegeben werden. Dem Antrag muss ferner entnommen werden können, dass eine Grundzulage und ggf. auch eine Kinderzulage vom Steuerpflichtigen beantragt werden. Der Zulageantrag ersetzt nicht den Festsetzungsantrag nach § 90 Abs. 4 EStG.

286 Ist bei Tilgungsleistungen eines Zulageberechtigten aus Sicht des Anbieters die wohnungswirtschaftliche Verwendung nicht gegeben, hat er dennoch den Antrag auf Zulage an die ZfA weiterzuleiten und die Altersvorsorgebeiträge insoweit mit 0 € zu übermitteln.

287 Der Zulageberechtigte hat die Möglichkeit, dem jeweiligen Anbieter eine schriftliche Vollmacht zu erteilen, für ihn den Antrag – bis auf Widerruf – zu stellen (§ 89 Abs. 1 a EStG). Die Vollmacht kann im Rahmen des Zulageantrags oder formlos erteilt werden und ist auch für zurückliegende Beitragsjahre, für die noch kein Zulageantrag gestellt worden ist, möglich. Bestimmte Personengruppen (z. B. Grenzgänger und pflichtversicherte Landwirte), die am Dauerzulageverfahren teilnehmen, müssen zusätzlich jährlich dem Anbieter die zur Berechnung des Mindesteigenbeitrags erforderlichen Einnahmen (ausländischer Arbeitslohn, Einkünfte aus Land- und Fortwirtschaft nach § 13 EStG) mitteilen.

288 Die Antragsfrist endet mit Ablauf des zweiten Kalenderjahres nach Ablauf des Beitragsjahres. Maßgebend ist der Zeitpunkt, in dem der Zulageantrag beim Anbieter eingeht (§ 89 Abs. 1 EStG). Hat der Zulageberechtigte dem Anbieter seines Vertrags eine schriftliche Vollmacht zur formlosen Antragstellung erteilt (§ 89 Abs. 1 a EStG), gilt als Antragseingang die Erstellung des Datensatzes durch den Anbieter.

289 Der Zulageberechtigte kann grundsätzlich auf Angaben zu den beitragspflichtigen Einnahmen und zur Höhe seiner Bruttorente im Zulageantrag verzichten. In diesen Fällen darf die ZfA die Angaben bei den Trägern der gesetzlichen Rentenversicherung erheben. Dies gilt nicht, wenn der Zulageberechtigte nicht der deutschen Rentenversicherung unterliegt oder wenn er Einkünfte aus Land- und Forstwirtschaft hat. Für die Bezieher einer Rente wegen voller Erwerbsminderung nach dem Gesetz über die Alterssicherung der Landwirte darf die ZfA bei fehlender Angabe im Zulageantrag die Höhe der Bruttorente beim Gesamtverband der landwirtschaftlichen Alterskassen erheben. An die Stelle des Gesamtverbands trat ab 1. Januar 2009 der Spitzenverband der landwirtschaftlichen Sozialversicherung. Zum 1. Januar 2013 wurde die Sozialversicherung für Landwirtschaft, Forsten und Gartenbau (SVLFG) gegründet und tritt nunmehr an die Stelle des Spitzenverbands. Sind die der gesetzlichen Rentenversicherung zugrunde liegenden beitragspflichtigen Einnahmen höher als das tatsächlich erzielte Entgelt oder ein Zahlbetrag von Entgeltersatzleistungen des Zulageberechtigten (siehe Rzn. 83 f.), sollte dies im Zulageantrag angegeben werden. Andernfalls werden die höheren – beim Rentenversicherungsträger erhobenen – beitragspflichtigen Einnahmen der Mindesteigenbeitragsberechnung zugrunde gelegt. Bei einem Begünstigten nach § 10 a Abs. 1 Satz 1 Halbsatz 2 EStG werden die erforderlichen Daten von den zuständigen Stellen an die ZfA übermittelt.

290 Zur Durchführung des Verfahrens ist es erforderlich, dass der Anleger dem Anbieter die Änderungen der folgenden Verhältnisse mitteilt:

1. Änderung der Art der Zulageberechtigung (mittelbar/unmittelbar),
2. Änderung des Familienstandes,
3. Änderung der Daten zur Ermittlung des Mindesteigenbeitrags, sofern diese im Antrag angegeben worden sind (z. B. tatsächliches Entgelt),
4. Wegfall des Kindergeldes für ein Kind, für das eine Kinderzulage beantragt wird,
5. Änderung der Zuordnung der Kinder.

In seinem eigenen Interesse sollte der Anleger darüber hinaus auch die Änderungen der folgenden Tatbestände anzeigen:

1. Änderung bei der Verteilung der Zulage auf mehrere Verträge,
2. Änderung des beruflichen Status (z. B. Beamter wird Angestellter oder umgekehrt),
3. Erhöhung der Anzahl der Kinder, für die eine Kinderzulage beantragt werden soll,
4. Änderungen der zuständigen Familienkasse und der Kindergeldnummer.

b) Rückforderung von Zulagen

291 Erkennt die ZfA, dass der Zulageanspruch ganz oder teilweise nicht besteht oder weggefallen ist, hat sie zu Unrecht gezahlte Zulagen mittels Datensatz vom Anbieter zurückzufordern. Ab Beitragsjahr 2019 hat die Überprüfung bis zum Ende des zweiten auf die Ermittlung der Zulage folgenden Jahres und die Rückforderung bis zum Ablauf eines Jahres nach Kenntnis des Rückforderungsgrundes zu erfolgen. Der Anbieter führt die ihm mitgeteilten Rückforderungsbeträge an die ZfA ab, indem er das Vertragskonto des Zulageberechtigten entsprechend belastet. Ist die Geschäftsbeziehung im Hinblick auf den Altersvorsorgevertrag zwischen dem Zulageberechtigten und dem Anbieter beendet, beispielsweise nach Abfindung einer Kleinbetragsrente, fordert die ZfA die Zulage vom Anleger zurück.

292 Erfolgt nach einem durchgeführten Versorgungsausgleich eine Rückforderung zu Unrecht gezahlter Zulagen, fordert die ZfA diese Zulagen vom Zulageberechtigten zurück, soweit
- das Guthaben auf dem Vertrag des Zulageberechtigten zur Zahlung des Rückforderungsbetrags nach § 90 Abs. 3 Satz 1 EStG nicht ausreicht und
- im Rückforderungsbetrag ein Zulagebetrag enthalten ist, der in der Ehe-/Lebenspartnerschaftszeit ausgezahlt wurde.

In diesen Fällen setzt die ZfA den Rückforderungsbetrag, ggf. unter Anrechnung bereits vom Anbieter einbehaltener und abgeführter Beträge, gegenüber dem Zulageberechtigten fest.

293 Dies gilt auch in den Fällen, in denen nach einer Inanspruchnahme eines Altersvorsorge-Eigenheimbetrags oder während einer Darlehenstilgung bei Altersvorsorgeverträgen nach § 1 Abs. 1 a AltZertG eine Rückforderung zu Unrecht gezahlter Zulagen erfolgt. In diesen Fällen setzt die ZfA den Rückforderungsbetrag, ggf. unter Anrechnung bereits vom Anbieter einbehaltener und abgeführter Beträge, gegenüber dem Zulageberechtigten fest, soweit das Guthaben auf dem Vertrag des Zulageberechtigten zur Zahlung des Rückforderungsbetrags nicht ausreicht.

Beispiel:

294 A hat im Jahr 2018 Altersvorsorgebeiträge i. H. v. 1 925 € auf seinen Altersvorsorgevertrag eingezahlt. Für die Beiträge des Jahres 2018 werden dem Vertrag am 31. Dezember 2018 38 € an Erträgen gutgeschrieben. Anfang des Jahres 2019 erhält er für die Altersvorsorgebeiträge des Jahres 2018 175 € Zulage. Das Kapital in seinem Altersvorsorgevertrag beträgt mit den in den Vorjahren angesparten Beträgen insgesamt 12 154 €, davon sind 12 154 € gefördert und 0 € ungefördert. Weitere Beiträge zahlt er nicht ein.
Mitte des Jahres 2019 entnimmt er 100% des geförderten Vermögens als Altersvorsorge-Eigenheimbetrag. Es werden 12 154 € ins Wohnförderkonto eingestellt. Die Geschäftsbeziehung im Hinblick auf diesen Altersvorsorgevertrag zwischen dem Zulageberechtigten und dem Anbieter endet.
Im Herbst des Jahres 2019 stellt die ZfA fest, dass A für das Jahr 2018 keinen Zulageanspruch hatte. Sie teilt dem Anbieter das geänderte Ermittlungsergebnis mit und fordert die Zulage i. H. v. 175 € unmittelbar vom Anleger zurück.
Rückwirkend zum Zeitpunkt der Entnahme betrachtet, entfallen vom Altersvorsorge-Eigenheimbetrag (12 154 – 1925 – 175 – 38 =) 10 016 € auf gefördertes Altersvorsorgevermögen. Das Wohnförderkonto wird von der ZfA nach der Übermittlung der geänderten Meldung zur Auszahlung des Altersvorsorge-Eigenheimbetrags auf 10 016 € korrigiert.
Zu beachten ist, dass die in dem nunmehr ungeförderten Vermögen enthaltenen Erträge nach § 22 Nr. 5 Satz 2 EStG zum Zeitpunkt der Entnahme zu versteuern sind. Hierzu gehören neben den für 2018 auf die Beiträge gutgeschriebenen Erträgen in Höhe von 38 € auch die auf die von der ZfA zurückgeforderte Zulage für den Zeitraum von Anfang 2019 bis zur Rückforderung der Zulage entfallenden Erträge.

c) Festsetzungsfrist

295 Die reguläre Frist für die Berechnung bzw. Festsetzung der Altersvorsorgezulage beträgt vier Jahre (§ 169 Abs. 2 Satz 1 Nr. 2 AO) und beginnt mit Ablauf des Jahres, in dem sie entstanden ist, d. h. mit Ablauf des Beitragsjahres (§ 88 EStG i. V. m. § 170 Abs. 1 AO).

296 Die Festsetzungsfrist für die Rückforderung der Zulage nach § 90 Abs. 3 EStG sowie für die Aufhebung, Änderung oder Berichtigung der Zulagefestsetzung nach einer Festsetzung im Sinne des § 90 Abs. 4 EStG beginnt nach § 170 Abs. 3 AO nicht vor Ablauf des Jahres, in dem der Antrag nach § 89 EStG gestellt worden ist. Ab Beitragsjahr 2019 richtet sich die zulässige Rückforderungsfrist alleine nach § 90 Abs. 3 Satz 1 EStG n. F.

Beispiel 1 (Rechtslage bis 2018):

297 Der Zulageantrag für das Beitragsjahr 2014 geht im Jahr 2016 beim Anbieter ein und wird von diesem im Dezember 2016 per Datenübertragung an die ZfA übermittelt. Die ZfA ermittelt die Zulage und überweist sie im Jahr 2017 an den Anbieter. Im Rahmen des Datenabgleichs stellt die ZfA im Jahr 2018 fest, dass der Anleger nicht zum begünstigten Personenkreis gehört. Sie teilt dies dem Anbieter noch im gleichen Jahr mit und fordert gem. § 90 Abs. 3 EStG die gewährte Zulage zurück.
Nach § 170 Abs. 3 AO beginnt die Festsetzungsfrist für die Rückforderung nach § 90 Abs. 3 EStG mit Ablauf des Jahres 2016. Damit endet die vierjährige Festsetzungsfrist mit Ablauf des Jahres 2020. Die ZfA hat folglich den Rückforderungsanspruch vor Ablauf der Festsetzungsfrist geltend gemacht.

Beispiel 2 (Rechtslage ab 2019):

Der Zulageantrag für das Beitragsjahr 2019 geht im Jahr 2021 beim Anbieter ein und wird von diesem im Dezember 2021 per Datenübertragung an die ZfA übermittelt. Die ZfA ermittelt die Zulage und überweist sie im Jahr 2022 an den Anbieter. Die ZfA kann nach § 90 Abs. 3 Satz 1 EStG n. F. die Gewährung der Zulage nur bis zum Ablauf des Jahres 2024 überprüfen und muss innerhalb eines Jahres ab Kenntnis des Rückforderungsgrundes die Zulage zurückfordern.

298 Die Festsetzungsfrist für die Berechnung der Zulage (einschließlich der Rückforderung nach § 90 Abs. 3 EStG für Beitragsjahre bis einschließlich 2018) endet frühestens in dem Zeitpunkt, in dem über den Zulageantrag unanfechtbar entschieden worden ist (§ 171 Abs. 3 AO). Sofern der Zulageberechtigte innerhalb der Jahresfrist keinen Antrag auf Festsetzung nach § 90 Abs. 4 EStG gestellt hat, ist über den Zulageantrag mit Ablauf eines Jahres nach Erteilung der Bescheinigung nach § 92 EStG durch den Anbieter unanfechtbar entschieden.

Abwandlung des Beispiels 1 zu Rz. 297 (Rechtslage bis 2018):

299 Da zu dem in 2016 gestellten Antrag noch Klärungsbedarf bestand, wurde die Zulage von der ZfA erst im Dezember 2018 ermittelt und am 15. Februar 2019 zur Auszahlung angewiesen. Der Anbieter stellte am 3. Mai 2020 eine Bescheinigung nach § 92 EStG aus, mit der er den Anleger über die Zulagengewährung für das Beitragsjahr 2014 informierte.

Im Rahmen des Datenabgleichs stellt die ZfA Ende Dezember 2020 fest, dass der Anleger nicht zum begünstigten Personenkreis gehört. Sie teilt dies dem Anbieter umgehend mit und fordert gem. § 90 Abs. 3 EStG die gewährte Zulage zurück.
Nach § 170 Abs. 3 AO beginnt die Festsetzungsfrist für die Rückforderung mit Ablauf des Jahres 2016. Der Ablauf der Festsetzungsfrist ist gem. § 171 Abs. 3 AO mindestens bis zum Ablauf eines Jahres nach der Erteilung der Bescheinigung nach § 92 EStG gehemmt. Sie endet somit nicht mit Ablauf des Jahres 2020, sondern erst am 3. Mai 2021. Die ZfA hat folglich den Rückforderungsanspruch vor Ablauf der Festsetzungsfrist geltend gemacht.

300 Korrigiert die ZfA die Berechnung der Zulage nach § 90 Abs. 3 EStG, hat die erneute Bescheinigung nach § 92 EStG über das korrigierte Ergebnis keine Auswirkung auf die Festsetzungsfrist.

301 Beantragt der Zulageberechtigte die förmliche Festsetzung der Zulage nach § 90 Abs. 4 EStG, tritt insoweit eine weitere Ablaufhemmung nach § 171 Abs. 3 AO ein.

d) Bescheinigungs- und Informationspflichten des Anbieters

302 Hat der Anleger im abgelaufenen Beitragsjahr Altersvorsorgebeiträge auf den Vertrag eingezahlt oder wurde der Anbieter von der ZfA über die Ermittlungsergebnisse im abgelaufenen Beitragsjahr oder über den Stand des Wohnförderkontos informiert oder hat sich im abgelaufenen Beitragsjahr der Stand des Altersvorsorgevermögens oder der Stand des Wohnförderkontos geändert, ist der Anbieter verpflichtet, dem Anleger bis zum Ablauf des auf das Beitragsjahr folgenden Jahres eine Bescheinigung nach § 92 EStG auszustellen. Dies gilt auch nach einer vollständigen schädlichen Verwendung (§ 93 Abs. 1 EStG), nach Eintritt der Voraussetzungen des § 95 Abs. 1 EStG, nach Abfindung einer Kleinbetragsrente nach § 93 Abs. 3 EStG, nach einer Übertragung von gefördertem Altersvorsorgevermögen nach § 93 Abs. 1 a EStG und in der Auszahlungsphase. Sofern sich allein der Stand des Altersvorsorgevermögens aufgrund von Auszahlungen im Rahmen eines Auszahlungsplans ändert, muss der Anbieter keine Bescheinigung nach § 92 EStG ausstellen. Die Übertragung nach § 93 Abs. 1 a EStG stellt bei der ausgleichsberechtigten Person keine zu bescheinigende Einzahlung von Altersvorsorgebeiträgen dar. Wie bei der ausgleichspflichtigen Person ist ein geänderter Stand des Altersvorsorgevermögens zu bescheinigen.

303 Bei der Ermittlung des Stands des Altersvorsorgevermögens ist auch der Wert des in eine aufschiebend bedingte bzw. sofort beginnende Rentenversicherung investierten Kapitals mit in die Bescheinigung aufzunehmen. Bezogen auf den Teil des Altersvorsorgevermögens, der in eine aufschiebende oder sofort beginnende Rentenversicherung investiert worden ist, ist das von der Versicherung jährlich neu errechnete Deckungskapital der Rentenversicherung mit einzubeziehen.

304 Soweit kein Fall des § 92 Satz 2 EStG vorliegt, besteht die jährliche Bescheinigungspflicht nach § 92 EStG (Rz. 302) für den Anbieter auch dann, wenn die Geschäftsbeziehung zwischen dem Anbieter und dem Zulageberechtigten im Hinblick auf den jeweiligen Altersvorsorgevertrag wegen vollständiger Kapitalentnahme oder nach vollständiger Darlehenstilgung beendet wurde. Soweit sich jedoch diese Bescheinigungspflicht allein aus der Mitteilung der ZfA zum Stand des Wohnförderkontos ergibt (vgl. Rz. 161), bedarf es keiner jährlichen Bescheinigung, wenn der Anbieter dem Zulageberechtigten in einer Bescheinigung nach § 92 EStG Folgendes mitgeteilt hat: „Das Wohnförderkonto erhöht sich bis zum Beginn der Auszahlungsphase jährlich um zwei Prozent, solange Sie keine Zahlungen zur Minderung des Wohnförderkontos leisten."

305 Die jährliche Information nach dem AltZertG hat zu erfolgen, solange der Vertrag besteht, d. h. auch in der Auszahlungsphase. Auch wenn das gebildete Kapital oder ein Teil davon für eine sofort beginnende oder für eine aufgeschobene Rente (Teilkapitalverrentung ab dem vollendeten 85. Lebensjahr) an ein Versicherungsunternehmen übertragen worden ist, besteht die Informationspflicht des Anbieters wegen der Einheitlichkeit des Vertrags fort. Er muss sich in diesem Fall die Daten, die er für die Erfüllung seiner Informationspflichten benötigt, von dem Versicherungsunternehmen mitteilen lassen.

3. Datenabgleich

41 **306**[1] Ergibt die Prüfung der ZfA nach § 91 Abs. 1 EStG eine Abweichung von dem in der Steuerfestsetzung berücksichtigten Sonderausgabenabzug nach § 10 a EStG, teilt die ZfA dies dem Finanzamt mit. Der Einkommensteuerbescheid oder die gesonderte Feststellung (§ 10 a Abs. 4 Satz 1 EStG) sind daraufhin insoweit nach § 91 Abs. 1 Satz 4 Halbsatz 2 EStG zu ändern, sofern diese Mitteilung materiell-rechtlich nicht fehlerhaft ist. Die Mitteilung stellt keinen Grundlagenbescheid dar (BFH vom 8. September 2020, BStBl. 2022 II S. 157).

307 Stellt der Steuerpflichtige aufgrund der Versagung der Steuerermäßigung nach § 10 a EStG einen Antrag auf Festsetzung nach § 90 Abs. 4 EStG, erteilt die ZfA einen Festsetzungsbescheid, mit dem sie dem Steuerpflichtigen das Ergebnis mitteilt. Dieser Festsetzungsbescheid ist eine Mitteilung im Sinne des § 91 Abs. 1 Satz 4 EStG und führt ggf. zu einer Änderung des Einkommensteuerbescheids oder der gesonderten Feststellung (§ 10 a Abs. 4 Satz 1 EStG) nach § 91 Abs. 1 Satz 4 Halbsatz 2 EStG.

B. Besonderheiten beim Versorgungsausgleich

I. Allgemeines

1. Gesetzliche Neuregelung des Versorgungsausgleichs

42 **308** Mit der am 1. September 2009 in Kraft getretenen Strukturreform des Versorgungsausgleichs wurden die Vorschriften zum Versorgungsausgleich grundlegend geändert. Seitdem gilt nach dem Versorgungsausgleichsgesetz (VersAusglG) für alle ausgleichsreifen Anrechte auf eine Versorgung

[1] Rz. 306 neugefasst durch BMF-Schreiben vom 11. 2. 2022 (BStBl. I S. 186); Anwendung in allen noch nicht bestandskräftigen Fällen.

wegen Alters oder Invalidität der Grundsatz der internen Teilung. Bis dahin wurden alle von den Ehegatten während der Ehe erworbenen Anrechte auf eine Versorgung wegen Alters und Invalidität bewertet und nach Saldierung im Wege eines Einmalausgleichs ausgeglichen, vorrangig über die gesetzliche Rentenversicherung.

309 Das VersAusglG sieht den Grundsatz der internen Teilung auch für alle Systeme der betrieblichen Altersversorgung und privaten Altersvorsorge vor. Mit Durchführung des Versorgungsausgleichs werden die von den Ehegatten in der Ehezeit in den unterschiedlichen Altersversorgungssystemen erworbenen Anrechte innerhalb des jeweiligen Systems geteilt und für den ausgleichsberechtigten Ehegatten eigenständige Versorgungsanrechte geschaffen, die unabhängig von den Versorgungsanrechten des ausgleichspflichtigen Ehegatten im jeweiligen System gesondert weitergeführt werden.

310 Zu einem Ausgleich über ein anderes Versorgungssystem (externe Teilung) kommt es nur noch in den in den §§ 14 bis 17 VersAusglG geregelten Ausnahmefällen. Bei einer externen Teilung hat die ausgleichsberechtigte Person ein Wahlrecht bezüglich der Zielversorgung. Sie kann also wählen, in welches Versorgungssystem der Ausgleichswert transferiert werden soll (ggf. Aufstockung eines bestehenden Anrechts, ggf. Neubegründung eines Anrechts). Dabei darf die Zahlung des Kapitalbetrags an die gewählte Zielversorgung nicht zu nachteiligen steuerlichen Folgen bei der ausgleichspflichtigen Person führen, es sei denn, sie stimmt der Wahl der Zielversorgung zu.

311 Die gesetzliche Rentenversicherung ist Auffang-Zielversorgung, wenn die ausgleichsberechtigte Person ihr Wahlrecht nicht ausübt und es sich nicht um eine betriebliche Altersversorgung handelt. Bei einer betrieblichen Altersversorgung wird bei fehlender Ausübung des Wahlrechts ein Anspruch in der Versorgungsausgleichskasse begründet.

312 Verbunden ist die externe Teilung mit der Leistung eines Kapitalbetrags in Höhe des Ausgleichswerts, der vom Versorgungsträger der ausgleichspflichtigen Person an den Versorgungsträger der ausgleichsberechtigten Person gezahlt wird. (Ausnahme: Externe Teilung von Versorgungen aus einem öffentlich-rechtlichen Dienst- oder Amtsverhältnis nach § 16 VersAusglG, solange der Versorgungsträger – anders als bei der Bundesbeamtenversorgung – noch keine interne Teilung vorsieht: Hier findet wie nach dem bisherigen Quasi-Splitting zwischen der gesetzlichen Rentenversicherung und dem Träger der Beamtenversorgung ein Erstattungsverfahren im Leistungsfall statt.)

313 Ist ein Anrecht zum Zeitpunkt des Versorgungsausgleichs nicht ausgleichsreif (§ 19 VersAusglG), z. B. ein Anrecht bei einem ausländischen, zwischenstaatlichen oder überstaatlichen Versorgungsträger oder ein Anrecht im Sinne des BetrAVG, das noch verfallbar ist, findet insoweit ein Wertausgleich bei der Scheidung nicht statt. In diesem Fall bestehen aber Ausgleichsansprüche nach der Scheidung (§§ 20 ff. VersAusglG). Zur steuerlichen Behandlung der Ausgleichsansprüche nach der Scheidung vgl. BMF-Schreiben vom 9. April 2010 (BStBl. I S. 323).

314 Nach § 20 LPartG findet, wenn eine Lebenspartnerschaft aufgehoben wird, in entsprechender Anwendung des VersAusglG ein Ausgleich von im In- oder Ausland bestehenden Anrechten (§ 2 Abs. 1 VersAusglG) statt, soweit sie in der Lebenspartnerschaftszeit begründet oder aufrechterhalten worden sind. Schließen die Lebenspartner in einem Lebenspartnerschaftsvertrag (§ 7 LPartG) Vereinbarungen über den Versorgungsausgleich, so sind die §§ 6 bis 8 VersAusglG entsprechend anzuwenden. Die Ausführungen zum VersAusglG gelten dementsprechend auch in diesen Fällen. An die Stelle der Ehezeit nach § 3 Abs. 1 VersAusglG tritt insoweit die Lebenspartnerschaftszeit (§ 20 Abs. 2 LPartG). Ergibt sich nach dem durchgeführten Versorgungsausgleich ein Härtefall, können die Folgen des Versorgungsausgleichs unter bestimmten Voraussetzungen durch eine Anpassung nach Rechtskraft (§§ 32 bis 38 VersAusglG) abgemildert oder beseitigt werden.

315 Von den nachfolgenden Ausführungen unberührt bleiben steuerliche Auswirkungen, die sich in Zusammenhang mit Pensionszusagen ergeben, die durch Körperschaften an ihre Gesellschafter erteilt wurden und die ganz oder teilweise gesellschaftsrechtlich veranlasst sind.

2. Besteuerungszeitpunkte

316 Bei der steuerlichen Beurteilung des Versorgungsausgleichs ist zwischen dem Zeitpunkt der Teilung eines Anrechts im Versorgungsausgleich durch gerichtliche Entscheidung und dem späteren Zufluss der Leistungen aus den unterschiedlichen Versorgungssystemen zu unterscheiden. **43**

317 Bei der internen Teilung wird die Übertragung der Anrechte auf die ausgleichsberechtigte Person zum Zeitpunkt des Versorgungsausgleichs für beide Ehegatten nach § 3 Nr. 55 a EStG steuerfrei gestellt, weil auch bei den im Rahmen eines Versorgungsausgleichs übertragenen Anrechten auf eine Alters- und Invaliditätsversorgung das Prinzip der nachgelagerten Besteuerung eingehalten wird. Die Besteuerung erfolgt erst während der Auszahlungsphase. Die später zufließenden Leistungen gehören dabei bei beiden Ehegatten zur gleichen Einkunftsart, da die Versorgungsanrechte innerhalb des jeweiligen Systems geteilt wurden. Ein Wechsel des Versorgungssystems und ein damit möglicherweise verbundener Wechsel der Besteuerung weg von der nachgelagerten Besteuerung hat nicht stattgefunden. Lediglich die individuellen Merkmale für die Besteuerung sind bei jedem Ehegatten gesondert zu ermitteln.

318 Bei einer externen Teilung kann dagegen die Übertragung der Anrechte zu einer Besteuerung führen, da sie mit einem Wechsel des Versorgungsträgers und damit regelmäßig mit einem Wechsel des Versorgungssystems verbunden ist. § 3 Nr. 55 b Satz 1 EStG stellt deshalb die Leistung des Ausgleichswerts in den Fällen der externen Teilung für beide Ehegatten steuerfrei, soweit das Prinzip der nachgelagerten Besteuerung insgesamt eingehalten wird. Soweit die späteren Leistungen bei der ausgleichsberechtigten Person jedoch nicht der nachgelagerten Besteuerung unterliegen werden (z. B. Besteuerung nach § 20 Abs. 1 Nr. 6 EStG oder nach § 22 Nr. 1 Satz 3 Buchstabe a Doppelbuchstabe bb EStG mit dem Ertragsanteil), greift die Steuerbefreiung gem. § 3 Nr. 55 b Satz 2 EStG nicht, und die Leistung des Ausgleichswerts ist bereits im Zeitpunkt der Übertragung beim ausgleichspflichtigen

Anl zu H 10a

Ehegatten zu besteuern. Die Besteuerung der später zufließenden Leistungen erfolgt bei jedem Ehegatten unabhängig davon, zu welchen Einkünften die Leistungen beim jeweils anderen Ehegatten führen, und richtet sich danach, aus welchem Versorgungssystem sie jeweils geleistet werden.

II. Interne Teilung (§ 10 VersAusglG)

1. Steuerfreiheit nach § 3 Nr. 55 a EStG

44 **319** § 3 Nr. 55 a EStG stellt klar, dass die aufgrund einer internen Teilung durchgeführte Übertragung von Anrechten steuerfrei ist; dies gilt sowohl für die ausgleichspflichtige als auch für die ausgleichsberechtigte Person.

2. Besteuerung

45 **320** Die Leistungen aus den übertragenen Anrechten gehören bei der ausgleichsberechtigten Person zu den Einkünften, zu denen die Leistungen bei der ausgleichspflichtigen Person gehören würden, wenn die interne Teilung nicht stattgefunden hätte. Die (späteren) Versorgungsleistungen sind daher (weiterhin) Einkünfte aus nichtselbständiger Arbeit (§ 19 EStG), aus Kapitalvermögen (§ 20 EStG) oder sonstige Einkünfte (§ 22 EStG). Ausgleichspflichtige Person und ausgleichsberechtigte Person versteuern beide die ihnen jeweils zufließenden Leistungen. Liegen Einkünfte aus nichtselbständiger Arbeit vor, gilt Rz. 147 des BMF-Schreibens vom 6. Dezember 2017 (BStBl. 2018 I S. 147)[1] auch für die ausgleichberechtigte Person.

321 Für die Ermittlung des Versorgungsfreibetrags und des Zuschlags zum Versorgungsfreibetrag nach § 19 Abs. 2 EStG, des Besteuerungsanteils nach § 22 Nr. 1 Satz 3 Buchstabe a Doppelbuchstabe aa EStG sowie des Ertragsanteils nach § 22 Nr. 1 Satz 3 Buchstabe a Doppelbuchstabe bb EStG bei der ausgleichsberechtigten Person ist auf deren Versorgungsbeginn, deren Rentenbeginn bzw. deren Lebensalter abzustellen. Die Art einer Versorgungszusage (Alt-/Neuzusage) bei der ausgleichsberechtigten Person entspricht grundsätzlich der Art der Versorgungszusage der ausgleichspflichtigen Person. Dies gilt auch bei einer Änderung des Leistungsspektrums nach § 11 Abs. 1 Nr. 3 VersAusglG. Bei einer Hinterbliebenenversorgung zugunsten von Kindern ändert sich die bisher maßgebende Altersgrenze (Rz. 4 des BMF-Schreibens vom 6. Dezember 2017, BStBl. 2018 I S. 147)[1] nicht. Die Aufstockung eines zugesagten Sterbegeldes (vgl. Rz. 5 des BMF-Schreibens vom 6. Dezember 2017, BStBl. 2018 I S. 147)[1] ist möglich. Sofern die Leistungen bei der ausgleichsberechtigten Person nach § 22 Nr. 5 EStG zu besteuern sind, ist für die Besteuerung auf die der ausgleichspflichtigen Person gewährte Förderung abzustellen, soweit diese auf die übertragene Anwartschaft entfällt (vgl. Rz. 129).

322 Wird das Anrecht aus einem Altersvorsorgevertrag oder einem Direktversicherungsvertrag intern geteilt und somit ein eigenes Anrecht der ausgleichsberechtigten Person begründet, gilt der Altersvorsorge- oder Direktversicherungsvertrag der ausgleichsberechtigten Person insoweit zu dem gleichen Zeitpunkt als abgeschlossen wie derjenige der ausgleichspflichtigen Person (§ 52 Abs. 28 Satz 9 EStG). Dies gilt entsprechend, wenn die Leistungen bei der ausgleichsberechtigten Person nach § 22 Nr. 5 Satz 2 Buchstabe c i. V. m. § 20 Abs. 1 Nr. 6 EStG zu besteuern sind.

III. Externe Teilung (§ 14 VersAusglG)

1. Steuerfreiheit nach § 3 Nr. 55 b EStG

46 **323** Nach § 3 Nr. 55 b Satz 1 EStG ist der aufgrund einer externen Teilung an den Träger der Zielversorgung geleistete Ausgleichswert grundsätzlich steuerfrei, soweit die späteren Leistungen aus den dort begründeten Anrechten zu steuerpflichtigen Einkünften bei der ausgleichsberechtigten Person führen würden. Soweit die Übertragung von Anrechten im Rahmen des Versorgungsausgleichs zu keinen Einkünften im Sinne des EStG führt, bedarf es keiner Steuerfreistellung nach § 3 Nr. 55 b EStG. Die Steuerfreiheit nach § 3 Nr. 55 b Satz 1 EStG greift gem. § 3 Nr. 55 b Satz 2 EStG nicht, soweit Leistungen, die auf dem begründeten Anrecht beruhen, bei der ausgleichsberechtigten Person zu Einkünften nach § 20 Abs. 1 Nr. 6 EStG oder § 22 Nr. 1 Satz 3 Buchstabe a Doppelbuchstabe bb EStG führen würden.

324 Wird bei der externen Teilung einer betrieblichen Altersversorgung für die ausgleichsberechtigte Person ein Anrecht in einer betrieblichen Altersversorgung begründet, richtet sich die Art der Versorgungszusage (Alt-/Neuzusage) bei der ausgleichsberechtigten Person grundsätzlich nach der Art der Versorgungszusage der ausgleichspflichtigen Person. Dies gilt auch bei einer Änderung des Leistungsspektrums nach § 11 Abs. 1 Satz 2 Nr. 3 VersAusglG. Bei einer Hinterbliebenenversorgung zugunsten von Kindern ändert sich die bisher maßgebende Altersgrenze (Rz. 4 des BMF-Schreibens vom 6. Dezember 2017, BStBl. 2018 I S. 147)[1] nicht. Die Aufstockung eines zugesagten Sterbegeldes (vgl. Rz. 5 des BMF-Schreibens vom 6. Dezember 2017, BStBl. 2018 I S. 147)[1] ist möglich. Wird im Rahmen der externen Teilung eine bestehende Versorgungszusage der ausgleichsberechtigten Person aufgestockt, richtet sich die Art der Versorgungszusage nach Rz. 85 des BMF-Schreibens vom 6. Dezember 2017 (BStBl. 2018 I S. 147)[1] i. V. m. Rz. 349 ff. des BMF-Schreibens vom 24. Juli 2013 (BStBl. I S. 1022)[2], unter Berücksichtigung der Änderungen durch das BMF-Schreiben vom 13. Januar 2014 (BStBl. I S. 97)[3] und das BMF-Schreiben vom 13. März 2014 (BStBl. I S. 554)[3].

2. Besteuerung bei der ausgleichsberechtigten Person

47 **325** Für die Besteuerung bei der ausgleichsberechtigten Person ist unerheblich, zu welchen Einkünften die Leistungen aus dem übertragenen Anrecht bei der ausgleichspflichtigen Person geführt hätten,

---

[1] Abgedruckt im „Handbuch zur Lohnsteuer 2021" im Anhang **I** Nr. **15 b;** siehe jetzt BMF-Schreiben vom 12. 8. 2021 (BStBl. I S. 1050), abgedruckt im „Handbuch zur Lohnsteuer 2022" im Anhang **I** Nr. **15 b.**

[2] Abgedruckt im „Handbuch zur Lohnsteuer 2017" im Anhang **I** Nr. **15 b.**

[3] Nicht mehr in der sog. Positivliste des BMF-Schreibens vom 18. 3. 2019 (BStBl. I S. 270).

da mit der externen Teilung ein neues Anrecht begründet wird. Bei der ausgleichsberechtigten Person unterliegen Leistungen aus Altersvorsorgeverträgen, Pensionsfonds, Pensionskassen oder Direktversicherungen, die auf dem nach § 3 Nr. 55 b Satz 1 EStG steuerfrei geleisteten Ausgleichswert beruhen, insoweit in vollem Umfang der nachgelagerten Besteuerung nach § 22 Nr. 5 Satz 1 EStG.

3. Beispiele

Beispiel 1:

326 Im Rahmen einer externen Teilung zahlt das Versicherungsunternehmen X, bei dem der Arbeitnehmerehegatte A eine betriebliche Altersversorgung über eine Direktversicherung (Kapitalversicherung mit Sparanteil) aufgebaut hat, den vom Familiengericht festgesetzten Ausgleichswert an das Versicherungsunternehmen Y zugunsten von Ehegatte B in einen zertifizierten Altersvorsorgevertrag in Form einer Rentenversicherung. Die Beiträge an das Versicherungsunternehmen X wurden in der Vergangenheit ausschließlich pauschal besteuert (§ 40 b Abs. 1 und 2 EStG in der am 31. Dezember 2004 geltenden Fassung i. V. m. § 52 Abs. 40 EStG).
Der Ausgleichswert führt nicht zu steuerbaren Einkünften, da kein Erlebensfall oder Rückkauf vorliegt (§ 22 Nr. 5 Satz 2 Buchstabe b i. V. m. § 20 Abs. 1 Nr. 6 EStG). Der Steuerbefreiung nach § 3 Nr. 55 b EStG bedarf es daher nicht. Die spätere durch die externe Teilung gekürzte Kapitalleistung unterliegt bei A der Besteuerung nach § 22 Nr. 5 Satz 2 Buchstabe b i. V. m. § 20 Abs. 1 Nr. 6 EStG (ggf. steuerfrei, wenn die Direktversicherung vor dem 1. Januar 2005 abgeschlossen wurde, § 52 Abs. 28 Satz 5 EStG i. V. m. § 20 Abs. 1 Nr. 6 Satz 2 EStG a. F.). Die Leistungen aus dem zertifizierten Altersvorsorgevertrag, die auf dem eingezahlten Ausgleichswert beruhen, unterliegen bei B der Besteuerung nach § 22 Nr. 5 Satz 2 EStG (vgl. Rzn. 143 bis 148).

Beispiel 2:

327 Im Rahmen einer externen Teilung zahlt ein Versicherungsunternehmen X, bei der der Arbeitnehmerehegatte A eine betriebliche Altersversorgung über eine Direktversicherung (Rentenversicherung) aufgebaut hat, einen Ausgleichswert an das Versicherungsunternehmen Y zugunsten von Ehegatte B in einen zertifizierten Altersvorsorgevertrag. Die Beiträge an das Versicherungsunternehmen X waren steuerfrei (§ 3 Nr. 63 EStG).
Der Ausgleichswert ist steuerfrei nach § 3 Nr. 55 b EStG. Die spätere geminderte Leistung unterliegt bei A der Besteuerung nach § 22 Nr. 5 Satz 1 EStG. Die Leistung bei B unterliegt – soweit diese auf dem eingezahlten Ausgleichswert beruht – ebenfalls der Besteuerung nach § 22 Nr. 5 Satz 1 EStG (vgl. Rzn. 137 ff.).

Beispiel 3:

328 Im Rahmen einer externen Teilung zahlt der Arbeitgeber des Arbeitnehmerehegatten A mit dessen Zustimmung (§§ 14 Abs. 4 i. V. m. 15 Abs. 3 VersAusglG) den hälftigen Kapitalwert aus einer Direktzusage in einen privaten Rentenversicherungsvertrag mit Kapitalwahlrecht des Ehegatten B ein.
Der Ausgleichswert ist steuerpflichtig, da die späteren Leistungen aus dem Rentenversicherungsvertrag zu lediglich mit dem Ertragsanteil steuerpflichtigen Einkünften beim Ehegatten B führen (§ 3 Nr. 55 b Satz 2 EStG). Beim Ausgleichswert handelt es sich um steuerpflichtigen – ggf. nach der Fünftelregelung ermäßigt zu besteuernden – Arbeitslohn des Arbeitnehmerehegatten A.

4. Verfahren

329 Der Versorgungsträger der ausgleichspflichtigen Person hat grundsätzlich den Versorgungsträger der ausgleichsberechtigten Person über die für die Besteuerung der Leistungen erforderlichen Grundlagen zu informieren. Andere Mitteilungs-, Informations- und Aufzeichnungspflichten bleiben hiervon unberührt. **48**

IV. Steuerunschädliche Übertragung im Sinne des § 93 Abs. 1 a EStG

330 Eine steuerunschädliche Übertragung im Sinne des § 93 Abs. 1 a Satz 1 EStG liegt vor, wenn aufgrund einer Entscheidung des Familiengerichts im Wege der internen Teilung nach § 10 VersAusglG oder externen Teilung nach § 14 VersAusglG während der Ehezeit (§ 3 Abs. 1 VersAusglG) gebildetes gefördertes Altersvorsorgevermögen auf einen zertifizierten Altersvorsorgevertrag oder in eine nach § 82 Abs. 2 EStG begünstigte betriebliche Altersversorgung (einschließlich der Versorgungsausgleichskasse) übertragen wird. Dies ist bei der internen Teilung immer der Fall. Es ist unerheblich, ob die ausgleichsberechtigte Person selbst zulageberechtigt ist. Werden die bei einer internen Teilung entstehenden Kosten mit dem Altersvorsorgevermögen verrechnet (§ 13 VersAusglG), liegt insoweit keine schädliche Verwendung vor. Im Fall der Verrechnung reduziert sich die Beitragszusage (§ 1 Abs. 1 Satz 1 Nr. 3 AltZertG) des Anbieters entsprechend dem Verhältnis von Verrechnungsbetrag zu dem unmittelbar vor der Verrechnung vorhandenen Altersvorsorgekapital. **49**

331 Die Übertragung aufgrund einer internen Teilung nach § 10 VersAusglG oder einer externen Teilung nach § 14 VersAusglG auf einen Altersvorsorgevertrag oder eine nach § 82 Abs. 2 EStG begünstigte betriebliche Altersversorgung (einschließlich Versorgungsausgleichskasse) der ausgleichsberechtigten Person führt nicht zu steuerpflichtigen Einnahmen.

332 Beruht das auf die Ehezeit entfallende, aufzuteilende Altersvorsorgevermögen auf geförderten und ungeförderten Beiträgen, ist das zu übertragende Altersvorsorgevermögen entsprechend dem Verhältnis der hierin enthaltenen geförderten und ungeförderten Beiträge aufzuteilen und anteilig zu übertragen.

333 Wird aufgrund einer internen Teilung nach § 10 VersAusglG oder einer externen Teilung nach § 14 VersAusglG ausschließlich ungefördertes Altersvorsorgevermögen übertragen, stellt dies eine mit einer Übertragung im Sinne des § 93 Abs. 1 a EStG vergleichbare Übertragung dar. Insoweit gelten die Rzn. 335 und 336 entsprechend. Die in § 93 Abs. 1 a EStG geregelten Rechtsfolgen und Mitteilungsgründe treten aber nicht ein.

334 Erfolgt jedoch in dem Fall nachträglich eine steuerliche Förderung von Altersvorsorgebeiträgen für ein in der Ehezeit liegendes Beitragsjahr, liegt rückwirkend betrachtet eine Übertragung im Sinne des § 93 Abs. 1 a Satz 1 EStG vor, die auch die damit verbundenen weiteren Rechts- und Verfahrensfolgen auslöst. Hinsichtlich der Ermittlung und Auszahlung der nachträglich gewährten Zulage und der Zuordnung der Steuerverstrickung wird auf Rz. 342 verwiesen.

Anl zu H 10a

335 Im Fall der Übertragung im Sinne des § 93 Abs. 1a Satz 1 EStG erfolgt die Mitteilung über die Durchführung der Kapitalübertragung nach dem Verfahren gem. § 11 AltvDV. Bei der internen Teilung entfällt der Datenaustausch zwischen den Anbietern nach § 11 Abs. 1 bis 3 AltvDV. Der Anbieter der ausgleichspflichtigen Person teilt der ZfA in seiner Meldung zur Kapitalübertragung (§ 11 Abs. 4 AltvDV) neben dem Prozentsatz des geförderten Altersvorsorgekapitals, das übertragen wird, auch die vom Familiengericht angegebene Ehezeit im Sinne des § 3 Abs. 1 VersAusglG mit.

336 Zu den Daten, die im Rahmen des Verfahrens gem. § 11 AltvDV der ZfA mitzuteilen sind, zählen auch die Daten, die von der ZfA benötigt werden, um die gemeldete ausgleichsberechtigte Person eindeutig zu identifizieren und ggf. für diese eine Zulagenummer zu vergeben bzw. ein Zulagekonto anlegen zu können. Aus dem Tatbestand, dass die ausgleichsberechtigte Person die Übertragung in eine förderbare Zielversorgung gewählt hat, für die die Verfahrensgrundsätze des Abschnitts XI EStG gelten, leitet sich neben der Antragsfiktion für die Vergabe einer Zulagenummer auch die Berechtigung des Anbieters zur Erhebung der hierfür notwendigen Daten her.

337 Erfolgt die interne Teilung und damit verbunden die Übertragung eines Anrechts im Bereich der betrieblichen Altersversorgung, erlangt die ausgleichsberechtigte Person die versorgungsrechtliche Stellung eines ausgeschiedenen Arbeitnehmers im Sinne des BetrAVG (§ 12 VersAusglG). Damit erlangt sie bei einem Pensionsfonds, einer Pensionskasse oder einer Direktversicherung auch das Recht zur Fortsetzung der betrieblichen Versorgung mit eigenen Beiträgen, die nach § 82 Abs. 2 Buchstabe b EStG zu den Altersvorsorgebeiträgen gehören können, wenn ein Fortsetzungsrecht bei der ausgleichspflichtigen Person für die Versorgung bestanden hätte. Rzn. 71 ff. des BMF-Schreibens vom 6. Dezember 2017 (BStBl. 2018 I S. 147)[1] gelten entsprechend.

338 Die ZfA teilt der ausgleichspflichtigen Person den Umfang der auf die Ehezeit entfallenden steuerlichen Förderung nach § 10a/Abschnitt XI EStG mit. Diese Mitteilung beinhaltet die beitragsjahrbezogene Auflistung der ermittelten Zulagen sowie die nach § 10a Abs. 4 EStG gesondert festgestellten Beträge, soweit der ZfA diese bekannt sind, für die innerhalb der Ehezeit liegenden Beitragsjahre. Für die Beitragsjahre, in die der Beginn oder das Ende der Ehezeit fällt, wird die Förderung monatsweise zugeordnet, indem jeweils ein Zwölftel der für das betreffende Beitragsjahr gewährten Förderung den zu der Ehezeit zählenden Monaten zugerechnet wird. Die monatsweise Zuordnung erfolgt unabhängig davon, ob die für diese Beitragsjahre gezahlten Beiträge vor, nach oder während der Ehezeit auf den Altersvorsorgevertrag eingezahlt wurden. Die Mitteilung der Höhe der für den Vertrag insgesamt gewährten Förderung ist kein Verwaltungsakt.

339 Soweit das während der Ehezeit gebildete geförderte Altersvorsorgevermögen im Rahmen des § 93 Abs. 1a Satz 1 EStG übertragen wird, geht die steuerliche Förderung mit allen Rechten und Pflichten auf die ausgleichsberechtigte Person über. Dies hat zur Folge, dass im Fall einer schädlichen Verwendung des geförderten Altersvorsorgevermögens derjenige Ehegatte die Förderung zurückzahlen muss, der über das ihm zugerechnete geförderte Altersvorsorgevermögen schädlich verfügt. Leistungen aus dem geförderten Altersvorsorgevermögen sind beim Leistungsempfänger nachgelagert zu besteuern. Die Feststellung der geänderten Zuordnung der steuerlichen Förderung erfolgt beitragsjahrbezogen durch die ZfA. Sie erteilt sowohl der ausgleichspflichtigen als auch der ausgleichsberechtigten Person einen Feststellungsbescheid über die Zuordnung der nach § 10a Abs. 4 EStG gesondert festgestellten Beträge sowie der ermittelten Zulagen. Einwände gegen diese Bescheide können nur erhoben werden, soweit sie sich gegen die geänderte Zuordnung der steuerlichen Förderung richten. Nach Eintritt der Unanfechtbarkeit dieser Feststellungsbescheide werden auch die Anbieter durch einen Datensatz nach § 90 Abs. 2 Satz 6 EStG von der ZfA über die geänderte Zuordnung informiert.

340 Die ZfA kann die Mitteilung über den Umfang der auf die Ehezeit entfallenden steuerlichen Förderung (§ 93 Abs. 1a Satz 2 EStG, vgl. Rz. 338) und den Feststellungsbescheid über die geänderte Zuordnung der steuerlichen Förderung (§ 93 Abs. 1a Satz 5 EStG, vgl. Rz. 339) an die ausgleichspflichtige Person in einem Schreiben zusammenfassen, sofern deutlich wird, dass ein Einspruch nur zulässig ist, soweit er sich gegen die Zuordnung der steuerlichen Förderung richtet.

341 Bei der Übertragung im Sinne des § 93 Abs. 1a EStG ist das übertragene Altersvorsorgevermögen zunächst als Kapitalbetrag ohne steuerliche Zuordnung zu behandeln. Bei Eingang der Mitteilung der ZfA über die geänderte Zuordnung für die Ehezeit hat der Anbieter diese Zuordnung in die steuerliche Bestandsführung zu übernehmen. In der Zeit von der Übertragung des Altersvorsorgevermögens bis zur Mitteilung der ZfA über die steuerliche Neuzuordnung der Förderung sind Auszahlungen aus dem Vertrag nur insoweit zulässig, als für ggf. zurückzuzahlende Förderungen noch ausreichend Kapital zur Verfügung steht.

342 Stellt die ausgleichspflichtige Person nach der Übertragung im Sinne des § 93 Abs. 1a Satz 1 EStG einen Antrag auf Altersvorsorgezulage für ein Beitragsjahr in der Ehezeit, sind bei der Ermittlung des Zulageanspruchs die gesamten von der ausgleichspflichtigen Person gezahlten Altersvorsorgebeiträge des Beitragsjahres – also auch der übertragene Teil der Altersvorsorgebeiträge – zugrunde zu legen. Die Zulage wird vollständig dem Vertrag der ausgleichspflichtigen Person gutgeschrieben. Die Zuordnung der Steuerverstrickung auf die ausgleichspflichtige und die ausgleichsberechtigte Person erfolgt, als wenn die Zulage bereits vor der Übertragung dem Vertrag gutgeschrieben worden wäre.

343 Werden nach Erteilung der Mitteilung über den Umfang der auf die Ehezeit entfallenden steuerlichen Förderung und der Feststellungsbescheide über die geänderte Zuordnung der steuerlichen Förderung für die Ehezeit Ermittlungsergebnisse getroffen, aufgehoben oder geändert, so hat die ZfA eine geänderte Mitteilung über den Umfang der auf die Ehezeit entfallenden steuerlichen Förderung zu

[1] Abgedruckt im „Handbuch zur Lohnsteuer 2021" im Anhang **I** Nr. **15 b;** siehe jetzt BMF-Schreiben vom 12. 8. 2021 (BStBl. I S. 1050), abgedruckt im „Handbuch zur Lohnsteuer 2022" im Anhang **I** Nr. **15 b.**

erteilen und die Feststellungsbescheide über die geänderte Zuordnung der steuerlichen Förderung nach § 175 Abs. 1 Satz 1 Nr. 2 AO zu ändern. Dies gilt auch, wenn die ZfA nachträglich eine Mitteilung des Finanzamts über gesondert festgestellte Beträge nach § 10 a Abs. 4 EStG für Veranlagungszeiträume in der Ehezeit erhält. Nach Eintritt der Unanfechtbarkeit dieser geänderten Feststellungsbescheide werden auch die Anbieter durch einen Datensatz nach § 90 Abs. 2 Satz 6 EStG von der ZfA über die geänderte Zuordnung informiert. Anl zu H 10a

V. Leistungen an die ausgleichsberechtigte Person als Arbeitslohn

344 Nach § 19 Abs. 1 Satz 1 Nr. 2 EStG sind Leistungen, die die ausgleichsberechtigte Person aufgrund der internen oder externen Teilung später aus einer Direktzusage oder von einer Unterstützungskasse erhält, Einkünfte aus nichtselbständiger Arbeit; Rz. 147 des BMF-Schreibens vom 6. Dezember 2017 (BStBl. 2018 I S. 147)[1] gilt entsprechend. Sie unterliegen der Lohnsteuererhebung nach den allgemeinen Regelungen. Bei der ausgleichspflichtigen Person liegen Einkünfte aus nichtselbständiger Arbeit nur hinsichtlich der durch die Teilung gekürzten Leistungen vor. **50**

345 Sowohl bei der ausgleichspflichtigen Person als auch bei der ausgleichsberechtigten Person werden der Arbeitnehmer-Pauschbetrag (§ 9 a Satz 1 Nr. 1 Buchstabe a EStG) oder, soweit die Voraussetzungen dafür jeweils vorliegen, der Pauschbetrag für Werbungskosten (§ 9 a Satz 1 Nr. 1 Buchstabe b EStG), der Versorgungsfreibetrag und der Zuschlag zum Versorgungsfreibetrag (§ 19 Abs. 2 EStG) berücksichtigt. Die steuerlichen Abzugsbeträge sind nicht auf die ausgleichspflichtige Person und die ausgleichsberechtigte Person aufzuteilen.

346 Zur Neuberechnung des Versorgungsfreibetrags und des Zuschlags zum Versorgungsfreibetrag vgl. Rz. 321.

C. Anwendungsregelung

347 Dieses Schreiben ist mit Wirkung ab 1. Januar 2018 anzuwenden. **51**

348 Die Teile A, C und D des BMF-Schreibens vom 24. Juli 2013 – IV C 3 – S 2015/11/10 002 –/– IV C 5 – S 2333/09/10 005 – (BStBl. I S. 1022)[2] und das BMF-Schreiben vom 13. Januar 2014 – IV C 3 – S 2015/11/10002 :018 – (BStBl. I S. 97) werden zum 31. Dezember 2017 aufgehoben.

Anlage 1

Pflichtversicherte in der inländischen gesetzlichen Rentenversicherung (§ 10 a Abs. 1 Satz 1 Halbsatz 1 EStG) und Pflichtversicherte nach dem Gesetz über die Alterssicherung der Landwirte (§ 10 a Abs. 1 Satz 3 EStG)/Nicht begünstigter Personenkreis

A. Pflichtversicherte in der inländischen gesetzlichen Rentenversicherung (§ 10 a Abs. 1 Satz 1 Halbsatz 1 EStG)

1. Personen, die gegen Arbeitsentgelt oder zu ihrer Berufsausbildung beschäftigt sind (§ 1 Satz 1 Nr. 1 SGB VI). **52**
   Hierzu gehören auch geringfügig beschäftigte Personen im Sinne des § 8 Abs. 1 Nr. 1 oder § 8 a i. V. m. § 8 Abs. 1 Nr. 1 SGB IV, die nicht von der Versicherungspflicht nach § 6 Abs. 1 b SGB VI befreit sind.
   Hierzu gehörten bis zum 31. Dezember 2012 ferner geringfügig beschäftigte Personen im Sinne des § 8 Abs. 1 Nr. 1 SGB IV, die auf die Versicherungsfreiheit nach § 5 Abs. 2 Satz 2 SGB VI (i. d. F. bis 31. Dezember 2012) verzichtet und den pauschalen Arbeitgeberbeitrag zur gesetzlichen Rentenversicherung auf den vollen Beitragssatz aufgestockt haben (zum Übergangsrecht siehe Nr. 35 und 42).
   Auch während des Bezuges von Kurzarbeitergeld nach dem SGB III besteht die Versicherungspflicht fort.
   Teilnehmer an dualen Studiengängen stehen den Beschäftigten zur Berufsausbildung im Sinne von § 1 Satz 1 Nr. 1 SGB VI gleich (§ 1 Satz 5 SGB VI).
2. Behinderte Menschen, die in anerkannten Werkstätten für behinderte Menschen oder in Blindenwerkstätten im Sinne des § 143 SGB IX oder für diese Einrichtungen in Heimarbeit tätig sind (§ 1 Satz 1 Nr. 2 Buchstabe a SGB VI).
3. Behinderte Menschen, die in Anstalten, Heimen oder gleichartigen Einrichtungen in gewisser Regelmäßigkeit eine Leistung erbringen, die einem Fünftel der Leistung eines voll erwerbsfähigen Beschäftigten in gleichartiger Beschäftigung entspricht; hierzu zählen auch Dienstleistungen für den Träger der Einrichtung (§ 1 Satz 1 Nr. 2 Buchstabe b SGB VI).
4. Personen, die in Einrichtungen der Jugendhilfe oder in Berufsbildungswerken oder ähnlichen Einrichtungen für behinderte Menschen für eine Erwerbstätigkeit befähigt werden sollen; dies gilt auch für Personen während der betrieblichen Qualifizierung im Rahmen der Unterstützten Beschäftigung nach § 38 a SGB IX (§ 1 Satz 1 Nr. 3 SGB VI).
5. Auszubildende, die in einer außerbetrieblichen Einrichtung im Rahmen eines Berufsausbildungsvertrags nach dem Berufsbildungsgesetz ausgebildet werden (§ 1 Satz 1 Nr. 3 a SGB VI).
6. Mitglieder geistlicher Genossenschaften, Diakonissen und Angehörige ähnlicher Gemeinschaften während ihres Dienstes für die Gemeinschaft und während der Zeit ihrer außerschulischen Ausbildung (§ 1 Satz 1 Nr. 4 SGB VI).
7. Schwestern vom Deutschen Roten Kreuz.
8. Helfer im freiwilligen sozialen Jahr nach dem Jugendfreiwilligendienstgesetz.
9. Helfer im freiwilligen ökologischen Jahr nach dem Jugendfreiwilligendienstgesetz.
10. Helfer im Bundesfreiwilligendienst.
11. Heimarbeiter.
12. Seeleute (Mitglieder der Schiffsbesatzung von Binnenschiffen oder deutschen Seeschiffen).

[1] Abgedruckt im „Handbuch zur Lohnsteuer 2021" im Anhang **I** Nr. **15 b;** siehe jetzt BMF-Schreiben vom 12. 8. 2021 (BStBl. I S. 1050), abgedruckt im „Handbuch zur Lohnsteuer 2022" im Anhang **I** Nr. **15 b.**
[2] Abgedruckt im „Handbuch zur Lohnsteuer 2017" im Anhang **I** Nr. **15 b.**

Anl zu H 10a

13. Bezieher von Ausgleichsgeld nach dem Gesetz zur Förderung der Einstellung der landwirtschaftlichen Erwerbstätigkeit.
14. Selbständig tätige Lehrer und Erzieher, die im Zusammenhang mit ihrer selbständigen Tätigkeit regelmäßig keinen versicherungspflichtigen Arbeitnehmer beschäftigen (§ 2 Satz 1 Nr. 1 SGB VI).
15. Pflegepersonen, die in der Kranken-, Wochen-, Säuglings- oder Kinderpflege tätig sind und im Zusammenhang mit ihrer selbständigen Tätigkeit regelmäßig keinen versicherungspflichtigen Arbeitnehmer beschäftigen (§ 2 Satz 1 Nr. 2 SGB VI).
16. Selbständig tätige Hebammen und Entbindungspfleger (§ 2 Satz 1 Nr. 3 SGB VI).
17. Selbständig tätige Seelotsen der Reviere im Sinne des Gesetzes über das Seelotswesen (§ 2 Satz 1 Nr. 4 SGB VI).
18. Selbständige Künstler und Publizisten (§ 2 Satz 1 Nr. 5 SGB VI), wenn sie die künstlerische oder publizistische Tätigkeit erwerbsmäßig und nicht nur vorübergehend ausüben und im Zusammenhang mit der künstlerischen oder publizistischen Tätigkeit nicht mehr als einen Arbeitnehmer beschäftigen, es sei denn, die Beschäftigung erfolgt zur Berufsausbildung oder ist geringfügig im Sinne des § 8 SGB IV.
19. Selbständig tätige Hausgewerbetreibende (§ 2 Satz 1 Nr. 6 SGB VI).
20. Selbständig tätige Küstenschiffer und Küstenfischer, die zur Besatzung ihres Fahrzeuges gehören oder als Küstenfischer ohne Fahrzeug fischen und regelmäßig nicht mehr als vier versicherungspflichtige Arbeitnehmer beschäftigen (§ 2 Satz 1 Nr. 7 SGB VI).
21. Gewerbetreibende, die in die Handwerksrolle eingetragen sind und in ihrer Person die für die Eintragung in die Handwerksrolle erforderlichen Voraussetzungen erfüllen, wobei Handwerksbetriebe im Sinne der §§ 2 und 3 der Handwerksordnung sowie Betriebsfortführungen aufgrund von § 4 der Handwerksordnung außer Betracht bleiben; ist eine Personengesellschaft in die Handwerksrolle eingetragen, gilt als Gewerbetreibender, wer als Gesellschafter in seiner Person die Voraussetzungen für die Eintragung in die Handwerksrolle erfüllt (§ 2 Satz 1 Nr. 8 SGB VI).
22. Personen, die im Zusammenhang mit ihrer selbständigen Tätigkeit regelmäßig keinen versicherungspflichtigen Arbeitnehmer beschäftigen und auf Dauer und im Wesentlichen nur für einen Auftraggeber tätig sind; bei Gesellschaftern gelten als Auftraggeber die Auftraggeber der Gesellschaft (§ 2 Satz 1 Nr. 9 SGB VI).
23. Personen, die eine Vollrente wegen Alters nach Erreichen der Regelaltersgrenze beziehen (§ 5 Abs. 4 Satz 1 Nr. 1 SGB VI), Personen, die nach beamtenrechtlichen Vorschriften oder Grundsätzen oder entsprechenden kirchenrechtlichen Regelungen oder einer berufsständischen Versorgungseinrichtung eine Versorgung nach Erreichen einer Altersgrenze beziehen oder die in der Gemeinschaft übliche Versorgung im Alter erhalten (§ 5 Abs. 4 Satz 1 Nr. 2 SGB VI) sowie Personen, die bis zum Erreichen der Regelaltersgrenze nicht in der gesetzlichen Rentenversicherung versichert waren oder nach Erreichen der Regelaltersgrenze eine Beitragserstattung aus ihrer Versicherung bei der inländischen gesetzlichen Rentenversicherung erhalten haben (§ 5 Abs. 4 Satz 1 Nr. 3 SGB VI) und in einer Beschäftigung oder selbständigen Tätigkeit auf die Versicherungsfreiheit nach § 5 Abs. 4 Sätze 2 bis 4 SGB VI verzichtet haben.

Versicherungspflichtig sind ferner Personen in der Zeit,

24. für die ihnen Kindererziehungszeiten anzurechnen sind (§ 3 Satz 1 Nr. 1 SGB VI). Versicherungspflicht wegen Kindererziehung besteht für die ersten 36 Kalendermonate nach dem Geburtsmonat des Kindes (§ 56 Abs. 5 SGB VI). Werden innerhalb des 36-Kalendermonatszeitraumes mehrere Kinder erzogen (z. B. bei Mehrlingsgeburten), verlängert sich die Zeit der Versicherung um die Anzahl an Kalendermonaten, in denen gleichzeitig mehrere Kinder erzogen werden. Dies gilt auch für Elternteile, die während der Erziehungszeit in einem anderen Alterssicherungssystem Anwartschaften auf Versorgung im Alter aufgrund der Erziehung erworben haben, die systembezogen nicht annähernd gleichwertig berücksichtigt wird wie die Kindererziehung nach dem SGB VI. Eine Versorgung nach beamtenrechtlichen Vorschriften oder Grundsätzen oder entsprechenden kirchenrechtlichen Regelungen gilt stets als annähernd gleichwertig und schließt die Anrechnung von Kindererziehungszeiten generell aus.
25. in der sie bis zum 31. Dezember 2016 einen Pflegebedürftigen im Sinne des § 14 SGB XI nicht erwerbsmäßig wenigstens 14 Stunden wöchentlich in seiner häuslichen Umgebung pflegen, wenn der Pflegebedürftige Anspruch auf Leistungen aus der sozialen oder einer privaten Pflegeversicherung hat; dies gilt ab 1. Januar 2013 auch, wenn die Mindeststundenzahl nur durch die Pflege mehrerer Pflegebedürftiger erreicht wird (nicht erwerbsmäßig tätige Pflegepersonen – § 3 Satz 1 Nr. 1 a SGB VI).
26. in der sie ab 1. Januar 2017 einen oder mehrere pflegebedürftige Personen mit mindestens Pflegegrad 2 wenigstens zehn Stunden wöchentlich, verteilt auf regelmäßig mindestens zwei Tage in der Woche, in ihrer häuslichen Umgebung nicht erwerbsmäßig pflegen, wenn der Pflegebedürftige Anspruch auf Leistungen aus der sozialen Pflegeversicherung oder einer privaten Pflege-Pflichtversicherung hat (§ 3 Satz 1 Nr. 1 a SGB VI).
27. in der sie aufgrund gesetzlicher Pflicht Wehrdienst oder Zivildienst (längstens bis 31. Dezember 2011) leisten (§ 3 Satz 1 Nr. 2 SGB VI). Der zum 1. Juli 2011 neu eingeführte freiwillige Wehrdienst (für Männer und Frauen) führt zur Versicherungspflicht nach dieser Vorschrift.
28. in der sie sich in einem Wehrdienstverhältnis besonderer Art befinden, wenn sich der Einsatzunfall während einer Zeit ereignet hat, in der Versicherungspflicht als Wehrdienstleistender bestand (§ 3 Satz 1 Nr. 2 a SGB VI); die Versicherungspflicht für Einsatzgeschädigte kann frühestens ab 18. Dezember 2007 eintreten.
29. für die sie von einem Leistungsträger Krankengeld (seit 1. August 2012 auch Krankengeld bei Spende von Organen oder Geweben sowie seit 23. Juli 2015 auch Krankengeld bei Spende von Blut zur Separation von Blutstammzellen oder anderen Blutbestandteilen), Verletztengeld, Versorgungskrankengeld, Übergangsgeld, Arbeitslosengeld oder seit dem 1. Januar 2015 von der sozialen oder einer privaten Pflegeversicherung Pflegeunterstützungsgeld beziehen, wenn sie im letzten Jahr vor Beginn der Leistung zuletzt versicherungspflichtig waren; der Zeitraum von einem Jahr verlängert sich um Anrechnungszeiten wegen des Bezugs von Arbeitslosengeld II (§ 3 Satz 1 Nr. 3 SGB VI).
30. für die sie ab 1. August 2012 von einem privaten Krankenversicherungsunternehmen, von einem Beihilfeträger des Bundes, von einem sonstigen öffentlich-rechtlichen Träger von Kosten in Krankheitsfällen auf Bundesebene, von dem Träger der Heilfürsorge im Bereich des Bundes, von dem Träger der truppenärztlichen Versorgung oder von einem öffentlich-rechtlichen Träger von Kosten in Krankheitsfällen auf Landesebene, soweit das Landesrecht dies vorsieht, Leistungen für den Ausfall von Arbeitseinkünften im Zusammenhang mit einer nach den §§ 8 und 8 a des Transplantationsgesetzes erfolgenden Spende von Organen oder Geweben oder seit 23. Juli 2015 im Zusammenhang mit einer im Sinne von § 9 des Transfusionsgesetzes erfolgenden Spende von Blut zur Separation von Blutstammzellen oder anderen Blutbestandteilen beziehen, wenn sie im letzten Jahr vor Beginn dieser Zahlung zuletzt

versicherungspflichtig waren; der Zeitraum von einem Jahr verlängert sich um Anrechnungszeiten wegen des Bezugs von Arbeitslosengeld II (§ 3 Satz 1 Nr. 3 a SGB VI). Anl zu H 10 a

31. für die sie Vorruhestandsgeld beziehen, wenn sie unmittelbar vor Beginn der Leistung versicherungspflichtig waren (§ 3 Satz 1 Nr. 4 SGB VI).

Nach Übergangsrecht im SGB VI bleiben in dieser Beschäftigung oder Tätigkeit weiterhin versicherungspflichtig:

32. Mitglieder des Vorstands einer Aktiengesellschaft, die am 31. Dezember 1991 versicherungspflichtig waren (§ 229 Abs. 1 Satz 1 Nr. 1 SGB VI).
33. Selbständig tätige Lehrer, Erzieher oder Pflegepersonen, die am 31. Dezember 1991 im Zusammenhang mit ihrer selbständigen Tätigkeit keinen Angestellten, aber mindestens einen Arbeiter beschäftigt haben (§ 229 Abs. 1 Satz 1 Nr. 2 SGB VI).
34. Mitglieder des Vorstands einer Aktiengesellschaft, die am 6. November 2003 in einer weiteren Beschäftigung oder selbständigen Tätigkeit nicht versicherungspflichtig waren und die Versicherungspflicht bis zum 31. Dezember 2004 beantragt haben (§ 229 Abs. 1 a Satz 2 SGB VI).
35. Personen, die am 28. Juni 2011 aufgrund einer Beschäftigung im Ausland bei einer amtlichen Vertretung des Bundes oder der Länder oder bei deren Leitern, deutschen Mitgliedern oder Bediensteten versicherungspflichtig waren und keine Beendigung der Versicherungspflicht beantragt haben (§ 229 Abs. 1 b SGB VI).
36. Handwerker, die am 31. Dezember 2003 versicherungspflichtig waren und in dieser Tätigkeit weiterhin versicherungspflichtig sind (§ 229 Abs. 2 a SGB VI).
37. Personen, die am 31. Dezember 2012 als Beschäftigte nach § 5 Abs. 2 Satz 2 SGB VI i. d. F. bis 31. Dezember 2012 wegen Verzichts auf die Versicherungsfreiheit in einer geringfügigen Beschäftigung oder mehreren geringfügigen Beschäftigungen versicherungspflichtig waren (§ 229 Abs. 5 Satz 1 SGB VI) und den Arbeitgeberbeitrag i. H. v. 15% zur Rentenversicherung durch eigene Beiträge aufstocken.
38. nach dem Recht ab 1. April 2003 geringfügig Beschäftigte oder selbständig Tätige, die nach dem bis 31. März 2003 geltenden Recht ohne Verzicht auf die Versicherungsfreiheit (§ 5 Abs. 2 Satz 2 SGB VI i. d. F. bis 31. Dezember 2012) versicherungspflichtig waren, wenn sie nicht die Befreiung von der Versicherungspflicht beantragt haben (§ 229 Abs. 6 SGB VI).
39. Selbständig Tätige, die am 31. Dezember 2012 versicherungspflichtig waren und deren Tätigkeit die Merkmale einer geringfügigen Tätigkeit in der ab dem 1. Januar 2013 geltenden Fassung erfüllt, bleiben in dieser selbständigen Tätigkeit bis zum 31. Dezember 2014 versicherungspflichtig (§ 229 Abs. 7 Satz 2 SGB VI).
40. Personen, die am 31. Dezember 1991 im Beitrittsgebiet als selbständige Tätige versicherungspflichtig waren, und nicht ab 1. Januar 1992 nach §§ 1 bis 3 SGB VI versicherungspflichtig geworden sind, blieben in dieser Tätigkeit versicherungspflichtig, wenn sie keine Beendigung der Versicherungspflicht beantragt haben (§ 229 a Abs. 1 SGB VI).
41. Selbständig tätige Landwirte im Beitrittsgebiet, die die Voraussetzungen des § 2 Abs. 1 Nr. 1 des Zweiten Gesetzes über die Krankenversicherung der Landwirte erfüllt haben, in der Krankenversicherung der Landwirte als Unternehmer versichert waren und am 1. Januar 1995 versicherungspflichtig waren, blieben in dieser Tätigkeit versicherungspflichtig (§ 229 a Abs. 2 SGB VI).
42. Personen, die am 31. Dezember 1991 als Beschäftigte von Körperschaften, Anstalten oder Stiftungen des öffentlichen Rechts oder ihrer Verbände versicherungspflichtig waren (§ 230 Abs. 2 Nr. 1 SGB VI).
43. Personen, die am 31. Dezember 1991 als satzungsgemäße Mitglieder geistlicher Genossenschaften, Diakonissen oder Angehörige ähnlicher Gemeinschaften versicherungspflichtig waren (§ 230 Abs. 2 Nr. 2 SGB VI).
44. Geringfügig beschäftigte Personen, die am 31. Dezember 2012 nach § 5 Abs. 2 Satz 1 Nr. 1 SGB VI i. d. F. bis zum 31. Dezember 2012 versicherungsfrei waren, nach dem 31. Dezember 2012 auf die Versicherungsfreiheit verzichtet haben (§ 230 Abs. 8 Satz 2 SGB VI) und den Arbeitsgeberbeitrag i. H. v. 15% zur Rentenversicherung durch eigene Beiträge aufstocken.
45. Bezieher einer Vollrente wegen Alters vor Erreichen der Regelaltersgrenze, die am 31. Dezember 2016 in einer Beschäftigung oder selbständigen Tätigkeit versicherungsfrei waren und nach dem 31. Dezember 2016 in dieser Beschäftigung oder selbständigen Tätigkeit auf die Versicherungsfreiheit verzichtet haben (§ 230 Abs. 9 Sätze 2 bis 4 SGB VI).

Auf Antrag sind versicherungspflichtig:

46. Entwicklungshelfer, die Entwicklungsdienst oder Vorbereitungsdienst leisten (§ 4 Abs. 1 Satz 1 Nr. 1 SGB VI).
47. Staatsangehörige der EU, des EWR oder der Schweiz, die für eine begrenzte Zeit im Ausland beschäftigt sind (§ 4 Abs. 1 Satz 1 Nr. 2 SGB VI).
48. Staatsangehörige der EU, des EWR oder der Schweiz, die im Ausland bei einer amtlichen Vertretung des Bundes oder der Länder oder deren Leiter, Mitglied oder Bediensteten beschäftigt sind.
49. Personen, die nicht nur vorübergehend selbständig tätig sind, wenn sie die Versicherungspflicht innerhalb von fünf Jahren nach der Aufnahme der selbständigen Tätigkeit oder dem Ende der Versicherungspflicht aufgrund dieser Tätigkeit beantragen (§ 4 Abs. 2 SGB VI).
50. Personen, die Krankengeld, Verletztengeld, Versorgungskrankengeld, Übergangsgeld, Arbeitslosengeld oder Leistungen für den Ausfall von Arbeitseinkünften nach § 3 Satz 1 Nr. 3 a SGB VI oder seit dem 1. Januar 2015 von der sozialen oder einer privaten Pflegeversicherung Pflegeunterstützungsgeld beziehen, aber nicht nach § 3 Satz 1 Nr. 3 oder 3 a SGB VI versicherungspflichtig sind (§ 4 Abs. 3 Satz 1 Nr. 1 SGB VI).
51. Personen, die nur deshalb keinen Anspruch auf Krankengeld haben, weil sie nicht in der gesetzlichen Krankenversicherung versichert sind oder in der gesetzlichen Krankenversicherung ohne Anspruch auf Krankengeld versichert sind, u. a. für die Zeit der Arbeitsunfähigkeit, wenn sie im letzten Jahr vor Beginn der Arbeitsunfähigkeit zuletzt versicherungspflichtig waren, längstens jedoch für 18 Monate (§ 4 Abs. 3 Satz 1 Nr. 2 SGB VI).

B. Pflichtversicherte nach dem Gesetz über die Alterssicherung der Landwirte (§ 10 a Abs. 1 Satz 3 EStG)

Hierzu gehören insbesondere

1. versicherungspflichtige Landwirte,
2. versicherungspflichtige Ehegatten/Lebenspartner von Landwirten,

Anl zu H 10 a

3. versicherungspflichtige mitarbeitende Familienangehörige,
4. ehemalige Landwirte, die nach Übergangsrecht weiterhin unabhängig von einer Tätigkeit als Landwirt oder mitarbeitender Familienangehöriger versicherungspflichtig sind.

C. Nicht begünstigter Personenkreis

Nicht zum Kreis der zulageberechtigten Personen gehören:

1. Freiwillig Versicherte in der gesetzlichen Rentenversicherung (vgl. §§ 7, 232 SGB VI).
2. Von der Versicherungspflicht in der gesetzlichen Rentenversicherung befreite Personen für die Zeit der Befreiung; das sind insbesondere
   a) Angestellte und selbständig Tätige für die Beschäftigung oder selbständige Tätigkeit, wegen der sie aufgrund einer durch Gesetz angeordneten oder auf Gesetz beruhenden Verpflichtung Mitglied einer öffentlich-rechtlichen Versicherungseinrichtung oder Versorgungseinrichtung ihrer Berufsgruppe (berufsständische Versorgungseinrichtung für z. B. Ärzte, Architekten, Rechtsanwälte) und zugleich kraft gesetzlicher Verpflichtung Mitglied einer berufsständischen Kammer sind. Für die Befreiung sind weitere Voraussetzungen zu erfüllen (§ 6 Abs. 1 Satz 1 Nr. 1 SGB VI),
   b) Lehrer oder Erzieher an nicht-öffentlichen Schulen, wenn ihnen nach beamtenrechtlichen Grundsätzen oder entsprechenden kirchenrechtlichen Regelungen Anwartschaft auf Versorgung bei verminderter Erwerbsfähigkeit und im Alter sowie auf Hinterbliebenenversorgung gewährleistet und die Erfüllung der Gewährleistung gesichert ist und wenn diese Personen die Voraussetzungen nach § 5 Abs. 1 Satz 2 Nr. 1 und 2 SGB VI erfüllen (§ 6 Abs. 1 Satz 1 Nr. 2, § 231 Abs. 7 und 8 SGB VI),
   c) Gewerbetreibende im Handwerksbetrieb, wenn für sie mindestens 18 Jahre lang Pflichtbeiträge gezahlt worden sind (§ 6 Abs. 1 Satz 1 Nr. 4 SGB VI),
   d) Selbständige mit einem Auftraggeber als sog. Existenzgründer (§ 6 Abs. 1 a SGB VI),
   e) Personen, die eine geringfügige Beschäftigung im Sinne des § 8 Abs. 1 Nr. 1 oder § 8 a i. V. m. § 8 Abs. 1 Nr. 1 SGB VI ausüben und nach § 6 Abs. 1 b SGB VI von der Versicherungspflicht befreit sind,
   f) Personen, die am 31. Dezember 1991 von der Versicherungspflicht befreit waren (§ 231 Abs. 1 SGB VI),
   g) Selbständige mit einem Auftraggeber, die bereits am 31. Dezember 1998 diese Tätigkeit ausübten und weitere Voraussetzungen erfüllen (§ 231 Abs. 5 SGB VI),
   h) Selbständige (z. B. Lehrer, Erzieher, Pflegepersonen), die bereits am 31. Dezember 1998 nach § 2 Satz 1 Nr. 1 bis 3, § 229 a Abs. 1 SGB VI versicherungspflichtig waren und weitere Voraussetzungen erfüllen (§ 231 Abs. 6 SGB VI),
   i) unter bestimmten Voraussetzungen deutsche Seeleute, die auf einem Seeschiff beschäftigt sind, das nicht berechtigt ist, die Bundesflagge zu führen (§ 231 Abs. 7 SGB VI i. d. F. bis 31. Dezember 2008),
   j) selbständig Tätige, die am 31. Dezember 1991 im Beitrittsgebiet aufgrund eines Versicherungsvertrages von der Versicherungspflicht befreit waren, es sei denn sie haben bis zum 31. Dezember 1994 erklärt, dass die Befreiung von der Versicherungspflicht enden soll (§ 231 a SGB VI).
3. In der gesetzlichen Rentenversicherung versicherungsfreie Personen; das sind insbesondere
   a) geringfügig Beschäftigte, die den Arbeitgeberbeitrag i. H. v. 15% zur Rentenversicherung nicht durch eigene Beiträge aufstocken (§ 5 Abs. 2 Satz 1 Nr. 1 SGB VI i. V. m. §§ 8 Abs. 1, 8 a SGB IV [bis zum 31. Dezember 2012], § 230 Abs. 8 Satz 1 SGB VI [ab 1. Januar 2013]),
   b) selbständig Tätige, die wegen der Geringfügigkeit der Tätigkeit versicherungsfrei sind (§ 5 Abs. 2 Satz 1 Nr. 2 SGB VI i. V. m. § 8 Abs. 3 SGB IV),
   c) Personen, die eine geringfügige nicht erwerbsmäßige Pflegetätigkeit ausüben (§ 5 Abs. 2 Satz 1 Nr. 3 SGB VI; diese Regelung wurde mit Wirkung vom 1. 1. 2017 an aufgehoben),
   d) Personen, die während der Dauer eines Studiums als ordentliche Studierende einer Fachschule oder Hochschule ein Praktikum ableisten, das in ihrer Studienordnung oder Prüfungsordnung vorgeschrieben ist (§ 5 Abs. 3 SGB VI),
   e) Bezieher einer Vollrente wegen Alters nach Erreichen der Regelaltersgrenze (§ 5 Abs. 4 Nr. 1 SGB VI) ohne Verzicht auf diese Versicherungsfreiheit nach § 5 Abs. 4 Sätze 2 bis 4 SGB VI (bis zum 31. Dezember 2016 waren Bezieher einer Altersrente versicherungsfrei [§ 5 Abs. 4 Nr. 1 SGB VI i. d. F. bis 31. Dezember 2016]),
   f) Personen, die nach beamtenrechtlichen Vorschriften oder Grundsätzen oder entsprechenden kirchenrechtlichen Regelungen oder einer berufsständischen Versorgungseinrichtung eine Versorgung nach Erreichen einer Altersgrenze beziehen oder die in der Gemeinschaft übliche Versorgung im Alter erhalten (§ 5 Abs. 4 Satz 1 Nr. 2 SGB VI) und nicht auf diese Versicherungsfreiheit nach § 5 Abs. 4 Sätze 2 bis 4 SGB VI verzichtet haben,
   g) Personen, die bis zum Erreichen der Regelaltersgrenze nicht in der gesetzlichen Rentenversicherung versichert waren oder nach Erreichen der Regelaltersgrenze eine Beitragserstattung aus ihrer Versicherung bei der inländischen gesetzlichen Rentenversicherung erhalten haben (§ 5 Abs. 4 Nr. 3 SGB VI) und nicht auf diese Versicherungsfreiheit nach § 5 Abs. 4 Sätze 2 bis 4 SGB VI verzichtet haben,
   h) Polizeivollzugsbeamte auf Widerruf, Handwerker, Mitglieder der Pensionskasse deutscher Eisenbahnen und Straßenbahnen sowie Versorgungsbezieher, die am 31. Dezember 1991 versicherungsfrei waren (§ 230 Abs. 1 SGB VI),
   i) Personen, die am 31. Dezember 2016 wegen des Bezugs einer Vollrente wegen Alters vor Erreichen der Regelaltersgrenze in einer Beschäftigung oder selbständigen Tätigkeit versicherungsfrei waren und nicht auf die Versicherungsfreiheit in dieser Beschäftigung oder selbständigen Tätigkeit verzichtet haben (§ 230 Abs. 9 Satz 1 SGB VI).
4. Ohne Vorliegen von Versicherungspflicht in der gesetzlichen Rentenversicherung
   a) nicht versicherungspflichtige selbständig Tätige,
   b) selbständig tätige Handwerker, die am 31. Dezember 1991 in ihrer Tätigkeit nicht versicherungspflichtig waren (§ 229 Abs. 2 SGB VI),
   c) selbständig Tätige, die am 31. Dezember 2012 nicht versicherungspflichtig waren, weil sie versicherungspflichtige Arbeitnehmer beschäftigt haben, bleiben in dieser Tätigkeit nicht versicherungspflichtig, wenn der beschäftigte Arbeitnehmer nicht geringfügig beschäftigt in der bis zum 31. Dezember 2012 geltenden Fassung ist (§ 229 Abs. 7 Satz 1 SGB VI),
   d) Vorstandsmitglieder von Aktiengesellschaften in der Beschäftigung als Vorstand und weiteren Beschäftigungen in Konzernunternehmen (§ 1 Satz 3 [bis zum 28. Juni 2011 Satz 4] SGB VI). Bis zum 31. Dezember 2003 waren Vorstandsmitglieder von Aktiengesellschaften in allen Beschäftigungen, d. h. auch außerhalb des Konzerns, nicht *versicherungspflichtig.* Seit dem 1. Januar 2004 besteht in Nebenbeschäftigungen außerhalb des Konzerns nur dann keine Versicherungspflicht, wenn die Nebenbeschäftigung bereits am 6. November 2003 ausgeübt wurde (§ 229 Abs. 1 a Satz 1 SGB VI),
   e) Mitglieder des Deutschen Bundestages, der Landtage sowie des Europäischen Parlaments.

Anlage 2

Begünstigter Personenkreis nach § 10a Abs. 1 Satz 1 Halbsatz 2 EStG/Nicht begünstigter Personenkreis nach § 10a Abs. 1 Satz 1 Halbsatz 2 EStG

A. Begünstigter Personenkreis nach § 10a Abs. 1 Satz 1 Halbsatz 2 EStG

1. Empfänger von inländischer Besoldung nach dem Bundesbesoldungsgesetz oder einem entsprechenden Landesbesoldungsgesetz (§ 10a Abs. 1 Satz 1 Halbsatz 2 Nr. 1 EStG), insbesondere: 53
   a) Bundesbeamte, Beamte der Länder, der Gemeinden, der Gemeindeverbände sowie der sonstigen der Aufsicht eines Landes unterstehenden Körperschaften, Anstalten und Stiftungen des öffentlichen Rechts; hierzu gehören nicht die Ehrenbeamten,
   b) Richter des Bundes und der Länder; hierzu gehören nicht die ehrenamtlichen Richter,
   c) Berufssoldaten und Soldaten auf Zeit.
2. Empfänger von Amtsbezügen aus einem inländischen Amtsverhältnis (§ 10a Abs. 1 Satz 1 Halbsatz 2 Nr. 2 EStG)
   In einem öffentlich-rechtlichen Amtsverhältnis stehen z. B. die Mitglieder der Regierung des Bundes oder eines Landes (z. B. § 1 Bundesministergesetz) sowie die Parlamentarischen Staatssekretäre auf Bundes- und Landesebene (z. B. § 1 Abs. 3 des Gesetzes über die Rechtsverhältnisse der Parlamentarischen Staatssekretäre).
3. Sonstige Beschäftigte von Körperschaften, Anstalten oder Stiftungen des öffentlichen Rechts, deren Verbänden einschließlich der Spitzenverbände oder ihrer Arbeitsgemeinschaften (§ 10a Abs. 1 Satz 1 Halbsatz 2 Nr. 3 EStG), wenn ihnen nach beamtenrechtlichen Vorschriften oder Grundsätzen oder entsprechenden kirchenrechtlichen Regelungen Anwartschaft auf Versorgung bei verminderter Erwerbsfähigkeit und im Alter sowie auf Hinterbliebenenversorgung gewährleistet und die Gewährleistung gesichert ist, u. a. rentenversicherungsfreie Kirchenbeamte und Geistliche in öffentlich-rechtlichen Dienstverhältnissen.
4. Satzungsmäßige Mitglieder geistlicher Genossenschaften, Diakonissen oder Angehörige ähnlicher Gemeinschaften (§ 10a Abs. 1 Satz 1 Halbsatz 2 Nr. 3 EStG), wenn ihnen nach den Regeln der Gemeinschaft Anwartschaft auf die in der Gemeinschaft übliche Versorgung bei verminderter Erwerbsfähigkeit und im Alter gewährleistet und die Gewährleistung gesichert ist.
5. Lehrer oder Erzieher, die an nichtöffentlichen Schulen oder Anstalten beschäftigt sind (§ 10a Abs. 1 Satz 1 Halbsatz 2 Nr. 3 EStG), wenn ihnen nach beamtenrechtlichen Vorschriften oder Grundsätzen oder entsprechenden kirchenrechtlichen Regelungen Anwartschaft auf Versorgung bei verminderter Erwerbsfähigkeit und im Alter sowie auf Hinterbliebenenversorgung gewährleistet und die Gewährleistung gesichert ist.
6. Beamte, Richter, Berufssoldaten und Soldaten auf Zeit, die ohne Besoldung beurlaubt sind, für die Zeit einer Beschäftigung, wenn während der Beurlaubung die Gewährleistung einer Versorgungsanwartschaft unter den Voraussetzungen des § 5 Abs. 1 Satz 1 SGB VI auf diese Beschäftigung erstreckt wird (§ 10a Abs. 1 Satz 1 Halbsatz 2 Nr. 4 EStG).
7. Steuerpflichtige im Sinne der oben unter Ziffer 1. bis 6. aufgeführten, die beurlaubt sind und deshalb keine Besoldung, Amtsbezüge oder Entgelt erhalten, sofern sie eine Anrechnung von Kindererziehungszeiten nach § 56 SGB VI (d. h. im Sinne der inländischen gesetzlichen Rentenversicherung) in Anspruch nehmen könnten, wenn die Versicherungsfreiheit in der inländischen gesetzlichen Rentenversicherung nicht bestehen würde.

In den Fällen der Nummern 2 bis 5 muss das Versorgungsrecht jedoch die Absenkung des Versorgungsniveaus in entsprechender Anwendung des § 69e Abs. 3 Satz 1 und Abs. 4 des Beamtenversorgungsgesetzes vorsehen.

B. Nicht begünstigter Personenkreis nach § 10a Abs. 1 Satz 1 Halbsatz 2 EStG

1. Beamte, Richter und Berufssoldaten im einstweiligen Ruhestand, sofern sie keine inländische Besoldung mehr nach dem Bundesbesoldungsgesetz oder einem entsprechenden Landesbesoldungsgesetz empfangen.

EStG

§ 10b[1] Steuerbegünstigte Zwecke

1 (1) ① **Zuwendungen (Spenden und Mitgliedsbeiträge) zur Förderung steuerbegünstigter Zwecke im Sinne der §§ 52 bis 54 der Abgabenordnung können insgesamt bis zu**

1. 20 Prozent des Gesamtbetrags der Einkünfte oder

2. 4 Promille der Summe der gesamten Umsätze und der im Kalenderjahr aufgewendeten Löhne und Gehälter

als Sonderausgaben abgezogen werden. ② **Voraussetzung für den Abzug ist, dass diese Zuwendungen**

1. an eine juristische Person des öffentlichen Rechts oder an eine öffentliche Dienststelle, die in einem Mitgliedstaat der Europäischen Union oder in einem Staat belegen ist, auf den das Abkommen über den Europäischen Wirtschaftsraum (EWR-Abkommen) Anwendung findet, oder

2. an eine nach § 5 Absatz 1 Nummer 9 des Körperschaftsteuergesetzes steuerbefreite Körperschaft, Personenvereinigung oder Vermögensmasse oder

3. an eine Körperschaft, Personenvereinigung oder Vermögensmasse, die in einem Mitgliedstaat der Europäischen Union oder in einem Staat belegen ist, auf den das Abkommen über den Europäischen Wirtschaftsraum (EWR-Abkommen) Anwendung findet, und die nach § 5 Absatz 1 Nummer 9 des Körperschaftsteuergesetzes in Verbindung mit § 5 Absatz 2 Nummer 2 zweiter Halbsatz des Körperschaftsteuergesetzes steuerbefreit wäre, wenn sie inländische Einkünfte erzielen würde,

geleistet werden. ③ **Für nicht im Inland ansässige Zuwendungsempfänger nach Satz 2 ist weitere Voraussetzung, dass durch diese Staaten Amtshilfe und Unterstützung bei der Beitreibung geleistet werden.** ④ **Amtshilfe ist der Auskunftsaustausch im Sinne oder entsprechend der Amtshilferichtlinie gemäß § 2 Absatz 2 des EU-Amtshilfegesetzes.** ⑤ **Beitreibung ist die gegenseitige Unterstützung bei der Beitreibung von Forderungen im Sinne oder entsprechend der Beitreibungsrichtlinie einschließlich der in diesem Zusammenhang anzuwendenden Durchführungsbestimmungen in den für den jeweiligen Veranlagungszeitraum geltenden Fassungen oder eines entsprechenden Nachfolgerechtsaktes.** ⑥ **Werden die steuerbegünstigten Zwecke des Zuwendungsempfängers im Sinne von Satz 2 Nummer 1 nur im Ausland verwirklicht, ist für den Sonderausgabenabzug Voraussetzung, dass natürliche Personen, die ihren Wohnsitz oder ihren gewöhnlichen Aufenthalt im Geltungsbereich dieses Gesetzes haben, gefördert werden oder dass die Tätigkeit dieses Zuwendungsempfängers neben der Verwirklichung der steuerbegünstigten Zwecke auch zum Ansehen der Bundesrepublik Deutschland beitragen kann.** ⑦ **Abziehbar sind auch Mitgliedsbeiträge an Körperschaften, die Kunst und Kultur gemäß § 52 Absatz 2 Satz 1 Nummer 5 der Abgabenordnung fördern, soweit es sich nicht um Mitgliedsbeiträge nach Satz 8 Nummer 2 handelt, auch wenn den Mitgliedern Vergünstigungen gewährt werden.** ⑧ [2] **Nicht abziehbar sind Mitgliedsbeiträge an Körperschaften,**

1. die den Sport (§ 52 Absatz 2 Satz 1 Nummer 21 der Abgabenordnung),

2. die kulturelle Betätigungen, die in erster Linie der Freizeitgestaltung dienen,

3. die Heimatpflege und Heimatkunde (§ 52 Absatz 2 Satz 1 Nummer 22 der Abgabenordnung),

4. die Zwecke im Sinne des § 52 Absatz 2 Satz 1 Nummer 23 der Abgabenordnung

fördern oder

5. deren Zweck nach § 52 Absatz 2 Satz 2 der Abgabenordnung für gemeinnützig erklärt worden ist, weil deren Zweck die Allgemeinheit auf materiellem, geistigem oder sittlichem Gebiet entsprechend einem Zweck nach den Nummern 1 bis 4 fördert.

⑨ **Abziehbare Zuwendungen, die die Höchstbeträge nach Satz 1 überschreiten oder die den um die Beträge nach § 10 Absatz 3 und 4, § 10 c und § 10 d verminderten Gesamtbetrag der Einkünfte übersteigen, sind im Rahmen der Höchstbeträge in den folgenden Veranlagungszeiträumen als Sonderausgaben abzuziehen.** ⑩ **§ 10 d Absatz 4 gilt entsprechend.**

1a (1 a) ① **Spenden zur Förderung steuerbegünstigter Zwecke im Sinne der §§ 52 bis 54 der Abgabenordnung in das zu erhaltende Vermögen (Vermögensstock) einer Stiftung, welche die Voraussetzungen des Absatzes 1 Satz 2 bis 6 erfüllt, können auf Antrag des Steuerpflichtigen im Veranlagungszeitraum der Zuwendung und in den folgenden neun Veranlagungszeiträumen bis zu einem Gesamtbetrag von 1 Million Euro, bei Ehe-**

---

[1] Beachte auch § 34 g EStG betr. Steuerermäßigung bei Mitgliedsbeiträgen und Spenden an politische Parteien und an unabhängige Wählervereinigungen.

[2] Zur Anwendung siehe § 52 Abs. 18a EStG.

EStG

gatten, die nach den §§ 26, 26 b zusammen veranlagt werden, bis zu einem Gesamtbetrag von 2 Millionen Euro, zusätzlich zu den Höchstbeträgen nach Absatz 1 Satz 1 abgezogen werden. ② Nicht abzugsfähig nach Satz 1 sind Spenden in das verbrauchbare Vermögen einer Stiftung. ③ Der besondere Abzugsbetrag nach Satz 1 bezieht sich auf den gesamten Zehnjahreszeitraum und kann der Höhe nach innerhalb dieses Zeitraums nur einmal in Anspruch genommen werden. ④ § 10 d Absatz 4 gilt entsprechend.

(2) ① **Zuwendungen an politische Parteien im Sinne des § 2 des Parteiengesetzes sind, sofern die jeweilige Partei nicht gemäß § 18 Absatz 7 des Parteiengesetzes von der staatlichen Teilfinanzierung ausgeschlossen ist, bis zur Höhe von insgesamt 1650 Euro und im Falle der Zusammenveranlagung von Ehegatten bis zur Höhe von insgesamt 3300 Euro im Kalenderjahr abzugsfähig. ② Sie können nur insoweit als Sonderausgaben abgezogen werden, als für sie nicht eine Steuerermäßigung nach § 34 g gewährt worden ist.** 2

(3) ① **Als Zuwendung im Sinne dieser Vorschrift gilt auch die Zuwendung von Wirtschaftsgütern mit Ausnahme von Nutzungen und Leistungen. ② Ist das Wirtschaftsgut unmittelbar vor seiner Zuwendung einem Betriebsvermögen entnommen worden, so bemisst sich die Zuwendungshöhe nach dem Wert, der bei der Entnahme angesetzt wurde und nach der Umsatzsteuer, die auf die Entnahme entfällt. ③ Ansonsten bestimmt sich die Höhe der Zuwendung nach dem gemeinen Wert des zugewendeten Wirtschaftsguts, wenn dessen Veräußerung im Zeitpunkt der Zuwendung keinen Besteuerungstatbestand erfüllen würde. ④ In allen übrigen Fällen dürfen bei der Ermittlung der Zuwendungshöhe die fortgeführten Anschaffungs- oder Herstellungskosten nur überschritten werden, soweit eine Gewinnrealisierung stattgefunden hat. ⑤ Aufwendungen zugunsten einer Körperschaft, die zum Empfang steuerlich abziehbarer Zuwendungen berechtigt ist, können nur abgezogen werden, wenn ein Anspruch auf die Erstattung der Aufwendungen durch Vertrag oder Satzung eingeräumt und auf die Erstattung verzichtet worden ist. ⑥ Der Anspruch darf nicht unter der Bedingung des Verzichts eingeräumt worden sein.** 3

(4) ① **Der Steuerpflichtige darf auf die Richtigkeit der Bestätigung über Spenden und Mitgliedsbeiträge vertrauen, es sei denn, dass er die Bestätigung durch unlautere Mittel oder falsche Angaben erwirkt hat oder dass ihm die Unrichtigkeit der Bestätigung bekannt oder infolge grober Fahrlässigkeit nicht bekannt war. ② Wer vorsätzlich oder grob fahrlässig eine unrichtige Bestätigung ausstellt oder veranlasst, dass Zuwendungen nicht zu den in der Bestätigung angegebenen steuerbegünstigten Zwecken verwendet werden, haftet für die entgangene Steuer. ③ Diese ist mit 30 Prozent des zugewendeten Betrags anzusetzen. ④ In den Fällen des Satzes 2 zweite Alternative (Veranlasserhaftung) ist vorrangig der Zuwendungsempfänger in Anspruch zu nehmen; die in diesen Fällen für den Zuwendungsempfänger handelnden natürlichen Personen sind nur in Anspruch zu nehmen, wenn die entgangene Steuer nicht nach § 47 der Abgabenordnung erloschen ist und Vollstreckungsmaßnahmen gegen den Zuwendungsempfänger nicht erfolgreich sind. ⑤ Die Festsetzungsfrist für Haftungsansprüche nach Satz 2 läuft nicht ab, solange die Festsetzungsfrist für von dem Empfänger der Zuwendung geschuldete Körperschaftsteuer für den Veranlagungszeitraum nicht abgelaufen ist, in dem die unrichtige Bestätigung ausgestellt worden ist oder veranlasst wurde, dass die Zuwendung nicht zu den in der Bestätigung angegebenen steuerbegünstigten Zwecken verwendet worden ist; § 191 Absatz 5 der Abgabenordnung ist nicht anzuwenden.** 4

Übersicht

EStDV

§§ 48 und 49[1] *(weggefallen)*

§ 50 *Zuwendungsbestätigung*

12 *(1)[2] ① Zuwendungen im Sinne der §§ 10 b und 34 g des Gesetzes dürfen vorbehaltlich des Absatzes 2 nur abgezogen werden, wenn der Zuwendende eine Zuwendungsbestätigung, die der Zuwendungsempfänger unter Berücksichtigung des § 63 Absatz 5 der Abgabenordnung nach amtlich vorgeschriebenem Vordruck ausgestellt hat, oder die in den Absätzen 4 bis 6 bezeichneten Unterlagen erhalten hat. ② Dies gilt nicht für Zuwendungen an nicht im Inland ansässige Zuwendungsempfänger nach § 10 b Absatz 1 Satz 2 Nummer 1 und 3 des Gesetzes.*

12 a *(2) ① Der Zuwendende kann den Zuwendungsempfänger bevollmächtigen, die Zuwendungsbestätigung der für seine Besteuerung nach dem Einkommen zuständigen Finanzbehörde nach amtlich vorgeschriebenem Datensatz durch Datenfernübertragung nach Maßgabe des § 93 c der Abgabenordnung zu übermitteln. ② Der Zuwendende hat dem Zuwendungsempfänger zu diesem Zweck seine Identifikationsnummer (§ 139 b der Abgabenordnung) mitzuteilen. ③ Die Vollmacht kann nur mit Wirkung für die Zukunft widerrufen werden. ④ Der Zuwendungsempfänger hat dem Zuwendenden die nach Satz 1 übermittelten Daten elektronisch oder auf dessen Wunsch als Ausdruck zur Verfügung zu stellen; in beiden Fällen ist darauf hinzuweisen, dass die Daten der Finanzbehörde übermittelt worden sind. ⑤ § 72 a Absatz 4 der Abgabenordung findet keine Anwendung.*

12 b *(3) ① In den Fällen des Absatzes 2 ist für die Anwendung des § 93 c Absatz 4 Satz 1 der Abgabenordnung das Finanzamt zuständig, in dessen Bezirk sich die Geschäftsleitung (§ 10 der Abgabenordnung) des Zuwendungsempfängers im Inland befindet. ② Die nach Absatz 2 übermittelten Daten können durch dieses Finanzamt zum Zweck der Anwendung des § 93 c Absatz 4 Satz 1 der Abgabenordnung bei den für die Besteuerung der Zuwendenden nach dem Einkommen zuständigen Finanzbehörden abgerufen und verwendet werden.*

13 *(4) ① Statt einer Zuwendungsbetätigung genügt der Bareinzahlungsbeleg oder die Buchungsbestätigung eines Kreditinstituts, wenn*

1. die Zuwendung zur Hilfe in Katastrophenfällen:
   a) innerhalb eines Zeitraums, den die obersten Finanzbehörden der Länder im Benehmen mit dem Bundesministerium der Finanzen bestimmen, auf ein für den Katastrophenfall eingerichtetes Sonderkonto einer inländischen juristischen Person des öffentlichen Rechts, einer inländischen öffentlichen Dienststelle oder eines inländischen amtlich anerkannten Verbandes der freien Wohlfahrtspflege einschließlich seiner Mitgliedsorganisationen eingezahlt worden ist oder
   b) bis zur Einrichtung des Sonderkontos auf ein anderes Konto der genannten Zuwendungsempfänger eingezahlt wird; wird die Zuwendung über ein als Treuhandkonto geführtes Konto eines Dritten auf eines der genannten Sonderkonten eingezahlt, genügt der Bareinzahlungsbeleg oder die Buchungsbestätigung des Kreditinstituts des Zuwendenden zusammen mit einer Kopie des Barzahlungsbelegs oder der Buchungsbestätigung des Kreditinstituts des Dritten, oder
2. die Zuwendung 300 Euro nicht übersteigt und
   a) der Empfänger eine inländische juristische Person des öffentlichen Rechts oder eine inländische öffentliche Dienststelle ist oder
   b) der Empfänger eine Körperschaft, Personenvereinigung oder Vermögensmasse im Sinne des § 5 Absatz 1 Nummer 9 des Körperschaftsteuergesetzes ist, wenn der steuerbegünstigte Zweck, für den die Zuwendung verwendet wird, und die Angaben über die Freistellung des Empfängers von der Körperschaftsteuer auf einem von ihm hergestellten Beleg aufgedruckt sind und darauf angegeben ist, ob es sich bei der Zuwendung um eine Spende oder einen Mitgliedsbeitrag handelt, oder
   c) der Empfänger eine politische Partei im Sinne des § 2 des Parteiengesetzes ist, die nicht gemäß § 18 Absatz 7 des Parteiengesetzes von der staatlichen Teilfinanzierung ausgeschlossen ist, und bei Spenden der Verwendungszweck auf dem vom Empfänger hergestellten Beleg aufgedruckt ist.

② Aus der Buchungsbestätigung müssen der Name und die Kontonummer oder ein sonstiges Identifizierungsmerkmal des Auftraggebers und des Empfängers, der Betrag, der Buchungstag sowie die tatsächliche Durchführung der Zahlung ersichtlich sein. ③ In den Fällen des Satzes 1 Nummer 2 Buchstabe b hat der Zuwendende zusätzlich den vom Zuwendungsempfänger hergestellten Beleg aufzubewahren.

13 a *(5) Bei Zuwendungen zur Hilfe in Katastrophenfällen innerhalb eines Zeitraums, den die obersten Finanzbehörden der Länder im Benehmen mit dem Bundesministerium der Finanzen bestimmen, die über ein Konto eines Dritten an eine inländische juristische Person des öffentlichen Rechts, an eine inländische öffentliche Dienststelle oder an eine nach § 5 Absatz 1 Nummer 9 des Körperschaftsteuergesetzes steuerbefrei-*

---

[1] §§ 48 und 49 EStDV sowie Anlage 1 (zu § 48 Abs. 2 EStDV) aufgehoben; letztmals abgedruckt im „Handbuch zur ESt-Veranlagung 2006".

[2] Zur Anwendung siehe § 84 Abs. 2 c EStDV.

te Körperschaft, Personenvereinigung oder Vermögensmasse geleistet werden, genügt das Erhalten einer auf den jeweiligen Zuwendenden ausgestellten Zuwendungsbestätigung des Zuwendungsempfängers, wenn das Konto des Dritten als Treuhandkonto geführt wurde, die Zuwendung von dort an den Zuwendungsempfänger weitergeleitet wurde und diesem eine Liste mit den einzelnen Zuwendenden und ihrem jeweiligen Anteil an der Zuwendungssumme übergeben wurde.

(6) Bei Zahlungen von Mitgliedsbeiträgen an politische Parteien im Sinne des § 2 des Parteiengesetzes genügen statt Zuwendungsbestätigungen Bareinzahlungsbelege, Buchungsbestätigungen oder Beitragsquittungen. 14

(7) ① Eine in § 5 Absatz 1 Nummer 9 des Körperschaftsteuergesetzes bezeichnete Körperschaft, Personenvereinigung oder Vermögensmasse hat die Vereinnahmung der Zuwendung und ihre zweckentsprechende Verwendung ordnungsgemäß aufzuzeichnen und ein Doppel der Zuwendungsbestätigung aufzubewahren. ② Diese Aufbewahrungspflicht entfällt in den Fällen des Absatzes 2. ③ Bei Sachzuwendungen und beim Verzicht auf die Erstattung von Aufwand müssen sich aus den Aufzeichnungen auch die Grundlagen für den vom Empfänger bestätigten Wert der Zuwendung ergeben. 15

(8) ① Die in den Absätzen 1, 4, 5 und 6 bezeichneten Unterlagen sind vom Zuwendenden auf Verlangen der Finanzbehörde vorzulegen. ② Soweit der Zuwendende sie nicht bereits auf Verlangen der Finanzbehörde vorgelegt hat, sind sie vom Zuwendenden bis zum Ablauf eines Jahres nach Bekanntgabe der Steuerfestsetzung aufzubewahren. 15a

R 10b.1. Ausgaben zur Förderung steuerbegünstigter Zwecke im Sinne des § 10b Abs. 1 und 1a EStG[1 · 2 · 3 · 4]

R 10b.1

Begünstigte Ausgaben

(1) ① Mitgliedsbeiträge, sonstige Mitgliedsumlagen und Aufnahmegebühren sind nicht abziehbar, wenn die diese Beträge erhebende Einrichtung Zwecke bzw. auch Zwecke verfolgt, die in § 10b Abs. 1 Satz 8 EStG genannt sind. ② Zuwendungen, die mit der Auflage geleistet werden, sie an eine bestimmte natürliche Person weiterzugeben, sind nicht abziehbar. ③ Zuwendungen können nur dann abgezogen werden, wenn der Zuwendende endgültig wirtschaftlich belastet ist. ④ Bei Sachzuwendungen aus einem Betriebsvermögen darf zuzüglich zu dem Entnahmewert im Sinne des § 6 Abs. 1 Nr. 4 EStG auch die bei der Entnahme angefallene Umsatzsteuer abgezogen werden. 16

Durchlaufspenden

(2) ① Das Durchlaufspendenverfahren ist keine Voraussetzung für die steuerliche Begünstigung von Zuwendungen. ② Inländische juristische Personen des öffentlichen Rechts, die Gebietskörperschaften sind, und ihre Dienststellen sowie inländische kirchliche juristische Personen des öffentlichen Rechts können jedoch ihnen zugewendete Spenden – nicht aber Mitgliedsbeiträge, sonstige Mitgliedsumlagen und Aufnahmegebühren – an Zuwendungsempfänger im Sinne des § 10b Abs. 1 Satz 2 EStG weiterleiten. ③ Die Durchlaufstelle muss die tatsächliche Verfügungsmacht über die Spendenmittel erhalten. ④ Dies geschieht in der Regel (anders insbesondere bei → Sachspenden) durch Buchung auf deren Konto. ⑤ Die Durchlaufstelle muss die Vereinnahmung der Spenden und ihre Verwendung (Weiterleitung) getrennt und unter Beachtung der haushaltsrechtlichen Vorschriften nachweisen. ⑥ Vor der Weiterleitung der Spenden an eine nach § 5 Abs. 1 Nr. 9 KStG steuerbefreite Körperschaft, Personenvereinigung oder Vermögensmasse muss sie prüfen, ob die Zuwendungsempfängerin wegen Verfolgung gemeinnütziger, mildtätiger oder kirchlicher Zwecke i. S. d. § 5 Abs. 1 Nr. 9 KStG anerkannt oder vorläufig anerkannt worden ist und ob die Verwendung der Spenden für diese Zwecke sichergestellt ist. ⑦ Die Zuwendungsbestätigung darf nur von der Durchlaufstelle ausgestellt werden. 17

Nachweis der Zuwendungen

(3) ① Zuwendungen nach den §§ 10b und 34g EStG sind grundsätzlich durch eine vom Empfänger nach amtlich vorgeschriebenem Vordruck erstellte Zuwendungsbestätigung nachzuweisen. ② Die Zuwendungsbestätigung kann auch von einer durch Auftrag zur Entgegennahme von Zahlungen berechtigten Person unterschrieben werden. 18

Maschinell erstellte Zuwendungsbestätigung

(4) ① Als Nachweis reicht eine maschinell erstellte Zuwendungsbestätigung ohne eigenhändige Unterschrift einer zeichnungsberechtigten Person aus, wenn der Zuwendungsempfänger die Nutzung eines entsprechenden Verfahrens dem zuständigen Finanzamt angezeigt hat. ② Mit der Anzeige ist zu bestätigen, dass folgende Voraussetzungen erfüllt sind und eingehalten werden: 19

---

[1] Leitet eine als gemeinnützig anerkannte Institution Spenden satzungswidrig ganz überwiegend an politische Parteien weiter („Spendenwaschanlage"), so entfällt ein (teilweiser) Spendenabzug auch hinsichtlich der satzungsgemäß verwendeten Beträge. *BFH-Urteil vom 7. 11. 1990 (BStBl. 1991 II S. 547).*

[2] Zur steuerlichen Behandlung von Zuwendungen (Spenden) an die Stiftung „Erinnerung, Verantwortung und Zukunft" vgl. *BMF-Schreiben vom 5. 9. 2001 (BStBl. I S. 863).*

[3] Zu steuerlichen Maßnahmen zur Förderung der Hilfe für von der Corona-Krise Betroffene siehe *BMF-Schreiben vom 9. 4. 2020 (BStBl. I S. 498),* ergänzt durch *BMF-Schreiben vom 26. 5. 2020 (BStBl. I S. 543),* verlängert und erweitert durch *BMF-Schreiben vom 18. 12. 2020 (BStBl. 2021 I S. 57)* und vom 15. 12. 2021 (BStBl. I S. 2476).

[4] Zu steuerlichen Maßnahmen zur Unterstützung der vom Krieg in der Ukraine Geschädigten, siehe *BMF-Schreiben vom 17. 3. 2022 (BStBl. I S. 330), vom 7. 6. 2022 (BStBl. I S. 923) und vom 17. 11. 2022 (BStBl. I S. 1516).*

1. die Zuwendungsbestätigungen entsprechen dem amtlich vorgeschriebenen Vordruck,
2. die Zuwendungsbestätigungen enthalten die Angabe über die Anzeige an das Finanzamt,
3. eine rechtsverbindliche Unterschrift wird beim Druckvorgang als Faksimile eingeblendet oder es wird bei Druckvorgang eine solche Unterschrift in eingescannter Form verwendet,
4. das Verfahren ist gegen unbefugten Eingriff gesichert,
5. das Buchen der Zahlungen in der Finanzbuchhaltung und das Erstellen der Zuwendungsbestätigungen sind miteinander verbunden und die Summen können abgestimmt werden, und
6. Aufbau und Ablauf des bei der Zuwendungsbestätigung angewandten maschinellen Verfahrens sind für die Finanzbehörden innerhalb angemessener Zeit prüfbar (analog § 145 AO); dies setzt eine Dokumentation voraus, die den Anforderungen der Grundsätze ordnungsmäßiger DV-gestützter Buchführungssysteme genügt.

③ Die Regelung gilt nicht für Sach- und Aufwandsspenden.

Prüfungen

20 (5) ① Ist der Empfänger einer Zuwendung eine inländische juristische Person des öffentlichen Rechts, eine inländische öffentliche Dienststelle oder ein inländischer amtlich anerkannter Verband der freien Wohlfahrtspflege einschließlich seiner Mitgliedsorganisationen, kann im Allgemeinen davon ausgegangen werden, dass die Zuwendungen für steuerbegünstigte Zwecke verwendet werden. ② Das gilt auch dann, wenn der Verwendungszweck im Ausland verwirklicht wird.

H 10b.1

21 **Anwendungsschreiben** → BMF vom 18. 12. 2008 (BStBl. 2009 I S. 16)[1] und BMF vom 15. 9. 2014 (BStBl. I S. 1278).[2]

Auflagen. Zahlungen an eine steuerbegünstigte Körperschaft zur Erfüllung einer Auflage nach § 153 a StPO oder § 56 b StGB sind nicht als Spende abziehbar (→ BFH vom 19. 12. 1990 – BStBl. 1991 II S. 234).

Aufwandsspenden → BMF vom 25. 11. 2014 (BStBl. I S. 1584)[3] unter Berücksichtigung der Änderungen durch BMF vom 24. 8. 2016 (BStBl. I S. 994).

Beitrittsspende. Eine anlässlich der Aufnahme in einen Golfclub geleistete Zahlung ist keine Zuwendung i. S. d. § 10 b Abs. 1 EStG, wenn derartige Zahlungen von den Neueintretenden anlässlich ihrer Aufnahme erwartet und zumeist auch gezahlt werden (sog. Beitrittspende). Die geleistete Zahlung ist als → Gegenleistung des Neumitglieds für den Erwerb der Mitgliedschaft und die Nutzungsmöglichkeit der Golfanlagen anzusehen (→ BFH vom 2. 8. 2006 – BStBl. 2007 II S. 8).

Crowdfunding. Spendenrechtliche Beurteilung von „Crowdfunding" → BMF vom 15. 12. 2017 (BStBl. 2018 I S. 246).[4]

Durchlaufspendenverfahren

– → BMF vom 7. 11. 2013 (BStBl. I S. 1333) ergänzt durch BMF vom 26. 3. 2014 (BStBl. I S. 791).[5]
– Eine Durchlaufspende ist nur dann abziehbar, wenn der Letztempfänger für denjenigen VZ, für den die Spende steuerlich berücksichtigt werden soll, wegen des begünstigten Zwecks von der Körperschaftsteuer befreit ist (→ BFH vom 5. 4. 2006 – BStBl. 2007 II S. 450).
– Für den Abzug von Sachspenden im Rahmen des Durchlaufspendenverfahrens ist erforderlich, dass der Durchlaufstelle das Eigentum an der Sache verschafft wird. Bei Eigentumserwerb durch Einigung und Übergabeersatz (§§ 930, 931 BGB) ist die körperliche Übergabe der Sache an die Durchlaufstelle nicht erforderlich; es sind aber eindeutige Gestaltungsformen zu wählen, die die tatsächliche Verfügungsfreiheit der Durchlaufstelle über die Sache sicherstellen und eine Überprüfung des Ersterwerbs der Durchlaufstelle und des Zweiterwerbs der begünstigten gemeinnützigen Körperschaft ermöglichen.

Elternleistungen an gemeinnützige Schulvereine (Schulen in freier Trägerschaft) und entsprechende Fördervereine

– Als steuerlich begünstigte Zuwendungen kommen nur freiwillige Leistungen der Eltern in Betracht, die über den festgesetzten Elternbeitrag hinausgehen (→ BMF vom 4. 1. 1991 – BStBl. 1992 I S. 266). Setzt ein Schulträger das Schulgeld so niedrig an, dass der normale Betrieb der Schule nur durch die Leistungen der Eltern an einen Förderverein aufrechterhalten werden kann, die dieser satzungsgemäß an den Schulträger abzuführen hat, handelt es sich bei diesen Leistungen um ein Entgelt, welches im Rahmen eines Leistungsaustausches erbracht wird und nicht um steuerlich begünstigte Zuwendungen (→ BFH vom 12. 8. 1999 – BStBl. 2000 II S. 65).
– → § 10 Abs. 1 Nr. 9 EStG.

Gebrauchte Kleidung als Sachspende (Abziehbarkeit und Wertermittlung). Bei gebrauchter Kleidung stellt sich die Frage, ob sie überhaupt noch einen gemeinen Wert

[1] Letztmals abgedruckt im „Handbuch zur ESt-Veranlagung 2013" als Anlage c zu R 10 b.1 EStR.
[2] Nachstehend abgedruckt als Anlage c zu R 10 b.1 EStR.
[3] Nachstehend abgedruckt als Anlage b zu R 10 b.1 EStR.
[4] Nachstehend abgedruckt als Anlage e zu R 10 b.1 EStR.
[5] Nachstehend abgedruckt als Anlage a zu R 10 b.1 EStR.

(Marktwert) hat. Wird ein solcher geltend gemacht, sind die für eine Schätzung maßgeblichen Faktoren wie Neupreis, Zeitraum zwischen Anschaffung und Weggabe und der tatsächliche Erhaltungszustand durch den Stpfl. nachzuweisen (→ BFH vom 23. 5. 1989 – BStBl. II S. 879). H 10b.1

Gegenleistung
- Ein Zuwendungsabzug ist ausgeschlossen, wenn die Ausgaben zur Erlangung einer Gegenleistung des Empfängers erbracht werden. Eine Aufteilung der Zuwendung in ein angemessenes Entgelt und eine den Nutzen übersteigende unentgeltliche Leistung scheidet bei einer einheitlichen Leistung aus. Auch im Fall einer Teilentgeltlichkeit fehlt der Zuwendung insgesamt die geforderte Uneigennützigkeit (→ BFH vom 2. 8. 2006 – BStBl. 2007 II S. 8).
- → Beitrittsspende.

Rückwirkendes Ereignis. Die Erteilung der Zuwendungsbestätigung nach § 50 EStDV ist kein rückwirkendes Ereignis i. S. d. § 175 Abs. 1 Satz 1 Nr. 2 AO (→ § 175 Abs. 2 Satz 2 AO).

Sachspenden.[1] Zur Zuwendungsbestätigung → BMF vom 7. 11. 2013 (BStBl. I S. 1333) ergänzt durch BMF vom 26. 3. 2014 (BStBl. I S. 791).[2]

Schenkung mit Auflage. Wer einen Geldbetrag als Schenkung mit der Auflage erhält, ihn einer steuerbegünstigten Körperschaft zuzuwenden, ist mit diesem Betrag grundsätzlich nicht wirtschaftlich belastet und daher nicht spendenabzugsberechtigt. Etwas anderes gilt, wenn es sich um eine Schenkung unter zusammenveranlagten Eheleuten handelt (→ BFH vom 15. 1. 2019 – BStBl. II S. 318).

Spenden in das zu erhaltende Vermögen
- → BMF vom 15. 9. 2014 (BStBl. I S. 1278).[3]
- Zuwendungen an eine rechtsfähige Stiftung sind vor deren Anerkennung nicht als Sonderausgaben abziehbar (→ BFH vom 11. 2. 2015 – BStBl. II S. 545).

Spendenhaftung.[4] Die Ausstellerhaftung nach § 10b Abs. 4 Satz 2 1. Alternative EStG betrifft grundsätzlich den in § 10b Abs. 1 Satz 2 EStG genannten Zuwendungsempfänger (z. B. Kommune, gemeinnütziger Verein). Die Haftung einer natürlichen Person kommt allenfalls dann in Frage, wenn diese Person außerhalb des ihr zugewiesenen Wirkungskreises handelt. Die Ausstellerhaftung setzt Vorsatz oder grobe Fahrlässigkeit voraus. Grobe Fahrlässigkeit liegt z. B. bei einer Kommune vor, wenn nicht geprüft wird, ob der Verein, der die Zuwendung erhält, gemeinnützig ist (→ BFH vom 24. 4. 2002 – BStBl. 2003 II S. 128). Unrichtig ist eine Zuwendungsbestätigung, deren Inhalt nicht der objektiven Sach- und Rechtslage entspricht. Das ist z. B. dann der Fall, wenn die Bestätigung Zuwendungen ausweist, die Entgelt für Leistungen sind (→ BFH vom 12. 8. 1999 – BStBl. 2000 II S. 65). Bei rückwirkender Aberkennung der Gemeinnützigkeit haftet eine Körperschaft nicht wegen Fehlverwendung, wenn sie die Zuwendung zu dem in der Zuwendungsbestätigung angegebenen begünstigten Zweck verwendet (→ BFH vom 10. 9. 2003 – BStBl. 2004 II S. 352).

Sponsoring → BMF vom 18. 2. 1998 (BStBl. I S. 212).[5]

Vermächtniszuwendungen. Aufwendungen des Erben zur Erfüllung von Vermächtniszuwendungen an gemeinnützige Einrichtungen sind weder beim Erben (→ BFH vom 22. 9. 1993 – BStBl. II S. 874) noch beim Erblasser (→ BFH vom 23. 10. 1996 – BStBl. 1997 II S. 239) als Zuwendungen nach § 10b Abs. 1 EStG abziehbar.

Vertrauensschutz
- Der Schutz des Vertrauens in die Richtigkeit einer Zuwendungsbestätigung erfasst nicht Gestaltungen, in denen die Bescheinigung zwar inhaltlich unrichtig ist, der in ihr ausgewiesene Sachverhalt aber ohnehin keinen Abzug rechtfertigt (→ BFH vom 5. 4. 2006 – BStBl. 2007 II S. 450).
- Eine → Zuwendungsbestätigung begründet keinen Vertrauensschutz, wenn für den Leistenden der Zahlung angesichts der Begleitumstände klar erkennbar ist, dass die Zahlung in einem Gegenleistungsverhältnis steht (→ BFH vom 2. 8. 2006 – BStBl. 2007 II S. 8).
- → Beitrittsspende.
- → Gegenleistung.

Zuwendungsbestätigung (§ 50 EStDV)
- Die Zuwendungsbestätigung ist eine unverzichtbare sachliche Voraussetzung für den Zuwendungsabzug. Die Bestätigung hat jedoch nur den Zweck einer Beweiserleichterung hinsichtlich der Verwendung der Zuwendung und ist nicht bindend (→ BFH vom 23. 5. 1989 – BStBl. II S. 879). Entscheidend ist u. a. der Zweck, der durch die Zuwendung tatsächlich gefördert wird (→ BFH vom 15. 12. 1999 – BStBl. 2000 II S. 608).

---

[1] Blutspenden sind keine steuerbegünstigten Sachspenden. *Vfg. OFD Frankfurt a. M. vom 15. 12. 1994 S 2223 A – 9 – St II 22 (FR 1995 S. 287; BeckVerw 151565).*

Stellt ein Leasing-Nehmer einem Dritten einen geleasten Gegenstand unentgeltlich zur Verfügung, so kann darin eine Spende des Leasing-Gegenstandes oder der Leasing-Raten liegen. *BFH-Urteil vom 8. 8. 1990 X R 149/88 (BStBl. 1991 II S. 70).*

Zu Lebensmittelspenden von Unternehmen an die Tafeln siehe *Vfg. OFD Niedersachsen vom 9. 2. 2016 S 2223 – 324 – St 235 (DStR S. 2710).*

[2] Nachstehend abgedruckt als Anlage a zu R 10b.1 EStR.

[3] Nachstehend abgedruckt als Anlage c zu R 10b.1 EStR.

[4] Siehe auch *Vfg. OFD Frankfurt vom 14. 11. 2014 S 2293 A – 95 – St 53 (BeckVerw 293237).*

[5] Abgedruckt als Anlage b zu R 4.7 EStR.

– Eine Zuwendungsbestätigung wird vom Finanzamt nicht als Nachweis für den Zuwendungsabzug anerkannt, wenn das Datum der Anlage zum Körperschaftsteuerbescheid oder des Freistellungsbescheides länger als 5 Jahre bzw. das Datum der Feststellung der Einhaltung der satzungsmäßigen Voraussetzungen nach § 60 a Abs. 1 AO länger als 3 Jahre seit Ausstellung des Bescheides zurückliegt (§ 63 Abs. 5 AO).
– Eine Aufteilung von Zuwendungen in abziehbare und nichtabziehbare Teile je nach satzungsgemäßer und nichtsatzungsgemäßer anteiliger Verwendung der Zuwendung ist unzulässig (→ BFH vom 7. 11. 1990 – BStBl. 1991 II S. 547).
– Zur Erstellung und Verwendung der Zuwendungsbestätigungen:
  – → BMF vom 7. 11. 2013 (BStBl. I S. 1333) ergänzt durch BMF vom 26. 3. 2014 (BStBl. I S. 791).[1]
  – Elektronisch in Form von schreibgeschützten Dateien → BMF vom 6. 2. 2017 (BStBl. I S. 287).[2]

Zuwendungsempfänger im EU-/EWR-Ausland.[3] Der ausländische Zuwendungsempfänger muss nach der Satzung, dem Stiftungsgeschäft oder der sonstigen Verfassung und nach der tatsächlichen Geschäftsführung ausschließlich und unmittelbar gemeinnützigen, mildtätigen oder kirchlichen Zwecken dienen (§§ 51 bis 68 AO). Den Nachweis hierfür hat der inländische Spender durch Vorlage geeigneter Belege zu erbringen (→ BMF vom 16. 5. 2011 – BStBl. I S. 559), BFH vom 17. 9. 2013 – BStBl. 2014 II S. 440 und vom 20. 1. 2015 – BStBl. II S. 588).

Zweckgebundene Zuwendungen. Auch zweckgebundene Zuwendungen können als Sonderausgabe abzugsfähig sein. Da der begünstigte Empfänger die Zuwendung nicht annehmen muss, verbleibt das Letztentscheidungsrecht darüber, ob und wie er seine steuerbegünstigten Zwecke fördert, bei ihm. Der Unentgeltlichkeit einer Zuwendung steht eine Zweckbindung nicht per se entgegen. An der Unentgeltlichkeit fehlt es nicht, wenn der Spender sich nur gewisse immaterielle Vorteile (wie z. B. eine Ansehensmehrung) erhofft (→ BFH vom 16. 3. 2021 – BStBl. II S. 810).

Anl a zu R 10 b.1

a) Schreiben betr. Muster für Zuwendungsbestätigungen (§ 10 b EStG)

Vom 7. November 2013 (BStBl. I S. 1333)

Ergänzt durch BMF-Schreiben vom 26. 3. 2014 (BStBl. I S. 791)

(BMF IV C 4 – S 2223/07/0018 :005; DOK 2013/0239390)

1 Anlage

24 Im Einvernehmen mit den obersten Finanzbehörden der Länder sind die in der Anlage beigefügten Muster für Zuwendungen an inländische Zuwendungsempfänger zu verwenden.

Für die Verwendung der aktualisierten Muster für Zuwendungsbestätigungen gilt Folgendes:

1. Die in der Anlage beigefügten Muster für Zuwendungsbestätigungen sind verbindliche Muster (vgl. § 50 Absatz 1 EStDV). Die Zuwendungsbestätigungen können weiterhin vom jeweiligen Zuwendungsempfänger anhand dieser Muster selbst hergestellt werden. In einer auf einen bestimmten Zuwendungsempfänger zugeschnittenen Zuwendungsbestätigung müssen nur die Angaben aus den veröffentlichten Mustern übernommen werden, die im Einzelfall einschlägig sind. Die in den Mustern vorgesehenen Hinweise zu den haftungsrechtlichen Folgen der Ausstellung einer unrichtigen Zuwendungsbestätigung und zur steuerlichen Anerkennung der Zuwendungsbestätigung sind stets in die Zuwendungsbestätigungen zu übernehmen.
2. Die Wortwahl und die Reihenfolge der vorgegebenen Textpassagen in den Mustern sind beizubehalten, Umformulierungen sind unzulässig. Auf der Zuwendungsbestätigung dürfen weder Danksagungen an den Zuwendenden noch Werbung für die Ziele der begünstigten Einrichtung angebracht werden. Entsprechende Texte sind jedoch auf der Rückseite zulässig.
   Die Zuwendungsbestätigung darf die Größe einer DIN-A 4-Seite nicht überschreiten.
3. Gegen optische Hervorhebungen von Textpassagen beispielsweise durch Einrahmungen und/oder vorangestellte Ankreuzkästchen bestehen keine Bedenken. Ebenso ist es zulässig, den Namen des Zuwendenden und dessen Adresse so untereinander anzuordnen, dass die gleichzeitige Nutzung als Anschriftenfeld möglich ist. Fortlaufende alphanumerische Zeichen mit einer oder mehreren Reihen, die zur Identifizierung der Zuwendungsbestätigung geeignet sind, können vergeben werden; die Verwendung eines Briefpapiers mit einem Logo, Emblem oder Wasserzeichen der Einrichtung ist zulässig.
4. Es bestehen keine Bedenken, wenn der Zuwendungsempfänger in seinen Zuwendungsbestätigungen alle ihn betreffenden steuerbegünstigten Zwecke nennt. Aus steuerlichen Gründen bedarf es keiner Kenntlichmachung, für welchen konkreten steuerbegünstigten Zweck die Zuwendung erfolgt bzw. verwendet wird.
5. Der zugewendete Betrag ist sowohl in Ziffern als auch in Buchstaben zu benennen. Für die Benennung in Buchstaben ist es nicht zwingend erforderlich, dass der zugewendete Betrag in einem

[1] Nachstehend abgedruckt.
[2] Nachstehend abgedruckt als Anlage d zu R 10 b.1 EStR.
[3] Siehe auch *Vfg. BayLfSt vom 9. 8. 2021 S 0170.1.1 – 3/7 St 31 (BeckVerw 558987).*

Wort genannt wird; ausreichend ist die Buchstabenbenennung der jeweiligen Ziffern. So kann z. B. ein Betrag in Höhe von 1322 Euro als „eintausenddreihundertzweiundzwanzig" oder „eins – drei – zwei – zwei" bezeichnet werden. In diesen Fällen sind allerdings die Leerräume vor der Nennung der ersten Ziffer und hinter der letzten Ziffer in geeigneter Weise (z. B. durch „X") zu entwerten.

6. Handelt es sich um eine Sachspende, so sind in die Zuwendungsbestätigung genaue Angaben über den zugewendeten Gegenstand aufzunehmen (z. B. Alter, Zustand, historischer Kaufpreis usw.). Für die Sachspende zutreffende Sätze sind in den entsprechenden Mustern anzukreuzen.

   Sachspende aus dem Betriebsvermögen:

   Stammt die Sachzuwendung nach den Angaben des Zuwendenden aus dessen Betriebsvermögen, bemisst sich die Zuwendungshöhe nach dem Wert, der bei der Entnahme angesetzt wurde, und nach der Umsatzsteuer, die auf die Entnahme entfällt (§ 10 b Absatz 3 Satz 2 EStG). In diesen Fällen braucht der Zuwendungsempfänger keine zusätzlichen Unterlagen in seine Buchführung aufzunehmen, ebenso sind Angaben über die Unterlagen, die zur Wertermittlung gedient haben, nicht erforderlich. Der Entnahmewert ist grundsätzlich der Teilwert. Der Entnahmewert kann auch der Buchwert sein, wenn das Wirtschaftsgut unmittelbar nach der Entnahme für steuerbegünstigte Zwecke gespendet wird (sog. Buchwertprivileg, § 6 Absatz 1 Nummer 4 Satz 4 und 5 EStG).

   Sachspende aus dem Privatvermögen:

   Handelt es sich um eine Sachspende aus dem Privatvermögen des Zuwendenden, ist der gemeine Wert des gespendeten Wirtschaftsguts maßgebend, wenn dessen Veräußerung im Zeitpunkt der Zuwendung keinen Besteuerungstatbestand erfüllen würde (§ 10 b Absatz 3 Satz 3 EStG). Ansonsten sind die fortgeführten Anschaffungs- oder Herstellungskosten als Wert der Zuwendung auszuweisen. Dies gilt insbesondere bei Veräußerungstatbeständen, die unter § 17 oder § 23 EStG fallen (z. B. Zuwendung einer mindestens 1%igen Beteiligung an einer Kapitalgesellschaft (§ 17 EStG), einer Immobilie, die sich weniger als zehn Jahre im Eigentum des Spenders befindet (§ 23 Absatz 1 Satz 1 Nummer 1 EStG), eines anderen Wirtschaftsguts im Sinne des § 23 Absatz 1 Satz 1 Nummer 2 EStG mit einer Eigentumsdauer von nicht mehr als einem Jahr). Der Zuwendungsempfänger hat anzugeben, welche Unterlagen er zur Ermittlung des angesetzten Wertes herangezogen hat. In Betracht kommt in diesem Zusammenhang z. B. ein Gutachten über den aktuellen Wert der zugewendeten Sache oder der sich aus der ursprünglichen Rechnung ergebende historische Kaufpreis unter Berücksichtigung einer Absetzung für Abnutzung. Diese Unterlagen hat der Zuwendungsempfänger zusammen mit der Zuwendungsbestätigung in seine Buchführung aufzunehmen.

7. Die Zeile: „Es handelt sich um den Verzicht auf die Erstattung von Aufwendungen Ja ☐ Nein ☐" ist stets in die Zuwendungsbestätigungen über Geldzuwendungen/Mitgliedsbeiträge zu übernehmen und entsprechend anzukreuzen. Dies gilt auch für Sammelbestätigungen und in den Fällen, in denen ein Zuwendungsempfänger grundsätzlich keine Zuwendungsbestätigungen für die Erstattung von Aufwendungen ausstellt.

8. Werden Zuwendungen an eine juristische Person des öffentlichen Rechts von dieser an andere juristische Personen des öffentlichen Rechts weitergeleitet und werden von diesen die steuerbegünstigten Zwecke verwirklicht, so hat der „Erstempfänger" die in den amtlichen Vordrucken enthaltene Bestätigung wie folgt zu fassen:

   „Die Zuwendung wird entsprechend den Angaben des Zuwendenden an .... [Name des Letztempfängers verbunden mit dem Hinweis auf dessen öffentlich-rechtliche Organisationsform] weitergeleitet."

9. Erfolgt der Nachweis in Form der Sammelbestätigung, so ist der bescheinigte Gesamtbetrag auf der zugehörigen Anlage in sämtliche Einzelzuwendungen aufzuschlüsseln. Es bestehen keine Bedenken, auf der Anlage zur Sammelbestätigung entweder den Namen des Zuwendenden oder ein fortlaufendes alphanumerisches Zeichen anzubringen, um eine sichere Identifikation zu gewährleisten.

10. Für maschinell erstellte Zuwendungsbestätigungen ist R 10 b.1 Absatz 4 EStR zu beachten.

11. Nach § 50 Absatz 4 EStDV hat die steuerbegünstigte Körperschaft ein Doppel der Zuwendungsbestätigung aufzubewahren. Es ist in diesem Zusammenhang zulässig, das Doppel in elektronischer Form zu speichern. Die Grundsätze ordnungsmäßiger DV-gestützter Buchführungssysteme (BMF-Schreiben vom 7. November 1995, BStBl. I S. 738) sind zu beachten.

12. Für Zuwendungen nach dem 31. Dezember 1999 ist das Durchlaufspendenverfahren keine zwingende Voraussetzung mehr für die steuerliche Begünstigung von Spenden. Seit 1. Januar 2000 sind alle steuerbegünstigten Körperschaften im Sinne des § 5 Absatz 1 Nummer 9 KStG zum unmittelbaren Empfang und zur Bestätigung von Zuwendungen berechtigt. Dennoch dürfen juristische Personen des öffentlichen Rechts oder öffentliche Dienststellen auch weiterhin als Durchlaufstelle auftreten und Zuwendungsbestätigungen ausstellen (vgl. R 10 b.1 Absatz 2 EStR). Sie unterliegen dann aber auch – wie bisher – der Haftung nach § 10 b Absatz 4 EStG. Dach- und Spitzenorganisationen können für die ihnen angeschlossenen Vereine dagegen nicht mehr als Durchlaufstelle fungieren.

13. Mit dem Gesetz zur Stärkung des Ehrenamtes vom 21. März 2013 (BGBl. I S. 556)[1] wurde mit § 60 a AO die Feststellung der satzungsmäßigen Voraussetzungen eingeführt. Nach § 60 a AO wird die Einhaltung der satzungsmäßigen Voraussetzungen gesondert vom Finanzamt festgestellt. Dieses Verfahren löst die so genannte vorläufige Bescheinigung ab. Übergangsweise bleiben die bislang ausgestellten vorläufigen Bescheinigungen weiterhin gültig und die betroffenen Körperschaften sind übergangsweise weiterhin zur Ausstellung von Zuwendungsbestätigungen berechtigt. Diese Körperschaften haben in ihren Zuwendungsbestätigungen anzugeben, dass sie durch

---

[1] **Amtl. Anm.:** BStBl. I S. 339.

Anl a zu R 10b.1

vorläufige Bescheinigung den steuerbegünstigten Zwecken dienend anerkannt worden sind. Die Bestätigung ist wie folgt zu fassen:

„Wir sind wegen Förderung (Angabe des begünstigten Zwecks/der begünstigten Zwecke) durch vorläufige Bescheinigung des Finanzamtes (Name), StNr. (Angabe) vom (Datum) ab (Datum) als steuerbegünstigten Zwecken dienend anerkannt."

Außerdem sind die Hinweise zu den haftungsrechtlichen Folgen der Ausstellung einer unrichtigen Zuwendungsbestätigung und zur steuerlichen Anerkennung der Zuwendungsbestätigung folgendermaßen zu fassen:

„Wer vorsätzlich oder grob fahrlässig eine unrichtige Zuwendungsbestätigung erstellt oder veranlasst, dass Zuwendungen nicht zu den in der Zuwendungsbestätigung angegebenen steuerbegünstigten Zwecken verwendet werden, haftet für die entgangene Steuer (§ 10b Absatz 4 EStG, § 9 Absatz 3 KStG, § 9 Nummer 5 GewStG).

Diese Bestätigung wird nicht als Nachweis für die steuerliche Berücksichtigung der Zuwendung anerkannt, wenn das Datum der vorläufigen Bescheinigung länger als 3 Jahre seit Ausstellung der Bestätigung zurückliegt (BMF vom 15. Dezember 1994 – BStBl. I S. 884).[1]"

In Fällen, in denen juristische Personen des öffentlichen Rechts oder Stiftungen des öffentlichen Rechts Zuwendungen an Körperschaften im Sinne des § 5 Absatz 1 Nummer 9 KStG weiterleiten, ist ebenfalls anzugeben, ob die Empfängerkörperschaft durch vorläufige Bescheinigung als steuerbegünstigten Zwecken dienend anerkannt worden ist. Diese Angabe ist hierbei in den Zuwendungsbestätigungen folgendermaßen zu fassen:

„entsprechend den Angaben des Zuwendenden an (Name) weitergeleitet, die/der vom Finanzamt (Name) StNr. (Angabe) mit vorläufiger Bescheinigung (gültig ab: Datum) vom (Datum) als steuerbegünstigten Zwecken dienend anerkannt ist."

Die Hinweise zu den haftungsrechtlichen Folgen der Ausstellung einer unrichtigen Zuwendungsbestätigung und zur steuerlichen Anerkennung der Zuwendungsbestätigung sind dann folgendermaßen zu fassen:

„Wer vorsätzlich oder grob fahrlässig eine unrichtige Zuwendungsbestätigung erstellt oder veranlasst, dass Zuwendungen nicht zu den in der Zuwendungsbestätigung angegebenen steuerbegünstigten Zwecken verwendet werden, haftet für die entgangene Steuer (§ 10b Absatz 4 EStG, § 9 Absatz 3 KStG, § 9 Nummer 5 GewStG)."

Nur in den Fällen der Weiterleitung an steuerbegünstigte Körperschaften im Sinne von § 5 Absatz 1 Nummer 9 KStG:

„Diese Bestätigung wird nicht als Nachweis für die steuerliche Berücksichtigung der Zuwendung anerkannt, wenn das Datum der vorläufigen Bescheinigung länger als 3 Jahre seit Ausstellung der Bestätigung zurückliegt."

14. Ist der Körperschaft, Personenvereinigung oder Vermögensmasse bisher weder ein Freistellungsbescheid noch eine Anlage zum Körperschaftsteuerbescheid erteilt worden und sieht der Feststellungsbescheid nach § 60a AO die Steuerbefreiung erst für den nächsten Veranlagungszeitraum vor (§ 60 Absatz 2 AO), sind Zuwendungen erst ab diesem Zeitpunkt nach § 10b EStG abziehbar. Zuwendungen, die vor Beginn der Steuerbefreiung nach § 5 Absatz 1 Nummer 9 KStG erfolgen, sind steuerlich nicht nach § 10b EStG begünstigt, da die Körperschaft, Personenvereinigung oder Vermögensmasse in diesem Zeitraum nicht die Voraussetzungen des § 10b Absatz 1 Satz 2 Nummer 2 EStG erfüllt. Zuwendungsbestätigungen, die für Zeiträume vor der Steuerbefreiung ausgestellt werden, sind daher unrichtig und können – bei Vorliegen der Voraussetzungen des § 10b Absatz 4 EStG – eine Haftung des Ausstellers auslösen.

15. Die neuen Muster für Zuwendungsbestätigungen werden als ausfüllbare Formulare unter https://www.formulare-bfinv.de zur Verfügung stehen.

16. Für den Abzug steuerbegünstigter Zuwendungen an nicht im Inland ansässige Empfänger wird auf das BMF-Schreiben vom 16. Mai 2011 – IV C 4 – S 2223/07/0005:008, 2011/0381377 (BStBl. I S. 559) hingewiesen.

Das BMF-Schreiben vom 30. August 2012 – IV C 4 – S 2223/07/0018:005, 2012/0306063 – (BStBl. I S. 884)[2] wird hiermit aufgehoben.

Es wird seitens der Finanzverwaltung nicht beanstandet, wenn bis zum 31. Dezember 2013 die bisherigen Muster für Zuwendungsbestätigungen verwendet werden.[3]

---

[1] Überholt durch § 63 Abs. 5 AO.

[2] Letztmals abgedruckt im „Handbuch zur Einkommensteuerveranlagung 2012" als Anlage a zu R 10b.1 EStR.

[3] Siehe dazu BMF-Schreiben vom 26. 3. 2014 (BStBl. I S. 791):

Übergangsfrist und Verwendung der Muster für Zuwendungsbestätigungen nach dem BMF-Schreiben vom 7. November 2013 (BStBl. I S. 1333)

Die im Bundessteuerblatt (Teil I 2013 S. 1333) veröffentlichten Muster für Zuwendungsbestätigungen sind grundsätzlich für Zuwendungen ab dem 1. Januar 2014 zu verwenden. Im Einvernehmen mit den obersten Finanzbehörden der Länder bestehen jedoch keine Bedenken, wenn bis zum 31. Dezember 2014 noch die nach bisherigem Muster erstellten Zuwendungsbestätigungen (BMF-Schreiben vom 30. August 2012, BStBl. I S. 884) weiter verwendet werden.

Zur Erläuterung des Haftungshinweises in den veröffentlichten Mustern für Zuwendungsbestätigungen weise ich auf Folgendes hin:

Die tatsächliche Geschäftsführung umfasst auch die Ausstellung steuerlicher Zuwendungsbestätigungen. Zuwendungsbestätigungen dürfen nur dann ausgestellt werden, wenn die Voraussetzungen des § 63 Absatz 5 Abgabenordnung (AO) vorliegen:

Die Erlaubnis wird an die Erteilung eines Feststellungsbescheides nach § 60a Absatz 1 AO, eines Freistellungsbescheides oder eine Anlage zum Körperschaftsteuerbescheid geknüpft. Ist der Bescheid nach § 60a AO älter als drei Kalenderjahre oder ist der Freistellungsbescheid – beziehungsweise sind die Anlagen zum Körperschaftsteuerbescheid – älter als fünf Jahre, darf die Körperschaft keine Zuwendungsbestätigungen mehr ausstellen (Nummer 3 des AEAO zu § 63).

Dieses Schreiben ergänzt das BMF-Schreiben vom 7. November 2013 (BStBl. I S. 1333).

Anlagenverzeichnis[1]

b) Schreiben betr. steuerliche Anerkennung von Spenden durch den Verzicht auf einen zuvor vereinbarten Aufwendungsersatz (Aufwandsspende) bzw. einen sonstigen Anspruch (Rückspende)

Anl b zu R 10b.1

Vom 25. November 2014 (BStBl. I S. 1584)

(BMF IV C 4 – S 2223/07/0010 :005; DOK 2014/0766502)

Geändert durch BMF-Schreiben vom 24. August 2016 (BStBl. I S. 994)

Im Einvernehmen mit den obersten Finanzbehörden der Länder gilt zur steuerlichen Anerkennung von Aufwandsspenden und Rückspenden als Sonderausgabe nach § 10 b EStG Folgendes: 29

1. Aufwendungsersatzansprüche können Gegenstand sogenannter Aufwandsspenden gemäß § 10 b Absatz 3 Satz 5 und 6 EStG sein. Das gilt auch im Verhältnis eines Zuwendungsempfängers zu seinen ehrenamtlich tätigen Mitgliedern. Nach den Erfahrungen spricht aber eine tatsächliche Vermutung dafür, dass Leistungen ehrenamtlich tätiger Mitglieder und Förderer des Zuwendungsempfängers unentgeltlich und ohne Aufwendungsersatzanspruch erbracht werden. Diese Vermutung ist allerdings widerlegbar. Dafür ist bei vertraglichen Ansprüchen eine schriftliche Vereinbarung zwischen Zuwendendem und Zuwendungsempfänger vorzulegen, die vor der zum Aufwand führenden Tätigkeit getroffen sein muss.
2. Hat der Zuwendende einen Aufwendungsersatzanspruch gegenüber dem Zuwendungsempfänger und verzichtet er darauf, ist ein Spendenabzug nach § 10 b Absatz 3 Satz 5 EStG allerdings nur dann rechtlich zulässig, wenn der entsprechende Aufwendungsersatzanspruch durch einen Vertrag oder die Satzung eingeräumt worden ist, und zwar bevor die zum Aufwand führende Tätigkeit begonnen worden ist. Die Anerkennung eines Aufwendungsersatzanspruches ist auch in den Fällen eines rechtsgültigen Vorstandsbeschlusses möglich, wenn der Vorstand dazu durch eine Regelung in der Satzung ermächtigt wurde. Eine nachträgliche rückwirkende Begründung von Ersatzpflichten des Zuwendungsempfängers, zum Beispiel durch eine rückwirkende Satzungsänderung, reicht nicht aus. Aufwendungsersatzansprüche aus einer auf einer entsprechenden Satzungsermächtigung beruhenden Vereinsordnung (z. B. Reisekostenordnung) sind Ansprüche aus einer Satzung im Sinne des § 10 b Absatz 3 Satz 5 EStG. Der Verzicht auf bestehende sonstige Ansprüche (Rückspende), wie z. B. Lohn- oder Honorarforderungen oder gesetzliche Ansprüche (die keine Aufwendungsersatzansprüche sind), ist unter den nachstehend unter 3. aufgeführten Voraussetzungen als Spende im Sinne des § 10 b EStG abziehbar.
3.[2] Ansprüche auf einen Aufwendungsersatz oder auf eine Vergütung müssen ernsthaft eingeräumt sein und dürfen nicht von vornherein unter der Bedingung des Verzichts stehen. Wesentliche Indizien für die Ernsthaftigkeit von Ansprüchen auf Aufwendungsersatz oder auf eine Vergütung sind auch die zeitliche Nähe der Verzichtserklärung zur Fälligkeit des Anspruchs und die wirtschaftliche Leistungsfähigkeit des Zuwendungsempfängers. Die Verzichtserklärung ist dann noch zeitnah, wenn bei einmaligen Ansprüchen innerhalb von drei Monaten und bei Ansprüchen aus einer regelmäßigen Tätigkeit innerhalb eines Jahres nach Fälligkeit des Anspruchs der Verzicht erklärt wird. Regelmäßig ist eine Tätigkeit, wenn sie gewöhnlich monatlich ausgeübt wird. Die wirtschaftliche Leistungsfähigkeit ist anzunehmen, wenn der Zuwendungsempfänger ungeachtet eines späteren Verzichts durch den Zuwendenden bei prognostischer Betrachtung zum Zeitpunkt der Einräumung des Anspruchs auf den Aufwendungsersatz oder die Vergütung wirtschaftlich in der Lage ist, die eingegangene Verpflichtung zu erfüllen. Wird auf einen Anspruch verzichtet, muss dieser auch im Zeitpunkt des Verzichts tatsächlich werthaltig sein. Nur dann kommt ein Abzug als steuerbegünstigte Zuwendung in Betracht. Sofern der Verein im Zeitpunkt der Einräumung des Anspruchs auf einen Aufwendungsersatz oder eine Vergütung wirtschaftlich in der Lage ist, die eingegangene Verpflichtung zu erfüllen, kann regelmäßig davon ausgegangen werden, dass der Anspruch im Zeitpunkt des Verzichts noch werthaltig ist. Etwas anderes gilt nur dann, wenn sich die finanziellen Verhältnisse des Vereins im

[1] Anlagen 1 bis 18 letztmals abgedruckt im „Handbuch zur ESt-Veranlagung 2019".
[2] Tz. 3 neugefasst durch BMF-Schreiben vom 24. 8. 2016 (BStBl. I S. 994).

Zeitraum zwischen der Einräumung des Anspruchs und dem Verzicht wesentlich verschlechtert haben. Von der wirtschaftlichen Leistungsfähigkeit ist immer dann auszugehen, wenn die Körperschaft offensichtlich über genügend liquide Mittel bzw. sonstiges Vermögen verfügt, das zur Begleichung der eingegangenen Verpflichtung herangezogen wird. Dabei ist keine Differenzierung nach steuerbegünstigtem Tätigkeitsbereich (ideelle Tätigkeit, Zweckbetrieb), steuerfreier Vermögensverwaltung oder steuerpflichtigem wirtschaftlichen Geschäftsbetrieb vorzunehmen.

4. Der Abzug einer Spende gemäß § 10 b EStG setzt voraus, dass die Ausgabe beim Spender zu einer endgültigen wirtschaftlichen Belastung führt. Eine endgültige wirtschaftliche Belastung liegt nicht vor, soweit der Wertabgabe aus dem Vermögen des Steuerpflichtigen ein entsprechender Zufluss – im Falle der Zusammenveranlagung auch beim anderen Ehegatten/Lebenspartner – gegenübersteht (BFH-Urteil vom 20. Februar 1991, BStBl. II S. 690). Die von der spendenempfangsberechtigten Einrichtung erteilten Aufträge und die mit deren Ausführung entstehenden Aufwendungen dürfen nicht, auch nicht zum Teil, im eigenen Interesse des Zuwendenden ausgeführt bzw. getätigt werden. Die Auszahlung von Aufwendungsersatz an den Spender führt insoweit nicht zu einem schädlichen Rückfluss, als der Aufwendungsersatz aufgrund eines ernsthaft eingeräumten Ersatzanspruchs geleistet wird, der nicht unter der Bedingung einer vorhergehenden Spende steht.

5. Bei dem nachträglichen Verzicht auf den Ersatz der Aufwendungen bzw. auf einen sonstigen Anspruch handelt es sich um eine Geldspende, bei der entbehrlich ist, dass Geld zwischen dem Zuwendungsempfänger und dem Zuwendenden tatsächlich hin und her fließt. Dem Zuwendenden ist deshalb eine Zuwendungsbestätigung über eine Geldzuwendung zu erteilen, in der auch ausdrückliche Angaben darüber zu machen sind, ob es sich um den Verzicht auf die Erstattung von Aufwendungen handelt.

6. Eine Zuwendungsbestätigung darf nur erteilt werden, wenn sich der Ersatzanspruch auf Aufwendungen bezieht, die zur Erfüllung der satzungsmäßigen Zwecke des Zuwendungsempfängers erforderlich waren. Für die Höhe der Zuwendung ist der vereinbarte Ersatzanspruch maßgeblich; allerdings kann ein unangemessen hoher Ersatzanspruch zum Verlust der Gemeinnützigkeit des Zuwendungsempfängers führen (§ 55 Absatz 1 Nummer 3 AO). Der Zuwendungsempfänger muss die zutreffende Höhe des Ersatzanspruchs, über den er eine Zuwendungsbestätigung erteilt hat, durch geeignete Unterlagen im Einzelnen belegen können.

7. Dieses BMF-Schreiben ist ab 1. Januar 2015 anzuwenden.
Das BMF-Schreiben vom 7. Juni 1999 IV C 4 – S 2223 – 111/99 (BStBl. I S. 591)[1] findet weiter Anwendung auf alle Zusagen auf Aufwendungsersatz sowie auf alle Zusagen auf Vergütungen, die bis zum 31. Dezember 2014 erteilt werden.
Wird bei einer Körperschaft, die vor dem 1. Januar 2015 gegründet wurde, Aufwendungsersatz lediglich aufgrund eines rechtsgültigen Vorstandsbeschlusses ohne ausdrückliche Satzungsermächtigung eingeräumt, so muss die Satzung nicht allein zur Einräumung dieser Ermächtigung geändert werden.

Anl c zu R 10 b.1

c) Schreiben betr. steuerbegünstigte Zwecke (§ 10 b EStG); Gesetz zur Stärkung des Ehrenamtes (Ehrenamtsstärkungsgesetz) vom 21. März 2013; Anwendungsschreiben zu § 10 b Absatz 1 a EStG

Vom 15. September 2014 (BStBl. I S. 1278)

(BMF IV C 4 – S 2223/07/0006 :005; DOK 2014/0761691)

30 Unter Bezugnahme auf das Ergebnis der Erörterungen mit den obersten Finanzbehörden der Länder gilt für die Anwendung des § 10 b Absatz 1 a EStG ab dem Veranlagungszeitraum 2013 Folgendes:

1. Spenden in das zu erhaltende Vermögen

a) Zu erhaltendes Vermögen (Vermögensstock)

aa) Definition

Zum zu erhaltenden Vermögen einer Stiftung zählen insbesondere:
- Vermögenswerte, die anlässlich der Errichtung der Stiftung zugewendet werden und die nicht zum Verbrauch bestimmt sind,
- Zuwendungen nach Errichtung der Stiftung mit der ausdrücklichen Bestimmung, dass die Zuwendung der Vermögensausstattung zugutekommen soll (Zustiftungen).

Entscheidend ist die Zweckbestimmung zur dauerhaften Ausstattung bzw. Erhöhung des Stiftungsvermögens.

bb) Verbrauchsstiftung

Verbrauchsstiftungen verfügen nicht über zu erhaltendes Vermögen i. S. d. § 10 b Absatz 1 a EStG, da das Vermögen der Stiftung zum Verbrauch innerhalb eines vorgegebenen Zeitraums bestimmt ist.

Spenden in das Vermögen einer Verbrauchsstiftung sind nach den allgemeinen Grundsätzen des § 10 b Absatz 1 EStG zu behandeln.

cc) Besonderheiten

Gliedert sich das Vermögen einer Stiftung in einen Teil, der zu erhalten ist, und einen Teil, der verbraucht werden kann, dann gilt Folgendes:
Die Spenden in den Teil des Vermögens, der zu erhalten ist und nicht für den Verbrauch bestimmt ist, sind nach § 10 b Absatz 1 a EStG abziehbar. Die Spenden in den Teil des Vermögens, der ver-

[1] Letztmals abgedruckt im „Handbuch zur Einkommensteuerveranlagung 2014" als Anlage b zu R 10 b.1 EStR.

braucht werden kann, sind dagegen nach § 10 b Absatz 1 EStG abziehbar. Der Spender muss daher gegenüber der Stiftung deutlich machen, für welchen Teil des Vermögens seine Zuwendung erfolgt.

Enthält die Satzung der Stiftung eine Klausel, nach der das zu erhaltende Vermögen in Ausnahmefällen vorübergehend zur Verwirklichung der steuerbegünstigten Zwecke verwendet werden kann, aber der Betrag dem zu erhaltenden Vermögen unverzüglich wieder zugeführt werden muss, liegt kein verbrauchbares Vermögen vor. Das gilt auch dann, wenn die Stiftungsaufsicht den Verbrauch des Vermögens unter der Bedingung des unverzüglichen Wiederaufholens genehmigt.

Sind in der Stiftungssatzung Gründe verankert, die eine Auflösung der Stiftung und den anschließenden Verbrauch des Vermögens für die steuerbegünstigten satzungsmäßigen Zwecke der Stiftung bestimmen, so liegt kein verbrauchbares Vermögen vor.

b) Zuwendungen von Ehegatten/Lebenspartnern

Werden Ehegatten/Lebenspartner nach §§ 26, 26 b EStG zusammenveranlagt, gilt für diese ein Höchstbetrag von 2 Mio. Euro. Es muss dabei nicht nachgewiesen werden, dass die Spende von beiden wirtschaftlich getragen wurde.

Wird innerhalb des 10-Jahreszeitraums zur Einzelveranlagung gewechselt, dann ist der verbleibende Spendenvortrag aufzuteilen. Maßgeblich ist dabei, wer die Spende wirtschaftlich getragen hat. Die bisher abgezogenen Beträge werden dem Ehegatten/Lebenspartner zugerechnet, der die Spende wirtschaftlich getragen hat. Überstieg die Spende den Höchstbetrag für Einzelveranlagte, ist der davon noch verbleibende Anteil nach § 10 b Absatz 1 EStG abzuziehen.

2. Anwendungsregelung

Dieses Schreiben ist ab dem Veranlagungszeitraum 2013 anzuwenden.

d) Schreiben betr. Gesetz zur Modernisierung des Besteuerungsverfahrens; Erteilung von Zuwendungsbestätigungen nach amtlich vorgeschriebenem Muster in Form von schreibgeschützten Dateien (§ 10 b EStG, § 50 EStDV)

Anl d zu R 10 b.1

Vom 6. Februar 2017 (BStBl. I S. 287)

(BMF IV C 4 – S 2223/07/0012; DOK 2016/1033014)

Steuerrecht und Steuervollzug stehen im Wandel der gesellschaftlichen und wirtschaftlichen Rahmenbedingungen. Die fortschreitende Technisierung und Digitalisierung aller Lebensbereiche erfordert auch eine Modernisierung der Abläufe des bestehenden Spendennachweisverfahrens. **30 a**

Im Einvernehmen mit den obersten Finanzbehörden der Länder gilt für die Frage, ob durch den Zuwendungsempfänger elektronisch an den Zuwendenden übersandte Zuwendungsbestätigungen als Zuwendungsnachweise i. S. d. § 10 b EStG i. V. m. § 50 Absatz 1 EStDV anerkannt werden können und zum Sonderausgabenabzug berechtigen, Folgendes:

Zuwendungsempfänger, die dem zuständigen Finanzamt die Nutzung eines Verfahrens zur maschinellen Erstellung von Zuwendungsbestätigungen gemäß R 10 b.1 Absatz 4 EStR angezeigt haben, können die maschinell erstellten Zuwendungsbestätigungen auf elektronischem Weg in Form schreibgeschützter Dokumente an die Zuwendenden übermitteln.

Für die Abzugsberechtigung ist es dann unerheblich, dass der Zuwendungsempfänger den Ausdruck des entsprechenden Dokuments nicht selbst übernimmt, sondern dem Zuwendenden überlässt.

e) Schreiben betr. spendenrechtliche Beurteilung von „Crowdfunding" (§ 10 b EStG)

Anl e zu R 10 b.1

Vom 15. Dezember 2017 (BStBl. 2018 I S. 246)

(BMF IV C 4 – S 2223/17/10001; DOK 2017/1028173)

I. Allgemeines

Crowdfunding bezeichnet eine Form der Mittelakquise unter Nutzung internetbasierter Strukturen, die die Beteiligung einer Vielzahl von Personen (der „Crowd") ermöglicht. Dabei werden die einzelnen durch einen Dritten („Projektveranstalter") durchzuführenden Projekte oder zu entwickelnden Produkte auf einer Internetplattform (sog. „Crowdfunding-Portal") vorgestellt und gezielt Gelder zur Erreichung eines häufig festen Finanzierungsziels eingeworben. Organisation und Abwicklung der einzelnen Akquisemethoden können dabei sehr unterschiedlich gestaltet sein. **30 b**

Im Einvernehmen mit den obersten Finanzbehörden der Länder gilt für die Frage der spendenrechtlichen Beurteilung von Zahlungen, die im Rahmen eines Crowdfunding geleistet werden, Folgendes:

II. Klassisches Crowdfunding

Bei den jeweiligen Projektveranstaltern handelt es sich in der Regel um sog. Start-Up-Unternehmen, die das sog. „klassische Crowdfunding" nutzen, um eine möglichst effiziente Form der Anlauffinanzierung zu erreichen. Die Unterstützer dieses „klassischen Crowdfunding" erhalten für ihren Beitrag zur Erreichung des Finanzierungsziels eine Gegenleistung. Diese besteht regelmäßig in der Überlassung einer Ausfertigung des jeweiligen Projektergebnisses nach Beendigung der Projektphase (z. B. in Form eines technischen Wirtschaftsguts).

Zahlungen im Rahmen eines „klassischen Crowdfunding" sind nicht als „Spende" abziehbar. Eine Spende muss ohne die Erwartung eines besonderen Vorteils an einen begünstigten Zuwendungsempfänger i. S. d. § 10 b Absatz 1 Satz 2 EStG gegeben werden und die Spendenmotivation im Vordergrund stehen. Die Unentgeltlichkeit ist für die Spende und damit für den Spendenabzug nach den §§ 10 b EStG, 9 Absatz 1 Nummer 2 KStG, 9 Nummer 5 GewStG konstitutives Merkmal. Die steuerliche Entlastung der Spende ist nur gerechtfertigt, wenn sie ausschließlich fremdnützig, d. h. zur Förderung des Gemeinwohls, verwendet wird. Ein Spendenabzug ist daher ausgeschlossen, wenn die Ausgaben des Zuwendenden zur Erlangung einer Gegenleistung durch den Zuwendungsempfänger erbracht werden, ohne dass der Vorteil

Anl e zu R 10b.1

unmittelbar wirtschaftlicher Natur sein muss. Eine Aufteilung der Zahlung in ein angemessenes Entgelt und eine den Nutzen übersteigende „unentgeltliche" Leistung scheidet bei einer einheitlichen Gegenleistung aus, denn auch im Falle einer Teilentgeltlichkeit fehlt der Zuwendung insgesamt die geforderte Uneigennützigkeit (vgl. BFH-Urteil vom 2. August 2006 XI R 6/03, BStBl. 2007 II S. 8).

Ein Spendenabzug scheitert beim „klassischen Crowdfunding" regelmäßig deswegen, weil der Zuwendungsempfänger entweder nicht steuerbegünstigt ist oder weil der Zuwendende für seine Leistung eine Gegenleistung erhält – auf das Verhältnis von Leistung oder Gegenleistung kommt es dabei nicht an (vgl. BFH-Urteile vom 25. August 1987 IX R 24/85, BStBl. 1987 II S. 850 und vom 12. August 1999 XI R 65/98, BStBl. 2000 II S. 65).

III. Spenden Crowdfunding

Als sog. „Spenden Crowdfunding" werden anlassbezogene Spendensammlungen organisiert, die in der Regel ein festes Sammlungsziel haben. Nur bei Erreichen des Sammlungsziels in der vorgegebenen Höhe und Zeit leitet das Crowdfunding-Portal die eingesammelten Mittel an die jeweiligen Projektveranstalter weiter. Weder die einzelnen Zuwendenden noch das Crowdfunding-Portal erhalten für diese Zuwendung eine Gegenleistung. Wird das Sammlungsziel nicht erreicht, dann erhalten die zuwendenden Personen in einigen Fällen ihre Einzahlung ohne Abzüge zurück (sog. „Alles-oder-Nichts-Prinzip"). Wenn der Empfänger der Finanzierungsmittel aus dem Crowdfunding eine nach § 5 Absatz 1 Nummer 9 KStG i. V. m. §§ 51 ff. AO steuerbegünstigte Körperschaft oder juristische Person des öffentlichen Rechts ist, dann ist diese nach den allgemeinen gemeinnützigkeits- und spendenrechtlichen Regelungen berechtigt, für die erhaltenen Mittel Zuwendungsbestätigungen nach § 50 Absatz 1 EStDV auszustellen. Die Zulässigkeit eines steuerlichen Spendenabzugs hängt dabei von den Eigenschaften der Beteiligten und den zwischen ihnen bestehenden rechtlichen Verbindungen ab.

1. Das Crowdfunding-Portal als Treuhänder

Tritt das Crowdfunding-Portal als Treuhänder für den Projektveranstalter auf und leitet es die vereinnahmten Zuwendungsmittel an diesen weiter, dann ist der Projektveranstalter zur Ausstellung von Zuwendungsbestätigungen befugt, wenn

- es sich bei ihm um eine nach § 5 Absatz 1 Nummer 9 KStG i. V. m. §§ 51 ff. AO steuerbegünstigte Körperschaft oder um eine juristische Person des öffentlichen Rechts handelt,
- die Unterstützer des Projekts für ihre Zuwendung keine Gegenleistung erhalten, sondern allenfalls ein rein symbolisches „Dankeschön" (z. B. Übermittlung eines Rechenschaftsberichts über die Durchführung des finanzierten Projekts),
- das finanzierte Projekt in Verwirklichung seiner steuerbegünstigten, satzungsmäßigen Zwecke durchgeführt wird und
- eine zweifelsfreie Zuordnung der Spenden zum jeweiligen Zuwendenden möglich ist. Zweifelsfrei zuordenbar sind die Zuwendungen dann, wenn das Crowdfunding-Portal Angaben über den Namen und die Adresse der Spender sowie die Höhe des jeweiligen Spendenbetrags in Form einer Spenderliste dokumentiert und gemeinsam mit den Spendenmitteln an den Projektveranstalter übermittelt hat. Die Summe der in der Liste aufgeführten Beträge darf dabei den tatsächlich zugewandten Betrag nicht überschreiten.

Bei treuhänderischen Crowdfunding-Spenden scheidet die Möglichkeit der vereinfachten Nachweisführung des § 50 Absatz 4 Satz 1 Nummer 2 EStDV aus. Die normierte Nachweiserleichterung ist ausschließlich auf den Zahlungsverkehr zwischen zwei Beteiligten (Zuwendender und Zuwendungsempfänger) und nicht für Treuhandverhältnisse anwendbar.

2. Das Crowdfunding-Portal als Förderkörperschaft nach § 58 Nummer 1 AO

Liegen die unter III.1. genannten allgemeinen Voraussetzungen zum Zuwendungsabzug vor und handelt es sich bei dem Crowdfunding-Portal um eine nach § 58 Nummer 1 AO steuerbegünstigte Förderkörperschaft, welche die Zuwendungsmittel für eigene Rechnung vereinnahmt und in Verwirklichung der eigenen satzungsmäßigen Zwecke an nach § 5 Absatz 1 Nummer 9 KStG i. V. m. §§ 51 ff. AO steuerbegünstigte Körperschaften (z. B. Projektveranstalter) oder juristische Personen des öffentlichen Rechts weiterleitet, dann ist diese nach den allgemeinen gemeinnützigkeits- und spendenrechtlichen Regelungen berechtigt, für die erhaltenen Mittel Zuwendungsbestätigungen nach § 50 Absatz 1 EStDV an die Spender auszustellen.

In diesen Fällen ist eine vereinfachte Nachweisführung gemäß § 50 Absatz 4 Satz 1 Nummer 2 EStDV unter den dort geregelten Voraussetzungen möglich.

3. Das Crowdfunding-Portal als steuerbegünstigter Zuwendungsempfänger

Ist das Crowdfunding-Portal selbst Projektveranstalter und eine nach § 5 Absatz 1 Nummer 9 KStG i. V. m. §§ 51 ff. AO steuerbegünstigte Körperschaft oder eine juristische Person des öffentlichen Rechts, ist es selbst zur Ausstellung von Zuwendungsbestätigungen nach § 50 Absatz 1 EStDV berechtigt. Dies gilt auch für den vereinfachten Zuwendungsnachweis nach § 50 Absatz 4 Satz 1 Nummer 2 EStDV.

IV. Crowdinvesting, -lending

Bei dem Modell des sog. „Crowdinvesting" werden die Mitglieder der Crowd finanziell an dem Projekterfolg beteiligt, indem ihre Investitionen eigenkapitalähnlichen Charakter besitzen. Beim sog. „Crowdlending" vergibt die Crowd als Alternative zu einem klassischen Bankkredit über eine feste Laufzeit ein Darlehen zu einem vereinbarten Zins mit dem jeweiligen Projektveranstalter als Darlehensnehmer.

Soweit die Projektunterstützer ihr Vermögen in der vorgenannten Weise lediglich umschichten, scheidet ein Spendenabzug aus. Denn eine Ausgabe i. S. d. § 10 b Absatz 1 Satz 1 EStG setzt die endgültige wirtschaftliche Belastung des jeweiligen Geldgebers voraus (vgl. BFH-Urteil vom 20. Februar 1991 X R 191/87, BStBl. II S. 690).

R 10b.2. Zuwendungen an politische Parteien R 10b.2

① Zuwendungen an politische Parteien sind nur dann abziehbar, wenn die Partei bei Zufluss der Zuwendung als politische Partei im Sinne des § 2 PartG[1, 2] anzusehen ist. ② Der Stpfl. hat dem Finanzamt die Zuwendungen grundsätzlich durch eine von der Partei nach amtlich vorgeschriebenem Vordruck erstellte Zuwendungsbestätigung nachzuweisen. ③ R 10b.1 Abs. 3 Satz 2 und Abs. 4 gilt entsprechend. 31

H 10b.2

Kommunale Wählervereinigungen. Spenden an kommunale Wählervereinigungen sind nicht nach § 10b Abs. 2 EStG begünstigt (→ BFH vom 20. 3. 2017 – BStBl. II S. 1122).

Parteiengesetz → Parteiengesetz vom 31. 1. 1994 (BGBl. I S. 149), zuletzt geändert durch Artikel 13 der Verordnung vom 19. 6. 2020 (BGBl. I S. 1328). 33

Zuwendungsbestätigung (§ 50 EStDV)
- → BMF vom 7. 11. 2013 (BStBl. I S. 1333) ergänzt durch BMF vom 26. 3. 2014 (BStBl. I S. 791).[3]
- Elektronisch in Form von schreibgeschützten Dateien → BMF vom 6. 2. 2017 (BStBl. I S. 287).[4]

R 10b.3. Begrenzung des Abzugs der Ausgaben für steuerbegünstigte Zwecke R 10b.3

Alternativgrenze

(1) ① Zu den gesamten Umsätzen i. S. d. § 10b Abs. 1 Satz 1 Nr. 2 EStG gehören außer den steuerbaren Umsätzen i. S. d. § 1 UStG auch nicht steuerbare → Umsätze. ② Der alternative Höchstbetrag wird bei einem Mitunternehmer von dem Teil der Summe der gesamten Umsätze und der im Kalenderjahr aufgewendeten Löhne und Gehälter der Personengesellschaft berechnet, der dem Anteil des Mitunternehmers am Gewinn der Gesellschaft entspricht. 36

Stiftungen

(2)[5] Der besondere Abzugsbetrag nach § 10b Abs. 1a EStG steht bei zusammenveranlagten Ehegatten jedem Ehegatten einzeln zu, wenn beide Ehegatten als Spender auftreten. 37

H 10b.3

Höchstbetrag in Organschaftsfällen
- → R 9 Abs. 5 KStR 2015. 38
- Ist ein Stpfl. an einer Personengesellschaft beteiligt, die Organträger einer körperschaftsteuerrechtlichen Organschaft ist, bleibt bei der Berechnung des Höchstbetrags der abziehbaren Zuwendungen nach § 10b Abs. 1 EStG auf Grund des G. d. E. das dem Stpfl. anteilig zuzurechnende Einkommen der Organgesellschaft außer Ansatz (→ BFH vom 23. 1. 2002 – BStBl. 2003 II S. 9).

Kreditinstitute. Die Gewährung von Krediten und das Inkasso von Schecks und Wechsel erhöht die „Summe der gesamten Umsätze". Die Erhöhung bemisst sich jedoch nicht nach den Kreditsummen, Schecksummen und Wechselsummen, Bemessungsgrundlage sind vielmehr die Entgelte, die der Stpfl. für die Kreditgewährungen und den Einzug der Schecks und Wechsel erhält (→ BFH vom 4. 12. 1996 – BStBl. 1997 II S. 327).

Umsätze. Zur „Summe der gesamten Umsätze" gehören die steuerbaren (steuerpflichtige und steuerfreie → BFH vom 4. 12. 1996 – BStBl. 1997 II S. 327) sowie die nicht steuerbaren Umsätze (→ R 10b.3 Abs. 1 Satz 1). Ihre Bemessung richtet sich nach dem Umsatzsteuerrecht (→ BFH vom 4. 12. 1996 – BStBl. 1997 II S. 327).

§ 10c Sonderausgaben-Pauschbetrag EStG

① Für Sonderausgaben nach § 10 Absatz 1 Nummer 4, 5, 7 und 9 sowie Absatz 1a und nach § 10b wird ein Pauschbetrag von 36 Euro abgezogen (Sonderausgaben-Pauschbetrag), wenn der Steuerpflichtige nicht höhere Aufwendungen nachweist. 1

---

[1] Parteiengesetz i. d. F. vom 31. 1. 1994 (BGBl. I S. 149), zuletzt geändert durch Artikel 4 Personengesellschaftsrechtsmodernisierungsgesetz (MoPeG) vom 10. 8. 2021 (BGBl. I S. 3436). § 2 hat folgenden Wortlaut:

„**§ 2 Begriff der Partei**

(1) ① Parteien sind Vereinigungen von Bürgern, die dauernd oder für längere Zeit für den Bereich des Bundes oder eines Landes auf die politische Willensbildung Einfluß nehmen und an der Vertretung des Volkes im Deutschen Bundestag oder einem Landtag mitwirken wollen, wenn sie nach dem Gesamtbild der tatsächlichen Verhältnisse, insbesondere nach Umfang und Festigkeit ihrer Organisation, nach der Zahl ihrer Mitglieder und nach ihrem Hervortreten in der Öffentlichkeit eine ausreichende Gewähr für die Ernsthaftigkeit dieser Zielsetzung bieten. ② Mitglieder einer Partei können nur natürliche Personen sein.

(2) ① Eine Vereinigung verliert ihre Rechtsstellung als Partei, wenn sie sechs Jahre lang weder an einer Bundestagswahl noch an einer Landtagswahl mit eigenen Wahlvorschlägen teilgenommen hat. ② Gleiches gilt, wenn eine Vereinigung sechs Jahre lang entgegen der Pflicht zur öffentlichen Rechenschaftslegung gemäß § 23 keinen Rechenschaftsbericht eingereicht hat; § 19a Absatz 3 Satz 5 gilt entsprechend.

(3) Politische Vereinigungen sind nicht Parteien, wenn
1. ihre Mitglieder oder die Mitglieder ihres Vorstands in der Mehrheit Ausländer sind oder
2. ihr Sitz oder ihre Geschäftsleitung sich außerhalb des Geltungsbereichs dieses Gesetzes befindet."

[2] Politische Partei i. S. d. § 2 PartG, die nicht gemäß § 18 Abs. 7 PartG von der staatlichen Teilfinanzierung ausgeschlossen ist, siehe § 10b Abs. 2 Satz 1 EStG i. d. F. des Gesetzes zum Ausschluss verfassungsfeindlicher Parteien von der Parteienfinanzierung.

[3] Vorstehend abgedruckt als Anlage a zu R 10b.1 EStR.

[4] Vorstehend abgedruckt als Anlage d zu R 10b.1 EStR.

[5] Absatz 2 ist überholt auf Grund der Änderung des § 10b Abs. 1a Satz 1 EStG durch das Ehrenamtsstärkungsgesetz.

EStG

② **Im Fall der Zusammenveranlagung von Ehegatten verdoppelt sich der Sonderausgaben-Pauschbetrag.**

§ 10d Verlustabzug

1 (1)[1] ① **Negative Einkünfte, die bei der Ermittlung des Gesamtbetrags der Einkünfte nicht ausgeglichen werden, sind bis zu einem Betrag von 10 000 000 Euro, bei Ehegatten, die nach den §§ 26, 26 b zusammenveranlagt werden, bis zu einem Betrag von 20 000 000 Euro vom Gesamtbetrag der Einkünfte des unmittelbar vorangegangenen Veranlagungszeitraums vorrangig vor Sonderausgaben, außergewöhnlichen Belastungen und sonstigen Abzugsbeträgen abzuziehen (Verlustrücktrag).** ② **Soweit ein Ausgleich der negativen Einkünfte nach Satz 1 nicht möglich ist, sind diese vom Gesamtbetrag der Einkünfte des zweiten dem Veranlagungszeitraum vorangegangenen Veranlagungszeitraums vorrangig vor Sonderausgaben, außergewöhnlichen Belastungen und sonstigen Abzugsbeträgen abzuziehen.** ③ **Dabei wird der Gesamtbetrag der Einkünfte des unmittelbar vorangegangenen Veranlagungszeitraums und des zweiten dem Veranlagungszeitraum vorangegangenen Veranlagungszeitraums um die Begünstigungsbeträge nach § 34 a Absatz 3 Satz 1 gemindert.** ④ **Ist für den unmittelbar vorangegangenen Veranlagungszeitraum oder den zweiten dem Veranlagungszeitraum vorangegangenen Veranlagungszeitraum bereits ein Steuerbescheid erlassen worden, so ist er insoweit zu ändern, als der Verlustrücktrag zu gewähren oder zu berichtigen ist.** ⑤ **Das gilt auch dann, wenn der Steuerbescheid unanfechtbar geworden ist; die Festsetzungsfrist endet insoweit nicht, bevor die Festsetzungsfrist für den Veranlagungszeitraum abgelaufen ist, in dem die negativen Einkünfte nicht ausgeglichen werden.** ⑥ **Auf Antrag des Steuerpflichtigen ist von der Anwendung des Verlustrücktrags nach den Sätzen 1 und 2 insgesamt abzusehen.**

2 (2)[2] ① **Nicht ausgeglichene negative Einkünfte, die nicht nach Absatz 1 abgezogen worden sind, sind in den folgenden Veranlagungszeiträumen bis zu einem Gesamtbetrag der Einkünfte von 1 Million Euro unbeschränkt, darüber hinaus bis zu 60 Prozent des 1 Million Euro übersteigenden Gesamtbetrags der Einkünfte vorrangig vor Sonderausgaben, außergewöhnlichen Belastungen und sonstigen Abzugsbeträgen abzuziehen (Verlustvortrag).** ② **Bei Ehegatten, die nach den §§ 26, 26 b zusammenveranlagt werden, tritt an die Stelle des Betrags von 1 Million Euro ein Betrag von 2 Millionen Euro.** ③ **Der Abzug ist nur insoweit zulässig, als die Verluste nicht nach Absatz 1 abgezogen worden sind und in den vorangegangenen Veranlagungszeiträumen nicht nach Satz 1 und 2 abgezogen werden konnten.**

3 (3) **(weggefallen)**

4 (4) ① **Der am Schluss eines Veranlagungszeitraums verbleibende Verlustvortrag ist gesondert festzustellen.** ② **Verbleibender Verlustvortrag sind die bei der Ermittlung des Gesamtbetrags der Einkünfte nicht ausgeglichenen negativen Einkünfte, vermindert um die nach Absatz 1 abgezogenen und die nach Absatz 2 abziehbaren Beträge und vermehrt um den auf den Schluss des vorangegangenen Veranlagungszeitraums festgestellten verbleibenden Verlustvortrag.** ③ **Zuständig für die Feststellung ist das für die Besteuerung zuständige Finanzamt.** ④ **Bei der Feststellung des verbleibenden Verlustvortrags sind die Besteuerungsgrundlagen so zu berücksichtigen, wie sie den Steuerfestsetzungen des Veranlagungszeitraums, auf dessen Schluss der verbleibende Verlustvortrag festgestellt wird, und des Veranlagungszeitraums, in dem ein Verlustrücktrag vorgenommen werden kann, zu Grunde gelegt worden sind; § 171 Absatz 10, § 175 Absatz 1 Satz 1 Nummer 1 und § 351 Absatz 2 der Abgabenordnung sowie § 42 der Finanzgerichtsordnung gelten entsprechend.** ⑤ **Die Besteuerungsgrundlagen dürfen bei der Feststellung nur insoweit abweichend von Satz 4 berücksichtigt werden, wie die Aufhebung, Änderung oder Berichtigung der Steuerbescheide ausschließlich mangels Auswirkung auf die Höhe der festzusetzenden Steuer unterbleibt.** ⑥ **Die Feststellungsfrist endet nicht, bevor die Festsetzungsfrist für den Veranlagungszeitraum abgelaufen ist, auf dessen Schluss der verbleibende Verlustvortrag gesondert festzustellen ist; § 181 Absatz 5 der Abgabenordnung ist nur anzuwenden, wenn die zuständige Finanzbehörde die Feststellung des Verlustvortrags pflichtwidrig unterlassen hat.**

***Zu § 10 d EStG:** Zur Anwendung im **Beitrittsgebiet** siehe § 57 Abs. 4 EStG.*

Übersicht

[1] Zur Anwendung siehe § 52 Abs. 18 b Satz 2 EStG.
Zur Fassung von § 10 d Abs. 1 Satz 1 für VZ ab 2024 siehe in der geschlossenen Wiedergabe.

[2] Zur Frage der Verfassungsmäßigkeit der sog. Mindestbesteuerung siehe *BFH-Urteil vom 22. 8. 2012 I R 9/11 (BStBl. 2013 II S. 512); Verfassungsbeschwerde anhängig, Az.: 2 BvR 2998/12.*

R 10d. Verlustabzug

R 10d

Vornahme des Verlustabzugs nach § 10 d EStG

(1) Der Altersentlastungsbetrag (§ 24 a EStG), der Freibetrag für Land- und Forstwirte (§ 13 Abs. 3 EStG) und der Entlastungsbetrag für Alleinerziehende (§ 24 b EStG) werden bei der Ermittlung des Verlustabzugs nicht berücksichtigt. 6

Begrenzung des Verlustabzugs

(2) ① Die Begrenzung des Verlustrücktrags auf *511 500 Euro*[1] (Höchstbetrag), bezieht sich auf den einzelnen **Stpfl.,** der die negativen Einkünfte erzielt hat. ② Bei zusammenveranlagten **Ehegatten** verdoppelt sich der Höchstbetrag auf *1 023 000 Euro*[2] und kann unabhängig davon, wer von beiden Ehegatten die positiven oder die negativen Einkünfte erzielt hat, ausgeschöpft werden. ③ Bei **Personengesellschaften** und **Personengemeinschaften** gilt der Höchstbetrag für jeden Beteiligten. ④ Über die Frage, welcher Anteil an den negativen Einkünften der Personengesellschaft oder Personengemeinschaft auf den einzelnen Beteiligten entfällt, ist im Bescheid über die gesonderte und einheitliche Feststellung zu entscheiden. ⑤ Inwieweit diese anteiligen negativen Einkünfte beim einzelnen Beteiligten nach § 10 d EStG abziehbar sind, ist im Rahmen der Einkommensteuerveranlagung zu beurteilen. ⑥ In **Organschaftsfällen** (§ 14 KStG) bezieht sich der Höchstbetrag auf den Organträger. ⑦ Er ist bei diesem auf die Summe der Ergebnisse aller Mitglieder des Organkreises anzuwenden. ⑧ Ist der Organträger eine Personengesellschaft, ist Satz 3 zu beachten. ⑨ Die Sätze 1 bis 8 gelten entsprechend bei der Begrenzung des Verlustvortrags. 7

Wahlrecht[3]

(3) ① Der Antrag nach § 10 d Abs. 1 Satz 5[4] EStG kann bis zur Bestandskraft des auf Grund des Verlustrücktrags geänderten Steuerbescheids gestellt werden. ② … ③ … 8

Verfahren bei Arbeitnehmern

(4) ① Soll bei einem Arbeitnehmer ein Verlustabzug berücksichtigt werden, muss er dies beantragen, es sei denn, er wird bereits aus anderen Gründen zur Einkommensteuer veranlagt. ② Erfolgt für einen VZ keine Veranlagung, kann der in diesem VZ berücksichtigungsfähige Verlustabzug vorbehaltlich Satz 4 nicht in einem anderen VZ geltend gemacht werden. ③ Der auf den Schluss des vorangegangenen VZ festgestellte verbleibende Verlustvortrag ist in diesen Fällen in Höhe der positiven Summe der Einkünfte des VZ, in dem keine Veranlagung erfolgte, ggf. bis auf 0 Euro, zu mindern und gesondert festzustellen. ④ Für den VZ der Verlustentstehung erfolgt jedoch keine Minderung des verbleibenden Verlustvortrags, soweit der Arbeitnehmer nach § 10 d Abs. 1 Satz 5[4] EStG auf den Verlustrücktrag verzichtet hat. 9

Änderung des Verlustabzugs

(5) ① Der Steuerbescheid für den dem Verlustentstehungsjahr vorangegangenen VZ[5] ist vorbehaltlich eines Antrags nach § 10 d Abs. 1 Satz 5[4] EStG nach § 10 d Abs. 1 Satz 3[6] EStG zu ändern, wenn sich bei der Ermittlung der abziehbaren negativen Einkünfte für das Verlustentstehungsjahr Änderungen ergeben, die zu einem höheren oder niedrigeren Verlustrücktrag führen. ② Auch in diesen Fällen gilt die Festsetzungsfrist des § 10 d Abs. 1 Satz 4[7] Halbsatz 2 EStG. ③ Wirkt sich die Änderung eines Verlustrücktrags oder -vortrags auf den Verlustvortrag aus, der am Schluss eines VZ verbleibt, sind die betroffenen Feststellungsbescheide im Sinne des § 10 d Abs. 4 EStG nach § 10 d Abs. 4 Satz 4 EStG zu ändern. ④ Die bestandskräftige Feststellung eines verbleibenden Verlustvortrags kann nur nach § 10 d Abs. 4 Satz 4 und 5 EStG geändert werden, wenn der Steuerbescheid, der die in die Feststellung eingeflossenen geänderten Verlustkomponenten enthält, nach den Änderungsvorschriften der AO zumindest dem Grunde nach noch geändert werden könnte. 10

Zusammenveranlagung von Ehegatten

(6) ① Bei der Berechnung des verbleibenden Verlustabzugs ist zunächst ein Ausgleich mit den anderen Einkünften des Ehegatten vorzunehmen, der die negativen Einkünfte erzielt hat. ② Ver- 11

---

[1] Ab VZ 2013 bis VZ 2019 und ab VZ 2024: 1 000 000 €; für VZ 2020 bis 2023: 10 000 000 €.
[2] Ab VZ 2013 bis VZ 2019 und ab VZ 2024: 2 000 000 €; für VZ 2020 bis 2023: 20 000 000 €.
[3] Wahlrecht zum teilweisen Verzicht auf Verlustrücktrag durch das Vierte Corona-Steuerhilfegesetz vom 19. 6. 2022 (BStBl. I S. 911) ab dem VZ 2022 abgeschafft; Sätze 2 und 3 letztmals abgedruckt im „Handbuch zur ESt-Veranlagung 2021".
[4] Ab VZ 2022: § 10 d Abs. 1 Satz 6 EStG.
[5] Ab VZ 2022 wurde der Verlustrücktrag auf zwei VZ erweitert.
[6] Ab VZ 2022: § 10 d Abs. 1 Satz 4 EStG.
[7] Ab VZ 2022: § 10 d Abs. 1 Satz 5 EStG.

R 10d bleibt bei ihm ein negativer Betrag bei der Ermittlung des G. d. E., ist dieser mit dem positiven Betrag des anderen Ehegatten auszugleichen. ③ Ist der G. d. E. negativ und wird dieser nach § 10d Abs. 1 EStG nicht oder nicht in vollem Umfang zurückgetragen, ist der verbleibende Betrag als Verlustvortrag gesondert festzustellen. ④ Absatz 1 findet entsprechende Anwendung. ⑤ Bei dieser Feststellung sind die negativen Einkünfte auf die Ehegatten nach dem Verhältnis aufzuteilen, in dem die auf den einzelnen Ehegatten entfallenden Verluste im VZ der Verlustentstehung zueinander stehen.

Gesonderte Feststellung des verbleibenden Verlustvortrags

12 (7) ① Bei der gesonderten Feststellung des verbleibenden Verlustvortrags ist eine Unterscheidung nach Einkunftsarten und Einkunftsquellen nur insoweit vorzunehmen, als negative Einkünfte besonderen Verlustverrechnungsbeschränkungen unterliegen. ② Über die Höhe der im Verlustentstehungsjahr nicht ausgeglichenen negativen Einkünfte wird im Steuerfestsetzungsverfahren für das Verlustrücktragsjahr und hinsichtlich des verbleibenden Verlustvortrags für die dem Verlustentstehungsjahr folgenden VZ im Feststellungsverfahren nach § 10d Abs. 4 EStG bindend entschieden. ③ Der Steuerbescheid des Verlustentstehungsjahres ist daher weder Grundlagenbescheid für den Einkommensteuerbescheid des Verlustrücktragsjahres noch für den Feststellungsbescheid nach § 10d Abs. 4 EStG. ④ Der Feststellungsbescheid nach § 10d Abs. 4 EStG ist nach § 182 Abs. 1 AO Grundlagenbescheid für die Einkommensteuerfestsetzung des Folgejahres und für den auf den nachfolgenden Feststellungszeitpunkt zu erlassenden Feststellungsbescheid. ⑤ Er ist kein Grundlagenbescheid für den Steuerbescheid eines Verlustrücktragsjahres (§ 10d Abs. 1 EStG). ⑥ Der verbleibende Verlustvortrag ist auf 0 Euro festzustellen, wenn die in dem Verlustentstehungsjahr nicht ausgeglichenen negativen Einkünfte in vollem Umfang zurückgetragen werden. ⑦ Der verbleibende Verlustvortrag ist auch dann auf 0 Euro festzustellen, wenn ein zum Schluss des vorangegangenen VZ festgestellter verbleibender Verlustvortrag in einem folgenden VZ „aufgebraucht" worden ist.

Verlustfeststellung bei „Unterbrechung" der (un-)beschränkten Steuerpflicht

13 (8) ① Der auf den Schluss eines VZ gesondert festgestellte verbleibende Verlustvortrag eines unbeschränkt oder beschränkt Stpfl. kann nach mehreren VZ, in denen der Stpfl. weder unbeschränkt noch beschränkt steuerpflichtig war, mit positiven Einkünften, die der Stpfl. nach erneuter Begründung der Steuerpflicht erzielt, verrechnet werden. ② Dies gilt selbst dann, wenn in der Zwischenzeit keine gesonderte Feststellung des verbleibenden Verlustvortrags nach § 10d Abs. 4 EStG beantragt und durchgeführt wurde. ③ Folgejahr (Absatz 7 Satz 4) ist in diesen Fällen der VZ, in dem erstmals wieder die rechtlichen Voraussetzungen für einen Verlustabzug nach § 10d Abs. 2 EStG vorliegen.

Verlustabzug in Erbfällen

13a (9) ① Zum Todeszeitpunkt nicht aufgezehrte Verluste des Erblassers können im Todesjahr nur in den Verlustausgleich nach § 2 Abs. 3 EStG bei der Veranlagung des Erblassers einfließen (Ausgleich mit positiven Einkünften des Erblassers). ② Sie können grundsätzlich nicht im Rahmen des Verlustausgleichs und -abzugs bei der Veranlagung des Erben berücksichtigt werden. ③ Werden Ehegatten jedoch für das Todesjahr zusammen veranlagt, sind Verluste des verstorbenen Ehegatten aus dem Todesjahr zu verrechnen und Verlustvorträge des verstorbenen Ehegatten abzuziehen, § 26b EStG. ④ Werden die Ehegatten für das Todesjahr nach §§ 26, 26b EStG zusammen veranlagt und erfolgt für das Vorjahr ebenfalls eine Zusammenveranlagung, ist ein Rücktrag des nicht ausgeglichenen Verlusts des Erblassers in das Vorjahr möglich. ⑤ Werden die Ehegatten für das Todesjahr zusammen veranlagt und erfolgt für das Vorjahr eine Veranlagung nach § 26a EStG, ist ein Rücktrag des noch nicht ausgeglichenen Verlusts des Erblassers nur bei der Veranlagung des Erblassers zu berücksichtigen (§ 62d Abs. 1 EStDV). ⑥ Werden die Ehegatten für das Todesjahr nach § 26a EStG veranlagt und erfolgt für das Vorjahr eine Zusammenveranlagung, ist ein Rücktrag des nicht ausgeglichenen Verlusts des Erblassers in das Vorjahr möglich (§ 62d Abs. 2 Satz 1 EStDV). ⑦ Werden die Ehegatten für das Todesjahr nach § 26a EStG veranlagt und erfolgt auch für das Vorjahr eine Veranlagung nach § 26a EStG, ist ein Rücktrag des noch nicht ausgeglichenen Verlusts des Erblassers nur bei der Veranlagung des Erblassers zu berücksichtigen. ⑧ Für den hinterbliebenen Ehegatten sind für den Verlustvortrag und die Anwendung der sog. Mindestbesteuerung nach § 10d Abs. 2 EStG allein die auf ihn entfallenden nicht ausgeglichenen negativen Einkünfte maßgeblich. ⑨ Die Nichtübertragbarkeit von Verlusten auf die Erben gilt ebenso für die Regelungen in § 2a Abs. 1, § 20 Abs. 6, § 22 Nr. 3 Satz 4 EStG. ⑩ Gleiches gilt für Verluste nach § 22 Nr. 2 i. V. m. § 23 Abs. 3 Satz 7 bis 10 EStG, es sei denn, der Erbfall tritt bereits vor der verlustbehafteten Veräußerung ein. ⑪ Der zum Todeszeitpunkt nicht ausgeglichene Verlust nach § 15 Abs. 4 Satz 1 und 2 EStG darf nur in den Fällen auf den Erben übergehen, in denen der Betrieb, Teilbetrieb oder Mitunternehmeranteil nach § 6 Abs. 3 EStG auf diesen übergeht. ⑫ Im Erbfall übertragbar sind Verluste gem. § 15a und § 15b EStG. ⑬ Beim Erben ist gem. § 2a Abs. 3 EStG a. F. eine Hinzurechnung der vom Erblasser erzielten Verluste vorzunehmen (Nachversteuerungsregelung). ⑭ Auch bei erzielten Verlusten nach § 2 AIG ist eine Hinzurechnung der vom Erblasser erzielten Verluste beim Erben durchzuführen.

H 10d

14

Änderung von Steuerbescheiden infolge Verlustabzugs

- **Erneute Ausübung des Wahlrechts der Veranlagungsart**
  Ehegatten können das Wahlrecht der Veranlagungsart (z. B. Einzelveranlagung) grundsätzlich bis zur Unanfechtbarkeit eines Berichtigungs- oder Änderungsbescheids ausüben und die einmal getroffene Wahl innerhalb dieser Frist frei widerrufen. § 351 Abs. 1 AO kommt insoweit nicht zur Anwendung (→ BFH vom 19. 5. 1999 – BStBl. II S. 762).
- **Rechtsfehlerkompensation**
  Mit der Gewährung des Verlustrücktrags ist insoweit eine **Durchbrechung der Bestandskraft** des für das Rücktragsjahr ergangenen Steuerbescheids verbunden, als – ausgehend von der bisherigen Steuerfestsetzung und den dafür ermittelten Besteuerungsgrundlagen – die Steuerschuld durch die Berücksichtigung des Verlustabzugs gemindert würde. Innerhalb dieses punktuellen Korrekturspielraums sind zugunsten und zuungunsten des Stpfl. **Rechtsfehler** i. S. d. § 177 AO zu berichtigen (→ BFH vom 27. 9. 1988 – BStBl. 1989 II S. 225).
- **Rücktrag aus verjährtem Verlustentstehungsjahr**
  Im Verlustentstehungsjahr nicht ausgeglichene Verluste sind in einen vorangegangenen, nicht festsetzungsverjährten VZ auch dann zurückzutragen, wenn für das Verlustentstehungsjahr selbst bereits Festsetzungsverjährung eingetreten ist (→ BFH vom 27. 1. 2010 – BStBl. II S. 1009).

Besondere Verrechnungskreise. Im Rahmen des § 2b, § 15 Abs. 4 Satz 1 und 2 sowie Satz 3 bis 5 und 6 bis 8, §§ 22 Nr. 2, 3 und 23 EStG gelten gesonderte Verlustverrechnungsbeschränkungen (besondere Verrechnungskreise) → BMF vom 29. 11. 2004 (BStBl. I S. 1097).[1]

Bindungswirkung

- Der erstmalige Erlass oder die Änderung eines Bescheides über die gesonderte Feststellung des verbleibenden Verlustvortrags ist ausgeschlossen, wenn ein nacherklärter Verlust in der bestandskräftigen Steuerfestsetzung nicht berücksichtigt worden ist, eine Änderung des Steuerbescheides nach Maßgabe der Änderungsvorschriften der AO ausgeschlossen ist und die Aufhebung, Änderung oder Berichtigung des Steuerbescheides nicht ausschließlich mangels Auswirkung auf die Höhe der festzusetzenden Steuer unterbleibt (→ BFH vom 9. 5. 2017 – BStBl. II S. 1049, vom 12. 7. 2016 – BStBl. 2018 II S. 699 und vom 16. 5. 2018 – BStBl. II S. 752). Auch eine nach § 351 Abs. 1 AO beschränkte Anfechtbarkeit einer geänderten Steuerfestsetzung ist zu beachten (→ BFH vom 12. 7. 2016 – BStBl. 2018 II S. 699).
- Für nicht feststellungsverjährte Jahre kann ein Verlustvortrag auch dann erstmals gesondert festgestellt werden, wenn für das Verlustentstehungsjahr kein Einkommensteuerbescheid existiert und auch nicht mehr erlassen werden kann, weil bereits Festsetzungsverjährung eingetreten ist (→ BFH vom 13. 1. 2015 – BStBl. II S. 829).

Insolvenzverfahren (Konkurs-/Vergleichs- und Gesamtvollstreckungsverfahren). Verluste, die der Stpfl. vor und während des Konkursverfahrens erlitten hat, sind dem Grunde nach in vollem Umfang ausgleichsfähig und nach § 10d EStG abzugsfähig (→ BFH vom 4. 9. 1969 – BStBl. II S. 726).

Verlustabzug bei Ehegatten → § 62d EStDV.

Verlustabzug in Erbfällen

- Der Erbe kann einen vom Erblasser nicht genutzten Verlust nach § 10d EStG nicht bei seiner eigenen Veranlagung geltend machen (→ BFH vom 17. 12. 2007 – BStBl. 2008 II S. 608).
- → R 10d Abs. 9

Verlustvortragsbegrenzung – Beispiel

Zusammenveranlagte Stpfl. (Verlustvortragsbegrenzung; Auswirkung bei Zusammenveranlagung, Feststellung des verbleibenden Verlustvortrags)

		Ehemann	Ehefrau
Spalte 1	2	3	4
Einkünfte im lfd. VZ aus			
§ 15		1 750 000	1 250 000
§ 22 Nr. 2 i. V. m. § 23		2 500 000	500 000
§ 22 Nr. 3		250 000	250 000
Verbleibender Verlustabzug aus dem vorangegangenen VZ			
nach § 10d Abs. 2		6 000 000	2 000 000
§ 22 Nr. 2 i. V. m. § 23		500 000	4 500 000
§ 22 Nr. 3			1 000 000
Berechnung der S. d. E. im lfd. VZ			
§ 15		1 750 000	1 250 000
§ 22 Nr. 2 i. V. m. § 23		2 500 000	500 000

[1] Nachstehend abgedruckt.

H 10d

		Ehemann	Ehefrau
Spalte 1	2	3	4
Verlustvortrag aus dem vorangegangenen VZ Höchstbetragsberechnung S. d. E. § 22 Nr. 2 i. V. m. § 23	3 000 000		
unbeschränkt abziehbar	2 000 000		
Verbleiben	1 000 000		
davon 60%	600 000		
Höchstbetrag	2 600 000		
Verhältnismäßige Aufteilung **Ehemann:** $\frac{500\,000 \times 2\,600\,000}{5\,000\,000}$	260 000		
Ehefrau: $\frac{4\,500\,000 \times 2\,600\,000}{5\,000\,000}$	2 340 000		
Verlustvortrag max. in Höhe der positiven Einkünfte		260 000	500 000
Zwischensumme		2 240 000	0
Übertragung Verlustvolumen 2 340 000 – 500 000	1 840 000	1 840 000	
Einkünfte § 22 Nr. 2 i. V. m. § 23		400 000	0
§ 22 Nr. 3		250 000	250 000
Verlustvortrag aus dem vorangegangenen VZ max. in Höhe der positiven Einkünfte		250 000	250 000
Einkünfte § 22 Nr. 3		0	0
S. d. E.		2 150 000	1 250 000
G. d. E.		3 400 000	
Verlustvortrag § 10 d Berechnung Höchstbetrag G. d. E.	3 400 000		
unbeschränkt abziehbar	2 000 000		
Verbleiben	1 400 000		
davon 60%	840 000		
Höchstbetrag	2 840 000	2 840 000	
Verhältnismäßige Aufteilung **Ehemann:** $\frac{6\,000\,000 \times 2\,840\,000}{8\,000\,000}$	2 130 000		
Ehefrau: $\frac{2\,000\,000 \times 2\,840\,000}{8\,000\,000}$	710 000		
Berechnung des festzustellenden verbleibenden Verlustvortrags zum 31. 12. des lfd. VZ: Verlustvortrag zum 31. 12. des vorangegangenen VZ		6 000 000	2 000 000
Abzüglich Verlustvortrag in den lfd. VZ		2 130 000	710 000
Verbleibender Verlustvortrag zum 31. 12. des lfd. VZ		3 870 000	1 290 000
Verlustvortrag zum 31. 12. des vorangegangenen VZ aus § 22 Nr. 2 i. V. m. § 23		500 000	4 500 000
Abzüglich Verlustvortrag in den lfd. VZ		260 000	2 340 000
Verbleibender Verlustvortrag aus § 22 Nr. 2 i. V. m. § 23 zum 31. 12. des lfd. VZ		240 000	2 160 000

	Ehemann		Ehefrau
Spalte 1	2	3	4
Verlustvortrag zum 31. 12. des vorangegangenen VZ aus § 22 Nr. 3 Abzüglich Verlustvortrag in den lfd. VZ			1 000 000 500 000
Verbleibender Verlustvortrag aus § 22 Nr. 3 zum 31. 12. des lfd. VZ			500 000

Anl zu § 10d

Schreiben betr. Verlustabzug nach § 10 d EStG; Anwendung der Verlustabzugsbeschränkung des § 10 d EStG bei besonderen Verrechnungsbeschränkungen (§ 2 b EStG, § 15 Abs. 4 Satz 1 und 2 sowie den Sätzen 3 bis 5 und 6 bis 8 EStG; §§ 22 Nrn. 2, 3 und 23 EStG)

Vom 29. November 2004 (BStBl. I S. 1097)

(BMF IV C 8 – S 2225 – 5/04)

Der Verlustabzug nach § 10 d EStG wurde durch das Gesetz zur Umsetzung der Protokollerklärung 17 der Bundesregierung zur Vermittlungsempfehlung zum Steuervergünstigungsabbaugesetz vom 22. Dezember 2003 (BGBl. I S. 2840) neu geregelt. Im Rahmen des § 2 b EStG, § 15 Abs. 4 Satz 1 und 2 sowie den Sätzen 3 bis 5 und 6 bis 8 EStG, §§ 22 Nrn. 2, 3 und 23 EStG gelten gesonderte Verlustverrechnungsbeschränkungen (besondere Verrechnungskreise). Dabei mindern die negativen Einkünfte jeweils „nach Maßgabe des § 10 d" die positiven Einkünfte. Im Einvernehmen mit den obersten Finanzbehörden der Länder gilt für die Anwendung der Verlustabzugsbeschränkungen des § 10 d Abs. 1 und 2 EStG neuer Fassung innerhalb der besonderen Verrechnungskreise Folgendes:

Die Abzugsbeschränkung des § 10 d Abs. 2 EStG ist sowohl im Rahmen des Verlustvortrags nach § 10 d Abs. 2 EStG als auch innerhalb der besonderen Verrechnungskreise in Ansatz zu bringen. Dabei stellen die Einkünfte aus § 15 Abs. 4 Satz 1 und 2 sowie den Sätzen 3 bis 5 und 6 bis 8 EStG jeweils gesonderte besondere Verrechnungskreise dar.

Beispiel:

Sachverhalt:		
Einkünfte § 21 EStG		5 000 000 €
Einkünfte §§ 22 Nr. 2, 23 EStG		2 500 000 €
Verlustvortrag §§ 22 Nr. 2, 23 EStG		2 000 000 €
Verlustvortrag nach § 10 d Abs. 2 EStG		4 000 000 €
Besonderer Verrechnungskreis:		
Einkünfte §§ 22 Nr. 2, 23 EStG	2 500 000 €	2 500 000 €
Berechnung des abziehbaren Betrags (nach Maßgabe des § 10 d Abs. 2 EStG)		
Sockelbetrag	1 000 000 €	
Zuzüglich 60 v. H. des verbleibenden Betrags i. H. v. 1 500 000 €	900 000 €	
Maximal abziehbarer Betrag	1 900 000 €	
Vorhandener Verlustvortrag §§ 22 Nr. 2, 23 EStG	2 000 000 €	
Abziehbarer Betrag		1 900 000 €
In den G. d. E. eingehender Gewinn		600 000 €
G. d. E.		
Einkünfte § 21 EStG		5 000 000 €
Einkünfte §§ 22 Nr. 2, 23 EStG		600 000 €
G. d. E.		5 600 000 €
Verlustvortrag nach § 10 d Abs. 2 EStG		
Gesamtbetrag der Einkünfte		5 600 000 €
Berechnung des abziehbaren Betrags (§ 10 d Abs. 2 EStG)		
Sockelbetrag	1 000 000 €	
Zuzüglich 60 v. H. des verbleibenden Betrags i. H. v. 4 600 000 €	2 760 000 €	
Maximal abziehbarer Betrag	3 760 000 €	
Vorhandener Verlustvortrag § 10 d Abs. 2 EStG	4 000 000 €	
Abziehbarer Betrag		3 760 000 €
Ergebnis (G. d. E. nach Verlustabzug)		1 840 000 €

Liegen bei einem Steuerpflichtigen Einkünfte aus mehreren besonderen Verrechnungskreisen vor, findet die Abzugsbeschränkung bei jedem der besonderen Verrechnungskreise gesondert Anwendung.

Bei zusammen veranlagten Ehegatten ist die Abzugsbeschränkung von 1 Mio. € zu verdoppeln und ebenso wie die Grenze von 60% auf die zusammengerechneten Einkünfte der Ehegatten aus dem jeweiligen besonderen Verrechnungskreis anzuwenden.

Bei der Behandlung des Höchstbetrags für den Verlustrücktrag nach § 10 d Abs. 1 EStG ist entsprechend zu verfahren.

Soweit sich aus Rdnr. 42, vorletzter Satz, des BMF-Schreibens vom 5. Oktober 2000 (BStBl. I S. 1383)[1] etwas anderes ergibt, geht die vorliegende Neuregelung hinsichtlich der besonderen Verrechnungskreise vor.

Die vorstehenden Regelungen sind erstmals für den Veranlagungszeitraum 2004 sowie auf den Verlustrücktrag aus dem Veranlagungszeitraum 2004 in den Veranlagungszeitraum 2003 anzuwenden.

---

[1] Abgedruckt als Anlage zu H 23.

EStG

§ 10e[1] Steuerbegünstigung der zu eigenen Wohnzwecken genutzten Wohnung im eigenen Haus

[letztmals abgedruckt im „Handbuch zur ESt-Veranlagung 2005"]

[1] Siehe auch in der geschlossenen Wiedergabe.

§ 10f Steuerbegünstigung für zu eigenen Wohnzwecken genutzte Baudenkmale und Gebäude in Sanierungsgebieten und städtebaulichen Entwicklungsbereichen

EStG

(1)[1] ① **Der Steuerpflichtige kann Aufwendungen an einem eigenen Gebäude im Kalenderjahr des Abschlusses der Baumaßnahme und in den neun folgenden Kalenderjahren jeweils bis zu 9 Prozent wie Sonderausgaben abziehen, wenn die Voraussetzungen des § 7h oder des § 7i vorliegen.** ② **Dies gilt nur, soweit er das Gebäude in dem jeweiligen Kalenderjahr zu eigenen Wohnzwecken nutzt und die Aufwendungen nicht in die Bemessungsgrundlage nach § 10e oder dem Eigenheimzulagengesetz einbezogen hat.** ③ **Für Zeiträume, für die der Steuerpflichtige erhöhte Absetzungen von Aufwendungen nach § 7h oder § 7i abgezogen hat, kann er für diese Aufwendungen keine Abzugsbeträge nach Satz 1 in Anspruch nehmen.** ④ **Eine Nutzung zu eigenen Wohnzwecken liegt auch vor, wenn Teile einer zu eigenen Wohnzwecken genutzten Wohnung unentgeltlich zu Wohnzwecken überlassen werden.** 1

(2) ① **Der Steuerpflichtige kann Erhaltungsaufwand, der an einem eigenen Gebäude entsteht und nicht zu den Betriebsausgaben oder Werbungskosten gehört, im Kalenderjahr des Abschlusses der Maßnahme und in den neun folgenden Kalenderjahren jeweils bis zu 9 Prozent wie Sonderausgaben abziehen, wenn die Voraussetzungen des § 11a Absatz 1 in Verbindung mit § 7h Absatz 2 oder des § 11b Satz 1 oder 2 in Verbindung mit § 7i Absatz 1 Satz 2 und Absatz 2 vorliegen.** ② **Dies gilt nur, soweit der Steuerpflichtige das Gebäude in dem jeweiligen Kalenderjahr zu eigenen Wohnzwecken nutzt und diese Aufwendungen nicht nach § 10e Absatz 6 oder § 10i abgezogen hat.** ③ **Soweit der Steuerpflichtige das Gebäude während des Verteilungszeitraums zur Einkunftserzielung nutzt, ist der noch nicht berücksichtigte Teil des Erhaltungsaufwands im Jahr des Übergangs zur Einkunftserzielung wie Sonderausgaben abzuziehen.** ④ **Absatz 1 Satz 4 ist entsprechend anzuwenden.** 2

(3) ① **Die Abzugsbeträge nach den Absätzen 1 und 2 kann der Steuerpflichtige nur bei einem Gebäude in Anspruch nehmen.** ② **Ehegatten, bei denen die Voraussetzungen des § 26 Absatz 1 vorliegen, können die Abzugsbeträge nach den Absätzen 1 und 2 bei insgesamt zwei Gebäuden abziehen.** ③ **Gebäuden im Sinne der Absätze 1 und 2 stehen Gebäude gleich, für die Abzugsbeträge nach § 52 Absatz 21 Satz 6 in Verbindung mit § 51 Absatz 1 Nummer 2 Buchstabe x oder Buchstabe y des Einkommensteuergesetzes 1987 in der Fassung der Bekanntmachung vom 27. Februar 1987 (BGBl. I S. 657) in Anspruch genommen worden sind; Entsprechendes gilt für Abzugsbeträge nach § 52 Absatz 21 Satz 7.** 3

(4) ① **Sind mehrere Steuerpflichtige Eigentümer eines Gebäudes, so ist Absatz 3 mit der Maßgabe anzuwenden, dass der Anteil des Steuerpflichtigen an einem solchen Gebäude dem Gebäude gleichsteht.** ② **Erwirbt ein Miteigentümer, der für seinen Anteil bereits Abzugsbeträge nach Absatz 1 oder Absatz 2 abgezogen hat, einen Anteil an demselben Gebäude hinzu, kann er für danach von ihm durchgeführte Maßnahmen im Sinne der Absätze 1 oder 2 auch die Abzugsbeträge nach den Absätzen 1 und 2 in Anspruch nehmen, die auf den hinzuerworbenen Anteil entfallen.** ③ **§ 10e Absatz 5 Satz 2 und 3 sowie Absatz 7 ist sinngemäß anzuwenden.** 4

(5) **Die Absätze 1 bis 4 sind auf Gebäudeteile, die selbständige unbewegliche Wirtschaftsgüter sind, und auf Eigentumswohnungen entsprechend anzuwenden.** 5

R 10f. Steuerbegünstigung für zu eigenen Wohnzwecken genutzte Baudenkmale und Gebäude in Sanierungsgebieten und städtebaulichen Entwicklungsbereichen

R 10f

R 7h und 7i gelten entsprechend. 11

H 10f

Bescheinigungsbehörde für Baudenkmale. Übersicht über die zuständigen Bescheinigungsbehörden → BMF vom 4. 6. 2015 (BStBl. I S. 506). 12

Bescheinigungsrichtlinien. Übersicht über die Veröffentlichung der länderspezifischen Bescheinigungsrichtlinien → BMF vom 21. 1. 2020 (BStBl. I S. 169).

Flutkatastrophe vom Juli 2021 → H 7i.

Nichtvorliegen der Bescheinigung. Das Finanzamt hat bei Nichtvorliegen der Bescheinigung eine überprüfbare Ermessensentscheidung darüber zu treffen, ob und in welcher Höhe es den Abzugsbetrag im Wege der Schätzung nach § 162 Abs. 5 AO anerkennt (→ BFH vom 14. 5. 2014 – BStBl. 2015 II S. 12).

Zuschüsse. Im öffentlichen Interesse geleistete Zuschüsse privater Dritter mindern die Aufwendungen für ein zu eigenen Wohnzwecken genutztes Baudenkmal, da der Stpfl. in Höhe der Zuschüsse nicht wirtschaftlich belastet ist. Die Aufwendungen sind deshalb nicht wie Sonderausgaben abziehbar (→ BFH vom 20. 6. 2007 – BStBl. II S. 879).

---

[1] Zur Anwendung von Abs. 1 Satz 1 siehe § 52 Abs. 27 EStG i. d. F. vor dem Gesetz zur Anpassung des nationalen Steuerrechts an den Beitritt Kroatiens zur EU und zur Änderung weiterer steuerlicher Vorschriften.

EStG

§ 10g[1] Steuerbegünstigung für schutzwürdige Kulturgüter, die weder zur Einkunftserzielung noch zu eigenen Wohnzwecken genutzt werden

1 **(1) ① Der Steuerpflichtige kann Aufwendungen für Herstellungs- und Erhaltungsmaßnahmen an eigenen schutzwürdigen Kulturgütern im Inland, soweit sie öffentliche oder private Zuwendungen oder etwaige aus diesen Kulturgütern erzielte Einnahmen übersteigen, im Kalenderjahr des Abschlusses der Maßnahme und in den neun folgenden Kalenderjahren jeweils bis zu 9 Prozent wie Sonderausgaben abziehen. ② Kulturgüter im Sinne des Satzes 1 sind**

1. Gebäude oder Gebäudeteile, die nach den jeweiligen landesrechtlichen Vorschriften ein Baudenkmal sind,

2. Gebäude oder Gebäudeteile, die für sich allein nicht die Voraussetzungen für ein Baudenkmal erfüllen, aber Teil einer nach den jeweiligen landesrechtlichen Vorschriften als Einheit geschützten Gebäudegruppe oder Gesamtanlage sind,

3. gärtnerische, bauliche und sonstige Anlagen, die keine Gebäude oder Gebäudeteile und nach den jeweiligen landesrechtlichen Vorschriften unter Schutz gestellt sind,

4. Mobiliar, Kunstgegenstände, Kunstsammlungen, wissenschaftliche Sammlungen, Bibliotheken oder Archive, die sich seit mindestens 20 Jahren im Besitz der Familie des Steuerpflichtigen befinden oder als nationales Kulturgut in ein Verzeichnis national wertvollen Kulturgutes nach § 7 Absatz 1 des Kulturgutschutzgesetzes vom 31. Juli 2016 (BGBl. I S. 1914) eingetragen ist und deren Erhaltung wegen ihrer Bedeutung für Kunst, Geschichte oder Wissenschaft im öffentlichen Interesse liegt,

wenn sie in einem den Verhältnissen entsprechenden Umfang der wissenschaftlichen Forschung oder der Öffentlichkeit zugänglich gemacht werden, es sei denn, dem Zugang stehen zwingende Gründe des Denkmal- oder Archivschutzes entgegen. ③ Die Maßnahmen müssen nach Maßgabe der geltenden Bestimmungen der Denkmal- und Archivpflege erforderlich und in Abstimmung mit der in Absatz 3 genannten Stelle durchgeführt worden sein; bei Aufwendungen für Herstellungs- und Erhaltungsmaßnahmen an Kulturgütern im Sinne des Satzes 2 Nummer 1 und 2 ist § 7i Absatz 1 Satz 1 bis 4 sinngemäß anzuwenden.

2 **(2) ① Die Abzugsbeträge nach Absatz 1 Satz 1 kann der Steuerpflichtige nur in Anspruch nehmen, soweit er die schutzwürdigen Kulturgüter im jeweiligen Kalenderjahr weder zur Erzielung von Einkünften im Sinne des § 2 noch Gebäude oder Gebäudeteile zu eigenen Wohnzwecken nutzt und die Aufwendungen nicht nach § 10e Absatz 6, § 10h Satz 3 oder § 10i abgezogen hat. ② Für Zeiträume, für die der Steuerpflichtige von Aufwendungen Absetzungen für Abnutzung, erhöhte Absetzungen, Sonderabschreibungen oder Beträge nach § 10e Absatz 1 bis 5, den §§ 10f, 10h, 15b des Berlinförderungsgesetzes abgezogen hat, kann er für diese Aufwendungen keine Abzugsbeträge nach Absatz 1 Satz 1 in Anspruch nehmen; Entsprechendes gilt, wenn der Steuerpflichtige für Aufwendungen die Eigenheimzulage nach dem Eigenheimzulagengesetz in Anspruch genommen hat. ③ Soweit die Kulturgüter während des Zeitraums nach Absatz 1 Satz 1 zur Einkunftserzielung genutzt werden, ist der noch nicht berücksichtigte Teil der Aufwendungen, die auf Erhaltungsarbeiten entfallen, im Jahr des Übergangs zur Einkunftserzielung wie Sonderausgaben abzuziehen.**

3 **(3) ① Der Steuerpflichtige kann den Abzug vornehmen, wenn er durch eine Bescheinigung der nach Landesrecht zuständigen oder von der Landesregierung bestimmten Stelle die Voraussetzungen des Absatzes 1 für das Kulturgut und für die Erforderlichkeit der Aufwendungen nachweist. ② Hat eine der für Denkmal- oder Archivpflege zuständigen Behörden ihm Zuschüsse gewährt, so hat die Bescheinigung auch deren Höhe zu enthalten; werden ihm solche Zuschüsse nach Ausstellung der Bescheinigung gewährt, so ist diese entsprechend zu ändern.**

4 **(4) ① Die Absätze 1 bis 3 sind auf Gebäudeteile, die selbständige unbewegliche Wirtschaftsgüter sind, sowie auf Eigentumswohnungen und im Teileigentum stehende Räume entsprechend anzuwenden. ② § 10e Absatz 7 gilt sinngemäß.**

R 10g

R 10g Steuerbegünstigung für schutzwürdige Kulturgüter, die weder zur Einkunftserzielung noch zu eigenen Wohnzwecken genutzt werden

6 (1) ① Die Bescheinigungsbehörde hat zu prüfen,

1. ob die Maßnahmen
   a) an einem Kulturgut im Sinne des § 10g Abs. 1 Satz 2 EStG durchgeführt worden sind,
   b) erforderlich waren,
   c) in Abstimmung mit der zuständigen Stelle durchgeführt worden sind,

[1] Zur Anwendung von § 10g EStG siehe § 52 Abs. 27a EStG i. d. F. vor dem Gesetz zur Anpassung des nationalen Steuerrechts an den Beitritt Kroatiens zur EU und zur Änderung weiterer steuerlicher Vorschriften.

2. in welcher Höhe Aufwendungen, die die vorstehenden Voraussetzungen erfüllen, angefallen sind,
3. inwieweit Zuschüsse aus öffentlichen Mitteln durch eine der für Denkmal- oder Archivpflege zuständigen Behörden bewilligt worden sind oder nach Ausstellung der Bescheinigung bewilligt werden (Änderung der Bescheinigung).

② R 7h Abs. 4 Satz 2 bis 5 gilt entsprechend.

(2) Die Finanzbehörden haben zu prüfen, 7

1. ob die vorgelegte Bescheinigung von der nach Landesrecht zuständigen oder der von der Landesregierung bestimmten Behörde ausgestellt worden ist,
2. ob die bescheinigte Maßnahme an einem Kulturgut durchgeführt worden ist, das im Eigentum des Stpfl. steht,
3. ob das Kulturgut im jeweiligen Kalenderjahr weder zur Erzielung von Einkünften im Sinne des § 2 EStG genutzt worden ist noch Gebäude oder Gebäudeteile zu eigenen Wohnzwecken genutzt und die Aufwendungen nicht nach § 10e Abs. 6 oder § 10h Satz 3 EStG abgezogen worden sind,
4. inwieweit die Aufwendungen etwaige aus dem Kulturgut erzielte Einnahmen übersteigen,
5. ob die bescheinigten Aufwendungen steuerrechtlich dem Kulturgut im Sinne des § 10g EStG zuzuordnen und keine Anschaffungskosten sind,
6. ob weitere Zuschüsse für die bescheinigten Aufwendungen gezahlt werden oder worden sind,
7. in welchem VZ die Steuerbegünstigung erstmals in Anspruch genommen werden kann.

H 10g

Bescheinigungsbehörde. Übersicht über die zuständigen Bescheinigungsbehörden → BMF vom 4. 6. 2015 (BStBl. I S. 506).

Bescheinigungsrichtlinien. Übersicht über die Veröffentlichung der länderspezifischen Bescheinigungsrichtlinien → BMF vom 21. 1. 2020 (BStBl. I S. 169). 8

Flutkatastrophe vom Juli 2021 → H 7i.

§ 10h und § 10i *(aufgehoben)*

EStG

6. Vereinnahmung und Verausgabung

EStG

§ 11 [Vereinnahmung und Verausgabung]

1 **(1) ① Einnahmen sind innerhalb des Kalenderjahres bezogen, in dem sie dem Steuerpflichtigen zugeflossen sind. ② Regelmäßig wiederkehrende Einnahmen, die dem Steuerpflichtigen kurze Zeit vor Beginn oder kurze Zeit nach Beendigung des Kalenderjahres, zu dem sie wirtschaftlich gehören, zugeflossen sind, gelten als in diesem Kalenderjahr bezogen. ③ Der Steuerpflichtige kann Einnahmen, die auf einer Nutzungsüberlassung im Sinne des Absatzes 2 Satz 3 beruhen, insgesamt auf den Zeitraum gleichmäßig verteilen, für den die Vorauszahlung geleistet wird. ④ Für Einnahmen aus nichtselbständiger Arbeit gilt § 38 a Absatz 1 Satz 2 und 3 und § 40 Absatz 3 Satz 2. ⑤ Die Vorschriften über die Gewinnermittlung (§ 4 Absatz 1, § 5) bleiben unberührt.**

2 **(2)[1] ① Ausgaben sind für das Kalenderjahr abzusetzen, in dem sie geleistet worden sind. ② Für regelmäßig wiederkehrende Ausgaben gilt Absatz 1 Satz 2 entsprechend. ③ Werden Ausgaben für eine Nutzungsüberlassung von mehr als fünf Jahren im Voraus geleistet, sind sie insgesamt auf den Zeitraum gleichmäßig zu verteilen, für den die Vorauszahlung geleistet wird. ④ Satz 3 ist auf ein Damnum oder Disagio nicht anzuwenden, soweit dieses marktüblich ist. ⑤ § 42 der Abgabenordnung bleibt unberührt. ⑥ Die Vorschriften über die Gewinnermittlung (§ 4 Absatz 1, § 5) bleiben unberührt.**

R 11

R 11. Vereinnahmung und Verausgabung

6 ① Die Vereinnahmung durch einen Bevollmächtigten reicht für die Annahme des Zuflusses beim Stpfl. aus. ② Daher sind Honorare von Privatpatienten, die ein Arzt durch eine privatärztliche Verrechnungsstelle einziehen lässt, dem Arzt bereits mit dem Eingang bei dieser Stelle zugeflossen.

H 11

Allgemeines

7
- **Zufluss von Einnahmen** erst mit der Erlangung der wirtschaftlichen Verfügungsmacht über ein in Geld oder Geldeswert bestehendes Wirtschaftsgut (→ BFH vom 21. 11. 1989 – BStBl. 1990 II S. 310, vom 8. 10. 1991 – BStBl. 1992 II S. 174 und vom 11. 11. 2009 – BStBl. 2010 II S. 746). Verfügungsmacht wird in der Regel erlangt im Zeitpunkt des Eintritts des Leistungserfolges oder der Möglichkeit, den Leistungserfolg herbeizuführen (→ BFH vom 21. 11. 1989 – BStBl. 1990 II S. 310). Sie muss nicht endgültig erlangt sein (→ BFH vom 13. 10. 1989 – BStBl. 1990 II S. 287).
- **Kurze Zeit** bei regelmäßig wiederkehrenden Einnahmen ist in der Regel ein Zeitraum bis zu zehn Tagen. Innerhalb dieses Zeitraums müssen die Zahlungen fällig und geleistet worden sein (→ BFH vom 24. 7. 1986 – BStBl. 1987 II S. 16 und vom 16. 2. 2022 – BStBl. II S. 448). Auf die Fälligkeit im Jahr der wirtschaftlichen Zugehörigkeit kommt es nicht an (→ BFH vom 23. 9. 1999 – BStBl. 2000 II S. 121).
- Für den **Abfluss von Ausgaben** gelten diese Grundsätze entsprechend.
- Bei einer nach § 108 Abs. 3 AO hinausgeschobenen Fälligkeit ist eine regelmäßig wiederkehrende Steuerzahlung nur dann im Jahr ihrer wirtschaftlichen Zugehörigkeit abziehbar, wenn sie innerhalb des Zehn-Tages-Zeitraums geleistet wurde (→ BFH vom 11. 11. 2014 – BStBl. 2015 II S. 285 und vom 27. 6. 2018 – BStBl. II S. 781).

Arbeitslohn → § 38 a Abs. 1 Satz 2 und 3 EStG, R 38.2 LStR 2015.

Arzthonorar
- Die Honorare fließen dem Arzt grundsätzlich erst mit Überweisung seines Anteils durch die kassenärztliche Vereinigung zu (→ BFH vom 20. 2. 1964 – BStBl. III S. 329).
- Die Einnahmen von der **kassenärztlichen Vereinigung** stellen regelmäßig wiederkehrende Einnahmen dar (→ BFH vom 6. 7. 1995 – BStBl. 1996 II S. 266).

Aufrechnung. Die Aufrechnung mit einer fälligen Gegenforderung stellt eine Leistung i. S. d. § 11 Abs. 2 EStG dar (→ BFH vom 19. 4. 1977 – BStBl. II S. 601).

Damnum
- Bei **vereinbarungsgemäßer** Einbehaltung eines Damnums bei Auszahlung eines Tilgungsdarlehens ist im Zeitpunkt der Kapitalauszahlung ein Abfluss anzunehmen (→ BFH vom 10. 3. 1970 – BStBl. II S. 453). Bei ratenweiser Auszahlung des Darlehens kommt eine entsprechende Aufteilung des Damnums nur in Betracht, wenn keine Vereinbarung der Vertragsparteien über den Abflusszeitpunkt des Damnums vorliegt (→ BFH vom 26. 6. 1975 – BStBl. II S. 880).
- Soweit für ein Damnum ein **Tilgungsstreckungsdarlehen** aufgenommen wird, fließt das Damnum mit den Tilgungsraten des Tilgungsstreckungsdarlehens ab (→ BFH vom 26. 11. 1974 – BStBl. 1975 II S. 330).
- Ein Damnum, das ein Darlehensschuldner vor Auszahlung eines aufgenommenen Darlehens zahlt, ist im VZ seiner Leistung als Werbungskosten abziehbar, es sei denn, dass die Voraus-

[1] Zu § 11 Abs. 2 Satz 3 siehe Beschluss des *BVerfG - 2BvL 1/11 vom 25. 3. 2021 (BGBl. I S. 1800).*

H 11

zahlung des Damnums von keinen sinnvollen wirtschaftlichen Erwägungen getragen wird (→ BFH vom 3. 2. 1987 – BStBl. II S. 492). Ist ein Damnum nicht mehr als drei Monate vor Auszahlung der Darlehensvaluta oder einer ins Gewicht fallenden Teilauszahlung des Darlehens (mindestens 30% der Darlehensvaluta einschließlich Damnum) geleistet worden, kann davon ausgegangen werden, dass ein wirtschaftlich vernünftiger Grund besteht (→ BMF vom 20. 10. 2003 – BStBl. I S. 546, Rdnr. 15).[1]

– Damnum-/Disagiovereinbarungen mit Geschäftsbanken sind regelmäßig als marktüblich anzusehen. Diese Vermutung kann durch besondere Umstände wie beispielweise Kreditunwürdigkeit des Darlehensnehmers, atypische Vertragsgestaltungen oder persönliche Beziehungen der Beteiligten zueinander widerlegt werden (→ BFH vom 8. 3. 2016 – BStBl. II S. 646).

Entschädigung für Flutungsrecht. Entschädigungen für die Eintragung einer beschränkt persönlichen Dienstbarkeit, die das Recht dinglich absichert, dass ein zum Betriebsvermögen des Eigentümers gehörendes Grundstück als Überflutungsfläche zur Hochwasserrückhaltung genutzt werden darf, sind im Zuflusszeitpunkt als Betriebseinnahmen zu erfassen; es handelt sich nicht um eine Einnahme aus einer Nutzungsüberlassung i. S. d. § 11 Abs. 2 Satz 3 EStG (→ BFH vom 21. 11. 2018 – BStBl. 2019 II S. 311).

Forderungsübergang. Zufluss beim Stpfl., wenn der Betrag beim neuen Gläubiger eingeht (→ BFH vom 16. 3. 1993 – BStBl. II S. 507).

Gesamtgläubiger. Stehen mehreren Stpfl. als Gesamtgläubigern Einnahmen zu und vereinbaren sie mit dem Schuldner, dass dieser nur an einen bestimmten Gesamtgläubiger leisten soll, so tritt bei jedem der Gesamtgläubiger anteilsmäßig ein Zufluss in dem Zeitpunkt ein, in dem die Einnahmen bei dem bestimmten Gesamtgläubiger eingehen (→ BFH vom 10. 12. 1985 – BStBl. 1986 II S. 342).

Gewinnausschüttung → H 20.2 (Zuflusszeitpunkt bei Gewinnausschüttungen).

Gutschrift. Zufluss beim Stpfl. im Zeitpunkt der Gutschrift in den Büchern des Verpflichteten (Schuldners), wenn eine eindeutige und unbestrittene Leistungsverpflichtung des Schuldners besteht (diesem also insbesondere kein Leistungsverweigerungsrecht zusteht oder er sich erkennbar auf zivilrechtliche Einwendungen und Einreden gegen die Forderung des Stpfl. nicht berufen will) und der Schuldner in diesem Zeitpunkt zur Zahlung des Betrages in der Lage gewesen wäre, also nicht zahlungsunfähig war (→ BFH vom 10. 7. 2001 – BStBl. II S. 646 und vom 30. 10. 2001 – BStBl. 2002 II S. 138).

Leasing-Sonderzahlung. Verwendet ein Arbeitnehmer einen geleasten Pkw für berufliche Zwecke und macht er dafür die tatsächlichen Kosten geltend, gehört eine bei Leasingbeginn zu erbringende Sonderzahlung in Höhe der anteiligen beruflichen Nutzung des Pkw zu den sofort abziehbaren Werbungskosten; es handelt sich bei ihr nicht um Anschaffungskosten des obligatorischen Nutzungsrechts an dem Pkw, die nur in Form von Absetzungen für Abnutzung als Werbungskosten berücksichtigt werden könnten (→ BFH vom 5. 5. 1994 – BStBl. II S. 643).

Novation. Vereinbaren Gläubiger und Schuldner, dass der Geldbetrag fortan aus einem anderen Rechtsgrund geschuldet wird (Novation), kann ein Zufluss und gleichzeitiger Wiederabfluss des Geldbetrages beim Gläubiger vorliegen (→ BFH vom 10. 7. 2001 – BStBl. II S. 646 und vom 30. 10. 2001 – BStBl. 2002 II S. 138).

Nutzungsrechte. Räumt der Arbeitgeber dem Arbeitnehmer im Hinblick auf das Dienstverhältnis unentgeltlich ein Nutzungsrecht an einer Wohnung ein, fließt dem Arbeitnehmer der geldwerte Vorteil nicht im Zeitpunkt der Bestellung des Nutzungsrechts in Höhe des kapitalisierten Wertes, sondern fortlaufend in Höhe des jeweiligen Nutzungswertes der Wohnung zu (→ BFH vom 26. 5. 1993 – BStBl. II S. 686).

Pachtzahlungen in der Land- und Forstwirtschaft. Ermittelt ein Land- und Forstwirt seinen Gewinn nach der Einnahmenüberschussrechnung, hat er laufende Pachtzahlungen in dem Wj. zu erfassen, zu dem sie wirtschaftlich gehören, wenn sie kurze Zeit vor Beginn oder nach Ende dieses Wj. fällig sind und zufließen; auf die Fälligkeit im Jahr der wirtschaftlichen Zugehörigkeit kommt es nicht an (→ BFH vom 23. 9. 1999 – BStBl. 2000 II S. 121).

Provisionen. Bei der Einnahmenüberschussrechnung sind Provisionen auch dann zugeflossen, wenn sie auf einem Kautionskonto zur Sicherung von Gegenforderungen des Versicherungsunternehmens gutgeschrieben werden (→ BFH vom 24. 3. 1993 – BStBl. II S. 499). Dagegen sind Beträge, die von dem Versicherungsunternehmen einem für den Vertreter gebildeten Stornoreservekonto gutgeschrieben werden, nicht zugeflossen, wenn die Beträge im Zeitpunkt der Gutschrift nicht fällig waren und das Guthaben nicht verzinst wird (→ BFH vom 12. 11. 1997 – BStBl. 1998 II S. 252).

Auch wenn feststeht, dass erhaltene Provisionsvorschüsse in späteren Jahren zurückzuzahlen sind, ist bei der Einnahmenüberschussrechnung ein Zufluss anzunehmen (→ BFH vom 13. 10. 1989 – BStBl. 1990 II S. 287).

[1] Abgedruckt als Anlage c zu § 21 EStG.

H 11

Scheck
– Der Zufluss erfolgt grundsätzlich mit Entgegennahme. Dies gilt auch dann, wenn die zugrunde liegende Vereinbarung wegen eines gesetzlichen Verbots oder wegen Sittenwidrigkeit nichtig ist (→ BFH vom 20. 3. 2001 – BStBl. II S. 482); die sofortige Bankeinlösung darf jedoch nicht durch zivilrechtliche Vereinbarung eingeschränkt sein (→ BFH vom 30. 10. 1980 – BStBl. 1981 II S. 305).
– Der Abfluss erfolgt grundsätzlich mit Hingabe; für den Bereich der erhöhten Absetzungen und Sonderabschreibungen auf Anzahlungen aber → § 7 a Abs. 2 Satz 5 EStG.
– Der Abfluss erfolgt bei Scheckübermittlung mit der Übergabe an die Post bzw. dem Einwurf in den Briefkasten des Zahlungsempfängers (→ BFH vom 24. 9. 1985 – BStBl. 1986 II S. 284).

Schneeballsystem
– Zufluss von Scheinrenditen bei einem Schneeballsystem → BFH vom 28. 10. 2008 – BStBl. 2009 II S. 190);
– → H 20.2 (Schneeballsystem).

Sperrkonto. Zinsen auf einem Sperrkonto fließen dem Stpfl. im Zeitpunkt der Gutschrift auf dem Sperrkonto zu, soweit die Kontosperre auf einer freien Vereinbarung zwischen dem Leistenden und dem Stpfl. beruht (→ BFH vom 28. 9. 2011 – BStBl. 2012 II S. 315).

Stille Gesellschaft
– Für den Zufluss der Gewinnanteile eines typisch stillen Gesellschafters gilt § 11 EStG; für Zwecke des Kapitalertragsteuerabzugs ist § 44 Abs. 3 EStG maßgeblich (→ BFH vom 28. 11. 1990 – BStBl. 1991 II S. 313).
– → H 20.1 und H 20.2 (Stiller Gesellschafter).

Stundung. Wird die Fälligkeit eines auszuzahlenden Zinsanspruchs einvernehmlich hinausgeschoben, stellt dies lediglich eine Stundung und keine den Zufluss begründende Verfügung des Gläubigers über Kapitalerträge dar (→ BFH vom 20. 10. 2015 – BStBl. 2016 II S. 342).

Überweisung. Abfluss im Zeitpunkt des Eingangs des Überweisungsauftrags bei der Überweisungsbank, wenn das Konto die nötige Deckung aufweist oder ein entsprechender Kreditrahmen vorhanden ist; andernfalls im Zeitpunkt der Lastschrift (→ BFH vom 6. 3. 1997 – BStBl. II S. 509).

Umsatzsteuervorauszahlungen/-erstattungen
– Umsatzsteuervorauszahlungen sind regelmäßig wiederkehrende Ausgaben. Dies gilt für Umsatzsteuererstattungen entsprechend (→ BFH vom 1. 8. 2007 – BStBl. 2008 II S. 282).
– Bei nach § 108 Abs. 3 AO hinausgeschobener Fälligkeit → Allgemeines.

Verrechnung → Aufrechnung.

Wechsel. Zufluss mit Einlösung oder Diskontierung des zahlungshalber hingegebenen Wechsels (→ BFH vom 5. 5. 1971 – BStBl. II S. 624). Entsprechendes gilt für den Abfluss.

Werbungskosten bei sonstigen Einkünften
– → H 22.8 (Werbungskosten)
– → H 23 (Werbungskosten).

Wirtschaftsjahr. § 11 EStG ist auch bei abweichendem Wj. anzuwenden (→ BFH vom 23. 9. 1999 – BStBl. 2000 II S. 121).

EStG

§ 11a Sonderbehandlung von Erhaltungsaufwand bei Gebäuden in Sanierungsgebieten und städtebaulichen Entwicklungsbereichen

(1) ① **Der Steuerpflichtige kann durch Zuschüsse aus Sanierungs- oder Entwicklungsförderungsmitteln nicht gedeckten Erhaltungsaufwand für Maßnahmen im Sinne des § 177 des Baugesetzbuchs[1] an einem im Inland belegenen Gebäude in einem förmlich festgelegten Sanierungsgebiet oder städtebaulichen Entwicklungsbereich auf zwei bis fünf Jahre gleichmäßig verteilen.** ② **Satz 1 ist entsprechend anzuwenden auf durch Zuschüsse aus Sanierungs- oder Entwicklungsförderungsmitteln nicht gedeckten Erhaltungsaufwand für Maßnahmen, die der Erhaltung, Erneuerung und funktionsgerechten Verwendung eines Gebäudes im Sinne des Satzes 1 dienen, das wegen seiner geschichtlichen, künstlerischen oder städtebaulichen Bedeutung erhalten bleiben soll, und zu deren Durchführung sich der Eigentümer neben bestimmten Modernisierungsmaßnahmen gegenüber der Gemeinde verpflichtet hat.** 1

(2) ① **Wird das Gebäude während des Verteilungszeitraums veräußert, ist der noch nicht berücksichtigte Teil des Erhaltungsaufwands im Jahr der Veräußerung als Betriebsausgaben oder Werbungskosten abzusetzen.** ② **Das Gleiche gilt, wenn ein nicht zu einem Betriebsvermögen gehörendes Gebäude in ein Betriebsvermögen eingebracht oder wenn ein Gebäude aus dem Betriebsvermögen entnommen oder wenn ein Gebäude nicht mehr zur Einkunftserzielung genutzt wird.** 2

(3) **Steht das Gebäude im Eigentum mehrerer Personen, ist der in Absatz 1 bezeichnete Erhaltungsaufwand von allen Eigentümern auf den gleichen Zeitraum zu verteilen.** 3

(4) **§ 7h Absatz 1a bis 3 ist entsprechend anzuwenden.** 4

R 11a

R 11a. Sonderbehandlung von Erhaltungsaufwand bei Gebäuden in Sanierungsgebieten und städtebaulichen Entwicklungsbereichen

R 7h gilt entsprechend. 5

H 11a

Bescheinigungsrichtlinien. Übersicht über die Veröffentlichung der länderspezifischen Bescheinigungsrichtlinien → BMF vom 21. 1. 2020 (BStBl. I S. 169). 7

Verteilung von Erhaltungsaufwand

– → R 21.1 Abs. 6 Satz 1,

– → H 21.1 (Verteilung des Erhaltsaufwands nach § 82b EStDV).

---

[1] Abgedruckt als Anlage zu § 7h EStG.

EStG

§ 11 b Sonderbehandlung von Erhaltungsaufwand bei Baudenkmalen

1 **① Der Steuerpflichtige kann durch Zuschüsse aus öffentlichen Kassen nicht gedeckten Erhaltungsaufwand für ein im Inland belegenes Gebäude oder Gebäudeteil, das nach den jeweiligen landesrechtlichen Vorschriften ein Baudenkmal ist, auf zwei bis fünf Jahre gleichmäßig verteilen, soweit die Aufwendungen nach Art und Umfang zur Erhaltung des Gebäudes oder Gebäudeteils als Baudenkmal oder zu seiner sinnvollen Nutzung erforderlich und die Maßnahmen in Abstimmung mit der in § 7i Absatz 2 bezeichneten Stelle vorgenommen worden sind. ② Durch Zuschüsse aus öffentlichen Kassen nicht gedeckten Erhaltungsaufwand für ein im Inland belegenes Gebäude oder Gebäudeteil, das für sich allein nicht die Voraussetzungen für ein Baudenkmal erfüllt, aber Teil einer Gebäudegruppe oder Gesamtanlage ist, die nach den jeweiligen landesrechtlichen Vorschriften als Einheit geschützt ist, kann der Steuerpflichtige auf zwei bis fünf Jahre gleichmäßig verteilen, soweit die Aufwendungen nach Art und Umfang zur Erhaltung des schützenswerten äußeren Erscheinungsbildes der Gebäudegruppe oder Gesamtanlage erforderlich und die Maßnahmen in Abstimmung mit der in § 7i Absatz 2 bezeichneten Stelle vorgenommen worden sind. ③ § 7h Absatz 3 und § 7i Absatz 1 Satz 2 und Absatz 2 sowie § 11a Absatz 2 und 3 sind entsprechend anzuwenden.**

R 11b

R 11b. Sonderbehandlung von Erhaltungsaufwand bei Baudenkmalen

3 R 7i gilt entsprechend.

H 11b

4 **Bescheinigungsbehörde.** Übersicht über die zuständigen Bescheinigungsbehörden → BMF vom 4. 6. 2015 (BStBl. I S. 506).

Bescheinigungsrichtlinien. Übersicht über die Veröffentlichung der länderspezifischen Bescheinigungsrichtlinien → BMF vom 21. 1. 2020 (BStBl. I S. 169).

Flutkatastrophe vom Juli 2021 → H 7i.

Verteilung von Erhaltungsaufwand

– → R 21.1 Abs. 6 Satz 1,

– → H 21.1 (Verteilung des Erhaltungsaufwands nach § 82b EStDV).

7. Nicht abzugsfähige Ausgaben

§ 12 [Nicht abzugsfähige Ausgaben]

EStG

Soweit in § 10 Absatz 1 Nummer 2 bis 5, 7 und 9 sowie Absatz 1 a Nummer 1, den §§ 10 a, 10 b und den §§ 33 bis 33 b nichts anderes bestimmt ist, dürfen weder bei den einzelnen Einkunftsarten noch vom Gesamtbetrag der Einkünfte abgezogen werden

1. die für den Haushalt des Steuerpflichtigen und für den Unterhalt seiner Familienangehörigen aufgewendeten Beträge. ②Dazu gehören auch die Aufwendungen für die Lebensführung, die die wirtschaftliche oder gesellschaftliche Stellung des Steuerpflichtigen mit sich bringt, auch wenn sie zur Förderung des Berufs oder der Tätigkeit des Steuerpflichtigen erfolgen; 1

2. freiwillige Zuwendungen, Zuwendungen auf Grund einer freiwillig begründeten Rechtspflicht und Zuwendungen an eine gegenüber dem Steuerpflichtigen oder seinem Ehegatten gesetzlich unterhaltsberechtigte Person oder deren Ehegatten, auch wenn diese Zuwendungen auf einer besonderen Vereinbarung beruhen; 2

3. die Steuern vom Einkommen und sonstige Personensteuern sowie die Umsatzsteuer für Umsätze, die Entnahmen sind, und die Vorsteuerbeträge auf Aufwendungen, für die das Abzugsverbot der Nummer 1 oder des § 4 Absatz 5 Satz 1 Nummer 1 bis 5, 7 oder Absatz 7 gilt; das gilt auch für die auf diese Steuern entfallenden Nebenleistungen; 3

4.[1] in einem Strafverfahren festgesetzte Geldstrafen, sonstige Rechtsfolgen vermögensrechtlicher Art, bei denen der Strafcharakter überwiegt, und Leistungen zur Erfüllung von Auflagen oder Weisungen, soweit die Auflagen oder Weisungen nicht lediglich der Wiedergutmachung des durch die Tat verursachten Schadens dienen sowie damit zusammenhängende Aufwendungen. 4

5. *(aufgehoben)* 5

Übersicht

§ 8 *[abgedruckt bei § 4 EStG]*

EStDV

R 12.1. Abgrenzung der Kosten der Lebensführung von den Betriebsausgaben und Werbungskosten *(unbesetzt)*

R 12.1

6

H 12.1

7

Allgemeines. Bei der Entscheidung, ob nicht abziehbare Aufwendungen für die Lebenshaltung vorliegen, kommt es im Allgemeinen weniger auf den objektiven Charakter des angeschafften Gegenstands an, sondern vielmehr auf die Funktion des Gegenstands im Einzelfall, also den tatsächlichen Verwendungszweck (→ BFH vom 20. 5. 2010 – BStBl. II S. 723).

Ausbildungs- und Fortbildungsaufwendungen für Kinder

– Aufwendungen der Eltern für die Ausbildung oder die berufliche Fortbildung ihrer Kinder gehören grundsätzlich zu den nicht abziehbaren Lebenshaltungskosten (→ BFH vom 29. 10. 1997 – BStBl. 1998 II S. 149).

---

[1] Zur erstmaligen Anwendung siehe § 52 Abs. 20 EStG.

H 12.1
– → H 4.8 (Bildungsaufwendungen für Kinder).
– Ausnahme: → § 10 Abs. 1 Nr. 9 EStG.

Berufliche Tätigkeit während einer Ferienreise. Reist ein Stpfl. zur Erholung und zur Aktualisierung von Lehrbüchern an einen Ferienort, ist regelmäßig von einer nicht unwesentlichen privaten Mitveranlassung auszugehen, die bei fehlender Trennbarkeit der Reise in einen beruflichen und einen privaten Teil den Abzug der Aufwendungen als Betriebsausgaben ausschließt (→ BFH vom 7. 5. 2013 – BStBl. II S. 808).

Berufsausbildungskosten. Aufwendungen für die erstmalige Berufsausbildung oder ein Erststudium → BMF vom 22. 9. 2010 (BStBl. I S. 721).[1]

Bewirtungskosten
– → § 4 Abs. 5 Satz 1 Nr. 2 EStG
– → R 4.10 Abs. 5 bis 9
– Aufwendungen für die Bewirtung von Geschäftsfreunden in der Wohnung des Stpfl. sind **regelmäßig** in vollem Umfang Kosten der Lebensführung (→ R 4.10 Abs. 6 Satz 8). Das Gleiche gilt für Aufwendungen des Stpfl. für die Bewirtung von Geschäftsfreunden anlässlich seines Geburtstages in einer Gaststätte (→ BFH vom 12. 12. 1991 – BStBl. 1992 II S. 524).
– → Gemischte Aufwendungen
– → Karnevalsveranstaltungen.

Brille → Medizinisch-technische Hilfsmittel und Geräte.

Bücher. Aufwendungen eines Publizisten für Bücher allgemeinbildenden Inhalts sind Kosten der Lebensführung (→ BFH vom 21. 5. 1992 – BStBl. II S. 1015).

Deutschkurs. Aufwendungen eines in Deutschland lebenden Ausländers für den Erwerb von Deutschkenntnissen sind regelmäßig nichtabziehbare Kosten der Lebensführung (→ BFH vom 15. 3. 2007 – BStBl. II S. 814 und → BMF vom 6. 7. 2010 – BStBl. I S. 614, Rn. 19).[2]

Einbürgerungskosten. Aufwendungen für die Einbürgerung sind Kosten der Lebensführung (→ BFH vom 18. 5. 1984 – BStBl. II S. 588 und BMF vom 6. 7. 2010 – BStBl. I S. 614, Rn. 19).[2]

Erbstreitigkeiten. Der Erbfall selbst stellt im Gegensatz zur Erbauseinandersetzung einen einkommensteuerrechtlich irrelevanten privaten Vorgang dar mit der Folge, dass die Aufwendungen für die Verfolgung eigener Rechte in einem Streit über das Erbrecht der Privatvermögenssphäre zuzuordnen sind (→ BFH vom 17. 6. 1999 – BStBl. II S. 600).

Feier[3] mit beruflicher und privater Veranlassung. Aufwendungen für eine Feier mit sowohl beruflichem als auch privatem Anlass können teilweise als Werbungskosten abziehbar sein. Der als Werbungskosten abziehbare Betrag kann anhand der Herkunft der Gäste aus dem beruflichen/privaten Umfeld abgegrenzt werden, wenn die Einladung der Gäste aus dem beruflichen Umfeld (nahezu) ausschließlich beruflich veranlasst ist. Hiervon kann insbesondere dann auszugehen sein, wenn nicht nur ausgesuchte Gäste aus dem beruflichen Umfeld eingeladen werden, sondern die Einladungen nach abstrakten berufsbezogenen Kriterien (z. B. alle Auszubildenden, alle Zugehörigen einer bestimmten Abteilung) ausgesprochen werden (→ BFH vom 8. 7. 2015 – BStBl. II S. 1013).

Führerschein. Aufwendungen für den Erwerb des Pkw-Führerscheins sind grundsätzlich Kosten der Lebensführung (→ BFH vom 5. 8. 1977 – BStBl. II S. 834 und → BMF vom 6. 7. 2010 – BStBl. I S. 614, Rn. 19).[2]

Gemischte Aufwendungen. Bei gemischt veranlassten Aufwendungen besteht kein generelles Aufteilungs- und Abzugsverbot (→ BFH vom 21. 9. 2009 – BStBl. 2010 II S. 672); zu den Folgerungen → BMF vom 6. 7. 2010 (BStBl. I S. 614).[2]

Geschenke an Geschäftsfreunde → § 4 Abs. 5 Satz 1 Nr. 1 EStG, → R 4.10 Abs. 2 bis 4.

Gesellschaftliche Veranstaltungen. Aufwendungen, die durch die Teilnahme an gesellschaftlichen Veranstaltungen, z. B. eines Berufs-, Fach- oder Wirtschaftsverbandes oder einer Gewerkschaft, entstanden sind, sind stets Kosten der Lebensführung und zwar auch dann, wenn die gesellschaftlichen Veranstaltungen im Zusammenhang mit einer rein fachlichen oder beruflichen Tagung oder Sitzung standen (→ BFH vom 1. 8. 1968 – BStBl. II S. 713). → Gemischte Aufwendungen, → Karnevalsveranstaltungen, → Kulturelle Veranstaltungen.

Hörapparat → Medizinisch-technische Hilfsmittel und Geräte.

Karnevalsveranstaltungen. Aufwendungen für die Einladung von Geschäftspartnern zu Karnevalsveranstaltungen sind Lebenshaltungskosten (→ BFH vom 29. 3. 1994 – BStBl. II S. 843).

---

[1] Abgedruckt als Anlage zu R 10.9 EStR.
[2] Nachstehend abgedruckt als Anlage b zu H 12.1.
[3] Zu Aufwendungen eines Arbeitnehmers für die Feier eines Geburtstags siehe *BFH-Urteil vom 10. 11. 2016 VI R 7/16 (BStBl. 2017 II S. 409).*

Kleidung und Schuhe
- Kleidung[1] und Schuhe sind als Kosten der Lebensführung nicht abziehbar, selbst wenn der Stpfl. sie ausschließlich bei der Berufsausübung trägt (→ BFH vom 18. 4. 1991 – BStBl. II S. 751 und → BMF vom 6. 7. 2010 – BStBl. I S. 614, Rn. 4).[2]
- Ausnahme typische Berufskleidung → R 3.31 LStR 2015
- → H 4.7 (Berufskleidung)

Körperpflegemittel, Kosmetika. Als Kosten der Lebensführung nicht abziehbar (→ BFH vom 6. 7. 1989 – BStBl. 1990 II S. 49 und → BMF vom 6. 7. 2010 – BStBl. I S. 614, Rn. 4).[2]

Kontoführungsgebühren. Pauschale Kontoführungsgebühren sind nach dem Verhältnis beruflich und privat veranlasster Kontenbewegungen aufzuteilen (→ BFH vom 9. 5. 1984 – BStBl. II S. 560).

Konzertflügel einer Musiklehrerin. Der Konzertflügel einer Musiklehrerin kann ein Arbeitsmittel i. S. d. § 9 Abs. 1 Satz 3 Nr. 6 EStG sein (→ BFH vom 21. 10. 1988 – BStBl. 1989 II S. 356).

Kulturelle Veranstaltungen. Aufwendungen für den Besuch sind regelmäßig keine Werbungskosten, auch wenn dabei berufliche Interessen berührt werden (→ BFH vom 8. 2. 1971 – BStBl. II S. 368 betr. Musiklehrerin und → BMF vom 6. 7. 2010 – BStBl. I S. 614, Rn. 4).[2]

Kunstwerke. Aufwendungen für Kunstwerke zur Ausschmückung eines Arbeits- oder Dienstzimmers sind Kosten der Lebensführung (→ BFH vom 12. 3. 1993 – BStBl. II S. 506).

Medizinisch-technische Hilfsmittel und Geräte. Aufwendungen für technische Hilfsmittel zur Behebung körperlicher Mängel können als reine Kosten der Lebensführung nicht abgezogen werden, auch wenn die Behebung des Mangels im beruflichen Interesse liegt. → BFH vom 8. 4. 1954 (BStBl. III S. 174) – Hörapparat, → BFH vom 28. 9. 1990 (BStBl. 1991 II S. 27) – Bifokalbrille, → BFH vom 23. 10. 1992 (BStBl. 1993 II S. 193) – Sehbrille.

Nachschlagewerk
- Allgemeines Nachschlagewerk eines Lehrers ist regelmäßig dem privaten Lebensbereich zuzuordnen (→ BFH vom 29. 4. 1977 – BStBl. II S. 716).
- Allgemeines englisches Nachschlagewerk eines Englischlehrers kann Arbeitsmittel i. S. d. § 9 Abs. 1 Satz 3 Nr. 6 EStG sein (→ BFH vom 16. 10. 1981 – BStBl. 1982 II S. 67).

Personalcomputer. Eine private Mitbenutzung ist für den vollständigen Betriebsausgaben- bzw. Werbungskostenabzug unschädlich, wenn diese einen Anteil von etwa 10% nicht übersteigt. Bei einem höheren privaten Nutzungsanteil sind die Kosten eines gemischt genutzten PC aufzuteilen. § 12 Nr. 1 Satz 2 EStG steht einer solchen Aufteilung nicht entgegen (→ BFH vom 19. 2. 2004 – BStBl. II S. 958).

Sponsoring → BMF vom 18. 2. 1998 (BStBl. I S. 212).[3]

Steuerberatungskosten. Zuordnung der Steuerberatungskosten zu den Betriebsausgaben, Werbungskosten oder Kosten der Lebensführung → BMF vom 21. 12. 2007 (BStBl. 2008 I S. 256).[2]

Strafverfahren → H 12.3 (Kosten des Strafverfahrens/der Strafverteidigung).

Tageszeitung. Aufwendungen für den Bezug regionaler wie überregionaler Tageszeitungen gehören zu den unter § 12 Nr. 1 Satz 2 EStG fallenden Lebenshaltungskosten (→ BFH vom 7. 9. 1989 – BStBl. 1990 II S. 19 und → BMF vom 6. 7. 2010 – BStBl. I S. 614, Rn. 4 und 17).[2]

Telefonanschluss in einer Wohnung. Grund- und Gesprächsgebühren sind Betriebsausgaben oder Werbungskosten, soweit sie auf die beruflich geführten Gespräche entfallen. Der berufliche Anteil ist aus dem – ggf. geschätzten – Verhältnis der beruflich und der privat geführten Gespräche zu ermitteln (→ BFH vom 21. 11. 1980 – BStBl. 1981 II S. 131). Zur Aufteilung der Gebühren → R 9.1 Abs. 5 LStR 2015.

Videorecorder eines Lehrers. Aufwendungen für einen Videorecorder sind regelmäßig Kosten der Lebensführung (→ BFH vom 27. 9. 1991 – BStBl. 1992 II S. 195).

Anl a zu H 12.1

a) Schreiben betr. Zuordnung der Steuerberatungskosten zu den Betriebsausgaben, Werbungskosten oder Kosten der Lebensführung

Vom 21. Dezember 2007 (BStBl. 2008 I S. 256)

(BMF IV B 2 – S 2144/07/0002; DOK 2007/0586772)

Durch das Gesetz zum Einstieg in ein steuerliches Sofortprogramm vom 22. Dezember 2005 (BGBl. I S. 3682, BStBl. 2006 I S. 79) wurde der Abzug von Steuerberatungskosten als Sonderausgaben ausgeschlossen. Steuerberatungskosten sind nur noch zu berücksichtigen, wenn sie Betriebsausgaben oder Werbungskosten darstellen. Im Einvernehmen mit den obersten Finanzbehörden der Länder gilt für die Zuordnung der Steuerberatungskosten zu den Betriebsausgaben, Werbungskosten oder den nicht abziehbaren Kosten der Lebensführung Folgendes: 7a

[1] Aufwendungen für die Reinigung typischer Berufskleidung in der privaten Waschmaschine sind Werbungskosten. *BFH-Urteile vom 29. 6. 1993 VI R 77/91* und *VI R 53/92 (BStBl. II S. 837 und 838).*
[2] Nachstehend abgedruckt als Anlage b zu H 12.1.
[3] Abgedruckt als Anlage b zu R 4.7 EStR.

Anl a zu H 12.1

1. Begriffsbestimmung

1 Steuerberatungskosten umfassen alle Aufwendungen, die in sachlichem Zusammenhang mit dem Besteuerungsverfahren stehen. Hierzu zählen insbesondere solche Aufwendungen, die dem Steuerpflichtigen durch die Inanspruchnahme eines Angehörigen der steuerberatenden Berufe zur Erfüllung seiner steuerlichen Pflichten und zur Wahrung seiner steuerlichen Rechte entstehen (§§ 1 und 2 StBerG). Dazu gehören auch die damit zwangsläufig verbundenen und durch die Steuerberatung veranlassten Nebenkosten (→ BFH vom 12. Juli 1989, BStBl. II S. 967), wie Fahrtkosten zum Steuerberater und Unfallkosten auf dem Weg zum Steuerberater. Steuerberatungskosten sind u. a. auch Beiträge zu Lohnsteuerhilfevereinen, Aufwendungen für Steuerfachliteratur und sonstige Hilfsmittel (z. B. Software).

2 Nicht zu den Steuerberatungskosten zählen u. a. Rechtsanwaltskosten, die der Steuerpflichtige aufwendet, um die Zustimmung seines geschiedenen oder dauernd getrennt lebenden unbeschränkt steuerpflichtigen Ehegatten zum begrenzten Realsplitting zu erlangen oder die für die Verteidigung in einem Steuerstrafverfahren (→ BFH vom 20. September 1989, BStBl. 1990 II S. 20) anfallen.

2. Zuordnung zu den Betriebsausgaben/Werbungskosten

3 Steuerberatungskosten sind als Betriebsausgaben oder Werbungskosten abzuziehen, wenn und soweit sie bei der Ermittlung der Einkünfte anfallen (→ BFH vom 18. November 1965, BStBl. 1966 III S. 190) oder im Zusammenhang mit Betriebssteuern (z. B. Gewerbesteuer, Umsatzsteuer, Grundsteuer für Betriebsgrundstücke) oder Investitionszulagen für Investitionen im einkünfterelevanten Bereich stehen. Die Ermittlung der Einkünfte umfasst die Kosten der Buchführungsarbeiten und der Überwachung der Buchführung, die Ermittlung von Ausgaben oder Einnahmen, die Anfertigung von Zusammenstellungen, die Aufstellung von Bilanzen oder von Einnahmenüberschussrechnungen, die Beantwortung der sich dabei ergebenden Steuerfragen, soweit es sich nicht um Nebenleistungen nach § 12 Nr. 3 EStG handelt und die Kosten der Beratung. Zur Ermittlung der Einkünfte zählt auch das Ausfüllen des Vordrucks Einnahmenüberschussrechnung (EÜR).

3. Zuordnung zu den Kosten der Lebensführung

4 Das Übertragen der Ergebnisse aus der jeweiligen Einkunftsermittlung in die entsprechende Anlage zur Einkommensteuererklärung und das übrige Ausfüllen der Einkommensteuererklärung gehören nicht zur Einkunftsermittlung. Die hierauf entfallenden Kosten sowie Aufwendungen, die die Beratung in Tarif- oder Veranlagungsfragen betreffen oder im Zusammenhang mit der Ermittlung von Sonderausgaben und außergewöhnlichen Belastungen stehen, sind als Kosten der privaten Lebensführung gemäß § 12 Nr. 1 EStG steuerlich nicht zu berücksichtigen (→ BFH vom 12. Juli 1989, BStBl. II S. 967).

5 Zu den der Privatsphäre zuzurechnenden Aufwendungen zählen auch die Steuerberatungskosten, die:
- durch haushaltsnahe Beschäftigungsverhältnisse veranlasst sind,
- im Zusammenhang mit der Inanspruchnahme haushaltsnaher Dienstleistungen oder der steuerlichen Berücksichtigung von Kinderbetreuungskosten stehen,
- die Erbschaft- oder Schenkungsteuer,[1]
- das Kindergeld oder
- die Eigenheimzulage betreffen.

4. Zuordnung zur Betriebs-/Berufssphäre oder zur Privatsphäre

6 Steuerberatungskosten, die für Steuern entstehen, die sowohl betrieblich/beruflich als auch privat verursacht sein können, sind anhand ihrer Veranlassung den Aufwendungen nach Rdnr. 3 oder 4 zuzuordnen (z. B. Grundsteuer, Kraftfahrzeugsteuer, Zweitwohnungssteuer, Gebühren für verbindliche Auskünfte nach § 89 Abs. 3 bis 5 AO). Als Aufteilungsmaßstab dafür ist grundsätzlich die Gebührenrechnung des Steuerberaters heranzuziehen.

5. Zuordnung gemischt veranlasster Aufwendungen

7 Entstehen dem Steuerpflichtigen Aufwendungen, die unter Berücksichtigung der Ausführungen zu den Rdnrn. 3 und 4 sowohl betrieblich/beruflich als auch privat veranlasst sind, wie z. B. Beiträge an Lohnsteuerhilfevereine, Anschaffungskosten für Steuerfachliteratur zur Ermittlung der Einkünfte und des Einkommens, Beratungsgebühren für einen Rechtsstreit, der sowohl die Ermittlung von Einkünften als auch z. B. den Ansatz von außergewöhnlichen Belastungen umfasst, ist im Rahmen einer sachgerechten Schätzung eine Zuordnung zu den Betriebsausgaben, Werbungskosten oder Kosten der Lebensführung vorzunehmen. Dies gilt auch in den Fällen einer Vereinbarung einer Pauschalvergütung nach § 14 der StBGebV.

8 Bei Beiträgen an Lohnsteuerhilfevereine, Aufwendungen für steuerliche Fachliteratur und Software wird es nicht beanstandet, wenn diese Aufwendungen i. H. v. 50 Prozent den Betriebsausgaben oder Werbungskosten zugeordnet werden. Dessen ungeachtet ist aus Vereinfachungsgründen der Zuordnung des Steuerpflichtigen bei Aufwendungen für gemischte Steuerberatungskosten bis zu einem Betrag von 100 € im Veranlagungszeitraum zu folgen.

Beispiel:
Der Steuerpflichtige zahlt in 01 einen Beitrag an einen Lohnsteuerhilfeverein i. H. v. 120 €. Davon ordnet er 100 € den Werbungskosten zu; diese Zuordnung ist nicht zu beanstanden.

6. Zuordnung der Steuerberatungskosten bei Körperschaften

9 Auf Körperschaften findet § 12 EStG keine Anwendung. Den Körperschaften im Sinne des § 1 Abs. 1 Nr. 1 bis 3 KStG entstehende Steuerberatungskosten sind in vollem Umfang als Betriebsausgaben ab-

[1] Zu Aufwendungen einer Mitunternehmerschaft für die Bewertung von Mitunternehmeranteilen für Zwecke der Erbschaftsteuer siehe *Kurzinformation FM Schleswig-Holstein vom 18. 12. 2014 VI 304 – S 2144 – 199 (DStR 2015 S. 1313).*

ziehbar. Für Körperschaften, die auch andere als gewerbliche Einkünfte erzielen, ist zwischen einkunftsbezogenen und nicht einkunftsbezogenen Aufwendungen zu unterscheiden. Den einzelnen Einkunftsarten zuzuordnende Steuerberatungskosten sind als Betriebsausgaben oder Werbungskosten abziehbar.

7. Anwendungszeitpunkt

10 Steuerberatungskosten, die den Kosten der Lebensführung zuzuordnen sind, sind ab dem 1. Januar 2006 nicht mehr als Sonderausgaben zu berücksichtigen. Maßgebend dafür ist der Zeitpunkt des Abflusses der Aufwendungen (§ 11 Abs. 2 Satz 1 EStG). Werden Steuerberatungskosten für den Veranlagungszeitraum 2005 vorschussweise (§ 8 StBGebV) bereits in 2005 gezahlt, so sind sie dem Grunde nach abziehbar. Eine spätere Rückzahlung aufgrund eines zu hohen Vorschusses mindert die abziehbaren Aufwendungen des Veranlagungszeitraumes 2005. Ein bereits bestandskräftiger Bescheid ist nach § 175 Abs. 1 Satz 1 Nr. 2 AO zu ändern (→ BFH vom 28. Mai 1998, BStBl. 1999 II S. 95).

b) Schreiben betr. steuerliche Beurteilung gemischter Aufwendungen; Beschluss des Großen Senats des BFH vom 21. September 2009 GrS 1/06 (BStBl. 2010 II S. 672)

Anl b zu H 12.1

Vom 6. Juli 2010 (BStBl. I S. 614)

(BMF IV C 3 – S 2227/07/10003 :002; DOK 2010/0522213)

Inhaltsverzeichnis

Der Große Senat des Bundesfinanzhofs hat mit dem o. a. Beschluss entschieden, dass § 12 Nummer 1 Satz 2 EStG kein allgemeines Aufteilungs- und Abzugsverbot für Aufwendungen normiert, die sowohl durch die Einkunftserzielung als auch privat veranlasste Teile enthalten (gemischte Aufwendungen). Unter Bezugnahme auf das Ergebnis der Erörterungen mit den obersten Finanzbehörden der Länder gelten zur steuerlichen Beurteilung gemischter Aufwendungen für alle Einkunftsarten und für die verschiedenen Arten der Gewinnermittlung die folgenden Grundsätze: **7b**

1. Allgemeines

1 Gemischte Aufwendungen eines Steuerpflichtigen können nach Maßgabe der folgenden Ausführungen grundsätzlich in als Betriebsausgaben oder Werbungskosten abziehbare sowie in privat veranlasste und damit nicht abziehbare Teile aufgeteilt werden, soweit nicht gesetzlich etwas anderes geregelt ist oder es sich um Aufwandspositionen handelt, die durch das steuerliche Existenzminimum abgegolten oder als Sonderausgaben oder als außergewöhnliche Belastungen abziehbar sind.

2 Eine Aufteilung der Aufwendungen kommt nur in Betracht, wenn der Steuerpflichtige die betriebliche oder berufliche Veranlassung im Einzelnen umfassend dargelegt und nachgewiesen hat. Bestehen gewichtige Zweifel an einer betrieblichen oder beruflichen (Mit-)Veranlassung der Aufwendungen, so kommt für die Aufwendungen schon aus diesem Grund ein Abzug insgesamt nicht in Betracht.

3 Die Aufteilung gemischt veranlasster Aufwendungen hat nach einem an objektiven Kriterien orientierten Maßstab der Veranlassungsbeiträge zu erfolgen. Ist eine verlässliche Aufteilung nur mit unverhältnismäßigem Aufwand möglich, erfolgt die Aufteilung im Wege der Schätzung. Fehlt es an einer geeigneten Schätzungsgrundlage oder sind die Veranlassungsbeiträge nicht trennbar, gelten die Aufwendungen als insgesamt privat veranlasst.

2. Nicht abziehbare Aufwendungen der Lebensführung

4 Nach § 12 Nummer 1 Satz 1 EStG sind Aufwendungen für den Haushalt des Steuerpflichtigen und für den Unterhalt seiner Familienangehörigen vollständig vom Betriebsausgaben-/Werbungskostenabzug ausgeschlossen und demzufolge nicht in einen abziehbaren und nicht abziehbaren Teil aufzuteilen. Sie sind durch die Vorschriften zur Berücksichtigung des steuerlichen Existenzminimums (Grundfreibetrag, Freibeträge für Kinder) pauschal abgegolten oder als Sonderausgaben oder als außergewöhnliche Belastungen abziehbar.

Kosten der Lebensführung in diesem Sinne sind insbesondere Aufwendungen für
- Wohnung,
- Ernährung,
- Kleidung,
- allgemeine Schulausbildung,
- Kindererziehung,
- persönliche Bedürfnisse des täglichen Lebens, z. B. Erhaltung der Gesundheit, Pflege, Hygieneartikel,
- Zeitung,
- Rundfunk oder
- Besuch kultureller und sportlicher Veranstaltungen.

Anl b zu H 12.1

5 Vollumfänglich nicht abziehbar und demzufolge nicht aufzuteilen sind ferner Aufwendungen nach § 12 Nummer 1 Satz 2 EStG. Das sind Aufwendungen für die Lebensführung, die zwar der Förderung des Berufs oder der Tätigkeit dienen können, die aber grundsätzlich die wirtschaftliche oder gesellschaftliche Stellung des Steuerpflichtigen mit sich bringt. Hierbei handelt es sich um Aufwendungen, die mit dem persönlichen Ansehen des Steuerpflichtigen in Zusammenhang stehen, d. h. der Pflege der sozialen Verpflichtungen dienen (sog. Repräsentationsaufwendungen).

Ob Aufwendungen Repräsentationsaufwendungen im Sinne des § 12 Nummer 1 Satz 2 EStG oder (zumindest teilweise) Betriebsausgaben/Werbungskosten darstellen, ist stets durch eine Gesamtwürdigung aller Umstände des Einzelfalls festzustellen.[1] Bei Veranstaltungen, die vom Steuerpflichtigen ausgerichtet werden, stellt ein persönlicher Anlass (z.B. Geburtstag, Trauerfeier) regelmäßig ein bedeutendes Indiz für die Annahme nicht abziehbarer Repräsentationsaufwendungen dar. Auch Aufwendungen für gesellschaftliche Veranstaltungen fallen in der Regel unter § 12 Nummer 1 Satz 2 EStG.

6 Aufwendungen nach § 12 Nummer 1 EStG sind selbst im Falle einer betrieblichen/beruflichen Mitveranlassung nicht als Betriebsausgaben/Werbungskosten abziehbar.

7 Aufwendungen im Sinne der Rn. 4 und 5 sind Betriebsausgaben oder Werbungskosten, soweit sie ausschließlich oder nahezu ausschließlich betrieblich/beruflich veranlasst sind (z. B. § 4 Absatz 5 Satz 1 Nummer 6 b EStG: Arbeitszimmer; § 9 Absatz 1 Satz 3 Nummer 6 EStG: Arbeitsmittel, typische Berufskleidung) oder ein abgegrenzter betrieblicher/beruflicher Mehraufwand gegeben ist. Die Abzugsbeschränkungen des § 4 Absatz 5 Satz 1 Nummer 5 EStG (Verpflegungsmehraufwendungen) und § 9 Absatz 1 Satz 3 Nummer 5 EStG (Doppelte Haushaltsführung) sind zu beachten.[2]

3. Grundsätze der Aufteilung gemischter Aufwendungen

8 Gemäß § 4 Absatz 4 EStG (Betriebsausgaben) und § 9 Absatz 1 EStG (Werbungskosten) werden bei der Ermittlung der Einkünfte nur Aufwendungen berücksichtigt, die durch die Einkunftserzielung veranlasst sind. Ein Veranlassungszusammenhang in diesem Sinne besteht, wenn die Aufwendungen mit der Einkunftserzielung objektiv zusammenhängen und ihr subjektiv zu dienen bestimmt sind, d. h., wenn sie in unmittelbarem oder mittelbarem wirtschaftlichen Zusammenhang mit einer der Einkunftsarten des Einkommensteuergesetzes stehen.

9 Aufwendungen, die eindeutig und klar abgrenzbar ausschließlich betrieblich/beruflich oder privat veranlasst sind, sind unmittelbar dem betrieblichen/beruflichen oder privaten Teil der Aufwendungen zuzuordnen.

a) Durch die Einkunftserzielung (mit-)veranlasste Aufwendungen

10 Nicht von § 12 Nummer 1 EStG erfasste Aufwendungen, die nicht eindeutig zugeordnet werden können, aber einen nachgewiesenen abgrenzbaren betrieblichen oder beruflichen Anteil enthalten, sind nach dem jeweiligen Veranlassungsanteil in abziehbare und nicht abziehbare Aufwendungen aufzuteilen.

11 Bei einer untergeordneten betrieblichen/beruflichen Mitveranlassung ($< 10\%$) sind die Aufwendungen in vollem Umfang nicht als Betriebsausgaben/Werbungskosten abziehbar.

Wird ein Sachverhalt insgesamt als privat veranlasst gewürdigt und werden die Aufwendungen dementsprechend steuerlich nicht berücksichtigt, so können zusätzliche ausschließlich betrieblich/beruflich veranlasste Aufwendungen für sich genommen als Betriebsausgaben oder Werbungskosten abzuziehen sein (vgl. Rn. 9).[3]

Beispiel 1:

Ein Steuerpflichtiger nimmt während seiner 14-tägigen Urlaubsreise an einem eintägigen Fachseminar teil.
Die Aufwendungen für die Urlaubsreise sind nicht abziehbar. Die Aufwendungen, die unmittelbar mit dem Fachseminar zusammenhängen (Seminargebühren, Fahrtkosten vom Urlaubsort zum Tagungsort, ggf. Pauschbetrag für Verpflegungsmehraufwendungen), sind als Betriebsausgaben/Werbungskosten abziehbar.

12 Bei einer untergeordneten privaten Mitveranlassung ($< 10\%$) sind die Aufwendungen in vollem Umfang als Betriebsausgaben/Werbungskosten abziehbar; die Abzugsbeschränkungen des § 4 Absatz 5 EStG und § 9 Absatz 5 EStG bleiben unberührt.

Von einer untergeordneten privaten Mitveranlassung der Kosten für die Hin- und Rückreise ist auch dann auszugehen, wenn der Reise ein eindeutiger unmittelbarer betrieblicher/beruflicher Anlass zugrunde liegt (z. B. ein Arbeitnehmer nimmt aufgrund einer Weisung seines Arbeitgebers einen ortsgebundenen Pflichttermin wahr oder ein Nichtarbeitnehmer tätigt einen ortsgebundenen Geschäftsabschluss oder ist Aussteller auf einer auswärtigen Messe), den der Steuerpflichtige mit einem vorangehenden oder nachfolgenden Privataufenthalt verbindet.

b) Höhe der abziehbaren Aufwendungen

13 Sind die Aufwendungen sowohl durch betriebliche/berufliche als auch private Gründe von jeweils nicht untergeordneter Bedeutung (vgl. Rn. 11 und 12) veranlasst, ist nach Möglichkeit eine Aufteilung der Aufwendungen nach Veranlassungsbeiträgen vorzunehmen (vgl. BFH vom 21. April 2010 VI R 66/04, BStBl. II S. 685; siehe aber Rn. 18).

14 Es ist ein geeigneter, den Verhältnissen im Einzelfall gerecht werdender Aufteilungsmaßstab zu finden. Der Maßstab muss nach objektivierbaren – d. h. nach außen hin erkennbaren und nachvollziehbaren – Kriterien ermittelt und hinsichtlich des ihm zugrunde liegenden Veranlassungsbeitrags dokumentiert werden.

[1] Siehe H 12.1 (Feier mit beruflicher und privater Veranlassung) EStH.
[2] **Amtl. Anm.:** Vgl. C. III. 4. a der Entscheidungsgründe des GrS.
[3] **Amtl. Anm.:** Vgl. C. III. 3. f der Entscheidungsgründe des GrS.

15 Der betrieblich/beruflich und privat veranlasste Teil der Aufwendungen kann beispielsweise nach folgenden Kriterien ermittelt werden: Zeit-, Mengen- oder Flächenanteile sowie Aufteilung nach Köpfen.

Beispiel 2:

An der Feier zum 30. Firmenjubiläum des Einzelunternehmens Y nehmen 100 Personen teil (80 Kunden und Geschäftsfreunde und 20 private Gäste des Firmeninhabers). Die Gesamtkosten der Feier betragen 5000 EUR, auf Essen und Getränke entfallen 4000 EUR.

Aufgrund der Teilnahme privater Gäste handelt es sich um eine gemischt betrieblich und privat veranlasste Veranstaltung. Zwar liegt der Anlass der Veranstaltung im betrieblichen Bereich (Firmenjubiläum). Die Einladung der privaten Gäste erfolgte allerdings ausschließlich aus privaten Gründen, so dass die Kosten der Verköstigung und Unterhaltung der privaten Gäste als privat veranlasst zu behandeln sind. Sachgerechtes objektivierbares Kriterium für eine Aufteilung ist eine Aufteilung nach Köpfen. 80 Personen nehmen aus betrieblichen Gründen an dem Firmenjubiläum teil, 20 aus privaten Gründen. Damit sind 1000 EUR (20% der Gesamtkosten), die anteilig auf die privaten Gäste entfallen, nicht als Betriebsausgaben abziehbar. Von den verbleibenden betrieblich veranlassten Kosten in Höhe von 4000 EUR sind unter Berücksichtigung des § 4 Absatz 5 Satz 1 Nummer 2 EStG 3040 EUR (80% von 1000 EUR + 70% von 80% von 4000 EUR) als Betriebsausgaben abziehbar.

Beispiel 3:

Ein niedergelassener Arzt besucht einen Fachkongress in London. Er reist Samstagfrüh an.

Die Veranstaltung findet ganztägig von Dienstag bis Donnerstag statt. Am Sonntagabend reist er nach Hause zurück.

Da Reisen nach dem Beschluss des Großen Senats des BFH entgegen der bisherigen Rechtsprechung nicht mehr in jedem Fall als Einheit zu betrachten sind, sind die Kosten für zwei Übernachtungen (von Dienstag bis Donnerstag) sowie die Kongressgebühren ausschließlich dem betrieblichen Bereich zuzuordnen und daher vollständig als Betriebsausgaben abziehbar. Die Flugkosten sind gemischt veranlasst und entsprechend den Veranlassungsbeiträgen aufzuteilen. Sachgerechter Aufteilungsmaßstab ist das Verhältnis der betrieblichen und privaten Zeitanteile der Reise (betrieblich veranlasst sind 3/9). Ein Abzug der Verpflegungskosten als Betriebsausgaben ist nur in Höhe der Pauschbeträge für Verpflegungsmehraufwendungen für die betrieblich veranlassten Tage zulässig.

Abwandlung:

Der Arzt fährt nicht als Zuhörer, sondern als Mitveranstalter zu dem Fachkongress.

Die Kosten für die Hin- und Rückreise sind vollständig dem betrieblichen Bereich zuzurechnen und daher nicht aufzuteilen (vgl. Rn. 12).

16 Bestehen keine Zweifel daran, dass ein nach objektivierbaren Kriterien abgrenzbarer Teil der Aufwendungen betrieblich/beruflich veranlasst ist, bereitet seine Quantifizierung aber Schwierigkeiten, so ist dieser Anteil unter Berücksichtigung aller maßgeblichen Umstände zu schätzen (§ 162 AO). Ist also zweifelsfrei ein betrieblicher/beruflicher Kostenanteil entstanden, kann aber dessen jeweiliger Umfang mangels geeigneter Unterlagen nicht belegt werden, ist wie bisher eine Schätzung geboten.

c) Nicht aufteilbare gemischte Aufwendungen

17 Ein Abzug der Aufwendungen kommt insgesamt nicht in Betracht, wenn die – für sich gesehen jeweils nicht unbedeutenden – betrieblichen/beruflichen und privaten Veranlassungsbeiträge so ineinander greifen, dass eine Trennung nicht möglich und eine Grundlage für die Schätzung nicht erkennbar ist. Das ist insbesondere der Fall, wenn es an objektivierbaren Kriterien für eine Aufteilung fehlt.

Beispiel 4:

Ein Steuerberater begehrt die hälftige Anerkennung der Kosten eines Abonnements einer überregionalen Zeitung, die er neben der regionalen Tageszeitung bezieht, als Betriebsausgaben, weil die überregionale Zeitung umfassend auch über die steuerrechtliche Entwicklung informiere.

Die Kosten sind insgesamt nicht als Betriebsausgaben abziehbar. Die betrieblichen und privaten Veranlassungsbeiträge greifen so ineinander, dass eine Trennung nicht möglich ist. Soweit die Zeitung nicht bereits durch das steuerliche Existenzminimum abgegolten ist, fehlt es an einer Aufteilbarkeit der Veranlassungsbeiträge. Denn keine Rubrik oder Seite einer Zeitung kann ausschließlich dem betrieblichen Bereich zugeordnet werden, sondern dient stets auch dem privaten Informationsinteresse. Es fehlt damit an einer Möglichkeit zur Aufteilung nach objektivierbaren Kriterien.

18 Die für Auslandsgruppenreisen aufgestellten Abgrenzungsmerkmale gelten grundsätzlich weiter (BFH vom 27. November 1978, BStBl. 1979 II S. 213; zuletzt BFH vom 21. April 2010 VI R 5/07, BStBl. II S. 687).[1] Eine Aufteilung der Kosten und damit ein teilweiser Abzug als Betriebsausgaben/Werbungskosten kommt bei solchen Reisen regelmäßig nur in Betracht, soweit die beruflichen und privaten Veranlassungsbeiträge voneinander abgrenzbar sind (vgl. BFH vom 21. April 2010 VI R 5/07, BStBl. II S. 687).

19 Soweit der BFH bisher die Abziehbarkeit anderer gemischter Aufwendungen mangels objektiver Aufteilungskriterien abgelehnt hat, ist weiterhin von der Nichtabziehbarkeit auszugehen.

Beispiele:

Aufwendungen für Sicherheitsmaßnahmen eines Steuerpflichtigen zum Schutz von Leben, Gesundheit, Freiheit und Vermögen seiner Person (BFH vom 5. April 2006, BStBl. II S. 541),

Aufwendungen eines in Deutschland lebenden Ausländers für das Erlernen der deutschen Sprache (BFH vom 15. März 2007, BStBl. II S. 814),

Aufwendungen einer Landärztin für einen Schutzhund (BFH vom 29. März 1979, BStBl. II S. 512),

Einbürgerungskosten zum Erwerb der deutschen Staatsangehörigkeit (BFH vom 18. Mai 1984, BStBl. II S. 588),

Kosten für den Erwerb eines Führerscheins (BFH vom 8. April 1964, BStBl. III S. 431).

4. Anwendungsregelung

20 Dieses Schreiben ist vorbehaltlich des § 176 Absatz 1 Satz 1 Nummer 3 AO für alle offenen Fälle anzuwenden.

---

[1] **Amtl. Anm.:** Vgl. C. III. 4. e der Entscheidungsgründe des GrS.

R 12.2 8 **R 12.2. Studienreisen, Fachkongresse**[1] *(unbesetzt)*

H 12.2 9 **Allgemeines.** Aufwendungen können nur berücksichtigt werden, wenn sie durch die Einkunftserzielung veranlasst sind. Bei gemischt veranlassten Aufwendungen besteht kein generelles Aufteilungs- und Abzugsverbot (→ BFH vom 21. 9. 2009 – BStBl. 2010 II S. 672); zu den Folgerungen → BMF vom 6. 7. 2010 (BStBl. I S. 614).[2]

Incentive-Reisen → BMF vom 14. 10. 1996 – BStBl. I S. 1192.[3]

Nachweis der Teilnahme. Bei betrieblicher/beruflicher Veranlassung sind Aufwendungen für die Teilnahme an einem Kongress nur abziehbar, wenn feststeht, dass der Stpfl. an den Veranstaltungen teilgenommen hat (→ BFH vom 4. 8. 1977 – BStBl. II S. 829). An den Nachweis der Teilnahme sind strenge Anforderungen zu stellen; der Nachweis muss sich auf jede Einzelveranstaltung beziehen, braucht jedoch nicht in jedem Fall durch Anwesenheitstestat geführt zu werden (→ BFH vom 13. 2. 1980 – BStBl. II S. 386 und vom 11. 1. 2007 – BStBl. II S. 457).

R 12.3 **R 12.3. Geldstrafen und ähnliche Rechtsnachteile**

11 ① Aufwendungen im Sinne des § 12 Nr. 4 EStG können auch dann nicht abgezogen werden, wenn die Geldstrafen und ähnlichen Rechtsnachteile außerhalb des Geltungsbereichs des Gesetzes verhängt, angeordnet oder festgesetzt werden, es sei denn, sie widersprechen wesentlichen Grundsätzen der deutschen Rechtsordnung (ordre public).[4] ② Die Einziehung von Gegenständen, die – neben der Hauptstrafe oder nachträglich nach § 76 StGB oder unter den Voraussetzungen des § 76 a StGB selbständig – in den Fällen des § 74 Abs. 2 Nr. 1 oder § 76 a StGB angeordnet oder festgesetzt worden ist, stellt eine Rechtsfolge vermögensrechtlicher Art mit überwiegendem Strafcharakter dar. ③ Die mit dem Verfall von Gegenständen bzw. dem Verfall von Tatentgelten (§ 73 StGB) verbundene Vermögenseinbuße dient hingegen der Gewinnabschöpfung und damit in erster Linie dem Ausgleich unrechtmäßiger Vermögensverschiebungen. ④ Ein Strafcharakter kann deshalb in der Regel nicht angenommen werden.

H 12.3 **Abführung von Mehrerlösen** → R 4.13.

12 **Geldbußen** → R 4.13.

Leistungen zur Erfüllung von Auflagen oder Weisungen
- sind nicht abziehbar:
  - bei Strafaussetzung zur Bewährung,
  - bei Verwarnung mit dem Strafvorbehalt, einen Geldbetrag zugunsten einer gemeinnützigen Einrichtung oder der Staatskasse zu zahlen oder sonst gemeinnützige Leistungen zu erbringen (§ 56 b Abs. 2 Satz 1 Nr. 2 und 3, § 59 a Abs. 2 StGB),
  - bei Einstellung des Verfahrens (§ 153 a Abs. 1 Satz 1 Nr. 2 und 3 StPO); Gleiches gilt bei Einstellung des Verfahrens nach dem Jugendgerichtsgesetz und im Gnadenverfahren.
- sind ausnahmsweise abziehbar:
  bei Ausgleichszahlungen an das geschädigte Tatopfer zur Wiedergutmachung des durch die Tat verursachten Schadens auf Grund einer Auflage nach § 56 b Abs. 2 Satz 1 Nr. 1 StGB (→ BFH vom 15. 1. 2009 – BStBl. 2010 II S. 111).

Ordnungsgelder → R 4.13.

Verwarnungsgelder → R 4.13.

R 12.4 13 **R 12.4. Nichtabziehbare Steuern und Nebenleistungen** *(unbesetzt)*

H 12.4 **Nebenleistungen**

14 Die folgenden Nebenleistungen (§ 3 Abs. 4 AO) sind nicht abziehbar, soweit sie auf die in § 12 Nr. 3 EStG genannten Steuerarten entfallen:
- Aussetzungszinsen (§ 237 AO),
- Gebühren für verbindliche Auskünfte (§ 89 Abs. 3 AO),
- Hinterziehungszinsen (§ 235 AO),
- Kosten bei Inanspruchnahme von Finanzbehörden (§ 178 a AO),
- Nachforderungszinsen (§ 233 a AO),[5]
- Säumniszuschläge (§ 240 AO),[6]
- Stundungszinsen (§ 234 AO),

[1] Zur Anerkennung von Aufwendungen für Studienreisen und Fachkongresse siehe auch *Vfg. OFD Frankfurt vom 13. 4. 2012, S 2227 A – 3 – St 217 (IStR S. 729).*

[2] Vorstehend abgedruckt.

[3] Abgedruckt als Anlage a zu R 4.7 EStR.

[4] Vgl. *BFH-Urteil vom 31. 7. 1991 VIII R 89/86 (BStBl. 1992 II S. 85).*

[5] Siehe dazu auch *BFH-Urteil vom 2. 9. 2008 VIII R 2/07 (BStBl. 2010 II S. 25).*

[6] Wegen Säumniszuschlägen zur Grunderwerbsteuer vgl. *BFH-Urteil vom 14. 1. 1992 IX R 226/87 (BStBl. II S. 464).*

- Verspätungszuschläge (§ 152 AO),
- Verzögerungsgelder (§ 146 Abs. 2b AO),
- Zuschlag wegen der Nichtvorlage oder Unbrauchbarkeit von Aufzeichnungen (§ 162 Abs. 4 AO),
- Zwangsgelder (§ 329 AO).

Personensteuern
- Einkommensteuer, einschl. ausländische Steuern vom Einkommen, soweit nicht § 34c Abs. 2 oder 3 EStG anzuwenden ist,
- Erbschaftsteuer,
- Kapitalertragsteuer,
- Kirchensteuer,
- Lohnsteuer,
- Solidaritätszuschlag,
- Vermögensteuer.

Umsatzsteuer bei Anwendung der 1%-Regelung. Die nach § 12 Nr. 3 EStG nicht abziehbare Umsatzsteuer ist bei Anwendung der 1%-Regelung (§ 6 Abs. 1 Nr. 4 Satz 2 EStG) nach umsatzsteuerrechtlichen Maßstäben zu ermitteln. Dabei kommt es nicht auf die tatsächlich festgesetzte Umsatzsteuer an, weil der Umsatzsteuerbescheid kein Grundlagenbescheid für den Einkommensteuerbescheid ist (→ BFH vom 7. 12. 2010 – BStBl. 2011 II S. 451).

R 12.5. Zuwendungen

R 12.5

15 ① Spenden und Mitgliedsbeiträge gehören auch dann zu den Kosten der Lebensführung, wenn sie durch betriebliche Erwägungen mit veranlasst werden. ② Der Stpfl. kann sie nur im Rahmen der → §§ 10b, 34g EStG abziehen.

R 12.6. Wiederkehrende Leistungen *(unbesetzt)*

R 12.6

17

H 12.6

18 **Abgrenzung zwischen Unterhalts- und Versorgungsleistungen.** Einkommensteuerrechtliche Behandlung von wiederkehrenden Leistungen im Zusammenhang mit einer Vermögensübertragung → BMF vom 11. 3. 2010 (BStBl. I S. 227)[1] unter Berücksichtigung der Änderungen durch BMF vom 6. 5. 2016 (BStBl. I S. 476).

Gesetzlich unterhaltsberechtigt sind alle Personen, die nach bürgerlichem Recht gegen den Stpfl. oder seinen Ehegatten einen gesetzlichen Unterhaltsanspruch haben können. Die Unterhaltsberechtigung setzt insoweit zivilrechtlich die Unterhaltsbedürftigkeit der unterhaltenen Person voraus (sog. konkrete Betrachtungsweise) (→ BFH vom 5. 5. 2010 – BStBl. 2011 II S. 115), → H 33a.1 (Unterhaltsberechtigung).

Unterhaltsleistungen
- an den geschiedenen oder dauernd getrennt lebenden Ehegatten fallen unter das Abzugsverbot des § 12 Nr. 2 EStG;
- die den Rahmen der gesetzlichen Unterhaltspflicht übersteigen, fallen unter das Abzugsverbot des § 12 Nr. 2 EStG (→ BFH vom 10. 4. 1953 – BStBl. III S. 157).
  Ausnahmen: → § 10 Abs. 1a Nr. 1 EStG, → § 33a Abs. 1 EStG.

[1] Abgedruckt als Anlage zu R 10.3 EStR.

8. Die einzelnen Einkunftsarten

a) Land- und Forstwirtschaft (§ 2 Absatz 1 Satz 1 Nummer 1)

EStG

§ 13 Einkünfte aus Land- und Forstwirtschaft[1]

(1) **Einkünfte aus Land- und Forstwirtschaft sind**

1 **1.[2] Einkünfte aus dem Betrieb von Landwirtschaft, Forstwirtschaft, Weinbau, Gartenbau und aus allen Betrieben, die Pflanzen und Pflanzenteile mit Hilfe der Naturkräfte gewinnen. ② Zu diesen Einkünften gehören auch die Einkünfte aus der Tierzucht und Tierhaltung, wenn im Wirtschaftsjahr**

für die ersten 20 Hektar	**nicht mehr als 10 Vieheinheiten,**
für die nächsten 10 Hektar	**nicht mehr als 7 Vieheinheiten,**
für die nächsten 20 Hektar	**nicht mehr als 6 Vieheinheiten,**
für die nächsten 50 Hektar	**nicht mehr als 3 Vieheinheiten,**
und für die weitere Fläche	**nicht mehr als 1,5 Vieheinheiten**

je Hektar der vom Inhaber des Betriebs regelmäßig landwirtschaftlich genutzten Fläche erzeugt oder gehalten werden. ③ Die Tierbestände sind nach dem Futterbedarf in Vieheinheiten umzurechnen. ④ § 51 Absatz 2 bis 5 des Bewertungsgesetzes ist anzuwenden. ⑤ Die Einkünfte aus Tierzucht und Tierhaltung einer Gesellschaft, bei der die Gesellschafter als Unternehmer (Mitunternehmer) anzusehen sind, gehören zu den Einkünften im Sinne des Satzes 1, wenn die Voraussetzungen des § 51 a des Bewertungsgesetzes erfüllt sind und andere Einkünfte der Gesellschafter aus dieser Gesellschaft zu den Einkünften aus Land- und Forstwirtschaft gehören;

2 **2.[2] Einkünfte aus sonstiger land- und forstwirtschaftlicher Nutzung (§ 62 Bewertungsgesetz);**

3 **3. Einkünfte aus Jagd, wenn diese mit dem Betrieb einer Landwirtschaft oder einer Forstwirtschaft im Zusammenhang steht;**

4 **4. Einkünfte von Hauberg-, Wald-, Forst- und Laubgenossenschaften und ähnlichen Realgemeinden im Sinne des § 3 Absatz 2 des Körperschaftsteuergesetzes.[3]**

5 (2) **Zu den Einkünften im Sinne des Absatzes 1 gehören auch**

1. Einkünfte aus einem land- und forstwirtschaftlichen Nebenbetrieb. ② Als Nebenbetrieb gilt ein Betrieb, der dem land- und forstwirtschaftlichen Hauptbetrieb zu dienen bestimmt ist;

2. der Nutzungswert der Wohnung des Steuerpflichtigen, wenn die Wohnung die bei Betrieben gleicher Art übliche Größe nicht überschreitet und das Gebäude oder der Gebäudeteil nach den jeweiligen landesrechtlichen Vorschriften ein Baudenkmal ist;

3. die Produktionsaufgaberente nach dem Gesetz zur Förderung der Einstellung der landwirtschaftlichen Erwerbstätigkeit.

6 (3) ① **Die Einkünfte aus Land- und Forstwirtschaft werden bei der Ermittlung des Gesamtbetrags der Einkünfte nur berücksichtigt, soweit sie den Betrag von 900 Euro übersteigen. ② Satz 1 ist nur anzuwenden, wenn die Summe der Einkünfte 30 700 Euro nicht übersteigt. ③ Im Fall der Zusammenveranlagung von Ehegatten verdoppeln sich die Beträge der Sätze 1 und 2.**

7 (4) ① **Absatz 2 Nummer 2 findet nur Anwendung, sofern im Veranlagungszeitraum 1986 bei einem Steuerpflichtigen für die von ihm zu eigenen Wohnzwecken oder zu Wohnzwecken des Altenteilers genutzte Wohnung die Voraussetzungen für die Anwendung des § 13 Absatz 2 Nummer 2 des Einkommensteuergesetzes in der Fassung der Bekanntmachung vom 16. April 1997 (BGBl. I S. 821) vorlagen. ② Der Steuerpflichtige kann für einen Veranlagungszeitraum nach dem Veranlagungszeitraum 1998 unwiderruflich beantragen, dass Absatz 2 Nummer 2 ab diesem Veranlagungszeit-**

---

[1] Zur ertragsteuerlichen Behandlung der Erbengemeinschaft und ihrer Auseinandersetzung vgl. BMF-Schreiben vom 14. 3. 2006 (BStBl. I S. 253), geändert durch BMF-Schreiben vom 27. 12. 2018 (BStBl. 2019 I S. 11), abgedruckt als Anlage a zu § 7 EStG.

Zur ertragsteuerlichen Behandlung der vorweggenommenen Erbfolge siehe BMF-Schreiben vom 13. 1. 1993, geändert durch BMF-Schreiben vom 26. 2. 2007 (BStBl. I S. 269), abgedruckt als Anlage c zu § 7 EStG.

[2] **Zur Fassung von § 13 Abs. 1 Nr. 1 Satz 4 und 5 sowie Nr. 2 ab VZ 2025 siehe in der geschlossenen Wiedergabe.**

[3] Siehe hierzu *Vfg. OFD Hannover vom 9. 12. 2002 S 2230 – 11 – StH 225/S 2230 – 7 – StO 252 (BeckVerw 151613).*

raum nicht mehr angewendet wird. ③ § 52 Absatz 21 Satz 4 und 6 des Einkommensteuergesetzes in der Fassung der Bekanntmachung vom 16. April 1997 (BGBl. I S. 821) ist entsprechend anzuwenden. ④ Im Fall des Satzes 2 gelten die Wohnung des Steuerpflichtigen und die Altenteilerwohnung sowie der dazugehörende Grund und Boden zu dem Zeitpunkt als entnommen, bis zu dem Absatz 2 Nummer 2 letztmals angewendet wird. ⑤ Der Entnahmegewinn bleibt außer Ansatz. ⑥ Werden EStG

1. die Wohnung und der dazugehörende Grund und Boden entnommen oder veräußert, bevor sie nach Satz 4 als entnommen gelten, oder

2. eine vor dem 1. Januar 1987 einem Dritten entgeltlich zur Nutzung überlassene Wohnung und der dazugehörende Grund und Boden für eigene Wohnzwecke oder für Wohnzwecke eines Altenteilers entnommen,

bleibt der Entnahme- oder Veräußerungsgewinn ebenfalls außer Ansatz; Nummer 2 ist nur anzuwenden, soweit nicht Wohnungen vorhanden sind, die Wohnzwecken des Eigentümers des Betriebs oder Wohnzwecken eines Altenteilers dienen und die unter Satz 4 oder unter Nummer 1 fallen.

(5) **Wird Grund und Boden dadurch entnommen, dass auf diesem Grund und Boden die Wohnung des Steuerpflichtigen oder eine Altenteilerwohnung errichtet wird, bleibt der Entnahmegewinn außer Ansatz; der Steuerpflichtige kann die Regelung nur für eine zu eigenen Wohnzwecken genutzte Wohnung und für eine Altenteilerwohnung in Anspruch nehmen.** 8

(6) ① **Werden einzelne Wirtschaftsgüter eines land- und forstwirtschaftlichen Betriebs auf einen der gemeinschaftlichen Tierhaltung dienenden Betrieb im Sinne des § 34 Absatz 6 a des Bewertungsgesetzes einer Genossenschaft oder eines Vereins gegen Gewährung von Mitgliedsrechten übertragen, so ist die auf den dabei entstehenden Gewinn entfallende Einkommensteuer auf Antrag in jährlichen Teilbeträgen zu entrichten. ② Der einzelne Teilbetrag muss mindestens ein Fünftel dieser Steuer betragen.** 9

(7)[1] **§ 15 Absatz 1 Satz 1 Nummer 2, Absatz 1 a, Absatz 2 Satz 2 und 3, §§ 15 a und 15 b sind entsprechend anzuwenden.** 10

Übersicht

[1] Zur erstmaligen Anwendung siehe § 52 Abs. 22 EStG.

EStDV

§ 51[1] *Pauschale Ermittlung der Gewinne aus Holznutzungen*

10a *(1) Steuerpflichtige, die für ihren Betrieb nicht zur Buchführung verpflichtet sind, den Gewinn nicht nach § 4 Absatz 1 des Einkommensteuergesetzes ermitteln und deren forstwirtschaftlich genutzte Fläche 50 Hektar nicht übersteigt, können auf Antrag für ein Wirtschaftsjahr bei der Ermittlung der Gewinne aus Holznutzungen pauschale Betriebsausgaben abziehen.*

(2) Die pauschalen Betriebsausgaben betragen 55 Prozent der Einnahmen aus der Verwertung des eingeschlagenen Holzes.

(3) Soweit Holz auf dem Stamm verkauft wird, betragen die pauschalen Betriebsausgaben 20 Prozent der Einnahmen aus der Verwertung des stehenden Holzes.

(4) Mit den pauschalen Betriebsausgaben nach den Absätzen 2 und 3 sind sämtliche Betriebsausgaben mit Ausnahme der Wiederaufforstungskosten und der Minderung des Buchwerts für ein Wirtschaftsgut Baumbestand abgegolten.

(5) Diese Regelung gilt nicht für die Ermittlung des Gewinns aus Waldverkäufen sowie für die übrigen Einnahmen und die damit in unmittelbarem Zusammenhang stehenden Betriebsausgaben.

10b § 52 *Mitteilungspflichten bei Beihilfen aus öffentlichen Mitteln*[2]

R 13.1

R 13.1. Freibetrag für Land- und Forstwirte

11 ①Sind mehrere Personen an dem Betrieb beteiligt (Gesellschaft, Gemeinschaft), steht der Freibetrag jedem der Beteiligten zu. ②§ 13 Abs. 3 EStG gilt auch für nachträgliche Einkünfte aus Land- und Forstwirtschaft. ③Der Freibetrag wird auch einem Stpfl. ungeschmälert gewährt, der einen Betrieb der Land- und Forstwirtschaft im Laufe eines VZ übernommen hat oder veräußert bzw. aufgibt.

H 13.1

12 **Zusammenveranlagung.** Alle Einkünfte aus Land- und Forstwirtschaft sind vor Berücksichtigung des Freibetrags nach § 13 Abs. 3 EStG zusammenzurechnen (→ BFH vom 25. 2. 1988 – BStBl. II S. 827).

R 13.2

R 13.2. Abgrenzung der gewerblichen und landwirtschaftlichen Tierzucht und Tierhaltung

Feststellung der Tierbestände

13 (1) ①Bei der Feststellung der Tierbestände ist von den regelmäßig und nachhaltig im Wirtschaftsjahr **erzeugten** und den **im Durchschnitt** des Wirtschaftsjahres gehaltenen Tieren auszugehen. ②Als erzeugt gelten Tiere, deren Zugehörigkeit zum Betrieb sich auf eine Mastperiode oder auf einen Zeitraum von weniger als einem Jahr beschränkt und die danach verkauft oder verbraucht werden. ③Die übrigen Tiere sind mit dem **Durchschnittsbestand** des Wirtschaftsjahres zu erfassen. ④Abweichend von den Sätzen 2 und 3 ist bei Mastrindern mit einer Mastdauer von weniger als einem Jahr, bei Kälbern und Jungvieh, bei Schafen unter einem Jahr und bei Damtieren unter einem Jahr stets vom Jahresdurchschnittsbestand auszugehen. ⑤Der ermittelte Tierbestand ist zum Zwecke der Abgrenzung der landwirtschaftlichen Tierzucht und Tierhaltung von der gewerblichen in Vieheinheiten (VE) umzurechnen, wobei folgender Umrechnungsschlüssel maßgebend ist:

1. Für Tiere, die nach dem **Durchschnittsbestand** zu erfassen sind:[3]

Alpakas:	0,08 VE
Damtiere:	
Damtiere unter 1 Jahr	0,04 VE
Damtiere 1 Jahr und älter	0,08 VE
Geflügel:	
Legehennen (einschließlich einer normalen Aufzucht zur Ergänzung des Bestandes)	0,02 VE
Legehennen aus zugekauften Junghennen	0,0183 VE
Zuchtputen, -enten, -gänse	0,04 VE
Kaninchen:	

[1] Zur erstmaligen Anwendung siehe § 84 Abs. 3 a EStDV.

[2] § 52 EStDV wird durch Art. 1 der Fünften Verordnung zur Änderung steuerlicher Verordnungen eingefügt und ist erstmals für den übernächsten VZ anzuwenden, der auf den VZ folgt, in dem die für die Anwendung erforderlichen technischen und organisatorischen Voraussetzungen in der Finanzverwaltung für eine Umsetzung der Regelung vorliegen. Das BMF gibt im Einvernehmen mit dem BMEL sowie den obersten Finanzbehörden der Länder im BStBl. den VZ bekannt, ab dem die Regelung des § 52 EStDV erstmals anzuwenden ist. Bisher schon bestehende Mitteilungspflichten sind für die VZ vor erstmaliger Anwendung des § 52 EStDV weiter zu erfüllen, siehe § 84 Abs. 3 b EStDV.

[3] Für sog. Altweltkameliden (Trampeltiere und Dromedare) beträgt der Umrechnungsschlüssel 0,70 VE *(FM Baden-Württemberg vom 30. 8. 1999, DB S. 1833; BeckVerw 151616).*

Zucht- und Angorakaninchen	0,025 VE	R 13.2
Lamas:	0,10 VE	
Pferde:		
Pferde unter drei Jahren und Kleinpferde	0,70 VE	
Pferde drei Jahre und älter	1,10 VE	
Rindvieh:		
Kälber und Jungvieh unter 1 Jahr (einschließlich Mastkälber, Starterkälber und Fresser)	0,30 VE	
Jungvieh 1 bis 2 Jahre alt	0,70 VE	
Färsen (älter als 2 Jahre)	1,00 VE	
Masttiere (Mastdauer weniger als 1 Jahr)	1,00 VE	
Kühe (einschließlich Mutter- und Ammenkühe mit den dazugehörigen Saugkälbern)	1,00 VE	
Zuchtbullen, Zugochsen	1,20 VE	
Schafe:		
Schafe unter 1 Jahr (einschließlich Mastlämmer)	0,05 VE	
Schafe 1 Jahr und älter	0,10 VE	
Schweine:		
Zuchtschweine (einschließlich Jungzuchtschweine über etwa 90 kg)	0,33 VE	
Strauße:		
Zuchttiere 14 Monate und älter	0,32 VE	
Jungtiere/Masttiere unter 14 Monate	0,25 VE	
Ziegen:	0,08 VE	

2. Für Tiere, die nach ihrer **Erzeugung** zu erfassen sind:

Geflügel:	
Jungmasthühner	
(bis zu 6 Durchgänge je Jahr – schwere Tiere)	0,0017 VE
(mehr als 6 Durchgänge je Jahr – leichte Tiere)	0,0013 VE
Junghennen	0,0017 VE
Mastenten	0,0033 VE
Mastenten in der Aufzuchtphase	0,0011 VE
Mastenenten in der Mastphase	0,0022 VE
Mastputen	
aus selbst erzeugten Jungputen	0,0067 VE
aus zugekauften Jungputen	0,0050 VE
Jungputen (bis etwa 8 Wochen)	0,0017 VE
Mastgänse	0,0067 VE
Kaninchen:	
Mastkaninchen	0,0025 VE
Rindvieh:	
Masttiere (Mastdauer 1 Jahr und mehr)	1,00 VE
Schweine:	
Leichte Ferkel (bis etwa 12 kg)	0,01 VE
Ferkel (über etwa 12 bis etwa 20 kg)	0,02 VE
Schwere Ferkel und leichte Läufer (über etwa 20 bis etwa 30 kg)	0,04 VE
Läufer (über etwa 30 bis etwa 45 kg)	0,06 VE
Schwere Läufer (über etwa 45 bis etwa 60 kg)	0,08 VE
Mastschweine	0,16 VE
Jungzuchtschweine bis etwa 90 kg	0,12 VE

Wenn Schweine aus zugekauften Tieren erzeugt werden, ist dies bei der Umrechnung in VE entsprechend zu berücksichtigen:

Beispiel:
Mastschweine aus zugekauften Läufern 0,16 VE – 0,06 VE = 0,10 VE

Zuordnung

(2) ① Übersteigt die Zahl der Vieheinheiten nachhaltig den für die maßgebende Fläche angegebenen Höchstsatz, gehört der darüber hinausgehende Tierbestand zur gewerblichen Tierzucht und Tierhaltung. ② Es kann jedoch ein Zweig des Tierbestandes immer nur im Ganzen zur landwirtschaftlichen oder gewerblichen Tierzucht und Tierhaltung gehören. ③ Hat ein Betrieb einen Tierbestand mit mehreren Zweigen, richtet sich deren Zuordnung nach ihrer Flächenabhängigkeit. ④ Der gewerblichen Tierzucht und Tierhaltung sind zunächst die weniger flächenabhängigen Zweige des Tierbestandes zuzurechnen. ⑤ Weniger flächenabhängig ist die Erzeugung und Haltung von Schweinen und Geflügel, mehr flächenabhängig die Erzeugung und Haltung 14

von Pferden, Rindvieh und Schafen. ⑥ Innerhalb der beiden Gruppen der weniger oder mehr flächenabhängigen Tierarten ist jeweils zuerst der → Zweig der gewerblichen Tierzucht und Tierhaltung zuzurechnen, der die größere Zahl von VE hat. ⑦ Für die Frage, ab wann eine landwirtschaftliche oder eine gewerbliche Tierzucht und Tierhaltung vorliegt, ist R 15.5 Abs. 2 entsprechend anzuwenden.

Regelmäßig landwirtschaftlich genutzte Fläche (→ § 51 Abs. 1 a BewG)

15 (3) ① **Dazu** gehören:
- die selbstbewirtschafteten eigenen Flächen,
- die selbstbewirtschafteten zugepachteten Flächen,
- Flächen, die auf Grund öffentlicher Förderungsprogramme stillgelegt werden.

② **Nicht dazu** gehören:
- Abbauland,
- Geringstland,
- Unland,
- Hof- und Gebäudeflächen,
- weinbaulich genutzte Flächen,
- forstwirtschaftlich genutzte Flächen,
- innerhalb der gärtnerischen Nutzung die Nutzungsteile Gemüse-, Blumen- und Zierpflanzenbau und Baumschulen.

③ Mit der **Hälfte** sind zu berücksichtigen:
- Obstbaulich genutzte Flächen, die so angelegt sind, dass eine regelmäßige landwirtschaftliche Unternutzung stattfindet.

④ Mit einem **Viertel** sind zu berücksichtigen:
- Almen,
- Hutungen.

Gemeinschaftliche Tierhaltung

16 (4) Die vorstehenden Grundsätze der Absätze 1 bis 3 sind bei gemeinschaftlicher Tierhaltung entsprechend anzuwenden.

H 13.2

17

Hektarberechnung. Bei der Anwendung des § 13 Abs. 1 Nr. 1 EStG ist der letzte angefangene Hektar anteilig zu berücksichtigen (→ BFH vom 13. 7. 1989 – BStBl. II S. 1036).

Pferdehaltung
- Die Ausbildung von Pferden zu Renn- und Turnierpferden ist dem Bereich der Land- und Forstwirtschaft zuzurechnen, wenn der Betrieb seiner Größe nach eine ausreichende Futtergrundlage bietet, die Pferde nicht nur ganz kurzfristig dort verbleiben und nach erfolgter Ausbildung an Dritte veräußert werden. Das gilt auch dann, wenn die Tiere nicht im Betrieb selbst aufgezogen, sondern als angerittene Pferde erworben werden (→ BFH vom 31. 3. 2004 – BStBl. II S. 742).
- Ein landwirtschaftlicher Betrieb wird nicht dadurch zu einem Gewerbebetrieb, dass er Pferde zukauft, sie während einer nicht nur kurzen Aufenthaltsdauer zu hochwertigen Reitpferden ausbildet und dann weiterverkauft (→ BFH vom 17. 12. 2008 – BStBl. 2009 II S. 453).

Zweige des Tierbestandes bei jeder Tierart → § 51 Abs. 3 BewG (als Zweig gilt bei jeder Tierart für sich):
- Zugvieh,
- Zuchtvieh,
- Mastvieh,
- übriges Nutzvieh.

Zuchtvieh gilt nur dann als eigener Zweig, wenn die erzeugten Jungtiere überwiegend zum Verkauf bestimmt sind, andernfalls ist es dem Zweig zuzurechnen, dessen Zucht und Haltung es überwiegend dient.

R 13.3

18

R 13.3. Land- und forstwirtschaftliches Betriebsvermögen *(unbesetzt)*

H 13.3

19

Baumbestand. Zur steuerlichen Behandlung des Baumbestandes → BMF vom 16. 5. 2012 (BStBl. I S. 595).[1]

Betrieb
- Lag nach der Einheitswertfeststellung ein landwirtschaftlicher Betrieb mit Wohn- und Wirtschaftsteil vor und überstieg die Größe der bewirtschafteten Fläche die für die Abgrenzung von einer privaten Gartenbewirtschaftung entwickelte Grenze von 3000 m², ist auch einkommensteuerrechtlich von einem landwirtschaftlichen Betrieb auszugehen, sofern die Beweisanzeichen nicht erschüttert werden (→ BFH vom 5. 5. 2011 – BStBl. II S. 792).

[1] Abgedruckt als Anlage c zu H 13.3.

H 13.3

– Ein Grundstück, welches mehr als 100 km von der Hofstelle entfernt liegt, kann regelmäßig weder dem notwenigen noch dem gewillkürten Betriebsvermögen eines aktiv bewirtschafteten oder eines verpachteten landwirtschaftlichen Betriebs zugeordnet werden (→ BFH vom 19. 7. 2011 – BStBl. 2012 II S. 93).
– Zum Vorliegen eines Forstbetriebs oder Forstteilbetriebs → BMF vom 18. 5. 2018 (BStBl. I S. 689).[1]
– Nießbrauch

Bewertung von Pflanzenbeständen in Baumschulen → BMF vom 27. 6. 2014 (BStBl. I S. 1094),[2] vom 5. 10. 2018 (BStBl. I S. 1037) und vom 26. 11. 2021 (BStBl. I S. 2451).

Bewertung von Tieren → BMF vom 14. 11. 2001 (BStBl. I S. 864).[3]

Bewertungswahlrecht. Das einmal in Anspruch genommene Wahlrecht bindet den Landwirt grundsätzlich auch für die Zukunft (→ BFH vom 14. 4. 1988 – BStBl. II S. 672 und vom 17. 3. 1988 – BStBl. II S. 770).

Eiserne Verpachtung. Zur Gewinnermittlung bei der Verpachtung von Betrieben mit Substanzerhaltungspflicht des Pächters nach §§ 582 a, 1048 BGB → BMF vom 21. 2. 2002 (BStBl. I S. 262).[4]

Forstwirtschaft. Zur Behandlung von forstwirtschaftlichen Flächen als Betriebsvermögen eines Erwerbsbetriebs → BMF vom 18. 5. 2018 (BStBl. I S. 689).[1]

Jagd. Die Einkünfte aus der Jagd stehen im Zusammenhang mit einem land- und forstwirtschaftlichen Pachtbetrieb, wenn sich das gepachtete Jagdausübungsrecht auf die bewirtschafteten Pachtflächen erstreckt. Bilden die Flächen eines land- und forstwirtschaftlichen Pachtbetriebs einen Eigenjagdbezirk und werden diesem durch Vertrag gestützt auf § 5 Abs. 1 Bundesjagdgesetz Flächen angegliedert, so ist der Zusammenhang der Jagd in dem vergrößerten gepachteten Eigenjagdbezirk mit dem land- und forstwirtschaftlichen Pachtbetrieb jedenfalls dann noch zu bejahen, wenn die Jagd überwiegend auf eigenbetrieblich genutzten Flächen ausgeübt wird. Ist Inhaberin des land- und forstwirtschaftlichen Betriebs eine Personengesellschaft, kann der erforderliche Zusammenhang der Einkünfte aus der Jagd mit dem Betrieb der Personengesellschaft regelmäßig nur gegeben sein, wenn das Jagdausübungsrecht einem Gesellschafter zusteht (→ BFH vom 22. 5. 2019 – BStBl. II S. 607).

Nießbrauch. Bei den Einkünften aus Land- und Forstwirtschaft hat die Bestellung eines Nießbrauchs zur Folge, dass zwei Betriebe entstehen, nämlich ein ruhender Betrieb in der Hand des nunmehrigen Eigentümers (des Nießbrauchsverpflichteten) und ein wirtschaftender Betrieb in der Hand des Nießbrauchsberechtigten und bisherigen Eigentümers. Die Rechtsprechung zur unentgeltlichen Übertragung eines land- und forstwirtschaftlichen Betriebs unter Nießbrauchsvorbehalt gilt auch für die Übertragung eines Verpachtungsbetriebs (→ BFH vom 8. 5. 2019 – BStBl. II S. 660).

Übergang zur Buchführung[5]
– Bei Übergang zur Buchführung haben Land- und Forstwirte ein Wahlrecht, ob sie das Vieh in der Übergangsbilanz nach § 6 Abs. 1 EStG mit einzeln ermittelten Anschaffungs-/Herstellungskosten oder mit Durchschnittswerten bewerten, wenn bis zum Zeitpunkt des Übergangs zur Buchführung der Gewinn nach Durchschnittssätzen auf Grund des § 13 a EStG ermittelt (→ BFH vom 1. 10. 1992 – BStBl. 1993 II S. 284) oder geschätzt worden ist (→ BFH vom 4. 6. 1992 – BStBl. 1993 II S. 276).[6]
– Wechselt der Stpfl. zur Gewinnermittlung nach § 4 Abs. 1 EStG, nachdem er von der Gewinnermittlung nach § 13 a EStG zur Gewinnermittlung nach § 4 Abs. 3 EStG übergegangen war, ist bei der Bewertung der Tiere die Bewertungsmethode zugrunde zu legen, die beim Wechsel der Gewinnermittlung zu § 4 Abs. 3 EStG angewandt wurde (→ BFH vom 16. 6. 1994 – BStBl. II S. 932).

Wiederbepflanzungsrechte im Weinbau. Wiederbepflanzungsrechte im Weinbau sind immaterielle Wirtschaftsgüter. Es handelt sich bei diesen Rechten um nichtabnutzbare Wirtschaftsgüter, wenn ein Ende der Beschränkung des Weinbaus in der EU zum maßgeblichen Bilanzstichtag nicht absehbar ist (→ BFH vom 6. 12. 2017 – BStBl. 2018 II S. 353).

Zuordnung zum Betriebsvermögen eines im Zeitpunkt des Erwerbs verpachteten Grundstücks
– Ein landwirtschaftliches Grundstück, welches im Zeitpunkt des Erwerbs an einen Dritten verpachtet ist, gehört unmittelbar zum notwendigen Betriebsvermögen eines land- und forstwirtschaftlichen Betriebs, wenn die beabsichtigte Eigenbewirtschaftung in einem Zeitraum von bis zu zwölf Monaten erfolgt.

---

[1] Nachstehend abgedruckt als Anlage d zu H 13.3.
[2] Nachstehend abgedruckt als Anlage b zu H 13.3; zur Neuregelung für Wj. ab 2023/2024 siehe *BMF-Schreiben vom 13. 11. 2022 (BStBl. I S. 1673).*
[3] Nachstehend abgedruckt als Anlage a zu H 13.3.
[4] Abgedruckt als Anlage zu H 6.11.
[5] Zur Bilanzierung von Wirtschaftsgütern beim Übergang zur Buchführung siehe *Vfg. OFD Frankfurt a. M. vom 2. 11. 2018 S 2163 A – 009 – St 216 (DStR 2019 S. 1308).*
[6] Siehe ferner *BFH-Urteil vom 6. 8. 1998 IV R 67/97 (BStBl. 1999 II S. 14).*

– Dies gilt gleichermaßen bei einem Verpachtungsbetrieb, wenn das hinzuerworbene Grundstück, welches im Zeitpunkt des Erwerbs an einen Dritten verpachtet ist, in einem Zeitraum von bis zu zwölf Monaten von dem bisherigen Betriebspächter bewirtschaftet wird.
– Ist eine Eigen- bzw. Fremdnutzung des hinzuerworbenen Grundstücks durch den Inhaber bzw. den Pächter des land- und forstwirtschaftlichen Betriebs nicht innerhalb von zwölf Monaten möglich, kann dieses durch eine eindeutige Zuweisungsentscheidung dem gewillkürten Betriebsvermögen des Eigen- bzw. Verpachtungsbetriebs zugeordnet werden.
(→ BFH vom 19.7.2011 – BStBl. 2012 II S. 93 und vom 19. 12. 2019 – BStBl. 2021 II S. 427).

Anl a zu H 13.3

a) Schreiben betr. Bewertung von Tieren in land- und forstwirtschaftlich tätigen Betrieben nach § 6 Abs. 1 Nrn. 1 und 2 EStG

Vom 14. November 2001 (BStBl. I S. 864)

(BMF IV A 6 – S 2170 – 36/01)

Zu der Frage, wie Tiere in land- und forstwirtschaftlich tätigen Betrieben nach § 6 Abs. 1 Nrn. 1 und 2 EStG zu bewerten sind, gilt unter Bezugnahme auf das Ergebnis der Erörterungen mit den obersten Finanzbehörden der Länder folgendes:

1. Herstellungskosten

23 **1** Maßgebend ist die Bestimmung des Begriffs der Herstellungskosten nach § 255 Abs. 2 HGB[1] *(R 33 Abs. 1 EStR)*.[2]

2 Material- und Fertigungskosten sind die Anschaffungskosten für Jungtiere sowie insbesondere die Kosten des selbst hergestellten und zugekauften Futters (einschl. Feldbestellungskosten, Pachtzinsen für Futterflächen), Deck- und Besamungskosten (einschl. Embryotransfer) und die Fertigungslöhne bis zum Zeitpunkt der Fertigstellung. Zu den Einzelkosten gehören auch Transport- und Fahrtkosten, die bei der Fertigung entstehen.

3 In die Herstellungskosten sind auch die Material- und Fertigungsgemeinkosten einzubeziehen, z. B. die Kosten für Tierarzt, Medikamente, Tierversicherungen (einschl. Tierseuchenkasse), Energie, Abwasser, Gülleentsorgung und AfA, Erhaltungs- und laufender Unterhaltungsaufwand für die beweglichen und unbeweglichen Wirtschaftsgüter des Anlagevermögens, die der Tierhaltung dienen (z. B. Stallgebäude, Futterlager, Gülleeinrichtungen), sowie Miet- und Pachtzinsen für derartige Wirtschaftsgüter. AfA und Unterhaltskosten der Elterntiere sind bei der Herstellung von Jungtieren anteilig zu berücksichtigen. Zu erfassen sind diese Gemeinkosten aus allen Herstellungsphasen, die bis zum Zeitpunkt der Fertigstellung entstehen.

4 Die Kosten der allgemeinen Verwaltung brauchen nicht erfasst zu werden[3] (z. B. Beiträge zur Berufsgenossenschaft, zur Landwirtschaftskammer, Kosten für die Leitung des Betriebes, freiwillige soziale Aufwendungen, Gewerbeertragsteuer[4]). Sie sind in den Richtwerten lt. Anlage nicht enthalten.

5 Nicht zu den Herstellungskosten gehören Umsatzsteuer, Ertragsteuern und Vertriebskosten.

6 Zu den Zinsen und Geldbeschaffungskosten siehe *R 33 Abs. 4 EStR*.[5]

2. Herstellungskosten von Jungtieren bis zur Geburt

24 **7** Ein Jungtier wird erst mit der Geburt als Wirtschaftsgut greifbar. Deshalb ist es erst zu diesem Zeitpunkt mit den bis dahin als Betriebsausgaben behandelten Herstellungskosten zu bewerten. Die vor der Geburt entstandenen Herstellungskosten eines Jungtieres sind nur auf kalkulatorischem Weg von den Herstellungs- bzw. Erhaltungsaufwendungen des Muttertieres abgrenzbar.

3. Zeitpunkt der Fertigstellung von Tieren des Anlagevermögens

25 **8** Ein Tier ist fertiggestellt, wenn es ausgewachsen ist. Als Zeitpunkt der Fertigstellung gilt bei männlichen Zuchttieren der Zeitpunkt, in dem sie zur Zucht eingesetzt werden können, bei weiblichen Zuchttieren die Vollendung der ersten Geburt (BFH vom 9. Dezember 1988, BStBl. 1989 II S. 244) und bei Gebrauchstieren die erste Ingebrauchnahme. Turnier- und Reitpferde gelten mit ihrem ersten Einsatz (BFH vom 23. Juli 1981, BStBl. II S. 672), Reitpferde mit Beginn des Zureitens als fertiggestellt.

4. Anschaffungskosten

26 **9** Maßgebend ist die Bestimmung des Begriffs der Anschaffungskosten nach § 255 Abs. 1 HGB[6] *(R 32 a EStR)*.[7]

5. Bewertungsgrundsätze

27 **10** Tiere sind grundsätzlich einzeln zu bewerten. Als weitere Bewertungsmethode kommt die Gruppenbewertung nach § 240 Abs. 4 HGB in Betracht. Innerhalb dieser Bewertungsmethoden sind verschiedene Verfahren zur Wertermittlung zulässig.

---

[1] Abgedruckt in Fn. 1 zu H 6.3.
[2] Nunmehr „R 6.3 Abs. 1 EStR" (siehe auch dortige Fußnote).
[3] Siehe jetzt § 6 Abs. 1 Nr. 1 b, § 52 Abs. 12 Satz 1 EStG.
[4] Siehe jetzt: „R 6.3 Abs. 6 Satz 2 EStR".
[5] Nunmehr „R 6.3 Abs. 5 EStR".
[6] Abgedruckt in Fn. 1 zu H 6.2.
[7] Nunmehr R 6.2 EStR.

Anl a zu H 13.3

a) Einzelbewertung

aa) Betriebsindividuelle Wertermittlung

11 Die dem Tier zurechenbaren Anschaffungs- und Herstellungskosten sind nach den Verhältnissen des Betriebs zu ermitteln. Ist der Teilwert eines Tieres niedriger als der Buchwert, der sich aufgrund der Anschaffungs- oder Herstellungskosten ergibt, so kann der Teilwert angesetzt werden; für Wirtschaftsjahre, die nach dem 31. Dezember 1998 enden, kommt der Ansatz des niedrigeren Teilwerts nur in Betracht, wenn eine voraussichtlich dauernde Wertminderung vorliegt (§ 6 Abs. 1 Nr. 1 Satz 2, Nr. 2 Satz 2 EStG). **28**

bb) Werte aus vergleichbaren Musterbetrieben

12 Die Werte können auch aus vergleichbaren Musterbetrieben abgeleitet werden (BFH vom 4. Juni 1992, BStBl. 1993 II S. 276; vom 1. Oktober 1992, BStBl. 1993 II S. 284).

cc) Richtwerte

13 Die Anschaffungs- oder Herstellungskosten können auch mit den Richtwerten lt. Spalte 2/3 der Anlage angesetzt werden, soweit es sich nicht um besonders wertvolle Tiere (z. B. Zuchttiere wie Zuchthengste und Zuchtbullen, Turnier- und Rennpferde) handelt.

b) Gruppenbewertung

14 Die am Bilanzstichtag vorhandenen Tiere können in Gruppen zusammengefasst werden, die nach Tierarten und Altersklassen (Aufzuchtstadien) gebildet sind und mit dem gewogenen Durchschnittswert bewertet werden (§ 240 Abs. 4 HGB, R 125 Abs. 1).[1] Die in der Anlage vorgenommene Gliederung kann der Bestimmung der Tiergruppe zugrunde gelegt werden. **29**

15 Für besonders wertvolle Tiere (vgl. Rn. 13) ist die Gruppenbewertung nicht zulässig.

aa) Betriebsindividuelle Wertermittlung

16 Der gewogene Durchschnittswert kann nach den Verhältnissen des Betriebs ermittelt werden.

bb) Werte aus vergleichbaren Musterbetrieben

17 Der gewogene Durchschnittswert kann auch aus vergleichbaren Musterbetrieben abgeleitet werden (vgl. Rn. 12).

cc) Richtwerte

18 Als gewogener Durchschnittswert können die Richtwerte aus Spalte 6/7 der Anlage angesetzt werden.

c) Bewertungsstetigkeit

19 Die gewählte Bewertungsmethode sowie das Wertermittlungsverfahren sind für die jeweilige Tiergruppe (vgl. Rn. 10–18) grundsätzlich beizubehalten (§ 252 Abs. 1 Nr. 6 HGB; BFH vom 14. April 1988, BStBl. II S. 672). Von der Gruppenbewertung der Tiere des Anlagevermögens kann jedoch für Neuzugänge eines Wirtschaftsjahres der jeweiligen Tiergruppe einheitlich zur Einzelbewertung übergegangen werden (BFH vom 15. Februar 2001, BStBl. II S. 548 und S. 549). **30**

20 Im Übrigen kann auf eine andere Bewertungsmethode oder ein anderes Wertermittlungsverfahren nur dann übergegangen werden, wenn sich die betrieblichen Verhältnisse wesentlich geändert haben z. B. bei Strukturwandel.

6. Anlagevermögen

a) Zugehörigkeit zum Anlagevermögen

21 Zum Anlagevermögen gehören Tiere, die nach ihrer Fertigstellung nicht zur sofortigen Veräußerung, Verarbeitung oder zum Verbrauch bestimmt sind (z. B. Zuchttiere, Milchvieh, Legehennen). **31**

22 Tiere des Anlagevermögens sind sowohl zur Nutzung im Betrieb als auch zur Verwendung als Schlachtvieh bestimmt.

b) Absetzung für Abnutzung und Sonderabschreibungen

23 AfA nach § 7 EStG und Sonderabschreibungen können erst ab dem Zeitpunkt der Fertigstellung entsprechend der betriebsgewöhnlichen Nutzungsdauer des Tieres vorgenommen werden. Dasselbe gilt für die Bewertungsfreiheit nach § 6 Abs. 2 EStG (R 40 Abs. 4 EStR).[2] **32**

24 Bemessungsgrundlage und Volumen für AfA nach § 7 EStG und Sonderabschreibungen sind die Differenz zwischen den Anschaffungs- oder Herstellungskosten und dem Schlachtwert. Schlachtwert ist der Veräußerungserlös, der bei vorsichtiger Beurteilung nach Beendigung der Nutzung erzielbar sein wird (BFH vom 4. Juni 1992 a. a. O., und vom 1. Oktober 1992 a. a. O.). Der Schlachtwert kann betriebsindividuell, mit Wertansätzen aus vergleichbaren Musterbetrieben oder mit den Richtwerten lt. Spalte 4/5 der Anlage ermittelt werden.

25 Bei Inanspruchnahme der Bewertungsfreiheit nach § 6 Abs. 2 EStG sind die Anschaffungs- oder Herstellungskosten bis zur Höhe des Schlachtwerts abzusetzen (BFH vom 15. Februar 2001, BStBl. II S. 549).[3] Die Berücksichtigung eines Schlachtwerts braucht bei Tieren, die in Wirtschaftsjahren angeschafft oder hergestellt worden sind, die vor dem 1. Juli 2002 enden, nicht vorgenommen zu werden.

---

[1] „EStR 2003".

[2] Jetzt „R 6.13 Abs. 3 EStR".

[3] Bei fehlender beabsichtigter Umwidmung in Umlaufvermögen (Aufmästung) siehe aber *BFH-Urteil vom 24. 7. 2013 IV R 1/10 (BStBl. 2014 II S. 246)*.

Anl a zu H 13.3

c) Betriebsgewöhnliche Nutzungsdauer

33 **26** Bei der Bemessung der AfA nach § 7 EStG kann folgende betriebsgewöhnliche Nutzungsdauer zugrunde gelegt werden:

Zuchthengste	5 Jahre
Zuchtstuten	10 Jahre
Zuchtbullen	3 Jahre
Milchkühe	3 Jahre
übrige Kühe	5 Jahre
Zuchteber und -sauen	2 Jahre
Zuchtböcke und -schafe	3 Jahre
Legehennen	1,33 Jahre
Damtiere	10 Jahre

d) Gruppenwert beim Anlagevermögen

34 **27** Die degressive AfA nach § 7 Abs. 2 EStG und Sonderabschreibungen können nur bei Einzelbewertung (Rn. 11–13) in Anspruch genommen werden. Den Gruppenwerten in Spalte 6/7 der Anlage liegt die lineare AfA nach § 7 Abs. 1 EStG zugrunde.

28 Bei der Gruppenbewertung mit Richtwerten (Rn. 18) ist der Wert aus Spalte 6/7 der Anlage anzusetzen. Dieser ist das Mittel zwischen dem Richtwert für die Anschaffungs- oder Herstellungskosten (Spalte 2/3 der Anlage) und dem Richtwert für den Schlachtwert (Spalte 4/5 der Anlage). Bei den betriebsindividuell ermittelten oder aus vergleichbaren Musterbetrieben abgeleiteten Gruppenwerten ist entsprechend zu verfahren.

7. Umlaufvermögen

35 **29** Zum Umlaufvermögen gehören die Tiere, die zur Veräußerung, zur Verarbeitung oder zum Verbrauch im Betrieb bestimmt sind (z. B. Masttiere). Sie sind nach § 6 Abs. 1 Nr. 2 EStG mit den Anschaffungs- oder (Teil-)Herstellungskosten oder mit dem Teilwert zu bewerten, für Wirtschaftsjahre die nach dem 31. Dezember 1998 enden, kommt der Ansatz des niedrigeren Teilwerts nur in Betracht, wenn eine voraussichtlich dauernde Wertminderung vorliegt. Es gelten die dargestellten Bewertungsgrundsätze (vgl. Rn. 10–20).

8. Anwendung

a) Sachlicher Geltungsbereich

36 **30** Die vorstehenden Regelungen gelten für alle land- und forstwirtschaftlich tätigen Betriebe unabhängig von ihrer Rechtsform. Sie gelten auch für Betriebe, die Einkünfte aus Gewerbebetrieb im Sinne des § 15 EStG erzielen.

Bei der Gewinnermittlung nach § 4 Abs. 3 EStG sind die Regelungen sinngemäß anzuwenden (R 125 a EStR).[1]

b) Zeitlicher Geltungsbereich

37 **31** Die vorstehenden Regelungen gelten für Wirtschaftsjahre, die nach dem 31. Dezember 1994 enden. Sie können auch für frühere Wirtschaftsjahre angewendet werden. Bilanzänderungen sind im Rahmen des § 4 Abs. 2 Satz 2 EStG zulässig (BMF-Schreiben vom 18. Mai 2000, BStBl. I S. 587, und vom 23. März 2001, BStBl. I S. 244). Bei einem vom Kalenderjahr abweichenden Wirtschaftsjahr ist eine Bilanzberichtigung auch dann vorzunehmen, wenn die Veranlagung für das Erstjahr bereits bestandskräftig geworden ist (BFH vom 12. November 1992, BStBl. 1993 II S. 392).[2]

Dieses Schreiben ersetzt das BMF-Schreiben vom 22. Februar 1995 (BStBl. I S. 179).[3]

Anlage

38 **Richtwerte für die Viehbewertung**

Tierart	Anschaffungs-/ Herstellungskosten je Tier		Schlachtwerte je Tier		Gruppenwert je Tier	
	DM (bis 31. 12. 2001)	€ (ab 1. 1. 2002)	DM (bis 31. 12. 2001)	€ (ab 1. 1. 2002)	DM (bis 31. 12. 2001)	€ (ab 1. 1. 2002)
Spalte 1	Spalte 2	Spalte 3	Spalte 4	Spalte 5	Spalte 6	Spalte 7
Pferde[4]						
Pferde bis 1 Jahr	1 600,00	800,00			1 600,00	800,00
Pferde über 1 bis 2 Jahre	2 800,00	1 400,00			2 800,00	1 400,00
Pferde über 2 bis 3 Jahre	4 000,00	2 000,00			4 000,00	2 000,00
Pferde über 3 Jahre	5 200,00	2 600,00	800,00	400,00	3 000,00	1 500,00
Rindvieh						
Mastkälber	550,00	275,00			550,00	275,00
Männl. bis ½ Jahr	400,00	200,00			400,00	200,00

[1] Zuletzt „R 13.3 EStR *2005*".
[2] Überholt durch § 4 Abs. 2 Satz 1 EStG.
[3] Letztmals abgedruckt im „Handbuch zur ESt-Veranlagung 2000".
[4] **Amtl. Anm.:** Kleinpferde sind mit jeweils $^2/_3$ und Ponys mit $^1/_3$ der Werte anzusetzen.

Tierart	Anschaffungs-/ Herstellungskosten je Tier		Schlachtwerte je Tier		Gruppenwert je Tier	
	DM (bis 31. 12. 2001)	€ (ab 1. 1. 2002)	DM (bis 31. 12. 2001)	€ (ab 1. 1. 2002)	DM (bis 31. 12. 2001)	€ (ab 1. 1. 2002)
Spalte 1	Spalte 2	Spalte 3	Spalte 4	Spalte 5	Spalte 6	Spalte 7
Männl. über ½ bis 1 Jahr	670,00	335,00			670,00	335,00
Männl. über 1 bis 1½ Jahre	1 000,00	500,00			1 000,00	500,00
Männl. über 1½ Jahre	1 400,00	700,00			1 400,00	700,00
Weibl. bis ½ Jahr	360,00	180,00			360,00	180,00
Weibl. über ½ bis 1 Jahr	600,00	300,00			600,00	300,00
Weibl. über 1 bis 2 Jahre	1 000,00	500,00			1 000,00	500,00
Färsen	1 500,00	750,00			1 500,00	750,00
Kühe	1 600,00	800,00	1 100,00	550,00	1 350,00	675,00
Schweine						
Ferkel bis 25 kg	60,00	30,00			60,00	30,00
Ferkel bis 50 kg	100,00	50,00			100,00	50,00
Mastschweine über 50 kg	160,00	80,00			160,00	80,00
Jungsauen	400,00	200,00			400,00	200,00
Zuchtsauen	420,00	210,00	300,00	150,00	360,00	180,00
Schafe						
Lämmer bis ½ Jahr	60,00	30,00			60,00	30,00
Schafe über ½ bis 1 Jahr	100,00	50,00			100,00	50,00
Jungschafe bis 20 Monate	140,00	70,00			140,00	70,00
Mutterschafe über 20 Monate	150,00	75,00	50,00	25,00	100,00	50,00
Geflügel						
Aufzuchtküken	2,00	1,00			2,00	1,00
Junghennen	5,90	2,95			5,90	2,95
Legehennen	9,00	4,50	0,80	0,40	4,90	2,45
Masthähnchen	1,30	0,65			1,30	0,65
schwere Mastputen	14,50	7,25			14,50	7,25
Enten	4,50	2,25			4,50	2,25
Gänse	10,60	5,30			10,60	5,30

b) Schreiben betr. Bewertung mehrjähriger Kulturen in Baumschulbetrieben nach § 6 Absatz 1 Nummer 2 EStG; Neuregelung für die Wirtschaftsjahre ab 2013/2014 ff.[1]

Anl b zu H 13.3

Vom 27. Juni 2014 (BStBl. I S. 1094)

(BMF IV D 4 – S 2163/14/10001; DOK 2014/0577231)

Geändert durch BMF-Schreiben vom 26. November 2021 (BStBl. I S. 2451)

Unter Bezugnahme auf das Ergebnis der Erörterungen mit den obersten Finanzbehörden der Länder gilt zur Bewertung mehrjähriger Kulturen in Baumschulbetrieben das Folgende:

1. Grundsätze

39 ① Mehrjährige Kulturen sind Pflanzungen, die nach einer Gesamtkulturzeit der Pflanzen von mehr als einem Jahr einen einmaligen Ertrag liefern (z. B. Baumschulkulturen). ② Sie unterliegen der jährlichen Bestandsaufnahme und gehören zum Umlaufvermögen. ③ Nach § 6 Absatz 1 Nummer 2 EStG ist das Umlaufvermögen mit den Anschaffungs-, Herstellungskosten oder mit dem niedrigeren Teilwert zu bewerten. ④ Wegen der Begriffe der Anschaffungs- und Herstellungskosten wird auf § 255 Absatz 1 und 2 HGB[2] hingewiesen.

2. Vereinfachungsregelungen

40 Die jährliche Bestandsaufnahme wird erleichtert und die Bewertung des Umlaufvermögens kann im Wege der Schätzung eines Pflanzenbestandswerts wie folgt vereinfacht werden:

2.1. Pflanzenwert

① Die am Bilanzstichtag eines Wirtschaftsjahres vorhandenen Pflanzen (Aufschulware – R 15.5 Absatz 5 Satz 3 EStR 2012) sowie das Saatgut werden aus Vereinfachungsgründen auf die zu bewertende Baumschulfläche bezogen (Pflanzenwert). ② Dabei wird unterstellt, dass zugekauftes Pflanz- bzw. Saatgut verwendet wird und dieses nicht zum Verkauf als Handelsware (R 15.5 Absatz 5 Satz 7 EStR 2012) bestimmt ist. ③ Zur Ermittlung des Pflanzenwerts werden die Anschaffungskosten für Aufschulware (Jungpflanzen, Sämlinge, Stecklinge, etc.) und Saatgut des laufenden Wirtschaftsjahres herangezogen. ④ Aus den Aufzeichnungen der einzelnen Wirtschaftsjahre über den Zukauf muss ersichtlich sein, welche Ware der Aufschulung und welche als Handelsware dient.

2.2. Flächenwert

2.2.1. Baumschulbetriebsfläche

① Zur Baumschulbetriebsfläche gehören die selbst bewirtschafteten Flächen eines Betriebs sowie sämtliche Hof- und Gebäudeflächen, die zur Erzeugung und Vermarktung von mehr-

[1] Zur Neuregelung für Wj. ab 2023/2024 siehe *BMF-Schreiben vom 13. 12. 2022 (BStBl. I S. 1673).*

[2] Abgedruckt in Fn. 1 zu H 6.2 (Anschaffungskosten) bzw. in Fn. 1 zu H 6.3 (Herstellungskosten).

Anl b zu H 13.3

jährigen Kulturen bestimmt sind. ② Hierzu gehören auch die Flächen, auf denen Pflanzen zur Vervollständigung der üblichen Produktpalette stehen. ③ Maßgeblich ist die am Bilanzstichtag auf der Grundlage des Automatisierten Liegenschaftskatasters nachgewiesene Flächengröße.

2.2.2. Zu bewertende Baumschulfläche

① Die der Bewertung zu Grunde zu legende Fläche ist wie folgt zu ermitteln:

	Baumschulbetriebsfläche
abzüglich	Hof- und Gebäudeflächen, die Wohnzwecken dienen
abzüglich	Hausgärten
abzüglich	Flächen der Bewässerungsteiche
abzüglich	Brach- und Gründüngungsflächen und am Bilanzstichtag vollständig geräumte Quartiere, soweit sie nicht zur Erzeugung von Pflanzen in Töpfen und Containern bestimmt sind
	Zwischensumme
abzüglich	20% von der Zwischensumme für Besonderheiten
	zu bewertende Baumschulfläche

② Der Abschlag von 20% berücksichtigt Besonderheiten (wie z. B. Wegeflächen, Wendeplätze, etc.). ③ Die zu bewertende Fläche ist zur Bestimmung des zutreffenden Flächenwertes ggf. in Flächen mit Forstpflanzen, übrige Flächen und Flächen für Pflanzen in Töpfen und Containern aufzuteilen.

2.2.3. Ermittlung des Flächenwerts

① Zur Ermittlung des Flächenwerts sind je Hektar (ha) zu bewertender Fläche anzusetzen

für Flächen bzw. Flächenanteile mit Forstpflanzen	4200 €/ha,
für Flächen bzw. Flächenanteile aller übrigen Pflanzen	8200 €/ha.

② Werden Pflanzen in Töpfen und/oder Containern erzeugt oder vermarktet, so ist der Flächenwert um 40% zu erhöhen. ③ Für Pflanzen auf Schau-, Ausstellungs- und Verkaufsflächen gilt dies entsprechend.

2.2.4. Nachweis der Baumschulbetriebsfläche

① Die Baumschulbetriebsfläche muss sich aus dem nach § 142 Abgabenordnung (AO) bzw. R 13.6 EStR 2012 zu führenden Anbauverzeichnis ergeben und die Hof- und Gebäudeflächen müssen anhand anderer geeigneter Unterlagen nachgewiesen werden können. ② Bei der Übermittlung der Inhalte der Bilanz sowie der Gewinn- und Verlustrechnung nach § 5 b EStG durch Datenfernübertragung ist die Berechnung des Pflanzen- und Flächenwerts anhand des Anbauverzeichnisses oder einer Flächenzusammenstellung im Berichtsteil darzulegen. ③ Andernfalls ist als vereinfachter Nachweis die Berechnung des Pflanzen- und Flächenwerts als Anlage der Bilanz beizufügen.

2.3. Pflanzenbestandswert

① Der Pflanzenbestandswert eines Wirtschaftsjahres setzt sich aus dem Pflanzenwert (vgl. Tz. 2.1) und dem Flächenwert (vgl. Tz. 2.2) zusammen. ② Zur Berücksichtigung der durchschnittlichen Umtriebszeit mehrjähriger Kulturen ist der aktivierte Pflanzenwert eines Wirtschaftsjahres in den nachfolgenden Wirtschaftsjahren zu mindern. ③ Am Bilanzstichtag nach der ersten Bilanzierung ist der jeweilige Pflanzenwert eines Wirtschaftsjahres für Pflanzen in Töpfen und Containern mit 0%, für Forstpflanzen mit 30% und für alle übrigen Pflanzen (einschließlich der Pflanzen auf Schau-, Ausstellungs- und Verkaufsflächen) mit 50% seines ursprünglichen Werts in der Bilanz auszuweisen; am darauffolgenden Bilanzstichtag ist dieser Pflanzenwert für die Forstpflanzen und die übrigen Pflanzen mit 0 € anzusetzen.

3. Anwendungsregelungen

3.1. Sachlicher Geltungsbereich

41 ① Die mehrjährigen Kulturen eines Baumschulbetriebs sind unabhängig vom Vorliegen eines Betriebs der Land- und Forstwirtschaft oder eines Gewerbebetriebs insgesamt entweder nach den vorstehenden Vereinfachungsregelungen oder nach den allgemeinen Grundsätzen zu erfassen und zu bewerten. ② Wurde die Anwendung der Vereinfachungsregelungen gewählt, sind diese Methoden grundsätzlich beizubehalten und gelten für die gesamte Baumschulbetriebsfläche. ③ Eine Bewertung mit dem niedrigeren Teilwert ist in diesen Fällen ausgeschlossen. ④ Die Vereinfachungsregelungen dürfen nicht bzw. nicht mehr in Anspruch genommen werden, wenn die mehrjährigen Kulturen in einer Schlussbilanz des Betriebs für vorangegangene Wirtschaftsjahre, bei einem Wechsel zum Betriebsvermögensvergleich oder erstmals in einer Bilanz als Umlaufvermögen mit den tatsächlichen Anschaffungs- oder Herstellungskosten ausgewiesen wurden.

3.2. Zeitlicher Geltungsbereich[1]

Die Regelungen sind bis zum Ablauf des Wirtschaftsjahres 2022/2023 bzw. bis zum Ablauf des mit dem Kalenderjahr 2023 übereinstimmenden Wirtschaftsjahres weiterhin in ihrer bisherigen Fassung anzuwenden.

[1] Geändert durch BMF-Schreiben vom 26. 11. 2021 (BStBl. I S. 2451).

4. Übergangsregelung

42 ① Bei der Anwendung der neuen Vereinfachungsregelungen zur Erfassung und Bewertung der Pflanzen und des Saatguts kann im Vergleich zu der Anwendung der bisherigen Grundsätze im Wirtschaftsjahr 2014/2015 bzw. 2015 ein Gewinn entstehen. ② Dieser ergibt sich aus der Gegenüberstellung der neuen und der bisherigen Bewertungsmethode am maßgeblichen Bilanzstichtag im Wirtschaftsjahr 2014/2015 bzw. 2015. ③ Der Steuerpflichtige kann deshalb in Höhe von höchstens vier Fünfteln des durch die Anwendung der Vereinfachungsregelung entstehenden Gewinns in der Schlussbilanz des Wirtschaftsjahres eine den steuerlichen Gewinn mindernde Rücklage bilden. ④ Die Rücklage ist in den folgenden Wirtschaftsjahren mit mindestens einem Viertel der höchstmöglichen Rücklage gewinnerhöhend aufzulösen (vgl. Beispiel Tz. 6).

5. Beispiel zur Berechnung des Pflanzenbestandswerts ab dem Wirtschaftsjahr 2013/2014 bzw. 2014

43 In einem 46 Hektar (ha) großen Baumschulbetrieb werden im Wirtschaftsjahr 2013/2014 laut Anbauverzeichnis 6 ha Forstpflanzen, 15 ha sonstige Ziergehölze und 14,5 ha Obstgehölze erzeugt. Die Brach- und Gründüngungsflächen im laufenden Wirtschaftsjahr betragen 4,5 ha, die geräumten Quartiere, die der Erzeugung von Containerpflanzen dienen, betragen 2 ha. Die mit sonstigen Ziergehölzen bestückten Schau- und Ausstellungsflächen umfassen 1 ha. Ferner betragen die Wohngebäudeflächen einschließlich des Hausgartens 1,5 ha und die bereits zutreffend abgegrenzten übrigen Flächen umfassen 1,5 ha (Dauerwege, Wendeplätze etc.). Der Wareneinkauf an Aufschulware beträgt im laufenden Wirtschaftsjahr insgesamt 230 000 EUR.

Nach den Vereinfachungsregelungen ist der Pflanzenbestandswert am Bilanzstichtag 30. Juni des Wirtschaftsjahres 2013/2014 wie folgt zu ermitteln:

a) Pflanzenwert

Der Wareneinkauf an Aufschulware beträgt laut Buchführung im laufenden Wirtschaftsjahr 30 000 € für Forstpflanzen und 20 000 € für Ziergehölze in Containern. Der Wareneinkauf an Aufschulware beträgt laut Buchführung im laufenden Wirtschaftsjahr 180 000 € für alle übrigen Pflanzen. Der Pflanzenwert im Sinne der Tz. 2.1 beträgt somit 230 000 €.

b) Flächenwert

1. Berechnung der zu bewertenden Fläche

Selbst bewirtschaftete Baumschulbetriebsfläche	46,00 ha
./. Wohnzwecken dienende Flächen und Hausgärten	1,50 ha
./. Brach- u. Gründüngungsflächen des lfd. Wirtschaftsjahres	4,50 ha
Zwischensumme	40,00 ha
./. 20% für Besonderheiten	8,00 ha
Zu bewertende Fläche	32,00 ha

2. Aufteilung der zu bewertenden Fläche und Ermittlung des Flächenwerts

Für die Aufteilung der zu bewertenden Fläche ist das Verhältnis der Flächen laut Anbauverzeichnis maßgebend.

Fortsetzung des Beispiels:

	Tatsächliche Fläche in ha	Verhältnis der Flächen	Zu bewertende Fläche in ha	Flächenwert pro ha in €	Flächenwert gesamt in €
Gesamtfläche	38,50		32,00		
Davon					
Forstpflanzen	6,00	15,58%	4,99	4 200,00	20 958,00
Sonstige Ziergehölze	15,00	38,96%	12,47	8 200,00	102 254,00
Obstgehölze	14,50	37,66%	12,05	8 200,00	98 810,00
Ziergehölze in Containern	2,00	5,19%	1,66	11 480,00	19 056,80
Ziergehölze auf Schau-/ Ausstellungsfläche	1,00	2,60%	0,83	11 480,00	9 528,40
Summe					250 607,20

nachrichtlich:	32,00
Brach- und Gründüngungsflächen	4,50
Zu Wohnzwecken dienende Flächen	1,50
Sonstige Flächen	1,50
Summe insgesamt	46,00

Anl b zu H 13.3

c) Pflanzenbestandswert (Bilanzansatz) zum 30. Juni 2014

Der Pflanzenwert nach Tz. 2.1 von 230 000 € und der Flächenwert nach Tz. 2.2 von 250 607,20 € sind als Pflanzenbestandswert nach Tz. 2.3 in Höhe von 480 607,20 € in der Bilanz anzusetzen.

d) Darstellung für die folgenden Wirtschaftsjahre

Bilanzposition dem Grunde nach	Bilanzposition der Höhe nach	davon Forstpflanzen	davon Pflanzen in Containern	davon übrige Pflanzen
Bilanzansatz				
Pflanzenwert 2013/2014	230 000,00 €	30 000,00 €	20 000,00 €	180 000,00 €
Flächenwert 2013/2014	250 607,20 €	20 958,00 €	19 056,80 €	210 592,40 €
zum 30. Juni 2014	480 607,20 €	50 958,00 €	39 056,80 €	390 592,40 €
Bilanzansatz				
Pflanzenwert 2013/2014		30% von 30 000,00 €	0% von 20 000 €	50% von 180 000 €
zum 30. Juni 2015	99 000,00 €	9 000,00 €	0,00 €	90 000,00 €
Bilanzansatz				
Pflanzenwert 2013/2014				
zum 30. Juni 2016	0 €	0 €		0 €

e) Darstellung mehrerer Wirtschaftsjahre

Der Pflanzenbestandswert zum 30. Juni des Wirtschaftsjahrs 2013/2014 beträgt 480 607,20 €. Im folgenden Wirtschaftsjahr 2014/2015 beträgt der Wareneinkauf 20 000 € für Forstpflanzen, 30 000 € für Zierpflanzen in Containern und 160 000 € für alle übrigen Pflanzen; der Pflanzenwert beträgt somit 210 000 €. Der Pflanzenbestandswert zum 30. Juni des Wirtschaftsjahrs 2014/2015 beträgt bei identischem Flächenwert in Höhe von 250 607,20 € somit 460 607,20 €. Zum Bilanzstichtag 30. Juni 2015 ist der Pflanzenbestandswert wie folgt auszuweisen:

Bilanzposition dem Grunde nach	Bilanzposition der Höhe nach	davon Forstpflanzen	davon Pflanzen in Containern	davon übrige Pflanzen
Bilanzansatz				
Pflanzenwert 2013/2014	99 000,00 €	9 000,00 €	0,00 €	90 000,00 €
zum 30. Juni 2015				
Bilanzansatz				
Pflanzenwert 2014/2015	210 000,00 €	20 000,00 €	30 000,00 €	160 000,00 €
Flächenwert 2014/2015	250 607,20 €	20 958,00 €	19 056,80 €	210 592,40 €
zum 30. Juni 2015	**460 607,20 €**	**40 958,00 €**	**49 056,80 €**	**370 592,40 €**
Summe	**559 607,20 €**			

6. Bildung einer Rücklage im Rahmen der Übergangsregelung

Bildung der Rücklage im Wirtschaftsjahr 2014/2015 bzw. 2015	
Bilanzansatz nach der bisherigen Bewertungsmethode	480 607,20 €
Bilanzansatz nach der neuen Bewertungsmethode (vgl. Tz. 5 Buchst. e)	559 607,20 €
Differenz	**79 000,00 €**
Rücklage davon höchstens 4/5	63 200,00 €
Auflösung ff. Wj. mind. 1/4	**15 800,00 €**

Anl c zu H 13.3

c) Schreiben betr. Besteuerung der Forstwirtschaft; Auswirkungen der Rechtsprechung des Bundesfinanzhofs vom 5. Juni 2008 (BStBl. II S. 960 und 968) und Anpassung an die Änderungen des Steuervereinfachungsgesetzes 2011

Vom 16. Mai 2012 (BStBl. I S. 595)

(BMF IV D 4 – S 2232/0-01; DOK 2012/0205152)

Unter Bezugnahme auf das Ergebnis der Erörterungen mit den obersten Finanzbehörden der Länder gilt zur ertragsteuerrechtlichen Behandlung des Wirtschaftsguts Baumbestand das Folgende:

A. Wirtschaftsgut Baumbestand

I. Definition

46a Als Wirtschaftsgut ist beim stehenden Holz der in einem selbständigen Nutzungs- und Funktionszusammenhang stehende Baumbestand anzusehen (BFH vom 5. Juni 2008 – BStBl. II S. 960 und vom 5. Juni 2008 – BStBl. II S. 968). Dieser ist ein vom Grund und Boden getrennt zu bewertendes Wirtschaftsgut des nicht abnutzbaren Anlagevermögens.[1] Der Umfang der einzelnen Wirtschaftgüter (Baumbestand) ergibt sich vorrangig aus einem amtlich anerkannten Betriebsgutachten oder aus einem Betriebswerk, ansonsten aus den Regelungen zum Anbauverzeichnis nach § 142 AO (vgl. BMF-Schreiben vom 15. Dezember 1981 – BStBl. I S. 878 – Teilziffer 3.3.3).

Ein Baumbestand innerhalb eines land- und forstwirtschaftlichen Betriebs tritt in der Regel nur dann als ein selbständiges Wirtschaftsgut nach außen in Erscheinung, wenn er eine Flächengröße von zusammenhängend mindestens einem Hektar aufweist (vgl. BFH vom 5. Juni 2008 – BStBl. II S. 960). Baumbestände auf verschiedenen räumlich voneinander entfernt liegenden Flurstücken stehen nicht in einem einheitlichen Nutzungs- und Funktionszusammenhang und sind deshalb auch dann selbständige Wirtschaftsgüter, wenn deren Größe einen Hektar unterschreitet.

II. Ausweis der Wirtschaftsgüter

Jedes selbständige Wirtschaftsgut Baumbestand ist im Bestandsverzeichnis bzw. dem laufend zu führenden Verzeichnis nach § 4 Absatz 3 Satz 5 EStG auszuweisen.

B. Bilanzierung des Wirtschaftsguts Baumbestand

Bei der Bilanzierung des Wirtschaftsguts Baumbestand ist zwischen Holznutzungen in Form von Kahlschlägen und anderen Holznutzungen zu unterscheiden.

I. Holznutzungen in Form von Kahlschlägen

1. Definition

Ein Kahlschlag im ertragsteuerrechtlichen Sinne liegt vor, wenn das nutzbare Derbholz auf der gesamten Fläche eines Baumbestandes, der ein selbständiges Wirtschaftsgut ist, eingeschlagen wird und keine gesicherte Kultur bestehen bleibt. Dieses gilt gleichermaßen für den Fall, dass auf einer mindestens ein Hektar großen zusammenhängenden Teilfläche ein Kahlschlag erfolgt, unabhängig davon, ob er in verschiedenen aneinander angrenzenden Baumbeständen oder innerhalb eines Baumbestandes vorgenommen wird. Dabei sind Einschläge innerhalb eines Zeitraums von fünf aufeinander folgenden Wirtschaftsjahren einheitlich zu beurteilen.

2. Übergang ins Umlaufvermögen

Mit dem Einschlag des Holzes wird der Nutzungs- und Funktionszusammenhang zum bisherigen Wirtschaftsgut Baumbestand gelöst und das eingeschlagene Holz wird Umlaufvermögen.

3. Minderung des Buchwerts

Mit dem Kahlschlag eines Baumbestandes, der ein selbständiges Wirtschaftsgut des Anlagevermögens gewesen ist, wird dessen Buchwert im Umfang des Einschlags gemindert und in gleicher Höhe den Herstellungskosten des eingeschlagenen Holzes (Umlaufvermögen) zugerechnet. Gleiches gilt für den Kahlschlag auf einer mindestens ein Hektar großen zusammenhängenden Teilfläche. Die Minderung des Buchwerts des Baumbestandes ist grundsätzlich entsprechend dem Flächenanteil des Kahlschlags vorzunehmen.

4. Wiederaufforstungskosten nach einem Kahlschlag

Wiederaufforstungskosten nach einem Kahlschlag sind Herstellungskosten für das neu entstehende Wirtschaftsgut Baumbestand und als nicht abnutzbares Anlagevermögen zu aktivieren.

Die Wiederaufforstung beginnt mit den Pflanzmaßnahmen, der Naturverjüngung oder der Saat. Sie endet mit der Sicherung des Baumbestandes, die nach Ablauf von fünf Wirtschaftsjahren nach dem Wirtschaftsjahr des Beginns der Wiederaufforstung anzunehmen ist. Zu den Wiederaufforstungskosten gehören insbesondere die Aufwendungen für Setzlinge, Pflanzung, Befestigung des Pflanzgutes (z. B. Pfähle und Drähte), Pflegemaßnahmen sowie Löhne. Dagegen führen Aufwendungen für Kulturzäune zu Herstellungskosten für ein selbständiges Wirtschaftsgut und werden über R 6.3 Absatz 1 EStR entsprechend berücksichtigt.

Sofern die Wiederaufforstung erst in einem späteren Wirtschaftsjahr vorgenommen wird, ist eine Rückstellung nach § 5 Absatz 4 b EStG nicht zulässig.

[1] Bestätigt durch *BFH-Urteil vom 18. 2. 2015 IV R 35/11 (BStBl. II S. 763).*

Anl c zu H 13.3

5. Aufwendungen für Verjüngung und Pflege

Aufwendungen für Bestandsverjüngung und Bestandspflege sind sofort abzugsfähige Betriebsausgaben.

II. Holznutzungen, die keine Kahlschläge sind

1. Abgrenzung zum ertragsteuerrechtlichen Kahlschlag

Führen Holznutzungen nicht zu Kahlschlägen im ertragsteuerrechtlichen Sinn, bleibt das Wirtschaftsgut Baumbestand erhalten. Daher kommt eine Buchwertminderung grundsätzlich nicht in Betracht.

2. Minderung des Buchwerts[1]

Sofern die planmäßige Ernte hiebsreifer Bestände im Einzelfall zu einer weitgehenden Minderung der Substanz und des Wertes des Wirtschaftsgutes Baumbestand führt, kann dies eine Buchwertminderung begründen (vgl. BFH vom 5. Juni 2008 – BStBl. II S. 968). Die Buchwertminderung ist begrenzt auf den Unterschied zwischen dem bisherigen Buchwert des jeweiligen Baumbestands und dem Teilwert des verbleibenden Baumbestands. Diese Voraussetzungen und der Teilwert des verbleibenden Baumbestands (§ 6 Absatz 1 Nummer 2 Satz 2 EStG) sind vom Steuerpflichtigen nachzuweisen. Der Betrag, um den der Buchwert gemindert wurde, ist den Herstellungskosten des eingeschlagenen Holzes (Umlaufvermögen) zuzurechnen.

3. Aufwendungen für die Wiederaufforstung

Soweit infolge einer Holznutzung, die keinen Kahlschlag darstellt und die nicht zu einer Buchwertminderung entsprechend Teilziffer B. II.2. geführt hat, dennoch eine Wiederaufforstungsverpflichtung entsteht, sind die Wiederaufforstungskosten nicht zu aktivieren. Sie sind entsprechend dem Umfang der Verpflichtung und den Wertverhältnissen am Bilanzstichtag in eine Rückstellung einzustellen, wenn die Voraussetzungen für eine Rückstellungsbildung gem. R 5.7 Absatz 4 EStR erfüllt sind (für Rückstellung aufgrund öffentlich-rechtlicher Verpflichtung vgl. BFH vom 13. Dezember 2007 – BStBl. 2008 II S. 516). Die Grundsätze von R 6.11 Absatz 1 EStR sind zu berücksichtigen (z. B. Zuschüsse).

Ist dagegen nach Teilziffer B. II.2. eine Buchwertminderung vorgenommen worden, sind die Wiederaufforstungskosten als nachträgliche Anschaffungs- oder Herstellungskosten zu aktivieren, soweit die Aufwendungen für die Wiederaufforstung der gesicherten Kultur den bei der Buchwertminderung zu Grunde gelegten Wert dieser Kultur übersteigen.

Zum Umfang der Wiederaufforstungskosten vgl. Teilziffer B. I.4., zu den Aufwendungen für Verjüngung und Pflege vgl. Teilziffer B. I.5.

C. Gewinnermittlung nach § 4 Absatz 3 EStG und § 13 a Absatz 6 Satz 1 Nummer 1 EStG[2]

Soweit beim Übergang vom nicht abnutzbaren Anlagevermögen zum Umlaufvermögen von den (fortgeführten) Anschaffungs-/Herstellungskosten des Baumbestands ein Betrag abzuspalten ist, der bei der Gewinnermittlung durch Betriebsvermögensvergleich als Herstellungskosten für das eingeschlagene Holz zu berücksichtigen wäre, sind im Wirtschaftsjahr des Einschlags in dieser Höhe Betriebsausgaben zu berücksichtigen.

D. Wertansätze für bereits vorhandene Baumbestände

Die Verpflichtung zum Ausweis eines Wertansatzes für die einzelnen Wirtschaftsgüter Baumbestand (vgl. Teilziffer A.) besteht auch für Baumbestände, die vor der Veröffentlichung der BFH-Urteile vom 5. Juni 2008 (BStBl. II S. 960 und 968) am 31. Dezember 2008 angeschafft oder hergestellt wurden. Dabei ist es regelmäßig nicht zu beanstanden, wenn die Aufteilung eines bisher einheitlichen Wertansatzes auf die einzelnen Wirtschaftsgüter Baumbestand nach dem Umfang der entsprechenden Flächen vorgenommen wird.

Ein bisher für mehrere Wirtschaftgüter Baumbestand ausgewiesener einheitlicher Wertansatz kann so lange fortgeführt werden, bis sich eine ertragsteuerrechtliche Auswirkung ergibt. In einem solchen Fall sind die bisher bestehenden Wertansätze insgesamt auf die einzelnen Wirtschaftsgüter nach dem Verhältnis der einzelnen Teilwerte im Zeitpunkt der Anschaffung bzw. Herstellung aufzuteilen. Aus Vereinfachungsgründen kann regelmäßig eine Aufteilung eines bisher einheitlichen Wertansatzes nach dem Umfang der entsprechenden Flächen vorgenommen werden. Für die übrigen Wirtschaftsgüter Baumbestand kann der Wertansatz weiterhin einheitlich ausgewiesen werden, bis sich bei diesen eine ertragsteuerrechtliche Auswirkung ergibt.

E. Kalamitätsnutzungen

Soweit durch Kalamitätsnutzungen ein Kahlschlag entsteht, kann abweichend von den unter B. dargestellten Grundsätzen der Buchwert dieses Baumbestandes beibehalten werden. Die Wiederaufforstungskosten sind in diesem Fall sofort als Betriebsausgaben abzugsfähig.

---

[1] Bestätigt durch *BFH-Urteil vom 18. 2. 2015 IV R 35/11 (BStBl. II S. 763).*

Reine Durchforstungsmaßnahmen lassen den Buchwert des Wirtschaftsguts Baumbestand (stehendes Holz) unberührt. Einschläge zur Anlegung von befestigten Wirtschaftswegen oder Lagerplätzen führen immer zur Minderung des auf das eingeschlagene Holz entfallenden Teils des Buchwerts. Die Anlage von (unbefestigten) Rückewegen ist demgegenüber als Durchforstungsmaßnahme anzusehen, die keine Minderung des Buchwerts für das stehende Holz zur Folge hat, siehe *BFH-Urteil vom 18. 2. 2015 IV R 35/11 (BStBl. II S. 763).*

[2] § 13 a Abs. 5 EStG n. F.

F. Pauschsätze nach § 51 EStDV

Rechtslage für Wirtschaftsjahre, die vor dem 1. Januar 2012 beginnen

Mit einer Holznutzung im Zusammenhang stehende Wiederaufforstungskosten, die sofort abziehbare Betriebsausgaben sind, sind durch die Pauschsätze nach § 51 EStDV abgegolten. Dies gilt unabhängig vom Wirtschaftsjahr ihrer Entstehung.

Im Falle eines Kahlschlags (vgl. Teilziffer B. I. 1.) ist der Buchwertabgang mit dem jeweiligen Pauschsatz abgegolten und die Wiederaufforstungskosten sind als Herstellungskosten in dem nach § 4 Absatz 3 Satz 5 EStG laufend zu führenden Verzeichnis auszuweisen. Dabei sind der Umfang des Kahlschlags und die Höhe der Wiederaufforstungskosten nachzuweisen.

Rechtslage für Wirtschaftsjahre, die nach dem 31. Dezember 2011 beginnen

Mit einer Holznutzung im Zusammenhang stehende Wiederaufforstungskosten, die sofort abziehbare Betriebsausgaben sind, sind durch die Pauschsätze nach § 51 EStDV nicht abgegolten. Sie sind im Wirtschaftsjahr der Zahlung abziehbar. Zuschüsse zu den Wiederaufforstungskosten sind Betriebseinnahmen, die nicht mit der Verwertung des Holzes zusammenhängen, so dass die Pauschsätze nach § 51 Absatz 2 und 3 EStDV hierfür nicht angewendet werden können.

Buchwertminderungen und Buchwertabgänge beim Wirtschaftsgut Baumbestand sind neben den jeweiligen Pauschsätzen nach § 51 EStDV als Betriebsausgaben zu berücksichtigen. Soweit Wiederaufforstungskosten Herstellungskosten darstellen, sind sie in dem nach § 4 Absatz 3 Satz 5 EStG laufend zu führenden Verzeichnis auszuweisen. Zur Behandlung der Wiederaufforstungskosten vgl. Teilziffer B. I. 4. und II. 3.

G. Forstschäden-Ausgleichsgesetz[1]

Bei der Anwendung des § 4 Forstschäden-Ausgleichsgesetz gelten die Grundsätze der Teilziffer C.

Bei der Ausübung des Wahlrechts nach § 4 a Forstschäden-Ausgleichsgesetz sind Buchwertminderungen und Buchwertabgänge beim Wirtschaftsgut Baumbestand im Wirtschaftsjahr des Einschlags als Betriebsausgaben sofort abziehbar, soweit von einer Aktivierung abgesehen worden ist.

H. Tarifvergünstigung nach § 34 b EStG

Rechtslage bis 31. Dezember 2011

Buchwertminderungen im Sinne der Teilziffer B. und die sofort als Betriebsausgaben abziehbaren Wiederaufforstungskosten (Teilziffer B. II.3.) gehören zu den anderen Betriebsausgaben im Sinne des § 34 b Absatz 2 Nummer 2 EStG.

I. Anwendungsregelung

Die Regelungen dieses Schreibens sind in allen noch offenen Fällen anzuwenden. R 34 b.2 Absatz 1 Satz 4 EStR 2008 ist nicht mehr anzuwenden.

Soweit sich aus diesem Schreiben für einen Steuerpflichtigen Verschlechterungen gegenüber der bisherigen bundeseinheitlichen Verwaltungsauffassung ergeben, sind die Regelungen erstmals für Wirtschaftsjahre anzuwenden, die nach dem 30. Juni 2010 beginnen.

Für die Teilziffern F. und H. gelten die darin getroffenen Anwendungsregelungen.

Dieses Schreiben tritt an die Stelle des BMF-Schreibens vom 2. März 2010 (BStBl. I S. 224).[2]

d) Schreiben betr. Besteuerung der Forstwirtschaft; Ertragsteuerrechtliche Behandlung von forstwirtschaftlichen Flächen als Betriebsvermögen eines Erwerbsbetriebs

Anl d zu H 13.3

Vom 18. Mai 2018 (BStBl. I S. 689)

(BMF IV C 7 – S 2232/0-02; DOK 2018/0185471)

Nach dem Ergebnis der Erörterungen mit den obersten Finanzbehörden der Länder gilt zur ertragsteuerrechtlichen Behandlung von forstwirtschaftlichen Flächen als Betriebsvermögen eines Erwerbsbetriebs das Folgende:

I. Grundsätze

1. Forstwirtschaftliche Tätigkeit und forstwirtschaftliche Fläche

Forstwirtschaft ist die planmäßige Nutzung der natürlichen Kräfte des Grund und Bodens zur Gewinnung und Verwertung von Rohholz und anderen Walderzeugnissen. Eine forstwirtschaftliche Tätigkeit erfordert grundsätzlich eine geschlossene mit Forstpflanzen bestockte Grundfläche, auf der nahezu ausschließlich Baumarten mit dem Ziel einer langfristigen Holzentnahme erzeugt werden (forstwirtschaftliche Fläche). **46b**

2. Voraussetzungen für einen ertragsteuerrechtlichen Betrieb der Forstwirtschaft

Ertragsteuerrechtlich reicht das Eigentum an einer forstwirtschaftlichen Fläche grundsätzlich unabhängig von der Flächengröße für die Annahme einer betrieblichen Tätigkeit i. S. d. § 2 Absatz 1 Satz 1 Nr. 1 i. V. m. § 13 Absatz 1 Nr. 1 EStG aus, wenn Gewinnerzielungsabsicht besteht (vgl. Tz. IV.). Dies gilt

[1] Abgedruckt als Anlage zu R 34 b EStR.

[2] Letztmals abgedruckt im „Handbuch der Steuerveranlagungen 2011" als Anlage d zu H 13.3.

Anl d zu H 13.3

auch dann, wenn der Steuerpflichtige ohne eigene Bewirtschaftungsmaßnahmen (z. B. Anpflanzung oder Durchforstung) durch den natürlichen Baumwuchs an der Fruchtziehung beteiligt ist und dadurch einen Gewinn erzielen kann (vgl. BFH vom 18. März 1976, BStBl. II S. 482, und BFH vom 9. März 2017, BStBl. II S. 981).

3. Umfang eines ertragsteuerrechtlichen Betriebs der Forstwirtschaft

Grundsätzlich bilden mehrere räumlich voneinander getrennte forstwirtschaftliche Flächen einen einheitlichen Betrieb. Ob im Einzelfall mehrere selbständige Betriebe vorliegen, ist aufgrund einer Gesamtbetrachtung der betrieblichen Verhältnisse zu entscheiden. Dabei ist auch die Entfernung zu und zwischen den Grundstücken zu berücksichtigen. Eine feste Grenze für die höchstzulässige Entfernung gibt es jedoch nicht (vgl. BFH vom 9. März 2017, BStBl. II S. 981).

II. Betriebsvermögenseigenschaft von forstwirtschaftlichen Flächen

1. Forstwirtschaftliche Flächen, die einem landwirtschaftlichen Betrieb zuzuordnen sind

Im Eigentum des Steuerpflichtigen stehende forstwirtschaftliche Flächen, die sich in nicht zu großer räumlicher Entfernung von einem landwirtschaftlichen Betrieb des Steuerpflichtigen befinden (vgl. BFH vom 9. März 2017, BStBl. II S. 981), gehören unabhängig von deren Flächengröße zum notwendigen Betriebsvermögen eines einheitlichen land- und forstwirtschaftlichen Betriebs. Zur Frage des Bestehens eines selbständigen forstwirtschaftlichen Teilbetriebs vgl. Tz. III.

Die im Eigentum des Steuerpflichtigen stehenden forstwirtschaftlichen Flächen verlieren ihre Betriebsvermögenseigenschaft weder durch Nutzungsüberlassung an einen Dritten noch durch Flächenverringerung. Die Betriebsvermögenseigenschaft der forstwirtschaftlichen Flächen bleibt grundsätzlich auch dann bestehen, wenn das übrige Betriebsvermögen des land- und forstwirtschaftlichen Betriebs verpachtet, in das Privatvermögen überführt oder veräußert wird. Ein Wechsel vom Erwerbsbetrieb zu einem Liebhabereibetrieb erfolgt nur, wenn mit den verbleibenden forstwirtschaftlichen Flächen kein steuerlicher Totalgewinn mehr erzielt werden kann (vgl. Tz. IV.). Nach dem Urteil des BFH vom 29. Oktober 1981 (BStBl. 1982 II S. 381) ist in dieser Änderung der steuerrechtlichen Beurteilung keine Betriebsaufgabe mit der Folge einer Auflösung der stillen Reserven und einer Überführung in das Privatvermögen zu sehen. In einem solchen Fall sind die stillen Reserven gesondert festzustellen (vgl. § 8 der Verordnung über die gesonderte Feststellung von Besteuerungsgrundlagen nach § 180 Abs. 2 der Abgabenordnung). Eine Überführung der forstwirtschaftlichen Flächen in das Privatvermögen setzt in diesem Fall eine entsprechende eindeutige und unmissverständliche Erklärung des Steuerpflichtigen und eine Versteuerung der stillen Reserven voraus.

2. Forstwirtschaftliche Flächen, die nicht Teil eines landwirtschaftlichen Betriebs sind

Ist der Steuerpflichtige Eigentümer von forstwirtschaftlichen Flächen, die keinem bestehenden land- und forstwirtschaftlichen Betrieb als Betriebsvermögen zuzuordnen sind, ist nach ertragsteuerrechtlichen Grundsätzen (vgl. Tz. I.2) zu prüfen, ob ein (Erwerbs-)Betrieb der Forstwirtschaft besteht. Dabei ist – insbesondere wenn der Steuerpflichtige keine eigenen Bewirtschaftungsmaßnahmen ergreift – zu prüfen, ob die Flächen nach den bewertungsrechtlichen Grundsätzen (§ 33 i. V. m. § 34 Absatz 2 Nr. 1 BewG bzw. § 158 i. V. m. § 160 Absatz 2 Satz 1 Nr. 2 BewG) der forstwirtschaftlichen Nutzung und damit einer wirtschaftlichen Einheit Betrieb der Land- und Forstwirtschaft zuzurechnen sind.

Liegt nach diesen Grundsätzen eine dem Grunde nach forstwirtschaftliche Tätigkeit vor, ist ertragsteuerrechtlich regelmäßig von einem Forstbetrieb auszugehen, wenn mindestens eine der im Eigentum des Steuerpflichtigen stehenden forstwirtschaftlichen Flächen mit Bäumen bestanden ist, die nach den Grundsätzen des BMF-Schreibens vom 16. Mai 2012 (BStBl. I S. 595) als selbständiges Wirtschaftsgut Baumbestand zu beurteilen sind. In diesem Fall ist diese forstwirtschaftliche Fläche ggf. unter Einbeziehung weiterer forstwirtschaftlicher Flächen des Steuerpflichtigen notwendiges Betriebsvermögen eines Forstbetriebs; die weitere Abgrenzung eines Erwerbsbetriebs von der Liebhaberei erfolgt nach Tz. IV. Besteht nach diesen Grundsätzen ein Betrieb der Forstwirtschaft, so verlieren die einzelnen forstwirtschaftlichen Flächen grundsätzlich auch dann nicht ihre Betriebsvermögenseigenschaft, wenn sie einem Dritten zur Nutzung überlassen werden oder der Flächenumfang z. B. durch Veräußerung oder Übertragung verringert wird.

III. Teilbetriebseigenschaft einzelner forstwirtschaftlicher Flächen

Forstwirtschaftliche Flächen, die zum notwendigen Betriebsvermögen eines land- und forstwirtschaftlichen Betriebs gehören, sind insgesamt ohne weitere sachliche Voraussetzungen als selbständiger Teilbetrieb i. S. v. § 14 EStG zu beurteilen, wenn mindestens eine dieser Flächen die Voraussetzungen für die Annahme eines selbständigen Betriebs der Forstwirtschaft erfüllt (vgl. Tz. I.2. und Tz. II.2.).

Innerhalb eines bestehenden Betriebs der Forstwirtschaft oder forstwirtschaftlichen Teilbetriebs können auch einzelne forstwirtschaftliche Flächen das Merkmal eines selbständigen Teilbetriebs i. S. v. § 14 EStG erfüllen. Nach der Rechtsprechung des BFH vom 5. November 1981 (BStBl. 1982 II S. 158) und vom 17. Januar 1991 (BStBl. II S. 566) genügt es, wenn von einem Forstareal eine räumlich zusammenhängende Waldfläche von einer Größe abgetrennt und übertragen oder veräußert wird, die der Erwerber als selbständiges, lebensfähiges Forstrevier (Erwerbsbetrieb der Forstwirtschaft) fortführen kann (vgl. Tz. I.2. und Tz. II.2.).

IV. Abgrenzung Erwerbsbetrieb

Eine forstwirtschaftliche Tätigkeit kann abweichend von Tz. I. ohne Gewinnerzielungsabsicht erfolgen (sog. Liebhaberei). Bei der Prüfung der Gewinnerzielungsabsicht gelten für forstwirtschaftliche Flächen die sich aus der Rechtsprechung ergebenden allgemeinen Grundsätze (z. B. BFH vom 25. Juni 1984, BStBl. II S. 751) und folgende Besonderheiten:

Die Feststellung, ob ein Forstbetrieb mit Gewinnerzielungsabsicht geführt wird, liegt im Wesentlichen auf dem Gebiet der Tatsachenwürdigung (vgl. BFH vom 9. März 2017, BStBl. II S. 981). Dabei ist die erforderliche Totalgewinnprognose grundsätzlich generationenübergreifend über den Zeitraum der durchschnittlichen Umtriebszeit des im Forstbetrieb vorherrschenden Baumbestands zu erstrecken (vgl. BFH vom 7. April 2016, BStBl. II S. 765, und BFH vom 9. März 2017, BStBl. II S. 981). Dies gilt zugleich betriebsübergreifend auch dann, wenn der Forstbetrieb zunächst unter Nießbrauchsvorbehalt an die nächste Generation übertragen wird. Die Totalgewinnprognose ist dann ungeachtet der Entstehung zweier Forstbetriebe für einen fiktiven konsolidierten Forstbetrieb zu erstellen. Werden bei einer Betriebsgründung bzw. einem Betriebserwerb bereits hergestellte Baumbestände erworben, ist der Prognosezeitraum regelmäßig nach dem Zeitpunkt des Erwerbs bis zur Hiebsreife der Baumbestände zu bemessen (vgl. BFH vom 7. April 2016, BStBl. II S. 765).

Die Prüfung der Gewinnerzielungsabsicht erfolgt auch bei räumlich getrennt liegenden Flächen für den gesamten als Einheit zu beurteilenden Forstbetrieb bzw. forstwirtschaftlichen Teilbetrieb (vgl. BFH vom 9. März 2017, BStBl. II S. 981). Unterhält ein Steuerpflichtiger einen landwirtschaftlichen und einen forstwirtschaftlichen Betrieb oder betreibt er innerhalb eines land- und forstwirtschaftlichen Betriebs Landwirtschaft und Forstwirtschaft, so ist die Gewinnerzielungsabsicht für beide Tätigkeitsbereiche grundsätzlich getrennt zu prüfen.

Der Totalgewinn bzw. die Totalgewinnprognose für den Forstbetrieb oder forstwirtschaftlichen Teilbetrieb ist nach ertragsteuerrechtlichen Grundsätzen unter Berücksichtigung der maßgeblichen Gewinnermittlungsart zu ermitteln. Die Totalgewinnprognose setzt sich aus den in der Vergangenheit erzielten und künftig zu erwartenden laufenden Gewinnen/Verlusten und dem sich bei Betriebsbeendigung voraussichtlich ergebenden Veräußerungs- bzw. Aufgabegewinn/-verlust zusammen. Dabei ist für die bestockten Flächen zu prüfen, ob die Wirtschaftsgüter „Baumbestand" zur Erzielung von Einkünften objektiv geeignet sind. Hierzu sind Art und Umfang des Aufwuchses im Zeitpunkt der Totalgewinnprognose zu würdigen und nach dem Nominalwertprinzip anzusetzen. Ist die objektive Totalgewinnprognose negativ, kann der Steuerpflichtige seine subjektive Gewinnerzielungsabsicht nachweisen.

V. Entnahmemöglichkeit kleiner forstwirtschaftlicher Flächen

Verbleiben nach einer Verkleinerung eines Forstbetriebs oder forstwirtschaftlichen Teilbetriebs nur forstwirtschaftliche Flächen geringer Größe, die nicht die Voraussetzungen für die Annahme eines selbständigen Forstbetriebs erfüllen (vgl. Tz. I.2. und Tz. II.2.), so bleiben sie grundsätzlich Betriebsvermögen. Abweichend hiervon können diese Flächen durch ausdrückliche und unmissverständliche Entnahmehandlung unter Aufdeckung der stillen Reserven in das Privatvermögen überführt werden. Die Entnahme dieser forstwirtschaftlichen Flächen muss auf einen bestimmten Zeitpunkt erfolgen und darf nicht zurückwirken. Verbleiben derartige forstwirtschaftliche Flächen bei Aufgabe oder Veräußerung des land- und forstwirtschaftlichen Betriebs im Eigentum des Steuerpflichtigen, so kann der auf sie entfallende Entnahmegewinn bei entsprechender Erklärung des Steuerpflichtigen in den nach §§ 14, 16, 34 EStG begünstigten Gewinn einbezogen werden. Anderenfalls bleiben sie fortgeführtes Betriebsvermögen.

VI. Zeitliche Anwendung

Die Regelungen dieses Schreibens sind in allen offenen Fällen anzuwenden.

R 13.4. Rechtsverhältnisse zwischen Angehörigen in einem landwirtschaftlichen Betrieb *(unbesetzt)*[1]

R 13.4 47

H 13.4 48

Alleinunternehmerschaft. Hat ein Ehegatte sein Nutzungsrecht an seinen eigenen Grundstücken dem anderen Ehegatten auf Grund eines nachgewiesenen Nutzungsüberlassungsvertrags überlassen, kann dies die Alleinunternehmerschaft des anderen Ehegatten begründen (→ BFH vom 14. 8. 1986 – BStBl. 1987 II S. 20 und vom 22. 1. 2004 – BStBl. II S. 500).

Arbeitsverhältnisse zwischen Angehörigen → R 4.8.

Familiengesellschaft. Eine Familiengesellschaft ist auch auf dem Gebiet der Land- und Forstwirtschaft grundsätzlich anzuerkennen (→ BFH vom 29. 5. 1956 – BStBl. III S. 246). → R 15.9 ist entsprechend anzuwenden.

Gütergemeinschaft → H 4.2 (12); → H 15.9 (1).

Mitunternehmerschaft zwischen Ehegatten. Ehegatten können in der Land- und Forstwirtschaft ohne ausdrücklichen Gesellschaftsvertrag eine Mitunternehmerschaft bilden, wenn jeder der Ehegatten einen erheblichen Teil der selbst bewirtschafteten land- und forstwirtschaftlichen Grundstücke zur Verfügung stellt. Dabei kommt es nicht darauf an, ob dem Ehegatten das Fruchtziehungsrecht an den zur Verfügung gestellten Grundstücken als Allein-

[1] Zur Anerkennung einer typisch stillen Gesellschaft in der Landwirtschaft vgl. *Vfg. OFD München vom 4. 4. 1997 S 2230 – 126/St 426 (FR S. 426; BeckVerw 151661).*

eigentümer, als Miteigentümer oder als Pächter zusteht. Der zur Begründung einer konkludenten Mitunternehmerschaft erhebliche Teil der selbst bewirtschafteten Flächen muss mindestens 10% der insgesamt land- und forstwirtschaftlich genutzten Eigentums- und Pachtflächen betragen. Dagegen kann ohne vorliegende Vereinbarungen über ein Gesellschaftsverhältnis nicht von einer Mitunternehmerschaft ausgegangen werden, wenn jeder Ehegatte einen eigenen landwirtschaftlichen Betrieb unterhält. Für diesen Fall genügt die Selbstbewirtschaftung von landwirtschaftlichen Flächen der Ehegatten nicht, um eine konkludente Mitunternehmerschaft zu begründen. Vielmehr ist erforderlich, dass die Ehegatten die Grundstücke gemeinsam in einem Betrieb bewirtschaften, so dass von einer gemeinsamen Zweckverfolgung ausgegangen werden kann (→ BFH vom 25. 9. 2008 – BStBl. 2009 II S. 989 und vom 16. 5. 2018 – BStBl. 2019 II S. 60). Bei der Ermittlung des selbst bewirtschafteten land- und forstwirtschaftlichen Grundbesitzes, den jeder Ehegatte zur Verfügung stellt, sind nicht nur landwirtschaftlich, sondern auch forstwirtschaftlich genutzte Flächen einzubeziehen (→ BFH vom 16. 5. 2018 – BStBl. 2019 II S. 60).

Von einer Mitunternehmerschaft kann ohne vorliegende Vereinbarungen über ein Gesellschaftsverhältnis nicht ausgegangen werden, wenn

– den Ehegatten gemeinsam gehörende Grundstücke für Zwecke einer Baumschule genutzt werden, weil die Erzeugnisse einer Baumschule weder Früchte noch wesentliche Bestandteile des Grundstücks darstellen (→ BFH vom 14. 8. 1986 – BStBl. 1987 II S. 23),
– einem Ehegatten der Grund und Boden und dem anderen Ehegatten das Inventar gehört (→ BFH vom 26. 11. 1992 – BStBl. 1993 II S. 395),
– ein Ehegatte lediglich auf der familiären Grundlage der ehelichen Lebensgemeinschaft geringfügige Flächen des anderen Ehegatten mitbewirtschaftet (→ BFH vom 2. 2. 1989 – BStBl. II S. 504),
– einem Ehegatten der Grund und Boden und dem anderen Ehegatten nur die Hofstelle oder ein Anteil daran gehört (→ BFH vom 27. 1. 1994 – BStBl. II S. 462).

Nutzungsüberlassungsvertrag zwischen Ehegatten → Alleinunternehmerschaft.

Rechtsverhältnisse zwischen Angehörigen

– → R 4.8
– Ein nachträglich vor dem Arbeitsgericht mit Erfolg geltend gemachter Vergütungsanspruch wegen fehlgeschlagener Hofübergabe führt im steuerlichen Sinne nicht automatisch zu Einkünften aus nichtselbständiger Arbeit oder Einkünften aus Land- und Forstwirtschaft. Die Zahlungen sind als sonstige Einkünfte i. S. d. § 22 Nr. 3 EStG zu erfassen (→ BFH vom 8. 5. 2008 – BStBl. II S. 868).

Wirtschaftsüberlassungsvertrag. Ein Wirtschaftsüberlassungsvertrag kann auch vorliegen, wenn die Nutzung einer anderen Person als dem künftigen Hoferben überlassen wird (→ BFH vom 26. 11. 1992 – BStBl. 1993 II S. 395). → H 4.8, → H 7.1.

R 13.5

R 13.5. Ermittlung des Gewinns aus Land- und Forstwirtschaft

Gewinnschätzung

49 (1) ① Bei Land- und Forstwirten, die zur Buchführung verpflichtet sind, aber keine ordnungsmäßigen Bücher führen, ist der Gewinn im Einzelfall zu schätzen. ② Land- und Forstwirte, die weder zur Buchführung verpflichtet sind, noch die Voraussetzungen des § 13 a Abs. 1 Satz 1 Nr. 2 bis 4 EStG[1] erfüllen, können den Gewinn entweder nach § 4 Abs. 1 EStG oder nach § 4 Abs. 3 EStG ermitteln. ③ Haben sie keine Bücher im Sinne des § 4 Abs. 1 EStG geführt und auch die Betriebseinnahmen und Betriebsausgaben im Sinne des § 4 Abs. 3 EStG nicht aufgezeichnet, ist der Gewinn zu schätzen. ④ Richtsätze, die von den Finanzbehörden aufgestellt werden, können dabei als Anhalt dienen.

Wechsel der Gewinnermittlungsart

50 (2) ① Geht ein Land- und Forstwirt zur Gewinnermittlung durch Betriebsvermögensvergleich über, ist für die Aufstellung der Übergangsbilanz nach den Grundsätzen in R 4.6 zu verfahren. ② Bei einem Wechsel der Gewinnermittlung ist zu beachten, dass die Gewinnermittlung nach § 13 a Abs. 3 bis 5 EStG[2] in diesem Zusammenhang der nach § 4 Abs. 1 EStG gleichzustellen ist. ③ Beim Übergang von der Gewinnermittlung nach § 13 a Abs. 3 bis 5 EStG[2] zur Gewinnermittlung durch Betriebsvermögensvergleich sind die in die Übergangsbilanz einzustellenden Buchwerte der abnutzbaren Anlagegüter zu schätzen. ④ Dazu sind die Anschaffungs- oder Herstellungskosten beweglicher Anlagegüter um die üblichen Absetzungen zu mindern, die den amtlichen → AfA-Tabellen zu entnehmen sind. ⑤ Geringwertige Wirtschaftsgüter i. S. d. § 6 Abs. 2 EStG, die nach dem 31. 12. 2007 und vor dem 1. 1. 2010 angeschafft oder hergestellt worden sind, sind nicht anzusetzen. ⑥ Der Sammelposten nach § 6 Abs. 2 a EStG für Wirtschaftsgüter, die nach dem 31. 12. 2007 und vor dem 1. 1. 2010 angeschafft oder hergestellt worden sind, ist mit dem Wert zu berücksichtigen, der sich bei Gewinnermittlung nach § 4 Abs. 1 EStG ergeben hätte.

---

[1] Jetzt § 13 a Abs. 1 Satz 1 Nr. 2 bis 5 oder Satz 2 EStG.
[2] Jetzt § 13 a Abs. 4 und 6 EStG.

Nichtanwendung der Nutzungswertbesteuerung nach § 13 Abs. 2 Nr. 2 i. V. m. Abs. 4 EStG im Beitrittsgebiet

(3) § 13 Abs. 2 Nr. 2 EStG kommt im Beitrittsgebiet nicht zur Anwendung. 51

Entnahme nach § 13 Abs. 5 EStG

(4) ① Die Steuerfreiheit des Entnahmegewinns nach § 13 Abs. 5 EStG kommt bei Land- und Forstwirten auch dann in Betracht, wenn der entsprechende Grund und Boden erst nach dem 31. 12. 1986 Betriebsvermögen geworden ist. ② § 13 Abs. 5 EStG findet auch im Beitrittsgebiet Anwendung. 52

H 13.5

Amtliche AfA-Tabellen. Die besonderen betrieblichen Verhältnisse sind auch dann unbeachtlich, wenn für diesen Zeitraum amtliche AfA-Tabellen nicht mehr zur Verfügung gestanden haben (→ BFH vom 10. 12. 1992 – BStBl. 1993 II S. 344). 53

Anbauverzeichnis → § 142 AO.[1]

Beteiligung am allgemeinen wirtschaftlichen Verkehr. Die Annahme von Einkünften aus Land- und Forstwirtschaft setzt eine Beteiligung am allgemeinen wirtschaftlichen Verkehr voraus (→ BFH vom 13. 12. 2001 – BStBl. 2002 II S. 80).

Ersatzflächenpool. Einrichtung von Ersatzflächenpools durch Land- und Forstwirte für die Vornahme von Ausgleichsmaßnahmen nach den Naturschutzgesetzen → BMF vom 3. 8. 2004 (BStBl. I S. 716) unter Berücksichtigung der Änderungen durch BMF vom 11. 10. 2021 (BStBl. I S. 2025).

Forstwirtschaft. Der erhöhte Betriebsausgabenpauschsatz nach § 4 Abs. 1 Forstschäden-Ausgleichsgesetz ist nicht von Einnahmen aus Kalamitätsnutzungen abzusetzen, die in einem Wj. nach Auslaufen einer Einschlagsbeschränkung steuerlich zu erfassen sind (→ BFH vom 3. 2. 2010 – BStBl. II S. 546) und BMF vom 27. 7. 2021 – BStBl. I S. 1044, Rn. 33 f.).

Liebhaberei → H 15.3.

Schätzung nach Richtsätzen

- Auch bei Gewinnermittlung nach § 4 Abs. 3 EStG berechtigt eine Verletzung der Mitwirkungspflicht zur Schätzung nach Richtsätzen (→ BFH vom 15. 4. 1999 – BStBl. II S. 481).
- Bei einer Richtsatzschätzung können keine individuellen Gewinn mindernden Besonderheiten des Betriebs berücksichtigt werden (→ BFH vom 29. 3. 2001 – BStBl. II S. 484).

Wechsel der Gewinnermittlungsart → R 4.6, → H 7.4 (AfA-Volumen), → Anlage (zu R 4.6).[2]

Wohnungen im land- und forstwirtschaftlichen Betriebsvermögen, die unter § 13 Abs. 4 und 5 EStG fallen

- Zum erforderlichen und üblichen **Umfang des** zur Wohnung gehörenden **Grund und Bodens** → BMF vom 4. 6. 1997 (BStBl. I S. 630)[3] und vom 2. 4. 2004 (BStBl. I S. 442).
- Bei **Abwahl der Nutzungswertbesteuerung** ist für die Frage der steuerfreien Entnahme des Grund und Bodens auf den Nutzungs- und Funktionszusammenhang zum Entnahmezeitpunkt abzustellen. Der Nutzungs- und Funktionszusammenhang mit der Wohnung ist auch dann bereits im Zeitpunkt der Abwahl der Nutzungsbesteuerung gelöst, wenn die Nutzungsänderung der Grundstücksfläche tatsächlich erst nach dem Abwahlzeitpunkt erfolgt, die Kausalkette für die spätere Nutzungsänderung indes schon vor dem Abwahlzeitpunkt unwiderruflich in Gang gesetzt worden ist (→ BFH vom 24. 4. 2008 – BStBl. II S. 707).
- Die Nutzungswertbesteuerung kann rückwirkend abgewählt werden. Eine Altenteilerwohnung und der dazugehörende Grund und Boden gelten zu dem Zeitpunkt als entnommen, bis zu dem der Nutzungswert letztmals angesetzt wurde. Nach dem für die **rückwirkende Abwahl** der Nutzungswertbesteuerung bestimmten Zeitpunkt kann weder eine Nutzungsänderung noch eine Veräußerung der Wohnung und des dazugehörenden Grund und Bodens einen Einfluss auf die Steuerbefreiung haben (→ BFH vom 6. 11. 2003 – BStBl. 2004 II S. 419).
- Unabhängig von der Gewinnermittlungsart sind **Aufwendungen für Erhaltungsmaßnahmen,** die noch vor der Abwahl der Nutzungswertbesteuerung an der zu eigenen Wohnzwecken genutzten Wohnung oder einer Altenteilerwohnung durchgeführt werden, auch dann in vollem Umfang als Betriebsausgaben abziehbar, wenn die Zahlung erst nach Ablauf der Nutzungswertbesteuerung erfolgt (→ BFH vom 13. 2. 2003 – BStBl. II S. 837).
- Für die **Bestimmung des** zur Wohnung gehörenden **Grund und Bodens** sind die tatsächlichen örtlichen Verhältnisse zum Entnahmezeitpunkt und die zukünftige mögliche Nutzung maßgebend (→ BFH vom 26. 9. 2001 – BStBl. II S. 762).
- Der zur Wohnung gehörende Grund und Boden kann auch eine in einiger Entfernung vom Hofgrundstück belegene **Gartenfläche** umfassen, sofern diese vor und nach der Entnahme des Wohnhauses als Hausgarten genutzt wurde (→ BFH vom 26. 9. 2001 – BStBl. 2002 II S. 78).
- Ein **bilanziertes Grundstück** kann nach der Veräußerung dann nicht mehr rückwirkend zu einem vorangegangenen Bilanzstichtag entnommen werden, wenn diese Bilanz erst nach der Veräußerung des Grundstücks aufgestellt wird (→ BFH vom 12. 9. 2002 – BStBl. II S. 815).

[1] Vgl. hierzu BMF-Schreiben vom 15. 12. 1981 (BStBl. I S. 878, DStR 1982 S. 83), abgedruckt im „AO/FGO-Handbuch 2023" als Anlage zu § 141 AO.
[2] Abgedruckt als Anlage zu R 4.6 EStR.
[3] Nachstehend abgedruckt.

– Das **Entnahmeprivileg** des § 13 Abs. 4 Satz 6 Nr. 2 EStG enthält **keine Objektbeschränkung.** Nach dieser Vorschrift kann sich die steuerfreie Entnahme daher auch auf mehrere an Dritte vermietete Wohnungen beziehen, wenn diese nach der Entnahme als eine Wohnung genutzt werden und die Gesamtfläche dem konkreten Wohnbedarf angemessen ist (→ BFH vom 11. 12. 2003 – BStBl. 2004 II S. 277).
– Die steuerfreie Entnahme einer Wohnung aus dem land- und forstwirtschaftlichen Betriebsvermögen gem. § 13 Abs. 4 Satz 6 Nr. 2 EStG (nach dem 31. 12. 1998) ist nur möglich, wenn es sich hierbei um ein **Baudenkmal** handelt (→ BFH vom 16. 1. 2020 – BStBl. II S. 639).
– Die Anwendung des § 13 Abs. 4 Satz 6 Nr. 2 EStG erfordert eine **auf Dauer angelegte private Nutzung** durch den Betriebsinhaber oder den Altenteiler (→ BFH vom 1. 7. 2004 – BStBl. II S. 947).
– Die steuerfreie Entnahme des Grund und Bodens zur Errichtung einer **Altenteilerwohnung** setzt voraus, dass diese Wohnung nach ihrer Fertigstellung auch tatsächlich von einem Altenteiler genutzt wird (→ BFH vom 13. 10. 2005 – BStBl. 2006 II S. 68).

R 13.6

R 13.6. Buchführung bei Gartenbaubetrieben, Saatzuchtbetrieben, Baumschulen und ähnlichen Betrieben

56 ① Auch bei Gartenbaubetrieben, Saatzuchtbetrieben, Baumschulen und ähnlichen Betrieben ist ein Anbauverzeichnis zu führen (§ 142 AO). ② Ist einer dieser Betriebe ein Gewerbebetrieb im Sinne des § 15 EStG, ist § 142 AO nicht unmittelbar anwendbar. ③ Dennoch hat der Stpfl. Bücher zu führen, die inhaltlich diesem Erfordernis entsprechen. ④ Andernfalls ist die Buchführung nicht so gestaltet, dass sie die zuverlässige Aufzeichnung aller Geschäftsvorfälle und des Vermögens ermöglicht und gewährleistet.

Anl zu § 13

Schreiben betr. Umfang des dazugehörenden Grund und Bodens i. S. d. § 52 Abs. 15 EStG[1]

Vom 4. Juni 1997 (BStBl. I S. 630), geändert durch Schreiben vom 13. 1. 1998 (BStBl. I S. 129) und vom 2. 4. 2004 (BStBl. I S. 442)

BMF IV B 9 – S 2135 – 7/97

Unter Bezugnahme auf das Ergebnis der Erörterung mit den obersten Finanzbehörden der Länder wird zur Frage der Bemessung des Umfangs des zur Wohnung gehörenden Grund und Bodens i. S. d. § 52 Abs. 15 EStG wie folgt Stellung genommen:

1. Allgemeine Grundsätze

67 Nach § 52 Abs. 15 Satz 4 EStG kann für eine Wohnung des Betriebsvermögens, die unter die Übergangsregelung des § 52 Abs. 15 Satz 2 ff. EStG fällt, der Wegfall der Nutzungswertbesteuerung beantragt werden. Der Antrag bewirkt, daß die Wohnung und der dazugehörende Grund und Boden zu dem Zeitpunkt, zu dem ein Nutzungswert letztmals angesetzt wird, als entnommen gelten; der Entnahmegewinn bleibt außer Ansatz (§ 52 Abs. 15 Satz 6 und 7 EStG). Der Umfang des zur Wohnung gehörenden Grund und Bodens i. S. d. § 52 Abs. 15 EStG richtet sich nach den tatsächlichen Verhältnissen zum Entnahmezeitpunkt sowie nach der künftigen Nutzung.

Zur Wohnung gehören folgende Teile des Grund und Bodens:

a) Die mit dem Wohngebäude überbaute Fläche mit einem nach den Verhältnissen des Einzelfalls zu ermittelnden Umgriff (z. B. Abstandsflächen und Seitenstreifen),
b) Zugänge, Zufahrten und Stellflächen, die zu mehr als 90 v. H.[2] der Wohnung dienen,
c) Gartenflächen (Vor- und Nutzgärten, Hausgärten) im ortsüblichen Umfang.[3]

2. Beschreibung der Gartenflächen

68 Die Gartenflächen umfassen

– Vorgärten, Blumen- und Gemüsegärten, die zu mehr als 90 v. H.[2] privat genutzt werden und
– Hausgärten. Zu diesen gehören:
  – Flächen, die als typische Obstgärten gestaltet sind (bepflanzt mit Obstbäumen und Beerensträuchern, deren Erzeugnisse ausschließlich dem Eigenbedarf der Betriebsinhaberfamilie bzw. der Altenteiler dienen) und bei denen eine landwirtschaftliche Unternutzung weniger als 10 v. H. der Gesamtnutzung beträgt;
  – Flächen, die mit Zierbäumen und Ziersträuchern bepflanzt bzw. als Grün- und Rasenflächen angelegt sind, die nicht betrieblich genutzt werden.

3. Enger räumlicher Zusammenhang von Gartenflächen und Wohngebäuden

Gartenflächen gehören nur zur Wohnung, wenn sie in einem engen räumlichen Zusammenhang mit dem Wohngebäude stehen. Diese Voraussetzung ist erfüllt, wenn die Gartenfläche auf dem Hofgrundstück belegen ist. Ist die Gartenfläche zwangsläufig vom Wohngebäude (Hofgrundstück) getrennt – z. B. weil das Wohngebäude und die Gartenfläche durch eine öffentliche Straße geteilt sind oder der Nutzgarten wegen der beengten Lage des Hofgrundstücks auf dem nächstgelegenen Grundstück

[1] Ab VZ 1999 treten an die Stelle des § 52 Abs. 15 EStG die Vorschriften in § 13 Abs. 4 und 5 EStG.
[2] Bestätigt durch *BFH-Urteil vom 18. 5. 2000 IV R 84/99 (BStBl. II S. 470).*
[3] Siehe hierzu *BFH-Urteil vom 12. 9. 2002 IV R 66/00 (BStBl. II S. 815).*

Anl zu § 13

angelegt ist –, ist die räumliche Trennung unschädlich, wenn im Einzelfall feststeht, daß die Fläche tatsächlich als echter Nutz- oder Hausgarten zu mehr als 90 v. H.[1] privat genutzt wird.

4. Steuerfreie Entnahme[2]

Die im Rahmen der Übergangsregelung des § 52 Abs. 15 EStG zulässige steuerfreie Entnahme des zu einer Wohnung gehörenden Grund und Bodens umfaßt nur die für ihre private Nutzung erforderlichen und üblichen Flächen. Dabei ist auch deren künftige Nutzung zu berücksichtigen. Die steuerfreie Entnahme weiterer Flächen ist selbst dann ausgeschlossen, wenn diese im Entnahmezeitpunkt als Hausgarten genutzt werden (BFH vom 24. Oktober 1996 – BStBl. 1997 II S. 50). Dies gilt insbesondere, soweit Teilflächen parzelliert wurden und dadurch ein verkehrsfähiges Grundstück entstanden ist, das in absehbarer Zeit einer anderen Nutzung, z. B. als Bauland, zugeführt werden kann.

Beträgt die vom Steuerpflichtigen als Garten bezeichnete und genutzte Fläche nicht mehr als 1000 qm, kann in der Regel der erklärten Zuordnung zur Wohnung gefolgt werden. Die Grenze von 1000 qm gilt für das Wohngebäude als Ganzes, unabhängig von der Zahl der darin enthaltenen Wohnungen, und ist eine Aufgriffsgrenze. Wird sie nicht nur geringfügig überschritten, so ist unter Anlegung eines strengen Maßstabs zu prüfen, ob eine Gartenfläche im Sinne der Tz. 2 und 3 vorliegt. Das Merkmal der üblichen Größe von Gartenflächen ist nach den örtlichen Verhältnissen bei landwirtschaftlichen Wohngebäuden zu berücksichtigen. Liegen Anhaltspunkte vor, daß die Nutzung als Gartenflächen künftig entfällt, ist die Grenze von 1000 qm nicht anzuwenden.

5. Aufteilung nach dem Verhältnis der Nutzflächen

Dient ein Gebäude sowohl Wohnzwecken des Betriebsleiters oder Altenteilers als auch betrieblichen Zwecken, z. B. durch Nutzung als Büroflächen (notwendiges Betriebsvermögen) oder durch Vermietung an Dritte (gewillkürtes Betriebsvermögen), ist der zur Wohnung gehörende Teil des Grund und Bodens i. S. d. Tz. 1 Buchstabe a durch entsprechende Aufteilung zu ermitteln. Aufteilungsmaßstab ist in der Regel das Verhältnis der jeweiligen Nutzflächen des Gebäudes. 69

6. Errichtung von neuen Betriebsleiter- und Altenteilerwohnungen

Bei Entnahme von Grund und Boden im Zusammenhang mit der Errichtung von neuen Betriebsleiter- und Altenteilerwohnungen i. S. d. § 52 Abs. 15 Satz 10 EStG sind Tz. 1 bis 5 entsprechend anzuwenden. 70

7. Wesentliche Erweiterungen des zur Wohnung gehörenden Grund und Bodens

Sind nach dem 31. Dezember 1986 bis zum Entnahmezeitpunkt wesentliche Erweiterungen des zur Wohnung gehörenden Grund und Bodens vorgenommen worden, kann die entsprechende Fläche nur dann steuerfrei entnommen werden, wenn eine dauerhafte Zugehörigkeit zur Wohnung anzunehmen ist (vgl. BFH vom 11. April 1989 – BStBl. II S. 621) und im übrigen der erforderliche und übliche Umfang (s. Tz. 4) nicht überschritten wird. 71

8. Steuerpflichtige Entnahme[3]

(aufgehoben) 72

9. Übergangsregelung

Soweit die Finanzbehörden der Länder Verwaltungsanweisungen herausgegeben haben, die von den vorstehenden Regelungen abweichen, kann weiterhin danach verfahren werden, wenn der Antrag auf Wegfall der Nutzungswertbesteuerung vor dem 17. Februar 1997 (Tag der Veröffentlichung des in Tz. 4 genannten BFH-Urteils vom 24. Oktober 1996 im BStBl.) gestellt worden ist. 73

[1] Bestätigt durch *BFH-Urteil vom 18. 5. 2000 IV R 84/99 (BStBl. II S. 470).*
[2] Siehe auch *BFH-Urteile vom 26. 9. 2001 IV R 22/00* und *IV R 31/00 (BStBl. 2001 II S. 762* und *2002 II S. 78).*
[3] Tz. 8 aufgehoben durch BMF-Schreiben vom 2. 4. 2004 (BStBl. I S. 442).

EStG

§ 13 a[1] Ermittlung des Gewinns aus Land- und Forstwirtschaft nach Durchschnittssätzen

1 **(1) ①Der Gewinn eines Betriebs der Land- und Forstwirtschaft ist nach den Absätzen 3 bis 7 zu ermitteln, wenn**

1. der Steuerpflichtige nicht auf Grund gesetzlicher Vorschriften verpflichtet ist, für den Betrieb Bücher zu führen und regelmäßig Abschlüsse zu machen und

2. in diesem Betrieb am 15. Mai innerhalb des Wirtschaftsjahres Flächen der landwirtschaftlichen Nutzung (§ 160 Absatz 2 Satz 1 Nummer 1 Buchstabe a des Bewertungsgesetzes) selbst bewirtschaftet werden und diese Flächen 20 Hektar ohne Sondernutzungen nicht überschreiten und

3. die Tierbestände insgesamt 50 Vieheinheiten (§ 13 Absatz 1 Nummer 1) nicht übersteigen und

4. die selbst bewirtschafteten Flächen der forstwirtschaftlichen Nutzung (§ 160 Absatz 2 Satz 1 Nummer 1 Buchstabe b des Bewertungsgesetzes) 50 Hektar nicht überschreiten und

5. die selbst bewirtschafteten Flächen der Sondernutzungen (Absatz 6) die in Anlage 1 a[2] Nummer 2 Spalte 2 genannten Grenzen nicht überschreiten.

② Satz 1 ist auch anzuwenden, wenn nur Sondernutzungen bewirtschaftet werden und die in Anlage 1 a[2] Nummer 2 Spalte 2 genannten Grenzen nicht überschritten werden. ③ Die Sätze 1 und 2 gelten nicht, wenn der Betrieb im laufenden Wirtschaftsjahr im Ganzen zur Bewirtschaftung als Eigentümer, Miteigentümer, Nutzungsberechtigter oder durch Umwandlung übergegangen ist und der Gewinn bisher nach § 4 Absatz 1 oder 3 ermittelt wurde. ④ Der Gewinn ist letztmalig für das Wirtschaftsjahr nach Durchschnittssätzen zu ermitteln, das nach Bekanntgabe der Mitteilung endet, durch die die Finanzbehörde auf den Beginn der Buchführungspflicht (§ 141 Absatz 2 der Abgabenordnung) oder auf den Wegfall einer anderen Voraussetzung des Satzes 1 hingewiesen hat. ⑤ Der Gewinn ist erneut nach Durchschnittssätzen zu ermitteln, wenn die Voraussetzungen des Satzes 1 wieder vorliegen und ein Antrag nach Absatz 2 nicht gestellt wird.

2 **(2) ① Auf Antrag des Steuerpflichtigen ist für einen Betrieb im Sinne des Absatzes 1 der Gewinn für vier aufeinander folgende Wirtschaftsjahre nicht nach den Absätzen 3 bis 7 zu ermitteln. ② Wird der Gewinn eines dieser Wirtschaftsjahre durch den Steuerpflichtigen nicht nach § 4 Absatz 1 oder 3 ermittelt, ist der Gewinn für den gesamten Zeitraum von vier Wirtschaftsjahren nach den Absätzen 3 bis 7 zu ermitteln. ③ Der Antrag ist bis zur Abgabe der Steuererklärung, jedoch spätestens zwölf Monate nach Ablauf des ersten Wirtschaftsjahres, auf das er sich bezieht, schriftlich zu stellen. ④ Er kann innerhalb dieser Frist zurückgenommen werden.**

3 **(3) ① Durchschnittssatzgewinn ist die Summe aus**

1. dem Gewinn der landwirtschaftlichen Nutzung,

2. dem Gewinn der forstwirtschaftlichen Nutzung,

3. dem Gewinn der Sondernutzungen,

4. den Sondergewinnen,

5. den Einnahmen aus Vermietung und Verpachtung von Wirtschaftsgütern des land- und forstwirtschaftlichen Betriebsvermögens,

6. den Einnahmen aus Kapitalvermögen, soweit sie zu den Einkünften aus Land- und Forstwirtschaft gehören (§ 20 Absatz 8).

② Die Vorschriften von § 4 Absatz 4 a, § 6 Absatz 2 und 2 a sowie zum Investitionsabzugsbetrag und zu Sonderabschreibungen finden keine Anwendung. ③ Bei abnutzbaren Wirtschaftsgütern des Anlagevermögens gilt die Absetzung für Abnutzung in gleichen Jahresbeträgen nach § 7 Absatz 1 Satz 1 bis 5 als in Anspruch genommen. ④ Die Gewinnermittlung ist nach amtlich vorgeschriebenem Datensatz durch Datenfernübertragung spätestens mit der Steuererklärung zu übermitteln. ⑤ Auf Antrag kann die Finanzbehörde zur Vermeidung unbilliger Härten auf eine elektronische Übermittlung verzichten; in diesem Fall ist der Steuererklärung eine Gewinnermittlung nach amtlich vorgeschriebenem Vordruck beizufügen. ⑥ § 150 Absatz 8 der Abgabenordnung gilt entsprechend.

4 **(4) ① Der Gewinn aus der landwirtschaftlichen Nutzung ist die nach den Grundsätzen des § 4 Absatz 1 ermittelte Summe aus dem Grundbetrag für die selbst bewirtschafte-**

[1] Zur Anwendung siehe § 52 Abs. 22 a Satz 2 EStG.
[2] Anlage 1 a nachstehend abgedruckt.

ten Flächen und den Zuschlägen für Tierzucht und Tierhaltung. ② Als Grundbetrag je Hektar der landwirtschaftlichen Nutzung (§ 160 Absatz 2 Satz 1 Nummer 1 Buchstabe a des Bewertungsgesetzes) ist der sich aus Anlage 1 a[1] ergebende Betrag vervielfältigt mit der selbst bewirtschafteten Fläche anzusetzen. ③ Als Zuschlag für Tierzucht und Tierhaltung ist im Wirtschaftsjahr je Vieheinheit der sich aus Anlage 1 a jeweils ergebende Betrag vervielfältigt mit den Vieheinheiten anzusetzen.

(5) **Der Gewinn aus der forstwirtschaftlichen Nutzung (§ 160 Absatz 2 Satz 1 Nummer 1 Buchstabe b des Bewertungsgesetzes) ist nach § 51 der Einkommensteuer-Durchführungsverordnung zu ermitteln.** 5

(6) ① **Als Sondernutzungen gelten die in § 160 Absatz 2 Satz 1 Nummer 1 Buchstabe c bis e des Bewertungsgesetzes in Verbindung mit Anlage 1 a[1] Nummer 2 genannten Nutzungen. ② Bei Sondernutzungen, die die in Anlage 1 a Nummer 2 Spalte 3 genannten Grenzen überschreiten, ist ein Gewinn von 1000 Euro je Sondernutzung anzusetzen. ③ Für die in Anlage 1 a Nummer 2 nicht genannten Sondernutzungen ist der Gewinn nach § 4 Absatz 3 zu ermitteln.** 6

(7) ① **Nach § 4 Absatz 3 zu ermittelnde Sondergewinne sind** 7

1. Gewinne
   a) aus der Veräußerung oder Entnahme von Grund und Boden und dem dazugehörigen Aufwuchs, den Gebäuden, den immateriellen Wirtschaftsgütern und den Beteiligungen; § 55 ist anzuwenden;
   b) aus der Veräußerung oder Entnahme der übrigen Wirtschaftsgüter des Anlagevermögens und von Tieren, wenn der Veräußerungspreis oder der an dessen Stelle tretende Wert für das jeweilige Wirtschaftsgut mehr als 15 000 Euro betragen hat;
   c) aus Entschädigungen, die gewährt worden sind für den Verlust, den Untergang oder die Wertminderung der in den Buchstaben a und b genannten Wirtschaftsgüter;
   d) aus der Auflösung von Rücklagen;

2. Betriebseinnahmen oder Betriebsausgaben nach § 9 b Absatz 2;

3. Einnahmen aus dem Grunde nach gewerblichen Tätigkeiten, die dem Bereich der Land- und Forstwirtschaft zugerechnet werden, abzüglich der pauschalen Betriebsausgaben nach Anlage 1 a[1] Nummer 3;

4. Rückvergütungen nach § 22 des Körperschaftsteuergesetzes aus Hilfs- und Nebengeschäften.

② Die Anschaffungs- oder Herstellungskosten bei Wirtschaftsgütern des abnutzbaren Anlagevermögens mindern sich für die Dauer der Durchschnittssatzgewinnermittlung mit dem Ansatz der Gewinne nach den Absätzen 4 bis 6 um die Absetzung für Abnutzung in gleichen Jahresbeträgen. ③ Die Wirtschaftsgüter im Sinne des Satzes 1 Nummer 1 Buchstabe a sind unter Angabe des Tages der Anschaffung oder Herstellung und der Anschaffungs- oder Herstellungskosten oder des an deren Stelle getretenen Werts in besondere, laufend zu führende Verzeichnisse aufzunehmen. ④ Absatz 3 Satz 4 bis 6 gilt entsprechend.

(8) **Das Bundesministerium der Finanzen wird ermächtigt, durch Rechtsverordnung mit Zustimmung des Bundesrates die Anlage 1 a[1] dadurch zu ändern, dass es die darin aufgeführten Werte turnusmäßig an die Ergebnisse der Erhebungen nach § 2 des Landwirtschaftsgesetzes und im Übrigen an Erhebungen der Finanzverwaltung anpassen kann.** 8

Anlage 1a
(zu § 13 a)

Anl zu § 13a

Ermittlung des Gewinns aus Land- und Forstwirtschaft nach Durchschnittssätzen

Für ein Wirtschaftsjahr betragen 8a

1. der Grundbetrag und die Zuschläge für Tierzucht und Tierhaltung der landwirtschaftlichen Nutzung (§ 13 a Absatz 4):

Gewinn pro Hektar selbst bewirtschafteter Fläche	350 EUR
bei Tierbeständen für die ersten 25 Vieheinheiten	0 EUR/Vieheinheit
bei Tierbeständen für alle weiteren Vieheinheiten	300 EUR/Vieheinheit

Angefangene Hektar und Vieheinheiten sind anteilig zu berücksichtigen.

[1] Anlage 1 a nachstehend abgedruckt.

2. die Grenzen und Gewinne der Sondernutzungen (§ 13 a Absatz 6):

Nutzung 1	Grenze 2	Grenze 3
Weinbauliche Nutzung	0,66 ha	0,16 ha
Nutzungsteil Obstbau	1,37 ha	0,34 ha
Nutzungsteil Gemüsebau Freilandgemüse Unterglas Gemüse	 0,67 ha 0,06 ha	 0,17 ha 0,015 ha
Nutzungsteil Blumen/ Zierpflanzenbau Freiland Zierpflanzen Unterglas Zierpflanzen	 0,23 ha 0,04 ha	 0,05 ha 0,01 ha
Nutzungsteil Baumschulen	0,15 ha	0,04 ha
Sondernutzung Spargel	0,42 ha	0,1 ha
Sondernutzung Hopfen	0,78 ha	0,19 ha
Binnenfischerei	2000 kg Jahresfang	500 kg Jahresfang
Teichwirtschaft	1,6 ha	0,4 ha
Fischzucht	0,2 ha	0,05 ha
Imkerei	70 Völker	30 Völker
Wanderschäfereien	120 Mutterschafe	30 Mutterschafe
Weihnachtsbaumkulturen	0,4 ha	0,1 ha

3. in den Fällen des § 13 a Absatz 7 Satz 1 Nummer 3 die Betriebsausgaben 60 Prozent der Betriebseinnahmen.

Übersicht

EStDV

§ 52 *[siehe bei § 13 EStG]*

R 13a.1

R 13a.1. Anwendung der Gewinnermittlung nach Durchschnittssätzen[1]

R 13a.2

R 13a.2. Ermittlung des Gewinns aus Land- und Forstwirtschaft nach Durchschnittssätzen[2]

H 13a

9 **Allgemeines** → BMF vom 10. 11. 2015 (BStBl. I S. 877)[3] unter Berücksichtigung der Änderungen durch BMF vom 4. 1. 2023 (BStBl. I S. 175).

[1] R 13 a.1 ist letztmals anzuwenden für Wirtschaftsjahre, die vor dem 31. 12. 2015 enden, BMF-Schreiben vom 10. 11. 2015 (BStBl. I S. 877), nachstehend abgedruckt als Anlage zu H 13 a. R 13 a.1 ist daher letztmals abgedruckt im „Handbuch zur Einkommensteuerveranlagung 2015".

[2] R 13 a.2 ist letztmals anzuwenden für Wirtschaftsjahre, die vor dem 31. 12. 2015 enden, BMF-Schreiben vom 10. 11. 2015 (BStBl. I S. 877), nachstehend abgedruckt als Anlage zu H 13 a. R 13 a.2 ist daher letztmals abgedruckt im „Handbuch zur Einkommensteuerveranlagung 2015".

[3] Nachstehend abgedruckt.

Anl zu H 13a

Schreiben betr. Gewinnermittlung nach Durchschnittssätzen für Land- und Forstwirte gemäß § 13 a EStG; Neuregelung für die Wirtschaftsjahre 2015 ff. bzw. abweichenden Wirtschaftsjahre 2015/2016 ff.

Vom 10. November 2015 (BStBl. I S. 877)

(BMF IV C 7 – S 2149/15/10001; DOK 2015/1014358)

Geändert durch BMF-Schreiben vom 4. Januar 2023 (BStBl. I S. 175)

Inhalt

Nach dem Ergebnis der Erörterungen mit den obersten Finanzbehörden der Länder gilt zur Anwendung des § 13 a EStG in der Fassung des Zollkodex-Anpassungsgesetzes vom 22. Dezember 2014 (BGBl. I S. 2417)[1] für Wirtschaftsjahre, die nach dem 30. Dezember 2015 enden, das Folgende:

[1] **Amtl. Anm.:** BStBl. 2015 I S. 58.

Anl zu H 13a

A. Neuregelung der Gewinnermittlung nach Durchschnittssätzen gemäß § 13 a EStG

I. Zugangsvoraussetzungen

1. Grundsätze

10 **1** Die Einkünfte aus einem selbst bewirtschafteten Betrieb der Land- und Forstwirtschaft sind grundsätzlich nach der Gewinnermittlungsvorschrift des § 13 a EStG zu ermitteln, wenn die Voraussetzungen des § 13 a Absatz 1 Satz 1 Nummer 1 bis 5 oder Satz 2 EStG erfüllt sind. Zu den selbst bewirtschafteten Nutzungen gehören auch im Ausland belegene Betriebsteile eines Betriebs der Land- und Forstwirtschaft (z. B. Traktatländereien).

2. Buchführungspflicht – § 13 a Absatz 1 Satz 1 Nummer 1 EStG

2 Eine die Anwendung der Gewinnermittlung nach Durchschnittssätzen nach § 13 a Absatz 1 Satz 1 Nummer 1 EStG ausschließende Buchführungspflicht muss gesetzlich begründet sein (§§ 140, 141 AO). Daher ist die Gewinnermittlung nach Durchschnittssätzen für den Betrieb der Land- und Forstwirtschaft auch dann anzuwenden, wenn der Steuerpflichtige für diesen Betrieb freiwillig Bücher führt und aufgrund jährlicher Bestandsaufnahmen Abschlüsse macht und keinen wirksamen Antrag nach § 13 a Absatz 2 EStG gestellt hat.

3. Selbst bewirtschaftete Flächen der landwirtschaftlichen Nutzung – § 13 a Absatz 1 Satz 1 Nummer 2 EStG

3 Die Gewinnermittlung nach Durchschnittssätzen ist anwendbar, wenn die selbst bewirtschafteten Flächen der landwirtschaftlichen Nutzung am 15. Mai des laufenden Wirtschaftsjahres nicht mehr als 20 Hektar betragen; zur Neugründung eines Betriebs und zum Rumpfwirtschaftsjahr vgl. RdNr. 15 und 16 ff.

4 Zur Ermittlung der maßgeblichen Flächen der landwirtschaftlichen Nutzung sind alle selbst bewirtschafteten Flächen i. S. d. § 160 Absatz 2 Satz 1 Nummer 1 Buchstabe a BewG i. V. m. R 13.2 Absatz 3 Satz 1 EStR zu berücksichtigen. Dies gilt auch, soweit die Flächen als Grundvermögen bewertet wurden. Zur Berücksichtigung der Hof- und Gebäudeflächen vgl. RdNr. 14. Maßgeblich ist die für den Stichtag 15. Mai des laufenden Wirtschaftsjahres auf der Grundlage des Automatisierten Liegenschaftskatasters nachgewiesene Flächengröße. Nicht zur landwirtschaftlichen Nutzung gehören die Sondernutzungen (§ 13 a Absatz 6 EStG i. V. m. § 160 Absatz 2 Satz 1 Nummer 1 Buchstabe c bis e BewG). Ferner sind das Abbauland, Geringstland und Unland (§ 160 Absatz 2 Satz 1 Nummer 3 BewG) nicht zu berücksichtigen.

4. Vieheinheitengrenze – § 13 a Absatz 1 Satz 1 Nummer 3 EStG

5 Bei der Prüfung der Vieheinheitengrenze nach § 13 a Absatz 1 Satz 1 Nummer 3 EStG von 50 Vieheinheiten sind die im Wirtschaftsjahr erzeugten und gehaltenen Tiere i. S. v. § 13 Absatz 1 Nummer 1 Satz 2 bis 4 EStG i. V. m. § 51 BewG sowie der Anlage 1 zum BewG zu berücksichtigen. Die Grundsätze zum Strukturwandel nach R 15.5 Absatz 2 EStR sind entsprechend anzuwenden.

6 Zu den in die Prüfung der Vieheinheitengrenze einzubeziehenden Tieren gehören auch die im Betrieb des Land- und Forstwirts gehaltenen und erzeugten fremden Tiere (vgl. RdNr. 70).

5. Forstwirtschaftliche Nutzung – § 13 a Absatz 1 Satz 1 Nummer 4 EStG

7 Die Gewinnermittlung nach Durchschnittssätzen ist nicht anwendbar, wenn ausschließlich selbst bewirtschaftete Flächen der forstwirtschaftlichen Nutzung vorhanden sind.

8 Bei der Prüfung, ob die Grenze von 50 Hektar der forstwirtschaftlichen Nutzung überschritten ist, ist die für den Stichtag 15. Mai des laufenden Wirtschaftsjahres auf der Grundlage des Automatisierten Liegenschaftskatasters nachgewiesene Flächengröße maßgebend; zur Berücksichtigung der Hof- und Gebäudeflächen vgl. RdNr. 14. Zur Neugründung eines Betriebs und zum Rumpfwirtschaftsjahr vgl. RdNr. 15 und 16 ff.

6. Sondernutzungen – § 13 a Absatz 1 Satz 1 Nummer 5 oder Satz 2 EStG

9 Zu den Sondernutzungen i. S. d. § 13 a Absatz 1 Satz 1 Nummer 5 und Absatz 6 EStG i. V. m. § 160 Absatz 2 Satz 1 Nummer 1 Buchstabe c bis e BewG gehören die weinbauliche Nutzung, die gärtnerischen Nutzungsteile Gemüsebau, Blumen/Zierpflanzenbau, Obstbau und Baumschulen, der Anbau von Hopfen, Spargel, Tabak und anderen Sonderkulturen sowie die sonstigen land- und forstwirtschaftlichen Nutzungen.

10 Zu den sonstigen land- und forstwirtschaftlichen Nutzungen gehören insbesondere die Binnenfischerei, die Teichwirtschaft, die Fischzucht für Binnenfischerei und Teichwirtschaft, die Imkerei, die Wanderschäferei, die Saatzucht, der Pilzanbau, die Produktion von Nützlingen, die Weihnachtsbaumkulturen und die Kurzumtriebsplantagen.

11 Für die Anwendung der Gewinnermittlung nach Durchschnittssätzen ist nicht erforderlich, dass neben einer selbst bewirtschafteten Sondernutzung auch selbst bewirtschaftete Flächen der landwirtschaftlichen Nutzung vorhanden sind.

12 Bei Prüfung der Zugangsvoraussetzung für eine Sondernutzung, die in Anlage 1 a Nummer 2 zu § 13 a EStG aufgeführt ist, gilt jeweils die Grenze der Spalte 2. Bei Sondernutzungen, die in Spalte 2 nicht aufgeführt sind, gelten für die Zugangsvoraussetzung keine Grenzen. Zur Ermittlung des Gewinns aus Sondernutzungen vgl. RdNr. 38–40.

13 Bei der Prüfung, ob die jeweiligen Sondernutzungsgrenzen des § 13 a Absatz 1 Satz 1 Nummer 5 oder Satz 2 EStG i. V. m. Anlage 1 a Nummer 2 zu § 13 a EStG überschritten sind, ist bei flächengebundenen Nutzungen die für den Stichtag 15. Mai des laufenden Wirtschaftsjahres auf der Grundlage des Automatisierten Liegenschaftskatasters nachgewiesene Flächengröße maßgebend. Bei nicht flächengebundenen Nutzungen ist auf die durchschnittlichen Verhältnisse des laufenden Wirtschaftsjahres abzustellen.

Zur Berücksichtigung der Hof- und Gebäudeflächen vgl. RdNr. 14. Zur Neugründung eines Betriebs und zum Rumpfwirtschaftsjahr vgl. RdNr. 15 und 16 ff.

7. Hof- und Gebäudeflächen

14 Die Hof- und Gebäudeflächen eines Betriebs der Land- und Forstwirtschaft, jedoch ohne den zur Wohnung gehörenden Grund und Boden, sind in die einzelnen land- und forstwirtschaftlichen Nutzungen im Sinne des § 160 Absatz 2 Satz 1 BewG einzubeziehen (vgl. § 163 Absatz 13 BewG, R 13 a.2 Absatz 1 Satz 2 EStR). Dies erfolgt bei mehreren vorhandenen Nutzungen grundsätzlich anteilig im Verhältnis der tatsächlichen Nutzung. Anstelle einer anteiligen Zuordnung zu den einzelnen Nutzungen können vorhandene Hof- und Gebäudeflächen aus Vereinfachungsgründen der landwirtschaftlichen Nutzung zugeordnet werden.

8. Rumpfwirtschaftsjahr

15 Umfasst ein Rumpfwirtschaftsjahr nicht den Stichtag 15. Mai, ist hinsichtlich der Zugangsvoraussetzungen anstelle dieses Stichtags auf die Verhältnisse am Ende des Wirtschaftsjahres abzustellen. Zu den Einzelheiten bei Neugründung und Betriebsübernahme vgl. RdNr. 16 ff.

9. Neugründung und Betriebsübernahme

16 Bei Neugründung und Betriebsübernahme eines land- und forstwirtschaftlichen Betriebs bestimmt sich die Zulässigkeit der Gewinnermittlung nach Durchschnittssätzen ausschließlich nach § 13 a Absatz 1 Satz 1 oder 2 EStG.

17 Bei der Neugründung eines Betriebs durch erstmalige Aufnahme einer land- und forstwirtschaftlichen Tätigkeit oder der Übernahme eines Betriebs bedarf es keiner Mitteilung des Finanzamts, wenn die Voraussetzungen des § 13 a Absatz 1 Satz 1 oder 2 EStG nicht vorliegen. Für die Zugangsvoraussetzungen des § 13 a Absatz 1 Satz 1 Nummer 2, 4 und 5 oder Satz 2 EStG sind grundsätzlich die Verhältnisse am 15. Mai des Wirtschaftsjahres der Neugründung oder der Betriebsübernahme maßgebend.

18 Die Gewinnermittlung nach § 13 a EStG ist auch anzuwenden, wenn die Zugangsvoraussetzungen des § 13 a Absatz 1 Satz 1 oder 2 EStG zu Beginn des ersten Wirtschaftsjahres nicht vorliegen, jedoch am 15. Mai dieses Wirtschaftsjahres erstmals erfüllt sind.

19 Liegen die Voraussetzungen des § 13 a Absatz 1 Satz 1 oder 2 EStG zu Beginn des ersten Wirtschaftsjahres, aber nicht am 15. Mai dieses Wirtschaftsjahres vor, besteht für das Wirtschaftsjahr keine Berechtigung zur Gewinnermittlung nach Durchschnittssätzen. Es wird in diesen Fällen nicht beanstandet, wenn für dieses erste Wirtschaftsjahr ein nach den Grundsätzen des § 13 a EStG ermittelter Gewinn angesetzt wird. In diesen Fällen bedarf es keiner Mitteilung nach § 13 a Absatz 1 Satz 4 EStG.

20 Ist das erste Wirtschaftsjahr ein Rumpfwirtschaftsjahr und umfasst dieses nicht den Stichtag 15. Mai, ist hinsichtlich der Zugangsvoraussetzungen anstelle des 15. Mai auf die Verhältnisse am Ende dieses Wirtschaftsjahres abzustellen.

21 Liegen die Voraussetzungen des § 13 a Absatz 1 Satz 1 oder 2 EStG zu Beginn des ersten Rumpfwirtschaftsjahres, aber nicht am Ende dieses Wirtschaftsjahres vor, besteht für das Wirtschaftsjahr keine Berechtigung zur Gewinnermittlung nach Durchschnittssätzen. Es wird in diesen Fällen jedoch nicht beanstandet, wenn für dieses erste Wirtschaftsjahr ein nach den Grundsätzen des § 13 a EStG ermittelter Gewinn angesetzt wird. In diesen Fällen bedarf es keiner Mitteilung nach § 13 a Absatz 1 Satz 4 EStG.

22 Bei einem Betriebsübergang sind die persönlichen Zugangsvoraussetzungen des § 13 a Absatz 1 Satz 1 oder 2 EStG grundsätzlich für jeden Steuerpflichtigen gesondert zu betrachten. Führt die Übernahme eines bisher bestehenden Betriebs der Land- und Forstwirtschaft, für den der Übergeber bis zum Zeitpunkt der Übergabe den Gewinn zulässiger Weise nach § 4 Absatz 1 oder 3 EStG ermittelt hat, beim Übernehmer zur Bildung eines Rumpfwirtschaftsjahres, ist die Anwendung der Gewinnermittlung nach Durchschnittssätzen für dieses (Rumpf-)Wirtschaftsjahr ausgeschlossen (§ 13 a Absatz 1 Satz 3 EStG). Dies betrifft insbesondere Fälle, in denen der Übernehmer die Zugangsvoraussetzungen grundsätzlich erfüllt. In diesen Fällen kommt es bis zum Ende des laufenden Wirtschaftsjahres zu einer Übernahme der Bindungsfrist für den Übernehmer. Liegen die Voraussetzungen des § 13 a Absatz 1 Satz 3 EStG vor, treten die Rechtsfolgen des § 13 a Absatz 2 Satz 2 EStG nicht ein. Möchte der Übernehmer die Gewinnermittlung nach § 4 Absatz 1 oder 3 EStG auch für die darauf folgenden Wirtschaftsjahre fortführen, muss er die Gewinnermittlung nach Durchschnittssätzen gemäß § 13 a Absatz 2 EStG abwählen.

10. Wegfallmitteilung

23[1] Die Mitteilung nach § 13 a Absatz 1 Satz 4 EStG soll innerhalb einer Frist von einem Monat vor Beginn des folgenden Wirtschaftsjahres bekanntgegeben werden (vgl. aber BFH vom 29. März 2007, BStBl. II S. 816). Bis zum Beginn dieses Wirtschaftsjahres ist der Gewinn noch nach Durchschnittssätzen zu ermitteln.

---

[1] Lagen die Voraussetzungen zur Gewinnermittlung nach § 13 a EStG von Anfang an nicht vor, bedarf es auch dann keiner Wegfallmitteilung, wenn das Finanzamt die Gewinnermittlung nach § 13 a EStG jahrelang nicht beanstandet hat. Ein schützenswertes Vertrauen des Stpfl. in den (vorübergehenden) Fortbestand der für ihn günstigen, aber fehlerhaften Verwaltungspraxis besteht nicht, *BFH-Urteil vom 23. 8. 2017 VI R 70/15 (BStBl. 2018 II S. 174).*

Anl zu H 13a

11. Rückkehr zur Gewinnermittlung nach Durchschnittssätzen

24 Das Wort „letztmalig“ in § 13a Absatz 1 Satz 4 EStG bedeutet nicht, dass eine Rückkehr zur Gewinnermittlung nach Durchschnittssätzen zu einem späteren Zeitpunkt ausgeschlossen ist. Der Gewinn ist erneut nach Durchschnittssätzen zu ermitteln, wenn die Voraussetzungen des § 13a Absatz 1 Satz 1 oder 2 EStG wieder gegeben sind und ein Antrag nach § 13a Absatz 2 EStG nicht gestellt wird. Bestand für den Land- und Forstwirt Buchführungspflicht nach § 141 Absatz 1 AO, ist zuvor die Feststellung der Finanzbehörde erforderlich, dass die Voraussetzungen für die Buchführungspflicht nach § 141 Absatz 1 AO nicht mehr vorliegen (§ 141 Absatz 2 Satz 2 AO). Bei einem Land- und Forstwirt, der weder buchführungspflichtig ist noch die sonstigen Voraussetzungen des § 13a Absatz 1 Satz 1 oder 2 EStG erfüllt und dessen Gewinn nach § 4 Absatz 1 oder 3 EStG ermittelt wird, ist der Gewinn bereits ab dem folgenden Wirtschaftsjahr nach Durchschnittssätzen zu ermitteln, wenn am maßgeblichen Stichtag (grundsätzlich 15. Mai) dieses Wirtschaftsjahres die Voraussetzungen des § 13a Absatz 1 Satz 1 oder 2 EStG wieder erfüllt sind; § 141 Absatz 2 Satz 2 AO ist nur bei wegfallender Buchführungspflicht anzuwenden. Einer Mitteilung der Finanzbehörde bedarf es insoweit nicht. Ist eine Mitteilung nach § 13a Absatz 1 Satz 4 EStG über den Wegfall der Voraussetzungen des § 13a Absatz 1 Satz 1 oder 2 EStG ergangen und liegen am maßgeblichen Stichtag (grundsätzlich 15. Mai) des auf die Bekanntgabe der Mitteilung folgenden Wirtschaftsjahres die Voraussetzungen für die Gewinnermittlung nach Durchschnittssätzen wieder vor, hat das Finanzamt die Rechtswirkungen dieser Mitteilung zu beseitigen; § 13a EStG ist weiterhin anzuwenden.

II. Gewinnermittlung auf Grund eines Antrags i. S. d. § 13a Absatz 2 EStG

25 Ein Land- und Forstwirt, der seinen Gewinn auf Antrag nach § 13a Absatz 2 EStG für vier aufeinanderfolgende Wirtschaftsjahre nach § 4 Absatz 1 oder 3 EStG ermittelt, ist damit vorübergehend aus der Gewinnermittlung nach Durchschnittssätzen ausgeschieden. Dabei ist Folgendes zu beachten:

1. Wird innerhalb des Vierjahreszeitraums eine der Buchführungsgrenzen des § 141 Absatz 1 AO überschritten, ist der Land- und Forstwirt rechtzeitig vor Beginn des nächstfolgenden Wirtschaftsjahres auf den Beginn der Buchführungspflicht hinzuweisen. Die Mitteilung soll einen Monat vor Beginn des Wirtschaftsjahres bekannt gegeben werden, von dessen Beginn an die Buchführungspflicht zu erfüllen ist.
2. Werden innerhalb des Vierjahreszeitraums die Voraussetzungen des § 13a Absatz 1 Satz 1 Nummer 2 bis 5 oder des Satzes 2 EStG nicht mehr erfüllt, soll der Land- und Forstwirt innerhalb einer Frist von einem Monat vor Beginn des nächstfolgenden Wirtschaftsjahres darauf hingewiesen werden, dass der Gewinn nicht mehr nach Durchschnittssätzen zu ermitteln ist.
3. Ist der Land- und Forstwirt vor Beginn eines Wirtschaftsjahres innerhalb des Vierjahreszeitraums darauf hingewiesen worden, dass der Gewinn nicht mehr nach Durchschnittssätzen zu ermitteln bzw. dass eine der Buchführungsgrenzen überschritten ist, verkürzt sich der Vierjahreszeitraum entsprechend. Die Rechtsfolge des § 13a Absatz 2 Satz 2 EStG tritt nicht ein, wenn der Land- und Forstwirt für den verkürzten Vierjahreszeitraum den Gewinn nach § 4 Absatz 1 oder 3 EStG ermittelt hat.
4. Nach Ablauf des Vierjahreszeitraums ist der Gewinn wieder nach Durchschnittssätzen zu ermitteln, wenn die Voraussetzungen des § 13a Absatz 1 Satz 1 oder 2 EStG
   a) erfüllt sind und der Land- und Forstwirt von der Möglichkeit der erneuten Ausübung des Wahlrechtes (§ 13a Absatz 2 EStG) keinen Gebrauch macht,
   b) nicht mehr erfüllt sind, der Land- und Forstwirt aber noch nicht zur Buchführung aufgefordert oder darauf hingewiesen worden ist, dass der Gewinn nicht mehr nach Durchschnittssätzen zu ermitteln ist.

III. Ermittlung des Durchschnittssatzgewinns – § 13a Absatz 3 EStG

26 Im Rahmen der Gewinnermittlung nach § 13a EStG wird der Gewinn der landwirtschaftlichen Nutzung (§ 13a Absatz 3 Satz 1 Nummer 1 EStG) und der in Anlage 1a Nummer 2 zu § 13a EStG genannten Sondernutzungen (§ 13a Absatz 3 Satz 1 Nummer 3 i. V. m. Absatz 6 Satz 2 EStG) nach den Grundsätzen des § 4 Absatz 1 EStG ermittelt. Alle übrigen Gewinne werden nach der Systematik des § 4 Absatz 3 EStG ermittelt.

27 Der Durchschnittssatzgewinn ist die Summe der Gewinne nach § 13a Absatz 3 Satz 1 Nummer 1 bis 6 EStG. Mit dem Ansatz des Durchschnittssatzgewinns sind alle Betriebseinnahmen und Betriebsausgaben berücksichtigt. Insbesondere sind verausgabte Pachtzinsen, Schuldzinsen und dauernde Lasten, die Betriebsausgaben sind, nach § 13a Absatz 3 EStG nicht zusätzlich abziehbar.

28 Bei der forstwirtschaftlichen Nutzung, den Sondernutzungen nach § 13a Absatz 6 Satz 3 i. V. m. § 4 Absatz 3 EStG und bei einzelnen Sondergewinntatbeständen können Verluste entstehen, die zu einem negativen Durchschnittssatzgewinn führen können.

29[1] Ist der Gewinn nach § 13a EStG für ein Rumpfwirtschaftsjahr oder ein verlängertes Wirtschaftsjahr zu ermitteln, sind der Grundbetrag (§ 13a Absatz 4 Satz 2 EStG), der Zuschlag für Tierzucht und Tierhaltung (§ 13a Absatz 4 Satz 3 EStG) und die pauschalen Gewinne für Sondernutzungen (§ 13a Absatz 6 Satz 2 EStG) zeitanteilig für jeden begonnenen Monat mit einem Zwölftel anzusetzen.

IV. Ermittlung des Gewinns der landwirtschaftlichen Nutzung – § 13a Absatz 4 EStG

1. Ermittlung des Grundbetrags – § 13a Absatz 4 Satz 2 EStG

30 Zur Ermittlung des Grundbetrags für ein Wirtschaftsjahr sind alle selbst bewirtschafteten Flächen der landwirtschaftlichen Nutzung i. S. d. § 160 Absatz 2 Satz 1 Nummer 1 Buchstabe a BewG ohne Sondernutzungen (§ 13a Absatz 6 EStG i. V. m. § 160 Absatz 2 Satz 1 Nummer 1 Buchstabe c bis e BewG) zu berücksichtigen. Zum maßgeblichen Stichtag (grundsätzlich 15. Mai) und zum Umfang der

[1] Rn. 29 geändert durch BMF-Schreiben vom 4. 1. 2023 (BStBl. I S. 175).

Flächen an diesem Stichtag vgl. RdNr. 3 und 4 sowie RdNr. 14. Für angefangene Hektar ist ein entsprechender Anteil zu berücksichtigen.

Anl zu H 13a

2. Zuschlag für Tierzucht und Tierhaltung – § 13 a Absatz 4 Satz 3 EStG

31 Der Zuschlag für Tierzucht und Tierhaltung je Wirtschaftsjahr ist für im Betrieb der Land- und Forstwirtschaft gehaltene und erzeugte Tiere vorzunehmen. Tiere, die in einem gesonderten Gewerbebetrieb des Steuerpflichtigen oder im Zusammenhang mit einer dem Grunde nach gewerblichen Dienstleistung (§ 13 a Absatz 7 Satz 1 Nummer 3 EStG) gehalten oder erzeugt werden, sind nicht zu berücksichtigen. Zur Abgrenzung beim Halten und der Erzeugung fremder Tiere vgl. RdNr. 70.

32 Maßgeblich sind bei Tieren des Umlaufvermögens die im Wirtschaftsjahr erzeugten und bei Tieren des Anlagevermögens die im Durchschnitt des Wirtschaftsjahrs gehaltenen Tiere. Die Umrechnung der Tierbestände in Vieheinheiten erfolgt unter Beachtung der bewertungsrechtlichen Vorschriften des § 51 BewG. Der Umrechnungsschlüssel ergibt sich aus Anlage 1 zum BewG.

33 Eine Tierzucht und Tierhaltung bis insgesamt einschließlich 25 Vieheinheiten ist mit dem Ansatz des Grundbetrags der landwirtschaftlichen Nutzung nach § 13 a Absatz 4 Satz 2 EStG abgegolten. Für alle weiteren Vieheinheiten sind nach Nummer 1 der Anlage 1 a zu § 13 a EStG 300 Euro pro Vieheinheit als Tierzuschlag für das Wirtschaftsjahr anzusetzen. Für angefangene Vieheinheiten ist ein entsprechender Anteil von 300 Euro zu berücksichtigen.

V. Ermittlung des Gewinns der forstwirtschaftlichen Nutzung – § 13 a Absatz 5 EStG

1. Grundsätze

34 Bei der Gewinnermittlung nach Durchschnittssätzen ist der Gewinn aus forstwirtschaftlicher Nutzung nach den Grundsätzen des § 4 Absatz 3 EStG zu ermitteln. Dabei sind gemäß § 13 a Absatz 5 EStG zwingend die pauschalen Betriebsausgaben nach § 51 EStDV zu berücksichtigen.

2. Pauschalierung des Gewinns aus Holznutzungen

35 Die Einnahmen aus Holznutzungen umfassen die Erlöse aus der Verwertung des Holzes, die im Wirtschaftsjahr zugeflossen sind. Hierzu gehören insbesondere die Erlöse für das veräußerte und der Teilwert für das entnommene Holz. Nicht dazu gehören die Einnahmen aus einer anderen Nutzung des Waldes, wie z. B. aus der Verpachtung einzelner Flächen, der Ausübung der Jagd, dem Verkauf von Früchten des Waldes (Beeren, Pilze, Bärlauch) oder von Reisholz und Grünschnitt. Zinsen aus der Kreditierung von Holzverkäufen gehören ebenfalls nicht zu den Einnahmen aus Holznutzungen, sondern zu den Einnahmen aus Kapitalvermögen i. S. d. § 13 a Absatz 3 Satz 1 Nummer 6 EStG.

36 Zur Ermittlung des Gewinns aus Holznutzungen sind bei einer Verwertung von Holz auf dem Stamm 20% und bei einer Verwertung von eingeschlagenem Holz 55% der zugeflossenen Einnahmen als Betriebsausgaben abziehbar. Alle übrigen Einnahmen in sachlichem Zusammenhang mit Holznutzungen (z. B. Entschädigungen, Zuschüsse zur Abgeltung erhöhter Betriebsausgaben) sind in voller Höhe zu erfassen. Damit sind sämtliche Betriebsausgaben nach den Grundsätzen des § 4 Absatz 3 EStG abgegolten, die die forstwirtschaftlichen Flächen betreffen. Ausgenommen hiervon sind die Wiederaufforstungskosten und die Minderung des Buchwerts für das jeweilige Wirtschaftsgut Baumbestand (vgl. BMF-Schreiben vom 16. Mai 2012, BStBl. I S. 595).

3. Ermittlung des Gewinns für die übrige Forstwirtschaft

37 Die pauschalen Betriebsausgaben von 20% bzw. 55% gelten nicht für die Ermittlung des Gewinns aus Waldverkäufen sowie für die übrigen Einnahmen und die damit in unmittelbarem Zusammenhang stehenden Betriebsausgaben. Der Gewinn aus Waldverkäufen wird entsprechend der Regelung des § 51 Absatz 5 EStDV grundsätzlich als Sondergewinn nach § 13 a Absatz 7 Satz 1 Nummer 1 Buchstabe a EStG und die Ermittlung des Gewinns für das übrige Anlagevermögen als Sondergewinn nach § 13 a Absatz 7 Satz 1 Nummer 1 Buchstabe b oder c EStG erfasst. Einnahmen aus der Verpachtung von Flächen der forstwirtschaftlichen Nutzung und der Jagdpacht sind nach § 13 a Absatz 3 Satz 1 Nummer 5 EStG zu erfassen, ohne dass es darauf ankommt, ob sich die Jagd auf landwirtschaftliche oder forstwirtschaftliche Flächen bezieht. Für alle übrigen Einnahmen, die nicht in einem unmittelbaren Zusammenhang mit den Holznutzungen stehen (vgl. RdNr. 35) und nicht nach § 13 a Absatz 3 Satz 1 Nummer 5 und 6 EStG zu erfassen sind, gilt § 51 Absatz 5 EStDV.

VI. Ermittlung des Gewinns der Sondernutzungen – § 13 a Absatz 6 EStG

38 Bei der Ermittlung der Gewinne aus Sondernutzungen im Sinne des § 13 a Absatz 6 i. V. m. § 160 Absatz 2 Satz 1 Nummer 1 Buchstabe c bis e BewG ist für jede selbst bewirtschaftete Nutzung und für jeden selbst bewirtschafteten Nutzungsteil ein Sondergewinn zu ermitteln. Zur Frage der Definition der Sondernutzungen und deren Umfang zum maßgeblichen Stichtag (grundsätzlich 15. Mai) vgl. RdNr. 9–13 und RdNr. 14.

39 Nach § 13 a Absatz 6 Satz 2 EStG ist bei jeder einzelnen Sondernutzung, die die in Anlage 1 a Nummer 2 – Spalte 3 zu § 13 a EStG genannte Grenze überschreitet, ein Gewinn von 1000 Euro je Sondernutzung für das Wirtschaftsjahr anzusetzen. Dagegen ist für jede Sondernutzung, die unter dieser Grenze liegt, ein Gewinn von 0 Euro für das Wirtschaftsjahr anzusetzen. Der Gewinn aus Sondernutzungen nach § 13 a Absatz 6 Satz 2 EStG ist ein nach den Grundsätzen des § 4 Absatz 1 EStG ermittelter Gewinn.

40 Für Sondernutzungen, die nicht in der Anlage 1 a Nummer 2 zu § 13 a EStG aufgeführt sind (vgl. RdNr. 9–13), ist innerhalb des § 13 a EStG eine Gewinnermittlung nach § 4 Absatz 3 EStG erforderlich (§ 13 a Absatz 6 Satz 3 EStG). Zu diesen Sondernutzungen gehören insbesondere der Anbau von

Anl zu H 13a

Tabak, der Anbau von Energieholz auf Kurzumtriebsplantagen und die Produktion von Nützlingen. Für diese Sondernutzungen ist bei der im Rahmen der Gewinnermittlung nach Durchschnittssätzen vorzunehmenden Gewinnermittlung nach § 4 Absatz 3 EStG für Wirtschaftsgüter, die ausschließlich dieser Sondernutzung dienen, die Vornahme der Absetzung für Abnutzung nur in gleichen Jahresbeträgen zulässig; im Übrigen gilt die Absetzung für Abnutzung im Rahmen des Durchschnittssatzgewinns als in Anspruch genommen (§ 13 a Absatz 3 Satz 3 EStG).

VII. Ermittlung der Sondergewinne – § 13 a Absatz 7 EStG

1. Grundsätze

41 Die Ermittlung aller Sondergewinne nach § 13 a Absatz 7 EStG erfolgt einschließlich der damit verbundenen Aufzeichnungs- und Aufbewahrungspflichten nach § 4 Absatz 3 EStG (vgl. RdNr. 86–89). Betriebseinnahmen i. S. v. § 13 a Absatz 7 Satz 1 EStG sind die zugeflossenen Erlöse einschließlich der gesetzlichen Umsatzsteuer. Entsprechendes gilt im Falle der Entnahme für den an deren Stelle tretenden Wert und die daraus resultierende gesetzliche Umsatzsteuer.

2. Veräußerung oder Entnahme von Grund und Boden und dem dazugehörigen Aufwuchs, Gebäuden, immateriellen Wirtschaftsgütern und Beteiligungen

42 Der Gewinn oder Verlust aus der Veräußerung oder Entnahme des zum Betriebsvermögen gehörenden Grund und Bodens und des dazugehörigen Aufwuchses (z. B. stehendes Holz und Dauerkulturen) sowie der zum Betriebsvermögen gehörenden Gebäude, immateriellen Wirtschaftsgüter und Beteiligungen ist stets als Sondergewinn zu erfassen und nicht mit dem Ansatz des Durchschnittssatzgewinns nach § 13 a Absatz 3 Satz 1 Nummer 1 bis 3 und 5 bis 6 EStG abgegolten.

43 Für Gewinne aus der Veräußerung von Grund und Boden und des dazugehörigen Aufwuchses sowie von Gebäuden kann unter den Voraussetzungen des § 6 c i. V. m. § 6 b EStG eine Rücklage gebildet werden. Gleiches gilt unter den Voraussetzungen der R 6.6 EStR für die Bildung einer Rücklage für Ersatzbeschaffung. Soweit für das Wirtschaftsgut Grund und Boden und ggf. immaterielle Wirtschaftsgüter ein Buchwert nach § 55 EStG anzusetzen ist, sind die Grundsätze dieser Vorschrift anzuwenden.

44 Bei der Gewinnermittlung nach § 13 a EStG ist die Bildung und Beibehaltung von gewillkürtem Betriebsvermögen nach den für die Land- und Forstwirtschaft geltenden allgemeinen Grundsätzen möglich. Die unter RdNr. 42–43 genannten Grundsätze gelten auch für Wirtschaftsgüter des gewillkürten Betriebsvermögens.

45 Zu den Beteiligungen gehören insbesondere die zum Betriebsvermögen gehörenden Anteile an Kapitalgesellschaften und Genossenschaften. Mitunternehmeranteile gehören nicht zu den Beteiligungen, wenn sie außerhalb der Gewinnermittlung nach § 13 a EStG als gesondertes Betriebsvermögen behandelt werden.

46 Ist der Land- und Forstwirt an einer Bruchteilsgemeinschaft (z. B. Maschinengemeinschaft) beteiligt, die keine eigene Gewinnerzielungsabsicht verfolgt, ist der Eigentumsanteil des Steuerpflichtigen an Wirtschaftsgütern des Gemeinschaftsvermögens ertragsteuerrechtlich wie ein eigenes Wirtschaftsgut des Steuerpflichtigen zu behandeln. In diesen Fällen bezieht sich die Regelung des § 13 a Absatz 7 Satz 1 Nummer 1 Buchstabe b EStG bei Veräußerung oder Entnahme des Wirtschaftsguts einschließlich der Grenze von 15 000 Euro auf den Eigentumsanteil des Steuerpflichtigen (vgl. RdNr. 47–51).

3. Veräußerung von übrigem Anlagevermögen und von Tieren

47 Die Veräußerung oder Entnahme der übrigen Wirtschaftsgüter des Anlagevermögens und von Tieren ist unter den Voraussetzungen des § 13 a Absatz 7 Nummer 1 Buchstabe b EStG nicht mit dem Ansatz des Durchschnittssatzgewinns nach § 13 a Absatz 3 Satz 1 Nummer 1 bis 3 EStG abgegolten.

48 Der für die Prüfung der Grenze von 15 000 Euro maßgebliche Veräußerungspreis ist der bürgerlich-rechtliche Gesamtendpreis, d. h. einschließlich der gesetzlichen Umsatzsteuer. Entsprechendes gilt im Falle der Entnahme für den an dessen Stelle tretenden Wert und die daraus resultierende gesetzliche Umsatzsteuer. Erfolgt die Veräußerung des Wirtschaftsguts durch einen Tausch oder einen Tausch mit Baraufgabe, so ist die Angemessenheit des Werts für das hingegebene Wirtschaftsgut auf Verlangen des Finanzamts glaubhaft zu machen.

49 Bei der Ermittlung des Gewinns aus der Veräußerung von übrigem Anlagevermögen ist der Buchwert des jeweiligen Wirtschaftsguts zu ermitteln. Dabei sind die Vorgaben der amtlichen Abschreibungstabellen zu berücksichtigen. Wird ein Wirtschaftsgut in mehreren Abschreibungstabellen angeführt, ist vorrangig die amtliche Abschreibungstabelle für die Land- und Forstwirtschaft anzuwenden.

50 Soweit sich die Anschaffungs- bzw. Herstellungskosten nicht aus einem vom Steuerpflichtigen geführten Anlageverzeichnis ergeben oder nicht mehr nachgewiesen werden können, dürfen allenfalls die vom Steuerpflichtigen angemessen geschätzten Anschaffungs- bzw. Herstellungskosten und der glaubhaft daraus abgeleitete Buchwert des jeweiligen Wirtschaftsguts zum Zeitpunkt des Ausscheidens aus dem Betriebsvermögen anerkannt werden.

51 Bei der Ermittlung des Gewinns aus der Veräußerung von Tieren gelten die vorstehenden Regelungen entsprechend. Dabei ist ohne Bedeutung, ob das jeweilige Tier ertragsteuerrechtlich dem Anlage- oder Umlaufvermögen zuzurechnen ist. Die Ermittlung der Anschaffungs- bzw. Herstellungskosten, der zu berücksichtigenden Absetzungen für Abnutzung sowie eines ggf. anzusetzenden Schlachtwerts kann nach den Grundsätzen des BMF-Schreibens vom 14. November 2001 (BStBl. I S. 864) erfolgen.

4. Entschädigungen für den Verlust, den Untergang oder die Wertminderung von Wirtschaftsgütern des Anlagevermögens und von Tieren

52 Gewährte Entschädigungen für den Verlust, den Untergang oder die Wertminderung von Wirtschaftsgütern des Anlagevermögens und von Tieren i. S. d. § 13 a Absatz 7 Satz 1 Nummer 1 Buchstabe a oder b EStG sind als Sondergewinn zu erfassen (§ 13 a Absatz 7 Satz 1 Nummer 1 Buchstabe c EStG). Bei der Prüfung der Grenze von 15 000 Euro ist die für das jeweilige Wirtschaftsgut i. S. d. § 13 a Absatz 7 Satz 1 Nummer 1 Buchstabe b EStG gezahlte Entschädigung einschließlich Umsatzsteuer maßgebend.

53 Entschädigungen, die als Ersatz für entgangene Einnahmen oder als Ersatz für erhöhte Betriebsausgaben gewährt werden, sind bei entsprechendem Veranlassungszusammenhang mit dem Gewinn der landwirtschaftlichen Nutzung nach § 13 a Absatz 4 EStG und dem Gewinn aus Sondernutzungen nach § 13 a Absatz 6 Satz 2 EStG abgegolten. Bei der forstwirtschaftlichen Nutzung sind diese Entschädigungen nach den Regelungen des § 51 EStDV zu erfassen. Pauschale Betriebsausgaben sind nur zu berücksichtigen, soweit die Zahlungen auf entgangene Einnahmen aus Holznutzungen entfallen.

54 Einheitlich gewährte Entschädigungen sind für die Anwendung der vorstehenden Grundsätze nach deren wirtschaftlichen Gehalt aufzuteilen.

5. Auflösung von Rücklagen

55 Soweit im Rahmen der Gewinnermittlung für den land- und forstwirtschaftlichen Betrieb eine Rücklage gebildet wurde (z. B. §§ 6 b, 6 c EStG, R 6.6 EStR), ist die Auflösung der Rücklage als Sondergewinn zu erfassen.

6. Betriebseinnahmen und Betriebsausgaben nach § 9 b Absatz 2 EStG

56 Betriebseinnahmen und Betriebsausgaben aus Vorsteuerberichtigungen i. S. d. § 15 a UStG sind im Zeitpunkt des Zuflusses bzw. Abflusses als Sondergewinn zu erfassen (§ 13 a Absatz 7 Satz 1 Nummer 2 EStG).

7. Einnahmen aus dem Grunde nach gewerblichen Tätigkeiten, die dem Bereich der Land- und Forstwirtschaft zugerechnet werden

a) Grundsätze

57 Soweit Einnahmen (Erlöse und Entnahmen) nach den allgemeinen Grundsätzen in einem gesonderten Gewerbebetrieb zu erfassen sind (Abgrenzung zu Einkünften i. S. v. § 13 EStG; vgl. insbesondere R 15.5 EStR), sind sie dem Grunde nach kein innerhalb der Gewinnermittlung nach § 13 a EStG zu berücksichtigender Sondergewinn.

58 Sind Einnahmen aus dem Grunde nach gewerblichen Tätigkeiten noch dem Bereich der Land- und Forstwirtschaft zuzuordnen, werden sie abzüglich pauschaler Betriebsausgaben in Höhe von 60% nach § 13 a Absatz 7 Satz 1 Nummer 3 EStG i. V. m. Nummer 3 der Anlage 1 a zu § 13 a EStG innerhalb der Gewinnermittlung nach Durchschnittssätzen als Sondergewinn erfasst. Zu den genannten Tätigkeiten gehören insbesondere die innerhalb der Grenzen nach R 15.5 Absatz 11 EStR ausgeübten Tätigkeiten i. S. d. R 15.5 Absatz 3 bis 10 EStR.

b) Nebenbetriebe (R 15.5 Absatz 3 EStR)

59 Die Be- und Verarbeitung überwiegend eigener land- und forstwirtschaftlicher Erzeugnisse im Rahmen einer ersten Bearbeitungsstufe ist als land- und forstwirtschaftliche Tätigkeit mit dem jeweiligen Gewinn nach § 13 a Absatz 4 bis 6 EStG abgegolten.

60 Gleiches gilt für Substanzbetriebe, soweit die gewonnene Substanz im eigenen land- und forstwirtschaftlichen Betrieb verwendet wird. Der Verkauf oder die Entnahme einer gewonnenen Substanz innerhalb der Grenzen der R 15.5 Absatz 3 EStR ist dagegen als Sondergewinn zu erfassen (§ 13 a Absatz 7 Satz 1 Nummer 3 EStG i. V. m. Nummer 3 der Anlage 1 a zu § 13 a EStG).

61 Die Be- und Verarbeitung überwiegend fremder Erzeugnisse oder die Bearbeitung überwiegend eigener land- und forstwirtschaftlicher Erzeugnisse im Rahmen einer zweiten und weiteren Bearbeitungsstufe kann unter den Voraussetzungen der R 15.5 Absatz 11 EStR der Land- und Forstwirtschaft zuzurechnen sein, ist aber dem Grunde nach eine gewerbliche Tätigkeit. In diesem Fall sind die hieraus erzielten Einnahmen unter Abzug der pauschalen Betriebsausgaben von 60% als Sondergewinn zu erfassen.

c) Verwertung organischer Abfälle (R 15.5 Absatz 4 EStR)

62 Ist die Verwertung organischer Abfälle nach R 15.5 Absatz 4 Satz 1 und 2 EStR eine dem Grunde nach land- und forstwirtschaftliche Tätigkeit, so ist sie mit dem Ansatz des jeweiligen Gewinns nach § 13 a Absatz 4 bis 6 EStG abgegolten. Zu Tätigkeiten nach R 15.5 Absatz 4 Satz 3 EStR vgl. RdNr. 69.

d) Absatz eigener und fremder Erzeugnisse (R 15.5 Absatz 5 und 6 EStR)

63 Der Absatz eigener land- und forstwirtschaftlicher Erzeugnisse ist als land- und forstwirtschaftliche Tätigkeit mit dem jeweiligen Gewinn nach § 13 a Absatz 4 bis 6 EStG abgegolten.

64 Der Absatz fremder Erzeugnisse ist unter den Voraussetzungen der R 15.5 Absatz 11 EStR der Land- und Forstwirtschaft zuzurechnen. Die hieraus erzielten Einnahmen sind unter Abzug der pauschalen Betriebsausgaben von 60% als Sondergewinn zu erfassen.

Anl zu H 13a

e) Absatz eigener Erzeugnisse i. V. m. Dienstleistungen (R 15.5 Absatz 7 EStR)

65 Der Absatz eigener land- und forstwirtschaftlicher Erzeugnisse ist bezogen auf die jeweilige Tätigkeit in folgenden Fällen als land- und forstwirtschaftlich zu qualifizieren und mit dem Ansatz des jeweiligen Gewinns nach § 13 a Absatz 4 bis 6 EStG abgegolten:
- Lieferung ausschließlich eigener land- und forstwirtschaftlicher Erzeugnisse ohne Dienstleistung;
- Lieferung ausschließlich eigener land- und forstwirtschaftlicher Erzeugnisse i. V. m. grundsätzlich gewerblichen Dienstleistungen bis zu 50% der Erlöse;
- Lieferung eigener land- und forstwirtschaftlicher Erzeugnisse von mindestens 50% i. V. m. der Lieferung fremder Erzeugnisse und grundsätzlich gewerblichen Dienstleistungen bis zu insgesamt 50% der Erlöse.

66 Der Absatz eigener Erzeugnisse i. V. m. darüber hinausgehenden gewerblichen Dienstleistungen oder einem darüber hinausgehenden Absatz fremder Erzeugnisse i. V. m. gewerblichen Dienstleistungen führt zu einer insgesamt grundsätzlich gewerblichen Tätigkeit und kann nur unter den Voraussetzungen der R 15.5 Absatz 11 EStR der Land- und Forstwirtschaft zuzurechnen sein. Die hieraus erzielten Einnahmen sind unter Abzug der pauschalen Betriebsausgaben von 60% als Sondergewinn zu erfassen.

f) Absatz eigener Erzeugnisse i. V. m. besonderen Leistungen (R 15.5 Absatz 8 EStR)

67 Der Ausschank von eigen erzeugten, der Land- und Forstwirtschaft zuzurechnenden Getränken ist eine Form der Vermarktung und als land- und forstwirtschaftliche Tätigkeit mit dem Ansatz des jeweiligen Gewinns nach § 13 a Absatz 4 bis 6 EStG abgegolten.

68 Dagegen ist der Absatz von Speisen und anderen Getränken (z. B. fremde Getränke, 2. Bearbeitungsstufe), die im Rahmen einer land- und forstwirtschaftlichen Tätigkeit abgegeben werden, nur unter den Voraussetzungen der R 15.5 Absatz 11 EStR der Land- und Forstwirtschaft zuzurechnen. Die hieraus erzielten Einnahmen sind unter Abzug der pauschalen Betriebsausgaben von 60% als Sondergewinn zu erfassen.

g) Verwendung von Wirtschaftsgütern und Dienstleistungen (R 15.5 Absatz 9 und 10 EStR)

69 Die Verwendung von Wirtschaftsgütern sowie Dienstleistungen i. S. d. R 15.5 Absatz 9 und 10 EStR sind unabhängig vom Empfänger der Leistung (Landwirt oder Nichtlandwirt) dem Grunde nach gewerbliche Tätigkeiten, die unter den Voraussetzungen der R 15.5 Absatz 11 EStR der Land- und Forstwirtschaft zugerechnet werden können. Die hieraus erzielten Einnahmen sind unter Abzug der pauschalen Betriebsausgaben von 60% als Sondergewinn zu erfassen.

h) Aufzucht und Halten fremder Tiere

70 Zieht der Steuerpflichtige innerhalb der Grenzen des § 13 Absatz 1 Nummer 1 Satz 2 EStG auf eigenes wirtschaftliches Risiko im Rahmen einer land- und forstwirtschaftlichen Tätigkeit fremde Tiere auf, so ist dies mit dem Ansatz des Gewinns nach § 13 a Absatz 4 EStG abgegolten. Zur Abgrenzung der dem Grunde nach land- und forstwirtschaftlichen Tätigkeit und der dem Grunde nach gewerblichen Tätigkeit bei Pensionspferdehaltung vgl. BFH vom 29. November 2007 (BStBl. 2008 II S. 425).

71 Beschränkt sich die Leistung des Steuerpflichtigen im Wesentlichen auf die Vermietung des Stallplatzes, so liegen Mieteinnahmen nach § 13 a Absatz 3 Satz 1 Nummer 5 EStG vor (vgl. dazu RdNr. 74–77).

72 Übt ein Land- und Forstwirt im Rahmen der Gewinnermittlung nach § 13 a EStG eine Pensionstierhaltung aus, so bestehen aus Vereinfachungsgründen keine Bedenken, die hieraus erzielten gesamten Einnahmen ohne Aufteilung in einzelne Leistungsbereiche unter Abzug der pauschalen Betriebsausgaben von 60% als Sondergewinn zu erfassen.

8. Rückvergütungen

73 Zur Abgrenzung von Hilfs- und Nebengeschäften im Rahmen genossenschaftlicher Rückvergütungen ist R 20 Absatz 6 Nummer 3 und 4 KStR 2004[1] einschlägig.

VIII. Einnahmen aus Vermietung und Verpachtung von Wirtschaftsgütern des land- und forstwirtschaftlichen Betriebsvermögens – § 13 a Absatz 3 Satz 1 Nummer 5 EStG

74 Die Ermittlung der Einnahmen aus der Vermietung und Verpachtung von Wirtschaftsgütern des land- und forstwirtschaftlichen Betriebsvermögens erfolgt unter Berücksichtigung des § 11 Absatz 1 EStG. Vermietung und Verpachtung i. S. d. § 13 a Absatz 3 Satz 1 Nummer 5 EStG ist die entgeltliche Nutzungsüberlassung von Wirtschaftsgütern des Betriebsvermögens. Auf die Bezeichnung des Vertrages über die Nutzungsüberlassung kommt es nicht an.

75 Zu erfassen sind Einnahmen aus einer Nutzungsüberlassung, die ohne Zugehörigkeit der überlassenen Wirtschaftsgüter zum land- und forstwirtschaftlichen Betriebsvermögen als vermögensverwaltende Tätigkeit zu qualifizieren wäre. Hierzu gehört insbesondere die Nutzungsüberlassung von Grund und Boden, Gebäuden, beweglichen oder immateriellen Wirtschaftsgütern und von Ferienzimmern/-wohnungen im Rahmen der R 15.5 Absatz 13 EStR.

76 Werden Wirtschaftsgüter des Betriebsvermögens im Zusammenhang mit mehr als nur unbedeutenden Dienstleistungen und vergleichbaren Tätigkeiten zur Nutzung überlassen, liegen insgesamt Einnahmen nach R 15.5 Absatz 9 EStR vor (vgl. dazu RdNr. 69).

[1] Jetzt R 5.11 Abs. 6 Nr. 3 und 4 KStR 2015.

Anl zu H 13a

77 Die nach § 13 a Absatz 3 Satz 1 Nummer 5 EStG anzusetzenden Nutzungsentgelte dürfen nicht um Betriebsausgaben gemindert werden (vgl. BFH vom 5. Dezember 2002, BStBl. 2003 II S. 345). Bei einer Vermietung einer zum land- und forstwirtschaftlichen Betriebsvermögen gehörenden Wohnung zählen auch zusätzlich zur Grundmiete vereinnahmte Umlagen und Nebenentgelte zu den anzusetzenden Nutzungsentgelten (vgl. BFH vom 14. Mai 2009, BStBl. II S. 900). Dies gilt auch für die im Zusammenhang mit einer Nutzungsüberlassung von Wirtschaftsgütern vereinnahmte gesetzliche Umsatzsteuer.

IX. Einnahmen aus Kapitalvermögen, soweit sie zu den Einkünften aus Land- und Forstwirtschaft gehören – § 13 a Absatz 3 Satz 1 Nummer 6 EStG

78 Nach § 13 a Absatz 3 Satz 1 Nummer 6 EStG sind sämtliche Einnahmen aus Kapitalvermögen i. S. v. § 20 EStG zu erfassen, die nach § 20 Absatz 8 EStG den Einkünften aus Land- und Forstwirtschaft zuzurechnen sind. Die Ermittlung der Einnahmen aus Kapitalvermögen nach § 13 a Absatz 3 Satz 1 Nummer 6 EStG erfolgt unter Berücksichtigung des § 11 Absatz 1 EStG. Ein Abzug von Betriebsausgaben im Zusammenhang mit Einnahmen aus Kapitalvermögen kommt nicht in Betracht.

79 Unterliegen Einnahmen aus Kapitalvermögen dem Teileinkünfteverfahren, sind die Einnahmen nur in Höhe des steuerpflichtigen Teils von 60% zu erfassen (§ 3 Nummer 40 Satz 1 Buchstabe d EStG).

80 Einnahmen aus Kapitalvermögen, die aus betrieblichen Mitteln stammen, können der Abgeltungsteuer nur dann unterworfen werden, wenn der sachliche Zusammenhang mit dem Betrieb der Land- und Forstwirtschaft gelöst und die dafür erforderliche Entnahme der Mittel nachweisbar dokumentiert wird.

B. Wechsel der Gewinnermittlungsart

I. Übergang zur Gewinnermittlung nach § 4 Absatz 1 EStG

81 Bei einem Wechsel der Gewinnermittlungsart von § 13 a EStG zum Betriebsvermögensvergleich **11**
nach § 4 Absatz 1 EStG und umgekehrt ist im Bereich des § 13 a Absatz 3 Satz 1 Nummer 1 und 3 i. V. m. Absatz 6 Satz 2 EStG (Gewinn der landwirtschaftlichen Nutzung und der in der Anlage 1 a Nummer 2 zu § 13 a EStG genannten Sondernutzungen) kein Übergangsgewinn zu ermitteln.

82 In den übrigen Bereichen des § 13 a Absatz 3 Satz 1 Nummer 2 bis 6 EStG ist ein Übergangsgewinn nach den Grundsätzen des Übergangs von der Gewinnermittlung nach § 4 Absatz 3 EStG zur Gewinnermittlung nach § 4 Absatz 1 EStG und umgekehrt zu ermitteln; R 4.6 EStR ist anzuwenden.

II. Übergang zur Gewinnermittlung nach § 4 Absatz 3 EStG

83 Bei einem Wechsel der Gewinnermittlungsart von § 13 a EStG zur Gewinnermittlung nach § 4 Absatz 3 EStG und umgekehrt ist im Bereich des § 13 a Absatz 3 Satz 1 Nummer 1 und 3 i. V. m. Absatz 6 Satz 2 EStG (Gewinn der landwirtschaftlichen Nutzung und der in der Anlage 1 a zu § 13 a EStG Nummer 2 genannten Sondernutzungen) ein Übergangsgewinn zu ermitteln; R 4.6 EStR ist anzuwenden.

III. Besonderheiten beim Übergang zur Gewinnermittlung nach § 13 a EStG n. F.

84 Nach § 13 a Absatz 3 Satz 2 EStG n. F. findet die Vorschrift des § 6 Absatz 2 a EStG keine Anwendung. Außerhalb der Geltung des § 13 a EStG gebildete Sammelposten sind beim Übergang zu § 13 a EStG nicht als Abrechnungsbetrag zu berücksichtigen.

85 Außerhalb der Geltung des § 13 a EStG n. F. zulässigerweise in Anspruch genommene Investitionsabzugsbeträge können bei Anwendung des § 13 a EStG n. F. nicht nach § 7 g Absatz 2 Satz 1 EStG zum Gewinn des Wirtschaftsjahres der Investition hinzugerechnet werden, da die Regelungen zu den Investitionsabzugsbeträgen nicht angewendet werden dürfen (§ 13 a Absatz 3 Satz 2 EStG). Demzufolge sind in Vorjahren beanspruchte Investitionsabzugsbeträge gemäß § 7 g Absatz 3 EStG im Wirtschaftsjahr des jeweiligen Abzugs rückgängig zu machen. Zu den Einzelheiten vgl. RdNrn. 49 und 55 des BMF-Schreibens vom 20. November 2013 (BStBl. I S. 1493); RdNr. 1 Satz 2, RdNr. 47 Satz 2 und RdNr. 54 Satz 2 des BMF-Schreibens sind nicht weiter anzuwenden.[1] Im Hinblick auf die gesetzliche Änderung bezüglich der Berücksichtigung von Investitionsabzugsbeträgen bei der Gewinnermittlung nach Durchschnittssätzen ist es aus Billigkeitsgründen nicht zu beanstanden, wenn beim Übergang auf die Neuregelung des § 13 a EStG im Rahmen der Gewinnermittlung für das Wirtschaftsjahr 2015 oder das abweichende Wirtschaftsjahr 2015/2016 noch bestehende Investitionsabzugsbeträge nicht nach § 7 g Absatz 3 EStG im ursprünglichen Abzugsjahr rückgängig gemacht, sondern unter sinngemäßer Anwendung von § 7 g Absatz 2 Satz 1 EStG in voller Höhe hinzugerechnet werden.

C. Aufzeichnungs- und Aufbewahrungspflichten

86 Soweit innerhalb der Gewinnermittlung nach § 13 a EStG Gewinne nach den Grundsätzen des § 4 **11a**
Absatz 3 EStG zu ermitteln sind (§ 13 a Absatz 5, Absatz 6 Satz 3 und Absatz 7 EStG), sind die hierfür geltenden Aufzeichnungs- und Aufbewahrungsvorschriften anzuwenden. Bei der Ermittlung des Gewinns aus der forstwirtschaftlichen Nutzung gemäß § 13 a Absatz 5 EStG ist nach dem BMF-Schreiben vom 16. Mai 2012 (BStBl. I S. 595) zu verfahren.

87 Ein besonderes, laufend zu führendes Verzeichnis ist nur für die in § 13 a Absatz 7 Satz 1 Nummer 1 Buchstabe a EStG genannten Wirtschaftsgüter zu führen (§ 13 a Absatz 7 Satz 3 EStG). Bei der

[1] Für nach dem 31. 12. 2019 in Anspruch genommene Investitionsabzugsbeträge siehe *BMF-Schreiben vom 15. 6. 2022 (BStBl. I S. 945), Rn. 32.*

Ermittlung des Gewinns aus der Veräußerung oder Entnahme von Wirtschaftsgütern i. S. v. § 13 a Absatz 7 Satz 1 Nummer 1 Buchstabe b EStG kann ein Restbuchwert nur abgezogen werden, wenn dieser nachgewiesen oder nach RdNr. 50 glaubhaft gemacht wird.

88 Werden dem Grunde nach gewerbliche Tätigkeiten ausgeführt (§ 13 a Absatz 7 Satz 1 Nummer 3 EStG), sind die daraus erzielten Einnahmen aufzuzeichnen. Darüber hinaus obliegt es dem Steuerpflichtigen, die Voraussetzungen von R 15.5 Absatz 11 EStR nachzuweisen.

89 Aufzeichnungs- und Aufbewahrungspflichten nach anderen steuerrechtlichen oder außersteuerlichen Vorschriften bleiben unberührt. Auf § 147 Absatz 1 Nummer 5 AO wird hingewiesen.

D. Schlussbestimmungen

90 Die vorstehenden Grundsätze gelten für Wirtschaftsjahre, die nach dem 30. Dezember 2015 enden. Die R 13 a.1 und R 13 a.2 EStR sind für diese Wirtschaftsjahre nicht mehr anzuwenden.

91 Nach § 52 Absatz 22 a Satz 3 EStG gilt die Bindungsfrist für Steuerpflichtige, die ihren Gewinn nach § 13 a Absatz 2 EStG a. F. freiwillig nach § 4 Absatz 1 oder 3 EStG ermitteln, fort. Der Zeitraum der Abwahl der Gewinnermittlung nach § 13 a EStG wird dadurch nicht unterbrochen.

§ 13b[1] …

EStG

§ 14 Veräußerung des Betriebs

1 **(1) ① Zu den Einkünften aus Land- und Forstwirtschaft gehören auch Gewinne, die bei der Veräußerung eines land- oder forstwirtschaftlichen Betriebs oder Teilbetriebs oder eines Anteils an einem land- und forstwirtschaftlichen Betriebsvermögen erzielt werden. ② § 16 gilt entsprechend mit der Maßgabe, dass der Freibetrag nach § 16 Absatz 4 nicht zu gewähren ist, wenn der Freibetrag nach § 14 a Absatz 1 gewährt wird.**

2 **(2) ① Wird ein land- und forstwirtschaftlicher Betrieb durch die Entnahme, Überführung oder Übertragung von Flächen verkleinert und verbleibt mindestens eine Fläche, die der Erzeugung von Pflanzen oder Tieren im Sinne des § 13 Absatz 1 zu dienen bestimmt ist, liegt unabhängig von der Größe dieser Fläche keine Betriebsaufgabe vor. ② § 16 Absatz 3 b bleibt unberührt.**

3 **(3)[2] ① Werden im Rahmen der Aufgabe des Betriebs einer land- und forstwirtschaftlichen Mitunternehmerschaft Grundstücke an den einzelnen Mitunternehmer übertragen oder scheidet ein Mitunternehmer unter Mitnahme einzelner Grundstücke aus einer Mitunternehmerschaft aus, gelten diese unabhängig von ihrer Größe auch bei fortgeführter oder erstmaliger Verpachtung bis zu einer Veräußerung oder Entnahme bei diesem weiterhin als Betriebsvermögen. ② Dies gilt entsprechend für Grundstücke des bisherigen Sonderbetriebsvermögens des einzelnen Mitunternehmers. ③ Die Sätze 1 und 2 sind nur anzuwenden, wenn mindestens eine übertragene oder aus dem Sonderbetriebsvermögen überführte Fläche der Erzeugung von Pflanzen oder Tieren im Sinne des § 13 Absatz 1 zu dienen bestimmt ist. ④ Für den übernehmenden Mitunternehmer gilt § 16 Absatz 3 b entsprechend.**

Übersicht

R 14

R 14. Wechsel im Besitz von Betrieben, Teilbetrieben und Betriebsteilen

Veräußerungsgewinn

6 (1) ① Entschädigungen, die bei der Veräußerung eines Betriebs oder Teilbetriebs im Veräußerungspreis enthalten sind, sind – vorbehaltlich der Absätze 2 und 3 – bei der Ermittlung des steuerpflichtigen Veräußerungsgewinns zugrunde zu legen. ② Die vertragliche Bezeichnung der einzelnen Teile des Veräußerungspreises ist nicht für deren steuerliche Behandlung entscheidend. ③ Besondere Anlagen und Kulturen auf dem oder im Grund und Boden, die zum beweglichen Anlagevermögen oder zum Umlaufvermögen gehören, sind grundsätzlich als eigene Wirtschaftsgüter zu behandeln. ④ Gesonderte Entgelte, die neben dem Kaufpreis für den Grund und Boden für besondere Eigenschaften des Grund und Bodens (z. B. „Geil und Gare") gezahlt werden, sind

[1] **Zur Fassung von § 13 b für Wj., die nach dem 31. 12. 2024 beginnen, siehe in der geschlossenen Wiedergabe.**

[2] Zur Anwendung siehe § 52 Abs. 22 c EStG.

Teil des Veräußerungspreises für den Grund und Boden. ⑤ Bei nichtbuchführenden Land- und Forstwirten ist der Gewinn aus der Veräußerung oder Aufgabe eines Betriebs oder Teilbetriebs nach den Grundsätzen des § 4 Abs. 1 EStG zu ermitteln und im VZ der Veräußerung oder Aufgabe nach § 14 EStG zu versteuern. ⑥ Beim Übergang zum Betriebsvermögensvergleich ist davon auszugehen, dass von Bewertungswahlrechten, z. B. für Vieh und Feldinventar, kein Gebrauch gemacht wurde.

Bewertung von Feldinventar/stehender Ernte

(2) ① Das Feldinventar/die stehende Ernte einer abgrenzbaren landwirtschaftlichen Nutzfläche ist jeweils als selbständiges Wirtschaftsgut des Umlaufvermögens anzusehen. ② Feldinventar ist die aufgrund einer Feldbestellung auf einer landwirtschaftliche Nutzfläche vorhandene Kultur mit einer Kulturdauer von bis zu einem Jahr. ③ Stehende Ernte ist der auf einer landwirtschaftlichen Nutzfläche vorhandene Bestand an erntereifem Feldinventar. ④ Befinden sich auf einer abgrenzbaren landwirtschaftlichen Nutzfläche verschiedene Kulturarten, liegen entsprechend verschiedene selbständige Wirtschaftsgüter vor. ⑤ Die Wirtschaftsgüter Feldinventar/stehende Ernte werden mit den Anschaffungs- oder Herstellungskosten einzeln bewertet (§ 6 Abs. 1 Nr. 2 Satz 1 EStG). ⑥ Anstelle der tatsächlichen Anschaffungs- oder Herstellungskosten kann bei einer Einzelbewertung unter den Voraussetzungen des § 6 Abs. 1 Nr. 2 Satz 2 EStG auch der niedrigere Teilwert zum Ansatz kommen (→ R 6.8 Abs. 1 Satz 2). ⑦ Für einzelne Wirtschaftsgüter jeweils einer Kulturart kann bei der Inventur und der Bewertung eine Gruppe gebildet werden (→ R 6.8 Abs. 4). ⑧ Für die Bewertung können entweder betriebsindividuelle Durchschnittswerte oder standardisierte Werte (z. B. BMELV-Jahresabschluss[1]) zugrunde gelegt werden.[2] **7**

Vereinfachungsregelung zur Bewertung des Feldinventars/der stehenden Ernte

(3) ① Bei landwirtschaftlichen Betrieben oder bei landwirtschaftlichen Teilbetrieben kann zur Vereinfachung der Bewertung von einer Aktivierung der Wirtschaftsgüter des Feldinventars/der stehenden Ernte abgesehen werden. ② Voraussetzung hierfür ist, dass in der Schlussbilanz des Betriebs für vorangegangene Wirtschaftsjahre oder bei einem Wechsel zum Betriebsvermögensvergleich bzw. bei einem Wechsel von der Gewinnermittlung nach Durchschnittssätzen zur Einnahmenüberschussrechnung im Rahmen der Übergangsbilanz keine Aktivierung eines Wirtschaftsguts Feldinventar/stehende Ernte vorgenommen wurde. ③ Das gilt insbesondere auch bei unentgeltlicher Rechtsnachfolge oder einem Strukturwandel von einem Gewerbebetrieb zu einem Betrieb der Land- und Forstwirtschaft. ④ Die Vereinfachungsregelung kann nicht gesondert für einzelne Wirtschaftsgüter des Feldinventars/der stehenden Ernte, sondern nur einheitlich, bezogen auf das gesamte Feldinventar/die stehende Ernte eines Betriebs, angewendet werden. ⑤ Das gilt auch dann, wenn sich der Umfang der Wirtschaftsgüter Feldinventar/stehende Ernte ändert (z. B. durch Erwerb oder Zupachtung von Flächen, Änderung der Anbauverhältnisse). ⑥ Hat ein Verpächter die Vereinfachungsregelung angewendet, kann er im Fall der eisernen Verpachtung seines Betriebs von einer Aktivierung der auf Rückgabe des Feldinventars/der stehenden Ernte gerichteten Sachwertforderung absehen. ⑦ Die Verpachtung führt insoweit zu keiner Gewinnrealisierung. **7a**

Teilbetrieb

(4) ① Die Veräußerung eines land- und forstwirtschaftlichen → Teilbetriebs liegt vor, wenn ein organisatorisch mit einer gewissen Selbständigkeit ausgestatteter Teil eines Betriebs der Land- und Forstwirtschaft veräußert wird. ② Der veräußerte Teilbetrieb muss im **Wesentlichen** die Möglichkeit bieten, künftig als selbständiger Betrieb geführt werden zu können, auch wenn dies noch einzelne Ergänzungen oder Änderungen bedingen sollte. **8**

Veräußerung forstwirtschaftlicher Betriebe, Teilbetriebe oder einzelner forstwirtschaftlicher Grundstücksflächen

(5) Hinsichtlich des Verkaufserlöses, der auf das stehende Holz entfällt, gilt das Folgende: **9**

1. ① Gewinne, die bei der **Veräußerung** oder Aufgabe **eines** forstwirtschaftlichen **Betriebs oder Teilbetriebs** für das stehende Holz erzielt werden, sind nach § 14 EStG zu versteuern. ② Veräußerungsgewinn ist hierbei der Betrag, um den der Veräußerungspreis nach Abzug der Veräußerungskosten den Wert des Betriebsvermögens übersteigt, der nach § 4 Abs. 1 EStG für den Zeitpunkt der Veräußerung ermittelt wird. ③ Ist kein Bestandsvergleich für das stehende Holz vorgenommen worden[3] und hat der Veräußerer den forstwirtschaftlichen Betrieb oder Teilbetrieb schon am 21. 6. 1948[4] besessen, ist der Gewinn aus der Veräußerung des stehenden Holzes so zu ermitteln, dass dem auf das stehende Holz entfallenden Veräußerungspreis der Betrag gegenübergestellt wird, mit dem das stehende Holz in dem für den 21. 6. 1948[4] maßgebenden Einheitswert des forstwirtschaftlichen Betriebs oder Teilbetriebs enthal-

[1] Jetzt: BMEL-Jahresabschluss.
[2] Zur Rücklagenbildung hinsichtlich des Umstellungsgewinns infolge der erstmaligen Anwendung der im April 2022 aktualisierten Standardherstellungskosten siehe *BMF vom 8. 11. 2022 (BStBl. I S. 1489).*
[3] Siehe hierzu § 141 Abs. 1 Satz 3 AO.
[4] **Amtl. Anm.:** Im Saarland: 20. 11. 1947.

ten war. ④ Hat der Veräußerer den forstwirtschaftlichen Betrieb oder Teilbetrieb nach dem 20. 6. 1948[1] erworben, sind bei der Ermittlung des Veräußerungsgewinns die steuerlich noch nicht berücksichtigten Anschaffungs- oder Erstaufforstungskosten für das stehende Holz dem auf das stehende Holz entfallenden Veräußerungserlös gegenüberzustellen. ⑤ Bei Veräußerungen im Beitrittsgebiet ist der Buchwert zum 1. 7. 1990 in den Fällen, in denen kein Bestandsvergleich für das stehende Holz vorgenommen wurde, gemäß § 52 Abs. 1 DMBilG unter Anwendung der Richtlinien für die Ermittlung und Prüfung des Verkehrswertes von Waldflächen und für Nebenentschädigungen (Waldwertermittlungs-Richtlinien 1991 – WaldR91 – BAnz 100 a vom 5. 6. 1991) zu ermitteln. ⑥ Die Steuer auf den Veräußerungsgewinn ist nach § 34 Abs. 1 oder auf Antrag nach § 34 Abs. 3 EStG zu berechnen (§ 34 Abs. 2 Nr. 1 EStG).

2. ① Die auf das stehende Holz entfallenden Einnahmen aus der **Veräußerung einzelner forstwirtschaftlicher Grundstücksflächen,** die keinen forstwirtschaftlichen → Teilbetrieb bilden, gehören zu den laufenden Einnahmen des Wirtschaftsjahres. ② Für die Ermittlung des Gewinns gelten die Grundsätze des § 4 Abs. 1 EStG. ③ Nummer 1 Satz 3 bis 5 ist entsprechend anzuwenden.

Freibetrag

10 (6) Die Gewährung des Freibetrags nach § 14 Satz 2 i. V. m. § 16 Abs. 4 EStG ist ausgeschlossen, wenn dem Stpfl. für eine Veräußerung oder Aufgabe, die nach dem 31. 12. 1995 erfolgt ist, ein Freibetrag nach § 14 Satz 2, § 16 Abs. 4 oder § 18 Abs. 3 EStG bereits gewährt worden ist.

H 14

11

Betriebsverkleinerung

– Eine Verkleinerung eines land- und forstwirtschaftlichen Betriebs führt nicht zu einer Betriebsaufgabe (→ BFH vom 12. 11. 1992 – BStBl. 1993 II S. 430).
– Zur Verkleinerung eines Forstbetriebs oder forstwirtschaftlichen Teilbetriebs → BMF vom 18. 5. 2018 (BStBl. I S. 689),[2] Tz. V.

Eiserne Verpachtung. Zur Gewinnermittlung bei der Verpachtung von Betrieben mit Substanzerhaltungspflicht des Pächters nach §§ 582 a, 1048 BGB → BMF vom 21. 2. 2002 (BStBl. I S. 262).[3]

Feldinventar

– Ein Landwirt, der das Feldinventar aktiviert hat, ist daran grundsätzlich auch für die Zukunft gebunden und hat keinen Anspruch darauf, aus Billigkeitsgründen zu einem Verzicht auf die Bewertung wechseln zu können (→ BFH vom 18. 3. 2010 – BStBl. 2011 II S. 654). Andererseits bindet das in R 14 Abs. 3 eingeräumte Wahlrecht, auf die Aktivierung der Feldbestände zu verzichten, den Landwirt nicht für die Zukunft (→ BFH vom 6. 4. 2000 – BStBl. II S. 422).
– Zur Rücklagenbildung und -auflösung aufgrund der aktualisierten standardisierten Werte nach dem BMEL-Jahresabschluss → BMF vom 8. 11. 2022 (BStBl. I S. 1489).

Körperschaft des öffentlichen Rechts als Erbin. Setzt ein Stpfl. eine Körperschaft des öffentlichen Rechts zur Erbin seines land- und forstwirtschaftlichen Betriebes ein, so führt das im Zeitpunkt des Todes zu einer Betriebsaufgabe in der Person des Erblassers (→ BFH vom 19. 2. 1998 – BStBl. II S. 509).

Parzellenweise Verpachtung → H 16 (5).

Rückverpachtung. Eine Betriebsveräußerung liegt auch vor, wenn alle wesentlichen Grundlagen eines Betriebs veräußert und sogleich an den Veräußerer zurückverpachtet werden (→ BFH vom 28. 3. 1985 – BStBl. II S. 508).

Teilbetrieb

– → R 14 Abs. 4 und 5 sowie → R 16 Abs. 3.
– Zur Teilbetriebseigenschaft einzelner forstwirtschaftlicher Flächen → BMF vom 18. 5. 2018 (BStBl. I S. 689),[4] Tz. III.

Verpachtung[5, 6]

– Der Verpächter hat ein Wahlrecht zwischen Betriebsaufgabe und Fortführung des Betriebs (→ BFH vom 15. 10. 1987 – BStBl. 1988 II S. 260 und vom 28. 11. 1991 – BStBl. 1992 II S. 521).
– Zur Übertragung und Überführung von land- und forstwirtschaftlichem Vermögen aus einer Mitunternehmerschaft und zum Verpächterwahlrecht bei land- und forstwirtschaftlichen Betrieben → BMF vom 17. 5. 2022 (BStBl. I S. 678).

[1] **Amtl. Anm.:** Im Saarland: 19. 11. 1947.
[2] Abgedruckt als Anlage d zu H 13.3.
[3] Abgedruckt als Anlage zu H 6.11.
[4] Abgedruckt als Anlage d zu H 13.3.
[5] Siehe auch H 16 (2) Landwirtschaft.
Siehe ferner BMF-Schreiben vom 1. 12. 2000 (BStBl. I S. 1556).
[6] Zu Betriebsaufgaben nach dem 4. November 2011 siehe § 16 Abs. 3 b EStG und BMF-Schreiben vom 22. 11. 2016 (BStBl. I S. 1326), abgedruckt als Anlage zu H 16 (5).

Anl zu H 14

Schreiben betr. Übertragung und Überführung von land- und forstwirtschaftlichem Vermögen aus einer Mitunternehmerschaft und Verpächterwahlrecht bei land- und forstwirtschaftlichen Betrieben

Vom 17. Mai 2022 (BStBl. I S. 678)

(BMF IV C 7 – S 2230/21/10001 :007; DOK 2022/0505922)

Der Bundesfinanzhof (BFH) hat mit Urteilen vom 17. Mai 2018 (VI R 66/15 und VI R 73/15, BStBl. 2022 II S. 301 und S. 306) entschieden:

1. Ein landwirtschaftlicher (Eigentums-)Betrieb wird mit der Übertragung sämtlicher landwirtschaftlicher Nutzflächen aufgegeben.
2. Das Verpächterwahlrecht setzt auch bei den Einkünften aus Land- und Forstwirtschaft voraus, dass die wesentlichen, dem Betrieb das Gepräge gebenden Wirtschaftsgüter mitverpachtet werden. Daran fehlt es, wenn eine Mitunternehmerschaft nach Aufgabe ihres land- und forstwirtschaftlichen Verpachtungsbetriebs ihre wesentlichen Betriebsgrundlagen (Grundstücke) den Mitunternehmern jeweils zu Alleineigentum überträgt.
3. Die Grundsätze der Realteilung sind in einem solchen Fall nur anwendbar, wenn die bisherigen Mitunternehmer die ihnen zugeteilten Grundstücke einem eigenen Betriebsvermögen widmen.
4. Die bloße Verpachtung landwirtschaftlicher Flächen führt als solche grundsätzlich nicht zu land- und forstwirtschaftlichem Betriebsvermögen des Verpächters.

Der Gesetzgeber hat auf diese Entscheidungen des BFH mit der Einführung des § 14 Absatz 2 und 3 EStG (i. d. F. des Jahressteuergesetzes 2020 vom 21. Dezember 2020, BGBl. I S. 3098)[1] reagiert.

Im Einvernehmen mit den obersten Finanzbehörden der Länder gilt bei Übertragung und Überführung von land- und forstwirtschaftlichem Vermögen aus einer Mitunternehmerschaft und zur Anwendung des Verpächterwahlrechts bei land- und forstwirtschaftlichen Betrieben Folgendes:

I. Anwendungsbereich

1 Für die Anwendung dieses Schreibens sind zwei Fallgruppen zu unterscheiden: 12
- Übertragung oder Überführung der Grundstücke hat vor dem 17. Dezember 2020 stattgefunden und es wurde kein Antrag nach § 52 Absatz 22 c Satz 2 EStG gestellt (Fallgruppe 1),
- Übertragung oder Überführung der Grundstücke hat nach dem 16. Dezember 2020 stattgefunden oder es wurde ein Antrag nach § 52 Absatz 22 c Satz 2 EStG gestellt (Fallgruppe 2).

II. Fallgruppen

1. Fallgruppe 1

a) Vorliegen einer Realteilung

2 Eine Realteilung ist nur bei einer vorher bestehenden Mitunternehmerschaft möglich (z. B. Erbengemeinschaft). Eine Mitunternehmerschaft in Gestalt einer Erbengemeinschaft liegt nicht vor, soweit die Landes-Höfegesetze zur Anwendung kommen (vgl. Rn. 75 ff. des BMF-Schreibens vom 14. März 2006, BStBl. I S. 253) oder beispielsweise durch ein Testament ein Alleinerbe bestimmt wurde. Es darf sich nicht um die Abfindung weichender Erben i. S. d. § 14 a Absatz 4 EStG (BFH-Urteil vom 9. Mai 1996, IV R 77/95, BStBl. II S. 476) oder um eine Flächenübertragung im Rahmen einer Vermächtniserfüllung gehandelt haben. Die Regelungen zur Erbauseinandersetzung in Rn. 56 ff. des BMF-Schreibens vom 14. März 2006, BStBl. I S. 253, sind zu beachten.

b) Nachweispflicht

3 Dem Steuerpflichtigen obliegt die Feststellungslast dafür, dass ursprünglich zu einem landwirtschaftlichen Betrieb gehörende verpachtete Flächen zu einem späteren Zeitpunkt ins Privatvermögen gelangt sind (BFH-Urteil vom 17. Mai 2018, VI R 73/15, BStBl. 2022 II S. 306). Eine Realteilung nach § 16 Absatz 3 Satz 2 bis 4 EStG setzt eine ausdrückliche Willenserklärung voraus, z. B. durch Erbauseinandersetzungs- oder Realteilungsvertrag. Ohne eine solche Erklärung kann nicht allein aus späteren Eigentumsverhältnissen abgeleitet werden, dass tatsächlich eine Realteilung stattgefunden hat.

4 Eine Verpachtung im Zeitpunkt der Realteilung ist zweifelsfrei nach Art und Umfang möglichst durch Vorlage der vollständigen Pachtverträge nachzuweisen. Eine erst nach geraumer Zeit abgegebene Erklärung oder Versicherung an Eides statt des Steuerpflichtigen oder Dritter ist in der Regel mangels Nachprüfbarkeit kein geeigneter Nachweis.

c) Übertragung von Gesamthandsvermögen

(1) Betrieb

5 Wird eine funktionsfähige betriebliche Einheit (Betrieb) übertragen, kann das Verpächterwahlrecht vom Rechtsnachfolger fortgeführt oder erstmalig ausgeübt werden.

6 **Beispiel 1:**

Bei Auflösung der Mitunternehmerschaft A-B erhält A aus dem Gesamthandsvermögen neben der Hofstelle auch 50 ha verpachtetes Ackerland, während B die Mietwohngrundstücke übernimmt. Die Mitunternehmerschaft hat keine Betriebsaufgabe erklärt. Beide verfügen daneben über kein anderweitiges Betriebsvermögen.

A erhält die funktionsfähige betriebliche Einheit Landwirtschaft. Ihm steht das Verpächterwahlrecht zu. B steht das Verpächterwahlrecht nicht zu, weil die erhaltenen Mietwohngrundstücke keinen Betrieb bzw. Teilbetrieb darstellen und

[1] **Amtl. Anm.:** BStBl. 2021 I S. 6.

Anl zu H 14

er daneben keinen eigenen Betrieb hat. Die Mietwohngrundstücke werden daher ins Privatvermögen übertragen und stellen Entnahmen der Mitunternehmerschaft A-B dar.

7 **Beispiel 2:**

Bei Auflösung der Mitunternehmerschaft C-D erhält C aus dem Gesamthandsvermögen 5 ha verpachtetes Ackerland, während D 95 ha verpachtetes Ackerland übernimmt. Die Mitunternehmerschaft hat keine Betriebsaufgabe erklärt. Beide verfügen daneben über kein anderweitiges Betriebsvermögen.

D übernimmt die wesentlichen, dem Betrieb das Gepräge gebenden Wirtschaftsgüter (BFH-Urteil vom 28. März 1985, IV R 88/81, BStBl. II S. 508). Ihm steht das Verpächterwahlrecht zu. C steht das Verpächterwahlrecht nicht zu, weil die erhaltenen Flächen lediglich einzelne Wirtschaftsgüter darstellen und er keinen eigenen Betrieb hat, dem er das Ackerland zuordnen kann.

(2) Teilbetrieb

8 Wird ein Teilbetrieb nach § 16 Absatz 3 Satz 2 EStG übertragen, kann das Verpächterwahlrecht vom Rechtsnachfolger fortgeführt oder erstmalig ausgeübt werden. Erhält der übernehmende Realteiler daneben noch einzelne Wirtschaftsgüter aus einem anderen Teilbetrieb der bisherigen Mitunternehmerschaft, werden diese notwendiges Betriebsvermögen des erhaltenen Teilbetriebs, wenn sie dem Betrieb dergestalt dienen, dass sie (innerhalb von zwölf Monaten nach der Übertragung) objektiv erkennbar zum unmittelbaren Einsatz im Betrieb bestimmt sind. Andernfalls bedarf es einer entsprechenden Zuordnungsentscheidung zu diesem Betriebsvermögen. Die Regelungen der R 4.2 Absatz 9 EStR sind dabei zu beachten.

9 **Beispiel 3:**

Bei Auflösung der Mitunternehmerschaft E-F erhält E aus dem Gesamthandsvermögen neben dem Teilbetrieb 1 (Forst) auch eine Ackerfläche (3500 m^2) aus dem verpachteten Teilbetrieb 2 (Landwirtschaft mit insgesamt 50 ha). F erhält den restlichen Teilbetrieb 2. E und F führen die Verpachtung jeweils fort. E hat keine Zuordnungsentscheidung bezüglich der Ackerfläche getroffen.

E führt den übernommenen Teilbetrieb 1 als Einzelunternehmen fort. Die übernommene Ackerfläche ist kein notwendiges Betriebsvermögen, weil sie dem Forstbetrieb nicht objektiv erkennbar unmittelbar dient. Da es auch an einer Zuordnungsentscheidung hinsichtlich der übernommenen Ackerfläche durch E fehlt, ist diese in das Privatvermögen zu übertragen und stellt eine Entnahme der Mitunternehmerschaft E-F dar. F steht das Verpächterwahlrecht zu, weil er die weiterhin funktionsfähige betriebliche Einheit (Teilbetrieb 2) übernommen hat.

(3) Einzelne Wirtschaftsgüter

10 Werden einzelne Wirtschaftsgüter nach § 16 Absatz 3 Satz 2 EStG übertragen, kann das Verpächterwahlrecht zum Zeitpunkt der Übertragung neu begründet werden, wenn (innerhalb von 12 Monaten nach der Übertragung) eine aktive Bewirtschaftung der übertragenen Flächen erfolgt und der Rahmen einer privaten Gartenbewirtschaftung für Eigenbedarfszwecke überschritten wird (vgl. BFH-Urteil vom 5. Mai 2011, IV R 48/08, BStBl. II S. 792). Dies gilt auch für zuvor von der Mitunternehmerschaft aktiv bewirtschaftete Flächen.

11 Ist daneben bereits ein Verpachtungsbetrieb vorhanden und werden die erhaltenen einzelnen Wirtschaftsgüter (innerhalb von 12 Monaten nach der Übertragung) an denselben/dieselben Pächter verpachtet, sind die erhaltenen Wirtschaftsgüter dem notwendigen Betriebsvermögen des bereits vorhandenen Verpachtungsbetriebs zuzuordnen (vgl. BFH vom 19. Dezember 2019, VI R 53/16, BStBl. 2021 II S. 427). Entsprechendes gilt, wenn die erhaltenen Wirtschaftsgüter an einen anderen Pächter (weiter) verpachtet werden und eine Entscheidung zur Zuordnung der Wirtschaftsgüter zum gewillkürten Betriebsvermögen vorliegt.

12 Die bloße Verpachtung von einzelnen Wirtschaftsgütern, insbesondere von landwirtschaftlichen Flächen allein, führt indessen nicht zu landwirtschaftlichem Betriebsvermögen des Verpächters. Die Wirtschaftsgüter werden daher ins Privatvermögen übertragen und stellen Entnahmen der Mitunternehmerschaft dar.

13 Die Grundsätze des BMF-Schreibens vom 18. Mai 2018, BStBl. I S. 689 bleiben unberührt.

d) Überführung von Sonderbetriebsvermögen

14 Werden Wirtschaftsgüter aus dem eigenen Sonderbetriebsvermögen überführt (§ 6 Absatz 5 Satz 2 EStG), stellen diese beim (bisherigen) Mitunternehmer weiterhin Betriebsvermögen dar (vgl. Rn. 57 des BFH-Urteils vom 17. Mai 2018, VI R 66/15, BStBl. 2022 II S. 301), sofern der Umfang einer vergleichbaren privaten Gartenbewirtschaftung für Eigenbedarfszwecke überschritten wird. Dabei ist es unerheblich, ob die überführten Wirtschaftsgüter einen Betrieb oder Teilbetrieb bilden oder es sich insgesamt um einen Mitunternehmeranteil handelt.

15 **Beispiel 4:**

Bei Auflösung der Mitunternehmerschaft G-H erhält G aus seinem Sonderbetriebsvermögen seinen landwirtschaftlichen Betrieb (mit landwirtschaftlichen Flächen von insgesamt 50 ha), während H die in seinem Sonderbetriebsvermögen befindlichen Brachflächen (5 ha) erhält. Die Mitunternehmerschaft verfügte nicht über Gesamthandsvermögen und hatte nach Aufgabe der aktiven Bewirtschaftung die landwirtschaftlichen Flächen verpachtet. Die Mitunternehmerschaft hat keine Betriebsaufgabe erklärt. G und H verfügen daneben über kein anderweitiges Betriebsvermögen.

G erhält die funktionsfähige betriebliche Einheit landwirtschaftlicher Betrieb. Ihm steht das Verpächterwahlrecht zu. H steht das Verpächterwahlrecht ebenfalls zu, weil er sein eigenes Sonderbetriebsvermögen erhält.

16 Werden Wirtschaftsgüter aus einem fremden Sonderbetriebsvermögen übertragen, gelten die Grundsätze der Rn. 10 ff.

e) Mischfälle

17 Werden sowohl Wirtschaftsgüter aus dem Gesamthandsvermögen übertragen als auch Wirtschaftsgüter aus dem Sonderbetriebsvermögen überführt, gelten bezüglich des erhaltenen Gesamt-

handsvermögens die Ausführungen in den Rn. 5 ff. und bezüglich des Sonderbetriebsvermögens die Ausführungen in den Rn. 14 ff.

18 **Beispiel 5:**
Bei Auflösung der Mitunternehmerschaft I-J erhalten sowohl I als auch J jeweils die Hälfte der Forstflächen aus dem Gesamthandsvermögen. J hatte bisher im Sonderbetriebsvermögen der Mitunternehmerschaft eine verpachtete Ackerfläche von 5 ha, die er im Rahmen der Auseinandersetzung ebenfalls erhält und die er auch weiterhin verpachtet. J hat keine Zuordnungsentscheidung bezüglich der Ackerfläche getroffen.

I und J führen jeweils die Bewirtschaftung der übernommenen Forstflächen im Rahmen eines Einzelunternehmens fort. Die aus dem eigenen Sonderbetriebsvermögen überführte Ackerfläche stellt bei J ebenfalls Betriebsvermögen seines land- und forstwirtschaftlichen Betriebs dar.

2. Fallgruppe 2

a) Anwendungsbereich § 14 Absatz 3 EStG

19 § 14 Absatz 3 EStG erfasst sowohl die echte als auch die unechte Realteilung sowie die (ausschließliche) Überführung des bisherigen Sonderbetriebsvermögens, wenn Gegenstand die Übertragung oder Überführung von einzelnen Grundstücken ist. § 14 Absatz 3 EStG erfasst nicht die Übertragung von Betrieben, Teilbetrieben oder Mitunternehmeranteilen (vgl. insoweit Rn. 5 bis 9).

20 § 14 Absatz 3 EStG fingiert zunächst in der ersten logischen Sekunde unabhängig von der Flächengröße und der Nutzung (z. B. aktiv bewirtschaftet oder verpachtet) für sämtliche übertragene und überführte Grundstücke ein neues Betriebsvermögen beim übernehmenden Mitunternehmer (weiteres Vorgehen nach Rn. 23). Voraussetzung dafür ist, dass mindestens eine übertragene oder überführte Fläche der Erzeugung von Pflanzen oder Tieren i. S. d. § 13 Absatz 1 EStG zu dienen bestimmt ist. Die tatsächliche Nutzung zur Erzeugung von Pflanzen oder Tieren i. S. d. § 13 Absatz 1 EStG im Zeitpunkt der Übertragung oder Überführung ist nicht erforderlich. Die Einstufung als Bauland schließt die Fähigkeit der Fläche zur Erzeugung von Pflanzen oder Tieren zu dienen bestimmt zu sein nicht aus.

21 Keine Flächen, die zur Erzeugung von Pflanzen oder Tieren i. S. d. § 13 Absatz 1 EStG zu dienen bestimmt sind, sind:
- Mietwohngrundstücke,
- Geschäftsgrundstücke und/oder
- Wirtschaftsgebäude (z. B. Hofstelle mit Zuwegungen ohne landwirtschaftlich nutzbare Fläche).

22 Sind die Voraussetzungen des § 14 Absatz 3 EStG gegeben,
- geht das überführte Sonderbetriebsvermögen nach § 6 Absatz 5 Satz 2 EStG zwingend zum Buchwert über und
- gehen die übertragenen Wirtschaftsgüter unter Beachtung der Sperrfrist nach § 16 Absatz 3 Satz 2 und 3 EStG zwingend zum Buchwert über; § 16 Absatz 3 Satz 4 EStG bleibt unberührt.

23 Die übernommenen Wirtschaftsgüter können Betriebsvermögen eines bereits bestehenden Betriebs werden. Sofern dies nicht der Fall ist, begründet das übernommene Betriebsvermögen (vgl. Rn. 20) einen neuen Betrieb, wenn die allgemeinen Voraussetzungen des § 13 Absatz 7 i. V. m. § 15 Absatz 2 Satz 2 und 3 EStG erfüllt sind. Die Rechtsprechungsgrundsätze der Betriebsneugründung im Bereich der Land- und Forstwirtschaft sind zu beachten. Es ist insbesondere erforderlich, dass der Rahmen einer privaten Gartenbewirtschaftung für Eigenbedarfszwecke überschritten wird (BFH-Urteil vom 5. Mai 2011, IV R 48/08, BStBl. II S. 792).

24 Wird der Rahmen der privaten Gartenbewirtschaftung für Eigenbedarfszwecke nicht überschritten, liegt wegen der Fiktion des § 14 Absatz 3 EStG weiterhin Betriebsvermögen vor, ohne dass ein neuer Betrieb begründet wird. Die Betriebsvermögenseigenschaft der übernommenen Wirtschaftsgüter besteht in diesen Fällen jedoch nicht fort, wenn
- die erhaltenen Flächen insgesamt verpachtet sind (BFH-Urteil vom 17. Mai 2018, VI R 73/15, BStBl. 2022 II S. 306) oder
- keine Teilnahme am allgemeinen wirtschaftlichen Verkehr vorliegt (z. B. Hofstelle mit brachliegender landwirtschaftlich nutzbarer Fläche),

und führt daher beim übernehmenden Realteiler zur Entnahme in das Privatvermögen. Dies stellt eine Sperrfristverletzung i. S. d. § 16 Absatz 3 Satz 3 EStG dar.

b) Gewillkürtes Betriebsvermögen

25 Sofern mit den übernommenen Flächen ein neuer Betrieb begründet worden ist oder vor der Übernahme bereits ein bestehender Betrieb vorlag (Rn. 23), können andere übernommene Wirtschaftsgüter, sofern sie nicht notwendiges Betriebsvermögen sind, in diesen Betrieben als gewillkürtes Betriebsvermögen behandelt werden.

c) Mietwohn- und/oder Geschäftsgrundstücke

26 Werden im Rahmen von § 14 Absatz 3 EStG Mietwohn- und/oder Geschäftsgrundstücke übertragen oder überführt, die kein notwendiges Betriebsvermögen (z. B. Arbeitnehmerwohnungen) darstellen, sind diese nur dann (weiterhin) dem Betriebsvermögen zuzuordnen, wenn die Voraussetzungen der R 4.2 Absatz 9 EStR erfüllt sind. Wird dadurch das Gesamtbild der land- und forstwirtschaftlichen Tätigkeit wesentlich verändert (Anteil der Mietwohn- und Geschäftsgrundstücke beträgt mehr als 10,00 Prozent der Gesamtfläche des Betriebes), sind sämtliche übernommene Mietwohn- und/oder Geschäftsgrundstücke ins Privatvermögen zu entnehmen (BFH-Urteil vom 31. März 2021, VI R 30/18, BStBl. 2022 II S. 312). Dies stellt eine Sperrfristverletzung i. S. d. § 16 Absatz 3 Satz 3 EStG dar.

d) Antrag auf Anwendung des § 14 Absatz 3 EStG nach § 52 Absatz 22 c Satz 2 EStG

27 Für Übertragungen und Überführungen vor dem 17. Dezember 2020 kann nur der jeweilige Mitunternehmer, der an der realgeteilten Mitunternehmerschaft beteiligt war, oder sein Gesamtrechtsnachfolger einen unwiderruflichen Antrag auf Anwendung des § 14 Absatz 3 EStG stellen. Der Antrag ist schriftlich bei dem Finanzamt zu stellen, das für die gesonderte und einheitliche Feststellung der Einkünfte der Mitunternehmerschaft zuständig ist. Der Antrag kann auch dann gestellt werden, wenn der Erlass oder die Änderung des Bescheids für den Feststellungszeitraum der Realteilung verfahrensrechtlich ausgeschlossen ist und in den Folgezeiträumen von land- und forstwirtschaftlichen Betriebsvermögen ausgegangen wurde.

28 Zur Vermeidung unbilliger Härten ist eine Antragstellung durch einen Einzelrechtsnachfolger bis zum 31. Dezember 2022 beim zuständigen Finanzamt möglich.

EStG

§ 14a[1] Vergünstigungen bei der Veräußerung bestimmter land- und forstwirtschaftlicher Betriebe

[1] Letztmals abgedruckt im „Handbuch zur ESt-Veranlagung 2012".

b) Gewerbebetrieb (§ 2 Absatz 1 Satz 1 Nummer 2)

§ 15 Einkünfte aus Gewerbebetrieb

EStG

(1) ① Einkünfte aus Gewerbebetrieb sind

1. Einkünfte aus gewerblichen Unternehmen. ② Dazu gehören auch Einkünfte aus gewerblicher Bodenbewirtschaftung, z. B. aus Bergbauunternehmen und aus Betrieben zur Gewinnung von Torf, Steinen und Erden, soweit sie nicht land- oder forstwirtschaftliche Nebenbetriebe sind; 1

2. die Gewinnanteile der Gesellschafter einer Offenen Handelsgesellschaft, einer Kommanditgesellschaft und einer anderen Gesellschaft, bei der der Gesellschafter als Unternehmer (Mitunternehmer) des Betriebs anzusehen ist, und die Vergütungen, die der Gesellschafter von der Gesellschaft für seine Tätigkeit im Dienst der Gesellschaft oder für die Hingabe von Darlehen oder für die Überlassung von Wirtschaftsgütern bezogen hat. ② Der mittelbar über eine oder mehrere Personengesellschaften beteiligte Gesellschafter steht dem unmittelbar beteiligten Gesellschafter gleich; er ist als Mitunternehmer des Betriebs der Gesellschaft anzusehen, an der er mittelbar beteiligt ist, wenn er und die Personengesellschaften, die seine Beteiligung vermitteln, jeweils als Mitunternehmer der Betriebe der Personengesellschaften anzusehen sind, an denen sie unmittelbar beteiligt sind; 2

3. die Gewinnanteile der persönlich haftenden Gesellschafter einer Kommanditgesellschaft auf Aktien, soweit sie nicht auf Anteile am Grundkapital entfallen, und die Vergütungen, die der persönlich haftende Gesellschafter von der Gesellschaft für seine Tätigkeit im Dienst der Gesellschaft oder für die Hingabe von Darlehen oder für die Überlassung von Wirtschaftsgütern bezogen hat. 3

② Satz 1 Nummer 2 und 3 gilt auch für Vergütungen, die als nachträgliche Einkünfte (§ 24 Nummer 2) bezogen werden. ③ § 13 Absatz 5 gilt entsprechend, sofern das Grundstück im Veranlagungszeitraum 1986 zu einem gewerblichen Betriebsvermögen gehört hat. 3a

(1 a) ① In den Fällen des § 4 Absatz 1 Satz 5 ist der Gewinn aus einer späteren Veräußerung der Anteile ungeachtet der Bestimmungen eines Abkommens zur Vermeidung der Doppelbesteuerung in der gleichen Art und Weise zu besteuern, wie die Veräußerung dieser Anteile an der Europäischen Gesellschaft oder Europäischen Genossenschaft zu besteuern gewesen wäre, wenn keine Sitzverlegung stattgefunden hätte. ② Dies gilt auch, wenn später die Anteile verdeckt in eine Kapitalgesellschaft eingelegt werden, die Europäische Gesellschaft oder Europäische Genossenschaft aufgelöst wird oder wenn ihr Kapital herabgesetzt und zurückgezahlt wird oder wenn Beträge aus dem steuerlichen Einlagenkonto im Sinne des § 27 des Körperschaftsteuergesetzes ausgeschüttet oder zurückgezahlt werden. 3b

(2) ① Eine selbständige nachhaltige Betätigung, die mit der Absicht, Gewinn zu erzielen, unternommen wird und sich als Beteiligung am allgemeinen wirtschaftlichen Verkehr darstellt, ist Gewerbebetrieb, wenn die Betätigung weder als Ausübung von Land- und Forstwirtschaft noch als Ausübung eines freien Berufs noch als eine andere selbständige Arbeit anzusehen ist. ② Eine durch die Betätigung verursachte Minderung der Steuern vom Einkommen ist kein Gewinn im Sinne des Satzes 1. ③ Ein Gewerbebetrieb liegt, wenn seine Voraussetzungen im Übrigen gegeben sind, auch dann vor, wenn die Gewinnerzielungsabsicht nur ein Nebenzweck ist. 4

(3) Als Gewerbebetrieb gilt in vollem Umfang die mit Einkünfteerzielungsabsicht unternommene Tätigkeit 5

1.[1] einer offenen Handelsgesellschaft, einer Kommanditgesellschaft oder einer anderen Personengesellschaft, wenn die Gesellschaft auch eine Tätigkeit im Sinne des Absatzes 1 Satz 1 Nummer 1 ausübt oder gewerbliche Einkünfte im Sinne des Absatzes 1 Satz 1 Nummer 2 bezieht. ② Dies gilt unabhängig davon, ob aus der Tätigkeit im Sinne des Absatzes 1 Satz 1 Nummer 1 ein Gewinn oder Verlust erzielt wird oder ob die gewerblichen Einkünfte im Sinne des Absatzes 1 Satz 1 Nummer 2 positiv oder negativ sind;[2]

2. einer Personengesellschaft, die keine Tätigkeit im Sinne des Absatzes 1 Satz 1 Nummer 1 ausübt und bei der ausschließlich eine oder mehrere Kapitalgesellschaften persönlich haftende Gesellschafter sind und nur diese oder Personen, die nicht Gesellschafter sind, zur Geschäftsführung befugt sind (gewerblich geprägte Personengesellschaft). ② Ist eine gewerblich geprägte Personengesellschaft als persönlich haftender Gesellschafter an einer anderen Personengesellschaft beteiligt, so

[1] Zur Verfassungsmäßigkeit siehe *Beschluss des BVerfG vom 15. 1. 2008 1 BvL 2/04 (BFH/NV 2008, Beil. 3, 247).*
[2] Zur Anwendung siehe § 52 Abs. 23 Satz 1 EStG.

EStG

steht für die Beurteilung, ob die Tätigkeit dieser Personengesellschaft als Gewerbebetrieb gilt, die gewerblich geprägte Personengesellschaft einer Kapitalgesellschaft gleich.

6 **(4) ① Verluste aus gewerblicher Tierzucht oder gewerblicher Tierhaltung dürfen weder mit anderen Einkünften aus Gewerbebetrieb noch mit Einkünften aus anderen Einkunftsarten ausgeglichen werden; sie dürfen auch nicht nach § 10 d abgezogen werden. ② Die Verluste mindern jedoch nach Maßgabe des § 10 d die Gewinne, die der Steuerpflichtige in dem unmittelbar vorangegangenen und in den folgenden Wirtschaftsjahren aus gewerblicher Tierzucht oder gewerblicher Tierhaltung erzielt hat oder erzielt; § 10 d Absatz 4 gilt entsprechend.[1] ③ Die Sätze 1 und 2 gelten entsprechend für Verluste aus Termingeschäften, durch die der Steuerpflichtige einen Differenzausgleich oder einen durch den Wert einer veränderlichen Bezugsgröße bestimmten Geldbetrag oder Vorteil erlangt. ④ Satz 3 gilt nicht für die Geschäfte, die zum gewöhnlichen Geschäftsbetrieb bei Kreditinstituten, Finanzdienstleistungsinstituten und Finanzunternehmen im Sinne des Gesetzes über das Kreditwesen oder bei Wertpapierinstituten im Sinne des Wertpapierinstitutgesetzes gehören oder die der Absicherung von Geschäften des gewöhnlichen Geschäftsbetriebs dienen. ⑤ Satz 4 gilt nicht, wenn es sich um Geschäfte handelt, die der Absicherung von Aktiengeschäften dienen, bei denen der Veräußerungsgewinn nach § 3 Nummer 40 Satz 1 Buchstabe a und b in Verbindung mit § 3 c Absatz 2 teilweise steuerfrei ist, oder die nach § 8 b Absatz 2 des Körperschaftssteuergesetzes bei der Ermittlung des Einkommens außer Ansatz bleiben. ⑥ Verluste aus stillen Gesellschaften, Unterbeteiligungen oder sonstigen Innengesellschaften an Kapitalgesellschaften, bei denen der Gesellschafter oder Beteiligte als Mitunternehmer anzusehen ist, dürfen weder mit Einkünften aus Gewerbebetrieb noch aus anderen Einkunftsarten ausgeglichen werden; sie dürfen auch nicht nach § 10 d abgezogen werden. ⑦ Die Verluste mindern jedoch nach Maßgabe des § 10 d die Gewinne, die der Gesellschafter oder Beteiligte in dem unmittelbar vorangegangenen Wirtschaftsjahr oder in den folgenden Wirtschaftsjahren aus derselben stillen Gesellschaft, Unterbeteiligung oder sonstigen Innengesellschaft bezieht; § 10 d Absatz 4 gilt entsprechend.[2] ⑧ Die Sätze 6 und 7 gelten nicht, soweit der Verlust auf eine natürliche Person als unmittelbar oder mittelbar beteiligter Mitunternehmer entfällt.**

Übersicht

[1] Zur zeitlichen Anwendung siehe § 52 Abs. 23 Satz 2 EStG.

R 15.1. Selbständigkeit

R 15.1

Versicherungsvertreter

(1) ① Versicherungsvertreter, die Versicherungsverträge selbst vermitteln (sog. Spezialagenten), sind in vollem Umfang als selbständig anzusehen. ② Das gilt auch dann, wenn sie neben Provisionsbezügen ein mäßiges festes Gehalt bekommen. ③ Soweit ein Spezialagent nebenbei auch Verwaltungsaufgaben und die Einziehung von Prämien oder Beiträgen übernommen hat, sind die Einnahmen daraus als Entgelte für selbständige Nebentätigkeit zu behandeln. ④ Es ist dabei unerheblich, ob sich z. B. Inkassoprovisionen auf Versicherungen beziehen, die der Spezialagent selbst geworben hat, oder auf andere Versicherungen. ⑤ Versicherungsvertreter, die mit einem eigenen Büro für einen bestimmten Bezirk sowohl den Bestand zu verwalten als auch neue Geschäfte abzuschließen haben und im Wesentlichen auf Provisionsbasis arbeiten, sind in der Regel Gewerbetreibende. 7

Hausgewerbetreibende und Heimarbeiter

(2) ① Hausgewerbetreibende sind im Gegensatz zu Heimarbeitern, deren Tätigkeit als nichtselbständige Arbeit anzusehen ist, selbständige Gewerbetreibende. ② Die Begriffe des → Hausgewerbetreibenden und des → Heimarbeiters sind im HAG bestimmt. ③ Wie bei Heimarbeitern ist die Tätigkeit der nach § 1 Abs. 2 Buchstabe a HAG gleichgestellten Personen, „die in der Regel allein oder mit ihren Familienangehörigen in eigener Wohnung oder selbstgewählter Betriebsstätte eine sich in regelmäßigen Arbeitsvorgängen wiederholende Arbeit im Auftrag eines anderen gegen Entgelt ausüben, ohne dass ihre Tätigkeit als gewerblich anzusehen oder dass der Auftraggeber ein Gewerbetreibender oder Zwischenmeister ist", als nichtselbständige Arbeit anzusehen. ④ Dagegen sind die nach § 1 Abs. 2 Buchstaben b bis d HAG gleichgestellten Personen wie Hausgewerbetreibende selbständige Gewerbetreibende. ⑤ Über die Gleichstellung mit Hausgewerbetreibenden entscheiden nach dem HAG die von den zuständigen Arbeitsbehörden errichteten Heimarbeitsausschüsse. ⑥ Für die Unterscheidung von Hausgewerbetreibenden und Heimarbeitern ist von dem Gesamtbild des einzelnen Falles auszugehen. ⑦ Heimarbeiter ist nicht, wer fremde Hilfskräfte beschäftigt oder die Gefahr des Unternehmens, insbesondere auch wegen wertvoller Betriebsmittel, trägt. ⑧ Auch eine größere Anzahl von Auftraggebern und ein größeres Betriebsvermögen können die Eigenschaft als Hausgewerbetreibender begründen. ⑨ Die Tatsache der Zahlung von Sozialversicherungsbeiträgen durch den Auftraggeber ist für die Frage, ob ein Gewerbebetrieb vorliegt, ohne Bedeutung. 8

Sozialversicherungspflicht

(3) Arbeitnehmerähnliche Selbstständige i. S. d. § 2 Satz 1 Nr. 9 SGB VI sind steuerlich regelmäßig selbständig tätig. 9

Allgemeines

H 15.1

10

- Voraussetzung für die Annahme eines Gewerbebetriebes ist die Selbständigkeit der Tätigkeit, d. h., die Tätigkeit muss auf eigene Rechnung (Unternehmerrisiko) und auf eigene Verantwortung (Unternehmerinitiative) ausgeübt werden (→ BFH vom 27. 9. 1988 – BStBl. 1989 II S. 414).
- Eine nur schwach ausgeprägte, aber im Kern gleichwohl gegebene Unternehmerinitiative kann durch ein eindeutig vorhandenes Unternehmerrisiko dergestalt ausgeglichen werden,

H 15.1

dass in der Gesamtschau die für die Annahme gewerblicher Einkünfte erforderliche Selbständigkeit der Betätigung zu bejahen ist (→ BFH vom 7. 2. 2018 – BStBl. II S. 630).

Freie Mitarbeit. Vertraglich vereinbarte freie Mitarbeit kann ein Arbeitsverhältnis begründen (→ BFH vom 24. 7. 1992 – BStBl. 1993 II S. 155).

Generalagent. Bei den sog. Generalagenten kommt eine Aufteilung der Tätigkeit in eine selbständige und in eine nichtselbständige Tätigkeit im Allgemeinen nicht in Betracht. Im Allgemeinen ist der Generalagent ein Gewerbetreibender, wenn er das Risiko seiner Tätigkeit trägt, ein Büro mit eigenen Angestellten unterhält, trotz der bestehenden Weisungsgebundenheit in der Gestaltung seines Büros und seiner Zeiteinteilung weitgehend frei ist, der Erfolg seiner Tätigkeit nicht unerheblich von seiner Tüchtigkeit und Initiative abhängt und ihn die Beteiligten selbst als Handelsvertreter und nicht als Arbeitnehmer bezeichnen (→ BFH vom 3. 10. 1961 – BStBl. III S. 567). Dies gilt auch für Generalagenten eines Krankenversicherungsunternehmens (→ BFH vom 13. 4. 1967 – BStBl. III S. 398).

Gesamtbeurteilung. Für die Frage, ob ein Stpfl. selbständig oder nichtselbständig tätig ist, kommt es nicht allein auf die vertragliche Bezeichnung, die Art der Tätigkeit oder die Form der Entlohnung an. Entscheidend ist das Gesamtbild der Verhältnisse. Es müssen die für und gegen die Selbständigkeit sprechenden Umstände gegeneinander abgewogen werden; die gewichtigeren Merkmale sind dann für die Gesamtbeurteilung maßgebend (→ BFH vom 12. 10. 1989 – BStBl. 1990 II S. 64 und vom 18. 1. 1991 – BStBl. II S. 409).

Handelsvertreter. Ein Handelsvertreter ist auch dann selbständig tätig, wenn Betriebsvermögen nur in geringem Umfang vorhanden ist (→ BFH vom 31. 10. 1974 – BStBl. 1975 II S. 115 und BVerfG vom 25. 10. 1977 – BStBl. 1978 II S. 125).

Hausgewerbetreibender. Hausgewerbetreibender ist, „wer in eigener Arbeitsstätte (eigener Wohnung oder Betriebsstätte) mit nicht mehr als zwei fremden Hilfskräften oder Heimarbeitern im Auftrag von Gewerbetreibenden oder Zwischenmeistern Waren herstellt, bearbeitet oder verpackt, wobei er selbst wesentlich am Stück mitarbeitet, jedoch die Verwertung der Arbeitsergebnisse dem unmittelbar oder mittelbar auftraggebenden Gewerbetreibenden überlässt. Beschafft der Hausgewerbetreibende die Roh- und Hilfsstoffe selbst oder arbeitet er vorübergehend unmittelbar für den Absatzmarkt, wird hierdurch seine Eigenschaft als Hausgewerbetreibender nicht beeinträchtigt" (→ § 2 Abs. 2 HAG).

Heimarbeiter. Heimarbeiter ist, „wer in selbstgewählter Arbeitsstätte (eigener Wohnung oder selbstgewählter Betriebsstätte) allein oder mit seinen Familienangehörigen im Auftrag von Gewerbetreibenden oder Zwischenmeistern erwerbsmäßig arbeitet, jedoch die Verwertung der Arbeitsergebnisse dem unmittelbar oder mittelbar auftraggebenden Gewerbetreibenden überlässt. Beschafft der Heimarbeiter die Roh- und Hilfsstoffe selbst, wird hierdurch seine Eigenschaft als Heimarbeiter nicht beeinträchtigt" (→ § 2 Abs. 1 HAG).

Natürliche Personen. Natürliche Personen können z. T. selbständig, z. T. nichtselbständig tätig sein (→ BFH vom 3. 7. 1991 – BStBl. II S. 802).

Nebentätigkeit und Aushilfstätigkeit. Zur Abgrenzung zwischen selbständiger und nichtselbständiger Tätigkeit → R 19.2 LStR 2015.

Reisevertreter. Bei einem Reisevertreter ist im Allgemeinen Selbständigkeit anzunehmen, wenn er die typische Tätigkeit eines Handelsvertreters i. S. d. § 84 HGB ausübt, d. h. Geschäfte für ein anderes Unternehmen vermittelt oder abschließt und ein geschäftliches Risiko trägt. Nichtselbständigkeit ist jedoch gegeben, wenn der Reisevertreter in das Unternehmen seines Auftraggebers derart eingegliedert ist, dass er dessen Weisungen zu folgen verpflichtet ist. Ob eine derartige Unterordnung unter den geschäftlichen Willen des Auftraggebers vorliegt, richtet sich nach der von dem Reisevertreter tatsächlich ausgeübten Tätigkeit und der Stellung gegenüber seinem Auftraggeber (→ BFH vom 16. 1. 1952 – BStBl. III S. 79). Der Annahme der Nichtselbständigkeit steht nicht ohne weiteres entgegen, dass die Entlohnung nach dem Erfolg der Tätigkeit vorgenommen wird. Hinsichtlich der Bewegungsfreiheit eines Vertreters kommt es bei der Abwägung, ob sie für eine Selbständigkeit oder Nichtselbständigkeit spricht, darauf an, ob das Maß der Bewegungsfreiheit auf der eigenen Machtvollkommenheit des Vertreters beruht oder Ausfluss des Willens des Geschäftsherrn ist (→ BFH vom 7. 12. 1961 – BStBl. 1962 III S. 149).

Selbständigkeit[1]

– Ein **Arztvertreter** kann selbständig tätig sein (→ BFH vom 10. 4. 1953 – BStBl. III S. 142).
– **Bauhandwerker** sind bei nebenberuflicher **„Schwarzarbeit"** in der Regel nicht Arbeitnehmer des Bauherrn (→ BFH vom 21. 3. 1975 – BStBl. II S. 513).
– Übt der **Beratungsstellenleiter eines Lohnsteuerhilfevereins** seine Tätigkeit als freier Mitarbeiter aus, ist er selbständig tätig (→ BFH vom 10. 12. 1987 – BStBl. 1988 II S. 273).
– Ein früherer **Berufssportler,** der wiederholt entgeltlich bei industriellen Werbeveranstaltungen mitwirkt, ist selbständig tätig (→ BFH vom 3. 11. 1982 – BStBl. 1983 II S. 182).

[1] Zur steuerlichen Behandlung der Gutachtertätigkeit von Klinikärzten siehe *Kurzinformation FinMin. Schleswig-Holstein vom 7. 12. 2012 IV 302 – S 2246 – 225 (DStR 2013 S. 529).*

- Ein **Bezirksstellenleiter bei Lotto- und Totogesellschaften** ist regelmäßig selbständig tätig (→ BFH vom 14. 9. 1967 – BStBl. 1968 II S. 193).
- Ein **Fahrlehrer,** der gegen eine tätigkeitsbezogene Vergütung unterrichtet, ist in der Regel selbständig tätig, auch wenn ihm keine Fahrschulerlaubnis erteilt worden ist (→ BFH vom 17. 10. 1996 – BStBl. 1997 II S. 188).
- Ein **ausländisches Fotomodell,** das zur Produktion von Werbefilmen kurzfristig im Inland tätig wird, kann selbständig tätig sein (→ BFH vom 14. 6. 2007 – BStBl. 2009 II S. 931).
- Ein **(Berufs-)Fotomodell,** das nur von Fall zu Fall und vorübergehend zu Werbeaufnahmen herangezogen wird, ist selbständig tätig (→ BFH vom 8. 6. 1967 – BStBl. III S. 618).
- Ein **Fußball-Nationalspieler,** dem der DFB Anteile an den durch die zentrale Vermarktung der Fußball-Nationalmannschaft erwirtschafteten Werbeeinnahmen überlässt, kann selbständig tätig sein (→ BFH vom 22. 2. 2012 – BStBl. II S. 511).
- Ein **Gerichtsreferendar,** der neben der Tätigkeit bei Gericht für einen Rechtsanwalt von Fall zu Fall tätig ist, steht zu diesem nicht in einem Arbeitsverhältnis, sondern ist selbständig tätig (→ BFH vom 22. 3. 1968 – BStBl. II S. 455).
- Ein **Gesellschafter-Geschäftsführer** einer Baubetreuungs-GmbH, der neben dieser Tätigkeit als Makler und Finanzierungsvermittler tätig ist, ist auch insoweit selbständig tätig, als er sich zu Garantieleistungen nicht nur Dritten, sondern auch seiner Gesellschaft gegenüber gesondert verpflichtet und sich solche Dienste gesondert vergüten lässt (→ BFH vom 8. 3. 1989 – BStBl. II S. 572).
- Ein **Knappschaftsarzt,** der neben dieser Tätigkeit eine freie Praxis ausübt, ist auch hinsichtlich seiner Knappschaftspraxis in der Regel selbständig tätig (→ BFH vom 3. 7. 1959 – BStBl. III S. 344).
- Zur **Abgrenzung zwischen selbständiger und nichtselbständiger Tätigkeit** von **Künstlern** und verwandten Berufen → BMF vom 5. 10. 1990 (BStBl. I S. 638)[1] unter Berücksichtigung der Neufassung der Anlage durch BMF vom 9. 7. 2014 (BStBl. I S. 1103); bei der Beurteilung darf nicht einseitig auf die Verpflichtung zur Teilnahme an Proben abgestellt werden (→ BFH vom 30. 5. 1996 – BStBl. II S. 493).
- Ein Notar, der außerdem zum **Notariatsverweser** bestellt ist, übt auch dieses Amt selbständig aus (→ BFH vom 12. 9. 1968 – BStBl. II S. 811).
- Ein **Rechtsanwalt,** der zudem eine Tätigkeit **als Lehrbeauftragter** an einer Hochschule ausübt, kann auch insoweit selbständig tätig sein (→ BFH vom 17. 7. 1958 – BStBl. III S. 360).
- Eine **nebenberufliche Lehrkraft** erzielt in der Regel Einkünfte aus selbständiger Arbeit (→ BFH vom 4. 10. 1984 – BStBl. 1985 II S. 51).
- Bestimmt ein **Rundfunkermittler** im Wesentlichen selbst den Umfang der Tätigkeit und sind seine Einnahmen weitgehend von der Eigeninitiative abhängig, ist er selbständig tätig (→ BFH vom 2. 12. 1998 – BStBl. 1999 II S. 534).
- Ein **Spitzensportler,** der Sportgeräte öffentlich deutlich sichtbar benutzt, ist mit dem entgeltlichen Werben selbständig tätig (→ BFH vom 19. 11. 1985 – BStBl. 1986 II S. 424).
- **Nebenberufliche Vertrauensleute einer Buchgemeinschaft** sind keine Arbeitnehmer des Buchclubs, sondern selbständig tätig (→ BFH vom 11. 3. 1960 – BStBl. III S. 215).
- Eine **Werbedame,** die von ihren Auftraggebern von Fall zu Fall für jeweils kurzfristige Werbeaktionen beschäftigt wird, kann selbständig tätig sein (→ BFH vom 14. 6. 1985 – BStBl. II S. 661).
- → H 19.0 LStH 2021.

Versicherungsvertreter. Selbständige Versicherungsvertreter üben auch dann eine gewerbliche Tätigkeit aus, wenn sie nur für ein einziges Versicherungsunternehmen tätig sein dürfen (→ BFH vom 26. 10. 1977 – BStBl. 1978 II S. 137). → Generalagent.

R 15.2. Nachhaltigkeit *(unbesetzt)* R 15.2 11

H 15.2 12

Einmalige Handlung. Eine einmalige Handlung stellt keine nachhaltige Betätigung dar, wenn sie nicht weitere Tätigkeiten des Stpfl. (zumindest Dulden, Unterlassen) auslöst (→ BFH vom 14. 11. 1963 – BStBl. 1964 III S. 139). → Wiederholungsabsicht.

Mehrzahl selbständiger Handlungen. Nachhaltig sind auch Einzeltätigkeiten, die Teil einer in organisatorischer, technischer und finanzieller Hinsicht aufeinander abgestimmten Gesamttätigkeit sind (→ BFH vom 21. 8. 1985 – BStBl. 1986 II S. 88).

Nachhaltigkeit – Einzelfälle

- Bankgeschäfte eines **Bankangestellten,** die in fortgesetzter Untreue zu Lasten der Bank getätigt werden, sind nachhaltig (→ BFH vom 3. 7. 1991 – BStBl. II S. 802).
- Zur Nachhaltigkeit bei Veräußerung von Grundstücken im Rahmen eines gewerblichen Grundstückshandels → BMF vom 26. 3. 2004 (BStBl. I S. 434).[2]

---

[1] Abgedruckt im „Handbuch zur Lohnsteuer 2022" als Anlage zu §§ 1 und 2 LStDV.
[2] Abgedruckt als Anlage a zu R 15.7 EStR.

– → H 18.1 (Nachhaltige Erfindertätigkeit).
– Zu den Voraussetzungen, unter denen der Erwerb eines Wirtschaftsguts **zum Zweck** der späteren **Veräußerung** als nachhaltige Tätigkeit zu beurteilen ist → BFH vom 28. 4. 1977 (BStBl. II S. 728) und vom 8. 7. 1982 (BStBl. II S. 700).

Wertpapiere. Besteht beim An- und Verkauf festverzinslicher Wertpapiere eine Wiederholungsabsicht, kann die Tätigkeit nachhaltig sein (→ BFH vom 31. 7. 1990 – BStBl. 1991 II S. 66 und vom 6. 3. 1991 – BStBl. II S. 631).

Wiederholungsabsicht. Eine Tätigkeit ist nachhaltig, wenn sie auf Wiederholung angelegt ist. Da die Wiederholungsabsicht eine innere Tatsache ist, kommt den tatsächlichen Umständen besondere Bedeutung zu. Das Merkmal der Nachhaltigkeit ist daher bei einer Mehrzahl von gleichartigen Handlungen im Regelfall zu bejahen (→ BFH vom 23. 10. 1987 – BStBl. 1988 II S. 293 und vom 12. 7. 1991 – BStBl. 1992 II S. 143). Bei **erkennbarer** Wiederholungsabsicht kann bereits eine einmalige Handlung den Beginn einer fortgesetzten Tätigkeit begründen (→ BFH vom 31. 7. 1990 – BStBl. 1991 II S. 66).

Zeitdauer. Die Zeitdauer einer Tätigkeit allein lässt nicht auf die Nachhaltigkeit schließen (→ BFH vom 21. 8. 1985 – BStBl. 1986 II S. 88).

Zurechnung der Tätigkeit eines Anderen. Bedingen sich die Aktivitäten zweier selbständiger Rechtssubjekte gegenseitig und sind sie derart miteinander verflochten, dass sie nach der Verkehrsanschauung als einheitlich anzusehen sind, können bei der Prüfung der Nachhaltigkeit die Handlungen des Einen dem Anderen zugerechnet werden (→ BFH vom 12. 7. 2007 – BStBl. II S. 885).

R 15.3

13

R 15.3. Gewinnerzielungsabsicht *(unbesetzt)*

H 15.3

14

Abgrenzung der Gewinnerzielungsabsicht zur Liebhaberei[1]
– bei einem **Architekten** → BFH vom 12. 9. 2002 (BStBl. 2003 II S. 85),
– bei einem **Bootshandel** mit langjährigen Verlusten → BFH vom 21. 7. 2004 (BStBl. II S. 1063),
– bei einem **Erfinder** → BFH vom 14. 3. 1985 (BStBl. II S. 424),
– bei Vermietung einer **Ferienwohnung** → BFH vom 5. 5. 1988 (BStBl. II S. 778),
– beim Betrieb eines **Gästehauses** → BFH vom 13. 12. 1984 (BStBl. 1985 II S. 455),
– bei einem als sog. **Generationenbetrieb** geführten Unternehmen → BFH vom 24. 8. 2000 (BStBl. II S. 674),
– bei einem **gewerblichen Grundstückshandel** → BFH vom 5. 4. 2017 (BStBl. II S. 1130),
– bei einem unverändert fortgeführten regelmäßig Verluste bringenden **Großhandelsunternehmen** → BFH vom 19. 11. 1985 (BStBl. 1986 II S. 289),
– bei einem **Künstler** → BFH vom 6. 3. 2003 (BStBl. II S. 602),
– bei Vercharterung eines **Motorbootes** → BFH vom 28. 8. 1987 (BStBl. 1988 II S. 10),
– bei einer **Pferdezucht** → BFH vom 27. 1. 2000 (BStBl. II S. 227),
– bei kleinen **Photovoltaikanlagen** und vergleichbaren Blockheizkraftwerken → BMF vom 29. 10. 2021 (BStBl. I S. 2202),[2]
– bei einem hauptberuflich tätigen **Rechtsanwalt** → BFH vom 22. 4. 1998 (BStBl. II S. 663) und vom 14. 12. 2004 (BStBl. 2005 II S. 392),
– bei Betrieb einer **Reitschule** → BFH vom 15. 11. 1984 (BStBl. 1985 II S. 205),
– bei einem **Schriftsteller** → BFH vom 23. 5. 1985 (BStBl. II S. 515),
– bei einem **Steuerberater** → BFH vom 31. 5. 2001 (BStBl. 2002 II S. 276),
– bei Betrieb eines **Trabrennstalls** → BFH vom 19. 7. 1990 (BStBl. 1991 II S. 333).

Anlaufverluste
– Verluste der Anlaufzeit sind steuerlich nicht zu berücksichtigen, wenn die Tätigkeit von Anfang an erkennbar ungeeignet ist, auf Dauer einen Gewinn zu erbringen (→ BFH vom 23. 5. 1985 – BStBl. II S. 515 und vom 28. 8. 1987 – BStBl. 1988 II S. 10).
– Bei der Totalgewinnprognose ist zu berücksichtigen, dass sich z. B. bei Künstlern und Schriftstellern positive Einkünfte vielfach erst nach einer längeren Anlaufzeit erzielen lassen (→ BFH vom 23. 5. 1985 – BStBl. II S. 515 und vom 6. 3. 2003 – BStBl. II S. 602).
– Beruht die Entscheidung zur Neugründung eines Gewerbebetriebs im Wesentlichen auf den persönlichen Interessen und Neigungen des Stpfl., sind die entstehenden Verluste nur dann für die Dauer einer betriebsspezifischen Anlaufphase steuerlich zu berücksichtigen, wenn der Stpfl. zu Beginn seiner Tätigkeit ein schlüssiges Betriebskonzept erstellt hat, das ihn zu der Annahme veranlassen durfte, durch die gewerbliche Tätigkeit werde insgesamt ein positives Gesamtergebnis erzielt werden können. Besteht ein solches Betriebskonzept hingegen nicht und war der Betrieb bei objektiver Betrachtung nach seiner Art, nach der Gestaltung der Be-

[1] Die Frage der Liebhaberei ist erst nach Festlegung der Einkunftsart zu überprüfen. *BFH-Urteil vom 29. 3. 2001 IV R 88/99 (BStBl. 2002 II S. 791).*
[2] Nachstehend abgedruckt als Anlage zu H 15.3.

H 15.3

triebsführung und nach den gegebenen Ertragsaussichten von vornherein zur Erzielung eines Totalgewinns nicht in der Lage, folgt daraus, dass der Stpfl. die verlustbringende Tätigkeit nur aus im Bereich seiner Lebensführung liegenden persönlichen Gründen oder Neigungen ausgeübt hat (→ BFH vom 23. 5. 2007 – BStBl. II S. 874).
- Als betriebsspezifische Anlaufzeit bis zum Erforderlichwerden größerer Korrektur- und Umstrukturierungsmaßnahmen wird ein Zeitraum von weniger als fünf Jahren nur im Ausnahmefall in Betracht kommen. Daneben ist die Dauer der Anlaufphase vor allem vom Gegenstand und von der Art des jeweiligen Betriebs abhängig, so dass sich der Zeitraum, innerhalb dessen das Unterbleiben einer Reaktion auf bereits eingetretene Verluste für sich betrachtet noch nicht als Beweisanzeichen für eine mangelnde Gewinnerzielungsabsicht herangezogen werden kann, nicht allgemeinverbindlich festlegen lässt (→ BFH vom 23. 5. 2007 – BStBl. II S. 874).

Betriebszweige. Wird sowohl eine Landwirtschaft als auch eine Forstwirtschaft betrieben, ist die Frage der Gewinnerzielungsabsicht getrennt nach **Betriebszweigen** zu beurteilen (→ BFH vom 13. 12. 1990 – BStBl. 1991 II S. 452).

Beweisanzeichen
- **Betriebsführung**
  Beweisanzeichen für das Vorliegen einer Gewinnerzielungsabsicht ist eine Betriebsführung, bei der der Betrieb nach seiner Wesensart und der Art seiner Bewirtschaftung auf die Dauer gesehen dazu geeignet und bestimmt ist, mit Gewinn zu arbeiten. Dies erfordert eine in die Zukunft gerichtete langfristige Beurteilung, wofür die Verhältnisse eines bereits abgelaufenen Zeitraums wichtige Anhaltspunkte bieten können (→ BFH vom 5. 5. 1988 – BStBl. II S. 778).
- **Umstrukturierungsmaßnahmen**
  Geeignete Umstrukturierungsmaßnahmen können ein gewichtiges Indiz für das Vorhandensein einer Gewinnerzielungsabsicht darstellen, wenn nach dem damaligen Erkenntnishorizont aus der Sicht eines wirtschaftlich vernünftig denkenden Betriebsinhabers eine hinreichende Wahrscheinlichkeit dafür bestand, dass sie innerhalb eines überschaubaren Zeitraums zum Erreichen der Gewinnzone führen würden (→ BFH vom 21. 7. 2004 – BStBl. II S. 1063).
- **Verlustperioden**
  Bei längeren Verlustperioden muss für das Fehlen einer Gewinnerzielungsabsicht aus weiteren Beweisanzeichen die Feststellung möglich sein, dass der Stpfl. die Tätigkeit nur aus den im Bereich seiner Lebensführung liegenden persönlichen Gründen und Neigungen ausübt (→ BFH vom 19. 11. 1985 – BStBl. 1986 II S. 289). Fehlende Reaktionen auf bereits eingetretene hohe Verluste und das unveränderte Beibehalten eines verlustbringenden Geschäftskonzepts sind ein gewichtiges Beweisanzeichen für eine fehlende Gewinnerzielungsabsicht. An die Feststellung persönlicher Gründe und Motive, die den Stpfl. zur Weiterführung seines Unternehmens bewogen haben könnten, sind in diesen Fällen keine hohen Anforderungen zu stellen (→ BFH vom 17. 11. 2004 – BStBl. 2005 II S. 336).

Land- und Forstwirtschaft
- Betriebszweige: Wird sowohl eine Landwirtschaft als auch eine Forstwirtschaft betrieben, ist die Frage der Gewinnerzielungsabsicht getrennt nach Betriebszweigen zu beurteilen (→ BFH vom 13. 12. 1990 – BStBl. 1991 II S. 452).
- Pachtbetrieb Landwirtschaft: Eine generationenübergreifende Totalgewinnprognose unter Einbeziehung des unentgeltlichen Rechtsnachfolgers kommt bei einem Landwirtschaftsbetrieb in Betracht, wenn der aktuell zu beurteilende Stpfl. infolge umfangreicher Investitionen die wirtschaftliche Grundlage des späteren Erfolgs in Form von positiven Einkünften bei seinem unentgeltlichen Rechtsnachfolger gelegt hat. Dies gilt zugleich betriebsübergreifend auch dann, wenn der Landwirtschaftsbetrieb zunächst unter Nießbrauchsvorbehalt an die nächste Generation übertragen wird. Die Totalgewinnprognose ist dann ungeachtet der Entstehung zweier landwirtschaftlicher Betriebe für einen fiktiven konsolidierten Landwirtschaftsbetrieb zu erstellen (→ BFH vom 23. 10. 2018 – BStBl. 2019 II S. 601).
- Zur Gewinnerzielungsabsicht bei einer forstwirtschaftlichen Tätigkeit → BMF vom 18. 5. 2018 (BStBl. I S. 689),[1] Tz. IV.

Personengesellschaft
- gewerblich geprägte Personengesellschaft → R 15.8 Abs. 6,
- umfassend gewerbliche Personengesellschaft → H 15.8 (5) Gewinnerzielungsabsicht.

Persönliche Gründe. Im Lebensführungsbereich liegende persönliche Gründe für die Fortführung einer verlustbringenden Tätigkeit
- können sich aus der Befriedigung persönlicher Neigungen oder der Erlangung wirtschaftlicher Vorteile außerhalb der Einkommenssphäre ergeben (→ BFH vom 19. 11. 1985 – BStBl. 1986 II S. 289 und vom 31. 5. 2001 – BStBl. 2002 II S. 276),
- liegen vor, wenn die Fortführung der verlustbringenden Tätigkeit den Abzug von Gehaltszahlungen an nahe Angehörige ermöglichen soll (→ BFH vom 26. 2. 2004 – BStBl. II S. 455),

[1] Abgedruckt als Anlage d zu H 13.3.

– können wegen des mit dem ausgeübten Beruf verbundenen Sozialprestiges vorliegen (→ BFH vom 14. 12. 2004 – BStBl. 2005 II S. 392).

Selbstkostendeckung. Ohne Gewinnerzielungsabsicht handelt, wer Einnahmen nur erzielt, um seine Selbstkosten zu decken (→ BFH vom 22. 8. 1984 – BStBl. 1985 II S. 61).

Totalgewinn.[1] Gewinnerzielungsabsicht ist das Streben nach Betriebsvermögensmehrung in Gestalt eines Totalgewinns. Dabei ist unter dem Begriff „Totalgewinn" bei neu eröffneten Betrieben das positive Gesamtergebnis des Betriebs von der Gründung bis zur Veräußerung, Aufgabe oder Liquidation zu verstehen. Bei bereits bestehenden Betrieben sind für die Gewinnprognose die in der Vergangenheit erzielten Gewinne ohne Bedeutung. Am Ende einer Berufstätigkeit umfasst der anzustrebende Totalgewinn daher nur die verbleibenden Jahre (→ BFH vom 26. 2. 2004 – BStBl. II S. 455). Es kommt auf die Absicht der Gewinnerzielung an, nicht darauf, ob ein Gewinn tatsächlich erzielt worden ist (→ BFH vom 25. 6. 1984 – BStBl. II S. 751). Der Aufgabegewinn wird durch Gegenüberstellung des Aufgabe-Anfangsvermögens und des Aufgabe-Endvermögens ermittelt. Da Verbindlichkeiten im Anfangs- und Endvermögen jeweils – mangels stiller Reserven – mit denselben Werten enthalten sind, wirken sie sich auf die Höhe des Aufgabegewinns nicht aus (→ BFH vom 17. 6. 1998 – BStBl. II S. 727).

Treu und Glauben. Folgt das Finanzamt der Darstellung des Stpfl., wonach eine Gewinnerzielungsabsicht vorliegt, kann dieser seine Darstellung nicht ohne triftigen Grund als von Anfang an falsch bezeichnen; ein solches Verhalten würde gegen die Grundsätze von Treu und Glauben verstoßen (→ BFH vom 10. 10. 1985 – BStBl. 1986 II S. 68).

Verlustzuweisungsgesellschaft. Bei einer Personengesellschaft, die nach Art ihrer Betriebsführung keinen Totalgewinn erreichen kann und deren Tätigkeit nach der Gestaltung des Gesellschaftsvertrags und seiner tatsächlichen Durchführung allein darauf angelegt ist, ihren Gesellschaftern Steuervorteile dergestalt zu vermitteln, dass durch Verlustzuweisungen andere Einkünfte nicht und die Verlustanteile letztlich nur in Form buchmäßiger Veräußerungsgewinne versteuert werden müssen, liegt der Grund für die Fortführung der verlustbringenden Tätigkeit allein im Lebensführungsbereich der Gesellschafter. Bei derartigen sog. Verlustzuweisungsgesellschaften ist zu vermuten, dass sie zunächst keine Gewinnerzielungsabsicht haben. Bei ihnen liegt in der Regel eine Gewinnerzielungsabsicht erst von dem Zeitpunkt an vor, in dem nach dem Urteil eines ordentlichen Kaufmanns ein Totalgewinn wahrscheinlich erzielt werden kann (→ BFH vom 12. 12. 1995 – BStBl. 1996 II S. 219).

Vorläufige Steuerfestsetzung. In Zweifelsfällen ist die Veranlagung gem. § 165 AO vorläufig durchzuführen (→ BFH vom 25. 10. 1989 – BStBl. 1990 II S. 278).

Wegfall des negativen Kapitalkontos → H 15.8 (1) Nachversteuerung des negativen Kapitalkontos.

Zeitliche Begrenzung der Beteiligung. Die zeitliche Begrenzung der Beteiligung kann eine fehlende Gewinnerwartung bedingen (→ BFH vom 10. 11. 1977 – BStBl. 1978 II S. 15).

Anl zu H 15.3

Schreiben betr. Gewinnerzielungsabsicht bei kleinen Photovoltaikanlagen[2] und vergleichbaren Blockheizkraftwerken

Vom 29. Oktober 2021 (BStBl. I S. 2202)

(BMF IV C 6 – S 2240/19/10006 :006; DOK 2021/1117804)

Nach Erörterung mit den obersten Finanzbehörden der Länder gelten zur ertragsteuerlichen Behandlung kleiner Photovoltaikanlagen und vergleichbarer Blockheizkraftwerke (BHKW) die nachfolgenden Regelungen. Diese dienen der Vereinfachung des Verwaltungsverfahrens, da bei Inanspruchnahme der Vereinfachungsregelung aufwändige und streitanfällige Ergebnisprognosen für die Beurteilung der Gewinnerzielungsabsicht weder erstellt noch geprüft werden müssen.

I. Betrieb kleiner Photovoltaikanlagen und vergleichbarer BHKW

14a **1** Betreibt eine steuerpflichtige Person oder eine Mitunternehmerschaft ausschließlich eine oder mehrere Photovoltaikanlagen mit einer installierten Gesamtleistung (Summe der installierten Leistung aller Photovoltaikanlagen einer steuerpflichtigen Person/einer Mitunternehmerschaft) von bis zu 10,0 kW/kWp (maßgeblich ist die installierte Leistung i. S. d. § 3 Nummer 31 EEG 2021) und/oder ein oder mehrere BHKW mit einer installierten elektrischen Gesamtleistung von bis zu 2,5 kW ist auf schriftlichen Antrag der steuerpflichtigen Person aus Vereinfachungsgründen ohne weitere Prüfung in allen offenen Veranlagungszeiträumen zu unterstellen, dass diese ohne Gewinnerzielungsabsicht betrieben werden und es sich daher um eine steuerlich unbeachtliche Liebhaberei handelt, wenn die in den nachfolgenden Randnummern genannten Voraussetzungen erfüllt sind. Bei Mitunternehmerschaften ist der An-

[1] Zum Prognosezeitraum bei Vereinbarung einer späteren entgeltlichen Betriebsübertragung auf den Ehegatten im Zusammenhang mit der Beendigung der Zugewinngemeinschaft vgl. *BFH-Urteil vom 31. 7. 2002 X R 48/99 (BStBl. 2003 II S. 282).*

[2] Die Steuerbefreiung des § 3 Nr. 72 für bestimmte Photovoltaikanlagen gilt rückwirkend zum 1. 1. 2022.

trag durch den Vertreter/den Empfangsbevollmächtigten oder alle Mitunternehmer gemeinsam zu stellen.

Anl zu H 15.3

2 Alle Photovoltaikanlagen/BHKW, die von einer antragstellenden Person betrieben werden, bilden dabei einen einzigen Betrieb, so dass die jeweiligen Leistungen für die Ermittlung der 10,0 kW/kWp-Grenze zu addieren sind. Das gilt sowohl für Anlagen, die sich auf demselben Grundstück befinden als auch für Anlagen auf verschiedenen Grundstücken. Dabei ist unerheblich, ob die Anlagen technisch voneinander getrennt sind. Auch solche Anlagen sind einzubeziehen, die die übrigen Voraussetzungen der Vereinfachungsregelung nicht erfüllen (z. B. Anlagen, deren Strom einem Mieter des Antragstellers zur Verfügung gestellt wird).

Beispiel 1:

A betreibt seit dem 1. Januar 2020 auf

a) ihrem zu eigenen Wohnzwecken genutzten Einfamilienhaus
b) ihrem zu eigenen Wohnzwecken genutzten Zweifamilienhaus (zweite Wohnung ist vermietet)
c) dem Dach eines Mehrfamilienhauses, in dem sich eine zu eigenen Wohnzwecken genutzte Wohnung befindet,

eine Photovoltaikanlage mit einer Leistung von 8,0 kW/kWp.

Der Strom wird neben der Einspeisung in das öffentliche Stromnetz nur von A für private Wohnzwecke genutzt.

Lösung:

In den Fällen a) bis c) kann auf Antrag die Vereinfachungsregelung in Anspruch genommen werden, mit der Folge, dass Liebhaberei unterstellt wird und die Abgabe einer Anlage EÜR nicht erforderlich ist.

Beispiel 2:

A betreibt seit dem 1. Januar 2020 auf ihrem zu eigenen Wohnzwecken genutzten Einfamilienhaus und auf ihrem Ferienhaus, das nicht vermietet wird, je eine Photovoltaikanlage mit einer Leistung von jeweils

a) 4 kW/kWp
b) 6 kW/kWp.

Lösung:

In Fall a) kann A auf Antrag die Vereinfachungsregelung in Anspruch nehmen, mit der Folge, dass Liebhaberei unterstellt wird und die Abgabe einer Anlage EÜR nicht erforderlich ist.

In Fall b) kann A die Vereinfachungsregelung nicht in Anspruch nehmen, auch nicht für nur eine der beiden Anlagen.

3 Die Photovoltaikanlage(n)/das oder die BHKW wurde(n) nach dem 31. Dezember 2003 oder vor mehr als 20 Jahren in Betrieb genommen.

Beispiel 3:

A betreibt zwei Photovoltaikanlagen (zusammen 9 kW/kWp). Photovoltaikanlage 1 wurde am 1. Oktober 2003 und Photovoltaikanlage 2 wurde am 1. Juni 2020 in Betrieb genommen.

Lösung:

Ein Antrag kann erst ab Veranlagungszeitraum 2024 gestellt werden (vgl. Rn. 9).

4 Eine Photovoltaikanlage mit einer installierten Leistung von über 10,0 kW/kWp, deren maximale Werkleistungseinspeisung aufgrund der Regelung § 6 Abs. 2 Nummer 2 EEG 2012 bzw. § 9 Absatz 2 Nummer 2 EEG 2021[1] auf 70 Prozent der installierten Leistung begrenzt ist und damit eine tatsächliche Leistung von bis zu 10,0 kW/kWp erbringt, ist keine Photovoltaikanlage i. S. d. Rn. 1.

5 Der von der Photovoltaikanlage/dem BHKW erzeugte Strom wird neben der Einspeisung in das öffentliche Stromnetz ausschließlich in den zu eigenen Wohnzwecken genutzten Räumen verbraucht. Die unentgeltliche Überlassung zu Wohnzwecken steht der Nutzung zu eigenen Wohnzwecken gleich. Der Verbrauch des erzeugten Stroms in einem häuslichen Arbeitszimmer ist unschädlich. Der (teilweise) Verbrauch des durch die Photovoltaikanlage/das BHKW erzeugten Stroms durch einen Mieter oder zu anderweitigen eigenen oder fremden betrieblichen Zwecken muss technisch ausgeschlossen sein. Dies gilt nicht, wenn die Mieteinnahmen 520 Euro im Veranlagungszeitraum nicht überschreiten (vgl. R 21.2 Absatz 1 Satz 2 EStR). Wird die Photovoltaikanlage/das BHKW von einer Mitunternehmerschaft betrieben, reicht es aus, wenn der erzeugte Strom in das öffentliche Stromnetz eingespeist und daneben von mindestens einem Mitunternehmer privat zu eigenen Wohnzwecken genutzt wird.

Beispiel 4:

A betreibt auf dem Dach ihres zu eigenen Wohnzwecken genutzten Einfamilienhauses eine Photovoltaikanlage mit 9 kW/kWp.

Ein Raum wird als häusliches Arbeitszimmer im Rahmen der nichtselbständigen Tätigkeit genutzt. Daneben vermietet A gelegentlich über eine Internetplattform das Gästezimmer an Touristen. Die Mieteinnahmen hieraus betragen:

a) 400 €/Jahr
b) 600 €/Jahr.

Lösung:

Nur im Fall a) kann auf Antrag die Vereinfachungsregelung in Anspruch genommen werden, mit der Folge, dass Liebhaberei unterstellt wird und die Abgabe einer Anlage EÜR nicht erforderlich ist.

Beispiel 5:

A betreibt auf dem Dach ihres zu eigenen Wohnzwecken genutzten Einfamilienhauses eine Photovoltaikanlage mit 9 kW/kWp.

Zwei Räume nutzt A im Rahmen ihrer selbständigen Tätigkeit als Physiotherapiepraxis.

a) Für die Physiotherapiepraxis besteht ein technisch getrennter eigener Stromanschluss. Der Strom aus der Photovoltaikanlage wird neben der Einspeisung in das öffentliche Stromnetz ausschließlich in den zu Wohnzwecken genutzten Räumen verbraucht.
b) Für die Physiotherapiepraxis besteht lediglich ein eigener Stromzähler.

[1] Jetzt: § 9 Abs. 2 Nr. 3 EEG 2021.

Lösung:

Nur im Fall a) kann auf Antrag die Vereinfachungsregelung in Anspruch genommen werden, mit der Folge, dass Liebhaberei unterstellt wird und die Abgabe einer Anlage EÜR nicht erforderlich ist.

Beispiel 6:

Die Eheleute A und B betreiben auf dem Dach ihres Einfamilienhauses eine Photovoltaikanlage mit 9 kW/kWp. Die Eheleute leben getrennt. A nutzt das Haus zu eigenen Wohnzwecken. B wohnt nicht im Einfamilienhaus.

Lösung:

Die Eheleute können einen Antrag auf Anwendung der Vereinfachungsregelung stellen, auch wenn kein Verbrauch des Stroms durch B stattfindet.

II. Wirkung des Antrags

1. Inbetriebnahme nach dem 31. Dezember 2003

6 Der Antrag, der beim örtlich zuständigen Finanzamt zu stellen ist, wirkt in allen offenen Veranlagungszeiträumen und auch für die Folgejahre. In diesen Fällen ist eine Anlage EÜR für den Betrieb der Photovoltaikanlage/des BHKW für alle offenen Veranlagungszeiträume nicht mehr abzugeben.

7 Veranlagte Gewinne und Verluste aus zurückliegenden Veranlagungszeiträumen, die verfahrensrechtlich einer Änderung noch zugänglich sind (z. B. bei unter dem Vorbehalt der Nachprüfung oder vorläufig durchgeführten Veranlagungen), sind nicht mehr zu berücksichtigen. Die Inanspruchnahme der Vereinfachungsregelung ist kein Fall des § 7 g Absatz 4 EStG, da insoweit keine schädliche Verwendung der Investition vorliegt.

8 Bei Neuanlagen, die nach dem 31. Dezember 2021 in Betrieb genommen werden, ist der Antrag bis zum Ablauf des Veranlagungszeitraums zu stellen, der auf das Jahr der Inbetriebnahme folgt. Bei Altanlagen (Inbetriebnahme vor dem 31. Dezember 2021) ist der Antrag bis zum 31. Dezember 2022 zu stellen.

2. Ausgeförderte Anlagen

9 Bei Photovoltaikanlagen/BHKW i. S. v. Rn. 1 und 2, die vor dem 1. Januar 2004 in Betrieb genommen wurden, und die nach dem Auslaufen der Förderung in die Einspeisevergütung i. S. d. § 21 Absatz 1 Nummer 3 EEG 2021 eintreten (sog. ausgeförderte Anlagen), können frühestens nach 20 Jahren Betriebsdauer zur Liebhaberei übergehen. Der Antrag wirkt in diesen Fällen abweichend von Rn. 6 erst für den Veranlagungszeitraum, der auf den Veranlagungszeitraum folgt, in dem letztmalig die garantierte Einspeisevergütung gewährt wurde, und für alle Folgejahre. Die stillen Reserven im Zeitpunkt des Übergangs zur Liebhaberei sind mit 0 Euro zu bewerten. In diesen Fällen ist eine Anlage EÜR für den Betrieb der Photovoltaikanlage/des BHKW ab dem Veranlagungszeitraum, der auf den Veranlagungszeitraum folgt, in dem letztmalig die garantierte Einspeisevergütung gewährt wurde, nicht mehr abzugeben.

10 Bei ausgeförderten Anlagen i. S. d. Rn. 9 ist der Antrag bis zum Ablauf des Veranlagungszeitraums zu stellen, der auf den Veranlagungszeitraum folgt, in dem letztmalig die erhöhte garantierte Einspeisevergütung gewährt wurde.

3. Nutzungsänderungen, Überschreitung der Leistungsgrenze

11 Für Veranlagungszeiträume, in denen die Voraussetzungen der Rn. 1 und 2 nicht ganzjährig vorliegen (z. B. bei Nutzungsänderung, Vergrößerung der Anlage(n) über eine Gesamtleistung von 10,0 kW kWp), ist die Vereinfachungsregelung unabhängig von der Erklärung der steuerpflichtigen Person/der Mitunternehmerschaft nicht anzuwenden. Sie hat den Wegfall der Voraussetzungen der Rn. 1 und 2 dem zuständigen Finanzamt schriftlich mitzuteilen. Es ist eine Anlage EÜR abzugeben.

III. Nachweis Gewinnerzielungsabsicht durch die steuerpflichtige Person

12 Unabhängig von den Regelungen dieses Schreibens bleibt es der steuerpflichtigen Person unbenommen, eine Gewinnerzielungsabsicht nach Maßgabe von H 15.3 EStH nachzuweisen. Macht die steuerpflichtige Person von der Vereinfachungsregelung dieses Schreibens keinen Gebrauch, ist die Gewinnerzielungsabsicht nach den allgemeinen Grundsätzen (vgl. H 15.3 EStH) zu prüfen. In diesem Fall gelten die allgemeinen Regelungen in allen noch offenen und künftigen Veranlagungszeiträumen, d. h., die in Rn. 1 ff. beschriebene Vereinfachungsregelung kann nicht in Anspruch genommen werden.

IV. Anwendungsregelung

13 Dieses Schreiben tritt an die Stelle des BMF-Schreibens vom 2. Juni 2021 IV C 6 – S 2240/19/10 006 :003, DOK 2021/0 627 224, BStBl. I S. 722, das hiermit aufgehoben wird.

R 15.4

15 **R 15.4. Beteiligung am allgemeinen wirtschaftlichen Verkehr** *(unbesetzt)*

H 15.4

16 **Allgemeines.** Eine Beteiligung am wirtschaftlichen Verkehr liegt vor, wenn ein Stpfl. mit Gewinnerzielungsabsicht nachhaltig am Leistungs- oder Güteraustausch teilnimmt. Damit werden solche Tätigkeiten aus dem gewerblichen Bereich ausgeklammert, die zwar von einer Gewinnerzielungsabsicht getragen werden, aber nicht auf einen Leistungs- oder Güteraustausch gerichtet sind, z. B. Bettelei. Die Teilnahme am allgemeinen Wirtschaftsverkehr erfordert, dass die Tätigkeit des Stpfl. nach außen hin in Erscheinung tritt, er sich mit ihr an eine – wenn

auch begrenzte – Allgemeinheit wendet und damit seinen Willen zu erkennen gibt, ein Gewerbe zu betreiben (→ BFH vom 9. 7. 1986 – BStBl. II S. 851).

Einschaltung Dritter

- Der Stpfl. muss nicht in eigener Person am allgemeinen Wirtschaftsverkehr teilnehmen. Es reicht aus, dass eine derartige Teilnahme für seine Rechnung ausgeübt wird (→ BFH vom 31. 7. 1990 – BStBl. 1991 II S. 66).
- Eine Beteiligung am allgemeinen wirtschaftlichen Verkehr kann auch dann gegeben sein, wenn der Stpfl. nur ein Geschäft mit einem Dritten tätigt, sich dieser aber in Wirklichkeit und nach außen erkennbar nach Bestimmung des Stpfl. an den allgemeinen Markt wendet (→ BFH vom 13. 12. 1995 – BStBl. 1996 II S. 232).

Gewerblicher Grundstückshandel → BMF vom 26. 3. 2004 (BStBl. I S. 434),[1] Tz. 4.

Kundenkreis

- Eine Beteiligung am allgemeinen wirtschaftlichen Verkehr kann auch bei einer Tätigkeit für nur einen bestimmten Vertragspartner vorliegen (→ BFH vom 9. 7. 1986 – BStBl. II S. 851 und vom 12. 7. 1991 – BStBl. 1992 II S. 143), insbesondere wenn die Tätigkeit nach Art und Umfang dem Bild einer unternehmerischen Marktteilnahme entspricht (→ BFH vom 22. 1. 2003 – BStBl. II S. 464); dies gilt auch, wenn der Stpfl. vertraglich an Geschäftsbeziehungen zu weiteren Personen gehindert ist (→ BFH vom 15. 12. 1999 – BStBl. 2000 II S. 404).
- Eine Beteiligung am allgemeinen wirtschaftlichen Verkehr kann auch vorliegen, wenn Leistungen entgeltlich nur Angehörigen gegenüber erbracht werden (→ BFH vom 13. 12. 2001 – BStBl. 2002 II S. 80).[2]

Sexuelle Dienstleistungen

- Telefonsex führt zu Einkünften aus Gewerbebetrieb (→ BFH vom 23. 2. 2000 – BStBl. II S. 610).
- Selbständig tätige Prostituierte erzielen Einkünfte aus Gewerbebetrieb (→ BFH vom 20. 2. 2013 – BStBl. II S. 441).

Teilnahme an Turnierpokerspielen. Die Teilnahme an Turnierpokerspielen kann als Gewerbebetrieb zu qualifizieren sein (→ BFH vom 16. 9. 2015 – BStBl. 2016 II S. 48).[3]

Wettbewerbsausschluss. Die Beteiligung am allgemeinen wirtschaftlichen Verkehr kann auch dann bestehen, wenn der Wettbewerb der Gewerbetreibenden untereinander ausgeschlossen ist (→ BFH vom 13. 12. 1963 – BStBl. 1964 III S. 99).

R 15.5. Abgrenzung des Gewerbebetriebs von der Land- und Forstwirtschaft

R 15.5

Allgemeine Grundsätze

(1) ① Land- und Forstwirtschaft ist die planmäßige Nutzung der natürlichen Kräfte des Bodens zur Erzeugung von Pflanzen und Tieren sowie die Verwertung der dadurch selbstgewonnenen Erzeugnisse. ② Als Boden im Sinne des Satzes 1 gelten auch Substrate und Wasser. ③ Ob eine land- und forstwirtschaftliche Tätigkeit vorliegt, ist jeweils nach dem Gesamtbild der Verhältnisse zu entscheiden. ④ Liegen teils gewerbliche und teils land- und forstwirtschaftliche Tätigkeiten vor, sind die Tätigkeiten zu trennen, wenn dies nach der Verkehrsauffassung möglich ist. ⑤ Dies gilt auch dann, wenn sachliche und wirtschaftliche Bezugspunkte zwischen den verschiedenen Tätigkeiten bestehen. ⑥ Sind die verschiedenen Tätigkeiten jedoch derart miteinander verflochten, dass sie sich unlösbar gegenseitig bedingen, liegt eine einheitliche Tätigkeit vor. ⑦ Eine solche einheitliche Tätigkeit ist danach zu qualifizieren, ob das land- und forstwirtschaftliche oder das gewerbliche Element überwiegt. ⑧ Bei in Mitunternehmerschaft (→ R 15.8) geführten Betrieben ist § 15 Abs. 3 Nr. 1 EStG anzuwenden; Tätigkeiten, die dem Grunde und der Höhe nach innerhalb der nachfolgenden Grenzen liegen, gelten dabei als land- und forstwirtschaftlich. **17**

Strukturwandel

(2) ① Durch Strukturwandel einer bisher der Land- und Forstwirtschaft zugerechneten Tätigkeit kann neben der Land- und Forstwirtschaft ein Gewerbebetrieb entstehen. ② In diesen Fällen beginnt der Gewerbebetrieb zu dem Zeitpunkt, zu dem diese Tätigkeit dauerhaft umstrukturiert wird. ③ Hiervon ist z. B. auszugehen, wenn dem bisherigen Charakter der Tätigkeit nicht mehr entsprechende Investitionen vorgenommen, vertragliche Verpflichtungen eingegangen oder Wirtschaftsgüter angeschafft werden und dies jeweils dauerhaft dazu führt, dass die in den folgenden Absätzen genannten Grenzen erheblich überschritten werden. ④ In allen übrigen Fällen liegen nach Ablauf eines Zeitraums von drei aufeinander folgenden Wirtschaftsjahren Einkünfte aus Gewerbebetrieb vor. ⑤ Der Dreijahreszeitraum bezieht sich auf die nachfolgenden Umsatzgrenzen und beginnt bei einem Wechsel des Betriebsinhabers nicht neu. ⑥ Die vorstehenden Grundsätze gelten für den Strukturwandel von einer gewerblichen Tätigkeit zu einer land- und forstwirtschaftlichen Tätigkeit entsprechend. **18**

---

[1] Abgedruckt als Anlage a zu R 15.7 EStR.
[2] Siehe ferner *BFH-Urteil vom 28. 6. 2001 IV R 10/00 (BStBl. 2002 II S. 338).*
[3] Verfassungsbeschwerde (Az. 2 BvR 2387/15) wurde nicht zur Entscheidung angenommen.

R 15.5

Nebenbetrieb

19 (3) ① Ein Nebenbetrieb muss den Hauptbetrieb fördern und ergänzen und durch den Hauptbetrieb geprägt werden. ② Der Nebenbetrieb muss in funktionaler Hinsicht vom Hauptbetrieb abhängig sein. ③ Die Verbindung darf nicht nur zufällig oder vorübergehend und nicht ohne Nachteil für den Hauptbetrieb lösbar sein. ④ Ein Nebenbetrieb der Land- und Forstwirtschaft liegt daher vor, wenn

1. überwiegend im eigenen Hauptbetrieb erzeugte Rohstoffe be- oder verarbeitet werden und die dabei gewonnenen Erzeugnisse überwiegend für den Verkauf bestimmt sind

oder

2. ein Land- und Forstwirt Umsätze aus der Übernahme von Rohstoffen (z. B. organische Abfälle) erzielt, diese be- oder verarbeitet und die dabei gewonnenen Erzeugnisse nahezu ausschließlich im Hauptbetrieb verwendet

und

die Erzeugnisse im Rahmen einer ersten Stufe der Be- oder Verarbeitung, die noch dem land- und forstwirtschaftlichen Bereich zuzuordnen ist, hergestellt werden. ⑤ Die Be- oder Verarbeitung eigener Erzeugnisse im Rahmen einer zweiten Stufe der Be- oder Verarbeitung ist eine gewerbliche Tätigkeit. ⑥ Die Be- oder Verarbeitung fremder Erzeugnisse ist stets eine gewerbliche Tätigkeit. ⑦ Unter den Voraussetzungen des Absatzes 11 können die Erzeugnisse nach den Sätzen 5 und 6 noch der Land- und Forstwirtschaft zugerechnet werden, wenn sie im Rahmen der Direktvermarktung abgesetzt werden. ⑧ Ein Nebenbetrieb kann auch vorliegen, wenn er ausschließlich von Land- und Forstwirten gemeinschaftlich betrieben wird und nur in deren Hauptbetrieben erzeugte Rohstoffe im Rahmen einer ersten Stufe der Be- oder Verarbeitung be- oder verarbeitet werden, oder nur Erzeugnisse gewonnen werden, die ausschließlich in diesen Betrieben verwendet werden. ⑨ Nebenbetriebe sind auch Substanzbetriebe (Abbauland – § 43 BewG), z. B. Sandgruben, Kiesgruben, Torfstiche, wenn die gewonnene Substanz überwiegend im eigenen Hauptbetrieb verwendet wird.

Unmittelbare Verwertung organischer Abfälle

20 (4) ① Die Entsorgung organischer Abfälle (z. B. Klärschlamm) in einem selbst bewirtschafteten land- und forstwirtschaftlichen Betrieb ist nur dann der Land- und Forstwirtschaft zuzurechnen, wenn sie im Rahmen einer Be- oder Verarbeitung i. S. d. Absatzes 3 geschieht oder die in Absatz 1 Satz 1 genannten Voraussetzungen im Vordergrund stehen. ② Das Einsammeln, Abfahren und Sortieren organischer Abfälle, das mit der Ausbringung auf Flächen oder der Verfütterung an Tiere des selbstbewirtschafteten land- und forstwirtschaftlichen Betriebs in unmittelbarem sachlichen Zusammenhang steht, ist eine land- und forstwirtschaftliche Tätigkeit. ③ Andernfalls gelten Absätze 9 und 10.

Eigene und fremde Erzeugnisse

21 (5) ① Als eigene Erzeugnisse gelten alle land- und forstwirtschaftlichen Erzeugnisse, die im Rahmen des Erzeugungsprozesses im eigenen Betrieb gewonnen werden. ② Hierzu gehören auch Erzeugnisse der ersten Stufe der Be- oder Verarbeitung und zugekaufte Waren, die als Roh-, Hilfs- oder Betriebsstoffe im Erzeugungsprozess verwendet werden. ③ Rohstoffe sind Waren, die im Rahmen des Erzeugungsprozesses weiterkultiviert werden (z. B. Jungtiere, Saatgut oder Jungpflanzen). ④ Hilfsstoffe sind Waren, die als nicht überwiegender Bestandteil in eigene Erzeugnisse eingehen (z. B. Futtermittelzusätze, Siliermittel, Starterkulturen und Lab zur Milchverarbeitung, Trauben, Traubenmost und Verschnittwein zur Weinerzeugung, Verpackungsmaterial sowie Blumentöpfe für die eigene Produktion oder als handelsübliche Verpackung). ⑤ Betriebsstoffe sind Waren, die im Erzeugungsprozess verwendet werden (z. B. Düngemittel, Treibstoff und Heizöl). ⑥ Unerheblich ist, ob die zugekaufte Ware bereits ein land- und forstwirtschaftliches Urprodukt im engeren Sinne oder ein gewerbliches Produkt darstellt. ⑦ Als fremde Erzeugnisse gelten alle zur Weiterveräußerung zugekauften Erzeugnisse, Produkte oder Handelswaren, die nicht im land- und forstwirtschaftlichen Erzeugungsprozess des eigenen Betriebs verwendet werden. ⑧ Dies gilt unabhängig davon, ob es sich um betriebstypische bzw. -untypische Erzeugnisse, Handelsware zur Vervollständigung einer für die Art des Erzeugungsbetriebs üblichen Produktpalette oder andere Waren aller Art handelt. ⑨ Werden zugekaufte Roh-, Hilfs- oder Betriebsstoffe weiterveräußert, gelten diese zum Zeitpunkt der Veräußerung als fremde Erzeugnisse. ⑩ Dies gilt unabhängig davon, ob die Veräußerung gelegentlich (z. B. Verkauf von Diesel im Rahmen der Nachbarschaftshilfe) oder laufend (z. B. Verkauf von Blumenerde) erfolgt. ⑪ Die hieraus erzielten Umsätze sind bei der Abgrenzung entsprechend zu berücksichtigen.

Absatz eigener Erzeugnisse i. V. m. fremden und gewerblichen Erzeugnissen

22 (6) ① Werden ausschließlich eigene Erzeugnisse (Absatz 5 Satz 1) abgesetzt, stellt dies eine Vermarktung im Rahmen der Land- und Forstwirtschaft dar, selbst wenn diese Erzeugnisse über ein eigenständiges Handelsgeschäft oder eine Verkaufsstelle (z. B. Großhandelsbetrieb, Einzelhandelsbetrieb, Ladengeschäft, Marktstand oder Verkaufswagen) abgesetzt werden. ② Unerheblich ist die Anzahl der Verkaufsstellen oder ob die Vermarktung in räumlicher Nähe zum Betrieb erfolgt. ③ Werden durch einen Land- und Forstwirt neben eigenen Erzeugnissen auch fremde (Absatz 5

Satz 7) oder gewerbliche Erzeugnisse (Absatz 3 Satz 5 und 6) abgesetzt, liegen eine land- und forstwirtschaftliche und eine gewerbliche Tätigkeit vor. ④ Diese gewerbliche Tätigkeit kann unter den Voraussetzungen des Absatzes 11 noch der Land- und Forstwirtschaft zugerechnet werden. ⑤ Dagegen ist der ausschließliche Absatz fremder oder gewerblicher Erzeugnisse von Beginn an stets eine gewerbliche Tätigkeit. ⑥ Auf die Art und den Umfang der Veräußerung kommt es dabei nicht an. R 15.5

Absatz eigener Erzeugnisse i. V. m. Dienstleistungen

(7) ① Die Dienstleistung eines Land- und Forstwirts im Zusammenhang mit dem Absatz eigener Erzeugnisse, die über den Transport und das Einbringen von Pflanzen hinausgeht (z. B. Grabpflege, Gartengestaltung), stellt grundsätzlich eine einheitlich zu beurteilende Tätigkeit mit Vereinbarungen über mehrere Leistungskomponenten dar (gemischter Vertrag). ② Dabei ist von einer einheitlich gewerblichen Tätigkeit auszugehen, wenn nach dem jeweiligen Vertragsinhalt der Umsatz aus den Dienstleistungen und den fremden Erzeugnissen überwiegt. ③ Die gewerbliche Tätigkeit kann unter den Voraussetzungen des Absatzes 11 noch der Land- und Forstwirtschaft zugerechnet werden. 23

Absatz eigen erzeugter Getränke i. V. m. besonderen Leistungen

(8) ① Der Ausschank von eigen erzeugten Getränken i. S. d. Absatzes 5, z. B. Wein, ist lediglich eine Form der Vermarktung und somit eine land- und forstwirtschaftliche Tätigkeit. ② Werden daneben durch einen Land- und Forstwirt Speisen und andere Getränke abgegeben, liegt insoweit eine gewerbliche Tätigkeit vor, die unter den Voraussetzungen des Absatzes 11 noch der Land- und Forstwirtschaft zugerechnet werden kann. 24

Verwendung von Wirtschaftsgütern

(9) ① Verwendet ein Land- und Forstwirt Wirtschaftsgüter seines land- und forstwirtschaftlichen Betriebsvermögens, indem er diese Dritten entgeltlich überlässt oder mit ihnen für Dritte Dienstleistungen verrichtet, stellt dies eine gewerbliche Tätigkeit dar. ② Dies gilt auch, wenn in diesem Zusammenhang fremde Erzeugnisse verwendet werden. ③ Unter den Voraussetzungen des Absatzes 11 kann die Tätigkeit noch der Land- und Forstwirtschaft zugerechnet werden, wenn der Einsatz für eigene land- und forstwirtschaftliche Zwecke einen Umfang von 10% nicht unterschreitet. ④ Dagegen liegt ohne weiteres von Beginn an stets eine gewerbliche Tätigkeit vor, wenn ein Land- und Forstwirt Wirtschaftsgüter, die er eigens zu diesem Zweck angeschafft hat, für Dritte verwendet. 25

Land- und forstwirtschaftliche Dienstleistungen

(10) ① Sofern ein Land- und Forstwirt Dienstleistungen ohne Verwendung von eigenen Erzeugnissen oder eigenen Wirtschaftsgütern verrichtet, ist dies eine gewerbliche Tätigkeit. ② Unter den Voraussetzungen des Absatzes 11 kann die Tätigkeit noch der Land- und Forstwirtschaft zugerechnet werden, wenn ein funktionaler Zusammenhang mit typisch land- und forstwirtschaftlichen Tätigkeiten besteht. 26

Abgrenzungsregelungen

(11) ① Gewerbliche Tätigkeiten, die nach den Absätzen 3 bis 8 dem Grunde nach die Voraussetzungen für eine Zurechnung zur Land- und Forstwirtschaft erfüllen, sind nur dann typisierend der Land- und Forstwirtschaft zuzurechnen, wenn die Umsätze aus diesen Tätigkeiten dauerhaft (Absatz 2) insgesamt nicht mehr als ein Drittel des Gesamtumsatzes und nicht mehr als 51 500 Euro im Wirtschaftsjahr betragen. ② Diese Grenzen gelten für die Tätigkeiten nach den Absätzen 9 und 10 entsprechend. ③ Voraussetzung hierfür ist, dass die Umsätze aus den Tätigkeiten i. S. v. Satz 1 und 2 dauerhaft (Absatz 2) insgesamt nicht mehr als 50% des Gesamtumsatzes betragen. ④ Anderenfalls liegen hinsichtlich dieser Tätigkeiten unter den Voraussetzungen des Strukturwandels Einkünfte aus Gewerbebetrieb vor. ⑤ Der daneben bestehende Betrieb der Land- und Forstwirtschaft bleibt hiervon unberührt. ⑥ Bei der Ermittlung der Umsätze ist von den Betriebseinnahmen (ohne Umsatzsteuer) auszugehen. ⑦ Soweit es auf den Gesamtumsatz ankommt, ist hierunter die Summe der Betriebseinnahmen (ohne Umsatzsteuer) zu verstehen. 27

Energieerzeugung

(12) ① Bei der Erzeugung von Energie, z. B. durch Wind-, Solar- oder Wasserkraft, handelt es sich nicht um die planmäßige Nutzung der natürlichen Kräfte des Bodens im Sinne des Absatzes 1 Satz 1. ② Der Absatz von Strom und Wärme führt zu Einkünften aus Gewerbebetrieb. ③ Die Erzeugung von Biogas kann eine Tätigkeit i. S. d. Absatzes 3 sein. 27a

Beherbergung von Fremden

(13) ① Die Abgrenzung der Einkünfte aus Gewerbebetrieb gegenüber denen aus Land- und Forstwirtschaft richtet sich bei der Beherbergung von Fremden nach den Grundsätzen von R 15.7. ② Aus Vereinfachungsgründen ist keine gewerbliche Tätigkeit anzunehmen, wenn weniger als vier Zimmer oder weniger als sechs Betten zur Beherbergung von Fremden bereitgehalten werden und keine Hauptmahlzeit gewährt wird. 28

(14) Soweit sich aus den Absätzen 1 bis 13 für einen Stpfl. Verschlechterungen gegenüber R 15.5 EStR 2008 ergeben, kann R 15.5 EStR 2008 für diejenigen Wirtschaftsjahre wei- 28a

ter angewandt werden, die vor der Veröffentlichung der EStÄR 2012 im Bundessteuerblatt[1] beginnen.

H 15.5

Abgrenzung

29

Beispiel zur Prüfung der Umsatzgrenzen:

Ein land- und forstwirtschaftlicher Betrieb erzielt aus eigenen und fremden Erzeugnissen insgesamt einen Umsatz von 130 000 € zuzüglich Umsatzsteuer. Davon wurde ein Umsatzanteil in Höhe von 45 000 € zuzüglich Umsatzsteuer aus der Veräußerung zugekaufter Erzeugnisse und zugekaufter Handelswaren erzielt. Ferner führt der Betrieb Dienstleistungen mit eigenen Maschinen für andere Land- und Forstwirte und die örtliche Gemeinde aus. Daraus werden jeweils 15 000 € Umsatz zuzüglich Umsatzsteuer erzielt.

Lösung:

Die gekauften und weiterveräußerten Erzeugnisse, Produkte und Handelswaren sind fremde Erzeugnisse (R 15.5 Abs. 5 Satz 7 EStR), da sie nicht im Rahmen des Erzeugungsprozesses im eigenen Betrieb verwendet wurden. Die Summe der Betriebseinnahmen ohne Umsatzsteuer aus eigenen Erzeugnissen und fremden Erzeugnissen sowie der Dienstleistungen (R 15.5 Abs. 9 und 10 EStR) beträgt 160 000 €.

Die Umsätze aus fremden Erzeugnissen in Höhe von 45 000 € ohne Umsatzsteuer überschreiten weder die relative Grenze von einem Drittel des Gesamtumsatzes (= 53 333 €) noch die absolute Grenze von 51 500 € (R 15.5 Abs. 11 Satz 1 EStR).

Die Umsätze aller Dienstleistungen in Höhe von 30 000 € ohne Umsatzsteuer überschreiten weder die relative Grenze von einem Drittel des Gesamtumsatzes (= 53 333 €) noch die absolute Grenze von 51 500 € (R 15.5 Abs. 11 Satz 2 EStR). Es ist unerheblich, ob es sich beim Leistungsempfänger um einen Land- und Forstwirt handelt.

Die Umsätze aus den Tätigkeitsbereichen Absatz von fremden Erzeugnissen und Dienstleistungen überschreiten mit insgesamt 75 000 € nicht die Grenze von 50% des Gesamtumsatzes (= 160 000 € × 50% = 80 000 €; R 15.5 Abs. 11 Satz 3 EStR). Damit liegt insgesamt ein land- und forstwirtschaftlicher Betrieb vor.

Beispiel zur Abgrenzung der Tätigkeiten und Zuordnung von Wirtschaftgütern:

Landwirt L richtet im Wj. 2013/2014 in einem zum Betriebsvermögen gehörenden Wirtschaftsgebäude einen Hofladen ein, der zu 40% dem Verkauf von eigenen land- und forstwirtschaftlichen Erzeugnissen dient und zu 60% dem Verkauf von fremden Erzeugnissen. Die Umsätze des Betriebs entwickeln sich wie folgt:

	Nettogesamtumsatz	Nettoumsatz fremde Erzeugnisse
2013/2014	175 000 €	25 000 €
2014/2015	190 000 €	40 000 €
2015/2016	205 000 €	55 000 €
2016/2017	210 000 €	60 000 €
2017/2018	210 000 €	60 000 €

Lösung:

a) Abgrenzung

Der im Wj. 2013/2014 eingerichtete Hofladen steht aufgrund des Verkaufs eigener land- und forstwirtschaftlicher Erzeugnisse in engem sachlichem Zusammenhang mit dem land- und forstwirtschaftlichen Betrieb. Nach R 15.5 Abs. 6 EStR ist der Zu- und Verkauf fremder Erzeugnisse grundsätzlich eine gewerbliche Tätigkeit. Nach R 15.5 Abs. 11 Satz 1 EStR werden sämtliche im Hofladen erzielten Umsätze der Land- und Forstwirtschaft zugerechnet, wenn der nachhaltige Umsatzanteil sämtlicher Verkäufe von fremden Erzeugnissen (R 15.5 Abs. 5 Satz 7 EStR) nicht mehr als $^1/_3$ des Gesamtumsatzes des land- und forstwirtschaftlichen Betriebs und nicht mehr als 51 500 € im Wj. beträgt.

In den Wj. 2013/2014 bis 2014/2015 sind die Voraussetzungen für eine Zurechnung zur Land- und Forstwirtschaft erfüllt. Ab dem Wj. 2015/2016 wird die absolute Grenze von 51 500 € überschritten. Nach R 15.5 Abs. 2 EStR entsteht jedoch erst mit Ablauf des Wj. 2017/2018 ein gesonderter Gewerbebetrieb (Drei-Jahres-Frist; allmählicher Strukturwandel).

b) Behandlung des Wirtschaftsgebäudes

Das Wirtschaftsgebäude wird eigenbetrieblich zu 60% für gewerbliche Tätigkeiten genutzt, so dass der Hofladen mit dem dazu gehörenden Grund und Boden grundsätzlich gewerbliches Betriebsvermögen wäre. Da die Nutzung für land- und forstwirtschaftliche Tätigkeiten jedoch mindestens 10% beträgt (→ R 15.5 Abs. 9 Satz 3 EStR), hat es der Stpfl. in der Hand, den Umfang seiner betrieblichen Tätigkeit und seiner Betriebsausgaben zu bestimmen (→ BFH vom 4. 7. 1990 – BStBl. II S. 817 und vom 22. 1. 2004 – BStBl. II S. 512). Das Wirtschaftsgebäude kann deshalb aufgrund der Funktionszuweisung des Stpfl. auch über das Wj. 2017/2018 hinaus dem land- und forstwirtschaftlichen Betriebsvermögen zugeordnet werden.

Baumschulen. R 15.5 Abs. 5 gilt auch für Baumschulbetriebe. In solchen Betrieben ist die Aufzucht von sog. Kostpflanzen üblich. Kostpflanzen sind Pflanzen, die der Baumschulbetrieb aus selbst gestelltem Samen oder selbst gestellten Pflanzen in fremden Betrieben aufziehen lässt. Kostpflanzen sind eigene (nicht fremde) Erzeugnisse, wenn die in Kost gegebenen Sämereien oder Pflanzen in der Verfügungsgewalt des Kostgebers (des Baumschulbetriebs) bleiben und der Kostnehmer (der Betrieb, der die Aufzucht durchführt) die Rücklieferungsverpflichtung gegenüber dem Kostgeber hat. Dabei kommt es nicht darauf an, dass der Kostgeber die hingegebenen Pflanzen im eigenen land- oder forstwirtschaftlichen Betrieb erzeugt hat (→ BFH vom 16. 12. 1976 – BStBl. 1977 II S. 272).

Bewirtschaftungsvertrag. Ein mit einem Pachtvertrag gekoppelter Bewirtschaftungsvertrag vermittelt dem Verpächter nur dann Einkünfte aus Land- und Forstwirtschaft, wenn die Verträge nach dem Willen der Vertragsparteien auf den Verkauf der Ernte gerichtet sind. Ist hingegen nicht von einem Verkauf der Ernte auszugehen, weil neben einem festen Pachtzins lediglich ein Kostenersatz als Bewirtschaftungsentgelt vereinbart wurde, ist von einem Dienstleistungsvertrag und insofern von gewerblichen Einkünften auszugehen (→ BFH vom 29. 11. 2001 – BStBl. 2002 II S. 221).

Biogasanlagen und Erzeugung von Energie aus Biogas. Zur ertragsteuerlichen Behandlung von Biogasanlagen und zur Erzeugung von Energie aus Biogas → BMF vom 11. 4. 2022 (BStBl. I S. 633).

[1] Die EStÄR 2012 wurden am 28. März 2013 im Bundessteuerblatt veröffentlicht.

Grundstücksverkäufe
- Die Veräußerung land- und forstwirtschaftlich genutzter Grundstücke ist ein Hilfsgeschäft eines land- und forstwirtschaftlichen Betriebs und nicht Gegenstand eines selbständigen gewerblichen Unternehmens. Etwas anderes gilt allerdings dann, wenn der Landwirt wiederholt innerhalb eines überschaubaren Zeitraums land- und forstwirtschaftliche Grundstücke oder Betriebe in Gewinnabsicht veräußert, die er bereits in der Absicht einer Weiterveräußerung erworben hatte (→ BFH vom 28. 6. 1984 – BStBl. II S. 798).
- → BMF vom 26. 3. 2004 (BStBl. I S. 434),[1] Tz. 27.

Klärschlamm. Ein Landwirt, der auch einen Gewerbebetrieb für Klärschlammtransporte unterhält, erzielt mit den Einnahmen für den Transport und die Ausbringung von Klärschlamm auch insoweit Einkünfte aus Gewerbebetrieb und nicht aus Landwirtschaft, als er den Klärschlamm mit Maschinen des Gewerbebetriebs auf selbstbewirtschafteten Feldern ausbringt (→ BFH vom 8. 11. 2007 – BStBl. 2008 II S. 356).

Nebenbetrieb. Ein Nebenbetrieb (→ R 15.5 Abs. 3) kann auch vorliegen, wenn die von einem Mitunternehmer ausgeübte Tätigkeit dem gemeinsam mit anderen geführten landwirtschaftlichen Hauptbetrieb zu dienen bestimmt ist (→ BFH vom 22. 1. 2004 – BStBl. II S. 512).

Reitpferde
- Die Entscheidung, ob die mit der Unterhaltung eines Pensionsstalles und der Erteilung von Reitunterricht verbundene Haltung oder Zucht von Pferden einen Gewerbebetrieb oder einen Betrieb der Land- und Forstwirtschaft darstellt, ist nach den Umständen des Einzelfalles zu treffen. Die Pensionsreitpferdehaltung rechnet auch dann zur landwirtschaftlichen Tierhaltung i. S. d. § 13 Abs. 1 Nr. 1 Satz 2 EStG, wenn den Pferdeeinstellern Reitanlagen einschließlich Reithalle zur Verfügung gestellt werden (→ BFH vom 23. 9. 1988 – BStBl. 1989 II S. 111).
- Die Vermietung von Pferden zu Reitzwecken ist bei vorhandener flächenmäßiger Futtergrundlage als landwirtschaftlich anzusehen, wenn keine weiteren ins Gewicht fallenden Leistungen erbracht werden, die nicht der Landwirtschaft zuzurechnen sind (→ BFH vom 24. 1. 1989 – BStBl. II S. 416).
- Ein landwirtschaftlicher Betrieb wird nicht dadurch zu einem Gewerbebetrieb, dass er Pferde zukauft, sie während einer nicht nur kurzen Aufenthaltsdauer zu hochwertigen Reitpferden ausbildet und dann weiterverkauft (→ BFH vom 17. 12. 2008 – BStBl. 2009 II S. 453).

Schlossbesichtigung. Gewinne aus Schlossbesichtigung gehören zu den Einkünften aus Gewerbebetrieb (→ BFH vom 7. 8. 1979 – BStBl. 1980 II S. 633).

Strukturwandel. Zur Abgrenzung eines allmählichen von einem sofortigen Strukturwandel → BFH vom 19. 2. 2009 (BStBl. II S. 654).

Tierzucht
- Zur Frage der Abgrenzung der landwirtschaftlichen Tierzucht und Tierhaltung (§ 13 Abs. 1 Nr. 1 EStG) von der gewerblichen Tierzucht und Tierhaltung → R 13.2.
- Die Unterhaltung einer Brüterei, in der Küken aus Bruteiern gewonnen und als Eintagsküken weiterveräußert werden, stellt einen Gewerbebetrieb dar, nicht aber eine gewerbliche Tierzucht oder Tierhaltung i. S. d. § 15 Abs. 4 Satz 1 und 2 EStG (→ BFH vom 14. 9. 1989 – BStBl. 1990 II S. 152).
- Die Aufzucht und Veräußerung von Hunden ist eine gewerbliche Tätigkeit (→ BFH vom 30. 9. 1980 – BStBl. 1981 II S. 210).
- Die Züchtung und das Halten von Kleintieren ohne Bezug zur land- und forstwirtschaftlichen Urproduktion stellt ungeachtet einer vorhandenen Futtergrundlage eine gewerbliche Tätigkeit dar (→ BFH vom 16. 12. 2004 – BStBl. 2005 II S. 347).
- Die Unterhaltung einer Nerzzucht gehört nicht zum Bereich der land- und forstwirtschaftlichen Urproduktion (→ BFH vom 19. 12. 2002 – BStBl. 2003 II S. 507).

Weinbau, Perlwein und Sekt → BMF vom 19. 10. 2017 (BStBl. I S. 1431).

R 15.6. Abgrenzung des Gewerbebetriebs von der selbständigen Arbeit *(unbesetzt)*

R 15.6
36

H 15.6
37

Allgemeines. Die für einen Gewerbebetrieb geltenden positiven Voraussetzungen
- Selbständigkeit (→ R 15.1),
- Nachhaltigkeit (→ H 15.2),
- Gewinnerzielungsabsicht (→ H 15.3) und
- Beteiligung am allgemeinen wirtschaftlichen Verkehr (→ H 15.4)

gelten auch für die selbständige Arbeit i. S. d. § 18 Abs. 1 Nr. 1 und 2 EStG. Erfordert die Ausübung eines in § 18 Abs. 1 Nr. 1 EStG genannten Berufes eine gesetzlich vorgeschriebene Be-

[1] Abgedruckt als Anlage a zu R 15.7 EStR.

H 15.6

rufsausbildung, übt nur derjenige, der auf Grund dieser Berufsausbildung berechtigt ist, die betreffende Berufsbezeichnung zu führen, diesen Beruf aus (→ BFH vom 1. 10. 1986 – BStBl. 1987 II S. 116). Eine sonstige selbständige Tätigkeit i. S. d. § 18 Abs. 1 Nr. 3 EStG wird in der Regel gelegentlich und nur ausnahmsweise nachhaltig ausgeübt (→ BFH vom 28. 6. 2001 – BStBl. 2002 II S. 338).

Abgrenzung selbständige Arbeit/Gewerbebetrieb

a) Beispiele für selbständige Arbeit[1]

Altenpfleger, soweit keine hauswirtschaftliche Versorgung der Patienten erfolgt (→ BMF vom 20. 11. 2019 – BStBl. I S. 1298),[2]
Berufsbetreuer i. S. v. §§ 1896 ff. BGB; die Tätigkeit fällt in der Regel unter § 18 Abs. 1 Nr. 3 EStG (→ BFH vom 15. 6. 2010 – BStBl. II S. 909 und S. 906),[3]
Diätassistent (→ BMF vom 20 11. 2019 – BStBl. I S. 1298),[4]
EDV-Berater übt im Bereich der Systemsoftware regelmäßig eine ingenieurähnliche Tätigkeit aus. Im Bereich der Entwicklung von Anwendersoftware ist die Tätigkeit des EDV-Beraters nur dann als selbständige Tätigkeit zu qualifizieren, wenn er die Entwicklung der Anwendersoftware durch eine klassische ingenieursmäßige Vorgehensweise (Planung, Konstruktion, Überwachung) betreibt und er über eine Ausbildung, die der eines Ingenieurs vergleichbar ist, verfügt (→ BFH vom 4. 5. 2004 – BStBl. II S. 989),
Ergotherapeut (→ BMF vom 20. 11. 2019 – BStBl. I S. 1298),[3]
Fachkrankenpfleger für Krankenhaushygiene (→ BFH vom 6. 9. 2006 – BStBl. 2007 II S. 177),
Hebamme/Entbindungspfleger (→ BMF vom 20. 11. 2019 – BStBl. I S. 1298),[3]
Heileurythmist bei Teilnahme an Verträgen zur Integrierten Versorgung mir Anthroposophischer Medizin nach §§ 140 a ff. SGB V (→ BFH vom 20. 11. 2018 – BStBl. 2019 II S. 776 und vom 20. 11. 2019 – BStBl. I S. 1298),[3]
Industrie-Designer; auch im Bereich zwischen Kunst und Gewerbe kann gewerblicher Verwendungszweck eine künstlerische Tätigkeit nicht ausschließen (→ BFH vom 14. 12. 1976 – BStBl. 1977 II S. 474),
Insolvenzverwalter (→ BFH vom 11. 8. 1994 – BStBl. II S. 936), → sonstige selbständige Arbeit,
IT-Projektleiter, wenn dieser über Kenntnisse und Fähigkeiten verfügt, die in Breite und Tiefe denen eines Diplom-Informatikers entsprechen (→ BFH vom 22. 9. 2009 – BStBl. 2010 II S. 404),
Kfz-Sachverständiger, dessen Gutachtertätigkeit mathematisch-technische Kenntnisse voraussetzt, wie sie üblicherweise nur durch eine Berufsausbildung als Ingenieur erlangt werden (→ BFH vom 10. 11. 1988 – BStBl. 1989 II S. 198),
Kindererholungsheim; der Betrieb eines Kindererholungsheims kann ausnahmsweise eine freiberufliche Tätigkeit darstellen, wenn die Kinder in erster Linie zum Zweck einer planmäßigen körperlichen, geistigen und sittlichen Erziehung auswärts untergebracht sind und die freiberufliche Tätigkeit der Gesamtleistung des Heimes das Gepräge gibt (→ BFH vom 9. 4. 1975 – BStBl. II S. 610),
Kinder- und Jugendlichenpsychotherapeut (→ BMF vom 20. 11. 2019 – BStBl. I S. 1298),[3]
Kompasskompensierer auf Seeschiffen (→ BFH vom 14. 11. 1957 – BStBl. 1958 III S. 3),
Krankenpfleger/Krankenschwester, soweit keine hauswirtschaftliche Versorgung der Patienten erfolgt (→ BFH vom 22. 1. 2004 – BStBl. II S. 509 und BMF vom 20. 11. 2019 – BStBl. I S. 1298),[3]
Kunsthandwerker, der von ihm selbst entworfene Gegenstände herstellt (→ BFH vom 26. 9. 1968 – BStBl. 1969 II S. 70); handwerkliche und künstlerische Tätigkeit können nebeneinander vorliegen (→ BFH vom 11. 7. 1991 – BStBl. II S. 889),
Logopäde (→ BMF vom 20. 11. 2019 – BStBl. I S. 1298),[3]
Masseur (staatlich geprüft), **Heilmasseur,** soweit diese nicht lediglich oder überwiegend kosmetische oder Schönheitsmassagen durchführen (→ BMF vom 20. 11. 2019 – BStBl. I S. 1298),[3]
Medizinischer Bademeister, soweit dieser auch zur Feststellung des Krankheitsbefunds tätig wird oder persönliche Heilbehandlungen am Körper des Patienten vornimmt (→ BMF vom 20. 11. 2019 – BStBl. I S. 1298),[3]
Medizinisch-technischer Assistent (→ BMF vom 20. 11. 2019 – BStBl. I S. 1298),[3]
Modeschöpfer; beratende Tätigkeit eines im Übrigen als Künstler anerkannten Modeschöpfers kann künstlerisch sein (→ BFH vom 2. 10. 1968 – BStBl. 1969 II S. 138),
Orthoptist (→ BMF vom 20. 11. 2019 – BStBl. I S. 1298),[3]
Patentberichterstatter mit wertender Tätigkeit (→ BFH vom 2. 12. 1970 – BStBl. 1971 II S. 233),
Podologe/Medizinischer Fußpfleger (→ BMF vom 20. 11. 2019 – BStBl. I S. 1298),[3]
Prüfingenieur, der Hauptuntersuchungen und Sicherheitsprüfungen durchführt (→ BFH vom 14. 5. 2019 – BStBl. II S. 580),
Psychologischer Psychotherapeut, Kinder- und Jugendlichenpsychotherapeut (→ BMF vom 22. 10. 2004 – BStBl. I S. 1030),
Rettungsassistent (→ BMF vom 20. 11. 2019 – BStBl. I S. 1298),[3]
Schiffseichaufnehmer (→ BFH vom 5. 11. 1970 – BStBl. 1971 II S. 319),
Synchronsprecher, der bei der Synchronisierung ausländischer Spielfilme mitwirkt (→ BFH vom 3. 8. 1978 – BStBl. 1979 II S. 131 und vom 12. 10. 1978 – BStBl. 1981 II S. 706),
Tanz- und Unterhaltungsorchester, wenn es einen bestimmten Qualitätsstandard erreicht (→ BFH vom 19. 8. 1982 – BStBl. 1983 II S. 7),
Umweltauditor mit einem abgeschlossenen Chemiestudium (→ BFH vom 17. 1. 2007 – BStBl. II S. 519),
Verfahrenspfleger i. S. d. FamFG; die Tätigkeit fällt in der Regel unter § 18 Abs. 1 Nr. 3 EStG (→ BFH vom 15. 6. 2010 – BStBl. II S. 909 und S. 906),
Werbung; Tätigkeit eines Künstlers im Bereich der Werbung kann künstlerisch sein, wenn sie als eigenschöpferische Leistung zu werten ist (→ BFH vom 11. 7. 1991 – BStBl. 1992 II S. 353),
Zahnpraktiker (→ BMF vom 20. 11. 2019 – BStBl. I S. 1298),[3]
Zwangsverwalter; die Tätigkeit fällt in der Regel unter § 18 Abs. 1 Nr. 3 EStG (→ BFH vom 12. 12. 2001 – BStBl. 2002 II S. 202); aber → Sonstige selbständige Arbeit.

---

[1] Wegen der Tätigkeit als Karthograph siehe *BFH-Urteil vom 8. 6. 1995 IV R 80/94 (BStBl. II S. 776).*
Zur freiberuflichen Tätigkeit eines Informatik-Ingenieurs siehe *BFH-Urteil vom 22. 9. 2009 VIII R 31/07 (BStBl. 2010 II S. 467).* Zu ingenieurähnlichen Berufen im EDV-Bereich siehe auch *BFH-Urteile vom 22. 9. 2009 VIII R 63/06 (BStBl. 2010 II S. 466), vom 3. 5. 2016 VIII R 4/13 (BFH/NV 2016, 1275) und vom 19. 1. 2017 III R 3/14 (BFH/NV 2017, 732).*
[2] Nachstehend abgedruckt als Anlage a zu H 15.6.
[3] Zu ehrenamtlichen Betreuern siehe *BFH-Urteil vom 17. 10. 2012 VIII R 57/09 (BStBl. 2013 II S. 799).*
[4] Nachstehend abgedruckt als Anlage a zu H 15.6.

H 15.6

b) Beispiele für Gewerbebetrieb[1]

Altenpfleger, soweit auch eine hauswirtschaftliche Versorgung der Patienten erfolgt (→ BMF vom 20. 11. 2019 – BStBl. I S. 1298),[2]
Anlageberater/Finanzanalyst (→ BFH vom 2. 9. 1988 – BStBl. 1989 II S. 24),
Ärztepropagandist (→ BFH vom 27. 4. 1961 – BStBl. III S. 315),
Apotheken-Inventurbüro (→ BFH vom 15. 6. 1965 – BStBl. III S. 556),
Apothekenrezeptabrechner (→ BFH vom 28. 3. 1974 – BStBl. II S. 515),
Architekt, der bei Ausübung einer beratenden Tätigkeit an der Vermittlung von Geschäftsabschlüssen mittelbar beteiligt ist (→ BFH vom 14. 6. 1984 – BStBl. 1985 II S. 15) oder der schlüsselfertige Gebäude errichten lässt; die Gewerblichkeit erstreckt sich in diesem Fall auch auf ggf. erbrachte Ingenieur- oder Architektenleistungen (→ BFH vom 18. 10. 2006 – BStBl. 2008 II S. 54),
Artist (→ BFH vom 16. 3. 1951 – BStBl. III S. 97),
Baubetreuer (Bauberater), die sich lediglich mit der wirtschaftlichen (finanziellen) Betreuung von Bauvorhaben befassen (→ BFH vom 29. 5. 1973 – BStBl. 1974 II S. 447 und vom 30. 5. 1973 – BStBl. II S. 668),
Bauleiter (→ BFH vom 22. 1. 1988 – BStBl. II S. 497 und vom 11. 8. 1999 – BStBl. 2000 II S. 31), es sei denn, seine Ausbildung entspricht derjenigen eines Architekten (→ BFH vom 12. 10. 1989 – BStBl. 1990 II S. 64) oder eines (Wirtschafts-)Ingenieurs (→ BFH vom 6. 9. 2006 – BStBl. 2007 II S. 118),
Beratungsstellenleiter eines Lohnsteuerhilfevereins (→ BFH vom 10. 12. 1987 – BStBl. 1988 II S. 273),
Berufssportler (→ BFH vom 22. 1. 1964 – BStBl. III S. 207),
Bezirksschornsteinfegermeister (→ BFH vom 13. 11. 1996 – BStBl. 1997 II S. 295),
Blindenführhundeschule (→ BFH vom 9. 5. 2017 – BStBl. II S. 911),
Bodybuilding-Studio, wenn unterrichtende Tätigkeit nur die Anfangsphase der Kurse prägt und im Übrigen den Kunden Trainingsgeräte zur freien Verfügung stehen (→ BFH vom 18. 4. 1996 – BStBl. II S. 573),
Buchhalter (→ BFH vom 28. 6. 2001 – BStBl. 2002 II S. 338),
Buchmacher (→ RFH vom 22. 2. 1939 – RStBl. S. 576),
Bühnenvermittler (→ BFH vom 15. 4. 1970 – BStBl. II S. 517),
Clinical Research Associate (CRA) mit einer im Wesentlichen im Bereich der Planung, Durchführung und Evaluation klinischer Studien ausgeübten Tätigkeit (→ BFH vom 25. 4. 2017 – BStBl. II S. 908),
Datenschutzbeauftragter, externer; übt auch dann eine gewerbliche Tätigkeit aus, wenn er zugleich als Rechtsanwalt tätig ist (→ BFH vom 14. 1. 2020 – BStBl. II S. 222),
Detektiv (→ RFH vom 15. 7. 1942 – RStBl. S. 989),
Diplomsozialarbeiterin, die im Rahmen der ambulanten Eingliederungshilfe Menschen mit Behinderungen und Menschen mit Krankheiten bei einer selbstbestimmten Lebensführung unterstützt (→ BFH vom 29. 9. 2020 – BStBl. 2021 II S. 387),
Dispacheur (→ BFH vom 26. 11. 1992 – BStBl. 1993 II S. 235),
EDV-Berater übt keine ingenieurähnliche Tätigkeit aus, wenn er im Bereich der Anwendersoftware die Entwicklung qualifizierter Software nicht durch eine klassische ingenieurmäßige Vorgehensweise (Planung, Konstruktion, Überwachung) betreibt und wenn er keine Ausbildung, die der eines Ingenieurs vergleichbar ist, besitzt (→ BFH vom 4. 5. 2004 – BStBl. II S. 989),
Erbensucher (→ BFH vom 24. 2. 1965 – BStBl. III S. 263),
Fahrschule, wenn der Inhaber nicht die Fahrlehrererlaubnis besitzt (→ BFH vom 4. 10. 1966 – BStBl. III S. 685),
Finanz- und Kreditberater (→ BFH vom 13. 4. 1988 – BStBl. II S. 666),
Fitness-Studio; keine unterrichtende Tätigkeit, wenn Kunden im Wesentlichen in Gerätebedienung eingewiesen und Training in Einzelfällen überwacht wird (→ BFH vom 13. 1. 1994 – BStBl. II S. 362),
Fotograf, der Werbeaufnahmen macht; Werbeaufnahmen macht auch, wer für Zeitschriften Objekte auswählt und zum Zweck der Ablichtung arrangiert, um die von ihm oder einem anderen Fotografen dann hergestellten Aufnahmen zu veröffentlichen (→ BFH vom 19. 2. 1998 – BStBl. II S. 441),
Fotomodell (→ BFH vom 8. 6. 1967 – BStBl. III S. 618),
Gutachter auf dem Gebiet der Schätzung von Einrichtungsgegenständen und Kunstwerken (→ BFH vom 22. 6. 1971 – BStBl. II S. 749),
Havariesachverständiger (→ BFH vom 22. 6. 1965 – BStBl. III S. 593),
Hellseher (→ BFH vom 30. 3. 1976 – BStBl. II S. 464),
Hersteller künstlicher Menschenaugen (→ BFH vom 25. 7. 1968 – BStBl. II S. 662),
Industriepropagandisten (→ RFH vom 25. 3. 1938 – RStBl. S. 733),
Ingenieur als Werber für Lieferfirmen (→ RFH vom 30. 8. 1939 – RStBl. 1940 S. 14),
Inventurbüro (→ BFH vom 28. 11. 1968 – BStBl. 1969 II S. 164),
Kfz-Sachverständiger ohne Ingenieurexamen, dessen Tätigkeit keine mathematisch-technischen Kenntnisse wie die eines Ingenieurs voraussetzt (→ BFH vom 9. 7. 1992 – BStBl. 1993 II S. 100),
Klavierstimmer (→ BFH vom 22. 3. 1990 – BStBl. II S. 643),
Konstrukteur, der überwiegend Bewehrungspläne fertigt (→ BFH vom 5. 10. 1989 – BStBl. 1990 II S. 73),
Krankenpfleger/Krankenschwester, soweit auch eine hauswirtschaftliche Versorgung der Patienten erfolgt (→ BFH vom 22. 1. 2004 – BStBl. II S. 509 und BMF vom 20. 11. 2019 – BStBl. I S. 1298),[3]
Kükensortierer (→ BFH vom 16. 8. 1955 – BStBl. III S. 295),
Künstleragenten (→ BFH vom 18. 4. 1972 – BStBl. II S. 624),
Makler (→ RFH vom 1. 6. 1938 – RStBl. S. 842),
Marktforschungsberater (→ BFH vom 27. 2. 1992 – BStBl. II S. 826),
Masseur (staatlich geprüft), **Heilmasseur,** wenn diese lediglich oder überwiegend kosmetische oder Schönheitsmassagen durchführen (→ BFH vom 26. 11. 1970 – BStBl. 1971 II S. 249),
Moderator von Verkaufssendungen (→ BFH vom 16. 9. 2014 – BStBl. 2015 II S. 217),
Personalberater, der seinen Auftraggebern von ihm ausgesuchte Kandidaten für eine zu besetzende Stelle vermittelt (→ BFH vom 19. 9. 2002 – BStBl. 2003 II S. 25),
Pilot (→ BFH vom 16. 5. 2002 – BStBl. II S. 565),

---

[1] Zur Tätigkeit eines Trauerredners vgl. *BFH-Urteil vom 29. 7. 1981 (BStBl. 1982 II S. 22).*
Die Bearbeitung von Personalangelegenheiten im Auftrag des Konkursverwalters (Insolvenzverwalters) kann gewerblich sein. *BFH-Urteil vom 11. 5. 1989 IV R* 152/86 (BStBl. II S. 729).
Ein Aktionsleiter für den Absatz von Bausparverträgen ist gewerblich tätig *(BFH-Urteil vom 28. 6. 1989 I R 114/85 BStBl. II S. 965).*
[2] Zu ehrenamtlichen Betreuern siehe *BFH-Urteil vom 17. 10. 2012 VIII R 57/09 (BStBl. 2013 II S. 799).*
[3] Nachstehend abgedruckt als Anlage a zu H 15.6.

H 15.6

Politikberater, dessen Schwerpunkt der Berufstätigkeit in der umfangreichen Informationsbeschaffung rund um spezielle aktuelle Gesetzgebungsvorhaben und der diesbezüglichen Berichterstattung gegenüber seinen Auftraggebern liegt (→ BFH vom 14. 5. 2014 – BStBl. II S. 128),
Probenehmer für Erze, Metalle und Hüttenerzeugnisse (→ BFH vom 14. 11. 1972 – BStBl. 1973 II S. 183),
Promotionsberater (→ BFH vom 8. 10. 2008 – BStBl. 2009 II S. 238),
Rechtsbeistand, der mit Genehmigung des Landgerichtspräsidenten Auszüge aus Gerichtsakten für Versicherungsgesellschaften fertigt (→ BFH vom 18. 3. 1970 – BStBl. II S. 455),
Rentenberater (→ BFH vom 7. 5. 2019 – BStBl. II S. 528 und S. 532),
Restaurator, es sei denn, er beschränkt sich auf die Erstellung von Gutachten und Veröffentlichungen und wird daher wissenschaftlich tätig oder die Tätigkeit betrifft ein Kunstwerk, dessen Beschädigung ein solches Ausmaß aufweist, dass seine Wiederherstellung eine eigenschöpferische Leistung des Restaurators erfordert (→ BFH vom 4. 11. 2004 – BStBl. 2005 II S. 362),
Rezeptabrechner für Apotheken (→ BFH vom 28. 3. 1974 – BStBl. II S. 515),
Rundfunkermittler, der im Auftrag einer Rundfunkanstalt Schwarzhörer aufspürt (→ BFH vom 2. 12. 1998 – BStBl. 1999 II S. 534),
Rundfunksprecher entfaltet in der Regel keine künstlerische Tätigkeit (→ BFH vom 20. 6. 1962 – BStBl. III S. 385 und vom 24. 10. 1963 – BStBl. III S. 589),
Schadensregulierer im Auftrag einer Versicherungsgesellschaft (→ BFH vom 29. 8. 1961 – BStBl. III S. 505),
Schiffssachverständiger, wenn er überwiegend reine Schadensgutachten (im Unterschied zu Gutachten über Schadens- und Unfallursachen) erstellt (→ BFH vom 21. 3. 1996 – BStBl. II S. 518),
Spielerberater von Berufsfußballspielern (→ BFH vom 26. 11. 1998 – BStBl. 1999 II S. 167),
Treuhänderische Tätigkeit eines Rechtsanwaltes für Bauherrengemeinschaften (→ BFH vom 1. 2. 1990 – BStBl. II S. 534) sowie eines Wirtschaftsprüfers bei einem Immobilienfonds (→ BFH vom 18. 10. 2006 – BStBl. 2007 II S. 266),
Übersetzer, der die beauftragten Sprachen nicht selbst beherrscht, sondern Übersetzungen in nicht unerheblichem Umfang hinzukauft (→ BFH vom 21. 2. 2017 – BStBl. 2018 II S. 4),
Vereidigter Kursmakler (→ BFH vom 13. 9. 1955 – BStBl. III S. 325),
Versicherungsberater (→ BFH vom 16. 10. 1997 – BStBl. 1998 II S. 139),
Versicherungsvertreter, selbständiger; übt auch dann eine gewerbliche Tätigkeit aus, wenn er nur für ein einziges Versicherungsunternehmen tätig sein darf (→ BFH vom 26. 10. 1977 – BStBl. 1978 II S. 137),
Versteigerer (→ BFH vom 24. 1. 1957 – BStBl. III S. 106),
Vortragswerber (→ BFH vom 5. 7. 1956 – BStBl. III S. 255),
Werbeberater (→ BFH vom 16. 1. 1974 – BStBl. II S. 293),
Wirtschaftswissenschaftler, der sich auf ein eng begrenztes Tätigkeitsgebiet, z. B. die Aufnahme und Bewertung von Warenbeständen in einem bestimmten Wirtschaftszweig, spezialisiert und diese Tätigkeit im Wesentlichen von zahlreichen Hilfskräften in einem unternehmensartig organisierten Großbüro ausführen lässt (→ BFH vom 28. 11. 1968 – BStBl. 1969 II S. 164),
Zolldeklarant (→ BFH vom 21. 9. 1989 – BStBl. 1990 II S. 153).

Ähnliche Berufe

– Ob ein ähnlicher Beruf vorliegt, ist durch Vergleich mit einem bestimmten Katalogberuf festzustellen (→ BFH vom 5. 7. 1973 – BStBl. II S. 730).
– Ein Beruf ist einem der Katalogberufe ähnlich, wenn er in wesentlichen Punkten mit ihm verglichen werden kann. Dazu gehören die Vergleichbarkeit der **Ausbildung** und der beruflichen **Tätigkeit** (→ BFH vom 12. 10. 1989 – BStBl. 1990 II S. 64).[1]
– → Autodidakt.
– Der Nachweis **ingenieurähnlicher Tätigkeiten** kann nicht durch die Tätigkeit erbracht werden, die auch anhand von Formelsammlungen und praktischen Erfahrungen ausgeübt werden kann (→ BFH vom 11. 7. 1991 – BStBl. II S. 878). Demgegenüber werden an die Breite der Tätigkeit geringere Anforderungen gestellt (→ BFH vom 14. 3. 1991 – BStBl. II S. 769). Dies gilt nicht für die dem **beratenden Betriebswirt** ähnlichen Berufe; bei diesen muss sich die Beratungstätigkeit wenigstens auf einen betrieblichen Hauptbereich der Betriebswirtschaft beziehen (→ BFH vom 12. 10. 1989 – BStBl. 1990 II S. 64).[1]
– Ein **Hochbautechniker** mit den einem Architekten vergleichbaren theoretischen Kenntnissen übt auch in den Veranlagungszeiträumen eine architektenähnliche Tätigkeit aus, in denen er lediglich als Bauleiter tätig wird (→ BFH vom 12. 10. 1989 – BStBl. 1990 II S. 64).[1]
– Ist für die Ausübung des Katalogberufes eine **staatliche Erlaubnis** erforderlich, kann die ohne staatliche Erlaubnis entfaltete Tätigkeit nicht ähnlich sein (→ BFH vom 13. 2. 2003 – BStBl. II S. 721).
– → Heil- und Heilhilfsberufe.
– Eine Vergleichbarkeit der Ausbildung erfordert, dass der Tiefe und der Breite nach das Wissen des Kernbereichs des jeweiligen Fachstudiums nachgewiesen wird. Vertiefte Kenntnisse auf einem Teilgebiet des Fachstudiums reichen für eine freiberufliche Tätigkeit nicht aus (→ BFH vom 18. 4. 2007 – BStBl. II S. 781).

Autodidakt. Verfügt der Stpfl. nicht über einen entsprechenden Studienabschluss (Autodidakt), muss er eine diesem vergleichbare Tiefe und Breite seiner Vorbildung nachweisen. Da der Nachweis durch Teilnahme an Kursen oder Selbststudium auch den Erfolg der autodidaktischen Ausbildung mit umfasst, ist dieser Beweis regelmäßig schwer zu erbringen (→ BFH vom 14. 3. 1991 – BStBl. II S. 769).
– Der Autodidakt kann aber ausnahmsweise den Nachweis der erforderlichen theoretischen Kenntnisse anhand eigener praktischer Arbeiten erbringen. Hierbei ist erforderlich, dass seine Tätigkeit besonders anspruchsvoll ist und nicht nur der Tiefe, sondern auch der Breite nach zumindest das Wissen des Kernbereichs eines Fachstudiums voraussetzt und den Schwerpunkt

[1] Siehe auch *BFH-Urteil vom 28. 8. 2003 IV R 21/02 (BStBl. II S. 919).*

seiner Arbeit bildet (→ BFH vom 9. 7. 1992 – BStBl. 1993 II S. 100). Die praktischen Arbeiten müssen so beschaffen sein, dass aus ihnen auf eine Ausbildung, einen Kenntnisstand und eine Qualifikation geschlossen werden kann, die durch den Kernbereich eines Fachstudiums vermittelt wird (→ BFH vom 11. 8. 1999 – BStBl. 2000 II S. 31). Es ist unschädlich, wenn die Kenntnisse in einem Hauptbereich des Fachstudiums unzureichend sind, der Stpfl. jedoch insgesamt eine entsprechende Abschlussprüfung an einer Hochschule, Fachhochschule oder Berufsakademie bestehen würde (→ BFH vom 19. 9. 2002 – BStBl. 2003 II S. 27 und vom 28. 8. 2003 – BStBl. II S. 919). H 15.6

– Der Nachweis der erforderlichen theoretischen Kenntnisse kann auch mittels einer Wissensprüfung durch einen Sachverständigen erbracht werden (→ BFH vom 26. 6. 2002 – BStBl. II S. 768). Eine erfolgreich bestandene Wissensprüfung führt nur dann zur Anerkennung einer freiberufsähnlichen Tätigkeit, wenn sie den Rückschluss auf den Kenntnisstand des Stpfl. im zu beurteilenden VZ zulässt (→ BFH vom 20. 10. 2016 – BStBl. 2017 II S. 882).
– Ein abgebrochenes Studium reicht zum Nachweis einer autodidaktischen Ausbildung nicht aus (→ BFH vom 4. 5. 2000 – BStBl. II S. 616).

Erbauseinandersetzung → BMF vom 14. 3. 2006 (BStBl. I S. 253)[1] unter Berücksichtigung der Änderungen durch BMF vom 27. 12. 2018 (BStBl. 2019 I S. 11).

Erzieherische Tätigkeit
– Eine freiberufliche erzieherische Tätigkeit kann ohne Ablegung einer fachlichen Prüfung ausgeübt werden (→ BFH vom 25. 4. 1974 – BStBl. II S. 642).
– Eine Beratungstätigkeit, die auf Lösung von Problemen in einem bestimmten Teilbereich zwischenmenschlicher Beziehungen gerichtet ist, ist nicht erzieherisch (→ BFH vom 11. 6. 1997 – BStBl. II S. 687).
– Leistet der Stpfl. Erziehungshilfe, indem er die betreuten Kinder zeitweise in seinen Haushalt aufnimmt, erzielt er Einkünfte aus einer freiberuflichen Tätigkeit, wenn die Erziehung der Gesamtheit der Betreuungsleistung das Gepräge gibt (→ BFH vom 2. 10. 2003 – BStBl. 2004 II S. 129).
– Eine erzieherische Tätigkeit erfordert ein Tätigwerden gegenüber Menschen (→ BFH vom 9. 5. 2017 – BStBl. II S. 911).
– Eine erzieherische Tätigkeit ist – über die Vermittlung von Kenntnissen und Fähigkeiten hinaus – auf die umfassende Schulung des menschlichen Charakters und die Bildung der Persönlichkeit im Ganzen gerichtet. Keine erzieherische Tätigkeit liegt demgegenüber vor, wenn eine im Rahmen ambulanter Eingliederungshilfe gewährte Unterstützung für Menschen mit Behinderungen oder Krankheiten darauf zielt, gemeinsam erkannte, individuelle Defizite einer Person auszugleichen (→ BFH vom 29. 9. 2020 – BStBl. 2021 II S. 387).

Gemischte Tätigkeit
– **Allgemeines**
Wird neben einer freiberuflichen eine gewerbliche Tätigkeit ausgeübt, sind die beiden Tätigkeiten steuerlich entweder getrennt oder einheitlich zu behandeln.
– **Getrennte Behandlung**
Die Tätigkeiten sind zu trennen, sofern dies nach der Verkehrsauffassung möglich ist (→ BFH vom 2. 10. 2003 – BStBl. 2004 II S. 363). Betätigt sich eine natürliche Person sowohl gewerblich als auch freiberuflich und besteht zwischen den Tätigkeiten kein sachlicher und wirtschaftlicher Zusammenhang, werden nebeneinander Einkünfte aus Gewerbebetrieb und aus selbständiger Arbeit erzielt. Aber auch wenn zwischen den Betätigungen gewisse sachliche und wirtschaftliche Berührungspunkte bestehen – also eine gemischte Tätigkeit vorliegt –, sind die Betätigungen regelmäßig getrennt zu erfassen (→ BFH vom 11. 7. 1991 – BStBl. 1992 II S. 353). Sind die Einkünfte nicht bereits vom Stpfl. getrennt ermittelt worden, muss eine Trennung ggf. im Wege der Schätzung erfolgen (→ BFH vom 18. 1. 1962 – BStBl. III S. 131).
– **Einheitliche Behandlung**
Eine einheitliche Tätigkeit liegt nur vor, wenn die verschiedenen Tätigkeiten derart miteinander verflochten sind, dass sie sich gegenseitig unlösbar bedingen (→ BFH vom 11. 7. 1991 – BStBl. 1992 II S. 413). Schuldet ein Stpfl. seinem Auftraggeber einen einheitlichen Erfolg, ist die zur Durchführung des Auftrags erforderliche Tätigkeit regelmäßig als einheitliche zu beurteilen (→ BFH vom 18. 10. 2006 – BStBl. 2008 II S. 54). Werden in einem Betrieb nur gemischte Leistungen erbracht, ist der Betrieb danach zu qualifizieren, welche der einzelnen Tätigkeiten der Gesamttätigkeit das Gepräge gibt (→ BFH vom 2. 10. 2003 – BStBl. 2004 II S. 363).
– **Beispiele für gemischte Tätigkeiten**
  – Der Ankauf und Verkauf von Waren ist grundsätzlich der freiberuflichen Tätigkeit derart wesensfremd, dass er zur Gewerblichkeit führt (→ H 15.8 (5) Einheitliche Gesamtbetätigung; → BFH vom 24. 4. 1997 – BStBl. II S. 567).
  – Werden von Architekten i. V. m. gewerblichen Grundstücksverkäufen Architektenaufträge jeweils in getrennten Verträgen vereinbart und durchgeführt, liegen zwei getrennte Tätigkeiten vor (→ BFH vom 23. 10. 1975 – BStBl. 1976 II S. 152).
  – → Heil- und Heilhilfsberufe.

[1] Abgedruckt als Anlage a zu § 7 EStG.

H 15.6

– Ein Rechtsanwalt, der den Vertriebsunternehmen oder Initiatoren von Bauherren-Modellen Interessenten am Erwerb von Eigentumswohnungen nachweist oder der entsprechende Verträge vermittelt, ist insoweit nicht freiberuflich tätig (→ BFH vom 1. 2. 1990 – BStBl. II S. 534).
– Ist ein Steuerberater für eine Bauherrengemeinschaft als Treuhänder tätig, können einzelne für die Treugeber erbrachte Leistungen, die zu den typischerweise von Steuerberatern ausgeübten Tätigkeiten gehören, als freiberuflich gewertet werden, wenn sie von den gewerblichen Treuhänderleistungen abgrenzbar sind (→ BFH vom 21. 4. 1994 – BStBl. II S. 650). Eine getrennte steuerliche Behandlung ist jedoch nicht möglich, wenn ein Steuerberater, der einem Vertriebsunternehmen Interessenten an den Eigentumswohnungen nachweist oder Verträge über den Erwerb vermittelt, Abnehmer bezüglich der Eigentumswohnungen steuerlich berät; die von dem Vertriebsunternehmen durch Pauschalhonorar mit vergütete Beratung ist Teil der einheitlichen gewerblichen Betätigung (→ BFH vom 9. 8. 1983 – BStBl. 1984 II S. 129).
– Ein Wirtschaftsprüfer übt eine gewerbliche Tätigkeit aus, soweit er als Treuhänder bei einem Immobilienfonds tätig wird (→ BFH vom 18. 10. 2006 – BStBl. 2007 II S. 266).

Gesellschaft[1, 2]

– Schließen sich Angehörige eines freien Berufs zu einer Personengesellschaft zusammen, haben die Gesellschafter nur dann freiberufliche Einkünfte, wenn alle Gesellschafter, ggf. auch die Kommanditisten, die Merkmale eines freien Berufs erfüllen. Kein Gesellschafter darf nur kapitalmäßig beteiligt sein oder Tätigkeiten ausüben, die keine freiberuflichen sind (→ BFH vom 11. 6. 1985 – BStBl. II S. 584 und vom 9. 10. 1986 – BStBl. 1987 II S. 124). Dies gilt ungeachtet des Umfangs der Beteiligung (→ BFH vom 28. 10. 2008 – BStBl. 2009 II S. 642). Eine Personengesellschaft, die sich aus Angehörigen unterschiedlicher freier Berufe zusammensetzt, ist nicht bereits vom Grundsatz her als gewerbliche Mitunternehmerschaft einzustufen (→ BFH vom 23. 11. 2000 – BStBl. 2001 II S. 241). Beratende Bauingenieure können im Rahmen einer GbR, auch wenn sie nur in geringem Umfang tätig werden, eigenverantwortlich tätig sein (→ BFH vom 20. 4. 1989 – BStBl. II S. 727). Eine an einer KG als Mitunternehmerin beteiligte GmbH ist selbst dann eine berufsfremde Person, wenn ihre sämtlichen Gesellschafter und ihr Geschäftsführer Angehörige eines freien Berufs sind (→ BFH vom 17. 1. 1980 – BStBl. II S. 336 und vom 8. 4. 2008 – BStBl. II S. 681). Das gilt auch dann, wenn die GmbH als alleinige Komplementärin lediglich eine Haftungsvergütung erhält, am Vermögen und Gewinn der KG nicht teilhat und von der Geschäftsführung ausgeschlossen ist (→ BFH vom 10. 10. 2012 – BStBl. 2013 II S. 79).
– Ein an einer interprofessionellen Freiberufler-Personengesellschaft beteiligter Volks- oder Betriebswirt, der dort lediglich kaufmännische Leitungsaufgaben oder sonstige Managementtätigkeiten übernimmt, ist nicht beratend und damit nicht freiberuflich tätig (→ BFH vom 28. 10. 2008 – BStBl. 2009 II S. 642).
– Eine Personengesellschaft entfaltet keine freiberufliche Tätigkeit, wenn sie als Holdinggesellschaft geschäftsleitende, kontrollierende und koordinierende kaufmännische Funktionen innerhalb einer Gruppe von freiberuflichen Unternehmen wahrnimmt (→ BFH vom 28. 10. 2008 – BStBl. 2009 II S. 647).
– Üben Personengesellschaften auch nur zum Teil eine gewerbliche Tätigkeit aus, so ist ihr gesamter Betrieb als gewerblich zu behandeln → R 15.8 (5). Zur steuerrechtlichen Behandlung des Verkaufs von Kontaktlinsen nebst Pflegemitteln, von Mundhygieneartikeln sowie von Tierarzneimitteln durch ärztliche Gemeinschaftspraxen → BMF vom 14. 5. 1997 (BStBl. I S. 566).[3] Zur steuerrechtlichen Anerkennung der Ausgliederung der gewerblichen Tätigkeit auf eine personenidentische Gesellschaft (Schwestergesellschaft) → auch BFH vom 19. 2. 1998 (BStBl. II S. 603).
– Eine Unterpersonengesellschaft erzielt freiberufliche Einkünfte, wenn neben den unmittelbar an ihr beteiligten natürlichen Personen alle mittelbar beteiligten Gesellschafter der Obergesellschaften über die persönliche Berufsqualifikation verfügen und in der Unterpersonengesellschaft als solche tätig sind (→ BFH vom 28. 10. 2008 – BStBl. 2009 II S. 642) und zumindest in geringfügigem Umfang leitend und eigenverantwortlich mitarbeiten. Die freiberufliche Tätigkeit einer Unterpersonengesellschaft wird nicht bereits dadurch begründet, dass jeder Obergesellschafter zumindest in einer anderen Unterpersonengesellschaft des Personengesellschaftsverbunds als Freiberufler leitend und eigenverantwortlich tätig wird (→ BFH vom 4. 8. 2020 – BStBl. 2021 II S. 81).
– Stellen ein Kameramann und ein Tontechniker als Gesellschafter einer Personengesellschaft für Fernsehanstalten mit Originalton unterlegtes Filmmaterial über aktuelle Ereig-

[1] Zu standortübergreifenden ärztlichen Teilgemeinschaftspraxen siehe *Vfg. OFD Niedersachsen vom 15. 11. 2010, S 2246 – 57 – St 221/St 222 (DStR 2011 S. 74).* Zu ärztlichen Berufsausübungsgemeinschaften siehe *Vfg. OFD Frankfurt vom 17. 8. 2016, S 2241 A – 94 – St 517 (DStR S. 2591).*

[2] Zur Partnerschaftsgesellschaft mit beschränkter Berufshaftung siehe *Kurzinformation OFD Nordrhein-Westfalen vom 12. 12. 2013 Nr. 30/2013 (DStR 2014 S. 703) und Vfg. OFD Niedersachsen vom 26. 10. 2015, S 2000 –103 – St 221/St 222 (DStR 2016 S. 245).*

[3] Abgedruckt im „Handbuch zur GewSt-Veranlagung 2022" als Anlage b zu R 2.1 (2) GewStR.

H 15.6

nisse her, sind sie als Bildberichterstatter freiberuflich i. S. d. § 18 Abs. 1 Nr. 1 EStG tätig (→ BFH vom 20. 12. 2000 – BStBl. 2002 II S. 478).

Heil- und Heilhilfsberufe[1·2·3]
- → BMF vom 20. 11. 2019 (BStBl. I S. 1298).[4]
- Ob ein im Vergleich zu einem Katalogberuf i. S. d. § 18 Abs. 1 Nr. 1 Satz 2 EStG ähnlicher Beruf vorliegt, bestimmt sich nach ertragsteuerlichen Grundsätzen und nicht nach den im Zusammenhang mit der richtlinienkonformen Auslegung des § 4 Nr. 14 UStG entwickelten Maßstäben (→ BFH vom 25. 4. 2017 – BStBl. II S. 908).
- Betreibt ein Arzt ein **Krankenhaus,** liegt eine freiberufliche Tätigkeit vor, wenn es ein notwendiges Hilfsmittel für die ärztliche Tätigkeit darstellt und aus dem Krankenhaus ein besonderer Gewinn nicht angestrebt wird (→ RFH vom 15. 3. 1939 – RStBl. S. 853). Entsprechendes gilt hinsichtlich einer von einem Arzt oder von einem Heilpraktiker, Physiotherapeuten (Krankengymnasten), Heilmasseur betriebenen **medizinischen Badeanstalt** (→ BFH vom 26. 11. 1970 – BStBl. 1971 II S. 249).
- Ist eine von einem Arzt betriebene Klinik, ein Kurheim oder Sanatorium ein gewerblicher Betrieb, gehören grundsätzlich auch seine im Rahmen dieses Betriebes erzielten Einnahmen aus ärztlichen Leistungen zu den Einnahmen aus Gewerbebetrieb, wenn ein ganzheitliches Heilverfahren praktiziert wird, für das ein einheitliches Entgelt zu entrichten ist (→ BFH vom 12. 11. 1964 – BStBl. 1965 III S. 90). Ein Arzt, der eine Privatklinik betreibt, erzielt jedoch dann gewerbliche Einkünfte aus dem Betrieb der Klinik und freiberufliche Einkünfte aus den von ihm erbrachten stationären ärztlichen Leistungen, wenn die Leistungen der Klinik einerseits und die ärztlichen Leistungen andererseits gesondert abgerechnet werden und sich nicht gegenseitig unlösbar bedingen (→ BFH vom 2. 10. 2003 – BStBl. 2004 II S. 363). Das gilt entsprechend, wenn der Betrieb einer medizinischen Badeanstalt als Gewerbebetrieb anzusehen ist.
- **Tierärzte,** die **Medikamente oder Impfstoffe** gegen Entgelt abgeben, sind gewerblich tätig (→ BFH vom 1. 2. 1979 – BStBl. II S. 574 und vom 27. 7. 1978 – BStBl. II S. 686 sowie BMF vom 14. 5. 1997 – BStBl. I S. 566).[5]
- Der Verkauf von **Kontaktlinsen nebst Pflegemitteln** und von **Mundhygieneartikeln** ist eine gewerbliche Tätigkeit (→ BMF vom 14. 5. 1997 – BStBl. I S. 566).[5]

Künstlerische Tätigkeit[6]
- Eine künstlerische Tätigkeit liegt vor, wenn die Arbeiten nach ihrem Gesamtbild **eigenschöpferisch** sind und über eine hinreichende Beherrschung der Technik hinaus eine bestimmte **künstlerische Gestaltungshöhe** erreichen (→ BFH vom 11. 7. 1991 – BStBl. 1992 II S. 353). Dabei ist nicht jedes einzelne von dem Künstler geschaffene Werk für sich, sondern die gesamte von ihm im VZ ausgeübte Tätigkeit zu würdigen (→ BFH vom 11. 7. 1960 – BStBl. III S. 453).
- Im Übrigen ist aber bei der Entscheidung der Frage, ob ein bisher freiberuflich Tätiger Gewerbetreibender wird, nicht auf die möglicherweise besonders gelagerten Umstände eines einzelnen VZ abzustellen, sondern zu prüfen, ob die **allgemeine Tendenz** zur Entwicklung eines Gewerbebetriebes hingeht (→ BFH vom 24. 7. 1969 – BStBl. 1970 II S. 86).
- Da die künstlerische Tätigkeit in besonderem Maße **persönlichkeitsbezogen** ist, kann sie als solche nur anerkannt werden, wenn der Künstler auf sämtliche zur Herstellung eines Kunstwerks erforderlichen Tätigkeiten den entscheidenden gestaltenden Einfluss ausübt (→ BFH vom 2. 12. 1980 – BStBl. 1981 II S. 170).
- Zum Verfahren bei Vorliegen einander widersprechender **Gutachten** (→ BFH vom 11. 7. 1991 – BStBl. II S. 889).

Laborleistungen
- → BMF vom 12. 2. 2009 (BStBl. I S. 398).[7]
- → Mithilfe anderer Personen.

Mitarbeit eines angestellten Berufsträgers
- Betreuen ein selbständig tätiger und ein angestellter Ingenieur jeweils einzelne Projekte eigenverantwortlich und leitend, ist trotz der gleichartigen Tätigkeit eine – ggf. im Schätzungswege vorzunehmende – Aufteilung der Einkünfte nicht ausgeschlossen mit der Folge, dass die vom Unternehmensinhaber selbst betreuten Projekte der freiberuflichen Tätigkeit zuzuordnen sind,

---

[1] Zur Ausstellung von Impfzertifikaten durch Ärzte siehe *Vfg. OFD Frankfurt a. M. vom 14. 7. 2021 S 2245 A – 018 – St 214 (DStR 2021 S. 2693).*

[2] Medizinisches Gerätetraining in Krankengymnastikpraxen ist keine freiberufliche Tätigkeit. *Vfg. OFD München vom 11. 6. 2004 S 2246 – 37 St 41/42 (DStR S. 1963)* sowie *Vfg. OFD Frankfurt vom 2. 12. 2019 S 2245 A – 011 – St 21 (BeckVerw 460166).*

[3] Zur ambulanten Kranken- bzw. Altenpflege siehe *Vfg. OFD Frankfurt vom 26. 7. 2019 S 2246 A – 023 – St 21 (DStR S. 2262).*

[4] Nachstehend abgedruckt als Anlage a zu H 15.6.

[5] Abgedruckt im „Handbuch zur GewSt-Veranlagung 2022" als Anlage b zu R 2.1 (2) GewStR.

[6] Zur Mitwirkung von Gutachterausschüssen zur Feststellung der Künstlereigenschaft vgl. *Vfg. BayLfSt vom 26. 9. 2019 S 2246.1.1 – 1/10 St 32 (BeckVerw 457953).*

[7] Nachstehend abgedruckt. Ergänzend siehe *Vfg. OFD Niedersachsen vom 27. 1. 2011 G 1401 – 9 – St 254/S 2246 – 22 – St 224 (DStR S. 573).*

H 15.6

und nur die von dem Angestellten betreuten Projekte zu gewerblichen Einkünften führen (→ BFH vom 8. 10. 2008 – BStBl. 2009 II S. 143).

– Selbständige Ärzte üben ihren Beruf grundsätzlich auch dann leitend und eigenverantwortlich aus, wenn sie ärztliche Leistungen von angestellten Ärzten erbringen lassen. Voraussetzung dafür ist, dass sie auf Grund ihrer Fachkenntnisse durch regelmäßige und eingehende Kontrolle maßgeblich auf die Tätigkeit ihres angestellten Fachpersonals patientenbezogen Einfluss nehmen, dass die Leistung den Stempel der Persönlichkeit des Stpfl. trägt. Dies ist jedenfalls dann der Fall, wenn der selbständige Arzt die jeweils anstehenden Voruntersuchungen bei den Patienten durchführt, die Behandlungsmethode festlegt und sich die Behandlung problematischer Fälle vorbehält (→ BFH vom 16. 7. 2014 – BStBl. 2015 II S. 216).

Mithilfe anderer Personen. Fachlich vorgebildete Arbeitskräfte sind nicht nur Angestellte, sondern auch Subunternehmer (→ BFH vom 23. 5. 1984 – BStBl. II S. 823 und vom 20. 12. 2000 – BStBl. 2002 II S. 478). Die Beschäftigung von fachlich vorgebildeten Mitarbeitern steht der Annahme einer freiberuflichen Tätigkeit nicht entgegen, wenn der Berufsträger auf Grund eigener Fachkenntnisse **leitend** tätig wird und auch hinsichtlich der für den Beruf typischen Tätigkeit **eigenverantwortlich** mitwirkt (→ BFH vom 1. 2. 1990 – BStBl. II S. 507); im Fall eines Schulleiters genügt es, dass er eigenständig in den Unterricht anderer Lehrkräfte eingreift, indem er die Unterrichtsveranstaltungen mitgestaltet und ihnen damit den **Stempel seiner Persönlichkeit** gibt (→ BFH vom 23. 1. 1986 – BStBl. II S. 398). Die leitende und eigenverantwortliche Tätigkeit des Berufsträgers muss sich auf die **Gesamttätigkeit** seiner Berufspraxis erstrecken; es genügt somit nicht, wenn sich die auf persönlichen Fachkenntnissen beruhende Leitung und eigene Verantwortung auf einen Teil der Berufstätigkeit beschränkt (→ BFH vom 5. 12. 1968 – BStBl. 1969 II S. 165). Freiberufliche Arbeit leistet der Berufsträger nur, wenn die Ausführung jedes einzelnen ihm erteilten Auftrags ihm und nicht dem fachlichen Mitarbeiter, den Hilfskräften, den technischen Hilfsmitteln oder dem Unternehmen als Ganzem zuzurechnen ist, wobei in einfachen Fällen eine fachliche Überprüfung der Arbeitsleistung des Mitarbeiters genügt (→ BFH vom 1. 2. 1990 – BStBl. II S. 507). Danach ist z. B. in den folgenden Fällen eine **gewerbliche Tätigkeit** anzunehmen:

– Ein Stpfl. unterhält ein **Übersetzungsbüro,** ohne dass er selbst über Kenntnisse in den Sprachen verfügt, auf die sich die Übersetzungstätigkeit erstreckt.
– Ein **Architekt** befasst sich vorwiegend mit der Beschaffung von Aufträgen und lässt die fachliche Arbeit durch Mitarbeiter ausführen.
– Ein **Ingenieur** beschäftigt fachlich vorgebildete Arbeitskräfte und übt mit deren Hilfe eine Beratungstätigkeit auf mehreren Fachgebieten aus, die er nicht beherrscht oder nicht leitend bearbeitet (→ BFH vom 11. 9. 1968 – BStBl. II S. 820).
  → auch Mitarbeit eines angestellten Berufsträgers.
– **Prüfingenieure,** bei denen angestellte Prüfingenieure eigenständig Hauptuntersuchungen durchführen und dabei lediglich stichprobenartig überwacht werden (→ BFH vom 14. 5. 2019 – BStBl. II S. 580).
  → auch Mitarbeit eines angestellten Berufsträgers.
– Ein Stpfl. betreibt eine **Fahrschule,** besitzt jedoch nicht die Fahrlehrererlaubnis (→ BFH vom 4. 10. 1966 – BStBl. III S. 685).
– Ein Stpfl. ist Inhaber einer **Privatschule** und beschäftigt eine Anzahl von Lehrkräften, ohne durch eigenen Unterricht sowie durch das Mitgestalten des von anderen Lehrkräften erteilten Unterrichts eine überwiegend eigenverantwortliche Unterrichtstätigkeit auszuüben (→ BFH vom 6. 11. 1969 – BStBl. 1970 II S. 214 und vom 13. 12. 1973 – BStBl. 1974 II S. 213); das Gleiche gilt für **Reitunterricht** auf einem Reiterhof → BFH vom 16. 11. 1978 (BStBl. 1979 II S. 246).
– Ein **Facharzt für Laboratoriumsmedizin** hat nicht ausreichend Zeit für die persönliche Mitwirkung am einzelnen Untersuchungsauftrag (→ BFH vom 21. 3. 1995 – BStBl. II S. 732).[1]
– Ein **Krankenpfleger** überlässt Pflegeleistungen weitgehend seinen Mitarbeitern (→ BFH vom 5. 6. 1997 – BStBl. II S. 681).
– Ein **Bildberichterstatter** gibt Aufträge an andere Kameraleute und Tontechniker weiter, ohne insoweit auf die Gestaltung des Filmmaterials Einfluss zu nehmen (→ BFH vom 20. 12. 2000 – BStBl. 2002 II S. 478).
– Die Einkünfte einer **Ärzte-GbR** sind insgesamt solche aus Gewerbebetrieb, wenn die GbR auch Vergütungen aus ärztlichen Leistungen erzielt, die in nicht unerheblichem Umfang ohne leitende und eigenverantwortliche Beteiligung der Mitunternehmer-Gesellschafter erbracht werden (→ BFH vom 3. 11. 2015 – BStBl. 2016 II S. 381).

Der Berufsträger darf weder die Leitung noch die Verantwortlichkeit einem Geschäftsführer oder Vertreter übertragen. Eine leitende und eigenverantwortliche Tätigkeit ist jedoch dann noch gegeben, wenn ein Berufsträger nur **vorübergehend,** z. B. während einer Erkrankung, eines Urlaubs oder der Zugehörigkeit zu einer gesetzgebenden Körperschaft oder der Mitarbeit in einer Standesorganisation, seine Berufstätigkeit nicht selbst ausüben kann.

---

[1] Es gibt keine Grenzen, mit der die zulässige Größenordnung einer Laborpraxis und die zulässige Anzahl der bearbeiteten Aufträge exakt bestimmt werden. *BFH-Beschluss von 29. 4. 2002 (BStBl. II S. 581).*

Diese Grundsätze gelten bei den Einkünften nach § 18 Abs. 1 Nr. 3 EStG entsprechend (→ BFH vom 15. 12. 2010 – BStBl. 2011 II S. 506 und vom 26. 1. 2011 – BStBl. II S. 498). H 15.6

Rechts- und wirtschaftsberatende Berufe[1]

– Zu der freien Berufstätigkeit eines Wirtschaftsprüfers, vereidigten Buchprüfers, Steuerberaters, Steuerbevollmächtigten usw. können auch die Prüfungen der laufenden Eintragungen in den Geschäftsbüchern, die Prüfung der Inventur, die Durchführung des Hauptabschlusses und die Aufstellung der Steuererklärungen gehören. Die Bücherführung für andere Personen, z. B. durch einen Steuerberater oder einen Steuerbevollmächtigten, ist ebenfalls grundsätzlich eine freiberufliche Tätigkeit (→ RFH vom 8. 3. 1939 – RStBl. S. 577 und BFH vom 12. 9. 1951 – BStBl. III S. 197).
– → Gemischte Tätigkeit.

Schriftstellerische Tätigkeit[2]

– Ein Schriftsteller muss für die Öffentlichkeit schreiben und es muss sich um den Ausdruck eigener Gedanken handeln, mögen sich diese auch auf rein tatsächliche Vorgänge beziehen. Es ist nicht erforderlich, dass das Geschriebene einen wissenschaftlichen oder künstlerischen Inhalt hat. Der Schriftsteller braucht weder Dichter noch Künstler noch Gelehrter zu sein (→ BFH vom 14. 5. 1958 – BStBl. III S. 316).
– Die selbständige Entwicklung von Softwarelernprogrammen ist dann eine schriftstellerische Tätigkeit, wenn eigene Gedanken verfasst werden und die Programme für die Öffentlichkeit bestimmt sind (→ BFH vom 10. 9. 1998 – BStBl. 1999 II S. 215).
– Das Verfassen von Anleitungen zum Umgang mit technischen Geräten ist eine schriftstellerische Tätigkeit, wenn der auf der Grundlage mitgeteilter Daten erstellte Text als eine eigenständige gedankliche Leistung des Autors erscheint (→ BFH vom 25. 4. 2002 – BStBl. II S. 475).

Sonstige selbständige Arbeit

– Eine Tätigkeit ist auch eine sonstige selbständige Arbeit i. S. d. § 18 Abs. 1 Nr. 3 EStG, wenn sie den dort aufgeführten Tätigkeiten (Vollstreckung von Testamenten, Vermögensverwaltung, Tätigkeit als Aufsichtsratsmitglied) ähnlich ist (→ BFH vom 28. 8. 2003 – BStBl. 2004 II S. 112). Das ist z. B. der Fall, wenn die Tätigkeit die Betreuung fremder Vermögensinteressen umfasst, aber darüber hinaus auch dann, wenn es sich um eine selbständig ausgeübte fremdnützige Tätigkeit in einem fremden Geschäftskreis handelt. Eine rein beratende Tätigkeit, die sich z. B. auf die Erteilung von Anlageempfehlungen beschränkt, ohne dass die zur Vermögensanlage erforderlichen Verfügungen selbst vorgenommen werden können oder ein Depot betreut wird, fällt nicht darunter (→ BFH vom 7. 5. 2019 – BStBl. II S. 528 und S. 532).
– Eine Tätigkeit als **Aufsichtsratsmitglied** i. S. d. § 18 Abs. 1 Nr. 3 EStG übt derjenige aus, der mit der Überwachung der Geschäftsführung einer Gesellschaft beauftragt ist. Dies ist dann nicht der Fall, wenn vom Beauftragten im Wesentlichen Aufgaben der Geschäftsführung wahrgenommen werden (→ BFH vom 28. 8. 2003 – BStBl. 2004 II S. 112).
– Einkünfte aus einer Tätigkeit als Insolvenzverwalter oder aus der Zwangsverwaltung von Liegenschaften gehören, auch wenn sie von Rechtsanwälten erzielt werden, grundsätzlich zu den Einkünften aus sonstiger selbständiger Arbeit i. S. d. § 18 Abs. 1 Nr. 3 EStG (→ BFH vom 15. 12. 2010 – BStBl. 2011 II S. 506).[3]
– Bei den Einkünften aus sonstiger selbständiger Arbeit i. S. v. § 18 Abs. 1 Nr. 3 EStG ist § 18 Abs. 1 Nr. 1 Satz 3 und 4 EStG entsprechend anzuwenden (→ BFH vom 15. 12. 2010 – BStBl. 2011 II S. 506 und vom 26. 1. 2011 – BStBl. II S. 498).

Unterrichtende Tätigkeit

– Der Betrieb einer **Unterrichtsanstalt** ist dann als Ausübung eines freien Berufs anzusehen, wenn der Inhaber über entsprechende Fachkenntnisse verfügt und den Betrieb der Schule eigenverantwortlich leitet (→ Mithilfe anderer Personen). Für eine spezifisch individuelle Leistung, wie es die Lehrtätigkeit ist, gelten dabei **besonders enge Maßstäbe** (→ BFH vom 1. 4. 1982 – BStBl. II S. 589).
– Ein der Schule angeschlossenes **Internat** rechnet zur freiberuflichen Tätigkeit, wenn das Internat ein notwendiges Hilfsmittel für die Schule ist und das Internat keine besondere Gewinnquelle neben der Schule bildet (→ BFH vom 30. 6. 1964 – BStBl. III S. 630). Für die Behandlung der beiden Betriebe als gemischte Tätigkeit und ihre getrennte steuerliche Behandlung (→ **Gemischte Tätigkeit**). Eine freiberufliche erzieherische Tätigkeit kann ohne Ablegung einer fachlichen Prüfung ausgeübt werden (→ BFH vom 25. 4. 1974 – BStBl. II S. 642).
– Der Betrieb eines **Fitness-Studios** stellt keine unterrichtende Tätigkeit dar, wenn sich die persönliche Betreuung der Kunden im Wesentlichen auf die Einweisung in die Handhabung der Geräte und die Überwachung des Trainings in Einzelfällen beschränkt (→ BFH vom 13. 1. 1994 – BStBl. II S. 362). Dies gilt auch bei einem **Bodybuilding-Studio,** wenn die unterrichtende Tätigkeit nur die Anfangsphase der Kurse prägt und im Übrigen den Kunden Trainingsgeräte zur freien Verfügung stehen (→ BFH vom 18. 4. 1996 – BStBl. II S. 573).

---

[1] Die Vereinbarung von Erfolgshonoraren durch Rechtsanwälte oder durch Wirtschaftsprüfer nach § 55 Abs. 1 i. V. m. § 2 Abs. 3 Nr. 2 WPO führt nicht zur Umqualifizierung ihrer Einkünfte in solche aus Gewerbebetrieb. *Vfg. OFD Frankfurt vom 25. 1. 2008 S 2246 A – 32 – St 210 (ZSteu S. 92; BeckVerw 114303).*

[2] Siehe auch *BFH-Urteil vom 14. 5. 2014 VIII 18/11 (BStBl. 2015 II S. 128).*

[3] Siehe auch *OFD Koblenz, Kurzinformation vom 23. 9. 2011 S 2246 A – St 314 (DStR 2012 S. 188).*

– Der Betrieb einer **Tanzschule** durch eine GbR ist gewerblich, wenn diese auch einen Getränkeverkauf mit Gewinnerzielungsabsicht betreibt (→ BFH vom 18. 5. 1995 – BStBl. II S. 718).
– Eine unterrichtende Tätigkeit erfordert ein Tätigwerden gegenüber Menschen (→ BFH vom 9. 5. 2017 – BStBl. II S. 911).

Verpachtung nach Erbfall. Das Ableben eines Freiberuflers führt weder zu einer Betriebsaufgabe noch geht das der freiberuflichen Tätigkeit dienende Betriebsvermögen durch den Erbfall in das Privatvermögen der Erben über (→ BFH vom 14. 12. 1993 – BStBl. 1994 II S. 922). Die vorübergehende Verpachtung einer freiberuflichen Praxis durch den Erben oder Vermächtnisnehmer führt dann nicht zur Betriebsaufgabe, wenn er im Begriff ist, die für die beabsichtigte Praxisfortführung erforderliche freiberufliche Qualifikation zu erlangen (→ BFH vom 12. 3. 1992 – BStBl. 1993 II S. 36).

Wissenschaftliche Tätigkeit.[1] Wissenschaftlich tätig wird nicht nur, wer schöpferische oder forschende Arbeit leistet – reine Wissenschaft –, sondern auch, wer das aus der Forschung hervorgegangene Wissen und Erkennen auf konkrete Vorgänge anwendet – angewandte Wissenschaft. Keine wissenschaftliche Tätigkeit liegt vor, wenn sie im Wesentlichen in einer praxisorientierten Beratung besteht (→ BFH vom 27. 2. 1992 – BStBl. II S. 826).[2]

Anl a zu H 15.6

a) Schreiben betr. ertragsteuerliche Behandlung von Heil- und Heilhilfsberufen

Vom 20. November 2019 (BStBl. I S. 1298)

(BMF IV C 6 – S 2246/19/10001; DOK 2019/0982151)

37a Zur Einordnung der Einkünfte aus der Tätigkeit im Rahmen eines Heil- oder Heilhilfsberufs als Einkünfte aus freiberuflicher Tätigkeit (§ 18 Absatz 1 Nummer 1 EStG) oder als Einkünfte aus Gewerbebetrieb (§ 15 EStG) gilt im Einvernehmen mit den obersten Finanzbehörden der Länder Folgendes:

1. Vergleichbarkeit mit einem Katalogberuf

Einen Heil- oder Heilhilfsberuf übt derjenige aus, dessen Tätigkeit der Feststellung, Heilung oder Linderung von Krankheiten, Leiden oder Körperschäden beim Menschen dient. Dazu gehören auch Leistungen der vorbeugenden Gesundheitspflege.

Soweit Heil- oder Heilhilfsberufe nicht zu den Katalogberufen zählen, ist ein solcher Beruf einem der in § 18 Absatz 1 Nummer 1 Satz 2 EStG genannten Katalogberufe ähnlich, wenn das typische Bild des Katalogberufs mit seinen wesentlichen Merkmalen dem Gesamtbild des zu beurteilenden Berufs vergleichbar ist. Dazu gehören die Vergleichbarkeit der jeweils ausgeübten Tätigkeit nach den sie charakterisierenden Merkmalen, die Vergleichbarkeit der Ausbildung und die Vergleichbarkeit der Bedingungen, an die das Gesetz die Ausübung des zu vergleichenden Berufs knüpft.

Bei der Prüfung der Vergleichbarkeit ist regelmäßig auf die Katalogberufe des Heilpraktikers oder Krankengymnasten abzustellen. Dies bedeutet für die einzelnen Tatbestandsmerkmale Folgendes:

a) Vergleichbarkeit der ausgeübten Tätigkeit

Die ausgeübte Tätigkeit ist den o. g. Katalogberufen ähnlich, wenn sie der Ausübung der Heilkunde dient.

b) Vergleichbarkeit der Ausbildung

Die Ausbildung ist den o. g. Katalogberufen ähnlich, wenn sie als mehrjährige theoretische und praktische Ausbildung auf Grund eines bundeseinheitlichen Berufsgesetzes absolviert wird.

c) Vergleichbarkeit der gesetzlichen Bedingungen an die Ausübung

Es müssen grundsätzlich vergleichbare berufsrechtliche Regelungen über Ausbildung, Prüfung, staatliche Anerkennung sowie staatliche Erlaubnis und Überwachung der Berufsausübung vorliegen.

aa) Berufsrechtliche Regelung

Für den zu beurteilenden Beruf muss ein bundeseinheitliches Berufsgesetz existieren, in dem Ausbildung und Ausübung geregelt sind.

bb) Staatliche Erlaubnis der Berufsausübung

Die Ausübung des zu beurteilenden Berufs muss einer gesetzlich vorgeschriebenen Erlaubnis bedürfen.

cc) Staatliche Überwachung

Die Ausübung des zu beurteilenden Berufs muss einer staatlichen Überwachung durch die zuständige Behörde (z. B. Gesundheitsamt) unterliegen.

2. Vergleichbare Berufsgruppen

Nach den unter 1. genannten Grundsätzen üben demnach folgende Berufsgruppen eine freiberufliche Tätigkeit aus:
– Altenpfleger, soweit keine hauswirtschaftliche Versorgung der Patienten erfolgt,
– Diätassistenten,
– Ergotherapeuten,
– Fußpfleger, medizinische,
– Hebammen/Entbindungspfleger,

[1] Siehe auch *BFH-Urteil vom 14. 5 2014 VIII R 18/11 (BStBl. 2015 II S. 128).*
[2] Vgl. ferner *BFH-Urteil vom 30. 3. 1994 I R 54/93 (BStBl. II S. 864).*

- Krankenpfleger/Krankenschwestern, soweit keine hauswirtschaftliche Versorgung der Patienten erfolgt,
- Logopäden,
- staatlich geprüfte Masseure, Heilmasseure, soweit diese nicht lediglich oder überwiegend kosmetische oder Schönheitsmassagen durchführen,
- medizinische Bademeister, soweit diese auch zur Feststellung des Krankheitsbefunds tätig werden oder persönliche Heilbehandlungen am Körper des Patienten vornehmen,
- medizinisch-technische Assistenten,
- Orthoptisten,
- Psychologische Psychotherapeuten, Kinder- und Jugendlichenpsychotherapeuten,
- Podologen,
- Rettungsassistenten,
- Zahnpraktiker.

3. Zulassung des Steuerpflichtigen oder der Berufsgruppe nach § 124 Absatz 1 SGB V oder §§ 140 a ff. SGB V

Ergänzend zu den unter 1. dargestellten Grundsätzen stellt die Zulassung des jeweiligen Steuerpflichtigen oder die regelmäßige Zulassung seiner Berufsgruppe nach § 124 Absatz 1 SGB V durch die zuständigen Stellen der gesetzlichen Krankenkassen ein ausreichendes Indiz für das Vorliegen einer dem Katalogberuf des Krankengymnasten ähnlichen Tätigkeit dar. Gleiches gilt für die Zulassung zur Teilnahme an Verträgen zur Integrierten Versorgung mit Anthroposophischer Medizin nach §§ 140 a ff. SGB V.

Fehlt es an einer solchen Zulassung, kann durch ein Gutachten nachgewiesen werden, ob die Ausbildung, die Erlaubnis und die Tätigkeit des Steuerpflichtigen mit den Erfordernissen des § 124 Absatz 1 Satz 1 Nummer 1 bis 3 SGB V oder §§ 140 a ff. SGB V vergleichbar sind (vgl. BFH-Urteile vom 28. August 2003, BStBl. II 2004 S. 954, und vom 20. November 2018 VIII R 26/15, BStBl. II 2019 S. 776).

Dieses Schreiben tritt an die Stelle des BMF-Schreibens vom 22. Oktober 2004 (BStBl. I S. 1030) und ist auf alle offenen Fälle anzuwenden.

b) Schreiben betr. ertragsteuerliche Beurteilung von ärztlichen Laborleistungen

Anl b zu H 15.6

Vom 12. Februar 2009 (BStBl. I S. 398)

(BMF IV C 6 – S 2246/08/10001; DOK 2009/0080376)

Im Einvernehmen mit den obersten Finanzbehörden der Länder gilt zur ertragsteuerlichen Beurteilung der ärztlichen Laborleistungen Folgendes:

I. Erbringung von Laborleistungen durch einen niedergelassenen Laborarzt

1 Der Laborarzt erzielt Einkünfte als freiberuflicher Tätigkeit (§ 18 Abs. 1 Nr. 1 Satz 2 EStG), wenn er – ggf. unter Mithilfe fachlich vorgebildeter Arbeitskräfte – auf Grund der eigenen Fachkenntnisse leitend und eigenverantwortlich tätig wird (sog. Stempeltheorie). Dies ist nach den Umständen des Einzelfalls zu beurteilen. Hierfür sind die Praxisstruktur, die individuelle Leistungskapazität des Arztes, das in der Praxis anfallende Leistungsspektrum und die Qualifikation der Mitarbeiter zu berücksichtigen. Eine leitende und eigenverantwortliche Tätigkeit liegt im Einzelfall z. B. dann nicht vor, wenn die Zahl der vorgebildeten Arbeitskräfte und die Zahl der täglich anfallenden Untersuchungen eine Eigenverantwortlichkeit ausschließen. **38**

II. Erbringung von Laborleistungen durch eine Laborgemeinschaft

1. Definition der Laborgemeinschaft

2 Nach § 25 Abs. 3 des Bundesmantelvertrages-Ärzte (BMV-Ä) ist eine Laborgemeinschaft eine Gemeinschaftseinrichtung von Vertragsärzten, welche dem Zweck dient, labormedizinische Analysen in derselben gemeinschaftlich genutzten Betriebsstätte zu erbringen. Die Gesellschaften besitzen aus diesem Grund die für das Labor notwendigen Räume, stellen das Hilfspersonal ein und beschaffen die notwendigen Apparate und Einrichtungen. Die Gesellschafter haben in der Regel gleiche Investitionseinlagen zu leisten und sind am Gesellschaftsvermögen in gleicher Höhe beteiligt.

3 Laborgemeinschaften können in unterschiedlichen Organisationsformen – wie z. B. als Leistungserbringer, als Abrechnungseinheit oder als Laborgemeinschaft mit einer gesonderten Betriebsführungs- oder Laborgesellschaft – tätig werden.

2. Ertragsteuerliche Beurteilung

4 Unabhängig von der jeweiligen Organisationsform kommt es für die ertragsteuerliche Beurteilung auf die Gewinnerzielungsabsicht (§ 15 Abs. 2 EStG) an.

a) Erbringung von Laborleistungen ausschließlich an Mitglieder

5 Bei einer Laborgemeinschaft handelt es sich ertragsteuerlich regelmäßig um eine Kosten-/Hilfsgemeinschaft, die lediglich den Gesellschaftszweck „Erlangung wirtschaftlicher Vorteile durch gemeinsame Übernahme von Aufwendungen" verfolgt, d. h. die auf gemeinsame Rechnung getätigten Betriebsausgaben im Einzelnen auf ihre Mitglieder umzulegen. Die Ausgliederung aus der Einzelpraxis erfolgt ausschließlich aus technischen Gründen. Die Laborgemeinschaften sollen lediglich kostendeckend arbeiten, jedoch keinen Gewinn erzielen. Eine Gewinnerzielungsabsicht liegt daher grundsätzlich nicht vor.

6 Ist eine Ärztegemeinschaft an einer lediglich kostendeckend arbeitenden Laborgemeinschaft beteiligt, entsteht keine Mitunternehmerschaft i. S. von § 15 Abs. 1 Satz 1 Nr. 2 EStG, so dass § 15 Abs. 3 Nr. 1 EStG für die gesamte Ärztegemeinschaft nicht anwendbar ist. Die Einnahmen aus einer Laborgemeinschaft oder aus Laborleistungen sind in diesem Fall unmittelbar den Einnahmen aus selbständiger Arbeit der beteiligten Ärzte zuzurechnen.

7 Da die Laborgemeinschaft auf Grund der lediglich kostendeckenden Auftragsabwicklung nicht mit Gewinnerzielungsabsicht tätig wird, ist in diesem Fall eine einheitliche und gesonderte Gewinnfeststellung für die Laborgemeinschaft nicht vorzunehmen. Es sind lediglich die anteiligen Betriebsausgaben gesondert festzustellen. Dies gilt auch für Laborgemeinschaften mit einer großen Zahl von Mitgliedern.

8[1] Die Änderung der Abrechnungsgrundsätze zwischen der Laborgemeinschaft und der gesetzlichen Krankenversicherung in Folge der Neuregelung des § 25 Abs. 3 BMV-Ä ändert an dieser Rechtsauffassung nichts, wenn die Laborgemeinschaft weiterhin lediglich die Kosten gegenüber der gesetzlichen Krankenkasse in der Höhe abrechnet, in der diese ihr tatsächlich entstanden sind (§ 25 Abs. 3 Satz 4 BMV-Ä). Der Gewinn wird in diesem Fall weiterhin ausschließlich durch die einzelnen Mitglieder im Rahmen ihrer jeweiligen ärztlichen Tätigkeit erwirtschaftet.

9 Sind an einer Laborgemeinschaft, die nicht mit Gewinnerzielungsabsicht tätig wird, auch niedergelassene Laborärzte beteiligt, ist eine Umqualifizierung der Einkünfte erst auf der Ebene des niedergelassenen Laborarztes nach den oben dargestellten Grundsätzen zu prüfen.

10 Erzielt die Laborgemeinschaft hingegen Gewinne, stellt diese keine Kosten-/Hilfsgemeinschaft mehr im oben genannten Sinne, sondern eine Mitunternehmerschaft nach § 15 Abs. 1 Satz 1 Nr. 2 EStG i. V. m. § 18 Abs. 4 Satz 2 EStG dar. Für die Prüfung, ob die Laborgemeinschaft in diesem Fall gewerbliche (§ 15 EStG) oder freiberufliche (§ 18 EStG) Einkünfte erzielt, gelten die unter I. dargestellten Grundsätze entsprechend. Danach ist zu prüfen, ob unter Berücksichtigung der Zahl der Angestellten und der durchgeführten Untersuchungen eine eigenverantwortliche Tätigkeit der an der Laborgemeinschaft beteiligten Ärzte noch gegeben ist. Ist dies zu bejahen und sind nur selbständig tätige Ärzte an der Laborgemeinschaft beteiligt, erzielen sie Einkünfte aus ärztlicher Tätigkeit gemäß § 18 Abs. 1 Nr. 1 Satz 2 EStG. Ist dies zu verneinen und/oder sind nicht nur selbständig tätige Ärzte an der Laborgemeinschaft beteiligt, sind die gesamten Einkünfte der Laborgemeinschaft als Einkünfte aus Gewerbebetrieb gemäß § 15 Abs. 1 Satz 1 Nr. 2 EStG zu behandeln. Wegen der Regelung des § 15 Abs. 3 Nr. 1, 2. Alternative EStG schlägt diese Behandlung dann auch auf die Einkünftequalifizierung der beteiligten Ärztegemeinschaften durch (Abfärbung bei sog. „Beteiligungseinkünften").

b) Erbringung von Laborleistungen an Nichtmitglieder

11 Erbringt die Laborgemeinschaft auch Laboruntersuchungen für Nichtmitglieder, ist wie bei den niedergelassenen Laborärzten zu prüfen, ob unter Berücksichtigung der Zahl der Angestellten und durchgeführten Untersuchungen eine eigenverantwortliche Tätigkeit der Laborgemeinschaft noch gegeben ist.

III. Anwendungszeitraum

12 Dieses Schreiben ersetzt das BMF-Schreiben vom 31. Januar 2003 (BStBl. I S. 170). Es gilt für Veranlagungszeiträume ab 2008.

R 15.7 (1)

R 15.7. Abgrenzung des Gewerbebetriebs von der Vermögensverwaltung

Allgemeines

41 (1) ① Die bloße Verwaltung eigenen Vermögens ist regelmäßig keine gewerbliche Tätigkeit. ② Vermögensverwaltung liegt vor, wenn sich die Betätigung noch als Nutzung von Vermögen im Sinne einer Fruchtziehung aus zu erhaltenden Substanzwerten darstellt und die Ausnutzung substantieller Vermögenswerte durch Umschichtung nicht entscheidend in den Vordergrund tritt. ③ Ein Gewerbebetrieb liegt dagegen vor, wenn eine selbständige nachhaltige Betätigung mit Gewinnabsicht unternommen wird, sich als Beteiligung am allgemeinen wirtschaftlichen Verkehr darstellt und über den Rahmen einer Vermögensverwaltung hinausgeht. ④ Die Verpachtung eines Gewerbebetriebs ist grundsätzlich nicht als Gewerbebetrieb anzusehen → aber R 16 Abs. 5.[2]

H 15.7 (1)

Beginn der Betriebsverpachtung. Verfahren → BFH vom 13. 11. 1963 (BStBl. 1964 III S. 124); → Oberste Finanzbehörden der Länder (BStBl. 1965 II S. 4 ff.).

42 **Betriebsaufspaltung/Gewerblicher Grundstückshandel.** Gehört ein Grundstück zum Betriebsvermögen (Umlaufvermögen) eines gewerblichen Grundstückshandels und wird es im Rahmen einer Betriebsaufspaltung als eine wesentliche Betriebsgrundlage an ein Betriebsunternehmen vermietet, wird das Grundstück unter Fortführung des Buchwerts notwendiges Betriebsvermögen (Anlagevermögen) bei dem Besitzunternehmen (→ BFH vom 21. 6. 2001 – BStBl. 2002 II S. 537).

[1] Ergänzend siehe *Anmerkung BayLfSt vom 14. 8. 2009 zur Vfg. S 2246.2.1 – 10/2 St 32/St 33 (DStR S. 1962).*
[2] Jetzt „§ 16 Abs. 3 b EStG".

H 15.7 (1)

Einkunftsermittlung
- Bei im Betriebsvermögen gehaltenen Beteiligungen an vermögensverwaltenden Personengesellschaften → BMF vom 29. 4. 1994 (BStBl. I S. 282) und vom 8. 6. 1999 (BStBl. I S. 592) und → BFH vom 11. 4. 2005 (BStBl. II S. 679).
- Überträgt ein gewerblich tätiger Gesellschafter einer vermögensverwaltenden Personengesellschaft (sog. Zebragesellschaft) ein Wirtschaftsgut seines Betriebsvermögens in das Gesamthandsvermögen der vermögensverwaltenden Personengesellschaft, führt dies nicht zur Aufdeckung der stillen Reserven bei dem Gesellschafter, soweit dieser an der Zebragesellschaft betrieblich beteiligt ist. Dies gilt auch dann, wenn die Übertragung zu fremdüblichen Bedingungen erfolgt. Die auf die betriebliche Beteiligung entfallenden stillen Reserven sind erst bei der Veräußerung des Wirtschaftsguts durch die Zebragesellschaft aufzudecken (→ BFH vom 26. 4. 2012 – BStBl. 2013 II S. 142).

Erwerb von „gebrauchten" Lebensversicherungen. Die Grenze der privaten Vermögensverwaltung zum Gewerbebetrieb wird nicht überschritten, wenn der Erwerb und das Halten „gebrauchter" Lebensversicherungen sowie der Einzug der Versicherungssumme bei Fälligkeit den Beginn und das Ende einer in erster Linie auf Fruchtziehung gerichteten Tätigkeit darstellen. Ein ausreichendes Indiz für die Qualifikation der Tätigkeit als Gewerbebetrieb ergibt sich weder aus dem Anlagevolumen oder dem Umfang der getätigten Rechtsgeschäfte noch aus der Einschaltung eines Vermittlers. Eine gewerbliche Tätigkeit kommt nur in Betracht, wenn sich der Erwerber wie ein Händler oder Dienstleister verhält (→ BFH vom 11. 10. 2012 – BStBl. 2013 II S. 538).

Gewerblicher Grundstückshandel
- → BMF vom 26. 3. 2004 (BStBl. I S. 434).[1]
- Veräußert der Alleingesellschafter-Geschäftsführer einer GmbH ein von ihm erworbenes unaufgeteiltes Mehrfamilienhaus an die GmbH, die er zur Aufteilung bevollmächtigt und die die entstandenen vier Eigentumswohnungen noch im selben Jahr an verschiedene Erwerber veräußert, können die Aktivitäten der GmbH nur dem Anteilseigner zugerechnet werden, wenn die Voraussetzungen eines Gestaltungsmissbrauchs vorliegen. Für einen Gestaltungsmissbrauch kann insbesondere neben weiteren Umständen sprechen, dass die Mittel für den an den Anteilseigner zu entrichtenden Kaufpreis zu einem erheblichen Teil erst aus den Weiterverkaufserlösen zu erbringen sind (→ BFH vom 18. 3. 2004 – BStBl. II S. 787).
- In der Einschaltung von nahen Angehörigen in eigene Grundstücksgeschäfte des Stpfl. kann ein Gestaltungsmissbrauch i. S. d. § 42 AO liegen (→ BFH vom 15. 3. 2005 – BStBl. II S. 817).
- Die Zwischenschaltung einer GmbH, die die Errichtung und Vermarktung von Wohnungen übernimmt, ist grundsätzlich nicht missbräuchlich, wenn die GmbH nicht funktionslos ist, d. h. wenn sie eine wesentliche – wertschöpfende – eigene Tätigkeit (z. B. Bebauung des erworbenen Grundstücks) ausübt. Die von der GmbH veräußerten Wohnungen sind dann nicht als Objekt i. S. d. Drei-Objekt-Grenze zu berücksichtigen (→ BFH vom 17. 3. 2010 – BStBl. II S. 622).
- Im Rahmen des Folgebescheids darf der Gewinn aus der Veräußerung eines Anteils an einer grundbesitzenden Personengesellschaft auch dann in einen laufenden Gewinn im Rahmen eines vom Stpfl. betriebenen gewerblichen Grundstückshandels umqualifiziert werden, wenn er im Grundlagenbescheid als Veräußerungsgewinn bezeichnet worden ist (→ BFH vom 18. 4. 2012 – BStBl. II S. 647).
- Ein gewerblicher Grundstückshandel setzt Gewinnerzielungsabsicht voraus. Die Gewinnerzielungsabsicht kann nachträglich entfallen. Obliegt es dem gewerblichen Händler zu bebauender Grundstücke, mit Rücksicht auf eine längere Verlustphase Umstrukturierungsmaßnahmen zu treffen, hat er geänderte konkrete Nutzungskonzepte zu entwickeln und zu verfolgen. Die Hoffnung auf einen Veräußerungsgewinn jenseits einer Haltefrist von zehn Jahren ist regelmäßig privater Natur. Wird der Betrieb weder umstrukturiert noch aufgegeben, kommt es infolge Strukturwandels zur Liebhaberei (→ BFH vom 5. 4. 2017 – BStBl. II S. 1130).

Goldhandel. Ob der Ankauf und Verkauf von Gold als Gewerbebetrieb anzusehen ist, muss anhand der Besonderheiten von Goldgeschäften beurteilt werden. Ein kurzfristiger und häufiger Umschlag des Goldbestands sowie der Einsatz von Fremdkapital können Indizien für eine gewerbliche Tätigkeit sein. Die Grundsätze des Wertpapierhandels (→ H 15.7 (9) An- und Verkauf von Wertpapieren) sind auf den Handel mit physischem Gold nicht übertragbar (→ BFH vom 19. 1. 2017 – BStBl. II S. 456).

Handel mit Beteiligungen. Die Gründung oder der Erwerb von mehreren GmbHs, die Ausstattung der Gesellschaften mit Güterfernverkehrsgenehmigungen und die anschließende Veräußerung dieser Beteiligungen begründet eine gewerbliche Tätigkeit (→ BFH vom 25. 7. 2001 – BStBl. II S. 809).

---

[1] Nachstehend abgedruckt als Anlage a zu R 15.7 EStR.

Hingabe von Gesellschafterdarlehen. Die Hingabe von Gesellschafterdarlehen an Kapitalgesellschaften begründet auch bei einem beträchtlichen Kreditvolumen keine Eigenschaft als Marktteilnehmer. Sie überschreitet nicht ohne Weiteres die Grenze der privaten Vermögensverwaltung. Die gewerbliche Darlehenshingabe verlangt eine „bankähnliche" bzw. „bankentypische" Tätigkeit (→ BFH vom 9. 7. 2019 – BStBl. 2021 II S. 418).

Teilbetrieb. Die Verpachtung eines Teilbetriebs führt nicht zu Einkünften aus Vermietung und Verpachtung, wenn sie im Rahmen des gesamten Betriebs vorgenommen wird (→ BFH vom 5. 10. 1976 – BStBl. 1977 II S. 42).

Venture Capital Fonds/Private Equity Fonds. Zur Abgrenzung der privaten Vermögensverwaltung vom Gewerbebetrieb bei Venture Capital Fonds und Private Equity Fonds → BMF vom 16. 12. 2003 (BStBl. 2004 I S. 40 – berichtigt BStBl. 2006 I S. 632).
→ aber Tz. 20 Satz 2 überholt durch BFH vom 9. 8. 2006 (BStBl. 2007 II S. 279).

Veräußerung über Internetplattformen. Werden privat und ohne Veräußerungsabsicht angeschaffte bewegliche Wirtschaftsgüter veräußert, kann dies auch dann der letzte Akt der privaten Vermögensverwaltung sein, wenn die Veräußerung über einen langen Zeitraum und in zahlreichen Einzelakten ausgeführt wird. Allein die Verwendung einer auch von gewerblichen Händlern genutzten Internetplattform führt zu keinem anderen Ergebnis (→ BFH vom 17. 6. 2020 – BStBl. 2021 II S. 213).

Virtuelle Währungen und sonstige Token → BMF vom 10. 5. 2022 – BStBl. I S. 668.

R 15.7 (2)

Vermietung und Verpachtung von Grundvermögen

43 (2) ① Ein Gewerbebetrieb ist in der Regel gegeben bei der Vermietung von Ausstellungsräumen, Messeständen und bei der ständig wechselnden kurzfristigen Vermietung von Sälen, z. B. für Konzerte. ② Die Beherbergung in Gaststätten ist stets ein Gewerbebetrieb.

H 15.7 (2)

44 **Arbeiterwohnheim.** Der Betrieb eines Arbeiterwohnheims ist im Allgemeinen als Gewerbebetrieb zu beurteilen (→ BFH vom 18. 1. 1973 – BStBl. II S. 561).

Architekten/Bauunternehmer. Die Errichtung von Häusern durch Architekten oder Bauunternehmer zum Zweck späterer Vermietung stellt keine gewerbliche Tätigkeit dar, auch wenn sie in großem Umfang erfolgt und erhebliche Fremdmittel eingesetzt werden (→ BFH vom 12. 3. 1964 – BStBl. III S. 364).

Campingplatz. Der Inhaber eines Campingplatzes ist gewerblich tätig, wenn er über die Vermietung der einzelnen Plätze für das Aufstellen von Zelten und Wohnwagen hinaus wesentliche Nebenleistungen erbringt, wie die Zurverfügungstellung sanitärer Anlagen und ihrer Reinigung, die Trinkwasserversorgung, die Stromversorgung für die Gesamtanlage und die einzelnen Standplätze, Abwässer- und Müllbeseitigung, Instandhaltung, Pflege und Überwachung des Platzes (→ BFH vom 6. 10. 1982 – BStBl. 1983 II S. 80). Das gilt auch, wenn die Benutzer überwiegend sog. Dauercamper sind (→ BFH vom 27. 1. 1983 – BStBl. II S. 426).

Einkaufszentrum. Die Vermietung eines Einkaufszentrums ist nicht deshalb als Gewerbebetrieb anzusehen, weil der Vermieter die für ein Einkaufszentrum üblichen Infrastruktureinrichtungen bereitstellt oder werbe- und verkaufsfördernde Maßnahmen für das Gesamtobjekt durchführt.
Unschädlich sind Sonderleistungen, die nicht über das hinausgehen, was die Nutzung der Räume zu dem von den Mietern vorausgesetzten gewerblichen Zweck ermöglicht, und die nicht als eigenständiges Herantreten an den Markt verstanden werden können. Letzteres ist nicht anzunehmen, wenn die Sonderleistung im (jedenfalls überwiegenden) wirtschaftlichen Interesse des Vermieters erbracht wird und nicht wirtschaftliche Interessen des Empfängers im Vordergrund stehen (→ BFH vom 14. 7. 2016 – BStBl. 2017 II S. 175).

Ferienwohnung. Bei Vermietung einer Ferienwohnung ist ein Gewerbebetrieb gegeben, wenn sämtliche der folgenden Voraussetzungen vorliegen:

1. Die Wohnung muss für die Führung eines Haushalts voll eingerichtet sein, z. B. Möblierung, Wäsche und Geschirr enthalten. Sie muss in einem reinen Feriengebiet im Verband mit einer Vielzahl gleichartig genutzter Wohnungen liegen, die eine einheitliche Wohnanlage bilden.
2. Die Werbung für die kurzfristige Vermietung der Wohnung an laufend wechselnde Mieter und die Verwaltung der Wohnung müssen von einer für die einheitliche Wohnanlage bestehenden Feriendienstorganisation durchgeführt werden.
3. Die Wohnung muss jederzeit zur Vermietung bereitgehalten werden, und es muss nach Art der Rezeption eines Hotels laufend Personal anwesend sein, das mit den Feriengästen Mietverträge abschließt und abwickelt und dafür sorgt, dass die Wohnung in einem Ausstattungs-, Erhaltungs- und Reinigungszustand ist und bleibt, der die sofortige Vermietung zulässt (→ BFH vom 25. 6. 1976 – BStBl. II S. 728).[1]

Ein Gewerbebetrieb ist auch anzunehmen, wenn eine hotelmäßige Nutzung der Ferienwohnung vorliegt oder die Vermietung nach Art einer Fremdenpension erfolgt. Ausschlaggebend ist, ob wegen der Häufigkeit des Gästewechsels oder im Hinblick auf zusätzlich zur

[1] Siehe aber *BFH-Urteil vom 28. 5. 2020 IV R 10/18 (BeckRS 2020, 20582).*

Nutzungsüberlassung erbrachte Leistungen, z.B. Bereitstellung von Wäsche und Mobiliar, Reinigung der Räume, Übernahme sozialer Betreuung, eine Unternehmensorganisation erforderlich ist, wie sie auch in Fremdenpensionen vorkommt (→ BFH vom 28. 6. 1984 – BStBl. 1985 II S. 211). → H 4.2 (7).

Fremdenpension. Die Beherbergung in Fremdenpensionen ist stets ein Gewerbebetrieb (→ BFH vom 11. 7. 1984 – BStBl. II S. 722).

Gewerblicher Charakter der Vermietungstätigkeit

– Um der Tätigkeit der Vermögensverwaltung gewerblichen Charakter zu verleihen, müssen besondere Umstände hinzutreten. Diese können darin bestehen, dass die Verwaltung des Grundbesitzes in Folge des ständigen und schnellen Wechsels der Mieter eine Tätigkeit erfordert, die über das bei langfristigen Vermietungen übliche Maß hinausgeht, oder dass der Vermieter zugleich Leistungen erbringt, die eine bloße Vermietungstätigkeit überschreiten. Das entscheidende Merkmal liegt also darin, dass die bloße Vermögensnutzung hinter der Bereitstellung einer einheitlichen gewerblichen Organisation zurücktritt (→ BFH vom 21. 8. 1990 – BStBl. 1991 II S. 126).
– → Einkaufszentrum.

Parkplatz. Der Betrieb eines Parkplatzes für Kurzparker ist eine gewerbliche Betätigung (→ BFH vom 9. 4. 2003 – BStBl. II S. 520).

Tennisplätze. Ein Gewerbebetrieb ist in der Regel bei der Vermietung von Tennisplätzen gegeben (→ BFH vom 25. 10. 1988 – BStBl. 1989 II S. 291).

Umfangreicher Grundbesitz. Die Vermietung und Verpachtung von Grundvermögen stellt auch dann eine bloße Vermögensverwaltung dar, wenn der vermietete Grundbesitz sehr umfangreich ist und der Verkehr mit vielen Mietern erhebliche Verwaltungsarbeit erforderlich macht (→ BFH vom 21. 8. 1990 – BStBl. 1991 II S. 126) oder die vermieteten Räume gewerblichen Zwecken dienen (→ BFH vom 17. 1. 1961 – BStBl. III S. 233).

Untervermietung. Die Untervermietung von kleinen Flächen (Läden, Ständen) stellt keine gewerbliche Betätigung dar, wenn keine besonderen Umstände hinzutreten (→ BFH vom 18. 3. 1964 – BStBl. III S. 367).

Verklammerung zu einer einheitlichen Tätigkeit

– Der Ankauf, die Vermietung und der Verkauf von unbeweglichen Wirtschaftsgütern können zu einer einheitlichen, die private Vermögensverwaltung überschreitenden Tätigkeit verklammert sein. Eine Verklammerung kann auch dann zu bejahen sein, wenn die Wirtschaftsgüter veräußert werden, nachdem die in § 23 Abs. 1 Satz 1 EStG genannten Haltefristen abgelaufen sind (→ BFH vom 28. 9. 2017 – BStBl. 2018 II S. 89).
– Zu beweglichen Wirtschaftsgütern → H 15.7 (3).

Vermietung möblierter Zimmer.[1] Die Vermietung, auch Untervermietung, möblierter Zimmer ist keine gewerbliche Tätigkeit. An dieser Beurteilung ändert sich auch dann nichts, wenn außer der Nutzungsüberlassung als Nebenleistung die Reinigung der Räume, die Gestellung des Frühstücks und dergleichen besonders erbracht werden. Eine gewerbliche Tätigkeit ist jedoch bei der Überlassung von Wohnraum gegeben, wenn die Nutzung des Vermögens hinter der Bereitstellung einer dem Beherbergungsbetrieb vergleichbaren Organisation zurücktritt (→ BFH vom 11. 7. 1984 – BStBl. II S. 722).

Vermietung beweglicher Gegenstände

R 15.7 (3)

45

(3) ① Die Vermietung beweglicher Gegenstände (z. B. PKW, Wohnmobile, Boote) führt grundsätzlich zu sonstigen Einkünften im Sinne des § 22 Nr. 3 EStG, bei in ein inländisches oder ausländisches öffentliches Register eingetragenen beweglichen Sachen (Schiffe, Flugzeuge) zu Einkünften im Sinne des § 21 Abs. 1 Satz 1 Nr. 1 EStG oder bei Sachinbegriffen zu Einkünften im Sinne des § 21 Abs. 1 Satz 1 Nr. 2 EStG. ② Eine gewerbliche Tätigkeit liegt vor, wenn im Zusammenhang mit der Vermietung ins Gewicht fallende Sonderleistungen erbracht werden oder der Umfang der Tätigkeit eine unternehmerische Organisation erfordert.

H 15.7 (3)

45a

Abgrenzung zur vermögensverwaltenden Tätigkeit

– Allgemein → BMF vom 1. 4. 2009 (BStBl. I S. 515).[2]
– **Austausch vor Ablauf der Nutzungsdauer.** Allein aus dem Umstand, dass vermietete bewegliche Wirtschaftsgüter vor Ablauf der gewöhnlichen oder tatsächlichen Nutzungsdauer gegen neuere, funktionstüchtigere Wirtschaftsgüter ausgetauscht werden, kann nicht auf eine gewerbliche Tätigkeit des Vermietungsunternehmens geschlossen werden. Der Bereich der privaten Vermögensverwaltung wird nur dann verlassen, wenn die Gebrauchsüberlassung der vermieteten Gegenstände gegenüber der Veräußerung in den Hintergrund tritt (→ BFH vom 31. 5. 2007 – BStBl. II S. 768).
– **Flugzeug** → BMF vom 1. 4. 2009 (BStBl. I S. 515)[2] und BFH vom 1. 8. 2013 (BStBl. II S. 910).
– **Wohnmobil.** Die Vermietung nur eines Wohnmobils an wechselnde Mieter ist in der Regel keine gewerbliche Tätigkeit (→ BFH vom 12. 11. 1997 – BStBl. 1998 II S. 774). Der Erwerb,

[1] Zur Vermietung möblierter Wohnungen mit Angebot von Zusatzleistungen siehe *Fachinformation FinBeh Hamburg vom 30. 1. 2018 S 1980 – 2017/003-52 (DStR S. 1821).*

[2] Nachstehend abgedruckt.

die Vermietung und Veräußerung von Wohnmobilen sind jedoch gewerblich, wenn die einzelnen Tätigkeiten sich gegenseitig bedingen und derart verflochten sind, dass sie nach der Verkehrsanschauung als einheitlich anzusehen sind (→ BFH vom 22. 1. 2003 – BStBl. II S. 464).

Verklammerung zu einer einheitlichen Tätigkeit

– Besteht das Geschäftskonzept einer Fondsgesellschaft in dem Ankauf, der Vermietung und dem Verkauf beweglicher Wirtschaftsgüter (hier: Container), ist eine Verklammerung dieser Teilakte zu einer einheitlichen Tätigkeit rechtlich nur dann zulässig, wenn bereits im Zeitpunkt der Aufnahme der Geschäftstätigkeit festgestanden hat, dass sich das erwartete positive Gesamtergebnis nur unter Einbeziehung des Erlöses aus dem Verkauf der vermieteten/verleasten Wirtschaftsgüter erzielen lässt. Wird im Prospekt einer Fondsgesellschaft (auch) ein Geschäftskonzept vorgestellt, dessen Ergebnisprognose ein positives Gesamtergebnis ohne Einbeziehung eines Veräußerungserlöses in Aussicht stellt, spricht dies regelmäßig gegen die Annahme einer einheitlichen Tätigkeit. Etwas anderes gilt jedoch, wenn konkrete Anhaltspunkte vorliegen, die die Verwirklichung des Geschäftskonzepts unter Beachtung der in der Prognose gemachten Angaben von vornherein ausgeschlossen erscheinen lassen.
Die Verklammerung der Teilakte bedingt, dass die Grenze der privaten Vermögensverwaltung überschritten wird. Sie führt außerdem dazu, dass der Verkauf der vermieteten/verleasten Wirtschaftsgüter als Teilakt der laufenden Geschäftstätigkeit anzusehen ist, selbst wenn die bisherige unternehmerische Tätigkeit insgesamt eingestellt wird (→ BFH vom 8. 6. 2017 – BStBl. II S. 1053 und 1061).
– Eine Verklammerung kann auch dann zu bejahen sein, wenn die Wirtschaftsgüter veräußert werden, nachdem die in § 23 Abs. 1 Satz 1 EStG genannten Haltefristen abgelaufen sind (→ BFH vom 28. 9. 2017 – BStBl. 2018 II S. 89).
– Zu unbeweglichen Wirtschaftsgütern → H 15.7 (2).

Anl zu H 15.7 (3)

Schreiben betr. Abgrenzung vermögensverwaltender und gewerblicher Tätigkeit; Anwendung des BFH-Urteils vom 26. 6. 2007 – IV R 49/04, auf Ein-Objekt-Gesellschaften

Vom 1. April 2009 (BStBl. I S. 515)

(BMF IV C 6 – S 2240/08/10008; DOK 2009/0208434)

45b Mit Urteil vom 26. Juni 2007 (BStBl. 2009 II S. 289) hat der BFH entschieden, dass der Erwerb, die Vermietung und die Veräußerung von in die Luftfahrzeugrolle eingetragenen Flugzeugen eine gewerbliche Tätigkeit darstellt, wenn die Vermietung mit dem An- und Verkauf aufgrund eines einheitlichen Geschäftskonzepts verklammert ist. Daher gehört die Veräußerung von Wirtschaftsgütern, die Bestandteil des einheitlichen Geschäftskonzepts der gewerblichen Tätigkeit ist, zum laufenden Geschäftsbetrieb, auch wenn die Veräußerung zeitlich mit der Betriebsveräußerung/-aufgabe zusammenfällt.

Diese Aussage hat der BFH zu einer Personengesellschaft getroffen, die zum Gegenstand ihres Unternehmens den Kauf, die Vermietung (insbesondere in der Form des Leasings) und den Verkauf von mehreren beweglichen Wirtschaftsgütern hatte.

Zu der Frage der Anwendung der Grundsätze des BFH-Urteils vom 26. Juni 2007 auf die Fälle, in denen das Geschäftskonzept eines Einzelunternehmens oder einer Personengesellschaft den Ankauf, die Vermietung und den Verkauf von nur einem Wirtschaftsgut beinhaltet, also bei sog. Einzelobjekt- oder auch Ein-Objekt-Gesellschaften gilt im Einvernehmen mit den obersten Finanzbehörden der Länder Folgendes:

I. Zuordnung der Einkünfte

1 Die Voraussetzungen für eine gewerbliche Tätigkeit entnimmt der BFH dem § 15 Abs. 2 Satz 1 EStG und fügt in ständiger Rechtsprechung – zuletzt in seinem Urteil vom 31. Mai 2007 (BStBl. II S. 768) – als ungeschriebenes negatives Tatbestandsmerkmal hinzu, dass die Betätigung den Rahmen einer privaten Vermögensverwaltung überschreitet. Die Absicht, gewerbliche Gewinne zu erzielen, muss durch eine Tätigkeit verfolgt werden, die nach allgemeiner Auffassung als unternehmerisch (händlertypisch) gewertet wird.

2 Nach dem BFH-Urteil vom 2. Mai 2000 (BStBl. II S. 467) erfüllt das Vermieten einzelner beweglicher Wirtschaftsgüter zwar grundsätzlich die Tatbestandsmerkmale des § 15 Abs. 2 Satz 1 EStG, geht aber in der Regel nicht über den Rahmen der privaten Vermögensverwaltung hinaus.

Im Gegensatz dazu sind die verschiedenen Tätigkeiten – wie hier der Ankauf, die Vermietung und der Verkauf – gegenüber den Teilnehmern am wirtschaftlichen Verkehr ein Verhalten, das sich objektiv als nachhaltig darstellt.

– So ist die Nachhaltigkeit einer Betätigung nicht schon dann zu verneinen, wenn nur ein einziger Vertrag abgeschlossen wird, dessen Erfüllung mehrere unterschiedliche Einzeltätigkeiten erfordert. Diese verschiedenen Tätigkeiten – wie hier Ankauf, Vermietung und Verkauf – rechtfertigen in ihrer Gesamtheit die Würdigung einer nachhaltigen Betätigung (vgl. BFH-Urteil vom 9. Dezember 2002, BStBl. 2003 II S. 294).
– Auch wird eine Teilnahme am allgemeinen wirtschaftlichen Verkehr durch ein Tätigwerden nur für einen einzigen Vertragspartner nicht ausgeschlossen, auch nicht dadurch, dass ein Mietobjekt bereits bei seiner Anschaffung für einen bestimmten Mieter bestimmt ist (vgl. BFH-Urteil vom 22. Januar 2003, BStBl. II S. 464).

3 Eine gewerbliche Vermietungstätigkeit ist erst dann anzunehmen, wenn nach dem Gesamtbild der Verhältnisse im Einzelfall besondere Umstände hinzutreten, die der Tätigkeit als Ganzes das Gepräge einer selbständigen, nachhaltigen, von Gewinnstreben getragenen Beteiligung am allgemeinen wirtschaftlichen Verkehr geben, hinter der die Gebrauchsüberlassung (Vermögensverwaltung) des Wirtschaftsguts in den Hintergrund tritt (vgl. BFH-Urteil vom 2. Mai 2000, BStBl. II S. 467). Die jeweiligen artspezifischen Besonderheiten des vermieteten Wirtschaftsguts sind dabei zu beachten.

4 Die Vermietungstätigkeit stellt dann nicht mehr die Nutzung von Vermögen im Sinne der Fruchtziehung aus zu erhaltenden Substanzwerten dar, wenn die Vermietungstätigkeit mit dem An- und Verkauf aufgrund eines einheitlichen Geschäftskonzepts verklammert ist. Das hat zur Folge, dass die gesamte Tätigkeit gewerblichen Charakter besitzt (vgl. BFH-Urteil vom 22. Januar 2003, BStBl. II S. 464).

5 Ein einheitliches Geschäftskonzept liegt vor, wenn von vorneherein ein Verkauf des vermieteten Wirtschaftsguts vor Ablauf von dessen gewöhnlicher oder tatsächlicher Nutzungsdauer geplant ist und die Erzielung eines Totalgewinns diesen Verkauf notwendig macht. Somit besteht die Tätigkeit in ihrer Gesamtheit nicht mehr allein aus der Vermietung, sondern aus dem Ankauf, der Vermietung und dem Verkauf des einzelnen Wirtschaftsguts.

II. Gewinn im Zusammenhang mit einer Betriebsveräußerung/-aufgabe

6 In ständiger Rechtsprechung hat der BFH, u. a. in seinem Urteil vom 5. Juli 2005 (BStBl. 2006 II S. 160), entschieden, dass eine zusammengeballte Gewinnrealisierung dann nicht nach den §§ 16, 34 EStG begünstigt ist, wenn diese auf der im Wesentlichen unveränderten Fortsetzung der bisherigen unternehmerischen Tätigkeit beruht, ungeachtet dessen, ob der in Frage stehende Vorgang im zeitlichen Zusammenhang mit einer Betriebsveräußerung oder -aufgabe steht und die gewerbliche Gesamttätigkeit abschließt.

7 In Fällen, in denen die Gesamtheit der Tätigkeit aus Ankauf, Vermietung und Verkauf besteht (vgl. Rn. 2 und 5), gehört die Veräußerung des vermieteten Wirtschaftsguts noch zum bisherigen objektiven Geschäftsfeld des Unternehmens/der Gesellschaft und gehört daher zum gewerbesteuerpflichtigen (laufenden) Geschäftsbetrieb. Auf den Gewinn aus dem Verkauf des vermieteten Wirtschaftsguts finden die §§ 16, 34 Abs. 1 oder 3 EStG auch dann keine Anwendung, wenn das Wirtschaftsgut zum Anlagevermögen gehört.

III. Zeitliche Anwendung

8 Dieses Schreiben ist in allen noch offenen Fällen anzuwenden.

Betriebsaufspaltung – Allgemeines[1]

(4) *(unbesetzt)* R 15.7 (4) **46**

Allgemeines.[2] Eine Betriebsaufspaltung liegt vor, wenn ein Unternehmen (Besitzunternehmen) eine wesentliche Betriebsgrundlage an eine gewerblich tätige Personen- oder Kapitalgesellschaft (Betriebsunternehmen) zur Nutzung überlässt (sachliche Verflechtung) und eine Person oder mehrere Personen zusammen (Personengruppe) sowohl das Besitzunternehmen als auch das Betriebsunternehmen in dem Sinne beherrschen, dass sie in der Lage sind, in beiden Unternehmen einen einheitlichen geschäftlichen Betätigungswillen durchzusetzen (personelle Verflechtung). Liegen die Voraussetzungen einer personellen und sachlichen Verflechtung vor, ist die Vermietung oder Verpachtung keine Vermögensverwaltung mehr, sondern eine gewerbliche Vermietung oder Verpachtung. Das Besitzunternehmen ist Gewerbebetrieb (→ BFH vom 12. 11. 1985 – BStBl. 1986 II S. 296). H 15.7 (4) **47**

Bürgschaft für die Betriebskapitalgesellschaft. Eine Bürgschaft, die ein Gesellschafter der Besitzpersonengesellschaft für Verbindlichkeiten der Betriebskapitalgesellschaft übernimmt, ist durch den Betrieb der Besitzpersonengesellschaft veranlasst und gehört zu seinem negativen Sonderbetriebsvermögen II bei der Besitzpersonengesellschaft, wenn die Übernahme der Bürgschaft zu nicht marktüblichen (fremdüblichen) Bedingungen erfolgt. Die Inanspruchnahme aus einer solchen Bürgschaft führt nicht zu nachträglichen Anschaffungskosten der Anteile an der Betriebskapitalgesellschaft (→ BFH vom 18. 12. 2001 – BStBl. 2002 II S. 733).

Darlehen

- Gewähren die Gesellschafter der Betriebskapitalgesellschaft bei deren Gründung ein Darlehen, dessen Laufzeit an die Dauer ihrer Beteiligung an dieser Gesellschaft gebunden ist, gehört dieses Darlehen zu ihrem notwendigen Sonderbetriebsvermögen II bei der Besitzpersonengesellschaft (→ BFH vom 10. 11. 1994 – BStBl. 1995 II S. 452). Dies gilt auch für ein ungesichertes, unkündbares Darlehen der Gesellschafter der Besitzpersonengesellschaft an die Betriebskapitalgesellschaft, für das Zinsen erst zum Ende der Laufzeit des Darlehens gezahlt werden sollen (→ BFH vom 19. 10. 2000 – BStBl. 2001 II S. 335).
- Gewährt die Besitzpersonengesellschaft einer Kapitalgesellschaft, die Geschäftspartner der Betriebskapitalgesellschaft ist, ein Darlehen, gehört dieses zum notwendigen Betriebsvermögen der Besitzpersonengesellschaft (→ BFH vom 25. 11. 2004 – BStBl. 2005 II S. 354 und vom 20. 4. 2005 – BStBl. II S. 694).

---

[1] Eine Gesamtdarstellung zur Betriebsaufspaltung enthält *Vfg. OFD Frankfurt vom 10. 5. 2012 S 2240 A – 28 – St 219 (BeckVerw 262070).*

[2] Zur korrespondierenden Bilanzierung von Besitz- und Betriebsunternehmen bei Betriebsaufspaltung siehe *BFH-Urteil vom 8. 3. 1989 X R 9/86 (BStBl. II S. 714).*

H 15.7 (4)

Dividendenansprüche → H 4.2 (1).

Eigentümergemeinschaft. Vermietet eine Eigentümergemeinschaft, an der der Besitzunternehmer nicht beherrschend beteiligt ist, ein Grundstück an die Betriebskapitalgesellschaft, ist die anteilige Zuordnung des Grundstücks zum Betriebsvermögen des Besitzunternehmens davon abhängig, ob die Vermietung an die Betriebskapitalgesellschaft durch die betrieblichen Interessen des Besitzunternehmens veranlasst ist (→ BFH vom 2. 12. 2004 – BStBl. 2005 II S. 340).

Forderungen. Zur Teilwertabschreibung einer Forderung des Besitzunternehmens gegen eine Betriebskapitalgesellschaft → H 6.7.

Geschäftswert. Werden bei der Begründung einer Betriebsaufspaltung sämtliche Aktiva und Passiva einschließlich der Firma mit Ausnahme des Immobilienvermögens auf die Betriebskapitalgesellschaft übertragen und das vom Besitzunternehmen zurückbehaltene Betriebsgrundstück der Betriebskapitalgesellschaft langfristig zur Nutzung überlassen, geht der im bisherigen (Einzel-)Unternehmen entstandene (originäre) Geschäftswert grundsätzlich auf die Betriebskapitalgesellschaft über (→ BFH vom 16. 6. 2004 – BStBl. 2005 II S. 378).

Gewinnausschüttungen. Gewinnausschüttungen einer Betriebskapitalgesellschaft an das Besitzunternehmen für die Zeit vor der Betriebsaufspaltung sind als Einnahmen aus Gewerbebetrieb zu qualifizieren, wenn der Gewinnverteilungsbeschluss nach Begründung der Betriebsaufspaltung gefasst worden ist (→ BFH vom 14. 9. 1999 – BStBl. 2000 II S. 255).

Grenzüberschreitende Betriebsaufspaltung. Die Grundsätze der Betriebsaufspaltung kommen auch dann zur Anwendung, wenn ein inländisches Besitzunternehmen ein im Ausland belegenes Grundstück an eine ausländische Betriebskapitalgesellschaft verpachtet (→ BFH vom 17. 11. 2020 – BStBl. 2021 II S. 484).

Kapitalerhöhung bei der Betriebskapitalgesellschaft. Wird von dem Besitzunternehmer ein Anteil an der Betriebskapitalgesellschaft gegen Leistung einer Einlage übertragen, die niedriger ist als der Wert des übernommenen Anteils, liegt in Höhe der Differenz zwischen dem Wert des übernommenen Anteils und der geleisteten Einlage eine Entnahme vor (→ BFH vom 16. 4. 1991 – BStBl. II S. 832 und vom 17. 11. 2005 – BStBl. 2006 II S. 287).

Mitunternehmerische Betriebsaufspaltung

- Das Rechtsinstitut der Betriebsaufspaltung zwischen Schwesterpersonengesellschaften hat Vorrang vor den Rechtsfolgen aus § 15 Abs. 1 Satz 1 Nr. 2 EStG (→ BMF vom 28. 4. 1998 – BStBl. I S. 583[1] mit Übergangsregelung).
- Vermieten die Miteigentümer einer Bruchteilsgemeinschaft ein Grundstück als wesentliche Betriebsgrundlage an eine von ihnen beherrschte Betriebspersonengesellschaft, ist regelmäßig davon auszugehen, dass sich die Miteigentümer zumindest konkludent zu einer GbR (= Besitzpersonengesellschaft) zusammengeschlossen haben (→ BFH vom 18. 8. 2005 – BStBl. II S. 830).
- Die Überlassung eines Praxisgrundstücks seitens einer ganz oder teilweise personenidentischen Miteigentümergemeinschaft an eine Freiberufler-GbR begründet keine mitunternehmerische Betriebsaufspaltung (→ BFH vom 10. 11. 2005 – BStBl. 2006 II S. 173).
- Überlässt eine ansonsten vermögensverwaltende Personengesellschaft Wirtschaftsgüter im Rahmen einer mitunternehmerischen Betriebsaufspaltung, stellen diese für die Dauer der Betriebsaufspaltung Betriebsvermögen der Besitzgesellschaft dar. Sofern auch die Voraussetzungen für Sonderbetriebsvermögen bei der Betriebspersonengesellschaft erfüllt sind, lebt diese Eigenschaft mit Ende der Betriebsaufspaltung durch Wegfall der personellen Verflechtung wieder auf (→ BFH vom 30. 8. 2007 – BStBl. 2008 II S. 129).

Notwendiges Betriebsvermögen

- Notwendiges Betriebsvermögen des Besitzunternehmens können auch Wirtschaftsgüter sein, die keine wesentlichen Betriebsgrundlagen des Betriebsunternehmens darstellen. Allerdings muss ihre Überlassung in einem unmittelbaren wirtschaftlichen Zusammenhang mit der Überlassung wesentlicher Betriebsgrundlagen stehen. Dies gilt auch für Patente und Erfindungen unabhängig davon, ob sie bereits mit Begründung der Betriebsaufspaltung oder zu einem späteren Zeitpunkt überlassen werden (→ BFH vom 23. 9. 1998 – BStBl. 1999 II S. 281).
- Gehört ein Grundstück zum Betriebsvermögen (Umlaufvermögen) eines gewerblichen Grundstückshandels und wird es im Rahmen einer Betriebsaufspaltung als eine wesentliche Betriebsgrundlage an ein Betriebsunternehmen vermietet, wird das Grundstück unter Fortführung des Buchwerts notwendiges Betriebsvermögen (Anlagevermögen) bei dem Besitzunternehmen (→ BFH vom 21. 6. 2001 – BStBl. 2002 II S. 537).
- → Eigentümergemeinschaft.
- Die Anteile des Besitzunternehmers an einer anderen Kapitalgesellschaft, welche intensive und dauerhafte Geschäftsbeziehungen zur Betriebskapitalgesellschaft unterhält, gehören zum notwendigen Betriebsvermögen des Besitzunternehmens. Gewährt der Besitzunternehmer dieser anderen Kapitalgesellschaft zu deren Stützung in der Krise ein Darlehen, gehört der Anspruch auf Rückzahlung grundsätzlich ebenfalls zum notwendigen Betriebsvermögen des Besitzunternehmens (→ BFH vom 20. 4. 2005 – BStBl. II S. 692).

---

[1] Abgedruckt als Anlage a zu R 15.8 EStR.

Nur-Besitzgesellschafter. Die gewerbliche Tätigkeit des Besitzunternehmens umfasst auch die Anteile und Einkünfte der Personen, die nur am Besitzunternehmen beteiligt sind (→ BFH vom 2. 8. 1972 – BStBl. II S. 796).

Pensionsanspruch gegenüber der Betriebskapitalgesellschaft. Die Pensionsanwartschaft des Besitzunternehmers gegenüber der Betriebskapitalgesellschaft, deren Gesellschafter-Geschäftsführer er ist, gehört nicht zu seinem Betriebsvermögen, sondern zum Privatvermögen (→ BFH vom 18. 4. 2002 – BStBl. 2003 II S. 149).

Sonderbetriebsvermögen

– Wird ein Wirtschaftsgut im Eigentum eines einzelnen Gesellschafters der Besitzpersonengesellschaft unmittelbar an eine Betriebskapitalgesellschaft verpachtet, kann es Sonderbetriebsvermögen II bei der Besitzpersonengesellschaft darstellen, wenn die Nutzungsüberlassung seitens des Gesellschafters nicht durch betriebliche oder private Interessen des Gesellschafters, sondern primär durch die betrieblichen Interessen der Besitzpersonengesellschaft oder der Betriebskapitalgesellschaft und somit gesellschaftlich veranlasst ist (→ BFH vom 10. 6. 1999 – BStBl. II S. 715). Diese Grundsätze gelten nicht, wenn es sich beim Betriebsunternehmen um eine Personengesellschaft handelt, an der der überlassende Gesellschafter beteiligt ist; das überlassene Wirtschaftsgut stellt dann Sonderbetriebsvermögen I des Gesellschafters bei der Betriebspersonengesellschaft dar. Diese Zuordnung geht der als Sonderbetriebsvermögen II bei der Besitzpersonengesellschaft vor (→ BFH vom 18. 8. 2005 – BStBl. II S. 830).
– Verpachtet eine Besitzpersonengesellschaft das gesamte Betriebsvermögen an eine Betriebskapitalgesellschaft und wird dabei auch das Betriebsgrundstück, das einigen Gesellschaftern der Besitzpersonengesellschaft gehört, von diesen an die Betriebskapitalgesellschaft vermietet, gehören die Einkünfte aus der Vermietung des Grundstückes zum gewerblichen Steuerbilanzgewinn der Besitzpersonengesellschaft (→ BFH vom 15. 5. 1975 – BStBl. II S. 781).
– Das Sonderbetriebsvermögen I umfasst nicht nur die der Betriebspersonengesellschaft bereits tatsächlich zur Nutzung überlassenen, sondern auch die bereits zuvor angeschafften, aber für eine spätere Nutzungsüberlassung endgültig bestimmten Wirtschaftsgüter (→ BFH vom 7. 12. 2000 – BStBl. 2001 II S. 316).
– Anteile eines Gesellschafters der Besitzpersonengesellschaft an einer Kapitalgesellschaft, die mit der Betriebskapitalgesellschaft in einer für diese vorteilhaften und nicht nur kurzfristigen Geschäftsbeziehung steht, sind notwendiges Sonderbetriebsvermögen II des Gesellschafters der Besitzpersonengesellschaft (→ BFH vom 25. 11. 2004 – BStBl. 2005 II S. 354).
– Die Annahme, dass ein vom Gesellschafter der Besitzpersonengesellschaft erworbenes Wirtschaftgut für die betriebliche Nutzung der Betriebsgesellschaft bestimmt sei, rechtfertigt allein nicht den Schluss, dass es sich um Sonderbetriebsvermögen des Gesellschafters bei der Besitzpersonengesellschaft handelt, wenn es durch die Betriebsgesellschaft tatsächlich nie genutzt wurde (→ BFH vom 17. 12. 2008 – BStBl. 2009 II S. 371).
– → Bürgschaft für die Betriebskapitalgesellschaft.
– → Darlehen.
– → H 4.2 (2) Anteile an Kapitalgesellschaften.

Teileinkünfteverfahren. Zur Anwendung des Teileinkünfteverfahrens in der steuerlichen Gewinnermittlung (für Beteiligungen von nicht mehr als 25%) → BMF vom 23. 10. 2013 (BStBl. I S. 1269).[1]

Umfassend gewerbliche Besitzpersonengesellschaft

– Die Überlassung von Wirtschaftsgütern an ein Betriebsunternehmen hat zur Folge, dass sämtliche Einkünfte der im Übrigen nicht gewerblich tätigen Besitzpersonengesellschaft solche aus Gewerbebetrieb sind (→ BFH vom 13. 11. 1997 – BStBl. 1998 II S. 254).
– Vermieten die Gesellschafter einer Besitz-GbR als Bruchteilseigentümer Wohnungen an fremde Benutzer, so erzielen sie keine gewerblichen Einkünfte, wenn die Wohnungen nicht als (gewillkürtes) Sonderbetriebsvermögen ausgewiesen sind (→ BFH vom 27. 8. 1998 – BStBl. 1999 II S. 279).

Wohnungseigentümergemeinschaft. Eine Wohnungseigentümergemeinschaft i. S. d. § 10 WEG erzielt regelmäßig gewerbliche Einkünfte als Besitzunternehmen, wenn die einzelnen Wohnungen auf Grund einer Gebrauchsregelung (§ 15 WEG) an eine personenidentische Betriebskapitalgesellschaft vermietet werden (→ BFH vom 10. 4. 1997 – BStBl. II S. 569).

Betriebsaufspaltung – Sachliche Verflechtung R 15.7 (5)

(5) *(unbesetzt)* 48

Beginn der sachlichen Verflechtung H 15.7 (5)

– Für den Beginn der sachlichen Verflechtung ist allein die tatsächliche Überlassung von wesentlichen Betriebsgrundlagen zur Nutzung ausschlaggebend. Es ist ohne Bedeutung, ob die Überlassung (zunächst) unentgeltlich erfolgt oder ob sie auf einer schuldrechtlichen oder 49
dinglichen Grundlage beruht (→ BFH vom 12. 12. 2007 – BStBl. 2008 II S. 579).

[1] Abgedruckt als Anlage zu H 3 c. Für Beteiligungen von mehr als 25 % siehe § 3 c Abs. 2 Satz 2 bis 6 EStG.

H 15.7 (5)

– Die Bestellung eines Erbbaurechts an einem unbebauten Grundstück führt mit Abschluss des Vertrages zu einer sachlichen Verflechtung, wenn eine Bebauung für die betrieblichen Zwecke des Betriebsunternehmens vorgesehen ist (→ BFH vom 19. 3. 2002 – BStBl. II S. 662).

Eigentum des Besitzunternehmens. Eine sachliche Verflechtung ist auch dann gegeben, wenn verpachtete wesentliche Betriebsgrundlagen nicht im Eigentum des Besitzunternehmens stehen (→ BFH vom 12. 10. 1988 – BStBl. 1989 II S. 152).[1]

Erbbaurecht
– Bestellt der Eigentümer an einem unbebauten Grundstück ein Erbbaurecht und errichtet der Erbbauberechtigte ein Gebäude, das er an ein Betriebsunternehmen vermietet, fehlt zwischen dem Eigentümer und dem Betriebsunternehmen die für die Annahme einer Betriebsaufspaltung erforderliche sachliche Verflechtung (→ BFH vom 24. 9. 2015 – BStBl. 2016 II S. 154).
– → Beginn der sachlichen Verflechtung.

Hingabe von Gesellschafterdarlehen. Bloße Darlehensgewährungen führen zu keiner sachlichen Verflechtung und begründen keine Betriebsaufspaltung (→ BFH vom 9. 7. 2019 – BStBl. 2021 II S. 418).

Leihe. Auch eine leihweise Überlassung wesentlicher Betriebsgrundlagen kann eine Betriebsaufspaltung begründen (→ BFH vom 24. 4. 1991 – BStBl. II S. 713).

Wesentliche Betriebsgrundlage[2]
– **des Betriebsunternehmens**
Die sachlichen Voraussetzungen einer Betriebsaufspaltung liegen auch dann vor, wenn das überlassene Wirtschaftsgut bei dem Betriebsunternehmen nur eine der wesentlichen Betriebsgrundlagen darstellt (→ BFH vom 21. 5. 1974 – BStBl. II S. 613).
– **Betriebszweck/-führung**
Wesentliche Grundlagen eines Betriebs sind Wirtschaftsgüter vor allem des Anlagevermögens, die zur Erreichung des Betriebszwecks erforderlich sind und ein besonderes wirtschaftliches Gewicht für die Betriebsführung bei dem Betriebsunternehmen haben (→ BFH vom 26. 1. 1989 – BStBl. II S. 455 und vom 24. 8. 1989 – BStBl. II S. 1014).
– **Büro-/Verwaltungsgebäude**
Ein Büro- und Verwaltungsgebäude ist jedenfalls dann eine wesentliche Betriebsgrundlage, wenn es die räumliche und funktionale Grundlage für die Geschäftstätigkeit des Betriebsunternehmens bildet (→ BFH vom 23. 5. 2000 – BStBl. II S. 621).
– **Einfamilienhaus**
Als einziges Büro (Sitz der Geschäftsleitung) genutzte Räume in einem Einfamilienhaus stellen auch dann eine wesentliche Betriebsgrundlage dar, wenn sie nicht für Zwecke des Betriebsunternehmens besonders hergerichtet und gestaltet sind. Das gilt jedenfalls dann, wenn der Gebäudeteil nicht die in § 8 EStDV genannten Grenzen unterschreitet (→ BFH vom 13. 7. 2006 – BStBl. II S. 804).
– **Ersetzbarkeit**
Ein Grundstück ist auch dann eine wesentliche Betriebsgrundlage, wenn das Betriebsunternehmen jederzeit am Markt ein für seine Belange gleichwertiges Grundstück mieten oder kaufen kann (→ BFH vom 26. 5. 1993 – BStBl. II S. 718).
– **Fabrikationsgrundstücke**
Grundstücke, die der Fabrikation dienen, gehören regelmäßig zu den wesentlichen Betriebsgrundlagen im Rahmen einer Betriebsaufspaltung (→ BFH vom 12. 9. 1991 – BStBl. 1992 II S. 347 und vom 26. 3. 1992 – BStBl. II S. 830).
– **Filialbetriebe**
Das einzelne Geschäftslokal eines Filialeinzelhandelsbetriebs ist in aller Regel auch dann eine wesentliche Betriebsgrundlage, wenn auf das Geschäftslokal weniger als 10% der gesamten Nutzfläche des Unternehmens entfällt. Dabei ist es unbeachtlich, wenn das einzelne Geschäftslokal Verluste erwirtschaftet (→ BFH vom 19. 3. 2009 – BStBl. II S. 803).
– **Immaterielle Wirtschaftsgüter**
Für die Begründung einer Betriebsaufspaltung ist ausreichend, wenn dem Betriebsunternehmen immaterielle Wirtschaftsgüter, z. B. der Firmenname oder Erfindungen, überlassen werden, die dem Besitzunternehmen gehören (→ BFH vom 6. 11. 1991 – BStBl. 1992 II S. 415).[3]
– **Serienfabrikate**
Bei beweglichen Wirtschaftsgütern zählen auch Serienfabrikate zu den wesentlichen Betriebsgrundlagen (→ BFH vom 24. 8. 1989 – BStBl. II S. 1014).
– **Stille Reserven**
Ein Wirtschaftsgut ist nicht allein deshalb als wesentliche Betriebsgrundlage im Rahmen einer Betriebsaufspaltung anzusehen, weil in ihm erhebliche stille Reserven ruhen (→ BFH vom 24. 8. 1989 – BStBl. II S. 1014).

---

[1] Das gilt auch im Fall einer sog. unechten Betriebsaufspaltung, siehe *BFH-Urteil vom 10. 5. 2016 X R 5/14 (BFH/NV 2017, 8).*
[2] Darlehen, die dem Betriebsunternehmen gewährt werden, stellen keine wesentliche Betriebsgrundlage dar, die eine Betriebsaufspaltung begründen können, *BFH-Urteil vom 9. 7. 2019 X R 9/17 (DStR S. 2626).*
[3] Siehe auch *BFH-Urteil vom 26. 8. 1993 I R 86/92 (BStBl. 1994 II S. 168).*

– **Systemhalle**
Eine sog. Systemhalle kann wesentliche Betriebsgrundlage sein, wenn sie auf die Bedürfnisse des Betriebsunternehmens zugeschnitten ist (→ BFH vom 5. 9. 1991 – BStBl. 1992 II S. 349).
– **Wirtschaftliche Bedeutung**
Ein Grundstück ist nur dann keine wesentliche Betriebsgrundlage, wenn es für das Betriebsunternehmen lediglich von geringer wirtschaftlicher Bedeutung ist (→ BFH vom 4. 11. 1992 – BStBl. 1993 II S. 245).

Betriebsaufspaltung – Personelle Verflechtung R 15.7 (6)

(6) *(unbesetzt)* 50

Allgemeines. Eine personelle Verflechtung liegt vor, wenn die hinter beiden Unternehmen stehenden Personen einen einheitlichen geschäftlichen Betätigungswillen haben (→ BFH vom 8. 11. 1971 – BStBl. 1972 II S. 63). H 15.7 (6)

Beherrschungsidentität[1] 51

– Ein einheitlicher geschäftlicher Betätigungswille setzt nicht voraus, dass an beiden Unternehmen die gleichen Beteiligungen derselben Personen bestehen (→ BFH vom 8. 11. 1971 – BStBl. 1972 II S. 63). Es genügt, dass die Personen, die das Besitzunternehmen tatsächlich beherrschen, in der Lage sind, auch in dem Betriebsunternehmen ihren Willen durchzusetzen (→ BMF vom 7. 10. 2002 – BStBl. I S. 1028).[2] Ein einheitlicher geschäftlicher Betätigungswille ist auch bei wechselseitiger Mehrheitsbeteiligung von zwei Personen am Besitzunternehmen und am Betriebsunternehmen anzunehmen (→ BFH vom 24. 2. 2000 – BStBl. II S. 417).
– In den Fällen, in denen sämtliche Anteile des Betriebsunternehmens einem einzigen Gesellschafter-Geschäftsführer gehören, kommt es darauf an, ob dieser seinen Willen auch in dem Besitzunternehmen durchsetzen kann (→ BFH vom 5. 2. 1981 – BStBl. II S. 376 und vom 11. 11. 1982 – BStBl. 1983 II S. 299).
– Die personelle Verflechtung einer GbR mit einer Betriebskapitalgesellschaft ist auch dann gegeben, wenn der Gesellschafter-Geschäftsführer der GbR, der zugleich alleiniger Geschäftsführer der Betriebskapitalgesellschaft ist, zwar von der GbR nicht vom Verbot des Selbstkontrahierens befreit ist, auf Grund seiner beherrschenden Stellung in der Betriebskapitalgesellschaft aber bewirken kann, dass auf Seiten der Betriebskapitalgesellschaft nicht er selbst als deren Vertreter auftritt (→ BFH vom 24. 8. 2006 – BStBl. 2007 II S. 165).
– Eine personelle Verflechtung liegt vor, wenn die personenidentischen Gesellschafter-Geschäftsführer der Besitz-GbR und der Betriebs-GmbH die laufenden Geschäfte der Besitz-GbR bestimmen können und der Nutzungsüberlassungsvertrag der Besitz-GbR mit der Betriebs-GmbH nicht gegen den Willen dieser Personengruppe geändert oder beendet werden kann (→ BFH vom 28. 5. 2020 BStBl. II S. 710).
– Ist eine eingetragene Genossenschaft Rechtsträgerin des Betriebsunternehmens und zugleich Mehrheitsgesellschafterin der Besitzpersonengesellschaft, liegt eine personelle Verflechtung vor, wenn die Gesellschafter der Besitzpersonengesellschaft für Abschluss und Beendigung von Miet- oder Pachtverträgen gemeinsam zur Geschäftsführung und Vertretung der Gesellschaft befugt sind und dabei mit Stimmenmehrheit nach Anteilen am Kapital der Gesellschaft entscheiden (→ BFH vom 8. 9. 2011 – BStBl. 2012 II S. 136).
– Keine personelle Verflechtung liegt vor, wenn die mehrheitlich an einer Betriebsgesellschaft beteiligte Kommanditistin zwar auch die Mehrheitsbeteiligung an der Besitzgesellschaft hält, diese aber nur überwiegend treuhänderisch verwaltet und als Treuhänderin ihre eigenen Interessen den Interessen der Treugeber unterzuordnen hat (→ BFH vom 20. 5. 2021 – BStBl. II S. 768).

Betriebs-AG. Im Verhältnis zu einem Betriebsunternehmen in der Rechtsform der AG kommt es darauf an, ob sich auf Grund der Befugnis, die Mitglieder der geschäftsführenden Organe des Betriebsunternehmens zu bestellen und abzuberufen, in dem Betriebsunternehmen auf Dauer nur ein geschäftlicher Betätigungswille entfalten kann, der vom Vertrauen der das Besitzunternehmen beherrschenden Person getragen ist und demgemäß mit deren geschäftlichem Betätigungswillen grundsätzlich übereinstimmt (→ BFH vom 28. 1. 1982 – BStBl. II S. 479); dies gilt auch für eine börsennotierte AG (→ BFH vom 23. 3. 2011 – BStBl. II S. 778).

Einstimmigkeitsabrede → BMF vom 7. 10. 2002 (BStBl. I S. 1028) mit Übergangsregelung.[2]

Faktische Beherrschung → BMF vom 7. 10. 2002 (BStBl. I S. 1028).[2]
Die Fähigkeit der das Besitzunternehmen beherrschenden Personen, ihren geschäftlichen Betätigungswillen in dem Betriebsunternehmen durchzusetzen, erfordert nicht notwendig einen bestimmten Anteilsbesitz an dem Betriebsunternehmen; sie kann ausnahmsweise auch auf Grund einer durch die Besonderheiten des Einzelfalls bedingten tatsächlichen Machtstellung in dem Betriebsunternehmen gegeben sein (→ BFH vom 16. 6. 1982 – BStBl. II S. 662). Fak-

---

[1] Zur Beherrschungsidentität bei mittelbarer Beteiligung über eine Kapitalgesellschaft an einer Besitz-Personengesellschaft siehe *BMF-Schreiben vom 21. 11. 2022 (BStBl. I S. 1515).*
[2] Nachstehend abgedruckt als Anlage c zu R 15.7 EStR.

H 15.7 (6)

tische Beherrschung ist z. B. anzunehmen, wenn der Alleininhaber des Besitzunternehmens und alleinige Geschäftsführer der Betriebskapitalgesellschaft auf Grund tatsächlicher Machtstellung jederzeit in der Lage ist, die Stimmenmehrheit in der Betriebskapitalgesellschaft zu erlangen (→ BFH vom 29. 1. 1997 – BStBl. II S. 437).

Keine faktische Beherrschung ist anzunehmen

- bei einer auf Lebenszeit eingeräumten Geschäftsführerstellung in dem Betriebsunternehmen für den Besitzunternehmer (→ BFH vom 26. 7. 1984 – BStBl. II S. 714 und vom 26. 10. 1988 – BStBl. 1989 II S. 155),
- bei Beteiligung nicht völlig fachunkundiger Gesellschafter an dem Betriebsunternehmen (→ BFH vom 9. 9. 1986 – BStBl. 1987 II S. 28 und vom 12. 10. 1988 – BStBl. 1989 II S. 152),
- bei einem größeren Darlehensanspruch gegen die Betriebskapitalgesellschaft, wenn der Gläubiger nicht vollständig die Geschäftsführung an sich zieht (→ BFH vom 1. 12. 1989 – BStBl. 1990 II S. 500),
- in den Fällen, in denen die das Besitzunternehmen beherrschenden Ehemänner bzw. Ehefrauen bei der Betriebskapitalgesellschaft, deren Anteile von den Ehefrauen bzw. Ehemännern gehalten werden, angestellt sind und vertraglich die Gesellschaftsanteile den Ehefrauen bzw. Ehemännern entzogen werden können, falls das Arbeitsverhältnis des jeweiligen Ehemanns bzw. der jeweiligen Ehefrau beendet wird (→ BFH vom 15. 10. 1998 – BStBl. 1999 II S. 445).

Gütergemeinschaft. Gehören sowohl die überlassenen wesentlichen Betriebsgrundlagen als auch die Mehrheit der Anteile an der Betriebskapitalgesellschaft zum Gesamtgut einer ehelichen Gütergemeinschaft, sind die Voraussetzungen der personellen Verflechtung erfüllt (→ BFH vom 26. 11. 1992 – BStBl. 1993 II S. 876).[1]

Insolvenz des Betriebsunternehmens.[2] Die Eröffnung des Insolvenzverfahrens über das Vermögen des Betriebsunternehmens führt zur Beendigung der personellen Verflechtung und zur Betriebsaufgabe des Besitzunternehmens, wenn nicht das laufende Insolvenzverfahren mit anschließender Fortsetzung des Betriebsunternehmens aufgehoben oder eingestellt wird (→ BFH vom 6. 3. 1997 – BStBl. II S. 460).

Interessengegensätze. Ein einheitlicher geschäftlicher Betätigungswille ist nicht anzunehmen, wenn nachgewiesen wird, dass zwischen den an dem Besitzunternehmen und dem Betriebsunternehmen beteiligten Personen tatsächlich Interessengegensätze aufgetreten sind (→ BFH vom 15. 5. 1975 – BStBl. II S. 781).

Mehrheit der Stimmrechte. Für die Durchsetzung eines einheitlichen geschäftlichen Betätigungswillens in einem Unternehmen ist in der Regel der Besitz der Mehrheit der Stimmrechte erforderlich (→ BFH vom 28. 11. 1979 – BStBl. 1980 II S. 162 und vom 18. 2. 1986 – BStBl. II S. 611). Ein Besitzunternehmer beherrscht die Betriebskapitalgesellschaft auch, wenn er zwar über die einfache Stimmrechtsmehrheit und nicht über die im Gesellschaftsvertrag vorgeschriebene qualifizierte Mehrheit verfügt, er aber als Gesellschafter-Geschäftsführer deren Geschäfte des täglichen Lebens beherrscht, sofern ihm die Geschäftsführungsbefugnis nicht gegen seinen Willen entzogen werden kann (→ BFH vom 30. 11. 2005 – BStBl. 2006 II S. 415); aber → Faktische Beherrschung.

Mittelbare Beteiligung

- Den maßgeblichen Einfluss kann einem Gesellschafter auch eine mittelbare Beteiligung gewähren. Die mittelbare Beteiligung an einer Besitz-Personengesellschaft über eine Kapitalgesellschaft ist dabei aus Vertrauensschutzgründen erst ab dem VZ 2024 zu berücksichtigen (→ BFH vom 23. 7. 1981 – BStBl. II 1982 S. 60, vom 22. 1. 1988 – BStBl. II S. 537, vom 29. 11. 2017 – BStBl. II 2018 S. 426 und BMF vom 21. 11. 2022 – BStBl. I S. 1515).
- Der beherrschende Einfluss auf das Betriebsunternehmen bleibt erhalten, wenn das Betriebsgrundstück einer zwischengeschalteten GmbH zur Weitervermietung an das Betriebsunternehmen überlassen wird (→ BFH vom 28. 11. 2001 – BStBl. 2002 II S. 363).

Personengruppentheorie. Für die Beherrschung von Besitz- und Betriebsunternehmen reicht es aus, wenn an beiden Unternehmen mehrere Personen beteiligt sind, die zusammen beide Unternehmen beherrschen. Dies gilt auch für Familienangehörige (→ BFH vom 28. 5. 1991 – BStBl. II S. 801).

Stimmrechtsausschluss

- **Allgemeines.** Sind an der Besitzpersonengesellschaft neben den das Betriebsunternehmen beherrschenden Personen weitere Gesellschafter oder Bruchteilseigentümer beteiligt, können die auch an dem Betriebsunternehmen beteiligten Personen an der Ausübung des Stimmrechts in der Besitzpersonengesellschaft bei einem Rechtsgeschäft mit dem Betriebsunternehmen ausgeschlossen sein. Eine tatsächliche Beherrschung der Besitzpersonengesellschaft ist dann nicht möglich (→ BFH vom 9. 11. 1983 – BStBl. 1984 II S. 212).
- **tatsächliche Handhabung.** Eine personelle Verflechtung liegt nicht vor, wenn ein Gesellschafter des Besitzunternehmens von der Ausübung des Stimmrechts in dem Besitzunternehmen bei der Vornahme von Rechtsgeschäften des Besitzunternehmens mit dem Betriebsun-

[1] Siehe auch *BFH-Urteil vom 19. 10. 2006 IV R 22/02 (DStR S. 2207; BFH/NV 2007, 149).*
[2] Siehe auch *BFH-Urteil vom 30. 8. 2007 IV R 50/05 (BStBl. 2008 II S. 129).*

ternehmen ausgeschlossen ist. Entscheidend ist dabei die tatsächliche Handhabung (→ BFH vom 12. 11. 1985 – BStBl. 1986 II S. 296).
- **bei Betriebskapitalgesellschaft.** Für die Frage der personellen Verflechtung ist allerdings nicht ausschlaggebend, ob der beherrschende Gesellschafter der Betriebskapitalgesellschaft bei Beschlüssen über Geschäfte mit dem Besitzunternehmen vom ihm zustehenden Stimmrecht ausgeschlossen ist. Sofern nämlich diese Rechtsgeschäfte zur laufenden Geschäftsführung der Betriebskapitalgesellschaft gehören, besteht kein Anlass, hierüber einen Beschluss der Gesellschafterversammlung herbeizuführen (→ BFH vom 26. 1. 1989 – BStBl. II S. 455).

Testamentsvollstrecker
- Der einheitliche geschäftliche Betätigungswille der hinter Besitz- und Betriebsunternehmen stehenden Personen kann nicht durch einen Testamentsvollstrecker ersetzt werden (→ BFH vom 13. 12. 1984 – BStBl. 1985 II S. 657).
- Für die Beurteilung der personellen Verflechtung ist das Handeln eines Testamentsvollstreckers den Erben zuzurechnen (→ BFH vom 5. 6. 2008 – BStBl. II S. 858).

Betriebsaufspaltung – Zusammenrechnung von Ehegattenanteilen R 15.7 (7) 52

(7) *(unbesetzt)*

Allgemeines. Eine Zusammenrechnung von Ehegattenanteilen kommt grundsätzlich nichtin Betracht, es sei denn, dass zusätzlich zur ehelichen Lebensgemeinschaft ausnahmsweise Beweisanzeichen vorliegen, die für gleichgerichtete wirtschaftliche Interessen der Ehegatten sprechen (→ BVerfG vom 12. 3. 1985 – BStBl. II S. 475, → BMF vom 18. 11. 1986 – BStBl. I S. 537).[1] H 15.7 (7) 53

Wiesbadener Modell. Ist an dem Besitzunternehmen der eine Ehegatte und an dem Betriebsunternehmen der andere Ehegatte beteiligt, liegt eine Betriebsaufspaltung nicht vor (→ BFH vom 30. 7. 1985 – BStBl. 1986 II S. 359 und vom 9. 9. 1986 – BStBl. 1987 II S. 28); → H 4.8 (Scheidungsklausel).

Betriebsaufspaltung – Zusammenrechnung der Anteile von Eltern und Kindern R 15.7 (8) 54

(8) ① Eine personelle Verflechtung liegt vor, wenn einem Elternteil oder beiden Elternteilen und einem minderjährigen Kind an beiden Unternehmen jeweils zusammen die Mehrheit der Stimmrechte zuzurechnen sind. ② Ist beiden Elternteilen an einem Unternehmen zusammen die Mehrheit der Stimmrechte zuzurechnen und halten sie nur zusammen mit dem minderjährigen Kind am anderen Unternehmen die Mehrheit der Stimmrechte, liegt, wenn das Vermögenssorgerecht beiden Elternteilen zusteht, grundsätzlich ebenfalls eine personelle Verflechtung vor. ③ Hält nur ein Elternteil an dem einen Unternehmen die Mehrheit der Stimmrechte und hält er zusammen mit dem minderjährigen Kind die Mehrheit der Stimmrechte an dem anderen Unternehmen, so liegt grundsätzlich keine personelle Verflechtung vor; auch in diesem Fall kann aber eine personelle Verflechtung anzunehmen sein, wenn das Vermögenssorgerecht allein beim beteiligten Elternteil liegt oder wenn das Vermögenssorgerecht bei beiden Elternteilen liegt und zusätzlich zur ehelichen Lebensgemeinschaft gleichgerichtete wirtschaftliche Interessen der Ehegatten vorliegen. ④ Ist nur einem Elternteil an dem einen Unternehmen die Mehrheit der Stimmrechte zuzurechnen und halten an dem anderen Unternehmen beide Elternteile zusammen mit dem minderjährigen Kind die Mehrheit der Stimmrechte, liegt grundsätzlich keine personelle Verflechtung vor, es sei denn, die Elternanteile können zusammengerechnet werden und das Vermögenssorgerecht steht beiden Elternteilen zu.

Ergänzungspflegschaft bei minderjährigen Kindern. Die Stimmen des an der Betriebskapitalgesellschaft beteiligten minderjährigen Kindes sind dann nicht dem Elternteil zuzurechnen, wenn für die Gesellschafterstellung des Kindes eine Ergänzungspflegschaft angeordnet ist (→ BFH vom 14. 4. 2021 – BStBl. II S. 851). H 15.7 (8) 55

Wegfall der personellen Verflechtung durch Eintritt der Volljährigkeit → R 16 Abs. 2 Satz 3 ff.

Wertpapiergeschäfte R 15.7 (9) 56

(9) *(unbesetzt)*

An- und Verkauf von Wertpapieren H 15.7 (9) 57
- Ob der An- und Verkauf von Wertpapieren als Vermögensverwaltung oder als eine gewerbliche Tätigkeit anzusehen ist, hängt, wenn eine selbständige und nachhaltige, mit Gewinnerzielungsabsicht betriebene Tätigkeit vorliegt, entscheidend davon ab, ob die Tätigkeit sich auch als Beteiligung am allgemeinen wirtschaftlichen Verkehr darstellt. Der fortgesetzte An- und Verkauf von Wertpapieren reicht für sich allein, auch wenn er einen erheblichen Umfang annimmt und sich über einen längeren Zeitraum erstreckt, zur Annahme eines Gewerbebetriebs nicht aus, solange er sich in den gewöhnlichen Formen, wie sie bei Privatleuten

[1] Nachstehend abgedruckt als Anlage b zu R 15.7 EStR.

die Regel bilden, abspielt (→ BFH vom 19. 2. 1997 – BStBl. II S. 399, vom 29. 10. 1998 – BStBl. 1999 II S. 448 und vom 20. 12. 2000 – BStBl. 2001 II S. 706).

- Der An- und Verkauf von Optionskontrakten selbst in größerem Umfang begründet im Allgemeinen keinen Gewerbebetrieb. Eine gewerbliche Betätigung setzt jedenfalls voraus, dass der Stpfl. sich wie ein bankentypischer Händler verhält (→ BFH vom 20.12. 2000 – BStBl. 2001 II S. 706).
- Der Rahmen einer privaten Vermögensverwaltung wird unabhängig vom Umfang der Beteiligung überschritten, wenn die Wertpapiere nicht nur auf eigene Rechnung, sondern untrennbar damit verbunden in erheblichem Umfang auch für fremde Rechnung erworben und wieder veräußert werden, zur Durchführung der Geschäfte mehrere Banken eingeschaltet werden, die Wertpapiergeschäfte mit Krediten finanziert werden, aus den Geschäften für fremde Rechnung Gewinne erzielt werden sollen und alle Geschäfte eine umfangreiche Tätigkeit erfordern (→ BFH vom 4. 3. 1980 – BStBl. II S. 389).
- Der An- und Verkauf von Wertpapieren überschreitet grundsätzlich noch nicht den Rahmen einer privaten Vermögensverwaltung, wenn die entfaltete Tätigkeit dem Bild eines „Wertpapierhandelsunternehmens" i. S. d. § 1 Abs. 3d Satz 2 KWG bzw. eines „Finanzunternehmens" i. S. d. § 1 Abs. 3 KWG nicht vergleichbar ist. Für ein Wertpapierhandelsunternehmen ist ein Tätigwerden „für andere", vor allem ein Tätigwerden „für fremde Rechnung" kennzeichnend. Finanzunternehmen werden zwar – insoweit nicht anders als private Anleger – für eigene Rechnung tätig, zeichnen sich aber dadurch aus, dass sie den Handel mit institutionellen Partnern betreiben, also nicht lediglich über eine Depotbank am Marktgeschehen teilnehmen (→ BFH vom 30. 7. 2003 – BStBl. 2004 II S. 408).

Devisentermingeschäfte/Optionsgeschäfte. Die für Wertpapiergeschäfte maßgebenden Grundsätze für die Abgrenzung zwischen gewerblicher Tätigkeit und privater Vermögensverwaltung gelten auch bei Devisen- und Edelmetall-Termingeschäften in der Art von offenen oder verdeckten Differenzgeschäften (→ BFH vom 6. 12. 1983 – BStBl. 1984 II S. 132). Dies gilt ebenso für Optionsgeschäfte (→ BFH vom 19. 2. 1997 – BStBl. II S. 399); → H 4.2 (1) Termin- und Optionsgeschäfte.

Kapitalanlage mit Einfluss auf die Geschäftsführung. Zur Annahme eines die Gewerblichkeit begründenden besonderen Umstandes reicht es nicht aus, wenn mit dem Ankauf von Wertpapieren eine Dauerkapitalanlage mit bestimmendem Einfluss auf die Geschäftsführung einer Kapitalgesellschaft gesucht und erreicht wird (→ BFH vom 4. 3. 1980 – BStBl. II S. 389).

Pfandbriefe. Auch der An- und Verkauf von Pfandbriefen unter gezielter Ausnutzung eines sog. „grauen" Markts kann eine gewerbliche Tätigkeit begründen (→ BFH vom 2. 4. 1971 – BStBl. II S. 620).

Wertpapiergeschäfte eines Bankiers. Betreibt ein Bankier Wertpapiergeschäfte, die üblicherweise in den Bereich seiner Bank fallen, die aber auch im Rahmen einer privaten Vermögensverwaltung getätigt werden können, so sind diese dem betrieblichen Bereich zuzuordnen, wenn sie der Bankier in der Weise abwickelt, dass er häufig wiederkehrend dem Betrieb Mittel entnimmt, Kauf und Verkauf über die Bank abschließt und die Erlöse alsbald wieder dem Betrieb zuführt (→ BFH vom 19. 1. 1977 – BStBl. II S. 287).

Anl a zu R 15.7

a) Schreiben betr. Abgrenzung zwischen privater Vermögensverwaltung und gewerblichem Grundstückshandel[1]

Vom 26. März 2004 (BStBl. I S. 434)

(BMF IV A 6 – S 2240 – 46/04)

1 Anlage

Im Einvernehmen mit den obersten Finanzbehörden der Länder gilt zur Abgrenzung des gewerblichen Grundstückshandels von der privaten Vermögensverwaltung Folgendes:

60

I. Allgemeine Grundsätze[2]

1 Veräußern Privatpersonen Grundstücke, ist bei der Prüfung, ob ein gewerblicher Grundstückshandel vorliegt, wesentlich auf die Dauer der Nutzung vor Veräußerung und die Zahl der veräußerten Objekte abzustellen. In Fällen, in denen ein gewerblicher Grundstückshandel zu verneinen ist, bleibt jedoch zu prüfen, ob der Gewinn aus der Veräußerung nach § 23 EStG zu besteuern ist.

1. Bebaute Grundstücke

2 Sind bebaute Grundstücke bis zur Veräußerung während eines langen Zeitraums (mindestens zehn Jahre) vermietet worden, gehört grundsätzlich auch noch die Veräußerung der bebauten Grundstücke zur privaten Vermögensverwaltung (vgl. BFH-Urteil vom 6. April 1990 – BStBl. II S. 1057). Dies ist un-

[1] Zum Abschluss eines städtebaulichen Vertrags vgl. *Erlass FM Bayern vom 4. 1. 2000 31 – S 2240 – 1/182 – 1005 (DStR S. 554)* sowie *Vfg. OFD Niedersachsen vom 3. 5. 2011 G 1400 – 275 – St 254 (StEd S. 397).*

[2] Maßgeblich für die steuerrechtliche Qualifizierung einer Tätigkeit ist nicht die vom Stpfl. subjektiv vorgenommene Beurteilung, sondern vielmehr die Wertung nach objektiven Kriterien. Daher ist ein gewerblicher Grundstückshandel nicht allein deshalb zu bejahen, weil der Stpfl. einen solchen angemeldet oder erklärt hat. *BFH-Urteil vom 18. 8. 2009 X R 25/06 (BStBl. II S. 965).* Ein gewerblicher Grundstückshandel setzt Gewinnerzielungsabsicht voraus. *BFH-Urteil vom 5. 4. 2017 X R 6/15 (BStBl. II S. 1130).*

abhängig vom Umfang des veräußerten Grundbesitzes. Bei Grundstücken, die im Wege der vorweggenommenen Erbfolge oder durch Schenkung auf den Grundstücksveräußerer übergegangen sind, ist für die Berechnung der Nutzungsdauer die Besitzdauer des Rechtsvorgängers wie eine eigene Besitzzeit des Veräußerers zu werten. Zu Grundstücken, die durch Erbfolge oder durch Schenkung übergegangen sind, vgl. Tz. 9. Wegen der zu eigenen Wohnzwecken genutzten Grundstücke vgl. Tz. 10. Anl a zu R 15.7

Die Aufteilung eines Gebäudes in Eigentumswohnungen ist – für sich betrachtet – allein kein Umstand, der die Veräußerung der so entstandenen Eigentumswohnungen zu einer gewerblichen Tätigkeit macht. Auch hier ist maßgeblich auf die Dauer der Nutzung vor Veräußerung abzustellen.

2. Unbebaute Grundstücke

3 Bei unbebauten Grundstücken, die vor Veräußerung selbst genutzt (z. B. als Gartenland) oder verpachtet wurden, führt die bloße Parzellierung für sich allein nicht zur Annahme eines gewerblichen Grundstückshandels. Beim An- und Verkauf von Grundstücken über mehrere Jahre liegt dagegen im Regelfall ein gewerblicher Grundstückshandel vor. Ein gewerblicher Grundstückshandel liegt auch dann vor, wenn der Grundstückseigentümer, ähnlich wie ein Grundstückshändler oder ein Baulandaufschließungsunternehmen, beginnt, seinen Grundbesitz ganz oder teilweise durch Baureifmachung in Baugelände umzugestalten und zu diesem Zweck diesen Grundbesitz nach einem bestimmten Bebauungsplan in einzelne Parzellen aufteilt und diese dann an Interessenten veräußert (vgl. BFH-Urteile vom 28. September 1961 – BStBl. 1962 III S. 32; vom 25. Juli 1968 – BStBl. II S. 655; vom 22. Oktober 1969 – BStBl. 1970 II S. 61; vom 17. Dezember 1970 – BStBl. 1971 II S. 456; vom 14. November 1972 – BStBl. 1973 II S. 239; vom 7. Februar 1973 – BStBl. II S. 642, und vom 29. März 1973 – BStBl. II S. 682). In diesem Fall sind alle Aktivitäten des Veräußerers bei der Baureifmachung, Erschließung und Bebauung einzeln zu untersuchen und im Zusammenhang zu würdigen. Auch die Veräußerung land- und forstwirtschaftlicher Grundstücke oder Betriebe kann Gegenstand eines selbständigen gewerblichen Unternehmens sein (vgl. BFH-Urteil vom 28. Juni 1984 – BStBl. II S. 798); vgl. Tz. 27.

3. Beteiligung am allgemeinen wirtschaftlichen Verkehr

4[1] Die Beteiligung am allgemeinen wirtschaftlichen Verkehr ist durch den Kontakt zu einer Mehrzahl von Verkäufern oder Käufern gegeben (vgl. BFH-Urteile vom 20. Dezember 1963 – BStBl. 1964 III S. 137, und vom 29. März 1973 – BStBl. II S. 661). Eine Beteiligung am allgemeinen wirtschaftlichen Verkehr kann

- auch bei einer Tätigkeit für nur einen Vertragspartner oder bei Einschaltung eines Maklers vorliegen (vgl. BFH-Urteile vom 12. Juli 1991 – BStBl. 1992 II S. 143, und vom 7. Dezember 1995 – BStBl. 1996 II S. 367);
- bereits dadurch vorliegen, dass die Verkaufsabsicht nur einem kleinen Personenkreis – unter Umständen einer einzigen Person – bekannt wird und der Verkäufer damit rechnet, die Verkaufsabsicht werde sich herumsprechen. Entscheidend ist, dass der Verkäufer an jeden, der die Kaufbedingungen erfüllt, verkaufen will. Das ist bereits dann der Fall, wenn er bereit ist, das fragliche Objekt an einen anderen Erwerber zu veräußern, falls sich der Verkauf an den ursprünglich vorgesehenen Käufer zerschlägt;
- durch den Verkauf an Bekannte erfolgen (vgl. BFH-Urteile vom 28. Oktober 1993 – BStBl. 1994 II S. 463, und vom 7. März 1996 – BStBl. II S. 369);
- auch dann gegeben sein, wenn der Steuerpflichtige nur ein Geschäft mit einem Dritten tätigt, sich dieser aber in Wirklichkeit und nach außen erkennbar nach den Bestimmungen des Steuerpflichtigen an den allgemeinen Markt wendet (vgl. BFH-Urteil vom 13. Dezember 1995 – BStBl. 1996 II S. 232).

Auch ein entgeltlicher und von Gewinnerzielungsabsicht getragener Leistungsaustausch zwischen nahen Angehörigen erfüllt die Voraussetzung einer Teilnahme am allgemeinen wirtschaftlichen Verkehr (vgl. BFH-Urteil vom 13. August 2002 – BStBl. II S. 811). Dies gilt auch, wenn der Eigentümer Objekte nur an bestimmte Personen auf deren Wunsch veräußert.

Bei mehreren Grundstücksverkäufen muss das Merkmal der Beteiligung am allgemeinen wirtschaftlichen Verkehr nicht bei jedem Geschäft vorliegen (vgl. BFH-Urteil vom 28. Oktober 1993 – BStBl. 1994 II S. 463).

II. Gewerblicher Grundstückshandel wegen Überschreitung der „Drei-Objekt-Grenze"

1. Merkmale der „Drei-Objekt-Grenze"

5[2] Als Indiz für das Vorliegen eines gewerblichen Grundstückshandels gilt die Überschreitung der „Drei-Objekt-Grenze" (vgl. BFH-Beschluss vom 10. Dezember 2001 – BStBl. 2002 II S. 291). Danach ist die Veräußerung von mehr als drei Objekten innerhalb eines Fünfjahreszeitraums grundsätzlich gewerblich (vgl. BFH-Urteil vom 18. September 1991 – BStBl. 1992 II S. 135). Die Veräußerung von mehr als drei in bedingter Verkaufsabsicht erworbener oder errichteter (vgl. Tz. 19 ff.) Objekte innerhalb dieses Zeitraums führt bei Vorliegen der übrigen Voraussetzungen (§ 15 Abs. 2 EStG) grundsätzlich zur Gewerblichkeit aller – d. h. auch der ersten drei – Objektveräußerungen. Die zeitliche Grenze von fünf Jahren hat allerdings keine starre Bedeutung. Ein gewerblicher Grundstückshandel kann z. B. bei einer **61**

[1] Auch der Verkauf eines Grundstücks zwischen Schwesterpersonengesellschaften kann eine Beteiligung am allgemeinen wirtschaftlichen Verkehr darstellen. *BFH-Urteil vom 1. 12. 2005 IV R 65/04 (BStBl. 2006 II S. 259).*

Auch die Veräußerung von Wohnungen nur an bestimmte Personen auf deren Wunsch ist Teilnahme am allgemeinen wirtschaftlichen Verkehr. *BFH-Urteil vom 20. 2. 2003 III R 10/01 (BStBl. II S. 510).*

[2] Gewerblicher Grundstückshandel erfordert nicht, dass in jedem VZ Verwertungsmaßnahmen ergriffen oder ständig Grundstücke vorrätig gehalten werden. Gewerblicher Grundstückshandel liegt auch vor, wenn nach der Veräußerung des ersten Objekts über einen Zeitraum von mehr als zwei Jahren keine späteren Grundstücksgeschäfte konkret absehbar sind und auch keine Grundstücke im Umlaufvermögen gehalten werden (inaktive Phase). *BFH vom 20. 4. 2006 III R 1/05 (BStBl. 2007 II S. 375).*

Anl a zu R 15.7

höheren Zahl von Veräußerungen nach Ablauf dieses Zeitraums, aber auch bei einer hauptberuflichen Tätigkeit im Baubereich vorliegen.

6 Objekt i. S. der „Drei-Objekt-Grenze" sind nur solche Objekte, bei denen **ein enger zeitlicher Zusammenhang** (vgl. Tz. 20) zwischen Errichtung, Erwerb oder Modernisierung und der Veräußerung besteht. Ist ein derartiger enger zeitlicher Zusammenhang nicht gegeben, können bis zur zeitlichen Obergrenze von zehn Jahren Objekte nur mitgerechnet werden, wenn weitere Umstände den Schluss rechtfertigen, dass im Zeitpunkt der Errichtung, des Erwerbs oder der Modernisierung eine Veräußerungsabsicht vorgelegen hat.[1] Solche weiteren Umstände liegen z. B. vor, wenn ein branchenkundiger Steuerpflichtiger innerhalb eines Zeitraums von fünf Jahren nach der Errichtung eines Gebäudes weniger als vier, danach aber in relativ kurzer Zeit planmäßig weitere Objekte veräußert (vgl. BFH-Urteil vom 5. September 1990 – BStBl. II S. 1060). Vgl. auch Tz. 28.

7[2] Als Veräußerung i. S. der „Drei-Objekt-Grenze" gilt auch die Einbringung eines Grundstücks in das Gesamthandsvermögen einer Personengesellschaft, die nach den Grundsätzen des BMF-Schreibens vom 29. März 2000 (BStBl. I S. 462)[3] als Veräußerung anzusehen ist. Grundstücksübertragungen in das Gesamthandsvermögen einer Personengesellschaft, für die der Übertragende keine Gegenleistung erhält (verdeckte Einlage), und die Übertragung von Grundstücken im Wege der Realteilung einer vermögensverwaltenden Personengesellschaft oder Bruchteilsgemeinschaft auf die einzelnen Gesellschafter zu Alleineigentum gelten dagegen nicht als Veräußerung i. S. der „Drei-Objekt-Grenze". Als Veräußerung i. S. der „Drei-Objekt-Grenze" gilt die Einbringung eines Grundstücks in eine Kapitalgesellschaft gegen Gewährung von Gesellschaftsrechten.[4] Dies gilt auch in den sog. Mischfällen, in denen die dem Gesellschafter gewährte angemessene (drittübliche) Gegenleistung teils in der Gewährung von Gesellschaftsrechten und teils in anderen Entgelten, z. B. in der Zahlung eines Barkaufpreises, der Einräumung einer Forderung oder in der Übernahme von Schulden des Gesellschafters besteht (vgl. BFH-Urteil vom 19. September 2002 – BStBl. 2003 II S. 394).

Im Einzelnen gilt für die Überschreitung der „Drei-Objekt-Grenze" Folgendes:

a) Definition des Objekts i. S. der „Drei-Objekt-Grenze"

8[5] Objekt i. S. der „Drei-Objekt-Grenze" sind Grundstücke jeglicher Art. Auf die Größe, den Wert oder die Nutzungsart des einzelnen Objekts kommt es nicht an (vgl. BFH-Urteile vom 18. Mai 1999 – BStBl. 2000 II S. 28, und vom 15. März 2000 – BStBl. 2001 II S. 530). Es kommt nicht darauf an, ob es sich um bebaute oder unbebaute Grundstücke handelt oder ob der Steuerpflichtige die Objekte selbst errichtet hat oder in bebautem Zustand erworben hat.

Danach stellt auch ein im Teileigentum stehender Garagenabstellplatz ein selbständiges Objekt dar, wenn dieser nicht im Zusammenhang mit dem Verkauf einer Wohnung veräußert wird. Der Verkauf eines Garagenabstellplatzes ist jedoch dann nicht als eigenes Objekt zu zählen, wenn dieser als Zubehörraum einer Eigentumswohnung im Zusammenhang mit dem Verkauf der Eigentumswohnung an andere Erwerber als die Käufer der Eigentumswohnung veräußert wird (vgl. BFH-Urteil vom 18. September 2002 – BStBl. 2003 II S. 238).

Jedes zivilrechtliche Wohnungseigentum, das selbständig nutzbar und veräußerbar ist, stellt ein Objekt i. S. der „Drei-Objekt-Grenze" dar, auch wenn mehrere Objekte nach Vertragsabschluss baulich zu einem Objekt zusammengefasst werden (vgl. BFH-Urteil vom 16. Mai 2002 – BStBl. II S. 571).[6] Gleiches gilt für Grundstücke, bei denen der Verkauf beim Vertragsvollzug gescheitert ist (vgl. BFH-Urteil vom 5. Dezember 2002 – BStBl. 2003 II S. 291).

Als Objekt i. S. der „Drei-Objekt-Grenze" kommen weiterhin auch Erbbaurechte in Betracht.[7]

b) Durch Erbfall, vorweggenommene Erbfolge oder Schenkung übergegangene Grundstücke als Grundstücke i. S. der „Drei-Objekt-Grenze"[8]

9 In die Prüfung des gewerblichen Grundstückshandels und damit der „Drei-Objekt-Grenze" sind Grundstücke, die im Wege der vorweggenommenen Erbfolge oder durch Schenkung übertragen und vom Rechtsnachfolger in einem zeitlichen Zusammenhang veräußert worden sind, mit einzubeziehen. In diesem Fall ist hinsichtlich der unentgeltlich übertragenen Grundstücke für die Frage des zeitlichen Zusammenhangs (vgl. Tz. 6, 20) auf die Anschaffung oder Herstellung durch den Rechtsvorgänger abzustellen. Werden im zeitlichen Zusammenhang durch den Rechtsvorgänger und den Rechtsnachfolger insgesamt mehr als drei Objekte veräußert, liegen gewerbliche Einkünfte vor:

---

[1] Siehe hierzu *BFH-Urteil vom 5. 5. 2004 XI R 7/02 (BStBl. II S. 738).*

[2] Die Einbringung von Grundstücken in das Betriebsvermögen einer Personengesellschaft zum Teilwert gegen Übernahme von Verbindlichkeiten und Einräumung einer Darlehensforderung ist als Veräußerung durch den Stpfl. anzusehen, *BFH-Urteil vom 28. 10. 2015 X R 22/13 (BStBl. 2016 II S. 95).*

[3] Abgedruckt als Anlage a zu R 4.3 EStR.

[4] Bei Veräußerung an die Kapitalgesellschaft des Grundstückseigentümers sind die Aktivitäten der Kapitalgesellschaft nur dann dem Veräußerer zuzurechnen, wenn die Voraussetzungen für einen Gestaltungsmissbrauch vorliegen. *BFH-Urteil vom 18. 3. 2004 III R 25/02 (BStBl. II S. 787).*

[5] Die Drei-Objekt-Grenze ist überschritten, wenn der Kaufvertrag zwar über einen unabgeteilten Miteigentumsanteil abgeschlossen wurde, das Grundstück jedoch in derselben Urkunde in Wohn- und Gewerbeeinheiten aufgeteilt wurde, von denen dem Erwerber mehr als drei Einheiten zugewiesen wurden, *BFH-Urteil vom 30. 9. 2010 IV R 44/08 (BStBl. 2011 II S. 645).*

Ein ungeteiltes Grundstück mit mehreren freistehenden Häusern ist nur ein Objekt i. S. d. Drei-Objekt-Grenze, *BFH-Urteil vom 5. 5. 2011 IV R 34/08 (BStBl. II S. 787).*

[6] Zwei Doppelhaushälften auf einem ungeteilten Grundstück bilden ein Objekt. *BFH-Urteil vom 14. 10. 2003 IX R 56/99 (BStBl. 2004 II S. 227).* Aneinander grenzende, rechtlich selbständige Mehrfamilienhausgrundstücke stellen jeweils gesonderte wirtschaftliche Einheiten dar. *BFH-Urteil vom 3. 8. 2004 X R 40/03 (BStBl. 2005 II S. 35).*

[7] Die erstmalige Bestellung eines Erbbaurechts ist kein Objekt i. S. d. Drei-Objekt-Grenze. Hingegen ist ein Erbbaurecht ein Objekt i. S. d. Drei-Objekt-Grenze, wenn es veräußert wird. *BFH-Urteil vom 12. 7. 2007 X R 4/04 (BStBl. II S. 885).*

[8] Siehe auch *BFH-Urteil vom 23. 8. 2017 X R 7/15 (DStR 2018 S. 180).*

– beim Rechtsvorgänger hinsichtlich der veräußerten Grundstücke;
– beim Rechtsnachfolger hinsichtlich der unentgeltlich erworbenen und veräußerten Grundstücke.

In diesen Fällen sind beim Rechtsnachfolger die Veräußerungen der unentgeltlich erworbenen Grundstücke für die Frage, ob er daneben Einkünfte aus einem eigenen gewerblichen Grundstückshandel erzielt, als Objekte i. S. der „Drei-Objekt-Grenze" mitzuzählen.

Beispiel:

V erwirbt im Jahr 01 vier Eigentumswohnungen E 1, E 2, E 3 und E 4. Im Jahr 03 veräußert er die Eigentumswohnungen E 1, E 2 und E 3. Die Eigentumswohnung E 4 überträgt er im Wege der vorweggenommenen Erbfolge im Jahr 03 auf seinen Sohn S. S hat im Jahr 02 die Reihenhäuser RH 1, RH 2 und RH 3 erworben. Im Jahr 04 veräußert S die Reihenhäuser und die Eigentumswohnung E 4.

- Die Veräußerung der Eigentumswohnung E 4 innerhalb des zeitlichen Zusammenhangs durch S führt bei V zur Annahme eines gewerblichen Grundstückshandels. Der Gewinn aus der Veräußerung der Eigentumswohnungen E 1 bis E 3 ist bei V steuerpflichtig.
- Bei S ist der Gewinn aus der Veräußerung der Eigentumswohnung E 4 steuerpflichtig. Auch aus der Veräußerung der drei Objekte (RH 1 bis RH 3) erzielt er Einkünfte aus einem gewerblichen Grundstückshandel, weil die Veräußerung der Eigentumswohnung E 4 als sog. Zählobjekt mitzuzählen ist.

Dies gilt entsprechend im Fall der Modernisierung (vgl. Tz. 24).

Nicht einzubeziehen sind jedoch – unabhängig vom Umfang des Grundbesitzes – Grundstücke, die durch Erbfolge übergegangen sind (vgl. BFH-Urteil vom 15. März 2000 – BStBl. 2001 II S. 530), es sei denn, dass bereits der Erblasser in seiner Person einen gewerblichen Grundstückshandel begründet hat und der Erbe einen unternehmerischen Gesamtplan fortführt oder der Erbe die Grundstücke vor der Veräußerung in nicht unerheblichem Maße modernisiert und hierdurch ein Wirtschaftsgut anderer Marktgängigkeit entstanden ist (vgl. Tz. 24).

c) Zu eigenen Wohnzwecken genutzte Grundstücke als Grundstücke i. S. der „Drei-Objekt-Grenze"

10 Ebenfalls nicht einzubeziehen sind Grundstücke, die eigenen Wohnzwecken dienen. Zu eigenen Wohnzwecken genutzte bebaute Grundstücke gehören in aller Regel zum notwendigen Privatvermögen (vgl. BFH-Urteil vom 16. Oktober 2002 – BStBl. 2003 II S. 245). Etwas anderes kann sich allerdings ergeben, wenn ein zur Veräußerung bestimmtes Wohnobjekt nur vorübergehend zu eigenen Wohnzwecken genutzt wird (vgl. BFH-Urteil vom 11. April 1989 – BStBl. II S. 621). Bei einer Selbstnutzung von weniger als fünf Jahren ist das Grundstück dann nicht einzubeziehen, wenn der Veräußerer eine auf Dauer angelegte Eigennutzung nachweist, indem er darlegt, dass die Veräußerung auf offensichtlichen Sachzwängen beruhte (vgl. BFH-Urteil vom 18. September 2002 – BStBl. 2003 II S. 133).

d) Grundstücke, die ohne Gewinnerzielungsabsicht veräußert werden, als Grundstücke i. S. der „Drei-Objekt-Grenze"

11 Objekte, mit deren Weitergabe kein Gewinn erzielt werden soll (z. B. teilentgeltliche Veräußerung oder Schenkung an Angehörige), sind in die Betrachtung, ob die „Drei-Objekt-Grenze" überschritten ist, grundsätzlich nicht einzubeziehen (vgl. BFH-Urteile vom 18. September 2002 – BStBl. 2003 II S. 238, und vom 9. Mai 1996 – BStBl. II S. 599). Eine teilentgeltliche Veräußerung in diesem Sinne liegt vor, wenn der Verkaufspreis die Selbstkosten (Anschaffungs- oder Herstellungskosten oder Einlagewert) nicht übersteigt (vgl. BFH-Urteile vom 14. März 1989 – BStBl. 1990 II S. 1053; vom 9. Mai 1996 – BStBl. II S. 599, und vom 18. September 2002 – BStBl. 2003 II S. 238).

Eine Einbeziehung von an Kinder übertragene Objekte hinsichtlich der Frage des Überschreitens der „Drei-Objekt-Grenze" kommt jedoch dann in Betracht, wenn der Steuerpflichtige – bevor er sich dazu entschlossen hat, diese Objekte unentgeltlich an seine Kinder zu übertragen – die zumindest bedingte Absicht besaß, auch diese Objekte am Markt zu verwerten (vgl. BFH-Urteil vom 18. September 2002 – BStBl. 2003 II S. 238).[1]

Grundstücke, die zwar mit der Absicht, Gewinn zu erzielen, veräußert wurden, mit deren Verkauf aber letztlich ein Verlust realisiert wurde, sind in die Betrachtung, ob die „Drei-Objekt-Grenze" überschritten ist, mit einzubeziehen.

e) Veräußerungen durch Ehegatten

12 Bei Ehegatten ist eine Zusammenfassung der Grundstücksaktivitäten im Regelfall nicht zulässig. Dies bedeutet, dass jeder Ehegatte bis zu drei Objekte im Bereich der Vermögensverwaltung veräußern kann. Die Grundstücksaktivitäten von Ehegatten sind jedoch dann zusammenzurechnen, wenn die Ehegatten eine über ihre eheliche Lebensgemeinschaft hinausgehende, zusätzliche enge Wirtschaftsgemeinschaft, z. B. als Gesellschaft des bürgerlichen Rechts, eingegangen sind, in die sie alle oder den größeren Teil der Grundstücke eingebracht haben (vgl. *BFH-Urteil vom 24. Juli 1996 – BStBl. II S. 603*).[2]

f) Übertragungen im Wege der Realteilung

13 Grundstücke, die im Wege der Realteilung einer vermögensverwaltenden Personengesellschaft oder Bruchteilsgemeinschaft den einzelnen Gesellschaftern zu Alleineigentum übertragen werden, sind ebenfalls nicht mit in die „Drei-Objekt-Grenze" einzubeziehen (vgl. BFH-Urteil vom 9. Mai 1996 – BStBl. II S. 599).

g) Beteiligung an Grundstücksgesellschaften

14 Beteiligt sich ein Steuerpflichtiger an Grundstücksgesellschaften zur Verwertung von Grundstücken (z. B. durch Verkauf oder Bebauung und Verkauf), ist zunächst zu prüfen, ob die Gesellschaft

[1] Zur unentgeltlichen Übertragung auf die Ehefrau siehe *BFH-Urteil vom 23. 8. 2017 X R 7/15 (DStR 2018 S. 180).*
[2] Richtig: BFH-Urteil vom 24. Juli 1986 – BStBl. II S. 913.

Anl a zu R 15.7

selbst ein gewerbliches Unternehmen i. S. des § 15 Abs. 2 EStG betreibt (vgl. BFH-Beschluss vom 25. Juni 1984 – BStBl. II S. 751), sodass steuerlich eine Mitunternehmerschaft i. S. des § 15 Abs. 1 Satz 1 Nr. 2 EStG vorliegt. In diesem Fall ist die Überschreitung der „Drei-Objekt-Grenze" auf der Ebene der Gesellschaft zu prüfen; auf eventuelle Grundstücksveräußerungen durch den einzelnen Gesellschafter kommt es insoweit nicht an.[1] Wird die Gesellschaft nach den vorgenannten Grundsätzen im Rahmen eines gewerblichen Grundstückshandels tätig, sind die Grundstücksveräußerungen der Gesellschaft bei der Prüfung, ob auch auf der Ebene des Gesellschafters ein – weiterer – gewerblicher Grundstückshandel besteht, als Objekt mitzuzählen (vgl. BFH-Beschluss vom 3. Juli 1995 – BStBl. II S. 617; BFH-Urteil vom 28. November 2002 – BStBl. 2003 II S. 250).[2]

Voraussetzung hierfür ist jedoch, dass der Gesellschafter an der jeweiligen Gesellschaft zu mindestens 10% beteiligt ist oder dass der Verkehrswert des Gesellschaftsanteils oder des Anteils an dem veräußerten Grundstück bei einer Beteiligung von weniger als 10% mehr als 250 000 € beträgt.[3]

15 Ist die Gesellschaft nach den vorgenannten Grundsätzen vermögensverwaltend tätig, muss ihre Betätigung (z. B. Erwerb, Bebauung und Verkauf der Grundstücke) den einzelnen Gesellschaftern in gleicher Weise wie bei einer Bruchteilsgemeinschaft anteilig zugerechnet werden (§ 39 Abs. 2 Nr. 2 AO) und bei diesen einkommensteuerrechtlich nach den für den einzelnen Gesellschafter und seine Betätigung maßgeblichen Kriterien beurteilt werden. Dabei sind zwei Fallgruppen zu unterscheiden:

aa) Die Beteiligung an der Grundstücksgesellschaft wird im Betriebsvermögen gehalten.

16 Der Gesellschafter erzielt aus der Beteiligung in jedem Fall gewerbliche Einkünfte (vgl. BFH-Urteile vom 20. November 1990 – BStBl. 1991 II S. 345, und vom 3. Juli 1995 – BStBl. II S. 617).

bb) Die Beteiligung an der Grundstücksgesellschaft wird im Privatvermögen gehalten.

In diesen Fällen gilt unter Beachtung der Halte- und Veräußerungsfristen Folgendes:

Veräußerungen von Grundstücken der Grundstücksgesellschaft

17[4] Überschreiten die von der vermögensverwaltenden Gesellschaft getätigten und dem einzelnen Gesellschafter anteilig zuzurechnenden Grundstücksveräußerungen entweder für sich gesehen oder unter Zusammenrechnung mit der Veräußerung von Objekten, die dem betreffenden Gesellschafter allein oder im Rahmen einer anderen Personengesellschaft gehören, den Rahmen der bloßen Vermögensverwaltung, wird der Gesellschafter selbst im Rahmen eines gewerblichen Grundstückshandels tätig. Für die Prüfung, ob auf der Ebene des Gesellschafters ein gewerblicher Grundstückshandel begründet wird, ist der Anteil des Steuerpflichtigen an dem Objekt der Grundstücksgesellschaft oder -gesellschaften für die Ermittlung der „Drei-Objekt-Grenze" jeweils einem Objekt gleichzustellen. Bei Veräußerung von Miteigentumsanteilen an einem Grundstück an verschiedene Erwerber stellt jeder Miteigentumsanteil ein Zählobjekt i. S. der „Drei-Objekt-Grenze" dar (vgl. BFH-Urteil vom 7. Dezember 1995 – BStBl. 1996 II S. 367). Voraussetzung hierfür ist jedoch, dass der Gesellschafter an der jeweiligen Gesellschaft zu mindestens 10% beteiligt ist oder dass der Verkehrswert des Gesellschaftsanteils oder des Anteils an dem veräußerten Grundstück bei einer Beteiligung von weniger als 10% mehr als 250 000 € beträgt.

Veräußerung des Anteils an der Grundstücksgesellschaft

18[5] In den Fällen, in denen der Gesellschafter seinen Anteil an der Grundstücksgesellschaft veräußert, ist die Veräußerung der Beteiligung gem. § 39 Abs. 2 Nr. 2 AO einer anteiligen Grundstücksveräußerung gleichzustellen.

Für die „Drei-Objekt-Grenze" kommt es dabei auf die Zahl der im Gesellschaftsvermögen (Gesamthandsvermögen) befindlichen Grundstücke an (vgl. BFH-Urteile vom 7. März 1996 – BStBl. II S. 369, und vom 28. November 2002 – BStBl. 2003 II S. 250). Voraussetzung für die Anrechnung von Anteilsveräußerungen ist jedoch, dass der Gesellschafter an der jeweiligen Gesellschaft zu mindestens 10% beteiligt ist oder dass eine Beteiligung von weniger als 10% einen Verkehrswert von mehr als 250 000 € hat.

Die vorstehenden Ausführungen (Tz. 15 bis 18) gelten entsprechend für Grundstücksgemeinschaften (Bruchteilsgemeinschaften).

---

[1] Bestätigt durch *BFH-Urteil vom 17. 12. 2008 IV 85/06 (BStBl. 2009 II S. 529 und S. 795),* wonach bei der Prüfung, ob eine Personengesellschaft wegen Überschreitung der „Drei-Objekt-Grenze" den Bereich der privaten Vermögensverwaltung verlassen hat, solche Grundstücksaktivitäten nicht mitzuzählen sind, die die Gesellschafter allein oder im Rahmen einer anderen gewerblich tätigen (Schwester-)Personengesellschaft entwickelt haben.

[2] Auch wenn ein Stpfl. in eigener Person kein einziges Objekt veräußert, kann er allein durch die Zurechnung der Grundstücksverkäufe von Personengesellschaften oder Gemeinschaften einen gewerblichen Grundstückshandel betreiben, *BFH vom 22. 8. 2012 X R 24/11 (BStBl. II S. 865).* Die Einbringung von Grundstücken in eine als Grundstückshändlerin tätige Personengesellschaft zum Teilwert gegen Übernahme von Verbindlichkeiten und Einräumung einer Darlehensforderung ist als Veräußerung durch den Stpfl. anzusehen, *BFH-Urteil vom 28. 10. 2015 X R 22/13 (BStBl. 2016 II S. 95).*

[3] Die Grenzen sind jedoch unbeachtlich, wenn ein Gesellschafter über eine Generalvollmacht oder aus anderen Gründen die Geschäfte der Grundstücksgesellschaft maßgeblich bestimmt. *BFH vom 12. 7. 2007 X R 4/04 (BStBl. II S. 885).*

[4] Ein Stpfl. wird nachhaltig tätig, wenn zehn Personengesellschaften, an denen er beteiligt ist, in einer notariellen Urkunde, die eigenständige und voneinander unabhängige Kaufverträge beinhaltet, insgesamt zehn Grundstücke innerhalb von fünf Jahren nach dem jeweiligen Erwerb an acht verschiedene Erwerber-Kapitalgesellschaften veräußern, selbst wenn diese Kapitalgesellschaften jeweils dieselbe Muttergesellschaft haben, *BFH-Urteil vom 22. 4. 2015 X R 25/13 (BStBl. II S. 897).*

[5] Die Veräußerung von Mitunternehmeranteilen an mehr als drei am Grundstücksmarkt tätigen Gesellschaften bürgerlichen Rechts ist auch dann der Veräußerung der zum Gesamthandsvermögen gehörenden Grundstücke gleichzustellen, wenn es sich bei den Gesellschaften um gewerblich geprägte Personengesellschaften i. S. d. § 15 Abs. 3 Nr. 2 EStG handelt. Die Gewinne aus den Anteilsveräußerungen sind daher – bei Vorliegen der übrigen Voraussetzungen – als laufende Gewinne aus gewerblichem Grundstückshandel zu erfassen *(BFH-Urteil vom 5. 6. 2008 IV R 81/06, BStBl. 2010 II S. 974).*

Nichts anderes kann gelten, wenn der Stpfl. weniger als vier Anteile an derartigen Personengesellschaften veräußert, er die Drei-Objekt-Grenze aber aufgrund der Veräußerung weiterer Grundstücke in eigener Person überschreitet. Auch dann stellt sich die Anteilsveräußerung im Lichte der Gesamttätigkeit des Gesellschafters als Teil der laufenden Geschäftstätigkeit eines gewerblichen Grundstückshändlers dar, *BFH-Urteil vom 18. 4. 2012 X R 34/10 (BStBl. II S. 647).*

Anl a zu R 15.7

Beispiel 1:
Ein Steuerpflichtiger erwirbt und veräußert innerhalb von vier Jahren drei Beteiligungen an verschiedenen Gesellschaften, zu deren Gesellschaftsvermögen jeweils ein Grundstück gehört.
Die „Drei-Objekt-Grenze" wird nicht überschritten. Der Steuerpflichtige wird nicht im Rahmen eines gewerblichen Grundstückshandels tätig.

Beispiel 2:
Ein Steuerpflichtiger erwirbt und veräußert innerhalb von vier Jahren zwei Beteiligungen an verschiedenen Gesellschaften, zu deren Gesellschaftsvermögen jeweils zwei Grundstücke gehören.
Die „Drei-Objekt-Grenze" ist überschritten. Der Steuerpflichtige wird im Rahmen eines gewerblichen Grundstückshandels tätig.

2. Errichtung von Objekten

19 a) Bebaut ein Steuerpflichtiger ein Grundstück oder erwirbt er ein unbebautes Grundstück zur Bebauung, liegt in der Regel ein gewerblicher Grundstückshandel vor, wenn mehr als drei Objekte **in engem zeitlichen Zusammenhang** mit ihrer Errichtung veräußert werden und der Steuerpflichtige mit **Veräußerungsabsicht** handelt.[1] Ein gewerblicher Grundstückshandel liegt in diesem Fall auch dann vor, wenn die Objekte zwischenzeitlich vermietet wurden (vgl. BFH-Urteil vom 11. April 1989 – BStBl. II S. 621). Ferner ist unerheblich, ob die veräußerten Wohneinheiten in der rechtlichen Gestalt von Eigentumswohnungen entstanden sind oder ob sie zunächst rechtlich unselbständige, zur Vermietung an verschiedene Interessenten bestimmte Teile eines Gesamtobjekts (z. B. Mehrfamilienhaus) waren. **62**

20 b) Ein **enger zeitlicher Zusammenhang** zwischen Errichtung und Veräußerung der Objekte ist dann gegeben, wenn die Zeitspanne zwischen Fertigstellung und der Veräußerung der Objekte nicht mehr als fünf Jahre beträgt (vgl. BFH-Urteile vom 23. Oktober 1987 – BStBl. 1988 II S. 293, und vom 22. März 1990 – BStBl. II S. 637). Eine Überschreitung von wenigen Tagen beeinträchtigt diese Indizwirkung noch nicht (vgl. BFH-Urteil vom 28. November 2002 – BStBl. 2003 II S. 250).

21[2] c) Die **Veräußerungsabsicht** ist anhand äußerlicher Merkmale zu beurteilen; die bloße Erklärung des Steuerpflichtigen, er habe eine solche Absicht nicht gehabt, reicht nicht aus. Das Vorhandensein einer Veräußerungsabsicht kann allerdings nicht allein aus dem engen zeitlichen Zusammenhang zwischen Errichtung und Veräußerung hergeleitet werden (vgl. Beschluss des Großen Senats des BFH vom 10. Dezember 2001 – BStBl. 2002 II S. 291). Liegen von Anfang an eindeutige (vom Steuerpflichtigen darzulegende) Anhaltspunkte dafür vor, dass ausschließlich eine anderweitige Nutzung als die Veräußerung objektiv in Betracht gezogen worden ist, hat der enge zeitliche Zusammenhang für sich genommen keine Bedeutung. Fehlen solche Anhaltspunkte, zwingt der enge zeitliche Zusammenhang zwischen Errichtung und Veräußerung aber nach der Lebenserfahrung zu der Schlussfolgerung, dass bei der Errichtung der Objekte zumindest eine bedingte Veräußerungsabsicht bestanden hat. In diesen Fällen kann sich der Steuerpflichtige nicht darauf berufen, die (eigentliche) Verkaufsabsicht sei erst später wegen Finanzierungsschwierigkeiten und zu hoher finanzieller Belastungen gefasst worden (vgl. BFH-Urteile vom 6. April 1990 – BStBl. II S. 1057, und vom 12. Dezember 2002 – BStBl. 2003 II S. 297); vgl. auch Tz. 30.

3. Erwerb von Objekten

22 Beim Erwerb von Objekten liegt grundsätzlich ein gewerblicher Grundstückshandel vor, wenn mehr als drei Objekte in engen zeitlichem Zusammenhang mit ihrem Erwerb veräußert werden und der Steuerpflichtige mit Veräußerungsabsicht handelt. Hinsichtlich des engen zeitlichen Zusammenhangs gilt Tz. 20, hinsichtlich der Veräußerungsabsicht gilt Tz. 21 entsprechend. **63**

Im Fall des Erwerbs bebauter Grundstücke gelten folgende Besonderheiten:

23 Wandelt der Steuerpflichtige bisher vermietete Wohnungen eines erworbenen Mietshauses in Eigentumswohnungen um und versetzt er die Wohnungen vor der sich anschließenden Veräußerung lediglich in einen zum vertragsmäßigen Gebrauch geeigneten Zustand, wozu unter Berücksichtigung des bei Mietwohnungen Ortsüblichen auch die Ausführung von Schönheitsreparaturen gehören kann (vgl. BFH-Urteil vom 10. August 1983 – BStBl. 1984 II S. 137), ist ein gewerblicher Grundstückshandel nur anzunehmen, wenn innerhalb eines überschaubaren Zeitraums (in der Regel fünf Jahre) ein oder mehrere bereits in Veräußerungsabsicht erworbene Gebäude aufgeteilt und nach dieser Aufteilung mehr als drei Eigentumswohnungen veräußert werden.[3]

4. Modernisierung von Objekten

24[4] Besteht kein enger, zeitlicher Zusammenhang zwischen der Errichtung oder dem Erwerb und der Veräußerung der Objekte, kann ein gewerblicher Grundstückshandel vorliegen, wenn der Steuerpflich- **64**

---

[1] Bei der Prüfung, ob eine Tätigkeit wie z. B. die Errichtung von Gebäuden als nachhaltig anzusehen ist, sind die Vertragsleistungen eines Generalunternehmers dem Auftraggeber jeweils gesondert als Einzelaktivitäten zuzurechnen. *BFH- Urteil vom 19. 2. 2009 IV R 10/06 (BStBl. II S. 533).*

[2] Die entgeltliche Übertragung eines Objekts auf eine vom Stpfl. beherrschte GmbH vor Fertigstellung des Objekts ist als Anhaltspunkt für das Vorliegen einer unbedingten Veräußerungsabsicht heranzuziehen, *BFH-Urteil vom 24. 6. 2009 X R 36/06 (BStBl. 2010 II S. 171).*

[3] Bestätigt durch *BFH-Urteil vom 18. 3. 2004 III R 25/02 (BStBl. II S. 787).*

[4] Ein bebautes Grundstück, das durch den Stpfl. langjährig im Rahmen privater Vermögensverwaltung genutzt wird, kann Gegenstand eines gewerblichen Grundstückshandels werden, wenn der Stpfl. im Hinblick auf eine Veräußerung Baumaßnahmen ergreift, die derart umfassend sind, dass hierdurch das bereits bestehende Gebäude nicht nur erweitert oder über seinen ursprünglichen Zustand hinausgehend wesentlich verbessert wird, sondern ein neues Wirtschaftsgut „Gebäude" hergestellt wird. Dies gilt unabhängig davon, ob durch die Maßnahmen ein selbständiges – neben den Altbau tretendes – neues Gebäude, ein selbständiger Gebäudeteil oder ein einheitliches neues Gebäude unter Einbeziehung der Altbausubstanz entsteht (BFH-Urteil vom 15. 1. 2020 X R 18/18, X R 19/18, BStBl. I S. 538).

Anl a zu R 15.7

tige die Objekte vor der Veräußerung in nicht unerheblichem Maße modernisiert und hierdurch ein Wirtschaftsgut anderer Marktgängigkeit entstanden ist. Für die Veräußerungsabsicht kommt es dann auf den engen zeitlichen Zusammenhang mit der Modernisierung an. In Sanierungsfällen beginnt die Fünf-Jahres-Frist mit Abschluss der Sanierungsarbeiten (vgl. BFH-Urteil vom 5. Dezember 2002 – BStBl. 2003 II S. 291).[1]

5. Mischfälle

25 Treffen bei einem Steuerpflichtigen, der eine bestimmte Anzahl von Objekten veräußert hat, diejenigen Fälle, in denen das veräußerte Objekt vom Steuerpflichtigen selbst errichtet worden ist, mit solchen Fällen zusammen, in denen das Objekt von einem Dritten erworben worden ist, ist die Frage, ob die Veräußerung eines Objektes der einen oder anderen Gruppe bei Prüfung der „Drei-Objekt-Grenze" mitzuzählen ist, jeweils nach den Kriterien zu entscheiden, die für die betreffende Gruppe bei Veräußerung von mehr als drei Objekten gelten.

6. Unbebaute Grundstücke

65 **26** Beim Verkauf von unbebauten Grundstücken gelten die für den Erwerb und die Veräußerung bebauter Grundstücke dargestellten Grundsätze entsprechend (vgl. BFH-Urteil vom 13. Dezember 1995 – BStBl. 1996 II S. 232). Dies bedeutet, dass der Erwerb, die Parzellierung und die Veräußerung von mehr als drei unbebauten Grundstücken (Bauparzellen) nur dann gewerblich ist, wenn

– die Grundstücke (Bauparzellen) in Veräußerungsabsicht erworben wurden oder
– der Steuerpflichtige über die Parzellierung hinaus Tätigkeiten entwickelt hat (z. B. Erschließung, Bebauungsplan, Baureifmachung).

Bei Mischfällen gilt Tz. 25 entsprechend.

7. Land- und forstwirtschaftlich genutzte Grundstücke

27 Die Veräußerung land- und forstwirtschaftlicher Grundstücke kann unter den vorstehenden Voraussetzungen Gegenstand eines selbständigen gewerblichen Unternehmens sein. Hat der Land- und Forstwirt schon mit Tätigkeiten begonnen, die objektiv erkennbar auf die Vorbereitung von Grundstücksgeschäften gerichtet sind, wechseln die Grundstücke auch bei zunächst unveränderter Nutzung nach § 6 Abs. 5 EStG zum Buchwert aus dem Anlagevermögen des landwirtschaftlichen Betriebs in das Umlaufvermögen des Gewerbebetriebs gewerblicher Grundstückshandel (vgl. BFH-Urteile vom 31. Mai 2001 – BStBl. II S. 673, und vom 25. Oktober 2001 – BStBl. 2002 II S. 289).[2]

Überführt der Land- und Forstwirt ein Grundstück anlässlich einer Betriebsaufgabe in das Privatvermögen, liegt darin eine Entnahme. Wird das Grundstück später veräußert, ist bei der Anwendung der Grundsätze zum zeitlichen Zusammenhang (vgl. Tz. 20) der Zeitraum, in dem sich das Grundstück vor seiner steuerpflichtigen Entnahme im Betriebsvermögen befunden hat, mitzurechnen.

III. Gewerblicher Grundstückshandel ohne Überschreitung der „Drei-Objekt-Grenze"[3]

66 **28** 1. Abweichend von den Grundsätzen der „Drei-Objekt-Grenze" kann auch der Verkauf von weniger als vier Objekten in zeitlicher Nähe zu ihrer Errichtung zu einer gewerblichen Tätigkeit führen (vgl. Beschluss des Großen Senats des BFH vom 10. Dezember 2001 – BStBl. 2002 II S. 291; BFH-Urteile vom 13. August 2002 – BStBl. II S. 811, und vom 18. September 2002 – BStBl. 2003 II S. 238 und 286).[4] Dies gilt bei Wohnobjekten (Ein-, Zweifamilienhäuser, Eigentumswohnungen) insbesondere in folgenden Fällen:

– Das Grundstück mit einem darauf vom Veräußerer zu errichtenden Gebäude wird bereits vor seiner Bebauung verkauft. Als Verkauf vor Bebauung ist ein Verkauf bis zur Fertigstellung des Gebäudes anzusehen.
– Das Grundstück wird von vornherein auf Rechnung und nach Wünschen des Erwerbers bebaut.
– Das Bauunternehmen des das Grundstück bebauenden Steuerpflichtigen erbringt erhebliche Leistungen für den Bau, die nicht wie unter fremden Dritten abgerechnet werden.

---

[1] Zu Sanierungsmaßnahmen in Veräußerungsabsicht vgl. *BFH-Urteil vom 15. 4. 2004 IV R 54/02 (BStBl. II S. 868).*

[2] Die Grundstücksveräußerungen eines Landwirtes werden Gegenstand eines selbständigen gewerblichen Grundstückshandels, wenn er Aktivitäten entfaltet, die über die Parzellierung und Veräußerung hinausgehen und die darauf gerichtet sind, den Grundbesitz zu einem Objekt anderer Marktgängigkeit zu machen. Schädliche Aktivitäten, die zu einer Umqualifizierung der Einkünfte eines Landwirts hin zu den Einkünften eines gewerblichen Grundstückshändlers führen, liegen z. B. dann vor, wenn der Stpfl. einen Bebauungsplan beantragt und finanziert, Straßen und Abwasserkanäle anlegt oder die Verlegung von Versorgungsleitungen vornimmt, insoweit selbst dann, wenn er keinen Einfluss auf die Erstellung des Bebauungsplans nimmt (*BFH-Urteil vom 8. 9. 2005 IV R 38/03, BStBl. 2006 II S. 166* und *BFH-Urteil vom 8. 11. 2007 IV R 35/06, BStBl. 2008 II S. 359*). Der Hinzutausch von Grundstücksflächen zur Optimierung der Bebaubarkeit zuvor landwirtschaftlich genutzter Grundstücke und die Beantragung eines konkreten Bauvorbescheids sind ebenfalls Aktivitäten, die darauf gerichtet sind, ein Objekt anderer Marktgängigkeit zu schaffen *(BFH-Urteil vom 8. 11. 2007 IV R 34/05, BStBl. 2008 II S. 231).*

Bedient sich der Landwirt zur Erschließung des Baugeländes eines Dritten, der Geschäfte dieser Art eigengewerblich betreibt, ist ihm dessen Tätigkeit als eigene zuzurechnen. Aktivitäten eines Dritten sind dem Landwirt dagegen nicht zuzurechnen, wenn der Dritte die Erschließung und Vermarktung der Grundstücke aus eigener Initiative und auf eigenes Risiko durchführt und wenn sich die Mitwirkung des Landwirts im Wesentlichen darauf beschränkt, die gewerbliche Tätigkeit des Dritten zu ermöglichen *(BFH-Urteil vom 8. 11. 2007 IV R 35/06, BStBl. 2008 II S. 359).*

[3] Zur Annahme eines gewerblichen Grundstückshandels bei Nichtüberschreiten der Drei-Objekt-Grenze muss in den Fällen der Grundstücksbebauung der unbedingte Entschluss zur Grundstücksveräußerung spätestens im Zeitpunkt des Abschlusses der auf die Bebauung gerichteten Verträge gefasst worden sein *(BFH-Urteil vom 17. 12. 2008, BStBl. 2009 II S. 791).* Die unbedingte Veräußerungsabsicht kann nicht allein wegen des engen zeitlichen Zusammenhangs zwischen Erwerb oder Bebauung und (nachfolgender) Veräußerung eines Grundstücks angenommen werden. *BFH-Urteil vom 27. 11. 2008 IV R 38/06 (BStBl. 2009 II S. 278).*

[4] Siehe auch *BFH-Urteil vom 1. 12. 2005 IV R 65/04 (BStBl. II S. 259)* zur Veräußerung einer vom Veräußerer zu errichtenden Einkaufspassage an eine Schwesterpersonengesellschaft.

- Das Bauvorhaben wird nur kurzfristig finanziert.
- Der Steuerpflichtige beauftragt bereits während der Bauzeit einen Makler mit dem Verkauf des Objekts.
- Vor Fertigstellung wird ein Vorvertrag mit dem künftigen Erwerber geschlossen.
- Der Steuerpflichtige übernimmt über den bei Privatverkäufen üblichen Bereich hinaus Gewährleistungspflichten.
- Unmittelbar nach dem Erwerb des Grundstücks wird mit der Bebauung begonnen und das Grundstück wird unmittelbar nach Abschluss der Bauarbeiten veräußert.

29 2. Bei Verkauf von errichteten Großobjekten (z. B. Mehrfamilienhäuser, Büro-, Hotel-, Fabrik- oder Lagergrundstücke) kann auch außerhalb der o. g. Ausnahmefälle ein gewerblicher Grundstückshandel bei Veräußerung von weniger als vier Objekten vorliegen (vgl. BFH-Urteile vom 24. Januar 1996 – BStBl. II S. 303, und 14. Januar 1998 – BStBl. II S. 346). Dies setzt voraus, dass besondere Umstände gegeben sind, z. B. wenn die Tätigkeit des Steuerpflichtigen nach ihrem wirtschaftlichen Kern der Tätigkeit eines Bauträgers entspricht.

IV. Kein gewerblicher Grundstückshandel bei Überschreitung der „Drei-Objekt-Grenze"

30[1] Trotz des Überschreitens der „Drei-Objekt-Grenze" ist ein gewerblicher Grundstückshandel ausnahmsweise nicht anzunehmen, wenn auf Grund besonderer vom Steuerpflichtigen darzulegender Umstände eindeutige Anhaltspunkte gegen eine von Anfang an bestehende Veräußerungsabsicht sprechen. Als Umstand, der gegen eine bereits im Zeitpunkt der Anschaffung oder Errichtung des Objekts bestehende Veräußerungsabsicht spricht, kann eine vom Veräußerer selbst vorgenommene langfristige – über fünf Jahre hinausgehende – Vermietung eines Wohnobjektes angesehen werden.[2] Die konkreten Anlässe und Beweggründe für die Veräußerungen (z. B. plötzliche Erkrankung, Finanzierungsschwierigkeiten, schlechte Vermietbarkeit, Scheidung, nachträgliche Entdeckung von Baumängeln, unvorhergesehene Notlagen) sind im Regelfall jedoch nicht geeignet, die auf Grund des zeitlichen Abstands der maßgebenden Tätigkeiten vermutete (bedingte) Veräußerungsabsicht im Zeitpunkt der Anschaffung oder Errichtung auszuschließen (vgl. BFH-Urteil vom 20. Februar 2003 – BStBl. II S. 510).[3] 67

V. Beginn, Umfang und Beendigung des gewerblichen Grundstückshandels, Gewinnermittlung

1. Beginn

31 Als Beginn des gewerblichen Grundstückshandels ist regelmäßig der Zeitpunkt anzusehen, in dem der Steuerpflichtige mit Tätigkeiten beginnt, die objektiv erkennbar auf die Vorbereitung der Grundstücksgeschäfte gerichtet sind (vgl. BFH-Urteile vom 9. Februar 1983 – BStBl. II S. 451; vom 23. Oktober 1987 – BStBl. 1988 II S. 293, und vom 21. Juni 2001 – BStBl. 2002 II S. 537). Dabei sind folgende Fallgruppen zu unterscheiden: 68

a) Bei Errichtung und Veräußerung in engem zeitlichen Zusammenhang (vgl. Tz. 20) beginnt der gewerbliche Grundstückshandel grundsätzlich mit der Stellung des Bauantrags, bei baugenehmigungsfreien Bauvorhaben mit der Einreichung der Bauunterlagen oder dem Beginn der Herstellung (vgl. *R 42 a Abs. 4 EStR*[4]).
b) Bei Erwerb und Veräußerung in engem zeitlichen Zusammenhang (vgl. Tz. 22 und 23) beginnt der gewerbliche Grundstückshandel grundsätzlich im Zeitpunkt des Grundstückserwerbs.
c) Bei Modernisierung und Veräußerung in engem zeitlichen Zusammenhang (vgl. Tz. 24) beginnt der gewerbliche Grundstückshandel in dem Zeitpunkt, in dem mit den Modernisierungsmaßnahmen begonnen wird.
d) Bei Sanierung und Veräußerung in engem zeitlichen Zusammenhang (vgl. Tz. 25) beginnt der gewerbliche Grundstückshandel in dem Zeitpunkt, in dem mit den Sanierungsarbeiten begonnen wird.

2. Umfang[5]

32 Der Umfang eines gewerblichen Grundstückshandels wird grundsätzlich durch den veräußerten Grundbesitz bestimmt. Dabei ist auch die Vermutung des § 344 Abs. 1 HGB zu beachten, wonach die von einem Kaufmann vorgenommenen Rechtsgeschäfte im Zweifel als zum Betrieb seines Handelsgewerbes gehörig gelten. Diese Zugehörigkeitsvermutung wird insbesondere bei branchengleichen Wirtschaftsgütern angenommen und rechtfertigt sich aus der Nähe der Tätigkeit zum gewerblichen Betrieb und der Schwierigkeit, einzelne Wirtschaftsgüter oder Geschäfte als Privatangelegenheit auszusondern.

Im Übrigen hat die Prüfung des Umfangs der gewerblichen Tätigkeit eines bereits bestehenden gewerblichen Grundstückshandels – abgesehen davon, dass es auf die Anzahl der veräußerten Objekte im Sinne der „Drei-Objekt-Grenze" nicht mehr ankommt – nach den gleichen Kriterien wie denjenigen für die Abgrenzung zwischen gewerblichem Grundstückshandel und privater Vermögensverwaltung zu erfolgen (vgl. BFH-Urteil vom 12. Dezember 2002 – BStBl. 2003 II S. 297). Dabei sind Objektveräußerungen, die unter Tzn. 2 und 10 fallen – das sind die Fälle, in denen bebaute Grundstücke bis zum

---

[1] Siehe auch *BFH-Urteil vom 17. 12. 2009 III R 101/06 (BStBl. 2010 II S. 541).*

[2] Hiermit nicht vergleichbar sind Mietverträge von unbestimmter Dauer, die innerhalb der im BGB geregelten Fristen kündbar sind, auch wenn das Mietverhältnis tatsächlich mehr als fünf Jahre bestanden hat, *BFH-Urteil vom 28. 10. 2015 X R 22/13 (BStBl. 2016 II S. 95).*

[3] Siehe auch *BFH-Urteil vom 27. 9. 2012 III R 19/11 (BStBl. 2013 II S. 433)* zur Veräußerung zwecks Vermeidung einer Zwangsversteigerung.

[4] Jetzt: R 7.2 Abs. 4 EStR.

[5] Siehe hierzu *BFH-Urteil vom 5. 5. 2004 XI R 7/02 (BStBl. II S. 738).*

Anl a zu R 15.7

Verkauf während eines langen Zeitraums durch Vermietung (mindestens zehn Jahre) oder zu eigenen Wohnzwecken (i. d. R. mindestens fünf Jahre) genutzt worden sind – nicht mit einzubeziehen.

Werden die im Rahmen eines gewerblichen Grundstückshandels zu erfassenden Grundstücke zwischenzeitlich vermietet, bleiben diese Umlaufvermögen beim gewerblichen Grundstückshandel und dürfen demzufolge nicht abgeschrieben werden (vgl. BFH-Urteil vom 5. Dezember 2002 – BStBl. 2003 II S. 291).

3. Gewinnermittlung

33 Der Gewinn aus einem gewerblichen Grundstückshandel ist grundsätzlich durch Betriebsvermögensvergleich zu ermitteln. Die Grundstücke stellen Umlaufvermögen dar (vgl. BFH-Urteil vom 18. September 2002 – BStBl. 2003 II S. 133).[1] Abschreibung und Sonderabschreibungen können daher nicht geltend gemacht werden.

Eine Gewinnermittlung nach § 4 Abs. 3 EStG kommt für einen Grundstückshändler in Betracht, wenn dieser die Grenzen des § 141 AO nicht überschreitet und nicht nach § 140 AO i. V. m. § 238 HGB buchführungspflichtig ist. Ein Grundstückshändler, dessen Betrieb nach Art oder Umfang keinen in einer kaufmännischen Weise eingerichteten Geschäftsbetrieb erfordert, betreibt kein Handelsgewerbe und ist kein Kaufmann i. S. des HGB (§§ 1, 238 HGB); es sei denn, der Betrieb ist im Handelsregister eingetragen (§ 2 HGB).

Das Wahlrecht zur Gewinnermittlung nach § 4 Abs. 3 EStG kann nur zu Beginn des Gewinnermittlungszeitraums durch schlüssiges Verhalten ausgeübt werden (vgl. BFH-Urteil vom 13. Oktober 1989 – BStBl. 1990 II S. 287).[2]

Diese Wahlentscheidung setzt denknotwendig das Bewusstsein des Steuerpflichtigen zur Einkünfteerzielung voraus. Ist der Steuerpflichtige davon ausgegangen, gar nicht gewerblich tätig und demgemäß auch nicht verpflichtet gewesen zu sein, für Zwecke der Besteuerung einen Gewinn aus Gewerbebetrieb ermitteln und erklären zu müssen, ist eine Wahl zwischen den Gewinnermittlungsarten nicht denkbar (vgl. BFH-Urteil vom 8. März 1989 – BStBl. II S. 714). Der Gewinn ist in diesen Fällen durch Betriebsvermögensvergleich zu ermitteln.

Bei einem gewerblichen Grundstückshandel auf Grund der Überschreitung der „Drei-Objekt-Grenze" sind auch die Veräußerungen der ersten drei Objekte gewerblich. Die entsprechenden Steuerbescheide sind ggf. nach § 173 Abs. 1 Nr. 1 AO zu ändern (vgl. BFH-Urteil vom 23. März 1983 – BStBl. II S. 548). In diesen Fällen bestehen keine Bedenken, den nachträglich zu ermittelnden Gewinn durch Abzug der fortgeführten Anschaffungs- oder Herstellungskosten oder des Einlagewerts und der Veräußerungskosten vom Veräußerungserlös zu berechnen. Dies gilt entsprechend bei Gewinnermittlung durch Einnahmenüberschussrechnung nach § 4 Abs. 3 EStG.

4. Wertansatz

34 Die nach Tz. 32 dem gewerblichen Grundstückshandel zuzurechnenden Objekte sind in den Fällen des Erwerbs von Objekten für den gewerblichen Grundstückshandel mit den Anschaffungskosten, im Übrigen mit den Werten, die sich aus § 6 Abs. 1 Nr. 6 i. V. m. Nr. 5 EStG (Einlage in das Betriebsvermögen) ergeben, dem Betriebsvermögen zuzuordnen.

In Errichtungsfällen gilt für die Einlagewerte des Grund und Bodens Folgendes:

Die unbebauten Grundstücke sind mit den Werten anzusetzen, die sich zu Beginn des gewerblichen Grundstückshandels ergeben (vgl. Tz. 31).

In Modernisierungsfällen (Tz. 24) gilt Folgendes:

Die Wirtschaftsgüter „Grund und Boden" sowie „Gebäude" sind mit den Werten anzusetzen, die sich zum Beginn der Sanierungsarbeiten ergeben.

5. Beendigung

35[3] Die Gewinne aus den Grundstücksveräußerungen sind regelmäßig nicht begünstigte laufende Gewinne, auch wenn zugleich der Gewerbebetrieb aufgegeben wird (vgl. BFH-Urteile vom 29. September 1976 – BStBl. 1977 II S. 71; vom 23. Juni 1977 – BStBl. II S. 721, und vom 23. Januar 2003 – BStBl. II S. 467).[4] Ein gewerblicher Grundstückshandel wird mit Verkauf des letzten Objekts oder durch die endgültige Einstellung der Verkaufstätigkeiten beendet.

VI. Anwendungszeitpunkt

69 **36** Dieses Schreiben tritt an die Stelle der BMF-Schreiben vom 20. Dezember 1990 (BStBl. I S. 884),[5] vom 9. Juli 2001 (BStBl. I S. 512) und vom 19. Februar 2003 (BStBl. I S. 171), welche hiermit aufgehoben werden. Es ist auf alle noch offenen Fälle anzuwenden. Die Regelungen der Tz. 28 sind, soweit sich hieraus nachteilige Folgen für den Steuerpflichtigen ergeben, erst auf Veräußerungen anzuwenden, die nach dem 31. Mai 2002 (Datum der Veröffentlichung des Beschlusses des Großen Senats des BFH vom 10. Dezember 2001) stattgefunden haben. Die vor dem 1. Juni 2002 erfolgten Veräußerungen sind jedoch in jedem Fall als Zählobjekte i. S. der „Drei-Objekt-Grenze" zu behandeln. Veräußerungen vor dem 1. Juni 2002 sind somit für Veräußerungen nach dem 31. Mai 2002 in die Prüfung eines gewerblichen Grundstückshandels einzubeziehen.

---

[1] Bestätigt durch *BFH-Urteil vom 14. 12. 2006 IV R 3/05 (BStBl. 2007 II S. 777).*

[2] Überholt durch *BFH-Urteil vom 19. 3. 2009 IV R 57/07 (BStBl. II S. 659);* siehe auch H 4.5 (1) Wahl der Gewinnermittlungsart.

[3] Entsprechendes gilt für die Veräußerung eines Mitunternehmeranteils jedenfalls dann, wenn zum Betriebsvermögen der Personengesellschaft nahezu ausschließlich Grundstücke des Umlaufvermögens gehören. *BFH-Urteil vom 14. 12. 2006 IV R 3/05 (BStBl. 2007 II S. 777).*

[4] Bestätigt durch *BFH-Urteil vom 5. 7. 2005 VIII R 65/02 (BStBl. 2006 II S. 160).*

[5] Letztmals abgedruckt im „Handbuch zur ESt-Veranlagung 2003".

Anlage

Vereinfachtes Prüfschema „Gewerblicher Grundstückshandel“ 70

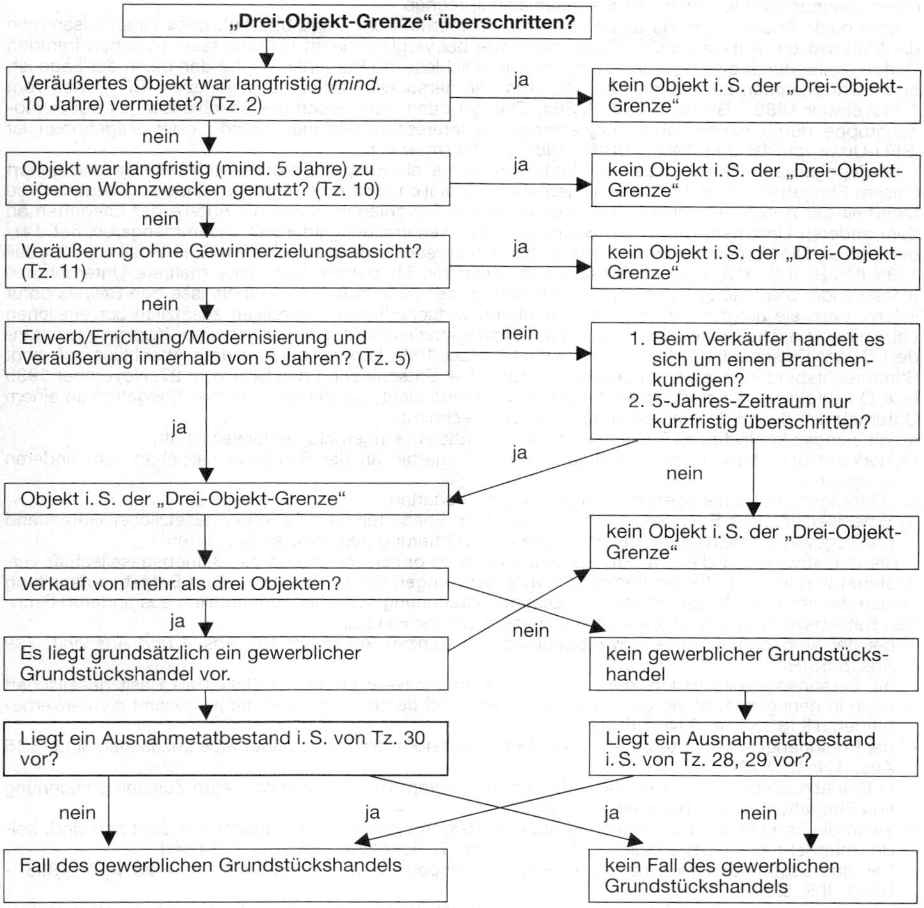

b) Schreiben betr. personelle Verflechtung bei Betriebsaufspaltung; hier: Zusammenrechnung von Ehegattenanteilen

Anl b zu R 15.7

Vom 18. November 1986 (BStBl. I S. 537)

(BMF IV B 2 – S 2240 – 25/86 II)

Mit Urteil vom 27. November 1985 – I R 115/85 – (BStBl. 1986 II S. 362) hat der Bundesfinanzhof zur Beurteilung der personellen Verflechtung zwischen Besitz- und Betriebsunternehmen bei Eheleuten als Voraussetzung für die Annahme einer Betriebsaufspaltung Stellung genommen. Unter Bezugnahme auf das Ergebnis der Erörterung mit den obersten Finanzbehörden der Länder bitte ich daher, die auf Grund meines Schreibens vom 15. August 1985 – IV B 2 – S 2240–11/85 II – (BStBl. I S. 537) und den entsprechenden Erlassen der obersten Finanzbehörden der Länder vorerst zurückgestellten Fälle nunmehr abzuwickeln.

Eine personelle Verflechtung i. S. der Betriebsaufspaltung ist allgemein und ebenso in Ehegattenfällen gegeben, wenn die hinter dem Besitz- und Betriebsunternehmen stehenden Personen einen einheitlichen geschäftlichen Betätigungswillen haben. Sind an beiden Unternehmen nicht dieselben Personen im gleichen Verhältnis beteiligt (sog. Beteiligungsidentität), wird ein einheitlicher geschäftlicher Betätigungswille dadurch dokumentiert, dass die Personen, die das Besitzunternehmen beherrschen, in der Lage sind, auch im Betriebsunternehmen ihren Willen durchzusetzen (sog. Beherrschungsidentität). Für die Beurteilung der Frage, ob eine sog. Beherrschungsidentität vorliegt, darf bei Ehegatten entsprechend dem Beschluss des BVerfG vom 12. März 1985 – 1 BvR 571/81 –, – 1 BvR 494/82 –, – 1 BvR 47/83 – (BStBl. II S. 475) nicht mehr von der – wenn auch widerlegbaren – Vermu- 81 tung ausgegangen werden, sie verfolgten gleichgerichtete wirtschaftliche Interessen. Nach dem Beschluss des BVerfG vom 12. März 1985 ist eine Zusammenrechnung von Anteilen der Eheleute nur gerechtfertigt, wenn hierfür konkrete Umstände vorliegen. Es müssen zusätzlich zur ehelichen Lebensgemeinschaft Beweisanzeichen gegeben sein, die für die Annahme einer personellen Verflechtung durch gleichgerichtete wirtschaftliche Interessen sprechen.

Sind beide Eheleute jeweils an beiden Unternehmen in dem Maße beteiligt, dass ihnen zusammen die Mehrheit der Anteile gehört, stellen sie – wie bei vergleichbaren Verhältnissen zwischen fremden Dritten – eine durch gleichgerichtete Interessen geschlossene Personengruppe dar, die in der Lage ist, beide Unternehmen zu beherrschen. Damit ist die personelle Verflechtung gegeben (BFH-Urteil vom 7. November 1985 – BStBl. 1986 II S. 364). Das gilt dann nicht, wenn die Geschlossenheit der Personengruppe durch nachweisbar schwerwiegende Interessenkollisionen gestört oder aufgehoben ist (BFH-Urteil vom 16. Juni 1982 – BStBl. 1982 II S. 662 m. w. N.).

82 Ist dagegen an einem der beiden Unternehmen nur ein Ehegatte mehrheitlich beteiligt und gehört diesem Ehegatten an dem anderen Unternehmen lediglich zusammen mit dem anderen Ehegatten die Mehrheit der Anteile, so müssen besondere Umstände vorliegen, damit die Anteile der Ehegatten an dem anderen Unternehmen für die Beurteilung der Beherrschungsidentität zusammengerechnet werden dürfen. Die Voraussetzungen für eine Zusammenrechnung sind nach dem BFH-Urteil vom 24. Juli 1986 (BStBl. II S. 913) beispielsweise erfüllt, wenn die Ehegatten durch eine mehrere Unternehmen umfassende, planmäßige, gemeinsame Gestaltung der wirtschaftlichen Verhältnisse den Beweis dafür liefern, dass sie aufgrund ihrer gleichgerichteten wirtschaftlichen Interessen zusätzlich zur ehelichen Lebensgemeinschaft eine Zweck- und Wirtschaftsgemeinschaft eingegangen sind. Konkrete Umstände i. S. der Entscheidung des BVerfG vom 12. März 1985 können auch in dem Abschluss von sog. Stimmrechtsbindungsverträgen gesehen werden. Der Entscheidung des BFH vom 27. November 1985 (a. a. O.) zufolge genügen dagegen folgende Umstände nicht, um die Anteile eines Ehegatten an einem Unternehmen denen des anderen Ehegatten zuzurechnen:

a) jahrelanges konfliktfreies Zusammenwirken der Eheleute innerhalb der Gesellschaft,
b) Herkunft der Mittel für die Beteiligung eines Ehegatten an der Betriebsgesellschaft vom anderen Ehegatten,
c) „Gepräge“ der Betriebsgesellschaft durch den Ehegatten,
d) Erbeinsetzung des Ehegatten durch den anderen Ehegatten als Alleinerbe, gesetzlicher Güterstand der Zugewinngemeinschaft, beabsichtigte Alterssicherung des anderen Ehegatten.

83 Bei der Abwicklung der o. a. Fälle bitte ich auch zu prüfen, ob die an die Betriebsgesellschaft vermieteten Wirtschaftsgüter bei Fehlen der Voraussetzungen für die Annahme einer Betriebsaufspaltung wegen der vom BVerfG beanstandeten Zusammenrechnung von Ehegattenanteilen aus anderen Gründen Betriebsvermögen sind. Dies kann insbesondere der Fall sein

- bei der Verpachtung eines Gewerbebetriebs im Ganzen *(Abschnitt 137 Abs. 4 und Abschnitt 139 Abs. 5 EStR),*[1]
- bei Personengesellschaften, die neben der vermögensverwaltenden Tätigkeit als Besitzgesellschaft noch in geringem Umfang gewerblich tätig sind und deren Tätigkeit somit insgesamt als Gewerbebetrieb gilt (§ 15 Abs. 3 Nr. 1 EStG),
- bei Personengesellschaften, die wegen ihrer Rechtsform als Gewerbebetriebe anzusehen sind (§ 15 Abs. 3 Nr. 2 EStG),
- in Betriebsaufspaltungsfällen, die nicht nur auf der vom BVerfG beanstandeten Zusammenrechnung von Ehegattenanteilen beruhen, und zwar
- wenn die Ehegatten – als Personengruppe an beiden Unternehmen beteiligt – in der Lage sind, beide Unternehmen zu beherrschen (BFH-Urteil vom 7. November 1985 – a. a. O.) und
- bei der sog. mitunternehmerischen Betriebsaufspaltung (vgl. BFH-Urteil vom 25. April 1985 – BStBl. II S. 622).

Können die an die Betriebsgesellschaft vermieteten Wirtschaftsgüter unter keinem rechtlichen Gesichtspunkt als Betriebsvermögen behandelt werden, sind sie in Fällen, in denen bis zum Ergehen der BVerfG-Entscheidung vom 12. März 1985 eine sog. echte Betriebsaufspaltung angenommen wurde *(Abschnitt 137 Abs. 5 EStR),*[2] zu dem Zeitpunkt als entnommen anzusehen, in dem die Betriebsaufspaltung begründet worden ist. *Abschnitt 15 Abs. 1 Satz 9 und 10 EStR*[3] ist anzuwenden. In Fällen, in denen eine sog. unechte Betriebsaufspaltung angenommen worden ist, sind die an die Betriebsgesellschaft vermieteten Wirtschaftsgüter ggf. zu keinem Zeitpunkt Betriebsvermögen geworden.

Anl c zu R 15.7

c) Schreiben betr. Bedeutung von Einstimmigkeitsabreden beim Besitzunternehmen für das Vorliegen einer personellen Verflechtung im Rahmen einer Betriebsaufspaltung; Anwendung der BFH-Urteile vom 21. Januar 1999 – IV R 96/96 – (BStBl. 2002 II S. 771), vom 11. Mai 1999 – VIII R 72/96 – (BStBl. 2002 II S. 722) und vom 15. März 2000 – VIII R 82/98 – (BStBl. 2002 II S. 774)

Vom 7. Oktober 2002 (BStBl. I S. 1028)

(BMF IV A 6 – S 2240 – 134/02)

84 Der BFH hat in seinen Urteilen vom 21. Januar 1999 (a. a. O.), vom 11. Mai 1999 (a. a. O.) und vom 15. März 2000 (a. a. O.) daran festgehalten, dass im Grundsatz eine personelle Verflechtung fehlt, wenn ein nur an der Besitzgesellschaft beteiligter Gesellschafter die rechtliche Möglichkeit hat zu verhindern,

[1] Nunmehr § 16 Abs. 3 b EStG.
[2] „EStR 1984“.
[3] Nunmehr H 4.4 (Berichtigung einer Bilanz, die einer bestandskräftigen Veranlagung zugrunde liegt).

Anl c zu R 15.7

dass die beherrschende Person oder Personengruppe ihren Willen in Bezug auf die laufende Verwaltung des an die Betriebsgesellschaft überlassenen Wirtschaftsguts durchsetzt.

Im Einvernehmen mit den obersten Finanzbehörden der Länder gilt zur allgemeinen Anwendung der Grundsätze der BFH-Urteile vom 21. Januar 1999 (a. a. O.) und vom 11. Mai 1999 (a. a. O.) Folgendes:

I. Grundsatz

Für einen einheitlichen geschäftlichen Betätigungswillen als personelle Voraussetzung einer Betriebsaufspaltung genügt es, dass die Person oder die Personengruppe, die die Betriebsgesellschaft tatsächlich beherrscht, in der Lage ist, auch in dem Besitzunternehmen ihren Willen durchzusetzen (Beherrschungsidentität). Die Betriebsgesellschafter können ihren Willen in der Besitzgesellschaft durch Regelungen im Gesellschaftsvertrag, mit Mitteln des Gesellschaftsrechts oder aber ausnahmsweise durch eine faktische Beherrschung durchsetzen. Für die Durchsetzung des geschäftlichen Betätigungswillens ist auf das hinsichtlich der wesentlichen Betriebsgrundlage bestehende Miet- oder Pachtverhältnis (sachliche Verflechtung) abzustellen (BFH-Urteil vom 27. August 1992, BStBl. II 1993 S. 134).

II. Gesellschaftsrechtliches Einstimmigkeitsprinzip und Reichweite dieses Prinzips

Werden im Gesellschaftsvertrag keine Regelungen über die Zulässigkeit von Mehrheitsentscheidungen bei Gesellschafterbeschlüssen getroffen, gilt der Grundsatz der Einstimmigkeit (Einstimmigkeitsprinzip). Hierzu gilt im Einzelnen Folgendes:

1. Gesellschaft bürgerlichen Rechts

Wird das Besitzunternehmen als Gesellschaft bürgerlichen Rechts geführt, steht die Führung der Geschäfte den Gesellschaftern nur gemeinschaftlich zu. Für jedes Geschäft ist die Zustimmung aller Gesellschafter erforderlich (§ 709 Abs. 1 BGB).

2. Offene Handelsgesellschaft

Ist das Besitzunternehmen eine Offene Handelsgesellschaft, bedarf es für die über den gewöhnlichen Betrieb hinausgehenden Handlungen des Beschlusses aller Gesellschafter (§ 116 Abs. 2 HGB). Dieser Beschluss ist einstimmig zu fassen (§ 119 Abs. 1 HGB).

3. Kommanditgesellschaft

Das Einstimmigkeitsprinzip gilt auch für die Kommanditgesellschaft, soweit es um die Änderung oder Aufhebung des Miet- oder Pachtvertrags mit der Betriebsgesellschaft geht, denn hierbei handelt es sich um ein so genanntes außergewöhnliches Geschäft, das der Zustimmung aller Gesellschafter bedarf (§ 164 HGB; BFH-Urteil vom 27. August 1992, a. a. O.). Für die laufenden, so genannten Geschäfte des täglichen Lebens ist dagegen die Zustimmung der Kommanditisten nicht erforderlich; insoweit gilt bei einer Kommanditgesellschaft das Einstimmigkeitsprinzip nicht.

III. Beherrschungsidentität auf vertraglicher und gesellschaftsrechtlicher Grundlage

Ist an der Besitzgesellschaft neben der mehrheitlich bei der Betriebsgesellschaft beteiligten Person oder Personengruppe mindestens ein weiterer Gesellschafter beteiligt (Nur-Besitzgesellschafter) und müssen Beschlüsse der Gesellschafterversammlung wegen vertraglicher oder gesetzlicher Bestimmungen einstimmig gefasst werden, ist eine Beherrschungsidentität auf vertraglicher und gesellschaftsrechtlicher Grundlage und damit eine personelle Verflechtung nicht gegeben.

Die mehrheitlich beteiligte Person oder Personengruppe ist infolge des Widerspruchsrechts des nur an der Besitzgesellschaft beteiligten Gesellschafters nicht in der Lage, ihren geschäftlichen Betätigungswillen in der Besitzgesellschaft durchzusetzen.

Dies gilt jedoch nur, wenn das Einstimmigkeitsprinzip auch die laufende Verwaltung der vermieteten Wirtschaftsgüter, die so genannten Geschäfte des täglichen Lebens, einschließt.[1] Ist die Einstimmigkeit nur bezüglich der Geschäfte außerhalb des täglichen Lebens vereinbart, wird die personelle Verflechtung dadurch nicht ausgeschlossen (BFH-Urteil vom 21. August 1996, BStBl. 1997 II S. 44).[2]

IV. Beherrschungsidentität auf faktischer Grundlage

In besonders gelagerten Ausnahmefällen kann trotz fehlender vertraglicher und gesellschaftsrechtlicher Möglichkeit zur Durchsetzung des eigenen geschäftlichen Betätigungswillens auch eine faktische Machtstellung ausreichen, um eine personelle Verflechtung zu bejahen. Eine solche faktische Beherrschung liegt vor, wenn auf die Gesellschafter, deren Stimmen zur Erreichung der im Einzelfall erforderlichen Stimmenmehrheit fehlen, aus wirtschaftlichen oder anderen Gründen Druck dahingehend ausgeübt werden kann, dass sie sich dem Willen der beherrschenden Person oder Personengruppe unterordnen. Dazu kann es z. B. kommen, wenn ein Gesellschafter der Gesellschaft unverzichtbare Betriebsgrundlagen zur Verfügung stellt, die er der Gesellschaft ohne weiteres wieder entziehen kann. Das Vorliegen solcher besonderen Umstände kann stets nur im Einzelfall festgestellt werden. Ein jahrelanges konfliktfreies Zusammenwirken allein lässt den Schluss auf eine faktische Beherrschung nicht zu (BFH-Urteil vom 21. Januar 1999, a. a. O.).

---

[1] Ist im Gesellschaftsvertrag einer GbR die Führung der Geschäfte einem Gesellschafter allein übertragen, dann beherrscht dieser Gesellschafter die Gesellschaft im Sinne der Rechtsprechungsgrundsätze zur Betriebsaufspaltung auch dann, wenn nach dem Gesellschaftsvertrag die Gesellschafterbeschlüsse einstimmig zu fassen sind. *BFH-Urteil vom 1. 7. 2003 VIII R 24/01 (BStBl. II S. 757).*

[2] Bestätigt durch *BFH-Urteil vom 30. 11. 2005 X R 56/04 (BStBl. 2006 II S. 415).*

Anl c zu R 15.7

V. Anwendungsregelung

Die Grundsätze dieses Schreibens sind in allen offenen Fällen anzuwenden.

Die BMF-Schreiben vom 29. März 1985 (BStBl. I S. 121) und vom 23. Januar 1989 (BStBl. I S. 39) werden hiermit aufgehoben.

In den Fällen, in denen die Beteiligten entsprechend der bisherigen Verwaltungsauffassung (BMF-Schreiben vom 29. März 1985, a. a. O., und vom 23. Januar 1989, a. a. O.) steuerlich vom Vorliegen einer Betriebsaufspaltung ausgegangen sind und das Vorliegen einer Betriebsaufspaltung auf der Grundlage der unter I. bis IV. beschriebenen Grundsätze zu verneinen wäre, werden für die Vergangenheit daraus keine Folgerungen gezogen, wenn bis zum 31. Dezember 2002 Maßnahmen zur Herstellung der Voraussetzungen einer Betriebsaufspaltung (z. B. Rücknahme bzw. Ausschluss der Einstimmigkeitsabrede) getroffen werden. Steuerpflichtige, die von der Übergangsregelung Gebrauch machen wollen, können dies bis zur Unanfechtbarkeit des entsprechenden Steuerbescheids beantragen. Der Antrag kann nicht widerrufen werden und ist von allen Gesellschaftern oder Gemeinschaftern, ggf. vertreten durch einen gemeinsamen Bevollmächtigten oder einen Vertreter i. S. d. § 34 AO, einheitlich zu stellen.

Werden solche Maßnahmen nicht ergriffen und ein solcher Antrag nicht gestellt, gilt Folgendes:

1. Echte Betriebsaufspaltung

In Fällen, in denen in der Vergangenheit von einer echten Betriebsaufspaltung ausgegangen worden ist, die personelle Verflechtung aber nach der vorliegenden BFH-Rechtsprechung zu keinem Zeitpunkt bestanden hat, lag eine Betriebsaufspaltung **von Anfang an** nicht vor. Die Anwendung der vorliegenden BFH-Rechtsprechung allein führt nicht zu einer (Zwangs-)Betriebsaufgabe im Sinne des § 16 EStG.

Es ist vielmehr zu prüfen, ob die von der Besitzgesellschaft an die Betriebsgesellschaft überlassenen Wirtschaftsgüter aus anderen Gründen während der Zeit, für die bisher eine Betriebsaufspaltung angenommen worden ist, zum Betriebsvermögen der Besitzgesellschaft gehört haben und auch weiterhin gehören. Die Einkünfte aus der Überlassung dieser Wirtschaftsgüter sind dann weiterhin den Einkünften aus Gewerbebetrieb zuzurechnen.

Dies kann insbesondere der Fall sein

- bei der Verpachtung eines Gewerbebetriebs im Ganzen *(R 139 Abs. 5 EStR);*[1]
- bei Ruhenlassen der gewerblichen Tätigkeit (BFH-Urteil vom 11. Mai 1999, a. a. O.). Der Annahme einer Betriebsunterbrechung durch Ruhen des Betriebes steht die Betriebsaufteilung in übereignete Wirtschaftsgüter des Anlage- und Umlaufvermögens einerseits und verpachtete Wirtschaftsgüter andererseits nicht entgegen;
- bei Personengesellschaften, die neben der nunmehr von Anfang an bestehenden vermögensverwaltenden Tätigkeit als Besitzgesellschaft noch gewerblich tätig sind und deren Tätigkeit somit insgesamt als Gewerbebetrieb gilt (§ 15 Abs. 3 Nr. 1 EStG);
- bei gewerblich geprägten Personengesellschaften (§ 15 Abs. 3 Nr. 2 EStG).

Können die von der Besitzgesellschaft an die Betriebsgesellschaft überlassenen Wirtschaftsgüter unter keinem rechtlichen Gesichtspunkt als Betriebsvermögen behandelt werden, sind sie in Fällen, in denen eine echte Betriebsaufspaltung angenommen wurde, zu dem Zeitpunkt als entnommen anzusehen (§ 4 Abs. 1 Satz 2 EStG), ab dem eine Betriebsaufspaltung angenommen worden ist. Sind die Bescheide des entsprechenden Veranlagungszeitraums bereits bestandskräftig, sind sie nach § 174 Abs. 3 AO[2] zu ändern. Diese Vorschrift soll verhindern, dass ein steuererhöhender oder steuermindernder Vorgang bei der Besteuerung überhaupt nicht berücksichtigt wird (negativer Widerstreit). Der Gewinn aus dieser Entnahme kann nach §§ 16 und 34 EStG begünstigt sein, soweit die dort genannten übrigen Voraussetzungen erfüllt sind. Dies gilt auch dann, wenn bei Gründung der „Betriebsgesellschaft" Wirtschaftsgüter zu Buchwerten auf diese übertragen wurden und die Buchwerte bei der „Betriebsgesellschaft" fortgeführt werden.

Vor dem Ergehen der BFH-Urteile vom 11. Januar 1999 (a. a. O.), vom 11. Mai 1999 (a. a. O.) und vom 15. März 2000 (a. a. O.) haben die Finanzämter aufgrund der bisherigen Rechtsauffassung (BMF-Schreiben vom 29. März 1985, a. a. O. und vom 23. Januar 1989, a. a. O.) auf die Besteuerung von Entnahmegewinnen erkennbar in der Annahme verzichtet, die stillen Reserven seien in späteren Veranlagungszeiträumen steuerwirksam zu erfassen. Diese Annahme hat sich nachträglich als unzutreffend erwiesen. Werden bis zum 31. Dezember 2002 keine Maßnahmen zur Herstellung der Voraussetzungen einer Betriebsaufspaltung ergriffen und der entsprechende Antrag nicht gestellt, sind bestandskräftige Bescheide insoweit nach § 174 Abs. 3 AO zu ändern. Die Festsetzungsfrist ist auf Grund der Sonderregelung in § 174 Abs. 3 Satz 2 AO noch nicht abgelaufen.

§ 176 Abs. 1 Satz 1 Nr. 3 oder Abs. 2 AO steht einer Bescheidänderung nicht entgegen. Dem Steuerpflichtigen war bereits im Zeitpunkt der Betriebsaufspaltung bewusst, dass die stillen Reserven der von der Besitzgesellschaft an die Betriebsgesellschaft überlassenen Wirtschaftsgüter zu einem späteren Zeitpunkt steuerwirksam aufzulösen sind. Die Anwendung des § 176 AO würde dem Grundsatz von Treu und Glauben widersprechen, der auch im Verhältnis zwischen Steuerpflichtigen und Finanzbehörden zumindest insoweit Anwendung findet, als der Änderungsbescheid im Ergebnis zu keiner höheren Belastung des Steuerpflichtigen führt (BFH-Urteil vom 8. Februar 1995, BStBl. II S. 764).

Sind in der Vergangenheit auf Grund der Annahme einer Betriebsaufspaltung Wirtschaftsgüter zu Buchwerten auf die Betriebsgesellschaft übertragen worden, verbleibt es aus Billigkeitsgründen bei dem Ansatz des Buchwertes, wenn die Buchwerte auch von der Betriebsgesellschaft fortgeführt werden.

---

[1] Nunmehr § 16 Abs. 3 b EStG.

[2] Siehe aber *BFH-Beschluss vom 18. 8. 2005 IV B 167/04 (BStBl. 2006 II S. 159).*

2. Unechte Betriebsaufspaltung

In Fällen, in denen eine sog. unechte Betriebsaufspaltung angenommen worden ist, sind die an die Betriebsgesellschaft überlassenen Wirtschaftsgüter zu keinem Zeitpunkt Betriebsvermögen geworden, sondern es lag **von Anfang an** Privatvermögen vor. Eine (Zwangs-)Betriebsaufgabe im Sinne des § 16 EStG ist somit nicht anzunehmen.

3. Ermittlung der Einkünfte bei dem Besitzunternehmen

Soweit in der Vergangenheit trotz fehlender personeller Verflechtung eine Betriebsaufspaltung mit Einkünften aus Gewerbebetrieb beim Besitzunternehmen angenommen worden ist und die Einkünfte auf der Basis eines Betriebsvermögensvergleichs bestandskräftig festgestellt worden sind, ist bei der Feststellung der Einkünfte aus Vermietung und Verpachtung für die Folgejahre darauf zu achten, dass Einnahmen und Ausgaben nicht doppelt angesetzt werden. Ggf. sind Berichtigungen nach § 174 AO durchzuführen. Es ist nicht zu beanstanden, wenn der Steuerpflichtige in der Erklärung für den ersten noch offenen Feststellungszeitraum eine Hinzurechnung und Abrechnung wie beim Übergang vom Betriebsvermögensvergleich (§ 4 Abs. 1 oder § 5 EStG) zur Einnahmenüberschussrechnung entsprechend *R 17 Abs. 2 EStR*[1] vornimmt.

R 15.8. Mitunternehmerschaft[2]

R 15.8 (1)

Allgemeines

(1) *(unbesetzt)* 86

H 15.8 (1)

Allgemeines. Mitunternehmer i. S. d. § 15 Abs. 1 Satz 1 Nr. 2 EStG ist, wer zivilrechtlich Gesellschafter einer Personengesellschaft ist und eine gewisse unternehmerische Initiative entfalten kann sowie unternehmerisches Risiko trägt. Beide Merkmale können jedoch im Einzelfall mehr oder weniger ausgeprägt sein (→ BFH vom 25. 6. 1984 – BStBl. II S. 751 und vom 15. 7. 1986 – BStBl. II S. 896). → Mitunternehmerinitiative, → Mitunternehmerrisiko, → Gesellschafter. 87

Ausgleichsanspruch eines Kommanditisten. Ein Ausgleichsanspruch gegen die KG, der einem Kommanditisten zusteht, weil er Schulden der KG beglichen hat, gehört zu dessen Sonderbetriebsvermögen. Ein Verlust wird erst dann realisiert, wenn der Anspruch gegen die KG wertlos wird; dies ist erst im Zeitpunkt der Beendigung der Mitunternehmerstellung, also beim Ausscheiden des Gesellschafters oder bei Beendigung der Gesellschaft der Fall (→ BFH vom 5. 6. 2003 – BStBl. II S. 871).

Betriebsvermögen bei atypisch stiller Gesellschaft. Der Inhaber des Handelsgewerbes, an dem sich ein anderer atypisch still beteiligt, verfügt auch während des Bestehens der atypisch stillen Gesellschaft über ein eigenes Betriebsvermögen, das neben dem mitunternehmerischen Betriebsvermögen der atypisch stillen Gesellschaft besteht (→ BFH vom 1. 3. 2018 – BStBl. II S. 587).

Bürgschaftsinanspruchnahme → Ausgleichsanspruch eines Kommanditisten.

Büro-/Praxisgemeinschaft. Im Unterschied zu einer Gemeinschaftspraxis (Mitunternehmerschaft) hat eine Büro- und Praxisgemeinschaft lediglich den Zweck, den Beruf in gemeinsamen Praxisräumen auszuüben und bestimmte Kosten von der Praxisgemeinschaft tragen zu lassen und umzulegen. Ein einheitliches Auftreten nach außen genügt nicht, um aus einer Bürogemeinschaft eine Mitunternehmerschaft werden zu lassen. Gleiches gilt für die gemeinsame Beschäftigung von Personal und die gemeinsame Nutzung von Einrichtungsgegenständen. Entscheidend ist, dass bei einer Büro- und Praxisgemeinschaft keine gemeinschaftliche, sondern eine individuelle Gewinnerzielung beabsichtigt ist, und auch der Praxiswert dem einzelnen Beteiligten zugeordnet bleibt (→ BFH vom 14. 4. 2005 – BStBl. II S. 752).

Erbengemeinschaft. Eine Erbengemeinschaft kann nicht Gesellschafterin einer werbenden Personengesellschaft sein. Jedem Miterben steht deshalb ein seinem Erbteil entsprechender Gesellschaftsanteil zu (→ BFH vom 1. 3. 1994 – BStBl. 1995 II S. 241).

Europäische wirtschaftliche Interessenvereinigung (EWIV). Die EWIV unterliegt nach § 1 des Gesetzes zur Ausführung der EWG-Verordnung über die Europäische wirtschaftliche Interessenvereinigung (EWIV-Ausführungsgesetz vom 14. 4. 1988 – BGBl. I S. 514, zuletzt geändert durch Art. 16 des Gesetzes zur Modernisierung des GmbH-Rechts und zur Bekämpfung von Missbräuchen vom 23. 10. 2008 – BGBl. I S. 2026) den für eine OHG geltenden Rechtsvorschriften. Dies gilt auch für das Steuerrecht.

Gesellschafter

– Ob ein Gesellschafter Mitunternehmer ist, beurteilt sich für alle Personengesellschaften nach gleichen Maßstäben (→ BFH vom 29. 4. 1981 – BStBl. II S. 663 und vom 25. 6. 1981 – BStBl. II S. 779). In Ausnahmefällen reicht auch eine einem Gesellschafter einer Personengesellschaft wirtschaftlich vergleichbare Stellung aus, z. B. als Beteiligter an einer Erben-, Güter-

[1] Nunmehr „R 4.6 EStR".

[2] Zur Mitunternehmerschaft bei Film- und Fernsehfonds siehe BMF-Schreiben vom 23. 2. 2001 (BStBl. I S. 175), nachstehend abgedruckt als Anlage c zu R 15.8 EStR.

H 15.8 (1)

oder Bruchteilsgemeinschaft, als Beteiligter einer „fehlerhaften Gesellschaft" i. S. d. Zivilrechts oder als Unterbeteiligter (→ BFH vom 25. 6. 1984 – BStBl. II S. 751). Auch Gesellschafter einer OHG oder KG erzielen nur dann Einkünfte aus Gewerbebetrieb, wenn sie Mitunternehmer des gewerblichen Unternehmens sind (→ BFH vom 8. 2. 1979 – BStBl. II S. 405).

– Erhält ein (Schein-)Gesellschafter eine von der Gewinnsituation abhängige, nur nach dem eigenen Umsatz bemessene Vergütung und ist er zudem von einer Teilhabe an den stillen Reserven der Gesellschaft ausgeschlossen, kann wegen des danach nur eingeschränkt bestehenden Mitunternehmerrisikos eine Mitunternehmerstellung nur bejaht werden, wenn eine besonders ausgeprägte Mitunternehmerinitiative vorliegt. Hieran fehlt es, wenn zwar eine gemeinsame Geschäftsführungsbefugnis besteht, von dieser aber tatsächlich wesentliche Bereiche ausgenommen sind (→ BFH vom 3. 11. 2015 – BStBl. 2016 II S. 383).
– → Verdeckte Mitunternehmerschaft.

Gesellschafterausschluss bei Scheidung → Wirtschaftliches Eigentum.

Innengesellschaft
– Im Fall einer GbR, die als reine Innengesellschaft ausgestaltet ist, rechtfertigt die Übernahme eines erheblichen unternehmerischen Risikos bereits das Bestehen einer Mitunternehmerschaft (→ BFH vom 19. 2. 1981 – BStBl. II S. 602, vom 28. 10. 1981 – BStBl. 1982 II S. 186 und vom 9. 10. 1986 – BStBl. 1987 II S. 124).
– Der Inhaber eines Betriebs ist regelmäßig schon allein wegen seiner unbeschränkten Außenhaftung und des ihm allein möglichen Auftretens im Rechtsverkehr Mitunternehmer einer Innengesellschaft, die zum Zwecke der stillen Beteiligung an seinem Unternehmen gegründet wurde. Dies gilt auch dann, wenn dem Inhaber des Betriebs im Innenverhältnis neben einem festen Vorabgewinn für seine Tätigkeit keine weitere Gewinnbeteiligung zusteht und die Geschäftsführungsbefugnis weitgehend von der Zustimmung des stillen Beteiligten abhängt (→ BFH vom 10. 5. 2007 – BStBl. II S. 927).
– Ist eine Person oder eine Personenmehrheit an einzelnen Tätigkeiten des Unternehmens einer KG als Innengesellschafterin beteiligt, führt dies nur dann zur Annahme eines eigenständigen Gewerbebetriebs, wenn der betroffene Geschäftsbereich in Form einer wirtschaftlichen Einheit von den weiteren Tätigkeitsfeldern des Unternehmens hinreichend sachlich abgegrenzt ist (→ BFH vom 23. 4. 2009 – BStBl. 2010 II S. 40).

Komplementär
– Eine Komplementär-GmbH ist auch dann Mitunternehmerin, wenn sie am Gesellschaftskapital nicht beteiligt ist (→ BFH vom 11. 12. 1986 – BStBl. 1987 II S. 553).
– Die Mitunternehmerstellung des Komplementärs wird nicht dadurch ausgeschlossen, dass er weder am Gewinn und Verlust der KG noch an deren Vermögen beteiligt ist (→ BFH vom 25. 4. 2006 – BStBl. II S. 595).
– Der Komplementär ist auch dann Mitunternehmer, wenn er keine Kapitaleinlage erbracht hat und im Innenverhältnis (zu dem Kommanditisten) wie ein Angestellter behandelt und von der Haftung freigestellt wird (→ BFH vom 11. 6. 1985 – BStBl. 1987 II S. 33 und vom 14. 8. 1986 – BStBl. 1987 II S. 60).

Miterben. Gehört zum Nachlass ein Gewerbebetrieb, sind die Miterben Mitunternehmer (→ BFH vom 5. 7. 1990 – BStBl. II S. 837 sowie → BMF vom 14. 3. 2006 – BStBl. I S. 253[1] unter Berücksichtigung der Änderungen durch BMF vom 27. 12. 2018 – BStBl. 2019 I S. 11). Zur Erbengemeinschaft als Gesellschafter → Erbengemeinschaft.

Mitunternehmerinitiative. Mitunternehmerinitiative bedeutet vor allem Teilhabe an den unternehmerischen Entscheidungen, wie sie Gesellschaftern oder diesen vergleichbaren Personen als Geschäftsführern, Prokuristen oder anderen leitenden Angestellten obliegen. Ausreichend ist schon die Möglichkeit zur Ausübung von Gesellschafterrechten, die wenigstens den Stimm-, Kontroll- und Widerspruchsrechten angenähert sind, die einem Kommanditisten nach dem HGB zustehen oder die den gesellschaftsrechtlichen Kontrollrechten nach § 716 Abs. 1 BGB entsprechen (→ BFH vom 25. 6. 1984 – BStBl. II S. 751, S. 769). Ein Kommanditist ist beispielsweise dann mangels Mitunternehmerinitiative kein Mitunternehmer, wenn sowohl sein Stimmrecht als auch sein Widerspruchsrecht durch Gesellschaftsvertrag faktisch ausgeschlossen sind (→ BFH vom 11. 10. 1988 – BStBl. 1989 II S. 762).

Mitunternehmerrisiko
– Mitunternehmerrisiko trägt im Regelfall, wer am Gewinn und Verlust des Unternehmens und an den **stillen Reserven** einschließlich eines etwaigen Geschäftswerts beteiligt ist (→ BFH vom 25. 6. 1984 – BStBl. II S. 751). Je nach den Umständen des Einzelfalls können jedoch auch andere Gesichtspunkte, z. B. eine besonders ausgeprägte unternehmerische Initiative, verbunden mit einem bedeutsamen Beitrag zur Kapitalausstattung des Unternehmens in den Vordergrund treten (→ BFH vom 27. 2. 1980 – BStBl. 1981 II S. 210). Eine Vereinbarung über die Beteiligung an den stillen Reserven ist nicht ausschlaggebend, wenn die stillen Reserven für den Gesellschafter keine wesentliche wirtschaftliche Bedeutung haben (→ BFH vom 5. 6. 1986 – BStBl. II S. 802). Ein Kommanditist, der nicht an den stillen Reserven einschließlich eines etwaigen Geschäftswerts

[1] Abgedruckt als Anlage a zu § 7 EStG.

H 15.8 (1)

beteiligt ist und nach dem Gesellschaftsvertrag nur eine übliche Verzinsung seiner Kommanditeinlage erhält, trägt kein Mitunternehmerrisiko und ist deshalb auch dann nicht Mitunternehmer, wenn seine gesellschaftsrechtlichen Mitwirkungsrechte denjenigen eines Kommanditisten entsprechen (→ BFH vom 28. 10. 1999 – BStBl. 2000 II S. 183).
- Eine Beteiligung am unternehmerischen Risiko liegt bei beschränkt haftenden Gesellschaftern von Personenhandelsgesellschaften, insbesondere bei Kommanditisten, und bei atypisch stillen Gesellschaftern nicht vor, wenn wegen der rechtlichen oder tatsächlichen **Befristung** ihrer gesellschaftlichen Beteiligung eine Teilhabe an der von der Gesellschaft beabsichtigten Betriebsvermögensmehrung in Form eines entnahmefähigen laufenden Gewinns oder eines die Einlage übersteigenden Abfindungsguthabens oder eines Gewinns aus der Veräußerung des Gesellschaftsanteils nicht zu erwarten ist (→ BFH vom 25. 6. 1984 – BStBl. II S. 751). Die zeitliche Befristung und die fehlende Gewinnerwartung können sich aus den Umständen des Einzelfalls ergeben (→ BFH vom 10. 11. 1977 – BStBl. 1978 II S. 15).
- Mitunternehmerrisiko setzt voraus, dass der Gesellschafter zugunsten der Gesellschaft sein eigenes Vermögen belastet, sei es in Gestalt einer Haftung gegenüber Gläubigern der Gesellschaft, sei es durch Erbringung eines sein Vermögen belastenden Gesellschafterbeitrags (→ BFH vom 13. 7. 2017 – BStBl. II S. 1133).

Nachversteuerung des negativen Kapitalkontos. Der Betrag des beim Ausscheiden aus der Gesellschaft oder bei Auflösung der Gesellschaft zu versteuernden negativen Kapitalkontos (→ BFH vom 10. 11. 1980 – BStBl. 1981 II S. 164) ist kein Gewinn aus einer Betriebsvermögensmehrung. Der beim Wegfall eines negativen Kapitalkontos des Kommanditisten zu erfassende Gewinn erlaubt es deshalb nicht, die Teilnahme an einer Betriebsvermögensmehrung im Sinne einer Beteiligung am unternehmerischen Risiko als gegeben anzusehen (→ BFH vom 25. 6. 1984 – BStBl. II S. 751).

Nießbrauch. Bei Bestellung eines Nießbrauchs am Gesellschaftsanteil bleibt der Nießbrauchsverpflichtete Mitunternehmer (→ BFH vom 1. 3. 1994 – BStBl. 1995 II S. 241).

Organgesellschaft. Einer Mitunternehmereigenschaft der Komplementär-GmbH steht nicht entgegen, dass sie Organ des Kommanditisten ist (→ BFH vom 10. 11. 1983 – BStBl. 1984 II S. 150).

Partnerschaftsgesellschaft.[1] Zur zivilrechtlichen Rechtsform der Partnerschaftsgesellschaft → Partnerschaftsgesellschaftsgesetz (PartGG) vom 25. 7. 1994 (BGBl. I S. 1744), zuletzt geändert durch Artikel 1 des Gesetzes zur Einführung einer Partnerschaftsgesellschaft mit beschränkter Berufshaftung und zur Änderung des Berufsrechts der Rechtsanwälte, Patentanwälte, Steuerberater und Wirtschaftsprüfer vom 15. 7. 2013 (BGBl. I S. 2386).

Stiller Gesellschafter[2, 3]
- Bei einem stillen Gesellschafter ohne Unternehmerinitiative kommt der vermögensrechtlichen Stellung besondere Bedeutung zu (→ BFH vom 25. 6. 1981 – BStBl. 1982 II S. 59). Um als Mitunternehmer angesehen werden zu können, muss ein solcher stiller Gesellschafter einen Anspruch auf Beteiligung am tatsächlichen Zuwachs des Gesellschaftsvermögens unter Einschluss der stillen Reserven und eines Geschäftswerts haben (→ BFH vom 27. 5. 1993 – BStBl. 1994 II S. 700). Ohne eine Beteiligung an den stillen Reserven kann ein stiller Gesellschafter dann Mitunternehmer sein, wenn der Unternehmer ihm abweichend von der handelsrechtlichen Regelung ermöglicht, wie ein Unternehmer auf das Schicksal des Unternehmens Einfluss zu nehmen (→ BFH vom 28. 1. 1982 – BStBl. II S. 389). Beteiligt sich der beherrschende Gesellschafter und alleinige Geschäftsführer einer GmbH an dieser auch noch als stiller Gesellschafter mit einer erheblichen Vermögenseinlage unter Vereinbarung einer hohen Gewinnbeteiligung sowie der Verpflichtung, die Belange bestimmter Geschäftspartner persönlich wahrzunehmen, so handelt es sich um eine atypisch stille Gesellschaft – Mitunternehmerschaft – (→ BFH vom 15. 12. 1992 – BStBl. 1994 II S. 702). Gesamthandsvermögen braucht nicht vorhanden zu sein (→ BFH vom 8. 7. 1982 – BStBl. II S. 700).
- Bei einer GmbH und Still kann sich die Entfaltung einer stark ausgeprägten Mitunternehmerinitiative des stillen Gesellschafters auch aus dessen Stellung als Geschäftsführer der GmbH als Inhaberin des Handelsgewerbes ergeben (→ BFH vom 13. 7. 2017 – BStBl. II S. 1133 und vom 12. 4. 2021 – BStBl. II S. 614).

Strohmannverhältnis. Wer in eigenem Namen, aber für Rechnung eines anderen ein Einzelunternehmen führt oder persönlich haftender Gesellschafter einer Personengesellschaft ist, wird, sofern das Treuhandverhältnis den Geschäftspartnern gegenüber nicht offen gelegt wird, regelmäßig allein wegen seiner unbeschränkten Haftung zum (Mit-)Unternehmer. Dies gilt auch dann, wenn er den Weisungen des Treugebers unterliegt und im Innenverhältnis von jeglicher Haftung freigestellt ist (→ BFH vom 4. 11. 2004 – BStBl. 2005 II S. 168).

---

[1] Zur Partnerschaftsgesellschaft mit beschränkter Berufshaftung siehe *Vfg. OFD Niedersachsen vom 26. 10. 2015 S 2000 – 103 – St 221/St 222 (DStR 2016 S. 245).*

[2] Bei teilweise privater Verwendung der Einlage des stillen Gesellschafters siehe *BFH-Urteil vom 6. 3. 2003 XI R 24/02 (BStBl. II S. 656).*

[3] Zur Mitunternehmerinitiative eines atypisch still Beteiligten siehe *BFH-Urteil vom 19. 7. 2018 IV R 10/17 (DStR S. 2372).*

H 15.8 (1)

Testamentsvollstreckung. Ein Kommanditist, dessen Kommanditanteil durch Testamentsvollstreckung treuhänderisch verwaltet wird und dessen Gewinnanteile an einen Unterbevollmächtigten herauszugeben sind, ist dennoch Mitunternehmer (→ BFH vom 16. 5. 1995 – BStBl. II S. 714).

Treugeber. Bei einem Treuhandverhältnis, dessen Gegenstand die Mitgliedschaft in einer Personengesellschaft ist, müssen die die Mitunternehmerstellung kennzeichnenden Merkmale in der Person des Treugebers vorliegen (→ BFH vom 21. 4. 1988 – BStBl. 1989 II S. 722).

Verdeckte Mitunternehmerschaft

– Mitunternehmer kann auch sein, wer nicht als → Gesellschafter, sondern z. B. als Arbeitnehmer oder Darlehensgeber bezeichnet ist, wenn die Vertragsbeziehung als Gesellschaftsverhältnis anzusehen ist (→ BFH vom 11. 12. 1980 – BStBl. 1981 II S. 310). Allerdings sind die zwischen den Beteiligten bestehenden Rechtsbeziehungen bei der Beurteilung der Gesellschaftereigenschaft sowohl zivil- als auch steuerrechtlich nicht allein nach deren formaler Bezeichnung zu würdigen, sondern nach den von ihnen gewollten Rechtswirkungen und der sich danach ergebenden zutreffenden rechtlichen Einordnung (→ BFH vom 13. 7. 1993 – BStBl. 1994 II S. 282).

– Eine Mitunternehmerschaft setzt ein zivilrechtliches Gesellschaftsverhältnis oder ausnahmsweise ein wirtschaftlich vergleichbares Gemeinschaftsverhältnis voraus. Eine Mitunternehmerschaft liegt danach auch vor, wenn mehrere Personen durch gemeinsame Ausübung der Unternehmerinitiative und gemeinsame Übernahme des Unternehmerrisikos auf einen bestimmten Zweck hin tatsächlich zusammenarbeiten. Erforderlich für ein stillschweigend begründetes Gesellschaftsverhältnis ist auch ein entsprechender Verpflichtungswille (→ BFH vom 1. 8. 1996 – BStBl. 1997 II S. 272). Mitunternehmerinitiative und -risiko dürfen nicht lediglich auf einzelne Schuldverhältnisse zurückzuführen sein. Die Bündelung von Risiken aus derartigen Austauschverhältnissen unter Vereinbarung angemessener und leistungsbezogener Entgelte begründet noch kein gesellschaftsrechtliches Risiko (→ BFH vom 13. 7. 1993 – BStBl. 1994 II S. 282). Tatsächliche Einflussmöglichkeiten allein genügen allerdings nicht (→ BFH vom 2. 9. 1985 – BStBl. 1986 II S. 10).

– Das Vorliegen einer verdeckten Mitunternehmerschaft zwischen nahen Angehörigen darf nicht unter Heranziehung eines Fremdvergleichs beurteilt werden (→ BFH vom 8. 11. 1995 – BStBl. 1996 II S. 133).

– Der Geschäftsführer der Komplementär-GmbH ist nicht schon auf Grund des bloßen Abschlusses des Geschäftsführervertrages mit der GmbH als verdeckter Mitunternehmer der KG anzusehen (→ BFH vom 1. 8. 1996 – BStBl. 1997 II S. 272). Der alleinige Gesellschafter-Geschäftsführer der Komplementär-GmbH ist verdeckter Mitunternehmer der Familien-GmbH & Co. KG, wenn er für die Geschäftsführung unangemessene gewinnabhängige Bezüge erhält und sich – wie bisher als Einzelunternehmer – als Herr des Unternehmens verhält (→ BFH vom 21. 9. 1995 – BStBl. 1996 II S. 66).

Vermietung zwischen Schwester-Personengesellschaften. Wirtschaftsgüter, die eine gewerblich tätige oder gewerblich geprägte Personengesellschaft an eine ganz oder teilweise personenidentische Personengesellschaft (Schwestergesellschaft) vermietet, gehören zum Betriebsvermögen der vermietenden Personengesellschaft und nicht zum Sonderbetriebsvermögen bei der nutzenden Personengesellschaft. Dies gilt auch, wenn leistende Gesellschaft eine gewerblich geprägte atypisch stille Gesellschaft ist (→ BFH vom 26. 11. 1996 – BStBl. 1998 II S. 328; → BMF vom 28. 4. 1998 – BStBl. I S. 583[1] mit Übergangsregelung).

Wirtschaftliches Eigentum an einem Mitunternehmeranteil

– Ist in einem Gesellschaftsvertrag vereinbart, dass die Ehefrau im Scheidungsfall aus der Gesellschaft ausgeschlossen werden kann und ihr Ehemann an ihre Stelle tritt, ist der Kommanditanteil der Ehefrau dem Ehemann gemäß § 39 Abs. 2 Nr. 1 Satz 1 AO zuzurechnen (→ BFH vom 26. 6. 1990 – BStBl. 1994 II S. 645).

– Dem Erwerber eines Anteils an einer Personengesellschaft kann die Mitunternehmerstellung bereits vor der zivilrechtlichen Übertragung des Gesellschaftsanteils zuzurechnen sein. Voraussetzung dafür ist, dass der Erwerber rechtsgeschäftlich eine auf den Erwerb des Gesellschaftsanteils gerichtete, rechtlich geschützte Position erworben hat, die ihm gegen seinen Willen nicht mehr entzogen werden kann, und Mitunternehmerrisiko sowie Mitunternehmerinitiative vollständig auf ihn übergegangen sind (→ BFH vom 1. 3. 2018 – BStBl. II S. 539 und vom 20. 9. 2018 – BStBl. 2019 II S. 131).

Wohnungseigentümergemeinschaft. Eine Wohnungseigentümergemeinschaft als Rechtssubjekt i. S. d. § 10 Abs. 6 Satz 1 WoEigG, die z. B. ein Blockheizkraftwerk betreibt, kann eine gewerbliche Mitunternehmerschaft begründen. Es bedarf nicht der Annahme einer konkludent errichteten GbR, wenn die gewerbliche Tätigkeit der Wohnungseigentümergemeinschaft innerhalb des in § 10 Abs. 6 Satz 1 WoEigG vorgegebenen Verbandszwecks liegt (→ BFH vom 20. 9. 2018 – BStBl. 2019 II S. 160).

[1] Nachstehend abgedruckt als Anlage a zu R 15.8 EStR.

Mehrstöckige Personengesellschaft R 15.8 (2)

(2) ① § 15 Abs. 1 Satz 1 Nr. 2 EStG ist auch bei mehrstöckigen Personengesellschaften anzuwenden, wenn eine ununterbrochene Mitunternehmerkette besteht. ② Vergütungen der Untergesellschaft an einen Gesellschafter der Obergesellschaft für Tätigkeiten im Dienste der Untergesellschaft mindern daher den steuerlichen Gewinn der Untergesellschaft nicht; überlässt ein Gesellschafter der Obergesellschaft der Untergesellschaft z. B. ein Grundstück für deren betriebliche Zwecke, ist das Grundstück notwendiges Sonderbetriebsvermögen der Untergesellschaft. **88**

Unterbeteiligung. Tätigkeitsvergütungen einer OHG an atypisch still Unterbeteiligte eines Gesellschafters gehören nach § 15 Abs. 1 Satz 1 Nr. 2 Satz 2 EStG zu den Einkünften aus Gewerbebetrieb (→ BFH vom 2. 10. 1997 – BStBl. 1998 II S. 137). H 15.8 (2) **88a**

Gewinnverteilung R 15.8 (3)

(3) *(unbesetzt)* **89**

Abweichung des Steuerbilanzgewinns vom Handelsbilanzgewinn. Der zwischen Gesellschaftern einer Personengesellschaft vereinbarte Gewinnverteilungsschlüssel bezieht sich grundsätzlich auf den Handelsbilanzgewinn. Weicht dieser vom Steuerbilanzgewinn deshalb ab, weil er durch die Auflösung von Bilanzierungshilfen geringer ist als der Steuerbilanzgewinn, müssen bei der Anwendung des Gewinnverteilungsschlüssels auf den Steuerbilanzgewinn Korrekturen hinsichtlich der Gesellschafter angebracht werden, die bei der Bildung der Bilanzierungshilfe an dem Unternehmen noch nicht beteiligt waren (→ BFH vom 22. 5. 1990 – BStBl. II S. 965). H 15.8 (3) **90**

Angemessenheit der Gewinnverteilung bei stiller Beteiligung von anteils- und beteiligungsidentischen Schwesterpersonengesellschaften. Kann ein angemessener Gewinnanteil der stillen Gesellschafterin nicht durch einen konkreten Fremdvergleich ermittelt werden, sind die Grundsätze zu Familienpersonengesellschaften entsprechend anzuwenden. Soweit ihr Gewinnanteil eine angemessene Höhe übersteigt, ist er dem Mitunternehmer zuzurechnen (→ BFH vom 21. 9. 2000 – BStBl. 2001 II S. 299).

Ausländische Personengesellschaft. Die zu § 15 Abs. 1 Satz 1 Nr. 2 EStG entwickelten Gewinnermittlungsgrundsätze gelten auch bei grenzüberschreitenden mitunternehmerischen Beteiligungen (→ BFH vom 24. 3. 1999 – BStBl. 2000 II S. 399).

Außerbetrieblich veranlasster Gewinn- und Verlustverteilungsschlüssel. Eine außerbetrieblich veranlasste Änderung des Gewinn- und Verlustverteilungsschlüssels bei einer Personengesellschaft, d. h. eine Änderung, die ihre Erklärung nicht in den Verhältnissen der Gesellschaft findet, ist ertragsteuerlich unbeachtlich (→ BFH vom 23. 8. 1990 – BStBl. 1991 II S. 172).

Forderungsverzicht im Zusammenhang mit einem Gesellschafterwechsel. Bei einem Wechsel der Gesellschafter einer Personengesellschaft ist der Ertrag aus einem Forderungsverzicht dem Neugesellschafter zuzurechnen, wenn nach den im konkreten Fall getroffenen Vereinbarungen der Neugesellschafter die betreffenden Verbindlichkeiten anstelle des Altgesellschafters wirtschaftlich tragen sollte. Ist vereinbart, dass der Neugesellschafter die betreffenden Verbindlichkeiten nicht wirtschaftlich tragen soll, ist der Ertrag dem Altgesellschafter zuzurechnen, der durch den Erlass der Schulden von seiner Haftung entbunden wird (→ BFH vom 22. 1. 2015 – BStBl. II S. 389).

Gewinnverteilung bei GmbH & atypisch stiller Gesellschaft. Beteiligt sich der Gesellschafter einer Kapitalgesellschaft an dieser zugleich als atypisch stiller Gesellschafter und verzichtet die Kapitalgesellschaft im Interesse des stillen Gesellschafters auf eine fremdübliche Gewinnbeteiligung, wird der Kapitalgesellschaft bei der gesonderten und einheitlichen Feststellung der Einkünfte der atypisch stillen Gesellschaft der angemessene Gewinnanteil zugerechnet (→ BFH vom 18. 6. 2015 – BStBl. II S. 935).

Gewinnzurechnung. Einem aus einer Personengesellschaft ausgeschiedenen Mitunternehmer ist der gemeinschaftlich erzielte laufende Gewinn auch dann anteilig zuzurechnen, wenn die verbleibenden Mitunternehmer die Auszahlung verweigern, weil der ausgeschiedene Mitunternehmer ihnen Schadenersatz in übersteigender Höhe schuldet. Dies gilt auch, wenn der Anspruch des ausgeschiedenen Mitunternehmers zivilrechtlich der sog. Durchsetzungssperre unterliegt und deshalb nicht mehr isoliert, sondern nur noch als Abrechnungsposten im Rahmen des Rechtsstreits um den Auseinandersetzungsanspruch geltend gemacht werden kann (→ BFH vom 15. 11. 2011 – BStBl. 2012 II S. 207).

GmbH-Beteiligung. Bei Beteiligung einer Personenhandelsgesellschaft an einer Kapitalgesellschaft gehören die Gewinnausschüttung ebenso wie die anzurechnende Kapitalertragsteuer und der Solidaritätszuschlag zu den Einkünften aus Gewerbebetrieb i. S. d. § 15 Abs. 1 Satz 1 Nr. 2 EStG. Das Anrechnungsguthaben steht den Gesellschaftern (Mitunternehmern) zu. Maßgebend für die Verteilung ist der allgemeine Gewinnverteilungsschlüssel (→ BFH vom 22. 11. 1995 – BStBl. 1996 II S. 531).

Kapitalkontenverzinsung. Hat der Gesellschafter ein Verrechnungskonto zu verzinsen, das einen Sollsaldo aufweist und auf der Aktivseite der Gesellschaftsbilanz aufzuführen ist, kann dieses Konto entweder eine Darlehensforderung gegen den Gesellschafter dokumentieren oder

H 15.8 (3)

aber als (negativer) Bestandteil des Kapitalkontos anzusehen sein. Handelt es sich um einen Bestandteil des Kapitalkontos, dient die Verzinsung allein der zutreffenden Gewinnverteilung und führt nicht zu einer Erhöhung des Gewinns (→ BFH vom 4. 5. 2000 – BStBl. 2001 II S. 171).

Mehrgewinne eines ausgeschiedenen Gesellschafters auf Grund späterer Betriebsprüfung. Mehrgewinne, die sich für den ausgeschiedenen Gesellschafter auf Grund einer späteren Betriebsprüfung ergeben, sind ihm nach dem vereinbarten Gewinnverteilungsschlüssel zuzurechnen, sofern die Gesellschaft eine Einheitsbilanz erstellt. Die Zurechnung wird nicht durch die Höhe der Abfindung begrenzt. Kann für ein sich danach ergebendes positives Kapitalkonto keine nachträgliche Abfindung erlangt werden, erleidet der Ausgeschiedene einen Veräußerungsverlust (→ BFH vom 24. 10. 1996 – BStBl. 1997 II S. 241).

Nachträgliche Erhöhung des Kapitalkontos eines ausgeschiedenen Kommanditisten. Scheidet ein Kommanditist nach Auffüllung seines negativen Kapitalkontos ohne Abfindung aus der KG aus, ergibt sich aber auf Grund einer späteren Betriebsprüfung ein positives Kapitalkonto, entsteht für die verbliebenen Gesellschafter in diesem Umfang kein Anwachsungsgewinn. Der Betrag ist von ihnen für Abstockungen auf ihre Anteile an den Wirtschaftsgütern der Gesellschaft zu verwenden (→ BFH vom 24. 10. 1996 – BStBl. 1997 II S. 241).

Organträger-Personengesellschaft. Das Einkommen einer Organgesellschaft ist entsprechend dem allgemeinen Gewinnverteilungsschlüssel nur den Gesellschaftern einer Organträger-Personengesellschaft zuzurechnen, die im Zeitpunkt der Einkommenszurechnung an der Organträgerin beteiligt sind (→ BFH vom 28. 2. 2013 – BStBl. II S. 494).

Pensionszusagen. Bilanzsteuerliche Behandlung von Pensionszusagen einer Personengesellschaft an einen Gesellschafter und dessen Hinterbliebene → BMF vom 29. 1. 2008 (BStBl. I S. 317).[1]

Rückwirkende Änderung. Eine rückwirkende Änderung der Gewinnverteilung während eines Wj. hat keinen Einfluss auf die Zurechnung des bis dahin entstandenen Gewinns oder Verlusts (→ BFH vom 7. 7. 1983 – BStBl. 1984 II S. 53).

Tätigkeitsvergütungen

- Haben die Gesellschafter einer Personengesellschaft im Gesellschaftsvertrag vereinbart, dass die Tätigkeitsvergütung als Aufwand behandelt und auch dann gezahlt werden soll, wenn ein Verlust erwirtschaftet wird, ist dies bei tatsächlicher Durchführung der Vereinbarung auch steuerlich mit der Folge anzuerkennen, dass die Vergütung kein Gewinn vorab, sondern eine Sondervergütung i. S. d. § 15 Abs. 1 Satz 1 Nr. 2, 2. Halbsatz EStG ist. Steht die Sondervergütung in Zusammenhang mit der Anschaffung oder Herstellung eines Wirtschaftsguts, gehört sie zu den Anschaffungs- oder Herstellungskosten (→ BFH vom 13. 10. 1998 – BStBl. 1999 II S. 284 und vom 23. 1. 2001 – BStBl. II S. 621).
- Nicht unter den Begriff der Tätigkeitsvergütung fallen die **Lieferung von Waren** im Rahmen eines Kaufvertrags zwischen dem Gesellschafter und der Gesellschaft oder sonstige zu fremdüblichen Bedingungen geschlossene Veräußerungsgeschäfte zwischen Gesellschaft und Gesellschafter. Ein derartiges Veräußerungsgeschäft liegt auch vor, wenn der Gesellschafter zur Herbeiführung des der Gesellschaft geschuldeten Erfolgs nicht nur Arbeit zu leisten, sondern auch Waren von nicht untergeordnetem Wert zu liefern hat, z. B. bei einem Werkvertrag (→ BFH vom 28. 10. 1999 – BStBl. 2000 II S. 339).
- Das Entgelt, das der Kommanditist einer GmbH & Co. KG für seine Tätigkeit als **Geschäftsführer der Komplementär-GmbH** bezieht, ist als Vergütung i. S. d. § 15 Abs. 1 Satz 1 Nr. 2 EStG zu beurteilen, und zwar auch dann, wenn der Anstellungsvertrag des Geschäftsführer-Gesellschafters nicht mit der KG, sondern der Komplementär-GmbH abgeschlossen wurde. Hat eine Komplementär-GmbH neben ihrer Funktion als Geschäftsführerin der GmbH & Co. KG noch einen eigenen wirtschaftlichen Geschäftsbereich, kann eine Aufteilung der Tätigkeitsvergütung an den Geschäftsführer der Komplementär-GmbH, der gleichzeitig Kommanditist der KG ist, geboten sein (→ BFH vom 6. 7. 1999 – BStBl. II S. 720).
- Sieht der Gesellschaftsvertrag einer GmbH & Co. KG einen Vorabgewinn der Komplementär-GmbH für die Übernahme der Geschäftsführung der KG vor, die von einem Kommanditisten der KG als Geschäftsführer der Komplementär-GmbH erbracht wird, ist der betreffende Betrag nach § 15 Abs. 1 Satz 1 Nr. 2 EStG nicht der Komplementär-GmbH, sondern dem die Geschäfte führenden Kommanditisten zuzurechnen. Dies gilt unabhängig davon, ob die GmbH dem Kommanditisten ein Entgelt für seine Tätigkeit schuldet (→ BFH vom 28. 5. 2020 – BStBl. II S. 641).
- Erbringt ein Kommanditist, der zugleich Alleingesellschafter und Geschäftsführer der Komplementär-GmbH und einer Schwester-Kapitalgesellschaft der GmbH & Co. KG ist, über die **zwischengeschaltete Schwester-Kapitalgesellschaft** Dienstleistungen an die KG, sind die hierfür gezahlten Vergütungen als Sonderbetriebseinnahmen des Kommanditisten zu erfassen (→ BFH vom 6. 7. 1999 – BStBl. II S. 720).
- Die von einem **Drittunternehmer** geleisteten Zahlungen sind Tätigkeitsvergütungen, wenn die Leistung des Gesellschafters letztlich der Personengesellschaft und nicht dem Drittunternehmen zugute kommen soll, sich hinreichend von der Tätigkeit des Gesellschafters für den

[1] Abgedruckt als Anlage h zu § 6 a EStG.

übrigen Geschäftsbereich des Drittunternehmens abgrenzen lässt und wenn die Personengesellschaft dem Drittunternehmer die Aufwendungen für die Leistungen an den Gesellschafter ersetzt (→ BFH vom 7. 12. 2004 – BStBl. 2005 II S. 390).

- **Arbeitgeberanteile zur Sozialversicherung** eines Mitunternehmers, der sozialversicherungsrechtlich als Arbeitnehmer angesehen wird, gehören – unabhängig davon, ob sie dem Mitunternehmer zufließen – zu den Vergütungen, die er von der Gesellschaft für seine Tätigkeit im Dienste der Gesellschaft bezogen hat (→ BFH vom 30. 8. 2007 – BStBl. II S. 942).

Tod eines Gesellschafters. Ein bei Ableben eines Gesellschafters und Übernahme aller Wirtschaftsgüter der Personengesellschaft durch die verbleibenden Gesellschafter nach R 4.5 Abs. 6 zu ermittelnder Übergangsgewinn ist anteilig dem verstorbenen Gesellschafter zuzurechnen, auch wenn er im Wesentlichen auf der Zurechnung auf die anderen Gesellschafter übergehender Honorarforderungen beruht (→ BFH vom 13. 11. 1997 – BStBl. 1998 II S. 290).

Verzicht auf einen Gewinnanteil zwecks Tilgung einer Kaufpreisverpflichtung → BFH vom 27. 10. 2015 (BStBl. 2016 II S. 600).

Vorabanteile. Wird bei einer KG im Zusammenhang mit einer Erhöhung des Kommanditkapitals der gesellschaftsvertragliche Gewinn- und Verlustverteilungsschlüssel dahin geändert, dass künftige Gewinne oder Verluste in begrenztem Umfang nur auf die Kommanditisten verteilt werden, die weitere Kommanditeinlagen erbringen, oder dass diese Kommanditisten „Vorabanteile" von künftigen Gewinnen oder Verlusten erhalten, ist der neue Gewinn- und Verlustverteilungsschlüssel im Allgemeinen auch der einkommensteuerrechtlichen Gewinn- und Verlustverteilung zu Grunde zu legen (→ BFH vom 7. 7. 1983 – BStBl. 1984 II S. 53 und vom 17. 3. 1987 – BStBl. II S. 558).

Einkommensteuerliche Behandlung des persönlich haftenden Gesellschafters einer Kommanditgesellschaft auf Aktien R 15.8 (4)

(4) *(unbesetzt)* 91

Allgemeines. Der persönlich haftende Gesellschafter einer KGaA ist nach § 15 Abs. 1 Satz 1 Nr. 3 EStG wie ein Gewerbetreibender zu behandeln. Der von ihm im Rahmen der KGaA erzielte anteilige Gewinn ist ihm einkommensteuerrechtlich unmittelbar zuzurechnen (→ BFH vom 21. 6. 1989 – BStBl. II S. 881). H 15.8 (4) 92

Ausschüttungen. Ausschüttungen auf die Kommanditaktien sind im Zeitpunkt des Zuflusses als Einnahmen aus Kapitalvermögen zu erfassen (→ BFH vom 21. 6. 1989 – BStBl. II S. 881).

Gewinnermittlungsart. Der Gewinnanteil des persönlich haftenden Gesellschafters einer KGaA einschließlich seiner Sondervergütungen, Sonderbetriebseinnahmen und Sonderbetriebsausgaben ist durch Betriebsvermögensvergleich zu ermitteln (→ BFH vom 21. 6. 1989 – BStBl. II S. 881).

Sonderbetriebsvermögen. Der persönlich haftende Gesellschafter kann wie ein Mitunternehmer (§ 15 Abs. 1 Satz 1 Nr. 2 EStG) Sonderbetriebsvermögen haben. Die ihm gehörenden Kommanditaktien sind weder Betriebsvermögen noch Sonderbetriebsvermögen (→ BFH vom 21. 6. 1989 – BStBl. II S. 881).

Wirtschaftsjahr. Das Wj. stimmt mit dem Wj. der KGaA überein (→ BFH vom 21. 6. 1989 – BStBl. II S. 881).

Umfassend gewerbliche Personengesellschaft[1] R 15.8 (5)

(5) ① Personengesellschaften im Sinne des § 15 Abs. 3 Nr. 1 EStG sind außer der OHG und der KG diejenigen sonstigen Gesellschaften, bei denen die Gesellschafter als Unternehmer (Mitunternehmer) des Gewerbebetriebs anzusehen sind. 93 ② Auch die Partenreederei und die → Unterbeteiligungsgesellschaft sind Personengesellschaften im Sinne des § 15 Abs. 3 Nr. 1 EStG. ③ Die eheliche Gütergemeinschaft ist nicht umfassend gewerblich tätig im Sinne des § 15 Abs. 3 Nr. 1 EStG.

Ärztliche Gemeinschaftspraxen[2] → BMF vom 14. 5. 1997 (BStBl. I S. 566)[3] und BFH vom 19. 2. 1998 (BStBl. II S. 603). H 15.8 (5)

Atypisch stille Gesellschaft. Übt der Inhaber einer Steuerberatungspraxis neben seiner freiberuflichen auch eine gewerbliche Tätigkeit aus, 94 und ist an seinem Unternehmen ein Steuerberater atypisch still beteiligt, sind gem. § 15 Abs. 3 Nr. 1 EStG sämtliche Einkünfte der Mitunternehmerschaft gewerblich (→ BFH vom 10. 8. 1994 – BStBl. 1995 II S. 171).

Auslegungsfragen zu § 15 Abs. 3 Nr. 1. § 15 Abs. 3 Nr. 1 kommt auch dann zur Anwendung, wenn die Geschäftstätigkeit einer Personengesellschaft ausschließlich in dem Halten der

---

[1] Zur Verfassungsmäßigkeit der sog. Abfärbetheorie vgl. *Beschluss des BVerfG vom 15. 1. 2008 1 BvL 2/04 (BFH/NV 2008, 247).*

[2] Zur sog. integrierten Versorgung durch ärztliche Gemeinschaftspraxen siehe *Vfg. OFD Frankfurt vom 16. 8. 2016 S 2241 A – 65 – St 213 (DStR S. 2591).*

Zu ärztlichen Teilgemeinschaftspraxen siehe *Vfg. OFD Frankfurt vom 17. 8. 2016 S 2241 A – 94 – St 213 (DStR S. 2591).*

[3] Abgedruckt im „Handbuch zur GewSt-Veranlagung 2022" als Anlage b zu R 2.1 (2) GewStR.

Anteile an einer weiteren Personengesellschaft besteht und die Personengesellschaft über kein weiteres Vermögen verfügt, mittels dessen Einkünfte erzielt werden (→ BMF vom 14. 1. 2022 – BStBl. I S. 160).

Bagatellgrenze

- Eine Umqualifizierung nach § 15 Abs. 3 Nr. 1 EStG in Einkünfte aus Gewerbebetrieb tritt nicht ein, wenn die originär gewerblichen Nettoumsatzerlöse 3% der Gesamtnettoumsatzerlöse der Gesellschaft und den Betrag von 24 500 € im VZ nicht übersteigen (→ BFH vom 27. 8. 2014 – BStBl. 2015 II S. 996, S. 999 und S. 1002).
- Jede Beteiligung, aus der eine Personengesellschaft gewerbliche Einkünfte bezieht, führt ohne Beachtung einer Bagatellgrenze zu einer Umqualifizierung aller weiteren Einkünfte in solche aus Gewerbebetrieb (→ BFH vom 6. 6. 2019 – BStBl. 2020 II S. 649).

Beteiligung an einer gewerblich tätigen Mitunternehmerschaft. Bei Beteiligung einer vermögensverwaltenden Personengesellschaft an einer gewerblich tätigen Mitunternehmerschaft mit abweichendem Wj. tritt die Abfärbewirkung nur ein, wenn der Obergesellschaft im betreffenden Kj. nach Maßgabe des § 4a Abs. 2 Nr. 2 EStG ein Gewinnanteil zugewiesen ist (→ BFH vom 26. 6. 2014 – BStBl. II S. 972).

Betriebsaufspaltung → H 15.7 (4) Umfassend gewerbliche Besitzpersonengesellschaft.

Einheitliche Gesamtbetätigung

- Eine Umqualifizierung nach § 15 Abs. 3 Nr. 1 EStG kommt nicht in Betracht, wenn eine gemischte Tätigkeit als einheitliche Gesamtbetätigung anzusehen ist. Eine solche Tätigkeit muss vielmehr unabhängig von der „Abfärbetheorie" danach qualifiziert werden, welche Tätigkeit der Gesamtbetätigung das Gepräge gibt (→ BFH vom 24. 4. 1997 – BStBl. II S. 567).
- → H 15.6 (Gemischte Tätigkeit).

Erbengemeinschaft. Die Erbengemeinschaft ist nicht umfassend gewerblich tätig i. S. d. § 15 Abs. 3 Nr. 1 EStG (→ BFH vom 23. 10. 1986 – BStBl. 1987 II S. 120).

GbR. Die GbR, bei der die Gesellschafter als Mitunternehmer des Betriebs anzusehen sind, ist umfassend gewerblich tätig (→ BFH vom 11. 5. 1989 – BStBl. II S. 797).

Gewerbesteuerbefreiung. Übt eine Personengesellschaft auch eine gewerbliche Tätigkeit aus, ist die Tätigkeit auch dann infolge der „Abfärberegelung" des § 15 Abs. 3 Nr. 1 EStG insgesamt als gewerblich anzusehen, wenn die gewerbliche Tätigkeit von der Gewerbesteuer befreit ist (→ BFH vom 30. 8. 2001 – BStBl. 2002 II S. 152).

Gewerbliche Einkünfte im Sonderbereich des Gesellschafters. Bei einer freiberuflich tätigen Personengesellschaft kommt es nicht zu einer Abfärbung gem. § 15 Abs. 3 Nr. 1 EStG ihrer Einkünfte im Gesamthandsbereich, wenn ein Gesellschafter gewerbliche Einkünfte im Sonderbereich erzielt (→ BFH vom 28. 6. 2006 – BStBl. 2007 II S. 378).

Gewinnerzielungsabsicht. Wegen der Einheitlichkeit des Gewerbebetriebs einer Personengesellschaft sind deren gemischte Tätigkeiten zunächst insgesamt als gewerblich einzuordnen. Erst dann ist für jeden selbständigen Tätigkeitsbereich die Gewinnerzielungsabsicht zu prüfen (→ BFH vom 25. 6. 1996 – BStBl. 1997 II S. 202).

R 15.8 (6)

95

Gewerblich geprägte Personengesellschaft

(6) ① Eine gewerblich geprägte Personengesellschaft liegt nicht vor, wenn ein nicht persönlich haftender Gesellschafter auf gesetzlicher oder gesellschaftsrechtlicher Grundlage im Innenverhältnis der Gesellschafter zueinander zur Geschäftsführung befugt ist. ② Dies gilt unabhängig davon, ob der zur Geschäftsführung befugte Gesellschafter eine natürliche Person oder eine Kapitalgesellschaft ist. ③ Eine gewerbliche Prägung ist selbst dann nicht gegeben, wenn der beschränkt haftende Gesellschafter neben dem persönlich haftenden Gesellschafter zur Geschäftsführung befugt ist. ④ Die Übertragung aller Gesellschaftsanteile an der Komplementär-GmbH in das Gesamthandsvermögen einer nicht gewerblich tätigen Kommanditgesellschaft, bei der die GmbH alleinige Komplementärin ist, führt allein nicht zum Wegfall der gewerblichen Prägung. ⑤ Befinden sich die Geschäftsanteile einer Komplementär-GmbH im Gesamthandsvermögen der GmbH & Co. KG, deren Geschäfte sie führt, mit der Folge, dass die Komplementär-GmbH die sie selbst betreffenden Gesellschafterrechte selbst ausübt und dieser Interessenkonflikt durch einen aus den Kommanditisten der GmbH & Co. KG bestehenden Beirat gelöst wird, führt die Einrichtung eines Beirats mangels einer organschaftlichen Geschäftsführungsbefugnis für sich allein nicht zum Wegfall der gewerblichen Prägung der GmbH & Co. KG.

H 15.8 (6)

96

Atypisch stille Gesellschaft. Die atypisch stille Gesellschaft kann als solche i. S. v. § 15 Abs. 3 Nr. 2 EStG durch den tätigen Gesellschafter gewerblich geprägt sein (→ BFH vom 26. 11. 1996 – BStBl. 1998 II S. 328).

Ausländische Kapitalgesellschaft. Eine ausländische Kapitalgesellschaft, die nach ihrem rechtlichen Aufbau und ihrer wirtschaftlichen Gestaltung einer inländischen Kapitalgesellschaft entspricht, ist geeignet, eine Personengesellschaft gewerblich zu prägen (→ BFH vom 14. 3. 2007 – BStBl. II S. 924).

Betriebsunterbrechung. Ruht der Gewerbebetrieb einer Personengesellschaft, kann diese keine gewerblich geprägte Gesellschaft sein, da die Einkünfte aus ruhendem Gewerbetrieb originär gewerbliche Einkünfte darstellen (→ BFH vom 9. 11. 2017 – BStBl. 2018 II S. 227).

Einheits-GmbH & Co. KG. Der gewerblichen Prägung einer Einheits-GmbH & Co. KG (GmbH & Co. KG, bei der die Geschäftsanteile an der Komplementär-GmbH von der KG gehalten werden) steht nicht entgegen, dass der im Grundsatz allein geschäftsführungsbefugten Komplementärin im Gesellschaftsvertrag der KG die Geschäftsführungsbefugnis betreffend die Ausübung der Gesellschafterrechte aus oder an den Geschäftsanteilen an der Komplementär-GmbH entzogen und diese auf die Kommanditisten übertragen wird (→ BFH vom 13. 7. 2017 – BStBl. II S. 1126).

Einkünfteerzielungsabsicht. Auch bei einer gewerblich geprägten Personengesellschaft ist die Einkünfteerzielungsabsicht zu prüfen. Hierbei kommt es auf die Absicht zur Erzielung eines Totalgewinns einschließlich etwaiger steuerpflichtiger Veräußerungs- oder Aufgabegewinne an. Für die Zeit des Bestehens der gewerblichen Prägung muss die Absicht vorhanden sein, einen gewerblichen Totalgewinn zu erzielen (→ BFH vom 25. 9. 2008 – BStBl. 2009 II S. 266). Es ist zu vermuten, dass die von einer gewerblich geprägten Personengesellschaft und ihren Gesellschaftern angestrebte, aber bis zur Liquidation der Gesellschaft niemals aufgenommene wirtschaftliche Tätigkeit auf Erzielung eines Gewinns ausgerichtet war, wenn keine Anhaltspunkte dafür bestehen, dass die Tätigkeit verlustgeneigt hätte sein können oder dass die gewerbliche Prägung später hätte entfallen sollen (→ BFH vom 30. 10. 2014 – BStBl. 2015 II S. 380).

GbR. Eine GbR, an der mindestens eine natürliche Person beteiligt ist, kann keine gewerblich geprägte Personengesellschaft i. S. d. § 15 Abs. 3 Nr. 2 EStG sein, weil die persönliche Haftung eines Gesellschafters einer GbR gesellschaftsrechtlich nicht ausgeschlossen werden kann (→ BMF vom 17. 3. 2014 – BStBl. I S. 555).[1] Es ist unerheblich, ob und ggf. in welchem Umfang seine Haftung individualvertraglich im Einzelfall ausgeschlossen ist (→ BFH vom 22. 9. 2016 – BStBl. 2017 II S. 116).

Geschäftsführung. Bei einer GmbH & Co. KG, deren alleinige Geschäftsführerin die Komplementär-GmbH ist, ist der zur Führung der Geschäfte der GmbH berufene Kommanditist nicht wegen dieser Geschäftsführungsbefugnis auch als zur Führung der Geschäfte der KG berufen anzusehen (→ BFH vom 23. 5. 1996 – BStBl. II S. 523).

Prägung durch andere Personengesellschaften. Eine selbst originär gewerblich tätige Personengesellschaft kann eine nur eigenes Vermögen verwaltende GbR, an der sie beteiligt ist, gewerblich prägen (→ BFH vom 8. 6. 2000 – BStBl. 2001 II S. 162).

Umlaufvermögen. Eine vermögensverwaltend tätige, aber gewerblich geprägte Personengesellschaft i. S. d. § 15 Abs. 3 Nr. 2 EStG kann nicht nur Anlage-, sondern auch Umlaufvermögen haben (→ BFH vom 19. 1. 2017 – BStBl. II S. 466).

Anl a zu R 15.8

a) Schreiben betr. 1. Sonderbetriebsvermögen bei Vermietung an eine Schwester-Personengesellschaft; Anwendung der BFH-Urteile vom 16. Juni 1994 (BStBl. 1996 II S. 82), vom 22. November 1994 (BStBl. 1996 II S. 93) und vom 26. November 1996 (BStBl. 1998 II S. 328); 2. Verhältnis des § 15 Abs. 1 Nr. 2 EStG zur mitunternehmerischen Betriebsaufspaltung; Anwendung des BFH-Urteils vom 23. April 1996 – VIII R 13/95 – (BStBl. 1998 II S. 325)

Vom 28. April 1998 (BStBl. I S. 583)

(BMF IV B 2 – S 2241 – 42/98)

Der BFH hat mit Urteilen vom 16. Juni 1994 (BStBl. 1996 II S. 82) und vom 22. November 1994 97
(BStBl. 1996 II S. 93) entschieden, dass die Wirtschaftsgüter, die eine gewerblich tätige oder gewerblich geprägte Personengesellschaft an eine ganz oder teilweise personenidentische Personengesellschaft (Schwestergesellschaft) vermietet, zum Betriebsvermögen der vermietenden Personengesellschaft und nicht der nutzenden Personengesellschaft gehören. Diese Rechtsgrundsätze gelten auch, wenn leistende Gesellschaft eine gewerblich geprägte atypisch stille Gesellschaft ist (BFH-Urteil vom 26. November 1996, BStBl. 1998 II S. 328). Mit Urteil vom 23. April 1996 (BStBl. 1998 II S. 325) hat der BFH unter Aufgabe der bisherigen Rechtsprechung schließlich die Auffassung vertreten, bei einer Betriebsaufspaltung habe die Qualifikation des überlassenen Vermögens als Betriebsvermögen der Besitzpersonengesellschaft sowie der Einkünfte aus der Verpachtung dieses Vermögens als gewerbliche Einkünfte der Gesellschafter der Besitzpersonengesellschaft Vorrang vor der Qualifikation des Vermögens als Sonderbetriebsvermögen und der Einkünfte aus der Verpachtung als Sonderbetriebseinkünfte der Gesellschafter bei der Betriebspersonengesellschaft.[2]

Unter Bezugnahme auf das Ergebnis der Erörterung mit den obersten Finanzbehörden der Länder nehme ich zur Anwendung der Rechtsgrundsätze der genannten BFH-Urteile wie folgt Stellung:

1. Bedeutung und Abgrenzung des Anwendungsbereichs der neuen Rechtsprechung

Nach früherer Rechtsprechung und Verwaltungsauffassung hatte die Vorschrift des § 15 Abs. 1 Satz 1 Nr. 2 Satz 1 Halbsatz 2 EStG Vorrang vor dem Rechtsinstitut der mitunternehmerischen Betriebsaufspal-

[1] Nachstehend abgedruckt als Anlage b.
[2] Bekräftigt durch *BFH-Urteil vom 24. 11. 1998 VIII R 61/97 (BStBl. 1999 II S. 483).*

Anl a zu R 15.8

tung (BFH-Urteil vom 25. April 1985, BStBl. 1985 II S. 622 sowie R 137 Abs. 4 EStR 1993). Das BFH-Urteil vom 23. April 1996 (a. a. O.) führt nunmehr zu einem Vorrang der Rechtsgrundsätze der Betriebsaufspaltung vor der Anwendung des § 15 Abs. 1 Satz 1 Nr. 2 Satz 1 Halbsatz 2 EStG und schließt damit – ebenso wie die BFH-Urteile vom 16. Juni 1994 (a. a. O.), vom 22. November 1994 (a. a. O.) und vom 26. November 1996 (BStBl. 1998 II S. 328) – die Behandlung der vermieteten Wirtschaftsgüter als Sonderbetriebsvermögen der mietenden Gesellschaft bei sog. Schwester-Personengesellschaften aus. Im Falle einer unentgeltlichen Überlassung von Wirtschaftsgütern ist allerdings auch nach der neuen Rechtsprechung keine mitunternehmerische Betriebsaufspaltung anzunehmen, weil es in diesem Fall an einer Gewinnerzielungsabsicht und damit an einer eigenen gewerblichen Tätigkeit der Besitzpersonengesellschaft fehlt. In diesem Fall bleibt *§ 15 Abs. 1 Nr. 2 EStG*[1] weiterhin anwendbar. Auch bei einer lediglich teilentgeltlichen Nutzungsüberlassung ist eine eigene gewerbliche Tätigkeit der Besitzpersonengesellschaft und damit eine mitunternehmerische Betriebsaufspaltung nur anzunehmen, wenn die Voraussetzung der Gewinnerzielungsabsicht bei der Besitzpersonengesellschaft vorliegt.

Die Rechtsgrundsätze des BFH-Urteils vom 23. April 1996 sind – ebenso wie die der BFH-Urteile vom 16. Juni 1994 (a. a. O.), vom 22. November 1994 (a. a. O.) und vom 26. November 1996 (BStBl. 1998 II S. 328) – nur in den Fällen sog. Schwestergesellschaften anzuwenden, d. h., wenn sowohl an der vermietenden als auch an der mietenden Personengesellschaft ganz oder teilweise dieselben Personen als Gesellschafter beteiligt sind. Nicht betroffen von der neuen Rechtsprechung sind die Fälle der sog. doppel- oder mehrstöckigen Personengesellschaft, also diejenigen Fälle, in denen eine Personengesellschaft selbst unmittelbar oder mittelbar an einer anderen Personengesellschaft als Mitunternehmer beteiligt ist. In diesen Fällen verbleibt es bei der Anwendung der gesetzlichen Regelung zur doppelstöckigen Personengesellschaft in § 15 Abs. 1 Satz 1 Nr. 2 Satz 2 EStG.

2. Ertragsteuerliche Folgen der Änderung der BFH-Rechtsprechung

Die Anwendung der Rechtsgrundsätze des BFH-Urteils vom 23. April 1996 (a. a. O.) führt insbesondere zu folgenden steuerlichen Änderungen:

a) Auf der Grundlage der bisherigen Rechtsprechung und Verwaltungspraxis sind bei einem Gesellschafter, der nur an der Besitz-, nicht aber an der Betriebspersonengesellschaft beteiligt ist („Nur-Besitz-Gesellschafter"), vielfach lediglich Einkünfte aus Vermietung und Verpachtung angenommen und seine Anteile an den Wirtschaftsgütern dem Privatvermögen zugeordnet worden. Nach der geänderten Rechtsprechung erzielt er Einkünfte aus Gewerbebetrieb und die Wirtschaftsgüter gehören zum Betriebsvermögen, so dass auch die Veräußerungsgewinne steuerpflichtig sind.

b) Die Besitzpersonengesellschaft unterfällt ggf. der Abfärbung gemäß § 15 Abs. 3 Nr. 1 EStG (Beispiel: Eine Grundstücks-GbR vermietet einige Grundstücke an private Dritte und ein Grundstück an die mit ihr personell verflochtene KG).

c) Durch die Begründung der Eigengewerblichkeit werden die bisherigen Verpachtungspersonengesellschaften der Gewerbesteuer unterworfen, die Wirtschaftsgüter an von der Gewerbesteuer befreite Personengesellschaften zur Nutzung überlassen haben, die Krankenhäuser, Rehabilitationskliniken oder sonstige Gesundheitseinrichtungen betreiben, die in den Anwendungsbereich von § 67 AO fallen. Die über die bisherige Zurechnungsvorschrift des *§ 15 Abs. 1 Nr. 2 EStG*[1] wirksame Befreiungsvorschrift des § 3 Nr. 20 Gewerbesteuergesetz kommt insoweit nicht mehr zum Tragen.

d) Zwischen Schwester-Personengesellschaften vereinbarte Darlehen, die als Dauerschulden zu qualifizieren sind, führen bei der mitunternehmerischen Betriebsaufspaltung in Höhe des hälftigen Entgelts zu einer gewerbesteuerlichen Doppelbelastung, da das hälftige Entgelt bei der das Darlehen empfangenden Gesellschaft gemäß § 8 Nr. 1 GewStG hinzuzurechnen ist. Waren die Darlehenszinsen nach bisheriger Rechtsprechung Sondervergütungen i. S. des *§ 15 Abs. 1 Nr. 2 EStG*[1] der Gesellschafter der Besitzpersonengesellschaft, erhöhten sie zwar bei der das Darlehen empfangenden Personengesellschaft den Gewerbeertrag *(Abschnitt 40 Abs. 2 GewStR)*.[2] Da aber die Hinzurechnungsvorschrift des § 8 Nr. 1 GewStG auf Sondervergütungen i. S. des *§ 15 Abs. 1 Nr. 2 EStG*[1] nicht anzuwenden ist, ergab sich bisher keine gewerbesteuerliche Doppelbelastung.

e) Ein negativer Gewerbeertrag der Besitzpersonengesellschaft darf nicht mit einem positiven Gewerbeertrag der Betriebspersonengesellschaft verrechnet werden (oder umgekehrt), während bisher eine Saldierung zwischen Gesamthandsergebnis und Sonderbetriebsergebnis grundsätzlich möglich war.

f) Bei der Investitionszulage und bei den Sonderabschreibungen nach dem Fördergebietsgesetz ist nicht mehr die Betriebspersonengesellschaft, sondern die Besitzpersonengesellschaft anspruchsberechtigt. Es gelten die allgemeinen Regelungen zur Betriebsaufspaltung, z. B. bei der Investitionszulage Nr. 5 des BMF-Schreibens vom 31. März 1992 (BStBl. I S. 236) und Abschnitt IV des BMF-Schreibens vom 30. Dezember 1994 (BStBl. 1995 I S. 18) sowie bei dem Fördergebietsgesetz Tz. 6 des BMF-Schreibens vom 29. März 1993 (BStBl. I S. 279) und Abschnitt II Nr. 2 des BMF-Schreibens vom 24. Dezember 1996 (BStBl. I S. 1516).

3. Uneingeschränkte Anwendung der Rechtsprechung zur Vermietung von gewerblich tätigen oder geprägten Personengesellschaften an Schwestergesellschaften

Die Rechtsgrundsätze der BFH-Urteile vom 16. Juni 1994 (a. a. O.), vom 22. November 1994 (a. a. O.) und vom 26. November 1996 (a. a. O.) sind für Wirtschaftsjahre, die nach dem 31. Dezember 1998 beginnen, **uneingeschränkt** anzuwenden. Das BMF-Schreiben vom 18. Januar 1996 (BStBl. I S. 86), nach dem die Grundsätze der BFH-Urteile vom 16. Juni 1994 (BStBl. 1996 II S. 82) und vom 22. November 1994 (BStBl. 1996 II S. 93) nur unter den dort genannten Einschränkungen für anwendbar erklärt worden sind, ist für Wirtschaftsjahre, die nach dem 31. Dezember 1998 beginnen, nicht mehr anzuwenden. Sind

[1] Muss richtig lauten: „§ 15 Abs. 1 Satz 1 Nr. 2 EStG".
[2] Nunmehr H 7.1 (3) Ermittlung des Gewerbeertrags bei Mitunternehmerschaften GewStH.

die vermieteten Wirtschaftsgüter aufgrund der in dem BMF-Schreiben vom 18. Januar 1996 (a. a. O.) enthaltenen Einschränkungen bisher zum Betriebsvermögen der nutzenden Personengesellschaft gerechnet worden, so gelten die Ausführungen unter Nr. 4 zur erfolgsneutralen Übertragung der überlassenen Wirtschaftsgüter in die Bilanz der vermietenden Personengesellschaft entsprechend. Anl a zu R 15.8

4. Erstmalige Anwendung der Rechtsprechung zur Betriebsaufspaltung zwischen Schwester-Personengesellschaften nebst Übergangsregelung

Die Rechtsgrundsätze des BFH-Urteils vom 23. April 1996 (a. a. O.) werden **aus Vertrauensschutzgründen** erstmals für Wirtschaftsjahre angewendet, die nach dem 31. Dezember 1998 beginnen.

Auf Antrag sind die Rechtsgrundsätze des BFH-Urteils vom 23. April 1996 (a. a. O.) auch für Wirtschaftsjahre anzuwenden, die vor dem 1. Januar 1999 beginnen. Der Antrag kann nur einheitlich für alle vor dem 1. Januar 1999 beginnenden Wirtschaftsjahre und für alle Steuerarten einschließlich der Investitionszulage und für alle Beteiligten gestellt werden. Entsprechende Anträge sind bis zum 31. Dezember 1999 bei den jeweils zuständigen Finanzämtern zu stellen; die Anträge sind unwiderruflich.

Die Anwendung der neuen Rechtsprechung führt in den Fällen, in denen die vermieteten Wirtschaftsgüter bisher wegen des Vorrangs des § 15 Abs. 1 Satz 1 Nr. 2 Satz 1 Halbsatz 2 EStG vor der mitunternehmerischen Betriebsaufspaltung als Sonderbetriebsvermögen der mietenden Gesellschaft behandelt worden sind, entsprechend den Grundsätzen der Bilanzberichtigung zu einer – erfolgsneutralen – Übertragung der überlassenen Wirtschaftsgüter in die – ggf. erstmals aufzustellende – Bilanz der Besitzpersonengesellschaft und einer entsprechenden Ausbuchung in den (Sonder-)Bilanzen der Betriebspersonengesellschaft. Aus Vereinfachungsgründen ist es nicht zu beanstanden, wenn die erforderlichen Korrekturen wie die Überführung eines Wirtschaftsgut von einem Betrieb in einen anderen Betrieb (R 14 Abs. 2 Satz 2 EStR 1996) dargestellt werden. Die Wirtschaftsgüter sind dann bei der Besitzpersonengesellschaft mit dem Buchwert anzusetzen, den sie in der letzten Bilanz der Betriebspersonengesellschaft hatten. Die weiteren AfA sind in diesen Fällen (Behandlung gemäß R 14 Abs. 2 Satz 2 EStR 1996) nach der bisherigen Bemessungsgrundlage und dem bisherigen Absetzungsverfahren zu bemessen. Die Besitzpersonengesellschaft darf Sonderabschreibungen nach dem Fördergebietsgesetz noch in der Höhe und in dem Zeitraum vornehmen, wie es auch die Betriebspersonengesellschaft noch dürfte.

Nach der neuen Rechtsprechung sind auch die Anteile an Wirtschaftsgütern eines „Nur-Besitz-Gesellschafters" (vgl. oben unter Nr. 2 Buchstabe a) sowie alle Wirtschaftsgüter einer Besitzpersonengesellschaft, die nunmehr der Abfärbung gemäß § 15 Abs. 3 Nr. 1 EStG unterliegt (vgl. oben unter Nr. 2 Buchstabe b), im Betriebsvermögen der Besitzpersonengesellschaft angeschafft oder hergestellt worden. Die o. g. Grundsätze zur Anwendung von R 14 Abs. 2 Satz 2 EStR 1996 gelten in diesen Fällen entsprechend mit der Maßgabe, dass es nicht beanstandet wird, wenn die Anteile an den Wirtschaftsgütern des „Nur-Besitz-Gesellschafters" und die Wirtschaftsgüter der der Abfärbung unterliegenden Besitzpersonengesellschaft mit ihren Restwerten angesetzt werden.

Die Betriebspersonengesellschaft bleibt für die Investitionszulage von Wirtschaftsgütern, die die Besitzpersonengesellschaft vor der erstmaligen Anwendung der Rechtsgrundsätze des BFH-Urteils vom 23. April 1996 (a. a. O.) angeschafft oder hergestellt und der Betriebspersonengesellschaft seit der Anschaffung oder Herstellung zur Nutzung überlassen hat, antragsberechtigt.

Die Änderung der Rechtsprechung allein hat keine Auswirkungen auf die Zugehörigkeits-, Verbleibens- und Verwendungsvoraussetzungen nach dem Investitionszulagengesetz und dem Fördergebietsgesetz.

Beispiel:

Bei einer mitunternehmerischen Betriebsaufspaltung hat die Besitzpersonengesellschaft im November 1996 ein neues bewegliches Wirtschaftsgut mit Anschaffungskosten von 100 000 DM angeschafft. Die Rechtsgrundsätze des BFH-Urteils vom 23. April 1996 (a. a. O.) werden erstmalig im Kalenderjahr 1997 angewendet.

a) Die Besitzpersonengesellschaft hat ihren Sitz in München und überlässt das Wirtschaftsgut einer Betriebspersonengesellschaft zur Nutzung in deren Betriebsstätte in Dresden. Im Jahr 1996 nimmt die Betriebspersonengesellschaft Sonderabschreibungen von 30 000 DM in Anspruch.
Der Antrag auf Investitionszulage für 1996 ist von der Betriebspersonengesellschaft zu stellen. Für die Investitionszulage von 5 v. H. und die Sonderabschreibungen nach dem Fördergebietsgesetz ist es ohne Bedeutung, dass das Wirtschaftsgut ab 1. Januar 1997 zum Anlagevermögen der Besitzpersonengesellschaft in München gehört. Die Verbleibensvoraussetzung im Sinne des § 2 Nr. 2 FördG ist auch nach dem 31. Dezember 1996 erfüllt, weil das Wirtschaftsgut im Rahmen einer Betriebsaufspaltung zur Nutzung überlassen wird und in einer Betriebsstätte der Betriebspersonengesellschaft im Fördergebiet verbleibt (vgl. Tz. 6 des BMF-Schreibens vom 29. März 1993, BStBl. I S. 279). Die Besitzpersonengesellschaft kann in den Jahren 1997 bis 2000 die restlichen Sonderabschreibungen von 20 000 DM in Anspruch nehmen.

b) Die Besitzpersonengesellschaft gehört nicht zum verarbeitenden Gewerbe und überlässt das Wirtschaftsgut einer zum verarbeitenden Gewerbe gehörenden Betriebspersonengesellschaft zur Nutzung in deren Betriebsstätte im Fördergebiet.
Für die Investitionszulage nach § 5 Abs. 3 InvZulG 1996 von 10 v. H. ist es ohne Bedeutung, dass das Wirtschaftsgut ab 1. Januar 1997 nicht mehr zum Anlagevermögen eines Betriebs des verarbeitenden Gewerbes gehört. Die Verbleibensvoraussetzung im Sinne des § 5 Abs. 3 Nr. 2 Buchstabe b InvZulG ist auch nach dem 31. Dezember 1996 erfüllt, weil das Wirtschaftsgut im Rahmen einer Betriebsaufspaltung zur Nutzung überlassen wird und die Betriebspersonengesellschaft zum verarbeitenden Gewerbe gehört (vgl. Tz. 12 des BMF-Schreibens vom 30. Dezember 1994, BStBl. 1995 I S. 18).

5. Steuerneutrale Vermeidung bzw. Beendigung der mitunternehmerischen Betriebsaufspaltung

a) Mitunternehmererlaß vom 20. Dezember 1977 (BStBl. 1978 I S. 8)

Vor Anwendung der neuen BFH-Rechtsprechung kann die Annahme einer mitunternehmerischen Betriebsaufspaltung im Sinne des BFH-Urteils vom 23. April 1996 (a. a. O.) vermieden werden, indem die vermieteten Wirtschaftsgüter nach dem sog. Mitunternehmererlaß (vgl. Tz. 28, Tz. 35 und Tz. 66 des

BMF-Schreibens vom 20. Dezember 1977 – BStBl. 1978 I S. 8), d. h. erfolgsneutral ohne Aufdeckung der stillen Reserven, auf die Betriebspersonengesellschaft übertragen werden. Das setzt allerdings voraus, dass keine Verbindlichkeiten übernommen werden. Es muss Unentgeltlichkeit in dem Sinne gegeben sein, dass lediglich Gesellschaftsrechte bei der aufnehmenden Gesellschaft gewährt werden. Der erfolgsneutralen Übertragung von Wirtschaftsgütern auch unter Übernahme von Verbindlichkeiten stehen die Tz. 28 und Tz. 66 des Mitunternehmer-Erlasses entgegen. Danach kann, wenn ein Wirtschaftsgut gegen Gewährung von Gesellschaftsrechten und gegen sonstiges Entgelt aus dem Sonderbetriebsvermögen oder einem anderen Betrieb des Mitunternehmers in das Gesamthandsvermögen übertragen wird, die Personengesellschaft das Wirtschaftsgut nur insoweit mit dem anteiligen Buchwert ansetzen, als es gegen Gewährung von Gesellschaftsrechten übertragen wird. Die Übernahme von Verbindlichkeiten ist als sonstiges Entgelt im Sinne des Mitunternehmer-Erlasses anzusehen. Beides gilt auch für den umgekehrten Fall der Übertragung von der Gesellschaft in ein Betriebsvermögen des Gesellschafters. In derartigen Fällen ist der Vorgang in ein entgeltliches Veräußerungsgeschäft und in einen steuerneutralen Übertragungsvorgang aufzuspalten.

b) Umwandlungssteuergesetz

Hat der Steuerpflichtige die vorzeitige Anwendung der neuen Rechtsprechung beantragt (vgl. oben unter 4.), so ist eine steuerneutrale Beendigung der bestehenden mitunternehmerischen Betriebsaufspaltung, z. B. durch Einbringung sämtlicher Mitunternehmeranteile der Gesellschafter der Besitzpersonengesellschaft in die Betriebspersonengesellschaft, nach § 24 UmwStG möglich. Denn bei Anwendung der neuen Rechtsprechung, nach der die Besitzpersonengesellschaft aufgrund der Betriebsaufspaltung als eigengewerblicher Betrieb anzusehen ist, haben die Gesellschafter der Besitzpersonengesellschaft Mitunternehmeranteile, die sie nach § 24 UmwStG in die Betriebspersonengesellschaft einbringen können. Hat der Steuerpflichtige keinen Antrag auf vorzeitige Anwendung der neuen Rechtsprechung gestellt, so ist die neue Rechtsprechung erstmals für das nach dem 31. Dezember 1998 beginnende Wirtschaftsjahr anzuwenden. In diesem Fall ist in den vor dem 1. Januar 1999 beginnenden Wirtschaftsjahren eine steuerneutrale Beendigung der bestehenden mitunternehmerischen Betriebsaufspaltung nicht nach § 24 UmwStG möglich. Denn für die Frage der Anwendung des § 24 UmwStG muss in diesem Fall die bis zum Ergehen des BFH-Urteils vom 23. April 1996 vertretene Rechtsauffassung zugrunde gelegt werden: Wegen des Vorrangs des § 15 Abs. 1 Nr. 2 EStG würde es sich hier um eine Einbringung von Sonderbetriebsvermögen einer Personengesellschaft in das Gesamthandsvermögen derselben Personengesellschaft handeln. Die Einbringung von Wirtschaftsgütern des Sonderbetriebsvermögens fällt nicht unter § 24 UmwStG, sondern ist ausschließlich nach den Regeln des Mitunternehmer-Erlasses zu beurteilen (vgl. oben unter a).

6. Weitere Anwendung des BMF-Schreibens vom 10. Dezember 1979 (BStBl. I S. 683)

Das BMF-Schreiben vom 10. Dezember 1979 (BStBl. I S. 683) zu den Fällen, in denen der Mitunternehmer einen gewerblichen Betrieb unterhält und er im Rahmen dieses Betriebs Wirtschaftsgüter entgeltlich der Mitunternehmerschaft zur Nutzung überlässt, ist weiterhin anzuwenden.

Anl b zu R 15.8

b) Schreiben betr. gewerbliche Prägung einer „GmbH & Co GbR" im Fall eines individualvertraglich vereinbarten Haftungsausschlusses (§ 15 Absatz 3 Nummer 2 EStG)

Vom 17. März 2014 (BStBl. I S. 555)

(BMF IV C 6 – S 2241/07/10004; DOK 2014/0252207)

99a Nach dem Ergebnis einer Erörterung mit den obersten Finanzbehörden der Länder wird zur ertragsteuerlichen Behandlung einer „GmbH & Co GbR" wie folgt Stellung genommen:

1. Keine gewerbliche Prägung i. S. des § 15 Absatz 3 Nummer 2 EStG bei individualvertraglich vereinbartem Haftungsausschluss

Bei einer GbR liegt keine gewerbliche Prägung i. S. des § 15 Absatz 3 Nummer 2 EStG vor, wenn lediglich die GmbH persönlich haftende Gesellschafterin ist und die Haftung der übrigen Gesellschafter durch individualvertragliche Vereinbarungen ausgeschlossen ist (sog. „GmbH & Co GbR"). Bei der Auslegung der Vorschrift des § 15 Absatz 3 Nummer 2 EStG ist der abstrakte gesellschaftsrechtliche Typus entscheidend, weil das Tatbestandsmerkmal „persönlich haftender Gesellschafter" i. S. des § 15 Absatz 3 Nummer 2 EStG typisierend an die gesellschaftsrechtliche Stellung des Gesellschafters anknüpft. Nach dem gesetzlichen Leitbild kann bei einer GbR die persönliche Haftung der Gesellschafter gesellschaftsrechtlich aber nicht generell ausgeschlossen werden. Ein Haftungsausschluss kann zivilrechtlich vielmehr nur individuell beim einzelnen Vertragsabschluss mit der Zustimmung des jeweiligen Vertragspartners vereinbart werden und wirkt jeweils auch nur für den betreffenden Vertragsabschluss. Die Rechtsstellung als persönlich haftender Gesellschafter wird hiervon nicht berührt. Ein individualvertraglicher Haftungsausschluss ist deshalb für die ertragsteuerliche Beurteilung ohne Bedeutung. Hieraus folgt, dass bei einer GbR die gewerbliche Prägung nicht durch einen individualvertraglich vereinbarten Haftungsausschluss herbeigeführt werden kann. An der bisherigen Verwaltungsauffassung, dass bei einer GbR die gewerbliche Prägung durch einen individualvertraglich vereinbarten Haftungsausschluss herbeigeführt werden kann, wird nicht mehr festgehalten.

2. Übergangsregelung

Soweit bisher in entsprechenden Fällen aufgrund eines individualvertraglich vereinbarten Haftungsausschlusses eine gewerblich geprägte Personengesellschaft i. S. des § 15 Absatz 3 Nummer 2 EStG angenommen wurde, kann auf gesonderten schriftlichen Antrag der Gesellschaft das Vermögen der

Personengesellschaft auch weiterhin als Betriebsvermögen behandelt werden. Der Antrag ist bis zum 31. Dezember 2014 bei dem für die Besteuerung der Personengesellschaft zuständigen Finanzamt zu stellen. Eine nach Veröffentlichung des BMF-Schreibens und vor dem 31. Dezember 2014 abgegebene Erklärung zur gesonderten und einheitlichen Feststellung der Einkünfte, in der die Einkünfte wie bisher als gewerbliche Einkünfte erklärt werden, reicht allein für einen wirksamen Antrag nicht aus. Der Antrag ist unwiderruflich und hat zur Folge, dass das Vermögen der betreffenden Personengesellschaft in jeder Hinsicht als Betriebsvermögen behandelt wird, d. h. es sind auch Gewinne oder Verluste aus einer späteren Betriebsveräußerung oder Betriebsaufgabe gemäß § 16 EStG steuerlich zu erfassen. Voraussetzung hierfür ist, dass die betreffende GbR bis zum 31. Dezember 2014 in eine gewerblich geprägte GmbH & Co KG umgewandelt wird. Maßgebend ist der Zeitpunkt, in dem der Antrag auf Eintragung der GmbH & Co KG in das Handelsregister gestellt wird.

c) Schreiben betr. ertragsteuerrechtliche Behandlung von Film- und Fernsehfonds

Anl c zu R 15.8

Vom 23. Februar 2001 (BStBl. I S. 175)

(BMF IV A 6 – S 2241 – 8/01)

unter Berücksichtigung der Änderungen durch BMF-Schreiben vom 5. 8. 2003 (BStBl. I S. 406)

Unter Bezugnahme auf das Ergebnis der Erörterungen mit den obersten Finanzbehörden der Länder nehme ich zu Fragen der ertragsteuerrechtlichen Behandlung von Film- und Fernsehfonds zusammenfassend wie folgt Stellung:

I. Herstellereigenschaft

a) Sachverhalt 100

1 Film und Fernsehfonds unterhalten i. d. R. keinen Produktionsbetrieb. Die Herstellung des Films erfolgt entweder
– durch Einschaltung eines oder mehrerer Dienstleister (Production Services Company) oder
– im Wege der Koproduktion.

2 Bei Einschaltung von Dienstleistern erwirbt der Fonds die Rechte am Drehbuch und an den sonstigen für eine Filmproduktion erforderlichen Werken (sog. Stoffrechte) durch Kauf oder Lizenz. Erst im Zuge der Filmproduktion entstehende Rechte werden spätestens mit der Filmablieferung auf den Fonds übertragen.

3 Die eigentlichen Produktionsarbeiten werden unabhängigen sog. durchführenden Produzenten (Dienstleistern) übertragen. Die Dienstleister schließen Verträge mit den Schauspielern, dem Regisseur und den anderen Mitwirkenden im eigenen Namen oder im Namen des Fonds, aber stets auf Rechnung des Fonds ab. Die Dienstleister sind verpflichtet, für ihre (jeweiligen) Produktionskosten ein detailliertes Budget zu erstellen, das vom Fonds zu genehmigen ist und Vertragsbestandteil wird. Die tatsächlich entstandenen Produktionskosten werden gegenüber dem Fonds auf der Grundlage testierter Kostenberichte nachgewiesen. Es ist branchenüblich, dass an einem positiven Saldo bei der Produktionskostenabrechnung der Dienstleister partizipiert. Im Übrigen erhält der Dienstleister ein Entgelt, das pauschalierte allgemeine Handlungskosten sowie die Gewinnspanne des Dienstleisters umfasst. Dem Fonds werden (unterschiedlich umfängliche) Weisungs- oder Kontrollrechte bei der Filmherstellung zum Teil im organisatorischen, zum Teil im künstlerischen Bereich eingeräumt. Vorstehende Maßnahmen werden auch in den Fällen getroffen, in denen der Fonds ein bereits begonnenes (teilweise entwickeltes) Filmprojekt von einem Filmproduzenten (der danach i. d. R. Dienstleister wird) übernimmt.

4 Die Verwertung des Films übernimmt ein Vertriebsunternehmen durch Abschluss eines Lizenzvertrags; häufig wird dem Vertriebsunternehmen zur weltweiten Rechtsdurchsetzung ein geringer Anteil (i. d. R. 1 v. H.) an den Urheberrechten am (fertigen) Film für die Dauer des Lizenzvertrags treuhänderisch übertragen. Es kommt auch vor, dass das Vertriebsunternehmen die Teilfinanzierung der Filmherstellungskosten über Darlehen übernimmt und sich dabei Mitspracherechte bei der Produktion einräumen lässt.

5 Im Falle der Koproduktion schließt der Fonds mit einer oder mehreren Fremdfirmen eine Vereinbarung über die gemeinschaftliche Produktion eines Films ab; es entsteht eine Koproduktionsgesellschaft meist in Form einer Gesellschaft des bürgerlichen Rechts (GbR) oder eine Koproduktionsgemeinschaft. Der Fonds (ggf. auch die anderen Koproduzenten) bringt seine (von ihm zuvor erworbenen) Stoffrechte in die Gesellschaft/Gemeinschaft ein. Die Beteiligung an der Produktion erfolgt über Anteile am Gesamtbudget (an den voraussichtlichen Produktionskosten), nicht über eine (feste) Kapitalbeteiligung an der Gesellschaft/Gemeinschaft. Dem Fonds werden im Innenverhältnis bei der Produktion Mitsprache-, Kontroll-, Veto- und Weisungsrechte eingeräumt; ist der Fonds im Ausnahmefall so genannter federführender oder ausführender Koproduzent (Executive Producer), schließt er (im Namen und für Rechnung der Koproduktionsgesellschaft bzw. auch der anderen Koproduzenten) die Verträge mit den Mitwirkenden ab und hat die Filmgeschäftsführung während der Produktionsphase.

6 Die tatsächliche Filmherstellung im technischen Sinne erfolgt bei Koproduktionen durch einen federführenden oder ausführenden Koproduzenten oder durch Einschaltung von Dienstleistern. Mit Ende der Produktionsphase geht das Recht am fertigen Film i. d. R. durch besondere Vereinbarung in Bruchteilseigentum auf die einzelnen Koproduzenten über. Regelmäßig wird vereinbart, dass die einzelnen Koproduzenten das Filmrecht jeweils territorial oder sachlich begrenzt auswerten können (ausschließliches Verwertungsrecht in ihrem Sitzland bzw. Sendegebiet oder für ein bestimmtes Medium – z. B. Video).

Anl c zu R 15.8

b) Rechtliche Beurteilung

7 Nach dem BFH-Urteil vom 20. September 1995 (BStBl. 1997 II S. 320) kommt es für die Herstellereigenschaft bei Filmen darauf an, wer bei der Filmproduktion letztlich die notwendigen Entscheidungen trifft und die wirtschaftlichen Folgen verantwortet (vgl. § 94 Urheberrechtsgesetz – UrhG –).

8 Es ist zwischen echter und unechter Auftragsproduktion zu unterscheiden. Bei der echten Auftragsproduktion ist der Produzent Hersteller. Ihm werden zwar das wirtschaftliche Risiko und die Finanzierung weitgehend abgenommen. Er bleibt aber für den Erwerb der für das Filmwerk erforderlichen Nutzungs- und Leistungsschutzrechte von Künstlern usw. verantwortlich. Hingegen trägt im Falle der unechten Auftragsproduktion der Auftraggeber das gesamte Risiko der Filmherstellung. Der Produzent wird zum bloßen Dienstleistenden, der Auftraggeber Hersteller.

9[1] Ein Film- oder Fernsehfonds ist Hersteller eines Films, wenn er
- als Auftraggeber das gesamte Risiko der Filmherstellung trägt (unechte Auftragsproduktion durch Einschaltung von Dienstleistern) oder
- im Wege der Koproduktion ein Filmprojekt in eigener (Mit-)Verantwortung unter (Mit-)Übernahme der sich daraus ergebenden Risiken und Chancen durchführt.

Ein geschlossener Fonds ist nach den Grundsätzen der BFH-Urteile zur ertragsteuerlichen Behandlung der Eigenkapitalvermittlungsprovision und anderer Gebühren vom 8. Mai 2001, BStBl. II S. 720, und vom 28. Juni 2001, BStBl. II S. 717, jedoch dann nicht als Hersteller, sondern als Erwerber anzusehen, wenn der Initiator der Gesellschaft ein einheitliches Vertragswerk vorgibt und die Gesellschafter in ihrer gesellschaftsrechtlichen Verbundenheit hierauf keine wesentlichen Einflussnahmemöglichkeiten besitzen.

10[2] Ist vom Fondsinitiator (i. d. R. Verleih-/Vertriebsunternehmen, Anlageberater, Leasingfirma) das Fonds-Vertragswerk (einschließlich Rahmen-Vereinbarungen mit Dienstleistern und/oder Koproduzenten) entwickelt worden, kommt es für die Herstellereigenschaft des Fonds darauf an, dass der Fonds (d. h. die Gesellschafter in ihrer gesellschaftsrechtlichen Verbundenheit) dennoch wesentliche Einflussnahmemöglichkeiten auf die Filmproduktion hat und die wirtschaftlichen Folgen verantwortet oder bei Koproduktionen mitverantwortet. Dies ist der Fall, wenn die Einflussnahmemöglichkeiten des Fonds unmittelbar Auswirkungen auf die gesamte Durchführung des Projekts bis zur Fertigstellung des Wirtschaftsguts haben und sich zeitlich über die Phase vor Beginn der Dreharbeiten, die Dreharbeiten selbst und die Phase nach Abschluss der Dreharbeiten (Post-Production) erstrecken. Diese Voraussetzungen sind für jeden Film gesondert zu prüfen.

Wegen der besonderen Konzeption der geschlossenen Fonds ist es erforderlich, dass die Mitwirkungsrechte der Gesellschafter über die zur Anerkennung der Mitunternehmereigenschaft nach § 15 Abs. 1 Satz 1 Nr. 2 EStG geforderte Initiative hinausgehen. Wesentliche Einflussnahmemöglichkeiten entstehen nicht bereits dadurch, dass der Initiator als Gesellschafter oder Geschäftsführer für den Fonds gehandelt hat oder handelt. Die Einflussnahmemöglichkeiten müssen den Gesellschaftern selbst gegeben sein, die sie innerhalb des Fonds im Rahmen der gesellschaftsrechtlichen Verbundenheit ausüben. Eine Vertretung durch bereits konzeptionell vorbestimmte Dritte (z. B. Treuhänder, Beiräte) reicht nicht aus. Einem von den Gesellschaftern selbst aus ihrer Mitte gewählten Beirat oder einem vergleichbaren Gremium dürfen weder der Initiator noch Personen aus dessen Umfeld angehören. Über die Einrichtung und Zusammensetzung eines Beirats dürfen allein die Gesellschafter frühestens zu einem Zeitpunkt entscheiden, in dem mindestens 50% des prospektierten Kapitals eingezahlt sind.

Eine ausreichende Einflussnahmemöglichkeit ist gegeben, wenn der Fonds rechtlich und tatsächlich in der Lage ist, wesentliche Teile des Konzepts zu verändern. Das kann auch dann bejaht werden, wenn Entscheidungsalternativen für die wesentlichen Konzeptbestandteile angeboten werden; dies sind alle wesentlichen Maßnahmen der Filmproduktion, insbesondere die Auswahl des Filmstoffs, des Drehbuchs, der Besetzung, die Kalkulation der anfallenden Kosten, der Drehplan und die Finanzierung. Allein die Zustimmung zu den vom Initiator vorgelegten Konzepten oder Vertragsentwürfen bedeutet keine ausreichende Einflussnahme. Die Gesellschafter müssen vielmehr über die wesentlichen Vertragsgestaltungen und deren Umsetzung tatsächlich selbst bestimmen können.

Die Einflussnahmemöglichkeiten dürfen auch faktisch nicht ausgeschlossen sein.

Die Umsetzung der wesentlichen Konzeptbestandteile und Abweichungen hiervon sind durch geeignete Unterlagen vollständig zu dokumentieren.

11[3] Die o. g. Grundsätze gelten auch für Gesellschafter, die erst nach Beginn der Filmherstellung, aber vor Fertigstellung dieses Films beitreten. Treten Gesellschafter einem bestehenden Fonds bei, richtet sich die steuerliche Behandlung nach den Grundsätzen über die Einbringung i. S. v. § 24 UmwStG (vgl. *Tz. 24.01 Buchstabe c des BMF-Schreibens vom 25. März 1998, BStBl. I S. 268*).[4] Ob die Aufwendungen des später beitretenden Gesellschafters als Herstellungskosten oder insgesamt als Anschaffungskosten anzusehen sind, ist nach den Abgrenzungskriterien der Tz. 12 e bezogen auf den Eintrittszeitpunkt dieses Gesellschafters zu prüfen; dies gilt auch beim Gesellschafterwechsel. Ist eine sog. Gleichstellungsklausel vereinbart worden, können dem später beigetretenen Gesellschafter Ver-

[1] Tz. 9 Satz 2 angefügt durch BMF-Schreiben vom 5. 8. 2003 (BStBl. I S. 406).

Dieses Schreiben ist in allen Fällen anzuwenden, in denen ein bestandskräftiger Steuerbescheid noch nicht vorliegt. Soweit die Anwendung dieser Grundsätze zu einer Verschärfung der Besteuerung gegenüber der bisher geltenden Verwaltungspraxis führt, sind die Grundsätze nicht anzuwenden, wenn der Außenvertrieb der Fondsanteile vor dem 1. September 2002 begonnen hat und der Steuerpflichtige dem Fonds vor dem 1. Januar 2004 beitritt. Der Außenvertrieb beginnt in dem Zeitpunkt, in dem die Voraussetzungen für die Veräußerung der konkret bestimmbaren Fondsanteile erfüllt sind und die Gesellschaft selbst oder über ein Vertriebsunternehmen mit Außenwirkung an den Markt herangetreten ist.

[2] Tz. 10 neu gefasst durch BMF-Schreiben vom 5. 8. 2003 (BStBl. I S. 406); zur erstmaligen Anwendung siehe Fußnote zu Tz. 9.

[3] Tz. 11 neu gefasst durch BMF-Schreiben vom 5. 8. 2003 (BStBl. I S. 406); zur erstmaligen Anwendung siehe Fußnote zu Tz. 9.

[4] Letztmals abgedruckt im „Handbuch zur KSt-Veranlagung 2006“ im Anhang **I** Nr. **2 b.**

luste vorab zugewiesen werden, soweit der später beitretende Gesellschafter als (Mit-)Hersteller anzusehen ist *(H 138 Abs. 3 EStH Vorabanteile).*[1] Die Herstellung eines Films beginnt grundsätzlich mit dem Abschluss der Verträge, mit denen gewährleistet ist, dass dem Fonds alle zur Herstellung und Auswertung des Films erforderlichen Rechte (Stoffrechte) zustehen. Hinzukommen muss, dass in zeitlichem Zusammenhang mit dem Abschluss der Verträge (üblicherweise innerhalb eines Zeitraums von drei Monaten) weitere auf die Filmherstellung gerichtete Handlungen erfolgen (z. B. Abschluss von Verträgen mit Schauspielern, Regisseuren, Produzenten, Anmietung von Studiokapazitäten, Beauftragung eines Dienstleisters usw.). Erfolgen die weiteren, auf die Filmherstellung gerichteten Handlungen nicht im zeitlichen Zusammenhang mit dem Abschluss der Verträge, ist als Beginn der Filmherstellung der Zeitpunkt anzusehen, zu dem die oben genannten weiteren auf die Filmherstellung gerichteten Handlungen erfolgen. Die Herstellung eines Films endet, wenn das Produkt fertig gestellt ist, von dem die Kopien für die Vorführungen gezogen werden (einschließlich der Zeit der sog. Post-Production). Anl c zu R 15.8

Bei mehrstöckigen Personengesellschaften ist den Gesellschaftern der Fondsobergesellschaft die Filmherstellung der Produktionsuntergesellschaft zuzurechnen.

An speziellen Erfordernissen zur Bejahung der Herstellereigenschaft sind bei den einzelnen Gestaltungen zu nennen:

1. Einschaltung von Dienstleistern

12 Bei Einschaltung von Dienstleistern ist der Fonds Hersteller des Films, wenn die folgenden Voraussetzungen erfüllt sind:

12a a) Die durch den Fonds abgeschlossenen Verträge müssen gewährleisten, dass alle zur Herstellung und Auswertung des Films erforderlichen Rechte dem Fonds zustehen; sofern Rechte erst während der Filmproduktion begründet werden, muss sichergestellt werden, dass diese dem Fonds in vollem Umfang eingeräumt werden. Dies gilt auch für im Ausland entstandene Rechte.

12b b) Alle wesentlichen Maßnahmen der Filmproduktion, insbesondere die Auswahl des Filmstoffs, des Filmdrehbuchs, der Besetzung, die Kalkulation der anfallenden Kosten, der Drehplan und die Filmfinanzierung unterliegen der Entscheidung durch den Fonds. Maßgebend sind die tatsächlichen Verhältnisse. Das auftragsrechtliche Weisungsrecht eines Fonds gegenüber dem Dienstleister ist unerheblich, wenn ihm der Fonds faktisch keine Weisungen erteilen kann, weil die Entscheidungen des Fonds durch den Dienstleister oder ein mit diesem verbundenen Unternehmen beherrscht werden oder dies aus sonstigen Gründen nicht möglich ist, z. B. bei unzureichenden filmtechnischen Kenntnissen.

12c c) Der Dienstleister erhält ein fest vereinbartes Honorar (siehe Tz. 3) und im Übrigen die bei ihm anfallenden Aufwendungen, die auf Rechnung des Fonds erbracht worden sind, ersetzt.

12d d) Bei Versicherungen zur Absicherung des Risikos der Filmherstellung (insbesondere Fertigstellungsgarantie und Erlösausfallversicherung) ist der Fonds Versicherungsnehmer.

12e e) Bei Übernahme eines bereits begonnenen Filmprojekts durch den Fonds kann die Herstellereigenschaft des Fonds dann noch bejaht werden, wenn dem Fonds wesentliche Einflussnahmemöglichkeiten verbleiben. Aus Vereinfachungsgründen kann hiervon ausgegangen werden, wenn im Zeitpunkt der Übernahme mit den Dreharbeiten noch nicht begonnen worden ist. Verbleiben dem Fonds keine wesentlichen Einflussmöglichkeiten, so ist er als Erwerber anzusehen; sämtliche Aufwendungen gehören damit zu den Anschaffungskosten.

12f f) Ist der Dienstleister gleichzeitig Gesellschafter des Fonds, berührt dies die Herstellereigenschaft des Fonds nicht, wenn die Vereinbarungen über die unechte Auftragsproduktion wie zwischen fremden Dritten abgeschlossen worden sind.

2. Koproduktion

13 Der Fonds ist als Koproduzent Hersteller,

13a a) wenn entweder eine Mitunternehmerschaft zwischen ihm und dem (den) Koproduzenten besteht, der (die) den Film tatsächlich herstellt (herstellen) (vgl. Tz. 29), oder

13b b) wenn er im Rahmen einer Koproduktionsgemeinschaft (vgl. Tz. 29 a) neben anderen Koproduzenten bei den für die Filmherstellung wesentlichen Tätigkeiten auf den Gebieten Organisation, Durchführung, Finanzierung sowie bei rechtlichen Maßnahmen der Filmproduktion mitwirkt oder zumindest mitbestimmt. In diesem Fall kann davon ausgegangen werden, dass eine ausreichende Mitverantwortung für das Filmprojekt und Mitübernahme der sich daraus ergebenden Risiken und Chancen vorliegt, wenn die folgenden Voraussetzungen erfüllt sind:

13c aa) Die durch die Koproduzenten abgeschlossenen Verträge müssen gewährleisten, dass alle zur Herstellung und Auswertung des Films erforderlichen Rechte der Koproduktionsgemeinschaft zustehen; sofern Rechte erst während der Filmproduktion begründet werden, muss sichergestellt werden, dass diese der Koproduktionsgemeinschaft in vollem Umfang eingeräumt werden. Dies gilt auch für im Ausland entstandene Rechte. Eine spätere Weitergabe der Verwertungsrechte im Sinne von Tz. 29 a hat keinen Einfluss auf die Herstellereigenschaft.

13d bb) Das Leistungsschutzrecht am Film und das Eigentum am fertigen Filmprodukt steht der Koproduktionsgemeinschaft zu.

13e cc) Tritt ein anderer Koproduzent als der Fonds als federführender oder ausführender Koproduzent auf, muss im Innenverhältnis sichergestellt sein, dass die für die Filmherstellung wesentlichen Tätigkeiten fortlaufend mit dem Fonds abgestimmt werden.

[1] Nunmehr „H 15.8 (3) Vorabanteile".

Anl c zu R 15.8

13f dd) Über die Mittragung des wirtschaftlichen Risikos hinaus hat der Fonds tatsächliche Einflussnahmemöglichkeiten auf den Herstellungsprozess.

100a **II. Wirtschaftliches Eigentum**

a) Sachverhalt

14 Nach Fertigstellung des Films wird die Auswertung einem (regelmäßig den Initiatoren des Fonds nahe stehenden) Vertriebsunternehmen übertragen. Die Verträge sehen meistens für einen festgelegten Zeitraum ein territorial und sachlich unbeschränktes Vertriebsrecht vor. Die Nutzungsüberlassung und Verwertung der Filmrechte kann auch in mehreren Einzelverträgen mit verschiedenen Unternehmen vereinbart sein. Dem Vertriebsunternehmen (Verleihunternehmen) wird eine Unterlizenzierung gestattet.

15 Als Entgelt erhält der Fonds z. B. feste Lizenzzahlungen und/oder eine Beteiligung an den laufenden Vertriebserlösen; Letztere wird nicht selten an besondere Voraussetzungen geknüpft (z. B. nur in Gewinnjahren) oder bestimmten Berechnungsmodi unterworfen (z. B. Kürzung der Bemessungsgrundlage um Rückstellungen). Nach Ablauf des Lizenzvertrags sind häufig Ankaufs- und Andienungsrechte (auch der Gesellschafter oder Initiatoren des Fonds) oder Abschlusszahlungen vorgesehen; es kommen Gestaltungen mit und ohne Mehrerlösbeteiligung vor bzw. auch solche, bei denen der Verkehrswert einseitig vom Erwerber bestimmt wird.

b) Rechtliche Beurteilung

16 Die Frage der Zurechnung des wirtschaftlichen Eigentums an einem Film (an den Filmrechten) ist grundsätzlich nach § 39 AO zu beurteilen. Sehen die Vertriebsvereinbarungen feste Laufzeiten und zusätzlich Verwertungsabreden (z. B. An- und Verkaufsoptionen und Ähnliches) vor, sind die für Leasingverträge geltenden Grundsätze entsprechend heranzuziehen.

17 Die betriebsgewöhnliche Nutzungsdauer von Filmrechten beträgt grundsätzlich 50 Jahre (§ 94 Abs. 3 UrhG). Im Einzelfall kann eine kürzere Nutzungsdauer nachgewiesen werden. Dabei sind die zukünftigen Erlöserwartungen zu berücksichtigen (vgl. BFH-Urteil vom 19. November 1997, BStBl. 1998 II S. 59).

18 Lizenzvereinbarungen und Verwertungsabreden können einem anderen als dem zivilrechtlichen Rechteinhaber wirtschaftliches Eigentum an den Rechten eines Filmherstellers vermitteln, wenn sie sich auf das Leistungsschutzrecht gemäß § 94 UrhG insgesamt beziehen. Eine zeitlich, örtlich oder gegenständlich beschränkte Überlassung oder Veräußerung einzelner Verwertungsrechte eines Filmherstellers kann nicht zu einer abweichenden Zurechnung des Leistungsschutzrechts als solchem führen, es sei denn, die dem Filmhersteller verbleibenden Verwertungsmöglichkeiten sind wirtschaftlich bedeutungslos. Unerheblich ist, ob der Nutzungs- oder Verwertungsberechtigte seine Rechte einem anderen Unternehmen, insbesondere einem Subunternehmen, übertragen oder zur Ausübung überlassen kann.

19 Wird die Nutzungsüberlassung und Verwertung der Filmrechte in mehreren Einzelverträgen gegenüber verschiedenen Unternehmen vereinbart, sind dem Fonds die Filmrechte nicht zuzurechnen, wenn ihn die verschiedenen Unternehmen gemeinsam (z. B. auf der Grundlage eines verdeckten Gesellschaftsverhältnisses) oder eines dieser Unternehmen (weil die anderen z. B. nur im Wege eines verdeckten Auftragsverhältnisses oder als Treuhänder tätig sind) für die gewöhnliche Nutzungsdauer die Filmrechte von Einwirkungen ausschließen können, so dass seinem Herausgabeanspruch keine wirtschaftliche Bedeutung mehr zukommt. Die Filmrechte sind dann nach Maßgabe der zwischen den verschiedenen Unternehmen bestehenden Abreden dem einen und/oder anderen dieser Unternehmen zuzurechnen, während der Fonds die als Gegenleistung für die Veräußerung des wirtschaftlichen Eigentums eingeräumten Ansprüche aus den verschiedenen Nutzungsüberlassungs- und Verwertungsabreden zu aktivieren hat.

100b **III. Zurechnung zum Anlage- oder Umlaufvermögen**

20 Das Recht des Filmherstellers nach § 94 UrhG ist regelmäßig ein immaterielles Wirtschaftsgut des Anlagevermögens, das dazu bestimmt ist, dauernd dem Geschäftsbetrieb zu dienen, und zwar insbesondere dann, wenn Filme zur lizenzmäßig zeitlich und örtlich begrenzten Überlassung bestimmt sind.

Sollen Filmrechte dagegen vollständig und endgültig in einem einmaligen Akt veräußert oder verbraucht werden, so dass sich der Filmhersteller von vornherein der Möglichkeit begibt, seine Rechte mehrmals nutzen zu können, handelt es sich um Umlaufvermögen (BFH-Urteil vom 20. September 1995, BStBl. 1997 II S. 320).

100c **IV. Mitunternehmerschaft/Mitunternehmereigenschaft**[1]

a) Sachverhalt

21 Beteiligungsfonds haben i. d. R. die Rechtsform einer GmbH & Co. KG, AG & Co. KG oder GbR, wobei die Haftung beschränkt wird. Bei einigen Gesellschaften ist laut Gesellschaftsvertrag u. a. die Herstellung und Verwertung von Filmen Gegenstand der Fondsgesellschaft, andere haben nur den Zweck der mitunternehmerischen Beteiligung (z. B. als atypische stille Gesellschaft) an Filmherstellungsgesellschaften (Produktionsfonds). Hinsichtlich der Haftungsbeschränkung bei einer GbR wird auf das BGH-Urteil vom 27. September 1999 – II Z R 371/98 – hingewiesen (vgl. BMF-Schreiben vom 18. Juli 2000 – BStBl. I S. 1198).[2] Einige Gesellschaften stellen keine Filme her, sondern erwerben und

[1] Zur Mitunternehmerschaft bei internationalen Koproduktionen siehe *Vfg. OFD Frankfurt vom 27. 9. 2018 S 2241 A – 064 – St 213 (DStR S. 2384).*

[2] Siehe aber auch BMF-Schreiben vom 17. 3. 2014 (BStBl. I S. 555), vorstehend abgedruckt.

verwerten Filmrechte (Akquisitionsfonds). Die Verwertung erfolgt teilweise über Leasingverträge. Vielfach liegen mehrstöckige Personengesellschaften vor. Anl c zu R 15.8

22 Die Gesellschafter haben das übliche gesetzliche Informationsrecht der §§ 118 HGB und 716 BGB. Gewichtige Angelegenheiten werden durch Gesellschafterbeschlüsse entschieden. Beim vorzeitigen Ausscheiden eines Gesellschafters bemisst sich die Abfindung i. d. R. nach den Buchwerten. Die Gesellschafter sind teils unmittelbar, teils über einen Treuhänder an den Fondsgesellschaften beteiligt.

23 Das Vertriebsunternehmen (Distributor) ist gesellschaftsrechtlich nicht am Fonds beteiligt; häufig werden mit dem Fonds garantierte Lizenzgebühren, eine Erlösbeteiligung und die Leistung einer Abschlusszahlung vereinbart.

24 Zwischen dem Fonds und anderen Unternehmen (z. B. Fernsehanstalten, Produktionsunternehmen) wird vielfach eine Koproduktion vereinbart, zumeist in der Rechtsform einer GbR (wobei der Fonds aus Haftungsgründen an der GbR i. d. R. nur mittelbar über eine weitere GmbH & Co. KG beteiligt ist). Beteiligte Koproduzenten erhalten für ihre Koproduktionsbeteiligung das Nutzungs- oder Auswertungsrecht zumindest für ihr Gebiet. Beteiligte Industriefirmen erhalten das Recht zur Video- und Bildplattenauswertung auf Lizenzbasis. Zum Teil sind die Dienstleister an der Koproduktions-GbR beteiligt.

b) Rechtliche Beurteilung

25 Für die Mitunternehmereigenschaft der Fonds-Gesellschafter – auch bei mehrstöckigen Personengesellschaften – gelten die allgemeinen Grundsätze *(vgl. H 138 (1) EStH).*[1]

26 Unternehmer oder Mitunternehmer kann auch sein, wer zivilrechtlich nicht Inhaber oder Mitinhaber des Unternehmens ist, das nach außen als alleiniger Hersteller des Films auftritt (vgl. BFH-Urteil vom 1. August 1996 – BStBl. 1997 II S. 272). Maßgebend sind stets die Verhältnisse des Einzelfalls.

27 Umstände, die für die Unternehmer- oder Mitunternehmereigenschaft desjenigen von Bedeutung sind, der zivilrechtlich nicht Inhaber oder Mitinhaber des Produktionsunternehmens ist (Dritter), können z. B. seine Beteiligung an den Einspielergebnissen, die Verwertung von Leistungsschutzrechten, die er dem Fonds zur Auswertung bei der Produktion überträgt, sein Einfluss auf Finanzierung und technische und künstlerische Gestaltung des Films sowie die Einräumung von Rechten im Zusammenhang mit dem Vertrieb des Films sein.

28 Führt die Gesamtwürdigung dieser und aller anderen im Einzelfall bedeutsamen Umstände zu dem Ergebnis, dass der Dritte ertragsteuerlich alleiniger Unternehmer ist, sind Verluste, die im Zusammenhang mit der Herstellung des Films entstehen, ausschließlich dem Dritten zuzurechen. Ist der Dritte als Mitunternehmer anzusehen, sind ihm die Verluste anteilig zuzurechnen, und zwar im Zweifel zu dem Anteil, mit dem er an den Einspielergebnissen beteiligt ist.

29 Zwischen dem Fonds und den anderen Koproduzenten liegt sowohl in der Produktions- als auch in der Auswertungsphase eine Mitunternehmerschaft vor, wenn im Rahmen einer Koproduktions-GbR die Beteiligten gemeinsam die Produktion bestimmen, das Produktions- und Auswertungsrisiko tragen und entsprechende Verträge im Namen der GbR abschließen; soweit die Auswertung von jedem einzelnen Koproduzenten jeweils für besondere Rechte vorgenommen wird, kann die Mitunternehmerschaft auf die Produktionsphase beschränkt sein (siehe auch Tz. 29 a). Soweit Dienstleister an der Koproduktions-GbR beteiligt sind, gehören deren Vergütungen zu den unter § 15 Abs. 1 Satz 1 Nr. 2 EStG fallenden Leistungen.

29 a Schließen sich Koproduzenten zu einer Koproduktionsgemeinschaft zusammen, die nach objektiv nachprüfbaren Kriterien nur kostendeckend lediglich Leistungen für die beteiligten Koproduzenten erbringt, und verbleiben der Koproduktionsgemeinschaft als solcher nach Beendigung der Filmherstellung keinerlei Verwertungsrechte, so gehört die Tätigkeit der Koproduktionsgemeinschaft zu den Hilfstätigkeiten der beteiligten Koproduzenten; in diesem Fall liegt keine Mitunternehmerschaft vor. Die Voraussetzung, dass der Koproduktionsgemeinschaft nach Beendigung der Filmherstellung keinerlei Verwertungsrechte verbleiben dürfen, ist nicht erfüllt, wenn eine gemeinsame Vermarktung des Films jedenfalls im wirtschaftlichen Ergebnis ganz oder teilweise durch ergänzende Abmachungen zwischen den Koproduzenten über ihre vordergründig getrennt ausgeübten Verwertungsrechte herbeigeführt wird.

30 Bei den Koproduktionsgesellschaften handelt es sich nicht um Arbeitsgemeinschaften, weil sie keine Aufträge durchführen, sondern die Filme zur eigenen Verwertung produzieren. Eine Mitunternehmerschaft ist deshalb nicht wegen § 2 a GewStG ausgeschlossen.

31 Eine gesonderte Feststellung der Einkünfte der Personen, die an der Mitunternehmerschaft beteilig sind, kann nach Maßgabe des § 180 Abs. 3 AO in bestimmten Fällen entfallen.

V. Gewinnerzielungsabsicht **100d**

32 Soweit es sich bei Filmfonds um Verlustzuweisungsgesellschaften handelt, besteht zunächst die Vermutung der fehlenden Gewinnerzielungsabsicht (BFH-Urteile vom 21. August 1990, BStBl. 1991 II S. 564 und vom 10. September 1991, BStBl. 1992 II S. 328; zur Behandlung als Verlustzuweisungsgesellschaft vgl. auch *H 134 b EStH*).[2] Diese Vermutung kann vom Fonds unter anderem dadurch widerlegt werden, dass sich aufgrund einer realistischen und betriebswirtschaftlich nachvollziehbaren Erlösprognose der aufgrund im vorhinein festgelegter Lizenzzahlungen unter Einschluss späterer Veräußerungsgewinne steuerlich ein Totalgewinn ergibt. Hingegen ist es nicht ausreichend, wenn ein steuerlicher Totalgewinn nur unter Einbeziehung einer mit geringer Wahrscheinlichkeit eintretenden Mehrerlösbeteiligung entsteht.

33 Die Gewinnerzielungsabsicht muss bei jedem Fonds sowohl auf der Ebene der Gesellschaft als auch auf Ebene der Gesellschafter vorliegen.

---

[1] Nunmehr „H 15.8 (1)".
[2] Siehe nun „H 15.1".

Anl c zu R 15.8

VI. Gewinnabgrenzung

a) Sachverhalt

100e **34** Teilweise werden sämtliche mit der Filmherstellung im Zusammenhang stehenden Kosten für Maßnahmen gem. Tz. 12b sofort fällig. Die Bezahlung der budgetierten Produktionskosten erfolgt in diesen Fällen regelmäßig in einer Summe und noch vor Beginn der Dreharbeiten. Dies gilt auch für den Erwerb (die Abtretung) der Stoffrechte. Bei Einschaltung von Dienstleistern wird eine Überschreitungsreserve für das Kostenbudget vereinbart, die zusammen mit den Produktionskosten sofort fällig wird.

b) Rechtliche Beurteilung

35 Die durch die Filmherstellung entstehenden Leistungsschutz-, Auswertungs- und anderen Rechte dürfen gemäß § 248 Abs. 2 HGB und § 5 Abs. 2 EStG nicht aktiviert werden. Aufwendungen für Gegenleistungen im Sinne von Tz. 34, die zu einem bestimmten Zeitpunkt und in einem einmaligen Erfüllungsakt erbracht werden, reichen für die Bildung eines Rechnungsabgrenzungspostens nicht aus, auch wenn sie sich über einen längeren Zeitraum auswirken. Sie stellen deshalb im Zeitpunkt ihrer Entstehung – und damit ihrer Bezahlung – vorbehaltlich § 42 AO sofort abzugsfähige Betriebsausgaben dar, soweit es sich nicht um Anzahlungen handelt. Dies gilt auch für auf ein Anderkonto geleistete Produktionskosten, sofern das Anderkonto nicht zugunsten des Fonds verzinslich ist. Für die Budgetüberschreitungsreserve ist der sofortige Betriebsausgabenabzug gerechtfertigt, wenn die Inanspruchnahme sicher erscheint.

36 Soweit hinsichtlich der in Tz. 34 genannten Kosten Rückforderungsansprüche bestehen, sind diese Rückforderungsansprüche zu aktivieren.

37 Erworbene Stoffrechte sind zunächst zu aktivieren; der Aktivposten ist mit Herstellungsbeginn (vgl. Tz. 11) gewinnwirksam aufzulösen.

100f

VII. AfA-Methode für Filmrechte

38 Uneingeschränkt nutzbare Filmrechte sind nach § 7 Abs. 1 EStG über die betriebsgewöhnliche Nutzungsdauer (Hinweis auf Tz. 17) linear abzuschreiben. Absetzungen für Abnutzung nach Maßgabe der Leistung oder degressive Absetzungen kommen nicht in Betracht, da diese AfA-Methoden nur für bewegliche Wirtschaftsgüter zulässig sind (§ 7 Abs. 1 Satz 5 und Abs. 2 EStG). Filmrechte stellen hingegen immaterielle Wirtschaftsgüter *(R 31 a Abs. 1 EStR)*[1] dar und gelten folglich nicht als beweglich *(vgl. R 42 Abs. 2 EStR)*.[2]

39 Der Ansatz eines niedrigeren Teilwerts nach § 6 Abs. 1 Nr. 1 EStG ist zulässig.

100g

VIII. Betriebsstättenproblematik und § 2 a EStG

1. Einschaltung von Subunternehmern im Ausland

40 Für die Frage, ob durch Einschaltung ausländischer Subunternehmen bei der Filmproduktion Betriebsstätten des Fonds im Ausland i. S. d. § 2 a EStG begründet werden, spielt es keine Rolle, ob die Filmproduktion als echte oder unechte Auftragsproduktion erfolgt. In all diesen Fällen liegt eine Betriebsstätte i. S. d. § 12 AO nicht vor, da der Fonds keine feste Geschäftseinrichtung oder Anlage innehat, die der Tätigkeit seines Unternehmens dient. Er hat insbesondere keine Verfügungsgewalt über einen bestimmten abgegrenzten Teil der Erdoberfläche, und zwar auch nicht über die Räume eines selbständig tätigen Vertreters.

41 Eine Betriebsstätte i. S. d. Artikels 5 des OECD-Musterabkommens (OECD-MA) liegt ebenfalls nicht vor, da eine feste Geschäftseinrichtung, durch die die Tätigkeit des Fonds ganz oder teilweise ausgeübt wird (Artikel 5 Abs. 1 OECD-MA), nicht vorhanden ist.

42 Die Tatbestandsmerkmale einer so genannten Vertreter-Betriebsstätte i. S. d. Artikels 5 Abs. 5 OECD-MA sind nicht erfüllt, wenn das ausländische Subunternehmen nicht die Vollmacht des Fonds besitzt, in dessen Namen Verträge abzuschließen.

2. Filmherstellung im Rahmen von Koproduktionen

43 Wenn Koproduktionen Mitunternehmerschaften i. S. d. § 15 Abs. 1 Satz 1 Nr. 2 EStG sind, ist zu unterscheiden, ob der Film im Rahmen einer inländischen oder ausländischen Koproduktion hergestellt wird.

44 Nach den im deutschen Steuerrecht geltenden Regelungen zur Besteuerung von Mitunternehmerschaften sind die im Rahmen der Mitunternehmerschaft erwirtschafteten Einkünfte stets Einkünfte der Gesellschafter. Diese Mitunternehmerkonzeption, die darauf beruht, dass Personengesellschaften im Einkommen- und Körperschaftsteuerrecht keine Steuersubjekte sind, gilt aus deutscher Sicht sowohl für inländische als auch für ausländische Personengesellschaften. Soweit daher eine ausländische Personengesellschaft eine Betriebsstätte im Inland oder eine inländische Personengesellschaft eine Betriebsstätte im Ausland unterhält, wird der Anteil des einzelnen Gesellschafters am Gewinn dieser Betriebsstätten so behandelt, als ob der Mitunternehmer in dem jeweiligen Land selbst eine Betriebsstätte unterhielte. Hiernach erzielen die Gesellschafter selbst inländische oder ausländische Betriebsstätteneinkünfte.

45 Da Personengesellschaften im Abkommensrecht regelmäßig weder abkommensberechtigt (Artikel 4 OECD-MA) noch Steuersubjekt sind, gelten diese Grundsätze auch für Zwecke der Anwendung der Doppelbesteuerungsabkommen. Erzielt eine in einem Vertragsstaat ansässige Person Gewinne aus einer im anderen Staat belegenen Mitunternehmerschaft, so steht dem Belegenheitsstaat gemäß Artikel 7 Abs. 1 OECD-MA das Besteuerungsrecht zu.

---

[1] Nunmehr „R 5.5 Abs. 1 EStR".
[2] Nunmehr „R 7.1 Abs. 2 EStR".

Anl c zu R 15.8

Für die steuerliche Behandlung der Koproduktionsgesellschaften bedeutet dies:

45a a) Der Unternehmensgewinn einer Koproduktionsgesellschaft im Ausland kann gemäß Artikel 7 Abs. 1 OECD-MA nur in dem ausländischen Staat besteuert werden. Mit einem Mitunternehmeranteil begründen inländische Beteiligte im ausländischen Staat eine Betriebsstätte.

45b b) Umgekehrt begründen bei Koproduktionen im Inland ausländische Beteiligte an der Koproduktion mit ihrem Mitunternehmeranteil eine Betriebsstätte im Inland.

45c c) Eine Besonderheit ergibt sich für den Fall, dass eine Koproduktionsgesellschaft mit Sitz im Inland den Film ganz oder teilweise in einem anderen Staat herstellt bzw. herstellen lässt, und zwar von einem Beteiligten (Mitunternehmer) der Koproduktionsgesellschaft in dessen ausländischer Betriebsstätte. Hierzu gehören auch die Fälle, in denen der Dienstleister verdeckter Mitunternehmer ist. Die Beantwortung der Frage, ob die inländische Koproduktionsgesellschaft in diesem Fall mit der Herstellung eine Betriebsstätte in dem anderen ausländischen Staat begründet, hängt davon ab, ob der ausländische Beteiligte die Filmherstellung aufgrund gesellschaftsrechtlicher oder aber aufgrund schuldrechtlicher Grundlage erbringt.
Nach den Grundsätzen, die für Vergütungen gelten, die eine Personengesellschaft ihrem Gesellschafter für die in § 15 Abs. 1 Satz 1 Nr. 2 EStG bezeichneten Leistungen gewährt, ist hierbei darauf abzustellen, ob die gegenüber der Koproduktionsgesellschaft erbrachten Leistungen zur Förderung des Gesellschaftszweckes erfolgen. Ob dies der Fall ist, kann nur im Einzelfall unter Würdigung der rechtlichen und tatsächlichen Verhältnisse entschieden werden. Hierbei ist von einem weiten Verständnis des Merkmals der gesellschaftlichen Veranlassung auszugehen. Danach unterhalten Koproduktionsgesellschaften am Sitz des ausländischen Koproduzenten i. d. R. eine Betriebsstätte. Der auf diese Betriebsstätte entfallende Gewinn kann vom Betriebsstätten-Staat besteuert werden.

3. Geschäftsführung der Komplementär-GmbH vom Ausland aus

46 Eine Geschäftsführung der Komplementär-GmbH vom Ausland aus hat zunächst auf die Einkünfte des Fonds keine Auswirkung, da die Beteiligten an dem Fonds – die Gewinnerzielungsabsicht vorausgesetzt – jedenfalls Einkünfte aus einer inländischen Mitunternehmerschaft im Sinne des § 15 Abs. 1 Satz 1 Nr. 2 EStG erzielen.

47 Für die Gehälter der GmbH-Geschäftsführer hat regelmäßig der Staat das Besteuerungsrecht, in dem diese tätig geworden sind (BFH-Urteil vom 5. Oktober 1994, BStBl. 1995 II S. 95, BMF-Schreiben vom 5. Juli 1995, BStBl. I S. 373).

4. Auswirkungen bei Sitz des Vertriebsunternehmens im Ausland

48 Erfolgt der Vertrieb durch ein im Ausland ansässiges Unternehmen, so ist zu prüfen, ob es sich hierbei um ein verbundenes Unternehmen (Artikel 7 Abs. 1 OECD-MA) handelt. Ist dies der Fall, so ist zu prüfen, ob die zu zahlenden Entgelte nach dem „armslength-Prinzip" einen Fremdvergleich standhalten. Ggf. sind Gewinnberichtigungen vorzunehmen.

IX. Filmvertriebsfonds 100h

a) Sachverhalt

49 Ein Fonds (Filmvertriebsfonds/Filmverwertungsfonds/Akquisitionsfonds) erwirbt an einem fertigen Film die Verwertungsrechte für einen bestimmten Zeitraum (Lizenzzeitraum); vielfach werden auch räumlich und inhaltlich begrenzte Verwertungsrechte eingeräumt.

b) Rechtliche Beurteilung

50 Wird das gesamte Leistungsschutzrecht nach § 94 UrhG übertragen, ist der Vorgang als Erwerb eines immateriellen Wirtschaftsguts anzusehen. Werden hingegen lediglich beschränkte Nutzungsrechte übertragen, handelt es sich um ein dem Pachtverhältnis vergleichbares schwebendes Geschäft, auch wenn der Lizenznehmer durch Zahlung der Lizenzgebühr einseitig in Vorlage tritt. Seine Zahlung ist daher durch Bildung eines aktiven Rechnungsabgrenzungspostens (gleichmäßig) auf die Laufzeit des Lizenzvertrages zu verteilen.

51 Nach der Rechtsprechung gilt etwas anderes jedoch dann, wenn die Nutzungsüberlassung bei Anwendung der gemäß § 39 Abs. 2 Nr. 1 AO gebotenen wirtschaftlichen Betrachtung als Veräußerung des Schutzrechtes zu werten ist.

52 Davon kann ausgegangen werden, wenn
- das Schutzrecht dem Lizenznehmer für die gesamte (restliche) Schutzdauer überlassen wird oder wenn
- sich das Schutzrecht während der vertragsgemäßen Nutzung durch den Lizenznehmer in seinem wirtschaftlichen Wert erschöpfen wird.

53 Dabei kann in Anlehnung an die in den Leasing-Schreiben getroffenen Regelungen der Erwerb eines immateriellen Wirtschaftsguts immer dann angenommen werden, wenn sich während der vereinbarten Lizenzdauer der ursprüngliche Wert der Schutzrechte um mehr als 90 v. H. vermindert.

X. Rechtliche Einordnung der aufzubringenden Kosten bei einem Erwerberfonds 100i

54 Die rechtliche Einordnung der aufzubringenden Kosten bei einem Erwerberfonds richtet sich sinngemäß nach den Grundsätzen der Tzn. 3 bis 3.3.5 des BMF-Schreibens vom 31. August 1990 (BStBl. I S. 366).[1]

---

[1] Siehe nunmehr BMF-Schreiben vom 20. 10. 2003 (BStBl. I S. 546), abgedruckt als Anlage c zu § 21 EStG.

100j **XI. Übergangsregelung**[1]

55 Dieses BMF-Schreiben ist in allen Fällen anzuwenden, in denen ein bestandskräftiger Bescheid noch nicht vorliegt. Soweit die Anwendung der Regelungen dieses BMF-Schreibens zu einer Verschärfung der Besteuerung gegenüber der bisher geltenden Verwaltungspraxis führt, ist dieses Schreiben nicht anzuwenden, wenn der Steuerpflichtige dem betreffenden Film- und Fernsehfonds bis zwei Monate nach Veröffentlichung dieses BMF-Schreibens im Bundessteuerblatt[2] beigetreten ist oder der Außenvertrieb der Anteile an einem Film- oder Fernsehfonds vor diesem Zeitpunkt begonnen hat.

R 15.9 (1)

R 15.9. Steuerliche Anerkennung von Familiengesellschaften

Grundsätze

101 (1) *(unbesetzt)*

H 15.9 (1)

102 **Allgemeines.** Die Anerkennung einer OHG, KG, GbR oder atypisch stillen Gesellschaft setzt voraus, dass eine Mitunternehmerschaft vorliegt, der Gesellschaftsvertrag zivilrechtlich wirksam ist und auch verwirklicht wird und dass die tatsächliche Gestaltung der Dinge mit ihrer formellen Gestaltung übereinstimmt, insbesondere die aufgenommenen Familienangehörigen auch volle Gesellschafterrechte genießen (→ BFH vom 8. 8. 1979 – BStBl. II S. 768 und vom 3. 5. 1979 – BStBl. II S. 515). Einer OHG oder einer KG kann die steuerliche Anerkennung nicht lediglich mit der Begründung versagt werden, dass außerbetriebliche, z. B. steuerliche und familienrechtliche Gesichtspunkte den Abschluss des Gesellschaftsvertrags veranlasst haben (→ BFH vom 22. 8. 1951 – BStBl. III S. 181).

Buchwertabfindung. Ein Kommanditist, der vom persönlich haftenden Gesellschafter ohne Weiteres zum Buchwert aus der Gesellschaft ausgeschlossen werden kann, ist nicht Mitunternehmer (→ BFH vom 29. 4. 1981 – BStBl. II S. 663). Entsprechendes gilt, wenn die für den Fall des jederzeit möglichen Ausschlusses vereinbarte Abfindung nicht auch die **Beteiligung am Firmenwert** umfasst (→ BFH vom 15. 10. 1981 – BStBl. 1982 II S. 342).

Gütergemeinschaft.[3] Die eheliche Gütergemeinschaft ist ein den in § 15 Abs. 1 Satz 1 Nr. 2 EStG genannten Gesellschaftsverhältnissen vergleichbares Gemeinschaftsverhältnis und kann damit eine Mitunternehmerschaft begründen (→ BFH vom 16. 2. 1995 – BStBl. II S. 592 und vom 18. 8. 2005 – BStBl. 2006 II S. 165); → H 4.2 (12).

Rückübertragungsverpflichtung. Werden Kommanditanteile schenkweise mit der Maßgabe übertragen, dass der Schenker ihre Rückübertragung jederzeit ohne Angabe von Gründen einseitig veranlassen kann, ist der Beschenkte nicht als Mitunternehmer anzusehen (→ BFH vom 16. 5. 1989 – BStBl. II S. 877).

Tatsächliche Gewinnaufteilung. Der Gewinn aus einer Familienpersonengesellschaft ist einem bisher als Alleininhaber tätig gewesenen Gesellschafter zuzurechnen, wenn der Gewinn tatsächlich nicht aufgeteilt, sondern diesem Gesellschafter allein belassen worden ist (→ BFH vom 6. 11. 1964 – BStBl. 1965 III S. 52).

R 15.9 (2)

Schenkweise begründete Beteiligungen von Kindern

103 (2) ① Behält ein Elternteil sich bei der unentgeltlichen Einräumung einer → Unterbeteiligung an einem Anteil an einer Personengesellschaft das Recht vor, jederzeit eine unentgeltliche Rückübertragung der Anteile von dem Kind zu verlangen, so wird keine Einkunftsquelle auf das Kind übertragen. ② Gleiches gilt bei schenkweiser Übertragung eines Gesellschaftsanteils mit Rückübertragungsverpflichtung.

H 15.9 (2)

104 **Allgemeines.** Schenkweise von ihren Eltern in eine KG aufgenommene Kinder können nur Mitunternehmer sein, wenn ihnen wenigstens annäherungsweise diejenigen Rechte eingeräumt sind, die einem Kommanditisten nach dem HGB zukommen. Maßstab ist das nach dem HGB für den Kommanditisten vorgesehene Regelstatut (→ BFH vom 24. 7. 1986 – BStBl. 1987 II S. 54). Dazu gehören auch die gesetzlichen Regelungen, die im Gesellschaftsvertrag abbedungen werden können (→ BMF vom 5. 10. 1989 – BStBl. I S. 378).[4] Entsprechendes gilt für am Gesellschaftsanteil der Eltern unterbeteiligte Kinder (→ BFH vom 24. 7. 1986 – BStBl. 1987 II S. 54). Sie sind nicht Mitunternehmer, wenn ihre Rechtsstellung nach dem Gesamtbild zugunsten der Eltern in einer Weise beschränkt ist, wie dies in Gesellschaftsverträgen zwischen Fremden nicht üblich ist (→ BFH vom 8. 2. 1979 – BStBl. II S. 405 und vom 3. 5. 1979 – BStBl. II S. 515). Die schenkweise begründete Rechtsstellung der Kinder entspricht in diesen Fällen ihrem wirtschaftlichen Gehalt nach häufig dem Versprechen einer erst künftigen Kapitalübertragung (→ BFH vom 8. 2. 1979 – BStBl. II S. 405 und vom 3. 5.

[1] Zur erstmaligen Anwendung der Tzn. 9–11 i. d. F. des BMF-Schreibens vom 5. 8. 2003 (BStBl. I S. 406) siehe Fußnote zu den einzelnen Tzn.

[2] BStBl. I Nr. 4 vom 27. 3. 2001.

[3] Zu den steuerlichen Folgen der Gütergemeinschaft nach niederländischem Recht siehe *BFH-Urteil vom 4. 11. 1997 VIII R 18/95 (BStBl. 1999 II S. 384).*

[4] Abgedruckt als Anlage zu R 15.9 EStR.

1979 – BStBl. II S. 515). Die Gewinngutschriften auf die Unterbeteiligung sind deshalb bei dem Elternteil keine Sonderbetriebsausgaben, sondern nichtabzugsfähige Zuwendungen i. S. d. § 12 EStG (→ BFH vom 18. 7. 1974 – BStBl. II S. 740). Der schenkweisen Aufnahme steht gleich, wenn den Kindern die Mittel für die Kommanditeinlage darlehensweise unter Bedingungen zur Verfügung gestellt werden, die unter Fremden nicht üblich sind (→ BFH vom 5. 7. 1979 – BStBl. II S. 670). Sind die in eine Gesellschaft im Wege der Schenkung aufgenommenen Kinder nach den vorstehenden Grundsätzen nicht als Mitunternehmer anzusehen, können ihnen die vertraglichen Gewinnanteile nicht als eigene Einkünfte aus Gewerbebetrieb zugerechnet werden. In Höhe dieser Gewinnanteile liegt regelmäßig eine nach § 12 EStG unbeachtliche Einkommensverwendung der Eltern vor (→ BFH vom 22. 1. 1970 – BStBl. II S. 416). H 15.9 (2)

Alter des Kindes. Bei der Würdigung des Gesamtbildes in Grenzfällen kann für die Anerkennung als Mitunternehmer sprechen, dass die Vertragsgestaltung den objektiven Umständen nach darauf abgestellt ist, die Kinder oder Enkel an das Unternehmen heranzuführen, um dessen Fortbestand zu sichern (→ BFH vom 6. 4. 1979 – BStBl. II S. 620). Dies ist nicht der Fall, wenn die Kinder wegen ihres Alters nicht die für eine Heranführung an das Unternehmen erforderliche Reife besitzen (→ BFH vom 5. 7. 1979 – BStBl. II S. 670).

Befristete Gesellschafterstellung. Ist die Gesellschafterstellung eines Kindes von vornherein nur befristet etwa auf die Zeit, in der das Kind vermutlich unterhaltsbedürftig ist und eine persönliche Aktivität als Gesellschafter noch nicht entfalten wird, kann eine Mitunternehmerschaft nicht anerkannt werden (→ BFH vom 29. 1. 1976 – BStBl. II S. 324). Dagegen kann eine Mitunternehmerschaft minderjähriger Kinder, die als Kommanditisten einer Familien-KG im Schenkungswege beteiligt wurden, nicht schon deshalb verneint werden, weil der Vater nach dem Gesellschaftsvertrag berechtigt ist, die Gesellschafterstellung eines Kindes zum Ende des Jahres der Erreichung der Volljährigkeit zu kündigen (→ BFH vom 23. 6. 1976 – BStBl. II S. 678).

Familiengerichtliche Genehmigung. Beteiligt ein Stpfl. sein durch einen Pfleger vertretenes minderjähriges Kind an seinem Unternehmen, hängt die steuerliche Anerkennung des Vertrags auch dann, wenn die Beteiligten nach dem Vertrag gehandelt haben, von der familiengerichtlichen Genehmigung ab, die nicht als stillschweigend erteilt angesehen werden kann (→ BFH vom 4. 7. 1968 – BStBl. II S. 671). Die zivilrechtliche Rückwirkung der familiengerichtlichen Genehmigung eines Vertrags über den Erwerb eines Anteils an einer Personengesellschaft durch einen Minderjährigen kann steuerlich nicht berücksichtigt werden, wenn die familiengerichtliche Genehmigung nicht unverzüglich nach Abschluss des Gesellschaftsvertrags beantragt und in angemessener Frist erteilt wird (→ BFH vom 5. 3. 1981 – BStBl. II S. 435).

Kündigung. Die Mitunternehmerstellung eines minderjährigen Kommanditisten kann durch das dem Komplementär eingeräumte Kündigungsrecht beeinträchtigt werden (→ BMF vom 5. 10. 1989 – BStBl. I S. 378); → Befristete Gesellschafterstellung.

Rückfallklausel. Eine Rückfallklausel, nach der die Unterbeteiligung ersatzlos an den Vater zurückfällt, wenn das Kind vor dem Vater stirbt und keine leiblichen ehelichen Abkömmlinge hinterlässt, steht der steuerrechtlichen Anerkennung der Unterbeteiligung nicht entgegen (→ BFH vom 27. 1. 1994 – BStBl. II S. 635).

Umdeutung in Darlehensgewährung. Ein zivilrechtlich wirksam abgeschlossener, aber steuerlich nicht anerkannter Gesellschaftsvertrag kann für die steuerliche Beurteilung nicht in einen Darlehensvertrag umgedeutet werden (→ BFH vom 6. 7. 1995 – BStBl. 1996 II S. 269).

Unterbeteiligung. Eine Unterbeteiligung am OHG-Anteil des Vaters mit Ausschluss der Unterbeteiligten von stillen Reserven und Firmenwert im Falle der Kündigung durch den Vater sowie Einschränkung der Gewinnentnahme- und Kontrollrechte der Unterbeteiligten kann steuerlich nicht anerkannt werden (→ BFH vom 6. 7. 1995 – BStBl. 1996 II S. 269).

Verfügungsbeschränkungen. Behalten sich die Eltern die Verwaltung der Kommanditbeteiligungen der Kinder vor, sind die Kinder nicht Mitunternehmer (→ BFH vom 25. 6. 1981 – BStBl. II S. 779). Überlassen Eltern ihren minderjährigen Kindern Anteile am Betriebsvermögen einer von ihnen gebildeten Personengesellschaft unter der Auflage, dass die Kinder über die auf ihre Anteile entfallenden Gewinnanteile nur in dem von den Eltern gebilligten Umfang verfügen dürfen, so liegt eine zur Gewinnverteilung auch auf die Kinder führende Mitunternehmerschaft nicht vor (→ BFH vom 4. 8. 1971 – BStBl. 1972 II S. 10). Wird ein nicht mitarbeitendes Kind ohne Einlage als Gesellschafter aufgenommen, ist es in der Regel im Jahr der Aufnahme kein Mitunternehmer, wenn es sich nur verpflichtet, einen Teil seines künftigen Gewinnanteils zur Bildung eines Kapitalanteils stehenzulassen (→ BFH vom 1. 2. 1973 – BStBl. II S. 221). Das gilt auch, wenn das Kind zwar zu einer Bareinlage verpflichtet sein soll, diese aber nur aus einem von den Eltern gewährten und aus dem ersten Gewinnanteil des Kindes wieder getilgten Darlehen leistet (→ BFH vom 1. 2. 1973 – BStBl. II S. 526).
Ist in dem Gesellschaftsvertrag einer Familienpersonengesellschaft, durch den die minderjährigen Kinder des Hauptgesellschafters als Kommanditisten in die KG aufgenommen werden, bestimmt, dass Beschlüsse in der Gesellschafterversammlung – abweichend vom Einstimmigkeitsprinzip des § 119 Abs. 1 HGB – mit einfacher Mehrheit zu fassen sind, steht diese

Vertragsklausel der Anerkennung der Kinder als Mitunternehmer nicht entgegen; eine solche Klausel ist dahin auszulegen, dass sie nur Beschlüsse über die laufenden Geschäfte der KG betrifft (→ BFH vom 7. 11. 2000 – BStBl. 2001 II S. 186).

R 15.9 (3)

Gewinnverteilung bei Familiengesellschaften[1]

105 (3) ① Unabhängig von der Anerkennung der Familiengesellschaft als solcher ist zu prüfen, ob auch die von der Gesellschaft vorgenommene Gewinnverteilung steuerlich zu übernehmen ist. ② Steht die Gewinnverteilung in offensichtlichem Missverhältnis zu den Leistungen der Gesellschafter, so kann ein Missbrauch im Sinne des § 42 AO vorliegen.

H 15.9 (3)

106 **Allgemeines.** Beteiligt ein Stpfl. nicht im Betrieb mitarbeitende nahe Familienangehörige in der Weise als Kommanditisten oder atypisch stille Gesellschafter an einem Betrieb, dass er ihnen Gesellschaftsanteile schenkweise überträgt, kann mit steuerlicher Wirkung eine Gewinnverteilung nur anerkannt werden, die auf längere Sicht zu einer auch unter Berücksichtigung der gesellschaftsrechtlichen Beteiligung der Mitunternehmer angemessenen Verzinsung des tatsächlichen (gemeinen) Wertes der Gesellschaftsanteile führt (→ BFH vom 29. 5. 1972 – BStBl. 1973 II S. 5). Die Gewinnverteilung wird im Allgemeinen dann nicht zu beanstanden sein, wenn der vereinbarte Gewinnverteilungsschlüssel eine durchschnittliche Rendite von nicht mehr als 15% des tatsächlichen Wertes der Beteiligung ergibt (→ BFH vom 24. 7. 1986 – BStBl. 1987 II S. 54). Ist eine Gewinnverteilung nach den vorstehenden Grundsätzen unangemessen, ist die Besteuerung so vorzunehmen, als ob eine angemessene Gewinnverteilung getroffen worden wäre (→ BFH vom 29. 3. 1973 – BStBl. II S. 650), d. h. Gewinnanteile, die die angemessene Begrenzung übersteigen, sind dann den anderen Gesellschaftern zuzurechnen, sofern nicht auch bei ihnen Begrenzungen zu beachten sind (→ BFH vom 29. 5. 1972 – BStBl. 1973 II S. 5). Bei der Beantwortung der Frage, ob eine Gewinnverteilung angemessen ist, ist in der Regel von der durchschnittlichen Rendite eines Zeitraums von fünf Jahren auszugehen. Außerdem sind alle im Zeitpunkt des Vertragsabschlusses bekannten Tatsachen und die sich aus ihnen für die Zukunft ergebenden wahrscheinlichen Entwicklungen zu berücksichtigen (→ BFH vom 29. 5. 1972 – BStBl. 1973 II S. 5).

Beteiligung an den stillen Reserven. Ist vertraglich bestimmt, dass der Gesellschafter nicht oder unter bestimmten Voraussetzungen nicht an den stillen Reserven beteiligt sein soll, ist ein Abschlag zu machen; das gilt auch, wenn der Gesellschafter in der Verfügung über seinen Anteil oder in der Befugnis, Gewinn zu entnehmen, beschränkt ist (→ BFH vom 29. 3. 1973 – BStBl. II S. 489).

Buchwertabfindung. Behält sich ein Elternteil anlässlich der unentgeltlichen Übertragung eines Gesellschaftsanteiles auf die Kinder das Recht vor, das Gesellschaftsverhältnis zu kündigen, das Unternehmen allein fortzuführen und die Kinder mit dem Buchwert ihres festen Kapitalanteils abzufinden, ist bei Prüfung der Angemessenheit des vereinbarten Gewinnverteilungsschlüssels von dem Buchwert des übertragenen Gesellschaftsanteils auszugehen (→ BFH vom 13. 3. 1980 – BStBl. II S. 437).

Eigene Mittel. Sind die Geschäftsanteile ganz oder teilweise mit eigenen Mitteln von den aufgenommenen Familienangehörigen erworben worden, bildet die unter Fremden übliche Gestaltung den Maßstab für die Prüfung, ob die Gewinnverteilung angemessen ist (→ BFH vom 4. 6. 1973 – BStBl. II S. 866).

Entnahmegewinn bei Schenkung → H 4.3 (2–4) Personengesellschaften.

Unterbeteiligung. Hat ein Stpfl. seinem Kind eine mitunternehmerschaftliche Unterbeteiligung von 10% an seinem Kommanditanteil an einer zwischen fremden Personen bestehenden KG geschenkt, dann kann die für die Unterbeteiligung vereinbarte quotale Gewinnbeteiligung (hier: 10%) auch dann steuerlich anzuerkennen sein, wenn sie zu einem Gewinn des unterbeteiligten Kindes von mehr als 15% des Wertes der Unterbeteiligung (→ Allgemeines) führt. Eine vereinbarte quotale Gewinnbeteiligung ist steuerlich anzuerkennen, auch wenn mit dem Gewinnanteil des Stpfl. an der KG nur die Überlassung des Haftkapitals vergütet wird oder wenn damit zusätzlich nur solche Gesellschafterbeiträge des Stpfl. abgegolten werden, die anteilig auch dem unterbeteiligten Kind zuzurechnen sind (→ BFH vom 9. 10. 2001 – BStBl. 2002 II S. 460).

Veränderung der Gewinnverteilung. Eine als angemessen anzusehende Gewinnverteilung bleibt grundsätzlich so lange bestehen, bis eine wesentliche Veränderung der Verhältnisse dergestalt eintritt, dass auch bei einer Mitunternehmerschaft zwischen fremden Personen die Gewinnverteilung geändert würde (→ BFH vom 29. 5. 1972 – BStBl. 1973 II S. 5).

Verfügungsbeschränkungen → Beteiligung an den stillen Reserven.

R 15.9 (4)

Typisch stille Gesellschaft

107 (4) *(unbesetzt)*

[1] Siehe auch *BFH-Urteil vom 28. 9. 1995 IV R 39/94 (BStBl. 1996 II S. 276).*

Allgemeines. Kommanditisten, die nicht als Mitunternehmer anzuerkennen sind, können im Innenverhältnis unter Umständen die Stellung von typischen stillen Gesellschaftern erlangt haben (→ BFH vom 29. 4. 1981 – BStBl. II S. 663 und vom 6. 7. 1995 – BStBl. 1996 II S. 269). Beteiligt ein Stpfl. nahe Angehörige an seinem Unternehmen als stille Gesellschafter, kann diese Beteiligung steuerlich nur anerkannt werden, wenn die Gesellschaftsverträge klar vereinbart, bürgerlich-rechtlich wirksam und ernstlich gewollt sind, tatsächlich durchgeführt werden, wirtschaftlich zu einer Änderung der bisherigen Verhältnisse führen und die Verträge keine Bedingungen enthalten, unter denen fremde Dritte Kapital als stille Einlage nicht zur Verfügung stellen würden (→ BFH vom 8. 3. 1984 – BStBl. II S. 623 und vom 31. 5. 1989 – BStBl. 1990 II S. 10). H 15.9 (4) 108

Auszahlung/Gutschrift von Gewinnanteilen. Ein Vertrag über eine stille Gesellschaft zwischen Familienangehörigen ist nur dann durchgeführt, wenn die Gewinnanteile entweder ausbezahlt werden oder im Falle einer Gutschrift eindeutig bis zur Auszahlung jederzeit abrufbar gutgeschrieben bleiben (→ BFH vom 18. 10. 1989 – BStBl. 1990 II S. 68).

Familiengerichtliche Genehmigung. Beteiligt ein Stpfl. sein durch einen Pfleger vertretenes minderjähriges Kind an seinem Unternehmen und ist das Kind auch am Verlust beteiligt, so hängt die steuerliche Anerkennung des Vertrags auch dann, wenn die Beteiligten nach dem Vertrag gehandelt haben, von der familiengerichtlichen Genehmigung ab, die nicht als stillschweigend erteilt angesehen werden kann (→ BFH vom 4. 7. 1968 – BStBl. II S. 671).

Verlustbeteiligung. Ist ein schenkweise still beteiligtes minderjähriges Kind nicht am Verlust der Gesellschaft beteiligt, kann eine stille Beteiligung steuerlich nicht anerkannt werden (→ BFH vom 21. 10. 1992 – BStBl. 1993 II S. 289); zu Angehörigen → BMF vom 23. 12. 2010 (BStBl. 2011 I S. 37),[1] Rdnr. 15.

Gewinnbeteiligung bei typisch stiller Beteiligung R 15.9 (5)

(5) *(unbesetzt)* 109

Allgemeines. Die Höhe der Gewinnbeteiligung wird bei typischer stiller Beteiligung steuerlich nur zugrunde gelegt, soweit sie wirtschaftlich angemessen ist (→ BFH vom 19. 2. 2009 – BStBl. II S. 798). H 15.9 (5) 110

Eigene Mittel

- Stammt die Kapitalbeteiligung des stillen Gesellschafters nicht aus der Schenkung des Unternehmers, sondern wird sie aus eigenen Mitteln des stillen Gesellschafters geleistet, ist in der Regel eine Gewinnverteilungsabrede angemessen, die im Zeitpunkt der Vereinbarung bei vernünftiger kaufmännischer Beurteilung eine durchschnittliche Rendite von 25% der → Einlage erwarten lässt, wenn der stille Gesellschafter nicht am Verlust beteiligt ist (→ BFH vom 14. 2. 1973 – BStBl. II S. 395).
- Ist der stille Gesellschafter auch am Verlust beteiligt, ist in der Regel ein Satz von bis zu 35% der → Einlage noch angemessen (→ BFH vom 16. 12. 1981 – BStBl. 1982 II S. 387).

Einlage. Der tatsächliche Wert einer typischen stillen Beteiligung ist regelmäßig gleich ihrem Nennwert (→ BFH vom 29. 3. 1973 – BStBl. II S. 650).

Schenkweise eingeräumte stille Beteiligung

- Stammt die Kapitalbeteiligung des stillen Gesellschafters in vollem Umfang aus einer Schenkung des Unternehmers, ist in der Regel eine Gewinnverteilungsabrede angemessen, die im Zeitpunkt der Vereinbarung bei vernünftiger kaufmännischer Beurteilung eine durchschnittliche Rendite von 15% der Einlage erwarten lässt, wenn der Beschenkte am Gewinn und Verlust beteiligt ist; ist eine Beteiligung am Verlust ausgeschlossen, ist bei einem steuerlich anerkannten stillen Gesellschaftsverhältnis in der Regel ein Satz von 12% der → Einlage angemessen (→ BFH vom 29. 3. 1973 – BStBl. II S. 650).
- → BMF vom 23. 12. 2010 (BStBl. 2011 I S. 37),[1] Rdnr. 15.

Veränderung der tatsächlichen Verhältnisse. Eine zunächst angemessene Rendite muss bei Veränderung der tatsächlichen Verhältnisse (hier: nicht erwarteter Gewinnsprung) nach dem Maßstab des Fremdvergleichs korrigiert werden (→ BFH vom 19.2.2009 – BStBl. II S. 798).

Schreiben betr. schenkweise als Kommanditisten in eine Kommanditgesellschaft aufgenommene minderjährige Kinder als Mitunternehmer; hier: Anwendung des BFH-Urteils vom 10. November 1987 (BStBl. 1989 II S. 758) Anl zu R 15.9

Vom 5. Oktober 1989 (BStBl. I S. 378)

(BMF IV B 2 – S 2241 – 48/89)

Der Bundesfinanzhof (BFH) hat in seinem Urteil vom 10. November 1987 (BStBl. 1989 II S. 758) schenkweise als Kommanditisten in einer KG aufgenommene minderjährige Kinder als Mitunternehmer

[1] Abgedruckt als Anlage zu R 4.8 EStR.

anerkannt, obwohl in dem Entscheidungsfall das Widerspruchsrecht der Kommanditisten nach § 164 HGB ausgeschlossen, das Gewinnentnahmerecht der Kommanditisten weitgehend beschränkt und das Kündigungsrecht für die Kommanditisten langfristig abbedungen war und die Kommanditisten für den Fall ihres vorzeitigen Ausscheidens aufgrund eigener Kündigung zum Buchwert abgefunden werden sollten. Der BFH sieht darin keine nennenswerten und nicht auch zwischen Fremden üblichen Abweichungen vom Regelstatut des HGB. Dabei macht es für den BFH keinen Unterschied, ob die besonderen Bedingungen einzeln oder zusammen vorliegen.

Zu der Frage, welche Folgerungen aus diesem Urteil für die steuerliche Anerkennung von schenkweise als Kommanditisten in eine KG aufgenommenen minderjährigen Kindern als Mitunternehmer zu ziehen sind, wird unter Bezugnahme auf das Ergebnis der Erörterungen mit den Vertretern der obersten Finanzbehörden der Länder wie folgt Stellung genommen:

111 Die Frage, ob eine Mitunternehmerschaft minderjähriger Kinder gegeben ist, muss nach dem Gesamtbild der Verhältnisse entschieden werden (Beschluss des Großen Senats des BFH vom 25. Juni 1984 – BStBl. II S. 751, 769). Dabei sind alle Umstände des Einzelfalles in ihrer Gesamtheit zu würdigen. Das minderjährige Kind eines Gesellschafters einer Personengesellschaft kann nur als Mitunternehmer anerkannt werden, wenn es Mitunternehmerinitiative entfalten kann und Mitunternehmerrisiko trägt. Es kommt deshalb darauf an, ob dem minderjährigen Kommanditisten nach dem Gesellschaftsvertrag wenigstens annäherungsweise diejenigen Rechte eingeräumt werden, die einem Kommanditisten nach dem HGB zustehen. Maßstab ist das nach dem HGB für den Kommanditisten vorgesehene Regelstatut. Dazu gehören auch die gesetzlichen Regelungen, die im Gesellschaftsvertrag abbedungen werden können.

Wie der Große Senat des BFH im Beschluss vom 25. Juni 1984 (BStBl. II S. 751, 769) ausgeführt hat, können Mitunternehmerinitiative und Mitunternehmerrisiko im Einzelfall mehr oder weniger ausgeprägt sein. Beide Merkmale müssen jedoch gemeinsam vorliegen. Ein Kommanditist ist beispielsweise dann mangels Mitunternehmerinitiative kein Mitunternehmer, wenn sowohl sein Stimmrecht als auch sein Widerspruchsrecht durch Gesellschaftsvertrag faktisch ausgeschlossen sind (BFH-Urteil vom 11. Oktober 1988 – BStBl. 1989 II S. 762).

Besondere Bedeutung kommt, wie auch vom BFH im Urteil vom 10. November 1987 (BStBl. 1989 II S. 758) ausgeführt wird, der Frage zu, ob die minderjährigen Kommanditisten durch Kündigung oder Änderung des Gesellschaftsvertrags gegen ihren Willen aus der KG verdrängt werden können. Ist der Komplementär nach dem Gesellschaftsvertrag berechtigt, nach freiem Ermessen weitere Kommanditisten in die KG aufzunehmen, und kann er dadurch die für eine Änderung des Gesellschaftsvertrags im Einzelfall erforderlichen Mehrheitsverhältnisse (z. B. Erfordernis einer $^2/_3$-Mehrheit) zu seinen Gunsten so verändern, dass die als Kommanditisten in die KG aufgenommenen minderjährigen Kinder gegen ihren Willen aus der KG verdrängt werden können, so spricht dies gegen eine Mitunternehmerstellung der Kinder. Das gilt auch dann, wenn der Komplementär tatsächlich noch keine weiteren Kommanditisten in die KG aufgenommen hat.

Der BFH hat in dem Urteil vom 10. November 1987 (BStBl. 1989 II S. 758) allein die Tatsache, dass der Komplementär derzeit nicht die im Einzelfall erforderliche Stimmrechtsmehrheit bezüglich der Änderung des Gesellschaftsvertrags und der Auflösung der Gesellschaft hat, für ausreichend gehalten, um die Mitunternehmerinitiative der Kommanditisten – und zwar auch bei Ausschluss des Widerspruchsrechts nach § 164 HGB – zu bejahen. Ich bitte, die Grundsätze dieses BFH-Urteils insoweit nicht über den entschiedenen Einzelfall hinaus anzuwenden.

R 15.10

R 15.10. Verlustabzugsbeschränkungen nach § 15 Abs. 4 EStG

116 Betreibt ein Stpfl. gewerbliche Tierzucht oder Tierhaltung in mehreren selbständigen Betrieben, so kann der in einem Betrieb erzielte Gewinn aus gewerblicher Tierzucht oder Tierhaltung mit dem in einem anderen Betrieb des Steuerpflichtigen erzielten Verlust aus gewerblicher Tierzucht oder Tierhaltung bis zum Betrag von 0 Euro verrechnet werden.

H 15.10

117 **Abschreibungs- oder Buchverluste.** Von § 15 Abs. 4 Satz 1 und 2 EStG werden alle Verluste aus gewerblicher Tierzucht oder gewerblicher Tierhaltung erfasst, nicht nur Abschreibungs- oder Buchverluste (→ BFH vom 5. 2. 1981 – BStBl. II S. 359).

Brüterei. Die Unterhaltung einer Brüterei durch einen Gewerbetreibenden stellt keine gewerbliche Tierzucht oder Tierhaltung dar (→ BFH vom 14. 9. 1989 – BStBl. 1990 II S. 152).

Doppelstöckige Personengesellschaft. Die Verlustausgleichs- und -abzugsbeschränkung für Verluste einer Untergesellschaft aus gewerblicher Tierzucht und Tierhaltung wirkt sich auch auf die Besteuerung der Gesellschafter der Obergesellschaft aus. Ein solcher Verlust ist zwingend und vorrangig mit Gewinnen aus der Veräußerung der Beteiligung an der Obergesellschaft zu verrechnen, soweit dieser anteilig mittelbar auf Wirtschaftsgüter der Untergesellschaft entfällt (→ BFH vom 1. 7. 2004 – BStBl. 2010 II S. 157).

Ehegatten. Bei der Zusammenveranlagung von Ehegatten sind Verluste aus gewerblicher Tierzucht oder Tierhaltung des einen Ehegatten mit Gewinnen des anderen Ehegatten aus gewerblicher Tierzucht oder Tierhaltung auszugleichen (→ BFH vom 6. 7. 1989 – BStBl. II S. 787).

Gemischte Betriebe. Wird in einem einheitlichen Betrieb neben gewerblicher Tierzucht oder gewerblicher Tierhaltung noch eine andere gewerbliche Tätigkeit ausgeübt, darf der Verlust aus der gewerblichen Tierzucht oder Tierhaltung nicht mit einem Gewinn aus der anderen gewerblichen Tätigkeit verrechnet werden (→ BFH vom 21. 9. 1995 – BStBl. 1996 II S. 85).

Gewerbliche Tierzucht oder gewerbliche Tierhaltung ist jede Tierzucht oder Tierhaltung, der nach den Vorschriften des § 13 Abs. 1 EStG i. V. m. §§ 51 und 51 a BewG keine ausreichenden landwirtschaftlichen Nutzflächen als Futtergrundlage zur Verfügung stehen (→ BFH vom 12. 8. 1982 – BStBl. 1983 II S. 36; → R 13.2).

Landwirtschaftliche Tätigkeit. Wird neben einer Tierzucht oder Tierhaltung, die für sich gesehen als landwirtschaftliche Tätigkeit einzuordnen wäre, eine gewerbliche Tätigkeit ausgeübt, ist § 15 Abs. 4 Satz 1 und 2 EStG nicht anzuwenden. Das gilt auch, wenn die Tierzucht oder Tierhaltung im Rahmen einer Personengesellschaft erfolgt, deren Einkünfte zu den Einkünften aus Gewerbebetrieb gehören, oder sich die Tierzucht oder Tierhaltung als Nebenbetrieb der gewerblichen Tätigkeit darstellt (→ BFH vom 1. 2. 1990 – BStBl. 1991 II S. 625).

Lohnmast. § 15 Abs. 4 Satz 1 und 2 EStG ist auch anzuwenden, soweit der Gewerbetreibende die Tiermast im Wege der Lohnmast auf Auftragnehmer übertragen hat, die ihrerseits Einkünfte aus Land- und Forstwirtschaft beziehen (→ BFH vom 8. 11. 2000 – BStBl. 2001 II S. 349).

Pelztierzucht. Das Ausgleichs- und Abzugsverbot für Verluste aus gewerblicher Tierzucht oder gewerblicher Tierhaltung gilt nicht für Verluste aus einer Nerzzucht (→ BFH vom 19. 12. 2002 – BStBl. 2003 II S. 507).

Personengesellschaft → Landwirtschaftliche Tätigkeit.

Termingeschäft
- Ein strukturierter EUR-Zinsswap mit CMS-Spread-Koppelung (CMS Spread Ladder Swap) ist ein unter § 15 Abs. 4 Satz 3 EStG fallendes Termingeschäft (→ BFH vom 20. 8. 2014 – BStBl. 2015 II S. 177).
- Sog. echte (ungedeckte) Daytrading-Geschäfte sind von dem Begriff des Termingeschäfts in § 15 Abs. 4 Satz 3 EStG umfasst (→ BFH vom 21. 2. 2018 – BStBl. II S. 637).
- Index-Partizipationszertifikate werden nicht vom Begriff des Termingeschäfts in § 15 Abs. 4 Satz 3 EStG umfasst (→ BFH vom 4. 12. 2014 – BStBl. 2015 II S. 483).
- Termingeschäfte, die aus wirtschaftlicher Sicht rein auf die „physische" Lieferung des Basiswertes gerichtet sind, werden von dem Tatbestand des § 15 Abs. 4 Satz 3 EStG nicht umfasst. Aus wirtschaftlicher Sicht nicht auf „physische" Lieferung, sondern auf Differenzausgleich gerichtet sind jedoch Devisentermingeschäfte auch dann, wenn Eröffnungsgeschäft und Gegengeschäft „brutto" abgewickelt werden. Dies setzt zwar nicht die Nämlichkeit des Vertragspartners voraus; erforderlich ist aber, dass das Gegengeschäft zeitlich vor Fälligkeit des Eröffnungsgeschäfts abgeschlossen worden ist (→ BFH vom 6. 7. 2016 – BStBl. 2018 II S. 124).

Verlustabzug in Erbfällen. Verluste i. S. d. § 15 Abs. 4 Satz 1 und 2 EStG → R 10d Abs. 9 Satz 11.

Verlustabzugsbeschränkung nach § 15 Abs. 4 Satz 3 und 4 EStG
- Die Ausgleichs- und Abzugsbeschränkung für Verluste aus betrieblichen Termingeschäften ist jedenfalls in den Fällen, in denen es nicht zu einer Definitivbelastung kommt, verfassungsgemäß (→ BFH vom 28. 4. 2016 – BStBl. II S. 739 und vom 6. 7. 2016 – BStBl. 2018 II S. 124).
- Der Tatbestand des § 15 Abs. 4 Satz 3 EStG setzt keine Spekulationsabsicht des Stpfl. voraus (→ BFH vom 6. 7. 2016 – BStBl. 2018 II S. 124).
- Reicht die im Außenverhältnis aus einem Termingeschäft berechtigte bzw. verpflichtete Holdinggesellschaft die Chancen und Risiken aus diesem Geschäft im Innenverhältnis insgesamt an ein gruppeninternes Unternehmen weiter, ist die Verlustausgleichs- und -abzugsbeschränkung des § 15 Abs. 4 Satz 3 EStG allein auf Ebene des aus dem Geschäft tatsächlich belasteten operativ tätigen Unternehmens anzuwenden. Die Absicherung von Geschäften des gewöhnlichen Geschäftsbetriebs i. S. v. § 15 Abs. 4 Satz 4 zweite Alternative EStG setzt nicht nur einen subjektiven Sicherungszusammenhang, sondern auch einen objektiven Nutzungs- und Funktionszusammenhang zwischen dem Grund- und dem Absicherungsgeschäft voraus. Das Sicherungsgeschäft muss deshalb auch dazu geeignet sein, Risiken aus dem Grundgeschäft zu kompensieren (→ BFH vom 20. 8. 2014 – BStBl. 2015 II S. 177).

Verlustabzugsbeschränkung nach § 15 Abs. 4 Satz 6 bis 8 EStG. Zur Behandlung von Verlusten aus atypisch stillen Gesellschaften, Unterbeteiligungen oder sonstigen Innengesellschaften an Kapitalgesellschaften → BMF vom 19. 11. 2008 (BStBl. I S. 970).[1]

Verlustvor- und -rücktrag. Zur Anwendung des § 10d EStG im Rahmen des § 15 Abs. 4 Satz 1 und 2 EStG → BMF vom 29. 11. 2004 (BStBl. I S. 1097).[2]

Anl zu H 15.10

Anwendungsschreiben zur Verlustabzugsbeschränkung nach § 15 Abs. 4 Satz 6 bis 8 EStG

Vom 19. November 2008 (BStBl. I S. 970)

(BMF IV C 6 – S 2119/07/10001; DOK 2008/0498934)

Im Einvernehmen mit den obersten Finanzbehörden der Länder gilt zur Anwendung der Verlustabzugsbeschränkung nach § 15 Abs. 4 Satz 6 bis 8 EStG Folgendes:

---

[1] Nachstehend abgedruckt.
[2] Abgedruckt als Anlage zu § 10d EStG.

Anl zu H 15.10

I. Allgemeine Grundsätze

118 **1** Nach § 15 Abs. 4 Satz 6 bis 8 EStG sind Verluste aus atypisch stillen Beteiligungen und vergleichbaren Innengesellschaften an Kapitalgesellschaften (im Weiteren: atypisch stille Gesellschaft), an denen unmittelbar oder mittelbar Kapitalgesellschaften beteiligt sind, nach Maßgabe des § 10 d EStG nur mit späteren Gewinnen oder dem Vorjahresgewinn aus derselben Einkunftsquelle verrechenbar. Soweit an der stillen Gesellschaft unmittelbar oder mittelbar, ganz oder teilweise jedoch natürliche Personen beteiligt sind, bleibt der Verlust weiterhin abzugsfähig.

II. Definition des Verlustes i. S. von § 15 Abs. 4 Satz 6 bis 8 EStG

2 Der Verlust i. S. von § 15 Abs. 4 Satz 6 bis 8 EStG ist der nach den einkommensteuerrechtlichen Vorschriften ermittelte und nach Anwendung des § 15 a EStG ausgleichsfähige Verlust. Hierzu gehören insbesondere auch der steuerpflichtige Teil der sog. Teil-/Halbeinkünfte (§ 3 Nr. 40 i. V. m. § 3 c EStG) und die ausländischen Einkünfte.

3 Bei dem Verlust i. S. v. § 15 Abs. 4 Satz 6 bis 8 EStG handelt es sich lediglich um den laufenden Verlust aus der Beteiligung, jedoch nicht um den Verlust der Beteiligung selbst. Somit stehen alle anderen Verluste, z. B. aus der Veräußerung, für einen – unter den Voraussetzungen der Abzugsfähigkeit nach § 15 a EStG (vgl. auch IV.) – unbeschränkten Verlustausgleich zur Verfügung.

III. Verlustabzug nach Maßgabe des § 10 d EStG

4 Der Verlust i. S. v. § 15 Abs. 4 Satz 6 bis 8 EStG ist nach Maßgabe des § 10 d EStG in das unmittelbar vorangegangene Jahr zurückzutragen. Der Steuerpflichtige hat nach § 10 d Abs. 1 Satz 5 EStG jedoch das Wahlrecht, den Verlustrücktrag auszuschließen oder einzugrenzen. Dieses Wahlrecht muss nicht von allen Mitunternehmern einheitlich ausgeübt werden. Es kann vielmehr jeder von der Verlustabzugsbeschränkung betroffene Mitunternehmer selbst entscheiden, ob und ggf. in welcher Höhe ein Verlustrücktrag durchgeführt werden soll.

5 Nach § 15 Abs. 4 Satz 6 bis 8 EStG wird die Verlustverrechnung auf Ebene des Gesellschafters/Beteiligten durchgeführt, so dass für jeden Steuerpflichtigen ein gesonderter Verlustverrechnungskreis gebildet wird. Dementsprechend sind die Höchstbeträge des § 10 d Abs. 1 und 2 EStG für jeden Beteiligten/Mitunternehmer in voller Höhe gesellschafterbezogen anzuwenden. Ist der Gesellschafter/Beteiligte mehrere atypisch stille Beteiligungen an verschiedenen Kapitalgesellschaften eingegangen, gelten die Sätze 1 und 2 entsprechend für jede Beteiligung.

6 Sind im Rücktragsjahr im Gewinnanteil des atypisch stillen Gesellschafters ausländische Einkünfte enthalten und anrechenbare ausländische Steuern i. S. v. § 34 c EStG angefallen, wird die Anrechnung der ausländischen Steuern i. S. v. § 34 c EStG durch den Verlustrücktrag grundsätzlich nicht berührt. Aufgrund der durch den Verlustrücktrag verringerten deutschen Einkommensteuer i. S. d. § 34 c EStG vermindert sich jedoch der Anrechnungshöchstbetrag des entsprechenden Jahres.

IV. Verhältnis der Verlustabzugsbeschränkung für atypisch stille Gesellschaften (§ 15 Abs. 4 Satz 6 bis 8 EStG) zur Verlustabzugsbeschränkung bei Verlusten aus beschränkter Haftung (§ 15 a EStG)

1. Verhältnis zu § 15 a EStG

7 Die Verlustabzugsbeschränkung nach § 15 Abs. 4 Satz 6 bis 8 EStG findet auf den nach Anwendung des § 15 a EStG noch abzugsfähigen Verlust Anwendung. Soweit der Verlust bereits nach § 15 a EStG lediglich verrechenbar ist, ist für die Anwendung von § 15 Abs. 4 Satz 6 bis 8 EStG kein Raum mehr.

2. Verfahren bei festgestellten verrechenbaren Verlusten nach § 15 a EStG und § 15 Abs. 4 Satz 6 bis 8 EStG

8 Liegen sowohl verrechenbare Verluste i. S. v. § 15 a EStG als auch verrechenbare Verluste i. S. v. § 15 Abs. 4 Satz 6 bis 8 EStG vor, sind spätere Gewinne vorrangig mit den nach § 15 a EStG verrechenbaren Verlusten auszugleichen. Erst wenn keine nach § 15 a EStG verrechenbaren Verluste mehr verbleiben, sind verbleibende Gewinne mit den nach § 15 Abs. 4 Satz 6 bis 8 EStG verrechenbaren Verlusten auszugleichen.

3. Verlustrücktrag nach Maßgabe des § 10 d EStG

9 Nach § 15 Abs. 4 Satz 6 bis 8 EStG ist ein Verlustrücktrag nach Maßgabe des § 10 d EStG möglich. Dieser Verlustrücktrag ist nach Anwendung des § 15 a EStG im Rücktragsjahr durchzuführen.

Beispiel 1:

Veranlagungszeitraum (VZ) 01:

Die A-GmbH geht eine atypisch stille Beteiligung an der B-GmbH ein. Sie tätigt eine Einlage von 100 000 EUR und es wird ihr in 01 ein Verlust von 180 000 EUR zugerechnet.

Nach § 15 a EStG sind von dem Verlust 100 000 EUR ausgleichsfähig und 80 000 EUR verrechenbar. Der ausgleichsfähige Verlust nach § 15 a EStG wird i. H. v. 100 000 EUR auf Ebene der stillen Beteiligung (A-GmbH) als verrechenbarer Verlust nach § 15 Abs. 4 Satz 6 bis 8 EStG gesondert festgestellt.

VZ 01	Verlustanteil	– 180 000 EUR
	davon verrechenbar nach § 15 a EStG	– 80 000 EUR
	nach Anwendung des § 15 a EStG verbleibender Verlustanteil	– 100 000 EUR
	davon verrechenbar nach § 15 Abs. 4 Satz 6 EStG	– 100 000 EUR
	bei der Veranlagung anzusetzen	0 EUR

31. 12. 01:	Feststellung des verbleibenden Verlustvortrags nach § 15 Abs. 4 Satz 7 i. V. m. § 10 d EStG:	
	nach Anwendung des § 15 a EStG verbleibender Verlustanteil	– 100 000 EUR
	Rücktrag in den VZ 00	0 EUR
	Verbleibender Verlustvortrag	– 100 000 EUR

VZ 02:

In 02 werden der A-GmbH Einkünfte nach § 15 Abs. 4 Satz 6 bis 8 EStG in Höhe von + 1 000 000 EUR zugerechnet. Der verrechenbare § 15 a-Verlust aus 01 wird mit dem Gewinn aus 02 verrechnet. Danach beträgt der verrechenbare Verlust nach § 15 a EStG 0 EUR (31. 12. 02). Der verbleibende Gewinn von 920 000 EUR muss mit dem verrechenbaren Verlust nach § 15 Abs. 4 Satz 6 bis 8 EStG verrechnet werden.

VZ 02	Gewinnanteil	+ 1 000 000 EUR
	davon Verrechnung mit § 15 a Abs. 2 EStG	– 80 000 EUR
	nach Anwendung des § 15 a EStG verbleibender Gewinnanteil	+ 920 000 EUR
	davon Verrechnung nach § 15 Abs. 4 Satz 7 EStG	– 100 000 EUR
	bei der Veranlagung anzusetzen	+ 820 000 EUR
31. 12. 02:	Feststellung des verbleibenden Verlustvortrags nach § 15 Abs. 4 Satz 7 i. V. m. § 10 d EStG:	
	verbleibender Verlustabzug am 31. 12. 01	– 100 000 EUR
	im VZ 02 abgezogener Verlust	– 100 000 EUR
	Verbleibender Verlustvortrag	0 EUR

VZ 03:

In 03 werden der A-GmbH Einkünfte nach § 15 Abs. 4 Satz 6 bis 8 EStG in Höhe von – 1 500 000 EUR zugerechnet. In Höhe von 580 000 EUR führt der Verlust aus 03 zu einem negativen Kapitalkonto, so dass nach § 15 a EStG verrechenbare Verluste in dieser Höhe festzustellen sind. Der verbleibende Verlust ist nach § 15 Abs. 4 Satz 6 bis 8 EStG nicht ausgleichsfähig. Es besteht jedoch nach Maßgabe des § 10 d EStG die Möglichkeit eines Verlustrücktrags i. H. v. 511 500 EUR nach 02. In diesem Fall vermindert sich der bei der Veranlagung 02 anzusetzende Gewinnanteil auf 308 500 EUR (= 820 000 EUR – 511 500 EUR). Die in 02 vorgenommene Verlustverrechnung nach § 15 a EStG bleibt unberührt.

VZ 03	Verlustanteil	– 1 500 000 EUR
	davon verrechenbar nach § 15 a EStG	– 580 000 EUR
	nach Anwendung des § 15 a EStG verbleibender Verlustanteil	– 920 000 EUR
	davon verrechenbar nach § 15 Abs. 4 Satz 6 EStG	– 920 000 EUR
	bei der Veranlagung anzusetzen	0 EUR
31. 12. 03:	Feststellung des verbleibenden Verlustvortrags nach § 15 Abs. 4 Satz 7 i. V. m. § 10 d EStG:	
	nach Anwendung des § 15 a EStG verbleibender Verlustanteil	– 920 000 EUR
	Rücktrag in den VZ 02	– 511 500 EUR
	Verbleibender Verlustvortrag	– 408 500 EUR

Beispiel 2:

VZ 01:

Die A-GmbH ist atypisch still an der B-GmbH beteiligt. Zum 31. 12. 01 wurde ein nach § 15 a EStG verrechenbarer Verlust i. H. v. 100 000 EUR festgestellt.

VZ 02:

Der A-GmbH werden aus der atypisch stillen Beteiligung Einkünfte i. H. v. – 80 000 EUR zugerechnet. Einlagen und Entnahmen wurden nicht getätigt, so dass sich das negative Kapitalkonto der A-GmbH um 80 000 EUR erhöht.
Der nach § 15 a EStG verrechenbare Verlust erhöht sich um 80 000 EUR. Zum 31.12. 02 wird daher ein verrechenbarer Verlust i. H. v. – 180 000 EUR festgestellt. Eine Feststellung nach § 15 Abs. 4 Satz 6 bis 8 EStG ist nicht erforderlich, da keine bei der Veranlagung verbleibenden Einkünfte entstanden sind.

VZ 03:

Der A-GmbH werden aus der atypisch stillen Beteiligung Einkünfte i. H. v. 50 000 EUR zugerechnet.
Der Gewinn ist nach § 15 a Abs. 2 EStG mit dem verrechenbaren Verlust aus den Vorjahren zu saldieren. Eine Feststellung nach § 15 Abs. 4 Satz 6 bis 8 EStG ist weiterhin nicht erforderlich. Der verrechenbare Verlust nach § 15 a EStG zum 31. 12. 03 beträgt – 130 000 EUR.

V. Auswirkung von § 15 Abs. 4 Satz 6 bis 8 EStG auf die Gewerbesteuer

10 Die Verlustabzugsbeschränkung des § 15 Abs. 4 Satz 6 bis 8 EStG hat keine Auswirkung auf die Festsetzung des Gewerbesteuermessbetrags der atypisch stillen Gesellschaft, da gewerbesteuerlich das Ergebnis der atypisch stillen Gesellschaft besteuert wird und beim Mitunternehmer (wenn er selbst der Gewerbesteuer unterliegt und die Beteiligung zum Betriebsvermögen gehört) ein positiver Gewinnanteil nach § 9 Nr. 2 GewStG oder ein Verlustanteil nach § 8 Nr. 8 GewStG neutralisiert wird.

VI. Feststellungsverfahren

11 Die Verlustverrechnung nach § 15 Abs. 4 Satz 6 bis 8 EStG wird erst auf Ebene des Gesellschafters/Beteiligten durchgeführt (vgl. Rn. 5). Im Bescheid über die gesonderte und einheitliche Feststellung der gemeinschaftlichen Einkünfte der Beteiligten der atypisch stillen Gesellschaft *(§ 180 Abs. 1 Nr. 2 Buchstabe a AO)*[1] ist der Gewinn oder Verlust daher ohne Anwendung des § 15 Abs. 4 Satz 6 bis 8 EStG festzustellen.

[1] Jetzt § 180 Abs. 1 Satz 1 Nr. 2 Buchstabe a AO.

Anl zu H 15.10

Das für die Gewinnfeststellung nach *§ 180 Abs. 1 Nr. 2 Buchstabe a AO*[1] für die atypisch stille Gesellschaft zuständige Finanzamt hat dem für die Besteuerung des atypisch stillen Gesellschafters zuständigen Finanzamt die als Grundlagen für die Verlustverrechnung maßgebenden Beträge nachrichtlich mitzuteilen.

Handelt es sich bei dem atypisch stillen Gesellschafter um eine Mitunternehmerschaft (Obergesellschaft), an der unmittelbar oder mittelbar eine Kapitalgesellschaft beteiligt ist, ist der Verlustanteil nur insoweit nach § 15 Abs. 4 Satz 6 bis 8 EStG verrechenbar, als er mittelbar auf diese Kapitalgesellschaft entfällt. Das für die Gewinnfeststellung nach *§ 180 Abs. 1 Nr. 2 Buchstabe a AO*[1] für die Obergesellschaft zuständige Finanzamt hat dem für die Besteuerung der Kapitalgesellschaft zuständigen Finanzamt die als Grundlagen für die Verlustverrechnung maßgebenden Beträge nachrichtlich mitzuteilen.

12 Der nach § 15 Abs. 4 Satz 6 bis 8 EStG verbleibende Verlustvortrag ist auf Ebene des Gesellschafters/Beteiligten an der atypisch stillen Gesellschaft nach Durchführung eines eventuellen Verlustrücktrags in das Vorjahr gesondert festzustellen. Zuständig für die gesonderte Feststellung ist das für die Einkommensbesteuerung des Gesellschafters/Beteiligten zuständige Finanzamt (§ 15 Abs. 4 Satz 6 i. V. m. § 10 d Abs. 4 Satz 3 EStG).

VII. Anwendung auf typisch stille Gesellschaften i. S. v. § 20 Abs. 1 Nr. 4 EStG

13 Die Grundsätze dieses Schreibens unter I. bis IV. sind auf typisch stille Gesellschaften i. S. v. § 20 Abs. 1 Nr. 4 und Abs. 3 EStG (ab VZ 2009: Abs. 8) entsprechend anzuwenden. Allerdings liegen bei dem Inhaber des Handelsgeschäfts und dem typisch stillen Gesellschafter keine gemeinschaftlich erzielten Einkünfte vor, die folglich auch nicht gesondert und einheitlich festgestellt werden. Die gesonderte Feststellung des nach § 15 Abs. 4 Satz 6 bis 8 EStG verrechenbaren Verlustes erfolgt auch in diesen Fällen ausschließlich auf Ebene des Gesellschafters.

VIII. Zeitliche Anwendung

14 Dieses Schreiben ist in allen noch offenen Fällen anzuwenden.

[1] Jetzt § 180 Abs. 1 Satz 1 Nr. 2 Buchstabe a AO.

EStG

§ 15 a[1] Verluste bei beschränkter Haftung

(1) ① Der einem Kommanditisten zuzurechnende Anteil am Verlust der Kommanditgesellschaft darf weder mit anderen Einkünften aus Gewerbebetrieb noch mit Einkünften aus anderen Einkunftsarten ausgeglichen werden, soweit ein negatives Kapitalkonto des Kommanditisten entsteht oder sich erhöht; er darf insoweit auch nicht nach § 10 d abgezogen werden. ② Haftet der Kommanditist am Bilanzstichtag den Gläubigern der Gesellschaft auf Grund des § 171 Absatz 1 des Handelsgesetzbuchs, so können abweichend von Satz 1 Verluste des Kommanditisten bis zur Höhe des Betrags, um den die im Handelsregister eingetragene Einlage des Kommanditisten seine geleistete Einlage übersteigt, auch ausgeglichen oder abgezogen werden, soweit durch den Verlust ein negatives Kapitalkonto entsteht oder sich erhöht. ③ Satz 2 ist nur anzuwenden, wenn derjenige, dem der Anteil zuzurechnen ist, im Handelsregister eingetragen ist, das Bestehen der Haftung nachgewiesen wird und eine Vermögensminderung auf Grund der Haftung nicht durch Vertrag ausgeschlossen oder nach Art und Weise des Geschäftsbetriebs unwahrscheinlich ist. 1

(1 a) ① Nachträgliche Einlagen führen weder zu einer nachträglichen Ausgleichs- oder Abzugsfähigkeit eines vorhandenen verrechenbaren Verlustes noch zu einer Ausgleichs- oder Abzugsfähigkeit des dem Kommanditisten zuzurechnenden Anteils am Verlust eines zukünftigen Wirtschaftsjahres, soweit durch den Verlust ein negatives Kapitalkonto des Kommanditisten entsteht oder sich erhöht. ② Nachträgliche Einlagen im Sinne des Satzes 1 sind Einlagen, die nach Ablauf eines Wirtschaftsjahres geleistet werden, in dem ein nicht ausgleichs- oder abzugsfähiger Verlust im Sinne des Absatzes 1 entstanden oder ein Gewinn im Sinne des Absatzes 3 Satz 1 zugerechnet worden ist. 1a

(2) ① Soweit der Verlust nach den Absätzen 1 und 1 a nicht ausgeglichen oder abgezogen werden darf, mindert er die Gewinne, die dem Kommanditisten in späteren Wirtschaftsjahren aus seiner Beteiligung an der Kommanditgesellschaft zuzurechnen sind. ② Der verrechenbare Verlust, der nach Abzug von einem Veräußerungs- oder Aufgabegewinn verbleibt, ist im Zeitpunkt der Veräußerung oder Aufgabe des gesamten Mitunternehmeranteils oder der Betriebsveräußerung oder -aufgabe bis zur Höhe der nachträglichen Einlagen im Sinne des Absatzes 1 a ausgleichs- oder abzugsfähig. 2

(3)[2] ① Soweit ein negatives Kapitalkonto des Kommanditisten durch Entnahmen entsteht oder sich erhöht (Einlageminderung) und soweit nicht auf Grund der Entnahmen eine nach Absatz 1 Satz 2 zu berücksichtigende Haftung besteht oder entsteht, ist dem Kommanditisten der Betrag der Einlageminderung als Gewinn zuzurechnen. ② Der nach Satz 1 zuzurechnende Betrag darf den Betrag der Anteile am Verlust der Kommanditgesellschaft nicht übersteigen, der im Wirtschaftsjahr der Einlageminderung und in den zehn vorangegangenen Wirtschaftsjahren ausgleichs- oder abzugsfähig gewesen ist. ③ Wird der Haftungsbetrag im Sinne des Absatzes 1 Satz 2 gemindert (Haftungsminderung) und sind im Wirtschaftsjahr der Haftungsminderung und den zehn vorangegangenen Wirtschaftsjahren Verluste nach Absatz 1 Satz 2 ausgleichs- oder abzugsfähig gewesen, so ist dem Kommanditisten der Betrag der Haftungsminderung, vermindert um auf Grund der Haftung tatsächlich geleistete Beträge, als Gewinn zuzurechnen; Satz 2 gilt sinngemäß. ④ Die nach den Sätzen 1 bis 3 zuzurechnenden Beträge mindern die Gewinne, die dem Kommanditisten im Wirtschaftsjahr der Zurechnung oder in späteren Wirtschaftsjahren aus seiner Beteiligung an der Kommanditgesellschaft zuzurechnen sind. 3

(4)[3] ① Der nach Absatz 1 nicht ausgleichs- oder abzugsfähige Verlust eines Kommanditisten, vermindert um die nach Absatz 2 abzuziehenden und vermehrt um die nach Absatz 3 hinzuzurechnenden Beträge (verrechenbarer Verlust), ist jährlich gesondert festzustellen. ② Dabei ist von dem verrechenbaren Verlust des vorangegangenen Wirtschaftsjahres auszugehen. ③ Zuständig für den Erlass des Feststellungsbescheids ist das für die gesonderte Feststellung des Gewinns und Verlustes der Gesellschaft zuständige Finanzamt. ④ Der Feststellungsbescheid kann nur insoweit angegriffen werden, als der verrechenbare Verlust gegenüber dem verrechenbaren Verlust des vorangegangenen Wirtschaftsjahres sich verändert hat. ⑤ Die gesonderten 4

---

[1] Zum Anwendungsbereich siehe § 52 Abs. 24 EStG.
Eine zusammenfassende Darstellung zur Zurechnung von Verlustanteilen und zur Nachversteuerung negativer Kapitalkonten bei Kommanditisten enthält die *Vfg. der OFD Frankfurt a. M. vom 17. 12. 2014 S 2241 A – 30 – St 213 (StEd 2015 S. 111; BeckVerw 293953).*

[2] Zur Gewinnzurechnung nach § 15 a Abs. 3 EStG *vgl. Vfg. OFD Frankfurt vom 1. 9. 2015 S 2241 a A – St – 008 St 517 (BeckVerw 621427).*

[3] Die Feststellung des verrechenbaren Verlustes nach § 15 a Abs. 4 EStG und die gesonderte und einheitliche Feststellung der Einkünfte einer KG sind zwei selbständig anfechtbare Verwaltungsakte. *BFH-Urteil vom 23. 2. 1999 VIII R 29/98 (BStBl. II S. 592).*

Feststellungen nach Satz 1 können mit der gesonderten und einheitlichen Feststellung der einkommensteuerpflichtigen und körperschaftsteuerpflichtigen Einkünfte verbunden werden. ⑥ In diesen Fällen sind die gesonderten Feststellungen des verrechenbaren Verlustes einheitlich durchzuführen.

5 (5) **Absatz 1 Satz 1, Absatz 1 a, 2 und 3 Satz 1, 2 und 4 sowie Absatz 4 gelten sinngemäß für andere Unternehmer, soweit deren Haftung der eines Kommanditisten vergleichbar ist, insbesondere für**

1. **stille Gesellschafter einer stillen Gesellschaft im Sinne des § 230 des Handelsgesetzbuchs, bei der der stille Gesellschafter als Unternehmer (Mitunternehmer) anzusehen ist,**
2. **Gesellschafter einer Gesellschaft im Sinne des Bürgerlichen Gesetzbuchs, bei der der Gesellschafter als Unternehmer (Mitunternehmer) anzusehen ist, soweit die Inanspruchnahme des Gesellschafters für Schulden in Zusammenhang mit dem Betrieb durch Vertrag ausgeschlossen oder nach Art und Weise des Geschäftsbetriebs unwahrscheinlich ist,**[1]
3. **Gesellschafter einer ausländischen Personengesellschaft, bei der der Gesellschafter als Unternehmer (Mitunternehmer) anzusehen ist, soweit die Haftung des Gesellschafters für Schulden in Zusammenhang mit dem Betrieb der eines Kommanditisten oder eines stillen Gesellschafters entspricht oder soweit die Inanspruchnahme des Gesellschafters für Schulden in Zusammenhang mit dem Betrieb durch Vertrag ausgeschlossen oder nach Art und Weise des Geschäftsbetriebs unwahrscheinlich ist,**
4. **Unternehmer, soweit Verbindlichkeiten nur in Abhängigkeit von Erlösen oder Gewinnen aus der Nutzung, Veräußerung oder sonstigen Verwertung von Wirtschaftsgütern zu tilgen sind,**
5. **Mitreeder einer Reederei im Sinne des § 489 des Handelsgesetzbuchs, bei der der Mitreeder als Unternehmer (Mitunternehmer) anzusehen ist, wenn die persönliche Haftung des Mitreeders für die Verbindlichkeiten der Reederei ganz oder teilweise ausgeschlossen oder soweit die Inanspruchnahme des Mitreeders für Verbindlichkeiten der Reederei nach Art und Weise des Geschäftsbetriebs unwahrscheinlich ist.**

Übersicht

R 15a

R 15 a. Verluste bei beschränkter Haftung

Zusammentreffen von Einlage- und Haftungsminderung

11 (1) Treffen Einlage- und Haftungsminderung in einem Wirtschaftsjahr zusammen, ist die Einlageminderung vor der Haftungsminderung im Rahmen des § 15 a Abs. 3 EStG zu berücksichtigen.

Sonderbetriebsvermögen

12 (2) ① Verluste, die der Gesellschafter im Bereich seines Sonderbetriebsvermögens erleidet, sind grundsätzlich unbeschränkt ausgleichs- und abzugsfähig. ② Sie sind ausnahmsweise nicht unbeschränkt ausgleichs- und abzugsfähig, wenn sich das Sonderbetriebsvermögen im Gesamthandseigentum einer anderen Gesellschaft befindet, bei der für die Verluste der Gesellschafter ihrerseits § 15 a EStG gilt. ③ Sofern auf Ebene der anderen Gesellschaft selbst eine Feststellung nach § 15 a Abs. 4 EStG in Betracht kommt, ist die Ausgleichs-/Abzugsbeschränkung nach § 15 a EStG in Bezug auf den Bereich Sonderbetriebsvermögen erst bei dieser Feststellung zu berücksichtigen.

Außenhaftung des Kommanditisten nach § 15 a Abs. 1 Satz 2 und 3 EStG

13 (3) ① Der erweiterte Verlustausgleich oder -abzug im Jahr der Entstehung des Verlustes bei der KG setzt u. a. voraus, dass derjenige, dem der Anteil zuzurechnen ist und der deshalb den Verlustanteil bei seiner persönlichen Steuerveranlagung ausgleichen oder abziehen will, am Bilanzstich-

[1] Zur sinngemäßen Anwendung bei Einkünften aus Vermietung und Verpachtung von Gesellschaften des bürgerlichen Rechts vgl. BMF-Schreiben vom 30. 6. 1994, abgedruckt als Anlage a zu § 21 EStG.

tag namentlich im Handelsregister eingetragen ist. ② Die Anmeldung zur Eintragung im Handelsregister reicht nicht aus. ③ Dies gilt auch, wenn die Eintragung z. B. wegen Überlastung des Handelsregistergerichts oder wegen firmenrechtlicher Bedenken des Gerichts noch nicht vollzogen ist. ④ Bei Treuhandverhältnissen im Sinne des § 39 AO und bei Unterbeteiligungen, die ein beschränkt haftender Unternehmer einem Dritten an seinem Gesellschaftsanteil einräumt, reicht für den erweiterten Verlustausgleich oder -abzug die Eintragung des Treuhänders oder des Hauptbeteiligten im Handelregister nicht aus. ⑤ Der erweiterte Verlustausgleich nach § 15 a Abs. 1 Satz 2 und 3 EStG kommt nicht in Betracht, wenn sich die Haftung des Kommanditisten aus § 176 HGB ergibt. ⑥ Nach der Konzeption des § 15 a EStG kann der Kommanditist Verluste insgesamt maximal bis zur Höhe seiner Einlage zuzüglich einer etwaigen überschießenden Außenhaftung nach § 171 Abs. 1 HGB steuerlich geltend machen. ⑦ Daher darf auch bei einer über mehrere Bilanzstichtage bestehenden Haftung das Verlustausgleichsvolumen nach § 15 a Abs. 1 Satz 2 und 3 EStG insgesamt nur einmal in Anspruch genommen werden. ⑧ Die spätere haftungsbeendende Einlageleistung schafft auch nach Ablauf des Elf-Jahreszeitraums nach § 15 a Abs. 3 EStG kein zusätzliches Verlustausgleichspotential. ⑨ Das Verlustausgleichspotential nach § 15 a Abs. 1 Satz 2 und 3 EStG darf auch dann nur einmal in Anspruch genommen werden, wenn die Außenhaftung des Kommanditisten auf Grund von Entnahmen nach § 172 Abs. 4 Satz 2 HGB wieder auflebt.

Steuerbefreiung nach § 16 Abs. 4 EStG bei verrechenbaren Verlusten

(4) Bezugsgröße der Steuerbefreiung des § 16 Abs. 4 EStG ist der Veräußerungsgewinn nach der Minderung um die verrechenbaren Verluste. **14**

Ausländische Verluste

(5) ① Auf den Anteil am Verlust aus ausländischen Betriebsstätten ist auf Ebene der Gesellschaft **15**
§ 15 a EStG anzuwenden. ② Ergibt sich nach Anwendung des § 15 a EStG ein ausgleichsfähiger Verlust, ist des Weiteren – getrennt nach Staaten – festzustellen, ob und ggf. inwieweit es sich um einen Verlust aus einer aktiven Tätigkeit im Sinne des § 2 a Abs. 2 EStG handelt oder um einen Verlust, der den Verlustausgleichsbeschränkungen des § 2 a Abs. 1 Satz 1 Nr. 2 EStG unterliegt (Verlust aus passiver Tätigkeit). ③ Soweit ein Verlust aus passiver Tätigkeit vorliegt, ist auf Ebene des Gesellschafters zu prüfen, ob ein Ausgleich mit positiven Einkünften derselben Art aus demselben Staat in Betracht kommt. ④ Die vorstehenden Grundsätze gelten auch für ausländische Personengesellschaften unter den Voraussetzungen des § 15 a Abs. 5 Nr. 3 EStG.

Verlustzurechnung nach *§ 52 Abs. 33 Satz 4 EStG*[1] beim Ausscheiden von Kommanditisten

(6) ① In Höhe der nach *§ 52 Abs. 33 Satz 3 EStG*[2] als Gewinn zuzurechnenden Beträge sind **16**
bei den anderen Mitunternehmern unter Berücksichtigung der für die Zurechnung von Verlusten geltenden Grundsätze nach Maßgabe des Einzelfalles Verlustanteile anzusetzen *(§ 52 Abs. 33 Satz 4 EStG)*[3]. ② Das bedeutet, dass im Falle der Auflösung der Gesellschaft diese Verlustanteile ausschließlich bei den unbeschränkt haftenden Mitunternehmern anzusetzen sind. ③ In den Fällen des Ausscheidens von Mitgesellschaftern ohne Auflösung der Gesellschaft sind bei den Mitunternehmern, auf die der Anteil des Ausscheidenden übergeht, in Höhe der in dem Anteil enthaltenen und auf sie übergehenden stillen Reserven Anschaffungskosten zu aktivieren. ④ In Höhe des Teilbetrags des negativen Kapitalkontos, der die stillen Reserven einschließlich des Firmenwerts übersteigt, sind bei den Mitunternehmern, auf die der Anteil übergeht, Verlustanteile anzusetzen. ⑤ Soweit die übernehmenden Mitunternehmer beschränkt haften, ist bei ihnen die Beschränkung des Verlustausgleichs nach § 15 a EStG zu beachten.

H 15a

Allgemeines.[4] Die Frage der Zurechnung von Einkünften wird durch die Regelung des § 15 a Abs. 1 bis 4 EStG nicht berührt. Verlustanteile, die der Kommanditist nach § 15 a Abs. 1 Satz 1 **18**
EStG nicht ausgleichen oder abziehen darf, werden diesem nach Maßgabe der vom BFH für die Zurechnung von Einkünften entwickelten Grundsätze zugerechnet (→ BFH vom 10. 11. 1980 – BStBl. 1981 II S. 164, vom 19. 3. 1981 – BStBl. II S. 570, vom 26. 3. 1981 – BStBl. II S. 572, vom 5. 5. 1981 – BStBl. II S. 574, vom 26. 5. 1981 – BStBl. II S. 668 und 795 und vom 22. 1. 1985 – BStBl. 1986 II S. 136). Daher mindern diese Verlustanteile auch die Gewinne, die dem Kommanditisten in späteren Wj. aus seiner Beteiligung an der Kommanditgesellschaft zuzurechnen sind.

Anwendungsbereich. § 15 a EStG gilt für sämtliche Kommanditgesellschaften, nicht nur für Verlustzuweisungsgesellschaften (→ BFH vom 9. 5. 1996 – BStBl. II S. 474).

---

[1] Jetzt: § 52 Abs. 24 EStG.
[2] Jetzt: § 52 Abs. 24 Satz 3 EStG.
[3] Jetzt: § 52 Abs. 24 Satz 4 EStG.
[4] Zur Anwendung des § 15 a EStG auf doppelstöckige Personengesellschaften vgl. *BFH-Beschluss vom 18. 12. 2003 IV B 201/03 (BStBl. 2004 II S. 231)* und *Vfg. OFD Frankfurt vom 23. 7. 2013 S 2241 a A – 7 St 213 (DStR S. 2699).*
Zu Zweifelsfragen zum Verlustausgleichsvolumen nach § 15 a Abs. 1 EStG siehe *Vfg. OFD Frankfurt vom 19.10.2017, S 2241 a A – 11 – St 213 (DStR 2018 S. 569).*

H 15a

Auflösung des negativen Kapitalkontos

– Bei einem vorzeitigen Fortfall des negativen Kapitalkontos kann eine überschießende Außenhaftung des Kommanditisten nicht gewinnmindernd berücksichtigt werden (→ BFH vom 26. 9. 1996 – BStBl. 1997 II S. 277).

– → H 16 (4) Negatives Kapitalkonto.

Beispiele

1. Grundfall

Die eingetragene Hafteinlage des Kommanditisten beträgt 200 000 €.

tatsächlich geleistete Einlage (= Kapitalkonto 1. 1. 01)	110 000 €	
Verlustanteil des Kommanditisten 01	300 000 €	
Kapitalkonto 31. 12. 01	– 190 000 €	

Lösung:

ausgleichsfähig	nach § 15 a Abs. 1 Satz 1 EStG	110 000 €
	nach § 15 a Abs. 1 Satz 2 und 3 EStG	90 000 €
verrechenbar	nach § 15 a Abs. 2 EStG	100 000 €

2. Spätere Rückzahlung der Hafteinlage

Die eingetragene Hafteinlage des Kommanditisten beträgt 200 000 €.

Jahr 01:	tatsächlich geleistete Einlage (= Kapitalkonto 1. 1. 01)	100 000 €	
	Verlustanteil 01	250 000 €	
	Lösung:		
	ausgleichsfähig nach § 15 a Abs. 1 Satz 1 EStG		100 000 €
	nach § 15 a Abs. 1 Satz 2 und 3 EStG		100 000 €
	verrechenbar nach § 15 a Abs. 2 EStG		50 000 €
Jahr 02:	Resteinzahlung Haftkapital	100 000 €	
	Verlustanteil 02	50 000 €	
	Lösung:		
	ausgleichsfähig (R 15 a Abs. 3 Satz 8)		0 €
	verrechenbar nach § 15 a Abs. 2 EStG		50 000 €
Jahr 03:	Rückzahlung Kommanditeinlage	60 000 €	
	Verlustanteil 03	40 000 €	
	Lösung:		
	ausgleichsfähig (R 15 a Abs. 3 Satz 9)		0 €
	verrechenbar nach § 15 a Abs. 2 EStG		40 000 €

Keine Gewinnzurechnung nach § 15 a Abs. 3 Satz 1 EStG, weil die Außenhaftung auf Grund der Einlageminderung in Höhe von 60 000 € wieder auflebt.

3. Gewinne und Entnahmen bei vorhandenem verrechenbaren Verlust

Die eingetragene Hafteinlage des Kommanditisten beträgt 200 000 €.

Jahr 01:	tatsächlich geleistete Einlage (= Kapitalkonto 1. 1. 01)	200 000 €	
	Verlustanteil 01	220 000 €	
	Kapitalkonto 31. 12. 01	– 20 000 €	
	Lösung:		
	ausgleichsfähig nach § 15 a Abs. 1 Satz 1 EStG		200 000 €
	verrechenbar nach § 15 a Abs. 2 EStG		20 000 €
Jahr 02:	Entnahme 02	60 000 €	
	Gewinnanteil 02	40 000 €	
	Kapitalkonto 31. 12. 02	– 40 000 €	
	Lösung:		
	zu versteuernder Gewinnanteil:		
	Gewinnanteil (vor § 15 a Abs. 2 EStG)	40 000 €	
	abzgl. verrechenbarer Verlust 01	– 20 000 €	
	in 02 zu versteuern		20 000 €
	Gewinnzurechnung nach § 15 a Abs. 3 Satz 1 EStG		0 €

Keine Gewinnzurechnung nach § 15 a Abs. 3 Satz 1 EStG, weil durch die Einlageminderung in 02 die Außenhaftung des Kommanditisten i. S. d. § 15 a Abs. 1 Satz 2 EStG in Höhe von 60 000 € wieder auflebt.

4. Liquidation – § 52 Abs. 24 Satz 3 EStG

Die eingetragene Hafteinlage des Kommanditisten beträgt 200 000 €.

bis zum Zeitpunkt der Liquidation tatsächlich geleistete Einlage		100 000 €
bis zum Zeitpunkt der Liquidation ausgleichsfähige Verluste		200 000 €
negatives Kapitalkonto im Zeitpunkt der Liquidation		– 100 000 €
anteiliger Liquidationsgewinn	a)	50 000 €
	b)	110 000 €

Der Liquidationsgewinn wird zunächst zur Auffüllung des negativen Kapitalkontos verwandt.

Im Fall a) braucht der Kommanditist das verbleibende negative Kapitalkonto nicht auffüllen.

Im Fall b) erhält der Kommanditist nach Auffüllung seines negativen Kapitalkontos noch 10 000 € ausbezahlt.

Lösungen:

Fall a)	Liquidationsgewinn	50 000 €
	Wegfall des negativen Kapitalkontos	50 000 €
	Veräußerungsgewinn i. S. d. § 16 EStG	100 000 €
Fall b)	Veräußerungsgewinn i. S. d. § 16 EStG	110 000 €
	(keine Nachversteuerung des negativen Kapitalkontos, da es durch den Liquidationsgewinn gedeckt ist)	

Beteiligung an vermögensverwaltender Gesellschaft. Wird ein Gesellschaftsanteil an einer vermögensverwaltenden GbR von einer KG im gewerblichen Betriebsvermögen gehalten (sog. Zebragesellschaft), ist § 15 a EStG auch hinsichtlich der aus der Beteiligung an der GbR bezogenen Einkünfte der KG nur auf der Ebene der KG anzuwenden. Die unbeschränkten Haftungsverhältnisse bei der GbR sind nicht zu berücksichtigen (→ BFH vom 19. 9. 2019 – BStBl. 2020 II S. 199).

BGB-Innengesellschaft

- Verluste des nicht nach außen auftretenden Gesellschafters einer BGB-Innengesellschaft, die zu einem negativen Kapitalkonto geführt haben, sind nicht ausgleichsfähig, sondern nur nach § 15 a EStG verrechenbar. Das gilt auch dann, wenn sich der Gesellschafter gegenüber dem tätigen Gesellschafter zum Verlustausgleich verpflichtet hat (→ BFH vom 10. 7. 2001 – BStBl. 2002 II S. 339).
- Die im Interesse des gemeinsamen Unternehmens eingegangenen Verpflichtungen eines BGB-Innengesellschafters gegenüber Gläubigern des Geschäftsinhabers begründen keinen erweiterten Verlustausgleich. Die Inanspruchnahme aus solchen Verpflichtungen ist als Einlage zu behandeln, die für frühere Jahre festgestellte verrechenbare Verluste nicht ausgleichsfähig macht (→ BFH vom 5. 2. 2002 – BStBl. II S. 464).

Bürgschaft. Eine Gewinnzurechnung auf Grund des Wegfalls des negativen Kapitalkontos ist nicht vorzunehmen, wenn der ausscheidende Kommanditist damit rechnen muss, dass er aus einer Bürgschaft für die KG in Anspruch genommen wird (→ BFH vom 12. 7. 1990 – BStBl. 1991 II S. 64).

Einlagen

- Einlagen, die vor dem 25. 12. 2008 zum Ausgleich eines negativen Kapitalkontos geleistet und im Wj. der Einlage nicht durch ausgleichsfähige Verluste verbraucht worden sind (→ § 52 Abs. 33 Satz 6 EStG i. d. F. des Artikel 1 des Gesetzes vom 19. 12. 2008 – BGBl. I S. 2794), schaffen Verlustausgleichspotenzial für spätere Wj. (→ BFH vom 26. 6. 2007 – BStBl. II S. 934 und BMF vom 19. 11. 2007 – BStBl. I S. 823). Dies gilt auch für Einlagen eines atypisch stillen Gesellschafters (→ BFH vom 20. 9. 2007 – BStBl. 2008 II S. 118).
- Leistet der Kommanditist zusätzlich zu der im Handelsregister eingetragenen, nicht voll eingezahlten Hafteinlage eine weitere Sach- oder Bareinlage, kann er im Wege einer negativen Tilgungsbestimmung die Rechtsfolge herbeiführen, dass die Haftungsbefreiung nach § 171 Abs. 1 2. Halbsatz HGB nicht eintritt. Das führt dazu, dass die Einlage nicht mit der eingetragenen Hafteinlage zu verrechnen ist, sondern im Umfang ihres Wertes die Entstehung oder Erhöhung eines negativen Kapitalkontos verhindert und auf diese Weise nach § 15 a Abs. 1 Satz 1 EStG zur Ausgleichs- und Abzugsfähigkeit von Verlusten führt (→ BFH vom 11. 10. 2007 – BStBl. 2009 II S. 135 und vom 16. 10. 2008 – BStBl. 2009 II S. 272).

Formwechsel mit steuerlicher Rückwirkung. Wird eine GmbH in eine KG formwechselnd und nach § 2 i. V. m. § 9 UmwStG rückwirkend umgewandelt, ist für Zwecke der Bestimmung der den Rückwirkungszeitraum betreffenden verrechenbaren Verluste i. S. v. § 15 a EStG auch die Haftungsverfassung des entstandenen Rechtsträgers (KG) auf den steuerlichen Übertragungsstichtag zurückzubeziehen. Dabei ist nach den aus der Rückwirkungsfiktion abgeleiteten steuerlichen Kapitalkontenständen zu bestimmen, in welcher Höhe den Kommanditisten ausgleichsfähige Verluste nach § 15 a Abs. 1 Satz 1 EStG (Verlustausgleich gem. geleisteter Einlagen) zuzurechnen sind. Auch die Haftsumme für den erweiterten Verlustausgleich ist gem. § 15 a Abs. 1 Satz 2 und 3 EStG rückwirkend zu berücksichtigen (→ BFH vom 3. 2. 2010 – BStBl. II S. 942).

Gewinnzurechnung nach § 15a Abs. 3 EStG

- Die Frage, ob eine Gewinnzurechnung nach § 15a Abs. 3 EStG vorzunehmen ist, ist im Rahmen des Verfahrens zur gesonderten und einheitlichen Feststellung der Besteuerungsgrundlagen gem. § 179 Abs. 2 Satz 2, § 180 Abs. 1 Satz 1 Nr. 2 Buchstabe a AO zu klären (→ BFH vom 20. 11. 2014 – BStBl. 2015 II S. 532).
- Wird bei Bestehen eines negativen Kapitalkontos eine die Haftsumme übersteigende Pflichteinlage (z. B. ein Agio) entnommen, kommt es insoweit bis zur Höhe der Haftsumme zum Wiederaufleben der nach § 15 a Abs. 1 Satz 2 EStG zu berücksichtigenden Haftung, so dass eine Gewinnzurechnung nach § 15 a Abs. 3 Satz 1 EStG zu unterbleiben hat (→ BFH vom 6. 3. 2008 – BStBl. II S. 676).

H 15a

– Eine Übertragung der Gewinnzurechnung nach § 15a Abs. 3 EStG auf eine andere Kommanditbeteiligung des Mitunternehmers ist nicht möglich. Gewinne und Verluste i. S. d. § 15a EStG müssen aus derselben Einkunftsquelle stammen (→ BFH vom 20. 11. 2014 – BStBl. 2015 II S. 532).

Kapitalkonto[1]

– Zum Umfang des Kapitalkontos i. S. d. § 15a Abs. 1 Satz 1 EStG → BMF vom 30. 5. 1997 (BStBl. I S. 627).[2]
– Beteiligungskonto/Forderungskonto → BMF vom 30. 5. 1997 (BStBl. I S. 627)[2], BFH vom 23. 1. 2001 (BStBl. II S. 621) und BFH vom 16. 10. 2008 (BStBl. 2009 II S. 272).
– Finanzplandarlehen sind Darlehen, die nach den vertraglichen Bestimmungen während des Bestehens der Gesellschaft vom Kommanditisten nicht gekündigt werden können und im Fall des Ausscheidens oder der Liquidation der Gesellschaft mit einem evtl. bestehenden negativen Kapitalkonto verrechnet werden. Sie erhöhen das Kapitalkonto i. S. d. § 15a EStG (→ BFH vom 7. 4. 2005 – BStBl. II S. 598).

Saldierung von Ergebnissen aus dem Gesellschaftsvermögen mit Ergebnissen aus dem Sonderbetriebsvermögen. Keine Saldierung von Gewinnen und Verlusten aus dem Gesellschaftsvermögen mit Gewinnen und Verlusten aus dem Sonderbetriebsvermögen (→ BMF vom 15. 12. 1993 – BStBl. I S. 976[3] und BFH vom 13. 10. 1998 – BStBl. 1999 II S. 163).

Stille Reserven. Bei Anwendung des § 15a EStG sind vorhandene stille Reserven nicht zu berücksichtigen (→ BFH vom 9. 5. 1996 – BStBl. II S. 474).

Übernahme des negativen Kapitalkontos. In Veräußerungsfällen findet § 52 Abs. 24 EStG keine Anwendung (→ BFH vom 21. 4. 1994 – BStBl. II S. 745). Die Übernahme eines negativen Kapitalkontos führt beim eintretenden Kommanditisten auch dann nicht zu einem sofort ausgleichs- oder abzugsfähigen Verlust, wenn es nicht durch stille Reserven im Betriebsvermögen gedeckt ist (→ BFH vom 14. 6. 1994 – BStBl. 1995 II S. 246). Entsprechendes gilt, wenn nach dem Gesellschafterwechsel die neu eingetretenen Gesellschafter Einlagen leisten (→ BFH vom 19. 2. 1998 – BStBl. 1999 II S. 266). Für den Erwerber stellen die gesamten Aufwendungen zum Erwerb des Anteils einschließlich des negativen Kapitalkontos Anschaffungskosten dar (→ BFH vom 21. 4. 1994 – BStBl. II S. 745). Dies gilt auch, wenn der Kommanditanteil an einen Mitgesellschafter veräußert wird (→ BFH vom 21. 4. 1994 – BStBl. II S. 745).

Unentgeltliche Übertragung

– Der verrechenbare Verlust des ausscheidenden Gesellschafters einer zweigliedrigen KG geht bei einer unentgeltlichen Übertragung eines Mitunternehmeranteils auf den das Unternehmen fortführenden Gesellschafter über. Die Zurechnung des verrechenbaren Verlustes hat im Rahmen der gesonderten Feststellung nach § 15a Abs. 4 EStG zu erfolgen (→ BFH vom 10. 3. 1998 – BStBl. 1999 II S. 269).
– Überträgt ein Kommanditist unentgeltlich einen Teil seiner Beteiligung an der KG, geht der verrechenbare Verlust anteilig auf den Übernehmer über, wenn diesem auch das durch die Beteiligung vermittelte Gewinnbezugsrecht übertragen wird (→ BFH vom 1. 3. 2018 – BStBl. II S. 527).

Unwahrscheinlichkeit der Inanspruchnahme bei Gesellschaften mit Einkünften aus Vermietung und Verpachtung → BMF vom 30. 6. 1994 (BStBl. I S. 355).[4]

Verfassungsmäßigkeit

– Es bestehen keine ernsthaften Zweifel an der Verfassungsmäßigkeit des § 15a EStG (→ BFH vom 19. 5. 1987 – BStBl. 1988 II S. 5 und vom 9. 5. 1996 – BStBl. II S. 474).
– Die Beschränkung des erweiterten Verlustausgleichs und Verlustabzugs auf den Fall der Haftung des Kommanditisten nach § 171 Abs. 1 HGB begegnet keinen verfassungsrechtlichen Bedenken (→ BFH vom 14. 12. 1999 – BStBl. 2000 II S. 265).

Verlustabzug in Erbfällen → R 10d Abs. 9 Satz 12.

Verlustabzugsbeschränkung nach § 15 Abs. 4 Satz 6 bis 8 EStG. Zum Verhältnis der Verlustabzugsbeschränkung bei Verlusten aus atypisch stillen Gesellschaften, Unterbeteiligungen oder sonstigen Innengesellschaften an Kapitalgesellschaften zu § 15a EStG → BMF vom 19. 11. 2008 (BStBl. I S. 970).[5]

Verlustausgleich

– Der erweiterte Verlustausgleich kommt bei Kommanditisten von Altbetrieben auch in Betracht, wenn ihnen vor 1985 ausgleichsfähige Verluste zugerechnet worden sind, die zu einem negativen Kapitalkonto in Höhe ihres Haftungsbetrags geführt haben (→ BFH vom 26. 8. 1993 – BStBl. 1994 II S. 627).

---

[1] Zur Abgrenzung des Kapitalkontos bei Mehrkontenmodellen siehe *Vfg. OFD Niedersachsen vom 21. 2. 2017 S 2241 a – 96 – St 222/221 (DB S. 579; BeckVerw 338748).* Zu Abweichungen zwischen Handels- und Steuerbilanz und zu Mehrgewinnen aus Außenprüfungen beim sog. Mehrkontenmodell siehe *Vfg. OFD Frankfurt vom 6. 7. 2016 S 2241 a A – 031 – St 213 (DStR S. 1813).*

[2] Nachstehend abgedruckt als Anlage a zu § 15 a EStG.

[3] Nachstehend abgedruckt als Anlage b zu § 15 a EStG.

[4] Abgedruckt als Anlage a zu § 21 EStG.

[5] Abgedruckt als Anlage zu H 15.10 EStR.

– Der erweiterte Verlustausgleich kommt nicht in Betracht, wenn sich die Haftung des Kommanditisten aus anderen Vorschriften als § 171 Abs. 1 HGB ergibt (→ BFH vom 14. 12. 1999 – BStBl. 2000 II S. 265).
– Die im Interesse des gemeinsamen Unternehmens eingegangenen Verpflichtungen eines BGB-Innengesellschafters oder eines atypisch stillen Gesellschafters gegenüber Gläubigern des Geschäftsinhabers begründen keinen erweiterten Verlustausgleich (→ BFH vom 5. 2. 2002 – BStBl. II S. 464 und BFH vom 11. 3. 2003 – BStBl. II S. 705).
– Der erweiterte Verlustausgleich des Kommanditisten mindert sich um den Teil der im Handelsregister eingetragenen Hafteinlage, der der Beteiligung des atypisch still Unterbeteiligten an der Unterbeteiligungsgesellschaft mit dem Kommanditisten entspricht (→ BFH vom 19. 4. 2007 – BStBl. II S. 868).

Verlustverrechnung bei Einlageminderung. Der einem Kommanditisten bei einer Einlageminderung als fiktiver Gewinn zuzurechnende Betrag ist nach § 15 a Abs. 3 Satz 2 EStG auf den Betrag der Verlustanteile begrenzt, der im Jahr der Einlageminderung und in den zehn vorangegangenen Jahren ausgleichsfähig war. Für die Ermittlung dieses begrenzten Betrags sind die ausgleichsfähigen Verlustanteile mit den Gewinnanteilen zu saldieren, mit denen sie hätten verrechnet werden können, wenn sie nicht ausgleichsfähig, sondern lediglich verrechenbar i. S. d. § 15 a Abs. 2 EStG gewesen wären. Hierbei kommt die fiktive Saldierung eines Verlustanteils mit einem Gewinnanteil eines vorangegangenen Jahres nicht in Betracht (→ BFH vom 20. 3. 2003 – BStBl. II S. 798).

Verrechenbare Werbungskostenüberschüsse → H 20.1 (Stiller Gesellschafter); → H 21.2 (Sinngemäße Anwendung des § 15 a EStG).

Vertraglicher Haftungsausschluss bei Gesellschaftern mit Einkünften aus Vermietung und Verpachtung
– Trotz vertraglichem Haftungsausschluss liegt keine Haftungsbeschränkung nach § 15 a Abs. 5 Nr. 2 EStG vor, wenn ein Teil der Gesellschafter für die Verbindlichkeiten der GbR bürgt und die übrigen Gesellschafter die bürgenden Gesellschafter intern von der Inanspruchnahme aus der Bürgschaft freistellen (→ BFH vom 25. 7. 1995 – BStBl. 1996 II S. 128).
– Zur Haftungsbeschränkung bei einer GbR → BMF vom 18. 7. 2000 (BStBl. I S. 1198)[1] und vom 28. 8. 2001 (BStBl. I S. 614).[1]

Wechsel der Rechtsstellung eines Gesellschafters
– Allein auf Grund des Wechsels der Rechtsstellung eines Kommanditisten in diejenige eines unbeschränkt haftenden Gesellschafters (z. B. auf Grund der Umwandlung der Gesellschaft) ist der für ihn bisher festgestellte verrechenbare Verlust nicht in einen ausgleichsfähigen Verlust umzuqualifizieren (→ BFH vom 14. 10. 2003 – BStBl. 2004 II S. 115). Die bisher festgestellten verrechenbaren Verluste können jedoch über den Wortlaut des § 15 a Abs. 2 EStG hinaus mit künftigen Gewinnanteilen des Gesellschafters verrechnet werden (→ BFH vom 14. 10. 2003 – BStBl. 2004 II S. 115). Findet der Wechsel in die Rechtsstellung eines unbeschränkt haftenden Gesellschafters innerhalb eines Wj. statt, ist § 15 a EStG für das gesamte Wj. nicht anzuwenden (→ BFH vom 14. 10. 2003 – BStBl. 2004 II S. 118).
– Wechselt der Komplementär während des Wj. in die Rechtsstellung eines Kommanditisten, ist § 15 a EStG für das gesamte Wj. und damit für den dem Gesellschafter insgesamt zuzurechnenden Anteil am Ergebnis der KG zu beachten (→ BFH vom 14. 10. 2003 – BStBl. 2004 II S. 118).
– Der Wechsel der Gesellschafterstellung findet zum Zeitpunkt des entsprechenden Gesellschafterbeschlusses statt. Der Zeitpunkt des Antrages auf Eintragung im Handelsregister ist unmaßgeblich (→ BFH vom 12. 2. 2004 – BStBl. II S. 423).

a) Schreiben betr. § 15 a EStG;
hier: Umfang des Kapitalkontos i. S. des § 15 a Abs. 1 Satz 1 EStG[2]

Anl a zu § 15 a

Vom 30. Mai 1997 (BStBl. I S. 627)

(BMF IV B 2 – S 2241 a – 51/93 II)

Mit Urteil vom 14. Mai 1991 (BStBl. 1992 II S. 167) hat der BFH entschieden, dass bei der Ermittlung des Kapitalkontos i. S. des § 15 a EStG das – positive und negative – Sonderbetriebsvermögen des Kommanditisten außer Betracht zu lassen ist. Nach dem Urteil ist für die Anwendung des § 15 a EStG das Kapitalkonto nach der Steuerbilanz der KG unter Berücksichtigung etwaiger Ergänzungsbilanzen maßgeblich. Die bisherige Verwaltungsauffassung, wonach auch das Sonderbetriebsvermögen des Kommanditisten in die Ermittlung des Kapitalkontos i. S. des § 15 a EStG einzubeziehen war (vgl. Abschnitt 138 d Abs. 2 EStR 1990), ist überholt (vgl. BMF-Schreiben vom 20. Februar 1992, BStBl. I S. 123 – nebst der darin getroffenen Übergangsregelung).

Zu der Frage, wie der Umfang des Kapitalkontos i. S. des § 15 a Abs. 1 Satz 1 EStG[3] unter Zugrundelegung dieser Rechtsprechung zu bestimmen ist, nehme ich unter Bezugnahme auf das Ergebnis der Erörterungen mit den obersten Finanzbehörden der Länder wie folgt Stellung:

---

[1] Letztmals abgedruckt im „Handbuch zur ESt-Veranlagung 2016“ als Anlage b zu R 15.8 EStR.
[2] Siehe auch *Vfg. OFD Frankfurt vom 29. 11. 2017 S 2241 a A – 005 – St 213 (StEd 2018 S. 9; BeckVerw 349263).*
[3] Eine Verlustübernahmeerklärung allein erhöht noch nicht das Kapitalkonto. *BFH-Beschluss vom 18. 12. 2003 IV B 201/03 (BStBl. 2004 II S. 231).*

Anl a zu § 15 a

21 Das Kapitalkonto i. S. des § 15 a Abs. 1 Satz 1 EStG setzt sich aus dem Kapitalkonto des Gesellschafters in der Steuerbilanz der Gesellschaft und dem Mehr- oder Minderkapital aus einer etwaigen positiven oder negativen Ergänzungsbilanz[1] des Gesellschafters (BFH-Urteil vom 30. März 1993, BStBl. II S. 706) zusammen. Bei der Ermittlung des Kapitalkontos sind im einzelnen folgende Positionen zu berücksichtigen:

1. **Geleistete Einlagen;** hierzu rechnen insbesondere erbrachte Haft- und Pflichteinlagen, aber auch z. B. verlorene Zuschüsse zum Ausgleich von Verlusten. Pflichteinlagen gehören auch dann zum Kapitalkonto i. S. des § 15 a Abs. 1 Satz 1 EStG, wenn sie unabhängig von der Gewinn- oder Verlustsituation verzinst werden.
2. **In der Bilanz ausgewiesene Kapitalrücklagen.** Wenn eine KG zur Abdeckung etwaiger Bilanzverluste ihr Eigenkapital vorübergehend durch Kapitalzuführung von außen im Wege der Bildung einer Kapitalrücklage erhöht, so verstärkt sich das steuerliche Eigenkapital eines jeden Kommanditisten nach Maßgabe seiner Beteiligung an der Kapitalrücklage.
3. **In der Bilanz ausgewiesene Gewinnrücklagen.** Haben die Gesellschafter einer KG durch Einbehaltung von Gewinnen Gewinnrücklagen in der vom Gesellschaftsvertrag hierfür vorgesehenen Weise gebildet, so verstärkt sich das steuerliche Eigenkapital eines jeden Kommanditisten nach Maßgabe seiner Beteiligung an der Gewinnrücklage.
   Der Umstand, daß durch die Bildung von Kapital- (siehe Nr. 2) und Gewinnrücklagen das steuerliche Eigenkapital der KG nur vorübergehend verstärkt und die Haftung im Außenverhältnis nicht nachhaltig verbessert wird, ist für die Zugehörigkeit ausgewiesener Kapital- und Gewinnrücklagen zum Kapitalkonto i. S. des § 15 a Abs. 1 Satz 1 EStG ohne Bedeutung.
4. **Beteiligungskonto in Abgrenzung zu einem Forderungskonto (Darlehenskonto)**
   Nach § 167 Abs. 2 HGB wird der Gewinnanteil des Kommanditisten seinem Kapitalanteil nur so lange gutgeschrieben, wie dieser die Höhe der vereinbarten Pflichteinlage nicht erreicht. Nach § 169 HGB sind nicht abgerufene Gewinnanteile des Kommanditisten, soweit sie seine Einlage übersteigen, außerhalb seines Kapitalanteils gutzuschreiben. In diesem Fall sind die auf einem weiteren Konto (Forderungskonto oder Darlehenskonto) ausgewiesenen Gewinnanteile dem Sonderbetriebsvermögen des Kommanditisten zuzuordnen, weil sie ein selbständiges Forderungsrecht des Kommanditisten gegenüber der Gesellschaft begründen.
   § 169 HGB kann jedoch durch Gesellschaftsvertrag abbedungen werden. Die Vertragspraxis hat daher ein System kombinierter Kapitalanteile mit geteilten Kapitalkonten entwickelt. Die Kapitalbeteiligung, das Stimmrecht und die Gewinn- bzw. Verlustbeteiligung richten sich regelmäßig nach dem Verhältnis der festen Kapitalanteile, wie sie auf dem sog. Kapitalkonto I ausgewiesen werden. Auf diesem Konto wird in der Regel die ursprünglich vereinbarte Pflichteinlage gebucht. Daneben wird ein zweites variables Gesellschafterkonto geführt, das eine Bezeichnung wie Kapitalkonto II, Darlehenskonto, Kontokorrentkonto o. a. zu tragen pflegt. Dieses Konto dient dazu, über das Kapitalkonto I hinausgehende Einlagen, Entnahmen oder Gewinn- und Verlustanteile auszuweisen. Es kann aber auch Gesellschafterdarlehen aufnehmen (BFH-Urteil vom 3. Februar 1988 – BStBl. II S. 551). Soweit deshalb ein Gesellschaftsvertrag die Führung mehrerer Gesellschafterkonten vorschreibt, kann nicht mehr die Rechtslage nach dem HGB zugrunde gelegt werden. Vielmehr ist entscheidend darauf abzustellen, welche Rechtsnatur das Guthaben auf dem gesellschaftsvertraglich vereinbarten zweiten Gesellschafterkonto hat (BFH-Urteil vom 3. Februar 1988, a. a. O.).[2]
   Werden auch Verluste auf dem separat geführten Gesellschafterkonto verrechnet, so spricht dies grundsätzlich für die Annahme eines im Gesellschaftsvermögen gesamthänderisch gebundenen Guthabens. Denn nach § 120 Abs. 2 HGB besteht der Kapitalanteil begrifflich aus der ursprünglichen Einlage und den späteren Gewinnen, vermindert um Verluste sowie Entnahmen. Damit werden stehengelassene Gewinne wie eine Einlage behandelt, soweit vertraglich nicht etwas anderes vereinbart ist; sie begründen keine Forderung des Gesellschafters gegen die Gesellschaft. Verluste mindern die Einlage und mindern nicht eine Forderung des Gesellschafters gegen die Gesellschaft. Insoweit fehlt es an den Voraussetzungen der §§ 362 bis 397 BGB. Die Einlage einschließlich der stehengelassenen Gewinne und abzüglich der Verluste und der Entnahmen stellt damit für die Gesellschaft Eigen- und nicht Fremdkapital dar. Deshalb lässt sich die Verrechnung von Verlusten auf dem separat geführten Gesellschafterkonto mit der Annahme einer individualisierten Gesellschafterforderung nur vereinbaren, wenn der Gesellschaftsvertrag dahin verstanden werden kann, daß die Gesellschafter im Verlustfall eine Nachschußpflicht trifft und die nachzuschießenden Beträge durch Aufrechnung mit Gesellschafterforderungen zu erbringen sind (BFH-Urteil vom 3. Februar 1988, a. a. O.).[2]
   Sieht der Gesellschaftsvertrag eine Verzinsung der separat geführten Gesellschafterkonten im Rahmen der Gewinnverteilung vor, so spricht dies weder für noch gegen die Annahme individualisierter Gesellschafterforderungen, weil eine Verzinsung von Fremdkapital (§ 110, § 111 HGB) und eine Verzinsung der Kapitalanteile im Rahmen der Gewinnverteilung (§ 121 Abs. 1 und 2, § 168 Abs. 1 HGB) gleichermaßen üblich und typisch sind. Sieht der Gesellschaftsvertrag eine Ermäßigung der Verzinsung entsprechend der Regelung in § 121 Abs. 1 Satz 2 HGB vor, so spricht dies allerdings für die Annahme eines noch zum Gesellschaftsvermögen gehörenden Guthabens (BFH-Urteil vom 3. Februar 1988, a. a. O.).[2]
   Ob ein Gesellschafterdarlehen zum steuerlichen Eigenkapital der Gesellschaft oder zum steuerlichen Sonderbetriebsvermögen des Gesellschafters gehört, lässt sich danach nur anhand der Prüfung der Gesamtumstände des Einzelfalls anhand der vom BFH aufgezeigten Kriterien entscheiden. Ein wesentliches Indiz für die Abgrenzung eines Beteiligungskontos von einem Forderungskonto ist, ob

[1] Bestätigt durch *BFH-Urteil vom 18. 5. 2017 IV R 36/14 (BStBl. II S. 905)* zu einer negativen Ergänzungsbilanz, die in Folge der Wahlrechtsausübung nach § 6 b EStG aufzustellen ist.

[2] Siehe auch *BFH-Urteil vom 26. 6. 2007 IV R 29/06 (BStBl. 2008 II S. 103).*

– nach der gesellschaftsvertraglichen Vereinbarung – auf dem jeweiligen Kapitalkonto auch Verluste gebucht werden.[1]

5. **Verlustvortrag in Abgrenzung zu Darlehen der Gesellschaft an den Gesellschafter**
Nach § 167 Abs. 3 HGB nimmt der Kommanditist an dem Verlust nur bis zum Betrag seines Kapitalanteils und seiner noch rückständigen Einlage teil. Getrennt geführte Verlustvortragskonten mindern regelmäßig das Kapitalkonto des Kommanditisten i. S. des § 15 a Abs. 1 Satz 1 EStG. Dies gilt auch, wenn die Regelung des § 167 Abs. 3 HGB von den Gesellschaftern abbedungen wird, so dass den Gesellschafter im Verlustfall eine Nachschußpflicht trifft. Derartige Verpflichtungen berühren die Beschränkung des Verlustausgleichs nach § 15 a EStG nicht. Die Forderung der Gesellschaft gegen den Gesellschafter auf Übernahme bzw. Ausgleich des Verlustes entspricht steuerlich einer Einlageverpflichtung des Kommanditisten (BFH-Urteil vom 14. Dezember 1995, BStBl. 1996 II S. 226) und ist damit erst bei tatsächlicher Erbringung in das Gesamthandsvermögen zu berücksichtigen (BFH-Urteil vom 11. Dezember 1990, BStBl. 1992 II S. 232). Dem zur Verlustübernahme verpflichteten Gesellschafter ist steuerlich zum Bilanzstichtag im Verlustentstehungsjahr ein Verlustanteil zuzurechnen, der zu diesem Stichtag auch sein Kapitalkonto i. S. des § 15 a Abs. 1 Satz 1 EStG vermindert. Eine Berücksichtigung der Verpflichtung im Sonderbetriebsvermögen ist nicht möglich (BFH-Urteil vom 14. Dezember 1995, a. a. O.).

6. **Außer Betracht zu lassen sind kapitalersetzende Darlehen.**[2] Handels- und steuerrechtlich sind eigenkapitalersetzende Darlehen als Fremdkapital zu behandeln; eine Gleichbehandlung mit Eigenkapital ist nicht möglich (BFH-Urteil vom 5. Februar 1992 – BStBl. II S. 532).[3]

Anl b zu § 15 a

b) Schreiben betr. Zweifelsfragen zu § 15 a EStG; hier: Saldierung von Gewinnen und Verlusten aus dem Gesellschaftsvermögen mit Gewinnen und Verlusten aus dem Sonderbetriebsvermögen[4]

Vom 15. Dezember 1993 (BStBl. I S. 976)
(BMF IV B 2 – S 2241 a – 57/93)

Zur Frage der Saldierung von Gewinnen und Verlusten aus dem Gesellschaftsvermögen mit Gewinnen und Verlusten aus dem Sonderbetriebsvermögen wird unter Bezugnahme auf das Ergebnis der Erörterungen mit den obersten Finanzbehörden der Länder wie folgt Stellung genommen:

Nach dem Urteil des Bundesfinanzhofs vom 14. Mai 1991 (BStBl. 1992 II S. 167) sind das Gesellschaftsvermögen laut Gesellschaftsbilanz einschließlich einer etwaigen Ergänzungsbilanz und das Sonderbetriebsvermögen für die Anwendung des § 15 a EStG zu trennen. Deshalb ist das Sonderbetriebsvermögen eines Kommanditisten nicht in die Ermittlung seines Kapitalkontos im Sinne des § 15 a EStG einzubeziehen (vgl. BMF-Schreiben vom 20. Februar 1992 – BStBl. I S. 123). 22

Aus der Trennung der beiden Vermögensbereiche folgt, dass

- in die Ermittlung der ausgleichs- und abzugsfähigen Verluste nach § 15 a Abs. 1 EStG nur die Verluste aus dem Gesellschaftsvermögen einschließlich einer etwaigen Ergänzungsbilanz ohne vorherige Saldierung mit Gewinnen aus dem Sonderbetriebsvermögen einbezogen werden können; nur ein nach Anwendung des § 15 a Abs. 1 EStG verbleibender ausgleichs- und abzugsfähiger Verlust ist mit Gewinnen aus dem Sonderbetriebsvermögen zu saldieren,
- Gewinne späterer Jahre aus dem Gesellschaftsvermögen einschließlich einer etwaigen Ergänzungsbilanz mit verrechenbaren Verlusten der Vorjahre verrechnet werden müssen (§ 15 a Abs. 2 EStG) und Verluste aus dem Sonderbetriebsvermögen nur mit einem da nach verbleibenden Gewinn aus dem Gesellschaftsvermögen einschließlich einer etwaigen Ergänzungsbilanz ausgeglichen werden können.

Die Abgrenzung zwischen dem Anteil am Gewinn oder Verlust der KG und dem Sonderbilanzgewinn bzw. -verlust richtet sich nach der Abgrenzung zwischen Gesellschafts- und Sonderbetriebsvermögen. Dem Kommanditisten gutgeschriebene Tätigkeitsvergütungen beruhen im Hinblick auf § 164 HGB mangels anderweitiger Vereinbarungen im Zweifel auf schuldrechtlicher Basis und sind damit als Sondervergütungen zu behandeln. Sie zählen hingegen zum Gewinnanteil aus der Personengesellschaft, wenn die Tätigkeit auf gesellschaftsrechtlicher Basis geleistet wird (vgl. BFH-Urteile vom 14. November 1985 – BStBl. 1986 II S. 58, vom 7. April 1987 – BStBl. II S. 707 und vom 10. Juni 1987 – BStBl. II S. 816).

Solange für einen Kommanditisten aufgrund der Übergangsregelung in dem BMF-Schreiben vom 20. Februar 1992 (BStBl. I S. 123) das positive Sonderbetriebsvermögen in die Ermittlung des Kapitalkontos i. S. des § 15 a EStG einbezogen wird, können weiterhin Verluste aus dem Gesellschaftsvermögen unter Einbeziehung einer etwaigen Ergänzungsbilanz mit Gewinnen des Kommanditisten aus dem Sonderbetriebsvermögen verrechnet werden, so dass nur der verbleibende Verlust der Beschränkung des § 15 a Abs. 1 EStG unterliegt. In diesen Fällen können Gewinne aus dem Sonderbetriebsvermögen auch mit verrechenbaren Verlusten der Vorjahre verrechnet werden (§ 15 a Abs. 2 EStG).

Für Entnahmen aus dem Sonderbetriebsvermögen während der Anwendung der Übergangsregelung in dem BMF-Schreiben vom 20. Februar 1992 (BStBl. I S. 123) kommt auch eine Gewinnzurechnung aufgrund von Einlageminderung unter den Voraussetzungen des § 15 a Abs. 3 EStG in Betracht.

---

[1] Bestätigt durch *BFH-Urteil vom 15. 5. 2008 IV R 46/05 (BStBl. II S. 812).*
[2] Bestätigt durch *BFH-Urteil vom 28. 3. 2000 VIII R 28/98 (BStBl. II S. 347).*
[3] Siehe dazu H 15 a (Kapitalkonto): Finanzplandarlehen erhöhen das Kapitalkonto i. S. d. § 15 a EStG.
[4] Ergänzend siehe *BFH-Urteil vom 13. 10. 1998 VIII R 78/97 (BStBl. 1999 II S. 163).*

EStG **§ 15b[1] Verluste im Zusammenhang mit Steuerstundungsmodellen**

1 **(1) ① Verluste im Zusammenhang mit einem Steuerstundungsmodell dürfen weder mit Einkünften aus Gewerbebetrieb noch mit Einkünften aus anderen Einkunftsarten ausgeglichen werden; sie dürfen auch nicht nach § 10 d abgezogen werden. ② Die Verluste mindern jedoch die Einkünfte, die der Steuerpflichtige in den folgenden Wirtschaftsjahren aus derselben Einkunftsquelle erzielt. ③ § 15 a ist insoweit nicht anzuwenden.**

2 **(2) ① Ein Steuerstundungsmodell im Sinne des Absatzes 1 liegt vor, wenn auf Grund einer modellhaften Gestaltung steuerliche Vorteile in Form negativer Einkünfte erzielt werden sollen. ② Dies ist der Fall, wenn dem Steuerpflichtigen auf Grund eines vorgefertigten Konzepts die Möglichkeit geboten werden soll, zumindest in der Anfangsphase der Investition Verluste mit übrigen Einkünften zu verrechnen. ③ Dabei ist es ohne Belang, auf welchen Vorschriften die negativen Einkünfte beruhen.**

3 **(3) Absatz 1 ist nur anzuwenden, wenn innerhalb der Anfangsphase das Verhältnis der Summe der prognostizierten Verluste zur Höhe des gezeichneten und nach dem Konzept auch aufzubringenden Kapitals oder bei Einzelinvestoren des eingesetzten Eigenkapitals 10 Prozent übersteigt.**

3a **(3 a)[2] Unabhängig von den Voraussetzungen nach den Absätzen 2 und 3 liegt ein Steuerstundungsmodell im Sinne des Absatzes 1 insbesondere vor, wenn ein Verlust aus Gewerbebetrieb entsteht oder sich erhöht, indem ein Steuerpflichtiger, der nicht auf Grund gesetzlicher Vorschriften verpflichtet ist, Bücher zu führen und regelmäßig Abschlüsse zu machen, auf Grund des Erwerbs von Wirtschaftsgütern des Umlaufvermögens sofort abziehbare Betriebsausgaben tätigt, wenn deren Übereignung ohne körperliche Übergabe durch Besitzkonstitut nach § 930 des Bürgerlichen Gesetzbuchs oder durch Abtretung des Herausgabeanspruchs nach § 931 des Bürgerlichen Gesetzbuchs erfolgt.**

4 **(4) ① Der nach Absatz 1 nicht ausgleichsfähige Verlust ist jährlich gesondert festzustellen. ② Dabei ist von dem verrechenbaren Verlust des Vorjahres auszugehen. ③ Der Feststellungsbescheid kann nur insoweit angegriffen werden, als der verrechenbare Verlust gegenüber dem verrechenbaren Verlust des Vorjahres sich verändert hat. ④ Handelt es sich bei dem Steuerstundungsmodell um eine Gesellschaft oder Gemeinschaft im Sinne des § 180 Absatz 1 Satz 1 Nummer 2 Buchstabe a der Abgabenordnung, ist das für die gesonderte und einheitliche Feststellung der einkommensteuerpflichtigen und körperschaftsteuerpflichtigen Einkünfte aus dem Steuerstundungsmodell zuständige Finanzamt für den Erlass des Feststellungsbescheids nach Satz 1 zuständig; anderenfalls ist das Betriebsfinanzamt (§ 18 Absatz 1 Nummer 2 der Abgabenordnung) zuständig. ⑤ Handelt es sich bei dem Steuerstundungsmodell um eine Gesellschaft oder Gemeinschaft im Sinne des § 180 Absatz 1 Satz 1 Nummer 2 Buchstabe a der Abgabenordnung, können die gesonderten Feststellungen nach Satz 1 mit der gesonderten und einheitlichen Feststellung der einkommensteuerpflichtigen und körperschaftsteuerpflichtigen Einkünfte aus dem Steuerstundungsmodell verbunden werden; in diesen Fällen sind die gesonderten Feststellungen nach Satz 1 einheitlich durchzuführen.**

H 15b

Anwendungsschreiben → BMF vom 17. 7. 2007 (BStBl. I S. 542).[3]

6 **Verfassungsmäßigkeit.** § 15 b EStG ist bezogen auf das Tatbestandsmerkmal einer „modellhaften Gestaltung" hinreichend bestimmt (→ BFH vom 6. 2. 2014 – BStBl. II S. 465).

Verlustabzug in Erbfällen → R 10 d Abs. 9 Satz 12.

Anl zu H 15b

Anwendungsschreiben § 15 b EStG

Vom 17. Juli 2007 (BStBl. I S. 542)

(BMF IV B 2 – S 2241 – b/07/0001; DOK 2007/0299270)

Durch das Gesetz zur Beschränkung der Verlustverrechnung im Zusammenhang mit Steuerstundungsmodellen vom 22. 12. 2005 (BGBl. I S. 3683, BStBl. 2006 I S. 80) wurde § 15 b EStG eingeführt. Danach sind Verluste im Zusammenhang mit Steuerstundungsmodellen nicht mehr mit den übrigen Einkünften des Steuerpflichtigen im Jahr der Verlustentstehung, sondern lediglich mit Gewinnen aus späteren Veranlagungszeiträumen aus dem nämlichen Steuerstundungsmodell verrechenbar, wenn die prognostizierten Verluste mehr als 10% des gezeichneten und aufzubringenden oder eingesetzten Kapitals betragen. § 15 b EStG ist auch bei den Einkünften aus Land- und Forstwirtschaft (§ 13 EStG),

[1] Zur Anwendung siehe § 52 Abs. 25 EStG.
[2] Zur erstmaligen Anwendung siehe § 52 Abs. 25 Satz 5 EStG.
[3] Nachstehend abgedruckt.

selbständiger Arbeit (§ 18 EStG), Kapitalvermögen (§ 20 EStG, vgl. hierzu auch Ausführungen unter Tz. 28), Vermietung und Verpachtung (§ 21 EStG) und sonstigen Einkünften i. S. v. § 22 Nr. 1 Satz 1 EStG anzuwenden. Anl zu H 15 b

Im Einvernehmen mit den obersten Finanzbehörden der Länder gilt für die Anwendung der Verlustverrechnungsbeschränkung im Zusammenhang mit Steuerstundungsmodellen (§ 15 b EStG) Folgendes:

I. Sachlicher Anwendungsbereich

1 § 15 b EStG gilt für negative Einkünfte aus Steuerstundungsmodellen. § 15 b EStG findet auf Anlaufverluste von Existenz- und Firmengründern hingegen grundsätzlich keine Anwendung. 7

2 Die Anwendung des § 15 b EStG setzt eine einkommensteuerrechtlich relevante Tätigkeit voraus. Daher ist vorrangig das Vorliegen einer Gewinn- oder Überschusserzielungsabsicht zu prüfen (BFH vom 12. 12. 1995, BStBl. 1996 II S. 219; BMF-Schreiben vom 8. 10. 2004, BStBl. I S. 933[1] (zu Einkünften aus Vermietung und Verpachtung)); denn nur dann entsteht überhaupt ein Steuerstundungseffekt. Liegt bereits keine Gewinn- oder Überschusserzielungsabsicht vor, handelt es sich um eine einkommensteuerrechtlich nicht relevante Tätigkeit.

3 Für die Anwendung des § 15 b EStG ist es ohne Belang, auf welchen Ursachen die negativen Einkünfte aus dem Steuerstundungsmodell beruhen (§ 15 b Abs. 2 Satz 3 EStG).

4 Die Einkünfte sind nach den allgemeinen Regelungen zu ermitteln. Für geschlossene Fonds und Anleger im Rahmen von Gesamtobjekten (§ 1 Abs. 1 Satz 1 Nr. 2 der Verordnung zu § 180 Abs. 2 AO) gelten die BMF-Schreiben vom 20. 10. 2003 (BStBl. I S. 546, sog. Fondserlass)[2] und vom 23. 2. 2001 (BStBl. I S. 175),[3] geändert durch BMF-Schreiben vom 5. 8. 2003 (BStBl. I S. 406, sog. Medienerlass) unverändert fort.

5 Das BMF-Schreiben vom 13. 7. 1992 (BStBl. I S. 404) unter Berücksichtigung der Änderungen durch das BMF-Schreiben vom 28. 6. 1994 (BStBl. I S. 420) – sog. Verfahrenserlass – ist auch in den Fällen des § 15 b EStG anzuwenden.

6 Die Prüfung, ob § 15 b EStG Anwendung findet, ist bei Gesellschaften und Gemeinschaften auch anlegerbezogen vorzunehmen (vgl. Tz. 8).

II. Tatbestandsmerkmale der Verlustverrechnungsbeschränkung im Einzelnen

1. Definition des Steuerstundungsmodells

7 Ein Steuerstundungsmodell i. S. v. § 15 b EStG liegt vor, wenn aufgrund einer modellhaften Gestaltung (vgl. Tz. 8 ff.) steuerliche Vorteile in Form negativer Einkünfte erzielt werden sollen (§ 15 b Abs. 2 Satz 1 EStG). 8

Bei Beteiligung an einer Gesellschaft oder Gemeinschaft kann als Indiz für die Annahme eines Steuerstundungsmodells auch gesehen werden, dass der Anleger vorrangig eine kapitalmäßige Beteiligung ohne Interesse an einem Einfluss auf die Geschäftsführung anstrebt. Geschlossene Fonds in der Rechtsform einer Personengesellschaft, die ihren Anlegern in der Anfangsphase steuerliche Verluste zuweisen, sind regelmäßig als Steuerstundungsmodell zu klassifizieren, auch wenn die Gesellschafter in ihrer gesellschaftsrechtlichen Verbundenheit die Möglichkeit haben, auf die Vertragsgestaltung Einfluss zu nehmen (vgl. RdNr. 33 bis 37 des BMF-Schreibens vom 20. 10. 2003, BStBl. I S. 546).[2] Hierzu gehören insbesondere Medienfonds, Gamefonds, New Energy Fonds, Lebensversicherungszweitmarktfonds und geschlossene Immobilienfonds. Entsprechendes gilt für Gesamtobjekte i. S. d. RdNr. 1.3. des BMF-Schreibens vom 13. 7. 1992 (BStBl. I S. 404), sofern in der Anfangsphase einkommensteuerrechtlich relevante Verluste erzielt werden.

§ 15 b EStG erfasst aber auch modellhafte Anlage- und Investitionstätigkeiten einzelner Steuerpflichtiger außerhalb einer Gesellschaft oder Gemeinschaft. Es ist nicht erforderlich, dass mehrere Steuerpflichtige im Hinblick auf die Einkünfteerzielung gemeinsam tätig werden. Es sind demnach auch Investitionen mit modellhaftem Charakter von Einzelpersonen betroffen. Ein Steuerstundungsmodell im Rahmen von Einzelinvestitionen ist z. B. die mit Darlehen gekoppelte Lebens- und Rentenversicherung gegen Einmalbetrag.

2. Modellhafte Gestaltung 9

a) Grundsatz

8 Für die Frage der Modellhaftigkeit sind vor allem folgende Kriterien maßgeblich:
- vorgefertigtes Konzept (vgl. Tz. 10),
- gleichgerichtete Leistungsbeziehungen, die im Wesentlichen identisch sind (vgl. Tz. 11).

Für die Modellhaftigkeit typisch ist die Bereitstellung eines Bündels an Haupt-, Zusatz- und Nebenleistungen. Zusatz- oder Nebenleistungen führen dann zur Modellhaftigkeit eines Vertragswerkes, wenn sie es nach dem zugrunde liegenden Konzept ermöglichen, den sofort abziehbaren Aufwand zu erhöhen. In Betracht kommen hierfür grundsätzlich alle nach dem BMF-Schreiben vom 20. 10. 2003 (BStBl. I S. 546, sog. Fondserlass)[2] sofort abziehbaren Aufwendungen.

Wird den Anlegern neben der Hauptleistung ein Bündel von Neben- oder Zusatzleistungen gegen besonderes Entgelt angeboten, verzichtet ein Teil der Anleger jedoch darauf, liegen unterschiedliche Vertragskonstruktionen vor, die jeweils für sich auf ihre Modellhaftigkeit geprüft werden müssen (anlegerbezogene Betrachtungsweise).

---

[1] Abgedruckt als Anlage d zu § 21 EStG.
[2] Abgedruckt als Anlage c zu § 21 EStG.
[3] Abgedruckt als Anlage c zu R 15.8 EStR.

Anl zu H 15b

Beispiel:

Ein Bauträger verkauft Wohnungen in einem Sanierungsgebiet, die von ihm auch saniert werden. Der Bauträger bietet daneben jeweils gegen ein gesondertes Entgelt eine Mietgarantie sowie die Übernahme einer Bürgschaft für die Endfinanzierung – entsprechend RdNr. 18 des BMF-Schreibens vom 20. 10. 2003 (BStBl. I S. 546) – an.
Anleger A kauft lediglich eine Wohnung, nimmt aber weder die Mietgarantie noch die Bürgschaft in Anspruch.
Anleger B kauft eine Wohnung und nimmt sowohl die Mietgarantie als auch die Bürgschaft in Anspruch.
Anleger C kauft eine Wohnung und nimmt lediglich die Mietgarantie in Anspruch.
Bei Anleger A liegt keine modellhafte Gestaltung vor.
Bei Anleger B ist aufgrund der Inanspruchnahme aller Nebenleistungen eine modellhafte Gestaltung gegeben.
Bei Anleger C liegt wegen der Annahme einer der angebotenen Nebenleistungen eine modellhafte Gestaltung vor (vgl. Tz. 9).

b) Erwerb von Wohnungen von einem Bauträger

9 Der Erwerb einer Eigentumswohnung vom Bauträger zum Zwecke der Vermietung stellt grundsätzlich keine modellhafte Gestaltung dar, es sei denn, der Anleger nimmt modellhafte Zusatz- oder Nebenleistungen (z. B. Vermietungsgarantien)
– vom Bauträger selbst,
– von dem Bauträger nahe stehenden Personen sowie von Gesellschaften, an denen der Bauträger selbst oder diesem nahe stehende Personen beteiligt sind, oder
– auf Vermittlung des Bauträgers von Dritten

in Anspruch, die den Steuerstundungseffekt ermöglichen sollen. Zur Annahme einer Modellhaftigkeit ist es nicht erforderlich, dass der Anleger mehrere Nebenleistungen in Anspruch nimmt. Bereits die Inanspruchnahme einer einzigen Nebenleistung (wie z. B. Mietgarantie oder Bürgschaft für die Endfinanzierung) führt daher zur Modellhaftigkeit der Anlage. Unschädlich sind jedoch die Vereinbarungen über Gegenleistungen, welche die Bewirtschaftung und Verwaltung des Objekts betreffen (z. B. Aufwendungen für die Hausverwaltung, Vereinbarung über den Abschluss eines Mietpools, Tätigkeit als WEG-Verwalter), soweit es sich nicht um Vorauszahlungen für mehr als 12 Monate handelt.

Keine modellhafte Gestaltung liegt vor, wenn der Bauträger mit dem Erwerber zugleich die Modernisierung des Objekts ohne weitere modellhafte Zusatz- oder Nebenleistungen vereinbart. Dies gilt insbesondere für Objekte in Sanierungsgebieten und Baudenkmale, für die erhöhte Absetzungen nach §§ 7h, 7i EStG geltend gemacht werden können, und bei denen die Objekte vor Beginn der Sanierung an Erwerber außerhalb einer Fondskonstruktion veräußert werden.

c) Vorgefertigtes Konzept

10[1] Für die Modellhaftigkeit spricht das Vorhandensein eines vorgefertigten Konzepts, das die Erzielung steuerlicher Vorteile aufgrund negativer Einkünfte ermöglichen soll. Typischerweise, wenn auch nicht zwingend, wird das Konzept mittels eines Anlegerprospekts oder in vergleichbarer Form (z. B. Katalog, Verkaufsunterlagen, Beratungsbögen usw.) vermarktet. Auch Blindpools haben typischerweise ein vorgefertigtes Konzept i. S. d. § 15b EStG. Blindpools sind Gesellschaften oder Gemeinschaften, bei denen zum Zeitpunkt des Beitritts der Anleger das konkrete Investitionsobjekt noch nicht bestimmt ist. Nur wenn der Anleger die einzelnen Leistungen und Zusatzleistungen sowie deren Ausgestaltung vorgibt, handelt es sich nicht um ein vorgefertigtes Konzept.[2]

d) Gleichgerichtete Leistungsbeziehungen

11 Gleichgerichtete Leistungsbeziehungen liegen vor, wenn gleichartige Verträge mit mehreren identischen Vertragsparteien abgeschlossen werden, z. B. mit demselben Treuhänder, demselben Vermittler, derselben Finanzierungsbank. Werden Zusatz- und Nebenleistungen, die den Steuerstundungseffekt ermöglichen sollen, unmittelbar vom Modellinitiator angeboten, kann dies ebenfalls zur Anwendung des § 15b EStG führen.

e) Steuerliche Vorteile

12[3] § 15b EStG ist nur anzuwenden, wenn steuerliche Vorteile in Form von negativen Einkünften erzielt werden sollen.
Bei vermögensverwaltenden Venture Capital und Private Equity Fonds steht die Erzielung nicht steuerbarer Veräußerungsgewinne im Vordergrund, so dass § 15b EStG auf diese Fonds regelmäßig keine Anwendung findet, weil die Erzielung negativer Einkünfte grundsätzlich nicht Gegenstand des Fondskonzepts ist.

---

[1] Das bloße Aufgreifen einer bekannten Gestaltungsidee führt nicht ohne Weiteres zur Annahme eines Steuerstundungsmodells.

Das vorgefertigte Konzept muss von einer vom Stpfl. verschiedenen Person (Anbieter/Initiator) erstellt worden sein. Charakteristisch ist insoweit die Passivität des Stpfl. Setzt der Stpfl. eine von ihm selbst oder dem in seinem Auftrag tätigen Berater entwickelte oder modifizierte und individuell angepasste Investition um, liegt kein vorgefertigtes Konzept vor. Beruhen Investitionen nicht auf einem vorgefertigten Konzept, sondern auf einer individuellen Gestaltung, sind sie weder von § 15b EStG erfasst, noch als vom Gesetz missbilligte Gestaltung i. S. d. § 42 Abs. 1 AO zur Vermeidung der Verlustverrechnungsbeschränkung des § 15b EStG anzusehen. *BFH-Urteil vom 17. 1. 2017 VIII R 7/13 (BStBl. II S. 700).*

[2] Bestätigt durch *BFH-Urteil vom 6. 2. 2014 IV R 59/10 (BStBl. II S. 465).*

[3] Es ist nicht erforderlich, dass die Erzielung negativer Einkünfte im Vordergrund steht. Zudem ist nicht erforderlich, dass der Anbieter im Rahmen des Konzeptvertriebs mit den entsprechenden Steuervorteilen positiv wirbt. Insoweit kommt es auch nicht darauf an, in welchem Verhältnis der Umfang steuerlicher Erläuterungen eines Prospekts zu dessen Gesamtumfang steht. Es ist ohne Belang, auf welchen Vorschriften die negativen Einkünfte beruhen. Auch prognostizierte Verluste, die auf gesetzlichen Abschreibungsmethoden beruhen, führen zur Anwendung des § 15b EStG. Zudem ist für die Anwendung des § 15b EStG nicht Voraussetzung, dass es sich um eine betriebswirtschaftlich nicht oder wenig sinnvolle Investition handelt, *BFH-Urteil vom 6. 6. 2019 IV R 7/16 (BStBl. II S. 513).*

Bleiben Einkünfte im Inland aufgrund von Doppelbesteuerungsabkommen außer Ansatz, ist dies für sich gesehen kein Steuervorteil i. S. d. § 15 b EStG. Zur Berücksichtigung eines negativen Progressionsvorbehalts vgl. Tz. 24.

f) Einkunftsquelle

13 Einkunftsquelle ist die Beteiligung am jeweiligen Steuerstundungsmodell. Soweit es sich bei dem Steuerstundungsmodell um eine Gesellschaft oder Gemeinschaft in der Rechtsform einer gewerblichen oder gewerblich geprägten Personengesellschaft handelt, bildet der Mitunternehmeranteil (Gesamthands- und Sonderbetriebsvermögen) die Einkunftsquelle. Bei vermögensverwaltenden Personengesellschaften sind neben der Beteiligung an der Personengesellschaft für die Einkunftsquelle die Sondereinnahmen und Sonderwerbungskosten der einzelnen Gesellschafter einzubeziehen (vgl. Tzn. 18 und 19).

Erzielt der Anleger aus einer vermögensverwaltenden Gesellschaft oder Gemeinschaft nebeneinander Einkünfte aus verschiedenen Einkunftsarten (z. B. § 20 und § 21 EStG), handelt es sich für Zwecke des § 15 b EStG dennoch nur um eine Einkunftsquelle. Eine Aufteilung in mehrere Einkunftsquellen ist nicht vorzunehmen.

Maßgeblich ist bei Beteiligungen an Gesellschaften oder Gemeinschaften nicht das einzelne Investitionsobjekt. Soweit also in einer Gesellschaft oder Gemeinschaft Überschüsse erzielende und verlustbringende Investitionen kombiniert werden oder die Gesellschaft oder Gemeinschaft in mehrere Projekte investiert, sind diese für die Ermittlung der 10%-Verlustgrenze (vgl. Tz. 16) zu saldieren.

Beispiel:

Anleger X hat in einen Windkraftfonds investiert, der zwei Windkraftparks mit jeweils 100 Windrädern betreibt. Für den Windkraftpark A werden aufgrund der dort herrschenden guten Windverhältnisse Überschüsse erwartet. Für den Windkraftpark B werden hingegen hohe Verluste prognostiziert.

Die Beteiligung an dem Windkraftfonds stellt eine einzige Einkunftsquelle dar.

Handelt es sich bei dem Steuerstundungsmodell nicht um eine Beteiligung an einer Gesellschaft oder Gemeinschaft, sondern um eine modellhafte Einzelinvestition, stellt die Einzelinvestition die Einkunftsquelle dar. Tätigt der Steuerpflichtige mehrere gleichartige Einzelinvestitionen, stellt jede für sich betrachtet eine Einkunftsquelle dar. Dies gilt grundsätzlich auch für stille Beteiligungen.

Auch eventuelles Sonderbetriebsvermögen oder Sondervermögen ist – unabhängig davon, ob dieses modellhaft ist oder nicht – Bestandteil der Einkunftsquelle (vgl. Tzn. 18 und 19).

g) Prognostizierte Verluste/10%-Grenze

14 Die Verlustverrechnung ist nur zu beschränken, wenn bei Gesellschaften oder Gemeinschaften innerhalb der Anfangsphase die prognostizierten Verluste 10% des gezeichneten und nach dem Konzept auch aufzubringenden Kapitals übersteigen. Bei Einzelinvestoren führt ein konzeptbedingter Verlust von mehr als 10% des eingesetzten Eigenkapitals zur Anwendung des § 15 b EStG.

aa) Anfangsphase

15 Die Anfangsphase i. S. d. § 15 b EStG ist der Zeitraum, in dem nach dem zugrunde liegenden Konzept nicht nachhaltig positive Einkünfte erzielt werden, und ist damit im Regelfall identisch mit der Verlustphase. Der Abschluss der Investitionsphase ist zur Bestimmung der Anfangsphase ohne Bedeutung.

Die Anfangsphase endet, wenn nach der Prognoserechnung des Konzepts ab einem bestimmten Veranlagungszeitraum dauerhaft und nachhaltig positive Einkünfte erzielt werden.

bb) Summe der prognostizierten Verluste

16 Maßgeblich für die Berechnung der 10%-Grenze des § 15 b EStG sind die prognostizierten Verluste, nicht jedoch die letztlich tatsächlich erzielten Verluste. Dies bedeutet, dass Aufwendungen (z. B. für die Erhaltung des Gebäudes), die im Zeitpunkt der Prognose nicht vorhersehbar sind, nicht in die Berechnung einzubeziehen sind.

Enthält die Prognoserechnung Unrichtigkeiten, ist sie bei der Berechnung der 10%-Grenze nicht zugrunde zu legen. Wird trotz Aufforderung eine berichtigte Prognoseberechnung nicht vorgelegt, können die fehlerhaften Angaben im Schätzungswege geändert werden. Eine Schätzung ist auch vorzunehmen, wenn keine Prognoserechnung vorgelegt wird.

cc) Maßgebendes Kapital bei Beteiligung an einer Gesellschaft

17 Für die Beteiligung an Gesellschaften ist auf das gezeichnete und nach dem Konzept auch aufzubringende Kapital abzustellen. Regelmäßig ist das sog. gezeichnete Eigenkapital, welches die Beteiligungssumme am Gesellschaftskapital darstellt, auch das aufzubringende Kapital.

Als Ausschüttungen gestaltete planmäßige Eigenkapitalrückzahlungen sind für Zwecke der Berechnung der 10%-Grenze vom gezeichneten Eigenkapital abzuziehen, soweit sie die aus dem normalen Geschäftsbetrieb planmäßig erwirtschafteten Liquiditätsüberschüsse übersteigen.

Soweit das aufzubringende Kapital in Teilbeträgen zu leisten ist (z. B. bei Zahlungen nach dem Baufortschritt oder dem Fortschritt der Dreharbeiten), ist die Summe der geleisteten Teilbeträge zugrunde zu legen, soweit diese in der Anfangsphase zu leisten sind. Gleiches gilt für Nachschüsse, wenn diese bereits bei Begründung der Einkunftsquelle feststehen und in der Anfangsphase zu leisten sind.

Wird ein Teil des aufzubringenden Kapitals modellhaft fremdfinanziert, ist das maßgebende Kapital um die Fremdfinanzierung zu kürzen (vgl. Beispiel zu Tz. 18). Es ist unerheblich, ob die Fremdfinanzierung auf der Ebene der Gesellschaft vorgenommen wird oder der Gesellschafter seine Einlage modellhaft finanziert.

Anl zu H 15b

dd) Sonderbetriebsvermögen

18 Sind modellhaft Sonderbetriebsausgaben oder Sonderwerbungskosten (z. B. bei modellhafter Finanzierung der Einlage) vorgesehen, ist das Sonderbetriebsvermögen oder Sondervermögen Bestandteil des Steuerstundungsmodells. Die Verluste des Sonderbetriebsvermögens oder die Sonderwerbungskosten stehen somit im Zusammenhang mit dem Steuerstundungsmodell und sind demnach auch Bestandteil der prognostizierten Verluste (vgl. auch Umfang der Verlustverrechnungsbeschränkung, Tz. 19). Die modellhaften Sonderbetriebsausgaben oder Sonderwerbungskosten sind daher bei der Berechnung der Verlustgrenze einzubeziehen.

Beispiel:

Anleger A beteiligt sich an einem Windkraftfonds mit 100 000 EUR. Das Konzept sieht eine 20%ige Finanzierung der Einlage vor. Die restlichen 80 000 EUR erbringt A aus seinem Barvermögen. Die Verluste aus dem Gesamthandsvermögen betragen in der Anfangsphase 7500 EUR, die modellhaften Zinsen für die Fremdfinanzierung (Sonderbetriebsausgaben) 1500 EUR.

Der steuerliche Verlust des A beträgt insgesamt 9000 EUR und liegt damit oberhalb von 10% der aufzubringenden Einlage (80 000 EUR). Die Verlustverrechnungsbeschränkung des § 15 b EStG ist anzuwenden.

3. Umfang der Verlustverrechnungsbeschränkung

10 **19** Findet § 15 b EStG dem Grunde nach Anwendung, erstreckt sich die Verlustverrechnungsbeschränkung auf sämtliche Verluste aus diesem Steuerstundungsmodell (Gesamthands- und Sondervermögen). Auch nicht modellhafte Sonderbetriebsausgaben oder Sonderwerbungskosten (z. B. bei individueller Finanzierung der Anlage durch den Anleger) und nicht prognostizierte Aufwendungen (z. B. bei unerwartetem Erhaltungsaufwand) unterliegen demnach der Verlustverrechnungsbeschränkung.

Beispiel:

Anleger A beteiligt sich modellhaft an einem Medienfonds mit einer Einlage von 100 000 EUR, die er zu 80% bei seiner „Hausbank" fremdfinanziert (= nicht modellhafte Fremdfinanzierung). Die prognostizierten Verluste betragen 100 000 EUR. Aufgrund unvorhersehbarer Ereignisse steigen die Produktionskosten für den Film um 20%, so dass A einen Verlust aus dem Gesamthandsvermögen von 120 000 EUR erzielt. Daneben hat A in der Verlustphase für die Finanzierung Zinsen i. H. v. 15 000 EUR zu bezahlen.

Der Gesamtverlust aus der Anlage beträgt 135 000 EUR. Dieser unterliegt in voller Höhe der Verlustverrechnungsbeschränkung.

4. Anwendung bei im Betriebsvermögen gehaltenen Anteilen an vermögensverwaltenden Personengesellschaften (sog. Zebragesellschaften)

11 **20** Auf Ebene der vermögensverwaltenden Personengesellschaft sind lediglich Überschusseinkünfte festzustellen. Diese werden auf Ebene der Gesellschafter in gewerbliche Einkünfte umqualifiziert (vgl. BMF-Schreiben vom 29. 4. 1994, BStBl. I S. 282, BFH-Beschluss vom 11. 4. 2005, BStBl. II S. 679). Ob ein Steuerstundungsmodell vorliegt, ist bereits auf Ebene der vermögensverwaltenden Personengesellschaft zu entscheiden. Die Umqualifizierung der Einkunftsart auf Ebene des Anteilseigners berührt die Einordnung als Steuerstundungsmodell grundsätzlich jedoch nicht. Dies gilt auch dann, wenn sich die Höhe der erzielten Einkünfte aufgrund der Umqualifizierung ändert.

5. Regelung bei mehrstöckigen Gesellschaften

12 **21** Bei mehrstöckigen Personengesellschaften ist bereits auf Ebene der Untergesellschaften zu prüfen, ob § 15 b EStG anzuwenden ist. Wird die Anwendung des § 15 b EStG bereits auf Ebene der Untergesellschaften bejaht, ist ein Verlustausgleich mit anderen Einkünften auf Ebene der Obergesellschaft nicht möglich.

Es sind folgende Fälle zu unterscheiden:

1. Untergesellschaft und Obergesellschaft sind Steuerstundungsmodelle. In diesem Fall werden die Verluste der Untergesellschaft für den Gesellschafter „Obergesellschaft" festgestellt und von dieser als § 15 b-Verluste an ihre Gesellschafter weitergegeben. Da die Obergesellschaft selbst ebenfalls ein Steuerstundungsmodell darstellt, sind die Voraussetzungen für die Anwendung des § 15 b EStG (z. B. 10%-Grenze) ohne Berücksichtigung der § 15 b-Verluste der Untergesellschaft zu prüfen.
2. Die Untergesellschaft ist ein Steuerstundungsmodell, die Obergesellschaft jedoch nicht. In diesem Fall werden die Verluste der Untergesellschaft für den Gesellschafter „Obergesellschaft" festgestellt und von dieser als § 15 b-Verluste an ihre Gesellschafter weitergegeben. Verluste, die nicht aus der Untergesellschaft stammen, sind beim Gesellschafter im Rahmen der übrigen Verlustverrechnungsregelungen (z. B. § 10 d EStG) ausgleichsfähig.
3. Die Untergesellschaft ist kein Steuerstundungsmodell; die Obergesellschaft ist ein Steuerstundungsmodell. In diesem Fall wird geprüft, ob auf die saldierten Einkünfte der Obergesellschaft (d. h. einschließlich der Einkünfte aus der Untergesellschaft) § 15 b EStG anzuwenden ist.

6. Verhältnis § 15 b EStG zu anderen Vorschriften

13 **a) § 15 Abs. 4 EStG**

22 § 15 b EStG geht als die speziellere Norm der Anwendung des § 15 Abs. 4 EStG vor.

b) § 15 a EStG

23 Die Anwendung des § 15 b EStG geht der Anwendung des § 15 a EStG vor (§ 15 b Abs. 1 Satz 3 EStG).

Anl zu H 15 b

7. Nach DBA steuerfreie Einkünfte

24 Bei Einkünften, die nach einem Abkommen zur Vermeidung der Doppelbesteuerung dem Progressionsvorbehalt unterliegen (§ 32 b Abs. 1 Nr. 3 EStG), gilt Folgendes: 14
Die Höhe der ausländischen Einkünfte ist nach deutschem Steuerrecht zu ermitteln (BFH-Urteil vom 22. Mai 1991, BStBl. 1992 II S. 94). Ein negativer Progressionsvorbehalt nach § 32 b Abs. 1 Nr. 3 EStG ist ungeachtet § 2 a EStG nicht zu berücksichtigen, wenn die ausländischen Verluste aus einem Steuerstundungsmodell i. S. d. § 15 b EStG herrühren (vorrangige Anwendung des § 15 b EStG).

8. Behandlung der Verluste aus Steuerstundungsmodellen bei unentgeltlichem Beteiligungsübergang

25 Bei unentgeltlichem Erwerb einer Beteiligung gehen die beim Rechtsvorgänger nach § 15 b EStG verrechenbaren Verluste auf den oder die Rechtsnachfolger über. 15

Ist der Rechtsvorgänger vor dem 11. November 2005 dem Steuerstundungsmodell beigetreten und unterliegen die Verluste daher nicht der Verlustverrechnungsbeschränkung des § 15 b EStG, gilt dies insoweit auch für den Rechtsnachfolger, und zwar auch dann, wenn dieser zuvor bereits selbst nach dem 10. November 2005 dem Steuerstundungsmodell beigetreten ist.

9. Feststellungsverfahren[1, 2]

26 Der nicht ausgleichsfähige Verlust ist jährlich gesondert festzustellen (§ 15 b Abs. 4 EStG). Zuständig für den Erlass des Feststellungsbescheids ist bei Gesellschaften oder Gemeinschaften das für die gesonderte und einheitliche Feststellung der Einkünfte aus dem Steuerstundungsmodell zuständige Finanzamt. 16

10. Übergangsregelungen

27[3] Nach *§ 52 Abs. 33 a EStG*[4] ist § 15 b EStG[5] auf Verluste aus Steuerstundungsmodellen anzuwenden, denen der Steuerpflichtige nach dem 10. November 2005 beigetreten ist oder für die nach dem 10. November 2005 mit dem Außenvertrieb begonnen wurde. Der Außenvertrieb beginnt in dem Zeitpunkt, in dem die Voraussetzungen für die Veräußerung der konkret bestimmbaren Fondsanteile erfüllt sind und die Gesellschaft selbst oder über ein Vertriebsunternehmen mit Außenwirkung an den Markt herangetreten ist. Zur Vermeidung von Umgehungsgestaltungen ist bei Fonds, die bereits vor dem 11. November 2005 mit dem Außenvertrieb begonnen haben, dem Beginn des Außenvertriebs der Beschluss von Kapitalerhöhungen und die Reinvestition von Erlösen in neue Projekte gleichgestellt. Bei Einzelinvestitionen ist § 15 b EStG auf Investitionen anzuwenden, die nach dem 10. November 2005 rechtsverbindlich getätigt wurden. 17

28 Durch das Jahressteuergesetz 2007 vom 13. 12. 2006 (BGBl. I S. 2878 BStBl. 2007 I S. 28) wurde die bislang auf § 20 Abs. 1 Nr. 4 EStG (Einkünfte aus typisch stiller Beteiligung) beschränkte analoge Anwendung des § 15 b EStG bei den Einkünften aus Kapitalvermögen durch die Einführung von *§ 20 Abs. 2 b EStG*[6] mit Wirkung vom 1. Januar 2006 auf alle Einkünfte aus Kapitalvermögen ausgedehnt.

29 Bei Anteilsübertragungen zwischen Gesellschaftern einer Personengesellschaft, bei der § 15 b EStG nicht anzuwenden ist, ist bei der Ermittlung des Beitrittszeitpunktes insoweit auf den Zeitpunkt des Vertragsabschlusses und nicht auf den Zeitpunkt der ggf. erforderlichen Zustimmung der übrigen Gesellschafter abzustellen.

30 Wurden Anteile an einer Personengesellschaft, bei der § 15 b EStG nicht anzuwenden ist, vor dem Stichtag von einem Treuhänder erworben und nach dem Stichtag an einzelne Anleger weiter veräußert, ist zur Ermittlung des Beitrittszeitpunkts auf die Veräußerung der Anteile durch den Treuhänder abzustellen.

31 Nach *§ 52 Abs. 15 Satz 3 und 4*[7] i. V. m. § 5 a Abs. 3 EStG a. F. können Schifffonds den Antrag auf Gewinnermittlung nach § 5 a Abs. 1 EStG im Jahr der Anschaffung oder Herstellung des Handelsschiffes oder in einem der beiden folgenden Wirtschaftsjahre stellen. Für die Anwendung des § 15 b EStG ist – analog zu § 15 a EStG – der nach § 4 Abs. 1 oder § 5 EStG ermittelte Gewinn zu Grunde zu legen. Verluste i. S. d. § 15 b EStG sind nicht mit Gewinnen i. S. d. § 5 a Abs. 1 EStG verrechenbar, Tz. 32 des BMF-Schreibens vom 12. 6. 2002 (BStBl. I S. 614)[8] gilt entsprechend.

---

[1] Die gem. § 15 b Abs. 4 Satz 1 EStG vorgesehene gesonderte Feststellung des gem. § 15 b Abs. 1 EStG nicht ausgleichsfähigen Verlustes ist auch für Einzelinvestitionen durchzuführen. Die gesonderte Feststellung des nicht ausgleichsfähigen Verlustes umfasst bei Einzelinvestitionen verschiedene Elemente. Ist dem Feststellungsbescheid nicht mit hinreichender Deutlichkeit zu entnehmen, dass (auch) ein nicht ausgleichsfähiger Verlust gem. § 15 b Abs. 1 EStG festgestellt wird, fehlt es an einer für die Einkommensteuerfestsetzung des Verlustentstehungsjahres bindenden Feststellung, siehe *BFH-Urteil vom 11. 11. 2015 VIII R 74/13 (BStBl. 2016 II S. 388).*

[2] Ist nicht von vornherein ausgeschlossen, dass eine bestimmte Gestaltung die Voraussetzungen des § 15 b EStG erfüllt, ist hierüber im Verfahren der gesonderten Feststellung nach § 15 b Abs. 4 EStG zu entscheiden, *BFH-Urteil vom 7. 2. 2018 X R 10/16 (BStBl. II S. 630).*

[3] Als geschlossener Fonds i. S. d. § 52 Abs. 25 Satz 4 i. V. m. Satz 1 EStG ist ein Fonds anzusehen, der mit einem festen Anlegerkreis begründet wird. Ein Außenvertrieb ist nicht notwendiger Bestandteil geschlossener Fonds. Bei fehlendem Außenvertrieb ist für die Anwendung von § 15 b EStG der Zeitpunkt des Beitritts der Gesellschafter maßgeblich, *BFH-Urteil vom 1. 9. 2016 IV R 17/13 (BStBl. II S. 1003).*

[4] Jetzt: § 52 Abs. 25 EStG.

[5] Für Fälle der Kapitalerhöhung und des Beitritts neuer Gesellschafter bei Windanlagenfonds und anderen Gesellschaften im Bereich der Energieerzeugung siehe *Vfg. FM Schleswig-Holstein vom 19. 4. 2011 VI 307 – S 2241 b – 009 (DStR S. 1570).*

[6] Jetzt: § 20 Abs. 7 EStG.

[7] Jetzt: § 52 Abs. 10 Satz 2 und 3 EStG.

[8] Abgedruckt als Anlage zu § 5 a EStG.

Anl zu H 15 b

Prüfschema § 15 b EStG

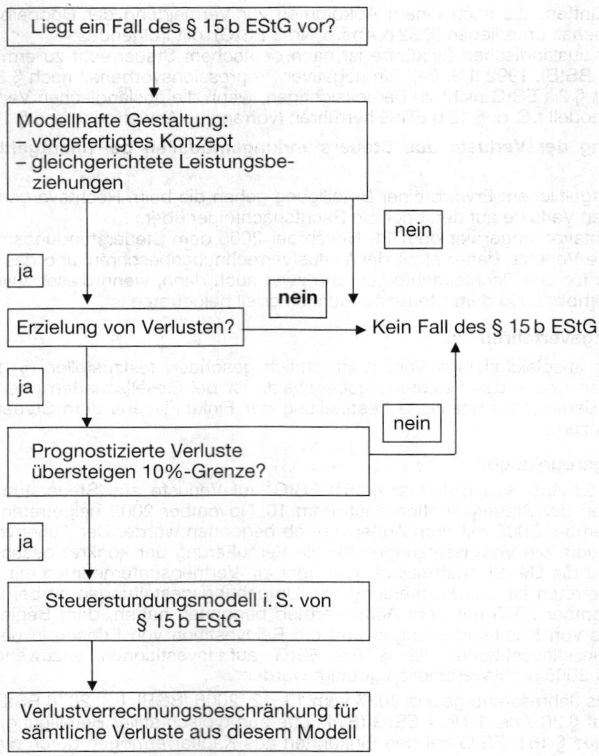

EStG

§ 16 Veräußerung des Betriebs[1]

(1) ① Zu den Einkünften aus Gewerbebetrieb gehören auch Gewinne, die erzielt werden bei der Veräußerung 1

1. des ganzen Gewerbebetriebs oder eines Teilbetriebs. ② Als Teilbetrieb gilt auch die das gesamte Nennkapital umfassende Beteiligung an einer Kapitalgesellschaft; im Fall der Auflösung der Kapitalgesellschaft ist § 17 Absatz 4 Satz 3 sinngemäß anzuwenden;

2. des gesamten Anteils eines Gesellschafters, der als Unternehmer (Mitunternehmer) des Betriebs anzusehen ist (§ 15 Absatz 1 Satz 1 Nummer 2);

3. des gesamten Anteils eines persönlich haftenden Gesellschafters einer Kommanditgesellschaft auf Aktien (§ 15 Absatz 1 Satz 1 Nummer 3).

② Gewinne, die bei der Veräußerung eines Teils eines Anteils im Sinne von Satz 1 Nummer 2 oder 3 erzielt werden, sind laufende Gewinne.

(2) ① Veräußerungsgewinn im Sinne des Absatzes 1 ist der Betrag, um den der Veräußerungspreis nach Abzug der Veräußerungskosten den Wert des Betriebsvermögens (Absatz 1 Satz 1 Nummer 1) oder den Wert des Anteils am Betriebsvermögen (Absatz 1 Satz 1 Nummer 2 und 3) übersteigt. ② Der Wert des Betriebsvermögens oder des Anteils ist für den Zeitpunkt der Veräußerung nach § 4 Absatz 1 oder nach § 5 zu ermitteln. ③ Soweit auf der Seite des Veräußerers und auf der Seite des Erwerbers dieselben Personen Unternehmer oder Mitunternehmer sind, gilt der Gewinn insoweit jedoch als laufender Gewinn. 2

(3) ① Als Veräußerung gilt auch die Aufgabe des Gewerbebetriebs sowie eines Anteils im Sinne des Absatzes 1 Satz 1 Nummer 2 oder Nummer 3. ② Werden im Zuge der Realteilung einer Mitunternehmerschaft Teilbetriebe, Mitunternehmeranteile oder einzelne Wirtschaftsgüter in das jeweilige Betriebsvermögen der einzelnen Mitunternehmer übertragen, so sind bei der Ermittlung des Gewinns der Mitunternehmerschaft die Wirtschaftsgüter mit den Werten anzusetzen, die sich nach den Vorschriften über die Gewinnermittlung ergeben, sofern die Besteuerung der stillen Reserven sichergestellt ist; der übernehmende Mitunternehmer ist an diese Werte gebunden; § 4 Absatz 1 Satz 4 ist entsprechend anzuwenden. ③ Dagegen ist für den jeweiligen Übertragungsvorgang rückwirkend der gemeine Wert anzusetzen, soweit bei einer Realteilung, bei der einzelne Wirtschaftsgüter übertragen worden sind, zum Buchwert übertragener Grund und Boden, übertragene Gebäude oder andere übertragene wesentliche Betriebsgrundlagen innerhalb einer Sperrfrist nach der Übertragung veräußert oder entnommen werden; diese Sperrfrist endet drei Jahre nach Abgabe der Steuererklärung der Mitunternehmerschaft für den Veranlagungszeitraum der Realteilung. ④ Satz 2 ist bei einer Realteilung, bei der einzelne Wirtschaftsgüter übertragen werden, nicht anzuwenden, soweit die Wirtschaftsgüter unmittelbar oder mittelbar auf eine Körperschaft, Personenvereinigung oder Vermögensmasse übertragen werden; in diesem Fall ist bei der Übertragung der gemeine Wert anzusetzen. ⑤ Soweit einzelne dem Betrieb gewidmete Wirtschaftsgüter im Rahmen der Aufgabe des Betriebs veräußert werden und soweit auf der Seite des Veräußerers und auf der Seite des Erwerbers dieselben Personen Unternehmer oder Mitunternehmer sind, gilt der Gewinn aus der Aufgabe des Gewerbebetriebs als laufender Gewinn. ⑥ Werden die einzelnen dem Betrieb gewidmeten Wirtschaftsgüter im Rahmen der Aufgabe des Betriebs veräußert, so sind die Veräußerungspreise anzusetzen. ⑦ Werden die Wirtschaftsgüter nicht veräußert, so ist der gemeine Wert im Zeitpunkt der Aufgabe anzusetzen. ⑧ Bei Aufgabe eines Gewerbebetriebs, an dem mehrere Personen beteiligt waren, ist für jeden einzelnen Beteiligten der gemeine Wert der Wirtschaftsgüter anzusetzen, die er bei der Auseinandersetzung erhalten hat. 3

(3a) Einer Aufgabe des Gewerbebetriebs steht der Ausschluss oder die Beschränkung des Besteuerungsrechts der Bundesrepublik Deutschland hinsichtlich des Gewinns aus der Veräußerung sämtlicher Wirtschaftsgüter des Betriebs oder eines Teilbetriebs gleich; § 4 Absatz 1 Satz 4 gilt entsprechend. 3a

(3b) ① In den Fällen der Betriebsunterbrechung und der Betriebsverpachtung im Ganzen gilt ein Gewerbebetrieb sowie ein Anteil im Sinne des Absatzes 1 Satz 1 Nummer 2 oder Nummer 3 nicht als aufgegeben, bis 3b

1. der Steuerpflichtige die Aufgabe im Sinne des Absatzes 3 Satz 1 ausdrücklich gegenüber dem Finanzamt erklärt oder

---

[1] Zur ertragsteuerlichen Behandlung der Auseinandersetzung einer Erbengemeinschaft vgl. BMF-Schreiben vom 14. 3. 2006 (BStBl. I S. 253), geändert durch BMF-Schreiben vom 27. 12. 2018 (BStBl. 2019 I S. 11), abgedruckt als Anlage a zu § 7 EStG.

Zur ertragsteuerlichen Behandlung der vorweggenommenen Erbfolge siehe BMF-Schreiben vom 13. 1. 1993, geändert durch BMF-Schreiben vom 26. 2. 2007 (BStBl. I S. 269), abgedruckt als Anlage c zu § 7 EStG.

2. dem Finanzamt Tatsachen bekannt werden, aus denen sich ergibt, dass die Voraussetzungen für eine Aufgabe im Sinne des Absatzes 3 Satz 1 erfüllt sind.

② Die Aufgabe des Gewerbebetriebs oder Anteils im Sinne des Absatzes 1 Satz 1 Nummer 2 oder Nummer 3 ist in den Fällen des Satzes 1 Nummer 1 rückwirkend für den vom Steuerpflichtigen gewählten Zeitpunkt anzuerkennen, wenn die Aufgabeerklärung spätestens drei Monate nach diesem Zeitpunkt abgegeben wird. ③ Wird die Aufgabeerklärung nicht spätestens drei Monate nach dem vom Steuerpflichtigen gewählten Zeitpunkt abgegeben, gilt der Gewerbebetrieb oder Anteil im Sinne des Absatzes 1 Satz 1 Nummer 2 oder Nummer 3 erst in dem Zeitpunkt als aufgegeben, in dem die Aufgabeerklärung beim Finanzamt eingeht.

4 (4)[1] **① Hat der Steuerpflichtige das 55. Lebensjahr vollendet oder ist er im sozialversicherungsrechtlichen Sinne dauernd berufsunfähig, so wird der Veräußerungsgewinn auf Antrag zur Einkommensteuer nur herangezogen, soweit er 45 000 Euro übersteigt. ② Der Freibetrag ist dem Steuerpflichtigen nur einmal zu gewähren. ③ Er ermäßigt sich um den Betrag, um den der Veräußerungsgewinn 136 000 Euro übersteigt.**

5 (5) **Werden bei einer Realteilung, bei der Teilbetriebe auf einzelne Mitunternehmer übertragen werden, Anteile an einer Körperschaft, Personenvereinigung oder Vermögensmasse unmittelbar oder mittelbar von einem nicht von § 8 b Absatz 2 des Körperschaftsteuergesetzes begünstigten Steuerpflichtigen auf einen von § 8 b Absatz 2 des Körperschaftsteuergesetzes begünstigten Mitunternehmer übertragen, ist abweichend von Absatz 3 Satz 2 rückwirkend auf den Zeitpunkt der Realteilung der gemeine Wert anzusetzen, wenn der übernehmende Mitunternehmer die Anteile innerhalb eines Zeitraums von sieben Jahren nach der Realteilung unmittelbar oder mittelbar veräußert oder durch einen Vorgang nach § 22 Absatz 1 Satz 6 Nummer 1 bis 5 des Umwandlungssteuergesetzes weiter überträgt; § 22 Absatz 2 Satz 3 des Umwandlungssteuergesetzes gilt entsprechend.**

Übersicht

R 16 (1)

R 16. Veräußerung des gewerblichen Betriebs

Betriebsveräußerung im Ganzen

6 (1) ① Eine Veräußerung des ganzen Gewerbebetriebs liegt vor, wenn der Betrieb mit seinen wesentlichen Grundlagen gegen Entgelt in der Weise auf einen Erwerber übertragen wird, dass der Betrieb als geschäftlicher Organismus fortgeführt werden kann. ② Nicht erforderlich ist, dass der Erwerber den Betrieb tatsächlich fortführt.

H 16 (1)

Aufgabe der bisherigen Tätigkeit

7
- Voraussetzung einer Betriebsveräußerung ist, dass der Veräußerer die mit dem veräußerten Betriebsvermögen verbundene Tätigkeit aufgibt (→ BFH vom 12. 6. 1996 – BStBl. II S. 527).
- Die gelegentliche Vermittlung von Verträgen durch einen aus dem aktiven Erwerbsleben ausgeschiedenen Versicherungsvertreter kann sich in finanzieller, wirtschaftlicher und organisatorischer Hinsicht grundlegend von dem Gewerbebetrieb, den er als Versicherungsbezirksdirektor unterhalten hat, unterscheiden und steht in diesem Fall einer Betriebsveräußerung nicht entgegen (→ BFH vom 18. 12. 1996 – BStBl. 1997 II S. 573).
- Eine Aufgabe der bisherigen Tätigkeit und somit eine begünstigte Veräußerung i. S. d. § 16 EStG liegt auch dann vor, wenn der Veräußerer als selbständiger Unternehmer nach der Veräußerung des Betriebs für den Erwerber tätig wird (→ BFH vom 17. 7. 2008 – BStBl. 2009 II S. 43).
- Die Tarifbegünstigung eines Veräußerungsgewinns setzt nicht voraus, dass der Stpfl. jegliche gewerbliche Tätigkeit einstellt. Erforderlich ist lediglich, dass er die in dem veräußerten Betrieb bislang ausgeübte Tätigkeit einstellt und die diesbezüglich wesentlichen Betriebsgrundlagen veräußert (→ BFH vom 3. 4. 2014 – BStBl. II S. 1000).
- → H 18.3 (Veräußerung).

[1] § 16 Abs. 4 ist erstmals auf Veräußerungen anzuwenden, die nach dem 31. 12. 1995 erfolgen; hat der Stpfl. bereits für Veräußerungen vor dem 1. 1. 1996 Veräußerungsfreibeträge in Anspruch genommen, bleiben diese unberücksichtigt (§ 52 Abs. 34 Satz 6 EStG i. d. F. vor dem Gesetz zur Anpassung des nationalen Steuerrechts an den Beitritt Kroatiens zur EU und zur Änderung weiterer steuerlicher Vorschriften).

Betriebsfortführung. Werden nicht der Betriebsorganismus, sondern nur wichtige Betriebsmittel übertragen, während der Stpfl. das Unternehmen in derselben oder in einer veränderten Form fortführt, liegt keine Betriebsveräußerung vor (→ BFH vom 3. 10. 1984 – BStBl. 1985 II S. 131).

Betriebsübertragung im Zusammenhang mit wiederkehrenden Leistungen → BMF vom 11. 3. 2010 (BStBl. I S. 227)[1] unter Berücksichtigung der Änderungen durch BMF vom 6. 5. 2016 (BStBl. I S. 476).

Funktionsfähiger Betrieb. Eine Betriebsveräußerung setzt voraus, dass im Veräußerungszeitpunkt schon ein funktionsfähiger Betrieb gegeben ist, jedoch nicht, dass der Veräußerer mit den veräußerten wesentlichen Betriebsgrundlagen tatsächlich bereits eine gewerbliche Tätigkeit ausgeübt hat (→ BFH vom 3. 4. 2014 – BStBl. II S. 1000).

Gewerblich geprägte Personengesellschaft. Besteht die Tätigkeit einer gewerblich geprägten Personengesellschaft sowohl in der Nutzung von Grundbesitz als auch in der Nutzung von Kapitalvermögen, liegt eine nach §§ 16, 34 EStG begünstigte Betriebsveräußerung nur vor, wenn die wesentlichen Grundlagen beider Tätigkeitsbereiche veräußert werden (→ BFH vom 12. 12. 2000 – BStBl. 2001 II S. 282).

Gewinnermittlung. Hält der Veräußerer Wirtschaftsgüter, die nicht zu den wesentlichen Betriebsgrundlagen gehören, zurück, um sie später bei sich bietender Gelegenheit zu veräußern, ist eine Gewinnermittlung auf Grund Betriebsvermögensvergleichs hinsichtlich dieser Wirtschaftsgüter nach der Betriebsveräußerung nicht möglich (→ BFH vom 22. 2. 1978 – BStBl. II S. 430).

Häusliches Arbeitszimmer. Zur Ermittlung des Gewinns bei Veräußerung oder Betriebsaufgabe → H 4.7 (Häusliches Arbeitszimmer).

Maßgeblicher Zeitpunkt

- Für die Entscheidung, ob eine Betriebsveräußerung im Ganzen vorliegt, ist auf den Zeitpunkt abzustellen, in dem das wirtschaftliche Eigentum an den veräußerten Wirtschaftsgütern übertragen wird (→ BFH vom 3. 10. 1984 – BStBl. 1985 II S. 245).[2]
- → H 16 (4).

Personengesellschaft

- Bei einer Personengesellschaft ist es nicht erforderlich, dass die Gesellschafter gleichzeitig mit der Betriebsveräußerung die Auflösung beschließen (→ BFH vom 4. 2. 1982 – BStBl. II S. 348).
- Die Veräußerung des gesamten Gewerbebetriebs durch eine Personengesellschaft an einen Gesellschafter ist abzugrenzen von der Veräußerung eines Mitunternehmeranteils. Dabei ist auf die vertraglichen Vereinbarungen abzustellen. Haben die Vertragsparteien den Vertrag tatsächlich wie eine Betriebsveräußerung an den Gesellschafter behandelt, eine Schlussbilanz eingereicht und den Veräußerungsgewinn den Gesellschaftern dem allgemeinen Gewinnverteilungsschlüssel entsprechend zugerechnet, liegt eine Betriebsveräußerung im Ganzen an den Gesellschafter vor (→ BFH vom 20. 2. 2003 – BStBl. II S. 700).
- → H 16 (4) Negatives Kapitalkonto.

Verdeckte Einlage. Zur verdeckten Einlage bei Verkauf eines Betriebes an eine Kapitalgesellschaft → BFH vom 24. 3. 1987 (BStBl. II S. 705) und vom 1. 7. 1992 (BStBl. 1993 II S. 131).

Zurückbehaltene Wirtschaftsgüter

- Die Annahme einer Betriebsveräußerung im Ganzen wird nicht dadurch ausgeschlossen, dass der Veräußerer Wirtschaftsgüter, die nicht zu den wesentlichen Betriebsgrundlagen gehören, zurückbehält (→ BFH vom 26. 5. 1993 – BStBl. II S. 710). Das gilt auch, wenn einzelne, nicht zu den wesentlichen Betriebsgrundlagen gehörende Wirtschaftsgüter in zeitlichem Zusammenhang mit der Veräußerung in das Privatvermögen überführt oder anderen betriebsfremden Zwecken zugeführt werden (→ BFH vom 24. 3. 1987 – BStBl. II S. 705 und vom 29. 10. 1987 – BStBl. 1988 II S. 374).
- Wird eine eingeführte Bezeichnung für einen Betrieb nicht mitverkauft, sondern im Rahmen eines Franchisevertrags zur Nutzung überlassen, sind nicht alle wesentlichen Betriebsgrundlagen übertragen worden. Eine begünstigte Betriebsveräußerung liegt in diesen Fällen nicht vor (→ BFH vom 20. 3. 2017 – BStBl. II S. 992).

Betriebsaufgabe im Ganzen R 16 (2)

(2) ① Eine Betriebsaufgabe erfordert eine Willensentscheidung oder Handlung des Stpfl., die darauf gerichtet ist, den Betrieb als selbständigen Organismus nicht mehr in seiner bisherigen Form bestehen zu lassen. ② Der Begriff der Betriebsaufgabe erfordert nicht, dass der bisherige Unternehmer künftig keine unternehmerische Tätigkeit mehr ausübt. ③ Liegt eine Betriebsaufgabe deshalb vor, weil bei einer Betriebsaufspaltung die personelle Verflechtung durch Eintritt der Volljährigkeit bisher minderjähriger Kinder wegfällt, wird dem Stpfl. auf Antrag aus Billigkeitsgründen das Wahlrecht zur Fortsetzung der gewerblichen Tätigkeit im Rahmen einer 8

[1] Abgedruckt als Anlage zu R 10.3 EStR.
[2] Vgl. auch *BFH-Urteil vom 23. 1. 1992 IV R 88/90 (BStBl. II S. 525).*

Betriebsverpachtung (Absatz 5) auch dann eingeräumt, wenn nicht alle wesentlichen Betriebsgrundlagen an das Betriebsunternehmen verpachtet sind. ④ Wird danach die Betriebsverpachtung nicht als Betriebsaufgabe behandelt, können in diesen Fällen weiterhin die auf einen Betrieb bezogenen Steuervergünstigungen (z.B. Übertragung stiller Reserven nach den §§ 6b und 6c EStG, erhöhte Absetzungen und Sonderabschreibungen) gewährt werden. ⑤ Eine Betriebsaufgabe liegt auch vor, wenn die Voraussetzungen für eine gewerblich geprägte Personengesellschaft wegfallen. ⑥ Ist Gegenstand der Verpachtung ein Betrieb im Ganzen, gilt Absatz 5 entsprechend. ⑦ Im Rahmen einer Betriebsaufgabe kann auch das Buchwertprivileg nach § 6 Abs. 1 Nr. 4 Satz 4 und 5 EStG in Anspruch genommen werden.

H 16 (2)

9 **Allgemeines.** Die Aufgabe eines Gewerbebetriebs im Ganzen ist anzunehmen, wenn alle wesentlichen Betriebsgrundlagen innerhalb kurzer Zeit (→ Zeitraum für die Betriebsaufgabe) und damit in einem einheitlichen Vorgang – nicht nach und nach – entweder in das Privatvermögen überführt oder an verschiedene Erwerber veräußert oder teilweise veräußert und teilweise in das Privatvermögen überführt werden und damit der Betrieb als selbständiger Organismus des Wirtschaftslebens zu bestehen aufhört (→ BFH vom 24. 6. 1976 – BStBl. II S. 670, vom 29. 10. 1981 – BStBl. 1982 II S. 381 und vom 18. 12. 1990 – BStBl. 1991 II S. 512).
Eine Betriebsaufgabe liegt nicht vor,
– wenn die Wirtschaftsgüter nach und nach im Laufe mehrerer Wirtschaftsjahre an Dritte veräußert werden oder in das Privatvermögen überführt werden (→ BFH vom 10. 9. 1957 – BStBl. III S. 414),
– wenn der Betriebsinhaber den Entschluss zur Betriebsaufgabe lediglich dokumentiert hat. Erforderlich ist darüber hinaus die Umsetzung dieses Entschlusses durch Veräußerung oder Entnahme von wesentlichen Betriebsgrundlagen (→ BFH vom 30. 8. 2007 – BStBl. 2008 II S. 113),
→ Betriebsunterbrechung,
→ Betriebsverlegung,
→ Strukturwandel.

Aufgabegewinn
– Als gemeiner Wert eines Grundstücks in einem Sanierungsgebiet ist der Wert anzusetzen, der nach § 153 Abs. 1 BauGB (früher § 23 Abs. 2 Städtebauförderungsgesetz) Werterhöhungen unberücksichtigt lässt, die lediglich durch die Aussicht auf Sanierung, durch ihre Vorbereitung oder ihre Durchführung eingetreten sind, ohne dass der Stpfl. diese Wertsteigerungen durch eigene Aufwendungen zulässigerweise bewirkt hat – sog. Eingangswert – (→ BFH vom 29. 8. 1996 – BStBl. 1997 II S. 317).
– → H 16 (10) Nachträgliche Änderungen des Veräußerungspreises oder des gemeinen Werts.
– Wird im Rahmen einer Betriebsaufgabe ein betrieblich genutzter Grundstücksteil in das Privatvermögen überführt, ist zur Ermittlung des Aufgabegewinns der gemeine Wert des gesamten Grundstücks regelmäßig nach dem Nutzflächenverhältnis und nicht nach dem Verhältnis von Ertragswerten aufzuteilen (→ BFH vom 15. 2. 2001 – BStBl. 2003 II S. 635).
– Weder handels- noch steuerrechtlich besteht eine Verpflichtung, eine Aufgabebilanz zusätzlich zur letzten Schlussbilanz aufzustellen (→ BFH vom 3. 7. 1991 – BStBl. II S. 802).
– Beendigung der Nutzungsberechtigung als Miteigentümer → H 4.2 (1) Nutzungsrechte/Nutzungsvorteile.

Beendigung einer Betriebsaufspaltung
– Entfallen die tatbestandlichen Voraussetzungen einer Betriebsaufspaltung z.B. durch Wegfall der personellen Verflechtung zwischen Besitzunternehmen und Betriebskapitalgesellschaft, ist dieser Vorgang in der Regel als Betriebsaufgabe des Besitzunternehmens zu beurteilen mit der Folge, dass die im Betriebsvermögen des früheren Besitzunternehmens enthaltenen stillen Reserven aufzulösen sind (→ BFH vom 13. 12. 1983 – BStBl. 1984 II S. 474 und vom 15. 12. 1988 – BStBl. 1989 II S. 363); aber → R 16 Abs. 2 Satz 3 ff.
– Zu einer Betriebsaufgabe durch Beendigung der Betriebsaufspaltung kommt es, wenn die vom Besitzunternehmen an die Betriebskapitalgesellschaft verpachteten Wirtschaftsgüter veräußert und infolgedessen keine wesentlichen Betriebsgrundlagen mehr überlassen werden. Das verbliebene Betriebsvermögen, einschließlich der Anteile an der Betriebskapitalgesellschaft, wird dann zu Privatvermögen (→ BFH vom 22. 10. 2013 – BStBl. 2014 II S. 158).
– Die Beendigung einer Betriebsaufspaltung führt nicht zur Betriebsaufgabe bei der Besitzpersonengesellschaft, wenn auch die Voraussetzungen einer Betriebsverpachtung vorliegen (→ BMF vom 17. 10. 1994 – BStBl. I S. 771). Die Voraussetzungen einer Betriebsverpachtung sind auch bei Beendigung einer unechten Betriebsaufspaltung gegeben, wenn die funktional wesentlichen Betriebsgrundlagen weiterhin verpachtet werden (→ BFH vom 17. 4. 2019 – BStBl. II S. 745). Die für die Einstellung der werbenden Tätigkeit durch den Unternehmer geltenden Grundsätze (→ Betriebsunterbrechung) sind bei der Beendigung der Betriebsaufspaltung gleichermaßen zu beachten (→ BFH vom 14. 3. 2006 – BStBl. II S. 591).
– Wird eine Betriebsaufspaltung dadurch beendet, dass die Betriebs-GmbH auf eine AG verschmolzen und das Besitzunternehmen in die AG eingebracht wird, kann dieser Vorgang gewinnneutral gestaltet werden, wenn das Besitzunternehmen nicht nur wegen der Be-

triebsaufspaltung gewerblich tätig war. Andernfalls führt die Verschmelzung zur Aufgabe des Gewerbebetriebs mit der Folge, dass dieser nicht mehr zu Buchwerten eingebracht werden kann (→ BFH vom 24. 10. 2000 – BStBl. 2001 II S. 321).
– → H 15.7 (6) Insolvenz des Betriebsunternehmens.

Betriebsunterbrechung
– Stellt ein Unternehmer seine gewerbliche Tätigkeit ein, liegt darin nicht notwendigerweise eine Betriebsaufgabe. Die Einstellung kann auch nur als Betriebsunterbrechung zu beurteilen sein, die den Fortbestand des Betriebs unberührt lässt. Die Betriebsunterbrechung kann darin bestehen, dass der Betriebsinhaber die gewerbliche Tätigkeit ruhen lässt oder darin, dass er die wesentlichen Betriebsgrundlagen verpachtet. Gibt er keine Aufgabeerklärung ab, ist davon auszugehen, dass er beabsichtigt, den unterbrochenen Betrieb künftig wieder aufzunehmen, sofern die zurückbehaltenen Wirtschaftsgüter dies ermöglichen (→ BFH vom 22. 9. 2004 – BStBl. 2005 II S. 160, vom 14. 3. 2006 – BStBl. II S. 591 und vom 9. 11. 2017 – BStBl. 2018 II S. 227).
– Eine Betriebsunterbrechung im engeren Sinne und keine Aufgabe des Gewerbebetriebs kann bei dem vormaligen Besitzunternehmen auch dann vorliegen, wenn das Betriebsunternehmen die werbende Geschäftstätigkeit endgültig eingestellt hat (→ BFH vom 14. 3. 2006 – BStBl. II S. 591).
– Betriebsaufgabeerklärung → H 16 (5).
– Eine Betriebsunterbrechung, die nicht als Betriebsaufgabe anzusehen ist und deshalb auch nicht zur Aufdeckung der stillen Reserven führt, liegt vor, wenn bei Einstellung der werbenden Tätigkeit die Absicht vorhanden und die Verwirklichung der Absicht nach den äußerlich erkennbaren Umständen wahrscheinlich ist, den Betrieb in gleichartiger oder ähnlicher Weise wieder aufzunehmen, so dass der stillgelegte und der eröffnete Betrieb als identisch anzusehen sind (→ BFH vom 17. 10. 1991 – BStBl. 1992 II S. 392). Dies ist nicht der Fall, wenn nach Einstellung der werbenden Tätigkeit keine wesentlichen Betriebsgrundlagen mehr vorhanden sind, die einem später identitätswahrend fortgeführten Betrieb dienen könnten (→ BFH vom 26. 2. 1997 – BStBl. II S. 561).[1]
– Betreibt ein Unternehmen, das zuvor auf dem Gebiet des Bauwesens, des Grundstückshandels und der Grundstücksverwaltung tätig war, nur noch Grundstücksverwaltung, ist hierin regelmäßig eine bloße Betriebsunterbrechung zu sehen, solange gegenüber dem Finanzamt nicht die Betriebsaufgabe erklärt wird und die zurückbehaltenen Wirtschaftsgüter jederzeit die Wiederaufnahme des Betriebes erlauben (→ BFH vom 28. 9. 1995 – BStBl. 1996 II S. 276).
– → Eröffnung eines neuen Betriebs.
– → H 16 (5) Betriebsfortführungsfiktion.

Betriebsverlegung
– Keine Betriebsaufgabe, sondern eine Betriebsverlegung liegt vor, wenn der alte und der neue Betrieb bei wirtschaftlicher Betrachtung und unter Berücksichtigung der Verkehrsauffassung wirtschaftlich identisch sind (→ BFH vom 24. 6. 1976 – BStBl. II S. 670 und vom 28. 6. 2001 – BStBl. 2003 II S. 124), wovon regelmäßig auszugehen ist, wenn die wesentlichen Betriebsgrundlagen in den neuen Betrieb überführt werden (→ BFH vom 24. 6. 1976 – BStBl. II S. 672).
– Überträgt ein Bezirkshändler, der Produkte eines Unternehmens über Beraterinnen im sog. Heimvorführungs-Vertriebssystem verkauft, die Rechte aus seinen Verträgen mit den Beraterinnen entgeltlich auf einen Dritten und erwirbt er gleichzeitig die Rechtspositionen aus den Verträgen eines anderen Bezirkshändlers mit dessen Beraterinnen, um in Fortführung seines bisherigen Bezirkshändlervertrages die Produkte des Unternehmens an einem anderen Ort zu vertreiben, liegt weder eine Betriebsveräußerung noch eine Betriebsaufgabe vor (→ BFH vom 9. 10. 1996 – BStBl. 1997 II S. 236).

Bewertung von Unternehmen und Anteilen an Kapitalgesellschaften. Bei der Bewertung von Unternehmen und Anteilen an Kapitalgesellschaften sind die bewertungsrechtlichen Regelungen gem. den gleich lautenden Erlassen der obersten Finanzbehörden der Länder vom 17. 5. 2011 (BStBl. I S. 606) zu den §§ 11, 95 bis 109 und 199 ff. BewG für ertragsteuerliche Zwecke entsprechend anzuwenden (→ BMF vom 22. 9. 2011 – BStBl. I S. 859).

Buchwertprivileg. Das Buchwertprivileg nach § 6 Abs. 1 Nr. 4 Satz 4 EStG ist auch zulässig im Fall des Übergangs von Sonderbetriebsvermögen auf den Erben und Überführung ins Privatvermögen im Rahmen eines betriebsaufgabeähnlichen Vorgangs (→ BFH vom 5. 2. 2002 – BStBl. 2003 II S. 237).

Eröffnung eines neuen Betriebs. Eine Betriebsaufgabe kann auch dann gegeben sein, wenn der Stpfl. einen neuen Betrieb – auch der gleichen Branche – beginnt, sofern der bisher geführte betriebliche Organismus aufhört zu bestehen und sich der neue Betrieb in finanzieller, wirtschaftlicher und organisatorischer Hinsicht von dem bisherigen Betrieb unterscheidet (→ BFH vom 18. 12. 1996 – BStBl. 1997 II S. 573); → Betriebsunterbrechung; → Betriebsverlegung.

---

[1] Ergänzend siehe auch *BFH-Urteil vom 18. 7. 2018 X R 36/17 (BFH/NV 2019, 195).*

H 16 (2)

Gewerblicher Grundstückshandel

– Die entgeltliche Bestellung von Erbbaurechten an (allen) zugehörigen Grundstücken führt nicht zur Aufgabe eines gewerblichen Grundstückshandels, sondern stellt lediglich einen Geschäftsvorfall des weiter bestehenden gewerblichen Grundstückshandels dar (→ BFH vom 22. 4. 1998 – BStBl. II S. 665);
– → BMF vom 26. 3. 2004 (BStBl. I S. 434), Tz. 35.[1]
– Im Rahmen des Folgebescheids darf der Gewinn aus der Veräußerung eines Anteils an einer grundbesitzenden Personengesellschaft auch dann in einen laufenden Gewinn im Rahmen eines vom Stpfl. betriebenen gewerblichen Grundstückshandels umqualifiziert werden, wenn er im Grundlagenbescheid als Veräußerungsgewinn bezeichnet worden ist (→ BFH vom 18. 4. 2012 – BStBl. II S. 647).

Handelsvertreter. Eine Betriebsaufgabe liegt nicht vor, wenn ein Handelsvertreter seine bisherigen Vertretungen beendet, um anschließend eine andere Vertretung zu übernehmen; dies gilt auch für den Fall der erstmaligen Übernahme einer Generalvertretung (→ BFH vom 19. 4. 1966 – BStBl. III S. 459).

Insolvenzverfahren. Der Gewerbebetrieb einer Personengesellschaft wird regelmäßig nicht schon mit der Eröffnung des Insolvenzverfahrens über das Gesellschaftsvermögen aufgegeben (→ BFH vom 19. 1. 1993 – BStBl. II S. 594).

Körperschaft als Erbin. Erbt eine Körperschaft Betriebsvermögen einer natürlichen Person, ist grundsätzlich § 6 Abs. 3 EStG anwendbar. Dies gilt auch, wenn Erbin eine Körperschaft des öffentlichen Rechts ist, die den übergehenden Betrieb als steuerpflichtigen Betrieb gewerblicher Art i. S. d. § 1 Abs. 1 Nr. 6, § 4 Abs. 1 KStG fortführt (→ BFH vom 19. 2. 1998 – BStBl. II S. 509). Für Betriebe der Land- und Forstwirtschaft → aber H 14 (Körperschaft des öffentlichen Rechts als Erbin).

Landwirtschaft

– Eine Betriebsaufgabe liegt regelmäßig nicht vor, wenn ein Landwirt seinen auf eigenen Flächen betriebenen Hof an seinen Sohn verpachtet und er diesem zugleich das lebende und tote Inventar schenkt (→ BFH vom 18. 4. 1991 – BStBl. II S. 833).
– Die Begründung einer Betriebsaufspaltung durch Vermietung wesentlicher Betriebsgrundlagen an eine GmbH schließt die vorangehende steuerbegünstigte Aufgabe eines land- und forstwirtschaftlichen Betriebs, zu dessen Betriebsvermögen die zur Nutzung überlassenen Wirtschaftsgüter gehörten, nicht aus, wenn der Stpfl. zuvor seine landwirtschaftliche Betätigung beendet hat (→ BFH vom 30. 3. 2006 – BStBl. II S. 652).

Liebhaberei

– Der Übergang von einem Gewerbebetrieb zu einem einkommensteuerlich unbeachtlichen Liebhabereibetrieb stellt grundsätzlich keine Betriebsaufgabe dar, es sei denn, der Stpfl. erklärt selbst die Betriebsaufgabe (→ BFH vom 11. 5. 2016 – BStBl. 2017 II S. 112). Auf den Zeitpunkt des Übergangs zur Liebhaberei ist für jedes Wirtschaftsgut des Anlagevermögens der Unterschiedsbetrag zwischen dem gemeinen Wert und dem Wert, der nach § 4 Abs. 1 oder nach § 5 EStG anzusetzen wäre, gesondert und bei mehreren Beteiligten einheitlich festzustellen (→ § 8 der VO zu § 180 Abs. 2 AO vom 19. 12. 1986 – BStBl. 1987 I S. 2, zuletzt geändert durch Art. 4 der VO vom 18. 7. 2016 – BStBl. I S. 725).[2]
– Die Veräußerung oder Aufgabe eines Liebhabereibetriebs ist eine Betriebsveräußerung oder -aufgabe i. S. v. § 16 Abs. 1 und 3 EStG. Der Veräußerungs- oder Aufgabegewinn hieraus ist nur steuerpflichtig, soweit er auf die einkommensteuerlich relevante Phase des Betriebs entfällt. Der steuerpflichtige Teil des Gewinns ist im Jahr der Veräußerung oder Aufgabe zu versteuern. Er entspricht der Höhe nach im Grundsatz den nach § 8 der VO zu § 180 Abs. 2 AO auf den Zeitpunkt des Übergangs zur Liebhaberei gesondert festgestellten stillen Reserven. Eine negative Wertentwicklung während der Liebhabereiphase berührt die Steuerpflicht des auf die einkommensteuerlich relevante Phase entfallenden Gewinnanteils nicht. Die Veräußerung eines Liebhabereibetriebs kann daher auch dann zu einem steuerpflichtigen Gewinn führen, wenn der erzielte Erlös die festgestellten stillen Reserven nicht erreicht (→ BFH vom 11. 5. 2016 – BStBl. 2017 II S. 112).
– Ermittelt der Stpfl. seinen Gewinn durch Einnahmenüberschussrechnung, ist er nicht verpflichtet, im Zeitpunkt des Strukturwandels zur Liebhaberei zum Betriebsvermögensvergleich überzugehen und einen daraus resultierenden Übergangsgewinn zu ermitteln und zu versteuern. Hat ein solcher Stpfl. in dem Zeitraum, in dem er noch mit Gewinnerzielungsabsicht handelte, die Anschaffungskosten für ein Wirtschaftsgut des Umlaufvermögens als Betriebsausgaben abgesetzt, so stellt auch nach Wegfall der Gewinnerzielungsabsicht die Verwirklichung eines Realisationsakts in Bezug auf dieses Wirtschaftsgut (Veräußerung oder Entnahme

[1] Abgedruckt als Anlage a zu R 15.7 EStR.
[2] Abgedruckt im „AO/FGO-Handbuch 2023" als Anlage zu § 180 AO.
Zur Abzugsfähigkeit von Schuldzinsen nach Übergang zur Liebhaberei vgl. *BFH-Urteile vom 15. 5. 2002 X R 3/99 (BStBl. II S. 809) und vom 31. 7. 2002 X R 48/99 (BStBl. 2003 II S. 282).*

des Wirtschaftsguts, Veräußerung oder Aufgabe des Liebhabereibetriebs) dem Grunde nach einen Steuertatbestand dar. Der Höhe nach ist derjenige Betrag als nachträgliche Betriebseinnahme anzusetzen und zu versteuern, der für das einzelne Wirtschaftsgut des Umlaufvermögens im Zeitpunkt des Strukturwandels zur Liebhaberei in eine Übergangsbilanz einzustellen gewesen wäre (→ BFH vom 11. 5. 2016 – BStBl. II S. 939).

Realteilung → BMF vom 19. 12. 2018 (BStBl. 2019 I S. 6).[1]

Strukturwandel. Eine Betriebsaufgabe liegt nicht vor, wenn der Betrieb als selbständiger Organismus in dem der inländischen Besteuerung unterliegenden Gebiet weitergeführt wird und die Einkünfte des Stpfl. aus dem Betrieb lediglich in Folge Strukturwandels rechtlich anders eingeordnet werden, weil z. B. ein bisher als gewerblich behandelter Betrieb in Folge Einschränkung des Zukaufs oder Erweiterung des Eigenanbaues zu einem land- und forstwirtschaftlichen Betrieb wird (→ BFH vom 10. 2. 1972 – BStBl. II S. 455 und vom 26. 4. 1979 – BStBl. II S. 732).

Zeitlich gestreckte Betriebsaufgabe

– Bei einer Betriebsaufgabe ist der Wert des Betriebsvermögens wie bei der Betriebsveräußerung durch eine Bilanz zu ermitteln. Diese Bilanz (zu Buchwerten) ist auch bei einer zeitlich gestreckten Betriebsaufgabe einheitlich und umfassend auf einen bestimmten Zeitpunkt zu erstellen. Das ist zweckmäßigerweise der Zeitpunkt der Beendigung der betrieblichen Tätigkeit, zu dem die Schlussbilanz zur Ermittlung des laufenden Gewinns aufzustellen ist. Unabhängig davon bestimmt sich der Zeitpunkt der Gewinnverwirklichung für die einzelnen Aufgabevorgänge (Veräußerung oder Überführung ins Privatvermögen) nach allgemeinen Gewinnrealisierungsgrundsätzen (→ BFH vom 19. 5. 2005 – BStBl. II S. 637).
– → BMF vom 20. 12. 2005 (BStBl. 2006 I S. 7).[2]

Zeitraum für die Betriebsaufgabe. Der Begriff „kurzer Zeitraum" (→ Allgemeines) darf nicht zu eng aufgefasst werden; maßgebender Gesichtspunkt ist, ob man die Aufgabehandlungen wirtschaftlich noch als einen einheitlichen Vorgang werten kann (→ BFH vom 16. 9. 1966 – BStBl. 1967 III S. 70 und vom 8. 9. 1976 – BStBl. 1977 II S. 66). Bei einem Zeitraum von mehr als 36 Monaten kann nicht mehr von einem wirtschaftlich einheitlichen Vorgang ausgegangen werden (→ BFH vom 26. 4. 2001 – BStBl. II S. 798). Die Betriebsaufgabe beginnt mit vom Aufgabeentschluss getragenen Handlungen, die objektiv auf die Auflösung des Betriebs als selbständiger Organismus des Wirtschaftslebens gerichtet sind (→ BFH vom 5. 7. 1984 – BStBl. II S. 711). Der Zeitraum für die Betriebsaufgabe endet mit der Veräußerung der letzten wesentlichen Betriebsgrundlage bzw. mit deren Überführung in das Privatvermögen. Es ist nicht auf den Zeitpunkt abzustellen, in dem die stillen Reserven des Betriebs im Wesentlichen oder nahezu vollständig aufgedeckt worden sind (→ BFH vom 26. 5. 1993 – BStBl. II S. 710). Der Abwicklungszeitraum kann nicht dadurch abgekürzt werden, dass Wirtschaftsgüter, die bei Aufgabe des Betriebs nicht veräußert worden sind, formell in das Privatvermögen überführt werden, um sie anschließend privat zu veräußern. In solchen Fällen setzt der Stpfl. in der Regel seine unternehmerische Tätigkeit fort (→ BFH vom 12. 12. 2000 – BStBl. 2001 II S. 282).

Zwangsweise Betriebsaufgabe. Der Annahme einer Betriebsaufgabe steht nicht entgegen, dass der Stpfl. zur Einstellung des Gewerbebetriebs gezwungen wird; auch Ereignisse, die von außen auf den Betrieb einwirken, können zu einer Betriebsaufgabe führen (→ BFH vom 3. 7. 1991 – BStBl. II S. 802).

Schreiben betr. Realteilung; Anwendung von § 16 Absatz 3 Satz 2 bis 4 und Absatz 5 EStG

Anl zu H 16 (2)

Vom 19. Dezember 2018 (BStBl. 2019 I S. 6)

(BMF IV C 6 – S 2242/07/10 002; DOK 2018/0795144)

Inhaltsverzeichnis

[1] Nachstehend abgedruckt.
[2] Abgedruckt als Anlage zu R 16 Abs. 13 EStR.

Anl zu H 16 (2)

Im Einvernehmen mit den obersten Finanzbehörden der Länder gilt für die Anwendung des § 16 Absatz 3 Satz 2 bis 4 und Absatz 5 EStG Folgendes:

I. Abgrenzung „echte" Realteilung und „unechte" Realteilung

10 **1** Die „echte" Realteilung i. S. d. § 16 Absatz 3 Satz 2 und 3 EStG ist durch den auf der Ebene der Mitunternehmerschaft verwirklichten Tatbestand der Betriebsaufgabe i. S. d. § 16 Absatz 3 Satz 1 EStG gekennzeichnet (BFH vom 16. März 2017, IV R 31/14, BStBl. 2019 II S. 24). Eine Betriebsaufgabe auf Ebene der Mitunternehmerschaft und damit ein Fall der „echten" Realteilung liegt auch bei Ausscheiden eines Mitunternehmers unter Übertragung eines Teilbetriebs, eines (Teil-)Mitunternehmeranteils an einer Tochter-Personengesellschaft oder von Einzelwirtschaftsgütern aus einer zweigliedrigen Mitunternehmerschaft und Fortführung des Betriebs durch den verbleibenden Mitunternehmer in Form eines Einzelunternehmens vor.

2 Scheidet ein Mitunternehmer aus einer mehrgliedrigen Mitunternehmerschaft gegen Übertragung von Wirtschaftsgütern des Betriebsvermögens, die beim ausscheidenden Mitunternehmer zumindest teilweise weiterhin Betriebsvermögen darstellen, aus und wird diese im Übrigen von den verbleibenden Mitunternehmern als Mitunternehmerschaft fortgeführt, liegt ein Fall der „unechten" Realteilung vor (BFH vom 16. März 2017, IV R 31/14, BStBl. 2019 II S. 24). Dies gilt unabhängig davon, ob der ausscheidende Mitunternehmer einen Teilbetrieb (BFH vom 17. September 2015, III R 49/13, BStBl. 2017 II S. 37), einen Mitunternehmeranteil oder nur Einzelwirtschaftsgüter (BFH vom 30. März 2017, IV R 11/15, BStBl. 2019 II S. 29) erhält. Entsprechendes gilt im Fall von doppelstöckigen Personengesellschaften beim Ausscheiden aus der Mutter-Personengesellschaft gegen Übertragung eines Teils eines Mitunternehmeranteils an einer Tochter-Personengesellschaft. Kein Fall der „unechten" Realteilung liegt vor, wenn der ausscheidende Mitunternehmer die ihm im Rahmen seines Ausscheidens übertragenen Einzelwirtschaftsgüter vollständig ins Privatvermögen überführt. In diesem Fall erzielt der ausscheidende Mitunternehmer einen Veräußerungsgewinn.

3 Scheidet ein Mitunternehmer aus einer Mitunternehmerschaft in der Weise aus, dass sein Mitunternehmeranteil den verbleibenden Mitunternehmern oder dem letzten verbleibenden Mitunternehmer anwächst und er eine Abfindung in Geld erhält, liegt ebenfalls kein Fall der Realteilung vor.

4 Die nachfolgenden Grundsätze der Realteilung gelten sowohl für die „echte" Realteilung als auch für die „unechte" Realteilung (BFH vom 16. März 2017, IV R 31/14, BStBl. 2019 II S. 24).

II. Gegenstand der Realteilung

10a **5** Gegenstand einer Realteilung ist das Gesamthandsvermögen der Mitunternehmerschaft. Das Sonderbetriebsvermögen ist nur insoweit Gegenstand der Realteilung, als es im Rahmen der Realteilung auf einen anderen Mitunternehmer übertragen wird. Die Überführung von Wirtschaftsgütern des Sonderbetriebsvermögens eines Mitunternehmers in ein anderes (Sonder-)Betriebsvermögen desselben Mitunternehmers ist nicht Bestandteil einer Realteilung und richtet sich nach den Grundsätzen des § 6 Absatz 5 Satz 2 EStG. Die Realteilung kann durch Übertragung von Teilbetrieben, Mitunternehmeranteilen oder Einzelwirtschaftsgütern erfolgen. Mitunternehmeranteile in diesem Sinne sind auch Teile von Mitunternehmeranteilen. Die Übertragung von Mitunternehmeranteilen stellt keinen Fall der Übertragung von Einzelwirtschaftsgütern mit der Folge der Anwendbarkeit der Sperrfrist dar (vgl. VIII.).

6 Die Übertragung einer 100%igen Beteiligung an einer Kapitalgesellschaft ist als Übertragung eines Teilbetriebs zu behandeln.

7 Die vorherige Einbringung der Anteile an einer Mitunternehmerschaft in andere Personengesellschaften steht einer Realteilung der Mitunternehmerschaft mit Buchwertfortführung nicht entgegen, wenn an den anderen Personengesellschaften vermögensmäßig nur die Personen beteiligt sind, die zuvor auch an der Mitunternehmerschaft vermögensmäßig beteiligt waren (BFH vom 16. Dezember 2015, IV R 8/12, BStBl. 2017 II S. 766). Die tatbestandlichen Voraussetzungen des § 16 Absatz 3 Satz 2 EStG und insbesondere die Übertragung auf einen Mitunternehmer müssen gleichwohl im Zeitpunkt der Übertragung vorliegen.

III. Begünstigte Realteilung

10b **8** Hinsichtlich der im Rahmen einer Realteilung übertragenen Wirtschaftsgüter findet § 6 Absatz 5 Satz 3 EStG keine Anwendung (BFH vom 30. März 2017, IV R 11/15, BStBl. 2019 II S. 29); vgl. jedoch Rn. 5 zum Gegenstand der Realteilung. Unschädlich für die Annahme einer im Übrigen steuerneutralen Realteilung ist die Zahlung eines Spitzen- oder Wertausgleichs (siehe auch VI.). Es ist nicht erforderlich, dass jeder Realteiler wesentliche Betriebsgrundlagen des Gesamthandsvermögens erhält. Wesentliche Betriebsgrundlage i. S. d. § 16 Absatz 3 Satz 3 EStG sind Wirtschaftsgüter, in denen erhebliche stille Reserven ruhen (quantitative Betrachtungsweise) oder Wirtschaftsgüter, die zur Erreichung des Betriebszwecks erforderlich sind und denen ein besonderes wirtschaftliches Gewicht für die Betriebsführung zukommt (funktionale Betrachtungsweise).

9 Im Fall einer echten Realteilung stellen die in das Privatvermögen übertragenen Wirtschaftsgüter Entnahmen der Realteilungsgemeinschaft dar. Im Übrigen sind zwingend die Buchwerte fortzuführen.

10 Werden im Fall der unechten Realteilung einzelne Wirtschaftsgüter in das Privatvermögen des ausscheidenden Mitunternehmers übertragen, realisiert nur er einen Veräußerungsgewinn i. S. v. § 16 Absatz 2 EStG. Im Rahmen der Ermittlung des Gewinnes i. S. v. § 16 Absatz 2 EStG ist als Veräußerungspreis der gemeine Wert der in das Privatvermögen gelangten Wirtschaftsgüter und der Buchwert der im Rahmen der Realteilung erhaltenen und in das Betriebsvermögen des ausscheidenden Mitunternehmers gelangten Wirtschaftsgüter anzusetzen. Die verbleibenden Mitunternehmer realisieren auf Ebene der Mitunternehmerschaft einen laufenden Gewinn aus der Veräußerung der in das Privatvermögen des ausgeschiedenen Mitunternehmers übertragenen Wirtschaftsgüter. Insoweit sind die Buchwerte der in der Mitunternehmerschaft verbleibenden Wirtschaftsgüter anteilig aufzustocken. Anl zu H 16 (2)

11 Eine begünstigte Realteilung i. S. d. § 16 Absatz 3 Satz 2 EStG ist insoweit nicht gegeben, als Einzelwirtschaftsgüter der real zu teilenden Mitunternehmerschaft unmittelbar oder mittelbar in das Betriebsvermögen einer Körperschaft, Personenvereinigung oder Vermögensmasse übertragen werden (§ 16 Absatz 3 Satz 4 EStG) und die Körperschaft nicht schon bisher mittelbar oder unmittelbar an dem übertragenen Wirtschaftsgut beteiligt war. Dies gilt auch dann, wenn an der real zu teilenden Mitunternehmerschaft ausschließlich Körperschaften, Personenvereinigungen oder Vermögensmassen beteiligt sind.

IV. Übertragung in das jeweilige Betriebsvermögen der einzelnen Mitunternehmer

1. Umfang des Betriebsvermögens

12 Voraussetzung für die Buchwertfortführung ist, dass das übernommene Betriebsvermögen nach der Realteilung weiterhin Betriebsvermögen bleibt. Hierfür ist es ausreichend, wenn erst im Rahmen der Realteilung bei den Realteilern durch die Übertragung einzelner Wirtschaftsgüter ein neuer Betrieb (z. B. durch Begründung einer Betriebsaufspaltung) entsteht. Es ist demnach nicht erforderlich, dass die Realteiler bereits vor der Realteilung außerhalb der real zu teilenden Mitunternehmerschaft noch Betriebsvermögen (z. B. im Rahmen eines Einzelunternehmens) haben. Das übernommene Betriebsvermögen muss in das jeweilige Betriebsvermögen des einzelnen Realteilers übertragen werden. Hierzu zählt auch das Sonderbetriebsvermögen bei einer anderen Mitunternehmerschaft. Eine Übertragung einzelner Wirtschaftsgüter des Gesamthandsvermögens in das Gesamthandsvermögen einer anderen Mitunternehmerschaft, an der der Realteiler ebenfalls beteiligt ist, ist jedoch zu Buchwerten nicht möglich. Dies gilt auch dann, wenn es sich um eine personenidentische Schwesterpersonengesellschaft handelt. **10c**

13 Beim Übergang eines Mitunternehmeranteils oder eines Teils eines Mitunternehmeranteils ist eine Übertragung in ein weiteres Betriebsvermögen des Realteilers nicht erforderlich.

2. Betriebsverpachtung im Ganzen

14 Erfolgt die Realteilung durch Übertragung von Teilbetrieben, können diese Teilbetriebe anschließend im Rahmen einer Betriebsverpachtung im Ganzen verpachtet werden (BFH vom 14. Dezember 1978, IV R 106/75, BStBl. 1979 II S. 300). Wird ein land- und forstwirtschaftlicher Betrieb im Wege der Realteilung mit Einzelwirtschaftsgütern geteilt, kann das Verpächterwahlrecht nach der Realteilung erstmalig begründet oder fortgeführt werden, wenn die erhaltenen Wirtschaftsgüter bei dem Realteiler nach der Realteilung einen selbständigen land- und forstwirtschaftlichen Betrieb darstellen (vgl. BMF vom 1. Dezember 2000, BStBl. I S. 1556).[1]

V. Sicherstellung der Versteuerung der stillen Reserven

15 Eine Übertragung des übernommenen Betriebsvermögens des Realteilers zu Buchwerten in ein anderes Betriebsvermögen ist nur dann möglich, wenn die Besteuerung der stillen Reserven weiterhin sichergestellt ist. Dies ist z. B. dann nicht der Fall, wenn die Wirtschaftsgüter in eine ausländische Betriebsstätte übertragen werden (§ 16 Absatz 3 Satz 2 i. V. m. § 4 Absatz 1 Satz 4 EStG).

VI. Realteilung und Spitzen- oder Wertausgleich

16 Eine Realteilung mit Spitzenausgleich liegt vor, wenn ein Mitunternehmer aus eigenen Mitteln einen Ausgleich an den anderen Mitunternehmer leistet, weil er etwa im Rahmen der Realteilung Wirtschaftsgüter übernommen hat, deren Verkehrswerte den Wert seines Anteils am Gesamthandsvermögen übersteigen (BFH vom 11. April 2013, III R 32/12, BStBl. 2014 II S. 242). **10d**

17 Wird ein Spitzen- oder Wertausgleich gezahlt, liegt im Verhältnis des Spitzenausgleichs zum Wert des übernommenen Betriebsvermögens ein entgeltliches Geschäft vor. In Höhe des um den anteiligen Buchwert verminderten Spitzenausgleichs entsteht ein Veräußerungsgewinn für den veräußernden Realteiler oder die veräußernde Mitunternehmerschaft. Dieser Gewinn ist nicht nach §§ 16 und 34 EStG begünstigt, sondern als laufender Gewinn zu versteuern. Die „echte" Realteilung ist auch nach Gewerbesteuerrecht eine Betriebsaufgabe (BFH vom 17. Februar 1994, VIII R 13/94, BStBl. II S. 809); im Fall der Sperrfristverletzung ist die rückwirkende Aufdeckung (§ 16 Absatz 3 Satz 3 EStG) vorgenannter stiller Reserven diesem Vorgang zuzuordnen (vgl. Rn. 24 ff.).

18 Der Gewinn rechnet grundsätzlich nicht zum Gewerbeertrag nach § 7 Satz 1 GewStG. Der Gewinn aus der Aufdeckung der stillen Reserven ist aber nach § 7 Satz 2 GewStG als Gewerbeertrag zu erfassen, soweit er nicht auf eine natürliche Person als unmittelbar beteiligter Mitunternehmer entfällt.

19 Bei einer „unechten" Realteilung gehört der Gewinn aus der Aufdeckung der stillen Reserven durch die Übertragung von Wirtschaftsgütern an den ausscheidenden Mitunternehmer bei der Mitunternehmerschaft zum laufenden Gewerbeertrag.

20 Beispiel 1 („echte" Realteilung):

A und B sind Mitunternehmer eines aus zwei Teilbetrieben bestehenden Gewerbebetriebs. Teilbetriebsvermögen 1 hat einen Wert von 2 Mio. € und einen Buchwert von 200 000 €. Teilbetriebsvermögen 2 hat einen Wert von 1,6 Mio. € und einen Buchwert von 160 000 €. Im Wege der Realteilung erhält A das Teilbetriebsvermögen 1 und B das Teilbetriebsvermögen 2. Außerdem zahlt A an B eine Abfindung von 200 000 €.

---

[1] Nunmehr § 14 Abs. 3 i. V. m. § 52 Abs. 22 c EStG. Siehe auch *BMF-Schreiben vom 17. 5. 2022 (BStBl. I 2022 S. 678).*

Anl zu H 16 (2)

Lösung:

A stehen bei der Realteilung wertmäßig 1,8 Mio. € (50% von 3,6 Mio. €) zu. Da er aber 2 Mio. € erhält, also 200 000 € mehr, zahlt er diesen Betrag für $^{1}/_{10}$ (10% von 2 Mio. € = 200 000 €) des Teilbetriebsvermögens 1, das er mehr erhält. A erwirbt also 9/10 des Teilbetriebsvermögens 1 unentgeltlich und $^{1}/_{10}$ entgeltlich. Auf diese $^{1}/_{10}$ entfällt ein Buchwert von 20 000 €, so dass A die Aktivwerte um 180 000 € (200 000 € Abfindung abzgl. anteiligem Buchwert von 20 000 €) aufstocken muss und B einen als laufenden Gewinn zu versteuernden Veräußerungsgewinn von 180 000 € (200 000 € Abfindung ./. 20 000 € anteiliger Buchwert) zu versteuern hat.

21 Beispiel 2 („unechte" Realteilung):

A, B und C sind zu gleichen Teilen Mitunternehmer eines aus zwei Teilbetrieben bestehenden Gewerbebetriebs. Teilbetriebsvermögen 1 hat einen Wert von 2 Mio. € und einen Buchwert von 200 000 €. Teilbetriebsvermögen 2 hat einen Wert von 1,6 Mio. € und einen Buchwert von 160 000 €. C scheidet im Rahmen einer „unechten" Realteilung aus der Mitunternehmerschaft aus, die im Übrigen durch A und B fortgeführt wird. C erhält das Teilbetriebsvermögen 1. A und B behalten das Teilbetriebsvermögen 2. Außerdem zahlt C an A und B eine Abfindung von 800 000 €.

Lösung:

C stehen bei der Realteilung wertmäßig 1,2 Mio. € ($^{1}/_{3}$ von 3,6 Mio. €) zu. Da er aber 2 Mio. € erhält, also 800 000 € mehr, zahlt er diesen Betrag für $^{4}/_{10}$ (40% von 2 Mio. € = 800 000 €) des Teilbetriebsvermögens 1, das er mehr erhält. C erwirbt also $^{6}/_{10}$ des Teilbetriebsvermögens 1 unentgeltlich und $^{4}/_{10}$ entgeltlich. Auf diese $^{4}/_{10}$ entfällt ein Buchwert von 80 000 €, so dass C die Aktivwerte um 720 000 € (800 000 € Abfindung abzgl. anteiligem Buchwert von 80 000 €) aufstocken muss und A und B einen als laufenden Gewinn zu versteuernden Veräußerungsgewinn von 720 000 € (800 000 € Abfindung ./. 80 000 € anteiliger Buchwert) zu versteuern haben.

VII. Ansatz des übernommenen Betriebsvermögens

10e **22** Entspricht der Buchwert des erhaltenen Vermögens dem Buchwert des bisherigen Kapitalkontos des jeweiligen Realteilers und geht auf den betreffenden Realteiler betragsmäßig genau der Anteil an den stillen Reserven über, der ihm zuvor auf Ebene der Mitunternehmerschaft zuzurechnen war, erübrigen sich in den Eröffnungsbilanzen der Realteiler bilanzielle Anpassungsmaßnahmen. Entspricht jedoch die Summe der Buchwerte der übernommenen Wirtschaftsgüter nicht dem Buchwert des Kapitalkontos, sind bilanzielle Anpassungsmaßnahmen erforderlich, damit sich Aktiva und Passiva in der Bilanz des Realteilers entsprechen. Hierzu ist die sog. Kapitalkontenanpassungsmethode anzuwenden. Bei der Kapitalkontenanpassungsmethode werden die Buchwerte der übernommenen Wirtschaftsgüter von den Realteilern in ihren eigenen Betrieben fortgeführt. Die Kapitalkonten der Realteiler werden durch Auf- oder Abstocken gewinnneutral dahin angepasst, dass ihre Höhe der Summe der Buchwerte der übernommenen Wirtschaftsgüter entspricht (BFH vom 10. Dezember 1991, VIII R 69/86, BStBl. 1992 II S. 385).

23 Beispiel:

A ist zu 40%, B zu 60% an der AB-OHG beteiligt. A und B beschließen, die OHG aufzulösen. Im Wege der Realteilung soll A den Teilbetrieb I und B den Teilbetrieb II erhalten. Die Schlussbilanz der OHG sieht wie folgt aus:

Schlussbilanz

Aktiva	Buchwerte	Gemeine Werte	Passiva	Buchwerte	Auseinandersetzungsansprüche
Teilbetrieb I	50 000 €	80 000 €	Kapital A	40 000 €	80 000 €
Teilbetrieb II	50 000 €	120 000 €	Kapital B	60 000 €	120 000 €
	100 000€	200 000 €		100 000 €	200 000 €

Der Buchwert des Teilbetriebs I (50 000 €) übersteigt den Buchwert des Kapitalkontos des A um 10 000 €, während der Buchwert des Teilbetriebs II den Buchwert des Kapitalkontos des B um 10 000 € unterschreitet.

Lösung:

Die Eröffnungsbilanzen stellen sich wie folgt dar:

Eröffnungsbilanz A

Aktiva		Passiva		
Teilbetrieb I	50 000 €	Kapital A	40 000 €	
		Kapitalanpassung	10 000 €	50 000 €
	50 000 €			50 000 €

Eröffnungsbilanz B

Aktiva		Passiva		
Teilbetrieb II	50 000 €	Kapital B	60 000 €	
		Kapitalanpassung	– 10 000 €	50 000 €
	50 000 €			50 000 €

VIII. Sperrfrist

1. Realteilung durch Übertragung von Einzelwirtschaftsgütern

10f **24** Werden im Rahmen einer Realteilung einzelne Wirtschaftsgüter in ein Betriebsvermögen des Realteilers übertragen, ist für den jeweiligen Übertragungsvorgang nach § 16 Absatz 3 Satz 3 EStG rückwirkend der gemeine Wert anzusetzen, soweit übertragener Grund und Boden, übertragene Gebäude (ausgenommen Umlaufvermögen) oder andere übertragene wesentliche Betriebsgrundlagen innerhalb der Sperrfrist entnommen oder veräußert (maßgeblicher Zeitpunkt: Übergang des wirtschaftlichen

Eigentums) werden. Die Entnahme oder Veräußerung von Grund und Boden sowie Gebäuden des Anlagevermögens, die keine wesentlichen Betriebsgrundlagen darstellen, löst ebenfalls die Folgen des § 16 Absatz 3 Satz 3 EStG aus. Bei einer Realteilung durch Übertragung von Betrieben, Teilbetrieben oder Mitunternehmer(teil)anteilen ist die Sperrfrist jedoch unbeachtlich. Es ist jedoch § 16 Absatz 5 EStG zu beachten (vgl. Aussagen unter 2.). Die Sperrfrist beginnt im Zeitpunkt der Realteilung und endet drei Jahre nach Abgabe der Feststellungserklärung der Mitunternehmerschaft für den Veranlagungszeitraum der Realteilung.

25 Im Fall der „unechten" Realteilung ist § 16 Absatz 3 Satz 3 EStG bei der von den verbleibenden Mitunternehmern fortgeführten Mitunternehmerschaft nicht anzuwenden.

26 Eine Veräußerung ist grundsätzlich auch eine Einbringung der im Rahmen der Realteilung erhaltenen einzelnen Wirtschaftsgüter, wenn sie zusammen mit einem Betrieb, Teilbetrieb oder Mitunternehmer(teil-)anteil nach §§ 20, 24 UmwStG eingebracht werden, unabhängig davon, ob die Buchwerte, die gemeinen Werte oder Zwischenwerte angesetzt werden. Als Veräußerung gilt auch ein Formwechsel nach § 25 UmwStG. Überträgt der Realteiler Wirtschaftsgüter, die im Anschluss an die Realteilung Betriebsvermögen geworden sind, gegen Gewährung von Gesellschaftsrechten nach § 6 Absatz 5 EStG auf einen Dritten, liegt ebenfalls eine Veräußerung vor.

2. Realteilung durch Übertragung von Teilbetrieben

27 Werden bei einer Realteilung durch Übertragung mit Teilbetrieben Anteile an einer Körperschaft, Personenvereinigung oder Vermögensmasse unmittelbar oder mittelbar von einem nicht nach § 8b Absatz 2 KStG begünstigten Mitunternehmer (z. B. natürliche Person) auf einen nach § 8b Absatz 2 KStG begünstigten Mitunternehmer (z. B. GmbH) übertragen, ist rückwirkend auf den Zeitpunkt der Realteilung der gemeine Wert anzusetzen, wenn der übernehmende Mitunternehmer die Anteile innerhalb eines Zeitraumes von sieben Jahren nach der Realteilung unmittelbar oder mittelbar veräußert oder nach § 22 UmwStG weiter überträgt (§ 16 Absatz 5 EStG).

IX. Folgen bei Veräußerung oder Entnahme während der Sperrfrist

28 Eine schädliche Entnahme oder Veräußerung i. S. d. § 16 Absatz 3 Satz 3 EStG führt zu einer rückwir- **11**
kenden Aufdeckung der in den veräußerten oder entnommenen Wirtschaftsgütern enthaltenen stillen Reserven. Dieser Vorgang stellt ein Ereignis mit steuerlicher Rückwirkung dar (§ 175 Absatz 1 Satz 1 Nr. 2 AO). Eine Aufdeckung der übrigen stillen Reserven erfolgt nicht. Der aus der nachträglichen Aufdeckung entstehende Gewinn stellt einen laufenden Gewinn dar, der nicht nach §§ 16 und 34 EStG begünstigt ist. Ein nach §§ 16 und 34 EStG begünstigter Veräußerungsgewinn liegt jedoch vor, wenn sämtliche stille Reserven aus den wesentlichen Betriebsgrundlagen rückwirkend aufzudecken sind.[1] Die „echte" Realteilung ist auch nach Gewerbesteuerrecht eine Betriebsaufgabe (BFH vom 17. Februar 1994, VIII R 13/94, BStBl. II S. 809); die nachträgliche Aufdeckung vorgenannter stiller Reserven ist diesem Vorgang zuzuordnen.

29 Dieser Gewinn ist im Fall der „echten" Realteilung bei Wirtschaftsgütern, die zum Gesamthandsvermögen der Mitunternehmerschaft gehörten, allen Realteilern nach dem allgemeinen Gewinnverteilungsschlüssel zuzurechnen, es sei denn, dass der Gewinn nach dem Gesellschaftsvertrag oder den von den Mitunternehmern schriftlich getroffenen Vereinbarungen über die Realteilung allein dem entnehmenden oder veräußernden Realteiler zuzurechnen ist.[2] Soweit Sonderbetriebsvermögen eines Realteilers von einem anderen Realteiler im Rahmen der Realteilung übernommen wurde, ist der Gewinn nur dann dem übernehmenden Realteiler zuzurechnen, wenn dies in den schriftlichen Vereinbarungen über die Realteilung so vereinbart wurde.

30 Der Gewinn rechnet grundsätzlich nicht zum Gewerbeertrag nach § 7 Satz 1 GewStG. Der Gewinn aus der Aufdeckung der stillen Reserven ist aber nach § 7 Satz 2 GewStG als Gewerbeertrag zu erfassen, soweit er nicht auf eine natürliche Person als unmittelbar beteiligter Mitunternehmer entfällt.

31 Im Fall der „unechten" Realteilung ist bei dem ausgeschiedenen Mitunternehmer bei der Ermittlung des Gewinnes i. S. v. § 16 Absatz 2 EStG rückwirkend der gemeine Wert des Wirtschaftsgutes anzusetzen. Zudem entsteht auf Ebene der Mitunternehmerschaft ein laufender Gewinn mit der Folge, dass insoweit die Buchwerte der Wirtschaftsgüter der verbleibenden Mitunternehmerschaft aufzustocken sind.

X. Zeitliche Anwendung

32 Dieses Schreiben ersetzt das Schreiben vom 20. Dezember 2016 (BStBl. 2017 I S. 36).[3] Es ist auf **12**
alle offenen Fälle anzuwenden. Die im BMF-Schreiben vom 20. Dezember 2016 (a. a. O.) enthaltenen Übergangsregelungen gelten fort. Auf einvernehmlichen Antrag aller Mitunternehmer sind die Grundsätze dieses Schreibens in den Fällen einer „unechten" Realteilung (vgl. Abschnitt I) nicht anzuwenden, wenn die „unechte" Realteilung vor dem 1. Januar 2019 stattgefunden hat.

Teilbetriebsveräußerung und Teilbetriebsaufgabe

R 16 (3)

(3) ① Ein Teilbetrieb ist ein mit einer gewissen Selbständigkeit ausgestatteter, organisch ge- **13**
schlossener Teil des Gesamtbetriebs, der für sich betrachtet alle Merkmale eines Betriebs im Sinne des Einkommensteuergesetzes aufweist und für sich lebensfähig ist. ② Eine völlig selbstän-

[1] Die tarifbegünstigte Besteuerung eines durch eine echte Realteilung einer Sozietät ausgelösten Aufgabegewinns gem. § 34 Abs. 2 Nr. 1 EStG setzt voraus, dass der Stpfl. die wesentlichen vermögensmäßigen Grundlagen seiner bisherigen freiberuflichen Tätigkeit aufgibt, *BFH-Urteil vom 15. 1. 2019 VIII R 24/15 (BStBl. 2020 II S. 251).*

[2] Veräußert ein Realteiler innerhalb der Sperrfrist seinen Betrieb, in den er die im Rahmen der Realteilung übernommenen wesentlichen Betriebsgrundlagen zum Buchwert übertragen hat, ist der Gewinn nach § 16 Abs. 3 Satz 3 gem. § 16 Abs. 3 Satz 8 allein diesem Realteiler zuzurechnen, *BFH-Urteil vom 23. 11. 2021 VIII R 14/9 (BStBl. 2022 II S. 371).*

[3] Letztmals abgedruckt im „Handbuch zur ESt-Veranlagung 2017" als Anlage zu H 16 (2).

dige Organisation mit eigener Buchführung ist nicht erforderlich. ③ Für die Annahme einer Teilbetriebsveräußerung genügt nicht die Möglichkeit einer technischen Aufteilung des Betriebs. ④ Notwendig ist die Eigenständigkeit des Teils. ⑤ Ein Stpfl. kann deshalb bestimmte abgegrenzte Tätigkeitsgebiete nicht durch eine organisatorische Verselbständigung und durch gesonderten Vermögens- und Ergebnisausweis zu einem Teilbetrieb machen. ⑥ Die Veräußerung der Beteiligung an einer Kapitalgesellschaft, die das gesamte Nennkapital der Gesellschaft umfasst, gilt als Veräußerung eines Teilbetriebes (§ 16 Abs. 1 Satz 1 Nr. 1 Satz 2 EStG), wenn die gesamte Beteiligung an der Kapitalgesellschaft zum Betriebsvermögen eines einzelnen Stpfl. oder einer Personengesellschaft gehört und die gesamte Beteiligung im Laufe eines Wirtschaftsjahres veräußert wird. ⑦ § 16 Abs. 1 Satz 1 Nr. 1 Satz 2 EStG ist auf den Gewinn aus der Veräußerung einer Beteiligung, die das gesamte Nennkapital einer Kapitalgesellschaft umfasst, auch dann anwendbar, wenn die Beteiligung im Eigentum eines oder mehrerer Mitunternehmer derselben Personengesellschaft stand und steuerlich zum Betriebsvermögen der Personengesellschaft gehörte. ⑧ § 16 Abs. 1 Satz 1 Nr. 1 Satz 2 EStG ist nicht anwendbar, wenn die Beteiligung an der Kapitalgesellschaft teilweise auch zum Privatvermögen des Stpfl. gehört.

H 16 (3)

14 **Auflösung einer Kapitalgesellschaft.** Wird eine Kapitalgesellschaft in der Weise aufgelöst, dass ihr Vermögen auf den Alleingesellschafter übertragen wird, der die gesamte Beteiligung im Betriebsvermögen hält, liegt darin die nach § 16 Abs. 1 Satz 1 Nr. 1 Satz 2 EStG begünstigte Aufgabe eines Teilbetriebs. Der Begünstigung steht auch nicht entgegen, dass die untergehende Kapitalgesellschaft Betriebsunternehmen im Rahmen einer Betriebsaufspaltung war (→ BFH vom 4. 10. 2006 – BStBl. 2009 II S. 772).

Auflösung stiller Reserven. Keine Teilbetriebsveräußerung oder -aufgabe liegt vor, wenn

- bei der Einstellung eines Teilbetriebs Wirtschaftsgüter von nicht untergeordneter Bedeutung, in denen erhebliche stille Reserven enthalten sind, als Betriebsvermögen in einen anderen Teilbetrieb desselben Stpfl. übernommen werden und deshalb die stillen Reserven nicht aufgelöst werden dürfen (→ BFH vom 28. 10. 1964 – BStBl. 1965 III S. 88 und vom 30. 10. 1974 – BStBl. 1975 II S. 232);
- bei der Einstellung der Produktion eines Zweigwerks nicht alle wesentlichen stillen Reserven – vor allem die in den Grundstücken enthaltenen – aufgelöst werden (→ BFH vom 26. 9. 1968 – BStBl. 1969 II S. 69);
- in dem zurückbehaltenen Wirtschaftsgut erhebliche stille Reserven vorhanden sind (→ BFH vom 26. 4. 1979 – BStBl. II S. 557); dies gilt auch dann, wenn das zurückbehaltene Wirtschaftsgut überwiegend von einem noch verbleibenden Restbetrieb genutzt wird (→ BFH vom 13. 2. 1996 – BStBl. II S. 409);
- wesentliche Betriebsgrundlagen, auch wenn sie keine erheblichen stillen Reserven enthalten, in den Hauptbetrieb verbracht werden (→ BFH vom 19. 1. 1983 – BStBl. II S. 312).

Beendigung der betrieblichen Tätigkeit. Eine Teilbetriebsveräußerung erfordert nicht, dass der Veräußerer seine gewerblichen Tätigkeiten in vollem Umfang beendet. Es ist ausreichend, wenn er die gewerbliche Tätigkeit aufgibt, die sich auf die veräußerten wesentlichen Betriebsgrundlagen bezieht (→ BFH vom 9. 8. 1989 – BStBl. II S. 973). Das Auswechseln der Produktionsmittel unter Fortführung des Tätigkeitsgebiets stellt jedoch keine Teilbetriebsveräußerung dar (→ BFH vom 3. 10. 1984 – BStBl. 1985 II S. 245).

Betriebsaufspaltung. Erwirbt die Besitzpersonengesellschaft einen Teil des Betriebs von der Betriebsgesellschaft zurück, um ihn selbst fortzuführen, kann die Grundstücksverwaltung ein Teilbetrieb der bisherigen Besitzgesellschaft sein. Ein von dem zurück erworbenen operativen Betrieb genutztes Grundstück der Besitzgesellschaft wird dann mit dem Rückerwerb wesentliche Betriebsgrundlage dieses Teilbetriebs (→ BFH vom 20. 1. 2005 – BStBl. II S. 395). Die Anteile an einer Betriebskapitalgesellschaft sind wesentliche Betriebsgrundlagen des Besitzunternehmens (→ BFH vom 4. 7. 2007 – BStBl. II S. 772).

Brauerei. Bei einer Brauerei ist eine von ihr betriebene Gastwirtschaft ein selbständiger Teilbetrieb (→ BFH vom 3. 8. 1966 – BStBl. 1967 III S. 47).

Entnahme einer Beteiligung. Die Entnahme einer Beteiligung an einer Kapitalgesellschaft, die das gesamte Nennkapital umfasst, ist als Aufgabe eines Teilbetriebs (→ Teilbetriebsaufgabe) anzusehen; das gilt auch für die Entnahme aus dem Gesellschaftsvermögen einer Personenhandelsgesellschaft (→ BFH vom 24. 6. 1982 – BStBl. II S. 751).

Fahrschule. Bei der Veräußerung einer Niederlassung einer Fahrschule kann es sich um die Veräußerung eines Teilbetriebs handeln (→ BFH vom 24. 8. 1989 – BStBl. 1990 II S. 55). Wird ein Betriebsteil einer Fahrschule veräußert, kann dessen Eigenständigkeit nicht allein aus dem Grund verneint werden, dass dem Betriebsteil im Zeitpunkt der Veräußerung nicht mindestens ein Schulungsfahrzeug zugeordnet ist (→ BFH vom 5. 6. 2003 – BStBl. II S. 838).

Fertigungsbetrieb. Bei einem Fertigungsbetrieb mit mehreren Produktionszweigen liegen in der Regel keine selbständigen Teilbetriebe vor, wenn für die einzelnen Produktionen wesentliche Maschinen nur für alle Produktionsabteilungen zur Verfügung stehen (→ BFH vom 8. 9. 1971 – BStBl. 1972 II S. 118).

H 16 (3)

Filialen und Zweigniederlassungen. Teilbetriebe können insbesondere Filialen und Zweigniederlassungen sein. Werden Zweigniederlassungen oder Filialen eines Unternehmens veräußert, ist die Annahme einer Teilbetriebsveräußerung nicht deshalb ausgeschlossen, weil das Unternehmen im Übrigen andernorts weiterhin eine gleichartige gewerbliche Tätigkeit ausübt; erforderlich für die Annahme einer Teilbetriebsveräußerung ist aber, dass das Unternehmen mit der Veräußerung des entsprechenden Betriebsteils einen eigenständigen Kundenkreis aufgibt (→ BFH vom 24. 8. 1989 – BStBl. 1990 II S. 55). Eine Einzelhandelsfiliale ist nur dann Teilbetrieb, wenn dem dort beschäftigten leitenden Personal eine Mitwirkung beim Wareneinkauf und bei der Preisgestaltung dieser Filiale eingeräumt ist (→ BFH vom 12. 9. 1979 – BStBl. 1980 II S. 51).

Gaststätten. Räumlich getrennte Gaststätten sind in der Regel Teilbetriebe (→ BFH vom 18. 6. 1998 – BStBl. II S. 735); → Brauerei.

Güternah- und Güterfernverkehr. Betreibt ein Stpfl. im Rahmen seines Unternehmens den Güternah- und den Güterfernverkehr oder z. B. ein Reisebüro und die Personenbeförderung mit Omnibussen, liegen zwei Teilbetriebe nur dann vor, wenn beide Tätigkeitsarten nicht nur als Geschäftszweige des einheitlichen Unternehmens betrieben werden, sondern auch innerhalb dieses einheitlichen Unternehmens mit einer gewissen Selbständigkeit ausgestattet sind (→ BFH vom 20. 2. 1974 – BStBl. II S. 357 und vom 27. 6. 1978 – BStBl. II S. 672).

Grundstücksverwaltung. Eine Grundstücksverwaltung bildet im Rahmen eines Gewerbebetriebs nur dann einen Teilbetrieb, wenn sie als solche ausnahmsweise auch außerhalb des Gewerbebetriebes gewerblichen Charakter hätte (→ BFH vom 24. 4. 1969 – BStBl. II S. 397).

Handelsvertreter. Ein Teilbetrieb kann auch dann vorliegen, wenn der Unternehmensbereich statt von einem Angestellten von einem selbständigen Handelsvertreter geleitet wird (→ BFH vom 2. 8. 1978 – BStBl. 1979 II S. 15).

Maßgeblicher Zeitpunkt
- Ob eine Summe von Wirtschaftsgütern einen Teilbetrieb darstellt, ist nach den tatsächlichen Verhältnissen im Zeitpunkt der Veräußerung zu entscheiden. Dies gilt auch dann, wenn die Wirtschaftsgüter die Eigenschaft als Teile eines Teilbetriebs erst durch die Zerstörung einer wesentlichen Betriebsgrundlage verloren haben (→ BFH vom 16. 7. 1970 – BStBl. II S. 738).
- → H 16 (4).

Schiffe. Die Veräußerung eines Schiffes stellt lediglich dann eine Teilbetriebsveräußerung dar, wenn das Schiff die wesentliche Grundlage eines selbständigen Zweigunternehmens bildet und das Zweigunternehmen dabei im Ganzen veräußert wird (→ BFH vom 13. 1. 1966 – BStBl. III S. 168).

Sonderbetriebsvermögen. Ein Grundstück, das dem Betrieb einer Personengesellschaft dient, ist nicht schon deshalb ein Teilbetrieb, weil es im Sondereigentum eines Gesellschafters steht (→ BFH vom 12. 4. 1967 – BStBl. III S. 419 und vom 5. 4. 1979 – BStBl. II S. 554).

Spediteur. Verkauft ein Spediteur, der auch mit eigenen Fernlastzügen das Frachtgeschäft betreibt, seine Fernlastzüge an verschiedene Erwerber und betreut er in der Folgezeit seine bisherigen Kunden über die Spedition unter Einschaltung fremder Frachtführer weiter, liegt weder eine Teilbetriebsveräußerung noch eine Teilbetriebsaufgabe vor (→ BFH vom 22. 11. 1988 – BStBl. 1989 II S. 357).

Tankstellen. Die einzelnen Tankstellen eines Kraftstoff-Großhandelsunternehmens bilden nicht schon deshalb Teilbetriebe, weil sie von Pächtern betrieben werden (→ BFH vom 13. 2. 1980 – BStBl. II S. 498).

Teilbetriebe im Aufbau. Die §§ 16 und 34 EStG sind auch auf im Aufbau befindliche Teilbetriebe anzuwenden, die ihre werbende Tätigkeit noch nicht aufgenommen haben. Ein im Aufbau befindlicher Teilbetrieb liegt erst dann vor, wenn die wesentlichen Betriebsgrundlagen bereits vorhanden sind und bei zielgerechter Weiterverfolgung des Aufbauplans ein selbständig lebensfähiger Organismus zu erwarten ist (→ BFH vom 3. 4. 2014 – BStBl. II S. 1000).

Teilbetriebsaufgabe
- Die Grundsätze über die Veräußerung eines Teilbetriebs gelten für die Aufgabe eines Teilbetriebs entsprechend (→ BFH vom 15. 7. 1986 – BStBl. II S. 896). Die Aufgabe eines Teilbetriebs setzt voraus, dass die Abwicklung ein wirtschaftlich einheitlicher Vorgang ist (→ BFH vom 16. 9. 1966 – BStBl. 1967 III S. 70 und vom 8. 9. 1976 – BStBl. 1977 II S. 66). Eine Teilbetriebsaufgabe ist nicht anzunehmen, wenn ein bisher als gewerblicher Teilbetrieb geführter land- und forstwirtschaftlicher Besitz aus dem gewerblichen Betriebsvermögen ausgegliedert und als selbständiger Betrieb der Land- und Forstwirtschaft geführt wird, sofern die einkommensteuerliche Erfassung der stillen Reserven gewährleistet ist (→ BFH vom 9. 12. 1986 – BStBl. 1987 II S. 342).
- Die Veräußerung aller Grundstücke des im Rahmen einer Betriebsaufspaltung bestehenden grundstücksverwaltenden Teilbetriebs an verschiedene Erwerber stellt eine Aufgabe dieses Teilbetriebs dar. Der dabei erzielte Gewinn ist jedenfalls dann begünstigt, wenn zeitgleich auch das zuvor in den operativ tätigen Teilbetrieb übergegangene und zu diesem gehörende Grundstück veräußert wird (→ BFH vom 20. 1. 2005 – BStBl. II S. 395).
  → Auflösung stiller Reserven.

Teilbetriebsveräußerung. Die Anteile an einer Betriebskapitalgesellschaft sind wesentliche Betriebsgrundlagen des Besitzunternehmens. Diese können nicht (quotal) den jeweiligen Teilbetrieben, sondern nur dem Besitzunternehmen insgesamt zugeordnet werden. Werden die Anteile an der Betriebskapitalgesellschaft nicht mitveräußert, kann daher von einer begünstigten Teilbetriebsveräußerung nicht ausgegangen werden (→ BFH vom 4. 7. 2007 – BStBl. II S. 772).

Vermietung von Ferienwohnungen. Ein Stpfl., der ein Hotel betreibt und außerdem in einem Apartmenthaus Ferienwohnungen vermietet, kann mit der Vermietungstätigkeit die Voraussetzungen eines Teilbetriebs erfüllen (→ BFH vom 23. 11. 1988 – BStBl. 1989 II S. 376).

Wohnungsbauunternehmen. Bei einem Wohnungsbauunternehmen, dem Wohnungen in mehreren Städten gehören und das hiervon seinen in einer Stadt belegenen Grundbesitz veräußert, liegt auch dann nicht die Veräußerung eines Teilbetriebs vor, wenn für den veräußerten Grundbesitz ein hauptamtlicher Verwalter bestellt ist (→ BFH vom 27. 3. 1969 – BStBl. II S. 464).

Zurückbehaltene Wirtschaftsgüter → Auflösung stiller Reserven.

R 16 (4)

15

Veräußerung und Aufgabe eines Mitunternehmeranteiles

(4) *(unbesetzt)*

H 16 (4)

16

Abfindung unter Buchwert. Bleibt beim Ausscheiden eines Gesellschafters die Abfindung hinter dem Buchwert seines Mitunternehmeranteiles zurück, wird ein Gewinn von den verbleibenden Gesellschaftern jedenfalls dann nicht erzielt, wenn das Geschäft in vollem Umfang entgeltlich erfolgt ist (→ BFH vom 12. 12. 1996 – BStBl. 1998 II S. 180).

Aufnahme eines Gesellschafters in ein Einzelunternehmen → BMF vom 11. 11. 2011 (BStBl. I S. 1314), Randnr. 24.01 ff. unter Berücksichtigung BMF vom 26. 7. 2016 (BStBl. I S. 684).

Auseinandersetzung einer Zugewinngemeinschaft. Die Grundsätze über die Erbauseinandersetzung eines sog. Mischnachlasses (gewinnneutrale Realteilung) sind nicht auf die Aufteilung gemeinschaftlichen Vermögens bei Beendigung einer ehelichen Zugewinngemeinschaft anzuwenden (→ BFH vom 21. 3. 2002 – BStBl. II S. 519).

Betriebsveräußerung an einen Gesellschafter → H 16 (1) Personengesellschaft.

Buchwertübertragung von Mitunternehmeranteilen. Der Begünstigung des Gewinns aus der Veräußerung eines Mitunternehmeranteils an einer Obergesellschaft nach den §§ 16, 34 EStG steht nicht entgegen, dass im Zusammenhang mit der Veräußerung Mitunternehmeranteile der Obergesellschaft an einer Unterpersonengesellschaft zu Buchwerten in das Gesamthandsvermögen einer weiteren Personengesellschaft ausgegliedert werden (→ BFH vom 25. 2. 2010 – BStBl. II S. 726).

Buchwertübertragung von wesentlichen Betriebsgrundlagen. Der Gewinn aus der Veräußerung eines Mitunternehmeranteils ist nicht nach §§ 16, 34 EStG begünstigt, wenn auf Grund einheitlicher Planung und in engem zeitlichen Zusammenhang mit der Anteilsveräußerung wesentliche Betriebsgrundlagen der Personengesellschaft ohne Aufdeckung sämtlicher stillen Reserven aus dem Betriebsvermögen der Gesellschaft ausgeschieden sind (→ BFH vom 6. 9. 2000 – BStBl. 2001 II S. 229).

Einheitlicher Mitunternehmeranteil. Erwirbt ein Mitunternehmer einen weiteren Anteil an derselben Personengesellschaft aufgrund des Todes eines Mitgesellschafters im Wege der Anwachsung hinzu, vereinigt sich der hinzuerworbene Anteil mit dem bisherigen Mitunternehmeranteil des Erwerbers zu einem einheitlichen Mitunternehmeranteil, wenn nicht ausnahmsweise eine personelle Sonderzuordnung gegeben ist. Dies gilt auch dann, wenn der Mitunternehmer bereits im Anwachsungszeitpunkt die Absicht hat, den hinzuerworbenen Anteil an einen anderen Mitgesellschafter zu veräußern (→ BFH vom 6. 8. 2019 – BStBl. 2020 II S. 378).

Erbauseinandersetzung

- → BMF vom 14. 3. 2006 (BStBl. I S. 253)[1] unter Berücksichtigung der Änderungen durch BMF vom 27. 12. 2018 (BStBl. 2019 I S. 11).
- Wird nach dem Tod des Gesellschafters einer unternehmerisch tätigen Personengesellschaft ein Streit darüber, wer infolge seiner Stellung als Erbe Gesellschafter geworden ist, durch einen Vergleich beigelegt, auf Grund dessen jemand gegen Erhalt eines Geldbetrags auf die Geltendmachung seiner Rechte als Erbe verzichtet, und war diese Person gesellschaftsrechtlich nicht von der Rechtsnachfolge in den Gesellschaftsanteil ausgeschlossen, steht sie einem Miterben gleich, der im Rahmen einer Erbauseinandersetzung aus der Personengesellschaft ausscheidet. Die Abfindung führt in einem solchen Fall zu einem nach §§ 16, 34 EStG begünstigten Gewinn (→ BFH vom 16. 5. 2013 – BStBl. II S. 858).

Ermittlung des Veräußerungsgewinns

- Scheidet ein Gesellschafter durch Veräußerung seiner (gesamten) Beteiligung aus einer Personenhandelsgesellschaft aus, ist der Veräußerungsgewinn oder -verlust der Unterschied zwi-

[1] Abgedruckt als Anlage a zu § 7 EStG.

schen dem Veräußerungspreis und dem Buchwert seiner Beteiligung (→ BFH vom 27. 5. 1981 – BStBl. 1982 II S. 211). H 16 (4)

– Die ursprünglichen Anschaffungskosten eines i. S. d. § 17 EStG beteiligten Gesellschafters für den Erwerb der Gesellschaftsanteile einer GmbH mindern, nachdem die GmbH formwechselnd in eine Personengesellschaft umgewandelt worden ist, nicht den Gewinn aus einer späteren Veräußerung des Mitunternehmeranteils (→ BFH vom 12. 7. 2012 – BStBl. II S. 728).
– Da das Einkommen einer Organgesellschaft nur den Mitunternehmern einer Organträger-Personengesellschaft zuzurechnen ist, die im Zeitpunkt der Einkommenszurechnung an der Organträgerin beteiligt sind, sind Entgelte, die auf Grund der Übertragung des Gewinnbezugsrechts eines unterjährig ausgeschiedenen Mitunternehmers an diesen gezahlt werden, im Rahmen der Ermittlung des Veräußerungsgewinns zu berücksichtigen (→ BFH vom 28. 2. 2013 – BStBl. II S. 494).

Gesellschafterforderungen
– Wird im Zuge der Veräußerung eines Gesellschaftsanteils auch eine Darlehensforderung veräußert, erhöht das dafür erhaltene Entgelt den Veräußerungserlös. Liegt das Entgelt unter dem Nennbetrag der Forderung, führt dies zu einem Veräußerungsverlust im Sonderbetriebsvermögen (→ BFH vom 16. 3. 2017 – BStBl. II S. 943).
– Bleibt eine Forderung des Gesellschafters gegenüber der Gesellschaft nach seinem Ausscheiden bestehen, ist der gemeine Wert dieser Forderung bei der Ermittlung des Veräußerungsgewinns wie ein Veräußerungserlös zu behandeln. Verzichtet der Gesellschafter beim Ausscheiden auf die Forderung, ergibt sich keine Gewinnauswirkung (→ BFH vom 12. 12. 1996 – BStBl. 1998 II S. 180).

Gesellschaftsrechtliche Befugnisse. Der Verzicht auf die Ausübung gesellschaftsrechtlicher Befugnisse ist keine Veräußerung eines Mitunternehmeranteils (→ BFH vom 6. 11. 1991 – BStBl. 1992 II S. 335).

Maßgeblicher Zeitpunkt.[1] Der Veräußerungszeitpunkt ist der Zeitpunkt des Übergangs des wirtschaftlichen Eigentums. Erfolgt die Veräußerung unter einer aufschiebenden Bedingung, geht das wirtschaftliche Eigentum grundsätzlich erst mit dem Eintritt der Bedingung auf den Erwerber über, wenn ihr Eintritt nicht allein vom Willen und Verhalten des Erwerbers abhängt (→ BFH vom 25. 6. 2009 – BStBl. 2010 II S. 182).

Nachträgliche Erhöhung des Kapitalkontos eines ausgeschiedenen Kommanditisten → H 15.8 (3).

Negatives Kapitalkonto
– Beim Ausscheiden eines Mitunternehmers unter Übernahme eines negativen Kapitalkontos ohne Abfindungszahlung kann eine entgeltliche oder unentgeltliche Übertragung eines Mitunternehmeranteils vorliegen. Ein Erwerbsverlust entsteht beim übernehmenden Mitunternehmer jedoch nicht (→ BFH vom 10. 3. 1998 – BStBl. 1999 II S. 269).
– Scheidet ein Kommanditist gegen Entgelt aus einer KG aus, ist ein von ihm nicht auszugleichendes negatives Kapitalkonto bei der Berechnung seines Veräußerungsgewinns in vollem Umfang zu berücksichtigen. Es kommt nicht darauf an, aus welchen Gründen das Kapitalkonto negativ geworden ist (→ BFH vom 9. 7. 2015 – BStBl. II S. 954).
– In den Fällen, in denen das negative Kapitalkonto des Kommanditisten bei Aufgabe oder Veräußerung des Betriebs durch die Gesellschaft wegfällt, ist dieser Gewinn ein nach den §§ 16, 34 EStG begünstigter Veräußerungs- oder Aufgabegewinn. Soweit jedoch schon früher feststeht, dass ein Ausgleich des negativen Kapitalkontos des Kommanditisten mit künftigen Gewinnanteilen nicht mehr in Betracht kommt, ist dieser Zeitpunkt für die Auflösung des negativen Kapitalkontos maßgebend (→ BFH vom 30. 3. 2017 – BStBl. II S. 896). Dieser Gewinn ist als laufender Gewinn zu erfassen (→ BFH vom 10. 11. 1980 – BStBl. 1981 II S. 164). Ist das negative Kapitalkonto des Kommanditisten zu Unrecht nicht aufgelöst worden und die Veranlagung bestandskräftig, kann die Auflösung im Folgejahr nach den Grundsätzen des formellen Bilanzenzusammenhangs nachgeholt werden (→ BFH vom 10. 12. 1991 – BStBl. 1992 II S. 650 und vom 30. 6. 2005 – BStBl. II S. 809).
– Die Besteuerung des Veräußerungsgewinns aus der Auflösung eines negativen Kapitalkontos ist sachlich unbillig, wenn dieses durch Verluste entstanden ist, für die die Möglichkeit des Verlustabzugs nach § 10 d EStG nicht genutzt werden konnte (→ BFH vom 26. 10. 1994 – BStBl. 1995 II S. 297), oder durch Verluste aus gewerblicher Tierzucht entstanden ist, die sich wegen § 15 Abs. 4 EStG nicht ausgewirkt haben (→ BFH vom 25. 1. 1996 – BStBl. II S. 289).

Realteilung → BMF vom 19. 12. 2018 (BStBl. 2019 I S. 6).[2]

Sonderbetriebsvermögen
– Die §§ 16, 34 EStG finden bei der Veräußerung oder Aufgabe eines Mitunternehmeranteils keine Anwendung, wenn gleichzeitig wesentliche Betriebsgrundlagen des Sonderbetriebsvermögens zum Buchwert in ein anderes Betriebs- oder Sonderbetriebsvermögen des Mitunter-

[1] Wegen des Zeitpunkts der Veräußerung eines Mitunternehmeranteils bei vertraglicher Vereinbarung „mit Wirkung vom 1. Januar" siehe *BFH-Urteil vom 22. 9. 1992 VIII R 7/90 (BStBl. 1993 II S. 228).*
[2] Abgedruckt als Anlage zu H 16 (2).

nehmers überführt (→ BFH vom 19.3. 1991 – BStBl. II S. 635 und vom 2. 10. 1997 – BStBl. 1998 II S. 104) oder unentgeltlich auf den Erwerber des Mitunternehmeranteils übertragen werden (→ BFH vom 6. 12. 2000 – BStBl. 2003 II S. 194). Zur Überführung einer 100%-Beteiligung an einer Kapitalgesellschaft → H 34.5 (Ausgliederung einer 100%-Beteiligung an einer Kapitalgesellschaft).
- Eine nach §§ 16, 34 EStG begünstigte Aufgabe des gesamten Mitunternehmeranteils liegt auch vor, wenn anlässlich der unentgeltlichen Übertragung eines Mitunternehmeranteils ein Wirtschaftsgut des Sonderbetriebsvermögens, das zu den wesentlichen Betriebsgrundlagen gehört, zurückbehalten und in das Privatvermögen überführt wird; zum Mitunternehmeranteil zählt neben dem Anteil am Vermögen der Gesellschaft auch etwaiges Sonderbetriebsvermögen (→ BMF vom 20. 11. 2019 – BStBl. I S. 1291 unter Berücksichtigung der Änderungen durch BMF vom 5. 5. 2021 – BStBl. I S. 696, Rn. 8 und 9).[1]
- → R 4.2 Abs. 2.

Tausch von Mitunternehmeranteilen. Der Tausch von Mitunternehmeranteilen führt grundsätzlich zur Gewinnrealisierung (→ BFH vom 8. 7. 1992 – BStBl. II S. 946).

Tod eines Gesellschafters. Die entgeltliche Übernahme aller Wirtschaftsgüter einer Personengesellschaft durch die verbleibenden Gesellschafter bei Ableben eines Gesellschafters führt zur Veräußerung eines Mitunternehmeranteils (→ BFH vom 6. 8. 2019 – BStBl. 2020 II S. 378). Ein nach R 4.5 Abs. 6 zu ermittelnder Übergangsgewinn ist anteilig dem verstorbenen Gesellschafter zuzurechnen, auch wenn er im Wesentlichen auf der Zurechnung auf die anderen Gesellschafter übergehender Honorarforderungen beruht (→ BFH vom 13. 11. 1997 – BStBl. 1998 II S. 290).

Unentgeltliche Übertragung an Dritte. Die unentgeltliche Übertragung eines Mitunternehmeranteils auf einen fremden Dritten führt zu einem Veräußerungsverlust in Höhe des Buchwerts des Kapitalkontos, sofern der Übertragende nicht die Absicht hatte, den Empfänger unentgeltlich zu bereichern (→ BFH vom 26. 6. 2002 – BStBl. 2003 II S. 112).

Veräußerung eines Teils eines Mitunternehmeranteils. Im Fall der Veräußerung eines Teils eines Mitunternehmeranteils ist die positive Ergänzungsbilanz oder -rechnung korrespondierend in Höhe des veräußerten Bruchteils des Anteils aufzulösen und das Mehrkapital insoweit in das anteilige Buchkapital des veräußerten Teilanteils einzubeziehen (→ BFH vom 6. 8. 2019 – BStBl. 2020 II S. 378).

R 16 (5)

17 **Betriebsverpachtung im Ganzen**

(5) *(unbesetzt)*

H 16 (5)

18 **Betriebsaufgabeerklärung.** Erklärt der Unternehmer ausdrücklich, den Betrieb endgültig eingestellt zu haben, kann er sich später nicht darauf berufen, diese rechtsgestaltende Erklärung sei wirkungslos, weil ihm nicht bewusst gewesen sei, dass mit der Betriebsaufgabe auch die stillen Reserven des verpachteten Betriebsgrundstücks aufzudecken seien (→ BFH vom 22. 9. 2004 – BStBl. 2005 II S. 160).

Betriebsfortführungsfiktion. Anwendungsschreiben § 16 Abs. 3b EStG → BMF vom 22. 11. 2016 (BStBl. I S. 1326).[2]

Betriebsgrundstück als alleinige wesentliche Betriebsgrundlage. Wird nur das Betriebsgrundstück, ggf. i. V. m. Betriebsvorrichtungen, verpachtet, liegt nur dann eine Betriebsverpachtung im Ganzen vor, wenn das Grundstück die alleinige wesentliche Betriebsgrundlage darstellt (→ BFH vom 17. 4. 2019 – BStBl. II S. 745). Dies ist regelmäßig bei Groß- und Einzelhandelsunternehmen sowie bei Hotel- und Gaststättenbetrieben der Fall (→ BFH vom 28. 8. 2003 – BStBl. 2004 II S. 10).

Betriebsüberlassungsvertrag. Ein unentgeltlicher Betriebsüberlassungsvertrag steht einem Pachtvertrag gleich (→ BFH vom 7. 8. 1979 – BStBl. 1980 II S. 181).

Betriebsvermögen → H 4.2 (7) Land- und forstwirtschaftlicher Betrieb.

Branchenfremde Verpachtung. Bei einer branchenfremden Verpachtung kommt es nicht zu einer Zwangsbetriebsaufgabe, wenn der Verpächter den Betrieb nach Ablauf des Nutzungsverhältnisses ohne wesentliche Änderung fortführen kann (→ BFH vom 28. 8. 2003 – BStBl. 2004 II S. 10).[3]

Eigenbewirtschaftung. Eine Betriebsverpachtung setzt voraus, dass der Betrieb zuvor von dem Verpächter oder im Fall des unentgeltlichen Erwerbs von seinem Rechtsvorgänger selbst bewirtschaftet worden ist (→ BFH vom 20. 4. 1989 – BStBl. II S. 863 und BMF vom 23. 11. 1990 – BStBl. I S. 770).[4]

Eiserne Verpachtung. Zur Gewinnermittlung bei der Verpachtung von Betrieben mit Substanzerhaltungspflicht des Pächters nach §§ 582 a, 1048 BGB → BMF vom 21. 2. 2002 (BStBl. I S. 262).[5]

---

[1] Abgedruckt als Anlage zu H 6.14.
[2] Nachstehend abgedruckt als Anlage zu H 16 (5).
[3] Siehe auch *BFH-Urteil vom 6. 11. 2008 IV R 51/07 (BStBl. 2009 II S. 303).*
[4] Ergänzend siehe *BFH-Urteil vom 19. 10. 1995 IV R 111/94 (BStBl. 1996 II S. 188).*
[5] Abgedruckt als Anlage zu H 6.11.

Form und Inhalt der Betriebsaufgabeerklärung. Zu Form und Inhalt der Betriebsaufgabeerklärung → BFH vom 15. 10. 1987 (BStBl. 1988 II S. 257, 260). H 16 (5)

Gaststättenverpachtung. Eine gewerbliche Gaststättenverpachtung wird nicht bereits deshalb zum „Gaststättenhandel", weil innerhalb von fünf Jahren mehr als drei der verpachteten Gaststätten verkauft werden; für die verbleibenden Teilbetriebe erlischt das Verpächterwahlrecht nicht (→ BFH vom 18. 6. 1998 – BStBl. II S. 735).

Gemeinsames Eigentum von Pächter und Verpächter an wesentlichen Betriebsgrundlagen. Die Fortführung eines Betriebes im Wege der Betriebsverpachtung ist grundsätzlich nicht möglich, wenn wesentliche Betriebsgegenstände von einem Miteigentümer an einen anderen Miteigentümer verpachtet werden und der Betrieb vor der Verpachtung vom Verpächter und Pächter gemeinsam (z. B. in der Rechtsform einer GbR) geführt worden ist (→ BFH vom 22. 5. 1990 – BStBl. II S. 780).

Geschäfts- oder Firmenwert. Wird zu Beginn oder während der Verpachtung des Gewerbebetriebs die Betriebsaufgabe erklärt, ist bei der Ermittlung des Aufgabegewinns weder ein originärer noch ein derivativer Geschäfts- oder Firmenwert anzusetzen. Der Geschäfts- oder Firmenwert ist dann zur Versteuerung heranzuziehen, wenn bei einer späteren Veräußerung des Unternehmens ein Entgelt für ihn geleistet wird (→ BFH vom 30. 1. 2002 – BStBl. II S. 387).

Mitunternehmer. Die Fortführung eines Betriebs im Wege der Verpachtung ist auch dann möglich, wenn ein Gesellschafter bei der Beendigung einer gewerblich tätigen Personengesellschaft wesentliche Betriebsgegenstände behält und an einen früheren Mitgesellschafter verpachtet (→ BFH vom 14. 12. 1978 – BStBl. 1979 II S. 300).

Parzellenweise Verpachtung. Die parzellenweise Verpachtung der Grundstücke eines land- und forstwirtschaftlichen Betriebs steht der Annahme einer Betriebsverpachtung nicht grundsätzlich entgegen (→ BFH vom 28. 11. 1991 – BStBl. 1992 II S. 521).

Personengesellschaft. Das Verpächterwahlrecht kann bei Personengesellschaften nur einheitlich ausgeübt werden (→ BFH vom 17. 4. 1997 – BStBl. 1998 II S. 388).

Produktionsunternehmen. Wird bei Verpachtung eines Produktionsunternehmens der gesamte, umfangreiche Maschinenpark veräußert, hat unbeschadet einer möglichen kurzfristigen Wiederbeschaffbarkeit einzelner Produktionsmaschinen der Verpächter jedenfalls eine wesentliche Betriebsgrundlage nicht zur Nutzung überlassen, so dass die übrigen Wirtschaftsgüter zwangsweise entnommen werden und eine Betriebsaufgabe vorliegt (→ BFH vom 17. 4. 1997 – BStBl. 1998 II S. 388).

Rechtsnachfolger.[1] Im Fall des unentgeltlichen Erwerbs eines verpachteten Betriebs hat der Rechtsnachfolger des Verpächters das Wahlrecht, das erworbene Betriebsvermögen während der Verpachtung fortzuführen (→ BFH vom 17. 10. 1991 – BStBl. 1992 II S. 392).

Sonderbetriebsvermögen. Ein Wirtschaftsgut des Sonderbetriebsvermögens, das bisher alleinige wesentliche Betriebsgrundlage des Betriebs einer Personengesellschaft war, kann auch dann Gegenstand einer Betriebsverpachtung sein, wenn die Personengesellschaft liquidiert wurde (→ BFH vom 6. 11. 2008 – BStBl. 2009 II S. 303).

Umgestaltung wesentlicher Betriebsgrundlagen
- Werden anlässlich der Verpachtung eines Gewerbebetriebs die wesentlichen Betriebsgrundlagen so umgestaltet, dass sie nicht mehr in der bisherigen Form genutzt werden können, entfällt grundsätzlich die Möglichkeit, das Betriebsvermögen fortzuführen; damit entfällt auch die Möglichkeit der Betriebsverpachtung (→ BFH vom 15. 10. 1987 – BStBl. 1988 II S. 257, 260). → Branchenfremde Verpachtung.
- Veräußerungen und Entnahmen von Grundstücken berühren das Fortbestehen eines im Ganzen verpachteten land- und forstwirtschaftlichen Betriebs nur dann, wenn die im Eigentum des Verpächters verbleibenden Flächen nicht mehr ausreichen, um nach Beendigung des Pachtverhältnisses einen land- und forstwirtschaftlichen Betrieb zu bilden. Das Schicksal der Wirtschaftsgebäude ist für die Annahme einer Zwangsbetriebsaufgabe unerheblich (→ BMF vom 1. 12. 2000 – BStBl. I S. 1556). Ein verpachteter landwirtschaftlicher Betrieb wird nicht mit der Folge einer Zwangsbetriebsaufgabe dadurch zerschlagen, dass der Verpächter nach einem Brandschaden die mitverpachteten Wirtschaftsgebäude nicht wieder aufbaut, sondern die landwirtschaftlichen Nutzflächen nach Auflösung der ursprünglichen Pachtverträge erneut verpachtet und die Hofstelle veräußert (→ BFH vom 26. 6. 2003 – BStBl. II S. 755).

Verpächterwahlrecht
- Zweifelsfragen im Zusammenhang mit der Ausübung des Verpächterwahlrechts → BMF vom 17. 10. 1994 (BStBl. I S. 771).
- Wird ein im Ganzen verpachteter Betrieb teilentgeltlich veräußert, setzt sich das Verpächterwahlrecht beim Erwerber fort (→ BFH vom 6. 4. 2016 – BStBl. II S. 710).
- Die Grundsätze über das Verpächterwahlrecht gelten sowohl bei Beendigung einer echten als auch einer unechten Betriebsaufspaltung (→ BFH vom 17. 4. 2019 – BStBl. II S. 745).

[1] Kein Wahlrecht bei vollentgeltlichem Erwerb eines verpachteten Betriebs, *BFH-Urteil vom 29. 3. 2001 IV R 88/99 (BStBl. 2002 II S. 791).*

– Zur Übertragung und Überführung von land- und forstwirtschaftlichem Vermögen aus einer Mitunternehmerschaft und zum Verpächterwahlrecht bei land- und forstwirtschaftlichen Betrieben → BMF vom 17. 5. 2022 (BStBl. I S. 678).

Wesentliche Betriebsgrundlagen

– Wesentliche Betriebsgrundlagen sind jedenfalls die Wirtschaftsgüter, die zur Erreichung des Betriebszwecks erforderlich sind und denen ein besonderes wirtschaftliches Gewicht für die Betriebsführung zukommt (→ BFH vom 17. 4. 1997 – BStBl. 1998 II S. 388). Dabei ist maßgeblich auf die sachlichen Erfordernisse des Betriebs abzustellen – sog. funktionale Betrachtungsweise (→ BFH vom 11. 10. 2007 – BStBl. 2008 II S. 220). Für diese Beurteilung kommt es auf die Verhältnisse des verpachtenden, nicht auf diejenigen des pachtenden Unternehmens an (→ BFH vom 28. 8. 2003 – BStBl. 2004 II S. 10).

– Bei einem Autohaus (Handel mit Neu- und Gebrauchtfahrzeugen einschließlich angeschlossenem Werkstattservice) sind das speziell für dessen Betrieb hergerichtete Betriebsgrundstück samt Gebäuden und Aufbauten sowie die fest mit dem Grund und Boden verbundenen Betriebsvorrichtungen im Regelfall die alleinigen wesentlichen Betriebsgrundlagen. Demgegenüber gehören die beweglichen Anlagegüter, insbesondere die Werkzeuge und Geräte, regelmäßig auch dann nicht zu den wesentlichen Betriebsgrundlagen, wenn diese im Hinblick auf die Größe des Autohauses ein nicht unbeträchtliches Ausmaß einnehmen (→ BFH vom 11. 10. 2007 – BStBl. 2008 II S. 220 und vom 18. 8. 2009 – BStBl. 2010 II S. 222).

– → Produktionsunternehmen.

Anl zu H 16 (5)

Anwendungsschreiben zu § 16 Absatz 3 b EStG

Vom 22. November 2016 (BStBl. I S. 1326)

(BMF IV C 6 – S 2242/12/10001; DOK 2016/1005711)

18a Im Rahmen des Steuervereinfachungsgesetzes 2011 vom 1. November 2011 (BGBl. I S. 2131) wurde mit § 16 Absatz 3 b EStG eine Betriebsfortführungsfiktion für Fälle der Betriebsunterbrechung und der Betriebsverpachtung im Ganzen eingeführt. Danach gilt in diesen Fällen ein Gewerbebetrieb oder ein Mitunternehmeranteil im Sinne von § 16 Absatz 1 Satz 1 Nummer 2 EStG oder ein Anteil eines persönlich haftenden Gesellschafters einer Kommanditgesellschaft auf Aktien i. S. v. § 16 Absatz 1 Satz 1 Nummer 3 EStG nicht als aufgegeben, bis

1. der Steuerpflichtige die Aufgabe i. S. d. § 16 Absatz 3 Satz 1 EStG ausdrücklich gegenüber dem Finanzamt erklärt oder
2. dem Finanzamt Tatsachen bekannt werden, aus denen sich ergibt, dass die Voraussetzungen für eine Aufgabe i. S. d. § 16 Absatz 3 Satz 1 EStG erfüllt sind.

Im Einvernehmen mit den obersten Finanzbehörden der Länder gilt für die Anwendung der Betriebsfortführungsfiktion in § 16 Absatz 3 b EStG Folgendes:

I. Betroffene Betriebe

§ 16 Absatz 3 b EStG findet Anwendung, soweit es sich um eine Betriebsverpachtung im Ganzen oder um einen Fall der Betriebsunterbrechung (sog. ruhender Gewerbebetrieb) eines Betriebs oder Teilbetriebs handelt.

§ 16 Absatz 3 b EStG kommt nicht zur Anwendung, wenn eine Betriebsaufgabe anlässlich (das heißt in engem zeitlichen Zusammenhang) der Beendigung der aktiven, werbenden Tätigkeit durch schlüssige und unmissverständliche Handlung erfolgt und dies dem Finanzamt gegenüber zeitnah erklärt wird.

§ 16 Absatz 3 b EStG ist sowohl bei Einzelunternehmen als auch bei Personengesellschaften/Mitunternehmerschaften anzuwenden.

Die Regelung gilt jedoch nicht für gewerblich geprägte Personengesellschaften, da diesen aufgrund der gewerblichen Prägung das Verpächterwahlrecht nicht zusteht (vgl. BMF-Schreiben vom 17. Oktober 1994, BStBl. I S. 771), für die Besitzpersonengesellschaft bei einer (mitunternehmerischen) Betriebsaufspaltung (vgl. BMF-Schreiben vom 28. April 1998, BStBl. I S. 583, und vom 17. Oktober 1994, BStBl. I S. 771) und der Verpachtung des Betriebs eines Mitunternehmers an seine Mitunternehmerschaft (§ 15 Absatz 1 Satz 1 Nummer 2 EStG).

§ 16 Absatz 3 b EStG ist auch bei Einkünften aus selbständiger Arbeit (§ 18 EStG) oder aus Land- und Forstwirtschaft (§ 13 EStG i. V. m. § 14 Satz 2 EStG) anzuwenden.

1. Betriebsunterbrechung (ruhender Gewerbebetrieb)

Stellt ein Unternehmer seine gewerbliche Tätigkeit ein, liegt darin nicht notwendiger Weise eine Betriebsaufgabe. Die Einstellung kann auch nur als Betriebsunterbrechung zu beurteilen sein, die den Fortbestand des Betriebs unberührt lässt. Eine Betriebsunterbrechung ist anzunehmen, wenn die betriebliche Tätigkeit vorübergehend ruht und die wesentlichen Betriebsgrundlagen zurückbehalten werden, so dass der Betrieb jederzeit wieder aufgenommen werden könnte. Im Übrigen wird auf H 16 (2) „Betriebsunterbrechung" EStH 2015 verwiesen.

2. Betriebsverpachtung im Ganzen

Ein verpachteter Gewerbebetrieb liegt nur vor, wenn der Steuerpflichtige oder in den Fällen der unentgeltlichen Rechtsnachfolge sein Rechtsnachfolger objektiv die Möglichkeit hat, ohne wesentliche Änderungen den Betrieb fortzuführen (vgl. BFH-Urteil vom 11. Oktober 2007, BStBl. 2008 II S. 220). Zu den Einzelheiten vgl. im Übrigen H 16 (5) EStH 2015.

Anl zu H 16 (5)

Bei land- und forstwirtschaftlichen Betrieben ist es nicht erforderlich, dass sämtliche landwirtschaftlich genutzten Flächen ausnahmslos an einen Pächter verpachtet werden (vgl. BFH-Urteil vom 28. November 1991, BStBl. 1992 II S. 521). Eine Betriebsverpachtung im Ganzen liegt auch vor, wenn Stückländereien ohne Hofstelle und stehende Betriebsmittel zunächst bewirtschaftet und diese Flächen dann insgesamt verpachtet werden (vgl. BFH-Urteil vom 18. März 1999, BStBl. II S. 398). Die unentgeltliche Überlassung des land- und fortwirtschaftlichen Betriebs oder Teilen davon steht einer Verpachtung gleich (vgl. BFH-Urteil vom 28. November 1991, BStBl. 1992 II S. 521).

II. Betriebsfortführungsfiktion

Liegen die Voraussetzungen einer Betriebsunterbrechung oder einer Betriebsverpachtung im Ganzen vor, gilt der Betrieb unwiderleglich so lange nicht als aufgegeben, bis der Steuerpflichtige die Betriebsaufgabe erklärt oder dem Finanzamt Tatsachen bekannt werden, dass zwischenzeitlich eine Betriebsaufgabe stattgefunden hat.

III. Form und Inhalt der Aufgabeerklärung

Für die gegenüber dem Finanzamt abzugebende Erklärung zur Aufgabe des Betriebs ist keine bestimmte Form vorgeschrieben. Aus Beweisgründen sollte die Aufgabeerklärung jedoch schriftlich und unter Angabe eines Aufgabedatums abgegeben werden. Bei Mitunternehmerschaften muss die Betriebsaufgabeerklärung einvernehmlich von allen Mitunternehmern abgegeben werden.

Keine Betriebsaufgabeerklärung i. S. v. § 16 Absatz 3 b Satz 1 Nummer 1 EStG liegt vor, wenn die Einkünfte aus dem verpachteten Betrieb im Rahmen der Einkommensteuer- oder Feststellungserklärung bei den Einkünften aus Vermietung und Verpachtung aufgeführt werden. Auch sind in einem solchen Fall die Voraussetzungen des § 16 Absatz 3 b Satz 1 Nummer 2 EStG nicht erfüllt.

IV. Zeitpunkt der Betriebsaufgabe

1. Betriebsaufgabeerklärung durch den Betriebsinhaber

Sind die Voraussetzungen einer Betriebsunterbrechung oder -verpachtung im Ganzen entfallen, hat der Steuerpflichtige eine Aufgabeerklärung zum Aufgabezeitpunkt abzugeben oder dem Finanzamt die Tatsachen mitzuteilen, aus denen sich das Vorliegen einer Betriebsaufgabe i. S. v. § 16 Absatz 3 Satz 1 EStG ergibt. Anderenfalls gilt der Betrieb nach § 16 Absatz 3 b EStG solange als nicht aufgegeben, bis der Steuerpflichtige die Betriebsaufgabe gegenüber dem zuständigen Finanzamt erklärt oder dem zuständigen Finanzamt die Tatsachen bekannt werden, dass zwischenzeitlich eine Betriebsaufgabe stattgefunden hat.

Die Aufgabe ist rückwirkend für den vom Steuerpflichtigen gewählten Zeitpunkt anzuerkennen, wenn die Aufgabeerklärung spätestens drei Monate nach diesem Zeitpunkt beim zuständigen Finanzamt abgegeben wird. Dies gilt auch dann, wenn der vom Steuerpflichtigen gewählte und innerhalb der Drei-Monatsfrist liegende Aufgabezeitpunkt in einem zurückliegenden Kalenderjahr liegt. Zur Berechnung der Drei-Monatsfrist gelten die Vorschriften der §§ 187, 188 BGB. Wird die Aufgabeerklärung nicht spätestens drei Monate nach dem vom Steuerpflichtigen gewählten Zeitpunkt abgegeben, gilt der Betrieb oder Mitunternehmeranteil erst in dem Zeitpunkt als aufgegeben, in dem die Aufgabeerklärung beim Finanzamt (Eingangsstempel) eingeht. Der vom Steuerpflichtigen i. S. v. § 16 Absatz 3 b Satz 2 EStG rückwirkend bis zu drei Monate gewählte Zeitpunkt ist nicht anzuerkennen, wenn der Betrieb zu diesem Zeitpunkt die aktive werbende Tätigkeit noch nicht beendet hat. In diesem Fall kann frühestens mit Einstellung der aktiven Tätigkeit die Betriebsaufgabe angenommen werden, sofern die aktive Tätigkeit vor der Abgabe der Aufgabeerklärung beendet wurde.

Dem Steuerpflichtigen obliegt die Darlegungslast dafür, ob und wann die Aufgabe gegenüber dem Finanzamt erklärt wurde.

Bei Mitunternehmerschaften ist der Aufgabezeitpunkt von allen Mitunternehmern einvernehmlich zu bestimmen.

2. Betriebsaufgabeerklärung durch den/die Rechtsnachfolger

a) Erbfall

Wird die Aufgabe im Erbfall durch den oder die Rechtsnachfolger erklärt, ist innerhalb des Drei-Monatszeitraums eine Betriebsaufgabe auch für einen Zeitpunkt vor Eintritt des Erbfalls zulässig, frühestens jedoch mit der Einstellung der aktiven Tätigkeit durch den Erblasser. Bei mehreren Rechtsnachfolgern ist die rückwirkende Betriebsaufgabeerklärung einvernehmlich vorzunehmen. Der Aufgabegewinn ist dem Erblasser zuzurechnen. Wenn die übrigen Voraussetzungen erfüllt sind, kommt für den Erblasser der Freibetrag nach § 16 Absatz 4 EStG und eine Tarifbegünstigung nach § 34 Absatz 1 oder 3 EStG in Betracht.

b) vorweggenommene Erbfolge

Im Fall der vorweggenommenen Erbfolge ist eine Betriebsaufgabeerklärung durch den oder die Rechtsnachfolger frühestens für den Zeitpunkt des Übergangs des Betriebs auf den oder die Rechtsnachfolger möglich.

Der Rechtsvorgänger kann die Betriebsaufgabe innerhalb des Drei-Monatszeitraums nur bis zum Tag der Betriebsübergabe erklären. Der Aufgabegewinn ist in diesem Fall dem oder den Rechtsvorgänger/Rechtsvorgängern zuzurechnen.

3. Bekanntwerden von Tatsachen, dass eine Betriebsaufgabe stattgefunden hat

Wenn eine Betriebsaufgabeerklärung des Steuerpflichtigen nicht vorliegt, dem Finanzamt aber Tatsachen bekannt werden, dass eine Betriebsaufgabe stattgefunden hat (z. B. aufgrund der Veräußerung einer oder mehrerer wesentlicher Betriebsgrundlagen), sind die steuerrechtlichen Folgerungen (insbesondere die Aufdeckung der stillen Reserven) wie folgt zu ziehen:

Der Aufgabegewinn ist in dem Veranlagungszeitraum zu erfassen, in dem das Finanzamt Kenntnis von der Betriebsaufgabe erlangt, wenn die Betriebsaufgabe beim Rechtsvorgänger des Steuerpflichtigen oder in einem Veranlagungszeitraum stattgefunden hat, für den Festsetzungs- oder Feststellungsverjährung eingetreten ist. Dabei sind die im Zeitpunkt der Kenntniserlangung des Finanzamtes noch vorhandenen Wirtschaftsgüter mit dem gemeinen Wert zu diesem Zeitpunkt anzusetzen.

Werden Wirtschaftsgüter in vorherigen Wirtschaftsjahren veräußert oder unentgeltlich übertragen, sind die Gewinne hieraus im Jahr der Veräußerung oder der unentgeltlichen Übertragung zu erfassen. Die Vorschriften der Abgabenordnung über die Änderung von Steuerfestsetzungen sind zu beachten.

Für die Frage, ob dem Finanzamt die maßgeblichen Tatsachen, aus denen sich eine Betriebsaufgabe ergibt, bekannt geworden sind, kommt es auf den Kenntnisstand der Personen an, die innerhalb des Finanzamts dazu berufen sind, den betreffenden Steuerfall zu bearbeiten. Keine Kenntnis i. S. d. § 16 Absatz 3 b Satz 1 Nummer 2 EStG liegt vor, wenn eine andere Stelle des Finanzamts von den maßgeblichen Tatsachen Kenntnis erlangt hat.

V. Anwendungsregelung

Das BMF-Schreiben ist in allen offenen Fällen für Betriebsaufgaben nach dem 4. November 2011 anzuwenden. Für frühere Betriebsaufgaben gelten R 16 Abs. 5 EStR 2008 und H 16 (5) EStH 2011 unverändert fort.

Soweit für Betriebe der Land- und Forstwirtschaft bisher Übergangsregelungen (z. B. aus der Einführung der Bodengewinnbesteuerung oder hinsichtlich der Nutzungsüberlassung von Betrieben der Land- und Forstwirtschaft im Beitrittsgebiet vor dem 1. Juli 1990) Anwendung finden, bleiben diese von der gesetzlichen Neuregelung und diesem Schreiben unberührt.

R 16 (6)

19 **Unentgeltliche Betriebsübertragung**

(6) *(unbesetzt)*

H 16 (6)

20 **Betriebsaufgabe.** Werden nicht die wesentlichen Grundlagen eines Betriebs oder Teilbetriebs, sondern nur Teile des Betriebsvermögens unentgeltlich übertragen, während der andere Teil der Wirtschaftsgüter in das Privatvermögen übernommen wird, liegt eine Betriebsaufgabe vor.[1] Der begünstigte Veräußerungsgewinn ist in diesem Fall der Unterschiedsbetrag zwischen den Buchwerten und den gemeinen Werten sowohl der unentgeltlich übertragenen als auch der in das Privatvermögen übernommenen Wirtschaftsgüter, vermindert um etwaige Veräußerungskosten (→ BFH vom 27. 7. 1961 – BStBl. III S. 514).[2]

Erbauseinandersetzung. Zur Annahme einer unentgeltlichen Betriebsübertragung mit der Folge der Anwendung des § 6 Abs. 3 EStG im Zusammenhang mit einer Erbauseinandersetzung → BMF vom 14. 3. 2006 (BStBl. I S. 253)[3] unter Berücksichtigung der Änderungen durch BMF vom 27. 12. 2018 (BStBl. 2019 I S. 11).

Körperschaft als Erbin → H 16 (2).

Nießbrauch

– Unentgeltlichkeit liegt auch vor, wenn sich der Übertragende den Nießbrauch an dem Betrieb vorbehält (→ BMF vom 13. 1. 1993 – BStBl. I S. 80,[4] Tz. 24 i. V. m. Tz. 10).[5]
– Zum Nießbrauch bei land- und forstwirtschaftlichen Betrieben → H 13.3.

Übertragung der wesentlichen Betriebsgrundlagen. Für die unentgeltliche Übertragung eines Betriebs oder Teilbetriebs ist Voraussetzung, dass mindestens die wesentlichen Grundlagen des Betriebs oder Teilbetriebs unentgeltlich übertragen worden sind (→ BFH vom 7. 8. 1979 – BStBl. 1980 II S. 181). Die wesentlichen Betriebsgrundlagen müssen durch einen einheitlichen Übertragungsakt auf den Erwerber überführt werden; eine in mehrere, zeitlich aufeinanderfolgende Einzelakte aufgespaltene Gesamtübertragung kann nur dann als einheitlicher Übertragungsakt angesehen werden, wenn sie auf einem einheitlichen Willensentschluss beruht und zwischen den einzelnen Übertragungsvorgängen ein zeitlicher und sachlicher Zusammenhang besteht (→ BFH vom 12. 4. 1989 – BStBl. II S. 653).

Übertragung zwischen Ehegatten. Die Übertragung eines Betriebs zwischen Ehegatten auf Grund eines Vermögensauseinandersetzungsvertrags im Zusammenhang mit der Beendigung einer Zugewinngemeinschaft ist ein entgeltliches Geschäft (→ BFH vom 31. 7. 2002 – BStBl. 2003 II S. 282).

Unentgeltliche Übertragung eines Mitunternehmeranteils

– Zweifelsfragen zu § 6 Abs. 3 EStG im Zusammenhang mit der unentgeltlichen Übertragung von Mitunternehmeranteilen mit Sonderbetriebsvermögen und von Anteilen an Mitunter-

---

[1] Siehe hierzu *BFH-Urteil vom 1. 2. 1990 IV R 8/89 (BStBl. II S. 428).*
[2] Siehe hierzu *BFH-Urteil vom 9. 7. 1981 IV R 101/77 (BStBl. II 1982 S. 20).*
[3] Abgedruckt als Anlage a zu § 7 EStG.
[4] Abgedruckt als Anlage c zu § 7 EStG.
[5] Siehe aber auch *BFH-Urteil vom 25. 1. 2017 X R 59/14 (BStBl. 2019 II S. 730)* und BMF-Schreiben vom 20. 11. 2019 (BStBl. I S. 1291), Rz. 7, abgedruckt als Anlage zu H 6.14.

nehmeranteilen mit Sonderbetriebsvermögen sowie mit der unentgeltlichen Aufnahme in ein Einzelunternehmen → BMF vom 20. 11. 2019 (BStBl. I S. 1291)[1] unter Berücksichtigung der Änderungen durch BMF vom 5. 5. 2021 (BStBl. I S. 696).

– Überträgt ein Vater einen Kommanditanteil unentgeltlich auf seine Kinder und wird der Anteil alsbald von den Kindern an Dritte veräußert, kann in der Person des Vaters ein Aufgabegewinn entstehen (→ BFH vom 15. 7. 1986 – BStBl. II S. 896).

Verdeckte Einlage. Keine unentgeltliche Betriebsübertragung liegt bei verdeckter Einlage eines Einzelunternehmens in eine GmbH vor (→ BMF vom 20. 11. 2019 – BStBl. I S. 1291, Rn. 2).[2]

Vorweggenommene Erbfolge. Zur Betriebsübertragung im Rahmen der vorweggenommenen Erbfolge → BMF vom 13. 1. 1993 (BStBl. I S. 80)[3] unter Berücksichtigung der Änderungen durch BMF vom 26. 2. 2007 (BStBl. I S. 269) und BMF vom 11. 3. 2010 (BStBl. I S. 227).[4]

Zurückbehaltene Wirtschaftsgüter. Werden die wesentlichen Grundlagen eines Betriebs, eines Teilbetriebs oder eines Mitunternehmeranteils unentgeltlich übertragen und behält der Stpfl. Wirtschaftsgüter zurück, die innerhalb eines kurzen Zeitraums veräußert oder in das Privatvermögen überführt werden, ist die teilweise Aufdeckung der stillen Reserven nicht steuerbegünstigt (→ BFH vom 19. 2. 1981 – BStBl. II S. 566); → Betriebsaufgabe.

Teilentgeltliche Betriebsübertragung R 16 (7)

(7) *(unbesetzt)* 21

Einheitstheorie. Die sog. Einheitstheorie ist nur in den Fällen der teilentgeltlichen Betriebsveräußerung, nicht jedoch bei einer teilentgeltlichen Betriebsaufgabe anzuwenden (→ BFH vom 22. 10. 2013 – BStBl. 2014 II S. 158). H 16 (7) 22

Negatives Kapitalkonto. Bei einer teilentgeltlichen Betriebsübertragung im Wege der vorweggenommenen Erbfolge ist der Veräußerungsgewinn auch dann gem. § 16 Abs. 2 EStG zu ermitteln, wenn das Kapitalkonto negativ ist (→ BMF vom 13. 1. 1993 – BStBl. I S. 80[3] unter Berücksichtigung der Änderungen durch BMF vom 26. 2. 2007 – BStBl. I S. 269 sowie BFH vom 16. 12. 1992 – BStBl. 1993 II S. 436).

Veräußerungsgewinn. Bei der teilentgeltlichen Veräußerung eines Betriebs, Teilbetriebs, Mitunternehmeranteils oder des Anteils eines persönlich haftenden Gesellschafters einer Kommanditgesellschaft auf Aktien ist der Vorgang nicht in ein voll entgeltliches und ein voll unentgeltliches Geschäft aufzuteilen. Der Veräußerungsgewinn i. S. d. § 16 Abs. 2 EStG ist vielmehr durch Gegenüberstellung des Entgelts und des Wertes des Betriebsvermögens oder des Wertes des Anteils am Betriebsvermögen zu ermitteln (→ BFH vom 10. 7. 1986 – BStBl. II S. 811 sowie BMF vom 13. 1. 1993 – BStBl. I S. 80[3] unter Berücksichtigung der Änderungen durch BMF vom 26. 2. 2007 – BStBl. I S. 269).

Begriff der wesentlichen Betriebsgrundlage R 16 (8)

(8) *(unbesetzt)* 23

Begriff der wesentlichen Betriebsgrundlage. Ob ein Wirtschaftsgut zu den wesentlichen Betriebsgrundlagen gehört, ist nach der funktional-quantitativen Betrachtungsweise zu entscheiden. Zu den wesentlichen Betriebsgrundlagen gehören in der Regel auch Wirtschaftsgüter, die funktional gesehen für den Betrieb, Teilbetrieb oder Mitunternehmeranteil nicht erforderlich sind, in denen aber erhebliche stille Reserven gebunden sind (→ BFH vom 2. 10. 1997 – BStBl. 1998 II S. 104 und vom 10. 11. 2005 – BStBl. 2006 II S. 176). H 16 (8) 24

Gebäude/Gebäudeteile

– Bei einem Möbelhändler ist z. B. das Grundstück, in dem sich die Ausstellungs- und Lagerräume befinden, die wesentliche Betriebsgrundlage (→ BFH vom 4. 11. 1965 – BStBl. 1966 III S. 49 und vom 7. 8. 1990 – BStBl. 1991 II S. 336).
– Das Gleiche gilt für ein Grundstück, das zum Zweck des Betriebs einer Bäckerei und Konditorei sowie eines Café-Restaurants und Hotels besonders gestaltet ist (→ BFH vom 7. 8. 1979 – BStBl. 1980 II S. 181).
– Das Dachgeschoss eines mehrstöckigen Hauses ist eine funktional wesentliche Betriebsgrundlage, wenn es zusammen mit den übrigen Geschossen einheitlich für den Betrieb genutzt wird (→ BFH vom 14. 2. 2007 – BStBl. II S. 524).

Immaterielle Wirtschaftsgüter

– Wesentliche Betriebsgrundlagen können auch immaterielle Wirtschaftsgüter sein (→ BFH vom 9. 10. 1996 – BStBl. 1997 II S. 236). Darauf, ob diese immateriellen Werte selbständigbilanzierungsfähig sind, kommt es nicht an (→ BFH vom 16. 12. 2009 – BStBl. 2010 II S. 808).
– Eine eingeführte Bezeichnung für einen Betrieb kann zu den wesentlichen Betriebsgrundlagen gehören (→ BFH vom 20. 3. 2017 – BStBl. II S. 992).

---

[1] Abgedruckt als Anlage zu H 6.14.
[2] Abgedruckt als Anlage zu H 6.14.
[3] Abgedruckt als Anlage c zu § 7 EStG.
[4] Abgedruckt als Anlage zu R 10.3 EStR.

Maschinen und Einrichtungsgegenstände. Maschinen und Einrichtungsgegenstände rechnen zu den wesentlichen Betriebsgrundlagen, soweit sie für die Fortführung des Betriebs unentbehrlich oder nicht jederzeit ersetzbar sind (→ BFH vom 19. 1. 1983 – BStBl. II S. 312).

Produktionsunternehmen. Bei einem Produktionsunternehmen gehören zu den wesentlichen Betriebsgrundlagen die für die Produktion bestimmten und auf die Produktion abgestellten Betriebsgrundstücke und Betriebsvorrichtungen (→ BFH vom 12. 9. 1991 – BStBl. 1992 II S. 347).

Umlaufvermögen. Wirtschaftsgüter des Umlaufvermögens, die ihrem Zweck nach zur Veräußerung oder zum Verbrauch bestimmt sind, bilden allein regelmäßig nicht die wesentliche Grundlage eines Betriebs. Nach den Umständen des Einzelfalles können Waren bei bestimmten Betrieben jedoch zu den wesentlichen Grundlagen des Betriebs gehören (→ BFH vom 24. 6. 1976 – BStBl. II S. 672).

R 16 (9) **Abgrenzung des Veräußerungs- bzw. Aufgabegewinns vom laufenden Gewinn**[1]

25 (9) *(unbesetzt)*

H 16 (9)

26 **Abfindung eines Pensionsanspruchs.** Wird der gegenüber einer Personengesellschaft bestehende Pensionsanspruch eines Gesellschafters anlässlich der Aufgabe des Betriebs der Gesellschaft abgefunden, mindert sich hierdurch der Aufgabegewinn der Gesellschaft; beim Gesellschafter stellt die Abfindung eine Sondervergütung dar, die seinen Anteil am Aufgabegewinn erhöht (→ BFH vom 20. 1. 2005 – BStBl. II S. 559).

Abwicklungsgewinne. Gewinne, die während und nach der Aufgabe eines Betriebs aus normalen Geschäften und ihrer Abwicklung anfallen, gehören nicht zu dem begünstigten Aufgabegewinn (→ BFH vom 25. 6. 1970 – BStBl. II S. 719).

Aufgabegewinn bei Veräußerung von Wirtschaftsgütern. Bei gleichzeitiger Veräußerung von Wirtschaftsgütern im Rahmen einer Betriebsaufgabe entsteht der Aufgabegewinn mit Übertragung des wirtschaftlichen Eigentums an den Wirtschaftsgütern (→ BFH vom 17. 10. 1991 – BStBl. 1992 II S. 392).

Ausgleichsanspruch nach § 89 b HGB

- Zum laufenden Gewinn gehören der Ausgleichsanspruch des selbständigen Handelsvertreters nach § 89 b HGB (→ BFH vom 5. 12. 1968 – BStBl. 1969 II S. 196) sowie die Ausgleichszahlungen an Kommissionsagenten in entsprechender Anwendung des § 89 b HGB (→ BFH vom 19. 2. 1987 – BStBl. II S. 570). Dies gilt auch, wenn der Anspruch auf Ausgleichsleistung durch den Tod des Handelsvertreters entstanden ist und der Erbe den Betrieb aufgibt (→ BFH vom 9. 2. 1983 – BStBl. II S. 271). Zahlungen des nachfolgenden Handelsvertreters an seinen Vorgänger sind als laufender Gewinn zu behandeln (→ BFH vom 25. 7. 1990 – BStBl. 1991 II S. 218).
- Nicht zum Ausgleichsanspruch nach § 89 b HGB gehören Ansprüche eines Versicherungsvertreters aus einer mit Beiträgen des Versicherungsunternehmens aufgebauten Alters- und Hinterbliebenenversorgung (Lebensversicherung), die auf den Ausgleichsanspruch nach § 89 b Abs. 5 HGB angerechnet werden sollen. Die Auszahlung aus einem solchen Vertrag ist nicht den Einkünften aus Gewerbebetrieb zuzuordnen (→ BFH vom 8. 12. 2016 – BStBl. 2017 II S. 630).

Betriebseinbringung

- Geht anlässlich der Einbringung eines Mitunternehmeranteiles in eine Kapitalgesellschaft nach § 20 UmwStG bisheriges Sonderbetriebsvermögen eines Gesellschafters in dessen Privatvermögen über, ist das **Sonderbetriebsvermögen** mit dem gemeinen Wert nach § 16 Abs. 3 Satz 7 EStG anzusetzen und durch Vergleich mit dessen Buchwert der sich ergebende Veräußerungsgewinn zu ermitteln (→ BFH vom 28. 4. 1988 – BStBl. II S. 829).
- Bei Einbringung eines Betriebs zu Buchwerten in eine Personengesellschaft ist der Gewinn aus der Überführung eines nicht zu den wesentlichen Betriebsgrundlagen gehörenden Wirtschaftsguts in das Privatvermögen kein begünstigter Veräußerungsgewinn (→ BFH vom 29. 10. 1987 – BStBl. 1988 II S. 374).
- Zur Einbringung eines Einzelunternehmens mit Zuzahlung → BMF vom 11. 11. 2011 (BStBl. I S. 1314),[2] Randnr. 24.08 ff.

Einheitliches Geschäftskonzept. Der Gewinn aus der Veräußerung von Wirtschaftsgütern des Anlagevermögens gehört zum laufenden Gewinn, wenn die Veräußerung Bestandteil eines einheitlichen Geschäftskonzepts der unternehmerischen Tätigkeit ist (→ BMF vom 1. 4. 2009 – BStBl. I S. 515[3] und BFH vom 1. 8. 2013 – BStBl. II S. 910).

Gaststättenverpachtung. Eine gewerbliche Gaststättenverpachtung wird nicht bereits deshalb zum „Gaststättenhandel", weil innerhalb von fünf Jahren mehr als drei der verpachteten Gaststätten verkauft werden; die Veräußerung jeder Gaststätte stellt daher eine Teilbetriebsveräußerung dar (→ BFH vom 18. 6. 1998 – BStBl. II S. 735).

---

[1] Der Aufgabegewinn ist bei einem überschuldeten Betrieb nicht um den Überschuldungsbetrag zu mindern. *BFH-Urteil vom 7. 3. 1996 IV R 52/93 (BStBl. II S. 415).*

[2] Abgedruckt im „Handbuch zur KSt-Veranlagung 2022" in Anhang **I** Nr. **2 a**.

[3] Abgedruckt als Anlage zu H 15.7 (3).

H 16 (9)

Gewerblicher Grundstückshandel. Der Gewinn aus gewerblichem Grundstückshandel gehört zum laufenden Gewinn aus normalen Geschäften, auch wenn der gesamte Grundstücksbestand (Umlaufvermögen) in einem einheitlichen Vorgang veräußert wird (→ BFH vom 25. 1. 1995 – BStBl. II S. 388 und BMF vom 26. 3. 2004 – BStBl. I S. 434, Tz. 35).[1] Entsprechendes gilt für die Veräußerung eines Mitunternehmeranteils jedenfalls dann, wenn zum Betriebsvermögen der Personengesellschaft nahezu ausschließlich Grundstücke des Umlaufvermögens gehören (→ BFH vom 14. 12. 2006 – BStBl. 2007 II S. 777).

Hinzurechnung eines Unterschiedsbetrags nach § 5 a Abs. 4 Satz 3 Nr. 3 EStG → H 5 a.

Mitunternehmeranteil. Veräußert der Gesellschafter einer Personengesellschaft seinen Mitunternehmeranteil an einen Mitgesellschafter und entnimmt er im Einverständnis mit dem Erwerber und den Mitgesellschaftern vor der Übertragung des Gesellschaftsanteils bestimmte Wirtschaftsgüter des Gesellschaftsvermögens, gehört der daraus entstehende Entnahmegewinn zum begünstigten Veräußerungsgewinn (→ BFH vom 24. 8. 1989 – BStBl. 1990 II S. 132).

Organschaft. Ist Organträger eine natürliche Person oder eine Personengesellschaft, stellen die Gewinne aus der Veräußerung von Teilbetrieben der Organgesellschaft keine Gewinne i. S. d. § 16 EStG dar (→ BFH vom 22. 1. 2004 – BStBl. II S. 515).

Personengesellschaft

– Hat eine Personengesellschaft ihren Betrieb veräußert, ist der Anteil eines Gesellschafters am Veräußerungsgewinn auch dann begünstigt, wenn ein anderer Gesellschafter **§ 6 b EStG** in Anspruch genommen hat (→ BFH vom 30. 3. 1989 – BStBl. II S. 558).

– Hinsichtlich der **Übertragung** von Teilen der **Festkapitalkonten** verschiedener Gesellschafter einer Personenhandelsgesellschaft auf einen neu eintretenden Gesellschafter bei gleichzeitiger Übertragung von Anteilen an den Sonderkonten → BFH vom 27. 5. 1981 (BStBl. 1982 II S. 211).

Räumungsverkauf. Der Gewinn aus einem Räumungsverkauf gehört nicht zu dem begünstigten Aufgabegewinn (→ BFH vom 29. 11. 1988 – BStBl. 1989 II S. 602).

Rechnungsabgrenzungsposten. Ein wegen eines Zinszuschusses gebildeter passiver Rechnungsabgrenzungsposten ist im Rahmen einer Betriebsaufgabe zu Gunsten des Aufgabegewinns aufzulösen, wenn das dem Zinszuschuss zugrundeliegende Darlehen im Privatvermögen fortgeführt wird (→ BFH vom 25. 4. 2018 – BStBl. II S. 778).

Restschuldbefreiung. Eine erteilte Restschuldbefreiung stellt unabhängig davon, ob der Betrieb vor oder nach Eröffnung des Insolvenzverfahrens aufgegeben wurde, eine auf den Zeitpunkt der Betriebsaufgabe rückwirkendes Ereignis dar (→ BMF vom 8. 4. 2022 – BStBl. I S. 632).

Rücklage. Zum Veräußerungsgewinn gehören auch Gewinne, die sich bei der Veräußerung eines Betriebs aus der Auflösung von steuerfreien Rücklagen, z. B. Rücklage für Ersatzbeschaffung, Rücklage nach § 6 b EStG, ergeben (→ BFH vom 25. 6. 1975 – BStBl. II S. 848 und vom 17. 10. 1991 – BStBl. 1992 II S. 392). Die spätere Auflösung einer anlässlich der Betriebsveräußerung gebildeten Rücklage nach § 6 b EStG ist jedoch kein Veräußerungsgewinn (→ BFH vom 4. 2. 1982 – BStBl. II S. 348).

Rückstellung. Der Gewinn aus der Auflösung einer Rückstellung ist nicht zum Veräußerungsgewinn zu rechnen, wenn die Auflösung der Rückstellung und die Betriebsveräußerung in keinem rechtlichen oder ursächlichen, sondern lediglich in einem gewissen zeitlichen Zusammenhang miteinander stehen (→ BFH vom 15. 11. 1979 – BStBl. 1980 II S. 150).

Sachwertabfindung

– Werden zur Tilgung einer Abfindungsschuld gegenüber einem ausgeschiedenen Mitunternehmer Wirtschaftsgüter veräußert, ist der dabei entstehende Gewinn als laufender Gewinn zu behandeln (→ BFH vom 28. 11. 1989 – BStBl. 1990 II S. 561).

– Die für die Sachwertabfindung geltenden Grundsätze sind auch anzuwenden, wenn die ausscheidenden Gesellschafter einer Personengesellschaft durch Abtretung einer noch nicht realisierten Forderung aus einem Grundstückskaufvertrag abgefunden werden (→ BFH vom 23. 11. 1995 – BStBl. 1996 II S. 194).

Schadensersatzanspruch eines Mitunternehmers bei Prospekthaftung. Der Schadensersatzanspruch eines Mitunternehmers wegen Prospekthaftung unterliegt i. d. R. als Sonderbetriebseinnahme der Einkommensteuer, da derartige Ansprüche durch die Mitunternehmerstellung und damit betrieblich veranlasst sind. Besteht die Verpflichtung zur Leistung von Schadensersatz Zug um Zug gegen Übertragung der Kommanditbeteiligung selbst, führt dies zu einem Veräußerungsgewinn nach § 16 Abs. 1 Satz 1 Nr. 2 EStG (→ BFH vom 17. 3. 2021 – BStBl. II S. 904).

Selbsterzeugte Waren. Gewinne aus der Veräußerung von selbsterzeugten Waren an Handelsvertreter, die bisher den Verkauf der Erzeugnisse an Einzelhändler nur vermittelt haben, können zum begünstigten Aufgabegewinn gehören (→ BFH vom 1. 12. 1988 – BStBl. 1989 II S. 368).

Teilbetriebsveräußerung. Wird im zeitlichen Zusammenhang mit einer Teilbetriebsveräußerung ein wirtschaftlich nicht dem Teilbetrieb dienender Grundstücksteil in das Privatvermö-

[1] Abgedruckt als Anlage a zu R 15.7 EStR.

gen überführt, gehört der bei diesem Entnahmevorgang verwirklichte Gewinn nicht zum Veräußerungsgewinn nach § 16 EStG (→ BFH vom 18. 4. 1973 – BStBl. II S. 700).

Umlaufvermögen. Gewinne aus der Veräußerung von Umlaufvermögen gehören zum Aufgabegewinn, wenn die Veräußerung nicht den Charakter einer normalen gewerblichen Tätigkeit hat, sondern die Waren, z. B. an frühere Lieferanten, veräußert werden (→ BFH vom 2. 7. 1981 – BStBl. II S. 798).

Verbindlichkeiten. Der Erlass einer Verbindlichkeit, die bei Betriebsaufgabe oder -veräußerung im Betriebsvermögen verbleibt, erhöht den Gewinn i. S. d. § 16 EStG. Wird die Verbindlichkeit nachträglich erlassen, ist dieser Gewinn rückwirkend zu erhöhen (→ BFH vom 6. 3. 1997 – BStBl. II S. 509).

Versicherungsleistungen. Entschließt sich der Unternehmer nach einem Brandschaden wegen der Betriebszerstörung zur Betriebsaufgabe, gehört der Gewinn aus der Realisierung der stillen Reserven, der dadurch entsteht, dass die auf die Anlagegüter entfallenden Versicherungsleistungen die Buchwerte übersteigen, zum Aufgabegewinn (→ BFH vom 11. 3. 1982 – BStBl. II S. 707).

Wertaufholung. Der Gewinn aus einer Wertaufholung auf den Zeitpunkt der Veräußerung ist als laufender Gewinn zu erfassen (→ BFH vom 9. 11. 2017 – BStBl. 2018 II S. 575).

Wettbewerbsverbot. Kommt der Verpflichtung zum Wettbewerbsverbot keine eigenständige wirtschaftliche Bedeutung zu, gehört das dafür gezahlte Entgelt zum Veräußerungsgewinn nach § 16 Abs. 1 EStG (→ BFH vom 23. 2. 1999 – BStBl. II S. 590).

R 16 (10)

Veräußerungspreis

27 (10) *(unbesetzt)*

H 16 (10)

28 **Forderungsausfall.** Scheidet ein Kommanditist aus einer KG aus und bleibt sein bisheriges Gesellschafterdarlehen bestehen, ist, wenn diese Forderung später wertlos wird, sein Veräußerungs- bzw. Aufgabegewinn mit steuerlicher Wirkung für die Vergangenheit gemindert (→ BFH vom 14. 12. 1994 – BStBl. 1995 II S. 465).

Nachträgliche Änderungen des Veräußerungspreises oder des gemeinen Werts

– Ein später auftretender **Altlastenverdacht** mindert nicht den gemeinen Wert eines Grundstücks im Zeitpunkt der Aufgabe (→ BFH vom 1. 4. 1998 – BStBl. II S. 569).
– Die **Herabsetzung des Kaufpreises** für einen Betrieb auf Grund von Einwendungen des Käufers gegen die Rechtswirksamkeit des Kaufvertrages ist ein rückwirkendes Ereignis, das zur Änderung des Steuer-/Feststellungsbescheides führt, dem der nach dem ursprünglich vereinbarten Kaufpreis ermittelte Veräußerungsgewinn zugrunde liegt (→ BFH vom 23. 6. 1988 – BStBl. 1989 II S. 41).
– Wird bei der Veräußerung eines Wirtschaftsguts im Rahmen einer Betriebsaufgabe eine **nachträgliche Kaufpreiserhöhung** vereinbart, erhöht die spätere Nachzahlung den begünstigten Aufgabegewinn im Kj. der Betriebsaufgabe (→ BFH vom 31. 8. 2006 – BStBl. II S. 906).
– Die Zahlung von **Schadensersatzleistungen** für betriebliche Schäden nach Betriebsaufgabe beeinflusst die Höhe des begünstigten Aufgabegewinns, weil sie ein rückwirkendes Ereignis auf den Zeitpunkt der Betriebsaufgabe darstellt (→ BFH vom 10. 2. 1994 – BStBl. II S. 564).
– Die **spätere vergleichsweise Festlegung eines strittigen Veräußerungspreises** ist auf den Zeitpunkt der Realisierung des Veräußerungsgewinns zurückzubeziehen (→ BFH vom 26. 7. 1984 – BStBl. II S. 786).
– Wird ein Grundstück im Rahmen einer Betriebsaufgabe veräußert und zu einem späteren Zeitpunkt der **Kaufpreis** aus Gründen, die im Kaufvertrag angelegt waren, **gemindert,** ist der tatsächlich erzielte Veräußerungserlös bei der Ermittlung des Aufgabegewinnes zu berücksichtigen. Gleiches gilt, wenn der **ursprüngliche Kaufvertrag aufgehoben** und das Grundstück zu einem geringeren Preis an neue Erwerber veräußert wird (→ BFH vom 12. 10. 2005 – BStBl. 2006 II S. 307).
– Wird die **gestundete Kaufpreisforderung** für die Veräußerung eines Gewerbebetriebs in einem späteren VZ ganz oder teilweise **uneinbringlich,** stellt dies ein Ereignis mit steuerlicher Rückwirkung auf den Zeitpunkt der Veräußerung dar (→ BFH vom 19. 7. 1993 – BStBl. II S. 897).
– Hält der Erwerber eines Gewerbebetriebs seine Zusage, den Veräußerer von der **Haftung** für alle vom Erwerber übernommenen Betriebsschulden **freizustellen,** nicht ein und wird der Veräußerer deshalb in einem späteren VZ aus einem als Sicherheit für diese Betriebsschulden bestellten Grundpfandrecht in Anspruch genommen, liegt ein Ereignis mit steuerlicher Rückwirkung auf den Zeitpunkt der Veräußerung vor (→ BFH vom 19. 7. 1993 – BStBl. II S. 894).
– Der **Tod des Rentenberechtigten** ist bei der Veräußerung gegen abgekürzte Leibrente und bei sog. Sofortversteuerung des Veräußerungsgewinns kein rückwirkendes Ereignis (→ BFH vom 19. 8. 1999 – BStBl. 2000 II S. 179).

Sachgüter. Soweit der Veräußerungspreis nicht in Geld, sondern in Sachgütern besteht, ist dieser mit dem gemeinen Wert (§ 9 BewG) der erlangten Sachgüter grundsätzlich im Zeitpunkt der Veräußerung zu bewerten. Für die Bewertung kommt es aber auf die Verhältnisse im Zeitpunkt der Erfüllung der Gegenleistungspflicht an, wenn diese von den Verhältnissen im Zeitpunkt der Entstehung des Veräußerungsgewinns abweichen. Eine Veränderung der wertbestimmenden Umstände wirkt materiell-rechtlich auf den Zeitpunkt der Entstehung des Veräußerungsgewinns zurück (→ BFH vom 13. 10. 2015 – BStBl. 2016 II S. 212).

Schuldenübernahme durch Erwerber

- Teil des Veräußerungspreises ist auch eine Verpflichtung des Erwerbers, den Veräußerer von einer privaten Schuld gegenüber einem Dritten durch befreiende Schuldübernahme oder durch Schuldbeitritt mit befreiender Wirkung, im Innenverhältnis freizustellen. Gleiches gilt für die Verpflichtung zur Freistellung von einer dinglichen Last, die ihrem Rechtsinhalt nach einer rein schuldrechtlichen Verpflichtung gleichwertig ist, z. B. Übernahme einer Nießbrauchslast (→ BFH vom 12. 1. 1983 – BStBl. II S. 595).
- Bei der Berechnung des Gewinns aus einer Betriebsveräußerung sind vom Erwerber übernommene betriebliche Verbindlichkeiten, die auf Grund von Rückstellungsverboten in der Steuerbilanz (z. B. für Jubiläumszuwendungen und für drohende Verluste aus schwebenden Geschäften) nicht passiviert worden sind, nicht gewinnerhöhend zum Veräußerungspreis hinzuzurechnen (→ BFH vom 17. 10. 2007 – BStBl. 2008 II S. 555).

Betriebsveräußerung gegen wiederkehrende Bezüge[1] R 16 (11)

(11) ① Veräußert ein Stpfl. seinen Betrieb gegen eine Leibrente, hat er ein Wahlrecht. ② Er kann den bei der Veräußerung entstandenen Gewinn sofort versteuern. ③ In diesem Fall ist § 16 EStG anzuwenden. ④ Veräußerungsgewinn ist der Unterschiedsbetrag zwischen dem nach den Vorschriften des BewG ermittelten Barwert der Rente, vermindert um etwaige Veräußerungskosten des Stpfl., und dem Buchwert des steuerlichen Kapitalkontos im Zeitpunkt der Veräußerung des Betriebs. ⑤ Die in den Rentenzahlungen enthaltenen Ertragsanteile sind sonstige Einkünfte im Sinne des § 22 Nr. 1 Satz 3 Buchstabe a Doppelbuchstabe bb EStG. ⑥ Der Stpfl. kann statt dessen die Rentenzahlungen als nachträgliche Betriebseinnahmen im Sinne des § 15 in Verbindung mit § 24 Nr. 2 EStG behandeln. ⑦ In diesem Fall entsteht ein Gewinn, wenn der Kapitalanteil der wiederkehrenden Leistungen das steuerliche Kapitalkonto des Veräußerers zuzüglich etwaiger Veräußerungskosten des Veräußerers übersteigt; der in den wiederkehrenden Leistungen enthaltene Zinsanteil stellt bereits im Zeitpunkt des Zuflusses nachträgliche Betriebseinnahmen dar. ⑧ Für Veräußerungen, die vor dem 1. 1. 2004 erfolgt sind, gilt R 139 Abs. 11 EStR 2001. ⑨ Die Sätze 1 bis 8 gelten sinngemäß, wenn ein Betrieb gegen einen festen Barpreis und eine Leibrente veräußert wird; das Wahlrecht bezieht sich jedoch nicht auf den durch den festen Barpreis realisierten Teil des Veräußerungsgewinns. ⑩ Bei der Ermittlung des Barwerts der wiederkehrenden Bezüge ist von einem Zinssatz von 5,5% auszugehen, wenn nicht vertraglich ein anderer Satz vereinbart ist. 29

Betriebsveräußerung gegen wiederkehrende Bezüge und festes Entgelt. Wird ein Betrieb gegen wiederkehrende Bezüge und ein festes Entgelt veräußert, besteht das Wahlrecht hinsichtlich der wiederkehrenden Bezüge auch dann, wenn sie von dritter Seite erbracht werden (→ BFH vom 7. 11. 1991 – BStBl. 1992 II S. 457). H 16 (11) 30

Freibetrag. Der Freibetrag des § 16 Abs. 4 EStG und die Steuerbegünstigung nach § 34 EStG sind nicht zu gewähren, wenn bei der Veräußerung gegen wiederkehrende Bezüge die Zahlungen beim Veräußerer als laufende nachträgliche Einkünfte aus Gewerbebetrieb i. S. d. § 15 i. V. m. § 24 Nr. 2 EStG behandelt werden (→ BFH vom 21. 12. 1988 – BStBl. 1989 II S. 409). Wird ein Betrieb gegen festen Kaufpreis und Leibrente veräußert, ist für die Ermittlung des Freibetrags nach § 16 Abs. 4 EStG nicht allein auf den durch den festen Barpreis realisierten Veräußerungsgewinn abzustellen, sondern auch der Kapitalwert der Rente als Teil des Veräußerungspreises zu berücksichtigen (→ BFH vom 17. 8. 1967 – BStBl. 1968 II S. 75). Der Freibetrag kann jedoch höchstens in Höhe des durch den festen Kaufpreis realisierten Teils des Veräußerungsgewinns gewährt werden (→ BFH vom 21. 12. 1988 – BStBl. 1989 II S. 409).

Gewinn- oder umsatzabhängiger Kaufpreis. Wird ein Betrieb, Teilbetrieb oder Mitunternehmeranteil gegen einen gewinnabhängigen oder umsatzabhängigen Kaufpreis veräußert, ist das Entgelt zwingend als laufende nachträgliche Betriebseinnahme im Jahr des Zuflusses in der Höhe zu versteuern, in der die Summe der Kaufpreiszahlungen das – ggf. um Einmalleistungen gekürzte – Schlusskapitalkonto zuzüglich der Veräußerungskosten überschreitet (→ BFH vom 14. 5. 2002 – BStBl. II S. 532).

Kaufpreisstundung. Eine gestundete Kaufpreisforderung ist bei der Ermittlung des Veräußerungsgewinns mit dem gemeinen Wert anzusetzen (→ BFH vom 19. 1. 1978 – BStBl. II S. 295).

Ratenzahlungen. Veräußert ein Stpfl. seinen Betrieb gegen einen in Raten zu zahlenden Kaufpreis, sind die Grundsätze der R 16 Abs. 11 Satz 1 bis 9 mit der Maßgabe anzuwenden, dass an die Stelle des nach den Vorschriften des Bewertungsgesetzes ermittelten Barwerts der Rente der Barwert der Raten tritt, wenn die Raten während eines mehr als zehn Jahre dauernden Zeitraums zu zahlen sind und die Ratenvereinbarung sowie die sonstige Ausgestaltung

[1] Zum Wahlrecht zwischen Sofort- und Zuflussbesteuerung bei Veräußerung von Wirtschaftsgütern gegen wiederkehrende Bezüge im Rahmen einer Betriebsaufgabe, *BFH-Urteil vom 29. 6. 2022 X R 6/20 (BStBl. II 2023 S. 112).*

des Vertrags eindeutig die Absicht des Veräußerers zum Ausdruck bringen, sich eine Versorgung zu verschaffen (→ BFH vom 23. 1. 1964 – BStBl. III S. 239 und vom 12. 6. 1968 – BStBl. II S. 653).

Tod des Rentenberechtigten. Der Tod des Rentenberechtigten ist bei der Veräußerung gegen abgekürzte Leibrente und bei sog. Sofortversteuerung des Veräußerungsgewinns kein rückwirkendes Ereignis (→ BFH vom 19. 8. 1999 – BStBl. 2000 II S. 179).

Zeitrente. Das Wahlrecht zwischen einer begünstigten Sofortbesteuerung eines Veräußerungsgewinns und einer nicht begünstigten Besteuerung nachträglicher Einkünfte aus Gewerbebetrieb besteht auch bei der Veräußerung gegen eine Zeitrente mit einer langen, nicht mehr überschaubaren Laufzeit (länger als 10 Jahre), wenn sie auch mit dem Nebenzweck vereinbart ist, dem Veräußerer langfristig eine etwaige zusätzliche Versorgung zu schaffen (→ BFH vom 5. 11. 2019 – BStBl. 2020 II S. 262).

Zuflussbesteuerung → BMF vom 3. 8. 2004 (BStBl. I S. 1187).[1]

R 16 (12)

Veräußerungskosten

31 (12) *(unbesetzt)*

H 16 (12)

32 **Gewerbesteuer.** § 4 Abs. 5b EStG steht dem Abzug der Gewerbesteuer als Veräußerungskosten nur bei dem Schuldner der Gewerbesteuer entgegen, nicht auch bei demjenigen, der sich vertraglich zur Übernahme der Gewerbesteuerbelastung verpflichtet (→ BFH vom 7. 3. 2019 – BStBl. II S. 696).

Rentenverpflichtung. Die Leistungen zur Ablösung einer freiwillig begründeten Rentenverpflichtung i. S. d. § 12 Nr. 2 EStG sind keine Veräußerungskosten (→ BFH vom 20. 6. 2007 – BStBl. 2008 II S. 99).

Veräußerungskosten. Veräußerungskosten mindern auch dann den begünstigten Veräußerungsgewinn, wenn sie in einem VZ vor der Veräußerung entstanden sind (→ BFH vom 6. 10. 1993 – BStBl. 1994 II S. 287).

Vorfälligkeitsentschädigung. Eine Vorfälligkeitsentschädigung, die zu zahlen ist, weil im Rahmen einer Betriebsveräußerung ein betrieblicher Kredit vorzeitig abgelöst wird, gehört jedenfalls dann zu den Veräußerungskosten, wenn der Veräußerungserlös zur Tilgung der Schulden ausreicht (→ BFH vom 25. 1. 2000 – BStBl. II S. 458).

R 16 (13)

Gewährung des Freibetrags

33 (13) ① Über die Gewährung des Freibetrags wird bei der Veranlagung zur Einkommensteuer entschieden. ② Dies gilt auch im Falle der Veräußerung eines Mitunternehmeranteiles; in diesem Fall ist im Verfahren zur gesonderten und einheitlichen Gewinnfeststellung nur die Höhe des auf den Gesellschafter entfallenden Veräußerungsgewinns festzustellen. ③ Veräußert eine Personengesellschaft, bei der die Gesellschafter als Mitunternehmer anzusehen sind, ihren ganzen Gewerbebetrieb, steht den einzelnen Mitunternehmern für ihren Anteil am Veräußerungsgewinn nach Maßgabe ihrer persönlichen Verhältnisse der Freibetrag in voller Höhe zu. ④ Der Freibetrag ist dem Stpfl. nur einmal zu gewähren; nicht verbrauchte Teile des Freibetrags können nicht bei einer anderen Veräußerung in Anspruch genommen werden. ⑤ Die Gewährung des Freibetrags nach § 16 Abs. 4 EStG ist ausgeschlossen, wenn dem Stpfl. für eine Veräußerung oder Aufgabe, die nach dem 31. 12. 1995 erfolgt ist, ein Freibetrag nach § 14 Satz 2, § 16 Abs. 4 oder § 18 Abs. 3 EStG bereits gewährt worden ist. ⑥ Wird der zum Betriebsvermögen eines Einzelunternehmers gehörende Mitunternehmeranteil im Zusammenhang mit der Veräußerung des Einzelunternehmens veräußert, ist die Anwendbarkeit des § 16 Abs. 4 EStG für beide Vorgänge getrennt zu prüfen. ⑦ Liegen hinsichtlich beider Vorgänge die Voraussetzungen des § 16 Abs. 4 EStG vor, kann der Stpfl. den Abzug des Freibetrags entweder bei der Veräußerung des Einzelunternehmens oder bei der Veräußerung des Mitunternehmeranteiles beantragen.[2] ⑧ Die Veräußerung eines Anteils an einer Mitunternehmerschaft (Obergesellschaft), zu deren Betriebsvermögen die Beteiligung an einer anderen Mitunternehmerschaft gehört (mehrstöckige Personengesellschaft), stellt für die Anwendbarkeit des § 16 Abs. 4 EStG einen einheitlich zu beurteilenden Veräußerungsvorgang dar.[2] ⑨ In den Fällen des § 16 Abs. 2 Satz 3 und Abs. 3 Satz 5 EStG ist für den Teil des Veräußerungsgewinns, der nicht als laufender Gewinn gilt, der volle Freibetrag zu gewähren; der Veräußerungsgewinn, der als laufender Gewinn gilt, ist bei der Kürzung des Freibetrags nach § 16 Abs. 4 Satz 3 EStG nicht zu berücksichtigen. ⑩ Umfasst der Veräußerungsgewinn auch einen Gewinn aus der Veräußerung von Anteilen an Körperschaften, Personenvereinigungen oder Vermögensmassen, ist für die Berechnung des Freibetrags der nach § 3 Nr. 40 Satz 1 Buchstabe b in Verbindung mit § 3 c Abs. 2 EStG steuerfrei bleibende Teil nicht zu berücksichtigen.

H 16 (13)

33a **Erbfall.** Wird ein Veräußerungsgeschäft vor dem Erbfall abgeschlossen, aber erst nach dem Erbfall wirksam, steht der Freibetrag nur dem Erben nach dessen persönlichen Verhältnissen zu (→ BFH vom 9. 6. 2015 – BStBl. 2016 II S. 216).

---

[1] BMF-Schreiben in Teilen überholt, letztmals abgedruckt im „Handbuch zur ESt-Veranlagung 2008" als Anlage zu R 16 (11) EStR.

[2] Siehe auch *Vfg. OFD Frankfurt vom 16. 9. 2014 S 2241 A – 99 – St 213 (DStR S. 2180).*

Freibetrag

– Aufteilung des Freibetrages und Gewährung der Tarifermäßigung bei Betriebsaufgaben über zwei Kalenderjahre,
Freibetrag bei teilentgeltlicher Veräußerung im Wege der vorweggenommenen Erbfolge,
Vollendung der Altersgrenze in § 16 Abs. 4 und § 34 Abs. 3 EStG nach Beendigung der Betriebsaufgabe oder -veräußerung, aber vor Ablauf des VZ der Betriebsaufgabe oder -veräußerung,
→ BMF vom 20. 12. 2005 (BStBl. 2006 I S. 7).[1]

– Der Freibetrag für Betriebsveräußerungs- oder -aufgabegewinne kann auch bei Veräußerung oder Aufgabe mehrerer Betriebe, Teilbetriebe oder Mitunternehmeranteile innerhalb desselben VZ nur für einen einzigen Veräußerungs- oder Aufgabegewinn in Anspruch genommen werden (→ BFH vom 27. 10. 2015 – BStBl. 2016 II S. 278).

Personenbezogenheit. Der Freibetrag nach § 16 Abs. 4 EStG wird personenbezogen gewährt; er steht dem Stpfl. für alle Gewinneinkunftsarten insgesamt nur einmal zu. Dabei kommt es nicht darauf an, ob der Freibetrag zu Recht gewährt worden ist oder nicht (→ BFH vom 21. 7. 2009 – BStBl. II S. 963).

Teileinkünfteverfahren

Beispiel:

A veräußert sein Einzelunternehmen. Der Veräußerungserlös beträgt 200 000 €, der Buchwert des Kapitalkontos 70 000 €. Im Betriebsvermögen befindet sich eine Beteiligung an einer GmbH, deren Buchwert 20 000 € beträgt. Der auf die GmbH-Beteiligung entfallende Anteil am Veräußerungserlös beträgt 50 000 €.
Der aus der Veräußerung des GmbH-Anteils erzielte Gewinn ist nach § 3 Nr. 40 Satz 1 Buchstabe b, § 3 c Abs. 2 EStG in Höhe von (30 000 € ./. 12 000 € =) 18 000 € steuerpflichtig. Der übrige Veräußerungsgewinn beträgt (150 000 € ./. 50 000 € =) 100 000 €. Der Freibetrag ist vorrangig mit dem Veräußerungsgewinn zu verrechnen, auf den das Teileinkünfteverfahren anzuwenden ist (→ BFH vom 14. 7. 2010 – BStBl. II S. 1011).

	Insgesamt	Ermäßigt zu besteuern	Teileinkünfteverfahren
Veräußerungsgewinn nach § 16 EStG	118 000 €	100 000 €	18 000 €
Freibetrag nach § 16 Abs. 4 EStG	45 000 €	27 000 €	18 000 €
Steuerpflichtig	73 000 €	73 000 €	0 €

Zweifelsfragen im Zusammenhang mit § 6 b Abs. 2 a EStG → BMF vom 7. 3. 2018 (BStBl. I S. 309).[2]

Schreiben betr. Gewährung des Freibetrages nach § 16 Abs. 4 EStG und der Tarifermäßigung nach § 34 Abs. 3 EStG

Anl zu R 16 (13)

Vom 20. Dezember 2005 (BStBl. I 2006 S. 7)

BMF IV B 2 – S 2242 – 18/05

Im Einvernehmen mit den obersten Finanzbehörden der Länder gilt zur Gewährung des Freibetrages nach § 16 Abs. 4 EStG und der Tarifermäßigung nach § 34 Abs. 3 EStG Folgendes: 33b

I. Aufteilung des Freibetrages und Gewährung der Tarifermäßigung bei Betriebsaufgaben über zwei Kalenderjahre

Erstreckt sich eine Betriebsaufgabe (§ 16 Abs. 3 Satz 1 EStG, R 16 Abs. 2 *EStR 2005*[3]) über zwei Kalenderjahre und fällt der Aufgabegewinn daher in zwei Veranlagungszeiträumen an, ist der Freibetrag nach § 16 Abs. 4 EStG insgesamt nur einmal zu gewähren. Er bezieht sich auf den gesamten Betriebsaufgabegewinn und ist im Verhältnis der Gewinne auf beide Veranlagungszeiträume zu verteilen. Die Tarifermäßigung nach § 34 Abs. 3 EStG kann für diesen Gewinn auf Antrag in beiden Veranlagungszeiträumen gewährt werden. Der Höchstbetrag von fünf Millionen Euro ist dabei aber insgesamt nur einmal zu gewähren.

Beispiel:

Unternehmer A (60 Jahre alt) will seinen Gewerbebetrieb (Summe der Buchwerte des Betriebsvermögens 20 000 €) aufgeben. In der Zeit von November 2004 bis Januar 2005 werden daher alle – wesentlichen – Wirtschaftsgüter des Betriebsvermögens veräußert. Die Veräußerungserlöse betragen 80 000 € in 2004 (hierauf entfällt anteilig ein Buchwert von 16 000 €) und 100 000 € in 2005 (anteiliger Buchwert 4000 €).
Der begünstigte Aufgabegewinn beträgt insgesamt 160 000 €. Davon entsteht ein Gewinn i. H. v. 64 000 € (40%) in 2004 und ein Gewinn i. H. v. 96 000 € (60%) in 2005.
Der zu gewährende Freibetrag beträgt insgesamt 21 000 € (45 000 € abzüglich [160 000 € – 136 000 €]). Er ist i. H. v. 8400 € (40%) in 2004 und i. H. v. 12 600 € (60%) in 2005 zu gewähren.
Da die Höhe des zu berücksichtigenden Freibetrages nach § 16 Abs. 4 EStG nach dem Gesamtaufgabegewinn beider Veranlagungszeiträume zu bemessen ist, steht die Höhe des Freibetrages nach § 16 Abs. 4 EStG erst nach Abschluss der Betriebsaufgabe endgültig fest.
Ergibt sich im zweiten Veranlagungszeitraum durch den Gewinn oder Verlust eine Über- oder Unterschreitung der Kappungsgrenze oder insgesamt ein Verlust, ist der im ersten Veranlagungszeitraum berücksichtigte Freibetrag rückwirkend zu ändern. Diese Tatsache stellt ein Ereignis mit steuerlicher Rückwirkung dar (§ 175 Abs. 1 Satz 1 Nr. 2 AO).

---

[1] Nachstehend abgedruckt.
[2] Abgedruckt als Anlage zu § 6 b.
[3] Jetzt: EStR 2012.

Entsteht in einem Veranlagungszeitraum ein Gewinn und in dem anderen ein Verlust, ist die Tarifermäßigung des § 34 EStG nur auf den saldierten Betrag anzuwenden.

Sowohl nach § 16 Abs. 4 EStG als auch nach § 34 Abs. 3 EStG ist in dem jeweiligen Veranlagungszeitraum maximal der Betrag begünstigt, der sich insgesamt aus dem einheitlich zu beurteilenden Aufgabevorgang ergibt.

II. Aufteilung des Freibetrages, wenn der Veräußerungsgewinn auch einen Gewinn aus der Veräußerung von Anteilen an Körperschaften, Personenvereinigungen oder Vermögensmassen umfasst[1]

Umfasst der Veräußerungsgewinn auch dem Halbeinkünfteverfahren[2] *unterliegende Gewinne aus der Veräußerung von Anteilen an Körperschaften, Personenvereinigungen oder Vermögensmassen, ist der Freibetrag nach § 16 Abs. 4 EStG entsprechend den Anteilen der Gewinne, die dem ermäßigten Steuersatz nach § 34 EStG unterliegen, und der Gewinne, die im Halbeinkünfteverfahren*[2] *zu versteuern sind, am Gesamtgewinn aufzuteilen (vgl. H 16.13 EStH 2005 – Halbeinkünfteverfahren).*[3]

III. Freibetrag bei teilentgeltlicher Veräußerung im Wege der vorweggenommenen Erbfolge

Abweichend von Tz. 36 des BMF-Schreibens vom 13. Januar 1993 – IV B 3 – S 2190 – 37/92 – (BStBl. 1993 I S. 80)[4] ist bei Übertragungen von Betrieben, Teilbetrieben oder Mitunternehmeranteilen im Wege der vorweggenommenen Erbfolge der Freibetrag nach § 16 Abs. 4 EStG auch in den Fällen, in denen das Entgelt den Verkehrswert des Betriebs, Teilbetriebs oder Mitunternehmeranteils nicht erreicht (teilentgeltliche Veräußerung), in voller Höhe zu gewähren.

IV. Vollendung der Altersgrenze in § 16 Abs. 4 und § 34 Abs. 3 EStG nach Beendigung der Betriebsaufgabe oder -veräußerung, aber vor Ablauf des Veranlagungszeitraums der Betriebsaufgabe oder -veräußerung

Vollendet der Steuerpflichtige das 55. Lebensjahr zwar nach Beendigung der Betriebsaufgabe oder -veräußerung, aber noch vor Ablauf des Veranlagungszeitraums der Betriebsaufgabe, sind weder der Freibetrag nach § 16 Abs. 4 EStG[5] noch die Tarifermäßigung nach § 34 Abs. 3 EStG zu gewähren.

Vollendet der Steuerpflichtige das 55. Lebensjahr bei einer Betriebsaufgabe über mehrere Veranlagungszeiträume zwar vor Beendigung der Betriebsaufgabe, aber erst im zweiten Veranlagungsjahr, sind der (anteilige) Freibetrag und die Tarifermäßigung auch für den ersten Veranlagungszeitraum zu gewähren.

V. Zeitliche Anwendung

Dieses Schreiben ist in allen noch offenen Fällen anzuwenden.

R 16 (14)

34

Dauernde Berufsunfähigkeit

(14) ① Zum Nachweis der dauernden Berufsunfähigkeit reicht die Vorlage eines Bescheides des Rentenversicherungsträgers aus, wonach die Berufsunfähigkeit oder Erwerbsunfähigkeit im Sinne der gesetzlichen Rentenversicherung vorliegt. ② Der Nachweis kann auch durch eine amtsärztliche Bescheinigung oder durch die Leistungspflicht einer privaten Versicherungsgesellschaft, wenn deren Versicherungsbedingungen an einen Grad der Berufsunfähigkeit von mindestens 50% oder an eine Minderung der Erwerbsfähigkeit wegen Krankheit oder Behinderung auf weniger als sechs Stunden täglich anknüpfen, erbracht werden. ③ Der Freibetrag nach § 16 Abs. 4 EStG kann gewährt werden, wenn im Zeitpunkt der Veräußerung oder Aufgabe eine dauernde Berufsunfähigkeit vorliegt; eine Kausalität zwischen der Veräußerung oder Aufgabe und der Berufsunfähigkeit ist nicht erforderlich.

H 16 (14)

35

Berufsunfähigkeit im sozialversicherungsrechtlichen Sinne. Berufsunfähig sind Versicherte, deren Erwerbsfähigkeit wegen Krankheit oder Behinderung im Vergleich zur Erwerbsfähigkeit von körperlich, geistig und seelisch gesunden Versicherten mit ähnlicher Ausbildung und gleichwertigen Kenntnissen und Fähigkeiten auf weniger als sechs Stunden gesunken ist (§ 240 Abs. 2 SGB VI).

Erbfolge. Wird ein im Erbwege übergegangener Betrieb von dem Erben aufgegeben, müssen die Voraussetzungen für die Gewährung des Freibetrags nach § 16 Abs. 4 EStG in der Person des Erben erfüllt sein (→ BFH vom 19. 5. 1981 – BStBl. II S. 665).

---

[1] Überholt durch *BFH-Urteil vom 14. 7. 2010 X R 61/08 (BStBl. II S. 1011):* Erzielt der Stpfl. einen Veräußerungsgewinn, der sowohl dem Teileinkünfteverfahren unterliegende als auch in voller Höhe zu besteuernde Gewinne enthält, wird der Freibetrag gem. § 16 Abs. 4 EStG für Zwecke der Ermittlung der nach § 34 Abs. 1 und 3 EStG tarifermäßigt zu besteuernden Gewinne vorrangig mit dem Veräußerungsgewinn verrechnet, auf den das Teileinkünfteverfahren anzuwenden ist.

[2] Jetzt: Teileinkünfteverfahren.

[3] Jetzt: H 16 (13) Teileinkünfteverfahren.

[4] Abgedruckt als Anlage c zu § 7 EStG.

[5] Bestätigt durch *BFH-Urteil vom 28. 11. 2007 X R 12/07 (BStBl. 2008 II S. 193).*

§ 17 Veräußerung von Anteilen an Kapitalgesellschaften

EStG

(1) ① Zu den Einkünften aus Gewerbebetrieb gehört auch der Gewinn aus der Veräußerung von Anteilen an einer Kapitalgesellschaft, wenn der Veräußerer innerhalb der letzten fünf Jahre am Kapital der Gesellschaft unmittelbar oder mittelbar zu mindestens 1 Prozent beteiligt war. ② Die verdeckte Einlage von Anteilen an einer Kapitalgesellschaft in eine Kapitalgesellschaft steht der Veräußerung der Anteile gleich. ③ Anteile an einer Kapitalgesellschaft sind Aktien, Anteile an einer Gesellschaft mit beschränkter Haftung, Genussscheine oder ähnliche Beteiligungen und Anwartschaften auf solche Beteiligungen sowie Anteile an einer optierenden Gesellschaft im Sinne des § 1 a des Körperschaftsteuergesetzes. ④ Hat der Veräußerer den veräußerten Anteil innerhalb der letzten fünf Jahre vor der Veräußerung unentgeltlich erworben, so gilt Satz 1 entsprechend, wenn der Veräußerer zwar nicht selbst, aber der Rechtsvorgänger oder, sofern der Anteil nacheinander unentgeltlich übertragen worden ist, einer der Rechtsvorgänger innerhalb der letzten fünf Jahre im Sinne von Satz 1 beteiligt war. 1

(2) ① Veräußerungsgewinn im Sinne des Absatzes 1 ist der Betrag, um den der Veräußerungspreis nach Abzug der Veräußerungskosten die Anschaffungskosten übersteigt. ② In den Fällen des Absatzes 1 Satz 2 tritt an die Stelle des Veräußerungspreises der Anteile ihr gemeiner Wert. ③ Weist der Veräußerer nach, dass ihm die Anteile bereits im Zeitpunkt der Begründung der unbeschränkten Steuerpflicht nach § 1 Absatz 1 zuzurechnen waren und dass der bis zu diesem Zeitpunkt entstandene Vermögenszuwachs auf Grund gesetzlicher Bestimmungen des Wegzugsstaats im Wegzugsstaat einer der Steuer nach § 6 des Außensteuergesetzes vergleichbaren Steuer unterlegen hat, tritt an die Stelle der Anschaffungskosten der Wert, den der Wegzugsstaat bei der Berechnung der der Steuer nach § 6 des Außensteuergesetzes vergleichbaren Steuer angesetzt hat, höchstens jedoch der gemeine Wert. ④ Satz 3 ist in den Fällen des § 6 Absatz 3 des Außensteuergesetzes nicht anzuwenden. ⑤ Hat der Veräußerer den veräußerten Anteil unentgeltlich erworben, so sind als Anschaffungskosten des Anteils die Anschaffungskosten des Rechtsvorgängers maßgebend, der den Anteil zuletzt entgeltlich erworben hat. ⑥ Ein Veräußerungsverlust ist nicht zu berücksichtigen, soweit er auf Anteile entfällt, 2

a) die der Steuerpflichtige innerhalb der letzten fünf Jahre unentgeltlich erworben hatte. ② Dies gilt nicht, soweit der Rechtsvorgänger anstelle des Steuerpflichtigen den Veräußerungsverlust hätte geltend machen können;
b) die entgeltlich erworben worden sind und nicht innerhalb der gesamten letzten fünf Jahre zu einer Beteiligung des Steuerpflichtigen im Sinne von Absatz 1 Satz 1 gehört haben. ② Dies gilt nicht für innerhalb der letzten fünf Jahre erworbene Anteile, deren Erwerb zur Begründung einer Beteiligung des Steuerpflichtigen im Sinne von Absatz 1 Satz 1 geführt hat oder die nach Begründung der Beteiligung im Sinne von Absatz 1 Satz 1 erworben worden sind.

(2 a)[1] ① Anschaffungskosten sind die Aufwendungen, die geleistet werden, um die Anteile im Sinne des Absatzes 1 zu erwerben. ② Zu den Anschaffungskosten gehören auch die Nebenkosten sowie die nachträglichen Anschaffungskosten. ③ Zu den nachträglichen Anschaffungskosten im Sinne des Satzes 2 gehören insbesondere 2a

1. offene oder verdeckte Einlagen,
2. Darlehensverluste, soweit die Gewährung des Darlehens oder das Stehenlassen des Darlehens in der Krise der Gesellschaft gesellschaftsrechtlich veranlasst war, und
3. Ausfälle von Bürgschaftsregressforderungen und vergleichbaren Forderungen, soweit die Hingabe oder das Stehenlassen der betreffenden Sicherheit gesellschaftsrechtlich veranlasst war.

④ Eine gesellschaftsrechtliche Veranlassung liegt regelmäßig vor, wenn ein fremder Dritter das Darlehen oder Sicherungsmittel im Sinne der Nummern 2 oder 3 bei sonst gleichen Umständen zurückgefordert oder nicht gewährt hätte. ⑤ Leistet der Steuerpflichtige über den Nennbetrag seiner Anteile hinaus Einzahlungen in das Kapital der Gesellschaft, sind die Einzahlungen bei der Ermittlung der Anschaffungskosten gleichmäßig auf seine gesamten Anteile einschließlich seiner im Rahmen von Kapitalerhöhungen erhaltenen neuen Anteile aufzuteilen.

(3) ① Der Veräußerungsgewinn wird zur Einkommensteuer nur herangezogen, soweit er den Teil von 9060 Euro übersteigt, der dem veräußerten Anteil an der Kapitalgesellschaft entspricht. ② Der Freibetrag ermäßigt sich um den Betrag, um den der Veräußerungsgewinn den Teil von 36 100 Euro übersteigt, der dem veräußerten Anteil an der Kapitalgesellschaft entspricht. 3

[1] Zur erstmaligen Anwendung siehe § 52 Abs. 25 a EStG.

4 (4)[1] ① **Als Veräußerung im Sinne des Absatzes 1 gilt auch die Auflösung einer Kapitalgesellschaft, die Kapitalherabsetzung, wenn das Kapital zurückgezahlt wird, und die Ausschüttung oder Zurückzahlung von Beträgen aus dem steuerlichen Einlagenkonto im Sinne des § 27 des Körperschaftsteuergesetzes.** ② **In diesen Fällen ist als Veräußerungspreis der gemeine Wert des dem Steuerpflichtigen zugeteilten oder zurückgezahlten Vermögens der Kapitalgesellschaft anzusehen.** ③ **Satz 1 gilt nicht, soweit die Bezüge nach § 20 Absatz 1 Nummer 1 oder 2 zu den Einnahmen aus Kapitalvermögen gehören.**

5 (5) ① **Die Beschränkung oder der Ausschluss des Besteuerungsrechts der Bundesrepublik Deutschland hinsichtlich des Gewinns aus der Veräußerung der Anteile an einer Kapitalgesellschaft im Fall der Verlegung des Sitzes oder des Orts der Geschäftsleitung der Kapitalgesellschaft in einen anderen Staat stehen der Veräußerung der Anteile zum gemeinen Wert gleich.** ② **Dies gilt nicht in den Fällen der Sitzverlegung einer Europäischen Gesellschaft nach Artikel 8 der Verordnung (EG) Nr. 2157/2001 und der Sitzverlegung einer anderen Kapitalgesellschaft in einen anderen Mitgliedstaat der Europäischen Union.** ③ **In diesen Fällen ist der Gewinn aus einer späteren Veräußerung der Anteile ungeachtet der Bestimmungen eines Abkommens zur Vermeidung der Doppelbesteuerung in der gleichen Art und Weise zu besteuern, wie die Veräußerung dieser Anteile zu besteuern gewesen wäre, wenn keine Sitzverlegung stattgefunden hätte.** ④ **§ 15 Absatz 1 a Satz 2 ist entsprechend anzuwenden.**

6 (6) **Als Anteile im Sinne des Absatzes 1 Satz 1 gelten auch Anteile an Kapitalgesellschaften, an denen der Veräußerer innerhalb der letzten fünf Jahre am Kapital der Gesellschaft nicht unmittelbar oder mittelbar zu mindestens 1 Prozent beteiligt war, wenn**

1. **die Anteile auf Grund eines Einbringungsvorgangs im Sinne des Umwandlungssteuergesetzes, bei dem nicht der gemeine Wert zum Ansatz kam, erworben wurden und**
2. **zum Einbringungszeitpunkt für die eingebrachten Anteile die Voraussetzungen von Absatz 1 Satz 1 erfüllt waren oder die Anteile auf einer Sacheinlage im Sinne von § 20 Absatz 1 des Umwandlungssteuergesetzes vom 7. Dezember 2006 (BGBl. I S. 2782, 2791) in der jeweils geltenden Fassung beruhen.**

7 (7) **Als Anteile im Sinne des Absatzes 1 Satz 1 gelten auch Anteile an einer Genossenschaft einschließlich der Europäischen Genossenschaft.**

Übersicht

EStDV

§ 53 *Anschaffungskosten bestimmter Anteile an Kapitalgesellschaften*

8 *① Bei Anteilen an einer Kapitalgesellschaft, die vor dem 21. Juni 1948 erworben worden sind, sind als Anschaffungskosten im Sinne des § 17 Abs. 2 des Gesetzes die endgültigen Höchstwerte zugrunde zu legen, mit denen die Anteile in eine steuerliche Eröffnungsbilanz in Deutscher Mark auf den 21. Juni 1948 hätten eingestellt werden können; bei Anteilen, die am 21. Juni 1948 als Auslandsvermögen beschlagnahmt waren, ist bei Veräußerung vor der Rückgabe der Veräußerungserlös und bei Veräußerung nach der Rückgabe der Wert im Zeitpunkt der Rückgabe als Anschaffungskosten maßgebend. ② Im Land Berlin tritt an die Stelle des 21. Juni 1948 jeweils der 1. April 1949; im Saarland tritt an die Stelle des 21. Juni 1948 für die in § 43 Abs. 1 Ziff. 1 des Gesetzes über die Einführung des deutschen Rechts auf dem Gebiete der Steuern, Zölle und Finanzmonopole im Saarland vom 30. Juni 1959 (BGBl. I S. 339) bezeichneten Personen jeweils der 6. Juli 1959.*

[1] Zu Ausschüttungen aus dem steuerlichen Einlagekonto siehe *Vfg. OFD Frankfurt vom 4. 2. 2014 S 2244 A – 41 – St 215 (DStR S. 903).*

§ 54 *Übersendung von Urkunden durch die Notare*

(1)[1] *① Die Notare übersenden dem in § 20 der Abgabenordnung bezeichneten Finanzamt eine beglaubigte Abschrift aller auf Grund gesetzlicher Vorschrift aufgenommenen oder beglaubigten Urkunden, die die Gründung, Kapitalerhöhung oder -herabsetzung, Umwandlung oder Auflösung von Kapitalgesellschaften oder die Verfügung über Anteile an Kapitalgesellschaften zum Gegenstand haben. ② Gleiches gilt für Dokumente, die im Rahmen einer Anmeldung einer inländischen Zweigniederlassung einer Kapitalgesellschaft mit Sitz im Ausland zur Eintragung in das Handelsregister diesem zu übersenden sind.* 9

(2) ① Die Abschrift ist binnen zwei Wochen, von der Aufnahme oder Beglaubigung der Urkunde ab gerechnet, einzureichen. ② Sie soll mit der Steuernummer gekennzeichnet sein, mit der die Kapitalgesellschaft bei dem Finanzamt geführt wird. ③ Die Absendung der Urkunde ist auf der zurückbehaltenen Urschrift der Urkunde beziehungsweise auf einer zurückbehaltenen Abschrift zu vermerken.

(3) Den Beteiligten dürfen die Urschrift, eine Ausfertigung oder beglaubigte Abschrift der Urkunde erst ausgehändigt werden, wenn die Abschrift der Urkunde an das Finanzamt abgesandt ist.

(4)[2] *Im Fall der Verfügung über Anteile an Kapitalgesellschaften durch einen Anteilseigner, der nicht nach § 1 Abs. 1 des Gesetzes unbeschränkt steuerpflichtig ist, ist zusätzlich bei dem Finanzamt Anzeige zu erstatten, das bei Beendigung einer zuvor bestehenden unbeschränkten Steuerpflicht des Anteilseigners oder bei unentgeltlichem Erwerb dessen Rechtsvorgängers nach § 19 der Abgabenordnung für die Besteuerung des Anteilseigners zuständig war.*

R 17. Veräußerung von Anteilen an einer Kapitalgesellschaft oder Genossenschaft

R 17 (1)

Abgrenzung des Anwendungsbereichs gegenüber anderen Vorschriften

(1) ① § 17 EStG gilt nicht für die Veräußerung von Anteilen an einer Kapitalgesellschaft, die zu einem Betriebsvermögen gehören. ② In diesem Fall ist der Gewinn nach § 4 oder § 5 EStG zu ermitteln. 11

H 17 (1)

Handel mit Beteiligungen → H 15.7 (1).

Umqualifizierung von Einkünften i. S. d. § 20 Abs. 2 Satz 1 Nr. 1 EStG in Einkünfte i. S. d. § 17 EStG → BMF vom 16. 12. 2014 (BStBl. 2015 I S. 24).[3] 12

R 17 (2)

Beteiligung

(2) ① Eine Beteiligung i. S. d. § 17 Abs. 1 Satz 1 EStG liegt vor, wenn der Stpfl. nominell zu mindestens 1%[4] am Nennkapital der Kapitalgesellschaft beteiligt ist oder innerhalb der letzten fünf Jahre vor der Veräußerung beteiligt war. ② In den Fällen des § 17 Abs. 6 EStG (Erwerb der Anteile durch Sacheinlage oder durch Einbringung von Anteilen/Anteilstausch i. S. d. § 17 Abs. 1 Satz 1 EStG) führt auch eine nominelle Beteiligung von weniger als 1% am Nennkapital zur Anwendung von § 17 Abs. 1 Satz 1 EStG. 13

H 17 (2)

Ähnliche Beteiligungen. Die Einlage eines stillen Gesellschafters ist keine „ähnliche Beteiligung" i. S. d. § 17 Abs. 1 Satz 3 EStG (→ BFH vom 28. 5. 1997 – BStBl. II S. 724). 14

Anteile im Betriebsvermögen. Im Betriebsvermögen gehaltene Anteile zählen bei der Ermittlung der Beteiligungshöhe mit (→ BFH vom 10. 11. 1992 – BStBl. 1994 II S. 222).

Anwartschaftsrechte. Anwartschaften (Bezugsrechte) bleiben bei der Ermittlung der Höhe der Beteiligung grundsätzlich außer Betracht (→ BFH vom 14. 3. 2006 – BStBl. II S. 746 und vom 19. 2. 2013 – BStBl. II S. 578).

Ausländische Kapitalgesellschaft. § 17 EStG gilt auch für Anteile an einer ausländischen Kapitalgesellschaft, wenn die ausländische Gesellschaft mit einer deutschen AG oder GmbH vergleichbar ist (→ BFH vom 21. 10. 1999 – BStBl. 2000 II S. 424).

Durchgangserwerb. Ein Anteil, der bereits vor seinem Erwerb an einen Dritten abgetreten wird, erhöht die Beteiligung (→ BFH vom 16. 5. 1995 – BStBl. II S. 870).

Eigene Anteile. Werden von der **Kapitalgesellschaft eigene Anteile** gehalten, ist bei der Entscheidung, ob ein Stpfl. i. S. d. § 17 Abs. 1 Satz 1 EStG beteiligt ist, von dem um die eigenen Anteile der Kapitalgesellschaft verminderten Nennkapital auszugehen (→ BFH vom 24. 9. 1970 – BStBl. 1971 II S. 89).

Einbringungsgeborene Anteile aus Umwandlungen vor dem 13. 12. 2006

– Zur steuerlichen Behandlung von Gewinnen aus der Veräußerung von einbringungsgeborenen Anteilen → § 21 UmwStG in der am 21. 5. 2003 geltenden Fassung (UmwStG a. F.) i. V. m. § 27

---

[1] Zur Anwendung siehe § 84 Abs. 3 b Satz 1 EStDV.
[2] Zur erstmaligen Anwendung siehe § 84 Abs. 3 b EStDV.
[3] Nachstehend abgedruckt als Anlage b zu R 17 EStR.
[4] Die Beteiligungsgrenze von 1% i. S. v. § 17 Abs.1 Satz 1 EStG ist verfassungsgemäß, *BFH-Urteil vom 24. 10. 2012 IX R 36/11 (BStBl. 2013 II S. 164)* und *BVerfG: 2 BvR 364/13 (BStBl. II 2013 S. 164).*

H 17 (2)

Abs. 3 Nr. 3 UmwStG; → BMF vom 25.3. 1998 (BStBl. I S. 268) unter Berücksichtigung der Änderungen durch BMF vom 21. 8. 2001 (BStBl. I S. 543), Tz. 21.01–21.16.
- Einbringungsgeborene Anteile an einer Kapitalgesellschaft, die durch einen Antrag nach § 21 Abs. 2 Satz 1 Nr. 1 UmwStG a. F. entstrickt wurden, unterfallen der Besteuerung gem. § 17 Abs. 1 EStG. Veräußerungsgewinn nach § 17 Abs. 2 EStG in Bezug auf derartige Anteile ist der Betrag, um den der Veräußerungspreis den gemeinen Wert der Anteile (§ 21 Abs. 2 Satz 2 UmwStG a. F.) übersteigt (→ BFH vom 24. 6. 2008 – BStBl. II S. 872).

Fünfjahreszeitraum
- → BMF vom 20. 12. 2010 (BStBl. 2011 I S. 16) unter Berücksichtigung der Änderungen durch BMF vom 16. 12. 2015 (BStBl. 2016 I S. 10).[1]
- Der Gewinn aus der Veräußerung einer Beteiligung von weniger als 1% ist auch dann nach § 17 Abs. 1 Satz 1 EStG zu erfassen, wenn der Gesellschafter die Beteiligung erst neu erworben hat, nachdem er zuvor innerhalb des Fünfjahreszeitraums eine Beteiligung von mindestens 1% insgesamt veräußert hat und mithin vorübergehend überhaupt nicht an der Kapitalgesellschaft beteiligt war (→ BFH vom 20. 4. 1999 – BStBl. II S. 650).
- Maßgeblich für die Berechnung des Fünfjahreszeitraums ist der Übergang des wirtschaftlichen und nicht des zivilrechtlichen Eigentums (→ BFH vom 17. 2. 2004 – BStBl. II S. 651).

Genussrechte. Eine „Beteiligung am Kapital der Gesellschaft" i. S. d. § 17 EStG liegt bei eingeräumten Genussrechten nicht schon dann vor, wenn diese eine Gewinnbeteiligung gewähren, sondern nur, wenn sie auch eine Beteiligung am Liquidationserlös der Gesellschaft vorsehen. Die Vereinbarung, dass das Genussrechtskapital erst nach der Befriedigung der übrigen Gesellschaftsgläubiger zurückzuzahlen ist (sog. Nachrangvereinbarung), verleiht dem Genussrecht noch keinen Beteiligungscharakter (→ BFH vom 14. 6. 2005 – BStBl. II S. 861).

Gesamthandsvermögen
- Bei der Veräußerung einer **Beteiligung, die sich im Gesamthandsvermögen (z. B. einer vermögensverwaltenden Personengesellschaft, Erbengemeinschaft)** befindet, ist für die Frage, ob eine Beteiligung i. S. d. § 17 Abs. 1 Satz 1 EStG vorliegt, nicht auf die Gesellschaft oder Gemeinschaft als solche, sondern auf die einzelnen Mitglieder abzustellen, da die Beteiligung nach § 39 Abs. 2 Nr. 2 AO den einzelnen Mitgliedern zuzurechnen ist – sog. Bruchteilsbetrachtung (→ BFH vom 7. 4. 1976 – BStBl. II S. 557 und vom 9. 5. 2000 – BStBl. II S. 686).
- Die Veräußerung von **Anteilen an einer Gesellschaft oder Gemeinschaft,** die ihrerseits eine Beteiligung an einer Kapitalgesellschaft hält, fällt unter § 17 EStG, wenn eine Beteiligung i. S. d. § 17 Abs. 1 Satz 1 EStG vorliegt. Hierbei ist nicht auf die Gesellschaft oder Gemeinschaft als solche, sondern auf das veräußernde Mitglied abzustellen, da die Beteiligung nach § 39 Abs. 2 Nr. 2 AO den einzelnen Mitgliedern zuzurechnen ist – sog. Bruchteilsbetrachtung (→ BFH vom 13. 7. 1999 – BStBl. II S. 820 und vom 9. 5. 2000 – BStBl. II S. 686).

Kurzfristige Beteiligung. Eine Beteiligung i. S. d. § 17 Abs. 1 Satz 1 EStG liegt bereits dann vor, wenn der Veräußerer oder bei unentgeltlichem Erwerb sein Rechtsvorgänger innerhalb des maßgebenden Fünfjahreszeitraums nur **kurzfristig** zu mindestens 1% unmittelbar oder mittelbar an der Gesellschaft beteiligt war (→ BFH vom 5. 10. 1976 – BStBl. 1977 II S. 198). Auch Anteile, die der Stpfl. noch am Tage des **unentgeltlichen Erwerbs** veräußert, zählen mit (→ BFH vom 7. 7. 1992 – BStBl. 1993 II S. 331). Etwas anderes gilt, wenn im Rahmen eines Gesamtvertragskonzepts (= mehrere zeitgleich abgeschlossene, korrespondierende Verträge) die mit der übertragenen Beteiligung verbundenen Rechte von vorneherein nur für eine Beteiligung von weniger als 1% übergehen sollten (→ BFH vom 5. 10. 2011 – BStBl. 2012 II S. 318).

Missbrauch
- Eine Beteiligung i. S. d. § 17 Abs. 1 Satz 1 EStG kann auch dann vorliegen, wenn der Veräußerer zwar formal nicht zu mindestens 1% an der Kapitalgesellschaft beteiligt war, die Gestaltung der Beteiligungsverhältnisse jedoch **einen Missbrauch der Gestaltungsmöglichkeiten i. S. d. § 42 AO darstellt** (→ BFH vom 27. 1. 1977 – BStBl. II S. 754).
- **Anteilsrotation** → BMF vom 3. 2. 1998 (BStBl. I S. 207).

Mitgliedschaftsrechte an einer AG. Eine mögliche – durch die Kennzeichnung als Nennbetragsaktien anstatt als Stückaktien bedingte – formale Unrichtigkeit von Aktien hindert nicht den Erwerb des dann noch unverkörperten Mitgliedschaftsrechts (→ BFH vom 7. 7. 2011 – BStBl. 2012 II S. 20).

Mittelbare Beteiligung
- Besteht **neben einer unmittelbaren auch eine mittelbare Beteiligung** an der Gesellschaft, liegt eine Beteiligung i. S. d. § 17 Abs. 1 Satz 1 EStG vor, wenn die Zusammenrechnung eine Beteiligung von mindestens 1% ergibt, unabhängig davon, ob der Stpfl. die die mittelbare Beteiligung vermittelnde Kapitalgesellschaft beherrscht oder nicht (→ BFH vom 28. 6. 1978 – BStBl. II S. 590 und vom 12. 6. 1980 – BStBl. II S. 646).
- Der Gesellschafter einer Kapitalgesellschaft ist auch dann Beteiligter i. S. d. § 17 Abs. 1 Satz 1 EStG, wenn sich die Anteilsquote von mindestens 1% erst durch – anteilige – Hinzurechnung

[1] Abgedruckt als Anlage a zu R 17 EStR.

von **Beteiligungen an der Kapitalgesellschaft** ergibt, **welche unmittelbar oder mittelbar von einer Personenhandelsgesellschaft gehalten werden,** an der der Gesellschafter der Kapitalgesellschaft als Mitunternehmer beteiligt ist (→ BFH vom 10. 2. 1982 – BStBl. II S. 392).
- Die Übernahme einer Bürgschaft für eine Gesellschaft durch einen nur mittelbar beteiligten Anteilseigner stellt keine nachträglichen Anschaffungskosten der unmittelbaren Beteiligung i. S. d. § 17 EStG dar (→ BFH vom 4. 3. 2008 – BStBl. II S. 575).

Nominelle Beteiligung. Die für die Anwendung des § 17 EStG maßgebliche Höhe einer Beteiligung ist bei einer GmbH aus den Geschäftsanteilen zu berechnen. Dies gilt auch, wenn in der GmbH-Satzung die Stimmrechte oder die Verteilung des Gewinns und des Liquidationserlöses abweichend von §§ 29, 72 GmbHG geregelt sind (→ BFH vom 25. 11. 1997 – BStBl. 1998 II S. 257 und vom 14. 3. 2006 – BStBl. II S. 749).

Optionsrecht. Die Veräußerung einer Anwartschaft i. S. d. § 17 Abs. 1 Satz 3 EStG liegt vor, wenn eine schuldrechtliche Option auf den Erwerb einer Beteiligung (Call-Option) veräußert wird, die die wirtschaftliche Verwertung des bei der Kapitalgesellschaft eingetretenen Zuwachses an Vermögenssubstanz ermöglicht (→ BFH vom 19. 12. 2007 – BStBl. 2008 II S. 475).

Quotentreuhand. Der Annahme eines zivilrechtlich wirksamen Treuhandverhältnisses steht nicht entgegen, dass dieses nicht an einem selbständigen Geschäftsanteil, sondern – als sog. Quotentreuhand – lediglich an einem Teil eines solchen Geschäftsanteils vereinbart wird. Ein solcher quotaler Anteil ist ein Wirtschaftsgut i. S. d. § 39 Abs. 2 Nr. 1 Satz 2 AO und stellt damit einen treugutfähigen Gegenstand dar (→ BFH vom 6. 10. 2009 – BStBl. 2010 II S. 460).

Rückwirkende Schenkung. Entsteht durch den **Erwerb weiterer Anteile** eine Beteiligung von mindestens 1%, kann diese nicht dadurch beseitigt werden, dass die erworbenen Anteile rückwirkend verschenkt werden (→ BFH vom 18. 9. 1984 – BStBl. 1985 II S. 55).

Unentgeltlicher Hinzuerwerb. Eine Beteiligung von weniger als 1% wird nicht dadurch insgesamt zu einer Beteiligung i. S. d. § 17 Abs. 1 Satz 1 EStG, dass der Stpfl. einzelne Geschäftsanteile davon unentgeltlich von einem Beteiligten erworben hat, der eine Beteiligung von mindestens 1% gehalten hat oder noch hält (→ BFH vom 29. 7. 1997 – BStBl. II S. 727).

Unentgeltlicher Erwerb von Anteilen oder Anwartschaften R 17 (3)

(3) Überlässt der im Sinne des § 17 Abs. 1 Satz 1 EStG beteiligte Anteilseigner einem Dritten unentgeltlich das Bezugsrecht aus einer Kapitalerhöhung (Anwartschaft im Sinne des § 17 Abs. 1 Satz 3 EStG), sind die vom Dritten erworbenen Anteile teilweise nach § 17 Abs. 1 Satz 4 EStG steuerverhaftet (→ Unentgeltlicher Anwartschaftserwerb). 15

H 17 (3)

Abgrenzung von entgeltlichem und unentgeltlichem Erwerb. Die bei Verträgen unter fremden Dritten bestehende Vermutung für das Vorliegen eines entgeltlichen Geschäfts ist im Fall der Übertragung eines Kapitalgesellschaftsanteils, für den der Zuwendende hohe Anschaffungskosten getragen hat, nicht alleine dadurch als widerlegt anzusehen, weil ein Freundschaftsverhältnis zwischen dem Zuwendenden und dem Empfänger besteht (→ BFH vom 9. 5. 2017 – BStBl. 2018 II S. 94). 16

Kapitalerhöhung nach unentgeltlichem Erwerb von Anteilen. Die nach einer Kapitalerhöhung aus Gesellschaftsmitteln zugeteilten neuen Aktien führen nicht zu einem gegenüber dem unentgeltlichen Erwerb der Altaktien selbständigen Erwerbsvorgang. Zwischen den Altaktien und den neuen Aktien besteht wirtschaftliche Identität (→ BFH vom 25. 2. 2009 – BStBl. II S. 658).

Unentgeltlicher Anwartschaftserwerb

Beispiel:

Alleingesellschafter A hat seine GmbH-Anteile für 80 000 € erworben. Der gemeine Wert der Anteile beträgt 400 000 €. Die GmbH erhöht ihr Stammkapital von 100 000 € auf 120 000 €. A ermöglicht seinem Sohn S, die neu ausgegebenen Anteile von nominal 20 000 € gegen Bareinlage von 50 000 € zu erwerben. Die neuen Anteile des S haben einen gemeinen Wert von 20 000 € : 120 000 € × (400 000 € + 50 000 €) = 75 000 € und sind zu (75 000 € – 50 000 €) : 75 000 € = 33,33% unentgeltlich und zu 66,67% entgeltlich erworben worden. Auf den unentgeltlich erworbenen Teil ist § 17 Abs. 1 Satz 1 und 4 EStG anzuwenden. Auf diesen Teil entfallen Anschaffungskosten des Rechtsvorgängers A i. S. d. § 17 Abs. 2 Satz 5 EStG in Höhe von 80 000 € × 25 000 € : 400 000 € = 5000 €. Die verbleibenden Anschaffungskosten des A sind entsprechend auf 75 000 € zu kürzen (→ BFH vom 6. 12. 1968 – BStBl. 1969 II S. 105).

Vorbehaltsnießbrauch → H 17 (4).

Veräußerung von Anteilen R 17 (4)

(4) Die Ausübung von Bezugsrechten durch die Altaktionäre bei Kapitalerhöhungen gegen Einlage ist keine Veräußerung i. S. d. § 17 Abs. 1 EStG. 17

Allgemeines H 17 (4)

- Veräußerung i. S. d. § 17 Abs. 1 EStG ist die entgeltliche Übertragung des rechtlichen oder zumindest des wirtschaftlichen Eigentums an einer Beteiligung auf einen anderen Rechtsträger (→ BFH vom 11. 7. 2006 – BStBl. 2007 II S. 296). 18
- Sieht ein vorab erstelltes Konzept vor, dass der vereinbarte Kaufpreis ganz oder teilweise unmittelbar als Schenkung von dem Veräußerer an den Erwerber zurückfließt, liegt in Höhe des

H 17 (4)

zurückgeschenkten Betrags keine entgeltliche Übertragung vor (→ BFH vom 22. 10. 2013 – BStBl. 2014 II S. 158).
– Der entgeltliche Erwerb eigener Anteile durch die GmbH stellt auf der Ebene des veräußernden Gesellschafters ein Veräußerungsgeschäft i. S. d. § 17 Abs. 1 EStG dar (→ BFH vom 6. 12. 2017 – BStBl. 2019 II S. 213).
– → Wirtschaftliches Eigentum.

Beendigung der unbeschränkten Steuerpflicht und gleichgestellte Sachverhalte mit Auslandsbezug → § 6 AStG.

Bezugsrechte
– Veräußert ein i. S. d. § 17 Abs. 1 Satz 1 EStG Beteiligter ihm auf Grund seiner Anteile zustehende **Bezugsrechte auf weitere Beteiligungsrechte,** liegt auch insoweit eine Veräußerung i. S. d. § 17 Abs. 1 Satz 1 EStG vor (→ BFH vom 20. 2. 1975 – BStBl. II S. 505 und vom 19. 4. 2005 – BStBl. II S. 762).
– Wird das **Stammkapital** einer GmbH **erhöht** und das Bezugsrecht einem Nichtgesellschafter gegen Zahlung eines Ausgleichs für die auf den neuen Geschäftsanteil übergehenden stillen Reserven eingeräumt, kann dies die Veräußerung eines Anteils an einer GmbH (Anwartschaft auf eine solche Beteiligung) sein. Wird dieser Ausgleich in Form eines Agios in die GmbH eingezahlt und in engem zeitlichen Zusammenhang damit wieder an die Altgesellschafter ausgezahlt, kann ein Missbrauch rechtlicher Gestaltungsmöglichkeiten (§ 42 AO) vorliegen. Die Zahlung an die Altgesellschafter ist dann als Entgelt für die Einräumung des Bezugsrechts zu behandeln (→ BFH vom 13. 10. 1992 – BStBl. 1993 II S. 477).

Einziehung. Ein Verlust nach § 17 EStG aus der Einziehung eines GmbH-Anteils nach § 34 GmbHG ist frühestens mit deren zivilrechtlicher Wirksamkeit zu berücksichtigen (→ BFH vom 22. 7. 2008 – BStBl. II S. 927).

Entstehung des Veräußerungsgewinns. Der Veräußerungsgewinn entsteht grundsätzlich im Zeitpunkt der Veräußerung und zwar auch dann, wenn der Kaufpreis gestundet wird (→ BFH vom 20. 7. 2010 – BStBl. II S. 969).

Rückübertragung
– Eine Rückübertragung auf Grund einer vor Kaufpreiszahlung geschlossenen Rücktrittsvereinbarung ist als Ereignis mit steuerlicher Rückwirkung auf den Zeitpunkt der Veräußerung der Beteiligung zurückzubeziehen (→ BFH vom 21. 12. 1993 – BStBl. 1994 II S. 648).
– Der Abschluss eines außergerichtlichen Vergleiches, mit dem die Vertragsparteien den Rechtsstreit über den Eintritt einer im Kaufvertrag vereinbarten auflösenden Bedingung beilegen, ist ein Ereignis mit steuerlicher Rückwirkung auf den Zeitpunkt der Veräußerung (→ BFH vom 19. 8. 2003 – BStBl. 2004 II S. 107).
– Die Rückabwicklung eines noch nicht beiderseits vollständig erfüllten Kaufvertrags ist aus der Sicht des früheren Veräußerers keine Anschaffung der zurückübertragenen Anteile, sondern sie führt bei ihm zum rückwirkenden Wegfall eines bereits entstandenen Veräußerungsgewinns (→ BFH vom 6. 12. 2016 – BStBl. 2017 II S. 673).
– Wird der Verkauf eines Anteils an einer Kapitalgesellschaft durch die Parteien des Kaufvertrages wegen Wegfalls der Geschäftsgrundlage tatsächlich und vollständig rückgängig gemacht, kann dieses Ereignis steuerlich auf den Zeitpunkt der Veräußerung zurückwirken (→ BFH vom 28. 10. 2009 – BStBl. 2010 II S. 539).

Teilentgeltliche Übertragung. Die Übertragung von Anteilen an einer Kapitalgesellschaft bei einer Beteiligung von mindestens 1% im Wege einer gemischten Schenkung ist nach dem Verhältnis der tatsächlichen Gegenleistung zum Verkehrswert der übertragenen Anteile in eine voll entgeltliche Anteilsübertragung (Veräußerung i. S. d. § 17 Abs. 1 Satz 1 und Abs. 2 Satz 1 EStG) und eine voll unentgeltliche Anteilsübertragung (i. S. d. § 17 Abs. 1 Satz 4 und Abs. 2 Satz 5 EStG) aufzuteilen (→ BFH vom 17. 7. 1980 – BStBl. 1981 II S. 11).

Umwandlung nach ausländischem Recht. Als Auflösung i. S. d. § 17 Abs. 4 EStG ist die Umwandlung einer ausländischen Kapitalgesellschaft in eine Personengesellschaft anzusehen, wenn das maßgebende ausländische Recht in der Umwandlung eine Auflösung sieht (→ BFH vom 22. 2. 1989 – BStBl. II S. 794).

Vereinbarungstreuhand. Der Verlust aus der entgeltlichen Übertragung einer Beteiligung i. S. d. § 17 Abs. 1 Satz 1 EStG im Wege einer Vereinbarungstreuhand ist steuerrechtlich nur zu berücksichtigen, wenn die Beteiligung nach der Vereinbarung künftig fremdnützig für den Treugeber gehalten werden soll und die tatsächliche Durchführung der Vereinbarung vom Veräußerer nachgewiesen wird. Bei der Prüfung, ob ein Treuhandverhältnis tatsächlich gegeben ist, ist ein strenger Maßstab anzulegen (→ BFH vom 15. 7. 1997 – BStBl. 1998 II S. 152).

Vorbehaltsnießbrauch. Die Übertragung von Anteilen an Kapitalgesellschaften im Wege der vorweggenommenen Erbfolge unter Vorbehalt eines Nießbrauchsrechts stellt keine Veräußerung i. S. d. § 17 Abs. 1 EStG dar. Dies gilt auch dann, wenn das Nießbrauchsrecht später abgelöst wird und der Nießbraucher für seinen Verzicht eine Abstandszahlung erhält, sofern der Verzicht auf einer neuen Entwicklung der Verhältnisse beruht (→ BFH vom 14. 6. 2005 – BStBl. 2006 II S. 15 und vom 18. 11. 2014 – BStBl. 2015 II S. 224).

Wertloser Anteil. Als Veräußerung kann auch die Übertragung eines wertlosen GmbH-Anteils angesehen werden (→ BFH vom 5. 3. 1991 – BStBl. II S. 630 und vom 18. 8. 1992 – BStBl. 1993 II S. 34).

Wirtschaftliches Eigentum

– Der Übergang des wirtschaftlichen Eigentums an einem Kapitalgesellschaftsanteil ist nach § 39 AO zu beurteilen (→ BFH vom 17. 2. 2004 – BStBl. II S. 651 und vom 9. 10. 2008 – BStBl. 2009 II S. 140). Dies gilt auch anlässlich der Begründung von Unterbeteiligungsrechten an dem Anteil (→ BFH vom 18. 5. 2005 – BStBl. II S. 857).
– Bei dem Verkauf einer Beteiligung geht das wirtschaftliche Eigentum jedenfalls dann über, wenn der Käufer des Anteils auf Grund eines (bürgerlich-rechtlichen) Rechtsgeschäfts bereits eine rechtlich geschützte, auf den Erwerb des Rechts gerichtete Position erworben hat, die ihm gegen seinen Willen nicht mehr entzogen werden kann, und die mit dem Anteil verbundenen wesentlichen Rechte sowie das Risiko der Wertminderung und die Chance einer Wertsteigerung auf ihn übergegangen sind. Diese Voraussetzungen müssen nicht in vollem Umfang erfüllt sein; entscheidend ist das Gesamtbild der Verhältnisse (→ BFH vom 11. 7. 2006 – BStBl. 2007 II S. 296).
– Bei dem Verkauf des Geschäftsanteils an einer GmbH ist regelmäßig erforderlich, dass dem Erwerber das Gewinnbezugsrecht und das Stimmrecht eingeräumt werden. Für den Übergang des Stimmrechts ist ausreichend, dass der Veräußerer verpflichtet ist, bei der Stimmabgabe die Interessen des Erwerbers wahrzunehmen (→ BFH vom 17. 2. 2004 – BStBl. II S. 651).
– Auch eine kurze Haltezeit kann wirtschaftliches Eigentum begründen, wenn dem Stpfl. der in der Zeit seiner Inhaberschaft erwirtschaftete Erfolg (einschließlich eines Substanzwertzuwachses) zusteht (→ BFH vom 18. 5. 2005 – BStBl. II S. 857).
– Erwerbsoptionen können die Annahme wirtschaftlichen Eigentums nur begründen, wenn nach dem typischen und für die wirtschaftliche Beurteilung maßgeblichen Geschehensablauf tatsächlich mit einer Ausübung des Optionsrechts gerechnet werden kann (→ BFH vom 4. 7. 2007 – BStBl. II S. 937). Hierauf kommt es nicht an, wenn nicht nur dem Käufer ein Ankaufsrecht, sondern auch dem Verkäufer ein Andienungsrecht im Überschneidungsbereich der vereinbarten Optionszeiträume zum selben Optionspreis eingeräumt wird, sog. wechselseitige Option oder Doppeloption (→ BFH vom 11. 7. 2006 – BStBl. 2007 II S. 296).
– Auch eine einjährige Veräußerungssperre von erhaltenen Anteilen hindert den Übergang des wirtschaftlichen Eigentums nicht (→ BFH vom 28. 10. 2008 – BStBl. 2009 II S. 45).
– Ein zivilrechtlicher Durchgangserwerb (in Gestalt einer logischen Sekunde) hat nicht zwangsläufig auch einen steuerrechtlichen Durchgangserwerb i. S. d. Innehabens wirtschaftlichen Eigentums in der Person des zivilrechtlichen Durchgangserwerbers zur Folge (→ BFH vom 26. 1. 2011 – BStBl. II S. 540).
– Besteht die Position eines Gesellschafters allein in der gebundenen Mitwirkung an einer inkongruenten Kapitalerhöhung, vermittelt sie kein wirtschaftliches Eigentum an einem Gesellschaftsanteil (→ BFH vom 25. 5. 2011 – BStBl. 2012 II S. 3).
– Werden im Rahmen eines Gesamtvertragskonzepts (= mehrere zeitgleich abgeschlossene, korrespondierende Verträge) GmbH-Anteile übertragen und deren Höhe durch eine Kapitalerhöhung auf weniger als 1% reduziert, vermittelt die einer Kapitalerhöhung vorgreifliche Anteilsübertragung kein wirtschaftliches Eigentum an einer Beteiligung i. S. v. § 17 EStG, wenn nach dem Gesamtvertragskonzept die mit der übertragenen Beteiligung verbundenen Rechte von vorneherein nur für eine Beteiligung von weniger als 1% übergehen sollten (→ BFH vom 5. 10. 2011 – BStBl. 2012 II S. 318).
– Wem Gesellschaftsanteile im Rahmen einer vorweggenommenen Erbfolge unter dem Vorbehalt des Nießbrauchs übertragen werden, erwirbt sie nicht i. S. v. § 17 Abs. 2 Satz 5 EStG, wenn sie weiterhin dem Nießbraucher nach § 39 Abs. 2 Nr. 1 AO zuzurechnen sind, weil dieser nach dem Inhalt der getroffenen Abrede alle mit der Beteiligung verbundenen wesentlichen Rechte (Vermögens- und Verwaltungsrechte) ausüben und im Konfliktfall effektiv durchsetzen kann (→ BFH vom 24. 1. 2012 – BStBl. II S. 308).

Anschaffungskosten der Anteile[1] R 17 (5)

(5) ① Eine Kapitalerhöhung aus Gesellschaftsmitteln erhöht die Anschaffungskosten der Beteiligung nicht. ② Die Anschaffungskosten sind nach dem Verhältnis der Nennbeträge auf die vor der Kapitalerhöhung erworbenen Anteile und die neuen Anteile zu verteilen (→ § 3 Kapitalerhöhungssteuergesetz). ③ Für Anteile i. S. d. § 17 Abs. 1 EStG, die sich in Girosammelverwahrung befinden, sind die Anschaffungskosten der veräußerten Anteile nicht nach dem Fifo-Verfahren, sondern nach den durchschnittlichen Anschaffungskosten sämtlicher Anteile derselben Art zu bestimmen. 19

Ablösung eines Vorbehaltsnießbrauchs. Zahlungen für die Ablösung eines Vorbehaltsnießbrauchs an einer Beteiligung i. S. v. § 17 EStG stellen nachträgliche Anschaffungskosten auf die Beteiligung dar (→ BFH vom 18. 11. 2014 – BStBl. 2015 II S. 224). H 17 (5) 20

[1] Zu den Auswirkungen des Zwerganteils- und Sanierungsprivilegs auf Anschaffungskosten bei § 17 EStG siehe *Vfg. OFD Frankfurt a. M. vom 27. 8. 2021, S 2244 A – 37 – St 519 (DStR S. 2123).*

H 17 (5)

Absenkung der Beteiligungsgrenze. Bei der Ermittlung des Veräußerungsgewinns ist der gemeine Wert der Anteile zum Zeitpunkt der Absenkung der Beteiligungsgrenze anzusetzen (→ BVerfG vom 7. 7. 2010 – BStBl. 2011 II S. 86 und BMF vom 20. 12. 2010 – BStBl. 2011 I S. 16 unter Berücksichtigung der Änderungen durch BMF vom 16. 12. 2015 – BStBl. I S. 10).[1]

Allgemeines → R 6.2.

Bezugsrechte/Gratisaktien

– Das anlässlich einer Kapitalerhöhung entstehende konkrete Bezugsrecht auf neue Aktien führt zu einer Abspaltung der im Geschäftsanteil verkörperten Substanz und damit auch zu einer Abspaltung eines Teils der ursprünglichen Anschaffungskosten für die Altanteile; dieser Teil ist dem Bezugsrecht zuzuordnen (→ BFH vom 19. 4. 2005 – BStBl. II S. 762).
– Werden Kapitalgesellschaftsanteile im Anschluss an eine mit der Gewährung von kostenlosen Bezugsrechten oder von Gratisaktien verbundene Kapitalerhöhung veräußert, sind die ursprünglichen Anschaffungskosten der Kapitalgesellschaftsanteile um den auf die Bezugsrechte oder die Gratisaktien entfallenden Betrag nach der Gesamtwertmethode zu kürzen (→ BFH vom 19. 12. 2000 – BStBl. 2001 II S. 345).

Bürgschaft

– Die Bürgschaftsverpflichtung eines zahlungsunfähigen Gesellschafters erhöht nicht die Anschaffungskosten seiner Beteiligung (→ BFH vom 8. 4. 1998 – BStBl. II S. 660).
– Wird ein Gesellschafter vom Gläubiger der Kapitalgesellschaft aus einer Bürgschaft in Anspruch genommen und begleicht er seine Schuld vereinbarungsgemäß ratierlich, können nachträgliche Anschaffungskosten nur in Höhe des Tilgungsanteils entstehen. Eine Teilzahlungsvereinbarung wirkt als rückwirkendes Ereignis i. S. v. § 175 Abs. 1 Satz 1 Nr. 2 AO auf den Zeitpunkt des Entstehens eines Veräußerungs- oder Auflösungsverlusts zurück (→ BFH vom 20. 11. 2012 – BStBl. 2013 II S. 378).
– Zur Berücksichtigung von Ausfällen von Bürgschaftsregressforderungen als nachträgliche Anschaffungskosten i. S. d. § 17 Abs. 2 a EStG → BMF vom 7. 6. 2022 (BStBl. I S. 897).
– → Drittaufwand.

Drittaufwand

– Wird einer GmbH durch einen nahen Angehörigen eines Gesellschafters ein Darlehen gewährt und kann die GmbH das Darlehen wegen Vermögenslosigkeit nicht zurückzahlen, kann der Wertverlust der Darlehensforderung bei der Ermittlung des Auflösungsgewinns des Gesellschafters nicht als nachträgliche Anschaffungskosten der Beteiligung berücksichtigt werden. Gesondert zu prüfen ist, ob dem Gesellschafter das Darlehen unmittelbar zuzurechnen ist (→ BFH vom 12. 12. 2000 – BStBl. 2001 II S. 286).
– Die Inanspruchnahme des Ehegatten des Alleingesellschafters einer GmbH aus der Bürgschaft für ein der Gesellschaft in einer wirtschaftlichen Krise durch eine Bank gewährtes Darlehen erhöht die Anschaffungskosten der Beteiligung des Gesellschafters, soweit dieser verpflichtet ist, dem Ehegatten die Aufwendungen zu ersetzen (→ BFH vom 12. 12. 2000 – BStBl. 2001 II S. 385).
– Hat eine GmbH I, die vom Ehemann der Mehrheitsgesellschafterin einer weiteren GmbH (GmbH II) beherrscht wird, der GmbH II als „Darlehen" bezeichnete Beträge überlassen, die bei dem beherrschenden Gesellschafter der GmbH I als verdeckte Gewinnausschüttung besteuert worden sind, erhöht die Gewährung des „Darlehens" als mittelbare verdeckte Einlage die Anschaffungskosten der Mehrheitsgesellschafterin der GmbH II auf ihre Beteiligung (→ BFH vom 12. 12. 2000 – BStBl. 2001 II S. 234).

Gesellschafterdarlehen. Zur ertragsteuerlichen Behandlung von Gesellschafterdarlehen (§ 17 Abs. 2 a) → BMF vom 7. 6. 2022 (BStBl. I S. 897).

Gewinnvortrag und Jahresüberschuss. Wird ein Anteil an einer Kapitalgesellschaft veräußert, stellt der nicht ausgeschüttete Anteil am Gewinn dieser Kapitalgesellschaft keine Anschaffungskosten dar (→ BFH vom 8. 2. 2011 – BStBl. II S. 684).

Gutachtenkosten → H 20.1 (Anschaffungskosten).

Kapitalerhöhung gegen Einlage. Eine Kapitalerhöhung gegen Einlage führt bei den bereits bestehenden Anteilen zu einer Substanzabspaltung mit der Folge, dass Anschaffungskosten der Altanteile im Wege der Gesamtwertmethode teilweise den Bezugsrechten bzw. den neuen Anteilen zuzuordnen sind (→ BFH vom 21. 1. 1999 – BStBl. II S. 638).

Kapitalrücklage

– Die Einzahlung eines Gesellschafters in die Kapitalrücklage einer Gesellschaft, die dem deutschen Handelsrecht unterliegt, ist eine Einlage in das Gesellschaftsvermögen und erhöht die Anschaffungskosten seiner Beteiligung. Ist die empfangende Gesellschaft eine ausländische, ist nach dem jeweiligen ausländischen Handelsrecht zu beurteilen, ob die Einzahlung in die Kapitalrücklage die Anschaffungskosten der Beteiligung an der Gesellschaft erhöht oder zur Entstehung eines selbstständigen Wirtschaftsguts „Beteiligung an der Kapitalrücklage" führt (→ BFH vom 27. 4. 2000 – BStBl. 2001 II S. 168).

[1] Abgedruckt als Anlage a zu R 17 EStR.

H 17 (5)

– Einzahlungen in die Kapitalrücklage führen zu nachträglichen Anschaffungskosten des Gesellschafters auf seine Beteiligung, selbst wenn sie zur Vermeidung einer Bürgschaftsinanspruchnahme geleistet und die Einzahlungen von der Kapitalgesellschaft zur Tilgung der zugrunde liegenden Verbindlichkeiten verwendet werden (→ BFH vom 20. 7. 2018 – BStBl. 2019 II S. 194).

Nachweis der Kapitaleinzahlung. Der Nachweis der Einzahlung einer Stammeinlage im Hinblick auf daraus resultierende Anschaffungskosten i. S. v. § 17 Abs. 2 EStG muss nach langem Zeitablauf seit Eintragung der GmbH nicht zwingend allein durch den entsprechenden Zahlungsbeleg geführt werden. Vielmehr sind alle Indizien im Rahmen einer Gesamtwürdigung zu prüfen (→ BFH vom 8. 2. 2011 – BStBl. II S. 718).

Rückbeziehung von Anschaffungskosten

– Fallen nach der Veräußerung der Beteiligung noch Aufwendungen an, die nachträgliche Anschaffungskosten der Beteiligung sind, sind sie nach § 175 Abs. 1 Satz 1 Nr. 2 AO zu dem Veräußerungszeitpunkt zu berücksichtigen (→ BFH vom 2. 10. 1984 – BStBl. 1985 II S. 428).
– Fallen im Rahmen einer Nachtragsliquidation Aufwendungen an, die nachträgliche Anschaffungskosten der Beteiligung sind, handelt es sich um ein nachträgliches Ereignis, das die Höhe des Auflösungsgewinns oder -verlusts beeinflusst und nach § 175 Abs. 1 Satz 1 Nr. 2 AO zurück zu beziehen ist (→ BFH vom 1. 7. 2014 – BStBl. II S. 786).

Rückzahlung aus Kapitalherabsetzung. Setzt die Körperschaft ihr Nennkapital zum Zweck der Kapitalrückzahlung herab (§ 222 AktG, § 58 GmbHG), mindern die Rückzahlungsbeträge, soweit sie nicht Einnahmen i. S. d. § 20 Abs. 1 Nr. 2 EStG sind, nachträglich die Anschaffungskosten der Anteile (→ BFH vom 29. 6. 1995 – BStBl. II S. 725).

Rückzahlung einer offenen Gewinnausschüttung. Die Rückzahlung einer offenen Gewinnausschüttung führt zu nachträglichen Anschaffungskosten der Beteiligung (→ BFH vom 29. 8. 2000 – BStBl. 2001 II S. 173).

Schadensersatzleistungen. Leistet eine Wirtschaftsprüfungsgesellschaft wegen eines fehlerhaften Bestätigungsvermerks im Rahmen eines Vergleichs Schadensersatz an den Erwerber von Gesellschaftsanteilen, mindert dies beim Erwerber nicht die Anschaffungskosten der Anteile. Hat der Erwerber die Anteile bereits veräußert, erhöht die Zahlung der Wirtschaftsprüfungsgesellschaft auch nicht den Veräußerungserlös (→ BFH vom 4. 10. 2016 – BStBl. 2017 II S. 316).

Tilgung einer Verbindlichkeit nach Vollbeendigung der Gesellschaft. Als nachträgliche Anschaffungskosten können Aufwendungen des Stpfl. nur berücksichtigt werden, wenn sie sich auf die konkrete Beteiligung beziehen. Befriedigt ein Gesellschafter einer Kapitalgesellschaft einen Gläubiger dieser Kapitalgesellschaft, obwohl diese Verbindlichkeit wegen der Vollbeendigung der Kapitalgesellschaft nicht mehr besteht, ist der entsprechende Aufwand nicht (mehr) durch das Gesellschaftsverhältnis veranlasst und es liegen daher keine nachträglichen Anschaffungskosten vor (→ BFH vom 9. 6. 2010 – BStBl. II S. 1102).

Veräußerung nach Überführung in das Privatvermögen. Veräußert ein Gesellschafter Anteile an einer Kapitalgesellschaft, die er zuvor aus seinem Betriebsvermögen in sein Privatvermögen überführt hat, tritt der Teilwert oder der gemeine Wert dieser Anteile zum Zeitpunkt der Entnahme nur dann an die Stelle der (historischen) Anschaffungskosten, wenn durch die Entnahme die stillen Reserven tatsächlich aufgedeckt und bis zur Höhe des Teilwerts oder gemeinen Werts steuerrechtlich erfasst sind oder noch erfasst werden können (→ BFH vom 13. 4. 2010 – BStBl. II S. 790).

Verdeckte Einlage

– Begriff → H 4.3 (1).
– Zu den Anschaffungskosten i. S. d. § 17 Abs. 2 Satz 1 EStG gehören neben dem Anschaffungspreis der Anteile auch **weitere in Bezug auf die Anteile getätigte Aufwendungen,** wenn sie durch das Gesellschaftsverhältnis veranlasst und weder Werbungskosten noch Veräußerungskosten sind, wie z. B. Aufwendungen, die als verdeckte Einlagen zur Werterhöhung der Anteile beigetragen haben (→ BFH vom 12. 2. 1980 – BStBl. II S. 494).
– Zu den Anschaffungskosten i. S. d. § 17 Abs. 2 Satz 1 EStG gehört auch der gemeine Wert von Anteilen i. S. d. § 17 EStG, die verdeckt in eine Kapitalgesellschaft, an der nunmehr eine Beteiligung i. S. d. § 17 Abs. 1 Satz 1 EStG besteht, eingebracht worden sind. Dies gilt auch dann, wenn die verdeckte Einlage vor dem 1. 1. 1992 erfolgt ist (→ BFH vom 18. 12. 2001 – BStBl. 2002 II S. 463).
– → Drittaufwand.

Wahlrecht bei teilweiser Veräußerung von GmbH-Anteilen. Wird die Beteiligung nicht insgesamt veräußert und wurden die **Anteile zu verschiedenen Zeitpunkten und zu verschiedenen Preisen erworben,** kann der Stpfl. bestimmen, welche Anteile oder Teile davon er veräußert. Für die Ermittlung des Veräußerungsgewinns (-verlustes) sind die tatsächlichen Anschaffungskosten dieser Anteile maßgebend (→ BFH vom 10. 10. 1978 – BStBl. 1979 II S. 77).

Wertzuwachs vor Begründung der unbeschränkten Steuerpflicht (Zuzugsfall). Der bis zum Zeitpunkt der Begründung der unbeschränkten Steuerpflicht entstandene Vermögenszuwachs hat nicht i. S. d. § 17 Abs. 2 Satz 3 EStG aufgrund gesetzlicher Bestimmungen des

Wegzugsstaats im Wegzugsstaat einer der Steuer nach § 6 AStG vergleichbaren Steuer unterlegen, wenn dort keine Steuer festgesetzt worden ist (→ BFH vom 26. 10. 2021 – BStBl. II 2022 S. 172).

R 17 (6)

Veräußerungskosten

21 (6) Veräußerungskosten i. S. d. § 17 Abs. 2 EStG sind alle durch das Veräußerungsgeschäft veranlassten Aufwendungen.

H 17 (6)

21a **Fehlgeschlagene Veräußerung.** Die Kosten der fehlgeschlagenen Veräußerung einer Beteiligung i. S. d. § 17 Abs. 1 Satz 1 EStG können weder als Veräußerungskosten nach § 17 Abs. 2 Satz 1 EStG noch als Werbungskosten bei den Einkünften aus Kapitalvermögen berücksichtigt werden (→ BFH vom 17. 4. 1997 – BStBl. 1998 II S. 102).

Verständigungsverfahren. Aufwendungen eines beschränkt Stpfl. im Zusammenhang mit einem Verständigungsverfahren wegen des Besteuerungsrechts hinsichtlich eines Gewinns aus der Veräußerung einer GmbH-Beteiligung stellen keine Veräußerungskosten dar (→ BFH vom 9. 10. 2013 – BStBl. 2014 II S. 102).

R 17 (7)

Veräußerungsgewinn

22 (7) ① Für eine in Fremdwährung angeschaffte oder veräußerte Beteiligung im Sinne des § 17 Abs. 1 Satz 1 EStG sind die Anschaffungskosten, der Veräußerungspreis und die Veräußerungskosten jeweils im Zeitpunkt ihrer Entstehung aus der Fremdwährung in Euro umzurechnen. ② Wird eine Beteiligung im Sinne des § 17 Abs. 1 Satz 1 EStG gegen eine Leibrente oder gegen einen in Raten zu zahlenden Kaufpreis veräußert, gilt R 16 Abs. 11 entsprechend mit der Maßgabe, dass der Ertrags- oder Zinsanteil nach § 22 Nr. 1 Satz 3 Buchst. a Doppelbuchstabe bb oder § 20 Abs. 1 Nr. 7 EStG zu erfassen ist.

H 17 (7)

23 **Anteilstausch.** Beim Tausch von Anteilen an Kapitalgesellschaften bestimmt sich der Veräußerungspreis i. S. d. § 17 Abs. 2 Satz 1 EStG nach dem gemeinen Wert der erhaltenen Anteile. Für die Bewertung kommt es auf die Verhältnisse im Zeitpunkt der Erfüllung der Gegenleistungspflicht an, wenn diese von den Verhältnissen im Zeitpunkt der Entstehung des Veräußerungsgewinns abweichen. Eine Veränderung der wertbestimmenden Umstände wirkt materiell-rechtlich auf den Zeitpunkt der Entstehung des Veräußerungsgewinns zurück. Eine Veräußerungsbeschränkung ist bei der Bewertung nur zu berücksichtigen, wenn sie im Wirtschaftsgut selbst gründet und für alle Verfügungsberechtigten gilt (→ BFH vom 28. 10. 2008 – BStBl. 2009 II S. 45 und vom 13. 10. 2015 – BStBl. 2016 II S. 212).

Auflösung[1] und Kapitalherabsetzung

- Der Zeitpunkt der Gewinnverwirklichung ist bei einer Auflösung mit anschließender Liquidation normalerweise der Zeitpunkt des Abschlusses der Liquidation; erst dann steht fest, ob und in welcher Höhe der Gesellschafter mit einer Zuteilung und Rückzahlung von Vermögen der Gesellschaft rechnen kann, und ferner, welche nachträglichen Anschaffungskosten der Beteiligung anfallen und welche Veräußerungskosten/Auflösungskosten der Gesellschafter persönlich zu tragen hat. Ausnahmsweise kann der Zeitpunkt, in dem der Veräußerungsverlust realisiert ist, schon vor Abschluss der Liquidation liegen, wenn mit einer wesentlichen Änderung des bereits feststehenden Verlustes nicht mehr zu rechnen ist (→ BFH vom 25. 1. 2000 – BStBl. II S. 343). Dies gilt auch dann, wenn später eine Nachtragsliquidation angeordnet wird (→ BFH vom 1. 7. 2014 – BStBl. II S. 786).[2] Bei der Prüfung, ob mit einer Auskehrung von Gesellschaftsvermögen an den Gesellschafter und mit einer wesentlichen Änderung der durch die Beteiligung veranlassten Aufwendungen nicht mehr zu rechnen ist, sind auch Sachverhalte zu berücksichtigen, die die Kapitalgesellschaft oder den Gesellschafter – wenn er Kaufmann wäre – zur Bildung einer Rückstellung verpflichten würden (→ BFH vom 27. 11. 2001 – BStBl. 2002 II S. 731).
- Ohne unstreitige greifbare Anhaltspunkte für eine Vermögenslosigkeit der Gesellschaft nach den vorstehenden Grundsätzen oder einen Auflösungsbeschluss der Gesellschafter entsteht ein Auflösungsverlust erst zum Zeitpunkt der Löschung der Gesellschaft im Handelsregister (→ BFH vom 21. 1. 2004 – BStBl. II S. 551).
- Zum Veräußerungspreis i. S. d. § 17 Abs. 4 Satz 2 EStG gehört auch die (anteilige) Rückzahlung des Stammkapitals (→ BFH vom 6. 5. 2014 – BStBl. II S. 682).
- Rückzahlung aus Kapitalherabsetzung → H 6.2, H 17 (5).

Besserungsoption. Vereinbaren die Vertragsparteien beim Verkauf eines Anteils an einer Kapitalgesellschaft eine Besserungsoption, welche dem Verkäufer ein Optionsrecht auf Abschluss eines Änderungsvertrages zum Kaufvertrag mit dem Ziel einer nachträglichen Beteiligung an der Wertentwicklung des Kaufgegenstands einräumt, stellt die spätere Ausübung des Optionsrechts kein rückwirkendes Ereignis dar (→ BFH vom 23. 5. 2012 – BStBl. II S. 675).

---

[1] Zur Auflösung siehe ergänzend *Vfg. OFD Frankfurt a. M. vom 10. 2. 2021 S 2244 A – 21 – St 519 (DStR 2015 S. 758).*

[2] Zum Zeitpunkt der Gewinn-/Verlustberücksichtigung bei einer Nachtragsliquidation siehe ergänzend *Vfg. OFD Frankfurt vom 15. 10. 2014 S 2244 A – 60 – St 519 (DStR 2015 S. 758).*

Bewertung von Anteilen an Kapitalgesellschaften. Bei der Bewertung von Anteilen an Kapitalgesellschaften sind die bewertungsrechtlichen Regelungen gem. den gleich lautenden Erlassen der obersten Finanzbehörden der Länder vom 17. 5. 2011 (BStBl. I S. 606) zu den §§ 11, 95 bis 109 und 199 ff. BewG für ertragsteuerliche Zwecke entsprechend anzuwenden (→ BMF vom 22. 9. 2011 – BStBl. I S. 859). H 17 (7)

Fehlgeschlagene Gründung. Im Zusammenhang mit der fehlgeschlagenen Gründung einer Kapitalgesellschaft entstandene Kosten können jedenfalls dann nicht als Liquidationsverlust i. S. d. § 17 Abs. 4 EStG abgezogen werden, wenn lediglich eine Vorgründungsgesellschaft bestanden hat (→ BFH vom 20. 4. 2004 – BStBl. II S. 597).

Fremdwährung. Zur Berechnung des Veräußerungsgewinns aus einer in ausländischer Währung angeschafften und veräußerten Beteiligung an einer Kapitalgesellschaft sind die Anschaffungskosten, der Veräußerungspreis und die Veräußerungskosten zum Zeitpunkt ihres jeweiligen Entstehens in Euro umzurechnen und nicht lediglich der Saldo des in ausländischer Währung errechneten Veräußerungsgewinns/Veräußerungsverlustes zum Zeitpunkt der Veräußerung (→ BFH vom 24. 1. 2012 – BStBl. II S. 564).

Kapitalerhöhung. Erwirbt ein Anteilseigner, nachdem der Umfang seiner Beteiligung auf unter 1% gesunken ist, bei einer Kapitalerhöhung weitere Geschäftsanteile hinzu, ohne dass sich der %-Satz seiner Beteiligung ändert, dann ist auch der auf diese Anteile entfallende Veräußerungsgewinn gem. § 17 EStG zu erfassen (→ BFH vom 10. 11. 1992 – BStBl. 1994 II S. 222).

Rückkaufsrecht. Die Vereinbarung eines Rückkaufsrechts steht der Annahme eines Veräußerungsgeschäfts nicht entgegen. Zum Veräußerungspreis gehört auch der wirtschaftliche Vorteil eines Rückkaufsrechts mit wertmäßig beschränktem Abfindungsanspruch (→ BFH vom 7. 3. 1995 – BStBl. II S. 693).

Stichtagsbewertung. Der Veräußerungsgewinn i. S. d. § 17 Abs. 2 EStG entsteht im Zeitpunkt der Veräußerung. Bei der Ermittlung des Veräußerungsgewinns ist für alle beeinflussenden Faktoren eine Stichtagsbewertung grundsätzlich auf den Zeitpunkt der Veräußerung vorzunehmen. Das Zuflussprinzip des § 11 EStG gilt insoweit nicht. Für die Bewertung kommt es aber auf die Verhältnisse im Zeitpunkt der Erfüllung der Gegenleistungspflicht an, wenn diese von den Verhältnissen im Zeitpunkt der Entstehung des Veräußerungsgewinns abweichen. Eine Veränderung der wertbestimmenden Umstände wirkt materiell-rechtlich auf den Zeitpunkt der Entstehung des Veräußerungsgewinns zurück (→ BFH vom 13. 10. 2015 – BStBl. 2016 II S. 212).

Veräußerung gegen wiederkehrende Leistungen

- → BMF vom 3. 8. 2004 (BStBl. I S. 1187)[1], aber bei Wahl der Zuflussbesteuerung richtet sich die Besteuerung nach dem im Zeitpunkt des Zuflusses geltenden Recht. § 3 Nr. 40 Satz 1 Buchst. c Satz 1 EStG ist bei einer Veräußerung gegen wiederkehrende Leistung und Wahl der Zuflussbesteuerung auch dann anwendbar, wenn die Veräußerung vor Einführung des § 3 Nr. 40 EStG stattgefunden hat und diese Vorschrift im Zeitpunkt des Zuflusses für laufende Ausschüttungen aus der Gesellschaft anwendbar gewesen wäre (→ BFH vom 18. 11. 2014 – BStBl. 2015 II S. 526).
- Eine wahlweise Zuflussbesteuerung des Veräußerungsgewinns kommt nur in Betracht, wenn die wiederkehrenden Leistungen Versorgungscharakter haben. Fehlt es daran, entsteht der Gewinn im Zeitpunkt der Veräußerung (→ BFH vom 20. 7. 2010 – BStBl. II S. 969).
- → H 17 (4) Entstehung des Veräußerungsgewinns.

Veräußerungspreis

- Bei rechtlich, wirtschaftlich und zeitlich verbundenen Erwerben von Aktienpaketen durch denselben Erwerber zu unterschiedlichen Entgelten muss der Veräußerungspreis für das einzelne Paket für steuerliche Zwecke abweichend von der zivilrechtlichen Vereinbarung aufgeteilt werden, wenn sich keine kaufmännisch nachvollziehbaren Gründe für die unterschiedliche Preisgestaltung erkennen lassen (→ BFH vom 4. 7. 2007 – BStBl. II S. 937).
- Verkauft eine Kapitalgesellschaft an einen ausscheidenden Gesellschafter im unmittelbaren wirtschaftlichen Zusammenhang mit der Anteilsveräußerung auf Veranlassung des Anteilserwerbers ein Grundstück zu einem unter dem Verkehrswert liegenden Preis, gehört der sich daraus für den Anteilsveräußerer ergebende geldwerte Vorteil zum Veräußerungspreis für den Anteil (→ BFH vom 27. 8. 2014 – BStBl. 2015 II S. 249).

Veräußerungsverlust

- War der Stpfl. nicht während der gesamten letzten fünf Jahre i. S. d. § 17 Abs. 1 Satz 1 EStG beteiligt, ist ein Veräußerungsverlust nach § 17 Abs. 2 Satz 6 Buchstabe b EStG nur insoweit anteilig zu berücksichtigen, als er auf die im Fünfjahreszeitraum erworbenen Anteile entfällt, deren Erwerb zu einer Beteiligung i. S. d. § 17 Abs. 1 Satz 1 EStG geführt hat (→ BFH vom 20. 4. 2004 – BStBl. II S. 556).
- Ein Auflösungsverlust i. S. d. § 17 Abs. 2 Satz 6 und Abs. 4 EStG ist auch zu berücksichtigen, wenn der Stpfl. eine Beteiligung i. S. d. § 17 Abs. 1 Satz 1 EStG an einer Kapitalgesellschaft erwirbt und die Beteiligung innerhalb der letzten fünf Jahre vor der Auflösung der Gesell-

[1] Letztmals abgedruckt im „Handbuch zur ESt-Veranlagung 2008" als Anlage zu R 16 Abs. 11 EStR.

schaft unter die Beteiligungsgrenze des § 17 Abs. 1 Satz 1 EStG abgesenkt wird (→ BFH vom 1. 4. 2009 – BStBl. II S. 810).
- Die verlustbringende Veräußerung eines Anteils an einer Kapitalgesellschaft an einen Mitanteilseigner ist nicht deshalb rechtsmissbräuchlich i. S. d. § 42 AO, weil der Veräußerer in engem zeitlichen Zusammenhang von einem anderen Anteilseigner dessen in gleicher Höhe bestehenden Anteil an derselben Kapitalgesellschaft erwirbt (→ BFH vom 7. 12. 2010 – BStBl. 2011 II S. 427).

Wettbewerbsverbot. Wird im Zusammenhang mit der Veräußerung einer Beteiligung i. S. d. § 17 Abs. 1 Satz 1 EStG an einer Kapitalgesellschaft ein Wettbewerbsverbot mit eigener wirtschaftlicher Bedeutung vereinbart, gehört die Entschädigung für das Wettbewerbsverbot nicht zu dem Veräußerungspreis i. S. d. § 17 Abs. 2 Satz 1 EStG (→ BFH vom 21. 9. 1982 – BStBl. 1983 II S. 289).

R 17 (8)

Einlage einer wertgeminderten Beteiligung

24 (8) *(unbesetzt)*

H 17 (8)

Einlage einer wertgeminderten Beteiligung/wertgeminderten Forderung

25 – Bei Einbringung einer wertgeminderten Beteiligung i. S. d. § 17 Abs. 1 Satz 1 EStG aus dem Privatvermögen in das betriebliche Gesamthandsvermögen einer Personengesellschaft gegen Gewährung von Gesellschaftsrechten entsteht ein Veräußerungsverlust, der im Zeitpunkt der Einbringung nach Maßgabe des § 17 Abs. 2 Satz 6 EStG zu berücksichtigen ist (→ BMF vom 29. 3. 2000 – BStBl. I S. 462).[1]
- Eine Beteiligung i. S. d. § 17 EStG, deren Wert im Zeitpunkt der Einlage in das Einzelbetriebsvermögen unter die Anschaffungskosten gesunken ist, ist mit den Anschaffungskosten einzulegen. Wegen dieses Wertverlusts kann eine Teilwertabschreibung nicht beansprucht werden. Die Wertminderung ist erst in dem Zeitpunkt steuermindernd zu berücksichtigen, in dem die Beteiligung veräußert wird oder gem. § 17 Abs. 4 EStG als veräußert gilt, sofern ein hierbei realisierter Veräußerungsverlust nach § 17 Abs. 2 EStG zu berücksichtigen wäre (→ BFH vom 2. 9. 2008 – BStBl. 2010 II S. 162 und vom 29. 11. 2017 – BStBl. 2018 II S. 426).
- Zur Einlage wertgeminderter Forderungen aus Gesellschafterdarlehen, die vor dem 1. 1. 2009 begründet wurden, im Zusammenhang mit der Einlage einer Beteiligung i. S. d. § 17 EStG → BFH vom 29. 11. 2017 (BStBl. 2018 II S. 426).

R 17 (9)

Freibetrag

26 (9) Für die Berechnung des Freibetrags ist der nach § 3 Nr. 40 Satz 1 Buchstabe c i. V. m. § 3 c Abs. 2 EStG steuerfrei bleibende Teil des Veräußerungsgewinns nicht zu berücksichtigen.

Anl a zu R 17

a) Schreiben betr. ertragsteuerrechtliche Behandlung von Gesellschafterdarlehen (§ 17 Absatz 2 a EStG), Bürgschaftsregress- und vergleichbaren Forderungen

Vom 7. Juni 2022 (BStBl. I S. 897)

(BMF IV C 6-S 2244/20/10001 :001; DOK 2022/0474692)

Im Rahmen des Gesetzes zur weiteren steuerlichen Förderung der Elektromobilität und zur Änderung weiterer steuerlicher Vorschriften vom 12. Dezember 2019 (BGBl. I S. 2451)[2] wurde § 17 Absatz 2 a EStG neu eingeführt, in dem in den Sätzen 1 bis 4 nunmehr normspezifisch die Anschaffungskosten einschließlich der nachträglichen Anschaffungskosten von Anteilen i. S. v. § 17 EStG definiert werden.

Unter Bezugnahme auf das Ergebnis der Erörterungen mit den obersten Finanzbehörden der Länder gilt zur Anwendung von § 17 Absatz 2 a EStG Folgendes:

I. Nachträgliche Anschaffungskosten

27 **1** Zu den nachträglichen Anschaffungskosten gehören insbesondere:
1. offene oder verdeckte Einlagen,
2. Darlehensverluste, soweit die Gewährung des Darlehens oder das Stehenlassen des Darlehens in der Krise der Gesellschaft gesellschaftsrechtlich veranlasst war, und
3. Ausfälle von Bürgschaftsregressforderungen und vergleichbaren Forderungen, soweit die Hingabe oder das Stehenlassen der betreffenden Sicherheit gesellschaftsrechtlich veranlasst war.

2 Die rein gesellschaftsintern wirkende Umgliederung einer freien Gewinnrücklage in eine zweckgebundene Rücklage führt nicht zu nachträglichen Anschaffungskosten auf den Geschäftsanteil des veräußernden Gesellschafters (BFH-Urteil vom 6. Dezember 2017, IX R 7/17, BStBl. 2019 II S. 213).

1. Offene oder verdeckte Einlagen (§ 17 Absatz 2 a Satz 3 Nummer 1 EStG)

3 Ob eine offene oder eine verdeckte Einlage vorliegt, richtet sich nach handels-, bilanzsteuer- und körperschaftsteuerrechtlichen Grundsätzen.

[1] Abgedruckt als Anlage a zu R 4.3 EStR.
[2] **Amtl. Anm.:** BStBl. 2020 I S. 17.

4 Zu den offenen Einlagen zählen insbesondere Nachschüsse (§§ 26 ff. GmbHG), Barzuschüsse und sonstige Zuzahlungen (§ 272 Absatz 2 Nummer 4 HGB) wie Einzahlungen in die Kapitalrücklage. Auch Einlagen die in zeitlicher Nähe zur Veräußerung der Beteiligung geleistet werden (sog. Einlagen in letzter Minute), sind als offene Einlage i. S. v. § 17 Absatz 2 a EStG zu berücksichtigen (vgl. BFH-Urteil vom 20. Juli 2018, IX R 5/15, BStBl. 2019 II S. 194).

5 Zu den verdeckten Einlagen (vgl. R 8.9 Absatz 1 KStR) gehört insbesondere der Verzicht auf ein Gesellschafterdarlehen in Höhe des werthaltigen Teils. Dies gilt unabhängig davon, ob es sich im Zeitpunkt des Verzichtes um ein fremdübliches oder um ein gesellschaftsrechtlich veranlasstes Darlehen handelt. Der Verzicht auf den nicht werthaltigen Teil des Gesellschafterdarlehens ist ggf. unter den Voraussetzungen des § 20 Absatz 2 Satz 1 Nummer 7 i. V. m. Satz 2 EStG zu berücksichtigen (vgl. Randnummer 18).

6 Eine verdeckte Einlage kann auch vorliegen, wenn die vom Gesellschafter gewährte Fremdkapitalhilfe aufgrund der vertraglichen Abreden mit der Zuführung einer Einlage in das Gesellschaftsvermögen wirtschaftlich vergleichbar ist. Dies kann der Fall sein bei einem Gesellschafterdarlehen, dessen Rückzahlung auf Grundlage der von den Beteiligten getroffenen Vereinbarungen, wie beispielsweise der Vereinbarung eines Rangrücktritts i. S. d. § 5 Absatz 2 a EStG, im Wesentlichen denselben Voraussetzungen unterliegt wie die Rückzahlung von Eigenkapital, wenn und soweit der die Ausbuchung auslösende Rangrücktritt nicht betrieblich, sondern durch das Gesellschaftsverhältnis veranlasst war und die entsprechenden Forderungen des Gläubigers noch werthaltig waren (BFH-Urteil vom 15. April 2015, I R 44/14, BStBl. II S. 769).

2. Darlehensverluste (§ 17 Absatz 2 a Satz 3 Nummer 2 EStG)

7 Verluste aus Gesellschafterdarlehen sind nur dann zu berücksichtigen, wenn die Gewährung oder das Stehenlassen des Darlehens gesellschaftsrechtlich – also durch das Gesellschaftsverhältnis – veranlasst war. Das gilt auch für Verluste von Darlehen, die unter das Kleinanlegerprivileg (§ 39 Absatz 1 Satz 1 Nummer 5 i. V. m. Absatz 5 InsO) fallen, und von Darlehen, die nach § 39 Absatz 1 Nummer 5 i. V. m. Absatz 4 InsO nicht dem Nachranggebot unterliegen (sog. Sanierungsprivileg).

3. Gesellschaftsrechtliche Veranlassung (§ 17 Absatz 2 a Satz 4 EStG)

8 Eine gesellschaftsrechtliche Veranlassung der Darlehensgewährung ist danach zu beurteilen, ob die Gesellschaft unter den bestehenden Verhältnissen von einem Dritten noch ein Darlehen zu marktüblichen Bedingungen erhalten hätte. Allein die Vereinbarung eines Gesellschafterdarlehens zu nicht marktüblichen Bedingungen (z. B. zinsloses Darlehen) führt daher noch nicht zur Annahme einer gesellschaftsrechtlichen Veranlassung i. S. v. § 17 Absatz 2 a Satz 4 EStG.

9 Ein Darlehen ist dann gesellschaftsrechtlich veranlasst, wenn im Zeitpunkt seiner Gewährung (Krisendarlehen, vgl. Randnummer 11) oder Weitergewährung (sog. stehengelassenes Darlehen, vgl. Randnummern 16 bis 18) die Rückzahlung des Darlehens angesichts der finanziellen Situation der Gesellschaft in dem Maße gefährdet ist, dass ein ordentlicher Kaufmann das Risiko einer Darlehensgewährung zu denselben Bedingungen wie der Gesellschafter nicht mehr eingegangen wäre (sog. Krise). Bei sog. krisenbestimmten Darlehen (vgl. Randnummern 12, 13) und Finanzplandarlehen (vgl. Randnummern 14, 15) ist unabhängig von einer tatsächlichen Krise stets von einer gesellschaftsrechtlichen Veranlassung auszugehen.

10 Liegt keine gesellschaftsrechtliche Veranlassung vor, ist eine steuerliche Berücksichtigung des Darlehensverlustes nur im Rahmen der Einkünfte aus Kapitalvermögen unter den dortigen Voraussetzungen möglich. Randnummern 5 und 6 bleiben unberührt.

4. Höhe der nachträglichen Anschaffungskosten

Im Einzelnen sind folgende Fallgruppen zu unterscheiden:

a) Hingabe des Darlehens in der Krise (Krisendarlehen)

11 Im Falle der Hingabe des Darlehens in der Krise ist bei Verlust der Nennwert des Darlehens als nachträgliche Anschaffungskosten zu berücksichtigen (§ 17 Absatz 2 a Satz 3 Nummer 2 EStG). Entsprechendes gilt bei Darlehensverzicht (§ 17 Absatz 2 a Satz 3 Nummer 1 und 2 EStG). Eine Berücksichtigung des Verlustes eines solchen Darlehens im Rahmen der Einkünfte aus Kapitalvermögen ist aufgrund der Subsidiarität des § 20 EStG zu § 17 EStG nicht möglich (vgl. § 20 Absatz 8 EStG).

b) Krisenbestimmtes Darlehen

12 Ein krisenbestimmtes Darlehen ist ein Darlehen, bei dem der Gesellschafter schon vor dem Eintritt der Krise mit bindender Wirkung gegenüber der Gesellschaft oder den Gesellschaftsgläubigern erklärt, dass er das Darlehen auch im Falle einer Krise stehen lassen werde.

13 Im Falle eines krisenbestimmten Darlehens gilt Randnummer 11 entsprechend.

c) Finanzplandarlehen

14 Ein Finanzplandarlehen ist ein Darlehen, das von vornherein in die Finanzplanung der Gesellschaft in der Weise einbezogen wird, dass die zur Aufnahme der Geschäfte erforderliche Kapitalausstattung der Gesellschaft krisenunabhängig durch eine Kombination von Eigen- und Fremdfinanzierung erreicht werden soll. Ein solches von den Gesellschaftern gewährtes „finanzplanmäßiges" Darlehen zur Finanzierung des Unternehmenszwecks ist den Einlagen gleichgestellt.

15 Der Verlust eines Finanzplandarlehens ist in Höhe seines Nennwerts als nachträgliche Anschaffungskosten zu berücksichtigen (§ 17 Absatz 2 a Satz 3 Nummer 2 EStG). Eine Berücksichtigung des

Anl a zu R 17

Verlustes eines solchen Darlehens im Rahmen der Einkünfte aus Kapitalvermögen ist aufgrund der Subsidiarität des § 20 EStG zu § 17 EStG nicht möglich (vgl. § 20 Absatz 8 EStG).

d) Stehen gelassenes Darlehen

16 Was im Fall der Hingabe des Darlehens in der Krise der Gesellschaft gilt, gilt grundsätzlich auch bei einem der Gesellschaft vor der Krise gewährten fremdüblichen Darlehen, wenn der Gesellschafter das Darlehen stehen lässt, obwohl er es hätte abziehen können und es angesichts der veränderten finanziellen Situation der Gesellschaft absehbar war, dass die Rückzahlung gefährdet sein wird (sog. stehen gelassenes Darlehen).

17 Im Falle eines stehen gelassenen Darlehens führt bei Verlust nur der im Zeitpunkt des Eintritts der Krise werthaltige Teil des stehen gelassenen Darlehens zu nachträglichen Anschaffungskosten (§ 17 Absatz 2 a Satz 3 Nummer 2 EStG). Der Verlust des im Zeitpunkt des Eintritts der Krise nicht mehr werthaltigen Teils des stehen gelassenen Darlehens ist nur im Rahmen der Einkünfte aus Kapitalvermögen unter den dortigen Voraussetzungen zu berücksichtigen.

Beispiel 1:

A hält einen Geschäftsanteil in Höhe von 100% des Stammkapitals an der A-GmbH. Im Jahr 01 gewährte A der A-GmbH ein fremdüblich vereinbartes Darlehen in Höhe von 100 000 Euro. Im Jahr 04 gerät die A-GmbH in die Krise. A lässt das Darlehen stehen. Das Darlehen ist bei Kriseneintritt nur noch zu 50% (50 000 Euro) werthaltig. Im Jahr 05 wird die A-GmbH insolvenzfrei liquidiert. Eine Rückzahlung des Darlehens erfolgt nicht.

Mit dem Stehenlassen des Darlehens in der Krise wird das Darlehen gesellschaftsrechtlich veranlasst. Der zum Eintritt der Krise (Stehenlassen des Darlehens) nicht mehr werthaltige Teil der Forderung (50 000 Euro) kann im Verlustzeitpunkt (Veranlagungszeitraum 05) bei den Einkünften aus Kapitalvermögen unter den dortigen Voraussetzungen berücksichtigt werden. Der zum Zeitpunkt des Eintritts der Krise noch werthaltige Teil der Forderung (50 000 Euro) ist im Veranlagungszeitraum der Liquidation (Veranlagungszeitraum 05) als Darlehensverlust als nachträgliche Anschaffungskosten nach § 17 Absatz 2 a Satz 3 Nummer 2 EStG berücksichtigungsfähig.

18 Im Falle des Verzichtes führt nur der im Zeitpunkt des Eintritts der Krise werthaltige Teil des stehen gelassenen Darlehens zu nachträglichen Anschaffungskosten. Dabei stellt der im **Zeitpunkt des Verzichtes** noch werthaltige Teil eine verdeckte Einlage nach § 17 Absatz 2 a Satz 3 Nummer 1 EStG und der nicht mehr werthaltige Teil einen Darlehensverlust i. S. v. § 17 Absatz 2 a Satz 3 Nummer 2 EStG dar. Der Verzicht auf den bereits im Zeitpunkt des **Eintritts der Krise** nicht mehr werthaltigen Teil des stehen gelassenen Darlehens ist nur im Rahmen der Einkünfte aus Kapitalvermögen unter den dortigen Voraussetzungen zu berücksichtigen.

Beispiel 2:

A hält einen Geschäftsanteil in Höhe von 100% des Stammkapitals an der A-GmbH. Im Jahr 01 gewährte A der A-GmbH ein fremdüblich vereinbartes Darlehen in Höhe von 100 000 Euro. Im Jahr 04 gerät die A-GmbH in die Krise. A lässt das Darlehen stehen. Das Darlehen ist bei Kriseneintritt nur noch zu 50% (50 000 Euro) werthaltig. Im Jahr 05 verzichtet A auf die Darlehensforderung. Zu diesem Zeitpunkt ist die Darlehensforderung nur noch zu 20% (20 000 Euro) werthaltig. Im Jahr 07 veräußert A seinen Geschäftsanteil.

Mit dem Stehenlassen des Darlehens in der Krise wird das Darlehen gesellschaftsrechtlich veranlasst. Der zum Eintritt der Krise (Stehenlassen des Darlehens) nicht werthaltige Teil der Forderung (50 000 Euro) kann im Verzichtszeitpunkt (Veranlagungszeitraum 05) bei den Einkünften aus Kapitalvermögen unter den dortigen Voraussetzungen berücksichtigt werden. Der im Zeitpunkt des Verzichtes noch werthaltige Teil (20 000 Euro) ist im Zeitpunkt der Veräußerung (Veranlagungszeitraum 07) nach § 17 Absatz 2 a Satz 3 Nummer 1 EStG als verdeckte Einlage und damit als nachträgliche Anschaffungskosten zu berücksichtigen. Der zum Verzichtszeitpunkt nicht mehr werthaltige Teil der Forderung (30 000 Euro) ist im Veranlagungszeitraum 07 als Darlehensverlust als nachträgliche Anschaffungskosten nach § 17 Absatz 2 a Satz 3 Nummer 2 EStG zu berücksichtigen.

e) Veräußerung eines gesellschaftsrechtlich veranlassten Darlehens

19 Ein Verlust aus der Veräußerung eines gesellschaftsrechtlich veranlassten Darlehens an die Gesellschaft oder einen Dritten führt nicht zu nachträglichen Anschaffungskosten i. S. v. § 17 Absatz 2 a EStG, soweit keine verdeckte Einlage vorliegt. Eine Berücksichtigung des Verlustes ist nur im Rahmen der Einkünfte aus Kapitalvermögen unter den dort genannten Voraussetzungen möglich.

II. Bürgschaftsregressforderung und vergleichbare Forderung

27a **20** Die Ausführungen unter I. gelten sinngemäß für Bürgschaftsregress- und vergleichbare Forderungen.

III. Berücksichtigung von Verlusten aus Gesellschafterdarlehen bei den Einkünften aus Kapitalvermögen

28 **21** Eine Berücksichtigung von Darlehensverlusten bei den Einkünften aus Kapitalvermögen ist nur möglich, soweit der Darlehensverlust nach den vorstehenden Ausführungen nicht nach § 17 EStG zu berücksichtigen ist (§ 20 Absatz 8 EStG).

1. Einkunftserzielungsabsicht

22 Der Ausfall einer Darlehensforderung kann einkommensteuerrechtlich nur als Verlust berücksichtigt werden, wenn das Darlehen in der Absicht gewährt wurde, positive Einkünfte zu erzielen. Bei den Einkünften aus Kapitalvermögen ist infolge des beschränkten und pauschalierten Werbungskostenabzugsverbots regelmäßig von einer (widerlegbaren) Einkunftserzielungsabsicht auszugehen (BFH-Urteil vom 14. März 2017, VIII R 38/15, BStBl. II S. 1040). Allein die Unverzinslichkeit einer Darlehensforderung eines Gesellschafters führt nicht dazu, dass keine Einkunftserzielungsabsicht vorliegt, da sich die Einkunftserzielungsabsicht hier auch aus anderen Vorteilen (z. B. Wertsteigerung des Anteils an der Gesellschaft, Erzielung Geschäftsführergehalt) ergeben kann. Von einer fehlenden Einkunfts-

Anl a zu R 17

erzielungsabsicht ist nur dann auszugehen, wenn die Erzielung von positiven Einkünften im Zusammenhang mit der Darlehensgewährung insgesamt unmöglich ist.

23 Lag im Zeitpunkt der Darlehensgewährung eine Einkunftserzielungsabsicht vor, dann ist im Zeitpunkt des Kriseneintritts keine erneute Prüfung der Einkunftserzielungsabsicht vorzunehmen. Dies gilt insbesondere für den bei Eintritt der Krise wertlosen Teil eines ursprünglich fremdüblich gewährten Darlehens, das bei Eintritt der Krise stehen gelassen wird.

2. Eintritt der Uneinbringlichkeit einer Darlehensforderung

a) Ausfall der Darlehensforderung

24 Nach § 20 Absatz 2 Satz 1 Nummer 7 und Satz 2 sowie Absatz 4 EStG führt der endgültige Ausfall einer Darlehensforderung im Sinne des § 20 Absatz 1 Nummer 7 EStG zu einem steuerlich zu berücksichtigenden Verlust. Steuerliche Auswirkungen hat der Darlehensausfall jedoch nur, wenn die steuerpflichtige Person für den nicht werthaltigen Teil der Forderung Anschaffungskosten getragen hat (BFH-Urteil vom 6. August 2019, VIII R 18/16, BStBl. 2020 II S. 833). Von einem endgültigen Forderungsausfall ist auszugehen, wenn feststeht, dass keine Rückzahlung mehr stattfinden wird. Die Eröffnung eines Insolvenzverfahrens über das Vermögen des Schuldners reicht hierfür in der Regel nicht aus. Etwas anderes gilt, wenn die Eröffnung des Insolvenzverfahrens mangels Masse abgelehnt worden ist oder aus anderen Gründen feststeht, dass keine Rückzahlung mehr stattfinden wird (BFH-Urteil vom 24. Oktober 2017, VIII R 13/15, BStBl. 2020 II S. 831). Der Verlust wird in dem Veranlagungszeitraum realisiert, in dem seine Höhe endgültig feststeht (vgl. Randnummer 60 des BMF-Schreibens vom 19. Mai 2022, BStBl. I S. 742). Von einem endgültigen Ausfall einer privaten Kapitalforderung im Sinne des § 20 Absatz 1 Nummer 7 EStG ist jedenfalls dann auszugehen, wenn über das Vermögen des Schuldners das Insolvenzverfahren eröffnet wurde und der Insolvenzverwalter gegenüber dem Insolvenzgericht die Masseunzulänglichkeit gemäß § 208 Absatz 1 Satz 1 InsO angezeigt hat (BFH-Urteil vom 1. Juli 2021, VIII R 28/18, BStBl. II S. 911).

b) Verzicht auf die Darlehensforderung

25 Der Verzicht auf eine nicht werthaltige Darlehensforderung steht einem Forderungsausfall gleich und führt nach § 20 Absatz 2 Satz 1 Nummer 7 und Satz 2 sowie Absatz 4 EStG zu einem steuerlich anzuerkennenden Veräußerungsverlust (BFH-Urteil vom 6. August 2019, VIII R 18/16, BStBl. 2020 II S. 833). Steuerliche Auswirkungen hat der Darlehensverzicht jedoch nur, wenn die steuerpflichtige Person für den nicht werthaltigen Teil der Forderung Anschaffungskosten getragen hat (BFH-Urteil vom 6. August 2019, VIII R 18/16, BStBl. 2020 II S. 833). Der Anerkennung des Verlusts steht die Freiwilligkeit des Verzichts nicht entgegen. Bei einem teilweisen Verzicht ist nur der Teil der nicht werthaltigen Kapitalforderung, auf den verzichtet wurde, als Verlust steuerlich zu berücksichtigen. Der Verlust ist im Fall eines Verzichts in dem Veranlagungszeitraum zu berücksichtigen, in dem der Verzicht erklärt wurde (vgl. Randnummer 61 des BMF-Schreibens vom 19. Mai 2022, BStBl. I S. 742).

c) Begrenzung der Verlustverrechnung bei den Einkünften aus Kapitalvermögen nach § 20 Absatz 6 EStG i. V. m. § 32 d Absatz 2 Nummer 1 Satz 1 Buchst. b und Satz 2 EStG

aa) Darlehensgewährung vor dem 1. Januar 2009

26 Verluste aus dem Ausfall oder Verzicht von Darlehen, deren rechtliche Grundlage vor dem 1. Januar 2009 (also vor Einführung der Abgeltungsteuer) begründet wurde (Darlehensgewährung oder Erwerb der Darlehensforderung), können nicht bei den Einkünften aus Kapitalvermögen berücksichtigt werden.

bb) Darlehensgewährung nach dem 31. Dezember 2008

27 Bei Verlusten aus Darlehen, deren rechtliche Grundlage nach dem 31. Dezember 2008, aber vor dem 1. Januar 2021 begründet wurde, ist zu unterscheiden, ob der Anteilseigner zu mindestens 10% an der Gesellschaft beteiligt oder eine einem solchen Anteilseigner nahe stehende Person (vgl. Randnummer 136 des BMF-Schreibens vom 19. Mai 2022, BStBl. I S. 742) ist oder ob die Beteiligung des Anteilseigners unterhalb dieser Schwelle liegt.

aaa) Beteiligung unter 10%

28 Bis einschließlich Veranlagungszeitraum 2019 sind Darlehensverluste uneingeschränkt mit übrigen Kapitaleinkünften verrechenbar (§ 20 Absatz 6 Satz 1 bis 3 EStG).

29 Darlehensverluste ab Veranlagungszeitraum 2020 sind nur nach Maßgabe des § 20 Absatz 6 Satz 6 EStG mit den übrigen Einkünften aus Kapitalvermögen verrechenbar (vgl. Randnummer 118 des BMF-Schreibens vom 19. Mai 2022, BStBl. I S. 742).

bbb) Beteiligung des Anteilseigners mindestens 10% oder Darlehensvergabe durch eine einem solchen Anteilseigner nahe stehende Person bei Darlehensgewährung vor dem 1. Januar 2021

30 In diesen Fällen sind die Verluste aus einem Darlehen bis einschließlich Veranlagungszeitraum 2023 uneingeschränkt mit anderen positiven Einkünften verrechenbar (§ 32 d Absatz 2 Nummer 1 Satz 1 Buchstabe b und Satz 2 i. V. m. § 52 Absatz 33 b EStG). Ab dem Veranlagungszeitraum 2024 ist § 32 d Absatz 2 Nummer 1 Satz 1 Buchstabe b und Satz 2 EStG auf Verluste aus einem Darlehen nicht mehr anzuwenden mit der Folge, dass die Verlustverrechnungsbeschränkung des § 20 Absatz 6 Satz 6 EStG greift (vgl. Randnummer 118 des BMF-Schreibens vom 19. Mai 2022, BStBl. I S. 742).

ccc) Beteiligung des Anteilseigners mindestens 10% oder Darlehensvergabe durch eine einem solchen Anteilseigner nahe stehende Person bei Darlehensgewährung nach dem 31. Dezember 2020

31 In diesen Fällen ist § 32 d Absatz 2 Nummer 1 Satz 1 Buchstabe b und Satz 2 EStG auf Verluste eines Darlehens nicht mehr anzuwenden mit der Folge, dass die Verlustverrechnungsbeschränkung des § 20 Absatz 6 Satz 6 EStG greift (vgl. Randnummer 118 des BMF-Schreibens vom 19. Mai 2022, BStBl. I S. 742).

IV. Anwendungsregelung (Abschnitt I und II)

1. Veräußerung i. S. d. § 17 EStG ab 1. August 2019

28a **32** Abschnitt I und II dieses Schreibens sind in allen offenen Fällen anzuwenden, wenn die Veräußerung (§ 17 Absatz 1 EStG) oder der einem der Veräußerung gleich gestellte Vorgang i. S. v. § 17 Absatz 4 und 5 EStG nach dem 31. Juli 2019 stattgefunden hat (§ 52 Absatz 25a Satz 1 EStG). Der Zeitpunkt der Darlehensgewährung oder des Darlehenserwerbs ist unmaßgeblich. Es kommt ausschließlich auf den Zeitpunkt des Übergangs des zivilrechtlichen/wirtschaftlichen Eigentums an den Anteilen an der Kapitalgesellschaft an. Soweit in Veranlagungszeiträumen vor 2019 der Verlust von gesellschaftsrechtlich veranlassten Darlehen im Rahmen der Einkünfte aus Kapitalvermögen berücksichtigt wurde, ist dies nicht zu beanstanden. Eine Berücksichtigung des Darlehensverlustes in einem späteren Veranlagungszeitraum im Rahmen der nachträglichen Anschaffungskosten bei § 17 EStG ist in diesen Fällen nicht möglich.

2. Veräußerung i. S. d. § 17 EStG bis 31. Juli 2019

33 Abschnitt I und II dieses Schreibens sind in allen offenen Fällen anzuwenden, wenn die Veräußerung (§ 17 Absatz 1 EStG) oder der einem der Veräußerung gleich gestellte Vorgang i. S. v. § 17 Absatz 4 und 5 EStG bis 31. Juli 2019 stattgefunden hat und die steuerpflichtige Person die Anwendung von § 17 Absatz 2a EStG beantragt (§ 52 Absatz 25a Satz 2 EStG). Der Zeitpunkt der Darlehensgewährung oder des Darlehenserwerbs ist unmaßgeblich. Es kommt ausschließlich auf den Zeitpunkt des Übergangs des zivilrechtlichen/wirtschaftlichen Eigentums an den Anteilen an der Kapitalgesellschaft an.

34 Wird ein Antrag nach § 52 Absatz 25a Satz 2 EStG gestellt, sind Verluste aus Kapitalvermögen aufgrund eines Verlustes eines gesellschaftsrechtlich veranlassten Darlehens in Veranlagungszeiträumen vor der Veräußerung der Anteile an der Kapitalgesellschaft nicht zu berücksichtigen. Liegen für diese Veranlagungszeiträume bereits Steuerbescheide vor, sind diese nach § 174 Absatz 2 AO zu ändern, soweit diese Verluste im Rahmen der Einkünfte aus Kapitalvermögen berücksichtigt wurden.

35 Wird kein Antrag nach § 52 Absatz 25a Satz 2 EStG gestellt, sind die BMF-Schreiben vom 21. Oktober 2010 (BStBl. I S. 832) und vom 5. April 2019 (BStBl. I S. 257) weiter anzuwenden.

Anl b zu R 17

b) Schreiben betr. rückwirkende Absenkung der Beteiligungsgrenze in § 17 Absatz 1 Satz 4 EStG; Auswirkungen des Beschlusses des Bundesverfassungsgerichts vom 7. Juli 2010 – 2 BvR 748/05, 2 BvR 753/05 und 2 BvR 1738/05 – (BStBl. 2011 II S. 86); Zuordnung von Veräußerungskosten

Vom 20. Dezember 2010 (BStBl. 2011 I S. 16) unter Berücksichtigung der Änderungen durch BMF-Schreiben vom 16. 12. 2015 (BStBl. 2016 I S. 10)

(BMF IV C 6 – S 2244/10/10001; DOK 2010/1006836)

29 Das Bundesverfassungsgericht (BVerfG) hat mit Beschluss vom 7. Juli 2010 (BStBl. 2011 II S. 86) entschieden, dass § 17 Absatz 1 Satz 4 EStG in Verbindung mit § 52 Absatz 1 Satz 1 EStG in der Fassung des Steuerentlastungsgesetzes 1999/2000/2002 (StEntlG 1999/2000/2002) vom 24. März 1999 (BGBl. I S. 402) gegen die verfassungsrechtlichen Grundsätze des Vertrauensschutzes verstößt und nichtig ist, soweit in einem Veräußerungsgewinn Wertsteigerungen steuerlich erfasst werden, die bis zur Verkündung des StEntlG 1999/2000/2002 am 31. März 1999 entstanden sind und die entweder – bei einer Veräußerung bis zu diesem Zeitpunkt – nach der zuvor geltenden Rechtslage steuerfrei realisiert worden sind oder – bei einer Veräußerung nach Verkündung des Gesetzes – sowohl zum Zeitpunkt der Verkündung als auch zum Zeitpunkt der Veräußerung nach der zuvor geltenden Rechtslage steuerfrei hätten realisiert werden können. Das BVerfG begründet seine Entscheidung damit, dass insoweit bereits eine konkrete Vermögensposition entstanden sei, die durch die rückwirkende Absenkung der Beteiligungsgrenze nachträglich entwertet werde. Das führe zu einer unzulässigen Ungleichbehandlung im Vergleich zu Anteilseignern, die ihre Anteile noch bis Ende 1998 verkauft hatten, da diese den Gewinn noch steuerfrei vereinnahmen konnten. Dies sei unter dem Gesichtspunkt der Lastengleichheit nicht zulässig.

Soweit sich der steuerliche Zugriff auf die erst nach der Verkündung der Neuregelung eintretenden Wertsteigerungen beschränke, begegne dies unter Gesichtspunkten des Vertrauensschutzes jedoch keinen verfassungsrechtlichen Bedenken, auch wenn sie bislang steuerfrei gewesen wären. Zwar könne der Erwerb einer Beteiligung in einer bestimmten Höhe maßgeblich von der Erwartung bestimmt sein, etwaige Wertsteigerungen steuerfrei realisieren zu können. Die bloße Möglichkeit, Gewinne später steuerfrei vereinnahmen zu können, begründe aber keine vertrauensrechtlich geschützte Position, weil damit im Zeitpunkt des Erwerbs nicht sicher gerechnet werden könne.

Im Einvernehmen mit den obersten Finanzbehörden der Länder gelten für die Anwendung des Beschlusses des Bundesverfassungsgerichts vom 7. Juli 2010 (a. a. O.) die folgenden Grundsätze:

A. Beteiligung i. H. v. mehr als 25%

War der Veräußerer in den letzten fünf Jahren vor der Veräußerung am Kapital der Gesellschaft unmittelbar oder mittelbar zu mehr als 25% beteiligt, hat der o. g. BVerfG-Beschluss keine Auswirkungen auf die steuerrechtliche Beurteilung der Veräußerung, da die Veräußerungen nach altem wie nach neuem Recht steuerbar sind.

Anl b zu R 17

B. Beteiligung i. H. v. weniger als 10% vor Geltung des Steuersenkungsgesetzes (StSenkG) vom 23. Oktober 2000 (BStBl. I S. 1433, BStBl. I S. 1428)

Auf Veräußerungen vor Geltung des StSenkG hat der o. g. BVerfG-Beschluss keine Auswirkungen auf die steuerrechtliche Beurteilung der Veräußerung, wenn der Veräußerer in den letzten fünf Jahren vor der Veräußerung am Kapital der Gesellschaft unmittelbar oder mittelbar durchgehend zu weniger als 10% beteiligt war, da die Veräußerungen nach altem (mehr als 25%) wie nach neuem (mindestens 10%) Recht nicht steuerbar sind.

C. Beteiligung i. H. v. mindestens 10%, aber höchstens 25%

War der Veräußerer in den letzten fünf Jahren vor der Veräußerung am Kapital der Gesellschaft unmittelbar oder mittelbar zu höchstens 25%, jedoch zu mindestens 10% beteiligt, gilt für die Besteuerung der Gewinne und Verluste aus der Veräußerung der Anteile Folgendes:

I. Veräußerung bis 31. März 1999

Der Gewinn aus der Veräußerung der Anteile ist nicht steuerbar.

II. Veräußerung ab dem 1. April 1999

1. Veräußerungsgewinne

Der Gewinn aus der Veräußerung der Anteile ist nur insoweit nicht steuerbar, als er auf den Wertzuwachs bis zum 31. März 1999 entfällt. Zur Ermittlung des Veräußerungsgewinns tritt abweichend von § 17 Absatz 2 EStG der gemeine Wert der veräußerten Anteile zum 31. März 1999 an die Stelle der ursprünglichen Anschaffungskosten. Soweit es sich um börsennotierte Anteile an Kapitalgesellschaften handelt, ist dies der Börsenkurs vom 31. März 1999. Liegt für den 31. März 1999 keine Notierung vor, ist der letzte innerhalb von 30 Tagen im regulierten Markt notierte Kurs anzusetzen. Soweit es sich nicht um börsennotierte Anteile handelt, vgl. Aussagen unter a bis c. Einer anteiligen Zuordnung der Veräußerungskosten i. S. v. § 17 Absatz 2 EStG bedarf es nicht. Diese sind unter Beachtung von § 3 c Absatz 2 EStG in vollem Umfang vom steuerbaren Veräußerungserlös abzuziehen.[1]

Beispiel:

A ist seit 1990 zu 10% an der A-GmbH (AK umgerechnet 100 000 EUR) beteiligt. Er veräußert die Beteiligung am 2. August 2010 für 1 000 000 EUR. Der Wert der Beteiligung belief sich am 31. März 1999 auf umgerechnet 500 000 EUR.
Die beim Verkauf realisierten stillen Reserven (900 000 EUR) dürfen nur besteuert werden, soweit sie nach dem 31. März 1999 entstanden sind. Es dürfen im VZ 2010 daher nur 500 000 EUR (1 000 000 EUR (Veräußerungspreis) abzüglich 500 000 EUR (Wert der Beteiligung zum 31. März 1999)) im Teileinkünfteverfahren besteuert werden. Der steuerpflichtige Veräußerungsgewinn im Jahr 2010 beträgt demnach (500 000 EUR × 60% =) 300 000 EUR.

a) Vereinfachungsregelung zur Ermittlung des steuerbaren Veräußerungsgewinns

Aus Vereinfachungsgründen ist der Umfang des steuerbaren Wertzuwachses der veräußerten Anteile regelmäßig entsprechend dem Verhältnis der Besitzzeit nach dem 31. März 1999 im Vergleich zur Gesamthaltedauer aus Vereinfachungsgründen zeitanteilig linear (monatsweise) zu ermitteln. Angefangene Monate werden bei der Ermittlung der Gesamtbesitzzeit aufgerundet und bei der Ermittlung der steuerbaren Besitzzeit (1. April 1999 bis Veräußerungsdatum) abgerundet.

Beispiel:

A hat am 15. Januar 1997 Anteile i. H. v. 20% an der C-GmbH erworben (AK: umgerechnet 100 000 EUR). Am 3. August 2009 veräußerte A die Anteile für 500 000 EUR.
Die Gesamtbesitzzeit für die Anteile an der C-GmbH beträgt 150 volle und einen 1 angefangenen Monat (= aufgerundet 151 Monate). Auf den Zeitraum 31. März 1999 bis 3. August 2009 entfallen 124 volle Monate und 1 angefangener Monat (= abgerundet 124 Monate). Der Wertzuwachs von 400 000 EUR für die Anteile an der C-GmbH ist zu einem Anteil von $^{124}/_{151}$ = 328 476 EUR steuerbar. Unter Berücksichtigung des Teileinkünfteverfahrens beträgt der steuerpflichtige Veräußerungsgewinn im Jahr 2009 (328 476 EUR × 60% =) 197 085 EUR.

b) Abweichende Aufteilung zugunsten des Steuerpflichtigen

Abweichend davon findet die Vereinfachungsregelung auf Antrag des Steuerpflichtigen keine Anwendung, wenn dieser einen tatsächlich höheren Wertzuwachs für den Zeitraum zwischen dem Erwerb der Anteile und dem Zeitpunkt der Verkündung des StEntlG 1999/2000/2002 in geeigneter Weise (z. B. durch Gutachten oder anhand von tatsächlichen Veräußerungen in zeitlicher Nähe zum 31. März 1999) nachweist. Vgl. dazu auch die Aussagen unter II.3.

c) Abweichende Aufteilung zuungunsten des Steuerpflichtigen

Sofern im Einzelfall die grundsätzlich durchzuführende zeitanteilig lineare Aufteilung des Wertzuwachses zu offensichtlichen Widersprüchen zu den tatsächlichen Wertverhältnissen führt und klare, nachweisbare Anhaltspunkte für eine wesentliche – den linear ermittelten steuerbaren Wertzuwachs übersteigende – Wertsteigerung für den Zeitraum nach dem 31. März 1999 und dem Veräußerungszeitpunkt vorliegen, kann die Finanzverwaltung abweichend von der Vereinfachungsregelung auch eine andere – im Einzelfall sachgerechtere – Aufteilung des Wertzuwachses auch zuungunsten des Steuerpflichtigen durchführen. Vgl. dazu auch die Aussagen unter II.3.

[1] C.II.1. letzten beiden Sätze angefügt durch BMF-Schreiben vom 16. 12. 2015 (BStBl. 2016 I S. 10), diese sind in allen offenen Fällen anzuwenden.

2. Veräußerungsverluste

Auf Veräußerungsverluste (bezogen auf die gesamte Besitzzeit) i. S. v. § 17 EStG findet der Beschluss des BVerfG vom 7. Juli 2010 (a. a. O.) keine Anwendung. Bei der Ermittlung des Veräußerungsverlustes sind daher die ursprünglichen Anschaffungskosten zu berücksichtigen (§ 17 Absatz 2 EStG). Dies gilt auch, wenn bis zum 31. März 1999 eine Werterhöhung eingetreten ist (vgl. auch Aussagen unter II.3.). Der Verlust ist ohne zeitanteilig lineare Aufteilung unter Beachtung des § 3 c Absatz 2 EStG bei der Ermittlung des zu versteuernden Einkommens anzusetzen.

Beispiel:

A war seit 1990 zu 10% an der C-GmbH (AK umgerechnet 100 000 EUR) beteiligt. Am 31. März 1999 belief sich der Wert seiner Anteile auf umgerechnet 60 000 EUR. Am 2. August 2010 veräußerte A seine Anteile für 50 000 EUR.
Aus dem Verkauf entsteht im VZ 2010 ein Veräußerungsverlust i. H. v. 50 000 EUR, der im Teileinkünfteverfahren (§ 3 Nummer 40 Satz 1 Buchstabe c EStG i. V. m. § 3 c Absatz 2 EStG) mit 60% (30 000 EUR) abzugsfähig ist.

3. Berücksichtigung von zwischenzeitlichen Wertminderungen

Wird von der Vereinfachungsregelung unter II.1. nicht Gebrauch gemacht, gilt für die Berücksichtigung von zwischenzeitlichen Wertminderungen (= Wert der Beteiligung ist unter die Anschaffungskosten gesunken) Folgendes:

a) Wertminderungen bis zum 31. März 1999

Wertminderungen, die bis zum 31. März 1999 eingetreten sind, jedoch nach diesem Zeitpunkt wieder aufgeholt wurden, bleiben ohne steuerliche Auswirkung. Der Beschluss des BVerfG vom 7. Juli 2010 (a. a. O.) ist nicht dahingehend zu interpretieren, dass bis zum 31. März 1999 eingetretene Wertminderungen den späteren Veräußerungsgewinn erhöhen. Der Beschluss betrifft ausdrücklich nur die bis zum 31. März 1999 eingetretene Wertsteigerung als verfassungsrechtlich geschützte Vermögensposition. In diesen Fällen sind nach Maßgabe der Regelungen unter II.1.c bei der Ermittlung des Veräußerungsgewinns nach § 17 Absatz 2 EStG die ursprünglichen Anschaffungskosten zu berücksichtigen.

Beispiel:

A war seit 1990 zu 10% an der C-GmbH (AK umgerechnet 100 000 EUR) beteiligt. Am 31. März 1999 belief sich der Wert seiner Anteile auf umgerechnet 60 000 EUR. Am 2. August 2010 veräußerte A seine Anteile für 300 000 EUR.
Aus dem Verkauf entsteht ein Veräußerungsgewinn von 200 000 EUR, der unter Berücksichtigung des Teileinkünfteverfahrens (§ 3 Nummer 40 Satz 1 Buchstabe c EStG i. V. m. § 3 c Absatz 2 EStG) zu 60% (= 120 000 EUR) steuerpflichtig ist.

b) Wertminderungen nach dem 31. März 1999

Fand bis zum 31. März 1999 eine Werterhöhung statt und wurde diese durch eine spätere Wertminderung vollständig kompensiert, tritt im Fall der Veräußerung der Anteile der Wert der Beteiligung zum 31. März 1999 nach Maßgabe der Regelungen unter II.1.c nicht an die Stelle der Anschaffungskosten, so dass sowohl die Werterhöhung als auch die spätere Wertminderung außer Ansatz bleiben.

Beispiel:

A war seit 1990 zu 10% an der C-GmbH (AK umgerechnet 100 000 EUR) beteiligt. Am 31. März 1999 belief sich der Wert seiner Anteile auf umgerechnet 500 000 EUR. Am 2. August 2010 veräußerte A seine Anteile für 100 000 EUR.
Aus dem Verkauf entsteht ein Veräußerungsgewinn von 0 EUR. Ein Veräußerungsverlust ist nicht zu berücksichtigen, da der gemeine Wert der Anteile zum 31. März 1999 nicht als Anschaffungskosten zu betrachten ist.

Fand bis zum 31. März 1999 eine vom Steuerpflichtigen nachgewiesene Werterhöhung statt und trat danach eine Wertminderung ein, die die Werterhöhung nur teilweise kompensierte, ist die noch nicht verzehrte Werterhöhung nach den Grundsätzen des o. g. BVerfG-Beschlusses nicht steuerbar.

Beispiel:

A war seit 1990 zu 10% an der C-GmbH (AK umgerechnet 100 000 EUR) beteiligt. Am 31. März 1999 belief sich der Wert seiner Anteile sich auf umgerechnet 500 000 EUR. Am 2. August 2010 veräußerte A seine Anteile für 300 000 EUR.
Aus dem Verkauf entsteht an sich ein Veräußerungsgewinn von 200 000 EUR. Da dieser Veräußerungsgewinn auf eine Werterhöhung zurückgeht, die vor dem 31. März 1999 eingetreten ist, ist er nicht steuerbar.

D. Absenkung der Beteiligungsgrenze auf mindestens 1% durch das StSenkG vom 23. Oktober 2000 (BGBl. I S. 1435, BStBl. I S. 1428)[1]

Die unter A. bis C. dargestellten Grundsätze sind entsprechend anzuwenden. Das StSenkG ist am 26. Oktober 2000 im Bundesgesetzblatt verkündet worden.

E. Anwendungsregelung

Dieses Schreiben ist auf alle noch offenen Fälle anzuwenden.

Anl c zu R 17

c) Schreiben betr. Folgen der „Umqualifizierung" von Einkünften i. S. des § 20 Absatz 2 Satz 1 Nummer 1 EStG in Einkünfte i. S. des § 17 EStG

Vom 16. Dezember 2014 (BStBl. 2015 I S. 24)

(BMF IV C 1 – S 2252/14/10001 :001; DOK 2014/1106737)

30 Ich bin gefragt worden, wie bei der Veranlagung von Einkünften nach § 17 EStG, die durch Veräußerung von in inländischen Depots verwahrten Beteiligungen an börsennotierten Gesellschaften realisiert werden, die vor Veranlagung der Einkünfte erfolgte Abwicklung des Veräußerungsgeschäftes durch das depotführende Institut berücksichtigt wird. Denn durch dieses wurde ein Veräußerungstatbestand

[1] Siehe auch *BMF-Schreiben vom 27. 5. 2013 (BStBl. I S. 721).*

Anl c zu R 17

nach § 20 Absatz 2 Satz 1 Nummer 1 EStG erfasst und im Falle eines Veräußerungsgewinns ein Steuerabzug nach § 43 Absatz 1 Satz 1 Nummer 9 EStG bzw. im Falle eines Veräußerungsverlustes ggf. eine Verlustverrechnung nach § 43a Absatz 3 EStG vorgenommen. Im Einvernehmen mit den obersten Finanzbehörden der Länder gilt hierzu Folgendes:

Die Behandlung als Veräußerungstatbestand nach § 20 Absatz 2 Satz 1 Nummer 1 EStG beim Kapitalertragsteuerabzug ist im Rahmen der Veranlagung zu korrigieren, wenn festgestellt wird, dass es sich um einen Veräußerungsgewinn oder -verlust aus einer nach § 17 EStG relevanten Beteiligung handelt. In diesen Fällen ist einerseits bei Veranlagung der Einkünfte die kapitalertragsteuerliche Behandlung durch das depotführende Institut zu berücksichtigen, andererseits sind aber auch beim depotführenden Institut die Folgewirkungen aus der Umqualifizierung der Einkünfte durch das Finanzamt zu beachten.

Die Behandlung als Veräußerungsgeschäft nach § 20 Absatz 2 Satz 1 Nummer 1 EStG durch das depotführende Institut kann zur Verrechnung mit anderen Kapitalerträgen oder Aktienverlusten führen und beeinflusst dann die insgesamt für den Kunden abgeführte Kapitalertragsteuer. In der Steuerbescheinigung (Muster I des BMF-Schreibens vom 20. Dezember 2012, BStBl. 2013 I S. 36 [im Folgenden: Muster I]) wird die Veräußerung in den saldiert ausgewiesenen Beträgen berücksichtigt.

Es sind fünf Fallgruppen zu unterscheiden. Hierbei wird unterstellt, dass auf Ebene des depotführenden Institutes etwaige Verluste aus Aktien bzw. allgemeine Verluste vorrangig mit anderen Aktiengewinnen und erst danach mit einem Gewinn aus der Veräußerung der nach § 17 EStG relevanten Beteiligung verrechnet wurden bzw. etwaige Gewinne aus Aktiengeschäften vorrangig mit Verlusten aus anderen Aktiengeschäften verrechnet wurden, bevor eine Verrechnung des Verlustes aus der Veräußerung der nach § 17 EStG relevanten Beteiligung erfolgt ist.

1. Der Steuerpflichtige hat einen Veräußerungsgewinn erzielt. Das depotführende Institut hat den Veräußerungsgewinn gemäß § 20 Absatz 2 Satz 1 Nummer 1 EStG berücksichtigt und Kapitalertragsteuer einbehalten. Der Steuerpflichtige begehrt im Rahmen seiner Einkommensteuererklärung die Anrechnung der einbehaltenen Kapitalertragsteuer auf den nach § 17 EStG zu besteuernden Veräußerungsgewinn.

   In diesem Fall ist der Einbehalt der Kapitalertragsteuer auf den Veräußerungsgewinn für Zwecke der Veranlagung belegt und in Höhe des auf den Veräußerungsgewinn entfallenden Betrages im Rahmen der Veranlagung der Einkünfte nach § 17 EStG anzurechnen, wenn folgende Voraussetzungen erfüllt sind:

   - Auf der Steuerbescheinigung gemäß des Musters I, die der Steuerpflichtige im Rahmen der Einkommensteuererklärung vorlegt, wird im „davon-Ausweis" „Gewinn aus Aktienveräußerungen i. S. d. § 20 Absatz 2 Satz 1 Nummer 1 EStG" ein Betrag ausgewiesen, der den im Rahmen der Einkommensteuererklärung als Gewinn nach § 17 EStG erklärten Betrag (vor Berücksichtigung des Teileinkünfteverfahrens und des Freibetrages gemäß § 17 Absatz 3 EStG) nicht unterschreitet.
   - Unter der Position „Kapitalertragsteuer" wird Kapitalertragsteuer mindestens in Höhe der rechnerisch auf den Veräußerungsgewinn entfallenden Kapitalertragsteuer ausgewiesen.

2. Der Steuerpflichtige hat einen Veräußerungsgewinn erzielt. Der Gewinn wurde teilweise mit anderen Aktienverlusten oder mit allgemeinen Verlusten durch das depotführende Institut verrechnet.

   Auf der Steuerbescheinigung gemäß des Musters I, die der Steuerpflichtige im Rahmen der Einkommensteuererklärung vorlegt, wird im „davon-Ausweis" „Gewinn aus Aktienveräußerungen i. S. d. § 20 Absatz 2 Satz 1 Nummer 1 EStG" ein Betrag ausgewiesen, der niedriger ist als der im Rahmen der Veranlagung als Gewinn nach § 17 EStG geltend gemachte Betrag.

   In diesem Fall ist davon auszugehen, dass die Kapitalertragsteuer auf den Veräußerungsgewinn erhoben wurde, soweit in der Steuerbescheinigung ein Veräußerungsgewinn und abgeführte Kapitalertragsteuer in Höhe des auf den Veräußerungsgewinn entfallenden Steuerbetrages ausgewiesen wird. Insoweit erfolgt eine Anrechnung der Kapitalertragsteuer auf den im Rahmen der Veranlagung zu berücksichtigenden Veräußerungsgewinn nach § 17 EStG.

   Soweit der in der Steuerbescheinigung ausgewiesene Aktiengewinn geringer ist als der in der Veranlagung nach § 17 EStG zu versteuernde Veräußerungsgewinn, wird auf Antrag des Steuerpflichtigen in Höhe des Unterschiedsbetrages durch das Finanzamt in der Veranlagung gemäß § 32d Absatz 4 EStG ein Aktienverlust nach § 20 Absatz 2 Satz 1 Nummer 1 EStG oder ein allgemeiner Verlust berücksichtigt, wenn der Steuerpflichtige die Art des mit dem Aktiengewinn verrechneten Verlustes durch Abrechnungsbelege des depotführenden Institutes oder eine Bestätigung des depotführenden Institutes nachweist. Insoweit wird die Verlustverrechnung auf Ebene des depotführenden Instituts durch das Finanzamt über die Berücksichtigung des Verlustes in der Veranlagung korrigiert.

3. Der Steuerpflichtige hat einen Veräußerungsverlust erzielt, den das depotführende Institut nach § 20 Absatz. 2 Satz 1 Nummer 1 EStG berücksichtigt hat. Das depotführende Institut hat eine Verlustbescheinigung i. S. d. § 43a Absatz 3 Satz 4 EStG gemäß des Musters I erstellt. In der der Einkommensteuererklärung beigefügten Verlustbescheinigung wird unter der Position „Höhe des nicht ausgeglichenen Verlustes aus der Veräußerung von Aktien i. S. d. § 20 Absatz 2 Satz 1 Nummer 1 EStG" ein Betrag ausgewiesen, der nicht geringer ist als der nach § 17 EStG erklärte Verlust.

   In diesem Fall ist der bescheinigte Veräußerungsverlust als Verlust nach § 17 EStG zu berücksichtigen. Eine Berücksichtigung des bescheinigten Veräußerungsverlustes im Rahmen von § 20 EStG erfolgt insoweit nicht. Übersteigt der bescheinigte Veräußerungsverlust den nach § 17 EStG zu berücksichtigenden Veräußerungsverlust, wird der übersteigende Verlustbetrag durch das Finanzamt nach § 20 Absatz 6 EStG berücksichtigt.

4. Der Steuerpflichtige hat einen Veräußerungsverlust erzielt, den das depotführende Institut nach § 20 Absatz 2 Satz 1 Nummer 1 EStG berücksichtigt hat. Das depotführende Institut hat den Verlust in den Aktienverlusttopf eingebucht und auf Antrag eine Verlustbescheinigung i. S. d. § 43a Absatz 3

Anl c zu R 17

Satz 4 EStG gemäß des Musters I erstellt. Diese weist infolge der Verrechnung des Verlustes mit Aktiengewinnen einen niedrigeren Verlust aus als der im Rahmen der Einkommensteuererklärung gemäß § 17 EStG erklärte Verlustbetrag.

In diesem Fall wurden in Folge der Berücksichtigung als Aktienverlust durch das depotführende Institut Aktiengewinne mit dem Veräußerungsverlust verrechnet. Diese Verrechnung ist in der Veranlagung zu korrigieren. Soweit eine Verrechnung des Aktienverlustes mit Aktiengewinnen erfolgt ist, wird die Besteuerung der mit dem Verlust verrechneten Aktiengewinne durch das Finanzamt in der Veranlagung nach § 32 d Absatz 3 EStG nachgeholt und in Höhe des verrechneten Verlustes in der Veranlagung ein Veräußerungsgewinn nach § 20 Absatz 2 Satz 1 Nummer 1 EStG berücksichtigt. Der Veräußerungsverlust nach § 17 EStG wird in voller Höhe berücksichtigt.

5. Der Steuerpflichtige hat einen Veräußerungsverlust erzielt, den das depotführende Institut nach § 20 Absatz 2 Satz 1 Nummer 1 EStG berücksichtigt hat. Das depotführende Institut hat den Verlust in den Aktienverlusttopf eingebucht. Es wurde keine Verlustbescheinigung erstellt. In seiner Einkommensteuererklärung begehrt der Steuerpflichtige eine Berücksichtigung des Veräußerungsverlustes gemäß § 17 EStG. Die Berücksichtigung als Aktienverlust durch das depotführende Institut hat entweder dazu geführt, dass Aktiengewinne mit dem Aktienverlust verrechnet wurden oder, dass der Aktienverlust noch im Verlusttopf weiter geführt wird. Dieses Ergebnis ist wie folgt zu korrigieren.
   - Das Finanzamt hat dem Steuerpflichtigen zu bestätigen, dass es sich in Höhe des jeweiligen Veräußerungsverlustes um einen nach § 17 EStG zu berücksichtigenden Verlust handelt.
   - Nach Vorlage dieser Bestätigung durch den Steuerpflichtigen hat das depotführende Institut
     - eine Korrektur gemäß § 43 a Absatz 3 Satz 7 EStG in Höhe des aktuell noch nicht verrechneten Aktienverlustes vorzunehmen und
     - dem Steuerpflichtigen die Höhe dieses Betrages sowie des bereits verrechneten Verlustbetrages zur Vorlage beim Finanzamt zu bestätigen.
   - Nach Vorlage der Bestätigung des depotführenden Institutes ist in der Veranlagung der Verlust im Rahmen von § 17 EStG zu berücksichtigen. In Höhe des bereits verrechneten Verlustbetrages berücksichtigt das Finanzamt in der Veranlagung einen Veräußerungsgewinn nach § 20 Absatz 2 Satz 1 Nummer 1 EStG.

Beispiel:

Ein Steuerpflichtiger hat einen Veräußerungsverlust i. S. d. § 17 EStG in Höhe von 1000 Euro erzielt und setzt diesen im Rahmen seiner Einkommensteuererklärung an. Das depotführende Institut hat den Verlust nach § 20 Absatz 2 Satz 1 Nummer 1 EStG im Aktienverlusttopf berücksichtigt.

Nach Vorlage der Bestätigung des Finanzamts durch den Steuerpflichtigen stellt das depotführende Institut fest, dass der Veräußerungsverlust bereits in Höhe von 200 Euro mit Aktiengewinnen verrechnet worden ist. Das depotführende Institut hat in Höhe von 800 Euro eine Korrektur gemäß § 43 a Absatz 3 Satz 7 EStG vorzunehmen und dem Steuerpflichtigen den Korrekturbetrag in Höhe von 800 Euro und den übersteigenden Betrag von 200 Euro, für den keine Korrektur erfolgen konnte, zu bestätigen.

Das Finanzamt berücksichtigt nach Vorlage der Bestätigung einen Veräußerungsverlust von 1000 Euro nach § 17 EStG. Die Besteuerung der durch das depotführende Institut verrechneten Aktiengewinne in Höhe von 200 Euro nach § 20 Absatz 2 Satz 1 Nummer 1 EStG wird gemäß § 32 d Absatz 3 EStG in der Veranlagung nachgeholt.

Die Grundsätze dieses Schreibens sind auf alle noch offenen Fälle anzuwenden.

c) Selbständige Arbeit (§ 2 Absatz 1 Satz 1 Nummer 3)

§ 18 [Selbständige Arbeit]

EStG

(1) **Einkünfte aus selbständiger Arbeit sind**

1. Einkünfte aus freiberuflicher Tätigkeit. ② Zu der freiberuflichen Tätigkeit gehören die selbständig ausgeübte wissenschaftliche, künstlerische, schriftstellerische, unterrichtende oder erzieherische Tätigkeit, die selbständige Berufstätigkeit der Ärzte, Zahnärzte, Tierärzte, Rechtsanwälte, Notare, Patentanwälte, Vermessungsingenieure, Ingenieure, Architekten, Handelschemiker, Wirtschaftsprüfer, Steuerberater, beratenden Volks- und Betriebswirte, vereidigten Buchprüfer, Steuerbevollmächtigten, Heilpraktiker, Dentisten, Krankengymnasten, Journalisten, Bildberichterstatter, Dolmetscher, Übersetzer, Lotsen und ähnlicher Berufe. ③ Ein Angehöriger eines freien Berufs im Sinne der Sätze 1 und 2 ist auch dann freiberuflich tätig, wenn er sich der Mithilfe fachlich vorgebildeter Arbeitskräfte bedient; Voraussetzung ist, dass er auf Grund eigener Fachkenntnisse leitend und eigenverantwortlich tätig wird. ④ Eine Vertretung im Fall vorübergehender Verhinderung steht der Annahme einer leitenden und eigenverantwortlichen Tätigkeit nicht entgegen; 1

2. Einkünfte der Einnehmer einer staatlichen Lotterie, wenn sie nicht Einkünfte aus Gewerbebetrieb sind; 2

3.[1] Einkünfte aus sonstiger selbständiger Arbeit, z. B. Vergütungen für die Vollstreckung von Testamenten, für Vermögensverwaltung und für die Tätigkeit als Aufsichtsratsmitglied; 3

4. Einkünfte, die ein Beteiligter an einer vermögensverwaltenden Gesellschaft oder Gemeinschaft, deren Zweck im Erwerb, Halten und in der Veräußerung von Anteilen an Kapitalgesellschaften besteht, als Vergütung für Leistungen zur Förderung des Gesellschafts- oder Gemeinschaftszwecks erzielt, wenn der Anspruch auf die Vergütung unter der Voraussetzung eingeräumt worden ist, dass die Gesellschafter oder Gemeinschafter ihr eingezahltes Kapital vollständig zurückerhalten haben; § 15 Absatz 3 ist nicht anzuwenden. 3a

(2) **Einkünfte nach Absatz 1 sind auch dann steuerpflichtig, wenn es sich nur um eine vorübergehende Tätigkeit handelt.** 4

(3) **① Zu den Einkünften aus selbständiger Arbeit gehört auch der Gewinn, der bei der Veräußerung des Vermögens oder eines selbständigen Teils des Vermögens oder eines Anteils am Vermögen erzielt wird, das der selbständigen Arbeit dient. ② § 16 Absatz 1 Satz 1 Nummer 1 und 2 und Absatz 1 Satz 2 sowie Absatz 2 bis 4 gilt entsprechend.** 5

(4)[2] **① § 13 Absatz 5 gilt entsprechend, sofern das Grundstück im Veranlagungszeitraum 1986 zu einem der selbständigen Arbeit dienenden Betriebsvermögen gehört hat. ② § 15 Absatz 1 Satz 1 Nummer 2, Absatz 1 a, Absatz 2 Satz 2 und 3, §§ 15 a und 15 b sind entsprechend anzuwenden.** 6

Übersicht

[1] Wegen der steuerlichen Behandlung von Entschädigungen, die den ehrenamtlichen Mitgliedern kommunaler Vertretungsorgane gewährt werden, vgl. *Erlass FM Bayern vom 28. 12. 2012, 34 – S 2337 – 007 – 46790/12, geändert durch Erlass vom 18. 7. 2013 34 – S 2337 – 007 – 23892/13 (BeckVerw 268953).*

Zur Tätigkeit eines Aufsichtsratsmitglieds siehe *BFH-Urteil vom 28. 8. 2003 (BStBl. 2004 II S. 112).*

[2] Zur erstmaligen Anwendung siehe § 52 Abs. 26 EStG.

R 18.1

R 18.1. Abgrenzung der selbständigen Arbeit gegenüber anderen Einkunftsarten

Ärzte[1]

11 (1) Die Vergütungen der Betriebsärzte, der Knappschaftsärzte, der nicht voll beschäftigten Hilfsärzte bei den Gesundheitsämtern, der Vertragsärzte und der Vertragstierärzte der Bundeswehr und anderer Vertragsärzte in ähnlichen Fällen gehören zu den Einkünften aus selbständiger Arbeit, unabhängig davon, ob neben der vertraglichen Tätigkeit eine eigene Praxis ausgeübt wird, es sei denn, dass besondere Umstände vorliegen, die für die Annahme einer nichtselbständigen Tätigkeit sprechen.

Erfinder

12 (2) ① Planmäßige Erfindertätigkeit ist in der Regel freie Berufstätigkeit i. S. d. § 18 Abs. 1 Nr. 1 EStG, soweit die Erfindertätigkeit nicht im Rahmen eines Betriebs der Land- und Forstwirtschaft oder eines Gewerbebetriebs ausgeübt wird. ② Wird die Erfindertätigkeit im Rahmen eines Arbeitsverhältnisses ausgeübt, dann ist der Arbeitnehmer als freier Erfinder zu behandeln, soweit er die Erfindung außerhalb seines Arbeitsverhältnisses verwertet. ③ Eine Verwertung außerhalb des Arbeitsverhältnisses ist auch anzunehmen, wenn ein Arbeitnehmer eine frei gewordene Diensterfindung seinem Arbeitgeber zur Auswertung überlässt, sofern der Verzicht des Arbeitgebers nicht als Verstoß gegen § 42 AO anzusehen ist.

H 18.1

Allgemeines → R 15.1 (Selbständigkeit); → H 15.6; → H 19.0 LStH 2021; → R 19.2 LStR 2015.

13 **Beispiele für selbständige Nebentätigkeit**

– Beamter als Vortragender an einer Hochschule, Volkshochschule, Verwaltungsakademie oder bei Vortragsreihen ohne festen Lehrplan.
– Rechtsanwalt als Honorarprofessor ohne Lehrauftrag.

Die Einkünfte aus einer solchen Tätigkeit gehören in der Regel zu den Einkünften aus selbständiger Arbeit i. S. d. § 18 Abs. 1 Nr. 1 EStG (→ BFH vom 4. 10. 1984 – BStBl. 1985 II S. 51).

Gewinnerzielungsabsicht. Verluste über einen längeren Zeitraum sind für sich allein noch kein ausreichendes Beweisanzeichen für fehlende Gewinnerzielungsabsicht (→ BFH vom 14. 3. 1985 – BStBl. II S. 424).

Kindertagespflege. Zur ertragsteuerlichen Behandlung der Kindertagespflege → BMF vom 11. 11. 2016 (BStBl. I S. 1236).[2]

Lehrtätigkeit. Die nebenberufliche Lehrtätigkeit von Handwerksmeistern an Berufs- und Meisterschulen ist in der Regel als Ausübung eines freien Berufs anzusehen, wenn sich die Lehrtätigkeit ohne besondere Schwierigkeit von der Haupttätigkeit trennen lässt (→ BFH vom 27. 1. 1955 – BStBl. III S. 229).

Nachhaltige Erfindertätigkeit

– Keine Zufallserfindung, sondern eine planmäßige (nachhaltige) Erfindertätigkeit liegt vor, wenn es nach einem spontan geborenen Gedanken weiterer Tätigkeiten bedarf, um die Erfindung bis zur Verwertungsreife zu entwickeln (→ BFH vom 18. 6. 1998 – BStBl. II S. 567).
– Liegt eine Zufallserfindung vor, führt allein die Anmeldung der Erfindung zum Patent noch nicht zu einer nachhaltigen Tätigkeit (→ BFH vom 10. 9. 2003 – BStBl. 2004 II S. 218).

Patentveräußerung gegen Leibrente

– **durch Erben des Erfinders:**
Veräußert der Erbe die vom Erblasser als freiberuflichem Erfinder entwickelten Patente gegen Leibrente, so ist die Rente, sobald sie den Buchwert der Patente übersteigt, als laufende Betriebseinnahme und nicht als private Veräußerungsrente nur mit dem Ertragsanteil zu versteuern, es sei denn, dass die Patente durch eindeutige Entnahme vor der Veräußerung in das Privatvermögen überführt worden waren (→ BFH vom 7. 10. 1965 – BStBl. III S. 666).
– **bei anschließender Wohnsitzverlegung ins Ausland:**
Laufende Rentenzahlungen können als nachträglich erzielte Einkünfte aus selbständiger Arbeit im Inland steuerpflichtig sein (→ BFH vom 28. 3. 1984 – BStBl. II S. 664).

Prüfungstätigkeit als Nebentätigkeit ist i. d. R. als Ausübung eines freien Berufs anzusehen (→ BFH vom 14. 3. und 2. 4. 1958 – BStBl. III S. 255, 293).

Wiederholungshonorare/Erlösbeteiligungen. Bei Wiederholungshonoraren und Erlösbeteiligungen, die an ausübende Künstler von Hörfunk- oder Fernsehproduktionen als Nutzungsentgelte für die Übertragung originärer urheberrechtlicher Verwertungsrechte gezahlt werden,

---

[1] Zu standortübergreifenden ärztlichen Teilgemeinschaftspraxen siehe *Vfg. OFD Niedersachsen vom 15. 11. 2010, S 2246 – 57 – St 221/St 222 (DStR 2011 S. 74).*
Zu ärztlichen Berufsausübungsgemeinschaften siehe *Vfg. OFD Frankfurt vom 17. 8. 2016 S 2241 A – 94 – St 213 (DStR S. 2591).*
Zur steuerlichen Behandlung der Gutachtertätigkeit von Klinikärzten siehe *Kurzinformation FinMin. Schleswig-Holstein vom 7. 12. 2012 VI 302 – S 2246 – 225 (DStR 2013 S. 529).*
[2] Nachstehend abgedruckt.

handelt es sich nicht um Arbeitslohn, sondern um Einkünfte i. S. d. § 18 EStG (→ BFH vom 26. 7. 2006 – BStBl. II S. 917).

Schreiben betr. ertragsteuerliche Behandlung der Kindertagespflege

Vom 11. November 2016 (BStBl. I S. 1236)

(BMF IV C 6 – S 2246/07/10002 :005, DOK 2016/0958810)

Anl zu H 18.1

Im Einvernehmen mit den obersten Finanzbehörden der Länder gilt für in der Kindertagespflege vereinnahmte Gelder Folgendes:

I. Definition der Kindertagespflege

Bei der Kindertagespflege nach § 22 Sozialgesetzbuch VIII (SGB VIII) soll eine Kindertagespflegeperson ein einer Kindertagesstätte ähnliches Angebot im familiären Rahmen bieten. 13a

II. Einkunftsart

1. Selbständige Kindertagespflegeperson

Wird die Kindertagespflege im Haushalt der Kindertagespflegeperson, der Personensorgeberechtigten des Kindes oder in anderen geeigneten Räumen vorgenommen und betreut die Kindertagespflegeperson Kinder verschiedener Personensorgeberechtigter eigenverantwortlich, handelt es sich um eine selbständige erzieherische Tätigkeit i. S. v. § 18 Absatz 1 Nummer 1 EStG.

2. Nichtselbständige Kindertagespflegeperson

Betreut die Kindertagespflegeperson ein Kind oder mehrere Kinder in dessen/deren Familie nach Weisungen der Personensorgeberechtigten, ist sie in der Regel Arbeitnehmer, die Personensorgeberechtigten sind die Arbeitgeber. In diesem Fall erzielt die Kindertagespflegeperson Einkünfte aus nichtselbständiger Arbeit i. S. v. § 19 EStG. Von den Einnahmen aus der Tätigkeit als Kindertagespflegeperson können die tatsächlich angefallenen Werbungskosten (§ 9 Absatz 1 EStG) oder alternativ der Arbeitnehmerpauschbetrag (§ 9 a Satz 1 Nummer Buchstabe a EStG) von 1000 € abgezogen werden.

III. Ermittlung des Gewinns bei einer selbständigen Kindertagespflegeperson

1. Einnahmen

Nach § 23 SGB VIII erhält die Kindertagespflegeperson eine laufende Geldleistung, die neben der Erstattung des Sachaufwands die Förderungsleistung der Kindertagespflegeperson anerkennen soll. Diese Geldleistung ist als steuerpflichtige Einnahme aus freiberuflicher Tätigkeit i. S. d. § 18 Absatz 1 Nummer 1 EStG zu qualifizieren. Dies gilt unabhängig von der Anzahl der betreuten Kinder und von der Herkunft der vereinnahmten Mittel. § 3 Nummer 11 und § 26 EStG sind nicht anwendbar.

Die vom Träger der öffentlichen Jugendhilfe geleisteten Erstattungen für Beiträge zu einer Unfallversicherung, die Erstattungen zu einer angemessenen Alterssicherung und zu einer angemessenen Kranken- und Pflegeversicherung nach § 23 Absatz 2 Satz 1 Nummer 3 und 4 SGB VIII sind nach § 3 Nummer 9 EStG steuerfrei.

2. Abzug der tatsächlichen Betriebsausgaben

Von den steuerpflichtigen Einnahmen (vgl. III.1) sind die tatsächlich angefallenen und nachgewiesenen Betriebsausgaben abzuziehen.

Zu den Betriebsausgaben einer Kindertagespflegeperson gehören zum Beispiel folgende tätigkeitsbezogene Aufwendungen für
- Nahrungsmittel, Ausstattungsgegenstände (Mobiliar), Beschäftigungsmaterialien, Fachliteratur, Hygieneartikel,
- Miete und Betriebskosten der zur Kinderbetreuung genutzten Räumlichkeiten,
- Kommunikationskosten,
- Weiterbildungskosten,
- Beiträge für Versicherungen, soweit unmittelbar mit der Tätigkeit im Zusammenhang stehend,
- Fahrtkosten,
- Freizeitgestaltung.

Keine Betriebsausgaben sind die von der Kindertagespflegeperson gezahlten Beiträge zur Alterssicherung, Unfallversicherung und zu einer angemessenen Kranken- und Pflegeversicherung.

3. Betriebsausgabenpauschalen[1]

a) Betriebsausgabenpauschale für betreute Kinder

Bei der Ermittlung der Einkünfte aus der Tätigkeit als Kindertagespflegeperson wird aus Vereinfachungsgründen zugelassen, dass anstelle der tatsächlichen Betriebsausgaben von den erzielten Einnahmen 300 € je Kind und Monat pauschal als Betriebsausgaben abgezogen werden. Der Betriebsausgabenpauschale liegt eine wöchentliche Betreuungszeit von 40 Stunden zugrunde. Soweit die tatsächlich vereinbarte Betreuungszeit hiervon abweicht, ist die Betriebsausgabenpauschale zeitanteilig nach der nachfolgenden Formel zu kürzen:

$$\frac{300\ € \times \text{vereinbarte wöchentliche Betreuungszeit (max. 40 Stunden)}}{\text{(8 Stunden} \times \text{5 Tage =) 40 Stunden}}$$

[1] Zum Abzug der Betriebsausgabenpauschale bei eingeschränkter Betreuung aufgrund der Corona-Pandemie siehe *Kurzinformation FM Schleswig-Holstein vom 10. 9. 2020 VI 302-S 2246 B-019 (DStR S. 2377).*

Bei tageweiser Belegung von sog. Freihalteplätzen (vgl. Ausführungen unter b) ist die ggf. nach der obigen Formel gekürzte Betriebsausgabenpauschale von 300 €/Monat/Kind zeitanteilig (Zahl der belegten Tage/pauschal 20 Arbeitstagen im Monat) zu gewähren.

Für Zeiten, in denen die Kindertagespflegeperson verhindert ist, die vereinbarten Betreuungszeiten selbst zu absolvieren (z. B. aufgrund von Urlaub, Krankheit oder Fortbildung), kann die Betriebsausgabenpauschale nur dann abgezogen werden, wenn das Betreuungsgeld für diese Zeit weiter gezahlt wird.

b) Betriebsausgabenpauschale für Freihalteplätze

Werden der Kindertagespflegeperson nach § 23 SGB VIII laufende Geldleistungen für sog Freihalteplätze gezahlt, die im Fall einer Krankheits-, Urlaubs- oder Fortbildungsvertretung einer anderen Kindertagespflegeperson kurzfristig belegt werden können, wird bei der Ermittlung der Einkünfte aus selbständiger Arbeit aus Vereinfachungsgründen zugelassen, dass anstelle der tatsächlichen Betriebsausgaben von den für den Freihalteplatz gezahlten Einnahmen 40 € je Freihalteplatz und Monat pauschal als Betriebsausgaben abgezogen werden. Bei Belegung der Freihalteplätze ist die Betriebsausgabenpauschale zeitanteilig (Verhältnis der Tage der Belegung des Freihalteplatzes im Monat zu pauschal 20 Arbeitstagen im Monat) zu kürzen.

c) Voraussetzungen für den Abzug der Betriebsausgabenpauschale

Findet die Betreuung im Haushalt der Personensorgeberechtigten oder in unentgeltlich zur Verfügung gestellten Räumlichkeiten als selbständige Tätigkeit statt, können die Betriebsausgabenpauschalen nicht abgezogen werden. In diesen Fällen ist nur der Abzug der tatsächlichen Betriebsausgaben möglich.

Die Betriebsausgabenpauschalen dürfen nur bis zur Höhe der Betriebseinnahmen abgezogen werden.

Es können entweder die Betriebsausgabenpauschalen in Anspruch genommen oder die tatsächlichen Betriebsausgaben abgezogen werden. Neben den Betriebsausgabenpauschalen ist ein zusätzlicher Abzug tatsächlicher Betriebsausgaben damit nicht zulässig.

IV. Berechnungsbeispiel zur Ermittlung der Betriebsausgabenpauschalen

Eine Kindertagespflegeperson betreut im Jahr 01 4 Kinder. Zudem hält die Kindertagespflegeperson einen Freihalteplatz vor. Kind 1 wird von Januar bis Dezember für jeweils 40 Wochenstunden betreut. Kind 2 wird von Februar bis November für 20 Wochenstunden betreut. Im Juni wird Kind 2 für 3 Wochen krankheitsbedingt nicht betreut. Die Zahlungen des Trägers der öffentlichen Jugendhilfe bleiben jedoch unverändert. Kind 3 wird von August bis Dezember für 45 Wochenstunden betreut. Kind 4 wird von Januar bis Dezember betreut, jedoch nur an 2 Tagen in der Woche für jeweils 9 Stunden.

Der Freihalteplatz ist nur im November für 12 Tage für jeweils 6 Stunden (Kind 5) und im Dezember für 4 Tage für jeweils 8 Stunden (Kind 6) belegt.

Die Kindertagespflegeperson kann im Jahr 01 folgende Betriebsausgabepauschalen geltend machen:

Kind	Berechnung der Pauschale	Pauschale
Kind 1	300 € × 12 Monate	3600 €
Kind 2	150 € (300 € × 20 Stunden vereinbarte wöchentliche Betreuungszeit/ 40 Stunden) × 10 Monate	1500 €
Kind 3	300 € × 5 Monate	1500 €
Kind 4	135 € (300 € × 18 Stunden vereinbarte wöchentliche Betreuungszeit/ 40 Stunden) × 12 Monate	1620 €
Kind 5 (Belegung Freihalteplatz im November)	6/8 x 300 € × 12 Tage/20 Tagen	135 €
Kind 6 (Belegung Freihalteplatz im Dezember)	300 € × 4 Tage/20 Tagen	60 €
Freihalteplatz	40 € × 10 Monate (Januar bis Oktober) 40 € × 8 Tage/20 Tage für November 40 € × 16 Tage/20 Tage für Dezember	400 € 16 € 32 €

Im Jahr 01 kann die Kindertagespflegeperson insgesamt 8.863 € pauschal als Betriebsausgaben geltend machen.

V. Anwendungsregelungen

Dieses Schreiben ist in allen offenen Fällen anzuwenden. Die BMF-Schreiben vom 17. Dezember 2007 (BStBl. I 2008 S. 17),[1] vom 17. Dezember 2008 (BStBl. I 2009 S. 15)[1] und vom 20. Mai 2009 (BStBl. I 2009 S. 642)[1] werden aufgehoben.

R 18.2 14 **R 18.2. Betriebsvermögen** *(unbesetzt)*

H 18.2 15 **Aktienoption eines Aufsichtsratsmitglieds.** Nimmt ein Aufsichtsrat einer nicht börsennotierten Aktiengesellschaft an einer Maßnahme zum Bezug neuer Aktien teil, die nur Mitarbeitern und Aufsichtsratsmitgliedern der Gesellschaft eröffnet ist, und hat er die Option, die von ihm gezeichneten Aktien innerhalb einer bestimmten Frist zum Ausgabekurs an die Gesellschaft zurückzugeben, erzielt er Einkünfte aus selbständiger Arbeit, wenn er die unter dem

[1] Letztmals abgedruckt im „Handbuch zur ESt-Veranlagung 2015" als Anlage zu H 18.1.

H 18.2

Ausgabepreis notierenden Aktien innerhalb der vereinbarten Frist zum Ausgabepreis an die Gesellschaft zurückgibt. Die Höhe der Einkünfte bemisst sich nach der Differenz zwischen Ausgabepreis und dem tatsächlichen Wert der Aktien im Zeitpunkt der Ausübung der Option. Der Zufluss erfolgt im Zeitpunkt der Ausübung der Option (→ BFH vom 9. 4. 2013 – BStBl. II S. 689).

Aufzeichnungspflicht. Eine Aufzeichnungspflicht von Angehörigen der freien Berufe kann sich z. B. ergeben aus:
- § 4 Abs. 3 Satz 5 EStG,
- § 6 c EStG bei Gewinnen aus der Veräußerung bestimmter Anlagegüter,
- § 7 a Abs. 8 EStG bei erhöhten Absetzungen und Sonderabschreibungen,
- § 41 EStG, Aufzeichnungspflichten beim Lohnsteuerabzug,
- § 22 UStG.

Betriebsausgabenpauschale
- Betriebsausgabenpauschale bei hauptberuflicher selbständiger schriftstellerischer oder journalistischer Tätigkeit, aus wissenschaftlicher, künstlerischer und schriftstellerischer Nebentätigkeit sowie aus nebenamtlicher Lehr- und Prüfungstätigkeit:
  Es ist nicht zu beanstanden, wenn bei der Ermittlung der vorbezeichneten Einkünfte die Betriebsausgaben wie folgt pauschaliert werden:
  a) bei hauptberuflicher selbständiger schriftstellerischer oder journalistischer Tätigkeit auf 30% der Betriebseinnahmen aus dieser Tätigkeit, höchstens jedoch 2455 € jährlich,
  b) bei wissenschaftlicher, künstlerischer oder schriftstellerischer Nebentätigkeit (auch Vortrags- oder nebenberufliche Lehr- und Prüfungstätigkeit), soweit es sich nicht um eine Tätigkeit i. S. d. § 3 Nr. 26 EStG handelt, auf 25% der Betriebseinnahmen aus dieser Tätigkeit, höchstens jedoch 614 € jährlich. Der Höchstbetrag von 614 € kann für alle Nebentätigkeiten, die unter die Vereinfachungsregelung fallen, nur einmal gewährt werden.

  Es bleibt den Stpfl. unbenommen, etwaige höhere Betriebsausgaben nachzuweisen (→ BMF vom 21. 1. 1994 – BStBl. I S. 112).
- Zur Höhe und Aufteilung der Betriebsausgabenpauschale bei Geldleistungen an Kindertagespflegepersonen → BMF vom 11. 11. 2016 (BStBl. I S. 1236).[1]

Betriebsvermögen. Ein Wirtschaftsgut kann nur dann zum freiberuflichen Betriebsvermögen gehören, wenn zwischen dem Betrieb oder Beruf und dem Wirtschaftsgut eine objektive Beziehung besteht; das Wirtschaftsgut muss bestimmt und geeignet sein, dem Betrieb zu dienen bzw. ihn zu fördern. Wirtschaftsgüter, die der freiberuflichen Tätigkeit wesensfremd sind und bei denen eine sachliche Beziehung zum Betrieb fehlt, sind kein Betriebsvermögen (→ BFH vom 14. 11. 1985 – BStBl. 1986 II S. 182); → Geldgeschäfte; → Gewillkürtes Betriebsvermögen.

Buchführung. Werden freiwillig Bücher geführt und regelmäßig Abschlüsse gemacht, ist der Gewinn nach § 4 Abs. 1 EStG zu ermitteln. Ein nicht buchführungspflichtiger Stpfl., der nur Aufzeichnungen über Einnahmen und Ausgaben fertigt, kann nicht verlangen, dass sein Gewinn nach § 4 Abs. 1 EStG ermittelt wird (→ BFH vom 2. 3. 1978 – BStBl. II S. 431). Zur Gewinnermittlung → R 4.1 bis R 4.7.

Bürgschaft. Bürgschaftsaufwendungen eines Freiberuflers können ausnahmsweise Betriebsausgaben darstellen, wenn ein Zusammenhang mit anderen Einkünften ausscheidet und nachgewiesen wird, dass die Bürgschaftszusage ausschließlich aus betrieblichen Gründen erteilt wurde (→ BFH vom 24. 8. 1989 – BStBl. 1990 II S. 17).

Geldgeschäfte[2]
- Geldgeschäfte (Darlehensgewährung, Beteiligungserwerb etc.) sind bei Angehörigen der freien Berufe in der Regel nicht betrieblich veranlasst, weil sie nicht dem Berufsbild eines freien Berufes entsprechen (→ BFH vom 24. 2. 2000 – BStBl. II S. 297). Ein Geldgeschäft ist nicht dem Betriebsvermögen eines Freiberuflers zuzuordnen, wenn es ein eigenes wirtschaftliches Gewicht hat. Dies ist auf Grund einer Abwägung der nach außen erkennbaren Motive zu beantworten. Ein eigenes wirtschaftliches Gewicht ist anzunehmen, wenn bei einem Geldgeschäft die Gewinnung eines Auftraggebers lediglich ein erwünschter Nebeneffekt ist. Dagegen ist ein eigenes wirtschaftliches Gewicht zu verneinen, wenn das Geschäft ohne die Aussicht auf neue Aufträge nicht zustande gekommen wäre (→ BFH vom 31. 5. 2001 – BStBl. II S. 828).
- Die GmbH-Beteiligung eines Bildjournalisten kann nicht allein deshalb als notwendiges Betriebsvermögen des freiberuflichen Betriebs beurteilt werden, weil er 99% seiner Umsätze aus Autorenverträgen mit der GmbH erzielt, wenn diese Umsätze nur einen geringfügigen Anteil der Geschäftstätigkeit der GmbH ausmachen und es wegen des Umfangs dieser Geschäftstätigkeit und der Höhe der Beteiligung des Stpfl. an der GmbH nahe liegt, dass es dem Stpfl. nicht auf die Erschließung eines Vertriebswegs für seine freiberufliche Tätigkeit, sondern auf die Kapitalanlage ankommt (→ BFH vom 12. 1. 2010 – BStBl. II S. 612).

---

[1] Vorstehend abgedruckt.
[2] Ergänzend siehe *BFH-Urteil vom 1. 2. 2001 IV R 57/99 (BStBl. II S. 546).*

Dem Betriebsvermögen eines Freiberuflers **kann zugeordnet** werden:
- die Darlehensforderung eines Steuerberaters, wenn das Darlehen zur Rettung von Honorarforderungen gewährt wurde (→ BFH vom 22. 4. 1980 – BStBl. II S. 571),
- die Beteiligung eines Baustatikers an einer Wohnungsbau-AG (→ BFH vom 23. 11. 1978 – BStBl. 1979 II S. 109),
- die Beteiligung eines Architekten an einer Bauträgergesellschaft, sofern dies unerlässliche Voraussetzung für die freiberufliche Tätigkeit ist (→ BFH vom 14. 1. 1982 – BStBl. II S. 345),
- die Beteiligung eines Mediziners, der Ideen und Rezepturen für medizinische Präparate entwickelt, an einer Kapitalgesellschaft, die diese Präparate als Lizenznehmerin vermarktet (→ BFH vom 26. 4. 2001 – BStBl. II S. 798),
- → Bürgschaft.

Dem Betriebsvermögen eines Freiberuflers **kann nicht zugeordnet** werden:
- ein Geldgeschäft, das ein Rechtsanwalt, Notar oder Steuerberater tätigt, um einen Mandanten neu zu gewinnen oder zu erhalten (→ BFH vom 22. 1. 1981 – BStBl. II S. 564),
- eine Beteiligung, die ein Steuerberater zusammen mit einem Mandanten auf dessen Veranlassung an einer Kapitalgesellschaft eingeht, deren Unternehmensgegenstand der freiberuflichen Betätigung wesensfremd ist, und die eigenes wirtschaftliches Gewicht hat (→ BFH vom 23. 5. 1985 – BStBl. II S. 517),
- eine Lebensversicherung, die ein Rechtsanwalt als Versicherungsnehmer und Versicherungsempfänger im Erlebensfall auf sein Leben oder das seines Sozius abschließt (→ BFH vom 21. 5. 1987 – BStBl. II S. 710),
- eine Beteiligung an einer Kapitalgesellschaft, wenn die Beteiligung nicht in erster Linie mit dem Ziel erworben wurde, die Beratungstätigkeit des Steuerpflichtigen bei der Gesellschaft zu fördern oder erst zu ermöglichen. Dies gilt selbst dann, wenn die mit der Beteiligung verbundenen Informations- und Kontrollrechte die Tätigkeit des Stpfl. bei der Gesellschaft erleichtern (→ BFH vom 1. 12. 2020 – BStBl. 2021 II S. 609).

Gewillkürtes Betriebsvermögen
- Der Umfang des Betriebsvermögens wird durch die Erfordernisse des Berufs begrenzt; ein Angehöriger der freien Berufe kann nicht in demselben Umfang gewillkürtes Betriebsvermögen bilden wie ein Gewerbetreibender (→ BFH vom 24. 8. 1989 – BStBl. 1990 II S. 17).
- Zur Bildung und zum Nachweis → BMF vom 17. 11. 2004 (BStBl. I S. 1064).

Leibrente. Eine Leibrente als Gegenleistung für anwaltliche Betreuung ist den Einkünften aus freiberuflicher Tätigkeit zuzurechnen (→ BFH vom 26. 3. 1987 – BStBl. II S. 597).

Versorgungskasse. Besondere Zuschläge für einen Fürsorgefonds sind Betriebsausgaben, wenn die berufstätigen Ärzte keinerlei Rechte auf Leistungen aus dem Fürsorgefonds haben. Beiträge an die berufsständische Versorgungskasse zur Erlangung einer späteren Altersversorgung oder anderer Versorgungsansprüche sind Sonderausgaben (→ BFH vom 13. 4. 1972 – BStBl. II S. 728). Wegen der Behandlung als Sonderausgaben → H 10.5 (Versorgungsbeiträge Selbständiger).

R 18.3

R 18.3. Veräußerungsgewinn nach § 18 Abs. 3 EStG

Allgemeines

16 (1) Bei einer →Veräußerung oder Aufgabe i. S. d. § 18 Abs. 3 EStG gelten die Ausführungen in R 16 entsprechend.

Einbringung

17 (2) Bei Einbringung einer freiberuflichen Praxis in eine Personengesellschaft ist § 24 UmwStG anzuwenden.

Aufgabe

18 (3) Eine Aufgabe einer selbständigen Tätigkeit ist dann anzunehmen, wenn sie der betreffende Stpfl. mit dem Entschluss einstellt, die Tätigkeit weder fortzusetzen noch das dazugehörende Vermögen an Dritte zu übertragen.

Freibetrag

19 (4) Die Gewährung des Freibetrags nach § 18 Abs. 3 i. V. m. § 16 Abs. 4 EStG ist ausgeschlossen, wenn dem Stpfl. für eine Veräußerung oder Aufgabe, die nach dem 31. 12. 1995 erfolgt ist, ein Freibetrag nach § 14 Satz 2, § 16 Abs. 4 oder § 18 Abs. 3 EStG bereits gewährt worden ist.

H 18.3

Einbringungsgewinn

20
- Bei einer Einbringung nach § 24 UmwStG besteht die Möglichkeit der steuerbegünstigten Auflösung sämtlicher stiller Reserven auch dann, wenn der Einbringende und die aufnehmende Gesellschaft ihren Gewinn nach § 4 Abs. 3 EStG ermitteln. Die steuerliche Begünstigung des Einbringungsgewinns setzt voraus, dass der Einbringungsgewinn auf der Grundlage einer Einbringungs- und einer Eröffnungsbilanz ermittelt worden ist (→ BFH vom 5. 4. 1984 – BStBl. II S. 518 und vom 18. 10. 1999 – BStBl. 2000 II S. 123); → auch R 4.5 Abs. 6 Satz 2.
- Zur entgeltlichen Aufnahme eines Sozius in eine freiberufliche Einzelpraxis → BMF vom 11. 11. 2011 (BStBl. I S. 1314), Rdnr. 24.09.

Gesellschaftereintritt in bestehende freiberufliche Sozietät. § 24 UmwStG umfasst auch die Aufnahme weiterer Gesellschafter (→ BFH vom 23. 5. 1985 – BStBl. II S. 695). H 18.3

Veräußerung[1]

1. **Einzelunternehmen**

   a) Eine **Veräußerung** i. S. d. § 18 Abs. 3 EStG **liegt vor,** wenn die für die Ausübung wesentlichen wirtschaftlichen Grundlagen, insbesondere die immateriellen Wirtschaftsgüter wie Mandantenstamm und Praxiswert, entgeltlich und definitiv auf einen anderen übertragen werden. Die freiberufliche Tätigkeit in dem bisherigen örtlichen Wirkungskreis muss wenigstens für eine gewisse Zeit eingestellt werden. Die „definitive" Übertragung des Mandantenstamms lässt sich erst nach einem gewissen Zeitablauf abschließend beurteilen. Neben der Dauer der Einstellung der freiberuflichen Tätigkeit sind insbesondere die räumliche Entfernung einer wieder aufgenommenen Berufstätigkeit zur veräußerten Praxis, die Vergleichbarkeit der Betätigungen, die Art und Struktur der Mandate, eine zwischenzeitliche Tätigkeit des Veräußerers als Arbeitnehmer oder freier Mitarbeiter des Erwerbers sowie die Nutzungsdauer des erworbenen Praxiswerts zu berücksichtigen (→ BFH vom 21. 8. 2018 – BStBl. 2019 II S. 64).

   Unschädlich ist
   - wenn der Veräußerer nach der Veräußerung frühere Mandanten auf Rechnung und im Namen des Erwerbers berät oder eine nichtselbständige Tätigkeit in der Praxis des Erwerbers ausübt (→ BFH vom 18. 5. 1994 – BStBl. II S. 925).
   - die Fortführung einer freiberuflichen Tätigkeit in geringem Umfang, wenn die darauf entfallenden Umsätze in den letzten drei Jahren weniger als 10% der gesamten Einnahmen ausmachten (→ BFH vom 7. 11. 1991 – BStBl. 1992 II S. 457 und vom 29. 10. 1992 – BStBl. 1993 II S. 182).[2]

   b) Eine **Veräußerung** i. S. d. § 18 Abs. 3 EStG **liegt nicht vor,** wenn
   - ein Steuerberater von seiner einheitlichen Praxis den Teil veräußert, der lediglich in der Erledigung von Buchführungsarbeiten bestanden hat (→ BFH vom 14. 5. 1970 – BStBl. II S. 566),
   - ein Steuerbevollmächtigter, der am selben Ort in einem einheitlichen örtlichen Wirkungskreis, jedoch in organisatorisch getrennten Büros, eine landwirtschaftliche Buchstelle und eine Steuerpraxis für Gewerbetreibende betreibt, die Steuerpraxis für Gewerbetreibende veräußert (→ BFH vom 27. 4. 1978 – BStBl. II S. 562),
   - ein unheilbar erkrankter Ingenieur aus diesem Grund sein technisches Spezialwissen und seine Berufserfahrung entgeltlich auf seinen einzigen Kunden überträgt (→ BFH vom 26. 4. 1995 – BStBl. 1996 II S. 4).

2. **Mitunternehmeranteil**

   Wird der gesamte Mitunternehmeranteil an einer freiberuflich tätigen Personengesellschaft veräußert, muss die Tätigkeit im bisherigen Wirkungskreis für eine gewisse Zeit eingestellt werden (→ BFH vom 23. 1. 1997 – BStBl. II S. 498).

3. **Teilbetrieb**
   - Eine begünstigte Teilbetriebsveräußerung setzt neben der Ausübung mehrerer ihrer Art nach verschiedener Tätigkeiten auch eine organisatorische Selbständigkeit der Teilbetriebe voraus. Ist ein Arzt als Allgemeinmediziner und auf arbeitsmedizinischem Gebiet tätig, übt er zwei verschiedene Tätigkeiten aus. Die Veräußerung eines dieser Praxisteile stellt eine tarifbegünstigte Teilpraxisveräußerung dar, sofern den Praxisteilen die notwendige organisatorische Selbständigkeit zukommt (→ BFH vom 4. 11. 2004 – BStBl. 2005 II S. 208).
   - Eine begünstigte Teilpraxisveräußerung kann vorliegen, wenn ein Steuerberater eine Beratungspraxis veräußert, die er (neben anderen Praxen) als völlig selbständigen Betrieb erworben und bis zu ihrer Veräußerung im Wesentlichen unverändert fortgeführt hat (→ BFH vom 26. 6. 2012 – BStBl. II S. 777).
   - Keine Teilbetriebsveräußerung bei Veräußerung der „Großtierpraxis" und Rückbehalt der „Kleintierpraxis" (→ BFH vom 29. 10. 1992 – BStBl. 1993 II S. 182).[3]

Verpachtung. Beim Tod des Freiberuflers führt die vorübergehende Verpachtung einer freiberuflichen Praxis durch den Erben oder Vermächtnisnehmer bei fehlender Betriebsaufgabeerklärung nicht zur Betriebsaufgabe, wenn der Rechtsnachfolger im Begriff ist, die für die beabsichtigte Praxisfortführung erforderliche freiberufliche Qualifikation zu erlangen (→ BFH vom 12. 3. 1992 – BStBl. 1993 II S. 36).[4]

---

[1] Zum Zeitpunkt der Betriebsveräußerung vgl. *BFH-Urteil vom 23. 1. 1992 IV R 88/90 (BStBl. II S. 525).*

[2] Siehe dazu auch *BFH-Beschluss vom 11. 2. 2020 VIII B 131/19 (DStR 2020 S. 486)* und *Kurzinformation FM Schleswig-Holstein vom 15. 6. 2020 VI 307-S 2249-007 Nr. 2020/17 (DStR S. 1739).*

[3] Ebenso bei Veräußerung einer Kassenpraxis unter Beibehaltung der Privatpatienten. *BFH-Urteil vom 6. 3. 1997 IV R 28/96 (DStRE 1997 S. 712).*

[4] Siehe auch *BFH-Urteil vom 14. 12. 1993 VIII R 13/93 (BStBl. 1994 II S. 922).*

d) Nichtselbständige Arbeit (§ 2 Absatz 1 Satz 1 Nummer 4)

EStG

§ 19 [Nichtselbständige Arbeit][1]

Im Einzelnen vgl. „Handbuch zur Lohnsteuer".

§ 19 a Sondervorschrift für Einkünfte aus nichtselbständiger Arbeit bei Vermögensbeteiligungen[1]

Im Einzelnen vgl. „Handbuch zur Lohnsteuer".

e) Kapitalvermögen (§ 2 Abs. 1 Satz 1 Nr. 5)

§ 20[2] [Kapitalvermögen]

(1) Zu den Einkünften aus Kapitalvermögen gehören

1 **1. Gewinnanteile (Dividenden) und sonstige Bezüge aus Aktien, Genussrechten, mit denen das Recht am Gewinn und Liquidationserlös einer Kapitalgesellschaft verbunden ist, aus Anteilen an Gesellschaften mit beschränkter Haftung, an Genossenschaften sowie an einer optierenden Gesellschaft im Sinne des § 1 a des Körperschaftsteuergesetzes. ② Zu den sonstigen Bezügen gehören auch verdeckte Gewinnausschüttungen.[3] ③ Die Bezüge gehören nicht zu den Einnahmen, soweit sie aus Ausschüttungen einer Körperschaft stammen, für die Beträge aus dem steuerlichen Einlagekonto im Sinne des § 27 des Körperschaftsteuergesetzes als verwendet gelten. ④ Als sonstige Bezüge gelten auch Einnahmen, die anstelle der Bezüge im Sinne des Satzes 1 von einem anderen als dem Anteilseigner nach Absatz 5 bezogen werden, wenn die Aktien mit Dividendenberechtigung erworben, aber ohne Dividendenanspruch geliefert werden;**

2 **2. Bezüge, die nach der Auflösung einer Körperschaft oder Personenvereinigung im Sinne der Nummer 1 anfallen und die nicht in der Rückzahlung von Nennkapital bestehen; Nummer 1 Satz 3 gilt entsprechend. ② Gleiches gilt für Bezüge, die auf Grund einer Kapitalherabsetzung oder nach der Auflösung einer unbeschränkt steuerpflichtigen Körperschaft oder Personenvereinigung im Sinne der Nummer 1 anfallen und die als Gewinnausschüttung im Sinne des § 28 Absatz 2 Satz 2 und 4 des Körperschaftsteuergesetzes gelten;**

3 **3.[4] Investmenterträge nach § 16 des Investmentsteuergesetzes;**

3a **3 a.[3] Spezial-Investmenterträge nach § 34 des Investmentsteuergesetzes;**

4 **4. Einnahmen aus der Beteiligung an einem Handelsgewerbe als stiller Gesellschafter und aus partiarischen Darlehen, es sei denn, dass der Gesellschafter oder Darlehnsgeber als Mitunternehmer anzusehen ist. ② Auf Anteile des stillen Gesellschafters am Verlust des Betriebes sind § 15 Absatz 4 Satz 6 bis 8 und § 15 a sinngemäß anzuwenden;**

5 **5. Zinsen aus Hypotheken und Grundschulden und Renten aus Rentenschulden. ② Bei Tilgungshypotheken und Tilgungsgrundschulden ist nur der Teil der Zahlungen anzusetzen, der als Zins auf den jeweiligen Kapitalrest entfällt;**

6 **6.[5·6] der Unterschiedsbetrag zwischen der Versicherungsleistung und der Summe der auf sie entrichteten Beiträge (Erträge) im Erlebensfall oder bei Rückkauf des**

---

[1] § 19 und § 19 a abgedruckt in der geschlossenen Wiedergabe.

[2] Zur Anwendung siehe § 52 Abs. 28 EStG.

[3] Zur Behandlung der verdeckten Gewinnausschüttungen siehe im „Handbuch zur KSt-Veranlagung 2022" die Anlage zu H 8.6.

[4] Zur erstmaligen Anwendung siehe § 52 Abs. 28 Satz 20 EStG.

[5] Zur Anwendung von § 20 Abs. 1 Nr. 6 siehe § 52 Abs. 28 Sätze 3 bis 10 EStG. **Gemäß § 52 Abs. 28 Satz 5 EStG ist § 20 Abs. 1 Nr. 6 für Verträge, die vor dem 1. 1. 2005 abgeschlossen worden sind, in der am 31. 12. 2004 geltenden Fassung anzuwenden:**

„6.* außerrechnungsmäßige und rechnungsmäßige Zinsen aus den Sparanteilen, die in den Beiträgen zu Versicherungen auf den Erlebens- oder Todesfall enthalten sind. ② Dies gilt nicht für Zinsen aus Versicherungen im Sinne des § 10 Abs. 1 Nr. 2 Buchstabe b, die mit Beiträgen verrechnet oder im Versicherungsfall oder im Fall des Rückkaufs des Vertrags nach Ablauf von zwölf Jahren seit dem Vertragsabschluss ausgezahlt werden. ③ Satz 2 gilt nicht in den Fällen des § 10 Abs. 1 Nr. 2 Buchstabe b Satz 6. ④ Satz 2 gilt in den Fällen des § 10 Abs. 2 Satz 2 nur, wenn die Voraussetzungen für den Sonderausgabenabzug nach § 10 Abs. 2 Satz 2 Buchstabe a oder b erfüllt sind oder soweit bei Versicherungsverträgen Zinsen in Veranlagungszeiträumen gutgeschrieben werden, in denen Beiträge nach § 10 Abs. 2 Satz 2 Buchstabe c abgezogen werden können. ⑥ Die Sätze 1 bis 4 sind auf Kapitalerträge aus fondsgebundenen Lebensversicherungen entsprechend anzuwenden;"

* Vgl. hierzu auch BMF-Schreiben vom 31. 8. 1979 und vom 13. 11. 1985, nachstehend abgedruckt.

[6] **Zur Fassung von Nr. 6 Satz 2 für Vertragsabschlüsse nach dem 31. 12. 2011 siehe § 52 Abs. 28 Satz 7 EStG.**

Vertrags bei Rentenversicherungen mit Kapitalwahlrecht, soweit nicht die lebenslange Rentenzahlung gewählt und erbracht wird, und bei Kapitalversicherungen mit Sparanteil, wenn der Vertrag nach dem 31. Dezember 2004 abgeschlossen worden ist. ② Wird die Versicherungsleistung nach Vollendung des 60. Lebensjahres des Steuerpflichtigen und nach Ablauf von zwölf Jahren seit dem Vertragsabschluss ausgezahlt, ist die Hälfte des Unterschiedsbetrags anzusetzen. ③ Bei entgeltlichem Erwerb des Anspruchs auf Versicherungsleistung treten die Anschaffungskosten an die Stelle der vor dem Erwerb entrichteten Beiträge. ④ Die Sätze 1 und 3 sind auf Erträge aus fondsgebundenen Lebensversicherungen, auf Erträge im Erlebensfall bei Rentenversicherungen ohne Kapitalwahlrecht, soweit keine lebenslange Rentenzahlung vereinbart und erbracht wird, und auf Erträge bei Rückkauf des Vertrages bei Rentenversicherungen ohne Kapitalwahlrecht entsprechend anzuwenden. ⑤ Ist in einem Versicherungsvertrag eine gesonderte Verwaltung von speziell für diesen Vertrag zusammengestellten Kapitalanlagen vereinbart, die nicht auf öffentlich vertriebene Investmentfondsanteile oder Anlagen, die die Entwicklung eines veröffentlichten Indexes abbilden, beschränkt ist, und kann der wirtschaftlich Berechtigte unmittelbar oder mittelbar über die Veräußerung der Vermögensgegenstände und die Wiederanlage der Erlöse bestimmen (vermögensverwaltender Versicherungsvertrag), sind die dem Versicherungsunternehmen zufließenden Erträge dem wirtschaftlich Berechtigten aus dem Versicherungsvertrag zuzurechnen; Sätze 1 bis 4 sind nicht anzuwenden. ⑥ Satz 2 ist nicht anzuwenden, wenn

a) in einem Kapitallebensversicherungsvertrag mit vereinbarter laufender Beitragszahlung in mindestens gleichbleibender Höhe bis zum Zeitpunkt des Erlebensfalls die vereinbarte Leistung bei Eintritt des versicherten Risikos weniger als 50 Prozent der Summe der für die gesamte Vertragsdauer zu zahlenden Beiträge beträgt und

b) bei einem Kapitallebensversicherungsvertrag die vereinbarte Leistung bei Eintritt des versicherten Risikos das Deckungskapital oder den Zeitwert der Versicherung spätestens fünf Jahre nach Vertragsabschluss nicht um mindestens 10 Prozent des Deckungskapitals, des Zeitwerts oder der Summe der gezahlten Beiträge übersteigt. ② Dieser Prozentsatz darf bis zum Ende der Vertragslaufzeit in jährlich gleichen Schritten auf Null sinken.

⑦ Hat der Steuerpflichtige Ansprüche aus einem von einer anderen Person abgeschlossenen Vertrag entgeltlich erworben, gehört zu den Einkünften aus Kapitalvermögen auch der Unterschiedsbetrag zwischen der Versicherungsleistung bei Eintritt eines versicherten Risikos und den Aufwendungen für den Erwerb und Erhalt des Versicherungsanspruches; insoweit findet Satz 2 keine Anwendung. ⑧ Satz 7 gilt nicht, wenn die versicherte Person den Versicherungsanspruch von einem Dritten erwirbt oder aus anderen Rechtsverhältnissen entstandene Abfindungs- und Ausgleichsansprüche arbeitsrechtlicher, erbrechtlicher oder familienrechtlicher Art durch Übertragung von Ansprüchen aus Versicherungsverträgen erfüllt werden.[1] ⑨ Bei fondsgebundenen Lebensversicherungen sind 15 Prozent des Unterschiedsbetrages steuerfrei oder dürfen nicht bei der Ermittlung der Einkünfte abgezogen werden, soweit der Unterschiedsbetrag aus Investmenterträgen[2] stammt;

7. Erträge aus sonstigen Kapitalforderungen jeder Art, wenn die Rückzahlung des Kapitalvermögens oder ein Entgelt für die Überlassung des Kapitalvermögens zur Nutzung zugesagt oder geleistet worden ist, auch wenn die Höhe der Rückzahlung oder des Entgelts von einem ungewissen Ereignis abhängt. ② Dies gilt unabhängig von der Bezeichnung und der zivilrechtlichen Ausgestaltung der Kapitalanlage. ③ Erstattungszinsen im Sinne des § 233 a der Abgabenordnung sind Erträge im Sinne des Satzes 1;[3] 7

8. Diskontbeträge von Wechseln und Anweisungen einschließlich der Schatzwechsel; 8

9. Einnahmen aus Leistungen einer nicht von der Körperschaftsteuer befreiten Körperschaft, Personenvereinigung oder Vermögensmasse im Sinne des § 1 Absatz 1 Nummer 3 bis 5 des Körperschaftsteuergesetzes, die Gewinnausschüttungen im Sinne der Nummer 1 wirtschaftlich vergleichbar sind, soweit sie nicht bereits zu den Einnahmen im Sinne der Nummer 1 gehören; Nummer 1 Satz 2, 3 und Nummer 2 gelten entsprechend. ② Satz 1 ist auf Leistungen von vergleichbaren Körperschaften, Personenvereinigungen oder Vermögensmassen, die weder Sitz noch Geschäftsleitung im Inland haben, entsprechend anzuwenden; 8a

---

[1] Zur Anwendung von § 20 Abs. 1 Nr. 6 Sätze 7 und 8 siehe § 52 Abs. 28 Satz 10 EStG.
[2] Siehe dazu § 52 Abs. 28 Satz 23 EStG.
[3] Die Regelung verstößt nicht gegen Verfassungsrecht, *BFH-Urteile vom 12. 11. 2013 VIII R 36/10 (BStBl. 2014 II S. 168) und VIII R 1/11 (BFH/NV 2014, 830);* Verfassungsbeschwerden anhängig; *Az.: 2 BvR 482/14, 2 BvR 2674/14 und 2 BvR 2671/14.*

EStG

8b 10.[1] a) **Leistungen eines nicht von der Körperschaftsteuer befreiten Betriebs gewerblicher Art im Sinne des § 4 des Körperschaftsteuergesetzes mit eigener Rechtspersönlichkeit, die zu mit Gewinnausschüttungen im Sinne der Nummer 1 Satz 1 wirtschaftlich vergleichbaren Einnahmen führen; Nummer 1 Satz 2, 3 und Nummer 2 gelten entsprechend;**

b) **der nicht den Rücklagen zugeführte Gewinn und verdeckte Gewinnausschüttungen eines nicht von der Körperschaftsteuer befreiten Betriebs gewerblicher Art im Sinne des § 4 des Körperschaftsteuergesetzes ohne eigene Rechtspersönlichkeit, der den Gewinn durch Betriebsvermögensvergleich ermittelt oder Umsätze einschließlich der steuerfreien Umsätze, ausgenommen die Umsätze nach § 4 Nummer 8 bis 10 des Umsatzsteuergesetzes, von mehr als 350 000 Euro im Kalenderjahr oder einen Gewinn von mehr als 30 000 Euro im Wirtschaftsjahr hat, sowie der Gewinn im Sinne des § 22 Absatz 4 des Umwandlungssteuergesetzes. ② Die Auflösung der Rücklagen zu Zwecken außerhalb des Betriebs gewerblicher Art führt zu einem Gewinn im Sinne des Satzes 1; in Fällen der Einbringung nach dem Sechsten und des Formwechsels nach dem Achten Teil des Umwandlungssteuergesetzes gelten die Rücklagen als aufgelöst. ③ Bei dem Geschäft der Veranstaltung von Werbesendungen der inländischen öffentlich-rechtlichen Rundfunkanstalten gelten drei Viertel des Einkommens im Sinne des § 8 Absatz 1 Satz 3 des Körperschaftsteuergesetzes als Gewinn im Sinne des Satzes 1. ④[2] Die Sätze 1 und 2 sind bei wirtschaftlichen Geschäftsbetrieben der von der Körperschaftsteuer befreiten Körperschaften, Personenvereinigungen oder Vermögensmassen entsprechend anzuwenden. ⑤ Nummer 1 Satz 3 gilt entsprechend. ⑥ Satz 1 in der am 12. Dezember 2006 geltenden Fassung ist für Anteile, die einbringungsgeboren im Sinne des § 21 des Umwandlungssteuergesetzes in der am 12. Dezember 2006 geltenden Fassung sind, weiter anzuwenden;**

8c 11. **Stillhalterprämien, die für die Einräumung von Optionen vereinnahmt werden; schließt der Stillhalter ein Glattstellungsgeschäft ab, mindern sich die Einnahmen aus den Stillhalterprämien um die im Glattstellungsgeschäft gezahlten Prämien.**

(2)[3] ① **Zu den Einkünften aus Kapitalvermögen gehören auch**

9 1. **der Gewinn aus der Veräußerung von Anteilen an einer Körperschaft im Sinne des Absatzes 1 Nummer 1. ② Anteile an einer Körperschaft sind auch Genussrechte im Sinne des Absatzes 1 Nummer 1, den Anteilen im Sinne des Absatzes 1 Nummer 1 ähnliche Beteiligungen und Anwartschaften auf Anteile im Sinne des Absatzes 1 Nummer 1;**

9a 2. **der Gewinn aus der Veräußerung**

a) **von Dividendenscheinen und sonstigen Ansprüchen durch den Inhaber des Stammrechts, wenn die dazugehörigen Aktien oder sonstigen Anteile nicht mitveräußert werden. ② Soweit eine Besteuerung nach Satz 1 erfolgt ist, tritt diese insoweit an die Stelle der Besteuerung nach Absatz 1;**

b) **von Zinsscheinen und Zinsforderungen durch den Inhaber oder ehemaligen Inhaber der Schuldverschreibung, wenn die dazugehörigen Schuldverschreibungen nicht mitveräußert werden. ② Entsprechendes gilt für die Einlösung von Zinsscheinen und Zinsforderungen durch den ehemaligen Inhaber der Schuldverschreibung.**

② **Satz 1 gilt sinngemäß für die Einnahmen aus der Abtretung von Dividenden- oder Zinsansprüchen oder sonstigen Ansprüchen im Sinne des Satzes 1, wenn die dazugehörigen Anteilsrechte oder Schuldverschreibungen nicht in einzelnen Wertpapieren verbrieft sind. ③ Satz 2 gilt auch bei der Abtretung von Zinsansprüchen aus Schuldbuchforderungen, die in ein öffentliches Schuldbuch eingetragen sind;**

9b 3. **der Gewinn**

a) **bei Termingeschäften, durch die der Steuerpflichtige einen Differenzausgleich oder einen durch den Wert einer veränderlichen Bezugsgröße bestimmten Geldbetrag oder Vorteil erlangt;**

b) **aus der Veräußerung eines als Termingeschäft ausgestalteten Finanzinstruments;**

9c 4. **der Gewinn aus der Veräußerung von Wirtschaftsgütern, die Erträge im Sinne des Absatzes 1 Nummer 4 erzielen;**

9d 5. **der Gewinn aus der Übertragung von Rechten im Sinne des Absatzes 1 Nummer 5;**

---

[1] Zu Auslegungsfragen bei Betrieben gewerblicher Art als Schuldner der Kapitalerträge siehe *BMF-Schreiben vom 28. 1. 2019 (BStBl. I S. 97).*

[2] Wegen Auslegungsfragen zu § 20 Abs. 1 Nr. 10 Buchstabe b Satz 4 siehe *BMF-Schreiben vom 2. 2. 2016 (BStBl. I S. 200), geändert durch BMF-Schreiben vom 21. 7. 2016 (BStBl. I S. 685).*

[3] Zur Anwendung von § 20 Abs. 2 siehe § 52 Abs. 28 Sätze 11 bis 17 und Satz 21 EStG.

EStG

6. der Gewinn aus der Veräußerung von Ansprüchen auf eine Versicherungsleistung im Sinne des Absatzes 1 Nummer 6. ② Das Versicherungsunternehmen hat nach Kenntniserlangung von einer Veräußerung unverzüglich Mitteilung an das für den Steuerpflichtigen zuständige Finanzamt zu machen und auf Verlangen des Steuerpflichtigen eine Bescheinigung über die Höhe der entrichteten Beiträge im Zeitpunkt der Veräußerung zu erteilen; 9e

7. der Gewinn aus der Veräußerung von sonstigen Kapitalforderungen jeder Art im Sinne des Absatzes 1 Nummer 7; 9f

8. der Gewinn aus der Übertragung oder Aufgabe einer die Einnahmen im Sinne des Absatzes 1 Nummer 9 vermittelnden Rechtsposition. 9g

② Als Veräußerung im Sinne des Satzes 1 gilt auch die Einlösung, Rückzahlung, Abtretung oder verdeckte Einlage in eine Kapitalgesellschaft; in den Fällen von Satz 1 Nummer 4 gilt auch die Vereinnahmung eines Auseinandersetzungsguthabens als Veräußerung. ③ Die Anschaffung oder Veräußerung einer unmittelbaren oder mittelbaren Beteiligung an einer Personengesellschaft gilt als Anschaffung oder Veräußerung der anteiligen Wirtschaftsgüter. ④ Wird ein Zinsschein oder eine Zinsforderung vom Stammrecht abgetrennt, gilt dies als Veräußerung der Schuldverschreibung und als Anschaffung der durch die Trennung entstandenen Wirtschaftsgüter. ⑤ Eine Trennung gilt als vollzogen, wenn dem Inhaber der Schuldverschreibung die Wertpapierkennnummern für die durch die Trennung entstandenen Wirtschaftsgüter zugehen.

(3) **Zu den Einkünften aus Kapitalvermögen gehören auch besondere Entgelte oder Vorteile, die neben den in den Absätzen 1 und 2 bezeichneten Einnahmen oder an deren Stelle gewährt werden.** 10

(3 a) **① Korrekturen im Sinne des § 43 a Absatz 3 Satz 7 sind erst zu dem dort genannten Zeitpunkt zu berücksichtigen. ② Weist der Steuerpflichtige durch eine Bescheinigung der auszahlenden Stelle nach, dass sie die Korrektur nicht vorgenommen hat und auch nicht vornehmen wird, kann der Steuerpflichtige die Korrektur nach § 32 d Absatz 4 und 6 geltend machen.** 10a

(4)[1] **① Gewinn im Sinne des Absatzes 2 ist der Unterschied zwischen den Einnahmen aus der Veräußerung nach Abzug der Aufwendungen, die im unmittelbaren sachlichen Zusammenhang mit dem Veräußerungsgeschäft stehen, und den Anschaffungskosten; bei nicht in Euro getätigten Geschäften sind die Einnahmen im Zeitpunkt der Veräußerung und die Anschaffungskosten im Zeitpunkt der Anschaffung in Euro umzurechnen. ② In den Fällen der verdeckten Einlage tritt an die Stelle der Einnahmen aus der Veräußerung der Wirtschaftsgüter ihr gemeiner Wert; der Gewinn ist für das Kalenderjahr der verdeckten Einlage anzusetzen. ③ Ist ein Wirtschaftsgut im Sinne des Absatzes 2 in das Privatvermögen durch Entnahme oder Betriebsaufgabe überführt worden, tritt an die Stelle der Anschaffungskosten der nach § 6 Absatz 1 Nummer 4 oder § 16 Absatz 3 angesetzte Wert. ④ In den Fällen des Absatzes 2 Satz 1 Nummer 6 gelten die entrichteten Beiträge im Sinne des Absatzes 1 Nummer 6 Satz 1 als Anschaffungskosten; ist ein entgeltlicher Erwerb vorausgegangen, gelten auch die nach dem Erwerb entrichteten Beiträge als Anschaffungskosten. ⑤ Gewinn bei einem Termingeschäft ist der Differenzausgleich oder der durch den Wert einer veränderlichen Bezugsgröße bestimmte Geldbetrag oder Vorteil abzüglich der Aufwendungen, die im unmittelbaren sachlichen Zusammenhang mit dem Termingeschäft stehen. ⑥ Bei unentgeltlichem Erwerb sind dem Einzelrechtsnachfolger für Zwecke dieser Vorschrift die Anschaffung, die Überführung des Wirtschaftsguts in das Privatvermögen, der Erwerb eines Rechts aus Termingeschäften oder die Beiträge im Sinne des Absatzes 1 Nummer 6 Satz 1 durch den Rechtsvorgänger zuzurechnen. ⑦ Bei vertretbaren Wertpapieren, die einem Verwahrer zur Sammelverwahrung im Sinne des § 5 des Depotgesetzes in der Fassung der Bekanntmachung vom 11. Januar 1995 (BGBl. I S. 34), das zuletzt durch Artikel 4 des Gesetzes vom 5. April 2004 (BGBl. I S. 502) geändert worden ist, in der jeweils geltenden Fassung anvertraut worden sind, ist zu unterstellen, dass die zuerst angeschafften Wertpapiere zuerst veräußert wurden. ⑧ Ist ein Zinsschein oder eine Zinsforderung vom Stammrecht abgetrennt worden, gilt als Veräußerungserlös der Schuldverschreibung deren gemeiner Wert zum Zeitpunkt der Trennung. ⑨ Für die Ermittlung der Anschaffungskosten ist der Wert nach Satz 8 entsprechend dem gemeinen Wert der neuen Wirtschaftsgüter aufzuteilen.** 11

(4 a)[2] **① Werden Anteile an einer Körperschaft, Vermögensmasse oder Personenvereinigung, gegen Anteile an einer anderen Körperschaft, Vermögensmasse oder Personenvereinigung getauscht und wird der Tausch auf Grund gesellschaftsrechtlicher Maßnahmen vollzogen, die von den beteiligten Unternehmen ausgehen, treten abweichend** 12

---

[1] Zur Anwendung siehe § 52 Abs. 28 Satz 21 EStG.
[2] Zur Anwendung siehe § 52 Abs. 28 Satz 18 bis 20 EStG.

EStG

von Absatz 2 Satz 1 und den §§ 13 und 21 des Umwandlungssteuergesetzes die übernommenen Anteile steuerlich an die Stelle der bisherigen Anteile, wenn das Recht der Bundesrepublik Deutschland hinsichtlich der Besteuerung des Gewinns aus der Veräußerung der erhaltenen Anteile nicht ausgeschlossen oder beschränkt ist oder die Mitgliedstaaten der Europäischen Union bei einer Verschmelzung Artikel 8 der Richtlinie 2009/133/EG des Rates vom 19. Oktober 2009 über das gemeinsame Steuersystem für Fusionen, Spaltungen, Abspaltungen, die Einbringung von Unternehmensteilen und den Austausch von Anteilen, die Gesellschaften verschiedener Mitgliedstaaten betreffen, sowie für die Verlegung des Sitzes einer Europäischen Gesellschaft oder einer Europäischen Genossenschaft von einem Mitgliedstaat in einen anderen Mitgliedstaat (ABl. L 310 vom 25. 11. 2009, S. 34) in der jeweils geltenden Fassung anzuwenden haben; in diesem Fall ist der Gewinn aus einer späteren Veräußerung der erworbenen Anteile ungeachtet der Bestimmungen eines Abkommens zur Vermeidung der Doppelbesteuerung in der gleichen Art und Weise zu besteuern, wie die Veräußerung der Anteile an der übertragenden Körperschaft zu besteuern wäre, und § 15 Absatz 1 a Satz 2 entsprechend anzuwenden. ② Erhält der Steuerpflichtige in den Fällen des Satzes 1 zusätzlich zu den Anteilen eine Gegenleistung, gilt diese als Ertrag im Sinne des Absatzes 1 Nummer 1. ③ Besitzt bei sonstigen Kapitalforderungen im Sinne des Absatzes 1 Nummer 7 der Inhaber das Recht, bei Fälligkeit anstelle der Zahlung eines Geldbetrags vom Emittenten die Lieferung von Wertpapieren im Sinne des Absatzes 1 Nummer 1 zu verlangen oder besitzt der Emittent das Recht, bei Fälligkeit dem Inhaber anstelle der Zahlung eines Geldbetrags solche Wertpapiere anzudienen und macht der Inhaber der Forderung oder der Emittent von diesem Recht Gebrauch, ist abweichend von Absatz 4 Satz 1 das Entgelt für den Erwerb der Forderung als Veräußerungspreis der Forderung und als Anschaffungskosten der erhaltenen Wertpapiere anzusetzen; Satz 2 gilt entsprechend. ④ Werden Bezugsrechte veräußert oder ausgeübt, die nach § 186 des Aktiengesetzes, § 55 des Gesetzes betreffend die Gesellschaften mit beschränkter Haftung oder eines vergleichbaren ausländischen Rechts einen Anspruch auf Abschluss eines Zeichnungsvertrags begründen, wird der Teil der Anschaffungskosten der Altanteile, der auf das Bezugsrecht entfällt, bei der Ermittlung des Gewinns nach Absatz 4 Satz 1 mit 0 Euro angesetzt. ⑤ Werden einem Steuerpflichtigen von einer Körperschaft, Personenvereinigung oder Vermögensmasse, die weder Geschäftsleitung noch Sitz im Inland hat, Anteile zugeteilt, ohne dass der Steuerpflichtige eine Gegenleistung zu erbringen hat, sind sowohl der Ertrag als auch die Anschaffungskosten der erhaltenen Anteile mit 0 Euro anzusetzen, wenn die Voraussetzungen der Sätze 3, 4 und 7 nicht vorliegen; die Anschaffungskosten der die Zuteilung begründenden Anteile bleiben unverändert. ⑥ Soweit es auf die steuerliche Wirksamkeit einer Kapitalmaßnahme im Sinne der vorstehenden Sätze 1 bis 5 ankommt, ist auf den Zeitpunkt der Einbuchung in das Depot des Steuerpflichtigen abzustellen. ⑦ Geht Vermögen einer Körperschaft durch Abspaltung auf andere Körperschaften über, gelten abweichend von Satz 5 und § 15 des Umwandlungssteuergesetzes die Sätze 1 und 2 entsprechend.

13 (5)[1] ① Einkünfte aus Kapitalvermögen im Sinne des Absatzes 1 Nummer 1 und 2 erzielt der Anteilseigner. ② Anteilseigner ist derjenige, dem nach § 39 der Abgabenordnung die Anteile an dem Kapitalvermögen im Sinne des Absatzes 1 Nummer 1 im Zeitpunkt des Gewinnverteilungsbeschlusses zuzurechnen sind. ③ Sind einem Nießbraucher oder Pfandgläubiger die Einnahmen im Sinne des Absatzes 1 Nummer 1 oder 2 zuzurechnen, gilt er als Anteilseigner.

13a (6) ① Verluste aus Kapitalvermögen dürfen nicht mit Einkünften aus anderen Einkunftsarten ausgeglichen werden; sie dürfen auch nicht nach § 10 d abgezogen werden. ② Die Verluste mindern jedoch die Einkünfte, die der Steuerpflichtige in den folgenden Veranlagungszeiträumen aus Kapitalvermögen erzielt. ③ § 10 d Absatz 4 ist sinngemäß anzuwenden; im Fall von zusammenveranlagten Ehegatten erfolgt ein gemeinsamer Verlustausgleich vor der Verlustfeststellung. ④ Verluste aus Kapitalvermögen im Sinne des Absatzes 2 Satz 1 Nummer 1 Satz 1, die aus der Veräußerung von Aktien entstehen, dürfen nur mit Gewinnen aus Kapitalvermögen im Sinne des Absatzes 2 Satz 1 Nummer 1 Satz 1, die aus der Veräußerung von Aktien entstehen, ausgeglichen werden; die Sätze 2 und 3 gelten sinngemäß. ⑤ Verluste aus Kapitalvermögen im Sinne des Absatzes 2 Satz 1 Nummer 3 dürfen nur in Höhe von 20 000 Euro mit Gewinnen im Sinne des Absatzes 2 Satz 1 Nummer 3 und mit Einkünften im Sinne des § 20 Absatz 1 Nummer 11 ausgeglichen werden; die Sätze 2 und 3 gelten sinngemäß mit der Maßgabe, dass nicht verrechnete Verluste je Folgejahr nur bis zur Höhe von 20 000 Euro mit Gewinnen im Sinne des Absatzes 2 Satz 1 Nummer 3 und mit Einkünften im Sinne des § 20 Absatz 1 Nummer 11 verrechnet werden dürfen.[2] ⑥ [3]Verluste aus Kapitalvermögen aus der ganzen oder teilweisen Un-

[1] Zur wirtschaftlichen Zurechnung bei Wertpapiergeschäften siehe *BMF vom 9. 7. 2021 (BStBl. I S. 1002).*
[2] Zur Anwendung siehe § 52 Abs. 28 Satz 25 EStG.
[3] Zur erstmaligen Anwendung siehe § 52 Abs. 28 Satz 26 EStG.

einbringlichkeit einer Kapitalforderung, aus der Ausbuchung wertloser Wirtschaftsgüter im Sinne des Absatzes 1, aus der Übertragung wertloser Wirtschaftsgüter im Sinne des Absatzes 1 auf einen Dritten oder aus einem sonstigen Ausfall von Wirtschaftsgütern im Sinne des Absatzes 1 dürfen nur in Höhe von 20 000 Euro mit Einkünften aus Kapitalvermögen ausgeglichen werden; die Sätze 2 und 3 gelten sinngemäß mit der Maßgabe, dass nicht verrechnete Verluste je Folgejahr nur bis zur Höhe von 20 000 Euro mit Einkünften aus Kapitalvermögen verrechnet werden dürfen. ⑦ Verluste aus Kapitalvermögen, die der Kapitalertragsteuer unterliegen, dürfen nur verrechnet werden oder mindern die Einkünfte, die der Steuerpflichtige in den folgenden Veranlagungszeiträumen aus Kapitalvermögen erzielt, wenn eine Bescheinigung im Sinne des § 43 a Absatz 3 Satz 4 vorliegt.

(7) ① **§ 15 b ist sinngemäß anzuwenden.** ② **Ein vorgefertigtes Konzept im Sinne des § 15 b Absatz 2 Satz 2 liegt auch vor, wenn die positiven Einkünfte nicht der tariflichen Einkommensteuer unterliegen.** 13b

(8)[1] ① **Soweit Einkünfte der in den Absätzen 1, 2 und 3 bezeichneten Art zu den Einkünften aus Land- und Forstwirtschaft, aus Gewerbebetrieb, aus selbständiger Arbeit oder aus Vermietung und Verpachtung gehören, sind sie diesen Einkünften zuzurechnen.** ② **Absatz 4 a findet insoweit keine Anwendung.** 14

(9)[2] ① **Bei der Ermittlung der Einkünfte aus Kapitalvermögen ist als Werbungskosten ein Betrag von 801 Euro abzuziehen (Sparer-Pauschbetrag); der Abzug der tatsächlichen Werbungskosten ist ausgeschlossen.** ② **Ehegatten, die zusammen veranlagt werden, wird ein gemeinsamer Sparer-Pauschbetrag von 1602 Euro gewährt.** ③ **Der gemeinsame Sparer-Pauschbetrag ist bei der Einkunftsermittlung bei jedem Ehegatten je zur Hälfte abzuziehen; sind die Kapitalerträge eines Ehegatten niedriger als 801 Euro, so ist der anteilige Sparer-Pauschbetrag insoweit, als er die Kapitalerträge dieses Ehegatten übersteigt, bei dem anderen Ehegatten abzuziehen.** ④ **Der Sparer-Pauschbetrag und der gemeinsame Sparer-Pauschbetrag dürfen nicht höher sein als die nach Maßgabe des Absatzes 6 verrechneten Kapitalerträge.** 15

Übersicht

R 20.1. Werbungskosten bei Einkünften aus Kapitalvermögen

R 20.1

(1) ① Aufwendungen sind, auch wenn sie gleichzeitig der Sicherung und Erhaltung des Kapitalstamms dienen, insoweit als Werbungskosten zu berücksichtigen, als sie zum Erwerb, Sicherung und Erhaltung von Kapitaleinnahmen dienen. ② Aufwendungen, die auf Vermögen entfallen, das nicht zur Erzielung von Kapitaleinkünften angelegt ist oder bei dem Kapitalerträge nicht mehr zu erwarten sind, können nicht als Werbungskosten berücksichtigt werden. 16

(2) ① Nach den allgemeinen Grundsätzen können u. a. Bankspesen für die Depotverwaltung, Gebühren, Fachliteratur, Reisekosten zur Hauptversammlung, Verfahrensauslagen und Rechtsanwaltskosten als Werbungskosten berücksichtigt werden. ② Zum Abzug ausländischer Steuern wie Werbungskosten → R 34 c. 17

(3) Absatz 1 und 2 gelten vorbehaltlich des § 2 Abs. 2 Satz 2 EStG. 17a

H 20.1

Abgeltungsteuer – Allgemeines. Zu Einzelfragen zur Abgeltungsteuer → BMF vom 19. 5. 2022 (BStBl. I S. 742)[3] unter Berücksichtigung der Änderungen in Rn. 92 und 300 a durch BMF vom 20. 12. 2022 (BStBl. I 2023 S. 46). 18

Anschaffungskosten

– Ein beim Erwerb einer stillen Beteiligung an den Geschäftsinhaber entrichtetes Ausgabeaufgeld gehört zu den Anschaffungskosten der stillen Beteiligung (→ BFH vom 23. 11. 2000 – BStBl. 2001 II S. 24).

[1] Zur Berücksichtigung von Guthabenzinsen aus Bausparverträgen bei den Einkünften aus Vermietung und Verpachtung siehe BMF-Schreiben vom 28. 2. 1990, abgedruckt als Anlage a zu R 21.2 EStR.

[2] **Zur Fassung von § 20 Abs. 9 Satz 1 und 3 ab 1. 1. 2023 siehe in der geschlossenen Wiedergabe.**

[3] Abgedruckt als Anlage a zu §§ 43–45 e EStG.

H 20.1

– Gutachtenkosten im Zusammenhang mit der Anschaffung von GmbH-Geschäftsanteilen sind Anschaffungsnebenkosten, wenn sie nach einer grundsätzlich gefassten Erwerbsentscheidung entstehen und die Erstellung des Gutachtens nicht lediglich eine Maßnahme zur Vorbereitung einer noch unbestimmten, erst später zu treffenden Erwerbsentscheidung darstellt (→ BFH vom 27. 3. 2007 – BStBl. 2010 II S. 159).
– Zahlt ein Stpfl., der einem Vermögensverwalter Vermögen zur Anlage auf dem Kapitalmarkt überlässt, ein gesondertes Entgelt für die Auswahl zwischen mehreren Gewinnstrategien des Vermögensverwalters (sog. Strategieentgelt), ist das Entgelt den Anschaffungskosten für den Erwerb der Kapitalanlagen zuzurechnen (→ BFH vom 28. 10. 2009 – BStBl. 2010 II S. 469).

Bond-Stripping → BMF vom 11. 11. 2016 (BStBl. I S. 1245).

Gesellschafterdarlehen

– Ein Verzicht des Gesellschafters auf ein Gesellschafterdarlehen gegen Besserungsschein kann für Schuldzinsen, die auf ein Refinanzierungsdarlehen gezahlt werden, bis zum Eintritt des Besserungsfalls zu einem Wechsel des Veranlassungszusammenhangs der Aufwendungen hin zu den Beteiligungserträgen gem. § 20 Abs. 1 Nr. 1 führen. Dieser tritt insbesondere dann ein, wenn der Gesellschafter durch den Verzicht auf Zins- und Tilgungsansprüche aus dem Gesellschafterdarlehen die Eigenkapitalbildung und Ertragskraft der Gesellschaft stärken will (→ BFH vom 24. 10. 2017 – BStBl. 2019 II S. 34).
– Zur Berücksichtigung von Verlusten aus Gesellschafterdarlehen bei den Einkünften aus Kapitalvermögen → BMF vom 7. 6. 2022 (BStBl. I S. 897)[1], Rn. 21 ff.

Sinngemäße Anwendung des § 15 a EStG

– Erst wenn die Gesellschaft endgültig von einer Schuld befreit wird, handelt es sich im Falle der Übernahme einer Gesellschaftsschuld durch den stillen Gesellschafter um die allein maßgebliche „geleistete Einlage" i. S. d. § 15 a Abs. 1 Satz 1 EStG. Eine erst später erteilte Genehmigung einer Schuldübernahme durch den Gläubiger wirkt steuerrechtlich nicht auf den Zeitpunkt zurück, in dem der stille Gesellschafter sich dazu verpflichtet hatte (→ BFH vom 16. 10. 2007 – BStBl. 2008 II S. 126).
– → H 21.2.

Stiller Gesellschafter

– Die Vereinbarung einer Beteiligung des stillen Gesellschafters am Gewinn des Geschäftsinhabers gilt im Zweifel auch für seine Beteiligung am Verlust. Der Verlustanteil ist dem stillen Gesellschafter nicht nur bis zum Verbrauch seiner Einlage, sondern auch in Höhe seines negativen Einlagekontos zuzurechnen. Spätere Gewinne sind gem. § 15 a EStG zunächst mit den auf diesem Konto ausgewiesenen Verlusten zu verrechnen (→ BFH vom 23. 7. 2002 – BStBl. II S. 858).
– Ein an einer GmbH typisch still beteiligter Gesellschafter kann seinen Anteil an dem laufenden Verlust der GmbH nur dann berücksichtigen, wenn der Verlustanteil im Jahresabschluss der GmbH festgestellt oder vom Finanzamt geschätzt und von der Kapitaleinlage des stillen Gesellschafters abgebucht worden ist (→ BFH vom 28. 5. 1997 – BStBl. II S. 724 und vom 16. 10. 2007 – BStBl. 2008 II S. 126). Die Abbuchung als Voraussetzung für die Verlustberücksichtigung entfällt jedoch, soweit durch den Verlustanteil ein negatives Einlagekonto entsteht. Der Verlustanteil entsteht mit seiner Berechnung nach § 232 Abs. 1 HGB auf der Grundlage des Jahresabschlusses des Geschäftsinhabers (→ BFH vom 23. 7. 2002 – BStBl. II S. 858).
– Zur Behandlung von Verlusten aus stillen Gesellschaften an Kapitalgesellschaften → BMF vom 19. 11. 2008 (BStBl. I S. 970).[2]
– → Anschaffungskosten.

Verlustabzug in Erbfällen. Verluste i. S. d. § 20 Abs. 6 EStG → R 10d Abs. 9 Satz 9.

Werbungskostenabzugsverbot nach § 20 Abs. 9 EStG

– Schuldzinsen, die nach der Veräußerung oder der Aufgabe einer wesentlichen Beteiligung i. S. d. § 17 Abs. 1 EStG anfallen, sind ab dem VZ 2009 nicht mehr als Werbungskosten bei den Einkünften aus Kapitalvermögen abziehbar (→ BFH vom 1. 7. 2014 – BStBl. II S. 975 und vom 21. 10. 2014 – BStBl. 2015 II S. 270).
– Das Werbungskostenabzugsverbot findet auch dann Anwendung, wenn Ausgaben, die nach dem 31. 12. 2008 getätigt wurden, mit Kapitalerträgen zusammenhängen, die bereits vor dem 1. 1. 2009 zugeflossen sind (→ BFH vom 2. 12. 2014 – BStBl. 2015 II S. 387 und vom 9. 6. 2015 – BStBl. 2016 II S. 199).
– Gegen das Werbungskostenabzugsverbot bestehen keine verfassungsrechtlichen Bedenken (→ BFH vom 1. 7. 2014 – BStBl. II S. 975, vom 28. 1. 2015 – BStBl. II S. 393 und vom 9. 6. 2015 – BStBl. 2016 II S. 199).
– Das Werbungskostenabzugsverbot kommt in den Fällen des § 32 d Abs. 2 Nr. 1 Satz 1 Buchst. b Satz 1 EStG nicht zur Anwendung (§ 32d Abs. 2 Nr. 1 Satz 2 EStG). Dies gilt auch dann,

[1] Abgedruckt als Anlage a zu R 17 EStR.
[2] Abgedruckt als Anlage zu R 15.10 EStR.

wenn von der Gesellschaft die geschuldeten Kapitalerträge nicht gezahlt werden (→ BFH vom 24. 10. 2017 – BStBl. 2019 II S. 34).
– Zu einer Sicherheits-Kompakt-Rente → H 22.4 (Werbungskosten).

R 20.2. Einnahmen aus Kapitalvermögen[1] R 20.2

①Auf Erträge aus Versicherungen auf den Erlebens- oder Todesfall ist bei Verträgen, die vor dem 1. 1. 2005 abgeschlossen worden sind, R 154 EStR 2003[2] weiter anzuwenden. ②R 154 Satz 4 Buchstabe a EStR 2003 gilt nicht für Zinsen, die nach Ablauf der Mindestlaufzeit von 12 Jahren bei Weiterführung des Versicherungsvertrages gezahlt werden. 23

Abtretung. Zur Zurechnung von Zinsen bei Abtretung einer verzinslichen Forderung → BFH vom 8. 7. 1998 (BStBl. 1999 II S. 123). H 20.2 24

American Depository Receipts (ADRs). Zur Besteuerung von ADRs auf inländische Aktien und vergleichbaren Hinterlegungsscheinen, die Aktien vertreten → BMF vom 24. 5. 2013 (BStBl. I S. 718) unter Berücksichtigung der Änderungen durch BMF vom 18. 12. 2018 (BStBl. I S. 1400).

Betriebsaufspaltung → H 15.7 (4) Gewinnausschüttungen.

Einlagenrückgewähr
– Rückgewähr von Einlagen durch eine unbeschränkt steuerpflichtige Körperschaft; bilanzsteuerrechtliche Behandlung beim Empfänger → BMF vom 9. 1. 1987 (BStBl. I S. 171).
– Der aus dem steuerlichen Einlagekonto i. S. d. § 27 KStG stammende Gewinnanteil ist beim Gesellschafter gemäß § 20 Abs. 1 Nr. 1 Satz 3 EStG als nicht steuerbare Einnahme zu behandeln. Dies gilt auch dann, wenn der Stpfl. an der ausschüttenden Körperschaft gemäß § 17 EStG beteiligt ist. Der Teil der Ausschüttung einer Körperschaft, der aus dem steuerlichen Einlagekonto i. S. d. § 27 KStG finanziert ist, führt zu einer Minderung der Anschaffungskosten der Beteiligung. Zur Veräußerung von Anteilen i. S. d. § 17 EStG (→ BFH vom 19. 7. 1994 – BStBl. 1995 II S. 362); zu den Auswirkungen bei § 20 Abs. 2 EStG → BMF vom 19. 5. 2022 (BStBl. I S. 742) unter der Berücksichtigung der Änderungen durch BMF vom 20. 12. 2022 (BStBl. I 2023 S. 46),[3] Rn. 92.
– Zur Bescheinigung der Leistungen, die als Abgang auf dem steuerlichen Einlagekonto zu berücksichtigen sind, durch die Kapitalgesellschaft → § 27 Abs. 3 KStG.

Erstattungszinsen nach § 233 a AO[4]
– Erstattungszinsen sind steuerbare Einnahmen (→ BFH vom 12. 11. 2013 – BStBl. 2014 II S. 168 und vom 24. 6. 2014 – BStBl. II S. 998).[5]
– Aus Gründen sachlicher Härte sind auf Antrag Erstattungszinsen i. S. d. § 233 a AO nach § 163 AO nicht in die Steuerbemessungsgrundlage einzubeziehen, soweit ihnen nicht abziehbare Nachforderungszinsen gegenüberstehen, die auf ein und demselben Ereignis beruhen (→ BMF vom 16. 3. 2021 – BStBl. I S. 353).

Erträge aus Lebensversicherungen (Vertragsabschluss vor dem 1. 1. 1974). Zinsen aus Sparanteilen aus Beiträgen für vor dem 1. 1. 1974 abgeschlossene Lebensversicherungen sind nicht steuerbar (→ BFH vom 29. 5. 2012 – BStBl. 2013 II S. 115).

---

[1] Zu Kapitalerträgen aus sog. Nullzins-Bausparttarifen vgl. *BMF-Schreiben vom 22. 2. 1995 IV B 4 – 2252 – 46/95 (DStR S. 605).* Zu Wertpapierpensionsgeschäften zwischen Eltern und Kindern vgl. *BMF-Schreiben vom 28. 6. 1984 (BStBl. I S. 394).* Zur Zurechnung von Zinsen im Erbfall siehe *Vfg. LSF Sachsen vom 16. 4. 2013 S 2252 – 110/1 – 211 (DStR S. 1335).*

[2] **R 154 EStR 2003 „Einnahmen aus Kapitalvermögen" lautet wie folgt:**
„① Zu den Einnahmen aus Kapitalvermögen rechnen nach § 20 Abs. 1 Nr. 6 EStG die außerrechnungsmäßigen und rechnungsmäßigen Zinsen aus den Sparanteilen, die in den Beiträgen zu Versicherungen auf den Erlebens- oder Todesfall enthalten sind. ② Zu den Einnahmen aus Kapitalvermögen gehören stets Zinsen aus
1. Kapitalversicherungen gegen Einmalbeitrag,
2. Rentenversicherungen mit Kapitalwahlrecht gegen Einmalbeitrag,
3. Rentenversicherungen mit Kapitalwahlrecht gegen laufende Beitragsleistung, bei denen das Kapitalwahlrecht vor Ablauf von 12 Jahren nach Vertragsabschluss ausgeübt werden kann,
4. Kapitalversicherungen gegen laufende Beitragsleistung, wenn der Vertrag nicht für die Dauer von mindestens 12 Jahren abgeschlossen ist,
5. Versicherungen im Sinne des § 10 Abs. 1 Nr. 2 Buchstabe b EStG in den Fällen des § 10 Abs. 2 Satz 2 EStG, wenn die Voraussetzungen für den Sonderausgabenabzug nicht erfüllt sind,
6. Versicherungen auf den Erlebens- oder Todesfall in den Fällen des § 10 Abs. 1 Nr. 2 Buchstabe b *Satz 5** EStG, wenn die Voraussetzungen für den Sonderausgabenabzug nicht erfüllt sind.

③ Zinsen aus Versicherungen im Sinne des § 10 Abs. 1 Nr. 2 Buchstabe b EStG rechnen grundsätzlich nicht zu den steuerpflichtigen Einnahmen, wenn die Voraussetzungen für den Sonderausgabenabzug erfüllt sind. ④ Die Zinsen gehören bei diesen Verträgen jedoch zu den Einnahmen aus Kapitalvermögen, soweit sie
a) zu dem laufenden Vertrag oder
b) im Falle des Rückkaufs des Vertrages vor Ablauf von 12 Jahren nach Vertragsabschluss mit dem Rückkaufwert ausgezahlt werden.
⑤ Die Höhe der steuerpflichtigen Kapitalerträge ist von dem Versicherer zu ermitteln."
* Ab VZ 2004: Satz 6.

[3] Abgedruckt als Anlage a zu §§ 43–45 e EStG.

[4] Ergänzend siehe *Vfg. BayLfSt vom 8. 9. 2011 S 2252 1.1 – 6/4 St 32 (BB S. 2726).*

[5] Verfassungsbeschwerde anhängig, *Az. 2 BvR 2674/14.*

H 20.2

Erträge aus Lebensversicherungen (Vertragsabschluss vor dem 1. 1. 2005)
- → BMF vom 31. 8. 1979 (BStBl. I S. 592)[1] zur steuerlichen Behandlung der rechnungsmäßigen und außerrechnungsmäßigen Zinsen aus Lebensversicherungen.
- → BMF vom 13. 11. 1985 (BStBl. I S. 661)[1] zum Näherungsverfahren zur Berechnung der rechnungsmäßigen und außerrechnungsmäßigen Zinsen.
- → BMF vom 16. 7. 2012 (BStBl. I S. 686)[2] zur gesonderten Feststellung der Steuerpflicht von Zinsen aus einer Lebensversicherung.
- → BMF vom 15. 6. 2000 (BStBl. I S. 1118) zu Finanzierungen unter Einsatz von Lebensversicherungsverträgen (Policendarlehen).
- Zinsen aus einer vor dem 1. 1. 2005 abgeschlossenen Kapitallebensversicherung, die nach Ablauf eines Zeitraums von mehr als 12 Jahren nach Vertragsabschluss bei Weiterführung gezahlt werden, sind in entsprechender Anwendung des § 20 Abs. 1 Nr. 6 Satz 2 EStG in der am 31. 12. 2004 geltenden Fassung steuerfrei (→ BFH vom 12. 10. 2005 – BStBl. 2006 II S. 251).
- Die Steuerbefreiung in § 20 Abs. 1 Nr. 6 Satz 2 EStG in der am 31. 12. 2004 geltenden Fassung für Zinsen aus Lebensversicherungen ist nicht an die Voraussetzungen des Sonderausgabenabzugs für die Versicherungsbeiträge geknüpft. Es ist daher unschädlich, wenn der ausländischen Lebensversicherungsgesellschaft die Erlaubnis zum Betrieb eines nach § 10 Abs. 2 Satz 1 Nr. 2 Buchstabe a EStG in der am 31. 12. 2004 geltenden Fassung begünstigten Versicherungszweigs im Inland nicht erteilt worden ist (→ BFH vom 1. 3. 2005 – BStBl. 2006 II S. 365).
- → Auszug aus dem EStG 2002 in der am 31. 12. 2004 geltenden Fassung.[3]

Erträge aus Lebensversicherungen (Vertragsabschluss nach dem 31. 12. 2004). Zur Besteuerung von Versicherungserträgen i. S. d. § 20 Abs. 1 Nr. 6 EStG → BMF vom 1. 10. 2009 (BStBl. I S. 1172)[4] unter Berücksichtigung der Änderungen durch BMF vom 6. 3. 2012 (BStBl. I S. 238), vom 11. 11. 2016 (BStBl. I S. 1238), vom 29. 9. 2017 (BStBl. I S. 1314) und vom 9. 8. 2019 (BStBl. I S. 829) und → BMF vom 18. 6. 2013 (BStBl. I S. 768).[5]

Ferienwohnung. Überlässt eine AG satzungsgemäß ihren Aktionären Ferienwohnungen zur zeitlich vorübergehenden Nutzung nach Maßgabe eines Wohnberechtigungspunktesystems, erzielt der Aktionär mit der Nutzung Kapitalerträge (→ BFH vom 16. 12. 1992 – BStBl. 1993 II S. 399).

Hochzins- und Umtauschanleihen → BMF vom 2. 3. 2001 (BStBl. I S. 206).

Investmentanteile. Zu Anwendungsfragen zum Investmentsteuergesetz in der ab dem 1. 1. 2018 geltenden Fassung → BMF vom 21. 5. 2019 (BStBl. I S. 527) unter Berücksichtigung der Änderung durch BMF vom 19. 12. 2019 (BStBl. 2020 I S. 85), vom 29. 10. 2020 (BStBl. I S. 1167)[6], vom 15. 3. 2022 (BStBl. I S. 336) und vom 30. 12. 2022 (BStBl. I 2023 S. 176).

Pflichtteilsansprüche
- Verzichtet ein Kind gegenüber seinen Eltern auf künftige Pflichtteilsansprüche und erhält es dafür im Gegenzug von den Eltern wiederkehrende Zahlungen, so liegt darin kein entgeltlicher Leistungsaustausch und keine Kapitalüberlassung des Kindes an die Eltern, so dass in den wiederkehrenden Zahlungen auch kein einkommensteuerbarer Zinsanteil enthalten ist (→ BFH vom 9. 2. 2010 – BStBl. II S. 818).
- Erhält das Kind für den Verzicht auf künftige Pflichtteilsansprüche einen fälligen Zahlungsanspruch, führt die Verzinsung dieses Zahlungsanspruches zu steuerpflichtigen Kapitalerträgen i. S. d. § 20 Abs. 1 Nr. 7 EStG (→ BFH vom 6. 8. 2019 – BStBl. 2020 II S. 92).
- Ist der Erbfall bereits eingetreten und erhält ein Pflichtteilsberechtigter vom Erben unter Anrechnung auf seinen Pflichtteil wiederkehrende Leistungen, ist das Merkmal der Überlassung von Kapital zur Nutzung i. S. d. § 20 Abs. 1 Nr. 7 EStG jedenfalls dann erfüllt, wenn der Bedachte rechtlich befugt ist, den niedrigeren Barwert im Rahmen seines Pflichtteilsanspruchs geltend zu machen (→ BFH vom 26. 11. 1992 – BStBl. 1993 II S. 298).

Rückgängigmachung einer Gewinnausschüttung. Die Gewinnausschüttung einer Kapitalgesellschaft bleibt bei dem Gesellschafter auch dann eine Einnahme aus Kapitalvermögen, wenn der Gewinnverteilungsbeschluss auf Grund eines Rückforderungsanspruchs der Gesellschaft rückgängig gemacht werden kann oder aufgehoben wird (→ BFH vom 1. 3. 1977 – BStBl. II S. 545). Das gilt auch bei einer Verpflichtung zur Rückzahlung einer offenen Gewinnausschüttung; die Rückzahlung stellt keine negative Einnahme dar (→ BFH vom 29. 8. 2000 – BStBl. 2001 II S. 173).

Schenkung unter Auflage. Wird ein geschenkter Geldbetrag entsprechend der Auflage des Schenkers vom Beschenkten angelegt, erzielt dieser hieraus auch dann Einkünfte aus Ka-

---

[1] Letztmals abgedruckt im „Handbuch zur ESt-Veranlagung 2020“ als Anlage a und b zu § 20 EStG.
[2] Abgedruckt im „AO/FGO-Handbuch 2023“ als Anlage zu § 180 AO.
[3] Letztmals abgedruckt im „Handbuch zur ESt-Veranlagung 2020“ als Anlage d zu R 10.5 EStR.
[4] Abgedruckt als Anlage a zu § 20 EStG.
[5] Abgedruckt als Anlage b zu § 20 EStG.
[6] Erneut ergänzt und geändert durch BMF-Schreiben vom 20. 1. 2021 (BStBl. I S. 156) und durch BMF-Schreiben vom 29. 4. 2021 (BStBl. I S. 735).

pitalvermögen, wenn er die Erträge entsprechend einer weiteren Auflage weiterzuleiten hat (→ BFH vom 26. 11. 1997 – BStBl. 1998 II S. 190).

Schneeballsystem

– Beteiligt sich ein Kapitalanleger an einem sog. Schneeballsystem, mit dem ihm vorgetäuscht wird, in seinem Auftrag und für seine Rechnung würden Geschäfte auf dem Kapitalmarkt getätigt, ist der vom Kapitalanleger angenommene Sachverhalt der Besteuerung zugrunde zu legen (→ BFH vom 14. 12. 2004 – BStBl. 2005 II S. 739 und S. 746).

– Gutschriften aus Schneeballsystemen führen zu Einnahmen aus Kapitalvermögen, wenn der Betreiber des Schneeballsystems bei entsprechendem Verlangen des Anlegers zur Auszahlung der gutgeschriebenen Beträge leistungsbereit und leistungsfähig gewesen wäre. An der Leistungsbereitschaft des Betreibers des Schneeballsystems kann es fehlen, wenn er auf einen Auszahlungswunsch des Anlegers hin eine sofortige Auszahlung ablehnt und stattdessen über anderweitige Zahlungsmodalitäten verhandelt. Entscheidend ist, ob der Anleger in seinem konkreten Fall eine Auszahlung hätte erreichen können. Auf eine hypothetische Zahlung an alle Anleger ist nicht abzustellen (→ BFH vom 16. 3. 2010 – BStBl. 2014 II S. 147, vom 11. 2. 2014 – BStBl. II S. 461 und vom 2. 4. 2014 – BStBl. II S. 698).

Stiftung

– Können die Leistungsempfänger einer Stiftung unmittelbar oder mittelbar Einfluss auf das Ausschüttungsverhalten der Stiftung nehmen, handelt es sich bei den Leistungen um Einkünfte aus Kapitalvermögen i. S. d. § 20 Abs. 1 Nr. 9 EStG (→ BFH vom 3. 11. 2010 – BStBl. 2011 II S. 417).

– Unter § 20 Abs. 1 Nr. 9 EStG fallen alle wiederkehrenden oder einmaligen Leistungen einer Stiftung, die von den Beschluss fassenden Stiftungsgremien aus den Erträgen der Stiftung an den Stifter, seine Angehörigen oder deren Abkömmlinge ausgekehrt werden. Dies gilt auch, wenn die Leistungen anlässlich der Auflösung der Stiftung erbracht werden (→ BMF vom 27. 6. 2006 – BStBl. I S. 417).

Stiller Gesellschafter

– Zu den Einnahmen aus Kapitalvermögen gehören auch alle Vorteile, die ein typischer stiller Gesellschafter als Gegenleistung für die Überlassung der Einlage erhält, z. B. Bezüge auf Grund von Wertsicherungsklauseln oder von Kursgarantien, ein Damnum und ein Aufgeld. Dazu gehört auch ein im Fall der Veräußerung der stillen Beteiligung über den Betrag der Einlage hinaus erzielter Mehrerlös, soweit dieser auf einen Anteil am Gewinn eines bereits abgelaufenen Wj. entfällt (→ BFH vom 11. 2. 1981 – BStBl. II S. 465) oder soweit er ein anders bemessenes Entgelt für die Überlassung der Einlage darstellt (→ BFH vom 14. 2. 1984 – BStBl. II S. 580).

– Gewinnanteile aus einer stillen Beteiligung, die zur Wiederauffüllung einer durch Verluste geminderten Einlage dienen, sind Einnahmen aus Kapitalvermögen (→ BFH vom 24. 1. 1990 – BStBl. 1991 II S. 147); bei negativem Einlagekonto → H 20.1.

– Auch der Mehrheitsgesellschafter einer Kapitalgesellschaft kann daneben typisch stiller Gesellschafter der Kapitalgesellschaft sein, dessen Gewinnanteil zu den Einnahmen aus Kapitalvermögen gehört (→ BFH vom 21. 6. 1983 – BStBl. II S. 563).

– § 20 Abs. 1 Nr. 4 EStG ist auf Gewinnanteile aus typischen Unterbeteiligungen entsprechend anzuwenden (→ BFH vom 28. 11. 1990 – BStBl. 1991 II S. 313).

– Für die Annahme einer stillen Gesellschaft können – vor allem in Grenzfällen – von den Vertragsparteien gewählte Formulierungen indizielle Bedeutung haben; entscheidend ist, was die Vertragsparteien wirtschaftlich gewollt haben und ob der – unter Heranziehung aller Umstände zu ermittelnde – Vertragswille auf die Merkmale einer (stillen) Gesellschaft gerichtet ist (→ BFH vom 28. 10. 2008 – BStBl. 2009 II S. 190). Dabei darf der für eine stille Gesellschaft erforderliche gemeinsame Zweck der Gesellschafter nicht mit deren Motiven für ihre Beteiligung vermengt werden. Dass Kapitalanleger und Fondsgesellschaft beide das Ziel verfolgen, durch Handel an internationalen Finanzterminmärkten mittelfristig einen Kapitalzuwachs zu erreichen, reicht für die Annahme eines gemeinsamen Zwecks nicht aus. Ein gemeinsamer Zweck verlangt zwischen Anleger und Anlagegesellschaft ein substantielles „Mehr" als die bloße Kapitalhingabe und dessen Verwendung (→ BFH vom 8. 4. 2008 – BStBl. II S. 852).

– Stellt ein Kapitalanleger einem Unternehmer unter Gewährung einer Erfolgsbeteiligung Geldbeträge zur Verfügung, die dieser an Brokerfirmen für Börsentermingeschäfte oder an Fonds weiterleiten soll, kann eine solche Vereinbarung eine typisch stille Gesellschaft begründen (→ BFH vom 28. 10. 2008 – BStBl. 2009 II S. 190).

Stückzinsen → BMF vom 19. 5. 2022 (BStBl. I S. 742),[1] Rn. 49–51.

Teilentgeltliche Übertragung eines Grundstücks und Gebäudes des Privatvermögens gegen eine Veräußerungszeitrente. Auch bei der teilentgeltlichen Übertragung eines Grundstücks und Gebäudes des Privatvermögens gegen eine Veräußerungszeitrente fließen dem Veräußerer von Beginn an steuerpflichtige Zinseinkünfte gem. § 20 Abs. 1 Nr. 7 zu,

[1] Abgedruckt als Anlage a zu §§ 43–45 e EStG.

H 20.2

soweit die Rentenzahlungen nicht auf den Unterschiedsbetrag zwischen dem Barwert der Rentenforderung zu Beginn und zum Ende des Streitjahres (sog. Tilgungsanteil) entfallen (→ BFH vom 14. 7. 2020 – BStBl. II S. 813).

Treuhandverhältnis. Der Treugeber als wirtschaftlicher Inhaber einer Kapitalforderung erzielt die Einkünfte aus Kapitalvermögen (→ BFH vom 24. 11. 2009 – BStBl. 2010 II S. 590).

Umqualifizierung von Einkünften i. S. des § 20 Absatz 2 Satz 1 Nummer 1 EStG in Einkünfte i. S. des § 17 EStG → BMF vom 16. 12. 2014 (BStBl. 2015 I S. 24).[1]

Unverzinsliche Kaufpreisraten. Ein Zinsanteil ist auch in unverzinslichen Forderungen enthalten, deren Laufzeit mehr als ein Jahr beträgt und die zu einem bestimmten Zeitpunkt fällig werden (→ BFH vom 21. 10. 1980 – BStBl. 1981 II S. 160). Dies gilt auch dann, wenn die Vertragsparteien eine Verzinsung ausdrücklich ausgeschlossen haben (→ BFH vom 25. 6. 1974 – BStBl. 1975 II S. 431).

Verdeckte Gewinnausschüttung an nahestehende Personen. Die der nahestehenden Person zugeflossene verdeckte Gewinnausschüttung ist stets dem Gesellschafter als Einnahme zuzurechnen (→ BMF vom 20. 5. 1999 – BStBl. I S. 514).

Vermächtnisanspruch. Zinsen, die auf einer testamentarisch angeordneten Verzinsung eines erst fünf Jahre nach dem Tode des Erblassers fälligen betagten Vermächtnisanspruchs beruhen, sind beim Vermächtnisnehmer Einkünfte aus Kapitalvermögen (→ BFH vom 20. 10. 2015 – BStBl. 2016 II S. 342).

Virtuelle Währungen und sonstige Token → BMF vom 10. 5. 2022 (BStBl. I S. 668).

Zahlungseinstellung des Emittenten. Zur Behandlung der Einnahmen aus der Veräußerung oder Abtretung einer Kapitalanlage bei vorübergehender oder endgültiger Zahlungseinstellung des Emittenten → BMF vom 14. 7. 2004 (BStBl. I S. 611).

Zinsen aus Rentennachzahlungen. Nicht zu den Rentennachzahlungen zählen darauf entfallende Zinsen. Diese gehören zu den Einkünften aus Kapitalvermögen gem. § 20 Abs. 1 Nr. 7 EStG (→ BMF vom 19. 8. 2013 – BStBl. I S. 1087[2] unter Berücksichtigung der Änderungen durch BMF vom 4. 7. 2016 – BStBl. I S. 645, Rz. 196).

Zinsen und Nebenleistungen aus einer durch Versteigerung realisierten Grundschuld. Zinsen i. S. v. § 1191 Abs. 2 BGB, denen kein Kapitalnutzungsverhältnis zugrunde liegt, unterliegen wegen ihrer ausdrücklichen Erwähnung in § 20 Abs. 1 Nr. 5 EStG der Besteuerung. Sie sind demjenigen zuzurechnen, der im Zeitpunkt des Zuschlagsbeschlusses aus der Grundschuld berechtigt ist und bei dem deshalb erstmals der Anspruch auf Ersatz des Wertes der Grundschuld aus dem Versteigerungserlös entsteht. Dagegen ist der dem Grundschuldgläubiger aus dem Versteigerungserlös zufließende Betrag nicht steuerbar, soweit er auf eine Nebenleistung i. S. v. § 1191 Abs. 2 BGB entfällt (→ BFH vom 11. 4. 2012 – BStBl. II S. 496).

Zuflusszeitpunkt bei Gewinnausschüttungen

- **Grundsatz.** Einnahmen aus Kapitalvermögen sind zugeflossen, sobald der Stpfl. über sie wirtschaftlich verfügen kann (→ BFH vom 8. 10. 1991 – BStBl. 1992 II S. 174). Gewinnausschüttungen sind dem Gesellschafter schon dann zugeflossen, wenn sie ihm z. B. auf einem Verrechnungskonto bei der leistungsfähigen Kapitalgesellschaft gutgeschrieben worden sind, über das der Gesellschafter verfügen kann, oder wenn der Gesellschafter aus eigenem Interesse (z. B. bei einer Novation) seine Gewinnanteile in der Gesellschaft belässt (→ BFH vom 14. 2. 1984 – BStBl. II S. 480).
- **Beherrschender Gesellschafter/Alleingesellschafter.** Gewinnausschüttungen an den beherrschenden Gesellschafter oder an den Alleingesellschafter einer zahlungsfähigen Kapitalgesellschaft sind diesen in der Regel auch dann zum Zeitpunkt der Beschlussfassung über die Gewinnverwendung i. S. d. § 11 Abs. 1 Satz 1 EStG zugeflossen, wenn die Gesellschafterversammlung eine spätere Fälligkeit des Auszahlungsanspruchs beschlossen hat (→ BFH vom 17. 11. 1998 – BStBl. 1999 II S. 223). Die Zahlungsfähigkeit einer Kapitalgesellschaft ist auch dann gegeben, wenn diese zwar mangels eigener Liquidität die von ihr zu erbringende Ausschüttung nicht leisten kann, sie sich als beherrschende Gesellschafterin einer Tochter-Kapitalgesellschaft mit hoher Liquidität indes jederzeit bei dieser bedienen kann, um sich selbst die für ihre Ausschüttung erforderlichen Geldmittel zu verschaffen (→ BFH vom 2. 12. 2014 – BStBl. 2015 II S. 333).
- **Verschiebung des Auszahlungstags.** Zur Frage des Zeitpunkts des Zuflusses bei Verschiebung des Auszahlungstags, wenn eine Kapitalgesellschaft von mehreren Personen gemeinsam beherrscht wird oder die Satzung Bestimmungen über Gewinnabhebungen oder Auszahlungen zu einem späteren Zeitpunkt als dem Gewinnverteilungsbeschluss enthält, → BFH vom 21. 10. 1981 (BStBl. 1982 II S. 139).

Zurechnung von Beteiligungserträgen. Steht einem Nießbraucher an einem Kapitalgesellschaftsanteil nur ein Anspruch am damit verbundenen Gewinnanteil zu, ohne dass der Nießbraucher wesentliche Verwaltungsrechte, insbesondere die Stimmrechte, ausüben und

[1] Abgedruckt als Anlage b zu R 17 EStR.
[2] Abgedruckt als Anlage zu H 22.3.

im Konfliktfall effektiv durchsetzen kann, sind die Einnahmen i. S. d. § 20 Abs. 1 Nr. 1 Satz 1 weiter dem Anteilseigner zuzurechnen (→ BFH vom 14. 2. 2022 – BStBl. II S. 544 und S. 548).

R 20.3. *(aufgehoben)* R 20.3

Anl a zu § 20

a) Schreiben betr. Besteuerung von Versicherungserträgen im Sinne des § 20 Absatz 1 Nummer 6 EStG

Vom 1. Oktober 2009 (BStBl. I S. 1172)

(BMF IV C 1 – S 2252/07/0001; DOK 2009/0637786)

Geändert durch BMF-Schreiben vom 6. März 2012 (BStBl. I S. 238), BMF-Schreiben vom 29. September 2017 (BStBl. I S. 1314) und BMF-Schreiben vom 9. August 2019 (BStBl. I S. 829)

Im Einvernehmen mit den obersten Finanzbehörden der Länder wird das BMF-Schreiben vom 22. Dezember 2005 (BStBl. 2006 I S. 92) wie folgt gefasst:

Übersicht

I. Versicherung im Sinne des § 20 Absatz 1 Nummer 6 EStG

1 Der Besteuerung nach § 20 Absatz 1 Nummer 6 EStG unterliegen die Erträge aus folgenden Versi- **74**
cherungen auf den Erlebens- oder Todesfall (kapitalbildende Lebensversicherungen): Rentenversicherungen mit Kapitalwahlrecht, soweit nicht die Rentenzahlung gewählt wird, und Kapitalversicherungen

Anl a zu § 20

mit Sparanteil. Erträge aus Unfallversicherungen mit garantierter Beitragsrückzahlung unterliegen ebenfalls der Besteuerung nach § 20 Absatz 1 Nummer 6 EStG.

2 Eine Versicherung im Sinne des § 20 Absatz 1 Nummer 6 EStG unterscheidet sich von einer Vermögensanlage ohne Versicherungscharakter dadurch, dass ein wirtschaftliches Risiko abgedeckt wird, das aus der Unsicherheit und Unberechenbarkeit des menschlichen Lebens für den Lebensplan des Menschen erwächst (biometrisches Risiko). Die durch die Lebensversicherung typischerweise abgedeckten Gefahren sind der Tod (Todesfallrisiko) oder die ungewisse Lebensdauer (Erlebensfallrisiko, Langlebigkeitsrisiko). Bei der Unfallversicherung mit garantierter Beitragsrückzahlung stellen das Unfallrisiko oder das Risiko der Beitragsrückzahlung im Todesfall die mit der Versicherung untrennbar verbundenen charakteristischen Hauptrisiken dar.

3 Es liegt kein Versicherungsvertrag im Sinne des § 20 Absatz 1 Nummer 6 EStG vor, wenn der Vertrag keine nennenswerte Risikotragung enthält. Davon ist insbesondere dann auszugehen, wenn bei Risikoeintritt nur eine Leistung der angesammelten und verzinsten Sparanteile zuzüglich einer Überschussbeteiligung vereinbart ist. In der Regel ist vom Vorliegen eines Versicherungsvertrages im Sinne des § 20 Absatz 1 Nummer 6 EStG auszugehen, wenn es sich um eine Lebensversicherung oder Unfallversicherung mit garantierter Beitragsrückzahlung im Sinne des Versicherungsaufsichtsrechts handelt. Die Regelungen zum Mindesttodesfallsschutz (vgl. Rz. 23 ff. des BMF-Schreibens vom 22. August 2002 IV C 4 – S 2221 – 211/02, BStBl. I S. 827) sind für nach dem 31. Dezember 2004 abgeschlossene Versicherungsverträge nicht anzuwenden; für nach dem 31. März 2009 abgeschlossene Kapital-Lebensversicherungsverträge gelten neue Regelungen zum Mindesttodesfallschutz (vgl. Rz. 78 a ff.).

3a Eine Rentenversicherung liegt nur dann vor, wenn bereits am Beginn der Vertragslaufzeit ein Langlebigkeitsrisiko vom Versicherungsunternehmen übernommen wird. Dies bedeutet, dass bereits bei Vertragsabschluss die Höhe der garantierten Leibrente in Form eines konkreten Geldbetrages festgelegt wird oder ein konkret beziffrter Faktor garantiert wird, mit dem die Höhe der garantierten Leibrente durch Multiplikation mit dem am Ende der Anspar- bzw. Aufschubphase vorhandenen Fondsvermögen bzw. Deckungskapital errechnet wird (Rentenfaktor). Für einzelne Vermögensteile (z. B. durch die Kapitalanlage sichergestelltes Mindestvermögen, eventuelle über die gezahlten Beiträge erheblich hinausgehende Wertsteigerungen) können auch unterschiedliche Rentenfaktoren garantiert werden. Bei Beitragserhöhungen muss der konkrete Geldbetrag oder der Rentenfaktor spätestens im Erhöhungszeitpunkt garantiert werden. Eine vereinbarte Anpassung des Beitrags oder der Leistung gemäß § 163 VVG ist unschädlich.

3b Für vor dem 1. Juli 2010 abgeschlossene Rentenversicherungen ist es ausreichend, dass das Versicherungsunternehmen bei Vertragsabschluss bzw. im Erhöhungszeitpunkt hinreichend konkrete Grundlagen für die Berechnung der Rentenhöhe oder des Rentenfaktors zugesagt hat. Dieses Erfordernis ist auch erfüllt, wenn die bei Vertragsbeginn für die Rentenberechnung unterstellten Rechnungsgrundlagen mit Zustimmung eines unabhängigen Treuhänders, der die Voraussetzungen und die Angemessenheit prüft, geändert werden können.

Insbesondere bei den nachfolgenden Vertragsgestaltungen ist von einer hinreichenden Konkretisierung der Berechnungsgrundlagen auszugehen:

Beispiel 1:

Es gelten die am Ende der Aufschubphase gültigen Rententarife. Der maßgebende Rentenfaktor muss dabei aber mindestens 75% des Wertes des Rentenfaktors betragen, der sich mit den bei Vertragsabschluss verwendeten Rechnungsgrundlagen ergeben würde.

Beispiel 2:

Die auszuzahlende Rente wird zu Beginn der Rentenzahlung für die gesamte Rentenbezugszeit festgelegt. Bei der Rentenberechnung werden mindestens 50% der Sterblichkeiten der Sterbetafel DAV 2004 R und der dann aufsichtsrechtlich festgelegte Höchstrechnungszins zur Deckungsrückstellungsberechnung angesetzt.

Ein Vertrag, der keine hinreichend konkreten Berechnungsgrundlagen enthält, sondern lediglich eine Verrentung am Ende der Anspar- bzw. Aufschubphase zu den dann gültigen Bedingungen vorsieht, ist steuerrechtlich keine Rentenversicherung, sondern ein nach den allgemeinen Vorschriften zu besteuernder Sparvorgang mit einer steuerlich unbeachtlichen Verrentungsoption. Wird bei einem derartigen Vertrag während der Anspar- bzw. Aufschubphase ein Todesfallrisiko übernommen, ist von einer Kapitalversicherung und von einem Zufluss der Erträge am Ende der Anspar- bzw. Aufschubphase auszugehen (vgl. Rz. 26). Sofern vor dem 1. Juli 2010 ein konkreter Geldbetrag oder Rentenfaktor nachträglich zugesagt wird, ist der Vertrag als Rentenversicherung zu betrachten und es ist keine steuerlich relevante Vertragsänderung anzunehmen. Bei Verträgen, bei denen vor diesem Datum die Rentenzahlung beginnt, und bei vor dem 1. Januar 2005 abgeschlossenen Rentenversicherungsverträgen ist eine nachträgliche Zusage nicht erforderlich.

3c Bei ab dem 1. Juli 2010 abgeschlossenen Versicherungsverträgen ist nicht von einer steuerlich anzuerkennenden Rentenversicherung auszugehen, wenn der vereinbarte Rentenzahlungsbeginn dergestalt aufgeschoben ist, dass die mittlere Lebenserwartung der versicherten Person unwesentlich unterschritten oder sogar überschritten wird. Nicht zu beanstanden ist es, wenn der Zeitraum zwischen dem vereinbarten spätesten Rentenbeginn und der mittleren Lebenserwartung mehr als 10% der bei Vertragsabschluss verbliebenen Lebenserwartung beträgt. Maßgebend ist die dem Vertrag zu Grunde gelegte Sterbetafel.

Beispiel:

Die versicherte Person ist bei Vertragsabschluss 30 Jahre alt und hat eine mittlere Lebenserwartung von 82 Jahren. Die verbleibende Lebenserwartung beträgt 52 Jahre, davon 10% sind 5,2 Jahre. Ein vereinbarter Rentenbeginn mit 77 Jahren wäre nicht zu beanstanden.

Anl a zu § 20

4 Keine Versicherungsverträge im Sinne des § 20 Absatz 1 Nummer 6 EStG sind Kapitalisierungsgeschäfte. Als Kapitalisierungsgeschäfte gelten Geschäfte, bei denen unter Anwendung eines mathematischen Verfahrens die im Voraus festgesetzten einmaligen oder wiederkehrenden Prämien und die übernommenen Verpflichtungen nach Dauer und Höhe festgelegt sind (vgl. *§ 1 Absatz 4 Satz 2 des Versicherungsaufsichtsgesetzes [VAG]*).[1]

5 Bei Kapitalforderungen aus Verträgen mit Versicherungsunternehmen, bei denen es sich nicht um einen Versicherungsvertrag im oben angeführten Sinne handelt, richtet sich die Besteuerung des Kapitalertrags nach § 20 Absatz 1 Nummer 7 EStG.

6 Zu den nach § 20 Absatz 1 Nummer 6 EStG steuerpflichtigen Renten- oder Kapitalversicherungen zählen nur solche, die einen Sparanteil enthalten. Bei solchen Versicherungen setzt sich der Versicherungsbeitrag grundsätzlich zusammen aus dem

- **Kostenanteil** (Beitragsteil insbesondere für Verwaltungsaufgaben des Unternehmens, Abschlusskosten, Inkassokosten), dem
- **Risikoanteil** (Beitragsanteil für Leistungen bei Eintritt eines charakteristischen Hauptrisikos: Tod bei Lebensversicherungen, Unfall oder Beitragsrückzahlung im Todesfall bei Unfallversicherungen mit garantierter Beitragsrückzahlung) und dem
- **Sparanteil** (Beitragsanteil, der für die Finanzierung einer Erlebensfall-Leistung verwendet wird).

7 Eine Leistung aus einer **reinen Risikoversicherung,** also einer Versicherung ohne Sparanteil (z. B. Risikolebensversicherung, Unfallversicherung ohne garantierte Beitragsrückzahlung, Berufsunfähigkeitsversicherung, Erwerbsunfähigkeitsversicherung, Pflegeversicherung), fällt nicht unter § 20 Absatz 1 Nummer 6 EStG. Dies gilt sowohl für Kapitalauszahlungen aus reinen Risikoversicherungen als auch für Rentenzahlungen (z. B. Unfall-Rente, Invaliditätsrente). Bei einer Rentenzahlung kann sich jedoch eine Besteuerung aus anderen Vorschriften (insbesondere § 22 Nummer 1 Satz 1 EStG oder § 22 Nummer 1 Satz 3 Buchstabe a Doppelbuchstabe bb EStG) ergeben. Die Barauszahlung von Überschüssen (vgl. Rz. 13 ff.) sowie die Leistung aufgrund einer verzinslichen Ansammlung der Überschüsse (vgl. Rz. 17) ist bei einer reinen Risikoversicherung keine Einnahme im Sinne des § 20 Absatz 1 Nummer 6 EStG und auch nicht im Sinne des § 20 Absatz 1 Nummer 7 EStG.

II. Allgemeine Begriffsbestimmungen

1. Versicherungsnehmer

8 Der Versicherungsnehmer (vgl. § 1 des Versicherungsvertragsgesetzes [VVG]) ist der Vertragspartner des Versicherers. Er ist Träger aller Rechte des Vertrages, z. B. Recht die Versicherungsleistung zu fordern, den Vertrag zu ändern, zu kündigen, Bezugsberechtigungen zu erteilen, die Ansprüche aus dem Vertrag abzutreten oder zu verpfänden. Er ist gleichzeitig Träger aller Pflichten, z. B. Pflicht zur Beitragszahlung. **75**

2. Bezugsberechtigter

9 Der Bezugsberechtigte (vgl. *§§ 166, 167 VVG*[2]) ist derjenige, der nach den vertraglichen Vereinbarungen die Versicherungsleistung erhalten soll. In der Regel kann der Versicherungsnehmer ohne Zustimmung des Versicherers einen Dritten als Bezugsberechtigten bestimmen. Das Bezugsrecht kann getrennt für den Erlebensfall und den Rückkauf sowie für den Todesfall festgelegt sein. Es kann widerruflich oder unwiderruflich ausgesprochen sein. **76**

10 Bei einem unwiderruflichen Bezugsrecht bedarf jede Änderung des Bezugsrechts der Zustimmung des Bezugsberechtigten. Dieser hat auch einen unmittelbaren Rechtsanspruch auf die Leistung.

11 Bei einem widerruflichen Bezugsrecht hat der Bezugsberechtigte nur eine Anwartschaft auf die Leistung. Das widerrufliche Bezugsrecht kann auch jederzeit durch eine Mitteilung des Versicherungsnehmers an das Versicherungsunternehmen geändert werden. Im Zeitpunkt des Versicherungsfalls wird aus der Anwartschaft ein Rechtsanspruch.

3. Versicherte Person

12 Die versicherte Person ist die Person, auf deren Leben oder Gesundheit die Versicherung abgeschlossen wird (vgl. § 150 VVG). Da von ihren individuellen Eigenschaften (insbes. Alter und Gesundheitszustand) die wesentlichen Merkmale eines Versicherungsvertrages abhängen (vgl. BFH vom 9. Mai 1974, BStBl. II S. 633), ist die versicherte Person eine unveränderbare Vertragsgrundlage. Bei einem Wechsel der versicherten Person erlischt, unabhängig von der Frage, ob ein entsprechendes Optionsrecht bereits bei Vertragsabschluss vereinbart worden ist oder nicht (vgl. hierzu Rz. 68), steuerrechtlich der „alte Vertrag" und es wird steuerrechtlich vom Abschluss eines „neuen Vertrages" ausgegangen. Dabei ist für beide Verträge getrennt zu prüfen, ob die Voraussetzungen für die Anwendung des § 20 Absatz 1 Nummer 6 Satz 2 EStG erfüllt sind. Wird die auf den „alten Vertrag" entfallende Versicherungsleistung ganz oder teilweise auf den „neuen Vertrag" angerechnet, so gilt auch die angerechnete Versicherungsleistung aus dem „alten Vertrag" als zugeflossen. Die aus dem „alten Vertrag" angerechnete Versicherungsleistung gilt als Beitragszahlung auf den „neuen Vertrag". **77**

12a Ein steuerlich relevanter Zufluss liegt nicht vor, wenn bei einer internen Teilung nach § 10 des Versorgungsausgleichsgesetzes (VersAusglG) oder bei einer externen Teilung nach § 14 VersAusglG Ansprüche aus einem Vertrag der ausgleichspflichtigen Person übertragen werden. Der Vertrag der ausgleichsberechtigten Person gilt insoweit als zum gleichen Zeitpunkt abgeschlossen wie derjenige der ausgleichspflichtigen Person *(§ 52 Absatz 36 Satz 12 EStG)*[3].

---

[1] Jetzt: § 1 Abs. 1 Satz 2 VAG.
[2] Jetzt: §§ 159, 160 VVG.
[3] Jetzt: § 52 Abs. 28 Satz 9 EStG.

Anl a zu § 20

4. Überschussbeteiligung

78 **13** Der Versicherungsvertrag sieht in der Regel vor, dass der Versicherungsnehmer und/oder der Bezugsberechtigte an den Überschüssen des Versicherungsunternehmens zu beteiligen ist. Überschüsse erzielen die Unternehmen vor allem aus dem Kapitalanlage-, dem Risiko- und dem Kostenergebnis.

Ein Überschuss entsteht im Kapitalanlageergebnis, wenn ein höherer Ertrag als der Rechnungszins erzielt wird. Der Rechnungszins gibt den vom Versicherungsunternehmen garantierten Zins wieder, mit dem die Deckungsrückstellung kalkuliert wird. Beim Risikoergebnis kommt es zu Überschüssen, wenn der Risikoverlauf günstiger ist, als bei der Kalkulation angenommen (z. B. bei Versicherungen mit Todesfall-Leistung eine geringere Anzahl von Sterbefällen). Das Kostenergebnis ist positiv, wenn das Versicherungsunternehmen weniger Kosten für die Einrichtung und die laufende Verwaltung des Vertrages aufwendet, als veranschlagt wurde. Die Überschüsse werden jährlich ermittelt.

Die Beteiligung an den Überschüssen kann insbesondere in Form der nachfolgend beschriebenen Methoden erfolgen:

Barauszahlung

14 Die Überschüsse werden jährlich ausgezahlt (zu den steuerlichen Folgen siehe Rz. 45).

Beitragsverrechnung

15 Es kann auch vereinbart werden, dass die Überschüsse mit den Beiträgen zu verrechnen sind, so dass die laufende Beitragsleistung des Versicherungsnehmers gemindert wird. Der kalkulierte Beitrag wird in diesem Zusammenhang als Bruttobeitrag, der um Überschüsse reduzierte Beitrag als Nettobeitrag bezeichnet (zu den steuerlichen Folgen siehe Rz. 46).

Bonussystem

16 Beim Bonussystem werden die Überschussanteile als Einmalbeiträge für eine zusätzliche beitragsfreie Versicherung (Bonus) verwendet. Bei jährlichen Überschussanteilen erhöht sich dadurch die Versicherungsleistung von Jahr zu Jahr (zu den steuerlichen Folgen siehe Rzn. 47 und 57).

Verzinsliche bzw. rentierliche Ansammlung

17 Bei der verzinslichen Ansammlung werden die jährlichen Überschussanteile beim Versicherungsunternehmen einbehalten und Ertrag bringend angelegt. Die angesammelten Beträge zuzüglich der Erträge werden zusammen mit der Versicherungssumme ausbezahlt (zu den steuerlichen Folgen siehe Rz. 47).

Schlussüberschussbeteiligung

18 Überschussanteile, die nicht laufend dem Vertrag unwiderruflich zugeteilt, sondern nur für den Fall einer Leistung aus dem Vertrag in einem Geschäftsjahr festgelegt werden, werden als Schlussüberschüsse, Schlussgewinne, Schlussdividende o. ä. bezeichnet (zu den steuerlichen Folgen siehe Rz. 47).

III. Rentenversicherung mit Kapitalwahlrecht, soweit nicht die Rentenzahlung gewählt wird

79 **19** Bei einer Rentenversicherung besteht die Versicherungsleistung grundsätzlich in der Zahlung einer lebenslänglichen Rente für den Fall, dass die versicherte Person den vereinbarten Rentenzahlungsbeginn erlebt. Zu den Einnahmen nach § 20 Absatz 1 Nummer 6 EStG rechnet die Versicherungsleistung aus einer Rentenversicherung mit Kapitalwahlrecht nur dann, wenn sie nicht in Form einer Rentenzahlung erbracht wird. Davon ist dann auszugehen, wenn eine einmalige Kapitalauszahlung erfolgt, wenn mehrere Teilauszahlungen geleistet werden oder wenn wiederkehrende Bezüge erbracht werden, die nicht die nachstehenden Anforderungen an eine Rente erfüllen (zur Berechnung des Unterschiedsbetrags bei der Leistung in Form eines wiederkehrenden Bezugs siehe Rz. 63). Ebenfalls nach § 20 Absatz 1 Nummer 6 EStG zu versteuern sind Kapitalleistungen, soweit ein Teil der Versicherungsleistung nicht als Rente gezahlt wird, oder wenn ein laufender Rentenzahlungsanspruch durch eine Abfindung abgegolten wird. Bei einer Teilverrentung kann bei der Ermittlung des Unterschiedsbetrages für die Kapitalauszahlung nur ein Teil der geleisteten Beiträge abgezogen werden. Dies gilt auch dann, wenn vereinbart ist, dass lediglich die Beiträge ausgezahlt werden sollen und der verbleibende Teil verrentet wird. Auch in diesem Fall sind die Beiträge gleichmäßig auf die Kapitalauszahlung und den nach versicherungsmathematischen Grundsätzen ermittelten Barwert der Rentenauszahlung zu verteilen (zur Berechnung des Unterschiedsbetrags in diesen Fällen siehe Rz. 64).

20 Eine die Besteuerung nach § 20 Absatz 1 Nummer 6 EStG ausschließende Rentenzahlung setzt voraus, dass gleich bleibende oder steigende wiederkehrende Bezüge zeitlich unbeschränkt für die Lebenszeit der versicherten Person (lebenslange Leibrente) vereinbart werden. Leibrenten mit einer vertraglich vereinbarten Höchstlaufzeit (abgekürzte Leibrenten) und wiederkehrende Bezüge, die nicht auf die Lebenszeit, sondern auf eine festgelegte Dauer zu entrichten sind (Zeitrenten), sind nach § 20 Absatz 1 Nummer 6 EStG zu versteuern. Leibrenten mit einer vertraglich vereinbarten Mindestlaufzeit (verlängerte Leibrenten) sind nur dann nach § 20 Absatz 1 Nummer 6 EStG zu versteuern, wenn die Rentengarantiezeit über die auf volle Jahre aufgerundete verbleibende mittlere Lebenserwartung der versicherten Person bei Rentenbeginn hinausgeht. Maßgebend ist die zum Zeitpunkt des Vertragsabschlusses zugrunde gelegte Sterbetafel und das bei Rentenbeginn vollendete Lebensjahr der versicherten Person. Entspricht die Rentengarantiezeit der Lebenserwartung oder ist sie kürzer, ist auch für den Rechtsnachfolger (in der Regel der Erbe) die Ertragsanteilsbesteuerung anzuwenden. Dabei wird der auf den Erblasser angewandte Ertragsanteil fortgeführt.

Die Auszahlung in Form einer konstanten Anzahl von Investmentanteilen stellt keinen gleich bleibenden Bezug und damit keine Rentenzahlung dar.

21 Wird neben einem gleich bleibenden oder steigenden Sockelbetrag eine jährlich schwankende Überschussbeteiligung gewährt, handelt es sich dennoch insgesamt um gleich bleibende oder steigende Bezüge im Sinne der Rz. 20. Sowohl auf den Sockelbetrag als auch auf die Überschussbeteiligung ist die Ertragsanteilbesteuerung (§ 22 Nummer 1 Satz 3 Buchstabe a Doppelbuchstabe bb EStG) anzuwenden (vgl. BMF-Schreiben vom 26. November 1998, BStBl. I S. 1508). Anl a zu § 20

22 Die Todesfall-Leistung einer Rentenversicherung gehört nicht zu den Einnahmen aus § 20 Absatz 1 Nummer 6 EStG. Bei einer Rentenzahlung kann sich jedoch eine Besteuerung aus anderen Vorschriften (insbesondere § 22 Nummer 1 Satz 3 Buchstabe a Doppelbuchstabe bb EStG) ergeben.

IV. Kapitalversicherung mit Sparanteil

23 Kapitalversicherungen mit Sparanteil treten insbesondere in folgenden Ausgestaltungen auf:

1. Kapitalversicherung auf den Todes- und Erlebensfall (klassische Kapital-Lebensversicherung)

24 Bei einer Kapitalversicherung auf den Todes- und Erlebensfall leistet der Versicherer, wenn die versicherte Person den im Versicherungsschein genannten Auszahlungstermin erlebt oder wenn die versicherte Person vor dem Auszahlungstermin verstirbt. Die Leistung im Todesfall unterfällt nicht der Besteuerung nach § 20 Absatz 1 Nummer 6 EStG. 80

25 Die Ausgestaltung des Vertrages mit oder ohne Rentenwahlrecht, gegen Einmalbeitrag oder laufende Beitragszahlung hat keinen Einfluss auf die Besteuerung nach § 20 Absatz 1 Nummer 6 EStG.

26 Wird bei einer Kapitalversicherung mit Rentenwahlrecht die Rentenzahlung gewählt, fließen die Erträge nach § 11 Absatz 1 EStG in dem Zeitpunkt zu, in dem die Kapitalleistung im Erlebensfall zu leisten wäre. Lediglich das nach Abzug von Kapitalertragsteuer vorhandene Kapital steht für die Verrentung zur Verfügung. Die Rentenzahlungen gehören zu den Einnahmen aus § 22 Nummer 1 Satz 3 Buchstabe a Doppelbuchstabe bb EStG.

2. Unfallversicherung mit garantierter Beitragsrückzahlung

27 Bei einer Unfallversicherung mit garantierter Beitragsrückzahlung wird neben den Beitragsbestandteilen für die Abdeckung des Unfallrisikos sowie des Risikos der Beitragsrückzahlung im Todesfall und der Verwaltungskosten ein Sparanteil erbracht, der verzinslich bzw. rentierlich angelegt wird. Die Versicherungsleistung bei Ablauf der Versicherungslaufzeit gehört zu den Einnahmen aus § 20 Absatz 1 Nummer 6 EStG, nicht aber die Versicherungsleistung bei Eintritt des versicherten Risikos. Sofern die Unfallversicherung mit garantierter Beitragsrückzahlung als Rentenversicherung mit Kapitalwahlrecht abgeschlossen wird, sind die unter Rzn. 19 ff. angeführten Regelungen anzuwenden. 81

3. Kapitalversicherung auf den Todes- und Erlebensfall von zwei oder mehreren Personen (Kapitalversicherung auf verbundene Leben)

28 Die Erlebensfall-Leistung ist bei einer Kapitalversicherung auf verbundene Leben zu erbringen, wenn beide/alle versicherten Personen den im Versicherungsschein genannten Ablauftermin erleben. Zur Ermittlung des hälftigen Unterschiedsbetrags, wenn nur einer der Steuerpflichtigen bei Auszahlung der Versicherungsleistung im Erlebensfall oder bei Rückkauf das 60. Lebensjahr vollendet hat, siehe Rzn. 77 bis 78. Die Leistung im Todesfall unterfällt nicht der Besteuerung nach § 20 Absatz 1 Nummer 6 EStG. 82

4. Kapitalversicherung mit festem Auszahlungszeitpunkt (Termfixversicherung)

29 Bei einer Termfixversicherung wird die Versicherungsleistung nur zu einem festen Zeitpunkt ausgezahlt. Wenn die versicherte Person vor Erreichen dieses festen Zeitpunkts verstirbt, wird die Todesfallsumme in der Regel nicht sofort ausgezahlt, sondern es endet lediglich die Beitragszahlungsdauer. Die Leistung im Todesfall gehört nicht zu den Einnahmen aus § 20 Absatz 1 Nummer 6 EStG. 83

5. Kapitalversicherung mit lebenslangem Todesfallschutz

30 Bei einer Kapitalversicherung mit lebenslangem Todesfallschutz leistet das Versicherungsunternehmen grundsätzlich nur, wenn die versicherte Person stirbt. Der vornehmliche Zweck eines solchen Versicherungsvertrages ist die Deckung von Kosten und Aufwendungen im Zusammenhang mit dem Todesfall, z. B. Erbschaftsteuer (Erbschaftsteuerversicherung), zivilrechtlich bedingten Ausgleichszahlungen im Rahmen einer Erbschaftsplanung (Vermögensnachfolgeversicherung) oder Deckung der Bestattungskosten (Sterbegeldversicherung). Die Versicherungsleistung im Todesfall stellt keine Einnahme im Sinne des § 20 Absatz 1 Nummer 6 EStG dar. Manche Kapitalversicherungen mit lebenslangem Todesfallschutz bieten jedoch die Möglichkeit, zu Lebzeiten der versicherten Person eine Versicherungsleistung abzurufen, so dass die Versicherung beendet wird oder mit einer reduzierten Versicherungssumme bestehen bleibt. Eine abgerufene Leistung ist nach § 20 Absatz 1 Nummer 6 EStG zu versteuern. 84

V. Sonderformen

1. Fondsgebundene Kapital-Lebensversicherung und fondsgebundene Rentenversicherung

31 Fondsgebundene Lebensversicherungen unterscheiden sich von konventionellen Lebensversicherungen dadurch, dass die Höhe der Leistungen direkt von der Wertentwicklung der in einem besonderen Anlagestock angesparten Vermögensanlagen abhängt, wobei üblicherweise die Sparanteile nur in Investmentanteilen angelegt werden. Die Kapitalerträge aus fondsgebundenen Lebensversicherungen gehören unter den gleichen Voraussetzungen zu den Einnahmen aus Kapitalvermögen wie Erträge aus konventionellen Lebensversicherungen. 85

Anl a zu § 20

32 Eine der Höhe nach garantierte Leistung gibt es bei der fondsgebundenen Lebensversicherung in der Regel nicht, selbst der Verlust des gesamten eingesetzten Kapitals ist möglich (zu einem negativen Unterschiedsbetrag siehe Rz. 60).

33 Üblich sind Verträge, bei denen der Versicherungsnehmer einen oder mehrere Investmentfonds selbst wählen kann, wobei er die Auswahl für zukünftige Sparanteile während der Versicherungsdauer in der Regel ändern kann (Switchen). Außerdem kann das Recht eingeräumt sein, bereits investierte Sparanteile in andere Fonds umzuschichten (Shiften). Solche Umschichtungen stellen keinen Zufluss dar.

34 Hinsichtlich der Versicherungsleistung kann vereinbart sein, dass der Versicherungsnehmer wählen kann, ob er statt einer Geldzahlung die Übertragung der Fondsanteile in sein Depot möchte. Sofern eine Übertragung der Fondsanteile erfolgt, ist als Versicherungsleistung der Rücknahmepreis anzusetzen, mit dem die Versicherungsleistung bei einer Geldzahlung berechnet worden wäre.

2. Vermögensverwaltende Versicherungsverträge

85a **34 a** Nach § 20 Absatz 1 Nummer 6 Satz 5 EStG (in der Fassung des Artikels 1 des Gesetzes vom 19. Dezember 2008 [BGBl. I S. 2794]) werden vermögensverwaltende Versicherungsverträge von den allgemeinen Besteuerungsregelungen für Versicherungsverträge ausgenommen. Stattdessen werden derartige Verträge transparent besteuert. Das heißt, dass im Zeitpunkt, in dem Kapitalerträge z. B. in Form von Zinsen, Dividenden oder Veräußerungsgewinnen dem vom Versicherungsunternehmen gehaltenen Depot oder Konto zufließen, diese dem wirtschaftlich Berechtigten zuzurechnen sind. Dabei richtet sich die Besteuerung nach den für das jeweilige Anlagegut geltenden Regelungen (z. B. bei Zinsen nach § 20 Absatz 1 Nummer 7 EStG, bei Dividenden nach § 20 Absatz 1 Nummer 1 EStG, bei Veräußerungen nach § 20 Absatz 2 in Verbindung mit Absatz 4 EStG und bei Investmentfondserträgen nach den Vorschriften des Investmentsteuergesetzes). Die Vorschrift ist für alle Kapitalerträge anzuwenden, die dem Versicherungsunternehmen nach dem 31. Dezember 2008 zufließen *(§ 52 Absatz 36 Satz 10 EStG)*[1]. Dies gilt nicht für Versicherungsverträge, die vor dem 1. Januar 2005 abgeschlossen wurden.

34 b Ein vermögensverwaltender Versicherungsvertrag liegt vor, wenn die folgenden Voraussetzungen kumulativ erfüllt sind:

(1) In dem Versicherungsvertrag ist eine gesonderte Verwaltung von speziell für diesen Vertrag zusammengestellten Kapitalanlagen vereinbart und
(2) die zusammengestellten Kapitalanlagen sind nicht auf öffentlich vertriebene Investmentfondsanteile oder Anlagen, die die Entwicklung eines veröffentlichten Indexes abbilden, beschränkt und
(3) der wirtschaftlich Berechtigte kann unmittelbar oder mittelbar über die Veräußerung der Vermögensgegenstände und die Wiederanlage der Erlöse bestimmen (Dispositionsmöglichkeit).

34 c Bei einer gesonderten Verwaltung wird die Sparleistung nicht vom Versicherungsunternehmen für eine unbestimmte Vielzahl von Versicherten gemeinschaftlich, sondern separat für den einzelnen Vertrag angelegt bzw. verwaltet, wobei der wirtschaftlich Berechtigte das Kapitalanlagerisiko trägt. Typischerweise erfolgt die Kapitalanlage bei einem vermögensverwaltenden Versicherungsvertrag auf einem Konto oder Depot bei einem vom Kunden frei wählbaren Kreditinstitut. Dabei wird das Versicherungsunternehmen Eigentümer bzw. Inhaber der auf dem Konto oder Depot verwalteten Anlagegüter.

34 d Speziell für diesen Vertrag zusammengestellte Kapitalanlagen liegen vor, wenn die Anlage ganz oder teilweise gemäß den individuellen Wünschen des Versicherungsnehmers erfolgt. Dies ist insbesondere der Fall, wenn der Versicherungsnehmer einzelne Wertpapiere oder ein bereits vorhandenes Wertpapierdepot als Versicherungsbeitrag erbringt.

34 e Die ausschließliche Auswahl von im Inland oder im Ausland öffentlich vertriebenen Investmentfondsanteilen schließt die Annahme eines vermögensverwaltenden Versicherungsvertrages aus. Die Verwendung von versicherungsinternen Fonds beeinträchtigt nicht die Charakterisierung als öffentlich vertriebene Investmentfondsanteile, vorausgesetzt dass diese internen Fonds die Anlagen von einem oder mehreren öffentlich vertriebenen Investmentfonds widerspiegeln.

34 f Unter „Anlagen, die einen veröffentlichten Index abbilden" fallen auch Kombinationsmöglichkeiten mehrerer im Inland oder Ausland veröffentlichter Indizes.

34 g Eine unmittelbare Dispositionsmöglichkeit besteht, wenn der Versicherungsvertrag ein Weisungsrecht des wirtschaftlich Berechtigten gegenüber dem Versicherungsunternehmen oder gegenüber einem beauftragten Vermögensverwalter vorsieht.

Von einer mittelbaren Dispositionsmöglichkeit ist insbesondere auszugehen, wenn

- die Anlageentscheidungen von einem Vermögensverwalter getroffen werden, der durch den wirtschaftlich Berechtigten beauftragt wurde,
- der wirtschaftlich Berechtigte einen Wechsel in der Person des Vermögensverwalters verlangen kann,
- eine individuelle Anlagestrategie zwischen dem Versicherungsunternehmen oder dem Vermögensverwalter und dem wirtschaftlich Berechtigten vereinbart wird.

34 h Die Auswahlmöglichkeit aus standardisierten Anlagestrategien, die einer unbestimmten Vielzahl von Versicherungsnehmern angeboten werden, stellt keine unmittelbare oder mittelbare Dispositionsmöglichkeit dar;[2] dies gilt auch dann, wenn der Versicherungsnehmer einem Vertrag mehrere derartiger standardisierter Anlagestrategien in unterschiedlicher Gewichtung zugrunde legen darf.

[1] § 52 Abs. 36 Satz 10 EStG i. d. F. vor dem Gesetz zur Anpassung des nationalen Steuerrechts an den Beitritt Kroatiens zur EU und zur Änderung weiterer steuerlicher Vorschriften.
[2] Bestätigt durch *BFH-Beschluss vom 26. 3. 2019 VIII R 36/15 (BStBl. II S. 399).*

Anl a zu § 20

34 i Wird ein bereits vorhandenes Depot in einen Versicherungsvertrag dergestalt eingebracht, dass die Depotführung und die Vermögensverwaltung beim bisherigen Kreditinstitut oder dem bisherigen Vermögensverwalter verbleiben, ist in der Regel von einer weiter bestehenden Dispositionsmöglichkeit des wirtschaftlich Berechtigten auszugehen. Es gilt insoweit die – widerlegbare – Vermutung, dass der wirtschaftlich Berechtigte aufgrund einer gewachsenen und weiterhin bestehenden Geschäftsbeziehung Einfluss auf die Anlageentscheidungen ausüben kann.

34 j Wirtschaftlich Berechtigter ist der Inhaber des Anspruchs auf die Versicherungsleistung. Dies ist in der Regel der Versicherungsnehmer, kann in den Fällen eines unwiderruflich eingeräumten Bezugsrechts aber auch ein Dritter sein. Sicherungsübereignung oder Pfändung führt grundsätzlich nicht zu einem Wechsel in der Person des wirtschaftlich Berechtigten. Die Regelungen in Rzn. 50 bis 53 gelten entsprechend.

34 k Nach § 20 Absatz 1 Nummer 6 Satz 5 EStG erfolgt eine Besteuerung der dem Versicherungsunternehmen zugeflossenen Erträge im Sinne des § 20 Absatz 1 und Absatz 2 EStG. Leistungen im Todes- oder Erlebensfall sowie bei Rückkauf des Vertrages sind hingegen einkommensteuerlich unbeachtlich, soweit die Erträge, die in diesen Versicherungsleistungen enthalten sind, nach § 20 Absatz 1 Nummer 6 Satz 5 EStG der Besteuerung unterlegen haben. Soweit in der Beitragsleistung Kosten insbesondere für die Verwaltung enthalten sind oder von dem Anlagekonto bzw. -depot entnommen werden, sind diese grundsätzlich als Werbungskosten zu betrachten. Werbungskosten werden ab dem Veranlagungszeitraum 2009 nur noch im Rahmen des Sparer-Pauschbetrages (§ 20 Absatz 9 EStG) berücksichtigt (vgl. Rz. 81 a).

34 l Die Übertragung von Anlagegütern auf das Versicherungsunternehmen im Zeitpunkt der Begründung eines vermögensverwaltenden Versicherungsvertrags sowie deren Rückübertragung auf den wirtschaftlich Berechtigten im Zeitpunkt der Beendigung des Vertragsverhältnisses ist steuerlich unbeachtlich und führt damit insbesondere nicht zu einer Veräußerung im Sinne des § 20 Absatz 2 EStG.

34 m Ob eine Vertragsänderung, die darauf abzielt, bislang bestehende Merkmale eines vermögensverwaltenden Versicherungsvertrages nachträglich abzubedingen, steuerlich zu einer Beendigung des bisherigen Vertrages und Schaffung eines neuen Vertrages führt, hängt von den jeweiligen Umständen des Einzelfalls ab. Bei derartigen Vertragsänderungen die vor dem 1. Juli 2010 vorgenommen werden, ist jedenfalls nicht von einer steuerrechtlich relevanten Vertragsänderung auszugehen.

3. Direktversicherung, Pensionskasse, Pensionsfonds

35 Zur steuerrechtlichen Behandlung von Leistungen aus einer Pensionskasse, aus einem Pensionsfonds oder aus einer Direktversicherung wird auf das *BMF-Schreiben vom 20. Januar 2009, BStBl. I S. 273, Rzn. 268 bis 285,*[1] verwiesen. **86**

VI. Absicherung weiterer Risiken

36 Neben dem der Versicherung zugrunde liegenden charakteristischen Hauptrisiko können weitere Risiken (Nebenrisiken) in Form einer Zusatzversicherung oder innerhalb einer einheitlichen Versicherung abgesichert sein. Üblich sind dabei die Invaliditäts-, Berufsunfähigkeits-, Unfalltod-, Pflege- und die Dread-Disease-Absicherung. Bei einer Dread-Disease-Absicherung wird bei Eintritt einer schweren Krankheit geleistet (engl. dread disease = furchtbare Krankheit, schlimme Leiden). **87**
Enthält der Versicherungsvertrag andere als die oben angeführten Nebenrisiken und ist der Eintritt dieses Risikos zu erwarten oder durch die versicherte Person herbeiführbar, so dass es sich bei wirtschaftlicher Betrachtungsweise um eine Fälligkeitsregelung handelt (z. B. Beginn der Ausbildung, Heirat), ist die Kapitalauszahlung bei Eintritt eines solchen unechten Nebenrisikos als Erlebensfall-Leistung nach § 20 Absatz 1 Nummer 6 EStG zu versteuern.

37 Kapitalauszahlungen bei Eintritt eines (echten) Nebenrisikos sind nicht nach § 20 Absatz 1 Nummer 6 EStG zu versteuern. Besteht die Leistung der weiteren Absicherung in einer Beitragsbefreiung für den Hauptvertrag, ist für die Berechnung des Unterschiedsbetrags ein rechnerischer Ausgleichsposten in Höhe der angenommenen oder tatsächlich durch das Versicherungsunternehmen übernommenen Beiträge bei der Berechnung des Unterschiedsbetrags ertragsmindernd zu berücksichtigen.

38 Überschüsse und sonstige Leistungen (z. B. Rückzahlung überhobener Beiträge) aus einer weiteren Absicherung sind grundsätzlich keine Einnahmen im Sinne des § 20 Absatz 1 Nummer 6 EStG. Der hierfür erforderliche Nachweis, dass die Überschüsse und sonstigen Leistungen aus einer weiteren Absicherung stammen, setzt voraus, dass das Versicherungsunternehmen den darauf entfallenden Beitrag, den Überschussanteil und die sonstige Leistung für die weitere Absicherung getrennt ausweist. In diesem Fall ist gegebenenfalls ein Sonderausgabenabzug nach *§ 10 Absatz 1 Nummer 3 Buchstabe a EStG*[2] für diese Beitragsbestandteile möglich.

39 Beitragsbestandteile für die Absicherung der Nebenrisiken mindern den steuerpflichtigen Unterschiedsbetrag nicht (vgl. Rz. 58).

VII. Erlebensfall oder Rückkauf

40 Der Besteuerung nach § 20 Absatz 1 Nummer 6 EStG unterliegen nur der Erlebensfall oder der Rückkauf. Die Versicherungsleistung bei Eintritt des mit der Versicherung untrennbar verbundenen charakteristischen Hauptrisikos (Tod, Unfall) rechnet nicht zu den Einnahmen nach § 20 Absatz 1 Nummer 6 EStG (hinsichtlich weiterer versicherter Risiken siehe Rzn. 36 bis 38). **88**

---

[1] Jetzt BMF-Schreiben vom 12. 8. 2021 (BStBl. I S. 1050), Rz. 148–166, abgedruckt im „Handbuch zur Lohnsteuer 2023" im Anhang **I** Nr. **15 b**.
[2] Jetzt: § 10 Abs. 1 Nr. 3 a EStG.

Anl a zu § 20

1. Erlebensfall

89 **41** Alle Versicherungsleistungen, die vom Versicherungsunternehmen aufgrund des Versicherungsvertrages zu erbringen sind, ohne dass sich das versicherte Risiko realisiert hat (Risiko-Leistung) oder dass der Versicherungsvertrag ganz oder teilweise vorzeitig beendet wurde (Rückkauf), sind Erlebensfall-Leistungen.

41 a Enthält der Versicherungsvertrag einen Anspruch auf Gewährung eines Darlehens des Versicherungsunternehmens an den Steuerpflichtigen, ohne dass sich das Versicherungsunternehmen eine freie Entscheidung über das Ob der Darlehensgewährung vorbehält, ist generell von einer steuerpflichtigen Erlebensfall-Leistung auszugehen. In allen anderen Fällen ist zu prüfen, ob ein nicht am Versicherungsvertrag beteiligter Dritter einen vergleichbaren Darlehensvertrag abschließen würde, wenn man unterstellt, dass dem Dritten die vertraglichen Ansprüche zur Sicherheit abgetreten werden. Unter Zugrundelegung des Fremdvergleichsmaßstabs ist in der Regel von einer steuerpflichtigen Erlebensfall-Leistung auszugehen, wenn insbesondere

- der Versicherungsschutz (Leistung bei Eintritt des versicherten Risikos) aufgrund der Auszahlung abgesenkt wird, oder
- keine oder offensichtlich marktunüblich niedrige Darlehenszinsen zu entrichten sind, oder
- die Höhe der Darlehenszinsen und/oder die Höhe des zurückzuzahlenden Kapitals an die Höhe der Verzinsung oder Wertentwicklung des Versicherungsvertrages gekoppelt sind.

Diese Regelungen sind auf Auszahlungen nach Veröffentlichung dieses Schreibens im Bundessteuerblatt anzuwenden. Erfolgen die Auszahlungen entsprechend der Darlehensvereinbarung ratierlich, ist für die Anwendung dieser Regelung insgesamt das Datum der ersten Rate maßgeblich. Bei Altverträgen (zum Begriff siehe Rz. 88) kann eine steuerpflichtige Erlebensfall-Leistung nur vorliegen, wenn im Auszahlungszeitpunkt die Voraussetzungen für eine Steuerbefreiung im Sinne des § 20 Absatz 1 Nummer 6 Satz 2 EStG in der am 31. Dezember 2004 geltenden Fassung (a. F.) fehlen. Sofern nach den oben angeführten Grundsätzen von einer Erlebensfall-Leistung auszugehen ist, kann es sich bei Altverträgen nicht um eine schädliche Verwendung eines Policendarlehens im Sinne des § 10 Absatz 2 Satz 2 EStG a. F. handeln. Bei Endfälligkeit des Versicherungsvertrages sind bereits versteuerte außerrechnungsmäßige und rechnungsmäßige Zinsen oder Unterschiedsbeträge sowie an den Versicherer gezahlte Zinsen bei der Ermittlung des steuerpflichtigen Ertrags zum Abzug zu bringen. Ein zusätzlicher Abzug derartiger Zinsen als Werbungskosten oder Betriebsausgaben, wenn die Leistung zur Erzielung von Einkünften verwendet wird, ist ausgeschlossen.

42 In der Regel tritt der Erlebensfall bei Ablauf der vereinbarten Versicherungslaufzeit ein. Es können im Versicherungsvertrag mehrere konkrete Teilauszahlungstermine oder zeitlich und der Höhe nach flexible Abrufmöglichkeiten bereits in der Ansparphase bzw. Aufschubphase vereinbart sein, so dass es mehrere Erlebensfälle gibt. Beispielsweise können bei einem Versicherungsvertrag mit 30-jähriger Laufzeit Teilauszahlungen nach 20 und nach 25 Jahren vorgesehen sein. Sofern es sich dabei lediglich um ein Wahlrecht des Begünstigten handelt, das nicht ausgeübt wird, liegt kein Erlebensfall vor. Zur Ermittlung des Unterschiedsbetrags bei Teilauszahlungen siehe Rzn. 61 bis 62.

43 Bei einer gestreckten Kapitalauszahlung (Teilauszahlungen oder wiederkehrende Bezüge, die keine Rentenzahlung darstellen, vgl. Rz. 20) nach Ablauf der Versicherungslaufzeit liegt nur ein Erlebensfall zum Ablauftermin vor. Ein Zufluss ist jedoch erst mit Leistung des jeweiligen Teilbetrags gegeben. Davon zu unterscheiden ist der Fall, dass bei einer Kapital-Lebensversicherung mit Rentenwahlrecht für die Rentenzahlung optiert wird. In der Ausübung der Renten-Option liegt eine Verfügung über die auszahlbare Versicherungsleistung, die einen Zufluss begründet (vgl. Rz. 26).

44 Wenn sich der Steuerpflichtige das Kapital nach Erreichen des Ablauftermins nicht auszahlen lässt, sondern es gegen Entgelt oder auch ohne Entgelt bis zur Entscheidung über die endgültige Verwendung dem Versicherungsunternehmen überlässt (sog. Parkdepot), liegt aufgrund der erlangten Verfügungsmacht ein Zufluss vor. Wird die Fälligkeit einer Versicherungsleistung aufgrund einer nachträglichen Vertragsänderung während der Versicherungslaufzeit (Verlängerung der Versicherungslaufzeit) hinausgeschoben, liegt dagegen zum ursprünglichen Fälligkeitszeitpunkt kein Zufluss vor.

45 Eine laufende (z. B. jährliche) Auszahlung von Überschüssen (vgl. Rz. 14) stellt eine zugeflossene Erlebensfall-Leistung dar. Die Regelungen zur Ermittlung des Unterschiedsbetrags bei Teilauszahlungen (siehe Rzn. 61 bis 62) sind anzuwenden. Wird der Überschuss nicht zur Barauszahlung, sondern zur Reduzierung der laufenden Beitragszahlung verwendet, liegt zivilrechtlich eine Aufrechnung und damit ebenfalls eine zugeflossene Erlebensfall-Leistung vor. Bei der Berechnung des Unterschiedsbetrags ist der Bruttobeitrag (einschließlich des durch Aufrechnung gezahlten Teils) in Ansatz zu bringen.

46 Ist jedoch von vornherein keine Auszahlung der laufenden Überschüsse, sondern eine Verrechnung mit den Beiträgen vereinbart, besteht also kein Wahlrecht zwischen Auszahlung und Verrechnung, liegt hinsichtlich der Überschüsse kein Erlebensfall und kein Zufluss von Erträgen vor. Bei der Ermittlung des Unterschiedsbetrags ist nur der Netto-Beitrag (vgl. Rz. 15) anzusetzen.

47 Beim Bonussystem (vgl. Rz. 16), bei der verzinslichen bzw. rentierlichen Ansammlung (vgl. Rz. 17) und bei der Schlussüberschussbeteiligung (vgl. Rz. 18) liegt ein Zufluss von Erträgen in der Regel erst bei Ablauf der Versicherungslaufzeit vor.

2. Rückkauf

90 **48** Ein Rückkauf liegt vor, wenn der Versicherungsvertrag vorzeitig ganz oder teilweise beendet wird (insbesondere aufgrund Rücktritt, Kündigung oder Anfechtung). Bei einer vorzeitigen Beendigung des Versicherungsvertrages ist regelmäßig vereinbart, dass das Versicherungsunternehmen einen Rück-

kaufswert zu erstatten hat (vgl. *§ 176 Absatz 1 VVG*[1], der eine gesetzliche Verpflichtung zur Erstattung des Rückkaufswertes bei Kapitalversicherungen auf den Todesfall mit unbedingter Leistungspflicht enthält). Der Rückkaufswert ist nach den anerkannten Regeln der Versicherungsmathematik für den Schluss der laufenden Versicherungsperiode als Zeitwert der Versicherung zu berechnen. Beitragsrückstände werden vom Rückkaufswert abgesetzt. § 12 Absatz 4 Satz 1 Bewertungsgesetz ist nicht anwendbar. Ein teilweiser Rückkauf liegt insbesondere vor, wenn der Versicherungsvertrag das Recht enthält, durch Teilkündigung einen Teil der Erlebensfall-Leistung vorzeitig abzurufen. Anl a zu § 20

49 In der Anfangszeit einer Versicherung ist der Rückkaufswert regelmäßig niedriger als die Summe der geleisteten Beiträge. Dies ergibt sich daraus, dass jeder Vertrag Abschlusskosten (z. B. Provision für den Versicherungsvermittler) verursacht, die zu tilgen sind. Außerdem behalten sich die Versicherer gewöhnlich vor, einen Abzug bei vorzeitiger Beendigung vorzunehmen (Stornoabschlag). Dadurch kann es insbesondere bei einem sehr frühzeitigen Rückkauf zu einem negativen Unterschiedsbetrag kommen.[2]

VIII. Steuerpflichtiger

50 Steuerpflichtiger im Sinne des § 20 Absatz 1 Nummer 6 EStG ist grundsätzlich derjenige, der das Kapital in Form der Sparanteile im eigenen Namen und für eigene Rechnung dem Versicherungsunternehmen zur Nutzung überlassen hat. Soweit eine andere Person wirtschaftlicher Eigentümer im Sinne des § 39 Absatz 2 Nummer 1 Abgabenordnung – AO – des Anspruchs auf die steuerpflichtige Versicherungsleistung (Erlebensfall-Leistung oder Rückkaufswert) ist, sind ihr die erzielten Erträge zuzurechnen. **91**

51 In der Regel ist der Versicherungsnehmer Steuerpflichtiger, da er die Sparanteile zur Nutzung überlassen hat und auch Inhaber des Rechts ist, die Versicherungsleistung zu fordern. Wechselt die Person des Versicherungsnehmers durch Gesamtrechts- oder Einzelrechtsnachfolge, wird regelmäßig der Rechtsnachfolger Steuerpflichtiger.

52 Mit der Einräumung eines unwiderruflichen Bezugsrechts (vgl. Rz. 10) für die steuerpflichtige Versicherungsleistung gilt grundsätzlich der Bezugsberechtigte als Steuerpflichtiger der erzielten Erträge. Bei einem widerruflichen Bezugsrecht wird der Bezugsberechtigte erst bei Eintritt des Erlebensfalls Steuerpflichtiger.

53 Bei einer Abtretung des Anspruchs auf die Versicherungsleistung wird der Abtretungsempfänger (Zessionar) nur dann Steuerpflichtiger, wenn er und nicht der Abtretende (Zedent) die Erträge erzielt. Das Erzielen von Erträgen setzt voraus, dass nach den getroffenen Vereinbarungen die Versicherungsleistung das Vermögen des Zessionars und nicht das des Zedenten mehren soll. Dient beispielsweise die Versicherungsleistung dazu, eigene Verbindlichkeiten des Zedenten gegenüber dem Zessionar zu tilgen, bleibt der Zedent Steuerpflichtiger. Typischerweise werden durch die Versicherungsleistung bei Eintritt des Sicherungsfalls bei einer Sicherungsabtretung oder bei Einziehung und Verwertung durch einen Pfandgläubiger eigene Verbindlichkeiten des Zedenten bzw. des Pfandschuldners getilgt, so dass regelmäßig der Zedent bzw. der Pfandschuldner Steuerpflichtiger der Erträge bleibt.

IX. Berechnung des Unterschiedsbetrags

54 Die Ermittlung des Ertrags nach § 20 Absatz 1 Nummer 6 EStG ist nur anzuwenden, wenn der Steuerpflichtige die Versicherung im Privatvermögen hält. Gehört der Versicherungsvertrag zu dem Betriebsvermögen des Steuerpflichtigen, sind die allgemeinen Gewinnermittlungsvorschriften anzuwenden. Für den Kapitalertragsteuerabzug gelten aber auch in diesen Fällen die Vorschriften für Versicherungen im Privatvermögen (vgl. Rzn. 84 ff.). **92**

1. Versicherungsleistung

55 Versicherungsleistung ist grundsätzlich der Gesamtbetrag der zugeflossenen Geldleistungen (zur Übertragungsoption bei fondsgebundenen Lebensversicherungen siehe Rz. 34). In der Versicherungsleistung enthalten sind die angesammelten Sparanteile, die garantierte Verzinsung der Sparanteile und Überschüsse aus dem Kapitalanlage-, dem Risiko- und dem Kostenergebnis. Auszusondern sind die Überschussanteile und sonstige Leistungen aus Nebenrisiken (vgl. Rz. 38). **93**

2. Summe der entrichteten Beiträge

56 Versicherungsbeiträge (Prämien) sind die aufgrund des Versicherungsvertrages erbrachten Geldleistungen. Hierzu gehören auch die Ausfertigungsgebühr, Abschlussgebühr und die Versicherungsteuer. Provisionen, die der Versicherungsvermittler von der Versicherungsgesellschaft erhält und die dieser an den Steuerpflichtigen weiterleitet, oder Provisionen, die der Steuerpflichtige unmittelbar von der Versicherungsgesellschaft erhält (sog. Eigenprovisionen), mindern die Summe der entrichteten Beiträge (BFH-Urteil vom 2. März 2004, BStBl. II S. 506).[3] Eine Vermittlungsprovision, die vom Versicherungsnehmer aufgrund eines gesonderten Vertrages an einen Versicherungsvermittler erbracht wird, ist bei der Berechnung des Unterschiedsbetrags ertragsmindernd anzusetzen. Für Zwecke der Kapitalertragsteuer ist es erforderlich, dass der Steuerpflichtige die Zahlung der Provision an den Vermittler gegenüber dem Versicherungsunternehmen belegt. **94**

---

[1] Jetzt: § 169 Abs. 1 VVG.

[2] Zu negativen Einkünften bei Rückkauf einer Sterbegeldversicherung siehe *BFH-Urteil vom 14. 3. 2017 VIII R 25/14 (BStBl. II S. 1038)*.

[3] Ist die Eigenprovision Betriebseinnahme bei dem Versicherungsvertreter, ist die Summe der entrichteten Beiträge nicht zu mindern (→ H 4.7 Eigenprovision).

57 Zur Höhe der entrichteten Beiträge in den Fällen der Beitragsverrechnung siehe Rzn. 45 und 46. Der beim Bonussystem (vgl. Rz. 16) für eine Erhöhung der Versicherungsleistung verwendete Überschussanteil stellt keinen entrichteten Beitrag dar.

58 Die im Beitrag enthaltenen Anteile zur Absicherung des charakteristischen Hauptrisikos (Todesfallrisiko bei einer Lebensversicherung, Unfallrisiko sowie das Risiko der Beitragsrückzahlung im Todesfall bei einer Unfallversicherung mit Beitragsrückzahlung) mindern den steuerpflichtigen Ertrag. Beitragsanteile, die das Versicherungsunternehmen aufgrund individueller oder pauschaler Kalkulation den Nebenrisiken (Rzn. 36 ff.) zugeordnet hat, sind bei der Ermittlung des Unterschiedsbetrags nicht ertragsmindernd anzusetzen.

59 Für die Berechnung des Unterschiedsbetrags ist es grundsätzlich unerheblich, wer die Versicherungsbeiträge aufgewendet hat. Auch Beiträge, die nicht der Steuerpflichtige aufgewendet hat, mindern den steuerpflichtigen Ertrag.

3. Negativer Unterschiedsbetrag (Verlust)

95 **60** Insbesondere in den Fällen eines frühzeitigen Rückkaufs (vgl. Rz. 49) des Versicherungsvertrags kann es zu einem negativen Unterschiedsbetrag kommen. Ist die Einkunftserzielungsabsicht zu überprüfen, ist vom hälftigen Unterschiedsbetrag als Ertrag auszugehen, wenn nach dem vereinbarten Versicherungsverlauf die Voraussetzungen des § 20 Absatz 1 Nummer 6 Satz 2 EStG erfüllt worden wären (vgl. BFH-Urteil vom 6. März 2003, BStBl. II S. 702; zum Ansatz der Werbungskosten vgl. Rz. 81).

4. Teilleistungen

96 **61**[1] Bei Teilleistungen (Teilauszahlungen, Auszahlungen in Form von wiederkehrenden Bezügen, die keine Rentenzahlung darstellen, sowie Barauszahlungen von laufenden Überschussanteilen) sind die anteilig entrichteten Beiträge von der Auszahlung in Abzug zu bringen. Die anteilig entrichteten Beiträge sind dabei wie folgt zu ermitteln:

$$\frac{\text{Versicherungsleistung} \times (\text{Summe der entrichteten Beiträge} - \text{bereits verbrauchte Beiträge})}{\text{Zeitwert der Versicherung zum Auszahlungszeitpunkt}}$$

Die hiernach ermittelten Beiträge sind höchstens in Höhe der Teilleistung anzusetzen. Die bereits für Teilleistungen verbrauchten Beiträge mindern die bei nachfolgenden Teilleistungen zu berücksichtigenden Beiträge. Bei der Ermittlung des Unterschiedsbetrags der letzten Teilleistung bzw. der Schlussleistung sind die noch nicht angesetzten Beiträge abzuziehen.

62[1] **Beispiel 1:** Teilauszahlung in der Ansparphase

Laufzeit 20 Jahre, nach 10 Jahren Teilauszahlung i. H. v. 5 000 €, geleistete Beiträge im Auszahlungszeitpunkt: 10 000 €, Zeitwert der Versicherung im Auszahlungszeitpunkt 15 000 €, Restauszahlung nach weiteren 10 Jahren i. H. v. 25 000 €, geleistete Beiträge insgesamt: 20 000 €.

Lösung:

– Teilauszahlung i. H. v. 5 000 € anteilige Beiträge: $\frac{5\,000 \times 10\,000}{15\,000}$

Versicherungsleistung:	5 000,00 €	
./. anteilig geleistete Beiträge:	3 333,33 €	(= 33%)
Ertrag nach § 20 Absatz 1 Nummer 6 EStG	1 666,67 €	

– Restauszahlung i. H. v. 25 000 €

Versicherungsleistung:	25 000,00 €
./. geleistete Beiträge (20 000 – 3 333,33)	16 666,67 €
Ertrag nach § 20 Absatz 1 Nummer 6 EStG	8 333,33 €

Kontrollrechnung:

Versicherungsleistung:	5 000,00 € + 25 000,00 € =	30 000,00 €
Summe der Beiträge:	3 333,33 € + 16 666,67 € =	20 000,00 €
Ertrag nach § 20 Absatz 1 Nummer 6 EStG:		10 000,00 €

63[1] **Beispiel 2:** Auszahlung in Form eines wiederkehrenden Bezugs

Der Versicherungsvertrag sieht wiederkehrende Bezüge von jährlich 6 000 € für die Lebenszeit des Begünstigten, längstens jedoch für fünf Jahre vor. An Beiträgen wurden 12 000 € erbracht. Der Steuerpflichtige (männlich) hat zum Beginn der Auszahlung das 50. Lebensjahr vollendet.

Der nach den anerkannten Regeln der Versicherungsmathematik unter Berücksichtigung der geschlechtsspezifischen Sterbewahrscheinlichkeit ermittelte Zeitwert der Versicherung vor Auszahlung der jeweiligen Bezüge beträgt im

Jahr 01: 27 500
Jahr 02: 22 500
Jahr 03: 17 200
Jahr 04: 11 700
Jahr 05: 6 000.

[1] Zur Anwendung der Rz. 61–63 siehe BMF-Schreiben vom 18. 6. 2013 (BStBl. I S. 768) letzter Absatz, nachstehend abgedruckt als Anlage b.

Anl a zu § 20

Lösung:

– anteilige Beiträge im Jahr 01: $$\frac{6\,000 \times 12\,000}{27\,500}$$

Versicherungsleistung:	6 000,00 €
./. anteilig geleistete Beiträge:	2 618,18 €
Ertrag nach § 20 Absatz 1 Nummer 6 EStG	3 381,82 €

– anteilige Beiträge im Jahr 02: $$\frac{6\,000 \times (12\,000 - 2618{,}18)}{22\,500}$$

Versicherungsleistung:	6 000,00 €
./. anteilig geleistete Beiträge:	2 501,82 €
Ertrag nach § 20 Absatz 1 Nummer 6 EStG	3 498,18 €

– Gesamtlösung:

Jahr	Versicherungsleistungen	anteilige Beiträge	Ertrag
01	6 000,00 €	2 618,18	3 381,82
02	6 000,00 €	2 501,82	3 498,18
03	6 000,00 €	2 400,00	3 600,00
04	6 000,00 €	2 297,44	3 702,56
05	6 000,00 €	2 182,56	3 817,44
Kontrollsumme	30 000,00 €	12 000,00	18 000,00

64[1] **Beispiel 3:** Teilkapitalauszahlung bei einer Rentenversicherung

Rentenversicherung mit Kapitalwahlrecht, Ansparphase 20 Jahre, gezahlte Beiträge insgesamt 20 000 €, Zeitwert der Versicherung zum Ende der Ansparphase: 30 000 €, Ausübung des Kapitalwahlrechts i. H. v. 15 000 €, Verrentung des Restkapitals führt zu einer monatlichen garantierten Rente von 100 €.

Lösung:

– Teilauszahlung in Höhe von 15 000 €:

$$\frac{15\,000 \times 20\,000}{30\,000}$$

Versicherungsleistung:	15 000 €
./. anteilig geleistete Beiträge:	10 000 €
Ertrag nach § 20 Absatz 1 Nummer 6 EStG	5 000 €

– Rentenzahlung:

Jahresbetrag der Rente (ggf. zuzüglich Überschüsse) zu versteuern nach § 22 Nummer 1 Satz 3 Buchstabe a Doppelbuchstabe bb EStG	1 200 €

5. Entgeltlicher Erwerb

64 a Die Aufwendungen für den Erwerb des Anspruchs auf eine Versicherungsleistung sind Anschaffungskosten (siehe Rz. 80 und Rz. 81 b). Diese Anschaffungskosten treten nach § 20 Absatz 1 Nummer 6 Satz 3 EStG an die Stelle der vor dem Erwerb entrichteten Beiträge und sind bei der Ermittlung des Unterschiedsbetrags steuermindernd anzusetzen. Diese Regelung ist ab dem Veranlagungszeitraum 2008 anzuwenden (§ 52 Absatz 1 EStG in der Fassung des Unternehmensteuerreformgesetzes 2008 [BGBl. I S. 1912]). 96a

64 b Bei einem entgeltlichen Erwerb eines vor dem 1. Januar 2005 abgeschlossenen Versicherungsvertrages ist die Steuerfreiheit der außerrechnungsmäßigen und rechnungsmäßigen Zinsen in der Regel ausgeschlossen (§ 20 Absatz 1 Nummer 6 Satz 3, in Verbindung mit § 10 Absatz 1 Nummer 2 Buchstabe b Satz 6, § 52 Absatz 36 Satz 4 und Satz 5 EStG jeweils in der am 31. Dezember 2004 geltenden Fassung). Zur weiteren Erläuterung und den Ausnahmen siehe Rz. 4 des BMF-Schreibens vom 22. August 2002 (BStBl. I S. 827).[2] § 20 Absatz 1 Nummer 6 Satz 3 EStG ist bei der Ermittlung der zu versteuernden außerrechnungsmäßigen und rechnungsmäßigen Zinsen entsprechend anzuwenden. Das heißt, dass die bis zu dem Erwerbszeitpunkt angefallenen außerrechnungsmäßigen und rechnungsmäßigen Zinsen steuermindernd zu berücksichtigen sind. Als Nachweis für die Höhe der Zinsen im Erwerbszeitpunkt ist in der Regel eine Bescheinigung des Versicherungsunternehmens vorzulegen.

IX a. Steuerfreistellung nach § 20 Absatz 1 Nummer 6 Satz 9 EStG[3]

64 c Gemäß § 20 Absatz 1 Nummer 6 Satz 9 EStG sind bei fondsgebundenen Lebensversicherungen 15% des Unterschiedsbetrages steuerfrei oder dürfen nicht bei der Ermittlung der Einkünfte abgezogen werden, soweit der Unterschiedsbetrag aus Investmenterträgen stammt. Die Steuerfreistellung wird gewährt, um die steuerliche Vorbelastung von Investmentfonds durch das Investmentsteuerreformgesetz vom 19. Juli 2016 (BGBl. I S. 1730, BStBl. I S. 731) ab dem 1. Januar 2018 zu berücksichtigen. Die Steuerfreistellung greift nur, soweit Investmenterträge im Sinne des § 52 Absatz 28 Satz 21 EStG (Erträge aus Investmentfonds) Bestandteil des Unterschiedsbetrages nach § 20 Absatz 1 Nummer 6 Satz 1 EStG sind. Erträge aus konventionellen Anlagen oder aus Spezial-Investmentfonds fallen nicht in den Anwendungsbereich der Norm. Dies gilt auch für Erträge aus „internen Fonds" im Sinne des § 124 Absatz 2 Nummer 1 VAG, es sei denn, sie stammen nachweislich aus In- 96b

[1] Zur Anwendung der Rz. 64 siehe BMF-Schreiben vom 18. 6. 2013 (BStBl. I S. 768) letzter Absatz, nachstehend abgedruckt als Anlage b.

[2] Letztmals abgedruckt als Anlage a zu R 10.5 EStR im „Handbuch zur ESt-Veranlagung 2018".

[3] Abschnitt IXa mit Rz. 64c bis 64x eingefügt durch BMF-Schreiben vom 29. 9. 2017 (BStBl. I S. 1314).

Anl a zu § 20

vestmentfonds. Werden die Sparanteile aus den Versicherungsbeiträgen nicht ausschließlich für die Erzielung von Investmenterträgen verwendet, muss der Anteil der Erträge aus Investmentfonds ermittelt werden.

64 d Bei Versicherungsverträgen, die nach dem 31. Dezember 2004 und vor dem 1. Januar 2018 abgeschlossen wurden (Bestandsverträge), umfasst die Steuerfreistellung nur die Investmenterträge, die auf den Zeitraum nach dem 31. Dezember 2017 entfallen. Die bis zum 31. Dezember 2017 entstandenen Investmenterträge werden von der pauschalen Freistellung nicht erfasst und müssen abgegrenzt werden.

64 e Bei der Ermittlung des steuerpflichtigen Ertrags aus dem Versicherungsvertrag werden nach § 20 Absatz 1 Nummer 6 Satz 1 EStG von der Versicherungsleistung im Erlebensfall die Summe der auf sie entrichteten Beiträge einschließlich des darin enthaltenen Kostenanteils (Abschluss-, Verwaltungs- und Vertriebskosten) abgezogen. Entsprechend muss für Zwecke des § 20 Absatz 1 Nummer 6 Satz 9 EStG bei der Ermittlung der Erträge aus Investmentfonds der auf den nach dem 31. Dezember 2017 entfallende Kostenanteil aus dem Versicherungsvertrag berücksichtigt werden. Die zeitliche und sachliche Abgrenzung der anteilig auf Investmentfonds entfallenden Erträge unter Berücksichtigung zu verrechnender Kosten hat grundsätzlich auf Grundlage der tatsächlich aus der Anlage in Investmentfonds erzielten Erträge und Aufwendungen zu erfolgen (exakte Wertermittlung).

64 f Es wird nicht beanstandet, dass der steuerfreie Anteil am Unterschiedsbetrag nach § 20 Absatz 1 Nummer 6 Satz 9 EStG anstelle der exakten Wertermittlung pauschaliert ermittelt wird, wenn die auf Investmentfonds ab 1. Januar 2018 entfallenden Erträge sachgerecht abgegrenzt werden. Wird die pauschale Ermittlung des steuerfreien Anteils am Unterschiedsbetrag gewählt, ist die in Randziffer 64 e bis 64 x dargestellte Verfahrensweise zu befolgen.

Bei der zeitlichen und sachlichen Abgrenzung der Erträge ist zu unterscheiden zwischen

- Versicherungsverträgen mit ausschließlicher Anlage der Sparanteile in Investmentfonds und Vertragsabschluss nach dem 31. Dezember 2017 (vgl. nachfolgend die Ausführungen zu 1.) bzw. vor dem 1. Januar 2018 (vgl. nachfolgend die Ausführungen zu 3.)
- Versicherungsverträgen mit nur teilweiser Anlage der Sparanteile in Investmentfonds (sog. Hybridprodukte) und Vertragsabschluss nach dem 31. Dezember 2017 (vgl. nachfolgend die Ausführungen zu 2.) bzw. vor dem 1. Januar 2018 (vgl. nachfolgend die Ausführungen zu 4.).

1. Steuerfreistellung bei ausschließlicher Anlage in Investmentfonds und Vertragsbeginn nach dem 31. Dezember 2017

96c **64 g** Soweit bei fondsgebundenen Lebensversicherungen die Sparanteile aus den Versicherungsbeiträgen ausschließlich für die Anlage in Investmentfonds verwendet wurden, werden 15% des Unterschiedsbetrages nach § 20 Absatz 1 Nummer 6 Satz 1 EStG von der Steuer freigestellt.

Beispiel 1:

Die Sparanteile eines fondsgebundenen Versicherungsvertrags werden ausschließlich in Investmentfonds angelegt. Der Versicherungsvertrag wird am 1. Februar 2018 abgeschlossen und kommt am 31. Januar 2048 zur Auszahlung.

Versicherungsleistung am 31. Januar 2048	100 000 €
./. Versicherungsbeiträge	50 000 €

Lösung:

Unterschiedsbetrag nach § 20 Absatz 1 Nummer 6 Satz 1 EStG:

Versicherungsleistung am 31. Januar 2048	100 000 €
./. Versicherungsbeiträge	50 000 €
	50 000 €

Teilfreistellung nach § 20 Absatz 1 Nummer 6 Satz 9 EStG $= \frac{15}{100} \times 50\,000$ € = 7500 €

Steuerpflichtiger Unterschiedsbetrag gemäß § 20 Absatz 1 Nummer 6 Satz 1 EStG nach Teilfreistellung: (50 000 € ./. 7500 € =) 42 500 €

Beispiel 2 (negative Teilfreistellung):

Die Sparanteile eines fondsgebundenen Versicherungsvertrags werden ausschließlich in Investmentfonds angelegt. Der Versicherungsvertrag wird am 1. Februar 2018 abgeschlossen und kommt am 31. Januar 2048 zur Auszahlung.

Versicherungsleistung am 31. Januar 2048	50 000 €
./. Versicherungsbeiträge	100 000 €

Lösung:

Unterschiedsbetrag nach § 20 Absatz 1 Nummer 6 Satz 1 EStG:

Versicherungsleistung am 31. Januar 2048	50 000 €
./. Versicherungsbeiträge	100 000 €
	– 50 000 €

Nicht abzugsfähiger Anteil nach § 20 Absatz 1 Nummer 6 Satz 9 EStG $= \frac{15}{100} \times -50\,000$ € = – 7500 €

Steuerpflichtiger Unterschiedsbetrag gemäß § 20 Absatz 1 Nummer 6 Satz 1 EStG nach Teilfreistellung = – 50 000 € + 7500 € = – 42 500 €

2. Steuerfreistellung bei gemischter Anlage (Investmentfonds und konventionelle Anlage – Hybridprodukte) und Vertragsbeginn nach dem 31. Dezember 2017

Anl a zu § 20

96d

64h Soweit die Sparanteile aus den Versicherungsbeiträgen nicht ausschließlich für die Anlage in Investmentfonds verwendet werden, sondern beispielsweise bei sog. „Hybridprodukten" teilweise in das konventionelle Sicherungsvermögen investiert wurden, kann die Steuerfreistellung nach § 20 Absatz 1 Nummer 6 Satz 9 EStG nicht auf den vollen Unterschiedsbetrag nach § 20 Absatz 1 Nummer 6 Satz 1 EStG gewährt werden. Vielmehr muss vor der Berechnung der Freistellung nach § 20 Absatz 1 Nummer 6 Satz 9 EStG der Anteil der Investmenterträge am Unterschiedsbetrag nach § 20 Absatz 1 Nummer 6 Satz 1 EStG ermittelt werden. Dazu müssen auch die anteilig auf das **F**ondsvermögen entfallenden **G**esamt**k**osten aus dem Versicherungsvertrag (GKF – siehe auch Rz. 64 l) zugeordnet werden. Die anteilig dem Fondsvermögen zuzuordnenden Gesamtkosten werden nach dem Gewicht bestimmt, das die Entwicklung des Fondsvermögens an der Wertentwicklung des Versicherungsvertrags insgesamt hat. Je höher die Wertentwicklung des Fondsvermögens für den Erfolg des gesamten Versicherungsvertrags ausschlaggebend ist, desto höher werden auch die dem Fondsvermögen zuzuordnenden Gesamtkosten angesetzt.

a) Wertzuwachs des Versicherungsvertrags (WzV)

64i Der **W**ert**z**uwachs des **V**ersicherungsvertrags (WzV) ist aus der Differenz zwischen der **V**ersicherungs**l**eistung (VL) und der für die Vermögensanlage verwendeten Einzahlungen (Sparanteile, Anlagebeträge aus zugeteilten Überschussanteilen) in den Versicherungsvertrag zu ermitteln. Der Wertzuwachs des Versicherungsvertrags bildet dabei die Wertentwicklung des für die Vermögensanlage zur Verfügung stehenden Kapitals aus dem Versicherungsvertrag ohne Berücksichtigung der auf den Vertrag entfallenden Kosten ab. Bei der Ermittlung des Unterschiedsbetrags nach § 20 Absatz 1 Nummer 6 Satz 1 EStG hingegen beinhalten die von der Versicherungsleistung abzusetzenden Beiträge die auf den Vertrag entfallenden Kosten. Der Wertzuwachs des Versicherungsvertrags übersteigt betragsmäßig stets den Unterschiedsbetrag nach § 20 Absatz 1 Nummer 6 Satz 1 EStG. Die dem versicherten Vertrag belasteten Kosten ergeben sich aus der Differenz zwischen dem Wertzuwachs des Versicherungsvertrags und dem Unterschiedsbetrag nach § 20 Absatz 1 Nummer 6 Satz 1 EStG.

VL – Einzahlungen (Sparanteile, Anlagebeträge aus zugeteilten Überschussanteilen) = WzV

Beispiel 3:

64j Die Sparanteile eines fondsgebundenen Versicherungsvertrags werden ausschließlich in Investmentfonds angelegt. Der Versicherungsvertrag wird am 1. Februar 2018 abgeschlossen und kommt am 31. Januar 2048 zur Auszahlung.

Versicherungsleistung am 31. Januar 2048	50 000 €
Sparanteile	20 000 €
Anlagebeträge aus zugeteilten Überschussanteilen	5000 €

Lösung:

Wertzuwachs des Versicherungsvertrags	
Versicherungsleistung am 31. Januar 2048	50 000 €
./. Sparanteile	20 000 €
./. Anlagebeträge aus zugeteilten Überschussanteilen	5000 €
	25 000 €

b) Wertzuwachs des Fondsvermögens (WzF)

64k Der **W**ert**z**uwachs des **F**ondsvermögens (WzF) errechnet sich aus der Differenz des für die Erbringung der Versicherungsleistung zur Verfügung stehenden Fondsvermögens und den für den Erwerb der Fondsanteile aufgewendeten Sparanteilen und sonstigen Zuflüssen (z. B. Anlagebeträge aus zugeteilten Überschussanteilen oder aus Umschichtungen zu Lasten des konventionellen Sicherungsvermögens in Investmentfonds). Während der Versicherungslaufzeit erfolgte Abflüsse zu Lasten des Fondsvermögens (z. B. Umschichtungen in das konventionelle Sicherungsvermögen) werden zur Ermittlung des während der Versicherungslaufzeit erzielten Wertzuwachses hinzugerechnet.

Fondsvermögen am Ende der Versicherungslaufzeit
\+ Abflüsse aus dem Fondsvermögen
– Zuflüsse in das Fondsvermögen = WzF

c) Gesamtkosten des Versicherungsvertrags (GKV) und anteilig auf das Fondsvermögen zu verrechnende Gesamtkosten (GKF)

64l Die **G**esamt**k**osten des **V**ersicherungsvertrags sind aus der Differenz zwischen dem Wertzuwachs des Versicherungsvertrags (WzV) und dem Unterschiedsbetrag nach § 20 Absatz 1 Nummer 6 Satz 1 EStG zu ermitteln. Die Differenz zeigt die dem Versicherungsvertrag belasteten Gesamtkosten und entspricht dem Betrag, um den die Summe der Versicherungsbeiträge die für die Vermögensanlage verwendeten Beitragsteile übersteigt.

WzV – Unterschiedsbetrag nach § 20 Absatz 1 Nummer 6 Satz 1 EStG = GKV

Die anteilig dem **F**ondsvermögen zuzurechnenden **G**esamt**k**osten (GKF) ergeben sich aus dem Anteil, den die Entwicklung des Fondsvermögens an der Wertentwicklung des gesamten Versicherungsvertrags hat. Das Gewicht wird ermittelt, indem der betragsmäßige Wertzuwachs des Fondsvermögens zur Summe des betragsmäßigen Wertzuwachses des Fondsvermögens und der übrigen Kapitalanlagen zueinander ins Verhältnis gesetzt wird.

$$(\text{WzV} - \text{Unterschiedsbetrag nach § 20 Absatz 1 Nummer 6 Satz 1 EStG}) \times \frac{|\text{WzF}|}{|\text{WzV} - \text{WzF}| + |\text{WzF}|} = \text{GKF}$$

Anl a zu § 20

Nach Berechnung der anteiligen Gesamtkosten errechnet sich der nach § 20 Absatz 1 Nummer 6 Satz 9 EStG steuerfreie Teil der Erträge aus Investmentfonds wie folgt:

$$\frac{15}{100} * (\text{WzF} - \text{GKF}) = \text{Steuerfreier Anteil}$$

Beispiel 4:

64 m Eine als Hybridprodukt ausgestaltete Versicherung wird am 1. Februar 2018 abgeschlossen und kommt am 31. Januar 2048 zur Auszahlung. Zugeteilte Überschussanteile, die dem Versicherungsvertrag gutgeschrieben werden, liegen nicht vor. Am Ende der Versicherungslaufzeit ergeben sich folgende Eckwerte:

Versicherungsleistung am 31. Januar 2048	44 550 €
Versicherungsbeiträge	30 000 €
Unterschiedsbetrag im Sinne des § 20 Absatz 1 Nummer 6 Satz 1 EStG	14 550 €
Sparanteile der Versicherungsbeiträge	27 850 €
Fondsvermögen am 31. Januar 2048	19 000 €
Für das Fondsvermögen verwendete Beiträge	9500 €

Lösung:

Berechnung Wertzuwachs Fondsvermögen (WzF):

Fondsvermögen am 31. Januar 2048	19 000 €
./. für das Fondsvermögen verwendete Beiträge	9500 €
	9500 €

Berechnung Wertzuwachs Versicherungsvertrag (WzV):

Versicherungsleistung am 31. Januar 2048	44 550 €
./. Sparanteile	27 850 €
	16 700 €

Berechnung Gesamtkosten Versicherungsvertrag (GKV):

WzV	16 700 €
./. Unterschiedsbetrag nach § 20 Absatz 1 Nummer 6 Satz 1 EStG	14 550 €
	2150 €

Dem Fondsvermögen zuzurechnender Anteil der Gesamtkosten (GKF):

$$\text{GKF} = 2150\ €\ (\text{GKV}) \times \frac{9500\ €\ (|\ \text{WzF}\ |)}{16\,700\ €\ (|\ \text{WzV} - \text{WzF}\ | + |\ \text{WzF}\ |)} = 1223\ €$$

Teilfreistellung nach § 20 Absatz 1 Nummer 6 Satz 9 EStG:

$$\frac{15}{100} \times (9500\ € - 1223\ €) = 1\,242\ €$$

Steuerpflichtiger Unterschiedsbetrag gemäß § 20 Absatz 1 Nummer 6 Satz 1 EStG nach Teilfreistellung:
44 550 € – 30 000 € – 1242 € = 13 308 €

Beispiel 5 (negative Teilfreistellung):

64 n Eine als Hybridprodukt ausgestaltete Versicherung wird am 1. Februar 2018 abgeschlossen und kommt am 31. Januar 2048 zur Auszahlung. Zugeteilte Überschussanteile, die dem Versicherungsvertrag gutgeschrieben werden, liegen nicht vor. Am Ende der Versicherungslaufzeit ergeben sich folgende Eckwerte:

Versicherungsleistung am 31. Januar 2048	35 000 €
Versicherungsbeiträge	30 000 €
Unterschiedsbetrag im Sinne des § 20 Absatz 1 Nummer 6 EStG	5000 €
Sparanteile der Versicherungsbeiträge	26 850 €
Fondsvermögen am 31. Januar 2048	17 000 €
Für das Fondsvermögen verwendete Beiträge	19 000 €

Lösung:

Berechnung Wertzuwachs Fondsvermögen (WzF):

Fondsvermögen am 31. Januar 2048	17 000 €
./. für das Fondsvermögen verwendete Beiträge	19 000 €
	– 2000 €

Berechnung Wertzuwachs Versicherungsvertrag (WzV):

Versicherungsleistung am 31. Januar 2048	35 000 €
./. Sparanteile	26 850 €
	8150 €

Berechnung Gesamtkosten Versicherungsvertrag (GKV):

WzV	8150 €
./. Unterschiedsbetrag nach § 20 Absatz 1 Nummer 6 Satz 1 EStG	5000 €
	3150 €

Dem Fondsvermögen zuzurechnender Anteil der Gesamtkosten (GKF):

$$\text{GKF} = 3150\ €\ (\text{GKV}) \times \frac{2000\ €\ (|\ \text{WzF}\ |)}{2000\ € + 10\,150\ €\ (|\ \text{WzF}\ | + |\ \text{WzV} - \text{WzF}\ |)} = 519\ €$$

Nicht abzugsfähiger Anteil nach § 20 Absatz 1 Nummer 6 Satz 9 EStG:

$$\frac{15}{100} \times (-\,2000\ € - 519\ €) = -\,378\ €$$

Steuerpflichtiger Unterschiedsbetrag gemäß § 20 Absatz 1 Nummer 6 Satz 1 EStG nach Teilfreistellung:
35 000 € – 30 000 € + 378 € = 5378 €

Anl a zu § 20

3. Steuerfreistellung bei ausschließlicher Anlage in Investmentfonds und Vertragsbeginn vor dem 1. Januar 2018

64 o Werden bei Bestandsverträgen die Sparanteile vollständig in Investmentfonds angelegt, ist der anteilig auf den Zeitraum nach dem 1. Januar 2018 erzielte Wertzuwachs vom Wertzuwachs des den Zeitraum vor dem 1. Januar 2018 betreffenden Vertragsteils abzugrenzen, da auch nur insoweit eine Teilfreistellung nach § 20 Absatz 1 Nummer 6 Satz 9 EStG vorzunehmen ist. 96e

Beispiel 6:

64 p Die Sparanteile eines fondsgebundenen Versicherungsvertrags werden ausschließlich in Investmentfonds angelegt. Der Versicherungsvertrag wurde am 1. Februar 2010 abgeschlossen und kommt am 31. Januar 2040 zur Auszahlung. Zugeteilte Überschussanteile, die dem Versicherungsvertrag gutgeschrieben werden, liegen nicht vor.

Versicherungsleistung am 31. Januar 2040	55 000 €
Versicherungsbeiträge	36 000 €
Unterschiedsbetrag nach § 20 Absatz 1 Nummer 6 Satz 1 EStG	19 000 €
Vertragswert am 31. Dezember 2017	11 000 €
Versicherungsbeiträge bis 31. Dezember 2017	10 000 €

Lösung:

Auf den Zeitraum ab 1. Januar 2018 aus dem Investmentfonds erzielter Wertzuwachs:

Versicherungsleistung zum 31. Januar 2040	55 000 €
./. Versicherungsbeiträge ab 1. Januar 2018 (36 000 € ./. 10 000 €)	26 000 €
./. Vertragswert zum 31. Dezember 2017	11 000 €
	18 000 €

Steuerfreier Anteil nach § 20 Absatz 1 Nummer 6 Satz 9 EStG = $\frac{15}{100} \times 18\,000\text{ €} = 2700\text{ €}$

Steuerpflichtiger Unterschiedsbetrag gemäß § 20 Absatz 1 Nummer 6 Satz 1 EStG nach Teilfreistellung = 19 000 € – 2700 € = 16 300 €

4. Steuerfreistellung bei gemischter Anlage (Investmentfonds und konventionelle Anlage – Hybridprodukte) und Vertragsbeginn vor dem 1. Januar 2018 (Bestandsverträge)

64 q Zur Berechnung des steuerfreien Unterschiedsbetrages bei Bestandsverträgen in Form der sog. Hybridprodukte muss zusätzlich zur Abgrenzung der Erträge, die auf den Zeitraum nach dem 31. Dezember 2017 entfallen, eine Ermittlung des Anteils der Erträge aus Investmentfonds an den Gesamterträgen der Versicherung erfolgen. Korrespondierend sind auch die Kosten auf den nach dem 31. Januar 2017 auf Investmentfonds entfallenden Anteil abzugrenzen. 96f

64 r Der steuerfreie Unterschiedsbetrag ist entsprechend der Vorgehensweise zur Abgrenzung der Investmenterträge bei Hybridprodukten mit Vertragsabschluss nach dem 31. Dezember 2017 zu ermitteln.

Die Teilfreistellung nach § 20 Absatz 1 Nummer 6 Satz 9 EStG errechnet sich wie folgt:

64 s a) Unterschiedsbeträge nach § 20 Absatz 1 Nummer 6 Satz 1 EStG:

Versicherungsleistung
./. Beiträge
= Unterschiedsbetrag nach § 20 Absatz 1 Nummer 6 Satz 1 EStG

Vertragswert $_{\text{31. Dezember 2017}}$
./. Beiträge $_{\text{bis 31. Dezember 2017}}$
= Unterschiedsbetrag nach § 20 Absatz 1 Nummer 6 Satz 1 EStG $_{\text{31. Dezember 2017}}$

Unterschiedsbetrag nach § 20 Absatz 1 Nummer 6 Satz 1 EStG
./. Unterschiedsbetrag nach § 20 Absatz 1 Nummer 6 Satz 1 EStG $_{\text{31. Dezember 2017}}$
= Unterschiedsbetrag nach § 20 Absatz 1 Nummer 6 Satz 1 EStG $_{\text{ab 1. Januar 2018}}$

64 t b) Wertzuwachs des Versicherungsvertrags ab 1. Januar 2018 (WzV_{2018}):

Versicherungsleistung
./. Sparanteile $_{\text{ab 1. Januar 2018}}$
./. Überschussanteile $_{\text{ab 1. Januar 2018}}$
./. Vertragswert $_{\text{31. Dezember 2017}}$
= WzV_{2018}

64 u c) Wertzuwachs Fondsvermögen ab 1. Januar 2018 (WzF_{2018}):

Der Wertzuwachs des Fondsvermögens ab 1. Januar 2018 (WzF_{2018}) errechnet sich aus dem für die Erbringung der Versicherungsleistung zur Verfügung stehenden Fondsvermögens abzüglich der ab dem 1. Januar 2018 für den Erwerb der Investmentanteile verwendeten Mittel aus Sparanteilen, sonstigen Zuflüssen zum Erwerb von Investmentanteilen (z. B. aus Anlagebeiträgen aus zugeteilten Überschussanteilen oder aus Umschichtungen zu Lasten des konventionellen Sicherungsvermögens in Investmentfonds) und des Fondsvermögens zum 31. Dezember 2017. Ab dem 1. Januar 2018 erfolgte Abflüsse zu Lasten des Fondsvermögens (z. B. aus Umschichtungen vom Fondsvermögen in das konventionelle Sicherungsvermögen) werden hinzugerechnet.

Fondsvermögen am Ende der Versicherungslaufzeit
+ Abflüsse aus dem Fondsvermögen $_{\text{ab 1. Januar 2018}}$
– Zuflüsse in das Fondsvermögen $_{\text{ab 1. Januar 2018}}$
– Fondsvermögen $_{\text{31. Dezember 2017}}$
= WzF_{2018}

Anl a zu § 20

64 v **d) Gesamtkosten Versicherungsvertrag ab 1. Januar 2018 (GKV_{2018}):**

Die Gesamtkosten des Versicherungsvertrags (GKV) sind aus der Differenz zwischen dem Wertzuwachs des Versicherungsvertrags (WzV), der auf den Zeitraum ab dem 1. Januar 2018 entfällt, und dem Unterschiedsbetrag nach § 20 Absatz 1 Nummer 6 Satz 1 EStG, der auf den Zeitraum ab dem 1. Januar 2018 entfällt, zu ermitteln. Der auf den Zeitraum nach dem 1. Januar 2018 entfallende Unterschiedsbetrag nach § 20 Absatz 1 Nummer 6 Satz 1 EStG ist aus der Differenz zwischen dem Unterschiedsbetrag des Versicherungsvertrags nach § 20 Absatz 1 Nummer 6 Satz 1 EStG und dem auf den 31. Dezember 2017 errechneten Unterschiedsbetrag nach § 20 Absatz 1 Nummer 6 Satz 1 EStG zu ermitteln.

GKV_{2018} = WzV_{2018}
– (Unterschiedsbetrag nach § 20 Absatz 1 Nummer 6 Satz 1 EStG
– Unterschiedsbetrag nach § 20 Absatz 1 Nummer 6 Satz 1 EStG $_{31.\ Dezember\ 2017}$)

64 w **e) Anteilig auf das Fondsvermögen zu verrechnende Gesamtkosten ab 1. Januar 2018 (GKF_{2018}):**

Die anteilig auf das Fondsvermögen zu verrechnenden Kosten ab dem 1. Januar 2018 (GKF_{2018}) ergeben sich analog Rz. 64 l.

$$GKF_{2018} = GKV_{2018} \times \frac{|\,WzF_{2018}\,|}{|\,WzF_{2018}\,| + |\,WzV_{2018} - WzF_{2018}\,|}$$

Teilfreistellung nach § 20 Absatz 1 Nummer 6 Satz 9 EStG:

$$= \frac{15}{100} \times {}^*(WzF_{2018} - GKF_{2018})$$

Beispiel 7:

64 x Die Sparanteile eines fondsgebundenen Versicherungsvertrags werden in Investmentfonds und sonstige Kapitalanlagen angelegt (Hybridprodukt). Der Versicherungsvertrag wird am 1. Februar 2010 abgeschlossen und kommt am 31. Dezember 2029 zur Auszahlung. Zugeteilte Überschussanteile, die dem Vertrag gutgeschrieben werden, liegen nicht vor.

Versicherungsleistung am 31. Dezember 2029	44 500 €
Versicherungsbeiträge	30 000 €
Sparanteile ab 1. Januar 2018	18 000 €
Vertragswert am 31. Dezember 2017	12 000 €
Versicherungsbeiträge bis zum 31. Dezember 2017	10 000 €
Fondsvermögen am 31. Dezember 2029	20 000 €
Abflüsse aus dem Fondsvermögen ab dem 1. Januar 2018	1000 €
Zuflüsse in das Fondsvermögen ab dem 1. Januar 2018	10 000 €
Fondsvermögen am 31. Dezember 2017	4000 €

Lösung:

Unterschiedsbetrag nach § 20 Absatz 1 Nummer 6 Satz 1 EStG:

Versicherungsleistung am 31. Dezember 2029	44 500 €
./. Versicherungsbeiträge	30 000 €
	14 500 €

Unterschiedsbetrag nach § 20 Absatz 1 Nummer 6 Satz 1 EStG am 31. Dezember 2017:

Vertragswert am 31. Dezember 2017	12 000 €
./. Beiträge bis zum 31. Dezember 2017	10 000 €
	2000 €

Wertzuwachs des Versicherungsvertrags ab dem 1. Januar 2018 (WzV_{2018}):

Versicherungsleistung am 31. Dezember 2029	44 500 €
./. Sparanteile ab dem 1. Januar 2018	18 000 €
./. Vertragswert am 31. Dezember 2017	12 000 €
	14 500 €

Wertzuwachs Fondsvermögen (WzF_{2018}):

Fondsvermögen am 31. Dezember 2029	20 000 €
+ Abflüsse aus dem Fondsvermögen ab dem 1. Januar 2018	1000 €
./. Zuflüsse in das Fondsvermögen ab dem 1 Januar 2018	10 000 €
./. Fondsvermögen am 31. Dezember 2017	4000 €
	7000 €

Gesamtkosten des Versicherungsvertrags ab dem 1. Januar 2018:

GKV_{2018} = WzV_{2018}
– (Unterschiedsbetrag nach § 20 Absatz 1 Nummer 6 Satz 1 EStG
– Unterschiedsbetrag nach § 20 Absatz 1 Nummer 6 Satz 1 EStG $_{31.\ Dezember\ 2017}$)

GKV_{2018} = 14 500 € – (14 500 € – 2000 €) = 2000 €

Auf die Fondsanlage zu verrechnender Anteil der Gesamtkosten ab 1. Januar 2018 (GKF_{2018}): Anl a zu § 20

$$GKF_{2018} = GKV_{2018} \times \frac{|WzF_{2018}|}{|WzF_{2018}| + |WzV_{2018} - WzF_{2018}|}$$

$$GKF_{2018} = 2000\,€ \times \frac{7000\,€}{14500\,€} = 966\,€$$

Teilfreistellung nach § 20 Absatz 1 Nummer 6 Satz 9 EStG:

$$\frac{15}{100} \times (7000\,€ - 966\,€) = 905\,€$$

Steuerpflichtiger Unterschiedsbetrag gemäß § 20 Absatz 1 Nummer 6 Satz 1 EStG nach Teilfreistellung:
44 500 € – 30 000 € – 905 € = 13 595 €

X. Hälftiger Unterschiedsbetrag

65 Wird die Versicherungsleistung nach Vollendung des 60. Lebensjahres des Steuerpflichtigen und nach Ablauf von zwölf Jahren seit dem Vertragsabschluss ausgezahlt, ist die Hälfte des Unterschiedsbetrags anzusetzen. Bei Verträgen, die nach dem 31. Dezember 2011 abgeschlossen werden, ist die Vollendung des 62. Lebensjahres des Steuerpflichtigen erforderlich *(§ 52 Absatz 36 Satz 9 EStG)*.[1] 97

1. Beginn der Mindestvertragsdauer

66 Für den Beginn der Mindestvertragsdauer bestehen aus Vereinfachungsgründen keine Bedenken, als Zeitpunkt des Vertragsabschlusses den im Versicherungsschein bezeichneten Tag des Versicherungsbeginns gelten zu lassen, wenn innerhalb von drei Monaten nach diesem Tag der Versicherungsschein ausgestellt und der erste Beitrag gezahlt wird; ist die Frist von drei Monaten überschritten, tritt an die Stelle des im Versicherungsschein bezeichneten Tages des Versicherungsbeginns der Tag der Zahlung des ersten Beitrages. 98

2. Neubeginn aufgrund von Vertragsänderungen[2]

67 Werden wesentliche Vertragsmerkmale einer Versicherung im Sinne des § 20 Absatz 1 Nummer 6 EStG (Versicherungslaufzeit, Versicherungssumme, Beitragshöhe, Beitragszahlungsdauer, vgl. BFH vom 9. Mai 1974, BStBl. II S. 633) geändert, führt dies nach Maßgabe der nachfolgenden Regelungen zu einem Neubeginn der Mindestvertragsdauer. Bei einer Änderung der Person des Versicherungsnehmers ist steuerrechtlich grundsätzlich nicht von einem neuen Vertrag auszugehen. 99

a) Bei Vertragsabschluss vereinbarte künftige Vertragsänderungen

68 Vertragsanpassungen, die bereits bei Vertragsabschluss vereinbart worden sind, sowie hinreichend bestimmte Optionen zur Änderung des Vertrages führen vorbehaltlich der Grenzen des Gestaltungsmissbrauchs nicht zu einem Neubeginn der Mindestvertragsdauer.

b) Nachträglich vereinbarte Vertragsänderungen

69 Werden ausschließlich wesentliche Vertragsbestandteile vermindert bzw. gesenkt (z. B. Verkürzung der Laufzeit oder der Beitragszahlungsdauer, niedrigere Beitragszahlungen oder Versicherungssumme), so gilt steuerrechtlich der geänderte Vertrag als „alter Vertrag", der unverändert fortgeführt wird.

70 Nachträglich vereinbarte Änderungen der Versicherungslaufzeit oder der Beitragszahlungsdauer bleiben für die Beurteilung der Mindestvertragsdauer außer Betracht, soweit nicht die Gesamtvertragsdauer von zwölf Jahren unterschritten wird (z. B. nachträgliche Verlängerung der Versicherungslaufzeit und/oder der Beitragszahlungsdauer bei gleich bleibender Versicherungssumme aufgrund reduzierten Beitrags).

71[3] Nachträglich vereinbarte Beitragserhöhungen und Erhöhungen der Versicherungssumme gelten steuerlich im Umfang der Erhöhung als gesonderter neuer Vertrag, für den die Mindestvertragsdauer ab dem vereinbarten Erhöhungszeitpunkt neu zu laufen beginnt.

Im Hinblick auf die gesetzliche Anhebung des Rentenalters von 65 auf 67 Jahre gilt Folgendes:
Die Verlängerung der Laufzeit eines Vertrages, der bisher einen Auszahlungszeitpunkt im 65. oder 66. Lebensjahr zum Inhalt hatte, führt nicht zu einer nachträglichen Vertragsänderung, wenn die Verlängerung einen Zeitraum von höchstens zwei Jahren umfasst. Eine entsprechende Verlängerung der Beitragszahlungsdauer ist zulässig. Eine solche Verlängerung der Laufzeit bzw. der Beitragszahlungsdauer infolge der Anhebung der Altersgrenze kann nur einmalig vorgenommen werden.

c) Zahlungsschwierigkeiten

72 Wurden Versicherungsbeiträge oder die Versicherungssumme wegen Zahlungsschwierigkeiten des Versicherungsnehmers insbesondere wegen Arbeitslosigkeit, Kurzarbeit oder Arbeitsplatzwechsels gemindert oder die Beiträge ganz oder teilweise befristet gestundet, so kann der Versicherungsnehmer

[1] Jetzt: § 52 Abs. 28 Satz 7 EStG.
[2] Zu den Vertragsänderungen nach dem 31. 12. 2011 siehe ergänzend *BMF-Schreiben vom 6. 3. 2012 (BStBl. I S. 238).*
[3] Rz. 71 ergänzt durch BMF-Schreiben vom 6. 3. 2012 (BStBl. I S. 238).

Anl a zu § 20

innerhalb einer Frist von in der Regel drei Jahren eine Wiederherstellung des alten Versicherungsschutzes bis zur Höhe der ursprünglich vereinbarten Versicherungssumme verlangen und die Beitragsrückstände nachentrichten. Die nachentrichteten Beiträge werden als aufgrund des ursprünglichen Vertrages geleistet angesehen.

73 Konnte der Versicherungsnehmer wegen Zahlungsschwierigkeiten, insbesondere aufgrund von Arbeitslosigkeit, Kurzarbeit oder Arbeitsplatzwechsel die vereinbarten Beiträge nicht mehr aufbringen und nach Behebung seiner finanziellen Schwierigkeiten die fehlenden Beiträge nicht nachentrichten, so kann der Versicherungsnehmer innerhalb von in der Regel bis zu drei Jahren eine Wiederherstellung des alten Versicherungsschutzes bis zur Höhe der ursprünglich vereinbarten Versicherungssumme verlangen. Maßnahmen zur Schließung der Beitragslücke (z. B. Anhebung der künftigen Beiträge, Leistungsherabsetzung, Verlegung von Beginn- und Ablauftermin) führen nicht zu einem Neubeginn der Mindestvertragsdauer.

d) Fortsetzung einer während der Elternzeit beitragsfrei gestellten Lebensversicherung

73a Die Regelungen in den Rzn. 72 und 73 sind entsprechend anzuwenden, wenn eine Lebensversicherung während der Elternzeit im Sinne des Bundeselterngeld- und Elternzeitgesetzes beitragsfrei gestellt wurde und innerhalb von drei Monaten nach Beendigung der Elternzeit zu den vor der Umwandlung vereinbarten Bedingungen fortgeführt wird.

e) Umwandlung einer Kapital-Lebensversicherung in eine nach § 851 c ZPO unter Pfändungsschutz stehende Rentenversicherung

73b Eine vor dem 1. Januar 2010 vollzogene Umwandlung einer Kapital-Lebensversicherung in eine Rentenversicherung, die die in *§ 10 Absatz 1 Nummer 2 Buchstabe b EStG*[1] genannten Voraussetzungen nicht erfüllt, die jedoch den Voraussetzungen des § 851 c Absatz 1 ZPO entspricht, wird aus Billigkeitsgründen nicht als steuerschädliche Vertragsänderung betrachtet. Hiervon ausgenommen sind vor dem 1. Januar 2005 abgeschlossene Versicherungsverträge, wenn bei vertragsgemäßer Fortsetzung bis zum vereinbarten Ablaufzeitpunkt die rechnungsmäßigen und außerrechnungsmäßigen Zinsen nach § 20 Absatz 1 Nummer 6 Satz 1 EStG in der am 31. Dezember 2004 geltenden Fassung der Besteuerung unterlegen hätten, und Lebensversicherungsverträge, die nach dem 30. März 2007 abgeschlossen wurden. Zu den Rechtsfolgen einer Umwandlung eines Kapital-Lebensversicherungsvertrags in einen Rentenversicherungsvertrag im Sinne des § 10 Absatz 1 Nummer 2 Buchstabe b EStG (Basisrente) siehe *Rz. 104 des BMF-Schreibens vom 30. Januar 2008 (BStBl. I S. 390).*[2]

73c Nach der Umwandlung geleistete Versicherungsbeiträge können als sonstige Vorsorgeaufwendungen berücksichtigt werden, wenn der Beginn des Versicherungsvertrages vor dem 1. Januar 2005 lag und ein Versicherungsbeitrag vor diesem Zeitpunkt geleistet wurde. Aus Billigkeitsgründen sind für die Frage des Versicherungsbeginns und der ersten Beitragsleistung *(§ 10 Absatz 1 Nummer 3 Buchstabe b EStG)*[3] der ursprüngliche Kapital-Lebensversicherungsvertrag und der Rentenversicherungsvertrag als Einheit anzusehen. Die aus dem umgewandelten Vertrag angerechnete Versicherungsleistung kann nicht als Sonderausgabe berücksichtigt werden.

73d Beispiel:

Unternehmer A hat in 2007 eine Kapital-Lebensversicherung vor dem 30. März 2007 abgeschlossen, die nach Ablauf der Versicherungslaufzeit eine Erlebensfall-Leistung in Form einer Kapitalauszahlung vorsieht (steuerpflichtig nach § 20 Absatz 1 Nummer 6 EStG). Im Jahre 2008 macht er von seinem Umwandlungsrecht nach *§ 173 VVG*[4] Gebrauch und stellt die Kapital-Lebensversicherung auf einen privaten Rentenversicherungsvertrag um, der im Todesfall während der Ansparphase eine Todesfall-Leistung in Form einer Beitragsrückgewähr vorsieht, die seine Erben erhalten sollen.

73e Die Regelung in Rz. 58 des BMF-Schreibens vom 22. August 2002 (BStBl. I S. 827), dass die Umstellung einer Kapital-Lebensversicherung in einen Vertrag im Sinne des Altersvorsorgeverträge-Zertifizierungsgesetzes keine steuerschädliche Vertragsänderung darstellt, ist auf nach dem 31. Dezember 2004 abgeschlossene Versicherungsverträge nicht anzuwenden (vgl. Rz. 90).

3. Policendarlehen

100 **74** Dienen die Ansprüche aus dem Versicherungsvertrag der Tilgung oder Sicherung eines Darlehens, so steht dies der Anwendung des § 20 Absatz 1 Nummer 6 Satz 2 EStG (Ansatz des hälftigen Unterschiedsbetrags) nicht entgegen. Zur Abgrenzung zwischen Policendarlehen und steuerpflichtigen Versicherungsleistungen siehe Rz. 41 a.

4. Teilleistungen teilweise vor dem 60. Lebensjahr und teilweise danach

101 **75** Werden mehrere Versicherungsleistungen zu unterschiedlichen Zeitpunkten ausgekehrt (z. B. bei Teilauszahlungen und Barauszahlungen von laufenden Überschussanteilen), ist jeweils gesondert zu prüfen, ob § 20 Absatz 1 Nummer 6 Satz 2 EStG zur Anwendung kommt. Die anteilig entrichteten Beiträge sind zu berücksichtigen.

76 Beispiel:

Laufzeit 20 Jahre, nach 10 Jahren Teilauszahlung i. H. v. 5000 €, vollendetes Lebensalter des Steuerpflichtigen im Zeitpunkt der Teilauszahlung 55 Jahre, geleistete Beiträge zum Auszahlungszeitpunkt: 10 000 €, Zeitwert der Versicherung zum Auszahlungszeitpunkt: 15 000 €, Restauszahlung nach weiteren 10 Jahren i. H. v. 25 000 €, geleistete Beiträge insgesamt: 20 000 €.

---

[1] Jetzt: § 10 Abs. 1 Nr. 2 Buchstabe b Doppelbuchstabe aa EStG.
[2] Jetzt BMF-Schreiben vom 19. 8. 2013 (BStBl. I S. 1087), Rz. 209, abgedruckt als Anlage zu H 22.3.
[3] Jetzt: § 10 Abs. 1 Nr. 3 a Teilsätze 3 und 4 EStG.
[4] Jetzt: § 167 VVG.

Lösung:

– Teilauszahlung i. H. v. 5 000 € (Laufzeit 10 Jahre Alter 55)	
Versicherungsleistung:	5 000,00 €
./. anteilig geleistete Beiträge: (5 000 : 15 000 × 10 000)	3 333,33 € (= 33%)
Ertrag nach § 20 Absatz 1 Nummer 6 Satz 1 EStG	1 666,67 €
– Restauszahlung i. H. v. 25 000 € (Laufzeit 20 Jahre Alter 65)	
Versicherungsleistung:	25 000,00 €
./. geleistete Beiträge (20 000 – 3 333,33)	16 666,67 €
Ertrag nach § 20 Absatz 1 Nummer 6 Satz 1 EStG	8 333,33 €
Davon anzusetzen nach § 20 Absatz 1 Nummer 6 Satz 2 EStG	4 166,67 €

5. Hälftiger Unterschiedsbetrag bei Kapitalversicherungen auf verbundene Leben

77 Sofern bei einer Kapitalversicherung auf verbundene Leben (vgl. Rz. 28) die Versicherungsleistung mehreren Steuerpflichtigen gemeinschaftlich zufließt, ist bei jedem Beteiligten gesondert zu prüfen, inwieweit er in seiner Person den Tatbestand des § 20 Absatz 1 Nummer 6 Satz 1 bzw. Satz 2 EStG verwirklicht. Die Aufteilung der Erträge ist dabei nach Köpfen vorzunehmen, soweit kein abweichendes Verhältnis vereinbart ist. **102**

78 **Beispiel:**

Ehemann A schließt als Versicherungsnehmer eine Kapitalversicherung mit Sparanteil auf verbundene Leben ab. Versicherte Personen sind Ehemann A und Ehefrau B. Beiden steht das unwiderrufliche Bezugsrecht gemeinschaftlich zu. Laufzeit der Versicherung 20 Jahre. Erlebensfall-Leistung 30 000 €, geleistete Beiträge 20 000 €. A hat zum Auszahlungszeitpunkt das 62., B das 58. Lebensjahr vollendet.

Lösung:

Versicherungsleistung:	30 000 €
./. geleistete Beiträge:	20 000 €
Zwischensumme:	10 000 €
Auf Ehemann A entfallen 50% = 5 000 €	
Davon anzusetzen nach § 20 Absatz 1 Nummer 6 Satz 2 EStG	2 500 €
Auf Ehefrau B entfallen 50% = 5 000 €	
Davon anzusetzen nach § 20 Absatz 1 Nummer 6 Satz 1 EStG	5 000 €

6. Mindesttodesfallschutz

78a Durch § 20 Absatz 1 Nummer 6 Satz 6 EStG (in der Fassung des Artikels 1 des Gesetzes vom 19. Dezember 2008 [BGBl. I S. 2794]) werden neue steuerliche Mindeststandards für die Anforderungen an die Risikoleistung aus einer Kapital-Lebensversicherung gesetzt. Sofern diese nicht erfüllt sind, ist die Steuerbegünstigung des Satzes 2 nicht anzuwenden, d. h., diese Verträge sind von einer nur hälftigen Versteuerung der Erträge ausgeschlossen. Die Neuregelung ist für alle Versicherungsverträge anzuwenden, die nach dem 31. März 2009 abgeschlossen werden oder bei denen die erstmalige Beitragsleistung nach dem 31. März 2009 erfolgt *(§ 52 Absatz 36 Satz 11 EStG).*[1] **102a**

a) § 20 Absatz 1 Nummer 6 Satz 6 Buchstabe a EStG („50%-Regel")

78b Buchstabe a des § 20 Absatz 1 Nummer 6 Satz 6 EStG (im Weiteren nur „Buchstabe a") betrifft Kapital-Lebensversicherungen mit einer vereinbarten laufenden Beitragszahlung bis zum Zeitpunkt des Erlebensfalls. Mindestens 50% der über die gesamte Laufzeit zu zahlenden Beiträge werden als Mindesttodesfallschutz vorausgesetzt. Dies gilt nicht für Kapital-Lebensversicherungen, bei denen die Todesfallsumme mindestens der Erlebensfallsumme entspricht; bei diesen Verträgen ist die Festlegung eines Mindesttodesfallschutzes nicht erforderlich.

Beitragserhöhungen

78c Eine „vereinbarte laufende Beitragszahlung in mindestens gleich bleibender Höhe" liegt auch bei vertraglich vereinbarten Beitragserhöhungen und vertraglich vereinbarten Optionsrechten im Sinne der Rz. 68 vor. Sie stehen der Anwendung des Mindestrisikoschutzes nach Buchstabe a nicht entgegen. Bei dynamischen Tarifen ist zu unterscheiden zwischen solchen, bei denen von vornherein Beitragserhöhungen zur Erlebensfall-Leistung fest vereinbart werden, und solchen, bei denen der Versicherungsnehmer zwar das Recht auf Erhöhung des Beitrags hat, eine Verpflichtung zur Beitragserhöhung aber nicht besteht. Für die Unterscheidung sind die im Versicherungsvertrag enthaltenen Vereinbarungen maßgebend. Beitragserhöhungen, die von vornherein vereinbart werden, sind bei der Bestimmung des Mindesttodesfallschutzes zu berücksichtigen. Künftige Beitragserhöhungen sind dagegen erst dann zu berücksichtigen, wenn die Erhöhung wirksam wird.

78d Sofern Beitragserhöhungen eine steuerlich relevante Vertragsänderung darstellen (z. B. nachträglich vereinbarte einmalige Zuzahlungen), sind die Voraussetzungen für den Mindesttodesfallschutz für den neuen Vertragsteil separat zu prüfen. Bei einmaligen nachträglichen Zuzahlungen, die eine steuerlich relevante Vertragsänderung darstellen, kommt in der Regel der Mindesttodesfallschutz nach Buchstabe b des § 20 Absatz 1 Nummer 6 Satz 6 EStG in Betracht.

Beitragsfreistellung/Beitragsherabsetzung

78e Ist die Beitragszahlungsdauer kürzer als die Versicherungsdauer, kommt die Anwendung des Mindesttodesfallschutzes nach Buchstabe a grundsätzlich nicht in Betracht. Das Recht des Versicherungsnehmers, jederzeit die Umwandlung der Versicherung in eine prämienfreie Versicherung zu verlangen (§ 165 VVG), schließt die Anwendbarkeit des Mindesttodesfallschutzes nach Buchstabe a je-

[1] Jetzt: § 52 Abs. 28 Satz 8 EStG.

Anl a zu § 20

doch nicht aus. Übt der Versicherungsnehmer dieses aus, reduziert sich der Mindesttodesfallschutz auf 50% der sich nach der Beitragsfreistellung insgesamt für die Vertragsdauer ergebenden Beitragssumme. Entsprechendes gilt bei einer nachträglich vereinbarten Beitragsherabsetzung. Nach der Herabsetzung müssen die neuen laufenden Beiträge nach der Vereinbarung in mindestens gleich bleibender Höhe bis zum Zeitpunkt des Erlebensfalls vorgesehen werden.

Kapital-Lebensversicherungen mit mehreren Erlebensfallzahlungen während der Versicherungsdauer

78f Nach jeder Teilauszahlung ermäßigt sich der Mindesttodesfallschutz in dem Verhältnis, in dem die Teilauszahlungssumme zum aktuellen Rückkaufswert vor Abzug von Kosten steht.

Beispiel:

Vertraglich vereinbarte Beitragssumme 70 000 €, garantierte Erlebensfall-Leistung 100 000 €, Mindesttodesfallschutz: 35 000 €, Vertragsstand nach 20 Jahren: 90 000 € (Rückkaufswert), Teilauszahlung nach 20 Jahren i. H. v. 30 000 €.

Lösung:

Der Mindesttodesfallschutz ermäßigt sich im Verhältnis 30 000 zu 90 000 mithin um $1/3$. Der Mindesttodesfallschutz beträgt nach der Teilauszahlung 23 333 € (35 000 € × $2/3$).

Zuzahlungen zur Abkürzung der Versicherungsdauer

78g Zuzahlungen zur Abkürzung der Versicherungsdauer, bei denen der ursprünglich vereinbarte Beitrag nach erfolgter Zuzahlung in unveränderter Höhe weiterläuft, führen ebenfalls zu einer Neuberechnung des Mindesttodesfallschutzes, sofern die Zuzahlung keine steuerlich relevante Vertragsänderung darstellt (insbesondere bei gleich bleibender Versicherungssumme).

Beispiel:

Vertragsdauer 30 Jahre, Jahresbeitrag 3000 €, Beitragssumme 90 000 €, Mindesttodesfallschutz 45 000 €, garantierte Erlebensfall-Leistung 120 000 €.
Zuzahlung im Jahr 10 i. H. v. 20 000 € führt zu einer neuen Vertragslaufzeit von 20 Jahren, Versicherungssumme bleibt unverändert.

Lösung:

Die Beitragsumme reduziert sich auf 80 000 € (20 Jahre × 3000 € + 20 000 €). Der Mindesttodesfallschutz reduziert sich ab Zuzahlung entsprechend auf 40 000 € (80 000 € × 50%).

Zusatzversicherungen

78h Beitragsanteile für Nebenrisiken, die nach Rz. 58 bei der Ermittlung des Unterschiedsbetrages nicht ertragsmindernd anzusetzen sind, bleiben bei der Bestimmung des Mindesttodesfallschutzes außer Betracht.

Karenzzeit

78i Ein Ausschluss der Risikotragung in den ersten Jahren der Vertragslaufzeit ist bei der Prüfung des Mindesttodesfallschutzes nach Buchstabe a nicht zulässig.

b) § 20 Absatz 1 Nummer 6 Satz 6 Buchstabe b EStG („10%-Regel")

78j Buchstabe b des § 20 Absatz 1 Nummer 6 Satz 6 EStG (im Weiteren nur: „Buchstabe b") betrifft hauptsächlich Kapital-Lebensversicherungsverträge gegen Einmalbeitrag oder mit abgekürzter Beitragszahlungsdauer. Anstatt auf die Beitragssumme werden bei diesen Verträgen die Anforderungen an den Mindesttodesfallschutz auf das Deckungskapital, auf den Zeitwert des Vertrages oder auf die Summe der gezahlten Beiträge bezogen. Als ausreichend wird eine Todesfall-Leistung betrachtet, die das Deckungskapital oder den Zeitwert um mindestens zehn Prozent des Deckungskapitals, des Zeitwerts oder die Summe der gezahlten Beiträge übersteigt.

Karenzzeit

78k Es ist zulässig, wenn der Mindesttodesfallschutz erst nach Ablauf von fünf Jahren nach Vertragsabschluss erbracht wird. Beitragserhöhungen führen nicht dazu, dass diese Frist erneut zu laufen beginnt.

Absinken des Mindesttodesfallschutzes

78l Der Mindesttodesfallschutz nach Buchstabe b darf vom Zeitpunkt des Beginns des Versicherungsschutzes an bis zum Ende der Vertragslaufzeit in jährlich gleichen Schritten auf Null sinken (§ 20 Absatz 1 Nummer 6 Satz 6 Buchstabe b Satz 2 EStG). Bei der Vereinbarung einer Karenzzeit darf das gleichmäßige Absinken des Satzes von zehn Prozent erst nach Ablauf der vereinbarten Karenzzeit einsetzen. Diese Regelung zum Absinken des Versicherungsschutzes ist nicht auf Kapital-Lebensversicherungen mit lebenslangem Todesfallschutz (vgl. Rz. 30) anwendbar, da es an einem zeitlich bestimmten Laufzeitende fehlt.

Beitragserhöhungen

78m Vertraglich vereinbarte Beitragserhöhungen, die keine steuerlich relevante Vertragsänderung darstellen, führen zu einer Erhöhung des Deckungskapitals bzw. des Zeitwertes und sind bei der Ermittlung des Mindesttodesfallschutzes zu berücksichtigen. § 20 Absatz 1 Nummer 6 Satz 6 Buchstabe b Satz 2 EStG ist dabei mit der Maßgabe anzuwenden, dass im Zeitpunkt der Beitragserhöhung weiterhin der sich zu diesem Zeitpunkt ergebende Prozentsatz maßgeblich ist.

78n Soweit aufgrund einer Beitragserhöhung steuerlich ein neuer Vertrag vorliegt (z. B. bei einer nachträglich vereinbarten Beitragserhöhung), ist hinsichtlich des neuen Vertragsteils der Mindesttodesfallschutz einschließlich des Prozentsatzes nach § 20 Absatz 1 Nummer 6 Satz 6 Buchstabe b Satz 2 EStG neu zu ermitteln.

c) Verhältnis zwischen den Regelungen zum Mindesttodesfallschutz

78 o Der Versicherungsvertrag muss durchgehend entweder den Mindesttodesfallschutz nach Buchstabe a oder Buchstabe b des § 20 Absatz 1 Nummer 6 Satz 6 EStG erfüllen. Ein Wechsel zwischen den beiden Varianten ist während der Vertragslaufzeit nicht möglich. Wenn ein Versicherungsvertrag die Anforderungen in Buchstabe a und Buchstabe b dergestalt miteinander verbindet, dass bei Risikoeintritt jeweils die Variante anzuwenden sei, die zu einer niedrigeren Leistung führt, ist nicht von einem ausreichenden Mindesttodesfallschutz auszugehen. Es besteht jedoch ein ausreichender Todesfallschutz, wenn der Versicherungsvertrag bei Risikoeintritt die höhere Leistung nach den Anforderungen von Buchstabe a oder Buchstabe b bietet.

XI. Werbungskosten

79 Kosten, die durch den Versicherungsvertrag veranlasst sind, können als Werbungskosten abgezogen werden. Zur Behandlung einer Vermittlungsprovision, die der Versicherungsnehmer aufgrund eines gesonderten Vertrages an den Versicherungsvermittler zahlt, siehe Rz. 56. Abschlusskosten, die durch die Beitragsleistung bezahlt werden (insbesondere die Vermittlungsprovision, die das Versicherungsunternehmen an den Vermittler erbringt), sind keine Werbungskosten. Die Werbungskosten sind auf den Sparer-Pauschbetrag beschränkt (Rz. 81 a). **103**

80 Die Aufwendungen für den entgeltlichen Erwerb eines Versicherungsvertrages sind Anschaffungskosten und keine Werbungskosten (siehe Rz. 64 a und Rz. 81 b).

81 Auch bei hälftigem Unterschiedsbetrag besteht der volle Werbungskostenabzug. § 3 c Absatz 1 EStG ist nicht anwendbar, da § 20 Absatz 1 Nummer 6 Satz 2 EStG keine Steuerbefreiung, sondern eine Sonderregelung zur Ermittlung des anzusetzenden Ertrags enthält.

81 a Ab dem 1. Januar 2009 ist der Werbungskostenabzug nach § 20 Absatz 9 EStG ausschließlich durch den Sparer-Pauschbetrag i. H. v. 801 € bzw. 1602 € für Verheiratete möglich. Der Ansatz der tatsächlichen Werbungskosten ist ausgeschlossen.

XI a. Entgeltliche Veräußerung

81 b Nach § 20 Absatz 2 Satz 1 Nummer 6 EStG[1] ist die Veräußerung von Ansprüchen auf eine Versicherungsleistung im Sinne des § 20 Absatz 1 Nummer 6 EStG steuerpflichtig, wenn der Verkauf nach dem 31. Dezember 2008 stattgefunden hat und der Versicherungsvertrag nach dem 31. Dezember 2004 abgeschlossen wurde. Bei Versicherungsverträgen, die vor dem 1. Januar 2005 abgeschlossen wurden, ist die Veräußerung nach § 20 Absatz 2 Satz 1 Nummer 6 EStG steuerpflichtig, wenn bei einem Rückkauf zum Veräußerungszeitpunkt die Erträge nach § 20 Absatz 1 Nummer 6 EStG in der Fassung vom 31. Dezember 2004 steuerpflichtig wären *(§ 52 a Absatz 10 Satz 5 EStG)*.[2] **103a**

XII. Nachweis der Besteuerungsgrundlagen

1. Inländische Versicherungen

82 Bei Versicherungen, die im Inland Sitz, Geschäftsleitung oder Niederlassung haben, dient als Nachweis für die Höhe der Kapitalerträge im Sinne des § 20 Absatz 1 Nummer 6 EStG im Rahmen der Einkommensteuererklärung bei positiven Kapitalerträgen die Steuerbescheinigung im Sinne des § 45 a EStG. Negative Kapitalerträge sind in der Regel durch eine Berechnung des Versicherungsunternehmens zu belegen. **104**

2. Ausländische Versicherungen

83 Der Steuerpflichtige hat alle für die Besteuerung nach § 20 Absatz 1 Nummer 6 EStG erforderlichen Unterlagen zu beschaffen und seiner Steuererklärung beizufügen (§ 90 Absatz 2 AO). **105**

XIII. Kapitalertragsteuer

84 Dem Kapitalertragsteuerabzug (§ 43 Absatz 1 Satz 1 Nummer 4 Satz 1 EStG) unterliegen auch Teilleistungen (vgl. Rz. 61). **106**

85[3] Bemessungsgrundlage ist im Regelfall der Unterschiedsbetrag.

86 Kapitalertragsteuer ist nach § 44 a EStG nicht einzubehalten, wenn eine Nichtveranlagungsbescheinigung vorgelegt oder soweit ein Freistellungsauftrag erteilt wurde.

87 Die Kapitalertragsteuer wird von den inländischen Versicherungsunternehmen auch von den Erträgen aus Versicherungen im Sinne des § 20 Absatz 1 Nummer 6 EStG erhoben, bei denen der Steuerpflichtige nur beschränkt steuerpflichtig ist (§§ 1 Absatz 4, 49 Absatz 1 Nummer 5 EStG). Sie hat in diesen Fällen nach § 50 Absatz 2 Satz 1 EStG abgeltende Wirkung. Niedrigere Quellensteuerhöchstsätze nach den Doppelbesteuerungsabkommen sind im Erstattungsverfahren nach § 50 d Absatz 1 EStG geltend zu machen.

XIII a. Mitteilungspflicht für inländische Versicherungsvermittler[4]

87 a *Ein inländischer Versicherungsvermittler ist verpflichtet, die erfolgreiche Vermittlung eines Vertrages im Sinne des § 20 Absatz 1 Nummer 6 (Kapitalversicherungen und Rentenversicherungen) nach* **106a**

---

[1] § 20 Abs. 2 Satz 1 Nr. 6 EStG regelt auch den Verlustfall. *BFH-Urteil vom 14. 3. 2017 VIII R 38/15 (BStBl. II S. 1040).*

[2] Jetzt: § 52 Abs. 28 Satz 14 EStG.

[3] Rz. 85 i. d. F. des BMF-Schreibens vom 9. 8. 2019 (BStBl. I S. 829); die Änderung der Rn. 85 ist erstmals ab dem 1. 1. 2018 anzuwenden.

[4] § 45 d Abs. 3 EStG wurde durch das Gesetz zur Modernisierung des Besteuerungsverfahrens (vom 18. 7. 2016, BGBl. I S. 1679) neu gefasst. Zur Mitteilungspflicht für inländische Versicherungsvermittler für Versicherungsverträge, die nach dem 31. 12. 2016 abgeschlossen werden, siehe § 45 d Abs. 3 EStG in der am 1. 1. 2017 geltenden Fassung. **Die Rzn. 87 a bis 87 c sind insoweit überholt.**

Anl a zu § 20

§ 45 d Absatz 3 EStG bis zum 30. März des Folgejahres gegenüber dem Bundeszentralamt für Steuern (BZSt) mitzuteilen, wenn es sich um einen Vertrag zwischen einer im Inland ansässigen Person und einem ausländischen Versicherungsunternehmen handelt. Ausgenommen sind Verträge mit ausländischen Versicherungsunternehmen mit inländischer Niederlassung, da für diese Fälle eine Verpflichtung zum Einbehalt der Kapitalertragsteuer besteht (§ 43 Absatz 3 Satz 1 EStG).

Die Verpflichtung zur Mitteilung entfällt, sofern das Versicherungsunternehmen freiwillig das BZSt bis zum 30. März des Folgejahres über den Abschluss eines Vertrages informiert hat und den Versicherungsvermittler hierüber in Kenntnis gesetzt hat.

87 b *Der Versicherungsvermittler hat die in § 45 d Absatz 3 Satz 2 EStG genannten Daten dem BZSt mitzuteilen, wenn der Versicherungsvertrag nach dem 31. Dezember 2008 abgeschlossen wurde. Die erstmalige Übermittlung hat bis zum 30. März 2011 zu erfolgen, somit sind in 2011 die Vertragsabschlüsse für zwei Kalenderjahre zu übermitteln.*

87 c *Die Übermittlung hat nach amtlich vorgeschriebenem Datensatz grundsätzlich in elektronischer Form zu erfolgen (§ 45 d Absatz 3 Satz 3 in Verbindung mit Absatz 1 Satz 2 bis 4 EStG, § 150 Absatz 6 AO, § 1 Absatz 1 Steuerdaten-Übermittlungsverordnung). Die Datensatzbeschreibung und Hinweise zur Übermittlung werden in einem gesonderten nachfolgenden Schreiben dargestellt.*

XIV. Anwendungsregelungen

1. Zeitliche Abgrenzung von Altverträgen zu Neuverträgen

107 **88** Durch das Alterseinkünftegesetz vom 5. Juli 2004 (BGBl. I S. 1427) ist § 20 Absatz 1 Nummer 6 EStG neu gefasst worden. Nach *§ 52 Absatz 36 EStG*[1] ist für vor dem 1. Januar 2005 abgeschlossene Versicherungsverträge (Altverträge) § 20 Absatz 1 Nummer 6 EStG in der am 31. Dezember 2004 geltenden Fassung (a. F.) weiter anzuwenden. Damit besteht insbesondere die Steuerbefreiung nach § 20 Absatz 1 Nummer 6 Satz 2 EStG a. F. für Altverträge fort.

89 Für die Frage, ob noch § 20 Absatz 1 Nummer 6 EStG a. F. anzuwenden ist, kommt es auf den Zeitpunkt des Vertragsabschlusses an. Die Regelung zur Rückdatierung (Rz. 66) ist in diesem Zusammenhang nicht anzuwenden. Der Versicherungsvertrag kommt mit dem Zugang der Annahmeerklärung des Versicherers beim Versicherungsnehmer zustande. Auf eine ausdrückliche Annahmeerklärung kann jedoch verzichtet werden, wenn sie nach der Verkehrssitte nicht zu erwarten ist oder der Antragende auf sie verzichtet hat (§ 151 BGB). Bei Lebensversicherungsverträgen kann aufgrund der regelmäßig erforderlichen Risikoprüfung davon ausgegangen werden, dass eine ausdrückliche Annahmeerklärung erfolgt.

Für die steuerrechtliche Beurteilung ist unter dem Zeitpunkt des Vertragsabschlusses grundsätzlich das Datum der Ausstellung des Versicherungsscheines zu verstehen. Wenn der Steuerpflichtige geltend macht, der Vertragsschluss sei vor dem Datum der Ausstellung des Versicherungsscheins erfolgt, hat er dies durch geeignete Dokumente (z. B. Annahmeerklärung des Versicherers) zu belegen. Aus Vereinfachungsgründen ist es nicht erforderlich, dass der Steuerpflichtige den Zeitpunkt des Zugangs der Annahmeerklärung nachweist, sondern es ist auf das Datum der Annahmeerklärung abzustellen.

2. Weitergeltung von BMF-Schreiben

108 **90** Die BMF-Schreiben vom 22. August 2002 IV C 4 – S 2221 – 211/02 (BStBl. I S. 827),[2] vom 15. Juni 2000 IV C 4 – S 2221 – 86/00 (BStBl. I S. 1118),[3] vom 13. November 1985 IV B 4 – S 2252 – 150/85 (BStBl. I S. 661)[4] und vom 31. August 1979 IV B 4 – S 2252 – 77/79 (BStBl. I S. 592)[4] sind für Altverträge weiterhin anzuwenden. Die BMF-Schreiben vom 25. November 2004 IV C 1 – S 2252 – 405/04 (BStBl. I S. 1096) und vom 22. Dezember 2005 IV C 1 – S 2252 – 343/05 (BStBl. 2006 I S. 92) werden aufgehoben.

3. Vorratsverträge

109 **91** Im Abschluss so genannter Vorratsverträge ist regelmäßig ein steuerrechtlicher Gestaltungsmissbrauch im Sinne des § 42 AO zu sehen. Bei Versicherungsverträgen, die zwar noch im Jahr 2004 abgeschlossen werden, bei denen der vereinbarte Versicherungsbeginn aber erst nach dem 31. März 2005 liegt, kommt steuerlich der Vertragsabschluss zu dem Zeitpunkt zustande, zu dem die Versicherung beginnt.

4. Vertragsänderungen bei Altverträgen

110 **92**[5] Ergänzend zu dem BMF-Schreiben vom 22. August 2002 IV C 4 – S 2221 – 211/02 (BStBl. I S. 827)[2] gilt für Beitragserhöhungen bei Altverträgen Folgendes: Ob im Falle von bereits bei Vertragsabschluss vereinbarten Beitragsanpassungen in vollem Umfange ein Altvertrag vorliegt, hängt davon ab, ob die vereinbarten Beitragsanpassungen als rechtsmissbräuchlich einzustufen sind (BMF-Schreiben vom 22. August 2002, BStBl. I S. 827, Rz. 38).[2] Ein Missbrauch rechtlicher Gestaltungsmöglichkeiten liegt insbesondere dann nicht vor, wenn die Beitragserhöhung pro Jahr 20 v. H. des bisherigen Beitrags nicht übersteigt. Dabei ist es unbeachtlich, ob die Beitragserhöhung durch Anwendung eines Vomhundertsatzes oder eines vergleichbaren Dynamisierungsfaktors, bezifferter Mehrbeträge oder durch im Voraus festgelegte feste Beiträge ausgedrückt wird. Im Falle einer Beitragserhöhung pro Jahr um mehr als 20 v. H. des bisherigen Beitrags handelt es sich nicht um einen Missbrauch steuerlicher Gestaltungsmöglichkeiten,

---

[1] Jetzt: § 52 Abs. 28 EStG.
[2] Letztmals abgedruckt im „Handbuch zur ESt-Veranlagung 2018" als Anlage a zu R 10.5 EStR.
[3] Letztmals abgedruckt im „Handbuch zur ESt-Veranlagung 2018" als Anlage b zu R 10.5 EStR.
[4] Vorstehend abgedruckt.
[5] Rz. 92 ergänzt durch BMF-Schreiben vom 6. 3. 2012 (BStBl. I S. 238).

- wenn die jährliche Beitragserhöhung nicht mehr als 250 € beträgt oder
- wenn der Jahresbeitrag bis zum fünften Jahr der Vertragslaufzeit auf nicht mehr als 4800 € angehoben wird und der im ersten Jahr der Vertragslaufzeit zu zahlende Versicherungsbeitrag mindestens 10 v. H. dieses Betrages ausmacht oder
- wenn der erhöhte Beitrag nicht höher ist, als der Beitrag, der sich bei einer jährlichen Beitragserhöhung um 20 v. H. seit Vertragsabschluss ergeben hätte.

Im Hinblick auf die gesetzliche Anhebung des Rentenalters von 65 auf 67 Jahre gilt Folgendes:

Die Verlängerung der Laufzeit eines Vertrages, der bisher einen Auszahlungszeitpunkt im 65. oder 66. Lebensjahr zum Inhalt hatte, führt nicht zu einer nachträglichen Vertragsänderung, wenn die Verlängerung einen Zeitraum von höchstens zwei Jahren umfasst. Eine entsprechende Verlängerung der Beitragszahlungsdauer ist zulässig. Eine solche Verlängerung der Laufzeit bzw. der Beitragszahlungsdauer infolge der Anhebung der Altersgrenze kann nur einmalig vorgenommen werden.

93 Ist die Erhöhung der Beitragsleistung als missbräuchlich einzustufen, sind die insgesamt auf die Beitragserhöhung entfallenden Vertragsbestandteile steuerlich als gesonderter neuer Vertrag zu behandeln. Der neue Vertrag gilt in dem Zeitpunkt als abgeschlossen, zu dem der auf den Erhöhungsbetrag entfallende Versicherungsbeginn erfolgt. Wenn die Beitragshöhe in den Kalenderjahren 2005 oder 2006 gesenkt wird und nunmehr die o. a. Grenzen nicht überschritten werden, ist kein Gestaltungsmissbrauch und steuerlich kein gesonderter neuer Vertrag anzunehmen.

94 Es wird nicht beanstandet, wenn das Versicherungsunternehmen als Einnahmen aus einem Vertrag, für den aufgrund einer Vertragsänderung nach Maßgabe des BMF-Schreibens vom 22. August 2002 (BStBl. I S. 827)[1] für den „alten Vertrag" § 20 Absatz 1 Nummer 6 EStG a. F. und für den „neuen Vertrag" § 20 Absatz 1 Nummer 6 EStG n. F. Anwendung findet, insgesamt die rechnungsmäßigen und außerrechnungsmäßigen Zinsen zugrunde legt, wenn der Steuerpflichtige dem zugestimmt hat.

§ 20 Absatz 1 Nummer 6 Satz 2 EStG n. F. ist für den „neuen Vertrag" entsprechend anzuwenden.

5. Vertragsschluss im Namen eines minderjährigen Kindes

95 Fälle, in denen Eltern für ihr minderjähriges Kind einen Versicherungsvertrag dergestalt vor dem 31. Dezember 2004 abschließen, dass das Kind Versicherungsnehmer wird, sind folgendermaßen zu behandeln: **111**

96 Nach § 1643 Absatz 1 BGB in Verbindung mit § 1822 Nummer 5 BGB bedarf ein Vertrag der Genehmigung des Familiengerichts, wenn durch den Vertrag der Minderjährige zu wiederkehrenden Leistungen verpflichtet wird und das Vertragsverhältnis länger als ein Jahr nach dem Eintritt der Volljährigkeit fortdauern soll. Enthält der Versicherungsvertrag eine Beitragszahlungsverpflichtung über den 19. Geburtstag hinaus, ist somit eine Genehmigung erforderlich. Wird das Kind volljährig, so tritt seine Genehmigung an die Stelle des Familiengerichts (§ 1829 Absatz 3 BGB). Solange keine Genehmigung erteilt wurde, ist das Rechtsgeschäft schwebend unwirksam (§ 1829 Absatz 1 Satz 1 BGB). Nach § 184 Abs. 1 BGB wirkt eine Genehmigung auf den Zeitpunkt der Vornahme des Rechtsgeschäfts zurück (ex tunc). Bei Genehmigung gilt der Vertrag als noch in 2004 geschlossen. § 20 Absatz 1 Nummer 6 EStG ist in der bis zum 31. 12. 2004 geltenden Fassung anzuwenden.

97 Wird die Genehmigung nicht erteilt und erfolgt eine Rückabwicklung des Leistungsverhältnisses (§ 812 BGB), sind die in den Rückabwicklungsansprüchen enthaltenen Zinsanteile nach § 20 Absatz 1 Nummer 7 EStG zu versteuern.

b) Schreiben betr. Berechnung des Unterschiedsbetrages zwischen der Versicherungsleistung und der Summe der auf sie entrichteten Beiträge bei (Teil-)Auszahlungen des Zeitwertes von Rentenversicherungen nach Beginn der Rentenzahlung

Anl b zu § 20

Vom 18. Juni 2013 (BStBl. I S. 768) **112**

(BMF IV C 1 – S 2252/07/0001 :023; DOK 2013/0556629)

Zu der Frage, wie der Unterschiedsbetrag zwischen der Versicherungsleistung und der Summe der auf sie entrichteten Beiträge bei (Teil-)Kapitalauszahlungen des Zeitwertes von Rentenversicherungen nach Beginn der laufenden Rentenzahlung zu ermitteln ist, gilt nach Erörterung mit den obersten Finanzbehörden der Länder Folgendes:

Bei einer Rentenversicherung besteht die Versicherungsleistung grundsätzlich in der Zahlung einer lebenslänglichen Rente für den Fall, dass die versicherte Person den vereinbarten Rentenzahlungsbeginn erlebt. Die laufende Rentenzahlung unterliegt gemäß § 22 Nummer 1 Satz 3 Buchstabe a Doppelbuchstabe bb EStG der Besteuerung mit dem Ertragsanteil. Hierbei wird u. a. berücksichtigt, dass mit der Rentenzahlung auch eine Rückzahlung der zum Aufbau der Anwartschaft aus dem versteuerten Einkommen eingesetzten Beiträge erfolgt.

Zu den Einnahmen nach § 20 Absatz 1 Nummer 6 EStG zählt die Versicherungsleistung aus einer Rentenversicherung, soweit sie nicht in Form einer lebenslangen Leibrente erbracht wird. Dies gilt insbesondere, wenn ein laufender Rentenzahlungsanspruch nach einer Kündigung oder Teilkündigung des Versicherungsvertrages durch Auszahlung des Zeitwertes der Versicherung abgegolten wird.

Wie der Unterschiedsbetrag nach § 20 Absatz 1 Nummer 6 EStG im Falle einer Teilkapitalauszahlung einer Rentenversicherung zum Ende der Ansparphase zu berechnen ist, ergibt sich aus Rz. 64 des BMF-Schreibens vom 1. Oktober 2009.[2]

---

[1] Letztmals abgedruckt im „Handbuch zur ESt-Veranlagung 2018" als Anlage a zu R 10.5 EStR.
[2] Vorstehend abgedruckt.

Anl b zu § 20

Erfolgt die Kapitalauszahlung nach Beginn der Auszahlungsphase der Rentenversicherung, ist bei der Ermittlung des Unterschiedsbetrages zu berücksichtigen, dass in den bis zum Zeitpunkt der Auszahlung geleisteten Rentenzahlungen anteilige Versicherungsbeiträge enthalten sind. Diese ergeben sich in pauschalierender Form aus der Differenz zwischen dem bisher ausgezahlten Rentenbetrag und dem für diese Rentenzahlung anzusetzenden Ertragsanteil. Der so ermittelte Betrag ist bei der Berechnung des Unterschiedsbetrages nach § 20 Absatz 1 Nummer 6 EStG als bereits verbrauchte Beiträge zu berücksichtigen.

Die anteilig entrichteten Beiträge sind dabei wie folgt zu ermitteln:

$$\frac{\text{Versicherungsleistung} \times \left(\begin{array}{c}\text{Summe der auf die Versicherung entrichteten Beiträge –} \\ \text{Differenz aus Rentenzahlungen bis zum Auszahlungszeitpunkt und} \\ \text{kumuliertem Ertragsanteil auf die Rentenzahlungen}\end{array}\right)}{\text{Zeitwert der Versicherung zum Auszahlungszeitpunkt}}$$

Beispiel:

Zeitwert der Versicherung zum Auszahlungszeitpunkt	24 000 €
Teilauszahlung von 50% des Zeitwertes der Versicherung	12 000 €
Summe der auf die Versicherung entrichteten Beiträge	20 000 €
Bei Beginn der Rente vollendetes Lebensjahr des Rentenberechtigten	65
Ertragsanteil der Rente in Prozent	18
Monatliche Rente	100 €
Dauer des Rentenbezuges bis zur Teilauszahlung in Monaten	60
Summe der Rentenzahlungen	6 000 €
Kumulierter Ertragsanteil auf die Rentenzahlungen	1 080 €
Anteilig entrichtete Beiträge	12 000 × (20 000 – 4 920)/24 000 = 7 540 €
Berechnung des Unterschiedsbetrages	12 000 € – 7 540 € = 4 460 €
Ertrag nach § 20 Absatz 1 Nummer 6 EStG	4 460 €

Soweit der Unterschiedsbetrag bei (Teil-)Auszahlungen des Zeitwertes von Rentenversicherungen nach Beginn der Rentenzahlung abweichend von diesem Schreiben entsprechend der Rz. 61–64 des BMF-Schreibens vom 1. Oktober 2009 (BStBl. I S. 1172)[1] berechnet wurde, wird dies für Teilauszahlungen vor Veröffentlichung[2] dieses Schreibens nicht beanstandet.

---

[1] Vorstehend abgedruckt.
[2] Datum der Veröffentlichung: 8. 7. 2013.

f) Vermietung und Verpachtung (§ 2 Absatz 1 Satz 1 Nummer 6)

§ 21[1] **[Vermietung und Verpachtung]** EStG

(1) ① **Einkünfte aus Vermietung und Verpachtung sind**

1. Einkünfte aus Vermietung und Verpachtung von unbeweglichem Vermögen, insbesondere von Grundstücken, Gebäuden, Gebäudeteilen, Schiffen, die in ein Schiffsregister eingetragen sind, und Rechten, die den Vorschriften des bürgerlichen Rechts über Grundstücke unterliegen (z. B. Erbbaurecht, Mineralgewinnungsrecht); 1

2. Einkünfte aus Vermietung und Verpachtung von Sachinbegriffen, insbesondere von beweglichem Betriebsvermögen;[2] 2

3.[3] **Einkünfte aus zeitlich begrenzter Überlassung von Rechten, insbesondere von schriftstellerischen, künstlerischen und gewerblichen Urheberrechten, von gewerblichen Erfahrungen und von Gerechtigkeiten und Gefällen;** 3

4. Einkünfte aus der Veräußerung von Miet- und Pachtzinsforderungen, auch dann, wenn die Einkünfte im Veräußerungspreis von Grundstücken enthalten sind und die Miet- oder Pachtzinsen sich auf einen Zeitraum beziehen, in dem der Veräußerer noch Besitzer war. 4

② **§§ 15 a und 15 b**[4] **sind sinngemäß anzuwenden.**

(2) ① **Beträgt das Entgelt für die Überlassung einer Wohnung zu Wohnzwecken weniger als 50 Prozent der ortsüblichen Marktmiete, so ist die Nutzungsüberlassung in einen entgeltlichen und einen unentgeltlichen Teil aufzuteilen.** ② **Beträgt das Entgelt bei auf Dauer angelegter Wohnungsvermietung mindestens 66 Prozent der ortsüblichen Miete, gilt die Wohnungsvermietung als entgeltlich.** 5

(3) **Einkünfte der in den Absätzen 1 und 2 bezeichneten Art sind Einkünften aus anderen Einkunftsarten zuzurechnen, soweit sie zu diesen gehören.** 6

Übersicht

[1] Siehe auch die BMF-Schreiben betr. **steuerliche Behandlung von Leasing-Verträgen;** abgedruckt als Anlagen zu § 6 EStG.

Zum Verfahren bei der Geltendmachung von negativen Einkünften aus der Beteiligung an Verlustzuweisungsgesellschaften und vergleichbaren Modellen vgl. BMF-Schreiben vom 13.7. 1992 (BStBl. I S. 404), geändert durch BMF-Schreiben vom 28. 6. 1994 (BStBl. I S. 420); abgedruckt im „AO/FGO-Handbuch 2023" als Anlage zu § 180 AO.

Zur ertragsteuerlichen Behandlung der Erbengemeinschaft und ihrer Auseinandersetzung vgl. BMF-Schreiben vom 14.3. 2006 (BStBl. I S. 253), geändert durch BMF-Schreiben vom 27.12.2018 (BStBl. 2019 I S. 11), abgedruckt als Anlage a zu § 7 EStG.

Zur ertragsteuerlichen Behandlung der vorweggenommenen Erbfolge siehe BMF-Schreiben vom 13.1. 1993, geändert durch BMF-Schreiben vom 26. 2. 2007 (BStBl. I S. 269), abgedruckt als Anlage c zu § 7 EStG.

[2] Zur Einkünfteerzielungsabsicht bei Verpachtung von beweglichem Betriebsvermögen siehe *BFH-Urteil vom 28. 10. 2008 IX R 51/07 (BFH/NV 2009, 157).*

[3] Siehe hierzu *BFH-Urteil vom 23. 4. 2003 IX R 57/99 (BFH/NV 2003, 1311).*

[4] Zur Anwendung siehe § 52 Abs. 29 EStG.

EStDV

§ 82 a *Erhöhte Absetzungen von Herstellungskosten und Sonderbehandlung von Erhaltungsaufwand für bestimmte Anlagen und Einrichtungen bei Gebäuden*

[letztmals abgedruckt im „Handbuch zur ESt-Veranlagung 2012"]

§ 82 b[1] *Behandlung größeren Erhaltungsaufwands bei Wohngebäuden*

14 *(1) ① Der Steuerpflichtige kann größere Aufwendungen für die Erhaltung von Gebäuden, die im Zeitpunkt der Leistung des Erhaltungsaufwands nicht zu einem Betriebsvermögen gehören und überwiegend Wohnzwecken dienen, abweichend von § 11 Abs. 2 des Gesetzes auf zwei bis fünf Jahre gleichmäßig verteilen. ② Ein Gebäude dient überwiegend Wohnzwecken, wenn die Grundfläche der Wohnzwecken dienenden Räume des Gebäudes mehr als die Hälfte der gesamten Nutzfläche beträgt. ③ Zum Gebäude gehörende Garagen sind ohne Rücksicht auf ihre tatsächliche Nutzung als Wohnzwecken dienend zu behandeln, soweit in ihnen nicht mehr als ein Personenkraftwagen für jede in dem Gebäude befindliche Wohnung untergestellt werden kann. ④ Räume für die Unterstellung weiterer Kraftwagen sind stets als nicht Wohnzwecken dienend zu behandeln.*

15 *(2) ① Wird das Gebäude während des Verteilungszeitraums veräußert, ist der noch nicht berücksichtigte Teil des Erhaltungsaufwands im Jahr der Veräußerung als Werbungskosten abzusetzen. ② Das Gleiche gilt, wenn ein Gebäude in ein Betriebsvermögen eingebracht oder nicht mehr zur Einkunftserzielung genutzt wird.*

16 *(3) Steht das Gebäude im Eigentum mehrerer Personen, so ist der in Absatz 1 bezeichnete Erhaltungsaufwand von allen Eigentümern auf den gleichen Zeitraum zu verteilen.*

R 21.1

R 21.1. Erhaltungsaufwand und Herstellungsaufwand

21 (1) ① Aufwendungen für die Erneuerung von bereits vorhandenen Teilen, Einrichtungen oder Anlagen sind regelmäßig → Erhaltungsaufwand. ② Zum → Erhaltungsaufwand gehören z. B. Aufwendungen für den Einbau messtechnischer Anlagen zur verbrauchsabhängigen Abrechnung von Heiz- und Wasserkosten oder für den Einbau einer privaten Breitbandanlage und einmalige Gebühren für den Anschluss privater Breitbandanlagen an das öffentliche Breitbandnetz bei bestehenden Gebäuden.

22 (2) ① Nach der Fertigstellung des Gebäudes ist → Herstellungsaufwand anzunehmen, wenn Aufwendungen durch den Verbrauch von Gütern und die Inanspruchnahme von Diensten für die Erweiterung oder für die über den ursprünglichen Zustand hinausgehende wesentliche Verbesserung eines Gebäudes entstehen (→ § 255 Abs. 2 Satz 1 HGB). ② Betragen die Aufwendungen nach Fertigstellung eines Gebäudes für die einzelne Baumaßnahme nicht mehr als 4000 Euro

[1] Zur Anwendung siehe § 84 Abs. 4 a Satz 2 EStDV.

(Rechnungsbetrag ohne Umsatzsteuer) je Gebäude, ist auf Antrag dieser Aufwand stets als Erhaltungsaufwand zu behandeln. ③ Auf Aufwendungen, die der endgültigen Fertigstellung eines neu errichteten Gebäudes dienen, ist die Vereinfachungsregelung jedoch nicht anzuwenden.

(3) ① Kosten für die gärtnerische Gestaltung der Grundstücksfläche bei einem Wohngebäude gehören nur zu den Herstellungskosten des Gebäudes, soweit diese Kosten für das Anpflanzen von Hecken, Büschen und Bäumen an den Grundstücksgrenzen („lebende Umzäunung") entstanden sind. ② Im Übrigen bildet die bepflanzte Gartenanlage ein selbständiges Wirtschaftsgut. ③ Bei Gartenanlagen, die die Mieter mitbenutzen dürfen, und bei Vorgärten sind die Herstellungskosten der gärtnerischen Anlage gleichmäßig auf deren regelmäßig 10 Jahre betragende Nutzungsdauer zu verteilen. ④ Aufwendungen für die Instandhaltung der Gartenanlagen können sofort abgezogen werden. ⑤ Absatz 2 Satz 2 ist sinngemäß anzuwenden. ⑥ Soweit Aufwendungen für den Nutzgarten des Eigentümers und für Gartenanlagen, die die Mieter nicht nutzen dürfen, entstehen, gehören sie zu den nach § 12 Nr. 1 EStG nicht abziehbaren Kosten (grundsätzlich Aufteilung nach der Zahl der zur Nutzung befugten Mietparteien). ⑦ Auf die in Nutzgärten befindlichen Anlagen sind die allgemeinen Grundsätze anzuwenden. 23

(4) Die Merkmale zur Abgrenzung von Erhaltungs- und Herstellungsaufwand bei Gebäuden gelten bei selbständigen Gebäudeteilen (→ hierzu R 4.2 Abs. 4 und Abs. 5) entsprechend. 24

(5) ① Werden Teile der Wohnung oder des Gebäudes zu eigenen Wohnzwecken genutzt, sind die Herstellungs- und Anschaffungskosten sowie die Erhaltungsaufwendungen um den Teil der Aufwendungen zu kürzen, der nach objektiven Merkmalen und Unterlagen leicht und einwandfrei dem selbst genutzten Teil zugeordnet werden kann. ② Soweit sich die Aufwendungen nicht eindeutig zuordnen lassen, sind sie um den Teil, der auf eigene Wohnzwecke entfällt, nach dem Verhältnis der Nutzflächen zu kürzen. 25

(6)[1] ① Bei der Verteilung von Erhaltungsaufwand nach § 82 b EStDV kann für die in dem jeweiligen VZ geleisteten Erhaltungsaufwendungen ein besonderer Verteilungszeitraum gebildet werden. ② Wird das Eigentum an einem Gebäude unentgeltlich auf einen anderen übertragen, kann der Rechtsnachfolger Erhaltungsaufwand noch in dem von seinem Rechtsvorgänger gewählten restlichen Verteilungszeitraum geltend machen. ③ Dabei ist der Teil des Erhaltungsaufwands, der auf den VZ des Eigentumswechsels entfällt, entsprechend der Besitzdauer auf den Rechtsvorgänger und den Rechtsnachfolger aufzuteilen. 25a

Abgrenzung von Anschaffungs-, Herstellungskosten und Erhaltungsaufwendungen H 21.1

- Bei Instandsetzung und Modernisierung von Gebäuden → BMF vom 18. 7. 2003 (BStBl. I S. 386).[2] 26
- Instandsetzungs- und Modernisierungsaufwendungen für ein Gebäude sind nicht allein deshalb als Herstellungskosten zu beurteilen, weil das Gebäude wegen Abnutzung und Verwahrlosung nicht mehr vermietbar ist, sondern nur bei schweren Substanzschäden an den für die Nutzbarkeit als Bau und die Nutzungsdauer des Gebäudes bestimmenden Teilen (→ BFH vom 13. 10. 1998 – BStBl. 1999 II S. 282).
- Bei der Prüfung, ob Herstellungsaufwand vorliegt, darf nicht auf das gesamte Gebäude abgestellt werden, sondern nur auf den entsprechenden Gebäudeteil, wenn das Gebäude in unterschiedlicher Weise genutzt wird und deshalb mehrere Wirtschaftsgüter umfasst (→ BFH vom 25. 9. 2007 – BStBl. 2008 II S. 218).

Anschaffungsnahe Herstellungskosten → R 6.4 Abs. 1 und H 6.4.

Erhaltungsaufwand
- Bei Instandsetzung und Modernisierung von Gebäuden → BMF vom 18. 7. 2003 (BStBl. I S. 386),[2]
- → H 21.2.

Herstellungsaufwand nach Fertigstellung
- → BMF vom 18. 7. 2003 (BStBl. I S. 386).[2]
- Zu den Besonderheiten bei Teileigentum → BFH vom 19. 9. 1995 (BStBl. 1996 II S. 131).

Verteilung des Erhaltungsaufwands nach § 82 b EStDV
- Keine Übertragung des Anteils eines Jahres auf ein anderes Jahr (→ BFH vom 26. 10. 1977 – BStBl. 1978 II S. 367).
- Größere Erhaltungsaufwendungen, die das Finanzamt im Jahr ihrer Entstehung bestandskräftig zu Unrecht als Herstellungskosten behandelt hat, können gleichmäßig anteilig auf die Folgejahre verteilt werden. Der auf das Jahr der Entstehung entfallende Anteil der Aufwendungen bleibt dabei unberücksichtigt. Die AfA-Bemessungsgrundlage ist insoweit für die Folgejahre zu korrigieren (→ BFH vom 27. 10. 1992 – BStBl. 1993 II S. 591).
- Die Ausübung des Wahlrechts ist auch nach Eintritt der Festsetzungsverjährung für das Aufwandsentstehungsjahr möglich. Aufwendungen, die auf VZ entfallen, für die die Festsetzungs-

[1] Absatz 6 Satz 2 und 3 überholt durch BMF vom 10. 11. 2020 (BStBl. 2021 II S. 474), siehe H 21.1 (Verteilung des Erhaltungsaufwands nach § 82 b EStDV).
[2] Nachstehend abgedruckt.

verjährung bereits eingetreten ist, dürfen dabei nicht abgezogen werden (→ BFH vom 27. 10. 1992 – BStBl. 1993 II S. 589). Dies gilt auch, wenn die Erhaltungsaufwendungen im Entstehungsjahr zu Unrecht als Herstellungskosten und in Form der AfA berücksichtigt worden sind (→ BFH vom 24. 11. 1992 – BStBl. 1993 II S. 593).
– Verstirbt der Steuerpflichtige innerhalb des Verteilungszeitraums nach § 82b EStDV, ist der noch nicht berücksichtigte Teil der Erhaltungsaufwendungen im VZ des Versterbens als Werbungskosten im Rahmen seiner Einkünfte aus Vermietung und Verpachtung abzusetzen (→ BFH vom 10. 11. 2020 – BStBl. 2021 II S. 474).

Anl zu R 21.1

Schreiben betr. Abgrenzung von Anschaffungskosten, Herstellungskosten und Erhaltungsaufwendungen bei der Instandsetzung und Modernisierung von Gebäuden; BFH-Urteile vom 9. Mai 1995 (BStBl. 1996 II S. 628, 630, 632, 637), vom 10. Mai 1995 (BStBl. 1996 II S. 639) und vom 16. Juli 1996 (BStBl. II S. 649) sowie vom 12. September 2001 (BStBl. 2003 II S. 569, 574) und vom 22. Januar 2003 (BStBl. II S. 596)

Vom 18. Juli 2003 (BStBl. I S. 386)

(BMF IV C 3 – S 2211 – 94/03)

Mit o. a. Urteilen hat der Bundesfinanzhof zur Abgrenzung von Anschaffungskosten, Herstellungskosten und sofort abziehbaren Erhaltungsaufwendungen bei Instandsetzung und Modernisierung eines Gebäudes entschieden. Unter Bezugnahme auf das Ergebnis der Erörterung mit den obersten Finanzbehörden der Länder nehme ich zur Anwendung der Urteilsgrundsätze wie folgt Stellung:

I. Anschaffungskosten zur Herstellung der Betriebsbereitschaft

27 **1** Anschaffungskosten eines Gebäudes sind die Aufwendungen, die geleistet werden, um das Gebäude zu erwerben und es in einen betriebsbereiten Zustand zu versetzen, soweit sie dem Gebäude einzeln zugeordnet werden können, ferner die Nebenkosten und die nachträglichen Anschaffungskosten (§ 255 Abs. 1 HGB).

2 Ein Gebäude ist betriebsbereit, wenn es entsprechend seiner Zweckbestimmung genutzt werden kann. Die Betriebsbereitschaft ist bei einem Gebäude für jeden Teil des Gebäudes, der nach seiner Zweckbestimmung selbständig genutzt werden soll, gesondert zu prüfen. Dies gilt auch für Gebäudeteile (z. B. die einzelnen Wohnungen eines Mietwohngebäudes), die als Folge des einheitlichen Nutzungs- und Funktionszusammenhangs mit dem Gebäude keine selbständigen Wirtschaftsgüter sind (vgl. § 7 Abs. 5 a EStG und *R 13 Abs. 3 EStR 2001*).[1]

3 Nutzt der Erwerber das Gebäude ab dem Zeitpunkt der Anschaffung (d. h. ab Übergang von Besitz, Gefahr, Nutzungen und Lasten) zur Erzielung von Einkünften oder zu eigenen Wohnzwecken, ist es ab diesem Zeitpunkt grundsätzlich betriebsbereit. Instandsetzungs- und Modernisierungsaufwendungen können in diesem Fall keine Anschaffungskosten im Sinne des § 255 Abs. 1 Satz 1 HGB sein (vgl. jedoch Rz. 6). Dies gilt nicht, wenn der Erwerber ein vermietetes Gebäude erworben hat und umgehend die Mietverträge kündigt, weil das Gebäude aus der Sicht des Erwerbers nicht zur Erzielung der vor der Veräußerung erwirtschafteten Einkünfte aus Vermietung und Verpachtung bestimmt war, auch wenn diese während einer kurzen Übergangszeit tatsächlich erzielt wurden.[2]

4 Wird das Gebäude im Zeitpunkt der Anschaffung nicht genutzt, ist zunächst offen, ob es aus Sicht des Erwerbers betriebsbereit ist. Führt der Erwerber im Anschluss an den Erwerb und vor der erstmaligen Nutzung Baumaßnahmen durch, um das Gebäude entsprechend seiner Zweckbestimmung nutzen zu können, sind die Aufwendungen hierfür Anschaffungskosten. Zweckbestimmung bedeutet die konkrete Art und Weise, in der der Erwerber das Gebäude zur Erzielung von Einnahmen im Rahmen einer Einkunftsart nutzen will (z. B. ob er das Gebäude zu Wohnzwecken oder als Büroraum nutzen will).

1. Herstellung der Funktionstüchtigkeit

28 **5** Die Betriebsbereitschaft setzt die objektive und subjektive Funktionstüchtigkeit des Gebäudes voraus.

1.1 Objektive Funktionsuntüchtigkeit

6 Ein Gebäude ist objektiv funktionsuntüchtig, wenn für den Gebrauch wesentliche Teile objektiv nicht nutzbar sind. Dies gilt unabhängig davon, ob das Gebäude im Zeitpunkt der Anschaffung bereits genutzt wird oder leer steht. Mängel, vor allem durch Verschleiß, die durch laufende Reparaturen beseitigt werden, schließen die Funktionstüchtigkeit hingegen nicht aus. Werden für den Gebrauch wesentliche Teile des Gebäudes funktionstüchtig gemacht, führen die Aufwendungen zu Anschaffungskosten.[3]

---

[1] Jetzt: „R 4.2 Abs. 3 EStR".

[2] Plant der Erwerber eines vermieteten Gebäudes bereits im Zeitpunkt der Anschaffung die Eigennutzung und nicht die weitere Vermietung, machen die von vornherein geplanten und nach Beendigung des Mietverhältnisses durchgeführten Baumaßnahmen das Gebäude betriebsbereit, wenn dadurch ein höherer Standard erreicht wird. Die betreffenden Aufwendungen sind daher Anschaffungskosten. *BFH-Urteil vom 22. 1. 2003 X R 9/99 (BStBl. II S. 596).*

[3] Befindet sich ein Wohngebäude vor der erstmaligen Nutzung nach dem Erwerb wegen eines Schadens (hier: Funktionsuntüchtigkeit der Heizung) nicht in einem vermietbaren Zustand, dann führen die Aufwendungen zur Behebung des Schadens zu Anschaffungskosten i. S. d. § 255 Abs. 1 HGB. *BFH-Urteil vom 20. 8. 2002 IX R 70/00 (BStBl. 2003 II S. 585).*

Anl zu R 21.1

1.2 Subjektive Funktionsuntüchtigkeit

7 Ein Gebäude ist subjektiv funktionsuntüchtig, wenn es für die konkrete Zweckbestimmung des Erwerbers nicht nutzbar ist. Aufwendungen für Baumaßnahmen, welche zur Zweckerreichung erforderlich sind, führen zu Anschaffungskosten.

8 **Beispiele:**

- Die Elektroinstallation eines Gebäudes, die für Wohnzwecke, jedoch nicht für ein Büro brauchbar ist, wird für die Nutzung als Bürogebäude erneuert.
- Büroräume, die bisher als Anwaltskanzlei genutzt wurden, werden zu einer Zahnarztpraxis umgebaut.

2. Hebung des Standards

9 Zur Zweckbestimmung gehört auch die Entscheidung, welchem Standard das Gebäude künftig entsprechen soll (sehr einfach, mittel oder sehr anspruchsvoll). Baumaßnahmen, die das Gebäude auf einen höheren Standard bringen, machen es betriebsbereit; ihre Kosten sind Anschaffungskosten. 29

10 Der Standard eines Wohngebäudes bezieht sich auf die Eigenschaften einer Wohnung. Wesentlich sind vor allem Umfang und Qualität der Heizungs-, Sanitär- und Elektroinstallationen sowie der Fenster (zentrale Ausstattungsmerkmale). Führt ein Bündel von Baumaßnahmen bei mindestens **drei** Bereichen der zentralen Ausstattungsmerkmale zu einer Erhöhung und Erweiterung des Gebrauchwertes, hebt sich der Standard eines Gebäudes.[1]

2.1 Sehr einfacher Standard

11 Sehr einfacher Wohnungsstandard liegt vor, wenn die zentralen Ausstattungsmerkmale im Zeitpunkt der Anschaffung nur im nötigen Umfang oder in einem technisch überholten Zustand vorhanden sind.

Beispiele:

- Das Bad besitzt kein Handwaschbecken.
- Das Bad ist nicht beheizbar.
- Eine Entlüftung ist im Bad nicht vorhanden.
- Die Wände im Bad sind nicht überwiegend gefliest.
- Die Badewanne steht ohne Verblendung frei.
- Es ist lediglich ein Badeofen vorhanden.
- Die Fenster haben nur eine Einfachverglasung.
- Es ist eine technisch überholte Heizungsanlage vorhanden (z. B. Kohleöfen).
- Die Elektroversorgung ist unzureichend.

2.2 Mittlerer Standard

12 Mittlerer Standard liegt vor, wenn die zentralen Ausstattungsmerkmale durchschnittlichen und selbst höheren Ansprüchen genügen.

2.3 Sehr anspruchsvoller Standard (Luxussanierung)

13 Sehr anspruchsvoller Standard liegt vor, wenn bei dem Einbau der zentralen Ausstattungsmerkmale nicht nur das Zweckmäßige, sondern das Mögliche, vor allem durch den Einbau außergewöhnlich hochwertiger Materialien, verwendet wurde (Luxussanierung).

2.4 Standardhebung und Erweiterung im Sinne des § 255 Abs. 2 Satz 1 HGB[2]

14 Treffen Baumaßnahmen, die ihrer Art nach – z. B. als Erweiterung im Sinne von § 255 Abs. 2 Satz 1 HGB (vgl. Rz. 19 bis 24) – stets zu Herstellungskosten führen und einen der den Nutzungswert eines Gebäudes bestimmenden Bereiche der zentralen Ausstattungsmerkmale betreffen, mit der Verbesserung von mindestens **zwei** weiteren Bereichen der zentralen Ausstattungsmerkmale zusammen, ist ebenfalls eine Hebung des Standards anzunehmen.

Beispiel:

Im Anschluss an den Erwerb eines leer stehenden, bisher als Büro genutzten Einfamilienhauses, das für eine Vermietung zu fremden Wohnzwecken vorgesehen ist, wird im bisher nicht ausgebauten Dachgeschoss ein zusätzliches Badezimmer eingerichtet. Außerdem werden einfach verglaste Fenster durch isolierte Sprossenfenster ersetzt und die Leistungskapazität der Elektroinstallation durch den Einbau dreiphasiger an Stelle zweiphasiger Elektroleitungen maßgeblich aufgebessert sowie die Zahl der Anschlüsse deutlich gesteigert.

Neben die Erweiterung des Gebäudes als Herstellungskosten im Sinne des § 255 Abs. 2 Satz 1 HGB durch den Einbau des Badezimmers tritt die Verbesserung von zwei weiteren Bereichen der zentralen Ausstattungsmerkmale ein. Die hierdurch verursachten Aufwendungen führen zu Anschaffungskosten des Gebäudes.

3. Unentgeltlicher oder teilentgeltlicher Erwerb

15 Aufwendungen für Baumaßnahmen, die das Gebäude in einen betriebsbereiten Zustand versetzen, führen bei einem unentgeltlichen Erwerb mangels Anschaffung im Sinne des § 255 Abs. 1 HGB nicht zu Anschaffungskosten; vielmehr handelt es sich um Erhaltungsaufwendungen oder, sofern die Voraussetzungen des § 255 Abs. 2 HGB erfüllt sind (vgl. Rz. 17 bis 32), um Herstellungskosten.

16 Bei einem teilentgeltlichen Erwerb können Anschaffungskosten zur Herstellung der Betriebsbereitschaft nur im Verhältnis zum entgeltlichen Teil des Erwerbvorganges gegeben sein. Im Übrigen liegen Erhaltungsaufwendungen oder, sofern die Voraussetzungen des § 255 Abs. 2 HGB erfüllt sind (vgl. Rz. 17 bis 32), Herstellungskosten vor.

[1] Auch Aufwendungen für die Beseitigung versteckter Mängel können den Nutzungswert des Gebäudes steigern und zu Anschaffungs- oder Herstellungskosten i. S. d. § 255 HGB führen. *BFH-Urteil vom 22. 1. 2003 X R 9/99 (BStBl. II S. 596).*

[2] § 255 Abs. 2 abgedruckt in Fn. 2 zu H 6.3 (Herstellungskosten).

Anl zu R 21.1

II. Herstellungskosten

30 **17** Herstellungskosten eines Gebäudes sind nach § 255 Abs. 2 Satz 1 HGB Aufwendungen für die Herstellung eines Gebäudes sowie Aufwendungen, die für die Erweiterung oder für die über den ursprünglichen Zustand hinausgehende wesentliche Verbesserung eines Gebäudes entstehen.

1. Herstellung[1]

31 **18** Instandsetzungs- und Modernisierungsarbeiten können ausnahmsweise auch im Zusammenhang mit der (Neu-)Herstellung eines Gebäudes stehen. Dies ist der Fall, wenn das Gebäude so sehr abgenutzt ist, dass es unbrauchbar geworden ist (Vollverschleiß), und durch die Instandsetzungsarbeiten unter Verwendung der übrigen noch nutzbaren Teile ein neues Gebäude hergestellt wird. Ein Vollverschleiß liegt vor, wenn das Gebäude schwere Substanzschäden an den für die Nutzbarkeit als Bau und die Nutzungsdauer des Gebäudes bestimmenden Teilen hat.

2. Erweiterung

32 **19** Instandsetzungs- und Modernisierungsaufwendungen bilden unabhängig von ihrer Höhe Herstellungskosten, wenn sie für eine Erweiterung i. S. von § 255 Abs. 2 Satz 1 HGB entstehen. *R 157 Abs. 3 Satz 2 EStR 2001*[2] bleibt unberührt.

Eine Erweiterung liegt in folgenden Fällen vor:

2.1 Aufstockung oder Anbau

20 Ein Gebäude wird aufgestockt oder ein Anbau daran errichtet.

2.2 Vergrößerung der nutzbaren Fläche

21 Die nutzbare Fläche des Gebäudes wird vergrößert. Hierfür reicht es aus, wenn die Baumaßnahmen zu einer – wenn auch nur geringfügigen – Vergrößerung der Nutzfläche führen. Die Nutzfläche ist in sinngemäßer Anwendung der §§ 42 und 44 der II. Berechnungsverordnung[3] zu ermitteln. Von Herstellungskosten ist z. B. auszugehen, wenn die Nutzfläche durch eine zuvor nicht vorhandene Dachgaube, den Anbau eines Balkons oder einer Terrasse über die ganze Gebäudebreite vergrößert wird oder durch ein das Flachdach ersetzendes Satteldach erstmals ausbaufähiger Dachraum geschaffen wird (vgl. BFH-Urteil vom 19. Juni 1991 – BStBl. 1992 II S. 73).[4]

2.3 Vermehrung der Substanz

22 Ein Gebäude wird in seiner Substanz vermehrt, ohne dass zugleich seine nutzbare Fläche vergrößert wird, z. B. bei Einsetzen von zusätzlichen Trennwänden,[5] bei Errichtung einer Außentreppe, bei Einbau einer Alarmanlage (vgl. BFH-Urteil vom 16. Februar 1993 – BStBl. II S. 544), einer Sonnenmarkise (vgl. BFH-Urteil vom 29. August 1989 – BStBl. 1990 II S. 430), einer Treppe zum Spitzboden, eines Kachelofens oder eines Kamins.[6]

23 Keine zu Herstellungsaufwendungen führende Substanzmehrung liegt dagegen vor, wenn der neue Gebäudebestandteil oder die neue Anlage die Funktion des bisherigen Gebäudebestandteils für das Gebäude in vergleichbarer Weise erfüllen. Erhaltungsaufwendungen können daher auch angenommen werden, wenn der neue Gebäudebestandteil für sich betrachtet nicht die gleiche Beschaffenheit aufweist wie der bisherige Gebäudebestandteil oder die Anlage technisch nicht in der gleichen Weise wirkt, sondern lediglich entsprechend dem technischen Fortschritt modernisiert worden ist. Von einer Substanzmehrung ist danach regelmäßig z. B. nicht auszugehen bei

- Anbringen einer zusätzlichen Fassadenverkleidung (z. B. Eternitverkleidung oder Verkleidung mit Hartschaumplatten und Sichtklinker) zu Wärme- oder Schallschutzzwecken (vgl. BFH-Urteil vom 13. März 1979 – BStBl. II S. 435),
- Umstellung einer Heizungsanlage von Einzelöfen auf eine Zentralheizung (vgl. BFH-Urteil vom 24. Juli 1979 – BStBl. 1980 II S. 7),
- Ersatz eines Flachdaches durch ein Satteldach, wenn dadurch lediglich eine größere Raumhöhe geschaffen wird, ohne die nutzbare Fläche und damit die Nutzungsmöglichkeit zu erweitern,
- Vergrößern eines bereits vorhandenen Fensters oder
- Versetzen von Wänden.

24 Ein neuer Gebäudebestandteil erfüllt auch dann regelmäßig die Funktion des bisherigen Gebäudebestandteils in vergleichbarer Weise, wenn er dem Gebäude lediglich deshalb hinzugefügt wird, um

---

[1] Bei der Prüfung, ob Herstellungsaufwand vorliegt, darf nicht auf das gesamte Gebäude abgestellt werden, sondern nur auf den entsprechenden Gebäudeteil, wenn das Gebäude in unterschiedlicher Weise genutzt wird und deshalb mehrere Wirtschaftsgüter umfasst. *BFH-Urteil vom 25. 9. 2007 IX R 28/07 (BStBl. 2008 II S. 218).*

[2] Jetzt: „R 21.1 Abs. 2 Satz 2 EStR".

[3] Letztmals abgedruckt im „Handbuch zur ESt-Veranlagung 2003" im Anhang **I** Nr. **1 d.** Für neue Objekte und für nach dem 31. 12. 2003 vorgenommene bauliche Veränderungen siehe Wohnflächenverordnung, abgedruckt im Anhang **I** Nr. **1 a.**

[4] Auch eine nur geringfügige Vergrößerung der nutzbaren Fläche ist ausreichend. Auf die tatsächliche Nutzung dieser Fläche kommt es nicht an. Die nutzbare Fläche umfasst nicht nur die reine Wohnfläche, sondern auch die zur Wohnung/zum Gebäude gehörenden Grundflächen der Zubehörräume sowie die den Anforderungen des Bauordnungsrechts nicht genügenden Räume. *BFH-Urteil vom 15. 5. 2013 IX R 36/12 (BStBl. II S. 732).*

[5] Aufwendungen für den Umbau eines Großraumbüros unter Verwendung von Rigips-Ständerwerk sowie für die Anpassung der Elektroinstallation im hierdurch notwendigen Umfang sind sofort abziehbare Erhaltungsaufwendungen, *BFH-Urteil vom 16. 1. 2007 IX R 39/05 (BStBl. II S. 922).*

[6] Aufwendungen für den Einbau neuer Gegenstände in vorhandene Installationen eines Wohnhauses können nur dann zu Herstellungskosten i. S. d. § 255 Abs. 2 Satz 1 HGB führen, wenn sie eine wesentliche Verbesserung zur Folge haben. *BFH-Urteil vom 20. 8. 2002 IX R 98/00 (BStBl. 2003 II S. 604).* Der Einbau einer Solaranlage zur Brauchwassererwärmung in eine vorhandene Gaswärmeversorgung ist keine solche Verbesserung. *BFH-Urteil vom 14. 7. 2004 IX R 52/02 (BStBl. 2004 II S. 949).*

Anl zu R 21.1

bereits eingetretene Schäden zu beseitigen oder einen konkret drohenden Schaden abzuwenden. Das ist z. B. der Fall bei Anbringung einer Betonvorsatzschale zur Trockenlegung der durchfeuchteten Fundamente (insoweit entgegen BFH-Urteil vom 10. Mai 1995 – BStBl. 1996 II S. 639), bei Überdachung von Wohnungszugängen oder einer Dachterrasse mit einem Glasdach zum Schutz vor weiteren Wasserschäden (vgl. BFH-Urteil vom 24. Februar 1981 – BStBl. II S. 468).

3. Über den ursprünglichen Zustand hinausgehende wesentliche Verbesserung

25 Instandsetzungs- oder Modernisierungsaufwendungen sind, soweit sie nicht als Folge der Herstellung der Betriebsbereitschaft bereits zu den Anschaffungskosten gehören, nach § 255 Abs. 2 Satz 1 HGB als Herstellungskosten zu behandeln, wenn sie zu einer über den ursprünglichen Zustand hinausgehenden wesentlichen Verbesserung führen. Dies gilt auch, wenn oder soweit das Gebäude unentgeltlich erworben wurde.[1] **33**

3.1 Ursprünglicher Zustand

26 Ursprünglicher Zustand i.S. von § 255 Abs. 2 Satz 1 HGB ist grundsätzlich der Zustand des Gebäudes im Zeitpunkt der Herstellung oder Anschaffung durch den Steuerpflichtigen oder seinen Rechtsvorgänger im Fall des unentgeltlichen Erwerbs. Erforderlich ist danach ein Vergleich des Zustands des Gebäudes, in dem es sich bei Herstellung oder Anschaffung befunden hat, mit dem Zustand, in den es durch die vorgenommenen Instandsetzungs- oder Modernisierungsarbeiten versetzt worden ist. Hiervon abweichend ist in Fällen, in denen die ursprünglichen Herstellungs- oder Anschaffungskosten zwischenzeitlich z. B. durch anderweitige Herstellungs- oder Anschaffungskosten, durch Absetzungen für außergewöhnliche Abnutzung nach § 7 Abs. 4 Satz 3 i.V.m. Abs. 1 *Satz 5*[2] EStG oder durch Teilwertabschreibung verändert worden sind, für den Vergleich auf den für die geänderte AfA-Bemessungsgrundlage maßgebenden Zustand abzustellen. Wird ein Gebäude dem Betriebsvermögen entnommen oder in das Betriebsvermögen eingelegt, kommt es für die Bestimmung des ursprünglichen Zustandes auf den Zeitpunkt der Entnahme oder der Einlage an.

3.2 Wesentliche Verbesserung

27 Eine wesentliche Verbesserung i. S. von § 255 Abs. 2 Satz 1 HGB liegt nicht bereits dann vor, wenn ein Gebäude generalüberholt wird, d. h. Aufwendungen, die für sich genommen als Erhaltungsaufwendungen zu beurteilen sind, in ungewöhnlicher Höhe zusammengeballt in einem Veranlagungszeitraum oder Wirtschaftsjahr anfallen.[3]

28 Eine wesentliche Verbesserung i. S. von § 255 Abs. 2 Satz 1 HGB und damit Herstellungskosten sind vielmehr erst dann gegeben, wenn die Maßnahmen zur Instandsetzung und Modernisierung eines Gebäudes in ihrer Gesamtheit über eine zeitgemäße substanzerhaltende (Bestandteil-)Erneuerung hinausgehen, den Gebrauchswert des Gebäudes insgesamt deutlich erhöhen und damit für die Zukunft eine erweiterte Nutzungsmöglichkeit geschaffen wird.[4] Von einer deutlichen Erhöhung des Gebrauchswerts ist z. B. auszugehen, wenn der Gebrauchswert des Gebäudes (Nutzungspotenzial) von einem sehr einfachen auf einen mittleren oder von einem mittleren auf einen sehr anspruchsvollen Standard gehoben wird. Zum Standard des Wohngebäudes vgl. Rz. 9 bis 14.

29 Instandsetzungs- oder Modernisierungsmaßnahmen, die über eine substanzerhaltende Erneuerung nicht hinausgehen, sind bei dieser Prüfung grundsätzlich außer Betracht zu lassen.

30 Eine substanzerhaltende (Bestandteil-)Erneuerung liegt vor, wenn ein Gebäude durch die Ersetzung einzelner Bestandteile oder Instandsetzungs- oder Modernisierungsmaßnahmen an dem Gebäude als Ganzem lediglich in ordnungsgemäßem Zustand entsprechend seinem ursprünglichen Zustand erhalten oder dieser in zeitgemäßer Form wiederhergestellt wird. Dem Gebäude wird in diesem Fall nur der zeitgemäße Wohnkomfort wiedergegeben, den es ursprünglich besessen, aber durch den technischen Fortschritt und die Veränderung der Lebensgewohnheiten verloren hat.

Beispiel:

Der Eigentümer eines bewohnten verwahrlosten Wohnhauses lässt die alten Kohleöfen durch eine moderne Heizungsanlage ersetzen. Er baut an Stelle der einfach verglasten Fenster Isolierglasfenster ein. Er modernisiert das Bad, wobei er neben der Badewanne separat eine Dusche einbaut. Außerdem lässt er es durchgängig fliesen. Im Übrigen lässt er Schönheitsreparaturen durchführen.

Hinsichtlich der Aufwendungen für die zentralen Ausstattungsmerkmale liegen Herstellungskosten als wesentliche Verbesserung i. S. von § 255 Abs. 2 Satz 1 HGB vor. Bei den Schönheitsreparaturen handelt es sich um sofort abziehbare Erhaltungsaufwendungen (vgl. aber Rz. 33 bis 35).

3.3 Sanierung in Raten

31 Aufwendungen für Baumaßnahmen innerhalb eines Veranlagungszeitraumes oder Wirtschaftsjahres sind Herstellungskosten i. S. von § 255 Abs. 2 Satz 1 HGB, wenn die Baumaßnahmen zwar für sich gesehen noch nicht zu einer wesentlichen Verbesserung führen, wenn sie aber Teil einer Gesamtmaßnahme sind, die sich planmäßig in zeitlichem Zusammenhang über mehrere Veranlagungszeiträume erstreckt und die insgesamt zu einer Hebung des Standards führt (Sanierung in Raten). Von einer

---

[1] Ursprünglicher Zustand i. S. d. § 255 Abs. 2 Satz 1 HGB ist bei Erwerb eines Wohngebäudes durch Schenkung oder Erbfall der Zustand im Zeitpunkt der Anschaffung oder Herstellung durch den Schenker oder Erblasser. *BFH-Urteil vom 3. 12. 2002 IX R 64/99 (BStBl. 2003 II S. 590).*

[2] Nunmehr „Satz 7".

[3] Siehe hierzu auch *BFH-Urteile vom 20. 8. 2002 IX R 98/00 (BStBl. 2003 II S. 604)* und *vom 14. 7. 2004 IX R 52/02 (BStBl. 2004 II S. 949).*

[4] Bei betrieblich genutzten Gebäuden/Gebäudeteilen kommt es dabei weniger auf die Kernbereiche der Ausstattung an, als vielmehr darauf, ob die Baumaßnahmen vor dem Hintergrund der betrieblichen Zielsetzung zu einer höherwertigen Nutzbarkeit führen. *BFH-Urteil vom 25. 9. 2007 IX R 28/07 (BStBl. 2008 II S. 218).*

Anl zu R 21.1

Sanierung in Raten ist grundsätzlich auszugehen, wenn die Maßnahmen innerhalb eines Fünfjahreszeitraumes durchgeführt worden sind.

3.4 Baumaßnahmen, die nur einen Teil des Gebäudes betreffen

32 Wird ein Gebäude in der Weise saniert, dass von einer Vielzahl von Wohnungen nur der Gebrauchswert einer oder mehrerer Wohnungen erhöht wird, sind die dafür entstandenen Aufwendungen Herstellungskosten i. S. von § 255 Abs. 2 Satz 1 HGB.

III. Zusammentreffen von Anschaffungs- oder Herstellungskosten mit Erhaltungsaufwendungen

34 **33** Sind im Rahmen einer umfassenden Instandsetzungs- und Modernisierungsmaßnahme sowohl Arbeiten zur Schaffung eines betriebsbereiten Zustandes, zur Erweiterung des Gebäudes oder Maßnahmen, die über eine zeitgemäße substanzerhaltende Erneuerung hinausgehen, als auch Erhaltungsarbeiten durchgeführt worden, sind die hierauf jeweils entfallenden Aufwendungen grundsätzlich – ggf. im Wege der Schätzung – in Anschaffungs- oder Herstellungskosten und Erhaltungsaufwendungen aufzuteilen, die mit den jeweiligen Aufwendungsarten im Zusammenhang stehen.

Beispiel:

Ein für die Gesamtmaßnahme geleistetes Architektenhonorar oder Aufwendungen für Reinigungsarbeiten sind entsprechend dem Verhältnis von Anschaffungs- oder Herstellungskosten und Erhaltungsaufwendungen aufzuteilen.

34 Aufwendungen für ein Bündel von Einzelmaßnahmen, die für sich genommen teils Anschaffungskosten oder Herstellungskosten, teils Erhaltungsaufwendungen darstellen, sind insgesamt als Anschaffungskosten oder Herstellungskosten zu beurteilen, wenn die Arbeiten im sachlichen Zusammenhang stehen.

35 Ein sachlicher Zusammenhang in diesem Sinne liegt vor, wenn die einzelnen Baumaßnahmen – die sich auch über mehrere Jahre erstrecken können – bautechnisch ineinander greifen. Ein bautechnisches Ineinandergreifen ist gegeben, wenn die Erhaltungsarbeiten
– Vorbedingung für Schaffung des betriebsbereiten Zustandes oder für die Herstellungsarbeiten
oder
– durch Maßnahmen, welche den betriebsbereiten Zustand schaffen, oder durch Herstellungsarbeiten veranlasst (verursacht) worden
sind.

Beispiel 1:

Um eine Überbauung zwischen zwei vorhandenen Gebäuden durchführen zu können, sind zunächst Ausbesserungsarbeiten an den Fundamenten des einen Gebäudes notwendig (vgl. BFH-Urteil vom 9. März 1962 – BStBl. III S. 195).

Ein solcher Zusammenhang wird nicht dadurch gelöst, dass die Arbeiten in verschiedenen Stockwerken des Gebäudes ausgeführt werden.

Beispiel 2:

Im Dachgeschoss eines mehrgeschossigen Gebäudes werden erstmals Bäder eingebaut. Diese Herstellungsarbeiten machen das Verlegen von größeren Fallrohren bis zum Anschluss an das öffentliche Abwassernetz erforderlich. Die hierdurch entstandenen Aufwendungen sind ebenso wie die Kosten für die Beseitigung der Schäden, die durch das Verlegen der größeren Fallrohre in den Badezimmern der darunter liegenden Stockwerke entstanden sind, den Herstellungskosten zuzurechnen.

Von einem bautechnischen Ineinandergreifen ist nicht allein deswegen auszugehen, weil der Steuerpflichtige solche Herstellungsarbeiten zum Anlass nimmt, auch sonstige anstehende Renovierungsarbeiten vorzunehmen. Allein die gleichzeitige Durchführung der Arbeiten, z. B. um die mit den Arbeiten verbundenen Unannehmlichkeiten abzukürzen, reicht für einen solchen sachlichen Zusammenhang nicht aus. Ebenso wird ein sachlicher Zusammenhang nicht dadurch hergestellt, dass die Arbeiten unter dem Gesichtspunkt der rationellen Abwicklung eine bestimmte zeitliche Abfolge der einzelnen Maßnahmen erforderlich machen – die Arbeiten aber ebenso unabhängig voneinander hätten durchgeführt werden können.

Beispiel 3:

Wie Beispiel 2, jedoch werden die Arbeiten in den Bädern der übrigen Stockwerke zum Anlass genommen, diese Bäder vollständig neu zu verfliesen und neue Sanitäranlagen einzubauen. Diese Modernisierungsarbeiten greifen mit den Herstellungsarbeiten (Verlegung neuer Fallrohre) nicht bautechnisch ineinander. Die Aufwendungen führen daher zu Erhaltungsaufwendungen. Die einheitlich in Rechnung gestellten Aufwendungen für die Beseitigung der durch das Verlegen der größeren Fallrohre entstandenen Schäden und für die vollständige Neuverfliesung sind dementsprechend in Herstellungs- und Erhaltungsaufwendungen aufzuteilen.

Beispiel 4:

Durch das Aufsetzen einer Dachgaube wird die nutzbare Fläche des Gebäudes geringfügig vergrößert. Diese Maßnahme wird zum Anlass genommen, gleichzeitig das alte, schadhafte Dach neu einzudecken. Die Erneuerung der gesamten Dachziegel steht insoweit nicht in einem bautechnischen Zusammenhang mit der Erweiterungsmaßnahme. Die Aufwendungen für Dachziegel, die zur Deckung der neuen Gauben verwendet werden, sind Herstellungskosten, die Aufwendungen für die übrigen Dachziegel sind Erhaltungsaufwendungen.

Beispiel 5:

Im Zusammenhang mit einer Erweiterungsmaßnahme erhält ein Gebäude ein zusätzliches Fenster. Zudem wird die Einfachverglasung der schon vorhandenen Fenster durch Isolierverglasung ersetzt. Die Erneuerung der bestehenden Fenster ist nicht durch die Erweiterungsmaßnahme und das Einsetzen des zusätzlichen Fensters veranlasst, greift daher nicht bautechnisch mit diesen Maßnahmen ineinander (insoweit entgegen BFH-Urteil vom 9. Mai 1995 – IX R 2/94 –, BStBl. 1996 II S. 637). Die auf die Fenstererneuerung entfallenden Aufwendungen können demnach als Erhaltungsaufwendungen abgezogen werden.

IV. Feststellungslast

36 Die Feststellungslast für die Tatsachen, die eine Behandlung als Anschaffungs- oder Herstellungskosten begründen (wie z. B. die Herstellung der Betriebsbereitschaft oder eine wesentliche Verbesserung über den ursprünglichen Zustand hinaus), trägt das Finanzamt. Soweit das Finanzamt nicht in der Lage ist, den Zustand des Gebäudes im Zeitpunkt der Anschaffung (vgl. Rz. 5 bis 16) oder den ursprünglichen Zustand im Sinne des § 255 Abs. 2 HGB (vgl. Rz. 25 bis 32) festzustellen, trifft den Steuerpflichtigen hierbei eine erhöhte Mitwirkungspflicht (§ 90 Abs. 1 Satz 3 AO). Kann der maßgebliche Zustand des Wohngebäudes nicht sicher festgestellt werden, kann das Finanzamt aus Indizien auf die Hebung des Standards eines Gebäudes und somit auf Anschaffungs- oder Herstellungskosten schließen. **35**

37 Indizien für die Hebung des Standards liegen vor, wenn
- ein Gebäude in zeitlicher Nähe zum Erwerb im Ganzen und von Grund auf modernisiert wird,
- hohe Aufwendungen für die Sanierung der zentralen Ausstattungsmerkmale getätigt werden,
- auf Grund dieser Baumaßnahmen der Mietzins erheblich erhöht wird.

38[1] Ob eine Hebung des Standards vorliegt, ist für die ersten drei Jahre nach Anschaffung des Gebäudes nicht zu prüfen, wenn die Aufwendungen für die Instandsetzung und Modernisierung des Gebäudes insgesamt 15% der Anschaffungskosten des Gebäudes nicht übersteigen. Dies gilt nicht, wenn sich bei Erwerb des Gebäudes mit mehreren Wohnungen der Standard für einzelne Wohnungen hebt oder die Instandsetzungsmaßnahme der Beginn einer Sanierung in Raten sein kann. Veranlagungen sind vorläufig durchzuführen, solange in diesem Zeitraum die Instandsetzungsarbeiten 15% der Anschaffungskosten des Gebäudes nicht übersteigen oder wenn eine Sanierung in Raten zu vermuten ist.

V. Anwendungsregelung

39 Dieses Schreiben ersetzt das BMF-Schreiben vom 16. Dezember 1996 (BStBl. I S. 1442),[2] welches hiermit aufgehoben wird. **36**

Die Grundsätze dieses Schreibens sind in allen noch offenen Fällen anzuwenden.

Auf Antrag ist dieses Schreiben nicht anzuwenden, wenn mit Baumaßnahmen vor dem Tag der Veröffentlichung des Schreibens im Bundessteuerblatt begonnen wurde.

Mit diesem Schreiben werden gleichzeitig die BFH-Urteile vom 12. September 2001 und vom 22. Januar 2003 im Bundessteuerblatt Teil II veröffentlicht.

§ 82 g *Erhöhte Absetzungen von Herstellungskosten für bestimmte Baumaßnahmen* EStDV

[letztmals abgedruckt im „Handbuch zur ESt-Veranlagung 2012"]

§ 82 h *(weggefallen)*

§ 82 i *Erhöhte Absetzungen von Herstellungskosten bei Baudenkmälern*

[letztmals abgedruckt im „Handbuch zur ESt-Veranlagung 2012"]

R 21.2. Einnahmen und Werbungskosten R 21.2

(1) ① Werden Teile einer selbst genutzten Eigentumswohnung, eines selbst genutzten Einfamilienhauses oder insgesamt selbst genutzten anderen Hauses vorübergehend vermietet und übersteigen die Einnahmen hieraus nicht 520 Euro im VZ, kann im Einverständnis mit dem Stpfl. aus Vereinfachungsgründen von der Besteuerung der Einkünfte abgesehen werden. ② Satz 1 ist bei vorübergehender Untervermietung von Teilen einer angemieteten Wohnung, die im Übrigen selbst genutzt wird, entsprechend anzuwenden. **45**

(2) Zinsen, die Beteiligte einer Wohnungseigentümergemeinschaft aus der Anlage der Instandhaltungsrücklage erzielen, gehören zu den Einkünften aus Kapitalvermögen. **46**

(3) Die Berücksichtigung von Werbungskosten aus Vermietung und Verpachtung kommt auch dann in Betracht, wenn aus dem Objekt im VZ noch keine Einnahmen erzielt werden, z. B. bei einem vorübergehend leer stehenden Gebäude. **47**

(4) ① Die Tätigkeit eines Stpfl. zur Erzielung von Einkünften aus Vermietung und Verpachtung besteht im Wesentlichen in der Verwaltung seines Grundbesitzes. ② Bei nicht umfangreichem Grundbesitz erfordert diese Verwaltung in der Regel keine besonderen Einrichtungen, z. B. Büro, sondern erfolgt von der Wohnung des Stpfl. aus. ③ Regelmäßige Tätigkeitsstätte ist dann die Wohnung des Stpfl. ④ Aufwendungen für gelegentliche Fahrten zu dem vermieteten Grundstück sind Werbungskosten i. S. d. § 9 Abs. 1 Satz 1 EStG. **48**

Bauherrenmodell H 21.2

- Zur Abgrenzung zwischen Werbungskosten, Anschaffungskosten und Herstellungskosten → BMF vom 20. 10. 2003 (BStBl. I S. 546);[3] **49**
- → Fonds, geschlossene;
- Schuldzinsen, die auf die Zeit zwischen Kündigung und Auseinandersetzung im Zusammenhang mit einer Beteiligung an einer Bauherrengemeinschaft entfallen, sind Werbungskosten, selbst wenn Einnahmen noch nicht erzielt worden sind (→ BFH vom 4. 3. 1997 – BStBl. II S. 610).

---

[1] Zu anschaffungsnahen Herstellungskosten siehe BMF-Schreiben vom 20. 10. 2017 (BStBl. I S. 1447), abgedruckt als Anlage zu H 6.4.

[2] Letztmals abgedruckt im „Handbuch zur ESt-Veranlagung 2002".

[3] Abgedruckt als Anlage c zu § 21 EStG.

H 21.2

Drittaufwand → H 4.7.

Eigenaufwand für ein fremdes Wirtschaftsgut → H 4.7.

Einbauküche → H 6.4.

Einkünfteerzielungsabsicht[1]
- bei Wohnobjekten → BMF vom 8. 10. 2004 (BStBl. I S. 933).[2]
- bei unbebauten Grundstücken → BMF vom 8. 10. 2004 (BStBl. I S. 933), Rdnr. 29.
- bei Gewerbeobjekten
  Bei der Vermietung von Gewerbeobjekten ist im Einzelfall festzustellen, ob der Stpfl. beabsichtigt, auf die voraussichtliche Dauer der Nutzung einen Überschuss der Einnahmen über die Werbungskosten zu erzielen (→ BFH vom 20. 7. 2010 – BStBl. II S. 1038 und vom 9. 10. 2013 – BStBl. 2014 II S. 527).

Einnahmen[3]
- Zahlungen, die wegen **übermäßiger Beanspruchung, vertragswidriger Vernachlässigung oder Vorenthaltung einer Miet- oder Pachtsache** geleistet werden (→ BFH vom 22. 4. 1966 – BStBl. III S. 395, vom 29. 11. 1968 – BStBl. 1969 II S. 184 und vom 5. 5. 1971 – BStBl. II S. 624).
- Guthabenzinsen aus einem **Bausparvertrag,** die in einem engen zeitlichen Zusammenhang mit einem der Einkunftserzielungsabsicht dienenden Grundstück stehen (→ BFH vom 9. 11. 1982 – BStBl. 1983 II S. 172 und BMF vom 28. 2. 1990 – BStBl. I S. 124).[4]
- **Abstandszahlungen** eines Mietinteressenten an Vermieter für **Entlassung aus Vormietvertrag** (→ BFH vom 21. 8. 1990 – BStBl. 1991 II S. 76).
- Von einem Kreditinstitut oder einem Dritten (z. B. Erwerber) **erstattete Damnumbeträge,** die als Werbungskosten abgezogen worden sind (→ BFH vom 22. 9. 1994 – BStBl. 1995 II S. 118). **Keine Einnahmen** aus Vermietung und Verpachtung liegen vor, wenn das Damnum **nur einen unselbständigen Rechnungsposten für die Bemessung einer Vorfälligkeitsentschädigung** darstellt (→ BFH vom 19. 2. 2002 – BStBl. 2003 II S. 126).
- **Umlagen und Nebenentgelte,** die der Vermieter für die Nebenkosten oder Betriebskosten erhebt (→ BFH vom 14. 12. 1999 – BStBl. 2000 II S. 197).
- Zur **Vermietung eines Arbeitszimmers** oder einer als Homeoffice genutzten Wohnung durch den Arbeitnehmer an den Arbeitgeber → BMF vom 18. 4. 2019 (BStBl. I S. 461).[5]
- Einkünfte aus der **Vermietung eines häuslichen Arbeitszimmers** an den Auftraggeber eines Gewerbetreibenden sind Einkünfte aus Gewerbebetrieb, wenn die Vermietung ohne den Gewerbebetrieb nicht denkbar wäre (→ BFH vom 13. 12. 2016 – BStBl. 2017 II S. 450).
- Mietzahlungen des Arbeitgebers für eine vom Arbeitnehmer an den **Arbeitgeber vermietete Garage,** in der ein Dienstwagen untergestellt wird (→ BFH vom 7. 6. 2002 – BStBl. II S. 829).
- **Öffentliche Fördermittel** (Zuschüsse oder nicht rückzahlbare Darlehen), die ein Bauherr im Rahmen des sog. Dritten Förderungsweges für Belegungs- und Mietpreisbindungen erhält (→ BFH vom 14. 10. 2003 – BStBl. 2004 II S. 14).
- **Entgelte für die Inanspruchnahme** eines Grundstücks im Zuge baulicher Maßnahmen **auf dem Nachbargrundstück,** selbst wenn das Grundstück mit einem zu eigenen Wohnzwecken genutzten Gebäude bebaut ist (→ BFH vom 2. 3. 2004 – BStBl. II S. 507).
- Mietentgelte, die der **Restitutionsberechtigte** vom Verfügungsberechtigten nach **§ 7 Abs. 7 Satz 2 VermG** erlangt (→ BFH vom 11. 1. 2005 – BStBl. II S. 480).
- Die **Leistung aus einer Gebäudefeuerversicherung** führt beim Vermieter bis zur Höhe einer für den Schadensfall in Anspruch genommenen AfaA für das vermietete Gebäude zu Einnahmen aus Vermietung und Verpachtung, soweit er sie nach dem Versicherungsvertrag beanspruchen kann (→ BFH vom 2. 12. 2014 – BStBl. 2015 II S. 493).
- **Ausgleichszahlungen** aus der Auflösung von **Zinsswapgeschäften** gehören nicht zu den Einkünften aus Vermietung und Verpachtung (→ BMF vom 19. 5. 2022 – BStBl. I S. 742,[6] Rn. 176).
- Die einmalige **Entschädigung** für ein Recht auf **Überspannung** eines im Privatvermögen befindlichen Grundstücks mit einer Stromleitung ist kein Entgelt für eine zeitlich begrenzte Nutzungsüberlassung, wenn das Überspannungsrecht weder schuldrechtlich noch dinglich auf eine zeitlich bestimmte oder absehbare Dauer beschränkt ist. Sie ist keine steuerbare Einnahme (→ BFH vom 2. 7. 2018 – BStBl. II S. 759).
- Einnahmen aus dem Betrieb eines **Blockheizkraftwerks** → H 15.8 (1) Wohnungseigentümergemeinschaft.

---

[1] Zum Ausbleiben von Mieteinnahmen aufgrund der wirtschaftlichen Folgen der Corona-Krise siehe *Kurzinformation OFD Nordrhein-Westfalen vom 2. 12. 2020 S 2253 – 2020/0025 – St 231 (DStR 2021 S. 292).*

[2] Abgedruckt als Anlage d zu § 21 EStG.

[3] Zu Einnahmen führt auch die Einbehaltung einer Mietkaution, soweit sie der Abdeckung von Reparaturaufwendungen dient, *BFH-Urteil vom 11. 7. 2000 IX R 48/96, BStBl. 2001 II S. 784.*

[4] Nachstehend abgedruckt.

[5] Abgedruckt im „Handbuch zur Lohnsteuer 2022" als Anlage d zu LStH 19.3.

[6] Abgedruckt als Anlage a zu §§ 43–45 e EStG.

H 21.2

Erbbaurecht
- Der Erbbauzins für ein Erbbaurecht an einem privaten Grundstück gehört zu den Einnahmen aus Vermietung und Verpachtung (→ BFH vom 20. 9. 2006 – BStBl. 2007 II S. 112).
- Vom Erbbauberechtigten neben Erbbauzins gezahlte Erschließungsbeiträge fließen dem Erbbauverpflichteten erst bei Realisierung des Wertzuwachses zu (→ BFH vom 21. 11. 1989 – BStBl. 1990 II S. 310). Der Erbbauberechtigte kann die von ihm gezahlten Erschließungskosten nur verteilt über die Laufzeit des Erbbaurechtes als Werbungskosten abziehen (→ BMF vom 16. 12. 1991 – BStBl. I S. 1011).
- Geht das vom Erbbauberechtigten in Ausübung des Erbbaurechts errichtete Gebäude nach Beendigung des Erbbaurechts entsprechend den Bestimmungen des Erbbaurechtsvertrages entschädigungslos auf den Erbbauverpflichteten über, führt dies beim Erbbauverpflichteten zu einer zusätzlichen Vergütung für die vorangegangene Nutzungsüberlassung (→ BFH vom 11. 12. 2003 – BStBl. 2004 II S. 353).

Erhaltungsaufwand
- Erhaltungsaufwendungen nach Beendigung der Vermietung und vor Beginn der Selbstnutzung sind i. d. R. keine Werbungskosten. Ein Abzug kommt ausnahmsweise in Betracht, soweit sie mit Mitteln der einbehaltenen und als Einnahme erfassten Mieterkaution finanziert werden, oder wenn sie zur Beseitigung eines Schadens gemacht werden, der die mit dem gewöhnlichen Gebrauch der Mietsache verbundene Abnutzung deutlich übersteigt, insbesondere eines mutwillig vom Mieter verursachten Schadens (→ BFH vom 11. 7. 2000 – BStBl. 2001 II S. 784).
- Aufwendungen für Erhaltungsmaßnahmen, die noch während der Vermietungszeit an einem anschließend selbstgenutzten Gebäude durchgeführt werden, sind i. d. R. als Werbungskosten abziehbar (→ BFH vom 10. 10. 2000 – BStBl. 2001 II S. 787). Sie sind ausnahmsweise dann nicht als Werbungskosten abziehbar, wenn die Maßnahmen für die Selbstnutzung bestimmt sind und in die Vermietungszeit vorverlagert werden. Dies trifft insbesondere dann zu, wenn sie bei bereits gekündigtem Mietverhältnis objektiv nicht zur Wiederherstellung oder Bewahrung der Mieträume und des Gebäudes erforderlich sind (→ BMF vom 26. 11. 2001 – BStBl. I S. 868).
- Zur Abgrenzung zwischen Erhaltungs- und Herstellungsaufwendungen → R 21.1 und R 6.4 und BMF vom 18. 7. 2003 (BStBl. I S. 386).[1]

Erschließungskosten → H 6.4 (Erschließungs-, Straßenanlieger- und andere Beiträge).

Ferienwohnung → BMF vom 8. 10. 2004 (BStBl. I S. 933).[2]

Finanzierungskosten[3]
- Die **dingliche Belastung** von Grundstücken mit Hypotheken oder Grundschulden begründet für sich allein keinen wirtschaftlichen Zusammenhang des Darlehens mit den Einkünften aus Vermietung und Verpachtung. Maßgebend ist vielmehr der tatsächliche Verwendungszweck. Schuldzinsen für ein durch eine Hypothek auf einem weiteren Grundstück gesichertes Darlehen sind daher bei dem Grundstück zu berücksichtigen, für das das Darlehen verwendet wurde (→ BFH vom 6. 10. 2004 – BStBl. 2005 II S. 324). Nimmt der Stpfl. ein Darlehen auf, um Grundschulden, die er als Sicherheit für fremde Schulden bestellt hat, abzulösen, sind die für dieses Darlehen aufgewendeten Zinsen und Kreditkosten nicht als Werbungskosten bei seinen Einkünften aus Vermietung und Verpachtung abziehbar (→ BFH vom 29. 7. 1997 – BStBl. II S. 772).
- Unterlässt es der Stpfl., einen **allgemeinen Betriebskredit** nach Aufgabe seines Betriebes durch Veräußerung eines früheren Betriebsgrundstücks zu tilgen und vermietet er stattdessen das Grundstück vermögensverwaltend, wird die Verbindlichkeit bis zur Höhe des Grundstückswertes Privatvermögen. Die darauf entfallenden Schuldzinsen sind als Werbungskosten bei den Einkünften aus Vermietung und Verpachtung abziehbar (→ BFH vom 19. 8. 1998 – BStBl. 1999 II S. 353). Gleiches gilt, wenn der allgemeine Betriebskredit durch ein neues Darlehen abgelöst wird (→ BFH vom 25. 1. 2001 – BStBl. II S. 573).
- Finanzierungskosten für ein **unbebautes Grundstück** sind als vorab entstandene Werbungskosten abziehbar, wenn ein wirtschaftlicher Zusammenhang mit der späteren Bebauung und Vermietung des Gebäudes besteht (→ BFH vom 8. 2. 1983 – BStBl. II S. 554). Ein solcher wirtschaftlicher Zusammenhang ist auch bei Erwerb von **Bauerwartungsland** nicht ausgeschlossen, wenn der Stpfl. damit rechnen kann, dass er das Grundstück in absehbarer Zeit bebauen darf und er seine erkennbare Bauabsicht nachhaltig zu verwirklichen versucht (→ BFH vom 4. 6. 1991 – BStBl. II S. 761).
- Zum Schuldzinsenabzug bei einem Darlehen für die Herstellung oder Anschaffung eines **teilweise vermieteten und teilweise selbstgenutzten Gebäudes** (→ BMF vom 16. 4. 2004 – BStBl. I S. 464);[4] dies gilt entsprechend für die anteilige Zuordnung von Darlehen zur Herstellung oder Anschaffung eines Gebäudes, das teilweise vermietet und teilweise veräußert werden soll (→ BFH vom 4. 2. 2020 – BStBl. II S. 311).

---

[1] Vorstehend abgedruckt als Anlage zu R 21.1.
[2] Abgedruckt als Anlage d zu § 21 EStG.
[3] Zur Aufteilung von Kontokorrentzinsen in Werbungskosten und nicht abziehbare Lebenshaltungskosten vgl. BMF-Schreiben vom 10. 11. 1993 (BStBl. I S. 930), abgedruckt als Anlage b zu R 4.2 Abs. 15 EStR.
[4] Nachstehend abgedruckt als Anlage b zu R 21.2 EStR.

H 21.2

- Zum Abzug der Schuldzinsen als nachträgliche Werbungskosten bei Vermietung und Verpachtung nach Veräußerung des Mietobjekts oder nach Wegfall der Einkünfteerzielungsabsicht (→ BMF vom 27. 7. 2015 (BStBl. I S. 581).[1]
- Wird ein zur Finanzierung eines vermieteten Grundstücks aufgenommenes Darlehen unter Zahlung einer **Vorfälligkeitsentschädigung** getilgt, das Grundstück jedoch weiterhin zur Vermietung genutzt, ist die Vorfälligkeitsentschädigung als Werbungskosten bei den Einkünften aus Vermietung und Verpachtung abziehbar (→ BFH vom 6. 12. 2005 – BStBl. 2006 II S. 265). Für im Zuge der Veräußerung gezahlte Vorfälligkeitsentschädigung → BMF vom 27. 7. 2015 (BStBl. I S. 581).[1]
- Zu den Schuldzinsen gehören auch die **Nebenkosten der Darlehensaufnahme** und sonstige Kreditkosten einschließlich der Geldbeschaffungskosten. Danach sind auch **Notargebühren** zur Besicherung eines Darlehens (→ BFH vom 1. 10. 2002 – BStBl. 2003 II S. 399) oder **Abschlussgebühren** eines Bausparvertrags, der bestimmungsgemäß der Ablösung eines Finanzierungsdarlehens zum Erwerb einer vermieteten Immobilie dient (→ BFH vom 1. 10. 2002 – BStBl. 2003 II S. 398), als Werbungskosten abziehbare Schuldzinsen.
- **Damnum** oder **Zinsbegrenzungsprämie** sind in Höhe des vom jeweiligen Darlehensnehmer an das Kreditinstitut gezahlten Betrags als Werbungskosten abziehbar, soweit unter Berücksichtigung der jeweiligen Zinsbelastung die marktüblichen Beträge nicht überschritten werden (→ BMF vom 20. 10. 2003 – BStBl. I S. 546).[2] Dem Veräußerer erstattete Damnum-/Disagiobeträge gehören beim Erwerber zu den Anschaffungskosten und sind nicht als Werbungskosten abziehbar, wenn die verpflichtende Erstattung des Damnums/Disagios im Kaufvertrag als Teil des Kaufpreises vereinbart worden ist. Sind hingegen die Konditionen für die Schuldübernahme und die damit verbundene Bezahlung des Damnums/Disagios unabhängig vom Kaufpreis des Grundstücks vereinbart worden und der Grundstückskauf nicht zwingend an die Schuldübernahme gekoppelt, kann die Damnumerstattung zu den eigenen Finanzierungskosten des Erwerbers zu rechnen sein, für die der Werbungskostenabzug zulässig ist (→ BFH vom 17. 2. 1981 – BStBl. II S. 466).
- Nehmen **Ehegatten gemeinsam ein gesamtschuldnerisches Darlehen** zur Finanzierung eines vermieteten Gebäudes auf, das einem von ihnen gehört, sind die Schuldzinsen in vollem Umfang als Werbungskosten bei den Einkünften aus Vermietung und Verpachtung des Eigentümerehegatten abziehbar, gleichgültig aus wessen Mitteln sie gezahlt werden (→ BFH vom 2. 12. 1999 – BStBl. 2000 II S. 310). Entsprechendes gilt für Schuldzinsen, die nach den Grundsätzen des BMF vom 27. 7. 2015 (BStBl. I S. 581) als nachträgliche Werbungskosten abziehbar sind (→ BFH vom 16. 9. 2015 – BStBl. II 2016 S. 78).
- Nimmt ein **Ehegatte allein ein Darlehen** zur Finanzierung eines Gebäudes auf, das dem anderen Ehegatten gehört und von diesem zur Einkünfteerzielung genutzt wird, sind die vom Nichteigentümerehegatten gezahlten Schuldzinsen nicht abziehbar. Dies gilt selbst dann, wenn der Eigentümerehegatte für das Darlehen eine selbstschuldnerische Bürgschaft übernimmt und die auf seinem Gebäude lastenden Grundpfandrechte als Sicherheit einsetzt. Die Schuldzinsen können jedoch abgezogen werden, wenn der Eigentümerehegatte sie aus eigenen Mitteln bezahlt, z. B. wenn er seine Mieteinnahmen mit der Maßgabe auf das Konto des anderen Ehegatten überweist, dass dieser daraus die Schuldzinsen entrichten soll (→ BFH vom 2. 12. 1999 – BStBl. 2000 II S. 310 und S. 312).
- Nimmt der Eigentümer-Ehegatte alleine ein Darlehen zur Finanzierung eines Gebäudes auf, das der andere Ehegatte zur Einkünfteerzielung nutzt, scheidet ein Abzug der Schuldzinsen beim Nichteigentümer-Ehegatten aus, selbst wenn die Tilgung durch Zahlungen vom Oder-Konto der Ehegatten erfolgt (→ BFH vom 21. 2. 2017 – BStBl. I S. 819).
- Sind **Darlehen** zur Finanzierung eines vermieteten Gebäudes, das einem Ehegatten gehört, **teils von den Eheleuten gemeinschaftlich, teils allein vom Nichteigentümerehegatten** aufgenommen worden und wird der Zahlungsverkehr für die Immobilie insgesamt über ein Konto des Nichteigentümerehegatten abgewickelt, werden aus den vom Eigentümerehegatten auf dieses Konto geleiteten eigenen Mitteln (hier: Mieteinnahmen) vorrangig die laufenden Aufwendungen für die Immobilie und die Schuldzinsen für die gemeinschaftlich aufgenommenen Darlehen abgedeckt. Nur soweit die eingesetzten Eigenmittel (Mieteinnahmen) des Eigentümerehegatten darüber hinaus auch die allein vom Nichteigentümerehegatten geschuldeten Zinsen abzudecken vermögen, sind diese Zinsen als Werbungskosten des Eigentümerehegatten abziehbar (→ BFH vom 4. 9. 2000 – BStBl. 2001 II S. 785).
- Wird eine durch ein Darlehen finanzierte Immobilie **veräußert** und unter Aufrechterhaltung des Darlehens nur ein Teil des Verkaufserlöses dazu verwendet, durch die Anschaffung einer anderen Immobilie Einkünfte aus Vermietung und Verpachtung zu erzielen, können aus dem **fortgeführten Darlehen** nicht mehr an Schuldzinsen als Werbungskosten abgezogen werden als dem Anteil der Anschaffungskosten der neuen Immobilie an dem gesamten Verkaufserlös entspricht (→ BFH vom 8. 4. 2003 – BStBl. II S. 706).
- Schuldzinsen, die der Erwerber eines zum Vermieten bestimmten Grundstücks vereinbarungsgemäß für den **Zeitraum nach dem Übergang von Besitz, Nutzen, Lasten und Ge-**

---

[1] Nachstehend abgedruckt als Anlage c zu R 21.2 EStR.
[2] Abgedruckt als Anlage c zu § 21 EStG.

H 21.2

fahren bis zur später eintretenden Fälligkeit des Kaufpreises an den Veräußerer zahlt, sind als Werbungskosten abziehbar (→ BFH vom 27. 7. 2004 – BStBl. II S. 1002).
– Wird ein als Darlehen empfangener Geldbetrag nicht zur Begleichung von Aufwendungen im Zusammenhang mit der Vermietungstätigkeit genutzt, sondern in einen **Cash-Pool** eingebracht, aus dem später die Kosten bestritten werden, sind die Schuldzinsen nicht als Werbungskosten abziehbar (→ BFH vom 29. 3. 2007 – BStBl. II S. 645).
– Aufwendungen für ein zur Finanzierung von Versicherungsbeiträgen aufgenommenes **Darlehen** können als Werbungskosten abziehbar sein, wenn die **Kapitallebensversicherung** der Rückzahlung von Darlehen dient, die zum Erwerb von Mietgrundstücken aufgenommen worden sind (→ BFH vom 25. 2. 2009 – BStBl. II S. 459).
– **Bauzeitzinsen,** die während der Herstellungsphase, in der noch keine Vermietungsabsicht bestand, entstanden sind, stellen keine vorweggenommenen Werbungskosten dar. Sie können in die Herstellungskosten des Gebäudes einbezogen werden, wenn das fertiggestellte Gebäude durch Vermietung genutzt wird (→ BFH vom 23. 5. 2012 – BStBl. II S. 674).
– Schuldzinsen für ein Darlehen zur Ablösung eines Fremdwährungsdarlehens, das der Anschaffung eines Vermietungsobjekts gedient hat, sind keine Werbungskosten, soweit das Darlehen zur Bezahlung des bei der Umschuldung realisierten Währungskursverlusts verwendet worden ist (→ BFH vom 12. 3. 2019 – BStBl. II S. 606).

Fonds, geschlossene[1]
– Zur Abgrenzung zwischen Werbungskosten, Anschaffungskosten und Herstellungskosten → BMF vom 20. 10. 2003 (BStBl. I S. 546).[2]
– Provisionsrückzahlungen, die der Eigenkapitalvermittler Fondsgesellschaftern gewährt, mindern die Anschaffungskosten der Immobilie, weil die Provisionszahlungen zu den Anschaffungskosten gehören (→ BFH vom 26. 2. 2002 – BStBl. II S. 796).

Negative Einnahmen. Mietentgelte, die der Verfügungsberechtigte nach § 7 Abs. 7 Satz 2 VermG an den Restitutionsberechtigten herausgibt, sind im Jahr des Abflusses negative Einnahmen (→ BFH vom 11. 1. 2005 – BStBl. II S. 456).

Nießbrauch und andere Nutzungsrechte. Zur einkommensteuerrechtlichen Behandlung des Nießbrauchs und anderer Nutzungsrechte bei Einkünften aus Vermietung und Verpachtung → BMF vom 30. 9. 2013 (BStBl. I S. 1184).[3]

Sinngemäße Anwendung des § 15 a EStG
– Zur Haftung und zur Unwahrscheinlichkeit der Inanspruchnahme eines Gesellschafters einer GbR mit Einkünften aus Vermietung und Verpachtung → BMF vom 30. 6. 1994 (BStBl. I S. 355).[4]
– Zur sinngemäßen Anwendung des § 15 a EStG bei vermögensverwaltenden Kommanditgesellschaften → BMF vom 15. 9. 2020 (BStBl. I S. 919).[5]

Sonderabschreibung für Mietwohnungsneubau → BMF vom 7. 7. 2020 (BStBl. I S. 623)[6] unter Berücksichtigung der Änderungen durch BMF vom 21. 9. 2021 (BStBl. I S. 1805).

Sozialpädagogische Lebensgemeinschaft. Bei der Vermietung von gemeinschaftlich genutzten Räumen an den Betrieb einer sozialpädagogischen Lebensgemeinschaft stellt die Aufteilung nach der Zahl der Nutzer einer Wohnung einen objektiven Maßstab dar, der eine sichere und leichte Abgrenzung einer steuerbaren Raumnutzung von der privaten Wohnnutzung ermöglicht (→ BFH vom 25. 6. 2009 – BStBl. 2010 II S. 122).

Treuhandverhältnisse
– Zur Zurechnung von Einkünften aus Vermietung und Verpachtung bei Treuhandverhältnissen → BMF vom 1. 9. 1994 (BStBl. I S. 604).
– Zur sinngemäßen Anwendung von § 15 a Abs. 5 Nr. 2 EStG bei Treuhandverhältnissen → BFH vom 25. 7. 1995 (BStBl. 1996 II S. 128).

Werbungskosten[7]
– → Erhaltungsaufwand.
– → Finanzierungskosten.
– → Sonderabschreibung für Mietwohnungsbau.
– → Zweitwohnungssteuer.
– Die nach dem WEG an den Verwalter gezahlten **Beiträge zur Instandhaltungsrücklage** sind erst bei Verausgabung der Beträge für Erhaltungsmaßnahmen als Werbungskosten abziehbar (→ BFH vom 26. 1. 1988 – BStBl. II S. 577).[8]

---

[1] Zu Fondsetablierungskosten siehe gesetzliche Neuregelung in §§ 6e, 9 Abs. 5 Satz 2, 52 Abs. 14 a, Abs. 16 b Satz 3 EStG.
[2] Abgedruckt als Anlage c zu § 21 EStG.
[3] Abgedruckt als Anlage b zu § 21 EStG.
[4] Abgedruckt als Anlage a zu § 21 EStG.
[5] Abgedruckt als Anlage e zu § 21 EStG.
[6] Abgedruckt als Anlage zu H 7 b.
[7] Werden Kaufpreisraten für ein zum Privatvermögen gehörendes Grundstück aufgrund einer Wertsicherungsklausel erhöht, so kann der Grundstückserwerber den Mehraufwand bei seinen Einkünften aus Vermietung und Verpachtung als Werbungskosten abziehen. *BFH-Urteil vom 16. 1. 1979 VIII R 38/76 (BStBl. II S. 334).*
[8] Siehe ergänzend *BFH-Beschluss vom 21. 10. 2005 IX B 144/05 (BFH/NV 2006 S. 291) sowie Vfg. Bayer. LfSt vom 23. 11. 2007 S. 2211 – 14 St 32/St 33 (BeckVerw 103900).*

H 21.2

- Als **dauernde Last** zu beurteilende wiederkehrende Leistungen zum Erwerb eines zum Vermieten bestimmten Grundstücks führen nur in Höhe des in ihnen enthaltenen Zinsanteils zu sofort abziehbaren Werbungskosten; in Höhe des Barwerts der dauernden Last liegen Anschaffungskosten vor, die, soweit der Barwert auf das Gebäude entfällt, in Form von AfA als Werbungskosten abziehbar sind (→ BFH vom 9. 2. 1994 – BStBl. 1995 II S. 47).
- **Aussetzungszinsen für Grunderwerbsteuer** eines zur Erzielung von Mieteinkünften dienenden Gebäudes gehören zu den sofort abzugsfähigen Werbungskosten (→ BFH vom 25. 7. 1995 – BStBl. II S. 835).
- Ein gesondertes Honorar für tatsächlich **nicht erbrachte Architektenleistung** gehört nicht zu den Herstellungskosten eines später errichteten anderen Gebäudes, sondern ist als Werbungskosten abziehbar (→ BFH vom 8. 9. 1998 – BStBl. 1999 II S. 20).
- **Vergütungen** für einen ausschließlich zur Vermögenssorge bestellten **Betreuer** stellen Werbungskosten bei den mit dem verwalteten Vermögen erzielten Einkünften dar, sofern die Tätigkeit des Betreuers weder einer kurzfristigen Abwicklung des Vermögens noch der Verwaltung ertraglosen Vermögens dient (→ BFH vom 14. 9. 1999 – BStBl. 2000 II S. 69).
- Auch nach Aufgabe der Einkünfteerzielungsabsicht können vorab entstandene **vergebliche Werbungskosten** abziehbar sein, wenn sie getätigt worden sind, um sich aus einer gescheiterten Investition zu lösen und so die Höhe der vergeblich aufgewendeten Kosten zu begrenzen (→ BFH vom 15. 11. 2005 – BStBl. 2006 II S. 258 und vom 7. 6. 2006 – BStBl. II S. 803).
- Aufwendungen für ein **Schadstoff-Gutachten,** das der Feststellung der durch einen Mieter verursachten Bodenverunreinigungen dient, können als Werbungskosten abziehbar sein (→ BFH vom 17. 7. 2007 – BStBl. II S. 941).
- **Grunderwerbsteuer** nach § 1 Abs. 2a GrEStG **bei Gesellschafterwechsel** (→ BFH vom 2. 9. 2014 – BStBl. 2015 II S. 260).
- Aufwendungen für eine auf Dauer angelegte **Testamentsvollstreckung** können bei den aus der Verwaltung des Nachlasses erzielten Einkünften aus Vermietung und Verpachtung als Werbungskosten abgezogen werden. Werden aus dem Nachlass noch andere Einkünfte erzielt, kommt es für die Aufteilung der Aufwendungen auf die verschiedenen Einkunftsarten auf die Zusammensetzung des Nachlasses im jeweiligen VZ an, wenn sich der Anspruch des Testamentsvollstreckers nach dem Nachlasswert bemisst (BFH vom 8. 11. 2017 – BStBl. 2018 II S. 191).
- Zu verlorenen Aufwendungen bei **gescheitertem Immobilienerwerb** → BFH vom 9. 5. 2017 (BStBl. 2018 II S. 168).

Keine Werbungskosten[1]

- Aufwendungen zur **Schadensbeseitigung,** zu denen sich der Verkäufer im Kaufvertrag über sein Mietwohngrundstück verpflichtet hat (→ BFH vom 23. 1. 1990 – BStBl. II S. 465).
- Zahlungen anteiliger Grundstückserträge an den geschiedenen Ehegatten auf Grund eines **Scheidungsfolgevergleichs** zur Regelung des Zugewinnausgleichs (→ BFH vom 8. 12. 1992 – BStBl. 1993 II S. 434).
- **Veruntreute Geldbeträge** durch einen Miteigentümer (→ BFH vom 20. 12. 1994 – BStBl. 1995 II S. 534).
- Aufwendungen für die **geplante** Veräußerung eines Grundstücks, auch wenn das Grundstück tatsächlich weiterhin vermietet wird (→ BFH vom 19. 12. 1995 – BStBl. 1996 II S. 198).
- Aufwendungen, die auf eine Zeit entfallen, in der der Stpfl. die Absicht hatte, die angeschaffte oder hergestellte Wohnung **selbst zu beziehen,** auch wenn er sich anschließend zu deren Vermietung entschlossen hat (→ BFH vom 23. 7. 1997 – BStBl. 1998 II S. 15).
- Aufwendungen eines mit einem vermieteten Grundstück Beschenkten, die auf Grund eines **Rückforderungsanspruchs** des Schenkers wegen Verarmung gem. § 528 Abs. 1 BGB geleistet werden (→ BFH vom 19. 12. 2000 – BStBl. 2001 II S. 342).
- Aufwendungen, die allein oder ganz überwiegend durch die **Veräußerung** des Mietwohnobjekts veranlasst oder die im Rahmen einer Grundstücksveräußerung für vom Verkäufer zu erbringende Reparaturen angefallen sind; dies gilt auch dann, wenn die betreffenden Arbeiten noch während der Vermietungszeit durchgeführt werden (→ BFH vom 14. 12. 2004 – BStBl. 2005 II S. 343). Entsprechendes gilt bei einer gescheiterten Grundstücksveräußerung (→ BFH vom 1. 8. 2012 – BStBl. II S. 781).
- Im **Restitutionsverfahren** nach dem VermG zum Ausgleich von Instandsetzungs- und Modernisierungsaufwendungen an einem rückübertragenen Gebäude geleistete Zahlungen (→ BFH vom 11. 1. 2005 – BStBl. II S. 477).
- **Abstandszahlungen** an den Mieter zur vorzeitigen Räumung der Wohnung, wenn der Vermieter deren Nutzung zu eigenen Wohnzwecken beabsichtigt (→ BFH vom 7. 7. 2005 – BStBl. II S. 760).

[1] Kursverluste bei Fremdwährungsdarlehen sind nicht als Werbungskosten abziehbar. *BFH-Urteil vom 9. 11. 1993 IX R 81/90 (BStBl. 1994 II S. 289)* und *vom 22. 9. 2005 IX R 44/03 (BFH/NV 2006, 279)* sowie *BFH-Beschluss vom 4. 3. 2016 IX B 85/15 (BFH/NV 2016, 917).*

– **Verluste aus Optionsgeschäften,** auch dann nicht, wenn Mieteinnahmen dazu verwendet werden, die Optionsgeschäfte durchzuführen und beabsichtigt ist, die angelegten Beträge wiederum für Zwecke der Vermietung zu verwenden (→ BFH vom 18. 9. 2007 – BStBl. 2008 II S. 26).
– **Prozess- und Anwaltskosten,** die mit dem Antrag auf Auflösung einer Grundstücksgemeinschaft durch Verkauf des gemeinschaftlichen, bislang vermieteten Grundstücks im Wege der Teilungsversteigerung verbunden sind (→ BFH vom 19. 3. 2013 – BStBl. II S. 536).
– **Beiträge für Risikolebensversicherungen,** welche der Absicherung von Darlehen dienen, die zur Finanzierung der Anschaffungskosten einer der Einkünfteerzielung dienenden Immobilie aufgenommen werden (→ BFH vom 13. 10. 2015 – BStBl. 2016 II S. 210).
– Die Vergütung des Verbraucherinsolvenztreuhänders; diese ist insgesamt dem Privatbereich des Stpfl. zuzuordnen und kann nicht – auch nicht anteilig – bei den Einkünften aus Vermietung und Verpachtung abgezogen werden (→ BFH vom 4. 8. 2016 – BStBl. 2017 II S. 276).

Zwangsverwaltung. Zur Ermittlung der Einkünfte für den Zeitraum einer Zwangsverwaltung → BMF vom 3. 5. 2017 (BStBl. I S. 718), Rn. 28-32.

Zweitwohnungssteuer. Die Zweitwohnungssteuer ist mit dem auf die Vermietung der Wohnung an wechselnde Feriengäste entfallenden zeitlichen Anteil als Werbungskosten abziehbar (→ BFH vom 15. 10. 2002 – BStBl. 2003 II S. 287).

Anl a zu R 21.2

a) Schreiben betr. einkommensteuerrechtliche Behandlung von Bausparzinsen und Schuldzinsen bei selbstgenutztem Wohneigentum[1]

Vom 28. Februar 1990 (BStBl. I S. 124)

(BMF IV B 4 – S 2252 – 49/90)

Um die Wartezeit bis zur Zuteilungsreife eines Bausparvertrags zu überbrücken oder abzukürzen, lassen sich Bausparer häufig einen Zwischenkredit oder einen Auffüllungskredit geben. Bis zur Zuteilung des Bauspardarlehens fallen sowohl Zinsen auf das Bausparguthaben als auch Schuldzinsen für den Zwischenkredit oder den Auffüllungskredit an. Zur einkommensteuerrechtlichen Behandlung dieser Zinsen vertrete ich auf Grund der Erörterungen mit den obersten Finanzbehörden der Länder in Fällen des selbstgenutzten Wohneigentums ab dem Veranlagungszeitraum 1987 folgende Auffassung:

1. Guthabenzinsen

1.1. Zinsen auf Bausparguthaben gehören zu den Einnahmen aus Vermietung und Verpachtung, wenn sie mit dieser Einkunftsart in wirtschaftlichem Zusammenhang stehen (§ 20 Abs. 3 EStG; BFH-Urteile vom 9. November 1982 – BStBl. 1983 II S. 172 – und vom 8. Februar 1983 – BStBl. II S. 355 –). Der Vorrang der Einkunftsart Vermietung und Verpachtung vor der Einkunftsart Kapitalvermögen gilt auch für Veranlagungszeiträume nach 1986, sofern der Nutzungswert der Wohnung im eigenen Haus nach *§ 52 Abs. 21 Satz 2 EStG*[2] weiterhin als Überschuß des Mietwerts über die Werbungskosten ermittelt wird. 51

1.2. Fallen die Guthabenzinsen dagegen im Rahmen der Finanzierung von Wohneigentum an, das in Veranlagungszeiträumen nach 1986 nicht oder nicht mehr der Nutzungswertbesteuerung unterliegt, so besteht grundsätzlich kein wirtschaftlicher Zusammenhang mit einer anderen Einkunftsart. In diesen Fällen ist § 20 Abs. 3 EStG nicht mehr anwendbar. Die Zinsen aus dem Bausparguthaben sind daher – vorbehaltlich der Regelung in Tz. 2.2.2 – als Einnahmen aus Kapitalvermögen im Sinne des § 20 Abs. 1 Nr. 7 EStG zu behandeln.[3]

2. Schuldzinsen

2.1. In den Fällen der fortgeführten Nutzungswertbesteuerung (vgl. Tz. 1.1) sind die Schuldzinsen für einen Zwischen- oder Auffüllungskredit weiterhin als Werbungskosten bei den Einkünften aus Vermietung und Verpachtung abziehbar (§ 9 Abs. 1 Nr. 1 EStG). 52

2.2. In den übrigen Fällen (vgl. Tz. 1.2) hängt die einkommensteuerrechtliche Behandlung davon ab, ob es sich um Schuldzinsen für ein Bau- oder Anschaffungsdarlehen oder um Schuldzinsen für einen Auffüllungskredit handelt.

2.2.1. Schuldzinsen für Bau- oder Anschaffungsdarlehen (Zwischen- oder Vorfinanzierungskredite) werden weder unmittelbar noch mittelbar zur Erwerbung, Sicherung oder Erhaltung von Zinsen aus einem Bausparguthaben aufgewendet. Solche Schuldzinsen können deshalb nicht bei den Einkünften aus Kapitalvermögen abgezogen werden. Bis zum Beginn der erstmaligen Nutzung des Wohneigentums zu eigenen Wohnzwecken sind sie jedoch nach § 10 e Abs. 6 EStG wie Sonderausgaben abziehbar.

2.2.2. Schuldzinsen für einen Auffüllungskredit sind dagegen dem Grunde nach Werbungskosten bei den Einkünften aus Kapitalvermögen. Regelmäßig werden die Schuldzinsen jedoch die Zinsen aus dem Bausparguthaben auf Dauer übersteigen, so daß das Tatbestandsmerkmal der Einkunftserzielungsabsicht insoweit nicht erfüllt ist (vgl. *Abschnitt 153 Abs. 1 Satz 4 EStR*).[4] Unter diesen Voraussetzungen sind weder die Guthabenzinsen noch die Schuldzinsen den Einkünften aus Kapitalvermögen

---

[1] Ergänzend siehe *BFH-Urteile vom 18. 2. 1992 VIII R 94/90 (BStBl. II S. 1005)* und *vom 16. 5. 2001 X R 149/97 (BStBl. II S. 580).*
[2] § 52 Abs. 21 EStG ab VZ 1999 weggefallen.
[3] Bestätigt durch *BFH-Urteil vom 8. 12. 1992 VIII R 78/89 (BStBl. 1993 II S. 301).*
[4] Zuletzt „H 20.1 (Schuldzinsen)" EStH 2008.

zuzuordnen. In diesen Fällen kann jedoch der übersteigende Aufwand (Schuldzinsen abzüglich Guthabenzinsen) bis zum Beginn der erstmaligen Nutzung des Wohneigentums zu eigenen Wohnzwecken nach § 10e Abs. 6 EStG wie Sonderausgaben abgezogen werden.

Die vorstehenden Regelungen gelten auch für Ausbau- oder Erweiterungsmaßnahmen an einem zu eigenen Wohnzwecken genutzten Wohneigentum (§ 10e Abs. 2 EStG).

Anl b zu R 21.2

b) Schreiben betr. Schuldzinsen bei einem Darlehen für die Anschaffung oder Herstellung eines teilweise vermieteten und teilweise selbst genutzten Gebäudes bei den Einkünften aus Vermietung und Verpachtung; BFH-Urteil vom 25. März 2003 (BStBl. 2004 II S. 348)

Vom 16. April 2004 (BStBl. I S. 464)

(BMF IV C 3 – S 2211 – 36/04)

55 Der BFH hat mit den Urteilen vom 27. Oktober 1998 (BStBl. 1999 II S. 676, 678 und 680) sowie vom 9. Juli 2002 (BStBl. 2003 II S. 389) und zuletzt vom 25. März 2003 (BStBl. 2004 II S. 348) zum Abzug von Schuldzinsen bei Darlehen für die Anschaffung oder Herstellung eines teilweise vermieteten und teilweise selbst genutzten Gebäudes entschieden.[1] Unter Bezugnahme auf das Ergebnis der Erörterung mit den obersten Finanzbehörden der Länder nehme ich zur Anwendung der Urteilsgrundsätze wie folgt Stellung:

Ein Steuerpflichtiger, der ein teilweise vermietetes und teilweise selbst genutztes Gebäude mit Eigenmitteln und Fremdmitteln finanziert, kann Darlehenszinsen als Werbungskosten bei den Einkünften aus Vermietung und Verpachtung abziehen, soweit er die Darlehensmittel tatsächlich zur Finanzierung der Anschaffungs- oder Herstellungskosten des vermieteten Gebäudeteils verwendet.

1. Zuordnung der Anschaffungs- oder Herstellungskosten

Der Abzug von Schuldzinsen als Werbungskosten setzt zunächst voraus, dass die Anschaffungs- oder Herstellungskosten den Gebäudeteilen, die eigenständige Wirtschaftsgüter bilden, zugeordnet werden. Hierbei ist Folgendes zu beachten:

a) Anschaffungskosten, Anschaffungsnebenkosten

- Einer nach außen hin erkennbaren Zuordnung der Anschaffungskosten durch den Steuerpflichtigen, z. B. durch Aufteilung des zivilrechtlich einheitlichen Kaufpreises im notariellen Kaufvertrag, ist steuerrechtlich zu folgen, soweit die Aufteilung nicht zu einer unangemessenen wertmäßigen Berücksichtigung der einzelnen Gebäudeteile führt.
- Trifft der Steuerpflichtige keine nach außen hin erkennbare Zuordnungsentscheidung, sind die Anschaffungskosten den einzelnen Gebäudeteilen nach dem Verhältnis der Wohn-/Nutzflächen anteilig zuzuordnen.

b) Herstellungskosten

- In Rechnung gestellte Entgelte für Lieferungen und Leistungen, die ausschließlich einen bestimmten Gebäudeteil betreffen (z. B. Aufwendungen für Bodenbeläge, Malerarbeiten oder Sanitärinstallationen in einer einzelnen Wohnung), sind diesem Gebäudeteil gesondert zuzuordnen. Diese Aufwendungen müssen entweder durch den Unternehmer gesondert abgerechnet oder durch den Steuerpflichtigen in einer gleichartigen Aufstellung gesondert aufgeteilt und ausgewiesen werden.
- Kosten, die das Gesamtgebäude betreffen (z. B. Aufwendungen für den Aushub der Baugrube, den Rohbau, die Dacheindeckung, den Außenanstrich), sind den einzelnen Gebäudeteilen nach dem Verhältnis der Wohn-/Nutzflächen anteilig zuzuordnen. Dies gilt auch, wenn der Steuerpflichtige die Kosten für die Errichtung des gesamten Gebäudes einheitlich abgerechnet hat, ohne die auf die jeweiligen Gebäudeteile entfallenden Kosten gesondert auszuweisen.

2. Wirtschaftlicher Zusammenhang zwischen Schuldzinsen und Anschaffungs- oder Herstellungskosten

Für den Werbungskostenabzug ist darüber hinaus ein wirtschaftlicher Zusammenhang zwischen den Schuldzinsen und den zugeordneten Anschaffungs- oder Herstellungskosten für den vermieteten Gebäudeteil unabdingbar. Dieser liegt nur dann vor, wenn dieser Teil der Anschaffungs- oder Herstellungskosten tatsächlich mit den dafür aufgenommenen Darlehensmitteln bezahlt worden ist. Hieraus folgt für Anschaffungs- und Herstellungsvorgänge:

a) Anschaffung eines Gebäudes[2]

Eine gesonderte Zahlung der zugeordneten Anschaffungskosten liegt auch vor, wenn der Steuerpflichtige diese Kosten mittels eines eigenständigen Darlehens auf ein Notaranderkonto überweist und der Notar den gesamten Kaufpreis vom Notaranderkonto auskehrt.

b) Herstellung eines Gebäudes

- Von einem wirtschaftlichen Zusammenhang ist auszugehen, wenn der Steuerpflichtige ein Baukonto ausschließlich mit Darlehensmitteln ausstattet und die Zahlungen der zugeordneten Herstellungskosten zu Lasten dieses Kontos ergehen.
- Versäumt es der Steuerpflichtige, die den unterschiedlich genutzten Gebäudeteilen gesondert zugeordneten Aufwendungen getrennt mit Eigen-/Darlehensmitteln zu finanzieren, sind die Schuldzinsen nach dem Verhältnis der Baukosten der einzelnen Gebäudeteile schätzungsweise aufzuteilen.

---

[1] Diese Grundsätze gelten entsprechend für die anteilige Zuordnung von Darlehen zur Herstellung oder Anschaffung eines Gebäudes, das teilweise vermietet und teilweise veräußert werden soll, *BFH-Urteil vom 4. 2. 2020 IX R 1/18 (BStBl. II S. 311).*

[2] Fehlt es an der gesonderten Bezahlung der dem vermieteten Gebäudeteil zugeordneten Anschaffungskosten, sind die Darlehenszinsen nach dem Verhältnis des – im Kaufvertrag gesondert ausgewiesenen – auf den vermieteten Grundstücksteil entfallenden Kaufpreises zum Gesamtkaufpreis aufzuteilen und die entstandenen Schuldzinsen in Höhe des hiernach auf den vermieteten Grundstücksteil entfallenden Anteils abzuziehen. *BFH-Urteil vom 1. 4. 2009 IX R 35/08 (BStBl. II S. 663).*

– Werden die Kosten für die Errichtung des gesamten Gebäudes einheitlich abgerechnet und bezahlt, ist grundsätzlich davon auszugehen, dass auch die Darlehensmittel nach dem Verhältnis der Wohn-/Nutzflächen verwendet worden sind. Etwas anderes gilt nur dann, wenn der Steuerpflichtige durch eigene Aufstellung die Herstellungskosten anteilig dem vermieteten Gebäudeteil zuordnet und die sich danach ergebenden Herstellungskosten mit Darlehensmitteln bezahlt (BFH-Urteil vom 25. März 2003).

3. Anwendungsregelungen

Die vorstehenden Grundsätze sind auch für ein vom Steuerpflichtigen beruflich genutztes häusliches Arbeitszimmer anwendbar, das als selbständiger Gebäudeteil zu behandeln ist.

Die vom Steuerpflichtigen vorgenommene tatsächliche Zuordnung von Darlehen bleibt auch maßgebend, wenn er die vormals selbst genutzte Wohnung später vermietet.

Dieses BMF-Schreiben, das gleichzeitig mit dem BFH-Urteil vom 25. März 2003 im Bundessteuerblatt veröffentlicht wird, ersetzt die BMF-Schreiben vom 10. Dezember 1999 (BStBl. I S. 1130) und vom 24. April 2003 (BStBl. I S. 287).

Anl c zu R 21.2

c) Schreiben betr. Schuldzinsen als nachträgliche Werbungskosten bei den Einkünften aus Vermietung und Verpachtung nach Veräußerung des Mietobjekts oder nach Wegfall der Einkünfteerzielungsabsicht; Anwendung der BFH-Urteile vom 21. Januar 2014 IX R 37/12 (BStBl. 2015 II S. 631), vom 11. Februar 2014 IX R 42/13 (BStBl. 2015 II S. 633) und vom 8. April 2014 IX R 45/13 (BStBl. 2015 II S. 635)

Vom 27. Juli 2015 (BStBl. I S. 581)

(BMF IV C 1 – S 2211/11/10001; DOK 2015/0644430)

Mit Urteil vom 20. Juni 2012 IX R 67/10 (BStBl. 2013 II S. 275) hatte der BFH unter Aufgabe seiner früheren Rechtsauffassung zur Frage der Abziehbarkeit nachträglicher Schuldzinsen bei den Einkünften aus Vermietung und Verpachtung entschieden, dass Schuldzinsen für ein zur Anschaffung eines Mietobjekts aufgenommenes Darlehen auch nach einer gemäß § 23 Absatz 1 Satz 1 Nummer 1 EStG steuerbaren Veräußerung der Immobilie weiter als (nachträgliche) Werbungskosten abgezogen werden können, wenn und soweit der Veräußerungserlös nicht zur Tilgung der Darlehensverbindlichkeit ausreicht.[1] 56

Der BFH hat in dem Urteil vom 21. Januar 2014 IX R 37/12 (BStBl. 2015 II S. 631) die Rechtsauffassung vertreten, dass ein fortdauernder Veranlassungszusammenhang von nachträglichen Schuldzinsen mit früheren Einkünften i. S. d. § 21 EStG nicht anzunehmen ist, wenn der Steuerpflichtige zwar ursprünglich mit Einkünfteerzielungsabsicht gehandelt hat, seine Absicht zu einer (weiteren) Einkünfteerzielung jedoch bereits vor der Veräußerung des Mietobjekts aus anderen Gründen weggefallen ist.

Mit Urteil vom 11. Februar 2014 IX R 42/13 (BStBl. 2015 II S. 633) hat der BFH zur steuerlichen Behandlung von Vorfälligkeitsentschädigungen bei den Einkünften aus Vermietung und Verpachtung entschieden, dass ein Steuerpflichtiger die für die vorzeitige Ablösung seiner Darlehensschuld zwecks lastenfreier Veräußerung seines Mietobjekts zu entrichtende Vorfälligkeitsentschädigung auch dann nicht „ersatzweise" als Werbungskosten aus Vermietung und Verpachtung abziehen kann, wenn der Veräußerungsvorgang nicht nach § 23 Absatz 1 Satz 1 Nummer 1 EStG steuerbar ist. Seine bisherige Rechtsprechung, wonach in Veräußerungsfällen wegen Beurteilung der Vorfälligkeitsentschädigung als Finanzierungskosten eines neu erworbenen Mietobjekts ausnahmsweise ein Werbungskostenabzug für zulässig erachtet wurde, gab der BFH mit dieser Entscheidung ausdrücklich auf.

Den Abzug von nachträglichen Schuldzinsen bei den Einkünften aus Vermietung und Verpachtung im Falle der nicht nach § 23 Absatz 1 Satz 1 Nummer 1 EStG steuerbaren Veräußerung der Immobilie hat der BFH mit Urteil vom 8. April 2014 IX R 45/13 (BStBl. 2015 II S. 635) für den Fall bejaht, dass der Grundsatz des Vorranges der Schuldentilgung beachtet wurde.[1] Für den nachträglichen Werbungskostenabzug ist nach Ansicht des BFH entscheidungserheblich, wie der Veräußerungserlös verwendet wird. Bei Einsatz des Veräußerungserlöses für die Anschaffung einer neuen Einkunftsquelle (z. B. eine neue zur Vermietung bestimmte Immobilie) besteht der Zusammenhang am neuen Mietobjekt fort (Surrogationsbetrachtung).[2] Wird hingegen keine neue Immobilie oder anderweitige Einkunftsquelle angeschafft, kommt es für den Werbungskostenabzug darauf an, ob der Veräußerungserlös ausreicht, um das Darlehen zu tilgen.

Unter Bezugnahme auf das Ergebnis der Erörterung mit den obersten Finanzbehörden der Länder gelten zur Abziehbarkeit von Schuldzinsen als nachträgliche Werbungskosten bei den Einkünften aus Vermietung und Verpachtung nach Veräußerung des Mietobjekts oder nach Wegfall der Einkünfteerzielungsabsicht sowie von Vorfälligkeitsentschädigungen unter Anwendung der vorgenannten Urteile folgende Rechtsgrundsätze:[3]

---

[1] Bestätigt durch *BFH-Urteil vom 1. 12. 2015 IX R 42/14 (BStBl. 2016 II S. 332).*

[2] Die nicht durch eine tatsächliche Verwendung begründete (angebliche) Reinvestitionsabsicht des Veräußerungserlöses in ein noch zu erwerbendes Vermietungsobjekt reicht nicht aus, um der Surrogationsbetrachtung zu genügen und den notwendigen wirtschaftlichen Zusammenhang der Schuldzinsen mit der Einkunftsart Vermietung und Verpachtung zu begründen, siehe *BFH-Urteil vom 6. 12. 2017 IX R 4/17 (BStBl. 2018 II S. 268).*

Siehe auch dazu *Fachinformationsdienst Finbeh. Hamburg vom 30. 5. 2018 S 2221–2027/002–52 (DStR S. 2028).*

[3] Für die Berücksichtigung von nachträglichem Zinsaufwand als Werbungskosten bei den Einkünften aus Vermietung und Verpachtung ist es nicht von Bedeutung, dass dieser nicht auf Grund der ursprünglichen darlehensvertraglichen Verpflichtung (oder einer damit einhergehenden vertraglichen Haftung), sondern aufgrund einer gesetzlich geregelten Gesellschafterhaftung geleistet wurde. Die Entscheidung des Stpfl., seine Beteiligung an einer Einkünfte aus Vermietung und Verpachtung erzielenden Personengesellschaft zu veräußern, beinhaltet i. d. R. den Entschluss, die Absicht zu einer (weiteren) Einkünfteerzielung aufzugeben. Unbeschadet dessen führt eine Inanspruchnahme im Zuge der Nachhaftung (§ 736 Abs. 2 BGB i. V. m. § 160 HGB) bei einem Stpfl., der seine Beteiligung an der GbR gerade zur Vermeidung einer solchen persönlichen Haftung weiterveräußert hat, zu berücksichtigungsfähigem Aufwand, soweit er diesen endgültig selbst trägt, siehe *BFH-Urteil vom 1. 12. 2015 X R 42/14 (BStBl. 2016 II S. 332).*

Anl c zu R 21.2

1. Schuldzinsen für fremdfinanzierte Anschaffungs-/Herstellungskosten eines Mietobjekts nach dessen Veräußerung

1.1. Rechtswirksam nach dem 31. Dezember 1998 getätigte Grundstücksveräußerungen

Schuldzinsen, die auf Verbindlichkeiten entfallen, welche der Finanzierung von Anschaffungskosten oder Herstellungskosten einer zur Erzielung von Einkünften aus Vermietung und Verpachtung genutzten Immobilie dienten, können nach deren Veräußerung weiter als nachträgliche Werbungskosten abgezogen werden, wenn und soweit die Verbindlichkeiten nicht durch den Veräußerungserlös hätten getilgt werden können (sog. Grundsatz des Vorrangs der Schuldentilgung).[1] Der Grundsatz des Vorrangs der Schuldentilgung gilt jedoch so lange nicht, als der Schuldentilgung Auszahlungshindernisse hinsichtlich des Veräußerungserlöses oder Rückzahlungshindernisse entgegenstehen. Voraussetzung ist, dass die Absicht, (weitere) Einkünfte aus Vermietung und Verpachtung zu erzielen, nicht bereits vor der Veräußerung der Immobilie aus anderen Gründen weggefallen ist (BFH vom 21. Januar 2014 IX R 37/12, BStBl. 2015 II S. 631).

Es ist für den Werbungskostenabzug unmaßgeblich, ob die Veräußerung innerhalb der zehnjährigen Veräußerungsfrist erfolgt und gemäß § 23 Absatz 1 Satz 1 Nummer 1 EStG steuerbar ist (BFH-Urteil vom 8. April 2014 IX R 45/13, BStBl. 2015 II S. 635).[2]

Bestehen im Zusammenhang mit dem veräußerten Mietobjekt mehrere Darlehensverbindlichkeiten, ist für die steuerliche Anerkennung der Verwendung des Veräußerungserlöses zur Tilgung der Verbindlichkeiten – entsprechend der Beurteilung durch einen ordentlichen und gewissenhaften Geschäftsmann – entscheidend, dass die Darlehen nach Maßgabe der konkreten Vertragssituationen marktüblich und wirtschaftlich unter Berücksichtigung der Zinskonditionen abgelöst werden.

Die vorgenannten Rechtsgrundsätze zum nachträglichen Schuldzinsenabzug sind entsprechend auf Refinanzierungs- oder Umschuldungsdarlehen anzuwenden, soweit die Valuta des Umschuldungsdarlehens nicht über den abzulösenden Restdarlehensbetrag hinausgeht und die Umschuldung sich im Rahmen einer üblichen Finanzierung bewegt (BFH-Urteil vom 8. April 2014 IX R 45/13, BStBl. 2015 II S. 635).

1.2. Rechtswirksam vor dem 1. Januar 1999 getätigte Grundstücksveräußerungen

Bei Grundstücksveräußerungen, bei denen die Veräußerung auf einem vor dem 1. Januar 1999 rechtswirksam abgeschlossenen obligatorischen Vertrag oder gleichstehenden Rechtsakt beruht, ist für Schuldzinsen, die auf die Zeit nach der Veräußerung oder dem Wegfall der Einkünfteerzielungsabsicht entfallen, kein nachträglicher Werbungskostenabzug bei den Einkünften aus Vermietung und Verpachtung zulässig. Denn die Schuldzinsen stehen nicht mehr mit dieser Einkunftsart in wirtschaftlichem Zusammenhang i. S. v. § 9 Absatz 1 Satz 3 Nummer 1 EStG. Sie sind vielmehr als Gegenleistung für die Überlassung von Kapital anzusehen, das im privaten Vermögensbereich nicht mehr der Erzielung von Einkünften dient (BFH-Urteil vom 12. November 1991 IX R 15/90, BStBl. 1992 II S. 289).

2. Im Zuge der Veräußerung gezahlte Vorfälligkeitsentschädigung für die Ablösung einer Fremdfinanzierung der Anschaffungs-/Herstellungskosten des Mietobjekts

Eine Vorfälligkeitsentschädigung ist wirtschaftlich betrachtet das Ergebnis einer auf vorzeitige Ablösung gerichteten Änderung des Darlehensvertrages. Der ursprünglich durch die Darlehensaufnahme zur Finanzierung der Anschaffungs- oder Herstellungskosten eines Mietobjekts begründete wirtschaftliche Zusammenhang mit der bisherigen Vermietungstätigkeit wird bei Leistung einer Vorfälligkeitsentschädigung im Zuge der Veräußerung überlagert bzw. von einem neuen, durch die Veräußerung ausgelösten Veranlassungszusammenhang ersetzt (BFH-Urteil vom 11. Februar 2014 IX R 42/13, BStBl. 2015 II S. 633).

Eine Vorfälligkeitsentschädigung stellt in diesem Fall infolge des Veranlassungszusammenhangs mit der Veräußerung keine nachträglichen Werbungskosten bei den Einkünften aus Vermietung und Verpachtung, sondern Veräußerungskosten bei der Ermittlung der Einkünfte i. S. d. § 23 Absatz 3 i. V. m. § 23 Absatz 1 Satz 1 Nummer 1 EStG dar. Die bisherige Rechtsprechung, wonach der BFH in der Vergangenheit ausnahmsweise einen Werbungskostenabzug im Bereich der Vermietungseinkünfte zugelassen hat (vgl. BFH-Urteil vom 23. April 1996 IX R 5/94, BStBl. II S. 595), ist durch das BFH-Urteil vom 11. Februar 2014 IX R 42/13 (BStBl. 2015 II S. 633), überholt.

Diese bisherigen Rechtsgrundsätze sind letztmals auf Vorfälligkeitsentschädigungen anzuwenden, wenn das obligatorische Veräußerungsgeschäft des Mietobjekts vor dem 27. Juli 2015 rechtswirksam abgeschlossen wurde.

3. Schuldzinsen für fremdfinanzierte Anschaffungs-/Herstellungskosten eines Mietobjekts nach Wegfall der Einkünfteerzielungsabsicht

Für Schuldzinsen, die in der Zeit nach Aufgabe der Einkünfteerzielungsabsicht vor der Veräußerung des Mietobjekts gezahlt werden, ist kein nachträglicher Werbungskostenabzug bei den Einkünften aus Vermietung und Verpachtung zulässig. Derartige Schuldzinsen stehen nicht mehr mit den Einkünften gemäß § 21 Absatz 1 Nummer 1 EStG in wirtschaftlichem Zusammenhang, sondern sind Gegenleistung für die Kapitalüberlassung, die im privaten Vermögensbereich nicht mehr der Erzielung von Einkünften dient (BFH-Urteil vom 21. Januar 2014 IX R 37/12, BStBl. 2015 II S. 631). Der Anwendungsbereich des § 23 EStG ist mangels eines Veräußerungstatbestandes nicht gegeben.

---

[1] Zu dem aus einer Veräußerung erzielten „Erlös" zählt grundsätzlich auch eine vom Stpfl. vereinnahmte Versicherungssumme aus einer Kapitallebensversicherung, wenn diese in die Finanzierung der Anschaffungskosten einer fremdvermieteten Immobilie einbezogen und damit wesentlicher Bestandteil der Darlehensvereinbarung geworden ist. Der Grundsatz des Vorrangs der Schuldentilgung verpflichtet den Stpfl. allerdings nicht, die Beendigung eines der Anschaffungsfinanzierung dienenden Kapitallebensversicherungsvertrages von sich aus herbeizuführen, wenn die Versicherung weiterhin die Rückführung des verbliebenen Darlehensrestbetrags absichert, siehe *BFH-Urteil vom 16. 9. 2015 IX R 40/14 (BStBl. 2016 II S. 78).*

[2] Bestätigt durch *BFH-Urteil vom 16. 9. 2015 IX R 40/14 (BStBl. 2016 II S. 78).*

4. Schuldzinsen für fremdfinanzierte laufende sofort abziehbare Werbungskosten (Erhaltungsaufwendungen) nach Veräußerung des Mietobjekts

4.1. Rechtswirksamer Abschluss des Veräußerungsgeschäfts nach dem 31. Dezember 2013

Voraussetzung für den nachträglichen Werbungskostenabzug von Schuldzinsen bei fremdfinanzierten sofort abziehbaren Werbungskosten (Erhaltungsaufwendungen) ist, dass der Erlös aus der Veräußerung des Mietobjekts nicht ausreicht, um die Darlehensverbindlichkeit zu tilgen. Der durch die tatsächliche Verwendung des Darlehens zur Finanzierung sofort abziehbarer Werbungskosten geschaffene Zusammenhang mit der Einkunftsart Vermietung und Verpachtung bleibt zwar grundsätzlich nach Beendigung der Einkünfteerzielung bestehen. Wird der Veräußerungserlös aber nicht zur Tilgung dieses Darlehens verwendet, kann eine daneben bestehende bzw. neu entstehende relevante private Motivation für die Beibehaltung des Darlehens den ursprünglich gesetzten wirtschaftlichen Zusammenhang überlagern und damit durchbrechen.

Zum Bestehen mehrerer Darlehensverbindlichkeiten im Zusammenhang mit dem veräußerten Mietobjekt siehe Tz. 1.1.

4.2. Rechtswirksamer Abschluss des Veräußerungsgeschäfts vor dem 1. Januar 2014

Wurde das obligatorische Veräußerungsgeschäft des Mietobjekts vor dem 1. Januar 2014 rechtswirksam abgeschlossen, bleibt das BMF-Schreiben vom 3. Mai 2006 (BStBl. I S. 363) weiter anwendbar. Danach kommt es in diesen Fällen unter Zugrundelegung der zwischenzeitlich überholten Rechtsgrundsätze (BFH-Urteil vom 12. Oktober 2005 IX R 28/04, BStBl. 2006 II S. 407) aus Gründen des Vertrauensschutzes nicht darauf an, ob ein bei einer Veräußerung des Objekts erzielbarer Erlös zur Tilgung des Darlehens ausgereicht hätte, da der durch die tatsächliche Verwendung des Darlehens geschaffene Zusammenhang auch nach Aufgabe der Einkünfteerzielung für bestehen bleibend erachtet wurde.

5. Im Zuge der Veräußerung gezahlte Vorfälligkeitsentschädigung für die Ablösung einer Fremdfinanzierung sofort abziehbarer Werbungskosten (Erhaltungsaufwendungen) des Mietobjekts

Die Rechtsgrundsätze unter Tz. 2 zu den Vorfälligkeitsentschädigungen für die Ablösung einer Restschuld fremdfinanzierter Anschaffungs-/Herstellungskosten eines Mietobjekts im Zuge dessen Veräußerung gelten in analoger Anwendung des BFH-Urteils vom 11. Februar 2014 IX R 42/13, BStBl. 2015 II S. 633, entsprechend.

6. Schuldzinsen für fremdfinanzierte laufende sofort abziehbare Werbungskosten (Erhaltungsaufwendungen) eines Mietobjekts nach Wegfall der Einkünfteerzielungsabsicht

Die Rechtsgrundsätze unter Tz. 3 zu Schuldzinsen für fremdfinanzierte Anschaffungs-/Herstellungskosten eines Mietobjekts nach Wegfall der Einkünfteerzielungsabsicht gelten in analoger Anwendung des BFH-Urteils vom 21. Januar 2014 IX R 37/12, BStBl. 2015 II S. 631, entsprechend.

Sie sind erstmals auf Schuldzinszahlungen anzuwenden, wenn die Einkünfteerzielungsabsicht nach dem 31. Dezember 2014 aufgegeben wurde. Wurde die Einkünfteerzielungsabsicht vorher aufgegeben, bleibt das BMF-Schreiben vom 3. Mai 2006 (BStBl. I S. 363) weiter auf entsprechende Schuldzinszahlungen anwendbar.

Dieses BMF-Schreiben ersetzt die BMF-Schreiben vom 28. März 2013 (BStBl. I S. 508)[1] und vom 15. Januar 2014 (BStBl. I S. 108) und ist vorbehaltlich besonderer Regelungen in den einzelnen Tz. in allen offenen Fällen anzuwenden.

Anl d zu R 21.2

d) Schreiben betr. Vermietung eines Arbeitszimmers oder einer als Homeoffice genutzten Wohnung an den Arbeitgeber; Anwendung der BFH-Urteile vom 16. September 2004 (BStBl. 2006 II S. 10) und vom 17. April 2018 (BStBl. 2019 II S. 219)

Vom 18. April 2019 (BStBl. I S. 461)

(BMF IV C 1 – S 2211/16/10003 :005; DOK 2019/0046116)

Zur einkommensteuerrechtlichen Beurteilung der Vermietung eines Arbeitszimmers oder einer als Homeoffice genutzten Wohnung durch einen Arbeitnehmer an seinen Arbeitgeber gelten unter Bezugnahme auf das Ergebnis der Erörterungen mit den obersten Finanzbehörden der Länder und unter Berücksichtigung der Urteile des BFH vom 19. Oktober 2001 (BStBl. 2002 II S. 300), 20. März 2003 (BStBl. II S. 519), 16. September 2004 (BStBl. 2006 II S. 10) und 17. April 2018 (BStBl. 2019 II S. 219) die folgenden Grundsätze: 57

Die Beurteilung von Leistungen des Arbeitgebers für ein im Haus oder in der Wohnung des Arbeitnehmers gelegenes Arbeitszimmer oder für eine Wohnung des Arbeitnehmers, die dieser zweckfremd als Homeoffice nutzt, als Arbeitslohn oder als Einnahmen aus Vermietung und Verpachtung ist daran auszurichten, in wessen vorrangigem Interesse die Nutzung erfolgt.

I. Einkünfte aus nichtselbständiger Arbeit

Zu den Einkünften aus nichtselbständiger Arbeit gehören nach § 19 Absatz 1 Satz 1 Nummer 1 EStG auch andere Bezüge und Vorteile, die durch das individuelle Dienstverhältnis des Arbeitnehmers veranlasst sind. Hieran fehlt es, wenn der Arbeitgeber dem Arbeitnehmer Bezüge und Vorteile aufgrund einer anderen, neben dem Dienstverhältnis gesondert bestehenden Rechtsbeziehung – beispielsweise einem Mietverhältnis – zuwendet.

Dient das Arbeitszimmer oder die als Homeoffice genutzte Wohnung in erster Linie dem Interesse des Arbeitnehmers, ist davon auszugehen, dass die Leistungen des Arbeitgebers als Gegenleistung für

[1] Letztmals abgedruckt im „Handbuch zur ESt-Veranlagung 2014“ als Anlage c zu R 21.2 EStR.

Anl d zu R 21.2

das Zurverfügungstellen der individuellen Arbeitskraft des Arbeitnehmers erfolgen. Die Einnahmen sind als Arbeitslohn zu beurteilen. Einkünfte aus Vermietung und Verpachtung liegen dann nicht vor (§ 21 Absatz 3 EStG).

Ein für den Arbeitslohncharakter der Leistungen des Arbeitgebers an den Arbeitnehmer sprechendes gewichtiges Indiz liegt vor, wenn der Arbeitnehmer im Betrieb des Arbeitgebers über einen weiteren Arbeitsplatz verfügt und die Nutzung des Arbeitszimmers oder der als Homeoffice genutzten Wohnung vom Arbeitgeber lediglich gestattet oder geduldet wird. In diesem Fall ist grundsätzlich von einem vorrangigen Interesse des Arbeitnehmers an der Nutzung auszugehen. Zur Widerlegung dieser Annahme muss der Steuerpflichtige das vorrangige Interesse seines Arbeitgebers am zusätzlichen Arbeitsplatz, hinter welches das Interesse des Steuerpflichtigen zurücktritt, nachweisen. Ein etwa gleichgerichtetes Interesse von Arbeitgeber und Arbeitnehmer reicht nicht aus.

II. Einkünfte aus Vermietung und Verpachtung

Eine für die Zuordnung der Leistungen des Arbeitgebers an den Arbeitnehmer zu den Einkünften aus Vermietung und Verpachtung i. S. v. § 21 Absatz 1 Satz 1 Nummer 1 EStG erforderliche, neben dem Dienstverhältnis gesondert bestehende Rechtsbeziehung setzt voraus, dass das Arbeitszimmer oder die als Homeoffice genutzte Wohnung vorrangig im betrieblichen Interesse des Arbeitsgebers genutzt wird und dieses Interesse über die Entlohnung des Arbeitnehmers sowie über die Erbringung der jeweiligen Arbeitsleistung hinausgeht. Die Ausgestaltung der Vereinbarung zwischen Arbeitgeber und Arbeitnehmer als auch die tatsächliche Nutzung des angemieteten Arbeitszimmers oder der als Homeoffice genutzten Wohnung des Arbeitnehmers müssen maßgeblich und objektiv nachvollziehbar von den Bedürfnissen des Arbeitgebers geprägt sein.

Für das Vorliegen eines betrieblichen Interesses des Arbeitgebers sprechen beispielsweise folgende Anhaltspunkte:
- Für den Arbeitnehmer ist im Unternehmen kein geeigneter Arbeitsplatz vorhanden; die Versuche des Arbeitgebers, entsprechende Räume von fremden Dritten anzumieten, sind erfolglos geblieben.
- Der Arbeitgeber hat für andere Arbeitnehmer des Betriebs, die über keine für ein Arbeitszimmer geeignete Wohnung verfügen, entsprechende Rechtsbeziehungen mit fremden Dritten begründet, die nicht in einem Dienstverhältnis zu ihm stehen.
- Es wurde eine ausdrückliche, schriftliche Vereinbarung über die Bedingungen der Nutzung der überlassenen Räumlichkeiten abgeschlossen.

Allerdings muss der Steuerpflichtige auch in diesen Fällen das vorrangige betriebliche Interesse seines Arbeitgebers nachweisen, ansonsten sind die Leistungen als Arbeitslohn entsprechend den Ausführungen zu I. zu beurteilen.

Für das Vorliegen eines betrieblichen Interesses kommt es nicht darauf an,
- ob ein entsprechendes Nutzungsverhältnis zu gleichen Bedingungen auch mit einem fremden Dritten hätte begründet werden können,
- ob der vereinbarte Mietzins die Höhe der ortsüblichen Marktmiete unterschreitet, denn das geforderte betriebliche Interesse an der Nutzung der betreffenden Räumlichkeiten wird durch eine für den Arbeitgeber vorteilhafte Gestaltung der zugrunde liegenden Rechtsbeziehung grundsätzlich nicht in Frage gestellt.

Bei der zweckentfremdeten Vermietung von Wohnraum an den Arbeitgeber zu dessen betrieblichen Zwecken (z. B. Arbeitszimmer, als Homeoffice genutzte Wohnung) handelt es sich um Gewerbeimmobilien, für die die Einkünfteerzielungsabsicht ohne typisierende Vermutung durch objektbezogene Überschussprognose festzustellen ist (vgl. BFH vom 17. April 2018, BStBl. 2019 II S. 219).

Ist das vorrangige betriebliche Interesse des Arbeitgebers an der Vermietung des Arbeitszimmers oder der als Homeoffice genutzten Wohnung vom Arbeitnehmer an den Arbeitgeber nachgewiesen, mangelt es aber an der Einkünfteerzielungsabsicht nach § 21 Absatz 1 Satz 1 Nummer 1 EStG infolge negativer Überschussprognose, handelt es sich um einen steuerlich unbeachtlichen Vorgang auf der privaten Vermögensebene. Eine Zuordnung der Leistungen des Arbeitgebers an den Arbeitnehmer als Arbeitslohn kommt dann im Hinblick auf § 21 Absatz 3 EStG nicht mehr in Betracht.

III. Werbungskostenabzug für das Arbeitszimmer oder die als Homeoffice genutzte Wohnung des Arbeitnehmers

Liegen die Voraussetzungen für die Zuordnung der Leistungen des Arbeitgebers an den Arbeitnehmer zu den Einkünften aus Vermietung und Verpachtung vor, sind die das Arbeitszimmer oder die als Homeoffice genutzte Wohnung betreffenden Aufwendungen in vollem Umfang als Werbungskosten bei den Einkünften aus Vermietung und Verpachtung zu berücksichtigen. Sie fallen nicht unter die Abzugsbeschränkung des § 4 Absatz 5 Satz 1 Nummer 6 b EStG.

Sind die Leistungen des Arbeitgebers an den Arbeitnehmer hingegen als Arbeitslohn zu erfassen, unterliegt der Abzug der Aufwendungen für das Arbeitszimmer oder die als Homeoffice genutzte Wohnung ggf. der Abzugsbeschränkung des § 4 Absatz 5 Satz 1 Nummer 6 b EStG.

Dieses Schreiben findet auf alle offenen Fälle Anwendung. Das BMF-Schreiben vom 13. Dezember 2005 (BStBl. 2006 I S. 4) wird aufgehoben.

Es wird für vor dem 1. Januar 2019 abgeschlossene Mietverträge nicht beanstandet, wenn bei den Einkünften aus Vermietung und Verpachtung nach § 21 Absatz 1 Satz 1 Nummer 1 EStG unverändert entsprechend den Grundsätzen des BFH-Urteils vom 16. September 2004 (BStBl. 2006 II S. 10) eine Einkünfteerzielungsabsicht typisierend angenommen wird.

R 21.3. Verbilligt überlassene Wohnung[1]

R 21.3

① In den Fällen des § 21 Abs. 2 EStG ist von der ortsüblichen Marktmiete für Wohnungen vergleichbarer Art, Lage und Ausstattung auszugehen. ② Die ortsübliche Marktmiete umfasst die ortsübliche Kaltmiete zuzüglich der nach der Betriebskostenverordnung[2] umlagefähigen Kosten. **60**

H 21.3

Einkünfteerzielungsabsicht bei verbilligter Überlassung einer Wohnung → BMF vom 8. 10. 2004 (BStBl. I S. 933).[3]

Gewinneinkünfte **61**
- § 21 Abs. 2 EStG ist auf Gewinneinkünfte nicht entsprechend anzuwenden (→ BFH vom 29. 4. 1999 – BStBl. II S. 652).
- → H 4.7 (Teilentgeltliche Überlassung).

Ortsübliche Marktmiete[4]
- Unter ortsüblicher Miete für Wohnungen vergleichbarer Art, Lage und Ausstattung ist die ortsübliche Kaltmiete zuzüglich der nach der Betriebskostenverordnung umlagefähigen Kosten zu verstehen (→ BFH vom 10. 5. 2016 – BStBl. II S. 835).
- Die ortsübliche Miete ist i. d. R. auf der Basis des Mietspiegels zu bestimmen. Kann ein Mietspiegel nicht zugrunde gelegt werden oder ist er nicht vorhanden, kann die ortsübliche Miete z. B. mit Hilfe eines mit Gründen versehenen Gutachtens eines öffentlich bestellten und vereidigten Sachverständigen i. S. d. § 558a Abs. 2 Nr. 3 BGB, durch die Auskunft aus einer Mietdatenbank i. S. d. § 558a Abs. 2 Nr. 2 BGB i. V. m. § 558e BGB oder durch Zugrundelegung der Entgelte für zumindest drei vergleichbare Wohnungen i. S. d. § 558a Abs. 2 Nr. 4 BGB ermittelt werden. Jeder dieser Ermittlungswege ist gleichrangig (→ BFH vom 22. 2. 2021 – BStBl. II S. 479).
- Bei der Überlassung von (teil-)möblierten Wohnungen ist für die Berechnung der ortsüblichen Miete i. d. R. ein Möblierungszuschlag anzusetzen, der am Markt zu realisieren ist. Soweit der Mietspiegel für die überlassenen Möbel einen prozentualen Zuschlag oder eine Erhöhung des Ausstattungsfaktors vorsieht, ist dies als marktüblich anzusehen. Lässt sich aus dem Mietspiegel kein am Markt realisierbarer Möblierungszuschlag entnehmen, kann ein erforderlicher Zuschlag auf der Grundlage des örtlichen Mietmarkts für möblierte Wohnungen ermittelt werden (z. B. durch Sachverständigengutachten oder Rückgriff auf aktuellere Entwicklungen auf dem maßgebenden Mietmarkt/Neuauflagen des örtlichen Mietspiegels). Ist ein marktüblicher Gebrauchswert für die überlassenen Möbel nicht zu ermitteln, kommt ein Möblierungszuschlag nicht in Betracht. Die Annahme eines Möblierungszuschlags in Höhe der monatlichen AfA für die überlassenen Möbel (zuzüglich eines Gewinnaufschlags) ist nicht zulässig (→ BFH vom 6. 2. 2018 – BStBl. II S. 522).

Überlassung an fremde Dritte. Die Nutzungsüberlassung ist in den Fällen des § 21 Abs. 2 EStG selbst dann in einen entgeltlichen und einen unentgeltlichen Teil aufzuteilen, wenn die Wohnung einem fremden Dritten überlassen wird und der Stpfl. aus vertraglichen oder tatsächlichen Gründen gehindert ist, das vereinbarte Entgelt zu erhöhen (→ BFH vom 28. 1. 1997 – BStBl. II S. 605).

R 21.4. Miet- und Pachtverträge zwischen Angehörigen und Partnern einer nichtehelichen Lebensgemeinschaft

R 21.4

Die für die steuerliche Beurteilung von Verträgen zwischen Ehegatten geltenden Grundsätze können nicht auf Verträge zwischen Partnern einer nichtehelichen Lebensgemeinschaft – ausgenommen eingetragene Lebenspartnerschaften – übertragen werden, es sei denn, dass der Vertrag die gemeinsam genutzte Wohnung betrifft.[5] **66**

H 21.4

Fremdvergleich.[6] Im Rahmen des Fremdvergleichs (→ H 4.8) schließt nicht jede Abweichung vom Üblichen notwendigerweise die steuerliche Anerkennung aus. Voraussetzung ist aber, dass die Hauptpflichten der Mietvertragsparteien wie Überlassen einer konkret bestimmten Mietsache und Höhe der zu entrichtenden Miete stets klar und eindeutig vereinbart sowie entsprechend dem Vereinbarten durchgeführt werden. Diese Anforderungen sind auch an nachträgliche Vertragsänderungen zu stellen (→ BFH vom 20. 10. 1997 – BStBl. 1998 II S. 106). Die steuerliche Anerkennung des Mietverhältnisses ist danach **nicht allein dadurch ausgeschlossen,** dass **67**
- die Mieterin, nachdem der Vermieter sein Konto aufgelöst hat, die Miete wie mündlich vereinbart vorschüssig bar bezahlt (→ BFH vom 7. 5. 1996 – BStBl. 1997 II S. 196),
- keine schriftliche Vereinbarung hinsichtlich der Nebenkosten getroffen worden ist und z. B. der Umfang der auf die Wohnung entfallenden Nebenkosten unter Berücksichtigung der

---

[1] Zum Ausbleiben von Mieteinnahmen aufgrund der wirtschaftlichen Folgen der Corona-Krise siehe *Kurzinformation OFD Nordrhein-Westfalen vom 2. 2. 2020 S 2253 – 2020/0025 – St 231 (DStR 2021 S. 292).*
[2] Abgedruckt im Anhang **I** unter Nr. **1 b.**
[3] Abgedruckt als Anlage d zu § 21 EStG.
[4] Zur ortsüblichen Marktmiete (oder Marktpacht) bei Verpachtung von Gewerbeflächen siehe *BFH-Urteil vom 10. 10. 2018 IX R 30/17 (BStBl. 2019 II S. 200).*
[5] Bei verbilligter Überlassung einer nicht gemeinsam genutzten Wohnung siehe § 21 Abs. 2 EStG.
[6] Vgl. ferner *BFH-Urteil vom 4. 10. 2016 IX R 8/16 (BStBl. 2017 II S. 273).*

H 21.4

sonstigen Pflichten unbedeutend ist (→ BFH vom 21. 10. 1997 – BStBl. 1998 II S. 108 und vom 17. 2. 1998 – BStBl. II S. 349),
- ein Mietvertrag mit einem Angehörigen nach seinem Inhalt oder in seiner Durchführung Mängel aufweist, die auch bei einem mit einem Fremden abgeschlossenen Mietverhältnis aufgetreten sind (→ BFH vom 28. 6. 2002 – BStBl. II S. 699),
- ein Ehegatte dem anderen seine an dessen Beschäftigungsort belegene und im Rahmen einer doppelten Haushaltsführung genutzte Wohnung zu fremdüblichen Bedingungen vermietet (→ BFH vom 11. 3. 2003 – BStBl. II S. 627),
- eine verbilligte Vermietung vorliegt (→ BFH vom 22. 7. 2003 – BStBl. II S. 806).

Das Mietverhältnis ist jedoch steuerlich **nicht anzuerkennen,** wenn
- die Mietzahlungen entgegen der vertraglichen Vereinbarung nicht regelmäßig, sondern in einem späteren Jahr in einem Betrag gezahlt werden (→ BFH vom 19. 6. 1991 – BStBl. 1992 II S. 75),
- nicht feststeht, dass die gezahlte Miete tatsächlich endgültig aus dem Vermögen des Mieters in das des Vermieters gelangt. Ein Beweisanzeichen dafür kann sich insbesondere daraus ergeben, dass der Mieter wirtschaftlich nicht oder nur schwer in der Lage ist, die Miete aufzubringen (→ BFH vom 28. 1. 1997 – BStBl. II S. 655),
- eine Einliegerwohnung zur Betreuung eines Kleinkindes an die Großeltern vermietet wird, die am selben Ort weiterhin über eine größere Wohnung verfügen (→ BFH vom 14. 1. 1992 – BStBl. II S. 549),
- Wohnräume im Haus der Eltern, die keine abgeschlossene Wohnung bilden, an volljährige unterhaltsberechtigte Kinder vermietet werden (→ BFH vom 16. 1. 2003 – BStBl. II S. 301).

Nichteheliche Lebensgemeinschaft. Keine einkommensteuerliche Anerkennung eines Mietverhältnisses zwischen Partnern einer nichtehelichen Lebensgemeinschaft über eine gemeinsam bewohnte Wohnung (→ BFH vom 30. 1. 1996 – BStBl. II S. 359).

Sicherungsnießbrauch. Die gleichzeitige Vereinbarung eines Nießbrauchs und eines Mietvertrages steht der steuerlichen Anerkennung des Mietverhältnisses jedenfalls dann nicht entgegen, wenn das dingliche Nutzungsrecht lediglich zur Sicherung des Mietverhältnisses vereinbart und nicht tatsächlich ausgeübt wird (→ BFH vom 3. 2. 1998 – BStBl. II S. 539).

Vermietung an Angehörige nach Grundstücksübertragung. Eine rechtsmissbräuchliche Gestaltung bei Mietverträgen unter Angehörigen liegt nicht vor, wenn der Mieter
- vor Abschluss des Mietvertrags das Grundstück gegen wiederkehrende Leistungen auf den Vermieter übertragen hat (→ BFH vom 10. 12. 2003 – BStBl. 2004 II S. 643),
- auf das im Zusammenhang mit der Grundstücksübertragung eingeräumte unentgeltliche Wohnungsrecht verzichtet und stattdessen mit dem neuen Eigentümer einen Mietvertrag abgeschlossen hat (→ BFH vom 17. 12. 2003 – BStBl. 2004 II S. 646).

Das Mietverhältnis ist jedoch wegen rechtsmissbräuchlicher Gestaltung steuerlich nicht anzuerkennen, wenn
- ein im Zusammenhang mit einer Grundstücksübertragung eingeräumtes unentgeltliches Wohnungsrecht gegen Vereinbarung einer dauernden Last aufgehoben und gleichzeitig ein Mietverhältnis mit einem Mietzins in Höhe der dauernden Last vereinbart wird (→ BFH vom 17. 12. 2003 – BStBl. 2004 II S. 648).

→ Fremdvergleich.

Vermietung an Unterhaltsberechtigte. Mietverträge mit Angehörigen sind nicht bereits deshalb rechtsmissbräuchlich, weil der Stpfl. dem Angehörigen gegenüber unterhaltsverpflichtet ist und die Miete aus den geleisteten Unterhaltszahlungen erbracht wird. Nicht rechtsmissbräuchlich ist daher ein Mietverhältnis mit:
- der unterhaltsberechtigten Mutter (→ BFH vom 19. 12. 1995 – BStBl. 1997 II S. 52),
- der volljährigen Tochter und deren Ehemann (→ BFH vom 28. 1. 1997 – BStBl. II S. 599),
- dem geschiedenen oder dauernd getrennt lebenden Ehegatten, wenn die Miete mit dem geschuldeten Barunterhalt verrechnet wird (→ BFH vom 16. 1. 1996 – BStBl. II S. 214); wird dagegen eine Wohnung auf Grund einer Unterhaltsvereinbarung zu Wohnzwecken überlassen und dadurch der Anspruch des Unterhaltsberechtigten auf Barunterhalt vermindert, liegt kein Mietverhältnis vor (→ BFH vom 17. 3. 1992 – BStBl. II S. 1009); zum Abzug des Mietwerts als Sonderausgabe i. S. d. § 10 Abs. 1 a Nr. 1 EStG → H 10.2 (Wohnungsüberlassung),
- unterhaltsberechtigten Kindern, auch wenn das Kind die Miete durch Verrechnung mit dem Barunterhalt der Eltern zahlt (→ BFH vom 19. 10. 1999 – BStBl. 2000 II S. 223 und S. 224) oder die Miete aus einer einmaligen Geldschenkung der Eltern bestreitet (→ BFH vom 28. 3. 1995 – BStBl. 1996 II S. 59). Das Mietverhältnis ist allerdings nicht anzuerkennen, wenn Eltern und Kinder noch eine Haushaltsgemeinschaft bilden (→ BFH vom 19. 10. 1999 – BStBl. 2000 II S. 224).

Vorbehaltsnießbrauch. Ist das mit dem Vorbehaltsnießbrauch belastete Grundstück vermietet, erzielt der Nießbraucher Einkünfte aus Vermietung und Verpachtung. Dies gilt auch, wenn der

Nießbraucher das Grundstück dem Grundstückseigentümer entgeltlich zur Nutzung überlässt (→ BMF vom 30. 9. 2013 – BStBl. I S. 1184, Rz. 41).[1]

Wechselseitige Vermietung und Gestaltungsmissbrauch

– Keine einkommensteuerliche Berücksichtigung, wenn planmäßig in etwa gleichwertige Wohnungen von Angehörigen angeschafft bzw. in Wohnungseigentum umgewandelt werden, um sie sogleich wieder dem anderen zu vermieten (→ BFH vom 19. 6. 1991 – BStBl. II S. 904 und vom 25. 1. 1994 – BStBl. II S. 738).

– Mietrechtliche Gestaltungen sind insbesondere dann unangemessen i. S. v. § 42 AO, wenn derjenige, der einen Gebäudeteil für eigene Zwecke benötigt, einem anderen daran die wirtschaftliche Verfügungsmacht einräumt, um ihn anschließend wieder zurück zu mieten (→ BFH vom 9. 10. 2013 – BStBl. II 2014 S. 527).

– Überträgt der Alleineigentümer von zwei Eigentumswohnungen einem nahen Angehörigen nicht die an diesen vermietete, sondern die von ihm selbstgenutzte Wohnung, stellt das gleichzeitig für diese Wohnung abgeschlossene Mietverhältnis mit dem nahen Angehörigen keinen Gestaltungsmissbrauch i. S. d. § 42 AO dar (→ BFH vom 12. 9. 1995 – BStBl. 1996 II S. 158).

R 21.5. Behandlung von Zuschüssen R 21.5

(1) ① Zuschüsse zur Finanzierung von Baumaßnahmen aus öffentlichen oder privaten Mitteln, die keine Mieterzuschüsse sind (z. B. Zuschuss einer Flughafengesellschaft für den Einbau von Lärmschutzfenstern), gehören grundsätzlich nicht zu den Einnahmen aus Vermietung und Verpachtung. ② Handelt es sich bei den bezuschussten Aufwendungen um Herstellungskosten, sind ab dem Jahr der Bewilligung die AfA, die erhöhten Absetzungen oder die Sonderabschreibungen nach den um den Zuschuss verminderten Herstellungskosten zu bemessen; → R 7.3 Abs. 4 Satz 2 und R 7 a Abs. 4. ③ Das gilt auch bei Zufluss des Zuschusses in mehreren Jahren. ④ Wird der Zuschuss zurückgezahlt, sind vom Jahr des Entstehens der Rückzahlungsverpflichtung an die AfA oder die erhöhten Absetzungen oder die Sonderabschreibungen von der um den Rückzahlungsbetrag erhöhten Bemessungsgrundlage vorzunehmen. ⑤ Handelt es sich bei den bezuschussten Aufwendungen um Erhaltungsaufwendungen oder Schuldzinsen, sind diese nur vermindert um den Zuschuss als Werbungskosten abziehbar. ⑥ Fällt die Zahlung des Zuschusses und der Abzug als Werbungskosten nicht in einen VZ, rechnet der Zuschuss im Jahr der Zahlung zu den Einnahmen aus Vermietung und Verpachtung. ⑦ Wählt der Stpfl. eine gleichmäßige Verteilung nach §§ 11 a, 11 b EStG oder § 82 b EStDV, mindern die gezahlten Zuschüsse im Jahr des Zuflusses die zu verteilenden Erhaltungsaufwendungen. ⑧ Der verbleibende Betrag ist gleichmäßig auf den verbleibenden Abzugszeitraum zu verteilen. ⑨ Soweit der Zuschuss die noch nicht berücksichtigten Erhaltungsaufwendungen übersteigt oder wird er erst nach Ablauf des Verteilungszeitraums gezahlt, rechnet der Zuschuss zu den Einnahmen aus Vermietung und Verpachtung. ⑩ Hat der Stpfl. die Zuschüsse zurückgezahlt, sind sie im Jahr der Rückzahlung als Werbungskosten abzuziehen. 68

(2) Abweichend von Absatz 1 handelt es sich bei Zuschüssen, die keine Mieterzuschüsse sind, im Kalenderjahr des Zuflusses um Einnahmen aus Vermietung und Verpachtung, wenn sie eine Gegenleistung für die Gebrauchsüberlassung des Grundstücks darstellen (z. B. Zuschuss als Gegenleistung für eine Mietpreisbindung oder Nutzung durch einen bestimmten Personenkreis); § 11 Abs. 1 Satz 3 EStG ist zu beachten. 69

(3) ① Vereinbaren die Parteien eines Mietverhältnisses eine Beteiligung des Mieters an den Kosten der Herstellung des Gebäudes oder der Mieträume oder lässt der Mieter die Mieträume auf seine Kosten wieder herrichten und einigt er sich mit dem Vermieter, dass die Kosten ganz oder teilweise verrechnet werden, entsteht dem Mieter ein Rückzahlungsanspruch, der in der Regel durch Anrechnung des vom Mieter aufgewandten Betrags (Mieterzuschuss) auf den Mietzins wie eine Mietvorauszahlung befriedigt wird. ② Für Mieterzuschüsse ist § 11 Abs. 1 Satz 3 EStG zu beachten. ③ Als vereinnahmte Miete ist dabei jeweils die tatsächlich gezahlte Miete zuzüglich des anteiligen Vorauszahlungsbetrags anzusetzen. ④ Satz 3 gilt nur für die vereinnahmte Nettomiete, nicht für vereinnahmte Umsatzsteuerbeträge. ⑤ Die AfA nach § 7 EStG und die erhöhten Absetzungen oder Sonderabschreibungen sind von den gesamten Herstellungskosten (eigene Aufwendungen des Vermieters zuzüglich Mieterzuschüsse) zu berechnen. ⑥ Hat ein Mieter Kosten getragen, die als Erhaltungsaufwand zu behandeln sind, sind aus Vereinfachungsgründen nur die eigenen Kosten des Vermieters als Werbungskosten zu berücksichtigen. ⑦ Wird ein Gebäude während des Verteilungszeitraums veräußert, in ein Betriebsvermögen eingebracht oder nicht mehr zur Erzielung von Einkünften i. S. d. § 2 Abs. 1 Satz 1 Nr. 4 bis 7 EStG genutzt, ist der noch nicht als Mieteinnahme berücksichtigte Teil der Mietvorauszahlung in dem betreffenden VZ als Einnahme bei den Einkünften aus Vermietung und Verpachtung anzusetzen. ⑧ In Veräußerungsfällen erhöhen sich seine Mieteinnahmen insoweit nicht, als unberücksichtigte Zuschussteile durch entsprechende Minderung des Kaufpreises und Übernahme der Verpflichtung gegenüber den Mietern auf den Käufer übergegangen sind. 70

(4) Entfallen Zuschüsse auf eine eigengenutzte oder unentgeltlich an Dritte überlassene Wohnung, gilt Folgendes: 71

[1] Abgedruckt als Anlage b zu § 21 EStG.

1. Handelt es sich bei den bezuschussten Aufwendungen um Herstellungs- oder Anschaffungskosten, für die der Stpfl. die Steuerbegünstigung nach § 10f Abs. 1 EStG oder § 7 FördG, die Eigenheimzulage oder die Investitionszulage nach § 4 InvZulG 1999 in Anspruch nimmt, gilt Absatz 1 Satz 2 bis 4 entsprechend.
2. Handelt es sich bei den bezuschussten Aufwendungen um Erhaltungsaufwand, für den der Stpfl. die Steuerbegünstigung nach § 10f Abs. 2 EStG oder § 7 FördG oder die Investitionszulage nach § 4 InvZulG 1999 in Anspruch nimmt, gilt Absatz 1 Satz 5 und 10 entsprechend.

H 21.5

72 **Zuschüsse**[1]

– Zuschüsse, die eine Gemeinde für die Durchführung bestimmter Maßnahmen, die der Erhaltung, Erneuerung und funktionsgerechten Verwendung des Gebäudes dienen, unabhängig von der Nutzung des Gebäudes gewährt, mindern die Herstellungskosten und sind nicht als Einnahmen aus Vermietung und Verpachtung zu behandeln. Die Herstellungskosten sind auch dann um einen Zuschuss zu kürzen, wenn der Stpfl. im Vorjahr einen Zuschuss als Einnahme behandelt hatte (→ BFH vom 26.3. 1991 – BStBl. 1992 II S. 999).
– Der Zuschuss einer Gemeinde zum Bau einer Tiefgarage ohne Vereinbarung einer Mietpreisbindung oder Nutzung durch bestimmte Personen mindert die Herstellungskosten. Die mit dem Zuschuss verbundene Verpflichtung, die Tiefgarage der Öffentlichkeit gegen Entgelt zur Verfügung zu stellen, ist keine Gegenleistung des Empfängers (→ BFH vom 23. 3. 1995 – BStBl. II S. 702).
– Öffentliche Fördermittel (Zuschüsse oder nicht rückzahlbare Darlehen), die ein Bauherr im Rahmen des sog. Dritten Förderungswegs für Belegungs- und Mietpreisbindungen erhält, sind im Zuflussjahr Einnahmen aus Vermietung und Verpachtung (→ BFH vom 14. 10. 2003 – BStBl. 2004 II S. 14).

R 21.6

R 21.6. Miteigentum und Gesamthand

76 ① Die Einnahmen und Werbungskosten sind den Miteigentümern grundsätzlich nach dem Verhältnis der nach bürgerlichem Recht anzusetzenden Anteile zuzurechnen. ② Haben die Miteigentümer abweichende Vereinbarungen getroffen, sind diese maßgebend, wenn sie bürgerlich-rechtlich wirksam sind und hierfür wirtschaftlich vernünftige Gründe vorliegen die grundstücksbezogen sind. ③ AfA oder erhöhte Absetzungen und Sonderabschreibungen können nur demjenigen Miteigentümer zugerechnet werden, der die Anschaffungs- oder Herstellungskosten getragen hat.

H 21.6

78 **Abweichende Zurechnung**[2]

– Treffen Angehörige als Miteigentümer eine vom zivilrechtlichen Beteiligungsverhältnis abweichende Vereinbarung über die Verteilung der Einnahmen und Ausgaben, ist diese steuerrechtlich nur beachtlich, wenn sie in Gestaltung und Durchführung dem zwischen fremden Dritten Üblichen entspricht; Korrekturmöglichkeit einer unzutreffenden Verteilung im gerichtlichen Verfahren auch dann noch, wenn Gesamtüberschuss bestandskräftig festgestellt ist, weil lediglich die Verteilung des festgestellten Überschusses angefochten wurde (→ BFH vom 31. 3. 1992 – BStBl. II S. 890).
– Trägt der Gesellschafter einer GbR deren Werbungskosten über den seiner Beteiligung entsprechenden Anteil hinaus, sind ihm diese Aufwendungen im Rahmen der einheitlichen und gesonderten Feststellung der Einkünfte aus Vermietung und Verpachtung der Gesellschaft ausnahmsweise dann allein zuzurechnen, wenn insoweit weder eine Zuwendung an Mitgesellschafter beabsichtigt ist noch gegen diese ein durchsetzbarer Ausgleichsanspruch besteht (→ BFH vom 23. 11. 2004 – BStBl. 2005 II S. 454).

Einbringung von Miteigentumsanteilen → H 7.3 (Anschaffungskosten).

Mietverhältnis zwischen GbR und Gesellschafter. Der Mietvertrag zwischen einer GbR und einem Gesellschafter ist steuerrechtlich nicht anzuerkennen, soweit diesem das Grundstück nach § 39 Abs. 2 Nr. 2 AO anteilig zuzurechnen ist (→ BFH vom 18. 5. 2004 – BStBl. II S. 898).

Miteigentum.[3] A und B sind zu je $^1/_2$ Miteigentümer eines Hauses mit drei gleich großen Wohnungen. Wohnung 1 vermietet die Gemeinschaft an B zu Wohnzwecken, Wohnung 2 überlassen A und B ihren Eltern unentgeltlich zu Wohnzwecken, Wohnung 3 wird an Dritte vermietet.

Hinsichtlich Wohnung 3 ist davon auszugehen, dass A und B diese gemeinschaftlich vermieten (→ BFH vom 26. 1. 1999 – BStBl. II S. 360). Auch Wohnung 2 nutzen A und B durch die unentgeltliche Überlassung an die Eltern gemeinschaftlich.

Die Nutzung von Wohnung 1 durch B zu eigenen Wohnzwecken führt nicht zum vorrangigen „Verbrauch" seines Miteigentumsanteils. Bei gemeinschaftlichem Bruchteilseigentum wird die Sache selbst weder real noch ideell geteilt; geteilt wird nur die Rechtszuständigkeit am gemeinschaftlichen Gegenstand. Dementsprechend ist nicht das Gebäude, sondern – im

---

[1] Siehe ferner *BFH-Urteil vom 14. 2. 1995 IX R 5/92 (BStBl. II S. 380).*

[2] Zu einer gesellschaftsvertraglichen Ergebniszuweisung einer vermögensverwaltenden GbR bei Gesellschafterwechsel während des Geschäftsjahres siehe *BFH-Urteil vom 25. 9. 2018 IX R 35/17 (BStBl. 2019 II S. 167).*

[3] Zur Zurechnung von Einnahmen und Werbungskosten bei Grundstücksgemeinschaften (mit Fallbeispielen) siehe *Vfg. Frankfurt vom 25. 2. 2015 S 2253 A – 84 – St 213 (BeckVerw 296870; StEd S. 222).*

Rahmen einer Vereinbarung nach § 745 Abs. 1 BGB – das Nutzungsrecht am Gebäude zwischen A und B aufgeteilt worden. A hat B – abweichend von § 743 Abs. 2 BGB – einen weiter gehenden Gebrauch der gemeinschaftlichen Sache eingeräumt. Hierfür stünde A ein Entschädigungsanspruch aus § 745 Abs. 2 BGB zu. Stattdessen hat er zugunsten von B gegen Entgelt auf sein Mitgebrauchsrecht verzichtet und B die Wohnung 1 zur Alleinnutzung überlassen. A erzielt insoweit Einkünfte aus Vermietung und Verpachtung (→ BFH vom 18. 5. 2004 – BStBl. II S. 929).

Unterbeteiligung an einer Personengesellschaft. Ein Unterbeteiligter an einer Personengesellschaft erzielt dann keine Einkünfte aus Vermietung und Verpachtung, wenn er nicht nach außen als Vermieter in Erscheinung tritt und der Hauptbeteiligte ihn nur auf schuldrechtlicher Grundlage am Einnahmeüberschuss und am Auseinandersetzungsguthaben beteiligt sowie ihm nur in bestimmten Gesellschaftsangelegenheiten Mitwirkungsrechte einräumt (→ BFH vom 17. 12. 1996 – BStBl. 1997 II S. 406).

R 21.7. Substanzausbeuterecht *(unbesetzt)* R 21.7

79

H 21.7

80

Abgrenzung Pacht-/Kaufvertrag

– Die zeitlich begrenzte Überlassung von Grundstücken zur Hebung der darin ruhenden Bodenschätze (sog. Ausbeuteverträge) ist grundsätzlich als Pachtvertrag zu beurteilen. Nur wenn sich der zu beurteilende Sachverhalt als Übertragung des überlassenen Gegenstands/Rechts darstellt und der Vertrag keine wesentlichen veräußerungsatypischen Elemente enthält, können Ausbeuteverträge als Veräußerungsvorgänge angesehen werden. Ein solcher Ausnahmefall kann z. B. vorliegen
  – bei einem zeitlich begrenzten Abbau und der Lieferung einer fest begrenzten Menge an Bodensubstanz (→ BFH vom 19. 7. 1994 – BStBl. II S. 846),
  – bei endgültiger und unwiederbringlicher Veräußerung und Übertragung eines Rechts/einer Abbaugerechtigkeit (→ BFH vom 11. 2. 2014 – BStBl. II S. 566).
– Einnahmen aus Vermietung und Verpachtung sind:
  – Entgelte für die Ausbeute von Bodenschätzen (→ BFH vom 21. 7. 1993 – BStBl. 1994 II S. 231 und vom 4. 12. 2006 – BStBl. 2007 II S. 508),
  – Entgelt für die Überlassung eines Grundstücks, wenn dieses zwar bürgerlich-rechtlich übereignet wird, die Vertragsparteien aber die Rückübertragung nach Beendigung der Ausbeute vereinbaren (→ BFH vom 5. 10. 1973 – BStBl. 1974 II S. 130); dies gilt auch bei zusätzlicher Vereinbarung einer Steuerklausel, wenn diese dem Finanzamt nicht rechtzeitig offenbart wird (→ BFH vom 24. 11. 1992 – BStBl. 1993 II S. 296),
  – Entgelt aus dem Verkauf eines bodenschatzführenden Grundstücks, wenn die Auslegung der Bestimmungen des Kaufvertrags ergibt oder aus außerhalb des Vertrags liegenden Umständen zu ersehen ist, dass die Vertragsparteien keine dauerhafte Eigentumsübertragung, sondern eine zeitlich begrenzte Überlassung zur Substanzausbeute anstreben (→ BFH vom 11. 2. 2014 – BStBl. II S. 566).

Entschädigungen. Neben Förderzinsen zum Abbau von Bodenschätzen gezahlte Entschädigungen für entgangene/entgehende Einnahmen sind keine Einnahmen aus Vermietung und Verpachtung, sondern Betriebseinnahmen, wenn die Flächen im Betriebsvermögen bleiben (→ BFH vom 15. 3. 1994 – BStBl. II S. 840).

Wertminderung des Grund und Bodens. Wird die Substanz bislang land- und forstwirtschaftlich genutzten Grund und Bodens durch den Abbau eines Bodenvorkommens zerstört oder wesentlich beeinträchtigt, steht die Verlustausschlussklausel des § 55 Abs. 6 EStG der Berücksichtigung der Wertminderung als Werbungskosten bei den Einkünften aus Vermietung und Verpachtung entgegen (→ BFH vom 16. 10. 1997 – BStBl. 1998 II S. 185).

Anl a zu § 21

a) Schreiben betr. sinngemäße Anwendung des § 15 a Abs. 5 Nr. 2 2. Alt. EStG bei den Einkünften aus Vermietung und Verpachtung von Gesellschaften bürgerlichen Rechts; hier: Anwendung der BFH-Urteile vom 17. Dezember 1992 – IX R 150/89, IX R 7/91 – und vom 30. November 1993 – IX R 60/91 – BStBl. 1994 II S. 490, 492, 496

Vom 30. Juni 1994 (BStBl. I S. 355)

(BMF IV B 3 – S 2253 b – 12/94)

Die sinngemäße Anwendung des § 15 a Abs. 5 EStG bei Gesellschaftern einer Gesellschaft bürgerlichen Rechts mit Einkünften aus Vermietung und Verpachtung (§ 21 Abs. 1 Satz 2 EStG) setzt voraus, daß ihre Haftung nach der gewählten tatsächlichen und rechtlichen Gestaltung der eines Kommanditisten vergleichbar ist. Liegt diese Voraussetzung vor, ist der Ausgleich und Abzug von negativen Einkünften aus Vermietung und Verpachtung über den Betrag der Einlage des jeweiligen Gesellschafters hinaus ausgeschlossen, soweit die Inanspruchnahme des Gesellschafters für Schulden der Gesellschaft im Zusammenhang mit dem Betrieb nach Art und Weise des Geschäftsbetriebs unwahrscheinlich ist. Der BFH hat mit Urteilen vom 17. Dezember 1992 – IX R 150/89 – (BStBl. 1994 II S. 490), – IX R 7/91 – (BStBl. 1994 II S. 492) und vom 30. November 1993 – IX R 60/91 – (BStBl. 1994 II S. 496) entschieden, daß eine Inanspruchnahme der Gesellschafter einer Gesellschaft bürgerlichen Rechts unwahrscheinlich i. S. des § 15 a Abs. 5 Nr. 2 2. Alt. EStG ist, wenn der kalkulierte Gesamtaufwand durch Eigenkapital und im wesentlichen dinglich gesichertes Fremdkapital gedeckt und eine Kostenerhöhung bei normalem Verlauf der Dinge nicht zu erwarten ist. Der Gesellschafter habe persönliche Haftungsrisiken, die konkret bestehen, darzulegen, die nicht aus dem Gesellschaftsvermögen – unter Umständen sogar nach Zuführung von weiterem Eigenkapital durch Einlagenerhöhung oder durch Aufnahme neuer Gesellschafter oder von zusätzlichem Fremdkapital – gedeckt werden könnten.

Unter Bezugnahme auf das Ergebnis der Erörterungen mit den obersten Finanzbehörden der Länder sind die BFH-Urteile vom 17. Dezember 1992 – IX R 150/89 – (BStBl. 1994 II S. 490), – IX R 7/91 – (BStBl. 1994 II S. 492) und vom 30. November 1993 – IX R 60/91 – BStBl. 1994 II S. 496) mit folgender Maßgabe anzuwenden:

87 Bei der Auslegung des Begriffs der nicht unwahrscheinlichen Inanspruchnahme nach § 15 a Abs. 5 Nr. 2 2. Alt. EStG ist an die Auslegung des Begriffs der nicht unwahrscheinlichen Vermögensminderung nach § 15 a Abs. 1 Satz 3 EStG anzuknüpfen. Eine Vermögensminderung nach § 15 a Abs. 1 Satz 3 EStG ist bei gegenüber der Pflichteinlage höherer Hafteinlage nur dann unwahrscheinlich, wenn die finanzielle Ausstattung der KG und deren gegenwärtige sowie zu erwartende Liquidität im Verhältnis zu dem vertraglich festgelegten Gesellschaftszweck und dessen Umfang so außergewöhnlich günstig ist, daß die finanzielle Inanspruchnahme des zu beurteilenden Kommanditisten nicht zu erwarten ist (BFH-Urteil vom 14. Mai 1991, BStBl. 1992 II S. 164; BMF-Schreiben vom 20. Februar 1992, BStBl. I S. 123). Nach der Systematik der Regelung ist die Möglichkeit des Verlustausgleichs bzw. Verlustabzugs nicht an die Wahrscheinlichkeit der Inanspruchnahme geknüpft, sondern der Verlustausgleich und der Verlustabzug wird nur ausgeschlossen, wenn festgestellt wird, daß die Inanspruchnahme unwahrscheinlich ist. Der Regeltatbestand geht demnach von dem Risiko der Inanspruchnahme nach Art und Weise des Geschäftsbetriebs aus.

Die Haftung eines Gesellschafters einer Gesellschaft bürgerlichen Rechts kann nicht anders beurteilt werden als die eines Kommanditisten, dessen eingetragene Haftsumme die geleistete Einlage übersteigt. Kann nicht festgestellt werden, ob das Risiko der Inanspruchnahme des Gesellschafters einer Gesellschaft bürgerlichen Rechts für Gesellschaftsschulden unwahrscheinlich ist, ist von der Wahrscheinlichkeit der Inanspruchnahme auszugehen.

Die Wahrscheinlichkeit der Inanspruchnahme ist nicht deswegen ausgeschlossen, weil
- die Haftung des Gesellschafters der Gesellschaft bürgerlichen Rechts quotal beschränkt ist,
- das dem Immobilienfonds zugrundeliegende Vertragswerk ein geschlossenes Finanzierungskonzept vorsieht, wonach der voraussichtliche Finanzbedarf durch Eigenkapital und die Aufnahme von dinglich gesichertem Fremdkapital gedeckt ist,
- Einnahmen und Ausgaben so kalkuliert sind, daß nach Beendigung der Bauphase kein Ausgabenüberschuß entsteht.

Die Inanspruchnahme ist jedoch unwahrscheinlich, wenn durch entsprechende vertragliche Gestaltungen ein wirtschaftlich ins Gewicht fallendes Haftungsrisiko des Gesellschafters nicht mehr verbleibt, d. h. die Gesamtkosten einschließlich der Kosten der Finanzierung durch Garantie- und vergleichbare Verträge abgedeckt sind oder die Haftung des Gesellschafters auf einen bestimmten Höchstbetrag begrenzt wird. Dabei ist nicht auf den Inhalt des einzelnen Vertrags, sondern auf die Gesamtheit der Vereinbarungen abzustellen. Neben Garantieverträgen sind auch Versicherungsverträge in die Prüfung mit einzubeziehen. Die Unwahrscheinlichkeit der Inanspruchnahme kann bei folgenden Vereinbarungen in Betracht kommen:
- Übernahme der Verkehrssicherungspflichten durch den Bauunternehmer;
- Höchstzinsgarantien während und nach der Bauphase;
- Mietgarantien, sonstige Garantieverträge und vergleichbare Verträge, soweit die Haftung des Gesellschafters auf einen bestimmten Höchstbetrag begrenzt wird;
- Ausschluß einer Nachschußpflicht sowie Bindung des Geschäftsbesorgers, den Gesellschafter nur bis zu einer bestimmten Höhe in Anspruch zu nehmen;
- Schuldübernahme durch einen Dritten, soweit ein Rückgriffsanspruch gegen den Gesellschafter ausgeschlossen ist.

Bürgschaften eines Dritten mindern dagegen die Haftung der Gesellschafter nicht, soweit wegen des Rückgriffsanspruchs des Bürgen die Gesellschafter belastet bleiben.

Anl b zu § 21

b) Schreiben betr. einkommensteuerrechtliche Behandlung des Nießbrauchs und anderer Nutzungsrechte bei Einkünften aus Vermietung und Verpachtung

Vom 30. September 2013 (BStBl. I S. 1184)

(BMF IV C 1 – S 2253/07/10004; DOK 2013/0822518)

Inhaltsübersicht

Anl b zu § 21

Unter Bezugnahme auf das Ergebnis der Erörterung mit den obersten Finanzbehörden der Länder nehme ich zur einkommensteuerrechtlichen Behandlung des Nießbrauchs und anderer Nutzungsrechte bei den Einkünften aus Vermietung und Verpachtung wie folgt Stellung:

A. Allgemeines

I. Zurechnung von Einkünften

1 Einkünfte aus Vermietung und Verpachtung sind demjenigen zuzurechnen, der den Tatbestand der Einkunftsart Vermietung und Verpachtung (§ 21 EStG) verwirklicht und dadurch Einkünfte erzielt (BFH-Urteil vom 7. April 1987 – BStBl. II S. 707 m. w. N.). Den Tatbestand der Einkunftsart Vermietung und Verpachtung verwirklicht derjenige, der Träger der Rechte und Pflichten eines Vermieters ist (BFH-Urteil vom 31. Oktober 1989 – BStBl. II 1992 S. 506 m. w. N.) und mit diesen Rechten und Pflichten Sachen und Rechte i. S. d. § 21 Abs. 1 EStG an andere zur Nutzung gegen Entgelt überlässt (BFH-Urteil vom 26. April 1983 – BStBl. II S. 502). Einem Nutzungsberechtigten sind bei Vermietung des Grundstücks die Einkünfte im Sinne von § 21 Abs. 1 Satz 1 Nr. 1 EStG zuzurechnen, wenn ihm die volle Besitz- und Verwaltungsbefugnis zusteht, er die Nutzungen tatsächlich zieht, das Grundstück in Besitz hat und es verwaltet. Den Tatbestand der Einkunftsart Vermietung und Verpachtung erfüllt auch der am Gesellschaftsanteil einer Gesellschaft des bürgerlichen Rechts mit Einkünften aus Vermietung und Verpachtung Nießbrauchsberechtigte, wenn ihm kraft seines Nießbrauchs eine Stellung eingeräumt ist, die der eines Gesellschafters entspricht. Hierfür genügt die bloße Einräumung eines Anspruchs auf Gewinnbezug nicht (BFH-Urteil vom 9. April 1991 – BStBl. II S. 809). 91

II. Bestellung eines dinglichen Nutzungsrechts zugunsten naher Angehöriger

2 Bürgerlich-rechtliche Gestaltungen zwischen nahen Angehörigen sind steuerrechtlich nur dann anzuerkennen, wenn sie klar vereinbart, ernsthaft gewollt und tatsächlich durchgeführt werden. 92

3 Aus der Bestellung eines Nießbrauchs oder eines anderen dinglichen Nutzungsrechts zugunsten naher Angehöriger können somit steuerrechtliche Folgerungen nur gezogen werden, wenn ein bürgerlich-rechtlich wirksames Nutzungsrecht begründet worden ist und die Beteiligten die zwischen ihnen getroffenen Vereinbarungen auch tatsächlich durchführen (BFH-Urteil vom 11. März 1976 – BStBl. II S. 421 und vom 16. Januar 2007 – BStBl. II S. 579 m. w. N.). An der tatsächlichen Durchführung fehlt es, wenn äußerlich alles beim Alten bleibt und etwa nur die Erträge an den Nutzungsberechtigten abgeführt werden.

4 Räumen Eltern ihren minderjährigen Kindern einen Nießbrauch an einem Grundstück ein, bedarf es in der Regel der Mitwirkung eines Pflegers, weil das mit dem Nießbrauch regelmäßig verbundene gesetzliche Schuldverhältnis zwischen Eigentümer und Nießbraucher neben Rechten auch Pflichten des Nießbrauchers begründet und der Nießbraucher daher nicht lediglich einen rechtlichen Vorteil erlangt (BFH-Urteil vom 13. Mai 1980 – BStBl. II 1981 S. 297). Insbesondere der Eintritt des Nießbrauchers in die Vermieterstellung ist insoweit als rechtlich nachteilig anzusehen. Daher ist auch in den Fällen des Bruttonießbrauchs (Rz. 14) die Mitwirkung des Ergänzungspflegers erforderlich, wenn der Nießbraucher in bestehende Mietverhältnisse eintreten oder zur Vermietung verpflichtet sein soll. Die Anordnung einer Ergänzungspflegschaft ist nur für die Bestellung, nicht für die Dauer des Nießbrauchs erforderlich (BFH-Urteil vom 13. Mai 1980 – BStBl. II 1981 S. 295).

5 Die Bestellung des Nießbrauchs ohne Mitwirkung eines Ergänzungspflegers ist in diesen Fällen einkommensteuerrechtlich jedoch anzuerkennen, wenn das Familiengericht die Mitwirkung eines Ergänzungspflegers für entbehrlich gehalten hat.

III. Obligatorische Nutzungsrechte und „fehlgeschlagener" Nießbrauch

6 Den Tatbestand der Erzielung von Einkünften aus Vermietung und Verpachtung kann auch ein obligatorisch Nutzungsberechtigter erfüllen, wenn er eine gesicherte Rechtsposition erlangt hat und tatsächlich selbst die Stellung des Vermieters oder Verpächters einnimmt. Eine gesicherte Rechtsposition ist gegeben, wenn der Eigentümer dem Nutzenden den Gebrauch des Grundstücks für eine festgelegte Zeit nicht entziehen kann (BFH-Urteil vom 29. November 1983 – BStBl. II 1984 S. 366). 93

7 Obligatorische Nutzungsrechte zugunsten naher Angehöriger sind nur anzuerkennen, wenn die Voraussetzungen der Rz. 2 bis 5 erfüllt sind. Ein unentgeltlich begründetes Nutzungsrecht kann regelmäßig

Anl b zu § 21

nur anerkannt werden, wenn der Überlassungsvertrag schriftlich abgeschlossen und das Nutzungsrecht für einen festgelegten Zeitraum vereinbart worden ist. Bei einem teilweise entgeltlich begründeten Nutzungsrecht ist grundsätzlich ein schriftlicher Mietvertrag erforderlich. Die Befristung eines dinglichen Nutzungsrechts führt zu dessen Erlöschen kraft Gesetzes, die des schuldrechtlichen Nutzungsrechts zur Beendigung der Rechtswirkungen dieses Rechtsgeschäfts. Dies gilt nicht, wenn ein Fortbestehen des schuldrechtlichen Nutzungsrechts ausdrücklich oder konkludent auch für den Zeitraum nach Ablauf der (Bedingungs-)Frist vereinbart wird (BFH-Urteil vom 16. Januar 2007 – BStBl. II S. 579).

8 Ist ein Nießbrauch mangels Eintragung im Grundbuch bürgerlich-rechtlich nicht wirksam bestellt worden, sind die Grundsätze zu den obligatorischen Nutzungsrechten (Rz. 35 bis 38 und 51 bis 54) anzuwenden.

IV. Sicherungsnießbrauch

93a **9** Ein Nießbrauch, der lediglich zu Sicherungszwecken eingeräumt wird, ist, soweit er nicht ausgeübt wird, einkommensteuerrechtlich unbeachtlich. Ein Sicherungsnießbrauch liegt vor, wenn die Vereinbarung des dinglichen Nutzungsrechts lediglich dazu bestimmt ist, die dem Berechtigten versprochenen Leistungen dinglich abzusichern, ohne dass der Berechtigte selbst auf Art und Umfang Einfluss nehmen kann (zum Sicherungsnießbrauch vgl. auch Rz. 81 ff. des BMF-Schreibens vom 11. März 2010 – BStBl. I S. 227[1] i. V. m. Rz. 18 des BMF-Schreibens vom 16. September 2004 – BStBl. I S. 922[2]).

B. Zurechnung von Einkünften im Einzelnen

I. Zugewendete Nutzungsrechte

1. Zuwendungsnießbrauch

a) Abgrenzung zwischen entgeltlicher, teilweise entgeltlicher und unentgeltlicher Bestellung

94 **10** Ein Nießbrauch, der vom Eigentümer dem Berechtigten bestellt ist (Zuwendungsnießbrauch), ist als entgeltlich bestellt anzusehen, wenn der Wert des Nießbrauchs und der Wert der Gegenleistung nach wirtschaftlichen Gesichtspunkten gegeneinander abgewogen sind. Beim Vergleich von Leistung und Gegenleistung sind die von den Vertragsparteien jeweils insgesamt zu erbringenden Leistungen gegenüberzustellen.

11 Ist zwischen Personen, die nicht durch verwandtschaftliche oder sonstige enge Beziehungen miteinander verbunden sind, ein Nießbrauch gegen Entgelt vereinbart worden, ist davon auszugehen, dass der Wert des Nießbrauchs und der Wert der Gegenleistung nach wirtschaftlichen Gesichtspunkten abgewogen sind.

12 Sind der Wert des Nießbrauchs und der Wert der Gegenleistung nicht nach wirtschaftlichen Gesichtspunkten abgewogen, ist von einem teilweise entgeltlich bestellten Nießbrauch auszugehen. Der Vorgang ist in einen entgeltlichen und in einen unentgeltlichen Teil aufzuteilen. Dabei berechnen sich der entgeltlich und der unentgeltlich erworbene Teil des Nießbrauchs nach dem Verhältnis des Entgelts zu dem Kapitalwert des Nießbrauchs.

13 Ist der Wert der Gegenleistung im Verhältnis zum Wert des Nießbrauchs so bemessen, dass bei Zugrundelegung einer zwischen Fremden üblichen Gestaltung nicht mehr von einer Gegenleistung ausgegangen werden kann, liegt ein unentgeltlich bestellter Nießbrauch vor. Davon ist regelmäßig auszugehen, wenn der Wert der Gegenleistung weniger als 10 v. H. des Werts des Nießbrauchs beträgt.

b) Allgemeine Grundsätze

95 **14** Nach § 567 BGB tritt der Nießbraucher in die Rechtsstellung des Eigentümers als Vermieter ein. Die Ausgestaltung eines Nießbrauchs als Bruttonießbrauch beeinträchtigt die Vermieterstellung eines Nießbrauchers grundsätzlich nicht (BFH-Urteil vom 13. Mai 1980 – BStBl. II 1981 S. 299). Es handelt sich dabei um einen Nießbrauch, bei dem sich der Nießbrauchbesteller verpflichtet, die den Nießbraucher nach §§ 1041, 1045, 1047 BGB treffenden Kosten und Lasten zu tragen, so dass dem Nießbraucher die Bruttoerträge verbleiben.

15 Mietzahlungen sind an den Nießbraucher zu leisten. Vertreten Eltern ihre minderjährigen Kinder, müssen die Willenserklärungen im Namen der Kinder abgegeben werden (BFH-Urteil vom 13. Mai 1980 – BStBl. II 1981 S. 295).

16 Bei einem Quotennießbrauch und einem Bruchteilsnießbrauch gelten für die Gemeinschaft von Nießbraucher und Eigentümer die Grundsätze in Rz. 14 und 15 entsprechend. Ein Quotennießbrauch liegt vor, wenn dem Nießbraucher ein bestimmter Anteil an den Einkünften des Grundstücks zusteht; ein Bruchteilsnießbrauch liegt vor, wenn der Nießbrauch an einem Bruchteil eines Grundstücks bestellt wird. Mietzahlungen auf ein gemeinsames Konto beeinträchtigen die Vermieterstellung des Quotennießbrauchers oder Bruchteilsnießbrauchers nicht, wenn sichergestellt ist, dass der anteilige Überschuss in die alleinige Verfügungsmacht des Nießbrauchers gelangt.

17 Hat der Nießbraucher das Gebäude oder eine Wohnung in Ausübung seines Nießbrauchsrechts an den Eigentümer vermietet, so kann darin die Rückgängigmachung des Nießbrauchs oder ein Missbrauch von rechtlichen Gestaltungsmöglichkeiten (§ 42 AO) liegen. Bestellen Eltern ihrem Kind einen befristeten Nießbrauch an einem Grundstück und vermietet das Kind den Grundbesitz anschließend an die Eltern zurück, stellt eine solche Gestaltung regelmäßig einen Missbrauch von rechtlichen Gestaltungsmöglichkeiten i. S. d. § 42 AO dar (BFH-Urteil vom 18. Oktober 1990 – BStBl. II 1991 S. 205). Eine missbräuchliche Gestaltung kann auch in der Unkündbarkeit eines in zeitlichem Zusammenhang mit der Nießbrauchbestellung mit dem Nießbrauchbesteller vereinbarten Mietverhältnisses oder darin lie-

[1] Abgedruckt als Anlage zu R 10.3 EStR.
[2] Letztmals abgedruckt im „Handbuch zur ESt-Veranlagung 2008“ als Anlage b zu § 10 EStG.

gen, dass die Dauer eines befristeten Nießbrauchs auf die Unterhaltsbedürftigkeit des Nießbrauchers abgestimmt ist.

c) Unentgeltlich bestellter Nießbrauch

aa) Behandlung beim Nießbraucher

18 Bei der Vermietung des nießbrauchbelasteten Grundstücks sind die Grundsätze der Rz. 14 bis 17 maßgebend. **96**

19 AfA auf das Gebäude darf der Nießbraucher nicht abziehen (BFH-Urteil vom 24. April 1990 – BStBl. II S. 888). Von den Herstellungskosten für in Ausübung des Nießbrauchs eingebaute Anlagen und Einrichtungen im Sinne des § 95 Abs. 1 Satz 2 BGB darf der Nießbraucher AfA in Anspruch nehmen. Ferner darf er AfA für Aufwendungen für Einbauten zu vorübergehendem Zweck im Sinne des § 95 Abs. 1 Satz 1 BGB abziehen.

20 Auf das unentgeltlich erworbene Nießbrauchrecht darf der Nießbraucher keine AfA vornehmen (BFH-Urteil vom 28. Juli 1981 – BStBl. II 1982 S. 454).

21 Andere Werbungskosten darf der Nießbraucher abziehen, soweit er sie im Rahmen der Nießbrauchbestellung vertraglich übernommen und tatsächlich getragen hat oder – bei Fehlen einer vertraglichen Regelung – aufgrund der gesetzlichen Lastenverteilung getragen hat. Aufwendungen, zu denen der Nießbraucher nicht verpflichtet, aber nach § 1043 BGB berechtigt ist und die in seinem Interesse erfolgen, sind abzuziehen. Verzichtet der Nießbraucher jedoch gegenüber dem Eigentümer von vornherein auf den Ersatzanspruch nach § 1049 BGB oder steht schon bei der Aufwendung fest, dass der Ersatzanspruch nicht zu realisieren ist, ist von einer Zuwendung gemäß § 12 Nr. 2 EStG durch die Erhaltungsmaßnahme auszugehen (vgl. BFH-Urteil vom 14. November 1989 – BStBl. II 1990 S. 462 und vom 5. September 1991 – BStBl. II 1992 S. 192).

22 Hat der Nießbraucher größeren Erhaltungsaufwand nach § 82 b EStDV auf mehrere Jahre verteilt und endet der Nießbrauch vor Ablauf des Verteilungszeitraums (z. B. durch Tod des Nießbrauchers), darf der Nießbraucher den noch nicht berücksichtigten Teil des Erhaltungsaufwands nur noch im Jahr der Beendigung des Nießbrauchs abziehen. Die von einem Steuerpflichtigen geleisteten Aufwendungen sind nach seinem Tod in der für ihn durchzuführenden Veranlagung zu berücksichtigen; eine spätere Verteilung nach § 82 b EStDV durch den Rechtsnachfolger ist ausgeschlossen.

bb) Behandlung beim Eigentümer

23 Dem Eigentümer sind keine Einkünfte aus dem nießbrauchbelasteten Grundstück zuzurechnen.

24 Der Eigentümer darf AfA auf das Gebäude und Grundstücksaufwendungen, die er getragen hat, nicht als Werbungskosten abziehen, da er keine Einnahmen erzielt.

25 Bei einem Bruchteilsnießbrauch darf der Eigentümer AfA auf das Gebäude nicht abziehen, soweit sie auf den mit dem Nießbrauch belasteten Eigentumsanteil entfallen. Entsprechendes gilt für den Abzug anderer Aufwendungen. Die Sätze 1 und 2 gelten beim Quotennießbrauch sinngemäß.

d) Entgeltlich bestellter Nießbrauch

aa) Behandlung beim Nießbraucher

26 Im Falle der Nutzung durch Vermietung sind Einmalzahlungen für die Einräumung eines Nießbrauchs als Werbungskosten im Zeitpunkt der Zahlung abzuziehen, sofern die Vorauszahlung für einen Zeitraum von bis zu fünf Jahren geleistet wird. Auf die Vorausleistung des für mehr als fünf Jahre geltenden Nießbrauchrechts ist § 11 Abs. 2 Satz 3 EStG anzuwenden und mithin auf den Zeitraum gleichmäßig zu verteilen, für den sie geleistet wird. Ist der Nießbrauch für die Lebenszeit des Berechtigten oder einer anderen Person eingeräumt, sind die Aufwendungen für den Erwerb des Nießbrauchs nach § 11 Abs. 2 Satz 3 EStG auf die mutmaßliche Lebenszeit der betreffenden Person zu verteilen, sofern diese mehr als fünf Jahre beträgt (zur Lebenserwartung ist auf die jeweils aktuelle Sterbetafel des Statistischen Bundesamtes abzustellen, § 14 Abs. 1 BewG, für Bewertungsstichtage ab 1. Januar 2011 siehe BMF-Schreiben vom 8. November 2010 – BStBl. I S. 1288, für Bewertungsstichtage ab dem 1. Januar 2012 siehe BMF-Schreiben vom 26. September 2011 – BStBl. I S. 834 und für Bewertungsstichtage ab dem 1. Januar 2013 siehe BMF-Schreiben vom 26. Oktober 2012 – BStBl. I S. 950). Leistet der Nießbraucher als Gegenleistungen für die Einräumung des Nießbrauchs ausschließlich gleichmäßige laufende Zahlungen, sind die laufend gezahlten Beträge für das Kalenderjahr als Werbungskosten abzusetzen, in dem sie geleistet worden sind. **97**

27 Nutzt der Nießbraucher das Gebäude durch Vermietung, darf er Aufwendungen, die er aufgrund vertraglicher Bestimmungen getragen hat, als Werbungskosten abziehen. Haben die Vertragsparteien bei Einräumung des Nießbrauchs keine besonderen Regelungen getroffen, sind Aufwendungen des Nießbrauchers als Werbungskosten zu berücksichtigen, soweit er sie nach den gesetzlichen Bestimmungen (§§ 1041, 1045, 1047 BGB) getragen hat. Zur Abziehbarkeit der Aufwendungen im Einzelnen vgl. Rz. 21.

bb) Behandlung beim Eigentümer

28 Beim Eigentümer ist das für die Bestellung des Nießbrauchs gezahlte Entgelt grundsätzlich im Jahr des Zuflusses als Einnahme aus Vermietung und Verpachtung zu erfassen. Das gilt unabhängig davon, ob beim Nießbraucher Einkünfte aus Vermietung und Verpachtung anfallen. Bei Vorausleistung des Entgelts durch den Nießbraucher für mehr als 5 Jahre können die Einnahmen auf den Zeitraum verteilt werden, für den die Zahlung geleistet wird (§ 11 Abs. 1 Satz 3 EStG).

29 (weggefallen)

30 Der Eigentümer ist – da ihm Einnahmen aus Vermietung und Verpachtung zuzurechnen sind – zur Vornahme von AfA berechtigt. Daneben darf er die von ihm aufgrund vertraglicher Vereinbarungen, bei

Anl b zu § 21

fehlenden Vereinbarungen die aufgrund der gesetzlichen Lastenverteilung (§§ 1041, 1045, 1047 BGB) getragenen Aufwendungen für das belastete Grundstück abziehen.

e) Teilweise entgeltlich bestellter Nießbrauch

98 **31** Bei einem teilweise entgeltlich bestellten Nießbrauch sind die Grundsätze der Rz. 26 bis 30 anzuwenden. Rz. 30 ist nicht anzuwenden, soweit der Nießbrauch unentgeltlich bestellt worden ist. Zur Aufteilung der Aufwendungen vgl. Rz. 12.

2. Vermächtnisnießbrauch

99 **32** Ein Vermächtnisnießbrauch liegt vor, wenn aufgrund einer letztwilligen Verfügung des Grundstückseigentümers durch dessen Erben einem Dritten der Nießbrauch an dem Grundstück eingeräumt worden ist. Für den Vermächtnisnießbrauch gelten die Ausführungen zum unentgeltlichen Zuwendungsnießbrauch (Rz. 18 bis 25) entsprechend. Der Vermächtnisnehmer ist nicht berechtigt, die AfA für das vom Erblasser hinterlassene Gebäude in Anspruch zu nehmen (BFH-Urteil vom 28. September 1993 – BStBl. II 1994 S. 319).

3. Zugewendetes dingliches Wohnrecht

100 **33** Ist das Grundstück in der Weise belastet, dass an einer Wohnung ein im Grundbuch eingetragenes Wohnrecht zugunsten eines anderen begründet worden ist, sind die für einen Zuwendungsnießbrauch geltenden Grundsätze insoweit entsprechend anzuwenden. Zur Abgrenzung von unentgeltlich, entgeltlich und teilentgeltlich zugewendeten dinglichen Wohnrechten vgl. Rz. 10 bis 13. Die Übertragung eines Grundstücks gegen die Verpflichtung, dieses mit einem Wohngebäude zu bebauen und dem Veräußerer ein dingliches Wohnrecht an einer Wohnung zu bestellen, stellt keine entgeltliche Überlassung des Wohnrechts, sondern ein auf die Anschaffung des Grundstücks gerichtetes Rechtsgeschäft dar.

34 Der Eigentümer darf AfA auf den mit dem Wohnrecht belasteten Gebäudeteil nur in Anspruch nehmen, soweit das Wohnrecht entgeltlich zugewendet worden ist. Entsprechendes gilt für den Abzug anderer Aufwendungen.

4. Zugewendetes obligatorisches Nutzungsrecht

a) Allgemeines

101 **35** Zur Abgrenzung zwischen der entgeltlichen, teilweise entgeltlichen und unentgeltlichen Einräumung eines Nutzungsrechts vgl. Rz. 10 bis 13.

b) Behandlung beim Nutzenden

36 Vermietet der Nutzungsberechtigte das Grundstück, hat er die erzielten Einnahmen zu versteuern. Er darf die vertraglich übernommenen und von ihm getragenen Aufwendungen einschließlich des an den Eigentümer gezahlten Entgelts als Werbungskosten absetzen. Bei bereits bestehenden Nutzungsverträgen kann der Nutzungsberechtigte nur durch eine rechtsgeschäftliche Vertragsübernahme in die Vermieterstellung eintreten (vgl. BFH-Urteil vom 26. April 1983 – BStBl. II S. 502). Im Übrigen gelten die Ausführungen in Rz. 14 bis 22, 26 bis 27 und 31 entsprechend.

c) Behandlung beim Eigentümer

37 Beim Eigentümer ist das für die Einräumung eines Nutzungsrechts gezahlte Entgelt im Jahr des Zuflusses als Einnahme aus Vermietung und Verpachtung zu erfassen. Im Übrigen gelten die Ausführungen in Rz. 14 bis 17, 23 bis 25, 28 bis 31 entsprechend.

38 Nutzt der Berechtigte eine ihm unentgeltlich überlassene Wohnung aufgrund einer gesicherten Rechtsposition, darf der Eigentümer AfA auf das Gebäude nicht in Anspruch nehmen, soweit sie auf den Gebäudeteil entfallen, auf den sich das Nutzungsrecht erstreckt. Entsprechendes gilt für den Abzug anderer Aufwendungen.

II. Vorbehaltene Nutzungsrechte

1. Vorbehaltsnießbrauch

a) Allgemeines

102 **39** Ein Vorbehaltsnießbrauch liegt vor, wenn bei der Übertragung eines Grundstücks gleichzeitig ein Nießbrauchrecht für den bisherigen Eigentümer an dem übertragenen Grundstück bestellt wird. Einem Vorbehaltsnießbraucher ist ein Schenker gleichzustellen, der mit dem Beschenkten im Voraus eine klare und eindeutige Schenkungsabrede über den Erwerb eines bestimmten Grundstücks und die Bestellung eines Nießbrauchrechts an diesem Grundstück trifft (BFH-Urteil vom 15. Mai 1990 – BStBl. II 1992 S. 67). Gleiches gilt für einen vorläufigen Erben, der die Erbschaft mit der Maßgabe ausgeschlagen hat, dass ihm ein Nießbrauchrecht an den zum Nachlass gehörenden Gegenständen eingeräumt wird (BFH-Urteil vom 4. Juni 1996 – BStBl. II 1998 S. 431).

40 Die Bestellung des Nießbrauchs ist keine Gegenleistung des Erwerbers (BFH-Urteil vom 28. Juli 1981 – BStBl. II 1982 S. 378, vom 10. April 1991 – BStBl. II S. 791 und vom 24. April 1991 – BStBl. II S. 793), unabhängig davon, ob das Grundstück entgeltlich oder unentgeltlich übertragen wird.

b) Behandlung beim Nießbraucher

41 Ist das mit dem Vorbehaltsnießbrauch belastete Grundstück vermietet, erzielt der Nießbraucher Einkünfte aus Vermietung und Verpachtung. Dies gilt auch, wenn der Nießbraucher das Grundstück dem Grundstückseigentümer entgeltlich zur Nutzung überlässt.

42 Der Vorbehaltsnießbraucher darf im Falle der Nutzung durch Vermietung die AfA für das Gebäude wie zuvor als Eigentümer in Anspruch nehmen (BFH-Urteil vom 28. Juli 1981 – BStBl. II 1982 S. 380, vom 24. September 1985 – BStBl. II 1986 S. 12 und vom 30. Januar 1995 – BStBl. II S. 281). Rz. 25 ist entsprechend anzuwenden.

Anl b zu § 21

43 Der Vorbehaltsnießbraucher ist berechtigt, die von ihm getragenen Aufwendungen auf das Grundstück nach Maßgabe der Rz. 21 und 22 als Werbungskosten abzuziehen.

44 Ist das Grundstück unter Vorbehalt des Nießbrauchs entgeltlich übertragen worden, ist die Bemessungsgrundlage für die AfA nicht um die Gegenleistung des Erwerbers zu kürzen.

c) Behandlung beim Eigentümer

45 Sind dem Eigentümer aus dem nießbrauchbelasteten Grundstück keine Einnahmen zuzurechnen, darf er Aufwendungen auf das Grundstück nicht als Werbungskosten abziehen. Sind dem Eigentümer Einnahmen aus dem nießbrauchbelasteten Grundstück zuzurechnen, ist Rz. 25 entsprechend anzuwenden.

46 Nach Erlöschen des Nießbrauchs stehen dem Eigentümer die AfA auf das gesamte Gebäude zu.

47 Ist das Grundstück entgeltlich unter Vorbehalt des Nießbrauchs übertragen worden, bemessen sich die AfA nach den Anschaffungskosten des Eigentümers. Der Kapitalwert des Nießbrauchs gehört nicht zu den Anschaffungskosten. Die AfA-Bemessungsgrundlage erhöht sich um die zusätzlichen Herstellungskosten, die der Eigentümer getragen hat (BFH-Urteil vom 7. Juni 1994 – BStBl. II S. 927). Das AfA-Volumen ist um die AfA-Beträge zu kürzen, die von den Anschaffungskosten des Eigentümers auf den Zeitraum zwischen Anschaffung des Grundstücks und dem Erlöschen des Nießbrauchs entfallen.

48 Ist das Grundstück unentgeltlich unter Vorbehalt des Nießbrauchs übertragen worden, führt der Eigentümer nach Erlöschen des Nießbrauchs die AfA nach § 11 d EStDV fort. Bei teilentgeltlichem Erwerb gelten die Grundsätze der Tz. 14 des BMF-Schreibens vom 26. Februar 2007 (BStBl. I S. 269) und 15 des BMF-Schreibens vom 13. Januar 1993 (BStBl. I S. 80)[1] entsprechend.

2. Vorbehaltenes dingliches Wohnrecht

49 Ist das Grundstück gegen Einräumung eines vorbehaltenen dinglichen Wohnrechts übertragen worden, sind die für den Vorbehaltsnießbrauch geltenden Grundsätze entsprechend anzuwenden. **103**

50 Der Eigentümer darf AfA auf das entgeltlich erworbene Gebäude nur in Anspruch nehmen, soweit sie auf den unbelasteten Teil entfällt (BFH-Urteil vom 7. Juni 1994 – BStBl. II S. 927). In diesen Fällen ist die AfA-Bemessungsgrundlage nur für den unbelasteten Gebäudeteil zu ermitteln, und zwar wie folgt: Die Einräumung des Wohnrechts stellt kein Entgelt für die Übertragung des Grundstücks dar. Der Übernehmer erhält lediglich das von vornherein um das Nutzungsrecht geminderte Vermögen. Der Kaufpreis zuzüglich der Nebenkosten ist auf die beiden Wirtschaftsgüter Grund und Boden sowie Gebäude nach dem Verhältnis der Verkehrswerte aufzuteilen. Da sich das Wohnrecht nicht auf den Grund und Boden bezieht, ist nur der Verkehrswert des Gebäudes um den kapitalisierten Wert des Wohnrechts zu mindern. Der Anteil des unbelasteten Gebäudeteils an den tatsächlichen Gebäudeanschaffungskosten ergibt sich dann aus dem Verhältnis des Verkehrswerts des unbelasteten Teils zum Verkehrswert des gesamten Gebäudes abzüglich des kapitalisierten Werts des Nutzungsrechts (BFH-Urteil vom 31. Mai 2000 – BStBl. II 2001 S. 594). Eine von den Vertragsparteien vorgenommene Aufteilung des Kaufpreises auf einzelne Wirtschaftsgüter ist grundsätzlich – auch in den Fällen einer gemischten Schenkung – der Besteuerung zu Grunde zu legen, soweit der Verkehrswert des jeweiligen Wirtschaftsguts nicht überschritten wird (BFH-Urteil vom 27. Juli 2004 – BStBl. II 2006 S. 9).

Beispiel 1:

V überträgt sein Zweifamilienhaus gegen Übernahme der Verbindlichkeiten in Höhe von 175 000 € an K. Dabei behält V sich ein lebenslängliches dingliches Wohnrecht an der Wohnung im Obergeschoss vor (Kapitalwert des Wohnrechts im Erwerbszeitpunkt 75 000 €). Die Erdgeschosswohnung ist weiterhin vermietet. Beide Wohnungen sind gleich groß. Die Verkehrswerte betragen für das Gebäude 250 000 € und für den Grund und Boden 50 000 € (ohne Berücksichtigung des Wohnrechts). Im notariellen Vertrag erfolgte keine konkrete Zuordnung der Schuldübernahme als Kaufpreis auf die Wohnungen sowie den Grund und Boden.

Die AfA-Bemessungsgrundlage für die unbelastete Wohnung ist wie folgt zu ermitteln:

1. Schritt: Aufteilung der Anschaffungskosten in Höhe von 175 000 € auf Grund und Boden und Gebäude im Verhältnis der Verkehrswerte:

Verkehrswert Grund und Boden	50 000 €	= 22,22 v. H.
Verkehrswert Gebäude	250 000 €	
abzügl. Kapitalwert Nutzungsrecht	75 000 €	
	175 000 €	= 77,78 v. H.
Damit entfällt der Kaufpreis von 175 000 € auf	22,22 v. H.	
den Grund und Boden von	175 000 €	38 885 €
	77,78 v. H.	
das Gebäude von	175 000 €	136 115 €

2. Schritt: Ermittlung der AfA-Bemessungsgrundlage:

		unbelastete Wohnung (50 v. H.)	wohnrechtsbelastete Wohnung (50 v. H.)
Verkehrswert Gebäude	250 000 €	125 000 €	125 000 €
abzügl. Kapitalwert Nutzungsrecht	75 000 €		75 000 €
	175 000 €	125 000 €	50 000 €
Kaufpreisanteil	175/175	125/175	50/175
Gebäude	136 115 €	97 225 €	38 890 €

[1] Abgedruckt als Anlage c zu § 7 EStG.

Anl b zu § 21

Da es sich hier um einen teilentgeltlichen Erwerb handelt, ist § 11 d EStDV auf den unentgeltlich erworbenen und unbelasteten Anteil anzuwenden.

Beispiel 2 (Abwandlung):

Sachverhalt wie Beispiel 1, allerdings ist im Kaufvertrag Folgendes vereinbart: Die wohnrechtsbelastete Wohnung geht unentgeltlich über. Als Kaufpreis werden für den Grund und Boden 50 000 € und für die vermietete Wohnung 125 000 € bestimmt. Die Kaufpreiszahlung erfolgt durch Schuldübernahme in entsprechender Höhe.

Lösung:

Die im Kaufvertrag vorgenommene Kaufpreiszuordnung ist steuerlich anzuerkennen, wenn sie weder zum Schein getroffen noch missbräuchlich vorgenommen wurde (BFH-Urteil vom 1. April 2009 – BStBl. II S. 663). Die AfA-Bemessungsgrundlage für die vermietete Wohnung beträgt hiernach 125 000 €.

3. Vorbehaltenes obligatorisches Nutzungsrecht

a) Allgemeines

104 **51** Behält sich der bisherige Eigentümer bei der Übertragung des Grundstücks ein obligatorisches Nutzungsrecht vor, stellt die Einräumung des Nutzungsrechts keine Gegenleistung des Erwerbers dar.

b) Behandlung beim Nutzenden

52 Der Nutzungsberechtigte hat bei Vermietung des Grundstücks die Einnahmen zu versteuern. Er darf die von ihm getragenen Aufwendungen einschließlich des an den Eigentümer gezahlten Entgelts als Werbungskosten absetzen. Der Nutzende darf wie zuvor als Eigentümer die AfA für das Gebäude in Anspruch nehmen (BFH-Urteil vom 28. März 1995 – BStBl. II 1997 S. 121).

c) Behandlung beim Eigentümer

53 Die für den Eigentümer geltenden Grundsätze des Vorbehaltsnießbrauchs nach Rz. 45 bis 48 sind entsprechend anzuwenden.

54 Zur AfA-Berechtigung des Eigentümers auf das Gebäude und zur Ermittlung der Bemessungsgrundlage vgl. Rz. 50.

C. Ablösung von Nutzungsrechten

1. Vorbehaltsnießbrauch

a) Allgemeines

105 **55** Unbeachtlich ist, ob der Nießbrauch anlässlich einer entgeltlichen oder einer unentgeltlichen Grundstücksübertragung vorbehalten wurde. Bei der Ablösung ist zu unterscheiden zwischen Vermögensübertragungen im Rahmen der vorweggenommenen Erbfolge (Vermögensübergabe) und sonstigen Vermögensübertragungen. Zur Abgrenzung der Vermögensübergabe von sonstigen Vermögensübertragungen vgl. Rz. 2, 3, 5 und 57 des BMF-Schreibens vom 11. März 2010 – a. a. O.[1]

b) Ablösung im Zusammenhang mit einer Vermögensübergabe

aa) Allgemeines

56 Zum Begriff der vorweggenommenen Erbfolge und den Arten der Vermögensübertragung durch vorweggenommene Erbfolge vgl. BMF-Schreiben vom 13. Januar 1993 – BStBl. I S. 80.[2]

bb) Behandlung beim Eigentümer

57 Einmalige Zahlungen zur Ablösung des Vorbehaltsnießbrauchs sind Abstandszahlungen an den Vermögensübergeber und erhöhen die Bemessungsgrundlage für die AfA des Grundstückseigentümers (BFH-Urteil vom 28. November 1991 – BStBl. II 1992 S. 381, vom 21. Juli 1992 – BStBl. II 1993 S. 484 und vom 21. Juli 1992 – BStBl. II 1993 S. 486). Zur Ablösung des Vorbehaltsnießbrauchs durch wiederkehrende Leistungen vgl. Rz. 85 des BMF-Schreibens vom 11. März 2010 – a. a. O.[1]

cc) Behandlung beim Nießbraucher

58 Die Ablösung des Vorbehaltsnießbrauchs gegen Einmalzahlung ist beim Nießbraucher eine nicht steuerbare Vermögensumschichtung (für den Fall eines vorbehaltenen Wohnrechts vgl. BFH-Urteil vom 9. August 1990 – BStBl. II S. 1026). Zur Beurteilung der zur Ablösung empfangenen wiederkehrenden Leistungen vgl. Rz. 85, 89 des BMF-Schreibens vom 11. März 2010 – a. a. O.[1]

c) Ablösung im Zusammenhang mit sonstigen Vermögensübertragungen

aa) Behandlung beim Eigentümer

59 Eine Einmalzahlung führt in voller Höhe, wiederkehrende Leistungen führen mit ihrem Barwert (§§ 13, 14 BewG i. V. m. Anlage 9, 9 a zum BewG) zu Anschaffungskosten (BFH-Urteil vom 9. Februar 1994 – BStBl. II 1995 S. 47 und vom 18. Oktober 1994 – BStBl. II 1995 S. 169 – für dauernde Lasten –). Ist die Einmalzahlung bzw. der Barwert der wiederkehrenden Leistungen höher als der Wert des übertragenen Vermögens, ist Entgeltlichkeit in Höhe des angemessenen Kaufpreises anzunehmen. Der übersteigende Betrag ist eine Zuwendung i. S. d. § 12 Nr. 2 EStG. Ist der Barwert der wiederkehrenden Leistungen mehr als doppelt so hoch wie der Wert des übertragenen Vermögens, liegt insgesamt eine Zuwendung i. S. d. § 12 Nr. 2 EStG vor. Wiederkehrende Leistungen in Zusammenhang mit einer privaten Vermögensumschichtung dürfen weder als Rente noch als dauernde Last abgezogen werden

[1] Abgedruckt als Anlage zu R 10.3 EStR.
[2] Abgedruckt als Anlage c zu § 7 EStG.

(BFH-Urteil vom 25. November 1992 – BStBl. II 1996 S. 663 m. w. N.). Der in den wiederkehrenden Leistungen enthaltene Zinsanteil, der in entsprechender Anwendung der Ertragsanteilstabellen der §§ 22 EStG, 55 EStDV zu ermitteln ist, ist im Falle der Vermietung gem. § 9 Abs. 1 Satz 3 Nr. 1 Satz 2 EStG als Werbungskosten bei den Einkünften aus Vermietung und Verpachtung abzuziehen.

bb) Behandlung beim Nießbraucher

60 Die Ablösung eines vorbehaltenen Nießbrauchs gegen Einmalzahlung ist eine beim Nießbraucher nicht steuerbare Vermögensumschichtung. Wiederkehrende Leistungen, die nicht als Versorgungsleistungen im Rahmen einer Vermögensübergabe erbracht werden, sind mit ihrem Zinsanteil nach § 20 Abs. 1 Nr. 7 EStG oder bei Veräußerungsleibrenten mit dem Ertragsanteil nach § 22 Nr. 1 Satz 3 Buchst. a Doppelbuchst. bb EStG steuerbar (vgl. Rz. 75 des BMF-Schreibens vom 11. März 2010 – a. a. O.).[1]

2. Zuwendungsnießbrauch

a) Unentgeltlicher Zuwendungsnießbrauch

61 Zahlungen zur Ablösung eines unentgeltlich eingeräumten Zuwendungsnießbrauchs sind grundsätzlich als Zuwendungen i. S. d. § 12 Nr. 2 EStG zu beurteilen (vgl. bei fehlender tatsächlicher Änderung der rechtlichen oder wirtschaftlichen Verhältnisse BFH-Urteil vom 13. Oktober 1993 – BStBl. II 1994 S. 451 und beim Missbrauch von rechtlichen Gestaltungsmöglichkeiten nach § 42 AO BFH-Urteil vom 6. Juli 1993 – BStBl. II 1998 S. 429). Sie gehören daher beim Nießbraucher nicht zu den Einkünften aus Vermietung und Verpachtung. Der Eigentümer kann sie nicht als Werbungskosten abziehen; sie erhöhen auch nicht seine Anschaffungskosten für das Grundstück. Ein anstelle des bisherigen Nießbrauchs eingeräumter Ersatznießbrauch ist als neu bestellter unentgeltlicher Zuwendungsnießbrauch zu behandeln. **106**

62 Rz. 61 gilt nicht für die Fälle, in denen der ablösende Eigentümer das Grundstück selbst bereits mit der Belastung des Nießbrauchs erworben hat (vgl. BFH-Urteil vom 15. Dezember 1992 – BStBl. II 1993 S. 488). In einem solchen Fall vollzieht sich die Ablösung im Rahmen eines entgeltlichen Veräußerungsgeschäfts. Eine Einmalzahlung ist in voller Höhe, wiederkehrende Leistungen sind mit ihrem Barwert Anschaffungskosten.

b) Entgeltlicher Zuwendungsnießbrauch

63 Zahlungen zur Ablösung eines entgeltlich bestellten Zuwendungsnießbrauchs sind beim Eigentümer im Jahr der Zahlung als negative Einnahmen bei den Einkünften aus Vermietung und Verpachtung zu erfassen. Ist das für die Bestellung des Nießbrauchs gezahlte Entgelt nach § 11 Absatz 1 Satz 3 EStG auf mehrere Jahre verteilt worden, ist der noch nicht versteuerte Restbetrag beim Eigentümer als Einnahme aus Vermietung und Verpachtung zu erfassen. Besteht die Abfindung in wiederkehrenden Leistungen, sind diese jeweils im Jahr der Zahlung als negative Einnahmen anzusetzen.

64 Die Ablösungszahlungen sind beim Nießbraucher grundsätzlich der privaten Vermögensebene zuzuordnen (BFH-Urteil vom 9. August 1990 – BStBl. II S. 1026).

3. Vermächtnisnießbrauch

65 Aufwendungen zur Ablösung eines zugewendeten Vermächtnisnießbrauchs sind nachträgliche Anschaffungskosten des Grundstückseigentümers (BFH-Urteil vom 21. Juli 1992 – BStBl. II 1993 S. 484). Die Ablösung eines Vermächtnisnießbrauchs gegen Einmalzahlung ist eine beim Nießbraucher nicht steuerbare Vermögensumschichtung. Zur Ablösung gegen wiederkehrende Leistungen vgl. Tz. 85, 86 des BMF-Schreibens vom 11. März 2010 – a. a. O.[1] **107**

4. Dingliches Wohnrecht

66 Für die Behandlung von Ablösungszahlungen des Eigentümers an den dinglich Wohnberechtigten sind die für die Ablösung von Nießbrauchrechten geltenden Grundsätze entsprechend anzuwenden. Aufwendungen zur Ablösung eines vom Rechtsvorgänger eingeräumten dinglichen Wohnrechts entfallen, soweit sie nachträgliche Anschaffungskosten des Grundstückseigentümers sind, in vollem Umfang auf das Gebäude (BFH-Urteil vom 21. Juli 1992 – BStBl. II 1993 S. 484). **108**

5. Obligatorisches Nutzungsrecht

67 Für die Behandlung von Aufwendungen für die Ablösung obligatorischer Nutzungsrechte gelten die Grundsätze zur Ablösung eines Vorbehalts- und Zuwendungsnießbrauchs (Rz. 55 bis 64) entsprechend. **109**

D. Anwendungsregelung

68 Dieses BMF-Schreiben tritt an die Stelle des BMF-Schreibens vom 24. Juli 1998 (BStBl. I S. 914)[2]. Die Grundsätze dieses Schreibens sind in allen noch offenen Fällen anzuwenden. Die BMF-Schreiben vom 9. Februar 2001 (BStBl. I S. 171) und vom 29. Mai 2006 (BStBl. I S. 392) werden aufgehoben. **110**

69 Die Grundsätze in Rz. 4 und 5 sind in allen Fällen anzuwenden, in denen der Nießbrauch nach dem 30. Juni 1992 notariell beurkundet oder der Überlassungsvertrag nach dem 30. Juni 1992 abgeschlossen worden ist. Ist der Nießbrauch vor dem 1. Juli 1992 beurkundet oder der Überlassungsvertrag vor dem 1. Juli 1992 abgeschlossen worden, ist Rz. 4 bzw. Rz. 53 des BMF-Schreibens vom 15. November 1984 (BStBl. I S. 561)[3] weiter anzuwenden.

---

[1] Abgedruckt als Anlage zu R 10.3 EStR.
[2] Letztmals abgedruckt im „Handbuch zur ESt-Veranlagung 2012" als Anlage b zu § 21 EStG.
[3] Letztmals abgedruckt im „Handbuch zur ESt-Veranlagung 1998" als Anlage zu § 21 EStG.

70 Die Grundsätze in Rz. 26 und 28 sind erstmals auf Vorausleistungen anzuwenden, die nach dem 31. Dezember 2003 geleistet wurden. Auf vor dem 1. Januar 2004 getätigte Vorausleistungen finden die Rz. 26 und 28 sowie die Billigkeitsregelung gem. Rz. 29 des BMF-Schreibens vom 24. Juli 1998 (BStBl. I S. 914)[1] weiter Anwendung.

71 Die Grundsätze in Rz. 32 sind in den Fällen anzuwenden, in denen der Vermächtnisnießbrauch nach dem 31. Mai 1994 notariell beurkundet worden ist. Ist der Vermächtnisnießbrauch vor dem 1. Juni 1994 notariell beurkundet worden, ist der Nießbraucher weiterhin zum Abzug der Gebäude-AfA nach Maßgabe der Rz. 51, 41 des BMF-Schreibens vom 15. November 1984 (BStBl. I S. 561)[2] berechtigt.

72 Die Grundsätze der Rz. 33 sind in allen noch offenen Fällen anzuwenden. Soweit die Anwendung der Randziffer zu einem Nachteil gegenüber der bisherigen Verwaltungsauffassung führt, sind die Grundsätze erstmals anzuwenden, wenn die Bestellung eines dinglichen Nutzungsrechts gegen Übertragung eines Grundstücks im privaten Bereich nach dem 31. Mai 2006 erfolgt ist.

73 Wurden wiederkehrende Leistungen im Zusammenhang mit der Ablösung eines Zuwendungsnießbrauchs vor dem 1. Januar 2008 vereinbart, können diese als Sonderausgaben nach *§ 10 Absatz 1 Nummer 1 a EStG*[3] abgezogen werden, soweit die übrigen Voraussetzungen für eine begünstigte Vermögensübergabe vorliegen (Rz. 81 des BMF-Schreibens vom 11. März 2010 – a. a. O.[4]; BFH-Urteil vom 13. Dezember 2005 – BStBl. II 2008 S. 16).

74 In Fällen der Ermittlung des Nutzungswerts als Überschuss des Mietwerts über die Werbungskosten gelten die Rz. 68 bis 75 des BMF-Schreibens vom 24. Juli 1998 (a. a. O.)[4] fort.

Anl c zu § 21

c) Schreiben betr. einkommensteuerrechtliche Behandlung von Gesamtobjekten, von vergleichbaren Modellen mit nur einem Kapitalanleger und von gesellschafts- sowie gemeinschaftsrechtlich verbundenen Personenzusammenschlüssen (geschlossene Fonds)[5]

Vom 20. Oktober 2003 (BStBl. I S. 546)[6]

(BMF IV C 3 – S 2253 a – 48/03)

Unter Bezugnahme auf das Ergebnis der Erörterungen mit den obersten Finanzbehörden der Länder wird zu der Frage der einkommensteuerrechtlichen Behandlung von Einkünften im Rahmen von Gesamtobjekten (§ 1 Abs. 1 Nr. 2 der Verordnung zu § 180 Abs. 2 AO), von vergleichbaren Modellen mit nur einem Kapitalanleger sowie von sog. geschlossenen Fonds wie folgt Stellung genommen:

I. Gesamtobjekte und vergleichbare Modelle mit nur einem Kapitalanleger

1. Abgrenzung der Eigenschaft als Bauherr oder Erwerber bei der Errichtung, Sanierung, Modernisierung oder des Erwerbs von Gebäuden und Eigentumswohnungen

126 **1** Ein Anleger, der sich auf Grund eines von den Projektanbietern vorformulierten Vertragswerks an einem Projekt beteiligt und sich bei den damit zusammenhängenden Rechtsgeschäften durch die Projektanbieter oder von ihnen eingeschalteten sonstigen Personen (z. B. Treuhänder, Geschäftsbesorger, Betreuer) umfassend vertreten lässt, ist regelmäßig nicht Bauherr, sondern Erwerber des bebauten und gegebenenfalls sanierten oder modernisierten Grundstücks (BFH-Urteil vom 14. November 1989, BStBl. 1990 II S. 299, m. w. N.).[7] Das gilt auch, wenn der Anleger unter Verzicht auf eine dazu bevollmächtigte Person die Verträge selbst unterzeichnet, falls die Verträge vorher vom Projektanbieter bereits ausgehandelt oder vorformuliert worden sind, oder wenn die vertraglichen Vereinbarungen vorsehen, dass einzelne der in dem Vertragswerk angebotenen Leistungen abgewählt werden können.

2 Der Anleger ist nur Bauherr, wenn er auf eigene Rechnung und Gefahr ein Gebäude baut oder bauen lässt und das Baugeschehen beherrscht (BFH-Urteil vom 14. November 1989, a. a. O., vgl. auch BFH-Urteil vom 13. September 1989, BStBl. II S. 986). Der Bauherr muss das umfassend zu verstehende Bauherrenwagnis, d. h. wirtschaftlich das für die Durchführung des Bauvorhabens auf seinem Grundstück typische Risiko, tragen sowie rechtlich und tatsächlich die Planung und Ausführung in der Hand haben. Das ist regelmäßig nicht der Fall, wenn eine Vielzahl von Wohnungen oder gleichförmig ausgestalteten Wohngebäuden nach einem bereits vor Beitritt des einzelnen Anlegers ausgearbeiteten Vertragswerk errichtet wird und der einzelne Anleger demzufolge weder die Vertragsgestaltung noch die Vertragsdurchführung wesentlich beeinflussen kann.

3 Die Entscheidung darüber, ob die Voraussetzungen für die Erwerber- oder Bauherreneigenschaft vorliegen, ist nach dem Gesamtbild unter Berücksichtigung aller Umstände des Einzelfalls zu treffen, und zwar unabhängig von den in den Verträgen gewählten Bezeichnungen nach dem wirklichen Gehalt der von den Beteiligten getroffenen Vereinbarungen und deren tatsächlicher Durchführung.

4 Wird für den Gesamtaufwand (einschließlich der bis zur Fertigstellung des Bauobjekts angefallenen Finanzierungskosten) ein Höchstpreis vereinbart, über den nach Abschluss der Bauarbeiten nicht gegenüber dem Beteiligten selbst detailliert Rechnung gelegt zu werden braucht, ist der Beteiligte

---

[1] Letztmals abgedruckt im „Handbuch zur ESt-Veranlagung 2012" als Anlage b zu § 21 EStG.
[2] Letztmals abgedruckt im „Handbuch zur ESt-Veranlagung 1998" als Anlage zu § 21 EStG.
[3] Jetzt: § 10 Abs. 1 a Nr. 2 EStG.
[4] Abgedruckt als Anlage zu R 10.3 EStR.
[5] Zu Fondsetabilisierungskosten siehe gesetzliche Neuregelung in §§ 6 e, 9 Abs. 5 Satz 2, 52 Abs. 14 a, Abs. 16 b Satz 3 EStG.
[6] Dieses Schreiben wird derzeit im Hinblick auf § 6 e EStG überarbeitet. Eine überarbeitete Fassung lag bei Redaktionsschluss noch nicht vor.
[7] Im Fall einer GbR vgl. *BFH-Urteil vom 7. 8. 1990 IX R 70/86 (BStBl. II S. 1024).*

ebenfalls Erwerber. Das gilt auch, wenn die tatsächlichen Baukosten zwar abgerechnet werden, der Unterschiedsbetrag zu dem vereinbarten Höchstpreis jedoch als Gebühr für die Höchstpreisgarantie beansprucht wird.

a) Allgemeines zur rechtlichen Einordnung der aufzubringenden Kosten

5 Die mit der Errichtung und dem Vertrieb der Objekte befassten Personen sind regelmäßig bestrebt, möglichst hohe Werbungskosten auszuweisen. Hierzu wird der Gesamtaufwand durch eine Vielzahl von Verträgen und durch Einschaltung zahlreicher, zum Teil finanziell und personell verbundener Unternehmen aufgespalten. Die geltend gemachten Aufwendungen können, auch wenn sie im Einzelfall nach dem Wortlaut der Vereinbarungen Werbungskosten sind, nicht als solche anerkannt werden, wenn sie in Wirklichkeit für andere als die in den Verträgen bezeichneten Leistungen gezahlt werden, die nicht zu Werbungskosten führen können. Die vereinbarten Kosten sind deshalb nicht nach der vertraglichen Bezeichnung, sondern nach dem tatsächlichen wirtschaftlichen Gehalt der erbrachten Leistungen zu beurteilen (vgl. BFH-Urteil vom 29. Oktober 1986, BStBl. II S. 217). Diese Beurteilung ist auch vorzunehmen, wenn Leistungen, die zu Anschaffungs- oder Herstellungskosten führen, nicht oder zu niedrig berechnet werden. Erfahrungsgemäß erfolgt in diesen Fällen ein Ausgleich, der dem tatsächlichen wirtschaftlichen Gehalt der Leistungen entspricht. Die Beurteilung nach dem tatsächlichen wirtschaftlichen Gehalt ist auch dann maßgebend, wenn für den Teil der Aufwendungen, der den Werbungskosten zuzurechnen ist, im Folgenden Vom-Hundert-Sätze oder Bruchteile angegeben werden. **127**

6 Der Anleger muss im Einzelnen nachweisen, welche tatsächlichen Leistungen an ihn erbracht worden sind und welches Entgelt er dafür leisten musste.

7 Soweit für Werbungskosten nachfolgend Vom-Hundert-Sätze oder Bruchteile angegeben sind, handelt es sich um Nettobeträge (ohne Umsatzsteuer).

b) Rechtliche Einordnung der vom Erwerber aufzubringenden Kosten

8 Die Kosten, die der Erwerber im Zusammenhang mit der Errichtung, Sanierung oder Modernisierung des Gebäudes oder der Eigentumswohnung aufzubringen hat, können Anschaffungskosten des Grund und Bodens, Anschaffungskosten des Gebäudes oder der Eigentumswohnung oder sofort abziehbare Werbungskosten sein. Zu den einzelnen Aufwendungen gilt Folgendes:

aa) Anschaffungskosten

9[1] Zu den Anschaffungskosten gehören grundsätzlich alle auf Grund des vorformulierten Vertragswerks an die Anbieterseite geleisteten Aufwendungen, die auf den Erwerb des Grundstücks mit dem bezugsfertigen Gebäude gerichtet sind, insbesondere die Baukosten für die Errichtung oder Modernisierung des Gebäudes, die Baubetreuungsgebühren, Treuhandgebühren, Finanzierungsvermittlungsgebühren, Zinsfreistellungsgebühren, Gebühren für die Vermittlung des Objekts oder Eigenkapitals und des Treuhandauftrags, Abschlussgebühren, Courtage, Agio, Beratungs- und Bearbeitungsgebühren, Platzierungsgarantiegebühren, Kosten für die Ausarbeitung der technischen, wirtschaftlichen und steuerlichen Grundkonzeption, für die Werbung der Bauinteressenten, für die Prospektprüfung und sonstige Vorbereitungskosten sowie Gebühren für die Übernahme von Garantien und Bürgschaften (vgl. BFH-Urteil vom 14. November 1989, a. a. O.). Eine Aufspaltung dieser Aufwendungen in sofort abziehbare Werbungskosten und Anschaffungskosten danach, ob sie auf die Finanzierung, die steuerliche Beratung oder die Errichtung des Gebäudes entfallen, kommt nicht in Betracht (vgl. BFH vom 14. November 1989, a. a. O.). **128**

– Besonderheit bei Baumaßnahmen i. S. der §§ 7 h und 7 i EStG

10 Der Gesamtaufwand ist, soweit das eindeutig möglich ist, unmittelbar dem Grund und Boden, der Altbausubstanz des Gebäudes, den bescheinigten Baumaßnahmen i. S. der §§ 7 h, 7 i EStG, den übrigen Baumaßnahmen und den sofort abziehbaren Werbungskosten zuzuordnen. Aufwendungen, die sich nicht eindeutig zuordnen lassen, sind auf die Kostenarten, mit denen sie zusammenhängen, aufzuteilen. Die Aufteilung erfolgt im Verhältnis der auf diese Kostenarten eindeutig entfallenden Kosten. Die eindeutig den bescheinigten Baumaßnahmen i. S. der §§ 7 h, 7 i EStG zuzuordnenden Aufwendungen zuzüglich der nach den vorstehenden Grundsätzen ermittelten Anteile der nicht eindeutig zuzuordnenden Anschaffungskosten, die den Aufwendungen für bescheinigte Baumaßnahmen i. S. der §§ 7 h, 7 i EStG zuzurechnen sind, ergeben die begünstigten Anschaffungskosten i. S. der §§ 7 h, 7 i EStG. Ist der Erwerber dem Gesamtobjekt erst nach Beginn der begünstigten Baumaßnahmen i. S. der §§ 7 h, 7 i EStG beigetreten, gehören die Aufwendungen für Baumaßnahmen, soweit sie bis zu seinem Beitritt durchgeführt worden sind, zu den nicht begünstigten Anschaffungskosten. Der Erwerber hat die Aufteilung darzulegen. Ist er später beigetreten, hat er darzulegen, inwieweit die anteilig den Baumaßnahmen i. S. der §§ 7 h, 7 i EStG zuzurechnenden Aufwendungen auf Maßnahmen entfallen, die nach dem rechtswirksamen Abschluss des obligatorischen Erwerbsvertrags oder eines gleichstehenden Rechtsakts durchgeführt worden sind.

bb) Werbungskosten

11 Aufwendungen, die nicht auf den Erwerb des Grundstücks mit dem bezugsfertigen Gebäude gerichtet sind und die auch der Erwerber eines bebauten Grundstücks außerhalb eines Gesamtobjekts als Werbungskosten abziehen könnte, sind nicht den Anschaffungskosten des Objekts zuzurechnen. Werden sie an die Anbieterseite geleistet, sind sie unter den nachfolgenden Voraussetzungen Werbungskosten (vgl. BFH-Urteil vom 14. November 1989, a. a. O.): **129**

---

[1] Bestätigt durch *BFH-Urteil vom 14. 4. 2011 IV R 15/09 (BStBl. II S. 706).*

Anl c zu § 21

- Bereits vor der Zahlung müssen klare Vereinbarungen über den Grund und die Höhe dieser Aufwendungen bestehen.
- Die vereinbarten Leistungen und das jeweils zugehörige Entgelt müssen den tatsächlichen Gegebenheiten entsprechen; der Rechtsgedanke des § 42 AO darf dem Werbungskostenabzug in der begehrten Höhe nicht entgegenstehen.
- Die Aufwendungen müssen von den übrigen Aufwendungen, die mit der Anschaffung des Erwerbsgegenstandes in Zusammenhang stehen, einwandfrei abgrenzbar sein.
- Die Vergütung darf nur dann zu zahlen sein, wenn der Anleger die Gegenleistung in Anspruch nimmt.
- Die rechtliche und tatsächliche Abwahlmöglichkeit der Leistung und die dann eintretende Ermäßigung des Gesamtpreises muss in dem Vertrag klar und eindeutig zum Ausdruck kommen.

– Zinsen der Zwischen- und Endfinanzierung

12 Zinsen und Bearbeitungskosten des Kreditinstituts sind, wenn der Anleger sie aufgrund eigener Verpflichtung gegenüber dem Darlehensgeber zahlt, Entgelt für die Überlassung des Kredits und damit Werbungskosten. Eine andere Beurteilung ist jedoch z. B. dann geboten, wenn hinsichtlich der Bauzeitzinsen eine Vereinbarung mit der Anbieterseite besteht, nach der eine bestimmte Zinsbelastung garantiert wird und hierbei höhere Zinsen vom Garantiegeber getragen, niedrigere Zinsen jedoch dem Erwerber nicht erstattet werden. In einem derartigen Fall stellen die vom Darlehensnehmer zu zahlenden Zinsen und die Gebühr für die Zinsgarantie lediglich einen Kalkulationsbestandteil des Gesamtpreises und damit Anschaffungskosten dar.

– Vorauszahlung von Schuldzinsen

13 Zinsen sind im Regelfall spätestens am Ende des jeweiligen Jahres zu entrichten. Bei einer Vorauszahlung liegt ein im Jahr der Zahlung zu berücksichtigender Zahlungsabfluss nur vor, wenn für die Vorauszahlung ein wirtschaftlich vernünftiger Grund maßgebend ist. Hiervon kann ausgegangen werden, wenn Schuldzinsen für einen Zeitraum von nicht mehr als 12 Monaten vorausgezahlt werden. Bei einer Vorauszahlung für einen Zeitraum von mehr als 12 Monaten ist der wirtschaftlich vernünftige Grund vom Steuerpflichtigen im Einzelfall darzulegen. Bestehen für die Vorauszahlung von Schuldzinsen für einen Zeitraum von mehr als einem Jahr keine vernünftigen wirtschaftlichen Gründe, sind die vorausgezahlten Schuldzinsen anteilig in den Jahren als Werbungskosten abziehbar, zu denen sie wirtschaftlich gehören.

– Zinsfreistellungsgebühren

14 Vereinbarungen, nach denen der Anleger für mehrere Jahre von Zinszahlungsverpflichtungen gegenüber dem Darlehensgläubiger gegen Entrichtung von Gebühren an diesen freigestellt wird, haben den Charakter eines zusätzlichen Darlehens. Die gezahlten Gebühren sind deshalb anteilig in den Jahren als Werbungskosten abziehbar, für die der Anleger von Zinszahlungsverpflichtungen freigestellt worden ist.

– Damnum, Disagio, Bearbeitungs- und Auszahlungsgebühren

15 Diese Aufwendungen sind in Höhe des vom jeweiligen Darlehensnehmer an das Kreditinstitut gezahlten Betrags als Werbungskosten abziehbar, soweit unter Berücksichtigung der jährlichen Zinsbelastung die marktüblichen Beträge nicht überschritten werden. Der über die marktüblichen Beträge hinausgehende Teil ist auf den Zinsfestschreibungszeitraum oder bei dessen Fehlen auf die Laufzeit des Darlehens zu verteilen. Eine Zinsvorauszahlung ist regelmäßig anzunehmen, wenn der Nominalzins ungewöhnlich niedrig und das Damnum entsprechend hoch bemessen ist. Aus Vereinfachungsgründen kann von der Marktüblichkeit ausgegangen werden, wenn für ein Darlehen mit einem Zinsfestschreibungszeitraum von mindestens 5 Jahren ein Damnum in Höhe von bis zu 5 v. H. vereinbart worden ist.[1] Ist ein Damnum nicht mehr als 3 Monate vor Auszahlung der Darlehensvaluta oder einer ins Gewicht fallenden Teilauszahlung des Darlehens (mindestens 30 v. H. der Darlehensvaluta einschließlich Damnum) geleistet worden, kann davon ausgegangen werden, dass ein wirtschaftlich vernünftiger Grund besteht (BFH-Urteil vom 3. Februar 1987, BStBl. II S. 492).

– Kosten der Darlehenssicherung

16 Die anteiligen Notariats- und Grundbuchkosten für die Darlehenssicherung sind in der Höhe sofort abziehbare Werbungskosten, in der sie an den Notar und das Grundbuchamt abgeführt worden sind.

– Gebühren im Zusammenhang mit der Vermietung

17 Gebühren für die erstmalige Vermietung des Objekts sind Werbungskosten, soweit sie die ortsübliche Maklerprovision nicht überschreiten. Im Allgemeinen kann eine Gebühr in Höhe von bis zu 2 Monatsmieten als angemessen angesehen werden. An einer wirtschaftlich ernsthaften Gegenleistung fehlt es, wenn z. B. das Objekt schon von der Planung her für einen ganz bestimmten Mieter errichtet werden soll oder wenn bereits zum Beitrittszeitpunkt des Anlegers ein Mietvertrag oder eine entsprechende Vorvereinbarung mit dem Mieter bestand. Eine Mietervermittlungsgebühr ist auch nicht anzuerkennen, wenn der Vermittler mit dem Mieter identisch oder wirtschaftlich verflochten ist, der Anleger das Objekt selbst bezieht oder aus anderen Gründen die angebotenen Leistungen nicht in Anspruch nimmt. In diesen Fällen stellen die erhobenen Gebühren anteilig Anschaffungskosten des Grund und Bodens und des Gebäudes oder der Eigentumswohnung dar.

---

[1] Für Damnum und Disagio von mehr als 5% trifft die Nichtbeanstandungsgrenze keine Aussage zur Marktüblichkeit und dem Werbungskostenabzug, *BFH-Urteil vom 8. 3. 2016 IX R 38/14 (BStBl. II S. 646).*

Die Anerkennung von Gebühren für die Übernahme von Garantien und Bürgschaften als Werbungskosten setzt stets voraus, dass das vom Garantiegeber oder Bürgen getragene Risiko im Verhältnis zu der dafür erhobenen Gebühr als eine wirtschaftlich ernsthafte Gegenleistung anzusehen ist. Außerdem muss der Garantiegeber oder Bürge wirtschaftlich (einkommens- und vermögensmäßig) in der Lage sein, die Garantieverpflichtung zu erfüllen. Alle diese Voraussetzungen sind vom Anleger darzulegen.

Gebühren für die Mietgarantie sind Werbungskosten, wenn tatsächlich ein Mietausfallwagnis besteht. Bei dem üblicherweise vereinbarten Garantiezeitraum von 5 Jahren kann das wirtschaftliche Risiko durch eine Gebühr bis zur Höhe von 4 Monatsmieten als abgedeckt angesehen werden. War das Objekt im Zeitpunkt des Vertragsabschlusses bereits vermietet, muss das Risiko entsprechend geringer bewertet werden; es ist regelmäßig mit einer Gebühr in Höhe von bis zu 2 Monatsmieten angemessen abgegolten. Soweit höhere Gebühren vereinbart und gezahlt worden sind, stellen diese anteilig Anschaffungskosten des Grund und Bodens und des Gebäudes oder der Eigentumswohnung dar.

– Gebühren im Zusammenhang mit der Endfinanzierung

18 Geldbeschaffungskosten, Bürgschafts- und Garantiegebühren für die Endfinanzierung sind unter den Voraussetzungen der RdNr. 17 2. Absatz sowie der RdNr. 22 und RdNr. 27 als Werbungskosten abzuziehen. Die RdNr. 22 und RdNr. 27 sind für die Bestimmung der Höhe des abziehbaren Betrags entsprechend anzuwenden.

– Vergütungen an Steuer- und Rechtsberater

19 Beratungskosten im Zusammenhang mit der Anschaffung des Grund und Bodens oder der Errichtung oder Modernisierung des Gebäudes oder der Eigentumswohnung sind den jeweiligen Anschaffungskosten zuzurechnen. Soweit auch der Erwerber eines bebauten Grundstücks außerhalb eines Gesamtobjekts die Gebühren sofort als Werbungskosten abziehen könnte, können sie, insbesondere soweit die Leistungen den Zeitraum nach Bezugsfertigkeit betreffen (z. B. Abgabe von Feststellungserklärungen, Rechtsbehelfsverfahren), als Werbungskosten berücksichtigt werden. Ist der Steuer- und Rechtsberater zugleich Vermittler, Initiator oder Treuhänder, ist bei vereinbarter gesonderter Berechnung der Gebühren zu prüfen, ob die Gebühren dem jeweiligen Leistungsumfang angemessen sind. Ist für die Vermittler-, Initiatoren- oder Treuhandtätigkeit und die Steuer- und Rechtsberatungstätigkeit ein Gesamthonorar vereinbart, gehören die Gebühren zu den Anschaffungskosten. Das gilt auch, wenn ein pauschales Steuer- und Rechtsberatungshonorar, das die Zeit vor und nach Bezugsfertigkeit umfasst, vereinbart worden ist und die Tätigkeit vor Bezugsfertigkeit mit der Anschaffung des bebauten Grundstücks wirtschaftlich zusammenhängt.

– Beiträge zu Sach- und Haftpflichtversicherungen

20 Beiträge zu den Sach- und Haftpflichtversicherungen für während der Bauzeit eintretende Schäden sind Werbungskosten, soweit sie der Erwerber als Versicherungsnehmer gezahlt hat.

c) Rechtliche Einordnung der vom Bauherrn aufzubringenden Kosten

21 Die Kosten, die der Bauherr im Zusammenhang mit der Errichtung des Gebäudes oder der Eigentumswohnung aufzubringen hat, können Anschaffungskosten des Grund und Bodens und – bei Beitritt nach Baubeginn – des bereits erstellten Teils des Gebäudes oder der Eigentumswohnung, Herstellungskosten des Gebäudes oder der Eigentumswohnung oder sofort abziehbare Werbungskosten sein. Zu den nachstehenden Aufwendungen gilt Folgendes: **130**

– Gebühren für die Vermittlung und die damit verbundene Bearbeitung der Zwischen- und Endfinanzierung

22 Diese Geldbeschaffungskosten sind in Höhe der marktüblichen Konditionen als Werbungskosten abziehbar. Erfahrungsgemäß betragen sie insgesamt 2 v. H. des jeweils vermittelten Darlehens. Der darüber hinausgehende Teil ist den Herstellungskosten des Gebäudes oder der Eigentumswohnung und den Anschaffungskosten anteilig hinzuzurechnen. Hat der Bauherr derartige Gebühren gezahlt, obwohl er die Finanzierung selbst beschafft, sind diese in vollem Umfang auf die Herstellungskosten des Gebäudes oder der Eigentumswohnung und die Anschaffungskosten aufzuteilen.

– Gebühren für die Vermittlung des Objekts oder Eigenkapitals und des Treuhandauftrags, Abschlussgebühren, Courtage, Agio, Beratungs- und Bearbeitungsgebühren sowie Platzierungsgarantiegebühren

23 Diese Kosten sollen Leistungen des Anlageberaters an den Bauherrn abgelten. Sie sind auf die Erlangung des Bauobjekts gerichtet und gehören deshalb anteilig zu den Herstellungskosten des Gebäudes oder der Eigentumswohnung und zu den Anschaffungskosten (vgl. BFH-Urteil vom 13. Oktober 1983, BStBl. 1984 II S. 101).

– Kosten für die Ausarbeitung der technischen, wirtschaftlichen und steuerlichen Grundkonzeption, für die Werbung der Bauinteressenten, für die Prospektprüfung und sonstige Vorbereitungskosten

24 Diese Kosten decken regelmäßig Kosten der Initiatoren des Bauvorhabens ab. Werden solche Aufwendungen vom Bauherrn übernommen, gehören sie anteilig zu den Herstellungskosten des Gebäudes oder der Eigentumswohnung und zu den Anschaffungskosten.

– Treuhandgebühren

25 Die Leistungen des Treuhänders betreffen zum Teil die Geldbeschaffung und die spätere Vermietung. Die hierauf entfallenden Teile der Treuhandgebühren können als Werbungskosten abgezogen werden. Zum Teil betreffen die Leistungen des Treuhänders die Anschaffung des Grund und

Anl c zu § 21

Bodens. Deshalb gehört z. B. das Entgelt für die Mitwirkung beim Abschluss des Grundstückskaufvertrags oder für die Bewirkung der Grundbuchumschreibung bezüglich des Grunderwerbs im Namen des Bauherrn zu den Anschaffungskosten des Grund und Bodens. Zum Teil stehen die Leistungen des Treuhänders mit der Herstellung des Gebäudes oder der Eigentumswohnung im Zusammenhang. Die darauf entfallenden Teile der Treuhandgebühren gehören deshalb zu den Anschaffungs- oder Herstellungskosten des Gebäudes oder der Eigentumswohnung. Hierzu rechnen z. B. Entgeltsanteile für
- die Vergabe der Gebäudeplanung durch den Treuhänder im Namen des Bauherrn,
- die Vertretung des Bauherrn gegenüber Baubehörden,
- die sachliche und zeitliche Koordination aller für die Durchführung des Bauvorhabens erforderlichen Leistungen,
- die Stellung des Antrags auf Baugenehmigung für den Bauherrn oder für die Abgabe der zur Begründung des Wohnungseigentums von den künftigen Eigentümern erforderlichen Erklärungen,
- die Entgegennahme und Verwaltung der Geldmittel,
- die Beaufsichtigung des Baubetreuers.

Erfahrungsgemäß betrifft die Tätigkeit des Treuhänders überwiegend den Herstellungsbereich, während auf den Finanzierungsbereich und den Bereich der späteren Vermietung nur ein geringer Teil seiner gesamten Tätigkeit entfällt. Deshalb kann ein Viertel der Kosten für die Leistungen des Treuhänders, in aller Regel jedoch nicht mehr als 0,5 v. H. der Gesamtaufwendungen den Werbungskosten zugeordnet werden. Nicht zu den Gesamtaufwendungen gehören die in RdNr. 15 und RdNr. 23 genannten Aufwendungen. Der nicht als Werbungskosten anzuerkennende Teil der Treuhandgebühr ist anteilig den Herstellungskosten des Gebäudes oder der Eigentumswohnung und den Anschaffungskosten zuzuordnen.

– Baubetreuungskosten

26 Leistungen im Rahmen der technischen Baubetreuung (z. B. Beschaffung der Baugenehmigung, Erstellen von Leistungsverzeichnissen und Baufristenplänen, Bauaufsicht, Bauabnahme und dergleichen) sind dem Herstellungsbereich zuzuordnen. Im Rahmen der wirtschaftlichen Baubetreuung ist eine Vielzahl von unterschiedlichen Leistungen zu erbringen. Auch hierbei ist stets zu prüfen, ob die Aufwendungen des Bauherrn zu den Herstellungskosten des Gebäudes oder der Eigentumswohnung, den Anschaffungskosten oder den sofort abziehbaren Werbungskosten gehören. Anschaffungskosten des Grund und Bodens sind z. B. Kosten für die Regelung der eigentums- und bauplanungsrechtlichen Verhältnisse am Grundstück, z. B. betreffend Abtretung von Straßenland, Vorbereitung und Abschluss von Erschließungs- und Versorgungsverträgen sowie für Maßnahmen bei Vermessung und Erschließung des Grundstücks. Im Wesentlichen betreffen die Leistungen die Herstellung des Gebäudes oder der Eigentumswohnung.

Zu den Herstellungskosten gehören z. B. Entgeltsanteile für
- die Vertretung des Bauherrn gegenüber Baubehörden, den an der Baudurchführung beteiligten Architekten, Ingenieuren und bauausführenden Unternehmen,
- Vorbereitung und Abschluss der mit der technischen Abwicklung des Bauprojekts zusammenhängenden Verträge,
- die Aufstellung eines Geldbedarfs- und Zahlungsplans in Koordination mit dem Baufristenplan,
- die Führung eines Baugeld-Sonderkontos für den Bauherrn,
- die Vornahme des gesamten das Bauobjekt betreffenden Zahlungsverkehrs,
- die laufende Unterrichtung des Treuhänders,
- die Übersendung von Auszügen des Baukontos,
- die Erstellung der Schlussabrechnung und die Erteilung der dazu erforderlichen Informationen an den Treuhänder,
- die sachliche und zeitliche Koordination aller für die Durchführung des Bauvorhabens erforderlichen Leistungen,
- eine Wirtschaftlichkeitsberechnung, die zur Beurteilung der Wirtschaftlichkeit des Herstellungsvorgangs für den Bauherrn erstellt worden ist.

Zu den sofort abziehbaren Werbungskosten gehören z. B. Entgeltsanteile für
- eine Wirtschaftlichkeitsberechnung, die Finanzierungszwecken des Bauherrn zu dienen bestimmt ist,
- Leistungen, die den Vermietungsbereich betreffen,
- Leistungen, die den Betreuungsbereich nach Fertigstellung des Objekts (z. B. Abschluss von Wartungsverträgen) betreffen.

Nach allgemeiner Erfahrung können den Werbungskosten ein Achtel der Gebühren für die wirtschaftliche Betreuung, in aller Regel jedoch nicht mehr als 0,5 v. H. des Gesamtaufwands genannten Aufwendungen zugeordnet werden. Nicht zu den Gesamtaufwendungen gehören die in den RdNr. 15 und RdNr. 23 genannten Aufwendungen. Der nicht als Werbungskosten anzuerkennende Teil der Gebühren für die wirtschaftliche Baubetreuung ist anteilig den Herstellungskosten des Gebäudes oder der Eigentumswohnung und den Anschaffungskosten zuzuordnen.

– Bürgschaftsgebühren für die Zwischen- und Endfinanzierung, Ausbietungsgarantie

27 Neben den Voraussetzungen der RdNr. 17 2. Absatz ist eine weitere vom Anleger darzulegende Voraussetzung für die Anerkennung der im Zusammenhang mit der Finanzierung stehenden Gebühren, dass die selbstschuldnerische Garantie oder Bürgschaft vom Darlehensgläubiger nachweislich gefordert und bei diesem auch hinterlegt worden ist. Gebühren für die Übernahme von Bürgschaftsverpflichtungen gegenüber dem Kreditgeber zur Sicherstellung der Zwischenfinanzierung können unabhängig von der Zahl der Bürgen in Höhe einer bankültlichen Avalprovision (insgesamt 2 v. H. jährlich des verbürgten und zugesagten Betrags) den Werbungskosten zugerechnet werden. Mit Rücksicht auf die übrigen bestehenden Sicherungen können Gebühren für die Übernahme der Bürgschaft für die

Endfinanzierung und der Ausbietungsgarantie einmalig, d. h. für den gesamten Zeitraum und unabhängig von der Zahl der Bürgen und Garantiegeber, in Höhe von insgesamt 0,5 v. H. der in Anspruch genommenen Darlehensmittel den Werbungskosten zugerechnet werden. Der nicht als Werbungskosten anzuerkennende Teil dieser Gebühren ist anteilig den Herstellungskosten des Gebäudes oder der Eigentumswohnung und den Anschaffungskosten zuzuordnen. Anl c zu § 21

– Gebühren für die Preissteigerungs-, Kosten-, Vertragsdurchführungs-(Fertigstellungs-)Garantie

28 Vergütungen für die Übernahme solcher Garantien gegenüber dem Bauherrn sind keine sofort abziehbaren Werbungskosten. Sie sind grundsätzlich den Herstellungskosten des Gebäudes oder der Eigentumswohnung zuzurechnen. Gebühren für die Vertragsdurchführungsgarantie gehören in den Fällen, in denen die Garantie z. B. auf die Werbung von Bauinteressenten gerichtet ist, anteilig zu den Herstellungskosten des Gebäudes oder der Eigentumswohnung und den Anschaffungskosten. Bezieht sich bei der Herstellung von Eigentumswohnungen die Garantie auf die Finanzierung des gesamten Bauvorhabens, handelt es sich in der Regel um eine Vertragsdurchführungsgarantie, so dass die Kosten hierfür anteilig zu den Herstellungskosten des Gebäudes oder der Eigentumswohnung und den Anschaffungskosten gehören.

29 Als Werbungskosten kommen darüber hinaus Aufwendungen in Betracht, die nach den Grundsätzen der RdNr. 12 bis 20 sofort abziehbar sind. Soweit Gebühren im Sinne von RdNr. 17 bis RdNr. 19 nicht als Werbungskosten anerkannt werden können, gehören die Kosten anteilig zu den Herstellungskosten des Gebäudes oder der Eigentumswohnung und den Anschaffungskosten.

2. Anwendung der Grundsätze bei anderen Wirtschaftsgütern

30 Die vorstehenden Grundsätze gelten entsprechend, wenn Gegenstand des Gesamtobjekts oder des vergleichbaren Modells mit nur einem Kapitalanleger nicht eine Immobilie, sondern ein anderes Wirtschaftsgut ist.

II. Geschlossene Fonds[1 · 2]

31 Die nachstehenden Regelungen gelten im Grundsatz für alle Fonds. Die ertragsteuerliche Behandlung von Film- und Fernsehfonds richtet sich im Einzelnen nach den BMF-Schreiben vom 23. Februar 2001 (BStBl. I S. 175)[3] und vom 5. August 2003 (BStBl. I S. 406). **131**

1. Einkunftserzielung

32 Erfüllt ein geschlossener Fonds in der Rechtsform der Personengesellschaft in der gesellschaftsrechtlichen Verbundenheit seiner Gesellschafter den Tatbestand der Einkunftserzielung, ist auf der Ebene der Gesellschaft zu entscheiden, ob Aufwendungen, die die Gesellschaft trägt, Herstellungskosten, Anschaffungskosten, Betriebsausgaben oder Werbungskosten sind. Der auf der Ebene der Gesellschaft ermittelte Überschuss der Einnahmen über die Werbungskosten oder der Gewinn ist den einzelnen Gesellschaftern zuzurechnen (vgl. BFH-Beschluss vom 19. August 1986, BStBl. 1987 II S. 212, m. w. N.).

2. Erwerbereigenschaft eines Fonds auf Grund fehlender wesentlicher Einflussnahmemöglichkeiten

33 Ein geschlossener Fonds ist nach den Grundsätzen der BFH-Urteile zur ertragsteuerlichen Behandlung der Eigenkapitalvermittlungsprovision und anderer Gebühren vom 8. Mai 2001 (BStBl. II S. 720) und vom 28. Juni 2001 (BStBl. II S. 717) immer dann als Erwerber anzusehen, wenn der Initiator der Gesellschaft ein einheitliches Vertragswerk vorgibt und die Gesellschafter in ihrer gesellschaftsrechtlichen Verbundenheit keine Möglichkeit besitzen, hierauf Einfluss zu nehmen. **132**

34 Für die Herstellereigenschaft ist es wegen der besonderen Konzeption geschlossener Fonds bei gewerblichen Fonds erforderlich, dass die Mitwirkungsrechte der Gesellschafter über die zur Anerkennung der Mitunternehmereigenschaft nach § 15 Abs. 1 Satz 1 Nr. 2 EStG geforderte Initiative hinausgehen; auch bei vermögensverwaltenden Fonds müssen die Mitwirkungsrechte weiter gehen als die einem Kommanditisten nach dem HGB zustehenden Rechte. Wesentliche Einflussnahmemöglichkeiten entstehen nicht bereits dadurch, dass der Initiator als Gesellschafter oder Geschäftsführer für den Fonds gehandelt hat oder handelt. Die Einflussnahmemöglichkeiten müssen den Gesellschaftern selbst gegeben sein, die sie innerhalb des Fonds im Rahmen der gesellschaftsrechtlichen Verbundenheit ausüben. Eine Vertretung durch bereits konzeptionell vorbestimmte Dritte (z. B. Treuhänder, Beiräte) reicht nicht aus. Einem von den Gesellschaftern selbst aus ihrer Mitte bestimmten Beirat oder einem vergleichbaren Gremium dürfen weder der Initiator noch Personen aus dessen Umfeld angehören. Über die Einrichtung und Zusammensetzung eines Beirats dürfen allein die Gesellschafter frühestens zu einem Zeitpunkt entscheiden, in dem mindestens 50 v. H. des prospektierten Kapitals eingezahlt sind.

35 Eine ausreichende Einflussnahmemöglichkeit ist gegeben, wenn der Fonds rechtlich und tatsächlich in der Lage ist, wesentliche Teile des Konzepts zu verändern. Das kann auch dann bejaht werden, wenn Entscheidungsalternativen für die wesentlichen Konzeptbestandteile angeboten werden. Allein die Zustimmung zu den vom Initiator vorgelegten Konzepten oder Vertragsentwürfen bedeutet keine ausreichende Einflussnahme. Die Gesellschafter müssen vielmehr über die wesentlichen Vertragsgestaltungen und deren Umsetzung tatsächlich selbst bestimmen können.

36 Die Einflussnahmemöglichkeiten dürfen auch faktisch nicht ausgeschlossen sein.

---

[1] Zu Windkraftfonds: siehe auch *BFH-Urteil vom 14. 4. 2011 IV R 15/09 (BStBl. II S. 706).*
[2] Zu Schiffsfonds: siehe auch *BFH-Urteil vom 14. 4. 2011 IV R 8/10 (BStBl. II S. 709).*
[3] Abgedruckt als Anlage c zu R 15.8 EStR.

Anl c zu § 21

37 Die Umsetzung der wesentlichen Konzeptbestandteile und Abweichungen hiervon sind durch geeignete Unterlagen vollständig zu dokumentieren.

3. Rechtliche Einordnung der von einem Fonds ohne wesentliche Einflussnahmemöglichkeiten der Anleger aufzubringenden Kosten

a) Anschaffungskosten

133 **38** Zu den Anschaffungskosten des Fonds gehören grundsätzlich alle Aufwendungen, die im wirtschaftlichen Zusammenhang mit der Abwicklung des Projekts in der Investitionsphase anfallen. RdNr. 9 gilt entsprechend. Ohne Bedeutung ist in diesem Zusammenhang, ob diese Aufwendungen von dem Gesellschafter unmittelbar geleistet werden oder ob ein Teil seiner Einlage mit oder ohne sein Wissen für diese Zahlungen verwendet wird. Unbeachtlich ist weiterhin, ob diese Aufwendungen an den Initiator des Projektes oder an Dritte gezahlt werden. Zu den Anschaffungskosten gehören darüber hinaus stets Haftungs- und Geschäftsführungsvergütungen für Komplementäre, Geschäftsführungsvergütungen bei schuldrechtlichem Leistungsaustausch und Vergütungen für Treuhandkommanditisten, soweit sie auf die Investitionsphase entfallen.

b) Betriebsausgaben oder Werbungskosten

39 Aufwendungen, die nicht auf den Erwerb des ggf. sanierten oder modernisierten Wirtschaftsguts gerichtet sind und die auch der (Einzel-)Erwerber außerhalb einer Fondsgestaltung als Betriebsausgaben oder Werbungskosten abziehen könnte, sind nicht den Anschaffungskosten des Objekts zuzurechnen.

40 Für den Abzug von Betriebsausgaben oder Werbungskosten gelten RdNrn. 5 bis 7 und 11 bis 20 entsprechend. Die in RdNr. 11 (letzter Gliederungspunkt) aufgeführte rechtliche und tatsächliche Abwahlmöglichkeit der Leistung muss den Anlegern in ihrer gesellschaftsrechtlichen Verbundenheit gegeben sein.

4. Rechtliche Einordnung der von einem Fonds mit wesentlichen Einflussnahmemöglichkeiten der Anleger aufzubringenden Kosten

134 **41** Haben die Anleger eines geschlossenen Fonds wesentliche Einflussnahmemöglichkeiten im Sinne der RdNr. 33 bis 37, richtet sich die Abgrenzung zwischen Erwerber- und Herstellereigenschaft nach den allgemeinen Grundsätzen zu § 6 Abs. 1 Nr. 1 EStG.

a) Herstellungs-, Modernisierungs- oder Sanierungsfonds

42 Für die Abgrenzung der Anschaffungskosten, Herstellungskosten und sofort abziehbaren Werbungskosten sowie Betriebsausgaben bei einem Fonds, der ein Wirtschaftsgut herstellt oder modernisiert sowie saniert, gelten die Ausführungen in RdNr. 5 bis 7 sowie 21 bis 29 entsprechend. In Fällen der Instandsetzung und Modernisierung von Gebäuden gilt zusätzlich das BMF-Schreiben vom 18. Juli 2003, BStBl. I S. 386.[1] Ferner können insbesondere folgende Aufwendungen sofort abziehbare Werbungskosten sein:

aa) Eigenkapitalvermittlungsprovisionen[2]

43[3] Provisionen, die die Fondsgesellschaft für die Vermittlung des Eintritts von Gesellschaftern zahlt, sind in der Regel Betriebsausgaben oder Werbungskosten (BFH-Urteil vom 24. Juli 1987, BStBl. II S. 810). Bemessungsgrundlage ist das jeweils vermittelte Eigenkapital. Hierzu gehören neben der Einlage des Gesellschafters auch ein an die Gesellschaft zu leistendes Agio sowie ein Gesellschafterdarlehen, wenn es eigenkapitalähnlichen Charakter hat. Das ist grundsätzlich der Fall, wenn das Darlehen derselben zeitlichen Bindung wie die Gesellschaftereinlage unterliegt und zur Erreichung des Gesellschaftszwecks notwendig ist. Ist bei Refinanzierung der Einlage oder des Gesellschafterdarlehens das Refinanzierungsdarlehen durch Gesellschaftsvermögen gesichert, gehören die Beträge nur zum Eigenkapital, soweit das Refinanzierungsdarlehen gleichzeitig durch Vermögen des Gesellschafters tatsächlich gesichert ist. Provisionen von bis zu insgesamt höchstens 6 v. H. des vermittelten Eigenkapitals können den Betriebsausgaben oder Werbungskosten zugerechnet werden. Damit sind sämtliche Vertriebsleistungen Dritter, die auf die Werbung von Gesellschaftern gerichtet und nicht den Anschaffungs- oder Herstellungskosten zuzurechnen sind, abgegolten. Hierzu gehören insbesondere die Aufwendungen für die Prospekterstellung, Prospektprüfung und Übernahme der Prospekthaftung, für den Außenvertrieb, für Werbung und für Marketing. Der nicht als Betriebsausgaben oder Werbungskosten anzuerkennende Teil der Eigenkapitalvermittlungsprovision ist gegebenenfalls anteilig den Anschaffungs- oder Herstellungskosten des Objekts zuzuordnen.

bb) Haftungs- und Geschäftsführungsvergütungen für Komplementäre

44 Vergütungen, die der Komplementär für die Übernahme der Haftung oder Geschäftsführung aufgrund gesellschaftsrechtlich wirksamer Vereinbarung erhält, mindern, soweit sie nicht unangemessen sind, die Ergebnisanteile der übrigen Gesellschafter (vgl. BFH-Urteil vom 7. April 1987, BStBl. II S. 707). Die Haftungsvergütungen können wie Bürgschaftsgebühren entsprechend RdNr. 27 behandelt werden, soweit die dort genannten Höchstbeträge noch nicht ausgeschöpft sind. Wegen der steuerlichen Behandlung der Geschäftsführungsvergütung vgl. RdNr. 45.

---

[1] Abgedruckt als Anlage zu R 21.1 EStR.
[2] Zu Provisionsrückzahlungen siehe H 21.2 (Fonds, geschlossene).
[3] Bestätigt durch *BFH-Urteil vom 14. 4. 2011 IV R 15/09 (BStBl. II S. 706).*

cc) Geschäftsführungsvergütungen bei schuldrechtlichem Leistungsaustausch

45 Vergütungen, die ein Gesellschafter für die Übernahme der Geschäftsführung erhält, können wie entsprechende Leistungen an einen Nichtgesellschafter auf einem schuldrechtlichen Leistungsaustausch beruhen (zur Abgrenzung vgl. BFH, Urteil vom 13. Oktober 1998, BStBl. 1999 II S. 284, und Urteil vom 23. Januar 2001, BStBl. II S. 621). In diesem Fall kommt ein Betriebsausgaben- oder Werbungskostenabzug auf der Gesellschaftsebene in Betracht. Die Geschäftsführung während der Investitionsphase betrifft im Wesentlichen die Tätigkeiten i. S. der RdNr. 25 und 26. Hierzu zählen z. B. auch die „Verwaltung" der Gesellschaft, die Mittelverwaltung und die „Buchführung", die Unterrichtung der Beteiligten über den Fortgang des Projekts und die Einberufung von Gesellschafterversammlungen (Gesellschafterbetreuung). Diese Tätigkeiten sind untrennbar mit der Erstellung des Fondsobjekts verbunden. Die während der Investitionsphase geleisteten Geschäftsführungsvergütungen einschließlich der auf die Zeit nach Abschluss der Investition entfallenden Beträge sind in dem Verhältnis aufzuteilen, in dem die Geschäftsführungstätigkeit die Baubetreuung und die Treuhandtätigkeit im Sinne der RdNr. 25 und 26 betrifft. Die jeweiligen Anteile sind gegebenenfalls mit weiteren für die Baubetreuung oder Treuhandtätigkeit gezahlten Gebühren zusammenzufassen und nach den Grundsätzen der RdNr. 25 und 26 zu behandeln.

b) Erwerberfonds

46 Für die Abgrenzung der Anschaffungskosten von den sofort abziehbaren Werbungskosten oder Betriebsausgaben bei einem Fonds, der ein fertig gestelltes und nutzungsbereites Wirtschaftsgut erwirbt, gelten die Ausführungen in RdNr. 38 bis 40 entsprechend. Die von der Gesellschaft zu zahlende Eigenkapitalvermittlungsprovision ist nach den Grundsätzen der RdNr. 43 zu behandeln.

c) Konzeptionsgebühren und Platzierungsgarantiegebühren

47 Konzeptionsgebühren und Platzierungsgarantiegebühren gehören nicht zu den Betriebsausgaben oder Werbungskosten (vgl. RdNr. 23 und 24 sowie BFH-Beschluss vom 19. August 1986, a. a. O.).

d) Kosten für die Vertretung der Gesellschafter

48 Vergütungen, die Gesellschafter für die Wahrnehmung ihrer Interessen in der Gesellschaft an Dritte zahlen, sind entsprechend der tatsächlichen Gegenleistung in Anschaffungskosten, Herstellungskosten und sofort abziehbaren Werbungskosten oder Betriebsausgaben aufzuteilen. Soweit sie den Anschaffungskosten oder Herstellungskosten zuzuordnen sind, sind sie in einer Ergänzungsrechnung zu erfassen oder in einer Ergänzungsbilanz zu aktivieren. Soweit sie sofort abziehbare Werbungskosten oder Betriebsausgaben darstellen, sind sie Sonderwerbungskosten oder Sonderbetriebsausgaben des betreffenden Gesellschafters. Werden diese Kosten gemäß Gesellschafterbeschluss von der Gesellschaft übernommen, ist die Aufteilung auf der Ebene der Gesamthand vorzunehmen.

e) Späterer Beitritt von Gesellschaftern

49 Aufwendungen, die vor dem Beitritt eines Gesellschafters zu einer Fondsgesellschaft rechtlich entstanden und gezahlt worden sind, gehören bei dem Gesellschafter zu den Anschaffungskosten. Rechtlich entstandene Aufwendungen, die nach dem Beitritt eines Gesellschafters von der Gesellschaft gezahlt werden und bei der Ermittlung der Einkünfte auf der Ebene der Gesellschaft den Betriebsausgaben oder Werbungskosten zuzurechnen sind, sind bei dem neu eintretenden Gesellschafter Betriebsausgaben oder Werbungskosten, wenn er mit ihnen belastet wird (vgl. BFH-Beschluss vom 19. August 1986, a. a. O.).

III. Erstmalige Anwendung

50 Dieses Schreiben ist in allen Fällen anzuwenden, in denen ein bestandskräftiger Steuerbescheid noch nicht vorliegt. Soweit die Anwendung der RdNr. 15 und 26 dieses Schreibens zu einem Nachteil gegenüber der bisherigen Verwaltungsauffassung bei der Steuerfestsetzung führt, ist dieses Schreiben erstmals für Darlehensverträge und Baubetreuungsverträge anzuwenden, die nach dem 31. Dezember 2003 abgeschlossen werden. Soweit die Anwendung dieser Grundsätze im Übrigen zu einer Verschärfung der Besteuerung gegenüber der bisher geltenden Verwaltungspraxis führt, sind die Grundsätze nicht anzuwenden, wenn der Außenvertrieb der Fondsanteile vor dem 1. September 2002 begonnen hat und der Steuerpflichtige dem Fonds vor dem 1. Januar 2004 beitritt. Der Außenvertrieb beginnt in dem Zeitpunkt, in dem die Voraussetzungen für die Veräußerung der konkret bestimmbaren Fondsanteile erfüllt sind und die Gesellschaft selbst oder über ein Vertriebsunternehmen mit Außenwirkung an den Markt herangetreten ist. 135

51 Die BMF-Schreiben vom 31. August 1990 (BStBl. I S. 366),[1] und vom 1. März 1995 (BStBl. I S. 167), vom 24. Oktober 2001 (BStBl. I S. 780)[1] und vom 29. November 2002 (BStBl. I S. 1388)[1] werden aufgehoben.

d) Schreiben betr. Einkunftserzielung bei den Einkünften aus Vermietung und Verpachtung

Anl d zu § 21

Vom 8. Oktober 2004 (BStBl. I S. 933)

(BMF IV C 3 – S 2253 – 91/04)

Nach dem Beschluss des Großen Senats vom 25. Juni 1984 (BStBl. II S. 751) setzt eine einkommensteuerrechtlich relevante Betätigung oder Vermögensnutzung im Bereich der Überschusseinkünfte die Absicht voraus, auf Dauer gesehen nachhaltig Überschüsse zu erzielen. 136

[1] Letztmals abgedruckt im „Handbuch zur ESt-Veranlagung 2002" als Anlage zu § 21 EStG.

Anl d zu § 21

1 Bei den Einkünften aus Vermietung und Verpachtung ist nach ständiger Rechtsprechung des Bundesfinanzhofs (vgl. BFH-Urteil vom 30. September 1997, BStBl. 1998 II S. 771, m. w. N.) bei einer auf Dauer angelegten Vermietungstätigkeit grundsätzlich ohne weitere Prüfung vom Vorliegen der Einkunftserzielungsabsicht auszugehen.[1]

2 Dies gilt nur dann nicht, wenn besondere Umstände oder Beweisanzeichen gegen das Vorliegen einer Einkunftserzielungsabsicht sprechen oder besondere Arten der Nutzung für sich allein Beweisanzeichen für eine private, nicht mit der Erzielung von Einkünften zusammenhängende Veranlassung sind.[2]

3 Zur einkommensteuerlichen Ermittlung der Einkünfte aus Vermietung und Verpachtung hat der Bundesfinanzhof mit Urteilen vom 21. November 2000 (BStBl. 2001 II S. 705), 6. November 2001 (BStBl. 2002 II S. 726), 9. Juli 2002 (BStBl. 2003 II S. 580 u. S. 695), 5. November 2002 (BStBl. 2003 II S. 646 u. S. 914), 9. Juli 2003 (BStBl. II S. 940) und vom 22. Juli 2003 (BStBl. II S. 806) seine Rechtsprechung weiter präzisiert.

Unter Bezugnahme auf das Ergebnis der Erörterungen mit den obersten Finanzbehörden des Bundes und der Länder sind die Grundsätze dieser Urteile mit folgender Maßgabe anzuwenden:

1. Auf Dauer angelegte Vermietungstätigkeit

4 Eine Vermietungstätigkeit ist auf Dauer angelegt, wenn sie nach den bei Beginn der Vermietung ersichtlichen Umständen keiner Befristung unterliegt (vgl. aber RdNr. 28). Hat der Steuerpflichtige den Entschluss, auf Dauer zu vermieten, endgültig gefasst, gelten die Grundsätze des Urteils vom 30. September 1997 (RdNr. 1) für die Dauer seiner Vermietungstätigkeit auch dann, wenn er das bebaute Grundstück später auf Grund eines neu gefassten Entschlusses veräußert (BFH-Urteil vom 9. Juli 2002, BStBl. 2003 II S. 580, m. w. N.).

2. Gegen die Einkunftserzielungsabsicht sprechende Beweisanzeichen

a) Nicht auf Dauer angelegte Vermietungstätigkeit

137 **5** Hat sich der Steuerpflichtige nur für eine vorübergehende Vermietung entschieden, wie es regelmäßig bei der Beteiligung an einem Mietkaufmodell (BFH-Urteil vom 9. Februar 1993, BStBl. 1993 II S. 658) oder einem Bauherrenmodell mit Rückkaufangebot oder Verkaufsgarantie (BFH-Urteil vom 22. April 1997, BStBl. II S. 650, m. w. N.) der Fall ist, bildet dies ein gegen die Einkunftserzielungsabsicht sprechendes Beweisanzeichen, wenn voraussichtlich Werbungskostenüberschüsse erzielt werden. Gleiches gilt auch außerhalb modellhafter Gestaltungen, wenn sich der Steuerpflichtige bei der Anschaffung oder Herstellung noch nicht endgültig entschieden hat, ob er das Grundstück langfristig vermieten will.[3]

6 Liegen Umstände vor, aus denen geschlossen werden kann, dass sich der Steuerpflichtige die Möglichkeit ausbedungen oder offen gehalten hat, das Mietobjekt innerhalb einer bestimmten Frist, innerhalb der er einen positiven Gesamtüberschuss nicht erzielen kann, unabhängig von einer Zwangslage zu verkaufen oder nicht mehr zur Einkunftserzielung zu nutzen, ist die Einkunftserzielungsabsicht zu verneinen. Beweisanzeichen hierfür können zum Beispiel der Abschluss eines entsprechenden Zeitmietvertrages,[4] einer entsprechenden kurzen Fremdfinanzierung oder die Suche nach einem Käufer schon kurze Zeit nach Anschaffung oder Herstellung des Gebäudes sein. Gleiches gilt für den Fall der Kündigung eines bestehenden Mietverhältnisses, in das der Steuerpflichtige mit der

---

[1] Diese Grundsätze gelten nur für die Vermietung von Wohnungen (auch wenn der Mieter das Objekt nicht zu Wohnzwecken nutzt), nicht indes für die Vermietung von Gewerbeobjekten, *BFH-Urteil vom 20. 7. 2010 IX R 49 (BStBl. II S. 1038), vom 19. 2. 2013 IX R 7/10 (BStBl. II S. 436)* und vom 9. 10. 2013 IX R 2/13 (BStBl. II S. 527) und für die Vermietung unbebauter Grundstücke, *BFH-Urteil vom 1. 4. 2009 IX R 39/08 (BStBl. II S. 776).*

[2] Zu einer Wohnung in einem aufwändig gestalteten oder ausgestatteten Wohnhaus, deren besonderen Wohnwert die Marktmiete nicht angemessen berücksichtigt. *BFH-Urteil vom 6. 10. 2004 IX R 30/03 (BStBl. 2005 II S. 386).*

Auch der Umstand, dass der Stpfl. die Anschaffungs- oder Herstellungskosten des Vermietungsobjekts sowie anfallende Schuldzinsen mittels Darlehen finanziert, die zwar nicht getilgt, indes bei Fälligkeit durch den Einsatz von parallel laufenden Lebensversicherungen abgelöst werden sollen, führt nicht dazu, dass bei einer auf Dauer angelegten Vermietungstätigkeit die Einkünfteerzielungsabsicht zu prüfen ist. *BFH-Urteile vom 19. 4. 2005 IX R 10/04 (BStBl. II S. 692) und vom 19. 4. 2005 IX R 15/04 (BStBl. II S. 754).*

Die Einkunftserzielungsabsicht ist bei langfristiger Vermietung jedoch zu prüfen, wenn der Stpfl. die Anschaffungs- oder Herstellungskosten des Vermietungsobjekts sowie anfallende Schuldzinsen fremdfinanziert und somit Zinsen auflaufen lässt, ohne dass durch ein Finanzierungskonzept von vornherein deren Kompensation durch spätere positive Ergebnisse vorgesehen ist. *BFH-Urteil vom 10. 5. 2007 IX R 7/07 (BStBl. II S. 873).*

Bei der Vermietung mehrerer Objekte (Gebäude und Gebäudeteile), die sich auf einem Grundstück befinden, bezieht sich die Prüfung der Einkünfteerzielungsabsicht auf jedes einzelne Objekt. *BFH-Urteil vom 1. 4. 2009 IX R 39/08 (BStBl. II S. 776)* und vom 9. 10. 2013 X R 2/13 (BStBl. 2014 II S. 527). Auch bei Vorliegen eines einheitlichen Mietvertrags ist die Einkünfteerzielungsabsicht für jedes einzelne vermietete Objekt gesondert zu prüfen. *BFH-Urteil vom 26. 11. 2008 IX R 67/07 (BStBl. 2009 II S. 370).*

Maßgeblich ist die Einkünfteerzielungsabsicht des jeweiligen Stpfl., der den Handlungstatbestand der Vermietung verwirklicht. Es erfolgt keine Zurechnung der Einkünfteerzielungsabsicht seines Rechtsvorgängers. *BFH-Urteil vom 22. 1. 2013 IX R 13/12 (BStBl. II S. 533).*

[3] Soll nach dem Konzept eines geschlossenen Immobilienfonds in der Rechtsform einer Personengesellschaft die Vermietungstätigkeit des Fonds nur 20 Jahre umfassen, ist sie nicht auf Dauer ausgerichtet. *BFH-Urteil vom 2. 7. 2008 IX B 46/2008 (BStBl. II S. 815).*

[4] Allein der Abschluss eines Mietvertrages auf eine bestimmte Zeit rechtfertigt noch nicht den Schluss, auch die Vermietungstätigkeit sei nicht auf Dauer ausgerichtet. Wird bereits im Mietverhältnis die Befristung mit einer ausdrücklich erklärten Selbstnutzungs- oder Verkaufsabsicht verknüpft, spricht dies gegen eine auf Dauer angelegte Vermietung. *BFH-Urteil vom 14. 12. 2004 IX R 1/04 (BStBl. 2005 II S. 211).*

Anschaffung des Objekts eingetreten ist (zur Anwendung vgl. RdNr. 41).[1] Die Inanspruchnahme von Sonderabschreibungen oder erhöhten Absetzungen bei Gebäuden reicht zur Widerlegung der Einkunftserzielungsabsicht allein nicht aus. Anl d zu § 21

7 Ein gegen die Einkunftserzielungsabsicht sprechendes Beweisanzeichen liegt auch dann vor, wenn der Steuerpflichtige ein bebautes Grundstück oder eine Wohnung innerhalb eines engen zeitlichen Zusammenhangs – von in der Regel bis zu fünf Jahren – seit der Anschaffung oder Herstellung veräußert oder selbst nutzt und innerhalb dieser Zeit nur einen Werbungskostenüberschuss erzielt.[2] Je kürzer der Abstand zwischen der Anschaffung oder Errichtung des Objekts und der nachfolgenden Veräußerung oder Selbstnutzung ist, umso mehr spricht dies gegen eine auf Dauer angelegte Vermietungstätigkeit und für eine von vornherein bestehende Veräußerungs- oder Selbstnutzungsabsicht (BFH-Urteile vom 9. Juli 2002).

Beispiel:

A erwirbt mit Wirkung vom Januar 01 eine gebrauchte Eigentumswohnung, die er zunächst fremdvermietet. Ende Juli 03 kündigt er das Mietverhältnis mit Ablauf des 31. Dezember 03 wegen Eigenbedarf. Nach Durchführung von Renovierungsarbeiten für insgesamt 30 000 € zieht A selbst in das Objekt ein.

Dass A das Mietobjekt innerhalb von fünf Jahren seit der Anschaffung tatsächlich selbst nutzt, spricht gegen eine auf Dauer angelegte Vermietungstätigkeit. Kann A keine Umstände darlegen und nachweisen, die dafür sprechen, dass er den Entschluss zur Selbstnutzung erst nachträglich (neu) gefasst hat, ist anhand einer Prognose zu prüfen, ob er aus der befristeten Vermietung einen Totalüberschuss erzielen kann. Diese Prognose bezieht sich grundsätzlich auf die Zeit bis einschließlich Dezember 03. Die Kosten der erst nach Beendigung der Vermietungstätigkeit durchgeführten Renovierungsmaßnahme können nicht als Werbungskosten abgezogen werden und sind daher auch nicht zusätzlich in diese Prüfung einzubeziehen.

8 Selbstnutzung ist gegeben, wenn der Steuerpflichtige die Wohnung selbst nutzt oder sie unentgeltlich Dritten zur Nutzung überlässt.

9 Die objektive Beweislast (Feststellungslast) für das Vorliegen der Einkunftserzielungsabsicht trägt der Steuerpflichtige. Er kann das gegen die Einkunftserzielungsabsicht sprechende Beweisanzeichen erschüttern, indem er Umstände schlüssig darlegt und ggf. nachweist, die dafür sprechen, dass er den Entschluss zur Veräußerung oder zur Selbstnutzung erst nachträglich gefasst hat (BFH-Urteil vom 9. Juli 2002, BStBl. 2003 II S. 695).

10 Stellt sich das Fehlen einer Einkunftserzielungsabsicht (als Haupttatsache) erst zu einem späteren Zeitpunkt heraus, etwa durch nachträglich bekannt gewordene oder entstandene negative Beweisanzeichen (als Hilfstatsachen), kommt eine Änderung bestandskräftiger Steuerbescheide nach § 173 Abs. 1 Nr. 1 AO in Betracht (vgl. BFH-Urteil vom 6. Dezember 1994, BStBl. 1995 II S. 192).

b) Verbilligte Überlassung einer Wohnung

11 Nach § 21 Abs. 2 EStG ist die Nutzungsüberlassung in einen entgeltlichen und in einen unentgeltlichen Teil aufzuteilen, wenn das Entgelt für die Überlassung einer Wohnung zu Wohnzwecken (Kaltmiete und gezahlte Umlagen) weniger als 56 v. H.[3] (bis einschließlich Veranlagungszeitraum 2003: 50 v. H.) der ortsüblichen Marktmiete[4] beträgt.

Der Bundesfinanzhof hat mit Urteil vom 5. November 2002 (BStBl. 2003 II S. 646) eine Aufteilung auch für Mieten von mindestens 50 v. H. der ortsüblichen Marktmiete (vgl. *R 162 EStR*)[5] vorgenommen, wenn die auf Grund einer verbilligten Vermietung angezeigte Überschussprognose zur Überprüfung der Einkunftserzielungsabsicht negativ ist.

12 Bei einer langfristigen Vermietung ist grundsätzlich vom Vorliegen einer Einkunftserzielungsabsicht auszugehen, wenn das Entgelt nicht weniger als 75 v. H. der ortsüblichen Marktmiete beträgt.

13[6, 7] Beträgt das Entgelt 56 v. H.[3] und mehr, jedoch weniger als 75 v. H. der ortsüblichen Marktmiete, ist die Einkunftserzielungsabsicht anhand einer Totalüberschussprognose zu prüfen (vgl. RdNr. 37). Führt diese zu positiven Ergebnissen, sind die mit der verbilligten Vermietung zusammenhängenden Werbungskosten in voller Höhe abziehbar. Ist die Überschussprognose negativ, muss die Vermietungstätigkeit in einen entgeltlichen und einen unentgeltlichen Teil aufgeteilt werden. Die anteilig auf den entgeltlichen Teil entfallenden Werbungskosten sind abziehbar.

14 Bei Überlassung eines Mietobjekts zu einem Entgelt, das unter 56 v. H.[3] der ortsüblichen Marktmiete liegt, ist die Nutzungsüberlassung in einen entgeltlichen und in einen unentgeltlichen Teil aufzuteilen. Die geltend gemachten Aufwendungen sind insoweit zu berücksichtigen, als sie auf den entgeltlichen Teil entfallen. In diesem Fall entfällt die Prüfung der Einkunftserzielungsabsicht in Bezug auf die verbilligte Miete (BFH-Urteil vom 22. Juli 2003, BStBl. II S. 806).[8]

15 Für die Beurteilung der Einkunftserzielungsabsicht ist es ohne Belang, ob an fremde Dritte oder an Angehörige verbilligt vermietet wird.

---

[1] Wird mit dem Eigentumserwerb eine Vermietung mit einem noch drei Jahre und vier Monate dauernden Mietverhältnis begonnen, kann dies als nicht auf Dauer angelegt gewertet werden. *BFH-Urteil vom 22. 1. 2013 IX R 13/12 (BStBl. II S. 533).*

[2] Auch die Veräußerung innerhalb eines engen zeitlichen Zusammenhangs seit der Anschaffung/Herstellung an eine die Vermittlung der Immobilie fortführende gewerblich geprägte Personengesellschaft, an der der bisherige Vermieter selbst beteiligt ist, spricht gegen die Einkünfteerzielungsabsicht, *BFH-Urteil vom 9. 3. 2011 IX R 50/10 (BStBl. II S. 704).*

[3] Ab VZ 2012 bis VZ 2020: 66 %; ab VZ 2021: 50 %.

[4] Siehe *BFH-Urteil vom 10. 5. 2016 IX R 44/15 (BStBl. II S. 835).*

[5] Jetzt: R 21.3 EStR.

[6] Ab VZ 2012 bis VZ 2020 keine Anwendung, siehe § 21 Abs. 2 a. F.

[7] Ab VZ 2021: Anwendung der Rdnr. 13 mit der Maßgabe, dass 56% durch 50% und 75% durch 66% ersetzt wird.

[8] Siehe aber Rdnr. 2.

Anl d zu § 21

c) Vermietung von Ferienwohnungen[1]

– Ausschließliche Vermietung

16 Bei einer ausschließlich an wechselnde Feriengäste vermieteten und in der übrigen Zeit hierfür bereit gehaltenen Ferienwohnung ist ohne weitere Prüfung von der Einkunftserzielungsabsicht des Steuerpflichtigen auszugehen. Diese Grundsätze gelten unabhängig davon, ob der Steuerpflichtige die Ferienwohnung in Eigenregie oder durch Einschalten eines fremden Dritten vermietet (BFH-Urteile vom 21. November 2000 – BStBl. 2001 II S. 705 – und vom 5. November 2002 – BStBl. 2003 II S. 914).[2]

17 Dem Steuerpflichtigen obliegt die Feststellungslast, dass ausschließlich eine Vermietung der Ferienwohnung vorliegt. Davon kann ausgegangen werden, wenn der Steuerpflichtige einen der folgenden Umstände glaubhaft macht:

- Der Steuerpflichtige hat die Entscheidung über die Vermietung der Ferienwohnung einem ihm nicht nahe stehenden Vermittler (überregionaler Reiseveranstalter, Kurverwaltung o. a.) übertragen und eine Eigennutzung vertraglich für das gesamte Jahr ausgeschlossen.
- Die Ferienwohnung befindet sich im ansonsten selbst genutzten Zwei- oder Mehrfamilienhaus des Steuerpflichtigen oder in unmittelbarer Nähe zu seiner selbst genutzten Wohnung. Voraussetzung ist jedoch, dass die selbst genutzte Wohnung nach Größe und Ausstattung den Wohnbedürfnissen des Steuerpflichtigen entspricht. Nur wenn die selbst genutzte Wohnung die Möglichkeit zur Unterbringung von Gästen bietet, kann davon ausgegangen werden, dass der Steuerpflichtige die Ferienwohnung nicht selbst nutzt.
- Der Steuerpflichtige hat an demselben Ort mehr als eine Ferienwohnung und nutzt nur eine dieser Ferienwohnungen für eigene Wohnzwecke oder in Form der unentgeltlichen Überlassung. Hiervon kann ausgegangen werden, wenn Ausstattung und Größe einer Wohnung auf die besonderen Verhältnisse des Steuerpflichtigen zugeschnitten sind.
- Die Dauer der Vermietung der Ferienwohnung entspricht zumindest dem Durchschnitt der Vermietungen in der am Ferienort üblichen Saison.[2]

18 In den übrigen Fällen muss der Steuerpflichtige das Fehlen der Selbstnutzung schlüssig darlegen und ggf. nachweisen. Bei einer zu geringen Zahl der Vermietungstage muss der Steuerpflichtige die Absicht einer auf Dauer angelegten Vermietungstätigkeit durch entsprechend gesteigerte Werbemaßnahmen – z. B. durch häufige Zeitungsanzeigen – nachweisen.

19 Keine Selbstnutzung sind kurzfristige Aufenthalte des Steuerpflichtigen in der Ferienwohnung zu Wartungsarbeiten, Schlüsselübergabe an Feriengäste, Reinigung bei Mieterwechsel, allgemeiner Kontrolle, Beseitigung von durch Mieter verursachten Schäden, Durchführung von Schönheitsreparaturen oder Teilnahme an Eigentümerversammlungen. Begleiten den Steuerpflichtigen jedoch dabei Familienmitglieder oder Dritte oder dauert der Aufenthalt mehr als einen Tag, sind die dafür maßgebenden Gründe zu erläutern. Dabei ist schlüssig darzulegen und ggf. nachzuweisen, dass der (mehrtägige) Aufenthalt während der normalen Arbeitszeit vollständig mit Arbeiten für die Wohnung ausgefüllt war (BFH-Urteil vom 25. November 1993, BStBl. 1994 II S. 350). Dies gilt insbesondere dann, wenn es sich um Aufenthalte während der am Ferienort üblichen Saison handelt.

20 Wird in einem späteren Veranlagungszeitraum die Ferienwohnung vermietet und (zeitweise) selbst genutzt (vgl. RdNr. 21), muss ab diesem Zeitpunkt eine Prüfung der Einkunftserzielungsabsicht erfolgen.

– Zeitweise Vermietung und zeitweise Selbstnutzung

21 Selbstnutzung ist gegeben, wenn der Steuerpflichtige die Wohnung selbst nutzt oder sie unentgeltlich Dritten zur Nutzung überlässt. Wird eine Ferienwohnung zeitweise vermietet und zeitweise selbst genutzt oder behält sich der Steuerpflichtige eine zeitweise Selbstnutzung vor, ist diese Art der Nutzung Beweisanzeichen für eine auch private, nicht mit der Einkunftserzielung zusammenhängende Veranlassung der Aufwendungen. In diesen Fällen ist die Einkunftserzielungsabsicht stets zu prüfen.[3] Der Steuerpflichtige muss im Rahmen der ihm obliegenden Feststellungslast für die Anerkennung dieser Absicht objektive Umstände vortragen, auf Grund derer im Beurteilungszeitraum ein Totalüberschuss (s. RdNr. 39) erwartet werden konnte.

– Zuordnung der Leerstandszeiten

22 Hat der Steuerpflichtige die Selbstnutzung zeitlich beschränkt (z. B. bei der Vermietung durch einen Dritten), ist nur die vorbehaltene Zeit der Selbstnutzung zuzurechnen; im Übrigen ist die Leerstandszeit der Vermietung zuzuordnen. Ist die Selbstnutzung dagegen jederzeit möglich, sind die Leerstandszeiten im Wege der Schätzung entsprechend dem Verhältnis der tatsächlichen Selbstnutzung zur tatsächlichen Vermietung aufzuteilen.

23 Lässt sich der Umfang der Selbstnutzung nicht aufklären, ist davon auszugehen, dass die Leerstandszeiten der Ferienwohnung zu gleichen Teilen durch das Vorhalten zur Selbstnutzung und das Bereithalten zur Vermietung entstanden sind und damit die hierauf entfallenden Aufwendungen zu je 50 v. H. der Selbstnutzung und der Vermietung zuzuordnen sind.

---

[1] Ergänzend siehe *OFD Niedersachsen vom 18. 6. 2010 S. 2254 – 52 – St 233/St 234 (DStR S. 1842).*

[2] Bei einer ausschließlich an wechselnde Feriengäste vermieteten und in der übrigen Zeit hierfür bereitgehaltenen Ferienwohnung ist die Einkünfteerzielungsabsicht des Stpfl. ausnahmsweise anhand einer Prognose zu überprüfen, wenn das Vermieten die ortsübliche Vermietungszeit von Ferienwohnungen – ohne dass Vermietungshindernisse gegeben sind – erheblich unterschreitet; hiervon ist bei einem Unterschreiten von mindestens 25% auszugehen; insoweit ist die in RdNr. 16 erwähnte Rechtsprechung überholt. *BFH-Urteil vom 26. 10. 2004 IX R 57/02 (BStBl. 2005 II S. 388), vom 24. 8. 2006 IX R 15/06 (BStBl. 2007 II S. 256) und vom 26. 5. 2020 IX R 33/19 (BStBl. II S. 548).*

[3] Bestätigt durch *BFH-Urteil vom 16. 4. 2013 IX R 26/11 (BStBl. II S. 613).*

Anl d zu § 21

d) Leer stehende Immobilie[1]

24 Ein gegen die Einkunftserzielungsabsicht sprechendes Beweisanzeichen liegt dann vor, wenn sich der Steuerpflichtige bei Erwerb eines Objekts noch nicht entschieden hat, ob er dieses veräußern, selbst nutzen oder dauerhaft vermieten will (vgl. RdNr. 5). Sind zum Beispiel bei mehrjähriger Renovierung Bemühungen zur Fertigstellung der Baumaßnahmen nicht erkennbar, kann dies Beweisanzeichen für einen fehlenden Entschluss zur dauerhaften Vermietung sein. Hat sich der Steuerpflichtige jedoch zur dauerhaften Vermietung einer leer stehenden Wohnung entschlossen, gilt RdNr. 1 auch dann, wenn er die leer stehende Immobilie aufgrund eines neu gefassten Beschlusses selbst nutzt oder veräußert (siehe auch RdNr. 6).

25 Eine Einkunftserzielungsabsicht kann schon vor Abschluss eines Mietvertrags über eine leer stehende Wohnung vorliegen. Dementsprechend können bereits vor dem Anfall von Einnahmen Aufwendungen als vorab entstandene Werbungskosten abgezogen werden, sofern anhand objektiver Umstände festgestellt werden kann, dass der Steuerpflichtige den Entschluss zur dauerhaften Vermietung endgültig gefasst hat.[2]

26[3, 4] Steht eine Wohnung nach vorheriger auf Dauer angelegter Vermietung leer, sind Aufwendungen als Werbungskosten so lange abziehbar, wie der Steuerpflichtige den Entschluss, mit dieser Wohnung Einkünfte zu erzielen, nicht endgültig aufgegeben hat. Solange sich der Steuerpflichtige ernsthaft und nachhaltig um eine Vermietung der leer stehenden Wohnung bemüht – z. B. durch Einschaltung eines Maklers, fortgesetzte Zeitungsinserate u. Ä. –, kann regelmäßig nicht von einer endgültigen Aufgabe der Einkunftserzielungsabsicht ausgegangen werden, selbst wenn er – z. B. wegen mehrjähriger Erfolglosigkeit einer Vermietung – die Wohnung zugleich zum Verkauf anbietet (BFH-Urteil vom 9. Juli 2003, BStBl. II S. 940, m. w. N.).

27[5] Für die Ernsthaftigkeit und Nachhaltigkeit der Vermietungsbemühungen als Voraussetzungen der fortbestehenden Einkunftserzielungsabsicht trägt der Steuerpflichtige die Feststellungslast.[6]

Beispiel:

B ist Eigentümer einer seit 15 Jahren zu ortsüblichen Konditionen vermieteten Eigentumswohnung. Nach dem Auszug des Mieters bemüht er sich nicht ernsthaft und nachhaltig um einen Nachmieter. Nach einer Leerstandszeit von zwei Jahren vermietet B die Wohnung zu einem auf 60 v. H. der ortsüblich erzielbaren Miete ermäßigten Mietzins an seine Schwester.

Während der Leerstandszeit fehlt es an einem ausreichend bestimmten wirtschaftlichen Zusammenhang mit der Erzielung von Einkünften aus Vermietung und Verpachtung. Als Folge der objektiven Ungewissheit über die Einkunftserzielungsabsicht muss der Werbungskostenabzug daher in diesem Zeitraum entfallen. Die spätere und auf Dauer angelegte Vermietung an die Schwester begründet zwar eine erneute Vermietungstätigkeit, die auf die vorangehende Leerstandszeit aber nicht zurückwirkt. Werbungskosten sind daher erst wieder von dem Zeitpunkt an abziehbar, zu dem sich der auf einer Absichtsänderung beruhende endgültige Vermietungsentschluss anhand objektiver Umstände feststellen lässt.

Infolge der gewährten Verbilligung ist zusätzlich festzustellen, ob B über die Dauer dieses Mietverhältnisses regelmäßig innerhalb eines Zeitraums von 30 Jahren seit Abschluss des Mietvertrags ein positives Gesamtergebnis erzielen kann. Weder die aus der ursprünglichen Fremdvermietung erzielten Erträge noch die der Leerstandszeit zuzurechnenden und steuerrechtlich irrelevanten Aufwendungen fließen in diese Prüfung ein (vgl. RdNr. 34, 1. Tiret).[7]

---

[1] Zur Einkünfteerzielungsabsicht bei jahrelangem Leerstand siehe auch *BFH-Urteil vom 25. 6. 2009 IX R 54/08 (BStBl. 2010 II S. 124).*

[2] Bestätigt durch *BFH-Urteil vom 28. 10. 2008 IX R 1/07 (BStBl. 2009 II S. 848),* wonach Aufwendungen für eine zunächst selbst bewohnte, anschließend leer stehende und noch nicht vermietete Wohnung als vorab entstandene Werbungskosten anerkannt werden können, wenn der endgültige Entschluss, diese Wohnung zu vermieten, durch ernsthafte und nachhaltige Vermietungsbemühungen belegt wird. Es steht dem Stpfl. frei, die Bewerbung des Mietobjekts selbst zu bestimmen, *BFH-Urteil vom 11. 12. 2012 IX R 68/10 (BStBl. 2013 II S. 367).*

[3] Lässt sich nach einem längeren Zeitraum des Wohnungsleerstands nicht absehen, ob und wann das Objekt im Rahmen der Einkunftsart Vermietung und Verpachtung genutzt werden kann und wurden keine nachhaltigen Vermietungsbemühungen entfaltet, kann ein wirtschaftlicher Zusammenhang zwischen Aufwendungen und der Einkunftsart sowie der Einkünfteerzielungsabsicht zu verneinen sein, *BFH-Urteil vom 11. 8. 2010 IX R 3/10 (BStBl. 2011 II S. 166).*

[4] Ein besonders lang andauernder Leerstand kann auch nach vorheriger auf Dauer angelegter Vermietung dazu führen, dass eine vom Stpfl. aufgenommene Einkünfteerzielungsabsicht wegfällt, wenn erkennbar ist, dass das maßgebliche Objekt in absehbarer Zeit nicht wieder vermietet werden kann. *BFH-Urteile vom 11. 12. 2012 IX R 14/12 (BStBl. 2013 II S. 279* und *vom 9. 7. 2013 IX R 48/12 (BStBl. II S. 693).*

Befindet sich die Wohnung in einem nicht vermietbarem Zustand und kann sie aus tatsächlichen und/oder rechtlichen Gründen dauerhaft nicht in einen betriebsbereiten/vermietbaren Zustand versetzt werden, ist die Einkünfteerzielungsabsicht zu verneinen. *BFH-Urteil vom 31. 1. 2017 IX R 17/16 (BStBl. II S. 663).*

Vorübergehende Leerstandszeiten im Rahmen der Untervermietung einzelner Räume innerhalb der Wohnung des Stpfl. können der Vermietungstätigkeit zuzuordnen sein, wenn die einzelnen Räumlichkeiten nach vorheriger, auf Dauer angelegter Vermietung leer stehen und feststeht, dass sie weiterhin für eine Neuvermietung bereitgehalten werden. *BFH-Urteil vom 22. 1. 2013 IX R 19/11 (BStBl. II S. 376)* und *vom 12. 6. 2013 IX R 38/12 (BStBl. II S. 1013).*

[5] Von einer teilweisen Aufgabe der Vermietungsabsicht ist hingegen auszugehen, wenn einzelne Räume der Wohnung nicht mehr zur Vermietung bereitgehalten werden, weil sie anderweitig genutzt und damit in einen neuen Nutzungs- und Funktionszusammenhang gestellt werden. *BFH-Urteil vom 12. 6. 2013 IX R 38/12 (BStBl. II S. 1013).*

Eine erfolgreiche eigenverantwortliche Mietersuche, die zu einer dauerhaften Vermietung geführt hat, kann unter erschwerten Vermietungsbedingungen (z. B. bei einer Vermietung im strukturschwachen ländlichen Raum) ein geeignetes und hinreichendes Beweisanzeichen für die Ernsthaftigkeit und Nachhaltigkeit der Vermietungsabsicht sein. *BFH-Urteil vom 11. 12. 2012 IX R 68/10 (BStBl. 2013 II S. 367).*

[6] Bestätigt durch *BFH-Urteil vom 11. 12. 2012 IX R 14/12 (BStBl. 2013 II S. 279)* und *vom 9. 7. 2013 IX R 48/12 (BStBl. II S. 693).*

[7] VZ 2012 bis 2020 überholt, siehe § 21 Abs. 2 EStG, Aufteilung der verbilligten Vermietung in einen entgeltlichen und einen unentgeltlich vermieteten Teil mit anteiligem Werbungskostenabzug ohne Totalüberschussprognoseprüfung; ab VZ 2021 Aufteilung ohne Totalüberschussprognose erst bei einem Entgelt von weniger als 50 Prozent der ortsüblichen Marktmiete.

Anl d zu § 21

e) Entstehen oder Wegfall der Einkunftserzielungsabsicht

28[1] Die Einkunftserzielungsabsicht kann zu einem späteren Zeitpunkt sowohl begründet werden als auch wegfallen (BFH-Urteil vom 5. November 2002, BStBl. 2003 II S. 914, m. w. N.). Deshalb ist z. B. bei Umwandlung eines ausdrücklich mit Veräußerungs- oder Selbstnutzungsabsicht vereinbarten befristeten Mietvertrags in ein unbefristetes Mietverhältnis oder bei erneuter Vermietung dieser Immobilie nach Auszug des Mieters erneut zu prüfen, ob eine dauernde Vermietungsabsicht vorliegt. Entsprechend ist bei Vereinbarung eines befristeten Mietverhältnisses im Anschluss an eine unbefristete Vermietung oder bei verbilligter Überlassung einer Wohnung nach vorheriger nicht verbilligter Überlassung die Einkunftserzielungsabsicht zu prüfen.

Beispiel:

Wie Beispiel zu RdNr. 27, allerdings vermietet B die Wohnung nach Auszug des Mieters aufgrund eines mit Selbstnutzungsabsicht begründeten Zeitmietvertrags für vier Jahre an einen weiteren Mieter.
Die an das Dauermietverhältnis anschließende, nicht auf Dauer angelegte Fremdvermietung ist gesondert daraufhin zu untersuchen, ob Einkunftserzielungsabsicht gegeben ist (vgl. RdNrn. 6 und 36).

3. Unbebaute Grundstücke

– Verpachtung unbebauter Grundstücke

138 **29** Die Grundsätze des BFH-Urteils vom 30. September 1997 zur Einkunftserzielungsabsicht bei auf Dauer angelegter Vermietung (RdNr. 1) gelten nicht für die dauerhafte Vermietung und Verpachtung von unbebautem Grundbesitz (BFH-Beschluss vom 25. März 2003, BStBl. II S. 479).[2·3] Für die Ermittlung des Totalüberschusses ist RdNr. 33 ff. entsprechend anzuwenden.

4. Personengesellschaften und -gemeinschaften

139 **30** Bei Grundstücksverwaltungsgesellschaften oder -gemeinschaften mit Einkünften aus Vermietung und Verpachtung von Grundstücken sowie bei geschlossenen Immobilienfonds gelten die Grundsätze zu RdNr. 1 ff. entsprechend.

31[4] Bei einer Personengesellschaft mit Einkünften aus Vermietung und Verpachtung, bei der die Einkünfte zunächst auf der Ebene der Gesellschaft zu ermitteln und sodann auf die Gesellschafter zu verteilen sind, muss die Einkunftserzielungsabsicht sowohl auf der Ebene der Gesellschaft als auch auf der Ebene des einzelnen Gesellschafters gegeben sein. Im Regelfall bedarf es insoweit allerdings keiner getrennten Beurteilung (BFH-Urteil vom 8. Dezember 1998, BStBl. 1999 II S. 468). Insbesondere können den einzelnen Gesellschaftern keine steuerrechtlich relevanten Einkünfte zugerechnet werden, wenn (bereits) auf der Gesellschaftsebene keine Einkunftserzielungsabsicht besteht. Liegt hingegen auf der Gesellschaftsebene Einkunftserzielungsabsicht vor, kann gleichwohl diese Absicht eines Gesellschafters dann zweifelhaft sein, wenn er sich z. B. nur kurzfristig zur Verlustmitnahme an einer Gesellschaft beteiligt hat (BFH-Urteil vom 21. November 2000, BStBl. 2001 II S. 789, m. w. N.).

32 Soweit es sich bei der Personengesellschaft jedoch um eine Verlustzuweisungsgesellschaft handelt, besteht zunächst die Vermutung der fehlenden Einkunftserzielungsabsicht (BFH-Urteil vom 21. November 2000). Bei einer Verlustzuweisungsgesellschaft liegt in der Regel eine Einkunftserzielungsabsicht erst von dem Zeitpunkt an vor, in dem nach dem Urteil eines ordentlichen Kaufmanns mit großer Wahrscheinlichkeit ein Totalüberschuss erzielt werden kann. Zur Ermittlung des Totalüberschusses vgl. RdNr. 33 ff.

5. Ermittlung des Totalüberschusses (Überschussprognose)

a) Allgemeine Grundsätze zur Ermittlung des Totalüberschusses

140 **33** Sprechen Beweisanzeichen gegen das Vorliegen der Einkunftserzielungsabsicht (vgl. RdNr. 5 ff.), ist stets zu prüfen, ob ein Totalüberschuss zu erzielen ist. Ob die jeweilige Vermietungstätigkeit einen Totalüberschuss innerhalb des Zeitraums der tatsächlichen Vermögensnutzung erwarten lässt, hängt von einer vom Steuerpflichtigen zu erstellenden Prognose über die voraussichtliche Dauer der Vermögensnutzung, die in dieser Zeitspanne voraussichtlich erzielbaren steuerpflichtigen Einnahmen und anfallenden Werbungskosten ab. In diese Prognose sind alle objektiv erkennbaren Umstände einzubeziehen, zukünftig eintretende Faktoren jedoch nur dann, wenn sie bei objektiver Betrachtung vorhersehbar waren. Die Verhältnisse eines bereits abgelaufenen Zeitraums können wichtige Anhaltspunkte liefern. Dies gilt umso mehr, wenn die zukünftige Bemessung eines Faktors unsicher ist (BFH-Urteil vom 6. November 2001).

---

[1] Bei unbebauten Grundstücken ist die Beurteilung der Vermietungsabsicht im Hinblick auf die vor der Vermietung erforderliche Bebauung großzügiger zu handhaben als bei bebauten Grundstücken, bei denen eine abschließende negative Beurteilung regelmäßig erst dann nicht zu beanstanden ist, wenn ein Mietvertrag über mehr als zehn Jahre nicht zustande gekommen ist. Ein vorsichtiges, auf das Ansparen von Eigenkapital gerichtetes Finanzierungsverhalten spricht nicht gegen eine behauptete Bebauungsabsicht, *BFH-Urteil vom 1. 12. 2015 IX R 9/15 (BStBl. 2016 II S. 335).*

[2] Siehe auch *BFH-Urteile vom 28. 11. 2007 IX R 9/06 (BStBl. 2008 II S. 515)* und *vom 1. 4. 2009 IX R 39/08 (BStBl. II S. 776).*

[3] Vermietet ein Stpfl. auf Grund eines einheitlichen Mietvertrags ein bebautes zusammen mit einem unbebauten Grundstück, gilt die Typisierung der Einkünfteerzielungsabsicht bei auf Dauer angelegter Vermietungstätigkeit nicht für die Vermietung des unbebauten Grundstücks. *BFH-Urteil vom 26. 11. 2009 IX R 67/07 (BStBl. 2009 II S. 370).*

[4] Vermietet eine vermögensverwaltende Personengesellschaft die ihr vom Gesellschafter veräußerten Grundstücke weiter, erfüllt der Gesellschafter gemeinschaftlich mit anderen nach wie vor den objektiven und subjektiven Tatbestand der Einkunftsart der Vermietung und Verpachtung, den er zuvor allein verwirklicht hat. Er hat dann kontinuierlich Einkünfteerzielungsabsicht, vor der Veräußerung allein und nach der Veräußerung zusammen mit anderen. Diese Kontinuität wird unterbrochen, wenn die Personengesellschaft, die die Grundstücke weiterhin vermietet, gewerblich geprägt ist und Einkünfte aus Gewerbebetrieb erzielt, *BFH-Urteil vom 9. 3. 2011 IX R 50/10 (BStBl. II S. 704).*

Anl d zu § 21

34 Dabei ist nach folgenden Grundsätzen zu verfahren:

- Für die Prognose ist nicht auf die Dauer der Nutzungsmöglichkeit des Gebäudes, sondern auf die voraussichtliche Dauer der Nutzung durch den Nutzenden und ggf. seiner unentgeltlichen Rechtsnachfolger abzustellen. Der Prognosezeitraum umfasst – sofern nicht von einer zeitlich befristeten Vermietung auszugehen ist – einen Zeitraum von 30 Jahren (s. auch BFH-Urteile vom 9. Juli 2003).[1] Dieser beginnt grundsätzlich mit der Anschaffung oder Herstellung des Gebäudes; in Fällen der RdNr. 28 mit dem Zeitpunkt, zu dem wegen Veränderung der Verhältnisse der nachträgliche Wegfall oder die nachträgliche Begründung der Einkunftserzielungsabsicht zu prüfen ist, und im Fall der Vermietung nach vorheriger Selbstnutzung mit Beendigung der Selbstnutzung.
- Bei der Ermittlung des Totalüberschusses ist von den Ergebnissen auszugehen, die sich nach den einkommensteuerrechtlichen Vorschriften voraussichtlich ergeben werden. Die Einkunftserzielungsabsicht ist für jede Einkunftsart gesondert zu ermitteln,[2] private Veräußerungsgewinne sind nicht in die auf eine Vermietungstätigkeit bezogene Prognose einzubeziehen, unabhängig davon, ob und ggf. in welcher Höhe sie nach § 23 Abs. 1 Satz 1 Nr. 1 EStG der Besteuerung unterliegen.
- Die Einkunftserzielungsabsicht ist in der Regel jeweils für das einzelne Mietverhältnis gesondert zu prüfen. Abweichend hiervon ist bei der Vermietung von Ferienwohnungen eine objekt-, d. h. wohnungsbezogene Prüfung durchzuführen.

Beispiel 1:

C tritt im Mai 01 durch den Erwerb eines vollständig vermieteten Zweifamilienhauses in die bestehenden Mietverträge ein. Dem Mieter der Erdgeschosswohnung kündigt er wegen Eigenbedarf. In Wahrung der im Einzelfall geltenden Kündigungsschutzfrist besteht das Mietverhältnis allerdings noch bis einschließlich Mai 02 fort, so dass C die Wohnung erst zum 1. Juni 02 bezieht.

Infolge der gegen eine auf Dauer angelegte Vermietung sprechenden Beweisanzeichen ist zu prüfen, ob Einkunftserzielungsabsicht besteht. Hierzu ist zu ermitteln, ob C über die von vornherein befristete Vermietung der Erdgeschosswohnung in der Zeit bis einschließlich Mai 02 einen Totalüberschuss erzielen kann. Die aus der auf Dauer angelegten Vermietung der Obergeschosswohnung erzielten Erträge fließen nicht in diese Prüfung ein.

Beispiel 2:

Wie Beispiel 1, allerdings bezieht nicht C, sondern sein Sohn zum 1. Juni 02 die Erdgeschosswohnung. Grundlage dieser Nutzungsüberlassung bildet ein zwischen den beiden abgeschlossener und einem Fremdvergleich standhaltender Mietvertrag, der aber einen auf 60 v. H. der ortsüblich erzielbaren Miete ermäßigten Mietzins vorsieht.

Wie im Beispiel 1 ist zunächst eigenständig zu prüfen, ob C über die nach wie vor von vornherein befristete Vermietung der Erdgeschosswohnung in der Zeit bis einschließlich Mai 02 einen Totalüberschuss erzielen kann.

Für die Zeit ab Juni 02 ist entsprechend Beispiel zu RdNr. 27 festzustellen, ob C über die Dauer dieses Mietverhältnisses, regelmäßig innerhalb eines Zeitraums von 30 Jahren seit Abschluss des Mietvertrags mit seinem Sohn, ein positives Gesamtergebnis erzielen kann. Hier sind also weder die aus der Vermietung der Obergeschosswohnung noch die aus der vorangegangenen Vermietung der Erdgeschosswohnung erzielten Erträge zu berücksichtigen.[3]

- Bei der Totalüberschussprognose ist für die Gebäudeabschreibung allgemein von der AfA nach § 7 Abs. 4 EStG auszugehen. Die tatsächlich in Anspruch genommenen Absetzungen (also auch Sonderabschreibungen, erhöhte Absetzungen und degressive AfA nach § 7 Abs. 5 EStG) sind regelmäßig nicht anzusetzen (vgl. aber RdNr. 36).
- Die im Prognosezeitraum zu erwartenden Einnahmen und Ausgaben sind zu schätzen. Sofern der Steuerpflichtige keine ausreichenden objektiven Umstände über die zukünftige Entwicklung vorträgt, sind die zu erwartenden Überschüsse anhand des Durchschnitts der in der Vergangenheit in einem bestimmten Zeitraum (in der Regel in den letzten fünf Veranlagungszeiträumen) angefallenen Einnahmen und Werbungskosten zu schätzen. Künftig anfallende Instandhaltungsaufwendungen können in Anlehnung an § 28 der Zweiten Berechnungsverordnung vom 12. Oktober 1990[4] in die Schätzung einbezogen werden.
- Legt der Steuerpflichtige dar, dass er auf die in der Vergangenheit entstandenen Werbungskostenüberschüsse reagiert und die Art und Weise der weiterhin ausgeübten Vermietungstätigkeit geändert hat, ist der Schätzung der Durchschnitt der Einnahmen und Werbungskosten der zukünftigen (in der Regel ebenfalls fünf) Veranlagungszeiträume zu Grunde zu legen, in denen sich die im (jeweiligen) Streitjahr objektiv erkennbar angelegten Maßnahmen erstmals ausgewirkt haben. Die sich so ergebenden Überschüsse sind auf den Rest des Prognosezeitraums hochzurechnen.
- Wegen der Unsicherheitsfaktoren, denen eine Prognose über einen Zeitraum von bis zu 30 Jahren unterliegt, ist bei der Gesamtsumme der geschätzten Einnahmen ein Sicherheitszuschlag von 10 v. H. und bei der Gesamtsumme der geschätzten Werbungskosten ein Sicherheitsabschlag von 10 v. H. vorzunehmen.

Beispiel:

Bei der im Oktober 14 erfolgenden Einkommensteuerveranlagung für das Jahr 13 stellt das Finanzamt fest, dass D eine von ihm im Juli 01 für umgerechnet 100 000 € (Bodenwertanteil 20%) angeschaffte und degressiv nach § 7 Abs. 5 EStG abgesetzte Eigentumswohnung für nach wie vor monatlich 400 € (einschließlich gezahlter Umlagen) an seinen Sohn vermietet. Der für den Veranlagungszeitraum 13 erklärte Verlust hieraus beträgt 1100 €. Die ortsübliche Miete für dieses Jahr (einschließlich umlagefähiger Nebenkosten) beläuft sich auf monatlich 600 €.

Die in den Vorjahren berücksichtigten Verluste belaufen sich auf insgesamt 41 800 €, davon 8500 € in den Jahren 08 bis 12. Schuldzinsen und Bewirtschaftungskosten wurden darin mit 20 500 € berücksichtigt. Nachdem das Finanzamt

---

[1] Der Prognosezeitraum beträgt auch bei einer Verpachtung unbebauten Grundbesitzes 30 Jahre. *BFH-Urteil vom 28. 11. 2007 IX R 9/06 (BStBl. 2008 II S. 515).*

[2] Bestätigt durch *BFH-Urteil vom 9. 3. 2011 IX R 50/10 (BStBl. II S. 604).*

[3] VZ 2012 bis 2020 überholt, siehe § 21 Abs. 2 EStG, Aufteilung der verbilligten Vermietung in einen entgeltlichen und einen unentgeltlich vermieteten Teil mit anteiligem Werbungskostenabzug ohne Totalüberschussprognoseprüfung; ab VZ 2021 Aufteilung ohne Totalüberschussprognose erst bei einem Entgelt von weniger als 50 Prozent der ortsüblichen Marktmiete.

[4] BGBl. 1990 I S. 2190.

Anl d zu § 21

darauf hingewiesen hat, dass für das Jahr 13 infolge der Verbilligung eine Überschussprognose durchzuführen ist, teilt D mit, er hätte die monatliche Miete mit Wirkung ab dem Jahr 15 auf nunmehr 500 € angepasst. Ferner macht er glaubhaft, dass sich die Schuldzinsen ab dem Jahr 14 auf jährlich im Mittel 2000 € und die Bewirtschaftungskosten auf 1800 € belaufen würden. Für das Jahr 14 erklärt D einen Verlust von 1000 €.

Die Mieterhöhung kann bei der für den Veranlagungszeitraum 13 erforderlichen Überschussprognose noch nicht berücksichtigt werden, weil sie in diesem Jahr noch nicht objektiv erkennbar angelegt war. Die auf der Grundlage von 13 geschätzten Mieteinnahmen von jährlich 4800 € (12 × 400 €) sind daher lediglich um den Sicherheitszuschlag von 10% zu erhöhen (geschätzte Jahreseinnahmen somit 5280 €).

Bei den Werbungskosten sind die durchschnittlichen Schuldzinsen und Bewirtschaftungskosten von insgesamt 3800 € zu berücksichtigen. Daneben die nach § 7 Abs. 4 EStG bemessene Jahres-AfA von 1600 € (2% von 80 000 €). Die gesamten Werbungskosten von 5400 € sind um den Sicherheitsabschlag von 10% zu kürzen (prognostizierte Werbungskosten somit 4860 €). Der durchschnittlich prognostizierte Jahresüberschuss beträgt daher 420 € (5280 – 4860 €).

Der Prognosezeitraum umfasst die Jahre 01 bis einschließlich 30. Der auf die Jahre 14 bis 30 (17 Jahre) hochgerechnete Jahresüberschuss von 7140 € (17 × 420 €) ist dem um die degressive AfA bereinigten Verlust der Jahre 01 bis 13 gegenüberzustellen:

angesetzte Verluste 01 bis 12	– 41 800 €
erklärter Verlust 13:	– 1 100 €
Gesamtverlust	– 42 900 €
abzüglich degressive AfA nach § 7 Abs. 5 EStG:	
8 Jahre 5% aus 80 000 €	+ 32 000 €
5 Jahre 2,5% aus 80 000 €	+ 10 000 €
zuzüglich lineare AfA nach § 7 Abs. 4 EStG:	
12,5 Jahre 2% aus 80 000 €	– 20 000 €
bereinigter Verlust:	= – 20 900 €

Für den Prognosezeitraum errechnet sich somit ein insgesamt negatives Gesamtergebnis von 13 760 € (7140 – 20 900 €). Für die Besteuerung im Jahr 13 ist die Vermietung daher in einen entgeltlichen und einen unentgeltlichen Teil aufzuteilen mit der Folge, dass den Einnahmen von 4800 € nur 66,66% der Werbungskosten von 5900 € (= 3933 €) entgegengerechnet werden können. Hieraus ergeben sich positive Einkünfte von 867 €.

Auch für das Jahr 14 ist eine Überschussprognose anzustellen, wobei hier allerdings die Mieterhöhung ab dem Jahr 15 berücksichtigt werden kann. Einschließlich des Sicherheitszuschlages von 10% kann daher nunmehr von geschätzten Mieteinnahmen von jährlich 6600 € ausgegangen werden. Die geschätzten Werbungskosten bleiben mit 4860 € unverändert, so dass ein durchschnittlich prognostizierter Jahresüberschuss von nunmehr 1740 € (6600 – 4860 €) angesetzt werden kann. Hochgerechnet auf die Jahre 15 bis 30 (16 Jahre) ermittelt sich dann ein positiver Betrag von insgesamt 27 840 € (1740 € × 16).

Bereits bei Gegenüberstellung mit den bereinigten Verlusten aus 01 bis 13 (20 900 €) ergibt sich ein insgesamt positives Gesamtergebnis. Der für 14 geltend gemachte Verlust von 1000 € kann daher berücksichtigt werden. Im Jahr 15 beträgt die vereinbarte Miete mehr als 75% der Marktmiete. Es ist daher ohne weitere Prüfung vom Vorliegen einer Einkunftserzielungsabsicht auszugehen (vgl. RdNr. 12).

b) Ermittlung des Totalüberschusses in Sonderfällen

– Einbeziehung der Investitionszulage

35 Die Investitionszulage ist in die Beurteilung der Einkunftserzielungsabsicht einzubeziehen.

– Totalüberschussprognose bei befristeter Vermietung

36 Bei zeitlich befristeter Vermietung ist bei der Prüfung der Einkunftserzielungsabsicht wie folgt zu verfahren (BFH-Urteile vom 9. Juli 2002):

- Ob ein Totalüberschuss zu erzielen ist, ergibt sich – abweichend von RdNr. 34 – aus der den Zeitraum der abgekürzten Vermögensnutzung umfassenden Totalüberschussprognose, d. h. nur die während des befristeten Vermietungszeitraums zufließenden Einnahmen und abfließenden Werbungskosten sind gegenüberzustellen.
- Negative Einkünfte aufgrund von steuerrechtlichen Subventions- und Lenkungsnormen sind in die befristete Totalüberschussprognose einzubeziehen, wenn der jeweilige Zweck der Subventions- und Lenkungsnorm sowie die Art der Förderung dies gebieten. Dies hat zur Folge, dass – anders als bei auf Dauer angelegter Vermietung (vgl. RdNr. 34) – die jeweils tatsächlich in Anspruch genommenen Absetzungen (also auch Sonderabschreibungen, erhöhte Absetzungen und degressive AfA nach § 7 Abs. 5 EStG) und nicht die in fiktiver Anwendung des § 7 Abs. 4 EStG zu ermittelnden linearen Absetzungen anzusetzen sind.[1]

– Totalüberschussprognose bei verbilligter Überlassung

37[2] *Ist bei verbilligter Überlassung einer Wohnung die Einkunftserzielungsabsicht zu prüfen (vgl. RdNr. 13), gelten für die Erstellung der Totalüberschussprognose die Grundsätze der RdNr. 34 f.*

38[2] *Eine Totalüberschussprognose ist auch erforderlich, wenn die Miethöhe im Lauf eines Mietverhältnisses die ortsübliche Marktmiete um mehr als 25 v. H. unterschreitet. In diese Prognose sind auch die in früheren Veranlagungszeiträumen durch Vermietung erzielten Entgelte einzubeziehen.*

– Totalüberschussprognose bei zeitweise vermieteter und zeitweise selbst genutzter Ferienwohnung

39 In die Prognose sind als Werbungskosten nur die Aufwendungen einzubeziehen, die (ausschließlich oder anteilig) auf Zeiträume entfallen, in denen die Ferienwohnung an Feriengäste tatsächlich ver-

---

[1] Siehe aber *BFH-Urteil vom 25. 6. 2009 IX R 24/07 (BStBl. 2010 II S. 127)*, wonach geltend gemachte Sonderabschreibungen nach den §§ 1, 3 und 4 FördG dann nicht in die befristete Totalüberschussprognose einzubeziehen sind, wenn die nachträglichen Herstellungskosten innerhalb der voraussichtlichen Dauer der befristeten Vermietungstätigkeit gemäß § 4 Abs. 3 FördG vollständig abgeschrieben werden.

[2] VZ 2012 bis 2020 überholt siehe § 21 Abs. 2 a. F.; ab VZ 2021 Totalüberschussprognose erforderlich, soweit das Entgelt mindestens 50 Prozent aber weniger als 66 Prozent der ortsüblichen Marktmiete liegt.

mietet oder zur Vermietung angeboten und bereitgehalten worden ist (der Vermietung zuzurechnende Leerstandszeiten), dagegen nicht die auf die Zeit der nicht steuerbaren Selbstnutzung entfallenden Aufwendungen. Der Steuerpflichtige trägt die Feststellungslast dafür, ob und in welchem Umfang die Wohnung selbst genutzt oder zur Vermietung angeboten und bereitgehalten wird.

40 Aufwendungen, die sowohl durch die Selbstnutzung als auch durch die Vermietung veranlasst sind (z. B. Schuldzinsen, Grundbesitzabgaben, Erhaltungsaufwendungen, Gebäudeabschreibungen oder Versicherungsbeiträge), sind im Verhältnis der Zeiträume der jeweiligen Nutzung zueinander aufzuteilen.

6. Anwendungsregelung

41 Dieses Schreiben ersetzt die BMF-Schreiben vom 23. Juli 1992 (BStBl. I S. 434), 29. Juli 2003 **141**
(BStBl. I S. 405), 15. August 2003 (BStBl. I S. 427) und vom 20. November 2003 (BStBl. I S. 640).[1]

Die Grundsätze der RdNr. 5 ff. zur Einkunftserzielungsabsicht bei befristeter Vermietung mit anschließender Selbstnutzung sind erstmals auf Mietverträge anzuwenden, die nach dem 31. Dezember 2003 abgeschlossen werden. In Fällen der Anschaffung von vermieteten bebauten Grundstücken oder Wohnungen sind diese Grundsätze anzuwenden, wenn das Grundstück oder die jeweilige Wohnung auf Grund eines nach dem 8. Oktober 2004 rechtswirksam abgeschlossenen Kaufvertrags oder gleichstehenden Rechtsakts angeschafft wird. Der Zeitpunkt des Abschlusses des Mietvertrages ist in diesen Fällen ohne Bedeutung.

Die Grundsätze der RdNr. 11 ff. zur Einkunftserzielungsabsicht bei verbilligter Überlassung einer Wohnung sind erstmals für den Veranlagungszeitraum 2004 anzuwenden.

Soweit die Anwendung der Grundsätze dieses Schreibens bei geschlossenen Immobilienfonds zu einer Verschärfung der Besteuerung gegenüber der bisher geltenden Verwaltungspraxis führt, sind diese Grundsätze nicht anzuwenden, wenn der Außenvertrieb der Fondsanteile vor dem 8. Oktober 2004 begonnen hat. Dies gilt nicht bei konzeptionellen Änderungen des Fonds. Der Außenvertrieb beginnt in dem Zeitpunkt, in dem die Voraussetzungen für die Veräußerung der konkret bestimmbaren Fondsanteile erfüllt sind und die Gesellschaft selbst oder über ein Vertriebsunternehmen mit Außenwirkung an den Markt herangetreten ist.

e) Schreiben betr. sinngemäße Anwendung des § 15 a EStG bei vermögensverwaltenden Kommanditgesellschaften nach § 21 Absatz 1 Satz 2 EStG; Anwendung des BFH-Urteils vom 2. September 2014 – IX R 52/13 – (BStBl. 2015 II S. 263)

Anl e zu § 21

Vom 15. September 2020 (BStBl. I S. 919)

(BMF IV C 1 – S 2253/08/10006 :033; DOK 2020/0914203)

Inhaltsverzeichnis

Nach § 21 Absatz 1 Satz 2 EStG ist die Verlustausgleichsbeschränkung des § 15 a EStG auf vermögensverwaltende Kommanditgesellschaften mit Einkünften aus Vermietung und Verpachtung sinngemäß anzuwenden. Mit Urteil vom 2. September 2014 – IX R 52/13 – (BStBl. 2015 II S. 263) hat der BFH zur Anwendung von § 15 a EStG auf eine vermögensverwaltende Kommanditgesellschaft entschieden, dass der einem Kommanditisten zuzurechnende nicht ausgeglichene oder abgezogene Werbungskostenüberschuss mit Überschüssen zu verrechnen ist, die dem Kommanditisten in späteren Jahren aus seiner Beteiligung an der Kommanditgesellschaft zuzurechnen sind, und zwar unabhängig von der Einkunftsart.

Unter Bezugnahme auf das Ergebnis der Erörterungen mit den obersten Finanzbehörden der Länder gilt zur Anwendung des § 15 a EStG bei vermögensverwaltenden Kommanditgesellschaften Folgendes:

I. Allgemeine Grundsätze

1 Nach § 21 Absatz 1 Satz 2 i. V. m. § 15 a Absatz 1 Satz 1 EStG ist für Kommanditisten einer ver- **142**
mögensverwaltenden Kommanditgesellschaft der Ausgleich von Verlusten aus Vermietung und Verpachtung mit anderen positiven Einkünften nur möglich, soweit kein negatives Kapitalkonto entsteht oder sich erhöht **(ausgleichsfähiger Verlust).** Darüber hinausgehende Verluste werden dem Kommanditisten zwar zugerechnet, dürfen aber nicht mit anderen Einkünften ausgeglichen oder nach § 10 d EStG abgezogen werden, sondern nur mit in späteren Jahren aus derselben Beteiligung erzielten positiven Einkünften verrechnet werden **(verrechenbarer Verlust).** Der verrechenbare Verlust ist in sinngemäßer Anwendung von § 15 a Absatz 4 EStG jährlich gesondert festzustellen (vgl. Rz. 20).

[1] Letztmals abgedruckt im „Handbuch zur ESt-Veranlagung 2003".

Anl e zu § 21

Übersteigt die im Handelsregister eingetragene Einlage des Kommanditisten die tatsächlich geleistete Einlage, ist § 15 a Absatz 1 Satz 2 und 3 EStG entsprechend zu berücksichtigen (sog. erweiterter Verlustausgleich wegen Außenhaftung). Ob eine Außenhaftung besteht, bestimmt sich nach dem Stand des handelsrechtlichen Kapitalkontos des Kommanditisten am Bilanzstichtag.

II. Fiktives Kapitalkonto

143 **2** Das fiktive Kapitalkonto bildet das dem Kommanditisten nach § 15 a Absatz 1 Satz 1 EStG zur Verfügung stehende Verlustausgleichsvolumen ab. Die ihm zuzurechnenden negativen Einkünfte aus Vermietung und Verpachtung sind nur bis zur Höhe des fiktiven Kapitalkontos mit anderen Einkünften ausgleichsfähig. Wird das fiktive Kapitalkonto negativ oder erhöht sich ein bestehendes negatives fiktives Kapitalkonto, können die negativen Einkünfte aus Vermietung und Verpachtung nur mit späteren positiven Einkünften (nach Maßgabe der folgenden Ausführungen unabhängig von der Einkunftsart) aus der Beteiligung an der Kommanditgesellschaft verrechnet werden.

3 Für die sinngemäße Anwendung des § 15 a Absatz 1 Satz 1 EStG ist es erforderlich, das Verlustausgleichspotential für jeden Kommanditisten mittels eines fiktiven Kapitalkontos nach den für die Ermittlung der Überschusseinkünfte geltenden Grundsätzen zu ermitteln.

Das fiktive Kapitalkonto ermittelt sich aus der von dem jeweiligen Kommanditisten tatsächlich geleisteten Einlage, erhöht um weitere Einzahlungen während der Zeit der Zurechnung der Beteiligung sowie um positive Einkünfte aus seiner Beteiligung und vermindert um die Entnahmen und negativen Einkünfte aus seiner Beteiligung. Die bei einem entgeltlichen Gesellschafterwechsel vom Erwerber aufgewendeten Anschaffungskosten sind bei Ermittlung des fiktiven Kapitalkontos zu berücksichtigen (BFH-Urteil vom 29. Oktober 2019, IX R 38/17, BFH/NV 2020 S. 720). Maßgeblich ist der Stand des fiktiven Kapitalkontos am Ende des Veranlagungszeitraums bzw. am Ende der Beteiligtenstellung.

Die Grundsätze des BMF-Schreibens vom 30. Mai 1997 (BStBl. I S. 627)[1] zum Umfang des Kapitalkontos sind entsprechend anzuwenden.

4 In die Berechnung des fiktiven Kapitalkontos fließen unabhängig von der Einkunftsart alle Vermögenszuflüsse und -abflüsse ein, die durch die Kommanditgesellschaft im Gesamthandsvermögen realisiert werden und dem Kommanditisten aus seiner Beteiligung zuzurechnen sind. Damit gehen unter anderem auch folgende Vermögenszu- und -abflüsse wertmäßig ein:

- Kapitalerträge einschließlich der Gewinne/Verluste aus der Veräußerung von Kapitalvermögen (einschließlich derjenigen, die dem gesonderten Steuertarif nach § 32 d Absatz 1 EStG unterliegen),
- tatsächliche Werbungskosten bei den Einkünften aus Kapitalvermögen – unabhängig von dem Werbungskostenabzugsverbot des § 20 Absatz 9 EStG,
- Verluste aus Kapitalvermögen – unabhängig von den Verlustverrechnungsbeschränkungen des § 20 Absatz 6 EStG,
- steuerbare Veräußerungsgewinne und -verluste i. S. d. § 22 Nummer 2 i. V. m. § 23 EStG,
- nicht steuerbare Veräußerungsgewinne und -verluste,
- steuerfreie Erträge und
- nicht abziehbare Werbungskosten.

5 Einkünfte aus privaten Veräußerungsgeschäften fließen in das fiktive Kapitalkonto i. S. d. § 15 a Absatz 1 Satz 1 EStG ein, wenn sie auf der Veräußerung von Wirtschaftsgütern durch die Kommanditgesellschaft beruhen.

III. Ausgleichsfähige und verrechenbare Verluste i. S. d. § 15 a EStG

1. Bei den Einkünften gemäß § 21 EStG

144 **6** § 15 a EStG ist auf die Einkünfte aus Vermietung und Verpachtung sinngemäß anzuwenden (§ 21 Absatz 1 Satz 2 EStG). Erzielt der Kommanditist aus seiner Beteiligung an der Kommanditgesellschaft negative Einkünfte aus Vermietung und Verpachtung nach § 21 EStG im Gesamthandsvermögen, ist bei der Verlustberücksichtigung danach zu unterscheiden, ob diese Verluste ausgleichsfähig oder lediglich verrechenbar sind.

7 Ausgleichsfähige Verluste können mit allen positiven Einkünften desselben Jahres gleich welcher Einkunftsart ausgeglichen werden, die der Kommanditist aus seiner Beteiligung oder außerhalb seiner Beteiligung erzielt.

8 Ist der Verlust aus Vermietung und Verpachtung nach sinngemäßer Anwendung des § 15 a Absatz 1 EStG lediglich verrechenbar, ist er nach § 15 a Absatz 2 EStG mit positiven Einkünften auszugleichen, die der Kommanditist aus seiner Beteiligung aus der Gesamthand in späteren Jahren erzielt. Dabei ist die Art der positiven Einkünfte unbeachtlich. Der Ausgleich erfolgt in sinngemäßer Anwendung des § 15 a Absatz 2 EStG mit Erträgen aus Kapitalvermögen, die gemäß § 20 i. V. m. § 32 d Absatz 2 EStG (mit Ausnahme des § 32 d Absatz 2 Nummer 3 EStG) der Besteuerung gemäß § 32 a Absatz 1 Satz 2 EStG unterliegen, und steuerpflichtigen Überschüssen aus privaten Veräußerungsgeschäften gemäß § 22 Nummer 2 i. V. m. § 23 EStG. Zur Verrechnungsreihenfolge vgl. Rz. 16 und 17. Der verbleibende verrechenbare Verlust ist entsprechend § 15 a Absatz 4 EStG jährlich gesondert festzustellen.

2. Bei Erträgen/Verlusten gemäß § 20 EStG

9 Nach § 180 Absatz 1 Satz 1 Nummer 2 Buchst. a AO gesondert und einheitlich festgestellte Kapitalerträge, die gemäß § 32 d Absatz 1 EStG dem gesonderten Einkommensteuertarif unterliegen, können mit negativen Einkünften aus Vermietung und Verpachtung aus dieser Beteiligung weder ausgeglichen noch verrechnet werden. Dabei ist unbeachtlich, ob die Kapitalerträge auf Ebene des Kom-

---

[1] Abgedruckt als Anlage a zu § 15 a EStG.

manditisten nach Antragstellung gemäß § 32 d Absatz 2 Nummer 3 oder Absatz 6 EStG der Besteuerung nach § 32 a Absatz 1 Satz 2 EStG unterworfen werden. Die Anwendung von § 32 d Absatz 2 Nummer 3 und Absatz 6 EStG steht nicht im Zusammenhang mit der Beteiligung und findet außerhalb des Feststellungsverfahrens nach § 180 Absatz 1 Satz 1 Nummer 2 Buchstabe a AO statt. Für nicht dem gesonderten Einkommensteuertarif nach § 32 d Absatz 1 EStG unterliegende Kapitalerträge der Kommanditgesellschaft siehe Rz. 8. Anl e zu § 21

10 Erzielt der Kommanditist aus seiner Beteiligung an der Kommanditgesellschaft Verluste gemäß § 20 EStG, die der Anwendung des § 32 d Absatz 1 EStG unterliegen, sind auf Ebene des Kommanditisten die Verlustausgleichsbeschränkungen nach § 20 Absatz 6 EStG zu berücksichtigen.

Verluste aus Kapitalvermögen, die der Anwendung des § 32 d Absatz 1 EStG unterliegen, dürfen im Rahmen der gesonderten und einheitlichen Feststellung gemäß § 20 Absatz 6 Satz 7 EStG nur berücksichtigt werden, wenn eine Bescheinigung i. S. d. § 43 a Absatz 3 Satz 4 EStG vorliegt.

3. Bei Einkünften gemäß § 22 Nummer 2 i. V. m. § 23 EStG

11 Der einem Kommanditisten zuzurechnende, nicht ausgeglichene oder abgezogene Werbungskostenüberschuss nach § 21 Absatz 1 Satz 2 i. V. m. § 15 a Absatz 2 EStG ist mit Überschüssen nach § 22 Nummer 2 i. V. m. § 23 EStG, die dem Kommanditisten aus seiner Beteiligung an der Kommanditgesellschaft zuzurechnen sind, zu verrechnen. Dies gilt auch:

- wenn über den Einkünftetatbestand des § 23 EStG nicht im Rahmen der gesonderten und einheitlichen Feststellung der Einkünfte zu entscheiden war, weil die nur für den Kommanditisten maßgebliche Veräußerungsfrist noch nicht abgelaufen ist (vgl. BFH-Urteil vom 21. Januar 2014 – IX R 9/13 – BStBl. 2016 II S. 515), oder
- wenn der Kommanditist einen steuerbaren Überschuss aus der Veräußerung seiner Beteiligung erzielt (§ 23 Absatz 1 Satz 4 EStG).

12 Die Verlustausgleichsbeschränkung nach § 15 a EStG findet auf Einkünfte i. S. d. § 22 Nummer 2 i. V. m. § 23 EStG keine Anwendung. Die dem Kommanditisten aus seiner Beteiligung an der Kommanditgesellschaft zuzurechnenden anteiligen Verluste aus privaten Veräußerungsgeschäften können daher unabhängig vom fiktiven Kapitalkonto auch mit allen positiven Einkünften aus privaten Veräußerungsgeschäften des Kommanditisten verrechnet werden.

13 Erzielt der Kommanditist aus seiner Beteiligung an der Kommanditgesellschaft aus der Gesamthand negative Einkünfte aus privaten Veräußerungsgeschäften, ist erst auf Ebene des Kommanditisten die Verlustausgleichsbeschränkung nach § 23 Absatz 3 Satz 7 EStG zu berücksichtigen.

IV. Reihenfolge des Verlustausgleichs und der Verlustverrechnung

1. Vorliegen eines ausgleichsfähigen Verlustes

14 Für den ausgleichsfähigen Verlust gelten die allgemeinen Verlustausgleichsregeln. Erzielt der Kommanditist aus der Beteiligung an der Kommanditgesellschaft negative Einkünfte gemäß § 21 EStG und führen diese Einkünfte nicht dazu, dass ein fiktives negatives Kapitalkonto entsteht oder sich erhöht, gelten die allgemeinen Verlustausgleichsregeln. Hinsichtlich des Ausgleichs mit positiven Einkünften aus Kapitalvermögen, die dem gesonderten Steuertarif nach § 32 d Absatz 1 EStG unterliegen, wird auf die Ausführungen unter Rz. 9 verwiesen. **145**

Anmerkungen zu den Beispielen:

- Soweit von „Einkünften/Erträgen aus der Beteiligung" gesprochen wird, ist davon auszugehen, dass diese im Gesamthandsvermögen entstanden sind.
- Aus Vereinfachungsgründen ist ferner davon auszugehen, dass sich die angegebenen Einkünfte/Erträge in nämlicher Höhe auf das fiktive Kapitalkonto ausgewirkt haben.
- Es liegen keine Erträge gemäß § 20 Absatz 1 Nummer 4 EStG vor.

Beispiel 1:

A ist seit Anfang 01 mit einer Einlage von 1000 € (entspricht der Hafteinlage und der tatsächlich geleisteten Einlage i. S. d. § 171 Absatz 1 HGB) an der vermögensverwaltenden Immobilien-KG beteiligt. Im Jahr 01 erzielt A aus der Beteiligung negative Einkünfte gemäß § 21 EStG i. H. v. 2000 €, positive Einkünfte gemäß § 22 Nummer 2 i. V. m. § 23 EStG i. H. v. 1000 € und Erträge gemäß § 20 EStG i. H. v. 2000 €, die dem gesonderten Steuertarif nach § 32 d Absatz 1 EStG unterliegen. Außerdem erzielt A im selben Zeitraum außerhalb seiner Beteiligung positive Einkünfte gemäß § 21 EStG i. H. v. 1000 €.

Lösung:

Entwicklung des fiktiven Kapitalkontos:

Einlage	+ 1000 €
§ 21 EStG	./. 2000 €
§ 23 EStG	+ 1000 €
§ 20 EStG	+ 2000 €
Stand 31. 12. 01	+ 2000 €

Das fiktive Kapitalkonto von A beträgt zum 31. 12. 01 2000 €. Bei der Berechnung des fiktiven Kapitalkontos sind die Einlage (1000 €) sowie sämtliche A zuzurechnenden Einkünfte/Erträge aus der Beteiligung an der Kommanditgesellschaft (§ 21 EStG ./. 2000 €, § 23 EStG 1000 € und § 20 EStG 2000 €) zu berücksichtigen. Die Verlustausgleichsbeschränkung entsprechend § 15 a Absatz 1 EStG greift nicht, da das fiktive Kapitalkonto positiv ist. Es gelten die allgemeinen Verlustausgleichsregeln. Für A werden gemäß § 180 Absatz 1 Satz 1 Nummer 2 Buchst. a AO nach Anwendung von § 15 a EStG folgende Einkünfte/Erträge gesondert und einheitlich festgestellt:

§ 21 EStG	./. 2000 €
§ 23 EStG	1000 €
§ 20 EStG	2000 €

Der verrechenbare Verlust beträgt 0 €.

Anl e zu § 21

Die negativen Einkünfte von A gemäß § 21 EStG i. H. v. 2000 € aus der Beteiligung sind i. H. v. 1000 € mit seinen positiven Einkünften gemäß § 21 EStG, die A außerhalb der Beteiligung erzielt hat, im Rahmen der Einkommensteuerveranlagung auszugleichen. Die übrigen Verluste sind sodann mit den positiven Einkünften von A gemäß § 22 Nummer 2 i. V. m. § 23 EStG aus der Beteiligung auszugleichen. Die Erträge gemäß § 20 EStG aus der Beteiligung haben bereits der Abgeltungsteuer unterlegen.

2. Vorliegen eines verrechenbaren Verlustes

15 Erzielt der Kommanditist aus der Beteiligung an der Kommanditgesellschaft negative Einkünfte aus Vermietung und Verpachtung und führen diese dazu, dass ein negatives fiktives Kapitalkonto entsteht oder sich erhöht, können diese negativen Einkünfte insoweit nur mit späteren positiven Einkünften aus der Beteiligung verrechnet werden.

Beispiel 2:

A ist seit Anfang 01 mit einer Einlage von 1000 € (entspricht der Hafteinlage und der tatsächlich geleisteten Einlage i. S. d. § 171 Absatz 1 HGB) an der vermögensverwaltenden Immobilien-KG beteiligt. Im Jahr 01 erzielt A aus der Beteiligung negative Einkünfte gemäß § 21 EStG i. H. v. 5000 €, positive Einkünfte gemäß § 22 Nummer 2 i. V. m. § 23 EStG i. H. v. 1000 € und Erträge gemäß § 20 EStG ebenfalls i. H. v. 1000 €, die dem gesonderten Steuertarif nach § 32 d Absatz 1 EStG unterliegen. Außerdem erzielt A im selben Zeitraum außerhalb seiner Beteiligung positive Einkünfte gemäß § 21 EStG i. H. v. 5000 €.

Lösung:

Entwicklung des fiktiven Kapitalkontos:

Einlage	+ 1000 €
§ 21 EStG	./. 5000 €
§ 23 EStG	+ 1000 €
§ 20 EStG	+ 1000 €
Stand 31. 12. 01	./. 2000 €

Das fiktive Kapitalkonto von A beträgt zum 31. 12. 01 ./. 2000 €. Bei der Berechnung des fiktiven Kapitalkontos sind die Einlage (1000 €) sowie sämtliche A zuzurechnenden Einkünfte aus der Beteiligung an der Kommanditgesellschaft (§ 21 EStG ./. 5000 €, § 22 Nummer 2 i. V. m. § 23 EStG 1000 € und § 20 EStG 1000 €) zu berücksichtigen. I. H. v. ./. 2000 € greift bei den Einkünften aus Vermietung und Verpachtung in sinngemäßer Anwendung des § 15 a Absatz 1 EStG die Verlustausgleichsbeschränkung ein, da insoweit ein negatives fiktives Kapitalkonto entsteht. Diesen Verlust kann A nur mit positiven Einkünften aus der Beteiligung späterer Jahre verrechnen; sie sind in sinngemäßer Anwendung von § 15 Absatz 4 EStG gesondert festzustellen. I. H. v. ./. 3000 € greift die Verlustausgleichsbeschränkung bei den Einkünften aus Vermietung und Verpachtung nicht. Für diese Verluste gelten die allgemeinen Verlustausgleichsregeln. Für A sind gemäß § 180 Absatz 1 Satz 1 Nummer 2 Buchst. a AO nach Anwendung von § 15 a EStG folgende Einkünfte/Erträge aus der Beteiligung gesondert und einheitlich festzustellen:

§ 21 EStG	./. 3000 €
§ 23 EStG	1000 €
§ 20 EStG	1000 €

2000 € sind in sinngemäßer Anwendung des § 15 a Absatz 4 EStG als verrechenbarer Verlust gesondert festzustellen. Die negativen Einkünfte des A gemäß § 21 EStG i. H. v. 3000 € aus der Beteiligung sind mit den positiven Einkünften aus Vermietung und Verpachtung (5000 €), die er außerhalb der Beteiligung erzielt hat, im Rahmen der Einkommensteuerveranlagung auszugleichen.

16 Erzielt der Kommanditist aus seiner Beteiligung an der Kommanditgesellschaft per Saldo positive Einkünfte gemäß §§ 21, 22 Nummer 2 i. V. m. § 23 EStG oder Kapitalerträge nach § 20 EStG, die nach § 32 d Absatz 2 EStG (mit Ausnahme des § 32 d Absatz 2 Nummer 3 EStG) der Besteuerung nach § 32 a Absatz 1 Satz 2 EStG unterliegen und ist zum 31. Dezember des vorangegangenen Jahres ein verrechenbarer Verlust aus Vermietung und Verpachtung festgestellt worden, sind die positiven Einkünfte aus der Beteiligung vorrangig mit diesem Verlust zu verrechnen. Dabei haben Einkünfte nach § 21 EStG Vorrang.

Beispiel 3:

A ist mit einer Einlage von 1000 € (entspricht der Hafteinlage und der tatsächlich geleisteten Einlage i. S. d. § 171 Absatz 1 HGB) an der vermögensverwaltenden Immobilien-KG beteiligt. Das fiktive Kapitalkonto betrug zum 31. 12. 00 ./. 1000 €. Der zum 31. 12. 00 entsprechend § 15 a EStG festgestellte verrechenbare Verlust aus Vermietung und Verpachtung beträgt 1000 €. Im Jahr 01 erzielt A aus der Beteiligung positive Einkünfte gemäß § 21 EStG i. H. v. 4000 €. Außerhalb seiner Beteiligung hat A noch negative Einkünfte gemäß § 21 EStG i. H. v. 2000 € erzielt.

Lösung:

Entwicklung des fiktiven Kapitalkontos:

Stand 31. 12. 00	./. 1000 €
§ 21 EStG	+ 4000 €
Stand 31. 12. 01	+ 3000 €

Zum 31. 12. 01 beträgt das fiktive Kapitalkonto 3000 € (fiktives Kapitalkonto zum 31. 12. 00: ./.1000 € zuzüglich die dem A zuzurechnenden Einkünfte aus Vermietung und Verpachtung aus der Beteiligung an der Kommanditgesellschaft i. H. v. 4000 €). Im Rahmen der gesonderten und einheitlichen Feststellung sind die positiven Einkünfte aus Vermietung und Verpachtung aus der Beteiligung zunächst mit dem zum 31. 12. 00 entsprechend § 15 a EStG festgestellten verrechenbaren Verlust i. H. v. 1000 € zu verrechnen. Der verrechenbare Verlust ist in sinngemäßer Anwendung des § 15 a Absatz 4 EStG in Höhe von 0 € gesondert festzustellen. Die übrigen Einkünfte aus Vermietung und Verpachtung aus der Beteiligung i. H. v. 3000 € sind gemäß § 180 Absatz 1 Satz 1 Nummer 2 Buchstabe a AO nach Anwendung von § 15 a EStG gesondert und einheitlich festzustellen und in der Einkommensteuerveranlagung von A mit den außerhalb seiner Beteiligung erzielten Verlusten aus Vermietung und Verpachtung i. H. v. 2000 € auszugleichen.

Beispiel 4:

A ist mit einer Einlage von 1000 € (entspricht der Hafteinlage und der tatsächlich geleisteten Einlage i. S. d. § 171 Absatz 1 HGB) an der vermögensverwaltenden Immobilien-KG beteiligt. Das fiktive Kapitalkonto beträgt zum 31. 12. 00 ./. 1000 €. Der zum 31. 12. 00 entsprechend § 15 a EStG festgestellte verrechenbare Verlust beträgt 1000 €. Im Jahr 01 erzielt A aus dieser Beteiligung negative Einkünfte gemäß § 21 EStG i. H. v. 3000 €. Des Weiteren erzielt er aus der Beteiligung positive Einkünfte gemäß § 22 Nummer 2 i. V. m. § 23 EStG i. H. v. 2000 € und Erträge gemäß § 20 EStG

i. H. v. 3000 €, die dem gesonderten Steuertarif nach § 32 d Absatz 1 EStG unterliegen. Außerhalb seiner Beteiligung erzielte A positive Einkünfte gemäß § 21 EStG i. H. v. 6000 €.

Lösung:

Entwicklung des fiktiven Kapitalkontos:

Stand 31. 12. 00	./. 1000 €
§ 21 EStG	./. 3000 €
§ 23 EStG	+ 2000 €
§ 20 EStG	+ 3000 €
Stand 31. 12. 01	+ 1000 €

Das fiktive Kapitalkonto des A beträgt zum 31. 12. 01 1000 €.
Die Verluste aus Vermietung und Verpachtung i. H. v. 3000 € aus der Beteiligung sind damit in voller Höhe ausgleichsfähig. Für die negativen Einkünfte aus Vermietung und Verpachtung gelten die allgemeinen Verlustausgleichsregeln. Die negativen Einkünfte des A gemäß § 21 EStG i. H. v. 3000 € aus der Beteiligung sind mit den positiven Einkünften aus Vermietung und Verpachtung (6000 €), die A außerhalb der Beteiligung erzielt hat, im Rahmen der Einkommensteuerveranlagung auszugleichen.
Der zum 31. 12. 00 entsprechend § 15 a Absatz 4 EStG festgestellte verrechenbare Verlust von 1000 € ist nur mit den positiven Einkünften gemäß § 22 Nummer 2 i. V. m. § 23 EStG zu verrechnen, die A aus der Beteiligung zugeflossen sind. Die Erträge aus Kapitalvermögen, die dem gesonderten Steuertarif gemäß § 32 d Absatz 1 EStG unterliegen, stehen nicht für eine Verlustverrechnung zur Verfügung. Der verrechenbare Verlust ist in sinngemäßer Anwendung des § 15 a Absatz 4 EStG in Höhe von 0 € gesondert festzustellen.
Für A sind gemäß § 180 Absatz 1 Satz 1 Nummer 2 Buchstabe a AO nach Anwendung von § 15 a EStG folgende Einkünfte/Erträge aus der Beteiligung gesondert und einheitlich festzustellen:

§ 21 EStG	./. 3000 €
§ 23 EStG	1000 €
§ 20 EStG	3000 €

Beispiel 5:

A ist mit einer Einlage von 1000 € (entspricht der Hafteinlage und der tatsächlich geleisteten Einlage i. S. d. § 171 Absatz 1 HGB) an der vermögensverwaltenden Immobilien-KG beteiligt. Das fiktive Kapitalkonto beträgt zum 31. 12. 00 ./.1000 €. Der zum 31. 12. 00 entsprechend § 15 a EStG festgestellte verrechenbare Verlust beträgt 1000 €. Im Jahr 01 erzielt A aus dieser Beteiligung positive Einkünfte gemäß § 21 EStG i. H. v. 3000 €. Des Weiteren erzielt A aus der Beteiligung negative Einkünfte gemäß § 22 Nummer 2 i. V. m. § 23 EStG i. H. v. 1000 € und Verluste gemäß § 20 EStG i. H. v. 2000 €, die dem gesonderten Steuertarif nach § 32 d Absatz 1 EStG unterliegen. Außerhalb seiner Beteiligung erzielte A negative Einkünfte gemäß § 21 EStG i. H. v. 2000 €.

Lösung:

Entwicklung des fiktiven Kapitalkontos:

Stand 31. 12. 00	./. 1000 €
§ 21 EStG	+ 3000 €
§ 23 EStG	./. 1000 €
§ 20 EStG	./. 2000 €
Stand 31. 12. 01	./. 1000 €

Das fiktive Kapitalkonto des A beträgt zum 31. 12. 01 ./. 1000 €. Da A positive Einkünfte gemäß § 21 EStG erzielt hat, ist § 15 a Absatz 1 EStG nicht einschlägig. Eine Verlustverrechnung nach § 15 a Absatz 2 EStG ist nicht vorzunehmen, da nach Saldierung sämtlicher Einkunftsarten keine positiven Einkünfte aus der Beteiligung verbleiben. Der verrechenbare Verlust zum 31. 12. 01 ist entsprechend § 15 a EStG unverändert mit 1000 € festzustellen. Er kann nur mit positiven Einkünften aus der Beteiligung in späteren Jahren verrechnet werden. Auf die negativen Einkünfte gemäß § 22 Nummer 2 i. V. m. § 23 EStG i. H. v. 1000 € und die Verluste gemäß § 20 EStG findet § 15 a EStG mangels Regelung keine Anwendung. Zu berücksichtigen sind allerdings die Verlustverrechnungsbeschränkungen gemäß § 22 Nummer 2 i. V. m. § 23 Absatz 3 Satz 7 EStG und § 20 Absatz 6 EStG. Die Einkünfte aus Vermietung und Verpachtung aus der Beteiligung sind in der Einkommensteuerveranlagung des A mit den außerhalb seiner Beteiligung erzielten Verlusten aus Vermietung und Verpachtung i. H. v. 2000 € auszugleichen.

17 Werden in der Gesamthand der Kommanditgesellschaft Überschüsse gemäß § 22 Nummer 2 i. V. m. § 23 EStG erzielt, sind diese vorrangig mit dem zum 31.12. des Vorjahres festgestellten nach § 15 a EStG verrechenbaren Verlust zu verrechnen. Danach verbleibende Überschüsse aus privaten Veräußerungsgeschäften können mit nach § 23 Absatz 3 Satz 8 EStG festgestellten Verlusten ausgeglichen werden.

V. Feststellungsverfahren nach § 180 Absatz 1 Satz 1 Nummer 2 Buchstabe a AO

18 Im Bescheid über die gesonderte und einheitliche Feststellung der gemeinschaftlichen Einkünfte sind die Einkünfte nach Einkunftsarten getrennt auszuweisen. **146**

VI. Gesonderte Feststellung des verrechenbaren Verlustes in sinngemäßer Anwendung des § 15 a Absatz 4 EStG

19 Fließen Überschüsse aus der Beteiligung nicht in die gesonderte und einheitliche Feststellung gemäß § 180 Absatz 1 Satz 1 Nummer 2 Buchst. a AO auf Ebene der Kommanditgesellschaft ein (vgl. Rz. 11), ist ein Ausgleich mit den verrechenbaren Verlusten nur möglich, wenn die Feststellung des verrechenbaren Verlustes noch nicht bestandskräftig geworden ist. **147**

20 Bei im Betriebsvermögen gehaltenen Anteilen an vermögensverwaltenden Kommanditgesellschaften (sog. Zebragesellschaft) erfolgt die Feststellung des verrechenbaren Verlustes nach § 15 a Absatz 4 Satz 3 EStG auf Ebene des für die gesonderte Feststellung des Überschusses der Gesellschaft zuständigen Finanzamts.

VII. Zeitliche Anwendung

21 Dieses Schreiben ist in allen offenen Fällen anzuwenden. § 176 AO findet Anwendung. **148**

g) Sonstige Einkünfte (§ 2 Absatz 1 Satz 1 Nummer 7)

EStG

§ 22 Arten der sonstigen Einkünfte

Sonstige Einkünfte sind

1 **1. Einkünfte aus wiederkehrenden Bezügen, soweit sie nicht zu den in § 2 Absatz 1 Nummer 1 bis 6 bezeichneten Einkunftsarten gehören; § 15 b ist sinngemäß anzuwenden.[1] ② Werden die Bezüge freiwillig oder auf Grund einer freiwillig begründeten Rechtspflicht oder einer gesetzlich unterhaltsberechtigten Person gewährt, so sind sie nicht dem Empfänger zuzurechnen; dem Empfänger sind dagegen zuzurechnen**

a) Bezüge, die von einer Körperschaft, Personenvereinigung oder Vermögensmasse außerhalb der Erfüllung steuerbegünstigter Zwecke im Sinne der §§ 52 bis 54 der Abgabenordnung gewährt werden, und

b) Bezüge im Sinne des § 1 der Verordnung über die Steuerbegünstigung von Stiftungen, die an die Stelle von Familienfideikommissen getreten sind, in der im Bundesgesetzblatt Teil III, Gliederungsnummer 611-4-3, veröffentlichten bereinigten Fassung.

③ Zu den in Satz 1 bezeichneten Einkünften gehören auch

a) Leibrenten und andere Leistungen,

aa) die aus den gesetzlichen Rentenversicherungen, der landwirtschaftlichen Alterskasse, den berufsständischen Versorgungseinrichtungen und aus Rentenversicherungen im Sinne des § 10 Absatz 1 Nummer 2 Buchstabe b erbracht werden, soweit sie jeweils der Besteuerung unterliegen. ② Bemessungsgrundlage für den der Besteuerung unterliegenden Anteil ist der Jahresbetrag der Rente. ③ Der der Besteuerung unterliegende Anteil ist nach dem Jahr des Rentenbeginns und dem in diesem Jahr maßgebenden Prozentsatz aus der nachstehenden Tabelle zu entnehmen:

Jahr des Rentenbeginns	Besteuerungsanteil in %
bis 2005	50
ab 2006	52
2007	54
2008	56
2009	58
2010	60
2011	62
2012	64
2013	66
2014	68
2015	70
2016	72
2017	74
2018	76
2019	78
2020	80
2021	81
2022	82
2023	83
2024	84
2025	85
2026	86
2027	87
2028	88
2029	89
2030	90
2031	91
2032	92
2033	93
2034	94
2035	95
2036	96
2037	97
2038	98
2039	99
2040	100

[1] Zur Anwendung siehe § 52 Abs. 30 i. V. m. Abs. 25 EStG.

④ Der Unterschiedsbetrag zwischen dem Jahresbetrag der Rente und dem der Besteuerung unterliegenden Anteil der Rente ist der steuerfreie Teil der Rente. ⑤ Dieser gilt ab dem Jahr, das dem Jahr des Rentenbeginns folgt, für die gesamte Laufzeit des Rentenbezugs. ⑥ Abweichend hiervon ist der steuerfreie Teil der Rente bei einer Veränderung des Jahresbetrags der Rente in dem Verhältnis anzupassen, in dem der veränderte Jahresbetrag der Rente zum Jahresbetrag der Rente steht, der der Ermittlung des steuerfreien Teils der Rente zugrunde liegt. ⑦ Regelmäßige Anpassungen des Jahresbetrags der Rente führen nicht zu einer Neuberechnung und bleiben bei einer Neuberechnung außer Betracht. ⑧ Folgen nach dem 31. Dezember 2004 Renten aus derselben Versicherung einander nach, gilt für die spätere Rente Satz 3 mit der Maßgabe, dass sich der Prozentsatz nach dem Jahr richtet, das sich ergibt, wenn die Laufzeit der vorhergehenden Renten von dem Jahr des Beginns der späteren Rente abgezogen wird; der Prozentsatz kann jedoch nicht niedriger bemessen werden als der für das Jahr 2005. ⑨ Verstirbt der Rentenempfänger, ist ihm die Rente für den Sterbemonat noch zuzurechnen;

bb) die nicht solche im Sinne des Doppelbuchstaben aa sind und bei denen in den einzelnen Bezügen Einkünfte aus Erträgen des Rentenrechts enthalten sind. ② Dies gilt auf Antrag auch für Leibrenten und andere Leistungen, soweit diese auf bis zum 31. Dezember 2004 geleisteten Beiträgen beruhen, welche oberhalb des Betrags des Höchstbeitrags zur gesetzlichen Rentenversicherung gezahlt wurden; der Steuerpflichtige muss nachweisen, dass der Betrag des Höchstbeitrags mindestens zehn Jahre überschritten wurde; soweit hiervon im Versorgungsausgleich übertragene Rentenanwartschaften betroffen sind, gilt § 4 Absatz 1 und 2 des Versorgungsausgleichsgesetzes entsprechend. ③ Als Ertrag des Rentenrechts gilt für die gesamte Dauer des Rentenbezugs der Unterschiedsbetrag zwischen dem Jahresbetrag der Rente und dem Betrag, der sich bei gleichmäßiger Verteilung des Kapitalwerts der Rente auf ihre voraussichtliche Laufzeit ergibt; dabei ist der Kapitalwert nach dieser Laufzeit zu berechnen. ④ Der Ertrag des Rentenrechts (Ertragsanteil) ist aus der nachstehenden Tabelle zu entnehmen:

Bei Beginn der Rente vollendetes Lebensjahr des Rentenberechtigten	Ertragsanteil in %
0 bis 1	59
2 bis 3	58
4 bis 5	57
6 bis 8	56
9 bis 10	55
11 bis 12	54
13 bis 14	53
15 bis 16	52
17 bis 18	51
19 bis 20	50
21 bis 22	49
23 bis 24	48
25 bis 26	47
27	46
28 bis 29	45
30 bis 31	44
32	43
33 bis 34	42
35	41
36 bis 37	40
38	39
39 bis 40	38
41	37
42	36
43 bis 44	35
45	34
46 bis 47	33
48	32
49	31
50	30
51 bis 52	29
53	28

EStG

Bei Beginn der Rente vollendetes Lebensjahr des Rentenberechtigten	Ertragsanteil in %
54	27
55 bis 56	26
57	25
58	24
59	23
60 bis 61	22
62	21
63	20
64	19
65 bis 66	18
67	17
68	16
69 bis 70	15
71	14
72 bis 73	13
74	12
75	11
76 bis 77	10
78 bis 79	9
80	8
81 bis 82	7
83 bis 84	6
85 bis 87	5
88 bis 91	4
92 bis 93	3
94 bis 96	2
ab 97	1

⑤ Die Ermittlung des Ertrags aus Leibrenten, die vor dem 1. Januar 1955 zu laufen begonnen haben, und aus Renten, deren Dauer von der Lebenszeit mehrerer Personen oder einer anderen Person als des Rentenberechtigten abhängt, sowie aus Leibrenten, die auf eine bestimmte Zeit beschränkt sind, wird durch eine Rechtsverordnung bestimmt. ⑥ Doppelbuchstabe aa Satz 9 gilt entsprechend;

b) Einkünfte aus Zuschüssen und sonstigen Vorteilen, die als wiederkehrende Bezüge gewährt werden;

c) die Energiepreispauschale nach dem Rentenbeziehende-Energiepreispauschalengesetz;

1a **1a. Einkünfte aus Leistungen und Zahlungen nach § 10 Absatz 1a, soweit für diese die Voraussetzungen für den Sonderausgabenabzug beim Leistungs- oder Zahlungsverpflichteten nach § 10 Absatz 1a erfüllt sind;**

1b. *(aufgehoben)*

1c. *(aufgehoben)*

2 **2. Einkünfte aus privaten Veräußerungsgeschäften im Sinne des § 23;**

3 **3. Einkünfte aus Leistungen, soweit sie weder zu anderen Einkunftsarten (§ 2 Absatz 1 Satz 1 Nummer 1 bis 6) noch zu den Einkünften im Sinne der Nummern 1, 1a, 2 oder 4 gehören, z. B. Einkünfte aus gelegentlichen Vermittlungen und aus der Vermietung beweglicher Gegenstände. ② Solche Einkünfte sind nicht einkommensteuerpflichtig, wenn sie weniger als 256 Euro im Kalenderjahr[1] betragen haben. ③ Übersteigen die Werbungskosten die Einnahmen, so darf der übersteigende Betrag bei Ermittlung des Einkommens nicht ausgeglichen werden; er darf auch nicht nach § 10d abgezogen werden. ④ Die Verluste mindern jedoch nach Maßgabe des § 10d die Einkünfte, die der Steuerpflichtige in dem unmittelbar vorangegangenen Veranlagungszeitraum oder in den folgenden Veranlagungszeiträumen aus Leistungen im Sinne des Satzes 1 erzielt hat oder erzielt; § 10d Absatz 4 gilt entsprechend;**

4 **4. Entschädigungen, Amtszulagen, Zuschüsse zu Kranken- und Pflegeversicherungsbeiträgen, Übergangsgelder, Überbrückungsgelder, Sterbegelder, Versorgungsabfindungen, Versorgungsbezüge, die auf Grund des Abgeordnetengesetzes oder des Europaabgeordnetengesetzes, sowie vergleichbare Bezüge, die auf Grund der entsprechenden Gesetze der Länder gezahlt werden, und die Entschädigungen, das Übergangsgeld, das Ruhegehalt und die Hinterbliebenenversorgung, die auf**

[1] Zum Zusammentreffen mit einem Freibetrag nach § 3 Nr. 26a EStG siehe Tz. 10 des BMF-Schreibens vom 21. 11. 2014 (BStBl. I S. 1581), abgedruckt als Anlage zu § 3 Nr. 26a EStG.

Grund des Abgeordnetenstatuts des Europäischen Parlaments von der Europäischen Union gezahlt werden. ② Werden zur Abgeltung des durch das Mandat veranlassten Aufwandes Aufwandsentschädigungen gezahlt, so dürfen die durch das Mandat veranlassten Aufwendungen nicht als Werbungskosten abgezogen werden. ③ Wahlkampfkosten zur Erlangung eines Mandats im Bundestag, im Europäischen Parlament oder im Parlament eines Landes dürfen nicht als Werbungskosten abgezogen werden. ④ Es gelten entsprechend

a) für Nachversicherungsbeiträge auf Grund gesetzlicher Verpflichtung nach den Abgeordnetengesetzen im Sinne des Satzes 1 und für Zuschüsse zu Kranken- und Pflegeversicherungsbeiträgen § 3 Nummer 62,

b) für Versorgungsbezüge § 19 Absatz 2 nur bezüglich des Versorgungsfreibetrags; beim Zusammentreffen mit Versorgungsbezügen im Sinne des § 19 Absatz 2 Satz 2 bleibt jedoch insgesamt höchstens ein Betrag in Höhe des Versorgungsfreibetrags nach § 19 Absatz 2 Satz 3 im Veranlagungszeitraum steuerfrei,

c) für das Übergangsgeld, das in einer Summe gezahlt wird, und für die Versorgungsabfindung § 34 Absatz 1,

d) für die Gemeinschaftsteuer, die auf die Entschädigungen, das Übergangsgeld, das Ruhegehalt und die Hinterbliebenenversorgung auf Grund des Abgeordnetenstatus des Europäischen Parlaments von der Europäischen Union erhoben wird, § 34 c Absatz 1; dabei sind die im ersten Halbsatz genannten Einkünfte für die entsprechende Anwendung des § 34 c Absatz 1 wie ausländische Einkünfte und die Gemeinschaftssteuer wie eine der deutschen Einkommensteuer entsprechende ausländische Steuer zu behandeln;

5. Leistungen aus Altersvorsorgeverträgen, Pensionsfonds, Pensionskassen und Direktversicherungen. ② Soweit die Leistungen nicht auf Beiträgen, auf die § 3 Nummer 63, 63 a, § 10 a, Abschnitt XI oder Abschnitt XII angewendet wurden, nicht auf Zulagen im Sinne des Abschnitts XI, nicht auf Zahlungen im Sinne des § 92 a Absatz 2 Satz 4 Nummer 1 und des § 92 a Absatz 3 Satz 9 Nummer 2, nicht auf steuerfreien Leistungen nach § 3 Nummer 66 und nicht auf Ansprüchen beruhen, die durch steuerfreie Zuwendungen nach § 3 Nummer 56 oder die durch die nach § 3 Nummer 55 b Satz 1 oder § 3 Nummer 55 c steuerfreie Leistung aus einem neubegründeten Anrecht erworben wurden, 5

a) ist bei lebenslangen Renten sowie bei Berufsunfähigkeits-, Erwerbsminderungs- und Hinterbliebenenrenten Nummer 1 Satz 3 Buchstabe a entsprechend anzuwenden,

b) ist bei Leistungen aus Versicherungsverträgen, Pensionsfonds, Pensionskassen und Direktversicherungen, die nicht solche nach Buchstabe a sind, § 20 Absatz 1 Nummer 6 in der jeweils für den Vertrag geltenden Fassung entsprechend anzuwenden,

c) unterliegt bei anderen Leistungen der Unterschiedsbetrag zwischen der Leistung und der Summe der auf sie entrichteten Beiträge der Besteuerung; § 20 Absatz 1 Nummer 6 Satz 2 gilt entsprechend.

③ In den Fällen des § 93 Absatz 1 Satz 1 und 2 gilt das ausgezahlte geförderte Altersvorsorgevermögen nach Abzug der Zulagen im Sinne des Abschnitts XI als Leistung im Sinne des Satzes 2. ④ Als Leistung im Sinne des Satzes 1 gilt auch der Verminderungsbetrag nach § 92 a Absatz 2 Satz 5 und der Auflösungsbetrag nach § 92 a Absatz 3 Satz 5. ⑤ Der Auflösungsbetrag nach § 92 a Absatz 2 Satz 6 wird zu 70 Prozent als Leistung nach Satz 1 erfasst. ⑥ Tritt nach dem Beginn der Auszahlungsphase zu Lebzeiten des Zulagenberechtigten der Fall des § 92 a Absatz 3 Satz 1 ein, dann ist

a) innerhalb eines Zeitraums bis zum zehnten Jahr nach dem Beginn der Auszahlungsphase das Eineinhalbfache,

b) innerhalb eines Zeitraums zwischen dem zehnten und 20. Jahr nach dem Beginn der Auszahlungsphase das Einfache

des nach Satz 5 noch nicht erfassten Auflösungsbetrags als Leistung nach Satz 1 zu erfassen; § 92 a Absatz 3 Satz 9 gilt entsprechend mit der Maßgabe, dass als noch nicht zurückgeführter Betrag im Wohnförderkonto der noch nicht erfasste Auflösungsbetrag gilt. ⑦ Bei erstmaligem Bezug von Leistungen, in den Fällen des § 93 Absatz 1 sowie bei Änderung der im Kalenderjahr auszuzahlenden Leistung hat der Anbieter (§ 80) nach Ablauf des Kalenderjahres dem Steuerpflichtigen nach amtlich vorgeschriebenem Muster[1] den Betrag der im abgelaufenen Kalenderjahr zugeflossenen Leistungen im Sinne der Sätze 1 bis 3 je gesondert mitzuteilen; mit Einverständnis des Steuerpflichtigen kann die Mitteilung elektronisch bereitgestellt werden. ⑧ Werden dem Steuerpflichtigen Abschluss- und Vertriebskosten eines Altersvorsorgevertrages erstattet, gilt der Erstattungsbetrag als Leistung im Sinne des

---

[1] Zum amtlichen Vordruck siehe *BMF-Schreiben vom 9. 11. 2020 (BStBl. I S. 1061).*

Satzes 1. ⑨ In den Fällen des § 3 Nummer 55 a richtet sich die Zuordnung zu Satz 1 oder Satz 2 bei der ausgleichsberechtigten Person danach, wie eine nur auf die Ehezeit bezogene Zuordnung der sich aus dem übertragenen Anrecht ergebenden Leistung zu Satz 1 oder Satz 2 bei der ausgleichspflichtigen Person im Zeitpunkt der Übertragung ohne die Teilung vorzunehmen gewesen wäre. ⑩ Dies gilt sinngemäß in den Fällen des § 3 Nummer 55 und 55 e. ⑪ Wird eine Versorgungsverpflichtung nach § 3 Nummer 66 auf einen Pensionsfonds übertragen und hat der Steuerpflichtige bereits vor dieser Übertragung Leistungen auf Grund dieser Versorgungsverpflichtung erhalten, so sind insoweit auf die Leistungen aus dem Pensionsfonds im Sinne des Satzes 1 die Beträge nach § 9 a Satz 1 Nummer 1 und § 19 Absatz 2 entsprechend anzuwenden; § 9 a Satz 1 Nummer 3 ist nicht anzuwenden. ⑫ Wird auf Grund einer internen Teilung nach § 10 des Versorgungsausgleichsgesetzes oder einer externen Teilung nach § 14 des Versorgungsausgleichsgesetzes ein Anrecht zugunsten der ausgleichsberechtigten Person begründet, so gilt dieser Vertrag insoweit zu dem gleichen Zeitpunkt als abgeschlossen wie der Vertrag der ausgleichspflichtigen Person, wenn die aus dem Vertrag der ausgleichspflichtigen Person ausgezahlten Leistungen zu einer Besteuerung nach Satz 2 führen. ⑬ Für Leistungen aus Altersvorsorgeverträgen nach § 93 Absatz 3 ist § 34 Absatz 1 entsprechend anzuwenden. ⑭ Soweit Begünstigungen, die mit denen in Satz 2 vergleichbar sind, bei der deutschen Besteuerung gewährt wurden, gelten die darauf beruhenden Leistungen ebenfalls als Leistung nach Satz 1. ⑮ § 20 Absatz 1 Nummer 6 Satz 9 in der ab dem 27. Juli 2016 geltenden Fassung findet keine Anwendung. ⑯ Nummer 1 Satz 3 Buchstabe a Doppelbuchstabe aa Satz 9 gilt entsprechend.

Zu § 22 Nr. 4 EStG: *Zur Anwendung auf Bezüge von Abgeordneten der Volkskammer der* ***ehem. DDR*** *siehe § 57 Abs. 5 EStG.*

Übersicht

EStDV

§ 55 *Ermittlung des Ertrags aus Leibrenten in besonderen Fällen*

6 *(1) Der Ertrag des Rentenrechts ist in den folgenden Fällen auf Grund der in § 22 Nr. 1 Satz 3 Buchstabe a Doppelbuchstabe bb des Gesetzes aufgeführten Tabelle zu ermitteln:*

1. bei Leibrenten, die vor dem 1. Januar 1955 zu laufen begonnen haben. ② Dabei ist das vor dem 1. Januar 1955 vollendete Lebensjahr des Rentenberechtigten maßgebend;

2. bei Leibrenten, deren Dauer von der Lebenszeit einer anderen Person als des Rentenberechtigten abhängt. ② Dabei ist das bei Beginn der Rente, im Fall der Nummer 1 das vor dem 1. Januar 1955 vollendete Lebensjahr dieser Person maßgebend;

3. bei Leibrenten, deren Dauer von der Lebenszeit mehrerer Personen abhängt. ② Dabei ist das bei Beginn der Rente, im Fall der Nummer 1 das vor dem 1. Januar 1955 vollendete Lebensjahr der ältesten Person maßgebend, wenn das Rentenrecht mit dem Tod des zuerst Sterbenden erlischt, und das Lebensjahr der jüngsten Person, wenn das Rentenrecht mit dem Tod des zuletzt Sterbenden erlischt. EStDV

(2) ① Der Ertrag aus Leibrenten, die auf eine bestimmte Zeit beschränkt sind (abgekürzte Leibrenten), ist nach der Lebenserwartung unter Berücksichtigung der zeitlichen Begrenzung zu ermitteln. ② Der Ertragsanteil ist aus der nachstehenden Tabelle zu entnehmen. ③ Absatz 1 ist entsprechend anzuwenden. 7

Beschränkung der Laufzeit der Rente auf ... Jahre ab Beginn des Rentenbezugs (ab 1. Januar 1955, falls die Rente vor diesem Zeitpunkt zu laufen begonnen hat)	*Der Ertragsanteil beträgt vorbehaltlich der Spalte 3 ... Prozent*	*Der Ertragsanteil ist der Tabelle in § 22 Nr. 1 Satz 3 Buchstabe a Doppelbuchstabe bb des Gesetzes zu entnehmen, wenn der Rentenberechtigte zu Beginn des Rentenbezugs (vor dem 1. Januar 1955, falls die Rente vor diesem Zeitpunkt zu laufen begonnen hat) das ...te Lebensjahr vollendet hatte*
1	*2*	*3*
1	*0*	*entfällt*
2	*1*	*entfällt*
3	*2*	*97*
4	*4*	*92*
5	*5*	*88*
6	*7*	*83*
7	*8*	*81*
8	*9*	*80*
9	*10*	*78*
10	*12*	*75*
11	*13*	*74*
12	*14*	*72*
13	*15*	*71*
14–15	*16*	*69*
16–17	*18*	*67*
18	*19*	*65*
19	*20*	*64*
20	*21*	*63*
21	*22*	*62*
22	*23*	*60*
23	*24*	*59*
24	*25*	*58*
25	*26*	*57*
26	*27*	*55*
27	*28*	*54*
28	*29*	*53*
29–30	*30*	*51*
31	*31*	*50*
32	*32*	*49*
33	*33*	*48*
34	*34*	*46*
35–36	*35*	*45*
37	*36*	*43*
38	*37*	*42*
39	*38*	*41*
40–41	*39*	*39*
42	*40*	*38*
43–44	*41*	*36*
45	*42*	*35*
46–47	*43*	*33*
48	*44*	*32*
49–50	*45*	*30*
51–52	*46*	*28*
53	*47*	*27*
54–55	*48*	*25*
56–57	*49*	*23*
58–59	*50*	*21*
60–61	*51*	*19*
62–63	*52*	*17*
64–65	*53*	*15*
66–67	*54*	*13*
68–69	*55*	*11*
70–71	*56*	*9*

Beschränkung der Laufzeit der Rente auf ... Jahre ab Beginn des Rentenbezugs (ab 1. Januar 1955, falls die Rente vor diesem Zeitpunkt zu laufen begonnen hat)	*Der Ertragsanteil beträgt vorbehaltlich der Spalte 3 ... Prozent*	*Der Ertragsanteil ist der Tabelle in § 22 Nr. 1 Satz 3 Buchstabe a Doppelbuchstabe bb des Gesetzes zu entnehmen, wenn der Rentenberechtigte zu Beginn des Rentenbezugs (vor dem 1. Januar 1955, falls die Rente vor diesem Zeitpunkt zu laufen begonnen hat) das ...te Lebensjahr vollendet hatte*
1	*2*	*3*
72–74	*57*	*6*
75–76	*58*	*4*
77–79	*59*	*2*
ab 80	*Der Ertragsanteil ist immer der Tabelle in § 22 Nr. 1 Satz 3 Buchstabe a Doppelbuchstabe bb des Gesetzes zu entnehmen.*	

R 22.1

R 22.1. Besteuerung von wiederkehrenden Bezügen mit Ausnahme der Leibrenten

11 (1) ① →Wiederkehrende Bezüge sind als sonstige Einkünfte nach § 22 Nr. 1 Satz 1 EStG zu erfassen, wenn sie nicht zu anderen Einkunftsarten gehören und soweit sie sich bei wirtschaftlicher Betrachtung nicht als Kapitalrückzahlungen, z. B. Kaufpreisraten, darstellen. ② →Wiederkehrende Bezüge setzen voraus, dass sie auf einem einheitlichen Entschluss oder einem einheitlichen Rechtsgrund beruhen und mit einer gewissen Regelmäßigkeit wiederkehren. ③ Sie brauchen jedoch nicht stets in derselben Höhe geleistet zu werden. ④ Deshalb können Studienzuschüsse, die für einige Jahre gewährt werden, wiederkehrende Bezüge sein.

12 (2) ① Wiederkehrende Zuschüsse und sonstige Vorteile sind entsprechend der Regelung in § 12 Nr. 2 EStG und § 22 Nr. 1 Satz 2 EStG entweder vom Geber oder vom Empfänger zu versteuern. ② Soweit die Bezüge nicht auf Grund des § 3 EStG steuerfrei bleiben, sind sie vom Empfänger als wiederkehrende Bezüge zu versteuern, wenn sie der unbeschränkt steuerpflichtige Geber als Betriebsausgaben oder Werbungskosten abziehen kann.

H 22.1

Stiftung → H 20.2.

13 **Stipendien.** Leistungen aus einem Stipendium für die Aus- und Fortbildung eines Stipendiaten können steuerbare wiederkehrende Bezüge gemäß § 22 Nr. 1 Satz 1 i.V. m. Satz 3 Buchst. b EStG sein. Voraussetzung ist, dass die Weiterbildung im Rahmen eines Dienst- oder vergleichbaren Rechtsverhältnisses erfolgt, die Leistungen aus dem Stipendium an die Erfüllung der sich aus einem solchen Rechtsverhältnis ergebenden Verpflichtungen anknüpfen und die fehlende Entlohnung aus jenem Rechtsverhältnis ausgleichen sollen (→ BFH vom 8. 7. 2020 – BStBl. 2021 II S. 557).

Verpfändung eines GmbH-Anteils. Verpfändet ein an einem Darlehensverhältnis nicht beteiligter Dritter einen GmbH-Anteil zur Sicherung des Darlehens, kann die Vergütung, die der Dritte dafür erhält, entweder zu Einkünften aus wiederkehrenden Bezügen i. S. d. § 22 Nr. 1 Satz 1, 1. Halbsatz EStG oder zu Einkünften aus Leistungen i. S. d. § 22 Nr. 3 EStG führen (→ BFH vom 14. 4. 2015 – BStBl. II S. 795).

Vorweggenommene Erbfolge

- → BMF vom 11. 3. 2010 (BStBl. I S. 227), Rz. 81.[1]
- Ein gesamtberechtigter Ehegatte versteuert ihm zufließende Altenteilsleistungen anlässlich einer vorweggenommenen Erbfolge im Regelfall auch dann nach § 22 Nr. 1 Satz 1 EStG, wenn er nicht Eigentümer des übergebenen Vermögens war. Der Abzugsbetrag nach § 24 a EStG und der Pauschbetrag nach § 9 a Satz 1 Nr. 3 EStG kann jedem Ehegatten gewährt werden, wenn er Einkünfte aus wiederkehrenden Bezügen hat (→ BFH vom 22. 9. 1993 – BStBl. 1994 II S. 107).

Wiederkehrende Bezüge sind nicht:

- Bezüge, die sich zwar wiederholen, bei denen aber die einzelne Leistung jeweils von einer neuen Entschlussfassung oder Vereinbarung abhängig ist (→ BFH vom 20. 7. 1971 – BStBl. 1972 II S. 170),
- Schadensersatzrenten zum Ausgleich vermehrter Bedürfnisse; sog. Mehrbedarfsrenten nach § 843 Abs. 1, 2. Alternative BGB (→ BMF vom 15. 7. 2009 – BStBl. I S. 836),[2]
- Schadensersatzrenten, die nach § 844 Abs. 2 BGB für den Verlust von Unterhaltsansprüchen oder nach § 845 BGB für entgangene Dienste gewährt werden (→ BMF vom 15. 7. 2009 – BStBl. I S. 836),[2]
- Schmerzensgeldrenten nach § 253 Abs. 2 BGB (→ BMF vom 15. 7. 2009 – BStBl. I S. 836),[2]
- Unterhaltsleistungen, die ein unbeschränkt Stpfl. von seinem nicht unbeschränkt steuerpflichtigen geschiedenen oder dauernd getrennt lebenden Ehegatten erhält (→ BFH vom 31. 3. 2004 – BStBl. II S. 1047),

[1] Abgedruckt als Anlage zur R 10.3 EStR.
[2] Nachstehend abgedruckt.

- wiederkehrende Leistungen in schwankender Höhe, die ein pflichtteilsberechtigter Erbe auf Grund letztwilliger Verfügung des Erblassers vom Erben unter Anrechnung auf seinen Pflichtteil für die Dauer von 15 Jahren erhält; sie sind mit ihrem Zinsanteil steuerbar (→ BFH vom 26. 11. 1992 – BStBl. 1993 II S. 298),
- wiederkehrende Zahlungen als Gegenleistung für den Verzicht eines zur gesetzlichen Erbfolge Berufenen auf seinen potentiellen künftigen Erb- und/oder Pflichtteil (→ BFH vom 9. 2. 2010 – BStBl. II S. 818).

Anl zu H 22.1

Schreiben betr. Steuerbarkeit von Schadensersatzrenten; BFH-Urteile vom 25. Oktober 1994 VIII R 79/91 (BStBl. 1995 II S. 121) und vom 26. November 2008 X R 31/07 (BStBl. 2009 II S. 651)

Vom 15. Juli 2009 (BStBl. I S. 836)

(BMF IV C 3 – S 2255/08/10012; DOK 2009/0474962)

Nach den o. a. BFH-Urteilen unterliegen Schadensersatzrenten nur in den Fällen der Einkommensteuer, in denen Ersatz für andere, bereits steuerbare Einkünfte geleistet wird. 14

Schadensersatzrenten zum Ausgleich vermehrter Bedürfnisse nach § 843 Absatz 1 2. Alternative BGB, die bei Verletzung höchstpersönlicher Güter im Bereich der privaten Vermögenssphäre geleistet werden (sog. Mehrbedarfsrenten), sind nach dem BFH-Urteil vom 25. Oktober 1994, BStBl. 1995 II S. 121, weder als Leibrenten noch als sonstige wiederkehrende Bezüge nach § 22 Nummer 1 EStG steuerbar, obwohl sie ihrer äußeren Form nach wiederkehrende Leistungen sind.

Unter Bezugnahme auf das Ergebnis der Erörterungen mit den obersten Finanzbehörden der Länder sind die Grundsätze des BFH-Urteils vom 25. Oktober 1994, BStBl. 1995 II S. 121, auch auf die Zahlung von Schmerzensgeldrenten nach § 253 Absatz 2 BGB (früher: § 847 BGB) anzuwenden. Ebenso wie die Mehrbedarfsrente ist die Schmerzensgeldrente Ersatz für den durch die Verletzung höchstpersönlicher Güter eingetretenen Schaden. Der Geschädigte soll durch das Schmerzensgeld in die Lage versetzt werden, sich Erleichterungen und Annehmlichkeiten an Stelle derer zu verschaffen, deren Genuss ihm durch die Verletzung unmöglich gemacht wurde. Die Schmerzensgeldrente erhöht die wirtschaftliche Leistungsfähigkeit des Empfängers demnach ebenso wenig wie die lediglich zum Ausgleich für verletzungsbedingt entstandene zusätzliche Bedürfnisse gezahlten Ersatzleistungen nach § 843 Absatz 1 2. Alternative BGB.

In den einzelnen Rentenleistungen einer Schmerzensgeldrente ist auch kein steuerpflichtiger Zinsanteil enthalten. Der Schmerzensgeldanspruch wird anders als der Anspruch auf Mehrbedarfsrente regelmäßig kapitalisiert. Wird die Schmerzensgeldleistung ausnahmsweise in Form einer Rente erbracht, sollen hierdurch insbesondere dauernde Nachteile ausgeglichen werden, deren zukünftige Entwicklung noch nicht absehbar ist. Treten künftig weitere, bisher noch nicht erkenn- und voraussehbare Leiden auf, ist eine Anpassung der Rente nach den konkreten Umständen des Einzelfalles möglich. Insoweit kann ebenso wie bei den Mehrbedarfsrenten i. S. d. § 843 BGB jede einzelne Zahlung als Schadensersatzleistung angesehen werden.

Mit Urteil vom 26. November 2008, BStBl. 2009 II S. 651, hat der BFH entschieden, dass die Unterhaltsrente nach § 844 Absatz 2 BGB nicht steuerbar ist, da sie lediglich den durch das schädigende Ereignis entfallenden, nicht steuerbaren Unterhaltsanspruch ausgleicht und nicht Ersatz für entgangene oder entgehende Einnahmen i. S. d. in § 2 Absatz 1 Satz 1 Nummer 1 bis 7 EStG genannten Einkunftsarten gewährt.

Unter Bezugnahme auf das Ergebnis der Erörterungen mit den obersten Finanzbehörden der Länder sind die Grundsätze des BFH-Urteils vom 26. November 2008, BStBl. 2009 II S. 651, auch auf Ersatzansprüche wegen entgangener Dienste nach § 845 BGB anwendbar. Die Schadensersatzrente nach § 845 BGB erhöht ebenso wie die Unterhaltsrente nach § 844 Absatz 2 BGB nicht die wirtschaftliche Leistungsfähigkeit des Empfängers.

Diese Regelung ist in allen noch offenen Fällen anzuwenden.

Dieses Schreiben ersetzt das Schreiben vom 8. November 1995 (BStBl. I S. 705).

R 22.2. *(unbesetzt)* R 22.2

16

R 22.3. Besteuerung von Leibrenten und anderen Leistungen i. S. d. § 22 Nr. 1 Satz 3 Buchstabe a Doppelbuchstabe aa EStG R 22.3

(1) ① Eine Leibrente kann vorliegen, wenn die Bemessungsgrundlage für die Bezüge keinen oder nur unbedeutenden Schwankungen unterliegt. ② Veränderungen in der absoluten Höhe, die sich deswegen ergeben, weil die Bezüge aus gleichmäßigen Sachleistungen bestehen, stehen der Annahme einer Leibrente nicht entgegen. 18

(2) ① Ist die Höhe einer Rente von mehreren selbständigen Voraussetzungen abhängig, kann einkommensteuerrechtlich eine lebenslängliche Leibrente erst ab dem Zeitpunkt angenommen werden, in dem die Voraussetzung für eine fortlaufende Gewährung der Rente in gleichmäßiger Höhe bis zum Lebensende des Berechtigten erstmals vorliegt. ② Wird die Rente schon vor diesem Zeitpunkt zeitlich begrenzt nach einer anderen Voraussetzung oder in geringerer Höhe voraussetzungslos gewährt, handelt es sich um eine abgekürzte Leibrente. 18a

H 22.3

19 **Allgemeines.**[1] Der Besteuerung nach § 22 Nr. 1 Satz 3 Buchstabe a Doppelbuchstabe aa EStG unterliegen Leibrenten und andere Leistungen aus den gesetzlichen Rentenversicherungen, den landwirtschaftlichen Alterskassen, den berufsständischen Versorgungseinrichtungen und aus Rentenversicherungen i. S. d. § 10 Abs. 1 Nr. 2 Buchstabe b EStG. Für die Besteuerung ist eine Unterscheidung dieser Leistungen zwischen Leibrente, abgekürzter Leibrente und Einmalzahlungen nur bei Anwendung der Öffnungsklausel von Bedeutung. Zu Einzelheiten zur Besteuerung → BMF vom 19. 8. 2013 (BStBl. I S. 1087)[2] unter Berücksichtigung der Änderungen durch BMF vom 28. 9. 2021 (BStBl. I S. 1831) und vom 10. 1. 2022 (BStBl. I S. 36), insbesondere Rz. 190–237.

Begriff der Leibrente

- Der Begriff der Leibrente i. S. d. § 22 Nr. 1 Satz 3 Buchstabe a EStG ist ein vom bürgerlichen Recht (§§ 759 ff. BGB) abweichender steuerrechtlicher Begriff. Er setzt gleich bleibende Bezüge voraus, die für die Dauer der Lebenszeit einer Bezugsperson gezahlt werden (→ BFH vom 15. 7. 1991 – BStBl. 1992 II S. 78).
- Aus dem Erfordernis der Gleichmäßigkeit ergibt sich, dass eine Leibrente nicht gegeben ist, wenn die Bezüge von einer wesentlich schwankenden Größe abhängen, z. B. vom Umsatz oder Gewinn eines Unternehmens; das gilt auch dann, wenn die Bezüge sich nach einem festen Prozentsatz oder einem bestimmten Verteilungsschlüssel bemessen (→ BFH vom 10. 10. 1963 – BStBl. III S. 592, vom 27. 5. 1964 – BStBl. III S. 475 und vom 25. 11. 1966 – BStBl. 1967 III S. 178).
- Die Vereinbarung von Wertsicherungsklauseln oder so genannten Währungsklauseln, die nur der Anpassung der Kaufkraft an geänderte Verhältnisse dienen sollen, schließen die Annahme einer Leibrente nicht aus (→ BFH vom 2. 12. 1966 – BStBl. 1967 III S. 179 und vom 11. 8. 1967 – BStBl. III S. 699). Unter diesem Gesichtspunkt liegt eine Leibrente auch dann vor, wenn ihre Höhe jeweils von der für Sozialversicherungsrenten maßgebenden Bemessungsgrundlage abhängt (→ BFH vom 30. 11. 1967 – BStBl. 1968 II S. 262). Ist auf die wertgesicherte Leibrente eine andere – wenn auch in unterschiedlicher Weise – wertgesicherte Leibrente anzurechnen, hat die Differenz zwischen beiden Renten ebenfalls Leibrentencharakter (→ BFH vom 5. 12. 1980 – BStBl. 1981 II S. 265).
- Eine grundsätzlich auf Lebensdauer einer Person zu entrichtende Rente bleibt eine Leibrente auch dann, wenn sie unter bestimmten Voraussetzungen, z. B. Wiederverheiratung, früher endet (→ BFH vom 5. 12. 1980 – BStBl. 1981 II S. 265).
- Durch die Einräumung eines lebenslänglichen Wohnrechts und die Versorgung mit elektrischem Strom und Heizung wird eine Leibrente nicht begründet (→ BFH vom 2. 12. 1966 – BStBl. 1967 III S. 243 und vom 12. 9. 1969 – BStBl. II S. 706).

Nachzahlung

- Eine Rentennachzahlung aus der gesetzlichen Rentenversicherung, die dem Rentenempfänger nach dem 31. 12. 2004 zufließt, wird mit dem Besteuerungsanteil gem. § 22 Nr. 1 Satz 3 Buchstabe a Doppelbuchstabe aa EStG besteuert, auch wenn sie für einen Zeitraum gezahlt wird, der vor dem Inkrafttreten des AltEinkG liegt (→ BMF vom 19. 8. 2013 – BStBl. I S. 1087, Rz. 191).[2]
- Nicht zu den Rentennachzahlungen zählen darauf entfallende Zinsen. Diese gehören zu den Einkünften aus Kapitalvermögen gem. § 20 Abs. 1 Nr. 7 EStG (→ BMF vom 19. 8. 2013 – BStBl. I S. 1087[2] unter Berücksichtigung der Änderungen durch BMF vom 4. 7. 2016 – BStBl. I S. 645, Rz. 196).
- Erfolgt die Nachzahlung einer rückwirkend zugebilligten Rente durch Erstattung an den Sozialleistungsträger für eine bisher gezahlte Sozialleistung (z. B. Kranken- oder Arbeitslosengeld), unterliegt die Rente bereits im Zeitpunkt des Zuflusses dieser Sozialleistung im Umfang der Erfüllungsfiktion nach § 103 Abs. 1 und 2, § 107 Abs. 1 SGB X mit dem zum rückwirkend zugebilligten Zeitpunkt der Rentenzahlung geltenden Besteuerungsanteil der Besteuerung nach § 22 Nr. 1 Satz 3 Buchstabe a Doppelbuchstabe aa EStG (→ BMF vom 19. 8. 2013 – BStBl. I S. 1087,[2] Rz. 192). Sofern die Sozialleistungen dem Progressionsvorbehalt unterlegen haben, ist dieser rückgängig zu machen, soweit die Beträge zu einer Rente umgewidmet werden → R 32 b Abs. 4.

Öffnungsklausel. Soweit die Leistungen auf vor dem 1. 1. 2005 gezahlten Beiträgen oberhalb des Betrags des Höchstbeitrags zur gesetzlichen Rentenversicherung beruhen und der Höchstbeitrag bis zum 31. 12. 2004 über einen Zeitraum von mindestens 10 Jahren überschritten wurde, unterliegt dieser Teil der Leistung auf Antrag der Besteuerung mit dem Ertragsanteil. Nur in diesen Fällen ist es von Bedeutung, ob es sich bei der Leistung um eine Leibrente (z. B. eine Altersrente), um eine abgekürzte Leibrente (z. B. eine Erwerbsminderungsrente oder eine kleine Witwenrente) oder um eine Einmalzahlung handelt. Für diesen Teil der Leistung ist R 22.4 zu beachten. Zu Einzelheiten zur Anwendung der Öffnungsklausel → BMF vom 19. 8. 2013 (BStBl. I S. 1087),[2] Rz. 238–269.[3]

---

[1] Zum Besteuerungsanteil von Renten im Zusammenhang mit der sog. „Mütterrente" siehe *FinMin Schleswig-Holstein, Kurzinformation vom 10. 11. 2014 Nr. 2014/18, aktualisiert am 9. 6. 2015 (DStR 2015 S. 1450).*

[2] Nachstehend abgedruckt.

[3] Ergänzend siehe *Vfg. OFD Frankfurt vom 27. 1. 2016 S 2255 A – 37 – St 220 (BeckVerw 324438).*

Verfassungsmäßigkeit. Die Besteuerung der Altersrenten mit dem Besteuerungsanteil des § 22 Nr. 1 Satz 3 Buchst. a Doppelbuchst. aa EStG ist verfassungsmäßig, sofern nicht gegen das Verbot der Doppelbesteuerung verstoßen wird (→ BFH vom 6. 4. 2016 – BStBl. II S. 733).

Werbungskosten. Einkommensteuerrechtliche Behandlung von Beratungs-, Prozess- und ähnlichen Kosten im Zusammenhang mit Rentenansprüchen → BMF vom 20. 11. 1997 (BStBl. 1998 I S. 126).

Schreiben betr. einkommensteuerrechtliche Behandlung von Vorsorgeaufwendungen und Altersbezügen

Anl zu H 22.3

Vom 19. August 2013 (BStBl. I S. 1087)

(BMF $\frac{\text{IV C 3 – S 2221/12/10010 :004}}{\text{IV C 5 – S 2345/08/0001}}$; DOK 2013/070735)

Geändert durch die BMF-Schreiben vom 10. Januar 2014 (BStBl. I S. 70), vom 10. April 2015 (BStBl. I S. 256), vom 1. Juni 2015 (BStBl. I S. 475), vom 4. Juli 2016 (BStBl. I S. 645), vom 6. Dezember 2016 (BStBl. I S. 1426), vom 19. Dezember 2016 (BStBl. I S. 1433), vom 24. Mai 2017 (BStBl. I S. 820), vom 28. September 2021 (BStBl. I S. 1831) und vom 10. 1. 2022 (BStBl. I S. 36)

1 Anlage

Zum Sonderausgabenabzug für Beiträge nach § 10 Absatz 1 und zur Besteuerung von Versorgungsbezügen nach § 19 Absatz 2 sowie von Einkünften nach § 22 Nummer 1 Satz 3 Buchstabe a des Einkommensteuergesetzes (EStG) gilt im Einvernehmen mit den obersten Finanzbehörden der Länder Folgendes:

Inhaltsübersicht

[1] Teil A aufgehoben und ersetzt durch BMF-Schreiben vom 24. 5. 2017 (BStBl. I S. 820), abgedruckt als Anlage a zu R 10.4 EStR.

Anl zu H 22.3

A. *Abzug von Vorsorgeaufwendungen – § 10 EStG – (aufgehoben)*[1]

B. Besteuerung von Versorgungsbezügen – § 19 Absatz 2 EStG –

I. Von internationalen Organisationen gezahlte Pensionen

19a **168**[2] Bei von folgenden internationalen Organisationen gezahlten Pensionen einschl. der Zulagen (Steuerausgleichszahlung, Familienzulagen und andere) handelt es sich um Versorgungsbezüge i. S. d. § 19 Absatz 2 EStG:
- Koordinierte Organisationen:
  - Europäische Weltraumorganisation (ESA),
  - Europarat,
  - Nordatlantikvertragsorganisation (NATO),
  - Organisation für wirtschaftliche Zusammenarbeit und Entwicklung (OECD),
  - Westeuropäische Union (WEU),
  - Europäisches Zentrum für mittelfristige Wettervorhersage (EZMV, engl. ECWMF),
- Europäische Organisation zur Sicherung der Luftfahrt (EUROCONTROL),
- Europäische Patentorganisation (EPO) einschließlich der Dienststellen des Europäischen Patentamts (EPA),[3]
- Europäisches Hochschulinstitut (EHI),
- Europäische Organisation für die Nutzung meteorologischer Satelliten (EUMETSAT).

Die Zulässigkeit der Besteuerung von an ehemalige Bedienstete internationaler Organisationen gezahlten Pensionen und Ruhegehältern in Deutschland ist davon abhängig, welche Bestimmungen das für die jeweilige internationale Organisation geltende Abkommen oder Privilegienprotokoll enthält. In der Regel lässt dieses Abkommen bzw. Privilegienprotokoll das deutsche Besteuerungsrecht für die Pensionen oder Ruhegehälter unberührt. Eine Ausnahme hiervon stellt das Protokoll über die Vorrechte und Befreiungen der Europäischen Union (ABl. C 202 vom 7. Juni 2016, S. 266–272) dar. Gemäß Artikel 12 dieses Protokolls unterliegen die „Gehälter, Löhne und anderen Bezüge" der Steuer der Europäischen Union gemäß Verordnung Nummer 260/68 des Rates vom 29. Februar 1968 und sind von „innerstaatlichen Steuern" insoweit befreit; d. h., Pensionen und Ruhegehälter ehemaliger Bediensteter von Organisationen, auf die dieses Protokoll anzuwenden ist, sind von innerstaatlichen Steuern ab dem Zeitpunkt befreit, ab dem eine EU-interne Steuer erhoben wird.

II. Arbeitnehmer-/Werbungskosten-Pauschbetrag/Zuschlag zum Versorgungsfreibetrag

19b **169** Ab 2005 ist der Arbeitnehmer-Pauschbetrag (§ 9 a Satz 1 Nummer 1 Buchstabe a EStG) bei Versorgungsbezügen i. S. d. § 19 Absatz 2 EStG nicht mehr anzuwenden. Stattdessen wird – wie auch bei den Renten – ein Werbungskosten-Pauschbetrag von 102 € berücksichtigt (§ 9 a Satz 1 Nummer 1 Buchstabe b EStG). Als Ausgleich für den Wegfall des Arbeitnehmer-Pauschbetrags wird dem Versorgungsfreibetrag ein Zuschlag von zunächst 900 € hinzugerechnet, der für jeden ab 2006 neu in den Ruhestand tretenden Jahrgang abgeschmolzen wird (§ 19 Absatz 2 Satz 3 EStG). Werden neben Versorgungsbezügen i. S. d. § 19 Absatz 2 EStG auch Einnahmen aus nichtselbständiger Arbeit i. S. d. § 19 Absatz 1 EStG bezogen, kommen der Arbeitnehmer-Pauschbetrag und der Werbungskosten-Pauschbetrag nebeneinander zur Anwendung. Bei den Versorgungsbezügen i. S. d. § 19 Absatz 2 EStG ist der Werbungskosten-Pauschbetrag auch dann zu berücksichtigen, wenn bei Einnahmen aus nichtselbständiger Arbeit i. S. d. § 19 Absatz 1 EStG höhere Werbungskosten als der Arbeitnehmer-Pauschbetrag anzusetzen sind.

---

[1] Teil A aufgehoben und ersetzt durch BMF-Schreiben vom 24. 5. 2017 (BStBl. I S. 820), abgedruckt als Anlage a zu R 10.4 EStR.
[2] Rz. 168 neugefasst durch BMF-Schreiben vom 10. 1. 2022 (BStBl. I S. 36), Anwendung in allen offenen Fällen.
[3] Bestätigt durch *BFH-Urteil vom 23. 2. 2017 X R 24/15 (BStBl. II S. 636).*

III. Versorgungsfreibetrag/Zuschlag zum Versorgungsfreibetrag

1. Allgemeines

170 Der maßgebende Prozentsatz für den steuerfreien Teil der Versorgungsbezüge und der Höchstbetrag des Versorgungsfreibetrags sowie der Zuschlag zum Versorgungsfreibetrag bestimmen sich ab 2005 nach dem Jahr des Versorgungsbeginns (§ 19 Absatz 2 Satz 3 EStG). Sie werden für jeden ab 2006 neu in den Ruhestand tretenden Jahrgang abgeschmolzen. **19c**

2. Berechnung des Versorgungsfreibetrags und des Zuschlags zum Versorgungsfreibetrag

171 Der Versorgungsfreibetrag und der Zuschlag zum Versorgungsfreibetrag (Freibeträge für Versorgungsbezüge) berechnen sich auf der Grundlage des Versorgungsbezugs für Januar 2005 bei Versorgungsbeginn vor 2005 bzw. des Versorgungsbezugs für den ersten vollen Monat bei Versorgungsbeginn ab 2005; wird der Versorgungsbezug insgesamt nicht für einen vollen Monat gezahlt (z. B. wegen Todes des Versorgungsempfängers), ist der Bezug des Teilmonats auf einen Monatsbetrag hochzurechnen. Bei einer nachträglichen Festsetzung von Versorgungsbezügen ist der Monat maßgebend, für den die Versorgungsbezüge erstmals festgesetzt werden; auf den Zahlungstermin kommt es nicht an. Bei Bezügen und Vorteilen aus früheren Dienstleistungen i. S. d. § 19 Absatz 2 Satz 2 Nummer 2 EStG, die wegen Erreichens einer Altersgrenze gezahlt werden, ist der Monat maßgebend, in dem der Steuerpflichtige das 63. Lebensjahr oder, wenn er schwerbehindert ist, das 60. Lebensjahr vollendet hat, da die Bezüge erst mit Erreichen dieser Altersgrenzen als Versorgungsbezüge gelten. Der maßgebende Monatsbetrag ist jeweils mit zwölf zu vervielfältigen und um Sonderzahlungen zu erhöhen, auf die zu diesem Zeitpunkt (erster voller Monat bzw. Januar 2005) ein Rechtsanspruch besteht (§ 19 Absatz 2 Satz 4 EStG). Die Sonderzahlungen (z. B. Urlaubs- oder Weihnachtsgeld) sind mit dem Betrag anzusetzen, auf den bei einem Bezug von Versorgungsbezügen für das ganze Jahr des Versorgungsbeginns ein Rechtsanspruch besteht. Bei Versorgungsempfängern, die schon vor dem 1. Januar 2005 in Ruhestand gegangen sind, können aus Vereinfachungsgründen die Sonderzahlungen 2004 berücksichtigt werden.

171a[1] Das Jahr des Versorgungsbeginns (§ 19 Absatz 2 Satz 3 EStG) ist grundsätzlich das Jahr, in dem der Anspruch auf die Versorgungsbezüge (§ 19 Absatz 2 Satz 2 EStG) entstanden ist.

Bei Bezügen wegen Erreichens einer Altersgrenze im Sinne des § 19 Absatz 2 Satz 2 Nummer 2 EStG ist das Jahr des Versorgungsbeginns das Jahr, in dem erstmals zum einen der Anspruch auf die Bezüge besteht und zum anderen das 60. bzw. 63. Lebensjahr vollendet ist. Der Versorgungsbeginn tritt dagegen nicht ein, solange der Arbeitnehmer von einer bloßen Option, Versorgungsleistungen für einen Zeitraum ab dem Erreichen der maßgeblichen Altersgrenze zu beanspruchen, tatsächlich keinen Gebrauch macht, z. B. weil er die Leistungen erst ab einem späteren Zeitpunkt in Anspruch nehmen will.

3. Festschreibung des Versorgungsfreibetrags und des Zuschlags zum Versorgungsfreibetrag

172 Der nach Rz. 171 ermittelte Versorgungsfreibetrag und der Zuschlag zum Versorgungsfreibetrag gelten grundsätzlich für die gesamte Laufzeit des Versorgungsbezugs (§ 19 Absatz 2 Satz 8 EStG).

4. Neuberechnung des Versorgungsfreibetrags und des Zuschlags zum Versorgungsfreibetrag

173 Regelmäßige Anpassungen des Versorgungsbezugs (laufender Bezug und Sonderzahlungen) führen nicht zu einer Neuberechnung (§ 19 Absatz 2 Satz 9 EStG). Zu einer Neuberechnung führen nur Änderungen des Versorgungsbezugs, die ihre Ursache in der Anwendung von Anrechnungs-, Ruhens-, Erhöhungs- oder Kürzungsregelungen haben (§ 19 Absatz 2 Satz 10 EStG), z. B. Wegfall, Hinzutreten oder betragsmäßige Änderungen. Dies ist insbesondere der Fall, wenn der Versorgungsempfänger neben seinen Versorgungsbezügen

- Erwerbs- oder Erwerbsersatzeinkommen (§ 53 des Beamtenversorgungsgesetzes – BeamtVG –),
- andere Versorgungsbezüge (§ 54 BeamtVG),
- Renten (§ 55 BeamtVG) oder
- Versorgungsbezüge aus zwischenstaatlicher und überstaatlicher Verwendung (§ 56 BeamtVG)

erzielt, wenn sich die Voraussetzungen für die Gewährung des Familienzuschlags oder des Unterschiedsbetrags nach § 50 BeamtVG ändern oder wenn ein Witwen- oder Waisengeld nach einer Unterbrechung der Zahlung wieder bewilligt wird (zur Neuberechnung beim Versorgungsausgleich siehe Rz. 288). Gleiches gilt für entsprechende Leistungen aufgrund landesrechtlicher Beamtenversorgungsgesetze. Ändert sich der anzurechnende Betrag aufgrund einer einmaligen Sonderzahlung und hat dies nur eine einmalige Minderung des Versorgungsbezugs zur Folge, so kann auf eine Neuberechnung verzichtet werden. Auf eine Neuberechnung kann aus Vereinfachungsgründen auch verzichtet werden, wenn der Versorgungsbezug, der bisher Bemessungsgrundlage für den Versorgungsfreibetrag war, vor und nach einer Anpassung aufgrund von Anrechnungs-, Ruhens-, Erhöhungs- und Kürzungsregelungen mindestens 7500 € jährlich/625 € monatlich beträgt, also die Neuberechnung zu keiner Änderung der Freibeträge für Versorgungsbezüge führen würde.

174 In den Fällen einer Neuberechnung ist der geänderte Versorgungsbezug, ggf. einschließlich zwischenzeitlicher Anpassungen, Bemessungsgrundlage für die Berechnung der Freibeträge für Versorgungsbezüge (§ 19 Absatz 2 Satz 11 EStG).

175 Bezieht ein Steuerpflichtiger zunächst Versorgungsbezüge wegen verminderter Erwerbsfähigkeit, bestimmen sich der Prozentsatz, der Höchstbetrag des Versorgungsfreibetrags und der Zuschlag

[1] Rz. 171 a eingefügt durch BMF-Schreiben vom 10. 4. 2015 (BStBl. I S. 256), die Regelung ist in allen offenen Fällen anzuwenden.

Anl zu H 22.3

zum Versorgungsfreibetrag nach dem Jahr des Beginns dieses Versorgungsbezugs. Wird der Versorgungsbezug wegen verminderter Erwerbsfähigkeit mit Vollendung des 63. Lebensjahres des Steuerpflichtigen oder, wenn er schwerbehindert ist, mit Vollendung des 60. Lebensjahres, in einen Versorgungsbezug wegen Erreichens der Altersgrenze umgewandelt, bestimmen sich der Prozentsatz, der Höchstbetrag des Versorgungsfreibetrags und der Zuschlag zum Versorgungsfreibetrag weiterhin nach dem Jahr des Beginns des Versorgungsbezugs wegen verminderter Erwerbsfähigkeit. Da es sich bei der Umwandlung des Versorgungsbezugs nicht um eine regelmäßige Anpassung handelt, ist eine Neuberechnung des Versorgungsfreibetrags erforderlich.

5. Zeitanteilige Berücksichtigung des Versorgungsfreibetrags und des Zuschlags zum Versorgungsfreibetrag

176 Werden Versorgungsbezüge nur für einen Teil des Kalenderjahres gezahlt, so ermäßigen sich der Versorgungsfreibetrag und der Zuschlag zum Versorgungsfreibetrag für jeden vollen Kalendermonat, für den keine Versorgungsbezüge geleistet werden, in diesem Kalenderjahr um ein Zwölftel (§ 19 Absatz 2 Satz 12 EStG). Bei Zahlung mehrerer Versorgungsbezüge erfolgt eine Kürzung nur für Monate, für die keiner der Versorgungsbezüge geleistet wird. Ändern sich der Versorgungsfreibetrag und/oder der Zuschlag zum Versorgungsfreibetrag im Laufe des Kalenderjahrs aufgrund einer Neuberechnung nach Rz. 173 f., sind in diesem Kalenderjahr die höchsten Freibeträge für Versorgungsbezüge maßgebend (§ 19 Absatz 2 Satz 11 2. Halbsatz EStG); eine zeitanteilige Aufteilung ist nicht vorzunehmen. Die Änderung der Freibeträge für Versorgungsbezüge kann im Lohnsteuerabzugsverfahren berücksichtigt werden.

6. Mehrere Versorgungsbezüge

177 Bei mehreren Versorgungsbezügen bestimmen sich der maßgebende Prozentsatz für den steuerfreien Teil der Versorgungsbezüge und der Höchstbetrag des Versorgungsfreibetrags sowie der Zuschlag zum Versorgungsfreibetrag nach dem Beginn des jeweiligen Versorgungsbezugs. Die Summe aus den jeweiligen Freibeträgen für Versorgungsbezüge wird nach § 19 Absatz 2 Satz 6 EStG auf den Höchstbetrag des Versorgungsfreibetrags und den Zuschlag zum Versorgungsfreibetrag nach dem Beginn des ersten Versorgungsbezugs begrenzt. Fällt der maßgebende Beginn mehrerer laufender Versorgungsbezüge in dasselbe Kalenderjahr, können die Bemessungsgrundlagen aller Versorgungsbezüge zusammengerechnet werden, da in diesen Fällen für sie jeweils dieselben Höchstbeträge gelten.

178 Werden mehrere Versorgungsbezüge von unterschiedlichen Arbeitgebern gezahlt, ist die Begrenzung der Freibeträge für Versorgungsbezüge im Lohnsteuerabzugsverfahren nicht anzuwenden; die Gesamtbetrachtung und ggf. die Begrenzung erfolgt im Veranlagungsverfahren. Treffen mehrere Versorgungsbezüge bei demselben Arbeitgeber zusammen, ist die Begrenzung auch im Lohnsteuerabzugsverfahren zu beachten.

Beispiel:

179 Zwei Ehegatten erhalten jeweils eigene Versorgungsbezüge. Der Versorgungsbeginn des einen Ehegatten liegt im Jahr 2008, der des anderen im Jahr 2009. Im Jahr 2013 verstirbt der Ehegatte, der bereits seit 2008 Versorgungsbezüge erhalten hatte. Dem überlebenden Ehegatten werden ab 2013 zusätzlich zu seinen eigenen Versorgungsbezügen i. H. v. monatlich 400 € Hinterbliebenenbezüge i. H. v. monatlich 250 € gezahlt.

Für die eigenen Versorgungsbezüge des überlebenden Ehegatten berechnen sich die Freibeträge für Versorgungsbezüge nach dem Jahr des Versorgungsbeginns 2009. Der Versorgungsfreibetrag beträgt demnach 33,6% von 4800 € (= 400 € Monatsbezug × 12) = 1613 € (aufgerundet); der Zuschlag zum Versorgungsfreibetrag beträgt 756 €.

Für den Hinterbliebenenbezug sind mit Versorgungsbeginn im Jahr 2013 die Freibeträge für Versorgungsbezüge nach § 19 Absatz 2 Satz 7 EStG unter Zugrundelegung des maßgeblichen Prozentsatzes, des Höchstbetrags und des Zuschlags zum Versorgungsfreibetrag des verstorbenen Ehegatten zu ermitteln (siehe dazu Rz. 180 bis 183). Für die Berechnung sind also die Beträge des maßgebenden Jahres 2008 zugrunde zu legen. Der Versorgungsfreibetrag für die Hinterbliebenenbezüge beträgt demnach 35,2% von 3000 € (= 250 € Monatsbezug × 12) = 1056 €; der Zuschlag zum Versorgungsfreibetrag beträgt 792 €.

Die Summe der Versorgungsfreibeträge ab 2013 beträgt (1613 € zuzügl. 1056 €) 2669 €. Der insgesamt berücksichtigungsfähige Höchstbetrag bestimmt sich nach dem Jahr des Beginns des ersten Versorgungsbezugs (2008: 2640 €). Da der Höchstbetrag überschritten ist, ist der Versorgungsfreibetrag auf insgesamt 2640 € zu begrenzen. Auch die Summe der Zuschläge zum Versorgungsfreibetrag (756 € zuzügl. 792 €) 1548 € ist nach dem maßgebenden Jahr des Versorgungsbeginns (2008) auf insgesamt 792 € zu begrenzen.

7. Hinterbliebenenversorgung

180 Folgt ein Hinterbliebenenbezug einem Versorgungsbezug, bestimmen sich der Prozentsatz, der Höchstbetrag des Versorgungsfreibetrags und der Zuschlag zum Versorgungsfreibetrag für den Hinterbliebenenbezug nach dem Jahr des Beginns des Versorgungsbezugs des Verstorbenen (§ 19 Absatz 2 Satz 7 EStG). Bei Bezug von Witwen- oder Waisengeld ist für die Berechnung der Freibeträge für Versorgungsbezüge das Jahr des Versorgungsbeginns des Verstorbenen maßgebend, der diesen Versorgungsanspruch zuvor begründete.

Beispiel:

181 Im Oktober 2012 verstirbt ein 67-jähriger Ehegatte, der seit dem 63. Lebensjahr Versorgungsbezüge erhalten hat. Der überlebende Ehegatte erhält ab November 2012 Hinterbliebenenbezüge.

Für den verstorbenen Ehegatten sind die Freibeträge für Versorgungsbezüge bereits mit der Pensionsabrechnung für Januar 2008 (35,2% der voraussichtlichen Versorgungsbezüge 2008, maximal 2640 € zuzügl. 792 € Zuschlag) festgeschrieben worden. Im Jahr 2012 sind die Freibeträge für Versorgungsbezüge des verstorbenen Ehegatten mit zehn Zwölfteln zu berücksichtigen. Für den überlebenden Ehegatten sind mit der Pensionsabrechnung für November 2012 eigene Freibeträge für Versorgungsbezüge zu ermitteln. Zugrunde gelegt werden dabei die hochgerechneten Hinterbliebenenbezüge (einschl. Sonderzahlungen). Darauf sind nach § 19 Absatz 2 Satz 7 EStG der maßgebliche Prozentsatz, der Höchstbetrag und der Zuschlag zum Versorgungsfreibetrag des verstorbenen Ehegatten (35,2%, maximal 2640 € zuzügl. 792 € Zuschlag) anzuwenden. Im Jahr 2012 sind die Freibeträge für Versorgungsbezüge des überlebenden Ehegatten mit zwei Zwölfteln zu berücksichtigen. Anl zu H 22.3

182 Erhält ein Hinterbliebener Sterbegeld, stellt dieses gem. R 19.8 Absatz 1 Nummer 1 und R 19.9 Absatz 3 Nummer 3 LStR ebenfalls einen Versorgungsbezug dar. Für das Sterbegeld gelten zur Berechnung der Freibeträge für Versorgungsbezüge ebenfalls der Prozentsatz, der Höchstbetrag und der Zuschlag zum Versorgungsfreibetrag des Verstorbenen. Das Sterbegeld darf als Leistung aus Anlass des Todes die Berechnung des Versorgungsfreibetrags für etwaige sonstige Hinterbliebenenbezüge nicht beeinflussen und ist daher nicht in deren Berechnungsgrundlage einzubeziehen. Das Sterbegeld ist vielmehr als eigenständiger – zusätzlicher – Versorgungsbezug zu behandeln. Die Zwölftelungsregelung ist für das Sterbegeld nicht anzuwenden. Als Bemessungsgrundlage für die Freibeträge für Versorgungsbezüge ist die Höhe des Sterbegeldes im Kalenderjahr anzusetzen, unabhängig von der Zahlungsweise und Berechnungsart.

Beispiel:

183 Im April 2012 verstirbt ein Ehegatte, der zuvor seit 2007 Versorgungsbezüge i. H. v. 1500 € monatlich erhalten hat. Der überlebende Ehegatte erhält ab Mai 2012 laufende Hinterbliebenenbezüge i. H. v. 1200 € monatlich. Daneben wird ihm einmalig Sterbegeld i. H. v. zwei Monatsbezügen des verstorbenen Ehegatten, also 3000 € gezahlt.
Laufender Hinterbliebenenbezug:
Monatsbetrag 1200 € × 12 = 14 400 €. Auf den hochgerechneten Jahresbetrag werden der für den Verstorbenen maßgebende Prozentsatz und Höchstbetrag des Versorgungsfreibetrags (2007), zuzügl. des Zuschlags von 828 € angewandt. Das bedeutet im vorliegenden Fall 14 400 € × 36,8% = 5300 € (aufgerundet), höchstens 2760 €. Da der laufende Hinterbliebenenbezug nur für acht Monate gezahlt wurde, erhält der überlebende Ehegatte $^8/_{12}$ dieses Versorgungsfreibetrags, 2760 € : 12 = 230 € × 8 = 1840 €. Der Versorgungsfreibetrag für den laufenden Hinterbliebenenbezug beträgt somit 1840 €, der Zuschlag zum Versorgungsfreibetrag 552 € ($^8/_{12}$ von 828 €).
Sterbegeld:
Gesamtbetrag des Sterbegelds 2 × 1500 € = 3000 €. Auf diesen Gesamtbetrag von 3000 € werden ebenfalls der für den Verstorbenen maßgebende Prozentsatz und Höchstbetrag des Versorgungsfreibetrags (2007), zuzügl. des Zuschlags von 828 € angewandt, 3000 € x 36,8% = 1104 €. Der Versorgungsfreibetrag für das Sterbegeld beträgt 1104 €, der Zuschlag zum Versorgungsfreibetrag 828 €.
Beide Versorgungsfreibeträge ergeben zusammen einen Betrag von 2944 €, auf den der insgesamt berücksichtigungsfähige Höchstbetrag nach dem maßgebenden Jahr 2007 anzuwenden ist. Der Versorgungsfreibetrag für den laufenden Hinterbliebenenbezug und das Sterbegeld zusammen beträgt damit 2760 €. Dazu kommt der Zuschlag zum Versorgungsfreibetrag von insgesamt 828 €.

8. Berechnung des Versorgungsfreibetrags im Falle einer Kapitalauszahlung/Abfindung

184 Wird anstelle eines monatlichen Versorgungsbezugs eine Kapitalauszahlung/Abfindung an den Versorgungsempfänger gezahlt, so handelt es sich um einen sonstigen Bezug. Für die Ermittlung der Freibeträge für Versorgungsbezüge ist das Jahr des Versorgungsbeginns zugrunde zu legen, die Zwölftelungsregelung ist für diesen sonstigen Bezug nicht anzuwenden. Bemessungsgrundlage ist der Betrag der Kapitalauszahlung/Abfindung im Kalenderjahr.

185[1] **Beispiel 1:**

Dem Versorgungsempfänger wird im Jahr 2012 eine Abfindung i. H. v. 10 000 € gezahlt. Der Versorgungsfreibetrag beträgt (28,8% von 10 000 € = 2880 €, höchstens) 2160 €; der Zuschlag zum Versorgungsfreibetrag beträgt 648 €.

Beispiel 2:

Der Versorgungsempfänger vollendet sein 63. Lebensjahr am 1. September 2015. Bereits seit August 2012 bezieht er Versorgungsleistungen des Arbeitgebers aus einer Direktzusage. Die Versorgungsbezüge werden als (Teil)-Kapitalauszahlungen in jährlichen Raten von 4800 € gewährt, erstmals am 1. August 2012.
Das Jahr des Versorgungsbeginns ist das Jahr 2015, denn erstmals in 2015 besteht kumulativ ein Anspruch auf die Bezüge und das 63. Lebensjahr ist vollendet (vgl. Rz. 171 a). Für 2015 sind jedoch keine Freibeträge für Versorgungsbezüge zu berücksichtigen, da die Ratenzahlung am 1. August 2015 vor Vollendung des 63. Lebensjahres geleistet wird. Der nach dem Versorgungsbeginn in 2015 maßgebende und ab 2016 zu berücksichtigende Versorgungsfreibetrag beträgt 1152 € (24,0% von 4800 €, höchstens 1800 €); der ab 2016 zu berücksichtigende Zuschlag zum Versorgungsfreibetrag beträgt 540 €; eine Zwölftelung ist nicht vorzunehmen, da es sich bei den Versorgungsbezügen um (Teil)-Kapitalauszahlungen handelt (vgl. Rz. 184). In den Jahren 2012 bis 2015 werden keine Freibeträge für Versorgungsbezüge berücksichtigt, da der Versorgungsempfänger erst im Jahr 2016 im Zeitpunkt der Zahlung der Ratenzahlung am 1. August 2016 sein 63. Lebensjahr vollendet hat.

Beispiel 3:

Der Versorgungsempfänger vollendet sein 63. Lebensjahr am 1. August 2014. Er könnte ab diesem Zeitpunkt monatliche Versorgungsleistungen des Arbeitgebers aus einer Direktzusage beziehen. Der Versorgungsempfänger entscheidet sich stattdessen für jährliche (Teil)-Kapitalauszahlungen von 4800 €. Die erste Rate wird am 1. Februar 2015 ausgezahlt.
Das Jahr des Versorgungsbeginns ist das Jahr 2014, denn erstmals in 2014 besteht kumulativ ein Anspruch auf die Bezüge und das 63. Lebensjahr ist vollendet (vgl. Rz. 171 a). Der ab 2015 zu berücksichtigende Versorgungsfreibetrag beträgt aufgerundet 1229 € (25,6% von 4800 €, höchstens 1920 €); der ab 2015 zu berücksichtigende Zuschlag zum Versorgungsfreibetrag beträgt 576 €; eine Zwölftelung ist nicht vorzunehmen, da es sich bei den Versorgungsbezügen um (Teil)-Kapitalauszahlungen handelt (vgl. Rz. 184). Im Jahr 2014 werden mangels Zuflusses keine Freibeträge für Versorgungsbezüge berücksichtigt.

Beispiel 4:

Der Versorgungsempfänger vollendet sein 63. Lebensjahr am 1. August 2014. Er könnte ab diesem Zeitpunkt monatliche Versorgungsleistungen des Arbeitgebers aus einer Direktzusage beziehen. Der Versorgungsempfänger entscheidet

---

[1] Rz. 185 Beispiele 2 bis 4 eingefügt durch BMF-Schreiben vom 10. 4. 2015 (BStBl. I S. 256), die Regelungen sind auf alle offenen Fälle anzuwenden.

Anl zu H 22.3

sich jedoch dafür, die Versorgungsleistungen erst ab dem 1. August 2015 in Anspruch zu nehmen, um höhere Versorgungsleistungen zu erhalten. Er wählt dabei jährliche (Teil)-Kapitalauszahlungen von 4800 €. Die erste Rate wird am 1. Februar 2016 ausgezahlt.
Das Jahr des Versorgungsbeginns ist das Jahr 2015, denn erstmals im Jahr 2015 besteht kumulativ ein Anspruch auf die Bezüge und das 63. Lebensjahr ist vollendet (vgl. Rz. 171 a). Der ab 2016 zu berücksichtigende Versorgungsfreibetrag beträgt aufgerundet 1152 € (24% von 4800 €, höchstens 1800 €); der ab 2016 zu berücksichtigende Zuschlag zum Versorgungsfreibetrag beträgt 540 €; eine Zwölftelung ist nicht vorzunehmen, da es sich bei den Versorgungsbezügen um (Teil)-Kapitalauszahlung handelt (vgl. Rz. 184). Im Jahr 2015 werden mangels Zuflusses keine Freibeträge für Versorgungsbezüge berücksichtigt.

186 Bei Zusammentreffen mit laufenden Bezügen darf der Höchstbetrag, der sich nach dem Jahr des Versorgungsbeginns bestimmt, nicht überschritten werden (siehe dazu Beispiele in Rz. 181 und 183 zum Sterbegeld).

187 Die gleichen Grundsätze gelten auch, wenn Versorgungsbezüge in einem späteren Kalenderjahr nachgezahlt oder berichtigt werden.

9. Zusammentreffen von Versorgungsbezügen (§ 19 EStG) und Rentenleistungen (§ 22 EStG)

188 Die Frei- und Pauschbeträge sind für jede Einkunftsart gesondert zu berechnen. Ein Lohnsteuerabzug ist nur für Versorgungsbezüge vorzunehmen.

IV. Aufzeichnungs- und Bescheinigungspflichten

19d **189** Nach § 4 Absatz 1 Nummer 4 LStDV hat der Arbeitgeber im Lohnkonto des Arbeitnehmers in den Fällen des § 19 Absatz 2 EStG die für die zutreffende Berechnung des Versorgungsfreibetrags und des Zuschlags zum Versorgungsfreibetrag erforderlichen Angaben aufzuzeichnen. Aufzuzeichnen sind die Bemessungsgrundlage für den Versorgungsfreibetrag (Jahreswert, Rz. 171), das Jahr des Versorgungsbeginns und die Zahl der Monate (Zahl der Zwölftel), für die Versorgungsbezüge gezahlt werden. Bei mehreren Versorgungsbezügen sind die Angaben für jeden Versorgungsbezug getrennt aufzuzeichnen, soweit die maßgebenden Versorgungsbeginne in unterschiedliche Kalenderjahre fallen (vgl. Rz. 177). Demnach können z. B. alle Versorgungsbezüge mit Versorgungsbeginn bis zum Jahre 2005 zusammengefasst werden. Zu den Bescheinigungspflichten wird auf die jährlichen BMF-Schreiben zu den Lohnsteuerbescheinigungen hingewiesen.

C. Besteuerung von Einkünften gem. § 22 Nummer 1 Satz 3 Buchstabe a EStG

I. Allgemeines

19e **190** Leibrenten und andere Leistungen aus den gesetzlichen Rentenversicherungen, der landwirtschaftlichen Alterskasse, den berufsständischen Versorgungseinrichtungen und aus Leibrentenversicherungen i. S. d. § 10 Absatz 1 Nummer 2 Satz 1 Buchstabe b EStG (vgl. Rz. 8 bis 31) werden innerhalb eines bis in das Jahr 2039 reichenden Übergangszeitraums in die vollständige nachgelagerte Besteuerung überführt (§ 22 Nummer 1 Satz 3 Buchstabe a Doppelbuchstabe aa EStG). Diese Regelung gilt sowohl für Leistungen von inländischen als auch von ausländischen Versorgungsträgern.[1]

191 Eine Nachzahlung aus der gesetzlichen Rentenversicherung, die dem Empfänger nach dem 31. Dezember 2004 zufließt, wird nach § 22 Nummer 1 Satz 3 Buchstabe a Doppelbuchstabe aa EStG mit dem Besteuerungsanteil besteuert, auch wenn sie für einen Zeitraum vor dem 1. Januar 2005 gezahlt wird (BFH vom 13. April 2011, BStBl. II S. 915). Dies gilt entsprechend für eine Nachzahlung aus der landwirtschaftlichen Alterskasse und den berufsständischen Versorgungseinrichtungen. Es ist zu prüfen, ob § 34 Absatz 1 EStG Anwendung findet. Die Tarifermäßigung ist grundsätzlich auch auf Nachzahlungen von Renten i. S. d. § 22 Nummer 1 EStG anwendbar, soweit diese nicht auf den laufenden VZ entfallen (R 34.4 Absatz 1 EStR 2012).

192[2] Ist wegen rückwirkender Zubilligung einer Rente der Anspruch auf eine bisher gewährte Sozialleistung (z. B. auf Krankengeld, Arbeitslosengeld oder Sozialhilfe) ganz oder teilweise weggefallen und steht dem Leistenden deswegen gegenüber dem Rentenversicherungsträger (z. B. nach § 103 des Zehnten Buches Sozialgesetzbuch) ein Erstattungsanspruch zu, sind die bisher gezahlten Sozialleistungen in Höhe dieses Erstattungsanspruchs als Rentenzahlungen anzusehen. Die Rente ist dem Leistungsempfänger insoweit im Zeitpunkt der Zahlung dieser Sozialleistungen zugeflossen. Die Besteuerungsgrundsätze des § 22 Nummer 1 Satz 3 Buchstabe a EStG gelten hierbei entsprechend. Sofern die Sozialleistungen dem Progressionsvorbehalt nach § 32 b EStG unterlegen haben, ist dieser rückgängig zu machen, soweit die Beträge zu einer Rente umgewidmet werden (R 32 b Absatz 4 EStR).

193 Bei den übrigen Leibrenten erfolgt die Besteuerung auch weiterhin mit dem Ertragsanteil (§ 22 Nummer 1 Satz 3 Buchstabe a Doppelbuchstabe bb EStG ggf. i. V. m. § 55 Absatz 2 EStDV; vgl. Rz. 236 und 237), es sei denn, es handelt sich um nach dem 31. Dezember 2004 abgeschlossene Rentenversicherungen, bei denen keine lebenslange Rentenzahlung vereinbart und erbracht wird. In diesen Fällen wird die Besteuerung im Wege der Ermittlung des Unterschiedsbetrags nach § 20 Absatz 1 Nummer 6 EStG vorgenommen. Die Regelungen in § 22 Nummer 5 EStG bleiben unberührt (vgl. insoweit auch BMF-Schreiben vom 24. Juli 2013, BStBl. I S. 1022).

[1] Zur einkommensteuerlichen Behandlung der Beiträge an Vorsorgeeinrichtungen nach der zweiten Säule der schweizerischen Altersvorsorge siehe *BMF-Schreiben vom 27. 7. 2016 (BStBl. I S. 759).*
[2] Bestätigt durch *BFH-Urteil vom 9. 12. 2015 X R 30/14 (BStBl. 2016 II S. 624).*

194 Für Leibrenten und andere Leistungen im Sinne von § 22 Nummer 1 Satz 3 Buchstabe a EStG sind nach § 22 a EStG Rentenbezugsmitteilungen zu übermitteln. Einzelheiten hierzu sind durch BMF-Schreiben vom 7. Dezember 2011, BStBl. I S. 1223, geregelt. Anl zu H 22.3

II. Leibrenten und andere Leistungen i. S. d. § 22 Nummer 1 Satz 3 Buchstabe a Doppelbuchstabe aa EStG

1. Leistungen aus den gesetzlichen Rentenversicherungen, aus der landwirtschaftlichen Alterskasse und aus den berufsständischen Versorgungseinrichtungen

195 § 22 Nummer 1 Satz 3 Buchstabe a Doppelbuchstabe aa EStG erfasst alle Leistungen unabhängig davon, ob sie als Rente oder Teilrente (z. B. Altersrente, Erwerbsminderungsrente, Hinterbliebenenrente als Witwen- oder Witwerrente, Waisenrente oder Erziehungsrente[1]) oder als einmalige Leistung (z. B. Sterbegeld oder Abfindung von Kleinbetragsrenten) ausgezahlt werden. **19f**

a) Besonderheiten bei Leibrenten und anderen Leistungen aus den gesetzlichen Rentenversicherungen

196[2] Zu den Leistungen i. S. d. § 22 Nummer 1 Satz 3 Buchstabe a Doppelbuchstabe aa EStG gehören auch Zusatzleistungen und andere Leistungen. Dazu zählen nicht Zinsen auf Rentennachzahlungen. Diese gehören gemäß § 20 Absatz 1 Nummer 7 EStG zu den Einkünften aus Kapitalvermögen (BFH vom 9. Juni 2015, VIII R 18/12, BStBl. 2016 II S. 523).

197[3] § 22 Nummer 1 Satz 3 Buchstabe a Doppelbuchstabe aa EStG gilt nicht für steuerfreie Einnahmen wie z. B.
- Leistungen aus der gesetzlichen Unfallversicherung wie z. B. Berufsunfähigkeits- oder Erwerbsminderungsrenten der Berufsgenossenschaft (§ 3 Nummer 1 Buchstabe a EStG),
- Sachleistungen und Kinderzuschüsse (§ 3 Nummer 1 Buchstabe b EStG),
- Übergangsgelder nach dem SGB VI (§ 3 Nummer 1 Buchstabe c EStG),
- die Erstattung von freiwilligen Beiträgen im Zusammenhang mit Nachzahlungen von Beiträgen in besonderen Fällen (§§ 204, 205 und 207 des SGB VI) sowie die Erstattung der vom Versicherten zu Unrecht geleisteten Beiträge nach § 26 SGB IV (§ 3 Nummer 3 Buchstabe b EStG),
- Ausgleichszahlungen nach § 86 Bundesversorgungsgesetz (§ 3 Nummer 6 EStG),
- Renten, die als Entschädigungsleistungen aufgrund gesetzlicher Vorschriften – insbesondere des Bundesentschädigungsgesetzes – zur Wiedergutmachung nationalsozialistischen Unrechts gewährt werden (§ 3 Nummer 8 EStG),
- Renten wegen Alters und wegen verminderter Erwerbsfähigkeit aus der gesetzlichen Rentenversicherung, die an Verfolgte i. S. d. § 1 des Bundesentschädigungsgesetzes gezahlt werden, wenn rentenrechtliche Zeiten aufgrund der Verfolgung in der Rente enthalten sind. Renten wegen Todes aus der gesetzlichen Rentenversicherung, wenn der verstorbene Versicherte Verfolgter i. S. d. § 1 des Bundesentschädigungsgesetzes war und wenn rentenrechtliche Zeiten aufgrund der Verfolgung in dieser Rente enthalten sind (§ 3 Nummer 8 a EStG),
- Zuschüsse zur freiwilligen oder privaten Krankenversicherung (§ 3 Nummer 14 EStG),
- die aufgrund eines Abkommens mit einer zwischen- oder überstaatlichen Einrichtung zur Begründung von Anrechten auf Altersversorgung übertragenen Werte bei einer zwischen- oder überstaatlichen Einrichtung (§ 3 Nummer 55 e EStG),
- Leistungen nach den §§ 294 bis 299 SGB VI für Kindererziehung an Mütter der Geburtsjahrgänge vor 1921 (§ 3 Nummer 67 EStG); aus Billigkeitsgründen gehören dazu auch Leistungen nach § 294 a Satz 2 SGB VI für Kinderziehung an Mütter der Geburtsjahrgänge vor 1927, die am 18. Mai 1990 ihren gewöhnlichen Aufenthalt im Beitrittsgebiet und am 31. Dezember 1991 keinen eigenen Anspruch auf Rente aus eigener Versicherung hatten.

198 Renten i. S. d. § 9 Anspruchs- und Anwartschaftsüberführungsgesetz – AAÜG – werden zwar von der Deutschen Rentenversicherung Bund ausgezahlt, es handelt sich jedoch nicht um Leistungen aus der gesetzlichen Rentenversicherung. Die Besteuerung erfolgt nach § 22 Nummer 1 Satz 3 Buchstabe a Doppelbuchstabe bb EStG ggf. i. V. m. § 55 Absatz 2 EStDV, soweit die Rente nicht nach § 3 Nummer 6 EStG steuerfrei ist.

199[4] Die Ruhegehälter, die ehemaligen Bediensteten in internationalen Organisationen gezahlt werden, unterliegen der Besteuerung nach § 22 Nummer 1 Satz 3 Buchstabe a Doppelbuchstabe aa EStG, sofern es sich bei dem Alterssicherungssystem der jeweiligen Organisation um ein System handelt, das mit der inländischen gesetzlichen Rentenversicherung vergleichbar ist; Rz. 168 Satz 2 bis 5 ist zu beachten. Hierzu gehören z. B.:
- Bank für Internationalen Zahlungsausgleich (BIZ),
- Europäische Organisation für astronomische Forschung in der südlichen Hemisphäre (ESO),
- Europäische Organisation für Kernforschung (CERN),

---

[1] Die Einbeziehung der Erziehungsrenten in § 22 Nr. 1 Satz 3 Buchst. a Doppelbuchst. aa ist verfassungsgemäß, *BFH-Urteil vom 19. 8. 2013 X R 35/11 (BStBl. 2014 II S. 557).*

[2] Rz. 196 geändert durch BMF-Schreiben vom 4. 7. 2016 (BStBl. I S. 645). Rz. 196 in dieser Fassung gilt ab dem VZ 2016. Auf Antrag kann eine Anwendung in noch offenen Fällen erfolgen.

[3] Rz. 197 geändert durch BMF-Schreiben vom 28. 9. 2021 (BStBl. I S. 1831); Anwendung in allen offenen Fällen ab Bekanntgabe im BStBl.

[4] Rz. 199 geändert durch BMF-Schreiben vom 19. 12. 2016 (BStBl. I S. 1433) und durch BMF-Schreiben vom 10. 1. 2022 (BStBl. I S. 36); Anwendung in allen offenen Fällen.

Anl zu H 22.3

– Europäisches Laboratorium für Molekularbiologie (EMBL),
– Vereinte Nationen (VN).[1]

b) Besonderheiten bei Leibrenten und anderen Leistungen aus der landwirtschaftlichen Alterskasse

200 Die Renten wegen Alters, wegen Erwerbsminderung und wegen Todes nach dem Gesetz über die Alterssicherung der Landwirte – ALG – gehören zu den Leistungen i. S. d. § 22 Nummer 1 Satz 3 Buchstabe a Doppelbuchstabe aa EStG.

201 Steuerfrei sind z. B. Sachleistungen nach dem ALG (§ 3 Nummer 1 Buchstabe b EStG), Geldleistungen nach den §§ 10, 36 bis 39 ALG (§ 3 Nummer 1 Buchstabe c EStG) sowie Beitragserstattungen nach den §§ 75 und 117 ALG (§ 3 Nummer 3 Buchstabe b EStG).

c) Besonderheiten bei Leibrenten und anderen Leistungen aus den berufsständischen Versorgungseinrichtungen

202[2] Leistungen aus berufsständischen Versorgungseinrichtungen werden nach § 22 Nummer 1 Satz 3 Buchstabe a Doppelbuchstabe aa EStG besteuert, unabhängig davon, ob die Beiträge als Sonderausgaben nach § 10 Absatz 1 Nummer 2 Satz 1 Buchstabe a EStG berücksichtigt wurden. Die Besteuerung erfolgt auch dann nach § 22 Nummer 1 Satz 3 Buchstabe a Doppelbuchstabe aa EStG, wenn die berufsständische Versorgungseinrichtung keine den gesetzlichen Rentenversicherungen vergleichbaren Leistungen erbringt.

203 Unselbständige Bestandteile der Rente (z. B. Kinderzuschüsse) werden zusammen mit der Rente nach § 22 Nummer 1 Satz 3 Buchstabe a Doppelbuchstabe aa EStG besteuert (vgl. BFH vom *13. August 2011,*[3] BStBl. 2012 II S. 312).

204[4] Einmalige Leistungen (z. B. Kapitalauszahlungen, Sterbegeld, Abfindung von Kleinbetragsrenten) unterliegen ebenfalls der Besteuerung nach § 22 Nummer 1 Satz 3 Buchstabe a Doppelbuchstabe aa EStG. Das gilt auch für Kapitalzahlungen, bei denen die erworbenen Anwartschaften auf Beiträgen beruhen, die vor dem 1. Januar 2005 erbracht worden sind. Es ist zu prüfen, ob unter Berücksichtigung der vom BFH aufgestellten Grundsätze (BFH-Urteile vom 23. Oktober 2013 X R 33/10 und X R 3/12, BStBl. 2014 II S. 58) § 34 Absatz 1 EStG Anwendung findet.

205[5] Gemäß § 3 Nummer 3 Buchstabe c EStG sind die Leistungen aus berufsständischen Versorgungseinrichtungen, die den Leistungen nach § 3 Nummer 3 Buchstabe a und b EStG entsprechen, steuerfrei. Hierbei kommt es darauf an, dass die Leistungen als solche vergleichbar sind und sich ihrer Art nach entsprechen („Wesensgleichheit", vgl. BFH vom 10. Oktober 2017, BStBl. 2021 II S. 746). Es ist nicht erforderlich, dass sie auf der Grundlage identischer Voraussetzungen erbracht werden. Sind diese – entsprechend Rz. 202 bis 204 steuerbaren – Leistungen gemäß § 3 Nummer 3 Buchstabe c EStG steuerfrei, erfolgt keine Korrektur des Sonderausgabenabzugs der korrespondierenden Beiträge.

Eine Steuerfreiheit liegt z. B. in folgenden Fällen vor:

- Witwen- und Witwerrentenabfindungen bei der ersten Wiederheirat (§ 3 Nummer 3 Buchstabe c EStG i. V. m. § 3 Nummer 3 Buchstabe a EStG).
- Beitragserstattungen (§ 3 Nummer 3 Buchstabe c EStG i. V. m. § 3 Nummer 3 Buchstabe b EStG) im Falle der Beendigung der Mitgliedschaft in der berufsständischen Versorgungseinrichtung, wenn höchstens die Beiträge abzüglich des steuerfreien Arbeitgeberanteils bzw. -zuschusses (§ 3 Nummer 62 EStG) nominal erstattet werden. Dies gilt auch für Beitragserstattungen, die nach Begründung einer erneuten Versicherungspflicht in einer berufsständischen Versorgungseinrichtung aufgrund der Beendigung dieser Mitgliedschaft geleistet werden.
  Werden bis zu 60% der für den Versicherten geleisteten Beiträge erstattet, kann die Erstattung aus Vereinfachungsgründen insgesamt als steuerfreie Beitragserstattung behandelt werden. Werden mehr als 60% der für den Versicherten geleisteten Beiträge erstattet, ist die Beitragserstattung bei Vorlage eines Nachweises in dem Umfang steuerfrei, in dem sie auf eigenen Beiträgen des Versicherten beruht.
  Basiert die Beitragserstattung ganz oder teilweise auf freiwilligen Beiträgen des Versicherten, ist dies unschädlich.

2. Leibrenten und andere Leistungen aus Rentenversicherungen i. S. d. § 10 Absatz 1 Nummer 2 Satz 1 Buchstabe b EStG

206 Leistungen aus Rentenversicherungen i. S. d. § 10 Absatz 1 Nummer 2 Satz 1 Buchstabe b EStG (vgl. Rz. 8 ff.) unterliegen der nachgelagerten Besteuerung gem. § 22 Nummer 1 Satz 3 Buchstabe a Doppelbuchstabe aa EStG.

207 Für Renten aus Rentenversicherungen, die nicht den Voraussetzungen des § 10 Absatz 1 Nummer 2 Satz 1 Buchstabe b EStG entsprechen – insbesondere für Renten aus Verträgen i. S. d. § 10 Ab-

---

[1] Bestätigt durch *BFH-Urteil vom 5. 4. 2017 X R 50/14 (BStBl. II S. 1187).*

[2] Ist eine zur Basisversorgung hinzutretende und von dieser getrennte Kapitalversorgung aus einem berufsständigen Versorgungswerk als Kapitallebensversicherung ausgestaltet, sind auf entsprechende Kapitalauszahlungen nicht die Regelung über die Leistungen aus einer Basis-Altersversorgung (§ 22 Nummer 1 Satz 3 Buchstabe a EStG), sondern die Regelungen über Erträge aus Kapitallebensversicherungen (§ 20 Absatz 1 Nummer 6 EStG) anzuwenden, *BFH-Urteil vom 12. 12. 2017 X R 39/15 (BStBl. 2018 II S. 579).*

[3] Redaktionelles Versehen, muss heißen: 31. August 2011.

[4] Rz. 204 neugefasst durch BMF-Schreiben vom 10. 1. 2014 (BStBl. I S. 70).

[5] Rz. 205 neugefasst durch BMF-Schreiben vom 28. 9. 2021 (BStBl. I S. 1831); Anwendung in allen offenen Fällen.

satz 1 Nummer 3a EStG –, bleibt es bei der Ertragsanteilsbesteuerung (vgl. insoweit Rz. 212 ff.), es sei denn, es handelt sich um nach dem 31. Dezember 2004 abgeschlossene Rentenversicherungen, bei denen keine lebenslange Rentenzahlung vereinbart und erbracht wird. Dann erfolgt die Besteuerung nach § 20 Absatz 1 Nummer 6 EStG im Wege der Ermittlung des Unterschiedsbetrags. Die Regelungen in § 22 Nummer 5 EStG bleiben unberührt (vgl. BMF-Schreiben vom 24. Juli 2013, BStBl. I S. 1022). Anl zu H 22.3

208 Wird ein Rentenversicherungsvertrag mit Versicherungsbeginn nach dem 31. Dezember 2004, der die Voraussetzungen des § 10 Absatz 1 Nummer 2 Satz 1 Buchstabe b EStG nicht erfüllt, in einen zertifizierten Basisrentenvertrag umgewandelt, führt dies zur Beendigung des bestehenden Vertrags – mit den entsprechenden steuerlichen Konsequenzen – und zum Abschluss eines neuen Basisrentenvertrags im Zeitpunkt der Umstellung. Die Beiträge einschließlich des aus dem Altvertrag übertragenen Kapitals können im Rahmen des Sonderausgabenabzugs nach § 10 Absatz 1 Nummer 2 Satz 1 Buchstabe b EStG berücksichtigt werden. Die sich aus dem Basisrentenvertrag ergebenden Leistungen unterliegen insgesamt der Besteuerung nach § 22 Nummer 1 Satz 3 Buchstabe a Doppelbuchstabe aa EStG.

209 Wird ein Kapitallebensversicherungsvertrag in einen zertifizierten Basisrentenvertrag umgewandelt, führt auch dies zur Beendigung des bestehenden Vertrags – mit den entsprechenden steuerlichen Konsequenzen – und zum Abschluss eines neuen Basisrentenvertrags im Zeitpunkt der Umstellung. Die Beiträge einschließlich des aus dem Altvertrag übertragenen Kapitals können im Rahmen des Sonderausgabenabzugs nach § 10 Absatz 1 Nummer 2 Satz 1 Buchstabe b EStG berücksichtigt werden. Die sich aus dem Basisrentenvertrag ergebenden Leistungen unterliegen insgesamt der Besteuerung nach § 22 Nummer 1 Satz 3 Buchstabe a Doppelbuchstabe aa EStG.

210 Wird entgegen der ursprünglichen vertraglichen Vereinbarung (vgl. Rz. 9 und 14) ein zertifizierter Basisrentenvertrag in einen Vertrag umgewandelt, der die Voraussetzungen des § 10 Absatz 1 Nummer 2 Satz 1 Buchstabe b EStG nicht erfüllt, ist steuerlich von einem neuen Vertrag auszugehen. Wird dabei die auf den „alten" Vertrag entfallende Versicherungsleistung ganz oder teilweise auf den „neuen" Vertrag angerechnet, fließt die angerechnete Versicherungsleistung dem Versicherungsnehmer zu und unterliegt im Zeitpunkt der Umwandlung des Vertrags der Besteuerung nach § 22 Nummer 1 Satz 3 Buchstabe a Doppelbuchstabe aa EStG. Ist die Umwandlung als Missbrauch von rechtlichen Gestaltungsmöglichkeiten (§ 42 AO) anzusehen, z. B. Umwandlung innerhalb kurzer Zeit nach Vertragsabschluss ohne erkennbaren sachlichen Grund, ist für die vor der Umwandlung geleisteten Beiträge der Sonderausgabenabzug nach § 10 Absatz 1 Nummer 2 Satz 1 Buchstabe b EStG zu versagen oder rückgängig zu machen.

211 Werden Ansprüche des Leistungsempfängers aus einem Versicherungsvertrag mit Versicherungsbeginn nach dem 31. Dezember 2004, der die Voraussetzungen des § 10 Absatz 1 Nummer 2 Satz 1 Buchstabe b EStG erfüllt, unmittelbar auf einen anderen Vertrag des Leistungsempfängers bei einem anderen Unternehmen übertragen, gilt die Versicherungsleistung nicht als dem Leistungsempfänger zugeflossen, wenn der neue Vertrag nach § 5a AltZertG zertifiziert ist. Sie unterliegt daher im Zeitpunkt der Übertragung nicht der Besteuerung (§ 3 Nummer 55 d EStG).

III. Leibrenten und andere Leistungen i. S. d. § 22 Nummer 1 Satz 3 Buchstabe a Doppelbuchstabe bb EStG

212 Der Anwendungsbereich des § 22 Nummer 1 Satz 3 Buchstabe a Doppelbuchstabe bb EStG umfasst diejenigen Leibrenten und anderen Leistungen, die nicht bereits unter Doppelbuchstabe aa der Vorschrift (vgl. Rz. 195 ff.) oder § 22 Nummer 5 EStG einzuordnen sind, wie Renten aus **19g**

- Rentenversicherungen, die nicht den Voraussetzungen des § 10 Absatz 1 Nummer 2 Satz 1 Buchstabe b EStG entsprechen, weil sie z. B. eine Teilkapitalisierung oder Einmalkapitalauszahlung (Kapitalwahlrecht) oder einen Rentenbeginn vor Vollendung des 62. Lebensjahres vorsehen (bei vor dem 1. Januar 2012 abgeschlossenen Verträgen ist regelmäßig die Vollendung des 60. Lebensjahres maßgebend) oder die Laufzeit der Versicherung vor dem 1. Januar 2005 begonnen hat, oder
- Verträgen i. S. d. § 10 Absatz 1 Nummer 3a EStG.

Bei nach dem 31. Dezember 2004 abgeschlossenen Rentenversicherungen muss eine lebenslange Rentenzahlung vereinbart und erbracht werden.

213 Werden neben einer Grundrente Überschussbeteiligungen in Form einer Bonusrente gezahlt, so ist der gesamte Auszahlungsbetrag mit einem einheitlichen Ertragsanteil der Besteuerung zu unterwerfen. Mit der Überschussbeteiligung in Form einer Bonusrente wird kein neues Rentenrecht begründet (R 22.4 Absatz 1 Satz 2 EStR; BFH vom 22. August 2012, BStBl. 2013 II S. 158). In der Mitteilung nach § 22a EStG (bei Leistungen i. S. d. § 22 Nummer 5 Satz 2 Buchstabe a EStG in der Mitteilung nach § 22 Nummer 5 Satz **7** EStG) ist der Betrag von Grund- und Bonusrente in einer Summe auszuweisen.

214 Dem § 22 Nummer 1 Satz 3 Buchstabe a Doppelbuchstabe bb EStG zuzuordnen sind auch abgekürzte Leibrenten, die nicht unter § 22 Nummer 1 Satz 3 Buchstabe a Doppelbuchstabe aa EStG fallen (z. B. private selbständige Erwerbsminderungsrente, Waisenrente aus einer privaten Versicherung, die die Voraussetzungen des § 10 Absatz 1 Nummer 2 Satz 1 Buchstabe b EStG nicht erfüllt). Dies gilt bei Rentenversicherungen (vgl. Rz. 19 des BMF-Schreibens vom 1. Oktober 2009, BStBl. I S. 1172) nur, wenn sie vor dem 1. Januar 2005 abgeschlossen wurden.

215 Auf Antrag des Steuerpflichtigen sind unter bestimmten Voraussetzungen auch Leibrenten und andere Leistungen i. S. d. § 22 Nummer 1 Satz 3 Buchstabe a Doppelbuchstabe aa EStG nach § 22 Nummer 1 Satz 3 Buchstabe a Doppelbuchstabe bb EStG zu versteuern (sog. Öffnungsklausel). Wegen der Einzelheiten hierzu vgl. die Ausführungen unter Rz. 238 ff.

Anl zu H 22.3

IV. Besonderheiten bei der betrieblichen Altersversorgung

19h **216** Die Versorgungsleistungen einer Pensionskasse, eines Pensionsfonds oder aus einer Direktversicherung (z. B. Rente, Auszahlungsplan, Teilkapitalauszahlung, Einmalkapitalauszahlung) unterliegen der Besteuerung nach § 22 Nummer 5 EStG. Einzelheiten zur Besteuerung von Leistungen aus der betrieblichen Altersversorgung sind im BMF-Schreiben vom 24. Juli 2013, BStBl. I S. 1022, Rz. 369 ff. geregelt.

V. Durchführung der Besteuerung

1. Leibrenten und andere Leistungen i. S. d. § 22 Nummer 1 Satz 3 Buchstabe a Doppelbuchstabe aa EStG

a) Allgemeines

19i **217** In der Übergangszeit bis zur vollständigen nachgelagerten Besteuerung unterliegt nur ein Teil der Leibrenten und anderen Leistungen der Besteuerung. In Abhängigkeit vom Jahresbetrag der Rente und dem Jahr des Rentenbeginns wird der steuerfreie Teil der Rente ermittelt, der grundsätzlich für die gesamte Laufzeit der Rente gilt. Diese Regelung bewirkt, dass Rentenerhöhungen, die auf einer regelmäßigen Rentenanpassung beruhen, vollständig nachgelagert besteuert werden.[1]

b) Jahresbetrag der Rente

218 Bemessungsgrundlage für die Ermittlung des der Besteuerung unterliegenden Anteils der Rente ist der Jahresbetrag der Rente (§ 22 Nummer 1 Satz 3 Buchstabe a Doppelbuchstabe aa Satz 2 EStG). Jahresbetrag der Rente ist die Summe der im Kalenderjahr zugeflossenen Rentenbeträge einschließlich der bei Auszahlung einbehaltenen eigenen Beitragsanteile zur Kranken- und Pflegeversicherung. Steuerfreie Zuschüsse zu den Krankenversicherungsbeiträgen sind nicht Bestandteil des Jahresbetrags der Rente. Zum Jahresbetrag der Rente gehören auch die im Kalenderjahr zugeflossenen anderen Leistungen. Bei rückwirkender Zubilligung der Rente ist ggf. Rz. 192 dieses Schreibens und Rz. 48 des BMF-Schreibens vom 7. Dezember 2011 (BStBl. I S. 1223) zu beachten. Eine Pfändung der Rente hat keinen Einfluss auf die Höhe des nach § 22 EStG zu berücksichtigenden Jahresbetrags der Rente. Dies gilt auch für Abtretungen.

c) Bestimmung des Prozentsatzes

aa) Allgemeines

219 Der Prozentsatz in der Tabelle in § 22 Nummer 1 Satz 3 Buchstabe a Doppelbuchstabe aa Satz 3 EStG bestimmt sich grundsätzlich nach dem Jahr des Rentenbeginns.

220 Unter Beginn der Rente ist der Zeitpunkt zu verstehen, ab dem die Rente (ggf. nach rückwirkender Zubilligung) tatsächlich bewilligt wird (siehe Rentenbescheid).

221 Wird die bewilligte Rente bis auf 0 € gekürzt, z. B. weil eigene Einkünfte anzurechnen sind, steht dies dem Beginn der Rente nicht entgegen und unterbricht die Laufzeit der Rente nicht. Verzichtet der Rentenberechtigte in Kenntnis der Kürzung der Rente auf die Beantragung, beginnt die Rente jedoch nicht zu laufen, solange sie mangels Beantragung nicht dem Grunde nach bewilligt wird.

222 Fließt eine andere Leistung vor dem Beginn der Leibrente zu, bestimmt sich der Prozentsatz für die Besteuerung der anderen Leistung nach dem Jahr ihres Zuflusses, andernfalls nach dem Jahr des Beginns der Leibrente.

bb) Erhöhung oder Herabsetzung der Rente

223 Soweit Renten i. S. d. § 22 Nummer 1 Satz 3 Buchstabe a Doppelbuchstabe aa EStG später z. B. wegen Anrechnung anderer Einkünfte erhöht oder herabgesetzt werden, ist keine neue Rente anzunehmen. Gleiches gilt, wenn eine Teil-Altersrente in eine volle Altersrente oder eine volle Altersrente in eine Teil-Altersrente umgewandelt wird (§ 42 SGB VI). Für den erhöhten oder verminderten Rentenbetrag bleibt der ursprünglich ermittelte Prozentsatz maßgebend (zur Neuberechnung des Freibetrags vgl. Rz. 232 ff.).

cc) Besonderheiten bei Folgerenten aus derselben Versicherung oder demselben Vertrag

224 Renten aus derselben Versicherung oder demselben Vertrag liegen vor, wenn Renten auf ein und demselben Rentenrecht beruhen. Das ist beispielsweise der Fall, wenn eine Rente wegen voller Erwerbsminderung einer Rente wegen teilweiser Erwerbsminderung folgt oder umgekehrt, bei einer Altersrente, der eine (volle oder teilweise) Erwerbsminderungsrente vorherging, oder wenn eine kleine Witwen- oder Witwerrente einer großen Witwen- oder Witwerrente folgt und umgekehrt oder eine Altersrente einer Erziehungsrente folgt. Das gilt auch dann, wenn die Rentenempfänger nicht identisch sind wie z. B. bei einer Altersrente mit nachfolgender Witwen- oder Witwerrente oder Waisenrente. Leistungen aus Anrechten, die im Rahmen des Versorgungsausgleichs durch interne Teilung auf die ausgleichsberechtigte Person übertragen wurden oder die zu Lasten der Anrechte der ausgleichspflichtigen Person für die ausgleichsberechtigte Person durch externe Teilung begründet wurden, stellen einen eigenen Rentenanspruch der ausgleichsberechtigten Person dar. Die Rente der ausgleichsberechtigten Person ist daher keine Rente aus der Versicherung oder dem Vertrag der ausgleichspflichtigen Person.

[1] Das gilt auch für die reguläre Anpassung der Renten anhand des aktuellen Rentenwerts (Ost) gem. § 225a SGB VI, BFH-Urteil vom 3. 12. 2019 X R 12/18 (BStBl. 2020 II S. 386). Siehe dazu auch Allgemeinverfügung der Obersten Finanzbehörden der Länder vom 5. 10. 2020 (BStBl. 2020 I S. 951) zur Zurückweisung von Einsprüchen und Änderungsanträgen wegen Zweifeln an der Rechtmäßigkeit der Behandlung der Angleichung der Renten im Beitrittsgebiet an das Westniveau als „regelmäßige" Rentenanpassungen.

Anl zu H 22.3

225 Folgen nach dem 31. Dezember 2004 Renten aus derselben Versicherung oder demselben Vertrag einander nach, wird bei der Ermittlung des Prozentsatzes nicht der tatsächliche Beginn der Folgerente herangezogen. Vielmehr wird ein fiktives Jahr des Rentenbeginns ermittelt, indem vom tatsächlichen Rentenbeginn der Folgerente die Laufzeiten vorhergehender Renten abgezogen werden. Dabei darf der Prozentsatz von 50% nicht unterschritten werden.

Beispiel:

226 A bezieht von Oktober 2003 bis Dezember 2006 (= 3 Jahre und 3 Monate) eine Erwerbsminderungsrente i. H. v. 1000 €. Anschließend ist er wieder erwerbstätig. Ab Februar 2013 erhält er seine Altersrente i. H. v. 2000 €.
In 2003 und 2004 ist die Erwerbsminderungsrente gem. § 55 Absatz 2 EStDV mit einem Ertragsanteil von 4% zu versteuern, in 2005 und 2006 gem. § 22 Nummer 1 Satz 3 Buchstabe a Doppelbuchstabe aa EStG mit einem Besteuerungsanteil von 50%. Der der Besteuerung unterliegende Teil für die ab Februar 2013 gewährte Altersrente ermittelt sich wie folgt:

Rentenbeginn der Altersrente	Februar 2013
abzügl. der Laufzeit der Erwerbsminderungsrente (3 Jahre und 3 Monate)	
= fiktiver Rentenbeginn	November 2009
Besteuerungsanteil lt. Tabelle	58%
Jahresbetrag der Rente in 2013: 11 × 2000 €	22 000 €
Betragsmäßiger Besteuerungsanteil (58% von 22 000 €)	12 760 €

227 Renten, die vor dem 1. Januar 2005 geendet haben, werden nicht als vorhergehende Renten berücksichtigt und wirken sich daher auf die Höhe des Prozentsatzes für die Besteuerung der nachfolgenden Rente nicht aus.

Abwandlung des Beispiels in Rz. 226:

228 Die Erwerbsminderungsrente wurde von Oktober 2000 bis Dezember 2004 bezogen.
In diesem Fall folgen nicht nach dem 31. Dezember 2004 mehrere Renten aus derselben Versicherung einander nach mit der Folge, dass für die Ermittlung des Besteuerungsanteils für die Altersrente das Jahr 2013 maßgebend ist und folglich ein Besteuerungsanteil von 66%.

229 Lebt eine wegen Wiederheirat des Berechtigten weggefallene Witwen- oder Witwerrente wegen Auflösung oder Nichtigerklärung der erneuten Ehe oder der erneuten Lebenspartnerschaft wieder auf (§ 46 Absatz 3 SGB VI), ist bei Wiederaufleben der Witwen- oder Witwerrente für die Ermittlung des Prozentsatzes nach § 22 Nummer 1 Satz 3 Buchstabe a Doppelbuchstabe aa Satz 3 EStG der Rentenbeginn des erstmaligen Bezugs maßgebend.

d) Ermittlung des steuerfreien Teils der Rente

aa) Allgemeines

230 Nach § 22 Nummer 1 Satz 3 Buchstabe a Doppelbuchstabe aa Satz 4 und 5 EStG gilt der steuerfreie Teil der Rente für die gesamte Laufzeit des Rentenbezugs. Der steuerfreie Teil der Rente wird in dem Jahr ermittelt, das dem Jahr des Rentenbeginns folgt. Bei Renten, die vor dem 1. Januar 2005 begonnen haben, ist der steuerfreie Teil der Rente des Jahres 2005 maßgebend.

bb) Bemessungsgrundlage für die Ermittlung des steuerfreien Teils der Rente

231 Bemessungsgrundlage für die Ermittlung des steuerfreien Teils der Rente ist der Jahresbetrag der Rente in dem Jahr, das dem Jahr des Rentenbeginns folgt. Bei Renten mit Rentenbeginn vor dem 1. Januar 2005 ist der Jahresbetrag der Rente des Jahres 2005 maßgebend. Zum Jahresbetrag der Rente vgl. Rz. 218.

cc) Neuberechnung des steuerfreien Teils der Rente

232 Ändert sich der Jahresbetrag der Rente und handelt es sich hierbei nicht um eine regelmäßige Anpassung (z. B. jährliche Rentenerhöhung), ist der steuerfreie Teil der Rente auf der Basis des bisher maßgebenden Prozentsatzes mit der veränderten Bemessungsgrundlage neu zu ermitteln. Auch Rentennachzahlungen oder -rückzahlungen sowie der Wegfall des Kinderzuschusses zur Rente aus einer berufsständischen Versorgungseinrichtung können zu einer Neuberechnung des steuerfreien Teils der Rente führen. Ändert sich der Jahresbetrag einer Rente in ausländischer Währung aufgrund von Währungsschwankungen, führt die sich daraus ergebende Änderung des Jahresbetrags der Rente ebenfalls zu einer Neuberechnung des steuerfreien Teils der Rente.

233 Der steuerfreie Teil der Rente ist in dem Verhältnis anzupassen, in dem der veränderte Jahresbetrag der Rente zum Jahresbetrag der Rente steht, der der Ermittlung des bisherigen steuerfreien Teils der Rente zugrunde gelegen hat. Regelmäßige Anpassungen des Jahresbetrags der Rente bleiben dabei außer Betracht (§ 22 Nummer 1 Satz 3 Buchstabe a Doppelbuchstabe aa Satz 7 EStG). Die für die Berechnung erforderlichen Angaben ergeben sich aus der Rentenbezugsmitteilung (vgl. BMF-Schreiben vom 7. Dezember 2011, BStBl. I S. 1223).

Beispiel:

234 R bezieht ab Mai 2010 eine monatliche Witwenrente aus der gesetzlichen Rentenversicherung (keine Folgerente) i. H. v. 1100 €. Die Rente wird aufgrund regelmäßiger Anpassungen zum 1. Juli 2010, zum 1. Juli 2011, zum 1. Juli 2012 und zum 1. Juli 2013 jeweils um 10 € erhöht. Wegen anderer Einkünfte wird die Rente ab August 2013 auf 830 € gekürzt.

Rentenzeitraum	Monatsbetrag	Betrag im Zahlungszeitraum
1. 5.–30. 6. 2010	1 100,00 €	2 200,00 €
1. 7.–31. 12. 2010	1 110,00 €	6 660,00 €
Jahresrente 2010		8 860,00 €

Anl zu H 22.3

Rentenzeitraum	Monatsbetrag	Betrag im Zahlungszeitraum
1. 1.–30. 6. 2011	1 110,00 €	6 660,00 €
1. 7.–31. 12. 2011	1 120,00 €	6 729,00 €
Jahresrente 2011		13 380,00 €
1. 1.–30. 6. 2012	1 120,00 €	6 720,00 €
1. 7.–31. 12. 2012	1 130,00 €	6 780,00 €
Jahresrente 2012		13 500,00 €
1. 1.–30. 6. 2013	1130,00 €	6 780,00 €
1. 7.–31. 7. 2013	1 140,00 €	1 140,00 €
1. 8.–31. 12. 2013	830,00 €	4 150,00 €
Jahresrente 2013		12 070,00 €

Dem Finanzamt liegen die folgenden Rentenbezugsmitteilungen vor:

Jahr	Leistungsbetrag	Anpassungsbetrag
2010	8 860,00 €	0,00 €
2011	13 380,00 €	0,00 €
2012	13 500,00 €	120,00 €
2013	12 270,00 €	206,00 €

Berechnung des steuerfreien Teils der Rente 2011

Jahresrente 2011	13 380,00 €
– der Besteuerung unterliegender Teil (60% von 13 380,00 €) =	– 8 028,00 €
= steuerfreier Teil der Rente	5 352,00 €

Neuberechnung des steuerfreien Teils der Rente im Jahr 2013

Jahresrente 2013 ohne regelmäßige Anpassungen (12 270,00 € – 206,00 €) =	11 864,00 €	
11 864,00 €/13 380,00 €) × 5 352,00 € =		4 745,60

Ermittlung des der Besteuerung unterliegenden Teils der Rente in Anlehnung an den Wortlaut des § 22 Nummer 1 Satz 3 Buchstabe a Doppelbuchstabe aa Satz 3 bis 7 EStG

Jahr	Besteuerungsanteil der Rente	
2010	60% von 8 860,00 € =	5 316,00 €
2011	60% von 13 380,00 € =	8 029,00 €
2012	13 500,00 € – 5 352,00 € =	8 148,00 €
2013	12 070,00 € – 4 745,60 € =	7 324,40 €

Ermittlung das der Besteuerung unterliegenden Teils der Rente in Anlehnung an die Einkommensteuererklärung/die Rentenbezugsmitteilung

	2010	2011	2012	2013
Jahresrente lt. Rentenbezugsmitteilung	8 860,00 €	13 380,00 €	13 500,00 €	12 070,00 €
– Anpassungsbetrag lt. Rentenbezugsmitteilung	– 0,00 €	– 0,00 €	– 120,00 €	– 206,00 €
Zwischensumme	8 860,00 €	13 380,00 €	13 380,00 €	11 864,00 €
darauf fester Prozentsatz (hier 60%)	5 316,00 €	8 028,00 €	8 028,00 €	7 118,40 €
+ Anpassungsbetrag lt. Rentenbezugsmitteilung	+ 0,00 €	+ 0,00 €	+ 120,00 €	+ 206,00 €
= der Besteuerung unterliegender Anteil der Rente	5 316,00 €	8 028,00 €	8 148,00 €	7 324,40 €

235 Folgerenten i. S. d. § 22 Nummer 1 Satz 3 Buchstabe a Doppelbuchstabe aa Satz 8 EStG (vgl. Rz. 224 ff.) werden für die Berechnung des steuerfreien Teils der Rente (§ 22 Nummer 1 Satz 3 Buchstabe a Doppelbuchstabe aa Satz 3 bis 7 EStG) als eigenständige Renten behandelt. Das gilt nicht, wenn eine wegen Wiederheirat weggefallene Witwen- oder Witwerrente (vgl. Rz. 229) wieder auflebt. In diesem Fall berechnet sich der steuerfreie Teil der Rente nach der ursprünglichen, später weggefallenen Rente (vgl. Rz. 230 und 231).

2. Leibrenten und andere Leistungen i. S. d. § 22 Nummer 1 Satz 3 Buchstabe a Doppelbuchstabe bb EStG

236 Leibrenten i. S. d. § 22 Nummer 1 Satz 3 Buchstabe a Doppelbuchstabe bb EStG (vgl. Rz. 212) unterliegen auch ab dem VZ 2005 nur mit dem Ertragsanteil der Besteuerung. Sie ergeben sich aus der Tabelle in § 22 Nummer 1 Satz 3 Buchstabe a Doppelbuchstabe bb Satz 4 EStG. Die neuen Ertragsanteile gelten sowohl für Renten, deren Rentenbeginn vor dem 1. Januar 2005 liegt, als auch für Renten, die erst nach dem 31. Dezember 2004 zu laufen beginnen.

237 Für abgekürzte Leibrenten (vgl. Rz. 214) – z. B. aus einer privaten selbständigen Erwerbsminderungsversicherung, die nur bis zum 65. Lebensjahr gezahlt wird – bestimmen sich die Ertragsanteile auch weiterhin nach § 55 Absatz 2 EStDV.

3. Öffnungsklausel

a) Allgemeines

238 Durch die Öffnungsklausel in § 22 Nummer 1 Satz 3 Buchstabe a Doppelbuchstabe bb Satz 2 EStG werden auf Antrag des Steuerpflichtigen Teile der Leibrenten oder anderer Leistungen, die anderenfalls der nachgelagerten Besteuerung nach § 22 Nummer 1 Satz 3 Buchstabe a Doppelbuchstabe aa EStG unterliegen würden, nach § 22 Nummer 1 Satz 3 Buchstabe a Doppelbuchstabe bb EStG besteuert.

b) Antrag

239 Der Antrag ist vom Steuerpflichtigen beim zuständigen Finanzamt in der Regel im Rahmen der Einkommensteuererklärung formlos zu stellen. Der Antrag kann nicht vor Beginn des Leistungsbezugs gestellt werden. Die Öffnungsklausel in § 22 Nummer 1 Satz 3 Buchstabe a Doppelbuchstabe bb Satz 2 EStG ist nicht von Amts wegen anzuwenden.

Anl zu H 22.3

c) 10-Jahres-Grenze

240 Die Anwendung der Öffnungsklausel setzt voraus, dass bis zum 31. Dezember 2004 für mindestens zehn Jahre Beiträge oberhalb des Betrags des Höchstbeitrags zur gesetzlichen Rentenversicherung gezahlt wurden. Dabei ist jedes Kalenderjahr getrennt zu betrachten. Die Jahre müssen nicht unmittelbar aufeinander folgen. Dabei sind Beiträge grundsätzlich dem Jahr zuzurechnen, in dem sie gezahlt oder für das sie bescheinigt werden. Sofern Beiträge jedoch rentenrechtlich (als Nachzahlung) in einem anderen Jahr wirksam werden, sind diese dem Jahr zuzurechnen, in dem sie rentenrechtlich wirksam werden.[1] Für die Prüfung, ob die 10-Jahres-Grenze erfüllt ist, sind nur Zahlungen zu berücksichtigen, die bis zum 31. Dezember 2004 geleistet wurden (BFH vom 19. Januar 2010, BStBl. 2011 II S. 567). Sie müssen außerdem „für" Beitragsjahre vor dem 1. Januar 2005 gezahlt worden sein. Der jährliche Höchstbeitrag ist auch dann maßgebend, wenn nur für einen Teil des Jahres Versicherungspflicht bestand oder nicht während des ganzen Jahres Beiträge geleistet wurden (BFH vom 4. Februar 2010, BStBl. 2011 II S. 579).

d) Maßgeblicher Höchstbeitrag

241 Für die Prüfung, ob Beiträge oberhalb des Betrags des Höchstbeitrags gezahlt wurden, ist grundsätzlich der Höchstbeitrag zur gesetzlichen Rentenversicherung der Angestellten und Arbeiter (West) des Jahres heranzuziehen, dem die Beiträge zuzurechnen sind. In den Jahren, in denen im gesamten Kalenderjahr eine Versicherung in der knappschaftlichen Rentenversicherung bestand, ist deren Höchstbeitrag maßgebend. Bis 1949 galten in den gesetzlichen Rentenversicherungen unterschiedliche Höchstbeiträge für Arbeiter und Angestellte. Sofern keine Versicherungspflicht in den gesetzlichen Rentenversicherungen bestand, ist stets der Höchstbeitrag für Angestellte in der gesetzlichen Rentenversicherung der Arbeiter und Angestellten zu Grunde zu legen. Höchstbeitrag ist die Summe des Arbeitgeberanteils und des Arbeitnehmeranteils zur jeweiligen gesetzlichen Rentenversicherung. Die maßgeblichen Höchstbeiträge ergeben sich für die Jahre 1927 bis 2004 aus der als Anlage beigefügten Tabelle.

e) Ermittlung der geleisteten Beiträge

242 Für die Frage, ob in einem Jahr Beiträge oberhalb des Betrags des Höchstbeitrags gezahlt wurden, sind sämtliche Beiträge an gesetzliche Rentenversicherungen, an die landwirtschaftliche Alterskasse und an berufsständische Versorgungseinrichtungen zusammenzurechnen, die dem einzelnen Jahr zuzurechnen sind (Rz. 240). Dabei sind auch Beiträge zu einer ausländischen gesetzlichen Rentenversicherung (vgl. Rz. 4) sowie an Alterssicherungssysteme von internationalen Organisationen, die mit der gesetzlichen Rentenversicherung vergleichbar sind (vgl. Rz. 199), zu berücksichtigen; das gilt unabhängig davon, ob die sich daraus später ergebenden Renteneinkünfte im Inland besteuert werden können. Beiträge zur gesetzlichen Rentenversicherung aufgrund eines Versorgungsausgleichs (§ 187 Absatz 1 Nummer 1 SGB VI), bei vorzeitiger Inanspruchnahme einer Altersrente (§ 187 a SGB VI) oder zur Erhöhung der Rentenanwartschaft (§ 187 b SGB VI) sind in dem Jahr zu berücksichtigen, in dem sie geleistet wurden. Dies gilt entsprechend für Beitragszahlungen dieser Art an die landwirtschaftliche Alterskasse und an berufsständische Versorgungseinrichtungen.

243 Für die Anwendung der Öffnungsklausel werden nur Beiträge berücksichtigt, die eigene Beitragsleistungen des Steuerpflichtigen enthalten. Bei einer Hinterbliebenenrente ist auf die Beitragsleistung des Verstorbenen abzustellen. Bei der Ermittlung der gezahlten Beiträge kommt es nicht darauf an, ob die Beiträge vom Steuerpflichtigen vollständig oder teilweise selbst getragen wurden. Es ist auch unerheblich, ob es sich um Pflichtbeiträge, freiwillige Beiträge oder Beiträge zur Höherversicherung handelt.

244 Beiträge aufgrund von Nachversicherungen in gesetzliche Rentenversicherungen, an die landwirtschaftliche Alterskasse und an berufsständische Versorgungseinrichtungen sind nicht zu berücksichtigen. Eine Nachversicherung wird durchgeführt, wenn ein Beschäftigungsverhältnis, das unter bestimmten Voraussetzungen nicht der Versicherungspflicht in der gesetzlichen Rentenversicherung oder in einer berufsständischen Versorgungseinrichtung unterlag (z. B. als Beamtenverhältnis), unter Verlust der Versorgungszusage gelöst wird.

245 Zuschüsse zum Beitrag nach § 32 ALG werden bei der Berechnung mit einbezogen.

246 Der jährliche Höchstbeitrag ist auch dann maßgebend, wenn nur für einen Teil des Jahres eine Versicherungspflicht bestand oder nicht während des ganzen Jahres Beiträge geleistet wurden (BFH vom 4. Februar 2010, BStBl. 2011 II S. 579). Ein anteiliger Ansatz des Höchstbeitrags erfolgt nicht.

f) Nachweis der gezahlten Beiträge

247 Der Steuerpflichtige muss einmalig nachweisen, dass er für einen Zeitraum von mindestens zehn Jahren vor dem 1. Januar 2005 Beiträge oberhalb des Betrags des Höchstbeitrags gezahlt hat. Der Nachweis ist durch Bescheinigungen der Versorgungsträger, an die die Beiträge geleistet wurden – bzw. von deren Rechtsnachfolgern – zu erbringen. Aus der Bescheinigung muss sich ergeben, dass die Beiträge vor dem 1. Januar 2005 geleistet wurden und welchem Jahr sie zugerechnet wurden. Soweit der Versorgungsträger für Beiträge eine Zahlung vor dem 1. Januar 2005 nicht bescheinigen kann, hat er in der Bescheinigung ausdrücklich darauf hinzuweisen. In diesen Fällen obliegt es dem Steuerpflichtigen, den Zahlungszeitpunkt vor dem 1. Januar 2005 nachzuweisen. Wird der Nachweis nicht geführt, sind diese Beiträge, soweit es sich nicht um Pflichtbeiträge handelt, nicht in die Berechnung einzubeziehen. Pflichtbeiträge gelten in diesen Fällen als in dem Jahr gezahlt, für das sie bescheinigt werden. Beiträge oberhalb des Höchstbeitrags, die nach dem 31. Dezember 2004 geleistet worden sind, bleiben für die Anwendung der Öffnungsklausel auch dann außer Betracht, wenn im Übrigen vor dem 1. Januar 2005 über einen Zeitraum von mindestens zehn Jahren Beiträge oberhalb

[1] Siehe aber *BFH-Urteil vom 4. 9. 2019 X R 43/17 (DStR 2020 S. 207).*

Anl zu H 22.3

des Betrags des Höchstbeitrags zur gesetzlichen Rentenversicherung geleistet worden sind. Wurde vom Steuerpflichtigen eine von den Grundsätzen dieses BMF-Schreibens abweichende Bescheinigung vorgelegt, ist als Folge der durch die BFH-Rechtsprechung vom 19. Januar 2010, BStBl. 2011 II S. 567, geänderten Rechtslage bis spätestens für den VZ 2011 eine den Grundsätzen dieses BMF-Schreibens entsprechende neue Beitragsbescheinigung vorzulegen (vgl. auch Rz. 266 ff.).

g) Ermittlung des auf Beiträgen oberhalb des Betrags des Höchstbeitrags beruhenden Teils der Leistung

248 Der Teil der Leibrenten oder anderen Leistungen, der auf Beiträgen oberhalb des Betrags des Höchstbeitrags beruht, ist vom Versorgungsträger nach denselben Grundsätzen zu ermitteln wie in Leistungsfällen, bei denen keine Beiträge oberhalb des Betrags des Höchstbeitrags geleistet wurden. Dieser Teil wird bezogen auf jeden einzelnen Rentenanspruch getrennt ermittelt. Dabei sind die insgesamt in den einzelnen Kalenderjahren – ggf. zu verschiedenen Versorgungsträgern – geleisteten Beiträge nach Maßgabe der Rz. 252 bis 254 zu berücksichtigen. Jedes Kalenderjahr ist getrennt zu betrachten. Für jedes Jahr ist der Teil der Leistung, der auf Beiträgen oberhalb des Betrags des Höchstbeitrags beruht, gesondert zu ermitteln. Eine Zusammenrechnung der den einzelnen Jahren zuzurechnenden Beiträge und eine daraus resultierende Durchschnittsbildung sind nicht zulässig. Sofern Beiträge zur gesetzlichen Rentenversicherung oberhalb des Betrags des Höchstbeitrags geleistet werden und in diesen Beiträgen Höherversicherungsbeiträge enthalten sind, sind diese vorrangig als oberhalb des Betrags des Höchstbeitrags geleistet anzusehen. Wurde vom Steuerpflichtigen eine von den Grundsätzen dieses BMF-Schreibens abweichende Bescheinigung vorgelegt, ist bis spätestens für den VZ 2011 eine den Grundsätzen dieses BMF-Schreibens entsprechende neue Beitragsbescheinigung vorzulegen (vgl. auch Rz. 266 ff.).

249 Abweichend hiervon wird bei berufsständischen Versorgungseinrichtungen zugelassen, dass die tatsächlich geleisteten Beiträge und die den Höchstbeitrag übersteigenden Beiträge zum im entsprechenden Jahr maßgebenden Höchstbeitrag ins Verhältnis gesetzt werden. Aus dem Verhältnis der Summen der sich daraus ergebenden Prozentsätze ergibt sich der Prozentsatz für den Teil der Leistung, der auf Beiträge oberhalb des Betrags des Höchstbeitrags entfällt. Für Beitragszahlungen ab dem Jahr 2005 ist für übersteigende Beiträge kein Prozentsatz anzusetzen. Diese Vereinfachungsregelung ist zulässig, wenn

- alle Mitglieder der einheitlichen Anwendung der Vereinfachungsregelung zugestimmt haben oder
- die berufsständische Versorgungseinrichtung für das Mitglied den Teil der Leistung, der auf Beiträgen oberhalb des Betrags des Höchstbeitrags zur gesetzlichen Rentenversicherung beruht, nicht nach Rz. 248 ermitteln kann.

Beispiel:

250 Der Versicherte V war in den Jahren 1969 bis 2005 bei einer berufsständischen Versorgungseinrichtung versichert. Die Aufteilung kann wie folgt durchgeführt werden:

Jahr	tatsächlich geleistete Beiträge	Höchstbeitrag zur gesetzlichen Rentenversicherung (HB)	übersteigende Beiträge	tatsächlich geleistete Beiträge	übersteigende Beiträge
	in DM/EUR	in DM/EUR	in DM/EUR	in % des HB	in % des HB
1969	2 321,00 DM	3 264,00 DM	0 DM	71,11%	0,00%
1970	3 183,00 DM	3 672,00 DM	0 DM	86,68%	0,00%
1971	2 832,00 DM	3 876,00 DM	0 DM	73,07%	0,00%
1972	10 320,00 DM	4 284,00 DM	6 036,00 DM	240,90%	140,90%
1973	11 520,00 DM	4 968,00 DM	6 552,00 DM	231,88%	131,88%
1974	12 600,00 DM	5 400,00 DM	7 200,00 DM	233,33%	133,33%
1975	13 632,00 DM	6 048,00 DM	7 584,00 DM	225,40%	125,40%
1976	15 024,00 DM	6 696,00 DM	8 328,00 DM	224,37%	124,37%
1977	16 344,00 DM	7 344,00 DM	9 000,00 DM	222,55%	122,55%
1978	14 400,00 DM	7 992,00 DM	6 408,00 DM	180,18%	80,18%
1979	16 830,00 DM	8 640,00 DM	8 190,00 DM	194,79%	94,79%
1980	12 510,00 DM	9 072,00 DM	3 438,00 DM	137,90%	37,90%
1981	13 500,00 DM	9 768,00 DM	3 732,00 DM	138,21%	38,21%
1982	12 420,00 DM	10 152,00 DM	2 268,00 DM	122,34%	22,34%
1983	14 670,00 DM	10 900,00 DM	3 770,00 DM	134,59%	34,59%
1984	19 440,00 DM	11 544,00 DM	7 896,00 DM	168,40%	68,40%
1985	23 400,00 DM	12 306,60 DM	11 093,40 DM	190,14%	90,14%
1986	18 360,00 DM	12 902,40 DM	5 457,60 DM	142,30%	42,30%
1987	17 730,00 DM	12 790,80 DM	4 939,20 DM	138,62%	38,62%
1988	12 510,00 DM	13 464,00 DM	0 DM	92,91%	0,00%
1989	14 310,00 DM	13 688,40 DM	621,60 DM	104,54%	4,54%

Jahr	tatsächlich geleistete Beiträge	Höchstbeitrag zur gesetzlichen Rentenversicherung (HB)	übersteigende Beiträge	tatsächlich geleistete Beiträge	übersteigende Beiträge
	in DM/EUR	in DM/EUR	in DM/EUR	in % des HB	in % des HB
1990	16 740,00 DM	14 137,20 DM	2 602,80 DM	118,41%	18,41%
1991	18 000,00 DM	14 001,00 DM	3 999,00 DM	128,56%	28,56%
1992	16 110,00 DM	14 443,20 DM	1 666,80 DM	111,54%	11,54%
1993	16 020,00 DM	15 120,00 DM	900,00 DM	105,95%	5,95%
1994	17 280,00 DM	17 510,40 DM	0 DM	98,68%	0,00%
1995	16 020,00 DM	17 409,60 DM	0 DM	92,02%	0,00%
1996	20 340,00 DM	18 432,00 DM	1 908,00 DM	110,35%	10,35%
1997	22 140,00 DM	19 975,20 DM	2 164,80 DM	110,84%	10,84%
1998	23 400,00 DM	20 462,40 DM	2 937,60 DM	114,36%	14,36%
1999	22 500,00 DM	20 094,00 DM	2 406,00 DM	111,97%	11,97%
2000	24 210,00 DM	19 917,60 DM	4 292,40 DM	121,55%	21,55%
2001	22 230,00 DM	19 940,40 DM	2 289,60 DM	111,48%	11,48%
2002	12 725,00 EUR	10 314,00 EUR	2 411,00 EUR	123,38%	23,38%
2003	14 721,80 EUR	11 934,00 EUR	2 787,80 EUR	123,36%	23,36%
2004	14 447,00 EUR	12 051,00 EUR	2 396,00 EUR	119,88%	19,88%
2005	13 274,50 EUR	12 168,00 EUR	0,00 EUR	109,09%	0,00%
			Summe	**5 165,63%**	**1 542,07%**
			entspricht	**100%**	**29,85%**

Von den Leistungen unterliegt ein Anteil von 29,85% der Besteuerung nach § 22 Nummer 1 Satz 3 Buchstabe a Doppelbuchstabe bb EStG.

h) Aufteilung bei Beiträgen an mehr als einen Versorgungsträger

251 Hat der Steuerpflichtige sowohl Beiträge zu einer inländischen als auch Beiträge zu einer ausländischen gesetzlichen Rentenversicherung geleistet, kann er bestimmen, welcher gesetzlichen Rentenversicherung die Beiträge vorrangig zuzuordnen sind. Weist der Steuerpflichtige im Übrigen die Zahlung von Beiträgen an mehr als einen Versorgungsträger nach, gilt Folgendes:

aa) Beiträge an mehr als eine berufsständische Versorgungseinrichtung

252 Die Beiträge bis zum jeweiligen Höchstbeitrag sind einer vom Steuerpflichtigen zu bestimmenden berufsständischen Versorgungseinrichtung vorrangig zuzuordnen. Die berufsständischen Versorgungseinrichtungen haben entsprechend dieser Zuordnung den Teil der Leistung zu ermitteln, der auf Beiträgen beruht, die jährlich isoliert betrachtet oberhalb des Betrags des Höchstbeitrags zur gesetzlichen Rentenversicherung gezahlt wurden.

bb) Beiträge an die gesetzliche Rentenversicherung und an berufsständische Versorgungseinrichtungen

253 Die Beiträge bis zum jeweiligen Höchstbeitrag sind vorrangig der gesetzlichen Rentenversicherung zuzuordnen (beachte auch Rz. 251). Die berufsständische Versorgungseinrichtung hat den Teil der Leistung zu ermitteln, der auf Beiträgen beruht, die jährlich isoliert betrachtet oberhalb des Betrags des Höchstbeitrags zur gesetzlichen Rentenversicherung gezahlt wurden. Dies gilt für den Träger der gesetzlichen Rentenversicherung entsprechend, wenn die Beiträge zur gesetzlichen Rentenversicherung bereits oberhalb des Höchstbeitrags zur gesetzlichen Rentenversicherung liegen.

254 Beiträge an die landwirtschaftliche Alterskasse sind für die Frage der Anwendung der Öffnungsklausel wie Beiträge zur gesetzlichen Rentenversicherung zu behandeln. Sind Beiträge an die gesetzliche Rentenversicherung und an die landwirtschaftliche Alterskasse geleistet worden, sind die Beiträge bis zum jeweiligen Höchstbeitrag vorrangig der gesetzlichen Rentenversicherung zuzuordnen.

Beispiel:

255 Der Steuerpflichtige N hat in den Jahren 1980 bis 1990 folgende Beiträge zur gesetzlichen Rentenversicherung der Arbeiter und Angestellten und an eine berufsständische Versorgungseinrichtung gezahlt. Im Jahr 1981 hat er i. H. v. 22 100 DM Rentenversicherungsbeiträge für die Jahre 1967 bis 1979 nachentrichtet, dabei entfielen auf jedes Jahr 1700 DM. Im Jahr 1982 hat er neben seinem Grundbeitrag von 2200 DM außerdem einen Höherversicherungsbeitrag nach § 11 Angestelltenversicherungsgesetz i. H. v. 8000 DM an die gesetzliche Rentenversicherung gezahlt. Er beantragt die Anwendung der Öffnungsklausel.

Jahr	Beiträge zur gesetzlichen Rentenversicherung	Beiträge an die berufsständische Versorgungseinrichtung	Höchstbeitrag zur gesetzlichen Rentenversicherung	übersteigende Beiträge
1	2	3	4	5
1967	1 700,00 DM	–	2 352,00 DM	–
1968	1 700,00 DM	–	2 880,00 DM	–
1969	1 700,00 DM	–	3 264,00 DM	–

Jahr	Beiträge zur gesetzlichen Rentenversicherung	Beiträge an die berufsständische Versorgungseinrichtung	Höchstbeitrag zur gesetzlichen Rentenversicherung	übersteigende Beiträge
1	2	3	4	5
1970	1 700,00 DM	–	3 672,00 DM	–
1971	1 700,00 DM	–	3 876,00 DM	–
1972	1 700,00 DM	–	4 284,00 DM	–
1973	1 700,00 DM	–	4 968,00 DM	–
1974	1 700,00 DM	–	5 400,00 DM	–
1975	1 700,00 DM	–	6 048,00 DM	–
1976	1 700,00 DM	–	6 696,00 DM	–
1977	1 700,00 DM	–	7 344,00 DM	–
1978	1 700,00 DM	–	7 992,00 DM	–
1979	1 700,00 DM	–	8 640,00 DM	–
1980	2 000,00 DM	8 000,00 DM	9 072,00 DM	928,00 DM
1981	2 100,00 DM	8 600,00 DM	9 768,00 DM	932,00 DM
1982	10 200,00 DM	8 200,00 DM	10 152,00 DM	8 248,00 DM
1983	2 300,00 DM	9 120,00 DM	10 900,00 DM	520,00 DM
1984	2 400,00 DM	9 500,00 DM	11 544,00 DM	356,00 DM
1985	2 500,00 DM	9 940,00 DM	12 306,60 DM	133,40 DM
1986	2 600,00 DM	10 600,00 DM	12 902,40 DM	297,60 DM
1987	2 700,00 DM	11 300,00 DM	12 790,80 DM	1 209,20 DM
1988	2 800,00 DM	11 800,00 DM	13 464,00 DM	1 136,00 DM
1989	2 900,00 DM	12 400,00 DM	13 688,40 DM	1 611,60 DM
1990	3 000,00 DM	12 400,00 DM	14 137,20 DM	1 262,80 DM

Die Nachzahlung im Jahr 1981 allein führt nicht zur Anwendung der Öffnungsklausel, auch wenn in diesem Jahr Beiträge oberhalb des 1981 geltenden Höchstbeitrags und für einen Zeitraum von mindestens zehn Jahren gezahlt wurden, da die Jahresbeiträge in den Jahren, denen die jeweiligen Nachzahlungen zuzurechnen sind, jeweils nicht oberhalb des Betrags des Höchstbeitrags liegen.

Im Beispielsfall ist die Öffnungsklausel jedoch anzuwenden, da unabhängig von der Nachzahlung in die gesetzliche Rentenversicherung durch die zusätzliche Zahlung von Beiträgen an eine berufsständische Versorgungseinrichtung für einen Zeitraum von mindestens zehn Jahren Beiträge oberhalb des Betrags des Höchstbeitrags zur gesetzlichen Rentenversicherung geleistet wurden (Jahre 1980 bis 1990). Die Öffnungsklausel ist vorrangig auf die Rente aus der berufsständischen Versorgungseinrichtung anzuwenden. Für die Berechnung durch die berufsständische Versorgungseinrichtung, welcher Teil der Rente auf Beiträgen oberhalb des Betrags des Höchstbeitrags beruht, sind die übersteigenden Beiträge (Spalte 5 der Tabelle) – höchstens jedoch die tatsächlich an die berufsständische Versorgungseinrichtung geleisteten Beiträge – heranzuziehen. Es ist ausreichend, wenn die berufsständische Versorgungseinrichtung dem Steuerpflichtigen den prozentualen Anteil der auf die übersteigenden Beiträge entfallenden Leistungen mitteilt. Auf dieser Grundlage hat der Steuerpflichtige selbst in der Auszahlungsphase jährlich den konkreten Anteil der Rente zu ermitteln, der nach § 22 Nummer 1 Satz 3 Buchstabe a Doppelbuchstabe bb EStG der Besteuerung unterliegt.

Eine Besonderheit ergibt sich im Beispielsfall für das Jahr 1982. Aufgrund der Zahlung von Höherversicherungsbeiträgen im Jahr 1982 wurden auch an die gesetzliche Rentenversicherung Beiträge oberhalb des Höchstbeitrags zur gesetzlichen Rentenversicherung geleistet. Diese Beiträge sind der gesetzlichen Rentenversicherung zuzuordnen. Die gesetzliche Rentenversicherung hat auf der Grundlage der Entgeltpunkte des Jahres 1982 den Anteil der Rente aus der gesetzlichen Rentenversicherung zu ermitteln, der auf Beiträge oberhalb des Höchstbeitrags entfällt. Dabei gelten die fiktiven Entgeltpunkte für die Höherversicherungsbeiträge innerhalb der Rentenversicherung vorrangig als oberhalb des Höchstbeitrags zur gesetzlichen Rentenversicherung geleistet. Die Öffnungsklausel ist im Beispielsfall sowohl auf die Rente aus der berufsständischen Versorgungseinrichtung (8200 DM) als auch auf die Rente aus der gesetzlichen Rentenversicherung (48 DM) anzuwenden.

Die Ermittlung des Teils der Leistung, der auf Beiträgen oberhalb des Betrags des Höchstbeitrags zur gesetzlichen Rentenversicherung (Spalte 5 der Tabelle) beruht, erfolgt durch den Versorgungsträger. Hierbei ist nach den Grundsätzen in Rz. 248 bis 250 zu verfahren.

i) Öffnungsklausel bei einmaligen Leistungen

256 Einmalige Leistungen unterliegen nicht der Besteuerung, soweit auf sie die Öffnungsklausel Anwendung findet.

Beispiel:

257 Nach der Bescheinigung der Versicherung beruhen 12% der Leistungen auf Beiträgen, die oberhalb des Betrags des Höchstbeitrags geleistet wurden. Nach dem Tod des Steuerpflichtigen erhält die Witwe W ein einmaliges Sterbegeld und eine monatliche Witwenrente.

Von der Witwenrente unterliegt ein Anteil von 88% der nachgelagerten Besteuerung nach § 22 Nummer 1 Satz 3 Buchstabe a Doppelbuchstabe aa EStG und ein Anteil von 12% der Besteuerung mit dem Ertragsanteil nach § 22 Nummer 1 Satz 3 Buchstabe a Doppelbuchstabe bb EStG. Der Ertragsanteil bestimmt sich nach dem Lebensjahr der rentenberechtigten Witwe W bei Beginn der Witwenrente; die Regelung zur Folgerente findet bei der Ertragsanteilsbesteuerung keine Anwendung.

Das Sterbegeld unterliegt zu einem Anteil von 88% der nachgelagerten Besteuerung nach § 22 Nummer 1 Satz 3 Buchstabe a Doppelbuchstabe aa EStG. 12% des Sterbegelds unterliegen nicht der Besteuerung.

j) Versorgungsausgleich unter Ehegatten oder unter Lebenspartnern

258 Anrechte, auf deren Leistungen die Öffnungsklausel anzuwenden ist, können in einen Versorgungsausgleich unter Ehegatten oder Lebenspartnern einbezogen worden sein. Soweit ein solches Anrecht auf die ausgleichsberechtigte Person übertragen bzw. soweit zu Lasten eines solchen Anrechts für die ausgleichsberechtigte Person ein Anrecht begründet wurde (§§ 10, 14 VersAusglG), kann auf Antrag der ausgleichsberechtigten Person auf die darauf beruhenden Leistungen die Öffnungsklausel ebenfalls Anwendung finden. Es besteht insoweit ein Auskunftsanspruch gegen die ausgleichspflichtige Person bzw. den Versorgungsträger (§ 4 VersAusglG). In dem Umfang, wie die ausgleichsberechtigte Person für übertragene oder begründete Anrechte die Öffnungsklausel anwenden kann, entfällt für die ausgleichspflichtige Person die Anwendbarkeit der Öffnungsklausel. Dabei kommt es nicht darauf an, ob die ausgleichsberechtigte Person tatsächlich von der Anwendbarkeit der Öffnungsklausel Gebrauch macht.

259 Die Anwendung der Öffnungsklausel bei der ausgleichsberechtigten Person setzt voraus, dass die ausgleichspflichtige Person bis zum 31. Dezember 2004 für einen Zeitraum von mindestens zehn Jahren Beiträge oberhalb des Betrags des Höchstbeitrags zur gesetzlichen Rentenversicherung gezahlt hat (vgl. Rz. 240). Dabei sind sämtliche Beitragszahlungen der ausgleichspflichtigen Person ohne Beschränkung auf die Ehe- bzw. Lebenspartnerschaftszeit heranzuziehen.

260 Bei Ehen bzw. Lebenspartnerschaften, die nach dem 31. Dezember 2004 geschlossen werden, kommt die Öffnungsklausel hinsichtlich der Leistungen an die ausgleichsberechtigte Person, die auf im Wege des Versorgungsausgleichs übertragenen oder begründeten Anrechten beruhen, nicht zur Anwendung, da die während der Ehe- bzw. Lebenspartnerschaftszeit erworbenen Leistungen der ausgleichspflichtigen Person insgesamt nicht auf bis zum 31. Dezember 2004 geleisteten Beiträgen oberhalb des Höchstbeitrags beruhen.

261 Erhält die ausgleichsberechtigte Person neben der Leistung, die sich aus dem im Rahmen des Versorgungsausgleichs übertragenen oder begründeten Anrecht ergibt, noch eine auf „eigenen" Beiträgen beruhende Leistung, ist das Vorliegen der 10-Jahres-Grenze für diese Leistung gesondert zu prüfen. Die Beitragszahlungen der ausgleichspflichtigen Person sind dabei nicht zu berücksichtigen.

262 Der auf dem im Rahmen des Versorgungsausgleichs übertragenen oder begründeten Anrecht beruhende Teil der Leistung, der auf Beiträgen oberhalb des Betrags des Höchstbeitrags zur gesetzlichen Rentenversicherung beruht, ermittelt sich ehe- bzw. lebenspartnerschaftszeitbezogen. Dazu ist der Teil der Leistung, der auf in der Ehe- bzw. Lebenspartnerschaftszeit von der ausgleichspflichtigen Person geleisteten Beiträgen oberhalb des Höchstbeitrags beruht, ins Verhältnis zu der insgesamt während der Ehe- bzw. Lebenspartnerschaftszeit erworbenen Leistung der ausgleichspflichtigen Person zu setzen. Als insgesamt während der Ehe- bzw. Lebenspartnerschaftszeit erworbenes Anrecht ist stets der durch das Familiengericht dem Versorgungsausgleich zugrunde gelegte Wert maßgeblich. Abänderungsverfahren nach §§ 225, 226 des Gesetzes über das Verfahren in Familiensachen und in den Angelegenheiten der freiwilligen Gerichtsbarkeit (FamFG) oder § 51 VersAusglG sind zu berücksichtigen. Mit dem sich danach ergebenden prozentualen Anteil unterliegt die sich aus dem im Rahmen des Versorgungsausgleichs übertragenen oder begründeten Anrecht ergebende Leistung an die ausgleichsberechtigte Person der Besteuerung nach § 22 Nummer 1 Satz 3 Buchstabe a Doppelbuchstabe bb EStG. Entsprechend reduziert sich der Teil der Leistung der ausgleichspflichtigen Person, auf den die Öffnungsklausel anwendbar ist. Hierzu ist zunächst bei der ausgleichspflichtigen Person der Betrag der Leistung zu ermitteln, der sich aus allen durch eigene Versicherung erworbenen Anrechten ergibt und auf bis zum 31. Dezember 2004 gezahlten Beiträgen oberhalb des Höchstbeitrags zur gesetzlichen Rentenversicherung beruht, wenn kein Versorgungsausgleich durchgeführt worden wäre. Dabei sind auch diejenigen Anrechte, die der ausgleichspflichtigen Person infolge des durchgeführten Versorgungsausgleichs nicht mehr zustehen, weil sie übertragen worden sind bzw. zu ihren Lasten ein Anrecht für die ausgleichsberechtigte Person begründet worden ist, zu berücksichtigen. Von diesem Betrag wird der Betrag der Leistung abgezogen, der auf Anrechten beruht, die auf die ausgleichsberechtigte Person im Rahmen des Versorgungsausgleichs übertragen wurden und für die die ausgleichsberechtigte Person die Öffnungsklausel in Anspruch nehmen kann. Der verbleibende Betrag ist ins Verhältnis zu der der ausgleichspflichtigen Person nach Berücksichtigung des Versorgungsausgleichs tatsächlich verbleibenden Leistung zu setzen. Mit diesem Prozentsatz unterliegt die nach Durchführung des Versorgungsausgleichs verbleibende Leistung der ausgleichspflichtigen Person der Öffnungsklausel nach § 22 Nummer 1 Satz 3 Buchstabe a Doppelbuchstabe bb Satz 2 EStG. Diese Berechnung ist auch dann vorzunehmen, wenn die ausgleichsberechtigte Person die Anwendung der Öffnungsklausel auf das im Versorgungsausgleich übertragene oder begründete Anrecht nicht geltend macht.

263 Die Anwendung der Öffnungsklausel auf im Rahmen des Versorgungsausgleichs übertragene bzw. begründete Anrechte ist unabhängig vom Rentenbeginn der ausgleichspflichtigen Person und unabhängig davon, ob diese für sich selbst die Öffnungsklausel beantragt. Der bei der ausgleichsberechtigten Person nach § 22 Nummer 1 Satz 3 Buchstabe a Doppelbuchstabe aa EStG anzuwendende Prozentsatz (für die Kohortenbesteuerung) bestimmt sich nach dem Jahr ihres Rentenbeginns.

264 Bezieht die ausgleichsberechtigte Person vom gleichen Versorgungsträger neben der Leistung, die auf dem im Rahmen des Versorgungsausgleichs übertragenen oder begründeten Anrecht beruht, eine durch eigene Versicherung erworbene Leistung, ist die Anwendung der Öffnungsklausel und deren Umfang für die Leistung aus eigener Versicherung gesondert zu ermitteln. Die Beitragszahlungen der ausgleichspflichtigen Person sind dabei nicht zu berücksichtigen. Der sich insoweit ergebende Prozentsatz kann von demjenigen abweichen, der auf das von der ausgleichspflichtigen Person auf die ausgleichsberechtigte Person übertragene bzw. begründete Anrecht anzuwenden ist. Wird vom Versorgungsträger eine einheitliche Leistung erbracht, die sich aus der eigenen und dem im Rahmen des Versorgungsausgleichs übertragenen bzw. begründeten Anrecht zusammensetzt, kann vom Versorgungsträger ein sich auf die Gesamtleistung ergebender einheitlicher Prozentsatz ermittelt werden. Dabei sind ggf. weitere Rentenanteile, die auf einem durchgeführten Versorgungsausgleich beruhen und für die die Anwendbarkeit der Öffnungsklausel nicht gegeben ist, mit einem Verhältniswert von 0 einzubringen. Solange für Rentenanteile aus dem Versorgungsausgleich die Anwendbarkeit der Öffnungsklausel und der entsprechende Verhältniswert nicht festgestellt sind, ist stets von einem Wert

Anl zu H 22.3

von 0 auszugehen. Wird kein auf die Gesamtleistung anzuwendender Wert ermittelt, sind die einzelnen Leistungsteile, auf die der/die berechnete/n Verhältniswert/e anzuwenden ist/sind, anzugeben.

Beispiel:

265 Berechnung für die ausgleichsberechtigte Person:
Nach dem Ausscheiden aus dem Erwerbsleben erhält A von einer berufsständischen Versorgungseinrichtung eine Rente i. H. v. monatlich 1000 €. Diese Rente beruht zu 200 € auf im Rahmen des Versorgungsausgleichs auf A übertragenen Rentenanwartschaften von seiner geschiedenen Ehefrau. Die Voraussetzungen der Öffnungsklausel liegen vor. Nach Ermittlung der berufsständischen Versorgungseinrichtung unterliegen 25% der übertragenen und 5% der durch eigene Versicherung erworbenen Rentenanwartschaft des A nach § 22 Nummer 1 Satz 3 Buchstabe a Doppelbuchstabe bb Satz 2 EStG der Ertragsanteilsbesteuerung.
Weist die berufsständische Versorgungseinrichtung die Renten jährlich getrennt aus, sind die jeweiligen Prozentsätze unmittelbar auf die einzelnen Renten anzuwenden.

800 € × 12 = 9600 €	
95% nach § 22 Nummer 1 Satz 3 Buchstabe a Doppelbuchstabe aa EStG	9 120 €
5% nach § 22 Nummer 1 Satz 3 Buchstabe a Doppelbuchstabe bb EStG	480 €
200 € × 12 = 2400 €	
75% nach § 22 Nummer 1 Satz 3 Buchstabe a Doppelbuchstabe aa EStG	1 800 €
25% nach § 22 Nummer 1 Satz 3 Buchstabe a Doppelbuchstabe bb EStG	600 €
Insgesamt zu versteuern	
nach § 22 Nummer 1 Satz 3 Buchstabe a Doppelbuchstabe aa EStG	10 920 €
nach § 22 Nummer 1 Satz 3 Buchstabe a Doppelbuchstabe bb EStG	1 080 €

Weist die berufsständische Versorgungseinrichtung einen einheitlichen Rentenbetrag aus, kann anstelle der Rentenaufteilung auch ein einheitlicher Prozentsatz ermittelt werden.
Der einheitliche Wert für die gesamte Leistung berechnet sich wie folgt:
[(800 € × 5%) + (200 € × 25%)] / 1000 € = 9%

1000 € × 12 = 12 000 €	
91% nach § 22 Nummer 1 Satz 3 Buchstabe a Doppelbuchstabe aa EStG	10 920 €
9% nach § 22 Nummer 1 Satz 3 Buchstabe a Doppelbuchstabe bb EStG	1 080 €

9% der Rente aus der berufsständischen Versorgungseinrichtung unterliegen der Besteuerung nach § 22 Nummer 1 Satz 3 Buchstabe a Doppelbuchstabe bb EStG.
Berechnung für die ausgleichspflichtige Person:
B hat Rentenanwartschaften bei einer berufsständischen Versorgungseinrichtung von insgesamt 1500 € erworben. Davon wurden im Versorgungsausgleich 200 € auf ihren geschiedenen Ehemann A übertragen. B erfüllt die Voraussetzungen für die Anwendung der Öffnungsklausel. 35% der gesamten Anwartschaft von 1500 € beruhen auf bis zum 31. Dezember 2004 gezahlten Beiträgen oberhalb des Höchstbeitrags zur gesetzlichen Rentenversicherung. Für die Ehezeit hat der Träger der berufsständischen Versorgungseinrichtung einen Anteil von 25% ermittelt.
Der auf die nach Durchführung des Versorgungsausgleichs der B noch zustehende Rente von 1300 € anwendbare Prozentsatz für die Öffnungsklausel ermittelt sich wie folgt:
Rente der ausgleichspflichtigen Person *vor* Versorgungsausgleich:
1500 € × 12 = 18 000 €
Anteilsberechnung für Öffnungsklausel, wenn kein Versorgungsausgleich erfolgt wäre:
35% von 18 000 € = 6300 €;
6300 € der insgesamt von B erworbenen Rentenanwartschaften unterliegen (auf Antrag) der Ertragsanteilsbesteuerung (§ 22 Nummer 1 Satz 3 Buchstabe a Doppelbuchstabe bb EStG), die restlichen 11 700 € sind nach § 22 Nummer 1 Satz 3 Buchstabe a Doppelbuchstabe aa EStG zu versteuern.
Im Versorgungsausgleich übertragene Rentenanwartschaft:
200 € × 12 = 2400 €
25% von 2400 € = 600 €
Von den im Versorgungsausgleich auf den geschiedenen Ehemann A übertragenen Rentenanwartschaften können 600 € mit dem Ertragsanteil besteuert werden.
Verbleibender Betrag der ausgleichspflichtigen Person für die Anteilsberechnung im Rahmen der Öffnungsklausel:
6300 € – 600 € = 5700 €
Der für B verbleibende Betrag, der mit dem Ertragsanteil (§ 22 Nummer 1 Satz 3 Buchstabe a Doppelbuchstabe bb EStG) besteuert werden kann, beträgt 5700 €.
Rente der ausgleichspflichtigen Person *nach* Versorgungsausgleich:
1300 € × 12 = 15 600 €
Anteilsberechnung bei der ausgleichspflichtigen Person:
5700 € von 15 600 € = 36,54%
Dies entspricht 36,54% der B nach Durchführung des Versorgungsausgleichs zustehenden Rente. Dieser Anteil der Rente ist nach § 22 Nummer 1 Satz 3 Buchstabe a Doppelbuchstabe bb EStG zu versteuern. Für den übrigen Anteil i. H. v. 63,46% (9900 € von 15 600 €) ist § 22 Nummer 1 Satz 3 Buchstabe a Doppelbuchstabe aa EStG anzuwenden.
Rechenweg für die Anteilsberechnung (Öffnungsklausel) bei der ausgleichspflichtigen Person in verkürzter Darstellung:
(18 000 € × 35% – 2400 € × 25%)/15 600 € × 100 = 36,54%.

k) Bescheinigung der Leistung nach § 22 Nummer 1 Satz 3 Buchstabe a Doppelbuchstabe bb Satz 2 EStG

266 Der Versorgungsträger hat dem Steuerpflichtigen auf dessen Verlangen den prozentualen Anteil der Leistung zu bescheinigen, der auf bis zum 31. Dezember 2004 geleisteten Beiträgen beruht, die oberhalb des Betrags des Höchstbeitrags zur gesetzlichen Rentenversicherung gezahlt wurden. Wurde der Prozentsatz für die Anwendung der Öffnungsklausel einmal bescheinigt, ist eine weitere Bescheinigung weder bei einer Neufeststellung der Rente noch für Folgerenten erforderlich. Rz. 269 Satz 4 bleibt hiervon unberührt. Im Fall der Anwendung der Vereinfachungsregelung (Rz. 249) hat der Versorgungsträger die Berechnung – entsprechend dem Beispielsfall in Rz. 250 – darzustellen.

267 Wurden Beiträge an mehr als einen Versorgungsträger gezahlt und ist der Höchstbeitrag – auch unter Berücksichtigung der Zusammenrechnung nach Rz. 242 – nur bei einem Versorgungsträger überschritten, so ist nur von diesem Versorgungsträger eine Bescheinigung zur Aufteilung der Leistung auszustellen. Der dort bescheinigte Prozentsatz ist nur auf die Leistung dieses Versorgungsträgers anzuwenden. Für die Leistungen der übrigen Versorgungsträger kommt die Öffnungsklausel nicht zur

Anwendung. Diese unterliegen in vollem Umfang der Besteuerung nach § 22 Nummer 1 Satz 3 Buchstabe a Doppelbuchstabe aa EStG.

268 Stellt die gesetzliche Rentenversicherung fest, dass geleistete Beiträge zur gesetzlichen Rentenversicherung mindestens einem Jahr zugerechnet wurden, für welches die geleisteten Beiträge oberhalb des Betrags des Höchstbeitrags lagen, so stellt sie – unabhängig davon, ob die Voraussetzungen für die Öffnungsklausel erfüllt sind – eine Mitteilung aus, in der bescheinigt wird, welcher Teil der Leistung auf Beiträgen oberhalb des Betrags des Höchstbeitrags beruht. Für die Frage, welchem Jahr die geleisteten Beiträge zuzurechnen sind, ist Rz. 240 zu beachten. In dieser Bescheinigung wird ausdrücklich darauf hingewiesen, über wie viele Jahre der Betrag des Höchstbeitrags überschritten wurde und dass die Öffnungsklausel nur zur Anwendung kommt, wenn bis zum 31. Dezember 2004 für einen Zeitraum von mindestens zehn Jahren Beiträge oberhalb des Betrags des Höchstbeitrags geleistet wurden. Sind die Voraussetzungen der Öffnungsklausel durch Beiträge an weitere Versorgungsträger erfüllt, dient diese Mitteilung der gesetzlichen Rentenversicherung als Bescheinigung zur Aufteilung der Leistung. Der darin mitgeteilte Prozentsatz ist in diesem Fall auf die Leistung der gesetzlichen Rentenversicherung anzuwenden; eine weitere Bescheinigung ist nicht erforderlich.

269 Die endgültige Entscheidung darüber, ob die Öffnungsklausel zur Anwendung kommt, obliegt ausschließlich der Finanzverwaltung und nicht der die Rente auszahlenden Stelle. Der Steuerpflichtige muss deshalb die Anwendung der Öffnungsklausel beim Finanzamt und nicht beim Versorgungsträger beantragen. Der Versorgungsträger ermittelt hierfür den Teil der Leistung, der auf Beiträgen oberhalb des Betrags des Höchstbeitrags beruht, und bescheinigt diesen. Für VZ ab 2011 kommt die Öffnungsklausel nur dann zur Anwendung, wenn der Steuerpflichtige das Vorliegen der Voraussetzungen (vgl. Rz. 240 und 242) nachweist. Der Versorgungsträger erstellt ihm hierfür auf Antrag eine entsprechende Bescheinigung. Wenn bei einer vorangegangenen Bescheinigung von den Grundsätzen dieses BMF-Schreibens nicht abgewichen wurde, genügt eine Bestätigung des Versorgungsträgers, dass die vorangegangene Bescheinigung den Grundsätzen dieses BMF-Schreibens entspricht.

D. Besonderheiten beim Versorgungsausgleich

I. Allgemeines

1. Gesetzliche Neuregelung des Versorgungsausgleichs

270 Mit dem VersAusglG wurden die Vorschriften zum Versorgungsausgleich grundlegend geändert. **19j**
Es gilt künftig für alle ausgleichsreifen Anrechte auf Altersversorgung der Grundsatz der internen Teilung, der bisher schon bei der gesetzlichen Rentenversicherung zur Anwendung kam. Bisher wurden alle von den Ehegatten während der Ehe bzw. von den Lebenspartnern während der Lebenspartnerschaftszeit erworbenen Anrechte auf eine Versorgung wegen Alter und Invalidität bewertet und im Wege eines Einmalausgleichs ausgeglichen, vorrangig über die gesetzliche Rentenversicherung.

271 Das neue VersAusglG sieht dagegen die interne Teilung als Grundsatz des Versorgungsausgleichs auch für alle Systeme der betrieblichen Altersversorgung und privaten Altersvorsorge vor. Hierbei werden die von den Ehegatten oder Lebenspartnern (§ 20 des Lebenspartnerschaftsgesetzes) in den unterschiedlichen Altersversorgungssystemen erworbenen Anrechte zum Zeitpunkt der Scheidung innerhalb des jeweiligen Systems geteilt und für den ausgleichsberechtigten Ehegatten oder Lebenspartner eigenständige Versorgungsanrechte geschaffen, die unabhängig von den Versorgungsanrechten des ausgleichspflichtigen Ehegatten oder Lebenspartner im jeweiligen System gesondert weitergeführt werden.

272 Zu einem Ausgleich über ein anderes Versorgungssystem (externe Teilung) kommt es nur noch in den in §§ 14 bis 17 VersAusglG geregelten Ausnahmefällen. Bei einer externen Teilung entscheidet die ausgleichsberechtigte Person über die Zielversorgung. Sie bestimmt also, in welches Versorgungssystem der Ausgleichswert zu transferieren ist (ggf. Aufstockung einer bestehenden Anwartschaft, ggf. Neubegründung einer Anwartschaft). Dabei darf die Zahlung des Kapitalbetrags an die gewählte Zielversorgung nicht zu nachteiligen steuerlichen Folgen bei der ausgleichspflichtigen Person führen, es sei denn, sie stimmt der Wahl der Zielversorgung zu.

273 Die gesetzliche Rentenversicherung ist Auffang-Zielversorgung, wenn die ausgleichsberechtigte Person ihr Wahlrecht nicht ausübt und es sich nicht um eine betriebliche Altersversorgung handelt. Bei einer betrieblichen Altersversorgung wird bei fehlender Ausübung des Wahlrechts ein Anspruch in der Versorgungsausgleichskasse begründet.

274 Verbunden ist die externe Teilung mit der Leistung eines Kapitalbetrags in Höhe des Ausgleichswerts, der vom Versorgungsträger der ausgleichspflichtigen Person an den Versorgungsträger der ausgleichsberechtigten Person gezahlt wird (Ausnahme: Externe Teilung von Beamtenversorgungen nach § 16 VersAusglG; hier findet wie nach dem bisherigen Quasi-Splitting zwischen der gesetzlichen Rentenversicherung und dem Träger der Beamtenversorgung ein Erstattungsverfahren im Leistungsfall statt).

275 Kommt in Einzelfällen weder die interne Teilung noch die externe Teilung in Betracht, etwa weil ein Anrecht zum Zeitpunkt des Versorgungsausgleichs nicht ausgleichsreif ist (§ 19 VersAusglG), z. B. ein Anrecht bei einem ausländischen, zwischenstaatlichen oder überstaatlichen Versorgungsträger oder ein Anrecht i. S. d. Betriebsrentengesetzes, das noch verfallbar ist, kommt es zu Ausgleichsansprüchen nach der Scheidung (§§ 20 ff. VersAusglG). Zur steuerlichen Behandlung der Ausgleichsansprüche nach der Scheidung vgl. BMF-Schreiben vom 9. April 2010, BStBl. I S. 323.

2. Besteuerungszeitpunkte

276 Bei der steuerlichen Beurteilung des Versorgungsausgleichs ist zwischen dem Zeitpunkt der Teilung eines Anrechts im Versorgungsausgleich durch gerichtliche Entscheidung und dem späteren Zufluss der Leistungen aus den unterschiedlichen Versorgungssystemen zu unterscheiden.

Anl zu H 22.3

277 Bei der internen Teilung wird die Übertragung der Anrechte auf die ausgleichsberechtigte Person zum Zeitpunkt des Versorgungsausgleichs für beide Ehegatten oder Lebenspartner nach § 3 Nummer 55a EStG steuerfrei gestellt, weil auch bei den im Rahmen eines Versorgungsausgleichs übertragenen Anrechten auf eine Alters- und Invaliditätsversorgung das Prinzip der nachgelagerten Besteuerung eingehalten wird. Die Besteuerung erfolgt erst während der Auszahlungsphase. Die später zufließenden Leistungen gehören dabei bei beiden Ehegatten oder Lebenspartnern zur gleichen Einkunftsart, da die Versorgungsanrechte innerhalb des jeweiligen Systems geteilt wurden. Ein Wechsel des Versorgungssystems und ein damit möglicherweise verbundener Wechsel der Besteuerung weg von der nachgelagerten Besteuerung hat nicht stattgefunden. Lediglich die individuellen Merkmale für die Besteuerung sind bei jedem Ehegatten oder Lebenspartner gesondert zu ermitteln.

278 Bei einer externen Teilung kann dagegen die Übertragung der Anrechte zu einer Besteuerung führen, da sie mit einem Wechsel des Versorgungsträgers und damit regelmäßig mit einem Wechsel des Versorgungssystems verbunden ist. § 3 Nummer 55b Satz 1 EStG stellt deshalb die Leistung des Ausgleichswerts in den Fällen der externen Teilung für beide Ehegatten oder Lebenspartner steuerfrei, soweit das Prinzip der nachgelagerten Besteuerung insgesamt eingehalten wird. Soweit die späteren Leistungen bei der ausgleichsberechtigten Person jedoch nicht der nachgelagerten Besteuerung unterliegen werden (z. B. Besteuerung nach § 20 Absatz 1 Nummer 6 EStG oder nach § 22 Nummer 1 Satz 3 Buchstabe a Doppelbuchstabe bb EStG mit dem Ertragsanteil), greift die Steuerbefreiung gem. § 3 Nummer 55b Satz 2 EStG nicht, und die Leistung des Ausgleichswerts ist bereits im Zeitpunkt der Übertragung beim ausgleichspflichtigen Ehegatten oder Lebenspartner zu besteuern. Die Besteuerung der später zufließenden Leistungen erfolgt bei jedem Ehegatten oder Lebenspartner unabhängig davon, zu welchen Einkünften die Leistungen beim jeweils anderen Ehegatten oder Lebenspartner führen, und richtet sich danach, aus welchem Versorgungssystem sie jeweils geleistet werden.

II. Interne Teilung (§ 10 VersAusglG)

1. Steuerfreiheit des Teilungsvorgangs nach § 3 Nummer 55a EStG

279 § 3 Nummer 55a EStG stellt klar, dass die aufgrund einer internen Teilung durchgeführte Übertragung von Anrechten steuerfrei ist; dies gilt sowohl für die ausgleichspflichtige als auch für die ausgleichsberechtigte Person.

2. Besteuerung bei der ausgleichsberechtigten Person

280 Die Leistungen aus den übertragenen Anrechten gehören bei der ausgleichsberechtigten Person zu den Einkünften, zu denen die Leistungen bei der ausgleichspflichtigen Person gehören würden, wenn die interne Teilung nicht stattgefunden hätte. Die (späteren) Versorgungsleistungen sind daher (weiterhin) Einkünfte aus nichtselbständiger Arbeit (§ 19 EStG) oder aus Kapitalvermögen (§ 20 EStG) oder sonstige Einkünfte (§ 22 EStG). Ausgleichspflichtige und ausgleichsberechtigte Person versteuern beide die ihnen jeweils zufließenden Leistungen.

281 Für die Ermittlung des Versorgungsfreibetrags und des Zuschlags zum Versorgungsfreibetrag nach § 19 Absatz 2 EStG, des Besteuerungsanteils nach § 22 Nummer 1 Satz 3 Buchstabe a Doppelbuchstabe aa EStG sowie des Ertragsanteils nach § 22 Nummer 1 Satz 3 Buchstabe a Doppelbuchstabe bb EStG bei der ausgleichsberechtigten Person ist auf deren Versorgungsbeginn, deren Rentenbeginn bzw. deren Lebensalter abzustellen.

282 Zu Besonderheiten bei der Öffnungsklausel s. Rz. 258 ff.

III. Externe Teilung (§ 14 VersAusglG)

1. Steuerfreiheit nach § 3 Nummer 55b EStG

283 Nach § 3 Nummer 55b Satz 1 EStG ist der aufgrund einer externen Teilung an den Träger der Zielversorgung geleistete Ausgleichswert grundsätzlich steuerfrei, soweit die späteren Leistungen aus den dort begründeten Anrechten zu steuerpflichtigen Einkünften bei der ausgleichsberechtigten Person führen würden. Soweit die Übertragung von Anrechten im Rahmen des Versorgungsausgleichs zu keinen Einkünften i. S. d. EStG führt, bedarf es keiner Steuerfreistellung nach § 3 Nummer 55b EStG. Die Steuerfreiheit nach § 3 Nummer 55b Satz 1 EStG greift gem. § 3 Nummer 55b Satz 2 EStG nicht, soweit Leistungen, die auf dem begründeten Anrecht beruhen, bei der ausgleichsberechtigten Person zu Einkünften nach § 20 Absatz 1 Nummer 6 EStG oder § 22 Nummer 1 Satz 3 Buchstabe a Doppelbuchstabe bb EStG führen würden.

2. Besteuerung bei der ausgleichsberechtigten Person

284 Für die Besteuerung bei der ausgleichsberechtigten Person ist unerheblich, zu welchen Einkünften die Leistungen aus den übertragenen Anrechten bei der ausgleichspflichtigen Person geführt hätten, da mit der externen Teilung ein neues Anrecht begründet wird.

3. Beispiele

Beispiel 1:

285 Im Rahmen einer externen Teilung zahlt das Versicherungsunternehmen X, bei dem der ausgleichspflichtige Ehegatte A eine private Rentenversicherung mit Kapitalwahlrecht abgeschlossen hat, einen Ausgleichswert an das Versicherungsunternehmen Y zugunsten des ausgleichsberechtigten Ehegatten B in eine private Rentenversicherung, die dieser als Zielversorgung gewählt hat.

Der Ausgleichswert *ist nicht steuerfrei* nach § 3 Nummer 55b Satz 1 EStG, da sich aus der Übertragung keine Einkünfte i. S. d. EStG ergeben (kein Fall des § 20 Absatz 1 Nummer 6 EStG, da es sich weder um einen Erlebensfall noch um einen Rückkauf handelt); mangels Anwendbarkeit von § 3 Nummer 55b Satz 1 EStG kann auch kein Fall des Satzes 2 dieser Vorschrift vorliegen. Bei Ausübung des Kapitalwahlrechts unterliegt die spätere geminderte Kapitalleistung bei A der Besteuerung nach § 20 Absatz 1 Nummer 6 EStG (ggf. keine Besteuerung wegen § 52 Absatz 36 EStG[1]); Rentenleistungen sind bei A steuerpflichtig nach § 22 Nummer 1 Satz 3 Buchstabe a Doppelbuchstabe bb EStG. Die Leistungen werden bei B in gleicher Weise besteuert. Anl zu H 22.3

Beispiel 2:

286 Im Rahmen einer externen Teilung zahlt das Versicherungsunternehmen X, bei dem der ausgleichspflichtige Ehegatte A eine Basisrentenversicherung (§ 10 Absatz 1 Nummer 2 Satz 1 Buchstabe b EStG) abgeschlossen hat, mit Zustimmung des A einen Ausgleichswert an das Versicherungsunternehmen Y zugunsten des ausgleichsberechtigten Ehegatten B in eine private Rentenversicherung, die dieser als Zielversorgung gewählt hat.
Der Ausgleichswert ist nicht steuerfrei nach § 3 Nummer 55 b Satz 2 EStG, denn die Leistungen, die auf dem begründeten Anrecht beruhen, würden bei der ausgleichsberechtigten Person zu Einkünften nach § 20 Absatz 1 Nummer 6 EStG (bei Ausübung eines Kapitalwahlrechts) oder nach § 22 Nummer 1 Satz 3 Buchstabe a Doppelbuchstabe bb EStG (bei Rentenzahlungen) führen. A hat im Zeitpunkt der Zahlung durch das Versicherungsunternehmen X einen Betrag in Höhe des Ausgleichswerts nach § 22 Nummer 1 Satz 3 Buchstabe a Doppelbuchstabe aa EStG zu versteuern. Die späteren durch den Versorgungsausgleich gekürzten Leistungen unterliegen bei A ebenfalls der Besteuerung nach § 22 Nummer 1 Satz 3 Buchstabe a Doppelbuchstabe aa EStG. Bei Ausübung des Kapitalwahlrechts unterliegt die spätere Kapitalleistung bei B der Besteuerung nach § 20 Absatz 1 Nummer 6 EStG; Rentenleistungen sind bei B steuerpflichtig nach § 22 Nummer 1 Satz 3 Buchstabe a Doppelbuchstabe bb EStG.

4. Verfahren

287 Der Versorgungsträger der ausgleichspflichtigen Person hat grundsätzlich den Versorgungsträger der ausgleichsberechtigten Person über die für die Besteuerung der Leistungen erforderlichen Grundlagen zu informieren. Andere Mitteilungs-, Informations- und Aufzeichnungspflichten bleiben hiervon unberührt.

IV. Neuberechnung des Versorgungsfreibetrags und des Zuschlags zum Versorgungsfreibetrag

288 Werden im Zeitpunkt der Wirksamkeit der Teilung bereits Versorgungsbezüge bezogen, erfolgt bei der ausgleichspflichtigen Person eine Neuberechnung des Versorgungsfreibetrags und des Zuschlags zum Versorgungsfreibetrag entsprechend § 19 Absatz 2 Satz 10 EStG. Bei der ausgleichsberechtigten Person sind der Versorgungsfreibetrag und der Zuschlag zum Versorgungsfreibetrag erstmals zu berechnen, da es sich um einen neuen Versorgungsbezug handelt. Dabei bestimmen sich der Prozentsatz, der Höchstbetrag des Versorgungsfreibetrags und der Zuschlag zum Versorgungsfreibetrag nach dem Jahr, für das erstmals Anspruch auf den Versorgungsbezug aufgrund der internen oder externen Teilung besteht.

E. Anwendungsregelung[2]

289 Vorbehaltlich besonderer Regelungen in den einzelnen Randziffern ist dieses Schreiben ab dem Zeitpunkt seiner Bekanntgabe im Bundessteuerblatt anzuwenden.

290 Das BMF-Schreiben vom 13. September 2010 – IV C 3 – S 2222/09/10 041/IV C 5 – S 2345/08/0001 (2010/0 628 045) –, BStBl. I S. 681[3] wird zum Zeitpunkt der Bekanntgabe dieses Schreibens im Bundessteuerblatt aufgehoben.

Anlage

Zusammenstellung der Höchstbeiträge in der gesetzlichen Rentenversicherung der Arbeiter und Angestellten und in der knappschaftlichen Rentenversicherung (jeweils Arbeitgeber- und Arbeitnehmeranteil) für die Jahre 1927 bis 2004 19k

	Gesetzliche Rentenversicherung der Arbeiter und Angestellten		Knappschaftliche Rentenversicherung	
Jahr	**Arbeiter**	**Angestellte**	**Arbeiter**	**Angestellte**
1927	83,43 RM	240,00 RM	383,67 RM	700,00 RM
1928	104,00 RM	280,00 RM	371,25 RM	816,00 RM
1929	104,00 RM	360,00 RM	355,50 RM	901,60 RM
1930	104,00 RM	360,00 RM	327,83 RM	890,40 RM
1931	104,00 RM	360,00 RM	362,48 RM	915,60 RM
1932	104,00 RM	360,00 RM	405,40 RM	940,80 RM
1933	104,00 RM	360,00 RM	405,54 RM	940,80 RM
1934	124,80 RM	300,00 RM	456,00 RM	806,40 RM
1935	124,80 RM	300,00 RM	456,00 RM	806,40 RM
1936	124,80 RM	300,00 RM	456,00 RM	806,40 RM
1937	124,80 RM	300,00 RM	456,00 RM	806,40 RM
1938	136,37 RM	300,00 RM	461,93 RM	1 767,60 RM
1939	140,40 RM	300,00 RM	471,90 RM	1 771,20 RM
1940	140,40 RM	300,00 RM	471,90 RM	1 771,20 RM
1941	140,40 RM	300,00 RM	472,73 RM	1 767,60 RM
1942	171,00 RM	351,60 RM	478,50 RM	1 764,00 RM
1943	201,60 RM	403,20 RM	888,00 RM	1 032,00 RM
1944	201,60 RM	403,20 RM	888,00 RM	1 032,00 RM

[1] Jetzt: § 52 Abs. 28 Satz 5 EStG.
[2] Die Randziffern 8 bis 44 und 204 gelten ab dem 1. 1. 2014.
Die Regelungen des BMF-Schreibens vom 10. 4. 2015 (BStBl. I S. 256) und des BMF-Schreibens vom 1. 6. 2015 (BStBl. I S. 475) sind auf alle offenen Fälle anzuwenden. Die Regelung in der Rz. 196 des BMF-Schreibens vom 4. 7. 2016 (BStBl. I S. 645) gilt ab dem VZ 2016. Auf Antrag kann eine Anwendung in noch offenen Fällen erfolgen. Die Regelungen des BMF-Schreibens vom 19. 12. 2016 (BStBl. I S. 1433) sind aus Vertrauensschutzgründen ab dem VZ 2017 anzuwenden.
[3] Letztmals abgedruckt im „Handbuch zur Einkommensteuerveranlagung 2012" als Anlage b zu R 10.4 EStR.

Anl zu H 22.3

Jahr	Gesetzliche Rentenversicherung der Arbeiter und Angestellten		Knappschaftliche Rentenversicherung	
	Arbeiter	Angestellte	Arbeiter	Angestellte
1945	201,60 RM	403,20 RM	888,00 RM	1 032,00 RM
1946	201,60 RM	403,20 RM	888,00 RM	1 032,00 RM
1947	201,60 RM	403,20 RM	888,00 RM	1 462,00 RM
1948	201,60 DM[1]	403,20 DM[1]	888,00 DM[1]	1 548,00 DM[1]
1949	504,00 DM	588,00 DM	1 472,50 DM	1 747,50 DM
	Gesetzliche Rentenversicherung der Arbeiter und Angestellten		Knappschaftliche Rentenversicherung	
1950	720,00 DM		1 890,00 DM	
1951	720,00 DM		1 890,00 DM	
1952	780,00 DM		2 160,00 DM	
1953	900,00 DM		2 700,00 DM	
1954	900,00 DM		2 700,00 DM	
1955	967,50 DM		2 700,00 DM	
1956	990,00 DM		2 700,00 DM	
1957	1 215,00 DM		2 770,00 DM	
1958	1 260,00 DM		2 820,00 DM	
1959	1 344,00 DM		2 820,00 DM	
1960	1 428,00 DM		2 820,00 DM	
1961	1 512,00 DM		3 102,00 DM	
1962	1 596,00 DM		3 102,00 DM	
1963	1 680,00 DM		3 384,00 DM	
1964	1 848,00 DM		3 948,00 DM	
1965	2 016,00 DM		4 230,00 DM	
1966	2 184,00 DM		4 512,00 DM	
1967	2 352,00 DM		4 794,00 DM	
1968	2 880,00 DM		5 358,00 DM	
1969	3 264,00 DM		5 640,00 DM	
1970	3 672,00 DM		5 922,00 DM	
1971	3 876,00 DM		6 486,00 DM	
1972	4 284,00 DM		7 050,00 DM	
1973	4 968,00 DM		7 896,00 DM	
1974	5 400,00 DM		8 742,00 DM	
1975	6 048,00 DM		9 588,00 DM	
1976	6 696,00 DM		10 716,00 DM	
1977	7 344,00 DM		11 844,00 DM	
1978	7 992,00 DM		12 972,00 DM	
1979	8 640,00 DM		13 536,00 DM	
1980	9 072,00 DM		14 382,00 DM	
1981	9 768,00 DM		15 876,00 DM	
1982	10 152,00 DM		16 356,00 DM	
1983	10 900,00 DM		17 324,00 DM	
1984	11 544,00 DM		18 624,00 DM	
1985	12 306,60 DM		19 892,30 DM	
1986	12 902,40 DM		20 658,60 DM	
1987	12 790,80 DM		20 831,40 DM	
1988	13 464,00 DM		21 418,20 DM	
1989	13 688,40 DM		22 005,00 DM	
1990	14 137,20 DM		22 885,20 DM	
1991	14 001,00 DM		22 752,00 DM	
1992	14 443,20 DM		23 637,60 DM	
1993	15 120,00 DM		24 831,00 DM	
1994	17 510,40 DM		28 764,00 DM	
1995	17 409,60 DM		28 454,40 DM	
1996	18 432,00 DM		29 988,00 DM	
1997	19 975,20 DM		32 602,80 DM	
1998	20 462,40 DM		33 248,40 DM	
1999	20 094,00 DM		32 635,20 DM	
2000	19 917,60 DM		32 563,20 DM	
2001	19 940,40 DM		32 613,60 DM	
2002	10 314,00 €		16 916,40 €	
2003	11 934,00 €		19 425,00 €	
2004	12 051,00 €		19 735,80 €	

R 22.4

R 22.4. Besteuerung von Leibrenten i. S. d. § 22 Nr. 1 Satz 3 Buchstabe a Doppelbuchstabe bb EStG

Erhöhung der Rente

20 (1) ① Bei einer Erhöhung der Rente ist, falls auch das Rentenrecht eine zusätzliche Werterhöhung erfährt, der Erhöhungsbetrag als selbständige Rente anzusehen, für die der Ertragsanteil vom Zeitpunkt der Erhöhung an gesondert zu ermitteln ist; dabei ist unerheblich, ob die Erhö-

[1] Die im Jahr 1948 vor der Währungsreform geltenden Höchstbeiträge wurden entsprechend der Umstellung der Renten im Verhältnis 1 : 1 von Reichsmark (RM) in Deutsche Mark (DM) umgerechnet.

hung von vornherein vereinbart war oder erst im Laufe des Rentenbezugs vereinbart wird. ② Ist eine Erhöhung der Rentenzahlung durch eine Überschussbeteiligung von vornherein im Rentenrecht vorgesehen, sind die der Überschussbeteiligung dienenden Erhöhungsbeträge Erträge dieses Rentenrechts; es tritt insoweit keine Werterhöhung des Rentenrechts ein. ③ Eine neue Rente ist auch nicht anzunehmen, soweit die Erhöhung in zeitlichem Zusammenhang mit einer vorangegangenen Herabsetzung steht oder wenn die Rente lediglich den gestiegenen Lebenshaltungskosten angepasst wird (Wertsicherungsklausel).

Herabsetzung der Rente

(2) Wird die Rente herabgesetzt, sind die folgenden Fälle zu unterscheiden: **21**

1. Wird von vornherein eine spätere Herabsetzung vereinbart, ist zunächst der Ertragsanteil des Grundbetrags der Rente zu ermitteln, d. h. des Betrags, auf den die Rente später ermäßigt wird. ② Diesen Ertragsanteil muss der Berechtigte während der gesamten Laufzeit versteuern, da er den Grundbetrag bis zu seinem Tod erhält. ③ Außerdem hat er bis zum Zeitpunkt der Herabsetzung den Ertragsanteil des über den Grundbetrag hinausgehenden Rententeiles zu versteuern. ④ Dieser Teil der Rente ist eine abgekürzte Leibrente (§ 55 Abs. 2 EStDV), die längstens bis zum Zeitpunkt der Herabsetzung läuft.
2. Wird die Herabsetzung während des Rentenbezugs vereinbart und sofort wirksam, bleibt der Ertragsanteil unverändert.
3. Wird die Herabsetzung während des Rentenbezugs mit der Maßgabe vereinbart, dass sie erst zu einem späteren Zeitpunkt wirksam wird, bleibt der Ertragsanteil bis zum Zeitpunkt der Vereinbarung unverändert. ② Von diesem Zeitpunkt an ist Nummer 1 entsprechend anzuwenden. ③ Dabei sind jedoch das zu Beginn des Rentenbezugs vollendete Lebensjahr des Rentenberechtigten und insoweit, als die Rente eine abgekürzte Leibrente (§ 55 Abs. 2 EStDV) ist, die beschränkte Laufzeit ab Beginn des Rentenbezugs zugrunde zu legen.

Besonderheit bei der Ermittlung des Ertragsanteiles

(3) Setzt der Beginn des Rentenbezugs die Vollendung eines bestimmten Lebensjahres der **22** Person voraus, von deren Lebenszeit die Dauer der Rente abhängt, und wird die Rente schon vom Beginn des Monats an gewährt, in dem die Person das bestimmte Lebensjahr vollendet hat, ist dieses Lebensjahr bei der Ermittlung des Ertragsanteiles nach § 22 Nr. 1 Satz 3 Buchstabe a Doppelbuchstabe bb EStG zugrunde zu legen.

Abrundung der Laufzeit abgekürzter Leibrenten

(4) Bemisst sich bei einer abgekürzten Leibrente die beschränkte Laufzeit nicht auf volle Jahre, **23** ist bei Anwendung der in § 55 Abs. 2 EStDV aufgeführten Tabelle die Laufzeit aus Vereinfachungsgründen auf volle Jahre abzurunden.

Besonderheiten bei Renten wegen teilweiser oder voller Erwerbsminderung

(5) ① Bei Renten wegen verminderter Erwerbsfähigkeit handelt es sich regelmäßig um abge- **24** kürzte Leibrenten. ② Für die Bemessung der Laufzeit kommt es auf die vertraglichen Vereinbarungen oder die gesetzlichen Regelungen an. ③ Ist danach der Wegfall oder die Umwandlung in eine Altersrente nicht bei Erreichen eines bestimmten Alters vorgesehen, sondern von anderen Umständen – z. B. Bezug von Altersrente aus der gesetzlichen Rentenversicherung – abhängig, ist grundsätzlich davon auszugehen, dass der Wegfall oder die Umwandlung in die Altersrente mit Vollendung des 65. Lebensjahres erfolgt. ④ Legt der Bezieher einer Rente wegen verminderter Erwerbsfähigkeit jedoch schlüssig dar, dass der Wegfall oder die Umwandlung vor der Vollendung des 65. Lebensjahres erfolgen wird, ist auf Antrag auf den früheren Umwandlungszeitpunkt abzustellen; einer nach § 165 AO vorläufigen Steuerfestsetzung bedarf es insoweit nicht. ⑤ Entfällt eine Rente wegen verminderter Erwerbsfähigkeit vor Vollendung des 65. Lebensjahres oder wird sie vor diesem Zeitpunkt in eine vorzeitige Altersrente umgewandelt, ist die Laufzeit bis zum Wegfall oder zum Umwandlungszeitpunkt maßgebend.

Besonderheiten bei Witwen-/Witwerrenten

(6) R 167 Abs. 8 und 9 EStR 2003 gilt bei Anwendung des § 22 Nr. 1 Satz 3 Buchstabe a **25** Doppelbuchstabe bb Satz 2 EStG entsprechend.

Begriff der Leibrente

(7) R 22.3 gilt sinngemäß. **25a**

H 22.4

26

Beginn der Rente. Unter Beginn der Rente (Kopfleiste der in § 22 Nr. 1 Satz 3 Buchstabe a Doppelbuchstabe bb EStG aufgeführten Tabelle) ist bei Renten auf Grund von Versicherungsverträgen der Zeitpunkt zu verstehen, ab dem versicherungsrechtlich die Rente zu laufen beginnt; auch bei Rentennachzahlungen ist unter „Beginn der Rente" der Zeitpunkt zu verstehen, in dem der Rentenanspruch entstanden ist. Auf den Zeitpunkt des Rentenantrags oder der Zahlung kommt es nicht an (→ BFH vom 6. 4. 1976 – BStBl. II S. 452). Die Verjährung einzelner Rentenansprüche hat auf den „Beginn der Rente" keinen Einfluss (→ BFH vom 30. 9. 1980 – BStBl. 1981 II S. 155).

H 22.4

Begriff der Leibrente → H 22.3.

Bezüge aus einer ehemaligen Tätigkeit

- Bezüge, die nach § 24 Nr. 2 EStG zu den Gewinneinkünften rechnen oder die Arbeitslohn sind, sind nicht Leibrenten i. S. d. § 22 Nr. 1 Satz 3 Buchstabe a EStG; hierzu gehören z. B. betriebliche Versorgungsrenten aus einer ehemaligen Tätigkeit i. S. d. § 24 Nr. 2 EStG (→ BFH vom 10. 10. 1963 – BStBl. III S. 592).
- Ruhegehaltszahlungen an ehemalige NATO-Bedienstete sind grundsätzlich Einkünfte aus nichtselbständiger Arbeit (→ BMF vom 3. 8. 1998 – BStBl. I S. 1042 und BFH vom 22. 11. 2006 – BStBl. 2007 II S. 402).

Ertragsanteil einer Leibrente

Beispiel:

Einem Ehepaar wird gemeinsam eine lebenslängliche Rente von 24 000 € jährlich mit der Maßgabe gewährt, dass sie beim Ableben des zuerst Sterbenden auf 15 000 € jährlich ermäßigt wird. Der Ehemann ist zu Beginn des Rentenbezugs 55, die Ehefrau 50 Jahre alt.

Es sind zu versteuern

a) bis zum Tod des zuletzt Sterbenden der Ertragsanteil des Sockelbetrags von 15 000 €. Dabei ist nach § 55 Abs. 1 Nr. 3 EStDV das Lebensalter der jüngsten Person, mithin der Ehefrau, zu Grunde zu legen. Der Ertragsanteil beträgt 30% von 15 000 € = 4500 € (§ 22 Nr. 1 Satz 3 Buchstabe a Doppelbuchstabe bb EStG);

b) außerdem bis zum Tod des zuerst Sterbenden der Ertragsanteil des über den Sockelbetrag hinausgehenden Rententeils von 9000 €. Dabei ist nach § 55 Abs. 1 Nr. 3 EStDV das Lebensalter der ältesten Person, mithin des Ehemanns, zu Grunde zu legen. Der Ertragsanteil beträgt
26% von 9000 € = 2340 € (§ 22 Nr. 1 Satz 3 Buchstabe a Doppelbuchstabe bb EStG).

Der jährliche Ertragsanteil beläuft sich somit auf (4500 € + 2340 € =) 6840 €.

Bei der Ermittlung des Ertragsanteils einer lebenslänglichen Leibrente ist – vorbehaltlich des § 55 Abs. 1 Nr. 1 EStDV – von dem bei Beginn der Rente vollendeten Lebensjahr auszugehen (Kopfleiste der in § 22 Nr. 1 Satz 3 Buchstabe a Doppelbuchstabe bb EStG aufgeführten Tabelle).

Ist die Dauer einer Leibrente von der Lebenszeit mehrerer Personen abhängig, ist der Ertragsanteil nach § 55 Abs. 1 Nr. 3 EStDV zu ermitteln. Das gilt auch, wenn die Rente mehreren Personen, z. B. Ehegatten, gemeinsam mit der Maßgabe zusteht, dass sie beim Ableben des zuerst Sterbenden herabgesetzt wird. In diesem Fall ist bei der Ermittlung des Grundbetrags der Rente, d. h. des Betrags, auf den sie später ermäßigt wird, das Lebensjahr der jüngsten Person zugrunde zu legen. Für den Ertragsanteil des über den Grundbetrag hinausgehenden Rententeils ist das Lebensjahr der ältesten Person maßgebend.

Steht die Rente nur einer Person zu, z. B. dem Ehemann, und erhält eine andere Person, z. B. die Ehefrau, nur für den Fall eine Rente, dass sie die erste Person überlebt, so liegen zwei Renten vor, von denen die letzte aufschiebend bedingt ist. Der Ertragsanteil für diese Rente ist erst von dem Zeitpunkt an zu versteuern, in dem die Bedingung eintritt.

Fremdfinanzierte Rentenversicherung gegen Einmalbeitrag[1]

- Zur Überschussprognose einer fremdfinanzierten Rentenversicherung gegen Einmalbeitrag → BFH vom 15. 12. 1999 (BStBl. 2000 II S. 267), vom 16. 9. 2004 (BStBl. 2006 II S. 228 und S. 234), vom 17. 8. 2005 (BStBl. 2006 II S. 248), vom 20. 6. 2006 (BStBl. II S. 870) und vom 22. 11. 2006 (BStBl. 2007 II S. 390).
- Zur Höhe der auf die Kreditvermittlung entfallenden Provision → BFH vom 30. 10. 2001 (BStBl. 2006 II S. 223) und vom 16. 9. 2004 (BStBl. 2006 II S. 238).

Herabsetzung der Rente

Beispiele:

1. Die spätere Herabsetzung wird von vornherein vereinbart.
A gewährt dem B eine lebenslängliche Rente von 8000 € jährlich mit der Maßgabe, dass sie nach Ablauf von acht Jahren auf 5000 € jährlich ermäßigt wird. B ist zu Beginn des Rentenbezugs 50 Jahre alt.
B hat zu versteuern
a) während der gesamten Dauer des Rentenbezugs – nach Abzug von Werbungskosten – den Ertragsanteil des Grundbetrags. Der Ertragsanteil beträgt nach der in § 22 Nr. 1 Satz 3 Buchstabe a Doppelbuchstabe bb EStG aufgeführten Tabelle 30% von 5000 € = 1500 €;
b) außerdem in den ersten acht Jahren den Ertragsanteil des über den Grundbetrag hinausgehenden Rententeils von 3000 €. Dieser Teil der Rente ist eine abgekürzte Leibrente mit einer beschränkten Laufzeit von acht Jahren; der Ertragsanteil beträgt nach der in § 55 Abs. 2 EStDV aufgeführten Tabelle 9% von 3000 € = 270 €.
Der jährliche Ertragsanteil beläuft sich somit für die ersten acht Jahre ab Rentenbeginn auf (1500 € + 270 € =) 1770 €.

2. Die spätere Herabsetzung wird erst während des Rentenbezugs vereinbart.
A gewährt dem B ab 1. 1. 04 eine lebenslängliche Rente von jährlich 9000 €. Am 1. 1. 06 wird vereinbart, dass die Rente vom 1. 1. 10 an auf jährlich 6000 € herabgesetzt wird. B ist zu Beginn des Rentenbezugs 50 Jahre alt. Im VZ 05 beträgt der Ertragsanteil 30% von 9000 € = 2700 € (§ 22 Nr. 1 Satz 3 Buchstabe a Doppelbuchstabe bb EStG).
Ab 1. 1. 06 hat B zu versteuern
a) während der gesamten weiteren Laufzeit des Rentenbezugs den Ertragsanteil des Sockelbetrags der Rente von 6000 €. Der Ertragsanteil beträgt unter Zugrundelegung des Lebensalters zu Beginn des Rentenbezugs nach der in § 22 Nr. 1 Satz 3 Buchstabe a Doppelbuchstabe bb EStG aufgeführten Tabelle ab VZ 06: 30% von 6000 € = 1800 €;
b) außerdem bis zum 31. 12. 09 den Ertragsanteil des über den Sockelbetrag hinausgehenden Rententeils von 3000 €. Dieser Teil der Rente ist eine abgekürzte Leibrente mit einer beschränkten Laufzeit von sechs Jahren; der Ertragsanteil beträgt nach der in § 55 Abs. 2 EStDV aufgeführten Tabelle 7% von 3000 € = 210 €.
Der jährliche Ertragsanteil beläuft sich somit für die VZ 06 bis 09 auf (1800 € + 210 € =) 2010 €.

Kapitalabfindung. Wird eine Leibrente durch eine Kapitalabfindung abgelöst, unterliegt diese nicht der Besteuerung nach § 22 Nr. 1 Satz 3 Buchstabe a Doppelbuchstabe bb EStG (→ BFH vom 23. 4. 1958 – BStBl. III S. 277).

[1] Siehe auch *Vfg. OFD Nordrhein-Westfalen vom 2. 1. 2014 S 2212 – 1002 – St 222 (BeckVerw 281605).*

Leibrente, abgekürzt

– Abgekürzte Leibrenten sind Leibrenten, die auf eine bestimmte Zeit beschränkt sind und deren Ertragsanteil nach § 55 Abs. 2 EStDV bestimmt wird. Ist das Rentenrecht ohne Gegenleistung begründet worden (z. B. bei Vermächtnisrenten, nicht aber bei Waisenrenten aus Versicherungen), muss – vorbehaltlich R 22.4 Abs. 1 – die zeitliche Befristung, vom Beginn der Rente an gerechnet, regelmäßig einen Zeitraum von mindestens zehn Jahren umfassen; siehe aber auch → Renten wegen verminderter Erwerbsfähigkeit. Hierzu und hinsichtlich des Unterschieds von Zeitrenten und abgekürzten Leibrenten → BFH vom 7. 8. 1959 (BStBl. III S. 463).

– Abgekürzte Leibrenten erlöschen, wenn die Person, von deren Lebenszeit sie abhängen, vor Ablauf der zeitlichen Begrenzung stirbt. Überlebt die Person die zeitliche Begrenzung, so endet die abgekürzte Leibrente mit ihrem Zeitablauf.

NATO-Bedienstete. Ruhegehaltszahlungen an ehemalige NATO-Bedienstete sind grundsätzlich Einkünfte aus nichtselbständiger Arbeit (→ BMF vom 3. 8. 1998 – BStBl. I S. 1042 und BFH vom 22. 11. 2006 – BStBl. 2007 II S. 402).

Renten wegen verminderter Erwerbsfähigkeit. Bei Renten wegen teilweiser oder voller Erwerbsminderung, wegen Berufs-[1] oder Erwerbsunfähigkeit handelt es sich stets um abgekürzte Leibrenten. Der Ertragsanteil bemisst sich grundsätzlich nach der Zeitspanne zwischen dem Eintritt des Versicherungsfalles (Begründung der Erwerbsminderung) und dem voraussichtlichen Leistungsende (z. B. Erreichen einer Altersgrenze oder Beginn der Altersrente bei einer kombinierten Rentenversicherung). Steht der Anspruch auf Rentengewährung unter der auflösenden Bedingung des Wegfalls der Erwerbsminderung und lässt der Versicherer das Fortbestehen der Erwerbsminderung in mehr oder minder regelmäßigen Abständen prüfen, wird hierdurch die zu berücksichtigende voraussichtliche Laufzeit nicht berührt. Wird eine Rente wegen desselben Versicherungsfalles hingegen mehrfach hintereinander auf Zeit bewilligt und schließen sich die Bezugszeiten unmittelbar aneinander an, liegt eine einzige abgekürzte Leibrente vor, deren voraussichtliche Laufzeit unter Berücksichtigung der jeweiligen Verlängerung und des ursprünglichen Beginns für jeden VZ neu zu bestimmen ist (→ BFH vom 22. 1. 1991 – BStBl. II S. 686).

Überschussbeteiligung. Wird neben der garantierten Rente aus einer Rentenversicherung eine Überschussbeteiligung geleistet, ist der Überschussanteil zusammen mit der garantierten Rente als einheitlicher Rentenbezug zu beurteilen (→ BMF vom 26. 11. 1998 – BStBl. I S. 1508 und BFH vom 22. 8. 2012 – BStBl. 2013 II S. 158).

Vermögensübertragung. Einkommensteuerrechtliche Behandlung von wiederkehrenden Leistungen im Zusammenhang mit einer Vermögensübertragung → BMF vom 11. 3. 2010 (BStBl. I S. 227),[2] Rz. 81.

Versorgungs- und Versicherungsrenten aus einer Zusatzversorgung. Von der Versorgungsanstalt des Bundes und der Länder (VBL) und vergleichbaren Zusatzversorgungseinrichtungen geleistete Versorgungs- und Versicherungsrenten für Versicherte und Hinterbliebene stellen grundsätzlich lebenslängliche Leibrenten dar. Werden sie neben einer Rente wegen verminderter Erwerbsfähigkeit aus der gesetzlichen Rentenversicherung gezahlt, sind sie als abgekürzte Leibrenten zu behandeln (→ BFH vom 4. 10. 1990 – BStBl. 1991 II S. 89). Soweit die Leistungen auf gefördertem Kapital i. S. d. § 22 Nr. 5 Satz 1 EStG beruhen, unterliegen sie der vollständig nachgelagerten Besteuerung; soweit sie auf nicht gefördertem Kapital beruhen, erfolgt die Besteuerung nach § 22 Nr. 5 Satz 2 Buchst. a EStG (→ BMF vom 21. 12. 2017 – BStBl. 2018 I S. 93, Rz. 139–147).[3]

Werbungskosten

– Finanzierungskosten für den Erwerb einer Sicherheits-Kompakt-Rente, die den Abschluss einer Rentenversicherung als Versorgungskomponente und einer Lebensversicherung als Tilgungskomponente zum Gegenstand hat, sind auch nach der Einführung des Werbungskostenabzugsverbots nach § 20 Abs. 9 EStG aufzuteilen in Werbungskosten, die anteilig den Einkünften aus Kapitalvermögen i. S. d. § 20 Abs. 1 Nr. 6 EStG und den sonstigen Einkünften i. S. d. § 22 Nr. 1 EStG zuzuordnen sind (→ BFH vom 11. 12. 2018 – BStBl. 2019 II S. 231).

– → H 22.3.

Wertsicherungsklausel → H 22.3 (Begriff der Leibrente).

R 22.5. Renten nach § 2 Abs. 2 der 32. DV zum Umstellungsgesetz (UGDV)

R 22.5

Beträge, die nach § 2 Abs. 2 der 32. UGDV[4] in Verbindung mit § 1 der Anordnung der Versicherungsaufsichtsbehörden über die Zahlung von Todesfall- und Invaliditätsversicherungssummen vom 15. 11. 1949[5] unter der Bezeichnung „Renten" gezahlt werden, gehören nicht zu den 31

---

[1] Zu Vergleichszahlungen bzw. Abstandszahlungen im Zusammenhang mit Berufsunfähigkeitsversicherungen siehe aber *Kurzinformation FM Schleswig-Holstein vom 26. 11. 2019 Nr. 2019/23, VI 303 – S 2255 – 212 (DStR 2020 S. 1130).*

[2] Abgedruckt als Anlage zu R 10.3 EStR.

[3] Geändert durch BMF-Schreiben vom 17. 2. 2020 (BStBl. I S. 213), abgedruckt als Anlage zu H 10 a.

[4] **Amtl. Anm.:** StuZBl. 1949 S. 327.

[5] **Amtl. Anm.:** Veröffentlichungen des Zonenamtes des Reichsaufsichtsamtes für das Versicherungswesen in Abw. 1949 S. 118.

wiederkehrenden Bezügen im Sinne des § 22 Nr. 1 EStG und sind deshalb nicht einkommensteuerpflichtig.

R 22.6

32 **R 22.6. Versorgungsleistungen**

(unbesetzt)

H 22.6

33 **Allgemeines.** Einkommensteuerrechtliche Behandlung von wiederkehrenden Leistungen im Zusammenhang mit einer Vermögensübertragung → BMF vom 11. 3. 2010 (BStBl. I S. 227)[1] unter Berücksichtigung der Änderungen durch BMF vom 6. 5. 2016 (BStBl. I S. 476).

Beerdigungskosten. Beim Erben stellen ersparte Beerdigungskosten Einnahmen nach § 22 Nr. 1 b EStG dar, wenn ein Vermögensübernehmer kein Erbe und vertraglich zur Übernahme der durch den Tod des letztverstorbenen Vermögensübergebers entstandenen Beerdigungskosten verpflichtet ist (→ BFH vom 19. 1. 2010 – BStBl. II S. 544).

R 22.7

34 **R 22.7. Leistungen auf Grund eines schuldrechtlichen Versorgungsausgleichs**

(unbesetzt)

H 22.7

35 **Allgemeines.** Zur einkommensteuerrechtlichen Behandlung der Leistungen auf Grund eines schuldrechtlichen Versorgungsausgleichs → BMF vom 9. 4. 2010 (BStBl. I S. 323).[2]

R 22.8

36 **R 22.8. Besteuerung von Leistungen i. S. d. § 22 Nr. 3 EStG**

Haben beide zusammenveranlagten Ehegatten Einkünfte i. S. d. § 22 Nr. 3 EStG bezogen, ist bei jedem Ehegatten die in dieser Vorschrift bezeichnete Freigrenze – höchstens jedoch bis zur Höhe seiner Einkünfte i. S. d. § 22 Nr. 3 EStG – zu berücksichtigen.

H 22.8

37 **Allgemeines**

– Leistung i. S. d. § 22 Nr. 3 EStG ist jedes Tun, Dulden oder Unterlassen, das Gegenstand eines entgeltlichen Vertrags sein kann und das eine Gegenleistung auslöst (→ BFH vom 21. 9. 2004 – BStBl. 2005 II S. 44 und vom 8. 5. 2008 – BStBl. II S. 868), sofern es sich nicht um Veräußerungsvorgänge oder veräußerungsähnliche Vorgänge im privaten Bereich handelt, bei denen ein Entgelt dafür erbracht wird, dass ein Vermögenswert in seiner Substanz endgültig aufgegeben wird (→ BFH vom 28. 11. 1984 – BStBl. 1985 II S. 264 und vom 10. 9. 2003 – BStBl. 2004 II S. 218).
– Für das Vorliegen einer Leistung i. S. d. § 22 Nr. 3 EStG kommt es entscheidend darauf an, ob die Gegenleistung (das Entgelt) durch das Verhalten des Stpfl. ausgelöst wird. Allerdings setzt § 22 Nr. 3 EStG wie die übrigen Einkunftsarten die allgemeinen Merkmale der Einkünfteerzielung voraus. Der Leistende muss aber nicht bereits beim Erbringen seiner Leistung eine Gegenleistung erwarten. Für die Steuerbarkeit ist ausreichend, dass er eine im wirtschaftlichen Zusammenhang mit seinem Tun, Dulden oder Unterlassen gewährte Gegenleistung als solche annimmt (→ BFH vom 21. 9. 2004 – BStBl. 2005 II S. 44).
– Hat der Stpfl. nicht die Möglichkeit, durch sein Verhalten (Leistung) das Entstehen des Anspruchs auf die Leistung des Vertragspartners positiv zu beeinflussen, genügt die Annahme der Leistung der Gegenseite nicht, um den fehlenden besteuerungsrelevanten Veranlassungszusammenhang zwischen Leistung und Gegenleistung herzustellen (→ BFH vom 13. 3. 2018 – BStBl. II S. 531).

Einnahmen aus Leistungen i. S. d. § 22 Nr. 3 EStG sind:[3]

– Bindungsentgelt (Stillhalterprämie), das beim Wertpapieroptionsgeschäft dem Optionsgeber gezahlt wird (→ BFH vom 17. 4. 2007 – BStBl. II S. 608),
– Einmalige Bürgschaftsprovision (→ BFH vom 22. 1. 1965 – BStBl. III S. 313),
– Entgelt für ein freiwilliges Einsammeln und Verwerten leerer Flaschen (→ BFH vom 6. 6. 1973 – BStBl. II S. 727),
– Entgelt für eine Beschränkung der Grundstücksnutzung (→ BFH vom 9. 4. 1965 – BStBl. III S. 361 und vom 26. 8. 1975 – BStBl. 1976 II S. 62),
– Entgelt für die Einräumung eines Vorkaufsrechts (→ BFH vom 30. 8. 1966 – BStBl. 1967 III S. 69 und vom 10. 12. 1985 – BStBl. 1986 II S. 340); bei späterer Anrechnung des Entgelts auf den Kaufpreis entfällt der Tatbestand des § 22 Nr. 3 EStG rückwirkend nach § 175 Abs. 1 Satz 1 Nr. 2 AO (→ BFH vom 10. 8. 1994 – BStBl. 1995 II S. 57),
– Entgelt für den Verzicht auf Einhaltung des gesetzlich vorgeschriebenen Grenzabstands eines auf dem Nachbargrundstück errichteten Gebäudes (→ BFH vom 5. 8. 1976 – BStBl. 1977 II S. 26),
– Entgelt für die Abgabe eines zeitlich befristeten Kaufangebots über ein Grundstück (→ BFH vom 26. 4. 1977 – BStBl. II S. 631),
– Entgelt für den Verzicht des Inhabers eines eingetragenen Warenzeichens auf seine Abwehrrechte (→ BFH vom 25. 9. 1979 – BStBl. 1980 II S. 114),

---

[1] Abgedruckt als Anlage zu R 10.3 EStR.

[2] Abgedruckt als Anlage zu R 10.3 a EStR.

[3] Zu Zahlungen an Schiedsrichter für die Leitung von Fußballspielen auf nationaler Ebene siehe *FM Bayern vom 8. 1 2010 31/32/34 – S 2257 – 031 – 53043/09 (DB 2010 S. 815; BeckVerw 234666).*

Zur Gewerblichkeit eines national und international tätigen Fußballschiedsrichters siehe *BFH-Urteil vom 20. 12. 2017 I R 98/15 (DStR 2018 S. 449).*

H 22.8

- Entgelt für ein vertraglich vereinbartes umfassendes Wettbewerbsverbot (→ BFH vom 12. 6. 1996 – BStBl. II S. 516 und vom 23. 2. 1999 – BStBl. II S. 590),
- Entgelt für eine Vereinbarung, das Bauvorhaben des Zahlenden zu dulden (→ BFH vom 26. 10. 1982 – BStBl. 1983 II S. 404),
- Entgelt für die regelmäßige Mitnahme eines Arbeitskollegen auf der Fahrt zwischen Wohnung und Arbeitsstätte (→ BFH vom 15. 3. 1994 – BStBl. II S. 516),
- Vergütungen für die Rücknahme des Widerspruchs gegen den Bau und Betrieb eines Kraftwerks (→ BFH vom 12. 11. 1985 – BStBl. 1986 II S. 890),
- Entgelt für die Duldung der Nutzung von Teileigentum zum Betrieb eines Spielsalons an einen benachbarten Wohnungseigentümer (→ BFH vom 21. 11. 1997 – BStBl. 1998 II S. 133),
- Eigenprovisionen, wenn sie aus einmaligem Anlass und für die Vermittlung von Eigenverträgen gezahlt werden (→ BFH vom 27. 5. 1998 – BStBl. II S. 619),
- Entgelt für die zeitweise Vermietung eines Wohnmobils an wechselnde Mieter (→ BFH vom 12. 11. 1997 – BStBl. 1998 II S. 774); zur gewerblichen Wohnmobilvermietung → H 15.7 (3) (Wohnmobil),
- Bestechungsgelder, die einem Arbeitnehmer von Dritten gezahlt worden sind (→ BFH vom 16. 6. 2015 – BStBl. II S. 1019),
- Provision für die Bereitschaft, mit seinen Beziehungen einem Dritten bei einer geschäftlichen Transaktion behilflich zu sein (→ BFH vom 20. 4. 2004 – BStBl. II S. 1072),
- Belohnung für einen „werthaltigen Tipp“ (Hinweis auf die Möglichkeit einer Rechtsposition) durch Beteiligung am Erfolg bei Verwirklichung (→ BFH vom 26. 10. 2004 – BStBl. 2005 II S. 167),
- Fernseh-Preisgelder, wenn der Auftritt des Kandidaten und das gewonnene Preisgeld in einem gegenseitigen Leistungsverhältnis stehen (→ BMF vom 30. 5. 2008 – BStBl. I S. 645[1] und BFH vom 24. 4. 2012 – BStBl. II S. 581),
- Nachträglich wegen fehlgeschlagener Hofübergabe geltend gemachte Vergütungen für geleistete Dienste (→ BFH vom 8. 5. 2008 – BStBl. II S. 868),
- Provisionen aus der ringweisen Vermittlung von Lebensversicherungen (→ BFH vom 20. 1. 2009 – BStBl. II S. 532),
- Vergütungen, die ein an einem Darlehensverhältnis nicht beteiligter Dritter dafür erhält, dass er einen GmbH-Anteil zur Sicherung des Darlehens verpfändet, soweit sie nicht zu den Einkünften nach § 22 Nr. 1 Satz 1 1. Halbsatz EStG gehören (→ BFH vom 14. 4. 2015 – BStBl. II S. 795),
- Vergütungen aus (echten) Edelmetall-Pensionsgeschäften im Privatvermögen (→ BFH vom 23. 4. 2021 – BStBl. II S. 687).

Keine Einnahmen aus Leistungen i. S. d. § 22 Nr. 3 EStG sind:[2]

- Abfindungen an den Mieter einer Wohnung, soweit er sie für vermögenswerte Einschränkungen seiner Mietposition erhält (→ BFH vom 5. 8. 1976 – BStBl. 1977 II S. 27),
- Entgeltliche Abtretungen von Rückkaufsrechten an Grundstücken (→ BFH vom 14. 11.1978 – BStBl. 1979 II S. 298),
- Entschädigungen für eine faktische Bausperre (→ BFH vom 12. 9. 1985 – BStBl. 1986 II S. 252),
- Gewinne aus Errichtung und Veräußerung von Kaufeigenheimen, auch wenn die Eigenheime bereits vor Errichtung verkauft worden sind (→ BFH vom 1. 12. 1989 – BStBl. 1990 II S. 1054),
- Streikunterstützungen (→ BFH vom 24. 10. 1990 – BStBl. 1991 II S. 337),
- Verzicht auf ein testamentarisch vermachtes obligatorisches Wohnrecht gegen Entgelt im privaten Bereich (→ BFH vom 9. 8. 1990 – BStBl. II S. 1026),
- Vereinbarung wertmindernder Beschränkung des Grundstückseigentums gegen Entgelt zur Vermeidung eines ansonsten zulässigen Enteignungsverfahrens (→ BFH vom 17. 5. 1995 – BStBl. II S. 640),
- Zahlungen von einem pflegebedürftigen Angehörigen für seine Pflege im Rahmen des familiären Zusammenlebens (→ BFH vom 14. 9. 1999 – BStBl. II S. 776),
- Entgelte aus der Vermietung eines in die Luftfahrzeugrolle eingetragenen Flugzeugs (→ BFH vom 2. 5. 2000 – BStBl. II S. 467); → H 15.7 (3) (Flugzeug),
- Entgelte aus Telefonsex (→ BFH vom 23. 2. 2000 – BStBl. II S. 610); → H 15.4 (Sexuelle Dienstleistungen),
- Entgelte für den Verzicht auf ein dingliches Recht (Aufhebung einer eingetragenen Dienstbarkeit alten Rechts) eines Grundstückseigentümers am Nachbargrundstück (→ BFH vom 19. 12. 2000 – BStBl. 2001 II S. 391),
- Erlöse aus der Veräußerung einer Zufallserfindung (→ BFH vom 10. 9. 2003 – BStBl. 2004 II S. 218),
- Entgelte für die Inanspruchnahme eines Grundstücks im Zuge baulicher Maßnahmen auf dem Nachbargrundstück (→ BFH vom 2. 3. 2004 – BStBl. II S. 507); → aber H 21.2 (Einnahmen),
- An den Versicherungsnehmer weitergeleitete Versicherungsprovisionen des Versicherungsvertreters (→ BFH vom 2. 3. 2004 – BStBl. II S. 506),
- Entgelte für Verzicht auf Nachbarrechte im Zusammenhang mit der Veräußerung des betreffenden Grundstücks (→ BFH vom 18. 5. 2004 – BStBl. II S. 874),
- Provision an den Erwerber eines Grundstücks, wenn der Provision keine eigene Leistung des Erwerbers gegenüber steht (→ BFH vom 16. 3. 2004 – BStBl. II S. 1046),
- Reugeld wegen Rücktritts vom Kaufvertrag z. B. über ein Grundstück des Privatvermögens (→ BFH vom 24. 8. 2006 – BStBl. 2007 II S. 44),
- Zahlungen für den Verzicht auf ein sich aus einem Aktienkauf- und Übertragungsvertrag ergebenden Anwartschaftsrecht (→BFH vom 19. 2. 2013 – BStBl. II S. 578),
- Einmalige Entschädigungen für ein zeitlich nicht begrenztes Recht auf Überspannung eines zum Privatvermögen gehörenden Grundstücks mit einer Hochspannungsleitung. Sie sind keine steuerbaren Einnahmen (→BFH vom 2. 7. 2018 – BStBl. II S. 759).

Rückzahlung von Einnahmen. Die Rückzahlung von Einnahmen i. S. d. § 22 Nr. 3 EStG in einem späteren VZ ist im Abflusszeitpunkt in voller Höhe steuermindernd zu berücksichtigen. Das Verlustausgleichsverbot und Verlustabzugsverbot des § 22 Nr. 3 Satz 3 EStG steht nicht entgegen (→ BFH vom 26. 1. 2000 – BStBl. II S. 396).

Steuerfreie Einnahmen nach § 3 Nr. 26 a EStG → BMF vom 21. 11. 2014 (BStBl. I S. 1581),[3] Tz. 10.

Verfassungsmäßigkeit. Die Verlustausgleichbeschränkung des § 22 Nr. 3 Satz 3 EStG ist verfassungsgemäß (→ BFH vom 16. 6. 2015 – BStBl. II S. 1019).

Verlustabzug in Erbfällen. Verluste i. S. d. § 22 Nr. 3 Satz 4 → R 10 d Abs. 9 Satz 9.

---

[1] Nachstehend abgedruckt.
[2] Zur erfolgreichen Teilnahme an einer Lotterie siehe *BFH-Urteil vom 2. 9. 2008 X R 8/06 (BStBl. 2010 II S. 548).*
[3] Abgedruckt als Anlage zu § 3 Nr. 26 a EStG.

Verlustvor- und -rücktrag. Zur Anwendung des § 10d EStG im Rahmen des § 22 Nr. 3 EStG → BMF vom 29. 11. 2004 (BStBl. I S. 1097).[1]

Virtuelle Währungen und sonstige Token → BMF vom 10. 5. 2022 (BStBl. I S. 668)[2].

Werbungskosten. Treffen mehrere Stpfl. die Abrede, sich ringweise Lebensversicherungen zu vermitteln und die dafür erhaltenen Provisionen an den jeweiligen Versicherungsnehmer weiterzugeben, kann die als Gegenleistung für die Vermittlung von der Versicherungsgesellschaft vereinnahmte und nach § 22 Nr. 3 EStG steuerbare Provision nicht um den Betrag der Provision als Werbungskosten gemindert werden, die der Stpfl. an den Versicherungsnehmer weiterleiten muss, wenn er umgekehrt einen Auskehrungsanspruch gegen denjenigen hat, der den Abschluss seiner Versicherung vermittelt (→ BFH vom 20. 1. 2009 – BStBl. II S. 532).

Zeitpunkt des Werbungskostenabzugs. Werbungskosten sind bei den Einkünften aus einmaligen (sonstigen) Leistungen auch dann im Jahre des Zuflusses der Einnahme abziehbar, wenn sie vor diesem Jahr angefallen sind oder nach diesem Jahr mit Sicherheit anfallen werden. Entstehen künftig Werbungskosten, die im Zuflussjahr noch nicht sicher vorhersehbar waren, ist die Veranlagung des Zuflussjahres gemäß § 175 Abs. 1 Satz 1 Nr. 2 AO zu ändern (→ BFH vom 3. 6. 1992 – BStBl. II S. 1017).

Anl zu H 22.8

Schreiben betr. einkommensteuerrechtliche Behandlung von Fernseh-Preisgeldern; Konsequenzen aus dem BFH-Urteil vom 28. November 2007 IX R 39/06 (BStBl. 2008 II S. 469)

Vom 30. Mai 2008 (BStBl. I S. 645)

(BMF IV C 3 – S 2257/08/10001; DOK 2008/0217070)

37a Mit o. g. Urteil hat der Bundesfinanzhof entschieden, dass Preisgelder für die Teilnahme als Kandidat an einer Fernsehshow als sonstige Einkünfte nach § 22 Nr. 3 EStG steuerbar sind. Entscheidendes Kriterium für die Steuerbarkeit ist, dass der Auftritt des Kandidaten und das gewonnene Preisgeld in einem gegenseitigen Leistungsverhältnis stehen.

Unter Bezugnahme auf das Ergebnis der Erörterungen mit den obersten Finanzbehörden der Länder sprechen für ein solches zur Steuerbarkeit führendes gegenseitiges Leistungsverhältnis folgende Anhaltspunkte:

- Dem Kandidaten wird von Seiten des Produzenten ein bestimmtes Verhaltensmuster oder Ähnliches vorgegeben.
- Dem Kandidaten wird neben der Gewinnchance und dem damit verbundenen Preisgeld noch ein erfolgsunabhängiges Antritts-, Tagegeld etc. gezahlt.
- Das Format sieht grundsätzlich nicht nur einen einmaligen Auftritt vor, sondern erstreckt sich über mehrere Folgen. Der Kandidat muss hierfür ggf. Urlaub nehmen oder von der Arbeit freigestellt werden.
- Das Preisgeld hat die Funktion einer Entlohnung für eine Leistung. Es fließt als Erfolgshonorar zu.

Liegen allerdings keine der vorstehenden Anhaltspunkte vor, bleibt es auch bei im Rahmen von Fernsehsendungen gewonnenen Geldern bei nicht steuerbaren Einnahmen.

Hinsichtlich der ertragsteuerlichen Behandlung der Einnahmen prominenter Kandidaten aus Spiel- und Quizshows weise ich auf das BMF-Schreiben vom 27. April 2006 (BStBl. I S. 342) hin.

R 22.9

R 22.9. Besteuerung von Bezügen im Sinne des § 22 Nr. 4 EStG

38 ① § 22 Nr. 4 EStG umfasst nur solche Leistungen, die auf Grund des Abgeordnetengesetzes, des Europaabgeordnetengesetzes oder der entsprechenden Gesetze der Länder gewährt werden. ② Leistungen, die außerhalb dieser Gesetze erbracht werden, z. B. Zahlungen der Fraktionen, unterliegen hingegen den allgemeinen Grundsätzen steuerlicher Beurteilung. ③ Gesondert gezahlte Tage- oder Sitzungsgelder sind nur dann nach § 3 Nr. 12 EStG steuerfrei, wenn sie nach bundes- oder landesrechtlicher Regelung als Aufwandsentschädigung gezahlt werden.

H 22.9

39 **Werbungskosten.** Soweit ein Abgeordneter zur Abgeltung von durch das Mandat veranlassten Aufwendungen eine nach § 3 Nr. 12 EStG steuerfreie Aufwandsentschädigung erhält, schließt dies nach § 22 Nr. 4 Satz 2 EStG den Abzug jeglicher mandatsbedingter Aufwendungen, auch von Sonderbeiträgen an eine Partei, als Werbungskosten aus (→ BFH vom 29. 3. 1983 – BStBl. II S. 601, vom 3. 12. 1987 – BStBl. 1988 II S. 266, vom 8. 12. 1987 – BStBl. 1988 II S. 433 und vom 23. 1. 1991 – BStBl. II S. 396). Derzeit werden nur in Brandenburg, Nordrhein-Westfalen und Schleswig-Holstein keine steuerfreien Aufwandsentschädigungen gezahlt.

Auch Kosten eines erfolglosen Wahlkampfes dürfen nach § 22 Nr. 4 Satz 3 EStG nicht als Werbungskosten abgezogen werden. Für ein Bundestagsmandat → BFH vom 8. 12. 1987 (BStBl. 1988 II S. 435), für ein Mandat im Europäischen Parlament → BFH vom 10. 12. 2019 (BStBl. 2020 II S. 389).

R 22.10

R 22.10. Besteuerung von Leistungen i. S. d. § 22 Nr. 5 EStG

40 *(unbesetzt)*

---

[1] Abgedruckt als Anlage zu § 10 d EStG.
[2] Abgedruckt als Anlage b zu H 23.

Besteuerung von Leistungen nach § 22 Nr. 5 EStG → BMF vom 21. 12. 2017 (BStBl. 2018 I S. 93, Rz. 126–194).[1] H 22.10 41

Leistungen aus einem US-amerikanischen Altersvorsorgeplan „401(k) pension plan". Zur Besteuerung von Leistungen aus einem US-amerikanischen Altersvorsorgeplan „401(k) pension plan", wenn der Stpfl. während der Ansparphase nicht der inländischen Besteuerung unterlag → BFH vom 28. 10. 2020 (BStBl. 2021 II S. 675).

Mitteilung über steuerpflichtige Leistungen aus einem Altersvorsorgevertrag oder aus einer betrieblichen Altersversorgung. Amtlich vorgeschriebenes Vordruckmuster für Jahre ab 2020 → BMF vom 9. 11. 2020 (BStBl. I S. 1061).

---

[1] Geändert durch BMF-Schreiben vom 17. 2. 2020 (BStBl. I S. 213), abgedruckt als Anlage zu H 10 a.

EStG

§ 22 a Rentenbezugsmitteilungen an die zentrale Stelle

1 (1) ① Nach Maßgabe des § 93 c der Abgabenordnung haben die Träger der gesetzlichen Rentenversicherung, die landwirtschaftliche Alterskasse, die berufsständischen Versorgungseinrichtungen, die Pensionskassen, die Pensionsfonds, die Versicherungsunternehmen, die Unternehmen, die Verträge im Sinne des § 10 Absatz 1 Nummer 2 Buchstabe b anbieten, und die Anbieter im Sinne des § 80 als mitteilungspflichtige Stellen der zentralen Stelle (§ 81) unter Beachtung der im Bundessteuerblatt veröffentlichten Auslegungsvorschriften der Finanzverwaltung folgende Daten zu übermitteln (Rentenbezugsmitteilung):

1. die in § 93 c Absatz 1 Nummer 2 Buchstabe c der Abgabenordnung genannten Daten mit der Maßgabe, dass der Leistungsempfänger als Steuerpflichtiger gilt. ② Eine inländische Anschrift des Leistungsempfängers ist nicht zu übermitteln. ③ Ist der mitteilungspflichtigen Stelle eine ausländische Anschrift des Leistungsempfängers bekannt, ist diese anzugeben. ④ In diesen Fällen ist auch die Staatsangehörigkeit des Leistungsempfängers, soweit bekannt, mitzuteilen;
2. je gesondert den Betrag der Leibrenten und anderen Leistungen im Sinne des § 22 Nummer 1 Satz 3 Buchstabe a Doppelbuchstabe aa und bb Satz 4 sowie Doppelbuchstabe bb Satz 5 in Verbindung mit § 55 Absatz 2 der Einkommensteuer-Durchführungsverordnung sowie im Sinne des § 22 Nummer 5 Satz 1 bis 3. ② Der im Betrag der Rente enthaltene Teil, der ausschließlich auf einer Anpassung der Rente beruht, ist gesondert mitzuteilen;
3. Zeitpunkt des Beginns und des Endes des jeweiligen Leistungsbezugs; folgen nach dem 31. Dezember 2004 Renten aus derselben Versicherung einander nach, so ist auch die Laufzeit der vorhergehenden Renten mitzuteilen;
4. die Beiträge im Sinne des § 10 Absatz 1 Nummer 3 Buchstabe a Satz 1 und 2 und Buchstabe b, soweit diese von der mitteilungspflichtigen Stelle an die Träger der gesetzlichen Kranken- und Pflegeversicherung abgeführt werden;
5. die dem Leistungsempfänger zustehenden Beitragszuschüsse nach § 106 des Sechsten Buches Sozialgesetzbuch;
6. ab dem 1. Januar 2017 ein gesondertes Merkmal und ab dem 1. Januar 2019 zwei gesonderte Merkmale für Verträge, auf denen gefördertes Altersvorsorgevermögen gebildet wurde; die zentrale Stelle ist in diesen Fällen berechtigt, die Daten dieser Rentenbezugsmitteilung im Zulagekonto zu speichern und zu verarbeiten;
7. ab dem 1. Januar 2019 die gesonderte Kennzeichnung einer Leistung aus einem Altersvorsorgevertrag nach § 93 Absatz 3;
8. ab dem 1. Januar 2022 die durch Steuerabzug gemäß § 50 a Absatz 7 einbehaltenen Beträge.

② Die Träger der gesetzlichen Rentenversicherung und die landwirtschaftliche Alterskasse haben gesondert neben der nach Satz 1 zu übermittelnden Rentenbezugsmitteilung für Leistungsempfänger im Sinne des § 1 Absatz 2 des Rentenbeziehende-Energiepreispauschalengesetzes einmalig eine Rentenbezugsmitteilung nach Maßgabe des § 93 c der Abgabenordnung mit den Daten nach Satz 1 Nummer 1 und 3 sowie den Betrag der Leistung nach § 1 Absatz 1 des Rentenbeziehende-Energiepreispauschalengesetzes zu übermitteln. ③ § 72 a Absatz 4 und § 93 c Absatz 1 Nummer 3 der Abgabenordnung finden keine Anwendung.

2 (2)[1] ① Der Leistungsempfänger hat der mitteilungspflichtigen Stelle seine Identifikationsnummer sowie den Tag seiner Geburt mitzuteilen. ② Teilt der Leistungsempfänger die Identifikationsnummer der mitteilungspflichtigen Stelle trotz Aufforderung nicht mit, übermittelt das Bundeszentralamt für Steuern der mitteilungspflichtigen Stelle auf deren Anfrage die Identifikationsnummer des Leistungsempfängers, sowie, falls es sich bei der mitteilungspflichtigen Stelle um einen Träger der gesetzlichen Sozialversicherung handelt, auch den beim Bundeszentralamt für Steuern gespeicherten Tag der Geburt des Leistungsempfängers (§ 139 b Absatz 3 Nummer 8 der Abgabenordnung), wenn dieser von dem in der Anfrage übermittelten Tag der Geburt abweicht und für die weitere Datenübermittlung benötigt wird; weitere Daten dürfen nicht übermittelt werden. ③ In der Anfrage dürfen nur die in § 139 b Absatz 3 der Abgabenordnung genannten Daten des Leistungsempfängers angegeben werden, soweit sie der mitteilungspflichtigen Stelle bekannt sind. ④ Die Anfrage der mitteilungspflichtigen Stelle und die Antwort des Bundeszentralamtes für Steuern sind nach amtlich vorgeschriebenem Datensatz durch Datenfernübertragung über die zentrale Stelle zu übermitteln. ⑤ Die zentrale Stelle führt eine ausschließlich automatisierte Prüfung der ihr übermittelten Daten daraufhin durch, ob sie vollständig und schlüssig sind und ob das vorgeschriebene Datenformat verwendet worden ist. ⑥ Sie speichert die Daten des

[1] Zur Fassung von § 22a Abs. 2 Satz 10 und 11 ab 1. 10. 2023 siehe in der geschlossenen Wiedergabe.

Leistungsempfängers nur für Zwecke dieser Prüfung bis zur Übermittlung an das Bundeszentralamt für Steuern oder an die mitteilungspflichtige Stelle. ⑦ Die Daten sind für die Übermittlung zwischen der zentralen Stelle und dem Bundeszentralamt für Steuern zu verschlüsseln. ⑧ Die mitteilungspflichtige Stelle darf die Identifikationsnummer sowie einen nach Satz 2 mitgeteilten Tag der Geburt nur verarbeiten, soweit dies für die Erfüllung der Mitteilungspflicht nach Absatz 1 Satz 1 erforderlich ist. ⑨ § 93 c der Abgabenordnung ist für das Verfahren nach den Sätzen 1 bis 8 nicht anzuwenden.

(3) **Die mitteilungspflichtige Stelle hat den Leistungsempfänger jeweils darüber zu unterrichten, dass die Leistung der zentralen Stelle mitgeteilt wird.** 3

(4) *(aufgehoben)* 4

(5) **① Wird eine Rentenbezugsmitteilung nicht innerhalb der in § 93 c Absatz 1 Nummer 1 der Abgabenordnung genannten Frist übermittelt, so ist für jeden angefangenen Monat, in dem die Rentenbezugsmitteilung noch aussteht, ein Betrag in Höhe von 10 Euro für jede ausstehende Rentenbezugsmitteilung an die zentrale Stelle zu entrichten (Verspätungsgeld). ② Die Erhebung erfolgt durch die zentrale Stelle im Rahmen ihrer Prüfung nach § 93 c Absatz 4 der Abgabenordnung. ③ Von der Erhebung ist abzusehen, soweit die Fristüberschreitung auf Gründen beruht, die die mitteilungspflichtige Stelle nicht zu vertreten hat. ④ Das Handeln eines gesetzlichen Vertreters oder eines Erfüllungsgehilfen steht dem eigenen Handeln gleich. ⑤ Das von einer mitteilungspflichtigen Stelle zu entrichtende Verspätungsgeld darf 50 000 Euro für alle für einen Veranlagungszeitraum zu übermittelnden Rentenbezugsmitteilungen nicht übersteigen.** 5

(6) **Die zentrale Stelle ist berechtigt, in den in § 151 b Absatz 3 Satz 2 des Sechsten Buches Sozialgesetzbuch genannten Fällen die Rentenbezugsmitteilung an die Träger der gesetzlichen Rentenversicherung zu übermitteln.** 5a

H 22a

Anwendungsschreiben → BMF vom 7. 12. 2011 (BStBl. I S. 1223). 6

EStG

§ 23[1] Private Veräußerungsgeschäfte

1 (1) ① **Private Veräußerungsgeschäfte (§ 22 Nummer 2) sind**

1. Veräußerungsgeschäfte bei Grundstücken und Rechten, die den Vorschriften des bürgerlichen Rechts über Grundstücke unterliegen (z. B. Erbbaurecht, Mineralgewinnungsrecht), bei denen der Zeitraum zwischen Anschaffung und Veräußerung nicht mehr als zehn Jahre beträgt. ② Gebäude und Außenanlagen sind einzubeziehen, soweit sie innerhalb dieses Zeitraums errichtet, ausgebaut oder erweitert werden; dies gilt entsprechend für Gebäudeteile, die selbständige unbewegliche Wirtschaftsgüter sind, sowie für Eigentumswohnungen und im Teileigentum stehende Räume. ③ Ausgenommen sind Wirtschaftsgüter, die im Zeitraum zwischen Anschaffung oder Fertigstellung und Veräußerung ausschließlich zu eigenen Wohnzwecken oder im Jahr der Veräußerung und in den beiden vorangegangenen Jahren zu eigenen Wohnzwecken genutzt wurden;

2. Veräußerungsgeschäfte bei anderen Wirtschaftsgütern, bei denen der Zeitraum zwischen Anschaffung und Veräußerung nicht mehr als ein Jahr beträgt. ② Ausgenommen sind Veräußerungen von Gegenständen des täglichen Gebrauchs. ③ Bei Anschaffung und Veräußerung mehrerer gleichartiger Fremdwährungsbeträge ist zu unterstellen, dass die zuerst angeschafften Beträge zuerst veräußert wurden. ④ Bei Wirtschaftsgütern im Sinne von Satz 1, aus deren Nutzung als Einkunftsquelle zumindest in einem Kalenderjahr Einkünfte erzielt werden, erhöht sich der Zeitraum auf zehn Jahre;

3.[2] Veräußerungsgeschäfte, bei denen die Veräußerung der Wirtschaftsgüter früher erfolgt als der Erwerb.

②[3] Als Anschaffung gilt auch die Überführung eines Wirtschaftsguts in das Privatvermögen des Steuerpflichtigen durch Entnahme oder Betriebsaufgabe. ③ Bei unentgeltlichem Erwerb ist dem Einzelrechtsnachfolger für Zwecke dieser Vorschrift die Anschaffung oder die Überführung des Wirtschaftsguts in das Privatvermögen durch den Rechtsvorgänger zuzurechnen. ④ Die Anschaffung oder Veräußerung einer unmittelbaren oder mittelbaren Beteiligung an einer Personengesellschaft gilt als Anschaffung oder Veräußerung der anteiligen Wirtschaftsgüter. ⑤ Als Veräußerung im Sinne des Satzes 1 Nummer 1 gilt auch

1. die Einlage eines Wirtschaftsguts in das Betriebsvermögen, wenn die Veräußerung aus dem Betriebsvermögen innerhalb eines Zeitraums von zehn Jahren seit Anschaffung des Wirtschaftsguts erfolgt, und

2. die verdeckte Einlage in eine Kapitalgesellschaft.

2 (2) **Einkünfte aus privaten Veräußerungsgeschäften der in Absatz 1 bezeichneten Art sind den Einkünften aus anderen Einkunftsarten zuzurechnen, soweit sie zu diesen gehören.**

3 (3) ① **Gewinn oder Verlust aus Veräußerungsgeschäften nach Absatz 1 ist der Unterschied zwischen Veräußerungspreis einerseits und den Anschaffungs- oder Herstellungskosten und den Werbungskosten andererseits. ② In den Fällen des Absatzes 1 Satz 5 Nummer 1 tritt an die Stelle des Veräußerungspreises der für den Zeitpunkt der Einlage nach § 6 Absatz 1 Nummer 5 angesetzte Wert, in den Fällen des Absatzes 1 Satz 5 Nummer 2 der gemeine Wert. ③[4] In den Fällen des Absatzes 1 Satz 2 tritt an die Stelle der Anschaffungs- oder Herstellungskosten der nach § 6 Absatz 1 Nummer 4 oder § 16 Absatz 3 angesetzte Wert. ④ Die Anschaffungs- oder Herstellungskosten mindern sich um Absetzungen für Abnutzung, erhöhte Absetzungen und Sonderabschreibungen, soweit sie bei der Ermittlung der Einkünfte im Sinne des § 2 Absatz 1 Satz 1 Nummer 4 bis 7 abgezogen worden sind. ⑤ Gewinne bleiben steuerfrei, wenn der aus den privaten Veräußerungsgeschäften erzielte Gesamtgewinn im Kalenderjahr weniger als 600 Euro betragen hat. ⑥ In den Fällen des Absatzes 1 Satz 5 Nummer 1 sind Gewinne oder Ver-**

---

[1] Zur zeitlichen Anwendung siehe § 52 Abs. 31 EStG.

[2] Zur erstmaligen Anwendung siehe § 52 Abs. 31 Satz 3 EStG.

[3] Gemäß § 52 Abs. 31 Satz 6 EStG sind Abs. 1 Satz 2 und 3 in der am 12. 12. 2006 geltenden Fassung für Anteile, die einbringungsgeboren i. S. d. § 21 des UmwStG in der am 12. 12. 2006 geltenden Fassung sind, weiter anzuwenden.

Absatz 1 Satz 2 und 3 in der bis 12. 12. 2006 geltenden Fassung lautet:

„② Als Anschaffung gilt auch die Überführung eines Wirtschaftsguts in das Privatvermögen des Steuerpflichtigen durch Entnahme oder Betriebsaufgabe sowie der Antrag nach § 21 Abs. 2 Satz 1 Nr. 1 des Umwandlungssteuergesetzes. ③ Bei unentgeltlichem Erwerb ist dem Einzelrechtsnachfolger für Zwecke dieser Vorschrift die Anschaffung, die Überführung des Wirtschaftsguts in das Privatvermögen, der Antrag nach § 21 Abs. 2 Satz 1 Nr. 1 des Umwandlungssteuergesetzes oder der Erwerb eines Rechts aus Termingeschäften durch den Rechtsvorgänger zuzurechnen."

[4] Gemäß § 52 Abs. 31 Satz 6 EStG ist Abs. 3 Satz 3 in der am 12. 12. 2006 geltenden Fassung für Anteile, die einbringungsgeboren i. S. d. § 21 des UmwStG in der am 12. 12. 2006 geltenden Fassung sind, weiter anzuwenden.

Absatz 3 Satz 3 in der bis 12. 12. 2006 geltenden Fassung lautet:

„③ In den Fällen des Absatzes 1 Satz 2 tritt an die Stelle der Anschaffungs- oder Herstellungskosten der nach den §§ 6 Abs. 1 Nr. 4, 16 Abs. 3 oder nach den §§ 20, 21 des Umwandlungssteuergesetzes angesetzte Wert."

luste für das Kalenderjahr, in dem der Preis für die Veräußerung aus dem Betriebsvermögen zugeflossen ist, in den Fällen des Absatzes 1 Satz 5 Nummer 2 für das Kalenderjahr der verdeckten Einlage anzusetzen. ⑦ Verluste dürfen nur bis zur Höhe des Gewinns, den der Steuerpflichtige im gleichen Kalenderjahr aus privaten Veräußerungsgeschäften erzielt hat, ausgeglichen werden; sie dürfen nicht nach § 10 d abgezogen werden. ⑧ Die Verluste mindern jedoch nach Maßgabe des § 10 d die Einkünfte, die der Steuerpflichtige in dem unmittelbar vorangegangenen Veranlagungszeitraum oder in den folgenden Veranlagungszeiträumen aus privaten Veräußerungsgeschäften nach Absatz 1 erzielt hat oder erzielt; § 10 d Absatz 4 gilt entsprechend.[1]

Übersicht

H 23

9

Anschaffung. Zu Anschaffungen im Rahmen der vorweggenommenen Erbfolge und bei Erbauseinandersetzung → BMF vom 13. 1. 1993 (BStBl. I S. 80)[2] unter Berücksichtigung der Änderungen durch BMF vom 26. 2. 2007 (BStBl. I S. 269) und → BMF vom 14. 3. 2006 (BStBl. I S. 253)[2] unter Berücksichtigung der Änderungen durch BMF vom 27. 12. 2018 (BStBl. 2019 I S. 11).

→ Enteignung

Anschaffung ist auch
- die Abgabe eines Meistgebots in einer Zwangsversteigerung (→ BFH vom 27. 8. 1997 – BStBl. 1998 II S. 135),
- der Erwerb auf Grund eines Ergänzungsvertrags, wenn damit erstmalig ein Anspruch auf Übertragung eines Miteigentumsanteils rechtswirksam entsteht (→ BFH vom 17. 12. 1997 – BStBl. 1998 II S. 343),
- der entgeltliche Erwerb eines Anspruchs auf Rückübertragung eines Grundstücks nach dem VermG (Restitutionsanspruch) (→ BFH vom 13. 12. 2005 – BStBl. 2006 II S. 513),
- der Erwerb eines parzellierten und beplanten Grundstücks, das der Eigentümer auf Grund eines Rückübertragungsanspruchs dafür erhält, dass er bei der Veräußerung eines nicht parzellierten Grundstücks eine Teilfläche ohne Ansatz eines Kaufpreises überträgt (→ BFH vom 13. 4. 2010 – BStBl. II S. 792).

Keine Anschaffung ist
- der unentgeltliche Erwerb eines Wirtschaftsguts, durch Erbschaft, Vermächtnis oder Schenkung (→ BFH vom 4. 7. 1950 – BStBl. 1951 III S. 237, vom 22. 9. 1987 – BStBl. 1988 II S. 250 und vom 12. 7. 1988 – BStBl. II S. 942, →Veräußerungsfrist). Ein unentgeltlicher Erwerb liegt auch vor, wenn im Rahmen der Übertragung eines Grundstücks im Wege der vorweggenommenen Erbfolge dem Übergeber ein dingliches Wohnrecht eingeräumt wird und die durch Grundschulden auf dem Grundstück abgesicherten Darlehen des Rechtsvorgängers nicht übernommen werden (→ BFH vom 3. 9. 2019 – BStBl. 2020 II S. 122),
- der Erwerb kraft Gesetzes oder eines auf Grund gesetzlicher Vorschriften ergangenen Hoheitsaktes (→ BFH vom 19. 4. 1977 – BStBl. II S. 712 und vom 13. 4. 2010 – BStBl. II S. 792),
- die Rückübertragung von enteignetem Grundbesitz oder dessen Rückgabe nach Aufhebung der staatlichen Verwaltung auf Grund des VermG vom 23. 9. 1990 i. d. F. der Bekanntmachung vom 21. 12. 1998 (BGBl. I S. 4026, § 52 Abs. 2 Satz 2 D-Markbilanzgesetz i. d. F. vom 28. 7. 1994 – DMBilG – BGBl. I S. 1842); → hierzu auch BMF vom 11. 1. 1993 – BStBl. I S. 18,
- die Einbringung von Grundstücken durch Bruchteilseigentümer zu unveränderten Anteilen in eine personenidentische GbR mit Vermietungseinkünften (→ BFH vom 6. 10. 2004 – BStBl. 2005 II S. 324 und BFH vom 2. 4. 2008 – BStBl. II S. 679),
- die unentgeltliche Einräumung eines Erbbaurechts an einem Grundstück. Vom Erbbauberechtigten getragene Erbbaurechtsvertragskosten, Kosten des Vollzugs der Urkunde und die Grunderwerbsteuer stellen lediglich Anschaffungsnebenkosten des Erbbaurechts und keine Gegenleistung für die Einräumung des Erbbaurechts dar (→ BFH vom 8. 11. 2017 – BStBl. 2018 II S. 518).

Anschaffungskosten
- Der Begriff „Anschaffungskosten" in § 23 Abs. 3 Satz 1 EStG ist mit dem Begriff der Anschaffungskosten in § 6 Abs. 1 Nr. 1 und 2 EStG identisch (→ BFH vom 19. 12. 2000 – BStBl. 2001 II S. 345).

---

[1] Abs. 3 Satz 8 ist auch in den Fällen anzuwenden, in denen am 1. 1. 2007 die Feststellungsfrist noch nicht abgelaufen ist, § 52 Abs. 39 Satz 7 EStG i. d. F. vor Unternehmensteuerreformgesetz 2008.

[2] Abgedruckt als Anlagen zu § 7 EStG.

Der entgeltliche Erwerb eines Erbteils ist wirtschaftlich zugleich ein entsprechender Erwerb eines zum Nachlass gehörenden Grundstücks. *BFH-Urteil vom 20. 4. 2004 IX R 5/02 (BStBl. II S. 987).*

H 23

– Nachträgliche Anschaffungskosten entstehen nicht, wenn der Erwerber des Grundstücks zwecks Löschung eines Grundpfandrechts Schulden tilgt, die er zunächst nicht vom Übergeber übernommen hat (→ BFH vom 3. 9. 2019 – BStBl. 2020 II S. 122).

Eintrittskarten. Eintrittskarten (z. B. Champions League Tickets) zählen zu den anderen Wirtschaftsgütern i. S. d. § 23 Abs. 1 Satz 1 Nr. 2 Satz 1 EStG, die Gegenstand eines privaten Veräußerungsgeschäfts sein können. Sie sind keine Gegenstände des täglichen Gebrauchs i. S. d. § 23 Abs. 1 Satz 1 Nr. 2 Satz 2 EStG (→ BFH vom 29. 10. 2019, BStBl. 2020 II S. 258).

Enteignung

– Veräußert ein Stpfl. zur Abwendung einer unmittelbar drohenden Enteignung ein Grundstück und erwirbt er in diesem Zusammenhang ein Ersatzgrundstück, liegt hierin keine Veräußerung und Anschaffung i. S. d. § 23 EStG (→ BFH vom 29. 6. 1962 – BStBl. III S. 387 und vom 16. 1. 1973 – BStBl. II S. 445). Veräußertes und angeschafftes Grundstück bilden in diesem Fall für die Anwendung des § 23 EStG eine Einheit. Für die Berechnung der Veräußerungsfrist ist daher nicht der Tag der Anschaffung des Ersatzgrundstücks, sondern der Tag maßgebend, zu dem das veräußerte Grundstück angeschafft wurde (→ BFH vom 5. 5. 1961 – BStBl. III S. 385).
– Ersetzt der Stpfl. im Zusammenhang mit der drohenden Enteignung einer Teilfläche auch die nicht unmittelbar betroffenen Grundstücksteile, handelt es sich insoweit um eine Anschaffung und Veräußerung i. S. d. § 23 EStG (→ BFH vom 7. 12. 1976 – BStBl. 1977 II S. 209).
– Eine Anschaffung bzw. Veräußerung i. S. d. § 23 EStG liegt nicht vor, wenn der Verlust des Eigentums am Grundstück ohne maßgeblichen Einfluss des Stpfl. stattfindet. Ein Entzug des Eigentums durch Sonderungsbescheid nach dem Bodensonderungsgesetz ist deshalb keine Veräußerung i. S. d. § 23 EStG (→ BFH vom 23. 7. 2019 – BStBl. II S. 701).

Fondsbeteiligung bei Schrottimmobilien. Zahlungen bei der Rückabwicklung von Immobilienfonds mit Schrottimmobilien können in ein steuerpflichtiges Veräußerungsentgelt und eine nicht steuerbare Entschädigungsleistung aufzuteilen sein. Maßgebend für die Kaufpreisaufteilung ist der Wert des Fonds im Veräußerungszeitpunkt. Als Veräußerungserlös auf Ebene des Gesellschafters ist alles anzusehen, was der Anleger vom Erwerber für seine Beteiligung erhalten hat. Eine Erhöhung des Veräußerungserlöses um anteilige Verbindlichkeiten der Fondsgesellschaft erfolgt dann nicht, wenn der Veräußerer nicht von einer ihn belastenden Verbindlichkeit befreit wurde. Zum Veräußerungspreis gehört die Freistellung des Veräußerers von einer ihn betreffenden Verbindlichkeit, wenn der Veräußerer für die Verbindlichkeit zumindest haftete und der Erwerber in die Haftung eintritt (→ BFH vom 6. 9. 2016 – BStBl. 2018 II S. 323, 329 und 335, vom 31. 1. 2017 – BStBl. 2018 II S. 341 und vom 11. 7. 2017 – BStBl. 2018 II S. 348).

Freigrenze

– Haben beide zusammenveranlagten Ehegatten Veräußerungsgewinne erzielt, steht jedem Ehegatten die Freigrenze des § 23 Abs. 3 EStG – höchstens jedoch bis zur Höhe seines Gesamtgewinns aus privaten Veräußerungsgeschäften – zu (→ BVerfG vom 21. 2. 1961 – BStBl. I S. 55).
– → BMF vom 5. 10. 2000 (BStBl. I S. 1383), Rz. 41.[1]

Fremdwährungsgeschäfte. Fremdwährungsbeträge können Gegenstand eines privaten Veräußerungsgeschäfts sein (→ BMF vom 19. 5. 2022 – BStBl. I S. 742, Rn. 131).[2] Sie werden insbesondere angeschafft, indem sie gegen Umtausch von nationaler Währung erworben werden, und veräußert, indem sie in die nationale Währung zurückgetauscht oder in eine andere Fremdwährung umgetauscht werden. Werden Fremdwährungsguthaben als Gegenleistung für die Veräußerung von Wertpapieren entgegengenommen, werden beide Wirtschaftsgüter getauscht, d. h. die Wertpapiere veräußert und das Fremdwährungsguthaben angeschafft (→ BFH vom 21. 1. 2014 – BStBl. II S. 385).

Fristberechnung → Veräußerungsfrist.

Grundstücksgeschäfte. Zweifelsfragen bei der Besteuerung privater Grundstücksgeschäfte → BMF vom 5. 10. 2000 (BStBl. I S. 1383)[1] unter Berücksichtigung der Änderungen durch BMF vom 7. 2. 2007 (BStBl. I S. 262) und vom 3. 9. 2019 (BStBl. I S. 888).

Identisches Wirtschaftsgut

– Ein privates Veräußerungsgeschäft ist auch anzunehmen, wenn ein unbebautes Grundstück parzelliert und eine Parzelle innerhalb der Veräußerungsfrist veräußert wird (→ BFH vom 19. 7. 1983 – BStBl. 1984 II S. 26).
– Die Aufteilung eines Hausgrundstücks in Wohneigentum ändert nichts an der wirtschaftlichen Identität von angeschafftem und veräußertem Wirtschaftsgut (→ BFH vom 23. 8. 2011 – BStBl. 2013 II S. 1002).
– Eine wirtschaftliche Teilidentität zwischen angeschafftem und veräußertem Wirtschaftsgut ist ausreichend. Diese ist z. B. gegeben, wenn ein bei Anschaffung mit einem Erbbaurecht belastetes Grundstück lastenfrei veräußert wird (→ BFH vom 12. 6. 2013 – BStBl. II S. 1011).
– → Enteignung.

Schuldzinsen → Werbungskosten.

---

[1] Nachstehend abgedruckt.
[2] Abgedruckt als Anlage a zu §§ 43–45 a EStG.

H 23

Spekulationsabsicht. Für das Entstehen der Steuerpflicht ist es unerheblich, ob der Stpfl. in spekulativer Absicht gehandelt hat (→ Beschluss des BVerfG vom 9. 7. 1969 – BStBl. 1970 II S. 156 und BFH vom 2. 5. 2000 – BStBl. II S. 469).

Veräußerung[1]

- Als Veräußerung i. S. d. § 23 Abs. 1 EStG ist auch anzusehen
  - unter besonderen Umständen die Abgabe eines bindenden Angebots (→ BFH vom 23. 9. 1966 – BStBl. 1967 III S. 73, vom 7. 8. 1970 – BStBl. II S. 806 und vom 19. 10. 1971 – BStBl. 1972 II S. 452);
  - der Abschluss eines bürgerlich-rechtlich wirksamen, beide Vertragsparteien bindenden Vorvertrags (→ BFH vom 13. 12. 1983 – BStBl. 1984 II S. 311);
  - unter den Voraussetzungen des § 41 Abs. 1 AO der Abschluss eines unvollständig beurkundeten und deswegen nach den § 313 Satz 1 BGB, § 125 HGB formunwirksamen Kaufvertrags (→ BFH vom 15. 12. 1993 – BStBl. 1994 II S. 687);
  - die Übertragung aus dem Privatvermögen eines Gesellschafters in das betriebliche Gesamthandsvermögen einer Personengesellschaft gegen Gewährung von Gesellschaftsrechten (→ BMF vom 29. 3. 2000 – BStBl. I S. 462 und vom 11. 7. 2011 – BStBl. I S. 713)[2] unter Berücksichtigung BMF vom 26. 7. 2016 – BStBl. I S. 684);
  - die Veräußerung des rückübertragenen Grundstücks bei entgeltlichem Erwerb des Restitutionsanspruchs nach dem VermG (→ BFH vom 13. 12. 2005 – BStBl. 2006 II S. 513).
- **Keine** Veräußerung i. S. d. § 23 Abs. 1 EStG ist
- die Rückabwicklung eines Anschaffungsgeschäfts wegen irreparabler Vertragsstörungen (→ BFH vom 27. 6. 2006 – BStBl. 2007 II S. 162).[3]
- die in Erfüllung des Sachleistungsanspruches aus einer XETRA-Gold Inhaberschuldverschreibung erfolgte Einlösung und Auslieferung physischen Goldes (→ BFH vom 6. 2. 2018 – BStBl. II S. 525).
- → Enteignung

Veräußerungsfrist

- → Enteignung
- Die **nachträgliche Genehmigung** eines zunächst schwebend unwirksamen Vertrags durch einen der Vertragspartner wirkt für die Fristberechnung nicht auf den Zeitpunkt der Vornahme des Rechtsgeschäfts zurück (→ BFH vom 2. 10. 2001 – BStBl. 2002 II S. 10).
- Bei Veräußerung eines im Wege der **Gesamtrechtsnachfolge** erworbenen Wirtschaftsguts ist bei der Berechnung der Veräußerungsfrist von dem Zeitpunkt des entgeltlichen Erwerbs durch den Rechtsvorgänger auszugehen (→ BFH vom 12. 7. 1988 – BStBl. II S. 942). Das Gleiche gilt auch für ein im Wege der unentgeltlichen Einzelrechtsnachfolge erworbenes Wirtschaftsgut → § 23 Abs. 1 Satz 3 EStG.
- Für die Berechnung der Veräußerungsfrist des § 23 Abs. 1 EStG ist grundsätzlich das der →Anschaffung oder →Veräußerung zu Grunde liegende **obligatorische Geschäft** maßgebend (→BFH vom 15. 12. 1993 – BStBl. 1994 II S. 687 und vom 8. 4. 2014 – BStBl. II S. 826). Ein außerhalb der Veräußerungsfrist liegender Zeitpunkt des Eintritts einer aufschiebenden Bedingung des Veräußerungsgeschäfts (→BFH vom 10. 2. 2015 – BStBl. II S. 487) oder eine außerhalb der Veräußerungsfrist liegende öffentlich-rechtliche Genehmigung eines noch schwebend unwirksamen Veräußerungsgeschäfts ist unmaßgeblich (→BFH vom 25. 3. 2021 – BStBl. II S. 758).

Veräußerungspreis

- Wird infolge von Meinungsverschiedenheiten über die Formgültigkeit des innerhalb der Veräußerungsfrist abgeschlossenen Grundstückskaufvertrages der Kaufpreis erhöht, kann der erhöhte Kaufpreis auch dann Veräußerungspreis i. S. v. § 23 Abs. 3 Satz 1 EStG sein, wenn die Erhöhung nach Ablauf der Veräußerungsfrist vereinbart und beurkundet wird (→ BFH vom 15. 12. 1993 – BStBl. 1994 II S. 687).
- Zum Veräußerungspreis gehört auch das Entgelt für den Verzicht auf Nachbarrechte im Zusammenhang mit der Veräußerung des betreffenden Grundstücks (→ BFH vom 18. 5. 2004 – BStBl. II S. 874).

Veräußerungsverlust bei Ratenzahlung. Bei Zahlung des Veräußerungserlöses in verschiedenen VZ fällt der Veräußerungsverlust anteilig nach dem Verhältnis der Teilzahlungsbeträge zu dem Gesamtveräußerungserlös in den jeweiligen VZ der Zahlungszuflüsse an (→ BFH vom 6. 12. 2016 – BStBl. 2017 II S. 676).

Verfassungsmäßigkeit. Die Beschränkung des Verlustausgleichs bei privaten Veräußerungsgeschäften durch § 23 Abs. 3 Satz 8 (jetzt: Satz 7) EStG ist verfassungsgemäß (→ BFH vom 18. 10. 2006 – BStBl. 2007 II S. 259).

Verlustabzug in Erbfällen. Verluste i. S. d. § 22 Nr. 2 i. V. m. § 23 Abs. 3 Satz 7 bis 10 EStG → R 10d Abs. 9 Satz 10.

---

[1] Zu Eigentumsübertragungen bei Ehescheidungen im Rahmen des Zugewinnausgleichs vgl. *Vfg. OFD Frankfurt vom 27. 2. 2014 S 2256 A – 16 – St 224 (BeckVerw 287410).*

[2] Abgedruckt als Anlagen zu R 4.3 EStR.

[3] Ergänzend siehe *Vfg. BayLfSt vom 16. 7. 2008 S 2256.1.1 – 1/3 St 32/St 33 (DB S. 2110; BeckVerw 125373).*

Verlustvor- und -rücktrag. Zur Anwendung des § 10d EStG im Rahmen des § 23 EStG → BMF vom 29. 11. 2004 (BStBl. I S. 1097).[1]

Virtuelle Währungen und sonstige Token → BMF vom 10. 5. 2022 (BStBl. I S. 668).[2]

Werbungskosten

– Werbungskosten sind grundsätzlich alle durch ein Veräußerungsgeschäft i. S. d. § 23 EStG veranlassten Aufwendungen (z. B. Schuldzinsen), die weder zu den (nachträglichen) Anschaffungs- oder Herstellungskosten des veräußerten Wirtschaftsguts gehören noch einer vorrangigen Einkunftsart zuzuordnen sind oder wegen privater Nutzung unter das Abzugsverbot des § 12 EStG fallen (→ BFH vom 12. 12. 1996 – BStBl. 1997 II S. 603).
– Durch ein privates Veräußerungsgeschäft veranlasste Werbungskosten sind – abweichend vom Abflussprinzip des § 11 Abs. 2 EStG – in dem Kj. zu berücksichtigen, in dem der Verkaufserlös zufließt (→ BFH vom 17. 7. 1991 – BStBl. II S. 916).
– Fließt der Verkaufserlös in mehreren VZ zu, sind sämtliche Werbungskosten zunächst mit dem im ersten Zuflussjahr erhaltenen Teilerlös und ein etwa verbleibender Werbungskostenüberschuss mit den in den Folgejahren erhaltenen Teilerlösen zu verrechnen (→ BFH vom 3. 6. 1992 – BStBl. II S. 1017).
– Planungsaufwendungen zur Baureifmachung eines unbebauten Grundstücks (Baugenehmigungsgebühren, Architektenhonorare) können abziehbar sein, wenn von Anfang an Veräußerungsabsicht bestanden hat (→ BFH vom 12. 12. 1996 – BStBl. 1997 II S. 603).
– Erhaltungsaufwendungen können abziehbar sein, soweit sie allein oder ganz überwiegend durch die Veräußerung des Mietobjekts veranlasst sind (→ BFH vom 14. 12. 2004 – BStBl. 2005 II S. 343).
– Wird ein Gebäude, das zu eigenen Wohnzwecken genutzt werden sollte, vor dem Selbstbezug und innerhalb der Veräußerungsfrist wieder veräußert, mindern nur solche Grundstücksaufwendungen den Veräußerungsgewinn, die auf die Zeit entfallen, in der der Stpfl. bereits zum Verkauf des Objekts entschlossen war (→ BFH vom 16. 6. 2004 – BStBl. 2005 II S. 91).
– Vorfälligkeitsentschädigungen, die durch die Verpflichtung zur lastenfreien Veräußerung von Grundbesitz veranlasst sind, sind zu berücksichtigen (→ BFH vom 6.12. 2005 – BStBl. 2006 II S. 265).
– Aufwendungen können nicht als Werbungskosten bei den privaten Veräußerungsgeschäften berücksichtigt werden, wenn es tatsächlich nicht zu einer Veräußerung kommt (→ BFH vom 1. 8. 2012 – BStBl. II S. 781).
– Die bloße Verwendung des Veräußerungserlöses zur Tilgung privater Verbindlichkeiten, die durch Grundschulden auf dem veräußerten Grundstück abgesichert waren, führt nicht zur Entstehung von als Werbungskosten abziehbaren Veräußerungskosten (→ BFH vom 3. 9. 2019 – BStBl. 2020 II S. 122).

Wiederkehrende Leistungen. Zur Ermittlung des Gewinns bei Veräußerungsgeschäften gegen wiederkehrende Leistungen und bei der Umschichtung von nach § 10 Abs. 1a Nr. 2 EStG begünstigt übernommenem Vermögen → BMF vom 11. 3. 2010 (BStBl. I S. 227),[3] Rzn. 37–41, 65–79 und 88.

Anl a zu H 23

a) Schreiben betr. Zweifelsfragen zur Neuregelung der Besteuerung privater Grundstücksveräußerungsgeschäfte nach § 23 EStG

Vom 5. Oktober 2000 (BStBl. I S. 1383)

(BMF IV C 3 – S 2256 – 263/00)

Geändert durch BMF-Schreiben vom 7. 2. 2007 (BStBl. I S. 262) und vom 3. 9. 2019 (BStBl. I S. 888)

Im Einvernehmen mit den obersten Finanzbehörden der Länder nehme ich zu Zweifelsfragen der Besteuerung privater Veräußerungsgeschäfte bei Grundstücken und grundstücksgleichen Rechten nach § 23 EStG wie folgt Stellung:

1. Überführung eines Grundstücks aus dem Betriebsvermögen in das Privatvermögen (§ 23 Abs. 1 Satz 2 EStG)

10 1[4] Als Anschaffung gilt die Überführung eines Grundstücks in das Privatvermögen des Steuerpflichtigen durch Entnahme oder Betriebsaufgabe, wenn das Grundstück nach dem 31. Dezember 1998 in das Privatvermögen überführt wird. Zum Zeitpunkt der Entnahme vgl. R 4.3 Abs. 3 EStR 2005.

11 **2. Einlage eines Grundstücks in das Betriebsvermögen und Übertragungsvorgänge zwischen Gesellschaftsvermögen und Vermögen eines Gesellschafters (§ 23 Abs. 1 Satz 5 EStG)**

2 Die Einlage eines Grundstücks in
– das Betriebsvermögen eines Einzelunternehmens,
– in das Sonderbetriebsvermögen des Steuerpflichtigen bei einer Personengesellschaft und

[1] Abgedruckt als Anlage zu § 10d EStG.
[2] Abgedruckt als Anlage zu § 10d EStG.
[3] Nachstehend abgedruckt.
[4] Rz. 1 neu gefasst durch BMF-Schreiben vom 7. 2. 2007 (BStBl. I S. 262); diese Neufassung ist in allen noch offenen Fällen anzuwenden.

- in das Gesamthandsvermögen einer Personengesellschaft ohne Gewährung von Gesellschaftsrechten und sonstigen Gegenleistungen

Anl a zu H 23

ist keine Veräußerung. Demgegenüber ist eine verdeckte Einlage in eine Kapitalgesellschaft stets als Veräußerung des Grundstücks zu behandeln (§ 23 Abs. 1 Satz 5 Nr. 2 EStG).

3 Die Einlage eines Grundstücks in das Betriebsvermögen ist jedoch dann nachträglich als Veräußerung zu werten, wenn das Grundstück innerhalb von zehn Jahren nach seiner Anschaffung aus dem Betriebsvermögen veräußert wird (§ 23 Abs. 1 Satz 5 Nr. 1 EStG). Zur Ermittlung des privaten Veräußerungsgewinns und zur zeitlichen Erfassung siehe Rz. 35 ff.

4 Als Veräußerung des Grundstücks aus dem Betriebsvermögen gilt für die Anwendung des § 23 Abs. 1 Satz 5 Nr. 1 EStG z. B. auch

1. die Veräußerung des Grundstücks im Rahmen der Veräußerung des gesamten Betriebs oder eines Teilbetriebs. Bei einer Personengesellschaft gilt dies bei Veräußerung
   - des Betriebs,
   - eines Teilbetriebs oder
   - eines Mitunternehmeranteils,

   wenn das Grundstück zum Sonderbetriebsvermögen des Mitunternehmers gehört oder ohne Gewährung von Gesellschaftsrechten in das Gesamthandsvermögen eingelegt worden ist;
2. die Überführung eines zuvor in das Betriebsvermögen eingelegten Grundstücks in eine Kapitalgesellschaft im Wege einer verschleierten Sachgründung oder einer verschleierten Sacheinlage im Zusammenhang mit einer Kapitalerhöhung;
3. die Einbringung des zuvor eingelegten Grundstücks zusammen mit einem Betrieb, Teilbetrieb oder Mitunternehmeranteil in eine Kapitalgesellschaft oder in das Gesamthandsvermögen einer Personengesellschaft gegen Gewährung von Gesellschaftsrechten;
4. die Übertragung eines Grundstücks aus dem betrieblichen Gesamthandsvermögen einer Personengesellschaft in das Privatvermögen oder das Sonderbetriebsvermögen eines Gesellschafters, soweit das Grundstück vorher in das Vermögen der Gesellschaft ohne Gewährung von Gesellschaftsrechten eingelegt wurde;
5. die verdeckte Einlage des Grundstücks in eine Kapitalgesellschaft, wenn die Anteile an der Kapitalgesellschaft zum Betriebsvermögen des Steuerpflichtigen gehören; hier ist kein Fall des § 23 Abs. 1 Satz 5 Nr. 2 EStG gegeben, weil das Grundstück gleichzeitig in das Betriebsvermögen des Steuerpflichtigen eingelegt wird.

5 Wird das in das Betriebsvermögen eingelegte Grundstück wieder ins Privatvermögen überführt, liegt keine Veräußerung aus dem Betriebsvermögen im Sinne des § 23 Abs. 1 Satz 5 Nr. 1 EStG vor. Zur steuerlichen Behandlung einer anschließenden Veräußerung vgl. Rz. 35.

6 Kein Fall des § 23 Abs. 1 Satz 5 Nr. 1 EStG, sondern eine Veräußerung im Sinne des § 23 Abs. 1 Satz 1 Nr. 1 EStG ist die Übertragung eines Grundstücks aus dem Privatvermögen in das betriebliche Gesamthandsvermögen einer Personengesellschaft oder in das Vermögen einer Kapitalgesellschaft, soweit sie gegen Gewährung von Gesellschaftsrechten erfolgt. Zur steuerlichen Behandlung der Übertragung von Grundstücken aus dem Privatvermögen in das betriebliche Gesamthandsvermögen einer Personengesellschaft und zur Übertragung eines Grundstücks aus dem betrieblichen Gesamthandsvermögen einer Personengesellschaft in das Privatvermögen vgl. im Übrigen BMF-Schreiben vom 29. 3. 2000 – BStBl. I S. 462.[1]

7 Entsprechendes gilt bei der Übertragung eines Grundstücks in das Vermögen einer Gemeinschaft mit betrieblichem Vermögen oder aus dem betrieblichen Gemeinschaftsvermögen in das Vermögen eines Mitglieds der Gemeinschaft.

8 Die Übertragung eines Grundstücks auf eine Personengesellschaft oder Gemeinschaft ohne Betriebsvermögen gegen Entgelt oder gegen Gewährung von Gesellschaftsrechten ist insoweit nicht als Veräußerung anzusehen, als der bisherige Eigentümer nach der Übertragung am Vermögen der Gesellschaft oder Gemeinschaft beteiligt ist.[2] Entsprechendes gilt, wenn das Grundstück von der Personengesellschaft oder Gemeinschaft auf einen Gesellschafter oder ein Mitglied der Gemeinschaft übertragen wird. Rz. 23 ff. des BMF-Schreibens vom 11. Januar 1993 – BStBl. I S. 62,[3] bleiben unberührt.

Beispiel:

An der vermögensverwaltend tätigen BC-GbR sind B und C zu je $1/2$ beteiligt. Im Jahr 2000 beteiligt sich A an der GbR und bringt dazu ein unbebautes Grundstück mit einem Wert von 240 000 DM, das er im Jahr 1993 für 180 000 DM erworben hatte, in die GbR ein. Danach sind A, B und C zu je $1/3$ an der GbR beteiligt. Im Jahr 2004 veräußert die GbR das Grundstück zu einem Kaufpreis von 270 000 DM an den Gesellschafter B, der es seinerseits im Jahr 2005 für 300 000 DM an einen fremden Dritten verkauft.

1. Einbringung durch A in GbR

   Die Übertragung des Grundstücks auf die GbR ist zu $1/3$ nicht als Veräußerung anzusehen, weil A in diesem Umfang an der GbR beteiligt ist.

   Berechnung des Veräußerungsgewinns:

$2/3$ des Veräußerungserlöses von 240 000 DM	160 000 DM
abzgl. $2/3$ der Anschaffungskosten von 180 000 DM	120 000 DM
Veräußerungsgewinn des A	40 000 DM

[1] Abgedruckt als Anlage a zu R 4.3 EStR; siehe auch BMF-Schreiben vom 11. 7. 2011 (BStBl. I S. 713), abgedruckt als Anlage b zu R 4.3 EStR sowie die dort angebrachten Fußnotenhinweise auf das BMF-Schreiben vom 26. 7. 2016 (BStBl. I S. 684).

[2] Bestätigt durch *BFH-Urteil vom 2. 4. 2008 IX R 18/06 (BStBl. II S. 679).*

[3] Jetzt: BMF-Schreiben vom 14. 3. 2006 (BStBl. I S. 253), geändert durch BMF-Schreiben vom 27. 12. 2018 (BStBl. 2019 I S. 11), abgedruckt als Anlage a zu § 7 EStG.

Anl a zu H 23

2. Verkauf GbR an B

Die Veräußerung durch die GbR an B ist als anteilige Veräußerung des Grundstücks durch A und C an B zu behandeln. Der von A erzielte Veräußerungsgewinn unterliegt nicht der Besteuerung nach § 23 Abs. 1 Satz 1 Nr. 1 EStG, weil er das Grundstück, das ihm noch zu $^1/_3$ zuzurechnen ist, vor mehr als zehn Jahren vor der Veräußerung erworben hat.

Berechnung des Veräußerungsgewinns des C:

$^1/_3$ des Veräußerungserlöses von 270 000 DM	90 000 DM
abzgl. $^1/_3$ der Anschaffungskosten von 240 000 DM im Jahr 2000	80 000 DM
Veräußerungsgewinn des C	10 000 DM

3. Verkauf B an Dritten

Der Erwerb des Grundstücks durch die GbR im Jahr 2000 ist zu $^1/_3$ als Anschaffung durch B und der Erwerb des Grundstücks von der GbR durch B im Jahr 2004 zu $^2/_3$ als Anschaffung des Grundstücks durch B zu behandeln. Da die Anschaffungsvorgänge und die Veräußerung der jeweiligen Grundstücksanteile innerhalb der Zehnjahresfrist erfolgte, unterliegt der gesamte Vorgang der Besteuerung nach § 23 Abs. 1 Satz 1 Nr. 1 EStG.

Berechnung des Veräußerungsgewinns:

Veräußerungserlös		300 000 DM
Anschaffungskosten		
$^1/_3$ von 240 000 DM im Jahr 2000	80 000 DM	
$^2/_3$ von 270 000 DM im Jahr 2002	180 000 DM	260 000 DM
Veräußerungsgewinn des B		40 000 DM

12 **3. Im Zeitraum zwischen Anschaffung und Veräußerung des Grundstücks errichtete Gebäude und andere in diesem Zeitraum durchgeführte Baumaßnahmen (§ 23 Abs. 1 Satz 1 Nr. 1 Satz 2 EStG)**

9 Errichtet ein Steuerpflichtiger ein Gebäude und veräußert er es zusammen mit dem zuvor erworbenen Grund und Boden, liegt ein privates Veräußerungsgeschäft sowohl hinsichtlich des Grund und Bodens als auch hinsichtlich des Gebäudes vor, wenn die Frist zwischen Anschaffung des Grund und Bodens und Veräußerung des bebauten Grundstücks nicht mehr als zehn Jahre beträgt.

Beispiel:

A hat am 31. März 1993 ein unbebautes Grundstück angeschafft. Im Jahr 1998 stellt er darauf ein Einfamilienhaus fertig, das er anschließend vermietet. Ab dem 1. April 2003 kann er das bebaute Grundstück veräußern, ohne dass der Gewinn der Besteuerung nach § 23 EStG unterliegt.

10 Wurde der Grund und Boden vom Veräußerer unentgeltlich erworben und vom Rechtsvorgänger innerhalb von zehn Jahren vor der Veräußerung durch den Rechtsnachfolger angeschafft, unterliegt ein Veräußerungsgewinn beim Rechtsnachfolger sowohl hinsichtlich des Grund und Bodens als auch eines zwischenzeitlich errichteten Gebäudes der Besteuerung, unabhängig davon, ob der Rechtsvorgänger oder der Veräußerer das Gebäude errichtet hat. Dies gilt auch bei unentgeltlicher Einzelrechtsnachfolge (§ 23 Abs. 1 Satz 3 EStG).

11 Wird ein teilweise entgeltlich (z. B. im Wege der vorweggenommenen Erbfolge) oder gegen Abfindungszahlung bei der Erbauseinandersetzung erworbenes Grundstück während der Zehnjahresfrist nach Anschaffung bebaut und veräußert, ist das Gebäude anteilig in die Besteuerung nach § 23 Abs. 1 Nr. 1 EStG einzubeziehen. Für den unentgeltlich erworbenen Teil des Grundstücks gilt Rz. 10.

12 Im Zeitpunkt der Veräußerung noch nicht fertig gestellte Gebäude, Ausbauten und Erweiterungen sind einzubeziehen.

Beispiel:

A errichtet auf dem von ihm im Jahr 1993 erworbenen Grund und Boden im Jahr 1995 ein Einfamilienhaus, das zu Wohnzwecken vermietet wird. Im Jahr 1998 beginnt er mit dem Ausbau des bisher nicht nutzbaren Dachgeschosses zu einer zweiten, zur Vermietung bestimmten Wohnung. Im Februar 1999 wird das Grundstück mit dem teilfertigen Zweifamilienhaus veräußert.

Der auf das Gebäude (einschließlich des noch nicht fertig gestellten Dachgeschossausbaus) entfallende Teil des Veräußerungserlöses ist in die Ermittlung des steuerpflichtigen Veräußerungsgewinns einzubeziehen.

13 Rz. 9 bis 12 gelten entsprechend für Außenanlagen sowie für Gebäudeteile, die selbständige unbewegliche Wirtschaftsgüter sind, für Eigentumswohnungen und für im Teileigentum stehende Räume.

13 **4. Veräußerung eines „bebauten" Erbbaurechts (§ 23 Abs. 1 Satz 1 Nr. 1 EStG)**

14 Ein privates Veräußerungsgeschäft im Sinne des § 23 Abs. 1 Satz 1 Nr. 1 EStG liegt auch bei Veräußerung eines „bebauten" Erbbaurechts vor, wenn der Zeitraum zwischen
a)[1] dem Abschluss des Erbbaurechtsvertrags und der Veräußerung des „bebauten" Erbbaurechts oder
b) der Anschaffung und der Veräußerung des „bebauten" Erbbaurechts
nicht mehr als zehn Jahre beträgt (vgl. BFH-Urteil vom 30. 11. 1976 – BStBl. 1977 II S. 384). Der Veräußerungspreis entfällt insgesamt auf das Gebäude oder die Außenanlage, wenn der Erwerber dem bisherigen Erbbauberechtigten nachweislich nur etwas für das Gebäude oder die Außenanlage gezahlt hat und gegenüber dem Erbbauverpflichteten nur zur Zahlung des laufenden Erbbauzinses verpflichtet ist (vgl. BFH-Urteil vom 15. 11. 1994 – BStBl. 1995 II S. 374).

15[2] Sind Grundstück und aufstehendes Gebäude getrennt handelbar (Art. 231 und 233 EGBGB), können sowohl Grundstück als auch Gebäude gesondert Gegenstand eines privaten Veräußerungsgeschäfts nach § 23 Abs. 1 Satz 1 Nr. 1 EStG sein. Wird ein Gebäude in Ausübung eines Nutzungsrechts am Grund und Boden errichtet und der Grund und Boden nach Fertigstellung des Gebäudes erwor-

[1] Überholt durch *BFH-Urteil vom 8. 11. 2017 IX R 25 (BStBl. 2018 II S. 518).*

[2] Bei lastenfreier Veräußerung eines bei Anschaffung mit einem Erbbaurecht belasteten Grundstücks ist wirtschaftliche Teilidentität gegeben. Bei der Ermittlung des Gewinns aus dem privaten Veräußerungsgeschäft ist nur der ggf. im Schätzungswege zu ermittelnde anteilige Veräußerungspreis zu Grunde zu legen, der auf das Grundstück im belasteten Zustand entfällt. *BFH-Urteil vom 12. 6. 2013 IX R 31/12 (BStBl. II S. 1011).*

ben, ist bei einer späteren Veräußerung des bebauten Grundstücks das Gebäude nicht in das private Veräußerungsgeschäft einzubeziehen.

Anl a zu H 23

Beispiel:

An einem unbebauten Grundstück wird im Jahr 1993 ein Erbbaurecht zu Gunsten von A bestellt. A errichtet auf dem Grundstück im Jahr 1994 ein zur Vermietung bestimmtes Gebäude. Im Jahr 1997 erwirbt er das Grundstück und veräußert es im Jahr 2000 mit dem aufstehenden Gebäude.
Hinsichtlich des Grundstücks liegt ein privates Veräußerungsgeschäft im Sinne des § 23 Abs. 1 Satz 1 Nr. 1 EStG vor. Das Gebäude ist nicht einzubeziehen, weil es vor der Anschaffung des Grundstücks in Ausübung des Erbbaurechts errichtet wurde und somit nicht das private Veräußerungsgeschäft betrifft, dessen Gegenstand das Grundstück und nicht das Erbbaurecht ist.

5. Zu eigenen Wohnzwecken genutzte Wirtschaftsgüter (§ 23 Abs. 1 Satz 1 Nr. 1 Satz 3 EStG) 14

5.1 Begünstigte Wirtschaftsgüter

16 Gebäude, selbständige Gebäudeteile, Eigentumswohnungen und in Teileigentum stehende Räume (Wirtschaftsgüter), die im Zeitraum zwischen Anschaffung oder Fertigstellung und Veräußerung ausschließlich zu eigenen Wohnzwecken oder im Jahr der Veräußerung und in den beiden vorangegangenen Jahren zu eigenen Wohnzwecken genutzt wurden, sind von der Veräußerungsgewinnbesteuerung ausgenommen. Dasselbe gilt bei Veräußerung eines teilweise zu eigenen Wohnzwecken und teilweise zu anderen Zwecken genutzten Gebäudes (z. B. zu Wohnzwecken vermietete Wohnung, betrieblich oder beruflich[1] genutztes Arbeitszimmer einschließlich des Gebäudeanteils eines Grundstücksteils von untergeordnetem Wert nach § 8 EStDV und *R 13 Abs. 8 EStR 1999*[2]) für den zu eigenen Wohnzwecken genutzten Gebäudeteil und für zu eigenen Wohnzwecken genutzte Eigentumswohnungen.

17 Von der Veräußerungsgewinnbesteuerung ausgenommen ist auch der Grund und Boden, der zu einem zu eigenen Wohnzwecken genutzten Gebäude gehört. Dieser umfasst nur die für die entsprechende Gebäudenutzung erforderlichen und üblichen Flächen. Dabei ist auch deren künftige Nutzung zu berücksichtigen. Die steuerfreie Veräußerung weiterer Flächen ist selbst dann ausgeschlossen, wenn diese im Veräußerungszeitpunkt als Hausgarten genutzt werden[3] (vgl. BFH-Urteil vom 24. 10. 1996 – BStBl. 1997 II S. 50). Dies gilt insbesondere, soweit Teilflächen parzelliert werden und dadurch ein verkehrsfähiges Grundstück entstanden ist, das in absehbarer Zeit einer anderen Nutzung, z. B. als Bauland, zugeführt werden kann.[4]

18 Bei Veräußerung eines teilweise zu eigenen Wohnzwecken und teilweise zu anderen Zwecken genutzten Gebäudes ist der Grund und Boden, der nach dem Verhältnis der Nutzflächen des Gebäudes auf den zu eigenen Wohnzwecken genutzten Gebäudeteil entfällt, nicht in den Veräußerungsgewinn einzubeziehen.

19 Für die Einbeziehung des Grund und Bodens in die Ermittlung des nicht zu besteuernden Veräußerungsgewinns ist es ohne Bedeutung, welchen Zwecken der Grund und Boden vor Errichtung des Gebäudes gedient hat.

Beispiel:

A hat im Jahr 1993 ein unbebautes Grundstück angeschafft, das er zunächst als Gartenland nutzt. Im Jahr 1996 errichtet er darauf ein Einfamilienhaus, das er bis zur Veräußerung des Grundstücks im Jahr 1999 mit seiner Familie bewohnt.
Da A das Einfamilienhaus im Zeitraum zwischen Fertigstellung und Veräußerung zu eigenen Wohnzwecken genutzt hat, unterliegt ein erzielter Veräußerungsgewinn insgesamt nicht der Besteuerung.

20 Ein unbebautes Grundstück ist kein begünstigtes Wirtschaftsgut im Sinne des § 23 Abs. 1 Satz 1 Nr. 1 Satz 3 EStG.

Beispiel:

A hat im Jahr 1995 ein unbebautes Grundstück angeschafft. Bis zu dessen Veräußerung im Jahr 1999 nutzt er das unbebaute Grundstück zusammen mit seiner Familie ausschließlich zu Erholungszwecken.
Ein erzielter Veräußerungsgewinn unterliegt der Besteuerung nach § 23 Abs. 1 Satz 1 Nr. 1 Satz 1 EStG.

Dies gilt auch
- in den Fällen, in denen die vorgesehene Bebauung mit einer zu eigenen Wohnzwecken bestimmten Wohnung nicht realisiert wird, und
- bei der Veräußerung von Grund und Boden (unbebaute Teilfläche) eines Grundstücks, das ansonsten mit dem zu eigenen Wohnzwecken genutzten Gebäude bebaut ist.

5.2 Wohnzwecke

21 Ein Wirtschaftsgut dient Wohnzwecken, wenn es dazu bestimmt und geeignet ist, Menschen auf Dauer Aufenthalt und Unterkunft zu ermöglichen. Wirtschaftsgüter, die zur vorübergehenden Beherbergung von Personen bestimmt sind (z. B. Ferienwohnungen), dienen nicht Wohnzwecken (vgl. R 42 a Abs. 1 Satz 3 *EStR 1999*[5]). Auch ein häusliches Arbeitszimmer (BMF-Schreiben vom 16. 6. 1998 – BStBl. I S. 863, Rz. 7)[6] dient nicht Wohnzwecken, selbst wenn der Abzug der Aufwendungen als Betriebsausgaben oder Werbungskosten nach § 4 Abs. 5 Satz 1 Nr. 6 b, § 9 Abs. 5 EStG ausgeschlossen oder eingeschränkt ist.[1]

---

[1] Überholt durch *BFH vom 1. 3. 2021 IX R 27/19 (BStBl. II S. 680).* Eine Nutzung zu eigenen Wohnzwecken liegt auch hinsichtlich eines zur Erzielung von Überschusseinkünften genutzten Arbeitszimmers vor.
[2] Jetzt: R 4.2 Abs. 8 EStR.
[3] Bestätigt durch *BFH-Urteil vom 25. 5. 2011 IX R 48/10 (BStBl. II S. 868).*
[4] Vgl. auch BMF-Schreiben vom 4. 6. 1997 (BStBl. I S. 630), geändert durch BMF-Schreiben vom 13. 1. 1998 (BStBl. I S. 129) und vom 2. 4. 2004 (BStBl. I S. 442), abgedruckt als Anlage zu § 13 EStG.
[5] Nunmehr „R 7.2 Abs. 1 Satz 3 EStR".
[6] Jetzt BMF-Schreiben vom 6. 10. 2017 (BStBl. I S. 1320), abgedruckt als Anlage b zu R 4.10 EStR.

Anl a zu H 23

5.3 Nutzung zu eigenen Wohnzwecken[1]

22 Der Steuerpflichtige muss das Wirtschaftsgut zu eigenen Wohnzwecken genutzt haben. Diese Voraussetzung ist erfüllt, wenn er das Wirtschaftsgut allein, mit seinen Familienangehörigen oder gemeinsam mit einem Dritten bewohnt hat. Unschädlich ist, wenn der Steuerpflichtige Teile des Wirtschaftsguts einem Dritten unentgeltlich zu Wohnzwecken überlassen hat. Die dem Steuerpflichtigen zu eigenen Wohnzwecken verbleibenden Räume müssen jedoch noch den Wohnungsbegriff erfüllen und ihm die Führung eines selbständigen Haushalts ermöglichen. Ein Wirtschaftsgut wird auch dann zu eigenen Wohnzwecken genutzt, wenn es vom Steuerpflichtigen nur zeitweise bewohnt wird, in der übrigen Zeit ihm jedoch als Wohnung zur Verfügung steht (z. B. Wohnung im Rahmen einer doppelten Haushaltsführung, nicht zur Vermietung bestimmte Ferienwohnung; auf die Belegenheit der Wohnung in einem Sondergebiet für Ferien- oder Wochenendhäuser kommt es nicht an).[2]

23 Eine Nutzung zu eigenen Wohnzwecken liegt auch vor, wenn der Steuerpflichtige das Wirtschaftsgut einem Kind, für das er Anspruch auf Kindergeld oder einen Freibetrag nach § 32 Abs. 6 EStG hat, unentgeltlich zu Wohnzwecken überlassen hat. Die unentgeltliche Überlassung eines Wirtschaftsguts an andere – auch unterhaltsberechtigte – Angehörige stellt keine Nutzung zu eigenen Wohnzwecken im Sinne des § 23 Abs. 1 Satz 1 Nr. 1 Satz 3 EStG dar. Die Altenteilerwohnung in der Land- und Forstwirtschaft ist kein vom Eigentümer zu eigenen Wohnzwecken genutztes Wirtschaftsgut.

24 Bewohnt ein Miteigentümer eines Zwei- oder Mehrfamilienhauses eine Wohnung allein, liegt eine Nutzung zu eigenen Wohnzwecken vor, soweit er die Wohnung auf Grund eigenen Rechts nutzt (vgl. *R 164 Abs. 2 Satz 1 EStR 1999 und H 164 „Beispiele zur Überlassung an Miteigentümer" EStH 1999*[3]).

5.4 Zeitlicher Umfang der Nutzung zu eigenen Wohnzwecken

25 Von der Besteuerung des Veräußerungsgewinns sind Wirtschaftsgüter ausgenommen, die ausschließlich, d. h. ununterbrochen

- vom Zeitpunkt der Anschaffung oder Fertigstellung bis zur Veräußerung zu eigenen Wohnzwecken genutzt wurden. Für die Bestimmung des Zeitpunkts der Anschaffung und der Veräußerung ist in diesem Zusammenhang jeweils auf den Zeitpunkt der Übertragung des wirtschaftlichen Eigentums abzustellen. Ein Leerstand vor Beginn der Nutzung zu eigenen Wohnzwecken ist unschädlich, wenn er mit der beabsichtigten Nutzung des Wirtschaftsguts zu eigenen Wohnzwecken in Zusammenhang steht. Dies gilt auch für einen Leerstand zwischen Beendigung der Nutzung zu eigenen Wohnzwecken und Veräußerung des Gebäudes, wenn der Steuerpflichtige die Veräußerungsabsicht nachweist;
- [4] im Jahr der Veräußerung und in den beiden vorangegangenen Jahren, d. h. in einem zusammenhängenden Zeitraum innerhalb der letzten drei Kalenderjahre, der nicht die vollen drei Kalenderjahre umfassen muss, zu eigenen Wohnzwecken genutzt wurden. Ein Leerstand zwischen Beendigung der Selbstnutzung und Veräußerung ist unschädlich, wenn das Wirtschaftsgut im Jahr der Beendigung der Nutzung zu eigenen Wohnzwecken und in den beiden vorangegangenen Jahren zu eigenen Wohnzwecken genutzt wurde.

Beispiel:

Eine Eigentumswohnung, die A im Jahr 1995 angeschafft und anschließend vermietet hatte, wird nach Beendigung des Mietverhältnisses im Dezember 1998 bis zur Veräußerung im Januar 2000 von ihm zu eigenen Wohnzwecken genutzt. Da A die Wohnung im Jahr der Veräußerung und in den beiden vorangegangenen Jahren zu eigenen Wohnzwecken genutzt hat, unterliegt ein erzielter Veräußerungsgewinn nicht der Besteuerung. Hätte A die Eigentumswohnung im Jahr 1999 auch nur kurzfristig zu anderen Zwecken genutzt (z. B. vorübergehende Fremdvermietung), wäre der erzielte Veräußerungsgewinn zu versteuern.

26 Bei unentgeltlichem Erwerb (Gesamtrechtsnachfolge, unentgeltliche Einzelrechtsnachfolge) ist die Nutzung des Wirtschaftsguts zu eigenen Wohnzwecken durch den Rechtsvorgänger dem Rechtsnachfolger zuzurechnen.

27 Werden in das zu eigenen Wohnzwecken genutzte Wirtschaftsgut innerhalb des Zehnjahreszeitraums bisher zu anderen Zwecken genutzte Räume einbezogen, unterliegt ein auf diese Räume entfallender Veräußerungsgewinn nur dann nicht der Besteuerung, wenn die bisher zu anderen Zwecken genutzten Räume in einem zusammenhängenden Zeitraum innerhalb der letzten drei Kalenderjahre vor der Veräußerung zu eigenen Wohnzwecken genutzt wurden.

15 **6. Ermittlung des steuerpflichtigen Veräußerungsgewinns (§ 23 Abs. 3 EStG)**

6.1 Anschaffungs- und Herstellungskosten

28 Anschaffungs- und Herstellungskosten im Sinne des § 23 Abs. 3 Satz 1 EStG sind die vom Steuerpflichtigen getragenen Aufwendungen im Sinne des § 255 HGB. Dazu gehören auch nachträgliche An-

[1] Eine Nutzung zu eigenen Wohnzwecken liegt auch dann vor, wenn der Stpfl. ein mit einem Haus (hier Gartenhaus) bebautes Grundstück baurechtswidrig dauerhaft bewohnt und das Haus nach seiner Beschaffenheit dazu bestimmt und geeignet ist, Menschen auf Dauer Aufenthalt und Unterkunft zu gewähren, *BFH-Urteil vom 26. 10. 2021 IX R 5/21 (BStBl. II 2022 S. 403).*

[2] Bestätigt durch *BFH-Urteil vom 27. 6. 2017 IX R 37/16 (BStBl. II S. 1192).*

[3] Jetzt: H 21.6 (Mietverhältnis zwischen GbR und Gesellschafter) und H 21.6 (Miteigentum).

[4] Überholt durch BMF vom 17. 6. 2020 – BStBl. I S. 576:

„Von der Besteuerung des Veräußerungsgewinns nach § 23 Absatz 1 Satz 1 Nummer 1 EStG sind Wirtschaftsgüter ausgenommen, die im Jahr der Veräußerung und in den beiden vorangegangenen Jahren zu eigenen Wohnzwecken genutzt wurden. Dabei muss die Nutzung zu eigenen Wohnzwecken über einen zusammenhängenden Zeitraum vorliegen, der sich über drei Kalenderjahre erstreckt. Es genügt hierbei, dass der Steuerpflichtige das Wirtschaftsgut im Jahr der Veräußerung zumindest am 1. Januar, im Vorjahr der Veräußerung durchgehend, sowie im zweiten Jahr vor der Veräußerung mindestens am 31. Dezember zu eigenen Wohnzwecken genutzt hat. Es ist mithin unschädlich, wenn das Wirtschaftsgut im Anschluss an die Nutzung zu eigenen Wohnzwecken nach den vorgenannten zeitlichen Kriterien im Jahr der Veräußerung vermietet wird. Wird das Wirtschaftsgut hingegen im Vorjahr der Veräußerung kurzfristig zu anderen Zwecken genutzt (z. B. vorübergehende Vermietung) oder kommt es im Vorjahr der Veräußerung zu einem vorübergehenden Leerstand, ist der Veräußerungsgewinn zu versteuern."

schaffungs- und Herstellungskosten, die für das Wirtschaftsgut aufgewendet worden sind. Werden auf die Anschaffungs- oder Herstellungskosten Zuschüsse von dritter Seite geleistet, die keine Mieterzuschüsse im Sinne des *R 163 Abs. 3 EStR 1999*[1] sind, sind die Anschaffungs- oder Herstellungskosten bei der Ermittlung des Veräußerungsgewinns um diese Zuschüsse zu kürzen. Eigenheimzulage und Investitionszulage mindern die Anschaffungs- und Herstellungskosten nicht (§ 9 InvZulG 1999, § 16 EigZulG).

6.2 Werbungskosten

29 Als Werbungskosten sind die im Zusammenhang mit der Veräußerung stehenden Aufwendungen zu berücksichtigen, die nicht zu den Anschaffungs- oder Herstellungskosten des veräußerten Wirtschaftsguts gehören, nicht vorrangig einer anderen Einkunftsart zuzuordnen sind und nicht wegen der Nutzung zu eigenen Wohnzwecken unter das Abzugsverbot des § 12 EStG fallen (vgl. H 169 „Werbungskosten" *EStH 1999*[2]).

6.3 Ermittlung des Veräußerungsgewinns bei einem teilweise entgeltlich oder im Wege der Erbauseinandersetzung mit Abfindungszahlung erworbenen Grundstück[3]

30 Bei der Veräußerung eines teilweise entgeltlich, teilweise unentgeltlich oder im Wege der Erbauseinandersetzung mit Abfindungszahlung erworbenen Grundstücks berechnet sich der Veräußerungsgewinn im Sinne des § 23 Abs. 3 EStG für den entgeltlich erworbenen Teil durch Gegenüberstellung des anteiligen Veräußerungserlöses zu den tatsächlichen Anschaffungskosten. Der anteilige Veräußerungserlös bestimmt sich nach dem Verhältnis der aufgewendeten Anschaffungskosten zum Verkehrswert des Grundstücks im Zeitpunkt des Erwerbs (vgl. BMF-Schreiben vom *11. 1. 1993 – BStBl. I S. 62, Rz. 28,*[4] und BMF-Schreiben vom 13. 1. 1993 – BStBl. I S. 80, Rz. 23).[5] Die Werbungskosten sind, soweit sie nicht eindeutig dem entgeltlichen oder unentgeltlichen Teil zugeordnet werden können, im Verhältnis des Entgelts (ohne Anschaffungsnebenkosten) zum Verkehrswert des Grundstücks im Zeitpunkt des Erwerbs aufzuteilen (BFH-Urteile vom 24. 3. 1993 – BStBl. II S. 704 und vom 1. 10. 1997 – BStBl. 1998 II S. 247).

31 Wird ein teilweise entgeltlich oder im Wege der Erbauseinandersetzung gegen Abfindungszahlung erworbenes Grundstück während der Zehnjahresfrist nach Anschaffung bebaut und veräußert, ist der auf das Gebäude entfallende Teil des Veräußerungserlöses in die Berechung des Veräußerungsgewinns einzubeziehen, soweit das Grundstück als entgeltlich erworben gilt.

Beispiel:

A erwirbt im Jahr 1995 im Wege der vorweggenommenen Erbfolge von B ein unbebautes Grundstück mit einem gemeinen Wert von 200 000 DM für eine Gegenleistung von 50 000 DM. B hatte das Grundstück im Jahr 1982 erworben. Im Jahr 1999 wird das Grundstück mit einem Zweifamilienhaus mit Herstellungskosten von 400 000 DM bebaut und unmittelbar nach Fertigstellung des Gebäudes zu einem Kaufpreis von 800 000 DM veräußert. Von diesem Kaufpreis entfallen nach dem Verhältnis der Verkehrswerte 280 000 DM auf das Grundstück und 520 000 DM auf das Gebäude. Das Grundstück gilt zu einem Viertel (50 000 DM zu 200 000 DM) als entgeltlich erworben. Der für das Grundstück erzielte Veräußerungserlös ist somit ebenfalls zu einem Viertel in die Berechnung des Veräußerungsgewinns im Sinne des § 23 Abs. 3 EStG einzubeziehen. Der auf das Gebäude entfallende Teil des Veräußerungserlöses geht im selben Verhältnis in die Ermittlung des steuerpflichtigen Veräußerungsgewinns ein.

¼ des Veräußerungserlöses Grundstück	70 000 DM	
abzüglich Anschaffungskosten Grundstück	./. 50 000 DM	20 000 DM
¼ des Veräußerungserlöses Gebäude	130 000 DM	
abzüglich ¼ der Herstellungskosten Gebäude	./. 100 000 DM	30 000 DM
steuerpflichtiger Veräußerungsgewinn		50 000 DM

6.4 Ermittlung des steuerpflichtigen Veräußerungsgewinns bei teilweise zu eigenen Wohnzwecken, teilweise zu anderen Zwecken genutzten Gebäuden

32 Anschaffungs- oder Herstellungskosten und der Veräußerungspreis des gesamten Gebäudes sind auf den zu eigenen Wohnzwecken und auf den zu anderen Zwecken genutzten Gebäudeteil aufzuteilen. Für die Aufteilung ist das Verhältnis der Nutzfläche des zu anderen Zwecken genutzten Gebäudeteils zur Nutzfläche des gesamten Gebäudes maßgebend, es sei denn, die Aufteilung nach dem Verhältnis der Nutzflächen führt zu einem unangemessenen Ergebnis. Die Nutzfläche ist in sinngemäßer Anwendung der §§ 43 und 44 der Zweiten Berechnungsverordnung[6] zu ermitteln. Für die Aufteilung der Anschaffungskosten und des Veräußerungspreises des Grund und Bodens, der zu dem zu anderen Zwecken genutzten Gebäudeteil gehört, ist das Verhältnis der Nutzfläche des zu anderen Zwecken genutzten Gebäudeteils zur Nutzfläche des gesamten Gebäudes maßgebend.

Beispiel:

A hat im Jahr 1993 ein unbebautes Grundstück für 220 000 DM angeschafft. Im Jahr 1996 stellt er darauf ein Zweifamilienhaus für 900 000 DM fertig. Eine Wohnung wird von ihm zu eigenen Wohnzwecken genutzt, die andere hat er vermietet. Beide Wohnungen haben eine Nutzfläche von jeweils 150 qm. Im Jahr 1999 veräußert A das Grundstück für 1,6 Mio. DM. Von dem Veräußerungspreis entfallen 1,2 Mio. DM auf das Gebäude und 400 000 DM auf den Grund und Boden.

---

[1] Jetzt: R 21.5 Abs. 3 EStR.
[2] Nunmehr „H 23 (Werbungskosten)".
[3] Siehe hierzu auch *BFH-Urteil vom 31. 5. 2001 IX R 78/98 (BStBl. II S. 756).*
[4] Jetzt: BMF-Schreiben vom 14. 3. 2006 (BStBl. I S. 253), geändert durch BMF-Schreiben vom 27. 12. 2018 (BStBl. 2019 I S. 11), Rz. 26, abgedruckt als Anlage a zu § 7 EStG.
[5] Abgedruckt als Anlage c zu § 7 EStG.
[6] Letztmals abgedruckt im „Handbuch zur ESt-Veranlagung 2003" im Anhang **I** Nr. **1 d.**
Für nach dem 31. 12. 2003 neu angeschaffte Objekte oder nach diesem Stichtag vorgenommene bauliche Änderungen an Altobjekten gilt die Wohnflächenverordnung vom 25. 11. 2003 (BGBl. I S. 2346), abgedruckt im Anhang **I** Nr. **1 a.**

Anl a zu H 23

Ermittlung des steuerpflichtigen Veräußerungsgewinns:
Verhältnis der Nutzfläche des vermieteten Gebäudeteils zur Gesamtnutzfläche des Gebäudes 150 qm : 300 qm.

Gebäude:			
Veräußerungspreis	1 200 000 DM		
Herstellungskosten	900 000 DM		
Veräußerungsgewinn	300 000 DM	davon entfallen auf den vermieteten Gebäudeteil 50 v. H. =	150 000 DM
Grund und Boden:			
Veräußerungspreis	400 000 DM		
Anschaffungskosten	220 000 DM		
Veräußerungsgewinn	180 000 DM	davon entfallen auf den vermieteten Gebäudeteil 50 v. H. =	90 000 DM
steuerpflichtiger Veräußerungsgewinn			240 000 DM

A hat einen Veräußerungsgewinn von 240 000 DM zu versteuern. Der auf die eigengenutzte Wohnung einschließlich des dazu gehörenden Grund und Bodens entfallende Gewinn von 240 000 DM unterliegt nicht der Besteuerung.

6.5 Ermittlung des steuerpflichtigen Veräußerungsgewinns bei Entnahme des Grundstücks aus einem Betriebsvermögen (§ 23 Abs. 1 Satz 2 und Abs. 3 Satz 3 EStG)

33 Wird ein Grundstück veräußert, das vorher aus einem Betriebsvermögen in das Privatvermögen überführt worden ist, tritt an die Stelle der Anschaffungs- oder Herstellungskosten der Wert, mit dem das Grundstück bei der Überführung angesetzt worden ist (§ 23 Abs. 3 Satz 3 i. V. m. § 6 Abs. 1 Nr. 4 EStG). Entsprechendes gilt für den Fall, in dem das Grundstück anlässlich der Betriebsaufgabe in das Privatvermögen überführt worden ist (§ 23 Abs. 3 Satz 3 i. V. m. § 16 Abs. 3 Satz 5 EStG). Sätze 1 und 2 gelten auch, wenn bei einer vorangegangenen Überführung des Grundstücks in das Privatvermögen der Entnahmegewinn nicht zur Einkommensteuer herangezogen worden ist (§ 16 Abs. 4, §§ 14, 14 a, § 18 Abs. 3 EStG).

34[1] *(aufgehoben)*

6.6 Ermittlung des privaten Veräußerungsgewinns bei Einlage des Grundstücks in das Betriebsvermögen (§ 23 Abs. 1 Satz 5 Nr. 1 und 2 und Abs. 3 Satz 2 EStG)

35 Wird das Grundstück in das Betriebsvermögen eingelegt und innerhalb der Zehnjahresfrist seit Anschaffung veräußert, tritt bei der Ermittlung des Gewinns oder des Verlustes aus dem privaten Veräußerungsgeschäft an die Stelle des Veräußerungspreises der Wert, mit dem die Einlage angesetzt wurde. Wurde das Grundstück wieder ins Privatvermögen überführt und innerhalb von zehn Jahren nach der ursprünglichen Anschaffung veräußert, sind bei der Ermittlung des privaten Veräußerungsgewinns die ursprünglichen Anschaffungskosten zu Grunde zu legen.[2] Dieser Veräußerungsgewinn ist um den im Betriebsvermögen zu erfassenden Gewinn zu korrigieren. Wurde das Grundstück nach mehr als zehn Jahren seit der ursprünglichen Anschaffung, aber innerhalb von zehn Jahren nach der Überführung ins Privatvermögen veräußert, ist bei der Ermittlung des privaten Veräußerungsgewinns der bei der Überführung angesetzte Wert zu Grunde zu legen.

Beispiel:

A hat am 2. Januar 1993 ein unbebautes Grundstück für 100 000 DM angeschafft. Im Jahr 1997 legt er es in sein Einzelunternehmen zum Teilwert von 150 000 DM ein und entnimmt es wieder am 3. März 2000. Der Teilwert zum Zeitpunkt der Entnahme beträgt 200 000 DM.

Veräußert A das Grundstück vor dem 3. Januar 2003 für 230 000 DM, ermittelt sich der private Veräußerungsgewinn wie folgt:

Veräußerungserlös	230 000 DM	
abzgl. Anschaffungskosten	100 000 DM	
Veräußerungsgewinn (§ 23 Abs. 1 Satz 1 EStG)		130 000 DM
Teilwert Entnahme	200 000 DM	
abzgl. Teilwert Einlage	150 000 DM	
abzuziehender Entnahmegewinn im Betriebsvermögen		50 000 DM
privater Veräußerungsgewinn		80 000 DM

Wird das Grundstück nach dem 2. Januar 2003 und vor dem 4. März 2010 veräußert, unterliegt der Veräußerungsgewinn auf der Grundlage des bei der Entnahme angesetzten Werts wie folgt der Besteuerung nach § 23 EStG:

Veräußerungserlös	230 000 DM
abzgl. Entnahmewert (§ 23 Abs. 3 Satz 3 EStG)	200 000 DM
privater Veräußerungsgewinn	30 000 DM

36 Der private Veräußerungsgewinn bei Einlage in das Betriebsvermögen und anschließender Veräußerung des Wirtschaftsguts aus dem Betriebsvermögen ist in dem Kalenderjahr anzusetzen, in dem der Veräußerungspreis zufließt. Fließt der Veräußerungspreis in Teilbeträgen über mehrere Kalenderjahre zu, ist der Veräußerungsgewinn erst zu berücksichtigen, wenn die Summe der gezahlten Teilbeträge die ggf. um die Absetzungen für Abnutzung, erhöhten Absetzungen und Sonderabschreibungen geminderten Anschaffungs- oder Herstellungskosten des veräußerten Wirtschaftsguts übersteigt.

37 In den Fällen der Rz. 4 Nr. 2 bis 5 gilt der Veräußerungspreis in dem Zeitpunkt als zugeflossen, in dem die dort genannten, der Veräußerung aus dem Betriebsvermögen gleichgestellten Sachverhalte

[1] Aufgehoben durch BMF-Schreiben vom 3. 9. 2019 (BStBl. I S. 888); letztmals abgedruckt im „Handbuch zur ESt-Veranlagung 2018".

[2] Bestätigt durch *BFH-Urteil vom 23. 8. 2011 IX R 66/10 (BStBl. 2013 II S. 1002).*

verwirklicht werden. Bei der verdeckten Einlage eines Wirtschaftsguts in eine Kapitalgesellschaft ist der private Veräußerungsgewinn im Kalenderjahr der verdeckten Einlage zu erfassen. Anl a zu H 23

6.7 Kürzung der Anschaffungs- oder Herstellungskosten um Absetzungen für Abnutzung, erhöhte Absetzungen und Sonderabschreibungen (§ 23 Abs. 3 Satz 4 EStG)

38 Bei Veräußerungsgeschäften, bei denen der Steuerpflichtige das Wirtschaftsgut nach dem 31. Juli 1995 angeschafft oder in das Privatvermögen überführt und veräußert hat, mindern sich die Anschaffungs- oder Herstellungskosten um Absetzungen für Abnutzung, erhöhte Absetzungen und Sonderabschreibungen, soweit sie bei der Ermittlung der Einkünfte im Sinne des § 2 Abs. 1 Nr. 4 bis 6 EStG abgezogen worden sind. Als Zeitpunkt der Anschaffung gilt der Zeitpunkt des Abschlusses des obligatorischen Vertrags oder des gleichstehenden Rechtsakts. Bei Veräußerung eines vom Steuerpflichtigen errichteten Wirtschaftsguts mindern sich die Herstellungskosten um Absetzungen für Abnutzung, erhöhte Absetzungen und Sonderabschreibungen, wenn der Steuerpflichtige das Wirtschaftsgut nach dem 31. Dezember 1998 fertig stellt und veräußert.

Beispiel:

A errichtet ab dem Jahr 1998 ein zur Vermietung zu Wohnzwecken bestimmtes Gebäude auf einem in 1996 angeschafften Grundstück in Dresden. Das Gebäude mit Herstellungskosten von 800 000 DM wird im Jahr 1999 fertig gestellt. Bis zum 31. Dezember 1998 sind Teilherstellungskosten in Höhe von 600 000 DM entstanden, für die A 150 000 DM Sonderabschreibungen nach § 4 Abs. 2 FördG für den Veranlagungszeitraum 1998 in Anspruch nimmt. Das Gebäude wird unmittelbar nach Fertigstellung veräußert. A kann den Nachweis der Einkunftserzielungsabsicht erbringen.
Da das Wirtschaftsgut nach dem 31. Dezember 1998 fertig gestellt worden ist, sind die Herstellungskosten bei der Ermittlung des Veräußerungsgewinns um die in Anspruch genommenen Sonderabschreibungen in Höhe von 150 000 DM zu mindern.

39 Nutzt der Steuerpflichtige einen Raum zu betrieblichen oder beruflichen Zwecken (häusliches Arbeitszimmer), sind die anteiligen Anschaffungs- oder Herstellungskosten um den auf das häusliche Arbeitszimmer entfallenden Teil der Absetzungen für Abnutzung, der erhöhten Absetzungen und der Sonderabschreibungen zu kürzen. Die anteiligen Anschaffungs- oder Herstellungskosten sind nicht zu kürzen, wenn der Abzug der Aufwendungen nach § 4 Abs. 5 Satz 1 Nr. 6 b, § 9 Abs. 5 EStG ausgeschlossen ist. Aus Vereinfachungsgründen gilt dies auch, wenn der Abzug der Betriebsausgaben oder Werbungskosten auf *2400 DM*[1] begrenzt ist.

40 Die Anschaffungs- oder Herstellungskosten sind nicht um die Abzugsbeträge nach den §§ 10 e, 10 f, 10 g und 10 h EStG oder § 7 FördG, die Eigenheimzulage und die Investitionszulage nach dem InvZulG 1999 zu kürzen.

7. Verlustverrechnung (§ 23 Abs. 3 *Satz 8 und 9*[2] EStG) 16

41 Bei der Zusammenveranlagung von Ehegatten ist der Gesamtgewinn aus privaten Veräußerungsgeschäften für jeden Ehegatten zunächst getrennt zu ermitteln. Dabei ist für den Gewinn jedes Ehegatten die Freigrenze von *1000 DM*[3] nach § 23 Abs. 3 *Satz 6*[4] EStG gesondert zu berücksichtigen. Die ggf. von einem Ehegatten nicht ausgeschöpfte Freigrenze kann nicht beim anderen Ehegatten berücksichtigt werden. Verluste aus privaten Veräußerungsgeschäften des einen Ehegatten sind mit Gewinnen des anderen Ehegatten aus privaten Veräußerungsgeschäften auszugleichen (vgl. BFH-Urteil vom 6. 7. 1989 – BStBl. II S. 787). Ein Ausgleich ist nicht vorzunehmen, wenn der erzielte Gesamtgewinn aus privaten Veräußerungsgeschäften des anderen Ehegatten steuerfrei bleibt, weil er im Kalenderjahr weniger als *1000 DM*[3] betragen hat.[5]

42 Nicht im Entstehungsjahr mit Veräußerungsgewinnen ausgeglichene Veräußerungsverluste der Jahre ab 1999 sind nach Maßgabe des § 10 d EStG rück- und vortragsfähig. Sie mindern in den Rück- oder Vortragsjahren erzielte private Veräußerungsgewinne im Sinne des § 23 EStG, soweit diese in die Ermittlung der Summe der Einkünfte eingegangen sind oder eingehen würden (§ 23 Abs. 3 *Satz 9*[6] EStG). Bei der Zusammenveranlagung von Ehegatten ist der Verlustabzug nach Maßgabe des § 10 d Abs. 1 und 2 EStG zunächst getrennt für jeden Ehegatten und anschließend zwischen den Ehegatten durchzuführen.[7] Der am Schluss eines Veranlagungszeitraums verbleibende Verlustvortrag ist gesondert festzustellen (§ 23 Abs. 3 *Satz 9*[6], nach Maßgabe des § 10 d Abs. 4 Satz 1 EStG).[8]

43[9] Für Veräußerungsverluste aus den Veranlagungszeiträumen vor 1999 ist § 23 Abs. 3 *Satz 9*[6] EStG nicht anzuwenden. Sie dürfen nur mit Veräußerungsgewinnen desselben Kalenderjahres ausgeglichen und nicht nach § 10 d EStG abgezogen werden.

---

[1] Ab VZ 2002: 1250 €.
[2] Jetzt: Satz 7 und 8.
[3] Jetzt: 600 €.
[4] Jetzt: Satz 5.
[5] Die Freigrenze ist nur vor der Durchführung eines Verlustrücktrages zu berücksichtigen, *BFH-Urteil vom 11. 1. 2005 IX R 27/04 (BStBl. II S. 433).*
[6] Jetzt: Satz 8.
[7] Überholt durch BMF-Schreiben vom 29. 11. 2004, abgedruckt als Anlage zu § 10 d EStG.
[8] Insoweit ist § 23 Abs. 3 Satz 9 EStG i. d. F. des JStG 2007 auch in den Fällen anzuwenden, in denen am 1. 1. 2007 die Feststellungsfrist noch nicht abgelaufen ist, § 52 Abs. 39 Satz 7 EStG (i. d. F. vor Änderung durch Unternehmenssteuerreformgesetz 2008, letztmals abgedruckt im „Handbuch zur ESt-Veranlagung 2008").
[9] Überholt durch *BFH-Urteil vom 1. 6. 2004 IX R 35/01 (BStBl. 2005 II S. 26).*

Anl b zu H 23

b) Schreiben betr. Einzelfragen zur ertragsteuerrechtlichen Behandlung von virtuellen Währungen und von sonstigen Token

Vom 10. Mai 2022 (BStBl. I S. 668)

(BMF IV C 1 - S 2256/19/10003 :001; DOK 2022/0493899)

Inhaltsverzeichnis

Unter Bezugnahme auf das Ergebnis der Erörterungen mit den obersten Finanzbehörden der Länder gilt für die ertragsteuerrechtliche Behandlung von virtuellen Währungen und von sonstigen Token Folgendes:

I. Erläuterungen

1. Virtuelle Währungen

17 **1** In Anlehnung an die Richtlinie (EU) 2018/843 vom 30. Mai 2018 zur Änderung der Richtlinie (EU) 2015/948 zur Verhinderung der Nutzung des Finanzsystems zum Zwecke der Geldwäsche und der Terrorismusfinanzierung und zur Änderung der Richtlinien 2009/138/EG und 2013/36/EU (Amtsblatt der Europäischen Union L 156 vom 19. Juni 2018, S. 43 bis 74) sind virtuelle Währungen im Sinne dieses Schreibens digital dargestellte Werteinheiten, die von keiner Zentralbank oder öffentlichen Stelle emittiert oder garantiert werden und damit nicht den gesetzlichen Status einer Währung oder von Geld besitzen, aber von natürlichen oder juristischen Personen als Tauschmittel akzeptiert werden und auf elektronischem Wege übertragen, gespeichert und gehandelt werden können. Zu den bekanntesten virtuellen Währungen gehören beispielsweise Bitcoin, Ether, Litecoin und Ripple. Die Internetseite https://coinmarketcap.com/de listet weitere Beispiele virtueller Währungen auf.

2. Token

2 Die Bezeichnung „Token" ist ein Oberbegriff für digitale Einheiten, denen bestimmte Ansprüche oder Rechte zugeordnet sind, deren Funktionen variieren. Token können als Entgelt für erbrachte Dienstleistungen im Netzwerk oder zentral von einer Projektinitiatorin oder einem Projektinitiator zugeteilt werden. Die Ausgabe von Token beispielsweise im Rahmen eines Initial Coin Offering (ICO, vgl. Randnummer 25) stellt insbesondere für Startups eine alternative Finanzierungsmethode dar.

3 Insbesondere die folgenden Kategorien von Token lassen sich unterscheiden:
- Currency oder Payment Token sind Token, die als Zahlungsmittel eingesetzt werden. Im Weiteren wird für diese Token der Begriff „virtuelle Währung" verwendet (vgl. Randnummer 1);
- Utility Token vermitteln bestimmte Nutzungsrechte (z. B. Zugang zu einem gegebenenfalls noch zu schaffenden Netzwerk) oder einen Anspruch darauf, die Token gegen eine bestimmte, gegebenenfalls noch zu schaffende Ware oder Dienstleistung einzutauschen. Utility Token können auch Stimmrechte zur Änderung der Software und damit der Funktionalität der Ware oder der Dienstleistung vermitteln;
- Security Token sind Token, die mit herkömmlichen Wertpapieren nach Artikel 4 Absatz 1 Nummer 44 der Richtlinie 2014/65/EU („MiFID II") vergleichbar sind, insbesondere konventionelle Schuldtitel und Eigenkapitalinstrumente. Zu unterscheiden sind:
  - Equity Token, die Beteiligungs- und/oder Dividendenrechte vermitteln (z. B. Aktien), und
  - Debt Token, die einen Anspruch auf Rückzahlung des investierten Betrags beinhalten, gegebenenfalls zuzüglich Zinsen, wie dies beispielsweise bei Darlehen oder Genussrechten der Fall ist.

4 Token können auch eine Kombination aus den zuvor beschriebenen Kategorien beinhalten (hybride Token). Aufsichtsrechtlich werden für Token die Begriffe Kryptowert und Kryptowertpapier verwendet. Für die ertragsteuerrechtliche Einordnung ist jeder Token unabhängig von seiner Bezeichnung zu würdigen. So wäre beispielsweise ein Utility Token, der zusätzlich die Funktion eines Zahlungsmittels hat, bei der Verwendung als Zahlungsmittel ertragsteuerrechtlich wie eine virtuelle Währung zu behandeln.

5 Während virtuelle Währungen regelmäßig auf einer eigenen Blockchain basieren, nutzen Utility Token und Security Token bereits bestehende Blockchains als Basis (vgl. Randnummer 6).

3. Blockchain

6 Eine Blockchain ist eine in der Regel keiner zentralen Kontrolle unterliegende Datenbank mit mehreren Beteiligten, die die Distributed-Ledger-Technologie (DLT) verwendet. Ein Distributed Ledger ist ein Informationsspeicher, der über eine Reihe von DLT-Knoten („Nodes", z. B. ein an das Internet angeschlossener Computer) gemeinsam genutzt und zwischen den DLT-Knoten über einen Konsensmechanismus synchronisiert wird. Er ist so konzipiert, dass die Einträge manipulationssicher und unveränderbar sind und nur Hinzufügungen erlauben. Im Kontext einer virtuellen Währung ist eine Blockchain eine dezentrale Datenbank auf der Grundlage der DLT, in der alle bestätigten Transaktionen festgehalten werden, vergleichbar mit einem dezentral geführten Kassenbuch. Diese Transaktionsdaten werden in Blöcken mit fortzuschreibender Nummerierung zusammengefasst, vergleichbar einer Kette, an deren Ende fortwährend neue Blöcke hinzugefügt werden. Der Block, mit dem die Blockchain beginnt, wird als Genesisblock oder Block 0 bezeichnet. Jeder Block enthält mit dem sogenannten Hash-Wert eine lange kryptografische Zeichenfolge, die sich aus dem Inhalt seines Vorgängerblocks errechnet. In die Berechnung fließt also auch der Hash-Wert des Vorgängerblocks ein, der seinerseits aus dem davorliegenden Block errechnet wurde. Dies hat zur Folge, dass eine spätere Veränderung eines in die Berechnung eingeflossenen Werts (beispielsweise einer in einem Block aufgeführten Transaktion) dazu führt, dass die Hash-Werte nicht mehr mit denen der unverfälschten Blockchain übereinstimmen und die Manipulation für jeden sichtbar wird.

4. Erwerb von Einheiten einer virtuellen Währung im Rahmen der Blockerstellung

7 Bei vielen Blockchains wird für das Zusammenführen von Transaktionen in neuen Blöcken und das Anfügen derselben an die Blockchain eine Gegenleistung in Form von neu ausgeschütteten Einheiten einer virtuellen Währung oder sonstigen Token (Block reward, Blockbelohnung) gewährt, die üblicherweise über sogenannte Coinbase-Transaktionen übertragen wird. In diesen Fällen ist die erste Transaktion eines Blocks zugunsten der oder des Blockerstellenden vorformuliert. Regelmäßig vereinnahmen die Blockerstellenden zudem Transaktionsgebühren für in den Block aufgenommene Transaktionen.

8 Für das Anhängen eines neuen Blocks gibt es unterschiedliche Verfahren. Derzeit am weitesten verbreitet sind Proof of Work, in Anlehnung an das Goldschürfen Mining genannt, und Proof of Stake. Proof of Stake wird in Abgrenzung zum Mining auch als Forging oder Minting bezeichnet, das heißt als Schmieden oder Prägen, zum Teil auch generalisierend als Staking. Die Blockerstellenden werden beim Proof of Stake Forger oder Validatoren genannt. Das vorliegende Schreiben nutzt für den Fall der Blockerstellung durch Proof of Stake den Begriff des Forging.

a) Proof of Work (Mining)

9 Beim sogenannten Proof of Work ist zur Blockerstellung berechtigt, wer zuerst durch Ausprobieren eine Zufallszahl (sogenannte Nonce, „number that can only be used once") findet, aus der sich zusammen mit den für den Block ausgewählten Transaktionen und dem Hash-Wert des Vorgängerblocks ein Hash-Wert ergibt, der mit einer bestimmten Anzahl von Nullen beginnt. Durch die Festlegung, mit wie vielen Nullen der Hash-Wert anfängt, lassen sich die Schwierigkeit und damit auch die Dauer der Suche steuern.

10 Aufgrund der Rechnerleistung, die benötigt wird, um durch Ausprobieren verschiedener Zufallszahlen eine Nonce zu finden, schließen sich die als Miner bezeichneten Blockerstellenden oftmals in Pools zusammen. Sie leisten anteilig ihren Beitrag an der erforderlichen Rechnerleistung, indem sie innerhalb der Spanne der ihnen zugewiesenen möglichen Nonces versuchen, einen Hash-Wert zu finden (Mining-Pool). Werden in einem Mining-Pool Einheiten einer virtuellen Währung erzeugt, werden diese entsprechend einem festgelegten Schlüssel auf die beteiligten Miner verteilt. Die Betreiberinnen und Betreiber des Mining-Pools übernehmen eine koordinierende Rolle.

11 Daneben betreiben Cloud-Mining-Dienste sogenannte Serverfarmen, die auf Mining spezialisiert sind. Sie verkaufen oder vermieten Anteile ihrer Kapazitäten an Personen, die diese dann zum Mining nutzen.

Anl b zu H 23

b) Proof of Stake (Forging)

12 Beim sogenannten Proof of Stake erfolgt die Auswahl der oder des nächsten Blockerstellenden in der Regel über eine gewichtete Zufallsauswahl. Die Chance, einen Block an die Blockchain anfügen zu dürfen und die Blockbelohnung nebst Transaktionsgebühren zu vereinnahmen, steigt je nach Ausgestaltung z. B. mit der Teilnahmedauer und/oder Zahl der eingesetzten Einheiten einer virtuellen Währung (dem „Stake"). Beim Stake handelt es sich um eine Anzahl von Einheiten einer virtuellen Währung, die die Inhaberinnen und Inhaber für einen bestimmten Zeitraum sperren, sodass sie in der Regel nicht auf sie zugreifen können, und mit denen die Blockerstellenden gegenüber dem Netzwerk nachweisen, Interesse an einer ordnungsgemäßen Blockerstellung zu haben. Werden bei der Blockerstellung Fehler gemacht oder Manipulationen vorgenommen, können die als Stake eingesetzten Einheiten einer virtuellen Währung je nach Ausgestaltung des Protokolls gegebenenfalls eingezogen oder gelöscht werden.

5. Staking und die Unterscheidung zur Blockerstellung mittels Proof of Stake (Forging)

13 Nach der Grundidee des Proof of Stake nutzen die Blockerstellenden (Forger, auch Validatoren genannt) nur ihre eigenen Einheiten einer virtuellen Währung als Stake. Vielfach stellen aber auch Personen Einheiten einer virtuellen Währung für einen Stake bereit, ohne selbst als Forger an der Blockerstellung beteiligt zu sein. In der Regel geschieht dies über die Teilnahme an sogenannten Staking-Pools, die als solche bereits im jeweiligen Blockchain-Protokoll vorgesehen sind. Die Einheiten einer virtuellen Währung werden dabei gesperrt, aber nicht übertragen. Ein Staking-Pool hat eine höhere Wahrscheinlichkeit, als nächster Forger ausgewählt zu werden. Die Teilnehmenden erhalten eine Vergütung von den Forgern, die die Blockbelohnung und die Transaktionsgebühren vereinnahmen. Auch einige Handelsplattformbetreiber wie beispielsweise Kraken und Coinbase bieten die Möglichkeit der Teilnahme an einem Staking-Pool (Plattform-Staking). In der Praxis wird teilweise nicht zwischen der Tätigkeit der Forger und der bloßen Bereitstellung eines Stakes ohne Übernahme der Blockerstellung unterschieden und für beide Vorgänge generalisierend der Begriff des Staking verwendet. Das vorliegende Schreiben nutzt Staking demgegenüber nur für die Bereitstellung eines Stakes ohne Übernahme der Blockerstellung.

6. Masternode

14 Jedes Blockchain-Netzwerk besteht aus unterschiedlichen Nodes (vgl. Randnummer 6), welche die Funktionen des Netzwerks übernehmen, etwa die Speicherung einer vollständigen Kopie einer Blockchain oder die Blockerstellung. Eine Masternode hat darüber hinausgehende zusätzliche Aufgaben wie das Verarbeiten von anonymen und vertraulichen Transaktionen oder von Sofort-Transaktionen. Zudem sind Betreiberinnen und Betreiber einer Masternode oft berechtigt, an Entscheidungsprozessen zu Regelungen für den Aufbau und die Ablauforganisation von Blockchains (Governance) teilzunehmen und Stimmrechte auszuüben. Welche Aufgaben und Stimmrechte eine Masternode vermittelt, kann je nach virtueller Währung sehr unterschiedlich ausfallen und hängt vom jeweiligen Protokoll ab.

15 Abhängig von der Ausgestaltung der jeweiligen Blockchain wird der Betrieb der Masternode auch vergütet. Um eine Masternode zu betreiben, muss in den meisten Fällen eine bestimmte Anzahl von Einheiten einer virtuellen Währung an sie gekoppelt werden. Werden die Einheiten einer virtuellen Währung von der Masternode gelöst, verliert diese ihre Funktion und die Betreiberinnen und Betreiber das Recht auf eine Vergütung.

7. Wallets, Schlüssel und Transaktionen

16 Für das Empfangen, Halten und Transferieren von Einheiten einer virtuellen Währung wird in der Regel eine Wallet benötigt. Dies gilt abhängig von ihrer konkreten Ausgestaltung auch für sonstige Token.

17 Wörtlich übersetzt bedeutet Wallet Geldbörse oder Brieftasche. Eine genauere Übersetzung wäre jedoch Schlüsselbund. In der Wallet selbst werden keine Einheiten virtueller Währungen oder sonstigen Token gehalten, diese verbleiben stets in der Blockchain. Vielmehr handelt es sich um eine Anwendung zum Erzeugen, Verwalten und Speichern privater und öffentlicher Schlüssel.

18 Der öffentliche Schlüssel dient der Zuordnung der Einheiten einer virtuellen Währung und sonstigen Token in der zugrundeliegenden Blockchain. Er ist mit einer Kontonummer oder E-Mail-Adresse vergleichbar und fungiert insbesondere als Empfangsadresse für Transaktionen. Bei einer öffentlichen Blockchain kann im Normalfall jeder die Zahl der einem bestimmten öffentlichen Schlüssel zugeordneten Einheiten virtueller Währungen und sonstigen Token und alle über diesen Schlüssel durchgeführten Transaktionen einsehen. Der private Schlüssel ist nur den Inhaberinnen und Inhabern bekannt. Er dient als Passwort beziehungsweise der Erzeugung digitaler Unterschriften für Transaktionen (vgl. Randnummer 21). Zu jedem privaten Schlüssel kann es mehrere öffentliche Schlüssel geben.

19 Die Zahl der Wallets einer Person ist nicht beschränkt. In der Regel wird für jede virtuelle Währung eine eigene Wallet benötigt, da die öffentlichen Schlüssel abhängig von der zugrundeliegenden Blockchain sind. Die Wallet wird auf dem Rechner als Softwareanwendung (Software Wallet) installiert oder steht als sogenannte Hardware Wallet wie eine externe Festplatte oder ein USB-Stick zur Verfügung. Darüber hinaus kann eine Wallet durch einen Ausdruck auf Papier (Paper Wallet) erzeugt werden. Es kann auch auf Online-Angebote zurückgegriffen werden, bei denen die Wallet über den Browser aufgerufen wird. In diesen Fällen verwahren teilweise die Anbieter die öffentlichen und privaten Schlüssel, in einigen Fällen wird zudem abweichend von der obigen Darstellung eine gemeinsame Wallet für eine Vielzahl von Personen genutzt.

20 Mit Hilfe einer Software Wallet oder eines Block Explorers – einer Art Suchmaschine für Blockchains – können die vergangenen Transaktionen verfolgt werden. Allerdings muss der gespeicherte Zu-

und Abgang der Einheiten einer virtuellen Währung und sonstigen Token nicht mit dem ertragsteuerrechtlich relevanten Anschaffungs- oder Veräußerungszeitpunkt übereinstimmen. Hintergrund ist, dass die Einheiten einer virtuellen Währung und sonstigen Token inzwischen regelmäßig über Plattformen wie Coinbase gehandelt werden. Hierbei werden Einheiten einer virtuellen Währung oder sonstige Token zum personalisierten Account einer Handelsplattform transferiert und erst zu einem der Veräußerung beziehungsweise Anschaffung über die Plattform nachgehenden Zeitpunkt zurück in die eigene Wallet gebucht. Für den Anschaffungs- oder Veräußerungszeitpunkt ist dann der Handel über die Plattform ausschlaggebend. Das Gleiche gilt, wenn Steuerpflichtige keine eigene Wallet besitzen, sondern die Einheiten einer virtuellen Währung oder sonstigen Token von der Handelsplattform verwahrt werden.

21 Im Rahmen einer Transaktion wird zunächst eine Dateneinheit erstellt, die den Hash-Wert des öffentlichen Schlüssels der Empfängerin oder des Empfängers, einen Hash-Wert über die Dateneinheit der vorherigen Transaktion(en) und eine mit dem privaten Schlüssel erzeugte Signatur über beide Hash-Werte enthält. Die so generierte Transaktion wird anschließend an einen (Speicher-)Pool gesendet. Personen, die eine Node (vgl. Randnummer 6) mit Blockerstellungsfunktion betreiben, entnehmen von dort die Transaktionsdaten, überprüfen anhand der Signatur die Ordnungsmäßigkeit der Transaktion und fügen sie dann mit einem neuen Block an die Blockchain an, wodurch die Transaktion wirksam wird. Will die Empfängerin oder der Empfänger die Einheiten einer virtuellen Währung oder sonstigen Token weiter übertragen, ist hierfür eine weitere mit einem privaten Schlüssel bestätigte Transaktion erforderlich.

22 Einheiten virtueller Währungen und sonstige Token werden auch direkt über Handelsplattformen gehandelt, sodass die dargestellten Vorgänge automatisiert ablaufen. Ein praktischer Anwendungsfall liegt in der Nutzung von Debit-Kreditkarten, für deren Nutzung Steuerpflichtige Einheiten einer virtuellen Währung bereitstellen und auf diese Weise für Zahlungen mit der Kreditkarte nutzen können – das Kreditkartenunternehmen tauscht die Einheiten einer virtuellen Währung in Euro und wickelt die Kaufpreiszahlung ab.

8. Bestandsermittlung (UTXO, Accounting)

23 Für die Ermittlung des Bestandes an Einheiten einer virtuellen Währung in einer Wallet werden insbesondere zwei Methoden eingesetzt. Bei Bitcoin und einigen anderen virtuellen Währungen (insbesondere Cardano) wird der Bestand als die Summe der „Unspent Transaction Output" (UTXO) erfasst. Dabei werden die Einnahmen (Inputs) und die Ausgaben (Outputs) gegenübergestellt. Für jeden Input und Output werden Werteinheiten (Coins) gebildet. Wenn nur Teile eines Coins veräußert werden, fließt der verbleibende Teil als „Wechselgeld" (oder „Change Output") in die eigene Wallet zurück.

Beispiel:

A hat in einer ersten Transaktion 0,01 Bitcoin und einer weiteren Transaktion 0,02 Bitcoin angeschafft. Der Bestand an Unspent Transaction Outputs (UTXOs) beträgt 0,03 Bitcoin.
Nun veräußert A 0,025 Bitcoin an B. Zur Abwicklung sind drei Outputs erforderlich:
(1) Output in Höhe von 0,025 Bitcoin an die Wallet von B;
(2) Output in Höhe von 0,001 Bitcoin als Transaktionsgebühr;
(3) Output des verbleibenden Bestandes („Wechselgeld") in Höhe von 0,004 Bitcoin zurück in die Wallet von A.

24 Die zweite Methode der Bestandsermittlung, die beispielsweise bei Ether, EOS und Tron eingesetzt wird, basiert – ähnlich wie bei einem Bankkonto – auf der Buchung von Ein- und Ausgängen in einem Bestandskonto (Accounting), so dass sich der Bestand fortwährend aus Bestandsmehrungen oder Bestandsminderungen errechnet.

9. Initial Coin Offering (ICO)

25 Der Begriff Initial Coin Offering (ICO) orientiert sich an dem englischen Begriff Initial Public Offering (IPO). Unter IPO ist ein Börsengang zu verstehen, bei dem Aktien aus dem Bestand oder aus einer Kapitalerhöhung auf dem Kapitalmarkt angeboten werden. Während bei einer solchen Erstplatzierung jedoch Aktien verkauft werden, geht es bei einem ICO um die Ausgabe von Token im Tausch gegen Einheiten einer virtuellen oder staatlichen Währung. Beim ICO wird wie beim Börsengang Kapital eingesammelt.

10. Lending

26 Beim Lending werden Einheiten einer virtuellen Währung oder sonstige Token gegen eine Vergütung zur Nutzung überlassen.

11. Fork (Hard Fork)

27 Fork bedeutet Gabelung oder Aufspaltung einer Blockchain, auf der eine virtuelle Währung basiert. Im ertragsteuerrechtlichen Bereich ist vorrangig die sogenannte Hard Fork relevant. Virtuelle Währungen beruhen maßgeblich auf der „Open-Source-Idee". Das heißt, der Quellcode der virtuellen Währung wird veröffentlicht und ist kostenfrei nutz- und veränderbar. Dadurch kann der Quellcode von jedermann eingesehen, heruntergeladen und verändert werden und sich im weiteren Verlauf in eine Richtung entwickeln, welche zwar die ursprünglichen Entwicklerinnen und Entwickler der virtuellen Währung nicht unterstützen möchten, welche aber inzwischen von einer Mehrheit oder zumindest einer relevanten Minderheit favorisiert wird. Es können sich damit innerhalb des Netzwerks Meinungsverschiedenheiten zur weiteren Ausgestaltung der Blockchain herausbilden, die – dem Open-Source-Prinzip folgend – nur im Konsens gelöst werden können. Kann kein Konsens gefunden werden, führt dies zur Aufspaltung der Blockchain. Auf diese Weise entsteht eine zusätzliche Version der virtuellen Währung, die neben der ursprünglichen Version koexistiert. Die Blockchains der beiden virtuellen Währungen entwickeln sich nach der Spaltung getrennt weiter. Im Zuge der Spaltung erlangen die Inhaberinnen und Inhaber von Einheiten der vor der Hard Fork existierenden virtuellen Währung zu ihren Einheiten dieser virtuellen Währung die gleiche Anzahl von Einheiten der neuen virtuellen Währung, ohne dafür eine Gegenleistung erbringen zu müssen.

28 Auch bei einer sogenannten Soft Fork wird die der jeweiligen virtuellen Währung zugrundeliegende Blockchain weiterentwickelt. Da in diesen Fällen jedoch alle Nodes weiterhin alle Blöcke verarbeiten können, kommt es zu keiner Spaltung der virtuellen Währung.

12. Airdrop

29 Bei einem Airdrop werden Einheiten einer virtuellen Währung oder sonstige Token „unentgeltlich" verteilt. In der Regel handelt es sich dabei um Marketing-Aktionen, deren Ausgestaltung unterschiedlich sein kann. Mit einem Airdrop kann z. B. die Auflage verbunden sein, dass die Teilnehmenden mehrere Online-Formulare ausfüllen müssen. Auf diese Weise können Kundendaten gesammelt werden. Für andere Airdrops wird gefordert, das Projekt in sozialen Netzwerken zu bewerben. Bei größeren Airdrops erhält mitunter nur ein Teil der die Bedingungen erfüllenden Teilnehmenden die zu verteilenden Einheiten einer virtuellen Währung oder sonstigen Token, etwa aufgrund einer Zufallsauswahl. Ein Airdrop kann allerdings auch dergestalt stattfinden, dass gänzlich ohne Zutun der Inhaberin oder des Inhabers eines öffentlichen Schlüssels (vgl. Randnummer 18) an diesen Einheiten einer virtuellen Währung oder sonstige Token übertragen werden.

II. Ertragsteuerrechtliche Einordnung

18 **30** Tätigkeiten im Zusammenhang mit Einheiten einer virtuellen Währung und mit sonstigen Token können, je nach den Umständen des Einzelfalls und unter Berücksichtigung der nachfolgenden Ausführungen, zu Einkünften aus allen Einkunftsarten (§ 2 Absatz 1 Satz 1 Einkommensteuergesetz – EStG) führen. In Betracht kommen insbesondere Einkünfte aus Gewerbebetrieb (§ 15 EStG), Einkünfte aus nichtselbständiger Arbeit (§ 19 EStG), Einkünfte aus Kapitalvermögen (§ 20 EStG), Einkünfte aus privaten Veräußerungsgeschäften (§ 22 Nummer 2 in Verbindung mit § 23 EStG) oder sonstige Einkünfte (§ 22 Nummer 3 EStG).

1. Die Wirtschaftsgutqualität virtueller Währungen und sonstiger Token

19 **31** Die einzelnen Einheiten virtueller Währungen und sonstigen Token sind Wirtschaftsgüter. Sie vermitteln die Möglichkeit, die dem eigenen öffentlichen Schlüssel zugewiesenen vermögenswerten Vorteile einem anderen öffentlichen Schlüssel zuzuweisen. Anhand ihres regelmäßig über Börsen (z. B. Börse Stuttgart Digital Exchange), Handelsplattformen (z. B. Kraken, Coinbase und Bitpanda) und Listen (z. B. https://coinmarketcap.com/de) ermittelbaren Marktpreises sind sie einer selbständigen Bewertung zugänglich.

32 Wirtschaftsgüter sind dem Eigentümer zuzurechnen. Wirtschaftlicher Eigentümer ist, wer Transaktionen initiieren und damit über die Zuordnung der Einheiten einer virtuellen Währung oder sonstigen Token zu öffentlichen Schlüsseln „verfügen" kann. Dies ist regelmäßig die Inhaberin oder der Inhaber des privaten Schlüssels. Es ist für die Zurechnung an den wirtschaftlichen Eigentümer jedoch unschädlich, wenn Transaktionen über Plattformen initiiert werden, die private Schlüssel verwalten oder auf seine Anweisung hin einsetzen (vgl. Randnummer 19).

2. Einkünfte im Zusammenhang mit der Blockerstellung mittels Proof of Work (Mining) und Proof of Stake (Forging)

20 **33** Mining und Forging stellen Anschaffungsvorgänge dar. Anschaffung ist der entgeltliche Erwerb eines bestehenden oder bereits vorhandenen Wirtschaftsguts von Dritten; Herstellen ist dagegen das Schaffen oder Schaffenlassen eines noch nicht existierenden Wirtschaftsguts (BFH-Urteil vom 2. Mai 2000, IX R 73/98, BStBl. II S. 614, und vom 2. September 1988, III R 53/84, BStBl. II S. 1009). Die für die Blockerstellung an Blockerstellende ausgeschütteten Einheiten einer virtuellen Währung werden zwar im Zuge der Blockerstellung erstmalig in Verkehr gebracht, sämtliche Einheiten der virtuellen Währung sind aber bereits mit der Schaffung des Genesisblocks einer Blockchain angelegt. Blockerstellende haben keinen Einfluss auf die Eigenschaften der freiwerdenden neuen Einheiten virtueller Währungen. Damit ist die Blockerstellung vom Fall des Emittenten beim ICO abzugrenzen, der über die Ausgestaltung der zu verteilenden Token bestimmt und sie daher auch herstellt. Die Gesamtheit der Personen, die Rechte an der Blockchain haben, gewährt die freigegebenen Einheiten im Tausch für die Dienstleistung der Blockerstellenden. Auch die Transaktionsgebühren werden im Tausch für die Dienstleistung der Blockerstellenden geleistet. In beiden Fällen handelt es sich somit um einen entgeltlichen Erwerb von Dritten.

34 Mining und Forging können je nach den Umständen des Einzelfalls eine private oder eine gewerbliche Tätigkeit sein. Zu den Einnahmen gehören sowohl die Blockbelohnung als auch die erhaltenen Transaktionsgebühren.

a) Einkünfte aus Gewerbebetrieb gemäß § 15 EStG

35 Sind die Einkünfte aus der Blockerstellung nicht bereits kraft Rechtsform als solche aus Gewerbebetrieb einzuordnen, hängt die Einordnung als gewerbliche Tätigkeit davon ab, ob die Voraussetzungen eines Gewerbebetriebs nach § 15 Absatz 2 EStG vorliegen.

36 Die Blockerstellung ist nachhaltig, wenn sie auf Wiederholung angelegt ist (vgl. H 15.2 „Wiederholungsabsicht" EStH 2021).

37 Sie muss auf Dauer dazu geeignet sein, aus dieser Tätigkeit einen Gewinn zu erzielen (vgl. H 15.3 „Totalgewinn" EStH 2021).

38 Die Blockerstellenden nehmen bereits dadurch am allgemeinen wirtschaftlichen Verkehr teil, indem sie den Netzwerkteilnehmenden ihre Rechnerleistung für die Verifikation der Transaktionsdaten

Anl b zu H 23

und deren Aufnahme in einen neu zu erstellenden Block der Blockchain zur Verfügung stellen. Dass das Entgelt von der erfolgreichen Erstellung des Blocks abhängt, steht einer Teilnahme am allgemeinen wirtschaftlichen Verkehr nicht entgegen.

39 Die Blockerstellung stellt keine private Vermögensverwaltung dar. Sowohl beim Mining als auch beim Forging erhalten die Blockerstellenden die Blockbelohnung und die Transaktionsgebühren im Tausch für die Erstellung neuer Blöcke. Die Tätigkeit entspricht damit dem Bild eines Dienstleisters.

40 Bei der Blockerstellung über einen Mining-Pool kann je nach vertraglicher Gestaltung im Einzelfall auf Ebene des Mining-Pools eine Mitunternehmerschaft vorliegen. Es gelten die allgemeinen Grundsätze zur Annahme einer Mitunternehmerschaft (vgl. H 15.8 (1) „Allgemeines" EStH 2021). Eine Mitunternehmerschaft liegt jedenfalls nicht vor, wenn den Betreiberinnen und Betreibern des Mining-Pools von einzelnen Minern lediglich Rechnerleistung gegen Entgelt im Rahmen eines Dienstleistungsverhältnisses zur Verfügung gestellt wird. Ein Staking-Pool stellt regelmäßig keine Mitunternehmerschaft dar.

aa) Betriebsvermögensvergleich

aaa) Wirtschaftsgut

41 Zur Wirtschaftsgutqualität virtueller Währungen und sonstiger Token vgl. Randnummer 31. Einheiten einer virtuellen Währung sind nicht abnutzbare Wirtschaftsgüter materieller Art, die nach den allgemeinen bilanzsteuerrechtlichen Grundsätzen dem Anlage- oder Umlaufvermögen zuzuordnen sind. Sie sind bei Zuordnung zum Anlagevermögen unter Finanzanlagen im Sinne des § 266 Absatz 2 A. III. Handelsgesetzbuch (HGB) und bei Zuordnung zum Umlaufvermögen unter sonstige Vermögensgegenstände im Sinne des § 266 Absatz 2 B. II. 4. HGB auszuweisen.

bbb) Zugangsbewertung

42 Die für die Blockerstellung sowie als Transaktionsgebühr zugeteilten Einheiten einer virtuellen Währung oder sonstigen Token werden angeschafft (tauschähnlicher Vorgang, vgl. auch Randnummer 33).

43 Die Anschaffungskosten entsprechen dem Marktkurs im Zeitpunkt der Anschaffung der Einheiten einer virtuellen Währung oder sonstigen Token (Ableitung aus § 6 Absatz 6 Satz 1 EStG). Wenn ein Börsenkurs vorhanden ist, ist dieser als Marktkurs zu Grunde zu legen. Bei fehlenden Börsenkursen kann ein Kurs von einer Handelsplattform (z. B. Kraken, Coinbase und Bitpanda) oder einer webbasierten Liste (z. B. https://coinmarketcap.com/de) angesetzt werden.

bb) Einnahmenüberschussrechnung

44 Bei Gewinnermittlung durch Einnahmenüberschussrechnung nach § 4 Absatz 3 EStG führt der Zugang von Einheiten einer virtuellen Währung und sonstigen Token im Rahmen eines tauschähnlichen Vorgangs zu Betriebseinnahmen. Einheiten einer virtuellen Währung sind als mit Wertpapieren vergleichbare nicht verbriefte Forderungen und Rechte als Wirtschaftsgüter im Sinne des § 4 Absatz 3 Satz 4 EStG anzusehen, deren Anschaffungskosten (§ 6 Absatz 6 EStG, vgl. Randnummer 43) erst im Zeitpunkt des Zuflusses des Veräußerungserlöses oder bei Entnahmen im Zeitpunkt der Entnahme als Betriebsausgaben abzuziehen sind. Die Wirtschaftsgüter sind in die laufend zu führenden Verzeichnisse nach § 4 Absatz 3 Satz 5 EStG aufzunehmen.

b) Sonstige Einkünfte aus Leistungen im Sinne des § 22 Nummer 3 EStG

45 Einkünfte aus der Blockerstellung, die keiner anderen Einkunftsart zugerechnet werden können, sind als Leistung nach § 22 Nummer 3 EStG steuerbar. Das kann z. B. der Fall sein, wenn mangels Nachhaltigkeit keine gewerbliche Tätigkeit im Sinne des § 15 Absatz 2 EStG vorliegt (vgl. Randnummer 36). Sie sind nicht einkommensteuerpflichtig, wenn sie zusammen mit anderen Einkünften aus Leistungen weniger als 256 € im Kalenderjahr betragen haben (§ 22 Nummer 3 Satz 2 EStG).

46 Als Leistung kommt jedes wie auch immer geartete aktive, passive oder nichtwirtschaftliche Verhalten der Steuerpflichtigen in Betracht. Bei der Verknüpfung von Leistung und Gegenleistung ist kein synallagmatisches (gegenseitiges) Verhältnis zwischen Leistung und Gegenleistung erforderlich. Die Leistenden (hier: die Blockerstellenden) müssen nicht bereits beim Erbringen ihrer Leistung eine Gegenleistung erwarten. Ausreichend ist vielmehr, dass sie eine im wirtschaftlichen Zusammenhang mit ihrem Verhalten (Tun, Dulden, Unterlassen) gewährte (Gegen-)Leistung als solche annehmen. Auf diese Weise ordnen sie ihr Verhalten der erwerbswirtschaftlich und damit auch steuerrechtlich bedeutsamen Sphäre zu (BFH-Urteil vom 24. April 2012, IX R 6/10, BStBl. II S. 581). Insoweit ist nicht zwischen der Blockbelohnung und den Transaktionsgebühren zu unterscheiden. Dies gilt auch bei der Teilnahme an Mining- und Staking-Pools und bei einer Beteiligung an einem Cloud-Mining-Dienst.

47 Die im Wege der Blockerstellung erlangten Einheiten einer virtuellen Währung sind nach § 8 Absatz 2 Satz 1 EStG mit dem Marktkurs im Zeitpunkt der Anschaffung anzusetzen (vgl. zur Ermittlung des Marktkurses Randnummer 43). Als Werbungskosten können beispielsweise Aufwendungen für den Erwerb der erforderlichen Hard- und Software (gegebenenfalls in Form von Absetzungen für Abnutzung) sowie für den Stromverbrauch berücksichtigt werden.

3. Einkünfte aus der Verwendung von Einheiten einer virtuellen Währung für Staking

48 Einnahmen aus Staking im hier verwandten Begriffsverständnis der Bereitstellung eines Stakes ohne selbst als Forger an der Blockerstellung beteiligt zu sein (Teilnahme an einem Staking-Pool, Plattform-Staking) unterliegen in der Regel als der privaten Vermögensverwaltung unterfallende Fruchtziehung der Besteuerung nach § 22 Nummer 3 EStG. Die Steuerpflichtigen erhalten im Tausch für ihre Leistung (temporärer Verzicht auf die Nutzung der Einheiten einer virtuellen Währung) eine Gegenleistung in Form von zusätzlichen Einheiten einer virtuellen Währung (vgl. Randnummer 46). Die erlangten **21**

Anl b zu H 23

Einheiten einer virtuellen Währung sind mit dem Marktkurs im Zeitpunkt der Anschaffung anzusetzen (vgl. zur Ermittlung des Marktkurses Randnummer 43).

49 Soweit die gesperrten Einheiten einer virtuellen Währung zum Betriebsvermögen gehören, stellen die Gegenleistungen Betriebseinnahmen dar. Die für das Staking erhaltenen Einheiten der virtuellen Währung sind im Zeitpunkt des Zugangs mit dem Marktkurs (gewinnerhöhend) zu aktivieren (vgl. Randnummer 43).

4. Einkünfte aus dem Betrieb einer Masternode

22 **50** Soweit Steuerpflichtige Erträge aus einer Master- oder sonstigen Node erzielen, gelten die Ausführungen zur Blockerstellung im Wege des Proof of Stake der Randnummern 33 bis 39 entsprechend.

5. Einkünfte aus der Veräußerung von Einheiten einer virtuellen Währung und sonstigen Token

a) Ertragsteuerrechtliche Behandlung im Betriebsvermögen

23 **51** Sind die Einheiten einer virtuellen Währung oder sonstigen Token Betriebsvermögen, sind die Veräußerungserlöse Betriebseinnahmen. Aufgrund des Rückwärtsbezugs jedes Transaktionsoutputs ist eine Zuordnung und Identifizierung von Einheiten einer virtuellen Währung und sonstigen Token in der Regel bis hin zu deren Ursprungstransaktion (Coinbase-Transaktion) möglich. Bei der Ermittlung des Veräußerungsgewinns sind die individuellen – gegebenenfalls fortgeführten – Anschaffungskosten der veräußerten Einheiten einer virtuellen Währung und sonstigen Token abzuziehen. Davon kann abgewichen werden, wenn die individuellen Anschaffungskosten im Einzelfall nicht ermittelt und individuell zugeordnet werden können. In diesem Fall können diese mit den durchschnittlichen Anschaffungskosten bewertet werden.

52 Werden Einheiten einer virtuellen Währung oder sonstige Token wiederholt angekauft und verkauft (einschließlich des Tausches in Einheiten anderer virtueller Währungen oder sonstige Token), kann ein solcher Handel eine gewerbliche Tätigkeit darstellen. Für die Abgrenzung zur privaten Vermögensverwaltung können die Kriterien zum gewerblichen Wertpapier- und Devisenhandel herangezogen werden (vgl. H 15.7 (9) „An- und Verkauf von Wertpapieren" EStH 2021).

b) Ertragsteuerrechtliche Behandlung im Privatvermögen

53 Einheiten einer virtuellen Währung und sonstige Token sind ein „anderes Wirtschaftsgut" im Sinne des § 23 Absatz 1 Satz 1 Nummer 2 EStG (vgl. Randnummer 31). Gewinne aus der Veräußerung von im Privatvermögen gehaltenen Einheiten einer virtuellen Währung und sonstigen Token können daher Einkünfte aus privaten Veräußerungsgeschäften nach § 22 Nummer 2 in Verbindung mit § 23 Absatz 1 Satz 1 Nummer 2 EStG darstellen, wenn der Zeitraum zwischen der Anschaffung und der Veräußerung nicht mehr als ein Jahr beträgt (für die ertragsteuerrechtlichen Besonderheiten von Utility und Security Token vgl. Randnummern 77 ff.). Die Einkünfteerzielungsabsicht ist dabei nicht zu prüfen, da sie bereits aufgrund der Veräußerung innerhalb der Frist objektiviert vorliegt. Die Gewinne bleiben jedoch nach § 23 Absatz 3 Satz 5 EStG steuerfrei, wenn die Summe der aus sämtlichen privaten Veräußerungsgeschäften im Kalenderjahr erzielten Gewinne (Gesamtgewinn) weniger als 600 € beträgt.

54 Erforderlich sind ein Anschaffungs- und ein Veräußerungsvorgang. Unter einer Anschaffung ist der entgeltliche Erwerb von Dritten zu verstehen. Dies umfasst insbesondere die im Zusammenhang mit der Blockerstellung (vgl. Randnummer 42) und gegebenenfalls die durch einen ICO oder Airdrop (vgl. Randnummer 75) erlangten Einheiten einer virtuellen Währung und sonstigen Token. Entgeltlich erworben sind zudem alle Einheiten einer virtuellen Währung und sonstige Token, die Steuerpflichtige im Tausch gegen Einheiten einer staatlichen Währung (z. B. Euro), Waren oder Dienstleistungen sowie gegen Einheiten einer anderen virtuellen Währung und sonstige Token erworben haben, sowie die durch Lending und Staking erlangten Einheiten einer virtuellen Währung und gegebenenfalls sonstigen Token. Spiegelbildlich zur Anschaffung stellt die entgeltliche Übertragung des angeschafften Wirtschaftsguts auf Dritte eine Veräußerung dar. Der Tausch von Einheiten einer virtuellen Währung und sonstigen Token in Einheiten einer staatlichen Währung (z. B. Euro), Waren oder Dienstleistungen sowie in Einheiten einer anderen virtuellen Währung und sonstige Token führt demgemäß zu einer Veräußerung.

55 Die Veräußerungsfristen des § 23 Absatz 1 Satz 1 Nummer 2 EStG beginnen nach jedem Tausch neu. Für die Ermittlung der Jahresfrist ist bei einer Anschaffung oder Veräußerung über eine Handelsplattform auf die dort aufgezeichneten Zeitpunkte abzustellen. Bei einem Direkterwerb oder einer Direktveräußerung ohne Zwischenschaltung von Intermediären ist aus Vereinfachungsgründen in der Regel auf die Zeitpunkte abzustellen, die sich aus der Wallet ergeben. Soll für die Frage, ob die Jahresfrist überschritten ist, das schuldrechtliche Verpflichtungsgeschäft maßgebend sein, müssen die Steuerpflichtigen den Zeitpunkt des Vertragsabschlusses durch geeignete Unterlagen nachweisen.

56 Wenn Steuerpflichtige Einheiten einer virtuellen Währung und sonstige Token veräußern, deren Bestand nach dem UTXO-Modell ermittelt wird und bei denen für einen nicht veräußerten Teilbetrag „Wechselgeld" (oder „Change Output") in die eigene Wallet zurückfließt (vgl. Beispiel in Randnummer 23), werden für diesen Teilbetrag für steuerliche Zwecke die ursprünglichen Anschaffungsdaten des veräußerten Coins fortgeführt.

aa) Ermittlung des Veräußerungsgewinns

57 Der Gewinn oder Verlust aus der Veräußerung von Einheiten einer virtuellen Währung und sonstigen Token ermittelt sich aus dem Veräußerungserlös abzüglich der Anschaffungs- und der Werbungskosten.

58 Als Veräußerungserlös ist bei einer Veräußerung in Euro das vereinbarte Entgelt zu berücksichtigen. Werden Einheiten einer virtuellen Währung und sonstige Token gegen Einheiten einer anderen virtuellen Währung und sonstige Token getauscht, ist als Veräußerungserlös der hingegebenen Einheiten einer virtuellen Währung und sonstigen Token der Marktkurs der erlangten Einheiten der anderen virtuellen Währung oder sonstigen Token am Tauschtag anzusetzen (vgl. zur Ermittlung des Marktkurses Randnummer 43). Kann ein Marktkurs der erlangten Einheiten nicht ermittelt werden, wird es nicht beanstandet, wenn stattdessen der Marktkurs der hingegebenen Einheiten angesetzt wird.

59 Der Marktkurs der hingegebenen Einheiten einer virtuellen Währung oder sonstigen Token – zuzüglich eventuell gezahlter Anschaffungsnebenkosten – stellt zugleich die Anschaffungskosten der erhaltenen Einheiten einer virtuellen Währung oder sonstigen Token am Tauschtag dar. Die im Zusammenhang mit der Veräußerung aufgewendeten Transaktionsgebühren sind als Werbungskosten zu berücksichtigen.

60 Werden Einheiten einer virtuellen Währung und sonstige Token im Tausch gegen eine Dienstleistung oder eine Ware hingegeben, ist als Veräußerungserlös der hingegebenen Einheiten einer virtuellen Währung und sonstigen Token das in Euro vereinbarte Entgelt anzusetzen. Wurde ein Entgelt nicht ausdrücklich beziffert, ist als Veräußerungserlös der Marktkurs der hingegebenen Einheiten einer virtuellen Währung und sonstigen Token anzusetzen.

bb) Verwendungsreihenfolge

61 Für die Bestimmung der Verwendungsreihenfolge der veräußerten Einheiten einer virtuellen Währung und sonstigen Token gilt der Grundsatz der Einzelbetrachtung (vgl. Randnummer 51). Ist eine Einzelbetrachtung nicht möglich, gelten für die Zwecke der Haltefrist die zuerst angeschafften Einheiten einer virtuellen Währung und sonstigen Token als veräußert und ist für die Wertermittlung die Durchschnittsmethode anzuwenden (vgl. BFH-Urteil vom 24. November 1993, X R 49/90, BStBl. 1994 II S. 591). Aus Vereinfachungsgründen kann für die Zwecke der Wertermittlung unterstellt werden, dass die zuerst angeschafften Token zuerst veräußert wurden (First in First out, FiFo).

62 Es gilt eine walletbezogene Betrachtung. Die gewählte Methode ist bis zur vollständigen Veräußerung der Einheiten einer virtuellen Währung oder einer bestimmten Art sonstiger Token in dieser Wallet beizubehalten. Nach einer vollständigen Veräußerung der Einheiten einer virtuellen Währung oder einer bestimmten Art sonstiger Token in dieser Wallet und anschließendem Neuerwerb von Einheiten dieser virtuellen Währung oder dieser sonstigen Token kann die Methode gewechselt werden. Beim Halten von Einheiten mehrerer virtueller Währungen oder mehrerer Arten sonstiger Token besteht für jede virtuelle Währung und jede Art sonstiger Token in einer Wallet ein gesondertes Wahlrecht.

cc) Keine Verlängerung der Veräußerungsfrist auf zehn Jahre

63 Bei virtuellen Währungen kommt die Verlängerung der Veräußerungsfrist nach § 23 Absatz 1 Satz 1 Nummer 2 Satz 4 EStG nicht zur Anwendung.

6. Einkünfte aus der Verwendung von Einheiten einer virtuellen Währung und sonstigen Token für Lending

a) Ertragsteuerrechtliche Behandlung im Betriebsvermögen

64 Erträge aus der Überlassung von dem Betriebsvermögen zuzuordnenden Einheiten einer virtuellen Währung und sonstigen Token stellen Betriebseinnahmen dar. Für die Nutzungsüberlassung erhaltene Einheiten einer virtuellen Währung und sonstige Token werden angeschafft und sind mit dem Marktkurs im Zeitpunkt des Zuflusses zu bewerten (vgl. zur Ermittlung des Marktkurses Randnummer 43). Bei einer Veräußerung wird entweder ein Gewinn oder ein Verlust realisiert. Zur Einnahmenüberschussrechnung vgl. Randnummer 44. **24**

b) Ertragsteuerrechtliche Behandlung im Privatvermögen

65 Einkünfte aus dem Lending sind gemäß § 22 Nummer 3 EStG steuerbar. Die Erzielung von Einkünften mit der Nutzungsüberlassung auf Zeit erfolgt aufgrund einer Leistung der Steuerpflichtigen. Für die Nutzungsüberlassung erhaltene Einheiten einer virtuellen Währung und sonstige Token werden angeschafft und sind mit dem Marktkurs im Zeitpunkt der Anschaffung zu bewerten (vgl. zur Ermittlung des Marktkurses Randnummer 43). Zur Veräußerung der für die Nutzungsüberlassung erhaltenen Einheiten einer virtuellen Währung und sonstigen Token wird auf die Ausführungen der Randnummern 53 ff. verwiesen.

7. Ertragsteuerrechtliche Behandlung der durch Hard Forks erhaltenen Einheiten einer virtuellen Währung

a) Ertragsteuerrechtliche Behandlung im Betriebsvermögen

66 Sind die Einheiten einer virtuellen Währung Betriebsvermögen und entstehen aufgrund einer Hard Fork Einheiten einer neuen virtuellen Währung, die ebenfalls Betriebsvermögen sind, stellen die Einheiten der verschiedenen virtuellen Währungen unterschiedliche Wirtschaftsgüter dar. **25**

67 Steuerpflichtige erhalten mit Einheiten einer virtuellen Währung stets die Möglichkeit, im Zuge einer Hard Fork der zugrundeliegenden Blockchain zusätzliche Einheiten einer neuen virtuellen Währung zu erhalten. Im Falle einer Anschaffung von Einheiten einer virtuellen Währung (siehe insbesondere Randnummer 42) liegt folglich immer auch ein Anschaffungsvorgang hinsichtlich der durch eine spätere Hard Fork neu entstandenen Einheiten einer virtuellen Währung vor. Die Anschaffungskosten der Einheiten der vor der Hard Fork existierenden virtuellen Währung sind auf diese Wirtschaftsgüter aufzuteilen. Der Aufteilungsmaßstab richtet sich dabei nach dem Verhältnis der Marktkurse der Einheiten der verschiedenen virtuellen Währungen im Zeitpunkt der Hard Fork (vgl. zur Ermittlung des Marktkurses Randnummer 43). Soweit nach einer Hard Fork den Einheiten der neu entstandenen virtuellen Währung kein Wert beigemessen werden kann, verbleiben die Anschaffungskosten bei den Einheiten der vor der Hard Fork existierenden virtuellen Währung. Zur Einnahmenüberschussrechnung vgl. Randnummer 44.

Anl b zu H 23

b) Ertragsteuerrechtliche Behandlung im Privatvermögen

68 Eine Hard Fork führt nicht zu Einkünften aus § 22 Nummer 3 EStG. Werden die aufgrund einer Fork entstandenen Einheiten einer neuen virtuellen Währung jedoch veräußert, ist der dabei erzielte Gewinn als Einkünfte aus privaten Veräußerungsgeschäften nach § 22 Nummer 2 in Verbindung mit § 23 Absatz 1 Satz 1 Nummer 2 EStG zu versteuern, sofern die Einheiten der vor der Hard Fork bestehenden virtuellen Währung angeschafft wurden und der Zeitraum zwischen der Anschaffung und Veräußerung nicht mehr als ein Jahr beträgt (vgl. Randnummern 67 und 53 ff.). Zur Aufteilung der Anschaffungskosten vgl. Randnummer 67. Der Anschaffungszeitpunkt der Einheiten der neuen virtuellen Währung entspricht dem Anschaffungszeitpunkt der Einheiten der vor der Hard Fork existierenden virtuellen Währung.

8. Ertragsteuerrechtliche Behandlung der durch Airdrops erhaltenen Einheiten einer virtuellen Währung und sonstigen Token

a) Ertragsteuerrechtliche Behandlung im Betriebsvermögen

26 **69** Soweit der Erhalt von Einheiten einer virtuellen Währung oder sonstigen Token betrieblich veranlasst ist, liegen Betriebseinnahmen vor. Die Einheiten einer virtuellen Währung oder sonstigen Token sind mit dem Marktkurs im Zeitpunkt des Zuflusses zu bewerten (vgl. zur Ermittlung des Marktkurses Randnummer 43). Zur Einnahmenüberschussrechnung vgl. Randnummer 44. Bei einer Veräußerung wird entweder ein Gewinn oder ein Verlust realisiert.

b) Ertragsteuerrechtliche Behandlung im Privatvermögen

aa) Sonstige Einkünfte aus Leistungen gemäß § 22 Nummer 3 EStG

70 Der Erhalt zusätzlicher Einheiten einer virtuellen Währung und sonstiger Token kann zu sonstigen Einkünften aus einer Leistung im Sinne des § 22 Nummer 3 EStG führen. Das ist trotz des Marketingcharakters vieler Airdrops der Fall, wenn von den Interessenten eine Leistung (vgl. Randnummer 46) zu erbringen ist, insbesondere also bei aktivem Tun wie der Nennung des Airdrops, der Projektinitiatorin oder des Projektinitiators in Beiträgen in sozialen Medien. Eine Leistung im Sinne des § 22 Nummer 3 EStG erbringen Steuerpflichtige zudem, wenn sie eigene Bilder, Fotos oder Videos auf einer Plattform hochladen und hierfür Einheiten einer virtuellen Währung oder sonstige Token erhalten, auch wenn das Eigentum an den Bildern, Fotos oder Videos bei den Steuerpflichtigen verbleibt.

71 Hängt die Zuteilung der Einheiten einer virtuellen Währung oder sonstigen Token davon ab, dass Steuerpflichtige Daten von sich zur Verfügung stellen, die über die Informationen hinausgehen, die für die schlichte technische Zuteilung oder Bereitstellung erforderlich sind, liegt in der Datenüberlassung eine Leistung der Steuerpflichtigen im Sinne des § 22 Nummer 3 EStG, für die sie als Gegenleistung Einheiten einer virtuellen Währung oder sonstige Token erhalten. Davon ist jedenfalls dann auszugehen, wenn die Steuerpflichtigen verpflichtet sind oder sich bereit erklären müssen, im Zusammenhang mit einem Airdrop personenbezogene Daten zur Verfügung zu stellen. Anders als bei der Teilnahme an klassischen Rabattsystemen oder Glückspielen, für die unter anderem die Angabe einer Postadresse aus Identifikationsgründen notwendig ist, reicht für die Zuteilung eines Airdrops der öffentliche Schlüssel der Steuerpflichtigen aus.

72 Ist der Airdrop darauf ausgerichtet, dass neben einer Leistung auch „der Zufall" über den Erhalt von Einheiten einer virtuellen Währung oder sonstigen Token entscheidet (vgl. Randnummer 29), wird der Zurechnungszusammenhang von Leistung und Gegenleistung durch das „Zufallselement" unterbrochen oder überlagert.

73 Die Einheiten der virtuellen Währung und sonstigen Token sind mit dem Marktkurs im Zeitpunkt des Erwerbs anzusetzen (vgl. zur Ermittlung des Marktkurses Randnummer 43). In Fällen, in denen im Zeitpunkt des Erwerbs noch kein Marktkurs ermittelbar ist, wird es nicht beanstandet, wenn die im Rahmen eines Airdrops erhaltenen Einheiten einer virtuellen Währung und sonstigen Token mit 0 € angesetzt werden.

74 Erfolgt die Zuteilung von Einheiten einer virtuellen Währung oder sonstigen Token nicht im wirtschaftlichen Zusammenhang mit einer Leistung, kommt eine Schenkung in Betracht, für die die schenkungsteuerrechtlichen Regelungen zu beachten sind.

bb) Einkünfte aus privaten Veräußerungsgeschäften gemäß § 22 Nummer 2 in Verbindung mit § 23 Absatz 1 Satz 1 Nummer 2 EStG

75 Erfolgt die Zuteilung von Einheiten einer virtuellen Währung und sonstigen Token aufgrund einer Leistung im Sinne des § 22 Nummer 3 EStG, liegt auch eine Anschaffung vor. Die Anschaffungskosten sind mit dem Wert der hingegebenen Daten oder der vorgenommenen Handlung anzusetzen. Dabei kann widerlegbar vermutet werden, dass der Wert der hingegebenen Daten oder der vorgenommenen Handlung dem Marktkurs der Gegenleistung entspricht (vgl. zur Ermittlung des Marktkurses Randnummer 43 und zum Ansatz mit 0 € im Falle eines nicht ermittelbaren Marktkurses Randnummer 73). Aufgrund der Anschaffung kann die spätere Veräußerung der zugeteilten Einheiten einer virtuellen Währung oder sonstigen Token der Besteuerung als privates Veräußerungsgeschäft unterliegen (sofern nicht Einkünfte aus Kapitalvermögen vorliegen); auf die Ausführungen der Randnummern 53 ff. wird verwiesen. Bei unentgeltlichem Erwerb ist die Anschaffung des Rechtsvorgängers maßgebend (§ 23 Absatz 1 Satz 3 EStG).

9. Initial Coin Offering (ICO)

27 **76** Beim ICO werden Token vom Emittenten selbst herausgegeben. Im Betriebsvermögen des Emittenten können sie – je nach Ausgestaltung – sowohl Eigenkapital (Kapitalüberlassung auf Dauer) als auch Fremdkapital (Kapitalüberlassung auf Zeit) darstellen. Sie sind ertragsteuerrechtlich nach ihrem

rechtlichen Gehalt einzuordnen. Die ertragsteuerrechtliche Behandlung folgt den allgemeinen Grundsätzen. Token sind beim Emittenten selbst hergestellte Wirtschaftsgüter, die mit den Herstellungskosten zu aktivieren sind. Beim Tausch der Token z. B. gegen Einheiten einer virtuellen Währung oder der Veräußerung der Token realisiert der Emittent einen Gewinn oder einen Verlust, soweit nicht entsprechende Verbindlichkeiten oder Kapitalbeträge zu passivieren sind. Im Einzelfall ist zu prüfen, ob aus den Ausgabebedingungen der Token vertragliche Verpflichtungen gegenüber den Inhaberinnen und Inhabern der Token resultieren, die – soweit die Voraussetzungen erfüllt werden – als Verbindlichkeit oder Rückstellung auszuweisen wären.

10. Ertragsteuerrechtliche Besonderheiten von Utility und Security Token

a) Ertragsteuerrechtliche Behandlung im Betriebsvermögen

77 Für die ertragsteuerrechtliche Beurteilung ist zu unterscheiden, ob die Token den Inhaberinnen und Inhabern eine besondere Rechtsposition einräumen. Token können als Wirtschaftsgüter unter den Finanzanlagen oder als Forderungen zu bilanzieren sein. Für die weitere Beurteilung gelten die allgemeinen Bilanzierungsgrundsätze. Zur Einnahmenüberschussrechnung vgl. Randnummer 44. **28**

b) Ertragsteuerrechtliche Behandlung im Privatvermögen

78 Die ertragsteuerrechtliche Einordnung der Erträge hängt davon ab, welche Rechte und Ansprüche die Token im Einzelfall vermitteln.

aa) Utility Token

79 Werden Utility Token eingelöst, ist dies ertragsteuerrechtlich unbeachtlich (BFH-Urteil vom 6. Februar 2018, IX R 33/17, BStBl. II S. 525). Eine Veräußerung liegt nicht vor, da es an einer entgeltlichen Übertragung auf Dritte fehlt, wenn lediglich die in den Token verkörperten Ansprüche auf ein Produkt oder eine Dienstleistung eingelöst werden und unter Nutzung der Token die Ware oder die Dienstleistung erhalten wird.

80 Werden angeschaffte Utility Token veräußert, können Einkünfte aus privaten Veräußerungsgeschäften nach § 22 Nummer 2 in Verbindung mit § 23 Absatz 1 Satz 1 Nummer 2 EStG vorliegen. Dies gilt auch, wenn Utility Token als Zahlungsmittel (hybride Token) verwendet werden. Auf die entsprechenden Ausführungen der Randnummern 53 ff. wird verwiesen.

bb) Security Token

81 Je nach Ausgestaltung können Token auch als Wertpapiere oder andere Finanzinstrumente anzusehen sein. Voraussetzung dafür, dass Token als Wertpapiere im Sinne des § 2 Absatz 4 in Verbindung mit Absatz 1 Wertpapierhandelsgesetz (WpHG) anzusehen sind, ist nach dem Hinweisschreiben der BaFin vom 20. Februar 2018, WA 11-QB 4100-2017/0010[1] insbesondere

- ihre Übertragbarkeit,
- ihre Handelbarkeit am Finanzmarkt beziehungsweise Kapitalmarkt, wobei Handelsplattformen für Einheiten einer virtuellen Währung grundsätzlich als Finanzmärkte beziehungsweise Kapitalmärkte im Sinne der Wertpapier-Definition angesehen werden können,
- die Verkörperung von Rechten in den Token, das heißt entweder von Gesellschafterrechten oder schuldrechtlichen Ansprüchen oder mit Gesellschafterrechten oder schuldrechtlichen Ansprüchen vergleichbaren Ansprüchen, die in den Token verkörpert sein müssen, und
- dass die Token nicht die Voraussetzungen eines Zahlungsinstruments (wie in § 2 Absatz 1 WpHG beziehungsweise Artikel 4 Absatz 1 Nummer 44 MiFID II genannt) erfüllen.

82 Eine Verbriefung der Token in einer Urkunde ist nach § 2 Absatz 1 WpHG und Artikel 4 Absatz 1 Nummer 44 MiFID II keine zwingende Voraussetzung für die Annahme eines übertragbaren Wertpapiers. Ausreichend ist, dass die Inhaberinnen und Inhaber der Token anhand der Distributed-Ledger- oder Blockchain-Technologie oder anhand vergleichbarer Technologien dokumentiert werden können.

83 Die ertragsteuerrechtliche Einordnung der laufenden Einkünfte unter § 20 Absatz 1 Nummer 1 oder Nummer 7 EStG und der Veräußerungsgewinne unter § 20 Absatz 2 Satz 1 Nummer 1 oder Nummer 7 EStG hängt von der Ausgestaltung der Token im Einzelfall ab.

84 Handelt es sich bei dem vom Token vermittelten Recht um eine Schuldverschreibung, kommt es für die ertragsteuerrechtliche Einordnung der hieraus resultierenden Erträge beziehungsweise Gewinne darauf an, ob insoweit eine Kapitalforderung im Sinne des § 20 Absatz 1 Nummer 7 EStG oder ein bloßer Sachleistungsanspruch begründet wird.

85 Vermittelt die Schuldverschreibung ausschließlich einen Anspruch auf Lieferung einer beim Emittenten hinterlegten festgelegten Menge von Einheiten einer virtuellen Währung oder sonstigen Token oder einen Anspruch auf Auszahlung des Erlöses aus der Veräußerung der Einheiten einer virtuellen Währung oder sonstigen Token durch den Emittenten, liegt keine Kapitalforderung im Sinne des § 20 Absatz 1 Nummer 7 EStG, sondern ein Sachleistungsanspruch vor. Die BFH-Rechtsprechung zu Xetra-Gold-Inhaberschuldverschreibungen (vgl. BFH-Urteile vom 12. Mai 2015, VIII R 35/14, BStBl. II S. 834 und VIII R 4/15, BStBl. II S. 835, BFH-Urteil vom 6. Februar 2018, IX R 33/17, BStBl. II S. 525) und die BFH-Rechtsprechung zu Gold-Bullion-Securities (vgl. BFH-Urteil vom 16. Juni 2020, VIII R 7/17, BStBl. 2021 II S. 9) sind entsprechend anzuwenden.

86 Die Veräußerung einer solchen Schuldverschreibung führt gegebenenfalls zu Einkünften aus privaten Veräußerungsgeschäften gemäß § 22 Nummer 2 in Verbindung mit § 23 Absatz 1 Satz 1 Nummer 2

---

[1] **Amtl. Anm.:** Hinweisschreiben der BaFin vom 20. Februar 2018 WA 11-QB 4100-2017/0010 (https://www.bafin.de → Publikationen & Daten → BaFinJournal → Fachartikel → Initial Coin Offerings: BaFin veröffentlicht Hinweisschreiben zur Einordnung als Finanzinstrumente).

Anl b zu H 23

EStG. Auf die entsprechenden Ausführungen der Randnummern 53 ff. wird verwiesen. Zahlungen des Emittenten während der Laufzeit der Schuldverschreibung stellen beim Anleger sonstige Einkünfte im Sinne des § 22 Nummer 3 EStG dar. Die zugewendeten Einheiten einer virtuellen Währung und sonstigen Token sind im Zeitpunkt des Zuflusses zu bewerten.

87 Stellt die Schuldverschreibung hingegen eine Kapitalforderung im Sinne des § 20 Absatz 1 Nummer 7 EStG dar, führen während der Haltezeit vereinnahmte Erträge zu Einkünften aus Kapitalvermögen (laufende Kapitalerträge). Eine Veräußerung der Schuldverschreibung fällt in den Anwendungsbereich des § 20 Absatz 2 Satz 1 Nummer 7 EStG. Bei nicht in Euro erhaltenen Einnahmen sind § 20 Absatz 3 und § 20 Absatz 4 Satz 1 Halbsatz 2 EStG zu beachten.

11. Token als Einnahmen aus nichtselbständiger Arbeit gemäß § 19 EStG

29 **88** Werden dem Arbeitnehmer Token verbilligt oder unentgeltlich überlassen, ist im Einzelfall zu prüfen, ob eine Geldleistung im Sinne des § 8 Absatz 1 EStG oder ein Sachbezug im Sinne des § 8 Absatz 2 Satz 1 EStG vorliegt. Die Bewertung eines Sachbezugs erfolgt mit dem um die üblichen Preisnachlässe geminderten üblichen Endpreis am Abgabeort im Zeitpunkt des Zuflusses (§ 8 Absatz 2 Satz 1 EStG). Sachbezüge bleiben außer Ansatz, wenn sie im Kalendermonat insgesamt 50 € (bis 31. Dezember 2021: 44 €) nicht übersteigen (§ 8 Absatz 2 Satz 11 EStG).

89 Token, die als Sachbezug einzuordnen sind, fließen dem Arbeitnehmer regelmäßig im Zeitpunkt der Einbuchung in die Wallet zu. Der Zufluss der Token erfolgt frühestens zu dem Zeitpunkt, ab dem die Token gehandelt werden können, da der Arbeitnehmer erst zu diesem Zeitpunkt die Möglichkeit hat, wirtschaftlich über die Token zu verfügen. Ein Zufluss liegt somit noch nicht vor, wenn der Arbeitgeber lediglich die Überlassung von Token schuldrechtlich zugesagt hat. Wird vom Arbeitnehmer bereits vor dem Zeitpunkt des Zuflusses der Token der schuldrechtliche Anspruch auf die Einbuchung der Token in seine Wallet gegen Entgelt an Dritte abgetreten, erfolgt schon zu diesem Zeitpunkt ein Zufluss von Arbeitslohn in Höhe der Differenz zwischen dem Verkaufserlös und den Erwerbsaufwendungen für die Token.

12. Anwendungsregelung

30 **90** Die Grundsätze dieses Schreibens sind auf alle offenen Fälle anzuwenden.

h) Gemeinsame Vorschriften

§ 24 Gemeinsame Vorschriften

EStG

Zu den Einkünften im Sinne des § 2 Absatz 1 gehören auch

1. Entschädigungen, die gewährt worden sind 1

a) als Ersatz für entgangene oder entgehende Einnahmen oder

b) für die Aufgabe oder Nichtausübung einer Tätigkeit, für die Aufgabe einer Gewinnbeteiligung oder einer Anwartschaft auf eine solche;

c) als Ausgleichszahlungen an Handelsvertreter nach § 89 b des Handelsgesetzbuchs;

2. Einkünfte aus einer ehemaligen Tätigkeit im Sinne des § 2 Absatz 1 Satz 1 Nummer 1 bis 4 oder aus einem früheren Rechtsverhältnis im Sinne des § 2 Absatz 1 Satz 1 Nummer 5 bis 7, und zwar auch dann, wenn sie dem Steuerpflichtigen als Rechtsnachfolger zufließen; 2

3. Nutzungsvergütungen für die Inanspruchnahme von Grundstücken für öffentliche Zwecke sowie Zinsen auf solche Nutzungsvergütungen und auf Entschädigungen, die mit der Inanspruchnahme von Grundstücken für öffentliche Zwecke zusammenhängen. 3

R 24.1. Begriff der Entschädigung im Sinne des § 24 Nr. 1 EStG

R 24.1

Der Entschädigungsbegriff des § 24 Nr. 1 EStG setzt in seiner zu Buchstabe a und b gleichmäßig geltenden Bedeutung voraus, dass der Stpfl. infolge einer Beeinträchtigung der durch die einzelne Vorschrift geschützten Güter einen finanziellen Schaden erlitten hat und die Zahlung unmittelbar dazu bestimmt ist, diesen Schaden auszugleichen. 6

H 24.1

Abzugsfähige Aufwendungen. Bei der Ermittlung der Entschädigung i. S. d. § 24 Nr. 1 EStG sind von den Bruttoentschädigungen nur die damit in unmittelbarem Zusammenhang stehenden Betriebsausgaben oder Werbungskosten abzuziehen (→ BFH vom 26. 8. 2004 – BStBl. 2005 II S. 215). 7

Allgemeines

– § 24 EStG schafft keinen neuen Besteuerungstatbestand, sondern weist die in ihm genannten Einnahmen nur der Einkunftsart zu, zu der die entgangenen oder künftig entgehenden Einnahmen gehört hätten, wenn sie erzielt worden wären (→ BFH vom 12. 6. 1996 – BStBl. II S. 516).

– Wegen einer anstelle der Rückübertragung von enteignetem Grundbesitz gezahlten Entschädigung nach dem VermG vom 23. 9. 1990 i. d. F. vom 3. 8. 1992 → BMF vom 11. 1. 1993 (BStBl. I S. 18).

Ausgleichszahlungen an Handelsvertreter

– Ausgleichszahlungen an Handelsvertreter nach § 89b HGB gehören auch dann zu den Entschädigungen i. S. d. § 24 Nr. 1 Buchstabe c EStG, wenn sie zeitlich mit der Aufgabe der gewerblichen Tätigkeit zusammenfallen (→ BFH vom 5. 12. 1968 – BStBl. 1969 II S. 196).

– Ausgleichszahlungen an andere Kaufleute als Handelsvertreter, z. B. Kommissionsagenten oder Vertragshändler, sind wie Ausgleichszahlungen an Handelsvertreter zu behandeln, wenn sie in entsprechender Anwendung des § 89b HGB geleistet werden (→ BFH vom 12. 10. 1999 – BStBl. 2000 II S. 220).

– Ausgleichszahlungen i. S. d. § 89b HGB gehören nicht zu den Entschädigungen nach § 24 Nr. 1 Buchstabe c EStG, wenn ein Nachfolgevertreter aufgrund eines selbständigen Vertrags mit seinem Vorgänger dessen Handelsvertretung oder Teile davon entgeltlich erwirbt. Ein selbständiger Vertrag liegt aber nicht vor, wenn der Nachfolger es übernimmt, die vertretenen Firmen von Ausgleichsansprüchen freizustellen (→ BFH vom 31. 5. 1972 – BStBl. II S. 899 und vom 25. 7. 1990 – BStBl. 1991 II S. 218).

Entschädigungen i. S. d. § 24 Nr. 1 Buchstabe a EStG

– Die Entschädigung i. S. d. § 24 Nr. 1 Buchst. a EStG muss als **Ersatz** für unmittelbar entgangene oder entgehende **konkrete Einnahmen** gezahlt werden (→ BFH vom 9. 7. 1992 – BStBl. 1993 II S. 27). Eine Anwendung von § 24 Nr. 1 Buchst. a EStG kommt nicht in Betracht, wenn eine gewährte Versicherungsleistung trotz der Bezeichnung als Verdienstausfall nicht dahin gedeutet werden kann, dass damit Ersatz für steuerbare Einnahmen aus einer konkreten, d. h. bestimmten oder hinreichend bestimmbaren Einkunftsquelle i. S. d. § 2 Abs. 1 Satz 1 Nr. 1–7 EStG gezahlt werden sollte (→ BFH vom 26. 5. 2020 – BStBl. II 2021 S. 901).

– Für den Begriff der Entschädigung nach § 24 Nr. 1 Buchstabe a EStG ist **nicht entscheidend,** ob das zur Entschädigung führende Ereignis **ohne oder gegen den Willen** des Stpfl. eingetreten ist. Eine Entschädigung i. S. d. § 24 Nr. 1 Buchstabe a EStG kann vielmehr auch vorliegen, wenn der Stpfl. bei dem zum Einnahmeausfall führenden Ereignis selbst mitgewirkt hat. Ist dies der Fall, muss der Stpfl. bei Aufgabe seiner Rechte aber unter erheblichem wirtschaftlichen, rechtlichen oder tatsächlichen Druck gehandelt haben; keinesfalls darf er das schadenstiftende Ereignis aus eigenem Antrieb herbeigeführt haben. Der Begriff des Entgehens schließt freiwilliges Mitwirken oder gar die Verwirklichung eines eigenen Strebens aus

H 24.1 (→ BFH vom 20. 7. 1978 – BStBl. 1979 II S. 9, vom 16. 4. 1980 – BStBl. II S. 393, vom 9. 7. 1992 – BStBl. 1993 II S. 27 und vom 4. 9. 2002 – BStBl. 2003 II S. 177). Gibt ein Arbeitnehmer im Konflikt mit seinem Arbeitgeber nach und nimmt dessen Abfindungsangebot an, entspricht es dem Zweck des Merkmals der Zwangssituation, nicht schon wegen dieser gütlichen Einigung in Widerspruch stehender Interessenlage einen tatsächlichen Druck in Frage zu stellen (→ BFH vom 29. 2. 2012 – BStBl. II S. 569). Bei einer (einvernehmlichen) Auflösung des Arbeitsverhältnisses sind tatsächliche Feststellungen zu der Frage, ob der Arbeitnehmer dabei unter tatsächlichem Druck stand, regelmäßig entbehrlich (→ BFH vom 13. 3. 2018 – BStBl. II S. 709).

- Die an die Stelle der Einnahmen tretende Ersatzleistung nach § 24 Nr. 1 Buchstabe a EStG muss auf einer **neuen Rechts- oder Billigkeitsgrundlage** beruhen. Zahlungen, die zur Erfüllung eines Anspruchs geleistet werden, sind keine Entschädigungen i. S. d. § 24 Nr. 1 Buchstabe a EStG, wenn die vertragliche Grundlage bestehen geblieben ist und sich nur die Zahlungsmodalität geändert hat (→ BFH vom 25. 8. 1993 – BStBl. 1994 II S. 167, vom 10. 10. 2001 – BStBl. 2002 II S. 181 und vom 6. 3. 2002 – BStBl. II S. 516).
- **Entschädigungen** nach § 24 Nr. 1 Buchstabe a EStG sind:[1, 2]
  - Abfindung wegen **Auflösung eines Dienstverhältnisses,** wenn der Arbeitgeber die Beendigung veranlasst hat (→ BFH vom 20. 10. 1978 – BStBl. 1979 II S. 176 und vom 22. 1. 1988 – BStBl. II S. 525); hierzu gehören auch Vorruhestandsgelder, die auf Grund eines Manteltarifvertrags vereinbart werden (→ BFH vom 16. 6. 2004 – BStBl. II S. 1055);
  - Abstandszahlung eines **Mietinteressenten** für die Entlassung aus einem Vormietvertrag (→ BFH vom 21. 8. 1990 – BStBl. 1991 II S. 76);
  - Aufwandsersatz, soweit er über den Ersatz von Aufwendungen hinaus auch den **Ersatz von ausgefallenen steuerbaren Einnahmen** bezweckt (→ BFH vom 26. 2. 1988 – BStBl. II S. 615);
  - Abfindung anlässlich der **Liquidation** einer Gesellschaft an einen Gesellschafter-Geschäftsführer, wenn auch ein gesellschaftsfremder Unternehmer im Hinblick auf die wirtschaftliche Situation der Gesellschaft die Liquidation beschlossen hätte (→ BFH vom 4. 9. 2002 – BStBl. 2003 II S. 177);
  - Abfindung, die der Gesellschafter-Geschäftsführer, der seine GmbH-Anteile veräußert, für den **Verzicht auf seine Pensionsansprüche** gegen die GmbH erhält, falls der Käufer den Erwerb des Unternehmens von der Nichtübernahme der Pensionsverpflichtung abhängig macht (→ BFH vom 10. 4. 2003 – BStBl. II S. 748). Entsprechendes gilt für eine Entschädigung für die durch den Erwerber veranlasste Aufgabe der Geschäftsführertätigkeit (→ BFH vom 13. 8. 2003 – BStBl. 2004 II S. 106);
  - Abfindung wegen **Auflösung eines Dienstverhältnisses,** auch wenn bereits bei Beginn des Dienstverhältnisses ein Ersatzanspruch für den Fall der betriebsbedingten Kündigung oder Nichtverlängerung des Dienstverhältnisses vereinbart wird (→ BFH vom 10. 9. 2003 – BStBl. 2004 II S. 349);
  - Schadensersatz infolge einer schuldhaft **verweigerten Wiedereinstellung** (→ BFH vom 6. 7. 2005 – BStBl. 2006 II S. 55);
  - Schadensersatz aus Amtshaftung als Ersatz für entgangene Gehalts- und Rentenansprüche infolge einer rechtswidrigen Abberufung als Bankvorstand (→ BFH vom 12. 7. 2016 – BStBl. 2017 II S. 158);
  - Leistungen wegen einer **Körperverletzung** nur insoweit, als sie steuerbare und steuerpflichtige Einnahmen ersetzen (sog. Verdienstausfall, → BFH vom 21. 1. 2004 – BStBl. II S. 716); dies gilt auch, wenn der Leistungsempfänger im Zeitpunkt des schädigenden Ereignisses erwerbslos war (→ BFH vom 20. 7. 2018 – BStBl. 2020 II S. 186);
  - **Mietentgelte,** die der **Restitutionsberechtigte** vom Verfügungsberechtigten nach § 7 Abs. 7 Satz 2 VermG erlangt (→ BFH vom 11. 1. 2005 – BStBl. II S. 450);
  - Abfindung wegen unbefristeter Reduzierung der Wochenarbeitszeit auf Grund eines Vertrags zur **Änderung des Arbeitsvertrags** (→ BFH vom 25. 8. 2009 – BStBl. 2010 II S. 1030);
  - Abfindung wegen **Auflösung eines Beratungsvertrags,** wenn die Leistung trotz Beibehaltung der rechtlichen Selbständigkeit im Wesentlichen wie die eines Arbeitnehmers geschuldet wurde (→ BFH vom 10. 7. 2012 – BStBl. 2013 II S. 155);
  - Entgelt, das bei vorzeitiger **Beendigung eines Genussrechtsverhältnisses,** das keine Beteiligung am Unternehmensvermögen vermittelt, als Ersatz für entgehende Einnahmen aus der Verzinsung von Genussrechtskapital gewährt wird (→ BFH vom 11. 2. 2015 – BStBl. II S. 647);
  - Zahlung zur Abgeltung einer dem Stpfl. zustehenden Forderung, soweit diese auf einem **Entschädigungsanspruch aus einer Vergleichsvereinbarung** beruht (→ BFH vom 25. 8. 2015 – BStBl. II S. 1015);
  - Entschädigungen ehrenamtlicher Richter für Verdienstausfall gem. § 18 des Justizvergütungs- und -entschädigungsgesetzes, wenn sie als Ersatz für entgangene Einnahmen gezahlt werden (→ BFH vom 31. 1. 2017 – BStBl. 2018 II S. 571).

---

[1] Zu Vergleichszahlungen aufgrund der Kündigung eines Bausparvertrages durch die Bausparkasse siehe *Kurzinformation ESt OFD Nordrhein-Westfalen vom 20. 11. 2017 Nr. 34/2017 (DStR 2018 S. 618).*

[2] Zu Entschädigungen nach § 15 AGG siehe *Kurzinformation ESt OFD Nordrhein-Westfalen vom 1. 2. 2018 Nr. 02/2018 (DStR S. 920).*

H 24.1

– **Keine Entschädigungen** nach § 24 Nr. 1 Buchstabe a EStG sind:[1, 2]
  – Abfindung, die bei Abschluss oder während des Arbeitsverhältnisses für den Verlust späterer **Pensionsansprüche** infolge Kündigung vereinbart wird (→ BFH vom 6. 3. 2002 – BStBl. II S. 516);
  – Abfindung, die bei Fortsetzung des Arbeitnehmerverhältnisses für **Verzicht auf Tantiemeanspruch** gezahlt wird (→ BFH vom 10. 10. 2001 – BStBl. 2002 II S. 347);
  – Abfindung nach vorausgegangener freiwilliger **Umwandlung zukünftiger Pensionsansprüche** (→ BFH vom 6. 3. 2002 – BStBl. II S. 516);
  – Entgelt für den Verzicht auf ein testamentarisch vermachtes **obligatorisches Wohnrecht** (→ BFH vom 9. 8. 1990 – BStBl. II S. 1026);
  – **Pensionsabfindung,** wenn der Arbeitnehmer nach Eheschließung zur Herstellung der ehelichen Lebensgemeinschaft gekündigt hat (→ BFH vom 21. 6. 1990 – BStBl. II S. 1020);
  – **Streikunterstützung** (→ BFH vom 24. 10. 1990 – BStBl. 1991 II S. 337);
  – Zahlung einer Vertragspartei, die diese wegen einer **Vertragsstörung** im Rahmen des Erfüllungsinteresses leistet, und zwar einschließlich der Zahlung für den **entgangenen Gewinn** i. S. d. § 252 BGB. Dies gilt unabhängig davon, ob der Stpfl. das Erfüllungsinteresse im Rahmen des bestehenden und verletzten Vertrags durchsetzt oder zur Abgeltung seiner vertraglichen Ansprüche einer ergänzenden vertraglichen Regelung in Form eines Vergleichs zustimmt (→ BFH vom 27. 7. 1978 – BStBl. 1979 II S. 66, 69, 71, vom 3. 7. 1986 – BStBl. II S. 806, vom 18. 9. 1986 – BStBl. 1987 II S. 25 und vom 5. 10. 1989 – BStBl. 1990 II S. 155);
  – Zahlung für das Überspannen von Grundstücken mit **Hochspannungsfreileitungen** (→ BFH vom 19. 4. 1994 – BStBl. II S. 640);
  – Ersatz für **zurückzuzahlende Einnahmen** oder Ausgleich von Ausgaben, z. B. Zahlungen für (mögliche) Umsatzsteuerrückzahlungen bei Auflösung von Mietverhältnissen (→ BFH vom 18. 10. 2011 – BStBl. 2012 II S. 286);
  – **Erstattungszinsen** nach § 233 a AO (→ BFH vom 12. 11. 2013 – BStBl. 2014 II S. 168);
  – Entschädigungen **ehrenamtlicher Richter für Zeitversäumnis** nach § 16 des Justizvergütungs- und -entschädigungsgesetzes, da diese Entschädigungen sowohl nach ihrem Wortlaut als auch nach ihrem Sinn und Zweck nicht an die Stelle von entgangenen oder entgehenden Einnahmen treten (→ BFH vom 31. 1. 2017 – BStBl. 2018 II S. 571);
  – **Aufstockungsbeträge zum Transferkurzarbeitergeld** (→ BFH vom 12. 3. 2019 – BStBl. II S. 574);
  – **Leistungen wegen einer Körperverletzung,** soweit sie für den Wegfall des Anspruchs auf steuerfreie Sozialleistungen wie das Arbeitslosengeld (§ 3 Nr. 2 Buchstabe a EStG) oder das Arbeitslosengeld II (§ 3 Nr. 2 Buchstabe d EStG) gezahlt werden (→ BFH vom 20. 7. 2018 – BStBl. 2020 II S. 186).

Entschädigungen i. S. d. § 24 Nr. 1 Buchstabe b EStG

– § 24 Nr. 1 Buchstabe b EStG erfasst Entschädigungen, die als Gegenleistung für den Verzicht auf eine mögliche Einkunftserzielung gezahlt werden. Eine Entschädigung i. S. d. § 24 Nr. 1 Buchstabe b EStG liegt auch vor, wenn die Tätigkeit mit Willen oder mit Zustimmung des Arbeitnehmers aufgegeben wird. Der Ersatzanspruch muss nicht auf einer neuen Rechts- oder Billigkeitsgrundlage beruhen. Die Entschädigung für die Nichtausübung einer Tätigkeit kann auch als Hauptleistungspflicht vereinbart werden (→ BFH vom 12. 6. 1996 – BStBl. II S. 516).
– **Entschädigungen** nach § 24 Nr. 1 Buchstabe b EStG sind:
  – Abfindungszahlung, wenn der Stpfl. von einem ihm tarifvertraglich eingeräumten **Optionsrecht,** gegen Abfindung aus dem Arbeitsverhältnis auszuscheiden, Gebrauch macht (→ BFH vom 8. 8. 1986 – BStBl. 1987 II S. 106);
  – Entgelt für ein im Arbeitsvertrag vereinbartes **Wettbewerbsverbot** (→ BFH vom 13. 2. 1987 – BStBl. II S. 386 und vom 16. 3. 1993 – BStBl. II S. 497);
  – Entgelt für ein **umfassendes Wettbewerbsverbot,** das im Zusammenhang mit der Beendigung eines Arbeitsverhältnisses vereinbart worden ist (→ BFH vom 12. 6. 1996 – BStBl. II S. 516);
  – Entgelt für ein **umfassendes Wettbewerbsverbot** auch dann, wenn die dadurch untersagten Tätigkeiten verschiedenen Einkunftsarten zuzuordnen sind (→ BFH vom 23. 2. 1999 – BStBl. II S. 590);
  – Abfindung, die ein angestellter **Versicherungsvertreter** von seinem Arbeitgeber für den Verzicht auf eine mögliche künftige Einkunftserzielung durch die Verkleinerung seines Bezirks erhält (→ BFH vom 23. 1. 2001 – BStBl. II S. 541).
– **Keine Entschädigungen** nach § 24 Nr. 1 Buchstabe b EStG sind:
  – Abfindung an Arbeitnehmer für die **Aufgabe eines gewinnabhängigen Tantiemeanspruchs** (→ BFH vom 10. 10. 2001 – BStBl. 2002 II S. 347).

Steuerbegünstigung nach § 34 Abs. 1 Satz 1 EStG. Wegen der Frage, unter welchen Voraussetzungen Entschädigungen i. S. d. § 24 Nr. 1 EStG der Steuerbegünstigung nach § 34 Abs. 1 Satz 1 EStG unterliegen → R 34.3.

---

[1] Zu einer sog. „Buy-Out"-Vergütung siehe *BFH-Urteil vom 1. 7. 2004 IV R 23/02 (BStBl. II S. 876).*
[2] Zu einer als „Verdienstausfall" bezeichneten Versicherungsleistung bei einem 12-jährigen Verkehrsunfallopfer siehe *BFH-Urteil vom 26. 5. 2020 IX R 15/19 (DStR S. 2368).*

R 24.2

R 24.2. Nachträgliche Einkünfte

8 (1) ① Einkünfte aus einer ehemaligen Tätigkeit liegen vor, wenn sie in wirtschaftlichem Zusammenhang mit der ehemaligen Tätigkeit stehen, insbesondere ein Entgelt für die im Rahmen der ehemaligen Tätigkeit erbrachten Leistungen darstellen. ② Bezahlt ein Mitunternehmer nach Auflösung der Gesellschaft aus seinem Vermögen betrieblich begründete Schulden eines anderen Gesellschafters, hat er einen nachträglichen gewerblichen Verlust, soweit er seine Ausgleichsforderung nicht verwirklichen kann.

(2) § 24 Nr. 2 EStG ist auch anzuwenden, wenn die nachträglichen Einkünfte einem Rechtsnachfolger zufließen.

H 24.2

9 **Ermittlung der nachträglichen Einkünfte.** Nach der Betriebsveräußerung oder Betriebsaufgabe anfallende nachträgliche Einkünfte sind in sinngemäßer Anwendung des § 4 Abs. 3 EStG zu ermitteln (→ BFH vom 22. 2. 1978 – BStBl. II S. 430).

Nachträgliche Einnahmen sind:

– **Ratenweise gezahltes Auseinandersetzungsguthaben** in Höhe des Unterschiedsbetrags zwischen Nennbetrag und Auszahlungsbetrag der Rate, wenn ein aus einer Personengesellschaft ausgeschiedener Gesellschafter verlangen darf, dass alljährlich die Rate nach dem jeweiligen Preis eines Sachwertes bemessen wird (→ BFH vom 16. 7. 1964 – BStBl. III S. 622);

– **Versorgungsrenten,** die auf früherer gewerblicher oder freiberuflicher Tätigkeit des Stpfl. oder seines Rechtsvorgängers beruhen (→ BFH vom 10. 10. 1963 – BStBl. III S. 592).

Nachträgliche Werbungskosten/Betriebsausgaben sind:

– **Betriebssteuern,** wenn bei Gewinnermittlung nach § 4 Abs. 3 EStG auf den Zeitpunkt der Betriebsaufgabe keine Schlussbilanz erstellt wurde, und dies nicht zur Erlangung ungerechtfertigter Steuervorteile geschah (→ BFH vom 13. 5. 1980 – BStBl. II S. 692);

– **Schuldzinsen** für Verbindlichkeiten, die bis zur Vollbeendigung eines Gewerbebetriebs trotz Verwertung des Aktivvermögens nicht abgedeckt werden, auch wenn die Verbindlichkeiten durch Grundpfandrechte an einem privaten Grundstück gesichert sind oder eine Umschuldung durchgeführt worden ist (→ BFH vom 11. 12. 1980 – BStBl. 1981 II S. 460, 461 und 462);

– **Schuldzinsen** für während des Bestehens des Betriebs entstandene und bei Betriebsveräußerung zurückbehaltene Verbindlichkeiten, soweit der Veräußerungserlös und der Verwertungserlös aus zurückbehaltenen Aktivwerten nicht zur Schuldentilgung ausreicht; darüber hinaus Schuldzinsen auch dann noch und so lange, als der Schuldentilgung Auszahlungshindernisse hinsichtlich des Veräußerungserlöses, Verwertungshindernisse hinsichtlich der zurückbehaltenen Aktivwerte oder Rückzahlungshindernisse hinsichtlich der früheren Betriebsschulden entgegenstehen (→ BFH vom 19. 1. 1982 – BStBl. II S. 321, vom 27. 11. 1984 – BStBl. 1985 II S. 323 und vom 12. 11. 1997 – BStBl. 1998 II S. 144); bei Personengesellschaften → H 4.2 (15) Betriebsaufgabe oder -veräußerung im Ganzen;

– **Schuldzinsen** für betrieblich begründete Verbindlichkeiten nach Übergang des Betriebs zur **Liebhaberei,** wenn und soweit die zugrunde liegenden Verbindlichkeiten nicht durch eine mögliche Verwertung von Aktivvermögen beglichen werden können (→ BFH vom 15. 5. 2002 – BStBl. II S. 809 und vom 31. 7. 2002 – BStBl. 2003 II S. 282);

– **Zinsanteile von Rentenzahlungen,** wenn der Rentenberechtigte einer mit den Erlösen aus der Betriebsaufgabe möglichen Ablösung der betrieblich veranlassten Rentenverpflichtung nicht zustimmt (→ BFH vom 22. 9. 1999 – BStBl. 2000 II S. 120);

– Zum Abzug der Schuldzinsen als nachträgliche Werbungskosten bei Vermietung und Verpachtung nach **Veräußerung des Mietobjekts** oder nach **Wegfall der Einkünfteerzielungsabsicht** → BMF vom 27. 7. 2015 (BStBl. I S. 581).[1]

Nachträgliche Werbungskosten/Betriebsausgaben sind nicht:

– **Schuldzinsen,** soweit es der Stpfl. bei Aufgabe eines Gewerbebetriebes unterlässt, vorhandene Aktiva zur Tilgung der Schulden einzusetzen (→ BFH vom 11. 12. 1980 – BStBl. 1981 II S. 463 und vom 21. 11. 1989 – BStBl. 1990 II S. 213), diese Schuldzinsen können jedoch Werbungskosten bei einer anderen Einkunftsart sein (→ BFH vom 19. 8. 1998 – BStBl. 1999 II S. 353 und vom 28. 3. 2007 – BStBl. II S. 642, → H 21.2 – Finanzierungskosten –). Bei Personengesellschaften → H 4.2 (15) Betriebsaufgabe oder -veräußerung im Ganzen;

– **Schuldzinsen** für vom übertragenden Gesellschafter bei Veräußerung eines Gesellschaftsanteils mit befreiender Wirkung gegenüber der Gesellschaft und dem eintretenden Gesellschafter **übernommene Gesellschaftsschulden** (→ BFH vom 28. 1. 1981 – BStBl. II S. 464);

– **Schuldzinsen** für Verbindlichkeiten, die nicht während des Bestehens des Betriebs entstanden, sondern **Folge der Aufgabe oder Veräußerung des Betriebs** sind (→ BFH vom 12. 11. 1997 – BStBl. 1998 II S. 144).

Rechtsnachfolger

– Der **Begriff des Rechtsnachfolgers** umfasst sowohl den bürgerlich-rechtlichen Einzel oder Gesamtrechtsnachfolger als auch denjenigen, dem z. B. aufgrund eines von einem Gewerbetreibenden abgeschlossenen Vertrags zugunsten Dritter (§ 328 BGB) Einnahmen zufließen, die auf der gewerblichen Betätigung beruhen (→ BFH vom 25. 3. 1976 – BStBl. II S. 487).

---

[1] Abgedruckt als Anlage c zu R 21.2 EStR.

– Fließen nachträgliche Einkünfte dem Rechtsnachfolger zu, sind sie nach den in seiner Person liegenden **Besteuerungsmerkmalen** zu versteuern (→ BFH vom 29.7.1960 – BStBl. III S. 404).[1]
– **Nachträglich zugeflossene Rentenzahlungen** werden dem Erben auch dann als nachträgliche Einkünfte zugerechnet, wenn sie vom Testamentsvollstrecker zur **Erfüllung von Vermächtnissen** verwendet werden (→ BFH vom 24. 1. 1996 – BStBl. II S. 287).

---

[1] Siehe aber auch *BFH-Urteil vom 29. 4. 1993 IV R 16/92 (BStBl. II S. 716).*

EStG

§ 24 a Altersentlastungsbetrag

1 ① Der Altersentlastungsbetrag ist bis zu einem Höchstbetrag im Kalenderjahr ein nach einem Prozentsatz ermittelter Betrag des Arbeitslohns und der positiven Summe der Einkünfte, die nicht solche aus nichtselbständiger Arbeit sind. ② Bei der Bemessung des Betrags bleiben außer Betracht:

1. Versorgungsbezüge im Sinne des § 19 Absatz 2;
2. Einkünfte aus Leibrenten im Sinne des § 22 Nummer 1 Satz 3 Buchstabe a;
3. Einkünfte im Sinne des § 22 Nummer 4 Satz 4 Buchstabe b;
4. Einkünfte im Sinne des § 22 Nummer 5 Satz 1, soweit § 22 Nummer 5 Satz 11 anzuwenden ist;
5. Einkünfte im Sinne des § 22 Nummer 5 Satz 2 Buchstabe a.

③ Der Altersentlastungsbetrag wird einem Steuerpflichtigen gewährt, der vor dem Beginn des Kalenderjahres, in dem er sein Einkommen bezogen hat, das 64. Lebensjahr vollendet hatte. ④ Im Fall der Zusammenveranlagung von Ehegatten zur Einkommensteuer sind die Sätze 1 bis 3 für jeden Ehegatten gesondert anzuwenden. ⑤ Der maßgebende Prozentsatz und der Höchstbetrag des Altersentlastungsbetrags sind der nachstehenden Tabelle zu entnehmen:

Das auf die Vollendung des 64. Lebensjahres folgende Kalenderjahr	Altersentlastungsbetrag in % der Einkünfte	Höchstbetrag in Euro
2005	40,0	1900
2006	38,4	1824
2007	36,8	1748
2008	35,2	1672
2009	33,6	1596
2010	32,0	1520
2011	30,4	1444
2012	28,8	1368
2013	27,2	1292
2014	25,6	1216
2015	24,0	1140
2016	22,4	1064
2017	20,8	988
2018	19,2	912
2019	17,6	836
2020	16,0	760
2021	15,2	722
2022	14,4	684
2023	13,6	646
2024	12,8	608
2025	12,0	570
2026	11,2	532
2027	10,4	494
2028	9,6	456
2029	8,8	418
2030	8,0	380
2031	7,2	342
2032	6,4	304
2033	5,6	266
2034	4,8	228
2035	4,0	190
2036	3,2	152
2037	2,4	114
2038	1,6	76
2039	0,8	38
2040	0,0	0

R 24a

R 24 a. Altersentlastungsbetrag

Allgemeines

3 (1) ① Bei der Berechnung des Altersentlastungsbetrags sind Einkünfte aus Land- und Forstwirtschaft nicht um den Freibetrag nach § 13 Abs. 3 EStG zu kürzen. ② Kapitalerträge, die nach § 32 d Abs. 1 und § 43 Abs. 5 EStG dem gesonderten Steuertarif für Einkünfte aus Kapitalvermögen unterliegen, sind in die Berechnung des Altersentlastungsbetrags nicht einzubeziehen.

③ Sind in den Einkünften neben Leibrenten auch andere wiederkehrende Bezüge im Sinne des § 22 Nr. 1 EStG enthalten, ist der Werbungskosten-Pauschbetrag nach § 9 a Satz 1 Nr. 3 EStG von den der Besteuerung nach § 22 Nr. 1 Satz 3 EStG unterliegenden Teilen der Leibrenten abzuziehen, soweit er diese nicht übersteigt. ④ Der Altersentlastungsbetrag ist auf den nächsten vollen Euro-Betrag aufzurunden.

Berechnung bei Anwendung anderer Vorschriften

(2) Ist der Altersentlastungsbetrag außer vom Arbeitslohn noch von weiteren Einkünften zu berechnen und muss er für die Anwendung weiterer Vorschriften, von bestimmten Beträgen abgezogen werden, ist davon auszugehen, dass er zunächst vom Arbeitslohn berechnet worden ist. 4

H 24a

5 **Altersentlastungsbetrag bei Ehegatten.** Im Fall der Zusammenveranlagung von Ehegatten ist der Altersentlastungsbetrag jedem Ehegatten, der die altersmäßigen Voraussetzungen erfüllt, nach Maßgabe der von ihm bezogenen Einkünfte zu gewähren (→ BFH vom 22. 9. 1993 – BStBl. 1994 II S. 107).

Berechnung des Altersentlastungsbetrags. Der Altersentlastungsbetrag ist von der S. d. E. zur Ermittlung des G. d. E. abzuziehen (→ R 2).

Beispiel 1:

Der Stpfl. hat im VZ 2004 das 64. Lebensjahr vollendet. Im VZ 2022 wurden erzielt:

Arbeitslohn	14 000 €
darin enthalten:	
Versorgungsbezüge in Höhe von	6 000 €
Einkünfte aus selbständiger Arbeit	500 €
Einkünfte aus Vermietung und Verpachtung	– 1 500 €

Der Altersentlastungsbetrag beträgt 40% des Arbeitslohns (14 000 € – 6000 € = 8000 €), das sind 3200 €, höchstens jedoch 1900 €. Die Einkünfte aus selbständiger Arbeit und aus Vermietung und Verpachtung werden für die Berechnung des Altersentlastungsbetrags nicht berücksichtigt, weil ihre Summe negativ ist (– 1500 € + 500 € = – 1000 €).

Beispiel 2:

Wie Beispiel 1, jedoch hat der Stpfl. im VZ 2021 das 64. Lebensjahr vollendet.
Der Altersentlastungsbetrag beträgt 14,4% des Arbeitslohnes (14 000 € abzüglich Versorgungsbezüge 6000 € = 8000 €), das sind 1152 €, höchstens jedoch 684 €.

Lohnsteuerabzug. Die Berechnung des Altersentlastungsbetrags beim Lohnsteuerabzug hat keine Auswirkung auf die Berechnung im Veranlagungsverfahren (→ R 39 b.4 Abs. 3 LStR 2015).

EStG

§ 24b Entlastungsbetrag für Alleinerziehende

1 (1) ① **Allein stehende Steuerpflichtige können einen Entlastungsbetrag von der Summe der Einkünfte abziehen, wenn zu ihrem Haushalt mindestens ein Kind gehört, für das ihnen ein Freibetrag nach § 32 Absatz 6 oder Kindergeld zusteht.** ② **Die Zugehörigkeit zum Haushalt ist anzunehmen, wenn das Kind in der Wohnung des allein stehenden Steuerpflichtigen gemeldet ist.** ③ **Ist das Kind bei mehreren Steuerpflichtigen gemeldet, steht der Entlastungsbetrag nach Satz 1 demjenigen Alleinstehenden zu, der die Voraussetzungen auf Auszahlung des Kindergeldes nach § 64 Absatz 2 Satz 1 erfüllt oder erfüllen würde in Fällen, in denen nur ein Anspruch auf einen Freibetrag nach § 32 Absatz 6 besteht.** ④ **Voraussetzung für die Berücksichtigung ist die Identifizierung des Kindes durch die an dieses Kind vergebene Identifikationsnummer (§ 139 b der Abgabenordnung).** ⑤ **Ist das Kind nicht nach einem Steuergesetz steuerpflichtig (§ 139 a Absatz 2 der Abgabenordnung), ist es in anderer geeigneter Weise zu identifizieren.** ⑥ **Die nachträgliche Vergabe der Identifikationsnummer wirkt auf Monate zurück, in denen die Voraussetzungen der Sätze 1 bis 3 vorliegen.**

2 (2)[1] ① **Gehört zum Haushalt des allein stehenden Steuerpflichtigen ein Kind im Sinne des Absatzes 1, beträgt der Entlastungsbetrag im Kalenderjahr 4008 Euro.** ② **Für jedes weitere Kind im Sinne des Absatzes 1 erhöht sich der Betrag nach Satz 1 um 240 Euro je weiterem Kind.**

3 (3) ① **Allein stehend im Sinne des Absatzes 1 sind Steuerpflichtige, die nicht die Voraussetzungen für die Anwendung des Splitting-Verfahrens (§ 26 Absatz 1) erfüllen oder verwitwet sind und keine Haushaltsgemeinschaft mit einer anderen volljährigen Person bilden, es sei denn, für diese steht ihnen ein Freibetrag nach § 32 Absatz 6 oder Kindergeld zu oder es handelt sich um ein Kind im Sinne des § 63 Absatz 1 Satz 1, das einen Dienst nach § 32 Absatz 5 Satz 1 Nummer 1 und 2 leistet oder eine Tätigkeit nach § 32 Absatz 5 Satz 1 Nummer 3 ausübt.** ② **Ist die andere Person mit Haupt- oder Nebenwohnsitz in der Wohnung des Steuerpflichtigen gemeldet, wird vermutet, dass sie mit dem Steuerpflichtigen gemeinsam wirtschaftet (Haushaltsgemeinschaft).** ③ **Diese Vermutung ist widerlegbar, es sei denn, der Steuerpflichtige und die andere Person leben in einer eheähnlichen oder lebenspartnerschaftsähnlichen Gemeinschaft.**

4 (4) **Für jeden vollen Kalendermonat, in dem die Voraussetzungen des Absatzes 1 nicht vorgelegen haben, ermäßigt sich der Entlastungsbetrag nach Absatz 2 um ein Zwölftel.**

H 24b

5 **Anwendungsschreiben** → BMF vom 23. 11. 2022 (BStBl. I S. 1634).[2]

Anl zu H 24b

Schreiben betr. Entlastungsbetrag für Alleinerziehende (§ 24b Einkommensteuergesetz – EStG); Überarbeitung des BMF-Schreibens vom 23. Oktober 2017 (BStBl. I S. 1432)

Vom 23. November 2022 (BStBl. I S. 1634)

(BMF IV C 8 – S 2265-a/22/10001 :001; DOK 2022/1165370)

Dieses Schreiben ersetzt das Anwendungsschreiben vom 23. Oktober 2017 (BStBl. I S. 1432)[3] und ist in Bezug auf die Änderungen durch das Zweite Corona-Steuerhilfegesetz vom 29. Juni 2020 (BGBl. I S. 1512) und das Jahressteuergesetz 2020 vom 21. Dezember 2020 (BGBl. I S. 3096) für Veranlagungszeiträume ab 2020, im Übrigen in allen noch offenen Fällen anzuwenden.

Nach den Erörterungen mit den obersten Finanzbehörden der Länder gilt Folgendes:

I. Allgemeines

6 **1** Alleinerziehende Steuerpflichtige haben gemäß § 24b EStG Anspruch auf einen Entlastungsbetrag. Ziel des Entlastungsbetrags ist es, die höheren Kosten für die eigene Lebens- bzw. Haushaltsführung der Alleinerziehenden abzugelten, die einen gemeinsamen Haushalt nur mit ihren Kindern und keiner anderen erwachsenen Person führen, die tatsächlich oder finanziell zum Haushalt beiträgt. Ab dem Veranlagungszeitraum 2020 beträgt der Entlastungsbetrag jährlich 4008 € und erhöht sich für jedes weitere Kind um jährlich 240 €.

2 Der Entlastungsbetrag für Alleinerziehende wird außerhalb des Familienleistungsausgleichs bei der Ermittlung des Gesamtbetrags der Einkünfte durch Abzug von der Summe der Einkünfte und beim Lohnsteuerabzug durch die Steuerklasse II berücksichtigt.

II. Anspruchsvoraussetzungen

3 Der Entlastungsbetrag für Alleinerziehende wird Steuerpflichtigen gewährt, die alleinstehend sind und zu deren Haushalt mindestens ein Kind gehört, für das ihnen ein Freibetrag nach § 32 Absatz 6 EStG oder Kindergeld zusteht (§ 24b Absatz 1 Satz 1 EStG).

---

[1] **Zur Fassung von § 24b Abs. 2 Satz 1 ab VZ 2024 siehe in der geschlossenen Wiedergabe.**
[2] Nachstehend abgedruckt.
[3] Letztmals abgedruckt im „Handbuch zur Einkommensteuerveranlagung 2021" als Anlage zu H 24b.

Anl zu H 24b

1. Alleinstehend

4 Alleinstehend i. S. d. § 24b Absatz 1 EStG ist nach § 24b Absatz 3 Satz 1 EStG in der Regel (Ausnahme s. Rn. 5) ein Steuerpflichtiger, der nicht die Voraussetzungen für die Anwendung des Splitting-Verfahrens (§ 26 Absatz 1 EStG) erfüllt oder verwitwet ist und keine Haushaltsgemeinschaft mit einer anderen volljährigen Person bildet. Eine Haushaltsgemeinschaft mit einem minderjährigen Kind ist stets unschädlich.

a) Kein Splitting-Verfahren

5 Als alleinstehend ist in der Regel nur ein Steuerpflichtiger anspruchsberechtigt, der nicht die Voraussetzungen für die Anwendung des Splitting-Verfahrens erfüllt. Nach § 2 Absatz 8 EStG sind die Regelungen des Splitting-Verfahrens auch auf Lebenspartner und Lebenspartnerschaften anzuwenden. Ausnahmsweise kann ein Steuerpflichtiger, der als Ehegatte/Lebenspartner nach §§ 26 ff. EStG einzeln oder zusammen zur Einkommensteuer veranlagt wird, den Entlastungsbetrag für Alleinerziehende im Jahr der Trennung oder der Eheschließung/Verpartnerung zeitanteilig in Anspruch nehmen, sofern er die übrigen Voraussetzungen des § 24b EStG erfüllt (vgl. BFH-Urteile vom 28. Oktober 2021, III R 17/20, BStBl. 2022 II S. 797, und III R 57/20, BStBl. 2022 II S. 799).

6 Alleinstehend kann daher ein Steuerpflichtiger sein,
- der nicht verheiratet/verpartnert ist oder
- der verheiratet/verpartnert ist, aber dauernd getrennt lebt (siehe Rn. 25) oder
- der im Veranlagungszeitraum eine Ehe/Lebenspartnerschaft schließt (siehe Rn. 25b) oder
- der verwitwet ist (siehe Rn. 25c) oder
- dessen Ehegatte/Lebenspartner im Ausland lebt und nicht unbeschränkt einkommensteuerpflichtig i. S. d. § 1 Absatz 1 oder Absatz 2 oder des § 1a EStG ist.

b) Keine Haushaltsgemeinschaft mit einer anderen volljährigen Person

7 Weitere Voraussetzung ist, dass der Steuerpflichtige keine Haushaltsgemeinschaft mit einer anderen volljährigen Person bildet. Es ist allerdings unschädlich, wenn es sich bei der anderen volljährigen Person um ein leibliches Kind, Adoptiv-, Pflege-, Stief- oder Enkelkind handelt, für das dem Steuerpflichtigen ein Freibetrag nach § 32 Absatz 6 EStG oder Kindergeld zusteht.

8 Eine Haushaltsgemeinschaft mit einer anderen volljährigen Person liegt vor, wenn der Steuerpflichtige und die andere Person in der gemeinsamen Wohnung gemeinsam wirtschaften (§ 24b Absatz 3 Satz 2 EStG). Ein gemeinsames Wirtschaften kann sowohl darin bestehen, dass die andere volljährige Person zu den Kosten des gemeinsamen Haushalts beiträgt, als auch in einer Entlastung durch tatsächliche Hilfe und Zusammenarbeit. Auf den Umfang der Hilfe oder des Anteils an den im Haushalt anfallenden Arbeiten kommt es in der Regel nicht an (vgl. BFH-Urteil vom 28. Juni 2012, III R 26/10, BStBl. II S. 815).

9 Ein gemeinsames Wirtschaften setzt nicht voraus, dass nur eine gemeinsame Kasse besteht und die zur Befriedigung jeglichen Lebensbedarfs dienenden Güter nur gemeinsam und aufgrund gemeinsamer Planung angeschafft werden. Es genügt eine mehr oder weniger enge Gemeinschaft mit nahem Beieinanderwohnen, bei der jedes Mitglied der Gemeinschaft tatsächlich oder finanziell seinen Beitrag zur Haushalts- bzw. Lebensführung leistet und an ihr teilnimmt (der gemeinsame Verbrauch der Lebensmittel oder Reinigungsmittel, die gemeinsame Nutzung des Kühlschrankes etc.). Auf die Zahlungswege kommt es nicht an. Es steht daher der Annahme einer Haushaltsgemeinschaft nicht entgegen, wenn z. B. eine Person die laufenden Kosten des Haushalts ohne Miete trägt und die andere Person dafür vereinbarungsgemäß die volle Miete bezahlt.

10 Es kommt auch nicht darauf an, dass der Steuerpflichtige und die andere Person in besonderer Weise materiell (Unterhaltsgewährung) und immateriell (Fürsorge und Betreuung) verbunden sind. Als Kriterien für eine Haushaltsgemeinschaft können auch der Zweck und die Dauer der Anwesenheit der anderen Person in der Wohnung des Steuerpflichtigen herangezogen werden. So liegt bei nur kurzfristiger Anwesenheit in der Wohnung, z. B. zu Besuchszwecken oder aus Krankheitsgründen, eine Haushaltsgemeinschaft nicht vor. Andererseits bleibt eine Haushaltsgemeinschaft bestehen bei nur vorübergehender Abwesenheit von der Wohnung, z. B. wegen Krankenhausaufenthalt, Auslandsreise, Auslandsaufenthalt eines Montagearbeiters, doppelter Haushaltsführung aus beruflichen Gründen bei regelmäßiger Rückkehr in die gemeinsame Wohnung. Eine Haushaltsgemeinschaft liegt hingegen nicht mehr vor bei nicht nur vorübergehender Abwesenheit, z. B. wegen Strafvollzug, Meldung als vermisst, Auszug aus der gemeinsamen Wohnung, Unterhaltung einer zweiten Wohnung aus privaten Gründen.

11 Eine Haushaltsgemeinschaft ist insbesondere gegeben bei
- eheähnlichen Gemeinschaften,
- bei Wohngemeinschaften unter gemeinsamer Wirtschaftsführung mit einer sonstigen volljährigen Person, z. B.
  - einem Studierenden,
  - mit volljährigen Kindern, für die dem Steuerpflichtigen weder ein Freibetrag nach § 32 Absatz 6 EStG noch Kindergeld zusteht,
  - mit anderen Verwandten (vgl. BFH-Urteil vom 28. Juni 2012, III R 26/10, BStBl. II S. 815), oder
- bei nicht dauernd getrennt lebenden Ehegatten/Lebenspartnern, wenn keine Ehegatten-/Lebenspartnerbesteuerung in Betracht kommt, z. B. deutsche Ehegatten/Lebenspartner von Angehörigen der NATO-Streitkräfte.

12 Eheähnliche Gemeinschaften – im Sinne einer auf Dauer angelegten Verantwortungs- und Einstehensgemeinschaft – können anhand der folgenden, aus dem Sozialrecht abgeleiteten Indizien festgestellt werden:

Anl zu H 24b

- Dauer des Zusammenlebens (z. B. von länger als einem Jahr),
- Versorgung gemeinsamer Kinder im selben Haushalt,
- Versorgung anderer Angehöriger im selben Haushalt,
- von beiden Partnern unterschriebener und auf Dauer angelegter Mietvertrag,
- gemeinsame Kontoführung,
- andere Verfügungsbefugnisse über Einkommen und Vermögen des Partners oder
- andere gemeinsame Verträge, z.B. über Unterhaltspflichten.

Beantragt ein Steuerpflichtiger den Abzug von Unterhaltsleistungen an die andere volljährige Person als außergewöhnliche Belastungen nach § 33a Absatz 1 Satz 3 EStG, ist in der Regel vom Vorliegen einer eheähnlichen Gemeinschaft auszugehen.

13 Mit einer sonstigen volljährigen Person besteht keine Haushaltsgemeinschaft, wenn sie sich tatsächlich und finanziell nicht an der Haushaltsführung beteiligt. Das ist in der Regel nur dann der Fall, wenn diese einen vollständig getrennten Haushalt führt oder wenn – z. B. beim Zusammenleben mit einkommenslosen pflegebedürftigen Angehörigen – jedwede Unterstützungsleistung durch die andere Person ausgeschlossen erscheint. So fehlt die Fähigkeit, sich tatsächlich an der Haushaltsführung zu beteiligen, bei Personen, bei denen mindestens ein Schweregrad der Pflegebedürftigkeit i. S. d. §§ 14, 15 des Elften Buches Sozialgesetzbuch (Pflegegrade 1 bis 5) besteht, die blind oder hilflos i. S. d. § 33b Absatz 3 Satz 4 EStG sind. Der Nachweis über den Pflegegrad und der gesundheitlichen Merkmale „Bl" („blind") und „H" („hilflos") richtet sich nach § 65 Einkommensteuer-Durchführungsverordnung. Bei rückwirkender Feststellung der Merkmale „Bl" und „H" oder der Pflegebedürftigkeit sind ggf. bestandskräftige Steuerfestsetzungen auch hinsichtlich des Entlastungsbetrags nach § 24b EStG zu ändern. Die Fähigkeit, sich finanziell an der Haushaltsführung zu beteiligen, fehlt bei einer Person, die kein oder nur geringes Vermögen i. S. d. § 33a Absatz 1 Satz 4 EStG besitzt und deren Einkünfte und Bezüge i. S. d. § 33a Absatz 1 Satz 5 EStG den Unterhaltshöchstbetrag (§ 33a Absatz 1 Satz 1 EStG) nicht übersteigen.

c) Gesetzliche Vermutung einer Haushaltsgemeinschaft

14 Die Annahme einer Haushaltsgemeinschaft setzt nicht die Meldung der anderen Person in der Wohnung des Steuerpflichtigen voraus. Neben der gesetzlichen Definition der Haushaltsgemeinschaft besteht auch die gesetzliche Vermutung für das Vorliegen einer Haushaltsgemeinschaft, wenn eine andere volljährige Person mit Haupt- oder Nebenwohnsitz in der Wohnung des Steuerpflichtigen gemeldet ist (§ 24b Absatz 3 Satz 2 EStG). Eine nachträgliche Ab- bzw. Ummeldung ist insoweit unerheblich.

15 Die Vermutung ist widerlegbar (§ 24b Absatz 3 Satz 3 EStG). Sie ist widerlegt, wenn die Gemeinde oder das Finanzamt positive Kenntnis davon haben, dass die tatsächlichen Verhältnisse von den melderechtlichen Verhältnissen zugunsten des Steuerpflichtigen abweichen. Der Steuerpflichtige kann die Vermutung der Haushaltsgemeinschaft mit einer in seiner Wohnung gemeldeten anderen volljährigen Person widerlegen, wenn er glaubhaft darlegt, dass eine Haushaltsgemeinschaft mit der anderen Person nicht vorliegt.

16 Leben der Steuerpflichtige und die andere volljährige Person in einer eheähnlichen Gemeinschaft (vgl. Rn. 11 und 12), ist die Vermutung, dass eine Haushaltsgemeinschaft vorliegt, unwiderlegbar (§ 24b Absatz 3 Satz 3 2. Halbsatz EStG).

2. Haushaltszugehörigkeit eines Kindes

17 Weitere Anspruchsvoraussetzung ist, dass ein Kind, für das dem Steuerpflichtigen ein Freibetrag nach § 32 Absatz 6 EStG oder Kindergeld zusteht, zum Haushalt des Steuerpflichtigen gehört. Ein Kind gehört zum Haushalt des Steuerpflichtigen, wenn es in der Wohnung des Steuerpflichtigen gemeldet, dauerhaft in dessen Wohnung lebt oder mit seiner Einwilligung vorübergehend, z. B. zu Ausbildungszwecken, auswärtig untergebracht ist.

18 Haushaltszugehörigkeit erfordert außerdem eine Verantwortung für das materielle (Versorgung, Unterhaltsgewährung) und immaterielle Wohl (Fürsorge, Betreuung) des Kindes. Eine Heimunterbringung ist unschädlich, wenn die Wohnverhältnisse in der Familienwohnung die speziellen Bedürfnisse des Kindes berücksichtigen und es sich im Haushalt des Steuerpflichtigen regelmäßig aufhält (vgl. BFH-Urteil vom 14. November 2001, X R 24/99, BStBl. 2002 II S. 244). Die Haushaltszugehörigkeit ist selbst dann anzunehmen, wenn das Kind in der Wohnung des Steuerpflichtigen gemeldet ist, aber tatsächlich in einer eigenen Wohnung lebt. Diese Vermutung ist unwiderlegbar (vgl. BFH-Urteil vom 5. Februar 2015, III R 9/13, BStBl. II S. 926). Ist das Kind hingegen nicht in der Wohnung des Steuerpflichtigen gemeldet, trägt der Steuerpflichtige die Beweislast für das Vorliegen der Haushaltszugehörigkeit. Ist das Kind bei mehreren Steuerpflichtigen gemeldet oder gehört es unstreitig zum Haushalt des Steuerpflichtigen, ohne bei ihm gemeldet zu sein, steht der Entlastungsbetrag demjenigen Alleinstehenden zu, der das Kind tatsächlich in seinen Haushalt aufgenommen hat.

19 Ist ein Kind annähernd gleichwertig in die beiden Haushalte seiner alleinstehenden Eltern aufgenommen, können die Eltern – unabhängig davon, an welchen Berechtigten das Kindergeld ausgezahlt wird – untereinander bestimmen, wem der Entlastungsbetrag zustehen soll, es sei denn, einer der Berechtigten hat bei seiner Veranlagung oder durch Berücksichtigung der Steuerklasse II beim Lohnsteuerabzug den Entlastungsbetrag bereits in Anspruch genommen. Treffen die Eltern keine Bestimmung über die Zuordnung des Entlastungsbetrags, steht er demjenigen zu, an den das Kindergeld ausgezahlt wird (vgl. BFH-Urteil vom 28. April 2010, III R 79/08, BStBl. 2011 II S. 30).

20 Ist das Kind in den Wohnungen beider Elternteile gemeldet und ist nur ein Elternteil alleinstehend, ist diesem Elternteil der Entlastungsbetrag für Alleinerziehende unabhängig davon zu gewähren, ob dieser die Voraussetzungen für die Auszahlung des Kindergeldes erfüllt oder erfüllen würde.

Beispiel 1:

Die geschiedenen Eltern M und V haben eine gemeinsame zehnjährige Tochter T. M hat im Jahr 01 erneut geheiratet und lebt während des ganzen Jahres mit dem neuen Ehegatten und T in einem gemeinsamen Haushalt. T ist sowohl in der Wohnung von M als auch in der Wohnung von V gemeldet. M erhält das Kindergeld für T.
V kann den Entlastungsbetrag für Alleinerziehende in Anspruch nehmen. Er ist alleinstehend i. S. d. § 24b Absatz 3 EStG und T gehört zu seinem Haushalt. M kann den Entlastungsbetrag nicht in Anspruch nehmen. Sie ist nicht alleinstehend, da sie während des gesamten Jahres 01 in einer Haushaltsgemeinschaft mit einer anderen volljährigen Person lebt (§ 24b Absatz 3 Satz 1 Halbsatz 1 EStG).

3. Identifizierung eines Kindes

21 Voraussetzung für die Berücksichtigung des Kindes ist gemäß § 24b Absatz 1 Satz 4 EStG die Identifizierung des Kindes durch die an dieses Kind vergebene Identifikationsnummer (§ 139b AO).

III. Jahresbetrag, zeitanteilige Gewährung

22 Der Entlastungsbetrag für Alleinerziehende von 4008 € erhöht sich gemäß § 24b Absatz 2 EStG um jeweils 240 € für jedes weitere zum Haushalt gehörende Kind. Er ist ein Jahresbetrag, der in jedem Veranlagungszeitraum insgesamt nur einmal in Anspruch genommen werden kann. Eine Aufteilung zwischen den Haushalten alleinerziehender Elternteile ist nicht möglich.

23 Für jeden vollen Kalendermonat, in dem die Voraussetzungen für die Inanspruchnahme des Entlastungsbetrages dem Grunde nach nicht vorgelegen haben, ermäßigt sich der Betrag zeitanteilig um ein Zwölftel (§ 24b Absatz 4 EStG).

Beispiel 2:

Die alleinstehende Mutter M bringt im April ihr erstes Kind zur Welt. Sie lebt in ihrem Haushalt mit keiner weiteren volljährigen Person zusammen. Ab April kann M den Entlastungsbetrag für Alleinerziehende zeitanteilig in Höhe von (4008 € × 9/12 =) 3006 € in Anspruch nehmen.

24 Entsprechend ermäßigt sich für jeden Kalendermonat, in dem die Voraussetzungen für die Inanspruchnahme des Erhöhungsbetrages nicht vorgelegen haben, der Erhöhungsbetrag zeitanteilig.

Beispiel 3:

Die alleinstehende Mutter M bringt im Juni ihr zweites Kind zur Welt. Sie lebt in ihrem Haushalt mit keiner weiteren volljährigen Person zusammen. Für den Veranlagungszeitraum kann M einen Entlastungsbetrag für Alleinerziehende in Höhe von 4148 € (4008 € + 240 € × 7/12) in Anspruch nehmen.

25 In dem Veranlagungszeitraum, in dem Ehegatten bzw. Lebenspartner sich trennen, ist eine zeitanteilige Inanspruchnahme des Entlastungsbetrages möglich, sofern die übrigen Voraussetzungen des § 24b EStG erfüllt sind (vgl. BFH-Urteil vom 28. Oktober 2021, III R 17/20, BStBl. 2022 II S. 797). Bei dauerndem Getrenntleben kann der Entlastungsbetrag für Alleinerziehende nach § 24b Absatz 4 EStG zeitanteilig ab dem Monat der Trennung der Ehegatten/Lebenspartner beansprucht werden.

25a Im Fall der Rn. 25 kann im Vorgriff auf eine gesetzliche Regelung der anteilige Entlastungsbetrag für Alleinerziehende als Freibetrag im Lohnsteuerabzugsverfahren entsprechend § 39a Absatz 1 Satz 1 Nr. 8 EStG gebildet werden, wenn die Voraussetzungen des § 24b und des § 39a Absatz 2 Satz 4 EStG erfüllt sind. § 39a Absatz 1 Satz 1 Nr. 4a EStG gilt entsprechend.

25b Der Steuerpflichtige kann den Entlastungsbetrag für Alleinerziehende im Jahr der Eheschließung/Verpartnerung zeitanteilig in Anspruch nehmen, sofern er die übrigen Voraussetzungen des § 24b EStG erfüllt, insbesondere nicht bereits in einer Haushaltsgemeinschaft mit dem späteren Ehegatten gelebt hat (vgl. BFH-Urteil vom 28. Oktober 2021, III R 57/20, BStBl. 2022 II S. 799, und Beispiel 4).

25c Ein verwitweter Steuerpflichtiger kann nach § 24b Absatz 4 EStG den Entlastungsbetrag für Alleinerziehende erstmals zeitanteilig für den Monat des Todes des Ehegatten oder Lebenspartners beanspruchen.

26 Im Fall des Zusammenlebens mit einer anderen volljährigen Person ist der Entlastungsbetrag zeitanteilig für volle Kalendermonate zu kürzen, in denen eine Haushaltsgemeinschaft mit der anderen volljährigen Person besteht.

Beispiel 4:

Mutter M ist alleinstehend und lebt mit ihren minderjährigen Kindern K und L in einem gemeinsamen Haushalt zusammen. Am 15. August des Jahres 01 zieht der neue Partner P in die Wohnung von M mit ein. M und P heiraten am 12. Dezember 01 und wählen für diesen Veranlagungszeitraum die Zusammenveranlagung nach §§ 26, 26b EStG. Bis einschließlich August kann M den Entlastungsbetrag für Alleinerziehende zeitanteilig in Höhe von (4248 € × 8/12 =) 2832 € in Anspruch nehmen.

III. Veranlagung

EStG

§ 25 Veranlagungszeitraum, Steuererklärungspflicht

1 **(1) Die Einkommensteuer wird nach Ablauf des Kalenderjahres (Veranlagungszeitraum) nach dem Einkommen veranlagt, das der Steuerpflichtige in diesem Veranlagungszeitraum bezogen hat, soweit nicht nach § 43 Absatz 5 und § 46 eine Veranlagung unterbleibt.**

(2) **(weggefallen)**

2 (3) ① **Die steuerpflichtige Person hat für den Veranlagungszeitraum eine eigenhändig unterschriebene Einkommensteuererklärung abzugeben.** ② **Wählen Ehegatten die Zusammenveranlagung (§ 26 b), haben sie eine gemeinsame Steuererklärung abzugeben, die von beiden eigenhändig zu unterschreiben ist.**

3 (4) ① **Die Erklärung nach Absatz 3 ist nach amtlich vorgeschriebenem Datensatz durch Datenfernübertragung zu übermitteln, wenn Einkünfte nach § 2 Abs. 1 Satz 1 Nr. 1 bis 3 erzielt werden und es sich nicht um einen der Veranlagungsfälle gemäß § 46 Abs. 2 Nr. 2 bis 8 handelt.** ② **Auf Antrag kann die Finanzbehörde zur Vermeidung unbilliger Härten auf eine Übermittlung durch Datenfernübertragung verzichten.**

EStDV

§ 56 *Steuererklärungspflicht*

6 *① Unbeschränkt Steuerpflichtige haben eine jährliche Einkommensteuererklärung für das abgelaufene Kalenderjahr (Veranlagungszeitraum) in den folgenden Fällen abzugeben:*

1.[1] Ehegatten, bei denen im Veranlagungszeitraum die Voraussetzungen des § 26 Abs. 1 des Gesetzes vorgelegen haben und von denen keiner die Einzelveranlagung nach § 26 a des Gesetzes wählt,
  - *a) wenn keiner der Ehegatten Einkünfte aus nichtselbständiger Arbeit, von denen ein Steuerabzug vorgenommen worden ist, bezogen und der Gesamtbetrag der Einkünfte mehr als das Zweifache des Grundfreibetrages nach § 32 a Abs. 1 Satz 2 Nummer 1 des Gesetzes in der jeweils geltenden Fassung betragen hat,*
  - *b) wenn mindestens einer der Ehegatten Einkünfte aus nichtselbständiger Arbeit, von denen ein Steuerabzug vorgenommen worden ist, bezogen hat und eine Veranlagung nach § 46 Abs. 2 Nr. 1 bis 7 des Gesetzes in Betracht kommt;*
  - *c) (aufgehoben)*

2. Personen, bei denen im Veranlagungszeitraum die Voraussetzungen des § 26 Abs. 1 des Gesetzes nicht vorgelegen haben,
  - *a) wenn der Gesamtbetrag der Einkünfte den Grundfreibetrag nach § 32 a Abs. 1 Satz 2 Nummer 1 des Gesetzes in der jeweils geltenden Fassung überstiegen hat und darin keine Einkünfte aus nichtselbständiger Arbeit, von denen ein Steuerabzug vorgenommen worden ist, enthalten sind,*
  - *b) wenn in dem Gesamtbetrag der Einkünfte Einkünfte aus nichtselbständiger Arbeit, von denen ein Steuerabzug vorgenommen worden ist, enthalten sind und eine Veranlagung nach § 46 Abs. 2 Nr. 1 bis 6 und 7 Buchstabe b des Gesetzes in Betracht kommt.*
  - *c) (aufgehoben)*

② Eine Steuererklärung ist außerdem abzugeben, wenn zum Schluss des vorangegangenen Veranlagungszeitraums ein verbleibender Verlustabzug festgestellt worden ist.

§§ 57 bis 59 *(weggefallen)*

§ 60[2] *Unterlagen zur Steuererklärung*

7 *(1) ① Der Steuererklärung ist eine Abschrift der Bilanz, die auf dem Zahlenwerk der Buchführung beruht, im Fall der Eröffnung des Betriebs auch eine Abschrift der Eröffnungsbilanz beizufügen, wenn der Gewinn nach § 4 Abs. 1, § 5 oder § 5 a des Gesetzes ermittelt und auf eine elektronische Übermittlung nach § 5 b Abs. 2 des Gesetzes verzichtet wird. ② Werden Bücher geführt, die den Grundsätzen der doppelten Buchführung entsprechen, ist eine Gewinn- und Verlustrechnung beizufügen.*

8 *(2) ① Enthält die Bilanz Ansätze oder Beträge, die den steuerlichen Vorschriften nicht entsprechen, so sind diese Ansätze oder Beträge durch Zusätze oder Anmerkungen den steuerlichen Vorschriften anzupassen. ② Der Steuerpflichtige kann auch eine den steuerlichen Vorschriften entsprechende Bilanz (Steuerbilanz) beifügen.*

9 *(3) ① Liegt ein Anhang, ein Lagebericht oder ein Prüfungsbericht vor, so ist eine Abschrift der Steuererklärung beizufügen. ② Bei der Gewinnermittlung nach § 5 a des Gesetzes ist das besondere Verzeichnis nach § 5 a Abs. 4 des Gesetzes der Steuererklärung beizufügen.*

---

[1] Zur Anwendung siehe § 84 Abs. 11 EStDV.
[2] Zur Anwendung siehe § 84 Abs. 3 e EStDV.

(4)[1] *① Wird der Gewinn nach § 4 Abs. 3 des Gesetzes durch den Überschuss der Betriebseinnahmen über die Betriebsausgaben ermittelt, ist die Einnahmenüberschussrechnung nach amtlich vorgeschriebenem Datensatz durch Datenfernübertragung zu übermitteln. ② Auf Antrag kann die Finanzbehörde zur Vermeidung unbilliger Härten auf eine elektronische Übermittlung verzichten; in diesem Fall ist der Steuererklärung eine Gewinnermittlung nach amtlich vorgeschriebenem Vordruck beizufügen. ③ § 150 Absatz 8 der Abgabenordnung gilt entsprechend.* 10

R 25. Verfahren bei der Veranlagung von Ehegatten nach § 26a EStG

R 25

(1) ① Hat ein Ehegatte nach § 26 Abs. 2 Satz 1 EStG die Einzelveranlagung (§ 26a EStG) gewählt, so ist für jeden Ehegatten eine Einzelveranlagung durchzuführen, auch wenn sich jeweils eine Steuerschuld von 0 Euro ergibt. ② Der bei einer Zusammenveranlagung der Ehegatten in Betracht kommende Betrag der außergewöhnlichen Belastungen ist grundsätzlich von dem Finanzamt zu ermitteln, das für die Veranlagung des Ehemannes zuständig ist.[2] 11

(2) Für den VZ 2012 ist R 25 EStR 2008 weiter anzuwenden.[2]

H 25

Anlage EÜR[3]

– Der amtlich vorgeschriebene Datensatz ist durch Datenfernübertragung authentifiziert zu übermitteln. 12
  Die Anlage AVEÜR sowie bei Mitunternehmerschaften die entsprechenden Anlagen sind notwendiger Bestandteil der EÜR.
  Übersteigen die im Wj. angefallenen Schuldzinsen, ohne die Berücksichtigung der Schuldzinsen für Darlehen zur Finanzierung von Anschaffungs- oder Herstellungskosten von Wirtschaftsgütern des Anlagevermögens, den Betrag von 2050 Euro, sind bei Einzelunternehmen die in der Anlage SZ enthaltenen Angaben als notwendiger Bestandteil der EÜR an die Finanzverwaltung zu übermitteln (→ BMF vom 1. 9. 2022 – BStBl. I S. 1303).
– § 60 Abs. 4 EStDV stellt eine wirksame Rechtsgrundlage für die Pflicht zur Abgabe der Anlage EÜR dar. Die Aufforderung zur Einreichung der Anlage EÜR ist ein Verwaltungsakt (→ BFH vom 16. 11. 2011 – BStBl. 2012 II S. 129).

Elektronische Übermittlungspflicht. Eine Pflicht zur elektronischen Übermittlung der Einkommensteuererklärung ist wirtschaftlich unzumutbar, wenn der finanzielle Aufwand für die Einrichtung und Aufrechterhaltung einer Datenfernübertragungsmöglichkeit in keinem wirtschaftlich sinnvollen Verhältnis zu den Einkünften nach § 2 Abs. 1 Satz 1 Nr. 1 bis 3 EStG steht. Der Antrag auf Befreiung wegen unbilliger Härten nach § 25 Abs. 4 Satz 2 EStG i. V. m. § 150 Abs. 8 AO bezieht sich nur auf den jeweiligen Veranlagungszeitraum (→ BFH vom 16. 6. 2020 – BStBl. 2021 II S. 288 und 290).

Härteregelung. § 46 Abs. 3 und 5 EStG ist auch bei solchen Arbeitnehmern anzuwenden, die mangels Vornahme eines Lohnsteuerabzugs nicht gem. § 46 EStG, sondern nach § 25 Abs. 1 EStG zu veranlagen sind, z. B. bei ausländischem Arbeitgeber (→ BFH vom 27. 11. 2014 – BStBl. 2015 II S. 793).

Steuererklärungspflicht gem. § 56 Satz 2 EStDV. Die Verpflichtung zur Abgabe der Einkommensteuererklärung nach § 56 Satz 2 EStDV wegen Feststellung eines verbleibenden Verlustvortrags gilt nur für den unmittelbar auf den festgestellten Verlustabzug folgenden VZ.
Ist der Stpfl. nach § 46 Abs. 2 Nr. 8 EStG nur auf seinen Antrag hin zur Einkommensteuer zu veranlagen, kommt er mit der Abgabe der Einkommensteuererklärung nicht nur seiner Erklärungspflicht gem. § 56 Satz 2 EStDV nach, sondern stellt zugleich einen Veranlagungsantrag i. S. d. § 46 Abs. 2 Nr. 8 Satz 2 EStG, der wiederum die Ablaufhemmung des § 171 Abs. 3 AO auslöst (→ BFH vom 30. 3. 2017 – BStBl. II S. 1046).

Unterzeichnung durch einen Bevollmächtigten. Kehrt ein ausländischer Arbeitnehmer auf Dauer in sein Heimatland zurück, kann dessen Einkommensteuer-Erklärung ausnahmsweise durch einen Bevollmächtigten unter Offenlegung des Vertretungsverhältnisses unterzeichnet werden (→ BFH vom 10. 4. 2002 – BStBl. II S. 455).

---

[1] Zur Anwendung siehe § 84 Abs. 3e EStDV.
[2] Für VZ ab 2013 ohne Bedeutung.
[3] Zu den elektronischen Übermittlungspflichten siehe auch *Kurzinformation ESt OFD Nordrhein-Westfalen vom 20. 4. 2018 Nr. 03/2018 (DStR S. 1771).*

EStG

§ 26 Veranlagung von Ehegatten

1 **(1) ① Ehegatten können zwischen der Einzelveranlagung (§ 26 a) und der Zusammenveranlagung (§ 26 b) wählen, wenn**

1. beide unbeschränkt einkommensteuerpflichtig im Sinne des § 1 Absatz 1 oder 2 oder des § 1 a sind,

2. sie nicht dauernd getrennt leben und

3. bei ihnen die Voraussetzungen aus den Nummern 1 und 2 zu Beginn des Veranlagungszeitraums vorgelegen haben oder im Laufe des Veranlagungszeitraums eingetreten sind.

② Hat ein Ehegatte in dem Veranlagungszeitraum, in dem seine zuvor bestehende Ehe aufgelöst worden ist, eine neue Ehe geschlossen und liegen bei ihm und dem neuen Ehegatten die Voraussetzungen des Satzes 1 vor, bleibt die zuvor bestehende Ehe für die Anwendung des Satzes 1 unberücksichtigt.

2 **(2) ① Ehegatten werden einzeln veranlagt, wenn einer der Ehegatten die Einzelveranlagung wählt. ② Ehegatten werden zusammen veranlagt, wenn beide Ehegatten die Zusammenveranlagung wählen. ③ Die Wahl wird für den betreffenden Veranlagungszeitraum durch Angabe in der Steuererklärung getroffen. ④ Die Wahl der Veranlagungsart innerhalb eines Veranlagungszeitraums kann nach Eintritt der Unanfechtbarkeit des Steuerbescheids nur noch geändert werden, wenn**

1. ein Steuerbescheid, der die Ehegatten betrifft, aufgehoben, geändert oder berichtigt wird und

2. die Änderung der Wahl der Veranlagungsart der zuständigen Finanzbehörde bis zum Eintritt der Unanfechtbarkeit des Änderungs- oder Berichtigungsbescheids schriftlich oder elektronisch mitgeteilt oder zur Niederschrift erklärt worden ist und

3. der Unterschiedsbetrag aus der Differenz der festgesetzten Einkommensteuer entsprechend der bisher gewählten Veranlagungsart und der festzusetzenden Einkommensteuer, die sich bei einer geänderten Ausübung der Wahl der Veranlagungsarten ergeben würde, positiv ist. ⑤ Die Einkommensteuer der einzeln veranlagten Ehegatten ist hierbei zusammenzurechnen.

3 **(3) Wird von dem Wahlrecht nach Absatz 2 nicht oder nicht wirksam Gebrauch gemacht, so ist eine Zusammenveranlagung durchzuführen.**

R 26

R 26. Voraussetzungen für die Anwendung des § 26 EStG[1]

Nicht dauernd getrennt lebend

6 (1) ① Bei der Frage, ob Ehegatten als dauernd getrennt lebend anzusehen sind, wird einer auf Dauer herbeigeführten räumlichen Trennung regelmäßig eine besondere Bedeutung zukommen. ② Die eheliche Lebens- und Wirtschaftsgemeinschaft ist jedoch im Allgemeinen nicht aufgehoben, wenn sich die Ehegatten nur vorübergehend räumlich trennen, bei einem beruflich bedingten Auslandsaufenthalt eines der Ehegatten. ③ Sogar in Fällen, in denen die Ehegatten infolge zwingender äußerer Umstände für eine nicht absehbare Zeit räumlich voneinander getrennt leben müssen, z. B. infolge Krankheit oder Verbüßung einer Freiheitsstrafe, kann die eheliche Lebens- und Wirtschaftsgemeinschaft noch weiterbestehen, wenn die Ehegatten die erkennbare Absicht haben, die eheliche Verbindung in dem noch möglichen Rahmen aufrechtzuerhalten und nach dem Wegfall der Hindernisse die volle eheliche Gemeinschaft wiederherzustellen. ④ Ehegatten, von denen einer vermisst ist, sind im Allgemeinen nicht als dauernd getrennt lebend anzusehen.

Zurechnung gemeinsamer Einkünfte

7 (2) Gemeinsame Einkünfte der Ehegatten, aus einer Gesamthandsgesellschaft oder Gesamthandsgemeinschaft sind jedem Ehegatten, falls keine andere Aufteilung in Betracht kommt, zur Hälfte zuzurechnen.

8 (3) *Für den VZ 2012 ist R 26 EStR 2008 weiter anzuwenden.*[2]

H 26

Allgemeines

9 – Welche Personen **Ehegatten** i. S. d. § 26 Abs. 1 Satz 1 EStG sind, bestimmt sich **nach bürgerlichem Recht** (→ BFH vom 21. 6. 1957 – BStBl. III S. 300).
– Bei Ausländern sind die materiell-rechtlichen Voraussetzungen für jeden Beteiligten nach den Gesetzen des Staates zu beurteilen, dem er angehört. Die Anwendung eines ausländischen Ge-

[1] Siehe dazu „Beck'sches Steuerberater-Handbuch 2023/2024" Teil G, Rz. 2, Ehegattenveranlagungen.
[2] Für VZ ab 2013 ohne Bedeutung.

setzes ist jedoch ausgeschlossen, wenn es gegen die guten Sitten oder den Zweck eines deutschen Gesetzes verstoßen würde (→ BFH vom 6. 12. 1985 – BStBl. 1986 II S. 390). Haben **ausländische Staatsangehörige,** von denen einer außerdem die deutsche Staatsangehörigkeit besitzt, im Inland eine Ehe geschlossen, die zwar nach dem gemeinsamen Heimatrecht, nicht aber nach deutschem Recht gültig ist, so handelt es sich nicht um Ehegatten i. S. d. § 26 Abs. 1 Satz 1 EStG (→ BFH vom 17. 4. 1998 – BStBl. II S. 473).
- Eine Ehe ist bei **Scheidung** nach § 1564 BGB **oder Aufhebung** nach § 1313 BGB erst mit Rechtskraft des Urteils aufgelöst; diese Regelung ist auch für das Einkommensteuerrecht maßgebend (→ BFH vom 9. 3. 1973 – BStBl. II S. 487).
- Ein Stpfl., dessen Ehegatte **verschollen oder vermisst** ist, gilt als verheiratet. Bei Kriegsgefangenen oder Verschollenen kann in der Regel ferner davon ausgegangen werden, dass sie vor Eintritt der Kriegsgefangenschaft oder Verschollenheit einen Wohnsitz im Inland gehabt haben (→ BFH vom 3. 3. 1978 – BStBl. II S. 372).
- Wird ein verschollener Ehegatte **für tot erklärt,** so gilt der Stpfl. vom Tag der Rechtskraft des Todeserklärungsbeschlusses an als verwitwet (→ § 49 AO, BFH vom 24. 8. 1956 – BStBl. III S. 310).

Ehegatte im Ausland → § 1 a Abs. 1 Nr. 2 EStG.
Die Antragsveranlagung einer Person mit inländischen Einkünften i. S. d. § 49 EStG nach § 1 Abs. 3 EStG ermöglicht im Grundsatz keine Zusammenveranlagung mit ihrem ebenfalls im Ausland wohnenden Ehegatten, wenn dieser selbst nicht unbeschränkt einkommensteuerpflichtig ist (→ BFH vom 22. 2. 2006 – BStBl. 2007 II S. 106).

Ehegatte ohne Einkünfte. Stellt ein Ehegatte, der keine Einkünfte erzielt hat, einen Antrag auf Einzelveranlagung, ist dieser selbst dann unbeachtlich, wenn dem anderen Ehegatten eine Steuerstraftat zur Last gelegt wird. Im Fall eines solchen Antrags sind die Ehegatten nach § 26 Abs. 3 EStG zusammen zu veranlagen, wenn der andere Ehegatte dies beantragt hat (→ BFH vom 10. 1. 1992 – BStBl. II S. 297).

Getrenntleben. Ein dauerndes Getrenntleben ist anzunehmen, wenn die zum Wesen der Ehe gehörende Lebens- und Wirtschaftsgemeinschaft nach dem Gesamtbild der Verhältnisse auf die Dauer nicht mehr besteht. Dabei ist unter Lebensgemeinschaft die räumliche, persönliche und geistige Gemeinschaft der Ehegatten, unter Wirtschaftsgemeinschaft die gemeinsame Erledigung der die Ehegatten gemeinsam berührenden wirtschaftlichen Fragen ihres Zusammenlebens zu verstehen (→ BFH vom 15. 6. 1973 – BStBl. II S. 640).
In der Regel sind die Angaben der Ehegatten, sie lebten nicht dauernd getrennt, anzuerkennen, es sei denn, dass die äußeren Umstände das Bestehen einer ehelichen Lebens- und Wirtschaftsgemeinschaft fraglich erscheinen lassen (→ BFH vom 5. 10. 1966 – BStBl. 1967 III S. 84 und 110). In einem Scheidungsverfahren zum Getrenntleben getroffene Feststellungen (§ 1565 BGB) sind für die steuerliche Beurteilung nicht unbedingt bindend (→ BFH vom 13. 12. 1985 – BStBl. 1986 II S. 486).

Lebenspartner und Lebenspartnerschaften → H 2.

Tod eines Ehegatten. Die Wahl der Veranlagungsart ist auch nach dem Tod eines Ehegatten für das Jahr des Todes möglich, wobei an die Stelle des Verstorbenen dessen Erben treten. Falls die zur Wahl erforderlichen Erklärungen nicht abgegeben werden, wird nach § 26 Abs. 3 EStG unterstellt, dass eine Zusammenveranlagung gewählt wird, wenn der Erbe Kenntnis von seiner Erbenstellung und den steuerlichen Vorgängen des Erblassers hat. Bis zur Ermittlung des Erben ist grundsätzlich getrennt zu veranlagen (→ BFH vom 21. 6. 2007 – BStBl. II S. 770).

Wahl der Veranlagungsart[1]
- Beantragen Ehegatten innerhalb der Frist für einen Einspruch gegen den Zusammenveranlagungsbescheid die Einzelveranlagung, ist das Finanzamt bei der daraufhin für jeden durchzuführenden Einzelveranlagung an die tatsächliche und rechtliche Beurteilung der Besteuerungsgrundlagen im Zusammenveranlagungsbescheid gebunden (→ BFH vom 3. 3. 2005 – BStBl. II S. 564).
- Ist ein Ehegatte von Amts wegen zu veranlagen und wird auf Antrag eines der beiden Ehegatten eine Einzelveranlagung durchgeführt, ist auch der andere Ehegatte zwingend einzeln zu veranlagen. Für die Veranlagung kommt es in einem solchen Fall auf das Vorliegen der Voraussetzungen des § 46 Abs. 2 EStG nicht mehr an (→ BFH vom 21. 9. 2006 – BStBl. 2007 II S. 11).

---

[1] Zur Wahlrechtsänderung von der Einzel- zur Zusammenveranlagung siehe auch *Erlass Finbeh. Hamburg vom 24. 7. 2017 S 2262 – 2016/001-52 (DStR 2018 S. 394).*

EStG

§ 26a Einzelveranlagung von Ehegatten

1 (1) ① **Bei der Einzelveranlagung von Ehegatten sind jedem Ehegatten die von ihm bezogenen Einkünfte zuzurechnen.** ② **Einkünfte eines Ehegatten sind nicht allein deshalb zum Teil dem anderen Ehegatten zuzurechnen, weil dieser bei der Erzielung der Einkünfte mitgewirkt hat.**

2 (2) ① **Sonderausgaben, außergewöhnliche Belastungen und die Steuerermäßigungen nach den §§ 35a und 35c werden demjenigen Ehegatten zugerechnet, der die Aufwendungen wirtschaftlich getragen hat.** ② **Auf übereinstimmenden Antrag der Ehegatten werden sie jeweils zur Hälfte abgezogen.** ③ **Der Antrag des Ehegatten, der die Aufwendungen wirtschaftlich getragen hat, ist in begründeten Einzelfällen ausreichend.** ④ **§ 26 Absatz 2 Satz 3 gilt entsprechend.**

3 (3) **Die Anwendung des § 10d für den Fall des Übergangs von der Einzelveranlagung zur Zusammenveranlagung und von der Zusammenveranlagung zur Einzelveranlagung zwischen zwei Veranlagungszeiträumen, wenn bei beiden Ehegatten nicht ausgeglichene Verluste vorliegen, wird durch Rechtsverordnung der Bundesregierung mit Zustimmung des Bundesrates geregelt.**

EStDV

§ 61[1] *Antrag auf hälftige Verteilung von Abzugsbeträgen im Fall des § 26a des Gesetzes*

6 *Können die Ehegatten den Antrag nach § 26a Absatz 2 des Gesetzes nicht gemeinsam stellen, weil einer der Ehegatten dazu aus zwingenden Gründen nicht in der Lage ist, kann das Finanzamt den Antrag des anderen Ehegatten als genügend ansehen.*

§§ 62 *bis* 62c *(weggefallen)*

§ 62d[1] *Anwendung des § 10d des Gesetzes bei der Veranlagung von Ehegatten*

9 *(1) ① Im Fall der Einzelveranlagung von Ehegatten (§ 26a des Gesetzes) kann der Steuerpflichtige den Verlustabzug nach § 10d des Gesetzes auch für Verluste derjenigen Veranlagungszeiträume geltend machen, in denen die Ehegatten nach § 26b des Gesetzes zusammen veranlagt worden sind. ② Der Verlustabzug kann in diesem Fall nur für Verluste geltend gemacht werden, die der einzeln veranlagte Ehegatte erlitten hat.*

10 *(2) ① Im Fall der Zusammenveranlagung von Ehegatten (§ 26b des Gesetzes) kann der Steuerpflichtige den Verlustabzug nach § 10d des Gesetzes auch für Verluste derjenigen Veranlagungszeiträume geltend machen, in denen die Ehegatten nach § 26a des Gesetzes einzeln veranlagt worden sind. ② Im Fall der Zusammenveranlagung von Ehegatten (§ 26b des Gesetzes) in einem Veranlagungszeitraum, in den negative Einkünfte nach § 10d Abs. 1 des Gesetzes zurückgetragen werden, sind nach Anwendung des § 10d Abs. 1 des Gesetzes verbleibende negative Einkünfte für den Verlustvortrag nach § 10d Abs. 2 des Gesetzes in Veranlagungszeiträume, in denen eine Zusammenveranlagung nicht stattfindet, auf die Ehegatten nach dem Verhältnis aufzuteilen, in dem die auf den einzelnen Ehegatten entfallenden Verluste im Veranlagungszeitraum der Verlustentstehung zueinander stehen.*

§ 63 *(weggefallen)*

R 26a

R 26a. Veranlagung von Ehegatten nach § 26a EStG

16 *Für den VZ 2012 ist R 26a EStR 2008 weiter anzuwenden.*[2]

H 26a

Gütergemeinschaft

18
- Zur Frage der einkommensteuerrechtlichen Wirkung des Güterstands der allgemeinen Gütergemeinschaft zwischen Ehegatten → BFH-Gutachten vom 18. 2. 1959 (BStBl. III S. 263),
- Gewerbebetrieb als Gesamtgut der in Gütergemeinschaft lebenden Ehegatten → H 15.9 (1) Gütergemeinschaft,
- Kein Gesellschaftsverhältnis, wenn die persönliche Arbeitsleistung eines Ehegatten in den Vordergrund tritt und im Betrieb kein nennenswertes ins Gesamtgut fallendes Kapital eingesetzt wird (→ BFH vom 20. 3. 1980 – BStBl. II S. 634),
- Übertragung einer im gemeinsamen Ehegatteneigentum stehenden forstwirtschaftlich genutzten Fläche in das Alleineigentum eines Ehegatten → H 4.2 (12) Gütergemeinschaft,
- Ist die einkommensteuerrechtliche Auswirkung der Gütergemeinschaft zwischen Ehegatten streitig, ist hierüber im Verfahren der gesonderten und einheitlichen Feststellung (§§ 179, 180 AO) zu befinden (→ BFH vom 23. 6. 1971 – BStBl. II S. 730).

Kinderbetreuungskosten → BMF vom 14. 3. 2012 (BStBl. I S. 307),[3] Rdnr. 27.

---

[1] Zur erstmaligen Anwendung siehe § 84 Abs. 11 EStDV.
[2] Für VZ ab 2013 ohne Bedeutung.
[3] Abgedruckt als Anlage zu H 10.8.

Pauschbetrag für Menschen mit Behinderungen. Nach § 26a Abs. 2 Satz 2 EStG ist auf übereinstimmenden Antrag der Ehegatten der grundsätzlich einem Ehegatten zustehende Pauschbetrag für Menschen mit Behinderungen (§ 33b Abs. 1 bis 3 EStG) bei der Einzelveranlagung der Ehegatten jeweils zur Hälfte abzuziehen (→ BFH vom 20. 12. 2017 – BStBl. 2018 II S. 468).

Zugewinngemeinschaft. Jeder Ehegatte bezieht – wie bei der Gütertrennung – die Nutzungen seines Vermögens selbst (→ §§ 1363ff. BGB).

EStG

§ 26b Zusammenveranlagung von Ehegatten

Bei der Zusammenveranlagung von Ehegatten werden die Einkünfte, die die Ehegatten erzielt haben, zusammengerechnet, den Ehegatten gemeinsam zugerechnet und, soweit nichts anderes vorgeschrieben ist, die Ehegatten sodann gemeinsam als Steuerpflichtiger behandelt. 1

EStDV

§§ 61 *bis* 62d *[abgedruckt bei § 26a EStG]*

R 26b

R 26b. Zusammenveranlagung von Ehegatten nach § 26b EStG[1]

Gesonderte Ermittlung der Einkünfte

(1) ①Die Zusammenveranlagung nach § 26b EStG führt zwar zu einer Zusammenrechnung, nicht aber zu einer einheitlichen Ermittlung der Einkünfte der Ehegatten. ②Wegen des Verlustabzugs nach § 10d EStG wird auf § 62d Abs. 2 EStDV und R 10d Abs. 6 hingewiesen. 3

Feststellung gemeinsamer Einkünfte

(2) Gemeinsame Einkünfte zusammenzuveranlagender Ehegatten sind grundsätzlich gesondert und einheitlich festzustellen (*§ 180 Abs. 1 Nr. 2 Buchstabe a*[2] und § 179 Abs. 2 AO), sofern es sich nicht um Fälle geringer Bedeutung handelt (§ 180 Abs. 3 AO). 4

H 26b

Feststellung gemeinsamer Einkünfte. Bei Ehegatten ist eine gesonderte und einheitliche Feststellung von Einkünften jedenfalls dann durchzuführen, wenn ein für die Besteuerung erhebliches Merkmal streitig ist, so auch, wenn zweifelhaft ist, ob Einkünfte vorliegen, an denen ggf. die Eheleute beteiligt sind (→ BFH vom 17. 5. 1995 – BStBl. II S. 640). Dies ist nicht erforderlich bei Fällen von geringer Bedeutung. Solche Fälle sind beispielsweise bei Mieteinkünften von zusammen zu veranlagenden Ehegatten (→ BFH vom 20. 1. 1976 – BStBl. II S. 305) und bei dem gemeinschaftlich erzielten Gewinn von zusammen zu veranlagenden Landwirts-Ehegatten (→ BFH vom 4. 7. 1985 – BStBl. II S. 576) gegeben, wenn die Einkünfte verhältnismäßig einfach zu ermitteln sind und die Aufteilung feststeht. 5

Gesonderte Ermittlung der Einkünfte. Bei der Zusammenveranlagung nach § 26b EStG sind ebenso wie bei der Einzelveranlagung nach § 26a EStG für jeden Ehegatten die von ihm bezogenen Einkünfte gesondert zu ermitteln (→ BFH vom 25. 2. 1988 – BStBl. II S. 827).

EStG

§ 26c[3] (aufgehoben)

§ 27 (weggefallen)

§ 28[4] Besteuerung bei fortgesetzter Gütergemeinschaft

Bei fortgesetzter Gütergemeinschaft gelten Einkünfte, die in das Gesamtgut fallen, als Einkünfte des überlebenden Ehegatten, wenn dieser unbeschränkt steuerpflichtig ist. 1

§§ 29 und 30 (weggefallen)

---

[1] Siehe dazu „Beck'sches Steuerberater-Handbuch 2023/2024", Teil G, Rz. 2, Ehegattenveranlagungen.

[2] Jetzt § 180 Abs. 1 Satz 1 Nr. 2 Buchstabe a AO.

[3] § 26c EStG aufgehoben, letztmals abgedruckt im „Handbuch zur ESt-Veranlagung 2012".

[4] Die Beteiligung eines Abkömmlings am Gesamtgut der fortgesetzten Gütergemeinschaft ist auch steuerlich anzuerkennen. Die Vorschrift des § 28 EStG, nach der die in das Gesamtgut fallenden Einkünfte solche des überlebenden Ehegatten sein sollen, ist eine Ausnahmevorschrift. *BFH-Urteil vom 13. 5. 1966 VI 238/64 (BStBl. III S. 505).*

§ 28 EStG gilt nicht für den bei Auflösung einer fortgesetzten Gütergemeinschaft entstehenden Gewinn. *BFH-Urteil vom 12. 11. 1992 IV R 41/91 (BStBl. 1993 II S. 430).*

IV. Tarif

EStG

§ 31 Familienleistungsausgleich

1 **① Die steuerliche Freistellung eines Einkommensbetrags in Höhe des Existenzminimums eines Kindes einschließlich der Bedarfe für Betreuung und Erziehung oder Ausbildung wird im gesamten Veranlagungszeitraum entweder durch die Freibeträge nach § 32 Absatz 6 oder durch Kindergeld nach Abschnitt X bewirkt. ② Soweit das Kindergeld dafür nicht erforderlich ist, dient es der Förderung der Familie. ③ Im laufenden Kalenderjahr wird Kindergeld als Steuervergütung monatlich gezahlt. ④ Bewirkt der Anspruch auf Kindergeld für den gesamten Veranlagungszeitraum die nach Satz 1 gebotene steuerliche Freistellung nicht vollständig und werden deshalb bei der Veranlagung zur Einkommensteuer die Freibeträge nach § 32 Absatz 6 vom Einkommen abgezogen, erhöht sich die unter Abzug dieser Freibeträge ermittelte tarifliche Einkommensteuer um den Anspruch auf Kindergeld für den gesamten Veranlagungszeitraum; bei nicht zusammenveranlagten Eltern wird der Kindergeldanspruch im Umfang des Kinderfreibetrags angesetzt. ⑤ Bei der Prüfung der Steuerfreistellung und der Hinzurechnung nach Satz 4 bleibt der Anspruch auf Kindergeld für Kalendermonate unberücksichtigt, in denen durch Bescheid der Familienkasse ein Anspruch auf Kindergeld festgesetzt, aber wegen § 70 Absatz 1 Satz 2 nicht ausgezahlt wurde. ⑥ Satz 4 gilt entsprechend für mit dem Kindergeld vergleichbare Leistungen nach § 65. ⑦ Besteht nach ausländischem Recht Anspruch auf Leistungen für Kinder, wird dieser insoweit nicht berücksichtigt, als er das inländische Kindergeld übersteigt.**

R 31

R 31. Familienleistungsausgleich

Prüfung der Steuerfreistellung

2 (1) *(unbesetzt)*

Anspruch auf Kindergeld

3 (2) ① Bei der Prüfung der Steuerfreistellung ist auf das für den jeweiligen VZ zustehende Kindergeld oder die vergleichbare Leistung abzustellen, unabhängig davon, ob ein Antrag gestellt wurde oder eine Zahlung erfolgt ist. ② Dem Kindergeld vergleichbare Leistungen i. S. d. § 65 Abs. 1 Satz 1 EStG oder Leistungen auf Grund über- oder zwischenstaatlicher Rechtsvorschriften sind wie Ansprüche auf Kindergeld bis zur Höhe der Beträge nach § 66 EStG zu berücksichtigen ③ Auch ein Anspruch auf Kindergeld, dessen Festsetzung aus verfahrensrechtlichen Gründen nicht erfolgt ist, ist zu berücksichtigen.

Zurechnung des Kindergelds/zivilrechtlicher Ausgleich

4 (3) ① Der Anspruch auf Kindergeld ist demjenigen zuzurechnen, der für das Kind Anspruch auf einen Kinderfreibetrag nach § 32 Abs. 6 EStG hat, auch wenn das Kindergeld an das Kind selbst oder einen Dritten (z. B. einen Träger von Sozialleistungen) ausgezahlt wird. ② Der Anspruch auf Kindergeld ist grundsätzlich beiden Elternteilen jeweils zur Hälfte zuzurechnen; dies gilt unabhängig davon, ob ein barunterhaltspflichtiger Elternteil Kindergeld über den zivilrechtlichen Ausgleich von seinen Unterhaltszahlungen abzieht oder ein zivilrechtlicher Ausgleich nicht in Anspruch genommen wird. ③ In den Fällen des § 32 Abs. 6 Satz 3 EStG und in den Fällen der Übertragung des Kinderfreibetrags (§ 32 Abs. 6 Satz 6, 1. Alternative EStG) ist dem Stpfl. der gesamte Anspruch auf Kindergeld zuzurechnen. ④ Wird für ein Kind lediglich der Freibetrag für den Betreuungs- und Erziehungs- oder Ausbildungsbedarf übertragen (§ 32 Abs. 6 Satz 6, 2. Alternative EStG), bleibt die Zurechnung des Anspruchs auf Kindergeld hiervon unberührt.

Abstimmung zwischen Finanzämtern und Familienkassen

5 (4) ① Kommen die Freibeträge für Kinder zum Abzug, hat das Finanzamt die Veranlagung grundsätzlich unter Berücksichtigung des Anspruchs auf Kindergeld durchzuführen. ② Ergeben sich durch den Vortrag des Stpfl. begründete Zweifel am Bestehen eines Anspruchs auf Kindergeld, ist die Familienkasse zu beteiligen. ③ Wird von der Familienkasse bescheinigt, dass ein Anspruch auf Kindergeld besteht, übernimmt das Finanzamt grundsätzlich die Entscheidung der Familienkasse über die Berücksichtigung des Kindes. ④ Zweifel an der Richtigkeit der Entscheidung der einen Stelle (Finanzamt oder Familienkasse) oder eine abweichende Auffassung sind der Stelle, welche die Entscheidung getroffen hat, mitzuteilen. ⑤ Diese teilt der anderen Stelle mit, ob sie den Zweifeln Rechnung trägt bzw. ob sie sich der abweichenden Auffassung anschließt. ⑥ Kann im Einzelfall kein Einvernehmen erzielt werden, haben das Finanzamt und die Familienkasse der jeweils vorgesetzten Behörde zu berichten. ⑦ Bis zur Klärung der Streitfrage ist die Festsetzung unter dem Vorbehalt der Nachprüfung durchzuführen.

Hinzurechnung nach § 31 Satz 4 und 5 EStG 7

– Für die Hinzurechnung ist allein entscheidend, ob ein Anspruch auf Kindergeld besteht. Der Kindergeldanspruch ist daher unabhängig davon, ob das Kindergeld tatsächlich gezahlt worden ist, hinzuzurechnen, wenn die Berücksichtigung von Freibeträgen nach § 32 Abs. 6 EStG rechnerisch günstiger ist als der Kindergeldanspruch (→ BFH vom 13. 9. 2012 – BStBl. 2013 II S. 228). Dies gilt auch dann, wenn ein Kindergeldantrag trotz des materiell-rechtlichen Bestehens des Anspruchs bestandskräftig abgelehnt worden ist (→ BFH vom 15. 3. 2012 – BStBl. 2013 II S. 226).
– → aber § 31 Satz 5 EStG.

Prüfung der Steuerfreistellung. Die Vergleichsrechnung, bei der geprüft wird, ob das Kindergeld oder der Ansatz der Freibeträge nach § 32 Abs. 6 EStG für den Stpfl. vorteilhafter ist, wird für jedes Kind einzeln durchgeführt. Dies gilt auch dann, wenn eine Zusammenfassung der Freibeträge für zwei und mehr Kinder wegen der Besteuerung außerordentlicher Einkünfte günstiger wäre (→ BFH vom 28. 4. 2010 – BStBl. 2011 II S. 259).

Übersicht über vergleichbare ausländische Leistungen → BZSt vom 16. 1. 2017 (BStBl. I S. 151).

Über- und zwischenstaatliche Rechtsvorschriften. Über- und zwischenstaatliche Rechtsvorschriften i. S. v. R 31 Abs. 2 Satz 2 sind insbesondere folgende Regelungen:

- Verordnung (EG) Nr. 883/2004 des Europäischen Parlaments und des Rates vom 29. 4. 2004 zur Koordinierung der Systeme der sozialen Sicherheit (ABl. EG Nr. L 200 vom 7. 6. 2004, S. 1), zuletzt geändert durch VO (EU) Nr. 2017/492 der Kommission vom 21. 3. 2017 (ABl. Nr. L 76 vom 22. 3. 2017, S. 13), anzuwenden im Verhältnis zu den EU-Staaten seit 1. 5. 2010 (zu Kroatien seit 1. 7. 2013), zur Schweiz seit 1. 4. 2012 und zu den EWR-Staaten Island, Liechtenstein und Norwegen seit 1. 6. 2012, zu den Übergangsbestimmungen siehe Art. 87 VO (EG) Nr. 883/2004;
- Verordnung (EG) Nr. 987/2009 des Europäischen Parlaments und des Rates vom 16. 9. 2009 zur Festlegung der Modalitäten für die Durchführung der Verordnung (EG) Nr. 883/2004 über die Koordinierung der Systeme der sozialen Sicherheit (ABl. Nr. L 284 vom 30. 10. 2009, S. 1), anzuwenden im Verhältnis zu den EU-Staaten seit 1. 5. 2010 (zu Kroatien seit 1. 7. 2013), zur Schweiz seit 1. 4. 2012 und zu den EWR-Staaten Island, Liechtenstein und Norwegen seit 1. 6. 2012, zu den Übergangsbestimmungen siehe Art. 93 VO (EG) Nr. 987/2009 i. V. m. Art. 87 VO (EG) Nr. 883/2004;
- Verordnung (EU) Nr. 1231/2010 des Europäischen Parlaments und des Rates vom 24. November 2010 zur Ausdehnung der Verordnung (EG) Nr. 883/2004 und der Verordnung (EG) Nr. 987/2009 auf Drittstaatsangehörige, die ausschließlich aufgrund ihrer Staatsangehörigkeit nicht bereits unter diese Verordnungen fallen (ABl. Nr. L 344 vom 29. 12. 2010, S. 1), gültig in allen Mitgliedstaaten der EU mit Ausnahme von Dänemark und Großbritannien;
- EWR-Abkommen vom 2. 5. 1992 (BGBl. 1993 II S. 226) i. d. F. des Anpassungsprotokolls vom 17. 3. 1993 (BGBl. II S. 1294);
- Abkommen zwischen der Europäischen Gemeinschaft und ihren Mitgliedstaaten einerseits und der Schweizerischen Eidgenossenschaft andererseits über die Freizügigkeit vom 21.6. 1999 (BGBl. 2001 II S. 810), in Kraft getreten am 1.6. 2002 (BGBl. II S. 1692). Nach diesem Abkommen gelten die gemeinschaftsrechtlichen Koordinierungsvorschriften (Verordnungen (EG) Nr. 883/2004 und 987/2009) seit dem 1. 4. 2012 auch im Verhältnis zur Schweiz.

Auf Grund der vorstehenden Regelungen besteht grundsätzlich vorrangig ein Anspruch im Beschäftigungsstaat. Wenn die ausländische Familienleistung geringer ist und der andere Elternteil dem deutschen Recht der sozialen Sicherheit unterliegt, besteht Anspruch auf einen Unterschiedsbetrag zum Kindergeld in Deutschland.

- **Bosnien und Herzegowina** → Serbien/Montenegro
- **Marokko**
  Abkommen zwischen der Bundesrepublik Deutschland und dem Königreich Marokko über Kindergeld vom 25. 3. 1981 (BGBl. 1995 II S. 634 ff.) i. d. F. des Zusatzabkommens vom 22. 11. 1991 (BGBl. 1995 II S. 640), beide in Kraft getreten am 1. 8. 1996 (BGBl. II S. 1455);
- **Mazedonien** → Serbien/Montenegro
- **Serbien/Montenegro**
  Abkommen zwischen der Bundesrepublik Deutschland und der Sozialistischen Föderativen Republik Jugoslawien über Soziale Sicherheit vom 12. 10. 1968 (BGBl. 1969 II S. 1437), in Kraft getreten am 1. 9. 1969 (BGBl. II S. 1568), i. d. F. des Änderungsabkommens vom 30. 9. 1974 (BGBl. 1975 II S. 389), in Kraft getreten am 1. 1. 1975 (BGBl. II S. 916).
  Das vorgenannte Abkommen gilt im Verhältnis zu Bosnien und Herzegowina, Serbien sowie Montenegro uneingeschränkt fort, nicht jedoch im Verhältnis zur Republik Kroatien, zur Republik Slowenien und zur Republik Mazedonien;
- **Türkei**
  Abkommen zwischen der Bundesrepublik Deutschland und der Republik Türkei über Soziale Sicherheit vom 30. 4. 1964 (BGBl. 1965 II S. 1169 ff.), in Kraft getreten am 1. 11.

H 31

1965 (BGBl. II S. 1588), i. d. F. des Zusatzabkommens vom 2. 11. 1984 zur Änderung des Abkommens (BGBl. 1986 II S. 1040 ff.), in Kraft getreten am 1. 4. 1987 (BGBl. II S. 188);

– **Tunesien**
Abkommen zwischen der Bundesrepublik Deutschland und der Tunesischen Republik über Kindergeld vom 20. 9. 1991 (BGBl. 1995 II S. 642 ff.) in Kraft getreten am 1. 8. 1996 (BGBl. II S. 2522).

Höhe des inländischen Kindergelds für Kinder in einzelnen Abkommensstaaten

Angaben in Euro je Monat	1. Kind	2. Kind	3. Kind	4. Kind	5. Kind	6. Kind	ab 7. Kind
Bosnien und Herzegowina	5,11	12,78	30,68	30,68	35,79	35,79	35,79
Kosovo	5,11	12,78	30,68	30,68	35,79	35,79	35,79
Marokko	5,11	12,78	12,78	12,78	12,78	12,78	–
Montenegro	5,11	12,78	30,68	30,68	35,79	35,79	35,79
Serbien	5,11	12,78	30,68	30,68	35,79	35,79	35,79
Türkei	5,11	12,78	30,68	30,68	35,79	35,79	35,79
Tunesien	5,11	12,78	12,78	12,78	–	–	–

Zivilrechtlicher Ausgleich. Verzichtet der zum Barunterhalt verpflichtete Elternteil durch gerichtlichen oder außergerichtlichen Vergleich auf die Anrechnung des hälftigen Kindergeldes auf den Kindesunterhalt, ist sein zivilrechtlicher Ausgleichsanspruch gleichwohl in die Prüfung der Steuerfreistellung des § 31 EStG einzubeziehen (→ BFH vom 16. 3. 2004 – BStBl. 2005 II S. 332). Sieht das Zivilrecht eines anderen Staates nicht vor, dass das Kindergeld die Unterhaltszahlung an das Kind mindert, ist der für das Kind bestehende Kindergeldanspruch dennoch bei der Prüfung der Steuerfreistellung nach § 31 EStG anzusetzen (→ BFH vom 13. 8. 2002 – BStBl. II S. 867 und vom 28. 6. 2012 – BStBl. 2013 II S. 855).

Zurechnung des Kindergelds. Bei der Prüfung der Steuerfreistellung ist der gesamte Anspruch auf Kindergeld dem vollen Kinderfreibetrag gegenüberzustellen, wenn der halbe Kinderfreibetrag auf den betreuenden Elternteil übertragen wurde, weil der andere Elternteil seiner Unterhaltsverpflichtung gegenüber dem Kind nicht nachkam (→ BFH vom 16. 3. 2004 – BStBl. 2005 II S. 594).

EStG

§ 32 Kinder, Freibeträge für Kinder

(1) Kinder sind

1. im ersten Grad mit dem Steuerpflichtigen verwandte Kinder, 1

2. Pflegekinder (Personen, mit denen der Steuerpflichtige durch ein familienähnliches, auf längere Dauer berechnetes Band verbunden ist, sofern er sie nicht zu Erwerbszwecken in seinen Haushalt aufgenommen hat und das Obhuts- und Pflegeverhältnis zu den Eltern nicht mehr besteht).

(2) ① **Besteht bei einem angenommenen Kind das Kindschaftsverhältnis zu den leiblichen Eltern weiter, ist es vorrangig als angenommenes Kind zu berücksichtigen.** 2 ② **Ist ein im ersten Grad mit dem Steuerpflichtigen verwandtes Kind zugleich ein Pflegekind, ist es vorrangig als Pflegekind zu berücksichtigen.**

(3) **Ein Kind wird in dem Kalendermonat, in dem es lebend geboren wurde, und in jedem folgenden Kalendermonat, zu dessen Beginn es das 18. Lebensjahr noch nicht vollendet hat, berücksichtigt.** 3

(4) ① **Ein Kind, das das 18. Lebensjahr vollendet hat, wird berücksichtigt, wenn es** 4

1. noch nicht das 21. Lebensjahr vollendet hat, nicht in einem Beschäftigungsverhältnis steht und bei einer Agentur für Arbeit im Inland als Arbeitsuchender gemeldet ist oder

2. noch nicht das 25. Lebensjahr vollendet hat und

a) für einen Beruf ausgebildet wird oder

b) sich in einer Übergangszeit von höchstens vier Monaten befindet, die zwischen zwei Ausbildungsabschnitten oder zwischen einem Ausbildungsabschnitt und der Ableistung des gesetzlichen Wehr- oder Zivildienstes, einer vom Wehr- oder Zivildienst befreienden Tätigkeit als Entwicklungshelfer oder als Dienstleistender im Ausland nach § 14 b des Zivildienstgesetzes oder der Ableistung des freiwilligen Wehrdienstes nach § 58 b des Soldatengesetzes oder der Ableistung eines freiwilligen Dienstes im Sinne des Buchstaben d liegt, oder

c) eine Berufsausbildung mangels Ausbildungsplatzes nicht beginnen oder fortsetzen kann oder

d) einen der folgenden freiwilligen Dienste leistet:

aa) ein freiwilliges soziales Jahr im Sinne des Jugendfreiwilligendienstegesetzes,

bb) ein freiwilliges ökologisches Jahr im Sinne des Jugendfreiwilligendienstegesetzes,

cc) einen Bundesfreiwilligendienst im Sinne des Bundesfreiwilligendienstgesetzes,

dd) eine Freiwilligentätigkeit im Rahmen des Europäischen Solidaritätskorps im Sinne der Verordnung (EU) 2021/888 des Europäischen Parlaments und des Rates vom 20. Mai 2021 zur Aufstellung des Programms für das Europäische Solidaritätskorps und zur Aufhebung der Verordnungen (EU) 2018/1475 und (EU) Nr. 375/2014 (ABl. L 202 vom 8. 6. 2021, S. 32),

ee) einen anderen Dienst im Ausland im Sinne von § 5 des Bundesfreiwilligendienstgesetzes,

ff) einen entwicklungspolitischen Freiwilligendienst „weltwärts" im Sinne der Förderleitlinie des Bundesministeriums für wirtschaftliche Zusammenarbeit und Entwicklung vom 1. Januar 2016,

gg) einen Freiwilligendienst aller Generationen im Sinne von § 2 Absatz 1 a des Siebten Buches Sozialgesetzbuch oder

hh) einen Internationalen Jugendfreiwilligendienst im Sinne der Richtlinie des Bundesministeriums für Familie, Senioren, Frauen und Jugend vom 4. Januar 2021 (GMBl S. 77) oder

3. wegen körperlicher, geistiger oder seelischer Behinderung außerstande ist, sich selbst zu unterhalten; Voraussetzung ist, dass die Behinderung vor Vollendung des 25. Lebensjahres[1] eingetreten ist.

② **Nach Abschluss einer erstmaligen Berufsausbildung oder eines Erststudiums wird ein Kind in den Fällen des Satzes 1 Nummer 2 nur berücksichtigt, wenn das Kind keiner Erwerbstätigkeit nachgeht.** ③ **Eine Erwerbstätigkeit mit bis zu 20 Stunden regelmäßiger wöchentlicher Arbeitszeit, ein Ausbildungsdienstverhältnis oder ein geringfügiges Beschäftigungsverhältnis im Sinne der §§ 8 und 8 a des Vierten Buches Sozialgesetzbuch sind unschädlich.**

(5)[2] ① **In den Fällen des Absatzes 4 Satz 1 Nummer 1 oder Nummer 2 Buchstabe a und b wird ein Kind, das** 5

1. den gesetzlichen Grundwehrdienst oder Zivildienst geleistet hat oder

---

[1] Zur Anwendung siehe § 52 Abs. 32 Satz 1 EStG.
[2] Zur Anwendung siehe § 52 Abs. 32 Satz 2 EStG.

EStG

2. sich an Stelle des gesetzlichen Grundwehrdienstes freiwillig für die Dauer von nicht mehr als drei Jahren zum Wehrdienst verpflichtet hat, oder

3. eine vom gesetzlichen Grundwehrdienst oder Zivildienst befreiende Tätigkeit als Entwicklungshelfer im Sinne des § 1 Absatz 1 des Entwicklungshelfer-Gesetzes ausgeübt hat,

für einen der Dauer dieser Dienste oder der Tätigkeit entsprechenden Zeitraum, höchstens für die Dauer des inländischen gesetzlichen Grundwehrdienstes oder bei anerkannten Kriegsdienstverweigerern für die Dauer des inländischen gesetzlichen Zivildienstes über das 21. oder 25. Lebensjahr hinaus berücksichtigt. ② Wird der gesetzliche Grundwehrdienst oder Zivildienst in einem Mitgliedstaat der Europäischen Union oder einem Staat, auf den das Abkommen über den Europäischen Wirtschaftsraum Anwendung findet, geleistet, so ist die Dauer dieses Dienstes maßgebend. ③ Absatz 4 Satz 2 und 3 gilt entsprechend.

6 (6)[1, 2] **① Bei der Veranlagung zur Einkommensteuer wird für jedes zu berücksichtigende Kind des Steuerpflichtigen ein Freibetrag von 2810 Euro für das sächliche Existenzminimum des Kindes (Kinderfreibetrag) sowie ein Freibetrag von 1464 Euro für den Betreuungs- und Erziehungs- oder Ausbildungsbedarf des Kindes vom Einkommen abgezogen. ② Bei Ehegatten, die nach den §§ 26, 26 b zusammen zur Einkommensteuer veranlagt werden, verdoppeln sich die Beträge nach Satz 1, wenn das Kind zu beiden Ehegatten in einem Kindschaftsverhältnis steht. ③ Die Beträge nach Satz 2 stehen dem Steuerpflichtigen auch dann zu, wenn**

1. der andere Elternteil verstorben oder nicht unbeschränkt einkommensteuerpflichtig ist oder

2. der Steuerpflichtige allein das Kind angenommen hat oder das Kind nur zu ihm in einem Pflegekindschaftsverhältnis steht.

④ Für ein nicht nach § 1 Absatz 1 oder 2 unbeschränkt einkommensteuerpflichtiges Kind können die Beträge nach den Sätzen 1 bis 3 nur abgezogen werden, soweit sie nach den Verhältnissen seines Wohnsitzstaates notwendig und angemessen sind. ⑤ Für jeden Kalendermonat, in dem die Voraussetzungen für einen Freibetrag nach den Sätzen 1 bis 4 nicht vorliegen, ermäßigen sich die dort genannten Beträge um ein Zwölftel. ⑥ Abweichend von Satz 1 wird bei einem unbeschränkt einkommensteuerpflichtigen Elternpaar, bei dem die Voraussetzungen des § 26 Absatz 1 Satz 1 nicht vorliegen, auf Antrag eines Elternteils der dem anderen Elternteil zustehende Kinderfreibetrag auf ihn übertragen, wenn er, nicht jedoch der andere Elternteil, seiner Unterhaltspflicht gegenüber dem Kind für das Kalenderjahr im Wesentlichen nachkommt oder der andere Elternteil mangels Leistungsfähigkeit nicht unterhaltspflichtig ist; die Übertragung des Kinderfreibetrags führt stets auch zur Übertragung des Freibetrags für den Betreuungs- und Erziehungs- oder Ausbildungsbedarf. ⑦ Eine Übertragung nach Satz 6 scheidet für Zeiträume aus, für die Unterhaltsleistungen nach dem Unterhaltsvorschussgesetz gezahlt werden. ⑧ Bei minderjährigen Kindern wird der dem Elternteil, in dessen Wohnung das Kind nicht gemeldet ist, zustehende Freibetrag für den Betreuungs- und Erziehungs- oder Ausbildungsbedarf auf Antrag des anderen Elternteils auf diesen übertragen, wenn bei dem Elternpaar die Voraussetzungen des § 26 Absatz 1 Satz 1 nicht vorliegen. ⑨ Eine Übertragung nach Satz 8 scheidet aus, wenn der Übertragung widersprochen wird, weil der Elternteil, bei dem das Kind nicht gemeldet ist, Kinderbetreuungskosten trägt oder das Kind regelmäßig in einem nicht unwesentlichen Umfang betreut. ⑩ Die den Eltern nach den Sätzen 1 bis 9 zustehenden Freibeträge können auf Antrag auch auf einen Stiefelternteil oder Großelternteil übertragen werden, wenn dieser das Kind in seinen Haushalt aufgenommen hat oder dieser einer Unterhaltspflicht gegenüber dem Kind unterliegt. ⑪ Die Übertragung nach Satz 10 kann auch mit Zustimmung des berechtigten Elternteils erfolgen, die nur für künftige Kalenderjahre widerrufen werden kann.

Übersicht

[1] Wegen vorläufiger Steuerfestsetzung im Hinblick auf eine Verfassungswidrigkeit (Höhe der kindbezogenen Freibeträge nach § 32 Abs. 6 Satz 1 und 2 EStG) siehe BMF-Schreiben vom 15. 1. 2018 (BStBl. I S. 2), zuletzt geändert durch BMF-Schreiben vom 28. 3. 2022 (BStBl. I S. 203), abgedruckt im Anhang **III.**

[2] **Zur Fassung von § 32 Abs. 6 Satz 1 für VZ 2023 und ab VZ 2024 und Abs. 6 Satz 12 bis 14 ab VZ 2023 siehe in der geschlossenen Wiedergabe.**

R 32.1. Im ersten Grad mit dem Stpfl. verwandte Kinder

R 32.1

(unbesetzt) 11

H 32.1

Anerkennung der Vaterschaft. Die Anerkennung der Vaterschaft begründet den gesetzlichen Vaterschaftstatbestand des § 1592 Nr. 2 BGB und bestätigt das zwischen dem Kind und seinem Vater von der Geburt an bestehende echte Verwandtschaftsverhältnis i. S. d. § 32 Abs. 1 Nr. 1 EStG. Bestandskräftige Einkommensteuerbescheide sind nach § 175 Abs. 1 Satz 1 Nr. 2 AO zu ändern und kindbedingte Steuervorteile zu berücksichtigen (→ BFH vom 28. 7. 2005 – BStBl. 2008 II S. 350). 12

Annahme als Kind

A 10.2 Abs. 1 und 3 DA-KG 2022:

„(1) Ein angenommenes minderjähriges Kind ist mit dem Berechtigten im ersten Grad verwandt (vgl. § 32 Abs. 1 Nr. 1 EStG). Die Annahme wird vom Familiengericht ausgesprochen und durch Zustellung des Annahmebeschlusses an die annehmende Person rechtswirksam (§ 197 Abs. 2 FamFG). Mit der Annahme als Kind erlischt das Verwandtschaftsverhältnis des Kindes zu seinen bisherigen Verwandten. Nimmt ein Ehegatte oder Lebenspartner das Kind seines Ehegatten oder Lebenspartners an, erlischt das Verwandtschaftsverhältnis nur zu dem anderen Elternteil und dessen Verwandten (§ 1755 BGB).

(3) Wird eine volljährige Person als Kind angenommen, gilt diese ebenfalls als im ersten Grad mit der annehmenden Person verwandt. Das Verwandtschaftsverhältnis zu den bisherigen Verwandten erlischt jedoch nur dann, wenn das Familiengericht der Annahme die Wirkung einer Minderjährigenannahme beigelegt hat (§ 1772 BGB). ..."

R 32.2. Pflegekinder

R 32.2

Pflegekindschaftsverhältnis

(1) ① Ein Pflegekindschaftsverhältnis (§ 32 Abs. 1 Nr. 2 EStG) setzt voraus, dass das Kind im Haushalt der Pflegeeltern sein Zuhause hat und diese zu dem Kind in einer familienähnlichen, auf längere Dauer angelegten Beziehung wie zu einem eigenen Kind stehen z. B., wenn der Stpfl. ein Kind im Rahmen von Hilfe zur Erziehung in Vollzeitpflege (§§ 27, 33 SGB VIII) oder im Rahmen von Eingliederungshilfe (§ 35 a Abs. 2 Nr. 3 SGB VIII) in seinen Haushalt aufnimmt, sofern das Pflegeverhältnis auf Dauer angelegt ist. ② Hieran fehlt es, wenn ein Kind von vornherein nur für eine begrenzte Zeit im Haushalt des Stpfl. Aufnahme findet. ③ Kinder, die mit dem Ziel der Annahme vom Stpfl. in Pflege genommen werden (§ 1744 BGB), sind regelmäßig Pflegekinder. ④ Zu Erwerbszwecken in den Haushalt aufgenommen sind, z. B. Kostkinder. ⑤ Hat der Stpfl. mehr als sechs Kinder in seinem Haushalt aufgenommen, spricht eine Vermutung dafür, dass es sich um Kostkinder handelt. 13

Kein Obhuts- und Pflegeverhältnis zu den leiblichen Eltern

(2) ① Voraussetzung für ein Pflegekindschaftsverhältnis zum Stpfl. ist, dass das Obhuts- und Pflegeverhältnis zu den leiblichen Eltern nicht mehr besteht, d. h. die familiären Bindungen zu diesen auf Dauer aufgegeben sind. ② Gelegentliche Besuchskontakte allein stehen dem nicht entgegen. 14

Altersunterschied

(3) ① Ein Altersunterschied wie zwischen Eltern und Kindern braucht nicht unbedingt zu bestehen. ② Dies gilt auch, wenn das zu betreuende Geschwister von Kind an wegen Behinderung 15

pflegebedürftig war und das betreuende Geschwister die Stelle der Eltern, z. B. nach deren Tod, einnimmt. ③ Ist das zu betreuende Geschwister dagegen erst im Erwachsenenalter pflegebedürftig geworden, wird im Allgemeinen ein dem Eltern-Kind-Verhältnis ähnliches Pflegeverhältnis nicht mehr begründet werden können.

H 32.2

Familienähnliches, auf längere Dauer berechnetes Band; nicht zu Erwerbszwecken

17 A 11.3 DA-KG 2022:

„(1) Ein familienähnliches Band wird allgemein dann angenommen, wenn zwischen der Pflegeperson und dem Kind ein Aufsichts-, Betreuungs- und Erziehungsverhältnis wie zwischen Eltern und leiblichem Kind besteht. Es kommt nicht darauf an, ob die Pflegeeltern die Personensorge innehaben.

(2) Die nach § 32 Abs. 1 Nr. 2 EStG erforderliche familienähnliche Bindung muss von vornherein auf mehrere Jahre angelegt sein. Maßgebend ist nicht die tatsächliche Dauer der Bindung, wie sie sich aus rückschauender Betrachtung darstellt, sondern vielmehr die Dauer, die der Bindung nach dem Willen der Beteiligten bei der Aufnahme des Kindes zugedacht ist. Dabei kann bei einer von den Beteiligten beabsichtigten Dauer von mindestens zwei Jahren im Regelfall davon ausgegangen werden, dass ein Pflegekindschaftsverhältnis i. S. d. EStG begründet worden ist. Das Gleiche gilt, wenn ein Kind mit dem Ziel der Annahme als Kind in Pflege genommen wird.

(3) Ein familienähnliches Band kann auch noch begründet werden, wenn ein Kind kurz vor Eintritt der Volljährigkeit in den Haushalt der Pflegeperson aufgenommen wird. Die Aufnahme einer volljährigen Person, insbesondere eines volljährigen Familienangehörigen, in den Haushalt und die Sorge für diese Person begründet für sich allein regelmäßig kein Pflegekindschaftsverhältnis, selbst wenn es sich um eine Person mit Behinderung handelt. Wenn es sich bei der Person jedoch um einen Menschen mit schwerer geistiger oder seelischer Behinderung handelt, der in seiner geistigen Entwicklung einem Kind gleichsteht, kann ein Pflegekindschaftsverhältnis unabhängig vom Alter dieser Person und der Pflegeeltern begründet werden. Die Wohn- und Lebensverhältnisse der Person mit Behinderung müssen den Verhältnissen leiblicher Kinder vergleichbar sein und eine Zugehörigkeit dieser Person zur Familie widerspiegeln, außerdem muss ein dem Eltern-Kind-Verhältnis vergleichbares Erziehungsverhältnis bestehen (siehe auch BFH vom 9. 2. 2012, III R 15/09, BStBl. II S. 739).

(4) Anhaltspunkt für das Vorliegen einer familienähnlichen Bindung kann eine vom Jugendamt erteilte Pflegeerlaubnis nach § 44 SGB VIII sein. Sie ist jedoch nicht in jedem Fall vorgeschrieben, z. B. dann nicht, wenn das Kind der Pflegeperson vom Jugendamt vermittelt worden ist, wenn Pflegekind und Pflegeperson miteinander verwandt oder verschwägert sind, oder wenn es sich um eine nicht gewerbsmäßige Tagespflege handelt. Wird eine amtliche Pflegeerlaubnis abgelehnt bzw. eine solche widerrufen, kann davon ausgegangen werden, dass ein familienähnliches, auf längere Dauer angelegtes Band zwischen Pflegeperson und Kind nicht bzw. nicht mehr vorliegt. Endet die Pflegeerlaubnis nur deshalb, weil das Pflegekind eine bestimmte Altersgrenze erreicht (z. B. Vollendung des 18. Lebensjahres), ist dies allein kein Grund anzunehmen, dass ein familienähnliches, auf längere Dauer angelegtes Band zwischen Pflegeperson und Kind nicht mehr vorliegt.

(5) Ein Altersunterschied wie zwischen Eltern und Kindern braucht nicht unbedingt zu bestehen. Ein Pflegekindschaftsverhältnis kann daher auch zwischen Geschwistern, z. B. Waisen, gegeben sein (BFH vom 5. 8. 1977, VI R 187/74, BStBl. II S. 832). Das Gleiche gilt ohne Rücksicht auf einen Altersunterschied, wenn der zu betreuende Geschwisterteil von Kind an wegen Behinderung pflegebedürftig war und der betreuende Teil die Stelle der Eltern, etwa nach deren Tod, einnimmt. Ist der zu betreuende Geschwisterteil dagegen erst nach Eintritt der Volljährigkeit pflegebedürftig geworden, so wird im Allgemeinen ein dem Eltern-Kind-Verhältnis ähnliches Pflegeverhältnis nicht mehr begründet werden können.

(6) Werden von einer Pflegeperson bis zu sechs Kinder in ihren Haushalt aufgenommen, ist davon auszugehen, dass die Haushaltsaufnahme nicht zu Erwerbszwecken erfolgt. Keine Pflegekinder sind sog. Kostkinder. Hat die Pflegeperson mehr als sechs Kinder in ihren Haushalt aufgenommen, spricht eine Vermutung dafür, dass es sich um Kostkinder handelt, vgl. R 32.2 Abs. 1 EStR 2012. In einem erwerbsmäßig betriebenen Heim (Kinderhaus) oder in einer sonstigen betreuten Wohnform nach § 34 SGB VIII untergebrachte Kinder sind keine Pflegekinder (BFH vom 23. 9. 1998, XI R 11/98, BStBl. 1999 II S. 133 und BFH vom 2. 4. 2009, III R 92/06, BStBl. 2010 II S. 345). Die sozialrechtliche Einordnung hat Tatbestandswirkung (BFH vom 2. 4. 2009, III R 92/06, BStBl. 2010 II S. 345), d. h., sie ist ein Grundlagenbescheid, dem Bindungswirkung zukommt (vgl. V 20).“

Fehlendes Obhuts- und Pflegeverhältnis zu den Eltern

A 11.4 DA-KG 2022:

„(1) Ein Pflegekindschaftsverhältnis setzt des Weiteren voraus, dass ein Obhuts- und Pflegeverhältnis zu den Eltern nicht mehr besteht. Ob ein Obhuts- und Pflegeverhältnis zu den Eltern noch besteht, hängt vom Einzelfall ab und ist insbesondere unter Berücksichtigung des Alters des Kindes, der Anzahl und der Dauer der Besuche der Eltern bei dem Kind sowie der Frage zu beurteilen, ob und inwieweit vor der Trennung bereits ein Obhuts- und Pflegeverhältnis des Kindes zu den Eltern bestanden hat (BFH vom 20. 1. 1995, III R 14/94, BStBl. II S. 582 und BFH vom 7. 9. 1995, III R 95/93, BStBl. 1996 II S. 63).

(2) Ein Pflegekindschaftsverhältnis liegt nicht vor, wenn die Pflegeperson nicht nur mit dem Kind, sondern auch mit einem Elternteil des Kindes in häuslicher Gemeinschaft lebt, und zwar selbst dann nicht, wenn der Elternteil durch eine Schul- oder Berufsausbildung in der Obhut und Pflege des Kindes beeinträchtigt ist (BFH vom 9. 3. 1989, VI R 94/88, BStBl. II S. 680). Ein zwischen einem allein erziehenden Elternteil und seinem Kind im Kleinkindalter begründetes Obhuts- und Pflegeverhältnis wird durch die vorübergehende Abwesenheit des Elternteils nicht unterbrochen (BFH vom 12. 6. 1991, III R 108/89, BStBl. 1992 II S. 20). Die Auflösung des Obhuts- und Pflegeverhältnisses des Kindes zu den Eltern kann i. d. R. angenommen werden, wenn ein noch nicht schulpflichtiges Kind mindestens ein Jahr lang bzw. ein noch schulpflichtiges Kind über zwei Jahre und länger keine ausreichenden Kontakte mehr hat (BFH vom 20. 1. 1995, III R 14/94, BStBl. II S. 582 und BFH vom 7. 9. 1995, III R 95/93, BStBl. 1996 II S. 63). Das Pflegekindschaftsverhältnis besteht dann nicht erst nach Ablauf dieses Zeitraums, sondern ab Aufnahme des Kindes in den Haushalt der Pflegeperson und Bestehen des familienähnlichen, auf längere Dauer berechneten Bandes. Diese Grundsätze gelten auch für Prognoseentscheidungen. Die Prognoseentscheidung basiert auf der Bewertung, ob zum Zeitpunkt der Entscheidung das Obhuts- und Pflegeverhältnis zu den abstammungsrechtlich zugeordneten Eltern besteht. Kein ausreichendes Obhuts- und Pflegeverhältnis liegt beispielsweise vor, wenn:

- ein Pflegekind von seinen Eltern nur gelegentlich im Haushalt der Pflegeperson besucht wird bzw. wenn es seine Eltern ebenfalls nur gelegentlich besucht,
- Besuche allein dem Zweck dienen, die vom Gericht oder Jugendamt festgelegten Besuchszeiten einzuhalten, oder
- die Kontakte mit den Eltern nicht geeignet sind, einen Beitrag für die Pflege und Obhut des Kindes zu leisten und Obhut und Pflege also im Wesentlichen durch die Pflegeperson erbracht werden.

(3) Bei unbegleiteten minderjährigen Flüchtlingen kann das fehlende Obhuts- und Pflegeverhältnis zu den Eltern unterstellt werden. Als unbegleiteter minderjähriger Flüchtling gilt ein minderjähriges Kind, das ohne Begleitung eines nach dem Gesetz oder der Praxis des betreffenden Staates für das Kind verantwortlichen Erwachsenen geflüchtet ist.“

R 32.3. Allgemeines zur Berücksichtigung von Kindern R 32.3

21 ① Ein Kind wird vom Beginn des Monats an, in dem die Anspruchsvoraussetzungen erfüllt sind, berücksichtigt. ② Entsprechend endet die Berücksichtigung mit Ablauf des Monats, in dem die Anspruchsvoraussetzungen wegfallen (Monatsprinzip). ③ Für die Frage, ob ein Kind lebend geboren wurde, ist im Zweifel das Personenstandsregister des Standesamtes maßgebend. ④ Eine Berücksichtigung außerhalb des Zeitraums der unbeschränkten Steuerpflicht der Eltern ist – auch in den Fällen des § 2 Abs. 7 Satz 3 EStG – nicht möglich. ⑤ Ein vermisstes Kind ist bis zur Vollendung des 18. Lebensjahres zu berücksichtigen.

R 32.4. Kinder, die Arbeit suchen *(unbesetzt)* R 32.4

23

H 32.4

Erkrankung und Mutterschaft

A 14.2 Abs. 1 und 2 DA-KG 2022: 24

„(1) Eine Berücksichtigung ist auch in einem Zeitraum möglich, in dem das Kind wegen Erkrankung nicht bei einer Agentur für Arbeit im Inland oder einem Jobcenter arbeitsuchend gemeldet ist. Die Erkrankung und das voraussichtliche Ende der Erkrankung sind durch eine Bescheinigung des behandelnden Arztes nachzuweisen; die Bescheinigung ist jeweils nach Ablauf von sechs Monaten zu erneuern. Ist nach den ärztlichen Feststellungen das voraussichtliche Ende der Erkrankung nicht absehbar, ist zu prüfen, ob das Kind wegen einer Behinderung nach § 32 Abs. 4 Satz 1 Nr. 3 EStG berücksichtigt werden kann. Von einer ärztlichen Bescheinigung über das voraussichtliche Ende der Erkrankung kann abgesehen werden, wenn das Kind zwischenzeitlich wieder arbeitsuchend gemeldet ist. Wurde das Kind nicht bereits vor der Erkrankung nach § 32 Abs. 4 Satz 1 Nr. 1 EStG berücksichtigt, muss es seinen Willen, sich unmittelbar nach Wegfall der Hinderungsgründe bei der zuständigen Agentur für Arbeit im Inland oder einem Jobcenter arbeitsuchend zu melden, durch eine schriftliche Erklärung glaubhaft machen (vgl. V 6.1 Abs. 1 Satz 8). Meldet sich das Kind nach Wegfall der Hinderungsgründe nicht unmittelbar bei der zuständigen Agentur für Arbeit im Inland oder einem Jobcenter arbeitsuchend, ist die Festsetzung ab dem Monat, der dem Monat folgt, in dem die Hinderungsgründe wegfallen, nach § 70 Abs. 2 Satz 1 EStG aufzuheben. Für die Bearbeitung und Nachweisführung stehen die Vordrucke KG 9 a und KG 9 b[1] zur Verfügung.

(2) Ein Kind, das wegen eines Beschäftigungsverbots nach §§ 3, 13 Abs. 1 Nr. 3 oder 16 MuSchG nicht bei einer Agentur für Arbeit im Inland arbeitsuchend gemeldet ist, kann nach § 32 Abs. 4 Satz 1 Nr. 1 EStG berücksichtigt werden. Das Gleiche gilt, wenn das Kind wegen unzulässiger Tätigkeiten und Arbeitsbedingungen nach §§ 11, 12 MuSchG nicht arbeitsuchend gemeldet ist. Die Schwangerschaft und der voraussichtliche Tag der Entbindung sind durch ein ärztliches Zeugnis oder das Zeugnis einer Hebamme oder eines Entbindungshelfers nachzuweisen. Ein Beschäftigungsverbot nach § 16 MuSchG ist durch ärztliches Zeugnis zu bestätigen. Die Nichtvermittelbarkeit wegen unzulässiger Tätigkeit nach §§ 11, 12 MuSchG ist durch eine Bescheinigung der Arbeitsvermittlung nachzuweisen. Satz 1 und 2 gelten unabhängig davon, ob das Kind nach dem Ende des Beschäftigungsverbots nach §§ 3, 13 Abs. 1 Nr. 3 oder 16 MuSchG die Meldung als Arbeitsuchender im Inland erneut vornimmt (BFH vom 13. 6. 2013, III R 58/12, BStBl. 2014 II S. 834). Befindet sich das Kind jedoch in Elternzeit nach dem BEEG, wird es nur berücksichtigt, wenn es arbeitsuchend gemeldet ist."

Kinder, die Arbeit suchen

A 14.1 Abs. 1 und 2 DA-KG 2022:

„(1) Ein Kind, das das 18., aber noch nicht das 21. Lebensjahr vollendet hat, kann nach § 32 Abs. 4 Satz 1 Nr. 1 EStG berücksichtigt werden, wenn es nicht in einem Beschäftigungsverhältnis steht und bei einer Agentur für Arbeit im Inland oder einem Jobcenter (gemeinsame Einrichtung oder zugelassener kommunaler Träger) arbeitsuchend gemeldet ist.
Einer Berücksichtigung stehen nicht entgegen:
- eine geringfügige Beschäftigung i. S. v. § 8 SGB IV bzw. § 8 a SGB IV (vgl. A 20.3.3 Abs. 1 und 2),
- eine selbständige oder gewerbliche Tätigkeit von insgesamt weniger als 15 Stunden wöchentlich (vgl. BFH vom 18. 12. 2014, III R 9/14, BStBl. 2015 II S. 653),
- die Zuweisung in Arbeitsgelegenheiten nach § 16 d SGB II,
- wenn die Meldung als Arbeitssuchender nicht im Inland, sondern bei der staatlichen Arbeitsvermittlung in einem anderen EU- bzw. EWR-Staat oder in der Schweiz erfolgt ist.

A 23 und V 1.5.2 sind zu beachten.

(2) Der Nachweis, dass ein Kind im Inland arbeitsuchend gemeldet ist, hat durch eine Bescheinigung der zuständigen Agentur für Arbeit oder des Jobcenters zu erfolgen. Hierfür steht der Vordruck KG 11a[1] zur Verfügung. Es sind diesbezüglich keine weiteren Prüfungen durch die Familienkasse erforderlich. Auch die Bescheinigung der Arbeitslosigkeit oder des Bezugs von Arbeitslosengeld nach § 136 SGB III sind ein ausreichender Nachweis der Meldung als arbeitsuchend."

R 32.5. Kinder, die für einen Beruf ausgebildet werden *(unbesetzt)* R 32.5

29

H 32.5

Allgemeines

- → A 15 DA-KG 2022. 30
- Als Berufsausbildung ist die Ausbildung für einen künftigen Beruf zu verstehen. In der Berufsausbildung befindet sich, wer sein Berufsziel noch nicht erreicht hat, sich aber ernstlich darauf vorbereitet (→ BFH vom 9. 6. 1999 – BStBl. II S. 706). Dem steht nicht entgegen, dass das Kind auf Grund der Art der jeweiligen Ausbildungsmaßnahme die Möglichkeit der Erzielung eigener Einkünfte erlangt (→ BFH vom 16. 4. 2002 – BStBl. II S. 523).

Beginn, Unterbrechnung und Ende der Berufsausbildung

- Das Referendariat im Anschluss an die erste juristische Staatsprüfung gehört zur Berufsausbildung (→ BFH vom 10. 2. 2000 – BStBl. II S. 398).

---

[1] Vordrucke der Familienkasse.

H 32.5

- Ein Kind befindet sich nicht in Ausbildung, wenn es sich zwar an einer Universität immatrikuliert, aber tatsächlich das Studium noch nicht aufgenommen hat (→ BFH vom 23. 11. 2001 – BStBl. 2002 II S. 484).
- Ein Universitäts- oder Hochschullstudium ist in dem Zeitpunkt abgeschlossen, in dem eine nach dem einschlägigen Prüfungsrecht zur Feststellung des Studienerfolgs vorgesehene Prüfungsentscheidung ergangen ist oder ein Prüfungskandidat von der vorgesehenen Möglichkeit, sich von weiteren Prüfungsabschnitten befreien zu lassen, Gebrauch gemacht hat (→ BFH vom 21. 1. 1999 – BStBl. II S. 141). Das Studium endet regelmäßig mit Bekanntgabe des Prüfungsergebnisses. Das Prüfungsergebnis ist dem Kind bekanntgegeben, sobald es eine schriftliche Bestätigung über den erfolgreichen Abschluss und die erzielten Abschlussnoten erhalten hat oder objektiv die Möglichkeit hat, eine solche schriftliche Bestätigung über ein Online-Portal der Hochschule erstellen zu können (→ BFH vom 7. 7. 2021 – BStBl. II S. 864). Die Berufsausbildung endet bereits vor Bekanntgabe des Prüfungsergebnisses, wenn das Kind nach Erbringung aller Prüfungsleistungen eine Vollzeiterwerbstätigkeit aufnimmt (→ BFH vom 24. 5. 2000 – BStBl. II S. 473).
- → A 15.10 DA-KG 2022.
- → A 20.2.4 Abs. 2 und 3 DA-KG 2022.

Kinder mit Behinderung, die für einen Beruf ausgebildet werden

→ A 15.4 DA-KG 2022:

„Ein Kind mit Behinderung wird auch dann für einen Beruf ausgebildet, wenn es durch gezielte Maßnahmen auf eine – wenn auch einfache – Erwerbstätigkeit vorbereitet wird, die nicht spezifische Fähigkeiten oder Fertigkeiten erfordert. Unter diesem Gesichtspunkt kann z. B. auch der Besuch einer Schule für Menschen mit Behinderung, einer Heimsonderschule, das Arbeitstraining in einer Anlernwerkstatt oder die Förderung im Berufsbildungsbereich einer Werkstatt für behinderte Menschen den Grundtatbestand des § 32 Abs. 4 Satz 1 Nr. 2 Buchst. a EStG erfüllen."

Praktikum, Volontariat und Trainee-Programm

- → A 15.8 DA-KG 2022:

„(1) Während eines Praktikums wird ein Kind für einen Beruf ausgebildet, sofern dadurch Kenntnisse, Fähigkeiten und Erfahrungen vermittelt werden, die als Grundlagen für die Ausübung des angestrebten Berufs geeignet sind (vgl. BFH vom 9. 6. 1999, VI R 16/99, BStBl. II S. 713) und es sich nicht lediglich um ein gering bezahltes Arbeitsverhältnis handelt. Das Praktikum muss für das angestrebte Berufsziel förderlich sein (BFH vom 15. 7. 2003, VIII R 79/99, BStBl. II S. 843). Es sind auch der Vervollkommnung und Abrundung von Fähigkeiten und Kenntnissen dienende Maßnahmen einzubeziehen, die außerhalb eines geregelten Bildungsganges ergriffen werden und damit über das vorgeschriebene Maß hinausgehen. Es ist nicht erforderlich, dass die Ausbildungsmaßnahme einem im BBiG geregelten fest umrissenen Bildungsgang entspricht, sie in einer Ausbildungs- oder Studienordnung vorgeschrieben ist oder auf ein deutsches Studium angerechnet wird.

(2) Ein vorgeschriebenes Praktikum ist als notwendige fachliche Voraussetzung oder Ergänzung der eigentlichen Ausbildung an einer Schule, Hochschule oder sonstigen Ausbildungsstätte ohne weiteres anzuerkennen. Gleiches gilt für ein durch die Ausbildungs- oder Studienordnung empfohlenes Praktikum sowie für ein Praktikum, das in dem mit der späteren Ausbildungsstätte abgeschlossenen schriftlichen Ausbildungsvertrag oder der von dieser Ausbildungsstätte schriftlich gegebenen verbindlichen Ausbildungszusage vorgesehen ist.

(3) Ein Praktikum, das weder vorgeschrieben noch empfohlen ist, kann unter den Voraussetzungen des Abs. 1 für die Dauer berücksichtigt werden, in der ein ausreichender Bezug zum Berufsziel glaubhaft gemacht wird, längstens für zwölf Monate. Von einem ausreichenden Bezug kann ausgegangen werden, wenn dem Praktikum ein detaillierter Ausbildungsplan zu Grunde liegt, der darauf zielt, unter fachkundiger Anleitung für die Ausübung des angestrebten Berufs wesentliche Kenntnisse und Fertigkeiten zu vermitteln.

(4) Eine Tätigkeit kann für eine Dauer von bis zu drei Monaten als Praktikum berücksichtigt werden, wenn sie im Rahmen der Berufsorientierung dazu dient, Einblicke in Inhalte, Anforderungen, Strukturen und Themen des jeweiligen Berufsbildes zu vermitteln und es sich dabei nicht lediglich um ein gering bezahltes Arbeitsverhältnis handelt.

(5) Eine Volontärtätigkeit, die ein ausbildungswilliges Kind vor Annahme einer voll bezahlten Beschäftigung gegen geringe Entlohnung absolviert, ist berücksichtigungsfähig, wenn das Volontariat der Erlangung der angestrebten beruflichen Qualifikation dient und somit der Ausbildungscharakter im Vordergrund steht (vgl. BFH vom 9. 6. 1999, VI R 50/98, BStBl. II S. 706; vgl. auch Anlernverhältnis, A 15.2 Satz 2); Gleiches gilt für eine Tätigkeit als Trainee. Für eine Prägung durch Ausbildungszwecke spricht es, dass ein detaillierter Ausbildungsplan zu Grunde liegt, dass die Unterweisung auf qualifizierte Tätigkeiten ausgerichtet ist, dass auf der Grundlage der Ausbildung dem Kind eine den Lebensunterhalt selbständig sichernde Berufstätigkeit ermöglicht wird und dass die Höhe des Arbeitslohns dem eines Auszubildenden vergleichbar ist. Es darf sich dagegen nicht lediglich um ein gering bezahltes Arbeitsverhältnis handeln."

- Das Anwaltspraktikum eines Jurastudenten ist Berufsausbildung, auch wenn es weder gesetzlich noch durch die Studienordnung vorgeschrieben ist (→ BFH vom 9. 6. 1999 – BStBl. II S. 713).
- Zur Berufsausbildung eines Studenten der Anglistik, der einen Abschluss in diesem Studiengang anstrebt, gehört auch ein Auslandspraktikum als Fremdsprachenassistent an einer Schule in Großbritannien während eines Urlaubssemesters (→ BFH vom 14. 1. 2000 – BStBl. II S. 199).

Schulbesuch

- Zur Berufsausbildung gehört auch der Besuch von Allgemeinwissen vermittelnden Schulen wie Grund-, Haupt- und Oberschulen sowie von Fach- und Hochschulen. Auch der Besuch eines Colleges in den USA kann zur Berufsausbildung zählen (→ BFH vom 9. 6. 1999 – BStBl. II S. 705).
- → A 15.5 DA-KG 2022.

Soldat in Aus-/Weiterbildung

- → A 15.2 Satz 3 bis 4 DA-KG 2022:

H 32.5

„In den Laufbahngruppen der Bundeswehr können folgende Berufsausbildungsmaßnahmen berücksichtigungsfähig sein:
- die Ausbildung eines Soldaten auf Zeit für seine spätere Verwendung in der Laufbahngruppe Mannschaft, wenn sie zu Beginn der Verpflichtungszeit erfolgt; die Ausbildung umfasst die Grundausbildung und die sich anschließende Dienstpostenausbildung (vgl. BFH vom 10. 5. 2012, VI R 72/11, BStBl. II S. 895); dies gilt auch für den freiwilligen Wehrdienst nach § 58 b SG,
- die Ausbildung eines Soldaten auf Zeit oder Berufssoldaten in der Laufbahngruppe Unteroffizier (mit oder ohne Portepee) bzw. in der Laufbahngruppe Offizier (BFH vom 16. 4. 2002, VIII R 58/01, BStBl. 2002 II S. 523 und BFH vom 15. 7. 2003, VIII R 19/02, BStBl. 2007 II S. 247); zur Ausbildung können auch zivilberufliche Aus- und Weiterbildungsmaßnahmen (sog. ZAW-Maßnahmen), das Studium an einer Bundeswehrhochschule oder an einer zivilen Hochschule zählen, auch wenn diese Maßnahmen über die jeweilige Ernennung hinaus andauern,
- die während des Wehrdienstes stattfindende Ausbildung zum Reserveoffizier (BFH vom 8. 5. 2014, III R 41/13, BStBl. II S. 717),
- zusätzliche Weiterbildungen bzw. Ausbildungsmaßnahmen eines Soldaten, die grundsätzlich dazu geeignet sind, den Aufstieg in eine höhere Laufbahngruppe, den Einstieg in eine Laufbahngruppe oder den Laufbahnwechsel vom Unteroffizier ohne Portepee zum Unteroffizier mit Portepee zu ermöglichen (darunter fallen nicht in der Bundeswehr übliche Verwendungslehrgänge, die nach dem Erwerb der Laufbahnbefähigung absolviert werden, vgl. BFH vom 16. 9. 2015, III R 6/15, BStBl. 2016 II S. 281).

Findet eine der in Satz 3 genannten Maßnahmen zu Beginn der Verpflichtungszeit statt, können die ersten vier Monate ohne näheren Nachweis anerkannt werden, lediglich der Dienstantritt ist glaubhaft zu machen. Für die Prüfung der weiteren Berücksichtigung steht der Vordruck KG 15[1] zur Verfügung.

Sprachaufenthalt im Ausland
→ A 15.9 DA-KG 2022:

„(1) Sprachaufenthalte im Ausland sind regelmäßig berücksichtigungsfähig, wenn der Erwerb der Fremdsprachenkenntnisse nicht dem ausbildungswilligen Kind allein überlassen bleibt, sondern Ausbildungsinhalt und Ausbildungsziel von einer fachlich autorisierten Stelle vorgegeben werden. Davon ist ohne weiteres auszugehen, wenn der Sprachaufenthalt mit anerkannten Formen der Berufausbildung verbunden wird (z. B. Besuch einer allgemeinbildenden Schule, eines Colleges oder einer Universität). In allen anderen Fällen – insbesondere bei Auslandsaufenthalten im Rahmen von Au-pair-Verhältnissen – setzt die Anerkennung voraus, dass der Aufenthalt von einem theoretisch-systematischen Sprachunterricht in einer Fremdsprache begleitet wird (vgl. BFH vom 9. 6. 1999, VI R 33/98 und VI R 143/98, BStBl. II S. 701 und S. 710 und BFH vom 19. 2. 2002, VIII R 83/00, BStBl. II S. 469).

(2) Es kann regelmäßig eine ausreichende Ausbildung angenommen werden, wenn ein begleitender Sprachunterricht von wöchentlich zehn Unterrichtsstunden stattfindet. Das Leben in der Gastfamilie zählt nicht dazu. Ein Sprachaufenthalt im Ausland kann ebenfalls berücksichtigt werden, wenn der begleitende Sprachunterricht weniger als wöchentlich zehn Unterrichtsstunden umfasst, der Auslandsaufenthalt aber von einer Ausbildungs- oder Prüfungsordnung vorausgesetzt wird. Gleiches gilt, wenn der Sprachaufenthalt der Vorbereitung auf einen für die Zulassung zum Studium oder zu einer anderen Ausbildung erforderlichen Fremdsprachentest dient. Im Einzelnen gilt A 15.3."

→ Umfang der zeitlichen Inanspruchnahme durch die Berufsausbildung

Umfang der zeitlichen Inanspruchnahme durch die Berufsausbildung
→ A 15.3 Abs. 1 bis 3 DA-KG 2022:

„(1) Die Ausbildung ist berücksichtigungsfähig, wenn sich das Kind ernsthaft und nachhaltig auf das Erreichen eines bestimmten Berufsziels vorbereitet. Anders als z. B. bei einem Sprachunterricht im Ausland (vgl. A 15.9), ist bei einer Ausbildung in einem öffentlich-rechtlich geordneten Ausbildungsgang eine Prüfung der Ernsthaftigkeit, beispielsweise anhand zeitlicher Kriterien, regelmäßig nicht erforderlich (vgl. BFH vom 8. 9. 2016, III R 27/15, BStBl. II 2017 S. 278).

(2) Sind bei Studenten die Semesterbescheinigungen aussagekräftig (durch Ausweis der Hochschulsemester), sind diese als Nachweis grundsätzlich ausreichend. Bestehen trotz aussagekräftiger Semesterbescheinigungen Zweifel an der Ernsthaftigkeit des Studiums, sollte die Ernsthaftigkeit durch Vorlage von Leistungsnachweisen („Scheine", Bescheinigungen des Betreuenden über Einreichung von Arbeiten zur Kontrolle), die Aufschluss über die Fortschritte des Lernenden geben, in den in A 15.10 Abs. 13 festgelegten Zeitpunkten belegt werden. Bei Ausbildungsgängen, die keine regelmäßige Präsenz an einer Ausbildungsstätte erfordern (insbesondere bei als Fernstudium angebotenen Fernlehrgängen), sollte die Ernsthaftigkeit nach Satz 2 geprüft werden.

(3) Es ist zwar kein zeitliches Mindestmaß an einer Ausbildungsmaßnahme zu fordern, gleichwohl kann die tatsächliche zeitliche Inanspruchnahme als Anhaltspunkt für die Ernsthaftigkeit der Ausbildung herangezogen werden. So kann beispielsweise eine tatsächliche Unterrichts- bzw. Ausbildungszeit von zehn Wochenstunden regelmäßig als ausreichende Ausbildung anerkannt werden. Eine Unterrichts- bzw. Ausbildungszeit von weniger als zehn Wochenstunden kann als ausreichende Ausbildung anerkannt werden, wenn z. B.
- das Kind zur Teilnahme am Schulunterricht zur Erfüllung der Schulpflicht verpflichtet ist (BFH vom 28. 4. 2010, III R 93/08, BStBl. II S. 1060),
- der zusätzliche ausbildungsbezogene Zeitaufwand (z. B. für Vor- und Nachbereitung) über das übliche Maß hinausgeht oder
- die besondere Bedeutung der Maßnahme für das angestrebte Berufsziel dies rechtfertigt.

Üblich ist ein Zeitaufwand für die häusliche Vor- und Nacharbeit, welcher der Dauer der Unterrichts- bzw. Ausbildungszeit entspricht, sowie ein Zeitaufwand für den Weg von und zur Ausbildungsstätte bis zu einer Stunde für die einfache Wegstrecke. Über das übliche Maß hinaus geht der ausbildungsbezogene Zeitaufwand z. B.
- bei besonders umfangreicher Vor- und Nacharbeit oder
- wenn neben die Unterrichtseinheiten zusätzliche ausbildungsfördernde Aktivitäten bzw. die praktische Anwendung des Gelernten treten.

Die besondere Bedeutung der Maßnahme für das angestrebte Berufsziel rechtfertigt eine geringere Stundenanzahl, z. B. bei
- Erwerb einer qualifizierten Teilnahmebescheinigung,
- Prüfungsteilnahme,
- regelmäßigen Leistungskontrollen oder
- berufszielbezogener Üblichkeit der Durchführung einer solchen Maßnahme, wenn die Ausbildungsmaßnahme der üblichen Vorbereitung auf einen anerkannten Prüfungsabschluss dient oder wenn die einschlägigen Ausbildungs- oder Studienordnungen bzw. entsprechende Fachbereiche die Maßnahme vorschreiben oder empfehlen."

Unterbrechungszeiten
- Zur Berufsausbildung zählen Unterbrechungszeiten wegen Erkrankung oder Mutterschaft, nicht jedoch Unterbrechungszeiten wegen der Betreuung eines eigenen Kindes (→ BFH vom

[1] Vordruck der Familienkasse.

15. 7. 2003 – BStBl. II S. 848) oder der krankheitsbedingte Abbruch des Ausbildungsverhältnisses, z. B. durch Abmeldung von der (Hoch-)Schule oder Kündigung des Ausbildungsverhältnisses (→ BFH vom 31. 8. 2021 – BStBl. II 2022 S. 465).
- Ist für den Zeitraum eines Urlaubssemesters der Besuch von Vorlesungen und der Erwerb von Leistungsnachweisen nach hochschulrechtlichen Bestimmungen untersagt, sind für diesen Zeitraum die Voraussetzungen einer Berufsausbildung nicht erfüllt (→ BFH vom 13. 7. 2004 – BStBl. II S. 999).
- → A 15.10 Abs. 8 und A 15.11 DA-KG 2022.

R 32.6

R 32.6. Kinder, die sich in einer Übergangszeit befinden *(unbesetzt)*

31

H 32.6

Übergangszeit nach § 32 Abs. 4 Satz 1 Nr. 2 Buchst. b EStG

32 → A 16 Abs. 1 bis 4 DA-KG 2022:

„(1) Nach § 32 Abs. 4 Satz 1 Nr. 2 Buchst. b EStG besteht für ein Kind, das das 18., aber noch nicht das 25. Lebensjahr vollendet hat, Anspruch auf Kindergeld, wenn es sich in einer Übergangszeit von höchstens vier Monaten befindet, die zwischen zwei Ausbildungsabschnitten oder zwischen einem Ausbildungsabschnitt und der Ableistung
– des freiwilligen Wehrdienstes nach § 58 b SG (für Anspruchszeiträume ab 1. 1. 2015) oder
– eines geregelten Freiwilligendienstes i. S. d. § 32 Abs. 4 Satz 1 Nr. 2 Buchst. d EStG (vgl. A 18)
liegt. Kinder sind auch in Übergangszeiten von höchstens vier Monaten zwischen dem Abschluss der Ausbildung und dem Beginn eines der in Satz 1 genannten Dienste und Tätigkeiten zu berücksichtigen (vgl. BFH vom 25. 1. 2007, III R 23/06, BStBl. 2008 II S. 664). Die Übergangszeit beginnt am Ende des unmittelbar vorangegangenen Ausbildungsabschnittes oder Dienstes, auch wenn das Kind zu diesem Zeitpunkt das 18. Lebensjahr noch nicht vollendet hat (BFH vom 16. 4. 2015, III R 54/13, BStBl. 2016 II S. 25). Die Übergangszeit von höchstens vier Monaten ist nicht taggenau zu berechnen, sondern umfasst vier volle Kalendermonate (BFH vom 15. 7. 2003, VIII R 105/01, BStBl. II S. 847). Endet z. B. ein Ausbildungsabschnitt im Juli, muss der nächste spätestens im Dezember beginnen.

(2) Übergangszeiten ergeben sich als vom Kind nicht zu vermeidende Zwangspausen, z. B. durch Rechtsvorschriften über den Ausbildungsverlauf, aus den festen Einstellungsterminen der Ausbildungsbetriebe oder den Einstellungsgewohnheiten staatlicher Ausbildungsinstitutionen. Eine Übergangszeit im Sinne einer solchen Zwangspause kann auch in Betracht kommen, wenn das Kind den vorangegangenen Ausbildungsplatz – ggf. aus von ihm zu vertretenden Gründen – verloren oder die Ausbildung abgebrochen hat. Als Ausbildungsabschnitt gilt jeder Zeitraum, der nach § 32 Abs. 4 Satz 1 Nr. 2 Buchst. a EStG zu berücksichtigen ist.

(3) Eine Berücksichtigung des Kindes während der Übergangszeit hat zu erfolgen, wenn es entweder bereits einen Ausbildungsplatz hat oder sich um einen Platz im nachfolgenden Ausbildungsabschnitt beworben hat, der tatsächlich innerhalb des zeitlichen Rahmens des § 32 Abs. 4 Satz 1 Nr. 2 Buchst. b EStG beginnt. Eine Übergangszeit i. S. d. § 32 Abs. 4 Satz 1 Nr. 2 Buchst. b EStG kann nicht dadurch begründet werden, dass sich ein Kind um eine Ausbildung bemüht und diese erst nach der Übergangszeit beginnt (BFH vom 7. 7. 2021, III R 40/19, BStBl. II S. 864). Gleichermaßen ist zu verfahren, wenn der Berechtigte bei Beendigung der Ausbildung des Kindes an einer allgemeinbildenden Schule oder in einem sonstigen Ausbildungsabschnitt glaubhaft erklärt, dass sich das Kind um einen solchen Ausbildungsplatz sobald wie möglich bewerben wird, und die Familienkasse unter Würdigung aller Umstände zu der Überzeugung gelangt, dass die Fortsetzung der Ausbildung zu dem angegebenen Zeitpunkt wahrscheinlich ist. Entsprechend ist bei Übergangszeiten zwischen einem Ausbildungsabschnitt und einem Dienst bzw. einer Tätigkeit i. S. d. Abs. 1 Satz 1 zu verfahren.

(4) Eine Übergangszeit liegt nicht vor, wenn das Kind sich nach einem Ausbildungsabschnitt oder einem Dienst bzw. einer Tätigkeit i. S. d. Abs. 1 Satz 1 wegen Kindesbetreuung nicht um einen Anschlussausbildungsplatz bemüht."

R 32.7

R 32.7. Kinder, die mangels Ausbildungsplatz ihre Berufsausbildung nicht beginnen oder fortsetzen können

Allgemeines

33 (1) ① Grundsätzlich ist jeder Ausbildungswunsch des Kindes anzuerkennen, es sei denn, dass seine Verwirklichung wegen der persönlichen Verhältnisse des Kindes ausgeschlossen erscheint. ② Dies gilt auch dann, wenn das Kind bereits eine abgeschlossene Ausbildung in einem anderen Beruf besitzt. ③ Das Finanzamt kann verlangen, dass der Stpfl. die ernsthaften Bemühungen des Kindes um einen Ausbildungsplatz durch geeignete Unterlagen nachweist oder zumindest glaubhaft macht.

Ausbildungsplätze

34 (2) Ausbildungsplätze sind neben betrieblichen und überbetrieblichen insbesondere solche an Fach- und Hochschulen sowie Stellen, an denen eine in der Ausbildungs- oder Prüfungsordnung vorgeschriebene praktische Tätigkeit abzuleisten ist.

Ernsthafte Bemühungen um einen Ausbildungsplatz

35 (3) ① Für die Berücksichtigung eines Kindes ohne Ausbildungsplatz ist Voraussetzung, dass es dem Kind trotz ernsthafter Bemühungen nicht gelungen ist, seine Berufsausbildung zu beginnen oder fortzusetzen. ② Als Nachweis der ernsthaften Bemühungen kommen z. B. Bescheinigungen der Agentur für Arbeit über die Meldung des Kindes als Bewerber um eine berufliche Ausbildungsstelle, Unterlagen über eine Bewerbung bei der Zentralen Vergabestelle von Studienplätzen, Bewerbungsschreiben unmittelbar an Ausbildungsstellen sowie deren Zwischennachricht oder Ablehnung in Betracht.

35a (4) ① Die Berücksichtigung eines Kindes ohne Ausbildungsplatz ist ausgeschlossen, wenn es sich wegen Kindesbetreuung nicht um einen Ausbildungsplatz bemüht. ② Eine Berücksichtigung ist dagegen möglich, wenn das Kind infolge Erkrankung oder wegen eines Beschäftigungsverbots nach den §§ 3 und 6 Mutterschutzgesetz daran gehindert ist, seine Berufsausbildung zu beginnen oder fortzusetzen.

H 32.7

36

Erkrankung und Mutterschaft

→ A 17.2 Abs. 1 Satz 1 bis 4 und Abs. 2 Satz 1 bis 4 DA-KG 2022:

„(1) Eine Berücksichtigung ist nach § 32 Abs. 4 Satz 1 Nr. 2 Buchst. c EStG auch möglich, wenn das Kind infolge einer Erkrankung daran gehindert ist, sich um eine Berufsausbildung zu bemühen, sie zu beginnen oder fortzusetzen. Die Erkrankung und das voraussichtliche Ende der Erkrankung sind durch eine Bescheinigung des behandelnden Arztes nachzuweisen; die Bescheinigung ist jeweils nach Ablauf von sechs Monaten zu erneuern. Ist nach den ärztlichen Feststellungen das voraussichtliche Ende der Erkrankung nicht absehbar, reicht der Wille des Kindes, sich nach dem Ende der Erkrankung um einen Ausbildungsplatz zu bemühen, nicht aus. In diesem Fall ist zu prüfen, ob das Kind wegen einer Behinderung nach § 32 Abs. 4 Satz 1 Nr. 3 EStG berücksichtigt werden kann (vgl. BFH vom 12. 11. 2020, III R 49/18, BStBl. 2021 II S. 390).

(2) Ein Kind, das sich wegen eines Beschäftigungsverbots nach §§ 3, 13 Abs. 1 Nr. 3 oder 16 MuSchG nicht um eine Berufsausbildung bemüht, sie beginnt oder fortsetzt, kann nach § 32 Abs. 4 Satz 1 Nr. 2 Buchst. c EStG berücksichtigt werden. Das Gleiche gilt, wenn sich das Kind wegen unzulässiger Tätigkeiten und Arbeitsbedingungen nach §§ 11, 12 MuSchG nicht um den Ausbildungsplatz bewerben kann. Die Schwangerschaft und der voraussichtliche Tag der Entbindung sind durch ein ärztliches Zeugnis oder das Zeugnis einer Hebamme oder eines Entbindungshelfers nachzuweisen. Ein Beschäftigungsverbot nach § 16 MuSchG ist durch ärztliches Zeugnis zu bestätigen."

Kinder ohne Ausbildungsplatz

→ A 17.1 Abs. 1 bis 3 DA-KG 2022:

„(1) Nach § 32 Abs. 4 Satz 1 Nr. 2 Buchst. c EStG ist ein Kind, das das 18., aber noch nicht das 25. Lebensjahr vollendet hat, zu berücksichtigen, wenn es eine Berufsausbildung – im Inland oder Ausland – mangels Ausbildungsplatz nicht beginnen oder fortsetzen kann. Der angestrebte Ausbildungsplatz muss nach § 32 Abs. 4 Satz 1 Nr. 2 Buchst. a EStG zu berücksichtigen sein. Ein Mangel eines Ausbildungsplatzes liegt sowohl in Fällen vor, in denen das Kind noch keinen Ausbildungsplatz gefunden hat, als auch dann, wenn ihm ein solcher bereits zugesagt wurde, es diesen aber aus schul-, studien- oder betriebsorganisatorischen Gründen erst zu einem späteren Zeitpunkt antreten kann (BFH vom 15.7. 2003, VIII R 77/00, BStBl. II S. 845). Kein Mangel eines Ausbildungsplatzes liegt dagegen vor, wenn das Kind die objektiven Anforderungen an den angestrebten Ausbildungsplatz nicht erfüllt oder wenn es im Falle des Bereitstehens eines Ausbildungsplatzes aus anderen Gründen am Antritt gehindert wäre, z. B. wenn es im Ausland arbeitsvertraglich gebunden ist (BFH vom 15.7. 2003, VIII R 79/99, BStBl. II S. 843). Hat das Kind noch keinen Ausbildungsplatz gefunden, hängt die Berücksichtigung davon ab, dass es ihm trotz ernsthafter Bemühungen nicht gelungen ist, seine Berufsausbildung zu beginnen oder fortzusetzen. Die Suche nach einem Ausbildungsplatz muss also bisher erfolglos verlaufen sein oder der nächste Ausbildungsabschnitt einer mehrstufigen Ausbildung kann mangels Ausbildungsplatz nicht begonnen werden. Beispiele für eine üblicherweise noch nicht abgeschlossene Berufsausbildung sind die Beendigung der Schulausbildung und die Ablegung des ersten Staatsexamens, wenn das zweite Staatsexamen für die Berufsausübung angestrebt wird. Grundsätzlich ist jeder Ausbildungswunsch des Kindes anzuerkennen. Die Bewerbung muss für den nächstmöglichen Ausbildungsbeginn erfolgen. Kann eine Bewerbung nicht abgegeben werden, z. B. für Studierwillige, weil das Verfahren bei der SfH noch nicht eröffnet ist, genügt zunächst eine schriftliche Erklärung des Kindes (vgl. V 6.1 Abs. 1 Satz 8), sich so bald wie möglich bewerben zu wollen.

(2) Der Berechtigte muss der Familienkasse die ernsthaften Bemühungen des Kindes um einen Ausbildungsplatz zum nächstmöglichen Beginn durch geeignete Unterlagen nachweisen oder zumindest glaubhaft machen. Eine Ausbildung wird nicht zum nächstmöglichen Zeitpunkt angestrebt, wenn das Kind aus von ihm zu vertretenden Gründen, z. B. wegen einer Erwerbstätigkeit oder der Ableistung eines freiwilligen Wehrdienstes, die Ausbildung erst zu einem späteren Zeitpunkt beginnen möchte. Ist eine Bewerbung erfolglos geblieben, sind für den anschließenden Zeitraum übliche und zumutbare Bemühungen nachzuweisen. Als Nachweis kommen insbesondere folgende Unterlagen in Betracht:
- schriftliche Bewerbungen unmittelbar an Ausbildungsstellen sowie deren Zwischennachricht oder Ablehnung,
- die schriftliche Bewerbung bei der SfH,
- die schriftliche Bewerbung für den freiwilligen Wehrdienst,
- die schriftliche Zusage einer Ausbildungsstelle,
- die Bescheinigung über die Registrierung als Bewerber für einen Ausbildungsplatz oder für eine Bildungsmaßnahme bei einer Agentur für Arbeit oder bei einem anderen zuständigen Leistungsträger (Jobcenter; hierfür steht der Vordruck KG 11 a[1] zur Verfügung); in Zweifelsfällen ist die tatsächliche Bewerbereigenschaft, ggf. nach Rücksprache mit der zuständigen Agentur für Arbeit bzw. dem zuständigen Leistungsträger, festzustellen (vgl. BFH vom 18. 6. 2015, VI R 10/14, BStBl. II S. 940),
- die Bescheinigung über die Registrierung als Ratsuchender bei der Agentur für Arbeit,
- die von der Agentur für Arbeit für den Rentenversicherungsträger erstellte Bescheinigung über Anrechnungszeiten der Ausbildungssuche i. S. d. § 58 Abs. 1 Satz 1 Nr. 3 a SGB VI.

(3) Das Kind kann für den Zeitraum berücksichtigt werden, in dem es auf einen Ausbildungsplatz wartet (BFH vom 7. 8. 1992, III R 20/92, BStBl. 1993 II S. 103). Die Wartezeit beginnt beispielsweise mit der Beendigung der Schulausbildung, einer (ersten) Ausbildung oder eines Ausbildungsabschnitts. Nimmt das Kind ernsthafte Bemühungen erst nach Ablauf des Folgemonats nach Wegfall eines anderen Berücksichtigungstatbestandes i. S. d. § 32 Abs. 4 Satz 1 Nr. 2 EStG auf, ist es ab dem Monat der ersten Bewerbung oder Registrierung zu berücksichtigen; Abs. 1 Satz 9 bleibt unberührt.

Beispiel 1:

Das Kind legt die Abiturprüfung im April eines Jahres ab (offizielles Schuljahresende in diesem Land). Unmittelbar nach Ablegung der Abiturprüfung beabsichtigt das Kind, im Oktober des Jahres ein Studium zu beginnen, und bewirbt sich im Juli (Eröffnung des Verfahrens bei der SfH) um einen Studienplatz. Im September erhält das Kind jedoch die Absage der SfH. Das Kind möchte sich zum Sommersemester des nächsten Jahres erneut um einen Studienplatz bewerben.
Das Kind kann wie folgt berücksichtigt werden:
- bis einschließlich April als Kind, das für einen Beruf ausgebildet wird (§ 32 Abs. 4 Satz 1 Nr. 2 Buchst. a EStG),
- ab Mai durchgängig als Kind ohne Ausbildungsplatz (§ 32 Abs. 4 Satz 1 Nr. 2 Buchst. c EStG), von Mai bis September, weil es nach dem Schulabschluss die Ausbildung aufgrund des Vergabeverfahrens der SfH zunächst nicht fortsetzen konnte, und für den Zeitraum ab Oktober aufgrund der Absage der SfH und des weiter bestehenden Ausbildungswunsches. Abs. 1 Satz 9 und 10 und Abs. 2 Satz 3 sind zu beachten.

Beispiel 2:

Das Kind legt die Abiturprüfung im April eines Jahres ab (offizielles Schuljahresende in diesem Land). Das Kind möchte sich zunächst orientieren und beabsichtigt, danach eine Berufsausbildung zu beginnen. Im August bewirbt sich das Kind schriftlich zum nächstmöglichen Zeitpunkt um einen Ausbildungsplatz, erhält im Januar des nachfolgenden Jahres eine schriftliche Zusage und nimmt im August die Ausbildung auf.

---

[1] Vordruck der Familienkasse.

Das Kind kann nur in folgenden Zeiträumen berücksichtigt werden:
– bis einschließlich April als Kind, das für einen Beruf ausgebildet wird (§ 32 Abs. 4 Satz 1 Nr. 2 Buchst. a EStG),
– von August bis Juli des nachfolgenden Jahres als Kind ohne Ausbildungsplatz (§ 32 Abs. 4 Satz 1 Nr. 2 Buchst. c EStG),
– ab August des nachfolgenden Jahres als Kind, das für einen Beruf ausgebildet wird (§ 32 Abs. 4 Satz 1 Nr. 2 Buchst. a EStG)."

R 32.8 **R 32.8. Kinder, die ein freiwilliges soziales oder ökologisches Jahr oder freiwillige Dienste leisten** *(unbesetzt)*

37

H 32.8 **Geregelte Freiwilligendienste** → A 18 DA-KG 2022.

38

R 32.9 **R 32.9. Kinder, die wegen körperlicher, geistiger oder seelischer Behinderung außerstande sind, sich selbst zu unterhalten**

40 ① Als Kinder, die wegen körperlicher, geistiger oder seelischer Behinderung außerstande sind, sich selbst zu unterhalten, kommen insbesondere Kinder in Betracht, deren Schwerbehinderung (§ 2 Abs. 2 SGB IX) festgestellt ist oder die einem schwer behinderten Menschen gleichgestellt sind (§ 2 Abs. 3 SGB IX). ② Ein Kind, das wegen seiner Behinderung außerstande ist, sich selbst zu unterhalten, kann bei Vorliegen der sonstigen Voraussetzungen über das 25. Lebensjahr hinaus ohne altersmäßige Begrenzung berücksichtigt werden. ③ Eine Berücksichtigung setzt voraus, dass die Behinderung, deretwegen das Kind nicht in der Lage ist, sich selbst zu unterhalten, vor Vollendung des 25. Lebensjahres eingetreten ist.

H 32.9 **Altersgrenze.** Die Altersgrenze, innerhalb derer die Behinderung eingetreten sein muss, ist
43 nicht auf Grund entsprechender Anwendung des § 32 Abs. 5 Satz 1 EStG z. B. um den Zeitraum des vom Kind in früheren Jahren geleisteten Grundwehrdienstes zu verlängern (→ BFH vom 2. 6. 2005 – BStBl. II S. 756).

Außerstande sein, sich selbst zu unterhalten
– Allgemeines → A 19.4 DA-KG 2022
– verfügbares Nettoeinkommen → A 19.5 DA-KG 2022
– Leistungen Dritter → A 19.6 DA-KG 2022

Nachweis der Behinderung
→ A 19.2 Abs. 1 DA-KG 2022:

„(1) Den Nachweis einer Behinderung kann der Berechtigte erbringen:
1. bei einer Behinderung, deren Grad auf mindestens 50 festgestellt ist, durch einen Ausweis nach dem SGB IX oder durch einen Bescheid der nach § 152 Abs. 1 SGB IX zuständigen Behörde,
2. bei einer Behinderung, deren Grad auf weniger als 50, aber mindestens 20 festgestellt ist,
   a) durch eine Bescheinigung der nach § 152 Abs. 1 SGB IX zuständigen Behörde oder,
   b) wenn dem Kind wegen seiner Behinderung nach den gesetzlichen Vorschriften Renten oder andere laufende Bezüge zustehen, durch den Rentenbescheid oder einen entsprechenden Bescheid,
3. bei einer Einstufung in den Pflegegrad 4 oder 5 nach dem SGB XI oder diesem entsprechenden Bestimmungen durch den entsprechenden Bescheid.

Der Nachweis der Behinderung kann auch in Form einer Bescheinigung bzw. eines Zeugnisses des behandelnden Arztes oder eines ärztlichen Gutachtens erbracht werden (BFH vom 16. 4. 2002, VIII R 62/99, BStBl. II S. 738). Aus der Bescheinigung bzw. dem Gutachten muss Folgendes hervorgehen:
– Vorliegen der Behinderung,
– Beginn der Behinderung, soweit das Kind das 25. Lebensjahr vollendet hat, und
– Auswirkungen der Behinderung auf die Erwerbsfähigkeit des Kindes."

Suchtkrankheiten. Suchtkrankheiten können Behinderungen darstellen (→ BFH vom 16. 4. 2002 – BStBl. II S. 738).

Ursächlichkeit der Behinderung → A 19.3 DA-KG 2022.

R 32.10 **R 32.10. Erwerbtätigkeit** *(unbesetzt)*

44

H 32.10 **Ausschluss von Kindern auf Grund einer Erwerbstätigkeit**
– BMF vom 8. 2. 2016 (BStBl. I S. 226).
46 – Zu einer mehraktigen Berufsausbildung → BZSt vom 26. 2. 2020 (BStBl. I S. 251).
– → A 20 DA-KG 2022:

„A 20.1. Allgemeines

(1) Ein über 18 Jahre altes Kind, das eine erstmalige Berufsausbildung oder ein Erststudium abgeschlossen hat und
– weiterhin für einen Beruf ausgebildet wird (§ 32 Abs. 4 Satz 1 Nr. 2 Buchst. a EStG),
– sich in einer Übergangszeit befindet (§ 32 Abs. 4 Satz 1 Nr. 2 Buchst. b EStG),
– seine Berufsausbildung mangels Ausbildungsplatz nicht beginnen oder fortsetzen kann (§ 32 Abs. 4 Satz 1 Nr. 2 Buchst. c EStG) oder
– einen Freiwilligendienst leistet (§ 32 Abs. 4 Satz 1 Nr. 2 Buchst. d EStG),

wird nach § 32 Abs. 4 Satz 2 EStG nur berücksichtigt, wenn es keiner anspruchsschädlichen Erwerbstätigkeit i. S. d. § 32 Abs. 4 Satz 3 EStG nachgeht (vgl. A 20.3).
Dies gilt auch, wenn die erstmalige Berufsausbildung vor Vollendung des 18. Lebensjahres abgeschlossen worden ist.

(2) Die Einschränkung des § 32 Abs. 4 Satz 2 EStG gilt nicht für Kinder ohne Arbeitsplatz i. S. v. § 32 Abs. 4 Satz 1 Nr. 1 EStG (vgl. A 14) und Kinder mit Behinderung i. S. d. § 32 Abs. 4 Satz 1 Nr. 3 EStG (vgl. A 19)."

„A 20.2. Erstmalige Berufsausbildung und Erststudium H 32.10

A 20.2.1. Berufsausbildung nach § 32 Abs. 4 Satz 2 EStG

(1) Eine Berufsausbildung i. S. d. § 32 Abs. 4 Satz 2 EStG liegt vor, wenn das Kind durch eine berufliche Ausbildungsmaßnahme die notwendigen fachlichen Fertigkeiten und Kenntnisse erwirbt, die zur Aufnahme eines Berufs befähigen. Voraussetzung ist, dass der Beruf durch eine Ausbildung in einem öffentlich-rechtlich geordneten Ausbildungsgang erlernt wird (BFH vom 6. 3. 1992, VI R 163/88, BStBl. II S. 661) und der Ausbildungsgang durch eine Prüfung abgeschlossen wird. Das Tatbestandsmerkmal „Berufsausbildung" nach § 32 Abs. 4 Satz 2 EStG ist enger gefasst als das Tatbestandsmerkmal „für einen Beruf ausgebildet werden" nach § 32 Abs. 4 Satz 1 Nr. 2 Buchst. a EStG (vgl. A 15). Es handelt sich bei einer „Berufsausbildung" i. S. v. Satz 2 stets auch um eine Maßnahme, in der das Kind nach Satz 1 „für einen Beruf ausgebildet wird". Jedoch ist nicht jede allgemein berufsqualifizierende Maßnahme gleichzeitig auch eine „Berufsausbildung". Der Abschluss einer solchen Maßnahme (z. B. der Erwerb eines Schulabschlusses, ein Volontariat oder ein freiwilliges Berufspraktikum) führt nicht bereits dazu, dass ein Kind, das im Anschluss weiterhin die Anspruchsvoraussetzungen nach § 32 Abs. 4 Satz 1 Nr. 2 EStG erfüllt, nur noch unter den weiteren Voraussetzungen der Sätze 2 und 3 berücksichtigt wird.

Beispiel:

Nach dem Abitur absolvierte ein 20-jähriges Kind ein Praktikum. Danach kann es eine Berufsausbildung mangels Ausbildungsplatz nicht beginnen und geht zur Überbrückung des Zeitraums zwischen Praktikum und Berufsausbildung einer Erwerbstätigkeit nach (30 Wochenstunden).

In der Zeit zwischen Praktikum und Beginn der Berufsausbildung erfüllt das Kind den Grundtatbestand des § 32 Abs. 4 Satz 1 Nr. 2 Buchst. c EStG. § 32 Abs. 4 Satz 2 und 3 EStG ist nicht einschlägig, da das Praktikum zwar das Tatbestandsmerkmal des § 32 Abs. 4 Satz 1 Nr. 2 Buchst. a EStG („für einen Beruf ausgebildet werden") erfüllt, jedoch keine „Berufsausbildung" i. S. d. § 32 Abs. 4 Satz 2 EStG darstellt. Der Kindergeldanspruch besteht somit unabhängig davon, wie viele Stunden das Kind in der Woche arbeitet.

(2) Zur Berufsausbildung zählen insbesondere:

1. Berufsausbildungsverhältnisse gem. § 1 Abs. 3, §§ 4 bis 52 BBiG bzw. §§ 21 bis 40 HwO. Der erforderliche Abschluss besteht hierbei in der erfolgreich abgelegten Abschlussprüfung i. S. d. § 37 BBiG und § 31 HwO. Gleiches gilt, wenn die Abschlussprüfung nach § 43 Abs. 2 BBiG ohne ein Ausbildungsverhältnis auf Grund einer entsprechenden schulischen Ausbildung abgelegt wird, die gem. den Voraussetzungen des § 43 Abs. 2 BBiG als im Einzelnen gleichwertig anerkannt ist;
2. mit Berufsausbildungsverhältnissen vergleichbare betriebliche Ausbildungsgänge außerhalb des Geltungsbereichs des BBiG (z. B. die Ausbildung zum Schiffsmechaniker nach der See-Berufsausbildungsverordnung);
3. die Ausbildung auf Grund der bundes- oder landesrechtlichen Ausbildungsregelungen für Berufe im Gesundheits- und Sozialwesen;
4. landesrechtlich geregelte Berufsabschlüsse an Berufsfachschulen;
5. die Berufsausbildung von Menschen mit Behinderung in anerkannten Berufsausbildungsberufen oder auf Grund von Regelungen der zuständigen Stellen in besonderen Ausbildungsberufen für Menschen mit Behinderung;
6. die Berufsausbildung in einem öffentlich-rechtlichen Dienstverhältnis und
7. Maßnahmen zur Behebung von amtlich festgestellten Unterschieden zwischen einem im Ausland erworbenen Berufsabschluss und einem entsprechenden im Inland geregelten Berufsabschluss, z. B. Anpassungslehrgänge nach § 11 Berufsqualifikationsfeststellungsgesetz. Informationen zur Anerkennung ausländischer Berufsqualifikationen (z. B. zu den zuständigen Stellen) sind unter www.anerkennung-in-deutschland.de und www.bq-portal.de zu finden.

(3) Von Abs. 2 nicht erfasste Bildungsmaßnahmen werden einer Berufsausbildung i. S. d. § 32 Abs. 4 Satz 2 EStG gleichgestellt, wenn sie dem Nachweis einer Sachkunde dienen, die Voraussetzung zur Aufnahme einer fest umrissenen beruflichen Betätigung ist. Die Ausbildung muss in einem geordneten Ausbildungsgang erfolgen und durch eine staatliche oder staatlich anerkannte Prüfung abgeschlossen werden. Der erfolgreiche Abschluss der Prüfung muss Voraussetzung für die Aufnahme der beruflichen Betätigung sein. Die Ausbildung und der Abschluss müssen von Umfang und Qualität der Ausbildungsmaßnahmen und Prüfungen her grundsätzlich mit den Anforderungen vergleichbar sein, die bei Berufsausbildungsmaßnahmen i. S. d. Abs. 2 gestellt werden. Dazu gehört z. B. die Ausbildung zu Berufspiloten auf Grund der JAR-FCL 1 deutsch vom 15. 4. 2003, BAnz 2003 Nr. 80 a.

(4) Abs. 1 bis 3 gelten entsprechend für Berufsausbildungen im Ausland, deren Abschlüsse inländischen Abschlüssen gleichgestellt sind. Bei Abschlüssen aus einem Mitgliedstaat der EU oder des EWR oder der Schweiz ist i. d. R. davon auszugehen, dass diese gleichgestellt sind.

A 20.2.2. Erstmalige Berufsausbildung

(1) Die Berufsausbildung ist als erstmalige Berufsausbildung anzusehen, wenn ihr keine andere abgeschlossene Berufsausbildung bzw. kein abgeschlossenes Hochschulstudium vorausgegangen ist. Wird ein Kind ohne entsprechende Berufsausbildung in einem Beruf tätig und führt es die zugehörige Berufsausbildung nachfolgend durch (nachgeholte Berufsausbildung), handelt es sich dabei um eine erstmalige Berufsausbildung.

(2) Maßnahmen nach A 20.2.1 Abs. 2 Nr. 7 sind als Teil der im Ausland erfolgten Berufsausbildung anzusehen.

A 20.2.3. Erststudium

(1) Ein Studium i. S. d. § 32 Abs. 4 Satz 2 EStG liegt vor, wenn es an einer Hochschule i. S. d. Hochschulgesetze der Länder absolviert wird. Hochschulen i. S. dieser Vorschrift sind Universitäten, Pädagogische Hochschulen, Kunsthochschulen, Fachhochschulen und sonstige Einrichtungen des Bildungswesens, die nach dem jeweiligen Landesrecht staatliche Hochschulen sind. Gleichgestellt sind private und kirchliche Bildungseinrichtungen sowie Hochschulen des Bundes, die nach dem jeweiligen Landesrecht als Hochschule anerkannt werden. Nach Landesrecht kann vorgesehen werden, dass bestimmte an Berufsakademien oder anderen Ausbildungseinrichtungen erfolgreich absolvierte Ausbildungsgänge einem abgeschlossenen Studium an einer Fachhochschule gleichwertig sind und die gleichen Berechtigungen verleihen. Soweit dies der Fall ist, stellt ein entsprechendes Studium ein Studium i. S. d. § 32 Abs. 4 Satz 2 EStG dar. Studien können auch als Fernstudien durchgeführt werden.

(2) Ein Studium stellt ein Erststudium i. S. d. § 32 Abs. 4 Satz 2 EStG dar, wenn es sich um eine Erstausbildung handelt. Es darf ihm kein anderes durch einen berufsqualifizierenden Abschluss beendetes Studium bzw. keine andere abgeschlossene nichtakademische Berufsausbildung i. S. v. A 20.2.1 und A 20.2.2 vorangegangen sein.

(3) Bei einem Wechsel des Studiums ohne Abschluss des zunächst betriebenen Studiengangs stellt das zunächst aufgenommene Studium kein abgeschlossenes Erststudium dar. Bei einer Unterbrechung eines Studiengangs ohne einen berufsqualifizierenden Abschluss und seiner späteren Weiterführung stellt der der Unterbrechung vorangegangene Studienteil kein abgeschlossenes Erststudium dar.

(4) Studien- und Prüfungsleistungen an ausländischen Hochschulen, die zur Führung eines ausländischen akademischen Grades berechtigen, der nach dem Recht des Landes, in dem der Gradinhaber seinen Wohnsitz oder gewöhnlichen Aufenthalt hat, anerkannt wird, sowie Studien- und Prüfungsleistungen, die von Staatsangehörigen eines Mitgliedstaats der EU oder von Vertragsstaaten des EWR oder der Schweiz an Hochschulen dieser Staaten erbracht werden, sind nach

H 32.10

diesen Grundsätzen inländischen Studien- und Prüfungsleistungen gleichzustellen. Für die Gleichstellung von Studien- und Prüfungsleistungen werden die in der Datenbank „anabin" (www.anabin.kmk.org) der Zentralstelle für ausländisches Bildungswesen beim Sekretariat der Kultusministerkonferenz aufgeführten Bewertungsvorschläge zugrunde gelegt.

A 20.2.4. Abschluss einer erstmaligen Berufsausbildung oder eines Erststudiums

(1) Eine erstmalige Berufsausbildung oder ein Erststudium sind grundsätzlich abgeschlossen, wenn sie das Kind zur Aufnahme eines Berufs befähigen. Wenn das Kind später eine weitere Ausbildung aufnimmt (z. B. Meisterausbildung nach mehrjähriger Berufstätigkeit aufgrund abgelegter Gesellenprüfung oder Masterstudium nach mehrjähriger Berufstätigkeit), handelt es sich um eine Zweitausbildung.

(2) Ist aufgrund objektiver Beweisanzeichen erkennbar, dass das Kind sein angestrebtes Berufsziel (vgl. A 15.1 Abs. 2) noch nicht erreicht hat, kann auch eine weiterführende Ausbildung noch als Teil der Erstausbildung zu qualifizieren sein (BFH vom 3. 7. 2014, III R 52/13, BStBl. 2015 II S. 152). Entscheidend ist, dass die objektiven Beweisanzeichen (z. B. Bewerbungen) vor dem Beginn des nachfolgenden Ausbildungsabschnittes entstanden sind. Ein verspätetes Bekanntwerden bei der Familienkasse ist nicht schädlich. Fehlt es an anderen objektiven Beweisanzeichen, kann die schriftliche Willenserklärung des Kindes (vgl. V 6.1 Abs. 1 Satz 8) als objektives Beweisanzeichen dienen (BFH vom 20. 2. 2019, III R 42/18, BStBl. II S. 769). Die weiterführende Ausbildung ist noch als Teil der Erstausbildung zu qualifizieren, wenn sie in einem engen sachlichen Zusammenhang mit der nichtakademischen Ausbildung oder dem Erststudium steht und im engen zeitlichen Zusammenhang durchgeführt wird (BFH vom 15. 4. 2015, V R 27/14, BStBl. 2016 II S. 163). Ein enger sachlicher Zusammenhang liegt vor, wenn die nachfolgende Ausbildung z. B. dieselbe Berufssparte oder denselben fachlichen Bereich betrifft (vgl. BFH vom 23. 10. 2019, III R 14/18, BStBl. 2020 II S. 785). Ein enger zeitlicher Zusammenhang liegt vor, wenn das Kind die weitere Ausbildung zum nächstmöglichen Zeitpunkt aufnimmt oder sich bei mangelndem Ausbildungsplatz zeitnah zum nächstmöglichen Zeitpunkt für die weiterführende Ausbildung bewirbt. Unschädlich sind Verzögerungen, die z. B. aus einem zunächst fehlenden oder einem aus schul-, studien- oder betriebsorganisatorischen Gründen erst zu einem späteren Zeitpunkt verfügbaren Ausbildungsplatz resultieren. In Fällen von Erkrankung und Mutterschaft siehe A 17.2. Setzt die weiterführende Ausbildung eine Berufstätigkeit voraus oder nimmt das Kind vor Beginn der weiterführenden Ausbildung eine Berufstätigkeit aus anderen Gründen auf, die zu einem verzögerten Beginn der weiteren Ausbildung führt, liegt regelmäßig mangels notwendigen engen Zusammenhangs keine einheitliche Erstausbildung vor (BFH vom 4. 2. 2016, III R 14/15, BStBl. II S. 615). Der notwendige enge Zusammenhang entfällt nicht dadurch, dass der nachfolgende Ausbildungsabschnitt erst für die Zulassung zur Abschlussprüfung oder für deren Bestehen eine Berufstätigkeit voraussetzt (BFH vom 11. 12. 2018, III R 26/18, BStBl. 2019 II S. 765). Die Ausbildungsmaßnahme darf dabei nicht von der Erwerbstätigkeit geprägt sein (siehe Abs. 3). Einer einheitlichen Erstausbildung steht nicht entgegen, dass diese neben öffentlich-rechtlich geordneten Ausbildungsmaßnahmen auch nicht öffentlich-rechtlich geordnete Ausbildungsmaßnahmen umfasst (BFH vom 21. 3. 2019, III R 17/18, BStBl. II S. 772).

(3) Nimmt ein volljähriges Kind nach Erlangung eines ersten Abschlusses in einem öffentlich-rechtlich geordneten Ausbildungsgang eine Erwerbstätigkeit auf, ist zwischen einer mehraktigen einheitlichen Erstausbildung mit daneben ausgeübter Erwerbstätigkeit und einer berufsbegleitend durchgeführten Weiterbildung (Zweitausbildung) abzugrenzen. Eine einheitliche Erstausbildung ist nicht mehr anzunehmen, wenn die vom Kind aufgenommene Erwerbstätigkeit bei einer Gesamtwürdigung der Verhältnisse im Vordergrund steht und die weitere Ausbildungsmaßnahme als Weiterbildung oder Aufstieg im bereits ausgeübten Beruf hinter den vorrangigen Erwerbscharakter der Tätigkeit zurücktritt (BFH vom 11. 12. 2018, III R 26/18, BStBl. 2019 II S. 765). Dies ist insbesondere der Fall, wenn:
– die Tätigkeit im erlernten Beruf ausgeübt wird,
– sich das Kind längerfristig an einen Arbeitgeber bindet (mehr als 26 Wochen),
– der zeitliche Umfang der Erwerbstätigkeit den zeitlichen Umfang der Ausbildungsmaßnahme übersteigt oder
– die Ausbildungsmaßnahme in ihrem Ablauf der Erwerbstätigkeit untergeordnet ist, z. B. weil die Ausbildung nur nach Feierabend und an den Wochenenden durchgeführt wird.

Die Familienkasse hat ihre Entscheidung über den Charakter der Tätigkeit unter Würdigung aller Umstände des Einzelfalls zu treffen.

(4) Die Bewertung anhand der in Abs. 2 und 3 genannten Kriterien, ob der weitere Ausbildungsabschnitt Teil einer mehraktigen Erstausbildung oder einer (ggf. berufsbegleitend durchgeführten) Zweitausbildung ist, kann auch auf die vor Beginn der weiteren Ausbildungsmaßnahme liegende Übergangszeit nach § 32 Abs. 4 Satz 1 Nr. 2 Buchst. b EStG bzw. Wartezeit nach § 32 Abs. 4 Satz 1 Nr. 2 Buchst. c EStG übertragen werden, sofern nicht besondere Umstände vorliegen, die eine abweichende Beurteilung rechtfertigen. Für die Frage, ob eine erstmalige Berufsausbildung oder ein Erststudium nach § 32 Abs. 4 Satz 2 EStG abgeschlossen sind, kommt es nicht darauf an, ob die Berufsausbildung bzw. das Studium die besonderen Voraussetzungen für eine Erstausbildung i. S. d. § 9 Abs. 6 EStG erfüllen.

(5) Eine erstmalige Berufsausbildung ist grundsätzlich abgeschlossen, wenn die entsprechende Abschlussprüfung bestanden wurde (vgl. A 15.10 Abs. 3 ff.).

(6) Ein Studium wird, sofern zwischen Prüfung und Bekanntgabe des Prüfungsergebnisses noch keine Vollzeiterwerbstätigkeit im angestrebten Beruf ausgeübt wird, regelmäßig erst mit Bekanntgabe des Prüfungsergebnisses abgeschlossen (vgl. A 15.10 Abs. 9 ff.). Mit bestandener Prüfung wird i. d. R. ein Hochschulgrad verliehen. Hochschulgrade sind u. a. der Diplom-, Magister-, Bachelor- oder Mastergrad. Zwischenprüfungen stellen keinen Abschluss eines Studiums i. S. d. § 32 Abs. 4 Satz 2 EStG dar. Die von den Hochschulen angebotenen Studiengänge führen i. d. R. zu einem berufsqualifizierenden Abschluss. Im Zweifel ist davon auszugehen, dass die entsprechenden Prüfungen berufsqualifizierend sind.

(7) Der Bachelor- oder Bakkalaureusgrad einer inländischen Hochschule ist ein berufsqualifizierender Abschluss. Daraus folgt, dass der Abschluss eines Bachelorstudiengangs den Abschluss eines Erststudiums darstellt und ein nachfolgender Studiengang als weiteres Studium anzusehen ist. Wird hingegen ein Masterstudiengang besucht, der zeitlich und inhaltlich auf den vorangegangenen Bachelorstudiengang abgestimmt ist, so ist dieser Teil der Erstausbildung (BFH vom 3. 9. 2015, VI R 9/15, BStBl. 2016 II S. 166). Bei sog. konsekutiven Masterstudiengängen an einer inländischen Hochschule ist von einem engen sachlichen Zusammenhang auszugehen.

(8) Werden zwei (oder ggf. mehrere) Studiengänge parallel studiert, die zu unterschiedlichen Zeiten abgeschlossen werden, oder wird während eines Studiums eine Berufsausbildung abgeschlossen, stellt der nach dem Erreichen des ersten berufsqualifizierenden Abschlusses weiter fortgesetzte Studiengang vom Zeitpunkt dieses Abschlusses an grundsätzlich kein Erststudium mehr dar. Etwas anderes gilt nur, wenn die Studiengänge bzw. das Studium und die Berufsausbildung in einem engen sachlichen Zusammenhang stehen (vgl. Abs. 2) und keine Erwerbstätigkeit im Vordergrund steht (vgl. Abs. 3).

(9) Postgraduale Zusatz-, Ergänzungs- und Aufbaustudiengänge setzen den Abschluss eines ersten Studiums voraus und stellen daher grundsätzlich kein Erststudium dar. Dies gilt nicht, wenn ein solches Zusatz-, Ergänzungs- oder Aufbaustudium auf dem ersten Studienabschluss des Kindes aufbaut und in einem engen zeitlichen Zusammenhang aufgenommen wird. In diesen Fällen ist von einem einheitlichen Erststudium auszugehen.

(10) Als berufsqualifizierender Studienabschluss gilt auch der Abschluss eines Studiengangs, durch den die fachliche Eignung für einen beruflichen Vorbereitungsdienst oder eine berufliche Einführung vermittelt wird. Dazu zählt insbesondere der Vorbereitungsdienst der Rechts- oder Lehramtsreferendare. Daher ist z. B. mit dem ersten juristischen Staatsexamen die

erstmalige Berufsausbildung grundsätzlich abgeschlossen. Ein in einem engen zeitlichen Zusammenhang aufgenommenes Referendariat zur Vorbereitung auf das zweite Staatsexamen ist jedoch Teil der erstmaligen Berufsausbildung.

(11) Dem Promotionsstudium und der Promotion durch die Hochschule geht regelmäßig ein abgeschlossenes Studium voran, sodass die erstmalige Berufsausbildung grundsätzlich bereits abgeschlossen ist. Wird die Vorbereitung auf die Promotion jedoch in einem engen zeitlichen Zusammenhang mit dem Erststudium durchgeführt, ist sie noch Teil der erstmaligen Ausbildung.

A 20.3. Anspruchsunschädliche Erwerbstätigkeit

Nach Abschluss einer erstmaligen Berufsausbildung oder eines Erststudiums wird ein Kind in den Fällen des § 32 Abs. 4 Satz 1 Nr. 2 EStG nur berücksichtigt, wenn es keiner anspruchsschädlichen Erwerbstätigkeit nachgeht. Ein Kind ist erwerbstätig, wenn es einer auf die Erzielung von Einkünften gerichteten Beschäftigung nachgeht, die den Einsatz seiner persönlichen Arbeitskraft erfordert (BFH vom 16. 5. 1975, VI R 143/73, BStBl. II S. 537). Das ist der Fall bei einem Kind, das eine nichtselbständige Tätigkeit, eine land- und forstwirtschaftliche, eine gewerbliche oder eine selbständige Tätigkeit ausübt. Keine Erwerbstätigkeit ist insbesondere:
– ein Au-pair-Verhältnis,
– die Verwaltung eigenen Vermögens.
Anspruchsunschädlich nach § 32 Abs. 4 Satz 3 EStG ist
– eine Erwerbstätigkeit mit bis zu 20 Stunden regelmäßiger wöchentlicher Arbeitszeit (vgl. A 20.3.1),
– ein Ausbildungsdienstverhältnis (vgl. A 20.3.2) oder
– ein geringfügiges Beschäftigungsverhältnis i. S. d. §§ 8 und 8 a SGB IV (vgl. A 20.3.3).
Eine Erwerbstätigkeit im Rahmen eines geregelten Freiwilligendienstes nach § 32 Abs. 4 Satz 1 Nr. 2 Buchst. d EStG ist unschädlich.

A 20.3.1. Regelmäßige wöchentliche Arbeitszeit bis zu 20 Stunden

(1) Unschädlich für den Kindergeldanspruch ist eine Erwerbstätigkeit, wenn die regelmäßige wöchentliche Arbeitszeit insgesamt nicht mehr als 20 Stunden beträgt. Bei der Ermittlung der regelmäßigen wöchentlichen Arbeitszeit ist grundsätzlich die individuell vertraglich vereinbarte Arbeitszeit zu Grunde zu legen. Ist lediglich eine monatliche Arbeitszeit vereinbart, ist diese durch 4,35 Wochen zu teilen, um die regelmäßige wöchentliche Arbeitszeit zu ermitteln (vgl. R 3b Abs. 2 Nr. 2 Buchst. a LStR 2015). Es sind nur Zeiträume ab dem Folgemonat nach Abschluss einer erstmaligen Berufsausbildung bzw. eines Erststudiums einzubeziehen.

(2) Eine vorübergehende (höchstens zwei Monate andauernde) Ausweitung der Beschäftigung auf mehr als 20 Stunden ist unbeachtlich, wenn während des Zeitraumes innerhalb eines Kalenderjahres, in dem einer der Grundtatbestände des § 32 Abs. 4 Satz 1 Nr. 2 EStG erfüllt ist, die durchschnittliche wöchentliche Arbeitszeit nicht mehr als 20 Stunden beträgt. Durch einen Jahreswechsel wird eine vorübergehende Ausweitung nicht unterbrochen. Bei der Ermittlung der durchschnittlichen wöchentlichen Arbeitszeit sind nur volle Kalenderwochen mit gleicher Arbeitszeit anzusetzen.

Beispiel:

Die Tochter eines Berechtigten hat die Erstausbildung abgeschlossen und beginnt im Oktober 2021 mit dem Masterstudium. Gem. vertraglicher Vereinbarung ist sie ab dem 1. April 2022 mit einer wöchentlichen Arbeitszeit von 20 Stunden als Bürokraft beschäftigt. In den Semesterferien arbeitet sie – auf Grund einer zusätzlichen vertraglichen Vereinbarung – vom 1. August bis zur Kündigung am 30. September 2022 in Vollzeit mit 40 Stunden wöchentlich. Im Oktober 2022 vollendet sie ihr 25. Lebensjahr.
Somit ergeben sich folgende Arbeitszeiten pro voller Woche:

vom 1. April bis 31. Juli 2022 (17 Wochen und 3 Tage):	20 Stunden pro Woche
vom 1. August bis 30. September 2022 (8 Wochen und 5 Tage):	40 Stunden pro Woche (= Ausweitung der Beschäftigung)

Die durchschnittliche wöchentliche Arbeitszeit beträgt 15,3 Stunden; Berechnung:

$$\frac{(17 \text{ Wochen} \times 20 \text{ Stunden}) + (8 \text{ Wochen} \times 40 \text{ Stunden})}{43 \text{ Wochen}} = 15{,}3 \text{ Stunden.}$$

Das Kind ist aufgrund des Studiums bis einschließlich Oktober 2022 nach § 32 Abs. 4 Satz 1 Nr. 2 Buchst. a EStG zu berücksichtigen. Das Studium wird jedoch nach Abschluss einer Erstausbildung durchgeführt, sodass das Kind nach § 32 Abs. 4 Satz 2 und 3 EStG nur berücksichtigt werden kann, wenn die ausgeübte Erwerbstätigkeit anspruchsunschädlich ist. Da die Ausweitung der Beschäftigung des Kindes lediglich vorübergehend ist und gleichzeitig während des Vorliegens des Grundtatbestandes nach § 32 Abs. 4 Satz 1 Nr. 2 EStG die durchschnittliche wöchentliche Arbeitszeit 20 Stunden nicht übersteigt, ist die Erwerbstätigkeit anspruchsunschädlich. Das Kind ist von Januar bis einschließlich Oktober 2022 zu berücksichtigen.

Variante:

Würde das Kind während der Semesterferien dagegen vom 15. Juli bis 27. September 2022 (= mehr als zwei Monate) vollzeiterwerbstätig sein, wäre die Ausweitung der Erwerbstätigkeit nicht nur vorübergehend und damit diese Erwerbstätigkeit als anspruchsschädlich einzustufen. Dies gilt unabhängig davon, dass auch hier die durchschnittliche wöchentliche Arbeitszeit von 20 Stunden nicht überschritten würde. Das Kind könnte demnach für den Monat August 2022 nicht berücksichtigt werden (vgl. auch A 20.4).

(3) Führt eine vorübergehende (höchstens zwei Monate andauernde) Ausweitung der Beschäftigung auf über 20 Wochenstunden dazu, dass die durchschnittliche wöchentliche Arbeitszeit insgesamt mehr als 20 Stunden beträgt, ist der Zeitraum der Ausweitung anspruchsschädlich, nicht der gesamte Zeitraum der Erwerbstätigkeit.

Beispiel:

Ein Kind hat seine Erstausbildung bereits abgeschlossen und befindet sich während des gesamten Kalenderjahres im Studium. Neben dem Studium übt das Kind ganzjährig eine Beschäftigung mit einer vertraglich vereinbarten Arbeitszeit von 20 Stunden wöchentlich aus. In der vorlesungsfreien Zeit von Juli bis August weitet das Kind seine wöchentliche Arbeitszeit vorübergehend auf 40 Stunden aus. Ab September beträgt die wöchentliche Arbeitszeit wieder 20 Stunden.
Durch die vorübergehende Ausweitung seiner Arbeitszeit erhöht sich die durchschnittliche wöchentliche Arbeitszeit des Kindes auf über 20 Stunden. Aus diesem Grund ist der Zeitraum der Ausweitung als anspruchsschädlich anzusehen. Für die Monate Juli und August entfällt daher nach § 32 Abs. 4 Satz 2 und 3 EStG der Anspruch.

(4) Mehrere nebeneinander ausgeübte Tätigkeiten (z. B. eine Erwerbstätigkeit nach Abs. 1 Satz 1 und eine geringfügige Beschäftigung nach A 20.3.3) sind anspruchsunschädlich, wenn dadurch insgesamt die 20-Stunden-Grenze des § 32 Abs. 4 Satz 3 EStG nicht überschritten wird. Hingegen ist eine innerhalb eines Ausbildungsdienstverhältnisses erbrachte Erwerbstätigkeit außer Betracht zu lassen.

A 20.3.2. Ausbildungsdienstverhältnis

(1) Die Erwerbstätigkeit im Rahmen eines Ausbildungsdienstverhältnisses ist stets anspruchsunschädlich. Ein solches liegt vor, wenn die Ausbildungsmaßnahme Gegenstand des Dienstverhältnisses ist (vgl. R 9.2 LStR 2015 und H 9.2 [Ausbildungsdienstverhältnis] LStH 2020; BFH vom 23. 6. 2015, III R 37/14, BStBl. 2016 II S. 55). Hierzu zählen z. B.
– die Berufsausbildungsverhältnisse gem. § 1 Abs. 3, §§ 4 bis 52 BBiG,
– ein Praktikum bzw. ein Volontariat, bei dem die Voraussetzungen nach A 15.8 vorliegen,
– das Referendariat bei Lehramtsanwärtern und Rechtsreferendaren zur Vorbereitung auf das zweite Staatsexamen,
– duale Studiengänge (siehe aber Abs. 2),
– das Dienstverhältnis von Beamtenanwärtern und Aufstiegsbeamten,
– eine Berufsausbildungsmaßnahme in einer Laufbahngruppe der Bundeswehr i. S. v. A 15.2 Satz 3,
– das Praktikum eines Pharmazeuten im Anschluss an den universitären Teil des Pharmaziestudiums,
– das im Rahmen der Ausbildung zum Erzieher abzuleistende Anerkennungsjahr.
Dagegen liegt kein Ausbildungsdienstverhältnis vor, wenn die Ausbildungsmaßnahme nicht Gegenstand des Dienstverhältnisses ist, auch wenn sie seitens des Arbeitgebers gefördert wird, z. B. durch ein Stipendium oder eine Verringerung der vertraglich vereinbarten Arbeitszeit.

(2) Bei berufsbegleitenden und berufsintegrierten dualen Studiengängen fehlt es häufig an einer Ausrichtung der Tätigkeit für den Arbeitgeber auf den Inhalt des Studiums, sodass in solchen Fällen die Annahme eines Ausbildungsdienstverhältnisses ausscheidet. Liegt hingegen eine Verknüpfung zwischen Studium und praktischer Tätigkeit vor, die über eine bloße thematische Verbindung zwischen der Fachrichtung des Studiengangs und der in dem Unternehmen ausgeübten Tätigkeit oder eine rein organisatorische Verzahnung hinausgeht, ist die Tätigkeit als im Rahmen eines Ausbildungsdienstverhältnisses ausgeübt zu betrachten. Eine entsprechende Ausrichtung der berufspraktischen Tätigkeit kann z. B. anhand der Studienordnung oder der Kooperationsvereinbarung zwischen Unternehmen und Hochschule glaubhaft gemacht werden.

A 20.3.3. Geringfügiges Beschäftigungsverhältnis

(1) Geringfügige Beschäftigungsverhältnisse nach § 32 Abs. 4 Satz 3 EStG sind:
– geringfügig entlohnte Beschäftigungen (§§ 8 Abs. 1 Nr. 1 und 8 a SGB IV) und
– kurzfristige Beschäftigungen (§§ 8 Abs. 1 Nr. 2 und 8 a SGB IV).

(2) Bei der Beurteilung, ob ein geringfügiges Beschäftigungsverhältnis vorliegt, ist grundsätzlich die Einstufung des Arbeitgebers maßgeblich.

(3) Eine neben einem Ausbildungsdienstverhältnis ausgeübte geringfügige Beschäftigung ist unschädlich. Hinsichtlich einer neben einer Erwerbstätigkeit ausgeübten geringfügigen Beschäftigung vgl. A 20.3.1 Abs. 4 Satz 1.

A 20.4. Monatsprinzip

Liegen die Anspruchsvoraussetzungen des § 32 Abs. 4 Satz 1 bis 3 EStG wenigstens an einem Tag im Kalendermonat vor, besteht nach § 66 Abs. 2 EStG für diesen Monat Anspruch auf Kindergeld. Hat ein Kind eine erstmalige Berufsausbildung oder ein Erststudium abgeschlossen und erfüllt es weiterhin einen Anspruchstatbestand des § 32 Abs. 4 Satz 1 Nr. 2 EStG, entfällt der Kindergeldanspruch nur in den Monaten, in denen die anspruchsschädliche Erwerbstätigkeit den gesamten Monat umfasst. V 14.2 ist zu beachten.

Beispiel:

Ein Kind hat seine Erstausbildung abgeschlossen und im Oktober des Vorjahres mit dem Masterstudium begonnen. Ab dem 20. Juli des laufenden Jahres nimmt es unbefristet eine anspruchsschädliche Erwerbstätigkeit auf.
Aufgrund des Studiums ist das Kind nach § 32 Abs. 4 Satz 1 Nr. 2 Buchst. a EStG zu berücksichtigen. Das Studium wird jedoch nach Abschluss einer erstmaligen Berufsausbildung durchgeführt, sodass das Kind nach § 32 Abs. 4 Satz 2 EStG nur berücksichtigt werden kann, wenn es keiner anspruchsschädlichen Erwerbstätigkeit nachgeht. Für die Monate August bis Dezember kann das Kind nicht berücksichtigt werden. Neben den Monaten Januar bis Juni kann das Kind auch im Juli berücksichtigt werden, da es wenigstens an einem Tag die Anspruchsvoraussetzung – keine anspruchsschädliche Erwerbstätigkeit – erfüllt."

R 32.11 47

R 32.11. Verlängerungstatbestände bei Arbeit suchenden Kindern und Kindern in Berufsausbildung *(unbesetzt)*

H 32.11 48

Dienste im Ausland

→ A 21 Abs. 5 DA-KG 2022:

„(5) Als Verlängerungstatbestände sind nicht nur der nach deutschem Recht geleistete GWD bzw. ZD sowie die Entwicklungshilfedienste nach dem EhfG oder dem ZDG zu berücksichtigen, sondern auch entsprechende Dienste nach ausländischen Rechtsvorschriften. Eine Berücksichtigung der nach ausländischen Rechtsvorschriften geleisteten Dienste ist jedoch grundsätzlich nur bis zur Dauer des deutschen gesetzlichen GWD oder ZD möglich. Dabei ist auf die zu Beginn des Auslandsdienstes maßgebende Dauer des deutschen GWD oder ZD abzustellen. Wird der gesetzliche GWD oder ZD in einem anderen EU- bzw. EWR-Staat geleistet, so ist nach § 32 Abs. 5 Satz 2 EStG die Dauer dieses Dienstes maßgebend, auch wenn dieser länger als die Dauer des entsprechenden deutschen Dienstes ist."

Entwicklungshelfer

– → Gesetz vom 18. 6. 1969 (BGBl. I S. 549 – EhfG), zuletzt geändert durch Artikel 6 des Gesetzes vom 23. 5. 2017 (BGBl. I S. 1228).
– Entwicklungshelfer sind deutsche Personen, die nach Vollendung ihres 18. Lebensjahres und auf Grund einer Verpflichtung für zwei Jahre gegenüber einem anerkannten Träger des Entwicklungsdienstes Tätigkeiten in Entwicklungsländern ohne Erwerbsabsicht ausüben (→ § 1 EhfG). Als Träger des Entwicklungsdienstes sind anerkannt:
  a) Deutsche Gesellschaft für internationale Zusammenarbeit (GIZ), Bonn/Eschborn,
  b) Arbeitsgemeinschaft für Entwicklungshilfe e. V. (AGEH), Köln,
  c) Evangelischer Entwicklungsdienst e. V. (EED/DÜ), Berlin,
  d) Internationaler Christlicher Friedensdienst e. V. (EIRENE), Neuwied,
  e) Weltfriedensdienst e. V. (WED), Berlin,
  f) Christliche Fachkräfte International e. V. (CFI), Stuttgart,
  g) Forum Ziviler Friedensdienst e. V. (forumZFD), Bonn.

Ermittlung des Verlängerungszeitraums

→ A 21 Abs. 3 DA-KG 2022:

„(3) Bei der Ermittlung des Verlängerungszeitraums sind zunächst die Monate zu berücksichtigen, in denen mindestens an einem Tag ein Dienst bzw. eine Tätigkeit i. S.d. § 32 Abs. 5 Satz 1 EStG geleistet wurde. Dabei sind auch die Monate zu berücksichtigen, für die Anspruch auf Kindergeld bestand (vgl. BFH vom 5. 9. 2013, XI R 12/12, BStBl. 2014 II S. 39).“

R 32.12. Höhe der Freibeträge für Kinder in Sonderfällen

R 32.12

Einem Stpfl., der die vollen Freibeträge für Kinder erhält, weil der andere Elternteil verstorben ist (§ 32 Abs. 6 Satz 3 EStG), werden Stpfl. in Fällen gleichgestellt, in denen 49

1. der Wohnsitz oder gewöhnliche Aufenthalt des anderen Elternteils nicht zu ermitteln ist oder
2. der Vater des Kindes amtlich nicht feststellbar ist.

H 32.12

Lebenspartner und Freibeträge für Kinder → BMF vom 17. 1. 2014 (BStBl. I S. 109)[1].

50

R 32.13. Übertragung der Freibeträge für Kinder

R 32.13

Barunterhaltsverpflichtung

(1) ① Bei dauernd getrennt lebenden oder geschiedenen Ehegatten sowie bei Eltern eines nichtehelichen Kindes ist der Elternteil, in dessen Obhut das Kind sich nicht befindet, grundsätzlich zur Leistung von Barunterhalt verpflichtet. ② Wenn die Höhe nicht durch gerichtliche Entscheidung, Verpflichtungserklärung, Vergleich oder anderweitig durch Vertrag festgelegt ist, können dafür die von den Oberlandesgerichten als Leitlinien aufgestellten Unterhaltstabellen, z. B. „Düsseldorfer Tabelle“, einen Anhalt geben. 51

Der Unterhaltsverpflichtung im Wesentlichen nachkommen

(2) ① Ein Elternteil kommt seiner Barunterhaltsverpflichtung gegenüber dem Kind im Wesentlichen nach, wenn er sie mindestens zu 75% erfüllt. ② Der Elternteil, in dessen Obhut das Kind sich befindet, erfüllt seine Unterhaltsverpflichtung in der Regel durch die Pflege und Erziehung des Kindes (§ 1606 Abs. 3 BGB). 52

Maßgebender Verpflichtungszeitraum

(3) ① Hat aus Gründen, die in der Person des Kindes liegen, oder wegen des Todes des Elternteiles die Unterhaltsverpflichtung nicht während des ganzen Kalenderjahres bestanden, ist für die Frage, inwieweit sie erfüllt worden ist, nur auf den Verpflichtungszeitraum abzustellen. ② Wird ein Elternteil erst im Laufe des Kalenderjahres zur Unterhaltszahlung verpflichtet, ist für die Prüfung, ob er seiner Barunterhaltsverpflichtung gegenüber dem Kind zu mindestens 75% nachgekommen ist, nur der Zeitraum zu Grunde zu legen, für den der Elternteil zur Unterhaltsleistung verpflichtet wurde. ③ Im Übrigen kommt es nicht darauf an, ob die unbeschränkte Steuerpflicht des Kindes oder der Eltern während des ganzen Kalenderjahres bestanden hat. 53

Verfahren

(4)[2] ① Wird die Übertragung des dem anderen Elternteil zustehenden Kinderfreibetrags beantragt, weil dieser seiner Unterhaltsverpflichtung gegenüber dem Kind für das Kalenderjahr nicht im Wesentlichen nachgekommen ist oder mangels Leistungsfähigkeit nicht unterhaltspflichtig ist, muss der Antragsteller die Voraussetzungen dafür darlegen; eine Übertragung des dem anderen Elternteil zustehenden Kinderfreibetrags scheidet für Zeiträume aus, in denen Unterhaltsleistungen nach dem Unterhaltsvorschussgesetz gezahlt worden sind. ② Dem betreuenden Elternteil ist auf Antrag der dem anderen Elternteil, in dessen Wohnung das minderjährige Kind nicht gemeldet ist, zustehende Freibetrag für den Betreuungs- und Erziehungs- oder Ausbildungsbedarf zu übertragen. ③ Die Übertragung scheidet aus, wenn der Elternteil, bei dem das Kind nicht gemeldet ist, der Übertragung widerspricht, weil er Kinderbetreuungskosten trägt (z. B., weil er als barunterhaltsverpflichteter Elternteil ganz oder teilweise für einen sich aus Kindergartenbeiträgen ergebenden Mehrbedarf des Kindes aufkommt) oder das Kind regelmäßig in einem nicht unwesentlichen Umfang betreut (z. B., wenn eine außergerichtliche Vereinbarung über einen regelmäßigen Umgang an Wochenenden und in den Ferien vorliegt). ④ Die Voraussetzungen für die Übertragung sind monatsweise zu prüfen. ⑤ In Zweifelsfällen ist dem anderen Elternteil Gelegenheit zu geben, sich zum Sachverhalt zu äußern (§ 91 AO). ⑥ In dem Kalenderjahr, in dem das Kind das 18. Lebensjahr vollendet, ist eine Übertragung des Freibetrags für Betreuungs- und Erziehungs- oder Ausbildungsbedarf nur für den Teil des Kalenderjahres möglich, in dem das Kind noch minderjährig ist. ⑦ Werden die Freibeträge für Kinder bei einer Veranlagung auf den Stpfl. übertragen, teilt das Finanzamt dies dem für den anderen Elternteil zuständigen Finanzamt mit. ⑧ Ist der andere Elternteil bereits veranlagt, ist die Änderung der Steuerfestsetzung, sofern sie nicht nach § 164 Abs. 2 Satz 1 oder § 165 Abs. 2 AO vorgenommen werden kann, nach § 175 Abs. 1 54

---

[1] Abgedruckt als Anlage b zu H 32.13.

[2] Die bisher in R 32.13 Abs. 4 Satz 2 EStR 2008 enthaltene Regelung, dass die Übertragung des Kinderfreibetrags stets auch zur Übertragung des Freibetrags für den Betreuungs- und Erziehungs- oder Ausbildungsbedarf führt, gilt weiterhin (BMF-Schreiben vom 28. 6. 2013 – BStBl. I S. 845, Rz. 5, nachstehend abgedruckt).

Satz 1 Nr. 2 AO durchzuführen. ⑨ Beantragt der andere Elternteil eine Herabsetzung der gegen ihn festgesetzten Steuer mit der Begründung, die Voraussetzungen für die Übertragung der Freibeträge für Kinder auf den Stpfl. lägen nicht vor, ist der Stpfl. unter den Voraussetzungen des § 174 Abs. 4 und 5 AO zu dem Verfahren hinzuzuziehen. ⑩ Obsiegt der andere Elternteil, kommt die Änderung der Steuerfestsetzung beim Stpfl. nach § 174 Abs. 4 AO in Betracht. ⑪ Dem Finanzamt des Stpfl. ist zu diesem Zweck die getroffene Entscheidung mitzuteilen.

H 32.13

Beispiele zu R 32.13 Abs. 3

56 A. Das Kind beendet im Juni seine Berufsausbildung und steht ab September in einem Arbeitsverhältnis. Seitdem kann es sich selbst unterhalten. Der zum Barunterhalt verpflichtete Elternteil ist seiner Verpflichtung nur für die Zeit bis einschließlich Juni nachgekommen. Er hat seine für 8 Monate bestehende Unterhaltsverpflichtung für 6 Monate, also zu 75% erfüllt.

B. Der Elternteil, der bisher seiner Unterhaltsverpflichtung durch Pflege und Erziehung des Kindes voll nachgekommen ist, verzieht im August ins Ausland und leistet von da an keinen Unterhalt mehr. Er hat seine Unterhaltsverpflichtung, bezogen auf das Kj., nicht mindestens zu 75% erfüllt.

Beurteilungszeitraum. Bei der Beurteilung der Frage, ob ein Elternteil seiner Unterhaltsverpflichtung gegenüber einem Kind nachgekommen ist, ist nicht auf den Zeitpunkt abzustellen, in dem der Unterhalt gezahlt worden ist, sondern auf den Zeitraum, für den der Unterhalt bestimmt ist (→ BFH vom 11. 12. 1992 – BStBl. 1993 II S. 397).

Freistellung von der Unterhaltsverpflichtung. Stellt ein Elternteil den anderen Elternteil von der Unterhaltsverpflichtung gegenüber einem gemeinsamen Kind gegen ein Entgelt frei, das den geschätzten Unterhaltsansprüchen des Kindes entspricht, behält der freigestellte Elternteil den Anspruch auf den (halben) Kinderfreibetrag (→ BFH vom 25. 1. 1996 – BStBl. 1997 II S. 21).

Konkrete Unterhaltsverpflichtung. Kommt ein Elternteil seiner konkret-individuellen Unterhaltsverpflichtung nach, so ist vom Halbteilungsgrundsatz auch dann nicht abzuweichen, wenn diese Verpflichtung im Verhältnis zum Unterhaltsbedarf des Kindes oder zur Unterhaltszahlung des anderen Elternteils gering ist (→ BFH vom 25. 7. 1997 – BStBl. 1998 II S. 433).

Steuerrechtliche Folgewirkungen der Übertragung. Infolge der Übertragung der Freibeträge für Kinder können sich bei den kindbedingten Steuerentlastungen, die vom Erhalt eines Freibetrags nach § 32 Abs. 6 EStG abhängen, Änderungen ergeben. Solche Folgeänderungen können zum Beispiel eintreten beim Entlastungsbetrag für Alleinerziehende (§ 24 b EStG), beim Prozentsatz der zumutbaren Belastung (§ 33 Abs. 3 EStG), beim Freibetrag nach § 33 a Abs. 2 EStG und bei der Übertragung des dem Kind zustehenden Behinderten- oder Hinterbliebenen-Pauschbetrags (§ 33 b Abs. 5 EStG).

Übertragung der Freibeträge für Kinder → BMF vom 28. 6. 2013 (BStBl. I S. 845).[1]

Anl a zu H 32.13

a) Schreiben betr. Übertragung der Freibeträge für Kinder; BMF-Schreiben zu § 32 Absatz 6 Satz 6 bis 11 EStG[2]

Vom 28. Juni 2013 (BStBl. I S. 845)

(BMF IV C 4 – S 2282-a/10/10002; DOK 2013/0518616)

Durch das Steuervereinfachungsgesetz 2011 vom 1. November 2011 (BGBl. I S. 2131) sind die Voraussetzungen für die Übertragung der Freibeträge für Kinder (§ 32 Absatz 6 Satz 6 bis 11 EStG) sowie des Behinderten-Pauschbetrags (§ 33 b Absatz 5 Satz 2 EStG) mit Wirkung ab dem Veranlagungszeitraum 2012 geändert worden. Nach dem Ergebnis der Erörterungen mit den obersten Finanzbehörden der Länder gelten hierzu die nachfolgenden Ausführungen:

I. Übertragung des Kinderfreibetrags des anderen Elternteils (§ 32 Absatz 6 Satz 6 und 7 EStG)

57 **1**[3] Bei nicht verheirateten, geschiedenen oder dauernd getrennt lebenden unbeschränkt einkommensteuerpflichtigen Eltern wird auf Antrag eines Elternteils der Kinderfreibetrag des anderen Elternteils auf ihn übertragen, wenn er, nicht aber der andere Elternteil, seiner Unterhaltspflicht gegenüber dem Kind für das Kalenderjahr im Wesentlichen nachkommt (Rz. 2) oder der andere Elternteil mangels Leistungsfähigkeit nicht unterhaltspflichtig ist (Rz. 3).

2 Ein Elternteil kommt seiner Barunterhaltsverpflichtung gegenüber dem Kind dann im Wesentlichen nach, wenn er sie mindestens zu 75% erfüllt. Der Elternteil, in dessen Obhut sich ein minderjähriges Kind befindet, erfüllt seine Unterhaltsverpflichtung in der Regel durch die Pflege und Erziehung des Kindes (§ 1606 Absatz 3 Satz 2 BGB).[4]

3 Eine Unterhaltspflicht besteht für den anderen Elternteil dann nicht, wenn er mangels ausreichender eigener Mittel nicht leistungsfähig ist (§ 1603 Absatz 1 BGB). Freiwillige Leistungen des nicht leistungsfähigen Elternteils können die Übertragung nicht verhindern.

---

[1] Nachstehend abgedruckt, siehe auch BMF-Schreiben vom 17.1.2014 (BStBl. I S. 109), nachstehend abgedruckt als Anlage b.

[2] Siehe auch BMF-Schreiben vom 17. 1. 2014 (BStBl. I S. 109), nachstehend als Anlage b abgedruckt.

[3] Bei zusammenlebenden und nicht miteinander verheirateten Eltern kann der Kinderfreibetrag i. d. R. nicht übertragen werden, *BFH-Urteil vom 15. 12. 2021 III R 24/20 (BStBl. II 2022 S. 409).*

[4] Allein der Umstand, dass ein sorgeberechtigter Elternteil, der sein minderjähriges Kind in seinen Haushalt aufgenommen hat, für sich und sein Kind Leistungen nach dem SGB II bezieht, rechtfertigt nicht die Übertragung des diesem für sein Kind zustehenden Kinderfreibetrags und des Freibetrags für den Betreuungs- und Erziehungs- oder Ausbildungsbedarf auf den anderen Elternteil, der den Barunterhalt für das gemeinsame Kind leistet, siehe *BFH Urteil vom 15. 6. 2016 III R 18/15 (BStBl. II S. 893).*

Anl a zu H 32.13

4 Eine Übertragung scheidet für solche Kalendermonate aus, für die Unterhaltsleistungen nach dem Unterhaltsvorschussgesetz gezahlt werden. Auf die Höhe der Unterhaltsleistungen kommt es nicht an. Nachzahlungen sind auf die Kalendermonate zu verteilen, für die sie bestimmt sind.

5[1] Die Übertragung des Kinderfreibetrags führt stets auch zur Übertragung des Freibetrags für den Betreuungs- und Erziehungs- oder Ausbildungsbedarf.

II. Übertragung des Freibetrags für den Betreuungs- und Erziehungs- oder Ausbildungsbedarf (§ 32 Absatz 6 Satz 8 und 9 EStG)

6 Bei minderjährigen Kindern von nicht verheirateten, geschiedenen oder dauernd getrennt lebenden unbeschränkt einkommensteuerpflichtigen Eltern wird auf Antrag des Elternteils, bei dem das Kind gemeldet ist, der Freibetrag für den Betreuungs- und Erziehungs- oder Ausbildungsbedarf des anderen Elternteils auf ihn übertragen, wenn das minderjährige Kind bei dem anderen Elternteil nicht gemeldet ist. **58**

7 Der Elternteil, bei dem das Kind nicht gemeldet ist, kann der Übertragung widersprechen, wenn er Kinderbetreuungskosten (Rz. 8) trägt oder wenn er das Kind regelmäßig in einem nicht unwesentlichen Umfang (Rz. 9) betreut.

8 Als Kinderbetreuungskosten gelten nicht nur Aufwendungen für Dienstleistungen im Sinne des § 10 Absatz 1 Nummer 5 EStG, sondern alle Aufwendungen für die Betreuung, Erziehung oder Ausbildung des Kindes bis zur Vollendung seines 18. Lebensjahres. Hierzu zählen beispielsweise Aufwendungen für die regelmäßige Unterbringung an Wochenenden.

9 Maßgebend für eine regelmäßige Betreuung in einem nicht unwesentlichen Umfang[2] ist ein nicht nur gelegentlicher Umgang mit dem Kind, der erkennen lässt, dass der Elternteil die Betreuung mit einer gewissen Nachhaltigkeit wahrnimmt, d. h. fortdauernd und immer wieder in Kontakt zum Kind steht. Bei lediglich kurzzeitigem, anlassbezogenem Kontakt, beispielsweise zum Geburtstag, zu Weihnachten und zu Ostern, liegt eine Betreuung in unwesentlichem Umfang vor. Von einem nicht unwesentlichen Umfang der Betreuung eines Kindes ist typischerweise auszugehen, wenn eine gerichtliche oder außergerichtliche Vereinbarung über einen regelmäßigen Umgang an Wochenenden und in den Ferien vorgelegt wird.

10 Widerspricht der andere Elternteil der Übertragung des Freibetrags, so hat das Finanzamt zu prüfen, ob dieser Einrede für das weitere Verfahren Bedeutung zukommt. Die Entscheidung hierüber wird nicht in einem eigenen Verwaltungsakt getroffen, sondern im jeweiligen Einkommensteuerbescheid.

11 Es ist ausreichend, wenn der Steuerpflichtige der Übertragung durch Einspruch gegen seinen eigenen Steuerbescheid mit dem Ziel widerspricht, dass bei ihm der Freibetrag neu oder wieder angesetzt wird. Ist diese widersprechende Einrede sachlich gerechtfertigt, so ist der Steuerbescheid desjenigen Elternteils, auf dessen Antrag zunächst der Freibetrag übertragen wurde, nach § 175 Absatz 1 Satz 1 Nummer 2 AO zu ändern.

III. Übertragung der Freibeträge für Kinder auf einen Stief- oder Großelternteil (§ 32 Absatz 6 Satz 10 und 11 EStG)

12 Die den Eltern zustehenden Freibeträge für Kinder können auf Antrag auf einen Großelternteil übertragen werden, wenn dieser das Kind in seinen Haushalt aufgenommen hat oder einer Unterhaltspflicht gegenüber dem Kind unterliegt. Auf einen Stiefelternteil können diese Freibeträge auf Antrag übertragen werden, wenn dieser das Kind in seinen Haushalt aufgenommen hat. Da ein Stiefelternteil keiner gesetzlichen Unterhaltspflicht gegenüber seinem Stiefkind unterliegt, kommt eine Übertragung aus diesem Grund nicht in Betracht. **59**

13 Eine Übertragung auf einen Großelternteil, der das Kind nicht in seinen Haushalt aufgenommen hat, ist nur möglich, wenn dieser einer konkreten Unterhaltsverpflichtung unterliegt. Dies ist insbesondere dann der Fall, wenn die Eltern des Kindes nicht leistungsfähig sind.

14 Die Tatsache, dass der die Übertragung beantragende Großelternteil die Unterhaltsverpflichtung gegenüber seinem Enkelkind erfüllt, ist in geeigneter Weise – zum Beispiel durch Vorlage von Zahlungsbelegen – nachzuweisen. Bei einer Haushaltsaufnahme erübrigt sich der Nachweis.

IV. Aufteilung des Behinderten-Pauschbetrags eines Kindes bei der Übertragung auf die Eltern (§ 33 b Absatz 5 Satz 2 EStG)

15 Steht der Behinderten-Pauschbetrag oder der Hinterbliebenen-Pauschbetrag einem Kind zu, für das der Steuerpflichtige einen Anspruch auf einen Freibetrag nach § 32 Absatz 6 EStG oder auf Kindergeld hat, wird der Pauschbetrag auf Antrag auf den Steuerpflichtigen übertragen, wenn ihn das Kind nicht in Anspruch nimmt. Der Pauschbetrag wird auf die Elternteile je zur Hälfte aufgeteilt, es sei denn, der Kinderfreibetrag wurde auf den anderen Elternteil übertragen. **60**

16 Bei einer Übertragung des Kinderfreibetrags ist stets der volle Behinderten-Pauschbetrag oder der volle Hinterbliebenen-Pauschbetrag zu übertragen. Eine Übertragung des vollen Pauschbetrags erfolgt auch dann, wenn der Kinderfreibetrag nur für einen Teil des Kalenderjahres übertragen wird.

V. Anwendungszeitraum

17 Dieses Schreiben ist ab dem Veranlagungszeitraum 2012 anzuwenden. **61**

[1] Für VZ vor 2021 keine Übertragung des dem anderen Elternteil zustehenden Freibetrags für den Betreuungs- und Erziehungs- oder Ausbildungsbedarf nach Volljährigkeit des Kindes, *BFH-Urteile vom 22. 4. 2020 III R 61/18 und III R 25/19 (BStBl. II S. 43 und S. 63).*

[2] Von einem „nicht unwesentlichen Umfang“ kann bei einem für einen längeren Zeitraum im Voraus festgelegten weitgehend gleichmäßigen Betreuungsrhythmus mit einem zeitlichen Beurteilungsanteil von jährlich durchschnittlich 10% ausgegangen werden, *BFH-Urteil vom 8. 11. 2017 III R 2/16 (BStBl. 2018 II S. 266).*

Anl b zu H 32.13

b) Schreiben betr. Familienleistungsausgleich; Lebenspartner und Freibeträge für Kinder

Vom 17. Januar 2014 (BStBl. I S. 109)

(BMF IV C 4 – S 2282-a/0 :004; DOK 2014/0036473)

62 Nach § 2 Absatz 8 EStG sind die einkommensteuerrechtlichen Vorschriften zu Ehegatten und Ehen auch auf Lebenspartner und Lebenspartnerschaften anzuwenden. Nach dem Ergebnis der Erörterungen mit den obersten Finanzbehörden der Länder gilt für den Abzug der Freibeträge für Kinder in Lebenspartnerschaften Folgendes:

I. Leibliches Kind eines Lebenspartners, das vom anderen Lebenspartner adoptiert worden ist (Stiefkindadoption)

Hat ein Lebenspartner das leibliche Kind seines Lebenspartners adoptiert, besteht zu beiden Lebenspartnern ein Kindschaftsverhältnis. Demzufolge erhalten beide Lebenspartner jeweils die Freibeträge für Kinder; im Fall der Zusammenveranlagung haben die Lebenspartner einen Anspruch auf die verdoppelten Freibeträge (§ 32 Absatz 6 Satz 2 EStG).

II. Kind ohne leibliches Verwandtschaftsverhältnis zu beiden Lebenspartnern, das von einem Lebenspartner adoptiert worden ist

Hat ein Lebenspartner ein fremdes Kind adoptiert, besteht ein Kindschaftsverhältnis nur zu diesem Lebenspartner (Adoptiv-Elternteil). In diesem Fall erhält dieser Lebenspartner sowohl bei Einzel- als auch Zusammenveranlagung die verdoppelten Freibeträge für Kinder (§ 32 Absatz 6 Satz 3 Nummer 2 EStG).

III. Leibliches Kind eines Lebenspartners, das nicht vom anderen Lebenspartner adoptiert worden ist

Ist ein Lebenspartner leiblicher Elternteil eines Kindes, das sein Lebenspartner nicht adoptiert hat, besteht ein Kindschaftsverhältnis nur zum leiblichen Elternteil. Dieser Elternteil erhält als leiblicher Elternteil in folgenden Fällen ebenfalls die verdoppelten Freibeträge für Kinder:
- Der andere Elternteil des Kindes ist verstorben oder nicht unbeschränkt einkommensteuerpflichtig.
- Der Wohnsitz des anderen Elternteils ist nicht ermittelbar.
- Der Vater des Kindes ist amtlich nicht feststellbar; das ist auch dann der Fall, wenn unter Nutzung fortpflanzungsmedizinischer Verfahren der biologische Vater anonym bleibt.

Besteht eine Unterhaltspflicht eines anderen Elternteils, beispielsweise wenn eine Vaterschaft anerkannt oder gerichtlich festgestellt wurde, erfolgt keine Verdoppelung der Freibeträge bei den Lebenspartnern.

Bei einer bestehenden Unterhaltspflicht kann der Kinderfreibetrag nur dann vom anderen Elternteil auf den in einer Lebenspartnerschaft lebenden leiblichen Elternteil übertragen werden, wenn dieser, nicht aber der andere Elternteil seiner Unterhaltsverpflichtung im Wesentlichen nachgekommen ist oder wenn der andere Elternteil mangels Leistungsfähigkeit nicht unterhaltspflichtig ist (§ 32 Absatz 6 Satz 6 EStG).

IV. Übertragung der Freibeträge für Kinder auf einen Stiefelternteil

Auf Antrag können die Freibeträge für Kinder auf einen Stiefelternteil übertragen werden, wenn dieser das Kind in seinen Haushalt aufgenommen hat (§ 32 Absatz 6 Satz 10 EStG). Das gilt auch für Lebenspartner eines Elternteils.

V. Anwendung

Dieses Schreiben ergänzt das Schreiben vom 28. Juni 2013 (BStBl. I S. 845)[1] und ist in allen Fällen anzuwenden, in denen die Einkommensteuer noch nicht bestandskräftig festgesetzt ist.

---

[1] Vorstehend abgedruckt.

§ 32 a Einkommensteuertarif

EStG

(1)[1] ① **Die tarifliche Einkommensteuer bemisst sich nach dem zu versteuernden Einkommen. ② Sie beträgt ab dem Veranlagungszeitraum 2022 vorbehaltlich der §§ 32 b, 32 d, 34, 34 a, 34 b und 34 c jeweils in Euro für zu versteuernde Einkommen** 1

1. **bis 10 347 Euro (Grundfreibetrag):**
   0;
2. **von 10 348 Euro bis 14 926 Euro:**
   $(1\,088{,}67 \cdot y + 1\,400) \cdot y;$
3. **von 14 927 Euro bis 58 596 Euro:**
   $(206{,}43 \cdot z + 2\,397) \cdot z + 869{,}32;$
4. **von 58 597 Euro bis 277 825 Euro:**
   $0{,}42 \cdot x - 9\,336{,}45;$
5. **von 277 826 Euro an:**
   $0{,}45 \cdot x - 17\,671{,}20.$

③ **Die Größe „y" ist ein Zehntausendstel des den Grundfreibetrag übersteigenden Teils des auf einen vollen Euro-Betrag abgerundeten zu versteuernden Einkommens.** ④ **Die Größe „z" ist ein Zehntausendstel des 14 926 Euro übersteigenden Teils des auf einen vollen Euro-Betrag abgerundeten zu versteuernden Einkommens.** ⑤ **Die Größe „x" ist das auf einen vollen Euro-Betrag abgerundete zu versteuernde Einkommen.** ⑥ **Der sich ergebende Steuerbetrag ist auf den nächsten vollen Euro-Betrag abzurunden.**

(2) **bis** (4) **(weggefallen)** 2

(5) **Bei Ehegatten, die nach den §§ 26, 26 b zusammen zur Einkommensteuer veranlagt werden, beträgt die tarifliche Einkommensteuer vorbehaltlich der §§ 32 b, 32 d, 34, 34 a, 34 b und 34 c das Zweifache des Steuerbetrags, der sich für die Hälfte ihres gemeinsam zu versteuernden Einkommens nach Absatz 1 ergibt (Splitting-Verfahren).** 5

(6) ① **Das Verfahren nach Absatz 5 ist auch anzuwenden zur Berechnung der tariflichen Einkommensteuer für das zu versteuernde Einkommen** 6

1. **bei einem verwitweten Steuerpflichtigen für den Veranlagungszeitraum, der dem Kalenderjahr folgt, in dem der Ehegatte verstorben ist, wenn der Steuerpflichtige und sein verstorbener Ehegatte im Zeitpunkt seines Todes die Voraussetzungen des § 26 Absatz 1 Satz 1 erfüllt haben,**
2. **bei einem Steuerpflichtigen, dessen Ehe in dem Kalenderjahr, in dem er sein Einkommen bezogen hat, aufgelöst worden ist, wenn in diesem Kalenderjahr**
   a) **der Steuerpflichtige und sein bisheriger Ehegatte die Voraussetzungen des § 26 Absatz 1 Satz 1 erfüllt haben,**
   b) **der bisherige Ehegatte wieder geheiratet hat und**
   c) **der bisherige Ehegatte und dessen neuer Ehegatte ebenfalls die Voraussetzungen des § 26 Absatz 1 Satz 1 erfüllen.**

② **Voraussetzung für die Anwendung des Satzes 1 ist, dass der Steuerpflichtige nicht nach den §§ 26, 26 a einzeln zur Einkommensteuer veranlagt wird.**

H 32 a

Alleinerziehende. Die Besteuerung Alleinerziehender nach dem Grundtarif im Rahmen einer Einzelveranlagung anstelle einer Besteuerung nach dem Splittingtarif ist verfassungsgemäß (→ BFH vom 29. 9. 2016 – BStBl. 2017 II S. 259). 7

Auflösung der Ehe (außer durch Tod) und Wiederheirat eines Ehegatten. Ist eine Ehe, für die die Voraussetzungen des § 26 Abs. 1 EStG vorgelegen haben, im VZ durch Aufhebung oder Scheidung aufgelöst worden und ist der Stpfl. im selben VZ eine neue Ehe eingegangen, für die die Voraussetzungen des § 26 Abs. 1 Satz 1 EStG ebenfalls vorliegen, so kann nach § 26 Abs. 1 Satz 2 EStG für die aufgelöste Ehe das Wahlrecht zwischen Einzelveranlagung (§ 26 a EStG) und Zusammenveranlagung (§ 26 b EStG) nicht ausgeübt werden. Der andere Ehegatte, der nicht wieder geheiratet hat, ist mit dem von ihm bezogenen Einkommen nach dem Splitting-Verfahren zu besteuern (§ 32 a Abs. 6 Satz 1 Nr. 2 EStG). Der Auflösung einer Ehe durch Aufhebung oder Scheidung steht die Nichtigerklärung einer Ehe gleich (→ H 26 – Allgemeines).

Auflösung einer Ehe. Ist eine Ehe, die der Stpfl. im VZ des Todes des früheren Ehegatten geschlossen hat, im selben VZ wieder aufgelöst worden, so ist er für den folgenden VZ auch dann wieder nach § 32 a Abs. 6 Satz 1 Nr. 1 EStG als Verwitweter zu behandeln, wenn die Ehe in anderer Weise als durch Tod aufgelöst worden ist (→ BFH vom 9. 6. 1965 – BStBl. III S. 590).

---

[1] **Zur Fassung von § 32a Abs. 1 für VZ 2023 und VZ 2024 siehe in der geschlossenen Wiedergabe.**

H 32a

Dauerndes Getrenntleben im Todeszeitpunkt. Die Einkommensteuer eines verwitweten Stpfl. ist in dem VZ, der dem VZ des Todes folgt, nur dann nach dem Splittingtarif festzusetzen, wenn er und sein verstorbener Ehegatte im Zeitpunkt des Todes nicht dauernd getrennt gelebt haben (→ BFH vom 27. 2. 1998 – BStBl. II S. 350).

Todeserklärung eines verschollenen Ehegatten → H 26 (Allgemeines).

EStG

§ 32b Progressionsvorbehalt

(1) ① Hat ein zeitweise oder während des gesamten Veranlagungszeitraums unbeschränkt Steuerpflichtiger oder ein beschränkt Steuerpflichtiger, auf den § 50 Absatz 2 Satz 2 Nummer 4 Anwendung findet,

1. a) Arbeitslosengeld, Teilarbeitslosengeld, Zuschüsse zum Arbeitsentgelt, Kurzarbeitergeld, Insolvenzgeld, Übergangsgeld nach dem Dritten Buch Sozialgesetzbuch; Insolvenzgeld, das nach § 170 Absatz 1 des Dritten Buches Sozialgesetzbuch einem Dritten zusteht, ist dem Arbeitnehmer zuzurechnen, 1
   b) Krankengeld, Mutterschaftsgeld, Verletztengeld, Übergangsgeld oder vergleichbare Lohnersatzleistungen nach dem Fünften, Sechsten oder Siebten Buch Sozialgesetzbuch, der Reichsversicherungsordnung, dem Gesetz über die Krankenversicherung der Landwirte oder dem Zweiten Gesetz über die Krankenversicherung der Landwirte,
   c) Mutterschaftsgeld, Zuschuss zum Mutterschaftsgeld, die Sonderunterstützung nach dem Mutterschutzgesetz sowie den Zuschuss bei Beschäftigungsverboten für die Zeit vor oder nach einer Entbindung sowie für den Entbindungstag während einer Elternzeit nach beamtenrechtlichen Vorschriften,
   d) Arbeitslosenbeihilfe nach dem Soldatenversorgungsgesetz,
   e) Entschädigungen für Verdienstausfall nach dem Infektionsschutzgesetz vom 20. Juli 2000 (BGBl. I S. 1045),
   f)[1] Versorgungskrankengeld oder Übergangsgeld nach dem Bundesversorgungsgesetz,
   g) nach § 3 Nummer 28 steuerfreie Aufstockungsbeträge oder Zuschläge sowie nach § 3 Nummer 28 a steuerfreie Zuschüsse,
   h) Leistungen an Arbeitnehmerinnen und Arbeitnehmer nach § 5 des Unterhaltssicherungsgesetzes,
   i) nach § 3 Nummer 60 steuerfreie Anpassungsgelder,
   j) Elterngeld nach dem Bundeselterngeld- und Elternzeitgesetz,[2]
   k) nach § 3 Nummer 2 Buchstabe e steuerfreie Leistungen, wenn vergleichbare Leistungen inländischer öffentlicher Kassen nach den Buchstaben a bis j dem Progressionsvorbehalt unterfallen, oder
2. ausländische Einkünfte, die im Veranlagungszeitraum nicht der deutschen Einkommensteuer unterlegen haben; dies gilt nur für Fälle der zeitweisen unbeschränkten Steuerpflicht einschließlich der in § 2 Absatz 7 Satz 3 geregelten Fälle; ausgenommen sind Einkünfte, die nach einem sonstigen zwischenstaatlichen Übereinkommen im Sinne der Nummer 4 steuerfrei sind und die nach diesem Übereinkommen nicht unter dem Vorbehalt der Einbeziehung bei der Berechnung der Einkommensteuer stehen, 2
3. Einkünfte, die nach einem Abkommen zur Vermeidung der Doppelbesteuerung steuerfrei sind, 3
4. Einkünfte, die nach einem sonstigen zwischenstaatlichen Übereinkommen[3] unter dem Vorbehalt der Einbeziehung bei der Berechnung der Einkommensteuer steuerfrei sind,
5. Einkünfte, die bei Anwendung von § 1 Absatz 3 oder § 1 a oder § 50 Absatz 2 Satz 2 Nummer 4 im Veranlagungszeitraum bei der Ermittlung des zu versteuernden Einkommens unberücksichtigt bleiben, weil sie nicht der deutschen Einkommensteuer oder einem Steuerabzug unterliegen; ausgenommen sind Einkünfte, die nach einem sonstigen zwischenstaatlichen Übereinkommen im Sinne der Nummer 4 steuerfrei sind und die nach diesem Übereinkommen nicht unter dem Vorbehalt der Einbeziehung bei der Berechnung der Einkommensteuer stehen,

bezogen, so ist auf das nach § 32 a Absatz 1 zu versteuernde Einkommen ein besonderer Steuersatz anzuwenden. ② Satz 1 Nummer 3 gilt nicht für Einkünfte

1. aus einer anderen als in einem Drittstaat belegenen land- und forstwirtschaftlichen Betriebsstätte,
2. aus einer anderen als in einem Drittstaat belegenen gewerblichen Betriebsstätte, die nicht die Voraussetzungen des § 2 a Absatz 2 Satz 1 erfüllt,
3. aus der Vermietung oder der Verpachtung von unbeweglichem Vermögen oder von Sachinbegriffen, wenn diese in einem anderen Staat als in einem Drittstaat belegen sind, oder

---

[1] **Zur Fassung von § 32 b Abs. 1 Satz 1 Buchstabe f ab 1. 1. 2024 und ab 1. 1. 2025 siehe in der geschlossenen Wiedergabe.**

[2] Siehe auch *BFH-Beschluss vom 21. 9. 2009 VI B 31/09 (BStBl. 2011 II S. 382).* Die dagegen eingelegte Verfassungsbeschwerde (Az.: 2 BvR 2604/09) wurde nicht zur Entscheidung angenommen.

[3] Zu den Bezügen der Bediensteten des Europäischen Patentamtes siehe *Erlass FinSen. Berlin vom 21. 5. 2019 III A – S 1311 – 6/1997 (BeckVerw 453289).*

EStG

4. aus der entgeltlichen Überlassung von Schiffen, sofern diese ausschließlich oder fast ausschließlich in einem anderen als einem Drittstaat eingesetzt worden sind, es sei denn, es handelt sich um Handelsschiffe, die
   a) von einem Vercharterer ausgerüstet überlassen oder
   b) an in einem anderen als in einem Drittstaat ansässige Ausrüster, die die Voraussetzungen des § 510 Absatz 1 des Handelsgesetzbuchs erfüllen, überlassen oder
   c) insgesamt nur vorübergehend an in einem Drittstaat ansässige Ausrüster, die die Voraussetzungen des § 510 Absatz 1 des Handelsgesetzbuchs erfüllen, überlassen worden sind, oder
5. aus dem Ansatz des niedrigeren Teilwerts oder der Übertragung eines zu einem Betriebsvermögen gehörenden Wirtschaftsguts im Sinne der Nummern 3 und 4.

③[1] § 2a Absatz 2a und § 15b sind sinngemäß anzuwenden.

3a (1a) Als unmittelbar von einem unbeschränkt Steuerpflichtigen bezogene ausländische Einkünfte im Sinne des Absatzes 1 Nummer 3 gelten auch die ausländischen Einkünfte, die eine Organgesellschaft im Sinne des § 14 oder des § 17 des Körperschaftsteuergesetzes bezogen hat und die nach einem Abkommen zur Vermeidung der Doppelbesteuerung steuerfrei sind, in dem Verhältnis, in dem dem unbeschränkt Steuerpflichtigen das Einkommen der Organgesellschaft bezogen auf das gesamte Einkommen der Organgesellschaft im Veranlagungszeitraum zugerechnet wird.

(2) Der besondere Steuersatz nach Absatz 1 ist der Steuersatz, der sich ergibt, wenn bei der Berechnung der Einkommensteuer das nach § 32a Absatz 1 zu versteuernde Einkommen vermehrt oder vermindert wird um

4 1. im Fall des Absatzes 1 Nummer 1 die Summe der Leistungen nach Abzug des Arbeitnehmer-Pauschbetrags (§ 9a Satz 1 Nummer 1), soweit er nicht bei der Ermittlung der Einkünfte aus nichtselbständiger Arbeit abziehbar ist;

5 2. im Fall des Absatzes 1 Nummer 2 bis 5 die dort bezeichneten Einkünfte, wobei die darin enthaltenen außerordentlichen Einkünfte mit einem Fünftel zu berücksichtigen sind. ② Bei der Ermittlung der Einkünfte im Fall des Absatzes 1 Nummer 2 bis 5
   a) ist der Arbeitnehmer-Pauschbetrag (§ 9a Satz 1 Nummer 1 Buchstabe a) abzuziehen, soweit er nicht bei der Ermittlung der Einkünfte aus nichtselbständiger Arbeit abziehbar ist;
   b) sind Werbungskosten nur insoweit abzuziehen, als sie zusammen mit den bei der Ermittlung der Einkünfte aus nichtselbständiger Arbeit abziehbaren Werbungskosten den Arbeitnehmer-Pauschbetrag (§ 9a Satz 1 Nummer 1 Buchstabe a) übersteigen;
   c)[2] sind bei Gewinnermittlung nach § 4 Absatz 3 die Anschaffungs- oder Herstellungskosten für Wirtschaftsgüter des Umlaufvermögens im Zeitpunkt des Zuflusses des Veräußerungserlöses oder bei Entnahme im Zeitpunkt der Entnahme als Betriebsausgaben zu berücksichtigen. ② § 4 Absatz 3 Satz 5 gilt entsprechend.

6 (3)[3] ① Nach Maßgabe des § 93c der Abgabenordnung haben die Träger der Sozialleistungen im Sinne des Absatzes 1 Satz 1 Nummer 1 für jeden Leistungsempfänger der für seine Besteuerung nach dem Einkommen zuständigen Finanzbehörde neben den nach § 93c Absatz 1 der Abgabenordnung erforderlichen Angaben die Daten über die im Kalenderjahr gewährten Leistungen sowie die Dauer des Leistungszeitraums zu übermitteln, soweit die Leistungen nicht in der Lohnsteuerbescheinigung anzugeben sind (§ 41b Absatz 1 Satz 2 Nummer 5); § 41b Absatz 2 und § 22a Absatz 2 gelten entsprechend. ② Die mitteilungspflichtige Stelle hat den Empfänger der Leistungen auf die steuerliche Behandlung dieser Leistungen und seine Steuererklärungspflicht hinzuweisen. ③ In den Fällen des § 170 Absatz 1 des Dritten Buches Sozialgesetzbuch gilt als Empfänger des an Dritte ausgezahlten Insolvenzgeldes der Arbeitnehmer, der seinen Arbeitsentgeltanspruch übertragen hat.

7 (4)[3] ① In den Fällen des Absatzes 3 ist für die Anwendung des § 72a Absatz 4 und des § 93c Absatz 4 Satz 1 der Abgabenordnung das Betriebsstättenfinanzamt des Trägers der jeweiligen Sozialleistungen zuständig. ② Sind für ihn mehrere Betriebsstättenfinanzämter zuständig oder hat er keine Betriebsstätte im Sinne des § 41 Absatz 2, so ist das Finanzamt zuständig, in dessen Bezirk sich seine Geschäftsleitung nach § 10 der Abgabenordnung im Inland befindet.

8 (5)[3] Die nach Absatz 3 übermittelten Daten können durch das nach Absatz 4 zuständige Finanzamt bei den für die Besteuerung der Leistungsempfänger nach dem Einkommen zuständigen Finanzbehörden abgerufen und zur Anwendung des § 72a Absatz 4 und des § 93c Absatz 4 Satz 1 der Abgabenordnung verarbeitet werden.

[1] Zur erstmaligen Anwendung siehe § 52 Abs. 33 Satz 2 EStG.
[2] Zur Anwendung siehe § 52 Abs. 33 Satz 1 EStG.
[3] Zur erstmaligen Anwendung siehe § 52 Abs. 33 Satz 3 EStG.

R 32b. Progressionsvorbehalt

R 32b

Allgemeines

(1) ① Entgelt-, Lohn- oder Einkommensersatzleistungen der gesetzlichen Krankenkassen unterliegen auch insoweit dem Progressionsvorbehalt nach § 32b Abs. 1 Satz 1 Nr. 1 Buchstabe b EStG, als sie freiwillig Versicherten gewährt werden. ② Beim Übergangsgeld, das behinderten oder von Behinderung bedrohten Menschen nach den §§ 45 bis 52 SGB IX gewährt wird, handelt es sich um steuerfreie Leistungen nach dem SGB III, SGB VI, SGB VII oder dem Bundesversorgungsgesetz, die dem Progressionsvorbehalt unterliegen. ③ Leistungen nach der Berufskrankheitenverordnung sowie das Krankentagegeld aus einer privaten Krankenversicherung und Leistungen zur Sicherung des Lebensunterhalts und zur Eingliederung in Arbeit nach dem SGB II (sog. Arbeitslosengeld II) gehören nicht zu den Entgelt-, Lohn- oder Einkommensersatzleistungen, die dem Progressionsvorbehalt unterliegen. 11

(2) ① In den Progressionsvorbehalt sind die Entgelt-, Lohn- und Einkommensersatzleistungen mit den Beträgen einzubeziehen, die als Leistungsbeträge nach den einschlägigen Leistungsgesetzen festgestellt werden. ② Kürzungen dieser Leistungsbeträge, die sich im Falle der Abtretung oder durch den Abzug von Versichertenanteilen an den Beiträgen zur Rentenversicherung, Arbeitslosenversicherung und ggf. zur Kranken- und Pflegeversicherung ergeben, bleiben unberücksichtigt. ③ Der bei der Ermittlung der Einkünfte aus nichtselbständiger Arbeit nicht ausgeschöpfte Arbeitnehmer-Pauschbetrag ist auch von Entgelt-, Lohn- und Einkommensersatzleistungen abzuziehen. 12

Rückzahlung von Entgelt-, Lohn- oder Einkommensersatzleistungen

(3) ① Werden die in § 32b Abs. 1 Satz 1 Nr. 1 EStG bezeichneten Lohn- oder Einkommensersatzleistungen zurückgezahlt, sind sie von den im selben Kalenderjahr bezogenen Leistungsbeträgen abzusetzen, unabhängig davon, ob die zurückgezahlten Beträge im Kalenderjahr ihres Bezugs dem Progressionsvorbehalt unterlegen haben. ② Ergibt sich durch die Absetzung ein negativer Betrag, weil die Rückzahlungen höher sind als die im selben Kalenderjahr empfangenen Beträge oder weil den zurückgezahlten keine empfangenen Beträge gegenüberstehen, ist auch der negative Betrag bei der Ermittlung des besonderen Steuersatzes nach § 32b EStG zu berücksichtigen (negativer Progressionsvorbehalt). ③ Aus Vereinfachungsgründen bestehen keine Bedenken, zurückgezahlte Beträge dem Kalenderjahr zuzurechnen, in dem der Rückforderungsbescheid ausgestellt worden ist. ④ Beantragt der Stpfl., die zurückgezahlten Beträge dem Kalenderjahr zuzurechnen, in dem sie tatsächlich abgeflossen sind, hat er den Zeitpunkt des tatsächlichen Abflusses anhand von Unterlagen, z. B. Aufhebungs-/Erstattungsbescheide oder Zahlungsbelege, nachzuweisen oder glaubhaft zu machen. 13

Rückwirkender Wegfall von Entgelt-, Lohn- oder Einkommensersatzleistungen

(4) Fällt wegen der rückwirkenden Zubilligung einer Rente der Anspruch auf Sozialleistungen (z. B. Kranken- oder Arbeitslosengeld) rückwirkend ganz oder teilweise weg, ist dies am Beispiel des Krankengeldes steuerlich wie folgt zu behandeln: 14

1. ① Soweit der Krankenkasse ein Erstattungsanspruch nach § 103 SGB X gegenüber dem Rentenversicherungsträger zusteht, ist das bisher gezahlte Krankengeld als Rentenzahlung anzusehen und nach § 22 Nr. 1 Satz 3 Buchstabe a EStG der Besteuerung zu unterwerfen. ② Das Krankengeld unterliegt insoweit nicht dem Progressionsvorbehalt nach § 32b EStG.
2. ① Gezahlte und die Rentenleistung übersteigende Krankengeldbeträge im Sinne des § 50 Abs. 1 Satz 2 SGB V sind als Krankengeld nach § 3 Nr. 1 Buchstabe a EStG steuerfrei; § 32b EStG ist anzuwenden. ② Entsprechendes gilt für das Krankengeld, das vom Empfänger infolge rückwirkender Zubilligung einer Rente aus einer ausländischen gesetzlichen Rentenversicherung nach § 50 Abs. 1 Satz 3 SGB V an die Krankenkasse zurückzuzahlen ist.
3. Soweit die nachträgliche Feststellung des Rentenanspruchs auf VZ zurückwirkt, für die Steuerbescheide bereits ergangen sind, sind diese Steuerbescheide nach § 175 Abs. 1 Satz 1 Nr. 2 AO zu ändern.

Fehlende Entgelt-, Lohn- oder Einkommensersatzleistungen

(5) ① Hat ein Arbeitnehmer trotz Arbeitslosigkeit kein Arbeitslosengeld erhalten, weil ein entsprechender Antrag abgelehnt worden ist, kann dies durch die Vorlage des Ablehnungsbescheids nachgewiesen werden; hat der Arbeitnehmer keinen Antrag gestellt, kann dies durch die Vorlage der vom Arbeitgeber nach § 312 SGB III ausgestellten Arbeitsbescheinigung im Original belegt werden. ② Kann ein Arbeitnehmer weder durch geeignete Unterlagen nachweisen noch in sonstiger Weise glaubhaft machen, dass er keine Entgelt-, Lohn- oder Einkommensersatzleistungen erhalten hat, kann das Finanzamt bei der für den Arbeitnehmer zuständigen Agentur für Arbeit (§ 327 SGB III) eine Bescheinigung darüber anfordern (Negativbescheinigung). 15

H 32b
16 **Allgemeines.** Ist für Einkünfte nach § 32b Abs. 1 EStG der Progressionsvorbehalt zu beachten, ist wie folgt zu verfahren:

1. Ermittlung des nach § 32a Abs. 1 EStG maßgebenden z. v. E.
2. Dem z. v. E. werden für die Berechnung des besonderen Steuersatzes die Entgelt-, Lohn- oder Einkommensersatzleistungen (§ 32b Abs. 1 Satz 1 Nr. 1 EStG) sowie die unter § 32b Abs. 1 Satz 1 Nr. 2 bis 5 EStG fallenden Einkünfte im Jahr ihrer Entstehung hinzugerechnet oder von ihm abgezogen. Der sich danach ergebende besondere Steuersatz ist auf das nach § 32a Abs. 1 EStG ermittelte z. v. E. anzuwenden.

Beispiele:

Fall	A	B
z. v. E. (§ 2 Abs. 5 EStG)	40 000 €	40 000 €
Fall A Arbeitslosengeld	10 000 €	
oder		
Fall B zurückgezahltes Arbeitslosengeld		3 000 €
Für die Berechnung des Steuersatzes maßgebendes z. v. E.	50 000 €	37 000 €
Steuer nach Splittingtarif	7 125 €	3 643 €
besonderer (= durchschnittlicher) Steuersatz	14,25%	9,846%
Die Anwendung des besonderen Steuersatzes auf das z. v. E. ergibt als Steuer	5 700 €	3 938 €

Ein Verlustabzug (§ 10d EStG) ist bei der Ermittlung des besonderen Steuersatzes nach § 32b Abs. 1 EStG nicht zu berücksichtigen.

Anwendung auf Lohnersatzleistungen. Der Progressionsvorbehalt für Lohnersatzleistungen ist verfassungsgemäß (→ BVerfG vom 3. 5. 1995 – BStBl. II S. 758).

Anwendung bei Stpfl. mit Einkünften aus nichtselbständiger Arbeit → R 46.2.

Arbeitnehmer-Pauschbetrag. Zur Berechnung des Progressionsvorbehalts sind steuerfreie Leistungen nach § 32b Abs. 1 Satz 1 Nr. 1 EStG nicht um den Arbeitnehmer-Pauschbetrag zu vermindern, wenn bei der Ermittlung der Einkünfte aus nichtselbständiger Arbeit den Pauschbetrag übersteigende Werbungskosten abgezogen wurden (→ BFH vom 25.9.2014 – BStBl. 2015 II S. 182).

Ausländische Einkünfte. Die Höhe ist nach dem deutschen Steuerrecht zu ermitteln (→ BFH vom 20. 9. 2006 – BStBl. 2007 II S. 756). Die steuerfreien ausländischen Einkünfte aus nichtselbständiger Arbeit i. S. d. § 32b Abs. 1 Satz 1 Nr. 2 bis 5 EStG sind als Überschuss der Einnahmen über die Werbungskosten zu berechnen. Dabei sind die tatsächlich angefallenen Werbungskosten bzw. der Arbeitnehmer-Pauschbetrag nach Maßgabe des § 32b Abs. 2 Satz 1 Nr. 2 Satz 2 EStG zu berücksichtigen.

Beispiel für Einkünfte aus nichtselbständiger Arbeit:

Der inländische steuerpflichtige Arbeitslohn beträgt 20 000 €; die Werbungskosten betragen 500 €. Der nach DBA/ATE unter Progressionsvorbehalt steuerfreie Arbeitslohn beträgt 10 000 €; im Zusammenhang mit der Erzielung des steuerfreien Arbeitslohns sind Werbungskosten in Höhe von 400 € tatsächlich angefallen.

Inländischer steuerpflichtiger Arbeitslohn	20 000 €
./. Arbeitnehmer-Pauschbetrag (§ 9a Satz 1 Nr. 1 Buchstabe a EStG)	./. 1 000 €
steuerpflichtige Einkünfte gem. § 19 EStG	19 000 €
Ausländische Progressionseinnahmen	10 000 €
./. Arbeitnehmer-Pauschbetrag	./. 0 €
maßgebende Progressionseinkünfte (§ 32b Abs. 2 Satz 1 Nr. 2 Satz 2 EStG)	10 000 €

Ausländische Personengesellschaft. Nach einem DBA[1] freigestellte Einkünfte aus der Beteiligung an einer ausländischen Personengesellschaft unterliegen auch dann dem Progressionsvorbehalt, wenn die ausländische Personengesellschaft in dem anderen Vertragsstaat als juristische Person besteuert wird (→ BFH vom 4. 4. 2007 – BStBl. II S. 521).

Ausländische Renteneinkünfte. Ausländische Renteneinkünfte sind im Rahmen des Progressionsvorbehalts mit dem Besteuerungsanteil (§ 22 Nr. 1 Satz 3 Buchstabe a Doppelbuchstabe aa EStG) und nicht mit dem Ertragsanteil zu berücksichtigen, wenn die Leistung der ausländischen Altersversorgung in ihrem Kerngehalt den gemeinsamen und typischen Merkmalen der inländischen Basisversorgung entspricht. Zu den wesentlichen Merkmalen der Basisversorgung gehört, dass die Renten erst bei Erreichen einer bestimmten Altersgrenze bzw. bei Erwerbsunfähigkeit gezahlt werden und als Entgeltersatzleistung der Lebensunterhaltssicherung dienen (→ BFH vom 14. 7. 2010 – BStBl. 2011 II S. 628).

Ausländische Sozialversicherungsbeiträge. Beiträge an die schweizerische Alters- und Hinterlassenenversicherung können nicht bei der Ermittlung des besonderen Steuersatzes im

[1] Zum Stand der DBA und der Doppelbesteuerungsverhandlungen am 1. 1. 2022 siehe BMF-Schreiben vom 19. 1.2022 (BStBl. I S. 147), am 1. 1. 2023 siehe BMF-Schreiben vom 18. 1. 2023 (BStBl. II S. 195).

Rahmen des Progressionsvorbehaltes berücksichtigt werden (→ BFH vom 18. 4. 2012 – BStBl. II S. 721). H 32b

Ausländische Verluste

– Durch ausländische Verluste kann der Steuersatz auf Null sinken (→ BFH vom 25. 5. 1970 – BStBl. II S. 660).
– Drittstaatenverluste i. S. d. § 2a EStG werden nur nach Maßgabe des § 2a EStG berücksichtigt (→ BFH vom 17. 11. 1999 – BStBl. 2000 II S. 605).
– Ausländische Verluste aus der Veräußerung oder Aufgabe eines Betriebs, die nach einem DBA von der Bemessungsgrundlage der deutschen Steuer auszunehmen sind, unterfallen im Rahmen des Progressionsvorbehaltes nicht der sog. Fünftel-Methode (→ BFH vom 1. 2. 2012 – BStBl. II S. 405).

Datenübermittlung. Zur rückwirkenden Verrechnung zwischen Trägern der Sozialleistungen → BMF vom 16. 7. 2013 (BStBl. I S. 922).

EU-Tagegeld. Zur steuerlichen Behandlung des von Organen der EU gezahlten Tagegeldes → BMF vom 12. 4. 2006 (BStBl. I S. 340).

Grundfreibetrag. Es begegnet keinen verfassungsrechtlichen Bedenken, dass wegen der in § 32a Abs. 1 Satz 2 EStG angeordneten vorrangigen Anwendung des Progressionsvorbehalts des § 32b EStG auch ein z. v. E. unterhalb des Grundfreibetrags der Einkommensteuer unterliegt (→ BFH vom 9. 8. 2001 – BStBl. II S. 778).

Leistungen der gesetzlichen Krankenkasse

– Leistungen der gesetzlichen Krankenkasse für eine Ersatzkraft im Rahmen der Haushaltshilfe an nahe Angehörige (§ 38 Abs. 4 Satz 2 SGB V) unterliegen nicht dem Progressionsvorbehalt (→ BFH vom 17. 6. 2005 – BStBl. 2006 II S. 17).
– Die Einbeziehung des Krankengeldes, das ein freiwillig in einer gesetzlichen Krankenkasse versicherter Stpfl. erhält, in den Progressionsvorbehalt, ist verfassungsgemäß (→ BFH vom 26. 11. 2008 – BStBl. 2009 II S. 376).
– Auch nach der Einführung des sog. Basistarifs in der privaten Krankenversicherung ist es verfassungsrechtlich nicht zu beanstanden, dass zwar das Krankengeld aus der gesetzlichen Krankenversicherung, nicht aber das Krankentagegeld aus einer privaten Krankenversicherung in den Progressionsvorbehalt einbezogen wird (→ BFH vom 13.11.2014 – BStBl. 2015 II S. 563).

Steuerfreiheit einer Leibrente. Ist eine Leibrente sowohl nach einem DBA als auch nach § 3 Nr. 6 EStG steuerfrei, unterliegt sie nicht dem Progressionsvorbehalt (→ BFH vom 22. 1. 1997 – BStBl. II S. 358).

Vorfinanziertes Insolvenzgeld. Soweit Insolvenzgeld vorfinanziert wird, das nach § 188 Abs. 1 SGB III einem Dritten zusteht, ist die Gegenleistung für die Übertragung des Arbeitsentgeltanspruchs als Insolvenzgeld anzusehen. Die an den Arbeitnehmer gezahlten Entgelte hat dieser i. S. d. § 32b Abs. 1 Satz 1 Nr. 1 Buchstabe a EStG bezogen, wenn sie ihm nach den Regeln über die Überschusseinkünfte zugeflossen sind (→ BFH vom 1. 3. 2012 – BStBl. II S. 596).

Zeitweise unbeschränkte Steuerpflicht

– Besteht wegen Zu- oder Wegzugs nur zeitweise die unbeschränkte Steuerpflicht, sind die außerhalb der unbeschränkten Steuerpflicht im Kj. erzielten Einkünfte im Wege des Progressionsvorbehalts zu berücksichtigen, wenn diese nicht der beschränkten Steuerpflicht unterliegen (→ BFH vom 15. 5. 2002 – BStBl. II S. 660, vom 19. 12. 2001 – BStBl. 2003 II S. 302 und vom 19. 11. 2003 – BStBl. 2004 II S. 549).
– Vorab entstandene Werbungskosten im Zusammenhang mit einer beabsichtigten Tätigkeit im Ausland sind beim Progressionsvorbehalt zu berücksichtigen, wenn dies nicht durch ein DBA ausgeschlossen wird (→ BFH vom 20. 9. 2006 – BStBl. 2007 II S. 756).

EStG

§ 32c[1] Tarifermäßigung bei Einkünften aus Land- und Forstwirtschaft

1 (1) ① **Auf Antrag des Steuerpflichtigen wird nach Ablauf von drei Veranlagungszeiträumen (Betrachtungszeitraum) unter den Voraussetzungen des Absatzes 5 für Einkünfte aus Land- und Forstwirtschaft im Sinne des § 13 eine Tarifermäßigung nach Satz 2 gewährt.** ② **Ist die Summe der tariflichen Einkommensteuer, die innerhalb des Betrachtungszeitraums auf die steuerpflichtigen Einkünfte aus Land- und Forstwirtschaft im Sinne des § 13 entfällt, höher als die Summe der nach Absatz 2 ermittelten fiktiven tariflichen Einkommensteuer, die innerhalb des Betrachtungszeitraums auf die steuerpflichtigen Einkünfte aus Land- und Forstwirtschaft im Sinne des § 13 entfällt, wird bei der Steuerfestsetzung des letzten Veranlagungszeitraums im Betrachtungszeitraum die tarifliche Einkommensteuer um den Unterschiedsbetrag ermäßigt.** ③ **Satz 1 gilt nicht, wenn nur in einem Veranlagungszeitraum des Betrachtungszeitraums Einkünfte aus Land- und Forstwirtschaft erzielt werden.**

2 (2) ① **Die fiktive tarifliche Einkommensteuer, die auf die steuerpflichtigen Einkünfte aus Land- und Forstwirtschaft im Sinne des § 13 entfällt, wird für jeden Veranlagungszeitraum des Betrachtungszeitraums gesondert ermittelt.** ② **Dabei treten an die Stelle der tatsächlichen Einkünfte aus Land- und Forstwirtschaft im Sinne des § 13 die nach Satz 3 zu ermittelnden durchschnittlichen Einkünfte.** ③ **Zur Ermittlung der durchschnittlichen Einkünfte aus Land- und Forstwirtschaft wird die Summe der tatsächlichen Einkünfte aus Land- und Forstwirtschaft der Veranlagungszeiträume eines Betrachtungszeitraums gleichmäßig auf die Veranlagungszeiträume des Betrachtungszeitraums verteilt.**

3 (3) ① **Die auf die steuerpflichtigen Einkünfte aus Land- und Forstwirtschaft im Sinne des § 13 entfallende tarifliche Einkommensteuer im Sinne des Absatzes 1 ermittelt sich aus dem Verhältnis der positiven steuerpflichtigen Einkünfte aus Land- und Forstwirtschaft zur Summe der positiven Einkünfte.** ② **Entsprechendes gilt bei der Ermittlung der fiktiven tariflichen Einkommensteuer.** ③ **Bei Ehegatten, die nach den §§ 26, 26 b zusammen zur Einkommensteuer veranlagt werden, werden für die Ermittlung der Einkünfte jeder Einkunftsart im Sinne des Satzes 1 die Einkünfte beider Ehegatten zusammengerechnet.**

4 (4) **Bei der Ermittlung der tatsächlichen und der durchschnittlichen Einkünfte aus Land- und Forstwirtschaft im Sinne der Absätze 2 und 3 bleiben außer Betracht:**

1. **außerordentliche Einkünfte nach § 34 Absatz 2,**
2. **nach § 34 a begünstigte nicht entnommene Gewinne sowie**
3. **Einkünfte aus außerordentlichen Holznutzungen im Sinne des § 34 b Absatz 1 und 2.**

5 (5) ① **Die Inanspruchnahme der Tarifermäßigung ist nur zulässig, wenn**

1. **für negative Einkünfte, die im ersten Veranlagungszeitraum des Betrachtungszeitraums erzielt wurden, kein Verlustrücktrag nach § 10 d Absatz 1 in den letzten Veranlagungszeitraum eines vorangegangenen Betrachtungszeitraums vorgenommen wurde,**
2. **für negative Einkünfte, die im zweiten und dritten Veranlagungszeitraum des Betrachtungszeitraums erzielt wurden, kein Antrag nach § 10 d Absatz 1 Satz 6 gestellt wurde,**
3. **der Steuerpflichtige kein Unternehmer in Schwierigkeiten im Sinne der Rahmenregelung der Europäischen Union für staatliche Beihilfen im Agrar- und Forstsektor und in ländlichen Gebieten 2014-2020 (2014/C 204/01) (ABl. C 204 vom 1. 7. 2014, S. 1) ist,**
4. **ein Steuerpflichtiger, der zu einer Rückzahlung von Beihilfen auf Grund eines früheren Beschlusses der Europäischen Kommission zur Feststellung der Unzulässigkeit einer Beihilfe und ihrer Unvereinbarkeit mit dem Binnenmarkt verpflichtet worden ist, dieser Rückforderungsanordnung vollständig nachgekommen ist,**
5. **der Steuerpflichtige weder einen der in Artikel 10 Absatz 1 der Verordnung (EU) Nr. 508/2014 des Europäischen Parlaments und des Rates vom 15. Mai 2014 über den Europäischen Meeres- und Fischereifonds und zur Aufhebung der Verordnungen (EG) Nr. 2328/2003, (EG) Nr. 861/2006, (EG) Nr. 1198/2006 und (EG) Nr. 791/2007 des Rates und der Verordnung (EU) Nr. 1255/2011 des Europäischen Parlaments und des Rates (ABl. L 149 vom 20. 5. 2014, S. 1) genannten Verstöße oder Vergehen noch einen Betrug gemäß Artikel 10 Absatz 3 dieser Verordnung in dem Zeitraum begangen hat, der in den delegierten Rechtsakten auf der Grundlage von Artikel 10 Absatz 4 dieser Verordnung festgelegt ist, und**

---

[1] Zur Anwendung siehe § 52 Abs. 33 a EStG.

6. ein Steuerpflichtiger mit Einkünften aus Binnenfischerei, Teichwirtschaft oder Fischzucht für Binnenfischerei und Teichwirtschaft versichert, dass er für einen Zeitraum von fünf Jahren nach Bekanntgabe des Einkommensteuerbescheids, mit dem die Tarifermäßigung gewährt wird, die Bestimmungen der Gemeinsamen Fischereipolitik einhalten wird.

② Der Steuerpflichtige hat bei der Beantragung der Tarifermäßigung zu erklären, dass die in Satz 1 Nummer 3 bis 6 genannten Voraussetzungen bestehen. ③ Der Steuerpflichtige hat dem zuständigen Finanzamt nach Beantragung der Tarifermäßigung unverzüglich mitzuteilen, wenn eine der in Satz 1 Nummer 3 bis 6 genannten Voraussetzungen nicht mehr vorliegt.

(6) **① Ist für einen Veranlagungszeitraum, in dem eine Tarifermäßigung nach Absatz 1 gewährt wurde, bereits ein Einkommensteuerbescheid erlassen worden, ist dieser zu ändern, soweit sich in einem Einkommensteuerbescheid des Betrachtungszeitraums Besteuerungsgrundlagen ändern. ② Die Festsetzungsfrist endet insoweit nicht, bevor die Festsetzungsfrist für den Veranlagungszeitraum abgelaufen ist, in dem sich die Besteuerungsgrundlagen geändert haben. ③ Die Sätze 1 und 2 gelten in den Fällen des § 36 Absatz 2 Nummer 4 entsprechend für die Anrechnungsverfügung.** 6

(7) **① Wird während eines Zeitraums von fünf Jahren nach Bekanntgabe des Einkommensteuerbescheids, mit dem die Tarifermäßigung für den jeweiligen Betrachtungszeitraum gewährt wird, einer der in Artikel 10 Absatz 1 der Verordnung (EU) Nr. 508/2014 genannten Verstöße durch die zuständige Behörde festgestellt, ist eine Tarifermäßigung im Sinne des Absatzes 1 Satz 2 rückgängig zu machen. ② Ein solcher Verstoß gilt als rückwirkendes Ereignis im Sinne von § 175 Absatz 1 Satz 1 Nummer 2 in Verbindung mit Absatz 2 der Abgabenordnung. ③ Der Steuerpflichtige hat einen Verstoß unverzüglich nach dessen Feststellung dem zuständigen Finanzamt anzuzeigen. ④ Die Festsetzungsfrist für die Steuer endet nicht vor Ablauf von vier Jahren nach Ablauf des Kalenderjahres, in dem die Finanzbehörde von dem Verstoß nach Satz 1 Kenntnis erlangt hat.** 7

Übersicht

H 32c

11

Allgemeines → BMF vom 18. 9. 2020 (BStBl. I S. 952) unter Berücksichtigung der Änderungen durch BMF vom 24. 11. 2020 (BStBl. I S. 1217) und vom 31. 8. 2022 (BStBl. I S. 1302).

Anl zu H 32c

Schreiben betr. Tarifermäßigung bei Einkünften aus Land- und Forstwirtschaft nach § 32c EStG

Vom 18. September 2020 (BStBl. I S. 952)

(BMF IV C 7 – S 2230/19/10003 :007; DOK 2020/0937829)

Geändert durch BMF-Schreiben vom 24. 11. 2020 (BStBl. I S. 1217) und vom 31. 8. 2022 (BStBl. I S. 1302)

Zur Tarifermäßigung nach § 32c Einkommensteuergesetz (EStG) i. d. F. des Gesetzes zur weiteren steuerlichen Förderung der Elektromobilität und zur Änderung weiterer steuerlicher Vorschriften vom 12. Dezember 2019 (BGBl. I S. 2451) nehme ich im Einvernehmen mit den obersten Finanzbehörden der Länder wie folgt Stellung:

Inhaltsübersicht

Anl zu H 32c

I. Inkrafttreten und Betrachtungszeiträume

1. Inkrafttreten

12 **1** Die Europäische Kommission hat am 30. Januar 2020 durch Beschluss festgestellt, dass es sich bei § 32 c EStG in der o. g. Fassung um eine mit dem Binnenmarkt vereinbare Beihilfe handelt. Die steuerabschnittsübergreifende Tarifermäßigung ist daher nach Art. 39 Absatz 8 Satz 2 des Gesetzes zur weiteren steuerlichen Förderung der Elektromobilität und zur Änderung weiterer steuerlicher Vorschriften vom 12. Dezember 2019 (BGBl. I S. 2451) am 30. Januar 2020 in Kraft getreten (Bekanntmachung des Bundesministeriums für Ernährung und Landwirtschaft vom 18. März 2020, BGBl. I S. 597). Sie ermöglicht eine durchschnittliche Besteuerung von Einkünften aus Land- und Forstwirtschaft für einen Betrachtungszeitraum von drei Jahren.

2 Die Tarifglättungsregelung (§§ 32 c, 36 Absatz 2 Nummer 3 EStG) in der Fassung des Gesetzes zum Erlass und zur Änderung marktordnungsrechtlicher Vorschriften sowie zur Änderung des Einkommensteuergesetzes vom 20. Dezember 2016 (BGBl. I S. 3045) ist mangels Genehmigung der Europäischen Kommission nicht in Kraft getreten und wurde mit Art. 31 des Gesetzes zur weiteren steuerlichen Förderung der Elektromobilität und zur Änderung weiterer steuerlicher Vorschriften vom 12. Dezember 2019 (a. a. O.) zur Beseitigung des von ihr ausgehenden Rechtsscheins aufgehoben.

2. Betrachtungszeiträume

3 Nach § 52 Absatz 33 a EStG sind ausschließlich drei Betrachtungszeiträume zu bilden. Die Betrachtungszeiträume umfassen die Veranlagungszeiträume 2014 bis 2016, 2017 bis 2019 und 2020 bis 2022. Die Tarifermäßigung erfolgt jeweils im letzten Veranlagungszeitraum des Betrachtungszeitraums, d. h. nur in den Veranlagungszeiträumen 2016, 2019 und 2022.

II. Zugangsvoraussetzungen

1. Antrag

1.1. Allgemeines

13 **4** Die Tarifermäßigung kann gemäß § 32 c Absatz 1 Satz 1 EStG für Einkünfte aus Land- und Forstwirtschaft i. S. d. § 13 EStG nur auf Antrag gewährt werden. Hierfür stehen das Antragsformular „Anlage 32 c" und die dazugehörige „Anlage zur Anlage 32 c" mit beihilferechtlichen Erläuterungen und Unterrichtungen zum Schutz und zur Veröffentlichung der im Rahmen der Tarifermäßigung übermittelten personenbezogenen Daten zur Verfügung. Der Antrag kann grundsätzlich i. R. d. Steuererklärung oder bis zum Eintritt der Bestandskraft der Steuerfestsetzung gestellt (und auch zurückgenommen) werden. Es besteht weder eine gesetzliche Verpflichtung zur Verwendung des Antragsformulars „Anlage 32 c" noch zur elektronischen Übermittlung an das Finanzamt.

5 Der Antrag kann grundsätzlich auch formlos gestellt werden. Voraussetzung ist, dass alle benötigten beihilferechtlichen Erklärungen (vgl. Rn. 9) abgegeben werden. Eine pauschale Erklärung (z. B. „Ich erkläre, dass ich die Voraussetzungen des § 32 c Absatz 5 EStG erfülle.") genügt den beihilferechtlichen Anforderungen nicht.

6 Der Antrag auf Tarifermäßigung muss von der jeweiligen antragstellenden Person höchstpersönlich unterschrieben werden. Sammelanträge von Angehörigen der steuerberatenden Berufe für ihre Mandanten sind nicht möglich.

7 Bei zusammenveranlagten Ehegatten/Lebenspartnern genügt die Unterschrift desjenigen Ehegatten/Lebenspartners, der die Einkünfte aus Land- und Forstwirtschaft erzielt hat. Sofern beide im Betrachtungszeitraum land- und forstwirtschaftliche Einkünfte erzielt haben, müssen beide Ehegatten/Lebenspartner unterschreiben.

8 Im Falle von gesondert sowie gesondert und einheitlich festzustellenden Einkünften aus Land- und Forstwirtschaft ist der Antrag auf Tarifermäßigung durch den jeweiligen Steuerpflichtigen bei dem für die Einkommensbesteuerung zuständigen Finanzamt zu stellen.

1.2. Beihilferechtliche Erklärungen

1.2.1. Erstmalige Erklärung

9 Der Steuerpflichtige muss bzw. bei Zusammenveranlagung – wenn beide Ehegatten/Lebenspartner Einkünfte aus Land- und Forstwirtschaft erzielen – müssen beide Steuerpflichtigen bei Beantragung der Tarifermäßigung für beihilferechtliche Zwecke erklären, dass folgende Voraussetzungen vorliegen:
- Der Steuerpflichtige ist/die Steuerpflichtigen sind kein/e „Unternehmer in Schwierigkeiten" i. S. d. Rahmenregelung der Europäischen Union für staatliche Beihilfen im Agrar- und Forstsektor und in ländlichen Gebieten 2014–2020 (2014/C 204/01) (ABl. C 204 vom 1. Juli 2014, S. 1) (§ 32 c Absatz 5 Satz 1 Nummer 3 EStG).
- Sollte(n) der Steuerpflichtige/die Steuerpflichtigen zu einer Rückzahlung von Beihilfen auf Grund eines früheren Beschlusses der Europäischen Kommission zur Feststellung der Unzulässigkeit einer Beihilfe und ihrer Unvereinbarkeit mit dem Binnenmarkt verpflichtet worden sein, muss er/müssen sie dieser Rückforderungsanordnung vollständig nachgekommen sein (§ 32 c Absatz 5 Satz 1 Nummer 4 EStG).
- Der Steuerpflichtige hat/die Steuerpflichtigen haben weder einen der in Art. 10 Absatz 1 der Verordnung (EU) Nr. 508/2014 vom 15. Mai 2014 über den Europäischen Meeres- und Fischereifonds und zur Aufhebung der Verordnungen (EG) Nr. 2328/2003, (EG) Nr. 861/2006, (EG) Nr. 1198/2006 und (EG) Nr. 791/2007 des Rates und der Verordnung (EU) Nr. 1255/2011 des Europäischen Parlaments und des Rates (ABl. L 149 vom 20. Mai 2014, S. 1) genannten Verstöße oder Vergehen noch einen Betrug gemäß Art. 10 Absatz 3 dieser Verordnung in dem Zeitraum, der in den delegierten Rechtsakten auf der Grundlage von Art. 10 Absatz 4 dieser Verordnung festgelegt ist, begangen (§ 32 c Absatz 5 Satz 1 Nummer 5 EStG).
- Der Steuerpflichtige/die Steuerpflichtigen mit Einkünften aus Binnenfischerei, Teichwirtschaft oder Fischzucht für Binnenfischerei und Teichwirtschaft versichert/versichern,
  - dass er/sie für einen Zeitraum von fünf Jahren nach Bekanntgabe des Einkommensteuerbescheids, mit dem die Tarifermäßigung gewährt wird, die Bestimmungen der Gemeinsamen Fischereipolitik einhalten wird/werden (§ 32 c Absatz 5 Satz 1 Nummer 6 EStG) und
  - keine nicht förderfähigen Vorhaben gemäß Art. 11 der Verordnung (EU) Nr. 508/2014 (a. a. O.) durchgeführt zu haben.
- Der Steuerpflichtige/die Steuerpflichtigen erklärt/erklären, dass er/sie die vorstehenden Angaben nach bestem Wissen und Gewissen vollständig und richtig gemacht hat/haben und er/sie – sollte einer der vorstehenden Punkte nachträglich nicht mehr vorliegen – Änderungen sowie einen der in Art. 10 Absatz 1 der Verordnung (EU) Nr. 508/2014 (a. a. O.) genannten Verstöße unverzüglich dem Finanzamt anzeigt/anzeigen.

10[1] Aus beihilferechtlicher Sicht muss der Steuerpflichtige/müssen die Steuerpflichtigen die vorgenannten Voraussetzungen für den Zeitraum der Inanspruchnahme der Beihilfe (d. h. für alle Veranlagungszeiträume des Betrachtungszeitraums) bis zum Zeitpunkt der Anspruchsentstehung erfüllen. Die Prüfung des Vorliegens der Voraussetzungen ist auf den Zeitpunkt der Anspruchsentstehung der Tarifermäßigung vorzunehmen. Daher ist ein Anspruch auf Tarifermäßigung zu versagen, wenn ein Unternehmen zu diesem Zeitpunkt als Unternehmen in Schwierigkeiten einzustufen ist. Die zwischenzeitliche Einstufung als Unternehmen in Schwierigkeiten innerhalb des Zeitraums der Inanspruchnahme der Beihilfe ist unschädlich. Nach der Beantragung hat der Steuerpflichtige/haben die Steuerpflichtigen Änderungen dem Finanzamt unverzüglich mitzuteilen (§ 32c Absatz 5 Satz 3 EStG). Liegt keine weitere oder berichtigte Erklärung des Steuerpflichtigen/der Steuerpflichtigen vor, ist davon auszugehen, dass die erstmalige Erklärung zur Tarifermäßigung weiterhin zutreffend ist.

1.2.2. Erneute Erklärung bei einer Änderungsveranlagung

11 Aufgrund der gesetzlichen Verpflichtung für den Steuerpflichtigen bzw. die Steuerpflichtigen, Änderungen dem Finanzamt unverzüglich und fortlaufend mitzuteilen (vgl. Rn. 10), gilt die erstmalige Erklärung zur Tarifermäßigung auch im Zeitpunkt der Bekanntgabe eines Änderungsbescheides fort, sofern der Steuerpflichtige bzw. die Steuerpflichtigen dem Finanzamt zwischenzeitlich keine weiteren oder berichtigten Angaben mitgeteilt hat/haben.

1.3. Information zum Schutz und zur Veröffentlichung der im Rahmen der Tarifermäßigung übermittelten personenbezogenen Daten

12[2] Die Finanzbehörden der Länder veröffentlichen Tarifermäßigungen ab folgenden Beträgen:
- 60 000 EUR bei Beihilfeempfängern, die in der landwirtschaftlichen Primärproduktion tätig sind,
- 500 000 EUR bei Beihilfeempfängern, die in der Verarbeitung oder Vermarktung landwirtschaftlicher Erzeugnisse oder in der Forstwirtschaft tätig sind oder Tätigkeiten ausüben, die nicht unter Artikel 42 AEUV fallen,
- 30 000 EUR für den Fischerei- und Aquakultursektor.

Die Betragsgrenzen gelten für jeden Betrachtungszeitraum gesondert.
Die Veröffentlichung erfolgt auf der Website https://webgate.ec.europa.eu/competition/transparency/public/search/home.

13 Folgende Informationen werden veröffentlicht:
- das die Tarifermäßigung gewährende Finanzamt,
- Name des/der die Tarifermäßigung erhaltenden Steuerpflichtigen,
- Angaben zum Regierungsbezirk (= Region gemäß NUTS-Ebene 2), in dem sich der/die land- und forstwirtschaftliche(n) Betrieb(e) befindet/befinden,
- die Höhe der gewährten Tarifermäßigung in folgenden Spannen (in Mio. EUR):
  0,03–0,5 (nur für den Fischerei- und Aquakultursektor);

---

[1] Rn. 10 neugefasst durch BMF-Schreiben vom 31. 8. 2022 (BStBl. I S. 1302).
[2] Rn. 12 geändert durch BMF-Schreiben vom 24. 11. 2020 (BStBl. I S. 1217).

Anl zu H 32 c

0,06–0,5 (nur für die landwirtschaftliche Primärproduktion);
0,5–1; 1–2; 2–5; 5–10; 10–30; 30 und mehr,
– Datum des Einkommensteuerbescheids, mit dem die Tarifermäßigung gewährt wurde,
– die Art des Unternehmens (KMU[1]/großes Unternehmen) und
– Hauptwirtschaftszweig, in dem der Steuerpflichtige/die Steuerpflichtigen tätig ist/sind (auf Ebene der NACE-Gruppe).

Die Informationen sind innerhalb eines Jahres ab dem Tag, an dem die Steuererklärung bei dem zuständigen Finanzamt einzureichen war (d.h. mit Ablauf der individuellen Abgabefrist), zu veröffentlichen. Da diese Frist für den Veranlagungszeitraum 2016 nicht eingehalten werden kann, muss die Veröffentlichung in diesen Fällen innerhalb von sechs Monaten ab dem Tag der Gewährung der Tarifermäßigung erfolgen.

1.4. Wirkung fehlender Erklärung bei Zusammenveranlagung

14 Erfüllt einer der Ehegatten/Lebenspartner mit Einkünften aus Land- und Forstwirtschaft die beihilferechtlichen Vorgaben nicht, kann bei einer Zusammenveranlagung insgesamt keine Tarifermäßigung gewährt werden.

2. Erzielen von Einkünften aus Land- und Forstwirtschaft

14 **15** Es ist nicht notwendig, dass in allen drei Veranlagungszeiträumen des Betrachtungszeitraums Einkünfte aus Land- und Forstwirtschaft i. S. d. § 13 EStG erzielt werden. Eine Tarifermäßigung ist aber – bei Vorliegen der übrigen Voraussetzungen – nur dann zu gewähren, wenn in mindestens zwei Veranlagungszeiträumen des Betrachtungszeitraums Einkünfte aus Land- und Forstwirtschaft erzielt werden und im letzten Veranlagungszeitraum des Betrachtungszeitraums eine Einkommensteuerveranlagung erfolgt. Dies gilt unabhängig davon, ob im ersten, zweiten oder dritten Veranlagungszeitraum keine Einkünfte aus Land- und Forstwirtschaft erzielt werden. In Fällen der Zusammenveranlagung sind für die vorstehende Prüfung die zusammengerechneten Einkünfte aus Land- und Forstwirtschaft beider Ehegatten/Lebenspartner maßgebend (vgl. Rn. 33). Für Zwecke der fiktiven Einkommensteuerberechnung werden die Einkünfte aus Land- und Forstwirtschaft in jedem Fall auf die drei Veranlagungszeiträume des Betrachtungszeitraums gleichmäßig verteilt (vgl. Rn. 40).

Beispiel:

16 Der Steuerpflichtige erzielt in den Veranlagungszeiträumen 2017 und 2018 u. a. Einkünfte aus Land- und Forstwirtschaft in Höhe von insgesamt 60 000 EUR (= keine Einkünfte nach § 32 c Absatz 4 EStG). Wegen einer Betriebsaufgabe des land- und forstwirtschaftlichen Betriebs im Veranlagungszeitraum 2018 erzielt er im Veranlagungszeitraum 2019 nur noch Einkünfte aus nichtselbständiger Arbeit. Die übrigen Voraussetzungen des § 32 c EStG sind erfüllt.
Im Veranlagungszeitraum 2019 ist eine Tarifermäßigung zu gewähren. Für Zwecke der fiktiven Steuerberechnung sind die Einkünfte aus Land- und Forstwirtschaft in den drei Veranlagungszeiträumen jeweils in Höhe von 20 000 EUR zu berücksichtigen (gleichmäßige Verteilung auf die drei Veranlagungszeiträume).

2.1. Besonderheit Veranlagungszeitraum 2016

17 Sofern ein Land- und Forstwirt letztmals in den Veranlagungszeiträumen 2014 und 2015 Einkünfte aus Land- und Forstwirtschaft erzielt hat und der Einkommensteuerbescheid 2016 ohne Berücksichtigung von Einkünften aus Land- und Forstwirtschaft bereits bestandskräftig geworden ist, kann grundsätzlich keine Tarifermäßigung gewährt werden. Im Einzelfall kann eine abweichende Entscheidung im Billigkeitswege in Betracht kommen.

18 Wurden auch im Veranlagungszeitraum 2016 Einkünfte aus Land- und Forstwirtschaft erzielt, die z. B. wegen Nichtvorliegen einer gesonderten und einheitlichen Feststellung noch nicht im bereits bestandskräftigen Einkommensteuerbescheid 2016 berücksichtigt wurden, kann eine Tarifermäßigung nur bei Vorliegen einer Änderungsmöglichkeit und innerhalb des gesetzlichen Änderungsrahmens i. S. d. § 177 Abgabenordnung (AO) gewährt werden.

2.2. Besonderheit Todesfälle im Betrachtungszeitraum

2.2.1. Behandlung beim Erblasser

19 Bei Tod im ersten Veranlagungszeitraum des Betrachtungszeitraums ist für den Erblasser keine Tarifermäßigung zu gewähren, § 32 c Absatz 1 Satz 3 EStG. Bei Tod im zweiten Veranlagungszeitraum kann der Erblasser ebenfalls keine Tarifermäßigung erhalten, da er im letzten Veranlagungszeitraum des Betrachtungszeitraums nicht zur Einkommensteuer veranlagt wird.

20 Bei Tod im letzten Veranlagungszeitraum des Betrachtungszeitraums kann für den Erblasser eine Tarifermäßigung gewährt werden, wenn er in mindestens zwei Veranlagungszeiträumen des Betrachtungszeitraums Einkünfte aus Land- und Forstwirtschaft erzielt hat und die Voraussetzungen des § 32 c Absatz 5 EStG erfüllt.

2.2.2. Behandlung bei den Erben

21 Bei Tod des Erblassers im ersten oder zweiten Veranlagungszeitraum des Betrachtungszeitraums kann für die Erben eine Tarifermäßigung durchgeführt werden, wenn diese in mindestens zwei Veranlagungszeiträumen des Betrachtungszeitraums selbst eigene Einkünfte aus Land- und Forstwirtschaft erzielt haben und die Voraussetzungen des § 32 c Absatz 5 EStG erfüllen. Die Einkünfte des Erblassers werden den Erben für Zwecke der Tarifermäßigung nicht zugerechnet.

2.2.3. Zusammenfassendes

Beispiel:

22 Der Erblasser verstirbt am 30. Juni 2018. Der Erbe führt den Betrieb der Land- und Forstwirtschaft bis einschließlich Veranlagungszeitraum 2019 fort.

---

[1] **Amtl. Anm.:** „Kleinstunternehmen sowie kleine und mittlere Unternehmen": Unternehmen, die die Voraussetzungen in Anhang I der Verordnung (EU) Nr. 702/2014 (ABl. L 193 vom 1. Juli 2014, S. 1–75) der Kommission erfüllen.

Der Erblasser kann keine Tarifermäßigung erhalten, da er im Veranlagungszeitraum 2019 nicht zur Einkommensteuer veranlagt wird. Der Erbe erzielt im Veranlagungszeitraum 2018 und 2019 Einkünfte aus Land- und Forstwirtschaft. Im Veranlagungszeitraum 2019 ist ihm auf Antrag eine Tarifermäßigung zu gewähren. Maßgeblich für die Berechnung der Tarifermäßigung sind nur die vom Erben ab dem 1. Juli 2018 selbst erzielten Einkünfte aus Land- und Forstwirtschaft. Die Einkünfte des Erblassers werden dem Erben für Zwecke dessen Tarifermäßigung nicht zugerechnet.

Abwandlung:

Der Erblasser verstirbt erst am 30. Juni 2019.
Für den Erblasser kann auf Antrag des Erben als Rechtsnachfolger eine Tarifermäßigung gewährt werden, da der Erblasser mindestens in den Veranlagungszeiträumen 2018 und 2019 Einkünfte aus Land- und Forstwirtschaft erzielt. Für den Erben kann auf Antrag ebenfalls eine Tarifermäßigung gewährt werden, wenn dieser zusätzlich mindestens in einem der beiden vorangegangenen Veranlagungszeiträume Einkünfte aus Land- und Forstwirtschaft erzielt hat. Die Einkünfte des Erblassers werden dem Erben für Zwecke dessen Tarifermäßigung nicht zugerechnet.

3. Verlustvortrag und Verlustrücktrag

23 Weitere Voraussetzung für die Gewährung der Tarifermäßigung ist, dass 15
- für negative Einkünfte, die im ersten Veranlagungszeitraum des Betrachtungszeitraums erzielt wurden, kein Verlustrücktrag nach § 10 d Absatz 1 EStG in den letzten Veranlagungszeitraum eines vorangegangenen Betrachtungszeitraums vorgenommen wurde (§ 32 c Absatz 5 Satz 1 Nummer 1 EStG) und
- für negative Einkünfte, die im zweiten und dritten Veranlagungszeitraum des Betrachtungszeitraums erzielt wurden, nicht auf den Verlustrücktrag nach § 10 d Absatz 1 Satz 5 EStG verzichtet wird (§ 32 c Absatz 5 Satz 1 Nummer 2 EStG).

Erfüllt einer der Ehegatten/Lebenspartner mit Einkünften aus Land- und Forstwirtschaft diese Voraussetzungen nicht, kann bei einer Zusammenveranlagung insgesamt keine Tarifermäßigung gewährt werden.

24 Ein Verlustrücktrag nach § 10 d Absatz 1 EStG im ersten Betrachtungszeitraum (Veranlagungszeiträume 2014 bis 2016) in den Veranlagungszeitraum 2013 ist für die Anwendung des § 32 c EStG unschädlich.

25 Für eine Änderung des Antrags nach § 10 d Absatz 1 Satz 5 EStG begründet § 32 c EStG keine eigenständige Änderungsgrundlage. Es gelten insoweit nur die für die Durchbrechung der materiellen Bestandskraft maßgeblichen allgemeinen Korrekturvorschriften (§§ 164, 165, 172 bis 175 b AO).

III. Ermittlung der Tarifermäßigung

1. Grundsätze

26 Hinsichtlich der Einkünfte aus Land- und Forstwirtschaft im Betrachtungszeitraum wird neben der zutreffenden Abschnittsbesteuerung (tatsächliche tarifliche Einkommensteuer) in einer fiktiven Steuerberechnung mit den gleichmäßig auf drei Jahre verteilten begünstigten Einkünften aus Land- und Forstwirtschaft die entsprechende jährliche auf die Einkünfte aus Land- und Forstwirtschaft entfallende tarifliche Einkommensteuer ermittelt (fiktive tarifliche Einkommensteuer). Dies gilt selbst dann, wenn in einem Veranlagungszeitraum des Betrachtungszeitraums keine Einkommensteuerfestsetzung durchgeführt wurde (z. B. bei Begründung einer persönlichen oder sachlichen Steuerpflicht erst innerhalb eines Betrachtungszeitraums). Gleiches gilt z. B. in den Fällen des § 46 EStG, wenn der Steuerpflichtige/die Steuerpflichtigen in einem Veranlagungszeitraum des Betrachtungszeitraums nicht zur Abgabe einer Steuererklärung verpflichtet war/waren. In derartigen Fallgestaltungen, in denen nicht in jedem Veranlagungszeitraum eines Betrachtungszeitraums eine Einkommensteuerfestsetzung vorliegt (z. B. Antragsveranlagung i. S. d. § 46 EStG), sind für Zwecke der Ermittlung des Tarifermäßigungsbetrags gleichwohl die tatsächlichen Einkünfte in die Berechnung einzubeziehen. Diese sind von dem/den Steuerpflichtigen im Rahmen der Antragstellung zu erklären. Lagen hingegen keine Einkünfte vor (bspw. mangels Vorliegen einer Steuerpflicht), sind diese für die Berechnung der Tarifermäßigung mit Null Euro zu berücksichtigen. 16

27 Ist die Summe der fiktiven tariflichen Einkommensteuer für den jeweiligen Betrachtungszeitraum geringer als die Summe der tatsächlichen tariflichen Einkommensteuer des Betrachtungszeitraums, erhält der Steuerpflichtige/erhalten die Steuerpflichtigen im letzten Veranlagungszeitraum des Betrachtungszeitraums (2016, 2019 und 2022) den Unterschiedsbetrag als Steuerermäßigung bzw. Steueranrechnungsbetrag.

28 Bei dem Ansatz der fiktiven Einkünfte für die Berechnung der fiktiven tariflichen Einkommensteuer kann es dazu kommen, dass Sonderausgaben, außergewöhnliche Belastungen, Kinderfreibeträge und weitere steuerliche Ermäßigungen nicht oder in veränderter Höhe zu berücksichtigen sind. Dieser Umstand kann sich sowohl zugunsten als auch zuungunsten der Antragstellerin/des Antragstellers auswirken. Da für die Ermittlung der Tarifermäßigung einzig auf die Summen der (fiktiven) tariflichen Einkommensteuer abgestellt wird und z. B. auch eine § 2 Absatz 6 Satz 3 oder § 10 a Absatz 2 Satz 1 EStG vergleichbare Regelung für diese Zwecke fehlt, erfolgen für diese Zwecke keine Zu- und Abrechnungen auf die (fiktive) tarifliche Einkommensteuer.

29 Die für den jeweiligen Betrachtungszeitraum ermittelte Tarifermäßigung wird auch dann in voller Höhe gewährt, wenn sie höher als die tarifliche Einkommensteuer für den Veranlagungszeitraum 2016, 2019 oder 2022 ist. In diesen Fällen wird der überschießende Betrag auf die festzusetzende Einkommensteuer angerechnet (§ 36 Absatz 2 Nummer 3 EStG i. d. F. des Gesetzes zur weiteren steuerlichen Förderung der Elektromobilität und zur Änderung weiterer steuerlicher Vorschriften vom 12. Dezember 2019, a. a. O.) und gemäß § 36 Absatz 4 Satz 2 EStG erstattet.

30 Kann eine Ermäßigung im letzten Veranlagungszeitraum des Betrachtungszeitraums gewährt werden, mindert diese zunächst die tarifliche Einkommensteuer des letzten Veranlagungszeitraums im

Anl zu H 32 c

Betrachtungszeitraum (§ 2 Absatz 6 Satz 1 EStG). In Höhe des Ermäßigungsbetrags wirkt sich diese Steuerermäßigung hierdurch auch steuermindernd bei der Bemessung des Solidaritätszuschlags und einer gegebenenfalls festzusetzenden Kirchensteuer aus.

31 Soweit der Ermäßigungsbetrag eine Steueranrechnung bewirkt (Rn. 29), kann ausschließlich der übersteigende (auf die festzusetzende Einkommensteuer anzurechnende) Betrag zu einer Erstattung führen; weitergehende Erstattungsbeträge hinsichtlich des Solidaritätszuschlags und einer gegebenenfalls festzusetzenden Kirchensteuer ergeben sich hieraus nicht.

32 Eine Erhöhung der tariflichen Einkommensteuer ist ausgeschlossen. Sofern sich bei der Berechnung der Tarifermäßigung entsprechend Rn. 27 ein positiver Unterschiedsbetrag ergibt (d. h. die Summe der fiktiven tariflichen Einkommensteuer übersteigt die Summe der tatsächlichen tariflichen Einkommensteuer = Erhöhungsbetrag), ist der Tarifermäßigungsbetrag mit Null Euro anzusetzen.

2. Begünstigte Einkünfte aus Land- und Forstwirtschaft

17 **33** Ausgangspunkt bilden die im Betrachtungszeitraum insgesamt erzielten Einkünfte aus Land- und Forstwirtschaft. Im Fall der Zusammenveranlagung sind dies die zusammengerechneten Einkünfte aus Land- und Forstwirtschaft beider Ehegatten/Lebenspartner (§ 32 c Absatz 3 Satz 3 EStG). Eine betriebsbezogene Ermittlung der Tarifermäßigung erfolgt nicht.

34 Maßgeblich ist die einkommensteuerrechtlich zutreffende Einkunftsart im jeweiligen Veranlagungszeitraum. Nicht begünstigt sind somit z. B. Einkünfte aus einer gewerblich geprägten Personengesellschaft, die eine landwirtschaftliche Tätigkeit ausübt.

35 Nicht begünstigt und damit nicht von der Tarifermäßigung erfasst sind nach § 32 c Absatz 4 EStG in den Einkünften aus Land- und Forstwirtschaft enthaltene außerordentliche Einkünfte i. S. d. § 34 Absatz 2 EStG, nicht entnommene Gewinne nach § 34 a EStG und Einkünfte aus außerordentlichen Holznutzungen i. S. d. § 34 b EStG. Enthaltene außerordentliche Einkünfte i. S. d. § 34 Absatz 2 EStG sind auch dann nicht begünstigt, wenn die Tarifermäßigung nach § 34 Absatz 1 EStG nicht gewährt wird.

36 Der Freibetrag nach § 13 Absatz 3 EStG wird bei der Ermittlung des Gesamtbetrags der Einkünfte von der Summe der Einkünfte und nicht bereits bei der Ermittlung der Einkünfte aus Land- und Forstwirtschaft abgezogen (vgl. BFH-Urteil vom 25. Februar 1988, BStBl. II S. 827). Die maßgeblichen steuerpflichtigen Einkünfte aus Land- und Forstwirtschaft sind demzufolge für die Berechnung der Tarifermäßigung nicht um einen Freibetrag nach § 13 Absatz 3 EStG zu mindern.

3. Summe der positiven Einkünfte

3.1. Allgemeines

18 **37** Für die Ermittlung der Summe der positiven Einkünfte wird auf die Einkunftsart i. S. d. § 2 Absatz 1 Satz 1 EStG und nicht auf die Einkunftsquelle (bspw. auf den einzelnen Betrieb) abgestellt. Dabei werden innerhalb der Einkunftsart laufende und außerordentliche sowie positive und negative Einkünfte saldiert (horizontaler Verlustausgleich). Eine negative Summe der Einkünfte aus einer Einkunftsart kann nicht mit der positiven Summe der Einkünfte aus einer anderen Einkunftsart verrechnet werden (kein vertikaler Verlustausgleich).

38 Die nicht begünstigten positiven Einkünfte aus Land- und Forstwirtschaft (vgl. Rn. 35) zählen zur Summe der positiven Einkünfte.

3.2. Summe der positiven Einkünfte bei Zusammenveranlagung

39 Bei der Ermittlung der Summe der positiven Einkünfte werden bei der Zusammenveranlagung von Ehegatten/Lebenspartnern die jeweiligen Einkünfte der Einkunftsarten beider Ehegatten/Lebenspartner zusammengerechnet (§ 32 c Absatz 3 Satz 3 EStG). Hierfür sind zunächst die Summen der einzelnen Einkunftsarten je Ehegatte/Lebenspartner zu bilden (siehe Rn. 37). Anschließend sind die Summen der jeweiligen Einkunftsarten beider Ehegatten/Lebenspartner zu addieren. Dabei sind negative Summen je Einkunftsart eines Ehegatten/Lebenspartners mit positiven Summen der jeweils gleichen Einkunftsart des anderen Ehegatten/Lebenspartners zu verrechnen. Verbleibt ein negativer Saldo einer Einkunftsart, bleibt diese in der Summe der positiven Einkünfte unberücksichtigt (kein vertikaler Verlustausgleich).

4. Fiktive Steuerberechnung

19 **40** Für die fiktive Steuerberechnung wird die Summe der tatsächlichen begünstigten Einkünfte aus Land- und Forstwirtschaft gleichmäßig auf den Betrachtungszeitraum, d. h. immer auf alle drei Veranlagungszeiträume, verteilt. Dies gilt auch, wenn im ersten, zweiten oder dritten Veranlagungszeitraum keine Einkünfte aus Land- und Forstwirtschaft erzielt werden.

41 Im Rahmen der fiktiven Steuerberechnung wird das zu versteuernde Einkommen insgesamt neu berechnet (z. B. Freibetrag nach § 13 Absatz 3 EStG, Spendenhöchstbetrag, zumutbare Belastung bei außergewöhnlichen Belastungen, Günstigerprüfungen). Bereits ausgeübte Wahlrechte können dabei nicht erneut ausgeübt werden. Ergeben sich durch die fiktive Berechnung geänderte Spendenvorträge und Verlustvor- bzw. -rückträge, werden diese bei den weiteren fiktiven Berechnungen innerhalb desselben Betrachtungszeitraums berücksichtigt.

5. Ermittlung der anteiligen tariflichen Einkommensteuer

20 **42** Zur Ermittlung der anteiligen, auf die steuerpflichtigen nach § 32 c EStG begünstigten Einkünfte aus Land- und Forstwirtschaft i. S. d. § 13 EStG entfallenden tariflichen Einkommensteuer wird die gesamte tarifliche Einkommensteuer eines Veranlagungszeitraums nach dem Verhältnis der nach § 32 c EStG begünstigten positiven Einkünfte aus Land- und Forstwirtschaft i. S. d. § 13 EStG zur

Summe der positiven Einkünfte aufgeteilt. Dies gilt entsprechend für die Ermittlung der anteiligen fiktiven Einkommensteuer. Anl zu H 32 c

43 Für die so für jeden Veranlagungszeitraum des Betrachtungszeitraums ermittelte anteilige tatsächliche tarifliche Einkommensteuer und die fiktive tarifliche Einkommensteuer ist jeweils eine Summe zu bilden.

44 Zur Ermittlung der Höhe der Tarifermäßigung stehen Berechnungshilfen auf den Internetseiten des Bundesministeriums der Finanzen und der Länderfinanzverwaltungen zur Verfügung.

6. Bilanzänderung für Veranlagungszeiträume vor Inkrafttreten der Tarifermäßigung

45 Nach Einreichen der Bilanz bei der Finanzbehörde dürfen bilanzielle Ansatz- und Bewertungswahlrechte durch Steuerpflichtige, die die Einkünfte aus Land- und Forstwirtschaft nach § 4 Absatz 1 EStG ermitteln, nur unter den Voraussetzungen des § 4 Absatz 2 Satz 2 EStG erneut ausgeübt werden. **21**

7. Besonderheiten bei Ehegatten/Lebenspartnern

46 Für die Tarifermäßigung ist bei Ehegatten/Lebenspartnern die gewählte Veranlagungsart im letzten Veranlagungszeitraum des Betrachtungszeitraums maßgebend: **22**

7.1. Zusammenveranlagung im letzten Veranlagungszeitraum des Betrachtungszeitraums

47 Wählen die Ehegatten/Lebenspartner im letzten Veranlagungszeitraum des Betrachtungszeitraums die Zusammenveranlagung, sind die jeweiligen Einkünfte der Ehegatten/Lebenspartner sowie die Einkommensteuern unabhängig von der Veranlagungsart (ggf. Einzelveranlagung) in den anderen Veranlagungszeiträumen des Betrachtungszeitraums zusammenzurechnen.

48 Unabhängig davon, ob nur ein Ehegatte/Lebenspartner oder beide Einkünfte aus Land- und Forstwirtschaft erzielen, erfolgt in diesem Fall nur eine Berechnung der Tarifermäßigung.

49 Die tarifliche Einkommensteuer bzw. die fiktive tarifliche Einkommensteuer für den jeweiligen Veranlagungszeitraum ergibt sich bei einer Einzelveranlagung aus der Summe der beiden tariflichen Einkommensteuern aus den Einzelveranlagungen, bei einer Zusammenveranlagung aus der hierbei ermittelten tariflichen Einkommensteuer.

7.2. Einzelveranlagung im letzten Veranlagungszeitraum des Betrachtungszeitraums

50 Wird im letzten Veranlagungszeitraum des Betrachtungszeitraums eine Einzelveranlagung durchgeführt, sind für Zwecke der Berechnung der Tarifermäßigung bei einer vorangegangenen Zusammenveranlagung die tarifliche Einkommensteuer und die fiktive tarifliche Einkommensteuer nach dem Verhältnis der positiven Summe der Einkünfte der Ehegatten aufzuteilen. Die jeweiligen Einkünfte der Ehegatten/Lebenspartner sind unabhängig von der Veranlagungsart (ggf. Zusammenveranlagung) im jeweiligen Veranlagungszeitraum den Steuerpflichtigen getrennt zuzurechnen.

51 Erzielen beide Ehegatten/Lebenspartner Einkünfte aus Land- und Forstwirtschaft, so erfolgen zwei getrennte Berechnungen einer Tarifermäßigung für diesen Betrachtungszeitraum. Erzielt nur ein Ehegatte/Lebenspartner Einkünfte aus Land- und Forstwirtschaft, erfolgt nur eine Berechnung.

52 Die tarifliche Einkommensteuer bzw. die fiktive tarifliche Einkommensteuer für den jeweiligen Veranlagungszeitraum wird bei einer Zusammenveranlagung auf die jeweiligen Ehegatten/Lebenspartner aufgeteilt und der jeweilige Anteil nur bei diesem berücksichtigt. Bei einer Einzelveranlagung ist die bereits berechnete tarifliche Einkommensteuer zu verwenden.

7.3. § 26 Absatz 1 Satz 1 EStG nicht im gesamten Betrachtungszeitraum erfüllt

53 Die Ausführungen unter Rn. 47 bis 52 gelten auch, wenn die Ehegatten/Lebenspartner nicht im gesamten Betrachtungszeitraum die Voraussetzungen für eine Zusammenveranlagung miteinander erfüllt haben.

IV. Änderung einer gewährten Tarifermäßigung

1. Änderungsnorm § 32 c Absatz 6 EStG

54 Ändern sich die Besteuerungsgrundlagen für einen Veranlagungszeitraum im Betrachtungszeitraum, die Auswirkungen auf die Tarifermäßigung haben, ist die im letzten Veranlagungszeitraum eines Betrachtungszeitraums gewährte Tarifermäßigung zu ändern. Ändert sich z. B. die Höhe der Einkünfte aus Land- und Forstwirtschaft oder die Summe der positiven Einkünfte oder ergeben sich sonstige Änderungen, die Auswirkungen auf die tarifliche Einkommensteuer in einem Veranlagungszeitraum des Betrachtungszeitraums haben (z. B. wegen einer Minderung der außergewöhnlichen Belastungen), ist die Tarifermäßigung neu zu berechnen. Der Einkommensteuerbescheid, mit dem eine Tarifermäßigung gewährt wurde, bzw. die Anrechnungsverfügung, in welcher eine diesbezügliche Steueranrechnung berücksichtigt wurde, sind nach § 32 c Absatz 6 Satz 1 bzw. Satz 3 EStG zu ändern. **23**

55 Die Festsetzungsfrist des § 32 c Absatz 6 Satz 1 EStG endet insoweit nicht, bevor die Festsetzungsfrist für den Veranlagungszeitraum abgelaufen ist, in dem sich die Besteuerungsgrundlagen geändert haben (§ 32 c Absatz 6 Satz 2 EStG).

2. Änderungsnorm § 32 c Absatz 7 EStG bei einem der in Artikel 10 Absatz 1 der Verordnung (EU) Nr. 508/2014 vom 15. Mai 2014 (a. a. O.) genannten Verstöße

56 Eine Tarifermäßigung ist nach § 32 c Absatz 7 EStG rückgängig zu machen, wenn während eines Zeitraums von fünf Jahren nach Bekanntgabe des Einkommensteuerbescheids, mit dem die Tarifermäßigung für den jeweiligen Betrachtungszeitraum gewährt wird, ein in Art. 10 Absatz 1 der Verordnung (EU) Nr. 508/2014 vom 15. Mai 2014 (a. a. O.) genannter Verstoß durch die zuständige Behörde festgestellt wird. **24**

Anl zu H 32 c

57 Der Steuerpflichtige hat/die Steuerpflichtigen haben diesen Verstoß unverzüglich nach dessen Feststellung dem Finanzamt mitzuteilen (§ 32 c Absatz 7 Satz 3 EStG).

58 Die Festsetzungsfrist für die Einkommensteuer endet im Fall des § 32 c Absatz 7 Satz 1 EStG nicht vor Ablauf von vier Jahren nach Ablauf des Kalenderjahres, in dem die Finanzbehörde von dem Verstoß Kenntnis erlangt hat (§ 32 c Absatz 7 Satz 4 EStG).

3. Weitere Änderungsmöglichkeiten

25 **59** Fehlt ein Beschluss der zuständigen Behörde gemäß § 32 c Absatz 7 EStG, und stellt das Finanzamt (z. B. bei einer Außenprüfung) fest, dass die Voraussetzungen des § 32 c Absatz 5 Nummer 3 bis 6 EStG nicht vorlagen, sind Änderungen nach den allgemeinen Änderungs- und Verjährungsvorschriften vorzunehmen.

60 Wird bei Ermittlung der festzusetzenden Einkommensteuer aufgrund vorsätzlich unrichtiger, unvollständiger oder pflichtwidrig unterlassener Angaben des Steuerpflichtigen/der Steuerpflichtigen eine zu hohe Tarifermäßigung nach § 32 c EStG berücksichtigt (Steuerhinterziehung nach § 370 AO), beträgt die Festsetzungsfrist nach § 169 Absatz 2 Satz 2 AO zehn Jahre.

Wurde die Steuerverkürzung leichtfertig begangen, beträgt die Festsetzungsfrist fünf Jahre (§ 169 Absatz 2 Satz 2 AO).

61 In beiden Fällen sind zusätzlich Anlauf- und Ablaufhemmungen der Festsetzungsfrist nach §§ 170 und 171 AO zu berücksichtigen. Von besonderer praktischer Bedeutung sind die Anlaufhemmung nach § 170 Absatz 2 Satz 1 Nummer 1 AO. Daneben kann zusätzlich die Ablaufhemmung nach § 171 Absatz 4 oder 5 AO von Bedeutung sein.

V. Anwendungsregelung

26 **62** Dieses Schreiben ist in allen noch offenen Fällen anzuwenden.

EStG

§ 32d[1] Gesonderter Steuertarif für Einkünfte aus Kapitalvermögen

(1) ① Die Einkommensteuer für Einkünfte aus Kapitalvermögen, die nicht unter § 20 Absatz 8 fallen, beträgt 25 Prozent. ② Die Steuer nach Satz 1 vermindert sich um die nach Maßgabe des Absatzes 5 anrechenbaren ausländischen Steuern. ③ Im Fall der Kirchensteuerpflicht ermäßigt sich die Steuer nach den Sätzen 1 und 2 um 25 Prozent der auf die Kapitalerträge entfallenden Kirchensteuer. ④ Die Einkommensteuer beträgt damit 1

$$\frac{e - 4q}{4 + k}.$$

⑤ Dabei sind „e" die nach den Vorschriften des § 20 ermittelten Einkünfte, „q" die nach Maßgabe des Absatzes 5 anrechenbare ausländische Steuer und „k" der für die Kirchensteuer erhebende Religionsgesellschaft (Religionsgemeinschaft) geltende Kirchensteuersatz.

(2) Absatz 1 gilt nicht 2

1. für Kapitalerträge im Sinne des § 20 Absatz 1 Nummer 4 und 7 sowie Absatz 2 Satz 1 Nummer 4 und 7,
   a) wenn Gläubiger und Schuldner einander nahe stehende Personen sind, soweit die den Kapitalerträgen entsprechenden Aufwendungen beim Schuldner Betriebsausgaben oder Werbungskosten im Zusammenhang mit Einkünften sind, die der inländischen Besteuerung unterliegen und § 20 Absatz 9 Satz 1 zweiter Halbsatz keine Anwendung findet,
   b) wenn sie von einer Kapitalgesellschaft oder Genossenschaft an einen Anteilseigner gezahlt werden, der zu mindestens 10 Prozent an der Gesellschaft oder Genossenschaft beteiligt ist, soweit die den Kapitalerträgen entsprechenden Aufwendungen beim Schuldner Betriebsausgaben oder Werbungskosten im Zusammenhang mit Einkünften sind, die der inländischen Besteuerung unterliegen und § 20 Absatz 9 Satz 1 zweiter Halbsatz keine Anwendung findet.[2] ② Dies gilt auch, wenn der Gläubiger der Kapitalerträge eine dem Anteilseigner nahe stehende Person ist, oder
   c) soweit ein Dritter die Kapitalerträge schuldet und diese Kapitalanlage im Zusammenhang mit einer Kapitalüberlassung an einen Betrieb des Gläubigers steht. ② Dies gilt entsprechend, wenn Kapital überlassen wird
      aa) an eine dem Gläubiger der Kapitalerträge nahe stehende Person oder
      bb) an eine Personengesellschaft, bei der der Gläubiger der Kapitalerträge oder eine diesem nahestehende Person als Mitunternehmer beteiligt ist oder
      cc) an eine Kapitalgesellschaft oder Genossenschaft, an der der Gläubiger der Kapitalerträge oder eine diesem nahestehende Person zu mindestens 10 Prozent beteiligt ist,

   sofern der Dritte auf den Gläubiger oder eine diesem nahestehende Person zurückgreifen kann. ③ Ein Zusammenhang ist anzunehmen, wenn die Kapitalanlage und die Kapitalüberlassung auf einem einheitlichen Plan beruhen. ④ Hiervon ist insbesondere dann auszugehen, wenn die Kapitalüberlassung in engem zeitlichen Zusammenhang mit einer Kapitalanlage steht oder die jeweiligen Zinsvereinbarungen miteinander verknüpft sind. ⑤ Von einem Zusammenhang ist jedoch nicht auszugehen, wenn die Zinsvereinbarungen marktüblich sind oder die Anwendung des Absatzes 1 beim Steuerpflichtigen zu keinem Belastungsvorteil führt. ⑥ Die Sätze 1 bis 5 gelten sinngemäß, wenn das überlassene Kapital vom Gläubiger der Kapitalerträge für die Erzielung von Einkünften im Sinne des § 2 Absatz 1 Satz 1 Nummer 4, 6 und 7 eingesetzt wird.

   ② Insoweit findet § 20 Absatz 6 und 9 keine Anwendung;

2. für Kapitalerträge im Sinne des § 20 Absatz 1 Nummer 6 Satz 2. ② Insoweit findet § 20 Absatz 6 keine Anwendung;

3. auf Antrag für Kapitalerträge im Sinne des § 20 Absatz 1 Nummer 1 und 2 aus einer Beteiligung an einer Kapitalgesellschaft, wenn der Steuerpflichtige im Veranlagungszeitraum, für den der Antrag erstmals gestellt wird, unmittelbar oder mittelbar
   a) zu mindestens 25 Prozent an der Kapitalgesellschaft beteiligt ist oder
   b)[1] zu mindestens 1 Prozent an der Kapitalgesellschaft beteiligt ist und durch eine berufliche Tätigkeit für diese maßgeblichen unternehmerischen Einfluss auf deren wirtschaftliche Tätigkeit nehmen kann.

   ② Insoweit finden § 3 Nummer 40 Satz 2 und § 20 Absatz 6 und 9 keine Anwendung. ③ Der Antrag gilt für die jeweilige Beteiligung erstmals für den Veranlagungszeitraum, für den er gestellt worden ist. ④ Er ist spätestens zusammen mit der Einkommensteuererklärung für den jeweiligen Veranlagungszeitraum zu stellen und gilt,

---

[1] Zur erstmaligen Anwendung siehe § 52 Abs. 33 b Satz 3 EStG.
[2] Zur Anwendung siehe § 52 Abs. 33 b Satz 1 und 2 EStG.

solange er nicht widerrufen wird, auch für die folgenden vier Veranlagungszeiträume, ohne dass die Antragsvoraussetzungen erneut zu belegen sind. ⑤ Die Widerrufserklärung muss dem Finanzamt spätestens mit der Steuererklärung für den Veranlagungszeitraum zugehen, für den die Sätze 1 bis 4 erstmals nicht mehr angewandt werden sollen. ⑥ Nach einem Widerruf ist ein erneuter Antrag des Steuerpflichtigen für diese Beteiligung an der Kapitalgesellschaft nicht mehr zulässig;

4. für Bezüge im Sinne des § 20 Absatz 1 Nummer 1 und für Einnahmen im Sinne des § 20 Absatz 1 Nummer 9, soweit sie das Einkommen der leistenden Körperschaft gemindert haben; dies gilt nicht, soweit eine verdeckte Gewinnausschüttung das Einkommen einer dem Steuerpflichtigen nahe stehenden Person erhöht hat und § 32 a des Körperschaftsteuergesetzes auf die Veranlagung dieser nahe stehenden Person keine Anwendung findet.

3 **(3) ① Steuerpflichtige Kapitalerträge, die nicht der Kapitalertragsteuer unterlegen haben, hat der Steuerpflichtige in seiner Einkommensteuererklärung anzugeben. ② Für diese Kapitalerträge erhöht sich die tarifliche Einkommensteuer um den nach Absatz 1 ermittelten Betrag. ③ Im Fall des Satzes 1 ist eine Veranlagung ungeachtet von § 46 Absatz 2 durchzuführen.**

4 **(4) Der Steuerpflichtige kann mit der Einkommensteuererklärung für Kapitalerträge, die der Kapitalertragsteuer unterlegen haben, eine Steuerfestsetzung entsprechend Absatz 3 Satz 2 insbesondere in Fällen eines nicht vollständig ausgeschöpften Sparer-Pauschbetrags, einer Anwendung der Ersatzbemessungsgrundlage nach § 43 a Absatz 2 Satz 7, eines noch nicht im Rahmen des § 43 a Absatz 3 berücksichtigten Verlusts, eines Verlustvortrags nach § 20 Absatz 6 und noch nicht berücksichtigter ausländischer Steuern, zur Überprüfung des Steuereinbehalts dem Grund oder der Höhe nach oder zur Anwendung von Absatz 1 Satz 3 beantragen.**

5 **(5) ① In den Fällen der Absätze 3 und 4 ist bei unbeschränkt Steuerpflichtigen, die mit ausländischen Kapitalerträgen in dem Staat, aus dem die Kapitalerträge stammen, zu einer der deutschen Einkommensteuer entsprechenden Steuer herangezogen werden, die auf ausländische Kapitalerträge festgesetzte und gezahlte und um einen entstandenen Ermäßigungsanspruch gekürzte ausländische Steuer, jedoch höchstens 25 Prozent ausländische Steuer auf den einzelnen steuerpflichtigen Kapitalertrag, auf die deutsche Steuer anzurechnen. ② Soweit in einem Abkommen zur Vermeidung der Doppelbesteuerung die Anrechnung einer ausländischen Steuer einschließlich einer als gezahlt geltenden Steuer auf die deutsche Steuer vorgesehen ist, gilt Satz 1 entsprechend. ③ Die ausländischen Steuern sind nur bis zur Höhe der auf die im jeweiligen Veranlagungszeitraum bezogenen Kapitalerträge im Sinne des Satzes 1 entfallenden deutschen Steuer anzurechnen.**

6 **(6) ① Auf Antrag des Steuerpflichtigen werden anstelle der Anwendung der Absätze 1, 3 und 4 die nach § 20 ermittelten Kapitaleinkünfte den Einkünften im Sinne des § 2 hinzugerechnet und der tariflichen Einkommensteuer unterworfen, wenn dies zu einer niedrigeren Einkommensteuer einschließlich Zuschlagsteuern führt (Günstigerprüfung).[1] ② Absatz 5 ist mit der Maßgabe anzuwenden, dass die nach dieser Vorschrift ermittelten ausländischen Steuern auf die zusätzliche tarifliche Einkommensteuer anzurechnen sind, die auf die hinzugerechneten Kapitaleinkünfte entfällt. ③ Der Antrag kann für den jeweiligen Veranlagungszeitraum nur einheitlich für sämtliche Kapitalerträge gestellt werden. ④ Bei zusammenveranlagten Ehegatten kann der Antrag nur für sämtliche Kapitalerträge beider Ehegatten gestellt werden.**

R 32d

R 32d. Gesonderter Tarif für Einkünfte aus Kapitalvermögen

Verrechnung von Kapitaleinkünften

8 (1) Verluste aus Kapitaleinkünften nach § 32 d Abs. 1 EStG dürfen nicht mit positiven Erträgen aus Kapitaleinkünften nach § 32 d Abs. 2 EStG verrechnet werden.

Nahe stehende Personen

9 (2) Anders als bei § 32 d Abs. 2 Nr. 1 Buchstabe a EStG ist von einem Näheverhältnis i. S. d. § 32 d Abs. 2 Nr. 1 Buchstabe b Satz 2 EStG zwischen Personengesellschaft und Gesellschafter nicht schon allein deshalb auszugehen, weil der Gesellschafter einer Kapitalgesellschaft, an der die Personengesellschaft beteiligt ist, ein Darlehen gewährt und dafür Zinszahlungen erhält.

Veranlagungsoption

10 (3) ① § 32 d Abs. 2 Nr. 3 Satz 4 EStG dient der Verwaltungsvereinfachung in Form eines erleichterten Nachweises der Tatbestandsvoraussetzungen und ersetzt nicht das Vorliegen einer

[1] Zur Günstigerprüfung im Rahmen des Vorauszahlungsverfahrens siehe *FinMin. Schleswig-Holstein vom 5. 5. 2010 VI 305 – S 2297 – 109 (DStR S. 1289).*

Beteiligung nach § 32 d Abs. 2 Nr. 3 Satz 1 EStG. ② Sinkt die Beteiligung unter die Grenzen nach § 32 d Abs. 2 Nr. 3 Satz 1 Buchstabe a oder b EStG, ist auch innerhalb der Frist des § 32 d Abs. 2 Nr. 3 Satz 4 EStG ein Werbungskostenabzug unzulässig.

H 32d

11 **Allgemeines.** Einzelfragen zur Abgeltungsteuer → BMF vom 19. 5. 2022 (BStBl. I S. 742),[1] Rn. 132–151.

[1] Abgedruckt als Anlage a zu §§ 43–45e EStG.

EStG

§ 33 Außergewöhnliche Belastungen

1 **(1) Erwachsen einem Steuerpflichtigen zwangsläufig größere Aufwendungen als der überwiegenden Mehrzahl der Steuerpflichtigen gleicher Einkommensverhältnisse, gleicher Vermögensverhältnisse und gleichen Familienstands (außergewöhnliche Belastung), so wird auf Antrag die Einkommensteuer dadurch ermäßigt, dass der Teil der Aufwendungen, der die dem Steuerpflichtigen zumutbare Belastung (Absatz 3)[1] übersteigt, vom Gesamtbetrag der Einkünfte abgezogen wird.**

2 **(2) ① Aufwendungen erwachsen dem Steuerpflichtigen zwangsläufig, wenn er sich ihnen aus rechtlichen, tatsächlichen oder sittlichen Gründen nicht entziehen kann und soweit die Aufwendungen den Umständen nach notwendig sind und einen angemessenen Betrag nicht übersteigen. ② Aufwendungen, die zu den Betriebsausgaben, Werbungskosten oder Sonderausgaben gehören, bleiben dabei außer Betracht; das gilt für Aufwendungen im Sinne des § 10 Absatz 1 Nummer 7 und 9 nur insoweit, als sie als Sonderausgaben abgezogen werden können. ③ Aufwendungen, die durch Diätverpflegung entstehen, können nicht als außergewöhnliche Belastung berücksichtigt werden. ④ Aufwendungen für die Führung eines Rechtsstreits (Prozesskosten) sind vom Abzug ausgeschlossen, es sei denn, es handelt sich um Aufwendungen ohne die der Steuerpflichtige Gefahr liefe, seine Existenzgrundlage zu verlieren und seine lebensnotwendigen Bedürfnisse in dem üblichen Rahmen nicht mehr befriedigen zu können.**

2a **(2 a)[2] ① Abweichend von Absatz 1 wird für Aufwendungen für durch eine Behinderung veranlasste Fahrten nur eine Pauschale gewährt (behinderungsbedingte Fahrtkostenpauschale). ② Die Pauschalen erhalten:**

1. Menschen mit einem Grad der Behinderung von mindestens 80 oder mit einem Grad der Behinderung von mindestens 70 und dem Merkzeichen „G“,

2. Menschen mit dem Merkzeichen „aG“, mit dem Merkzeichen „Bl“, mit dem Merkzeichen „TBl“ oder mit dem Merkzeichen „H“.

③ Bei Erfüllung der Anspruchsvoraussetzungen nach Satz 2 Nummer 1 beträgt die Pauschale 900 Euro. ④ Bei Erfüllung der Anspruchsvoraussetzungen nach Satz 2 Nummer 2 beträgt die Pauschale 4 500 Euro. ⑤ In diesem Fall kann die Pauschale nach Satz 3 nicht zusätzlich in Anspruch genommen werden. ⑥ Über die Fahrtkostenpauschale nach Satz 1 hinaus sind keine weiteren behinderungsbedingten Fahrtkosten als außergewöhnliche Belastung nach Absatz 1 berücksichtigungsfähig. ⑦ Die Pauschale ist bei der Ermittlung des Teils der Aufwendungen im Sinne des Absatzes 1, der die zumutbare Belastung übersteigt, einzubeziehen. ⑧ Sie kann auch gewährt werden, wenn ein Behinderten-Pauschbetrag nach § 33 b Absatz 5 übertragen wurde. ⑨ § 33 b Absatz 5 ist entsprechend anzuwenden.

3 **(3) ① Die zumutbare Belastung beträgt**

bei einem Gesamtbetrag der Einkünfte	bis 15 340 EUR	über 15 340 EUR bis 51 130 EUR	über 51 130 EUR
1. bei Steuerpflichtigen, die keine Kinder haben und bei denen die Einkommensteuer			
a) nach § 32 a Absatz 1,	5	6	7
b) nach § 32 a Absatz 5 oder 6 (Splitting-Verfahren)	4	5	6
zu berechnen ist;			
2. bei Steuerpflichtigen mit			
a) einem Kind oder zwei Kindern,	2	3	4
b) drei oder mehr Kindern	1	1	2
	Prozent des Gesamtbetrags der Einkünfte.		

② Als Kinder des Steuerpflichtigen zählen die, für die er Anspruch auf einen Freibetrag nach § 32 Absatz 6 oder auf Kindergeld hat.

[1] Zur Verfassungsmäßigkeit der zumutbaren Belastung bei Krankheitskosten siehe *BFH-Urteil vom 2. 9. 2015 VI R 32/13 (BStBl. 2016 II S. 151)*; Verfassungsbeschwerde (Az. 2 BvR 180/16) wurde nicht zur Entscheidung angenommen (Beschluss BVerfG vom 23. 11. 2016).

[2] Zur erstmaligen Anwendung siehe § 52 Abs. 33 c EStG.

(4)[1] **Die Bundesregierung wird ermächtigt, durch Rechtsverordnung mit Zustimmung des Bundesrates die Einzelheiten des Nachweises von Aufwendungen nach Absatz 1 und der Anspruchsvoraussetzungen nach Abs. 2 a zu bestimmen.** 3a

Übersicht

§ 64 *Nachweis von Krankheitskosten und der Voraussetzungen der behinderungsbedingten Fahrtkostenpauschale*

EStDV

(1) ① Den Nachweis der Zwangsläufigkeit von Aufwendungen im Krankheitsfall hat der Steuerpflichtige zu erbringen: 4

1. durch eine Verordnung eines Arztes oder Heilpraktikers für Arznei-, Heil- und Hilfsmittel (§§ 2, 23, 31 bis 33 des Fünften Buches Sozialgesetzbuch);

2. durch ein amtsärztliches Gutachten oder eine ärztliche Bescheinigung eines Medizinischen Dienstes der Krankenversicherung (§ 275 des Fünften Buches Sozialgesetzbuch) für

a) eine Bade- oder Heilkur; bei einer Vorsorgekur ist auch die Gefahr einer durch die Kur abzuwendenden Krankheit, bei einer Klimakur der medizinisch angezeigte Kurort und die voraussichtliche Kurdauer zu bescheinigen,

b) eine psychotherapeutische Behandlung; die Fortführung einer Behandlung nach Ablauf der Bezuschussung durch die Krankenversicherung steht einem Behandlungsbeginn gleich,

c) eine medizinisch erforderliche auswärtige Unterbringung eines an Legasthenie oder einer anderen Behinderung leidenden Kindes des Steuerpflichtigen,

d) die Notwendigkeit der Betreuung des Steuerpflichtigen durch eine Begleitperson, sofern sich diese nicht bereits aus dem Nachweis der Behinderung nach § 65 Absatz 1 Nummer 1 ergibt,

e) medizinische Hilfsmittel, die als allgemeine Gebrauchsgegenstände des täglichen Lebens im Sinne von § 33 Absatz 1 des Fünften Buches Sozialgesetzbuch anzusehen sind,

f) wissenschaftlich nicht anerkannte Behandlungsmethoden, wie z. B. Frisch- und Trockenzellenbehandlungen, Sauerstoff-, Chelat- und Eigenbluttherapie.

② Der nach Satz 1 zu erbringende Nachweis muss vor Beginn der Heilmaßnahme oder dem Erwerb des medizinischen Hilfsmittels ausgestellt worden sein;

3. durch eine Bescheinigung des behandelnden Krankenhausarztes für Besuchsfahrten zu einem für längere Zeit in einem Krankenhaus liegenden Ehegatten oder Kind des Steuerpflichtigen, in dem bestätigt wird, dass der Besuch des Steuerpflichtigen zur Heilung oder Linderung einer Krankheit entscheidend beitragen kann.

(2) Die zuständigen Gesundheitsbehörden haben auf Verlangen des Steuerpflichtigen die für steuerliche Zwecke erforderlichen Gesundheitszeugnisse, Gutachten oder Bescheinigungen auszustellen. 5

(3) Für den Nachweis der Anspruchsvoraussetzungen zur behinderungsbedingten Fahrtkostenpauschale sind die Vorschriften des § 65 anzuwenden. 5a

§ 65 *[abgedruckt bei § 33 b EStG]*

R 33.1. Außergewöhnliche Belastungen allgemeiner Art

R 33.1

① § 33 EStG setzt eine Belastung des Stpfl. auf Grund außergewöhnlicher und dem Grunde und der Höhe nach zwangsläufiger Aufwendungen voraus. ② Der Stpfl. ist belastet, wenn ein Ereignis in seiner persönlichen Lebenssphäre ihn zu Ausgaben zwingt, die er selbst endgültig zu tragen hat. ③ Die Belastung tritt mit der Verausgabung ein. ④ Zwangsläufigkeit dem Grunde nach wird in der Regel auf Aufwendungen des Stpfl. für sich selbst oder für Angehörige im Sinne des § 15 AO beschränkt sein. ⑤ Aufwendungen für andere Personen können diese Voraussetzung nur ausnahmsweise erfüllen (sittliche Pflicht). 6

R 33.2. Aufwendungen für existentiell notwendige Gegenstände

R 33.2

Aufwendungen zur Wiederbeschaffung oder Schadensbeseitigung können im Rahmen des Notwendigen und Angemessenen unter folgenden Voraussetzungen als außergewöhnliche Belastung berücksichtigt werden: 8

[1] Zur erstmaligen Anwendung siehe § 52 Abs. 33 c EStG.

1. Sie müssen einen existentiell notwendigen Gegenstand betreffen – dies sind Wohnung, Hausrat und Kleidung, nicht aber z. B. ein PKW oder eine Garage.
2. Der Verlust oder die Beschädigung muss durch ein unabwendbares Ereignis wie Brand, Hochwasser, Kriegseinwirkung, Vertreibung, politische Verfolgung verursacht sein, oder von dem Gegenstand muss eine → Gesundheitsgefährdung ausgehen, die beseitigt werden muss und die nicht auf Verschulden des Stpfl. oder seines Mieters oder auf einen Baumangel zurückzuführen ist (z. B. bei Schimmelpilzbildung).
3. Dem Stpfl. müssen tatsächlich finanzielle Aufwendungen entstanden sein; ein bloßer Schadenseintritt reicht zur Annahme von Aufwendungen nicht aus.
4. Die Aufwendungen müssen ihrer Höhe nach notwendig und angemessen sein und werden nur berücksichtigt, soweit sie den Wert des Gegenstandes im Vergleich zu vorher nicht übersteigen.
5. Nur der endgültig verlorene Aufwand kann berücksichtigt werden, d. h. die Aufwendungen sind um einen etwa nach Schadenseintritt noch vorhandenen Restwert zu kürzen.
6. Der Stpfl. muss glaubhaft darlegen, dass er den Schaden nicht verschuldet hat und dass realisierbare Ersatzansprüche gegen Dritte nicht bestehen.
7. Ein Abzug scheidet aus, sofern der Stpfl. zumutbare Schutzmaßnahmen unterlassen oder eine allgemein zugängliche und übliche Versicherungsmöglichkeit nicht wahrgenommen hat.
8. Das schädigende Ereignis darf nicht länger als drei Jahre zurückliegen, bei Baumaßnahmen muss mit der Wiederherstellung oder Schadensbeseitigung innerhalb von drei Jahren nach dem schädigenden Ereignis begonnen worden sein.

R 33.3

R 33.3. Aufwendungen wegen Pflegebedürftigkeit und erheblich eingeschränkter Alltagskompetenz

Voraussetzungen und Nachweis

11 (1) ① Zu dem begünstigten Personenkreis zählen pflegebedürftige Personen, bei denen mindestens ein Schweregrad der Pflegebedürftigkeit i. S. d. §§ 14, 15 SGB XI besteht und Personen, bei denen eine erhebliche Einschränkung der Alltagskompetenz nach § 45 a SGB XI[1] festgestellt wurde. ② Der Nachweis ist durch eine Bescheinigung (z. B. Leistungsbescheid oder -mitteilung) der sozialen Pflegekasse oder des privaten Versicherungsunternehmens, das die private Pflegepflichtversicherung durchführt, oder nach § 65 Abs. 2 EStDV zu führen. ③ Pflegekosten von Personen, die nicht zu dem nach Satz 1 begünstigten Personenkreis zählen und ambulant gepflegt werden, können ohne weiteren Nachweis auch dann als außergewöhnliche Belastungen berücksichtigt werden, wenn sie von einem anerkannten Pflegedienst nach § 89 SGB XI gesondert in Rechnung gestellt worden sind.

Eigene Pflegeaufwendungen

12 (2) ① Zu den Aufwendungen infolge Pflegebedürftigkeit und erheblich eingeschränkter Alltagskompetenz zählen sowohl Kosten für die Beschäftigung einer ambulanten Pflegekraft und/oder die Inanspruchnahme von Pflegediensten, von Einrichtungen der Tages- oder Nachtpflege, der Kurzzeitpflege oder von nach Landesrecht anerkannten niedrigschwelligen Betreuungsangeboten als auch Aufwendungen zur Unterbringung in einem Heim. ② Wird bei einer Heimunterbringung wegen Pflegebedürftigkeit der private Haushalt aufgelöst, ist die → Haushaltsersparnis mit dem in § 33 a Abs. 1 Satz 1 EStG genannten Höchstbetrag der abziehbaren Aufwendungen anzusetzen. ③ Liegen die Voraussetzungen nur während eines Teiles des Kalenderjahres vor, sind die anteiligen Beträge anzusetzen ($^1/_{360}$ pro Tag, $^1/_{12}$ pro Monat).

Konkurrenz zu § 33 a Abs. 3 EStG

13 (3) *(unbesetzt)*

Konkurrenz zu § 33 b Abs. 3 EStG

14 (4) ① Die Inanspruchnahme eines Pauschbetrags nach § 33 b Abs. 3 EStG schließt die Berücksichtigung von Pflegeaufwendungen nach Absatz 2 im Rahmen des § 33 EStG aus. ② Zur Berücksichtigung eigener Aufwendungen der Eltern für ein behindertes Kind[2] → R 33 b Abs. 2.

Pflegeaufwendungen für Dritte

15 (5) Hat der pflegebedürftige Dritte im Hinblick auf sein Alter oder eine etwaige Bedürftigkeit dem Stpfl. Vermögenswerte zugewendet, z. B. ein Hausgrundstück, kommt ein Abzug der Pflegeaufwendungen nur in der Höhe in Betracht, wie die Aufwendungen den Wert des hingegebenen Vermögens übersteigen.

---

[1] Durch das Zweite Pflegestärkungsgesetz wird die bisher nach § 45 a SGB XI a. F. festgestellte erhebliche Einschränkung der Alltagskompetenz ab 1. 1. 2017 von den §§ 14 und 15 SGB XI mit erfasst.

[2] Jetzt: Kind mit Behinderungen.

R 33.4. Aufwendungen wegen Krankheit[1] und Behinderung sowie für Integrationsmaßnahmen R 33.4

Nachweis

(1) ① Der Nachweis von Krankheitskosten ist nach § 64 EStDV zu führen. ② Bei Aufwendungen für eine Augen-Laser-Operation ist die Vorlage eines amtsärztlichen Attests nicht erforderlich. ③ Bei einer andauernden Erkrankung mit anhaltendem Verbrauch bestimmter Arznei-, Heil- und Hilfsmittel reicht die einmalige Vorlage einer Verordnung. ④ Wurde die Notwendigkeit einer Sehhilfe in der Vergangenheit durch einen Augenarzt festgestellt, genügt in den Folgejahren die Sehschärfenbestimmung durch einen Augenoptiker. ⑤ Als Nachweis der angefallenen Krankheitsaufwendungen kann auch die Voralge der Erstattungsmitteilung der privaten Krankenversicherung oder der Beihilfebescheid einer Behörde ausreichen. ⑥ Diese Erleichterung entbindet den Stpfl. aber nicht von der Verpflichtung, dem Finanzamt die Zwangsläufigkeit, Notwendigkeit und Angemessenheit nicht erstatteter Aufwendungen auf Verlangen nachzuweisen. ⑦ Wurde die Notwendigkeit einer Kur offensichtlich im Rahmen der Bewilligung von Zuschüssen oder Beihilfen anerkannt, genügt bei Pflichtversicherten die Bescheinigung der Versicherungsanstalt und bei öffentlich Bediensteten der Beihilfebescheid. 16

Privatschulbesuch

(2) ① Ist ein Kind ausschließlich wegen einer Behinderung im Interesse einer angemessenen Berufsausbildung auf den Besuch einer Privatschule (Sonderschule oder allgemeine Schule in privater Trägerschaft) mit individueller Förderung angewiesen, weil eine geeignete öffentliche Schule oder eine den schulgeldfreien Besuch ermöglichende geeignete Privatschule nicht zur Verfügung steht oder nicht in zumutbarer Weise erreichbar ist, ist das Schulgeld dem Grunde nach als außergewöhnliche Belastung nach § 33 EStG – neben einem auf den Stpfl. übertragbaren Pauschbetrag für behinderte Menschen[2] – zu berücksichtigen. ② Der Nachweis, dass der Besuch der Privatschule erforderlich ist, muss durch eine Bestätigung der zuständigen obersten Landeskultusbehörde oder der von ihr bestimmten Stelle geführt werden. 17

Kur

(3) ① Kosten für Kuren im Ausland sind in der Regel nur bis zur Höhe der Aufwendungen anzuerkennen, die in einem dem Heilzweck entsprechenden inländischen Kurort entstehen würden. ② Verpflegungsmehraufwendungen anlässlich einer Kur können nur in tatsächlicher Höhe nach Abzug der Haushaltsersparnis von 1/5 der Aufwendungen berücksichtigt werden. 18

Aufwendungen behinderter Menschen[2] für Verkehrsmittel

(4)[3] … 19

Behinderungsbedingte Baukosten

(5) ① Um- oder Neubaukosten eines Hauses oder einer Wohnung können im VZ des Abflusses eine außergewöhnliche Belastung darstellen, soweit die Baumaßnahme durch die Behinderung bedingt ist. ② Eine Verteilung auf mehrere VZ ist nicht zulässig. ③ Für den Nachweis der Zwangsläufigkeit der Aufwendungen ist die Vorlage folgender Unterlagen ausreichend: 20

- der Bescheid eines gesetzlichen Trägers der Sozialversicherung oder der Sozialleistungen über die Bewilligung eines pflege- bzw. behinderungsbedingten Zuschusses (z. B. zur Verbesserung des individuellen Wohnumfeldes nach § 40 Abs. 4 SGB XI) oder
- das Gutachten des Medizinischen Dienstes der Krankenversicherung (MDK), des Sozialmedizinischen Dienstes (SMD) oder der Medicproof Gesellschaft für Medizinische Gutachten mbH.

Aufwendungen für Deutsch- und Integrationskurse

(6) ① Aufwendungen für den Besuch von Sprachkursen, in denen Deutsch gelehrt wird, sind nicht als außergewöhnliche Belastungen abziehbar. ② Gleiches gilt für Integrationskurse, es sei denn, der Stpfl. weist durch Vorlage einer Bestätigung der Teilnahmeberechtigung nach § 6 Abs. 1 Satz 1 und 3 der Verordnung über die Durchführung von Integrationskursen für Ausländer und Spätaussiedler nach, dass die Teilnahme am Integrationskurs verpflichtend war und damit aus rechtlichen Gründen zwangsläufig erfolgte. 20a

H 33.1 – 33.4

Abkürzung des Zahlungsweges. Bei den außergewöhnlichen Belastungen kommt der Abzug von Aufwendungen eines Dritten auch unter dem Gesichtspunkt der Abkürzung des Vertragswegs nicht in Betracht (→ BMF vom 7. 7. 2008 – BStBl. I S. 717). 21

Adoption. Aufwendungen im Zusammenhang mit einer Adoption sind nicht zwangsläufig (→ BFH vom 10. 3. 2015 – BStBl. II S. 695).[4]

Asbestbeseitigung

- Die tatsächliche Zwangsläufigkeit von Aufwendungen zur Beseitigung von Asbest ist nicht anhand der abstrakten Gefährlichkeit von Asbestfasern zu beurteilen; erforderlich sind zumin-

---

[1] Zu den Krankheitskosten in Fällen, in denen der Stpfl. seiner Krankenversicherungspflicht nicht nachkommt, siehe *Erlass FinBeh. Hamburg vom 20. 4. 2015 S 2284 – 2014/009 – 52 (DStR 2016 S. 479).*

[2] Jetzt: Menschen mit Behinderungen.

[3] Letztmals abgedruckt im „Handbuch zur ESt-Veranlagung 2020"; für VZ 2021 siehe § 33 Abs. 2 a EStG.

[4] Verfassungsbeschwerde wurde nicht zur Entscheidung angenommen *(Beschluss BVerfG vom 13. 6. 2016 Az 2 BvR 1208/15).*

H 33.1–33.4

dest konkret zu befürchtende Gesundheitsgefährdungen. Denn die Notwendigkeit einer Asbestsanierung hängt wesentlich von der verwendeten Asbestart und den baulichen Gegebenheiten ab (→ BFH vom 29. 3. 2012 – BStBl. II S. 570).
– → Gesundheitsgefährdung.

Asyl. Die Anerkennung als Asylberechtigter lässt nicht ohne weiteres auf ein unabwendbares Ereignis für den Verlust von Hausrat und Kleidung schließen (→ BFH vom 26. 4. 1991 – BStBl. II S. 755).

Außergewöhnlich. Außergewöhnlich sind Aufwendungen, wenn sie nicht nur der Höhe, sondern auch ihrer Art und dem Grunde nach außerhalb des Üblichen liegen und insofern nur einer Minderheit entstehen. Die typischen Aufwendungen der Lebensführung sind aus dem Anwendungsbereich des § 33 EStG ungeachtet ihrer Höhe im Einzelfall ausgeschlossen (→ BFH vom 29. 9. 1989 – BStBl. 1990 II S. 418, vom 19. 5. 1995 – BStBl. II S. 774, vom 22. 10. 1996 – BStBl. 1997 II S. 558 und vom 12. 11. 1996 – BStBl. 1997 II S. 387).

Aussteuer. Aufwendungen für die Aussteuer einer heiratenden Tochter sind regelmäßig nicht als zwangsläufig anzusehen. Dies gilt auch dann, wenn die Eltern ihrer Tochter keine Berufsausbildung gewährt haben (→ BFH vom 3. 6. 1987 – BStBl. II S. 779).

Begleitperson. Aufwendungen eines schwerbehinderten Menschen für eine Begleitperson bei Reisen sind nicht als außergewöhnliche Belastung abziehbar, wenn die Begleitperson ein Ehegatte ist, der aus eigenem Interesse an der Reise teilgenommen hat und für den kein durch die Behinderung des anderen Ehegatten veranlasster Mehraufwand angefallen ist (→ BFH vom 7. 5. 2013 – BStBl. II S. 808).

Behindertengerechte Ausstattung
– Mehraufwendungen für die notwendige behindertengerechte Gestaltung des individuellen Wohnumfelds sind außergewöhnliche Belastungen. Sie stehen so stark unter dem Gebot der sich aus der Situation ergebenden Zwangsläufigkeit, dass die Erlangung eines etwaigen Gegenwerts regelmäßig in den Hintergrund tritt. Es ist nicht erforderlich, dass die Behinderung auf einem nicht vorhersehbaren Ereignis beruht und deshalb ein schnelles Handeln des Stpfl. oder seiner Angehörigen geboten ist. Auch die Frage nach zumutbaren Handlungsalternativen stellt sich in solchen Fällen nicht (→ BFH vom 24. 2. 2011 – BStBl. II S. 1012).
– Behinderungsbedingte Umbaukosten einer Motoryacht sind keine außergewöhnlichen Belastungen (→ BFH vom 2. 6. 2015 – BStBl. II S. 775).
– → R 33.4 Abs. 5.

Bestattungskosten[1] eines nahen Angehörigen sind regelmäßig als außergewöhnliche Belastung zu berücksichtigen, soweit sie nicht aus dem Nachlass bestritten werden können und auch nicht durch Ersatzleistungen gedeckt sind (→ BFH vom 24. 7. 1987 – BStBl. II S. 715, vom 4. 4. 1989 – BStBl. II S. 779 und vom 21. 2. 2018 – BStBl. II S. 469). Leistungen aus einer Sterbegeldversicherung oder aus einer Lebensversicherung, die dem Stpfl. anlässlich des Todes eines nahen Angehörigen außerhalb des Nachlasses zufließen, sind auf die als außergewöhnliche Belastung anzuerkennenden Kosten anzurechnen (→ BFH vom 19. 10. 1990 – BStBl. 1991 II S. 140 und vom 22. 2. 1996 – BStBl. II S. 413).
Zu den außergewöhnlichen Belastungen gehören nur solche Aufwendungen, die unmittelbar mit der eigentlichen Bestattung zusammenhängen. Nur mittelbar mit einer Bestattung zusammenhängende Kosten werden mangels Zwangsläufigkeit nicht als außergewöhnliche Belastung anerkannt. Zu diesen mittelbaren Kosten gehören z. B.:
– Aufwendungen für die Bewirtung von Trauergästen (→ BFH vom 17. 9. 1987 – BStBl. 1988 II S. 130),
– Aufwendungen für die Trauerkleidung (→ BFH vom 12. 8. 1966 – BStBl. 1967 III S. 364),
– Reisekosten für die Teilnahme an einer Bestattung eines nahen Angehörigen (→ BFH vom 17. 6. 1994 – BStBl. II S. 754).

Betreuervergütung. Vergütungen für einen ausschließlich zur Vermögenssorge bestellten Betreuer stellen keine außergewöhnlichen Belastungen, sondern Betriebsausgaben bzw. Werbungskosten bei den mit dem verwalteten Vermögen erzielten Einkünften dar, sofern die Tätigkeit des Betreuers weder einer kurzfristigen Abwicklung des Vermögens noch der Verwaltung ertraglosen Vermögens dient (→ BFH vom 14. 9. 1999 – BStBl. 2000 II S. 69).

Betrug. Durch Betrug veranlasste vergebliche Zahlungen für einen Grundstückskauf sind nicht zwangsläufig (→ BFH vom 19. 5. 1995 – BStBl. II S. 774).

Darlehen
– Werden die Ausgaben über Darlehen finanziert, tritt die Belastung bereits im Zeitpunkt der Verausgabung ein (→ BFH vom 10. 6. 1988 – BStBl. II S. 814).
– → Verausgabung.

Diätverpflegung
– Aufwendungen, die durch Diätverpflegung entstehen, sind von der Berücksichtigung als außergewöhnliche Belastung auch dann ausgeschlossen, wenn die Diätverpflegung an die Stelle

[1] Ergänzend siehe *Vfg. BayLfSt vom 16. 12. 2016 S 2284.1.1 – 21/1 St 32 (DStR 2017 S. 1034).*

einer sonst erforderlichen medikamentösen Behandlung tritt (→ BFH vom 21. 6. 2007 – BStBl. II S. 880).
– Aufwendungen für Arzneimittel i. S. d. § 2 des Arzneimittelgesetzes unterfallen nicht dem Abzugsverbot für Diätverpflegung, wenn die Zwangsläufigkeit (medizinische Indikation) der Medikation durch ärztliche Verordnung nachgewiesen ist (→ BFH vom 14.4.2015 – BStBl. II S. 703).

Eltern-Kind-Verhältnis. Aufwendungen des nichtsorgeberechtigten Elternteils zur Kontaktpflege sind nicht außergewöhnlich (→ BFH vom 27. 9. 2007 – BStBl. 2008 II S. 287).

Ergänzungspflegervergütung. Wird für einen Minderjährigen im Zusammenhang mit einer Erbauseinandersetzung die Anordnung einer Ergänzungspflegschaft erforderlich, sind die Aufwendungen hierfür nicht als außergewöhnliche Belastungen zu berücksichtigen (→ BFH vom 14. 9. 1999 – BStBl. 2000 II S. 69).

Erpressungsgelder. Erpressungsgelder sind keine außergewöhnlichen Belastungen, wenn der Erpressungsgrund selbst und ohne Zwang geschaffen worden ist (→ BFH vom 18. 3. 2004 – BStBl. II S. 867).

Ersatz von dritter Seite. Ersatz und Unterstützungen von dritter Seite zum Ausgleich der Belastung sind von den berücksichtigungsfähigen Aufwendungen abzusetzen, es sei denn, die vertragsgemäße Erstattung führt zu steuerpflichtigen Einnahmen beim Stpfl. (→ BFH vom 14. 3. 1975 – BStBl. II S. 632 und vom 6. 5. 1994 – BStBl. 1995 II S. 104). Die Ersatzleistungen sind auch dann abzusetzen, wenn sie erst in einem späteren Kj. gezahlt werden, der Stpfl. aber bereits in dem Kj., in dem die Belastung eingetreten ist, mit der Zahlung rechnen konnte (→ BFH vom 21. 8. 1974 – BStBl. 1975 II S. 14). Werden Ersatzansprüche gegen Dritte nicht geltend gemacht, entfällt die Zwangsläufigkeit, wobei die Zumutbarkeit Umfang und Intensität der erforderlichen Rechtsverfolgung bestimmt (→ BFH vom 20. 9. 1991 – BStBl. 1992 II S. 137 und vom 18. 6. 1997 – BStBl. II S. 805). Der Verzicht auf die Inanspruchnahme von staatlichen Transferleistungen (z. B. Eingliederungshilfe nach § 35 a SGB VIII) steht dem Abzug von Krankheitskosten als außergewöhnliche Belastungen nicht entgegen (→ BFH vom 11. 11. 2010 – BStBl. 2011 II S. 969). Der Abzug von Aufwendungen nach § 33 EStG ist ferner ausgeschlossen, wenn der Stpfl. eine allgemein zugängliche und übliche Versicherungsmöglichkeit nicht wahrgenommen hat (→ BFH vom 6. 5. 1994 – BStBl. 1995 II S. 104). Dies gilt auch, wenn lebensnotwendige Vermögensgegenstände, wie Hausrat und Kleidung wiederbeschafft werden müssen (→ BFH vom 26. 6. 2003 – BStBl. 2004 II S. 47).
– **Hausratversicherung.** Anzurechnende Leistungen aus einer Hausratversicherung sind nicht aufzuteilen in einen Betrag, der auf allgemein notwendigen und angemessenen Hausrat entfällt, und in einen solchen, der die Wiederbeschaffung von Gegenständen und Kleidungsstücken gehobenen Anspruchs ermöglichen soll (→ BFH vom 30. 6. 1999 – BStBl. II S. 766).
– **Krankenhaustagegeldversicherungen.** Bis zur Höhe der durch einen Krankenhausaufenthalt verursachten Kosten sind die Leistungen abzusetzen, nicht aber Leistungen aus einer Krankentagegeldversicherung (→ BFH vom 22. 10. 1971 – BStBl. 1972 II S. 177).
– **Private Pflegezusatzversicherung.** Das aus einer privaten Pflegezusatzversicherung bezogene Pflege(tage)geld mindert die abziehbaren Pflegekosten (→ BFH vom 14. 4. 2011 – BStBl. II S. 701).

Existenzgrundlage. Unter der Existenzgrundlage i. S. d. § 33 Abs. 2 Satz 4 EStG ist nur die rein materielle Lebensgrundlage des Steuerpflichtigen zu verstehen (→ BFH vom 18. 5. 2017 – BStBl. II S. 988 und vom 13. 8. 2020 – BStBl. 2021 II S. 83 und 86).

Fahrtkosten, allgemein. Unumgängliche Fahrtkosten, die dem Grunde nach als außergewöhnliche Belastung zu berücksichtigen sind, sind bei Benutzung eines Pkw nur in Höhe der Kosten für die Benutzung eines öffentlichen Verkehrsmittels abziehbar, es sei denn, es bestand keine zumutbare öffentliche Verkehrsverbindung (→ BFH vom 3. 12. 1998 – BStBl. 1999 II S. 227).
→ Familienheimfahrten
→ Kur
→ Mittagsheimfahrt
→ Pflegeaufwendungen für Dritte
→ Zwischenheimfahrten.

Familienheimfahrten. Aufwendungen verheirateter Wehrpflichtiger für Familienheimfahrten sind keine außergewöhnliche Belastung (→ BFH vom 5. 12. 1969 – BStBl. 1970 II S. 210).

Formaldehydemission → Gesundheitsgefährdung.

Freiwillige Ablösungen von laufenden Kosten für die Anstaltsunterbringung eines pflegebedürftigen Kindes sind nicht zwangsläufig (→ BFH vom 14. 11. 1980 – BStBl. 1981 II S. 130).

Gegenwert[1]
– Die Erlangung eines Gegenwerts schließt insoweit die Belastung des Stpfl. aus. Ein Gegenwert liegt vor, wenn der betreffende Gegenstand oder die bestellte Leistung eine gewisse Marktfähigkeit besitzen, die in einem bestimmten Verkehrswert zum Ausdruck kommt (→ BFH vom 4. 3.

[1] Erstausstattung für Zwillinge ist keine außergewöhnliche Belastung. *BFH-Urteil vom 19. 12. 1969 VI R 125/69 (BStBl. 1970 II S. 242).*

H 33.1–33.4

1983 – BStBl. II S. 378 und vom 29. 11. 1991 – BStBl. 1992 II S. 290). Bei der Beseitigung eingetretener Schäden an einem Vermögensgegenstand, der für den Stpfl. von existenziell wichtiger Bedeutung ist, ergibt sich ein Gegenwert nur hinsichtlich von Wertverbesserungen, nicht jedoch hinsichtlich des verlorenen Aufwandes (→ BFH vom 6. 5. 1994 – BStBl. 1995 II S. 104).
– → Gesundheitsgefährdung
– → Behindertengerechte Ausstattung.

Gesundheitsgefährdung[1]
– Geht von einem Gegenstand des existenznotwendigen Bedarfs eine konkrete Gesundheitsgefährdung aus, die beseitigt werden muss (z. B. asbesthaltige Außenfassade des Hauses, Formaldehydemission von Möbeln), sind die Sanierungskosten und die Kosten für eine ordnungsgemäße Entsorgung des Schadstoffs aus tatsächlichen Gründen zwangsläufig entstanden. Die Sanierung muss im Zeitpunkt ihrer Durchführung unerlässlich sein. (→ BFH vom 9. 8. 2001 – BStBl. 2002 II S. 240 und vom 23. 5. 2002 – BStBl. II S. 592). Der Stpfl. ist verpflichtet, die medizinische Indikation der Maßnahmen nachzuweisen. Eines amts- oder vertrauensärztlichen Gutachtens bedarf es hierzu nicht (→ BFH vom 11. 11. 2010 – BStBl. 2011 II S. 966).
– Tauscht der Stpfl. gesundheitsgefährdende Gegenstände des existenznotwendigen Bedarfs aus, steht die Gegenwertlehre dem Abzug der Aufwendungen nicht entgegen. Der sich aus der Erneuerung ergebende Vorteil ist jedoch anzurechnen („Neu für Alt") (→ BFH vom 11. 11. 2010 – BStBl. 2011 II S. 966).
– Sind die von einem Gegenstand des existenznotwendigen Bedarfs ausgehenden konkreten Gesundheitsgefährdungen auf einen Dritten zurückzuführen und unterlässt der Stpfl. die Durchsetzung realisierbarer zivilrechtlicher Abwehransprüche, sind die Aufwendungen zur Beseitigung konkreter Gesundheitsgefährdungen nicht abziehbar (→ BFH vom 29. 3. 2012 – BStBl. II S. 570).
– → Mietzahlungen.

Gutachter. Ergibt sich aus Gutachten die Zwangsläufigkeit von Aufwendungen gem. § 33 Abs. 2 EStG, können auch die Aufwendungen für das Gutachten berücksichtigt werden (→ BFH vom 23. 5. 2002 – BStBl. II S. 592).

Haushaltsersparnis
– Aufwendungen für die krankheits- oder pflegebedingte Unterbringung in einem Alten- oder Pflegeheim sind um eine Haushaltsersparnis, die der Höhe nach den ersparten Verpflegungs- und Unterbringungskosten entspricht, zu kürzen, es sei denn, der Pflegebedürftige behält seinen normalen Haushalt bei. Die Haushaltsersparnis des Stpfl. ist entsprechend dem in § 33 a Abs. 1 EStG vorgesehenen Höchstbetrag für den Unterhalt unterhaltsbedürftiger Personen anzusetzen → R 33.3 Abs. 2 Satz 2 (→ BFH vom 15. 4. 2010 – BStBl. II S. 794 und vom 4. 10. 2017 – BStBl. 2018 II S. 179).
– Sind beide Ehegatten krankheits- oder pflegebedingt in einem Alten- und Pflegeheim untergebracht, ist für jeden der Ehegatten eine Haushaltsersparnis anzusetzen (→ BFH vom 4. 10. 2017 – BStBl. 2018 II S. 179).
– Kosten der Unterbringung in einem Krankenhaus können regelmäßig ohne Kürzung um eine Haushaltsersparnis als außergewöhnliche Belastung anerkannt werden (→ BFH vom 22. 6. 1979 – BStBl. II S. 646).

Heileurythmie
– Die Heileurythmie ist ein Heilmittel i. S. d. §§ 2 und 32 SGB V. Für den Nachweis der Zwangsläufigkeit von Aufwendungen im Krankheitsfall ist eine Verordnung eines Arztes oder Heilpraktikers nach § 64 Abs. 1 Nr. 1 EStDV ausreichend (→ BFH vom 26. 2. 2014 – BStBl. II S. 824).
– → Wissenschaftlich nicht anerkannte Behandlungsmethoden.

Heimunterbringung
– Aufwendungen eines nicht pflegebedürftigen Stpfl., der mit seinem pflegebedürftigen Ehegatten in ein Wohnstift übersiedelt, erwachsen nicht zwangsläufig (→ BFH vom 14. 11. 2013 – BStBl. 2014 II S. 456).
– Bei einem durch Krankheit veranlassten Aufenthalt in einem Seniorenheim oder -wohnstift sind die Kosten für die Unterbringung außergewöhnliche Belastungen. Der Aufenthalt kann auch krankheitsbedingt sein, wenn keine zusätzlichen Pflegekosten entstanden sind und kein Merkmal „H" oder „Bl" im Schwerbehindertenausweis festgestellt ist. Die Unterbringungskosten sind nach Maßgabe der für Krankheitskosten geltenden Grundsätze als außergewöhnliche Belastungen zu berücksichtigen, soweit sie nicht außerhalb des Rahmens des Üblichen liegen (→ BFH vom 14. 11. 2013 – BStBl. 2014 II S. 456).
– Kosten für die behinderungsbedingte Unterbringung in einer sozial-therapeutischen Einrichtung können außergewöhnliche Belastungen sein (→ BFH vom 9. 12. 2010 – BStBl. 2011 II S. 1011).
– → H 33 a.1 (Abgrenzung zu § 33 EStG).

Kapitalabfindung von Unterhaltsansprüchen. Der Abzug einer vergleichsweise vereinbarten Kapitalabfindung zur Abgeltung sämtlicher möglicherweise in der Vergangenheit entstan-

[1] Einbaukosten des Mieters für Schalldämmfenster sind keine außergewöhnlichen Belastungen. *BFH-Urteil vom 23. 1. 1976 VI R 62/74 (BStBl. II S. 194).*

dener und künftiger Unterhaltsansprüche eines geschiedenen Ehegatten scheidet in aller Regel wegen fehlender Zwangsläufigkeit aus (→ BFH vom 26. 2. 1998 – BStBl. II S. 605).

Krankenhaustagegeldversicherung. Die Leistungen sind von den berücksichtigungsfähigen Aufwendungen abzusetzen (→ BFH vom 22. 10. 1971 – BStBl. 1972 II S. 177).

Krankentagegeldversicherung. Die Leistungen sind – im Gegensatz zu Leistungen aus einer Krankenhaustagegeldversicherung – kein Ersatz für Krankenhauskosten (→ BFH vom 22. 10. 1971 – BStBl. 1972 II S. 177).

Krankenversicherungsbeiträge

– Da Krankenversicherungsbeiträge ihrer Art nach Sonderausgaben sind, können sie auch bei an sich beihilfeberechtigten Angehörigen des öffentlichen Dienstes nicht als außergewöhnliche Belastung berücksichtigt werden, wenn der Stpfl. wegen seines von Kindheit an bestehenden Leidens keine Aufnahme in eine private Krankenversicherung gefunden hat (→ BFH vom 29. 11. 1991 – BStBl. 1992 II S. 293).

– Der Abzug der nicht als Sonderausgaben abziehbaren Krankenversicherungsbeiträge als außergewöhnliche Belastung scheidet aus (→ BFH vom 29. 11. 2017 – BStBl. 2018 II S. 230).

Krankheitskosten

– einschließlich Zuzahlungen sind außergewöhnliche Belastungen. Es ist verfassungsrechtlich nicht geboten, bei der einkommensteuerrechtlichen Berücksichtigung dieser Aufwendungen auf den Ansatz der zumutbaren Belastung zu verzichten (→ BFH vom 2. 9. 2015 – BStBl. 2016 II S. 151 und vom 21. 2. 2018 – BStBl. II S. 469).

– für Unterhaltsberechtigte. Für einen Unterhaltsberechtigten aufgewendete Krankheitskosten können beim Unterhaltspflichtigen i. d. R. nur insoweit als außergewöhnliche Belastung anerkannt werden, als der Unterhaltsberechtigte nicht in der Lage ist, die Krankheitskosten selbst zu tragen (→ BFH vom 11. 7. 1990 – BStBl. 1991 II S. 62). Ein schwerbehindertes Kind, das angesichts der Schwere und der Dauer seiner Erkrankung seinen Grundbedarf und behinderungsbedingten Mehrbedarf nicht selbst zu decken in der Lage ist und bei dem ungewiss ist, ob sein Unterhaltsbedarf im Alter durch Leistungen Unterhaltspflichtiger gedeckt werden kann, darf jedoch zur Altersvorsorge maßvoll Vermögen bilden. Die das eigene Vermögen des Unterhaltsempfängers betreffende Bestimmung des § 33 a Abs. 1 Satz 4 EStG kommt im Rahmen des § 33 EStG nicht zur Anwendung (→ BFH vom 11. 2. 2010 – BStBl. II S. 621).

Künstliche Befruchtung wegen Krankheit

– Aufwendungen für eine künstliche Befruchtung, die einem Ehepaar zu einem gemeinsamen Kind verhelfen soll, das wegen Empfängnisunfähigkeit der Ehefrau sonst von ihrem Ehemann nicht gezeugt werden könnte (homologe künstliche Befruchtung), können außergewöhnliche Belastungen sein (→ BFH vom 18. 6. 1997 – BStBl. II S. 805). Dies gilt auch für ein nicht verheiratetes Paar, wenn die Richtlinien der ärztlichen Berufsordnungen beachtet werden, insbesondere eine fest gefügte Partnerschaft vorliegt und der Mann die Vaterschaft anerkennen wird (→ BFH vom 10. 5. 2007 – BStBl. II S. 871).

– Aufwendungen eines Ehepaares für eine medizinisch angezeigte künstliche Befruchtung mit dem Samen eines Dritten (heterologe künstliche Befruchtung) sind als Krankheitskosten zu beurteilen und damit als außergewöhnliche Belastung zu berücksichtigen (→ BFH vom 16. 12. 2010 – BStBl. 2011 II S. 414).

– Aufwendungen einer unfruchtbaren Frau für eine heterologe künstliche Befruchtung (d. h. durch Samenspende) durch In-vitro-Fertilisation im Ausland sind als außergewöhnliche Belastung auch dann zu berücksichtigen, wenn die Frau in einer gleichgeschlechtlichen Partnerschaft lebt (→ BFH vom 5. 10. 2017 – BStBl. 2018 II S. 350).

– Aufwendungen für eine künstliche Befruchtung nach vorangegangener freiwilliger Sterilisation sind keine außergewöhnlichen Belastungen (→ BFH vom 3. 3. 2005 – BStBl. II S. 566).

– Aufwendungen für eine künstliche Befruchtung im Ausland können als außergewöhnliche Belastung abgezogen werden, wenn die Behandlung nach inländischen Maßstäben mit dem Embryonenschutzgesetz oder anderen Gesetzen vereinbar ist (→ BFH vom 17. 5. 2017 – BStBl. 2018 II S. 344).

Kur. Kosten für eine Kurreise können als außergewöhnliche Belastung nur abgezogen werden, wenn die Kurreise zur Heilung oder Linderung einer Krankheit nachweislich notwendig ist und eine andere Behandlung nicht oder kaum erfolgversprechend erscheint (→ BFH vom 12. 6. 1991 – BStBl. II S. 763).

– **Erholungsurlaub/Abgrenzung zur Heilkur**

Im Regelfall ist zur Abgrenzung einer Heilkur vom Erholungsurlaub ärztliche Überwachung zu fordern. Gegen die Annahme einer Heilkur kann auch die Unterbringung in einem Hotel oder Privatquartier anstatt in einem Sanatorium und die Vermittlung durch ein Reisebüro sprechen (→ BFH vom 12. 6. 1991 – BStBl. II S. 763).

– **Fahrtkosten**

Als Fahrtkosten zum Kurort sind i. d. R. die Kosten der öffentlichen Verkehrsmittel anzusetzen (→ BFH vom 12. 6. 1991 – BStBl. II S. 763). Die eigenen Kfz-Kosten können nur ausnahmsweise berücksichtigt werden, wenn besondere persönliche Verhältnisse dies erfordern (→ BFH vom 30. 6. 1967 – BStBl. III S. 655).

H 33.1–33.4

Aufwendungen für Besuchsfahrten zu in Kur befindlichen Angehörigen sind keine außergewöhnliche Belastung (→ BFH vom 16. 5. 1975 – BStBl. II S. 536).

– **Nachkur**
Nachkuren in einem typischen Erholungsort sind auch dann nicht abziehbar, wenn sie ärztlich verordnet sind; dies gilt erst recht, wenn die Nachkur nicht unter einer ständigen ärztlichen Aufsicht in einer besonderen Kranken- oder Genesungsanstalt durchgeführt wird (→ BFH vom 4. 10. 1968 – BStBl. 1969 II S. 179).

Medizinisch erforderliche auswärtige Unterbringung eines Kindes. Für den Begriff der „Behinderung" i. S. d. § 64 Abs. 1 Nr. 2 Satz 1 Buchst. c EStDV ist auf § 2 Abs. 1 SGB IX abzustellen. Danach sind Menschen behindert, wenn ihre körperliche Funktion, geistige Fähigkeit oder seelische Gesundheit mit hoher Wahrscheinlichkeit länger als sechs Monate von dem für das Lebensalter typischen Zustand abweichen und daher ihre Teilhabe am Leben in der Gesellschaft beeinträchtigt ist (→ BFH vom 18. 6. 2015 – BStBl. 2016 II S. 40).

Medizinische Fachliteratur. Aufwendungen eines Stpfl. für medizinische Fachliteratur sind auch dann nicht als außergewöhnliche Belastungen zu berücksichtigen, wenn die Literatur dazu dient, die Entscheidung für eine bestimmte Therapie oder für die Behandlung durch einen bestimmten Arzt zu treffen (→ BFH vom 6. 4. 1990 – BStBl. II S. 958, vom 24. 10. 1995 – BStBl. 1996 II S. 88).

Medizinische Hilfsmittel als Gebrauchsgegenstände des täglichen Lebens. Gebrauchsgegenstände des täglichen Lebens i. S. v. § 33 Abs. 1 SGB V sind nur solche technischen Hilfen, die getragen oder mit sich geführt werden können, um sich im jeweiligen Umfeld zu bewegen, zurechtzufinden und die elementaren Grundbedürfnisse des täglichen Lebens zu befriedigen. Ein Nachweis nach § 64 Abs. 1 Nr. 2 Satz 1 Buchst. e EStDV kann nur gefordert werden, wenn ein medizinisches Hilfsmittel diese Merkmale erfüllt. Ein Treppenlift erfüllt nicht die Anforderungen dieser Legaldefinition eines medizinischen Hilfsmittels, so dass die Zwangsläufigkeit von Aufwendungen für den Einbau eines Treppenlifts nicht formalisiert nachzuweisen ist (→ BFH vom 6. 2. 2014 – BStBl. II S. 458).

Mietzahlungen. Mietzahlungen für eine ersatzweise angemietete Wohnung können als außergewöhnliche Belastung zu berücksichtigen sein, wenn eine Nutzung der bisherigen eigenen Wohnung wegen Einsturzgefahr amtlich untersagt ist. Dies gilt jedoch nur bis zur Wiederherstellung der Bewohnbarkeit oder bis zu dem Zeitpunkt, in dem der Stpfl. die Kenntnis erlangt, dass eine Wiederherstellung der Bewohnbarkeit nicht mehr möglich ist (→ BFH vom 21. 4. 2010 – BStBl. II S. 965).

Mittagsheimfahrt. Aufwendungen für Mittagsheimfahrten stellen keine außergewöhnliche Belastung dar, auch wenn die Fahrten wegen des Gesundheitszustands oder einer Behinderung des Stpfl. angebracht oder erforderlich sind (→ BFH vom 4. 7. 1975 – BStBl. II S. 738).

Nachweis der Zwangsläufigkeit von krankheitsbedingten Aufwendungen
– Die in § 64 EStDV vorgesehenen Nachweise können nicht durch andere Unterlagen ersetzt werden (→ BFH vom 15.1.2015 – BStBl. II S. 586).
– Gegen die in § 64 Abs. 1 EStDV geregelten Nachweiserfordernisse bestehen keine verfassungsrechtlichen Bedenken (→ BFH vom 21. 2. 2018 – BStBl. II S. 469).

Neben den Pauschbeträgen für behinderte Menschen zu berücksichtigende Aufwendungen → H 33b.

Pflegeaufwendungen
– Ob die Pflegebedürftigkeit bereits vor Beginn des Heimaufenthalts oder erst später eingetreten ist, ist ohne Bedeutung (→ BMF vom 20. 1. 2003 – BStBl. I S. 89).
– Aufwendungen wegen Pflegebedürftigkeit sind nur insoweit zu berücksichtigen, als die Pflegekosten die Leistungen der Pflegepflichtversicherung und das aus einer ergänzenden Pflegekrankenversicherung bezogene Pflege(tage)geld übersteigen (→ BFH vom 14. 4. 2011 – BStBl. II S. 701).

Pflegeaufwendungen für Dritte. Pflegeaufwendungen (z. B. Kosten für die Unterbringung in einem Pflegeheim), die dem Stpfl. infolge der Pflegebedürftigkeit einer Person erwachsen, der gegenüber der Stpfl. zum Unterhalt verpflichtet ist (z. B. seine Eltern oder Kinder), können i. d. R. als außergewöhnliche Belastungen abgezogen werden, sofern die tatsächlich angefallenen Pflegekosten von den reinen Unterbringungskosten abgegrenzt werden können (→ BFH vom 12. 11. 1996 – BStBl. 1997 II S. 387). Zur Berücksichtigung von besonderem Unterhaltsbedarf einer unterhaltenen Person (z. B. wegen Pflegebedürftigkeit) neben typischen Unterhaltsaufwendungen → BMF vom 2. 12. 2002 (BStBl. I S. 1389).[1] Aufwendungen, die einem Stpfl. für die krankheitsbedingte Unterbringung eines Angehörigen in einem Heim entstehen, stellen als Krankheitskosten eine außergewöhnliche Belastung i. S. d. § 33 EStG dar (→ BFH vom 30. 6. 2011 – BStBl. 2012 II S. 876). Ob die Pflegebedürftigkeit bereits vor Beginn des Heimaufenthalts oder erst später eingetreten ist, ist ohne Bedeutung (→ BMF vom 20. 1. 2003 – BStBl. I S. 89). Abziehbar sind neben den Pflegekosten auch die im Vergleich zu den

[1] Letztmals abgedruckt im „Handbuch zur ESt-Veranlagung 2013" als Anlage a zu R 33 a.1 EStR.

Kosten der normalen Haushaltsführung entstandenen Mehrkosten für Unterbringung und Verpflegung (→ BFH vom 30. 6. 2011 – BStBl. 2012 II S. 876). H 33.1–33.4

- **Fahrtkosten**
  Aufwendungen für Fahrten, um einen kranken Angehörigen, der im eigenen Haushalt lebt, zu betreuen und zu versorgen, können unter besonderen Umständen außergewöhnliche Belastungen sein. Die Fahrten dürfen nicht lediglich der allgemeinen Pflege verwandtschaftlicher Beziehungen dienen (→ BFH vom 6. 4. 1990 – BStBl. II S. 958 und vom 22. 10. 1996 – BStBl. 1997 II S. 558).
- **Übertragung des gesamten sicheren Vermögens** → R 33.3 Abs. 5.
  Aufwendungen für die Unterbringung und Pflege eines bedürftigen Angehörigen sind nicht als außergewöhnliche Belastung zu berücksichtigen, soweit der Stpfl. von dem Angehörigen dessen gesamtes sicheres Vermögen in einem Zeitpunkt übernommen hat, als dieser sich bereits im Rentenalter befand (→ BFH vom 12. 11. 1996 – BStBl. 1997 II S. 387).
- **Zwangsläufigkeit bei persönlicher Pflege**
  Aufwendungen, die durch die persönliche Pflege eines nahen Angehörigen entstehen, sind nur dann außergewöhnliche Belastungen, wenn die Übernahme der Pflege unter Berücksichtigung der näheren Umstände des Einzelfalls aus rechtlichen oder sittlichen Gründen i. S. d. § 33 Abs. 2 EStG zwangsläufig ist. Allein das Bestehen eines nahen Verwandtschaftsverhältnisses reicht für die Anwendung des § 33 EStG nicht aus. Bei der erforderlichen Gesamtbewertung der Umstände des Einzelfalls sind u. a. der Umfang der erforderlichen Pflegeleistungen und die Höhe der für den Stpfl. entstehenden Aufwendungen zu berücksichtigen (→ BFH vom 22. 10. 1996 – BStBl. 1997 II S. 558).

Prozesskosten. Unter das Abzugsverbot gem. § 33 Abs. 2 Satz 4 fallen Prozesskosten
- anlässlich eines Umgangsrechtsstreits und der Rückführung des Kindes aus dem Ausland zurück nach Deutschland (→ BFH vom 13. 8. 2020 – BStBl. 2021 II S. 83),
- eines Scheidungsverfahrens (→ BFH vom 18. 5. 2017 – BStBl. II S. 988),
- für die Führung eines Rechtsstreits eines Dritten, z. B. eines Angehörigen (→ BFH vom 10. 8. 2022 – BStBl. II S. 766).

Rechtliche Pflicht. Zahlungen in Erfüllung rechtsgeschäftlicher Verpflichtungen erwachsen regelmäßig nicht zwangsläufig. Unter rechtliche Gründe i. S. v. § 33 Abs. 2 EStG fallen danach nur solche rechtlichen Verpflichtungen, die der Stpfl. nicht selbst gesetzt hat (→ BFH vom 18. 7. 1986 – BStBl. II S. 745 und vom 19. 5. 1995 – BStBl. II S. 774); → Kapitalabfindung von Unterhaltsansprüchen.

Rentenversicherungsbeiträge → Sittliche Pflicht.

Sanierung eines selbst genutzten Gebäudes. Aufwendungen für die Sanierung eines selbst genutzten Wohngebäudes, nicht aber die Kosten für übliche Instandsetzungs- und Modernisierungsmaßnahmen oder die Beseitigung von Baumängeln, können als außergewöhnliche Belastung abzugsfähig sein, wenn
- durch die Baumaßnahmen konkrete Gesundheitsgefährdungen abgewehrt werden z. B. bei einem asbestgedeckten Dach (→ BFH vom 29. 3. 2012 – BStBl. II S. 570) → aber Asbestbeseitigung.
- unausweichliche Schäden beseitigt werden, weil eine konkrete und unmittelbar bevorstehende Unbewohnbarkeit des Gebäudes droht und daraus eine aufwändige Sanierung folgt z. B. bei Befall eines Gebäudes mit Echtem Hausschwamm (→ BFH vom 29. 3. 2012 – BStBl. II S. 572).
- vom Gebäude ausgehende unzumutbare Beeinträchtigungen behoben werden z. B. Geruchsbelästigungen (→ BFH vom 29. 3. 2012 – BStBl. II S. 574).

Der Grund für die Sanierung darf weder beim Erwerb des Grundstücks erkennbar gewesen noch vom Grundstückseigentümer verschuldet worden sein. Auch muss der Stpfl. realisierbare Ersatzansprüche gegen Dritte verfolgen, bevor er seine Aufwendungen steuerlich geltend machen kann und er muss sich den aus der Erneuerung ergebenden Vorteil anrechnen lassen („Neu für Alt"). Die Zwangsläufigkeit der Aufwendungen ist anhand objektiver Kriterien nachzuweisen.
→ Gesundheitsgefährdung.

Schadensersatzleistungen können zwangsläufig sein, wenn der Stpfl. bei der Schädigung nicht vorsätzlich oder grob fahrlässig gehandelt hat (→ BFH vom 3. 6. 1982 – BStBl. II S. 749).

Scheidungskosten → Prozesskosten.

Schulbesuch
- Aufwendungen für den Privatschulbesuch eines Kindes werden durch die Vorschriften des Familienleistungsausgleichs und § 33 a Abs. 2 EStG abgegolten und können daher i. d. R. nur dann außergewöhnliche Belastungen sein, wenn es sich bei diesen Aufwendungen um unmittelbare Krankheitskosten handelt (→ BFH vom 17. 4. 1997 – BStBl. II S. 752).
- Außergewöhnliche Belastungen liegen nicht vor, wenn ein Kind ausländischer Eltern, die sich nur vorübergehend im Inland aufhalten, eine fremdsprachliche Schule besucht (→ BFH vom 23. 11. 2000 – BStBl. 2001 II S. 132).

H 33.1–33.4

– Aufwendungen für den Besuch einer Schule für Hochbegabte können außergewöhnliche Belastungen sein, wenn dies medizinisch angezeigt ist und es sich hierbei um unmittelbare Krankheitskosten handelt. Dies gilt auch für die Kosten einer auswärtigen der Krankheit geschuldeten Internatsunterbringung, selbst wenn diese zugleich der schulischen Ausbildung dient. Ein zusätzlicher Freibetrag nach § 33 a Abs. 2 EStG kann nicht gewährt werden (→ BFH vom 12. 5. 2011 – BStBl. II S. 783).
– → H 33 a.2 (Auswärtige Unterbringung).

Sittliche Pflicht[1]
– Eine die Zwangsläufigkeit von Aufwendungen begründende sittliche Pflicht ist nur dann zu bejahen, wenn diese so unabdingbar auftritt, dass sie ähnlich einer Rechtspflicht von außen her als eine Forderung oder zumindest Erwartung der Gesellschaft derart auf den Stpfl. einwirkt, dass ihre Erfüllung als eine selbstverständliche Handlung erwartet und die Missachtung dieser Erwartung als moralisch anstößig empfunden wird, wenn das Unterlassen der Aufwendungen also Sanktionen im sittlich-moralischen Bereich oder auf gesellschaftlicher Ebene zur Folge haben kann (→ BFH vom 27. 10. 1989 – BStBl. 1990 II S. 294 und vom 22. 10. 1996 – BStBl. 1997 II S. 558). Die sittliche Pflicht gilt nur für unabdingbar notwendige Aufwendungen (→ BFH vom 12. 12. 2002 – BStBl. 2003 II S. 299). Bei der Entscheidung ist auf alle Umstände des Einzelfalles, insbesondere die persönlichen Beziehungen zwischen den Beteiligten, ihre Einkommens- und Vermögensverhältnisse sowie die konkrete Lebenssituation, bei der Übernahme einer Schuld auch auf den Inhalt des Schuldverhältnisses abzustellen (→ BFH vom 24. 7. 1987 – BStBl. II S. 715).
– Die allgemeine sittliche Pflicht, in Not geratenen Menschen zu helfen, kann allein die Zwangsläufigkeit nicht begründen (→ BFH vom 8. 4. 1954 – BStBl. III S. 188).
– Zwangsläufigkeit kann vorliegen, wenn das Kind des Erblassers als Alleinerbe Nachlassverbindlichkeiten erfüllt, die auf existentiellen Bedürfnissen seines in Armut verstorbenen Elternteils unmittelbar vor oder im Zusammenhang mit dessen Tod beruhen (→ BFH vom 24. 7. 1987 – BStBl. II S. 715).
– Nachzahlungen zur Rentenversicherung eines Elternteils sind nicht aus sittlichen Gründen zwangsläufig, wenn auch ohne die daraus entstehenden Rentenansprüche der Lebensunterhalt des Elternteils sichergestellt ist (→ BFH vom 7. 3. 2002 – BStBl. II S. 473).

Studiengebühren. Gebühren für die Hochschulausbildung eines Kindes sind weder nach § 33 a Abs. 2 EStG noch nach § 33 EStG als außergewöhnliche Belastung abziehbar (→ BFH vom 17. 12. 2009 – BStBl. 2010 II S. 341).

Trinkgelder. Trinkgelder sind nicht zwangsläufig i. S. d. § 33 Abs. 2 EStG und zwar unabhängig davon, ob die zugrunde liegende Leistung selbst als außergewöhnliche Belastung zu beurteilen ist (→ BFH vom 30. 10. 2003 – BStBl. 2004 II S. 270 und vom 19. 4. 2012 – BStBl. II S. 577).

Umschulungskosten. Kosten für eine Zweitausbildung sind dann nicht berücksichtigungsfähig, wenn die Erstausbildung nicht endgültig ihren wirtschaftlichen Wert verloren hat (→ BFH vom 28. 8. 1997 – BStBl. 1998 II S. 183).

Umzug. Umzugskosten sind unabhängig von der Art der Wohnungskündigung durch den Mieter oder Vermieter in der Regel nicht außergewöhnlich (→ BFH vom 28. 2. 1975 – BStBl. II S. 482 und vom 23. 6. 1978 – BStBl. II S. 526).

Unterbringung eines nahen Angehörigen in einem Heim → BMF vom 2. 12. 2002 (BStBl. I S. 1389).[2]

Unterhaltsverpflichtung → Kapitalabfindung von Unterhaltsansprüchen; → Pflegeaufwendungen für Dritte.

Urlaubsreise. Aufwendungen für die Wiederbeschaffung von Kleidungsstücken, die dem Stpfl. auf einer Urlaubsreise entwendet wurden, können regelmäßig nicht als außergewöhnliche Belastung angesehen werden, weil üblicherweise ein notwendiger Mindestbestand an Kleidung noch vorhanden ist (→ BFH vom 3. 9. 1976 – BStBl. II S. 712).

Verausgabung
– Aus dem Zusammenhang der Vorschriften von § 33 Abs. 1 EStG und § 11 Abs. 2 Satz 1 EStG folgt, dass außergewöhnliche Belastungen für das Kj. anzusetzen sind, in dem die Aufwendungen tatsächlich geleistet worden sind (→ BFH vom 30. 7. 1982 – BStBl. II S. 744 und vom 10. 6. 1988 – BStBl. II S. 814). Dies gilt i. d. R. auch, wenn die Aufwendungen (nachträgliche) Anschaffungs- oder Herstellungskosten eines mehrjährig nutzbaren Wirtschaftsguts darstellen (→ BFH vom 22. 10. 2009 – BStBl. 2010 II S. 280).
– → Darlehen;
– → Ersatz von dritter Seite.

---

[1] Aufwendungen für den Sprachkurs des Bruders fallen nicht unter § 33 EStG. *BFH-Urteil vom 11. 3. 1988 VI R 106/84 (BStBl. II S. 534).* Das gleiche gilt für Aufwendungen für ein Hochschulstudium von volljährigen Geschwistern. *BFH-Urteil vom 11. 11. 1988 III R 262/83 (BStBl. 1989 II S. 280).*

Zur Zwangsläufigkeit von Unterhaltsleistungen an den Verlobten vgl. *BFH-Urteil vom 30. 7. 1993 III R 16/92 (BStBl. 1994 II S. 31).*

[2] Letztmals abgedruckt im „Handbuch zur ESt-Veranlagung 2013" als Anlage a zu R 33 a.1 EStR.

H 33.1–33.4

Verbraucherinsolvenzverfahren. Die Insolvenztreuhandvergütung ist mangels Außergewöhnlichkeit nicht als außergewöhnliche Belastung zu berücksichtigen (→ BFH vom 16. 12. 2021 – BStBl. II 2022 S. 321).

Vermögensebene
- Auch Kosten zur Beseitigung von Schäden an einem Vermögensgegenstand können Aufwendungen i. S. v. § 33 EStG sein, wenn der Vermögensgegenstand für den Stpfl. von existenziell wichtiger Bedeutung ist. Eine Berücksichtigung nach § 33 EStG scheidet aus, wenn Anhaltspunkte für ein Verschulden des Stpfl. erkennbar oder Ersatzansprüche gegen Dritte gegeben sind oder wenn der Stpfl. eine allgemein zugängliche und übliche Versicherungsmöglichkeit nicht wahrgenommen hat (→ BFH vom 6. 5. 1994 – BStBl. 1995 II S. 104). Dies gilt auch, wenn lebensnotwendige Vermögensgegenstände wie Hausrat und Kleidung wiederbeschafft werden müssen (→ BFH vom 26. 6. 2003 – BStBl. 2004 II S. 47);
- → R 33.2.

Verschulden
- Ein eigenes (ursächliches) Verschulden des Stpfl. schließt die Berücksichtigung von Aufwendungen zur Wiederherstellung von Vermögensgegenständen nach § 33 EStG aus (→ BFH vom 6. 5. 1994 – BStBl. 1995 II S. 104);
- → Vermögensebene.

Versicherung
- Eine Berücksichtigung von Aufwendungen zur Wiederherstellung von Vermögensgegenständen nach § 33 EStG scheidet aus, wenn der Stpfl. eine allgemein zugängliche und übliche Versicherungsmöglichkeit nicht wahrgenommen hat (→ BFH vom 6. 5. 1994 – BStBl. 1995 II S. 104). Dies gilt auch, wenn lebensnotwendige Vermögensgegenstände, wie Hausrat und Kleidung wiederbeschafft werden müssen (→ BFH vom 26. 6. 2003 – BStBl. 2004 II S. 47);
- → Ersatz von dritter Seite;
- → Vermögensebene;
- → Bestattungskosten.

Wildtierschäden. Wildtierschäden als solche sind keineswegs unüblich und nicht mit ungewöhnlichen Schadensereignissen i. S. d. § 33 EStG vergleichbar (→ BFH vom 1. 10. 2020 – BStBl. 2021 II S. 146).

Wissenschaftlich nicht anerkannte Behandlungsmethoden
- Wissenschaftlich nicht anerkannt ist eine Behandlungsmethode dann, wenn Qualität und Wirksamkeit nicht dem allgemein anerkannten Stand der medizinischen Erkenntnisse entsprechen (→ BFH vom 26. 6. 2014 – BStBl. 2015 II S. 9).
- Maßgeblicher Zeitpunkt für die wissenschaftliche Anerkennung einer Behandlungsmethode i. S. d. § 64 Abs. 1 Nr. 2 Satz 1 Buchst. f EStDV ist der Zeitpunkt der Behandlung (→ BFH vom 18.6.2015 – BStBl. II S. 803).
- Die Behandlungsmethoden, Arznei- und Heilmittel der besonderen Therapierichtungen nach § 2 Abs. 1 Satz 2 SGB V (Phytotherapie, Homöopathie und Anthroposophie mit dem Heilmittel Heileurythmie) gehören nicht zu den wissenschaftlich nicht anerkannten Behandlungsmethoden. Der Nachweis der Zwangsläufigkeit von Aufwendungen im Krankheitsfall ist daher nicht nach § 64 Abs. 1 Nr. 2 f EStDV zu führen. Sofern es sich um Aufwendungen für Arznei-, Heil- und Hilfsmittel handelt, ist der Nachweis der Zwangsläufigkeit nach § 64 Abs. 1 Nr. 1 EStDV zu erbringen (→ BFH vom 26. 2. 2014 – BStBl. II S. 824).
- Bei einer Liposuktion handelt es sich um eine wissenschaftlich nicht anerkannte Methode zur Behandlung eines Lipödems (→ BFH vom 18.6.2015 – BStBl. II S. 803).

Wohngemeinschaft. Nicht erstattete Kosten für die behinderungsbedingte Unterbringung eines Menschen im arbeitsfähigen Alter in einer betreuten Wohngemeinschaft können außergewöhnliche Belastungen sein. Werden die Unterbringungskosten als Eingliederungshilfe teilweise vom Sozialhilfeträger übernommen, kann die Notwendigkeit der Unterbringung unterstellt werden (→ BFH vom 23. 5. 2002 – BStBl. II S. 567).

Zinsen. Zinsen für ein Darlehen können ebenfalls zu den außergewöhnlichen Belastungen zählen, soweit die Darlehensaufnahme selbst zwangsläufig erfolgt ist (→ BFH vom 6. 4. 1990 – BStBl. II S. 958); sie sind im Jahr der Verausgabung abzuziehen.

Zumutbare Belastung. Die Höhe der zumutbaren Belastung (§ 33 Abs. 3 Satz 1 EStG) wird gestaffelt ermittelt. Nur der Teil des Gesamtbetrags der Einkünfte, der die jeweilige Betragsstufe übersteigt, wird mit dem jeweils höheren Prozentsatz belastet (→ BFH vom 19. 1. 2017 – BStBl. II S. 684).

Zwischenheimfahrten. Fahrtkosten aus Anlass von Zwischenheimfahrten können i. d. R. nicht berücksichtigt werden. Dies gilt nicht für Kosten der Zwischenheimfahrten einer Begleitperson, die ein krankes, behandlungsbedürftiges Kind, das altersbedingt einer Begleitperson bedarf, zum Zwecke einer amtsärztlich bescheinigten Heilbehandlung von mehrstündiger Dauer gefahren und wieder abgeholt hat, wenn es der Begleitperson nicht zugemutet werden kann, die Behandlung abzuwarten (→ BFH vom 3. 12. 1998 – BStBl. 1999 II S. 227).

EStG

§ 33a Außergewöhnliche Belastung in besonderen Fällen

1 **(1) ① Erwachsen einem Steuerpflichtigen Aufwendungen für den Unterhalt und eine etwaige Berufsausbildung einer dem Steuerpflichtigen oder seinem Ehegatten gegenüber gesetzlich unterhaltsberechtigten Person, so wird auf Antrag die Einkommensteuer dadurch ermäßigt, dass die Aufwendungen bis zur Höhe des Grundfreibetrags nach § 32 a Absatz 1 Satz 2 Nummer 1 im Kalenderjahr vom Gesamtbetrag der Einkünfte abgezogen werden. ② Der Höchstbetrag nach Satz 1 erhöht sich um den Betrag der im jeweiligen Veranlagungszeitraum nach § 10 Absatz 1 Nummer 3 für die Absicherung der unterhaltsberechtigten Person aufgewandten Beiträge; dies gilt nicht für Kranken- und Pflegeversicherungsbeiträge, die bereits nach § 10 Absatz 1 Nummer 3 Satz 1 anzusetzen sind. ③ Der gesetzlich unterhaltsberechtigten Person gleichgestellt ist eine Person, wenn bei ihr zum Unterhalt bestimmte inländische öffentliche Mittel mit Rücksicht auf die Unterhaltsleistungen des Steuerpflichtigen gekürzt werden. ④ Voraussetzung ist, dass weder der Steuerpflichtige noch eine andere Person Anspruch auf einen Freibetrag nach § 32 Absatz 6 oder auf Kindergeld für die unterhaltene Person hat und die unterhaltene Person kein oder nur ein geringes Vermögen besitzt; ein angemessenes Hausgrundstück im Sinne von § 90 Absatz 2 Nummer 8 des Zwölften Buches Sozialgesetzbuch bleibt unberücksichtigt. ⑤ Hat die unterhaltene Person andere Einkünfte oder Bezüge, so vermindert sich die Summe der nach Satz 1 und Satz 2 ermittelten Beträge um den Betrag, um den diese Einkünfte und Bezüge den Betrag von 624 Euro im Kalenderjahr übersteigen, sowie um die von der unterhaltenen Person als Ausbildungshilfe aus öffentlichen Mitteln oder von Förderungseinrichtungen, die hierfür öffentliche Mittel erhalten, bezogenen Zuschüsse; zu den Bezügen gehören auch steuerfreie Gewinne nach den §§ 14, 16 Absatz 4, § 17 Absatz 3 und § 18 Absatz 3, die nach § 19 Absatz 2 steuerfrei bleibenden Einkünfte sowie Sonderabschreibungen und erhöhte Absetzungen, soweit sie die höchstmöglichen Absetzungen für Abnutzung nach § 7 übersteigen. ⑥ Ist die unterhaltene Person nicht unbeschränkt einkommensteuerpflichtig, so können die Aufwendungen nur abgezogen werden, soweit sie nach den Verhältnissen des Wohnsitzstaates der unterhaltenen Person notwendig und angemessen sind, höchstens jedoch der Betrag, der sich nach den Sätzen 1 bis 5 ergibt; ob der Steuerpflichtige zum Unterhalt gesetzlich verpflichtet ist, ist nach inländischen Maßstäben zu beurteilen. ⑦ Werden die Aufwendungen für eine unterhaltene Person von mehreren Steuerpflichtigen getragen, so wird bei jedem der Teil des sich hiernach ergebenden Betrags abgezogen, der seinem Anteil am Gesamtbetrag der Leistungen entspricht. ⑧ Nicht auf Euro lautende Beträge sind entsprechend dem für Ende September des Jahres vor dem Veranlagungszeitraum von der Europäischen Zentralbank bekannt gegebenen Referenzkurs umzurechnen. ⑨ Voraussetzung für den Abzug der Aufwendungen ist die Angabe der erteilten Identifikationsnummer (§ 139 b der Abgabenordnung) der unterhaltenen Person in der Steuererklärung des Unterhaltsleistenden, wenn die unterhaltene Person der unbeschränkten oder beschränkten Steuerpflicht unterliegt. ⑩ Die unterhaltene Person ist für diese Zwecke verpflichtet, dem Unterhaltsleistenden ihre erteilte Identifikationsnummer (§ 139 b der Abgabenordnung) mitzuteilen. ⑪ Kommt die unterhaltene Person dieser Verpflichtung nicht nach, ist der Unterhaltsleistende berechtigt, bei der für ihn zuständigen Finanzbehörde die Identifikationsnummer der unterhaltenen Person zu erfragen.**

2 **(2)[1, 2] ① Zur Abgeltung des Sonderbedarfs eines sich in Berufsausbildung befindenden, auswärtig untergebrachten, volljährigen Kindes, für das Anspruch auf einen Freibetrag nach § 32 Absatz 6 oder Kindergeld besteht, kann der Steuerpflichtige einen Freibetrag in Höhe von 924 Euro je Kalenderjahr vom Gesamtbetrag der Einkünfte abziehen. ② Für ein nicht unbeschränkt einkommensteuerpflichtiges Kind mindert sich der vorstehende Betrag nach Maßgabe des Absatzes 1 Satz 6. ③ Erfüllen mehrere Steuerpflichtige für dasselbe Kind die Voraussetzungen nach Satz 1, so kann der Freibetrag insgesamt nur einmal abgezogen werden. ④ Jedem Elternteil steht grundsätzlich die Hälfte des Abzugsbetrags nach den Sätzen 1 und 2 zu. ⑤ Auf gemeinsamen Antrag der Eltern ist eine andere Aufteilung möglich.**

3 **(3) ① Für jeden vollen Kalendermonat, in dem die in den Absätzen 1 und 2 bezeichneten Voraussetzungen nicht vorgelegen haben, ermäßigen sich die dort bezeichneten Beträge um je ein Zwölftel; der sich daraus ergebende Betrag ist auf den nächsten vollen Euro-Betrag aufzurunden. ② Eigene Einkünfte und Bezüge der nach Absatz 1 unterhaltenen Person, die auf diese Kalendermonate entfallen, vermindern den nach Satz 1 ermäßigten Höchstbetrag nicht. ③ Als Ausbildungshilfe bezogene**

[1] **Zur Fassung von § 33 a Abs. 2 Satz 1 ab VZ 2023 siehe in der geschlossenen Wiedergabe.**

[2] Zur Verfassungsmäßigkeit des Freibetrags nach § 33 a Abs. 2 EStG siehe *BFH-Urteil vom 25. 11. 2010 III R 111/07 (BStBl. 2011 II S. 281).* Die dagegen eingelegte Verfassungsbeschwerde wurde nicht zur Entscheidung angenommen, *Beschluss BVerfG vom 23. 10. 2012 Az. 2 BvR 451/11.*

Zuschüsse der nach Absatz 1 unterhaltenen Person mindern nur den zeitanteiligen Höchstbetrag der Kalendermonate, für die sie bestimmt sind.

(4) **In den Fällen der Absätze 1 und 2 kann wegen der in diesen Vorschriften bezeichneten Aufwendungen der Steuerpflichtige eine Steuerermäßigung nach § 33 nicht in Anspruch nehmen.** 4

Übersicht

R 33 a. 1. Aufwendungen für den Unterhalt und eine etwaige Berufsausbildung

R 33 a.1

Gesetzlich unterhaltsberechtigte Person

(1) ① Gesetzlich unterhaltsberechtigt sind Personen, denen gegenüber der Stpfl. nach dem BGB oder dem LPartG unterhaltsverpflichtet ist. ② Somit müssen die zivilrechtlichen Voraussetzungen eines Unterhaltsanspruchs vorliegen und die Unterhaltskonkurrenzen beachtet werden. ③ Für den Abzug ist dabei die tatsächliche Bedürftigkeit des Unterhaltsempfängers erforderlich (sog. konkrete Betrachtungsweise). ④ Eine Prüfung, ob im Einzelfall tatsächlich ein Unterhaltsanspruch besteht, ist aus Gründen der Verwaltungsvereinfachung nicht erforderlich, wenn die unterstützte Person unbeschränkt steuerpflichtig sowie dem Grunde nach (potenziell) unterhaltsberechtigt ist, tatsächlich Unterhalt erhält und alle übrigen Voraussetzungen des § 33 a Abs. 1 EStG vorliegen; insoweit wird die Bedürftigkeit der unterstützten Person typisierend unterstellt. ⑤ Gehört die unterhaltsberechtigte Person zum Haushalt des Stpfl., kann regelmäßig davon ausgegangen werden, dass ihm dafür Unterhaltsaufwendungen in Höhe des maßgeblichen Höchstbetrags erwachsen. 14

Arbeitskraft und Vermögen

(2) ① Die zu unterhaltende Person muss zunächst ihr eigenes Vermögen, wenn es nicht geringfügig ist, einsetzen und verwerten. ② Hinsichtlich des vorrangigen Einsatzes und Verwertung der eigenen Arbeitskraft ist Absatz 1 Satz 4 entsprechend anzuwenden. ③ Als geringfügig kann in der Regel ein Vermögen bis zu einem gemeinen Wert (Verkehrswert) von 15 500 Euro angesehen werden. ④ Dabei bleiben außer Betracht: 15

1. Vermögensgegenstände, deren Veräußerung offensichtlich eine Verschleuderung bedeuten würde,
2. Vermögensgegenstände, die einen besonderen persönlichen Wert, z. B. Erinnerungswert, für den Unterhaltsempfänger haben oder zu seinem Hausrat gehören, und ein angemessenes Hausgrundstück im Sinne von § 90 Abs. 2 Nr. 8 SGB XII, wenn der Unterhaltsempfänger das Hausgrundstück allein oder zusammen mit Angehörigen bewohnt, denen es nach seinem Tode weiter als Wohnung dienen soll.

Einkünfte und Bezüge

(3) ① Einkünfte sind stets in vollem Umfang zu berücksichtigen, also auch soweit sie zur Bestreitung des Unterhalts nicht zur Verfügung stehen oder die Verfügungsbefugnis beschränkt ist. ② Dies gilt auch für Einkünfte, die durch unvermeidbare Versicherungsbeiträge des Kindes gebunden sind. ③ Bezüge i. S. v. § 33 a Abs. 1 Satz 5 EStG sind alle Einnahmen in Geld oder Geldeswert, die nicht im Rahmen der einkommensteuerrechtlichen Einkunftsermittlung erfasst werden. ④ Zu diesen Bezügen gehören insbesondere: 15a

1. Kapitalerträge i. S. d. § 32d Abs. 1 EStG ohne Abzug des Sparer-Pauschbetrags nach § 20 Abs. 9 EStG,
2. die nicht der Besteuerung unterliegenden Teile der Leistungen (§ 22 Nr. 1 Satz 3 Buchstabe a Doppelbuchstabe aa EStG) und die Teile von Leibrenten, die den Ertragsanteil nach § 22 Nr. 1 Satz 3 Buchstabe a Doppelbuchstabe bb EStG übersteigen,

3. Einkünfte und Leistungen, soweit sie dem Progressionsvorbehalt unterliegen,
4. steuerfreie Einnahmen nach § 3 Nr. 1 Buchstabe a, Nr. 2b, 3, 5, 6, 11, 27, 44, 58 und § 3b EStG,
5. die nach § 3 Nr. 40 und 40a EStG steuerfrei bleibenden Beträge abzüglich der damit in Zusammenhang stehenden Aufwendungen i. S. d. § 3c EStG,
6. pauschal besteuerte Bezüge nach § 40a EStG,
7. Unterhaltsleistungen des geschiedenen oder dauernd getrennt lebenden Ehegatten, soweit sie nicht als sonstige Einkünfte i. S. d. § 22 Nr. 1a EStG erfasst sind,
8. Zuschüsse eines Trägers der gesetzlichen Rentenversicherung zu den Aufwendungen eines Rentners für seine Krankenversicherung.

⑤ Bei der Feststellung der anzurechnenden Bezüge sind aus Vereinfachungsgründen insgesamt 180 Euro im Kalenderjahr abzuziehen, wenn nicht höhere Aufwendungen, die im Zusammenhang mit dem Zufluss der entsprechenden Einnahmen stehen, nachgewiesen oder glaubhaft gemacht werden. ⑥ Ein solcher Zusammenhang ist z. B. bei Kosten eines Rechtsstreits zur Erlangung der Bezüge und bei Kontoführungskosten gegeben.

Opfergrenze, Ländergruppeneinteilung

16 (4) ① Die → Opfergrenze ist unabhängig davon zu beachten, ob die unterhaltene Person im Inland oder im Ausland lebt. ② Die nach § 33a Abs. 1 Satz 6 EStG maßgeblichen Beträge sind anhand der → Ländergruppeneinteilung zu ermitteln.

Erhöhung des Höchstbetrages für Unterhaltsleistungen um Beiträge zur Kranken- und Pflegeversicherung

16a (5) ① Der Höchstbetrag nach § 33a Abs. 1 Satz 1 EStG erhöht sich um die für die Absicherung der unterhaltsberechtigten Person aufgewandten Beiträge zur Kranken- und Pflegeversicherung nach § 10 Abs. 1 Nr. 3 EStG, wenn für diese beim Unterhaltsleistenden kein Sonderausgabenabzug möglich ist. ② Dabei ist es nicht notwendig, dass die Beiträge tatsächlich von dem Unterhaltsverpflichteten gezahlt oder erstattet wurden. ③ Für diese Erhöhung des Höchstbetrages genügt es, wenn der Unterhaltsverpflichtete seiner Unterhaltsverpflichtung nachkommt. ④ Die Gewährung von Sachunterhalt (z. B. Unterkunft und Verpflegung) ist ausreichend.

H 33a.1

17 **Allgemeines zum Abzug von Unterhaltsaufwendungen** → BMF vom 6. 4. 2022 (BStBl. I S. 617).[1]

Abgrenzung zu § 33 EStG
- → BMF vom 6. 4. 2022 (BStBl. I S. 617),[1] Rz. 11 f.
- Zur Berücksichtigung von Aufwendungen wegen Pflegebedürftigkeit und erheblich eingeschränkter Alltagskompetenz → R 33.3, von Aufwendungen wegen Krankheit und Behinderung → R 33.4 und von Aufwendungen für existentiell notwendige Gegenstände → R 33.2.

Anrechnung eigener Einkünfte und Bezüge
- **Allgemeines.** Leistungen des Stpfl., die neben Unterhaltsleistungen aus einem anderen Rechtsgrund (z. B. Erbauseinandersetzungsvertrag) erbracht werden, gehören zu den anzurechnenden Einkünften und Bezügen der unterhaltenen Person (→ BFH vom 17. 10. 1980 – BStBl. 1981 II S. 158).
- **Ausbildungshilfen.** Ausbildungshilfen der Agentur für Arbeit mindern nur dann den Höchstbetrag des § 33a Abs. 1 EStG bei den Eltern, wenn sie Leistungen abdecken, zu denen die Eltern gesetzlich verpflichtet sind. Eltern sind beispielsweise nicht verpflichtet, ihrem Kind eine zweite Ausbildung zu finanzieren, der sich das Kind nachträglich nach Beendigung der ersten Ausbildung unterziehen will. Erhält das Kind in diesem Fall Ausbildungshilfen zur Finanzierung von Lehrgangsgebühren, Fahrtkosten oder Arbeitskleidung, sind diese nicht auf den Höchstbetrag anzurechnen (→ BFH vom 4. 12. 2001 – BStBl. 2002 II S. 195). Der Anspruch auf kindergeldähnliche Leistungen nach ausländischem Recht steht dem Kindergeldanspruch gleich (→ BFH vom 4. 12. 2003 – BStBl. 2004 II S. 275).
- **Einkünfte und Bezüge**
  - → R 33a.1 Abs. 3.
  - Unvermeidbare Versicherungsbeiträge der unterhaltenen Person mindern die anzurechnenden Einkünfte i. S. d. § 33a Abs. 1 Satz 5 EStG nicht. Verfassungsrechtliche Bedenken hiergegen bestehen nicht (→ BFH vom 18. 6. 2015 – BStBl. II S. 928).
- **Elterngeld.** Das Elterngeld zählt in vollem Umfang und damit einschließlich des Sockelbetrags (§ 2 Abs. 4 BEEG) zu den anrechenbaren Bezügen (→ BFH vom 20. 10. 2016 – BStBl. 2017 II S. 194).
- **Leistungen für Mehrbedarf bei Körperschaden.** Leistungen, die nach bundes- oder landesgesetzlichen Vorschriften gewährt werden, um einen Mehrbedarf zu decken, der durch einen Körperschaden verursacht ist, sind keine anzurechnenden Bezüge (→ BFH vom 22. 7. 1988 – BStBl. II S. 830).

---

[1] Abgedruckt als Anlage a zu R 33a.1 EStR.

H 33a.1

– **Zusammenfassendes Beispiel für die Anrechnung:**

Ein Stpfl. unterhält seinen 35-jährigen Sohn mit 150 € monatlich. Dieser erhält Arbeitslohn von jährlich 7200 €. Davon wurden gesetzliche Sozialversicherungsbeiträge i. H. v. 1459 € abgezogen (Krankenversicherung 568 €, Rentenversicherung 673 €, Pflegeversicherung 110 € und Arbeitslosenversicherung 108 €). Daneben erhält er seit seinem 30. Lebensjahr eine lebenslängliche Rente aus einer privaten Unfallversicherung i. H. v. 150 € monatlich.

tatsächliche Unterhaltsleistungen				1800 €
ungekürzter Höchstbetrag				9984 €
Erhöhungsbetrag nach § 33 a Abs. 1 Satz 2 EStG				
Krankenversicherung		568 €		
abzgl. 4%		– 22 €		
(→ BMF vom 24. 5. 2017 – BStBl. I S. 820, Rz. 83)[1]				
verbleiben		546 €	546 €	
Pflegeversicherung		110 €	110 €	
Erhöhungsbetrag				656 €
ungekürzter Höchstbetrag und Erhöhungsbetrag gesamt				10 640 €
Einkünfte des Sohnes				
Arbeitslohn		7200 €		
Arbeitnehmer-Pauschbetrag	1000€	1000 €		
Einkünfte i. S. d. § 19 EStG		6200 €	6200 €	
Leibrente		1800 €		
hiervon Ertragsanteil 44%		792 €		
Werbungskosten-Pauschbetrag	102 €	102 €		
Einkünfte i. S. d. § 22 EStG		690 €	690 €	
S. d. E.			6890 €	
Bezüge des Sohnes				
steuerlich nicht erfasster Teil der Rente		1008 €		
Kostenpauschale	180 €	180 €		
Bezüge		828 €	828 €	
S. d. E. und Bezüge			7718 €	
anrechnungsfreier Betrag			– 624 €	
anzurechnende Einkünfte			7094 €	– 7094 €
Höchstbetrag				3546 €
abzugsfähige Unterhaltsleistungen				1800 €

– **Zuschüsse.** Zu den ohne anrechnungsfreien Betrag anzurechnenden Zuschüssen gehören z.B. die als Zuschuss gewährten Leistungen nach dem BAföG, nach dem SGB III gewährte Berufsausbildungsbeihilfen und Ausbildungsgelder sowie Stipendien aus öffentlichen Mitteln. Dagegen sind Stipendien aus dem ERASMUS/SOKRATES-Programm der EU nicht anzurechnen, da die Stipendien nicht die üblichen Unterhaltsaufwendungen, sondern allein die anfallenden Mehrkosten eines Auslandsstudiums (teilweise) abdecken (→ BFH vom 17. 10. 2001 – BStBl. 2002 II S. 793).

Geringes Vermögen („Schonvermögen")

– Nicht gering kann auch Vermögen sein, das keine anzurechnenden Einkünfte abwirft; Vermögen ist auch dann zu berücksichtigen, wenn es die unterhaltene Person für ihren künftigen Unterhalt benötigt (→ BFH vom 14. 8. 1997 – BStBl. 1998 II S. 241).
– Bei Ermittlung des für den Unterhaltshöchstbetrag schädlichen Vermögens sind Verbindlichkeiten und Verwertungshindernisse vom Verkehrswert der aktiven Vermögensgegenstände, der mit dem gemeinen Wert nach dem BewG zu ermitteln ist, in Abzug zu bringen (Nettovermögen) (→ BFH vom 11. 2. 2010 – BStBl. II S. 628). Wertmindernd zu berücksichtigen sind dabei auch ein Nießbrauchsvorbehalt sowie ein dinglich gesichertes Veräußerungs- und Belastungsverbot (→ BFH vom 29. 5. 2008 – BStBl. 2009 II S. 361).
– Die Bodenrichtwerte nach dem BauGB sind für die Ermittlung des Verkehrswertes von Grundvermögen i. S. d. § 33 a EStG nicht verbindlich (→ BFH vom 11.2. 2010 – BStBl. II S. 628).
– Ein angemessenes Hausgrundstück i. S. d. § 90 Abs. 2 Nr. 8 SGB XII bleibt außer Betracht (→ R 33 a.1 Abs. 2).
§ 90 Abs. 2 Nr. 8 SGB XII hat folgenden Wortlaut:

„Einzusetzendes Vermögen

…

(2) Die Sozialhilfe darf nicht abhängig gemacht werden vom Einsatz oder von der Verwertung

…

8. eines angemessenen Hausgrundstücks, das von der nachfragenden Person oder einer anderen in den § 19 Abs. 1 bis 3 genannten Person allein oder zusammen mit Angehörigen ganz oder teilweise bewohnt wird und nach ihrem Tod von ihren Angehörigen bewohnt werden soll. Die Angemessenheit bestimmt sich nach der Zahl der Bewohner, dem Wohnbedarf (zum Beispiel behinderter, blinder oder pflegebedürftiger Menschen), der Grundstücksgröße, der Hausgröße, dem Zuschnitt und der Ausstattung des Wohngebäudes sowie dem Wert des Grundstücks einschließlich des Wohngebäudes,".

Geschiedene oder dauernd getrennt lebende Ehegatten. Durch Antrag und Zustimmung nach § 10 Abs. 1 a Nr. 1 EStG werden alle in dem betreffenden VZ geleisteten Unterhaltsauf-

[1] Abgedruckt als Anlage a zu R 10.4 EStR.

H 33a.1

wendungen zu Sonderausgaben umqualifiziert. Ein Abzug als außergewöhnliche Belastung ist nicht möglich, auch nicht, soweit sie den für das Realsplitting geltenden Höchstbetrag übersteigen (→ BFH vom 7. 11. 2000 – BStBl. 2001 II S. 338). Sind für das Kj. der Trennung oder Scheidung die Vorschriften über die Ehegattenbesteuerung (§§ 26 bis 26 b, § 32 a Abs. 5 EStG) anzuwenden, dann können Aufwendungen für den Unterhalt des dauernd getrennt lebenden oder geschiedenen Ehegatten nicht nach § 33 a Abs. 1 EStG abgezogen werden (→ BFH vom 31. 5. 1989 – BStBl. II S. 658).

Gleichgestellte Person → BMF vom 6. 4. 2022 (BStBl. I S. 617).[1]

Haushaltsgemeinschaft. Lebt der Unterhaltsberechtigte mit bedürftigen Angehörigen in einer Haushaltsgemeinschaft und wird seine Rente bei der Berechnung der Sozialhilfe als Einkommen der Haushaltsgemeinschaft angerechnet, ist die Rente nur anteilig auf den Höchstbetrag des § 33 a Abs. 1 Satz 1 EStG anzurechnen. In diesem Fall sind die Rente und die Sozialhilfe nach Köpfen aufzuteilen (→ BFH vom 19. 6. 2002 – BStBl. II S. 753).

Heimunterbringung → Personen in einem Altenheim oder Altenwohnheim.

Ländergruppeneinteilung → BMF vom 11. 11. 2020 (BStBl. I S. 1212).[2]

Opfergrenze → BMF vom 6. 4. 2022 (BStBl. I S. 617),[1] Rz. 16 ff.

Personen in einem Altenheim oder Altenwohnheim. Zu den Aufwendungen für den typischen Unterhalt gehören i. d. R. auch Kosten der Unterbringung in einem Altenheim oder Altenwohnheim (→ BFH vom 29. 9. 1989 – BStBl. 1990 II S. 418).

Personen im Ausland
- Zur Berücksichtigung von Aufwendungen für den Unterhalt → BMF vom 6. 4. 2022 (BStBl. I S. 623).[3]
- Ländergruppeneinteilung → BMF vom 11. 11. 2020 (BStBl. I S. 1212).[2]

Personen mit einer Aufenthaltserlaubnis nach § 23 Aufenthaltsgesetz → BMF vom 27. 5. 2015 (BStBl. I S. 474).[4]

Unterhalt für mehrere Personen. Unterhält der Stpfl. mehrere Personen, die einen gemeinsamen Haushalt führen, so ist der nach § 33 a Abs. 1 EStG abziehbare Betrag i. d. R. für jede unterhaltsberechtigte oder gleichgestellte Person getrennt zu ermitteln. Der insgesamt nachgewiesene Zahlungsbetrag ist unterschiedslos nach Köpfen aufzuteilen (→ BMF vom 6. 4. 2022 – BStBl. I S. 623, Rz. 22). Handelt es sich bei den unterhaltenen Personen um in Haushaltsgemeinschaft lebende Ehegatten, z. B. Eltern, sind die Einkünfte und Bezüge zunächst für jeden Ehegatten gesondert festzustellen und sodann zusammenzurechnen. Die zusammengerechneten Einkünfte und Bezüge sind um 1248 € (zweimal 624 €) zu kürzen. Der verbleibende Betrag ist von der Summe der beiden Höchstbeträge abzuziehen (→ BFH vom 15. 11. 1991 – BStBl. 1992 II S. 245).

Unterhaltsanspruch der Mutter bzw. des Vaters eines nichtehelichen Kindes
§ 1615 l BGB:

„(1) Der Vater hat der Mutter für die Dauer von sechs Wochen vor und acht Wochen nach der Geburt des Kindes Unterhalt zu gewähren. Dies gilt auch hinsichtlich der Kosten, die infolge der Schwangerschaft oder der Entbindung außerhalb dieses Zeitraums entstehen.

(2) Soweit die Mutter einer Erwerbstätigkeit nicht nachgeht, weil sie infolge der Schwangerschaft oder einer durch die Schwangerschaft oder die Entbindung verursachten Krankheit dazu außerstande ist, ist der Vater verpflichtet, ihr über die in Absatz 1 Satz 1 bezeichnete Zeit hinaus Unterhalt zu gewähren. Das Gleiche gilt, soweit von der Mutter wegen der Pflege oder Erziehung des Kindes eine Erwerbstätigkeit nicht erwartet werden kann. Die Unterhaltspflicht beginnt frühestens vier Monate vor der Geburt und besteht für mindestens drei Jahre nach der Geburt. Sie verlängert sich, solange und soweit dies der Billigkeit entspricht. Dabei sind insbesondere die Belange des Kindes und die bestehenden Möglichkeiten der Kinderbetreuung zu berücksichtigen.

(3) Die Vorschriften über die Unterhaltspflicht zwischen Verwandten sind entsprechend anzuwenden. Die Verpflichtung des Vaters geht der Verpflichtung der Verwandten der Mutter vor. § 1613 Abs. 2 gilt entsprechend. Der Anspruch erlischt nicht mit dem Tod des Vaters.

(4) Wenn der Vater das Kind betreut, steht ihm der Anspruch nach Absatz 2 Satz 2 gegen die Mutter zu. In diesem Falle gilt Absatz 3 entsprechend."

Der gesetzliche Unterhaltsanspruch der Mutter eines nichtehelichen Kindes gegenüber dem Kindsvater nach § 1615 l BGB ist vorrangig gegenüber der Unterhaltsverpflichtung ihrer Eltern mit der Folge, dass für die Kindsmutter der Anspruch ihrer Eltern auf Kindergeld oder Freibeträge für Kinder erlischt und für die Unterhaltsleistungen des Kindsvaters an sie eine Berücksichtigung nach § 33 a Abs. 1 EStG in Betracht kommt (→ BFH vom 19. 5. 2004 – BStBl. II S. 943).

Unterhaltsberechtigung
- Dem Grunde nach gesetzlich unterhaltsberechtigt sind nach § 1601 BGB Verwandte in gerader Linie i. S. d. § 1589 Satz 1 BGB, wie z. B. Kinder, Enkel, Eltern und Großeltern, sowie nach §§ 1360 ff., 1570 BGB Ehegatten untereinander. Voraussetzung für die Annahme einer

[1] Nachstehend abgedruckt als Anlage a zu R 33 a.1 EStR.
[2] Nachstehend abgedruckt als Anlage b zu R 33 a.1 EStR.
[3] Nachstehend abgedruckt als Anlage c zu R 33 a.1 EStR.
[4] Nachstehend abgedruckt als Anlage d zu R 33 a.1 EStR.

gesetzlichen Unterhaltsberechtigung i. S. d. § 33 a Abs. 1 EStG ist die tatsächliche Bedürftigkeit des Unterhaltsempfängers i. S. d. § 1602 BGB. Nach der sog. konkreten Betrachtungsweise kann die Bedürftigkeit des Unterhaltsempfängers nicht typisierend unterstellt werden. Dies führt dazu, dass die zivilrechtlichen Voraussetzungen eines Unterhaltsanspruchs (§§ 1601–1603 BGB) vorliegen müssen und die Unterhaltskonkurrenzen (§§ 1606 und 1608 BGB) zu beachten sind (→ BFH vom 5. 5. 2010 – BStBl. 2011 II S. 116). Zur Unterhaltsberechtigung und zur Unterhaltsbedürftigkeit von Personen im erwerbsfähigen Alter → BMF vom 6. 4. 2022 – BStBl. I S. 623,[1] Rz. 1, 10–12.
– Bei landwirtschaftlich tätigen Angehörigen greift die widerlegbare Vermutung, dass diese nicht unterhaltsbedürftig sind, soweit der landwirtschaftliche Betrieb in einem nach den Verhältnissen des Wohnsitzstaates üblichen Umfang und Rahmen betrieben wird (→ BFH vom 5. 5. 2010 – BStBl. 2011 II S. 116).
– Für Inlandssachverhalte gilt die Vereinfachungsregelung in R 33 a.1 Abs. 1 Satz 4 EStR.

Anl a zu R 33 a.1

a) Schreiben betr. Allgemeine Hinweise zur Berücksichtigung von Unterhaltsaufwendungen nach § 33 a Absatz 1 Einkommensteuergesetz (EStG) als außergewöhnliche Belastung; Überarbeitung des BMF-Schreibens vom 7. Juni 2010 (BStBl. I S. 582)[2]

Vom 6. April 2022 (BStBl. I S. 617)

(BMF IV C 8 – S 2285/19/10003 :001; DOK 2022/0025940)

Inhaltsübersicht

Unter Bezugnahme auf das Ergebnis der Erörterungen mit den obersten Finanzbehörden der Länder gelten für die steuerliche Behandlung von Unterhaltsaufwendungen als außergewöhnliche Belastung nach § 33 a Absatz 1 EStG die folgenden allgemeinen Grundsätze.

1. Begünstigter Personenkreis

1.1. Gesetzlich unterhaltsberechtigte Personen

1 Nach § 33a Absatz 1 Satz 1 EStG sind Aufwendungen für den Unterhalt und die Berufsausbildung einer dem Steuerpflichtigen oder seinem Ehegatten gegenüber gesetzlich unterhaltsberechtigten Person bis zu dem vorgesehenen Höchstbetrag als außergewöhnliche Belastung zu berücksichtigen. Gesetzlich unterhaltsberechtigt sind Personen, denen gegenüber der Steuerpflichtige nach dem Bürgerlichen Gesetzbuch (BGB) oder dem Lebenspartnerschaftsgesetz (LPartG) unterhaltsverpflichtet ist (siehe R 33a.1 Absatz 1 EStR 2012 und H 33 a.1 „Unterhaltsanspruch der Mutter bzw. des Vaters eines nichtehelichen Kindes“ und „Unterhaltsberechtigung“ EStH 2020). Danach sind folgende Personen gegenüber dem Steuerpflichtigen unterhaltsberechtigt: **19**
– Verwandte in gerader Linie (z. B. Kinder, Enkel, Eltern, Großeltern),
– Ehegatten und Lebenspartner einer eingetragenen Lebenspartnerschaft (siehe § 2 Absatz 8 EStG),[3]
– geschiedene Ehegatten und Lebenspartner einer aufgehobenen Lebenspartnerschaft,
– Mutter bzw. Vater eines nichtehelichen Kindes gegenüber dem anderen Elternteil.

Gehört die unterhaltsberechtigte Person zum Haushalt des Steuerpflichtigen, kann regelmäßig davon ausgegangen werden, dass ihm dafür Unterhaltsaufwendungen in Höhe des maßgeblichen Höchstbetrags erwachsen (vgl. R 33 a.1 Absatz 1 Satz 5 EStR 2012). Eine bestehende Zugehörigkeit der unterhaltsberechtigten Person zum Haushalt des Steuerpflichtigen wird durch eine auswärtige Ausbildung oder durch ein auswärtiges Studium (z. B. durch die Unterbringung des studierenden Kindes am Studienort) in der Regel nicht aufgehoben. Eine gewisse räumliche Trennung ist unschädlich, wenn keine besonderen Umstände hinzukommen, die auf eine dauerhafte Trennung der unterhaltsberechtigten Person vom Haushalt des Steuerpflichtigen schließen lassen (z. B. wenn ein verheiratetes Kind mit seinem Ehegatten eine eigene Wohnung bezogen hat). Eine auswärtige Unterbringung der unterhaltsberechtigten Person (z. B. des Kindes), die nicht zu einer Beendigung der Haushaltszugehörigkeit führt, hat demzufolge keine Auswirkung auf die Annahme, dass Unterhaltsaufwendungen in Höhe des maßgeblichen Höchstbetrags erwachsen sind.

[1] Nachstehend abgedruckt als Anlage c zu R 33 a.1 EStR.
[2] Letztmals abgedruckt im „Handbuch zur ESt-Veranlagung 2021“ als Anlage a zu R 33a.1.
[3] **Amtl. Anm.:** Nachfolgend Ehegatte.

Anl a zu R 33a.1

1.2. Gleichgestellte Personen

2[1] Den gesetzlich unterhaltsberechtigten Personen stehen nach § 33a Absatz 1 Satz 3 EStG Personen gleich, bei denen die inländische öffentliche Hand ihre Leistungen (z. B. Arbeitslosengeld II nach dem Dritten Kapitel SGB II, Hilfe zum Lebensunterhalt nach dem Dritten Kapitel SGB XII, Grundsicherung im Alter und bei Erwerbsminderung nach dem Vierten Kapitel SGB XII) wegen der Unterhaltsleistungen des Steuerpflichtigen ganz oder teilweise nicht gewährt oder, wenn ein entsprechender Antrag gestellt würde, ganz oder teilweise nicht gewähren würde.

Aufgrund dessen kann beim Vorliegen einer sozialrechtlichen Bedarfsgemeinschaft regelmäßig davon ausgegangen werden, dass der gleichgestellten Person i. S. d. § 33a Absatz 1 Satz 3 EStG zum Unterhalt bestimmte inländische öffentliche Mittel mit Rücksicht auf die Unterhaltsleistungen des Steuerpflichtigen gekürzt werden (BFH-Urteil vom 9. März 2017, BStBl. II S. 890), vgl. hierzu Rz. 6. Ob eine Gemeinschaft in diesem Sinne vorliegt, ist ausschließlich nach sozialrechtlichen Kriterien zu beurteilen.

3 Als Personen, die i. S. d. Rz. 2 eine sozialrechtliche Bedarfsgemeinschaft bilden und demzufolge gesetzlich unterhaltsberechtigten Personen gleichstehen, kommen insbesondere Partner einer eheähnlichen Gemeinschaft (§ 7 Absatz 3 Nummer 3 Buchstabe c i. V. m. Absatz 3a, § 9 Absatz 2 SGB II und § 20 Satz 1 SGB XII) in Betracht.

2. Besonderheiten bei gleichgestellten Personen

4 Unterhaltsleistungen des Steuerpflichtigen für seinen bedürftigen im Inland lebenden ausländischen Lebensgefährten können auch nach § 33a Absatz 1 Satz 3 EStG abziehbar sein, wenn der Lebensgefährte bei Inanspruchnahme von Sozialhilfe damit rechnen müsste, keine Aufenthaltsgenehmigung zu erhalten oder ausgewiesen zu werden (BFH-Urteil vom 20. April 2006, BStBl. 2007 II S. 41).

5 Hat die unterhaltene Person Leistungen der inländischen öffentlichen Hand erhalten, die zur Bestreitung des Unterhalts bestimmt oder geeignet sind, sind diese Leistungen als Bezüge der unterhaltenen Person im Rahmen des § 33a Absatz 1 Satz 5 EStG zu berücksichtigen. Bei Vorliegen einer sozialrechtlichen Bedarfsgemeinschaft zwischen der unterhaltenen Person und dem Steuerpflichtigen werden typischerweise Sozialleistungen gekürzt oder nicht gewährt, da bei Prüfung der Bedürftigkeit der unterhaltenen Person nicht nur deren eigenes Einkommen und Vermögen, sondern auch das Einkommen und Vermögen der mit ihr in der Bedarfsgemeinschaft lebenden Personen berücksichtigt wird.

6 Da die Vorschriften der § 7 Absatz 3 Nummer 3 Buchstabe c i. V. m. Absatz 3a, § 9 Absatz 2 SGB II und des § 20 Satz 1 SGB XII die Partner von eheähnlichen Gemeinschaften faktisch wie Ehegatten behandeln, bestehen keine Bedenken, wenn in diesen Fällen grundsätzlich davon ausgegangen wird, dass bei der unterstützten Person die Voraussetzungen des § 33a Absatz 1 Satz 3 EStG vorliegen, auch wenn sie keinen Antrag auf Arbeitslosengeld II nach dem Dritten Kapitel SGB II oder Hilfe zum Lebensunterhalt nach dem Dritten Kapitel SGB XII oder Grundsicherung im Alter und bei Erwerbsminderung nach dem Vierten Kapitel SGB XII gestellt hat (bestätigt durch das BFH-Urteil vom 9. März 2017, BStBl. II S. 890).

7 Liegt ein Kürzungs- oder Ablehnungsbescheid nicht vor, setzt die steuermindernde Berücksichtigung der Unterhaltsleistungen voraus, dass die unterstützte Person schriftlich versichert,
- dass sie für den jeweiligen Veranlagungszeitraum keine zum Unterhalt bestimmten Mittel aus inländischen öffentlichen Kassen erhalten und auch keinen entsprechenden Antrag gestellt hat,
- dass im jeweiligen Veranlagungszeitraum eine eheähnliche Gemeinschaft (§ 7 Absatz 3 Nummer 3 Buchstabe c i. V. m. Absatz 3a, § 9 Absatz 2 SGB II und § 20 Satz 1 SGB XII) mit dem Steuerpflichtigen bestand, und darüber hinaus darlegt,
- über welche anderen zum Unterhalt bestimmten Einkünfte und Bezüge sowie über welches Vermögen sie verfügt hat.

8 Die oben genannte Erklärung ist vom Steuerpflichtigen vorzuhalten und der Finanzbehörde auf Anforderung vorzulegen. Dies schließt im Einzelfall nicht aus, dass die Finanzbehörde weitere Nachweise oder Auskünfte verlangen und ggf. ein Auskunftsersuchen an die zuständigen Behörden (§ 93 AO) stellen kann.

9 In entsprechender Anwendung der R 33a.1 Absatz 1 Satz 5 EStR 2012 ist auch bei Unterhaltsaufwendungen an gleichgestellte Personen davon auszugehen, dass dem Steuerpflichtigen Unterhaltsaufwendungen in Höhe des maßgeblichen Höchstbetrags erwachsen. Wegen möglicher Abzugsbeschränkungen wird auf Rz. 23 ff. verwiesen.

3. Bedürftigkeit des Unterhaltsempfängers

10 Die Abziehbarkeit von Unterhaltsaufwendungen setzt – neben der Unterhaltsberechtigung – voraus, dass der Unterhaltsempfänger bedürftig ist, d. h., er darf kein oder nur ein geringes Vermögen besitzen und kein ausreichendes Einkommen haben; vgl. hierzu R 33a.1 Absatz 2 und 3 EStR 2012 und H 33a.1 „Unterhaltsberechtigung" EStH 2020.

4. Begünstigte Unterhaltsaufwendungen

11 Abziehbare Aufwendungen i. S. d. § 33a Absatz 1 Satz 1 EStG sind solche für den typischen Unterhalt, d.h. die üblichen für den Lebensunterhalt bestimmten Leistungen, sowie Aufwendungen für eine Berufsausbildung. Typische Unterhaltsaufwendungen – insbesondere für Ernährung, Kleidung, Wohnung, Hausrat und notwendige Versicherungen – können nur nach § 33a Absatz 1 EStG berück-

[1] Dies gilt nicht, wenn der Unterhaltsempfänger nicht wegen der Unterhaltsleistungen, sondern wegen des Bezugs von BAföG keinen Anspruch auf Sozialleistungen hat, *BFH-Urteil vom 31. 3. 2021 VI R 2/19 (BStBl. II S. 572).*

Anl a zu R 33 a.1

sichtigt werden. Erwachsen dem Steuerpflichtigen außer Aufwendungen für den typischen Unterhalt und einer etwaigen Berufsausbildung Aufwendungen für einen besonderen Unterhaltsbedarf der unterhaltenen Person, z. B. Krankheitskosten, kommt dafür eine Ermäßigung nach § 33 EStG in Betracht (BFH-Urteil vom 19. Juni 2008, BStBl. 2009 II S. 365).

12 Aufwendungen für die krankheitsbedingte Unterbringung von Angehörigen in einem Altenpflegeheim fallen unter § 33 EStG, während Aufwendungen für deren altersbedingte Heimunterbringung nur nach § 33 a Absatz 1 EStG berücksichtigt werden können (BFH-Urteil vom 30. Juni 2011, BStBl. 2012 II S. 876).

13 Ausbildungsunterhalt i. S. v. § 1610 BGB, zu dem auch Studiengebühren gehören können, ist typischer Unterhaltsaufwand (BFH-Urteil vom 17. Dezember 2009, BStBl. 2010 II S. 341).

14 Auch gelegentliche oder einmalige Leistungen können typische Unterhaltsaufwendungen sein, diese dürfen aber regelmäßig nicht als Unterhaltsleistungen für Vormonate und auch nicht zur Deckung des Unterhaltsbedarfs für das Folgejahr berücksichtigt werden (BFH-Urteil vom 5. Mai 2010, BStBl. 2011 II S. 164, und BFH-Urteil vom 11. November 2010, BStBl. 2011 II S. 966).

15 Die Abgrenzung der typischen von den untypischen Unterhaltsaufwendungen richtet sich nach deren Anlass und Zweckbestimmung, nicht nach deren Zahlungsweise. So kann eine Kapitalabfindung, mit der eine Unterhaltsverpflichtung abgelöst wird, nur im Rahmen des § 33 a Absatz 1 EStG berücksichtigt werden (BFH-Urteil vom 19. Juni 2008, BStBl. 2009 II S. 365).

5. Abzugsbeschränkung/Ermittlung der abzugsfähigen Unterhaltsaufwendungen unter Berücksichtigung des verfügbaren Nettoeinkommens

5.1. Ermittlung des verfügbaren Nettoeinkommens

16 Eine Beschränkung der Abziehbarkeit von Aufwendungen für den Unterhalt kann sich durch die Berücksichtigung der Verhältnisse des Steuerpflichtigen selbst ergeben. Es ist zu prüfen, inwieweit der Steuerpflichtige zu Unterhaltsleistungen unter Berücksichtigung seiner persönlichen Einkommensverhältnisse verpflichtet ist bzw. bis zu welcher Höhe ihm die Übernahme der Unterhaltsleistungen überhaupt möglich ist. Hierfür ist es notwendig, das verfügbare Nettoeinkommen des Steuerpflichtigen zu ermitteln.

17 Bei der Ermittlung des verfügbaren Nettoeinkommens sind alle steuerpflichtigen Einkünfte i. S. d. § 2 Absatz 1 EStG, alle steuerfreien Einnahmen sowie etwaige Steuererstattungen (Einkommensteuer, Kirchensteuer, Solidaritätszuschlag) anzusetzen. Zu den Einkünften nach § 2 Absatz 1 EStG zählen sämtliche Gewinneinkünfte i. S. d. §§ 13 bis 18 EStG sowie sämtliche Überschusseinkünfte i. S. d. §§ 19 bis 23 EStG. Darüber hinaus sind Kapitalerträge nach § 32 d Absatz 1 und § 43 Absatz 5 EStG (der Abgeltungsteuer unterliegende Kapitalerträge) ohne Abzug des Sparer-Pauschbetrages nach § 20 Absatz 9 EStG einzubeziehen. Steuerfreie Einnahmen sind z. B. das Kindergeld und vergleichbare Leistungen, Leistungen nach dem SGB II, SGB III und BEEG, die ausgezahlten Arbeitnehmer-Sparzulagen nach dem 5. VermBG, das Baukindergeld und der steuerfreie Teil der Rente. Wegen der Besonderheiten bei der Berücksichtigung von Kindergeld wird auch auf die Ausführungen unter Rz. 25 und 26 verwiesen.

18 Ein ggf. in Anspruch genommener Investitionsabzugsbetrag nach § 7 g EStG ist dem Nettoeinkommen wieder hinzuzurechnen, da dem Abzugsbetrag mangels Investition keine Ausgaben bzw. kein Werteverzehr zugrunde liegen und somit die Leistungsfähigkeit des Steuerpflichtigen effektiv nicht beeinflusst wird (BFH-Urteil vom 6. Februar 2014, BStBl. II S. 619).

19 Abzuziehen sind die entsprechenden Steuervorauszahlungen und -nachzahlungen sowie die Steuerabzugsbeträge (Lohn- und Kirchensteuer, Kapitalertragsteuer, Solidaritätszuschlag). Ferner sind die unvermeidbaren Versicherungsbeiträge mindernd zu berücksichtigen (gesetzliche Sozialabgaben bei Arbeitnehmern, gesetzliche Kranken- und Pflegeversicherungsbeiträge bei Rentnern, für alle Übrigen die eigenen Beiträge zu einer Basiskranken- und Pflegepflichtversicherung).

20 Der Arbeitnehmer-Pauschbetrag ist auch dann abzuziehen, wenn der Steuerpflichtige keine Werbungskosten hatte (BFH-Urteil vom 11. Dezember 1997, BStBl. 1998 II S. 292). Entsprechendes gilt für den Abzug anderer Werbungskosten-Pauschbeträge nach § 9 a EStG und des Sparer-Pauschbetrags nach § 20 Absatz 9 EStG (ausgenommen der Abgeltungsteuer unterliegende Kapitalerträge, vgl. Rz. 17) bei der Ermittlung der anderen Einkünfte.

21 Die Berechnung des verfügbaren Nettoeinkommens ist bei Steuerpflichtigen mit Gewinneinkünften i. S. d. §§ 13 bis 18 EStG regelmäßig auf Grundlage eines Dreijahreszeitraumes vorzunehmen. Steuerzahlungen sind dabei in dem Jahr abzuziehen, in dem sie gezahlt worden sind. Führen Steuerzahlungen für mehrere Jahre allerdings zu nicht unerheblichen Verzerrungen des unterhaltsrechtlich maßgeblichen Einkommens des Veranlagungszeitraumes, sind die im maßgeblichen Dreijahreszeitraum geleisteten durchschnittlichen Steuerzahlungen zu ermitteln und vom „Durchschnittseinkommen" des Veranlagungszeitraumes abzuziehen (vgl. BFH-Urteil vom 28. April 2016, BStBl. II S. 742).

5.2. Anwendung der Opfergrenze auf das verfügbare Nettoeinkommen

22 Unter Berücksichtigung seiner Verhältnisse ist ein Steuerpflichtiger nur insoweit zu Unterhaltsleistungen verpflichtet, als diese in einem vernünftigen Verhältnis zu seinen Einkünften stehen und ihm nach Abzug der Unterhaltsaufwendungen genügend Mittel zur Bestreitung des Lebensbedarfs für sich und ggf. für seinen Ehegatten und seine Kinder verbleiben – sog. Opfergrenze (BFH-Urteil vom 27. September 1991, BStBl. 1992 II S. 35).

23[1] Soweit keine sozialrechtliche Bedarfsgemeinschaft i. S. d. Rz. 2 mit der unterhaltenen Person besteht, sind Unterhaltsaufwendungen im Allgemeinen höchstens insoweit als außergewöhnliche Be-

[1] Ab VZ 2022 beträgt der Höchstbetrag nach § 33 a Abs. 1 Satz 1 i. V. m. § 32 Abs. 1: 10 347 €.

Anl a zu R 33a.1

lastung anzuerkennen, als sie einen bestimmten Prozentsatz des verfügbaren Nettoeinkommens nicht übersteigen. Dieser beträgt 1 Prozent je volle 500 Euro des verfügbaren Nettoeinkommens, höchstens 50 Prozent, und ist um je 5 Prozent für den (ggf. auch geschiedenen) Ehegatten und für jedes Kind, für das der Steuerpflichtige Anspruch auf Freibeträge für Kinder nach § 32 Absatz 6 EStG, Kindergeld (§ 66 EStG) oder eine andere Leistung für Kinder (§ 65 EStG) hat, zu kürzen, höchstens um 25 Prozent. Bei der Berechnung der Opfergrenze ist die kinderbezogene 5-Prozent-Pauschale monatsbezogen zu kürzen, wenn nur für einen Teil des Jahres Anspruch auf Freibeträge für Kinder nach § 32 Absatz 6 EStG, Kindergeld (§ 66 EStG) oder eine andere Leistung für Kinder (§ 65 EStG) besteht (BFH-Urteil vom 14. Dezember 2016, BStBl. 2017 II S. 454).

Die Opfergrenzenregelung gilt nicht bei Aufwendungen für den Unterhalt an den (ggf. auch geschiedenen) Ehegatten.

Beispiel 1:

Der ledige Steuerpflichtige A unterstützt seinen im Kalenderjahr 2021 nicht mit ihm in einem Haushalt lebenden Sohn B und zahlt für diesen zusätzlich begünstigte Beiträge zu dessen Basiskranken- und Pflegepflichtversicherung i. H. v. 1200 Euro, die nicht im Rahmen des Sonderausgabenabzugs berücksichtigt werden. Für B besteht kein Anspruch auf einen Freibetrag nach § 32 Absatz 6 EStG oder Kindergeld.

A erzielte in den Kalenderjahren 2019 bis 2021 Einkünfte aus Gewerbebetrieb i. H. v. jährlich durchschnittlich 30 000 Euro.

Im Kalenderjahr 2021 erzielt A einen Verlust aus Vermietung und Verpachtung i. H. v. 5000 Euro. Er entrichtet im Kalenderjahr 2021 Einkommensteuervorauszahlungen i. H. v. 5000 Euro und eigene Beiträge zu einer Basiskranken- und Pflegepflichtversicherung i. H. v. 6000 Euro.

Des Weiteren erhält A im April 2021 eine Einkommensteuererstattung für den Veranlagungszeitraum 2019 i. H. v. 1000 Euro. B hat keine eigenen Einkünfte und Bezüge.

Berechnung der außergewöhnlichen Belastung nach § 33 a Absatz 1 EStG:

Höchstbetrag nach § 33 a Absatz 1 Satz 1 EStG:			9744 Euro
zuzüglich Beiträge zur Basiskranken- und Pflegepflichtversicherung des B nach § 33a Absatz 1 Satz 2 EStG:			1200 Euro
Gesamthöchstbetrag nach § 33 a Absatz 1 EStG:			10 944 Euro
Nettoeinkommen des A:			
Einkünfte aus Gewerbebetrieb	30 000 Euro		
abzüglich Verlust aus Vermietung und Verpachtung	– 5000 Euro		
zuzüglich Einkommensteuererstattung	1000 Euro		
abzüglich eigene Beiträge zur Basiskranken- und Pflegepflichtversicherung	– 6000 Euro		
abzüglich Einkommensteuervorauszahlungen	– 5000 Euro		
verfügbares Nettoeinkommen für die Berechnung der Opfergrenze:		15 000 Euro	
Opfergrenze: 1 % je volle 500 Euro des Nettoeinkommens (15 000 Euro : 500 Euro = 30) maßgebender Prozentsatz für die Berechnung der Opfergrenze		30 %	
30 % von 15 000 Euro			4500 Euro

Es können maximal Unterhaltsleistungen i. H. v. 4500 Euro als außergewöhnliche Belastung nach § 33 a Absatz 1 EStG berücksichtigt werden.

5.3. Ermittlung der abziehbaren Unterhaltsaufwendungen bei einer sozialrechtlichen Bedarfsgemeinschaft

24 Bei einer bestehenden sozialrechtlichen Bedarfsgemeinschaft mit der unterhaltenen Person ist die Opfergrenze nicht anzuwenden (BFH-Urteil vom 29. Mai 2008, BStBl. 2009 II S. 363). Für die Ermittlung der nach § 33 a Absatz 1 EStG maximal abziehbaren Unterhaltsaufwendungen sind die verfügbaren Nettoeinkommen des Unterhaltsleistenden und der unterhaltenen Person(en) zusammenzurechnen und dann nach Köpfen auf diese Person(en) zu verteilen (BFH-Urteil vom 17. Dezember 2009, BStBl. 2010 II S. 343).

25 Für zur sozialrechtlichen Bedarfsgemeinschaft gehörende *gemeinsame Kinder* (i. S. d. § 32 EStG) des Steuerpflichtigen und der unterhaltenen Person wird das hälftige Kindergeld sowie der hälftige Kinderbonus (Sonderzahlung in den Jahren 2020 und 2021 aufgrund der Corona-Pandemie, § 66 Absatz 1 Satz 2 ff. EStG i. d. F. vom 29. Juni 2020 bzw. 10. März 2021) jeweils dem Nettoeinkommen des Steuerpflichtigen und der unterhaltenen Person zugerechnet. Bei der Ermittlung der maximal abziehbaren Unterhaltsaufwendungen sind die den Eltern gemeinsam zur Verfügung stehenden Mittel um den nach § 1612 a BGB zu ermittelnden Mindestunterhalt der Kinder zu kürzen (BFH-Urteil vom 17. Dezember 2009, BStBl. 2010 II S. 343). Der verbleibende Betrag ist auf die Eltern nach Köpfen zu verteilen und ergibt die maximal abziehbaren Unterhaltsaufwendungen i. S. d. § 33 a Absatz 1 EStG.

26 Für zur sozialrechtlichen Bedarfsgemeinschaft gehörende *Kinder* (i. S. d. § 32 EStG) *des Steuerpflichtigen*, die zu der unterhaltenen Person in keinem Kindschaftsverhältnis stehen, wird bei der Berechnung des verfügbaren Nettoeinkommens das hälftige Kindergeld sowie der hälftige Kinderbonus (siehe Rz. 25) hinzugerechnet. Bei der Ermittlung der maximal abziehbaren Unterhaltsaufwendungen ist das gemeinsame verfügbare Nettoeinkommen um die Hälfte des nach § 1612 a BGB zu ermittelnden Mindestunterhalts für diese Kinder bzw. dieses Kind zu kürzen und der verbleibende Betrag nach Köpfen zu verteilen.

27 Gemäß § 1612a BGB richtet sich der Mindestunterhalt nach dem steuerfrei zu stellenden sächlichen Existenzminimum eines Kindes. Er beträgt monatlich entsprechend dem Alter des Kindes für die Zeit bis zur Vollendung des sechsten Lebensjahres 87 Prozent (erste Altersstufe), für die Zeit vom siebten bis zur Vollendung des zwölften Lebensjahres 100 Prozent (zweite Altersstufe) und für die Zeit vom dreizehnten Lebensjahr an 117 Prozent (dritte Altersstufe) des steuerfrei zu stellenden sächlichen Existenzminimums des Kindes (siehe Düsseldorfer Tabelle).

28[1] Soweit zur sozialrechtlichen Bedarfsgemeinschaft bei einer eheähnlichen Gemeinschaft auch Kinder (i. S. d. § 32 EStG) des Lebensgefährten/der Lebensgefährtin gehören, die zum Steuerpflichtigen in keinem Kindschaftsverhältnis stehen und denen gegenüber der Steuerpflichtige nicht unterhaltsverpflichtet ist, ist aus Vereinfachungsgründen typisierend zu unterstellen, dass deren Unterhaltsbedarf in vollem Umfang durch das Kindergeld und die Unterhaltsaufwendungen des anderen Elternteils abgedeckt wird und sie damit nicht der sozialrechtlichen Bedarfsgemeinschaft angehören. Dies hat zur Folge, dass diese Kinder bei der Ermittlung und Verteilung des verfügbaren Nettoeinkommens nicht berücksichtigt werden. Kindergeld, das der unterhaltenen Person für ein solches Kind zufließt, ist demnach bei der Ermittlung des verfügbaren Nettoeinkommens nicht zu berücksichtigen.

Beispiel 2:

Der Steuerpflichtige A und dessen Lebensgefährtin B leben zusammen mit dem leiblichen Kind von B in eheähnlicher Gemeinschaft und bilden eine sozialrechtliche Bedarfsgemeinschaft. A ist nicht der leibliche Vater des Kindes. A unterstützt B und zahlt für B zusätzlich begünstigte Beiträge zu deren Basiskranken- und Pflegepflichtversicherung i. H. v. 1200 Euro, die nicht im Rahmen des Sonderausgabenabzugs berücksichtigt werden.
Im Kalenderjahr 2021 erzielt A Einnahmen aus nichtselbständiger Arbeit i. H. v. 40 000 Euro und einen Verlust aus privaten Veräußerungsgeschäften i. H. v. 5000 Euro.
Er entrichtet im Kalenderjahr 2021 Lohn- und Kirchensteuer i. H. v. 6300 Euro und gesetzliche Sozialabgaben i. H. v. 8000 Euro. Des Weiteren erhält A im April 2021 eine Einkommensteuererstattung für den Veranlagungszeitraum 2019 i. H. v. 1000 Euro. B erhält Kindergeld und hat darüber hinaus keine eigenen Einkünfte und Bezüge.

Berechnung der außergewöhnlichen Belastung nach § 33a Absatz 1 EStG:

Höchstbetrag nach § 33 a Absatz 1 Satz 1 EStG:			9744 Euro
zuzüglich Beiträge zur Basiskranken- und Pflegepflichtversicherung der B nach § 33 a Absatz 1 Satz 2 EStG:			1200 Euro
Gesamthöchstbetrag nach § 33 a Absatz 1 EStG:			10 944 Euro
Nettoeinkommen des A:			
Einnahmen aus nichtselbständiger Arbeit	40 000 Euro		
abzüglich Arbeitnehmer-Pauschbetrag[2]	– 1000 Euro		
		39 000 Euro	
abzüglich Verlust aus privaten Veräußerungsgeschäften	– 5000 Euro		
zuzüglich Einkommensteuererstattung	1000 Euro		
abzüglich gesetzliche Sozialabgaben	– 8000 Euro		
abzüglich Lohn- und Kirchensteuer	– 6300 Euro		
Nettoeinkommen des A:		20 700 Euro	
Nettoeinkommen der B:		0 Euro	
gemeinsames verfügbares Nettoeinkommen:		20 700 Euro	
Aufteilung des Nettoeinkommens nach Köpfen		: 2	10 350 Euro

Es können maximal Unterhaltsleistungen i. H. v. 10 350 Euro als außergewöhnliche Belastung nach § 33 a Absatz 1 EStG anerkannt werden. Die Opfergrenze ist nicht anzuwenden. Bei der Ermittlung und Verteilung des verfügbaren Nettoeinkommens ist das Kind von B nicht zu berücksichtigen.

Beispiel 3:

Der Steuerpflichtige A lebt im Kalenderjahr 2021 mit seiner Lebensgefährtin B in einer eheähnlichen Gemeinschaft in einem gemeinsamen Haushalt. A hat zwei leibliche Kinder (Kind X vollendet im Juni 2021 das sechste Lebensjahr, Kind Y vollendet im Juni 2021 das fünfzehnte Lebensjahr) mit in den Haushalt gebracht, die zu B in keinem Kindschaftsverhältnis stehen. Die zwei von B mit in die Haushaltsgemeinschaft gebrachten Kinder stehen in keinem Kindschaftsverhältnis zu A. Für alle Kinder wird noch Kindergeld gezahlt. A unterstützt B und zahlt für diese zusätzlich begünstigte Beiträge zu deren Basiskranken- und Pflegepflichtversicherung i. H. v. 1200 Euro, die nicht im Rahmen des Sonderausgabenabzugs berücksichtigt werden.
A erzielt im Kalenderjahr 2021 Einnahmen aus nichtselbständiger Arbeit i. H. v. 40 000 Euro sowie Einkünfte aus Vermietung und Verpachtung i. H. v. 1000 Euro.
Er entrichtet im Kalenderjahr 2021 gesetzliche Sozialabgaben i. H. v. 7900 Euro und Lohn- und Kirchensteuer i. H.sv. 6300 Euro.
Außerdem hat A im Kalenderjahr 2021 Einkommensteuervorauszahlungen i. H. v. 2000 Euro und eine Einkommensteuernachzahlung für den Veranlagungszeitraum 2019 i. H. v. 4000 Euro geleistet. B hat keine weiteren Einkünfte oder Bezüge und kein eigenes Vermögen.

Kind X:
monatlicher Mindestunterhalt von Januar bis Mai nach der ersten Altersstufe:
393 Euro (× 5 = gesamt 1965 Euro)

[1] Ab VZ 2022 beträgt der Höchstbetrag nach § 33 a Abs. 1 Satz 1 i. V. m. § 32 Abs. 1: 10 347 €.
[2] Ab VZ 2022: 1260 €.

Anl a zu R 33a.1

monatlicher Mindestunterhalt von Juni bis Dezember nach der zweiten Altersstufe:
451 Euro (× 7 = gesamt 3157 Euro)
Jahresmindestunterhalt für Kind X = 5122 Euro
davon hälftiger Anteil des A = 2561 Euro

Kind Y:
monatlicher Mindestunterhalt von Januar bis Dezember nach der dritten Altersstufe:
528 Euro (× 12 = gesamt 6336 Euro) Jahresmindestunterhalt für Kind Y = 6336 Euro
davon hälftiger Anteil des A = 3168 Euro

Berechnung der außergewöhnlichen Belastung nach § 33 a Absatz 1 EStG:

Höchstbetrag nach § 33 a Absatz 1 Satz 1 EStG:			9 744 Euro
zuzüglich Beiträge zur Basiskranken- und Pflegepflichtversicherung der B nach § 33 a Absatz 1 Satz 2 EStG:			1 200 Euro
Gesamthöchstbetrag nach § 33 a Absatz 1 EStG:			10 944 Euro
Nettoeinkommen A:			
Einnahmen aus nichtselbständiger Arbeit	40 000 Euro		
abzüglich Arbeitnehmer-Pauschbetrag	– 1 000 Euro		
		39 000 Euro	
abzüglich gesetzliche Sozialabgaben	– 7 900 Euro		
abzüglich Lohn- und Kirchensteuer	– 6 300 Euro		
Einkünfte aus Vermietung und Verpachtung	1 000 Euro		
abzüglich Einkommensteuernachzahlung	– 4 000 Euro		
abzüglich Einkommensteuervorauszahlungen	– 2 000 Euro		
zuzüglich hälftiges Kindergeld und Kinderbonus für die Kinder X und Y von A	2 778 Euro		
Nettoeinkommen A:		22 578 Euro	
Nettoeinkommen B:		0 Euro	
gemeinsames Nettoeinkommen von A und B:		22 578 Euro	
abzüglich Mindestunterhalt für die Kinder X und Y von A (2561 Euro + 3168 Euro =)		– 5 729 Euro	
gemeinsames verfügbares Nettoeinkommen:		16 849 Euro	
Aufteilung des Nettoeinkommens nach Köpfen auf A und B		: 2	8 424 Euro

Es können maximal Unterhaltsleistungen i. H. v. 8424 Euro als außergewöhnliche Belastung nach § 33 a Absatz 1 EStG anerkannt werden. Die Opfergrenze ist nicht anzuwenden. Bei der Ermittlung und Verteilung des verfügbaren Nettoeinkommens sind die leiblichen Kinder von B nicht zu berücksichtigen.

6. Eigene Einkünfte und Bezüge der unterhaltenen Person

29 Hat die unterhaltene Person andere eigene Einkünfte und Bezüge, die zur Bestreitung des Unterhalts bestimmt oder geeignet sind, so vermindert sich der Höchstbetrag um die eigenen Einkünfte und Bezüge, soweit diese den Betrag von insgesamt 624 Euro jährlich übersteigen, sowie um die vom Unterhaltsempfänger als Ausbildungshilfe aus öffentlichen Mitteln oder von Förderungseinrichtungen, die hierfür öffentliche Mittel erhalten, bezogenen Zuschüsse (§ 33 a Absatz 1 Satz 5 EStG).

30 Als anrechenbare „andere Einkünfte" i. S. d. § 33 a Absatz 1 Satz 5 EStG sind alle Einkünfte i.S.d. Einkommensteuergesetzes (§ 2 Absatz 1 EStG) zu verstehen; Verlustabzüge nach § 10 d EStG, Sonderausgaben und außergewöhnliche Belastungen sind nicht zu berücksichtigen (BFH-Urteil vom 18. Juni 2015, BStBl. II S. 928). Fiktive Einkünfte sind nicht anzusetzen (vgl. BFH-Urteil vom 9. März 2017, BStBl. II S. 890).

31 Bezüge i. S. d. § 33 a Absatz 1 Satz 5 EStG sind alle Einnahmen in Geld oder Geldeswert, die nicht im Rahmen der einkommensteuerrechtlichen Einkünfteermittlung erfasst werden. Zu den Bezügen zählt in vollem Umfang auch das Elterngeld einschließlich des Sockelbetrags; § 2 Absatz 4 BEEG (vgl. BFH-Beschluss vom 20. Oktober 2016, BStBl. 2017 II S. 194).

32 Weitere Einzelheiten, welche Einkünfte und Bezüge angerechnet bzw. nicht angerechnet werden, sind in H 33a.1 „Anrechnung eigener Einkünfte und Bezüge" EStH 2020 mit Verweis auf R 33a.1 Absatz 3 EStR 2012 dargestellt.

33 Bei der Feststellung der anzurechnenden Bezüge sind aus Vereinfachungsgründen insgesamt 180 Euro im Kalenderjahr abzuziehen, wenn nicht höhere Aufwendungen, die im Zusammenhang mit dem Zufluss der entsprechenden Einnahmen stehen, geltend gemacht werden (vgl. R 33a.1 Absatz 3 Satz 5 EStR 2012).

34 Die Kranken- und Pflegeversicherungsbeiträge, die der Mindestversorgung dienen, werden bei der Bemessung des Höchstbetrages berücksichtigt. Sie dürfen daher zur Vermeidung einer Doppelberücksichtigung nicht zusätzlich die Einkünfte der unterhaltenen Person mindern. Arbeitnehmerbeiträge zur gesetzlichen Renten- und Arbeitslosenversicherung sowie die Beiträge zur gesetzlichen Krankenversicherung für Leistungen, die über das sozialhilferechtliche Niveau hinausgehen, dürfen ebenfalls nicht abgezogen werden (BFH-Urteil vom 18. Juni 2015, BStBl. II S. 928).

35 Im Rahmen der Ermittlung der eigenen Einkünfte und Bezüge sind Kapitalerträge, soweit die tarifliche Einkommensteuer zur Anwendung kommt, unter Berücksichtigung des Sparer-Pauschbetrages nach § 20 Absatz 9 EStG als Einkünfte zu erfassen. Kapitalerträge, die nach § 32 d Absatz 1 und § 43 Absatz 5 EStG der Abgeltungsteuer unterliegen, sind als Bezüge ohne Abzug des Sparer-Pauschbetrages nach § 20 Absatz 9 EStG nach § 33 a Absatz 1 Satz 5 EStG zu erfassen (vgl. R 33 a.1 Absatz 3 Satz 4 Nummer 1 EStR 2012).

36 Eigene Einkünfte und Bezüge der unterhaltenen Person sind nur anzurechnen, soweit sie auf den Unterhaltszeitraum entfallen (§ 33 a Absatz 3 Satz 2 EStG; vgl. H 33 a.3 „Allgemeines" EStH 2020).

7. Nachweiserfordernisse

37 Bei Bargeldzahlungen ist die Rz. 17 des BMF-Schreibens „Berücksichtigung von Aufwendungen für den Unterhalt von Personen im Ausland als außergewöhnliche Belastung nach § 33 a Absatz 1 Einkommensteuergesetz (EStG)" vom 6. April 2022 (BStBl. I S. 623)[1] sinngemäß anzuwenden.

8. Anwendungsregelung

38 Die vorstehenden Grundsätze sind ab sofort auf alle offenen Fälle anzuwenden und ersetzen das BMF-Schreiben vom 7. Juni 2010 (BStBl. I S. 582).[2]

Anl b zu R 33 a.1

b) Schreiben betr. Berücksichtigung ausländischer Verhältnisse; Ländergruppeneinteilung ab 1. Januar 2021

Vom 11. November 2020 (BStBl. I S. 1212)

(BMF IV C 8 – S 2285/19/10001 :002; DOK 2020/1145114)

Unter Bezugnahme auf das Abstimmungsergebnis mit den obersten Finanzbehörden der Länder ist die Ländergruppeneinteilung ab dem Veranlagungszeitraum 2021 überarbeitet worden. Änderungen sind durch Fettdruck hervorgehoben. Gegenüber der Ländergruppeneinteilung zum 1. Januar 2017 ergeben sich insbesondere folgende Änderungen: 20

Albanien: von Gruppe 4 nach Gruppe 3
Algerien: von Gruppe 3 nach Gruppe 4
Amerikanische Jungferninseln: Neuaufnahme in Gruppe 1
Angola: von Gruppe 3 nach Gruppe 4
Antigua und Barbuda: von Gruppe 3 nach Gruppe 2
Aserbaidschan: von Gruppe 3 nach Gruppe 4
Bahamas: von Gruppe 2 nach Gruppe 1
Britische Jungferninseln: Neuaufnahme in Gruppe 1
Gibraltar: Neuaufnahme in Gruppe 1
Guam: Neuaufnahme in Gruppe 1
Guyana: von Gruppe 4 nach Gruppe 3
Jordanien: von Gruppe 3 nach Gruppe 4
Korea, Republik: von Gruppe 2 nach Gruppe 1
Kroatien: von Gruppe 3 nach Gruppe 2
Marshallinseln: von Gruppe 4 nach Gruppe 3
Nördliche Marianen: Neuaufnahme in Gruppe 2
Nauru: von Gruppe 2 nach Gruppe 3
Palau: von Gruppe 3 nach Gruppe 2
Panama: von Gruppe 3 nach Gruppe 2
Paraguay: von Gruppe 4 nach Gruppe 3
Polen: von Gruppe 3 nach Gruppe 2
Seychellen: von Gruppe 3 nach Gruppe 2
St. Martin (französischer Teil): Neuaufnahme in Gruppe 2
Taiwan: von Gruppe 2 nach Gruppe 1
Ungarn: von Gruppe 3 nach Gruppe 2

Die Beträge des § 1 Absatz 3 Satz 2, des § 10 Absatz 1 Nr. 5 Satz 3, des § 32 Absatz 6 Satz 4, des § 33 a Absatz 1 Satz 6 und Absatz 2 Satz 2 EStG sind ab dem Veranlagungszeitraum 2021 wie folgt anzusetzen[3]:

in voller Höhe	mit 3/4	mit 1/2	mit 1/4
Wohnsitzstaat[4] oder -ort des Steuerpflichtigen bzw. der unterhaltenen Person			
1	2	3	4
Amerikanische Jungferninseln	**Antigua und Barbuda**	**Albanien**	Afghanistan

[1] Abgedruckt als Anlage c zur R 33 a.1.
[2] Letztmals abgedruckt im „Handbuch zur ESt-Veranlagung 2021" als Anlage a zu R 33a.1.
[3] Auf die konkreten Lebenshaltungskosten am Wohnort ist nicht abzustellen. *BFH-Urteil vom 22. 2. 2006 I R 60/05 (BStBl. 2007 II S. 106)* und *vom 25. 11. 2010 VI R 28/10 (BStBl. 2011 II S. 283).*
[4] **Amtl. Anm.:** Die Aufführung auf dieser Liste als „Wohnsitzstaat oder -ort" erfolgt allein zum Erhalt der Übersichtlichkeit und hat keinen Einfluss auf die Position der Bundesrepublik Deutschland hinsichtlich der Anerkennung von Staaten und/oder Regierungen.

Anl b zu R 33a.1

in voller Höhe	mit $^3/_4$	mit $^1/_2$	mit $^1/_4$
Wohnsitzstaat[1] oder -ort des Steuerpflichtigen bzw. der unterhaltenen Person			
1	2	3	4
Andorra	Aruba	Amerikanisch-Samoa	Ägypten
Australien	Bahrain	Äquatorialguinea	**Algerien**
Bahamas	Barbados	Argentinien	**Angola**
Belgien	Chile	Bosnien und Herzegowina	Armenien
Bermuda	Cookinseln	Botsuana	**Aserbaidschan**
Britische Jungferninseln	Curaçao	Brasilien	Äthiopien
Brunei Darussalam	Estland	Bulgarien	Bangladesch
Dänemark	Französisch-Polynesien	China	Belize
Färöer	Griechenland	Costa Rica	Benin
Finnland	**Kroatien**	Dominica	Bhutan
Frankreich	Lettland	Dominikanische Republik	Bolivien, Plurinationaler Staat
Gibraltar	Litauen	Ecuador	Burkina Faso
Grönland	Malta	Fidschi	Burundi
Guam	**Nördliche Marianen**	Gabun	Cabo Verde
Hongkong	Oman	Grenada	Côte d'Ivoire
Insel Man	**Palau**	**Guyana**	Dschibuti
Irland	**Panama**	Irak	El Salvador
Island	**Polen**	Iran, Islamische Republik	Eritrea
Israel	Portugal	Jamaika	**Eswatini** (bisher: Swasiland)
Italien	Puerto Rico	Kasachstan	Gambia
Japan	Saudi-Arabien	Kolumbien	Georgien
Kaimaninseln	**Seychellen**	Kuba	Ghana
Kanada	Slowakei	Libanon	Guatemala
Kanalinseln	Slowenien	Libyen	Guinea
Katar	St. Kitts und Nevis	Malaysia	Guinea-Bissau
Korea, Republik	**St. Martin (französischer Teil)**	Malediven	Haiti
Kuwait	St. Martin (niederländischer Teil)	**Marshallinseln**	Honduras
Liechtenstein	Trinidad und Tobago	Mauritius	Indien
Luxemburg	**Tschechien** (bisher: Tschechische Republik)	Mexiko	Indonesien
Macau	Turks- und Caicosinseln	Montenegro	Jemen
Monaco	**Ungarn**	Namibia	**Jordanien**
Neukaledonien	Uruguay	**Nauru**	Kambodscha
Neuseeland	Zypern	Niue	Kamerun
Niederlande		**Nordmazedonien** (bisher: Mazedonien, ehemalige jugoslawische Republik)	Kenia
Norwegen		**Paraguay**	Kirgisistan
Österreich		Peru	Kiribati
Palästinensische Gebiete		Rumänien	Komoren
San Marino		Russische Föderation	Kongo
Schweden		Serbien	Kongo, Demokratische Republik
Schweiz		St. Lucia	Korea, Demokratische Volksrepublik
Singapur		St. Vincent und die Grenadinen	Kosovo
Spanien		Südafrika	Laos, Demokratische Volksrepublik
Taiwan		Suriname	Lesotho
Vatikanstadt		Thailand	Liberia
Vereinigte Arabische Emirate		Türkei	Madagaskar
Vereinigte Staaten		Turkmenistan	Malawi

[1] **Amtl. Anm.:** Die Aufführung auf dieser Liste als „Wohnsitzstaat oder -ort" erfolgt allein zum Erhalt der Übersichtlichkeit und hat keinen Einfluss auf die Position der Bundesrepublik Deutschland hinsichtlich der Anerkennung von Staaten und/oder Regierungen.

in voller Höhe	mit 3/4	mit 1/2	mit 1/4
Wohnsitzstaat[1] oder -ort des Steuerpflichtigen bzw. der unterhaltenen Person			
1	2	3	4
Vereinigtes Königreich		Tuvalu Venezuela, Bolivarische Republik Weißrussland/Belarus	Mali Marokko Mauretanien Mikronesien, Föderierte Staaten von Moldau, Republik Mongolei Mosambik Myanmar Nepal Nicaragua Niger Nigeria Pakistan Papua Neuguinea Philippinen Ruanda Salomonen Sambia Samoa São Tomé und Príncipe Senegal Sierra Leone Simbabwe Somalia Sri Lanka Sudan Südsudan Syrien, Arabische Republik Tadschikistan Tansania, Vereinigte Republik Timor-Leste Togo Tonga Tschad Tunesien Uganda Ukraine Usbekistan Vanuatu Vietnam Zentralafrikanische Republik

Dieses Schreiben ersetzt ab dem Veranlagungszeitraum 2021 das BMF-Schreiben vom 20. Oktober 2016 (BStBl. I S. 1183).[2]

[1] **Amtl. Anm.:** Die Aufführung auf dieser Liste als „Wohnsitzstaat oder -ort" erfolgt allein zum Erhalt der Übersichtlichkeit und hat keinen Einfluss auf die Position der Bundesrepublik Deutschland hinsichtlich der Anerkennung von Staaten und/oder Regierungen.

[2] Letztmals abgedruckt im „Handbuch zur ESt-Veranlagung 2020" als Anlage b zu R 33 a.1 EStR.

Anl c zu R 33 a.1

c) Schreiben betr. Berücksichtigung von Aufwendungen für den Unterhalt von Personen im Ausland als außergewöhnliche Belastung nach § 33 a Absatz 1 Einkommensteuergesetz (EStG); Überarbeitung des BMF-Schreibens vom 7. Juni 2010 (BStBl. I S. 588)[1]

Vom 6. April 2022 (BStBl. I S. 623)

(BMF IV C 8 – S 2285/19/10002 :001; DOK 2022/0025379)

Inhaltsübersicht

Unter Bezugnahme auf das Ergebnis der Erörterungen mit den obersten Finanzbehörden der Länder gelten für die Berücksichtigung von Unterhaltsaufwendungen an Personen im Ausland als außergewöhnliche Belastung die folgenden Grundsätze.

1. Unterhaltsempfänger

1.1. Zum Abzug berechtigende Unterhaltsempfänger

21 **1** Aufwendungen für den Unterhalt an Personen im Ausland dürfen nur abgezogen werden, wenn diese Personen gegenüber dem Steuerpflichtigen oder seinem Ehegatten bzw. Partner einer eingetragenen Lebenspartnerschaft (§ 2 Absatz 8 EStG)[2] nach inländischem Recht gesetzlich unterhaltsberechtigt sind (§ 33a Absatz 1 Satz 1 und 6 2. Halbsatz EStG; BFH-Urteil vom 4. Juli 2002, BStBl. II S. 760, sowie vom 27. Juli 2011, BStBl. II S. 965). Die Voraussetzungen für eine Ehegattenveranlagung nach § 26 Absatz 1 Satz 1 EStG müssen nicht vorliegen (BFH-Urteil vom 27. Juli 2011, BStBl. II S. 965). Zur Berücksichtigung von Personen mit einer Aufenthaltserlaubnis nach § 23 Aufenthaltsgesetz siehe BMF-Schreiben vom 27. Mai 2015, BStBl. I S. 474.

1.2. Zum Abzug nicht berechtigende Unterhaltsempfänger

2 Ein Abzug nach § 33 a Absatz 1 EStG kommt nicht in Betracht, wenn der Unterhaltsempfänger

- ein Kind ist, für das ein Anspruch auf Freibeträge für Kinder nach § 32 Absatz 6 EStG oder Kindergeld (§ 66 EStG) besteht (§ 33 a Absatz 1 Satz 4 EStG); andere Leistungen für Kinder und dem inländischen Kindergeld vergleichbare Familienbeihilfen nach ausländischem Recht stehen nach § 65 EStG dem Kindergeld gleich (BFH-Urteil vom 4. Dezember 2003, BStBl. 2004 II S. 275); eine Übersicht über im Ausland gewährte vergleichbare Leistungen gemäß § 65 Absatz 1 Satz 1 Nummer 2 EStG kann dem Schreiben des Bundeszentralamtes für Steuern (BZSt) vom 16. Januar 2017 (BStBl. I S. 151) entnommen werden;
- der nicht dauernd getrennt lebende und nicht unbeschränkt einkommensteuerpflichtige Ehegatte des Steuerpflichtigen ist und das Veranlagungswahlrecht nach § 26 Absatz 1 Satz 1 i. V. m. § 1a Absatz 1 Nummer 2 EStG gegeben ist;
- der geschiedene oder dauernd getrennt lebende Ehegatte des Steuerpflichtigen ist und der Sonderausgabenabzug nach § 10 Absatz 1a Nummer 1 i. V. m. § 1a Absatz 1 Nummer 1 EStG vorgenommen wird;
- zwar nach ausländischem, aber nicht nach inländischem Recht unterhaltsberechtigt ist, selbst wenn die Unterhaltspflicht des Steuerpflichtigen aufgrund internationalen Privatrechts im Inland verbindlich ist (BFH-Urteil vom 4. Juli 2002, BStBl. II S. 760, sowie vom 27. Juli 2011, BStBl. II S. 965).

[1] Letztmals abgedruckt im „Handbuch zur ESt-Veranlagung 2021" als Anlage c zu R 33 a.1 EStR.

[2] **Amtl. Anm.:** Nachfolgend Ehegatte.

Anl c zu R 33 a.1

2. Feststellungslast/Beweisgrundsätze/Erhöhte Mitwirkungspflicht und Beweisvorsorge des Steuerpflichtigen

3 Der Steuerpflichtige trägt nach den im Steuerrecht geltenden allgemeinen Beweisgrundsätzen für Steuerermäßigungen die objektive Beweislast (Feststellungslast). Bei Sachverhalten im Ausland müssen sich die Steuerpflichtigen in besonderem Maße um Aufklärung und Beschaffung geeigneter, in besonderen Fällen auch zusätzlicher Beweismittel bemühen (§ 90 Absatz 2 AO). Danach trifft den Steuerpflichtigen bei der Gestaltung der tatsächlichen Verhältnisse eine Pflicht zur Beweisvorsorge. Aus den Unterlagen muss hervorgehen, dass Geldbeträge des Steuerpflichtigen tatsächlich verwendet worden und an den Unterhaltsempfänger gelangt sind. Der Steuerpflichtige muss, wenn er seine Aufwendungen steuerlich geltend machen will, dafür Sorge tragen, dass sichere und leicht nachprüfbare Belege oder Bescheinigungen vorliegen, die den Zugang und Abfluss der Geldbeträge erkennen lassen. Eigenerklärungen oder eidesstattliche Versicherungen sind allein keine ausreichenden Mittel zur Glaubhaftmachung (BFH-Urteil vom 3. Juni 1987, BStBl. II S. 675). Bei Unterlagen in ausländischer Sprache ist eine deutsche Übersetzung durch einen amtlich zugelassenen Dolmetscher, ein Konsulat oder eine sonstige zuständige (ausländische) Dienststelle notwendig. Hierfür anfallende Aufwendungen sind keine Unterhaltsaufwendungen.

4 Da die Erfüllung dieser Mitwirkungspflichten erforderlich, möglich, zumutbar und verhältnismäßig sein muss, können hinsichtlich der Beschaffung amtlicher Bescheinigungen aus Krisengebieten Beweiserleichterungen in Betracht kommen. Ist ein Steuerpflichtiger wegen der besonderen Situation im Wohnsitzstaat der unterhaltenen Person nicht in der Lage, beweisgeeignete Unterlagen zu erlangen, so ist ihm dies unter dem Gesichtspunkt des Beweisnotstands nur nach Würdigung der Gesamtumstände des Einzelfalls anzulasten. Ein Beweisnotstand kann beispielsweise in Betracht kommen, wenn wegen der sozialen oder politischen Verhältnisse (etwa im Falle eines Bürgerkriegs) im Heimatland des Empfängers die Beschaffung von beweiserheblichen Unterlagen nicht möglich oder für den Steuerpflichtigen mit erheblichen Schwierigkeiten verbunden und daher unzumutbar ist (BFH-Urteil vom 2. Dezember 2004, BStBl. 2005 II S. 483). Die Weigerung der zuständigen Heimatbehörde, die Angaben der unterstützten Person auf der Unterhaltserklärung zu bestätigen, stellt keinen Beweisnotstand dar (Hinweis auf Rz. 8).

3. Allgemeiner Grundsatz zur Nachweiserbringung

5 Der Steuerpflichtige hat die in den Rz. 6 bis 8 und 12 bis 21 bezeichneten Unterlagen und Nachweise nur auf Anforderung der Finanzbehörde zur Sachverhaltsaufklärung vorzulegen. Die Finanzbehörde kann nach den Umständen des Einzelfalls weitere Auskünfte oder Nachweise verlangen.

4. Nachweis der Unterhaltsbedürftigkeit/Unterhaltserklärung

6 Voraussetzung für den Abzug von Unterhaltsaufwendungen ist der Nachweis über die Unterhaltsbedürftigkeit der im Ausland lebenden unterhaltenen Person. Hierzu sind folgende Angaben des Steuerpflichtigen und der unterhaltenen Person erforderlich:
- das Verwandtschaftsverhältnis der unterhaltenen Person zum Steuerpflichtigen oder dessen Ehegatten,
- Name, Geburtsdatum und -ort, berufliche Tätigkeit, Anschrift, Familienstand der unterhaltenen Person sowie eine Aussage, ob zu ihrem Haushalt noch weitere Personen gehören; diese Angaben sind in der Regel durch eine Bestätigung der Heimatbehörde (Gemeinde-/Meldebehörde) der unterhaltenen Person nachzuweisen; die Bestätigung der Angaben kann auch durch einen öffentlich bestellten Notar erfolgen, sofern die Heimatbehörde diesen hiermit beauftragt hat,
- Angaben über Art und Umfang der eigenen Einnahmen (einschließlich Unterhaltsleistungen von dritter Seite) und des eigenen Vermögens der unterhaltenen Person im Kalenderjahr der Unterhaltsleistung sowie eine Aussage darüber, ob die unterhaltene Person nicht, gelegentlich oder regelmäßig beruflich tätig war und ob Unterstützungsleistungen aus öffentlichen Mitteln erbracht worden sind,
- bei erstmaliger Antragstellung sind außerdem detaillierte Angaben erforderlich, wie der Unterhalt bisher bestritten worden ist, welche jährlichen Einnahmen vor der Unterstützung bezogen worden sind, ob eigenes Vermögen vorhanden war und welcher Wert davon auf Hausbesitz entfällt (vgl. R 33a.1 Absatz 2 Satz 4 Nummer 2 EStR 2012). Die Einnahmen sind durch geeignete Unterlagen (z. B. Steuerbescheide, Rentenbescheide, Verdienstbescheinigungen, Bescheide der ausländischen Arbeits- oder Sozialverwaltung) zu belegen,
- Angaben darüber, ob noch andere Personen zum Unterhalt beigetragen haben, welche Unterhaltsbeiträge sie geleistet haben und ab wann und aus welchen Gründen die unterhaltene Person nicht selbst für ihren Lebensunterhalt aufkommen konnte.

7 Zur Erleichterung und Vereinheitlichung der insoweit vorzunehmenden Sachverhaltsaufklärung und zur erleichterten Beweisführung werden zweisprachige Unterhaltserklärungen in den gängigsten Sprachen aufgelegt und im Formular-Management-System (FMS) der Bundesfinanzverwaltung (https://www.formulare-bfinv.de) zum Download bereitgestellt. Die Richtigkeit der darin zu den persönlichen und wirtschaftlichen Verhältnissen geforderten detaillierten Angaben ist durch Unterschrift der unterhaltenen Person zu bestätigen und durch geeignete Unterlagen (z. B. Steuerbescheide, Rentenbescheide, Verdienstbescheinigungen, Bescheide der ausländischen Arbeits- oder Sozialverwaltung) zu belegen. Für jede unterhaltene Person ist eine eigene Unterhaltserklärung auszufüllen.

8 Ist eine Unterhaltserklärung als Nachweis für die Bedürftigkeit der unterhaltenen Person nur unvollständig ausgefüllt, so ist grundsätzlich die Bedürftigkeit der sie betreffenden Person nicht anzunehmen (BFH-Urteil vom 2. Dezember 2004, BStBl. 2005 II S. 483). Weigert sich die Heimatbehörde, die Angaben auf der zweisprachigen Unterhaltserklärung zu bestätigen (vgl. hierzu auch Rz. 4), kann die behördliche Bestätigung zum Verwandtschaftsverhältnis, zu Name, Geburtsdatum und -ort, zur beruf-

Anl c zu R 33a.1

lichen Tätigkeit und Anschrift, zum Familienstand der unterhaltenen Person sowie zu Haushaltsmitgliedern auf anderen Dokumenten erbracht werden.

9 Der Abzug von Unterhaltsaufwendungen entfällt, wenn die Unterhaltsbedürftigkeit der unterhaltenen Person trotz entsprechender Unterhaltserklärung nicht glaubhaft ist. Dies ist der Fall, wenn die Unterhaltszahlungen nicht den gesamten Lebensbedarf der unterhaltenen Person abdecken (BFH-Urteil vom 11. November 2010, BStBl. 2011 II S. 966).

5. Unterstützung von Personen im erwerbsfähigen Alter (Erwerbsobliegenheit)

10 Bei Personen im erwerbsfähigen Alter ist davon auszugehen, dass sie ihren Lebensunterhalt durch eigene Arbeit verdienen (BFH-Urteile vom 2. Dezember 2004, BStBl. 2005 II S. 483, und vom 5. Mai 2010, BStBl. 2011 II S. 115). Hierzu hat die unterhaltene Person ihre Arbeitskraft als die ihr zur Bestreitung ihres Lebensunterhalts zur Verfügung stehende Quelle in ausreichendem Maße auszuschöpfen (sog. Erwerbsobliegenheit). Für Personen im erwerbsfähigen Alter sind daher – mangels Zwangsläufigkeit – Unterhaltsaufwendungen grundsätzlich nicht berücksichtigungsfähig. Die Erwerbsobliegenheit ist bei allen unterhaltsberechtigten Personen, die nicht unbeschränkt einkommensteuerpflichtig sind, zu prüfen. Die in R 33a.1 Absatz 2 Satz 2 i. V. m. Absatz 1 Satz 4 EStR 2012 aufgeführte Vereinfachungsregelung gilt in diesen Fällen nicht. Lediglich bei Unterhaltszahlungen an den im Ausland lebenden Ehegatten ist im Rahmen einer bestehenden Ehegemeinschaft die Erwerbsobliegenheit nicht zu prüfen (BFH-Urteil vom 5. Mai 2010, BStBl. 2011 II S. 115).

11 Der Einsatz der eigenen Arbeitskraft darf nicht gefordert werden, wenn die unterhaltene Person aus gewichtigen Gründen keiner oder nur in geringem Umfang einer Beschäftigung gegen Entgelt nachgehen kann (BFH-Urteil vom 13. März 1987, BStBl. II S. 599). Als Gründe kommen beispielsweise in Betracht:
- Alter (ab Erreichen der Regelaltersgrenze), die Regelaltersgrenze richtet sich nach den Vorschriften des deutschen Sozialrechts (BFH-Urteil vom 15. April 2015, BStBl. 2016 II S. 148),
- Behinderung,
- schlechter Gesundheitszustand,
- die Erziehung oder Betreuung von Kindern unter 6 Jahren,
- ein ernsthaft und nachhaltig betriebenes Studium oder eine Berufsausbildung,
- die Pflege von Angehörigen mit Behinderungen. Dabei ist das jederzeitige Bereitstehen für einen eventuellen Pflegeeinsatz bei Angehörigen mit Behinderungen („Pflege auf Abruf") kein Umstand, der die generelle Erwerbsobliegenheit volljähriger, sich im erwerbsfähigen Alter befindender Personen entfallen lässt (BFH-Urteil vom 15. April 2015, BStBl. 2016 II S. 148).

Eine von der zuständigen Heimatbehörde bestätigte Arbeitslosigkeit der unterhaltenen Person stellt keinen gewichtigen Grund dar.

12 Bei Personen, die noch nicht die Regelaltersgrenze nach den Vorschriften des deutschen Sozialrechts erreicht haben, aber bereits eine Rente beziehen, kann auf den Einsatz der eigenen Arbeitskraft nur dann verzichtet werden, wenn die Rente auf Grund eines schlechten Gesundheitszustandes oder einer Behinderung gezahlt wird. An den Nachweis einer Behinderung oder den Nachweis eines schlechten Gesundheitszustandes sind im Regelfall strenge Anforderungen zu stellen. Der Nachweis ist durch eine Bescheinigung des behandelnden Arztes zu führen, die mindestens Ausführungen zur Art der Krankheit, zum Krankheitsbild und den dadurch bedingten dauernden Beeinträchtigungen bzw. dem Grad der Behinderung der unterstützten Person enthalten muss. Außerdem ist anzugeben, in welchem Umfang die unterstützte Person noch in der Lage ist, einer Erwerbstätigkeit nachzugehen. Entsprechend den in Rz. 3 genannten Grundsätzen ist den Unterlagen eine deutsche Übersetzung beizufügen. Die Finanzbehörde kann nach den Umständen des Einzelfalles weitere Auskünfte oder Nachweise verlangen.

6. Nachweis von Aufwendungen für den Unterhalt

6.1. Überweisungen

Post- und Bankbelege

13 Überweisungen sind grundsätzlich durch Post- oder Bankbelege (Buchungsbestätigungen oder Kontoauszüge) nachzuweisen, die die unterhaltene Person als Empfänger ausweisen. Durch solche Unterlagen wird in der Regel in hinreichendem Maße bewiesen, wann und wie viel Geld aus dem Vermögensbereich des Steuerpflichtigen abgeflossen ist, und es kann im Allgemeinen unterstellt werden, dass diese Beträge auch in den Verfügungsbereich des Adressaten gelangen, nämlich auf dessen Bankkonto im Ausland verbucht bzw. von der Post bar ausgehändigt worden sind (BFH-Urteil vom 14. Mai 1982, BStBl. II S. 772). Für den Geldtransfer anfallende Aufwendungen (Porto, Spesen und Bearbeitungsgebühren) sind keine Unterhaltsaufwendungen.

Mehrere Personen

14 Werden mehrere Personen, die in einem gemeinsamen Haushalt leben, unterhalten, so genügt es, wenn die Überweisungsbelege auf den Namen einer dieser Personen lauten.

Abweichender Kontoinhaber

15 Bei Überweisungen auf ein nicht auf den Namen der unterhaltenen Person lautendes Konto im Ausland ist neben den inländischen Zahlungsbelegen eine Bescheinigung der Bank über die Kontovollmacht und über den Zeitpunkt, die Höhe und den Empfänger der Auszahlung erforderlich.

Ersatzbelege

16 Sind Zahlungsbelege abhandengekommen, hat der Steuerpflichtige Ersatzbelege zu beschaffen. Die hierfür anfallenden Kosten sind keine Unterhaltsaufwendungen.

6.2. Andere Zahlungswege

Allgemeines

17 Der Steuerpflichtige kann auch einen anderen Zahlungsweg wählen, wenn die so erbrachte Unterhaltsleistung in hinreichender Form nachgewiesen wird (BFH-Urteil vom 14. Mai 1982, BStBl. II S. 774). Entsprechend den unter Rz. 3, 4 dargelegten Grundsätzen sind bei baren Unterhaltszahlungen sowie bei allen anderen Zahlungswegen erhöhte Beweisanforderungen zu erfüllen. Abhebungsnachweise und detaillierte Empfängerbestätigungen (vgl. Rz. 21) sind erforderlich. Zwischen der Abhebung und der jeweiligen Geldübergabe muss ein ausreichender Sachzusammenhang (Zeitraum von höchstens zwei Wochen) bestehen. Die Durchführung der Reise ist stets anhand von Fahrkarten, Tankquittungen, Grenzübertrittsvermerken, Flugscheinen, Visa usw. nachzuweisen.

Mitnahme von Bargeld bei Familienheimfahrten

18 Erleichterungen gelten bei Familienheimfahrten des Steuerpflichtigen zu seiner von ihm unterstützten und im Ausland lebenden Familie. Eine Familienheimfahrt liegt nur vor, wenn der Steuerpflichtige seinen im Ausland lebenden Ehegatten besucht, der dort weiter den Familienhaushalt aufrechterhält. Lebt auch der Ehegatte im Inland und besucht der Steuerpflichtige nur seine im Ausland lebenden Kinder oder die eigenen Eltern, liegt keine Familienheimfahrt vor mit der Folge, dass die allgemeinen Beweisgrundsätze gelten (BFH-Urteil vom 19. Mai 2004, BStBl. 2005 II S. 24).

19 Bei Arbeitnehmern kann grundsätzlich davon ausgegangen werden, dass der Steuerpflichtige je Familienheimfahrt einen Nettomonatslohn für den Unterhalt des Ehegatten, der Kinder und anderer im Haushalt des Ehegatten lebender Angehöriger mitnimmt. Diese Beweiserleichterung gilt nur für bis zu vier im Kalenderjahr nachweislich durchgeführte Familienheimfahrten. Im Rahmen der Beweiserleichterung kann aber höchstens ein Betrag geltend gemacht werden, der sich ergibt, wenn der vierfache Nettomonatslohn um die auf andere Weise erbrachten und nachgewiesenen oder glaubhaft gemachten Zahlungen gekürzt wird (vgl. BFH-Urteil vom 4. August 1994, BStBl. 1995 II S. 114). Macht der Steuerpflichtige höhere Aufwendungen als (pauschal) den vierfachen Nettomonatslohn geltend, müssen alle Zahlungen entsprechend den allgemeinen Grundsätzen nachgewiesen werden.

Beispiel 1:

Ein Arbeitnehmer hat seinen Familienhaushalt (Ehefrau, minderjähriges Kind, kein Anspruch auf Kindergeld oder vergleichbare Leistungen) in einem Land der Ländergruppe 1 (keine Kürzung). Er hat im Kalenderjahr 2021 nachweislich zwei Heimfahrten unternommen und macht die Mitnahme von Bargeld im Wert von jeweils 1500 Euro geltend, ohne dies jedoch belegen zu können. Außerdem hat er drei Überweisungen i. H. v. jeweils 1450 Euro nachgewiesen. Sein Nettomonatslohn beläuft sich auf 1312 Euro. Die Opfergrenze kommt nicht zur Anwendung.

1. Aufwendungen für den Unterhalt:

Mitnahme von Bargeld (2 tatsächliche Familienheimfahrten × 1312 Euro, Deckelung gemäß Rz. 19 Satz 1)	2624 Euro
Überweisungen (3 × 1450 Euro)	4350 Euro
Summe	6974 Euro

2. Berechnung der abziehbaren Unterhaltsaufwendungen:

vierfacher Nettomonatslohn (1312 Euro × 4) (jährlich höchstens anzusetzen im Rahmen der Beweiserleichterung)	5248 Euro
./. anderweitig nachgewiesene Zahlungen	4350 Euro
verbleibender Betrag im Rahmen der Beweiserleichterung	898 Euro
abziehbare Unterhaltsaufwendungen (4350 Euro + 898 Euro)	5248 Euro

Geldtransfer durch eine Mittelsperson

20 Der Geldtransfer durch eine Mittelsperson (hierzu zählt auch ein neutrales gewerbliches Transportunternehmen) kann grundsätzlich nicht anerkannt werden. Dies gilt nicht, wenn wegen der besonderen Situation im Wohnsitzstaat (z. B. Krisengebiet) ausnahmsweise kein anderer Zahlungsweg möglich ist. In diesem Fall sind neben der Identität der Mittelsperson (Name und Anschrift) der genaue Reiseverlauf darzustellen sowie ein lückenloser Nachweis über die Herkunft des Geldes im Inland und über jeden einzelnen Schritt bis zur Übergabe an die unterhaltene Person zu erbringen. Die Durchführung der Reise durch eine private Mittelsperson ist stets durch Fahrkarten, Tankquittungen, Grenzübertrittsvermerke, Flugscheine, Visa usw. nachzuweisen.

Empfängerbestätigung

21 Eine Empfängerbestätigung muss für die Übergabe jedes einzelnen Geldbetrags ausgestellt werden. Sie muss den Namen und die Anschrift des Steuerpflichtigen und der unterhaltenen Person, das Datum der Ausstellung und die Unterschrift des Empfängers sowie den Ort und den Zeitpunkt der Geldübergabe enthalten. Um die ihr zugedachte Beweisfunktion zu erfüllen, muss sie Zug um Zug gegen Hingabe des Geldbetrags ausgestellt werden. Nachträglich ausgestellte oder zusammengefasste Empfängerbestätigungen erfüllen die Nachweisvoraussetzungen nicht.

7. Aufteilung einheitlicher Unterhaltsleistungen auf mehrere Personen

22 Werden Personen unterhalten, die in einem gemeinsamen Haushalt leben, sind die insgesamt nachgewiesenen bzw. glaubhaft gemachten Aufwendungen einheitlich nach Köpfen aufzuteilen, auch soweit unterhaltene Personen nicht zu den zum Abzug berechtigenden Unterhaltsempfängern (Rz. 2) gehören (BFH-Urteile vom 12. November 1993, BStBl. 1994 II S. 731, und vom 19. Juni 2002, BStBl. II S. 753). Eine Aufteilung einheitlicher Unterhaltszahlungen ist nur möglich, wenn die Unterhaltsempfänger gewissermaßen „aus einem Topf" wirtschaften (BFH-Urteil vom 30. Juni 2010, BStBl. 2011 II S. 267).

Anl c zu R 33 a.1

Beispiel 2:

Ein Steuerpflichtiger unterstützt im Kalenderjahr 2021 seine Ehefrau, sein minderjähriges Kind (Kindergeld wird gewährt), seine verwitwete Mutter und seine Schwester, die im Heimatland in einem gemeinsamen Haushalt leben, mit 6000 Euro.

Von den Aufwendungen für den Unterhalt i. H. v. 6000 Euro entfallen auf jede unterstützte Person 1500 Euro (6000 Euro : 4). Die Schwester des Steuerpflichtigen und das minderjährige Kind gehören nicht zu den zum Abzug berechtigenden Unterhaltsempfängern (Rz. 1). Abziehbar sind – vorbehaltlich anderer Abzugsbeschränkungen – lediglich die für die Ehefrau (1500 Euro) und die Mutter (1500 Euro) erbrachten Aufwendungen.

8. Unterstützung durch mehrere Personen

8.1. Unterstützung durch mehrere unbeschränkt einkommensteuerpflichtige Personen

23 Werden Aufwendungen für eine unterhaltene Person von mehreren unbeschränkt Einkommensteuerpflichtigen getragen, so wird bei jedem der Teil des sich hiernach ergebenden Betrags abgezogen, der seinem Anteil am Gesamtbetrag der Leistung entspricht (§ 33 a Absatz 1 Satz 7 EStG). Unterhaltsbeiträge von Personen, die die Voraussetzungen von § 33 a Absatz 1 Sätze 1 und 3 EStG nicht erfüllen, führen jedoch nicht zu einer anteiligen Kürzung des Höchstbetrags nach § 33 a Absatz 1 Satz 7 EStG. Sie sind als andere Einkünfte und Bezüge der unterhaltenen Person gemäß § 33 a Absatz 1 Satz 5 EStG zu berücksichtigen (BFH-Urteil vom 28. April 2020, BStBl. 2021 II S. 209).

Beispiel 3:

Vier Töchter A, B, C und D unterstützen ihren in einem Land der Ländergruppe 1 (keine Kürzung) lebenden bedürftigen Vater im Kalenderjahr 2021 mit jeweils 250 Euro monatlich.

Der Abzug der Aufwendungen für den Unterhalt von insgesamt 12 000 Euro ist auf den Höchstbetrag von *9744* Euro[1] (§ 33a Absatz 1 Satz 1 EStG) beschränkt. Dieser ist entsprechend dem Anteil der Töchter am Gesamtbetrag der Leistungen mit jeweils 2436 Euro (*9744* Euro[1]: 4) abziehbar.

8.2. Unterstützung durch eine im Inland nicht unbeschränkt einkommensteuerpflichtige Person

24 Tragen mehrere Personen zum Unterhalt bei und ist eine davon im Inland nicht unbeschränkt einkommensteuerpflichtig, wird diese bei der Aufteilung des abziehbaren Betrags nicht berücksichtigt. Deren Unterhaltsleistungen sind bei der unterhaltenen Person als Bezüge (Rz. 31) zu erfassen.

Beispiel 4:

Sachverhalt wie Beispiel 3, die Tochter D lebt jedoch in Frankreich.

Höchstbetrag (§ 33a Absatz 1 Satz 1 EStG):		*9744* Euro[1]
anrechenbare Bezüge (250 Euro × 12)	3000 Euro	
Kostenpauschale	– 180 Euro	
	2820 Euro	
anrechnungsfreier Betrag	– 624 Euro	
anzurechnende Bezüge	2196 Euro	2196 Euro
abziehbarer Höchstbetrag:		7548 Euro

Bei den Töchtern A, B und C ist wegen ihrer Leistungen in gleicher Höhe jeweils ein Betrag von 2516 Euro (7548 Euro : 3) abzuziehen.

9. Zeitanteilige Ermäßigung des Höchstbetrags

9.1. Feststellung der Monate der Unterhaltszahlungen

25 Für jeden vollen Kalendermonat, in dem die allgemeinen Voraussetzungen für den Abzug von Aufwendungen für den Unterhalt nicht vorgelegen haben, ermäßigt sich der nach Rz. 34 in Betracht kommende Höchstbetrag um ein Zwölftel (§ 33 a Absatz 3 Satz 1 EStG). Es ist deshalb festzustellen, für welche Monate Zahlungen geleistet wurden.

Beispiel 5:

Der Steuerpflichtige unterstützt seine in einem Land der Ländergruppe 1 (keine Kürzung) lebende bedürftige 70 Jahre alte Mutter durch monatliche Überweisungen von Juni bis Dezember 2021 i. H. v. jeweils 800 Euro.

nachgewiesene Aufwendungen für den Unterhalt	5600 Euro
Höchstbetrag (§ 33a Absatz 1 Satz 1 EStG)	*9744* Euro[1]
zeitanteilige Ermäßigung des Höchstbetrags um $^{5}/_{12}$ (§ 33a Absatz 3 Satz 1 EStG, erste Zahlung im Juni)	– 4060 Euro
abziehbare Aufwendungen für den Unterhalt ($^{7}/_{12}$)	5684 Euro

Es sind maximal Unterhaltsaufwendungen i. H. v. 5684 Euro abzuziehen.

9.2. Zeitliche Zuordnung der Unterhaltsaufwendungen

26 Unterhaltsaufwendungen können nur abgezogen werden, soweit sie dem laufenden Lebensbedarf der unterhaltenen Person im Kalenderjahr der Leistung dienen (BFH-Urteil vom 11. November 2010, BStBl. 2011 II S. 966).

27 Auch nur gelegentliche oder einmalige Leistungen im Kalenderjahr können Aufwendungen für den Unterhalt sein. Die Unterstützung und die Eignung der Leistungen zur Deckung des laufenden Unterhalts sind dabei besonders sorgfältig zu prüfen. Unterhaltsaufwendungen dürfen aber grundsätzlich nicht auf Monate vor ihrer Zahlung zurückbezogen werden. Dabei ist davon auszugehen, dass der Unterhaltsverpflichtete seine Zahlungen so einrichtet, dass sie zur Deckung des Lebensbedarfs der unterhaltenen Person bis zum Erhalt der nächsten Unterhaltszahlung dienen. Etwas anderes gilt, wenn damit Schulden getilgt werden, die der unterhaltenen Person in den vorangegangenen Monaten des

[1] Ab VZ 2022 beträgt der Höchstbetrag nach § 33 a Abs. 1 Satz 1 i. V. m. § 32 a Abs. 1: 10 347 €.

Anl c zu R 33a.1

Kalenderjahres durch Bestreitung von Lebenshaltungskosten entstanden sind, und wenn der Steuerpflichtige dies nachweist (BFH-Urteil vom 2. Dezember 2004, BStBl. 2005 II S. 483).

28 Soweit Zahlungen nicht ausschließlich dazu bestimmt sind, den Unterhaltsbedarf des laufenden, sondern auch des folgenden Kalenderjahres abzudecken, können die gesamten Unterhaltsaufwendungen nur im Kalenderjahr der Zahlung, nicht jedoch im folgenden Kalenderjahr berücksichtigt werden. Dabei wird zugunsten des Steuerpflichtigen unterstellt, dass die Zahlung der Bedarfsdeckung bis zum Ende des Kalenderjahres der Zahlung dient (BFH-Urteil vom 25. April 2018, BStBl. II S. 643).

Beispiel 6:

Der Steuerpflichtige überweist erstmals im Dezember 2021 einen Betrag von 3000 Euro an seinen bedürftigen Vater in einem Land der Ländergruppe 1 (keine Kürzung). Die Zahlung ist für den Unterhalt bis zum 30. Juni 2022 bestimmt. Die Unterhaltszahlung ist in 2021 abgeflossen (§ 11 Absatz 2 EStG). Die Unterhaltsaufwendungen sind mit 812 Euro ($^1/_{12}$ von 9744 Euro) abziehbar. Eine Berücksichtigung in 2022 ist nicht möglich.

9.3. Vereinfachungsregelungen

29 Aus Vereinfachungsgründen kann davon ausgegangen werden, dass
- Unterhaltsleistungen an den Ehegatten stets zur Deckung des Lebensbedarfs des gesamten Kalenderjahrs bestimmt sind;
- bei Unterhaltsleistungen an andere unterhaltene Personen die einzelne Zahlung ohne Rücksicht auf die Höhe ab dem Zeitpunkt, in dem sie geleistet wurde, zur Deckung des Lebensbedarfs der unterhaltenen Person bis zur nächsten Zahlung reicht. Dies gilt auch, wenn einzelne Zahlungen den auf einen Monat entfallenden anteiligen Höchstbetrag nicht erreichen;
- die einzige oder letzte Unterhaltsleistung im Kalenderjahr der Bedarfsdeckung bis zum Schluss des Kalenderjahrs dient;
- bei jeder nachgewiesenen Familienheimfahrt Unterhalt geleistet wird (Rz. 18, 19);
- Unterhaltsleistungen an den Ehegatten auch zum Unterhalt anderer Personen bestimmt sind, die mit diesem in einem gemeinsamen Haushalt leben (Rz. 22).

Beispiel 7:

Der Steuerpflichtige unterstützt im Kalenderjahr 2021 seine in einem Land der Ländergruppe 1 (keine Kürzung) lebende bedürftige Ehefrau durch eine einmalige Zahlung im Monat Juli i. H. v. 5000 Euro.
Es ist davon auszugehen, dass die Aufwendungen für den Unterhalt an die Ehefrau zur Deckung des Lebensbedarfs des gesamten Kalenderjahres bestimmt sind. Die Aufwendungen für den Unterhalt sind in voller Höhe (5000 Euro) abziehbar.

Beispiel 8:

Der Steuerpflichtige unterstützt seinen in einem Land der Ländergruppe 2 (Kürzung des Höchstbetrages auf $^3/_4$ bzw. 7308 Euro) lebenden bedürftigen schwerkranken Vater durch gelegentliche Überweisungen im Laufe des Kalenderjahres 2021 i. H. v. 3200 Euro, und zwar im Februar mit 1200 Euro und im November mit 2000 Euro.
Es ist aus Vereinfachungsgründen davon auszugehen, dass die Zahlung im Februar ohne Rücksicht auf die Höhe zur Deckung des Lebensbedarfs des Vaters bis zur nächsten Zahlung im November reicht. Die tatsächlich geleisteten Unterhaltszahlungen sind in voller Höhe (3200 Euro) abziehbar, da sie unter dem anteiligen Höchstbetrag von 6699 Euro ($^{11}/_{12}$ von 7308 Euro) liegen.

Beispiel 9:

Der Steuerpflichtige unterstützt im Kalenderjahr 2021 seine in einem Land der Ländergruppe 1 (keine Kürzung) lebende bedürftige 80 Jahre alte Mutter durch eine einmalige Zahlung im Monat Juli i. H. v. 5000 Euro.
Es ist davon auszugehen, dass die Aufwendungen für den Unterhalt an die Mutter der Bedarfsdeckung bis zum Schluss des Kalenderjahres dienen. Von den tatsächlichen Aufwendungen für den Unterhalt i. H. v. 5000 Euro sind jedoch unter Berücksichtigung der zeitanteiligen Kürzung des Höchstbetrags nach § 33 a Absatz 3 Satz 1 EStG lediglich 4872 Euro ($^6/_{12}$ von *9744* Euro[1]) abziehbar.

Beispiel 10:

Wie Beispiel 9, aber der Steuerpflichtige leistet vier Zahlungen i. H. v. insgesamt 10 000 Euro (je 2500 Euro im Februar, Juni, August und November).
Es ist davon auszugehen, dass von Februar an (Zeitpunkt der ersten Unterhaltsleistung) Unterhalt erbracht wurde und dass die letzte Unterhaltsleistung der Bedarfsdeckung bis zum Ende des Kalenderjahrs dient. Die tatsächlichen Aufwendungen i. H. v. 10 000 Euro sind damit unter Berücksichtigung der zeitanteiligen Kürzung des Höchstbetrags nach § 33 a Absatz 3 Satz 1 EStG lediglich i. H. v. 8932 Euro ($^{11}/_{12}$ von *9744* Euro[1]) abziehbar.

9.4. Zeitpunkt des Abflusses der Unterhaltsleistung

30 Eine Unterhaltsleistung ist in dem Zeitpunkt abgeflossen, in dem der Steuerpflichtige die wirtschaftliche Verfügungsmacht über das Geld verliert. Für Überweisungen bedeutet dies, dass die Leistung grundsätzlich mit der Abgabe des Überweisungsträgers bei der Überweisungsbank, spätestens jedoch mit der Lastschrift (Wertstellung) bei der unterstützenden Person abgeflossen ist (BFH-Urteil vom 6. März 1997, BStBl. II S. 509).

Beispiel 11:

Der Steuerpflichtige überweist mit Wertstellung 23. Dezember 2021 einen Betrag von 3000 Euro an seine bedürftige Mutter in einem Land der Ländergruppe 3 (Kürzung des Höchstbetrages auf $^1/_2$ bzw. 4872 Euro).
Das Geld wird am 6. Januar 2022 auf dem Konto der Mutter gutgeschrieben.
Die Unterhaltsleistung ist in 2021 abgeflossen (§ 11 Absatz 2 EStG). Daher sind die Unterhaltsaufwendungen als Leistungen des Monats Dezember 2021 i. H. v. 406 Euro zu berücksichtigen ($^1/_{12}$ von 4872 Euro). Eine Berücksichtigung in 2022 ist nicht möglich.

[1] Ab VZ 2022 beträgt der Höchstbetrag nach § 33 a Abs. 1 Satz 1 i. V. m. § 32 a Abs. 1: 10 347 €.

Anl c zu R 33a.1

10. Anrechnung eigener Bezüge der unterhaltenen Personen

10.1. Begriff der Bezüge

31 Bezüge sind alle Einnahmen in Geld oder Geldeswert, die nicht im Rahmen der einkommensteuerrechtlichen Einkunftsermittlung erfasst werden. Bezüge im Ausland, die – wenn sie im Inland anfielen – Einkünfte wären, sind wie inländische Einkünfte zu ermitteln. Unter Beachtung der Ländergruppeneinteilung (Rz. 35) sind Sachbezüge nach der jeweils geltenden Sozialversicherungsentgeltverordnung mit dem sich ergebenden Anteil anzusetzen. Die Kürzung nach der Ländergruppeneinteilung gilt nicht für die Werbungskosten-Pauschbeträge, den Sparer-Pauschbetrag und die Kostenpauschale (Rz. 33).

10.2. Umrechnung ausländischer Bezüge

32 Ausländische Bezüge sind in Euro umzurechnen (§ 33 a Absatz 1 Satz 8 EStG).

10.3. Berücksichtigung der Kostenpauschale

33 Bei Bezügen, die nicht wie inländische Einkünfte ermittelt werden, ist eine Kostenpauschale von 180 Euro (unabhängig von der Ländergruppeneinteilung) zu berücksichtigen, wenn nicht höhere Aufwendungen geltend gemacht werden.

Beispiel 12:

Ein Steuerpflichtiger unterstützt seine im Heimatland (Ländergruppe 2, Kürzung auf $^3/_4$) lebenden Eltern durch zwei Überweisungen am 3. April und am 6. September 2021 von jeweils 750 Euro. Der Vater erzielt im Kalenderjahr 2021 Bezüge aus gewerblicher Tätigkeit (Rz. 31) von – umgerechnet – 1000 Euro. Die Mutter bezieht eine Rente von – umgerechnet – 1440 Euro im Kalenderjahr.

1. Höhe der Aufwendungen für den Unterhalt

nachgewiesene Zahlungen		1 500 Euro

2. Berechnung der Höchstbeträge

Berechnung der Höchstbeträge:		
9744 Euro[1] × 2		19 488 Euro
zeitanteilige Ermäßigung auf $^9/_{12}$ (§ 33 a Absatz 3 Satz 1 EStG) (erste Zahlung im April)		14 616 Euro
Ermäßigung nach der Ländergruppeneinteilung auf $^3/_4$		10 962 Euro

3. Berechnung der anzurechnenden Bezüge

3.1 Bezüge aus gewerblicher Tätigkeit (Vater) im Unterstützungszeitraum anteilig: $^9/_{12}$ (April bis Dezember, § 33a Absatz 3 Satz 2 EStG)	1000 Euro	750 Euro
3.2 Renteneinnahmen (Mutter) (Erfassung der Rente in voller Höhe)	1440 Euro	
Werbungskosten-Pauschbetrag 102 Euro (für den sonstigen Einkünften vergleichbaren Rentenanteil)	– 102 Euro	
Kostenpauschale 180 Euro (für den Rentenanteil, der bei einer inländischen Rente als Bezug zu erfassen wäre)	– 180 Euro	
anzusetzende Rente	1158 Euro	
im Unterstützungszeitraum angefallen: $^9/_{12}$ (April bis Dezember, § 33 a Absatz 3 Satz 2 EStG)		868 Euro
Summe der Bezüge		1618 Euro
3.3 Summe der anteilig anzurechnenden Bezüge (April bis Dezember, § 33 a Absatz 3 Satz 2 EStG)		
anrechnungsfreier Betrag (§ 33 a Absatz 1 Satz 5 EStG): 624 Euro × 2	1248 Euro	
Kürzung nach der Ländergruppeneinteilung auf $^3/_4$	936 Euro	
im Unterstützungszeitraum anteilig zu berücksichtigen: $^9/_{12}$		– 702 Euro
Summe der anzurechnenden Bezüge		916 Euro

4. Berechnung des abziehbaren Höchstbetrags

ermäßigte zeitanteilige Höchstbeträge (Nummer 2)	10 962 Euro
anzurechnende Bezüge (Nummer 3)	– 916 Euro
abziehbarer Höchstbetrag	10 046 Euro

Abziehbar sind jedoch höchstens die nachgewiesenen Unterhaltsaufwendungen i.H.v. 1500 Euro (Nummer 1).

10.4. Unterstützungszeitraum/Schwankende Bezüge

34 Bezüge der unterhaltenen Person, die auf Kalendermonate entfallen, in denen die Voraussetzungen für die Anerkennung von Aufwendungen für den Unterhalt nicht vorliegen, vermindern nicht den ermäßigten Höchstbetrag (§ 33 a Absatz 3 Satz 2 EStG). Bei schwankenden Bezügen ist aus Vereinfachungsgründen keine monatliche Betrachtungsweise bzw. Zuordnung vorzunehmen, sondern der jeweilige Unterstützungszeitraum als Ganzes zu sehen.

11. Abzugsbeschränkungen

11.1. Verhältnisse des Wohnsitzstaates (Ländergruppeneinteilung)

35 Aufwendungen für den Unterhalt können nur abgezogen werden, soweit sie nach den Verhältnissen des Wohnsitzstaates notwendig und angemessen sind (§ 33 a Absatz 1 Satz 6 EStG). Als Maßstab gilt grundsätzlich das Pro-Kopf-Einkommen der Bevölkerung.

[1] Ab VZ 2022 beträgt der Höchstbetrag nach § 33 a Abs. 1 Satz 1 i. V. m. § 32 a Abs. 1: 10 347 €.

36 Die Ländergruppeneinteilung und die sich hiernach ergebenden Kürzungen für die einzelnen Staaten werden durch BMF-Schreiben bekannt gegeben (zuletzt durch das BMF-Schreiben vom 11. November 2020, BStBl. I S. 1212).[1]

37 Der Höchstbetrag nach § 33 a Absatz 1 Satz 1 EStG und der anrechnungsfreie Betrag nach § 33 a Absatz 1 Satz 5 EStG sind entsprechend der Ländergruppeneinteilung zu kürzen. Die Kürzung nach der Ländergruppeneinteilung gilt nicht für die zur Absicherung der unterhaltsberechtigten Person aufgewandten Beiträge zu einer Basiskranken- und Pflegeversicherung i. S. d. § 33 a Absatz 1 Satz 2 EStG.

11.2. Opfergrenzenregelung

38 Eine Abzugsbeschränkung von Unterhaltsaufwendungen kann sich auch durch die Berücksichtigung der Verhältnisse des Steuerpflichtigen selbst und die Anwendung der sog. Opfergrenze ergeben (vgl. hierzu Rz. 16–21 des BMF-Schreibens „Allgemeine Hinweise zur Berücksichtigung von Unterhaltsaufwendungen nach § 33 a Absatz 1 Einkommensteuergesetz (EStG) als außergewöhnliche Belastung“ vom 6. April 2022, BStBl. I S. 617).[2]

Beispiel 13:

Ein Steuerpflichtiger unterstützt im Kalenderjahr 2021 seine im Heimatland (Ländergruppe 1, keine Kürzung) in einem gemeinsamen Haushalt lebenden Angehörigen, und zwar seine Ehefrau, sein minderjähriges Kind (Kindergeld wird gewährt) und seine Schwiegereltern durch Unterhaltsleistungen i. H. v. 8400 Euro. Die Unterhaltsbedürftigkeit der Ehefrau und der Schwiegereltern ist nachgewiesen. Alle Personen haben keine Bezüge. Der Steuerpflichtige hat Einnahmen (Bruttoarbeitslohn, Steuererstattungen, Kindergeld) i. H. v. 28 000 Euro. Die Steuerabzugsbeträge belaufen sich auf 2500 Euro. Die Arbeitnehmerbeiträge zur Sozialversicherung belaufen sich auf 4800 Euro. An Werbungskosten sind ihm 4250 Euro entstanden.

1. Die Aufwendungen für den Unterhalt sind nach Köpfen auf alle unterstützten Personen aufzuteilen (Rz. 22). Hiernach entfallen auf jede unterstützte Person 2100 Euro (8400 Euro : 4).
2. Das minderjährige Kind, für das Kindergeld gewährt wird, gehört nicht zu den begünstigten Unterhaltsempfängern (Rz. 2). Insoweit kommt ein Abzug nicht in Betracht.
3. Für die Unterhaltsleistungen an die Ehefrau gilt die Opfergrenzenregelung nicht. Sie sind in voller Höhe (2100 Euro) abziehbar.
4. Für die Unterhaltsleistungen an die Schwiegereltern (4200 Euro) kann eine Begrenzung durch die Opfergrenzenregelung in Betracht kommen.

4.1	Berechnung des Nettoeinkommens:	
	verfügbare Einnahmen	
	(Bruttoarbeitslohn, Steuererstattungen, Kindergeld)	28 000 Euro
	Steuerabzugsbeträge	– 2500 Euro
	Arbeitnehmerbeiträge zur Sozialversicherung	– 4800 Euro
	Werbungskosten	– 4250 Euro
	verfügbares Nettoeinkommen für die Ermittlung der Opfergrenze	16 450 Euro
4.2	Berechnung der Opfergrenze:	
	1 % je volle 500 Euro des Nettoeinkommens	
	16 450 Euro abgerundet auf volle 500 Euro	
	(16 000 Euro : 500 Euro = 32)	32 %
	abzgl. je 5 %-Punkte für Ehefrau und Kind	– 10 %
	maßgebender Prozentsatz für die Berechnung der Opfergrenze	22 %
	Die Opfergrenze liegt somit bei 3619 Euro (22 % von 16 450 Euro).	
5.	Berechnung der Abzugsbeträge	
5.1	Aufwendungen für den Unterhalt an die Ehefrau:	
	nachgewiesene Zahlungen (Nummer 3)	2100 Euro
5.2	Aufwendungen für den Unterhalt an die Schwiegereltern:	
	nachgewiesene Zahlungen (Nummer 4): 4200 Euro, davon höchstens	
	zu berücksichtigen (Opfergrenze, Nummer 4.2)	3619 Euro
	Summe der abziehbaren Unterhaltsaufwendungen	5719 Euro

12. Anwendungsregelung

39 Die vorstehenden Grundsätze gelten für alle offenen Fälle und ersetzen das BMF-Schreiben vom 7. Juni 2010, BStBl. I S. 588.[3]

d) Schreiben betr. Unterhaltsleistungen nach § 33 a Absatz 1 EStG; Berücksichtigung von Personen mit einer Aufenthaltserlaubnis nach § 23 Aufenthaltsgesetz

Anl d zu R 33 a.1

Vom 27. Mai 2015 (BStBl. I S. 474)

(BMF IV C 4 – S 2285/07/0003 :006; DOK 2015/0432662)

Ergänzend zu den BMF-Schreiben vom 7. Juni 2010 (BStBl. I S. 582[3] und S. 588) gilt unter Bezugnahme auf das Ergebnis der Erörterungen mit den obersten Finanzbehörden der Länder bei Unterhaltsleistungen an Personen mit einer Aufenthalts- oder Niederlassungserlaubnis nach § 23 Aufenthaltsgesetz (AufenthG) Folgendes: 22

[1] Vorstehend abgedruckt.
[2] Abgedruckt als Anlage a zu R 33 a.1 EStR.
[3] Letztmals abgedruckt im „Handbuch zur ESt-Veranlagung 2021“ als Anlage c zu R 33 a.1 EStR.

Aufwendungen für den Unterhalt von Personen, die eine Aufenthalts- oder Niederlassungserlaubnis nach § 23 AufenthG haben, können – unabhängig von einer gesetzlichen Unterhaltsverpflichtung – nach § 33 a Absatz 1 Satz 3 EStG berücksichtigt werden.

Voraussetzung ist, dass der Steuerpflichtige eine Verpflichtungserklärung nach § 68 AufenthG abgegeben hat und sämtliche Kosten zur Bestreitung des Unterhalts übernimmt. Die Gewährung von Leistungen bei Krankheit, Schwangerschaft und Geburt nach § 4 Asylbewerberleistungsgesetz (AsylbLG) ist unschädlich. Werden Kosten durch einen Dritten (z. B. Verein) ersetzt, ist dies mindernd zu berücksichtigen.

Ist die unterhaltene Person in den Haushalt des Steuerpflichtigen aufgenommen, kann regelmäßig davon ausgegangen werden, dass hierfür Unterhaltsaufwendungen in Höhe des maßgeblichen Höchstbetrags erwachsen.

Ist die unterhaltene Person gemäß § 1 Absatz 1 Satz 1 EStG unbeschränkt steuerpflichtig, so gelten im Hinblick auf ihre Erwerbsobliegenheit die allgemeinen Grundsätze der Richtlinie R 33 a.1 Absatz 1 Satz 4 EStR 2012. Ist die unterhaltene Person nicht gemäß § 1 Absatz 1 Satz 1 EStG unbeschränkt steuerpflichtig, so gelten die allgemeinen Grundsätze des BMF-Schreibens vom 7. Juni 2010 (BStBl. I S. 588, Rz. 8 und 9).[1]

Bei einer Aufenthalts- oder Niederlassungserlaubnis nach § 23 AufenthG ordnet die oberste Landesbehörde bzw. das Bundesministerium des Innern aus völkerrechtlichen oder humanitären Gründen oder zur Wahrung politischer Interessen der Bundesrepublik Deutschland an, dass Ausländern aus bestimmten Staaten oder in sonstiger Weise bestimmten Ausländergruppen eine Aufenthalts- oder Niederlassungserlaubnis erteilt wird. Durch die behördliche Anordnung wird in besondere Weise zum Ausdruck gebracht, dass sich die Betroffenen in einer außerordentlichen Notlage befinden.

Dieses Schreiben ist ab dem Veranlagungszeitraum 2013 anzuwenden.

R 33a.2

R 33 a.2. Freibetrag zur Abgeltung des Sonderbedarfs eines sich in Berufsausbildung befindenden, auswärtig untergebrachten, volljährigen Kindes

Allgemeines

24 (1) ① Den Freibetrag nach § 33 a Abs. 2 EStG kann nur erhalten, wer für das in Berufsausbildung befindliche Kind einen Anspruch auf einen Freibetrag nach § 32 Abs. 6 EStG oder Kindergeld hat. ② Der Freibetrag nach § 33 a Abs. 2 EStG kommt daher für Kinder im Sinne des § 63 Abs. 1 EStG in Betracht.

Auswärtige Unterbringung

25 (2) ① Eine auswärtige Unterbringung im Sinne des § 33 a Abs. 2 Satz 1 EStG liegt vor, wenn ein Kind außerhalb des Haushalts der Eltern wohnt. ② Dies ist nur anzunehmen, wenn für das Kind außerhalb des Haushalts der Eltern eine Wohnung ständig bereitgehalten und das Kind auch außerhalb des elterlichen Haushalts verpflegt wird. ③ Seine Unterbringung muss darauf angelegt sein, die räumliche Selbständigkeit des Kindes während seiner ganzen Ausbildung, z. B. eines Studiums, oder eines bestimmten Ausbildungsabschnitts, z. B. eines Studiensemesters oder -trimesters, zu gewährleisten. ④ Voraussetzung ist, dass die auswärtige Unterbringung auf eine gewisse Dauer angelegt ist. ⑤ Auf die Gründe für die auswärtige Unterbringung kommt es nicht an.

H 33a.2

Auswärtige Unterbringung

27 – **Asthma.** Keine auswärtige Unterbringung des Kindes wegen Asthma (→ BFH vom 26. 6. 1992 – BStBl. 1993 II S. 212).
– **Aufwendungen für den Schulbesuch als außergewöhnliche Belastungen.** Werden die Aufwendungen für den Schulbesuch als außergewöhnliche Belastungen berücksichtigt, kann kein zusätzlicher Freibetrag nach § 33 a Abs. 2 EStG gewährt werden (→ BFH vom 12. 5. 2011 – BStBl. II S. 783).
– **Getrennte Haushalte beider Elternteile.** Auswärtige Unterbringung liegt nur vor, wenn das Kind aus den Haushalten beider Elternteile ausgegliedert ist (→ BFH vom 5. 2. 1988 – BStBl. II S. 579).
– **Haushalt des Kindes in Eigentumswohnung des Stpfl.** Auswärtige Unterbringung liegt vor, wenn das Kind in einer Eigentumswohnung des Stpfl. einen selbständigen Haushalt führt (→ BFH vom 26. 1. 1994 – BStBl. II S. 544 und vom 25. 1. 1995 – BStBl. II S. 378). Ein Freibetrag gem. § 33 a Abs. 2 EStG wegen auswärtiger Unterbringung ist ausgeschlossen, wenn die nach dem EigZulG begünstigte Wohnung als Teil eines elterlichen Haushalts anzusehen ist (→ BMF vom 21. 12. 2004 – BStBl. 2005 I S. 305, Rz. 63).[2]
– **Klassenfahrt.** Keine auswärtige Unterbringung, da es an der erforderlichen Dauer fehlt (→ BFH vom 5. 11. 1982 – BStBl. 1983 II S. 109).
– **Legasthenie.** Werden Aufwendungen für ein an Legasthenie leidendes Kind als außergewöhnliche Belastung i. S. d. § 33 EStG berücksichtigt (→ § 64 Abs. 1 Nr. 2 Buchstabe c

---

[1] Letztmals abgedruckt im "Handbuch zur ESt-Veranlagung 2021" als Anlage c zu R 33 a.1 EStR.
[2] Letztmals abgedruckt im „Handbuch zur ESt-Veranlagung 2006" Anhang **I** Nr. **1 a.**

EStDV), ist daneben ein Freibetrag nach § 33 a Abs. 2 EStG wegen auswärtiger Unterbringung des Kindes nicht möglich (→ BFH vom 26. 6. 1992 – BStBl. 1993 II S. 278).

- **Praktikum.** Keine auswärtige Unterbringung bei Ableistung eines Praktikums außerhalb der Hochschule, wenn das Kind nur dazu vorübergehend auswärtig untergebracht ist (→ BFH vom 20. 5. 1994 – BStBl. II S. 699).
- **Sprachkurs.** Keine auswärtige Unterbringung bei dreiwöchigem Sprachkurs (→ BFH vom 29. 9. 1989 – BStBl. 1990 II S. 62).
- **Verheiratetes Kind.** Auswärtige Unterbringung liegt vor, wenn ein verheiratetes Kind mit seinem Ehegatten eine eigene Wohnung bezogen hat (→ BFH vom 8. 2. 1974 – BStBl. II S. 299).

Freiwilliges soziales Jahr. Die Tätigkeit im Rahmen eines freiwilligen sozialen Jahres ist i. d. R. nicht als Berufsausbildung zu beurteilen (→ BFH vom 24. 6. 2004 – BStBl. 2006 II S. 294).

Ländergruppeneinteilung → BMF vom 11. 11. 2020 (BStBl. I S. 1212).[1]

Studiengebühren. Gebühren für die Hochschulausbildung eines Kindes sind weder nach § 33 a Abs. 2 EStG noch nach § 33 EStG als außergewöhnliche Belastung abziehbar (→ BFH vom 17. 12. 2009 – BStBl. 2010 II S. 341).

R 33 a.3. Zeitanteilige Ermäßigung nach § 33 a Abs. 3 EStG

R 33 a.3

Ansatz bei unterschiedlicher Höhe des Höchstbetrags nach § 33 a Abs. 1 EStG oder des Freibetrags nach § 33 a Abs. 2 EStG

(1) Ist in einem Kalenderjahr der Höchstbetrag nach § 33 a Abs. 1 EStG oder der Freibetrag nach § 33 a Abs. 2 EStG in unterschiedlicher Höhe anzusetzen, z. B. bei Anwendung der Ländergruppeneinteilung für einen Teil des Kalenderjahres, wird für den Monat, in dem die geänderten Voraussetzungen eintreten, der jeweils höhere Betrag angesetzt. **36**

Aufteilung der eigenen Einkünfte und Bezüge

(2) ① Der Jahresbetrag der eigenen Einkünfte und Bezüge ist für die Anwendung des § 33 a Abs. 3 Satz 2 EStG wie folgt auf die Zeiten innerhalb und außerhalb des Unterhaltszeitraums aufzuteilen: **37**

1. Einkünfte aus nichtselbständiger Arbeit, sonstige Einkünfte sowie Bezüge nach dem Verhältnis der in den jeweiligen Zeiträumen zugeflossenen Einnahmen; die Grundsätze des § 11 Abs. 1 EStG gelten entsprechend; Pauschbeträge nach § 9 a EStG und die Kostenpauschale nach R 33 a.1 Abs. 3 Satz 5 sind hierbei zeitanteilig anzusetzen;
2. andere Einkünfte auf jeden Monat des Kalenderjahrs mit einem Zwölftel.

② Der Stpfl. kann jedoch nachweisen, dass eine andere Aufteilung wirtschaftlich gerechtfertigt ist, wie es z. B. der Fall ist, wenn bei Einkünften aus selbständiger Arbeit die Tätigkeit erst im Laufe des Jahres aufgenommen wird oder wenn bei Einkünften aus nichtselbständiger Arbeit im Unterhaltszeitraum höhere Werbungskosten angefallen sind als bei verhältnismäßiger bzw. zeitanteiliger Aufteilung darauf entfallen würden.

Allgemeines

H 33 a.3

- Der Höchstbetrag für den Abzug von Unterhaltsaufwendungen (§ 33 a Abs. 1 EStG) und der Freibetrag nach § 33 a Abs. 2 EStG sowie der anrechnungsfreie Betrag nach § 33 a Abs. 1 Satz 5 EStG ermäßigen sich für jeden vollen Kalendermonat, in dem die Voraussetzungen für die Anwendung der betreffenden Vorschrift nicht vorgelegen haben, um je ein Zwölftel (§ 33 a Abs. 3 Satz 1 EStG). Erstreckt sich das Studium eines Kindes einschließlich der unterrichts- und vorlesungsfreien Zeit über den ganzen VZ, kann davon ausgegangen werden, dass beim Stpfl. in jedem Monat Aufwendungen anfallen, so dass § 33 a Abs. 3 Satz 1 EStG nicht zur Anwendung kommt (→ BFH vom 22. 3. 1996 – BStBl. 1997 II S. 30). **38**
- Eigene Einkünfte und Bezüge der unterhaltenen Person sind nur anzurechnen, soweit sie auf den Unterhaltszeitraum entfallen (§ 33 a Abs. 3 Satz 2 EStG). Leisten Eltern Unterhalt an ihren Sohn nur während der Dauer seines Wehrdienstes, unterbleibt die Anrechnung des Entlassungsgeldes nach § 9 des Wehrsoldgesetzes, da es auf die Zeit nach Beendigung des Wehrdienstes entfällt (→ BFH vom 26. 4. 1991 – BStBl. II S. 716).

Beispiel für die Aufteilung eigener Einkünfte und Bezüge auf die Zeiten innerhalb und außerhalb des Unterhaltszeitraums:

Der Stpfl. unterhält seine allein stehende im Inland lebende Mutter vom 15. April bis 15. September (Unterhaltszeitraum) mit insgesamt 3500 €. Die Mutter bezieht ganzjährig eine monatliche Rente aus der gesetzlichen Rentenversicherung von 200 € (Besteuerungsanteil 50%). Außerdem hat sie im Kj. Einkünfte aus Vermietung und Verpachtung in Höhe von 1050 €.
Höchstbetrag für das Kj. 9984 € (§ 33 a Abs. 1 Satz 1 EStG)

[1] Vorstehend abgedruckt als Anlage b zu R 33 a.1 EStR.

H 33a.3

anteiliger Höchstbetrag für April bis September (6/12 von 9984 € =)			4992 €
eigene Einkünfte der Mutter im Unterhaltszeitraum:			
Einkünfte aus Leibrenten			
Besteuerungsanteil 50% von 2400 € =	1200 €		
abzgl. Werbungskosten-Pauschbetrag (§ 9 a Satz 1 Nr. 3 EStG)	– 102 €		
Einkünfte	1098 €		
auf den Unterhaltszeitraum entfallen 6/12		549 €	
Einkünfte aus Vermietung und Verpachtung	1050 €		
auf den Unterhaltszeitraum entfallen 6/12		525 €	
S. d. E. im Unterhaltszeitraum		1074 €	
eigene Bezüge der Mutter im Unterhaltszeitraum:			
steuerfreier Teil der Rente	1200 €		
abzgl. Kostenpauschale	– 180 €		
verbleibende Bezüge	1020 €		
auf den Unterhaltszeitraum entfallen 6/12		510 €	
Summe der eigenen Einkünfte und Bezüge im Unterhaltszeitraum		1584 €	
abzgl. anteiliger anrechnungsfreier Betrag (6/12 von 624 € =)		– 312 €	
anzurechnende Einkünfte und Bezüge		1272 €	– 1272 €
abzuziehender Betrag			3720 €

Besonderheiten bei Zuschüssen. Als Ausbildungshilfe bezogene Zuschüsse jeglicher Art, z. B. Stipendien für ein Auslandsstudium aus öffentlichen oder aus privaten Mitteln, mindern die zeitanteiligen Höchstbeträge nur der Kalendermonate, für die die Zuschüsse bestimmt sind (§ 33a Abs. 3 Satz 3 EStG). Liegen bei der unterhaltenen Person sowohl eigene Einkünfte und Bezüge als auch Zuschüsse vor, die als Ausbildungshilfe nur für einen Teil des Unterhaltszeitraums bestimmt sind, dann sind zunächst die eigenen Einkünfte und Bezüge anzurechnen und sodann die Zuschüsse zeitanteilig entsprechend ihrer Zweckbestimmung.

Beispiel:

Ein über 25 Jahre altes Kind des Stpfl. B studiert während des ganzen Kj., erhält von ihm monatliche Unterhaltsleistungen i. H. v. 500 € und gehört nicht zum Haushalt des Stpfl. Verlängerungstatbestände nach § 32 Abs. 5 EStG liegen nicht vor. Dem Kind fließt in den Monaten Januar bis Juni Arbeitslohn von 3400 € zu, die Werbungskosten übersteigen nicht den Arbeitnehmer-Pauschbetrag. Für die Monate Juli bis Dezember bezieht es ein Stipendium aus öffentlichen Mitteln von 6000 €.

ungekürzter Höchstbetrag nach § 33 a Abs. 1 EStG für das Kj.			9984 €
Arbeitslohn		3400 €	
abzgl. Arbeitnehmer-Pauschbetrag		– 1000 €	
Einkünfte aus nichtselbständiger Arbeit		2400 €	
anrechnungsfreier Betrag		– 624 €	
anzurechnende Einkünfte		1776 €	– 1776 €
verminderter Höchstbetrag nach § 33 a Abs. 1 EStG			8208 €
zeitanteiliger verminderter Höchstbetrag für Jan.–Juni (6/12 von 8208 €)			4104 €
Unterhaltsleistungen Jan.–Juni (6 × 500 €)			3000 €
abzugsfähige Unterhaltsleistungen Januar–Juni			3000 €
zeitanteiliger verminderter Höchstbetrag nach § 33 a Abs. 1 EStG für Juli–Dezember			4104 €
Ausbildungszuschuss (Auslandsstipendium)		6000 €	
abzgl. Kostenpauschale		– 180 €	
anzurechnende Bezüge		5820 €	– 5820 €
Höchstbetrag nach § 33 a Abs. 1 EStG für Juli–Dezember			0 €
abzugsfähige Unterhaltsleistungen Juli–Dezember			0 €

EStG

§ 33b[1] Pauschbeträge für Menschen mit Behinderungen, Hinterbliebene und Pflegepersonen

(1) ① Wegen der Aufwendungen für die Hilfe bei den gewöhnlichen und regelmäßig wiederkehrenden Verrichtungen des täglichen Lebens, für die Pflege sowie für einen erhöhten Wäschebedarf können Menschen mit Behinderungen unter den Voraussetzungen des Absatzes 2 anstelle einer Steuerermäßigung nach § 33 einen Pauschbetrag nach Absatz 3 geltend machen (Behinderten-Pauschbetrag). ② Das Wahlrecht kann für die genannten Aufwendungen im jeweiligen Veranlagungszeitraum nur einheitlich ausgeübt werden. 1

(2) Einen Pauschbetrag erhalten Menschen, deren Grad der Behinderung auf mindestens 20 festgestellt ist, sowie Menschen, die hilflos im Sinne des Absatzes 3 Satz 4 sind. 2

(3) ① Die Höhe des Pauschbetrags nach Satz 2 richtet sich nach dem dauernden Grad der Behinderung. ② Als Pauschbetrag werden gewährt bei einem Grad der Behinderung von mindestens: 3

20	**384 Euro,**
30	**620 Euro,**
40	**860 Euro,**
50	**1140 Euro,**
60	**1440 Euro,**
70	**1780 Euro,**
80	**2120 Euro,**
90	**2460 Euro,**
100	**2840 Euro.**

③ Menschen, die hilflos im Sinne des Satzes 4 sind, Blinde und Taubblinde erhalten einen Pauschbetrag von 7400 Euro; in diesem Fall kann der Pauschbetrag nach Satz 2 nicht zusätzlich in Anspruch genommen werden. ④ Hilflos ist eine Person, wenn sie für eine Reihe von häufig und regelmäßig wiederkehrenden Verrichtungen zur Sicherung ihrer persönlichen Existenz im Ablauf eines jeden Tages fremder Hilfe dauernd bedarf. ⑤ Diese Voraussetzungen sind auch erfüllt, wenn die Hilfe in Form einer Überwachung oder einer Anleitung zu den in Satz 4 genannten Verrichtungen erforderlich ist oder wenn die Hilfe zwar nicht dauernd geleistet werden muss, jedoch eine ständige Bereitschaft zur Hilfeleistung erforderlich ist.

(4)[2] ① Personen, denen laufende Hinterbliebenenbezüge bewilligt worden sind, erhalten auf Antrag einen Pauschbetrag von 370 Euro (Hinterbliebenen-Pauschbetrag), wenn die Hinterbliebenenbezüge geleistet werden 4

1. nach dem Bundesversorgungsgesetz oder einem anderen Gesetz, das die Vorschriften des Bundesversorgungsgesetzes über Hinterbliebenenbezüge für entsprechend anwendbar erklärt, oder

2. nach den Vorschriften über die gesetzliche Unfallversicherung oder

3. nach den beamtenrechtlichen Vorschriften an Hinterbliebene eines an den Folgen eines Dienstunfalls verstorbenen Beamten oder

4. nach den Vorschriften des Bundesentschädigungsgesetzes über die Entschädigung für Schäden an Leben, Körper oder Gesundheit.

② Der Pauschbetrag wird auch dann gewährt, wenn das Recht auf die Bezüge ruht oder der Anspruch auf die Bezüge durch Zahlung eines Kapitals abgefunden worden ist.

(5) ① Steht der Behinderten-Pauschbetrag oder der Hinterbliebenen-Pauschbetrag einem Kind zu, für das der Steuerpflichtige Anspruch auf einen Freibetrag nach § 32 Absatz 6 oder auf Kindergeld hat, so wird der Pauschbetrag auf Antrag auf den Steuerpflichtigen übertragen, wenn ihn das Kind nicht in Anspruch nimmt. ② Dabei ist der Pauschbetrag grundsätzlich auf beide Elternteile je zur Hälfte aufzuteilen, es sei denn, der Kinderfreibetrag wurde auf den anderen Elternteil übertragen. ③ Auf gemeinsamen Antrag der Eltern ist eine andere Aufteilung möglich. ④ In diesen Fällen besteht für Aufwendungen, für die der Behinderten-Pauschbetrag gilt, kein Anspruch auf eine Steuerermäßigung nach § 33. ⑤ Voraussetzung für die Übertragung nach Satz 1 ist die Angabe der erteilten Identifikationsnummer (§ 139 b der Abgabenordnung) des Kindes in der Einkommensteuererklärung des Steuerpflichtigen. 5

(6) ① Wegen der außergewöhnlichen Belastungen, die einem Steuerpflichtigen durch die Pflege einer Person erwachsen, kann er anstelle einer Steuerermäßigung nach § 33 einen Pauschbetrag geltend machen (Pflege-Pauschbetrag), wenn er dafür 6

---

[1] Zur erstmaligen Anwendung siehe § 52 Abs. 33 c EStG.

[2] **Zur Fassung von Abs. 4 Satz 1 Nr. 1 ab 1. 1. 2024 und Abs. 4 Satz 1 Nr. 5 ab 1. 1. 2025 siehe in der geschlossenen Wiedergabe.**

keine Einnahmen im Kalenderjahr erhält und der Steuerpflichtige die Pflege entweder in seiner Wohnung oder in der Wohnung des Pflegebedürftigen persönlich durchführt und diese Wohnung in einem Mitgliedstaat der Europäischen Union oder in einem Staat gelegen ist, auf den das Abkommen über den Europäischen Wirtschaftsraum anzuwenden ist. ② Zu den Einnahmen nach Satz 1 zählt unabhängig von der Verwendung nicht das von den Eltern eines Kindes mit Behinderungen für dieses Kind empfangene Plfegegeld. ③ Als Pflege-Pauschbetrag wird gewährt:

1. bei Pflegegrad 2 600 Euro,
2. bei Pflegegrad 3 1100 Euro,
3. bei Pflegegrad 4 oder 5 1800 Euro.

④ Ein Pflege-Pauschbetrag nach Satz 3 Nummer 3 wird auch gewährt, wenn die gepflegte Person hilflos im Sinne des § 33 b Absatz 3 Satz 4 ist. ⑤ Bei erstmaliger Feststellung, Änderung oder Wegfall des Pflegegrads im Laufe des Kalenderjahres ist der Pflege-Pauschbetrag nach dem höchsten Grad zu gewähren, der im Kalenderjahr festgestellt war. ⑥ Gleiches gilt, wenn die Person die Voraussetzungen nach Satz 4 erfüllt. ⑦ Sind die Voraussetzungen nach Satz 4 erfüllt, kann der Pauschbetrag nach Satz 3 Nummer 1 und 2 nicht zusätzlich in Anspruch genommen werden. ⑧ Voraussetzung für die Gewährung des Pflege-Pauschbetrags ist die Angabe der erteilten Identifikationsnummer (§ 139 b der Abgabenordnung) der gepflegten Person in der Einkommensteuererklärung des Steuerpflichtigen. ⑨ Wird ein Pflegebedürftiger von mehreren Steuerpflichtigen im Veranlagungszeitraum gepflegt, wird der Pflege-Pauschbetrag nach der Zahl der Pflegepersonen, bei denen die Voraussetzungen der Sätze 1 bis 4 vorliegen, geteilt.

7 (7) **Die Bundesregierung wird ermächtigt, durch Rechtsverordnung mit Zustimmung des Bundesrates zu bestimmen, wie nachzuweisen ist, dass die Voraussetzungen für die Inanspruchnahme der Pauschbeträge vorliegen.**

8 (8) **Die Vorschrift des § 33 b Absatz 6 ist ab Ende des Kalenderjahres 2026 zu evaluieren.**

EStDV

§ 64 *[abgedruckt bei § 33 EStG]*

§ 65 ***Nachweis der Behinderung und des Pflegegrads***

10 *(1)[1] Den Nachweis einer Behinderung hat der Steuerpflichtige zu erbringen:*

1. bei einer Behinderung, deren Grad auf mindestens 50 festgestellt ist, durch Vorlage eines Ausweises nach dem Neunten Buch Sozialgesetzbuch oder eines Bescheides der nach § 152 Absatz 1 des Neunten Buches Sozialgesetzbuch zuständigen Behörde,

2. bei einer Behinderung, deren Grad auf weniger als 50, aber mindestens 20 festgestellt ist,

a) durch eine Bescheinigung oder einen Bescheid der nach § 152 Absatz 1 des Neunten Buches Sozialgesetzbuch zuständigen Behörde oder,

b) wenn ihm wegen seiner Behinderung nach den gesetzlichen Vorschriften Renten oder andere laufende Bezüge zustehen, durch den Rentenbescheid oder den die anderen laufenden Bezüge nachweisenden Bescheid.

11 *(2) ① Die gesundheitlichen Merkmale „blind" und „hilflos" hat der Steuerpflichtige durch einen Ausweis nach dem Neunten Buch Sozialgesetzbuch, der mit den Merkzeichen „Bl" oder „H" gekennzeichnet ist, oder durch einen Bescheid der nach § 152 Absatz 1 des Neunten Buches Sozialgesetzbuch zuständigen Behörde, der die entsprechenden Feststellungen enthält, nachzuweisen. ② Dem Merkzeichen „H" steht die Einstufung als pflegebedürftige Person mit schwersten Beeinträchtigungen der Selbständigkeit oder der Fähigkeiten in die Pflegegrade 4 oder 5 nach dem Elften Buch Sozialgesetzbuch, dem Zwölften Buch Sozialgesetzbuch oder diesen entsprechenden gesetzlichen Bestimmungen gleich.*

11a *(2 a) Den Nachweis der Einstufung in einen Pflegegrad nach dem Elften Buch Sozialgesetzbuch, dem Zwölften Buch Sozialgesetzbuch oder diesen entsprechenden gesetzlichen Bestimmungen hat der Steuerpflichtige durch Vorlage des entsprechenden Bescheides nachzuweisen.*

12 *(3) ① Die Gewährung des Behinderten-Pauschbetrags setzt voraus, dass der Antragsteller Inhaber gültiger Unterlagen nach den Absätzen 1 und 2 ist. ② Bei erstmaliger Geltendmachung des Pauschbetrags oder bei Änderung der Verhältnisse hat der Steuerpflichtige die Unterlagen nach den Absätzen 1 und 2 zusammen mit seiner Steuererklärung oder seinem Antrag auf Lohnsteuerermäßigung, ansonsten auf Anforderung des Finanzamts vorzulegen.*

12a *(3 a)[2] ① Die Gewährung des Behinderten-Pauschbetrags setzt voraus, dass die für die Feststellung einer Behinderung zuständige Stelle als mitteilungspflichtige Stelle ihre Feststellungen zur Behinderung nach den Absätzen 1 und 2 nach Maßgabe des § 93 c der Abgabenordnung an die für die Besteuerung des Antragstellers zuständige Finanzbehörde übermittelt hat. ② Die nach Satz 1 mitteilungspflichtige Stelle hat ihre Feststellungen auf schriftlichen oder elektronischen Antrag derjenigen Person, die diese Feststellungen*

[1] Zur Anwendung siehe § 84 Abs. 3 g Satz 1 EStG.
[2] Zur erstmaligen Anwendung siehe § 84 Abs. 3 g Satz 2 bis 4 und Satz 6 EStDV.

begehrt, an die nach Satz 1 zuständige Finanzbehörde zu übermitteln. ③ *Die Person hat der mitteilungspflichtigen Stelle zu diesem Zweck ihre Identifikationsnummer (§ 139b der Abgabenordnung) mitzuteilen.* ④ *Neben den nach § 93c Absatz 1 der Abgabenordnung zu übermittelnden Daten sind zusätzlich folgende Daten zu übermitteln:*

1. *der Grad der Behinderung,*
2. *die Feststellung weiterer gesundheitlicher Merkmale (Merkzeichen):*
   a) *G (erheblich gehbehindert),*
   b) *aG (außergewöhnlich gehbehindert),*
   c) *B (ständige Begleitung notwendig),*
   d) *H (hilflos),*
   e) *Bl (blind),*
   f) *Gl (gehörlos),*
3. *die Feststellung, dass die Behinderung zu einer dauernden Einbuße der körperlichen Beweglichkeit geführt hat,*
4. *die Feststellung, dass die Behinderung auf einer typischen Berufskrankheit beruht,*
5. *die Einstufung als pflegebedürftige Person mit schwersten Beeinträchtigungen der Selbständigkeit oder der Fähigkeiten in den Pflegegraden 4 oder 5,*
6. *die Dauer der Gültigkeit der Feststellung.*

⑤ *Die mitteilungspflichtige Stelle hat jede Änderung der Feststellungen nach Satz 4 abweichend von § 93c Absatz 1 Nummer 1 der Abgabenordnung unverzüglich zu übermitteln.* ⑥ *§ 72a Absatz 4, § 93c Absatz 1 Nummer 3 und Absatz 4 sowie § 203a der Abgabenordnung finden keine Anwendung.*

(4) ① *Ist der Mensch mit Behinderungen verstorben und kann sein Rechtsnachfolger die Unterlagen nach den Absätzen 1 und 2 nicht vorlegen, so genügt zum Nachweis eine gutachtliche Stellungnahme der nach § 152 Absatz 1 des Neunten Buches Sozialgesetzbuch zuständigen Behörde.* ② *Diese Stellungnahme hat die Finanzbehörde einzuholen.* **13**

§§ 66 *und* 67 *(weggefallen)*

R 33b. Pauschbeträge für behinderte Menschen[1], Hinterbliebene und Pflegepersonen

R 33b

(1) ① Ein Pauschbetrag für behinderte Menschen[1], der Hinterbliebenen-Pauschbetrag und der Pflege-Pauschbetrag können mehrfach gewährt werden, wenn mehrere Personen die Voraussetzungen erfüllen (z. B. Stpfl., Ehegatte, Kind), oder wenn eine Person die Voraussetzungen für verschiedene Pauschbeträge erfüllt. ② Mit dem Pauschbetrag für behinderte Menschen[1] werden die laufenden und typischen Aufwendungen für die Hilfe bei den gewöhnlichen und regelmäßig wiederkehrenden Verrichtungen des täglichen Lebens, für die Pflege sowie für einen erhöhten Wäschebedarf abgegolten. ③ Es handelt sich um Aufwendungen, die behinderten Menschen[1] erfahrungsgemäß durch ihre Krankheit bzw. Behinderung entstehen und deren alleinige behinderungsbedingte Veranlassung nur schwer nachzuweisen ist. ④ Alle übrigen behinderungsbedingten Aufwendungen (z. B. Operationskosten sowie Heilbehandlungen, Kuren, Arznei- und Arztkosten, → Fahrtkosten) können daneben als außergewöhnliche Belastung nach § 33 EStG berücksichtigt werden. **16**

(2) Unabhängig von einer Übertragung des Behinderten-Pauschbetrags nach § 33b Abs. 5 EStG können Eltern ihre eigenen zwangsläufigen Aufwendungen für ein behindertes Kind[2] nach § 33 EStG abziehen.[3] **17**

(3) Eine Übertragung des Pauschbetrages für behinderte Menschen[1] auf die Eltern eines Kindes mit Wohnsitz oder gewöhnlichem Aufenthalt im Ausland ist nur möglich, wenn das Kind als unbeschränkt steuerpflichtig behandelt wird (insbesondere § 1 Abs. 3 Satz 2, 2. Halbsatz EStG ist zu beachten). **18**

(4) Ein Stpfl. führt die Pflege auch dann noch persönlich durch, wenn er sich zur Unterstützung zeitweise einer ambulanten Pflegekraft bedient. **19**

(5) § 33b Abs. 6 Satz 6 EStG gilt auch, wenn nur ein Stpfl. den Pflege-Pauschbetrag tatsächlich in Anspruch nimmt. **20**

(6) Der Pflege-Pauschbetrag nach § 33b Abs. 6 EStG kann neben dem nach § 33b Abs. 5 EStG vom Kind auf die Eltern übertragenen Pauschbetrag für behinderte Menschen[1] in Anspruch genommen werden. **21**

(7) Beiträge zur Rentenversicherung, Kranken- und Pflegeversicherung der pflegenden Person, die die Pflegekasse übernimmt, führen nicht zu Einnahmen i. S. d. § 33b Abs. 6 Satz 1 EStG. **21a**

---

[1] Jetzt: Menschen mit Behinderungen.
[2] Jetzt: Kind mit Behinderungen.
[3] Siehe auch *BFH-Urteil vom 11. 2. 2010 VI R 61/08 (BStBl. II S. 621):*
Mit dem Behinderten-Pauschbetrag werden nur die Aufwendungen des behinderten Kindes abgegolten. Daher können Eltern ihre eigenen zwangsläufigen Aufwendungen für ein behindertes Kind nach § 33 EStG geltend machen, auch wenn der Behinderten-Pauschbetrag nicht auf sie übertragen worden ist.

22 (8) ① Bei Beginn, Änderung oder Wegfall der Behinderung im Laufe eines Kalenderjahres ist stets der Pauschbetrag nach dem höchsten Grad zu gewähren, der im Kalenderjahr festgestellt war. ② Eine Zwölftelung ist nicht vorzunehmen. ③ Dies gilt auch für den Hinterbliebenen- und Pflege-Pauschbetrag.

22a (9) Der Nachweis der Behinderung nach § 65 Abs. 1 Nr. 2 Buchstabe a EStDV gilt als geführt, wenn die dort genannten Bescheinigungen behinderten Menschen[1] nur noch in elektronischer Form übermittelt werden und der Ausdruck einer solchen elektronisch übermittelten Bescheinigung vom Stpfl. vorgelegt wird.

H 33b

23 **Allgemeines**

- Zur Behinderung i. S. d. § 33b EStG → § 152 SGB IX, zur Hilflosigkeit → § 33b Abs. 3 EStG, zur Pflegebedürftigkeit → R 33.3 Abs. 1.
- Verwaltungsakte, die die Voraussetzungen für die Inanspruchnahme der Pauschbeträge feststellen (→ § 65 EStDV), sind Grundlagenbescheide i. S. d. § 171 Abs. 10 Satz 2 AO i. d. F. des ZollkodexAnpG vom 22. 12. 2014, BStBl. I S. 2417) und § 175 Abs. 1 Satz 1 Nr. 1 AO. Auf Grund eines solchen Bescheides ist ggf. eine Änderung früherer Steuerfestsetzungen hinsichtlich der Anwendung des § 33b EStG nach § 175 Abs. 1 Satz 1 Nr. 1 AO unabhängig davon vorzunehmen, ob ein Antrag i. S. d. § 33b Abs. 1 EStG für den VZ dem Grunde nach bereits gestellt worden ist. Die Festsetzungsfrist des Einkommensteuerbescheides wird jedoch nur insoweit nach § 171 Abs. 10 Satz 1 AO gehemmt, wie der Grundlagenbescheid vor Ablauf der Festsetzungsfrist des Einkommensteuerbescheides bei der zuständigen Behörde beantragt worden ist.

Aufteilung des übertragenen Pauschbetrags für Menschen mit Behinderungen → BMF vom 28. 6. 2013 (BStBl. I S. 845).[2]

Hinterbliebenen-Pauschbetrag. Zu den Gesetzen, die das BVG für entsprechend anwendbar erklären (§ 33b Abs. 4 Nr. 1 EStG), gehören:
- das Soldatenversorgungsgesetz (→ § 80),
- das ZDG (→ § 47),
- das Häftlingshilfegesetz (→ §§ 4 und 5),
- das Gesetz über die Unterhaltsbeihilfe für Angehörige von Kriegsgefangenen (→ § 3),
- das Gesetz über die Bundespolizei (→ § 59 Abs. 1 i. V. m. dem Soldatenversorgungsgesetz),
- das Gesetz über das Zivilschutzkorps (→ § 46 i. V. m. dem Soldatenversorgungsgesetz),
- das Gesetz zur Regelung der Rechtsverhältnisse der unter Artikel 131 GG fallenden Personen (→ §§ 66, 66a),
- das Gesetz zur Einführung des Bundesversorgungsgesetzes im Saarland (→ § 5 Abs. 1),
- das Infektionsschutzgesetz (→ § 63),
- das Gesetz über die Entschädigung für Opfer von Gewalttaten (→ § 1 Abs. 1).

Nachweis der Behinderung
- Der Nachweis für die Voraussetzungen eines Pauschbetrages ist gem. § 65 EStDV zu führen (zum Pflege-Pauschbetrag → BFH vom 20. 2. 2003 – BStBl. II S. 476). Nach § 152 Abs. 1 SGB IX zuständige Behörden sind die für die Durchführung des Bundesversorgungsgesetzes zuständigen Behörden (Versorgungsämter) und die gem. § 152 Abs. 1 Satz 7 SGB IX nach Landesrecht für zuständig erklärten Behörden.
- Zum Nachweis der Behinderung von in Deutschland nicht steuerpflichtigen Kindern → BMF vom 8. 8. 1997 (BStBl. I S. 1016).
- An die für die Gewährung des Pauschbetrags für Menschen mit Behinderungen und des Pflege-Pauschbetrags vorzulegenden Bescheinigungen, Ausweise oder Bescheide sind die Finanzbehörden gebunden (→ BFH vom 5. 2. 1988 – BStBl. II S. 436).
- Bei den Nachweisen nach § 65 Abs. 1 Nr. 2 Buchstabe b EStDV kann es sich z. B. um Rentenbescheide des Versorgungsamtes oder eines Trägers der gesetzlichen Unfallversicherung oder bei Beamten, die Unfallruhegeld beziehen, um einen entsprechenden Bescheid ihrer Behörde handeln. Der Rentenbescheid eines Trägers der gesetzlichen Rentenversicherung der Arbeiter und Angestellten genügt nicht (→ BFH vom 25. 4. 1968 – BStBl. II S. 606).

Neben den Pauschbeträgen für Menschen mit Behinderungen zu berücksichtigende Aufwendungen. Folgende Aufwendungen können neben den Pauschbeträgen für Menschen mit Behinderungen als außergewöhnliche Belastung nach § 33 EStG berücksichtigt werden:
- Operationskosten, Kosten für Heilbehandlungen, Arznei- und Arztkosten (→ R 33b Abs. 1 EStR),
- Kraftfahrzeugkosten → § 33 Abs. 2a und → R 33b Abs. 1 Satz 4 EStR,
- Führerscheinkosten für ein schwer geh- und stehbehindertes Kind (→ BFH vom 26. 3. 1993 – BStBl. II S. 749),
- Kosten für eine Heilkur (→ BFH vom 11. 12. 1987 – BStBl. 1988 II S. 275, → H 33.1–33.4 (Kur) sowie → R 33.4 Abs. 1 und 3),

[1] Jetzt: Menschen mit Behinderungen.
[2] Abgedruckt als Anlage a zu H 32.13.

H 33b

- Schulgeld für den Privatschulbesuch des Kindes mit Behinderungen → H 33.1–33.4 (Schulbesuch) und → R 33.4 Abs. 2 sowie
- Kosten für die behindertengerechte Ausgestaltung des eigenen Wohnhauses (→ R 33.4 Abs. 5 und H 33.1–33.4 – Behindertengerechte Ausstattung).

Pflegebedürftigkeit → R 33.3 Abs. 1.

Pflege-Pauschbetrag[1]
- Eine sittliche Verpflichtung zur Pflege ist anzuerkennen, wenn eine enge persönliche Beziehung zu der gepflegten Person besteht (→ BFH vom 29. 8. 1996 – BStBl. 1997 II S. 199).
- Die Funktion als amtlich bestellter Betreuer führt für sich gesehen nicht dazu, dass dem Betreuer die Pflege des Betreuten zwangsläufig i. S. d. § 33 Abs. 2 EStG erwächst. Der Pflege-Pauschbetrag kann daher nur gewährt werden, wenn eine darüber hinausgehende enge persönliche Beziehung zum Betreuten besteht (→ BFH vom 4. 9. 2019 – BStBl. 2020 II S. 97).
- Der Pflege-Pauschbetrag nach § 33b Abs. 6 EStG ist nicht nach der Zahl der Personen aufzuteilen, welche bei ihrer Einkommensteuerveranlagung die Berücksichtigung eines Pflege-Pauschbetrages begehren, sondern nach der Zahl der Stpfl., welche eine hilflose Person in ihrer Wohnung oder in der Wohnung des Pflegebedürftigen tatsächlich persönlich gepflegt haben (→ BFH vom 14. 10. 1997 – BStBl. 1998 II S. 20).
- Abgesehen von der Pflege durch Eltern (§ 33b Abs. 6 Satz 2 EStG) schließen Einnahmen der Pflegeperson für die Pflege unabhängig von ihrer Höhe die Gewährung des Pflege-Pauschbetrags aus. Hierzu gehört i. d. R. auch das weitergeleitete Pflegegeld. Der Ausschluss von der Gewährung des Pflege-Pauschbetrags gilt nicht, wenn das Pflegegeld lediglich treuhänderisch für den Pflegebedürftigen verwaltet wird und damit ausschließlich Aufwendungen des Pflegebedürftigen bestritten werden. In diesem Fall muss die Pflegeperson die konkrete Verwendung des Pflegegeldes nachweisen und ggf. nachträglich noch eine Vermögenstrennung durchführen (→ BFH vom 21. 3. 2002 – BStBl. II S. 417). Die dem amtlich bestellten Betreuer gewährte Aufwandsentschädigung ist keine Einnahme für die Pflege der betreuten Person i. S. d. § 33b Abs. 6 Satz 1 EStG (→ BFH vom 4. 9. 2019 – BStBl. 2020 II S. 97).

Übertragung des Pauschbetrags von einem im Ausland lebenden Kind. Der Pauschbetrag nach § 33b Abs. 3 EStG für ein behindertes Kind kann nicht nach § 33b Abs. 5 EStG auf einen im Inland unbeschränkt steuerpflichtigen Elternteil übertragen werden, wenn das Kind im Ausland außerhalb eines EU/EWR-Mitgliedstaates seinen Wohnsitz oder gewöhnlichen Aufenthalt hat und im Inland keine eigenen Einkünfte erzielt (→ BFH vom 2. 6. 2005 – BStBl. II S. 828; → auch R 33b Abs. 3).

---

[1] Zur Frage, ob Beiträge/Zuschüsse der Pflegekasse zur gesetzlichen Sozialversicherung der Pflegeperson Einnahmen i. S. d. § 33b Abs. 6 Satz 1 EStG sind, siehe *Vfg. BayLfSt vom 20. 7. 2010 S 2286.1.1-1/2 St 32 (DStR S. 1843).*

EStG

§ 34 Außerordentliche Einkünfte

1 (1) ① **Sind in dem zu versteuernden Einkommen außerordentliche Einkünfte enthalten, so ist die auf alle im Veranlagungszeitraum bezogenen außerordentlichen Einkünfte entfallende Einkommensteuer nach den Sätzen 2 bis 4 zu berechnen.** ② **Die für die außerordentlichen Einkünfte anzusetzende Einkommensteuer beträgt das Fünffache des Unterschiedsbetrags zwischen der Einkommensteuer für das um diese Einkünfte verminderte zu versteuernde Einkommen (verbleibendes zu versteuerndes Einkommen) und der Einkommensteuer für das verbleibende zu versteuernde Einkommen zuzüglich eines Fünftels dieser Einkünfte.** ③ **Ist das verbleibende zu versteuernde Einkommen negativ und das zu versteuernde Einkommen positiv, so beträgt die Einkommensteuer das Fünffache der auf ein Fünftel des zu versteuernden Einkommens entfallenden Einkommensteuer.** ④ **Die Sätze 1 bis 3 gelten nicht für außerordentliche Einkünfte im Sinne des Absatzes 2 Nummer 1, wenn der Steuerpflichtige auf diese Einkünfte ganz oder teilweise § 6 b oder § 6 c anwendet.**

2 (2) **Als außerordentliche Einkünfte kommen nur in Betracht:**

1. **Veräußerungsgewinne im Sinne der §§ 14, 14 a Absatz 1, der §§ 16 und 18 Absatz 3 mit Ausnahme des steuerpflichtigen Teils der Veräußerungsgewinne, die nach § 3 Nummer 40 Buchstabe b in Verbindung mit § 3 c Absatz 2 teilweise steuerbefreit sind;**
2. **Entschädigungen im Sinne des § 24 Nummer 1;**
3. **Nutzungsvergütungen und Zinsen im Sinne des § 24 Nummer 3, soweit sie für einen Zeitraum von mehr als drei Jahren nachgezahlt werden;**
4. **Vergütungen für mehrjährige Tätigkeiten; mehrjährig ist eine Tätigkeit, soweit sie sich über mindestens zwei Veranlagungszeiträume erstreckt und einen Zeitraum von mehr als zwölf Monaten umfasst.**

3 (3) ① **Sind in dem zu versteuernden Einkommen außerordentliche Einkünfte im Sinne des Absatzes 2 Nummer 1 enthalten, so kann auf Antrag abweichend von Absatz 1 die auf den Teil dieser außerordentlichen Einkünfte, der den Betrag von insgesamt 5 Millionen Euro nicht übersteigt, entfallende Einkommensteuer nach einem ermäßigten Steuersatz bemessen werden, wenn der Steuerpflichtige das 55. Lebensjahr vollendet hat oder wenn er im sozialversicherungsrechtlichen Sinne dauernd berufsunfähig ist.** ② **Der ermäßigte Steuersatz beträgt 56 Prozent des durchschnittlichen Steuersatzes, der sich ergäbe, wenn die tarifliche Einkommensteuer nach dem gesamten zu versteuernden Einkommen zuzüglich der dem Progressionsvorbehalt unterliegenden Einkünfte zu bemessen wäre, mindestens jedoch 14 Prozent.** ③ **Auf das um die in Satz 1 genannten Einkünfte verminderte zu versteuernde Einkommen (verbleibendes zu versteuerndes Einkommen) sind vorbehaltlich des Absatzes 1 die allgemeinen Tarifvorschriften anzuwenden.** ④ [1]**Die Ermäßigung nach den Sätzen 1 bis 3 kann der Steuerpflichtige nur einmal im Leben in Anspruch nehmen.** ⑤ **Erzielt der Steuerpflichtige in einem Veranlagungszeitraum mehr als einen Veräußerungs- oder Aufgabegewinn im Sinne des Satzes 1, kann er die Ermäßigung nach den Sätzen 1 bis 3 nur für einen Veräußerungs- oder Aufgabegewinn beantragen.** ⑥ **Absatz 1 Satz 4 ist entsprechend anzuwenden.**

Übersicht

R 34.1

R 34.1. Umfang der steuerbegünstigten Einkünfte

6 (1) ① § 34 Abs. 1 EStG ist grundsätzlich bei allen Einkunftsarten anwendbar. ② § 34 Abs. 3 EStG ist nur auf Einkünfte im Sinne des § 34 Abs. 2 Nr. 1 EStG anzuwenden. ③ Die von der

[1] Zur zeitlichen Anwendung siehe § 52 Abs. 47 Satz 8 EStG i. d. F. vor dem Gesetz zur Anpassung des nationalen Steuerrechts an den Beitritt Kroatiens zur EU und zur Änderung weiterer steuerlicher Vorschriften.

Summe der Einkünfte, dem Gesamtbetrag der Einkünfte und dem Einkommen abzuziehenden Beträge sind zunächst bei den nicht nach § 34 EStG begünstigten Einkünften zu berücksichtigen. ④ Liegen die Voraussetzungen für die Steuerermäßigung nach § 34 Abs. 1 EStG und § 34 Abs. 3 EStG nebeneinander vor, ist eine Verrechnung der noch nicht abgezogenen Beträge mit den außerordentlichen Einkünften in der Reihenfolge vorzunehmen, dass sie zu dem für den Stpfl. günstigsten Ergebnis führt. ⑤ Sind in dem Einkommen Einkünfte aus Land- und Forstwirtschaft enthalten und bestehen diese zum Teil aus außerordentlichen Einkünften, die nach § 34 EStG ermäßigt zu besteuern sind, ist hinsichtlich der Anwendung dieser Vorschrift der Freibetrag nach § 13 Abs. 3 EStG zunächst von den nicht nach § 34 EStG begünstigten Einkünften aus Land- und Forstwirtschaft abzuziehen. ⑥ Wird für einen Gewinn i. S. d. § 34 Abs. 2 Nr. 1 EStG die Tarifbegünstigung nach § 34a EStG in Anspruch genommen, scheidet die Anwendung des § 34 Abs. 3 EStG aus.

(2) Tarifbegünstigte Veräußerungsgewinne im Sinne der §§ 14, 16 und 18 Abs. 3 EStG liegen grundsätzlich nur vor, wenn die stillen Reserven in einem einheitlichen wirtschaftlichen Vorgang aufgedeckt werden. **7**

(3) ① Die gesamten außerordentlichen Einkünfte sind grundsätzlich bis zur Höhe des zu versteuernden Einkommens tarifbegünstigt. ② In Fällen, in denen Verluste zu verrechnen sind, sind die vorrangig anzuwendenden besonderen Verlustverrechnungsbeschränkungen (z. B. § 2a Abs. 1, § 2b i. V. m. *§ 52 Abs. 4,*[1] § 15 Abs. 4, § 15b EStG) die Verlustausgleichs- und Verlustabzugsbeschränkungen in § 2 Abs. 3 und § 10d EStG zu beachten. **8**

(4) ① Veräußerungskosten sind bei der Ermittlung des tarifbegünstigten Veräußerungsgewinns erst im Zeitpunkt des Entstehens des Veräußerungsgewinns zu berücksichtigen, auch wenn sie bereits im VZ vor dem Entstehen des Veräußerungsgewinns angefallen sind. ② Die übrigen außerordentlichen Einkünfte unterliegen der Tarifvergünstigung in dem VZ, in dem sie nach den allgemeinen Grundsätzen vereinnahmt werden, nur insoweit, als nicht in früheren VZ mit diesen Einkünften unmittelbar zusammenhängende Betriebsausgaben bzw. Werbungskosten die Einkünfte des Stpfl. gemindert haben.[2] **8a**

H 34.1

Arbeitnehmer-Pauschbetrag. Der Arbeitnehmer-Pauschbetrag ist bei der Ermittlung der nach § 34 EStG begünstigten außerordentlichen Einkünfte aus nichtselbständiger Tätigkeit nur insoweit abzuziehen, als tariflich voll zu besteuernde Einnahmen dieser Einkunftsart dafür nicht mehr zur Verfügung stehen (→ BFH vom 29. 10. 1998 – BStBl. 1999 II S. 588). **9**

Betriebsaufgabegewinn in mehreren Veranlagungszeiträumen. Erstreckt sich eine Betriebsaufgabe über zwei Kj. und fällt der Aufgabegewinn daher in zwei VZ an, kann die Tarifermäßigung nach § 34 Abs. 3 EStG für diesen Gewinn auf Antrag in beiden VZ gewährt werden. Der Höchstbetrag von fünf Millionen Euro ist dabei aber insgesamt nur einmal zu gewähren (→ BMF vom 20. 12. 2005 – BStBl. 2006 I S. 7).[3]

Fortführung der bisherigen Tätigkeit. Voraussetzung einer Betriebsveräußerung i. S. d. §§ 16 und 34 EStG ist, dass der Veräußerer die mit dem veräußerten Betriebsvermögen verbundene gewerbliche Tätigkeit aufgibt (→ BFH vom 12. 6. 1996 – BStBl. II S. 527). Veräußert dagegen ein Land- und Forstwirt seinen Betrieb und pachtet er diesen unmittelbar nach der Veräußerung zurück, so ist auf den Veräußerungsgewinn i. S. d. § 14 EStG § 34 Abs. 1 oder 3 EStG anzuwenden (→ BFH vom 28. 3. 1985 – BStBl. II S. 508).

Freibetrag nach § 16 Abs. 4 EStG → H 16 (13) Freibetrag und H 16 (13) Teileinkünfteverfahren.

Geschäfts- oder Firmenwert. Wird für den bei der erklärten Betriebsaufgabe nicht in das Privatvermögen zu überführenden Geschäfts- oder Firmenwert (→ H 16 (5)) später ein Erlös erzielt, ist der Gewinn nicht nach § 34 EStG begünstigt (→ BFH vom 30. 1. 2002 – BStBl. II S. 387).

Nicht entnommene Gewinne. Sind sowohl die Voraussetzungen für eine Tarifbegünstigung nach § 34a EStG als auch die Voraussetzungen für eine Begünstigung nach § 34 Abs. 1 EStG erfüllt, kann der Stpfl. wählen, welche Begünstigung er in Anspruch nehmen will (→ BMF vom 11. 8. 2008 – BStBl. I S. 838, Rn. 6).[4]

Zweifelsfragen zu § 6b Abs. 2a EStG bei Betriebsveräußerung → (BMF vom 7. 3. 2018 (BStBl. I S. 309).[5]

R 34.2

R 34.2. Steuerberechnung unter Berücksichtigung der Tarifermäßigung

(1) ① Für Zwecke der Steuerberechnung nach § 34 Abs. 1 EStG ist zunächst für den VZ, in dem die außerordentlichen Einkünfte erzielt worden sind, die Einkommensteuer zu ermitteln, die **10**

[1] Jetzt: § 52 Abs. 3 EStG.
[2] Zum Umfang der steuerbegünstigten Einkünfte bei Ausgaben in einem vorhergehenden Kalenderjahr vgl. *BFH-Urteil vom 26. 8. 2004 IV R 5/03 (BStBl. 2005 II S. 215).*
[3] Abgedruckt als Anlage zu R 16 Abs. 13 EStR.
[4] Abgedruckt als Anlage zu H 34a.
[5] Abgedruckt als Anlage zu H 6b.4.

sich ergibt, wenn die in dem z. v. E. enthaltenen außerordentlichen Einkünfte nicht in die Bemessungsgrundlage einbezogen werden. ② Sodann ist in einer Vergleichsberechnung die Einkommensteuer zu errechnen, die sich unter Einbeziehung eines Fünftels der außerordentlichen Einkünfte ergibt. ③ Bei diesen nach den allgemeinen Tarifvorschriften vorzunehmenden Berechnungen sind dem Progressionsvorbehalt (§ 32b EStG) unterliegende Einkünfte zu berücksichtigen. ④ Der Unterschiedsbetrag zwischen beiden Steuerbeträgen ist zu verfünffachen und der sich so ergebende Steuerbetrag der nach Satz 1 ermittelten Einkommensteuer hinzuzurechnen.

11 (2) ① Sind in dem z. v. E. auch Einkünfte enthalten, die nach § 34 Abs. 3 EStG oder § 34b Abs. 3 EStG ermäßigten Steuersätzen unterliegen, ist die jeweilige Tarifermäßigung unter Berücksichtigung der jeweils anderen Tarifermäßigung zu berechnen. ② Einkünfte, die nach § 34a Abs. 1 EStG mit einem besonderen Steuersatz versteuert werden, bleiben bei der Berechnung der Tarifermäßigung nach § 34 Abs. 1 EStG unberücksichtigt.

H 34.2

Berechnungsbeispiele

12 **Beispiel 1:**

Berechnung der Einkommensteuer nach § 34 Abs. 1 EStG

Der Stpfl., der Einkünfte aus Gewerbebetrieb und Vermietung und Verpachtung (einschließlich Entschädigung i. S. d. § 34 EStG) hat, und seine Ehefrau werden zusammen veranlagt. Es sind die folgenden Einkünfte und Sonderausgaben anzusetzen:

Einkünfte aus Gewerbebetrieb		45 000 €
Einkünfte aus Vermietung und Verpachtung		
– laufende Einkünfte		+ 5 350 €
– Einkünfte aus Entschädigung i. S. d. § 34 Abs. 2 Nr. 2 EStG		+ 25 000 €
G. d. E.		75 350 €
Sonderausgaben		– 3 200 €
Einkommen		72 150 €
z. v. E.		72 150 €
z. v. E.	72 150 €	
abzgl. Einkünfte i. S. d. § 34 Abs. 2 Nr. 2 EStG	– 25 000 €	
verbleibendes z. v. E.	47 150 €	
darauf entfallender Steuerbetrag		6 192 €
verbleibendes z. v. E.	47 150 €	
zzgl. 1/5 der Einkünfte i. S. d. § 34 Abs. 2 Nr. 2 EStG	+ 5 000 €	
	52 150 €	
darauf entfallender Steuerbetrag		
abzgl. Steuerbetrag auf das verbleibende	7 596 €	
z. v. E.	– 6 192 €	
Unterschiedsbetrag	1 404 €	
multipliziert mit Faktor 5	7 020 €	7 020 €
tarifliche Einkommensteuer		**13 212 €**

Beispiel 2:

Berechnung der Einkommensteuer nach § 34 Abs. 1 EStG bei negativem verbleibenden z. v. E.

Der Stpfl., der Einkünfte aus Gewerbebetrieb hat, und seine Ehefrau werden zusammen veranlagt. Die Voraussetzungen des § 34 Abs. 3 und § 16 Abs. 4 EStG liegen nicht vor. Es sind die folgenden Einkünfte und Sonderausgaben anzusetzen:

Einkünfte aus Gewerbebetrieb, laufender Gewinn	+ 5 350 €	
Veräußerungsgewinn (§ 16 EStG)	+ 225 000 €	230 350 €
Einkünfte aus Vermietung und Verpachtung		– 45 000 €
G. d. E.		185 350 €
Sonderausgaben		– 3 200 €
Einkommen/z. v. E.		182 150 €
Höhe der Einkünfte i. S. d. § 34 Abs. 2 EStG, die nach § 34 Abs. 1 EStG besteuert werden können; max. aber bis zur Höhe des z. v. E.		182 150 €
z. v. E.	182 150 €	
abzgl. Einkünfte i. S. d. § 34 Abs. 2 EStG	– 225 000 €	
verbleibendes z. v. E.	– 42 850 €	

Damit ist das gesamte z. v. E. in Höhe von 182 150 € gem. § 34 EStG tarifbegünstigt.

1/5 des z. v. E. (§ 34 Abs. 1 Satz 3 EStG)	36 430 €	
darauf entfallender Steuerbetrag	3 360 €	
multipliziert mit Faktor 5	16 800 €	
tarifliche Einkommensteuer		**16 800 €**

Beispiel 3:

Berechnung der Einkommensteuer nach § 34 Abs. 1 EStG mit Einkünften, die dem Progressionsvorbehalt unterliegen

(Entsprechende Anwendung des BFH-Urteils vom 22. 9. 2009 – BStBl. 2010 II S. 1032)

Der Stpfl. hat Einkünfte aus nichtselbständiger Arbeit und aus Vermietung und Verpachtung (einschließlich einer Entschädigung i. S. d. § 34 EStG). Es sind folgende Einkünfte und Sonderausgaben anzusetzen:

H 34.2

Einkünfte aus nichtselbständiger Arbeit		10 000 €
Einkünfte aus Vermietung und Verpachtung		
– laufende Einkünfte		+ 60 000 €
– Einkünfte aus Entschädigung i. S. d. § 34 Abs. 2 Nr. 2 EStG		+ 30 000 €
G. d. E.		100 000 €
Sonderausgaben		– 3 200 €
Einkommen/z. v. E.		96 800 €
Arbeitslosengeld		20 000 €
z. v. E.	96 800 €	
abzgl. Einkünfte i. S. d. § 34 Abs. 2 Nr. 2 EStG	– 30 000 €	
verbleibendes z. v. E.	66 800 €	
zzgl. Arbeitslosengeld § 32 b Abs. 2 EStG	+ 20 000 €	
für die Berechnung des Steuersatzes gem. § 32 b Abs. 2 EStG maßgebendes verbleibendes z. v. E.	86 800 €	
Steuer nach Grundtarif	27 119 €	
besonderer (= durchschnittlicher) Steuersatz § 32 b Abs. 2 EStG	31,2430 %	
Steuerbetrag auf verbleibendes z. v. E. (66 800 €) unter Berücksichtigung des Progressionsvorbehalts		20 870 €
verbleibendes z. v. E.	66 800 €	
zzgl. $^{1}/_{5}$ der Einkünfte i. S. d. § 34 EStG	+ 6 000 €	
	72 800 €	
zuzüglich Arbeitslosengeld § 32 b Abs. 2 EStG	+ 20 000 €	
für die Berechnung des Steuersatzes gem. § 32 b Abs. 2 EStG maßgebendes z. v. E. mit $^{1}/_{5}$ der außerordentlichen Einkünfte	92 800 €	
Steuer nach Grundtarif	29 639 €	
besonderer (= durchschnittlicher) Steuersatz	31,9385 %	
Steuerbetrag auf z. v. E. mit $^{1}/_{5}$ der außerordentlichen Einkünfte (72 800 €) unter Berücksichtigung des Progressionsvorbehalts	23 251 €	
abzgl. Steuerbetrag auf das verbleibende z. v. E.	– 20 870 €	
Unterschiedsbetrag	2 381 €	
multipliziert mit Faktor 5	11 905 €	11 905 €
tarifliche Einkommensteuer		**32 775 €**

Beispiel 4:

Berechnung der Einkommensteuer nach § 34 Abs. 1 EStG bei negativem verbleibenden z. v. E. und Einkünften, die dem Progressionsvorbehalt unterliegen (→ BFH-Urteil vom 11. 12. 2012 – BStBl. 2013 II S. 370)

Der Stpfl. hat Einkünfte aus nichtselbständiger Arbeit und aus Vermietung und Verpachtung (einschließlich einer Entschädigung i. S. d. § 34 EStG). Es sind folgende Einkünfte und Sonderausgaben anzusetzen:

Einkünfte aus nichtselbständiger Arbeit		10 000 €
Einkünfte aus Vermietung und Verpachtung		
– laufende Einkünfte		– 20 000 €
– Einkünfte aus Entschädigung i. S. d. § 34 Abs. 2 Nr. 2 EStG		+ 30 000 €
G. d. E.		20 000 €
Sonderausgaben		– 5 000 €
Einkommen/z. v. E.		15 000 €
Höhe der Einkünfte i. S. d. § 34 Abs. 2 EStG, die nach § 34 Abs. 1 besteuert werden können, maximal bis zur Höhe des z. v. E.		15 000 €
z. v. E.	15 000 €	
abzgl. Einkünfte i. S. d. § 34 Abs. 2 EStG	– 30 000 €	
verbleibendes z. v. E.	– 15 000 €	
Damit ist das gesamte z. v. E. in Höhe von 15 000 € gem. § 34 EStG tarifbegünstigt.		
$^{1}/_{5}$ des z. v. E. (§ 34 Abs. 1 Satz 3 EStG)		3 000 €
Arbeitslosengeld	40 000 €	
abzgl. negatives verbleibendes z. v. E.	– 15 000 €	
dem Progressionsvorbehalt unterliegende Bezüge werden nur insoweit berücksichtigt, als sie das negative verbleibende z. v. E. übersteigen	25 000 €	+ 25 000 €
für die Berechnung des Steuersatzes gem. § 32 b Abs. 2 EStG maßgebendes verbleibendes z. v. E.		28 000 €
Steuer nach Grundtarif	4 356 €	
besonderer (= durchschnittlicher) Steuersatz	15,5571 %	
Steuerbetrag auf $^{1}/_{5}$ des z. v. E. (3000 €)	466 €	
multipliziert mit Faktor 5	2 330 €	
tarifliche Einkommensteuer		**2 330 €**

Beispiel 5:

Berechnung der Einkommensteuer bei Zusammentreffen der Vergünstigungen nach § 34 Abs. 1 EStG und § 34 Abs. 3 EStG

Der Stpfl., der Einkünfte aus Gewerbebetrieb hat, und seine Ehefrau werden zusammen veranlagt. Im Zeitpunkt der Betriebsveräußerung hatte der Stpfl. das 55. Lebensjahr vollendet. Es sind die folgenden Einkünfte und Sonderausgaben anzusetzen:

Einkünfte aus Gewerbebetrieb, laufender Gewinn		50 000 €
Veräußerungsgewinn (§ 16 EStG)	120 000 €	
davon bleiben nach § 16 Abs. 4 EStG steuerfrei	– 45 000 €	+ 75 000 €
Einkünfte, die Vergütung für eine mehrjährige Tätigkeit sind		+ 100 000 €
Einkünfte aus Vermietung und Verpachtung		+ 3 500 €
G. d. E.		228 500 €

H 34.2

	Sonderausgaben		– 3 200 €
	Einkommen/z. v. E.		225 300 €
1.	**Steuerberechnung nach § 34 Abs. 1 EStG**		
1.1	**Ermittlung des Steuerbetrags ohne Einkünfte nach § 34 Abs. 1 EStG**		
	z. v. E.	225 300 €	
	abzgl. Einkünfte nach § 34 Abs. 1 EStG	100 000 €	125 300 €
	(darauf entfallender Steuerbetrag = 33 952 €)		
	abzgl. Einkünfte nach § 34 Abs. 3 EStG		– 75 000 €
			50 300 €
	darauf entfallender Steuerbetrag	7 070 €	

Für das z. v. E. ohne Einkünfte nach § 34 Abs. 1 EStG würde sich eine Einkommensteuer nach Splittingtarif von 33 952 € ergeben. Sie entspricht einem durchschnittlichen Steuersatz von 27,0965%. Der ermäßigte Steuersatz beträgt mithin 56% von 27,0965% = 15,1740%. Der ermäßigte Steuersatz ist höher als der mindestens anzusetzende Steuersatz in Höhe von 14% (§ 34 Abs. 3 Satz 2 EStG). Daher ist der Mindeststeuersatz nicht maßgeblich. Mit dem ermäßigten Steuersatz gemäß § 34 Abs. 3 EStG zu versteuern: 15,1740% von 75 000 € = 11 380 €.

Steuerbetrag nach § 34 Abs. 3 EStG (ohne Einkünfte nach § 34 Abs. 1 EStG)		11 380 €
zuzüglich Steuerbetrag von 50 300 € (= z. v. E. ohne Einkünfte nach § 34 Abs. 1 EStG und § 34 Abs. 3 EStG)		+ 7 070 €
Steuerbetrag ohne Einkünfte nach § 34 Abs. 1 EStG		18 450 €

1.2	**Ermittlung des Steuerbetrags mit 1/5 der Einkünfte nach § 34 Abs. 1 EStG**		
	z. v. E.		225 300 €
	abzgl. Einkünfte nach § 34 Abs. 1 EStG		– 100 000 €
	zzgl. 1/5 der Einkünfte nach § 34 Abs. 1 EStG		+ 20 000 €
			145 300 €
	(darauf entfallender Steuerbetrag = 42 352 €)		
	abzgl. Einkünfte nach § 34 Abs. 3 EStG		– 75 000 €
			70 300 €
	darauf entfallender Steuerbetrag	13 122 €	

Für das z. v. E. ohne die Einkünfte nach § 34 Abs. 1 EStG zzgl. 1/5 der Einkünfte nach § 34 Abs. 1 EStG würde sich eine Einkommensteuer nach Splittingtarif von 42 352 € ergeben. Sie entspricht einem durchschnittlichen Steuersatz von 29,1479%. Der ermäßigte Steuersatz beträgt mithin 56% von 29,1479% = 16,3228%. Der ermäßigte Steuersatz ist höher als der mindestens anzusetzende Steuersatz in Höhe von 14% (§ 34 Abs. 3 Satz 2 EStG). Daher ist der Mindeststeuersatz nicht maßgeblich. Mit dem ermäßigten Steuersatz zu versteuern: 16,3228% von 75 000 € = 12 242 €.

Steuerbetrag nach § 34 Abs. 3 EStG (unter Berücksichtigung von 1/5 der Einkünfte nach § 34 Abs. 1 EStG)	12 242 €
zzgl. Steuerbetrag von 70 300 € (= z. v. E. ohne Einkünfte nach § 34 Abs. 3 und § 34 Abs. 1 EStG mit 1/5 der Einkünfte nach § 34 Abs. 1 EStG)	+ 13 122 €
Steuerbetrag mit 1/5 der Einkünfte nach § 34 Abs. 1 EStG	25 364 €

1.3	**Ermittlung des Unterschiedsbetrages nach § 34 Abs. 1 EStG**		
	Steuerbetrag mit 1/5 der Einkünfte nach § 34 Abs. 1 EStG		25 364 €
	abzgl. Steuerbetrag ohne Einkünfte nach § 34 Abs. 1 EStG (→ Nr. 1.1)		– 18 450 €
	Unterschiedsbetrag		6 914 €
	verfünffachter Unterschiedsbetrag nach § 34 Abs. 1 EStG		34 570 €
2.	**Steuerberechnung nach § 34 Abs. 3 EStG:**		
	z. v. E.	225 300 €	
	abzgl. Einkünfte nach § 34 Abs. 1 EStG	– 100 000 €	
		125 300 €	
	Steuerbetrag von 125 300 €		33 952 €
	zzgl. verfünffachter Unterschiedsbetrag nach § 34 Abs. 1 EStG (→ Nr. 1.3)		+ 34 570 €
	Summe		68 522 €

Ermittlung des ermäßigten Steuersatzes nach Splittingtarif auf der Grundlage des z. v. E.:
68 522 €/225 300 € = 30,4136 %
Der ermäßigte Steuersatz beträgt mithin 56 % von 30,4136 % = 17,0316%. Der ermäßigte Steuersatz ist höher als der mindestens anzusetzende Steuersatz in Höhe von 14% (§ 34 Abs. 3 Satz 2 EStG). Daher ist der Mindeststeuersatz nicht maßgeblich. Mit dem ermäßigten Steuersatz zu versteuern: 17,0316 % von 75 000 € = 12 773 €.

	Steuerbetrag nach § 34 Abs. 3 EStG	12 773 €
3.	**Berechnung der gesamten Einkommensteuer**	
	nach dem Splittingtarif entfallen auf das z. v. E. ohne begünstigte Einkünfte (→ Nr. 1.1)	7 070 €
	verfünffachter Unterschiedsbetrag nach § 34 Abs. 1 EStG (→ Nr. 1.3)	34 570 €
	Steuer nach § 34 Abs. 3 EStG (→ Nr. 2)	12 773 €
	tarifliche Einkommensteuer	**54 413 €**

Negativer Progressionsvorbehalt. Unterliegen Einkünfte sowohl der Tarifermäßigung des § 34 Abs. 1 EStG als auch dem negativen Progressionsvorbehalt des § 32 b EStG, ist eine integrierte Steuerberechnung nach dem Günstigkeitsprinzip vorzunehmen. Danach sind die Ermäßigungsvorschriften in der Reihenfolge anzuwenden, die zu einer geringeren Steuerbelastung führt, als dies bei ausschließlicher Anwendung des negativen Progressionsvorbehalts der Fall wäre (→ BFH vom 15. 11. 2007 – BStBl. 2008 II S. 375).

Verhältnis zu § 34 b EStG → R 34 b.5 Abs. 2.

R 34.3. Besondere Voraussetzungen für die Anwendung des § 34 Abs. 1 EStG

R 34.3

(1) Entschädigungen im Sinne des § 24 Nr. 1 EStG sind nach § 34 Abs. 1 i. V. m. Abs. 2 Nr. 2 EStG nur begünstigt, wenn es sich um außerordentliche Einkünfte handelt; dabei kommt es nicht darauf an, im Rahmen welcher Einkunftsart sie angefallen sind. 13

(2) ① Die Nachzahlung von → Nutzungsvergütungen und Zinsen im Sinne des § 34 Abs. 2 Nr. 3 EStG muss einen Zeitraum von mehr als 36 Monaten umfassen. ② Es genügt nicht, dass sie auf drei Kalenderjahre entfällt. 14

H 34.3

Entlassungsentschädigungen[1]

15

– → BMF vom 1. 11. 2013 (BStBl. I S. 1326) unter Berücksichtigung der Änderungen durch BMF vom 4. 3. 2016 (BStBl. I S. 277).[2]
– Die Rückzahlung einer Abfindung ist auch dann im Abflussjahr zu berücksichtigen, wenn die Abfindung im Zuflussjahr begünstigt besteuert worden ist. Eine Lohnrückzahlung ist regelmäßig kein rückwirkendes Ereignis, das zur Änderung des Einkommensteuerbescheides des Zuflussjahres berechtigt (→ BFH vom 4. 5. 2006 – BStBl. II S. 911).

Entschädigung i. S. d. § 24 Nr. 1 EStG → R 24.1.[3]

Entschädigung in zwei Veranlagungszeiträumen
– Außerordentliche Einkünfte i. S. d. § 34 Abs. 2 Nr. 2 EStG sind (nur) gegeben, wenn die zu begünstigenden Einkünfte in einem VZ zu erfassen sind (→ BFH vom 21. 3. 1996 – BStBl. II S. 416 und vom 14. 5. 2003 – BStBl. II S. 881). Die Tarifermäßigung nach § 34 Abs. 1 EStG kann aber unter besonderen Umständen ausnahmsweise auch dann in Betracht kommen, wenn die Entschädigung nicht in einem Kj. zufließt, sondern sich auf zwei Kj. verteilt. Voraussetzung ist jedoch stets, dass die Zahlung der Entschädigung von vornherein in einer Summe vorgesehen war und nur wegen ihrer ungewöhnlichen Höhe und der besonderen Verhältnisse des Zahlungspflichtigen auf zwei Jahre verteilt wurde oder wenn der Entschädigungsempfänger – bar aller Existenzmittel – dringend auf den baldigen Bezug einer Vorauszahlung angewiesen war (→ BFH vom 2. 9. 1992 – BStBl. 1993 II S. 831).
– Bei Land- und Forstwirten mit einem vom Kj. abweichenden Wj. ist die Tarifermäßigung ausgeschlossen, wenn sich die außerordentlichen Einkünfte auf Grund der Aufteilungsvorschrift des § 4a Abs. 2 Nr. 1 Satz 1 EStG auf mehr als zwei VZ verteilen (→ BFH vom 4. 4. 1968 – BStBl. II S. 411).
– Planwidriger Zufluss → BMF vom 1. 11. 2013 (BStBl. I S. 1326), Rz. 16–19.[2]
– Die Ablösung wiederkehrender Bezüge aus einer Betriebs- oder Anteilsveräußerung durch eine Einmalzahlung kann als Veräußerungserlös auch dann tarifbegünstigt sein, wenn im Jahr der Betriebs- oder Anteilsveräußerung eine Einmalzahlung tarifbegünstigt versteuert worden ist, diese aber im Verhältnis zum Ablösebetrag als geringfügig (im Urteilsfall weniger als 1%) anzusehen ist (→ BFH vom 14. 1. 2004 – BStBl. II S. 493).

Nutzungsvergütungen i. S. d. § 24 Nr. 3 EStG
– Werden Nutzungsvergütungen oder Zinsen i. S. d. § 24 Nr. 3 EStG für einen Zeitraum von mehr als drei Jahren nachgezahlt, ist der gesamte Nachzahlungsbetrag nach § 34 Abs. 2 Nr. 3 i. V. m. Abs. 1 EStG begünstigt. Nicht begünstigt sind Nutzungsvergütungen, die in einem Einmalbetrag für einen drei Jahre übersteigenden Nutzungszeitraum gezahlt werden und von denen ein Teilbetrag auf einen Nachzahlungszeitraum von weniger als drei Jahren und die im Übrigen auf den zukünftigen Nutzungszeitraum entfallen (→ BFH vom 19. 4. 1994 – BStBl. II S. 640).
– Die auf Grund eines Zwangsversteigerungsverfahrens von der öffentlichen Hand als Ersteherin gezahlten sog. Bargebotszinsen stellen keine „Zinsen auf Entschädigungen" i. S. v. § 24 Nr. 3 EStG dar (→ BFH vom 28. 4. 1998 – BStBl. II S. 560).

Vorabentschädigungen. Teilzahlungen, die ein Handelsvertreter entsprechend seinen abgeschlossenen Geschäften laufend vorweg auf seine künftige Wettbewerbsentschädigung (§ 90a HGB) und auf seinen künftigen Ausgleichsanspruch (§ 89b HGB) erhält, führen in den jeweiligen Veranlagungszeiträumen zu keiner → Zusammenballung von Einkünften und lösen deshalb auch nicht die Tarifermäßigung nach § 34 Abs. 1 EStG aus (→ BFH vom 20. 7. 1988 – BStBl. II S. 936).

Zinsen i. S. d. § 24 Nr. 3 EStG → Nutzungsvergütungen.

Zusammenballung von Einkünften
– Eine Entschädigung ist nur dann tarifbegünstigt, wenn sie zu einer Zusammenballung von Einkünften innerhalb eines VZ führt (→ BFH vom 4. 3. 1998 – BStBl. II S. 787);
– → BMF vom 1. 11. 2013 (BStBl. I S. 1326) unter Berücksichtigung der Änderungen durch BMF vom 4. 3. 2016 (BStBl. I S. 277), Rz. 8–15.[2]

---

[1] Zu einer Entlassungsentschädigung bei einem Kommanditisten, der gleichzeitig Gesellschafter-Geschäftsführer der Komplementär-GmbH ist, siehe *Vfg. OFD Frankfurt vom 20. 10. 2016 S 2241 A – 098 – St 213 (DStR S. 2856).*

[2] Abgedruckt im „Handbuch zur Lohnsteuer 2022" als Anlage a zu § 34 EStG.

[3] Zum Ausschluss der Tarifermäßigung bei Corona-Hilfen für Gewerbetreibende und Selbständige siehe *FM Schleswig-Holstein vom 18. 10. 2021 – VI 304 – S 2143 – 065 (DStR S. 2909).*

– Erhält ein Stpfl. wegen der Körperverletzung durch einen Dritten auf Grund von mehreren gesonderten und unterschiedliche Zeiträume betreffenden Vereinbarungen mit dessen Versicherung Entschädigungen als Ersatz für entgangene und entgehende Einnahmen, steht der Zufluss der einzelnen Entschädigungen in verschiedenen VZ der tarifbegünstigten Besteuerung jeder dieser Entschädigungen nicht entgegen (→ BFH vom 21. 1. 2004 – BStBl. II S. 716). Bei einem zeitlichen Abstand zweier selbständiger Entschädigungszahlungen von sechs Jahren fehlt der für die Beurteilung der Einheitlichkeit einer Entschädigungsleistung erforderliche zeitliche Zusammenhang (→ BFH vom 11. 10. 2017 – BStBl. 2018 II S. 706).

R 34.4

R 34.4. Anwendung des § 34 Abs. 1 EStG auf Einkünfte aus der Vergütung für eine mehrjährige Tätigkeit (§ 34 Abs. 2 Nr. 4 EStG)

Allgemeines

16 (1) ① § 34 Abs. 2 Nr. 4 i. V. m. Abs. 1 EStG gilt grundsätzlich für alle Einkunftsarten. ② § 34 Abs. 1 EStG ist auch auf Nachzahlungen von Ruhegehaltsbezügen und von Renten i. S. d. § 22 Nr. 1 EStG anwendbar, soweit diese nicht für den laufenden VZ geleistet werden. ③ Voraussetzung für die Anwendung ist, dass auf Grund der Einkunftsermittlungsvorschriften eine → Zusammenballung von Einkünften eintritt, die bei Einkünften aus nichtselbständiger Arbeit auf wirtschaftlich vernünftigen Gründen beruht und bei anderen Einkünften nicht dem vertragsgemäßen oder dem typischen Ablauf entspricht.

Einkünfte aus nichtselbständiger Arbeit

17 (2) Bei Einkünften aus nichtselbständiger Arbeit kommt es nicht darauf an, dass die Vergütung für eine abgrenzbare Sondertätigkeit gezahlt wird, dass auf sie ein Rechtsanspruch besteht oder dass sie eine zwangsläufige Zusammenballung von Einnahmen darstellt.

Ermittlung der Einkünfte

18 (3) ① Bei der Ermittlung der dem § 34 Abs. 2 Nr. 4 i. V. m. Abs. 1 EStG unterliegenden Einkünfte gilt R 34.1 Abs. 4 Satz 2. ② Handelt es sich sowohl bei den laufenden Einnahmen als auch bei den außerordentlichen Bezügen um Versorgungsbezüge im Sinne des § 19 Abs. 2 EStG, können im Kalenderjahr des Zuflusses die Freibeträge für Versorgungsbezüge nach § 19 Abs. 2 EStG nur einmal abgezogen werden; sie sind zunächst bei den nicht nach § 34 EStG begünstigten Einkünften zu berücksichtigen. ③ Nur insoweit nicht verbrauchte Freibeträge für Versorgungsbezüge sind bei den nach § 34 EStG begünstigten Einkünften abzuziehen. ④ Entsprechend ist bei anderen Einkunftsarten zu verfahren, bei denen ein im Rahmen der Einkünfteermittlung anzusetzender Freibetrag oder Pauschbetrag abzuziehen ist. ⑤ Werden außerordentliche Einkünfte aus nichtselbständiger Arbeit neben laufenden Einkünften dieser Art bezogen, ist bei den Einnahmen der Arbeitnehmer-Pauschbetrag oder der Pauschbetrag nach § 9 a Satz 1 Nr. 1 Buchstabe b EStG insgesamt nur einmal abzuziehen, wenn insgesamt keine höheren Werbungskosten nachgewiesen werden. ⑥ In anderen Fällen sind die auf die jeweiligen Einnahmen entfallenden tatsächlichen Werbungskosten bei diesen Einnahmen zu berücksichtigen.

H 34.4

Arbeitslohn für mehrere Jahre

19 – Die Anwendung des § 34 Abs. 2 Nr. 4 i. V. m. § 34 Abs. 1 EStG setzt nicht voraus, dass der Arbeitnehmer die Arbeitsleistung erbringt; es genügt, dass der Arbeitslohn für mehrere Jahre gezahlt worden ist (→ BFH vom 17. 7. 1970 – BStBl. II S. 683).
– Liegen wirtschaftlich vernünftige Gründe für eine zusammengeballte Entlohnung vor, muss es sich nicht um einmalige und unübliche (Sonder-)Einkünfte für eine Tätigkeit handeln, die von der regelmäßigen Erwerbstätigkeit abgrenzbar ist oder auf einem besonderen Rechtsgrund beruht (→ BFH vom 7.5.2015 – BStBl. II S. 890).

Außerordentliche Einkünfte i. S. d. § 34 Abs. 2 Nr. 4 i. V. m. § 34 Abs. 1 EStG[1]

– § 34 Abs. 2 Nr. 4 i. V. m. § 34 Abs. 1 EStG ist z. B. **anzuwenden, wenn:**
  – eine **Lohnzahlung** für eine Zeit, die vor dem Kj. liegt, deshalb nachträglich geleistet wird, weil der Arbeitgeber Lohnbeträge zu Unrecht einbehalten oder mangels flüssiger Mittel nicht in der festgelegten Höhe ausgezahlt hat (→ BFH vom 17. 7. 1970 – BStBl. II S. 683),
  – der Arbeitgeber **Prämien** mehrerer Kj. für eine Versorgung oder für eine Unfallversicherung des Arbeitnehmers deshalb voraus- oder nachzahlt, weil er dadurch günstigere Prämiensätze erzielt oder weil die Zusammenfassung satzungsgemäßen Bestimmungen einer Versorgungseinrichtung entspricht,
  – dem Stpfl. **Tantiemen** für mehrere Jahre in einem Kj. zusammengeballt zufließen (→ BFH vom 11. 6. 1970 – BStBl. II S. 639),
  – dem Stpfl. Zahlungen, die zur Abfindung von **Pensionsanwartschaften** geleistet werden, zufließen. Dem Zufluss steht nicht entgegen, dass der Ablösungsbetrag nicht an den Stpfl., sondern an einen Dritten gezahlt worden ist (→ BFH vom 12. 4. 2007 – BStBl. II S. 581),

---

[1] Zur Auszahlung des Rückkaufswerts einer Versicherung der betrieblichen Altersversorgung siehe *BFH-Urteil vom 6. 5. 2020 X R 24/19 (BStBl. 2021 II S. 141).*

H 34.4

- **Arbeitslohn** aus einem **Forderungsverzicht** auf eine bereits erdiente (werthaltige) Pensionsanwartschaft vorliegt (→ BFH vom 23. 8. 2017 – BStBl. 2018 II S. 208),
- **Nachzahlungen von Versorgungsbezügen,** die als Ruhegehalt für eine ehemalige Arbeitnehmertätigkeit gezahlt werden (→ BFH vom 28. 2. 1958 – BStBl. III S. 169),
- eine Zahlung des Rückkaufwertes einer Versicherung der betrieblichen Altersversorgung vorliegt (→ BFH vom 6. 5. 2020 – BStBl. 2021 II S. 141),
- im Rahmen der betrieblichen Altersvorsorge im Durchführungsweg Direktzusage eine Trennung zwischen arbeitgeberfinanziertem Basiskonto und mitarbeiterfinanziertem Aufbaukonto vorgenommen wird und eine Einmalauszahlung aus einem dieser Konten erfolgt (→ BFH vom 23. 4. 2021 – BStBl. II S. 692).
- Überstundenvergütungen für einen Zeitraum von mehr als zwölf Monaten als Einmalzahlung geleistet werden (→ BFH vom 2. 12. 2021 – BStBl. 2022 II S. 442).

– **§ 34 Abs. 2 Nr. 4 i. V. m. § 34 Abs. 1 EStG ist z. B. nicht anzuwenden:**

- bei zwischen Arbeitgeber und Arbeitnehmer vereinbarten und regelmäßig ausgezahlten **gewinnabhängigen Tantiemen,** deren Höhe erst nach Ablauf des Wj. festgestellt werden kann; es handelt sich hierbei nicht um die Abgeltung einer mehrjährigen Tätigkeit (→ BFH vom 30. 8. 1966 – BStBl. III S. 545),
- bei **Erstattungszinsen** nach § 233a AO (→ BFH vom 12. 11. 2013 – BStBl. 2014 II S. 168),
- bei der Vereinnahmung eines **berufsüblichen Honorars** für die Bearbeitung eines mehrjährigen Mandats durch einen Rechtsanwalt (→ BFH vom 30. 1. 2013 – BStBl. 2018 II S. 696),
- bei **Zuwendungen,** die ohne Rücksicht auf die Dauer der Betriebszugehörigkeit lediglich aus Anlass eines **Firmenjubiläums** erfolgen (→ BFH vom 3. 7. 1987 – BStBl. II S. 820),
- bei **Versorgungsleistungen aus einer Pensionszusage,** die an die Stelle einer in einem vergangenen Jahr erdienten variablen Vergütung (Bonus) treten (→ BFH vom 31. 8. 2016 – BStBl. 2017 II S. 322),
- bei einer gewährten Prämie an einen Arbeitnehmer für einen **Verbesserungsvorschlag,** wenn sie nicht nach dem Zeitaufwand des Arbeitnehmers, sondern ausschließlich nach der Kostenersparnis des Arbeitgebers in einem bestimmten künftigen Zeitraum berechnet wird (→ BFH vom 31. 8. 2016 – BStBl. 2017 II S. 322).

– **§ 34 Abs. 2 Nr. 4 i. V. m. § 34 Abs. 1 EStG (Vergütung für eine mehrjährige Tätigkeit)** kann in besonders gelagerten **Ausnahmefällen** anzuwenden sein:

- wenn die Vergütung dem Stpfl. aus **wirtschaftlich vernünftigen Gründen** nicht in einem Kj., sondern **in zwei Kj. in Teilbeträgen** zusammengeballt ausgezahlt wird (→ BFH vom 16. 9. 1966 – BStBl. 1967 III S. 2),
- wenn die Vergütung **während eines Kj. in mehreren Teilbeträgen** gezahlt werden (→ BFH vom 11. 6. 1970 – BStBl. II S. 639).

Gewinneinkünfte. Die Annahme außerordentlicher Einkünfte i. S. d. § 34 Abs. 2 Nr. 4 EStG setzt voraus, dass die Vergütung für mehrjährige Tätigkeiten eine Progressionswirkung typischerweise erwarten lässt. Dies kann bei Einkünften i. S. d. § 2 Abs. 2 Satz 1 Nr. 1 EStG dann der Fall sein, wenn:

- der Stpfl. sich während mehrerer Jahre **ausschließlich einer bestimmten Sache** gewidmet und die Vergütung dafür in einem einzigen VZ erhalten hat oder
- eine sich über mehrere Jahre erstreckende **Sondertätigkeit,** die von der übrigen Tätigkeit des Stpfl. ausreichend abgrenzbar ist und nicht zum regelmäßigen Gewinnbetrieb gehört, in einem einzigen VZ entlohnt wird oder
- der Stpfl. für eine mehrjährige Tätigkeit eine Nachzahlung in einem Betrag aufgrund einer vorausgegangenen **rechtlichen Auseinandersetzung** erhalten hat

(→ BFH vom 14. 12. 2006 – BStBl. 2007 II S. 180),

- eine **einmalige Sonderzahlung** für langjährige Dienste auf Grund einer arbeitnehmerähnlichen Stellung geleistet wird (→ BFH vom 7. 7. 2004 – BStBl. 2005 II S. 276),
- durch geballte **Nachaktivierung** von **Umsatzsteuer-Erstattungsansprüchen** mehrerer Jahre ein Ertrag entsteht (→ BFH vom 25. 2. 2014 – BStBl. II S. 668 und vom 25. 9. 2014 – BStBl. 2015 II S. 220),
- eine **Nachzahlung der Kassenärztlichen Vereinigung,** die insgesamt mehrere Jahre betrifft, ganz überwiegend in einem VZ ausgezahlt wird (→ BFH vom 2. 8. 2016 – BStBl. 2017 II S. 258).

Zusammenballung von Einkünften. Eine Zusammenballung von Einkünften ist **nicht anzunehmen:**

- wenn die Vertragsparteien die Vergütung bereits durch ins Gewicht fallende **Teilzahlungen** auf mehrere Kj. verteilt haben (→ BFH vom 10. 2. 1972 – BStBl. II S. 529),
- bei der **Veräußerung eines Mitunternehmeranteils,** wenn der Stpfl. zuvor aufgrund einheitlicher Planung und im zeitlichen Zusammenhang mit der Veräußerung einen Teil des ursprünglichen Mitunternehmeranteils ohne Aufdeckung der stillen Reserven übertragen hat (→ BFH vom 9. 12. 2014 – BStBl. 2015 II S. 529),
- wenn die **Auszahlung der Gesamtvergütung** in zwei VZ in etwa gleich großen Teilbeträgen erfolgt. Dabei ist es unerheblich, ob die Modalitäten des Zuflusses vereinbart oder dem Zahlungsempfänger aufgezwungen wurden (→ BFH vom 2. 8. 2016 – BStBl. 2017 II S. 258).

R 34.5

R 34.5. Anwendung der Tarifermäßigung nach § 34 Abs. 3 EStG[1]

Berechnung

21 (1) ① Für das gesamte zu versteuernde Einkommen im Sinne des § 32a Abs. 1 EStG – also einschließlich der außerordentlichen Einkünfte, soweit sie zur Einkommensteuer heranzuziehen sind – ist der Steuerbetrag nach den allgemeinen Tarifvorschriften zu ermitteln. ② Aus dem Verhältnis des sich ergebenden Steuerbetrags zu dem gerundeten zu versteuernden Einkommen ergibt sich der durchschnittliche Steuersatz, der auf vier Dezimalstellen abzurunden ist. ③ 56% dieses durchschnittlichen Steuersatzes, mindestens jedoch 14%, ist der anzuwendende ermäßigte Steuersatz.

Beschränkung auf einen Veräußerungsgewinn

22 (2) ① Die Ermäßigung nach § 34 Abs. 3 Satz 1 bis 3 EStG kann der Stpfl. nur einmal im Leben in Anspruch nehmen, selbst dann, wenn der Stpfl. mehrere Veräußerungs- oder Aufgabegewinne innerhalb eines VZ erzielt. ② Dabei ist die Inanspruchnahme einer Steuerermäßigung nach § 34 EStG in VZ vor dem 1. 1. 2001 unbeachtlich (→ *§ 52 Abs. 47 Satz 8 EStG*).[2] ③ Wird der zum Betriebsvermögen eines Einzelunternehmers gehörende Mitunternehmeranteil im Zusammenhang mit der Veräußerung des Einzelunternehmens veräußert, ist die Anwendbarkeit des § 34 Abs. 3 EStG für beide Vorgänge getrennt zu prüfen.[3] ④ Liegen hinsichtlich beider Vorgänge die Voraussetzungen des § 34 Abs. 3 EStG vor, kann der Stpfl. die ermäßigte Besteuerung nach § 34 Abs. 3 EStG entweder für die Veräußerung des Einzelunternehmens oder für die Veräußerung des Mitunternehmeranteiles beantragen. ⑤ Die Veräußerung eines Anteils an einer Mitunternehmerschaft (Obergesellschaft), zu deren Betriebsvermögen die Beteiligung an einer anderen Mitunternehmerschaft gehört (mehrstöckige Personengesellschaft), stellt für die Anwendbarkeit des § 34 Abs. 3 EStG einen einheitlich zu beurteilenden Veräußerungsvorgang dar.[3]

Nachweis der dauernden Berufsunfähigkeit

23 (3) R 16 Abs. 14 gilt entsprechend.

H 34.5

24 **Ausgliederung einer 100%-Beteiligung an einer Kapitalgesellschaft.** Der Gewinn aus der Aufgabe eines Betriebs unterliegt auch dann der Tarifbegünstigung, wenn zuvor im engen zeitlichen Zusammenhang mit der Betriebsaufgabe eine das gesamte Nennkapital umfassende Beteiligung an einer Kapitalgesellschaft zum Buchwert in ein anderes Betriebsvermögen übertragen oder überführt worden ist (→ BFH vom 28.5.2015 – BStBl. II S. 797).

Beispiel → H 34.2 Berechnungsbeispiele, Beispiel 5.

Verbrauch der Steuerbegünstigung nach § 34 Abs. 3 Satz 1 EStG. Die Steuervergünstigung ist auch verbraucht, wenn das Finanzamt die Vergünstigung zu Unrecht gewährt hat. Dies gilt selbst dann, wenn dies ohne Antrag des Stpfl. geschieht und ein Betrag begünstigt besteuert wird, bei dem es sich tatsächlich nicht um einen Veräußerungsgewinn i. S. d. § 34 Abs. 2 Nr. 1 EStG handelt. Etwas anderes gilt nur, wenn es für den Stpfl. angesichts der geringen Höhe der Vergünstigung und wegen des Fehlens eines Hinweises des Finanzamtes nicht erkennbar war (→ BFH vom 28. 9. 2021 – BStBl. 2022 II S. 169).

---

[1] Vollendet der Stpfl. das 55. Lebensjahr nach Beendigung der Betriebsaufgabe oder -veräußerung, aber noch vor Ablauf des VZ der Betriebsaufgabe, ist die Tarifermäßigung nach § 34 Abs. 3 EStG nicht zu gewähren (BMF-Schreiben vom 20. 12. 2005, BStBl. 2006 I S. 7, abgedruckt als Anlage zu R 16 Abs. 13 EStR).

[2] § 52 Abs. 47 Satz 8 EStG i. d. F. vor dem Gesetz zur Anpassung des nationalen Steuerrechts an den Beitritt Kroatiens zur EU und Änderung weiterer steuerlicher Vorschriften.

[3] Siehe auch *Vfg. OFD Frankfurt vom 16. 9. 2014 S 2241 A – 99 – St 213 (DStR S. 2180).*

EStG

§ 34a[1] Begünstigung der nicht entnommenen Gewinne

(1) ① Sind in dem zu versteuernden Einkommen nicht entnommene Gewinne aus Land- und Forstwirtschaft, Gewerbebetrieb oder selbständiger Arbeit (§ 2 Absatz 1 Satz 1 Nummer 1 bis 3) im Sinne des Absatzes 2 enthalten, ist die Einkommensteuer für diese Gewinne auf Antrag des Steuerpflichtigen ganz oder teilweise mit einem Steuersatz von 28,25 Prozent zu berechnen; dies gilt nicht, soweit für die Gewinne der Freibetrag nach § 16 Absatz 4 oder die Steuerermäßigung nach § 34 Absatz 3 in Anspruch genommen wird oder es sich um Gewinne im Sinne des § 18 Absatz 1 Nummer 4 handelt. ② Der Antrag nach Satz 1 ist für jeden Betrieb oder Mitunternehmeranteil für jeden Veranlagungszeitraum gesondert bei dem für die Einkommensbesteuerung zuständigen Finanzamt zu stellen. ③ Bei Mitunternehmeranteilen kann der Steuerpflichtige den Antrag nur stellen, wenn sein Anteil am nach § 4 Absatz 1 Satz 1 oder § 5 ermittelten Gewinn mehr als 10 Prozent beträgt oder 10 000 Euro übersteigt. ④ Der Antrag kann bis zur Unanfechtbarkeit des Einkommensteuerbescheids für den nächsten Veranlagungszeitraum vom Steuerpflichtigen ganz oder teilweise zurückgenommen werden; der Einkommensteuerbescheid ist entsprechend zu ändern. ⑤ Die Festsetzungsfrist endet insoweit nicht, bevor die Festsetzungsfrist für den nächsten Veranlagungszeitraum abgelaufen ist. 1

(2) Der nicht entnommene Gewinn des Betriebs oder Mitunternehmeranteils ist der nach § 4 Absatz 1 Satz 1 oder § 5 ermittelte Gewinn vermindert um den positiven Saldo der Entnahmen und Einlagen des Wirtschaftsjahres. 2

(3) ① Der Begünstigungsbetrag ist der im Veranlagungszeitraum nach Absatz 1 Satz 1 auf Antrag begünstigte Gewinn. ② Der Begünstigungsbetrag des Veranlagungszeitraums, vermindert um die darauf entfallende Steuerbelastung nach Absatz 1 und den darauf entfallenden Solidaritätszuschlag, vermehrt um den nachversteuerungspflichtigen Betrag des Vorjahres und den auf diesen Betrieb oder Mitunternehmeranteil nach Absatz 5 übertragenen nachversteuerungspflichtigen Betrag, vermindert um den Nachversteuerungsbetrag im Sinne des Absatzes 4 und den auf einen anderen Betrieb oder Mitunternehmeranteil nach Absatz 5 übertragenen nachversteuerungspflichtigen Betrag, ist der nachversteuerungspflichtige Betrag des Betriebs oder Mitunternehmeranteils zum Ende des Veranlagungszeitraums. ③ Dieser ist für jeden Betrieb oder Mitunternehmeranteil jährlich gesondert festzustellen. 3

(4) ① Übersteigt der positive Saldo der Entnahmen und Einlagen des Wirtschaftsjahres bei einem Betrieb oder Mitunternehmeranteil den nach § 4 Absatz 1 Satz 1 oder § 5 ermittelten Gewinn (Nachversteuerungsbetrag), ist vorbehaltlich Absatz 5 eine Nachversteuerung durchzuführen, soweit zum Ende des vorangegangenen Veranlagungszeitraums ein nachversteuerungspflichtiger Betrag nach Absatz 3 festgestellt wurde. ② Die Einkommensteuer auf den Nachversteuerungsbetrag beträgt 25 Prozent. ③ Der Nachversteuerungsbetrag ist um die Beträge, die für die Erbschaftsteuer (Schenkungsteuer) anlässlich der Übertragung des Betriebs oder Mitunternehmeranteils entnommen wurden, zu vermindern. 4

(5) ① Die Übertragung oder Überführung eines Wirtschaftsguts nach § 6 Absatz 5 Satz 1 bis 3 führt unter den Voraussetzungen des Absatzes 4 zur Nachversteuerung. ② Eine Nachversteuerung findet nicht statt, wenn der Steuerpflichtige beantragt, den nachversteuerungspflichtigen Betrag in Höhe des Buchwerts des übertragenen oder überführten Wirtschaftsguts, höchstens jedoch in Höhe des Nachversteuerungsbetrags, den die Übertragung oder Überführung des Wirtschaftsguts ausgelöst hätte, auf den anderen Betrieb oder Mitunternehmeranteil zu übertragen. 5

(6)[2] ① Eine Nachversteuerung des nachversteuerungspflichtigen Betrags nach Absatz 4 ist durchzuführen 6

1. **in den Fällen der Betriebsveräußerung oder -aufgabe im Sinne der §§ 14, 16 Absatz 1 und 3 sowie des § 18 Absatz 3,**
2. **in den Fällen der Einbringung eines Betriebs oder Mitunternehmeranteils in eine Kapitalgesellschaft oder eine Genossenschaft sowie in den Fällen des Formwechsels einer Personengesellschaft in eine Kapitalgesellschaft oder Genossenschaft,[3]**
3. **in den Fällen der unentgeltlichen Übertragung eines Betriebs oder Mitunternehmeranteils nach § 6 Absatz 3, wenn die Übertragung an eine Körperschaft, Personenvereinigung oder Vermögensmasse im Sinne des § 1 Absatz 1 des Körperschaftsteuergesetzes erfolgt. ② Dies gilt entsprechend für eine unentgeltliche Über-**

---

[1] Zur erstmaligen Anwendung siehe § 52 Abs. 34 EStG.

[2] Zur erstmaligen Anwendung von Abs. 6 Satz 1 Nr. 3 und Satz 2 siehe § 52 Abs. 34 Satz 2 EStG.

[3] Für Fälle der Option zur Körperschaftsteuer nach § 1 a KStG siehe *BMF-Schreiben vom 10. 11. 2021 (BStBl. I S. 2212), Rn. 48.*

tragung auf eine Mitunternehmerschaft, soweit der Betrieb oder der Mitunternehmeranteil einer Körperschaft, Personenvereinigung oder Vermögensmasse im Sinne des § 1 Absatz 1 des Körperschaftsteuergesetzes als Mitunternehmer zuzurechnen ist,

4. wenn der Gewinn nicht mehr nach § 4 Absatz 1 Satz 1 oder § 5 ermittelt wird oder

5. wenn der Steuerpflichtige dies beantragt.

② In den Fällen der Nummern 1 bis 3 ist die nach Absatz 4 geschuldete Einkommensteuer auf Antrag des Steuerpflichtigen oder seines Rechtsnachfolgers in regelmäßigen Teilbeträgen für einen Zeitraum von höchstens zehn Jahren seit Eintritt der ersten Fälligkeit zinslos zu stunden, wenn ihre alsbaldige Einziehung mit erheblichen Härten für den Steuerpflichtigen verbunden wäre.

7 (7) **① In den Fällen der unentgeltlichen Übertragung eines Betriebs oder Mitunternehmeranteils nach § 6 Absatz 3 hat der Rechtsnachfolger den nachversteuerungspflichtigen Betrag fortzuführen; Absatz 6 Satz 1 Nummer 3 bleibt unberührt. ② In den Fällen der Einbringung eines Betriebs oder Mitunternehmeranteils zu Buchwerten nach § 24 des Umwandlungssteuergesetzes geht der für den eingebrachten Betrieb oder Mitunternehmeranteil festgestellte nachversteuerungspflichtige Betrag auf den neuen Mitunternehmeranteil über.**

8 (8) **Negative Einkünfte dürfen nicht mit ermäßigt besteuerten Gewinnen im Sinne von Absatz 1 Satz 1 ausgeglichen werden; sie dürfen insoweit auch nicht nach § 10d abgezogen werden.**

9 (9) **① Zuständig für den Erlass der Feststellungsbescheide über den nachversteuerungspflichtigen Betrag ist das für die Einkommensbesteuerung zuständige Finanzamt. ② Die Feststellungsbescheide können nur insoweit angegriffen werden, als sich der nachversteuerungspflichtige Betrag gegenüber dem nachversteuerungspflichtigen Betrag des Vorjahres verändert hat. ③ Die gesonderten Feststellungen nach Satz 1 können mit dem Einkommensteuerbescheid verbunden werden.**

10 (10) **① Sind Einkünfte aus Land- und Forstwirtschaft, Gewerbebetrieb oder selbständiger Arbeit nach § 180 Absatz 1 Satz 1 Nummer 2 Buchstabe a oder b der Abgabenordnung gesondert festzustellen, können auch die Höhe der Entnahmen und Einlagen sowie weitere für die Tarifermittlung nach den Absätzen 1 bis 7 erforderliche Besteuerungsgrundlagen gesondert festgestellt werden. ② Zuständig für die gesonderten Feststellungen nach Satz 1 ist das Finanzamt, das für die gesonderte Feststellung nach § 180 Absatz 1 Satz 1 Nummer 2 der Abgabenordnung zuständig ist. ③ Die gesonderten Feststellungen nach Satz 1 können mit der Feststellung nach § 180 Absatz 1 Satz 1 Nummer 2 der Abgabenordnung verbunden werden. ④ Die Feststellungsfrist für die gesonderte Feststellung nach Satz 1 endet nicht vor Ablauf der Feststellungsfrist für die Feststellung nach § 180 Absatz 1 Satz 1 Nummer 2 der Abgabenordnung.**

11 (11) **① Der Bescheid über die gesonderte Feststellung des nachversteuerungspflichtigen Betrags ist zu erlassen, aufzuheben oder zu ändern, soweit der Steuerpflichtige einen Antrag nach Absatz 1 stellt oder diesen ganz oder teilweise zurücknimmt und sich die Besteuerungsgrundlagen im Einkommensteuerbescheid ändern. ② Dies gilt entsprechend, wenn der Erlass, die Aufhebung oder Änderung des Einkommensteuerbescheids mangels steuerlicher Auswirkung unterbleibt. ③ Die Feststellungsfrist endet nicht, bevor die Festsetzungsfrist für den Veranlagungszeitraum abgelaufen ist, auf dessen Schluss der nachversteuerungspflichtige Betrag des Betriebs oder Mitunternehmeranteils gesondert festzustellen ist.**

H 34a

Allgemeines → BMF vom 11. 8. 2008 (BStBl. I S. 838).[1]

13

Anl zu H 34a

Anwendungsschreiben zur Begünstigung der nicht entnommenen Gewinne (§ 34a EStG)

Vom 11. August 2008 (BStBl. I S. 838)

(BMF IV C 6 – S 2290 a/07/10001; DOK 2008/0431405)

Inhaltsübersicht

[1] Nachstehend abgedruckt.

Im Einvernehmen mit den obersten Finanzbehörden der Länder gilt zur Anwendung der Tarifbegünstigung für nicht entnommene Gewinne nach § 34 a EStG Folgendes:

I. Tarifbegünstigung für nicht entnommene Gewinne

1. Begünstigte Einkunftsarten

1 Der unbeschränkt oder beschränkt Steuerpflichtige kann die Tarifbegünstigung nach § 34 a EStG für Einkünfte aus Land- und Forstwirtschaft (§ 13 EStG), Gewerbebetrieb (§ 15 EStG) und selbständiger Arbeit (§ 18 EStG) für den nicht entnommenen Teil des Gewinns aus einem Einzelunternehmen oder aus einem Mitunternehmeranteil in Anspruch nehmen. Die Ermittlung des zu versteuernden Einkommens (§ 2 Abs. 5 EStG) bleibt durch § 34 a EStG unberührt. Damit sind insbesondere die Regelungen über den Verlustausgleich und -abzug vorrangig zu beachten.[1] Der Verlustausgleich und -abzug ist auch dann vorzunehmen, wenn für nicht entnommene Gewinne die Tarifbegünstigung nach § 34 a EStG in Anspruch genommen wird. Durch § 34 a EStG kann daher kein Verlustvortrag nach § 10 d EStG generiert werden. **14**

2 Bei Mitunternehmeranteilen kommt eine Inanspruchnahme des § 34 a EStG für den Gewinnanteil des Mitunternehmers aus der Mitunternehmerschaft, d. h. für den Anteil am Gewinn der Gesellschaft sowie aus etwaigen Ergänzungs- und Sonderbilanzen des Mitunternehmers in Betracht. Auch der persönlich haftende Gesellschafter einer Kommanditgesellschaft auf Aktien, der kein Mitunternehmer ist, jedoch wie ein Mitunternehmer zu behandeln ist, kann für seinen nicht entnommenen Gewinnanteil nach § 15 Abs. 1 Satz 1 Nr. 3 EStG die Tarifbegünstigung nach § 34 a EStG in Anspruch nehmen.

2. Begünstigter Gewinn bei beschränkter Steuerpflicht

3 Abweichend von der Behandlung der unbeschränkt Steuerpflichtigen gilt für beschränkt Steuerpflichtige Folgendes:

Bei beschränkt Steuerpflichtigen erstreckt sich die Anwendung des § 34 a EStG auf die Gewinneinkünfte nach § 49 EStG (ggf. eingeschränkt durch ein Doppelbesteuerungsabkommen). Entnahmen und Einlagen, die nicht diesen Einkünften zugeordnet werden können, bleiben außer Ansatz. Zu grenzüberschreitenden Überführungen und Übertragungen vgl. Tz. 34 ff.

3. Veräußerungsgewinne

4 Für Veräußerungsgewinne, bei denen der Steuerpflichtige den Freibetrag nach § 16 Abs. 4 EStG oder die Tarifermäßigung nach § 34 Abs. 3 EStG in Anspruch nimmt, ist eine Tarifbegünstigung nach § 34 a EStG nicht möglich. Dies gilt auch für den Veräußerungsgewinn, der nach Abzug des Freibetrags nach § 16 Abs. 4 EStG zu versteuern ist, der bei Inanspruchnahme des § 34 Abs. 3 EStG die Höchstgrenze überschreitet oder nach § 3 Nr. 40 Satz 1 Buchst. b EStG dem Teileinkünfteverfahren unterliegt.

5 Eine Tarifbegünstigung nach § 34 a EStG kommt jedoch in Betracht, soweit es sich um einen Veräußerungsgewinn handelt, der nicht aus dem Unternehmen entnommen wurde (z. B. bei Veräußerung eines Teilbetriebs oder Veräußerung eines in einem Betriebsvermögen befindlichen Mitunternehmeranteils) und kein Antrag nach § 16 Abs. 4 oder § 34 Abs. 3 EStG gestellt wurde.

6 Sind sowohl die Voraussetzungen für eine Tarifbegünstigung nach § 34 a EStG als auch die Voraussetzung für eine Begünstigung nach § 34 Abs. 1 EStG erfüllt, kann der Steuerpflichtige wählen, welche Begünstigung er in Anspruch nehmen will. Dies gilt auch für übrige Tarifermäßigungen (z. B. § 34 b EStG).

4. Antragstellung

7 Der Antrag auf Tarifbegünstigung nach § 34 a EStG ist grundsätzlich bei Abgabe der Einkommensteuererklärung für jeden Betrieb oder Mitunternehmeranteil gesondert zu stellen. Dabei kann der Steuerpflichtige für jeden Betrieb oder Mitunternehmeranteil wählen, ob und in welcher Höhe er für den jeweils nicht entnommenen Gewinn die Tarifbegünstigung nach § 34 a EStG in Anspruch nimmt. Der Antrag kann für jeden Betrieb oder Mitunternehmeranteil bis zur Höhe des nicht entnommenen Gewinns gestellt werden.

---

[1] Bestätigt durch *BFH-Urteil vom 20. 3. 2017 X R 65/14 (BStBl. II S. 958).* Danach kann § 34 a EStG nicht in Anspruch genommen werden, wenn zwar begünstigungsfähige Einkünfte vorhanden sind, das zu versteuernde Einkommen aber negativ ist.

Anl zu H 34 a

a) Antragstellung bei Einzelunternehmern

8 Einzelunternehmer können unabhängig von der Höhe des Gewinns nach § 4 Abs. 1 Satz 1 oder § 5 EStG die Tarifbegünstigung nach § 34 a EStG ganz oder teilweise in Anspruch nehmen.

b) Antragstellung bei Mitunternehmern

9 Jeder einzelne Mitunternehmer kann nur dann einen Antrag stellen, wenn die Beteiligung am Gewinn (aus Gesamthands-, Sonder- und Ergänzungsbilanz) nach § 4 Abs. 1 Satz 1 oder § 5 EStG mehr als 10% oder mehr als 10 000 EUR beträgt. Der vertraglichen Gewinnverteilungsabrede kommt keine Bedeutung zu. Einer einheitlichen Antragstellung aller Mitunternehmer einer Personengesellschaft bedarf es nicht.

Beispiel:

A und B sind Mitunternehmer der AB-OHG. A ist zu 90%, B ist nach der getroffenen Gewinnverteilungsabrede zu 10% am Gesamthandsgewinn beteiligt. Der Gewinn nach § 4 Abs. 1 Satz 1 EStG aus dem Gesamthandsbereich beträgt 200 000 EUR. Es sind nicht abzugsfähige Betriebsausgaben i. H. v. 30 000 EUR angefallen. B hat in seiner Sonderbilanz aus der Vermietung eines Grundstücks an die AB-OHG einen Verlust von 12 000 EUR erzielt.

Der nach § 4 Abs. 1 Satz 1 und § 5 EStG ermittelte Gewinn der Mitunternehmerschaft beträgt 188 000 EUR (200 000 EUR Gesamthand abzgl. 12 000 EUR Sonderbilanz des B; die nicht abzugsfähigen Betriebsausgaben haben den Gewinn nach § 4 Abs. 1 Satz 1 EStG gemindert). Hieran ist B mit weniger als 10 000 EUR (20 000 EUR Gesamthandsbereich abzgl. 12 000 EUR aus Sonderbilanz = 8000 EUR) und nicht zu mehr als 10% (8/188 = 4,25%) beteiligt, so dass die Anwendung des § 34 a EStG nur für A (Gewinnanteil 180 000 EUR) zulässig ist.

c) Änderung des Antrags

10 Hinsichtlich der Änderung des Antrages nach § 34 a Abs. 1 Satz 1 EStG gelten die allgemeinen Grundsätze zur Ausübung von Wahlrechten (vgl. Nr. 8 des AEAO vor §§ 172–177). Danach können nach Eintritt der Unanfechtbarkeit der Steuerfestsetzung Wahlrechte nur noch ausgeübt werden, soweit die Steuerfestsetzung nach §§ 129, 164, 165, 172 ff. AO oder nach entsprechenden Regelungen in den Einzelsteuergesetzen korrigiert werden kann; dabei sind die §§ 177 und 351 Abs. 1 AO zu beachten. Darüber hinaus kann der Antrag jederzeit noch bis zur Unanfechtbarkeit des Einkommensteuerbescheids für den folgenden Veranlagungszeitraum ganz oder teilweise zurückgenommen (§ 34 a Abs. 1 Satz 4 EStG) werden.

II. Nicht entnommener Gewinn

15 **11** Maßgeblich für die Tarifbegünstigung nach § 34 a EStG ist der nach § 4 Abs. 1 Satz 1 oder § 5 EStG ermittelte Gewinn[1] (einschließlich Ergebnisse aus Ergebnisabführungsverträgen in Organschaftsfällen oder steuerfreier Gewinnbestandteile wie z. B. steuerfreie Betriebsstättengewinne, steuerfreie Teileinkünfte oder Investitionszulage). Dieser Gewinn ist der Unterschiedsbetrag zwischen dem Betriebsvermögen am Schluss des Wirtschaftsjahres und dem Betriebsvermögen am Schluss des vorangegangenen Wirtschaftsjahres (§ 4 Abs. 1 Satz 1, 1. Halbsatz EStG), vermehrt um die Hinzurechnungen der privat veranlassten Wertabgaben, die das Betriebsvermögen gemindert haben (Entnahmen), und vermindert um die privat veranlassten Wertzuführungen, die das Betriebsvermögen erhöht haben (Einlagen, § 4 Abs. 1 Satz 1, 2. Halbsatz EStG). Im Gewinn nach § 4 Abs. 1 Satz 1 EStG sind auch noch die Beträge enthalten, die zur weiteren Ermittlung des steuerpflichtigen Gewinns außerhalb der Bilanz abgezogen (z. B. steuerfreie Gewinnanteile) oder hinzugerechnet (z. B. nicht abzugsfähige Betriebsausgaben) werden.

12 Bei Personengesellschaften umfasst der Gewinn nach § 4 Abs. 1 Satz 1 EStG auch die Korrekturen aufgrund von Ergänzungsbilanzen und die Ergebnisse der Sonderbilanzen der Mitunternehmer.

13 Der nicht entnommene Gewinn i. S. d. § 34 a EStG wird durch Abzug des positiven Saldos aus Entnahmen und Einlagen (bei Mitunternehmeranteilen Entnahmen und Einlagen der Gesamthands-, Sonder- und Ergänzungsbilanzen) vom Gewinn nach § 4 Abs. 1 Satz 1 EStG ermittelt (maximaler Begünstigungsbetrag).

14 Entnahmen i. S. d. § 34 a EStG sind die Entnahmen nach § 4 Abs. 1 Satz 2 i. V. m. § 6 Abs. 1 Nr. 4 EStG. Es wird nicht zwischen Bar-, Sach- und Nutzungsentnahmen unterschieden. Zur Behandlung von Entnahmen nach § 4 Abs. 1 Satz 3 EStG bei Überführung von Wirtschaftsgütern ins Ausland vgl. Tz. 34 ff.

1. Gewinnermittlungsart

15 Die Tarifbegünstigung nach § 34 a EStG kann nur in Anspruch genommen werden, wenn der Gewinn durch Bestandsvergleich (§ 4 Abs. 1 Satz 1 oder § 5 EStG) ermittelt wird. Das Erfordernis der Gewinnermittlung durch Bestandsvergleich erstreckt sich auch auf etwaige im Betriebsvermögen gehaltene Beteiligungen an vermögensverwaltenden, land- und forstwirtschaftlichen, gewerblichen oder freiberuflichen Personengesellschaften (vgl. BFH-Beschluss vom 11. April 2005, BStBl. II S. 679). Es ist nicht erforderlich, dass die Untergesellschaft selbst ihren Gewinn nach § 4 Abs. 1 Satz 1 oder § 5 EStG ermittelt. Jedoch muss die Obergesellschaft ihren Gewinn aus der Untergesellschaft nach § 4 Abs. 1 Satz 1 oder § 5 EStG ermitteln.

Bei Gewinnermittlung durch Einnahmenüberschussrechnung (§ 4 Abs. 3 EStG) oder bei pauschalierten Gewinnermittlungen (§§ 5 a, 13 a EStG) ist eine ermäßigte Besteuerung nicht möglich.

2. Nicht abzugsfähige Betriebsausgaben

16 Die nach § 4 Abs. 4 a, 5, 5 a und 5 b und § 4 h EStG nicht abzugsfähigen Betriebsausgaben haben den nach § 4 Abs. 1 Satz 1 oder § 5 EStG ermittelten Gewinn gemindert, da sie außerbilanziell hinzuzurechnen sind. Soweit der steuerpflichtige Gewinn also auf Betriebsausgabenabzugsverboten beruht, kann keine Tarifbegünstigung nach § 34 a EStG in Anspruch genommen werden.

[1] Der Übernahmegewinn i. S. d. § 4 Abs. 4 Satz 1 UmwStG ist Bestandteil des Gewinns nach § 4 Abs. 1 oder § 5 EStG, *BFH-Urteil vom 9. 5. 2019 IV R 13/17 (BStBl. II S. 754).*

Beispiel:

Der Gewinn (§ 4 Abs. 1 Satz 1 oder § 5 EStG) des Unternehmens beträgt 330 000 EUR. Es sind nicht abzugsfähige Betriebsausgaben (§ 4 Abs. 5 EStG) von 45 000 EUR angefallen. Der Unternehmer hat 70 000 EUR entnommen. Einlagen wurden i. H. v. 10 000 EUR getätigt.

Der nicht entnommene Gewinn beträgt 270 000 EUR (330 000 EUR abzgl. Saldo aus Entnahmen [70 000 EUR] und Einlagen [10 000 EUR] 60 000 EUR). Der steuerpflichtige Gewinn beträgt 375 000 EUR (330 000 EUR zzgl. 45 000 EUR nicht abzugsfähige Betriebsausgaben). Der Steuerpflichtige kann einen Antrag nach § 34 a EStG für einen Gewinn bis zu 270 000 EUR stellen.

3. Steuerfreie Gewinnanteile

17 Steuerfreie Gewinnanteile sind Bestandteil des Steuerbilanzgewinns, können aufgrund ihrer Steuerfreiheit jedoch selbst nicht Gegenstand der Tarifbegünstigung nach § 34 a EStG sein. Bei der Ermittlung des nicht entnommenen Gewinns gelten sie jedoch als vorrangig entnommen.

Beispiel:

Der Gewinn (§ 4 Abs. 1 Satz 1 oder § 5 EStG) des Unternehmens beträgt 330 000 EUR. Hierin sind steuerfreie Gewinnanteile (z. B. nach § 3 Nr. 40 EStG) von 50 000 EUR enthalten. Der Unternehmer hat 70 000 EUR entnommen. Einlagen wurden nicht getätigt.

Der nicht entnommene Gewinn beträgt 260 000 EUR (330 000 EUR abzgl. 70 000 EUR Entnahmen). Der steuerpflichtige Gewinn beträgt 280 000 EUR (330 000 EUR abzgl. 50 000 EUR steuerfreie Gewinnanteile). Der Steuerpflichtige kann einen Antrag nach § 34 a EStG für einen Gewinn bis zu 260 000 EUR stellen.

4. Ausländische Betriebsstätten

18 Einkünfte ausländischer Betriebsstätten sind im Rahmen des Betriebsvermögensvergleichs des Gesamtunternehmens zu erfassen und führen zu einem um die ausländischen Gewinnanteile erhöhten oder verminderten Gewinn nach § 4 Abs. 1 Satz 1 oder § 5 EStG. Damit beeinflussen ausländische Betriebsstättenergebnisse unmittelbar den nicht entnommenen Gewinn des (inländischen) Betriebes. Soweit die Gewinne aus ausländischen Betriebsstätten steuerfrei (z. B. aufgrund eines Doppelbesteuerungsabkommens) gestellt sind, können sie – wie die anderen steuerfreien Gewinnanteile – nicht Gegenstand der Tarifbegünstigung nach § 34 a EStG sein. Vergleiche im Übrigen Tz. 34 ff.

5. Abweichendes Wirtschaftsjahr

19 Bei Personenunternehmen, die Einkünfte aus Gewerbebetrieb beziehen und ein abweichendes Wirtschaftsjahr haben, gilt der Gewinn in dem Veranlagungsjahr als bezogen, in dem das Wirtschaftsjahr endet (§ 4 a Abs. 2 Nr. 2 EStG). Eine Aufteilung des Gewinns des Wirtschaftsjahres 2007/2008 sowie der Entnahmen und Einlagen für Zwecke des § 34 a EStG ist nicht vorzunehmen. Daher kann die Tarifbegünstigung nach § 34 a EStG auch schon für den gesamten Gewinn des Wirtschaftsjahres 2007/2008 beantragt werden, wenn die übrigen Voraussetzungen erfüllt sind.

Dagegen ist der Gewinn bei Personenunternehmen, die Einkünfte aus Land- und Forstwirtschaft erzielen und ein abweichendes Wirtschaftsjahr haben, auf die Kalenderjahre, in denen das Wirtschaftsjahr beginnt und endet, zeitanteilig aufzuteilen (§ 4 a Abs. 2 Nr. 1 EStG). Die Entnahmen und Einlagen sind dabei für Zwecke des § 34 a EStG ebenfalls zeitanteilig auf die betreffenden Kalenderjahre aufzuteilen. Der Antrag nach § 34 a Abs. 1 EStG kann somit auch nur für den danach auf das jeweilige Kalenderjahr entfallenden nicht entnommenen Gewinn gestellt werden.

6. Nicht entnommener Gewinn bei Personengesellschaften

20 Bei Mitunternehmeranteilen werden sowohl die Entnahmen und Einlagen des Gesamthandsvermögens als auch die des Sonderbetriebsvermögens berücksichtigt. Deren Ermittlung erfolgt für Zwecke des § 34 a EStG mitunternehmeranteilsbezogen, d. h. eine Entnahme des Mitunternehmers aus dem Betriebsvermögen der Mitunternehmerschaft mindert den nicht entnommenen Gewinn nur, wenn sie in sein Privatvermögen oder in ein anderes Betriebsvermögen erfolgt.

Die Übertragung eines Wirtschaftsguts aus dem Gesamthandsvermögen einer Mitunternehmerschaft in das Sonderbetriebsvermögen eines Mitunternehmers bei derselben Mitunternehmerschaft (und umgekehrt) hat keinen Einfluss auf die Höhe des nicht entnommenen Gewinns dieses Mitunternehmeranteils. Die Zahlung von Sondervergütungen i. S. v. § 15 Abs. 1 Satz 1 Nr. 2 Satz 1, 2. Halbsatz EStG an einen Mitunternehmer führt nur dann zu einer Entnahme i. S. d. § 34 a EStG, wenn die Zahlung ins Privatvermögen (z. B. auf ein privates Bankkonto des Mitunternehmers) erfolgt.

7. Nicht entnommener Gewinn bei doppel- und mehrstöckigen Personengesellschaften

21 Bei doppel- und mehrstöckigen Personengesellschaften ist für den Mitunternehmer der Obergesellschaft nur ein einheitlicher begünstigter Gewinn zu ermitteln, der neben dem Gewinn aus der Obergesellschaft – einschließlich der Ergebnisse aus Ergänzungs- und Sonderbilanzen – auch die Ergebnisse aus einer etwaigen Sonderbilanz nach § 15 Abs. 1 Satz 1 Nr. 2 Satz 2 EStG bei der Untergesellschaft umfasst. Entnahmen des Mitunternehmers bei der Obergesellschaft sind zu addieren mit Entnahmen, die von ihm aus seinem Sonderbetriebsvermögen bei der Untergesellschaft (§ 15 Abs. 1 Satz 1 Nr. 2 Satz 2 EStG) getätigt werden. Gleiches gilt für Einlagen.

Zahlungen zwischen der Obergesellschaft und der Untergesellschaft haben keinen Einfluss auf das Begünstigungsvolumen.

Beispiel:

An der X-KG (Obergesellschaft) ist A zu 50% als Mitunternehmer beteiligt. Die X-KG ist ihrerseits an der Y-OHG (Untergesellschaft) beteiligt. Die X-KG erzielt (einschließlich des von der Y-OHG stammenden Gewinnanteils) einen Gewinn von 80 000 EUR, der A zur Hälfte zugerechnet wird. A erzielt aus einem an die Y-OHG vermieteten Grundstück (Sonderbetriebsvermögen des A bei der Y-OHG) einen Gewinn von 5000 EUR. Die gesamten Mietzahlungen der Y-OHG i. H. v. 20 000 EUR hat A privat verwendet. Aus der X-KG hat A 15 000 EUR entnommen. Weitere Entnahmen oder Einlagen wurden nicht getätigt.

Der nicht entnommene Gewinn des A beträgt 10 000 EUR (40 000 EUR Gewinnanteil Obergesellschaft zzgl. 5000 EUR Gewinn aus dem Sonderbetriebsvermögen bei der Untergesellschaft) = 45 000 EUR Gewinn nach § 4 Abs. 1 Satz 1

Anl zu H 34a

EStG, abzgl. Saldo aus Entnahmen ([15 000 EUR aus Obergesellschaft zzgl. 20 000 EUR aus Sonderbetriebsvermögen bei der Untergesellschaft = 35 000 EUR] und Einlagen [0 EUR]).

III. Begünstigungsbetrag/Nachversteuerungspflichtiger Betrag

16 **22** Aus der Ausgangsgröße des nicht entnommenen Gewinns werden zunächst der Begünstigungsbetrag (§ 34 a Abs. 3 Satz 1 EStG) und daraus der nachversteuerungspflichtige Betrag entwickelt (§ 34 a Abs. 3 Satz 2 EStG).

1. Begünstigungsbetrag

23 Der Begünstigungsbetrag ist der Teil des nicht entnommenen Gewinns, für den der Steuerpflichtige einen Antrag nach § 34 a Abs. 1 EStG stellen kann und diesen auch gestellt hat. Der Begünstigungsbetrag ist die Bemessungsgrundlage für die Steuer nach § 34 a Abs. 1 Satz 1 EStG.

Beispiel:

Der nicht entnommene Gewinn (§ 34 a Abs. 2 EStG) beträgt 150 000 EUR. Der Steuerpflichtige stellt einen Antrag nach § 34 a Abs. 1 Satz 1 EStG für 60 000 EUR.

Der Begünstigungsbetrag (§ 34 a Abs. 3 Satz 1 EStG) beträgt 60 000 EUR.

Der Steuerpflichtige muss 90 000 EUR mit dem progressiven persönlichen Steuersatz (Bemessungsgrundlage verbleibendes z. v. E. nach Abzug des nach § 34 a EStG begünstigt zu versteuernden Gewinns) versteuern. Für den Begünstigungsbetrag zahlt er 16 950 EUR (28,25% v. 60 000 EUR) ESt zzgl. 932,25 EUR (5,5% von 16 950 EUR) SolZ.

2. Nachversteuerungspflichtiger Betrag des Veranlagungszeitraums

24 Der nachversteuerungspflichtige Betrag des Betriebs oder Mitunternehmeranteils für den laufenden Veranlagungszeitraum wird aus dem Begünstigungsbetrag durch Abzug der auf den Begünstigungsbetrag entfallenden Steuerbelastung (ESt und SolZ, nicht jedoch der KiSt) ermittelt. Der Betrag ist Euro- und Cent-genau zu ermitteln.

Beispiel:

Der Steuerpflichtige hat für 60 000 EUR seines im Jahr 01 nicht entnommenen Gewinns die Tarifbegünstigung nach § 34 a EStG beantragt (wie voriges Beispiel).

Der nachversteuerungspflichtige Betrag des Jahres 01 ermittelt sich wie folgt:

Begünstigungsbetrag	60 000,00 EUR
Abzgl. ESt (28,25% von 60 000 EUR)	16 950,00 EUR
Abzgl. SolZ (5,5% von 16 950 EUR)	932,25 EUR
Nachversteuerungspflichtiger Betrag	42 117,75 EUR

3. Ermittlung des nachversteuerungspflichtigen Betrags zum Ende des Veranlagungszeitraums

25 Der nachversteuerungspflichtige Betrag ist jährlich fortzuschreiben und zum Ende des Veranlagungszeitraums für jeden Betrieb und Mitunternehmeranteil gesondert festzustellen (§ 34 a Abs. 3 Satz 3 EStG). In den Fällen des § 34 a Abs. 7 EStG (vgl. Tz. 47) ist der nachversteuerungspflichtige Betrag zum Ende des Tages vor dem steuerlichen Übertragungsstichtag festzustellen.

Die Ermittlung und Fortschreibung des nachversteuerungspflichtigen Betrags (§ 34 a Abs. 3 Satz 2 EStG) wird durch das nachfolgende Schema veranschaulicht:

	Nachversteuerungspflichtiger Betrag zum 31. 12. des vorangegangenen Veranlagungszeitraums
zzgl.	nachversteuerungspflichtiger Betrag des laufenden Veranlagungszeitraums (§ 34 a Abs. 3 EStG)
zzgl.	auf diesen Betrieb oder Mitunternehmeranteil von einem anderen Betrieb oder Mitunternehmeranteil desselben Steuerpflichtigen übertragener nachversteuerungspflichtiger Betrag (§ 34 a Abs. 5 EStG)
abzgl.	Nachversteuerungsbetrag des laufenden Veranlagungszeitraums (§ 34 a Abs. 4, 5 und 6 EStG)
abzgl.	auf einen anderen Betrieb oder Mitunternehmeranteil von diesem Betrieb oder Mitunternehmeranteil übertragener nachversteuerungspflichtiger Betrag (§ 34 a Abs. 5 EStG)
=	Nachversteuerungspflichtiger Betrag zum 31. 12. des Veranlagungszeitraums

IV. Nachversteuerung (§ 34 a Abs. 4 EStG)

17 **26** Liegt in späteren Jahren der positive Saldo von Entnahmen und Einlagen über dem Gewinn dieses Jahres, ist nach § 34 a Abs. 4 EStG insoweit eine Nachversteuerung des festgestellten nachversteuerungspflichtigen Betrags durchzuführen.

1. Nachversteuerungsbetrag

27 Es kommt grundsätzlich zur Nachversteuerung, wenn der positive Saldo von Entnahmen und Einlagen im Wirtschaftsjahr den (positiven) Gewinn nach § 4 Abs. 1 Satz 1 oder § 5 EStG dieses Wirtschaftsjahres übersteigt (Entnahmenüberhang). Im Fall eines Verlustes ist der Entnahmenüberhang so hoch wie der positive Saldo von Entnahmen und Einlagen. In Höhe des Entnahmenüberhangs entsteht ein Nachversteuerungsbetrag (Ausnahme: Entnahmen zur Zahlung von Erbschaft-/Schenkungsteuer, vgl. Tz. 30 und Fälle des § 34 a Abs. 5 Satz 2 EStG, vgl. Tz. 32 und 33). Die Nachversteuerung wird in Höhe des Nachversteuerungsbetrags (max. in Höhe des festgestellten nachversteuerungspflichtigen Betrags) mit einem festen Steuersatz von 25% zzgl. Solidaritätszuschlag und ggf. Kirchensteuer neben der Versteuerung des zu versteuernden Einkommens des laufenden Veranlagungszeitraums mit dem persönlichen Steuersatz vorgenommen.[1]

Beispiel:

Der Steuerpflichtige hat im Jahr 04 einen Gewinn nach § 4 Abs. 1 Satz 1 EStG i. H. v. 8000 EUR. Die Entnahmen betragen 50 000 EUR. Der für das Vorjahr festgestellte nachversteuerungspflichtige Betrag beträgt 60 000 EUR. Einlagen wurden nicht getätigt.

[1] Bestätigt durch *BFH vom 10. 11. 2020 IX R 34/18 (BStBl. 2021 II S. 455).*

Der Steuerpflichtige muss den laufenden Gewinn des Jahres (8000 EUR) nach § 32 a EStG versteuern. Der Entnahmenüberhang beträgt 42 000 EUR, für die er 10 500 EUR ESt (25% von 42 000 EUR) und 577,50 EUR SolZ zahlen muss. Der nachversteuerungspflichtige Betrag zum 31. 12. 04 ist i. H. v. 18 000 EUR festzustellen. Anl zu H 34 a

28 Bei der Ermittlung des Entnahmenüberhangs sind außerbilanzielle Hinzurechnungen (z. B. nicht abzugsfähige Betriebsausgaben) nicht zu berücksichtigen.

Beispiel:

Der Steuerpflichtige hat im Jahr 04 einen Gewinn nach § 4 Abs. 1 Satz 1 EStG i. H. v. 60 000 EUR. Es sind nicht abzugsfähige Betriebsausgaben nach § 4 Abs. 5 EStG i. H. v. 30 000 EUR entstanden. Die Entnahmen betragen 80 000 EUR. Der für das Vorjahr festgestellte nachversteuerungspflichtige Betrag beträgt 60 000 EUR. Einlagen wurden nicht getätigt.

Der Steuerpflichtige muss den laufenden Gewinn des Jahres (90 000 EUR [60 000 EUR zzgl. nichtabzugsfähige Betriebsausgaben von 30 000 EUR]) nach § 32 a EStG versteuern. Der Entnahmenüberhang beträgt 20 000 EUR (60 000 EUR abzgl. 80 000 EUR), für die er 5000 EUR ESt (25% von 20 000 EUR) und 275 EUR SolZ zahlen muss. Der nachversteuerungspflichtige Betrag zum 31. 12. 04 ist i. H. v. 40 000 EUR festzustellen.

2. Verwendungsreihenfolge

29 Die Verwendungsreihenfolge des positiven Saldos aus Entnahmen und Einlagen ist wie folgt aufgebaut:

1. positiver steuerfreier Gewinn des laufenden Jahres,
2. positiver steuerpflichtiger Gewinn des laufenden Jahres,
3. nicht entnommene und nach § 34 a EStG begünstigte Gewinne der Vorjahre (= Nachversteuerungspflichtiger Gewinn der Vorjahre),
4. steuerfreie und nicht entnommene mit dem persönlichen Steuersatz versteuerte Gewinne der Vorjahre.

3. Entnahmen zur Zahlung von Erbschaft-/Schenkungsteuer

30 Eine Nachversteuerung nach § 34 a Abs. 4 Satz 1 EStG ist nicht durchzuführen, soweit sie durch Entnahmen für die Erbschaft-/Schenkungsteuer anlässlich der Übertragung des Betriebs oder Mitunternehmeranteils ausgelöst wird. Die Erbschaft-/Schenkungsteuer anlässlich der Übertragung des Betriebs oder Mitunternehmeranteils berechnet sich wie folgt:

Festgesetzte Erbschaftsteuer	×	Erbschaftsteuerbemessungsgrundlage für den Betrieb oder Mitunternehmeranteil
		Erbschaftsteuerbemessungsgrundlage

31 Entnahmen für die Erbschaft-/Schenkungsteuer sind bei der Ermittlung des nicht entnommenen Gewinns des laufenden Wirtschaftsjahres zu berücksichtigen (vgl. Tz. 11). Die Regelung des § 34 a Abs. 4 Satz 1 EStG lässt diese nur bei der Ermittlung des Nachversteuerungsbetrags unberücksichtigt.

Eine Entnahme aus einem Betrieb für die Erbschaftsteuer eines anderen Betriebsvermögens desselben Steuerpflichtigen fällt nicht unter die Ausnahmeregelung und führt daher im Fall des Entnahmenüberhangs zur Nachversteuerung beim Betrieb, bei dem die Entnahme getätigt wurde.

Wird die Erbschaft-/Schenkungsteuer nur teilweise aus dem Betrieb entnommen, gilt die Entnahme vorrangig als für die auf den Betrieb oder Mitunternehmeranteil entfallende Erbschaft-/Schenkungsteuer getätigt.

Beispiel:

Die Erbschaftsteuer beträgt insgesamt 100 000 EUR, davon entfallen 50 000 EUR auf den geerbten Gewerbebetrieb. Zur Bezahlung der Erbschaftsteuer entnimmt der Steuerpflichtige 80 000 EUR aus dem Betrieb. Die restlichen 20 000 EUR werden aus privaten Mitteln beglichen. Der Gewinn des Betriebs beträgt 0 EUR. Es wurde ein nachversteuerungspflichtiger Betrag von 60 000 EUR für diesen Betrieb festgestellt.

Der Entnahmenüberhang beträgt 80 000 EUR. Davon entfallen 50 000 EUR auf die Entnahme für Erbschaftsteuer (§ 34 a Abs. 4 Satz 1 EStG). Es sind daher lediglich 30 000 EUR nachzuversteuern.

V. Übertragungen und Überführungen von einzelnen Wirtschaftsgütern

1. Entnahmereihenfolge bei Übertragung oder Überführung von einzelnen Wirtschaftsgüter (§ 34 a Abs. 5 EStG)

32 Es besteht nach § 34 a Abs. 5 Satz 2 EStG die Möglichkeit, bei Übertragungen und Überführun- **18**
gen von einzelnen Wirtschaftsgütern zum Buchwert in ein anderes Betriebsvermögen nach § 6 Abs. 5 EStG statt einer Nachversteuerung beim Ursprungsbetrieb den (anteiligen) nachversteuerungspflichtigen Betrag auf das übernehmende Unternehmen zu übertragen.

§ 34 a Abs. 5 Satz 2 EStG ist nicht anzuwenden, wenn Geldbeträge von einem Betrieb oder Mitunternehmeranteil in einen anderen Betrieb oder Mitunternehmeranteil des Steuerpflichtigen unter den Voraussetzungen des § 6 Abs. 5 EStG überführt oder übertragen werden.

Ist in späteren Wirtschaftsjahren nach § 6 Abs. 5 Satz 4 oder 6 EStG für den Übertragungs-/Überführungsvorgang auf Grund eines schädlichen Ereignisses rückwirkend der Teilwert anzusetzen, ist insoweit die Übertragung des nachversteuerungspflichtigen Betrags rückgängig zu machen.

Beispiel:

Der Steuerpflichtige überführt in 01 ein Grundstück (Buchwert 200 000 EUR) zum Buchwert von seinem Einzelunternehmen in das Sonderbetriebsvermögen einer Personengesellschaft, an der er beteiligt ist. Der Steuerpflichtige tätigt in 01

Anl zu H 34 a

übrige Entnahmen i. H. v. 60 000 EUR. Der Gewinn seines Einzelunternehmens beträgt in 01 40 000 EUR. Der nachversteuerungspflichtige Betrag des Einzelunternehmens zum 31. 12. 00 beträgt 300 000 EUR. Einlagen wurden nicht getätigt.

Die Gesamtentnahmen des Steuerpflichtigen betragen 260 000 EUR. Der Nachversteuerungsbetrag nach § 34 a Abs. 4 EStG beträgt zunächst 220 000 EUR (260 000 EUR Entnahmen abzgl. 40 000 EUR Gewinn). Auf Antrag des Steuerpflichtigen können 200 000 EUR (= Buchwert des überführten Grundstücks) auf den nachversteuerungspflichtigen Betrag des Mitunternehmeranteils übertragen werden. Es verbleiben 20 000 EUR, die der Nachversteuerung mit 25% unterliegen (= 5000 EUR). Der nachversteuerungspflichtige Betrag des Einzelunternehmens zum 31. 12. 01 beträgt 80 000 EUR (300 000 EUR abzgl. 200 000 EUR Übertragung abzgl. 20 000 EUR Nachversteuerung).

33 Der übertragungsfähige, nachversteuerungspflichtige Betrag i. S. d. § 34 a Abs. 5 EStG ist der nach Berücksichtigung der übrigen Entnahmen und hierauf nach § 34 a Abs. 4 EStG erfolgender Nachversteuerungen verbleibende nachversteuerungspflichtige Betrag, maximal jedoch der Buchwert.

Beispiel:

Der Steuerpflichtige überführt in 01 ein Grundstück (Buchwert 200 000 EUR) zum Buchwert von seinem Einzelunternehmen in das Sonderbetriebsvermögen einer Personengesellschaft, an der er beteiligt ist. Der Steuerpflichtige tätigt in 01 übrige Entnahmen i. H. v. 60 000 EUR. Der Gewinn seines Einzelunternehmens beträgt in 01 0 EUR. Der nachversteuerungspflichtige Betrag des Einzelunternehmens zum 31. 12. 00 beträgt 150 000 EUR. Einlagen wurden nicht getätigt.

Die Gesamtentnahmen des Steuerpflichtigen betragen 260 000 EUR. Der Entnahmenüberhang nach § 34 a Abs. 4 EStG beträgt (zunächst) 260 000 EUR, da ein Gewinn nicht erzielt wurde. Der Steuerpflichtige muss 60 000 EUR nachversteuern, da der Entnahmenüberhang insoweit auf den übrigen Entnahmen beruht. Auf Antrag des Steuerpflichtigen können 90 000 EUR (= Buchwert des überführten Grundstücks [200 000 EUR], maximal jedoch verbleibender nachversteuerungspflichtiger Betrag [150 000 EUR abzgl. Nachversteuerungsbetrag 60 000 EUR]) auf den nachversteuerungspflichtigen Betrag des Mitunternehmeranteils übertragen werden. Der nachversteuerungspflichtige Betrag des Einzelunternehmens zum 31. 12. 01 beträgt 0 EUR (150 000 EUR abzgl. 60 000 EUR Nachversteuerungsbetrag abzgl. 90 000 EUR Übertragungsbetrag).

2. Grenzüberschreitende Überführungen und Übertragungen von Wirtschaftsgütern

34 Entnahmen i. S. d. § 4 Abs. 1 Satz 3 ff. EStG aufgrund der Überführung oder Übertragung von Wirtschaftsgütern aus einem inländischen Betriebsvermögen in ein ausländisches Betriebsvermögen desselben Steuerpflichtigen sind grundsätzlich auch bei der Ermittlung des nicht entnommenen Gewinns und des Entnahmenüberhangs i. S. d. § 34 a EStG zu berücksichtigen. Gleiches gilt für Einlagen i. S. d. *§ 4 Abs. 1 Satz 7 EStG*[1] aufgrund der Überführung oder Übertragung aus einem ausländischen Betriebsvermögen in ein inländisches Betriebsvermögen desselben Steuerpflichtigen. Dabei sind jedoch folgende Fallgruppen zu unterscheiden:

a) Überführungen innerhalb eines Betriebs oder Mitunternehmeranteils

35 Bei unbeschränkt Steuerpflichtigen wirkt sich die Überführung eines Wirtschaftsguts von einer inländischen in eine ausländische Betriebsstätte nicht auf den Gewinn des Gesamtunternehmens aus, da der Entnahme aus der inländischen Betriebsstätte eine korrespondierende Einlage in die ausländische Betriebsstätte gegenübersteht. Entsprechendes gilt für die Überführung eines Wirtschaftsguts von einer ausländischen in eine inländische Betriebsstätte.

36 Bei beschränkt Steuerpflichtigen ist die Anwendung des § 34 a EStG begrenzt auf den nicht entnommenen Gewinn/den Entnahmenüberhang der inländischen Betriebsstätte (vgl. Tz. 3). Die der Einlage in die inländische Betriebsstätte vorhergehende Entnahme aus dem ausländischen Betriebsvermögen oder die der Entnahme aus der inländischen Betriebsstätte nachfolgende Einlage in das ausländische Betriebsvermögen bleibt infolge der in Satz 1 beschriebenen Begrenzung unberücksichtigt.

b) Überführungen und Übertragungen zwischen mehreren Betrieben oder Mitunternehmeranteilen

37 Die Überführung eines Wirtschaftsguts von einem inländischen Betrieb in einen anderen, im Ausland belegenen Betrieb desselben unbeschränkt Steuerpflichtigen ist eine Entnahme aus dem inländischen und eine Einlage in den ausländischen Betrieb. Eine Zusammenfassung ist – wie bei reinen Inlandsvorgängen – nicht zulässig. Entsprechendes gilt für die Überführung eines Wirtschaftsguts von einem ausländischen Betrieb in einen anderen, im Inland belegenen Betrieb desselben unbeschränkt Steuerpflichtigen.

38 Bei beschränkt Steuerpflichtigen haben derartige Vorgänge nur Bedeutung für den nicht entnommenen Gewinn/den Entnahmenüberhang der inländischen Betriebsstätte. Infolge der in Tz. 36 Satz 1 beschriebenen Begrenzung auf den nicht entnommenen Gewinn/den Entnahmenüberhang der inländischen Betriebstätte sind die Verhältnisse im Ausland ohne Bedeutung.

39 Die grenzüberschreitende Übertragung eines Wirtschaftsguts aus dem oder in das Gesamthandsvermögen einer Personengesellschaft steht der grenzüberschreitenden Überführung aus einem oder in einen Betrieb gleich. Insoweit gelten die Ausführungen in Tz. 37 entsprechend.

c) Grenzüberschreitende Überführungen und Übertragungen bei Einkünften aus Land- und Forstwirtschaft und selbständiger Arbeit

40 Die vorstehenden Grundsätze gelten sinngemäß für Einkünfte aus Land- und Forstwirtschaft und selbständiger Arbeit.

VI. Nachversteuerungsfälle nach § 34 a Abs. 6 EStG

19 **41** Nach § 34 a Abs. 6 EStG ist eine Nachversteuerung auch in den folgenden Fällen durchzuführen:
- Betriebsaufgaben (einschl. Realteilung nach § 16 Abs. 3 Satz 2 bis 4 EStG), -veräußerungen (vgl. Tz. 42),

[1] Jetzt: § 4 Abs. 1 Satz 8 EStG.

Anl zu H 34a

- Umwandlungsfälle (vgl. Tz. 43),
- Wechsel der Gewinnermittlungsart (vgl. Tz. 44),
- Antrag des Steuerpflichtigen (freiwillige Nachversteuerung; vgl. Tz. 45).

1. Betriebsaufgabe, -veräußerung

42 Wird ein ganzer Betrieb oder ein ganzer Mitunternehmeranteil vollständig aufgegeben, real geteilt oder veräußert (§ 16 EStG), entfällt die Grundlage für die Tarifbegünstigung nach § 34a EStG und damit die Möglichkeit, beim Steuerpflichtigen eine Nachversteuerung durchzuführen (§ 34a Abs. 6 Satz 1 Nr. 1 EStG). Der für diesen Betrieb oder Mitunternehmeranteil festgestellte nachversteuerungspflichtige Betrag ist in voller Höhe aufzulösen und nachzuversteuern. Dies gilt auch für die Fälle des § 16 Abs. 2 Satz 3 EStG.

Veräußert der Steuerpflichtige nur einen Teil seines Betriebs oder Mitunternehmeranteils oder einen Teilbetrieb, löst dies hingegen keine Nachversteuerung der zuvor nach § 34a EStG begünstigten Gewinne aus, da eine Nachversteuerung beim Steuerpflichtigen im Rahmen des verbleibenden Teils des Betriebs oder Mitunternehmeranteils weiterhin möglich ist.

2. Umwandlungsfälle

43 Eine Nachversteuerung in voller Höhe des festgestellten nachversteuerungspflichtigen Betrags ist bei Einbringung eines Betriebs oder Mitunternehmeranteils in eine Kapitalgesellschaft oder eine Genossenschaft sowie in den Fällen des Formwechsels einer Personengesellschaft in eine Kapitalgesellschaft oder Genossenschaft vorzunehmen (§ 34a Abs. 6 Satz 1 Nr. 2 EStG). Bei der Einbringung eines Teils eines Betriebs, eines Teilbetriebs oder eines Teils eines Mitunternehmeranteils gilt Tz. 42 2. Absatz entsprechend.

3. Wechsel der Gewinnermittlungsart

44 Beim Übergang von der Gewinnermittlung durch Betriebsvermögensvergleich zur Einnahmenüberschussrechnung oder zu einer pauschalierten Gewinnermittlung (z. B. § 5a EStG, § 13a EStG) ist der festgestellte nachversteuerungspflichtige Betrag ebenfalls in voller Höhe aufzulösen (§ 34a Abs. 6 Satz 1 Nr. 3 EStG).

4. Antrag auf Nachversteuerung

45 Eine Nachversteuerung des gesamten oder eines Teils des festgestellten nachversteuerungspflichtigen Betrags ist zudem durchzuführen, wenn der Steuerpflichtige dies beantragt (§ 34a Abs. 6 Satz 1 Nr. 4 EStG).

5. Stundung

46 Bei Nachversteuerungen nach § 34a Abs. 6 Satz 1 Nr. 1 und 2 EStG besteht die Möglichkeit, die nach § 34a Abs. 4 EStG geschuldete Steuer über einen Zeitraum von bis zu 10 Jahren zinslos zu stunden. Voraussetzung ist jedoch, dass die sofortige Begleichung der Steuer eine erhebliche Härte darstellen würde. Ob eine erhebliche Härte vorliegt, ist nach den Gesamtumständen des jeweiligen Einzelfalls nach den Grundsätzen des § 222 AO zu prüfen.

Eine Stundung nach § 34a Abs. 6 Satz 2 EStG ist bei Wechsel der Gewinnermittlungsart und bei freiwilliger Nachversteuerung nicht vorgesehen. Die Stundungsmöglichkeit nach § 222 AO bleibt unberührt.

VII. Fälle des § 6 Abs. 3 EStG und § 24 UmwStG

47 In den Fällen der unentgeltlichen Übertragung eines ganzen Betriebs oder eines ganzen Mitunter- 20
nehmeranteils nach § 6 Abs. 3 EStG und den Fällen der Einbringung eines ganzen Betriebs oder eines ganzen Mitunternehmeranteils zu Buchwerten in eine Personengesellschaft nach § 24 UmwStG ist nach § 34a Abs. 7 EStG der für diesen Betrieb oder Mitunternehmeranteil festgestellte nachversteuerungspflichtige Betrag (vgl. Tz. 25) auf den neuen (Mit-)Unternehmer zu übertragen. Bei der Übertragung eines Teils eines Betriebs, eines Teilbetriebs oder eines Teils eines Mitunternehmeranteils verbleibt der nachversteuerungspflichtige Betrag in voller Höhe beim bisherigen (Mit-)Unternehmer. Erfolgt die Einbringung eines ganzen Betriebs oder eines ganzen Mitunternehmeranteils hingegen nicht zu Buchwerten, ist der nachversteuerungspflichtige Betrag im Jahr der Einbringung in voller Höhe nachzuversteuern.

Findet die unentgeltliche Übertragung des Betriebs oder Mitunternehmeranteils nicht zum Ende des Wirtschaftsjahres statt, ist eine Schlussbilanz auf den Zeitpunkt der Übertragung zu erstellen. Geschieht dies nicht, sind die Entnahmen und Einlagen des Wirtschaftsjahres der Übertragung vor dem Übertragungsstichtag dem Rechtsvorgänger und die Entnahmen und Einlagen des Wirtschaftsjahres der Übertragung nach dem Übertragungsstichtag dem Rechtsnachfolger zuzurechnen. Maßgeblich ist der tatsächliche Zeitpunkt der Entnahmen und Einlagen. Der Gewinn des Wirtschaftsjahres der Übertragung ist im Wege der Schätzung auf Rechtsvorgänger und Rechtsnachfolger aufzuteilen. Zur Feststellung des nachversteuerungspflichtigen Betrags vgl. Tz. 25 Satz 2.

Die Übertragung des nachversteuerungspflichtigen Betrags auf den Rechtsnachfolger kann vermieden werden, wenn der Rechtsvorgänger vor der Übertragung die Nachversteuerung nach § 34a Abs. 6 Satz 1 Nr. 4 EStG beantragt.

VIII. Anwendungszeitpunkt

48 Dieses Schreiben ist ab Veranlagungszeitraum 2008 anzuwenden.

EStG

§ 34b Steuersätze bei Einkünften aus außerordentlichen Holznutzungen

(1) **Außerordentliche Holznutzungen sind**

1 **1. Holznutzungen, die aus volks- oder staatswirtschaftlichen Gründen erfolgt sind. ② Sie liegen nur insoweit vor, als sie durch gesetzlichen oder behördlichen Zwang veranlasst sind;**

2 **2. Holznutzungen infolge höherer Gewalt (Kalamitätsnutzungen). ② Sie sind durch Eis-, Schnee-, Windbruch oder Windwurf, Erdbeben, Bergrutsch, Insektenfraß, Brand oder durch Naturereignisse mit vergleichbaren Folgen verursacht. ③ Hierzu gehören nicht die Schäden, die in der Forstwirtschaft regelmäßig entstehen.**

3 (2) **① Zur Ermittlung der Einkünfte aus außerordentlichen Holznutzungen sind von den Einnahmen sämtlicher Holznutzungen die damit in sachlichem Zusammenhang stehenden Betriebsausgaben abzuziehen. ② Das nach Satz 1 ermittelte Ergebnis ist auf die ordentlichen und außerordentlichen Holznutzungsarten aufzuteilen, in dem die außerordentlichen Holznutzungen zur gesamten Holznutzung ins Verhältnis gesetzt wird. ③ Bei einer Gewinnermittlung durch Betriebsvermögensvergleich sind die im Wirtschaftsjahr veräußerten Holzmengen maßgebend. ④ Bei einer Gewinnermittlung nach den Grundsätzen des § 4 Absatz 3 ist von den Holzmengen auszugehen, die den im Wirtschaftsjahr zugeflossenen Einnahmen zugrunde liegen. ⑤ Die Sätze 1 bis 4 gelten für entnommenes Holz entsprechend.**

4 (3) **Die Einkommensteuer bemisst sich für die Einkünfte aus außerordentlichen Holznutzungen im Sinne des Absatzes 1**

1. nach der Hälfte des durchschnittlichen Steuersatzes, der sich ergäbe, wenn die tarifliche Einkommensteuer nach dem gesamten zu versteuernden Einkommen zuzüglich der dem Progressionsvorbehalt unterliegenden Einkünfte zu bemessen wäre;

2. nach dem halben Steuersatz der Nummer 1, soweit sie den Nutzungssatz (§ 68 der Einkommensteuer-Durchführungsverordnung) übersteigen.

(4) **Einkünfte aus außerordentlichen Holznutzungen sind nur anzuerkennen, wenn**

5 **1. das im Wirtschaftsjahr veräußerte oder entnommene Holz mengenmäßig getrennt nach ordentlichen und außerordentlichen Holznutzungen nachgewiesen wird und**

6 **2. Schäden infolge höherer Gewalt unverzüglich nach Feststellung des Schadensfalls der zuständigen Finanzbehörde mitgeteilt und nach der Aufarbeitung mengenmäßig nachgewiesen werden.**

7 (5) **Die Bundesregierung wird ermächtigt, durch Rechtsverordnung mit Zustimmung des Bundesrates**

1. die Steuersätze abweichend von Absatz 3 für ein Wirtschaftsjahr aus sachlichen Billigkeitsgründen zu regeln,

2. die Anwendung des § 4 a des Forstschäden-Ausgleichsgesetzes für ein Wirtschaftsjahr aus sachlichen Billigkeitsgründen zu regeln,

wenn besondere Schadensereignisse nach Absatz 1 Nummer 2 vorliegen und eine Einschlagsbeschränkung (§ 1 Absatz 1 des Forstschäden-Ausgleichsgesetzes) nicht angeordnet wurde.

Übersicht

§ 68 *Nutzungssatz, Betriebsgutachten, Betriebswerk*

EStDV

11 *(1) ① Der Nutzungssatz muss periodisch für zehn Jahre durch die Finanzbehörde festgesetzt werden. ② Er muss den Holznutzungen entsprechen, die unter Berücksichtigung der vollen Ertragsfähigkeit des Waldes in Kubikmetern im Festmaß (Erntefestmeter Derbholz ohne Rinde) nachhaltig erzielbar sind.*

12 *(2) ① Der Festsetzung des Nutzungssatzes ist ein amtlich anerkanntes Betriebsgutachten oder ein Betriebswerk zugrunde zu legen, das auf den Anfang des Wirtschaftsjahres aufzustellen ist, von dem an die Periode von zehn Jahren beginnt. ② Es soll innerhalb eines Jahres nach diesem Stichtag der Finanzbehörde übermittelt werden. ③ Sofern der Zeitraum, für den es aufgestellt wurde, nicht unmittelbar an den vorherigen Zeitraum der Nutzungssatzfestsetzung anschließt, muss es spätestens auf den Anfang des Wirtschaftsjahrs des Schadensereignisses aufgestellt sein.*

13 *(3) ① Ein Betriebsgutachten im Sinne des Absatzes 2 ist amtlich anerkannt, wenn die Anerkennung von einer Behörde oder einer Körperschaft des öffentlichen Rechts des Landes, in dem der forstwirtschaftliche Betrieb liegt, ausgesprochen wird. ② Die Länder bestimmen, welche Behörden oder Körperschaften des öffentlichen Rechts diese Anerkennung auszusprechen haben.*

R 34b.1. Gewinnermittlung

R 34b.1

Allgemeines

16 (1) ① Die Einkünfte aus Holznutzungen sind nach den Grundsätzen der jeweiligen Gewinnermittlungsart für jedes Wirtschaftsjahr gesondert zu ermitteln. ② Eine Holznutzung liegt vor, wenn aus einem Wirtschaftsgut Baumbestand heraus Holz vom Grund und Boden getrennt wird und im Zuge der Aufarbeitung vom Anlagevermögen zum Umlaufvermögen wird. ③ Entsprechendes gilt, wenn Holz auf dem Stamm verkauft wird. ④ Mit der Zuordnung zum Umlaufvermögen ist der Holzvorrat mit den tatsächlichen Anschaffungs- oder Herstellungskosten zu bewerten.

Pauschalierung

17 (2) ① Die Pauschalierung der Betriebsausgaben nach § 51 EStDV darf nur vorgenommen werden, wenn es zulässig ist, den Gewinn für die forstwirtschaftliche Nutzung des Betriebs nach den Grundsätzen des § 4 Abs. 3 EStG zu ermitteln und die zum Betrieb gehörenden forstwirtschaftlich genutzten Flächen im Sinne des § 34 Abs. 2 Nr. 1 Buchstabe b des Bewertungsgesetzes zum Beginn des Wirtschaftsjahres 50 Hektar nicht übersteigen. ② Soweit unter diesen Voraussetzungen oder nach § 4 des Forstschäden-Ausgleichsgesetzes Gewinne aus Holznutzungen pauschal ermittelt werden, gelten die pauschalen Betriebsausgaben auch für die Ermittlung der nach § 34b EStG begünstigten Einkünfte aus außerordentlichen Holznutzungen.

Abweichende Wirtschaftsjahre

18 (3) Die für jedes Wirtschaftsjahr gesondert ermittelten Einkünfte für außerordentliche Holznutzungen sind bei abweichenden Wirtschaftsjahren – den übrigen laufenden Einkünften entsprechend – zeitanteilig und getrennt nach den Einkünften i. S. v. § 34b Abs. 2 i. V. m. Abs. 3 Nr. 1 und 2 EStG dem jeweiligen VZ zuzuordnen.

Mehrere Betriebe

19 (4) Unterhält ein Stpfl. mehrere Betriebe mit eigenständiger Gewinnermittlung, sind die Einkünfte aus außerordentlichen Holznutzungen nach § 34b Abs. 2 i. V. m. Abs. 3 Nr. 1 und 2 EStG für jeden Betrieb gesondert zu ermitteln und dem jeweiligen VZ zuzurechnen.

H 34b.1

20 **Bewertung des Baumbestandes.** Zur steuerlichen Behandlung des Baumbestandes → BMF vom 16. 5. 2012 (BStBl. I S. 595).[1]

Forstschäden-Ausgleichsgesetz[2]

– → Gesetz vom 26. 8. 1985 (BGBl. I S. 1756, BStBl. I S. 592) zuletzt geändert durch Artikel 412 der Zehnten Zuständigkeitsanpassungsverordnung vom 31. 8. 2015 (BGBl. I S. 1474).
– Zweifelsfragen zu den steuerlichen Regelungen des Forstschäden-Ausgleichsgesetzes → BMF vom 27. 7. 2021 (BStBl. I S. 1044).
– → H 13.5 (Forstwirtschaft).

Zeitliche Anwendung. Zur zeitlichen Anwendung der Tarifvorschrift des § 34b EStG und des § 68 EStDV → BMF vom 16. 5. 2012 (BStBl. I S. 594).[3]

R 34b.2. Ordentliche und außerordentliche Holznutzungen

R 34b.2

Definition

22 (1) ① Außerordentliche Holznutzungen liegen vor, wenn bei einer Holznutzung die in § 34b Abs. 1 EStG genannten Voraussetzungen erfüllt sind. ② Es ist unerheblich, ob sie in Nachhaltsbetrieben oder in aussetzenden Betrieben anfallen. ③ Alle übrigen Holznutzungen sind ordentliche Holznutzungen. ④ Die Veräußerung des Grund und Bodens einschließlich des Aufwuchses oder

---

[1] Abgedruckt als Anlage c zu H 13.3.
[2] Abgedruckt nach R 34b.8 EStR als Anlage zu R 34b EStR.
[3] Letztmals abgedruckt im „Handbuch zur ESt-Veranlagung 2016" als Anlage zu H 34b.1.

die Veräußerung des Grund und Bodens und des stehenden Holzes an denselben Erwerber in getrennten Verträgen ist keine Holznutzung i. S. d. § 34 b EStG.

Zeitpunkt der Verwertung

23 (2) ① § 34 b EStG begünstigt die Einkünfte aus der Verwertung von außerordentlichen Holznutzungen (→ R 34 b.1 Abs. 1) durch Veräußerung oder Entnahme. ② Zeitpunkt der Verwertung ist in den Fällen der Gewinnermittlung nach § 4 Abs. 1 EStG der Zeitpunkt der Veräußerung oder Entnahme. ③ Soweit die Grundsätze des § 4 Abs. 3 EStG anzuwenden sind, ist der Zeitpunkt des Zuflusses der Einnahmen oder der Entnahme maßgebend.

Holznutzungen aus volks- und staatswirtschaftlichen Gründen

24 (3) ① Eine Nutzung geschieht aus volks- oder staatswirtschaftlichen Gründen, wenn sie z. B. durch gesetzlichen oder behördlichen Zwang veranlasst worden ist. ② Dies sind insbesondere Holznutzungen infolge einer Enteignung oder einer drohenden Enteignung, z. B. beim Bau von Verkehrswegen. ③ Ein Zwang kann dabei schon angenommen werden, wenn der Stpfl. nach den Umständen des Falles der Ansicht sein kann, dass er im Fall der Verweigerung des Verkaufs ein behördliches Enteignungsverfahren zu erwarten habe. ④ Unter einem unmittelbar drohenden behördlichen Eingriff sind jedoch nicht diejenigen Verpflichtungen zu verstehen, die allein auf Grund der Waldgesetze vorzunehmen sind.

Holznutzungen infolge höherer Gewalt (Kalamitätsnutzungen)

25 (4) ① Holznutzungen infolge höherer Gewalt liegen neben den in § 34 b Abs. 1 Nr. 2 Satz 2 EStG genannten Fällen auch dann vor, wenn sie durch Naturereignisse verursacht sind, die im Gesetz nicht besonders aufgeführt sind. ② Kalamitätsnutzungen knüpfen stets an das Vorliegen eines außergewöhnlichen Naturereignisses im Sinne höherer Gewalt an. ③ Eine Holznutzung infolge höherer Gewalt kann auch in einem Wirtschaftsjahr nach Eintritt des Schadensereignisses erfolgen. ④ Zu den Holznutzungen infolge höherer Gewalt zählen nicht Schadensfälle von einzelnen Bäumen (z. B. Dürrhölzer, Schaden durch Blitzschlag), soweit sie sich im Rahmen der regelmäßigen natürlichen Abgänge halten.

26 (5) ① Bei vorzeitigen Holznutzungen auf Grund von Schäden durch militärische Übungen sind dieselben Steuersätze wie für Holznutzungen infolge höherer Gewalt anzuwenden. ② Ersatzleistungen für Schäden, die sich beseitigen lassen, (z. B. Schäden an Wegen und Jungpflanzungen), sind nach R 6.6 zu behandeln.

H 34 b.2

27 **Höhere Gewalt.** Außerordentliche Holznutzungen infolge gesetzlicher oder behördlicher Anordnungen gehören nicht zu den Holznutzungen infolge höherer Gewalt (→ RFH vom 23. 8. 1939 – RStBl. S. 1056).

Kalamitätsfolgehiebe. Muss ein nach einem Naturereignis stehengebliebener Bestand nach forstwirtschaftlichen Grundsätzen eingeschlagen werden (sog. Kalamitätsfolgehiebe), werden die daraus anfallenden Nutzungen steuerlich nur als Kalamitätsnutzungen begünstigt, wenn sie nicht in die planmäßige Holznutzung der nächsten Jahre einbezogen werden können, insbesondere aber, wenn nicht hiebreife Bestände eingeschlagen werden müssen (→ BFH vom 11. 4. 1961 – BStBl. III S. 276).

Rotfäule → BMF vom 18. 11. 2018 (BStBl. I S. 1214).

R 34 b.3

R 34 b.3. Ermittlung der Einkünfte aus außerordentlichen Holznutzungen

Grundsätze

28 (1) Zur Ermittlung der Einkünfte aus außerordentlichen Holznutzungen, sind die mit allen Holznutzungen im Zusammenhang stehenden Betriebseinnahmen und Betriebsausgaben gesondert aufzuzeichnen.

29 (2) ① Einnahmen aus sämtlichen Holznutzungen sind die Erlöse aus der Verwertung des Holzes, die der Gewinnermittlung des Wirtschaftsjahres zu Grunde gelegt wurden. ② Hierzu gehören insbesondere die Erlöse für das veräußerte Holz und der Teilwert für das entnommene Holz. ③ Nicht dazu gehören die Einnahmen aus Nebennutzungen und aus Verkäufen von Wirtschaftsgütern des Anlagevermögens. ④ Von den Einnahmen aus sämtlichen Holznutzungen sind die mit diesen Einnahmen in sachlichem Zusammenhang stehenden Betriebsausgaben des Wirtschaftsjahres abzuziehen, die der Gewinnermittlung des Wirtschaftsjahres zu Grunde gelegt wurden. ⑤ Dazu gehören insbesondere die festen und beweglichen Verwaltungskosten, Steuern, Zwangsbeiträge und die Betriebskosten, ⑥ Erhöhte AfA, Sonderabschreibungen sowie Buchwertminderungen und -abgänge sind zu berücksichtigen. ⑦ Eine Aktivierung von Holzvorräten ist keine Verwertung des Holzes. ⑧ Der Investitionsabzugsbetrag nach § 7 g EStG ist weder als Einnahme noch als Ausgabe zu berücksichtigen, die mit einer Holznutzung in sachlichem Zusammenhang steht. ⑨ Zum Zeitpunkt der Erfassung der Einnahmen → R 34 b.2 Abs. 2.

Pauschalierung

(3) ① Im Fall der Pauschalierung nach § 51 EStDV[1] oder § 4 des Forstschäden-Ausgleichsgesetzes[2] gilt Absatz 2 entsprechend. ② Die nicht mit den Pauschsätzen abgegoltenen, aber abzugsfähigen Wiederaufforstungskosten, Buchwertminderungen und -abgänge beim Wirtschaftsgut Baumbestand sind zusätzlich als Betriebsausgaben zu berücksichtigen. 30

Entschädigungen

(4) ① Die Berücksichtigung von Entschädigungen und Zuschüssen richtet sich nach den Grundsätzen der maßgebenden Gewinnermittlung. ② Die Zuordnung der Entschädigungen und Zuschüsse zu den Einnahmen aus Holznutzungen oder zu den übrigen Betriebseinnahmen oder -ausgaben richtet sich nach dem Grund der Zahlung. ③ Soweit für Entschädigungen die Tarifvergünstigung nach § 34 Abs. 1 i. V. m. *§ 24 Nr. 2 EStG*[3] in Anspruch genommen wird, sind die entsprechenden Betriebseinnahmen und die damit in sachlichem Zusammenhang stehenden Betriebsausgaben für Zwecke des § 34b EStG zur Vermeidung einer doppelten Berücksichtigung zu korrigieren. 31

R 34b.4. Ermittlung der Steuersätze

R 34b.4

Durchschnittlicher Steuersatz

(1) ① Für das gesamte z. v. E. i. S. d. § 32a Abs. 1 EStG – also einschließlich der Einkünfte aus außerordentlichen Holznutzungen – ist der Steuerbetrag nach den allgemeinen Tarifvorschriften zu ermitteln. ② Aus dem Verhältnis des sich ergebenden Steuerbetrags zu dem gesamten z. v. E. ergibt sich der durchschnittliche Steuersatz, der auf vier Dezimalstellen abzurunden ist. ③ Die Hälfte bzw. ein Viertel dieses durchschnittlichen Steuersatzes ist der anzuwendende ermäßigte Steuersatz nach § 34b Abs. 3 EStG. 33

Anzuwendende Steuersätze

(2) ① Der Umfang der ordentlichen Holznutzung ist für die Anwendung der Steuersätze nach § 34b Abs. 3 EStG ohne Bedeutung. ② Für die Frage, mit welchen Steuersätzen die Einkünfte aus außerordentlichen Holznutzungen zu versteuern sind, ist die im Wirtschaftsjahr verwertete Holzmenge des Betriebs maßgebend. ③ Auf die Einkünfte aus außerordentlichen Holznutzungen des Betriebs ist die Hälfte des durchschnittlichen Steuersatzes i. S. d. Absatzes 1 anzuwenden, wenn die Voraussetzungen des § 68 EStDV nicht vorliegen. 34

(3) ① Auf Einkünfte aus außerordentlichen Holznutzungen des Betriebs ist unter den Voraussetzungen des § 68 EStDV bis zur Höhe des Nutzungssatzes (Absatz 4) die Hälfte des durchschnittlichen Steuersatzes (§ 34b Abs. 3 Nr. 1 EStG) und für darüber hinausgehende außerordentliche Holznutzungen in Viertel des durchschnittlichen Steuersatzes (§ 34b Abs. 3 Nr. 2 EStG) anzuwenden. ② Hierzu sind die Einkünfte aus außerordentlichen Holznutzungen nach dem Verhältnis der Holzmengen zum Nutzungssatz aufzuteilen. 35

Nutzungssatz

(4) ① Der Nutzungssatz i. S. d. § 34b Abs. 3 Nr. 2 EStG i. V. m. § 68 EStDV ist eine steuerliche Bemessungsgrundlage. ② Er muss den Nutzungen entsprechen, die unter Berücksichtigung der vollen jährlichen Ertragsfähigkeit des Waldes in Kubikmetern (Festmetern) objektiv nachhaltig im Betrieb erzielbar sind. ③ Maßgebend für die Bemessung des Nutzungssatzes sind nicht die Nutzungen, die nach dem Willen des Betriebsinhabers in einem Zeitraum von zehn Jahren erzielt werden sollen (subjektiver Hiebsatz), sondern die Nutzungen, die unter Berücksichtigung der vollen Ertragsfähigkeit nachhaltig erzielt werden können (objektive Nutzungsmöglichkeit). ④ Aus diesem Grunde kann sich der Hiebsatz der Forsteinrichtung vom Nutzungssatz unterscheiden. ⑤ Die amtliche Anerkennung eines Betriebsgutachtens oder die Vorlage eines Betriebswerks schließt daher eine Prüfung durch den Forstsachverständigen der zuständigen Finanzbehörde nicht aus. 36

Beispiel zur Verwertung des Holzes in einem Wj.

H 34b.4

Grundsachverhalt: 37

Ein Forstwirt hat in seinem Betrieb (150 ha forstwirtschaftlich genutzte Fläche) einen Sturmschaden mit einem Gesamtumfang von 5200 fm. Er hat außerdem noch 800 fm ordentliche Holznutzung. Die gesamte Holzmenge von 6000 fm wird im gleichen Wj. veräußert. Die Einkünfte aus der Verwertung der Holznutzungen betragen insgesamt 180 000 €. Der Stpfl. hat kein gültiges Betriebswerk bzw. amtlich anerkanntes Betriebsgutachten.

Lösung:

a) Zuordnung der Holzmengen
Die ordentliche Holznutzung unterliegt im Umfang von 800 fm der regulären Besteuerung. Die außerordentliche Holznutzung infolge höherer Gewalt unterliegt mit 5200 fm der Tarifvergünstigung des § 34b Abs. 3 Nr. 1 EStG im Umfang von 5200 fm.

---

[1] Abgedruckt bei § 13 EStG.
[2] Abgedruckt als Anlage zu R 34b EStR.
[3] Richtig: § 24 Nr. 1 EStG.

H 34b.4

b) Zuordnung der Steuersätze

Einkünfte aus allen Holznutzungen	180 000 €
davon aus	
– ordentlichen Holznutzungen (800/6000)	24 000 €
= Normalsteuersatz	
– außerordentlichen Holznutzungen (5200/6000)	156 000 €
= Steuersatz nach § 34 b Abs. 3 Nr. 1 EStG (1/2)	

Abwandlung:

Der aufgrund eines Betriebswerks festgesetzte Nutzungssatz beträgt 1000 fm.

a) Zuordnung der Holzmengen

Die ordentliche Holznutzung unterliegt im Umfang von 800 fm der regulären Besteuerung. Eine Auffüllung des Nutzungssatzes mit Kalamitätsnutzungen erfolgt nicht. Die außerordentliche Holznutzung infolge höherer Gewalt unterliegt mit 1000 fm dem Steuersatz des § 34 b Abs. 3 Nr. 1 EStG und mit 4200 fm dem Steuersatz des § 34 b Abs. 3 Nr. 2 EStG.

b) Zuordnung der Steuersätze

Einkünfte aus allen Holznutzungen	180 000 €
davon aus	
– ordentlichen Holznutzungen (800/6000)	24 000 €
= Normalsteuersatz	
– a. o. Holznutzungen (1000/6000)	30 000 €
= Steuersatz nach § 34 b Abs. 3 Nr. 1 EStG (1/2)	
– a. o. Holznutzungen (4200/6000)	126 000 €
= Steuersatz nach § 34 b Abs. 3 Nr. 2 EStG (1/4)	

Beispiel zur Verwertung des Holzes über mehrere Wirtschaftsjahre:

Im Wirtschaftsjahr 01 veräußert er die gesamte ordentliche Holznutzung von 800 fm und die Kalamitätsnutzung von 2200 fm. Die Einkünfte aus der Verwertung der Holznutzungen betragen insgesamt 100 000 €. Im Wj. 02 veräußert er die restliche Kalamitätsnutzung von 3.000 fm und erzielt hieraus Einkünfte in Höhe von 80 000 €.

Lösung:

a) Zuordnung der Steuersätze im Wj. 01

Einkünfte aus allen Holznutzungen	100 000 €
davon aus	
– ordentlichen Holznutzungen (800/3000)	26 666 €
= Normalsteuersatz	
– a. o. Holznutzungen bis zur Höhe des Nutzungssatzes (1000/3000)	33 334 €
= § 34 b Abs. 3 Nr. 1 EStG (1/2)	
– a. o. Holznutzungen über dem Nutzungssatz (1200/3000)	40 000 €
= § 34 b Abs. 3 Nr. 2 EStG (1/4)	

b) Zuordnung der Steuersätze im Wj. 02

Einkünfte aus allen Holznutzungen	80 000 €
davon aus	
– ordentlichen Holznutzungen (0/3000)	0 €
= Normalsteuersatz	
– a. o. Holznutzungen bis zur Höhe des Nutzungssatzes (1000/3000)	26 666 €
= § 34 b Abs. 3 Nr. 1 EStG (1/2)	
– a. o. Holnutzungen über dem Nutzungssatz (2000/3000)	53 334 €
= § 34 b Abs. 3 Nr. 2 EStG (1/4)	

Beispiel zur Verwertung des Holzes in den Fällen des § 51 EStDV:

Ein Stpfl. hat in seinem land- und forstwirtschaftlichen Betrieb 40 ha forstwirtschaftlich genutzte Fläche und ermittelt seinen Gewinn nach § 4 Abs. 3 EStG. Der Stpfl. hat kein amtlich anerkanntes Betriebsgutachten. In den Wj. 01 und 02 beantragt er die Anwendung von § 51 EStDV.

Im Wj. 01 sind ein Sturmschaden mit einem Gesamtumfang von 800 fm und 100 fm ordentliche Holznutzung angefallen. Neben der ordentlichen Holznutzung wird Kalamitätsholz im Umfang von 500 fm verwertet. Die Einnahmen aus der Verwertung der Holznutzungen betragen insgesamt 24 000 €. Es sind keine Buchwertminderungen und Wiederaufforstungskosten zu berücksichtigen.

Im Wj. 02 verwertet er das restliche Kalamitätsholz im Umfang von 300 fm und eine ordentliche Holznutzung im Umfang von 200 fm. Die Einnahmen aus der Verwertung der Holznutzungen betragen insgesamt 20 000 €. Der Stpfl. hat sofort abziehbare Wiederaufforstungskosten in Höhe von 6000 € aufgewendet.

Lösung:

Die Einkünfte aus Holznutzungen im Wj. 01 betragen 10 800 € (Einnahmen 24 000 € abzüglich des Betriebsausgabenpauschsatzes nach § 51 Abs. 2 EStDV von 55% = 13 200 €). Nach der Vereinfachungsregelung der R 34b.6 Abs. 3 EStR kann für die Berechnung des § 34 b EStG ein Nutzungssatz von 5 fm/ha × 40 ha = 200 fm zu Grunde gelegt werden.

a) Zuordnung der Steuersätze im Wj. 01

Einkünfte aus allen Holznutzungen	10 800 €
davon aus	
– ordentlichen Holznutzungen (100/600)	1 800 €
= Normalsteuersatz	
– a. o. Holznutzungen bis zur Höhe des Nutzungssatzes (200/600)	3 600 €
= § 34 b Abs. 3 Nr. 1 EStG (1/2)	
– a. o. Holznutzungen über dem Nutzungssatz (300/600)	5 400 €
= § 34 b Abs. 3 Nr. 2 EStG (1/4)	

Die Einkünfte aus Holznutzungen im Wj. 02 betragen 3000 € (Einnahmen 20 000 € abzüglich des Betriebsausgabenpauschsatzes nach § 51 Abs. 2 EStDV von 55% = 11 000 € und der Wiederaufforstungskosten in Höhe von 6000 €). Nach der Vereinfachungsregelung der R 34b.6 Abs. 3 EStR kann für die Berechnung des § 34 b EStG ein Nutzungssatz von 5 fm/ha × 40 ha = 200 fm zu Grunde gelegt werden.

b) Zuordnung der Steuersätze im Wirtschaftsjahr 02

Einkünfte aus allen Holznutzungen	3000 €
davon aus	

– ordentlichen Holznutzungen (200/500)	1200 €
= Normalsteuersatz	
– a. o. Holznutzungen bis zur Höhe des Nutzungssatzes (200/500)	1200 €
= § 34 b Abs. 3 Nr. 1 EStG (1/2)	
– a o. Holznutzungen über dem Nutzungssatz (100/500)	600 €
= § 34 b Abs. 3 Nr. 2 EStG (1/4)	

Richtlinien für die Bemessung von Nutzungssätzen → BMF vom 17.5. 2017 (BStBl. I S. 783).

R 34 b.5. Umfang der Tarifvergünstigung

R 34 b.5

Grundsätze

(1) ① Die Tarifvergünstigung bei Einkünften aus außerordentlichen Holznutzungen nach § 34 b EStG stellt eine Progressionsmilderung der dort bestimmten laufenden Einkünfte dar. 38 ② Sie wird für einen Veranlagungszeitraum gewährt. ③ Bei abweichenden Wirtschaftsjahren ist nach § 34 b.1 Abs. 3 zu verfahren. ④ Ergeben sich im VZ nach einer Saldierung (→ R 34 b.1 Abs. 3 und 4) insgesamt keine positiven Einkünfte aus außerordentlichen Holznutzungen, scheidet eine Tarifvergünstigung nach § 34 b EStG aus. ⑤ Bei der Berechnung der Tarifvergünstigung ist maximal das z. v. E. zugrunde zu legen.

Verhältnis zu § 34 EStG

(2) ① Treffen Einkünfte aus außerordentlichen Holznutzungen i. S. d. § 34 b EStG mit außer- 39 ordentlichen Einkünften i. S. d. § 34 Abs. 2 EStG zusammen und übersteigen diese Einkünfte das z. v. E., sind die von der S. d. E., dem G. d. E. und dem Einkommen abzuziehenden Beträge zunächst bei den nicht nach § 34 EStG begünstigten Einkünften, danach bei den nach § 34 Abs. 1 EStG begünstigten Einkünften und danach bei den nach § 34 Abs. 3 EStG begünstigten Einkünften zu berücksichtigen, wenn der Stpfl. keine andere Zuordnung beantragt. ② Der Freibetrag nach § 13 Abs. 3 EStG darf dabei nur von Einkünften aus Land- und Forstwirtschaft abgezogen werden.

H 34b.5

Beispiel:

Ein Stpfl. betreibt einen land- und forstwirtschaftlichen Einzelbetrieb (Wj. vom 1. 7.–30. 6.) und ist daneben seit dem VZ 02 40 an einer forstwirtschaftlichen Mitunternehmerschaft beteiligt (Wj. = Kj.). Im Wj. 01/02 ist für den Einzelbetrieb eine Gesamtmenge Kalamitätsholz i. H. v. 1200 fm anerkannt worden, die in den Wj. 01/02–03/04 verwertet wird. Der auf Grund eines Betriebswerks festgesetzte Nutzungssatz für den Einzelbetrieb beträgt 500 fm. Im Wj. 03/04 entstehen auf Grund von Wiederaufforstungskosten negative Einkünfte aus Holznutzungen. Für die Mitunternehmerschaft liegen Feststellungen des zuständigen Finanzamts vor. Aus der Verwertung von Holz hat der Stpfl. folgende Einkünfte erzielt:

Einzelbetrieb

Wj. 01/02	
Einkünfte aus allen Holznutzungen (1000 fm)	30 000 €
davon aus	
ordentlichen Holznutzungen (300 fm/1000 fm)	9 000 €
außerordentlichen Holznutzungen nach § 34 b Abs. 3 Nr. 1 EStG (500 fm/1000 fm)	15 000 €
außerordentlichen Holznutzungen nach § 34 b Abs. 3 Nr. 2 EStG (200 fm/1000 fm)	6 000 €
Wj. 02/03	
Einkünfte aus allen Holznutzungen (600 fm)	21 000 €
davon aus	
ordentlichen Holznutzungen (200 fm/600 fm)	7 000 €
außerordentlichen Holznutzungen nach § 34 b Abs. 3 Nr. 1 EStG (400 fm/600 fm)	14 000 €
Wj. 03/04	
Einkünfte aus allen Holznutzungen (300 fm)	– 6 000 €
davon aus	
ordentlichen Holznutzungen (200 fm/300 fm)	– 4 000 €
außerordentlichen Holznutzungen nach § 34 b Abs. 3 Nr. 1 EStG (100 fm/300 fm)	– 2 000 €

Im Wj. 04/05 fallen keine Einkünfte aus Holznutzungen an.

Mitunternehmerschaft

VZ 02	
Einkünfte aus allen Holznutzungen	19 000 €
davon aus	
ordentlichen Holznutzungen	5 000 €
außerordentlichen Holznutzungen nach § 34 b Abs. 3 Nr. 1 EStG	4 000 €
außerordentlichen Holznutzungen nach § 34 b Abs. 3 Nr. 2 EStG	10 000 €
VZ 03	
Einkünfte aus allen Holznutzungen	9 000 €
davon aus	
ordentlichen Holznutzungen	1 000 €
außerordentlichen Holznutzungen nach § 34 b Abs. 3 Nr. 1 EStG	2 000 €
außerordentlichen Holznutzungen nach § 34 b Abs. 3 Nr. 2 EStG	6 000 €
VZ 04	
Einkünfte aus allen Holznutzungen	3 600 €
davon aus	
ordentlichen Holznutzungen	1 200 €
außerordentlichen Holznutzungen nach § 34 b Abs. 3 Nr. 1 EStG	2 400 €

Lösung:

Für die VZ 01–04 ergibt sich unter Berücksichtigung von § 4 a Abs. 2 Nr. 1 EStG folgende Zuordnung der Einkünfte aus Holznutzungen:

	Einkünfte aus Holznutzungen	Zuordnung zu VZ			
	Wj.	VZ 01	VZ 02	VZ 03	VZ 04
ordentliche Holznutzungen (Normalsteuersatz)					
aus Wj. 01/02	9 000 €	4 500 €	4 500 €		
aus Wj. 02/03	7 000 €		3 500 €	3500 €	
aus Wj. 03/04	– 4 000 €			– 2 000 €	– 2 000 €
Mitunternehmerschaft	–		5 000 €	1 000 €	1 200 €
Summe (Normalsteuersatz)		4 500 €	13 000 €	2 500 €	– 800 €
außerordentliche Holznutzungen nach § 34 b Abs. 3 Nr. 1 EStG (1/2-Steuersatz)					
aus Wj. 01/02	15 000 €	7 500 €	7 500 €		
aus Wj. 02/03	14 000 €		7 000 €	7 000 €	
aus Wj. 03/04	– 2 000 €			– 1 000 €	– 1 000 €
Mitunternehmerschaft	–		4 000 €	2 000 €	2 400 €
Summe (1/2-Steuersatz)		7 500 €	18 500 €	8 000 €	1 400 €
außerordentliche Holznutzungen nach § 34b Abs. 3 Nr. 2 EStG (1/4-Steuersatz)					
aus Wj. 01/02	6 000 €	3 000 €	3 000 €		
Mitunternehmerschaft	–		10 000 €	6 000 €	
Summe (1/4-Steuersatz)		3 000 €	13 000 €	6 000 €	

R 34b.6

R 34 b.6. Voraussetzungen für die Anwendung der Tarifvergünstigung

Aufstellung und Vorlage eines Betriebsgutachtens oder eines Betriebswerks

41 (1) ① Für die Festsetzung des Nutzungssatzes i. S. d. § 34 b Abs. 3 Nr. 2 EStG ist grundsätzlich ein amtlich anerkanntes Betriebsgutachten oder ein Betriebswerk erforderlich. ② Dieses soll nach § 68 Abs. 2 Satz 2 EStDV innerhalb eines Jahres nach dem Stichtag seiner Aufstellung dem Forstsachverständigen der zuständigen Finanzbehörde zur Überprüfung zugeleitet werden. ③ Wird es nicht innerhalb eines Jahres übermittelt, kann dies im Fall nicht mehr nachprüfbarer Daten bei der Festsetzung eines Nutzungssatzes zu Lasten des Stpfl. gehen (z. B. durch Unsicherheitszuschläge). ④ Enthält es Mängel (z. B. methodische Mängel, unzutreffende oder nicht mehr überprüfbare Naturaldaten), kann es zurückgewiesen werden; ein Gegengutachten der zuständigen Finanzbehörde ist nicht erforderlich.

42 (2) ① Wird ein amtlich anerkanntes Betriebsgutachten oder ein Betriebswerk nicht fortlaufend aufgestellt oder wird es infolge einer Betriebsumstellung neu aufgestellt und schließt deshalb nicht an den vorherigen Zeitraum der Nutzungssatzfeststellung an, kann es im Schadensfalle nur berücksichtigt werden, wenn es spätestens auf den Anfang des Wirtschaftsjahres des Schadensereignisses aufgestellt wurde. ② Gleiches gilt für den fall, dass ein amtlich anerkanntes Betriebsgutachten oder ein Betriebswerk erstmals nach einem Schadensereignis erstellt wird; Absatz 1 Satz 3 und 4 sind entsprechend anzuwenden.

Vereinfachungsregelung

43 (3) ① Aus Vereinfachungsgründen kann bei Betrieben mit bis zu 50 Hektar forstwirtschaftlich genutzter Fläche, für die nicht bereits aus anderen Gründen ein amtlich anerkanntes Betriebsgutachten oder ein Betriebswerk vorliegt, auf die Festsetzung eines Nutzungssatzes verzichtet werden. ② In diesen Fällen ist bei der Anwendung des § 34 b EStG ein Nutzungssatz von fünf Erntefestmetern ohne Rinde je Hektar zu Grunde zu legen.

Festsetzung eines Nutzungssatzes

44 (4) ① Nach Prüfung der vorgelegten Unterlagen ist ein Nutzungssatz zu ermitteln und periodisch für einen Zeitraum von zehn Jahren festzusetzen. ② Er stellt eine unselbständige Besteuerungsgrundlage dar und kann gegebenenfalls auch nachträglich geändert werden. ③ Der festgesetzte Nutzungssatz muss zum Zeitpunkt der Veräußerung der außerordentlichen Holznutzungen gültig sein.

Nutzungsnachweis

45 (5) ① Für den Nutzungsnachweis nach § 34 b Abs. 4 Nr. 1 EStG genügt es, wenn der Stpfl. die Holznutzungen eines Wirtschaftsjahrs mengenmäßig getrennt nach ordentlichen und außerordentlichen Holznutzungen nachweist. ② Im Falle eines besonderen Schadensereignisses i. S. d. § 34 b Abs. 5 EStG gelten zudem die Regelungen in R 34 b.7 Abs. 1.

Kalamitätsmeldungen

46 (6) ① Schäden infolge höherer Gewalt werden nur anerkannt, wenn sie nach Feststellung des Schadensfalls ohne schuldhaftes Zögern und vor Beginn der Aufarbeitung der zuständigen Fi-

nanzbehörde nach amtlichem Vordruck für jeden Betrieb gesondert mitgeteilt werden. ② Die Mitteilung darf nicht deshalb verzögert werden, weil der Schaden dem Umfang und der Höhe nach noch nicht feststeht.

R 34b.7. Billigkeitsmaßnahmen nach § 34b Abs. 5 EStG

R 34b.7

Besonderer Steuersatz

48 (1) ① Werden aus sachlichen Billigkeitsgründen die Regelungen des § 34b Abs. 5 EStG für ein Wirtschaftsjahr in Kraft gesetzt, bestimmt sich der Umfang des mit dem besonderen Steuersatz der Rechtsverordnung zu begünstigenden Kalamitätsholzes nach der für das betroffene Wirtschaftsjahr anerkannten Schadensmenge (Begünstigungsvolumen). ② Grundlage hierfür ist die nach der Aufarbeitung nachgewiesene Schadensmenge (→ R 34b.6 Abs. 6). ③ Das Begünstigungsvolumen wird durch Kalamitätsnutzungen gemindert, die dem Steuersatz nach § 34b Abs. 5 EStG unterworfen werden.

49 (2) ① Die unter die Tarifvergünstigung nach § 34b Abs. 5 EStG fallenden Einkünfte werden im Wirtschaftsjahr der Verwertung des Kalamitätsholzes gesondert ermittelt. ② Daneben kann für andere Kalamitätsnutzungen die Tarifvergünstigung nach § 34b Abs. 3 EStG in Betracht kommen. ③ Der besondere Steuersatz der Rechtsverordnung ist so lange zu berücksichtigen, bis das Begünstigungsvolumen nach Absatz 1 durch Kalamitätsnutzungen jeglicher Art aufgebraucht ist.

Bewertung von Holzvorräten

50 (3) Bei der Gewinnermittlung durch Betriebsvermögensvergleich kann nach Maßgabe der Rechtsverordnung für das darin benannte Wirtschaftsjahr von der Aktivierung des eingeschlagenen und unverkauften Kalamitätsholzes ganz oder teilweise abgesehen werden.

Weisungen im Rahmen einer Vielzahl von Einzelfällen

51 (4) ① Die in § 34b Abs. 5 EStG vorgesehenen Billigkeitsmaßnahmen können nach Maßgabe der Absätze 1 bis 3 auch bei größeren, regional begrenzten Schadensereignissen, die nicht nur Einzelfälle betreffen, im Wege typisierender Verwaltungsanweisungen auf der Grundlage des § 163 der AO entsprechend angewendet werden. ② Darüber hinaus gehende Billigkeitsmaßnahmen sind nur in begründeten Einzelfällen unter Berücksichtigung der sachlichen und persönlichen Unbilligkeit zulässig.

H 34b.7

Beispiel:

52 Ein Forstwirt hat im Wj. 01 eine Holzmenge von 10 000 fm aufgearbeitet. Davon sind 9000 fm aufgrund eines besonders großen Sturmschadens als Kalamitätsholz angefallen. Der Vorrat an aufgearbeitetem und unverkauftem Kalamitätsholz vorangegangener Wj. beträgt 350 fm.
Der für die Wj. 00 bis 09 festgesetzte Nutzungssatz beträgt 1500 fm.
Eine Einschlagsbeschränkung nach dem Forstschäden-Ausgleichsgesetz wurde nicht angeordnet. Die Bundesregierung hat mit Zustimmung des Bundesrats eine Rechtsverordnung erlassen, wonach zum Ausgleich des Sturmschadens das im Wj. 01 angefallene Kalamitätsholz einheitlich mit einem Viertel des durchschnittlichen Steuersatzes zu besteuern ist.
Im Wj. 01 veräußert er die ordentliche Holznutzung von 1000 fm, das Kalamitätsholz vorangegangener Wj. von 350 fm und 3000 fm Kalamitätsholz des Schadensjahres.
Im Wj. 02 veräußert er weitere 4000 fm Kalamitätsholz aus dem Wj. 01.
Im Wj. 03 fallen weitere 500 fm Kalamitätsholz an, die er sofort veräußert. Zudem veräußert er noch die gesamte restliche Holzmenge von 2000 fm.

Lösung:

Wj. 01
Die veräußerte ordentliche Holznutzung von 1000 fm ist ohne Tarifvergünstigung zu besteuern. Das Kalamitätsholz im Umfang von 9000 fm unterliegt im Wj. der Holznutzung infolge der Anordnung einem Viertel des durchschnittlichen Steuersatzes. Davon sind im Wj. 01 3000 fm veräußert worden und unterliegen der besonderen Tarifvergünstigung. Dies gilt auch für den im Wj. 01 veräußerten Holzvorrat an Kalamitätsholz vorangegangener Wj. von 350 fm. Das verbleibende Begünstigungsvolumen nach § 34b Abs. 5 EStG beträgt 5650 fm.

Wj. 02
Das veräußerte Kalamitätsholz von 4000 fm unterliegt in vollem Umfang einem Viertel des durchschnittlichen Steuersatzes. Das verbleibende Begünstigungsvolumen nach § 34b Abs. 5 EStG beträgt 1650 fm.

Wj. 03
Das veräußerte Kalamitätsholz von 2500 fm unterliegt im Umfang von 1650 fm dem besonderen Steuersatz nach § 34b Abs. 5 EStG. Die verbleibenden 850 fm liegen innerhalb des im Wj. 03 gültigen Nutzungssatzes; hierfür gilt der Steuersatz nach § 34b Abs. 3 Nr. 1 EStG.

R 34b.8. Rücklage nach § 3 des Forstschäden-Ausgleichsgesetzes

R 34b.8

53 ① Die Bildung einer steuerfreien Rücklage nach § 3 des Forstschäden-Ausgleichsgesetzes[1] ist von den nutzungssatzmäßigen Einnahmen der vorangegangenen drei Wirtschaftsjahre abhängig. ② Dabei sind Über- und Unternutzungen in den jeweiligen Wirtschaftsjahren nicht auszugleichen. ③ Übersteigt die tatsächliche Holznutzung eines Wirtschaftsjahres den Nutzungssatz nicht, so sind alle Einnahmen aus Holznutzungen des Wirtschaftsjahres als nutzungssatzmäßige Einnahmen zu berücksichtigen. ④ Übersteigt dagegen die tatsächliche Holznutzung im Wirt-

[1] Nachstehend abgedruckt.

schaftsjahr den Nutzungssatz, sind zur Ermittlung der nutzungssatzmäßigen Einnahmen alle Einnahmen aus Holznutzungen im Verhältnis des Nutzungssatzes zur gesamten Holznutzung aufzuteilen. ⑤ Dies setzt voraus, dass für das Wirtschaftsjahr der Bildung einer Rücklage und der drei vorangegangenen Wirtschaftsjahre jeweils ein Nutzungssatz gültig ist. ⑥ Der durch die Rücklage verursachte Aufwand oder Ertrag ist bei der Ermittlung der Einkünfte aus außerordentlichen Holznutzungen nach § 34b Abs. 2 EStG zu berücksichtigen.

Anl zu R 34b

Gesetz zum Ausgleich von Auswirkungen besonderer Schadensereignisse in der Forstwirtschaft (Forstschäden-Ausgleichsgesetz)

In der Fassung der Bek. vom 26. August 1985 (BGBl. I S. 1756)

Geändert durch Gesetz vom 7. November 1991 (BGBl. I S. 2062), vom 24. 3. 1999 (BStBl. I S. 402), vom 25. 6. 2001 (BGBl. I S. 1215), Verordnung vom 29. Oktober 2001 (BGBl. I S. 2785), vom 25. 11. 2003 (BGBl. I S. 2304), vom 31. 10. 2006 (BGBl. I S. 2407), Verordnung vom 19. 12. 2008 (BGBl. I S. 2794), Gesetz vom 1. 11. 2011 (BGBl. I S. 2131), Verordnung vom 31. 8. 2015 (BGBl. I S. 1474) und Gesetz vom 10. 8. 2021 (BGBl. I S. 3436)

§ 1 Beschränkung des ordentlichen Holzeinschlags

55 (1)[1] Das Bundesministerium für Ernährung und Landwirtschaft wird ermächtigt, im Einvernehmen mit dem Bundesministerium für Wirtschaft und Energie durch Rechtsverordnung mit Zustimmung des Bundesrates den ordentlichen Holzeinschlag der Forstwirtschaft für einzelne Holzartengruppen (Fichte, Kiefer, Buche, Eiche) oder Holzsorten zu beschränken, wenn und soweit dies erforderlich ist, um erhebliche und überregionale Störungen des Rohholzmarktes durch außerordentliche Holznutzungen zu vermeiden, die infolge eines oder mehrerer besonderer Schadensereignisse, insbesondere Windwurf und Windbruch, Schnee- und Eisbruch, Pilzbefall, Insektenfraß oder sonstige Schädigungen auch unbekannter Ursache (Kalamitätsnutzungen), erforderlich werden.

(2) Eine erhebliche und überregionale Marktstörung durch Kalamitätsnutzungen im Sinne des Absatzes 1 ist in der Regel zu erwarten, wenn die Höhe der Kalamitätsnutzung

1. im Bundesgebiet bei allen Holzartengruppen voraussichtlich mindestens 25 vom Hundert oder bei einer Holzartengruppe voraussichtlich mindestens 40 vom Hundert des ungekürzten Einschlagsprogramms des Bundesgebietes oder
2. a) in einem Land bei allen Holzartengruppen voraussichtlich mindestens 45 vom Hundert oder bei einer Holzartengruppe voraussichtlich mindestens 75 vom Hundert des ungekürzten Einschlagsprogramms dieses Landes und
   b) im Bundesgebiet bei allen Holzartengruppen voraussichtlich mindestens 20 vom Hundert oder bei der betreffenden Holzartengruppe voraussichtlich mindestens 30 vom Hundert des ungekürzten Einschlagsprogramms des Bundesgebietes erreicht.

(3)[2] Die Einschlagsbeschränkung kann für das Forstwirtschaftsjahr (1. Oktober bis 30. September), in dem die Kalamitätsnutzungen erforderlich werden, sowie für das darauf folgende Forstwirtschaftsjahr angeordnet werden. Eine Verlängerung um ein weiteres Forstwirtschaftsjahr ist zulässig, falls die Voraussetzungen der Absätze 1 und 2 weiterhin vorliegen.

(4)[3] Der Gesamteinschlag eines Forstbetriebes darf durch eine Einschlagsbeschränkung nach Absatz 1 höchstens auf 70 vom Hundert des Nutzungssatzes im Sinne des § 68 Absatz 1 der Einkommensteuer-Durchführungsverordnung beschränkt werden.

(5) Forstwirte, die nicht zur Buchführung verpflichtet sind, können in der Rechtsverordnung von der Einschlagsbeschränkung ausgenommen werden, wenn das Holzaufkommen dieser Betriebe die Marktstörung nur unerheblich beeinflußt. Die zuständige Landesbehörde kann auf Antrag einzelne Forstbetriebe von der Einschlagsbeschränkung befreien, wenn diese zu einer wirtschaftlich unbilligen Härte führen würde.

§ 2 Beschränkung der Holzeinfuhr

56 Die Einfuhr von Holz und Holzerzeugnissen der ersten Bearbeitungsstufe kann, soweit es mit dem Recht der Europäischen Wirtschaftsgemeinschaft vereinbar ist, auf Grund des Außenwirtschaftsgesetzes auch zur Wahrnehmung der durch § 1 Abs. 1 geschützten Belange beschränkt werden, wenn der Erfolg einer Einschlagsbeschränkung ohne die Einfuhrbeschränkung erheblich gefährdet würde und eine solche Gefährdung im Interesse der Allgemeinheit abgewendet werden muß oder wenn nach einem bundesweiten Großschaden eine Einschlagsbeschränkung angesichts der Schwere der Störung auf dem Rohholzmarkt wirkungslos wäre.

§ 3 Steuerfreie Rücklage für die Bildung eines betrieblichen Ausgleichsfonds

57 (1) Steuerpflichtige, die Einkünfte aus dem Betrieb von Forstwirtschaft im Sinne des § 13 des Einkommensteuergesetzes beziehen und bei denen der nach § 4 Abs. 1 des Einkommensteuergesetzes ermittelte Gewinn der Besteuerung zugrunde gelegt wird, können unter den Voraussetzungen des Absatzes 2 eine den steuerlichen Gewinn mindernde Rücklage bilden. Satz 1 gilt entsprechend für

[1] § 1 Abs. 1 geändert durch Verordnung vom 29. 10. 2001 (BGBl. I S. 2785), vom 25. 11. 2003 (BGBl. I S. 2304) und vom 31. 10. 2006 (BGBl. I S. 2407) sowie durch Verordnung vom 31. 8. 2015 (BGBl. I S. 1474).
[2] § 1 Abs. 3 Satz 2 angefügt durch Gesetz vom 7. 11. 1991 (BGBl. I S. 2062).
[3] § 1 Abs. 4 geändert ab 1. 1. 2012 durch Gesetz vom 1. 11. 2011 (BGBl. I S. 2131).

natürliche Personen, Körperschaften, Personenvereinigungen und Vermögensmassen, bei denen Einkünfte aus dem Betrieb von Forstwirtschaft steuerlich als Einkünfte aus Gewerbebetrieb zu behandeln sind. Die Rücklage darf 100 vom Hundert, die jährliche Zuführung zur Rücklage 25 vom Hundert der im Durchschnitt der vorangegangenen drei Wirtschaftsjahre erzielten nutzungssatzmäßigen Einnahmen nicht übersteigen. Sinkt in den Folgejahren die nutzungssatzmäßige Einnahme ab, so bleibt dies ohne Wirkung auf die zulässige Höhe einer bereits gebildeten Rücklage.

(2) Eine Rücklage nach Absatz 1 ist nur zulässig, wenn mindestens in gleicher Höhe ein betrieblicher Ausgleichsfonds gebildet wird. Die Gelder für den Fonds müssen auf ein besonderes Konto bei einem Kreditinstitut eingezahlt worden sein. Sie können auch für den Erwerb von festverzinslichen Schuldverschreibungen und Rentenschuldverschreibungen, die vom Bund, von den Ländern und Gemeinden oder von anderen Körperschaften des öffentlichen Rechts oder von Kreditinstituten mit Sitz und Geschäftsleitung im Geltungsbereich dieses Gesetzes ausgegeben oder die mit staatlicher Genehmigung in Verkehr gebracht werden, verwendet werden, wenn diese Wertpapiere in das Depot eines Kreditinstituts gegeben werden.

(3) Der Ausgleichsfonds darf nur in Anspruch genommen werden

1. zur Ergänzung der durch eine Einschlagsbeschränkung geminderten Erlöse;
2. für vorbeugende oder akute Forstschutzmaßnahmen;
3. für Maßnahmen zur Konservierung oder Lagerung von Holz;
4. für die Wiederaufforstung oder Nachbesserung von Schadensflächen und die nachfolgende Waldpflege;
5. für die Beseitigung der unmittelbar oder mittelbar durch höhere Gewalt verursachten Schäden an Wegen und sonstigen Betriebsvorrichtungen.

(4) Die Rücklage ist in Höhe der in Anspruch genommenen Fondsmittel zum Ende des Wirtschaftsjahres der Inanspruchnahme gewinnerhöhend aufzulösen. Wird der Fonds ganz oder zum Teil zu anderen als den in Absatz 3 bezeichneten Zwecken in Anspruch genommen, so wird außerdem ein Zuschlag zur Einkommensteuer oder Körperschaftsteuer in Höhe von 10 vom Hundert des Teils der aufgelösten Rücklage erhoben, der nicht auf die in Absatz 3 bezeichneten Zwecke entfällt.

(5) Die Rücklage nach Absatz 1 ist bei der Berechnung der in § 141 Abs. 1 Nr. 5 der Abgabenordnung bezeichneten Grenze nicht zu berücksichtigen.

§ 4 Pauschsatz für Betriebsausgaben[1]

58 (1)[2] Steuerpflichtige, die für ihren Betrieb nicht zur Buchführung verpflichtet sind und ihren Gewinn nicht nach § 4 Absatz 1, § 5 des Einkommensteuergesetzes ermitteln, können im Wirtschaftsjahr einer Einschlagsbeschränkung nach § 1 zur Abgeltung der Betriebsausgaben pauschal 90 Prozent der Einnahmen aus der Verwertung des eingeschlagenen Holzes abziehen. Soweit Holz auf dem Stamm verkauft wird, betragen die pauschalen Betriebsausgaben 65 Prozent der Einnahmen aus der Verwertung des stehenden Holzes.

(2) Absatz 1 gilt auch, wenn diese Forstwirte nach § 1 Abs. 5 von der Einschlagsbeschränkung ausgenommen sind, jedoch freiwillig die Einschlagsbeschränkung befolgen.

§ 4a[3] **Bewertung von Holzvorräten aus Kalamitätsnutzungen bei der Forstwirtschaft**

59 Steuerpflichtige mit Einkünften aus Forstwirtschaft, bei denen der nach § 4 Absatz 1, § 5 des Einkommensteuergesetzes ermittelte Gewinn der Besteuerung zugrunde gelegt wird, können im Falle einer Einschlagsbeschränkung nach § 1 von einer Aktivierung des eingeschlagenen und unverkauften Kalamitätsholzes ganz oder teilweise absehen.

§ 5 Sonstige steuerliche Maßnahmen

60 (1)[4] Im Wirtschaftsjahr einer Einschlagsbeschränkung nach § 1 gilt für jegliche Kalamitätsnutzung einheitlich der Steuersatz nach § 34b Abs. 3 Nummer 2 des Einkommensteuergesetzes.

(2) Kalamitätsnutzungen, die in Folgejahren gezogen werden und im ursächlichen Zusammenhang mit einer Kalamitätsnutzung stehen, welche in der Zeit einer Einschlagsbeschränkung angefallen ist, können einkommensteuerlich so behandelt werden, als wären sie im Jahr der Einschlagsbeschränkung mit der ersten Mitteilung des Schadensfalles angefallen.

§ 6 (weggefallen)

§ 7 Übervorräte bei der Holzwirtschaft

61 (1) Steuerpflichtige, die den Gewinn nach § 5 des Einkommensteuergesetzes ermitteln, können den Mehrbestand an

1. Holz im Sinne der Nr. 44.01 und 44.03 des Zolltarifs,
2. Holzhalbwaren im Sinne der Nr. 44.05, 44.07, 44.11, 44.13, 44.15 und 44.18 des Zolltarifs und
3. Halbstoffen aus Holz im Sinne der Nr. 47.01 des Zolltarifs

---

[1] Siehe dazu auch *BFH-Urteil vom 3. 2. 2010 IV R 27/07 (BStBl. 2010 II S. 546).*
[2] § 4 Abs. 1 neugefasst durch Gesetz vom 1. 11. 2011 (BStBl. I S. 2131).
[3] § 4a neugefasst durch Gesetz vom 1. 11. 2011 (BGBl. I S. 2131).
[4] § 5 Abs. 1 Zitat geändert durch Gesetz vom 19. 12. 2008 (BGBl. I S. 2794) und geändert durch Gesetz vom 1. 11. 2011 (BGBl. I S. 2131).

Anl zu R 34 b

an Bilanzstichtagen, die in einen Zeitraum fallen, für den eine Einschlagsbeschränkung im Sinne des § 1 angeordnet ist, statt mit dem sich nach § 6 Abs. 1 Nr. 2 des Einkommensteuergesetzes ergebenden Wert mit einem um 50 vom Hundert niedrigeren Wert ansetzen. Anstelle eines Bilanzstichtages innerhalb des Zeitraums einer Einschlagsbeschränkung kann Satz 1 auch auf den ersten Bilanzstichtag nach Ablauf der Einschlagsbeschränkung angewendet werden. Der niedrigere Wertansatz ist nur zulässig für Wirtschaftsgüter, die aus im Inland erzeugtem Holz bestehen.

(2)[1] Mehrbestand ist die mengenmäßige Erhöhung der Bestände an Holz oder Holzwaren im Sinne des Absatzes 1 gegenüber den durchschnittlichen Beständen an diesen Waren an den letzten drei vorangegangenen Bilanzstichtagen, die nach Abzug etwaiger bei diesen Wirtschaftsgütern eingetretener mengenmäßiger Bestandsminderungen verbleibt. Die mengenmäßigen Bestandsänderungen an Bilanzstichtagen gegenüber den durchschnittlichen Beständen an den letzten drei vorangegangenen Bilanzstichtagen sind dabei für die in Absatz 1 Satz 1 Nr. 1, 2 und 3 genannten Wirtschaftsgüter getrennt zu ermitteln. Der Abzug der Bestandsminderungen ist in der Weise durchzuführen, daß bei den Bestandserhöhungen die Mengen abzusetzen sind, die dem Wert der Bestandsminderungen entsprechen; dabei sind die Wirtschaftsgüter mit dem Wiederbeschaffungspreis am Bilanzstichtag zu bewerten.

§ 8 (weggefallen)

§ 9 Durchführungsvorschriften

62 (1) Die zuständigen Behörden haben die Durchführung dieses Gesetzes und der auf Grund dieses Gesetzes erlassenen Rechtsverordnungen zu überwachen.

(2)[2] Die zuständigen Behörden können zur Durchführung der ihnen durch dieses Gesetz oder auf Grund dieses Gesetzes übertragenen Aufgaben von natürlichen und juristischen Personen und nicht rechtsfähigen Personenvereinigungen die erforderlichen Auskünfte verlangen.

(3) Die von den zuständigen Behörden mit der Einholung von Auskünften beauftragten Personen sind im Rahmen des Absatzes 2 befugt, Grundstücke und Geschäftsräume des Auskunftspflichtigen während der Geschäfts- und Betriebszeiten zu betreten und die geschäftlichen Unterlagen einzusehen. Der Auskunftspflichtige hat die Maßnahmen nach Satz 1 zu dulden.

(4) Der zur Auskunft Verpflichtete kann die Auskunft auf solche Fragen verweigern, deren Beantwortung ihn selbst oder einen der in § 383 Abs. 1 Nr. 1 bis 3 der Zivilprozeßordnung bezeichneten Angehörigen der Gefahr strafgerichtlicher Verfolgung oder eines Verfahrens nach dem Gesetz über Ordnungswidrigkeiten aussetzen würde.

§ 10 (weggefallen)

§ 11 Bußgeldvorschriften

63 (1) Ordnungswidrig handelt, wer vorsätzlich oder fahrlässig

1. einer Rechtsverordnung nach § 1 Abs. 1 Satz 1 zuwiderhandelt, soweit sie für einen bestimmten Tatbestand auf diese Bußgeldvorschrift verweist,
2. entgegen § 9 Abs. 2 eine Auskunft nicht, nicht richtig oder nicht vollständig erteilt oder entgegen § 9 Abs. 3 den Zutritt zu Grundstücken oder Geschäftsräumen oder die Einsichtnahme in geschäftliche Unterlagen nicht zuläßt.

(2) Die Ordnungswidrigkeit kann im Falle des Absatzes 1 Nr. 1 mit einer Geldbuße bis zu fünfundzwanzigtausend Euro,[3] im Falle des Absatzes 1 Nr. 2 mit einer Geldbuße bis zu zweitausendfünfhundert Euro[3] geahndet werden.

§ 11 a Übergangsvorschrift

64 Die §§ 3 bis 7 sind in ihrer vom 1. September 1985 an geltenden Fassung erstmals für Wirtschaftsjahre anzuwenden, die nach dem 31. Dezember 1984 enden.

§ 12[3] (aufgehoben)

§ 13 (Inkrafttreten)

[1] § 7 Abs. 2 Satz 2 neugefasst durch Gesetz vom 7. 11. 1991 (BGBl. I S. 2062).

[2] § 9 Abs. 2 wird mit Wirkung ab 1. 1. 2024 durch Art. 111 des Gesetzes vom 10. 8. 2021 (BGBl. I S. 3436/3479) geändert. Zu der Änderung siehe dort.

[3] § 11 Abs. 2 geändert und § 12 aufgehoben durch Gesetz vom 25. 6. 2001 (BGBl. I S. 1215).

V. Steuerermäßigungen

1. Steuerermäßigung bei ausländischen Einkünften

§ 34c [Steuerermäßigung bei ausländischen Einkünften]

EStG

(1) ① **Bei unbeschränkt Steuerpflichtigen, die mit ausländischen Einkünften in dem Staat, aus dem die Einkünfte stammen, zu einer der deutschen Einkommensteuer entsprechenden Steuer herangezogen werden, ist die festgesetzte und gezahlte und um einen entstandenen Ermäßigungsanspruch gekürzte ausländische Steuer auf die deutsche Einkommensteuer anzurechnen, die auf die Einkünfte aus diesem Staat entfällt; das gilt nicht für Einkünfte aus Kapitalvermögen, auf die § 32 d Absatz 1 und 3 bis 6 anzuwenden ist.** ② **Die auf die ausländischen Einkünfte nach Satz 1 erster Halbsatz entfallende deutsche Einkommensteuer ist in der Weise zu ermitteln, dass der sich bei der Veranlagung des zu versteuernden Einkommens, einschließlich der ausländischen Einkünfte, nach den §§ 32 a, 32 b, 34, 34 a und 34 b ergebende durchschnittliche Steuersatz auf die ausländischen Einkünfte anzuwenden ist.**[1] ③ **Bei der Ermittlung des zu versteuernden Einkommens und der ausländischen Einkünfte sind die Einkünfte nach Satz 1 zweiter Halbsatz nicht zu berücksichtigen; bei der Ermittlung der ausländischen Einkünfte sind die ausländischen Einkünfte nicht zu berücksichtigen, die in dem Staat, aus dem sie stammen, nach dessen Recht nicht besteuert werden.** ④ **Gehören ausländische Einkünfte der in § 34 d Nummer 3, 4, 6, 7 und 8 Buchstabe c genannten Art zum Gewinn eines inländischen Betriebes, sind bei ihrer Ermittlung Betriebsausgaben und Betriebsvermögensminderungen abzuziehen, die mit den diesen Einkünften zugrunde liegenden Einnahmen in wirtschaftlichem Zusammenhang stehen.** ⑤ **Die ausländischen Steuern sind nur insoweit anzurechnen, als sie auf die im Veranlagungszeitraum bezogenen Einkünfte entfallen.** 1

(2) **Statt der Anrechnung (Absatz 1) ist die ausländische Steuer auf Antrag bei der Ermittlung der Einkünfte abzuziehen, soweit sie auf ausländische Einkünfte entfällt, die nicht steuerfrei sind.** 2

(3) **Bei unbeschränkt Steuerpflichtigen, bei denen eine ausländische Steuer vom Einkommen nach Absatz 1 nicht angerechnet werden kann, weil die Steuer nicht der deutschen Einkommensteuer entspricht oder nicht in dem Staat erhoben wird, aus dem die Einkünfte stammen, oder weil keine ausländischen Einkünfte vorliegen, ist die festgesetzte und gezahlte und um einen entstandenen Ermäßigungsanspruch gekürzte ausländische Steuer bei der Ermittlung der Einkünfte abzuziehen, soweit sie auf Einkünfte entfällt, die der deutschen Einkommensteuer unterliegen.** 3

(4) **(weggefallen)** 4

(5) **Die obersten Finanzbehörden der Länder oder die von ihnen beauftragten Finanzbehörden können mit Zustimmung des Bundesministeriums der Finanzen die auf ausländische Einkünfte entfallende deutsche Einkommensteuer ganz oder zum Teil erlassen oder in einem Pauschbetrag festsetzen, wenn es aus volkswirtschaftlichen Gründen zweckmäßig ist oder die Anwendung des Absatzes 1 besonders schwierig ist.** 5

(6) ① **Die Absätze 1 bis 3 sind vorbehaltlich der Sätze 2 bis 6 nicht anzuwenden, wenn die Einkünfte aus einem ausländischen Staat stammen, mit dem ein Abkommen zur Vermeidung der Doppelbesteuerung besteht.** ② **Soweit in einem Abkommen zur Vermeidung der Doppelbesteuerung die Anrechnung einer ausländischen Steuer auf die deutsche Einkommensteuer vorgesehen ist, sind Absatz 1 Satz 2 bis 5 und Absatz 2 entsprechend auf die nach dem Abkommen anzurechnende und um einen entstandenen Ermäßigungsanspruch gekürzte ausländische Steuer anzuwenden; das gilt nicht für Einkünfte, auf die § 32 d Absatz 1 und 3 bis 6 anzuwenden ist; bei nach dem Abkommen als gezahlt geltenden ausländischen Steuerbeträgen sind Absatz 1 Satz 3 und Absatz 2 nicht anzuwenden.** ③ **Absatz 1 Satz 3 gilt auch dann entsprechend, wenn die Einkünfte in dem ausländischen Staat nach dem Abkommen zur Vermeidung der Doppelbesteuerung mit diesem Staat nicht besteuert werden können.** ④ **Bezieht sich ein Abkommen zur Vermeidung der Doppelbesteuerung nicht auf eine Steuer vom Einkommen dieses Staates, so sind die Absätze 1 und 2 entsprechend anzuwenden.** ⑤ **In den Fällen des § 50 d Absatz 9 sind die Absätze 1 bis 3 und Satz 6 entsprechend anzuwenden.** ⑥ **Absatz 3 ist anzuwenden, wenn der Staat, mit dem ein Abkommen zur Vermeidung der Doppelbesteuerung besteht, Einkünfte besteuert, die nicht aus diesem Staat stammen, es sei denn, die Besteuerung hat ihre Ursache in einer Gestaltung, für die wirtschaftliche oder sonst beachtliche** 6

[1] Zur Anwendung von Abs. 1 Satz 2 für VZ bis einschließlich 2014 siehe die Maßgaben in § 52 Abs. 34 a EStG.

Gründe fehlen, oder das Abkommen gestattet dem Staat die Besteuerung dieser Einkünfte.

7 **(7) Durch Rechtsverordnung können Vorschriften erlassen werden über**

1. die Anrechnung ausländischer Steuern, wenn die ausländischen Einkünfte aus mehreren fremden Staaten stammen,

2. den Nachweis über die Höhe der festgesetzten und gezahlten ausländischen Steuern,

3. die Berücksichtigung ausländischer Steuern, die nachträglich erhoben oder zurückgezahlt werden.

Übersicht

EStDV

§ 68 a *Einkünfte aus mehreren ausländischen Staaten*

11 *① Die für die Einkünfte aus einem ausländischen Staat festgesetzte und gezahlte und um einen entstandenen Ermäßigungsanspruch gekürzte ausländische Steuer ist nur bis zur Höhe der deutschen Steuer anzurechnen, die auf die Einkünfte aus diesem ausländischen Staat entfällt. ② Stammen die Einkünfte aus mehreren ausländischen Staaten, so sind die Höchstbeträge der anrechenbaren ausländischen Steuern für jeden einzelnen ausländischen Staat gesondert zu berechnen.*

§ 68 b *Nachweis über die Höhe der ausländischen Einkünfte und Steuern*

12 *① Der Steuerpflichtige hat den Nachweis über die Höhe der ausländischen Einkünfte und über die Festsetzung und Zahlung der ausländischen Steuern durch Vorlage entsprechender Urkunden (z. B. Steuerbescheid, Quittung über die Zahlung) zu führen. ② Sind diese Urkunden in einer fremden Sprache abgefasst, so kann eine beglaubigte Übersetzung in die deutsche Sprache verlangt werden.*

§ 69 *(weggefallen)*

R 34 c (1–2)

R 34 c. Anrechnung und Abzug ausländischer Steuern

Umrechnung ausländischer Steuern

21 (1) ① Die nach § 34 c Abs. 1 und Abs. 6 EStG auf die deutschen Einkommensteuer anzurechnende oder nach § 34 c Abs. 2, 3 und 6 EStG bei der Ermittlung der Einkünfte abzuziehende ausländische Steuer ist auf der Grundlage der von der Europäischen Zentralbank täglich veröffentlichten Euro-Referenzkurse umzurechnen. ② Zur Vereinfachung ist die Umrechnung dieser Währungen auch zu den Umsatzsteuer-Umrechnungskursen zulässig, die monatlich im Bundessteuerblatt Teil I veröffentlicht werden.

Zu berücksichtigende ausländische Steuer

22 (2) ① Entfällt eine zu berücksichtigende ausländische Steuer auf negative ausländische Einkünfte, die unter die Verlustausgleichsbeschränkung des § 2 a Abs. 1 EStG fallen, oder auf die durch die spätere Verrechnung gekürzten positiven ausländischen Einkünfte, ist sie im Rahmen des Höchstbetrags (→ Absatz 3) nach § 34 c Abs. 1 EStG anzurechnen oder auf Antrag nach § 34 c Abs. 2 EStG bei der Ermittlung der Einkünfte abzuziehen. ② Bei Abzug erhöhen sich die – im VZ nicht ausgleichsfähigen – negativen ausländischen Einkünfte. ③ Die nach § 34 c Abs. 1 und 6 anzurechnende ausländische Steuer ist nicht zu kürzen, wenn die entsprechenden Einnahmen nach § 3 Nr. 40 EStG teilweise steuerfrei sind.

H 34 c (1–2)

Anrechnung ausländischer Steuern bei Bestehen von DBA → H 34 c (5) Anrechnung.

23 **Festsetzung ausländischer Steuern.** Eine Festsetzung i. S. d. § 34 c Abs. 1 EStG kann auch bei einer Anmeldungssteuer vorliegen. Die Anrechnung solcher Steuern hängt von einer hinrei-

chend klaren Bescheinigung des Anmeldenden über die Höhe der für den Stpfl. abgeführten Steuer ab (→ BFH vom 5. 2. 1992 – BStBl. II S. 607).

Nichtanrechenbare ausländische Steuern → § 34 c Abs. 3 EStG.

Verzeichnis ausländischer Steuern in Nicht-DBA-Staaten, die der deutschen Einkommensteuer entsprechen.[1] Die Entsprechung nicht aufgeführter ausländischer Steuern mit der deutschen Einkommensteuer wird erforderlichenfalls vom BMF festgestellt.

Anl zu H 34 c (1–2)

24

Verzeichnis ausländischer Steuern in Nicht-DBA-Staaten, die der deutschen Einkommensteuer entsprechen

Afghanistan income tax (Einkommen- und Körperschaftsteuer),
rent tax (Steuer auf Einkünfte aus Vermietung),
corporate tax (Körperschaftsteuer)

Angola imposto industrial (Steuer auf Einkünfte aus Gewerbebetrieb),
imposto sobre os rendimentos do trabalho (Steuer auf Einkünfte aus selbständiger und nichtselbständiger Arbeit),
imposto predial urbano (Steuer auf Einkünfte aus bebauten Grundstücken),
imposto sobre a aplicaçãço de capitais (Steuer auf Einkünfte aus Kapitalvermögen)

Antigua und Barbuda individual income tax (Einkommensteuer)

Äquatorialguinea impuesto sobre la renta de las personas fisicas (Einkommensteuer)

Äthiopien income tax (Einkommen- und Körperschaftsteuer)

Barbados income and corporate tax (Einkommen- und Körperschaftsteuer)

Benin impôt général sur le revenue (allgemeine Einkommensteuer)

Bhutan tax deducted at source oder salary tax (Steuer auf Löhne und Gehälter), health contribution (Einkommensteuer)

Botsuana income tax (Einkommen- und Körperschaftsteuer)

Brasilien imposto de renda da pessoas fisicas (Einkommensteuer),
imposto de renda da pessoas juridicas (Körperschaftsteuer),
imposto de renda retido da fonte (Einkommensteuer als Quellensteuer auf Einkünfte von Steuerausländern)

Brunei income tax (Einkommensteuer)

Burkina Faso impôt Unique sur les Traitements et Salaires – IVTS (Steuer auf Löhne und Gehälter)

Chile impuesto a la renta (Einkommen- und Körperschaftsteuer),
impuesto global complementario (Zusatzsteuer auf das Gesamteinkommen)
impuesto adicional (Zusatzsteuer auf Einkünfte von Steuerausländern),

China (Taiwan) individual consolidated income tax (Einkommensteuer der natürlichen Personen),
profit-seeking enterprise income tax (Einkommensteuer der gewerblichen Unternehmen)

China, Volksrepublik (Special Administrative Region Hongkong) siehe **Hongkong**

Cookinseln income tax (Einkommen- und Körperschaftsteuer)

Dominikanische Republik impuesto sobre la renta (Einkommen- und Körperschaftsteuer),
contribución adicional al impuesto sobre la renta (Zuschlag zur Einkommen- und Körperschaftsteuer)

El Salvador impuesto sobre la renta (Einkommen- und Körperschaftsteuer)

Fidschi income tax (Einkommen- und Körperschaftsteuer),
dividend tax (Quellensteuer auf Dividenden von Steuerinländern),
interest withholding tax (Quellensteuer auf Zinsen),
non-resident dividend withholding tax (Quellensteuer auf Dividenden Steuerausländer)

Gabun impôt général sur le revenu des personnes physiques (allgemeine Einkommensteuer), impôt sur le revenu des valeurs mobilières (Steuer auf Einkünfte aus Beteiligungen),
taxe complémentaire sur les salaires (Zusatzsteuer auf Einkünfte aus nichtselbständiger Arbeit),
impôt sur le sociétés (Körperschaftsteuer)

Gambia income tax (Einkommen- und Körperschaftsteuer),
capital gains tax (Steuer auf Veräußerungsgewinne)

Gibraltar income tax (Einkommen- und Körperschaftsteuer)

Grönland Akileraarutissaq/Indkomstskat, Akileraarutit A-t/A-skat, Akileraarutit B-t/B-skat (Einkommensteuer)

Guatemala impuesto sobre la renta (Einkommen- und Körperschaftsteuer)

Guernsey income tax (Einkommensteuer)

Guinea impôt général sur le revenu (Einkommensteuer), impôt sur les traitements et salaires (Steuer auf Einkünfte aus nichtselbständiger Arbeit),
impôt sur les revenus non salariaux versés à des non résidents (Quellensteuer für Steuerausländer),

---

[1] Nachstehend abgedruckt.

Anl zu H 34c (1–2)

impôt sur les bénéfices industriels, commerciaux et non commerciaux (Steuer auf gewerbliche Einkünfte und auf Einkünfte aus selbständiger Arbeit),
impôt sur le revenu des capitaux mobiliers (Quellensteuer auf Kapitalerträge),
impôt sur les sociétés (Körperschaftsteuer)

Guyana income tax (Einkommen- und Körperschaftsteuer),corporation tax (Körperschaftsteuer), capital gains tax (Steuer auf Veräußerungsgewinne)

Haiti impôt sur le revenu (Einkommen- und Körperschaftsteuer)

Honduras impuesto sobre la renta (Einkommen- und Körperschaftsteuer), aportación solidaria temporal (Solidaritätszuschlag für Körperschaften)

Hongkong profits tax (Gewinnsteuer), salaries tax (Lohnsteuer), property tax (Steuer auf Mieteinkünfte)

Irak income tax (Einkommen- und Körperschaftsteuer)

Jordanien income tax (Einkommen- und Körperschaftsteuer), social welfare tax (Zuschlag auf die Einkommensteuer), university tax (Steuer auf ausschüttungsfähige Gewinne)

Kambodscha[1] withholding tax on management and technical services (Quellensteuer auf Vergütungen für Dienstleistungen), withholding tax on salary (Quellensteuer auf Lohnzahlungen)

Kamerun impôt sur le revenu des personnes physiques (Einkommensteuer), impôt sur les sociétés (Körperschaftsteuer)

Katar income tax (Körperschaftsteuer)

Kolumbien impuesto sobre la renta (Einkommen- und Körperschaftsteuer einschließlich Zuschlag), impuesto complementario des remesas (Zuschlag zur Einkommen- und Körperschaftsteuer bei Mittelabflüssen ins Ausland), retencion en la fuente (Quellensteuer auf Dividenden, Zinsen, Lizenzen und technische Dienstleistungen)

Kongo, Demokratische Republik impôt sur les revenus locatifs (Steuer auf Einkünfte aus Vermietung), impôt mobilier (Steuer auf Kapitalerträge), impôt professionnel (Steuer auf Erwerbseinkünfte), contribution sur les revenus des personnes pyhsiques (Einkommensteuer)

Kongo, Republik impôt sur le revenu des personnes physiques (Einkommensteuer), impôt complémentaire (Ergänzungsteuer zur Einkommensteuer), impôt sur les sociétés (Körperschaftsteuer), impôt sur le revenu des valeurs mobilières (Steuern auf Kapitalerträge), taxe immobilières sur les loyers (Steuer auf Mieteinkünfte), impôt sur les plus-values résultant de la cession d'immeubles (Steuer auf Gewinne aus der Veräußerung von Grundvermögen)

Kuba impuesto sobre utilidades (Gewinnsteuer), impuesto sobre ingresos personales (Einkommensteuer)

Lesotho income tax (Einkommen- und Körperschaftsteuer), graded tax (Zusatzsteuer vom Einkommen)

Libanon impôt sur le revenu (Einkommen- und Körperschaftsteuer) impôt sur les immeubles bâtis (Steuer auf Mieteinkünfte), distribution tax (Sondersteuer auf Dividendenzahlungen)

Libyen income tax (Einkommen- und Körperschaftsteuer), defense-tax (Zusatzsteuer auf alle Einkommen außer solchen aus Landwirtschaft)

Macau imposto professional (Einkommensteuer)

Madagaskar impôt général sur le revenu (Einkommensteuer), impôt sur les bénéfices des sociétés (Körperschaftsteuer), impôt sur les revenus des capitaux mobiliers (Steuer auf Kapitalerträge), impôt sur la plus-value immobilière (Steuer auf Veräußerungsgewinne von Grundvermögen)

Malawi income tax (Einkommen- und Körperschaftsteuer), paye-tax (Lohnsteuer)

Mali impôt général sur le revenu (Einkommensteuer), impôt sur le bénéfice agricole (Steuer auf Einkünfte aus Land- und Forstwirtschaft), impôt sur les revenus fonciers (Steuer auf Einkünfte aus Vermietung und Verpachtung), impôt sur les revenus des valeurs mobilières (Steuer auf Kapitalerträge), impôt sur les bénéfices industriels et commerciaux (Steuer auf gewerbliche und freiberufliche Einkünfte), impôt sur les sociétés (Körperschaftsteuer)

Mauretanien impôt général sur les revenus (Einkommensteuer), impôt sur les bénéfices industriels et commerciaux (Steuer auf gewerbliche Gewinne), impôt sur les revenus des capitaux mobiliers (Steuer auf Kapitalerträge), impôt sur les bénéfices non commerciaux (Steuer auf nichtgewerbliche Einkünfte), impôt sur les traitements et salaires (Steuer auf Einkünfte aus nichtselbständiger Arbeit)

---

[1] Siehe hierzu auch *BMF-Schreiben vom 11. 11. 2021 (BStBl. I S. 2168).*

Anl zu H 34c (1–2)

Monaco impôt sur les bénéfices des activités industrielles et commerciales (Steuer auf gewerbliche Gewinne)

Mosambik imposto de rendimento das pessoas singulares (Einkommensteuer),
imposto sobre o rendimento das pessoas colectivas (Körperschaftsteuer)

Myanmar income tax (Einkommen- und Körperschaftsteuer),
profits tax (Einkommensteuer)

Nepal income tax (Einkommen- und Körperschaftsteuer),
surcharge on income tax (Zusatzsteuer),
tax on rental income (Steuer auf Einkünfte aus Vermietung und Verpachtung)

Nicaragua impuesto sobre la renta (Einkommen- und Körperschaftsteuer)

Niederländische Antillen inkomstenbelasting (Einkommensteuer),
winstbelasting (Körperschaftsteuer),
isular surcharge (Zusatzsteuer)

Niger impôt général sur les revenus (Einkommensteuer),
impôt sur les bénéfices industriels, commerciaux et agricoles (Steuer auf gewerbliche und landwirtschaftliche Einkünfte),
impôt sur les bénéfices des professions noncommerciales (Steuer auf nichtgewerbliche Einkünfte),
impôt sur les traitements publics et privés, les indemnités et émoluments, les salaires, les pensions ou indemnités annuelles et rentes viagères (Steuer auf öffentliche und private Bezüge, auf Entschädigungen, Löhne, Ruhegehälter, Leibrenten und Altersrenten),
impôt sur les revenus des capitaux mobiliers (Steuer auf Kapitalerträge)

Nigeria personal income tax (Einkommensteuer),
companies income tax (Bundeskörperschaftsteuer),
petroleum profits tax (Steuer auf Einkünfte von Erdölunternehmen),
capital gains tax (Veräußerungsgewinnsteuer),
Directors' fees tax (Einkommensteuer für Aufsichtsratsvergütungen),
education tax (Ergänzungsabgabe für Körperschaften),
withholding tax (Quellensteuer für Beratungsleistungen (10%), bzw. für Zahlungen aufgrund Liefer- und Agenturverträgen (5%))

Oman company income tax (Körperschaftsteuer),
profit tax on establishments (Gewinnsteuer auf Unternehmen)

Panama impuesto sobre la renta (Einkommen- und Körperschaftsteuer),
impuesto complementario (Steuer auf nicht ausgeschüttete Gewinne von juristischen Personen)
impuesto sobre los dividendos (Quellensteuer auf Dividenden)
impuesto sobre la ganancia de capital (Steuer auf Veräußerungsgewinne von Anteilen an einer Kapitalgesellschaft)

Papua-Neuguinea foreign contractor withholding tax (Quellensteuer für ausländische Auftragnehmer)
salary or wages tax (Lohnsteuer),
additional profits tax upon taxable additional profits from mining operations (zusätzliche Gewinnsteuer auf steuerbare zusätzliche Gewinne aus dem Bergbau),
additional profits tax upon taxable additional profits from petroleum operations (zusätzliche Gewinnsteuer auf steuerbare zusätzliche Gewinne aus dem Erdölgeschäft),
specific gains tax upon taxable specific gains (Steuer auf steuerbare spezifische Gewinne)

Paraguay impuesto a la renta del servicio de carácter personal (Allgemeine Einkommensteuer),
impuesto a la renta de actividades comerciales, industriales o de servicios (Steuer auf gewerbliche Einkünfte),
impuesto a la renta de las actividades agropecuarias (Steuer auf Einkünfte aus Land- und Forstwirtschaft),
tributo único (Steuer auf gewerbliche Einkünfte natürlicher Personen)

Peru impuesto a la renta (Einkommen- und Körperschaftsteuer)

Puerto Rico income tax (Einkommen- und Körperschaftsteuer),
surtax (Zusatzsteuer)

Ruanda income tax (Einkommen- und Körperschaftsteuer),
paye-tax (Lohnsteuer),
rental income tax (Steuer auf Einkünfte aus Vermietung und Verpachtung),
loans tax (Steuer auf Kapitalerträge),
withholding tax on service fees including management and technical service fees (Einkommensteuer auf Vergütungen für Dienstleistungen inklusive Management und technische Dienstleistungsvergütungen)

Salomonen withholding tax (Abzugsteuer auf Dividendenerträge)

San Marino imposta generale sui redditi (Einkommen- und Körperschaftsteuer)

Saudi-Arabien income tax (Einkommen- und Körperschaftsteuer),
5% für Betriebsstättengewinne, Dividenden, Zinsen und Honorare für technische und beratende Leistungen, 15% für Lizenzgebühren und für Zahlungen für Dienstleistungen von der Hauptverwaltung und von verbundenen Unternehmen, 20% für Managementgebühren)

Senegal[1] impôt sur le revenu des personnes physiques (Einkommensteuer),
impôt sur les sociétés (Körperschaftsteuer)

---

[1] Ergänzend siehe *Erlass Hessen vom 17. 9. 2003 S 2393 A – 110 – II B 12 (BeckVerw 155586).*

Seychellen business tax (Einkommen- und Körperschaftsteuer)

Sierra Leone income tax (Einkommen- und Körperschaftsteuer), diamond industry profit tax (Sondersteuer für die Diamantenindustrie)

Somalia income tax (Einkommen- und Körperschaftsteuer)

Sudan income tax (Einkommen- und Körperschaftsteuer), capital gains tax (Steuer auf Veräußerungsgewinne)

Suriname inkomstenbelasting (Einkommen- und Körperschaftsteuer)

Swasiland income tax (Einkommen- und Körperschaftsteuer), graded tax (Zusatzsteuer zur Einkommensteuer), branch profits tax (Zusatzsteuer zur Körperschaftsteuer für nicht ansässige Kapitalgesellschaften), non-resident tax on interest (Steuer auf Zinserträge Nichtansässiger), non-resident shareholder tax on dividends (Steuer auf Dividenden der Nichtansässigen)

Taiwan, siehe **China (Taiwan)**

Tansania, Vereinigte Republik income tax (Einkommen- und Körperschaftsteuer), capital gains tax (Steuer auf Veräußerungsgewinne)

Togo impôt général sur le revenu des personnes physiques (Einkommensteuer), impôt sur les sociétés (Körperschaftsteuer), taxe complémentaire (Zusatzsteuer zur Einkommensteuer), taxe sur le salaire (Lohnsteuer)

Tschad L'Impôt sur le Revenu des Personnes physiques – IRPP

Uganda income tax (Einkommen- und Körperschaftsteuer), branch profits tax (Zuschlag zur Körperschaftsteuer), graduated tax (Lokale Einkommensteuer), withholding tax (Quellensteuer für Beratungsleistungen (15%))

R 34c (3)

26

Ermittlung des Höchstbetrags für die Steueranrechnung

(3) ① Bei der Ermittlung des Höchstbetrags nach § 34c Abs. 1 Satz 2 EStG bleiben ausländische Einkünfte, die nach § 34c Abs. 5 EStG pauschal besteuert werden, und die Pauschsteuer außer Betracht. ② Ebenfalls nicht zu berücksichtigen sind nach § 34c Abs. 1 Satz 3 EStG die ausländischen Einkünfte, die in dem Staat, aus dem sie stammen, nach dessen Recht nicht besteuert werden. ③ Die ausländischen Einkünfte sind für die deutsche Besteuerung unabhängig von der Einkünfteermittlung im Ausland nach den Vorschriften des deutschen Einkommensteuerrechts zu ermitteln. ④ Dabei sind alle Betriebsausgaben und Werbungskosten zu berücksichtigen, die mit den im Ausland erzielten Einnahmen in wirtschaftlichem Zusammenhang stehen. ⑤ Die §§ 3 Nr. 40 und 3c Abs. 2 EStG sind zu beachten. ⑥ *Bei zusammenveranlagten Ehegatten (→ § 26b EStG) ist für die Ermittlung des Höchstbetrags eine einheitliche Summe der Einkünfte zu bilden.*[1] ⑦ Haben zusammenveranlagte Ehegatten ausländische Einkünfte aus demselben Staat bezogen, sind für die nach § 68a EStDV für jeden einzelnen ausländischen Staat gesondert durchzuführende Höchstbetragsberechnung der anrechenbaren ausländischen Steuern die Einkünfte und anrechenbare Steuern der Ehegatten aus diesem Staat zusammenzurechnen. ⑧ Bei der Ermittlung des Höchstbetrags ist § 2a Abs. 1 EStG sowohl im VZ des Entstehens von negativen Einkünften als auch in den VZ späterer Verrechnung zu beachten.

H 34c (3)

27

Anrechnung (bei)

- abweichender ausländischer Bemessungsgrundlage. Keinen Einfluss auf die Höchstbetragsberechnung, wenn Einkünfteidentität dem Grunde nach besteht (→ BFH vom 2. 2. 1994, Leitsatz 8 – BStBl. II S. 727),
- abweichender ausländischer Steuerperiode möglich → BFH vom 4. 6. 1991 (BStBl. 1992 II S. 187),
- schweizerischer Steuern bei sog. Pränumerando-Besteuerung mit Vergangenheitsbemessung → BFH vom 31. 7. 1991 (BStBl. II S. 922),
- schweizerischer Abzugssteuern bei Grenzgängern. § 34c EStG nicht einschlägig. Die Anrechnung erfolgt in diesen Fällen entsprechend § 36 EStG (→ Artikel 15a Abs. 3 DBA Schweiz).

Ermittlung des Höchstbetrags für die Steueranrechnung

Beispiel:

Ein verheirateter Stpfl., der im Jahr 2005 das 65. Lebensjahr vollendet hatte, hat im Jahr 2022

Einkünfte aus Gewerbebetrieb	101 900 €
Einkünfte aus Vermietung und Verpachtung	5 300 €
Sonderausgaben	6 140 €

In den Einkünften aus Gewerbebetrieb sind Darlehenszinsen von einem ausländischen Schuldner im Betrag von 20 000 € enthalten, für die im Ausland eine Einkommensteuer von 2500 € gezahlt werden musste. Nach Abzug der hierauf entfallenden Betriebsausgaben einschließlich Refinanzierungskosten betragen die ausländischen Einkünfte 6500 €. Die auf die ausländischen Einkünfte entfallende anteilige deutsche Einkommensteuer ist wie folgt zu ermitteln:

[1] Satz 6 für VZ ab 2015 ohne Bedeutung.

S. d. E. (101 900 € + 5300 € =)	107 200 €
Altersentlastungsbetrag	– 1 900 €
G. d. E.	105 300 €
Sonderausgaben	– 6 140 €
z. v. E.	99 160 €
Einkommensteuer nach dem Splittingtarif	23 308 €
Durchschnittlicher Steuersatz:	
23 308 € × 100/99 160 =	23,5054%
Höchstbetrag:	
23,5054% von 6500 € = 1527,85 €, aufgerundet	1528 €

Nur bis zu diesem Betrag kann die ausländische Steuer angerechnet werden.

Antragsgebundener Abzug ausländischer Steuern R 34c (4)

28 (4) ① Das Antragsrecht auf Abzug ausländischer Steuern bei der Ermittlung der Einkünfte nach § 34c Abs. 2 EStG muss für die gesamten Einkünfte und Steuern aus demselben Staat einheitlich ausgeübt werden. ② Zusammenveranlagte Ehegatten müssen das Antragsrecht nach § 34c Abs. 2 EStG für ausländische Steuern auf Einkünfte aus demselben Staat nicht einheitlich ausüben.[1] ③ Werden Einkünfte gesondert festgestellt, ist über den Steuerabzug im Feststellungsverfahren zu entscheiden. ④ Der Antrag ist grundsätzlich in der Feststellungserklärung zu stellen. ⑤ In Fällen der gesonderten und einheitlichen Feststellung kann jeder Beteiligte einen Antrag stellen. ⑥ Hat ein Stpfl. in einem VZ neben den festzustellenden Einkünften andere ausländische Einkünfte aus demselben Staat als Einzelperson und/oder als Beteiligter bezogen, ist die Ausübung oder Nichtausübung des Antragsrechts in der zuerst beim zuständigen Finanzamt eingegangenen Feststellungs- oder Steuererklärung maßgebend. ⑦ Der Antrag kann noch im Rechtsbehelfsverfahren mit Ausnahme des Revisionsverfahrens und, soweit es nach den Vorschriften der Abgabenordnung zulässig ist, im Rahmen der Änderung von Steuerbescheiden nachgeholt oder zurückgenommen werden. ⑧ Die abzuziehende ausländische Steuer ist zu kürzen, soweit die entsprechenden Einnahmen nach § 3 Nr. 40 EStG teilweise steuerfrei sind.

Bestehen von DBA R 34c (5)

30 (5) Sieht ein DBA die Anrechnung ausländischer Steuern vor, kann dennoch auf Antrag der nach innerstaatlichem Recht wahlweise eingeräumte Abzug der ausländischen Steuern bei der Ermittlung der Einkünfte beansprucht werden.

Allgemeines und anderer Abkommen im Steuerbereich[2] → Stand der DBA. H 34c (5)

31 **Anrechnung.** Die Höhe der anzurechnenden ausländischen Steuer (§ 34c Abs. 6 Satz 2 EStG) ergibt sich aus den jeweiligen DBA. Danach ist regelmäßig die in Übereinstimmung mit dem DBA erhobene und nicht zu erstattende ausländische Steuer anzurechnen. Bei Dividenden, Zinsen und Lizenzgebühren sind das hiernach die nach den vereinbarten Quellensteuersätzen erhobenen Quellensteuern, die der ausländische Staat als Quellenstaat auf diese Einkünfte erheben darf. Nur diese Steuern sind in Übereinstimmung mit dem jeweiligen DBA erhoben und nicht zu erstatten. Eine Anrechnung von ausländischer Steuer kommt auch dann nur in Höhe der abkommensrechtlich begrenzten Quellensteuer in Betracht, wenn eine darüber hinausgehende ausländische Steuer wegen Ablaufs der Erstattungsfrist im ausländischen Staat nicht mehr erstattet werden kann (→ BFH vom 15. 3. 1995 – BStBl. II S. 580). Dies gilt nach der Neufassung des § 34c Abs. 1 Satz 1 EStG auch für Nicht-DBA-Fälle.

Pauschalierung H 34c (6)

32
- Pauschalierung der Einkommensteuer für ausländische Einkünfte gem. § 34c Abs. 5 EStG → BMF vom 10. 4. 1984 (BStBl. I S. 252).[3]
- Steuerliche Behandlung von Arbeitnehmereinkünften bei Auslandstätigkeiten (ATE) → BMF vom 31. 10. 1983 (BStBl. I S. 470).[4]

[1] Siehe auch *Vfg. OFD Frankfurt vom 24. 7. 2013 S 2293 A – 80 – St 513 (DStR 2014 S. 36).*
[2] Zum Stand der Doppelbesteuerungsabkommen und der Doppelbesteuerungsverhandlungen am 1. 1. 2022 vgl. *BMF-Schreiben vom 19. 1. 2022 (BStBl. I S. 147),* am 1. 1. 2023 vgl. *BMF-Schreiben vom 18. 1. 2023 (BStBl. I S. 195).*
[3] Nachstehend abgedruckt als Anlage zu § 34c EStG.
[4] Abgedruckt im „Handbuch zur Lohnsteuer 2022" als Anlage a zu R 39b.10 LStR.

Anl zu § 34c

Schreiben betr. Pauschalierung der Einkommensteuer und Körperschaftsteuer für ausländische Einkünfte gemäß § 34 c Abs. 5 EStG und § 26 Abs. 6 KStG[1]

Vom 10. April 1984 (BStBl. I S. 252)

(BMF IV C 6 – S 2293 – 11/84)

1. Allgemeiner Grundsatz

36 Die auf ausländische Einkünfte entfallende Einkommen- bzw. Körperschaftsteuer kann nach § 34 c Abs. 5 EStG (§ 26 Abs. 6 KStG) im Einzelfall ganz oder zum Teil erlassen oder in einem Pauschbetrag festgesetzt werden, wenn es aus volkswirtschaftlichen Gründen zweckmäßig oder die Anrechnung ausländischer Steuer nach § 34 c Abs. 1 EStG besonders schwierig ist. Zur Erzielung einer einheitlichen Beurteilung solcher volkswirtschaftlichen Gründe gelten unter Bezugnahme auf das Ergebnis der Erörterungen mit den obersten Finanzbehörden der Länder für die Anwendung dieser Vorschrift nachstehende Grundsätze. Liegen die darin beschriebenen Voraussetzungen vor, gilt die nach § 34 c Abs. 5 EStG erforderliche Zustimmung des Bundesministers der Finanzen als erteilt. Die Finanzämter sind in diesen Fällen ermächtigt, über die pauschale Steuerfestsetzung in eigener Zuständigkeit zu entscheiden.

2. Erfordernis der Antragstellung

37 Die pauschale Festsetzung der Einkommen- bzw. Körperschaftsteuer wird auf Antrag vorgenommen. Bezüglich des Antragsrechts gelten die allgemeinen Grundsätze, die auch sonst für Erklärungen des Steuerpflichtigen im Besteuerungsverfahren anzuwenden sind, wenn von bestimmten in den Steuergesetzen vorgesehenen Wahlmöglichkeiten Gebrauch gemacht werden kann. Der Antrag kann gestellt werden, solange die Steuerfestsetzung noch nicht unanfechtbar ist oder unter dem Vorbehalt der Nachprüfung steht. Er ist für jeden Veranlagungszeitraum neu zu stellen.

3. Pauschal zu besteuernde Einkünfte

38 **3.1.** Die Einkommen- bzw. Körperschaftsteuer von unbeschränkt steuerpflichtigen natürlichen Personen, Körperschaften, Personenvereinigungen und Vermögensmassen, die ihren Gewinn durch Betriebsvermögensvergleich ermitteln, kann pauschal festgesetzt werden:

3.1.1. für Einkünfte aus Gewerbebetrieb, die durch die Tätigkeit einer in einem ausländischen Staat befindlichen Betriebsstätte (§ 12 AO, BFH-Urteil vom 7. 3. 1979 – BStBl. I S. 527) erzielt werden, wenn die ausländische Betriebsstätte von dem inländischen Teil des Gesamtunternehmens durch organisatorische Maßnahmen, z. B. in der Buchführung oder durch eine Kostenträgerrechnung, so getrennt ist, daß die Ausgliederung des Teils der Einkünfte sichergestellt ist, für den die pauschale Besteuerung beantragt wird,

3.1.2. für Einkünfte aus der Beteiligung an einer ausländischen Personengesellschaft, bei der der Gesellschafter als Unternehmer (Mitunternehmer) anzusehen ist, wenn die Beteiligung zum Betriebsvermögen eines inländischen gewerblichen Unternehmens gehört,

3.1.3. für Einkünfte aus selbständiger Arbeit, wenn diese Einkünfte auf der technischen Beratung, Planung und Überwachung bei Anlagenerrichtung beruhen und in einer in einem ausländischen Staat unterhaltenen Betriebsstätte (festen Einrichtung) erzielt werden. Die Ausführungen in Tz. 3.1.1. zur Möglichkeit der Ausgliederung der pauschal zu besteuernden Einkünfte gelten entsprechend.

3.2. Die Körperschaftsteuer von unbeschränkt steuerpflichtigen Körperschaften, Personenvereinigungen und Vermögensmassen (Muttergesellschaft) kann für Einkünfte aus einer zu ihrem inländischen Betriebsvermögen gehörenden Beteiligung an einer Kapitalgesellschaft mit Geschäftsleitung und Sitz im Ausland (Tochtergesellschaft) pauschal festgesetzt werden, wenn die Muttergesellschaft nachweislich seit mindestens 12 Monaten vor dem Ende des Veranlagungszeitraums oder des davon abweichenden Gewinnermittlungszeitraums mindestens zu einem Zehntel unmittelbar am Nennkapital der Tochtergesellschaft beteiligt ist. Bei der Ermittlung dieser Einkünfte ist *Abschnitt 76 Abs. 15 Satz 3 KStR*[2] zu beachten.

4. Veräußerungsgewinne

39 Tz. 3 gilt nicht für Einkünfte aus der Veräußerung der Betriebsstätte und von Anteilen an einer Personengesellschaft oder an einer Tochtergesellschaft.

5. Tätigkeitsmerkmale

40 In den Fällen der Tz. 3.1.1., 3.1.2. und 3.2. setzt die pauschale Besteuerung voraus, daß die ausländische Betriebsstätte, Personengesellschaft oder Tochtergesellschaft, aus der die Einkünfte bezogen werden, jeweils ausschließlich oder fast ausschließlich (vgl. Abschn. 76 Abs. 9 Satz 1 und 2 KStR) die Herstellung oder Lieferung von Waren außer Waffen, die Gewinnung von Bodenschätzen oder die Bewirkung gewerblicher Leistungen zum Gegenstand hat, soweit diese nicht in der Errichtung oder dem Betrieb von Anlagen, die dem Fremdenverkehr dienen, oder in der Vermietung und Verpachtung von Wirtschaftsgütern einschließlich der Überlassung von Rechten, Plänen, Verfahren, Erfahrungen und Kenntnissen oder im Betrieb von Handelsschiffen im internationalen Verkehr bestehen.

---

[1] BMF-Schreiben vom 10. 4. 1984 für die Körperschaftsteuer ab 2004 aufgehoben durch *BMF-Schreiben vom 24. 11. 2003 (BStBl. I S. 747)*.

[2] Ab VZ 2001 gegenstandslos (vgl. StSenkG vom 23. 10. 2000, BGBl. I S. 1433).

6. Verluste

Bezieht der Steuerpflichtige aus einem ausländischen Staat Einkünfte i. S. der Tz. 3. aus mehreren Einkunftsquellen, so ist auf das Gesamtergebnis abzustellen. Die Steuer kann also nur für den Betrag der in Tz. 3. genannten Einkünfte pauschal festgesetzt werden, der sich nach Ausgleich mit den im selben Veranlagungszeitraum erzielten negativen Einkünften ergibt. Ein negatives Gesamtergebnis mindert pauschal zu besteuernde Einkünfte der folgenden Veranlagungszeiträume nicht. 41

7. Umfang der pauschal zu besteuernden Einkünfte

7.1. Stammen Einkünfte im Sinne dieser Grundsätze aus mehreren ausländischen Staaten, so kann der Steuerpflichtige den Antrag auf Pauschalierung auf die Einkünfte aus einem oder mehreren dieser Staaten beschränken. 42

7.2. Der Antrag auf pauschale Besteuerung kann nicht auf einen beliebigen Teilbetrag der Einkünfte, für die die pauschale Besteuerung in Betracht kommt, begrenzt werden, um z. B. durch die Inanspruchnahme der in den Steuertabellen enthaltenen Freibeträge insgesamt einen Steuersatz zu erreichen, der unter 25 vom Hundert liegt.

7.3. In den Antrag auf pauschale Besteuerung brauchen jedoch Einkünfte der in § 26 Abs. 3 KStG genannten Art nicht einbezogen zu werden.

7.4. Gesonderte Feststellung der Einkünfte

7.4.1. Sind pauschal zu besteuernde Einkünfte im Rahmen einer gesonderten Gewinnfeststellung (§ 180 AO) zu berücksichtigen, so hat das Betriebsfinanzamt auf Antrag die für die pauschale Besteuerung erforderlichen Feststellungen zu treffen und dem Wohnsitzfinanzamt mitzuteilen. 43

7.4.2. Ein Mitunternehmer kann unter Beachtung der Tz. 6. die pauschale Besteuerung für seinen Anteil an den ausländischen Einkünften beantragen. Es ist nicht erforderlich, daß die übrigen Mitunternehmer einen entsprechenden Antrag gestellt haben.

8. Steuerberechnung

Die Einkommen- bzw. Körperschaftsteuer auf die pauschal zu besteuernden Einkünfte beträgt 25 vom Hundert der Einkünfte, höchstens 25 vom Hundert des zu versteuernden Einkommens. Wird die Steuer pauschal festgesetzt, so kann eine auf diese Einkünfte ggf. entfallende ausländische Steuer vom Einkommen weder auf die deutsche Einkommen- bzw. Körperschaftsteuer angerechnet noch bei der *Ermittlung des Gesamtbetrags der Einkünfte*[1] abgezogen werden. Die pauschale Besteuerung schließt aber weder die Anrechnung noch den Abzug ausländischer Steuern aus demselben Staat aus, die auf andere als die pauschal besteuerten Einkünfte erhoben worden sind. Die pauschal besteuerten Einkünfte sind bei der Ermittlung der auf die übrigen Einkünfte anzuwendenden Steuersätze nicht zu berücksichtigen. Kommt im selben Veranlagungsfall neben der pauschalen Besteuerung die Anrechnung ausländischer Steuern nach § 34 c Abs. 1 EStG in Betracht, so sind vor der Berechnung des Anrechnungshöchstbetrags der Betrag der pauschal zu besteuernden Einkünfte aus dem *Gesamtbetrag der Einkünfte*[2] und die Pauschsteuer aus dem *aufzuteilenden Steuerbetrag*[2] herauszurechnen. 44

9. Organschaft

Werden Einkünfte i. S. der Tz. 3. von einer unbeschränkt steuerpflichtigen Kapitalgesellschaft (Organgesellschaft) bezogen, deren Einkünfte nach den §§ 14 bis 18 KStG einem inländischen gewerblichen Unternehmen (Organträger) zuzurechnen sind, so kann der Organträger die pauschale Steuerfestsetzung beantragen. Dabei sind alle dem Organträger zuzurechnenden begünstigungsfähigen Einkünfte aus einem Staat zusammenzufassen. 45

10. Verhältnis zu Doppelbesteuerungsabkommen

Die vorstehenden Grundsätze gelten nicht für Einkünfte aus einem Staat, mit dem ein Doppelbesteuerungsabkommen besteht.

11. Nach diesen Grundsätzen ist ab Veranlagungszeitraum 1984 zu verfahren.

---

[1] Ab VZ 1992 „Ermittlung der Einkünfte"; vgl. § 34 c Abs. 2 und 3 EStG.
[2] Berechnungsmethode nach § 34 c Abs. 1 EStG geändert.

EStG

§ 34d Ausländische Einkünfte

Ausländische Einkünfte im Sinne des § 34c Absatz 1 bis 5 sind

1 **1. Einkünfte aus einer in einem ausländischen Staat betriebenen Land- und Forstwirtschaft (§§ 13 und 14) und Einkünfte der in den Nummern 3, 4, 6, 7 und 8 Buchstabe c genannten Art, soweit sie zu den Einkünften aus Land- und Forstwirtschaft gehören;**

2 **2. Einkünfte aus Gewerbebetrieb (§§ 15 und 16),**
a) die durch eine in einem ausländischen Staat belegene Betriebsstätte oder durch einen in einem ausländischen Staat tätigen ständigen Vertreter erzielt werden, und Einkünfte der in den Nummern 3, 4, 6, 7 und 8 Buchstabe c genannten Art, soweit sie zu den Einkünften aus Gewerbebetrieb gehören,
b) die aus Bürgschafts- und Avalprovisionen erzielt werden, wenn der Schuldner Wohnsitz, Geschäftsleitung oder Sitz in einem ausländischen Staat hat, oder
c) die durch den Betrieb eigener oder gecharterter Seeschiffe oder Luftfahrzeuge aus Beförderungen zwischen ausländischen oder von ausländischen zu inländischen Häfen erzielt werden, einschließlich der Einkünfte aus anderen mit solchen Beförderungen zusammenhängenden, sich auf das Ausland erstreckenden Beförderungsleistungen;

3 **3. Einkünfte aus selbständiger Arbeit (§ 18), die in einem ausländischen Staat ausgeübt oder verwertet wird oder worden ist, und Einkünfte der in den Nummern 4, 6, 7 und 8 Buchstabe c genannten Art, soweit sie zu den Einkünften aus selbständiger Arbeit gehören;**

4 **4. Einkünfte aus der Veräußerung von**
a) Wirtschaftsgütern, die zum Anlagevermögen eines Betriebs gehören, wenn die Wirtschaftsgüter in einem ausländischen Staat belegen sind,
b)[1] Anteilen an Kapitalgesellschaften,
aa) wenn die Gesellschaft Geschäftsleitung oder Sitz in einem ausländischen Staat hat oder
bb) deren Anteilswert zu irgendeinem Zeitpunkt während der 365 Tage vor der Veräußerung unmittelbar oder mittelbar zu mehr als 50 Prozent auf in einem ausländischen Staat belegenen unbeweglichen Vermögen beruhte und die Anteile dem Veräußerer zu diesem Zeitpunkt zuzurechnen waren; für die Ermittlung dieser Quote sind die aktiven Wirtschaftsgüter des Betriebsvermögens mit den Buchwerten, die zu diesem Zeitpunkt anzusetzen gewesen wären, zugrunde zu legen;

5 **5. Einkünfte aus nichtselbständiger Arbeit (§ 19), die in einem ausländischen Staat ausgeübt oder, ohne im Inland ausgeübt zu werden oder worden zu sein, in einem ausländischen Staat verwertet wird oder worden ist, und Einkünfte, die von ausländischen öffentlichen Kassen mit Rücksicht auf ein gegenwärtiges oder früheres Dienstverhältnis gewährt werden. ② Einkünfte, die von inländischen öffentlichen Kassen einschließlich der Kassen der Deutschen Bundesbahn und der Deutschen Bundesbank mit Rücksicht auf ein gegenwärtiges oder früheres Dienstverhältnis gewährt werden, gelten auch dann als inländische Einkünfte, wenn die Tätigkeit in einem ausländischen Staat ausgeübt wird oder worden ist;**

6 **6. Einkünfte aus Kapitalvermögen (§ 20), wenn der Schuldner Wohnsitz, Geschäftsleitung oder Sitz in einem ausländischen Staat hat oder das Kapitalvermögen durch ausländischen Grundbesitz gesichert ist;**

7 **7.[2] Einkünfte aus Vermietung und Verpachtung (§ 21), soweit das unbewegliche Vermögen oder die Sachinbegriffe in einem ausländischen Staat belegen oder die Rechte zur Nutzung in einem ausländischen Staat überlassen worden sind. ② Bei unbeweglichem Vermögen, das zum Anlagevermögen eines Betriebs gehört, gelten als Einkünfte im Sinne dieser Nummer auch Wertveränderungen von Wirtschaftsgütern, die mit diesem Vermögen in wirtschaftlichem Zusammenhang stehen;**

8 **8. sonstige Einkünfte im Sinne des § 22, wenn**
a) der zur Leistung der wiederkehrenden Bezüge Verpflichtete Wohnsitz, Geschäftsleitung oder Sitz in einem ausländischen Staat hat,
b) bei privaten Veräußerungsgeschäften die veräußerten Wirtschaftsgüter in einem ausländischen Staat belegen sind,
c) bei Einkünften aus Leistungen einschließlich der Einkünfte aus Leistungen im Sinne des § 49 Absatz 1 Nummer 9 der zur Vergütung der Leistung Verpflichtete Wohnsitz, Geschäftsleitung oder Sitz in einem ausländischen Staat hat.

---

[1] Zur erstmaligen Anwendung siehe § 52 Abs. 34b Satz 1 EStG.
[2] Zur erstmaligen Anwendung siehe § 52 Abs. 34b Satz 2 EStG.

Ausländische Betriebsstätteneinkünfte. Ausländische Einkünfte aus Gewerbebetrieb, die durch eine in einem ausländischen Staat belegene Betriebsstätte erzielt worden sind, liegen auch dann vor, wenn der Stpfl. im Zeitpunkt der steuerlichen Erfassung dieser Einkünfte die Betriebsstätte nicht mehr unterhält. Voraussetzung ist, dass die betriebliche Leistung, die den nachträglichen Einkünften zugrunde liegt, von der ausländischen Betriebsstätte während der Zeit ihres Bestehens erbracht worden ist. → § 34 d Nr. 2 Buchstabe a EStG; → BFH vom 15. 7. 1964 (BStBl. III S. 551); → BFH vom 12. 10. 1978 (BStBl. 1979 II S. 64); → BFH vom 16. 7. 1969 (BStBl. 1970 II S. 56); dieses Urteil ist nur i. S. d. vorzitierten Rechtsprechung zu verstehen. H 34d 12

2. Steuerermäßigung bei Einkünften aus Land- und Forstwirtschaft

EStG

§ 34e *(aufgehoben)*

2a. Steuerermäßigung für Steuerpflichtige mit Kindern bei Inanspruchnahme erhöhter Absetzungen für Wohngebäude oder der Steuerbegünstigungen für eigengenutztes Wohneigentum

§ 34f[1] **[letztmals abgedruckt im „Handbuch zur ESt-Veranlagung 2005"]**

2b. Steuerermäßigung bei Zuwendungen an politische Parteien und an unabhängige Wählervereinigungen

§ 34g [Steuerermäßigung bei Zuwendungen an politische Parteien und an unabhängige Wählervereinigungen]

1 **① Die tarifliche Einkommensteuer, vermindert um die sonstigen Steuerermäßigungen mit Ausnahme des § 34f Absatz 3, ermäßigt sich bei Zuwendungen an**

1. politische Parteien im Sinne des § 2 des Parteiengesetzes, sofern die jeweilige Partei nicht gemäß § 18 Absatz 7 des Parteiengesetzes von der staatlichen Teilfinanzierung ausgeschlossen ist, und

2. Vereine ohne Parteicharakter, wenn
   a) der Zweck des Vereins ausschließlich darauf gerichtet ist, durch Teilnahme mit eigenen Wahlvorschlägen an Wahlen auf Bundes-, Landes- oder Kommunalebene bei der politischen Willensbildung mitzuwirken, und
   b) der Verein auf Bundes-, Landes- oder Kommunalebene bei der jeweils letzten Wahl wenigstens ein Mandat errungen oder der zuständigen Wahlbehörde oder dem zuständigen Wahlorgan angezeigt hat, dass er mit eigenen Wahlvorschlägen auf Bundes-, Landes- oder Kommunalebene an der jeweils nächsten Wahl teilnehmen will.

   ② Nimmt der Verein an der jeweils nächsten Wahl nicht teil, wird die Ermäßigung nur für die bis zum Wahltag an ihn geleisteten Beiträge und Spenden gewährt. ③ Die Ermäßigung für Beiträge und Spenden an den Verein wird erst wieder gewährt, wenn er sich mit eigenen Wahlvorschlägen an einer Wahl beteiligt hat. ④ Die Ermäßigung wird in diesem Falle nur für Beiträge und Spenden gewährt, die nach Beginn des Jahres, in dem die Wahl stattfindet, geleistet werden.

② Die Ermäßigung beträgt 50 Prozent der Ausgaben, höchstens jeweils 825 Euro für Ausgaben nach den Nummern 1 und 2, im Fall der Zusammenveranlagung von Ehegatten höchstens jeweils 1650 Euro. ③ § 10b Absatz 3 und 4 gilt entsprechend.

H 34g

Kommunale Wählervereinigungen. Spenden an kommunale Wählervereinigungen sind nicht nach § 10b Abs. 2 EStG begünstigt (→ BFH vom 20. 3. 2017 – BStBl. II S. 1122).

7 **Nachweis von Zuwendungen an politische Parteien** → BMF vom 7. 11. 2013 (BStBl. I S. 1333)[2] ergänzt durch BMF vom 26. 3. 2014 (BStBl. I S. 791).

Zuwendungen an unabhängige Wählervereinigungen → BMF vom 16. 6. 1989 (BStBl. I S. 239):

„Durch das Gesetz zur steuerlichen Begünstigung von Zuwendungen an unabhängige Wählervereinigungen vom 25. Juli 1988 (BStBl. I S. 397) ist § 34g EStG ausgeweitet worden. Wie für Zuwendungen an politische Parteien wird nach § 34g Nr. 2 EStG auch für Mitgliedsbeiträge und Spenden an unabhängige Wählervereinigungen, die bestimmte Voraussetzungen erfüllen, eine Tarifermäßigung von 50 v. H. der Ausgaben, höchstens *600 DM bzw. 1200 DM*[3] im Falle der Zusammenveranlagung von Ehegatten, gewährt. Die Vorschrift gilt nach Artikel 4 Nr. 11c des Haushaltsbegleitgesetzes 1989 (BStBl. I S. 19) rückwirkend ab 1984.

Unter Bezugnahme auf das Ergebnis der Erörterungen mit den obersten Finanzbehörden der Länder gilt für die Anwendung der Vorschrift Folgendes:

1. Die Höchstbeträge von *600 DM und 1200 DM*[3] im Fall der Zusammenveranlagung von Ehegatten gelten für Mitgliedsbeiträge und Spenden (Zuwendungen) an politische Parteien nach § 34g Nr. 1 EStG und für Zuwendungen an unabhängige Wählervereinigungen nach § 34g Nr. 2 EStG gesondert und nebeneinander.
   Als Ausgabe gilt auch die Zuwendung von Wirtschaftsgütern mit Ausnahme von Nutzungen und Leistungen. Zur Bewertung von Sachzuwendungen wird auf § 10b Abs. 3 EStG hingewiesen.
2. Die Tarifermäßigung nach § 34g Nr. 2 EStG wird nur für Mitgliedsbeiträge und Spenden an unabhängige Wählervereinigungen in der Rechtsform des eingetragenen oder des nichtrechtsfähigen Vereins gewährt. Ein Sonderausgabenabzug nach § 10b Abs. 2 EStG ist nicht möglich. Der Zweck einer unabhängigen Wählervereinigung ist auch dann als aus-

[1] Siehe auch in der geschlossenen Wiedergabe.
[2] Abgedruckt als Anlage a zu R 10b.1 EStR.
[3] **Amtl. Anm.:** Ab 2002 „825 Euro bzw. 1650 Euro".

schließlich auf die in § 34 g Nr. 2 Buchstabe a EStG genannten politischen Zwecke gerichtet anzusehen, wenn sie gesellige Veranstaltungen durchführt, die im Vergleich zu ihrer politischen Tätigkeit von untergeordneter Bedeutung sind, und wenn eine etwaige wirtschaftliche Betätigung ihre politische Tätigkeit nicht überwiegt. Ihr Zweck ist dagegen zum Beispiel nicht ausschließlich auf die politische Tätigkeit gerichtet, wenn sie neben dem politischen Zweck einen anderen Satzungszweck zum Beispiel gemeinnütziger oder wirtschaftlicher Art hat.

3. Die nach § 34 g Nr. 2 Buchstabe b EStG ggf. erforderliche Anzeige gegenüber der zuständigen Wahlbehörde oder dem zuständigen Wahlorgan kann formlos in der Zeit vom ersten Tag nach der letzten Wahl bis zu dem Tag erfolgen, an dem die Anmeldefrist für die nächste Wahl abläuft. Die Anzeige kann der zuständigen Wahlbehörde oder dem zuständigen Wahlorgan bereits mehrere Jahre vor der nächsten Wahl zugehen. Sie muss ihr spätestens am Ende des Jahres vorliegen, für das eine Tarifermäßigung für Zuwendungen an die unabhängige Wählervereinigung beantragt wird. Spendenbestätigungen dürfen erst ausgestellt werden, wenn die Anzeige tatsächlich erfolgt ist.

4. Nach § 34 g Satz 3 EStG wird die Steuerermäßigung für Beiträge und Spenden an eine unabhängige Wählervereinigung, die an der jeweils nächsten Wahl nicht teilgenommen hat, erst wieder gewährt, wenn sie sich mit eigenen Wahlvorschlägen an einer Wahl beteiligt hat. Diese einschränkende Regelung gilt nur für Beiträge und Spenden an unabhängige Wählervereinigungen, die der zuständigen Wahlbehörde vor einer früheren Wahl ihre Teilnahme angekündigt und sich dann entgegen dieser Mitteilung nicht an der Wahl beteiligt haben. Sie gilt nicht für unabhängige Wählervereinigungen, die sich an einer früheren Wahl zwar nicht beteiligt, eine Beteiligung an dieser Wahl aber auch nicht angezeigt haben.

Beispiele:

a) Der neugegründete Verein A teilt der zuständigen Wahlbehörde im Jahr 01 mit, dass er an der nächsten Kommunalwahl am 20. 5. 03 teilnehmen will. Er nimmt an dieser Wahl jedoch nicht teil, ebenso nicht an der folgenden Wahl im Jahr 08. Im Jahr 09 teilt er der Wahlbehörde mit, dass er an der nächsten Wahl am 5. 4. 13 teilnehmen will. An dieser Wahl nimmt er dann auch tatsächlich teil.
Die Steuerermäßigung nach § 34 g Nr. 2 EStG kann gewährt werden für Beiträge und Spenden, die in der Zeit vom 1. 1. 01 bis zum 20. 5. 03 und vom 1. 1. 13 bis zum 5. 4. 13 an den Verein geleistet worden sind. In der Zeit vom 21. 5. 03 bis zum 31. 12. 12 geleistete Beiträge und Spenden sind nicht begünstigt. Nach dem 5. 4. 13 geleistete Beiträge und Spenden sind begünstigt, wenn der Verein bei der Wahl am 5. 4. 13 ein Mandat errungen hat oder noch im Jahr 13 anzeigt, dass er an der nächsten Wahl teilnehmen will.

b) Der Verein B ist in der Wahlperiode 1 mit einem Mandat im Stadtrat vertreten. An der Wahl für die Wahlperiode 2 am 15. 10. 05 nimmt er nicht teil. Er hatte eine Teilnahme auch nicht angekündigt. Am 20. 11. 05 teilt er der zuständigen Wahlbehörde mit, dass er an der Wahl für die Wahlperiode 3 am 9. 9. 10 teilnehmen will.
Die Steuerermäßigung kann für alle bis zum 9. 9. 10 an den Verein geleisteten Beiträge und Spenden gewährt werden. Nach diesem Termin geleistete Beiträge und Spenden sind nur begünstigt, wenn der Verein an der Wahl am 9. 9. 10 teilgenommen hat.

c) Der Verein C wird im Jahr 01 gegründet. An der nächsten Kommunalwahl am 10. 2. 03 nimmt er nicht teil. Er hatte eine Teilnahme an dieser Wahl auch nicht angekündigt. Am 11. 2. 03 teilt er der zuständigen Wahlbehörde mit, dass er an der nächsten Wahl am 15. 3. 08 teilnehmen will.
Die Steuerermäßigung kann für Beiträge und Spenden gewährt werden, die ab dem 1. 1. 03 an den Verein geleistet worden sind. Nach dem 15. 3. 08 geleistete Beiträge und Spenden sind nur begünstigt, wenn der Verein tatsächlich an der Wahl am 15. 3. 08 teilgenommen hat und entweder erfolgreich war (mindestens ein Mandat) oder bei erfolgloser Teilnahme der zuständigen Wahlbehörde mitteilt, dass er auch an der folgenden Wahl teilnehmen will.

5. Eine Teilnahme an einer Wahl liegt nur vor, wenn die Wähler die Möglichkeit haben, die Wählervereinigung zu wählen. Der Wahlvorschlag der Wählervereinigung muss also auf dem Stimmzettel enthalten sein.

6. Der Stpfl. hat dem Finanzamt durch eine Spendenbestätigung der unabhängigen Wählervereinigung nachzuweisen, dass alle Voraussetzungen des § 34 g EStG für die Gewährung der Tarifermäßigung erfüllt sind."[1]

[1] Vgl. BMF-Schreiben vom 7. 11. 2013 (BStBl. I S. 1333), ergänzt durch BMF-Schreiben vom 26. 3. 2014 (BStBl. I S. 791), abgedruckt als Anlage a zu R 10 b.1 EStR.

3. Steuerermäßigung bei Einkünften aus Gewerbebetrieb

EStG

§ 35 [Steuerermäßigung bei Einkünften aus Gewerbebetrieb]

1 (1)[1] ① **Die tarifliche Einkommensteuer, vermindert um die sonstigen Steuerermäßigungen mit Ausnahme der §§ 34 f, 34 g und 35 a, ermäßigt sich, soweit sie anteilig auf im zu versteuernden Einkommen enthaltene gewerbliche Einkünfte entfällt (Ermäßigungshöchstbetrag),**

1. bei Einkünften aus gewerblichen Unternehmen im Sinne des § 15 Absatz 1 Satz 1 Nummer 1
um das Vierfache des jeweils für den dem Veranlagungszeitraum entsprechenden Erhebungszeitraum nach § 14 des Gewerbesteuergesetzes für das Unternehmen festgesetzten Steuermessbetrags (Gewerbesteuer-Messbetrag); Absatz 2 Satz 5 ist entsprechend anzuwenden;

2. bei Einkünften aus Gewerbebetrieb als Mitunternehmer im Sinne des § 15 Absatz 1 Satz 1 Nummer 2 oder als persönlich haftender Gesellschafter einer Kommanditgesellschaft auf Aktien im Sinne des § 15 Absatz 1 Satz 1 Nummer 3
um das Vierfache des jeweils für den dem Veranlagungszeitraum entsprechenden Erhebungszeitraum festgesetzten anteiligen Gewerbesteuer-Messbetrags.

② **Der Ermäßigungshöchstbetrag ist wie folgt zu ermitteln:**

$$\frac{\text{Summe der positiven gewerblichen Einkünfte}}{\text{Summe aller positiven Einkünfte}} \cdot \text{geminderte tarifliche Steuer}$$

③ **Gewerbliche Einkünfte im Sinne der Sätze 1 und 2 sind die der Gewerbesteuer unterliegenden Gewinne und Gewinnanteile, soweit sie nicht nach anderen Vorschriften von der Steuerermäßigung nach § 35 ausgenommen sind.** ④ **Geminderte tarifliche Steuer ist die tarifliche Steuer nach Abzug von Beträgen auf Grund der Anwendung zwischenstaatlicher Abkommen und nach Anrechnung der ausländischen Steuern nach § 32 d Absatz 6 Satz 2, § 34 c Absatz 1 und 6 dieses Gesetzes und § 12 des Außensteuergesetzes.** ⑤ **Der Abzug des Steuerermäßigungsbetrags ist auf die tatsächlich zu zahlende Gewerbesteuer beschränkt.**

2 (2) ① **Bei Mitunternehmerschaften im Sinne des § 15 Absatz 1 Satz 1 Nummer 2 oder bei Kommanditgesellschaften auf Aktien im Sinne des § 15 Absatz 1 Satz 1 Nummer 3 ist der Betrag des Gewerbesteuer-Messbetrags, die tatsächlich zu zahlende Gewerbesteuer und der auf die einzelnen Mitunternehmer oder auf die persönlich haftenden Gesellschafter entfallende Anteil gesondert und einheitlich festzustellen.** ② **Der Anteil eines Mitunternehmers am Gewerbesteuer-Messbetrag richtet sich nach seinem Anteil am Gewinn der Mitunternehmerschaft nach Maßgabe des allgemeinen Gewinnverteilungsschlüssels; Vorabgewinnanteile sind nicht zu berücksichtigen.** ③ **Wenn auf Grund der Bestimmungen in einem Abkommen zur Vermeidung der Doppelbesteuerung bei der Festsetzung des Gewerbesteuer-Messbetrags für eine Mitunternehmerschaft nur der auf einen Teil der Mitunternehmer entfallende anteilige Gewerbeertrag berücksichtigt wird, ist der Gewerbesteuer-Messbetrag nach Maßgabe des allgemeinen Gewinnverteilungsschlüssels in voller Höhe auf diese Mitunternehmer entsprechend ihrer Anteile am Gewerbeertrag der Mitunternehmerschaft aufzuteilen.** ④ **Der anteilige Gewerbesteuer-Messbetrag ist als Prozentsatz mit zwei Nachkommastellen gerundet zu ermitteln.** ⑤ **Bei der Feststellung nach Satz 1 sind anteilige Gewerbesteuer-Messbeträge, die aus einer Beteiligung an einer Mitunternehmerschaft stammen, einzubeziehen.**

3 (3) ① **Zuständig für die gesonderte Feststellung nach Absatz 2 ist das für die gesonderte Feststellung der Einkünfte zuständige Finanzamt.** ② **Für die Ermittlung der Steuerermäßigung nach Absatz 1 sind die Festsetzung des Gewerbesteuer-Messbetrags, die Feststellung des Anteils an dem festzusetzenden Gewerbesteuer-Messbetrag nach Absatz 2 Satz 1 und die Festsetzung der Gewerbesteuer Grundlagenbescheide.** ③ **Für die Ermittlung des anteiligen Gewerbesteuer-Messbetrags nach Absatz 2 sind die Festsetzung des Gewerbesteuer-Messbetrags und die Festsetzung des anteiligen Gewerbesteuer-Messbetrags aus der Beteiligung an einer Mitunternehmerschaft Grundlagenbescheide.**

4 (4) **Für die Aufteilung und die Feststellung der tatsächlich zu zahlenden Gewerbesteuer bei Mitunternehmerschaften im Sinne des § 15 Absatz 1 Satz 1 Nummer 2 und bei Kommanditgesellschaften auf Aktien im Sinne des § 15 Absatz 1 Satz 1 Nummer 3 gelten die Absätze 2 und 3 entsprechend.**

---

[1] Zur erstmaligen Anwendung siehe § 52 Abs. 35 a EStG.

R 35. Steuerermäßigung bei Einkünften aus Gewerbebetrieb *(unbesetzt)* R 35

H 35

Allgemeines → BMF vom 3. 11. 2016 (BStBl. I S. 1187) unter Berücksichtigung der Änderungen durch BMF vom 17. 4. 2019 BStBl. 2020 I S. 459.[1] 6

Anl zu H 35

Schreiben betr. Steuerermäßigung bei den Einkünften aus Gewerbebetrieb gem. § 35 EStG

Vom 3. November 2016 (BStBl. I S. 1187)

(BMF IV C 6 – S 2296-a/08/10002 :003; DOK 2016/0944407)

Geändert durch BMF-Schreiben vom 17. April 2019 (BStBl. I S. 459)[2]

Inhaltsverzeichnis

Im Einvernehmen mit den obersten Finanzbehörden der Länder nehme ich zur Anwendung der Steuerermäßigung bei Einkünften aus Gewerbebetrieb nach § 35 EStG wie folgt Stellung:

1. Anwendungsbereich

1 § 35 EStG ist erstmals für den Veranlagungszeitraum 2001 anzuwenden. Dies gilt auch für Einkünfte aus einem Gewerbebetrieb mit einem vom Kalenderjahr abweichenden Wirtschaftsjahr, wenn das Wirtschaftsjahr nach dem 31. Dezember 2000 endet (§ 52 Absatz 50 a EStG 2001). Begünstigt sind unbeschränkt und beschränkt steuerpflichtige natürliche Personen mit Einkünften aus Gewerbebetrieb als Einzelunternehmer oder als unmittelbar oder mittelbar beteiligter Mitunternehmer i. S. d. § 15 Absatz 1 Satz 1 Nummer 2 EStG oder i. S. d. § 15 Absatz 3 Nummer 1 oder 2 EStG. Begünstigt sind auch die persönlich haftenden Gesellschafter einer Kommanditgesellschaft auf Aktien (KGaA) mit ihren Gewinnanteilen (§ 15 Absatz 1 Satz 1 Nummer 3 EStG). 7

2 § 35 EStG in der Fassung des Unternehmensteuerreformgesetzes 2008 vom 14. August 2007 (BGBl. I S. 1912), geändert durch das Jahressteuergesetz 2008 vom 20. Dezember 2007 (BGBl. I S. 3150) und das Jahressteuergesetz 2009 vom 19. Dezember 2008 (BGBl. I S. 2794), ist erstmalig für den Veranlagungszeitraum 2008 anzuwenden. Gewerbesteuermessbeträge, die Erhebungszeiträumen zuzuordnen sind, die vor dem 1. Januar 2008 enden, sind nur mit dem 1,8-fachen des Gewerbesteuermessbetrages zu berücksichtigen.

3 Die Steuerermäßigung nach § 35 EStG mindert die Bemessungsgrundlage des Solidaritätszuschlags (§ 3 Absatz 2 SolZG), nicht aber die Bemessungsgrundlage der Kirchensteuer (§ 51 a Absatz 2 Satz 3 EStG i. V. m. den jeweiligen Kirchensteuergesetzen).

2. Tarifliche Einkommensteuer i. S. d. § 35 Absatz 1 EStG

4 Ausgangsgröße für die Steuerermäßigung nach § 35 EStG ist die tarifliche Einkommensteuer, vermindert um die anzurechnenden ausländischen Steuern nach § 32 d Absatz 6 EStG, § 34 c Absatz 1 und 6 EStG und § 12 AStG (tarifliche Einkommensteuer i. S. d. § 35 Absatz 1 Satz 1 EStG). Die Steuerermäßigungen nach § 34 f EStG, § 34 g EStG sowie nach § 35 a EStG sind erst nach Abzug der Steuerermäßigung nach § 35 EStG zu berücksichtigen. 8

3. Anrechnungsvolumen

5 Das Anrechnungsvolumen ist begrenzt auf den Ermäßigungshöchstbetrag (siehe Rn. 16 ff.); es darf die tatsächlich zu zahlende Gewerbesteuer (§ 35 Absatz 1 Satz 5 EStG) nicht übersteigen (Rn. 6). 9

6 Die tatsächlich zu zahlende Gewerbesteuer entspricht grundsätzlich der im Gewerbesteuerbescheid festgesetzten Gewerbesteuer für den jeweiligen Betrieb (vgl. § 35 Absatz 3 Satz 2 EStG) und in den Fällen des § 35 Absatz 1 Satz 1 Nummer 2 EStG der jeweils anteiligen festgesetzten Gewerbesteuer. Erfolgt die Festsetzung der Einkommensteuer vor Bekanntgabe des Gewerbesteuerbescheides durch die Gemeinde, kann die tatsächlich zu zahlende Gewerbesteuer auf der Grundlage des festge-

[1] Nachstehend abgedruckt.

[2] Dieses Schreiben ist ab VZ 2020 anzuwenden. Auf Antrag des Steuerpflichtigen ist das Schreiben auch für VZ vor 2020 anzuwenden.

Anl zu H 35

stellten Gewerbesteuermessbetrages und des Hebesatzes angesetzt werden (§ 16 Absatz 1 GewStG). Bei einer Abweichung zwischen der zunächst dem Einkommensteuerbescheid zugrunde gelegten „tatsächlich zu zahlenden Gewerbesteuer" und der im Gewerbesteuerbescheid festgesetzten Gewerbesteuer kann der Einkommensteuerbescheid nach § 175 Absatz 1 Satz 1 Nummer 1 AO geändert werden. Entsprechendes gilt, wenn die Kommune nach Bekanntgabe des Gewerbesteuerbescheides die tatsächlich zu zahlende Gewerbesteuer aufgrund einer Billigkeitsmaßnahme nach § 163 AO mindert. Bei einer Billigkeitsmaßnahme im Erhebungsverfahren gemäß § 227 AO besteht die Möglichkeit einer Änderung des Einkommensteuerbescheides gemäß § 175 Absatz 1 Satz 1 Nummer 2 AO.

Der Steuerpflichtige ist gemäß § 153 Absatz 2 AO verpflichtet, dem Finanzamt die Minderung der tatsächlich zu zahlenden Gewerbesteuer unverzüglich mitzuteilen.

7 Die Höhe der Steuerermäßigung beträgt das 3,8-fache des nach § 14 GewStG festgesetzten Gewerbesteuermessbetrags oder des anteiligen Gewerbesteuermessbetrags (Anrechnungsvolumen). Maßgebend ist der Gewerbesteuermessbetrag, der für den Erhebungszeitraum festgesetzt worden ist, der dem Veranlagungszeitraum entspricht. Bei einem vom Kalenderjahr abweichenden Wirtschaftsjahr wird der Gewerbeertrag dem Erhebungszeitraum zugerechnet, in dem das Wirtschaftsjahr endet (§ 10 Absatz 2 GewStG).

8 Zur Ermittlung des auf den Mitunternehmer oder des auf den persönlich haftenden Gesellschafter einer KGaA entfallenden anteiligen Gewerbesteuermessbetrags siehe Rn. 27.

9[1] Sind dem Steuerpflichtigen als Einzelunternehmer oder Mitunternehmer Einkünfte aus mehreren Gewerbebetrieben oder aus Mitunternehmerschaften mit gewerblichen Einkünften zuzurechnen, sind die jeweiligen Gewerbesteuermessbeträge für jeden Gewerbebetrieb und für jede Mitunternehmerschaft getrennt zu ermitteln, mit dem Faktor 3,8 zu vervielfältigen und auf die tatsächlich zu zahlende Gewerbesteuer zu begrenzen (betriebsbezogene Ermittlung, BFH-Urteil vom 20. März 2017, X R 62/14, BStBl. 2019 II S. 244). Die so ermittelten Beträge sind zur Berechnung des Ermäßigungshöchstbetrags zusammenzufassen. Zu den Besonderheiten bei mehrstöckigen Gesellschaften vgl. Rn. 25 und 26.

10 Bei zusammenveranlagten Ehegatten/Lebenspartnern sind die Anrechnungsvolumina der Ehegatten/Lebenspartner zusammenzufassen, sofern beide Ehegatten/Lebenspartner jeweils eine positive Summe der gewerblichen Einkünfte i. S. d. § 35 EStG (vgl. Rn. 14 bis 18) haben. Sofern ein Ehegatte/Lebenspartner eine positive Summe der gewerblichen Einkünfte und der andere Ehegatte/Lebenspartner eine negative Summe der gewerblichen Einkünfte oder eine Summe der gewerblichen Einkünfte i. H. v. 0 € hat, sind die Gewerbesteuermessbeträge des Ehegatten/Lebenspartners, der keine positive Summe der gewerblichen Einkünfte hat, nicht zu berücksichtigen.

Beispiel:

Ein zusammenveranlagtes Ehepaar erzielt folgende Einkünfte i. S. d. § 15 EStG:

	Einkünfte § 15 EStG	Gewerbesteuermessbetrag
Betrieb I (Ehefrau)	100 000 €	3000 €
Betrieb II (Ehemann)	– 100 000 €	1000 €
Betrieb III (Ehemann)	– 100 000 €	0 €
Betrieb IV (Ehemann)	100 000 €	3000 €

Lösung:

Bei der Berechnung des Ermäßigungshöchstbetrags i. S. d. § 35 Absatz 1 Satz 2 EStG sind nur die positiven gewerblichen Einkünfte der Ehefrau zu berücksichtigen (positive Summe der gewerblichen Einkünfte: 100 000 €). Die negative Summe der gewerblichen Einkünfte des Ehemanns i. H. v. – 100 000 € bleibt unberücksichtigt (vgl. Rn. 16). Folglich steht auch nur der auf die gewerblichen Einkünfte der Ehefrau entfallende Gewerbesteuermessbetrag i. H. v. 3000 € für die Berechnung des Anrechnungsvolumens i. S. d. § 35 Absatz 1 Satz 1 EStG zur Verfügung.

11 Die Festsetzungen des Gewerbesteuermessbetrags, der zu zahlenden Gewerbesteuer und die Feststellung der Prozentsätze nach § 35 Absatz 2 EStG (anteiliger Gewerbesteuermessbetrag und anteilig zu zahlende Gewerbesteuer bei Mitunternehmerschaften und KGaA) sind bei der Ermittlung der Steuerermäßigung nach § 35 Absatz 1 EStG Grundlagenbescheide (§ 35 Absatz 3 Satz 2 EStG).

12 Nicht nutzbares Anrechnungsvolumen kann nicht auf vorherige und nachfolgende Veranlagungszeiträume übertragen werden (BFH vom 23. April 2008, X R 32/06, BStBl. 2009 II S. 7).

13 Der auf einen Veräußerungs- oder Aufgabegewinn nach § 18 Absatz 4 Satz 1 und 2 UmwStG a. F., § 18 Absatz 3 Satz 1 und 2 UmwStG i. d. F. des SEStEG entfallende Gewerbesteuermessbetrag bleibt bei der Ermäßigung der Einkommensteuer nach § 35 EStG unberücksichtigt (§ 18 Absatz 4 Satz 3 UmwStG a. F., § 18 Absatz 3 Satz 3 UmwStG i. d. F. des SEStEG). Dies gilt nicht, wenn das Personenunternehmen aus einer umgewandelten Organ(kapital)gesellschaft entstanden ist und ein von dieser erzielter und dem Organträger zuzurechnender Veräußerungs- oder Aufgabegewinn zu einer Anrechnung nach § 35 EStG geführt hätte (BFH vom 28. Mai 2015, IV R 27/12, BStBl. II S. 837). § 35 EStG findet keine Anwendung auf Gewinne, die der Tonnagebesteuerung nach § 5 a Absatz 1 EStG unterliegen (§ 5 a Absatz 5 EStG); insoweit sind auch der (anteilig) darauf entfallende Gewerbesteuermessbetrag und die (anteilig) darauf entfallende, tatsächlich zu zahlende Gewerbesteuer nicht zu berücksichtigen. In Fällen, in denen

- einem Mitunternehmer aus der Mitunternehmerschaft lediglich ein anteiliger Tonnagegewinn i. S. d. § 5 a Absatz 1 EStG und keine nach § 35 EStG begünstigten Einkünfte zugerechnet werden und
- auf den Mitunternehmer aber gleichwohl ein anteiliger nach § 35 EStG begünstigter Gewerbesteuermessbetrag entfällt, der beispielsweise aus Einkünften i. S. d. § 5 a Absatz 4 Satz 3 EStG eines anderen Mitunternehmers resultiert,

[1] Rn. 9 neugefasst durch BMF-Schreiben vom 17. 4. 2019 (BStBl. I S. 459). Diese Neufassung ist ab VZ 2020 anzuwenden. Auf Antrag des Steuerpflichtigen ist das Schreiben auch für VZ vor 2020 anzuwenden.

geht der nach § 35 EStG begünstigte Gewerbesteuermessbetrag in das Anrechnungsvolumen i. S. d. § 35 Absatz 1 Satz 1 EStG ein. Bei der Ermittlung des Ermäßigungshöchstbetrags i. S. d. § 35 Absatz 1 Satz 2 EStG sind die gewerblichen Einkünfte bei der Ermittlung der „Summe der positiven gewerblichen Einkünfte" für die Beteiligung in diesem Fall mit 0 € anzusetzen (vgl. Rn. 16). Anl zu H 35

4. Gewerbliche Einkünfte i. S. d. § 35 EStG

14 Die gewerblichen Einkünfte i. S. d. § 35 EStG umfassen die Einkünfte aus Gewerbebetrieb i. S. d. § 15 EStG, wenn sie gewerbesteuersteuerpflichtig und nicht von der Anwendung des § 35 EStG ausgeschlossen sind (vgl. Rn. 13). Einkünfte i. S. d. §§ 16 und 17 EStG gehören grundsätzlich nicht zu den gewerblichen Einkünften i. S. d. § 35 EStG. In die gewerblichen Einkünfte i. S. d. § 35 EStG einzubeziehen sind jedoch die gewerbesteuerpflichtigen Veräußerungsgewinne aus der 100%igen Beteiligung an einer Kapitalgesellschaft (§ 16 Absatz 1 Satz 1 Nummer 1 Satz 2 EStG), wenn die Veräußerung nicht im engen Zusammenhang mit der Aufgabe des Gewerbebetriebs erfolgt (vgl. R 7.1 (3) GewStR und H 7.1. (3) GewStH) sowie die Veräußerungsgewinne, die nach § 7 Satz 2 GewStG gewerbesteuerpflichtig sind. Der Gewinn aus der Veräußerung eines Teils eines Mitunternehmeranteils i. S. d. § 16 Absatz 1 Satz 2 EStG gehört als laufender Gewinn auch zu den gewerblichen Einkünften i. S. d. § 35 EStG. Die auf einen Veräußerungs- oder Aufgabegewinn nach § 18 Absatz 4 Satz 1 und 2 UmwStG a. F., § 18 Absatz 3 Satz 1 und 2 UmwStG i. d. F. des SEStEG entfallenden Einkünfte aus Gewerbebetrieb sind nicht in die gewerblichen Einkünfte i. S. d. § 35 EStG einzubeziehen. Dies gilt nicht, wenn das Personenunternehmen aus einer umgewandelten Organ(kapital)gesellschaft entstanden ist und ein von dieser erzielter und dem Organträger zuzurechnender Veräußerungs- oder Aufgabegewinn zu einer Anrechnung nach § 35 EStG geführt hätte (BFH vom 28. Mai 2015, IV R 27/12, BStBl. II S. 837). 10

15 Nicht entnommene Gewinne i. S. d. § 34 a EStG sind im Veranlagungszeitraum ihrer begünstigten Besteuerung bei der Steuerermäßigung nach § 35 EStG einzubeziehen. Im Veranlagungszeitraum der Nachversteuerung i. S. d. § 34 a Absatz 4 EStG

– gehören die Nachversteuerungsbeträge nicht zu den begünstigten gewerblichen Einkünften,
– gehört die Einkommensteuer auf den Nachversteuerungsbetrag zur tariflichen Einkommensteuer.

5. Ermittlung des Ermäßigungshöchstbetrags (§ 35 Absatz 1 Satz 2 EStG)

16 Die Steuerermäßigung wird durch § 35 Absatz 1 EStG auf die tarifliche Einkommensteuer beschränkt, die anteilig auf die gewerblichen Einkünfte entfällt (Ermäßigungshöchstbetrag). Der Ermäßigungshöchstbetrag wird wie folgt ermittelt (§ 35 Absatz 1 Satz 2 EStG): 11

$$\frac{\text{Summe der positiven gewerblichen Einkünfte}}{\text{Summe aller positiven Einkünfte}} \times \text{geminderte tarifliche Steuer}$$

Die „Summe der positiven gewerblichen Einkünfte" und die „Summe aller positiven Einkünfte" im Sinne dieser Berechnungsformel sind die positiven Einkünfte aus der jeweiligen Einkunftsart. Positive und negative Einkünfte innerhalb einer Einkunftsart sind zu saldieren (sog. horizontaler Verlustausgleich). Eine negative Summe der Einkünfte aus einer Einkunftsart kann nicht mit der positiven Summe der Einkünfte aus einer anderen Einkunftsart verrechnet werden (sog. vertikaler Verlustausgleich).

Bei zusammenveranlagten Ehegatten/Lebenspartnern ist für jeden Ehegatten/Lebenspartner getrennt zu prüfen, ob positive Einkünfte i. S. d. Berechnungsformel vorliegen. Positive Einkünfte eines Ehegatten/Lebenspartners sind nicht mit negativen Einkünften des anderen Ehegatten/Lebenspartners aus derselben Einkunftsart zu verrechnen.

Bei der Ermittlung der „Summe der positiven gewerblichen Einkünfte" i. S. d. Berechnungsformel sind nur positive und negative gewerbliche Einkünfte i. S. d. § 35 EStG zu berücksichtigen (vgl. Rn. 14 ff.). Andere gewerbliche Einkünfte bleiben unberücksichtigt. Dagegen sind bei der Ermittlung der Summe aller positiven Einkünfte i. S. d. Berechnungsformel jegliche positiven und negativen gewerblichen Einkünfte – also auch solche, die nicht gewerbesteuerpflichtig oder von der Anwendung des § 35 EStG ausgeschlossen sind – zu saldieren. Bei der Ermittlung der „Summe der positiven gewerblichen Einkünfte" und der „Summe aller positiven Einkünfte" i. S. d. § 35 Absatz 1 Satz 2 EStG sind zudem die bei der Ermittlung der Summe der Einkünfte geltenden Verlustverrechnungsbeschränkungen (z. B. § 15 Absatz 4, §§ 15 a, 15 b, § 23 Absatz 3 Satz 7 EStG) zu beachten.

In den Fällen, in denen einem Mitunternehmer nur ein Tonnagegewinn nach § 5 a Absatz 1 EStG und ein anteiliger Gewerbesteuermessbetrag, der nicht auf den Tonnagegewinn entfällt, zugerechnet werden, sind für die Ermittlung der „Summe der gewerblichen Einkünfte" i. S. d. § 35 Absatz 1 Satz 2 EStG gewerbliche Einkünfte i. H. v. 0 € zu berücksichtigen. Der Tonnagegewinn ist Bestandteil der „Summe aller positiven Einkünfte".

Beispiel 1:

17 Der ledige Steuerpflichtige A erzielt folgende Einkünfte:

§ 15 EStG, Betrieb 1	– 50 000 €
§ 15 EStG, Betrieb 2	120 000 €
§ 17 EStG (keine Einkünfte i. S. d. § 35 EStG)	– 30 000 €
§ 18 EStG	– 100 000 €
§ 21 EStG, Grundstück 1	– 100 000 €
§ 21 EStG, Grundstück 2	200 000 €
Summe der Einkünfte:	**40 000 €**

Anl zu H 35

Lösung:

Der Ermäßigungshöchstbetrag ermittelt sich wie folgt:

$$\frac{\text{70 000 (Summe der positiven gewerblichen Einkünfte (Betrieb 1 + Betrieb 2))}}{\text{140 000 (gewerbliche Einkünfte (§§ 15, 17 EStG) + Einkünfte § 21 EStG)}} \times \text{geminderte tarifliche Steuer}$$

Beispiel 2:

18 Ein zusammenveranlagtes Ehepaar erzielt folgende Einkünfte:

Einkünfte	**Ehemann**	**Ehefrau**
§ 15 EStG	50 000 €	– 25 000 €
§ 19 EStG		10 000 €
§ 21 EStG Grundstück 1	– 30 000 €	
§ 21 EStG Grundstück 2		25 000 €
§ 21 EStG Grundstück 3		– 10 000 €
Summe der Einkünfte	**20 000 €**	

Lösung:

Der Ermäßigungshöchstbetrag ermittelt sich wie folgt:

$$\frac{\text{50 000 (gewerbliche Einkünfte EM)}}{\text{75 000 (gewerbliche Einkünfte EM + Einkünfte § 19 EStG EF + Einkünfte § 21 EStG EF)}} \times \text{geminderte tarifliche Steuer}$$

6. Steuerermäßigung bei Mitunternehmerschaften

6.1. Aufteilung nach dem allgemeinen Gewinnverteilungsschlüssel

12 **19** Der anteilige Gewerbesteuermessbetrag von Mitunternehmern ist gemäß § 35 Absatz 2 Satz 2 EStG nach Maßgabe des allgemeinen Gewinnverteilungsschlüssels zu ermitteln; auf die Verteilung im Rahmen der einheitlichen und gesonderten Feststellung der Einkünfte aus Gewerbebetrieb kommt es dabei nicht an. Dies gilt auch für Fälle der atypisch stillen Gesellschaft.

20 Für die Verteilung aufgrund des allgemeinen Gewinnverteilungsschlüssels ist grundsätzlich die handelsrechtliche Gewinnverteilung maßgeblich. Diese ergibt sich entweder aus den gesetzlichen Regelungen des HGB oder aus abweichenden gesellschaftsvertraglichen Vereinbarungen.

21 Dies gilt jedoch nur insoweit, wie die handelsrechtliche Gewinnverteilung auch in steuerrechtlicher Hinsicht anzuerkennen ist. So sind steuerrechtliche Korrekturen der Gewinnverteilung bei Familienpersonengesellschaften in Fällen, in denen die gesellschaftsvertragliche Gewinnverteilung nicht anerkannt wird oder steuerrechtliche Korrekturen in Fällen, in denen eine unzulässige rückwirkende Änderung der Gewinnverteilungsabrede festgestellt wird, auch bei der Ermittlung des allgemeinen Gewinnverteilungsschlüssels i. S. d. § 35 Absatz 2 Satz 2 EStG zu berücksichtigen.

22 Bei der Ermittlung des Aufteilungsmaßstabs für den Gewerbesteuermessbetrag sind Vorabgewinnanteile nach § 35 Absatz 2 Satz 2 2. Halbsatz EStG nicht zu berücksichtigen. Dies gilt auch für Sondervergütungen i. S. d. § 15 Absatz 1 Satz 1 Nummer 2 EStG sowie für die Ergebnisse aus Sonder- und Ergänzungsbilanzen.

23 Gewerbesteuermessbeträge aus gewerbesteuerpflichtigen Veräußerungsgewinnen sind ebenfalls entsprechend dem am Ende des gewerbesteuerrechtlichen Erhebungszeitraums geltenden, allgemeinen Gewinnverteilungsschlüssel auf die am Ende des gewerbesteuerrechtlichen Erhebungszeitraums beteiligten Mitunternehmer (vgl. Rn. 28) aufzuteilen.

24 In die Aufteilung sind auch Gesellschafter einzubeziehen, für die eine Ermäßigung nach § 35 EStG nicht in Betracht kommt, beispielsweise Kapitalgesellschaften.

6.2. Besonderheiten bei mehrstöckigen Gesellschaften

6.2.1 Ermittlung des Ermäßigungshöchstbetrags (§ 35 Absatz 1 Satz 2 EStG)

25[1] Bei mehrstöckigen Mitunternehmerschaften sind bei der Ermittlung des Ermäßigungshöchstbetrags nach § 35 Absatz 1 Satz 2 EStG die Einkünfte aus der Obergesellschaft (einschließlich der Ergebnisse der Untergesellschaft(en)) als gewerbliche Einkünfte zu berücksichtigen, soweit es sich um gewerbliche Einkünfte i. S. d. § 35 EStG (vgl. Rn. 14, 15) handelt.

Die gewerblichen Einkünfte i. S. d. § 35 Absatz 1 Satz 3 EStG sind im Verfahren der gesonderten und einheitlichen Feststellung (§ 35 Absatz 2 EStG) nachrichtlich mitzuteilen. Neben dem anteiligen Gewerbesteuermessbetrag und der anteiligen tatsächlich zu zahlenden Gewerbesteuer der Obergesellschaft sind den Mitunternehmern der Obergesellschaft zudem die anteilig auf die Obergesellschaft entfallenden Gewerbesteuermessbeträge der Untergesellschaften nach Maßgabe des allgemeinen Gewinnverteilungsschlüssels zuzurechnen (§ 35 Absatz 2 Satz 5 EStG). Dies gilt auch für die Zurechnung eines anteiligen Gewerbesteuermessbetrags einer Untergesellschaft an den mittelbar beteiligten Gesellschafter, wenn sich auf der Ebene der Obergesellschaft ein negativer Gewerbeertrag und damit ein Gewerbesteuermessbetrag von 0 € ergibt.

6.2.2 Begrenzung des Ermäßigungsbetrags auf die tatsächlich zu zahlende Gewerbesteuer (§ 35 Absatz 1 Satz 5 EStG)

25a[1] Die Beschränkung des Steuerermäßigungsbetrags auf die tatsächlich zu zahlende Gewerbesteuer (§ 35 Absatz 1 Satz 5 EStG) (Vergleich zwischen dem mit dem Faktor 3,8 vervielfältigten anteiligen Gewerbesteuermessbetrag und der anteiligen tatsächlich zu zahlenden Gewerbesteuer) ist bei mehrstöckigen Mitunternehmerschaften betriebsbezogen jeweils getrennt für Obergesellschaft und Unterge-

[1] Rn. 25 neugefasst und Rn. 25 a eingefügt durch BMF-Schreiben vom 17. 4. 2019 (BStBl. I S. 459). Die Fassungen sind ab VZ 2020 anzuwenden. Auf Antrag des Steuerpflichtigen ist das Schreiben auch für VZ vor 2020 anzuwenden.

sellschaft(en) zu ermitteln (BFH-Urteile vom 20. März 2017, X R 12/15, BStBl. 2019 II S. 249 und X R 62/14, BStBl. 2019 II S. 244).

Der ggf. auf die tatsächlich zu zahlende Gewerbesteuer begrenzte Steuerermäßigungsbetrag nach § 35 Absatz 1 Satz 5 EStG sowie die gewerblichen Einkünfte i. S. d. § 35 EStG sind im Verfahren der gesonderten und einheitlichen Feststellung (§ 35 Absatz 2 EStG) stets nachrichtlich mitzuteilen.

26[1] Beispiel:

A ist zu 70% an der GmbH & Co KG I (KG I) beteiligt, die wiederum zu 50% an der GmbH & Co KG II (KG II) beteiligt ist. Die KG II erzielt einen Gewinn von 100 000 €. Für die KG II wird unter Berücksichtigung von §§ 8 und 9 GewStG ein Gewerbesteuermessbetrag von 1000 € festgestellt. Die tatsächlich zu zahlende Gewerbesteuer der KG II beträgt 3600 €. Dies führt damit zu einem der KG I zuzurechnenden anteiligen Gewerbesteuermessbetrag von 500 € (50% von 1000 € entsprechend dem allgemeinen Gewinnverteilungsschlüssel) und einer zuzurechnenden anteiligen tatsächlich zu zahlenden Gewerbesteuer von 1800 € (50 % von 3600 € entsprechend dem allgemeinen Gewinnverteilungsschlüssel).

Der KG I werden aus der Beteiligung an der KG II Einkünfte von 50 000 € zugewiesen. Die KG I erzielt aus dem eigenen operativen Geschäft einen Gewinn von 120 000 €. Es wird ein Gewerbesteuermessbetrag von 1500 € festgestellt. Dies führt zu einer zu zahlenden Gewerbesteuer von 6000 €.

Lösung:

Der auf A entfallende Gewerbesteuermessbetrag beträgt 1400 € (70% von [1500 € + 500 €]) und die auf A entfallende tatsächlich zu zahlende Gewerbesteuer 5460 € (70% von [6000 € + 1800 €]). Bei A ist eine Steuerermäßigung nach § 35 EStG in Höhe des 3,8-fachen des auf ihn entfallenden anteiligen Gewerbesteuermessbetrags von 1400 € (= 5320 €), höchstens der Ermäßigungshöchstbetrag nach § 35 Absatz 1 Satz 2 EStG und begrenzt auf die auf ihn entfallende anteilige tatsächlich zu zahlende Gewerbesteuer nach § 35 Absatz 1 Satz 5 EStG (3990 € lt. unten stehender Berechnung) zu berücksichtigen. Bei der Ermittlung des Ermäßigungshöchstbetrags für A sind positive Einkünfte aus Gewerbebetrieb von 119 000 € anzusetzen.

Die Begrenzung des Steuerermäßigungsbetrags nach § 35 Absatz 1 Satz 5 EStG auf die tatsächlich zu zahlende Gewerbesteuer berechnet sich **betriebsbezogen** wie folgt:

KG II:

auf die KG I entfallender Anteil am Gewerbesteuermessbetrag: 500 € (50% von 1000 €)
auf die KG I entfallende tatsächlich zu zahlende Gewerbesteuer: 1800 € (50% von 3600 €)
500 € x 3,8 = 1900 € > 1800 €, d. h., die tatsächlich zu zahlende Gewerbesteuer ist geringer als das 3,8-fache des Gewerbesteuermessbetrags

Der für die KG II betriebsbezogen ermittelte nach § 35 Absatz 1 Satz 5 EStG begrenzte Steuerermäßigungsbetrag der KG I beträgt **1800 €.** Dieser nach § 35 Absatz 1 Satz 5 EStG begrenzte Steuerermäßigungsbetrag ist dem für die KG I zuständigen Finanzamt nachrichtlich mitzuteilen.

KG I:

auf A entfallender Anteil am Gewerbesteuermessbetrag: 1050 € (70% von 1500 €)
auf A entfallende tatsächlich zu zahlende Gewerbesteuer: 4200 € (70% von 6000 €)
1050 € × 3,8 = 3990 € < 4200 €, d. h., das 3,8-fache des Gewerbesteuermessbetrags übersteigt nicht die tatsächlich zu zahlende Gewerbesteuer

Der für die KG I betriebsbezogen ermittelte Steuerermäßigungsbetrag des A beträgt **3990 €.**

Das für die KG I zuständige Finanzamt hat ferner dem für den A zuständigen Finanzamt den auf A entfallenden Teil des Steuerermäßigungsbetrags aus der KG II mitzuteilen (70% von 1800 € = 1260 €).

Einkommensteuer des A

Der Ermäßigungsbetrag nach § 35 Absatz 1 Satz 1 Nummer 2 EStG beträgt 5320 € (das 3,8-fache des festgestellten anteiligen Gewerbesteuermessbetrags von 1400 €).

Für Zwecke der Ermittlung des Ermäßigungshöchstbetrags nach § 35 Absatz 1 Satz 2 EStG sind für A positive gewerbliche Einkünfte in Höhe von 119 000 € anzusetzen.

Der Steuerermäßigungsbetrag ist auf die tatsächlich zu zahlende Gewerbesteuer beschränkt (§ 35 Absatz 1 Satz 5 EStG). Die Beschränkung ist betriebsbezogen zu ermitteln (vgl. Rn. 9) und führt zu einer Begrenzung auf 5250 € (3990 € + 1260 €).

6.3. Der anteilige Gewerbesteuermessbetrag bei einer KGaA

27 Bei einer KGaA führt nur der auf die persönlich haftenden Gesellschafter entfallende Teil des Gewerbesteuermessbetrags zu einer Steuerermäßigung. Für die erforderliche Aufteilung des Gewerbesteuermessbetrags gilt die Regelung des § 35 Absatz 2 EStG. Zur Ermittlung des anteilig auf den persönlich haftenden Gesellschafter entfallenden Gewerbesteuermessbetrags ist ebenfalls auf den allgemeinen Gewinnverteilungsschlüssel (vgl. Rn. 20 ff.) abzustellen. Demnach ist das Verhältnis seines allgemeinen Gewinnanteils an der Gesellschaft, soweit er nicht auf seine Anteile am Grundkapital (Kommanditaktien) entfällt, zum Gesamtgewinn der KGaA maßgebend. Sondervergütungen werden bei der Ermittlung des Aufteilungsschlüssels nicht berücksichtigt.

Erhält der persönlich haftende Gesellschafter neben seiner Ausschüttung auf seine Anteile am Grundkapital beispielsweise nur eine Tätigkeitsvergütung, beträgt sein anteiliger Gewerbesteuermessbetrag immer 0 €.

Für die Berücksichtigung der tatsächlich zu zahlenden Gewerbesteuer (§ 35 Absatz 1 Satz 5 EStG) gilt Entsprechendes.

6.4. Ermittlung des Gewerbesteuermessbetrags bei unterjähriger Unternehmensübertragung und Gesellschafterwechsel

28 Tritt ein Gesellschafter während des Wirtschaftsjahrs in eine Personengesellschaft ein oder scheidet er aus dieser aus, und besteht die Personengesellschaft fort, geht der Gewerbebetrieb nicht im Ganzen auf einen anderen Unternehmer über. Für Zwecke der Berechnung der Steuerermäßigung ist

[1] Rn. 26 neugefasst durch BMF-Schreiben vom 17. 4. 2019 (BStBl. I S. 459). Die Fassung ist ab VZ 2020 anzuwenden. Auf Antrag des Steuerpflichtigen ist das Schreiben auch für VZ vor 2020 anzuwenden.

Anl zu H 35

der für den Erhebungszeitraum festgestellte Gewerbesteuermessbetrag auf die Gesellschafter aufzuteilen, die zum Ende des gewerbesteuerrechtlichen Erhebungszeitraums noch an der Personengesellschaft beteiligt sind (BFH vom 14. Januar 2016, IV R 5/14, BStBl. II S. 875). Aufteilungsmaßstab ist der zum Ende des gewerbesteuerrechtlichen Erhebungszeitraums geltende allgemeine Gewinnverteilungsschlüssel. Unterjährig ausgeschiedenen Gesellschaftern ist kein anteiliger Gewerbesteuermessbetrag zuzurechnen. Hinsichtlich der zeitlichen Anwendung des vorstehenden Satzes wird auf Rn. 34 verwiesen. Der Veräußerungs- und Aufgabegewinn des ausscheidenden Gesellschafters beeinflusst den allgemeinen Gewinnverteilungsschlüssel nicht.

29 Wird ein Einzelunternehmen durch Aufnahme eines oder mehrerer Gesellschafter in eine Personengesellschaft umgewandelt oder scheiden aus einer Personengesellschaft alle Gesellschafter bis auf einen aus und findet dieser Rechtsformwechsel während des Kalenderjahrs statt, ist der für den Erhebungszeitraum ermittelte einheitliche Gewerbesteuermessbetrag dem Einzelunternehmer und der Personengesellschaft anteilig zuzurechnen und getrennt festzusetzen (R 11.1 GewStR 2009). Die getrennte Festsetzung des anteiligen Gewerbesteuermessbetrags ist jeweils für die Anwendung des § 35 EStG maßgeblich. Eine gesonderte Aufteilung des Gewerbesteuermessbetrags zwischen dem Einzelunternehmen und der Personengesellschaft ist daher nicht erforderlich.

30 Besteht die sachliche Gewerbesteuerpflicht bei Vorgängen nach dem UmwStG für das Unternehmen fort, obwohl der gewerbesteuerliche Steuerschuldner wechselt, so ergehen mehrere den Steuerschuldnerwechsel berücksichtigende Gewerbesteuermessbescheide mit Anteilen des einheitlichen Gewerbesteuermessbetrags. Diese Anteile sind bei der Ermittlung der Steuerermäßigung nach § 35 EStG maßgeblich.

Für die Berücksichtigung der tatsächlich zu zahlenden Gewerbesteuer (§ 35 Absatz 1 Satz 5 EStG) gilt Entsprechendes.

6.5. Gesonderte oder gesonderte und einheitliche Feststellung

31 Zuständig für die gesonderte Feststellung des anteiligen Gewerbesteuermessbetrags und der tatsächlich zu zahlenden Gewerbesteuer nach § 35 Absatz 2 EStG ist das für die gesonderte Feststellung der Einkünfte zuständige Finanzamt (§ 35 Absatz 3 Satz 1 EStG). Dabei sind die Festsetzung des Gewerbesteuermessbetrags, die tatsächlich zu zahlende Gewerbesteuer und die Festsetzung des anteiligen Gewerbesteuermessbetrags aus der Beteiligung an einer Mitunternehmerschaft Grundlagenbescheide (§ 35 Absatz 3 Satz 3 EStG).

32 Das Betriebsfinanzamt stellt außerdem die gewerblichen Einkünfte i. S. d. § 35 EStG und ggf. Verluste gemäß § 16 EStG, die nicht in die Ermittlung des Gewerbeertrages einzubeziehen sind, gesondert oder bei einer Beteiligung mehrerer Personen gesondert und einheitlich fest.

6.6. Behandlung von Veräußerungs- und Aufgabegewinnen i. S. d. § 7 Satz 2 GewStG

33 Nach § 7 Satz 2 GewStG gewerbesteuerpflichtige Veräußerungs- oder Aufgabegewinne gehen in den Gewerbeertrag der Mitunternehmerschaft ein. Der unter Berücksichtigung des § 7 Satz 2 GewStG festgesetzte Gewerbesteuermessbetrag sowie die gezahlte Gewerbesteuer sind nach Maßgabe des allgemeinen, zum Ende des Erhebungszeitraums geltenden Gewinnverteilungsschlüssels auf die Mitunternehmer zu verteilen.

Bei der Ermittlung des Ermäßigungshöchstbetrags i. S. d. § 35 Absatz 1 Satz 2 GewStG sind nach § 7 Satz 2 GewStG gewerbesteuerpflichtige Veräußerungs- oder Aufgabegewinne nur dann bei der „Summe der positiven gewerblichen Einkünfte" und der „Summe aller positiven Einkünfte" zu berücksichtigen, wenn sie dem betroffenen Mitunternehmer zuzurechnen sind. Eine Aufteilung nach dem allgemeinen Gewinnverteilungsschlüssel kommt nicht in Betracht, weil § 35 Absatz 2 Satz 2 EStG nur für die Verteilung des Gewerbesteuermessbetrags gilt.

Beispiel 1:

A und die B-GmbH sind zu 50% an der C-OHG beteiligt. Der laufende Gewinn 01 beträgt 0 €. Der Betrieb der C-OHG wird zum 31. 12. 01 aufgegeben. Der Aufgabegewinn i. H. v. 100 000 € entfällt i. H. v. jeweils 50 000 € auf A und die B-GmbH. Der Gewerbesteuermessbetrag wird auf Grundlage eines Gewerbeertrags i. H. v. 25 500 € (nach § 7 Satz 2 GewStG gewerbesteuerpflichtiger Aufgabegewinn i. H. v. 50 000 € abzüglich Freibetrag nach § 11 Absatz 1 Satz 3 Nummer 1 GewStG i. H. v. 24 500 €) festgesetzt (Gewerbesteuermessbetrag 892 €).

Lösung:

Der auf A entfallende, nach § 35 EStG begünstigte Gewerbesteuermessbetrag beträgt 446 € (50% von 892 €). Er geht in das Anrechnungsvolumen i. S. d. § 35 Absatz 1 Satz 1 EStG ein. Bei der Ermittlung des Ermäßigungshöchstbetrags i. S. d. § 35 Absatz 1 Satz 2 EStG sind bei der Ermittlung der „Summe der positiven gewerblichen Einkünfte" die Einkünfte aus der Beteiligung an der C-OHG mit 0 € anzusetzen, weil der auf A entfallende Aufgabegewinn nicht der Gewerbesteuer unterlegen hat (§ 35 Absatz 1 Satz 3 EStG). Bei der Ermittlung der „Summe aller positiven Einkünfte" i. S. d. § 35 Absatz 1 Satz 2 EStG sind die Einkünfte aus der Beteiligung an der C-OHG mit 50 000 € anzusetzen.

Beispiel 2:

A ist alleiniger Kommanditist der B-KG. Die B-KG ist alleinige Kommanditistin der C-KG. Die Komplementär-GmbHs sind jeweils nicht am Vermögen der B-KG und C-KG beteiligt. Der Betrieb der C-KG wird zum 31. 12. 01 aufgegeben. Der Aufgabegewinn ist nach § 7 Satz 2 GewStG gewerbesteuerpflichtig, weil er auf die B-KG als unmittelbar beteiligte Mitunternehmerin entfällt, die keine natürliche Person ist.

Lösung:

Der nach § 7 Satz 2 GewStG gewerbesteuerpflichtige Aufgabegewinn wird A für Zwecke der Einkommensteuer über die B-KG zugerechnet und bei der Ermittlung der Einkünfte des A erfasst. Da der Aufgabegewinn mit Gewerbesteuer belastet ist, ist er bei Ermittlung der „Summe der positiven gewerblichen Einkünfte" i. S. d. § 35 Absatz 1 Satz 2 EStG zu berücksichtigen (§ 35 Absatz 1 Satz 3 EStG). Der für die C-KG festgesetzte Gewerbesteuermessbetrag geht in das Anrechnungsvolumen i. S. d. § 35 Absatz 1 Satz 1 EStG des A ein (§ 35 Absatz 2 Satz 5 EStG).

Anl zu H 35

7. Anwendungsregelung

34 Dieses Schreiben ist auf alle offenen Fälle anzuwenden. In den Fällen, in denen die Anwendung der Rn. 16 bis 18 zu einer geringeren Anrechnung der Gewerbesteuer nach § 35 EStG als nach der bisherigen Verwaltungsauffassung im BMF-Schreiben vom 24. Februar 2009 (BStBl. I S. 440)[1] führt, ist das Schreiben auf Antrag des Steuerpflichtigen erst ab dem Veranlagungszeitraum 2016 anzuwenden. Rn. 30[2] des BMF-Schreibens vom 24. Februar 2009 (BStBl. I S. 440)[1] ist bis zum Veranlagungszeitraum 2017 weiterhin anzuwenden, wenn alle zum Ende des gewerbesteuerrechtlichen Erhebungszeitraums noch beteiligten Mitunternehmer dies einheitlich beantragen.

Die BMF-Schreiben vom 24. Februar 2009 (BStBl. I S. 440),[1] vom 22. Dezember 2009 (BStBl. 2010 I S. 43) und vom 25. November 2010 (BStBl. I S. 1312) werden aufgehoben.

---

[1] Letztmals abgedruckt im „Handbuch zur ESt-Veranlagung 2015" als Anlage zu H 35.

[2] **Rn. 30 des BMF-Schreibens vom 24. 2. 2009 (BStBl. I S. 440) lautete wie folgt:**

„Tritt ein Gesellschafter während des Wirtschaftsjahrs in eine Personengesellschaft ein oder scheidet er aus dieser aus, und besteht die Personengesellschaft fort, geht der Gewerbebetrieb nicht im Ganzen auf einen anderen Unternehmer über. Für Zwecke der Berechnung der Steuerermäßigung ist der für den Erhebungszeitraum festgestellte Gewerbesteuer-Messbetrag auf die einzelnen Gesellschafter aufzuteilen. Maßgeblich ist dabei der von den Gesellschaftern gewählte allgemeine Gewinnverteilungsschlüssel einschließlich der Vereinbarungen, die anlässlich des Eintritts oder des Ausscheidens des Gesellschafters getroffen worden sind. Der Veräußerungs- und Aufgabegewinn des ausscheidenden Gesellschafters beeinflusst den allgemeinen Gewinnverteilungsschlüssel nicht."

4. Steuerermäßigung bei Aufwendungen für haushaltsnahe Beschäftigungsverhältnisse und für die Inanspruchnahme haushaltsnaher Dienstleistungen

EStG

§ 35a Steuerermäßigung bei Aufwendungen für haushaltsnahe Beschäftigungsverhältnisse, haushaltsnahe Dienstleistungen und Handwerkerleistungen

1 **(1) Für haushaltsnahe Beschäftigungsverhältnisse, bei denen es sich um eine geringfügige Beschäftigung im Sinne des § 8a des Vierten Buches Sozialgesetzbuch handelt, ermäßigt sich die tarifliche Einkommensteuer, vermindert um die sonstigen Steuerermäßigungen, auf Antrag um 20 Prozent, höchstens 510 Euro, der Aufwendungen des Steuerpflichtigen.**

2 **(2) ① Für andere als in Absatz 1 aufgeführte haushaltsnahe Beschäftigungsverhältnisse oder für die Inanspruchnahme von haushaltsnahen Dienstleistungen, die nicht Dienstleistungen nach Absatz 3 sind, ermäßigt sich die tarifliche Einkommensteuer, vermindert um die sonstigen Steuerermäßigungen, auf Antrag um 20 Prozent, höchstens 4000 Euro, der Aufwendungen des Steuerpflichtigen. ② Die Steuerermäßigung kann auch in Anspruch genommen werden für die Inanspruchnahme von Pflege- und Betreuungsleistungen sowie für Aufwendungen, die einem Steuerpflichtigen wegen der Unterbringung in einem Heim oder zur dauernden Pflege erwachsen, soweit darin Kosten für Dienstleistungen enthalten sind, die mit denen einer Hilfe im Haushalt vergleichbar sind.**

3 **(3) ① Für die Inanspruchnahme von Handwerkerleistungen für Renovierungs-, Erhaltungs- und Modernisierungsmaßnahmen ermäßigt sich die tarifliche Einkommensteuer, vermindert um die sonstigen Steuerermäßigungen, auf Antrag um 20 Prozent der Aufwendungen des Steuerpflichtigen, höchstens jedoch um 1200 Euro. ② Dies gilt nicht für öffentlich geförderte Maßnahmen, für die zinsverbilligte Darlehen oder steuerfreie Zuschüsse in Anspruch genommen werden.**

4 **(4) ① Die Steuerermäßigung nach den Absätzen 1 bis 3 kann nur in Anspruch genommen werden, wenn das Beschäftigungsverhältnis, die Dienstleistung oder die Handwerkerleistung in einem in der Europäischen Union oder dem Europäischen Wirtschaftsraum liegenden Haushalt des Steuerpflichtigen oder – bei Pflege- und Betreuungsleistungen – der gepflegten oder betreuten Person ausgeübt oder erbracht wird. ② In den Fällen des Absatzes 2 Satz 2 zweiter Halbsatz ist Voraussetzung, dass das Heim oder der Ort der dauernden Pflege in der Europäischen Union oder dem Europäischen Wirtschaftsraum liegt.**

5 **(5) ① Die Steuerermäßigungen nach den Absätzen 1 bis 3 können nur in Anspruch genommen werden, soweit die Aufwendungen nicht Betriebsausgaben oder Werbungskosten darstellen und soweit sie nicht als Sonderausgaben oder außergewöhnliche Belastungen berücksichtigt worden sind; für Aufwendungen, die dem Grunde nach unter § 10 Absatz 1 Nummer 5 fallen, ist eine Inanspruchnahme ebenfalls ausgeschlossen. ② Der Abzug von der tariflichen Einkommensteuer nach den Absätzen 2 und 3 gilt nur für Arbeitskosten. ③ Voraussetzung für die Inanspruchnahme der Steuerermäßigung für haushaltsnahe Dienstleistungen nach Absatz 2 oder für Handwerkerleistungen nach Absatz 3 ist, dass der Steuerpflichtige für die Aufwendungen eine Rechnung erhalten hat und die Zahlung auf das Konto des Erbringers der Leistung erfolgt ist. ④ Leben zwei Alleinstehende in einem Haushalt zusammen, können sie die Höchstbeträge nach den Absätzen 1 bis 3 insgesamt jeweils nur einmal in Anspruch nehmen.**

H 35a

7 **Anwendungsschreiben** → BMF vom 9. 11. 2016 (BStBl. I S. 1213)[1] unter Berücksichtigung der Änderungen durch BMF vom 1. 9. 2021 (BStBl. I S. 1494).

Anl zu H 35a

Schreiben betr. Steuerermäßigung bei Aufwendungen für haushaltsnahe Beschäftigungsverhältnisse und für die Inanspruchnahme haushaltsnaher Dienstleistungen (§ 35a EStG); Überarbeitung des BMF-Schreibens vom 10. Januar 2014 (BStBl. I S. 75)

Vom 9. November 2016 (BStBl. I S. 1213)

(BMF IV C 8 – S 2296-b/07/10003 :008; DOK 2016/1021450)

Geändert durch BMF-Schreiben vom 1. September 2021 (BStBl. I S. 1494)

2 Anlagen

Unter Bezugnahme auf das Ergebnis der Erörterungen mit den obersten Finanzbehörden der Länder gilt für die Anwendung des § 35a EStG Folgendes:[2]

---

[1] Nachstehend abgedruckt.

[2] *Ergänzend OFD Nordrhein-Westfalen Kurzinformation Einkommensteuer vom 25. 11. 2016, Nr. 23/2016 (DStR 2017 S. 264).*

Anl zu H 35a

I. Haushalt

1. Allgemeines

1 Das haushaltsnahe Beschäftigungsverhältnis, die haushaltsnahe Dienstleistung oder die Handwerkerleistung müssen in einem inländischen oder in einem anderen in der Europäischen Union oder im Europäischen Wirtschaftsraum liegenden Haushalt des Steuerpflichtigen ausgeübt oder erbracht werden. Unter einem Haushalt i. S. d. § 35 a EStG ist die Wirtschaftsführung mehrerer zusammenlebender Personen oder einer einzelnen Person in einer Wohnung oder in einem Haus einschließlich des dazu gehörenden Grund und Bodens zu verstehen. Zum Haushalt gehört auch das Bewirtschaften von Zubehörräumen und Außenanlagen. Maßgeblich ist, dass der Steuerpflichtige den ggf. gemeinschaftlichen Besitz über diesen Bereich ausübt und für Dritte dieser Bereich nach der Verkehrsanschauung als der Ort, an dem der Steuerpflichtige seinen Haushalt betreibt, anzusehen ist. Dabei können auch mehrere, räumlich voneinander getrennte Orte dem Haushalt des Steuerpflichtigen zuzuordnen sein. Dies gilt insbesondere für eine vom Steuerpflichtigen tatsächlich zu eigenen Wohnzwecken genutzte Zweit-, Wochenend- oder Ferienwohnung, für eine Wohnung, die dieser einem bei ihm zu berücksichtigenden Kind (§ 32 EStG) zur unentgeltlichen Nutzung überlässt, sowie eine tatsächlich zu eigenen Wohnzwecken genutzte geerbte Wohnung. Die Steuerermäßigung wird – auch bei Vorhandensein mehrerer Wohnungen – insgesamt nur einmal bis zu den jeweiligen Höchstbeträgen gewährt (BFH-Urteil vom 29. Juli 2010, BStBl. 2014 II S. 151). 10

2. Räumlicher Zusammenhang

2[1] Der räumliche Bereich, in dem sich der Haushalt entfaltet, wird regelmäßig durch die Grundstücksgrenzen abgesteckt. Ausnahmsweise können auch Leistungen, die jenseits der Grundstücksgrenzen auf fremdem, beispielsweise öffentlichem Grund erbracht werden, begünstigt sein. Es muss sich dabei allerdings um Leistungen handeln, die in unmittelbarem räumlichem Zusammenhang zum Haushalt[2] durchgeführt werden und diesem dienen (BFH-Urteile vom 20. März 2014, BStBl. II S. 880 und S. 882). Ein solcher unmittelbarer räumlicher Zusammenhang liegt nur vor, wenn beide Grundstücke eine gemeinsame Grenze haben oder dieser durch eine Grunddienstbarkeit vermittelt wird.

Für Handwerkerleistungen der öffentlichen Hand, die nicht nur einzelnen Haushalten, sondern allen an den Maßnahmen der öffentlichen Hand beteiligten Haushalten zugutekommen, ist eine Begünstigung nach § 35 a EStG ausgeschlossen (z. B. Ausbau des allgemeinen Versorgungsnetzes oder Erschließung einer Straße). Insoweit fehlt es an einem räumlich-funktionalen Zusammenhang der Handwerkerleistungen mit dem Haushalt des einzelnen Grundstückseigentümers (BFH-Urteil vom 21. Februar 2018, BStBl. II S. 641).

3. Wohnungswechsel, Umzug

3 Der Begriff „im Haushalt" ist nicht in jedem Fall mit „tatsächlichem Bewohnen" gleichzusetzen. Beabsichtigt der Steuerpflichtige umzuziehen und hat er für diesen Zweck bereits eine Wohnung oder ein Haus gemietet oder gekauft, gehört auch diese Wohnung oder dieses Haus zu seinem Haushalt, wenn er tatsächlich dorthin umzieht. Hat der Steuerpflichtige seinen Haushalt durch Umzug in eine andere Wohnung oder ein anderes Haus verlegt, gelten Maßnahmen zur Beseitigung der durch die bisherige Haushaltsführung veranlassten Abnutzung (z. B. Renovierungsarbeiten eines ausziehenden Mieters) noch als im Haushalt erbracht. Voraussetzung ist, dass die Maßnahmen in einem engen zeitlichen Zusammenhang zu dem Umzug stehen. Für die Frage, ab wann oder bis wann es sich um einen Haushalt des Steuerpflichtigen handelt, kommt es grundsätzlich auf das wirtschaftliche Eigentum an. Bei einem Mietverhältnis ist der im Mietvertrag vereinbarte Beginn des Mietverhältnisses oder bei Beendigung der Zeitpunkt, auf den die Kündigung erfolgt, und bei einem Kauf der Übergang von Nutzen und Lasten entscheidend. Ein früherer oder späterer Zeitpunkt für den Ein- oder Auszug ist durch geeignete Unterlagen (z. B. Meldebestätigung der Gemeinde, Bestätigung des Vermieters) nachzuweisen. In Zweifelsfällen kann auf das in der Regel anzufertigende Übergabe-/Übernahmeprotokoll abgestellt werden.

4. Wohnen in einem Alten(wohn)heim, einem Pflegeheim oder einem Wohnstift

4 Eine Inanspruchnahme der Steuerermäßigung nach § 35 a Absatz 1 bis 3 EStG ist auch möglich, wenn sich der eigenständige und abgeschlossene Haushalt in einem Heim, wie z. B. einem Altenheim, einem Altenwohnheim, einem Pflegeheim oder einem Wohnstift befindet. Ein Haushalt in einem Heim ist gegeben, wenn die Räumlichkeiten des Steuerpflichtigen nach ihrer Ausstattung für eine Haushaltsführung geeignet sind (Bad, Küche, Wohn- und Schlafbereich), individuell genutzt werden können (Abschließbarkeit) und eine eigene Wirtschaftsführung des Steuerpflichtigen nachgewiesen oder glaubhaft gemacht wird.

II. Haushaltsnahe Beschäftigungsverhältnisse oder Dienstleistungen

1. Haushaltsnahe Beschäftigungsverhältnisse

5 Der Begriff des haushaltsnahen Beschäftigungsverhältnisses ist gesetzlich nicht definiert. Im Rahmen eines solchen Beschäftigungsverhältnisses werden Tätigkeiten ausgeübt, die einen engen Bezug zum Haushalt haben. Zu diesen Tätigkeiten gehören u. a. die Zubereitung von Mahlzeiten im Haushalt, die Reinigung der Wohnung des Steuerpflichtigen, die Gartenpflege und die Pflege, Versorgung und Betreuung von Kindern sowie von kranken, alten oder pflegebedürftigen Personen. Die Erteilung von Unterricht (z. B. Sprachunterricht), die Vermittlung besonderer Fähigkeiten sowie sportliche und andere Freizeitbetätigungen fallen nicht darunter. 11

---

[1] Rn. 2 Unterabsatz 2 angefügt durch BMF-Schreiben vom 1. 9. 2021 (BStBl. I S. 1494); Anwendung in allen offenen Fällen.

[2] Der räumlich-funktionale Zusammenhang zum Haushalt der Stpfl. ist nicht gegeben, wenn für die Neuregelung einer öffentlichen Mischwasserleitung als Teil des öffentlichen Sammelnetzes ein Baukostenzuschuss erhoben wird, *BFH-Urteil vom 21. 2. 2018 VI R 18/16 (BStBl. II S. 641).*

Anl zu H 35 a

2. Geringfügige Beschäftigung i. S. d. § 8 a SGB IV

6 Die Steuerermäßigung nach § 35 a Absatz 1 EStG kann der Steuerpflichtige nur beanspruchen, wenn es sich bei dem haushaltsnahen Beschäftigungsverhältnis um eine geringfügige Beschäftigung i. S. d. § 8 a SGB IV handelt. Es handelt sich nur dann um ein geringfügiges Beschäftigungsverhältnis im Sinne dieser Vorschrift, wenn der Steuerpflichtige am Haushaltsscheckverfahren teilnimmt und die geringfügige Beschäftigung in seinem inländischen oder in einem anderen Mitgliedstaat der Europäischen Union oder im Europäischen Wirtschaftsraum liegenden Haushalt ausgeübt wird.

7 Wohnungseigentümergemeinschaften und Vermieter können im Rahmen ihrer Vermietertätigkeit nicht am Haushaltsscheckverfahren teilnehmen. Die von ihnen eingegangenen geringfügigen Beschäftigungsverhältnisse sind nicht nach § 35 a Absatz 1 EStG begünstigt. Sie fallen unter die haushaltsnahen Dienstleistungen. Zur Berücksichtigung der Aufwendungen s. Rdnr. 11.

3. Beschäftigungsverhältnisse in nicht inländischen Haushalten

8 Bei einem nicht inländischen Haushalt, der in einem Staat liegt, der der Europäischen Union oder dem Europäischen Wirtschaftsraum angehört, setzt die Inanspruchnahme der Steuerermäßigung nach § 35 a Absatz 1 EStG voraus, dass das monatliche Arbeitsentgelt 450 Euro nicht übersteigt, die Sozialversicherungsbeiträge ausschließlich von dem Arbeitgeber zu entrichten sind und von ihm auch entrichtet werden. Bei anderen haushaltsnahen Beschäftigungsverhältnissen ist für die Gewährung einer Steuerermäßigung nach § 35 a Absatz 2 Satz 1 Alternative 1 EStG Voraussetzung, dass aufgrund des Beschäftigungsverhältnisses Arbeitgeber- und Arbeitnehmerbeiträge an die Sozialversicherung in dem jeweiligen Staat der Europäischen Union oder des Europäischen Wirtschaftsraums entrichtet werden.

4. Beschäftigungsverhältnisse zwischen Ehegatten, Partnern einer Lebenspartnerschaft bzw. einer nicht ehelichen Lebensgemeinschaft oder zwischen nahen Angehörigen

9 Da familienrechtliche Verpflichtungen grundsätzlich nicht Gegenstand eines steuerlich anzuerkennenden Vertrags sein können, sind entsprechende Vereinbarungen zwischen in einem Haushalt zusammenlebenden Ehegatten (§§ 1360, 1356 Absatz 1 BGB) oder zwischen Eltern und in deren Haushalt lebenden Kindern (§ 1619 BGB) nicht begünstigt. Entsprechendes gilt für die Partner einer Lebenspartnerschaft. Auch bei in einem Haushalt zusammenlebenden Partnern einer nicht ehelichen Lebensgemeinschaft oder einer Lebenspartnerschaft, die nicht unter das Lebenspartnerschaftsgesetz fällt, kann regelmäßig nicht von einem begünstigten Beschäftigungsverhältnis ausgegangen werden, weil jeder Partner auch seinen eigenen Haushalt führt und es deshalb an dem für Beschäftigungsverhältnisse typischen Über- und Unterordnungsverhältnis fehlt. Ein steuerlich nicht begünstigtes Vertragsverhältnis liegt darüber hinaus auch dann vor, wenn der Vertragspartner eine zwischengeschaltete Person (z. B. GmbH) ist und die Arbeiten im Namen dieser zwischengeschalteten Person von einer im Haushalt lebenden Person ausgeführt werden. Zur haushaltsbezogenen Inanspruchnahme der Steuerermäßigung vgl. Rdnrn. 53 bis 55.

10 Haushaltsnahe Beschäftigungsverhältnisse mit Angehörigen, die nicht im Haushalt des Steuerpflichtigen leben (z. B. mit Kindern, die in einem eigenen Haushalt leben), können steuerlich nur anerkannt werden, wenn die Verträge zivilrechtlich wirksam zustande gekommen sind, inhaltlich dem zwischen Fremden Üblichen entsprechen und tatsächlich auch so durchgeführt werden.

5. Haushaltsnahe Dienstleistungen

Grundsatz

11 Unter haushaltsnahen Dienstleistungen i. S. d. § 35 a Absatz 2 Satz 1 Alternative 2 EStG werden Leistungen verstanden, die eine hinreichende Nähe zur Haushaltsführung aufweisen oder damit im Zusammenhang stehen (BFH-Urteil vom 20. März 2014, BStBl. II S. 880). Das sind Tätigkeiten, die gewöhnlich Mitglieder des privaten Haushalts erledigen und für die fremde Dritte beschäftigt werden oder für die eine Dienstleistungsagentur oder ein selbstständiger Dienstleister in Anspruch genommen wird. Zu den haushaltsnahen Dienstleistungen gehören auch geringfügige Beschäftigungsverhältnisse, die durch Wohnungseigentümergemeinschaften und Vermieter im Rahmen ihrer Vermietertätigkeit eingegangen werden. Keine haushaltsnahen Dienstleistungen sind solche, die zwar im Haushalt des Steuerpflichtigen ausgeübt werden, jedoch keinen Bezug zur Hauswirtschaft haben (BFH-Urteil vom 1. Februar 2007, BStBl. II S. 760). Ebenfalls nicht zu den haushaltsnahen Dienstleistungen gehören die handwerklichen Leistungen i. S. d. § 35 a Absatz 3 EStG. Keine begünstigte haushaltsnahe Dienstleistung ist die als eigenständige Leistung vergütete Bereitschaft auf Erbringung einer Leistung im Bedarfsfall. Etwas anderes gilt nur dann, wenn der Bereitschaftsdienst Nebenleistung einer ansonsten begünstigten Hauptleistung oder im Fall eines Hausnotrufsystems innerhalb des sog. „Betreuten Wohnens" in einer Seniorenwohneinrichtung ist; s. auch Rdnrn. 17 und 28. Eine beispielhafte Aufzählung begünstigter und nicht begünstigter haushaltsnaher Dienstleistungen enthält Anlage 1.

Personenbezogene Dienstleistungen

12 Personenbezogene Dienstleistungen (z. B. Frisör- oder Kosmetikerleistungen) sind keine haushaltsnahen Dienstleistungen, selbst wenn sie im Haushalt des Steuerpflichtigen erbracht werden. Diese Leistungen können jedoch zu den Pflege- und Betreuungsleistungen i. S. d. Rdnr. 13 gehören, wenn sie im Leistungskatalog der Pflegeversicherung aufgeführt sind.

Pflege- und Betreuungsleistungen

13 Die Feststellung und der Nachweis einer Pflegebedürftigkeit oder der Bezug von Leistungen der Pflegeversicherung sowie eine Unterscheidung nach Pflegestufen bzw. Pflegegraden sind nicht erforderlich. Es reicht aus, wenn Dienstleistungen zur Grundpflege, d. h. zur unmittelbaren Pflege am Menschen (Körperpflege, Ernährung und Mobilität) oder zur Betreuung in Anspruch genommen werden. Die Steuerermäßigung steht neben der pflegebedürftigen Person auch anderen Personen zu, wenn diese für Pflege- oder Betreuungsleistungen aufkommen, die in ihrem inländischen oder in einem anderen Mitgliedstaat der Europäischen Union oder im Europäischen Wirtschaftsraum liegenden Haushalt bzw. im Haushalt der gepflegten oder betreuten Person durchgeführt werden. Die Steuerermäßigung ist haushaltsbezogen. Werden z. B. zwei pflegebedürftige Personen in einem Haushalt gepflegt, kann die Steuerermäßigung nur einmal in Anspruch genommen werden. Anl zu H 35 a

Aufwendungen für Dienstleistungen, die mit denen einer Hilfe im Haushalt vergleichbar sind (§ 35 a Absatz 2 Satz 2 EStG)

14 Voraussetzung für die Gewährung einer Steuerermäßigung für Aufwendungen, die mit denen einer Hilfe im Haushalt vergleichbar sind, ist, dass das Heim oder der Ort der dauernden Pflege in der Europäischen Union oder dem Europäischen Wirtschaftsraum liegt (§ 35 a Absatz 4 Satz 2 EStG). Das Vorhandensein eines eigenen Haushalts im Heim oder am Ort der dauernden Pflege ist nicht erforderlich. Zum Wohnen in einem eigenständigen und abgeschlossenen Haushalt in einem Alten(wohn)heim, einem Pflegeheim oder einem Wohnstift vgl. Rdnrn. 4, 17 und 28.

15 Begünstigt sind Aufwendungen, die einem Steuerpflichtigen wegen der Unterbringung in einem Heim oder zur dauernden Pflege erwachsen,[1] soweit darin – die allgemeinen Unterbringungskosten übersteigende – Aufwendungen für Dienstleistungen enthalten sind, die mit denen einer Hilfe im Haushalt vergleichbar sind (§ 35 a Absatz 2 Satz 2 EStG). In Frage kommen die (anteiligen) Aufwendungen für
- die Reinigung des Zimmers oder des Appartements,
- die Reinigung der Gemeinschaftsflächen,
- das Zubereiten der Mahlzeiten in dem Heim oder an dem Ort der dauernden Pflege,
- das Servieren der Mahlzeiten in dem Heim oder an dem Ort der dauernden Pflege,
- den Wäscheservice, soweit er in dem Heim oder an dem Ort der dauernden Pflege erfolgt.

16 Nicht begünstigt sind
- Mietzahlungen, wie z. B. die allgemeinen Aufwendungen für die Unterbringung in einem Alten(wohn)heim, einem Pflegeheim oder einem Wohnstift,
- die Aufwendungen für den Hausmeister, den Gärtner sowie sämtliche Handwerkerleistungen.

Nicht mit einer Hilfe im Haushalt vergleichbar sind Pflege- und Betreuungsleistungen (s. Rdnr. 13).

Wohnen in einem Alten(wohn)heim, einem Pflegeheim oder einem Wohnstift

17 Zu den begünstigten haushaltsnahen Dienstleistungen bei einer Heimunterbringung gehören neben den in dem eigenständigen und abgeschlossenen Haushalt des Steuerpflichtigen durchgeführten und individuell abgerechneten Leistungen (z. B. Reinigung des Appartements, Pflege- oder Handwerkerleistungen im Appartement) u. a. die Hausmeisterarbeiten, die Gartenpflege sowie kleinere Reparaturarbeiten, die Dienstleistungen des Haus- und Etagenpersonals sowie die Reinigung der Gemeinschaftsflächen, wie Flure, Treppenhäuser und Gemeinschaftsräume (BFH-Urteil vom 29. Januar 2009, BStBl. 2010 II S. 166). Aufwendungen für die Zubereitung von Mahlzeiten in der hauseigenen Küche eines Alten(wohn)heims, Pflegeheims oder Wohnstifts und das Servieren der Speisen in dem zur Gemeinschaftsfläche rechnenden Speisesaal sind ebenfalls als haushaltsnahe Dienstleistungen begünstigt. Die Tätigkeit von Haus- und Etagenpersonal, dessen Aufgabe neben der Betreuung des Bewohners noch zusätzlich in der Begleitung des Steuerpflichtigen, dem Empfang von Besuchern und der Erledigung kleiner Botengänge besteht, ist grundsätzlich den haushaltsnahen Dienstleistungen zuzurechnen. Zur Anspruchsberechtigung im Einzelnen s. Rdnr. 28.

6. Beschäftigungsverhältnisse und Dienstleistungen außerhalb des Haushalts des Steuerpflichtigen

18 Beschäftigungsverhältnisse oder Dienstleistungen, die ausschließlich Tätigkeiten zum Gegenstand haben, die außerhalb des Haushalts des Steuerpflichtigen ausgeübt oder erbracht werden, sind nicht begünstigt. Die Begleitung von Kindern, kranken, alten oder pflegebedürftigen Personen bei Einkäufen und Arztbesuchen sowie kleine Botengänge usw. sind nur dann begünstigt, wenn sie zu den Nebenpflichten der Haushaltshilfe, des Pflegenden oder Betreuenden im Haushalt gehören. Pflege- und Betreuungsleistungen sind auch begünstigt, wenn die Pflege und Betreuung im Haushalt der gepflegten oder betreuten Person durchgeführt wird. In diesem Fall ist Voraussetzung, dass der Haushalt der gepflegten oder betreuten Person im Inland, in einem anderen Mitgliedstaat der Europäischen Union oder im Europäischen Wirtschaftsraum liegt (§ 35 a Absatz 4 EStG).

III. Inanspruchnahme von Handwerkerleistungen

1. Begünstigte Handwerkerleistung

19 § 35 a Absatz 3 EStG gilt für alle handwerklichen Tätigkeiten für Renovierungs-, Erhaltungs- und Modernisierungsmaßnahmen, die in einem inländischen, in der Europäischen Union oder dem Europäischen Wirtschaftsraum liegenden Haushalt des Steuerpflichtigen erbracht werden, unabhängig davon, ob es sich um regelmäßig vorzunehmende Renovierungsarbeiten oder kleine Ausbesserungsarbeiten handelt, die gewöhnlich durch Mitglieder des privaten Haushalts erledigt werden, oder um Erhaltungs- und Modernisierungsmaßnahmen, die im Regelfall nur von Fachkräften durchgeführt werden. Ob es sich bei den Aufwendungen für die einzelne Maßnahme ertragsteuerrechtlich um Erhaltungs- oder Herstellungsaufwand handelt, ist nicht ausschlaggebend. Die sachliche Begrenzung der begünstigten Maßnahme ist vielmehr aus dem Tatbestandsmerkmal „im Haushalt" zu bestimmen (BFH-Urteil vom 6. November 2014, BStBl. 2015 II S. 481). Maßnahmen im Zusammenhang mit neuer Wohn- bzw. Nutzflächenschaffung in einem vorhandenen Haushalt sind begünstigt (BFH-Urteil vom 13. Juli 2011, 12

[1] Begünstigt sind nur Aufwendungen, die dem Stpfl. wegen seiner eigenen Unterbringung in einem Heim oder zu seiner eigenen dauernden Pflege erwachsen, *BFH-Urteil vom 3. 4. 2019 VI R 19/17 (BStBl. II S. 445).*

BStBl. 2012 II S. 232), vgl. auch Rdnr. 21. Eine – nachhaltige – Erhöhung des Gebrauchswerts der Immobilie ist kein Kriterium und führt nicht zum Ausschluss der Gewährung der Steuerermäßigung.

20 Die Erhebung des unter Umständen mangelfreien Istzustands, z. B. die Prüfung der ordnungsgemäßen Funktion einer Anlage, ist ebenso eine Handwerkerleistung wie die Beseitigung eines bereits eingetretenen Schadens oder Maßnahmen zur vorbeugenden Schadensabwehr. Das gilt auch dann, wenn der Handwerker über den ordnungsgemäßen Istzustand eines Gewerkes oder einer Anlage eine Bescheinigung „für amtliche Zwecke“ erstellt. Es ist nicht erforderlich, dass eine etwaige Reparatur- oder Instandhaltungsmaßnahme zeitlich unmittelbar nachfolgt. Sie kann auch durch einen anderen Handwerksbetrieb durchgeführt werden (BFH-Urteil vom 6. November 2014, BStBl. 2015 II S. 481). Handelt es sich dagegen bei der gutachterlichen Tätigkeit weder um eine Handwerkerleistung noch um eine haushaltsnahe Dienstleistung, kommt die Steuerermäßigung nach § 35 a EStG nicht in Betracht. Weder zu den haushaltsnahen Dienstleistungen noch zu den Handwerkerleistungen gehören beispielsweise

– Tätigkeiten, die der Wertermittlung dienen,
– die Erstellung eines Energiepasses,
– Tätigkeiten im Zusammenhang mit einer Finanzierung (z. B. zur Erlangung einer KfW-Förderung).

2. Nicht begünstigte Handwerkerleistungen

21 Handwerkliche Tätigkeiten im Rahmen einer Neubaumaßnahme sind nicht begünstigt. Als Neubaumaßnahmen gelten alle Maßnahmen, die im Zusammenhang mit der Errichtung eines Haushalts bis zu dessen Fertigstellung (vgl. H 7.4 „Fertigstellung“ EStH) anfallen. Rdnr. 3 ist für Dienstleistungen im Zusammenhang mit dem Bezug der Wohnung anwendbar. Eine beispielhafte Aufzählung begünstigter und nicht begünstigter handwerklicher Tätigkeiten enthält Anlage 1.

3. Beauftragtes Unternehmen und Maßnahmen der öffentlichen Hand

22[1] Das beauftragte Unternehmen muss nicht in die Handwerksrolle eingetragen sein. Auch Kleinunternehmer i. S. d. § 19 Absatz 1 UStG oder die öffentliche Hand können steuerbegünstigte Handwerkerleistungen erbringen (BFH-Urteil vom 6. November 2014, BStBl. 2015 II S. 481).

4. Öffentlich geförderte Maßnahmen[2]

23 Unter einer Maßnahme i. S. d. § 35 a Absatz 3 Satz 2 EStG ist die (Einzel-)Maßnahme zu verstehen, für die eine öffentliche Förderung in der Form eines zinsverbilligten Darlehens oder steuerfreier Zuschüsse in Anspruch genommen wird. Wird für diese Maßnahme die öffentliche Förderung bewilligt, schließt dies die Möglichkeit der Inanspruchnahme einer Steuerermäßigung nach § 35 a Absatz 3 EStG auch für den Teil der mit dieser Maßnahme verbundenen Aufwendungen aus, die sich – z. B. weil sie den Förderhöchstbetrag übersteigen – im Rahmen der öffentlichen Förderung nicht auswirken. Eine Aufteilung der Aufwendungen für eine öffentlich geförderte (Einzel-)Maßnahme mit dem Ziel, für einen Teil der Aufwendungen die Steuerermäßigung nach § 35 a Absatz 3 EStG in Anspruch zu nehmen, ist nicht möglich.

24 Werden im Rahmen von Renovierungs-, Erhaltungs- und Modernisierungsmaßnahmen mehrere (Einzel-)Maßnahmen durchgeführt, von denen einzelne öffentlich gefördert werden, ist die Inanspruchnahme der Steuerermäßigung für (Einzel-)Maßnahmen, die nicht unter diese öffentliche Förderung fallen, möglich.

Beispiel 1:

Der Eigentümer E saniert sein Einfamilienhaus. Er lässt von einer Heizungsfirma eine neue energieeffiziente Heizungsanlage einbauen und beantragt dafür öffentliche Fördergelder mit der Folge, dass die Inanspruchnahme der Steuerermäßigung nach § 35 a EStG für diese Maßnahme ausgeschlossen ist. Gleichzeitig lässt er an den Außenwänden eine Wärmedämmung anbringen. Hierfür beantragt er keine öffentliche Förderung, sondern macht für die darauf entfallenden Arbeitskosten die ihm für diese Maßnahme auch zu gewährende Steuerermäßigung nach § 35 a Absatz 3 EStG geltend.

IV. Anspruchsberechtigte

1. Arbeitgeber, Auftraggeber, Grundsatz

13 **25** Der Steuerpflichtige kann die Steuerermäßigung nach § 35 a EStG grundsätzlich nur in Anspruch nehmen, wenn er entweder Arbeitgeber des haushaltsnahen Beschäftigungsverhältnisses oder Auftraggeber der haushaltsnahen Dienstleistung oder Handwerkerleistung ist.

2. Wohnungseigentümergemeinschaften

26 Besteht ein Beschäftigungsverhältnis zu einer Wohnungseigentümergemeinschaft (z. B. bei Reinigung und Pflege von Gemeinschaftsräumen) oder ist eine Wohnungseigentümergemeinschaft Auftraggeber der haushaltsnahen Dienstleistung bzw. der handwerklichen Leistung, kommt für den einzelnen Wohnungseigentümer eine Steuerermäßigung in Betracht, wenn in der Jahresabrechnung

– die im Kalenderjahr unbar gezahlten Beträge nach den begünstigten haushaltsnahen Beschäftigungsverhältnissen, Dienstleistungen und Handwerkerleistungen jeweils gesondert aufgeführt sind (zur Berücksichtigung von geringfügigen Beschäftigungsverhältnissen s. Rdnr. 11),
– der Anteil der steuerbegünstigten Kosten ausgewiesen ist (Arbeits- und Fahrtkosten, s. auch Rdnr. 39) und
– der Anteil des jeweiligen Wohnungseigentümers individuell errechnet wurde.

---

[1] Rn. 22 bish. Satz 2 aufgehoben durch BMF-Schreiben vom 1. 9. 2021 (BStBl. I S. 1494); Anwendung in allen offenen Fällen.

[2] Zum Baukindergeld siehe *FM Schleswig-Holstein, Kurzinformation vom 18. 6. 2019 VI 3012 – S 2296 b – 025 (DStR S. 1470).*

Hat die Wohnungseigentümergemeinschaft zur Wahrnehmung ihrer Aufgaben und Interessen einen Verwalter bestellt und ergeben sich die Angaben nicht aus der Jahresabrechnung, ist der Nachweis durch eine Bescheinigung des Verwalters über den Anteil des jeweiligen Wohnungseigentümers zu führen. Ein Muster für eine derartige Bescheinigung ist als Anlage 2 beigefügt. Das Datum über die Beschlussfassung der Jahresabrechnung kann formlos bescheinigt oder auf der Bescheinigung vermerkt werden. Anl zu H 35a

3. Mieter/unentgeltliche Nutzer

27 Auch der Mieter einer Wohnung kann die Steuerermäßigung nach § 35a EStG beanspruchen, wenn die von ihm zu zahlenden Nebenkosten Beträge umfassen, die für ein haushaltsnahes Beschäftigungsverhältnis, für haushaltsnahe Dienstleistungen oder für handwerkliche Tätigkeiten geschuldet werden und sein Anteil an den vom Vermieter unbar gezahlten Aufwendungen entweder aus der Jahresabrechnung hervorgeht oder durch eine Bescheinigung (vgl. Rdnr. 26 und Anlage 2) des Vermieters oder seines Verwalters nachgewiesen wird. Das gilt auch für den Fall der unentgeltlichen Überlassung einer Wohnung, wenn der Nutzende die entsprechenden Aufwendungen getragen hat.

4. Wohnen in einem Alten(wohn)heim, einem Pflegeheim oder einem Wohnstift

28 Für Bewohner eines Altenheims, eines Altenwohnheims, eines Pflegeheims oder eines Wohnstiftes (vgl. Rdnr. 4) gilt nach Abschluss eines sog. Heimvertrages Folgendes: Aufwendungen für Dienstleistungen, die innerhalb des Appartements erbracht werden, wie z. B. die Reinigung des Appartements oder die Pflege und Betreuung des Heimbewohners, sind begünstigt. Aufwendungen für Dienstleistungen, die außerhalb des Appartements erbracht werden, sind im Rahmen der Rdnrn. 4, 14, 15 und 17 begünstigt. Das gilt jeweils auch für die von dem Heimbetreiber pauschal erhobenen Kosten, sofern die damit abgegoltene Dienstleistung gegenüber dem einzelnen Heimbewohner nachweislich tatsächlich erbracht worden ist. Darüber hinausgehende Dienstleistungen fallen grundsätzlich nicht unter die Steuerermäßigungsregelung des § 35a EStG, es sei denn, es wird nachgewiesen, dass die jeweilige haushaltsnahe Dienstleistung im Bedarfsfall von dem Heimbewohner abgerufen worden ist. Das gilt sowohl für Dienstleistungen des Heimbetreibers selbst, ggf. mittels eigenen Personals, als auch für Dienstleistungen eines externen Anbieters. Rdnrn. 26 und 27 gelten sinngemäß. Aufwendungen für die Möglichkeit, bei Bedarf bestimmte Pflege- oder Betreuungsleistungen in Anspruch zu nehmen, sind begünstigt. Aufwendungen für Pflegekostenergänzungsregelungen oder Beiträge an Einrichtungen (z. B. Solidarkassen), durch welche der Heimbewohner ähnlich einer Versicherung Ansprüche erwirbt, in vertraglich definierten Sachverhalten (z. B. bei Eintritt der Pflegebedürftigkeit) eine Kostenfreistellung oder eine Kostenerstattung zu erhalten, sind nicht begünstigt.

5. Arbeitgeber-Pool

29 Schließen sich mehrere Steuerpflichtige als Arbeitgeber für ein haushaltsnahes Beschäftigungsverhältnis zusammen (sog. Arbeitgeber-Pool), kann jeder Steuerpflichtige die Steuerermäßigung für seinen Anteil an den Aufwendungen in Anspruch nehmen, wenn für die an dem Arbeitgeber-Pool Beteiligten eine Abrechnung über die im jeweiligen Haushalt ausgeführten Arbeiten vorliegt. Wird der Gesamtbetrag der Aufwendungen für das Beschäftigungsverhältnis durch ein Pool-Mitglied überwiesen, gelten die Regelungen für Wohnungseigentümer und Mieter (vgl. Rdnrn. 26 und 27) entsprechend.

6. Erben

30 Gehört zum Haushalt des Steuerpflichtigen eine zu eigenen Wohnzwecken genutzte geerbte Wohnung (s. Rdnr. 1), kann er für Leistungen, die in dieser Wohnung durchgeführt wurden, bei Vorliegen der sonstigen Voraussetzungen die Steuerermäßigung nach § 35a EStG in Anspruch nehmen. Das gilt auch, wenn die Leistungen für diese Wohnung noch vom Erblasser in Anspruch genommen und die Rechnungsbeträge vom Erben überwiesen worden sind.

Beispiel 2:

Ein Steuerpflichtiger erbt Anfang des Jahres 2015 eine Wohnung von seinem verstorbenen Vater (Erblasser). Er zieht umgehend in die Wohnung ein und nutzt sie zu eigenen Wohnzwecken. Der Vater hatte Ende 2014 das Bad von einem Handwerksbetrieb sanieren lassen und hierfür eine Rechnung erhalten. Der Steuerpflichtige begleicht die Rechnung in Höhe von 5000 € (darin enthaltene Arbeits- und Fahrtkosten in Höhe von 2000 €) im Jahr 2015 durch Banküberweisung. Der Steuerpflichtige kann für die begünstigten Handwerkerleistungen (Arbeits- und Fahrtkosten) die Steuerermäßigung nach § 35a Absatz 3 EStG in Anspruch nehmen (20% von 2000 € = 400 €).

V. Begünstigte Aufwendungen

1. Ausschluss der Steuerermäßigung bei Betriebsausgaben oder Werbungskosten

31 Die Steuerermäßigung für Aufwendungen ist ausgeschlossen, soweit diese Betriebsausgaben oder Werbungskosten darstellen. Gemischte Aufwendungen (z. B. für eine Reinigungskraft, die auch das beruflich genutzte Arbeitszimmer reinigt) sind unter Berücksichtigung des zeitlichen Anteils der zu Betriebsausgaben oder Werbungskosten führenden Tätigkeiten an der Gesamtarbeitszeit sachgerecht aufzuteilen. **14**

2. Ausschluss der Steuerermäßigung bei Berücksichtigung der Aufwendungen als Sonderausgaben oder außergewöhnliche Belastungen; Aufwendungen für Kinderbetreuung

Sonderausgaben, außergewöhnliche Belastungen

32 Eine Steuerermäßigung nach § 35a EStG kommt nur in Betracht, soweit die Aufwendungen nicht vorrangig als Sonderausgaben (z. B. Erhaltungsmaßnahmen nach § 10f EStG oder Kinderbetreuungskosten – vgl. Rdnr. 34) oder als außergewöhnliche Belastungen berücksichtigt worden sind. Für den Teil der Aufwendungen, der durch den Ansatz der zumutbaren Belastung nach § 33 Absatz 3 EStG oder wegen der Gegenrechnung von Pflegegeld oder Pflegetagegeld nicht als außergewöhnliche Belastung berücksichtigt wird, kann der Steuerpflichtige die Steuerermäßigung nach § 35a EStG in Anspruch

Anl zu H 35a

nehmen.[1] Werden im Rahmen des § 33 EStG Aufwendungen geltend gemacht, die dem Grunde nach sowohl bei § 33 EStG als auch bei § 35 a EStG berücksichtigt werden können, ist davon auszugehen, dass die zumutbare Belastung vorrangig auf die nach § 35 a EStG begünstigten Aufwendungen entfällt.

Behinderten-Pauschbetrag

33 Nimmt die pflegebedürftige Person einen Behinderten-Pauschbetrag nach § 33 b Absatz 1 Satz 1 i. V. m. Absatz 3 Satz 2 oder 3 EStG in Anspruch, schließt dies eine Berücksichtigung dieser Pflegeaufwendungen nach § 35 a EStG bei ihr aus (BFH-Urteil vom 5. Juni 2014, BStBl. II S. 970). Das gilt nicht, wenn der einem Kind zustehende Behinderten-Pauschbetrag nach § 33 b Absatz 5 EStG auf den Steuerpflichtigen übertragen wird (BFH-Urteil vom 11. Februar 2010, BStBl. II S. 621) und dieser für Pflege- und Betreuungsaufwendungen des Kindes aufkommt (vgl. Rdnr. 13).

Kinderbetreuungskosten

34 Fallen Kinderbetreuungskosten dem Grunde nach unter die Regelung des § 10 Absatz 1 Nummer 5 EStG, kommt ein Abzug nach § 35 a EStG nicht in Betracht (§ 35 a Absatz 5 Satz 1 EStG). Dies gilt sowohl für den Betrag, der zwei Drittel der Aufwendungen für Dienstleistungen übersteigt, als auch für alle Aufwendungen, die den Höchstbetrag von 4000 Euro je Kind übersteigen.

Au-pair

35 Bei Aufnahme eines Au-pairs in eine Familie fallen in der Regel neben den Aufwendungen für die Betreuung der Kinder auch Aufwendungen für leichte Hausarbeiten an, die im Einzelnen in der Rechnung oder im Au-pair-Vertrag aufzuführen sind. Wird der Umfang der einzelnen Leistungen nicht nachgewiesen, kann ein Anteil von 50% der Gesamtaufwendungen im Rahmen der Steuerermäßigung für haushaltsnahe Dienstleistungen nach § 35 a Absatz 2 Satz 1 EStG berücksichtigt werden, wenn die übrigen Voraussetzungen des § 35 a EStG (insbesondere die Zahlung auf ein Konto des Au-pairs) vorliegen (vgl. auch Rdnrn. 5, 7 des BMF-Schreibens vom 14. März 2012, BStBl. I S. 307).

3. Umfang der begünstigten Aufwendungen

Arbeitsentgelt

36 Zu den begünstigten Aufwendungen des Steuerpflichtigen nach § 35 a Absatz 1 und 2 Alternative 1 EStG gehört der Bruttoarbeitslohn oder das Arbeitsentgelt (bei Anwendung des Haushaltsscheckverfahrens und geringfügiger Beschäftigung i. S. d. § 8 a SGB IV) sowie die vom Steuerpflichtigen getragenen Sozialversicherungsbeiträge, die Lohnsteuer ggf. zuzüglich Solidaritätszuschlag und Kirchensteuer, die Umlagen nach dem Aufwendungsausgleichsgesetz (U 1 und U 2) und die Unfallversicherungsbeiträge, die an den Gemeindeunfallversicherungsverband abzuführen sind.

Nachweis des Arbeitsentgelts

37 Als Nachweis dient bei geringfügigen Beschäftigungsverhältnissen (s. Rdnr. 6), für die das Haushaltsscheckverfahren Anwendung findet, die dem Arbeitgeber von der Einzugsstelle (Minijob-Zentrale) zum Jahresende erteilte Bescheinigung nach § 28 h Absatz 4 SGB IV. Diese enthält den Zeitraum, für den Beiträge zur Rentenversicherung gezahlt wurden, die Höhe des Arbeitsentgelts sowie die vom Arbeitgeber getragenen Gesamtsozialversicherungsbeiträge und Umlagen. Zusätzlich wird in der Bescheinigung die Höhe der einbehaltenen Pauschsteuer beziffert. Die Leistung des Arbeitslohns ist mit sämtlichen Zahlungsmitteln möglich und für die Gewährung der Steuerermäßigung nach § 35 a Absatz 1 EStG nicht schädlich.

38 Bei sozialversicherungspflichtigen haushaltsnahen Beschäftigungsverhältnissen, für die das allgemeine Beitrags- und Meldeverfahren zur Sozialversicherung gilt und bei denen die Lohnsteuer pauschal oder nach Maßgabe der persönlichen Lohnsteuerabzugsmerkmale erhoben wird, sowie bei geringfügigen Beschäftigungsverhältnissen ohne Haushaltsscheckverfahren gelten für die Steuerermäßigung die allgemeinen Nachweisregeln (Rdnrn. 49 ff.).

Arbeitskosten, Materialkosten

39 Begünstigt sind generell nur die Arbeitskosten für Leistungen, die im Haushalt des Steuerpflichtigen erbracht worden sind (Rdnrn. 1 bis 4). Arbeitskosten sind die Aufwendungen für die Inanspruchnahme der haushaltsnahen Tätigkeit selbst, für Pflege- und Betreuungsleistungen bzw. für Handwerkerleistungen einschließlich der in Rechnung gestellten Maschinen- und Fahrtkosten. Arbeitskosten für Leistungen, die außerhalb des Haushalts des Steuerpflichtigen erbracht wurden, sind in der Rechnung entsprechend zu kennzeichnen.[2] Materialkosten oder sonstige im Zusammenhang mit der Dienstleistung, den Pflege- und Betreuungsleistungen bzw. den Handwerkerleistungen gelieferte Waren bleiben mit Ausnahme von Verbrauchsmitteln außer Ansatz.

Aufteilung

40 Der Anteil der Arbeitskosten muss grundsätzlich anhand der Angaben in der Rechnung gesondert ermittelt werden können. Auch eine prozentuale Aufteilung des Rechnungsbetrages in Arbeitskosten und Materialkosten durch den Rechnungsaussteller ist zulässig. Eine Schätzung des Anteils der Arbeitskosten durch den Steuerpflichtigen ist nicht zulässig und kann auch nicht auf die Entscheidung des BFH vom 20. März 2014 (BStBl. II S. 882) gestützt werden. Bei Wartungsverträgen ist es nicht zu beanstanden, wenn der Anteil der Arbeitskosten, der sich auch pauschal aus einer Mischkalkulation ergeben kann, aus einer Anlage zur Rechnung hervorgeht. Leistungen, die sowohl im als auch außer-

[1] Bestätigt durch *BFH vom 16. 12. 2020 VI R 46/18 (BStBl. 2021 II S. 476)*; in der Haushaltsersparnis für krankheitsbedingte Unterbringung sind keine Aufwendungen enthalten, die eine Steuerermäßigung nach § 35 Abs. 2 EStG rechtfertigen.

[2] Zu Arbeiten in der Werkstatt eines Handwerkers siehe *BFH-Urteil vom 13. 5. 2020 VI R 4/18 (DStR S. 2663).*

halb des räumlichen Bereichs des Haushalts (Rdnr. 2) durchgeführt werden, sind entsprechend aufzuteilen. Zur Aufteilung der Aufwendungen bei Wohnungseigentümergemeinschaften genügt eine Jahresbescheinigung des Grundstücksverwalters. Entsprechendes gilt für die Nebenkostenabrechnung der Mieter. Abschlagszahlungen können nur dann berücksichtigt werden, wenn hierfür eine entsprechende Aufteilung vorgenommen worden ist und eine Rechnung vorliegt, welche die Voraussetzungen des § 35 a EStG erfüllt (vgl. Rdnr. 49). Ein gesonderter Ausweis der auf die Arbeitskosten entfallenden Mehrwertsteuer ist nicht erforderlich. Anl zu H 35 a

Versicherungsleistungen

41 Aufwendungen für haushaltsnahe Dienstleistungen oder Handwerkerleistungen, die im Zusammenhang mit Versicherungsschadensfällen entstehen, können nur berücksichtigt werden, soweit sie nicht von der Versicherung erstattet werden. Dabei sind nicht nur erhaltene, sondern auch in späteren Veranlagungszeiträumen zu erwartende Versicherungsleistungen zu berücksichtigen. Das gilt auch für Versicherungsleistungen, die zur medizinischen Rehabilitation erbracht werden, wie z. B. für Haushaltshilfen nach § 10 Absatz 2 Satz 2, § 36 Absatz 1 Satz 2, § 37 Absatz 1 Satz 2, § 39 Absatz 1 Satz 2 des Gesetzes über die Alterssicherung der Landwirte, § 10 des Zweiten Gesetzes über die Krankenversicherung der Landwirte, § 38 Absatz 4 Satz 1 Alternative 2 SGB V, § 54 Absatz 2, § 55 SGB VII, § 54 SGB IX. In solchen Fällen ist nur die Selbstbeteiligung nach § 35 a EStG begünstigt.

42 Empfangene Leistungen der Pflegeversicherung des Steuerpflichtigen sowie die Leistungen im Rahmen des Persönlichen Budgets i. S. d. § 17 SGB IX sind anzurechnen, soweit sie ausschließlich und zweckgebunden für Pflege- und Betreuungsleistungen sowie für haushaltsnahe Dienstleistungen i. S. d. § 35 a Absatz 2 i. V. m. Absatz 5 EStG, die keine Handwerkerleistungen i. S. d. § 35 a Absatz 3 EStG sind, gewährt werden. Danach sind Pflegesachleistungen nach § 36 SGB XI und der Kostenersatz für zusätzliche Betreuungsleistungen nach § 45 b SGB XI auf die entstandenen Aufwendungen anzurechnen. Leistungen der Pflegeversicherung i. S. d. § 37 SGB XI (sog. Pflegegeld) sind dagegen nicht anzurechnen, weil sie nicht zweckgebunden für professionelle Pflegedienste bestimmt sind, die die Voraussetzungen des § 35 a Absatz 5 EStG erfüllen (Ausstellung einer Rechnung, Überweisung auf ein Konto des Empfängers).

Beispiel 3:

Ein pflegebedürftiger Steuerpflichtiger der Pflegestufe II mit dauerhafter erheblicher Einschränkung seiner Alltagskompetenz erhält im Veranlagungszeitraum 2015 in seinem eigenen Haushalt Pflegesachleistungen in der Form einer häuslichen Pflegehilfe sowie zusätzliche Betreuung. Er nimmt dafür einen professionellen Pflegedienst in Anspruch. Die monatlichen Aufwendungen betragen 1500 €. Die Pflegeversicherung übernimmt die Aufwendungen in Höhe von monatlich 1144 € (§ 36 Absatz 3 Nummer 2 Buchstabe d SGB XI). Darüber hinaus erhält der Steuerpflichtige einen zusätzlichen Kostenersatz nach § 45 b SGB XI in Höhe von monatlich 104 €.
Es handelt sich um die Inanspruchnahme von Pflege- und Betreuungsleistungen i. S. d. § 35 a Absatz 2 Satz 2 EStG, für die der Steuerpflichtige eine Steuerermäßigung in Anspruch nehmen kann. Die Beträge nach § 36 SGB XI sowie der Kostenersatz nach § 45 b SGB XI sind anzurechnen.
Die Steuerermäßigung für die Pflege- und Betreuungsleistungen wird für den Veranlagungszeitraum 2015 wie folgt berechnet:

1500 € × 12 Monate	18 000 €
– (1144 € + 104 €) × 12 Monate	– 14 976 €
verbleibende Eigenleistung	3024 €

Davon 20% = 604,80 €. Der Steuerpflichtige kann 605 € als Steuerermäßigung in Anspruch nehmen.

Beispiel 4:

Eine pflegebedürftige Steuerpflichtige der Pflegestufe I beantragt anstelle der häuslichen Pflegehilfe (§ 36 SGB XI) ein Pflegegeld nach § 37 SGB XI. Im Veranlagungszeitraum 2015 erhält sie monatlich 244 €. Die Steuerpflichtige nimmt zur Deckung ihres häuslichen Pflege- und Betreuungsbedarfs zusätzlich einzelne Pflegeeinsätze eines professionellen Pflegedienstes in Anspruch. Die Aufwendungen dafür betragen jährlich 2400 €.
Es handelt sich um die Inanspruchnahme von Pflege- und Betreuungsleistungen i. S. d. § 35 a Absatz 2 Satz 2 EStG, für die die Steuerpflichtige eine Steuerermäßigung in Anspruch nehmen kann. Das Pflegegeld ist nicht anzurechnen.
Die Steuerermäßigung für die Pflege- und Betreuungsleistungen wird für den Veranlagungszeitraum 2015 wie folgt berechnet:
20% von 2400 € = 480 €. Die Steuerpflichtige kann 480 € als Steuerermäßigung in Anspruch nehmen.

Beispiel 5:

Ein pflegebedürftiger Steuerpflichtiger der Pflegestufe II nimmt im Veranlagungszeitraum 2015 die ihm nach § 36 Absatz 3 Nummer 2 Buchstabe d SGB XI zustehende Sachleistung nur zur Hälfte in Anspruch (572 €/Monat). Er erhält daneben ein anteiliges Pflegegeld (§ 38 SGB XI i. V. m. § 37 SGB XI) in Höhe von monatlich 229 €. Die durch die Pflegeversicherung im Wege der Sachleistung zur Verfügung gestellten regelmäßigen professionellen Pflegeeinsätze werden durch den Steuerpflichtigen durch gelegentliche zusätzliche Beauftragungen eines Pflegedienstes ergänzt. Die Aufwendungen hierfür betragen jährlich 2400 €; hierfür werden keine Pflegesachleistungen gewährt. Die weiteren Pflege- und Betreuungsdienstleistungen erfolgen durch Freunde des Steuerpflichtigen, von denen eine Person im Rahmen einer geringfügigen Beschäftigung i. S. d. § 8 a SGB IV zu einem Monatslohn einschließlich der pauschalen Abgaben in Höhe von 420 € beschäftigt wird. Einen Teil des Pflegegeldes leitet der Steuerpflichtige an die anderen Hilfspersonen weiter.
Die Inanspruchnahme des Pflegedienstes ist nach § 35 a Absatz 2 Satz 2 EStG begünstigt. Das Pflegegeld nach § 37 SGB XI ist nicht anzurechnen. Das geringfügige Beschäftigungsverhältnis fällt unter § 35 a Absatz 1 EStG.
Die Steuerermäßigung für das geringfügige Beschäftigungsverhältnis wird für den Veranlagungszeitraum 2015 wie folgt berechnet:

420 € × 12 Monate	5040 €

Davon 20% = 1008 €. Der Steuerpflichtige kann 510 € (= Höchstbetrag) als Steuerermäßigung in Anspruch nehmen.
Die Steuerermäßigung für die zusätzlich zu den Sachleistungen der Pflegeversicherung selbst finanzierten externen Pflegeeinsätze wird für den Veranlagungszeitraum 2015 wie folgt berechnet:
20% von 2400 € = 480 €. Der Steuerpflichtige kann (510 € + 480 € =) 990 € als Steuerermäßigung in Anspruch nehmen.

Anl zu H 35 a

43 Wird die Steuerermäßigung für Pflege- und Betreuungsaufwendungen von einem Angehörigen oder einer anderen Person geltend gemacht, ist Rdnr. 42 entsprechend anzuwenden, wenn das Pflegegeld an diese Person weitergeleitet wird.

Beispiel 6:

Eine pflegebedürftige Person der Pflegestufe II nimmt im Veranlagungszeitraum 2015 in ihrem eigenen Haushalt einen professionellen Pflegedienst in Anspruch. Die monatlichen Gesamtaufwendungen hierfür betragen 1800 €. Durch die Pflegeversicherung werden Pflegesachleistungen nach § 36 Absatz 3 Nummer 2d SGB XI in Höhe von 1144 € monatlich übernommen. Die darüber hinausgehenden Aufwendungen trägt der Sohn in Höhe von monatlich 656 €.
Es handelt sich um die Inanspruchnahme von Pflege- und Betreuungsleistungen i. S. d. § 35 a Absatz 2 Satz 2 EStG, für die der Sohn eine Steuerermäßigung in Anspruch nehmen kann. Die Beträge nach § 36 SGB XI sind anzurechnen.
Die Steuerermäßigung für die Pflege- und Betreuungsleistungen wird für den Veranlagungszeitraum 2015 wie folgt berechnet:

Steuerpflichtiger:	
1800 € × 12 Monate	21 600 €
– 1144 € × 12 Monate	– 13 728 €
Eigenleistung des Sohnes	7 872 €

Davon 20% = 1574,40 €. Der Sohn kann 1575 € als Steuerermäßigung in Anspruch nehmen.

Beispiel 7:

Ein pflegebedürftiger Steuerpflichtiger der Pflegestufe II (Schwerbehindertenausweis mit Merkzeichen „H") beantragt anstelle der häuslichen Pflegehilfe (§ 36 SGB XI) ein Pflegegeld nach § 37 SGB XI. Im Veranlagungszeitraum 2015 erhält er monatlich 458 €. Der Steuerpflichtige wird grundsätzlich von seiner Tochter betreut und gepflegt. Er reicht das Pflegegeld an die Tochter weiter. Zu ihrer Unterstützung beauftragt die Tochter gelegentlich zusätzlich einen professionellen Pflegedienst. Die Aufwendungen hierfür haben 2015 insgesamt 2400 € betragen. Diese Kosten hat die Tochter getragen.
Bei der Beauftragung des Pflegedienstes handelt es sich um die Inanspruchnahme von Pflege- und Betreuungsleistungen i. S. d. § 35 a Absatz 2 Satz 2 EStG, für die die Tochter eine Steuerermäßigung in Anspruch nehmen kann. Die an sie weitergeleiteten Beträge nach § 37 SGB XI sind nicht anzurechnen.
Die Steuerermäßigung für die Pflege- und Betreuungsleistungen wird bei der Tochter für den Veranlagungszeitraum 2015 wie folgt berechnet:
20% von 2400 € = 480 €. Die Tochter kann 480 € als Steuerermäßigungsbetrag in Anspruch nehmen.
Den Pflege-Pauschbetrag nach § 33 b Absatz 6 Satz 1 EStG kann die Tochter nicht in Anspruch nehmen, da sie, durch Weiterleitung des Pflegegeldes durch den Vater an sie, Einnahmen i. S. d. § 33 b Absatz 6 Satz 1 und 2 EStG erhält und sie das Pflegegeld nicht nur treuhänderisch für den Vater verwaltet, um daraus Aufwendungen des Pflegebedürftigen zu bestreiten (vgl. H 33 b „Pflege-Pauschbetrag" EStH).

Beispiel 8:

Ein pflegebedürftiges Ehepaar lebt mit seiner Tochter in einem Haushalt. Der Vater hat Pflegestufe II, die Mutter Pflegestufe I. Der Vater wird täglich durch einen professionellen Pflegedienst gepflegt und betreut. Die Aufwendungen wurden 2015 von der Pflegeversicherung als Pflegesachleistung in Höhe von monatlich 1144 € übernommen (§ 36 Absatz 3 Nummer 2 Buchstabe d SGB XI). Die Mutter hat 2015 Pflegegeld nach § 37 SGB XI in Höhe von monatlich 244 € bezogen. Bei ihrer Pflege hilft die Tochter. Sie erhält als Anerkennung das Pflegegeld von der Mutter.
Die monatlichen Aufwendungen für den Pflegedienst des Vaters betragen nach Abzug der Leistungen der Pflegeversicherung 440 €. Zu ihrer Unterstützung beauftragt die Tochter gelegentlich zusätzlich einen Pflegedienst für die Mutter. Die Aufwendungen hierfür haben 2015 insgesamt 1800 € betragen. Diese Kosten hat die Tochter getragen.
Es handelt sich um die Inanspruchnahme von Pflege- und Betreuungsleistungen i. S. d. § 35 a Absatz 2 Satz 2 EStG, für die die Eltern und die Tochter eine Steuerermäßigung in Anspruch nehmen können. Die Beträge nach § 37 SGB XI sind nicht anzurechnen.
Die Steuerermäßigung für die Pflege- und Betreuungsleistungen wird für den Veranlagungszeitraum 2015 wie folgt berechnet:

Eltern: Eigenleistung 440 € × 12 Monate 5 280 €
Davon 20% = 1056 €. Die Eltern können 1056 € als Steuerermäßigungsbetrag in Anspruch nehmen.
Tochter: Eigenleistung 1 800 €
Davon 20% = 360 €. Die Tochter kann 360 € als Steuerermäßigung in Anspruch nehmen.

Zahlungszeitpunkt

44 Für die Inanspruchnahme der Steuerermäßigung ist auf den Veranlagungszeitraum der Zahlung abzustellen (§ 11 Absatz 2 EStG). Bei regelmäßig wiederkehrenden Ausgaben (z. B. nachträgliche monatliche Zahlung oder monatliche Vorauszahlung einer Pflegeleistung), die innerhalb eines Zeitraums von bis zu zehn Tagen nach Beendigung bzw. vor Beginn eines Kalenderjahres fällig und geleistet worden sind, werden die Ausgaben dem Kalenderjahr zugerechnet, zu dem sie wirtschaftlich gehören. Bei geringfügigen Beschäftigungsverhältnissen gehören die Abgaben für das in den Monaten Juli bis Dezember erzielte Arbeitsentgelt, die erst am 31. Januar des Folgejahres fällig werden, noch zu den begünstigten Aufwendungen des Vorjahres.

Dienst- oder Werkswohnung

45 Für vom Arbeitnehmer bewohnte Dienst- oder Werkswohnungen gilt Folgendes: Lässt der Arbeitgeber haushaltsnahe Dienstleistungen oder Handwerkerleistungen von einem (fremden) Dritten durchführen und trägt er hierfür die Aufwendungen, kann der Arbeitnehmer die Steuerermäßigung nach § 35 a EStG nur in Anspruch nehmen, wenn er die Aufwendungen – neben dem Mietwert der Wohnung – als Arbeitslohn (Sachbezug) versteuert und der Arbeitgeber eine Bescheinigung erteilt hat, aus der eine Aufteilung der Aufwendungen nach haushaltsnahen Dienstleistungen und Handwerkerleistungen, jeweils unterteilt nach Arbeitskosten und Materialkosten, hervorgeht. Zusätzlich muss aus der Bescheinigung hervorgehen, dass die Leistungen durch (fremde) Dritte ausgeführt worden sind und zu welchem Wert sie zusätzlich zum Mietwert der Wohnung als Arbeitslohn versteuert worden sind. Die Steuerermäßigung kann nicht in Anspruch genommen werden, wenn die haushaltsnahen Dienstleistungen oder Handwerkerleistungen durch eigenes Personal des Arbeitgebers durchgeführt worden sind. Auch pauschale Zahlungen des Mieters einer Dienstwohnung an den Vermieter für die Durchfüh-

rung von Schönheitsreparaturen sind nicht begünstigt, wenn die Zahlungen unabhängig davon erfolgen, ob und ggf. in welcher Höhe der Vermieter tatsächlich Reparaturen an der Wohnung des Mieters in Auftrag gibt (BFH-Urteil vom 5. Juli 2012, BStBl. 2013 II S. 14).

Altenteilerwohnung

46 Für empfangene Sachleistungen, die ein Altenteiler als wiederkehrende Bezüge versteuert, kann er die Steuerermäßigung für Handwerkerleistungen im Haushalt in Anspruch nehmen, soweit sie auf seinen Haushalt entfallen und in der Person des die Sachleistungen erbringenden Altenteilsverpflichteten alle Voraussetzungen für die Gewährung der Steuerermäßigung vorliegen.

Wohnungseigentümer und Mieter

47 Bei Wohnungseigentümern und Mietern ist erforderlich, dass die auf den einzelnen Wohnungseigentümer und Mieter entfallenden Aufwendungen für haushaltsnahe Beschäftigungsverhältnisse und Dienstleistungen sowie für Handwerkerleistungen entweder in der Jahresabrechnung gesondert aufgeführt oder durch eine Bescheinigung des Verwalters oder Vermieters nachgewiesen sind. Aufwendungen für regelmäßig wiederkehrende Dienstleistungen (wie z. B. Reinigung des Treppenhauses, Gartenpflege, Hausmeister) werden grundsätzlich anhand der geleisteten Vorauszahlungen im Jahr der Vorauszahlungen berücksichtigt, einmalige Aufwendungen (wie z. B. Handwerkerrechnungen) dagegen erst im Jahr der Genehmigung der Jahresabrechnung. Soweit einmalige Aufwendungen durch eine Entnahme aus der Instandhaltungsrücklage finanziert werden, können die Aufwendungen erst im Jahr des Abflusses aus der Instandhaltungsrücklage oder im Jahr der Genehmigung der Jahresabrechnung, die den Abfluss aus der Instandhaltungsrücklage beinhaltet, berücksichtigt werden. Wird eine Jahresabrechnung von einer Verwaltungsgesellschaft mit abweichendem Wirtschaftsjahr erstellt, gilt nichts anderes. Es ist aber auch nicht zu beanstanden, wenn Wohnungseigentümer die gesamten Aufwendungen erst in dem Jahr geltend machen, in dem die Jahresabrechnung im Rahmen der Eigentümerversammlung genehmigt worden ist. Für die zeitliche Berücksichtigung von Nebenkosten bei Mietern gelten die vorstehenden Ausführungen entsprechend.

48 Die Entscheidung, die Steuerermäßigung hinsichtlich der Aufwendungen für die regelmäßig wiederkehrenden Dienstleistungen im Jahr der Vorauszahlung und für die einmaligen Aufwendungen im Jahr der Beschlussfassung oder für die gesamten Aufwendungen die Steuerermäßigung erst im Jahr der Beschlussfassung in Anspruch zu nehmen, hat jeder einzelne Eigentümer bzw. Mieter im Rahmen seiner Einkommensteuererklärung zu treffen. Zur Bescheinigung des Datums über die Beschlussfassung s. Rdnr. 26 und Anlage 2. Hat sich der Wohnungseigentümer bei einer Abrechnung mit einem abweichenden Wirtschaftsjahr dafür entschieden, die gesamten Aufwendungen erst in dem Jahr geltend zu machen, in dem die Jahresabrechnung im Rahmen der Eigentümerversammlung genehmigt worden ist, hat das zur Folge, dass hinsichtlich der regelmäßig wiederkehrenden Dienstleistungen die Aufwendungen des abweichenden Wirtschaftsjahres maßgebend sind. Eine davon abweichende andere zeitanteilige Aufteilung der Aufwendungen ist nicht möglich. Auch für den Fall, dass die Beschlussfassungen über die Jahresabrechnungen für zwei Kalenderjahre in einem Kalenderjahr getroffen werden, kann die Entscheidung für alle in einem Jahr genehmigten Abrechnungen, die Steuerermäßigung im Jahr der Vorauszahlung oder in dem der Beschlussfassung in Anspruch zu nehmen, nur einheitlich getroffen werden.

4. Nachweis

49 Die Steuerermäßigung ist davon abhängig, dass der Steuerpflichtige für die Aufwendungen eine Rechnung erhalten hat und die Zahlung auf das Konto des Erbringers der haushaltsnahen Dienstleistung, der Handwerkerleistung oder der Pflege- oder Betreuungsleistung erfolgt ist (§ 35 a Absatz 5 Satz 3 EStG). Dies gilt auch für Abschlagszahlungen (vgl. Rdnr. 40). Bei Wohnungseigentümern und Mietern müssen die sich aus Rdnr. 47 ergebenden Nachweise vorhanden sein. Es ist ausreichend, wenn der Steuerpflichtige die Nachweise auf Verlangen des Finanzamtes vorlegen kann.

Zahlungsarten

50 Die Zahlung auf das Konto des Erbringers der Leistung erfolgt in der Regel durch Überweisung.[1] Beträge, für deren Begleichung ein Dauerauftrag eingerichtet worden ist, die durch eine Einzugsermächtigung oder im SEPA-Lastschriftverfahren abgebucht oder im Wege des Online-Bankings überwiesen wurden, können i. V. m. dem Kontoauszug, der die Abbuchung ausweist, anerkannt werden. Das gilt auch bei Übergabe eines Verrechnungsschecks oder der Teilnahme am Electronic-Cash-Verfahren oder am elektronischen Lastschriftverfahren. Barzahlungen, Baranzahlungen oder Barteilzahlungen können nicht anerkannt werden (BFH-Urteil vom 20. November 2008, BStBl. 2009 II S. 307). Das gilt selbst dann, wenn die Barzahlung von dem Erbringer der haushaltsnahen Dienstleistung, der Pflege- und Betreuungsleistung oder der Handwerkerleistung tatsächlich ordnungsgemäß verbucht worden ist und der Steuerpflichtige einen Nachweis über die ordnungsgemäße Verbuchung erhalten hat oder wenn eine Barzahlung durch eine später veranlasste Zahlung auf das Konto des Erbringers der Leistung ersetzt wird.

Konto eines Dritten

51 Die Inanspruchnahme der Steuerermäßigung durch den Steuerpflichtigen ist auch möglich, wenn die Aufwendungen für die haushaltsnahe Dienstleistung, Pflege- oder Betreuungsleistung oder die Handwerkerleistung, für die der Steuerpflichtige eine Rechnung erhalten hat, von dem Konto eines Dritten bezahlt worden sind.

---

[1] Eine Gutschrift des Rechnungsbetrages im Wege der Aufrechnung durch Belastung des Gesellschafterverrechnungskontos des Stpfl. bei der leistungserbringenden GmbH genügt den gesetzlichen Anforderungen an den Zahlungsvorgang nicht, *BFH-Urteil vom 9. 6. 2022 VI R 23/20 (BStBl. II S. 666).*

Anl zu H 35a

Vermittlung von Dienst- und Handwerkerleistungen (insbesondere Online-Portale)

52 Dienst- und Handwerkerleistungen werden auch über Vermittlungsportale angeboten. Diese treten dabei regelmäßig als Vermittler für die ausführenden Leistungskräfte, wie z. B. Reinigungskräfte oder Handwerker auf. Die Leistungskräfte stehen zu den Portalen nicht in einem abhängigen Arbeitsverhältnis. Die Leistungskräfte sind eigenverantwortlich, also gewerblich tätig. Es bestehen keine Bedenken, eine Rechnung, die das Portal im Auftrag der jeweiligen Leistungskraft erstellt, als Nachweis nach § 35a Absatz 5 Satz 3 EStG anzuerkennen, wenn die nachfolgenden Voraussetzungen erfüllt sind. Aus der Rechnung müssen sich der Erbringer und der Empfänger der Leistung, ihre Art, der Zeitpunkt der Erbringung und der Inhalt der Leistung sowie die dafür vom Empfänger der Leistung jeweils geschuldeten Entgelte, ggf. aufgeteilt nach Arbeitszeit und Material, ergeben (BFH-Urteil vom 29. Januar 2009, BStBl. 2010 II S. 166). Der Erbringer oder die Erbringerin der Leistung ist mindestens mit Name, Anschrift und Steuernummer zu bezeichnen. Erfolgt die – unbare – Bezahlung der Rechnung nach Maßgabe der Rdnr. 50 an den Betreiber des Portals, steht dies einer Anerkennung der Zahlung gemäß § 35a Absatz 5 Satz 3 EStG nicht entgegen.

VI. Haushaltsbezogene Inanspruchnahme der Höchstbeträge

1. Ganzjährig ein gemeinsamer Haushalt

15 **53** Die Höchstbeträge nach § 35 a EStG können nur haushaltsbezogen in Anspruch genommen werden (§ 35 a Absatz 5 Satz 4 EStG). Leben z. B. zwei Alleinstehende im gesamten Veranlagungszeitraum in einem Haushalt, kann jeder seine tatsächlichen Aufwendungen grundsätzlich nur bis zur Höhe des hälftigen Abzugshöchstbetrages geltend machen. Das gilt auch, wenn beide Arbeitgeber im Rahmen eines haushaltsnahen Beschäftigungsverhältnisses oder Auftraggeber haushaltsnaher Dienstleistungen, von Pflege- und Betreuungsleistungen oder von Handwerkerleistungen sind. Eine andere Aufteilung des Höchstbetrages ist zulässig, wenn beide Steuerpflichtige einvernehmlich eine andere Aufteilung wählen und dies gegenüber dem Finanzamt anzeigen.

Beispiel 9:

Das Ehepaar A und B beschäftigt eine Haushaltshilfe im Rahmen einer geringfügigen Beschäftigung i. S. d. § 8 a SGB IV. Die Aufwendungen im Veranlagungszeitraum 2015 betragen einschließlich Abgaben 2800 €. Darüber hinaus sind Aufwendungen für die Inanspruchnahme von Handwerkerleistungen in Höhe von 4500 € (Arbeitskosten einschließlich Fahrtkosten) angefallen. Das Ehepaar wird zusammenveranlagt.

Die Steuerermäßigung nach § 35 a EStG wird für den Veranlagungszeitraum 2015 wie folgt berechnet:

20% von 2800 € (§ 35 a Absatz 1 EStG) = 560 €, höchstens	510 €
20% von 4500 € (§ 35 a Absatz 3 EStG)	900 €
Steuerermäßigung 2015	1410 €

Für die Steuerermäßigung ist es unerheblich, welcher Ehegatte die Aufwendungen bezahlt hat.

Beispiel 10:

C und D sind allein stehend und leben im gesamten Veranlagungszeitraum 2015 in einem gemeinsamen Haushalt. Sie beschäftigen eine Haushaltshilfe im Rahmen einer geringfügigen Beschäftigung i. S. d. § 8 a SGB IV. Dabei tritt D gegenüber der Minijob-Zentrale als Arbeitgeberin auf. Sie bezahlt den Lohn der Haushaltshilfe, und von ihrem Konto werden die Abgaben durch die Minijob-Zentrale abgebucht. Die Aufwendungen im Veranlagungszeitraum 2015 betragen einschließlich Abgaben 2500 €.

Darüber hinaus sind Aufwendungen für die Inanspruchnahme von Handwerkerleistungen wie folgt angefallen:

Schornsteinfegerkosten	180 €
Tapezieren und Streichen der Wohnräume (Arbeitskosten einschließlich Fahrtkosten)	2400 €
Reparatur der Waschmaschine vor Ort (Arbeitskosten einschließlich Fahrtkosten)	500 €
	3080 €

Das Tapezieren und Streichen der Wohnräume haben C und D je zur Hälfte bezahlt. Beide sind gegenüber dem Handwerksbetrieb als Auftraggeber aufgetreten.

Die Schornsteinfegerkosten hat C, die Waschmaschinenreparatur hat D bezahlt.

Die Steuerermäßigung nach § 35 a EStG wird für den Veranlagungszeitraum 2015 für die jeweilige Einzelveranlagung wie folgt berechnet:

C: 20% von (½ von 2400 € =) 1200 € (§ 35 a Absatz 3 EStG)	240 €
20% von 180 € (§ 35 a Absatz 3 EStG)	36 €
Steuerermäßigung 2015 für C	276 €
D: 20% von 2500 € (§ 35 a Absatz 1 EStG)	500 €
20% von (½ von 2400 € =) 1200 € (§ 35 a Absatz 3 EStG)	240 €
20% von 500 € (§ 35 a Absatz 3 EStG)	100 €
Steuerermäßigung 2015 für D	840 €

C und D zeigen die abweichende Aufteilung gegenüber dem Finanzamt an.

Beispiel 11:

E und F sind allein stehend und leben im gesamten Veranlagungszeitraum 2015 in einem gemeinsamen Haushalt in einem Haus, das der F gehört. Von Juni bis September wird das Haus aufwendig renoviert. Für den Austausch der Fenster und Türen, das Tapezieren und Streichen der Wände, die Renovierung des Badezimmers und das Austauschen der Küche bezahlen sie an die Handwerker insgesamt 30 000 €. Auf Arbeitskosten einschließlich Fahrtkosten entfallen davon 10 000 €. E und F treten gegenüber den Handwerkern gemeinsam als Auftraggeber auf.

a) E und F teilen sich die Aufwendungen hälftig.

Die Steuerermäßigung nach § 35 a EStG wird für den Veranlagungszeitraum 2015 für die jeweilige Einzelveranlagung wie folgt berechnet:

E: 20% von (½ von 10 000 € =) 5000 € (§ 35 a Absatz 3 EStG), = 1000 €, höchstens ½ von 1200 € =	600 €
F: Die Steuerermäßigung für F wird ebenso berechnet	600 €

Damit beträgt der haushaltsbezogene in Anspruch genommene Höchstbetrag für die Steuerermäßigung für Handwerkerleistungen 1200 €.

b) E bezahlt 80%, F bezahlt 20% der Aufwendungen.
Die Steuerermäßigung nach § 35 a EStG wird für den Veranlagungszeitraum 2015 für die jeweilige Einzelveranlagung grundsätzlich wie folgt berechnet:

E: 20% von (80% von 10 000 € =) 8000 € (§ 35 a Absatz 3 EStG), = 1600 €, höchstens ½ von 1200 € =	600 €
F: 20% von (20% von 10 000 € =) 2000 € (§ 35 a Absatz 3 EStG)	400 €

E und F wählen eine andere Aufteilung des Höchstbetrages, und zwar nach dem Verhältnis, wie sie die Aufwendungen tatsächlich getragen haben. Sie zeigen dies auch gegenüber dem Finanzamt einvernehmlich an.
Die Steuerermäßigung nach § 35 a EStG wird für den Veranlagungszeitraum 2015 für die jeweilige Einzelveranlagung wie folgt berechnet:

E: 20% von (80% von 10 000 € =) 8000 € (§ 35 a Absatz 3 EStG), = 1600 €, höchstens 80% von 1200 € =	960 €
F: 20% von (20% von 10 000 € =) 2000 € (§ 35 a Absatz 3 EStG), = 400 €, höchstens 20% von 1200 € =	240 €

Damit beträgt der haushaltsbezogene in Anspruch genommene Höchstbetrag für die Steuerermäßigung für Handwerkerleistungen 1200 €.

c) F bezahlt als Hauseigentümerin die gesamten Aufwendungen.
Die Steuerermäßigung nach § 35 a EStG wird für den Veranlagungszeitraum 2015 für die Einzelveranlagung der F grundsätzlich wie folgt berechnet:

20% von 10 000 € (§ 35 a Absatz 3 EStG) = 2000 €, höchstens ½ von 1200 € (= hälftiger Höchstbetrag)	600 €

E und F haben jedoch die Möglichkeit, eine andere Aufteilung des Höchstbetrags zu wählen, und zwar nach dem Verhältnis, wie sie die Aufwendungen tatsächlich getragen haben (also zu 100% auf F und zu 0% auf E). Sie zeigen dies auch gegenüber dem Finanzamt einvernehmlich an.
Die Steuerermäßigung nach § 35 a EStG wird für den Veranlagungszeitraum 2015 für die Einzelveranlagung der F nunmehr wie folgt berechnet:

20% von 10 000 € (§ 35 a Absatz 3 EStG) = 2000 €, höchstens	1200 €

E hat keinen Anspruch auf die Steuerermäßigung, da er keine eigenen Aufwendungen getragen hat.

2. Unterjährige Begründung oder Beendigung eines gemeinsamen Haushalts

54 Begründen zwei bisher alleinstehende Steuerpflichtige mit eigenem Haushalt im Laufe des Veranlagungszeitraums einen gemeinsamen Haushalt oder wird der gemeinsame Haushalt zweier Steuerpflichtiger während des Veranlagungszeitraums aufgelöst und es werden wieder zwei getrennte Haushalte begründet, kann bei Vorliegen der übrigen Voraussetzungen jeder Steuerpflichtige die vollen Höchstbeträge in diesem Veranlagungszeitraum in Anspruch nehmen. Das gilt unabhängig davon, ob im Veranlagungszeitraum der Begründung oder Auflösung des Haushalts auch die Eheschließung bzw. die Begründung der Lebenspartnerschaft, die Trennung oder die Ehescheidung bzw. die Auflösung der Lebenspartnerschaft erfolgt. Grundsätzlich kann jeder Steuerpflichtige seine tatsächlichen Aufwendungen im Rahmen des Höchstbetrags geltend machen. Darauf, in welchem der beiden Haushalte in diesem Veranlagungszeitraum die Aufwendungen angefallen sind, kommt es nicht an. Für die Inanspruchnahme des vollen Höchstbetrages pro Steuerpflichtigen ist maßgebend, dass von dem jeweiligen Steuerpflichtigen zumindest für einen Teil des Veranlagungszeitraums ein alleiniger Haushalt unterhalten worden ist.

Beispiel 12:
G und H begründen im Laufe des Veranlagungszeitraums 2016 einen gemeinsamen Haushalt. Vorher hatten beide jeweils einen eigenen Haushalt. Im Laufe des Jahres sind die folgenden Aufwendungen i. S. d. § 35 a EStG angefallen:
Einzelhaushalt des G: Aufwendungen für Renovierungsarbeiten der alten Wohnung im zeitlichen Zusammenhang mit dem Umzug (vgl. Rdnr. 3) in Höhe von 12 000 €. Davon entfallen auf Arbeitskosten einschließlich Fahrtkosten 6000 €.
Einzelhaushalt der H: Aufwendungen für Renovierungsarbeiten der alten Wohnung im zeitlichen Zusammenhang mit dem Umzug (vgl. Rdnr. 3) in Höhe von 2500 €. Davon entfallen auf Arbeitskosten einschließlich Fahrtkosten 1000 €.
Gemeinsamer Haushalt: Handwerkerkosten (Arbeitskosten) für die Montage der neuen Möbel 500 €, für das Verlegen von Elektroanschlüssen 200 €, für den Einbau der neuen Küche 400 €. Für Wohnungsreinigungsarbeiten haben sie ein Dienstleistungsunternehmen beauftragt. Die Aufwendungen betragen (ohne Materialkosten) bis Jahresende 800 €. G und H treten gegenüber den jeweiligen Firmen gemeinsam als Auftraggeber auf. Die Kosten teilen sie sich zu gleichen Teilen.

a) Die Steuerermäßigung nach § 35 a EStG wird für den Veranlagungszeitraum 2016 für die jeweilige Einzelveranlagung wie folgt berechnet:

G: 20% von 6000 € (§ 35 a Absatz 3 EStG)	1200 €
H: 20% von (½ von 800 € =) 400 € (§ 35 a Absatz 2 EStG)	80 €
	1280 €

Durch die Handwerkerkosten für den Einzelhaushalt hat G seinen Höchstbetrag nach § 35 a Absatz 3 EStG ausgeschöpft. Die weiteren Handwerkerkosten in der neuen Wohnung bleiben bei ihm unberücksichtigt. Eine Übertragung des nicht ausgeschöpften Höchstbetrages von H ist nicht möglich.

H: 20% von 1000 € (§ 35 a Absatz 3 EStG)	200 €
20% von (½ von 1100 € =) 550 € (§ 35 a Absatz 3 EStG)	110 €
20% von (½ von 800 € =) 400 € (§ 35 a Absatz 2 EStG)	80 €
	390 €

H kann die durch G nicht nutzbare Steuerermäßigung nicht geltend machen, da sie insoweit nicht die Aufwendungen getragen hat.

b) G und H heiraten im November 2016. Sie beantragen die Zusammenveranlagung.

Anl zu H 35 a

Die Steuerermäßigung nach § 35 a EStG wird für 2016 wie folgt berechnet:

20% von 800 € (§ 35 a Absatz 2 EStG)	160 €
20% von 6000 € – Einzelhaushalt des G (§ 35 a Absatz 3 EStG)	1200 €
20% von 1000 € – Einzelhaushalt der H (§ 35 a Absatz 3 EStG)	200 €
20% von 1100 € – gemeinsamer Haushalt (Höchstbetrag für Handwerkerkosten ist bei H noch nicht ausgeschöpft; darauf, wer von beiden die Aufwendungen tatsächlich getragen hat, kommt es nicht an)	220 €
	1780 €

55 Wird unmittelbar nach Auflösung eines gemeinsamen Haushalts ein gemeinsamer Haushalt mit einer anderen Person begründet, kann derjenige Steuerpflichtige, der ganzjährig in gemeinsamen Haushalten gelebt hat, seine tatsächlichen Aufwendungen nur bis zur Höhe des hälftigen Abzugshöchstbetrages geltend machen. Hat für die andere Person für einen Teil des Veranlagungszeitraums ein alleiniger Haushalt bestanden, ist die Regelung der Rdnr. 54 sinngemäß anzuwenden mit der Folge, dass diese Person den vollen Höchstbetrag beanspruchen kann. Auch in diesen Fällen gilt, dass jeder Steuerpflichtige nur seine tatsächlichen Aufwendungen im Rahmen seines Höchstbetrages geltend machen kann. Etwas anderes gilt nur dann, wenn Steuerpflichtige, die zumindest für einen Teil des Veranlagungszeitraums zusammen einen Haushalt unterhalten haben, einvernehmlich eine andere Aufteilung des Höchstbetrages wählen und dies gegenüber dem Finanzamt anzeigen. Dabei kann für einen Steuerpflichtigen maximal der volle Höchstbetrag berücksichtigt werden.

Beispiel 13:

K und L leben seit Jahren zusammen, sind aber nicht verheiratet. Im Laufe des Veranlagungszeitraums 2016 zieht K aus der gemeinsamen Wohnung aus und zieht in den Haushalt von M ein.
Für den Haushalt von K und L sind die folgenden Aufwendungen angefallen:
Haushaltsnahe Dienstleistungen nach § 35 a Absatz 2 EStG in Höhe von 800 €, Aufwendungen für Renovierung und Erhaltung des Haushalts in Höhe von 8000 €. Es handelt sich jeweils um Arbeitskosten. K und L waren beide Auftraggeber und haben sich die Kosten geteilt.
Für den Haushalt von L sind nach dem Auszug von K die folgenden Aufwendungen angefallen:
Haushaltsnahes Beschäftigungsverhältnis nach § 35 a Absatz 1 EStG in Höhe von 700 €, Aufwendungen für Renovierung (Arbeitskosten) 900 €.
Für den Haushalt von M sind bis zum Einzug von K die folgenden Aufwendungen angefallen:
Reparaturkosten der Spülmaschine (Arbeitskosten und Fahrtkostenpauschale) in Höhe von 100 €, Schornsteinfegerkosten (Schornstein-Kehrarbeiten einschließlich Reparatur- und Wartungsaufwand) in Höhe von 120 €.
Für den Haushalt von K und M sind die folgenden Aufwendungen angefallen:
Haushaltsnahe Dienstleistungen nach § 35 a Absatz 2 EStG in Höhe von 1000 € (Arbeitskosten). Die Aufwendungen trägt nur M.
Die Steuerermäßigung nach § 35 a EStG wird für den Veranlagungszeitraum 2016 für die jeweilige Einzelveranlagung wie folgt berechnet:

K:

20% von (½ von 800 € =) 400 € (§ 35 a Absatz 2 EStG)	80 €
20% von (½ von 8000 € =) 4000 € (§ 35 a Absatz 3 EStG) = 800 €, höchstens ½ von 1200 €	600 €
Steuerermäßigung 2016 für K	680 €

Durch die Handwerkerkosten für den Haushalt mit L hat K seinen Höchstbetrag nach § 35 a Absatz 3 EStG ausgeschöpft.

L:

20% von (½ von 800 € =) 400 € (§ 35 a Absatz 2 EStG)	80 €
20% von (½ von 8000 € =) 4000 € (§ 35 a Absatz 3 EStG)	800 €
20% von 900 € (§ 35 a Absatz 3 EStG)	180 €
(Keine Begrenzung auf den hälftigen Höchstbetrag von 600 €, da L ab dem Auszug von K alleine einen eigenen Haushalt hat.)	
20% von 700 € (§ 35 a Absatz 1 EStG)	140 €
Steuerermäßigung 2016 für L	1200 €

L kann die Aufwendungen in Höhe von 1000 € für Handwerkerleistungen, die sich bei K nicht als Steuerermäßigung ausgewirkt haben, auch mit dessen Zustimmung nicht geltend machen, da L insoweit die Aufwendungen nicht getragen hat.

M:

20% von 220 € (§ 35 a Absatz 3 EStG)	44 €
20% von 1000 € (§ 35 a Absatz 2 EStG)	200 €
Steuerermäßigung 2016 für M	244 €

Beispiel 14:

N und O leben seit Jahren zusammen, sind aber nicht verheiratet. Im Laufe des Veranlagungszeitraums 2016 zieht N aus der gemeinsamen Wohnung aus und zieht in den Haushalt von P.
Für den Haushalt von N und O sind die folgenden Aufwendungen angefallen:
Aufwendungen für Renovierung und Erhaltung des Haushalts in Höhe von 5000 €. Es handelt sich jeweils um Arbeitskosten. N und O waren beide Auftraggeber. Die Kosten wurden zu 80% von N getragen, 20% von O.
Für den Haushalt von O sind nach dem Auszug von N die folgenden Aufwendungen angefallen: Aufwendungen für Renovierung (Arbeitskosten) 3000 €.

a) Die Steuerermäßigung nach § 35 a EStG wird für den Veranlagungszeitraum 2016 für die jeweilige Einzelveranlagung wie folgt berechnet:

N:

20% von (80% von 5000 € =) 4000 € (§ 35 a Absatz 3 EStG) = 800 €, höchstens ½ von 1200 €	600 €

Durch die Handwerkerkosten hat N seinen Höchstbetrag nach § 35 a Absatz 3 EStG ausgeschöpft.

O:

20% von (20% von 5000 € =) 1000 € (§ 35 a Absatz 3 EStG)	200 €
20% von 3000 € (§ 35 a Absatz 3 EStG)	600 €
Steuerermäßigung 2016 für O	800 €

(Keine Begrenzung auf den hälftigen Höchstbetrag, da O ab dem Auszug von N einen eigenen Haushalt hat. Allerdings beträgt der Höchstbetrag nach § 35 a Absatz 3 EStG für O insgesamt 1200 €. Dieser ist nicht überschritten.)
O kann die durch N nicht nutzbare Steuerermäßigung nicht geltend machen, da sie für ihren Aufwendungsteil die Steuerermäßigung ausgeschöpft hat und darüber hinaus die Aufwendungen nicht getragen hat.

Anl zu H 35 a

b) N und O wählen eine andere Aufteilung des Höchstbetrages, und zwar nach dem Verhältnis, wie sie die Aufwendungen tatsächlich getragen haben. Sie zeigen dies auch gegenüber dem Finanzamt einvernehmlich an.
Die Steuerermäßigung nach § 35 a EStG wird für den Veranlagungszeitraum 2016 für die jeweilige Einzelveranlagung wie folgt berechnet:

N:	20% von (80% von 5000 € =) 4000 €, höchstens von (80% von 6000 € =) 4800 € (§ 35 a Absatz 3 EStG)	800 €
	N kann seine vollen Aufwendungen nach § 35 a Absatz 3 EStG geltend machen.	
O:	20% von (20% von 5000 € =) 1000 € (§ 35 a Absatz 3 EStG)	200 €
	20% von 3000 € (§ 35 a Absatz 3 EStG)	600 €
	(Keine Begrenzung auf den hälftigen Höchstbetrag, da O ab dem Auszug von N einen eigenen Haushalt hat. Allerdings reduziert sich der Höchstbetrag nach § 35 a Absatz 3 EStG für O um den auf N übertragenen Anteil von (20% von 1000 € =) 200 € auf (20% von 5000 € =) 1000 €. Dieser ist nicht überschritten.)	800 €

VII. Anrechnungsüberhang

56[1] Entsteht bei einem Steuerpflichtigen infolge der Inanspruchnahme der Steuerermäßigung nach § 35 a EStG ein sog. Anrechnungsüberhang, kann der Steuerpflichtige weder die Festsetzung einer negativen Einkommensteuer in Höhe dieses Anrechnungsüberhangs noch die Feststellung einer rück- oder vortragsfähigen Steuerermäßigung beanspruchen (BFH-Urteil vom 29. Januar 2009, BStBl. II S. 411). **16**

VIII. Anwendungsregelung

57 Dieses Schreiben ersetzt das BMF-Schreiben vom 10. Januar 2014 (BStBl. I S. 75)[2] sowie das BMF-Schreiben vom 10. November 2015 (BStBl. I S. 876)[2] und ist vorbehaltlich der Rdnr. 58 in allen noch offenen Fällen anzuwenden. **17**

58 Rdnrn. 14 bis 16 sind in allen noch offenen Fällen ab dem Veranlagungszeitraum 2009 anzuwenden. Rdnrn. 23 und 24 sind in allen noch offenen Fällen ab dem Veranlagungszeitraum 2011 anzuwenden.

Anlage 1

Beispielhafte Aufzählung begünstigter und nicht begünstigter haushaltsnaher Dienstleistungen und Handwerkerleistungen

(zu Rdnrn. 1, 2, 11, 19 bis 22)

Maßnahme	begünstigt	nicht begünstigt	Haushaltsnahe Dienstleistung	Handwerkerleistung
Abfallmanagement („Vorsortierung“)	Kosten der Maßnahmen innerhalb des Haushalts	Kosten der Maßnahmen außerhalb des Haushalts	X	
Abflussrohrreinigung	X			X
Ablesedienste und Abrechnung bei Verbrauchszählern (Strom, Gas, Wasser, Heizung usw.)		X		
Abriss eines baufälligen Gebäudes mit anschließendem Neubau		X		
Abwasserentsorgung	Kosten der Maßnahmen (Wartung und Reinigung) innerhalb des Haushalts	Kosten der Maßnahmen außerhalb des Haushalts		X
Arbeiten 1. am Dach 2. an Bodenbelägen 3. an der Fassade 4. an Garagen 5. an Innen- und Außenwänden 6. an Zu- und Ableitungen	 X X X X X X			 X X X X X X

[1] Die Steuerermäßigung nach § 35 a kann auch nicht auf die gem. § 32 d Abs. 3 und 4 EStG veranlagte und dem gesonderten Tarif für Einkünfte aus Kapitalvermögen unterliegende Einkommensteuer beansprucht werden, *BFH-Urteil vom 28. 4. 2020 VI R 54/17 (BStBl. II S. 544).*

[2] Letztmals abgedruckt im „Handbuch zur ESt-Veranlagung 2015“ als Anlage zu H 35 a.

Anl zu H 35a

Maßnahme	begünstigt	nicht begünstigt	Haushaltsnahe Dienstleistung	Handwerker-leistung
Architektenleistung		X		
Asbestsanierung	X			X
Aufstellen eines Baugerüstes	Arbeitskosten	Kosten der Miete und des Materials		X
Aufzugnotruf		X		
Außenanlagen, Errichtung von Außenanlagen, wie z. B. Wege, Zäune	Arbeitskosten der Maßnahmen innerhalb des Haushalts	Kosten der Maßnahmen außerhalb des Haushalts oder – im Rahmen einer Neubaumaßnahme (Rdnr. 21) und – Materialkosten		X
Austausch oder Modernisierung 1. der Einbauküche 2. von Bodenbelägen (z. B. Teppichboden, Parkett, Fliesen) 3. von Fenstern, Treppen und Türen	 X, Rdnr. 39 X, Rdnr. 39 X, Rdnr. 39	 – Kosten der Maßnahmen außerhalb des Haushalts und – Materialkosten		 X X X
Beprobung des Trinkwassers	X			X
Bereitschaft der Erbringung einer ansonsten begünstigten Leistung im Bedarfsfall	als Nebenleistung einer ansonsten begünstigten Hauptleistung	nur Bereitschaft	Abgrenzung im Einzelfall	Abgrenzung im Einzelfall
Brandschadensanierung	soweit nicht Versicherungsleistung	soweit Versicherungsleistung		X
Carport, Terrassenüberdachung	Arbeitskosten	– Materialkosten sowie – Kosten der Errichtung im Rahmen einer Neubaumaßnahme (Rdnr. 21)		X
Chauffeur		X		
Dachgeschossausbau	Arbeitskosten	– Materialkosten sowie – Kosten der Errichtung im Rahmen einer Neubaumaßnahme (Rdnr. 21)		X

Anl zu H 35 a

Maßnahme	begünstigt	nicht begünstigt	Haushaltsnahe Dienstleistung	Handwerker-leistung
Dachrinnenreinigung	X			X
Datenverbindungen	s. Hausanschlüsse	s. Hausanschlüsse		X
Deichabgaben		X		
Dichtheitsprüfung von Abwasseranlagen	X			X
Elektroanlagen	Kosten der Wartung und der Reparatur			X
Energiepass		X, Rdnr. 20		
Entsorgungsleistung	als Nebenleistung (z. B. Bauschutt, Fliesenabfuhr bei Neuverfliesung eines Bades, Grünschnittabfuhr bei Gartenpflege)	als Hauptleistung	Abgrenzung im Einzelfall	Abgrenzung im Einzelfall
Erhaltungsmaßnahmen	Arbeitskosten der Maßnahmen innerhalb des Haushalts	– Kosten der Maßnahmen außerhalb des Haushalts sowie – Materialkosten		X
Erstellung oder Hilfe bei der Erstellung der Steuererklärung		X		
„Essen auf Rädern“		X		
Fäkalienabfuhr		X		
Fahrstuhlkosten	Kosten der Wartung und der Reparatur	Betriebskosten		X
Fertiggaragen	Arbeitskosten	– Kosten der Errichtung im Rahmen einer Neubaumaßnahme (Rdnr. 21) sowie – Materialkosten		X
Feuerlöscher	Kosten der Wartung			X
Feuerstättenschau – s. auch Schornsteinfeger	X			X
Finanzierungsgutachten		X, Rdnr. 20		
Fitnesstrainer		X		
Friseurleistungen	nur soweit sie zu den Pflege- und Betreuungsleistungen gehören, wenn sie im Leistungskatalog der Pflegeversicherung aufgeführt sind und der Behinderten-Pauschbetrag nicht geltend gemacht wird (Rdnrn. 12, 13, 32, 33)	alle anderen Friseurleistungen	X	

Anl zu H 35 a

Maßnahme	begünstigt	nicht begünstigt	Haushaltsnahe Dienstleistung	Handwerker-leistung
Fußbodenheizung	Kosten der Wartung, Spülung, Reparatur und des nachträglichen Einbaus	Materialkosten		X
Gärtner	Kosten der Maßnahmen innerhalb des Haushalts	Kosten der Maßnahmen außerhalb des Haushalts	Abgrenzung im Einzelfall	Abgrenzung im Einzelfall
Gartengestaltung	Arbeitskosten	– Kosten der erstmaligen Anlage im Rahmen einer Neubaumaßnahme (Rdnr. 21) sowie – Materialkosten		X
Gartenpflegearbeiten (z. B. Rasen mähen, Hecken schneiden)	Kosten der Maßnahmen innerhalb des Haushalts einschließlich Grünschnittentsorgung als Nebenleistung	Kosten der Maßnahmen außerhalb des Haushalts	X	
Gemeinschaftsmaschinen bei Mietern (z. B. Waschmaschine, Trockner)	Kosten der Reparatur und der Wartung	Miete		X
Gewerbeabfallentsorgung		X		
Grabpflege		X		
Graffitibeseitigung	X			X
Gutachtertätigkeiten	Abgrenzung im Einzelfall (Rdnr. 20)	Abgrenzung im Einzelfall (Rdnr. 20)		X
Hand- und Fußpflege	nur soweit sie zu den Pflege- und Betreuungsleistungen gehören, wenn sie im Leistungskatalog der Pflegeversicherung aufgeführt sind und der Behinderten-Pauschbetrag nicht geltend gemacht wird (Rdnrn. 12, 13, 32, 33)	alle anderen Kosten	X	
Hausanschlüsse an Ver- und Entsorgungsnetze (Rdnr. 22)	z. B. Arbeitskosten für Anschluss an das Trink- und Abwassernetz, der stromführenden Leitungen im Haus oder für das Ermöglichen der Nutzung des Fernsehens und des	– Kosten der erstmaligen Anschlüsse im Rahmen einer Neubaumaßnahme (Rdnr. 21) und		X

Anl zu H 35a

Maßnahme	begünstigt	nicht begünstigt	Haushaltsnahe Dienstleistung	Handwerker-leistung
	Internets sowie die Kosten der Weiterführung der Anschlüsse, jeweils innerhalb des Haushalts	– die Kosten der Maßnahmen außerhalb des Haushalts sowie – Materialkosten		
Hausarbeiten, wie reinigen, Fenster putzen, bügeln usw. (Rdnr. 5)	X		X	
Haushaltsauflösung		X		
Hauslehrer		X		
Hausmeister, Hauswart	X		X	
Hausnotrufsystem	Kosten innerhalb des sog. „Betreuten Wohnens" im Rahmen einer Seniorenwohneinrichtung	Kosten für Hausnotrufsysteme außerhalb des sog. „Betreuten Wohnens" im Rahmen einer Seniorenwohneinrichtung	X	
Hausreinigung	X		X	
Hausschwammbeseitigung	X			X
Hausverwalterkosten oder -gebühren		X		
Heizkosten:				
1. Verbrauch		X		
2. Gerätemiete für Zähler		X		
3. Garantiewartungsgebühren	X			X
4. Heizungswartung und Reparatur	X			X
5. Austausch der Zähler nach dem Eichgesetz	X			X
6. Schornsteinfeger	X			X
7. Kosten des Ablesedienstes		X		
8. Kosten der Abrechnung an sich		X		
Hilfe im Haushalt (Rdnrn. 14–16) – s. Hausarbeiten				
Insektenschutzgitter	Kosten der Montage und der Reparatur	Materialkosten		X
Kamin-Einbau	Arbeitskosten	– Kosten der Errichtung im Rahmen einer Neubaumaßnahme (Rdnr. 21) sowie – Materialkosten		X

Anl zu H 35 a

Maßnahme	begünstigt	nicht begünstigt	Haushaltsnahe Dienstleistung	Handwerkerleistung
Kaminkehrer – s. Schornsteinfeger				
Kellerausbau	Arbeitskosten	– Kosten der Errichtung im Rahmen einer Neubaumaßnahme (Rdnr. 21) sowie – Materialkosten		X
Kellerschachtabdeckungen	Kosten der Montage und der Reparatur	Materialkosten		X
Kfz. – s. Reparatur		X		
Kinderbetreuungskosten	soweit sie nicht unter § 10 Absatz 1 Nummer 5 EStG fallen und für eine Leistung im Haushalt des Steuerpflichtigen anfallen	i. S. v. § 10 Absatz 1 Nummer 5 EStG (Rdnr. 34)	X	
Klavierstimmer	X			X
Kleidungs- und Wäschepflege und -reinigung	Kosten der Maßnahmen innerhalb des Haushalts	Kosten der Maßnahmen außerhalb des Haushalts (Rdnr. 39)	X	
Kontrollmaßnahmen des TÜV, z. B. für den Fahrstuhl oder den Treppenlift	X, Rdnr. 20			X
Kosmetikleistungen	nur soweit sie zu den Pflege- und Betreuungsleistungen gehören, wenn sie im Leistungskatalog der Pflegeversicherung aufgeführt sind (und der Behinderten-Pauschbetrag nicht geltend gemacht wird; s. Rdnrn. 12, 13, 32, 33)	alle anderen	X	
Laubentfernung	Kosten der Maßnahmen innerhalb des Haushalts	Kosten der Maßnahmen außerhalb des Haushalts	X	
Legionellenprüfung	X, Rdnr. 20			X
Leibwächter		X		
Makler		X		
Material und sonstige im Zusammenhang mit der Leistung gelieferte Waren		z. B. Farbe, Fliesen, Pflastersteine, Mörtel, Sand, Tapeten, Teppichboden		

Anl zu H 35 a

Maßnahme	begünstigt	nicht begünstigt	Haushaltsnahe Dienstleistung	Handwerker-leistung
einschließlich darauf entfallende Umsatzsteuer		und andere Fußbodenbeläge, Waren, Stützstrümpfe usw. (Rdnr. 39)		
Mauerwerksanierung	X			X
Miete von Verbrauchszählern (Strom, Gas, Wasser, Heizung usw.)		X		
Modernisierungsmaßnahmen (z. B. Erneuerung des Badezimmers oder der Küche)	X, Rdnr. 39	– Kosten der Maßnahmen außerhalb des Haushalts sowie – Materialkosten		X
Montageleistungen im Haushalt, z. B. beim Erwerb neuer Möbel	X			X
Müllabfuhr (Entsorgung steht im Vordergrund)		X		
Müllentsorgungsanlage (Müllschlucker)	Kosten der Wartung und der Reparatur			X
Müllschränke	Kosten der Anlieferung und der Aufstellung	Materialkosten		X
Nebenpflichten der Haushaltshilfe, wie kleine Botengänge oder Begleitung von Kindern, kranken, alten oder pflegebedürftigen Personen bei Einkäufen oder zum Arztbesuch	X		X	
Neubaumaßnahmen		Rdnr. 21		
Notbereitschaft/ Notfalldienste	soweit es sich um eine nicht gesondert berechnete Nebenleistung z. B. im Rahmen eines Wartungsvertrages handelt	alle anderen reinen Bereitschaftsdienste	X	
Öffentlich-rechtlicher Erschließungsbeitrag		X		
Öffentlich-rechtlicher Straßenausbaubeitrag/-rückbaubeitrag		X		
Pflasterarbeiten	Kosten der Maßnahmen innerhalb des Haushalts	– Materialkosten sowie – alle Maßnahmen außerhalb des Haushalts		X
Pflegebett		X		

Anl zu H 35a

Maßnahme	begünstigt	nicht begünstigt	Haushaltsnahe Dienstleistung	Handwerker-leistung
Pflege der Außenanlagen	innerhalb des Haushalts	Kosten der Maßnahmen außerhalb des Haushalts	X	
Pilzbekämpfung	X			X
Prüfdienste/ Prüfleistung (z. B. bei Aufzügen)	X, Rdnr. 20			X
Rechtsberatung		X		
Reinigung des Haushalts	X		X	
Reparatur, Wartung und Pflege				
1. von Bodenbelägen (z. B. Teppichboden, Parkett, Fliesen)	X		Pflege	Reparatur und Wartung
2. von Fenstern und Türen (innen und außen)	X, Rdnr. 39		Pflege	Reparatur und Wartung
3. von Gegenständen im Haushalt des Steuerpflichtigen (z. B. Waschmaschine, Geschirrspüler, Herd, Fernseher, Personalcomputer und andere)	soweit es sich um Gegenstände handelt, die in der Hausratversicherung mitversichert werden können (Rdnr. 39)	Kosten der Maßnahmen außerhalb des Haushalts	Pflege im Haushalt	Reparatur und Wartung im Haushalt
4. von Heizungsanlagen, Elektro-, Gas- und Wasserinstallationen	Kosten der Maßnahmen innerhalb des Haushalts	Kosten der Maßnahmen außerhalb des Haushalts		X
5. von Kraftfahrzeugen (einschließlich TÜV-Gebühren)		X		
6. von Wandschränken	X			X
Schadensfeststellung, Ursachenfeststellung (z. B. bei Wasserschaden, Rohrbruch usw.)	X			X
Schadstoffsanierung	X			X
Schädlings- und Ungezieferbekämpfung	X		Abgrenzung im Einzelfall	Abgrenzung im Einzelfall
Schornsteinfeger	X			X
Sekretär; hierunter fallen auch Dienstleistungen in Form von Büroarbeiten (z. B. Ablageorganisation, Erledigung von Behördengängen, Stellen von Anträgen bei Versicherungen und Banken usw.)		X		
Sperrmüllabfuhr		X		

Maßnahme	begünstigt	nicht begünstigt	Haushaltsnahe Dienstleistung	Handwerker-leistung
Statiker		X		
Straßenreinigung[1] – Fahrbahn – Gehweg	 X	 X	 X	
Tagesmutter bei Betreuung im Haushalt des Steuerpflichtigen	soweit es sich bei den Aufwendungen nicht um Kinderbetreuungskosten (Rdnr. 34) handelt	Kinderbetreuungskosten (Rdnr. 34)	X	
Taubenabwehr	X		Abgrenzung im Einzelfall	Abgrenzung im Einzelfall
Technische Prüfdienste (z. B. bei Aufzügen)	X, Rdnr. 20			X
Terrassenüberdachung	Arbeitskosten	– Kosten der Errichtung im Rahmen einer Neubaumaßnahme (Rdnr. 21) sowie – Materialkosten		X
Tierbetreuungs- oder -pflegekosten	Kosten der Maßnahmen innerhalb des Haushalts (z. B. Fellpflege, Ausführen, Reinigungsarbeiten)	Kosten der Maßnahmen außerhalb des Haushalts, z. B. Tierpensionen	X	
Trockeneisreinigung	X			X
Trockenlegung von Mauerwerk	Kosten der Maßnahmen innerhalb des Haushalts (Arbeiten mit Maschinen vor Ort)	Kosten, die durch die ausschließliche Maschinenanmietung entstehen		X
Überprüfung von Anlagen (z. B. Gebühr für den Schornsteinfeger oder für die Kontrolle von Blitzschutzanlagen)	X, Rdnr. 20			X
Umzäunung, Stützmauer o. Ä.	Arbeitskosten für Maßnahmen innerhalb des Haushalts	– Kosten der Maßnahmen außerhalb des Haushalts oder – Kosten der Errichtung im Rahmen einer Neubaumaßnahme (Rdnr. 21) sowie – Materialkosten		X

[1] Neugefasst durch BMF-Schreiben vom 1. 9. 2021 (BStBl. I S. 1494); Anwendung in allen offenen Fällen.

Anl zu H 35 a

Maßnahme	begünstigt	nicht begünstigt	Haushaltsnahe Dienstleistung	Handwerker-leistung
Umzugsdienst-leistungen	für Privatpersonen (Rdnrn. 3, 31)		Abgrenzung im Einzelfall	Abgrenzung im Einzelfall
Verarbeitung von Verbrauchsgütern im Haushalt des Steuerpflichtigen	X		X	
Verbrauchsmittel, wie z. B. Schmier-, Reinigungs- oder Spülmittel sowie Streugut	X		als Nebenleistung (Rdnr. 39) – Abgrenzung im Einzelfall	als Nebenleistung (Rdnr. 39) – Abgrenzung im Einzelfall
Verwaltergebühr		X		
Wachdienst	Kosten der Maßnahmen innerhalb des Haushalts	Kosten der Maßnahmen außerhalb des Haushalts	X	
Wärmedämm-maßnahmen	X			X
Wartung: 1. Aufzug 2. Heizung und Öltankanlagen (einschließlich Tankreinigung) 3. Feuerlöscher 4. CO_2-Warngeräte 5. Pumpen 6. Abwasser-Rückstau-Sicherungen	 X X X X X X			 X X X X X X
Wasserschaden-sanierung	X	soweit Versicherungsleistung		X
Wasserversorgung	Kosten der Wartung und der Reparatur			X
Wertermittlung		X, Rdnr. 20		
Winterdienst[1] – Fahrbahn – Gehweg	 X	 X	 X	
Zubereitung von Mahlzeiten im Haushalt des Steuerpflichtigen	X		X	

[1] Neugefasst durch BMF-Schreiben vom 1. 9. 2021 (BStBl. I S. 1494); Anwendung in allen offenen Fällen.

Anl zu H 35a

Anlage 2

Muster für eine Bescheinigung
(zu Rdnr. 26)

(Name und Anschrift des Verwalters/Vermieters) (Name und Anschrift des Eigentümers/Mieters)

Anlage zur Jahresabrechnung für das Jahr/Wirtschaftsjahr ...

Ggf. Datum der Beschlussfassung der Jahresabrechnung: ____________

In der Jahresabrechnung für das nachfolgende Objekt

(Ort, Straße, Hausnummer und ggf. genaue Lagebezeichnung der Wohnung)

sind Ausgaben im Sinne des § 35 a Einkommensteuergesetz (EStG) enthalten, die wie folgt zu verteilen sind:

A) *Aufwendungen für sozialversicherungspflichtige Beschäftigungen*
(§ 35 a Absatz 2 Satz 1 Alternative 1 EStG)

Bezeichnung	**Gesamtbetrag (in Euro)**	**Anteil des Miteigentümers/ des Mieters**

B) *Aufwendungen für die Inanspruchnahme von haushaltsnahen Dienstleistungen*
(§ 35 a Absatz 2 Satz 1 Alternative 2 EStG)

Bezeichnung	**Gesamtbetrag (in Euro)**	**nicht zu berücksichtigende Materialkosten (in Euro)**	**Aufwendungen bzw. Arbeitskosten** (Rdnrn. 39, 40) **(in Euro)**	**Anteil des Miteigentümers/ des Mieters**

C) *Aufwendungen für die Inanspruchnahme von Handwerkerleistungen für Renovierungs-, Erhaltungs- und Modernisierungsmaßnahmen*
(§ 35 a Absatz 3 EStG)

Bezeichnung	**Gesamtbetrag (in Euro)**	**nicht zu berücksichtigende Materialkosten (in Euro)**	**Aufwendungen bzw. Arbeitskosten** (Rdnrn. 39, 40) **(in Euro)**	**Anteil des Miteigentümers/ des Mieters**

(Ort und Datum) (Unterschrift des Verwalters oder Vermieters)

Hinweis: Die Entscheidung darüber, welche Positionen im Rahmen der Einkommensteuererklärung berücksichtigt werden können, obliegt ausschließlich der zuständigen Finanzbehörde.

5. Steuerermäßigung bei Belastung mit Erbschaftsteuer

EStG

§ 35b Steuerermäßigung bei Belastung mit Erbschaftsteuer

1 **① Sind bei der Ermittlung des Einkommens Einkünfte berücksichtigt worden, die im Veranlagungszeitraum oder in den vorangegangenen vier Veranlagungszeiträumen als Erwerb von Todes wegen der Erbschaftsteuer unterlegen haben, so wird auf Antrag die um sonstige Steuerermäßigungen gekürzte tarifliche Einkommensteuer, die auf diese Einkünfte entfällt, um den in Satz 2 bestimmten Prozentsatz ermäßigt. ② Der Prozentsatz bestimmt sich nach dem Verhältnis, in dem die festgesetzte Erbschaftsteuer zu dem Betrag steht, der sich ergibt, wenn dem steuerpflichtigen Erwerb (§ 10 Absatz 1 des Erbschaftsteuer- und Schenkungsteuergesetzes) die Freibeträge nach den §§ 16 und 17 und der steuerfreie Betrag nach § 5 des Erbschaftsteuer- und Schenkungsteuergesetzes hinzugerechnet werden.**

H 35 b

3 **Allgemeines.** Die nach § 35 b Satz 1 EStG begünstigten Einkünfte müssen aus der Veräußerung eines Vermögensgegenstandes herrühren, der sowohl von Todes wegen erworben worden ist als auch tatsächlich der Erbschaftsteuer unterlegen hat; der in Anspruch genommene persönliche Freibetrag (§ 16 ErbStG) ist anteilig abzuziehen.
Die auf die begünstigten Einkünfte anteilig entfallende Einkommensteuer ist nach dem Verhältnis der begünstigten Einkünfte zur S.d.E. zu ermitteln (→ BFH vom 13.3. 2018 – BStBl. II S. 593).

Zusammentreffen von Erwerben von Todes wegen und Vorerwerben. Beim Zusammentreffen von Erwerben von Todes wegen und Vorerwerben ermittelt sich der Ermäßigungsprozentsatz des § 35 b Satz 2 EStG durch Gegenüberstellung der anteiligen, auf die von Todes wegen erworbenen Vermögensteile entfallenden Erbschaftsteuer und des Betrags, der sich ergibt, wenn dem anteiligen steuerpflichtigen Erwerb (§ 10 Abs. 1 ErbStG) der anteilige Freibetrag nach § 16 ErbStG hinzugerechnet wird (→ BFH vom 13. 3. 2018 – BStBl. II S. 593).

6. Steuerermäßigung für energetische Maßnahmen bei zu eigenen Wohnzwecken genutzten Gebäuden

EStG

§ 35c[1] Steuerermäßigung für energetische Maßnahmen bei zu eigenen Wohnzwecken genutzten Gebäuden

1 **(1) ① Für energetische Maßnahmen an einem in der Europäischen Union oder dem Europäischen Wirtschaftsraum belegenen zu eigenen Wohnzwecken genutzten eigenen Gebäude (begünstigtes Objekt) ermäßigt sich auf Antrag die tarifliche Einkommensteuer, vermindert um die sonstigen Steuerermäßigungen, im Kalenderjahr des Abschlusses der energetischen Maßnahme und im nächsten Kalenderjahr um je 7 Prozent der Aufwendungen des Steuerpflichtigen, höchstens jedoch um je 14 000 Euro und im übernächsten Kalenderjahr um 6 Prozent der Aufwendungen des Steuerpflichtigen, höchstens jedoch um 12 000 Euro für das begünstigte Objekt. ② Voraussetzung ist, dass das begünstigte Objekt bei der Durchführung der energetischen Maßnahme älter als zehn Jahre ist; maßgebend hierfür ist der Beginn der Herstellung. ③ Energetische Maßnahmen im Sinne des Satzes 1 sind:**

1. Wärmedämmung von Wänden,
2. Wärmedämmung von Dachflächen,
3. Wärmedämmung von Geschossdecken,
4. Erneuerung der Fenster oder Außentüren,
5. Erneuerung oder Einbau einer Lüftungsanlage,
6. Erneuerung der Heizungsanlage,
7. Einbau von digitalen Systemen zur energetischen Betriebs- und Verbrauchsoptimierung und
8. Optimierung bestehender Heizungsanlagen, sofern diese älter als zwei Jahre sind.

④ Zu den Aufwendungen für energetische Maßnahmen gehören auch die Kosten für die Erteilung der Bescheinigung nach Satz 7 sowie die Kosten für Energieberater, die vom Bundesamt für Wirtschaft und Ausfuhrkontrolle (BAFA) als fachlich qualifiziert zum Förderprogramm „Energieberatung für Wohngebäude (Vor-Ort-Beratung, individueller Sanierungsfahrplan)" zugelassen sind, wenn der Energieberater durch den Steuerpflichtigen mit der planerischen Begleitung oder Beaufsichtigung der energetischen Maßnahmen nach Satz 3 beauftragt worden ist; die tarifliche Einkommensteuer vermindert sich abweichend von Satz 1 um 50 Prozent der Aufwendungen für den Energieberater. ⑤ Die Förderung kann für mehrere Einzelmaßnahmen an einem begünstigten Objekt in Anspruch genommen werden; je begünstigtes Objekt beträgt der Höchstbetrag der Steuerermäßigung 40 000 Euro. ⑥ Voraussetzung für die Förderung ist, dass die jeweilige energetische Maßnahme von einem Fachunternehmen ausgeführt wurde und die Anforderungen aus der Rechtsverordnung nach Absatz 7 erfüllt sind. ⑦ Die Steuerermäßigungen können nur in Anspruch genommen werden, wenn durch eine nach amtlich vorgeschriebenem Muster erstellte Bescheinigung des ausführenden Fachunternehmens nachgewiesen wird, dass die Voraussetzungen der Sätze 1 bis 3 und die Anforderungen aus der Rechtsverordnung nach Absatz 7 dem Grunde und der Höhe nach erfüllt sind.

2 **(2) ① Die Steuerermäßigung nach Absatz 1 kann nur in Anspruch genommen werden, wenn der Steuerpflichtige das Gebäude im jeweiligen Kalenderjahr ausschließlich zu eigenen Wohnzwecken nutzt. ② Eine Nutzung zu eigenen Wohnzwecken liegt auch vor, wenn Teile einer zu eigenen Wohnzwecken genutzten Wohnung anderen Personen unentgeltlich zu Wohnzwecken überlassen werden.**

3 **(3) ① Der Steuerpflichtige kann die Steuerermäßigung nach Absatz 1 nicht in Anspruch nehmen, soweit die Aufwendungen als Betriebsausgaben, Werbungskosten, Sonderausgaben oder außergewöhnliche Belastungen berücksichtigt worden sind. ② Die Steuerermäßigung nach Absatz 1 ist ebenfalls nicht zu gewähren, wenn für die energetischen Maßnahmen eine Steuerbegünstigung nach § 10f oder eine Steuerermäßigung nach § 35a in Anspruch genommen wird oder es sich um eine öffentlich geförderte Maßnahme handelt, für die zinsverbilligte Darlehen oder steuerfreie Zuschüsse in Anspruch genommen werden.**

4 **(4) Voraussetzung für die Inanspruchnahme der Steuermäßigung für energetische Maßnahmen ist, dass**

1. der Steuerpflichtige für die Aufwendungen eine Rechnung erhalten hat, die die förderungsfähigen energetischen Maßnahmen, die Arbeitsleistung des Fachunternehmens und die Adresse des begünstigten Objekts ausweisen, und die in deutscher Sprache ausgefertigt ist und
2. die Zahlung auf das Konto des Erbringers der Leistung erfolgt ist.

[1] Zur erstmaligen Anwendung siehe § 52 Abs. 35 a EStG.

5 (5) **Die Absätze 1 bis 4 sind auf Gebäudeteile, die selbständige unbewegliche Wirtschaftsgüter sind, und auf Eigentumswohnungen entsprechend anzuwenden.**

6 (6) ① **Steht das Eigentum am begünstigten Objekt mehreren Personen zu, können die Steuerermäßigungen nach Absatz 1 für das begünstigte Objekt insgesamt nur einmal in Anspruch genommen werden.** ② **Die der Steuerermäßigung nach Absatz 1 zugrunde liegenden Aufwendungen können einheitlich und gesondert festgestellt werden.** ③ **Die für die gesonderte Feststellung von Einkünften nach § 180 Absatz 1 Nummer 2 a der Abgabenordnung geltenden Vorschriften sind entsprechend anzuwenden.**

7 (7) **Die Bundesregierung wird ermächtigt, durch Rechtsverordnung mit Zustimmung des Bundestages und des Bundesrates die Mindestanforderungen für die energetischen Maßnahmen nach Absatz 1 Satz 3 sowie die Anforderungen an ein Fachunternehmen nach Absatz 1 Satz 6 festzulegen.**

Übersicht

H 35c

Anwendungsschreiben → BMF vom 14. 1. 2021 (BStBl. I S. 103).[1]

11 **Bescheinigungen.** Zur Bescheinigung des ausführenden Fachunternehmens und zur Bescheinigung für Personen mit Ausstellungsberechtigung nach § 88 Gebäudeenergiegesetz → BMF vom 26. 1. 2023 (BStBl. I S. 218).[1]

Anl a zu H 35c

a) Schreiben betr. steuerliche Förderung energetischer Maßnahmen an zu eigenen Wohnzwecken genutzten Gebäuden; Einzelfragen zu § 35c EStG

Vom 14. Januar 2021 (BStBl. I S. 103)

(BMF IV C 1 – S 2296-c/20/10004 :006; DOK 2021/0031094)

Unter Bezugnahme auf das Ergebnis der Erörterungen mit den obersten Finanzbehörden der Länder gilt für die Anwendung von § 35 c EStG und der Verordnung zur Bestimmung von Mindestanforderungen für energetische Maßnahmen bei zu eigenen Wohnzwecken genutzten Gebäuden nach § 35 c des Einkommensteuergesetzes (Energetische Sanierungsmaßnahmen-Verordnung – ESanMV) Folgendes:

Inhaltsverzeichnis

1. Begünstigtes Objekt

19 **1** Die Steuerermäßigung nach § 35c EStG kann für energetische Maßnahmen an einem in der Europäischen Union oder dem Europäischen Wirtschaftsraum belegenden und zu eigenen Wohnzwecken (vgl. Rz. 9 ff.) genutzten eigenen Gebäude beantragt werden. Begünstigt sind

[1] Nachstehend abgedruckt.

Anl a zu H 35c

- die Wohnung (vgl. Rz. 2) im eigenen Haus,
  (sowohl die eigene Wohnung i. S. d. Wohnungseigentumsgesetzes, als auch die rechtlich nicht getrennte Wohnung eines im (Allein- oder Mit-)Eigentum stehenden Zwei- oder Mehrfamilienhauses (vgl. Rz. 30)),
- die Wohnung im (Allein- oder Mit-)Eigentum stehenden Ferienhaus oder die im (Allein- oder Mit-) Eigentum stehende Ferienwohnung sowie
- die im Rahmen einer doppelten Haushaltsführung genutzte im (Allein- oder Mit-)Eigentum stehende Wohnung,

wenn das Objekt ausschließlich zu eigenen Wohnzwecken genutzt und nicht – auch nicht kurzfristig – vermietet wird. Gefördert werden auch energetische Maßnahmen an Zubehörräumen eines begünstigten Objekts wie z. B. Kellerräume, Abstellräume, Bodenräume, Trockenräume, Heizungsräume und Garagen, wenn die energetische Maßnahme zusammen mit der energetischen Maßnahme des begünstigten Objekts erfolgt, z. B. Dämmung der Kellerdecke.

2. Begriff der Wohnung

2 Eine Wohnung i. S. d. Rz. 1 ist gemäß § 181 Absatz 9 BewG die Zusammenfassung einer Mehrheit von Räumen, die in ihrer Gesamtheit so beschaffen sein muss, dass die Führung eines selbständigen Haushalts möglich ist. Die Zusammenfassung einer Mehrheit von Räumen muss eine von anderen Wohnungen oder Räumen, insbesondere Wohnräumen, baulich getrennte, in sich abgeschlossene Wohneinheit bilden und einen selbständigen Zugang haben. Außerdem ist es erforderlich, dass die für die Führung eines selbständigen Haushalts notwendigen Nebenräume (Küche, Bad oder Dusche, Toilette) vorhanden sind. Außerhalb der Wohnung belegene Räume werden dabei nicht berücksichtigt. Auf die Art des Gebäudes, in dem sich die Wohnung befindet, kommt es nicht an. **20**

3. Anspruchsberechtigte Person

3 Anspruchsberechtigt ist grundsätzlich der bürgerlich-rechtliche Eigentümer. Übt eine andere Person als der bürgerlich-rechtliche Eigentümer die tatsächliche Herrschaft über das begünstigte Objekt dergestalt aus, dass sie den bürgerlich-rechtlichen Eigentümer für die gewöhnliche Nutzungsdauer von der Einwirkung auf das begünstigte Objekt ausschließen kann (wirtschaftlicher Eigentümer, § 39 Absatz 2 Nummer 1 Satz 1 AO), so ist diese die anspruchsberechtigte Person. Anspruchsberechtigt ist auch, wer durch Übergang von Nutzen und Lasten wirtschaftlicher Eigentümer eines neu erworbenen begünstigten Objekts ist und lediglich mangels Grundbucheintragung noch nicht als bürgerlichrechtlicher Eigentümer des begünstigten Objekts gilt (§ 873 i. V. m. § 925 BGB). **21**

a) Bürgerlich-rechtlicher Eigentümer

4 Bürgerlich-rechtlicher Eigentümer ist, wer als Eigentümer am Grundstück oder an der Wohnung (Sondereigentum) in Verbindung mit dem Miteigentumsanteil an dem gemeinschaftlichen Eigentum im Grundbuch eingetragen ist.

5 Bürgerlich-rechtliches Eigentum am Gebäude hat auch der Erbbauberechtigte und diejenige Person, die das Gebäude auf einem Grundstück hergestellt hat, an dem ihr ein Nutzungsrecht nach den §§ 287 oder 291 des Zivilgesetzbuches DDR vor dem Wirksamwerden des Beitritts verliehen worden ist.

b) Wirtschaftlicher Eigentümer

6 Wirtschaftliches Eigentum wird durch dinglich (z. B. Nießbrauch) oder schuldrechtlich begründete Nutzungsrechte (z. B. Miete) in der Regel nicht vermittelt (BFH-Urteil vom 24. Juni 2004 – III R 50/01, BStBl. 2005 II S. 80). Die dinglich oder schuldrechtlich nutzungsberechtigte Person kann weder wie ein Eigentümer mit der Sache nach Belieben verfahren noch den Eigentümer wirtschaftlich ausschließen.

7 Anspruchsberechtigt ist aber auch, wer auf einem fremden Grundstück mit Zustimmung des Eigentümers auf eigene Rechnung eine Wohnung errichtet hat (BFH-Urteil vom 5. Juli 2018 – VI R 67/15, BStBl. II S. 798) und gemäß den im Voraus getroffenen und tatsächlich durchgeführten Vereinbarungen die wirtschaftliche Verfügungsmacht innehat, weil die Wohnung nach voraussichtlicher Dauer des Nutzungsverhältnisses bei normalem, der gewählten Gestaltung entsprechenden Verlauf wirtschaftlich verbraucht ist. Voraussetzung ist, dass die nutzungsberechtigte Person das uneingeschränkte Nutzungsrecht erlangt und frei darüber verfügen kann oder bei Beendigung einen Anspruch auf Entschädigung hat. Gleiches gilt, wenn der nutzungsberechtigten Person für den Fall der Nutzungsbeendigung gegenüber dem Grundstückseigentümer ein Anspruch auf Ersatz des vollen Verkehrswertes der Wohnung zusteht. Ein solcher Anspruch kann sich aus dem Vertrag oder Gesetz ergeben.

8 Der Dauerwohnberechtigte i. S. d. §§ 31 ff. Wohnungseigentumsgesetz ist nur dann als wirtschaftlicher Eigentümer der Wohnung anzusehen, wenn seine Rechte und Pflichten bei wirtschaftlicher Betrachtungsweise den Rechten und Pflichten eines Eigentümers der Wohnung entsprechen und wenn er aufgrund des Dauerwohnrechtsvertrags bei Beendigung des Dauerwohnrechts eine angemessene Entschädigung erhält (BFH-Urteil vom 11. September 1964 – VI 56/63 U, BStBl. 1965 III S. 8 und vom 22. Oktober 1985 – IX R 48/82, BStBl. 1986 II S. 258).

4. Nutzung zu eigenen Wohnzwecken

9 Eine Wohnung wird zu eigenen Wohnzwecken genutzt, wenn sie zumindest zeitweise vom Eigentümer tatsächlich genutzt wird. Ausreichend ist, wenn die Wohnung im Zusammenhang mit der energetischen Maßnahme nutzbar gemacht wird. Im Bereithalten einer tatsächlich leerstehenden Wohnung liegt grundsätzlich keine Nutzung zu eigenen Wohnzwecken. Ein Leerstand vor Beginn der Nutzung zu eigenen Wohnzwecken ist jedoch unschädlich, wenn er mit der beabsichtigten Nutzung des begünstigten Objekts zu eigenen Wohnzwecken zusammenhängt. Ein Zusammenhang ist regelmäßig gegeben, wenn die energetischen Maßnahmen unmittelbar vor Beginn der Nutzung zu eigenen Wohnzwecken **22**

Anl a zu H 35c

erfolgen (z. B. zwischen dem Erwerb und dem Einzug). Dies gilt auch für mehrjährige Sanierungsmaßnahmen, wenn der Leerstandszeitraum zwischen dem Beginn der energetischen Sanierungsmaßnahme und dem Einzug durch die Gesamtbaumaßnahme bedingt ist.

10 Eine Wohnung wird zu eigenen Wohnzwecken durch die anspruchsberechtigte Person genutzt, wenn diese die Wohnung allein, mit ihren Familienangehörigen oder gemeinsam mit Dritten bewohnt. Eine Wohnung wird auch dann zu eigenen Wohnzwecken genutzt, wenn diese an ein einkommensteuerlich zu berücksichtigendes Kind i. S. d. § 32 Absatz 1 bis 5 EStG unentgeltlich überlassen wird, für das die anspruchsberechtigte Person einen Anspruch auf Kindergeld hat oder die Voraussetzungen für die Gewährung der Freibeträge für Kinder nach § 32 EStG erfüllt. Die unentgeltliche Überlassung der gesamten Wohnung an andere – auch unterhaltsberechtigte – Angehörige oder fremde Dritte stellt keine Nutzung zu eigenen Wohnzwecken dar.

11 Die Steuerermäßigung nach § 35c EStG kann auch in Anspruch genommen werden, wenn nur Teile einer im Übrigen zu eigenen Wohnzwecken genutzten Wohnung unentgeltlich zu Wohnzwecken überlassen werden (vgl. Rz. 16).

a) Gemischte Nutzung einer Wohnung

12 Werden Teile einer Wohnung nicht zu eigenen Wohnzwecken genutzt (z. B. ein häusliches Arbeitszimmer, das ausschließlich oder nahezu ausschließlich für betriebliche oder berufliche Zwecke genutzt wird, andere betrieblich/beruflich genutzte oder vermietete Räume), ist dies für die Gewährung der Steuerermäßigung nach § 35c EStG dem Grunde nach unschädlich. Die Aufwendungen für die energetischen Maßnahmen sind jedoch um den Teil der Aufwendungen zu kürzen, der auf den nicht zu eigenen Wohnzwecken genutzten Teil der Wohnung entfällt. Für die Kürzung ist es unerheblich, ob die Aufwendungen für das häusliche Arbeitszimmer in voller Höhe oder gemäß § 4 Absatz 5 Satz 1 Nummer 6 b i. V. m. § 9 Absatz 5 EStG nur begrenzt auf den Höchstbetrag von 1250 Euro berücksichtigt werden.

13 Aufwendungen, die eindeutig und klar abgrenzbar ausschließlich auf einen Teil der Wohnung entfallen, sind unmittelbar diesem Teil zuzuordnen. Im Übrigen sind die Aufwendungen für energetische Maßnahmen grundsätzlich nach dem Verhältnis der Nutzfläche der eigenen Wohnzwecken dienenden Räume zur gesamten Nutzfläche der Wohnung aufzuteilen. Der auf ein häusliches Arbeitszimmer entfallende Anteil der Aufwendungen bestimmt sich nach dem Verhältnis der Nutzfläche des häuslichen Arbeitszimmers zur gesamten Nutzfläche der Wohnung einschließlich des Arbeitszimmers. Das gilt auch für ein im Keller belegenes häusliches Arbeitszimmer (Rz. 6 a des BMF-Schreibens vom 6. Oktober 2017 – BStBl. I S. 1320). Der Höchstbetrag der Steuerermäßigung von 40 000 Euro (vgl. Rz. 25) mindert sich hierdurch nicht.

Beispiel 1

A und B lassen die Dachflächen ihres zu eigenen Wohnzwecken genutzten Einfamilienhauses dämmen. Das Einfamilienhaus hat eine Gesamtfläche von 150 m². Im Haus befindet sich ein 15 m² großes Arbeitszimmer, das von A und B beruflich für ihre nichtselbständige Tätigkeit genutzt wird. Die Voraussetzungen für den Vollabzug der Aufwendungen für das Arbeitszimmer nach § 9 Absatz 5 i. V. m. § 4 Absatz 5 Satz 1 Nummer 6 b EStG als Werbungskosten sind erfüllt. A und B werden zusammen zur Einkommensteuer veranlagt. Die Aufwendungen für die energetische Maßnahme der Dachdämmung sind um den auf das Arbeitszimmer entfallenden Teil (10 Prozent) zu kürzen (vgl. Rz. 12). Dieser Teil der Aufwendungen ist nach den allgemeinen Grundsätzen für den Werbungskostenabzug bei den Einkünften aus nichtselbständiger Arbeit gemäß § 19 i. V. m. § 9 EStG als Bestandteil der abziehbaren Aufwendungen für das häusliche Arbeitszimmer zu berücksichtigen. Für die übrigen 90 Prozent der Aufwendungen können A und B die Steuerermäßigung nach § 35c EStG beantragen. Eine Kürzung des Höchstbetrages der Steuerermäßigung von 40 000 Euro erfolgt nicht.

14 Werden Teile einer im Übrigen zu eigenen Wohnzwecken genutzten Wohnung vorübergehend vermietet und übersteigen die Einnahmen hieraus nicht 520 Euro im Veranlagungszeitraum (VZ), bedarf es aus Vereinfachungsgründen keiner Aufteilung und Kürzung der Aufwendungen für die energetischen Maßnahmen, wenn nach R 21.2 Absatz 1 EStR 2012 im Einverständnis mit der steuerpflichtigen Person von der Besteuerung der Einkünfte abgesehen wird.

15 Wird auf dem Dach eines zu eigenen Wohnzwecken genutzten Wohngebäudes eine Photovoltaikanlage errichtet und werden mit dieser Anlage gewerbliche Einkünfte gemäß § 15 EStG erzielt, bleibt das Wohngebäude ein begünstigtes Objekt i. S. d. § 35 c EStG. Werden im Zuge einer solchen Installation Aufwendungen für eine als energetische Maßnahme geförderte (Dach-)Sanierung getätigt, handelt es sich regelmäßig um gemischt veranlasste Aufwendungen, für die eine Aufteilung mangels geeignetem Aufteilungsmaßstab nicht möglich ist. Die Aufwendungen für die (Dach-)Sanierung sind vollumfänglich nach § 35c EStG begünstigt. Ein (anteiliger) Abzug der Aufwendungen für die (Dach-)Sanierung als Betriebsausgabe bei den gewerblichen Einkünften kommt nicht in Betracht.

b) Unentgeltliche Überlassung von Teilen einer im Übrigen zu eigenen Wohnzwecken genutzten Wohnung

16 Die Aufwendungen für die energetischen Maßnahmen sind nicht zu kürzen, wenn Teile einer im Übrigen zu eigenen Wohnzwecken genutzten Wohnung durch die steuerpflichtige Person unentgeltlich zu Wohnzwecken überlassen werden. Eine unentgeltliche Überlassung zu Wohnzwecken liegt auch vor, wenn an einem Teil der im Übrigen zu eigenen Wohnzwecken genutzten Wohnung ein obligatorisches oder dingliches Zuwendungs- oder Vermächtniswohnrecht zugunsten einer dritten Person besteht.

17 Wird hingegen ein Teil der im Übrigen zu eigenen Wohnzwecken genutzten Wohnung aufgrund eines vorbehaltenen obligatorischen oder dinglichen Wohnrechts durch eine dritte Person genutzt, handelt es sich nicht um eine unentgeltliche Überlassung durch die steuerpflichtige Person. In diesem Fall sind die Aufwendungen für die energetische Maßnahme um die Aufwendungen zu kürzen, die auf den wohnrechtsbelasteten Teil der Wohnung entfallen. Eine Kürzung des Höchstbetrages der Steuerermäßigung von 40 000 Euro erfolgt nicht.

c) Beginn der erstmaligen Nutzung zu eigenen Wohnzwecken

18 Die steuerpflichtige Person kann nur die Aufwendungen für energetische Maßnahmen geltend machen, die ab dem Tag der erstmaligen Nutzung zu eigenen Wohnzwecken (vgl. Rz. 10) entstanden sind. Der Begriff „Nutzung zu eigenen Wohnzwecken" ist nicht in jedem Fall mit „tatsächlichem Bewohnen" gleichzusetzen. Beginn der erstmaligen Nutzung zu eigenen Wohnzwecken ist grundsätzlich der Tag des Einzugs. Beabsichtigt die steuerpflichtige Person umzuziehen und hat sie für diesen Zweck eine Wohnung oder ein Haus erworben und sind in diesem Fall Aufwendungen für energetische Maßnahmen bereits vor dem Tag des Einzugs entstanden, so gilt der Beginn der energetischen Maßnahmen bereits als Tag der erstmaligen Nutzung zu eigenen Wohnzwecken, sofern das Haus/die Wohnung während der Durchführung der energetischen Maßnahmen nicht noch vermietet ist, sondern leer steht (vgl. Rz. 9).

War der Eigentümer bisher Mieter oder nutzungsberechtigte Person der Wohnung, ist Tag der erstmaligen Nutzung zu eigenen Wohnzwecken der Zeitpunkt, an dem das wirtschaftliche Eigentum auf ihn übergeht (vgl. Rz. 3).

Beispiel 2

A erwirbt im August 2022 ein über 20 Jahre altes leerstehendes Einfamilienhaus und lässt dieses im Anschluss grundlegend renovieren. Zu den Renovierungskosten gehören auch nach § 35 c EStG begünstigte Aufwendungen. Die Renovierungsarbeiten werden am 15. Dezember 2022 (Tag der Rechnungsstellung) abgeschlossen und noch in 2022 per Banküberweisung bezahlt. A zieht am 2. Januar 2023 in das Einfamilienhaus ein und nutzt es auch in 2024 ausschließlich zu eigenen Wohnzwecken.

Für die im Dezember 2022 abgeschlossene energetische Maßnahme kann A die Steuerermäßigung nach § 35 c EStG beginnend ab dem VZ 2022 beanspruchen. Im Hinblick darauf, dass A unmittelbar nach Beendigung der Renovierungsarbeiten in das Einfamilienhaus eingezogen ist, ist der Renovierungszeitraum der erstmaligen Nutzung zu eigenen Wohnzwecken zuzurechnen.

d) Beendigung der Nutzung zu eigenen Wohnzwecken

19 Die Anspruchsvoraussetzungen:
- Nutzung zu eigenen Wohnzwecken (vgl. Rzn. 9 und 10) und
- Eigentum (vgl. Rz. 3 ff.) der steuerpflichtigen Person am begünstigten Objekt (vgl. Rz. 1) gemäß § 35 c Absatz 1 Satz 1 EStG

müssen in jedem VZ des Förderzeitraumes vorliegen. Gibt die steuerpflichtige Person die Nutzung des begünstigten Objekts zu eigenen Wohnzwecken auf, z. B. durch Auszug, Vermietung oder Veräußerung, kann sie letztmalig im VZ der Aufgabe der Nutzung zu eigenen Wohnzwecken die Steuerermäßigung nach § 35c EStG geltend machen. Dies gilt auch, wenn das Objekt nach Beendigung der Nutzung zu eigenen Wohnzwecken leer steht.

5. Alter des Objekts

20 Das begünstigte Objekt muss gemäß § 35 c Absatz 1 Satz 2 EStG bei Durchführung der energetischen Maßnahme älter als zehn Jahre sein. Maßgebend für die Bestimmung des Zehn-Jahreszeitraumes sind der Beginn der Herstellung des Gebäudes (Rz. 21) und der Beginn der energetischen Maßnahme (Rz. 23). Die Frist ist taggenau zu berechnen. **23**

21 Als Beginn der Herstellung gilt bei Objekten, für die eine Baugenehmigung erforderlich ist, der Tag, an dem der erstmalige Bauantrag gestellt wurde; bei baugenehmigungsfreien Objekten, für die Bauunterlagen einzureichen sind, der Tag, an dem die Bauunterlagen eingereicht wurden. Das gilt auch, wenn eine Wohnung erst durch nachträgliche Baumaßnahmen in einem bereits bestehenden Gebäude hergestellt wird.

22 Ist bei vor 2010 errichteten Objekten der Tag der erstmaligen Bauantragstellung nicht bekannt, genügt es, wenn in der Einkommensteuer- oder Feststellungserklärung das Herstellungsjahr angegeben wird. In diesem Fall gilt als Tag der erstmaligen Bauantragstellung der erste Tag im Kalenderjahr des Herstellungsjahres.

Beispiel 3

A bewohnt ein eigenes Einfamilienhaus, das mehrfach den Eigentümer gewechselt hat. Das Datum der erstmaligen Bauantragstellung ist A nicht bekannt. Aus dem Kaufvertrag weiß A, dass das Gebäude 1991 errichtet wurde. Da dem A das Datum der erstmaligen Bauantragstellung nicht bekannt ist, ist es ausreichend, wenn A in der Einkommensteuererklärung den Herstellungsbeginn mit 1991 angibt. Als Tag der erstmaligen Bauantragstellung gilt in diesem Fall der 1. Januar 1991.

23 Als Beginn der energetischen Maßnahme gilt bei Maßnahmen, für die eine Baugenehmigung erforderlich ist, der Tag, an dem der Bauantrag gestellt wurde. Bei baugenehmigungsfreien Maßnahmen, für die Bauunterlagen einzureichen sind, gilt der Tag, an dem die Bauunterlagen eingereicht wurden.

Für energetische Maßnahmen, für die weder eine Baugenehmigung noch eine Kenntnisgabe bei der zuständigen Behörde nach dem Bauordnungsrecht erforderlich ist, gilt als Beginn der energetischen Maßnahme der Zeitpunkt des Beginns der Bauausführung. Dies gilt auch dann, wenn eine Anzeige- und Genehmigungspflicht für die energetische Maßnahme nach anderen Vorschriften besteht.

Planungs- und Beratungsleistungen sowie der Abschluss von Liefer- und Leistungsverträgen gelten nicht als Beginn der energetischen Maßnahme.

Beispiel 4

In einem seit 1997 zu eigenen Wohnwecken genutzten eigenen Einfamilienhaus lässt A die bestehende Ölheizung durch eine effiziente Erdwärmesondenanlage mit einer Nennleistung von 13,5 kW ersetzen. Die Planungsarbeiten durch das beauftragte Fachunternehmen erfolgten im Herbst 2019. Die für die Erdbohrung erforderlichen (landesspezifischen) Anzeigen und Genehmigungen nach den (landesspezifischen) Regelungen des Wasserrechts, Bergrechts oder Lagerstättenrechts wurden Ende 2019 getätigt/eingeholt. Die Bohrarbeiten, Entsorgung der alten und Installation der neuen Heizungsanlage wurden im März 2020 vorgenommen.

Es ist auf den Zeitpunkt des Beginns der Bauausführung abzustellen. Da die energetische Maßnahme „Erneuerung der Heizungsanlage" erst im März 2020 begonnen und durchgeführt wurde, handelt es sich um eine nach § 35 c EStG begünstigte Maßnahme. Unmaßgeblich ist, wann die (landesspezifischen) Anzeigen getätigt oder die für die (landesspezifischen) Genehmigungen erforderlichen Anträge gestellt wurden, die nicht das Baugesetzbuch und das Bauordnungsrecht betreffen.

6. Beschränkung des Höchstbetrages der Steuerermäßigung

24 24 Die Steuerermäßigung nach § 35c EStG ist nur im VZ des Abschlusses der energetischen Maßnahmen (vgl. Rz. 43) und in den beiden folgenden VZ möglich. Übersteigt der für die energetische Maßnahme ermittelte Steuerermäßigungsbetrag die tarifliche Einkommensteuer (vermindert um die sonstigen Steuerermäßigungen) der steuerpflichtigen Person (sog. Anrechnungsüberhang), so kann dieser Anrechnungsüberhang weder in anderen VZ steuermindernd berücksichtigt noch innerhalb des dreijährigen Förderzeitraumes auf einen der drei VZ vor- bzw. zurückgetragen werden. Der Anrechnungsüberhang mindert aber auch nicht den Höchstbetrag der Steuerermäßigung.

Beispiel 5

A hat das 1973 errichtete und von ihm zu eigenen Wohnzwecken genutzte eigene Einfamilienhaus in der Stadt S in 2020 umfassend energetisch saniert. Einen Energieberater hat A nicht hinzugezogen. Für die Aufwendungen in Höhe von insgesamt 130 000 Euro nimmt A im VZ des Abschlusses der energetischen Maßnahme in 2020 und in den beiden folgenden VZ die steuerliche Förderung in Anspruch, wobei A die Steuerermäßigung von 7 Prozent (9100 Euro) im VZ 2020 nicht voll ausschöpfen kann. Denn die tarifliche Einkommensteuer, vermindert um die sonstigen Steuerermäßigungen (hier: 0 Euro), beträgt im VZ 2020 6000 Euro und in den VZ 2021 und 2022 jeweils 9500 Euro.

Den entstehenden Anrechnungsüberhang im VZ 2020 (3100 Euro) kann A weder in einem anderen VZ innerhalb des Förderzeitraumes noch in anderen VZ außerhalb des Förderzeitraumes steuermindernd berücksichtigen lassen.

7. Objektförderung

25 25 Die steuerliche Förderung ist personen- und objektbezogen. Der Höchstbetrag der Steuerermäßigung von 40 000 Euro kann von jeder steuerpflichtigen Person (unter Berücksichtigung der Rz. 28) für jedes begünstigte Objekt insgesamt nur einmal in Anspruch genommen werden. Objektidentität liegt vor, wenn an einer rechtlich nicht getrennten Wohnung das Wohnungseigentum begründet wird. Die bereits nach § 35 c EStG in Anspruch genommene Steuerermäßigung für die rechtlich nicht getrennte Wohnung mindert den Höchstbetrag der Steuerermäßigung für die Eigentumswohnung.

26 Wird das begünstigte Objekt entgeltlich oder unentgeltlich auf eine andere Person übertragen, kann die – die Immobilie ebenfalls zu eigenen Wohnzwecken nutzende – andere Person für ihre eigenen energetischen Aufwendungen die steuerliche Förderung gemäß § 35 c EStG ebenfalls bis zu einem Höchstbetrag von 40 000 Euro in Anspruch nehmen.

8. Steuerliche Förderung mehrerer Objekte

26 27 Der Höchstbetrag der Steuerermäßigung von 40 000 Euro je Objekt kann zeitgleich oder nacheinander für mehrere begünstigte Objekte in Anspruch genommen werden. Im Falle einer zeitgleichen Förderung von mehreren begünstigten Objekten muss zusätzlich die in Anspruch genommene Steuerermäßigung je Objekt ermittelt werden. Hat sich die Steuerermäßigung nach § 35 c EStG deshalb nicht in voller Höhe ausgewirkt, weil die tarifliche Einkommensteuer (vermindert um die sonstigen Steuerermäßigungen) der steuerpflichtigen Person niedriger war (sog. Anrechnungsüberhang vgl. Rz. 24), ist die den einzelnen begünstigten Objekten zuzurechnende Steuerermäßigung nach § 35 c EStG nach dem Verhältnis der förderfähigen Aufwendungen je Objekt zu der Summe der insgesamt förderfähigen Aufwendungen aller Objekte zu ermitteln.

Beispiel 6

A bewohnt mit seiner Familie ein in 1980 errichtetes eigenes Einfamilienhaus in der Stadt S. An einigen Wochenenden nutzt die Familie ein ebenfalls A gehörendes 20 Jahre altes Ferienhaus außerhalb der Stadt ausschließlich zu eigenen Wohnzwecken. An beiden Objekten lässt A folgende energetische Maßnahmen im Jahr 2020 durchführen:

Einfamilienhaus	
Dämmung der Dachflächen	26 000 Euro
Dämmung der Außenwände	58 000 Euro
Gesamt	84 000 Euro
Ferienhaus	
Erneuerung der Fenster und Außentüren	13 000 Euro
Dämmung der Geschossdecke	7 000 Euro
Gesamt	20 000 Euro

Für beide Objekte kann A die steuerliche Förderung in Anspruch nehmen. Für beide Objekte steht ein eigener Höchstbetrag der Steuerermäßigung von 40 000 Euro zur Verfügung. Der Höchstbetrag der Steuerermäßigung für die energetischen Maßnahmen am Einfamilienhaus beträgt in 2020 7 Prozent von 84 000 Euro = 5880 Euro sowie 7 Prozent von 20 000 Euro = 1400 Euro für das Ferienhaus. Die Steuerbelastung (= tarifliche Einkommensteuer vermindert um die sonstigen Steuerermäßigungen) von A beläuft sich ohne die Berücksichtigung der energetischen Maßnahmen im VZ 2020 auf 6673 Euro. A kann die für den VZ 2020 ermittelten Beträge der Steuerermäßigung von 7280 Euro (5880 Euro + 1400 Euro) nur in Höhe von 6673 Euro ausschöpfen. Eine Übertragung des nicht ausgeschöpften Betrages in Höhe von 607 Euro auf andere VZ ist nicht möglich (vgl. Rz. 24).

Nach dem Verhältnis der Aufwendungen für das Ferienhaus zu den insgesamt förderfähigen Aufwendungen (20 000 Euro von 104 000 Euro) entfallen 19,23 Prozent der gewährten Steuerermäßigung nach § 35 c EStG = 1283 Euro auf das Ferienhaus und 80,77 Prozent der gewährten Steuerermäßigung nach § 35 c EStG = 5390 Euro auf das Einfamilienhaus.

9. Miteigentum an einem begünstigten Objekt

28 Steht das Eigentum an einem begünstigten Objekt mehreren Personen zu (Miteigentum), kann der Höchstbetrag der Steuerermäßigung von 40 000 Euro für das Objekt gemäß § 35c Absatz 6 EStG insgesamt nur einmal in Anspruch genommen werden (vgl. Rz. 25). Die auf die energetische Maßnahme entfallenden Aufwendungen sowie der Höchstbetrag der Steuerermäßigung sind den Miteigentümern nach dem Verhältnis ihrer Miteigentumsanteile zuzurechnen. Bei Ehegatten oder Lebenspartnern, die zusammenveranlagt werden, ist eine Aufteilung der Aufwendungen sowie des Höchstbetrages der Steuerermäßigung nach dem Verhältnis ihrer Miteigentumsanteile nicht erforderlich. 27

29 Wird das begünstigte Objekt nicht von allen Miteigentümern zu eigenen Wohnzwecken genutzt, sind für die steuerliche Förderung nur die Aufwendungen zu berücksichtigen, die auf den/die Miteigentümer, der/die das Objekt zu eigenen Wohnzwecken nutzt/nutzen, nach dem Verhältnis seines Miteigentumsanteils/ihrer Miteigentumsanteile entfallen.

10. Miteigentum bei Zwei- oder Mehrfamilienhäusern (mehrere begünstigte Objekte)

30 Besteht ein im Miteigentum mehrerer Personen befindliches Gebäude aus mehreren, rechtlich nicht nach dem Wohnungseigentumsgesetz getrennten Wohnungen und nutzt jeder Miteigentümer eine Wohnung alleine zu eigenen Wohnzwecken, steht jedem Miteigentümer für die von ihm zu eigenen Wohnzwecken genutzte Wohnung jeweils ein eigener Höchstbetrag der Steuerermäßigung von 40 000 Euro nach § 35c EStG zu, soweit der Wert des Miteigentumsanteils den Wert der zu eigenen Wohnzwecken genutzten Wohnung nicht übersteigt. Der Wert einer Wohnung entspricht in der Regel dem Wert des Miteigentumsanteils, wenn der Nutzflächenanteil der Wohnung am Gesamtgebäude dem Miteigentumsanteil entspricht. Weicht der Anteil der Nutzfläche vom Miteigentumsanteil ab, spricht eine widerlegbare Vermutung dafür, dass der Wert der Wohnung dem Miteigentumsanteil entspricht, wenn keine Ausgleichszahlung vereinbart ist. Satz 1 gilt nicht, wenn die Miteigentümer die Wohnungen in gemeinschaftlicher Haushaltsführung nutzen. 28

Beispiel 7

A ist gemeinsam mit B im VZ 2020 Miteigentümer eines 20 Jahre alten Zweifamilienhauses (Miteigentumsanteile je 50 Prozent) mit zwei gleich großen Wohnungen, von denen A und B jeweils eine Wohnung zu eigenen Wohnzwecken nutzen. Im Jahr 2020 lassen sie gemeinsam das Dach mit Dämmung neu decken, die Kosten von 50 000 Euro tragen A und B jeweils hälftig. A lässt zudem im Jahr 2020 in der von ihm genutzten Wohnung die Fenster austauschen (Kosten: 20 000 Euro).

Sowohl A als auch B haben Anspruch auf die Steuerermäßigung nach § 35c EStG für die jeweils von ihnen getragenen Aufwendungen in Höhe von jeweils 25 000 Euro (1/2 von 50 000 Euro) für die energetische Maßnahme der Dachsanierung. A kann zudem die Steuerermäßigung nach § 35c EStG für die Aufwendungen der Erneuerung der Fenster in Höhe von 20 000 Euro beanspruchen. Für beide Wohnungen kann der Höchstbetrag der Steuerermäßigung von 40 000 Euro beansprucht werden.

11. Vorweggenommene Erbfolge und Erbfall

31 Überträgt eine anspruchsberechtigte Person ihr Alleineigentum oder ihren Miteigentumsanteil an der bislang zu eigenen Wohnzwecken genutzten Wohnung innerhalb des dreijährigen Abzugszeitraums unentgeltlich auf eine andere Person, kann die andere Person die Steuerermäßigung gemäß § 35c EStG nicht fortführen, da sie keine Aufwendungen i. S. d. § 35c EStG getragen hat. 29

32 Bewohnen Miteigentümer gemeinsam eine Wohnung, für die sie die Steuerermäßigung nach § 35c EStG beanspruchen und wird im Falle des Todes eines Miteigentümers der überlebende Miteigentümer durch Gesamtrechtsnachfolge infolge des Erbfalls zum Alleineigentümer, kann der überlebende Miteigentümer die bisher auf den anderen Miteigentümer entfallende Steuerermäßigung innerhalb des dreijährigen Abzugszeitraums fortführen, wenn der überlebende Miteigentümer die Wohnung nunmehr im Alleineigentum zu eigenen Wohnzwecken (vgl. Rzn. 9 f.) nutzt.

33 Entsprechendes gilt für den durch Gesamtrechtsnachfolge infolge Erbfalls erwerbenden (Allein-)Eigentümer einer Wohnung, für die der Erblasser eine Steuerermäßigung nach § 35c EStG beansprucht hat, wenn der erwerbende (Allein-)Eigentümer die Wohnung zu eigenen Wohnzwecken (vgl. Rzn. 9 ff.) nutzt.

12. Unterschiedliche Nutzung einzelner Gebäudeteile

34 Die Steuerermäßigung kann auch für Gebäudeteile, die selbständige unbewegliche Wirtschaftsgüter sind, gewährt werden (§ 35c Absatz 5 EStG). Wird ein Gebäude vom Eigentümer unterschiedlich genutzt, z. B. zu eigenen und zu fremden Wohnzwecken, kann für die zu eigenen Wohnzwecken genutzte Wohnung der volle Höchstbetrag der Steuerermäßigung von 40 000 Euro in Anspruch genommen werden. Es sind nur die Aufwendungen berücksichtigungsfähig, die entweder anteilig oder direkt der zu eigenen Wohnzwecken genutzten Wohnung zugeordnet werden können. Zu den anteilig zu berücksichtigenden Aufwendungen gehören beispielsweise die Erneuerung der Heizung oder die energetische Sanierung der Außenfassade. 30

Beispiel 8

A ist Eigentümer eines Gebäudes in F-Stadt. Die 80 m² große Wohnung im Obergeschoss bewohnt A selbst. Im Erdgeschoss betreibt A eine kleine Buchhandlung mit 85 m². Die Wohnung im Obergeschoss ist über eine kleine von außen angebaute Treppe erreichbar. Im Jahr 2020 lässt A sämtliche Fenster (8 Fenster) sowie die Haustür im Obergeschoss und im Erdgeschoss das Schaufenster sowie die Ladentür austauschen. Außerdem werden die Außenwände und die Dachflächen gedämmt.

Sämtliche energetische Maßnahmen wurden von einem Energieberater planerisch begleitet und beaufsichtigt. Für die energetischen Maßnahmen sind folgende Aufwendungen angefallen:

Fenster und Haustür im Obergeschoss:	17 400 Euro
Schaufenster und Ladentür	12 400 Euro
Dämmung Außenwände und Dachflächen	43 000 Euro
Kosten Energieberater	2 500 Euro

Anl a zu H 35c

Die Aufwendungen für die Fenster im Obergeschoss und die Haustür (17 400 Euro) sind der von A zu eigenen Wohnzwecken genutzten Wohnung direkt zuzuordnen und können in vollem Umfang für die Steuerermäßigung nach § 35c EStG berücksichtigt werden. Die übrigen Aufwendungen – mit Ausnahme der Aufwendungen für die Schaufenster und die Ladentür (12 400 Euro) – in Höhe von 45 500 Euro (43 000 Euro sowie 2500 Euro) sind auf die zu eigenen Wohnzwecken genutzte Wohnung und den gewerblich genutzten Teil des Gebäudes aufzuteilen. Das Gebäude hat eine gesamte Nutzfläche von 165 m² (Obergeschoss 80 m² und Erdgeschoss 85 m²). Im Verhältnis zur gesamten Nutzfläche des Gebäudes beträgt der Anteil der zu eigenen Wohnzwecken genutzten Wohnung 48,48 Prozent, so dass A für die Aufwendungen für die Außendämmung und für den Energieberater anteilig mit jeweils 48,48 Prozent (Außendämmung 20 846 Euro und Energieberater 1212 Euro) die Steuerermäßigung gemäß § 35c EStG in Anspruch nehmen kann, wobei sich die Aufwendungen für den Energieberater in Höhe von 50 Prozent (606 Euro) steuerermäßigend auswirken (vgl. Rz. 50). Der Höchstbetrag der Steuerermäßigung von 40 000 Euro kann für die zu eigenen Wohnzwecken genutzte Wohnung in voller Höhe beansprucht werden (§ 35c Absatz 5 EStG).

13. Wohnungseigentümergemeinschaft

31 **35** Die Steuerermäßigung gemäß § 35c EStG von bis zu 40 000 Euro kann auch für energetische Maßnahmen an einer Eigentumswohnung gewährt werden (§ 35c Absatz 5 EStG). Berücksichtigungsfähig sind Aufwendungen, die das Sondereigentum und das gemeinschaftliche Eigentum betreffen. Aufwendungen für energetische Maßnahmen, die das gemeinschaftliche Eigentum betreffen, sind entsprechend dem Miteigentumsanteil zu berücksichtigen. Der Anteil des jeweiligen Wohnungseigentümers an den begünstigten Aufwendungen kann auch durch eine Bescheinigung des Verwalters nachgewiesen werden.

14. Förderfähige Aufwendungen

32 **36** Förderfähig sind die Aufwendungen, die der steuerpflichtigen Person unmittelbar durch die fachgerechte Durchführung der energetischen Maßnahme entstehen (vgl. Rzn. 44 ff.). Darunter fallen Aufwendungen für das Material sowie den fachgerechten Einbau bzw. die fachgerechte Installation, die Inbetriebnahme von Anlagen und die fachgerechte Verarbeitung durch das jeweilige Fachunternehmen einschließlich notwendiger Umfeldmaßnahmen (vgl. Rz. 54) sowie die Kosten für die Beratungs-, Planungs- und Baubegleitungsleistungen durch den Energieberater. Berücksichtigt werden die Aufwendungen einschließlich Umsatzsteuer. Die Aufwendungen für die energetische Maßnahme sind auch dann gemäß § 35c EStG förderfähig, wenn die Mindestanforderungen gemäß § 1 ESanMV bereits vor der energetischen Maßnahme vorlagen.

37 Sofern zeitgleich mit der energetischen Maßnahme weitere, nicht förderfähige Maßnahmen durchgeführt werden, sind die den Einzelleistungen nicht direkt zurechenbaren Kosten (Gemeinkosten), z. B. Rüstarbeiten, anhand eines nachvollziehbaren Schlüssels anteilig auf die förderfähigen und nicht förderfähigen Maßnahmen aufzuteilen. In Anspruch genommene Rabatte (auch Skonto) und gegebenenfalls vorgenommene Abzüge (z. B. wegen einer Minderung des Rechnungsbetrages) reduzieren entsprechend anteilig die förderfähigen Aufwendungen.

38 Erwirbt die steuerpflichtige Person das Material für die energetische Maßnahme separat, können die Aufwendungen dafür nur als förderfähige Aufwendungen berücksichtigt werden, wenn die energetische Maßnahme von einem Fachunternehmen durchgeführt wird und dieses die Einhaltung der in der ESanMV aufgeführten Mindestanforderungen bescheinigt (Bescheinigung des Fachunternehmens).

39 Aufwendungen für den Austausch einer Heizungsanlage sind auch dann förderfähig, wenn der Betrieb der Altanlage nicht mehr erlaubt ist (§ 10 Energieeinsparverordnung – EnEV, § 72 Gebäudeenergiegesetz – GEG). Bei Öl-Hybridheizungen ist der auf erneuerbare Energien basierende Anlagenteil förderfähig (z. B. eine Solarthermie-Anlage auf dem Dach, die als sog. „Beistellgerät" zum Ölkessel hinzugeschaltet wird), sofern die Aufwendungen für den auf erneuerbaren Energien basierenden Anlagenteilseparat ausgewiesen sind.

40 Die Aufwendungen für die energetische Maßnahme sind auch förderfähig, wenn die steuerpflichtige Person die energetische Maßnahme von ihrem eigenen Fachunternehmen, das in den in § 2 Absatz 1 ESanMV aufgeführten Gewerken tätig ist, durchführen lässt.

41 Eine **nicht abschließende** Liste förderfähiger Maßnahmen ist in diesem BMF-Schreiben als Anlage enthalten. Die als förderfähig aufgeführten Maßnahmen entsprechen den von der Kreditanstalt für Wiederaufbau (KfW) und vom Bundesamt für Wirtschaft und Ausfuhrkontrolle (BAFA) geförderten Maßnahmen.

a) Begriff und Umfang einer energetischen Maßnahme

42 Die energetische Maßnahme kann eine oder mehrere energetische Einzelmaßnahmen i. S. d. § 35c Absatz 1 Satz 3 Nummer 1 bis 8 EStG umfassen. Eine Einzelmaßnahme kann auch schrittweise durch mehrere – voneinander getrennt zu beurteilende – energetische Maßnahmen ausgeführt werden (z. B. im Jahr 2021 Austausch von Fenstern im Erdgeschoss und im Jahr 2022 Austausch von Fenstern im Obergeschoss). Keine voneinander getrennt zu beurteilenden energetischen Maßnahmen liegen vor, wenn die einzelnen Teilschritte für die Erfüllung der Mindestanforderungen gemäß ESanMV notwendig sind, z. B. der Einbau eines effizienten Gasbrennwertgerätes, das für die künftige Einbindung erneuerbarer Energien vorbereitet ist („Renewable Ready") und die gegebenenfalls später – innerhalb von zwei Jahren, gerechnet ab dem Datum der Installation des Gasbrennwertgerätes – erfolgte Einbindung des Anteils erneuerbarer Energien. In diesem Fall ist die energetische Maßnahme erst mit dem letzten Teilschritt abgeschlossen.

43 Die Steuerermäßigung ist erstmalig in dem VZ zu gewähren, in dem die energetische Maßnahme abgeschlossen wurde. Voraussetzung ist, dass mit der Durchführung der energetischen Maßnahme nach dem 31. Dezember 2019 begonnen wurde und diese vor dem 1. Januar 2030 abgeschlossen ist.

Anl a zu H 35c

Die energetische (Einzel-)Maßnahme ist dann abgeschlossen, wenn die Leistung tatsächlich erbracht (vollständig durchgeführt) ist, die steuerpflichtige Person eine Rechnung (Schlussrechnung) erhalten und den Rechnungsbetrag auf das Konto des Leistungserbringers eingezahlt hat. Die Erledigung unwesentlicher Restarbeiten, die für die tatsächliche Reduzierung von Emissionen nicht hinderlich sind, ist unschädlich. Auch soweit bei einer mehrteiligen Maßnahme für einzelne Teilleistungen Teilrechnungen erstellt und diese von der steuerpflichtigen Person beglichen wurden, wird die Steuerermäßigung abweichend vom Abflussprinzip gemäß § 11 Absatz 2 Satz 1 EStG erst ab dem VZ des Abschlusses der energetischen Maßnahme gewährt.

b) Fachgerechte Durchführung

44 Von einer fachgerechten Durchführung ist auszugehen, wenn die energetische Maßnahme von einem Fachunternehmen gemäß § 2 Absatz 1 ESanMV vorgenommen wurde. Die fachgerechte Durchführung durch ein Fachunternehmen ist auch in den Fällen zu bejahen, in denen ein angestellter Meister im Fachunternehmen tätig ist und mit der Durchführung der energetischen Maßnahme betraut war. Der Annahme einer fachgerechten Durchführung steht zudem nicht entgegen, wenn das Fachunternehmen ein anderes Unternehmen, das nicht in den in § 2 Absatz 1 ESanMV aufgeführten Gewerken tätig ist, mit der Durchführung einzelner Arbeiten beauftragt hat, z. B. weil dieses Unternehmen über spezielle Fertigkeiten oder Kenntnisse in einem bestimmten Bereich verfügt. Das umfasst sowohl Unternehmen, die in einem anderen als dem in § 2 ESanMV aufgeführten zulassungspflichtigen Gewerk tätig sind, als auch Unternehmen, die in einem nach der Handwerksordnung nicht zulassungspflichtigen Bereich tätig sind (z. B. Einblasdämmung, Fenstermontage). Die Bescheinigung hat das von der steuerpflichtigen Person beauftragte Fachunternehmen auszustellen. Das bescheinigende Fachunternehmen bestätigt damit, dass für die Arbeiten des beauftragten Unternehmens die in der ESanMV aufgeführten Mindestanforderungen eingehalten sind. Werden von der steuerpflichtigen Person mehrere Fachunternehmen beauftragt, stellt jedes Fachunternehmen für die von ihm durchgeführte energetische Maßnahme eine Bescheinigung aus.

45 Unternehmen, welche lose Dämmstoffe maschinell verarbeiten (Einblasdämmstoffe) und vom Hersteller dieser Dämmstoffe zu deren Verarbeitung qualifiziert und zertifiziert werden, gelten als Fachunternehmen i. S. d. § 2 Absatz 1 Nummer 5 ESanMV („Wärme-, Kälte- und Schallisolierungsarbeiten") und sind zur Ausstellung einer Bescheinigung i. S. d. § 35c Absatz 1 Satz 7 EStG berechtigt.

46 Als Fachunternehmen i. S. d. § 35c Absatz 1 Satz 7 EStG gelten zudem Unternehmen, die sich auf die Fenstermontage spezialisiert haben und in diesem Bereich gewerblich tätig sind.

c) Energieberater

47 Die Beauftragung eines Energieberaters mit der planerischen Begleitung oder Beaufsichtigung der energetischen Maßnahmen ist keine zwingende Voraussetzung für die Gewährung der Steuerermäßigung nach § 35c EStG.

48 Die Kosten für einen Energieberater, der von der steuerpflichtigen Person oder mit deren Zustimmung vom Fachunternehmen mit der planerischen Begleitung oder Beaufsichtigung der energetischen Maßnahmen beauftragt wurde, sind im Rahmen des § 35c EStG begünstigt. Hierzu zählen auch die Kosten der zur Bestandsaufnahme oder zur Qualitätssicherung durchgeführten Infrarot-Thermografie-Aufnahmen und Luftdichtheitsmessungen. Umfassen die Kosten für den Energieberater mehrere energetische Maßnahmen, ist eine Aufteilung der Kosten auf die einzelnen Maßnahmen nicht erforderlich. Jedoch können die Kosten nur einmal steuerermäßigend berücksichtigt werden.

49 Als Energieberater i. S. d. § 35c Absatz 1 Satz 4 EStG gelten Personen,
- die vom BAFA als fachlich qualifiziert zum Förderprogramm „Energieberatung für Wohngebäude" zugelassen oder
- die als Energieeffizienz-Experten für das KfW-Förderprogramm „Energieeffizient Bauen und Sanieren – Wohngebäude" (KfW-Programme Nr. 151/152/153 und 430) gelistet sind.

Personen, die ausschließlich eine Ausstellungsberechtigung nach § 21 EnEV/§ 88 GEG besitzen, fallen nicht darunter.

50 Die Kosten für den Energieberater sind abweichend von § 35c Absatz 1 Satz 1 EStG in Höhe von 50 Prozent der Aufwendungen im Jahr des Abschlusses der Maßnahme zu berücksichtigen und nicht auf drei Jahre zu verteilen. Die Kosten für den Energieberater als auch die Kosten für die Erteilung der Bescheinigung nach § 35c Absatz 1 Satz 7 EStG sind jeweils – wie die Aufwendungen für die energetische Maßnahme selbst – vom Höchstbetrag der Steuerermäßigung von 40 000 Euro umfasst.

Beispiel 9

Aufwendungen für energetische Maßnahmen in 2020:	215 000 Euro	
Kosten für den Energieberater in 2020:	3 000 Euro	
Steuerermäßigung im VZ 2020:		
Kosten für den Energieberater:	1 500 Euro	(50 Prozent)
Energetische Maßnahme:	15 050 Euro	(7 Prozent) maximal
	14 000 Euro	(Höchstbetrag inklusive Energieberaterkosten)
Steuerermäßigung im VZ 2021:		
Energetische Maßnahme:	15 050 Euro	(7 Prozent) maximal
	14 000 Euro	(Höchstbetrag)
Steuerermäßigung im VZ 2022:		
Energetische Maßnahme:	12 900 Euro	(6 Prozent) maximal
	12 000 Euro	(Höchstbetrag)
Steuerermäßigung insgesamt:	40 000 Euro	

Anl a zu H 35c

51 Zu beachten ist, dass die steuerpflichtige Person die Kosten für den Energieberater insgesamt nur einmal zur Förderung beantragen kann. Ist bereits ein KfW-Zuschuss für die Energieberaterkosten gewährt worden, scheidet eine weitere Förderung über § 35 c EStG aus.

52 Werden an einem nicht nur zu eigenen Wohnzwecken genutzten Gebäude energetische Maßnahmen durchgeführt (vgl. Rz. 34), die ein Energieberater begleitet hat, sind die Energieberaterkosten anteilig nach dem Verhältnis der Nutzfläche der zu eigenen Wohnzwecken dienenden Räume zur gesamten Nutzfläche des Gebäudes zu berücksichtigen, es sei denn, die Aufwendungen für die die energetische Maßnahme und damit die Energieberaterkosten sind ausschließlich den zu eigenen Wohnzwecken dienenden Räumen zuzuordnen (z. B. Fensteraustausch ausschließlich in den zu eigenen Wohnzwecken genutzten Räumlichkeiten).

53 Eine Berücksichtigung der Kosten für den Energieberater ist nur möglich, wenn mindestens eine energetische Maßnahme i. S. d. steuerlich oder außersteuerlich geltenden Förderprogramme durchgeführt wurde. Unerheblich ist, ob für die energetische Maßnahme eine steuerliche Förderung oder eine andere öffentliche Förderung in Anspruch genommen wird.

d) Umfeldmaßnahmen

54 Unter Umfeldmaßnahmen sind Arbeiten und Investitionen zu verstehen, die unmittelbar zur Vorbereitung und Umsetzung einer förderfähigen Maßnahme notwendig sind und/oder deren Energieeffizienz erhöhen bzw. absichern. Als Umfeldmaßnahmen sind insbesondere anzusehen:
– Baustelleneinrichtung wie Bautafel, Schilder, Absperrung von Verkehrsflächen,
– Rüstarbeiten wie Gerüst, Schutzbahnen,
– Baustoffuntersuchungen bestehender Bauteile,
– bautechnische Voruntersuchungen beispielsweise zum Aufbau der Gebäudehülle,
– Verlegungs- und Wiederherstellungsarbeiten,
– Deinstallation und Entsorgung von Altanlagen.

Voraussetzung für die Gewährung der Steuerermäßigung nach § 35 c EStG auch für die von der steuerpflichtigen Person beauftragten Umfeldmaßnahmen ist, dass eine Rechnung vorliegt und der Rechnungsbetrag auf das Konto des Leistungserbringers gezahlt wurde.

55 Nicht berücksichtigungsfähig sind die Aufwendungen für die Beschaffung von Finanzierungsmitteln, Fremdfinanzierungsaufwendungen, Aufwendungen für Behörden- und Verwaltungsleistungen sowie Aufwendungen für einen Umzug oder ein Ausweichquartier während der Bauarbeiten.

e) Nicht förderfähige Maßnahmen

56 Übernimmt ein Energielieferant im Rahmen eines Vertrages die Versorgung einer Liegenschaft mit der benötigten Energie (Kälte, Wärme, Strom, Druckluft oder andere Formen von Energie), spricht man von Energie-Contracting. Die aus dem Abschluss eines Energie-Contracting (z. B. Wärmeliefer-Contracting) entstehenden Kosten sind nicht förderfähig. Da der Contracting-Nehmer nicht selbst die energetische Maßnahme tätigt und nicht Eigentümer der eingebauten Anlagen wird, liegen die Voraussetzungen für die Inanspruchnahme des § 35 c EStG bereits dem Grunde nach nicht vor.

15. Ausschluss der Förderung

33 **57** Die Steuerermäßigung nach § 35c EStG ist ausgeschlossen, soweit die Aufwendungen für die energetische Maßnahme bereits als Betriebsausgaben, Werbungskosten, Sonderausgaben oder außergewöhnliche Belastung berücksichtigt worden sind.

Beispiel 10

Die steuerpflichtige Person A macht Aufwendungen in Höhe von 23 000 Euro für die energetische Maßnahme einer ihr gehörenden Eigentumswohnung in ihrer Einkommensteuererklärung als Werbungskosten geltend. A nutzt diese Eigentumswohnung zu eigenen Wohnzwecken an ihrem Arbeitsort (Ort der ersten Tätigkeitsstätte) im Rahmen einer doppelten Haushaltsführung. Zudem stellt sie für dieselben Aufwendungen einen Antrag auf Steuerermäßigung nach § 35 c EStG.

Erklärungsgemäß werden die Aufwendungen für die energetische Maßnahme im Rahmen des monatlichen Höchstbetrages von 1000 Euro (12 000 Euro pro Jahr) als Werbungskosten bei der doppelten Haushaltsführung (§ 9 Absatz 1 Satz 3 Nummer 5 Satz 4 EStG) berücksichtigt, mit der Folge, dass die Aufwendungen für die energetische Maßnahme für eine Steuerermäßigung nach § 35 c EStG nur noch anteilig mit 11 000 Euro berücksichtigt werden können.

58 Die Steuerermäßigung nach § 35 c EStG ist vollständig ausgeschlossen, wenn für dieselbe energetische Maßnahme einschließlich der Kosten für den Energieberater
– eine Steuerbegünstigung nach § 10 f EStG für zu eigenen Wohnzwecken genutzte Baudenkmale und Gebäude in Sanierungsgebieten und städtebaulichen Entwicklungsbereichen oder
– eine Steuerermäßigung nach § 35 a EStG bei Aufwendungen für haushaltsnahe Beschäftigungsverhältnisse, haushaltsnahe Dienstleistungen und Handwerkerleistungen oder
– ein zinsverbilligtes Darlehen oder steuerfreie Zuschüsse

beansprucht werden. Dies gilt auch für sämtliche Umfeldmaßnahmen i. S. d. Rz. 54. Entscheidend ist, ob für die jeweilige energetische Maßnahme an sich (z. B. Erneuerung der Heizungsanlage, Wärmedämmung von Wandflächen, Wärmedämmung von Dachflächen) eine öffentliche Förderung, z. B. durch die KfW, erfolgt ist. Nicht entscheidend ist hierbei, ob sich alle Aufwendungen der jeweiligen energetischen Maßnahme auch tatsächlich im Rahmen der öffentlichen Förderung ausgewirkt haben. Unschädlich ist, wenn die steuerpflichtige Person ausschließlich für die Energieberatung Zuschüsse erhalten hat. In diesem Fall kann für die Kosten der Energieberatung keine Steuerermäßigung nach § 35 c EStG beansprucht werden. Wird auf Grund dieser Energieberatung eine energetische Maßnahme durchgeführt und eine andere öffentliche Förderung nicht in Anspruch genommen, kann hierfür die Steuerermäßigung nach § 35 c EStG beansprucht werden.

Anl a zu H 35c

59 Der Ausschluss der Förderung nach § 35c EStG betrifft den gesamten Begünstigungszeitraum. Das heißt, liegen für die energetische Maßnahme sowohl die Voraussetzungen nach § 10f EStG, § 35a EStG, § 35c EStG als auch für die direkte Förderung (Darlehen/Zuschüsse) vor, ist die steuerpflichtige Person für die jeweilige energetische Maßnahme an die einmal getroffene Entscheidung für den gesamten Förderzeitraum gebunden. Ein Wechsel zwischen den Fördertatbeständen ist nicht möglich.

Die steuerpflichtige Person kann z. B. nicht für den Austausch von Fenstern in einem zu eigenen Wohnzwecken genutzten denkmalgeschützten Einfamilienhaus für den VZ 2020 den Abzug der Aufwendungen unter Vorlage der Bescheinigung der Denkmalschutzbehörde nach § 10f EStG und für den VZ 2021 die Steuerermäßigung nach § 35c EStG unter Vorlage der Bescheinigung des Fachunternehmens beanspruchen. Gleiches gilt entsprechend, wenn im VZ 2020 zunächst die Steuerermäßigung gemäß § 35c EStG gewährt wird und im folgenden VZ 2021 anstelle der Steuerermäßigung gemäß § 35c EStG die Steuerbegünstigung für zu eigenen Wohnwecken genutzte Baudenkmale und Gebäude in Sanierungsgebieten und städtebaulichen Entwicklungsbereichen gemäß § 10f EStG für dieselbe Maßnahme beantragt wird.

Die Gewährung der Steuerermäßigung nach § 35c EStG ist nicht ausgeschlossen, wenn für das Objekt gleichzeitig Baukindergeld gezahlt wird.

16. Nachweis der energetischen Maßnahme

60 Energetische Maßnahmen i. S. d. § 35c Absatz 1 Satz 3 EStG sind durch eine vom Fachunternehmen (vgl. Rz. 44) nach amtlich vorgeschriebenem Muster erstellte Bescheinigung nachzuweisen. Die Bescheinigung kann auch von einer Person mit Ausstellungsberechtigung nach § 21 EnEV/§ 88 GEG erstellt werden. Einzelheiten hierzu sind durch BMF-Schreiben vom 31. März 2020 (BStBl. I S. 484)[1] geregelt. **34**

61 Die Steuerermäßigung ist davon abhängig, dass die steuerpflichtige Person für die Aufwendungen der energetischen Maßnahme eine Rechnung in deutscher Sprache erhalten hat und die Zahlung auf das Konto des – die energetische Maßnahme ausführenden – Fachunternehmens erfolgt ist (§ 35c Absatz 4 Nummer 2 EStG). Bei Wohnungseigentümergemeinschaften müssen die sich aus der Rz. 35 ergebenden Nachweise vorhanden sein. Es ist ausreichend, wenn die steuerpflichtige Person die Rechnungen und den Zahlungsnachweis auf Verlangen des Finanzamtes vorlegen kann. Die Bescheinigung des Fachunternehmens oder einer Person mit Ausstellungsberechtigung nach § 21 EnEV/§ 88 GEG als notwendige Voraussetzung ist dem Finanzamt vorzulegen.

Die Zahlung auf das Konto des Fachunternehmens erfolgt in der Regel durch Überweisung. Beträge, die im Wege des Online-Bankings überwiesen wurden, können in Verbindung mit dem Kontoauszug, der die Abbuchung ausweist, anerkannt werden. Das gilt auch bei Übergabe eines Verrechnungsschecks oder der Teilnahme an Electronic-Cash-Verfahren oder am elektronischen Lastschriftverfahren. Barzahlungen, Baranzahlungen oder Barteilzahlungen können nicht anerkannt werden. Das gilt selbst dann, wenn die Barzahlung von dem Fachunternehmen ordnungsgemäß gebucht worden ist und die steuerpflichtige Person einen Nachweis über die ordnungsgemäße Buchung erhalten hat oder wenn eine Barzahlung durch eine später veranlasste Zahlung auf das Konto des Erbringers der Leistung ersetzt wird.

Einer Rechnung in deutscher Sprache gleichzustellen ist eine Rechnung in ausländischer Sprache, die von einem vereidigten Übersetzer übersetzt worden ist. Die Kosten für die Übersetzung sind nicht förderfähig.

Die vorgenannten Ausführungen gelten für die Aufwendungen der steuerpflichtigen Person für die Inanspruchnahme eines Energieberaters entsprechend.

17. Konto eines Dritten

62 Die Inanspruchnahme der Steuerermäßigung durch die steuerpflichtige Person ist auch möglich, wenn die Aufwendungen für die energetischen Maßnahmen, für die die steuerpflichtige Person eine Rechnung erhalten hat, von dem Konto einer dritten Person bezahlt worden sind. **35**

18. Verhältnis zu § 33 EStG

63 Für den Teil der Aufwendungen, der durch den Ansatz der zumutbaren Belastung nach § 33 Absatz 3 EStG oder wegen der Gegenrechnung von Pflegegeld oder Pflegetagegeld nicht als außergewöhnliche Belastung berücksichtigt wird, kann die steuerpflichtige Person die Steuerermäßigung nach § 35c EStG in Anspruch nehmen. **36**

19. Verhältnis zu § 92a EStG

64 Steht eine energetische Maßnahme zugleich im Zusammenhang mit einem barrierereduzierenden Umbau einer zu eigenen Wohnzwecken genutzten Wohnung und wird dafür eine steuerliche Förderung nach § 92a Absatz 1 Satz 1 Nummer 3 EStG beansprucht, ist eine Steuerermäßigung nach § 35c EStG hierdurch nicht ausgeschlossen. **37**

20. Antragstellung und Verfahren

65 Der Antrag auf die Steuerermäßigung nach § 35c EStG kann bis zur Unanfechtbarkeit des betreffenden Einkommensteuerbescheides gestellt werden bzw. solange eine Änderung nach den Vorschriften der AO (z. B. § 164 Absatz 2 AO) oder des EStG möglich ist. **38**

66 Um für die Aufwendungen die Steuerermäßigung für energetische Maßnahmen gemäß § 35c EStG bereits im laufenden Kalenderjahr beim monatlichen Lohnsteuerabzug mit berücksichtigen zu können, kann beim zuständigen Finanzamt ein Freibetrag als Elektronisches Lohnsteuerabzugsmerkmal nach § 39a Absatz 1 Satz 1 Nummer 5 Buchstabe c EStG in Höhe des Vierfachen der jährlichen Ermäßigung beantragt werden.

---

[1] Letztmals abgedruckt im „Handbuch zur ESt-Veranlagung 2020" als Anlage a zu H 35c.

Anl a zu H 35c

67 Voraussetzung für die Steuerermäßigung nach § 35c EStG ist, dass die jeweilige energetische Maßnahme die Mindestanforderungen gemäß der jeweiligen Anlage zur ESanMV erfüllt. Davon ist auszugehen, wenn die steuerpflichtige Person eine Bescheinigung des von ihr beauftragten Fachunternehmens oder eine Bescheinigung einer Person mit Ausstellungsberechtigung nach § 21 EnEV/§ 88 GEG vorlegt, aus der sich ergibt, dass die energetische Maßnahme die Mindestanforderungen erfüllt.

68 Steht das Eigentum am begünstigten Objekt mehreren Personen zu, können die der Steuerermäßigung zugrundeliegenden Aufwendungen gemäß § 35c Absatz 6 Satz 2 EStG gesondert und einheitlich festgestellt werden.

Anlage

39 Die Liste der nachfolgend aufgeführten förderfähigen Maßnahmen ist nicht abschließend.

1. Förderfähige Maßnahmen bei Wärmedämmung von Wänden

- Abbrucharbeiten (wie Abklopfen des alten Putzes, Abbruch von nicht thermisch getrennten Balkonen oder Treppenhäusern inklusive dann notwendiger Neuerrichtung) und Entsorgung (inklusive Schadstoffe und Sonderabfälle)
- Erdaushub bei Dämmung von erdberührten Außenflächen inklusive Sicherungsmaßnahmen
- notwendige Bauwerkstrockenlegung
- Erhöhung des Dachüberstandes
- Bohrungen für Kerndämmungen
- Ein- beziehungsweise Anbringen der Wärmedämmung, auch in Gebäudetrennfugen
- Einbringen von Kerndämmung und Einblasdämmung
- Maßnahmen zur Wärmebrückenreduktion wie thermische Ertüchtigung bestehender Balkone/Loggien inklusive nachträgliche Verglasung von unbeheizten Loggien, Dämmung von Heizkörpernischen und Sanierung kritischer Wärmebrücken im Raum
- Einbau neuer beziehungsweise Erneuerung der Fensterbänke
- sommerlicher Wärmeschutz: Einbau neuer beziehungsweise Erneuerung von Rollläden und außen liegenden Verschattungselementen
- Dämmung und Ertüchtigung von vorhandenen Rollladenkästen
- Maler- und Putzarbeiten inklusive Stuckateurarbeiten, Fassadenverkleidung, zum Beispiel Klinker
- Ersatz, Erneuerung und Erweiterung von Außenwänden
- Einbau von Dämmsteinen
- Erneuerung von Ausfachungen bei Fachwerkaußenwänden
- Maßnahmen zum Schlagregenschutz
- Maßnahmen zur Schalldämmung
- Austausch von Glasbausteinen durch Mauerwerk
- Erneuerung der Briefkasten- und Klingelanlage
- Erneuerung Windfang, Vordachkonstruktionen, Geländer und Eingangsstufen
- Verlegung der Regenrohre
- Wiederherstellung der Außenanlage/Rabatte
- hydraulischer Abgleich des Zentralheizungssystems inklusive Strangregulierung, Ventil und Pumpenerneuerung
- Erhalt von Nistplätzen für Gebäudebrüter, zum Beispiel durch Einbau von Nistkästen/Niststeinen in die Fassade oder in die Wärmedämmung sowie besondere Konstruktionen in Traufkästen; weitere Informationen unter www.bund-hannover.de „Artenschutz an Gebäuden" und www.bund-dueren.de „Artenschutz"

2. Förderfähige Maßnahmen bei Wärmedämmung von Dachflächen

- Abbrucharbeiten wie alte Dämmung, Dacheindeckung, Dachpappe, Schweißbahnen oder Asbest und deren Entsorgung (inklusive Schadstoffe und Sonderabfälle)
- Gutachten für Baustoffuntersuchungen bestehender Bauteile
- Erneuerung der Dachlattung
- Einbau von Unterspannbahn, Luftdichtheitsschicht und Dampfsperre
- Ein- beziehungsweise Aufbringen der Wärmedämmung
- Einbringen von Kerndämmung und Einblasdämmung
- Aufdopplung und Verstärkung der Sparren bei Zwischensparrendämmung
- Ersatz, Erneuerung und Erweiterung des Dachstuhls oder von Teilen eines Dachstuhls
- Dämmung/Erneuerung/Erstellung von Dachgauben
- Verkleidung der Dämmung (zum Beispiel Gipskartonplatten) sowie Maler- und Tapezierarbeiten bei ausgebautem Dachgeschoss
- Maßnahmen zur Wärmebrückenreduktion
- Maßnahmen zur Schalldämmung
- Austausch von Dachziegeln inklusive Versiegelung, Abdichtungsarbeiten am Dach, inklusive Dachdurchgangsziegel (zum Beispiel Lüftungs- oder Antennenziegel) und Schneefanggitter Neueindeckung des Daches oder Dachabschlusses bei Flachdach mittels Dachpappe, Schweißbahn et cetera
- Dachbegrünungen
- Erneuerung/Einbau von Oberlichtern, Lichtkuppeln
- Einbau von Schornsteinfeger-Ausstiegsluken in unbeheizten Dachräumen
- Änderung des Dachüberstands
- Erneuerung der Dachrinnen, Fallrohre, Einlaufbleche
- notwendige Arbeiten an Antennen, Satellitenschüsseln, Elektrik, Blitzableiter

Anl a zu H 35c

- Schornsteinkopf neu einfassen, zum Beispiel Kaminabdeckung, Kaminverkleidung
- hydraulischer Abgleich des Zentralheizungssystems inklusive Strangregulierung, Ventil und Pumpenerneuerung
- Erhalt von Nistplätzen für Gebäudebrüter, zum Beispiel durch Einbau von Nistkästen/Niststeinen in besondere Konstruktionen in Traufkästen, Dachschrägen oder im Giebelbereich; weitere Informationen unter www.bund-hannover.de „Artenschutz an Gebäuden" und www.bund-dueren.de „Artenschutz"

3. Förderfähige Maßnahmen bei Wärmedämmung von Geschossdecken

- notwendige Abbrucharbeiten und Entsorgung (inklusive Schadstoffe und Sonderabfälle)
- Bauwerkstrockenlegung
- Aufbringen der Wärmedämmung
- Einbringen von Kerndämmung und Einblasdämmung
- Maßnahmen zur Wärmebrückenreduktion
- notwendige Folgearbeiten an angrenzenden Bauteilen
- notwendige Maler- und Putzarbeiten
- Estrich, Trittschalldämmung, Bodenbelag (sofern Kellerdecke „von oben" gedämmt wird)
- Maßnahmen zur Schalldämmung
- Wiederherstellung der Begehbarkeit des neu gedämmten Bodens
- notwendige Arbeiten an den Versorgungsleitungen, zum Beispiel Verlegung von Elektroanschlüssen
- Erneuerung von energetisch relevanten Türen oder wärmedämmenden Bodentreppen, zum Beispiel zum Keller oder Dachboden, sowie von wärmedämmenden Bodenklappen zum unbeheizten Dachboden
- hydraulischer Abgleich des Zentralheizungssystems inklusive Strangregulierung, Ventil und Pumpenerneuerung

4. Förderfähige Maßnahmen bei der Erneuerung der Fenster und Außentüren

- Ausbau und Entsorgung (inklusive Schadstoffe und Sonderabfälle)
- Austausch, Ertüchtigung (Neuverglasung, Überarbeitung der Rahmen, Herstellung von Gang- und Schließbarkeit sowie Verbesserung der Fugendichtheit und der Schlagregendichtheit) und Einbau neuer Fenster, Fenstertüren und Außentüren beziehungsweise deren erstmaliger Einbau
- Einbau von Fensterlüftern und Außenwandluftdurchlässen (Außenwand-Luftdurchlass/lässe)
- Austausch von Glasbausteinen durch neue Fenster
- Maßnahmen zur Wärmebrückenreduktion, auch Dämmung von Heizkörpernischen, Sanierung kritischer Wärmebrücken im Raum
- Maßnahmen zur Schalldämmung
- Abdichtung der Fugen
- Einbau neuer beziehungsweise Erneuerung der Fensterbänke
- sommerlicher Wärmeschutz: Einbau neuer beziehungsweise Erneuerung von Rollläden und außen liegenden Verschattungselementen nach DIN 4108-2
- Dämmung und Ertüchtigung von vorhandenen Rollladenkästen
- Fliegengitter, sofern diese fest eingebaut sind
- Erneuerung des Heizkörpers bei Einbau größerer Fenster und daraus geringerer Brüstungshöhen
- notwendige Putz- und Malerarbeiten im Fensterbereich (gegebenenfalls anteilig)
- Erneuerung Hauseingangstüren sowie anderer Außentüren innerhalb der thermischen Gebäudehülle. Bei Mehrfamilienhäusern zum Beispiel auch Erneuerung von Wohnungseingangstüren zum unbeheizten Treppenhaus, Türen zum unbeheizten Keller oder Dachboden, Bodenklappen zum unbeheizten Dachboden
- notwendige Elektroarbeiten für elektrisch betriebene Fenster und Türen, Anschlüsse an Einbruchsicherungen
- einbruchhemmende Haus- und Wohnungseingangstüren der Widerstandsklasse RC2 nach DIN EN 1627 oder besser (auch ohne Nachweis über die Berücksichtigung der Festigkeit und Ausführung der umgebenden Wände)
- einbruchhemmende Fenster, Fenstertüren und -rahmen sowie Außentüren der Widerstandsklasse RC2 nach DIN EN 1627 oder besser, auch ohne Einhaltung der sicherheitstechnischen Anforderungen an die umgebenden Wandbauteile
- Pilzkopfverriegelungen, drehgehemmter Fenstergriff, Sicherheitsverglasung, selbstverriegelnde Mehrfachverriegelung, Sicherheitsrosette, verdeckt liegender Profilzylinder oder Sicherheitsprofilzylinder, Bandseitensicherung et cetera
- Nachrüstsysteme wie Beschläge und Schlösser nach DIN 18104 Teil 1 oder 2, Mehrfachverriegelungssysteme mit Sperrbügelfunktion nach DIN 18251, Klasse 3 oder besser sowie Einsteckschlösser nach DIN 18251, Klasse 4 oder besser
- Gemäß Anlage 4 „Erneuerung der Fenster oder Außentüren" der ESanMV ist Bedingung für die Förderung von Fenstern und Fenstertüren, dass der U-Wert der Außenwand und/oder des Daches kleiner ist als der UW-Wert der neu eingebauten Fenster und Fenstertüren. Mit dieser Mindestanforderung soll das Risiko des Tauwasserausfalls im Bereich der Außenwände bzw. des Daches weitestgehend und pauschal ausgeschlossen werden. Sie darf nach der ESanMV gleichwertig erfüllt werden, indem durch weitere Maßnahmen Tauwasser- und Schimmelbildung weitestgehend ausgeschlossen werden.

  Als gleichwertige Maßnahmen gelten dabei:

  - Die feuchtetechnische Untersuchung und entsprechende Sanierung der Wärmebrücke am Fensteranschluss und

Anl a zu H 35c

– die Feststellung, ob lüftungstechnische Maßnahmen zur Gewährleistung eines ausreichenden Luftwechsels notwendig sind.

Der Bauherr ist über das Ergebnis zu informieren. Die Umsetzung von ggf. erforderlichen lüftungstechnischen Maßnahmen verantwortet der Bauherr. Die Einhaltung der Mindestanforderung mit gleichwertigen Maßnahmen ist nachweislich zu dokumentieren.

Die Mindestanforderung bei der Erneuerung von Fenstern gilt auch bei der Erneuerung von Hauseingangstüren. Als gleichwertig gilt dabei die feuchtetechnische Untersuchung und entsprechende Sanierung der Wärmebrücke am Türanschluss.

5. Förderfähige Maßnahmen bei der Erneuerung oder dem Einbau einer Lüftungsanlage

– Einbau der Lüftungsanlage, gegebenenfalls müssen Anforderungen an die Luftdichtheit der Gebäudehülle erfüllt werden
– Wand- und Durchbrucharbeiten
– Luftdurchlässe
– Maßnahmen für Außenluft- und Fortluftelement
– Elektroanschlüsse
– Verkleidungen
– notwendige Putz- und Malerarbeiten (gegebenenfalls anteilig)
– bauliche Maßnahmen am Raum für Lüftungszentrale
– Maßnahmen zur Schalldämmung
– Einbau/Errichtung eines Erdwärmetauschers
– Einbau von Solar-Luftkollektoren
– Errichtung eines separaten, schallgedämmten Raumes zur Aufnahme der zentralen Lüftungstechnik einschließlich Berücksichtigung der Erfordernisse für die regelmäßige Hygienewartung
– Luftdichtheitsmessung
– Inbetriebnahme, Einregulierung und Einweisung
– Einbau einer Luftheizung

6. Förderfähige Maßnahmen bei der Erneuerung der Heizungsanlage

– Anschaffungskosten Wärmeerzeuger
  – Gas-Brennwertkessel und Gas-Hybridheizungen inklusive Gasanschluss (nur im Gebäudebestand: Gasleitung, Hausanschluss, Armaturen (z. B. Gasströmungswächter, Gaszähler, etc.))
  – Biomasse-Anlagen inklusive sekundäre Bauteile zur Brennwertnutzung zur Partikelabscheidung (elektrostatische Abscheider, filternde Abscheider wie z. B. Gewebefilter und keramische Filter, Abscheider als Abgaswäscher)
  – Solarkollektor-Anlagen
  – Wärmepumpen-Anlagen
    – Gas-Wärmepumpen inklusive Gasanschluss (Gasleitung, Hausanschluss, Armaturen)
    – Wärmepumpen-Anlagen kombiniert mit Lüftungsgeräten inklusive Wärmerückgewinnung sofern förderfähige Wärmepumpen mit Lüftungsgeräten inklusive Wärmerückgewinnung kombiniert und diese Komponenten regelungstechnisch gemeinsam betrieben werden inklusive erforderlicher Lüftungsleitungen und Lüftungszubehör
– Montage und Installation inklusive der dafür erforderlichen fachtechnischen Arbeiten und Materialien, z. B. Transport, Baugerüst, Lastenkran, Aufständerung, Unterkonstruktion, Fundament, Einhausung, zum Anschluss des Wärmerzeugers erforderliche Leitungen und Komponenten bis hin zur Wärmeverteilung (Heizkreisverteiler), Einstellung der Heizkurve
– Inbetriebnahme, Einregulierung und Einweisung des Anlagenbetreibers
– Erschließung und Anschaffung der Wärmequelle einer Wärmepumpenanlage
  – Erdsondenbohrungen (auch Probebohrungen) inklusive verschuldensunabhängige Versicherung
  – Erdflächenkollektoren
  – Grabenkollektoren
  – Erdwärmekörbe
  – Energiepfähle
  – Brunnenbohrungen
  – Energiezäune, Massivabsorber
  – Luft-Sole-Wärmeübertrager
  – unterirdische Eis-, Erd- und Wasserspeicher
  – Solarthermie-Anlagen und der thermische Bestandteil von PVT-Anlagen (Photovoltaik-Solarthermie- Hybridanlagen)
  – PVT-Anlagen (vollständig), sofern der erzeugte Strom zur überwiegenden Eigenversorgung genutzt und keine Vergütung nach dem EEG in Anspruch genommen wird.
  – Abwasserwärmetauscher
  – Abwärmenutzung der Abluft als alleinige oder zusätzliche Wärmequelle einer Wärmepumpe, sofern eine förderfähige Wärmepumpe mit einem Lüftungsgerät inklusive Wärmerückgewinnung kombiniert wird und diese Komponenten zum gemeinsamen Betrieb lüftungs- und regelungstechnisch verbunden sind inklusive erforderlicher Lüftungsleitungen und Lüftungszubehör
– Erstellung und Anbindung an Wärmepumpenanlage
– Brennstoffaustragung, -förderung und -zufuhr (Biomasseanlagen) inklusive Anschaffung Saugsysteme, Förderschneckensysteme, Federblattrührwerke, Schubbodenaustragungen sowie Montage und Installation
– Wärmespeicher
  – Anschaffung, Montage und Installation

Anl a zu H 35c

- alle Arten von Warmwasser-Speichern (Heizwasser-, Trinkwarmwasser,- und Kombispeicher, etc.)
- Dämmung bestehender Wärmespeicher
- Eisspeicher und sonstige Latentwärmespeicher, die den Phasen-Übergang eines Mediums nutzen
- Wärmespeicherung in Beton, Zeolith oder sonstigen anderen Medien
- Erdwärmespeicher
- Tiefen-Aquifer- oder Hohlraum-Wärmespeicher
- Errichtung, Sanierung oder Umgestaltung eines Heiz- bzw. Technikraums, sofern dies für den Betrieb des geförderten Wärmerzeugers erforderlich ist inklusive der erforderlichen fachtechnischen Arbeiten und Materialien (z. B. Wand- und Deckendurchbrüche inklusive Dämmmaßnahmen, Maler-, Putzarbeiten)
- Anschaffungskosten Flüssiggastanks oder Silos
- Errichtung, Sanierung, Umgestaltung Bunker und Lagerräume für Biomassepellets bzw. -hackschnitzel
- Neuerrichtung, Erneuerung und/oder Anpassung bestehender Abgassysteme und Schornsteine (inklusive Verkleidung) in direktem Zusammenhang mit dem Wärmeerzeuger
- Montage und Installation inklusive der erforderlichen fachtechnischen Arbeiten und Materialien (auch Wand- und Deckendurchbrüche inklusive Dämmmaßnahmen, Maler-, Putzarbeiten)
- Anschaffung, Montage und Installation Wärmeverteilung und Wärmeübergabe
  - Flächenheizungen (Decken-, Fußboden- und Wandheizungen) inklusive Dämmung und Estrich, Bodenbelägen, Wandverkleidung, Putzarbeiten
  - Niedertemperatur-Heizkörper/Heizleisten in jeglicher Bauausführung (z. B. auch Gebläsekonvektoren), die eine Reduzierung der Vorlauftemperatur ermöglichen (Vorlauftemperatur ≤ 60 °C)
  - voreinstellbare Thermostatventile
  - Strangdifferenzdruckregler
  - hocheffiziente Umwälzpumpen (Pumpen müssen die zum Zeitpunkt des Einbaus geltenden Anforderungen der Ökodesign-Richtlinie an den Energieeffizienzindex einhalten)
  - in Einrohrsystemen: Maßnahmen zur Volumenstromregelung
  - Umbau von Einrohr- in Zweirohrsysteme
  - Wärmedämmung von Rohrleitungen und sonstigen wärmeverlustbehafteten technischen Komponenten
  - Komponenten zur Entgasung von Heizungswasser
  - Einbau oder Erneuerung des Luftleitungsnetzes einschließlich notwendiger Schalldämmmaßnahmen
  - Einbau oder Erneuerung von Mess-, Steuerungs- und Regelungstechnik, notwendige Elektroarbeiten
  - inklusive der erforderlichen fachtechnischen Arbeiten und Materialien wie z. B. die Durchführung eines hydraulischen Abgleichs
- Warmwasserbereitung
  - Umstellung von einer dezentralen Warmwasserbereitung auf eine zentrale, heizungsintegrierte Warmwasserbereitung (inklusive notwendiger Sanitärarbeiten wie Austausch der Armaturen, Einsatz wassersparender Maßnahmen, Abwasser-Wärmerückgewinnung, etc.)
  - Einbau hocheffizienter Warmwasser-Wärmepumpen
  - Frischwasser- und Wohnungsstationen
  - Kalkschutz- und Wasserenthärtungsanlagen
  - Anschaffung und Einbau hocheffiziente Zirkulationspumpen (Pumpen müssen die zum Zeitpunkt des Einbaus geltenden Anforderungen der Ökodesign-Richtlinie an den Energieeffizienzindex einhalten)
- Demontage
  - Entsorgung eines alten Öl- oder Gastanks und Wiederherstellung der Außenanlagen bei erdbedeckten Tanks
  - Ausbau Altheizung einschließlich Entsorgung (inklusive Schadstoffe und Sonderabfälle)
- Austausch Heizkessel, Pufferspeicher, Rohrnetz (inklusive Trinkwasserversorgung, zum Beispiel auch bei Bleirohren) und Heizflächen (Heizkörper oder Flächenheizung)
- erstmaliger Einbau einer zentralen Gas-Heizungsanlage, inklusive Einbau von Pufferspeicher, Rohrnetz und Heizflächen (Heizkörper oder Flächenheizung)
- Einbau voreinstellbarer oder Austausch von Thermostatventilen
- Einbau oder Austausch von Strangdifferenzdruckreglern
- Fußbodenheizung inklusive Estrich, Trittschalldämmung, Bodenbelag und Wandheizung inklusive Putzarbeiten, Heizleisten
- hydraulischer Abgleich des Zentralheizungssystems
- Dämmung des Rohrsystems
- Maßnahmen zur Schalldämmung
- Umstellung des Warmwassersystems, das heißt Integration in die Heizungsanlage, inklusive notwendiger Sanitärarbeiten wie Austausch der Armaturen
- elektronisch geregelte Durchlauferhitzer
- Wohnungsdisplays und Smart Metering-Systeme für Wärme, auch als Multi-Sparten-Systeme inklusive Strom, Gas und Wasser (keine Endgeräte und keine Unterhaltungstechnik)
- Anschluss an eine Breitbandverkabelung
- Leerrohre, Kabel (zum Beispiel Lichtwellenleiter, CAT 7) für Mess-, Steuerungs- und Regelungstechnik sowie für Smart Metering-Systeme
- Einbau von Mess-, Steuerungs- und Regelungstechnik, notwendige Elektroarbeiten

Anl a zu H 35c

- Wärmemengenzähler
- Inbetriebnahme, Einregulierung und Einweisung
- Anschlusskosten Fernwärme
- Installationskosten inklusive einmaliger Anschlussgebühren bei Anschluss an Versorgungsnetz
- Systeme zur Wärmerückgewinnung aus Abwasser (zum Beispiel Duschwasser)
- Lieferung und Einbau der solarthermischen Anlage
- Anschluss solarthermische Anlage an das Warmwasser- und/oder Heizsystem, inklusive Solarspeicher, Steigleitungen
- Nebenarbeiten wie Austausch oder Anpassung von Fensterbänken und Fensternischen
- notwendige Maler-, Putz- und Wandverkleidungsarbeiten
- Herstellung und Verschließen notwendiger Wand- und Deckendurchbrüche inklusive Dämmmaßnahmen
- Einrichtung oder Neubau eines Heizraums beziehungsweise eines Bevorratungsbehälters für Biomasse
- notwendige bauliche Maßnahmen am Heiz- und Kesselraum
- Probebohrungen sowie die finale Erdwärmebohrung beim Einbau einer Erdwärmepumpe

7. Förderfähige Maßnahmen beim Einbau digitaler Systeme zur energetischen Betriebs- und Verbrauchsoptimierung

- Wohnungsdisplay zur Anzeige von aktuellen Daten der Heiz- und Elektroenergie, von Warm- und Kaltwasser
- Smart-Meter, Mess-, Steuerungs- und Regeltechnik für Heizungslüftungs-, Beleuchtungs-, Lüftungs- und Klimatechnik sowie Einbindung von Wetterdaten
- Systeme zur Erfassung und Auswertung von Energieflüssen, Energieverbräuchen, Teilverbräuchen der unterschiedlichen Sparten und Energiekosten
- elektronische Systeme zur Betriebsoptimierung, der Bereitstellung von Nutzerinformation bei nachlassender Systemeffizienz und der Anzeige von notwendigen Wartungsintervallen. Zum Beispiel bei der Wärmeerzeugung, dem hydraulischen Abgleich der Heizungsanlage und den Emissionen aus der Wärmeerzeugung
- elektronische Systeme zur Unterstützung der Netzdienlichkeit von Energieverbräuchen (zum Beispiel für Heizung, Kühlung, Lüftung, Warmwasser, Beleuchtung, Ladeinfrastruktur für Elektromobilität, Verbrauch und Erzeugung von erneuerbaren Energien, Haushaltsgeräte)
- präsenzabhängige Zentralschaltung von Geräten, Steckdosen et cetera
- baugebundene Bedienungs- und Antriebssysteme für Türen, Innentüren, Jalousien, Rollläden, Fenster, Türkommunikation, Beleuchtung, Heizungs- und Klimatechnik
- Integration von Luftqualitätssensoren, Fensterkontakten, Präsenzsensoren, Beleuchtungsaktoren
- elektronische Heizkörperthermostate/Raumthermostate,
- intelligente Türsysteme mit personalisierten Zutrittsrechten
- Energiemanagementsystem inklusive Integration in wohnwirtschaftliche Software
- Systemtechnik für den Datenaustausch hausintern/-extern
- elektronische Heizkostenverteiler, Wasser- und Wärmemengenzähler zur Visualisierung und Analyse von Heizwärmeverbräuchen
- notwendige Verkabelung (zum Beispiel Ethernetkabel) oder kabellose funkbasierte Installationen (zum Beispiel Router) für Kommunikations-/Notrufsysteme und intelligente Assistenzsysteme, USB-Anschlussbuchsen
- Anschluss an eine Breitbandverkabelung. Leerrohre, Kabel (zum Beispiel Lichtwellenleiter, CAT 7) für Mess-, Steuerungs- und Regelungstechnik sowie für Smart Metering-Systeme.

nicht förderfähig sind Endgeräte und Unterhaltungstechnik, wie zum Beispiel Handy, Tablet, Computer, Fernseher, Lautsprecher

8. Förderfähige Maßnahmen bei Optimierung bestehender Heizungsanlagen, sofern diese älter als zwei Jahre sind

- Analyse des Ist-Zustandes, zum Beispiel nach DIN EN 15378
- Durchführung des hydraulischen Abgleichs
- Ersatz bestehender Pumpen durch Hocheffizienzpumpen. Pumpen müssen die zum Zeitpunkt des Einbaus geltenden Anforderungen der Ökodesign-Richtlinie an den Energieeffizienzindex einhalten
- Einbau hocheffizienter Trinkwasserzirkulationspumpen
- Einbau voreinstellbarer Heizkörperthermostatventile und von Strangdifferenzdruckreglern
- in Einrohrsystemen Maßnahmen zur Volumenstromregelung
- Umbau von Ein- in Zweirohrsysteme
- Ersatz und erstmaliger Einbau von Pufferspeichern
- Erstmaliger Einbau von Flächenheizsystemen und Heizleisten (System-Vorlauftemperaturen ≤ 35 °C) inklusive Anpassung oder Erneuerung von Rohrleitungen
- Austausch von „kritischen" Heizkörpern zur Systemtemperaturreduzierung
- Einbau von zusätzlichen Wärmetauscher(n) zur Aufrüstung eines Gas- Niedertemperaturkessels zu einem Gas-Brennwertkessel einschließlich notwendiger Schornsteinanpassungen
- nachträgliche Dämmung von ungedämmten Rohrleitungen
- Maßnahmen zur Schalldämmung
- Umstellung des Warmwassersystems, das heißt Integration in die Heizungsanlage, inklusive notwendiger Sanitärarbeiten wie Austausch der Armaturen
- elektronisch geregelte Durchlauferhitzer

– Einbau sowie Ersatz von zur Heizungsanlage zugehöriger Mess-, Steuer- und Regelungstechnik und Nutzerinterface
– Smart Metering-Systeme ohne Endgeräte und ohne Unterhaltungstechnik
– Wärmemengenzähler
– Anschluss an eine Breitbandverkabelung
– Leerrohre, Kabel (zum Beispiel Lichtwellenleiter, CAT 7) für Mess-, Steuerungs- und Regelungstechnik sowie für Smart Metering-Systeme
– Inbetriebnahme, Einregulierung und Einweisung

Anl b zu H 35c

b) Schreiben betr. Steuerermäßigung für energetische Maßnahmen bei zu eigenen Wohnzwecken genutzten Gebäuden (§ 35 c EStG); Bescheinigung des ausführenden Fachunternehmens; Bescheinigung für Personen mit Ausstellungsberechtigung nach § 88 Gebäudeenergiegesetz; Neufassung des BMF-Schreibens vom 15. Oktober 2021 (BStBl. I S. 2026)

Vom 26. Januar 2023 (BStBl. I S. 218)

(BMF IV C 1 – S 2296-c/20/10003 :006; DOK 2023/0088172)

Dieses Schreiben ersetzt das BMF-Schreiben vom 15. Oktober 2021 (BStBl. I S. 2026).

Die Steuerermäßigung für energetische Maßnahmen bei zu eigenen Wohnzwecken genutzten Gebäuden kann nur in Anspruch genommen werden, wenn durch eine nach amtlichem Muster erstellte Bescheinigung des ausführenden Fachunternehmens nachgewiesen wird, dass die Voraussetzungen des § 35c Absatz 1 Satz 1 bis 3 Einkommensteuergesetz (EStG) sowie die Anforderungen nach der Verordnung zur Bestimmung von Mindestanforderungen für energetische Maßnahmen bei zu eigenen Wohnzwecken genutzten Gebäuden nach § 35c des Einkommensteuergesetzes (nachfolgend: Energetische Sanierungsmaßnahmen-Verordnung – ESanMV) erfüllt sind (§ 35c Absatz 1 Satz 7 EStG). Personen mit Ausstellungsberechtigung nach § 88 Gebäudeenergiegesetz (GEG) sind zur Erstellung entsprechender Bescheinigungen berechtigt (§ 2 Absatz 2 ESanMV).

Mit der Verordnung zur Änderung der Energetische Sanierungsmaßnahmen-Verordnung vom 14. Juni 2021 (BGBl. I S. 1780) wurde die ESanMV zum 1. Januar 2021 an die neue Bundesförderung für effiziente Gebäude angepasst. Zudem wurde der Begriff des Fachunternehmens auf weitere Gewerke und Unternehmen der Fenstermontage ausgedehnt.

Mit der Zweiten Verordnung zur Änderung der Energetische Sanierungsmaßnahmen-Verordnung vom 19. Dezember 2022 (BGBl. I S. 2414) wurden zum 1. Januar 2023 gasbetriebene Heizungen aus der Förderung herausgenommen und die Anlage 6 der ESanMV entsprechend neu nummeriert. Außerdem wurden die Förderbedingungen für Gebäude- und Wärmenetze sowie Biomasseheizungen angepasst.

Unter Berücksichtigung dieser Änderungen und unter Bezugnahme auf die Erörterungen mit den obersten Finanzbehörden der Länder gilt zur Ausstellung der Bescheinigungen des ausführenden Fachunternehmens und der Personen mit Ausstellungsberechtigung nach § 88 GEG Folgendes:

I. Allgemeines

1. Verwendung der Muster

1 Für die Bescheinigungen sind die anliegenden amtlich vorgeschriebenen Muster I oder II zu verwenden. **40**

2 Auf der Grundlage des Musters erstellt das ausführende Fachunternehmen oder die Person mit Ausstellungsberechtigung nach § 88 GEG eine eigene Bescheinigung mit seinem bzw. ihrem eigenen Layout. Vom Inhalt, vom Aufbau und von der Reihenfolge der Angaben darf dabei nicht abgewichen werden. Erlaubt sind jedoch eine individuelle Gestaltung der Felder für die Bezeichnung des ausführenden Fachunternehmens und des Bauherrn sowie eine Ergänzung der Bescheinigungen um ein zusätzliches Adressfeld.

3 Die Bescheinigung ist für den oder die Eigentümer des Wohngebäudes oder der Wohnung zu erstellen. In Fällen des Miteigentums an einem Wohngebäude oder einer Wohnung müssen in der Bescheinigung die Miteigentumsanteile angegeben werden. Soweit die Angaben hierüber dem Fachunternehmen nicht bekannt sind, sind sie beim Auftraggeber zu erfragen.

2. Zeitlicher Anwendungsbereich

4 Die für die Mindestanforderungen an eine energetische Maßnahme geltende Fassung der ESanMV ist der folgenden Auflistung zu entnehmen:

– Maßnahmenbeginn nach dem 31. Dezember 2019, aber vor dem 1. Januar 2021: Energetische Sanierungsmaßnahmen-Verordnung vom 2. Januar 2020 (BGBl. I S. 3)
– Maßnahmenbeginn nach dem 31. Dezember 2020, aber vor dem 1. Januar 2023: Energetische Sanierungsmaßnahmen-Verordnung vom 2. Januar 2020 (BGBl. I S. 3), geändert durch Artikel 1 der Verordnung vom 14. Juni 2021 (BGBl. I S. 1780)
– Maßnahmenbeginn nach dem 31. Dezember 2022: Energetische Sanierungsmaßnahmen-Verordnung vom 2. Januar 2020 (BGBl. I S. 3), zuletzt geändert durch Artikel 1 der Verordnung vom 19. Dezember 2022 (BGBl. I S. 2414)

5 Für energetische Maßnahmen, mit denen nach dem 31. Dezember 2020 begonnen wurde, ersetzt dieses Schreiben das BMF-Schreiben vom 31. März 2020 (BStBl. I S. 484). Wurden für nach dem 31. Dezember 2020 begonnene energetische Maßnahmen bis zum 30. November 2021 (Tag der Veröffentlichung des BMF-Schreibens vom 15. Oktober 2021 im BStBl. I) Bescheinigungen auf Grundlage der Muster des BMF-Schreibens vom 31. März 2020 oder bis zum Tag der Veröffentlichung des vorliegenden Schreibens Bescheinigungen auf Grundlage der Muster des BMF-Schreibens vom 15. Oktober 2021 (BStBl. I S. 2026) ausgestellt, behalten diese ihre Gültigkeit und wird der mit ihnen geführte Nachweis der Erfüllung der Anforderungen der ESanMV nicht beanstandet.

6 Nach Rn. 42 des BMF-Schreibens vom 14. Januar 2021 (BStBl. I S. 103) ist der Einbau von bereits weitestgehend auf die Einbindung erneuerbarer Energien eingerichteter Gasbrennwerttechnik („Renewable Ready") erst mit der innerhalb von zwei Jahren ab dem Datum der Inbetriebnahme erfolgenden Einbindung des Anteils erneuerbarer Energien („Hybridisierung") abgeschlossen. Daher sind „Renewable Ready"-Heizungsanlagen, mit deren Einbau vor dem 1. Januar 2023 begonnen wurde und deren Hybridisierung innerhalb von zwei Jahren ab Einbau erfolgt, ungeachtet des zum 1. Januar 2023 in Kraft tretenden Förderstopps für Gasheizungen förderfähig.

II. Muster für die Bescheinigung des ausführenden Fachunternehmens (Muster I)

41 **7** Erstellt das ausführende Fachunternehmen die Bescheinigung, so muss es dafür Muster I verwenden.

8 Bescheinigungsberechtigt ist jedes ausführende Fachunternehmen, welches die Anforderungen des § 2 Absatz 1 der ESanMV erfüllt.

1. Umfang der zu bescheinigenden Angaben

9 Die Bescheinigung muss vollständig ausgefüllt werden. Soweit einzelne in dem amtlichen Muster enthaltene Sachverhalte nicht gegeben sind, ist es nicht zu beanstanden, wenn die entsprechenden Zeilen oder Teile des Textes einer Zeile des amtlichen Musters in der Bescheinigung nicht aufgeführt sind.

10 Ebenso ist es zulässig, der Bescheinigung weitere erforderliche Zeilen hinzuzufügen (z. B. weitere Wohnungen in Tabelle V „Kosten der energetischen Maßnahme(n)"). Die Reihenfolge der Angaben ist jedoch entsprechend dem amtlichen Muster beizubehalten.

11 Die Kosten der jeweiligen energetischen Maßnahme sind grundsätzlich einzeln in der Bescheinigung auszuweisen. Die einzelne Ausweisung der Kosten ist jedoch nicht erforderlich, wenn die der Bescheinigung beigefügte Rechnung so gegliedert ist, dass die Kosten der jeweiligen energetischen Maßnahme zugeordnet werden können.

12 Als Kosten für die energetische Maßnahme können
– die Aufwendungen für den Einbau bzw. die Installation,
– die Aufwendungen für die Inbetriebnahme von Anlagen,
– die Aufwendungen für notwendige Umfeldmaßnahmen und
– die direkt mit der Maßnahme verbundenen Materialkosten
ausgewiesen werden.

13 Ist Vertragspartner des Steuerpflichtigen ein Baumarkt oder Generalunternehmer, der seinerseits ein Fachunternehmen mit der Ausführung der energetischen Maßnahme beauftragt, so umfassen die Aufwendungen des Steuerpflichtigen auch die Aufschläge des Baumarkts oder Generalunternehmers, die der Durchführung der energetischen Maßnahme dienen. Die Bescheinigung ist durch das – von dem Baumarkt oder dem Generalvertreter beauftragte – Fachunternehmen zu erstellen.

14 Zudem können die Kosten ausgewiesen werden, die dem Steuerpflichtigen durch die Beauftragung eines Energieberaters mit der planerischen Begleitung oder der Beaufsichtigung der energetischen Maßnahme entstanden sind, sofern das Bundesamt für Wirtschaft und Ausfuhrkontrolle (BAFA) den Energieberater als fachlich qualifiziert zum Förderprogramm „Energieberatung für Wohngebäude" zugelassen hat. Dem gleichgestellt ist die Beauftragung eines Energieeffizienz-Experten der Energieeffizienz-Experten-Liste für Förderprogramme des Bundes (www.energie-effizienz-experten.de).

15 Erfüllt eine beratende Person nicht die Voraussetzungen des BAFA und ist sie auch nicht in der Energieeffizienz-Experten-Liste gelistet, können die Aufwendungen für sie nicht berücksichtigt werden, auch wenn sie im Übrigen eine Ausstellungsberechtigung nach § 88 GEG besitzt.

16 Zu den Aufwendungen der energetischen Maßnahmen gehören auch die Kosten für die Erteilung der Bescheinigung.

2. Ergänzende Angaben

17 Auf der Bescheinigung können weitere Erläuterungen aufgenommen werden, sofern sie nach der letzten erforderlichen Angabe des amtlichen Musters stehen und optisch von den erforderlichen Angaben abgesetzt sind.

3. Erstmalige Erteilung der Bescheinigung

18 Die Fachunternehmen, die in einem der in § 2 Absatz 1 Satz 1 Nummer 1 bis 14 ESanMV genannten Gewerke tätig sind, sowie Unternehmen, die sich auf die Fenstermontage spezialisiert haben und in diesem Bereich gewerblich tätig sind, dürfen die Bescheinigung für energetische Maßnahmen ausstellen, mit denen nach dem 31. Dezember 2019 begonnen wurde.

19 Die Fachunternehmen, die in einem der in § 2 Absatz 1 Satz 1 Nummer 15 bis 19 ESanMV genannten Gewerke tätig sind, dürfen die Bescheinigung nur für energetische Maßnahmen erteilen, mit denen nach dem 31. Dezember 2020 begonnen wurde.

4. Elektronische Übermittlung

20 Die Bescheinigung des ausführenden Fachunternehmens kann dem Steuerpflichtigen mit den notwendigen Anlagen auch elektronisch übermittelt werden.

5. Abweichende Adressierung an einen Bevollmächtigten

21 Die Bescheinigung kann bei entsprechender Bevollmächtigung auch an einen Dritten für den oder die Eigentümer versendet werden.

6. Berichtigung der Bescheinigung

22 Ist in der Bescheinigung die Höhe der Aufwendungen zu hoch oder zu niedrig ausgewiesen, muss diese Bescheinigung entweder berichtigt oder eine ergänzende Bescheinigung ausgestellt werden, in die neben den übrigen Angaben nur der Unterschiedsbetrag zwischen der richtigen Höhe der Aufwendungen und den ursprünglich bescheinigten Aufwendungen aufgenommen wird. Die ergänzende Bescheinigung ist als solche zu kennzeichnen. Wird eine ergänzende Bescheinigung ausgestellt, behält die ursprüngliche Bescheinigung weiterhin ihre Gültigkeit.

23 Wird eine Bescheinigung berichtigt, ergänzt oder zurückgefordert, z. B. weil die Mindestanforderungen an die energetischen Maßnahmen nicht eingehalten oder weil zu hohe Aufwendungen ausgewiesen worden sind, hat der Steuerpflichtige dies dem zuständigen Finanzamt umgehend mitzuteilen.

24 Die berichtigte oder ergänzte Bescheinigung muss einen entsprechenden Hinweis auf die Vorlagepflicht beim Finanzamt enthalten.

7. Erleichterung des Nachweises für die Mindestanforderung bei der Erneuerung der Heizungsanlage nach der ESanMV

25 Bei der Erneuerung der Heizungsanlage sind für die Einhaltung der Mindestanforderungen besondere Nachweise erforderlich (§ 1 Satz 1 Nummer 6 ESanMV und Anlage 6 der ESanMV). Es reicht aus, wenn die Nachweise dem Fachunternehmen bei Erstellung der Bescheinigung vorliegen, mit der Bescheinigung dem Steuerpflichtigen übergeben werden und vom Steuerpflichtigen vorgehalten werden. Der Antragsteller (Eigentümer) muss sie dem Finanzamt nur nach Aufforderung vorlegen. Aus Vereinfachungsgründen kann anstelle der in Anlage 6 bezeichneten besonderen Nachweise zu Beginn der Durchführung der energetischen Maßnahme ein Auszug aus der jeweils gültigen BAFA-Liste erstellt und dem Steuerpflichtigen zusammen mit der Bescheinigung übergeben werden, damit der Steuerpflichtige diesen anstelle der in Anlage 6 bezeichneten besonderen Nachweise vorhält.

III. Muster für die Bescheinigung für Personen mit Ausstellungsberechtigung nach § 88 GEG (Muster II)

26 Erstellt eine Person mit Ausstellungsberechtigung nach § 88 GEG die Bescheinigung, so muss sie dafür Muster II verwenden. Zu diesem Personenkreis gehören: 42
- Energieberater, die vom BAFA als fachlich qualifiziert zum Förderprogramm „Energieberatung für Wohngebäude" zugelassen sind,
- Energieeffizienz-Experten, die in der Energieeffizienz-Experten-Liste für Förderprogramme des Bundes (www.energie-effizienz-experten.de) gelistet sind und
- alle weiteren Personen mit Ausstellungsberechtigung nach § 88 GEG (z. B. aufgrund eines in § 88 GEG genannten berufsqualifizierenden Hochschulabschlusses in Verbindung mit einer Schulung im Bereich des energiesparenden Bauens).

27 Voraussetzung ist, dass die energetische Maßnahme durch ein Fachunternehmen ausgeführt wird, das in einem der in § 2 Absatz 1 Satz 1 ESanMV genannten Gewerke tätig ist. Als Fachunternehmen gilt auch ein Unternehmen, das sich auf die Fenstermontage spezialisiert hat und in diesem Bereich gewerblich tätig ist (§ 2 Absatz 1 Satz 2 ESanMV). Voraussetzung ist ferner, dass die Maßnahme dem Gewerk des Unternehmens zugehörig ist und die Person mit Ausstellungsberechtigung nach § 88 GEG vom Bauherrn oder vom ausführenden Fachunternehmen mit der planerischen Begleitung oder Beaufsichtigung beauftragt wurde. In der Bescheinigung ist der Auftraggeber anzugeben und das Vorliegen der Ausstellungsberechtigung nach § 88 GEG zu bestätigen.

28 Für jede energetische Maßnahme kann eine eigene Bescheinigung ausgestellt werden; auch eine Zusammenfassung mehrerer energetischer Maßnahmen von verschiedenen Fachunternehmen in einer gemeinsamen Bescheinigung der Person mit Ausstellungsberechtigung nach § 88 GEG ist zulässig.

29 Stellt eine Person mit Ausstellungsberechtigung nach § 88 GEG eine Bescheinigung für eine energetische Maßnahme aus, bedarf es für dieselbe energetische Maßnahme keiner zusätzlichen Bescheinigung des ausführenden Fachunternehmens.

30 Die Ausführungen unter II. 1 bis 7 gelten entsprechend.

IV. Bescheinigung bei energetischen Maßnahmen für eine Wohnungseigentümergemeinschaft

31 Werden energetische Maßnahmen an einem Gebäude durchgeführt, das aus mehreren selbstgenutzten Eigentumswohnungen besteht, ist grundsätzlich für jede einzelne Eigentumswohnung eine Bescheinigung zu erstellen. Es wird jedoch nicht beanstandet, dass aus Vereinfachungsgründen eine Gesamtbescheinigung erstellt wird, 43
- wenn es sich um Sanierungsaufwendungen handelt, die das Gesamtgebäude betreffen, oder
- wenn die Aufwendungen, die auf das Sondereigentum einzelner Wohnungen entfallen, den einzelnen Wohnungen klar und eindeutig zugeordnet werden können.

32 Hat die Wohnungseigentümergemeinschaft zur Wahrnehmung ihrer Aufgaben und Interessen einen Verwalter bestellt, ist dieser in der Bescheinigung als Auftraggeber zu adressieren. In diesen Fällen reicht es aus, wenn der Verwalter die Aufwendungen, die anteilig auf das Miteigentum entfallen, nach dem Verhältnis des Miteigentumsanteils aufteilt und dem einzelnen Wohnungseigentümer mitteilt. Dazu erstellt der Verwalter eine der Anzahl der Berechtigten entsprechende Anzahl von Abschriften der

Anl b zu H 35c

Bescheinigung des Fachunternehmens. Auf dieser oder auf einer gesonderten Bescheinigung hat der Verwalter die Höhe der anteilig auf den jeweiligen Berechtigten entfallenden Aufwendungen am Gesamtgebäude für den jeweiligen Berechtigten zu vermerken und die auf das Sondereigentum einzelner Wohnungen entfallenden Aufwendungen den konkreten Wohnungseigentümern zuzuweisen.

V. Bescheinigung bei unterschiedlicher Nutzung einzelner Gebäudeteile in einem Gebäude

44 **33** Bescheinigungsfähig sind die Aufwendungen, die entweder anteilig oder direkt den zu eigenen Wohnzwecken genutzten Gebäudeteilen zugeordnet werden können.

45 Muster I – Bescheinigung des ausführenden Fachunternehmens

46 Muster II – Bescheinigung für Personen mit Ausstellungsberechtigung nach § 88 des Gebäudeenergiegesetzes (GEG)

Muster I und Muster II abgedruckt im BStBl. 2023 I S. 218 und aufrufbar im Online-Modul unter BeckVerw 618250.

VI. Steuererhebung

1. Erhebung der Einkommensteuer

§ 36 Entstehung und Tilgung der Einkommensteuer

EStG

(1) **Die Einkommensteuer entsteht, soweit in diesem Gesetz nichts anderes bestimmt ist, mit Ablauf des Veranlagungszeitraums.** 1

(2) **Auf die Einkommensteuer werden angerechnet:**

1. die für den Veranlagungszeitraum entrichteten Einkommensteuer-Vorauszahlungen (§ 37); 2

2.[1] die durch Steuerabzug erhobene Einkommensteuer, soweit sie entfällt auf 3

a) die bei der Veranlagung erfassten Einkünfte oder

b) die nach § 3 Nummer 40 dieses Gesetzes oder nach § 8 b Absatz 1, 2 und 6 Satz 2 des Körperschaftsteuergesetzes bei der Ermittlung des Einkommens außer Ansatz bleibenden Bezüge

und keine Erstattung beantragt oder durchgeführt worden ist. ② Die durch Steuerabzug erhobene Einkommensteuer wird nicht angerechnet, wenn die in § 45 a Absatz 2 oder Absatz 3 bezeichnete Bescheinigung nicht vorgelegt worden ist oder die Angaben gemäß § 45 a Absatz 2 a[2] nicht übermittelt worden sind. ③ Soweit der Steuerpflichtige einen Antrag nach § 32 d Absatz 4 oder Absatz 6 stellt, ist es für die Anrechnung ausreichend, wenn die Bescheinigung auf Verlangen des Finanzamts vorgelegt wird. ④ In den Fällen des § 8 b Absatz 6 Satz 2 des Körperschaftsteuergesetzes ist es für die Anrechnung ausreichend, wenn die Bescheinigung nach § 45 a Absatz 2 und 3 vorgelegt wird, die dem Gläubiger der Kapitalerträge ausgestellt worden ist. ⑤ In den Fällen des § 2 Absatz 7 Satz 3 ist auch die durch Steuerabzug im Kalenderjahr des Wechsels von der unbeschränkten zur beschränkten Einkommensteuerpflicht erhobene Einkommensteuer anzurechnen, die auf Einkünfte entfällt, die weder der unbeschränkten noch der beschränkten Steuerpflicht unterliegen; § 37 Absatz 2 der Abgabenordnung findet insoweit keine Anwendung;

3. die nach § 10 des Forschungszulagengesetzes festgesetzte Forschungszulage. ② Das gilt auch für die gesondert und einheitlich festgestellte Forschungszulage; 3a

4.[3] in den Fällen des § 32 c Absatz 1 Satz 2 der nicht zum Abzug gebrachte Unterschiedsbetrag, wenn dieser höher ist als die tarifliche Einkommensteuer des letzten Veranlagungszeitraums im Betrachtungszeitraum. 3b

(3) **① Die Steuerbeträge nach Absatz 2 Nummer 2 sind auf volle Euro aufzurunden. ② Bei den durch Steuerabzug erhobenen Steuern ist jeweils die Summe der Beträge einer einzelnen Abzugsteuer aufzurunden.** 4

(4) **① Wenn sich nach der Abrechnung ein Überschuss zuungunsten des Steuerpflichtigen ergibt, hat der Steuerpflichtige (Steuerschuldner) diesen Betrag, soweit er den fällig gewordenen, aber nicht entrichteten Einkommensteuer-Vorauszahlungen entspricht, sofort, im Übrigen innerhalb eines Monats nach Bekanntgabe des Steuerbescheids zu entrichten (Abschlusszahlung). ② Wenn sich nach der Abrechnung ein Überschuss zugunsten des Steuerpflichtigen ergibt, wird dieser dem Steuerpflichtigen nach Bekanntgabe des Steuerbescheids ausgezahlt. ③ Bei Ehegatten, die nach den §§ 26, 26 b zusammen zur Einkommensteuer veranlagt worden sind, wirkt die Auszahlung an einen Ehegatten auch für und gegen den anderen Ehegatten.** 5

(5) **① Die festgesetzte Steuer, die auf den Aufgabegewinn nach § 16 Absatz 3 a und den durch den Wechsel der Gewinnermittlungsart erzielten Gewinn entfällt, kann auf Antrag des Steuerpflichtigen in fünf gleichen Jahresraten entrichtet werden, wenn die Wirtschaftsgüter einem Betriebsvermögen des Steuerpflichtigen in einem anderen Mitgliedstaat der Europäischen Union oder des Europäischen Wirtschaftsraums zuzuordnen sind, sofern durch diese Staaten Amtshilfe entsprechend oder im Sinne der Amtshilferichtlinie gemäß § 2 Absatz 11 des EU-Amtshilfegesetzes und gegenseitige Unterstützung bei der Beitreibung im Sinne der Beitreibungsrichtlinie einschließlich der in diesem Zusammenhang anzuwendenden Durchführungsbestimmungen in den für den jeweiligen Veranlagungszeitraum geltenden Fassungen oder eines entsprechenden Nachfolgerechtsakts geleistet werden. ② Die erste Jahresrate ist innerhalb eines Monats nach Bekanntgabe des Steuerbescheids zu entrichten; die übrigen Jah-** 5a

---

[1] Zur erstmaligen Anwendung siehe § 52 Abs. 35 b Satz 1 EStG.
[2] Zur Anwendung von § 45 a Abs. 2 a siehe § 52 Abs. 44 a Satz 3 EStG.
[3] Zur erstmaligen und letztmaligen Anwendung siehe § 52 Abs. 35 b Satz 2 EStG.

resraten sind jeweils am 31. Juli der Folgejahre fällig. ③ Die Jahresraten sind nicht zu verzinsen; sie sollen in der Regel nur gegen Sicherheitsleistung gewährt werden. ④ Die noch nicht entrichtete Steuer wird innerhalb eines Monats nach Eintritt eines der nachfolgenden Ereignisse fällig,

1. soweit ein Wirtschaftsgut im Sinne des Satzes 1 veräußert, entnommen, in andere als die in Satz 1 genannten Staaten verlagert oder verdeckt in eine Kapitalgesellschaft eingelegt wird,

2. wenn der Betrieb oder Teilbetrieb während dieses Zeitraums eingestellt, veräußert oder in andere als die in Satz 1 genannten Staaten verlegt wird,

3. wenn der Steuerpflichtige aus der inländischen unbeschränkten Steuerpflicht oder der unbeschränkten Steuerpflicht in den in Satz 1 genannten Staaten ausscheidet oder in einem anderen als den in Satz 1 genannten Staaten ansässig wird,

4. wenn der Steuerpflichtige Insolvenz anmeldet oder abgewickelt wird oder

5. wenn der Steuerpflichtige seinen Verpflichtungen im Zusammenhang mit den Ratenzahlungen nicht nachkommt und über einen angemessenen Zeitraum, der zwölf Monate nicht überschreiten darf, keine Abhilfe für seine Situation schafft; Satz 2 bleibt unberührt.

⑤ Ändert sich die festgesetzte Steuer, sind die Jahresraten entsprechend anzupassen. ⑥ Der Steuerpflichtige hat der zuständigen Finanzbehörde jährlich mit der Steuererklärung oder, sofern keine Pflicht zur Abgabe einer Steuererklärung besteht, zum 31. Juli anzuzeigen, ob die Voraussetzungen für die Ratenzahlung weiterhin erfüllt sind; kommt er dieser Anzeigepflicht oder seinen sonstigen Mitwirkungspflichten im Sinne des § 90 der Abgabenordnung nicht nach, werden die noch nicht entrichteten Jahresraten rückwirkend zum 1. August des vorangegangenen Jahres fällig, frühestens aber einen Monat nach Bekanntgabe des Steuerbescheids. ⑦ Unbeschadet des Satzes 6 hat der Steuerpflichtige den Eintritt eines Ereignisses nach Satz 4 der zuständigen Finanzbehörde unverzüglich anzuzeigen. ⑧ Unterliegt der Steuerpflichtige einer Erklärungspflicht, kann die Anzeige auf Grund eines Ereignisses nach Satz 4 Nummer 1 abweichend von der in Satz 7 genannten Frist mit der nächsten Steuererklärung erfolgen.

R 36

R 36. Anrechnung von Steuervorauszahlungen und von Steuerabzugsbeträgen

6 ① Die Anrechnung von Kapitalertragsteuer setzt voraus, dass die der Anrechnung zugrunde liegenden Einnahmen bei der Veranlagung erfasst werden und der Anteilseigner die in § 45 a Abs. 2 oder 3 EStG bezeichnete Bescheinigung im Original vorlegt.[1] ② Ob die Einnahmen im Rahmen der Einkünfte aus Kapitalvermögen anfallen oder bei einer anderen Einkunftsart, ist für die Anrechnung unerheblich. ③ Bei der Bilanzierung abgezinster Kapitalforderungen erfolgt die Anrechnung der Kapitalertragsteuer stets im Erhebungsjahr, auch wenn die der Anrechnung zugrunde liegenden Einnahmen ganz oder teilweise bereits in früheren Jahren zu erfassen waren.

H 36

7 **Abtretung.** Der Anspruch auf die Anrechnung von Steuerabzugsbeträgen kann nicht abgetreten werden. Abgetreten werden kann nur der Anspruch auf Erstattung von überzahlter Einkommensteuer, der sich durch den Anrechnungsbetrag ergibt. Der Erstattungsanspruch entsteht wie die zu veranlagende Einkommensteuer mit Ablauf des VZ. Die Abtretung wird erst wirksam, wenn sie der Gläubiger nach diesem Zeitpunkt der zuständigen Finanzbehörde anzeigt (§ 46 Abs. 2 AO).

Anrechnung

– Änderungen

Die Vorschriften über die Aufhebung oder Änderung von Steuerfestsetzungen können – auch wenn im Einkommensteuerbescheid die Steuerfestsetzung und die Anrechnung technisch zusammengefasst sind – nicht auf die Anrechnung angewendet werden. Die Korrektur der Anrechnung richtet sich nach §§ 129 bis 131 AO. Zum Erlass eines Abrechnungsbescheides → § 218 Abs. 2 AO.

Die Anrechnung von Steuerabzugsbeträgen und Steuervorauszahlungen ist ein Verwaltungsakt mit Bindungswirkung. Diese Bindungswirkung muss auch beim Erlass eines Abrechnungsbescheids nach § 218 Abs. 2 AO beachtet werden. Deshalb kann im Rahmen eines Abrechnungsbescheides die Steueranrechnung zugunsten oder zuungunsten des Stpfl. nur dann geändert werden, wenn eine der Voraussetzungen der §§ 129–131 AO gegeben ist (→ BFH vom 15. 4. 1997 – BStBl. II S. 787).

– bei Veranlagung

Die Anrechnung von Steuerabzugsbeträgen ist unzulässig, soweit die Erstattung beantragt oder durchgeführt worden ist (§ 36 Abs. 2 Nr. 2 EStG).

---

[1] Soweit der Stpfl. einen Antrag nach § 32 d Abs. 4 oder Abs. 6 EStG stellt, ist es ab VZ 2017 für die Anrechnung ausreichend, wenn die Bescheinigung auf Verlangen des Finanzamts vorgelegt wird, siehe § 36 Abs. 2 Nr. 2 Satz 3 EStG.

Durch einen bestandskräftig abgelehnten Antrag auf Erstattung von Kapitalertragsteuer wird die Anrechnung von Kapitalertragsteuer bei der Veranlagung zur Einkommensteuer nicht ausgeschlossen. H 36

– Teil der Steuererhebung

Die Anrechnung von Steuervorauszahlungen (§ 36 Abs. 2 Nr. 1 EStG) und von erhobenen Steuerabzugsbeträgen (§ 36 Abs. 2 Nr. 2 EStG) auf die Einkommensteuer ist Teil der Steuererhebung (→ BFH vom 14. 11. 1984 – BStBl. 1985 II S. 216).

Forschungszulage. Zum Anrechnungsverfahren der Forschungszulage → BMF vom 11. 11. 2021 (BStBl. 2022 I S. 2277), Rn. 258 ff.

Investmentanteile. Zur Anrechnung von Kapitalertragsteuer bei Veräußerung oder Rückgabe eines Anteils an einem ausländischen thesaurierenden Investmentvermögen → BMF vom 17. 12. 2012 (BStBl. 2013 I S. 54).

Personengesellschaft → H 15.8 (3) GmbH-Beteiligung.

EStG

§ 36a[1] Beschränkung der Anrechenbarkeit der Kapitalertragsteuer

1 **(1) ① Bei Kapitalerträgen im Sinne des § 43 Absatz 1 Satz 1 Nummer 1 a setzt die volle Anrechnung der durch Steuerabzug erhobenen Einkommensteuer ferner voraus, dass der Steuerpflichtige hinsichtlich der diesen Kapitalerträgen zugrunde liegenden Anteile oder Genussscheine**

1. während der Mindesthaltedauer nach Absatz 2 ununterbrochen wirtschaftlicher Eigentümer ist,

2. während der Mindesthaltedauer nach Absatz 2 ununterbrochen das Mindestwertänderungsrisiko nach Absatz 3 trägt und

3. nicht verpflichtet ist, die Kapitalerträge ganz oder überwiegend, unmittelbar oder mittelbar anderen Personen zu vergüten.

② Fehlen die Voraussetzungen des Satzes 1, so sind drei Fünftel der Kapitalertragsteuer nicht anzurechnen. ③ Die nach den Sätzen 1 und 2 nicht angerechnete Kapitalertragsteuer ist auf Antrag bei der Ermittlung der Einkünfte abzuziehen. ④ Die Sätze 1 bis 3 gelten entsprechend für Anteile oder Genussscheine, die zu inländischen Kapitalerträgen im Sinne des § 43 Absatz 3 Satz 1 führen und einer Wertpapiersammelbank im Ausland zur Verwahrung anvertraut sind.

2 **(2) ① Die Mindesthaltedauer umfasst 45 Tage und muss innerhalb eines Zeitraums von 45 Tagen vor und 45 Tagen nach der Fälligkeit der Kapitalerträge erreicht werden. ② Bei Anschaffungen und Veräußerungen ist zu unterstellen, dass die zuerst angeschafften Anteile oder Genussscheine zuerst veräußert wurden.**

3 **(3) ① Der Steuerpflichtige muss unter Berücksichtigung von gegenläufigen Ansprüchen und Ansprüchen nahe stehender Personen das Risiko aus einem sinkenden Wert der Anteile oder Genussscheine im Umfang von mindestens 70 Prozent tragen (Mindestwertänderungsrisiko). ② Kein hinreichendes Mindestwertänderungsrisiko liegt insbesondere dann vor, wenn der Steuerpflichtige oder eine ihm nahe stehende Person Kurssicherungsgeschäfte abgeschlossen hat, die das Wertänderungsrisiko der Anteile oder Genussscheine unmittelbar oder mittelbar um mehr als 30 Prozent mindern.**

4 **(4)[2] ① Einkommen- oder körperschaftsteuerpflichtige Personen, bei denen insbesondere auf Grund einer Steuerbefreiung kein Steuerabzug vorgenommen oder denen ein Steuerabzug erstattet wurde und die die Voraussetzungen für eine Anrechenbarkeit der Kapitalertragsteuer nach den Absätzen 1 bis 3 nicht erfüllen, haben**

1. dies gegenüber ihrem zuständigen Finanzamt anzuzeigen,

2. Kapitalertragsteuer in Höhe von 15 Prozent der Kapitalerträge im Sinne des § 43 Absatz 1 Satz 1 Nummer 1 a und des Absatzes 1 Satz 4 nach amtlich vorgeschriebenem Vordruck auf elektronischem Weg anzumelden und

3. die angemeldete Steuer zu entrichten.

② Die Anzeige, Anmeldung und Entrichtung hat bei Steuerpflichtigen, die ihren Gewinn durch Betriebsvermögensvergleich ermitteln, bis zum 10. Tag des auf den Ablauf des Wirtschaftsjahres folgenden Monats und bei anderen Steuerpflichtigen bis zum 10. Tag des auf den Ablauf des Kalenderjahres folgenden Monats zu erfolgen.

5 **(5) Die Absätze 1 bis 4 sind nicht anzuwenden, wenn**

1. die Kapitalerträge im Sinne des § 43 Absatz 1 Satz 1 Nummer 1 a und des Absatzes 1 Satz 4 im Veranlagungszeitraum nicht mehr als 20 000 Euro betragen oder

2. der Steuerpflichtige bei Zufluss der Kapitalerträge im Sinne des § 43 Absatz 1 Satz 1 Nummer 1 a und des Absatzes 1 Satz 4 seit mindestens einem Jahr ununterbrochen wirtschaftlicher Eigentümer der Aktien oder Genussscheine ist; Absatz 2 Satz 2 gilt entsprechend.

6 **(6) ① Der Treuhänder und der Treugeber gelten für die Zwecke der vorstehenden Absätze als eine Person, wenn Kapitalerträge im Sinne des § 43 Absatz 1 Satz 1 Nummer 1 a und des Absatzes 1 Satz 4 einem Treuhandvermögen zuzurechnen sind, welches ausschließlich der Erfüllung von Altersvorsorgeverpflichtungen dient und dem Zugriff übriger Gläubiger entzogen ist. ② Entsprechendes gilt für Versicherungsunternehmen und Versicherungsnehmer im Rahmen von fondsgebundenen Lebensversicherungen, wenn die Leistungen aus dem Vertrag an den Wert eines internen Fonds im Sinne des § 124 Absatz 2 Satz 2 Nummer 1 des Versicherungsaufsichtsgesetzes gebunden sind.**

7 **(7) § 42 der Abgabenordnung bleibt unberührt.**

H 36 a

Allgemeines. Anwendungsfragen zur Beschränkung der Anrechenbarkeit der Kapitalertragsteuer nach § 36 a EStG → BMF vom 3. 4. 2017 (BStBl. I S. 726) unter Berücksichtigung der Änderungen vom 20. 2. 2018 (BStBl. I S. 308).

[1] Zur erstmaligen Anwendung siehe § 52 Abs. 35 c Satz 1 EStG.
[2] Zur erstmaligen Anwendung siehe § 52 Abs. 35 c Satz 2 EStG.

§ 37 Einkommensteuer-Vorauszahlung[1]

EStG

(1) ① Der Steuerpflichtige hat am 10. März, 10. Juni, 10. September und 10. De- 1
zember Vorauszahlungen auf die Einkommensteuer zu entrichten, die er für den laufenden Veranlagungszeitraum voraussichtlich schulden wird. ② Die Einkommensteuer-Vorauszahlung entsteht jeweils mit Beginn des Kalendervierteljahres, in dem die Vorauszahlungen zu entrichten sind, oder, wenn die Steuerpflicht erst im Laufe des Kalendervierteljahres begründet wird, mit Begründung der Steuerpflicht.

(2) (weggefallen) 2

(3)[2] **① Das Finanzamt setzt die Vorauszahlungen durch Vorauszahlungsbescheid fest.** 3
② Die Vorauszahlungen bemessen sich grundsätzlich nach der Einkommensteuer, die sich nach Anrechnung der Steuerabzugsbeträge (§ 36 Absatz 2 Nummer 2) bei der letzten Veranlagung ergeben hat. ③ Das Finanzamt kann bis zum Ablauf des auf den Veranlagungszeitraum folgenden 15. Kalendermonats die Vorauszahlungen an die Einkommensteuer anpassen,[3] die sich für den Veranlagungszeitraum voraussichtlich ergeben wird; dieser Zeitraum verlängert sich auf 23 Monate, wenn die Einkünfte aus Land- und Forstwirtschaft bei der erstmaligen Steuerfestsetzung die anderen Einkünfte voraussichtlich überwiegen werden. ④ Bei der Anwendung der Sätze 2 und 3 bleiben Aufwendungen im Sinne des § 10 Absatz 1 Nummer 4, 5, 7 und 9 sowie Absatz 1 a, der §§ 10 b und 33 sowie die abziehbaren Beträge nach § 33 a, wenn die Aufwendungen und abziehbaren Beträge insgesamt 600 Euro nicht übersteigen, außer Ansatz. ⑤ Die Steuerermäßigung nach § 34 a bleibt außer Ansatz. ⑥ Bei der Anwendung der Sätze 2 und 3 bleibt der Sonderausgabenabzug nach § 10 a Absatz 1 außer Ansatz. ⑦ Außer Ansatz bleiben bis zur Anschaffung oder Fertigstellung der Objekte im Sinne des § 10 e Absatz 1 und 2 und § 10 h auch die Aufwendungen, die nach § 10 e Absatz 6 und § 10 h Satz 3 wie Sonderausgaben abgezogen werden; Entsprechendes gilt auch für Aufwendungen, die nach § 10 i für nach dem Eigenheimzulagengesetz begünstigte Objekte wie Sonderausgaben abgezogen werden. ⑧ Negative Einkünfte aus der Vermietung oder Verpachtung eines Gebäudes im Sinne des § 21 Absatz 1 Satz 1 Nummer 1 werden bei der Festsetzung der Vorauszahlungen nur für Kalenderjahre berücksichtigt, die nach der Anschaffung oder Fertigstellung dieses Gebäudes beginnen. ⑨ Wird ein Gebäude vor dem Kalenderjahr seiner Fertigstellung angeschafft, tritt an die Stelle der Anschaffung die Fertigstellung. ⑩ Satz 8 gilt nicht für negative Einkünfte aus der Vermietung oder Verpachtung eines Gebäudes, für das Sonderabschreibungen nach § 7 b dieses Gesetzes oder erhöhte Absetzungen nach den §§ 14 a, 14 c oder 14 d des Berlinförderungsgesetzes in Anspruch genommen werden. ⑪ Satz 8 gilt für negative Einkünfte aus der Vermietung oder Verpachtung eines anderen Vermögensgegenstands im Sinne des § 21 Absatz 1 Satz 1 Nummer 1 bis 3 entsprechend mit der Maßgabe, dass an die Stelle der Anschaffung oder Fertigstellung die Aufnahme der Nutzung durch den Steuerpflichtigen tritt. ⑫ In den Fällen des § 31, in denen die gebotene steuerliche Freistellung eines Einkommensbetrags in Höhe des Existenzminimums eines Kindes durch das Kindergeld nicht in vollem Umfang bewirkt wird, bleiben bei der Anwendung der Sätze 2 und 3 Freibeträge nach § 32 Absatz 6 und zu verrechnendes Kindergeld außer Ansatz.

(4) **① Bei einer nachträglichen Erhöhung der Vorauszahlungen ist die letzte Voraus-** 4
zahlung für den Veranlagungszeitraum anzupassen. ② Der Erhöhungsbetrag ist innerhalb eines Monats nach Bekanntgabe des Vorauszahlungsbescheids zu entrichten.

(5) **① Vorauszahlungen sind nur festzusetzen, wenn sie mindestens 400 Euro im Ka-** 5
lenderjahr und mindestens 100 Euro für einen Vorauszahlungszeitpunkt betragen. ② Festgesetzte Vorauszahlungen sind nur zu erhöhen, wenn sich der Erhöhungsbetrag im Fall des Absatzes 3 Satz 2 bis 5 für einen Vorauszahlungszeitpunkt auf mindestens 100 Euro, im Fall des Absatzes 4 auf mindestens 5000 Euro beläuft.

(6) *(aufgehoben)* 6

R 37. Einkommensteuer-Vorauszahlung

R 37

Bei der Veranlagung von Ehegatten nach § 26 a EStG ist für die Ermittlung der 600-Euro- 11
Grenze in § 37 Abs. 3 EStG die Summe der für beide Ehegatten in Betracht kommenden Aufwendungen und abziehbaren Beträge zugrunde zu legen.

---

[1] Zur Anpassung von Vorauszahlungen wegen der Auswirkungen des Coronavirus siehe *BMF-Schreiben vom 19. 3. 2020 (BStBl. I S. 262)* und vom *18. 3. 2021 (BStBl. I S. 337).*

[2] Siehe zur Anwendung von § 37 Abs. 3 Satz 3 **§ 52 Abs. 35 d EStG.**

[3] Zum Verfahren bei der Geltendmachung von negativen Einkünften aus der Beteiligung an Verlustzuweisungsgesellschaften und vergleichbaren Modellen vgl. BMF-Schreiben vom 13. 7. 1992 (BStBl. I S. 404), geändert durch BMF-Schreiben vom 28. 6. 1994 (BStBl. I S. 420), abgedruckt im „AO/FGO-Handbuch 2023“ als Anlage zu § 180 AO.

H 37

12 **Anpassung von Vorauszahlungen.** Eine Anpassung ist auch dann noch möglich, wenn eine Einkommensteuererklärung für den abgelaufenen VZ bereits abgegeben worden ist (→ BFH vom 27. 9. 1976 – BStBl. 1977 II S. 33).

Erhöhung von Vorauszahlungen. Im Fall der Erhöhung einer Vorauszahlung zum nächsten Vorauszahlungstermin des laufenden Kj. gilt die Monatsfrist des § 37 Abs. 4 Satz 2 EStG nicht (→ BFH vom 22. 8. 1974 – BStBl. 1975 II S. 15 und vom 25. 6. 1981 – BStBl. 1982 II S. 105).

Verteilung von Vorauszahlungen. Vorauszahlungen sind grundsätzlich in vier gleich großen Teilbeträgen zu leisten. Eine Ausnahme hiervon kommt auch dann nicht in Betracht, wenn der Stpfl. geltend macht, der Gewinn des laufenden VZ entstehe nicht gleichmäßig (→ BFH vom 22. 11. 2011 – BStBl. 2012 II S. 329).

Vorauszahlungen bei Arbeitnehmern. Die Festsetzung von Einkommensteuer-Vorauszahlungen ist auch dann zulässig, wenn der Stpfl. ausschließlich Einkünfte aus nichtselbständiger Arbeit erzielt, die dem Lohnsteuerabzug unterliegen (→ BFH vom 20. 12. 2004 – BStBl. 2005 II S. 358).

EStG

§ 37a Pauschalierung der Einkommensteuer durch Dritte

1 (1) ① **Das Finanzamt kann auf Antrag zulassen, dass das Unternehmen, das Sachprämien im Sinne des § 3 Nummer 38 gewährt, die Einkommensteuer für den Teil der Prämien, der nicht steuerfrei ist, pauschal erhebt.** ② **Bemessungsgrundlage der pauschalen Einkommensteuer ist der gesamte Wert der Prämien, die den im Inland ansässigen Steuerpflichtigen zufließen.** ③ **Der Pauschsteuersatz beträgt 2,25 Prozent.**

2 (2) ① **Auf die pauschale Einkommensteuer ist § 40 Absatz 3 sinngemäß anzuwenden.** ② **Das Unternehmen hat die Prämienempfänger von der Steuerübernahme zu unterrichten.**

3 (3) ① **Über den Antrag entscheidet das Betriebsstättenfinanzamt des Unternehmens (§ 41 a Absatz 1 Satz 1 Nummer 1).** ② **Hat das Unternehmen mehrere Betriebsstättenfinanzämter, so ist das Finanzamt der Betriebsstätte zuständig, in der die für die pauschale Besteuerung maßgebenden Prämien ermittelt werden.** ③ **Die Genehmigung zur Pauschalierung wird mit Wirkung für die Zukunft erteilt und kann zeitlich befristet werden; sie erstreckt sich auf alle im Geltungszeitraum ausgeschütteten Prämien.**

4 (4) **Die pauschale Einkommensteuer gilt als Lohnsteuer und ist von dem Unternehmen in der Lohnsteuer-Anmeldung der Betriebsstätte im Sinne des Absatzes 3 anzumelden und spätestens am zehnten Tag nach Ablauf des für die Betriebsstätte maßgebenden Lohnsteuer-Anmeldungszeitraums an das Betriebsstättenfinanzamt abzuführen.**

EStG

§ 37b Pauschalierung der Einkommensteuer bei Sachzuwendungen

(1) ① Steuerpflichtige können die Einkommensteuer einheitlich für alle innerhalb eines Wirtschaftsjahres gewährten 1

1. betrieblich veranlassten Zuwendungen, die zusätzlich zur ohnehin vereinbarten Leistung oder Gegenleistung erbracht werden, und

2. Geschenke im Sinne des § 4 Absatz 5 Satz 1 Nummer 1,

die nicht in Geld bestehen, mit einem Pauschsteuersatz von 30 Prozent erheben. ② Bemessungsgrundlage der pauschalen Einkommensteuer sind die Aufwendungen des Steuerpflichtigen einschließlich Umsatzsteuer; bei Zuwendungen an Arbeitnehmer verbundener Unternehmen ist Bemessungsgrundlage mindestens der sich nach § 8 Absatz 3 Satz 1 ergebende Wert. ③ Die Pauschalierung ist ausgeschlossen,

1. soweit die Aufwendungen je Empfänger und Wirtschaftsjahr oder

2. wenn die Aufwendungen für die einzelne Zuwendung

den Betrag von 10 000 Euro übersteigen.

(2) ① Absatz 1 gilt auch für betrieblich veranlasste Zuwendungen an Arbeitnehmer des Steuerpflichtigen, soweit sie nicht in Geld bestehen und zusätzlich zum ohnehin geschuldeten Arbeitslohn erbracht werden. ② In den Fällen des § 8 Absatz 2 Satz 2 bis 10, Absatz 3, § 40 Absatz 2 sowie in Fällen, in denen Vermögensbeteiligungen überlassen werden, ist Absatz 1 nicht anzuwenden; Entsprechendes gilt, soweit die Zuwendungen nach § 40 Absatz 1 pauschaliert worden sind. ③ § 37 a Absatz 1 bleibt unberührt. 2

(3) ① Die pauschal besteuerten Sachzuwendungen bleiben bei der Ermittlung der Einkünfte des Empfängers außer Ansatz. ② Auf die pauschale Einkommensteuer ist § 40 Absatz 3 sinngemäß anzuwenden. ③ Der Steuerpflichtige hat den Empfänger von der Steuerübernahme zu unterrichten. 3

(4) ① Die pauschale Einkommensteuer gilt als Lohnsteuer und ist von dem die Sachzuwendung gewährenden Steuerpflichtigen in der Lohnsteuer-Anmeldung der Betriebsstätte nach § 41 Absatz 2 anzumelden und spätestens am zehnten Tag nach Ablauf des für die Betriebsstätte maßgebenden Lohnsteuer-Anmeldungszeitraums an das Betriebsstättenfinanzamt abzuführen. ② Hat der Steuerpflichtige mehrere Betriebsstätten im Sinne des Satzes 1, so ist das Finanzamt der Betriebsstätte zuständig, in der die für die pauschale Besteuerung maßgebenden Sachbezüge ermittelt werden. 4

H 37b

6

Allgemeines. Zur Pauschalierung der Einkommensteuer bei Sachzuwendungen → BMF vom 19. 5. 2015 (BStBl. I S. 468)[1] unter Berücksichtigung der Änderungen durch BMF vom 28. 6. 2018 (BStBl. I S. 814).

Anl zu H 37b

Schreiben betr. Pauschalierung der Einkommensteuer bei Sachzuwendungen nach § 37 b EStG

Vom 19. Mai 2015 (BStBl. I S. 468)

(BMF IV C 6 – S 2297 – b/14/10001; DOK 2015/0331056)

Geändert durch BMF-Schreiben vom 28. Juni 2018 (BStBl. I S. 814)

Mit dem Jahressteuergesetz 2007 vom 13. Dezember 2006 (BGBl. I S. 2878, BStBl. I 2007 S. 28) wurde mit § 37 b EStG eine Regelung in das Einkommensteuergesetz eingefügt, die es dem zuwendenden Steuerpflichtigen ermöglicht, die Einkommensteuer auf Sachzuwendungen an Arbeitnehmer oder Nichtarbeitnehmer mit einem Steuersatz von 30 Prozent pauschal zu übernehmen und abzuführen. Mit Urteilen vom 16. Oktober und 12. Dezember 2013 hat der BFH in vier Entscheidungen – VI R 52/11, VI R 57/11, VI R 78/12 und VI R 47/12 – den Anwendungsbereich des § 37 b EStG eingegrenzt und entschieden, die Pauschalierung der Einkommensteuer nach § 37 b EStG setze die Steuerpflicht der Sachzuwendungen voraus. Das BMF-Schreiben vom 29. April 2008 (BStBl. I S. 566)[2] wird im Einvernehmen mit den obersten Finanzbehörden der Länder unter Berücksichtigung der Grundsätze der BFH-Entscheidungen sowie weiterer inzwischen geklärter Zweifelsfragen wie folgt neu gefasst:

I. Anwendungsbereich des § 37 b EStG

1 Zuwendender i. S. d. § 37 b EStG kann jede natürliche und juristische Person oder Personenvereinigung sein, die aus betrieblichem Anlass nicht in Geld bestehende 7
- Geschenke oder
- Zuwendungen zusätzlich
  - zur ohnehin vereinbarten Leistung oder Gegenleistung oder
  - zum ohnehin geschuldeten Arbeitslohn

[1] Nachstehend abgedruckt.

[2] Letztmals abgedruckt im „Handbuch zur ESt-Veranlagung 2014" als Anlage zu H 37 b.

Anl zu H 37 b

erbringt. Juristische Personen des öffentlichen Rechts sind sowohl mit ihrem hoheitlichen Bereich und dem Bereich der Vermögensverwaltung als auch mit ihren einzelnen Betrieben gewerblicher Art jeweils Zuwendender i. S. d. § 37 b EStG. Die Wahlmöglichkeit kann für die verschiedenen Bereiche unabhängig voneinander ausgeübt werden. Macht der Zuwendende von der Wahlmöglichkeit des § 37 b EStG Gebrauch, ist er Steuerpflichtiger i. S. d. § 33 AO. Ausländische Zuwendende und nicht steuerpflichtige juristische Personen des öffentlichen Rechts werden spätestens mit der Anwendung des § 37 b EStG zu Steuerpflichtigen i. S. dieser Vorschrift.

2 Zuwendungsempfänger können eigene Arbeitnehmer des Zuwendenden sowie Dritte unabhängig von ihrer Rechtsform (z. B. AG, GmbH, Aufsichtsräte, Verwaltungsratsmitglieder, sonstige Organmitglieder von Vereinen und Verbänden, Geschäftspartner, deren Familienangehörige, Arbeitnehmer Dritter) sein.

3 Von § 37 b EStG werden nur solche Zuwendungen erfasst, die betrieblich veranlasst sind (BFH vom 12. Dezember 2013 VI R 47/12, BStBl. 2015 II S. 490) und die beim Empfänger dem Grunde nach zu steuerbaren und steuerpflichtigen Einkünften führen (BFH vom 16. Oktober 2013 VI R 57/11, BStBl. 2015 II S. 457). § 37 b EStG begründet keine eigenständige Einkunftsart und erweitert nicht den einkommensteuerrechtlichen Lohnbegriff, sondern stellt lediglich eine besondere pauschalierende Erhebungsform der Einkommensteuer zur Wahl (BFH vom 16. Oktober 2013 VI R 57/11 und VI R 78/12, BStBl. 2015 II S. 457 und 495). Zusätzlich zum ohnehin geschuldeten Arbeitslohn gewährte Zuwendungen an eigene Arbeitnehmer sind Sachbezüge i. S. d. § 8 Absatz 2 Satz 1 EStG, für die keine gesetzliche Bewertungsmöglichkeit nach § 8 Absatz 2 Satz 2 bis 10 und Absatz 3 EStG sowie keine Pauschalierungsmöglichkeit nach § 40 Absatz 2 EStG besteht. In den Fällen des § 8 Absatz 3 EStG ist es auch dann nicht zulässig, die Steuer nach § 37 b Absatz 2 EStG zu pauschalieren, wenn der Steuerpflichtige nach R 8.2 Absatz 1 Satz 1 Nummer 4 LStR 2015 die Bewertung des geldwerten Vorteils nach § 8 Absatz 2 EStG wählt. Für sonstige Sachbezüge, die nach § 40 Absatz 1 EStG pauschaliert besteuert werden können, kann der Steuerpflichtige auch die Pauschalierung nach § 37 b EStG wählen. Die Zuwendung von Vermögensbeteiligungen an eigene Arbeitnehmer ist von der Pauschalierung nach § 37 b EStG ausgeschlossen.

II. Wahlrecht zur Anwendung des § 37 b EStG

1. Einheitlichkeit der Wahlrechtsausübung

4 Das Wahlrecht zur Anwendung der Pauschalierung der Einkommensteuer ist nach § 37 b Absatz 1 Satz 1 EStG einheitlich für alle innerhalb eines Wirtschaftsjahres gewährten Zuwendungen, mit Ausnahme der die Höchstbeträge nach § 37 b Absatz 1 Satz 3 EStG übersteigenden Zuwendungen, auszuüben. Dabei ist es zulässig, für Zuwendungen an Dritte (Abs. 1) und an eigene Arbeitnehmer (Abs. 2) § 37 b EStG jeweils gesondert anzuwenden. Auch bei einem vom Kalenderjahr abweichenden Wirtschaftsjahr ist für den Personenkreis der eigenen Arbeitnehmer immer die kalenderjahrbezogene Betrachtungsweise für das Wahlrecht maßgeblich. Das Wahlrecht kann für alle inländischen lohnsteuerlichen Betriebsstätten nach § 41 Absatz 2 EStG nur einheitlich ausgeübt werden. Die Entscheidung zur Anwendung des § 37 b EStG kann nicht zurückgenommen werden.[1]

5 Werden Zuwendungen an Arbeitnehmer verbundener Unternehmen i. S. d. §§ 15 ff. AktG oder § 271 HGB vergeben, fallen diese Zuwendungen in den Anwendungsbereich des § 37 b Absatz 1 EStG und sind nach § 37 b Absatz 1 Satz 2 EStG mindestens mit dem sich aus § 8 Absatz 3 Satz 1 EStG ergebenden Wert zu bemessen (Rabattgewährung an Konzernmitarbeiter). Es wird nicht beanstandet, wenn diese Zuwendungen an Arbeitnehmer verbundener Unternehmen individuell besteuert werden, auch wenn der Zuwendende für die übrigen Zuwendungen § 37 b Absatz 1 EStG anwendet. Für die übrigen Zuwendungen ist das Wahlrecht einheitlich auszuüben.

6 Übt ein ausländischer Zuwendender das Wahlrecht zur Anwendung des § 37 b EStG aus, sind die Zuwendungen, die unbeschränkt oder beschränkt Einkommen- oder Körperschaftsteuerpflichtigen im Inland gewährt werden, einheitlich zu pauschalieren.

2. Zeitpunkt der Wahlrechtsausübung

7 Die Entscheidung zur Anwendung der Pauschalierung kann für den Anwendungsbereich des § 37 b Absatz 1 EStG auch im laufenden Wirtschaftsjahr, spätestens in der letzten Lohnsteuer-Anmeldung des Wirtschaftsjahres der Zuwendung getroffen werden. Eine Berichtigung der vorangegangenen einzelnen Lohnsteuer-Anmeldungen zur zeitgerechten Erfassung ist nicht erforderlich.

8 Für den Anwendungsbereich des § 37 b Absatz 2 EStG soll die Entscheidung zur Anwendung der Pauschalierung spätestens bis zu der für die Übermittlung der elektronischen Lohnsteuerbescheinigung geltenden Frist (§ 41 b Absatz 1 Satz 2 EStG, 28. Februar des Folgejahres) getroffen werden. Dieser Endtermin gilt auch, wenn ein Arbeitnehmer während des laufenden Kalenderjahres ausscheidet. Ist eine Änderung des Lohnsteuerabzugs gemäß § 41 c EStG zum Zeitpunkt der Ausübung des Wahlrechts nicht mehr möglich, so hat der Arbeitgeber dem Arbeitnehmer eine Bescheinigung über die Pauschalierung nach § 37 b Absatz 2 EStG auszustellen. Die Korrektur des bereits individuell besteuerten Arbeitslohns kann der Arbeitnehmer dann nur noch im Veranlagungsverfahren zur Einkommensteuer begehren.

[1] Überholt durch *BFH-Urteil vom 15. 6. 2016 VI R 54/15 (BStBl. II S. 1010);* Widerruf des Wahlrechtes ist zulässig und durch Abgabe einer geänderten Lohnsteuer-Anmeldung gegenüber dem Betriebsstättenfinanzamt zu erklären. Die anderweitige Ausübung des Wahlrechts stellt ein rückwirkendes Ereignis i. S. d. § 175 Abs. 1 Satz 1 Nr. 2 AO dar und ist nur wirksam, wenn der Zuwendungsempfänger hiervon unterrichtet wird.

Anl zu H 37 b

8 a[1] Das Wahlrecht kann auch durch Änderung einer noch nicht materiell bestandskräftigen Lohnsteuer-Anmeldung ausgeübt werden. Eine erstmalige Wahlrechtsausübung im Rahmen einer Außenprüfung ist somit zulässig. Wurden Sachzuwendungen an eigene Arbeitnehmer (§ 37 b Absatz 2) vorbehaltlich der Pauschalierung nach § 40 Absatz 1 Satz 1 EStG (Rdnr. 22) weder nach anderen Vorschriften pauschal noch individuell besteuert, kann das Wahlrecht (erstmalig) auch noch nach der in den Rdnrn. 7 und 8 genannten Frist im Rahmen einer Änderung einer noch nicht materiell bestandskräftigen Lohnsteuer-Anmeldung ausgeübt werden. Wurden Sachzuwendungen an eigene Arbeitnehmer dagegen bisher individuell besteuert, weil eine Pauschalierung zum maßgeblichen Wahlrechtszeitpunkt nicht vorgenommen worden ist, ist eine Pauschalierung nach § 37 b Absatz 2 EStG nicht mehr möglich. Wurden Zuwendungen an eigene Arbeitnehmer nach § 37 b EStG bisher pauschal besteuert, ist die bisherige Ausübung des Wahlrechts für den Zuwendenden bindend. Eine nachträgliche individuelle Besteuerung der Sachzuwendungen ist nicht zulässig.

III. Bemessungsgrundlage

1. Begriffsbestimmung

9 Besteuerungsgegenstand sind betrieblich veranlasste Sachzuwendungen, die zusätzlich zur ohnehin vereinbarten Leistung oder zum ohnehin geschuldeten Arbeitslohn erbracht werden, und Geschenke, die nicht in Geld bestehen. Gesellschaftsrechtlich veranlasste Zuwendungen, wie z. B. verdeckte Gewinnausschüttungen (§ 8 Absatz 3 Satz 2 KStG, *R 36 KStR*)[2] sind von der Pauschalierung nach § 37 b EStG ausgenommen (BFH vom 12. Dezember 2013 VI R 47/12, BStBl. 2015 II S. 490). 8

9 a Die „Zusätzlichkeitsvoraussetzung" für betrieblich veranlasste Zuwendungen nach § 37 b Absatz 1 Satz 1 Nummer 1 EStG erfordert, dass die Zuwendungen in sachlichem und zeitlichem Zusammenhang mit einem zwischen den Vertragsparteien abgeschlossenen Vertragsverhältnis (sog. Grundgeschäft) stehen und zur ohnehin geschuldeten Leistung als zusätzliche Leistung hinzukommen. Zuwendungen, die nicht zu einem Leistungsaustausch hinzutreten, etwa zur Anbahnung eines Vertragsverhältnisses, fallen nicht in den Anwendungsbereich des § 37 b Absatz 1 Nummer 1 EStG (BFH vom 12. Dezember 2013 VI R 47/12, BStBl. 2015 II S. 490). Unbeachtlich ist, ob der Empfänger einen Rechtsanspruch auf die Zuwendungen hat oder die Zuwendungen vom Zuwendenden freiwillig erbracht werden.

9 b[3] Die „Zusätzlichkeitsvoraussetzung" für zusätzlich zum ohnehin geschuldeten Arbeitslohn erbrachte betrieblich veranlasste Zuwendungen nach § 37b Absatz 2 Satz 1 EStG erfordert, dass die Zuwendung zu dem Arbeitslohn hinzukommt, den der Arbeitgeber arbeitsrechtlich schuldet; eine Gehaltsumwandlung erfüllt diese Voraussetzung nicht. Kommt die zweckbestimmte Leistung zu dem Arbeitslohn hinzu, den der Arbeitgeber schuldet, ist das Tatbestandsmerkmal auch dann erfüllt, wenn der Arbeitnehmer arbeitsvertraglich oder aufgrund einer anderen arbeits- oder dienstrechtlichen Rechtsgrundlage einen Anspruch auf die zweckbestimmte Leistung hat (vgl. R 3.33 Absatz 5 LStR und BMF-Schreiben vom 22. Mai 2013, BStBl. I S. 728).

9 c[4] Bei Zuwendungen an Dritte handelt es sich regelmäßig um Geschenke i. S. d. § 4 Absatz 5 Satz 1 Nummer 1 Satz 1 EStG und R 4.10 Absatz 4 Satz 1 bis 5 EStR oder Incentives (z. B. Reise oder Sachpreise aufgrund eines ausgeschriebenen Verkaufs- oder Außendienstwettbewerbs). Geschenke in diesem Sinne sind auch Nutzungsüberlassungen. Zuzahlungen des Zuwendungsempfängers ändern nicht den Charakter als Zuwendung; sie mindern lediglich die Bemessungsgrundlage. Zuzahlungen Dritter (z. B. Beteiligung eines anderen Unternehmers an der Durchführung einer Incentive-Reise) mindern die Bemessungsgrundlage hingegen nicht. Aufmerksamkeiten i. S. d. R 19.6 Absatz 1 LStR, die dem Empfänger aus Anlass eines besonderen persönlichen Ereignisses zugewendet werden, führen nicht zu steuerbaren und steuerpflichtigen Einnahmen und gehören daher nicht zur Bemessungsgrundlage.

9 d Bei der Teilnahme eines Kunden an einem Bonusprogramm wird die Ausgabe der Bonuspunkte zum Bestandteil der Gegenleistung des leistenden Unternehmens. Damit liegt weder in der Gutschrift der Punkte noch in der Hingabe der Prämie eine zusätzliche Leistung vor, so dass eine Pauschalierung nach § 37 b EStG in derartigen Fällen ausgeschlossen ist. Die Einkommensteuer kann in diesen Fällen bei Vorliegen der weiteren Voraussetzungen nach § 37 a EStG pauschaliert werden.

9 e[4] Gewinne aus Verlosungen, Preisausschreiben und sonstigen Gewinnspielen sowie Prämien aus (Neu-)Kundenwerbungsprogrammen und Vertragsneuabschlüssen führen beim Empfänger regelmäßig nicht zu steuerbaren und steuerpflichtigen Einnahmen und fallen dann nicht in den Anwendungsbereich des § 37 b Absatz 1 EStG.

10 Sachzuwendungen, deren Anschaffungs- oder Herstellungskosten 10 Euro nicht übersteigen, sind bei der Anwendung des § 37 b EStG als Streuwerbeartikel anzusehen und brauchen daher nicht in den Anwendungsbereich der Vorschrift einbezogen zu werden.[5] § 9 b Absatz 1 EStG ist zu beachten. Die Teilnahme an einer geschäftlich veranlassten Bewirtung i. S. d. § 4 Absatz 5 Satz 1 Nummer 2 EStG ist nicht in den Anwendungsbereich des § 37 b EStG einzubeziehen (R 4.7 Absatz 3 EStR, R 8.1 Absatz 8 Nummer 1 LStR); es sei denn, sie ist Teil einer Gesamtleistung, die insgesamt als Zuwendung nach § 37 b EStG besteuert wird (z. B. Bewirtung im Rahmen einer Incentive-Reise, vgl. BMF-Schreiben vom

---

[1] Teilweise überholt, siehe *BFH-Urteil vom 15. 6. 2016 VI R 54/15 (BStBl. II S. 1010).*
[2] Jetzt R 8.5 KStR 2015.
[3] Zur Zusätzlichkeitsvoraussetzung siehe § 8 Abs. 4 EStG.
[4] Rdnr. 9 c und 9 e geändert durch BMF-Schreiben vom 28. 6. 2018 (BStBl. I S. 814); zur Anwendung siehe Rdnr. 38.
[5] **Amtl. Anm.:** Diese Regelung ist trotz entgegenstehender Auffassung des BFH im Urteil vom 16. Oktober 2013 VI R 57/11 (BStBl. 2015 II S. 455) weiter anzuwenden.

Anl zu H 37b

14. Oktober 1996, BStBl. I S. 1192) oder die Bewirtung findet im Rahmen von Repräsentationsveranstaltungen i. S. d. § 4 Absatz 5 Satz 1 Nummer 4 EStG statt (z. B. Einladung zu einem Golfturnier, zu einem Segeltörn oder zu einer Jagdgesellschaft). Eine Incentive-Reise liegt in Abgrenzung zu einer Incentive-Maßnahme, bei der ggf. ein Bewirtungsanteil gemäß Rdnr. 15 herausgerechnet werden kann, vor, wenn die Veranstaltung mindestens eine Übernachtung umfasst.

11 Zuwendungen, die ein Arbeitnehmer von einem Dritten erhalten hat, können nicht vom Arbeitgeber, der nach § 38 Absatz 1 Satz 3 EStG zum Lohnsteuerabzug verpflichtet ist, nach § 37 b EStG pauschal besteuert werden. Die Pauschalierung nach § 37 b EStG kann nur der Zuwendende selbst vornehmen. Für Zuwendungen an Mitarbeiter verbundener Unternehmen i. S. d. §§ 15 ff. AktG oder § 271 HGB (vgl. Rdnr. 23) wird es nicht beanstandet, wenn anstelle des Zuwendenden der Arbeitgeber des Zuwendungsempfängers die Pauschalierung gemäß § 37 b Absatz 1 EStG vornimmt. Die erforderliche „Zusätzlichkeitsvoraussetzung" ist nur dann erfüllt, wenn die Zuwendungen auf vertraglichen Beziehungen zwischen dem Dritten und dem Arbeitnehmer beruhen. Zuwendungen, die auf vertraglichen Beziehungen zwischen dem Zuwendenden und dem Arbeitgeber des Arbeitnehmers beruhen (sog. Rahmenvertrag), können vom Zuwendenden daher nach § 37 b EStG pauschal besteuert werden, wenn dem Grunde nach Arbeitslohn vorliegt (vgl. BMF-Schreiben vom 20. Januar 2015, BStBl. I S. 143).

12 Gibt ein Steuerpflichtiger eine Zuwendung unmittelbar weiter, die dieser selbst unter Anwendung des § 37 b EStG erhalten hat, entfällt eine erneute pauschale Besteuerung nach § 37 b EStG, wenn der Steuerpflichtige hierfür keinen Betriebsausgabenabzug vornimmt.

13 In die Bemessungsgrundlage nach § 37 b Absatz 1 und 2 EStG sind alle Zuwendungen einzubeziehen, die beim Empfänger dem Grunde nach zu steuerbaren und steuerpflichtigen Einkünften führen. Demzufolge sind Zuwendungen an beschränkt und unbeschränkt steuerpflichtige Empfänger auszuscheiden, die nach den Bestimmungen eines Doppelbesteuerungsabkommens oder des Auslandstätigkeitserlasses nicht der inländischen Besteuerung unterliegen oder die dem Empfänger nicht im Rahmen einer Einkunftsart zufließen. Für Zuwendungen, die nicht in die Bemessungsgrundlage des § 37 b EStG einzubeziehen sind, hat der Zuwendende neben den für den Betriebsausgabenabzug bestehenden Aufzeichnungspflichten zusätzlich durch geeignete Aufzeichnungen darzulegen, dass diese Zuwendungen beim Empfänger nicht steuerbar und steuerpflichtig sind. Die Empfänger der Zuwendungen müssen auf Verlangen der Finanzbehörde genau benannt werden können (§ 160 AO).

13 a Zur Vereinfachung der Ermittlung der Bemessungsgrundlage für die Anwendung des § 37 b Absatz 1 EStG kann der Steuerpflichtige der Besteuerung nach § 37 b EStG einen bestimmten Prozentsatz aller gewährten Zuwendungen an Dritte unterwerfen. Der Prozentsatz orientiert sich an den unternehmensspezifischen Gegebenheiten und ist vom Steuerpflichtigen anhand geeigneter Unterlagen oder Aufzeichnungen glaubhaft zu machen. In diesem Fall kann er auf weitergehende Aufzeichnungen zur Steuerpflicht beim Empfänger verzichten. Für die Glaubhaftmachung kann auch auf die Aufzeichnungen, die über einen repräsentativen Zeitraum (mindestens drei Monate) geführt werden, zurückgegriffen und aus diesen der anzuwendende Prozentsatz ermittelt werden. Dieser kann so lange angewandt werden, wie sich die Verhältnisse nicht wesentlich ändern. Für die Ermittlung der Bemessungsgrundlage der Zuwendungen nach § 37 b Absatz 2 EStG vgl. Tz. III.3. Wirkungen auf andere Regelungen (Rdnrn. 17 bis 19).

2. Bewertung der Zuwendungen

14 Nach § 37 b Absatz 1 Satz 2 EStG sind die Zuwendungen mit den Aufwendungen des Steuerpflichtigen einschließlich Umsatzsteuer zu bewerten. Der Bruttobetrag kann aus Vereinfachungsgründen mit dem Faktor 1,19 aus dem Nettobetrag hochgerechnet werden. In die Bemessungsgrundlage sind alle tatsächlich angefallenen Aufwendungen einzubeziehen, die der jeweiligen Zuwendung direkt zugeordnet werden können.[1] Soweit diese nicht direkt ermittelt werden können, weil sie Teil einer Gesamtleistung sind, ist der auf die jeweilige Zuwendung entfallende Anteil an den Gesamtaufwendungen anzusetzen, der ggf. im Wege der Schätzung zu ermitteln ist. Zu den Aufwendungen im Rahmen von Veranstaltungen gehören z. B. Aufwendungen für Musik, künstlerische und artistische Darbietungen und Aufwendungen für den äußeren Rahmen (z. B. Raummiete, Eventmanager). Wird ein Wirtschaftsgut zugewandt, das der Steuerpflichtige selbst hergestellt hat, sind als Aufwendungen grundsätzlich die Herstellungskosten des Wirtschaftsguts (zuzüglich der Umsatzsteuer) anzusetzen (z. B. Eintrittskarten für eine selbst ausgerichtete Veranstaltung). Der Zuwendende kann stattdessen den gemeinen Wert (z. B. den Kartenpreis) ansetzen, wenn dieser ohne weiteres ermittelt werden kann.

15 Die bestehenden Vereinfachungsregelungen, die zur Aufteilung der Gesamtaufwendungen für VIP-Logen in Sportstätten und in ähnlichen Sachverhalten ergangen sind, gelten unverändert (Rdnr. 14 und 19 des BMF-Schreibens vom 22. August 2005, BStBl. I S. 845[2], und vom 11. Juli 2006, BStBl. I S. 447).[3] Der danach ermittelte, auf Geschenke entfallende pauschale Anteil stellt die Aufwendungen dar, die in die Bemessungsgrundlage nach § 37 b EStG einzubeziehen sind. Die Vereinfachungsregelungen zur Übernahme der Besteuerung (Rdnrn. 16 und 18 des BMF-Schreibens vom 22. August 2005, BStBl. I S. 845 und entsprechende Verweise im BMF-Schreiben vom 11. Juli 2006, BStBl. I S. 447) sind ab dem 1. Januar 2007 nicht mehr anzuwenden.

16 Besteht die Zuwendung in der Hingabe eines Wirtschaftsgutes des Betriebsvermögens oder in der unentgeltlichen Nutzungsüberlassung und sind dem Zuwendenden keine oder nur unverhältnismä-

[1] Bestätigt durch *BFH vom 13. 5. 2020 VI R 13/18 (BStBl. 2021 II S. 395)* betr. Aufwendungen für einen Eventmanager.
[2] Abgedruckt als Anlage c zu R 4.7 EStR.
[3] Abgedruckt als Anlage d zu R 4.7 EStR.

ßig geringe Aufwendungen entstanden (z. B. zinslose Darlehensgewährung), ist als Bemessungsgrundlage für eine Besteuerung nach § 37b EStG der gemeine Wert anzusetzen. Anl zu H 37 b

3. Wirkungen auf andere Regelungen

Sachbezüge, die im ganz überwiegenden eigenbetrieblichen Interesse des Arbeitgebers gewährt werden (vgl. hierzu BFH vom 16. Oktober 2013 VI R 78/12, BStBl. 2015 II S. 495) sowie steuerfreie Sachbezüge, z. B. auch nach § 19 Absatz 1 Satz 1 Nummer 1 a EStG, werden von § 37 b Absatz 2 EStG nicht erfasst. Im Übrigen gilt Folgendes:

a) Sachbezugsfreigrenze

17 Wird die Freigrenze des § 8 Absatz 2 Satz 11 EStG i. H. v. 44 Euro[1] nicht überschritten, liegt kein steuerpflichtiger Sachbezug vor.[2] Bei der Prüfung der Freigrenze bleiben die nach § 8 Absatz 2 Satz 1 EStG zu bewertenden Vorteile, die nach §§ 37 b und 40 EStG pauschal versteuert werden, außer Ansatz.

b) Mahlzeiten aus besonderem Anlass

18 Mahlzeiten aus besonderem Anlass, die vom oder auf Veranlassung des Steuerpflichtigen anlässlich von Auswärtstätigkeiten an seine Arbeitnehmer abgegeben werden, können nach § 37 b EStG pauschal besteuert werden, wenn der Wert der Mahlzeit 60 Euro (bis 31. Dezember 2013: 40 Euro) übersteigt.

c) Aufmerksamkeiten

19 Zuwendungen des Steuerpflichtigen an seine Arbeitnehmer, die als bloße Aufmerksamkeiten (R 19.6 LStR) anzusehen sind und deren jeweiliger Wert 60 Euro (bis 31. Dezember 2014: 40 Euro) nicht übersteigt, gehören nicht zum Arbeitslohn und sind daher nicht in die Pauschalierung nach § 37 b EStG einzubeziehen. Bei Überschreitung des Betrags von 60 Euro (bis 31. Dezember 2014: 40 Euro) ist die Anwendung des § 37 b EStG möglich.

4. Zeitpunkt der Zuwendung

20 Die Zuwendung ist im Zeitpunkt der Erlangung der wirtschaftlichen Verfügungsmacht zu erfassen. Das ist bei Geschenken der Zeitpunkt der Hingabe (z. B. Eintrittskarte) und bei Nutzungen der Zeitpunkt der Inanspruchnahme (z. B. bei der Einladung zu einer Veranstaltung der Zeitpunkt der Teilnahme). Es ist aber nicht zu beanstanden, wenn die Pauschalierung nach § 37 b EStG bereits in dem Wirtschaftsjahr vorgenommen wird, in dem der Aufwand zu berücksichtigen ist. Auf einen hiervon abweichenden Zeitpunkt der Bezahlung der Rechnung durch den Zuwendenden kann hingegen nicht abgestellt werden.

5. Beträge nach § 37 b Absatz 1 Satz 3 EStG

21 Die Beträge des § 37 b Absatz 1 Satz 3 EStG i. H. v. 10 000 Euro sind auf die Bruttoaufwendungen anzuwenden. Bei dem Betrag nach § 37 b Absatz 1 Satz 3 Nummer 1 EStG handelt es sich um einen Höchstbetrag (z. B. drei Zuwendungen im Wert von jeweils 4000 Euro, § 37 b EStG ist nicht nur für die ersten beiden Zuwendungen anwendbar, sondern auch die Hälfte der Aufwendungen für die dritte Zuwendung muss in die Pauschalbesteuerung einbezogen werden); bei dem Betrag nach § 37 b Absatz 1 Satz 3 Nummer 2 EStG handelt es sich um eine Höchstgrenze (z. B. Zuwendung im Wert von 15 000 Euro, § 37 b EStG ist auf diese Zuwendung nicht anwendbar). Wird die Höchstgrenze für eine Zuwendung überschritten, ist eine Pauschalierung für andere Zuwendungen an diesen Zuwendungsempfänger im Rahmen des § 37 b Absatz 1 Satz 3 Nummer 1 EStG zulässig (z. B. drei Zuwendungen im Wert von 3000 Euro, 5000 Euro und 12 000 Euro, die Aufwendungen für die Einzelzuwendung i. H. v. 12 000 Euro können nicht nach § 37 b EStG pauschal besteuert werden, in die Pauschalbesteuerung sind indes die Aufwendungen für die beiden anderen Einzelzuwendungen von insgesamt 8000 Euro einzubeziehen). Bei Zuzahlungen durch den Zuwendungsempfänger mindert sich der Wert der Zuwendung, auf den der Höchstbetrag/die Höchstgrenze anzuwenden ist. Für die Prüfung des Höchstbetrags ist bei betrieblich veranlassten Sachzuwendungen an nahestehende Personen eines Geschäftsfreunds oder eines Arbeitnehmers Zuwendungsempfänger der Geschäftsfreund oder der Arbeitnehmer selbst.

IV. Verhältnis zu anderen Pauschalierungsvorschriften

1. Lohnsteuerpauschalierung mit Nettosteuersatz

22 Zum Zeitpunkt der Ausübung des Wahlrechts nach § 37 b Absatz 2 EStG bereits nach § 40 Absatz 1 Satz 1 EStG durchgeführte Pauschalierungen müssen nicht rückgängig gemacht werden. Eine Änderung ist aber in den Grenzen der allgemeinen Regelungen zulässig; § 37 b Absatz 2 EStG kann danach angewandt werden. Die Rückabwicklung eines nach § 40 Absatz 1 Satz 1 EStG pauschalierten Zuwendungsfalls muss für alle Arbeitnehmer einheitlich vorgenommen werden, die diese Zuwendung erhalten haben. Nach der Entscheidung zur Anwendung des § 37 b EStG ist eine Pauschalierung nach § 40 Absatz 1 Satz 1 EStG für alle Zuwendungen, auf die § 37 b EStG anwendbar ist, nicht mehr möglich. 9

2. Arbeitnehmer verbundener Unternehmen

23 Die Pauschalierung ist für Sachzuwendungen an Arbeitnehmer verbundener Unternehmen i. S. d. §§ 15 ff. AktG oder § 271 HGB zulässig, wenn die Voraussetzungen des § 37 b Absatz 1 EStG erfüllt sind.

---

[1] Ab 1. 1. 2022: 50 Euro.
[2] Bestätigt durch *BFH vom 7. 7. 2020 VI R 14/18 (BStBl. 2021 II S. 232).*

V. Steuerliche Behandlung beim Zuwendenden

1. Zuwendung

24 Die Aufwendungen für die Zuwendung sind nach allgemeinen steuerlichen Grundsätzen zu beurteilen; sie sind entweder in voller Höhe als Betriebsausgaben abziehbar (Geschenke an eigene Arbeitnehmer und Zuwendungen, die keine Geschenke sind) oder unter der Maßgabe des § 4 Absatz 5 Satz 1 Nummer 1 EStG beschränkt abziehbar. Die übrigen Abzugsbeschränkungen des § 4 Absatz 5 EStG, insbesondere des § 4 Absatz 5 Satz 1 Nummer 4 oder Nummer 10 EStG sind ebenfalls zu beachten.

25[1] Bei der Prüfung der Freigrenze des § 4 Absatz 5 Satz 1 Nummer 1 Satz 2 EStG ist aus Vereinfachungsgründen allein auf den Betrag der Zuwendung abzustellen. Die übernommene Steuer ist nicht mit einzubeziehen.

2. Pauschalsteuer

26 Die Abziehbarkeit der Pauschalsteuer als Betriebsausgabe richtet sich danach, ob die Aufwendungen für die Zuwendung als Betriebsausgabe abziehbar sind.

VI. Steuerliche Behandlung beim Empfänger

27 Nach § 37b Absatz 3 Satz 1 EStG bleibt eine pauschal besteuerte Sachzuwendung bei der Ermittlung der Einkünfte des Empfängers außer Ansatz.

28 Besteht die Zuwendung in der Hingabe eines einzelnen Wirtschaftsgutes, das beim Empfänger Betriebsvermögen wird, gilt sein gemeiner Wert als Anschaffungskosten (§ 6 Absatz 4 EStG). Rdnr. 12 ist zu beachten.

VII. Verfahren zur Pauschalierung der Einkommensteuer

1. Entstehung der Steuer

10 **29** Für den Zeitpunkt der Entstehung der Steuer ist grundsätzlich der Zeitpunkt der Zuwendung (vgl. Rdnr. 20) maßgeblich. Dabei ist nicht auf den Entstehungszeitpunkt der Einkommen- und Körperschaftsteuer beim Zuwendungsempfänger abzustellen.

2. Unterrichtung des Empfängers der Zuwendung

30 Nach § 37b Absatz 3 Satz 3 EStG hat der Zuwendende den Empfänger der Zuwendung über die Anwendung der Pauschalierung zu unterrichten. Eine besondere Form ist nicht vorgeschrieben.

31 Arbeitnehmer sind nach § 38 Absatz 4 Satz 3 EStG verpflichtet, ihrem Arbeitgeber die ihnen von Dritten gewährten Bezüge am Ende des Lohnzahlungszeitraumes anzuzeigen. Erhält der Arbeitnehmer erst im Nachhinein eine Mitteilung vom Zuwendenden über die Anwendung des § 37b EStG, kann bei bereits durchgeführter individueller Besteuerung eine Korrektur des Lohnsteuerabzugs vorgenommen werden, wenn die Änderung des Lohnsteuerabzugs beim Arbeitnehmer noch zulässig ist.

3. Aufzeichnungspflichten

32 Die bestehenden Aufzeichnungspflichten für Geschenke nach § 4 Absatz 5 Satz 1 Nummer 1 EStG bleiben unberührt (§ 4 Absatz 7 EStG, R 4.11 EStR). Besondere Aufzeichnungspflichten für die Ermittlung der Zuwendungen, für die § 37b EStG angewandt wird, bestehen nicht. Aus der Buchführung oder den Aufzeichnungen muss sich ablesen lassen, dass bei Wahlrechtsausübung alle Zuwendungen erfasst wurden und dass die Höchstbeträge nicht überschritten wurden. Nach § 37b EStG pauschal versteuerte Zuwendungen müssen nicht zum Lohnkonto genommen werden (§ 4 Absatz 2 Nummer 8 LStDV i. V. m. § 41 Absatz 1 EStG).

33 Aus Vereinfachungsgründen kann bei Zuwendungen bis zu einem Wert von jeweils 60 Euro (bis 31. Dezember 2014 = 40 Euro) davon ausgegangen werden, dass der Höchstbetrag nach § 37b Absatz 1 Satz 3 Nummer 1 EStG auch beim Zusammenfallen mit weiteren Zuwendungen im Wirtschaftsjahr nicht überschritten wird. Eine Aufzeichnung der Empfänger kann insoweit unterbleiben.

34 § 37b EStG kann auch angewendet werden, wenn die Aufwendungen beim Zuwendenden ganz oder teilweise unter das Abzugsverbot des § 160 AO fallen. Fallen mehrere Zuwendungen zusammen, bei denen § 160 AO zum Abzugsverbot der Aufwendungen führt, ist die Summe dieser Aufwendungen den Höchstbeträgen gegenüberzustellen.

4. Örtliche Zuständigkeit

35 Für ausländische Zuwendende ergeben sich die für die Verwaltung der Lohnsteuer zuständigen Finanzämter aus analoger Anwendung des H 41.3 LStH (wie ausländische Bauunternehmer).

5. Kirchensteuer

36 Für die Ermittlung der Kirchensteuer bei Anwendung des § 37b EStG ist in Rheinland-Pfalz nach dem Erlass des FM Rheinland-Pfalz vom 29. Oktober 2008 (BStBl. I 2009 S. 332) und in den übrigen Ländern nach den gleichlautenden Erlassen der obersten Finanzbehörden dieser Länder vom 28. Dezember 2006 (BStBl. I 2007 S. 76)[2] zu verfahren.

[1] An der Regelung der Rdnr. 25 wird auch nach der Entscheidung des *BFH vom 30. 3. 2017 IV R 13/14 (BStBl. II S. 892)* festgehalten.

[2] Für Sachzuwendungen nach dem 31. 12. 2016 siehe gleichlautende Erlasse zur Kirchensteuer bei der Pauschalierung der Lohn- und Einkommensteuer vom 8. 8. 2016 (BStBl. I S. 773).

6. Anrufungsauskunft

37 Für Sachverhalte zur Pauschalierung der Einkommensteuer bei Sachzuwendungen nach § 37 b EStG kann eine Anrufungsauskunft i. S. d. § 42 e EStG eingeholt werden.

VIII. Anwendungszeitpunkt

38[1] Dieses Schreiben ersetzt das BMF-Schreiben vom 29. April 2008 (a. a. O.).[2] Die Grundsätze dieses Schreibens sind in allen noch offenen Fällen anzuwenden. Soweit die Änderungen von Rdnr. 9 e durch das BMF-Schreiben vom 28. Juni 2018 (BStBl. I S. 814) dazu führen, dass auch Sachzuwendungen pauschal nach § 37 b EStG besteuert werden können, die zuvor nach Rdnr. 9 e des BMF-Schreibens vom 19. Mai 2015 nicht in die Bemessungsgrundlage einzubeziehen gewesen wären, kann der Steuerpflichtige entscheiden, ob er die geänderte Fassung auch für vor dem 1. Juli 2018 verwirklichte Sachverhalte anwenden will.

2. Steuerabzug vom Arbeitslohn (Lohnsteuer)

§§ 38 bis 42 g [abgedruckt in der dem Hauptteil vorangestellten geschlossenen Wiedergabe] EStG

Im Einzelnen vgl. „Handbuch zur Lohnsteuer".

[1] Rdnr. 38 neugefasst durch BMF-Schreiben vom 28. 6. 2018 (BStBl. I S. 814).
[2] BStBl. 2008 I S. 566.

3. Steuerabzug vom Kapitalertrag (Kapitalertragsteuer)

EStG

§ 43 Kapitalerträge mit Steuerabzug

(1)[1] ① **Bei den folgenden inländischen und in den Fällen der Nummern 5 bis 7 Buchstabe a und Nummern 8 bis 12 sowie Satz 2 auch ausländischen Kapitalerträgen wird die Einkommensteuer durch Abzug vom Kapitalertrag (Kapitalertragsteuer) erhoben:**

1 **1. Kapitalerträgen im Sinne des § 20 Absatz 1 Nummer 1, soweit diese nicht nachfolgend in Nummer 1a gesondert genannt sind, und Kapitalerträgen im Sinne des § 20 Absatz 1 Nummer 2.** ② **Entsprechendes gilt für Kapitalerträge im Sinne des § 20 Absatz 2 Satz 1 Nummer 2 Buchstabe a und Nummer 2 Satz 2;**

1a **1a. Kapitalerträgen im Sinne des § 20 Absatz 1 Nummer 1 aus Aktien und Genussscheinen, die entweder gemäß § 5 des Depotgesetzes zur Sammelverwahrung durch eine Wertpapiersammelbank zugelassen sind und dieser zur Sammelverwahrung im Inland anvertraut wurden, bei denen eine Sonderverwahrung gemäß § 2 Satz 1 des Depotgesetzes erfolgt oder bei denen die Erträge gegen Aushändigung der Dividendenscheine oder sonstigen Erträgnisscheine ausgezahlt oder gutgeschrieben werden;**

2 **2. Zinsen aus Teilschuldverschreibungen, bei denen neben der festen Verzinsung ein Recht auf Umtausch in Gesellschaftsanteile (Wandelanleihen) oder eine Zusatzverzinsung, die sich nach der Höhe der Gewinnausschüttungen des Schuldners richtet (Gewinnobligationen), eingeräumt ist, und Zinsen aus Genussrechten, die nicht in § 20 Absatz 1 Nummer 1 genannt sind.** ② **Zu den Gewinnobligationen gehören nicht solche Teilschuldverschreibungen, bei denen der Zinsfuß nur vorübergehend herabgesetzt und gleichzeitig eine von dem jeweiligen Gewinnergebnis des Unternehmens abhängige Zusatzverzinsung bis zur Höhe des ursprünglichen Zinsfußes festgelegt worden ist.** ③ **Zu den Kapitalerträgen im Sinne des Satzes 1 gehören nicht die Bundesbankgenussrechte im Sinne des § 3 Absatz 1 des Gesetzes über die Liquidation der Deutschen Reichsbank und der Deutschen Golddiskontbank in der im Bundesgesetzblatt Teil III, Gliederungsnummer 7620-6, veröffentlichten bereinigten Fassung, das zuletzt durch das Gesetz vom 17. Dezember 1975 (BGBl. I S. 3123) geändert worden ist.** ④ **Beim Steuerabzug auf Kapitalerträge sind die für den Steuerabzug nach Nummer 1a geltenden Vorschriften entsprechend anzuwenden, wenn**
   a) die Teilschuldverschreibungen und Genussrechte gemäß § 5 des Depotgesetzes zur Sammelverwahrung durch eine Wertpapiersammelbank zugelassen sind und dieser zur Sammelverwahrung im Inland anvertraut wurden,
   b) die Teilschuldverschreibungen und Genussrechte gemäß § 2 Satz 1 des Depotgesetzes gesondert aufbewahrt werden oder
   c) die Erträge der Teilschuldverschreibungen und Genussrechte gegen Aushändigung der Erträgnisscheine ausgezahlt oder gutgeschrieben werden;

3 **3. Kapitalerträgen im Sinne des § 20 Absatz 1 Nummer 4;**

4 **4. Kapitalerträgen im Sinne des § 20 Absatz 1 Nummer 6 Satz 1 bis 6; § 20 Absatz 1 Nummer 6 Satz 2 und 3 in der am 1. Januar 2008 anzuwendenden Fassung bleiben für Zwecke der Kapitalertragsteuer unberücksichtigt.** ② **Der Steuerabzug vom Kapitalertrag ist in den Fällen des § 20 Absatz 1 Nummer 6 Satz 4 in der am 31. Dezember 2004 geltenden Fassung nur vorzunehmen, wenn das Versicherungsunternehmen auf Grund einer Mitteilung des Finanzamts weiß oder infolge der Verletzung eigener Anzeigeverpflichtungen nicht weiß, dass die Kapitalerträge nach dieser Vorschrift zu den Einkünften aus Kapitalvermögen gehören;**

5 **5. Kapitalerträgen im Sinne des § 20 Absatz 1 Nummer 3 mit Ausnahme der Gewinne aus der Veräußerung von Anteilen an Investmentfonds im Sinne des § 16 Absatz 1 Nummer 3 in Verbindung mit § 2 Absatz 13 des Investmentsteuergesetzes;**

6 **6. ausländischen Kapitalerträgen im Sinne der Nummern 1 und 1a;**

7 **7. Kapitalerträgen im Sinne des § 20 Absatz 1 Nummer 7, außer bei Kapitalerträgen im Sinne der Nummer 2, wenn**
   a) es sich um Zinsen aus Anleihen und Forderungen handelt, die in ein öffentliches Schuldbuch oder in ein ausländisches Register eingetragen oder über die Sammelurkunden im Sinne des § 9a des Depotgesetzes oder Teilschuldverschreibungen ausgegeben sind;
   b) der Schuldner der nicht in Buchstabe a genannten Kapitalerträge ein inländisches Kreditinstitut[2] oder ein inländisches Finanzdienstleistungsinstitut im

---

[1] Zur erstmaligen Anwendung siehe § 52 Abs. 42 Satz 4 EStG.
Zur Fassung von § 43 Abs. 1 Satz 1 Nr. 3, 7 und 8a ab 1. 1. 2023 siehe in der geschlossenen Wiedergabe.
[2] Zu Warengenossenschaften als Kreditinstitute vgl. *BMF-Schreiben vom 16. 12. 2002 (BStBl. I S. 1396).*

EStG

Sinne des Gesetzes über das Kreditwesen oder ein Wertpapierinstitut im Sinne des Wertpapierinstitutsgesetzes ist. ② Kreditinstitut in diesem Sinne ist auch die Kreditanstalt für Wiederaufbau, eine Bausparkasse, ein Versicherungsunternehmen für Erträge aus Kapitalanlagen, die mit Einlagegeschäften bei Kreditinstituten vergleichbar sind, die Deutsche Bundesbank bei Geschäften mit jedermann einschließlich ihrer Betriebsangehörigen im Sinne der §§ 22 und 25 des Gesetzes über die Deutsche Bundesbank und eine inländische Zweigstelle oder Zweigniederlassung eines ausländischen Unternehmens im Sinne der §§ 53 und 53 b des Gesetzes über das Kreditwesen, nicht aber eine ausländische Zweigstelle eines inländischen Kredit-, Finanzdienstleistungs- oder Wertpapierinstituts. ③ Die inländische Zweigstelle oder Zweigniederlassung gilt anstelle des ausländischen Unternehmens als Schuldner der Kapitalerträge;

c)[1] es sich um Zinsen aus Forderungen handelt, die über eine Internet-Dienstleistungsplattform erworben wurden. ② Eine Internet-Dienstleistungsplattform in diesem Sinne ist ein webbasiertes Medium, das Kauf- und Verkaufsaufträge in Aktien und anderen Finanzinstrumenten sowie Darlehensnehmer und Darlehensgeber zusammenführt und so einen Vertragsabschluss vermittelt;

7 a. Kapitalerträgen im Sinne des § 20 Absatz 1 Nummer 9; 7a

7 b. Kapitalerträgen im Sinne des § 20 Absatz 1 Nummer 10 Buchstabe a; 7b

7 c. Kapitalerträgen im Sinne des § 20 Absatz 1 Nummer 10 Buchstabe b; 7c

8. Kapitalerträgen im Sinne des § 20 Absatz 1 Nummer 11; 8

9. Kapitalerträgen im Sinne des § 20 Absatz 2 Satz 1 Nummer 1 und Gewinnen aus der Veräußerung von Anteilen an Investmentfonds im Sinne des § 16 Absatz 1 Nummer 3 in Verbindung mit § 2 Absatz 13 des Investmentsteuergesetzes; 8a

10. Kapitalerträgen im Sinne des § 20 Absatz 2 Satz 1 Nummer 2 Buchstabe b und Nummer 7; 8b

11. Kapitalerträgen im Sinne des § 20 Absatz 2 Satz 1 Nummer 3; 8c

12. Kapitalerträgen im Sinne des § 20 Absatz 2 Satz 1 Nummer 8. 8d

② Dem Steuerabzug unterliegen auch Kapitalerträge im Sinne des § 20 Absatz 3, die neben den in den Nummern 1 bis 12 bezeichneten Kapitalerträgen oder an deren Stelle gewährt werden. ③ Der Steuerabzug ist ungeachtet des § 3 Nummer 40 und des § 8 b des Körperschaftsteuergesetzes vorzunehmen. ④ Für Zwecke des Kapitalertragsteuerabzugs gilt die Übertragung eines von einer auszahlenden Stelle verwahrten oder verwalteten Wirtschaftsguts im Sinne des § 20 Absatz 2 auf einen anderen Gläubiger als Veräußerung des Wirtschaftsguts. ⑤ Satz 4 gilt nicht, wenn der Steuerpflichtige der auszahlenden Stelle unter Benennung der in Satz 6 Nummer 4 bis 6 bezeichneten Daten mitteilt, dass es sich um eine unentgeltliche Übertragung handelt. ⑥ Die auszahlende Stelle hat in den Fällen des Satzes 5 folgende Daten dem für sie zuständigen Betriebsstättenfinanzamt bis zum 31. Mai des jeweiligen Folgejahres nach Maßgabe des § 93 c der Abgabenordnung[2] mitzuteilen:

1. Bezeichnung der auszahlenden Stelle,

2. das zuständige Betriebsstättenfinanzamt,

3. das übertragene Wirtschaftsgut, den Übertragungszeitpunkt, den Wert zum Übertragungszeitpunkt und die Anschaffungskosten des Wirtschaftsguts,

4. Name, Geburtsdatum, Anschrift und Identifikationsnummer des Übertragenden,

5.[3] Name, Geburtsdatum, Anschrift und Identifikationsnummer des Empfängers sowie die Bezeichnung des Kreditinstituts, der Nummer des Depots, des Kontos oder des Schuldbuchkontos. ② Sofern die Identifikationsnummer des Empfängers nicht bereits bekannt ist, kann die auszahlende Stelle diese in einem maschinellen Verfahren nach amtlich vorgeschriebenem Datensatz beim Bundeszentralamt für Steuern erfragen. ③ In der Anfrage dürfen nur die in § 139 b Absatz 3 der Abgabenordnung genannten Daten der betroffenen Person angegeben werden. ④ Das Bundeszentralamt für Steuern teilt der auszahlenden Stelle die Identifikationsnummer der betroffenen Person mit, sofern die übermittelten Daten mit den nach § 139 b Absatz 3 der Abgabenordnung beim Bundeszentralamt für Steuern gespeicherten Daten übereinstimmen. ⑤ Ist eine eindeutige Zuordnung des Empfängers nicht möglich, ist die Depotübertragung als kapitalertragsteuerpflichtiger Vorgang nach Satz 4 dieses Absatzes zu behandeln,

[1] Zur erstmaligen Anwendung siehe § 52 Abs. 42 Satz 2 EStG.
[2] Zur erstmaligen Anwendung von Abs. 1 Satz 6 siehe § 52 Abs. 42 Satz 3 EStG.
[3] **Zur erstmaligen Anwendung siehe § 52 Abs. 42 Satz 5 EStG.**

EStG

6. soweit bekannt, das persönliche Verhältnis (Verwandtschaftsverhältnis, Ehe, Lebenspartnerschaft) zwischen Übertragendem und Empfänger.

⑦ § 72 a Absatz 4, § 93 c Absatz 4 und § 203 a der Abgabenordnung finden keine Anwendung.

8e (1 a) *(aufgehoben)*

9 (2)[1] **① Der Steuerabzug ist außer in den Fällen des Absatzes 1 Satz 1 Nummer 1 a und 7 c nicht vorzunehmen, wenn Gläubiger und Schuldner der Kapitalerträge (Schuldner) oder die auszahlende Stelle im Zeitpunkt des Zufließens dieselbe Person sind. ② Der Steuerabzug ist außerdem nicht vorzunehmen, wenn in den Fällen des Absatzes 1 Satz 1 Nummer 5 bis 7 und 8 bis 12 Gläubiger der Kapitalerträge ein inländisches Kredit-, Finanzdienstleistungs- oder Wertpapierinstitut nach Absatz 1 Satz 1 Nummer 7 Buchstabe b oder eine inländische Kapitalverwaltungsgesellschaft ist. ③ Bei Kapitalerträgen im Sinne des Absatzes 1 Satz 1 Nummer 6 und 8 bis 12 ist ebenfalls kein Steuerabzug vorzunehmen, wenn**

1. eine unbeschränkt steuerpflichtige Körperschaft, Personenvereinigung oder Vermögensmasse, die nicht unter Satz 2 oder § 44 a Absatz 4 Satz 1 fällt, Gläubigerin der Kapitalerträge ist, oder

2. die Kapitalerträge Betriebseinnahmen eines inländischen Betriebs sind und der Gläubiger der Kapitalerträge dies gegenüber der auszahlenden Stelle nach amtlich vorgeschriebenem Muster erklärt; dies gilt entsprechend für Kapitalerträge aus Options- und Termingeschäften im Sinne des Absatzes 1 Satz 1 Nummer 8 und 11, wenn sie zu den Einkünften aus Vermietung und Verpachtung gehören.

④ Im Fall des § 1 Absatz 1 Nummer 4 und 5 des Körperschaftsteuergesetzes ist Satz 3 Nummer 1 nur anzuwenden, wenn die Körperschaft, Personenvereinigung oder Vermögensmasse durch eine Bescheinigung des für sie zuständigen Finanzamts ihre Zugehörigkeit zu dieser Gruppe von Steuerpflichtigen nachweist. ⑤ Die Bescheinigung ist unter dem Vorbehalt des Widerrufs auszustellen. ⑥ Die Fälle des Satzes 3 Nummer 2 hat die auszahlende Stelle gesondert aufzuzeichnen und die Erklärung der Zugehörigkeit der Kapitalerträge zu den Betriebseinnahmen oder zu den Einnahmen aus Vermietung und Verpachtung sechs Jahre aufzubewahren; die Frist beginnt mit dem Schluss des Kalenderjahres, in dem die Freistellung letztmalig berücksichtigt wird. ⑦ Die auszahlende Stelle hat in den Fällen des Satzes 3 Nummer 2 der Finanzbehörde, die für die Besteuerung des Einkommens des Gläubigers der Kapitalerträge zuständig ist, nach Maßgabe des § 93 c der Abgabenordnung neben den in § 93 c Absatz 1 der Abgabenordnung genannten Angaben auch die Konto- und Depotbezeichnung oder die sonstige Kennzeichnung des Geschäftsvorgangs zu übermitteln. ⑧ § 72 a Absatz 4, § 93 c Absatz 1 Nummer 3 und Absatz 4 sowie § 203 a der Abgabenordnung finden keine Anwendung.

10 (3) **① Kapitalerträge im Sinne des Absatzes 1 Satz 1 Nummer 1 Satz 1 sowie Nummer 1 a bis 4 sind inländische, wenn der Schuldner Wohnsitz, Geschäftsleitung oder Sitz im Inland hat; Kapitalerträge im Sinne des Absatzes 1 Satz 1 Nummer 4 sind auch dann inländische, wenn der Schuldner eine Niederlassung im Sinne der §§ 61, 65 oder des § 68 des Versicherungsaufsichtsgesetzes im Inland hat. ② Kapitalerträge im Sinne des Absatzes 1 Satz 1 Nummer 1 Satz 2 sind inländische, wenn der Schuldner der veräußerten Ansprüche die Voraussetzungen des Satzes 1 erfüllt. ③ Kapitalerträge im Sinne des § 20 Absatz 1 Nummer 1 Satz 4 sind inländische, wenn der Emittent der Aktien Geschäftsleitung oder Sitz im Inland hat. ④ Kapitalerträge im Sinne des Absatzes 1 Satz 1 Nummer 6 sind ausländische, wenn weder die Voraussetzungen nach Satz 1 noch nach Satz 2 vorliegen.**

11 (4) **Der Steuerabzug ist auch dann vorzunehmen, wenn die Kapitalerträge beim Gläubiger zu den Einkünften aus Land- und Forstwirtschaft, aus Gewerbebetrieb, aus selbständiger Arbeit oder aus Vermietung und Verpachtung gehören.**

12 (5) **① Für Kapitalerträge im Sinne des § 20, soweit sie der Kapitalertragsteuer unterlegen haben, ist die Einkommensteuer mit dem Steuerabzug abgegolten; die Abgeltungswirkung des Steuerabzugs tritt nicht ein, wenn der Gläubiger nach § 44 Absatz 1 Satz 10 und 11 und Absatz 5 in Anspruch genommen werden kann. ② Dies gilt nicht in Fällen des § 32 d Absatz 2 und für Kapitalerträge, die zu den Einkünften aus Land- und Forstwirtschaft, aus Gewerbebetrieb, aus selbständiger Arbeit oder aus Vermietung und Verpachtung gehören. ③ Auf Antrag des Gläubigers werden Kapitalerträge im Sinne des Satzes 1 in die besondere Besteuerung von Kapitalerträgen nach § 32 d einbezogen. ④ Eine vorläufige Festsetzung der Einkommensteuer im Sinne des § 165 Absatz 1 Satz 2 Nummer 2 bis 4 der Abgabenordnung umfasst auch Einkünfte im Sinne des Satzes 1, für die der Antrag nach Satz 3 nicht gestellt worden ist.**

[1] Zur erstmaligen Anwendung von Abs. 2 Satz 7 und 8 siehe § 52 Abs. 42 Satz 3 EStG.

H 43

13 **Allgemeines.**[1] Einzelfragen zur Abgeltungsteuer → BMF vom 19. 5. 2022 (BStBl. I S. 742)[2] unter Berücksichtigung der Änderungen in Rn. 92 und 300 a durch BMF vom 20. 12. 2022 (BStBl. 2023 S. 46).

Empfänger und Zeitpunkt der Datenlieferung → BMF vom 24. 9. 2013 (BStBl. I S. 1183).

Insolvenz. Der Abzug von Kapitalertragsteuer ist auch bei dem Gläubiger von Kapitalerträgen vorzunehmen, der in Insolvenz gefallen ist (→ BFH vom 20. 12. 1995 – BStBl. 1996 II S. 308).

Rückzahlung einer Dividende → H 44 b.1.

Schneeballsysteme. Die Abgeltungswirkung nach § 43 Abs. 5 Satz 1 Halbsatz 1 EStG tritt auch dann ein, wenn der Stpfl. Kapitaleinkünfte in Form von Scheinrenditen aus einem betrügerischen Schneeballsystem erzielt hat, für die aus seiner Sicht Kapitalertragsteuer nach § 43 Abs. 5 Satz 1 EStG einbehalten worden ist (→ BFH vom 29. 9. 2020 – BStBl. 2021 II S. 468 und vom 27. 10. 2020 – BStBl. 2021 II S. 472 und 481).

Typische Unterbeteiligung. Der Gewinnanteil aus einer typischen Unterbeteiligung unterliegt der Kapitalertragsteuer. Der Zeitpunkt des Zuflusses bestimmt sich für die Zwecke der Kapitalertragsteuer nach dem vertraglich bestimmten Tag der Auszahlung (§ 44 Abs. 3 EStG) (→ BFH vom 28. 11. 1990 – BStBl. 1991 II S. 313).

§ 43 a Bemessung der Kapitalertragsteuer

EStG

(1)[3] ① Die Kapitalertragsteuer beträgt 1

1. in den Fällen des § 43 Absatz 1 Satz 1 Nummer 1 bis 7 a und 8 bis 12 sowie Satz 2: 25 Prozent des Kapitalertrags;

2. in den Fällen des § 43 Absatz 1 Satz 1 Nummer 7 b und 7 c: 15 Prozent des Kapitalertrags.

② Im Fall einer Kirchensteuerpflicht ermäßigt sich die Kapitalertragsteuer um 25 Prozent der auf die Kapitalerträge entfallenden Kirchensteuer. ③ § 32 d Absatz 1 Satz 4 und 5 gilt entsprechend.

(2)[3] ① Dem Steuerabzug unterliegen die vollen Kapitalerträge ohne Abzug; dies gilt 2
nicht für Erträge aus Investmentfonds nach § 16 Absatz 1 des Investmentsteuergesetzes, auf die nach § 20 des Investmentsteuergesetzes eine Teilfreistellung anzuwenden ist; § 20 Absatz 1 Satz 2 bis 4 des Investmentsteuergesetzes sind beim Steuerabzug nicht anzuwenden. ② In den Fällen des § 43 Absatz 1 Satz 1 Nummer 9 bis 12 bemisst sich der Steuerabzug

1. bei Gewinnen aus der Veräußerung von Anteilen an Investmentfonds im Sinne des § 16 Absatz 1 Nummer 3 in Verbindung mit § 2 Absatz 13 des Investmentsteuergesetzes nach § 19 des Investmentsteuergesetzes und

2. in allen übrigen Fällen nach § 20 Absatz 4 und 4a,

wenn die Wirtschaftsgüter von der die Kapitalerträge auszahlenden Stelle erworben oder veräußert und seitdem verwahrt oder verwaltet worden sind. ③ Überträgt der Steuerpflichtige die Wirtschaftsgüter auf ein anderes Depot, hat die abgebende inländische auszahlende Stelle der übernehmenden inländischen auszahlenden Stelle die Anschaffungsdaten mitzuteilen. ④ Satz 3 gilt in den Fällen des § 43 Absatz 1 Satz 5 entsprechend. ⑤ Handelt es sich bei der abgebenden auszahlenden Stelle um ein Kreditinstitut, ein Finanzdienstleistungsinstitut oder ein Wertpapierinstitut mit Sitz in einem anderen Mitgliedstaat der Europäischen Union, in einem anderen Vertragsstaat des EWR-Abkommens vom 3. Januar 1994 (ABl. EG Nr. L 1 S. 3) in der jeweils geltenden Fassung oder in einem anderen Vertragsstaat nach Artikel 17 Absatz 2 Ziffer i der Richtlinie 2003/48/EG vom 3. Juni 2003 im Bereich der Besteuerung von Zinserträgen (ABl. EU Nr. L 157 S. 38), kann der Steuerpflichtige den Nachweis nur durch eine Bescheinigung des ausländischen Instituts führen; dies gilt entsprechend für eine in diesem Gebiet belegene Zweigstelle eines inländischen Kreditinstituts, Finanzdienstleistungsinstituts oder einem inländischen Wertpapierinstitut. ⑥ In allen anderen Fällen ist ein Nachweis der Anschaffungsdaten nicht zulässig. ⑦ Sind die Anschaffungsdaten nicht nachgewiesen, bemisst sich der Steuerabzug nach 30 Prozent der Einnahmen aus der Veräußerung oder Einlösung der Wirtschaftsgüter. ⑧ In den Fällen des § 43 Absatz 1 Satz 4 gelten der Börsenpreis zum Zeitpunkt der Übertragung zuzüglich Stückzinsen als Einnahmen aus der Veräußerung und die mit dem Depotübertrag verbundenen Kosten als Veräußerungskosten im Sinne des § 20 Absatz 4 Satz 1. ⑨ Zur Ermittlung des Börsenpreises ist der niedrigste am Vortag der Übertragung im regulierten Markt notierte Kurs anzusetzen; liegt am Vortag eine Notierung

[1] Zum Kapitalertragsteuerabzug durch inländische Kreditinstitute bei – auch grenzüberschreitenden – Treuhandmodellen siehe *BMF-Schreiben vom 31. 3. 2017 (BStBl. I S. 725).*

[2] Abgedruckt als Anlage a zu §§ 43–45 e EStG.

[3] Zur erstmaligen Anwendung siehe § 52 Abs. 42 a EStG.

EStG

nicht vor, so werden die Wirtschaftsgüter mit dem letzten innerhalb von 30 Tagen vor dem Übertragungstag im regulierten Markt notierten Kurs angesetzt; Entsprechendes gilt für Wertpapiere, die im Inland in den Freiverkehr einbezogen sind oder in einem anderen Staat des Europäischen Wirtschaftsraums zum Handel an einem geregelten Markt im Sinne des Artikels 1 Nummer 13 der Richtlinie 93/22/EWG des Rates vom 10. Mai 1993 über Wertpapierdienstleistungen (ABl. EG Nr. L 141 S. 27) zugelassen sind. ⑩ Liegt ein Börsenpreis nicht vor, bemisst sich die Steuer nach 30 Prozent der Anschaffungskosten. ⑪ Die übernehmende auszahlende Stelle hat als Anschaffungskosten den von der abgebenden Stelle angesetzten Börsenpreis anzusetzen und die bei der Übertragung als Einnahmen aus der Veräußerung angesetzten Stückzinsen nach Absatz 3 zu berücksichtigen. ⑫ Satz 9 gilt entsprechend. ⑬ Liegt ein Börsenpreis nicht vor, bemisst sich der Steuerabzug nach 30 Prozent der Einnahmen aus der Veräußerung oder Einlösung der Wirtschaftsgüter. ⑭ Hat die auszahlende Stelle die Wirtschaftsgüter vor dem 1. Januar 1994 erworben oder veräußert und seitdem verwahrt oder verwaltet, kann sie den Steuerabzug nach 30 Prozent der Einnahmen aus der Veräußerung oder Einlösung der Wertpapiere und Kapitalforderungen bemessen. ⑮ Abweichend von den Sätzen 2 bis 14 bemisst sich der Steuerabzug bei Kapitalerträgen aus nicht für einen marktmäßigen Handel bestimmten schuldbuchfähigen Wertpapieren des Bundes und der Länder oder bei Kapitalerträgen im Sinne des § 43 Absatz 1 Satz 1 Nummer 7 Buchstabe b aus nicht in Inhaber- oder Orderschuldverschreibungen verbrieften Kapitalforderungen nach dem vollen Kapitalertrag ohne jeden Abzug.

3 **(3) ① Die auszahlende Stelle hat ausländische Steuern auf Kapitalerträge nach Maßgabe des § 32d Absatz 5 zu berücksichtigen. ② Sie hat unter Berücksichtigung des § 20 Absatz 6 Satz 4 im Kalenderjahr negative Kapitalerträge einschließlich gezahlter Stückzinsen bis zur Höhe der positiven Kapitalerträge auszugleichen; liegt ein gemeinsamer Freistellungsauftrag im Sinne des § 44a Absatz 2 Satz 1 Nummer 1 in Verbindung mit § 20 Absatz 9 Satz 2 vor, erfolgt ein gemeinsamer Ausgleich. ③ Der nicht ausgeglichene Verlust ist auf das nächste Kalenderjahr zu übertragen. ④ Auf Verlangen des Gläubigers der Kapitalerträge hat sie über die Höhe eines nicht ausgeglichenen Verlusts eine Bescheinigung nach amtlich vorgeschriebenem Muster zu erteilen; der Verlustübertrag entfällt in diesem Fall. ⑤ Der unwiderrufliche Antrag auf Erteilung der Bescheinigung muss bis zum 15. Dezember des laufenden Jahres der auszahlenden Stelle zugehen. ⑥ Überträgt der Gläubiger der Kapitalerträge seine im Depot befindlichen Wirtschaftsgüter vollständig auf ein anderes Depot, hat die abgebende auszahlende Stelle der übernehmenden auszahlenden Stelle auf Verlangen des Gläubigers der Kapitalerträge die Höhe des nicht ausgeglichenen Verlusts mitzuteilen; eine Bescheinigung nach Satz 4 darf in diesem Fall nicht erteilt werden. ⑦ Erfährt die auszahlende Stelle nach Ablauf des Kalenderjahres von der Veränderung einer Bemessungsgrundlage oder einer zu erhebenden Kapitalertragsteuer, hat sie die entsprechende Korrektur erst zum Zeitpunkt ihrer Kenntnisnahme vorzunehmen; § 44 Absatz 5 bleibt unberührt. ⑧ Die vorstehenden Sätze gelten nicht in den Fällen des § 20 Absatz 8 und des § 44 Absatz 1 Satz 4 Nummer 1 Buchstabe a Doppelbuchstabe bb sowie bei Körperschaften, Personenvereinigungen oder Vermögensmassen.**

4 **(4) ① Die Absätze 2 und 3 gelten entsprechend für die das Bundesschuldbuch führende Stelle oder eine Landesschuldenverwaltung als auszahlende Stelle. ② Werden die Wertpapiere oder Forderungen von einem Kreditinstitut, Finanzdienstleistungsinstitut oder einem Wertpapierinstitut mit der Maßgabe der Verwahrung und Verwaltung durch die das Bundesschuldbuch führende Stelle oder eine Landesschuldenverwaltung erworben, hat das Kreditinstitut, das Finanzdienstleistungsinstitut oder das Wertpapierinstitut der das Bundesschuldbuch führenden Stelle oder einer Landesschuldenverwaltung zusammen mit den im Schuldbuch einzutragenden Wertpapieren und Forderungen den Erwerbszeitpunkt und die Anschaffungsdaten sowie in Fällen des Absatzes 2 den Erwerbspreis der für einen marktmäßigen Handel bestimmten schuldbuchfähigen Wertpapiere des Bundes oder der Länder und außerdem mitzuteilen, dass es diese Wertpapiere und Forderungen erworben oder veräußert und seitdem verwahrt oder verwaltet hat.**

§ 43b Bemessung der Kapitalertragsteuer bei bestimmten Gesellschaften

1 **(1) ① Auf Antrag wird die Kapitalertragsteuer für Kapitalerträge im Sinne des § 20 Absatz 1 Nummer 1, die einer Muttergesellschaft, die weder ihren Sitz noch ihre Geschäftsleitung im Inland hat, oder einer in einem anderen Mitgliedstaat der Europäischen Union gelegenen Betriebsstätte dieser Muttergesellschaft, aus Ausschüttungen einer Tochtergesellschaft zufließen, nicht erhoben; § 50d Absatz 3 gilt entsprechend. ② Satz 1 gilt auch für Ausschüttungen einer Tochtergesellschaft, die einer in einem anderen Mitgliedstaat der Europäischen Union gelegenen Betriebsstätte einer unbeschränkt steuerpflichtigen Muttergesellschaft zufließen. ③ Ein Zufluss an die Betriebsstätte liegt nur vor, wenn die Beteiligung an der Tochtergesellschaft tatsächlich**

zu dem Betriebsvermögen der Betriebsstätte gehört. ④ Die Sätze 1 bis 3 gelten nicht für Kapitalerträge im Sinne des § 20 Absatz 1 Nummer 1, die anlässlich der Liquidation oder Umwandlung einer Tochtergesellschaft zufließen.

(2) ① **Muttergesellschaft im Sinne des Absatzes 1 ist jede Gesellschaft, die** 2

1. die in der Anlage 2[1] zu diesem Gesetz bezeichneten Voraussetzungen erfüllt und

2. nach Artikel 3 Absatz 1 Buchstabe a der Richtlinie 2011/96/EU des Rates vom 30. November 2011 über das gemeinsame Steuersystem der Mutter- und Tochtergesellschaften verschiedener Mitgliedstaaten (ABl. L 345 vom 29. 12. 2011, S. 8), die zuletzt durch die Richtlinie 2014/86/EU (ABl. L 219 vom 25. 7. 2014, S. 40) geändert worden ist, zum Zeitpunkt der Entstehung der Kapitalertragsteuer gemäß § 44 Absatz 1 Satz 2 nachweislich mindestens zu 10 Prozent unmittelbar am Kapital der Tochtergesellschaft beteiligt ist (Mindestbeteiligung).

② Ist die Mindestbeteiligung zu diesem Zeitpunkt nicht erfüllt, ist der Zeitpunkt des Gewinnverteilungsbeschlusses maßgeblich. ③ Tochtergesellschaft im Sinne des Absatzes 1 sowie des Satzes 1 ist jede unbeschränkt steuerpflichtige Gesellschaft, die die in der Anlage 2 zu diesem Gesetz und in Artikel 3 Absatz 1 Buchstabe b der Richtlinie 2011/96/EU bezeichneten Voraussetzungen erfüllt. ④ Weitere Voraussetzung ist, dass die Beteiligung nachweislich ununterbrochen zwölf Monate besteht. ⑤ Wird dieser Beteiligungszeitraum nach dem Zeitpunkt der Entstehung der Kapitalertragsteuer gemäß § 44 Absatz 1 Satz 2 vollendet, ist die einbehaltene und abgeführte Kapitalertragsteuer nach § 50c Absatz 3 zu erstatten; das Freistellungsverfahren nach § 50c Absatz 2 ist ausgeschlossen.

(2a) **Betriebsstätte im Sinne der Absätze 1 und 2 ist eine feste Geschäftseinrichtung in einem anderen Mitgliedstaat der Europäischen Union, durch die die Tätigkeit der Muttergesellschaft ganz oder teilweise ausgeübt wird, wenn das Besteuerungsrecht für die Gewinne dieser Geschäftseinrichtung nach dem jeweils geltenden Abkommen zur Vermeidung der Doppelbesteuerung dem Staat, in dem sie gelegen ist, zugewiesen wird und diese Gewinne in diesem Staat der Besteuerung unterliegen.** 2a

(3) *(aufgehoben)* 3

Anlage 2 (zu § 43b)

Anl zu § 43b

Gesellschaften im Sinne der Richtlinie Nr. 2011/96/EU[2]

Gesellschaft im Sinne der genannten Richtlinie ist jede Gesellschaft, die 5

1. eine der folgenden Formen aufweist:

   a) eine Gesellschaft, die gemäß der Verordnung (EG) Nr. 2157/2001 des Rates vom 8. Oktober 2001 über das Statut der Europäischen Gesellschaft (SE) und der Richtlinie 2001/86/EG des Rates vom 8. Oktober 2001 zur Ergänzung des Statuts der Europäischen Gesellschaft hinsichtlich der Beteiligung der Arbeitnehmer gegründet wurde, sowie eine Genossenschaft, die gemäß der Verordnung (EG) Nr. 1435/2003 des Rates vom 22. Juli 2003 über das Statut der Europäischen Genossenschaft (SCE) und gemäß der Richtlinie 2003/72/EG des Rates vom 22. Juli 2003 zur Ergänzung des Statuts der Europäischen Genossenschaft hinsichtlich der Beteiligung der Arbeitnehmer gegründet wurde,

   b) Gesellschaften belgischen Rechts mit der Bezeichnung „société anonyme"/„naamloze vennootschap", „société en commandite par actions"/„commanditaire vennootschap op aandelen", „société privée à responsabilité limitée"/„besloten vennootschap met beperkte aansprakelijkheid", „société coopérative à responsabilité limitée"/„coöperatieve vennootschap met beperkte aansprakelijkheid", „société coopérative à responsabilité illimitée"/„coöperatieve vennootschap met onbeperkte aansprakelijkheid", „société en nom collectif"/„vennootschap onder firma" oder „société en commandite simple"/„gewone commanditaire vennootschap", öffentliche Unternehmen, die eine der genannten Rechtsformen angenommen haben, und andere nach belgischem Recht gegründete Gesellschaften, die der belgischen Körperschaftsteuer unterliegen,

   c) Gesellschaften bulgarischen Rechts mit der Bezeichnung „събирателно дружество", „командитно дружество", „дружество с ограничена отговорност", „акционерно дружество", „командитното, дружество с акции", „неперсонифицирано дружество", „кооперации", „кооперативни съюзи" oder „държавни предприятия", die nach bulgarischem Recht gegründet wurden und gewerbliche Tätigkeiten ausüben,

   d) Gesellschaften tschechischen Rechts mit der Bezeichnung „akciová společnost", „společnost s ručením omezeným",

   e) Gesellschaften dänischen Rechts mit der Bezeichnung „aktieselskab" oder „anpartsselskab" und weitere nach dem Körperschaftsteuergesetz steuerpflichtige Gesellschaften, soweit ihr

[1] Nachstehend abgedruckt.

[2] Zur Anwendung siehe § 52 Abs. 55a Satz 2 EStG i. d. F. des Art. 1 des Gesetzes vom 27. 7. 2014 (BGBl. I S. 1266): „§ 43b und die Anlage 2 (zu § 43b) in der am 1. Juli 2013 geltenden Fassung sind erstmals auf Ausschüttungen anzuwenden, die nach dem 30. Juni 2013 zufließen."

Anl zu § 43 b

steuerbarer Gewinn nach den allgemeinen steuerrechtlichen Bestimmungen für die „aktieselskaber" ermittelt und besteuert wird,

f) Gesellschaften deutschen Rechts mit der Bezeichnung „Aktiengesellschaft", „Kommanditgesellschaft auf Aktien", „Gesellschaft mit beschränkter Haftung", „Versicherungsverein auf Gegenseitigkeit", „Erwerbs- und Wirtschaftsgenossenschaft" oder „Betrieb gewerblicher Art von juristischen Personen des öffentlichen Rechts" und andere nach deutschem Recht gegründete Gesellschaften, die der deutschen Körperschaftsteuer unterliegen,

g) Gesellschaften estnischen Rechts mit der Bezeichnung „täisühing", „usaldusühing", „osaühing", „aktsiaselts" oder „tulundusühistu",

h) nach irischem Recht gegründete oder eingetragene Gesellschaften, gemäß dem Industrial and Provident Societies Act eingetragene Körperschaften, gemäß dem Building Societies Act gegründete „building societies" und „trustee savings banks" im Sinne des Trustee Savings Banks Act von 1989,

i) Gesellschaften griechischen Rechts mit der Bezeichnung „ανώνυμη εταιρεία" oder „εταιρεία περιορισμένης ευθύνης (Ε. Π. Ε.)" und andere nach griechischem Recht gegründete Gesellschaften, die der griechischen Körperschaftsteuer unterliegen,

j) Gesellschaften spanischen Rechts mit der Bezeichnung „sociedad anónima", „sociedad comanditaria por acciones" oder „sociedad de responsabilidad limitada" und die öffentlichrechtlichen Körperschaften, deren Tätigkeit unter das Privatrecht fällt sowie andere nach spanischem Recht gegründete Körperschaften, die der spanischen Körperschaftsteuer („impuesto sobre sociedades") unterliegen,

k) Gesellschaften französischen Rechts mit der Bezeichnung „société anonyme", „société en commandite par actions", „société à responsabilité limitée", „sociétés par actions simplifiées", „sociétés d'assurances mutuelles", „caisses d'épargne et de prévoyance", „sociétés civiles", die automatisch der Körperschaftsteuer unterliegen, „coopératives", „unions de coopératives", die öffentlichen Industrie- und Handelsbetriebe, die öffentlichen Industrie- und Handelsunternehmen und andere nach französischem Recht gegründete Gesellschaften, die der französischen Körperschaftsteuer unterliegen,

l) Gesellschaften kroatischen Rechts mit der Bezeichnung „dioničko društvo" oder „društvo s ograničenom odgovornošću" und andere nach kroatischem Recht gegründete Gesellschaften, die der kroatischen Gewinnsteuer unterliegen,

m) Gesellschaften italienischen Rechts mit der Bezeichnung „società per azioni", „società in accomandita per azioni", „società a responsabilità limitata", „società cooperative" oder „società di mutua assicurazione" sowie öffentliche und private Körperschaften, deren Tätigkeit ganz oder überwiegend handelsgewerblicher Art ist,

n) Gesellschaften zyprischen Rechts mit der Bezeichnung: „εταιρείες" im Sinne der Einkommensteuergesetze,

o) Gesellschaften lettischen Rechts mit der Bezeichnung: „akciju sabiedrība" oder „sabiedrība ar ierobežotu atbildību",

p) Gesellschaften litauischen Rechts,

q) Gesellschaften luxemburgischen Rechts mit der Bezeichnung „société anonyme", „société en commandite par actions", „société à responsabilité limitée", „société coopérative", „société coopérative organisée comme une société anonyme", „association d'assurances mutuelles", „association d'épargne-pension" oder „entreprise de nature commerciale, industrielle ou minière de l'Etat, des communes, des syndicats de communes, des établissements publics et des autres personnes morales de droit public" sowie andere nach luxemburgischem Recht gegründete Gesellschaften, die der luxemburgischen Körperschaftsteuer unterliegen,

r) Gesellschaften ungarischen Rechts mit der Bezeichnung: „közkereseti társaság", „betéti társaság", „közös vállalat", „korlátolt felelősségű társaság", „részvénytársaság", „egyesülés" oder „szövetkezet",

s) Gesellschaften maltesischen Rechts mit der Bezeichnung: „Kumpaniji ta' Responsabilita' Limitata" oder „Soċjetajiet en commandite li l-kapital tagħhom maqsum f'azzjonijiet",

t) Gesellschaften niederländischen Rechts mit der Bezeichnung „naamloze vennootschap", „besloten vennootschap met beperkte aansprakelijkheid", „open commanditaire vennootschap", „coöperatie", „onderlinge waarborgmaatschappij", „fonds voor gemene rekening", „vereniging op coöperatieve grondslag" oder „vereniging welke op onderlinge grondslag als verzekeraar of keredietinstelling optreedt" und andere nach niederländischem Recht gegründete Gesellschaften, die der niederländischen Körperschaftsteuer unterliegen,

u) Gesellschaften österreichischen Rechts mit der Bezeichnung „Aktiengesellschaft", „Gesellschaft mit beschränkter Haftung", „Versicherungsvereine auf Gegenseitigkeit", „Erwerbs- und Wirtschaftsgenossenschaften", „Betriebe gewerblicher Art von Körperschaften des öffentlichen Rechts" oder „Sparkassen" sowie andere nach österreichischem Recht gegründete Gesellschaften, die der österreichischen Körperschaftsteuer unterliegen,

v) Gesellschaften polnischen Rechts mit der Bezeichnung „spółka akcyjna" oder „spółka z ograniczoną odpowiedzialnością", oder „spółka komandytowo-akcyjna",

w) Gesellschaften portugiesischen Rechts in Form von Handelsgesellschaften oder zivilrechtlichen Handelsgesellschaften sowie Genossenschaften und öffentliche Unternehmen,

x) Gesellschaften rumänischen Rechts mit der Bezeichnung „societăţi pe acţiuni", „societăţi în comandită pe acţiuni" oder „societăţi cu răspundere limitată", „societăţi în nume colectiv" oder „societăţi în comandită simplă",

y) Gesellschaften slowenischen Rechts mit der Bezeichnung „delniška družba", „komanditna družba" oder „družba z omejeno odgovornostjo",

z) Gesellschaften slowakischen Rechts mit der Bezeichnung „akciová spoločnosť", „spoločnosť s ručením obmedzeným" oder „komanditná spoločnosť",

aa) Gesellschaften finnischen Rechts mit der Bezeichnung „osakeyhtiö"/„aktiebolag", „osuuskunta"/„andelslag", „säästöpankki"/„sparbank" oder „vakuutusyhtiö"/„försäkringsbolag",

bb) Gesellschaften schwedischen Rechts mit der Bezeichnung „aktiebolag", „försäkringsaktiebolag", „ekonomiska föreningar", „sparbanker", „ömsesidiga försäkringsbolag" oder „försäkringsföreningar",

cc) nach dem Recht des Vereinigten Königreichs gegründete Gesellschaften;

2. nach dem Steuerrecht eines Mitgliedstaates in Bezug auf den steuerlichen Wohnsitz als in diesem Staat ansässig betrachtet wird und auf Grund eines mit einem dritten Staat geschlossenen Doppelbesteuerungsabkommens in Bezug auf den steuerlichen Wohnsitz nicht als außerhalb der Gemeinschaft ansässig betrachtet wird und
3. ohne Wahlmöglichkeit einer der folgenden Steuern oder irgendeiner Steuer, die eine dieser Steuern ersetzt, unterliegt, ohne davon befreit zu sein:
   - vennootschapsbelasting/impôt des sociétés in Belgien,
   - корпоративен данък in Bulgarien,
   - daň z příjmů právnických osob in der Tschechischen Republik,
   - selskabsskat in Dänemark,
   - Körperschaftsteuer in Deutschland,
   - tulumaks in Estland,
   - corporation tax in Irland,
   - φόρος εισοδήματος νομικών προσώπων κερδοσκοπικού χαρακτήρα in Griechenland,
   - impuesto sobre sociedades in Spanien,
   - impôt sur les sociétés in Frankreich,
   - porez na dobit in Kroatien,
   - imposta sul reddito delle persone giuridiche in Italien,
   - φόρος εισοδήματος in Zypern,
   - uzņēmumu ienākuma nodoklis in Lettland,
   - pelno mokestis in Litauen,
   - impôt sur le revenu des collectivités in Luxemburg,
   - társasági adó, osztalékadó in Ungarn,
   - taxxa fuq l-income in Malta,
   - vennootschapsbelasting in den Niederlanden,
   - Körperschaftsteuer in Österreich,
   - podatek dochodowy od osób prawnych in Polen,
   - imposto sobre o rendimento das pessoas colectivas in Portugal,
   - impozit pe profit in Rumänien,
   - davek od dobička pravnih oseb in Slowenien,
   - daň z príjmov právnických osôb in der Slowakei,
   - yhteisöjen tulovero/inkomstskatten för samfund in Finnland,
   - statlig inkomstskatt in Schweden,
   - corporation tax im Vereinigten Königreich.

H 43b

7 **Unmittelbare Beteiligung.** Eine unmittelbare Beteiligung i. S. d. § 43b Abs. 2 Satz 1 liegt auch dann vor, wenn diese Beteiligung unter Zwischenschaltung einer vermögensverwaltenden, nicht gewerblich geprägten Personengesellschaft gehalten wird. Maßgebend ist die steuerrechtliche Bruchteilsbetrachtung des § 39 Abs. 2 Nr. 2 AO (→ BFH vom 18. 5. 2021 – BStBl. II 2022 S. 114).

Zuständige Behörde. Zuständige Behörde für die Durchführung des Erstattungs- oder Freistellungsverfahrens ist das Bundeszentralamt für Steuern, 53221 Bonn.

§ 44 Entrichtung der Kapitalertragsteuer

EStG

1 (1)[1] ① **Schuldner der Kapitalertragsteuer ist in den Fällen des § 43 Absatz 1 Satz 1 Nummer 1 bis 7b und 8 bis 12 sowie Satz 2 der Gläubiger der Kapitalerträge.** ② **Die Kapitalertragsteuer entsteht in dem Zeitpunkt, in dem die Kapitalerträge dem Gläubiger zufließen.** ③ **In diesem Zeitpunkt haben in den Fällen des § 43 Absatz 1 Satz 1 Nummer 1, 2 bis 4 sowie 7a und 7b der Schuldner der Kapitalerträge, jedoch in den Fällen des § 43 Absatz 1 Satz 1 Nummer 1 Satz 2 die für den Verkäufer der Wertpapiere den Verkaufsauftrag ausführende Stelle im Sinne des Satzes 4 Nummer 1, und in den Fällen des § 43 Absatz 1 Satz 1 Nummer 1a, 5 bis 7 und 8 bis 12 sowie Satz 2 die die Kapitalerträge auszahlende Stelle den Steuerabzug unter Beachtung der im Bundessteuerblatt veröffentlichten Auslegungsvorschriften der Finanzverwaltung für Rechnung des Gläubigers der Kapitalerträge vorzunehmen.** ④ **Die die Kapitalerträge auszahlende Stelle ist**

1. in den Fällen des § 43 Absatz 1 Satz 1 Nummer 5 bis 7 Buchstabe a und Nummer 8 bis 12 sowie Satz 2

[1] Zur erstmaligen Anwendung siehe § 52 Abs. 44 Satz 3 EStG.
Zur Fassung von § 44 Abs. 1 Satz 4 Nr. 1 Buchstabe a Doppelbuchstabe aa, Nr. 2a und 6 ab 1. 1. 2023 und Abs. 1 Satz 10 und 11 ab 1. 1. 2025 siehe in der geschlossenen Wiedergabe.

a) das inländische Kredit-, Finanzdienstleistungs- oder Wertpapierinstitut im Sinne des § 43 Absatz 1 Satz 1 Nummer 7 Buchstabe b,
aa) das die Teilschuldverschreibungen, die Anteile an einer Sammelschuldbuchforderung, die Wertrechte, die Zinsscheine, die Anteile an Investmentfonds im Sinne des Investmentsteuergesetzes oder sonstigen Wirtschaftsgüter verwahrt oder verwaltet oder deren Veräußerung durchführt und die Kapitalerträge auszahlt oder gutschreibt oder in den Fällen des § 43 Absatz 1 Satz 1 Nummer 8 und 11 die Kapitalerträge auszahlt oder gutschreibt,
bb) das die Kapitalerträge gegen Aushändigung der Zinsscheine oder der Teilschuldverschreibungen einem anderen als einem ausländischen Kredit-, Finanzdienstleistungs- oder Wertpapierinstitut auszahlt oder gutschreibt;
b) der Schuldner der Kapitalerträge in den Fällen des § 43 Absatz 1 Satz 1 Nummer 7 Buchstabe a und Nummer 10 unter den Voraussetzungen des Buchstabens a, wenn kein inländisches Kredit-, Finanzdienstleistungs- oder Wertpapierinstitut die die Kapitalerträge auszahlende Stelle ist;

2. in den Fällen des § 43 Absatz 1 Satz 1 Nummer 7 Buchstabe b das inländische Kredit-, Finanzdienstleistungs- oder Wertpapierinstitut, das die Kapitalerträge als Schuldner auszahlt oder gutschreibt;

2a.[1] **in den Fällen des § 43 Absatz 1 Satz 1 Nummer 7 Buchstabe c**
a) der inländische Betreiber oder die inländische Zweigniederlassung eines ausländischen Betreibers einer Internet-Dienstleistungsplattform im Sinne des § 43 Absatz 1 Satz 1 Nummer 7 Buchstabe c Satz 2, der die Kapitalerträge an den Gläubiger auszahlt oder gutschreibt,
b) das inländische Kredit-, Finanzdienstleistungs- oder Wertpapierinstitut im Sinne des § 43 Absatz 1 Satz 1 Nummer 7 Buchstabe b, das die Kapitalerträge im Auftrag des inländischen oder ausländischen Betreibers einer Internet-Dienstleistungsplattform im Sinne des § 43 Absatz 1 Satz 1 Nummer 7 Buchstabe c Satz 2 an den Gläubiger auszahlt oder gutschreibt,
sofern sich für diese Kapitalerträge kein zum Steuerabzug Verpflichteter nach der Nummer 1 ergibt.

3. in den Fällen des § 43 Absatz 1 Satz 1 Nummer 1 a
a) das inländische Kredit-, Finanzdienstleistungs- oder Wertpapierinstitut im Sinne des § 43 Absatz 1 Satz 1 Nummer 7 Buchstabe b, welche die Anteile verwahrt oder verwaltet und die Kapitalerträge auszahlt oder gutschreibt oder die Kapitalerträge gegen Aushändigung der Dividendenscheine auszahlt oder gutschreibt oder die Kapitalerträge an eine ausländische Stelle auszahlt,
b) die Wertpapiersammelbank, der die Anteile zur Sammelverwahrung anvertraut wurden, wenn sie die Kapitalerträge an eine ausländische Stelle auszahlt,
c) der Schuldner der Kapitalerträge, soweit die Wertpapiersammelbank, der die Anteile zur Sammelverwahrung anvertraut wurden, keine Dividendenregulierung vornimmt; die Wertpapiersammelbank hat dem Schuldner der Kapitalerträge den Umfang der Bestände ohne Dividendenregulierung mitzuteilen,

4. in den Fällen des § 43 Absatz 1 Satz 1 Nummer 5, soweit es sich um die Vorabpauschale nach § 16 Absatz 1 Nummer 2 des Investmentsteuergesetzes handelt, das inländische Kredit-, Finanzdienstleistungs- oder Wertpapierinstitut im Sinne des § 43 Absatz 1 Satz 1 Nummer 7 Buchstabe b, welches die Anteile an dem Investmentfonds im Sinne des Investmentsteuergesetzes verwahrt oder verwaltet;

5.[2] **in den Fällen des § 43 Absatz 1 Satz 1 Nummer 5 der Investmentfonds, wenn es sich um Kapitalerträge aus Anteilen an inländischen Investmentfonds handelt, die nicht von einem inländischen oder ausländischen Kredit-, Finanzdienstleistungs- oder Wertpapierinstitut im Sinne des § 43 Absatz 1 Satz 1 Nummer 7 Buchstabe b verwahrt oder verwaltet werden.**

⑤ Die innerhalb eines Kalendermonats einbehaltene Steuer ist jeweils bis zum zehnten des folgenden Monats an das Finanzamt abzuführen, das für die Besteuerung

1. des Schuldners der Kapitalerträge,

2. der den Verkaufsauftrag ausführenden Stelle oder

3. der die Kapitalerträge auszahlenden Stelle

nach dem Einkommen zuständig ist; bei Kapitalerträgen im Sinne des § 43 Absatz 1 Satz 1 Nummer 1 ist die einbehaltene Steuer in dem Zeitpunkt abzuführen, in dem die Kapitalerträge dem Gläubiger zufließen. ⑥ Dabei ist die Kapitalertragsteuer, die zu demselben Zeitpunkt abzuführen ist, jeweils auf den nächsten vollen Eurobetrag abzurunden. ⑦ Wenn Kapitalerträge ganz oder teilweise nicht in Geld bestehen (§ 8

[1] Zur erstmaligen Anwendung siehe § 52 Abs. 44 Satz 1 EStG.
[2] Zur erstmaligen Anwendung siehe § 52 Abs. 44 Satz 4 EStG.

Absatz 2) und der in Geld geleistete Kapitalertrag nicht zur Deckung der Kapitalertragsteuer ausreicht, hat der Gläubiger der Kapitalerträge dem zum Steuerabzug Verpflichteten den Fehlbetrag zur Verfügung zu stellen. ⑧ Zu diesem Zweck kann der zum Steuerabzug Verpflichtete den Fehlbetrag von einem bei ihm unterhaltenen und auf den Namen des Gläubigers der Kapitalerträge lautenden Konto, ohne Einwilligung des Gläubigers, einziehen. ⑨ Soweit der Gläubiger nicht vor Zufluss der Kapitalerträge widerspricht, darf der zum Steuerabzug Verpflichtete auch insoweit die Geldbeträge von einem auf den Namen des Gläubigers der Kapitalerträge lautenden Konto einziehen, wie ein mit dem Gläubiger vereinbarter Kontokorrentkredit für dieses Konto nicht in Anspruch genommen wurde. ⑩ Soweit der Gläubiger seiner Verpflichtung nicht nachkommt, hat der zum Steuerabzug Verpflichtete dies dem für ihn zuständigen Betriebsstättenfinanzamt anzuzeigen. ⑪ Das Finanzamt hat die zu wenig erhobene Kapitalertragsteuer vom Gläubiger der Kapitalerträge nachzufordern.

(1 a) **① Werden inländische Aktien über eine ausländische Stelle mit Dividendenberechtigung erworben, aber ohne Dividendenanspruch geliefert und leitet die ausländische Stelle auf die Erträge im Sinne des § 20 Absatz 1 Nummer 1 Satz 4 einen einbehaltenen Steuerbetrag im Sinne des § 43 a Absatz 1 Satz 1 Nummer 1 an eine inländische Wertpapiersammelbank weiter, ist diese zur Abführung der einbehaltenen Steuer verpflichtet. ② Bei Kapitalerträgen im Sinne des § 43 Absatz 1 Satz 1 Nummer 1 und 2 gilt Satz 1 entsprechend.** 1a

(1b) **Bei inländischen und ausländischen Investmentfonds ist für die Vorabpauschale nach § 16 Absatz 1 Nummer 2 des Investmentsteuergesetzes Absatz 1 Satz 7 bis 11 entsprechend anzuwenden.** 1b

(2) **① Gewinnanteile (Dividenden) und andere Kapitalerträge im Sinne des § 43 Absatz 1 Satz 1 Nummer 1, deren Ausschüttung von einer Körperschaft beschlossen wird, fließen dem Gläubiger der Kapitalerträge an dem Tag zu (Absatz 1), der im Beschluss als Tag der Auszahlung bestimmt worden ist. ② Ist die Ausschüttung nur festgesetzt, ohne dass über den Zeitpunkt der Auszahlung ein Beschluss gefasst worden ist, so gilt als Zeitpunkt des Zufließens der Tag nach der Beschlussfassung; ist durch Gesetz eine abweichende Fälligkeit des Auszahlungsanspruchs bestimmt oder lässt das Gesetz eine abweichende Bestimmung der Fälligkeit durch Satzungsregelung zu, gilt als Zeitpunkt des Zufließens der Tag der Fälligkeit. ③ Für Kapitalerträge im Sinne des § 20 Absatz 1 Nummer 1 Satz 4 gelten diese Zuflusszeitpunkte entsprechend.** 2

(3) **① Ist bei Einnahmen aus der Beteiligung an einem Handelsgewerbe als stiller Gesellschafter in dem Beteiligungsvertrag über den Zeitpunkt der Ausschüttung keine Vereinbarung getroffen, so gilt der Kapitalertrag am Tag nach der Aufstellung der Bilanz oder einer sonstigen Feststellung des Gewinnanteils des stillen Gesellschafters, spätestens jedoch sechs Monate nach Ablauf des Wirtschaftsjahres, für das der Kapitalertrag ausgeschüttet oder gutgeschrieben werden soll, als zugeflossen. ② Bei Zinsen aus partiarischen Darlehen gilt Satz 1 entsprechend.** 3

(4) **Haben Gläubiger und Schuldner der Kapitalerträge vor dem Zufließen ausdrücklich Stundung des Kapitalertrags vereinbart, weil der Schuldner vorübergehend zur Zahlung nicht in der Lage ist, so ist der Steuerabzug erst mit Ablauf der Stundungsfrist vorzunehmen.** 4

(5) **① Die Schuldner der Kapitalerträge, die den Verkaufsauftrag ausführenden Stellen oder die die Kapitalerträge auszahlenden Stellen haften für die Kapitalertragsteuer, die sie einzubehalten und abzuführen haben, es sei denn, sie weisen nach, dass sie die ihnen auferlegten Pflichten weder vorsätzlich noch grob fahrlässig verletzt haben. ② Der Gläubiger der Kapitalerträge wird nur in Anspruch genommen, wenn** 5

1. **der Schuldner, die den Verkaufsauftrag ausführende Stelle oder die die Kapitalerträge auszahlende Stelle die Kapitalerträge nicht vorschriftsmäßig gekürzt hat,**
2. **der Gläubiger weiß, dass der Schuldner, die den Verkaufsauftrag ausführende Stelle oder die die Kapitalerträge auszahlende Stelle die einbehaltene Kapitalertragsteuer nicht vorschriftsmäßig abgeführt hat, und dies dem Finanzamt nicht unverzüglich mitteilt oder**
3. **das die Kapitalerträge auszahlende inländische Kredit-, Finanzdienstleistungs- oder Wertpapierinstitut die Kapitalerträge zu Unrecht ohne Abzug der Kapitalertragsteuer ausgezahlt hat.**

③ Für die Inanspruchnahme des Schuldners der Kapitalerträge, der den Verkaufsauftrag ausführenden Stelle und der die Kapitalerträge auszahlenden Stelle bedarf es keines Haftungsbescheids, soweit der Schuldner, die den Verkaufsauftrag ausführende Stelle oder die die Kapitalerträge auszahlende Stelle die einbehaltene Kapitalertragsteuer richtig angemeldet hat oder soweit sie ihre Zahlungsverpflichtungen gegenüber dem Finanzamt oder dem Prüfungsbeamten des Finanzamts schriftlich anerkennen.

6 (6)[1] ① **In den Fällen des § 43 Absatz 1 Satz 1 Nummer 7 c gilt die juristische Person des öffentlichen Rechts und die von der Körperschaftsteuer befreite Körperschaft, Personenvereinigung oder Vermögensmasse als Gläubiger und der Betrieb gewerblicher Art und der wirtschaftliche Geschäftsbetrieb als Schuldner der Kapitalerträge. ② Die Kapitalertragsteuer entsteht, auch soweit sie auf verdeckte Gewinnausschüttungen entfällt, die im abgelaufenen Wirtschaftsjahr vorgenommen worden sind, im Zeitpunkt der Bilanzerstellung; sie entsteht spätestens acht Monate nach Ablauf des Wirtschaftsjahres; in den Fällen des § 20 Absatz 1 Nummer 10 Buchstabe b Satz 2 am Tag nach der Beschlussfassung über die Verwendung und in den Fällen des § 22 Absatz 4 des Umwandlungssteuergesetzes am Tag nach der Veräußerung. ③ Die Kapitalertragsteuer entsteht in den Fällen des § 20 Absatz 1 Nummer 10 Buchstabe b Satz 3 zum Ende des Wirtschaftsjahres. ④ Die Absätze 1 bis 4 und 5 Satz 2 sind entsprechend anzuwenden. ⑤ Der Schuldner der Kapitalerträge haftet für die Kapitalertragsteuer, soweit sie auf verdeckte Gewinnausschüttungen und auf Veräußerungen im Sinne des § 22 Absatz 4 des Umwandlungssteuergesetzes entfällt.**

7 (7)[2] ① **In den Fällen des § 14 Absatz 3 des Körperschaftsteuergesetzes entsteht die Kapitalertragsteuer in dem Zeitpunkt der Feststellung der Handelsbilanz der Organgesellschaft; sie entsteht spätestens acht Monate nach Ablauf des Wirtschaftsjahres der Organgesellschaft. ② Die entstandene Kapitalertragsteuer ist an dem auf den Entstehungszeitpunkt nachfolgenden Werktag an das Finanzamt abzuführen, das für die Besteuerung der Organgesellschaft nach dem Einkommen zuständig ist. ③ Im Übrigen sind die Absätze 1 bis 4 entsprechend anzuwenden.**

H 44

8 **Allgemeines.** Einzelfragen zur Abgeltungsteuer → BMF vom 19. 5. 2022 (BStBl. I S. 742)[3] unter Berücksichtigung der Änderungen in Rn. 92 und 300 a durch BMF vom 20. 12. 2022 (BStBl. I 2023 S. 46).

Zuflusszeitpunkt. Eine Dividende gilt auch dann gem. § 44 Abs. 2 Satz 2 EStG als am Tag nach dem Gewinnausschüttungsbeschluss zugeflossen, wenn dieser bestimmt, die Ausschüttung solle nach einem bestimmten Tag erfolgen (→ BFH vom 20. 12. 2006 – BStBl. 2007 II S. 616).

EStG

§ 44 a Abstandnahme vom Steuerabzug[4]

1 (1) ① **Soweit die Kapitalerträge, die einem unbeschränkt einkommensteuerpflichtigen Gläubiger zufließen, zusammen mit den Kapitalerträgen, für die die Kapitalertragsteuer nach § 44 b zu erstatten ist oder nach Absatz 10 kein Steuerabzug vorzunehmen ist, den Sparer-Pauschbetrag nach § 20 Absatz 9 nicht übersteigen, ist ein Steuerabzug nicht vorzunehmen bei Kapitalerträgen im Sinne des**

1. § 43 Absatz 1 Satz 1 Nummer 1 und 2 aus Genussrechten oder

2. § 43 Absatz 1 Satz 1 Nummer 1 und 2 aus Anteilen, die von einer Kapitalgesellschaft ihren Arbeitnehmern überlassen worden sind und von ihr, einem von der Kapitalgesellschaft bestellten Treuhänder, einem inländischen Kreditinstitut oder einer inländischen Zweigniederlassung einer der in § 53 b Absatz 1 oder 7 des Kreditwesengesetzes genannten Unternehmen verwahrt werden, und

3. § 43 Absatz 1 Satz 1 Nummer 3 bis 7 und 8 bis 12 sowie Satz 2.

② **Den Arbeitnehmern im Sinne des Satzes 1 stehen Arbeitnehmer eines mit der Kapitalgesellschaft verbundenen Unternehmens nach § 15 des Aktiengesetzes sowie frühere Arbeitnehmer der Kapitalgesellschaft oder eines mit ihr verbundenen Unternehmens gleich. ③ Den von der Kapitalgesellschaft überlassenen Anteilen stehen Aktien gleich, die den Arbeitnehmern bei einer Kapitalerhöhung auf Grund ihres Bezugsrechts aus den von der Kapitalgesellschaft überlassenen Aktien zugeteilt worden sind oder die den Arbeitnehmern auf Grund einer Kapitalerhöhung aus Gesellschaftsmitteln gehören. ④ Bei Kapitalerträgen im Sinne des § 43 Absatz 1 Satz 1 Nummer 1, 2 bis 7 und 8 bis 12 sowie Satz 2, die einem unbeschränkt einkommensteuerpflichtigen Gläubiger zufließen, ist der Steuerabzug nicht vorzunehmen, wenn anzunehmen ist, dass auch für Fälle der Günstigerprüfung nach § 32 d Absatz 6 keine Steuer entsteht.**

2 (2) ① **Voraussetzung für die Abstandnahme vom Steuerabzug nach Absatz 1 ist, dass dem nach § 44 Absatz 1 zum Steuerabzug Verpflichteten in den Fällen**

1. des Absatzes 1 Satz 1 ein Freistellungsauftrag des Gläubigers der Kapitalerträge nach amtlich vorgeschriebenem Muster oder

2. des Absatzes 1 Satz 4 eine Nichtveranlagungs-Bescheinigung des für den Gläubiger zuständigen Wohnsitzfinanzamts

---

[1] Zur Anwendung siehe § 52 Abs. 44 Satz 2 EStG.
[2] Zur zeitlichen Anwendung vgl. BMF-Schreiben vom 5. 4. 2005 (BStBl. I S. 617).
[3] Abgedruckt als Anlage a zu §§ 43–45 e EStG.
[4] Für Freistellungsaufträge, die vor dem 1. 1. 2007 erteilt wurden, siehe § 52 Abs. 43 EStG.

vorliegt. ② In den Fällen des Satzes 1 Nummer 2 ist die Bescheinigung unter dem Vorbehalt des Widerrufs auszustellen. ③ Ihre Geltungsdauer darf höchstens drei Jahre betragen und muss am Schluss eines Kalenderjahres enden. ④ Fordert das Finanzamt die Bescheinigung zurück oder erkennt der Gläubiger, dass die Voraussetzungen für ihre Erteilung weggefallen sind, so hat er dem Finanzamt die Bescheinigung zurückzugeben.

(2 a)[1] **① Ein Freistellungsauftrag kann nur erteilt werden, wenn der Gläubiger der Kapitalerträge seine Identifikationsnummer (§ 139 b der Abgabenordnung) und bei gemeinsamen Freistellungsaufträgen auch die Identifikationsnummer des Ehegatten mitteilt. ② Ein Freistellungsauftrag ist ab dem 1. Januar 2016 unwirksam, wenn der Meldestelle im Sinne des § 45 d Absatz 1 Satz 1 keine Identifikationsnummer des Gläubigers der Kapitalerträge und bei gemeinsamen Freistellungsaufträgen auch keine des Ehegatten vorliegen. ③ Sofern der Meldestelle im Sinne des § 45 d Absatz 1 Satz 1 die Identifikationsnummer nicht bereits bekannt ist, kann sie diese beim Bundeszentralamt für Steuern abfragen. ④ In der Anfrage dürfen nur die in § 139 b Absatz 3 der Abgabenordnung genannten Daten des Gläubigers der Kapitalerträge und bei gemeinsamen Freistellungsaufträgen die des Ehegatten angegeben werden, soweit sie der Meldestelle bekannt sind. ⑤ Die Anfrage hat nach amtlich vorgeschriebenem Datensatz durch Datenfernübertragung zu erfolgen. ⑥ Das Bundeszentralamt für Steuern teilt der Meldestelle die Identifikationsnummer mit, sofern die übermittelten Daten mit den nach § 139 b Absatz 3 der Abgabenordnung beim Bundeszentralamt für Steuern gespeicherten Daten übereinstimmen. ⑦ Die Meldestelle darf die Identifikationsnummer nur verarbeiten, soweit dies zur Erfüllung von steuerlichen Pflichten erforderlich ist.** 2a

(3) **Der nach § 44 Absatz 1 zum Steuerabzug Verpflichtete hat in seinen Unterlagen das Finanzamt, das die Bescheinigung erteilt hat, den Tag der Ausstellung der Bescheinigung und die in der Bescheinigung angegebene Steuer- und Listennummer zu vermerken sowie die Freistellungsaufträge aufzubewahren.** 3

(4) **① Ist der Gläubiger** 4

1. eine von der Körperschaftsteuer befreite inländische Körperschaft, Personenvereinigung oder Vermögensmasse oder

2. eine inländische juristische Person des öffentlichen Rechts,

so ist der Steuerabzug bei Kapitalerträgen im Sinne des § 43 Absatz 1 Satz 1 Nummer 4 bis 7 und 8 bis 12 sowie Satz 2 nicht vorzunehmen. ② Dies gilt auch, wenn es sich bei den Kapitalerträgen um Bezüge im Sinne des § 20 Absatz 1 Nummer 1 und 2 handelt, die der Gläubiger von einer von der Körperschaftsteuer befreiten Körperschaft bezieht. ③ Voraussetzung ist, dass der Gläubiger dem Schuldner oder dem die Kapitalerträge auszahlenden inländischen Kredit-, Finanzdienstleistungs- oder Wertpapierinstitut durch eine Bescheinigung des für seine Geschäftsleitung oder seinen Sitz zuständigen Finanzamts nachweist, dass er eine Körperschaft, Personenvereinigung oder Vermögensmasse im Sinne des Satzes 1 Nummer 1 oder 2 ist. ④ Absatz 2 Satz 2 bis 4 und Absatz 3 gelten entsprechend. ⑤ Die in Satz 3 bezeichnete Bescheinigung wird nicht erteilt, wenn die Kapitalerträge in den Fällen des Satzes 1 Nummer 1 in einem wirtschaftlichen Geschäftsbetrieb anfallen, für den die Befreiung von der Körperschaftsteuer ausgeschlossen ist, oder wenn sie in den Fällen des Satzes 1 Nummer 2 in einem nicht von der Körperschaftsteuer befreiten Betrieb gewerblicher Art anfallen. ⑥ Ein Steuerabzug ist auch nicht vorzunehmen bei Kapitalerträgen im Sinne des § 49 Absatz 1 Nummer 5 Buchstabe c und d, die einem Anleger zufließen, der eine nach den Rechtsvorschriften eines Mitgliedstaates der Europäischen Union oder des Europäischen Wirtschaftsraums gegründete Gesellschaft im Sinne des Artikels 54 des Vertrags über die Arbeitsweise der Europäischen Union oder des Artikels 34 des Abkommens über den Europäischen Wirtschaftsraum mit Sitz und Ort der Geschäftsleitung innerhalb des Hoheitsgebietes eines dieser Staaten ist, und der einer Körperschaft im Sinne des § 5 Absatz 1 Nummer 3 des Körperschaftsteuergesetzes vergleichbar ist; soweit es sich um eine nach den Rechtsvorschriften eines Mitgliedstaates des Europäischen Wirtschaftsraums gegründete Gesellschaft oder eine Gesellschaft mit Ort und Geschäftsleitung in diesem Staat handelt, ist zusätzlich Voraussetzung, dass mit diesem Staat ein Amtshilfeabkommen besteht.

(4 a) **① Absatz 4 ist entsprechend auf Personengesellschaften im Sinne des § 212 Absatz 1 des Fünften Buches Sozialgesetzbuch anzuwenden. ② Dabei tritt die Personengesellschaft an die Stelle des Gläubigers der Kapitalerträge.** 4a

(4 b) **① Werden Kapitalerträge im Sinne des § 43 Absatz 1 Satz 1 Nummer 1 von einer Genossenschaft an ihre Mitglieder gezahlt, hat sie den Steuerabzug nicht vorzunehmen, wenn ihr für das jeweilige Mitglied** 4b

1. eine Nichtveranlagungs-Bescheinigung nach Absatz 2 Satz 1 Nummer 2,

---

[1] Für Freistellungsaufträge i. S. d. § 44 a EStG, die vor dem 1. 1. 2007 erteilt worden sind, siehe § 52 Abs. 43 EStG.

EStG

2. eine Bescheinigung nach Absatz 5 Satz 4,
3. eine Bescheinigung nach Absatz 7 Satz 2 oder
4. eine Bescheinigung nach Absatz 8 Satz 2 vorliegt; in diesen Fällen ist ein Steuereinbehalt in Höhe von drei Fünfteln vorzunehmen.

② Eine Genossenschaft hat keinen Steuerabzug vorzunehmen, wenn ihr ein Freistellungsauftrag erteilt wurde, der auch Kapitalerträge im Sinne des Satzes 1 erfasst, soweit die Kapitalerträge zusammen mit den Kapitalerträgen, für die nach Absatz 1 kein Steuerabzug vorzunehmen ist oder für die die Kapitalertragsteuer nach § 44 b zu erstatten ist, den mit dem Freistellungsauftrag beantragten Freibetrag nicht übersteigen. ③ Dies gilt auch, wenn die Genossenschaft einen Verlustausgleich nach § 43 a Absatz 3 Satz 2 unter Einbeziehung von Kapitalerträgen im Sinne des Satzes 1 durchgeführt hat.

5 (5)[1] **① Bei Kapitalerträgen im Sinne des § 43 Absatz 1 Satz 1 Nummer 1, 2, 5 bis 7 und 8 bis 12 sowie Satz 2, die einem unbeschränkt oder beschränkt einkommensteuerpflichtigen Gläubiger zufließen, ist der Steuerabzug nicht vorzunehmen, wenn die Kapitalerträge Betriebseinnahmen des Gläubigers sind und die Kapitalertragsteuer bei ihm auf Grund der Art seiner Geschäfte auf Dauer höher wäre als die gesamte festzusetzende Einkommensteuer oder Körperschaftsteuer. ② Ist der Gläubiger ein Lebens- oder Krankenversicherungsunternehmen als Organgesellschaft, ist für die Anwendung des Satzes 1 eine bestehende Organschaft im Sinne des § 14 des Körperschaftsteuergesetzes nicht zu berücksichtigen, wenn die beim Organträger anzurechnende Kapitalertragsteuer, einschließlich der Kapitalertragsteuer des Lebens- oder Krankenversicherungsunternehmens, die auf Grund von § 19 Absatz 5 des Körperschaftsteuergesetzes anzurechnen wäre, höher wäre, als die gesamte festzusetzende Körperschaftsteuer. ③ Für die Prüfung der Voraussetzung des Satzes 2 ist auf die Verhältnisse der dem Antrag auf Erteilung einer Bescheinigung im Sinne des Satzes 4 vorangehenden drei Veranlagungszeiträume abzustellen. ④ Die Voraussetzung des Satzes 1 ist durch eine Bescheinigung des für den Gläubiger zuständigen Finanzamts nachzuweisen. ⑤ Die Bescheinigung ist unter dem Vorbehalt des Widerrufs auszustellen. ⑥ Die Voraussetzung des Satzes 2 ist gegenüber dem für den Gläubiger zuständigen Finanzamt durch eine Bescheinigung des für den Organträger zuständigen Finanzamts nachzuweisen.**

6 (6) **① Voraussetzung für die Abstandnahme vom Steuerabzug nach den Absätzen 1, 4 und 5 bei Kapitalerträgen im Sinne des § 43 Absatz 1 Satz 1 Nummer 1, 2, 6, 7 und 8 bis 12 sowie Satz 2 ist, dass die Teilschuldverschreibungen, die Anteile an der Sammelschuldbuchforderung, die Wertrechte, die Einlagen und Guthaben oder sonstigen Wirtschaftsgüter im Zeitpunkt des Zufließens der Einnahmen unter dem Namen des Gläubigers der Kapitalerträge bei der die Kapitalerträge auszahlenden Stelle verwahrt oder verwaltet werden. ② Ist dies nicht der Fall, ist die Bescheinigung nach § 45 a Absatz 2 durch einen entsprechenden Hinweis zu kennzeichnen. ③ Wird bei einem inländischen Kredit- oder Finanzdienstleistungsinstitut oder bei einem inländischen Wertpapierinstitut im Sinne des § 43 Absatz 1 Satz 1 Nummer 7 Buchstabe b ein Konto oder Depot für eine gemäß § 5 Absatz 1 Nummer 9 des Körperschaftsteuergesetzes befreite Stiftung im Sinne des § 1 Absatz 1 Nummer 5 des Körperschaftsteuergesetzes auf den Namen eines anderen Berechtigten geführt und ist das Konto oder Depot durch einen Zusatz zur Bezeichnung eindeutig sowohl vom übrigen Vermögen des anderen Berechtigten zu unterscheiden als auch steuerlich der Stiftung zuzuordnen, so gilt es für die Anwendung des Absatzes 4, des Absatzes 7, des Absatzes 10 Satz 1 Nummer 3 und des § 44 b Absatz 6 in Verbindung mit Absatz 7 als im Namen der Stiftung geführt.**

7 (7) **① Ist der Gläubiger eine inländische**

1. Körperschaft, Personenvereinigung oder Vermögensmasse im Sinne des § 5 Absatz 1 Nummer 9 des Körperschaftsteuergesetzes oder
2. Stiftung des öffentlichen Rechts, die ausschließlich und unmittelbar gemeinnützigen oder mildtätigen Zwecken dient, oder
3. juristische Person des öffentlichen Rechts, die ausschließlich und unmittelbar kirchlichen Zwecken dient,

so ist der Steuerabzug bei Kapitalerträgen im Sinne des § 43 Absatz 1 Satz 1 Nummer 1, 2, 3 und 7 a bis 7 c nicht vorzunehmen. ② Voraussetzung für die Anwendung des Satzes 1 ist, dass der Gläubiger durch eine Bescheinigung des für seine Geschäftsleitung oder seinen Sitz zuständigen Finanzamts nachweist, dass er eine Körperschaft, Personenvereinigung oder Vermögensmasse nach Satz 1 ist. ③ Absatz 4 gilt entsprechend.

8 (8) **① Ist der Gläubiger**

1. eine nach § 5 Absatz 1 mit Ausnahme der Nummer 9 des Körperschaftsteuergesetzes oder nach anderen Gesetzen von der Körperschaftsteuer befreite Körperschaft, Personenvereinigung oder Vermögensmasse oder

---

[1] Siehe auch *Vfg. OFD Frankfurt vom 13. 9. 2019 S 2405 A – 2 – St 54 (DStR S. 2539).*

2. eine inländische juristische Person des öffentlichen Rechts, die nicht in Absatz 7 bezeichnet ist,

so ist der Steuerabzug bei Kapitalerträgen im Sinne des § 43 Absatz 1 Satz 1 Nummer 1, 2, 3 und 7 a nur in Höhe von drei Fünfteln vorzunehmen. ② Voraussetzung für die Anwendung des Satzes 1 ist, dass der Gläubiger durch eine Bescheinigung des für seine Geschäftsleitung oder seinen Sitz zuständigen Finanzamts nachweist, dass er eine Körperschaft, Personenvereinigung oder Vermögensmasse im Sinne des Satzes 1 ist. ③ Absatz 4 gilt entsprechend.

(8 a) **① Absatz 8 ist entsprechend auf Personengesellschaften im Sinne des § 212 Absatz 1 des Fünften Buches Sozialgesetzbuch anzuwenden. ② Dabei tritt die Personengesellschaft an die Stelle des Gläubigers der Kapitalerträge.** 8a

(9) **① Ist der Gläubiger der Kapitalerträge im Sinne des § 43 Absatz 1 eine beschränkt steuerpflichtige Körperschaft im Sinne des § 2 Nummer 1 des Körperschaftsteuergesetzes, so werden zwei Fünftel der einbehaltenen und abgeführten Kapitalertragsteuer erstattet. ② § 50 c Absatz 3 und 5 sowie § 50 d Absatz 3 sind entsprechend anzuwenden. ③ Weitergehende Ansprüche aus § 43 b oder § 50 g oder einem Abkommen zur Vermeidung der Doppelbesteuerung bleiben unberührt. ④ Verfahren nach den vorstehenden Sätzen und nach § 50 c Absatz 3 soll das Bundeszentralamt für Steuern verbinden.** 9

(10) **① Werden Kapitalerträge im Sinne des § 43 Absatz 1 Satz 1 Nummer 1 a gezahlt, hat die auszahlende Stelle keinen Steuerabzug vorzunehmen, wenn** 10

1. der auszahlenden Stelle eine Nichtveranlagungs-Bescheinigung nach Absatz 2 Satz 1 Nummer 2 für den Gläubiger vorgelegt wird,

2. der auszahlenden Stelle eine Bescheinigung nach Absatz 7 Satz 2 für den Gläubiger vorgelegt wird; soweit die Kapitalerträge einen Betrag von 20 000 Euro übersteigen, ist bei Gläubigern nach Absatz 7 Satz 1 Nummer 1 abweichend vom ersten Halbsatz ein Steuerabzug in Höhe von drei Fünfteln vorzunehmen, wenn der Gläubiger bei Zufluss der Kapitalerträge nicht seit mindestens einem Jahr ununterbrochen wirtschaftlicher Eigentümer der Aktien oder Genussscheine ist oder

3. der auszahlenden Stelle eine Bescheinigung nach Absatz 8 Satz 2 für den Gläubiger vorgelegt wird; in diesen Fällen ist ein Steuereinbehalt in Höhe von drei Fünfteln vorzunehmen.

② Wird der auszahlenden Stelle ein Freistellungsauftrag erteilt, der auch Kapitalerträge im Sinne des Satzes 1 erfasst, oder führt diese einen Verlustausgleich nach § 43 a Absatz 3 Satz 2 unter Einbeziehung von Kapitalerträgen im Sinne des Satzes 1 durch, so hat sie den Steuerabzug nicht vorzunehmen, soweit die Kapitalerträge zusammen mit den Kapitalerträgen, für die nach Absatz 1 kein Steuerabzug vorzunehmen ist oder die Kapitalertragsteuer nach § 44 b zu erstatten ist, den mit dem Freistellungsauftrag beantragten Freistellungsbetrag nicht übersteigen. ③ Absatz 6 ist entsprechend anzuwenden. ④ Werden Kapitalerträge im Sinne des § 43 Absatz 1 Satz 1 Nummer 1 a von einer auszahlenden Stelle im Sinne des § 44 Absatz 1 Satz 4 Nummer 3 an eine ausländische Stelle ausgezahlt, hat diese auszahlende Stelle über den von ihr vor der Zahlung in das Ausland von diesen Kapitalerträgen vorgenommenen Steuerabzug der letzten inländischen auszahlenden Stelle in der Wertpapierverwahrkette, welche die Kapitalerträge auszahlt oder gutschreibt, auf deren Antrag eine Sammel-Steuerbescheinigung für die Summe der eigenen und der für Kunden verwahrten Aktien nach amtlich vorgeschriebenem Muster auszustellen. ⑤ Der Antrag darf nur für Aktien gestellt werden, die mit Dividendenberechtigung erworben und mit Dividendenanspruch geliefert wurden. ⑥ Wird eine solche Sammel-Steuerbescheinigung beantragt, ist die Ausstellung von Einzel-Steuerbescheinigungen oder die Weiterleitung eines Antrags auf Ausstellung einer Einzel-Steuerbescheinigung über den Steuerabzug von denselben Kapitalerträgen ausgeschlossen; die Sammel-Steuerbescheinigung ist als solche zu kennzeichnen. ⑦ Auf die ihr ausgestellte Sammel-Steuerbescheinigung wendet die letzte inländische auszahlende Stelle § 44 b Absatz 6 mit der Maßgabe an, dass sie von den ihr nach dieser Vorschrift eingeräumten Möglichkeiten Gebrauch zu machen hat.

H 44a

Allgemeines. Einzelfragen zur Abgeltungsteuer → BMF vom 19. 5. 2022 (BStBl. I S. 742)[1] unter Berücksichtigung der Änderungen in Rn. 92 und 300 a durch BMF vom 20. 12. 2022 (BStBl. I 2023 S. 46). 13

Freistellungsauftrag. Muster des amtlich vorgeschriebenen Vordrucks → BMF vom 19. 5. 2022 (BStBl. I S. 742),[1] Rn. 257, Anlage 2.

Genossenschaften. Kapitalertragsteuer ist bei einer eingetragenen Genossenschaft auch dann zu erheben, wenn diese auf Dauer höher wäre als die gesamte festzusetzende Körperschaft-

[1] Abgedruckt als Anlage a zu §§ 43–45 e EStG.

steuer, weil die Genossenschaft ihre Geschäftsüberschüsse an ihre Mitglieder rückvergütet (→ BFH vom 10. 7. 1996 – BStBl. 1997 II S. 38).

Insolvenz
- Im Insolvenzverfahren über das Vermögen einer Personengesellschaft kann dem Insolvenzverwalter keine NV-Bescheinigung erteilt werden (→ BFH vom 9. 11. 1994 – BStBl. 1995 II S. 255).
- Der Kapitalertragsteuerabzug gemäß § 43 Abs. 1 EStG ist auch bei dem Gläubiger von Kapitalerträgen vorzunehmen, der in Insolvenz gefallen ist und bei dem wegen hoher Verlustvorträge die Kapitalertragsteuer auf Dauer höher wäre als die gesamte festzusetzende Einkommensteuer (sog. Überzahler). Eine solche Überzahlung beruht nicht auf Grund der „Art seiner Geschäfte" i. S. v. § 44 a Abs. 5 EStG. Bei einem solchen Gläubiger von Kapitalerträgen kann deshalb auch nicht aus Gründen sachlicher Billigkeit vom Kapitalertragsteuerabzug abgesehen werden (→ BFH vom 20. 12. 1995 – BStBl. 1996 II S. 199).

Kommunale Unternehmen. Der Kapitalertragsteuerabzug ist auch bei einem kommunalen Unternehmen (z. B. Abwasserentsorgungsunternehmen) vorzunehmen, bei dem diese auf Dauer höher als die gesamte festzusetzende Körperschaftsteuer ist (→ BFH vom 29. 3. 2000 – BStBl. II S. 496).

Sammel-Steuerbescheinigungen. Zur Anwendung der Sammel-Steuerbescheinigung nach § 44 a Abs. 10 Satz 4 EStG → BMF vom 16. 9. 2013 (BStBl. I S. 1168).

Verlustvortrag/Verfassungsmäßigkeit. Kapitalertragsteuer ist auch dann zu erheben, wenn diese wegen hoher Verlustvorträge höher ist als die festzusetzende Einkommensteuer; § 44 a Abs. 5 EStG ist verfassungsgemäß (→ BFH vom 20. 12. 1995 – BStBl. 1996 II S. 199).

EStG

§ 44 b Erstattung der Kapitalertragsteuer

1 (1) **Nach Ablauf eines Kalenderjahres hat der zum Steuerabzug Verpflichtete die im vorangegangenen Kalenderjahr abgeführte Steuer auf Ausschüttungen eines Investmentfonds zu erstatten, soweit die Ausschüttungen nach § 17 des Investmentsteuergesetzes nicht als Ertrag gelten.**

2 (2) **Ist bei Gläubigern nach § 44 a Absatz 7 Satz 1 Nummer 1 gemäß § 44 a Absatz 10 Satz 1 Nummer 2 Kapitalertragsteuer einbehalten und abgeführt worden, wird auf Antrag durch das Finanzamt, in dessen Bezirk sich die Geschäftsleitung oder der Sitz des Gläubigers befindet, die Kapitalertragsteuer erstattet, wenn der Gläubiger die Voraussetzungen nach § 36 a Absatz 1 bis 3 erfüllt.**

(3) und (4) *(aufgehoben)*

5 (5) ① **Ist Kapitalertragsteuer einbehalten oder abgeführt worden, obwohl eine Verpflichtung hierzu nicht bestand, oder hat der Gläubiger dem nach § 44 Absatz 1 zum Steuerabzug Verpflichteten die Bescheinigung nach § 43 Absatz 2 Satz 4, den Freistellungsauftrag, die Nichtveranlagungs-Bescheinigung oder die Bescheinigungen nach § 44 a Absatz 4 oder 5 erst zu einem Zeitpunkt vorgelegt, zu dem die Kapitalertragsteuer bereits abgeführt war, oder nach diesem Zeitpunkt erst die Erklärung nach § 43 Absatz 2 Satz 3 Nummer 2 abgegeben, ist auf Antrag des nach § 44 Absatz 1 zum Steuerabzug Verpflichteten die Steueranmeldung (§ 45 a Absatz 1) insoweit zu ändern; stattdessen kann der zum Steuerabzug Verpflichtete bei der folgenden Steueranmeldung die abzuführende Kapitalertragsteuer entsprechend kürzen.** ② **Erstattungsberechtigt ist der Antragsteller.** ③ **Solange noch keine Steuerbescheinigung nach § 45 a erteilt ist, hat der zum Steuerabzug Verpflichtete das Verfahren nach Satz 1 zu betreiben.** ④ **Die vorstehenden Sätze sind in den Fällen des Absatzes 6 nicht anzuwenden.**

5a (6) ① **Werden Kapitalerträge im Sinne des § 43 Absatz 1 Satz 1 Nummer 1 und 2 durch ein inländisches Kredit-, Finanzdienstleistungs- oder Wertpapierinstitut im Sinne des § 43 Absatz 1 Satz 1 Nummer 7 Buchstabe b, das die Wertpapiere, Wertrechte oder sonstigen Wirtschaftsgüter unter dem Namen des Gläubigers verwahrt oder verwaltet, als Schuldner der Kapitalerträge oder für Rechnung des Schuldners gezahlt, kann das Kredit- oder Finanzdienstleistungsinstitut oder das Wertpapierinstitut die einbehaltene und abgeführte Kapitalertragsteuer dem Gläubiger der Kapitalerträge bis zur Ausstellung einer Steuerbescheinigung, längstens bis zum 31. März des auf den Zufluss der Kapitalerträge folgenden Kalenderjahres, unter den folgenden Voraussetzungen erstatten:**

1. **dem Kredit- oder Kredit-, Finanzdienstleistungs- oder Wertpapierinstitut wird eine Nichtveranlagungs-Bescheinigung nach § 44 a Absatz 2 Satz 1 Nummer 2 für den Gläubiger vorgelegt,**
2. **dem Kredit-, Finanzdienstleistungs- oder Wertpapierinstitut wird eine Bescheinigung nach § 44 a Absatz 5 für den Gläubiger vorgelegt,**
3. **dem Kredit-, Finanzdienstleistungs- oder Wertpapierinstitut wird eine Bescheinigung nach § 44 a Absatz 7 Satz 2 für den Gläubiger vorgelegt und eine Abstandnahme war nicht möglich oder**

4. dem Kredit-, Finanzdienstleistungs- oder Wertpapierinstitut wird eine Bescheinigung nach § 44 a Absatz 8 Satz 2 für den Gläubiger vorgelegt und die teilweise Abstandnahme war nicht möglich; in diesen Fällen darf die Kapitalertragsteuer nur in Höhe von zwei Fünfteln erstattet werden.

② Das erstattende Kredit- oder Finanzdienstleistungsinstitut oder das erstattende Wertpapierinstitut haftet in sinngemäßer Anwendung des § 44 Absatz 5 für zu Unrecht vorgenommene Erstattungen; für die Zahlungsaufforderung gilt § 219 Satz 2 der Abgabenordnung entsprechend. ③ Das Kredit- oder Finanzdienstleistungsinstitut oder das Wertpapierinstitut hat die Summe der Erstattungsbeträge in der Steueranmeldung gesondert anzugeben und von der von ihm abzuführenden Kapitalertragsteuer abzusetzen. ④ Wird dem Kredit-, Finanzdienstleistungs- oder Wertpapierinstitut ein Freistellungsauftrag erteilt, der auch Kapitalerträge im Sinne des Satzes 1 erfasst, oder führt das Institut oder das Wertpapierinstitut einen Verlustausgleich nach § 43 a Absatz 3 Satz 2 unter Einbeziehung von Kapitalerträgen im Sinne des Satzes 1 aus, so hat es bis zur Ausstellung der Steuerbescheinigung, längstens bis zum 31. März des auf den Zufluss der Kapitalerträge folgenden Kalenderjahres, die einbehaltene und abgeführte Kapitalertragsteuer auf diese Kapitalerträge zu erstatten; Satz 2 ist entsprechend anzuwenden.

(7) **① Eine Gesamthandsgemeinschaft kann für ihre Mitglieder im Sinne des § 44 a Absatz 7 oder Absatz 8 eine Erstattung der Kapitalertragsteuer bei dem für die gesonderte Feststellung ihrer Einkünfte zuständigen Finanzamt beantragen. ② Die Erstattung ist unter den Voraussetzungen des § 44 a Absatz 4, 7 oder Absatz 8 und in dem dort bestimmten Umfang zu gewähren. ③ Kapitalertragsteuer, die nach § 43 Absatz 1 Satz 1 Nummer 1 a einbehalten wurde, ist unter den Voraussetzungen des § 44 a Absatz 10 und in dem dort bestimmten Umfang zu erstatten, wenn der Gläubiger die Voraussetzungen nach § 36 a Absatz 1 bis 3 erfüllt.** 5b

R 44b.1. Erstattung von Kapitalertragsteuer durch das BZSt nach den §§ 44 b und *45 b EStG*[1]

R 44b.1

Liegen die Voraussetzungen für die Erstattung von Kapitalertragsteuer durch das BZSt nach den §§ 44 b und 45 b EStG[1] *vor, kann der Anteilseigner wählen, ob er die Erstattung im Rahmen* 6

1. eines Einzelantrags (→ R 44 b.2) oder

2. eines Sammelantragsverfahrens (→ R 45 b)[1]

beansprucht.[2]

H 44b.1

Allgemeines. Einzelfragen zur Abgeltungsteuer → BMF vom 19. 5. 2022 (BStBl. I S. 742)[3] unter Berücksichtigung der Änderungen in Rn. 92 und 300 a durch BMF vom 20. 12. 2022 (BStBl. I 2023 S. 46). 7

Rückzahlung einer Dividende. Werden steuerpflichtige Kapitalerträge auf Grund einer tatsächlichen oder rechtlichen Verpflichtung in einem späteren Jahr zurückgezahlt, berührt die Rückzahlung den ursprünglichen Zufluss nicht. Eine Erstattung/Verrechnung der Kapitalertragsteuer, die von der ursprünglichen Dividende einbehalten und abgeführt worden ist, kommt deshalb nicht in Betracht (→ BFH vom 13. 11. 1985 – BStBl. 1986 II S. 193).

R 44b.2.[4] Einzelantrag beim BZSt[2] (§ 44 b EStG)

R 44b.2

§ 45 Ausschluss der Erstattung von Kapitalertragsteuer

EStG

① In den Fällen, in denen die Dividende an einen anderen als an den Anteilseigner ausgezahlt wird, ist die Erstattung oder Anrechnung von Kapitalertragsteuer für den Zahlungsempfänger ausgeschlossen. ② Satz 1 gilt nicht für den Erwerber eines Dividendenscheines oder sonstigen Anspruches in den Fällen des § 20 Absatz 2 Satz 1 Nummer 2 Buchstabe a Satz 2; beim Erwerber sind drei Fünftel der Kapitalertragsteuer nicht anzurechnen oder zu erstatten. ③ In den Fällen des § 20 Absatz 2 Satz 1 Nummer 2 Buchstabe b ist die Erstattung von Kapitalertragsteuer an den Erwerber von Zinsscheinen nach § 37 Absatz 2 der Abgabenordnung ausgeschlossen. 1

§ 45 a Anmeldung und Bescheinigung der Kapitalertragsteuer

(1) **① Die Anmeldung der einbehaltenen Kapitalertragsteuer ist dem Finanzamt innerhalb der in § 44 Absatz 1 oder Absatz 7 bestimmten Frist nach amtlich vor-** 1

---

[1] § 45 b EStG wurde aufgehoben.

[2] Erstattung von Kapitalertragsteuer durch das BZSt nach den § 44 b Abs. 1 bis 4 und § 45 b a. F. ist letztmals für Kapitalerträge anzuwenden, die vor dem 1. 1. 2013 zugeflossen sind.

[3] Abgedruckt als Anlage a zu §§ 43–45 e EStG.

[4] R 44 b.2 letztmals abgedruckt im „Handbuch zur ESt-Veranlagung 2020".

geschriebenem Vordruck auf elektronischem Weg zu übermitteln; die auszahlende Stelle hat die Kapitalertragsteuer auf die Erträge im Sinne des § 43 Absatz 1 Satz 1 Nummer 1a jeweils gesondert für das Land, in dem sich der Ort der Geschäftsleitung des Schuldners der Kapitalerträge befindet, anzugeben. ② Satz 1 gilt entsprechend, wenn ein Steuerabzug nicht oder nicht in voller Höhe vorzunehmen ist. ③ Der Grund für die Nichtabführung ist anzugeben. ④ Auf Antrag kann das Finanzamt zur Vermeidung unbilliger Härten auf eine elektronische Übermittlung verzichten; in diesem Fall ist die Kapitalertragsteuer-Anmeldung von dem Schuldner, der den Verkaufsauftrag ausführenden Stelle, der auszahlenden Stelle oder einer vertretungsberechtigten Person zu unterschreiben.

2 (2)[1] ① **Folgende Stellen sind verpflichtet, dem Gläubiger der Kapitalerträge auf Verlangen eine Bescheinigung nach amtlich vorgeschriebenem Muster auszustellen, die die nach § 32 d erforderlichen Angaben enthält; bei Vorliegen der Voraussetzungen des**

1. § 43 Absatz 1 Satz 1 Nummer 1, 2 bis 4, 7 a und 7 b der Schuldner der Kapitalerträge,

2. § 43 Absatz 1 Satz 1 Nummer 1 a, 5 bis 7 und 8 bis 12 sowie Satz 2 die die Kapitalerträge auszahlende Stelle vorbehaltlich des Absatzes 3,

3. § 44 Absatz 1 a die zur Abführung der Steuer verpflichtete Stelle und

4. § 44 Absatz 1 Satz 4 Nummer 5 der Investmentfonds.

② **Die Bescheinigung kann elektronisch übermittelt werden; auf Anforderung des Gläubigers der Kapitalerträge ist sie auf Papier zu übersenden.** ③ **Die Bescheinigung braucht nicht unterschrieben zu werden, wenn sie in einem maschinellen Verfahren ausgedruckt worden ist und den Aussteller erkennen lässt.** ④ **§ 44 a Absatz 6 gilt sinngemäß; über die zu kennzeichnenden Bescheinigungen haben die genannten Institute und Unternehmen Aufzeichnungen zu führen.** ⑤ **Diese müssen einen Hinweis auf den Buchungsbeleg über die Auszahlung an den Empfänger der Bescheinigung enthalten.**

(2a)[2] …

3 (3) ① **Werden Kapitalerträge für Rechnung des Schuldners durch ein inländisches Kreditinstitut, ein inländisches Finanzdienstleistungsinstitut oder ein inländisches Wertpapierinstitut gezahlt, so hat anstelle des Schuldners das Kreditinstitut, das Finanzdienstleistungsinstitut oder das Wertpapierinstitut die Bescheinigung zu erteilen, sofern nicht die Voraussetzungen des Absatzes 2 Satz 1 erfüllt sind.** ② **Satz 1 gilt in den Fällen des § 20 Absatz 1 Nummer 1 Satz 4 entsprechend; der Emittent der Aktien gilt insoweit als Schuldner der Kapitalerträge.**

4 (4) ① **Eine Bescheinigung nach Absatz 2 oder Absatz 3 ist auch zu erteilen, wenn in Vertretung des Gläubigers ein Antrag auf Erstattung der Kapitalertragsteuer nach § 44 b gestellt worden ist oder gestellt wird.** ② **Satz 1 gilt entsprechend, wenn nach § 44 a Absatz 8 Satz 1 der Steuerabzug *nur*[3] nicht in voller Höhe vorgenommen worden ist.**

5 (5) ① **Eine Ersatzbescheinigung darf nur ausgestellt werden, wenn die Urschrift oder die elektronisch übermittelten Daten nach den Angaben des Gläubigers abhandengekommen oder vernichtet sind.** ② **Die Ersatzbescheinigung muss als solche gekennzeichnet sein.** ③ **Über die Ausstellung von Ersatzbescheinigungen hat der Aussteller Aufzeichnungen zu führen.**

6 (6)[4] ① **Eine Bescheinigung, die den Absätzen 2 bis 5 nicht entspricht, hat der Aussteller zurückzufordern und durch eine berichtigte Bescheinigung zu ersetzen und im Fall der Übermittlung in Papierform zurückzufordern.** ② **Die berichtigte Bescheinigung ist als solche zu kennzeichnen.** ③ **Wird die zurückgeforderte Bescheinigung nicht innerhalb eines Monats nach Zusendung der berichtigten Bescheinigung an den Aussteller zurückgegeben, hat der Aussteller das nach seinen Unterlagen für den Empfänger zuständige Finanzamt schriftlich zu benachrichtigen.**

7 (7)[5] ① **Der Aussteller einer Bescheinigung, die den Absätzen 2 bis 5 nicht entspricht, haftet für die auf Grund der Bescheinigung verkürzten Steuern oder zu Unrecht gewährten Steuervorteile.** ② **Ist die Bescheinigung nach Absatz 3 durch ein inländisches Kredit-, Finanzdienstleistungs- oder Wertpapierinstitut auszustellen, so haftet der Schuldner auch, wenn er zum Zweck der Bescheinigung unrichtige Angaben macht.** ③ **Der Aussteller haftet nicht**

[1] Zur erstmaligen Anwendung siehe § 52 Abs. 44 a EStG.

[2] **Zur Fassung von § 45 a Abs. 2 a für Kapitalerträge, die dem Gläubiger nach dem 31. 12. 2024 zufließen, siehe in der geschlossenen Wiedergabe.**

[3] Aufgrund eines Redaktionsversehens ist das Wort „nur" nicht gestrichen worden.

[4] **Zur Fassung von § 45 a Abs. 6 für Kapitalerträge, die nach dem 31. 12. 2022 zufließen, siehe in der geschlossenen Wiedergabe.**

[5] **Zur Fassung von § 45 a Abs. 7 für Kapitalerträge, die dem Gläubiger nach dem 31. 12. 2024 zufließen, siehe in der geschlossenen Wiedergabe.**

1. in den Fällen des Satzes 2,

2. wenn er die ihm nach Absatz 6 obliegenden Verpflichtungen erfüllt hat.

Steuerbescheinigung H 45 a

– Zur Ausstellung von Steuerbescheinigungen für Kapitalerträge nach § 45 a Absatz 2 und 3 EStG → BMF vom 25. 5. 2022 (BStBl. I S. 860).[1] 9

– Zur Ausstellung von Steuerbescheinigungen bei American Depository Receipts (ADRs) auf inländische Aktien und vergleichbaren Hinterlegungsscheinen, die Aktien vertreten → BMF vom 24. 5. 2013 (BStBl. I S. 718) unter Berücksichtigung der Änderungen durch BMF vom 18. 12. 2018 (BStBl. I S. 1400).

§ 45 b[2, 3] *(aufgehoben)* EStG

R 45 b.[2] Sammelantrag beim BZSt (§ 45 b EStG) R 45 b

§ 45 c[4] … EStG

§ 45 d Mitteilungen an das Bundeszentralamt für Steuern

(1)[5] **① Wer nach § 44 Absatz 1 dieses Gesetzes und nach § 7 des Investmentsteuergesetzes zum Steuerabzug verpflichtet ist, hat dem Bundeszentralamt für Steuern nach Maßgabe des § 93 c der Abgabenordnung neben den in § 93 c Absatz 1 der Abgabenordnung genannten Angaben folgende Daten zu übermitteln:** 1

1. bei den Kapitalerträgen, für die ein Freistellungsauftrag erteilt worden ist,

a) die Kapitalerträge, bei denen vom Steuerabzug Abstand genommen worden ist oder bei denen Kapitalertragsteuer auf Grund des Freistellungsauftrags gemäß § 44 b Absatz 6 Satz 4 dieses Gesetzes oder gemäß § 7 Absatz 5 Satz 1 des Investmentsteuergesetzes erstattet wurde,

b) die Kapitalerträge, bei denen die Erstattung von Kapitalertragsteuer beim Bundeszentralamt für Steuern beantragt worden ist,

2. die Kapitalerträge, bei denen auf Grund einer Nichtveranlagungs-Bescheinigung einer natürlichen Person nach § 44 a Absatz 2 Satz 1 Nummer 2 vom Steuerabzug Abstand genommen oder eine Erstattung vorgenommen wurde.

② Bei einem gemeinsamen Freistellungsauftrag sind die Daten beider Ehegatten zu übermitteln. ③ § 72 a Absatz 4, § 93 c Absatz 1 Nummer 3 und § 203 a der Abgabenordnung finden keine Anwendung.

(2) **① Das Bundeszentralamt für Steuern darf den Sozialleistungsträgern die Daten nach Absatz 1 mitteilen, soweit dies zur Überprüfung des bei der Sozialleistung zu berücksichtigenden Einkommens oder Vermögens erforderlich ist oder die betroffene Person zustimmt. ② Für Zwecke des Satzes 1 ist das Bundeszentralamt für Steuern berechtigt, die ihm von den Sozialleistungsträgern übermittelten Daten mit den vorhandenen Daten nach Absatz 1 im Wege des automatisierten Datenabgleichs zu überprüfen und das Ergebnis den Sozialleistungsträgern mitzuteilen.** 2

(3)[5] **① Ein inländischer Versicherungsvermittler im Sinne des § 59 Absatz 1 des Versicherungsvertragsgesetzes hat das Zustandekommen eines Vertrages im Sinne des § 20 Absatz 1 Nummer 6 zwischen einer im Inland ansässigen Person und einem Versicherungsunternehmen mit Sitz und Geschäftsleitung im Ausland nach Maßgabe des § 93 c der Abgabenordnung dem Bundeszentralamt für Steuern mitzuteilen. ② Dies gilt nicht, wenn das Versicherungsunternehmen eine Niederlassung im Inland hat oder das Versicherungsunternehmen dem Bundeszentralamt für Steuern bis zu diesem Zeitpunkt das Zustandekommen eines Vertrages angezeigt und den Versicherungsvermittler hierüber in Kenntnis gesetzt hat. ③ Neben den in § 93 c Absatz 1 der Abgabenordnung genannten Daten sind folgende Daten zu übermitteln:** 3

1. Name und Anschrift des Versicherungsunternehmens sowie Vertragsnummer oder sonstige Kennzeichnung des Vertrages,

2. Laufzeit und garantierte Versicherungssumme oder Beitragssumme für die gesamte Laufzeit,

---

[1] Abgedruckt als Anlage b zu §§ 43–45 e EStG.

[2] § 45 b aufgehoben durch Gesetz vom 26. 6. 2013 (BGBl. I S. 1809), R 45 b EStR gegenstandslos, letztmals abgedruckt im „Handbuch zur ESt-Veranlagung 2012".

[3] **Zur Fassung von § 45 b, der erstmals auf Kapitalerträge anzuwenden ist, die dem Gläubiger nach dem 31. 12. 2024 zufließen, siehe in der geschlossenen Wiedergabe.**

[4] **Zur Fassung von § 45 c, der erstmals auf Kapitalerträge anzuwenden ist, die dem Gläubiger nach dem 31. 12. 2024 zufließen, siehe in der geschlossenen Wiedergabe.**

[5] Zur erstmaligen Anwendung siehe § 52 Abs. 45 Satz 2 EStG.

3. Angabe, ob es sich um einen konventionellen, einen fondsgebundenen oder einen vermögensverwaltenden Versicherungsvertrag handelt.

④ Ist mitteilungspflichtige Stelle nach Satz 1 das ausländische Versicherungsunternehmen und verfügt dieses weder über ein Identifikationsmerkmal nach den §§ 139 a bis 139 c der Abgabenordnung noch über eine Steuernummer oder ein sonstiges Ordnungsmerkmal, so kann abweichend von § 93 c Absatz 1 Nummer 2 Buchstabe a der Abgabenordnung auf diese Angaben verzichtet werden. ⑤ Der Versicherungsnehmer gilt als Steuerpflichtiger im Sinne des § 93 c Absatz 1 Nummer 2 Buchstabe c der Abgabenordnung. ⑥ § 72 a Absatz 4 und § 203 a der Abgabenordnung finden keine Anwendung.

§ 45e Ermächtigung für Zinsinformationsverordnung

1 **① Die Bundesregierung wird ermächtigt, durch Rechtsverordnung mit Zustimmung des Bundesrates die Richtlinie 2003/48/EG des Rates vom 3. Juni 2003 (ABl. EU Nr. L 157 S. 38) in der jeweils geltenden Fassung im Bereich der Besteuerung von Zinserträgen umzusetzen. ② § 45 d Absatz 1 Satz 2 und Absatz 2 ist entsprechend anzuwenden.**

Anl a zu §§ 43–45 e

a) Schreiben betr. Einzelfragen zur Abgeltungsteuer; Neuveröffentlichung des BMF-Schreibens

Vom 19. Mai 2022 (BStBl. I S. 742)

(BMF IV C 1 – S 2252/19/10003 :009; DOK 2022/0457871)

Geändert durch BMF-Schreiben vom 20. Dezember 2022 (BStBl. 2023 I S. 46)

2 Anlagen

Nach Erörterungen mit den obersten Finanzbehörden der Länder wird das BMF-Schreiben vom 18. Januar 2016 (BStBl. I S. 85) wie folgt neu gefasst:

Inhaltsverzeichnis

Anl a zu §§ 43–45e

I. Kapitalvermögen (§ 20 EStG)

1. Laufende Erträge (§ 20 Absatz 1 EStG)

a) Dividenden (§ 20 Absatz 1 Nummer 1 EStG)

Nachzahlungen

1 Werden einem Steuerpflichtigen Nachzahlungsbeträge im Zusammenhang mit Anteilen an Kapitalgesellschaften zugewiesen und ist die Rechtsnatur der Zahlungen nicht eindeutig erkennbar, hat die auszahlende Stelle im Zweifelsfall die Erträge als Kapitalertrag im Sinne des § 20 Absatz 1 Nummer 1 EStG zu behandeln. 4

Anl a zu §§ 43–45e

Einkommensteuerrechtliche Behandlung der Erträge aus einer Limited Liability Company (LLC), Limited Partnership (LP) oder einer Master Limited Partnership (MLP)

2 Bestimmte Gesellschaften – beispielsweise in der Rechtsform einer LLC, LP oder einer MLP –, deren Anteile als depotfähige Wertpapiere an einer Börse gehandelt werden, können nach ausländischem Steuerrecht ein Wahlrecht zur Besteuerung als Kapital- oder Personengesellschaft haben. Erträge aus solchen Gesellschaften sind für das Steuerabzugsverfahren auch dann als Dividendenerträge im Sinne des § 20 Absatz 1 Nummer 1 EStG zu behandeln, wenn nach ausländischem Steuerrecht zur Besteuerung als Personengesellschaft optiert wurde.

3 Die Anrechnung der ausländischen Quellensteuer findet allein im Veranlagungsverfahren statt. Hinsichtlich der steuerlichen Einordnung beispielsweise einer LLC, LP oder einer MLP als Personengesellschaft oder Kapitalgesellschaft gelten die Grundsätze des BMF-Schreibens vom 19. März 2004 (BStBl. I S. 411) unter Berücksichtigung der Ausführungen in Textziffer 1.2 des BMF-Schreibens vom 26. September 2014 (BStBl. I S. 1258).

b) Einnahmen aus der Beteiligung an einem Handelsgewerbe als stiller Gesellschafter (§ 20 Absatz 1 Nummer 4 EStG)

4 Zu den Einkünften aus Kapitalvermögen auf Grund einer Beteiligung an einem Handelsgewerbe als stiller Gesellschafter gehört der dem stillen Gesellschafter zugewiesene Gewinn oder der unter Berücksichtigung der §§ 15 a, 15 b EStG zuzurechnende Verlust. Wird dem stillen Gesellschafter im Rahmen der Auseinandersetzung sein Guthaben zugewiesen, werden bei der Ermittlung des Gewinns im Sinne des § 20 Absatz 4 EStG die als laufende Einkünfte berücksichtigten Gewinn- oder Verlustanteile, die das Auseinandersetzungsguthaben erhöht oder gemindert haben, vom Gewinn abgerechnet oder dem Gewinn hinzugerechnet.

Beispiel:

A beteiligt sich im Jahr 09 als typisch stiller Gesellschafter an dem Einzelunternehmen des B mit einer Einlage von 100 000 €. Auf den stillen Gesellschafter entfallen in den Jahren 10 und 11 jeweils Verluste in Höhe von 10 000 €. Die Verluste werden jeweils von der Einlage des stillen Gesellschafters abgebucht.
Im Jahr 12 erhält er sein Auseinandersetzungsguthaben in Höhe von 80 000 €.

Lösung:

Die laufenden Verlustanteile können unabhängig davon, ob der stille Gesellschafter eine nahestehende Person im Sinne des § 32 d Absatz 2 Nummer 1 EStG ist, als Verlust im Sinne des § 20 Absatz 1 Nummer 4 EStG berücksichtigt werden.
Durch die Vereinnahmung des Auseinandersetzungsguthabens erzielt A Einkünfte im Sinne des § 20 Absatz 2 Satz 1 Nummer 4 in Verbindung mit Absatz 2 Satz 2 EStG. A erzielt einen Gewinn im Sinne des § 20 Absatz 4 Satz 1 EStG in Höhe von 0 € (Einlage 100 000 € abzüglich Auseinandersetzungsguthaben in Höhe von 80 000 € zuzüglich Verlust in Höhe von 20 000 €).

c) Lebensversicherungen (§ 20 Absatz 1 Nummer 6 EStG)

5 Hinweis auf BMF-Schreiben vom 1. Oktober 2009 (BStBl. I S. 1172) zuletzt geändert durch BMF-Schreiben vom 9. August 2019 (BStBl. I S. 829).

d) Erträge aus sonstigen Kapitalforderungen (§ 20 Absatz 1 Nummer 7 EStG)

Optionsanleihe

6 Bei einer Optionsanleihe besitzt der Inhaber neben dem Recht auf Rückzahlung des Nominalbetrags ein in einem Optionsschein verbrieftes Recht, innerhalb der Optionsfrist eine bestimmte Anzahl von Aktien des Emittenten oder einer anderen Gesellschaft, Anleihen, Fremdwährungen, Edelmetalle oder andere Basiswerte zu einem festgelegten Kaufpreis zu erwerben. Mit der Ausübung der Option erlischt der Anspruch auf Rückzahlung des Nominalbetrags der Anleihe nicht. Anleihe und Optionsschein können voneinander getrennt werden und sind sodann gesondert handelbar.

7 Dabei stellen Anleihe und Optionsschein jeweils selbständige Wirtschaftsgüter dar. Erträge aus der Anleihe sind nach § 20 Absatz 1 Nummer 7 und § 20 Absatz 2 Satz 1 Nummer 7 EStG als Einkünfte aus Kapitalvermögen zu behandeln. Unabhängig davon, ob der Optionsschein noch mit der Anleihe verbunden ist oder bereits von ihr getrennt wurde, gilt für seine einkommensteuerrechtliche Behandlung die Rn. 8, zu den Anschaffungskosten des Basiswerts im Falle der Ausübung der Option vgl. Rn. 86.

In Optionsscheinen verbriefte Kapitalforderungen

8 Optionsscheine sind Kapitalforderungen im Sinne des § 20 Absatz 1 Nummer 7 EStG. Bei Optionsscheinen ist das Optionsrecht in einem Wertpapier verbrieft. Der Erwerber des Optionsscheins nimmt stets die Position des Berechtigten ein. Er erwirbt entweder eine Kaufoption oder eine Verkaufsoption, während der Emittent die Stillhalter-Position einnimmt. Optionsscheine sehen überwiegend einen Barausgleich vor. Das Optionsrecht kann nicht durch ein glattstellendes Gegengeschäft zum Erlöschen gebracht werden.

Optionsscheine können mit Zusatzvereinbarungen ausgestattet sein, die neben dem Optionsrecht z. B.

- eine Zusatzprämie beim Eintritt bestimmter Bedingungen gewähren,
- hinsichtlich des Barausgleichs mit einer Obergrenze („cap") ausgestattet sind,
- besondere Berechnungsmodalitäten für den Barausgleich vorsehen oder
- Zusatzvereinbarungen über Ausübung oder Verfall des Optionsrechts beinhalten.

Optionsscheine können mit einer Schuldverschreibung (Anleihe) verbunden sein (Optionsanleihe), vgl. Rn. 6 letzter Satz.

Die Emissionsbedingungen eines als Optionsschein bezeichneten Wertpapiers können Regelungen enthalten, die dem Inhaber des Optionsscheins eine Rückzahlung des eingesetzten Kapitals oder ein Entgelt für die Kapitalüberlassung zusagen oder gewähren (z. B. sogenanntes airbag-warrants). Auch durch eine Kombination von Optionsscheinen kann sich der Käufer eine Kapitalrückzahlung oder ein Entgelt für die Kapitalüberlassung sichern (z. B. sogenanntes capped warrants). Bei Verlusten aus dem Verfall von Optionsscheinen ist die Verlustverrechnungsbeschränkung gemäß § 20 Absatz 6 Satz 6 EStG zu berücksichtigen (siehe auch Rn. 118).

Laufende Erträge aus einem Zertifikat gehören zu den Kapitaleinkünften gemäß § 20 Absatz 1 Nummer 7 EStG

8a Liegen bei einem Vollrisikozertifikat mehrere Zahlungszeitpunkte bis zur Endfälligkeit vor, sind die Erträge zu diesen Zeitpunkten Einkünfte im Sinne des § 20 Absatz 1 Nummer 7 EStG (BFH-Urteil vom 29. Oktober 2019 – VIII R 16/16, BStBl. 2020 II S. 254); dies gilt nicht, wenn die Emissionsbedingungen von vornherein eindeutige Angaben zur Tilgung oder zur Teiltilgung während der Laufzeit vorsehen und die Vertragspartner entsprechend verfahren. Erfolgt bei diesen Zertifikaten zum Zeitpunkt der Endfälligkeit keine Zahlung mehr, liegt zum Zeitpunkt der Endfälligkeit eine Rückzahlung zu null und damit ein veräußerungsgleicher Vorgang im Sinne des § 20 Absatz 2 EStG vor.

Sind bei einem Zertifikat im Zeitpunkt der Endfälligkeit keine Zahlungen vorgesehen, weil der Basiswert eine nach den Emissionsbedingungen vorgesehene Bandbreite verlassen hat, oder kommt es durch das Verlassen der Bandbreite zu einer (vorzeitigen) Beendigung des Zertifikats (sogenanntes „Knock-out-Zertifikat") ohne weitere Kapitalrückzahlungen, liegt eine Einlösung zu null und damit ebenfalls ein veräußerungsgleicher Tatbestand im Sinne des § 20 Absatz 2 EStG vor (BFH-Urteil vom 20. November 2018 – VIII R 37/15, BStBl. 2019 II S. 507). Die Anschaffungskosten des Zertifikates sind als Verlust zu berücksichtigen. Für die Verluste ist die Verlustverrechnungsbeschränkung gemäß § 20 Absatz 6 Satz 6 EStG zu berücksichtigen (siehe auch Rn. 118). Entsprechendes gilt für das Erreichen der Knock-out-Schwelle.

Nutzungsersatz bei Rückabwicklung von Darlehensverträgen und auf rückerstattete Kreditbearbeitungsgebühren sowie gezahlte Prozess- und Verzugszinsen

8b Zahlen Kreditinstitute einen Nutzungsersatz auf rückerstattete Kreditbearbeitungsgebühren oder erhält ein Kreditnehmer aus der Rückabwicklung eines Darlehensvertrages einen Nutzungsersatz für die von ihm an den Darlehensgeber erbrachten Leistungen, handelt es sich um einkommensteuerpflichtige Kapitalerträge im Sinne des § 20 Absatz 1 Nummer 7 EStG, bei denen nach § 43 Absatz 1 Satz 1 Nummer 7 Buchstabe b EStG eine Verpflichtung zum Kapitalertragsteuerabzug besteht. Dies gilt entsprechend für Prozess- oder Verzugszinsen sowie geleisteten Nutzungsersatz in anderen Fällen (z. B. Zinsen auf erstattete Kontoführungsgebühren).

Wurde ein solcher Nutzungsersatz ohne Einbehalt von Kapitalertragsteuer ausgezahlt, haben die Kreditinstitute den Steuerabzug nach Maßgabe der Rn. 241 letzter Absatz zu korrigieren.

Kapitalertragsteuerabzug bei Erstattung von Darlehenszinsen auf darlehensfinanzierte Kreditbearbeitungsgebühren

8c Werden durch ein Kreditinstitut Darlehenszinsen auf eine in die Finanzierung eingeschlossene Kreditbearbeitungsgebühr erstattet, liegen keine Einkünfte nach § 20 Absatz 1 Nummer 7 EStG vor; für einen ggf. übersteigenden Betrag gilt Rn. 8b.

2. Gewinne aus Veräußerung, Einlösung, Termingeschäften (§ 20 Absatz 2 EStG)

a) Termingeschäfte (§ 20 Absatz 2 Satz 1 Nummer 3 EStG) und Stillhaltergeschäfte (§ 20 Absatz 1 Nummer 11 EStG)

Begriff des Termingeschäfts

9 Der Begriff des Termingeschäfts umfasst sämtliche als Options- oder Festgeschäft ausgestaltete Finanzinstrumente sowie Kombinationen zwischen Options- und Festgeschäften, die zeitlich verzögert zu erfüllen sind und deren Preis unmittelbar oder mittelbar abhängt von
- dem Börsen- oder Marktpreis von Wertpapieren,
- dem Börsen- oder Marktpreis von Geldmarktinstrumenten,
- dem Kurs von Devisen oder Rechnungseinheiten,
- Zinssätzen oder anderen Erträgen oder
- dem Börsen- oder Marktpreis von Waren oder Edelmetallen.

Zu den Termingeschäften gehören insbesondere Optionsgeschäfte, Swaps, Devisentermingeschäfte und Forwards oder Futures, vgl. Rn. 36 und 37, sowie Contracts for Difference (CFDs). CFDs sind Verträge zwischen zwei Parteien, die auf die Kursentwicklung eines bestimmten Basiswerts spekulieren. Basiswerte können beispielsweise Aktien, Indizes, Währungspaare oder Zinssätze sein. Zertifikate und Optionsscheine gehören nicht zu den Termingeschäften, vgl. Rn. 8 f.

10 Beim Optionsgeschäft hat der Käufer der Option das Recht, jedoch nicht die Verpflichtung, zu einem späteren Zeitpunkt ein Geschäft, z. B. den Kauf oder Verkauf eines Wertpapiers, zu vorab festgelegten Konditionen abzuschließen (bedingtes Termingeschäft). Im Gegensatz dazu gehen beim Festgeschäft beide Vertragsparteien bereits bei Abschluss des Geschäfts die feste Verpflichtung ein, zu einem späteren Zeitpunkt z. B. einen bestimmten Kaufgegenstand zum vereinbarten Preis zu erwerben oder zu liefern (unbedingtes Termingeschäft).

Optionsgeschäfte

Inhalt des Optionsgeschäfts

11 Beim Optionsgeschäft erwirbt der Käufer der Option (Optionsnehmer) vom Verkäufer der Option (Optionsgeber oder sogenannte Stillhalter) gegen Bezahlung einer Optionsprämie das Recht, eine bestimmte Anzahl Basiswerte (z. B. Aktien) am Ende der Laufzeit oder jederzeit innerhalb der Laufzeit der Option (so möglich bei EUREX-Optionen) zum vereinbarten Basispreis entweder vom Verkäufer der Option zu kaufen (Kaufoption oder „call") oder an ihn zu verkaufen (Verkaufsoption oder „put"). Diesem Recht des Optionskäufers steht die entsprechende Verpflichtung des Verkäufers der Option gegenüber, die Basiswerte zu liefern oder abzunehmen, wenn der Optionskäufer sein Optionsrecht ausübt.

12 Ist die effektive Abnahme oder Lieferung des Basiswertes auf Grund der Natur der Sache (z. B. bei Indizes) oder auf Grund von Handelsbedingungen (z. B. bei EUREX-Optionen auf Futures) ausgeschlossen, besteht die Verpflichtung des Optionsgebers bei Ausübung der Option durch den Optionskäufer in der Zahlung der Differenz zwischen vereinbartem Basispreis und Tageskurs des Basiswerts (Barausgleich oder „cash-settlement"). Ein Barausgleich kann bei jeder Option vereinbart werden, auch wenn der Basiswert lieferbar ist.

13 Die Option erlischt
- mit Ablauf der Optionsfrist durch Verfall,
- durch Ausübung der Option oder
- an der EUREX auch durch sogenannte Glattstellung.

Bei Glattstellung tätigt der Anleger ein Gegengeschäft, d. h. z. B. der Inhaber einer Kauf- oder Verkaufsoption verkauft eine Option derselben Serie, aus der er zuvor gekauft hat. Kennzeichnet er das Geschäft als Glattstellungs- oder closing-Geschäft, bringt er damit Rechte und Pflichten aus beiden Geschäften zum Erlöschen. Umgekehrt kann sich auch der Optionsverkäufer (Stillhalter) vor Ablauf der Optionsfrist durch Kauf einer Option derselben Serie aus seiner Verpflichtung lösen.

14 Anders als bei außerbörslichen Optionsgeschäften und bei Optionsscheinen ist es einem Anleger an der EUREX nur sehr eingeschränkt und nur innerhalb eines kurzen Zeitraums möglich, die erworbene Option auf einen Dritten zu übertragen.

15 Anleger können grundsätzlich vier Grundpositionen eingehen:
- Kauf einer Kaufoption („long call"),
- Kauf einer Verkaufsoption („long put"),
- Verkauf einer Kaufoption („short call"),
- Verkauf einer Verkaufsoption („short put").

16 Darüber hinaus ist an der EUREX auch der standardisierte Abschluss eines sogenannten Kombinationsgeschäfts, d. h. einer Kombination von jeweils zwei Grundgeschäften in einem Abschluss möglich. Zu unterscheiden sind:
- „spreads": Gleichzeitiger Kauf und Verkauf von Optionen der gleichen Serie, aber mit unterschiedlichem Basispreis und/oder Verfalldatum;
- „straddles": Gleichzeitiger Kauf einer Kauf- und einer Verkaufsoption mit gleichem Basiswert, Basispreis und Verfalldatum;
- „strangles": Gleichzeitiger Kauf einer Kauf- und einer Verkaufsoption mit gleichem Basiswert und Verfalldatum, aber unterschiedlichem Basispreis.

Besonderheiten bei Optionsscheinen

17 bis **20** *Nicht besetzt*

Einkommensteuerrechtliche Behandlung eines Optionsgeschäfts

Kauf einer Kaufoption

21 Die gezahlten Optionsprämien sind Anschaffungskosten des Käufers für das Wirtschaftsgut „Optionsrecht". Beim Erwerb der Option anfallende Bankspesen, Provisionen und andere Transaktionskosten sind Teil der Anschaffungskosten.

Ausübung einer Kaufoption

22 Übt der Inhaber die Kaufoption aus und wird der Basiswert geliefert, gehören die Anschaffungs- und Anschaffungsnebenkosten des Optionsrechts zu den Anschaffungskosten des Basiswerts.

23 Erhält der Inhaber an Stelle des Basiswerts einen Barausgleich, liegen Kapitaleinkünfte im Sinne des § 20 Absatz 2 Satz 1 Nummer 3 Buchstabe a EStG vor. Die Anschaffungs- und Anschaffungsnebenkosten des Optionsrechts sind bei der Ermittlung des Gewinns gemäß § 20 Absatz 4 Satz 5 EStG zu berücksichtigen.

Erzielt der Inhaber der Kaufoption aus diesem Geschäft einen Verlust, weil der Barausgleich die Anschaffungs- und Anschaffungsnebenkosten des Optionsrechts nicht deckt, so ist die Verlustverrechnungsbeschränkung gemäß § 20 Absatz 6 Satz 5 EStG zu berücksichtigen (siehe auch Rn. 118).

Veräußerung und Glattstellung einer Kaufoption

24 Veräußert der Inhaber die Kaufoption, erzielt er Kapitaleinkünfte im Sinne des § 20 Absatz 2 Satz 1 Nummer 3 Buchstabe b EStG; Entsprechendes gilt bei einer Veräußerung mit closing-Vermerk, vgl. Rn. 13. Gewinn oder Verlust gemäß § 20 Absatz 4 Satz 1 EStG ist in diesem Fall der Unterschiedsbetrag zwischen den Anschaffungs- und Anschaffungsnebenkosten der Kaufoption und der aus dem glattstellenden Abschluss des Stillhaltergeschäfts erzielten Optionsprämie. Für einen Verlust aus der Veräußerung einer Kaufoption ist die Verlustverrechnungsbeschränkung gemäß § 20 Absatz 6 Satz 5 EStG zu berücksichtigen (siehe auch Rn. 118).

Beispiel:

Privatkunde K erwirbt am 1. März über seine Bank an der EUREX zehn Kaufoptionen über je 100 Aktien der S-AG zum Basispreis von 320 €, weil er für die nächsten Monate mit einem Kursanstieg der Aktie rechnet (Kurs der S-Aktie am 1. März 309,60 €). Verfallmonat der Kaufoption ist Juli. K entrichtet eine Optionsprämie von 1000 × 20,40 € = 20 400 €

zuzüglich 250 € Spesen. Am 1. April ist der Kurs der S-Aktie auf 350 € gestiegen. Das Recht, die Aktien zu einem Basispreis von 320 € zu kaufen, ist jetzt 50 € wert (innerer Wert 30 €, angenommener Zeitwert 20 €).
K beschließt daher, seine Position durch ein Gegengeschäft glattzustellen, d. h., er verkauft über seine Bank zehn EUREX-Kaufoptionen über je 100 Aktien der S-AG zum Basispreis von 320 €, Verfallmonat Juli, mit closing-Vermerk. K erhält dafür am 2. April eine Optionsprämie von 1000 × 50 € = 50 000 € abzüglich 500 € Spesen.

Lösung:

K hat einen steuerpflichtigen Veräußerungsgewinn in Höhe von (50 000 € ./. 500 € ./. 20 400 € ./. 250 € =) 28 850 € erzielt.

Einkommensteuerrechtliche Behandlung des Stillhalters bei einer Kaufoption

25 Der Stillhalter erhält die Optionsprämie für seine Bindung und die Risiken, die er durch die Einräumung des Optionsrechts während der Optionsfrist eingeht. Die Optionsprämie stellt bei ihm ein Entgelt im Sinne des § 20 Absatz 1 Nummer 11 EStG dar.

Werden Stillhalterprämien vereinnahmt, unterliegen diese in diesem Zeitpunkt dem Kapitalertragsteuerabzug im Sinne des § 43 Absatz 1 Satz 1 Nummer 8 EStG. Schließt der Stillhalter ein Glattstellungsgeschäft ab, sind die gezahlten Prämien und die damit im Zusammenhang angefallenen Nebenkosten zum Zeitpunkt der Zahlung als negativer Kapitalertrag in den sogenannten Verlustverrechnungstopf im Sinne des § 43 a Absatz 3 Satz 2 EStG einzustellen. Gleiches gilt, wenn die im Zusammenhang mit erhaltenen Prämien angefallenen Nebenkosten die vereinnahmten Stillhalterprämien mindern, da es insoweit unerheblich ist, ob die Nebenkosten im Zeitpunkt der Glattstellung oder der Vereinnahmung angefallen sind.

26 Übt der Inhaber die Kaufoption aus und liefert der Stillhalter den Basiswert, liegt beim Stillhalter ein Veräußerungsgeschäft nach § 20 Absatz 2 EStG hinsichtlich des Basiswerts vor, wenn der Basiswert ein Wirtschaftsgut im Sinne des § 20 Absatz 2 EStG (z. B. Aktie) ist. Die vereinnahmte Optionsprämie, die nach § 20 Absatz 1 Nummer 11 EStG zu versteuern ist, wird bei der Ermittlung des Veräußerungsgewinns nicht berücksichtigt. Hat der Stillhalter einen Barausgleich zu leisten, ist dieser als Verlust aus einem Termingeschäft nach § 20 Absatz 2 Satz 1 Nummer 3 Buchstabe a EStG zu berücksichtigen (BFH-Urteil vom 20. Oktober 2016 – VIII R 55/13, BStBl. 2017 II S. 264). Für einen Verlust aus einem geleisteten Barausgleich ist die Verlustverrechnungsbeschränkung gemäß § 20 Absatz 6 Satz 5 EStG zu berücksichtigen (siehe auch Rn. 118).

Verfall einer Kaufoption

27 Lässt der Inhaber der Kaufoption diese am Ende der Laufzeit verfallen, sind die für den Erwerb der Kaufoption entstandenen Aufwendungen bei der Ermittlung des Gewinns (oder Verlusts) im Sinne des § 20 Absatz 4 Satz 5 EStG zu berücksichtigen (BFH-Urteile vom 12. Januar 2016 – IX R 48/14, IX R 49/14, IX R 50/14, BStBl. II S. 456, 459 und 462). Dies gilt auch, wenn die Kaufoption vorzeitig durch Erreichen eines Schwellenwerts verfällt (Kaufoption mit Knock-out-Charakter). Für einen Verlust aus dem wertlosen Verfall einer Kaufoption ist die Verlustverrechnungsbeschränkung gemäß § 20 Absatz 6 Satz 5 EStG zu berücksichtigen (siehe auch Rn. 118).

Kauf einer Verkaufsoption

28 Die gezahlten Optionsprämien sind Anschaffungskosten des Käufers für das Wirtschaftsgut „Optionsrecht". Beim Erwerb der Option anfallende Bankspesen, Provisionen und andere Transaktionskosten gehören zu den Anschaffungskosten.

Ausübung einer Verkaufsoption

29 Übt der Inhaber die Verkaufsoption aus und liefert er den Basiswert, liegt ein Veräußerungsgeschäft nach § 20 Absatz 2 EStG hinsichtlich des Basiswerts vor, wenn dieser ein Wirtschaftsgut im Sinne des § 20 Absatz 2 EStG (z. B. Aktien oder Anleihe) ist. Die Anschaffungs- und Anschaffungsnebenkosten des Optionsrechts sind gemäß § 20 Absatz 4 Satz 1 EStG zu berücksichtigen.

30 Erhält der Inhaber der Verkaufsoption einen Barausgleich, liegen Kapitaleinkünfte im Sinne des § 20 Absatz 2 Satz 1 Nummer 3 Buchstabe a EStG vor. Die Anschaffungskosten des Optionsrechts sind gemäß § 20 Absatz 4 Satz 5 EStG zu berücksichtigen.

Erzielt der Inhaber der Verkaufsoption aus diesem Geschäft einen Verlust, weil der Barausgleich die Anschaffungs- und Anschaffungsnebenkosten des Optionsrechts nicht deckt, so ist die Verlustverrechnungsbeschränkung gemäß § 20 Absatz 6 Satz 5 EStG zu berücksichtigen (siehe auch Rn. 118).

Veräußerung und Glattstellung einer Verkaufsoption

31 Veräußert der Inhaber die Verkaufsoption, liegt ein Veräußerungsgeschäft im Sinne des § 20 Absatz 2 Satz 1 Nummer 3 Buchstabe b EStG vor. Verkauft der Inhaber einer Verkaufsoption eine Verkaufsoption derselben Serie mit closing-Vermerk, gilt Entsprechendes. Gewinn oder Verlust ist in diesem Fall der Unterschiedsbetrag zwischen den Anschaffungskosten der Verkaufsoption und der aus dem glattstellenden Abschluss des Stillhaltergeschäfts erzielten Optionsprämie. Für einen Verlust aus der Veräußerung oder Glattstellung einer Verkaufsoption ist die Verlustverrechnungsbeschränkung gemäß § 20 Absatz 6 Satz 5 EStG zu berücksichtigen (siehe auch Rn. 118).

Verfall einer Verkaufsoption

32 Lässt der Inhaber der Verkaufsoption diese am Ende der Laufzeit verfallen, sind die für den Erwerb der Verkaufsoption entstandenen Aufwendungen bei der Ermittlung des Gewinns (oder Verlusts) im Sinne des § 20 Absatz 4 Satz 5 EStG zu berücksichtigen (BFH-Urteile vom 12. Januar 2016 – IX R 48/14, IX R 49/14, IX R 50/14, BStBl. II S. 456, 459 und 462). Dies gilt auch, wenn die Verkaufsoption vorzeitig durch Erreichen eines Schwellenwertes verfällt (Verkaufsoption mit Knock-out-Charakter). Für einen Verlust aus dem wertlosen Verfall einer Verkaufsoption ist die Verlustverrechnungsbeschränkung gemäß § 20 Absatz 6 Satz 5 EStG zu berücksichtigen (siehe auch Rn. 118).

Einkommensteuerrechtliche Behandlung des Stillhalters bei einer Verkaufsoption

33 Übt der Inhaber die Verkaufsoption aus und liefert er den Basiswert, liegt beim Stillhalter ein Anschaffungsgeschäft nach § 20 Absatz 2 EStG hinsichtlich des Basiswerts vor, wenn es sich dabei um ein Wirtschaftsgut im Sinne des § 20 Absatz 2 EStG handelt. Bei einer späteren Veräußerung wird die vereinnahmte Optionsprämie, die nach § 20 Absatz 1 Nummer 11 EStG zu versteuern ist, bei der Ermittlung des Veräußerungsgewinns nicht berücksichtigt. Schließt der Stillhalter ein Glattstellungsgeschäft ab, sind die gezahlten Prämien und die damit im Zusammenhang angefallenen Nebenkosten zum Zeitpunkt der Zahlung als negativer Kapitalertrag in den sogenannten Verlustverrechnungstopf im Sinne des § 43 a Absatz 3 Satz 2 EStG einzustellen. Gleiches gilt, wenn die im Zusammenhang mit erhaltenen Prämien angefallenen Nebenkosten die vereinnahmten Stillhalterprämien mindern, da es insoweit unerheblich ist, ob die Nebenkosten im Zeitpunkt der Glattstellung oder der Vereinnahmung angefallen sind.

34 Hat der Stillhalter auf Grund des Optionsgeschäfts einen Barausgleich zu leisten, ist dieser als Verlust aus einem Termingeschäft nach § 20 Absatz 2 Satz 1 Nummer 3 Buchstabe a EStG zu berücksichtigen (BFH-Urteil vom 20. Oktober 2016 – VIII R 55/13, BStBl. 2017 II S. 264). Für Verluste aus Termingeschäften ist die Verlustverrechnungsbeschränkung gemäß § 20 Absatz 6 Satz 5 EStG zu berücksichtigen (siehe auch Rn. 118).

Kombinationsgeschäfte, vgl. Rn. 16

35 Da jedes sogenannte Kombinationsgeschäft aus mindestens zwei rechtlich selbständigen Grundgeschäften besteht, gelten für ihre einkommensteuerrechtliche Behandlung die Regelungen für Grundgeschäfte, vgl. Rn. 21 bis 34, entsprechend. Die gezahlte oder erhaltene Optionsprämie ist im Verhältnis der am Kauftag für die Grundgeschäfte zu zahlenden Optionsprämien aufzuteilen. Entsprechendes gilt, wenn zwei oder mehr gleichgerichtete Grundgeschäfte kombiniert werden.

Beispiel:

Der Kurs der B-Aktie liegt im Februar bei 41 €. Anleger A erwartet für Ende März ein Kurspotential von bis zu 44 €. Es lässt sich aber auch eine gegenläufige Entwicklung nicht ausschließen. A kauft im Februar eine EUREX-Kaufoption über 100 B-Aktien mit Fälligkeit März und einem Basispreis von 42 €. Gleichzeitig verkauft A eine EUREX-Kaufoption über 100 B-Aktien mit Fälligkeit März und einem Basispreis von 44 €. Für diesen sogenannten „Spread" („Bull Call Spread") muss A insgesamt eine Prämie von 100 € zahlen. Diese ergibt sich als Differenz aus 195 € zu zahlender Optionsprämie für den Kauf der Kaufoption und 95 € erhaltener Optionsprämie für den Verkauf der Kaufoption. Im März beträgt der Kurs der B-Aktie 44 €. A stellt die gekaufte Kaufoption glatt und erhält eine Optionsprämie von 200 €.

Lösung:

Die vereinnahmte Optionsprämie von 95 € führt zu Einnahmen nach § 20 Absatz 1 Nummer 11 EStG. A erzielt des Weiteren mit der Glattstellung einen Veräußerungsgewinn nach § 20 Absatz 2 Satz 1 Nummer 3 Buchstabe b EStG von 200 € ./. 195 € = 5 €. Die verkaufte Kaufoption verfällt, weil sich der Ausübungspreis mit dem Kurs der Aktie deckt.

Als Festgeschäft ausgestaltete Termingeschäfte (Futures und Forwards)

36 Futures und Forwards stellen im Gegensatz zu Optionen für Käufer und Verkäufer die feste Verpflichtung dar, nach Ablauf einer Frist einen bestimmten Basiswert (z. B. Anleihen) zum vereinbarten Preis abzunehmen oder zu liefern. Mit dem Begriff Futures werden die an einer amtlichen Terminbörse (z. B. EUREX) gehandelten, standardisierten Festgeschäfte, mit dem Begriff Forwards die außerbörslich gehandelten, individuell gestalteten Festgeschäfte bezeichnet. Bei physisch nicht lieferbaren Basiswerten (z. B. Aktienindex) wandelt sich die Verpflichtung auf Lieferung oder Abnahme in einen Barausgleich in Höhe der Differenz zwischen Kaufpreis des Kontrakts und dem Wert des Basisobjekts bei Fälligkeit des Kontrakts.

Wird bei Fälligkeit eines Future-Kontrakts ein Differenzausgleich gezahlt, erzielt der Empfänger einen Gewinn und der Zahlende einen Verlust aus einem Veräußerungsgeschäft im Sinne des § 20 Absatz 2 Satz 1 Nummer 3 Buchstabe a EStG.

Bei an der EUREX gehandelten Futures ist als Differenzausgleich die Summe oder die Differenz der während der Laufzeit eines Kontrakts geleisteten Zahlungen im Zeitpunkt der Fälligkeit des Kontrakts zu erfassen.

Bei der Glattstellung eines Future-Kontrakts liegt ein Termingeschäft im Sinne des § 20 Absatz 2 Satz 1 Nummer 3 Buchstabe a EStG vor. Der Gewinn oder Verlust ergibt sich aus der Summe oder Differenz aller während der Laufzeit des Kontrakts geleisteten Zahlungen.

Wird der Basiswert geliefert, sind die auf den Future-Kontrakt geleisteten Zahlungen sowie die Nebenkosten des Future-Kontrakts beim Käufer Anschaffungskosten des Basiswerts. Veräußert der Käufer den Basiswert, liegt bei ihm ein Veräußerungsgeschäft im Sinne des § 20 Absatz 2 EStG vor, wenn dieser ein Wirtschaftsgut im Sinne des § 20 Absatz 2 EStG darstellt.

Auch bei den Kapitalmarkt-Futures kann es zur Lieferung kommen. Bei den an der EUREX z. B. auch gehandelten Kapitalmarkt-Futures kauft oder verkauft der Anleger z. B. fiktive Schuldverschreibungen mit verschiedener Laufzeit, die jeweils mit einer Verzinsung ausgestattet sind. Dabei sind die tatsächlich gelieferten mit den fiktiven Schuldverschreibungen des Future-Kontrakts als wirtschaftlich identisch anzusehen.

Wird durch Glattstellung oder Zahlung eines Differenzausgleichs durch einen der Beteiligten eines Future-Kontrakts ein Verlust erzielt, so ist die Verlustverrechnungsbeschränkung gemäß § 20 Absatz 6 Satz 5 EStG zu berücksichtigen (siehe auch Rn. 118).

Einkommensteuerrechtliche Behandlung von Forwards

37 Für die einkommensteuerrechtliche Behandlung von Forwards gilt die Rn. 36 entsprechend.

Besonderheiten bei Devisentermingeschäften

38 Devisentermingeschäfte können die Verpflichtung der Vertragsparteien zum Gegenstand haben, zwei vereinbarte Währungsbeträge zu einem zukünftigen Zeitpunkt zu einem vorher festgelegten Terminkurs auszutauschen. Devisentermingeschäfte können nach dem Willen der Vertragsparteien aber auch ausschließlich auf die Erzielung eines Differenzausgleichs nach § 20 Absatz 2 Satz 1 Nummer 3 Buchstabe a EStG gerichtet sein, selbst wenn sie äußerlich in die Form eines Kaufvertrags gekleidet sind. Dies gilt auch bei Abschluss eines Eröffnungsgeschäftes mit nachfolgendem Gegengeschäft, wenn das Gegengeschäft auf einen Differenzausgleich in Bezug auf das Eröffnungsgeschäft gerichtet ist. Beide Geschäfte müssen derart miteinander verknüpft sein, dass der auf die Realisierung einer positiven oder negativen Differenz aus Eröffnungs- und Gegengeschäft gerichtete Wille der Vertragsbeteiligten erkennbar ist (vgl. BFH-Urteil vom 24. Oktober 2017 – VIII R 35/15, BStBl. 2018 II S. 189). Davon ist auszugehen, wenn der Kunde eine Order mit Closingvermerk aufgibt. Demgegenüber genügt es nicht, dass dem Eröffnungsgeschäft tatsächlich ein Gegengeschäft lediglich nachfolgt, das dessen Erfüllung dient.

Ein auf Differenzausgleich gerichtetes Devisentermingeschäft liegt auch vor, wenn die Vertragsbeteiligten ausdrücklich oder stillschweigend vereinbaren, dass keine effektive Lieferung, sondern ein Differenzausgleich erfolgen soll.

Verluste aus Devisentermingeschäften, die auf einen Differenzausgleich gerichtet sind, unterliegen der Verlustverrechnungsbeschränkung gemäß § 20 Absatz 6 Satz 5 EStG (siehe auch Rn. 118).

39 Kommt es zur effektiven Lieferung des Fremdwährungsbetrags und tauscht der Käufer diesen innerhalb eines Jahres nach Abschluss des Devisentermingeschäfts in Euro oder eine andere Währung um, führt dies zu einem privaten Veräußerungsgeschäft im Sinne des § 23 Absatz 1 Satz 1 Nummer 2 EStG. Dasselbe gilt, wenn am Fälligkeitstag ein auf Euro lautendes Konto des Käufers mit dem Kaufpreis belastet und ihm gleichzeitig der Euro-Betrag gutgeschrieben wird, welcher der auf Termin gekauften Fremdwährung entspricht. In diesem Fall wird die mit dem Devisentermingeschäft erworbene Fremdwährung am Fälligkeitstag geliefert und unmittelbar danach in Euro zurückgetauscht.

Zinsbegrenzungsvereinbarungen

Bei Zinsbegrenzungsvereinbarungen sind der Optionsinhaber und der Stillhalter wie folgt zu behandeln:

Kauf einer Zinsbegrenzungsvereinbarung (Rechtsstellung des Optionsinhabers)

40 Zinsbegrenzungsvereinbarungen sind Verträge, in denen sich einer der Vertragspartner (der Verkäufer) verpflichtet, an einen anderen Vertragspartner (den Käufer) Ausgleichszahlungen zu leisten, wenn ein bestimmter Zinssatz eine gewisse Höhe über- oder unterschreitet. Ihre Grundformen sind Caps (Zinsoberbegrenzungen), Floors (Zinsunterbegrenzungen) und Collars (eine Kombination aus Caps und Floors).

Da die Ausgleichszahlungen in Abhängigkeit von der Entwicklung einer bestimmten Bezugsgröße, dem Referenzzinssatz, gezahlt werden, sind Zinsbegrenzungsvereinbarungen als Termingeschäfte im Sinne des § 20 Absatz 2 Satz 1 Nummer 3 Buchstabe a EStG zu klassifizieren. Ihrem wirtschaftlichen Gehalt nach werden Zinsbegrenzungsvereinbarungen als eine Reihe von Zinsoptionen beurteilt.

41 Caps, Floors und Collars können dabei nach analogen Grundsätzen behandelt werden. Die Zahlung der Prämie zum Zeitpunkt des Erwerbs der Zinsbegrenzungsvereinbarung stellt die Anschaffung eines Optionsrechts bzw. mehrerer hintereinander gestaffelter Optionsrechte dar. Zinsbegrenzungsvereinbarungen stellen Dauerschuldverhältnisse dar, deren Leistungen sich zu bestimmten vertraglich vereinbarten Terminen konkretisieren.

42 Im Sinne einer cash-flow-Besteuerung ist an die während der Laufzeit des Kontrakts zu leistenden Ausgleichszahlungen anzuknüpfen. Die für den Erwerb der Zinsbegrenzungsvereinbarung getätigten Aufwendungen werden zum Zeitpunkt der ersten Ausgleichszahlung berücksichtigt (§ 20 Absatz 4 Satz 5 EStG), d. h., sie mindern den Ertrag oder erhöhen den nach § 20 Absatz 6 Satz 5 EStG zu berücksichtigenden Verlust.

43 Kommt es zu keiner Ausgleichszahlung über die gesamte Vertragslaufzeit, weil der Referenzzinssatz die Zinsobergrenze zu keinem Zeitpunkt überschreitet oder die Zinsuntergrenze zu keinem Zeitpunkt unterschreitet, sind die für den Verfall von Optionen geltenden Rechtsgrundsätze anzuwenden. Die Verlustverrechnungsbeschränkung gemäß § 20 Absatz 6 Satz 5 EStG ist zu berücksichtigen (siehe auch Rn. 118).

Verkauf einer Zinsbegrenzungsvereinbarung (Stillhalterposition)

44 Die zu Vertragsbeginn vereinnahmte Prämie zählt zu den nach § 20 Absatz 1 Nummer 11 EStG abgeltungsteuerpflichtigen Kapitalerträgen. Die vom Stillhalter einer derartigen Vereinbarung zu leistenden Ausgleichszahlungen entsprechen der Entrichtung eines Differenzausgleiches und sind als Verlust aus einem Termingeschäft nach § 20 Absatz 2 Satz 1 Nummer 3 Buchstabe a EStG zu berücksichtigen (BFH-Urteil vom 20. Oktober 2016 – VIII R 55/13, BStBl. 2017 II S. 264).

Aktienswaps

45 Aktienswaps werden in der Regel dazu eingesetzt, aus einer Aktienposition resultierende Chancen und Risiken auf einen Vertragspartner (Sicherungsgeber, in der Regel die Hausbank) zu übertragen. Der Sicherungsgeber übernimmt dabei für die Laufzeit des Geschäfts das Kurs- und Dividendenrisiko aus den Aktien. Er erhält Dividendenausgleichszahlungen und bei Fälligkeit einen Ausgleich von et-

Anl a zu §§ 43–45e

waigen Wertsteigerungen der Aktien. Im Gegenzug ersetzt der Sicherungsgeber dem Sicherungsnehmer dessen Finanzierungskosten (Berechnungsgrundlage der vertraglich vereinbarten „Zinszahlungen" ist der Marktwert der Aktienposition bei Vertragsabschluss) und leistet einen Ausgleich für etwaige Kursverluste.

Ein Kapitaltransfer in Höhe des Marktwertes der dem Swap-Geschäft zu Grunde liegenden Aktienpositionen findet regelmäßig nicht statt.

46 Die Anwendung der sachlich gebotenen Nettobetrachtung hat folgende steuerliche Konsequenzen:

(1) Vereinnahmung der Dividende:
Kapitalertrag im Sinne des § 20 Absatz 1 Nummer 1 EStG.
(2) Leistung einer Dividendenausgleichszahlung an die Hausbank (Sicherungsgeber):
Aufwendungen im Sinne des § 20 Absatz 4 Satz 5 EStG.
(3) Vergütung etwaiger Wertsteigerungen an die Hausbank (Sicherungsgeber):
Aufwendungen im Sinne des § 20 Absatz 4 Satz 5 EStG.
(4) „Zinszahlungen" der Hausbank (Sicherungsgeber) an den Anleger:
Geldbetrag im Sinne des § 20 Absatz 4 Satz 5 EStG.
(5) Ausgleich der Hausbank (Sicherungsgeber) für etwaige Kursverluste:
Geldbetrag im Sinne des § 20 Absatz 4 Satz 5 EStG.

Die einzelnen Leistungen sind beim Steuerabzug zum Zeitpunkt des Zuflusses oder Abflusses zu berücksichtigen. Die Verlustverrechnungsbeschränkung gemäß § 20 Absatz 6 Satz 5 EStG ist zu berücksichtigen (siehe auch Rn. 118).

Zinsswaps und andere Swapgeschäfte

47 Bei einem Zinsswap vereinbaren die Parteien für eine vertraglich bestimmte Laufzeit den Austausch von Geldbeträgen, welche sich in Bezug auf die Zinsberechnungsbasis unterscheiden. Kapitalbeträge werden nicht ausgetauscht, sondern dienen lediglich als Berechnungsbasis für die Ermittlung der auszutauschenden Geldbeträge. Im einfachsten Fall werden jährlich (halbjährlich, quartalsweise, monatlich) zu zahlende Festzinsbeträge gegen jährlich (halbjährlich, quartalsweise, monatlich) zu zahlende variable Zinsbeträge getauscht, die sich nach einem Referenzzins wie beispielsweise dem EURIBOR richten.

Häufig werden laufende Zinszahlungen gegen einmalig am Anfang oder am Ende der Laufzeit zu zahlende Beträge getauscht („Up-Front-Zinsswap" oder „Balloon-Zinsswap").

Zu beachten ist, dass Swapgeschäfte, ähnlich wie Zinsbegrenzungsvereinbarungen, Dauerschuldverhältnisse sind und als Termingeschäfte im Sinne des § 20 Absatz 2 Satz 1 Nummer 3 Buchstabe a EStG einzustufen sind.

Entsprechend den Regelungen zu Zinsbegrenzungsvereinbarungen ist an die während der Laufzeit jeweils erhaltenen und geleisteten Zinsbeträge anzuknüpfen. Up-Front oder Balloon-Payments sind zum jeweiligen Zahlungszeitpunkt zu berücksichtigen. Transaktionskosten sind als Aufwendungen im Sinne des § 20 Absatz 4 Satz 5 EStG zum Zeitpunkt ihrer Leistung zu berücksichtigen.

Für geleistete Ausgleichszahlungen, Up-Front und Balloon-Payments sowie Transaktionskosten ist die Verlustverrechnungsbeschränkung gemäß § 20 Absatz 6 Satz 5 EStG zu berücksichtigen (siehe auch Rn. 118).

b) Veräußerung sonstiger Kapitalforderungen (§ 20 Absatz 2 Satz 1 Nummer 7 EStG)

Allgemeines

48 Unter § 20 Absatz 2 Satz 1 Nummer 7 EStG fallen auch sonstige Kapitalforderungen, bei denen sowohl die Höhe des Entgelts als auch die Höhe der Rückzahlung von einem ungewissen Ereignis abhängen. Erfasst werden Kapitalforderungen, deren volle oder teilweise Rückzahlung weder rechtlich noch faktisch garantiert wird. Erträge, die bei Rückzahlung, Einlösung oder Veräußerung realisiert werden, unterliegen der Besteuerung nach § 20 Absatz 2 Satz 1 Nummer 7 EStG.

Stückzinsen

49 Werden Wertpapiere im Laufe eines Zinszahlungszeitraums mit dem laufenden Zinsschein veräußert, hat der Erwerber dem Veräußerer in der Regel den Zinsbetrag zu vergüten, der auf die Zeit seit dem Beginn des laufenden Zinszahlungszeitraums bis zur Veräußerung entfällt. Diese Zinsen heißen Stückzinsen. Sie werden in der Regel besonders berechnet und vergütet.

50 Der Veräußerer hat die besonders in Rechnung gestellten und vereinnahmten Stückzinsen als Einkünfte aus Kapitalvermögen im Sinne des § 20 Absatz 2 Satz 1 Nummer 7 EStG zu versteuern. Dies gilt auch bei Wertpapieren, die vor dem 1. Januar 2009 angeschafft wurden, vgl. § 52 Absatz 28 Satz 16 EStG, BFH-Urteile vom 7. Mai 2019 – VIII R 22/15, BStBl. II S. 576, und VIII R 31/15, BStBl. II S. 577.

51 Beim Erwerber der Wertpapiere sind die von ihm entrichteten Stückzinsen im Veranlagungszeitraum des Abflusses negative Einnahmen aus Kapitalvermögen im Sinne des § 20 Absatz 1 Nummer 7 EStG und beim Privatanleger in den Verlustverrechnungstopf einzustellen.

Bundesschatzbrief Typ B/Wertpapiere des Bundes und der Länder

52 Werden bei Bundesschatzbriefen Typ B Stückzinsen gesondert in Rechnung gestellt, gelten die Ausführungen zu Rn. 49 bis 51 entsprechend.

53 Die Auszahlung der Geldbeträge bei Endfälligkeit, die entgeltliche Übertragung sowie die vorzeitige Rückgabe führen jeweils zu Einnahmen aus einer Veräußerung im Sinne des § 20 Absatz 2 Satz 1 Nummer 7 EStG. Gehören die Erträge aus Bundesschatzbriefen zu den Betriebseinnahmen, unterbleibt

Anl a zu §§ 43–45e

der Kapitalertragsteuereinbehalt bei entsprechender Freistellungserklärung gemäß § 43 Absatz 2 Satz 3 EStG durch den Anleger, vgl. Muster Anlage 1. Die Erträge sind bei der Einkommensteuerveranlagung (im Rahmen der betrieblichen Gewinnermittlung) zu berücksichtigen.

54 Die Zuordnung zu den Veräußerungsgewinnen bei einer entgeltlichen Übertragung und bei vorzeitiger Rückgabe ist nicht zu beanstanden, da sowohl der Veräußerungserlös als auch die Stückzinsen zu Einnahmen aus Veräußerung im Sinne des § 20 Absatz 4 EStG führen, die im Rahmen der Ermittlung des Veräußerungsgewinns den Veräußerungsaufwendungen und Anschaffungskosten gegenüberzustellen sind.

Einnahmen aus der Einlösung von Zero-Bonds durch den Ersterwerber

55 Die Einlösung von Zero-Bonds und anderen in § 20 Absatz 2 Satz 1 Nummer 4 Buchstabe a EStG a. F. genannten Auf- und Abzinsungspapieren fällt auch beim (durchhaltenden) Ersterwerber unter § 20 Absatz 2 EStG, da auch die Einlösung und Rückzahlung als Veräußerung gilt, ohne zwischen Ersterwerber und Zweiterwerber zu unterscheiden.

Nichtbeanstandungsregelung für Alt-Finanzinnovationen

56 § 20 Absatz 2 Satz 1 Nummer 7 EStG findet auch bei sogenannten Finanzinnovationen Anwendung, die vor dem 1. Januar 2009 erworben wurden (§ 52 Absatz 28 Satz 15 und 16 EStG). Bei diesen Kapitalanlagen ist es nicht zu beanstanden, wenn bei der Gewinnermittlung im Sinne des § 20 Absatz 4 EStG Anschaffungsnebenkosten nicht berücksichtigt werden, wenn dem inländischen Kreditinstitut hierfür keine Daten vorliegen. Erfolgte die Anschaffung dieser Wertpapiere in einer Fremdwährung, ist es nicht zu beanstanden, wenn bei der Veräußerung oder Einlösung der Unterschiedsbetrag weiterhin in der Fremdwährung ermittelt wird und der sich ergebende Gewinn mit dem Umrechnungskurs zum Zeitpunkt der Veräußerung oder Einlösung umgerechnet wird, sofern diese Erträge dem inländischen Steuerabzug unterliegen.

Zertifikate

57 Werden Inhaberschuldverschreibungen veräußert oder eingelöst, die einen Lieferanspruch auf Gold oder einen anderen Rohstoff verbriefen und durch Gold oder einen anderen Rohstoff in physischer Form nicht gedeckt sind, sind die Einnahmen Einkünfte im Sinne des § 20 Absatz 2 Satz 1 Nummer 7 EStG.

Sehen die Vertrags-/Emissionsbedingungen hingegen vor, dass der Emittent das zur Verfügung gestellte Kapital nahezu vollständig in Gold oder einen anderen Rohstoff zu investieren hat, und besteht ausschließlich ein Anspruch auf Auslieferung des hinterlegten Rohstoffs oder ein Anspruch auf Auszahlung des Erlöses aus der Veräußerung des Rohstoffs durch den Emittenten, liegt keine Kapitalforderung im Sinne des § 20 Absatz 1 Nummer 7 EStG, sondern ein Sachleistungsanspruch vor (BFH-Urteile vom 12. Mai 2015 – VIII R 35/14, BStBl. II S. 834, und vom 16. Juni 2020 – VIII R 7/17, BStBl. 2021 II S. 9); ggf. kommt eine Besteuerung als privates Veräußerungsgeschäft nach § 23 Absatz 1 Satz 1 Nummer 2 EStG in Betracht. Für vor dem 1. Januar 2009 angeschaffte Inhaberschuldverschreibungen findet § 52 Absatz 28 Satz 17 EStG Anwendung.

Private Kapitalforderungen; Besserungsscheine

58 Eine Forderung, die kein am Finanzmarkt angebotenes Produkt darstellt (z. B. eine private Darlehensforderung, Gesellschafterforderung), ist eine Kapitalforderung im Sinne des § 20 Absatz 2 Satz 1 Nummer 7 EStG. § 20 Absatz 2 Satz 1 Nummer 7 EStG findet auf diese Forderung erstmals Anwendung, wenn die Forderung nach dem 31. Dezember 2008 angeschafft oder begründet wurde.

c) Veräußerungsbegriff (§ 20 Absatz 2 Satz 2 EStG)

Allgemeines

59 § 20 Absatz 2 Satz 2 EStG stellt klar, dass als Veräußerung neben der entgeltlichen Übertragung des – zumindest wirtschaftlichen – Eigentums auch die Abtretung einer Forderung, die vorzeitige oder vertragsmäßige Rückzahlung einer Kapitalforderung oder die Endeinlösung einer Forderung oder eines Wertpapiers anzusehen ist. Entsprechendes gilt für die verdeckte Einlage von Wirtschaftsgütern im Sinne des § 20 Absatz 2 EStG in eine Kapitalgesellschaft. Die Sicherungsabtretung ist keine Veräußerung im Sinne dieser Vorschrift. Eine Veräußerung im Sinne des § 20 Absatz 2 Satz 1 Nummer 1 EStG ist weder von der Höhe der Gegenleistung noch von der Höhe der anfallenden Veräußerungskosten abhängig (BFH-Urteil vom 12. Juni 2018 – VIII R 32/16, BStBl. 2019 II S. 221). Bei der Veräußerung von wertlosen Wirtschaftsgütern im Sinne des § 20 Absatz 1 EStG ist die Verlustverrechnungsbeschränkung nach § 20 Absatz 6 Satz 6 EStG zu berücksichtigen. Von einer Veräußerung eines wertlosen Wirtschaftsgutes ist regelmäßig auszugehen, wenn der Veräußerungserlös die tatsächlichen Transaktionskosten nicht übersteigt. Wird die Höhe der in Rechnung gestellten Transaktionskosten nach Vereinbarung mit dem depotführenden Institut dergestalt begrenzt, dass sich die Transaktionskosten aus dem Veräußerungserlös unter Berücksichtigung eines Abzugsbetrages errechnen, ist gleichfalls regelmäßig von der Veräußerung eines wertlosen Wirtschaftsgutes auszugehen.

Eine entgeltliche Übertragung liegt auch vor, wenn wertlose Anteile ohne Gegenleistung zwischen fremden Dritten übertragen werden (BFH-Urteile vom 17. November 2020 – VIII R 20/18, BStBl. 2021 II S. 378, und vom 29. September 2020 – VIII R 9/17, BStBl. 2021 II S. 385). Dementsprechend ist eine Veräußerung im Sinne des § 20 Absatz 2 EStG auch anzunehmen, wenn die wertlosen Wirtschaftsgüter ohne Zahlung eines Entgelts aus dem Depot des Steuerpflichtigen auf ein Depot des Kreditinstituts ausgebucht werden. Eine Ausbuchung aus dem Depot kommt insbesondere in Betracht, wenn die Wirtschaftsgüter nicht mehr handelbar sind oder weil der Anleger nicht über die kleinste handelbare Einheit verfügt. Die Verlustverrechnungsbeschränkung gemäß § 20 Absatz 6 Satz 6 EStG ist zu berücksichtigen (siehe auch Rn. 118).

Anl a zu §§ 43–45e

Ausfall nicht verbriefter Kapitalforderungen

60 Die ganze oder teilweise Uneinbringlichkeit einer Kapitalforderung im Sinne des § 20 Absatz 1 Nummer 7 EStG führt zu einem steuerlich anzuerkennenden Veräußerungsverlust gemäß § 20 Absatz 2 Satz 1 Nummer 7, Satz 2 und Absatz 4 EStG (BFH-Urteil vom 24. Oktober 2017 – VIII R 13/15, BStBl. 2020 II S. 831), soweit keine Berücksichtigung als nachträgliche Anschaffungskosten bei den gewerblichen Einkünften in Betracht kommt (§ 17 Absatz 2 a Satz 3 in Verbindung mit § 20 Absatz 8 EStG). Dies gilt grundsätzlich nur, wenn die Kapitalforderung nach dem 31. Dezember 2008 begründet worden ist und die Kapitalerträge nach dem 31. Dezember 2008 zugeflossen sind (vgl. § 52 Absatz 28 Satz 15 bis 17 EStG).

Die Uneinbringlichkeit einer Kapitalforderung liegt vor, wenn dem Gläubiger keine gesetzlich gebilligte Möglichkeit zur Durchsetzung des Anspruchs offensteht. Davon ist insbesondere dann auszugehen, wenn das Insolvenzverfahren mangels Masse abgelehnt wurde. Nicht ausreichend ist die bloße Eröffnung des Insolvenzverfahrens über das Vermögen des Schuldners, es sei denn, der Insolvenzverwalter hat gegenüber dem Insolvenzgericht die Masseunzulänglichkeit gemäß § 208 Absatz 1 Satz 1 InsO angezeigt (BFH-Urteil vom 1. Juli 2021 – VIII R 28/18, BStBl. II S. 911). Der Veräußerungsverlust errechnet sich aus dem Unterschied zwischen den Einnahmen aus der Rückzahlung nach Abzug der Aufwendungen, die im unmittelbaren sachlichen Zusammenhang mit dem Ausfall der Kapitalforderung stehen, und den Anschaffungskosten der Kapitalforderung. Für die Verlustverrechnung gilt § 20 Absatz 6 Satz 6 EStG. Auf Rn. 118 wird verwiesen.

Beispiel:

K schloss mit der B im Jahr 01 einen Vertrag ab, auf Grund dessen K 20 000 € an B gezahlt hat. Die B täuschte K die Anlage dessen Kapitals in Anleihen vor. K sollte hierfür eine jährlich nachschüssig zu zahlende Rendite zwischen 7 % bis 9 % des Anlagebetrages erhalten. Im Jahr 02 wurde K für das Jahr 01 eine fällige und zur Auszahlung bereitstehende Scheinrendite in Höhe von 800 € in den Büchern der B gutgeschrieben. Zu diesem Zeitpunkt war die B noch leistungsfähig und leistungsbereit. Im Jahr 03 kam es zum Zusammenbruch des Schneeballsystems und es stand fest, dass mit einer Kapitalrückzahlung nicht zu rechnen ist, die Eröffnung des Insolvenzverfahrens war mangels Masse abgelehnt worden.

Lösung:

Im Jahr 02 erzielt K Kapitaleinkünfte in Höhe von 800 € (§ 20 Absatz 1 Nummer 7 EStG), die zu besteuern sind. Die Wiederanlage der Scheinrendite führt zu Anschaffungskosten einer Kapitalforderung. Im Jahr 03 kann ein Veräußerungsverlust in Höhe von 20 800 € steuerlich berücksichtigt werden (Kapitalauszahlung 0 € abzüglich Anschaffungskosten 20 800 €). Davon sind in 03 20 000 € zu berücksichtigen und 800 € nach § 20 Absatz 6 Satz 6 EStG gesondert festzustellen.

Forderungsverzicht

61 Der Verzicht auf eine nicht werthaltige Forderung steht einem Forderungsausfall gleich und führt nach § 20 Absatz 2 Satz 1 Nummer 7 und Satz 2 sowie Absatz 4 EStG zu einem steuerlich anzuerkennenden Veräußerungsverlust (BFH-Urteil vom 6. August 2019 – VIII R 18/16, BStBl. 2020 II S. 833), soweit keine Berücksichtigung als nachträgliche Anschaffungskosten bei den gewerblichen Einkünften in Betracht kommt (§ 17 Absatz 2 a Satz 3 in Verbindung mit § 20 Absatz 8 EStG). Der Anerkennung des Verlusts steht die Freiwilligkeit des Verzichts nicht entgegen. In Höhe des werthaltigen Teils der Forderung ist der Verzicht ertragsteuerrechtlich unbeachtlich (unentgeltliche Übertragung), soweit keine verdeckte Einlage vorliegt und es sich nicht um nachträgliche Anschaffungskosten im Sinne des § 17 Absatz 2 a EStG handelt. Die Regelungen zum Erbschaft- und Schenkungsteuergesetz sind zu beachten.

Der werthaltige Teil der Forderung bestimmt sich nach dem gemeinen Wert der Forderung im Zeitpunkt des Verzichts. Bezogen auf den nicht werthaltigen Teil der Forderung ist die Verlustverrechnungsbeschränkung gemäß § 20 Absatz 6 Satz 6 EStG zu berücksichtigen (siehe auch Rn. 118).

Restrukturierung von Anleihen bei Kombination von Teilverzicht, Nennwertreduktion und Teilrückzahlung

61a Vereinbaren der Anleiheschuldner und die Gläubiger im Rahmen einer Restrukturierung eine Kombination von Einzelmaßnahmen dergestalt, dass auf einen Teilbetrag der Nominalforderung eine Rückzahlung zu erfolgen hat, auf einen Teilbetrag der Forderung verzichtet und für den Restbetrag eine Reduzierung des Nennwertes der Forderung vorgenommen wird, liegt in Höhe des Teilverzichts ein steuerlich anzuerkennender Veräußerungsverlust gemäß § 20 Absatz 2 Satz 1 Nummer 7 und Satz 2 sowie Absatz 4 EStG vor. Für die Verlustverrechnung gilt § 20 Absatz 6 Satz 6 EStG. Auf Rn. 118 wird verwiesen.

Die teilweise Rückzahlung der Kapitalforderung führt zu Einkünften im Sinne des § 20 Absatz 2 Satz 1 Nummer 7 und Satz 2 EStG. Steuerpflichtiger Gewinn/Verlust nach § 20 Absatz 4 EStG ist der Unterschiedsbetrag zwischen dem Rückzahlungsbetrag und den anteiligen Anschaffungskosten.

Die Nennwertreduktion führt nicht zu einer Veräußerung der Anleihe. Das Anschaffungsdatum und die anteiligen Anschaffungskosten der reduzierten Nominalforderung sind zu berücksichtigen.

Beispiel:

A erwirbt am 15. Januar für 100 € eine Forderung mit einem Nominalwert in Höhe von 100 €. Gemäß einer Restrukturierungsvereinbarung wird am 15. Februar der Nominalwert der Forderung auf 30 € reduziert, auf den ursprünglichen Nominalwert von 100 € werden 20 € zurückgezahlt und in Höhe von 50 € Nominalwert (nicht werthaltiger Teil der Forderung) wird ein Forderungsverzicht vereinbart.

Lösung:

Aufgrund Teilrückzahlung in Höhe von 20 % des Nominalwertes erzielt A einen Veräußerungsgewinn nach § 20 Absatz 2 Satz 1 Nummer 7 und Satz 2 EStG in Höhe von 0 € (Rückzahlungsbetrag von 20 € abzüglich anteiliger Anschaffungskosten von 20 €). In Höhe des Teilverzichts von 50 € erzielt A einen Veräußerungsverlust. Für die Verlustverrech-

nung gilt § 20 Absatz 6 Satz 6 EStG. Auf Rn. 118 wird verwiesen. Die anteiligen, auf den reduzierten Nominalwert von 30 € entfallenden Anschaffungskosten betragen 30 €.
Das Anschaffungsdatum ändert sich infolge der Nominalwertreduzierung nicht, die Anschaffungskosten der Anleihe (100 € abzüglich 20 €, abzüglich 50 €) werden mit 30 € fortgeführt.

Abwandlung:

A erwirbt die gleiche Forderung am 15. Januar für 10 € mit einem Nominalwert in Höhe von 100 €.

Lösung:

Aufgrund der Teilrückzahlung in Höhe von 20 % des Nominalwertes erzielt A einen Veräußerungsgewinn nach § 20 Absatz 2 Satz 1 Nummer 7 und Satz 2 EStG in Höhe von 18 € (Rückzahlungsbetrag von 20 € abzüglich anteiliger Anschaffungskosten von 2 €). Die anteiligen, auf den Teilverzicht entfallenden Anschaffungskosten von 5 € sind als Veräußerungsverlust zu berücksichtigen. Für die Verlustverrechnung gilt § 20 Absatz 6 Satz 6 EStG. Auf Rn. 118 wird verwiesen. Die anteiligen, auf den reduzierten Nominalwert von 30 € entfallenden Anschaffungskosten betragen 3 €.
Das Anschaffungsdatum ändert sich infolge der Nominalwertreduzierung nicht, die Anschaffungskosten der Anleihe (10 € abzüglich 2 €, abzüglich 5 €) werden mit 3 € fortgeführt.

Forderungsverzicht gegen Besserungsschein

62 Bei einem Forderungsverzicht gegen Besserungsschein verzichtet der Gläubiger unter der Bedingung, dass die Forderung (ggf. rückwirkend auch Zinsen) wiederauflebt, wenn beim Schuldner die Besserung eintritt. Erst im Zeitpunkt des endgültigen Verzichts (d. h. Wegfall des Besserungsscheins ohne, dass die Besserung eingetreten ist) finden die für den Forderungsverzicht geltenden Grundsätze Anwendung (vgl. Rn. 61).

Beispiel:

GmbH-Gesellschafter A verzichtet am 1. Juli 10 auf eine am 2. Januar 09 begründete Gesellschafterforderung gegen Besserungsschein. Der Nominalwert der Forderung beträgt im Zeitpunkt des Verzichts 100 000 €, der Teilwert dagegen nur 10 000 €. Im Jahr 11 tritt der Besserungsfall ein und A erhält eine Darlehensrückzahlung von 100 000 €.

Lösung:

A erzielt durch den Forderungsverzicht zunächst Einnahmen im Sinne des § 20 Absatz 2 Satz 1 Nummer 7 EStG in Höhe von 10 000 €. Insoweit liegt eine verdeckte Einlage vor, die auch zu Anschaffungskosten der GmbH-Anteile führt. Da die Forderung zum Nominalwert angeschafft (hingegeben) wurde, die Anschaffungskosten dieses Teils der Forderung also 10 000 € betragen, beläuft sich der anteilige Gewinn im Sinne des § 20 Absatz 2 Satz 1 Nummer 7 EStG auf 0 €.
Das Wiederaufleben der Forderung und damit des schuldrechtlichen Veranlassungszusammenhangs nach Eintritt der Besserung mindert die Beteiligungsanschaffungskosten um 10 000 €. Die Tilgung der Kapitalforderung führt beim Gesellschafter A zu Einnahmen im Sinne des § 20 Absatz 2 Satz 1 Nummer 7 EStG in Höhe von 100 000 €. Da diesen Einnahmen nach Wiederaufleben des Veranlassungszusammenhangs die ursprünglichen Anschaffungskosten von 100 000 € gegenüberstehen, betragen die Einkünfte des A im Sinne des § 20 Absatz 2 Satz 1 Nummer 7 EStG 0 €. Sofern für das Jahr 10 die verdeckte Einlage bei der Einkommensteuerfestsetzung bereits berücksichtigt wurde, ist diese gemäß § 175 Absatz 1 Satz 1 Nummer 2 AO zu ändern.

Abwandlung:

GmbH-Gesellschafter A verzichtet am 1. Juli 10 auf eine am 2. Januar 09 begründete Gesellschafterforderung gegen Besserungsschein. Der Nominalwert der Forderung beträgt im Zeitpunkt des Verzichts 100 000 €, der Teilwert dagegen nur 10 000 €. Sodann veräußert A seine Beteiligung und seinen Besserungsanspruch für jeweils 1 € an B. Im Jahr 11 tritt der Besserungsfall ein und B erhält eine Darlehensrückzahlung von 100 000 €.

Lösung:

A erzielt zunächst durch den Forderungsverzicht Einnahmen im Sinne des § 20 Absatz 2 Satz 1 Nummer 7 EStG in Höhe von 10 000 €. Da die Forderung zum Nominalwert hingegeben (angeschafft) wurde, beläuft sich der anteilige Gewinn im Sinne des § 20 Absatz 2 Satz 1 Nummer 7 EStG auf 0 €. Die Tilgung der wieder entstandenen Kapitalforderung nach Eintritt der Besserung führt allerdings beim Gesellschafter B in Höhe von 100 000 € zu Einnahmen im Sinne des § 20 Absatz 2 Satz 1 Nummer 7 EStG. Da diesen Einnahmen Anschaffungskosten von nur 1 € gegenüberstehen, betragen die Einkünfte des B 99 999 €. Auf diese Einkünfte findet § 32 d Absatz 2 Nummer 1 Buchstabe b EStG Anwendung, sofern Gesellschafter B zu mindestens 10 % an der GmbH beteiligt ist.

Ausbuchung wertloser Wertpapiere (Verfall)

63 Die Ausbuchung wertloser Wertpapiere führt gemäß § 20 Absatz 2 Satz 1 Nummer 1 und 7, Satz 2 und Absatz 4 EStG zu einem steuerlich anzuerkennenden Veräußerungsverlust. Ein Wertpapier ist wertlos, wenn es
- aufgrund der Insolvenz des Emittenten eingezogen,
- infolge der Herabsetzung des Kapitals ausgebucht (BFH-Urteil vom 3. Dezember 2019 – VIII R 34/16, BStBl. 2020 II S. 836) oder
- infolge des Erreichens der Knock-out-Schwelle entschädigungslos ausgebucht oder
- ohne Gegenleistung aus dem Depot ausgebucht, vgl. Rn. 59,

wurde.

Sehen die Emissionsbedingungen hingegen vor, dass bei Erreichen der Knock-out-Schwelle eine Mindestrückzahlung erfolgt, die nicht lediglich einen symbolischen Wert in Höhe der voraussichtlichen Transaktionskosten hat, so tritt bei einem solchen Wertpapier mit Erreichen der Knock-out-Schwelle keine Wertlosigkeit ein.

Auch das Erlöschen der Mitgliedschaftsrechte eines Aktionärs durch Löschung der Gesellschaft im Register bei Vermögenslosigkeit führt zu einem steuerlich anzuerkennenden Veräußerungsverlust (BFH-Urteil vom 17. November 2020 – VIII R 20/18, BStBl. 2021 II S. 378).

Dies gilt grundsätzlich nur für Wertpapiere, die nach dem 31. Dezember 2008 erworben wurden (vgl. § 52 Absatz 28 Satz 11, 16 und 17 EStG). Die Verlustverrechnungsbeschränkung gemäß § 20 Absatz 6 Satz 6 EStG ist zu berücksichtigen (siehe auch Rn. 118).

Anl a zu §§ 43–45e

Tausch von Wertpapieren

64 Beim Tausch von Aktien eines Unternehmens gegen Aktien eines anderen Unternehmens werden die bisher gehaltenen Aktien veräußert und die erlangten Aktien erworben, soweit nicht die Voraussetzungen des § 20 Absatz 4 a Satz 1 EStG, vgl. Rn. 100, vorliegen. Entsprechendes gilt für den Tausch von anderen Wertpapieren.

Veräußerungserlös der hingegebenen Wertpapiere

65 Als Veräußerungserlös für die hingegebenen Wertpapiere ist der Börsenkurs der erlangten Wertpapiere am Tag der Depoteinbuchung anzusetzen. Der Wert ist unter sinngemäßer Anwendung des § 43 a Absatz 2 Satz 9 EStG zu ermitteln. Ist dieser Börsenkurs nicht zeitnah ermittelbar, wird nicht beanstandet, wenn stattdessen auf den Börsenkurs der hingegebenen Wertpapiere abgestellt wird.

Anschaffungskosten der erlangten Wertpapiere

66 Als Anschaffungskosten der erlangten Wertpapiere ist der Börsenkurs der hingegebenen Wertpapiere im Zeitpunkt der Depotausbuchung anzusetzen. Der Wert ist unter sinngemäßer Anwendung des § 43 a Absatz 2 Satz 9 EStG zu ermitteln. Ist dieser Börsenkurs nicht zeitnah ermittelbar, wird nicht beanstandet, wenn stattdessen auf den Börsenkurs der erlangten Wertpapiere abgestellt wird.

66a Werden im Rahmen von Umschuldungsmaßnahmen auf Veranlassung des Schuldners/Emittenten die ursprünglich ausgegebenen Wertpapiere durch den Schuldner gegen neue Wertpapiere getauscht, ist als Veräußerungserlös der hingegebenen Wertpapiere und als Anschaffungskosten der erhaltenen Wertpapiere der Börsenkurs der erhaltenen Wertpapiere anzusetzen. Ist dieser Börsenkurs nicht zeitnah ermittelbar, wird es nicht beanstandet, wenn stattdessen auf den Börsenkurs der hingegebenen Wertpapiere abgestellt wird.

67 Beschließt eine Aktiengesellschaft die Umwandlung von Vorzugs- in Stammaktien, hat dies lediglich eine Modifikation der bestehenden Mitgliedschaftsrechte der Aktionäre zur Folge. Die Umwandlung ist für Zwecke des § 20 Absatz 2 EStG nicht als Tausch der Vorzugs- in Stammaktien anzusehen. Barzuzahlungen des Aktionärs führen hierbei zu nachträglichen Anschaffungskosten. Diese Regelungen gelten entsprechend für den Fall der Umwandlung von Inhaber- in Namensaktien und umgekehrt. Auch rein wertpapiertechnisch bedingte Umtauschvorgänge wie z. B. Umtausch wegen ISIN-Änderung oder Urkundentausch sind nicht als Tausch im steuerrechtlichen Sinne anzusehen.

Steuerliche Behandlung des Umtauschs von Hinterlegungsscheinen in Aktien

68 ADRs, GDRs, EDRs und IDRs (American, Global, European bzw. International Depositary Receipts) ermöglichen Anlegern, denen z. B. aus rechtlichen Gründen der unmittelbare Aktienbesitz verwehrt ist, eine Teilhabe an der Wertentwicklung einschließlich Dividendenausschüttung eines Unternehmens. Die Umbuchung von Depositary Receipts in die dahinterstehenden Aktien ist keine Veräußerung des Receipts bzw. Neuanschaffung der bezogenen Aktien. Soweit der Umtausch in 2009 als Veräußerung behandelt wurde, ist dies nicht zu beanstanden.

Abfindung von Minderheits-Aktionären bei Übernahmevorgängen

69 Es ist ohne Bedeutung, ob die Veräußerung freiwillig oder unter wirtschaftlichem Zwang erfolgt. Werden oder sind bei einer Gesellschaftsübernahme die verblieben Minderheitsgesellschafter rechtlich oder wirtschaftlich gezwungen, ihre Anteile an den Übernehmenden zu übertragen, liegt vorbehaltlich des § 20 Absatz 4 a Satz 1 EStG eine Veräußerung der Anteile an den Übernehmenden vor. Wird die Gegenleistung nicht in Geld geleistet (z. B. Lieferung eigener Aktien des Übernehmenden), ist als Veräußerungspreis der gemeine Wert der erhaltenen Wirtschaftsgüter anzusetzen.

70 Rn. 69 gilt auch bei der Übernahme oder Einziehung von Beteiligungen im Sinne des §§ 327 a ff. AktG (sogenannter squeeze-out).

Einlagewert für Kapitalanlagen

71 Die Einlage in eine Kapitalgesellschaft ist grundsätzlich keine Veräußerung im Sinne des § 20 Absatz 2 Satz 2 EStG, es sei denn, es handelt sich um eine verdeckte Einlage. Bei Einlagen bis zum 31. Dezember 2008 gelten die bisherigen Regelungen des § 6 Absatz 1 Nummer 5 EStG, d. h., Ansatz mit dem Teilwert oder mit den Anschaffungskosten bei Erwerb innerhalb der letzten 3 Jahre. Wirtschaftsgüter, die ab dem 1. Januar 2009 eingelegt werden, sind mit dem Teilwert, höchstens mit den (ursprünglichen) Anschaffungskosten, zu bewerten. Bei verdeckten Einlagen gilt § 20 Absatz 2 Satz 2 EStG (Veräußerungsfiktion). Er geht § 6 Absatz 1 Nummer 5 Satz 1 Buchstabe c EStG vor.

d) Abgeltungsteuer und Personengesellschaften, insbesondere Beteiligungen an vermögensverwaltenden Personengesellschaften (§ 20 Absatz 2 Satz 3 EStG)

72 Erzielt eine Personengesellschaft Kapitalerträge im Sinne des § 20 EStG, sind diese Einkünfte gemäß § 179 Absatz 2, § 180 Absatz 1 Satz 1 Nummer 2 Buchstabe a AO gesondert und einheitlich festzustellen, vgl. auch Rn. 286 bis 290. Der Feststellungsbescheid entfaltet hinsichtlich der Frage der Inanspruchnahme der Veranlagungsoption keine Bindungswirkung für den Steuerbescheid. Ob eine Veranlagung im Sinne des EStG durchzuführen ist, ist hierfür nicht von Bedeutung. Veräußerungsvorgänge einer vermögensverwaltenden Gesellschaft, die den Tatbestand des § 20 Absatz 2 Satz 1 Nummer 1 EStG erfüllen, sind zunächst als Gewinn/Verlust gesondert und einheitlich festzustellen, und zwar auch dann, wenn ein, mehrere oder alle Gesellschafter mit der Veräußerung den Tatbestand des § 17 EStG verwirklicht haben. Die (Um-)Qualifizierung als Vorgang nach § 17 EStG (§ 20 Absatz 8 EStG) erfolgt auf Ebene der Gesellschafter im Veranlagungsverfahren. Die Beteiligungsquoten der einzelnen Gesellschafter an der vermögensverwaltenden Personengesellschaft bzw. an der veräußerten Kapitalbeteiligung sind dem Wohnsitzfinanzamt nachrichtlich mitzuteilen.

73 Gemäß § 20 Absatz 2 Satz 3 EStG gilt die Anschaffung oder Veräußerung einer unmittelbaren oder mittelbaren Beteiligung an einer vermögensverwaltenden Personengesellschaft als Anschaffung oder Veräußerung der anteiligen Wirtschaftsgüter.

Eintritt eines Gesellschafters

74 Tritt ein Gesellschafter der Personengesellschaft bei, erwirbt er durch seine Einlage oder den Erwerb des Gesellschafteranteils eine Beteiligung an der Personengesellschaft. Der Erwerb der Beteiligung gilt zugleich als Anschaffung der von der Gesellschaft gehaltenen Wirtschaftsgüter anteilig nach der Beteiligungsquote. Als Anschaffungskosten der erworbenen Wirtschaftsgüter gilt der Anteil der Einlage oder des Kaufpreises, der nach dem Verhältnis der Verkehrswerte der erworbenen Wirtschaftsgüter zueinander auf das entsprechende Wirtschaftsgut entfällt.

75 Durch den Neueintritt eines Gesellschafters veräußern zugleich die Altgesellschafter einen Anteil der Wirtschaftsgüter an den neuen Gesellschafter. Als Gewinn aus der Veräußerung der einzelnen Wirtschaftsgüter ist der dem Altgesellschafter zuzurechnende Anteil der Einlage oder des Verkaufspreises, der nach dem Verhältnis der Verkehrswerte der veräußerten Wirtschaftsgüter zueinander auf das entsprechende Wirtschaftsgut entfällt, abzüglich des Anteils der Anschaffungskosten der an den Neugesellschafter veräußerten Wirtschaftsgüter, anzusetzen.

Beispiel 1:

An der vermögensverwaltenden X GbR sind A und B beteiligt. Mit ihrer Einlage von jeweils 5000 € hatten sie im Jahr 01 1200 Aktien der Y AG zu 5 € und 800 Aktien der Z AG zu 5 € erworben.
Im Jahr 03 beteiligt sich C, indem er an A und B jeweils 2500 € zahlt. Er ist zu 1/3 an den Aktien beteiligt. Die Aktien der Y AG haben zu diesem Zeitpunkt einen Verkehrswert von 8 € (× 1200 Stück = 9600 €), die der Z AG von 6,75 € (× 800 Stück = 5400 €).

Lösung:

Anschaffungskosten C:
C erhält jeweils 1/3 der Anteile der Y AG und der Z AG. Da sich die Anschaffungskosten nach dem Verhältnis der Verkehrswerte der Anteile zueinander bemessen, betragen die Anschaffungskosten hinsichtlich des Anteils an den Aktien der Y AG 3200 € sowie bezüglich des Anteils an den Aktien der Z AG 1800 €.

Veräußerungsgewinn A und B:
A und B haben jeweils 1/3 ihres Anteils an den Aktien der Y AG und der Z AG veräußert.

Veräußerungsgewinn Y AG (jeweils A und B):	
erhaltener anteiliger Veräußerungserlös (9600 €/15 000 € von 2500 €)	1600 €
abzgl. Anschaffungskosten ($^1/_2$ × $^1/_3$ von 1200 Aktien zu 5 €)	1000 €
Summe	600 €
Veräußerungsgewinn Z AG (jeweils A und B):	
erhaltener anteiliger Veräußerungserlös (5400 €/15 000 € von 2500 €)	900 €
abzgl. Anschaffungskosten ($^1/_2$ × $^1/_3$ von 800 Aktien zu 5 €)	666 €
Summe	234 €
Insgesamt	834 €

Der Gewinn aus der Veräußerung ist nicht kapitalertragsteuerpflichtig. Er ist im Rahmen der gesonderten und einheitlichen Feststellung zu erklären und in der Einkommensteuererklärung des Gesellschafters anzugeben. Das Feststellungsfinanzamt teilt den Wohnsitzfinanzämtern der Altgesellschafter die Besteuerungsgrundlagen insoweit nachrichtlich mit.

Beispiel 2:

Wie Beispiel 1. Allerdings hat C keine Anteile von A und B erworben, sondern legt den Betrag in Höhe von 5000 € in das Gesellschaftsvermögen ein.
Wert des Gesellschaftsvermögens in 03 (vor Beitritt C) 15 000 €
– auf A und B entfallen je $^1/_2$ = 7500 € (Aktienpaket Y AG = 9600 €; Aktienpaket Z AG = 5400 €)

Lösung:

Wert des Gesellschaftsvermögens in 03 (nach Beitritt C): 20 000 €
Die Beteiligungsverhältnisse stellen sich wie folgt dar:
– C 5000 € (= $^1/_4$, entspricht 25%)
– B 7500 € (= $^3/_8$, entspricht 37,5%)
– A 7500 € (= $^3/_8$, entspricht 37,5%)
Die Gesellschafter der X GbR sind entsprechend dieser Beteiligungsquoten an den vorhandenen Wirtschaftsgütern (Aktien der Y AG und der Z AG sowie Bareinlage/Kontobestand) beteiligt.

Anschaffungskosten C:
Die Anschaffungskosten des C betragen hinsichtlich des Anteils an den Aktien der Y AG 2400 €, des Anteils an der Z AG 1350 € sowie bezüglich des Kontobestandes 1250 €.

Veräußerungsgewinn A und B:

Aktien der Y AG	
Erlös (anteilige Einlage des C; $^1/_4$ von 9600 €)	2400 €
abzgl. Anschaffungskosten ($^1/_4$ von 6000 €)	1500 €
Veräußerungsgewinn	900 €

A und B erzielen einen Veräußerungsgewinn in Höhe von je 450 €.

Aktien der Z AG	
Erlös (anteilige Einlage des C; $^1/_4$ von 5400 €)	1350 €
abzgl. Anschaffungskosten ($^1/_4$ von 4000 €)	1000 €
Veräußerungsgewinn	350 €

A und B erzielen einen Veräußerungsgewinn in Höhe von je 175 €.
Insgesamt erzielen A und B einen Veräußerungsgewinn von 1250 €. Dieser ist A und B je zur Hälfte zuzurechnen.
Der Gewinn aus der Veräußerung ist nicht kapitalertragsteuerpflichtig. Er ist im Rahmen der gesonderten und einheitlichen Feststellung zu erklären und in der Einkommensteuererklärung des Gesellschafters anzugeben. Das Feststellungsfinanzamt teilt den Wohnsitzfinanzämtern der Altgesellschafter die Besteuerungsgrundlagen insoweit nachrichtlich mit.

Anl a zu §§ 43–45e

76 Gehören zum Bestand einer Personengesellschaft Wertpapiere, die vor dem 1. Januar 2009 erworben wurden, findet § 20 Absatz 2 Satz 3 EStG bei der Veräußerung keine Anwendung, sofern ein Fall des Bestandsschutzes im Sinne des § 52 Absatz 28 Satz 11 EStG vorliegt.

Beispiel:
A und B haben die Aktien der Y AG im Jahr 2007 und die Aktien der Z AG im Jahr 2009 erworben. Im Jahr 2010 tritt C der GbR bei.

Lösung:
Der auf die Anteile der Y AG entfallende Gewinn ist nicht steuerbar.

77 Werden durch die Gesellschaft Wertpapiere veräußert, sind die auf den jeweiligen Gesellschafter entfallenden spezifischen Anschaffungskosten und -zeitpunkte zu berücksichtigen.

Fortführung Beispiel:
Die Gesellschaft veräußert im Jahr 2011 100 Aktien der Y AG und 100 Aktien der Z AG zu jeweils 9 € das Stück.

Lösung zu Beispiel 1:
Veräußerungsgewinn A und B (jeweils):
Aus den Aktien der Y AG:
Die Anteile wurden vor dem 1. Januar 2009 erworben. Der Veräußerungsgewinn ist nicht steuerbar.
Aus den Aktien der Z AG:

Veräußerungserlös (100 × 9 € × 1/3)	300,00 €
abzgl. Anschaffungskosten (100 × 5 € × 1/3)	166,67 €
Gewinn	133,33 €

Veräußerungsgewinn C:
Aus den Aktien der Y AG:

Veräußerungserlös (100 × 9 € × 1/3)	300,00 €
abzgl. Anschaffungskosten (100 × 8 € × 1/3)	266,67 €
Gewinn	33,33 €

Aus den Aktien der Z AG:

Veräußerungserlös (100 × 9 € × 1/3)	300,00 €
abzgl. Anschaffungskosten (100 × 6,75 € × 1/3)	225,00 €
Gewinn	75,00 €

Der Gewinn aus der Veräußerung der Anteile an der Z AG ist kapitalertragsteuerpflichtig, da die Anteile nach dem 31. Dezember 2008 erworben wurden.
Die GbR hat eine Erklärung zur gesonderten und einheitlichen Feststellung abzugeben.
Da die Anteile der Y AG durch die GbR vor dem 1. Januar 2009 erworben wurden, behält die Bank bei der Veräußerung der Anteile im Jahr 2011 keine Kapitalertragsteuer ein. Die dem C zuzurechnenden Anteile sind von C nach dem 31. Dezember 2008 erworben worden, dieser spätere Anschaffungszeitpunkt auf Ebene des Gesellschafters wird beim Kapitalertragsteuerabzug nicht berücksichtigt. C hat seinen Veräußerungsgewinn im Rahmen der Veranlagung gemäß § 32 d Absatz 3 EStG als Ertrag aus einer Beteiligung zu erklären. Die GbR hat den Veräußerungsgewinn des C im Rahmen der Erklärung zur gesonderten und einheitlichen Feststellung anzugeben.
Für die Anteile der Z AG hat die Bank Kapitalertragsteuer einzubehalten. Als Gewinn hat die Bank 400 € (Anschaffungskosten der Aktien durch die GbR 5 €, Veräußerungserlös 9 €) anzusetzen und 100 € Kapitalertragsteuer einzubehalten. Mit dem auf A und B entfallenden Steuerabzug in Höhe von je 33,33 € ist deren Einkommensteuer grundsätzlich abgegolten. Da bei C auf seinen Gewinn von 75,00 € tatsächlich nur 18,75 € Abgeltungsteuer entfallen und die Bank – bezogen auf seinen Anteil – 33,33 € Kapitalertragsteuer einbehalten hat, kann er gemäß § 32 d Absatz 4 EStG eine Veranlagung beantragen, seine individuell höheren Anschaffungskosten von 6,75 € geltend machen und sich die zu viel gezahlte Kapitalertragsteuer erstatten lassen.

Lösung zu Beispiel 2:
Veräußerungsgewinn A und B (jeweils):
Aus den Aktien der Y AG:
Die Anteile wurden vor dem 1. Januar 2009 erworben. Der Veräußerungsgewinn ist wie im Beispiel 1 nicht steuerbar.
Aus den Aktien der Z AG:

Veräußerungserlös (100 St × 9 € × 3/8)	337,50 €
abzgl. Anschaffungskosten (100 × 5 € × 3/8)	187,50 €
Gewinn	150,00 €

Veräußerungsgewinn C:
Aus den Aktien der Y AG:

Veräußerungserlös (100 St × 9 € × 1/4)	225,00 €
abzgl. Anschaffungskosten (100 × 8 € × 1/4)	200,00 €
Gewinn	25,00 €

Aus den Aktien der Z AG:

Veräußerungserlös (100 St × 9 € × 1/4)	225,00 €
abzgl. Anschaffungskosten (100 × 6,75 € × 1/4)	168,75 €
Gewinn	56,25 €

Der Gewinn aus der Veräußerung der Anteile an der Z AG ist kapitalertragsteuerpflichtig, da die Anteile nach dem 31. Dezember 2008 erworben wurden.
Die GbR hat eine Erklärung zur gesonderten und einheitlichen Feststellung abzugeben.
Da die Anteile der Y AG durch die GbR vor dem 1. Januar 2009 erworben wurden, behält die Bank bei der Veräußerung der Anteile im Jahr 2011 keine Kapitalertragsteuer ein. Die dem C zuzurechnenden Anteile sind von C nach dem 31. Dezember 2008 erworben worden, dieser spätere Anschaffungszeitpunkt auf Ebene des Gesellschafters wird beim Kapitalertragsteuerabzug nicht berücksichtigt. C hat seinen Veräußerungsgewinn im Rahmen der Veranlagung gemäß § 32 d Absatz 3 EStG als Ertrag aus einer Beteiligung zu erklären. Die GbR hat den Veräußerungsgewinn des C im Rahmen der Erklärung zur gesonderten und einheitlichen Feststellung anzugeben.
Für die Anteile der Z AG hat die Bank Kapitalertragsteuer einzubehalten. Als Gewinn hat die Bank 400 € (Anschaffungskosten der Aktien durch die GbR 5 €, Veräußerungserlös 9 €) anzusetzen und 100 € Kapitalertragsteuer

einzubehalten. Mit dem auf A und B entfallenden Steuerabzug in Höhe von je 37,50 € ist deren Einkommensteuer grundsätzlich abgegolten. Da bei C auf seinen Gewinn von 56,25 € tatsächlich nur 14,06 € Abgeltungsteuer entfallen und die Bank – bezogen auf seinen Anteil – 25 € Kapitalertragsteuer einbehalten hat, kann er gemäß § 32 d Absatz 4 EStG eine Veranlagung beantragen, seine individuell höheren Anschaffungskosten von 6,75 € geltend machen und sich die zu viel gezahlte Kapitalertragsteuer erstatten lassen.

Austritt eines Gesellschafters

78 Verlässt ein Gesellschafter die Personengesellschaft und lässt er sich den gegenwärtigen Wert der ihm anteilig zustehenden Wertpapiere auszahlen, liegt eine Veräußerung der Beteiligung an der Personengesellschaft vor. Die Veräußerung wird nach § 20 Absatz 2 Satz 3 EStG als Veräußerung der anteiligen Wertpapiere eingestuft. Gehören hierzu Wertpapiere im Sinne des § 23 EStG a. F., die vor dem 1. Januar 2009 erworben wurden, und war der Gesellschafter zu diesem Zeitpunkt bereits an der Gesellschaft beteiligt, findet § 20 Absatz 2 Satz 3 EStG keine Anwendung.

79 Ein Kapitalertragsteuerabzug ist hinsichtlich dieses Veräußerungsvorganges nicht durchzuführen. Der austretende Gesellschafter hat die Veräußerung in seiner Einkommensteuererklärung gemäß § 32 d Absatz 3 EStG anzugeben. Ferner ist die Veräußerung im Rahmen der gesonderten und einheitlichen Feststellung zu erklären. Das Feststellungsfinanzamt teilt dem Wohnsitzfinanzamt des austretenden Gesellschafters die Besteuerungsgrundlagen insoweit nachrichtlich mit (BFH-Urteil vom 20. November 2018 – VIII R 39/15, BStBl. 2019 II S. 239).

80 Als Gewinn ist der dem austretenden Gesellschafter zufließende Auszahlungsbetrag aus der Einlage abzüglich der ihm zugewiesenen Anschaffungskosten der Wirtschaftsgüter anzusetzen.

81 Als Anschaffungskosten der an die verbleibenden Gesellschafter übertragenen Anteile der Wirtschaftsgüter gilt der Anteil des Auszahlungsbetrags, der nach dem Verhältnis des Verkehrswerts auf das entsprechende Wirtschaftsgut entfällt.

Fortführung der Beispiele zu Rn. 75 und 76:

C ist im Jahr 2010 in die GbR eingetreten. Die Aktien der Y AG hatten A und B im Jahr 2007, die der Z AG im Jahr 2009 erworben. Im Jahre 2012 tritt A aus der GbR aus. Zu diesem Zeitpunkt haben die 1200 Aktien der Y AG und die 800 Aktien der Z AG jeweils einen Wert von 10 €.

Lösung im Beispiel 1:

Der Wert des Gesellschaftsvermögens beträgt 20 000 € (Y AG 12 000 € und Z AG 8000 €).
Der Abfindungsanspruch des A beträgt 6667 € (1/3 von 20 000 €). Der auf die Aktien der Y AG entfallende Veräußerungserlös in Höhe von 4000 € führt nicht zu einem steuerbaren Veräußerungsgewinn, da die Anteile vor dem 1. Januar 2009 erworben wurden.

Veräußerungsgewinn aus den Aktien der Z AG:	
Anteiliger Veräußerungserlös (8000 €/20 000 € von 6667 €)	2667 €
abzgl. Anschaffungskosten (800 × 5 € × 1/3)	1333 €
Gewinn	1334 €

B hält nunmehr neben seinem bisherigen Anteil von 1/3 der Aktien der Y AG und Z AG mit Anschaffungskosten von 5 € den von A erworbenen Anteil von 1/6 der Aktien der Y AG und Z AG mit Anschaffungskosten von 10 €. C hält neben seinem bisherigen Anteil von 1/3 der Aktien der Y AG mit Anschaffungskosten von 8 € den von A erworbenen Anteil von 1/6 der Aktien der Y AG mit Anschaffungskosten von 10 €. Außerdem hält C neben seinem bisherigen Anteil von 1/3 der Aktien der Z AG mit Anschaffungskosten von 6,75 € den von A erworbenen Anteil von 1/6 der Aktien der Z AG mit Anschaffungskosten von 10 €.

Lösung im Beispiel 2:

Wert der Aktienpakete (Y AG 12 000 €; Z AG 8000 €)	20 000 €
zzgl. Kontostand (nach Einlage C)	5 000 €
Gesellschaftsvermögen	25 000 €
Anteil des A = 3/8 (Abfindungsanspruch)	9 375 €

Der auf die Anteile an der Y AG entfallende Veräußerungserlös in Höhe von 4500 € (12 000 € × 3/8) führt nicht zu einem steuerbaren Veräußerungsgewinn, da die Anteile vor dem 1. Januar 2009 erworben wurden.

Veräußerungsgewinn aus den Aktien der Z AG:	
Veräußerungserlös (8000 € × 3/8)	3000 €
abzgl. Anschaffungskosten (800 × 5 € × 3/8)	1500 €
Gewinn	1500 €

B hält nunmehr neben seinem bisherigen Anteil von 3/8 der Aktien der Y AG und Z AG mit Anschaffungskosten von 5 € den von A erworbenen Anteil von 3/16 der Aktien der Y AG und Z AG mit Anschaffungskosten von 10 €. C hält neben seinem bisherigen Anteil von 1/4 der Aktien der Y AG mit Anschaffungskosten von 8 € den von A erworbenen Anteil von 3/16 der Aktien der Y AG mit Anschaffungskosten von 10 €. Außerdem hält C neben seinem bisherigen Anteil von 1/4 der Aktien der Z AG mit Anschaffungskosten von 6,75 € den von A erworbenen Anteil von 1/6 der Aktien der Z AG mit Anschaffungskosten von 10 €.

Die Rn. 78 bis 81 gelten sinngemäß für den Fall der Veräußerung des Anteils an der Personengesellschaft an einen Dritten.

82 Die Übertragung von Wertpapieren auf eine Personengesellschaft ohne Betriebsvermögen gegen Entgelt oder gegen Gewährung von Gesellschaftsrechten ist nicht als Veräußerung anzusehen, soweit der bisherige Eigentümer auch nach der Übertragung am Vermögen der Gesellschaft beteiligt ist.

Beispiel:

A und B gründen im Jahr 2010 mit einer Beteiligung zu 1/2 eine Personengesellschaft zum Zwecke der gemeinsamen Kapitalanlage. A zahlt eine Einlage in Höhe von 5000 €.

B überträgt als Einlage 1000 Aktien, die er im Jahr 2009 für 2500 € erworben hatte, und die nunmehr einen Verkehrswert von 5000 € haben.

Lösung:

Die Übertragung der Aktien ist zur Hälfte nicht als Veräußerung anzusehen, weil B in diesem Umfang an der GbR beteiligt ist.

Berechnung des Veräußerungsgewinns	
½ des Veräußerungserlöses von 5000 €	2500 €
abzgl. ½ der Anschaffungskosten von 2500 €	1250 €
Gewinn	1250 €

B hat einen Gewinn in Höhe von 1250 € erzielt. Ein Kapitalertragsteuerabzug ist hinsichtlich dieses Veräußerungsvorganges nicht durchzuführen. Die Veräußerung ist im Rahmen der gesonderten und einheitlichen Feststellung zu erklären. Weiterhin hat B die Veräußerung in seiner Einkommensteuererklärung gemäß § 32 d Absatz 3 EStG anzugeben. Das Feststellungsfinanzamt teilt dem Wohnsitzfinanzamt des B die Besteuerungsgrundlagen insoweit nachrichtlich mit.

Entsprechendes gilt, wenn die Wertpapiere von der Personengesellschaft auf einen Gesellschafter übertragen werden.

3. Besondere Entgelte und Vorteile (§ 20 Absatz 3 EStG)

Schadenersatz oder Kulanzerstattungen

83 Erhalten Anleger Entschädigungszahlungen für Verluste, die auf Grund von Beratungsfehlern im Zusammenhang mit einer Kapitalanlage geleistet werden, sind diese Zahlungen besondere Entgelte und Vorteile im Sinne des § 20 Absatz 3 in Verbindung mit Absatz 1 oder 2 EStG, wenn ein unmittelbarer Zusammenhang zu einer konkreten einzelnen Transaktion besteht, bei der ein konkreter Verlust entstanden ist oder ein steuerpflichtiger Gewinn vermindert wird. Dies gilt auch dann, wenn die Zahlung ohne eine rechtliche Verpflichtung erfolgt, und im Übrigen auch bei Entschädigungszahlungen für künftig zu erwartende Schäden. Sofern die Zahlungen in Zusammenhang mit Aktien-, Misch- oder Immobilienfonds erfolgen, findet der zum Zeitpunkt der Zahlung geltende Teilfreistellungssatz Anwendung.

Behandlung von weitergegebenen Bestandsprovisionen

84 Kapitalverwaltungsgesellschaften zahlen Vermittlungsentgelte an Kreditinstitute oder Finanzdienstleistungsinstitute für den Vertrieb von Fondsanteilen in Form von sogenannten Kontinuitätsprovisionen (Bestandsprovisionen). Die Provisionen werden regelmäßig gezahlt und bemessen sich nach dem beim Kreditinstitut oder Finanzdienstleistungsinstitut verwahrten Bestand an Fondsanteilen.

Erstatten Kreditinstitute oder Finanzdienstleistungsinstitute ihren Kunden diese Bestandsprovisionen ganz oder teilweise, stellt die Rückvergütung der Bestandsprovision wirtschaftlich betrachtet einen teilweisen Rückfluss früherer Aufwendungen dar. Es handelt sich daher um Kapitalerträge im Sinne des § 20 Absatz 3 in Verbindung mit § 20 Absatz 1 Nummer 3 EStG, bei denen die Kapitalertragsteuer unter Anwendung der im Rückvergütungszeitpunkt der Bestandsprovisionen gültigen Teilfreistellungssätze einbehalten wird.

4. Gewinn (§ 20 Absatz 4 EStG)

a) Grundregelung (§ 20 Absatz 4 Satz 1 EStG)

Regelung des maßgeblichen Zeitpunkts bei Veräußerungstatbeständen

85 Der Zeitpunkt, in dem das der Veräußerung/Einlösung zugrundeliegende obligatorische Rechtsgeschäft abgeschlossen wird, ist der maßgebliche Zeitpunkt für die Währungsumrechnung und die Berechnung des steuerlichen Veräußerungs- bzw. Einlösungsgewinns oder -verlustes sowie für die Freistellungsauftragsverwaltung und die Verlustverrechnung.

Vorschusszinsen als Veräußerungskosten

85 a Wird eine Spareinlage vorzeitig zurückgezahlt und werden dabei Vorschusszinsen in Rechnung gestellt, stellen diese Zinsen Aufwendungen im Zusammenhang mit der Veräußerung einer Kapitalforderung im Sinne von § 20 Absatz 4 Satz 1 EStG dar. Übersteigen die Vorschusszinsen im Jahr der Veräußerung die Habenzinsen, ist der negative Saldo durch das Kreditinstitut in den Verlustverrechnungstopf einzustellen.

Anschaffungskosten bei Optionsanleihen

86 Übt der Inhaber des Optionsscheins das Optionsrecht aus, schafft er im Zeitpunkt der Ausübung den Basiswert an. Der Kaufpreis und die Anschaffungsnebenkosten des Optionsscheins gehören zu den Anschaffungskosten des Basiswerts. Wurde der Optionsschein zusammen mit der Anleihe erworben, sind die Anschaffungskosten der Optionsanleihe aufzuteilen in Anschaffungskosten der Anleihe und Anschaffungskosten des Optionsrechts. Die Aufteilung der Anschaffungskosten der Optionsanleihe richtet sich beim Ersterwerb nach den Angaben im Emissionsprospekt, soweit dort ein gesondertes Aufgeld für das Optionsrecht ausgewiesen und die Anleihe mit einer marktgerechten Verzinsung ausgestattet ist. In anderen Fällen kann der Steuerpflichtige die Anschaffungskosten der Anleihe zurechnen, wenn die Aufteilung der Anschaffungskosten der Optionsanleihe nicht nach den Angaben im Emissionsprospekt erfolgen kann. Dies gilt auch für vor dem 1. Januar 2009 erworbene Optionsanleihen.

Anschaffung von Aktien durch Ausübung von Arbeitnehmer-Optionen („stock-options")

87 Übt ein Arbeitnehmer eine ihm vom Arbeitgeber eingeräumte Option zum Bezug von Aktien des Arbeitgebers oder einer anderen Gesellschaft („stock-option") aus, ist als Anschaffungskosten der Aktien bei späterem Verkauf neben der zu leistenden Zuzahlung der Wert anzusetzen, der als geldwerter Vorteil bei den Einkünften des Arbeitnehmers aus nichtselbständiger Arbeit angesetzt wird. Auch in den Fällen, in denen der geldwerte Vorteil – beispielsweise durch die Anwendung des Freibetrags im Sinne von § 8 Absatz 3 Satz 2 EStG – nicht der Besteuerung unterworfen wurde oder in denen eine Steuerbegünstigung gewährt wird, liegen Anschaffungskosten in Höhe dieses (steuerfreien oder besonders versteuerten) geldwerten Vorteils vor. Vergleiche auch das BMF-Schreiben vom 16. November 2021 (BStBl. I S. 2308)[1] zur lohnsteuerlichen Überlassung bzw. Übertragung von Vermögensbeteiligungen ab 2021 (§ 3 Nummer 39, § 19 a EStG). Anl a zu §§ 43–45 e

Aktiensplit und Reverse-Split

88 Aktiensplit ist die Aufteilung einer Aktie in zwei oder mehr Aktien. Der Gesellschaftsanteil, den der einzelne Aktionär an dem Unternehmen hält, sowie das Grundkapital der Gesellschaft sind vor und nach dem Aktiensplit gleich.

89 Die im Rahmen eines Aktiensplits zugeteilten Aktien werden durch diesen Vorgang nicht angeschafft und die gesplittete Aktie nicht veräußert. Als Tag der Anschaffung des Aktienbestands gilt weiterhin der Tag, an dem die jetzt gesplitteten Aktien angeschafft wurden. Die Anschaffungskosten der Aktien sind nach dem Split-Verhältnis auf die neue Anzahl an Aktien aufzuteilen.

89a Die Aussagen der Rn. 88 und 89 gelten auch für einen Reverse-Split. Ein Reverse-Split ist die Zusammenfassung mehrerer Aktien zu einem Wertpapier.

Veräußerung und Ausübung von Teilrechten bei einer Kapitalerhöhung

90 Erhöht eine Aktiengesellschaft ihr Grundkapital aus Gesellschaftsmitteln nach §§ 207 ff. AktG und werden damit neue Anteilsrechte (Gratis- oder Berichtigungsaktien und Teilrechte) zugeteilt, werden die Gratisaktien oder Teilrechte vom Aktionär nicht im Zeitpunkt ihrer Gewährung oder Ausgabe angeschafft. Als Zeitpunkt der Anschaffung der Gratisaktien oder Teilrechte gilt der Zeitpunkt der Anschaffung der Altaktien.

Die Kapitalerhöhung aus Gesellschaftsmitteln führt zu einer Abspaltung der in den Altaktien verkörperten Substanz und dementsprechend zu einer Abspaltung eines Teils der ursprünglichen Anschaffungskosten. Die bisherigen Anschaffungskosten der Altaktien vermindern sich um den Teil, der durch die Abspaltung auf die Gratisaktien oder Teilrechte entfällt. Die Aufteilung der Anschaffungskosten erfolgt nach dem rechnerischen Bezugsverhältnis.

Die Geltendmachung der Teilrechte ist keine Veräußerung der Teilrechte und keine Anschaffung der bezogenen Aktien. Der Gewinn aus der Veräußerung von Teilrechten oder Gratisaktien ist unter Beachtung der Anwendungsregelung des § 52 Absatz 28 Satz 11 ff. EStG ein steuerpflichtiger Veräußerungsgewinn im Sinne des § 20 Absatz 4 EStG. § 20 Absatz 4 a Satz 4 EStG findet keine Anwendung.

Beispiel:

Der Steuerpflichtige A hat am 10. Januar 30 Aktien der B AG zum Kurs von 150 € angeschafft. Die B AG beschließt am 30. April eine Kapitalerhöhung aus Gesellschaftsmitteln. Für je zwei Altaktien wird am 1. Juni eine neue Aktie ausgegeben. Am 30. April beträgt der Kurs 120 €. Durch die Abspaltung sinkt der Kurs der Altaktien am 2. Mai auf 80 €. A erwirbt zu den ihm zugeteilten 30 Teilrechten am 3. Mai 30 weitere Teilrechte zum Kurs von 40 € hinzu und erhält am 1. Juni eine Zuteilung von 30 Aktien (für je zwei Teilrechte eine neue Aktie). A veräußert am 10. August sämtliche Aktien der B AG zum Kurs von 100 €.

Lösung:

Der erzielte Veräußerungsgewinn ist steuerpflichtig. Die durch die zugeteilten Teilrechte erlangten Aktien gelten am 10. Januar, die durch die erworbenen Teilrechte erlangten Aktien gelten mit der Anschaffung der Teilrechte am 3. Mai als angeschafft. Die Anschaffungskosten der ursprünglich angeschafften 30 Aktien entfallen nach Ausübung der Teilrechte auf 45 Aktien.

Der Veräußerungsgewinn beträgt:

Veräußerungserlös	60 × 100 €		6000 €
Anschaffungskosten für 45 Aktien	30 × 150 €	4500 €	
Anschaffungskosten für 15 Aktien	30 × 40 €	1200 €	5700 €
Veräußerungsgewinn			300 €

Abwandlung:

A veräußert am 3. Mai die ihm zugeteilten 30 Teilrechte zum Kurs von 40 €.
Die Anschaffungskosten einer Altaktie von 150 € entfallen zu ⅓ auf das zugeteilte Teilrecht. Dessen Anschaffungskosten betragen somit 50 €.

Lösung:

Der Veräußerungserlös beträgt:

Veräußerungserlös 30 × 40 €	1200 €
Anschaffungskosten 30 × 50 €	1500 €
Veräußerungsverlust	300 €.

91 Entspricht die Kapitalerhöhung bei inländischen Gesellschaften nicht den Vorschriften der §§ 207 ff. AktG, stellt die Zuteilung der Teilrechte oder Gratisaktien nach § 1 KapErhStG Einkünfte im Sinne des § 20 Absatz 1 Nummer 1 EStG dar. Die Höhe der Kapitalerträge bemisst sich nach dem niedrigsten am ersten Handelstag an einer Börse notierten Kurs der Teilrechte oder Gratisaktien. Dieser Wert gilt zugleich als Anschaffungskosten der Teilrechte oder der Gratisaktien. Bei ausländischen Gesellschaften findet in diesen Fällen § 20 Absatz 4 a Satz 5 EStG Anwendung.

[1] Abgedruckt im „Handbuch zur Lohnsteuer 2022" als Anlage zu LStH 3.39.

Anl a zu §§ 43–45e

Kapitalherabsetzung/Ausschüttung aus dem Einlagekonto

92[1] Die Herabsetzung des Nennkapitals einer unbeschränkt steuerpflichtigen Kapitalgesellschaft ist keine anteilige Veräußerung der Anteile an der Kapitalgesellschaft im Sinne des § 20 Absatz 2 EStG. Wird der Herabsetzungsbetrag nicht an die Anteilseigner ausgekehrt, ergibt sich keine Auswirkung auf die Anschaffungskosten der Anteile. Im Auskehrungsfall mindert der Auskehrungsbetrag die Anschaffungskosten der Anteile, soweit er nicht auf einen Sonderausweis nach § 28 Absatz 1 Satz 3 KStG entfällt. Zahlungen aus einer Kapitalherabsetzung oder Zahlungen aus dem steuerlichen Einlagekonto können je nach Einstandskurs auch zu negativen Anschaffungskosten führen (BFH-Urteil vom 20. April 1999 – VIII R 44/96, BStBl. II S. 698). Soweit der Auskehrungsbetrag auf einen Sonderausweis nach § 28 Absatz 1 Satz 3 KStG entfällt, ist der Herabsetzungsbetrag als Einkünfte aus Kapitalvermögen nach § 20 Absatz 1 Nummer 2 Satz 2 EStG zu behandeln; eine Minderung der Anschaffungskosten für die Anteile an der Kapitalgesellschaft tritt insoweit nicht ein.

Transaktionskostenanteil des Vermögensverwaltungsentgelts/all-in-fee bei Kreditinstituten

93 Im Rahmen der Abgeltungsteuer sind Depot- und Vermögensverwaltungsgebühren nicht mehr als Werbungskosten abziehbar. Hingegen wirken sich Anschaffungsnebenkosten und Veräußerungskosten (Aufwendungen, die in unmittelbarem Zusammenhang mit dem Veräußerungsgeschäft stehen) steuermindernd aus. Auch der Transaktionskostenanteil der all-in-fee (= pauschales Entgelt bei den Kreditinstituten, das auch die Transaktionskosten mit abdeckt) ist abzugsfähig. Dies gilt jedenfalls dann, wenn im Vermögensverwaltungsvertrag festgehalten ist, wie hoch der Transaktionskostenanteil der all-in-fee ist.

Da die pauschale Jahresgebühr keinem Geschäft konkret zugeordnet werden kann, ist die in der all-in-fee enthaltene Transaktionskostenpauschale im Zeitpunkt der Verausgabung als abziehbarer Aufwand anzuerkennen. Sofern die Pauschale einen Betrag von 50 % der gesamten Gebühr nicht überschreitet, ist sie im Rahmen des Kapitalertragsteuerabzugs in den Verlustverrechnungstopf einzustellen. Voraussetzung hierfür ist jedoch, dass die in der all-in-fee enthaltene Transaktionskostenpauschale auf einer sachgerechten und nachprüfbaren Berechnung beruht. Bei Anwendung dieser Pauschale dürfen Einzelveräußerungskosten nicht zusätzlich berücksichtigt werden, es sei denn, es handelt sich um weiterberechnete Spesen von dritter Seite.

94 Dies gilt auch für ein Veranlagungsverfahren nach § 32 d EStG.

95 Die Regelung ist auch bei Beratungsverträgen anwendbar. Beratungsverträge unterscheiden sich von Vermögensverwaltungsverträgen lediglich dadurch, dass die von Seiten des Kreditinstituts empfohlenen Wertpapiertransaktionen jeweils unter dem Vorbehalt der Zustimmung des Kunden stehen.

96 Die Regelung ist auch anwendbar, wenn ein Ausweis des Transaktionskostenanteils alternativ in der jeweiligen Abrechnung der all-in-fee erfolgt.

Beispiel 1:

Der Vermögensverwaltungsvertrag sieht eine pauschale Vergütung in Höhe von 2% (inkl. Umsatzsteuer) des verwalteten Depotbestands, bewertet jeweils zum Stichtag 31. Dezember, vor. Die Pauschale deckt auch die Transaktionskosten (Veräußerungskosten) des Kunden ab. Der Kunde erhält von seinem Vermögensverwalter (Depotbank) folgende Abrechnung nach Ablauf eines Jahres:

Verwaltetes Vermögen:	250 000 €
all-in-fee (insgesamt): 2% v. 250 000 € =	5 000 €.

Nachrichtlich erfolgt die Information, dass sich die all-in-fee in folgende Positionen gliedert:

Vermögensverwaltung:	2 600 €
Depotführung:	500 €
Wertpapierumsatz:	1 900 €
Summe:	5 000 €

Lösung:

Da der ausgewiesene Transaktionskostenanteil (Wertpapierumsatz) auf Grund des vorgegebenen festgelegten Kostenschlüssels die 50%-Grenze bezogen auf die all-in-fee nicht übersteigt, kann der Betrag von 1900 € in den Verlustverrechnungstopf eingestellt werden.

Beispiel 2:

Der Vermögensverwaltungsvertrag sieht eine pauschale Vergütung in Höhe von 1,5% (inkl. Umsatzsteuer) des verwalteten Depotbestandes, bewertet jeweils zum Stichtag 31. Dezember, vor. Die Pauschale deckt auch die Transaktionskosten (Veräußerungskosten) des Kunden ab. Der Kunde erhält von seinem Vermögensverwalter (Depotbank) folgende Abrechnung nach Ablauf eines Jahres:

Verwaltetes Vermögen: 100 000 € × 1,5% = 1500 €.

Nachrichtlich erfolgt die Information, dass der darin enthaltene Transaktionskostenanteil auf Grund des vorgegebenen festgelegten Kostenschlüssels 70% der all-in-fee beträgt.

Lösung:

Der Transaktionskostenanteil kann begrenzt auf 50% der all-in-fee, d. h. in Höhe von 750 €, in den Verlustverrechnungstopf eingestellt werden.

b) Fifo-Methode (§ 20 Absatz 4 Satz 7 EStG)

97 Gemäß § 20 Absatz 4 Satz 7 EStG ist bei Wertpapieren bei der Veräußerung aus der Girosammelverwahrung (§§ 5 ff. DepotG) zu unterstellen, dass die zuerst angeschafften Wertpapiere zuerst veräußert werden (Fifo-Methode). Die Anwendung der Fifo-Methode im Sinne des § 20 Absatz 4 Satz 7

[1] Rn. 92 neugefasst durch BMF-Schreiben vom 20. 12. 2022 (BStBl. 2023 I S. 46); i. d. F. des Schreibens ist auf Nennkapitalherabsetzungen, -rückzahlungen und die Rückgewähr von Einlagen anzuwenden, die **nach dem 31. 12. 2022** erfolgen.

EStG ist auf das einzelne Depot bezogen anzuwenden. Konkrete Einzelweisungen des Kunden, welches Wertpapier veräußert werden soll, sind insoweit einkommensteuerrechtlich unbeachtlich.

98 Als Depot im Sinne dieser Regelung ist auch ein Unterdepot anzusehen. Bei einem Unterdepot handelt es sich um eine eigenständige Untergliederung eines Depots mit einer laufenden Unterdepot-Nummer. Der Kunde kann hierbei die Zuordnung der einzelnen Wertpapiere zum jeweiligen Depot bestimmen.

99 Die Fifo-Methode gilt auch bei der Streifbandverwahrung.

5. Kapitalmaßnahmen (§ 20 Absatz 4 a EStG)

a) Anteilstausch (§ 20 Absatz 4 a Satz 1 EStG)

Anwendungsbereiche des Anteilstauschs

100 § 20 Absatz 4 a Satz 1 EStG umfasst Verschmelzungen, Aufspaltungen sowie Anteilstauschvorgänge, sofern diese auf eine gesellschaftsrechtlich veranlasste Maßnahme (z. B. freiwilliges Übernahmeangebot) zurückzuführen sind. In diesen Fällen, in denen der Anteilseigner eines Unternehmens für die Hingabe der Anteile einer Gesellschaft neue Anteile einer anderen Gesellschaft erhält, treten die erhaltenen Anteile an die Stelle der hingegebenen Anteile. Die Anschaffungskosten der hingegebenen Anteile werden in den neuen Anteilen fortgeführt. Der Anteilstausch stellt hierbei keine Veräußerung nach § 20 Absatz 2 EStG dar. Im Zusammenhang mit dem Anteilstausch anfallende Transaktionskosten bleiben steuerrechtlich unberücksichtigt und führen nicht zu einem Veräußerungsverlust. § 20 Absatz 4 a Satz 1 EStG findet auch Anwendung auf Anteile, die vor dem 1. Januar 2009 erworben wurden. § 20 Absatz 4 a Satz 1 EStG findet keine Anwendung bei der Verschmelzung von Investmentfonds; hier gelten die Regelungen des InvStG.

Barausgleich beim Anteilstausch

100a Wird anlässlich eines Anteilstausches für vor dem 1. Januar 2009 erworbene Anteile ein Barausgleich gezahlt, ist dieser nicht gemäß § 20 Absatz 4 a Satz 2 EStG in eine einkommensteuerpflichtige Dividende umzuqualifizieren, wenn die Anteile wegen Ablaufs der einjährigen Haltefrist bereits steuerentstrickt waren (BFH-Urteil vom 20. Oktober 2016 – VIII R 10/13, BStBl. 2017 II S. 262). § 20 Absatz 4 a Satz 2 EStG findet auch dann keine Anwendung, wenn die Anteile von einem nicht unbeschränkt Steuerpflichtigen gehalten werden.

Umtauschverhältnis

101 Ergibt sich bei einer Spaltung die Notwendigkeit, die Anschaffungskosten der alten Anteile auf mehrere neue Anteile aufzuteilen, ist grundsätzlich auf das Umtauschverhältnis laut Spaltungs- oder Übernahmevertrag oder Spaltungsplan abzustellen. Wenn dieses Verhältnis, insbesondere bei ausländischen Maßnahmen, nicht bekannt ist, ist das rechnerische Umtauschverhältnis bzw. das Splittingverhältnis maßgebend.

Prüfung der Voraussetzungen für die Steuerverstrickung (§ 20 Absatz 4 a Satz 1 EStG)

102 Gemäß § 20 Absatz 4 a Satz 1 EStG ist Voraussetzung für die steuerneutrale Behandlung von Anteilstauschvorgängen, dass das Recht der Bundesrepublik Deutschland hinsichtlich der Besteuerung des Gewinns aus der Veräußerung der erlangten Anteile nicht ausgeschlossen oder beschränkt ist. Für die Zwecke des Kapitalertragsteuerabzugs ist davon auszugehen, dass das Besteuerungsrecht Deutschlands hinsichtlich der erlangten Anteile nicht beschränkt oder ausgeschlossen ist.

b) Sonstige Kapitalforderungen (§ 20 Absatz 4 a Satz 3 EStG)

Abgrenzung

103 Zu den Kapitalforderungen im Sinne des § 20 Absatz 4 a Satz 3 EStG gehören insbesondere sogenannte Wandelanleihen, Umtauschanleihen oder Hochzinsanleihen, nicht jedoch Optionsanleihen, vgl. Rn. 6.

Bei einer Wandelanleihe (Wandelschuldverschreibung im Sinne des § 221 AktG) besitzt der Inhaber das Recht, innerhalb einer bestimmten Frist die Anleihe in eine bestimmte Anzahl von Aktien des Emittenten umzutauschen. Mit dem Umtausch erlischt der Anspruch auf Rückzahlung des Nominalbetrags der Anleihe.

Bei einer Umtauschanleihe besitzt der Inhaber das Recht, bei Fälligkeit an Stelle der Rückzahlung des Nominalbetrags der Anleihe vom Emittenten die Lieferung einer vorher festgelegten Anzahl von Aktien zu verlangen. Mit der Ausübung der Option erlischt der Anspruch auf Rückzahlung des Nominalbetrags der Anleihe.

Bei einer Hochzins- oder Aktienanleihe besitzt der Emittent das Recht, bei Fälligkeit dem Inhaber an Stelle der Rückzahlung des Nominalbetrags der Anleihe eine vorher festgelegte Anzahl von Aktien anzudienen. Mit der Ausübung der Option erlischt die Verpflichtung zur Rückzahlung des Nominalbetrags der Anleihe.

104 Wird bei Fälligkeit einer sonstigen Kapitalforderung im Sinne des § 20 Absatz 1 Nummer 7 EStG anstelle der Rückzahlung des Nominalbetrags eine vorher festgelegte Anzahl von Wertpapieren geliefert, fingiert § 20 Absatz 4 a Satz 3 EStG das Entgelt für den Erwerb der Kapitalforderung als Veräußerungspreis der Kapitalforderung. Zugleich ist das Entgelt für den Forderungserwerb als Anschaffungskosten der erhaltenen Wertpapiere anzusetzen. Für Andienungen, die nach dem 31. Dezember 2020 erfolgen, findet § 20 Absatz 4 a Satz 3 EStG nur dann Anwendung, wenn Wertpapiere im Sinne des § 20 Absatz 1 Nummer 1 EStG (insbesondere Aktien) angedient werden (vgl. § 52 Absatz 28 Satz 19 EStG).

Anwendbarkeit auf Vollrisikozertifikate mit Andienungsrecht

105 Die Regelung findet auch Anwendung auf Vollrisikozertifikate mit Andienungsrecht, sofern die Andienung nach dem 31. Dezember 2009 erfolgt und diese Zertifikate nach dem 14. März 2007 angeschafft wurden.

Sie findet keine Anwendung auf Vollrisikozertifikate mit Andienungsrecht, wenn die Andienung vor dem 1. Januar 2010 erfolgt.

Vollrisikozertifikate sind Schuldverschreibungen, bei denen die Wertentwicklung von der Entwicklung eines Basiswerts, z. B. eines Indexes oder eines Aktienkorbs, abhängig ist und bei denen sowohl die Rückzahlung des Kapitals als auch die Erzielung von Erträgen unsicher sind.

Behandlung eines Barausgleichs von Bruchteilen

106 Werden bei der Tilgung von sonstigen Kapitalforderungen mittels Andienung von Wertpapieren im Sinne des § 20 Absatz 1 Nummer 1 EStG (insbesondere Aktien) Bruchteile nicht geliefert, sondern in Geld ausgeglichen, handelt es sich bei den Zahlungen um einen Kapitalertrag im Sinne des § 20 Absatz 1 Nummer 7 EStG, sofern die Voraussetzungen von Rn. 107 nicht vorliegen.

Beispiel:

Anleger K erwirbt 10 000 € Nominal einer Aktienanleihe mit einem Basispreis von 22 €. Da der Kurs des Basiswertes am Bewertungstag unter der maßgeblichen Schwelle liegt (z. B. 21 €), bekommt er pro 1000 € Nominal Aktienanleihe rechnerisch 45,4545 Aktien (1000 €/22 €) geliefert. Weil die Lieferung von Bruchstücken nicht möglich ist, bekommt der Anleger im Ergebnis 450 Aktien. Bruchstücke in Höhe von 4,545 „Aktien" werden dem Anleger stattdessen zum Kurs – in Abhängigkeit der Emissionsbedingungen – am Tag der Fälligkeit der Anleihe ausgezahlt.

Lösung:

Die Anschaffungskosten der 450 Aktien betragen 10 000 €. Bei einem am Fälligkeitstag unterstellten Kurs von 20 € fließen dem Anleger 90,90 € (4,545 × 20 €) als Kapitalertrag im Sinne des § 20 Absatz 1 Nummer 7 EStG zu.

Teilweise Tilgung der Kapitalforderung in bar

107 Sehen die Emissionsbedingungen von vornherein eine eindeutige Angabe zur Tilgung in bar oder in Stücken vor und wird entsprechend am Ende der Laufzeit verfahren, werden die Anschaffungskosten der Anleihe entsprechend den erhaltenen Stücken zugewiesen.

Beispiel:

Die Emissionsbedingungen einer verzinslichen Wandelanleihe mit einem Nennwert von 1000 € sehen bei einem Verfall eine Rückzahlung in bar in Höhe von 501,25 € sowie zusätzlich eine Andienung von 7,1454 Aktien vor. Die Bruchteile der Aktie werden basierend auf dem Wandelpreis in bar ausgezahlt.

Lösung:

Auf Grund des vom Emittenten vorgegebenen Aufteilungsverhältnisses zwischen Barrückzahlung und Andienung von Stücken besteht ein konkreter Aufteilungsmaßstab für die Anschaffungskosten. Da der Rückzahlungsbetrag in Höhe von 501,25 € einem Betrag von 50,125 % der Anschaffungskosten der Anleihe entspricht, können den erhaltenen Stücken somit 49,875 % der Aufwendungen für die Anleihe als Anschaffungskosten zugewiesen werden.
Der Barausgleich für die Abfindung der Bruchteile stellt Einnahmen aus Kapitalvermögen im Sinne des § 20 Absatz 4 Satz 1 EStG dar.

107a Sofern die Voraussetzungen eines steuerneutralen Vorgangs nach § 20 Absatz 4 a Satz 3 EStG nicht vorliegen, weil andere Wertpapiere als solche nach § 20 Absatz 1 Nummer 1 EStG angedient werden, sind die Regelungen in den Rn. 64 bis 66 für den Tausch von Wertpapieren analog anzuwenden. Wenn es dabei zu einem Barausgleich von Bruchteilen kommt oder zusätzliche Barkomponenten gezahlt werden, so sind diese Barbeträge als Bestandteil des Veräußerungserlöses für die hingegebenen Wertpapiere anzusehen.

c) Kapitalerhöhung gegen Einlage (§ 20 Absatz 4 a Satz 4 EStG)

108 Erhält der Anteilsinhaber Bezugsrechte zugeteilt, werden diese gemäß § 20 Absatz 4 a Satz 4 EStG mit Anschaffungskosten in Höhe von 0 € eingebucht, wenn die Altanteile vom Anteilseigner nach dem 31. Dezember 2008 angeschafft wurden.

109 Das Anschaffungsdatum der Altanteile geht im Falle der Veräußerung auf die Bezugsrechte über. Veräußert der Anleger später die Bezugsrechte, entsteht ein steuerpflichtiger Veräußerungsgewinn somit nur in den Fällen, in denen auch die zugrundeliegenden Altanteile steuerlich verstrickt sind. Wurden die Anteile vor dem 1. Januar 2009 erworben, unterliegt die Veräußerung der zugeteilten Bezugsrechte nicht der Abgeltungsteuer; sofern die Jahresfrist des § 23 Absatz 1 Satz 1 Nummer 2 EStG a. F. noch nicht abgelaufen ist, muss der Anleger ein privates Veräußerungsgeschäft in seiner Steuererklärung deklarieren.

110 Die Ausübung des Bezugsrechts ist nicht als Veräußerung des Bezugsrechts anzusehen. Übt der Steuerpflichtige das Bezugsrecht aus, wird die junge Aktie zu diesem Zeitpunkt angeschafft. Beruht das Bezugsrecht auf Anteilen, die nach dem 31. Dezember 2008 erworben wurden, ist im Falle der Ausübung der Wert des Bezugsrechts bei der Berechnung der Anschaffungskosten der jungen Aktien mit 0 € zu berücksichtigen. Bei vor dem 1. Januar 2009 angeschafften Anteilen ist im Falle der Ausübung der Kurswert, mit dem die Bezugsrechte in das Depot des Anteilseigners eingebucht wurden, bei den Anschaffungskosten der jungen Aktien zusätzlich zu dem Kaufpreis der Aktien anzusetzen (BFH-Urteil vom 9. Mai 2017 – VIII R 54/14, BStBl. 2018 II S. 262). Kann kein Kurswert für das Bezugsrecht ermittelt werden, ist der innere Wert des Bezugsrechts bei der Berechnung der Anschaffungskosten der jungen Aktien zu berücksichtigen. Der innere Wert des Bezugsrechts berechnet sich wie folgt:

Anl a zu §§ 43–45e

$$\frac{\text{Kurs der Alt-Aktie am Trenntag} - \text{Zuzahlungsbetrag}}{(\text{Bezugsrechtsverhältnis} + 1)} = \text{Wert des Bezugsrechts}$$

Beispiel:

A besitzt 100 Aktien, davon 40 Stücke mit Anschaffung vor dem 1. Januar 2009 und 60 Stücke mit Anschaffung nach dem 31. Dezember 2008. Das Trennverhältnis ist 1 : 1 (für je eine gehaltene Aktie wird ein Bezugsrecht eingebucht). Das Bezugsverhältnis ist 5 : 1 (für 5 Alt-Aktien erhält A das Recht, eine junge Aktie im Rahmen der Kapitalerhöhung zu beziehen). Der Zuzahlungsbetrag pro junger Aktie beträgt 3 €. Der Kurs der Alt-Aktien zum Trenntag beträgt 23 €.

Die Bewertung der Bezugsrechte für die Ermittlung der Anschaffungskosten der bezogenen Aktien sollte wie folgt erfolgen:

Lösung:

Pro bestandsgeschütztem Bezugsrecht

$$\frac{(23\text{ €} - 3\text{ €})}{(5/1 + 1)} = 3{,}33\text{ Euro}$$

Pro nicht bestandsgeschütztem Bezugsrecht:
0 € (hier greift weiterhin § 20 Absatz 4 a Satz 4 EStG).
Ermittlung der Anschaffungskosten bei Bezug 20 neuer Aktien:
40 × 3,33 € + Zuzahlungsbetrag 8 × 3 € = 157,20 €
und
60 × 0 € + Zuzahlungsbetrag 12 × 3 € = 36 €

Kann für das Bezugsrecht kein innerer Wert ermittelt werden, ist das Bezugsrecht mit 0 Euro anzusetzen. Die Anschaffungskosten der jungen Aktien sind mit den unterschiedlichen Anschaffungskosten getrennt auszuweisen. Sie haben aber denselben Anschaffungszeitpunkt.

d) Zuteilung von Anteilen ohne Gegenleistung (§ 20 Absatz 4 a Satz 5 EStG)

Bezug von Bonusanteilen

111 Werden Anteile im Sinne des § 20 Absatz 1 Nummer 1 EStG von einer ausländischen Körperschaft, Personenvereinigung oder Vermögensmasse an die Anteilseigner ausgegeben, ohne dass diese eine Gegenleistung zu erbringen haben, und liegen die Voraussetzungen des § 20 Absatz 4 a Satz 3, 4 und 7 EStG nicht vor, sind gemäß § 20 Absatz 4 a Satz 5 EStG der Ertrag und die Anschaffungskosten der erhaltenen Anteile mit 0 € anzusetzen. § 20 Absatz 4 a Satz 5 EStG findet keine Anwendung, wenn
- dem Anteilseigner nach ausländischem Recht (z. B. Frankreich, Niederlande oder Spanien) ein Wahlrecht zwischen Dividende und Freianteilen zusteht,
- dem Anteilseigner mit ausländischer Quellensteuer belastete Anteile eingebucht wurden,
- es sich um Doppelmaßnahmen handelt (Ausschüttung und Reinvestition in neue Aktien),
- neben der Einbuchung von Aktien auch andere Wirtschaftsgüter gewährt werden (sogenanntes gemischte Maßnahmen),
- Nachbesserungsrechte, die zu einem Bezug neuer Aktien führen können, gewährt werden.

112 Bei inländischen Sachverhalten findet § 20 Absatz 4 a Satz 5 EStG ab 2021 keine Anwendung mehr. Als Anschaffungskosten der Bonusanteile oder Freianteile zur Ermittlung eines Veräußerungsgewinns bei späterem Verkauf ist der Wert anzusetzen, der bei ihrem Bezug als Einkünfte (einschließlich ggf. steuerfrei bleibender Teile) angesetzt wurde.

Folgen einer Abspaltung und einer Anteilsübertragung auf Anteilseigner („spin-off", Abspaltung)

113 Überträgt eine inländische Körperschaft in ihrem Besitz befindliche Anteile an einer weiteren Körperschaft ohne Kapitalherabsetzung und ohne zusätzliches Entgelt auf ihre Anteilseigner, ist diese Übertragung vorbehaltlich § 20 Absatz 4 a Satz 7 EStG, vgl. Rn. 115, als Sachausschüttung an die Anteilseigner der übertragenden Körperschaft zu beurteilen. Die Sachausschüttung führt zu Einkünften aus Kapitalvermögen nach § 20 Absatz 1 Nummer 1 EStG, sofern keine Einlagenrückgewähr nach § 20 Absatz 1 Nummer 1 Satz 3 EStG vorliegt. Es ist davon auszugehen, dass die Erträge durch entsprechende Angaben des Emittenten zu ermitteln sein werden. Die übertragenen Anteile gelten im Zeitpunkt der Depoteinbuchung über die Übertragung zum gemeinen Wert gemäß § 43 a Absatz 2 Satz 9 EStG als angeschafft. Bei ausländischen Sachverhalten findet vorbehaltlich § 20 Absatz 4 a Satz 7 EStG (vgl. Rn. 115) § 20 Absatz 4 a Satz 5 EStG Anwendung.

114 *Nicht besetzt*

115 Erhält ein Anteilseigner Anteile an einer Körperschaft aufgrund einer Abspaltung im Sinne des § 123 Absatz 2 UmwG oder aufgrund eines vergleichbaren ausländischen Vorgangs, findet § 20 Absatz 4 a Satz 7 EStG Anwendung. Ein vergleichbarer ausländischer Vorgang liegt vor, wenn die Strukturmerkmale einer Abspaltung nach Rn. 01.36 des BMF-Schreibens vom 11. November 2011 (BStBl. I S. 1314) mit der Maßgabe erfüllt werden, dass die Erfüllung des Merkmals „kraft Gesetzes" nicht erforderlich ist, wenn die Vermögensübertragung auf die übernehmende Gesellschaft einerseits und die Übertragung der Anteile an der übernehmenden Gesellschaft andererseits in zeitlichem und sachlichen Zusammenhang erfolgen (BFH-Urteile vom 1. Juli 2021 – VIII R 9/19 und VIII R 15/20, BStBl. 2022 II S. 359 und 363). Die Rn. 100 ff. gelten entsprechend. Abgesehen von den Fällen einer Abspaltung zur Aufnahme ist bei ausländischen Vorgängen für die Anwendung des § 20 Absatz 4 a Satz 7 EStG bereits dann von einer Abspaltung auszugehen, wenn folgende Kriterien erfüllt sind:
- Die ISIN der ursprünglichen Gattung (= Rumpfunternehmen) bleibt erhalten.
- Die ISIN der neu eingebuchten Gattung wurde neu vergeben und es handelt sich nicht um eine bereits börsennotierte Gesellschaft.
- Auf Grundlage der Emitteninformationen liegen die Strukturmerkmale einer Abspaltung im Sinne des Satzes 2 vor.

Anl a zu §§ 43–45e

– Es ist ein Aufteilungsverhältnis angegeben.
– Es wird keine Quellensteuer einbehalten.
– Aus den Emittenteninformationen ergeben sich keine Hinweise auf eine Gewinnverteilung.
– Der übertragende ausländische und der übernehmende in- oder ausländische Rechtsträger müssen einem vergleichbaren umwandlungsfähigen Rechtsträger inländischen Rechts entsprechen. Der Rechtstypenvergleich ausgewählter ausländischer Rechtsformen erfolgt entsprechend Tabellen 1 und 2 zum BMF-Schreiben vom 24. Dezember 1999 (BStBl. I S. 1076).
– Es wurde keine Barzuzahlung durch den Anteilseigner geleistet.

§ 20 Absatz 4 a Satz 7 EStG findet insoweit keine Anwendung, als die Beteiligungen in einem Betriebsvermögen gehalten werden, vgl. § 20 Absatz 8 Satz 2 EStG.

115a Für die Klassifikation als Abspaltung gemäß § 20 Absatz 4 a Satz 7 EStG kommt es auf das Kriterium des Teilbetriebserfordernisses oder des Vorliegens einer Kapitalherabsetzung nicht an.

116 *Nicht besetzt*

Reorganisation einer ausländischen Kapitalgesellschaft (B-Shares)

117 Werden dem Anleger im Zuge einer Reorganisation sogenannte B-Aktien (B-Shares, redemption shares) angedient, die ihm Wahlrechte zur sofortigen Bareinlösung oder einer späteren Einlösung einräumen, ist danach zu differenzieren, welches Wahlrecht der Anleger ausübt.

Beispiel:

Im Jahr 01 führte eine Gesellschaft eine Reorganisation im Verhältnis 8:7 + 1 B-Share durch. Die zugeteilten B-Shares konnten entweder sofort oder innerhalb einer vom Emittenten gesetzten Frist in einen festgelegten Geldbetrag umgetauscht werden. Nach Ablauf der Frist erfolgte ein Umtausch durch die Gesellschaft aufgrund eines vorbehaltenen Kündigungsrechtes.

Lösung:

Erhält der Anleger sogleich das Geld, handelt es sich um eine Bardividende. Bezieht der Anleger B-Shares, gelten die Grundsätze zur Sachausschüttung.

6. Verluste (§ 20 Absatz 6 EStG)

Verlustverrechnung

118 Der Verlustausgleich nach § 20 Absatz 6 Satz 5 und 6 EStG findet nur im Rahmen der Veranlagung statt (vgl. Rn. 229 a, 233).

Verluste aus Termingeschäften, insbesondere aus dem Verfall von Optionen und Glattstellungsgeschäften, können nur mit Gewinnen aus Termingeschäften und mit Einkünften aus Stillhalterprämien ausgeglichen werden, soweit die Verluste nach dem 31. Dezember 2020 entstanden sind. Die Verlustverrechnung ist beschränkt auf 20 000 €. Nicht verrechnete Verluste können auf Folgejahre vorgetragen werden und jeweils in Höhe von 20 000 € mit Gewinnen aus Termingeschäften oder mit Einkünften aus Stillhalterprämien verrechnet werden, wenn nach der unterjährigen Verlustverrechnung ein verrechenbarer Gewinn verbleibt.

Verluste aus der ganzen oder teilweisen Uneinbringlichkeit einer Kapitalforderung, aus der Ausbuchung wertloser Wirtschaftsgüter im Sinne des § 20 Absatz 1 EStG, aus der Übertragung wertloser Wirtschaftsgüter im Sinne des § 20 Absatz 1 EStG auf einen Dritten oder aus einem sonstigen Ausfall von Wirtschaftsgütern im Sinne des § 20 Absatz 1 EStG (im Folgenden: Verluste im Sinne des § 20 Absatz 6 Satz 6 EStG) können nur mit Einkünften aus Kapitalvermögen bis zur Höhe von 20 000 € ausgeglichen werden. Dies gilt auch für die Ausbuchung wertloser Aktien. § 20 Absatz 6 Satz 4 EStG findet insoweit keine Anwendung.

Nicht verrechnete Verluste können auf Folgejahre vorgetragen und jeweils in Höhe von 20 000 € mit Einkünften aus Kapitalvermögen verrechnet werden.

Für die Verlustverrechnung in den Verlustverrechnungskreisen ist in der Veranlagung nachfolgende Reihenfolge zu berücksichtigen:

1. Aktienveräußerungsgewinne/-verluste im Sinne des § 20 Absatz 6 Satz 4 EStG aus dem aktuellen Jahr;
   Aktienveräußerungsverluste im Sinne des § 20 Absatz 6 Satz 4 EStG aus dem aktuellen Jahr dürfen nur mit Aktienveräußerungsgewinnen verrechnet werden.
2. Gewinne/Verluste aus Termingeschäften aus dem aktuellen Jahr (die nach dem 31. Dezember 2020 entstanden sind);
   Verluste aus Termingeschäften im Sinne des § 20 Absatz 6 Satz 5 EStG aus dem aktuellen Jahr (die nach dem 31. Dezember 2020 entstanden sind) dürfen bis zur Höhe von 20 000 € und nur mit Gewinnen aus Termingeschäften und Einkünften aus Stillhalterprämien verrechnet werden.
3. Verluste im Sinne des § 20 Absatz 6 Satz 6 EStG aus dem aktuellen Jahr (die nach dem 31. Dezember 2019 entstanden sind) dürfen bis zur Höhe von 20 000 € mit Einkünften aus Kapitalvermögen verrechnet werden.
4. sonstige Kapitalerträge/Verluste aus dem aktuellen Jahr;
   sonstige negative Einkünfte aus dem aktuellen Jahr im Sinne des § 20 EStG dürfen mit positiven Einkünften im Sinne des § 20 EStG verrechnet werden.
5. Verlustvorträge im Sinne des § 20 Absatz 6 Satz 3 EStG aus Aktienveräußerungen im Sinne des § 20 Absatz 6 Satz 4 EStG dürfen nur mit nach Verrechnung gemäß Ziffer 1, 3 und 4 verbleibenden Aktienveräußerungsgewinnen verrechnet werden.
6. Verlustvorträge im Sinne des § 20 Absatz 6 Satz 3 EStG aus Termingeschäften im Sinne des § 20 Absatz 6 Satz 5 EStG (die nach dem 31. Dezember 2020 entstanden sind) dürfen nur mit nach Verrechnung gemäß Ziffer 2 bis 4 verbleibenden Gewinnen aus Termingeschäften und mit Einkünften aus Stillhalterprämien nur bis zur Höhe von 20 000 € verrechnet werden.

7. Verlustvorträge im Sinne des § 20 Absatz 6 Satz 3 EStG aus Verlusten im Sinne des § 20 Absatz 6 Satz 6 EStG (die nach dem 31. Dezember 2019 entstanden sind) dürfen nur mit nach Verrechnung gemäß Ziffer 1 bis 6 verbleibenden Einkünften aus Kapitalvermögen und nur bis zur Höhe von 20 000 € verrechnet werden.
8. sonstige Verlustvorträge im Sinne des § 20 Absatz 6 Satz 3 EStG dürfen mit positiven Einkünften nach Verrechnung gemäß Ziffer 1 bis 7 im Sinne des § 20 EStG verrechnet werden.

Die Verlustverrechnung kann nicht auf Teilbeträge beschränkt werden.

Nach § 43 a Absatz 3 Satz 2 EStG hat die auszahlende Stelle unter Berücksichtigung des § 20 Absatz 6 Satz 4 EStG im Kalenderjahr negative Kapitalerträge einschließlich gezahlter Stückzinsen bis zur Höhe der positiven Kapitalerträge auszugleichen. Diese institutsbezogene unterjährige Verlustverrechnung, vgl. auch Rn. 212, ist nur zeitlich vorrangig. Auf Antrag des Steuerpflichtigen ist im Rahmen der Veranlagung gemäß § 32 d Absatz 4 EStG eine institutsübergreifende Verlustverrechnung (zwischen mehreren Depots bei unterschiedlich auszahlenden Stellen) durchzuführen (BFH-Urteil vom 29. August 2017 – VIII R 23/15, BStBl. 2019 II S. 54).

Beispiel für die Verlustverrechnungsbeschränkung nach § 20 Absatz 6 Satz 6 EStG:

Folgende Einkünfte des nicht verheirateten A liegen im Jahr 2022 vor:

Bank A	
Verluste § 20 Absatz 6 Satz 6 EStG	./. 12 000 €
Bank B	
Gewinne Termingeschäfte/Einkünfte Stillhalterprämien	30 000 €
Sonstiger Verlust	./. 5 000 €
Es wurde kein Freistellungsauftrag erteilt.	
Verlustvortrag zum 31. Dezember 2021: § 20 Absatz 6 Satz 3 und 6 EStG in Verbindung mit § 10 d Absatz 4 EStG	45 000 €
Ausweis Steuerbescheinigung (Bank A)	
Höhe der Kapitalerträge Zeile 7 Anlage KAP	0 €
Höhe des Verlustes im Sinne des § 20 Absatz 6 Satz 6 EStG Zeile 15 Anlage KAP	./. 12 000 €
Ausweis Steuerbescheinigung (Bank B)	
Höhe der Kapitalerträge Zeile 7 Anlage KAP	25 000 €
davon: Einkünfte aus Stillhalterprämien im Sinne des § 20 Absatz 1 Nr. 11 EStG und Gewinne aus Termingeschäften im Sinne des § 20 Absatz 2 Satz 1 Nr. 3 EStG Zeile 9 Anlage KAP	25 000 €
nur nachrichtlich:	
Einkünfte aus Stillhalterprämien im Sinne des § 20 Absatz 1 Nr. 11 EStG und Gewinne aus Termingeschäften im Sinne des § 20 Absatz 2 Satz 1 Nr. 3 EStG vor Verrechnung mit sonstigen Verlusten	30 000 €
Verlustverrechnung im Veranlagungsverfahren gemäß § 32 d Absatz 4 EStG	
Einkünfte § 20 EStG:	
Kapitalerträge lt. Steuerbescheinigung Bank B	25 000 €
./. Verluste § 20 Absatz 6 Satz 6 EStG lt. Steuerbescheinigung Bank A	./. 12 000 €
./. Verlustvortrag § 20 Absatz 6 Satz 3 und 6 EStG	./. 13 000 €
./. Sparer-Pauschbetrag nach § 20 Absatz 9 EStG	0 €
= Einkünfte (§ 20 EStG)	0 €
Verlustvortrag § 20 Absatz 6 Satz 3 und 6 EStG zum 31. Dezember 2021	45 000 €
./. Verrechnung in 2022	./. 13 000 €
+ Verlustüberhang Bank A aus 2022	0 €
Verlustvortrag § 20 Absatz 6 Satz 3 und 6 EStG zum 31. Dezember 2022	32 000 €

119 Um im Rahmen der Veranlagung eine institutsübergreifende Verrechnung von Aktienveräußerungsverlusten mit Aktienveräußerungsgewinnen zu erreichen, hat der Steuerpflichtige von dem jeweils depotführenden Kreditinstitut eine Steuerbescheinigung im Sinne des § 45 a Absatz 2 EStG einzureichen, in der „davon: Gewinn aus Aktienveräußerungen im Sinne des § 20 Absatz 2 Satz 1 Nummer 1 EStG (Zeile 8 Anlage KAP)" und im nachrichtlichen Teil der „Gewinn aus Aktienveräußerungen im Sinne des § 20 Absatz 2 Satz 1 Nummer 1 EStG vor Verrechnung mit sonstigen Verlusten im Sinne des § 20 Absatz 2 EStG" aufgeführt werden. Für die Veranlagungszeiträume bis einschließlich 2018 bestehen keine Bedenken, wenn der Steuerpflichtige die Aktienveräußerungsgewinne und die bereits mit Verlusten verrechneten Aktienveräußerungsgewinne durch geeignete Unterlagen nachweist.

Beispiel für die institutsübergreifende Verlustverrechnung:

Folgende Einkünfte liegen im Jahr 2022 vor:

Bank A:	
Aktienveräußerungsgewinne	5 000 €
Aktienveräußerungsverluste	1 000 €
Verluste Termingeschäfte	20 000 €
Bank B:	
Gewinne Termingeschäfte	10 000 €
Verluste Anleiheverkäufe	2 000 €
Aktienveräußerungsverluste	4 000 €

Ein Antrag auf Verlustbescheinigung nach § 43a Absatz 3 Satz 4 EStG wird gestellt.

Anl a zu §§ 43–45e

Verlustverrechnung durch die Bank A:

Aktienveräußerungsgewinne	5 000 €
./. Aktienveräußerungsverluste	1 000 €
= verbleibende Veräußerungsgewinne (§ 20 Absatz 2 EStG)	4 000 €
./. Verluste Termingeschäfte nach § 20 Absatz 6 Satz 5 EStG	20 000 €

Ausweis Steuerbescheinigung (Bank A)

Höhe der Kapitalerträge Zeile 7 Anlage KAP	4 000 €
davon: Gewinne aus Aktienveräußerung Zeile 8 Anlage KAP	4 000 €
Höhe des Verlustes im Sinne des § 20 Absatz6 Satz 5 EStG Zeile 14 Anlage KAP	20 000 €
nur nachrichtlich: „Gewinn aus Aktienveräußerungen im Sinne des § 20 Absatz 2 Satz 1 Nummer 1 EStG vor Verrechnung mit sonstigen Verlusten im Sinne des § 20 Absatz 2 EStG"	4 000 €

Verlustverrechnung durch die Bank B:

Gewinne Termingeschäfte	10 000 €
./. Verluste Anleiheverkäufe	2 000 €
= verbleibende Veräußerungsgewinne (§ 20 Absatz 2 EStG)	8 000 €

Ausweis Steuerbescheinigung (Bank B)

Höhe der Kapitalerträge Zeile 7 Anlage KAP	8 000 €
davon: Einkünfte aus Stillhalterprämien im Sinne des § 20 Absatz 1 Nummer 11 EStG und Gewinne aus Termingeschäften im Sinne des § 20 Absatz 2 Satz 1 Nummer 3 EStG Zeile 9 Anlage KAP	8 000 €
Nicht ausgeglichene Verluste aus der Veräußerung von Aktien Zeile 13 Anlage KAP	4 000 €
nur nachrichtlich: Einkünfte aus Stillhalterprämien im Sinne des § 20 Absatz 1 Nummer 11 EStG und Gewinne aus Termingeschäften im Sinne des § 20 Absatz 2 Satz 1 Nummer 3 EStG vor Verrechnung mit sonstigen Verlusten	10 000 €

Verlustverrechnung im Veranlagungsverfahren gemäß § 32 d Absatz 4 EStG

Einkünfte § 20 Absatz 2 EStG (Aktien):	
Aktienveräußerungsgewinne lt. Steuerbescheinigung Bank A	4 000 €
./. Aktienveräußerungsverluste lt. Steuerbescheinigung Bank B	4 000 €
= Verbleibender Verlust aus Aktienveräußerungen	0 €
Einkünfte § 20 Absatz 2 Satz 1 Nummer 3 EStG:	
Gewinne § 20 Absatz 6 Satz 5 EStG (Bank B)	10 000 €
Verluste § 20 Absatz 6 Satz 5 EStG (Bank A)	20 000 €
= verbleibende Verluste nach § 20 Absatz 6 Satz 5 EStG	10 000 €
Einkünfte § 20 Absatz 2 Satz 1 Nummer 7 EStG:	
Verluste § 20 Absatz 2 EStG (Bank B Verluste Anleiheverkäufe)	2 000 €

Nach § 210 Absatz 6 Satz 5 EStG sind 10 000 € und nach § 20 Absatz 6 Satz 3 EStG sind 2000 € gesondert festzustellen und in den folgenden Veranlagungszeiträumen verrechenbar.

119a Verluste aus Kapitaleinkünften, die nach § 32 d Absatz 1 EStG dem besonderen Steuersatz unterliegen, dürfen nicht mit positiven Erträgen aus Kapitaleinkünften, die der tariflichen Steuer nach § 32 d Absatz 2 EStG unterliegen, verrechnet werden. Dies gilt nicht, wenn ein Antrag nach § 32 d Absatz 6 EStG gestellt wurde (Günstigerprüfung) und sämtliche Kapitalerträge der tariflichen Einkommensteuer zu unterwerfen sind (BFH-Urteile vom 30. November 2016 – VIII R 11/14, BStBl. 2017 II S. 443, und vom 29. August 2017 – VIII R 5/15, BStBl. 2018 II S. 66). Voraussetzung hierfür ist jedoch, dass sämtliche Einkünfte aus Kapitalvermögen erklärt werden.

Vorrang der Verlustverrechnung vor der Gewährung des Sparer-Pauschbetrages

119b Der Sparer-Pauschbetrag ist nur zu berücksichtigen, wenn nach Verrechnung sämtlicher positiver und negativer Einkünfte aus Kapitalvermögen positive Einkünfte verbleiben.

Verlustverrechnung und Anrechnung ausländischer Quellensteuer sowie Anwendung des Freistellungsauftrags

120 Die Grundsätze zur Verlustverrechnung und Anrechnung ausländischer Quellensteuer sowie Anwendung des Freistellungsauftrags, vgl. Rn. 201 ff. zu § 43 a EStG, gelten im Rahmen der Veranlagung entsprechend.

121 Die noch nicht angerechnete ausländische Quellensteuer kann dem neuen Kreditinstitut nach einem vollständigen Depotwechsel mitgeteilt werden.

122[1] Verluste mindern die abgeltungsteuerpflichtigen Erträge unabhängig davon, ob diese aus in- oder ausländischen Quellen stammen. Die Summe der anrechenbaren ausländischen Quellensteuer ist auf die nach Verlustverrechnung verbleibende Abgeltungsteuerschuld anzurechnen. Die Anwendung des Freistellungsauftrags hat die gleiche Wirkung wie die Verlustverrechnung.

Beispiel:

A erzielt im Februar aus der Veräußerung von festverzinslichen Wertpapieren einen Verlust in Höhe von 300 €. Im März erhält er ausländische Dividenden in Höhe von 100 €. Die anrechenbare ausländische Steuer beträgt 15 €. A hält die Wertpapiere im Depot der Bank X. Wegen der Verluste aus dem Februar behält die Bank keine Kapitalertragsteuer ein. Weiterhin erhält A im Juni ausländische Dividenden in Höhe von 700 €. Die anrechenbare ausländische Steuer beträgt 70 €. A hält die Wertpapiere im Depot der Bank Y. Da er der Bank einen Freistellungsauftrag über 1000 € erteilt hat, erfolgt kein Kapitalertragsteuerabzug.

Im Dezember erhält A Zinseinkünfte bei der Bank Z in Höhe von 624 €. Die Bank behält 156 € Kapitalertragsteuer ein.

[1] Rn. 122 neugefasst durch BMF-Schreiben vom 20. 12. 2022 (BStBl. 2023 I S. 46).

A erklärt im Rahmen der Veranlagung seine Einkünfte aus Kapitalvermögen gemäß § 32 d Absatz 4 EStG. Die Verlust-Bescheinigung gemäß § 43 a Absatz 3 Satz 4 EStG sowie die entsprechenden Steuerbescheinigungen nach § 45 a Absatz 2 EStG legt er bei.

Lösung:

Im Rahmen der Veranlagung werden die Kapitaleinkünfte wie folgt berücksichtigt.

	Erträge	Anrechenbare Steuer
Veräußerung Wertpapiere	./. 300 €	
Erträge ausländische Dividende	800 €	85 €
Zinseinkünfte	624 €	

A erzielt insgesamt Einnahmen in Höhe von 1124 €. Unter Berücksichtigung des Sparer-Pauschbetrages verbleiben 124 €. Hierauf entfällt eine Abgeltungsteuer in Höhe von 31 €. Angerechnet werden somit ausländische Steuern in Höhe von maximal 31 €. Die bisher einbehaltene Kapitalertragsteuer in Höhe von 156 € wird erstattet.

Behandlung von Verlusten aus der Veräußerung von ADRs (American Depositary Receipts)

123 Erzielt der Steuerpflichtige Verluste aus der Veräußerung oder Einlösung von ADRs und GDRs, vgl. Rn. 68, fallen diese unter die eingeschränkte Verlustverrechnung im Sinne des § 20 Absatz 6 Satz 4 EStG.

7. Subsidiarität (§ 20 Absatz 8 EStG)

124 Termingeschäfte (z. B. Zinsbegrenzungsvereinbarungen oder Swaps), die zu den Einkünften aus Vermietung und Verpachtung gehören, fallen nicht unter die Einkünfte des § 20 EStG. Derartige Geschäfte werden von den Steuerpflichtigen – wie bei den betrieblichen Einkünften – meist zu Absicherungszwecken (Absicherung von Darlehen, die der Finanzierung vermieteter Immobilien dienen) abgeschlossen, vgl. aber BFH-Urteil vom 13. Januar 2015 – IX R 13/14, BStBl. II S. 827.

8. Einkunftserzielungsabsicht (§ 20 Absatz 9 EStG)

Grundsatz

125 Bei den Einkünften aus Kapitalvermögen ist infolge des beschränkten und pauschalierten Werbungskostenabzugs regelmäßig von einer Einkunftserzielungsabsicht auszugehen (BFH-Urteil vom 14. März 2017 – VIII R 38/15, BStBl. II S. 1040).

Bausparverträge

126 Werden Guthabenzinsen aus Bausparverträgen, die mit sogenannten Auffüllkrediten bzw. Vorfinanzierungsdarlehen aus Bausparverträgen gekoppelt sind, zur Finanzierung einer zu eigenen Wohnzwecken genutzten Immobilie eingesetzt, sind die Guthabenzinsen aus Billigkeitsgründen einkommensteuerrechtlich unbeachtlich, sofern die Finanzierungsverträge bis zum 30. Juni 2010 abgeschlossen worden sind.

127 In diesen Fällen ist dennoch ein Kapitalertragsteuerabzug vorzunehmen, da bei dem Abschluss der entsprechenden Verträge nicht von vornherein ausgeschlossen werden kann, dass eine Immobilie zur Fremdnutzung eingesetzt wird.

128 Die Steuerpflichtigen können sich die einbehaltene Kapitalertragsteuer auf Guthabenzinsen aus Bausparverträgen, die zur Finanzierung einer zu eigenen Wohnzwecken genutzten Immobilie eingesetzt werden, nach § 32 d Absatz 4 EStG durch das Veranlagungsfinanzamt auf die festgesetzte Einkommensteuer anrechnen lassen.

Sparer-Pauschbetrag

129 Hat der Steuerpflichtige sowohl Kapitalerträge, für die § 32 d Absatz 1 EStG gilt, als auch solche im Sinne des § 32 d Absatz 2 Nummer 2 EStG erzielt, ist der Sparer-Pauschbetrag vorrangig von den Kapitalerträgen im Sinne des § 32 d Absatz 2 Nummer 2 EStG abzuziehen. Die im Rahmen des Kapitalertragsteuerabzugs freigestellten Kapitalerträge sind im Rahmen der Einkommensteuerveranlagung dem gesonderten Steuertarif nach § 32 d Absatz 1 EStG zu unterwerfen.

Negative Einlagezinsen

129a Behält ein Kreditinstitut negative Einlagezinsen für die Überlassung von Kapital ein, stellen diese negativen Einlagezinsen keine Zinsen im Sinne des § 20 Absatz 1 Nummer 7 EStG dar, da sie nicht vom Kapitalnehmer an den Kapitalgeber als Entgelt für die Überlassung von Kapital gezahlt werden. Wirtschaftlich gesehen handelt es sich vielmehr um eine Art Verwahr- und Einlagegebühr, die bei den Einkünften aus Kapitalvermögen als Werbungskosten vom Sparer-Pauschbetrag gemäß § 20 Absatz 9 Satz 1 EStG erfasst sind.

Bei Anlageprodukten mit gestaffelten Zinskomponenten („Staffelzinsen") ist die Gesamtverzinsung im Zeitpunkt des Zuflusses zu betrachten. Ist die Gesamtverzinsung positiv, so handelt es sich insgesamt um Einnahmen im Sinne des § 20 Absatz 1 Nummer 7 EStG. Eine negative Gesamtverzinsung ist hingegen stets insgesamt als Verwahr- oder Einlagegebühr zu behandeln.

Beispiel:

Die Zinskonditionen für ein Anlageprodukt (Tagesgeld) sind wie folgt ausgestaltet:
- von 0,00 € bis 500 000,00 € positiver Zins (0,1 % p. a.)
- von 500 000,01 € bis 1 000 000,00 € keine Verzinsung
- ab 1 000 000,01 € negativer Zins (– 0,05 % p.a.)

Es werden 1 500 000,00 € vom 1. 1. bis 31. 3. angelegt. Die Zinsgutschrift erfolgt am 31. 3.

Lösung:

Auf den ersten Teilbetrag in Höhe von 500 000,00 € entfällt ein positiver Zins in Höhe von 125,00 € (500 000,00 € × 0,1 % × 3 Monate). Auf den zweiten Teilbetrag (500 000,01 € bis 1 000 000,00 €) entfällt kein Zins. Auf den dritten

Teilbetrag (1 000 000,01 € bis 1 500 000,00 €) entfällt ein negativer Zins in Höhe von ./. 62,50 € (500 000,00 € × 0,05 % × 3 Monate). Der Besteuerung ist der positive Saldo aus den Zinsen der drei Guthabenbereiche in Höhe von 62,50 € zugrunde zu legen (125,00 € + 0,00 € ./. 62,50 €).

II. Einkünfte aus sonstigen Leistungen (§ 22 Nummer 3 EStG)/ Private Veräußerungsgeschäfte (§ 23 EStG)

5 **129b** Wird ein Wertpapierdepot auf ein anderes Kreditinstitut übertragen und zahlt das übernehmende Kreditinstitut dafür eine Geldprämie, so stellt diese Geldprämie Einkünfte aus sonstigen Leistungen im Sinne des § 22 Nummer 3 EStG dar, sofern sie nicht einer anderen Einkunftsart (§§ 13, 15, 18 oder 21 EStG) zugeordnet werden kann. Das übernehmende Kreditinstitut hat den Kunden bei Auszahlung der Geldprämie auf die Steuerpflicht hinzuweisen.

Wird dagegen ein Kontoguthaben auf ein anderes Kreditinstitut übertragen oder erstmalig bei einem Kreditinstitut ein Depot eröffnet und wird dafür eine Geldprämie unter der Bedingung gezahlt, dass Wertpapiere beim übernehmenden/eröffnenden Kreditinstitut erworben werden, so mindert die für die Übertragung des Kontoguthabens gezahlte Geldprämie die Anschaffungskosten dieser Wertpapiere. Die Geldprämie ist mit den Anschaffungskosten der erworbenen Wertpapiere in der Reihenfolge deren Erwerbs zu verrechnen.

130 *Nicht besetzt*

131 Bei der Anschaffung und Veräußerung von Fremdwährungsbeträgen kann es sich um ein privates Veräußerungsgeschäft im Sinne des § 23 Absatz 1 Satz 1 Nummer 2 EStG handeln (BFH-Urteil vom 2. Mai 2000 – IX R 73/98, BStBl. II S. 614), sofern die Einkünfte nicht den Einkünften aus Kapitalvermögen zuzurechnen sind (§ 23 Absatz 2 EStG in Verbindung mit § 20 Absatz 2 Satz 1 Nummer 7, Absatz 2 Satz 2 und Absatz 4 Satz 1 EStG).

Währungsgewinne/-verluste aus der Veräußerung oder Rückzahlung einer verbrieften oder unverbrieften verzinslichen Kapitalforderung oder eines verzinslichen Fremdwährungsguthabens (verzinsliches Fremdwährungskonto) sind gemäß § 20 Absatz 2 Satz 1 Nummer 7 und Absatz 4 Satz 1 EStG zu berücksichtigen. Dabei stellt jede Einzahlung oder Zinsgutschrift auf ein verzinsliches Tages-, Festgeld- oder sonstiges Fremdwährungskonto einen Anschaffungsvorgang dar. Im Falle der späteren Rückzahlung liegt ein veräußerungsgleicher Vorgang im Sinne von § 20 Absatz 2 Satz 2 EStG vor, vgl. auch Rn. 59. Dabei kommt es nicht darauf an, ob eine etwaige Fremdwährungskapitalforderung zugleich in Euro oder eine dritte Währung umgewandelt wird. Das Gleiche gilt, wenn die Fremdwährungskapitalforderung nach Fälligkeit erneut verzinslich angelegt wird oder auf ein anderes verzinsliches Konto bei demselben oder einem anderen Kreditinstitut umgebucht wird. Diese Vorgänge stellen steuerlich eine Veräußerung der ursprünglichen Kapitalforderung und zugleich eine Anschaffung einer neuen Kapitalforderung dar. Die Prolongation täglich fälliger Kapitalforderungen (beispielsweise Tagesgeldanlagen) sowie die Änderung des Zinssatzes stellt für sich genommen keinen Anschaffungs- oder Veräußerungstatbestand dar, es sei denn, das Guthaben wird erstmalig verzinslich oder ein bisher verzinsliches Guthaben wird erstmalig unverzinslich angelegt. Bei der Anschaffung und Veräußerung mehrerer gleichartiger Fremdwährungsbeträge ist zu unterstellen, dass die zuerst angeschafften Beträge zuerst veräußert werden.

Bei Fremdwährungsguthaben auf Zahlungsverkehrskonten (z. B. Girokonten, Basiskonten, Girocard), Kreditkarten und digitalen Zahlungsmitteln kann unterstellt werden, dass diese ausschließlich als Zahlungsmittel eingesetzt werden und eine Einkunftserzielungsabsicht im Rahmen der Einkünfte aus Kapitalvermögen nicht vorhanden ist. Eine Erfassung von Währungsgewinnen/-verlusten gemäß § 20 Absatz 2 Satz 1 Nummer 7 und Absatz 4 Satz 1 EStG für Zahlungsmittel scheidet daher aus. Lediglich die mit diesen Fremdwährungsguthaben erzielten Zinsen unterliegen einer Besteuerung nach § 20 Absatz 1 Nummer 7 EStG.

Währungsgewinne/-verluste aus der Veräußerung oder Rückzahlung einer unverbrieften und unverzinslichen Kapitalforderung oder eines unverzinslichen Fremdwährungsguthabens sind gemäß § 23 Absatz 1 Satz 1 Nummer 2 EStG bei der Veräußerung des Fremdwährungsguthabens zu berücksichtigen.

Wird der Fremdwährungsbetrag innerhalb der Frist des § 23 Absatz 1 Satz 1 Nummer 2 EStG in Euro oder eine dritte Währung getauscht, so sind Währungsgewinne/ -verluste, die bereits bei den Einkünften aus Kapitalvermögen erfasst wurden, nicht zusätzlich bei den Einkünften aus privaten Veräußerungsgeschäften zu erfassen (§ 23 Absatz 2 EStG).

III. Gesonderter Steuertarif für Einkünfte aus Kapitalvermögen (§ 32 d EStG)

1. Tarif (§ 32 d Absatz 1 EStG)

Abgeltungsteuer nach § 32 d und § 35 b EStG

6 **132** Die Einkommensteuer für Einkünfte aus Kapitalvermögen im Sinne des § 32 d Absatz 1 EStG ist keine tarifliche Steuer im Sinne des § 32 a Absatz 1 EStG. Steuerermäßigungen, die an die tarifliche Einkommensteuer anknüpfen (z. B. §§ 35 a und 35 b EStG), können infolgedessen die Einkommensteuer nach dem gesonderten Steuertarif für Einkünfte aus Kapitalvermögen im Sinne des § 32 d Absatz 1 EStG nicht mindern.

Höhe der Ermäßigung der Kapitalertragsteuer bei Zwölftelung der Kirchensteuer (§ 32 d Absatz 1 Satz 3 bis 5 EStG)

133 Stimmen der Zeitraum der Einkommensteuerpflicht und der Kirchensteuerpflicht nicht überein, wird die Kirchensteuer im Fall der Erhebung der Kirchensteuer auf die Kapitalertragsteuer durch das Finanzamt gezwölftelt. Bei der Ermäßigung der Kapitalertragsteuer ist der gezwölftelte Kirchensteuersatz anzuwenden.

Beispiel:

Endet die Kirchensteuerpflicht im Januar, ist in der Formel des § 32 d Absatz 1 Satz 4 EStG für k bei einem angenommenen Kirchensteuersatz von 9 % nicht 9, sondern nur 9 × 1/12 = 0,75 anzusetzen.

2. Ausnahmen vom Abgeltungsteuersatz (§ 32 d Absatz 2 EStG)

a) Zwingende Ausnahme bei Kapitalüberlassung an nahestehende Personen oder von Anteilseignern (§ 32 d Absatz 2 Nummer 1 EStG)

134 Die Regelung findet bei Einkünften im Sinne des § 20 Absatz 1 Nummer 7 und Absatz 2 Satz 1 Nummer 7 EStG nur Anwendung, wenn der Darlehensnehmer eine natürliche Person ist, die Einkünfte aus Land- und Forstwirtschaft, Gewerbebetrieb, selbständiger Arbeit und Vermietung und Verpachtung oder Einkünfte im Sinne des § 22 Nummer 1 Satz 3 Buchstabe a Doppelbuchstabe bb EStG (fremdfinanzierte Rentenversicherungen) und § 22 Nummer 3 EStG (z. B. Containerleasing) erzielt und sie die Darlehenszinsen als Betriebsausgaben oder Werbungskosten geltend machen kann oder der Darlehensnehmer eine Personengesellschaft ist, bei der hinsichtlich der Erträge aus der Darlehensgewährung § 15 Absatz 1 Satz 1 Nummer 2 Satz 1 EStG keine Anwendung findet. Entsprechendes gilt in den Fällen, in denen eine Stiftung Darlehensnehmer ist.

135 Werden Kapitalerträge von einer Kapitalgesellschaft oder Genossenschaft gezahlt, findet § 32 d Absatz 2 Nummer 1 Buchstabe b EStG Anwendung, wenn der Darlehensgeber zu mindestens 10 % an dem Darlehensnehmer beteiligt ist. Für Kapitalerträge aus Darlehen, die nach dem 31. Dezember 2020 begründet wurden, findet § 32 d Absatz 2 Nummer 1 Buchstabe b EStG nur dann Anwendung, wenn der Darlehensnehmer die den Kapitalerträgen entsprechenden Darlehenszinsen als Betriebsausgaben oder Werbungskosten im Zusammenhang mit Einkünften, die der inländischen Besteuerung unterliegen, abziehen kann. Der Abzug der Zinsen beim Darlehensnehmer darf nicht durch § 20 Absatz 9 Satz 1 zweiter Halbsatz EStG eingeschränkt sein. Gewinne und Verluste aus der Veräußerung oder dem Ausfall einer Darlehensforderung eines Gesellschafters oder Mitglieds, die nach dem 31. Dezember 2020 begründet wurden, unterliegen hingegen dem gesonderten Steuertarif nach § 32 d Absatz 1 EStG, da den betreffenden Einkünften des Gesellschafters oder Mitglieds auf Seiten der Kapitalgesellschaft oder Genossenschaft keine Betriebsausgaben gegenüberstehen. Für Kapitalerträge aus Darlehen, die vor dem 1. Januar 2021 begründet wurden, gelten die vorstehenden Ausführungen erst ab dem Veranlagungszeitraum 2024 (vgl. § 52 Absatz 33 b EStG). § 32 d Absatz 2 Nummer 1 Buchstabe a EStG ist nicht anzuwenden, auch wenn die Beteiligung unter 10 % liegt.

Definition der nahestehenden Person (§ 32 d Absatz 2 Nummer 1 Buchstabe a und b EStG)

136 Das Verhältnis von nahestehenden Personen liegt vor, wenn die Person auf den Steuerpflichtigen einen beherrschenden Einfluss ausüben kann oder umgekehrt der Steuerpflichtige auf diese Person einen beherrschenden Einfluss ausüben kann oder eine dritte Person auf beide einen beherrschenden Einfluss ausüben kann oder die Person oder der Steuerpflichtige imstande ist, bei der Vereinbarung der Bedingungen einer Geschäftsbeziehung auf den Steuerpflichtigen oder die nahestehende Person einen außerhalb dieser Geschäftsbeziehung begründeten Einfluss auszuüben oder wenn einer von ihnen ein eigenes wirtschaftliches Interesse an der Erzielung der Einkünfte des anderen hat.

Von einem solchen Beherrschungsverhältnis ist auszugehen, wenn der beherrschten Person auf Grund eines absoluten Abhängigkeitsverhältnisses im Wesentlichen kein eigener Entscheidungsspielraum verbleibt (BFH-Urteile vom 29. April 2014 – VIII R 9/13, VIII R 35/13, VIII R 44/13, VIII R 31/11, BStBl. II S. 884[1], 990, 992 und 995). Das Abhängigkeitsverhältnis kann wirtschaftlicher oder persönlicher Natur sein (BFH-Urteil vom 28. Januar 2015 – VIII R 8/14, BStBl. II S. 397).

Beispiel:

Ehegatte/Lebenspartner A gewährt dem Ehegatten/Lebenspartner B ein Darlehen zum Erwerb einer vermieteten Immobilie. Der darlehensnehmende Ehegatte/Lebenspartner B ist ansonsten mittellos. Ein fremder Dritter hätte den Erwerb der Immobilie durch B nicht zu 100 % finanziert.

Lösung:

B ist von A finanziell abhängig. Hinsichtlich der Finanzierung verbleibt B kein eigener Entscheidungsspielraum, so dass A bei der Darlehensgewährung einen beherrschenden Einfluss auf B ausüben kann. Die Anwendung des gesonderten Steuertarifs nach § 32 d Absatz 1 EStG auf die vom darlehensgebenden Ehegatten/Lebenspartner A erzielten Kapitaleinkünfte ist nach § 32 d Absatz 2 Nummer 1 Buchstabe a EStG ausgeschlossen.

Für die Annahme eines eigenen wirtschaftlichen Interesses der Vertragsparteien an der Einkünfteerzielung des anderen reicht es nicht aus, dass der Darlehensgeber von der Besteuerung der Zinsen nach dem gesonderten Tarif gemäß § 32 d Absatz 1 EStG profitiert und der Schuldner die gezahlten Vergütungen im tariflichen Bereich als Betriebsausgaben abziehen kann (BFH-Urteil vom 16. Juni 2020 – VIII R 5/17, BStBl. II S. 807).

Beteiligungsgrenze (§ 32 d Absatz 2 Nummer 1 Buchstabe b EStG)

137 In die Berechnung der 10 %igen Beteiligungsgrenze sind ausschließlich die unmittelbaren Beteiligungen einzubeziehen (BFH-Urteile vom 20. Oktober 2016 – VIII R 27/15, BStBl. 2017 II S. 441, und vom 9. Juli 2019 – X R 9/17, BStBl. 2021 II S. 418). Eine mittelbare Beteiligung schließt die Anwendung des § 32 d Absatz 2 Nummer 1 Buchstabe b Satz 2 EStG nicht aus.

b) Ausnahme auf Antrag bei bestimmter Beteiligungshöhe (§ 32 d Absatz 2 Nummer 3 EStG)

Berufliche Tätigkeit

138 Unter den Begriff der beruflichen Tätigkeit fallen sowohl selbständig als auch nichtselbständig ausgeübte Tätigkeiten. Ob es sich bei der beruflichen Tätigkeit um eine gewerbliche, freiberufliche

[1] Red. Anm.: Falsch im BStBl., richtig: S. 986.

Anl a zu §§ 43–45e

oder um eine andere unter die Gewinneinkünfte fallende Tätigkeit handelt, ist unerheblich. Die erforderliche berufliche Tätigkeit für eine Kapitalgesellschaft setzt nicht voraus, dass der Gesellschafter unmittelbar für diejenige Kapitalgesellschaft tätig wird, für deren Kapitalerträge er den Antrag zur tariflichen Einkommensteuer stellt. Bei besonderen Umständen können auch Tätigkeiten auf Ebene einer anderen Kapitalgesellschaft als berufliche Tätigkeit für diejenige Kapitalgesellschaft zu qualifizieren sein, für deren Kapitalerträge der Antrag gestellt wird (BFH-Urteil vom 27. März 2018 – VIII R 1/15, BStBl. 2019 II S. 56).

Zeitraum der Beteiligung

139 Es ist ausreichend, dass die notwendige Beteiligungsquote zu irgendeinem Zeitpunkt in dem Veranlagungszeitraum, für den der Antrag erstmals gestellt wird, vorliegt. Wird die Beteiligungsquote in einem auf die erstmalige Antragstellung folgenden Jahr nicht mehr erreicht, entfaltet die vorher ausgeübte Option keine Wirkung mehr. § 32 d Absatz 2 Nummer 3 Satz 4 EStG beinhaltet insoweit lediglich eine Nachweiserleichterung und ersetzt nicht die Tatbestandsvoraussetzungen.

Hinzuerwerb von Anteilen

140 Erwirbt der Steuerpflichtige Anteile hinzu, findet die Regelung auf die gesamte Beteiligung Anwendung. Eine teilweise Anwendung der Vorschrift auf die hinzuerworbenen Anteile ist nicht möglich.

Antragsfrist

141 Der Antrag ist spätestens zusammen mit der Abgabe der erstmaligen Einkommensteuererklärung (gleicher Eingangsstempel) für den jeweiligen Veranlagungszeitraum zu stellen. Hierbei handelt es sich um eine Ausschlussfrist, wobei es auf die erstmalige Abgabe der Steuererklärung für das jeweilige Jahr ankommt. Eine Nachholung ist nur unter den Voraussetzungen des § 110 AO möglich (BFH-Urteil vom 28. Juli 2015 – VIII R 50/14, BStBl. II S. 894, und vom 29. August 2017 – VIII R 33/15, BStBl. 2018 II S. 69). Ein Fall höherer Gewalt im Sinne des § 110 Absatz 3 AO liegt nicht vor, wenn der Steuerpflichtige deshalb keinen Antrag gestellt hat, weil er irrtümlich davon ausgegangen ist, keine Erträge aus der Beteiligung erzielt zu haben (BFH-Urteil vom 14. Mai 2019 – VIII R 20/16, BStBl. II S. 586). Ein Widerruf des Antrags kann auch für das Erstjahr bis zur Bestandskraft erklärt werden. Nach Eintritt der Bestandskraft kommt ein wirksamer Widerruf allenfalls in Betracht, soweit die Steuerfestsetzung verfahrensrechtlich geändert werden kann.

Verfahrensfragen

142 Ist der Steuerpflichtige mittelbar über eine vermögensverwaltende Personengesellschaft an einer Kapitalgesellschaft beteiligt, ist der Antrag im Rahmen der Einkommensteuerveranlagung des Steuerpflichtigen zu stellen. Insoweit liegen die Voraussetzungen des § 32 d Absatz 2 Nummer 3 Satz 2 EStG zur Anwendung des Teileinkünfteverfahrens sowie zur Verlustverrechnung und Abziehbarkeit von Werbungskosten vor.

Vorliegen von Kapitalerträgen

143 Das abstrakte Vorliegen von Kapitalerträgen im Sinne des § 20 Absatz 1 Nummer 1 oder 2 EStG ermöglicht dem Steuerpflichtigen die Ausübung der Option also auch dann, wenn in dem jeweiligen Veranlagungszeitraum Erträge tatsächlich nicht vorhanden sind und die Option nur dazu dient, die tatsächlich entstandenen Werbungskosten zu 60 % im Rahmen der Veranlagung zu berücksichtigen.

3. Erträge, die nicht dem Kapitalertragsteuerabzug bei einem inländischen Kreditinstitut unterlegen haben (§ 32 d Absatz 3 EStG)

144 Steuerpflichtige Kapitalerträge, die aus rechtlichen oder tatsächlichen Gründen nicht dem Kapitalertragsteuerabzug unterlegen haben (z. B. Gewinne aus der Veräußerung von GmbH-Anteilen oder verdeckte Gewinnausschüttungen), hat der Steuerpflichtige nach § 32 d Absatz 3 Satz 1 EStG in seiner Einkommensteuererklärung anzugeben, vgl. auch Rn. 183.

4. Veranlagungs-Wahlrecht (§ 32 d Absatz 4 EStG)

Allgemeines

145 Dem Steuerpflichtigen steht für Kapitaleinkünfte, die der Kapitalertragsteuer unterlegen haben, ein Wahlrecht zu, diese im Rahmen seiner Veranlagung geltend zu machen, um die gesetzlich geregelten Tatbestände, die beim Kapitalertragsteuerabzug nicht berücksichtigt werden können, wie z. B. ein Verlustvortrag nach § 20 Absatz 6 EStG, steuermindernd geltend zu machen. Ebenso besteht für den Steuerpflichtigen die Möglichkeit, den Steuereinbehalt des Kreditinstituts dem Grund und der Höhe nach überprüfen zu lassen. Der entsprechende Antrag kann bis zur Unanfechtbarkeit des Einkommensteuerbescheides gestellt werden bzw. solange eine Änderung nach den Vorschriften der AO (z. B. § 164 Absatz 2 AO) oder den Einzelsteuergesetzen möglich ist (BFH-Urteil vom 21. August 2019 – X R 16/17, BStBl. 2020 II S. 99). §§ 177 und 351 Absatz 1 AO sind zu beachten.

So kann der Steuerpflichtige z. B. bei Veräußerungsfällen Anschaffungskosten, die sein depotführendes Institut nicht berücksichtigt hat, im Rahmen der Veranlagung anführen. Außerdem kann der Steuerpflichtige unter anderem in den Fällen, in denen beim Kapitalertragsteuerabzug der steuermindernde Effekt der Kirchensteuerzahlung noch nicht berücksichtigt wurde (z. B. bei Dividendenausschüttungen), diesen im Rahmen der Veranlagung nachholen, wenn der Kirchensteuerabzug durch sein depotführendes Institut nicht durchgeführt worden ist und die Festsetzung der Kirchensteuer in der Veranlagung zu erfolgen hat.

Erklärt er diese Einkünfte in der Veranlagung, erfolgt entsprechend der Regelung in § 32 d Absatz 3 Satz 2 EStG eine Erhöhung der tariflichen Einkommensteuer um 25 % der – durch die entsprechenden Tatbestände geminderten – Einkünfte. Die vom Kreditinstitut bereits einbehaltene und bescheinigte

Kapitalertragsteuer wird nach § 36 Absatz 2 Nummer 2 EStG im Rahmen der Veranlagung auf die für die Einkünfte aus Kapitalvermögen festgesetzte Einkommensteuer angerechnet. Dies kann zu einer Einkommensteuererstattung führen.

146 § 32 d Absatz 4 EStG findet zur Verrechnung von positiven Einkünften aus Kapitalvermögen mit negativen Einkünften aus anderen Einkunftsarten keine Anwendung. In diesen Fällen ist § 32 d Absatz 6 EStG anzuwenden.

147 *Nicht besetzt*

5. Anrechnung ausländischer Steuern (§ 32 d Absatz 5 EStG)

Anrechnung ausländischer Steuern bei ausländischen Investmenterträgen

148 Nach § 32 d Absatz 5 Satz 1 EStG sind höchstens 25 % ausländische Steuer auf den einzelnen Kapitalertrag anzurechnen. Bei ausländischen Investmenterträgen ist für die Berechnung des anrechenbaren Höchstbetrages der nach Berücksichtigung der Teilfreistellung nach § 20 InvStG verbleibende steuerpflichtige Investmentertrag maßgebend.

Beispiel (ausländischer Auslands-Immobilienfonds):

Ein inländischer Privatanleger bezieht eine Ausschüttung eines ausländischen Auslands-Immobilienfonds im Sinne des § 2 Absatz 9 Satz 2 InvStG in Höhe von 10 000 €. Nach Anwendung der Auslands-Immobilienteilfreistellung nach § 20 Absatz 3 Satz 2 InvStG in Höhe von 80 % sind nur 2000 € der Investmenterträge steuerpflichtig. Die Ausschüttung unterliegt im Sitzstaat des Investmentfonds einer Quellensteuer in Höhe von 30 %, also 3000 €. Das entsprechende DBA sieht einen Ermäßigungsanspruch auf 15 % (hier 1500 €) vor.

Lösung:

Höchstbetrag in Höhe von 500 € (2000 € × 25 %);
Anrechnung in Höhe von 500 €.

Beispiel (ausländischer Aktienfonds):

Ein inländischer Privatanleger bezieht eine Ausschüttung eines ausländischen Aktienfonds im Sinne des § 2 Absatz 6 Satz 1 InvStG in Höhe von 10 000 €. Nach Anwendung der Aktienteilfreistellung nach § 20 Absatz 1 Satz 1 InvStG in Höhe von 30 % sind nur 7000 € der Investmenterträge steuerpflichtig. Die Ausschüttung unterliegt im Sitzstaat des Investmentfonds einer Quellensteuer in Höhe von 30 %, also 3000 €. Das entsprechende DBA sieht einen Ermäßigungsanspruch auf 15 % (hier 1500 €) vor.

Lösung:

Höchstbetrag in Höhe von 1750 € (7000 € × 25 %);
Anrechnung in Höhe von 1500 € (aufgrund der Begrenzung auf die nach dem DBA-Ermäßigungsanspruch verbleibende ausländische Steuer).

Wenn die auszahlende Stelle bei vor dem 1. Januar 2020 zugeflossenen Kapitalerträgen eine niedrigere ausländische Steuer angerechnet hat, als sich nach dieser RandNummer ergibt, ist es nicht zu beanstanden, wenn die auszahlende Stelle keine Korrektur vornimmt. Der Steuerpflichtige kann in diesen Fällen eine Korrektur nach § 32 d Absatz 4 EStG im Veranlagungsverfahren beantragen. Für diesen Zweck hat die auszahlende Stelle zu bestätigen, dass sie keine Korrektur vorgenommen hat und vornehmen wird.

6. Günstigerprüfung (§ 32 d Absatz 6 EStG)

Allgemeines

149 § 32 d Absatz 6 EStG regelt die Wahlmöglichkeit des Steuerpflichtigen, seine Einkünfte aus Kapitalvermögen abweichend von § 32 d Absatz 1 EStG den allgemeinen einkommensteuerrechtlichen Regelungen zur Ermittlung der tariflichen Einkommensteuer zu unterwerfen. Damit wird für Steuerpflichtige, deren Belastung mit der tariflichen Einkommensteuer auf Kapitaleinkünfte niedriger ist als der Abgeltungsteuersatz in Höhe von 25 %, die Möglichkeit geschaffen, dass ihre Einkünfte aus Kapitalvermögen diesem niedrigeren Steuersatz unterworfen werden. Der Steuerpflichtige hat diese Wahlmöglichkeit im Rahmen seiner Veranlagung geltend zu machen. Zusammenveranlagte Ehegatten/Lebenspartner können das Wahlrecht nur gemeinsam ausüben. Der Antrag auf Günstigerprüfung kann bis zur Unanfechtbarkeit des betreffenden Einkommensteuerbescheides gestellt werden bzw. solange eine Änderung nach den Vorschriften der AO (z. B. § 164 Absatz 2 AO) oder den Einzelsteuergesetzen möglich ist. Die Festsetzung der Steuer in einem Änderungsbescheid nach Eintritt der Bestandskraft, die aufgrund der im Änderungsbescheid berücksichtigten Besteuerungsgrundlagen erstmals eine erfolgreiche Antragstellung gemäß § 32 d Absatz 6 EStG ermöglicht, ist ein rückwirkendes Ereignis im Sinne des § 175 Absatz 1 Satz 1 Nummer 2 AO, das einen korrekturbedürftigen Zustand auslöst (BFH-Urteil vom 14. Juli 2020 – VIII R 6/17, BStBl. 2021 II S. 92). §§ 177 und 351 Absatz 1 AO sind zu beachten (BFH-Urteil vom 12. Mai 2015 – VIII R 14/13, BStBl. II S. 806).

150 Das Finanzamt prüft im Rahmen der Steuerfestsetzung von Amts wegen, ob die Anwendung der allgemeinen Regelungen (insbesondere unter Berücksichtigung des Grundfreibetrags und des Altersentlastungsbetrags) zu einer niedrigeren Steuerfestsetzung führt (Günstigerprüfung). Sollte dies nicht der Fall sein, gilt der Antrag als nicht gestellt.

Wird das Veranlagungswahlrecht nach § 32 d Absatz 6 EStG ausgeübt, müssen alle Kapitalerträge erklärt werden. Hierzu sind sämtliche Steuerbescheinigungen vorzuhalten und auf Verlangen des Finanzamts einzureichen (§ 36 Absatz 2 Nummer 2 Satz 3 EStG). Nicht ausgeglichene Verluste im Sinne des § 43 a Absatz 3 EStG sind nur zu berücksichtigen, wenn die Bescheinigung nach § 43 a Absatz 3 Satz 4 EStG vorliegt. Der Abzug der tatsächlichen Werbungskosten ist auch im Rahmen der Günstigerprüfung ausgeschlossen (§ 20 Absatz 9 EStG und BFH-Urteil vom 28. Januar 2015 – VIII R 13/13, BStBl. II S. 393).

Anl a zu §§ 43–45 e

Bei Ansatz der tariflichen Einkommensteuer ist die Kirchensteuer auf Kapitalerträge als Sonderausgabe abzugsfähig (§ 10 Absatz 1 Nummer 4 EStG).

Beispiel:

A (ledig) erzielt folgende Einkünfte:

Verluste aus Gewerbebetrieb	20 000 €
Einkünfte aus Kapitalvermögen bei seinem inländischen Kreditinstitut	25 000 €

Lösung:

Beantragt der Steuerpflichtige die Günstigerprüfung, beträgt die festzusetzende tarifliche Einkommensteuer 0 €. Die einbehaltene Kapitalertragsteuer (zzgl. Zuschlagsteuern) wird im Rahmen der Veranlagung erstattet.
Alternativ kann der Steuerpflichtige die Kapitaleinkünfte mit dem in § 32 d EStG geregelten Steuersatz versteuern. In diesem Fall beträgt der negative Gesamtbetrag der Einkünfte 20 000 €, welcher nach den Regelungen des § 10 d EStG zu berücksichtigen ist.

151 Die nach § 32 d Absatz 5 EStG ermittelte ausländische Steuer wird auch im Falle der Günstigerprüfung angerechnet. Dabei ist die Anrechnung auf die tarifliche Einkommensteuer beschränkt, die auf die hinzugerechneten Kapitaleinkünfte entfällt (§ 32 d Absatz 6 Satz 2 EStG).

Der Anrechnungshöchstbetrag ist wie folgt zu berechnen:
tarifliche Einkommensteuer bei Hinzurechnung der Kapitaleinkünfte
abzüglich tarifliche Einkommensteuer ohne Kapitaleinkünfte
= Anrechnungshöchstbetrag

IV. Kapitalerträge mit Steuerabzug (§ 43 EStG)

7 **151a** Die Kreditinstitute haben als Organe der Steuererhebung die Rechtsauffassung der Finanzverwaltung hinsichtlich des Kapitalertragsteuereinbehalts anzuwenden (§ 44 Absatz 1 Satz 3 EStG).

1. Treuhanddepots

152 Treuhandkonten und -depots sind im Rahmen der Abgeltungsteuer nach den für die Einkünfte aus Kapitalvermögen geltenden Regeln, d. h. grundsätzlich wie Privatkonten und -depots, zu behandeln. Die Verlustverrechnung und die Anrechnung ausländischer Quellensteuer hat nach § 43 a Absatz 3 EStG zu erfolgen. Für jedes Treuhandkonto ist ein gesonderter Verlustverrechnungstopf zu führen. Als Steuerbescheinigung ist das Muster I der Anlage des BMF-Schreibens vom 23. Mai 2022 (BStBl. I S. 860)[1] zu verwenden. Eine Steuerbescheinigung nach Muster III der Anlage des o. g. BMF-Schreibens darf nicht ausgestellt werden.

153 Bei Treuhandkonten und -depots scheidet eine Abstandnahme vom Steuerabzug aufgrund eines Freistellungsauftrags oder einer NV-Bescheinigung aus, da nach § 44 a Absatz 6 EStG Voraussetzung für die Abstandnahme ist, dass Kontoinhaber und Gläubiger der Kapitalerträge identisch sind, vgl. Rn. 301, 302.

154 Eine Freistellung des Betriebsvermögens gemäß § 43 Absatz 2 Satz 3 EStG von den Kapitalertragsteuertatbeständen ist bei Treuhandkonten und -depots nicht möglich.

Verwaltung durch einen Insolvenzverwalter

155 Betriebliche Konten und Depots, die durch einen Insolvenzverwalter verwaltet werden, fallen nicht unter die Regelungen der Rn. 152 und 154. Zum Nachweis, dass es sich um ein betriebliches Konto handelt, reicht eine Bestätigung des Insolvenzverwalters gegenüber dem Kreditinstitut aus.

Treuhänderische Vermögensauslagerung auf sogenannte Contractual Trust Arrangements (CTA)

156 Die Rn. 152 bis 154 gelten nicht bei Contractual Trust Arrangements (CTAs). Dem konto- bzw. depotführenden Kreditinstitut sind sowohl bei seinen eigenen (konzerninternen) CTAs als auch bei den von dem Kreditinstitut verwalteten für Kunden zur Verfügung gestellten CTAs und Gruppen-CTAs sämtliche Details der Strukturen vollinhaltlich bekannt. Insbesondere ist das Treugeberunternehmen, dem die Kapitalerträge zuzurechnen sind, dem Kreditinstitut bekannt. In diesem Fall sind die Erträge dem Betriebsvermögen des Treugeberunternehmens zuzurechnen. Das Kreditinstitut hat infolge dessen von betrieblichen Einnahmen auszugehen, so dass keine Verlustverrechnung und keine Quellensteueranrechnung erfolgt (§ 43 a Absatz 3 Satz 7 EStG). Für die Freistellung vom Steuerabzug nach § 43 Absatz 2 Satz 3 Nummer 1 oder 2 EStG ist auf das Treugeberunternehmen (als Gläubigerin der Kapitalerträge) abzustellen. Ist das Treugeberunternehmen ein Kredit- oder Finanzdienstleistungsinstitut, findet § 43 Absatz 2 Satz 2 EStG Anwendung.

157 Für andere Treuhandkonten und -depots, die dem konto- bzw. depotführenden Kreditinstitut gegenüber als CTA-Konstruktion offen angezeigt sind, gilt Folgendes:

Der Treuhänder legt dem Kreditinstitut ein Schreiben des Treugeberunternehmers vor, wonach die folgenden Voraussetzungen für die wirtschaftliche Zurechnung zum Treugeberunternehmen für das betreffende Treuhandvermögen erfüllt sind:

- der Treuhänder hat die überlassenen Barmittel oder anderen Vermögenswerte nach vom Treugeber aufgestellten Richtlinien anzulegen oder zu verwalten;
- das eigene Vermögen des Treuhänders und das Treuhandvermögen werden getrennt verwaltet, so dass eine Identifizierung der vom Treuhänder übertragenen Vermögenswerte jederzeit gewährleistet ist;
- Geschäfte mit dem Treugut werden im Namen des Treuhänders, aber nur für Rechnung des Treugebers getätigt;

[1] Nachstehend abgedruckt als Anlage b zu §§ 43–45 e EStG.

- der Treugeber kann die Herausgabe des endgültig nicht mehr benötigten Treuhandvermögens verlangen;
- den Treugeber treffen die wirtschaftlichen Entwicklungen der Vermögensanlage einschließlich des Risikos einer Wertminderung sowie der nicht zweckgerichteten Verwendung endgültig.

Anl a zu §§ 43–45 e

Wird ein solches Schreiben vorgelegt, hat das konto- bzw. depotführende Kreditinstitut dann von Betriebsvermögen auszugehen und für die Freistellung vom Steuerabzug nach § 43 Absatz 2 Satz 3 Nummer 1 und 2 EStG auf die Merkmale des Treugeberunternehmens abzustellen. Ist eine Freistellung vom Steuerabzug nach § 43 Absatz 2 Satz 3 Nummer 1 und 2 EStG nicht möglich, wird unter den Voraussetzungen des Satzes 1 dieser RandNummer eine Abstandnahme vom Steuerabzug aufgrund einer NV-Bescheinigung nicht beanstandet.

158 In Fällen der Rn. 156 und 157 sind im Zusammenhang mit einer Freistellung nach § 43 Absatz 2 Satz 3 Nummer 2 EStG in Verbindung mit § 43 Absatz 2 Satz 7 EStG die Kontendaten des Treuhänders zu übermitteln und dabei dem Treugeber zuzuordnen.

2. Kapitalerträge mit Steuerabzug (§ 43 Absatz 1 EStG)

a) Nachzahlungen (§ 43 Absatz 1 Satz 1 Nummer 7 EStG)

159 Erhält ein Anleger verzinsliche Nachzahlungen auf einen squeeze-out, vgl. Rn. 70, ist der Zinsertrag gemäß § 20 Absatz 1 Nummer 7 EStG zu erfassen. Kapitalertragsteuer ist nicht einzubehalten, es sei denn, das auszahlende Kreditinstitut ist Schuldner der Kapitalerträge.

b) Weltbank-Papiere im Rahmen der Abgeltungsteuer (§ 43 Absatz 1 Satz 1 Nummer 7 Buchstabe a EStG)

160 Auf Zinsscheine zu DM- und Fremdwährungsanleihen der Afrikanischen Entwicklungsbank (African Development Bank – AfDB), der Asiatischen Entwicklungsbank (Asian Development Bank – AFB), der International Finance Corporation (IFC), der Weltbank (International Bank for Reconstruction and Development – IBRD) und zu Fremdwährungsanleihen der Interamerikanischen Entwicklungsbank (Inter-American Development Bank – IADB), die vor dem 24. September 1992 begeben worden sind, sowie auf Zinsscheine zu DM-Anleihen der Interamerikanischen Entwicklungsbank (IADB), die vor dem 4. November 1992 begeben worden sind, wird kein Steuerabzug vorgenommen, wenn die Zinsscheine im Tafelgeschäft bei Kreditinstituten eingelöst werden, die in den jeweiligen Emissionsbedingungen als Zahlstellen genannt sind. Dies gilt auch für die Einlösung der Anleihen. Die Festsetzung der Einkommensteuer ist gemäß § 32 d Absatz 3 EStG im Rahmen der Einkommensteuerveranlagung durchzuführen.

c) Namensschuldverschreibungen (§ 43 Absatz 1 Satz 1 Nummer 7 EStG)

161 Eine Namensschuldverschreibung fällt grundsätzlich unter § 43 Absatz 1 Satz 1 Nummer 7 Buchstabe b EStG, ist jedoch ausnahmsweise als Teilschuldverschreibung im Sinne des § 43 Absatz 1 Satz 1 Nummer 7 Buchstabe a EStG einzuordnen, wenn folgende Voraussetzungen erfüllt sind:
- die Anleihe/Emission muss in einem einheitlichen Akt begeben worden sein,
- die über die einheitliche Anleihe ausgestellten, auf Teile des Gesamtnennbetrags lautenden Schuldverschreibungen müssen hinsichtlich der Konditionen (Ausstellungsdatum, Laufzeit, Tilgungsmodalitäten, Verzinsung) einheitlich ausgestaltet, also untereinander austauschbar und übertragbar (fungibel) sein und
- aus der Teilschuldverschreibung muss ersichtlich sein, dass sie einen Teil einer Gesamtemission verbrieft.

Findet die Verwahrung als Streifbandverwahrung oder als eingeschränkte Girosammelverwahrung statt und schafft der Emittent hierdurch die Möglichkeit, Namensschuldverschreibungen auf einfachem Weg auszutauschen und zu übertragen, reicht dies für die Annahme einer hinreichenden Fungibilität als Merkmal einer Teilschuldverschreibung aus.

d) Depotübertrag mit Gläubigerwechsel (§ 43 Absatz 1 Satz 4 bis 6 EStG)

Veräußerungsfiktion bei Depotübertrag mit Gläubigerwechsel (§ 43 Absatz 1 Satz 4 EStG)

162 Für Zwecke des Kapitalertragsteuerabzugs gilt die Übertragung eines von einer auszahlenden Stelle verwahrten oder verwalteten Wirtschaftsguts im Sinne von § 20 Absatz 2 EStG auf einen anderen Gläubiger grundsätzlich als Veräußerung des Wirtschaftsguts.

163 Eine nach § 43 Absatz 1 Satz 4 EStG fingierte Veräußerung ist nur dann kapitalertragsteuerpflichtig, wenn sich nach der Übergangsregelung in § 52 Absatz 28 EStG eine materielle Steuerpflicht des Veräußerungsgewinns nach § 20 Absatz 2 EStG ergeben würde.

Beispiel:

A überträgt an B Aktien, die er im Jahr 2006 erworben hat.

Lösung:

Die Übertragung stellt keine steuerpflichtige Veräußerung im Sinne des § 43 Absatz 1 Satz 4 EStG dar.

164 Die auszahlende Stelle muss die anfallende Kapitalertragsteuer vom Kunden einfordern oder das Betriebsstättenfinanzamt informieren, soweit der Betrag nicht zur Verfügung gestellt wird (entsprechende Anwendung von § 44 Absatz 1 Satz 7 bis 11 EStG).

Übertragung von Depots aus Anlass von Erbfällen (§ 43 Absatz 1 Satz 5 EStG)/Übertragungen für Zwecke der Begründung eines Treuhandverhältnisses

165 Kommt es in Erbfällen zu einem Depotübertrag auf einen anderen Gläubiger, ist von einem unentgeltlichen Depotübertrag im Sinne des § 43 Absatz 1 Satz 5 EStG auszugehen. Da in diesen Fällen dem Grunde nach eine Verpflichtung zur Anzeige unmittelbar an das zuständige Erbschaftsteuerfinanzamt nach § 33 ErbStG besteht, ist eine Meldung nach § 43 Absatz 1 Satz 6 EStG nicht erforderlich.

In den Fällen, in denen sowohl der Treuhänder als auch der Treugeber bekannt sind (offene Treuhand) und eine Übertragung zwischen Treugeber und Treuhänder erfolgt, ist eine Meldung nicht erforderlich.

Unentgeltliche Depotüberträge (§ 43 Absatz 1 Satz 5 und 6 EStG)

166 Von einer Veräußerung ist nicht auszugehen, wenn der Steuerpflichtige unter Benennung der gesetzlich geforderten Daten der auszahlenden Stelle mitteilt, dass es sich um eine unentgeltliche Übertragung handelt.

Sofern bei einer Übertragung eines Depots die erforderlichen Daten, die den Übertragenden und den Depotempfänger betreffen, berechtigterweise nicht vollständig mitgeteilt werden können, steht dies einer Einordnung als unentgeltlicher Übertragung nicht entgegen. Dies gilt insbesondere bei Personengesellschaften, Körperschaften und anderen Unternehmen, die nicht über eine steuerliche IdentifikationsNummer verfügen. Natürliche Personen (z. B. Anleger aus dem Ausland, Diplomaten) können sich für diesen Zweck eine steuerliche IdentifikationsNummer beim Bundeszentralamt für Steuern erteilen lassen, wenn ihnen nicht aus anderen Gründen bereits eine solche erteilt wurde.

Sind mehrere Personen, entweder als Übertragende oder als Empfänger, Inhaber eines Gemeinschaftsdepots, so ist für diesen Depotübertrag nur eine Meldung vorzunehmen (inklusive der steuerlichen Identifikationsnummern und der sonstigen gesetzlich vorgeschriebenen Angaben).

Informiert das Kreditinstitut den Steuerpflichtigen z. B. bei Antragstellung oder bei Auftragserteilung für einen Depotübertrag mit dem jeweiligen Formular darüber, dass die abgefragten Daten an die Finanzbehörden übermittelt werden, so ist keine zusätzliche Information des Steuerpflichtigen im Sinne des § 93 c Absatz 1 Nummer 3 AO mehr erforderlich.

Bei einem Übertrag der Wertpapiere von einem Treuhänder auf einen Dritten sind die steuerlichen Identifikationsnummern des Treugebers (soweit bekannt), des Treuhänders und des Empfängers zu melden.

167 Die auszahlende Stelle kann zur Verfahrensvereinfachung die Übertragungen je Empfänger zusammenfassen. Die Übertragungen sind bis zum 31. Mai des Folgejahres dem Betriebsstättenfinanzamt zu übermitteln.

168 Wird ein Wirtschaftsgut vom Einzeldepot eines Ehegatten/Lebenspartners auf ein Gemeinschaftsdepot der Ehegatten/Lebenspartner (oder umgekehrt) oder auf ein Einzeldepot des anderen Ehegatten/Lebenspartners übertragen, gilt dies für Zwecke des Kapitalertragsteuerabzugs als unentgeltliche Übertragung im Sinne des § 43 Absatz 1 Satz 5 und 6 EStG. Hiervon unabhängig bedarf es jedoch der Angabe der steuerlichen Identifikationsnummern der Ehegatten/Lebenspartner.

169 Bei einem unentgeltlichen Depotübertrag muss keine Meldung an das Finanzamt erfolgen, soweit es sich um einen Übertrag von Altbeständen im Sinne des § 52 Absatz 28 EStG handelt, die nicht der Abgeltungsteuer unterliegen.

Behandlung von Wertpapierleihe, Wertpapierpensions- und Repogeschäften

170 Werden Wertpapierleihe-, Wertpapierpensions- oder Repogeschäfte durchgeführt, liegt unabhängig von der zivilrechtlichen Abwicklung einkommensteuerrechtlich in allen Varianten ein Depotübertrag auf einen anderen Gläubiger (Depot des Verleihers auf Depot des Entleihers) vor, der nach § 43 Absatz 1 Satz 4 EStG als Veräußerung fingiert wird. Beim Entleiher erfolgt eine Einbuchung mit dem Ersatzwert für die Anschaffungskosten, § 43 a Absatz 2 Satz 11 EStG. Bei entsprechender Mitteilung kann der Vorgang auch als unentgeltlicher Depotübertrag mit Meldung an das Finanzamt abgewickelt werden (§ 43 Absatz 1 Satz 5 und 6 EStG).

171 Ist das depotführende Kreditinstitut in den Leihevorgang als Entleiher eingeschaltet, sind der Entleihvorgang und die Rückgabe steuerlich neutral zu behandeln. § 43 Absatz 1 Satz 4 bis 6 EStG findet keine Anwendung.

172 Rn. 171 gilt entsprechend, wenn das Kreditinstitut der Verleiher der Wertpapiere ist. Werden die auf Grund der Wertpapierleihe eingebuchten Wertpapiere im Zeitraum des Leihgeschäfts zwischenzeitlich veräußert, ist hinsichtlich der Ermittlung des Veräußerungsgewinns die Ersatzbemessungsgrundlage nach § 43 a Absatz 2 Satz 7 EStG anzuwenden. Deckt sich der Steuerpflichtige mit den Wertpapieren für Zwecke der Rückübertragung ein, hat das Kreditinstitut die hierfür angefallenen Anschaffungskosten nachträglich dem Veräußerungsgeschäft zuzuordnen. Im Rahmen der Kapitalertragsteuer-Anmeldung ist die Erhebung der Kapitalertragsteuer insoweit zu korrigieren, als anstelle des Ansatzes der Ersatzbemessungsgrundlage der tatsächliche Veräußerungsgewinn unter Berücksichtigung der tatsächlichen Anschaffungskosten anzusetzen ist.

Kann die Zuordnung des späteren Eindeckungsgeschäfts zu dem vorangehenden Veräußerungsgeschäft ausnahmsweise nicht durch das Kreditinstitut vorgenommen werden oder unterbleibt die Zuordnung, weil das Eindeckungsgeschäft in einem späteren Kalenderjahr als dem des Verkaufs erfolgt, wird das Erfüllungsgeschäft als entgeltlicher Depotübertrag (§ 43 Absatz 1 Satz 4 EStG) behandelt. Dabei wird als Ersatzwert für den Veräußerungserlös der Börsenkurs angesetzt. Die Zuordnung des Eindeckungsgeschäfts zu dem vorangehenden Veräußerungsgeschäft kann in diesem Fall vom Kunden in der Veranlagung vorgenommen werden (§ 32 d Absatz 4 EStG).

173 Für den im Rahmen eines Wertpapierpensionsgeschäfts geleisteten Repozins findet § 22 Nummer 3 EStG Anwendung.

3. Ausnahmen vom Steuerabzug (§ 43 Absatz 2 EStG)

a) Interbankenprivileg (§ 43 Absatz 2 Satz 2 EStG)

174 § 43 Absatz 2 Satz 2 EStG ist auch anzuwenden, wenn Gläubiger der Kapitalerträge die Deutsche Bundesbank oder eine ausländische Zweigstelle eines inländischen Kreditinstituts oder inländischen Finanzdienstleistungsinstituts ist.

§ 43 Absatz 2 Satz 2 EStG findet auch Anwendung bei zugunsten eines inländischen Kreditinstituts oder inländischen Finanzdienstleistungsinstituts verwahrten Investmentanteilen.

Gehören die Konten oder Depots einem unter Insolvenzverwaltung stehenden Kredit- oder Finanzdienstleistungsinstitut, findet § 43 Absatz 2 Satz 2 EStG gleichfalls Anwendung. Rn. 155 Satz 2 gilt entsprechend.

b) Ausnahmen für Unternehmen (§ 43 Absatz 2 Satz 3 bis 8 EStG)

Nach ausländischem Recht gegründete, unbeschränkt steuerpflichtige Körperschaften

175 Unter die Freistellung vom Steuerabzug gemäß § 43 Absatz 2 Satz 3 Nummer 1 EStG fallen auch unbeschränkt steuerpflichtige Körperschaften, die nach ausländischem Recht gegründet wurden. Körperschaften in diesem Sinne sind insbesondere die in Anlage 2 zum EStG (zu § 43b EStG) angeführten Gesellschaften.

Erklärung zur Freistellung vom Steuerabzug nach § 43 Absatz 2 Satz 3 Nummer 2 EStG

176 Bei Kapitalerträgen im Sinne des § 43 Absatz 1 Satz 1 Nummer 6 und 8 bis 12 sowie Satz 2 EStG ist kein Steuerabzug vorzunehmen, wenn die Kapitalerträge Betriebseinnahmen oder Erträge aus Options- und Termingeschäften im Rahmen der Einkünfte aus Vermietung und Verpachtung sind und der Gläubiger der Kapitalerträge dies gegenüber der auszahlenden Stelle nach amtlich vorgeschriebenem Muster erklärt. Ausgleichszahlungen aus der Auflösung von Zinsswapgeschäften gehören nicht zu den Einkünften aus Vermietung und Verpachtung (BFH-Urteil vom 13. Januar 2015 – IX R 13/14, BStBl. II S. 827).

177 Optiert eine Personenhandels- oder Partnerschaftsgesellschaft nach § 1a KStG zur Körperschaftsbesteuerung und liegt der auszahlenden Stelle eine „Erklärung zur Freistellung vom Kapitalertragsteuerabzug gemäß § 43 Absatz 2 Satz 3 Nummer 2 EStG" vor, so gilt dies als Widerruf der Erklärung. Der Nachweis der Ausübung der Option zur Körperschaftsbesteuerung gegenüber der auszahlenden Stelle erfolgt durch Vorlage einer Kopie der Zuteilung einer KörperschaftsteuerNummer durch das nach § 20 AO für die Körperschaftsbesteuerung der optierenden Gesellschaft zuständige Finanzamt. Die Beendigung der Option zur Körperschaftsbesteuerung hat die Personenhandels- oder Partnerschaftsgesellschaft der auszahlenden Stelle unverzüglich formlos anzuzeigen, ggf. ist ein erneuter Antrag mit der „Erklärung zur Freistellung vom Kapitalertragsteuerabzug gemäß § 43 Absatz 2 Satz 3 Nummer 2 EStG" zu stellen. Es wird nicht beanstandet, wenn die sich im Kapitalertragsteuerabzugsverfahren aufgrund der Option zur Körperschaftsbesteuerung ergebenden Änderungen erst im Folgejahr nach der Einreichung der Unterlagen beim Kreditinstitut angewendet werden. Dies gilt sowohl für den Nachweis der Ausübung der Option als auch für die Rückoption. Zum Muster vgl. Anlage 1.

178 Es ist nicht zu beanstanden, wenn Sachverhalte, die bei einer auszahlenden Stelle nicht vorkommen, im Freistellungserklärungsformular weggelassen werden (z. B. depotführende Kapitalanlagegesellschaften führen keine Termin- und Optionsgeschäfte für ihre Kunden aus, so dass die entsprechenden Ankreuzkästchen mit dazugehörigem Text in der Freistellungserklärung entfallen können).

179 Weiterhin wird nicht beanstandet, wenn – je nach Fallgestaltung – in der Freistellungserklärung nur die Depots benannt und die Konten weggelassen werden. Außerdem kann statt der Formulierung „aus den Konten und Depots mit der StammNummer ..." auch die Formulierung „aus den Konten und Depots mit der KundenNummer ..." verwendet werden.

4. Einbehalt und Abführung der Kapitalertragsteuer durch inländische Niederlassungen von ausländischen Versicherungsunternehmen (§ 43 Absatz 3 EStG)

180 Bei inländischen Kapitalerträgen im Sinne des § 20 Absatz 1 Nummer 6 EStG ist Kapitalertragsteuer zu erheben (§ 43 Absatz 1 Satz 1 Nummer 4 EStG). Inländische Kapitalerträge liegen auch dann vor, wenn der Schuldner eine Niederlassung im Sinne des §§ 61, 65 oder 68 des Versicherungsaufsichtsgesetzes im Inland hat (§ 43 Absatz 3 Satz 1 Halbsatz 2 EStG). Maßgeblich ist der Zeitpunkt des Zuflusses der Kapitalerträge. Keine Bedeutung hat insoweit der Zeitpunkt des Vertragsabschlusses. Ein Steuerabzug hat gegenüber allen unbeschränkt steuerpflichtigen Personen unabhängig davon zu erfolgen, ob der Versicherungsvertrag über die inländische Niederlassung oder über eine ausländische Geschäftsstelle abgeschlossen oder verwaltet wurde. Handelt es sich bei dem Gläubiger der Kapitalerträge um eine nicht unbeschränkt steuerpflichtige Person, ist in den Fällen des § 43 Absatz 3 Satz 1 Halbsatz 2 EStG kein Steuerabzug vorzunehmen.

181 Die inländische Niederlassung gilt für Zwecke der Kapitalertragsteuer als Schuldner der Kapitalerträge. Bei mehreren inländischen Niederlassungen hat das Versicherungsunternehmen eine Niederlassung zu bestimmen, die die Rechte und Pflichten aus dem Steuerabzugsverfahren wahrnimmt; hierüber ist das örtlich zuständige Finanzamt der Niederlassung zu informieren. Die inländische Niederlassung hat insbesondere die einbehaltene Kapitalertragsteuer gegenüber ihrem örtlich zuständigen Finanzamt anzumelden und abzuführen, auf Verlangen des Steuerpflichtigen eine Steuerbescheinigung zu erstellen und Freistellungsaufträge oder NV-Bescheinigungen anzunehmen.

5. Abgeltungswirkung bei von den Erträgen abweichender Bemessungsgrundlage (§ 43 Absatz 5 EStG)

182 Ist die beim Kapitalertragsteuerabzug angesetzte Bemessungsgrundlage größer als die tatsächlich erzielten Erträge, kann der Steuerpflichtige im Rahmen des Veranlagungswahlrechts nach § 32d Absatz 4 EStG den zutreffenden Ansatz geltend machen.

183 Ist die beim Kapitalertragsteuerabzug angesetzte Bemessungsgrundlage kleiner als die tatsächlich erzielten Erträge, tritt die Abgeltungswirkung nach § 43 Absatz 5 EStG nur insoweit ein, als die Erträge der Höhe nach dem Steuerabzug unterliegen. Für den darüberhinausgehenden Betrag besteht eine Veranlagungspflicht nach § 32d Absatz 3 EStG. Aus Billigkeitsgründen kann hiervon abgesehen werden, wenn die Differenz je Veranlagungszeitraum nicht mehr als 500 € beträgt und keine weiteren Gründe für eine Veranlagung nach § 32d Absatz 3 EStG vorliegen.

V. Bemessung der Kapitalertragsteuer (§ 43a EStG)

1. Übernahme der Kapitalertragsteuer durch den Schuldner der Kapitalerträge

8 **183a** Übernimmt der Schuldner der Kapitalerträge für den Gläubiger die Kapitalertragsteuer, gilt dies auch für den Solidaritätszuschlag. Die Kirchensteuer ist ebenfalls zu berücksichtigen (vgl. § 51a Absatz 2c EStG).

Beispiel 1:

Berechnungsbeispiel (mit Kirchensteuer):

verdeckte Gewinnausschüttung:	100 000,00 €
vom Schuldner übernommene Kapitalertragsteuer:	33 955,86 €
vom Schuldner übernommener Solidaritätszuschlag:	1 867,57 €
vom Schuldner übernommene Kirchensteuer:	3 056,03 €
Kapitalertrag im Sinne des § 43a Absatz 1 Satz 1 Nummer 1 EStG:	138 879,46 €

Die Berechnungsformel nach § 32d Absatz 1 Satz 3 EStG ist wie folgt anzupassen:

$$\text{Kapitalertrag} = \frac{\text{tatsächlich ausgezahlter Betrag} \times 4{,}09}{2{,}945}$$

Bei einem Kirchensteuer-Satz von 8% ist im Zähler ein Wert von 4,08 zu verwenden.

Beispiel 2:

Berechnungsbeispiel (ohne Kirchensteuer):

verdeckte Gewinnausschüttung:	100 000,00 €
vom Schuldner übernommene Kapitalertragsteuer:	33 955,86 €
vom Schuldner übernommener Solidaritätszuschlag:	1 867,57 €
Kapitalertrag im Sinne des § 43a Absatz 1 Satz 1 Nummer 1 EStG:	135 823,43 €

Berechnungsformel:

$$\text{Kapitalertrag} = \frac{\text{tatsächlich ausgezahlter Betrag} \times 4}{2{,}945}$$

2. Depotüberträge ohne und mit Gläubigerwechsel (§ 43a Absatz 2 EStG)

a) Einzelfragen (§ 43a Absatz 2 Satz 3 ff. EStG)

Wertansatz bei nicht börsennotierten Inhaber-Schuldverschreibungen

184 Kommt es bei einer nicht börsennotierten Inhaber-Schuldverschreibung zu einem Depotwechsel, kann mangels Börsenkurs der von der emittierenden Stelle festgestellte Wert angesetzt werden. Da in der Praxis der Emittent bei diesen Papieren regelmäßig den Kurs feststellt, sind diese Daten anzusetzen.

Übermittlung der Anschaffungsdaten bei Übertragung von Investmentanteilen von einem anderen inländischen Institut ohne Gläubigerwechsel sowie mit Gläubigerwechsel bei einem unentgeltlichen Erwerb im Sinne des § 43 Absatz 1 Satz 5 EStG

184a Unter den Begriff der Anschaffungsdaten sind sämtliche bei Anschaffung der Investmentanteile vorliegenden Daten zu fassen. Im Einzelnen sind die folgenden Anschaffungsdaten zu übermitteln:

- der Anschaffungszeitpunkt,
- die Anschaffungskosten (Ausgabepreis oder bei einem Erwerb auf dem Sekundärmarkt der Kaufpreis einschließlich Anschaffungsnebenkosten) der zum jeweiligen Anschaffungszeitpunkt erworbenen Investmentanteile,
- die Anzahl der zum jeweiligen Anschaffungszeitpunkt erworbenen Investmentanteile (sofern zwischenzeitlich eine steuerneutrale Fondsverschmelzung vorgenommen wurde: die Anzahl der erworbenen Anteile unter Berücksichtigung des Umtauschverhältnisses der Fondsverschmelzung).

Darüber hinaus ist bei Depotüberträgen bis einschließlich dem 31. Dezember 2017 auch der bei Erwerb der Investmentanteile gezahlte Zwischengewinn im Sinne des § 1 Absatz 4 InvStG in der bis zum 31. Dezember 2017 geltenden Fassung mitzuteilen. Außerdem sollte der Immobiliengewinn zum Anschaffungszeitpunkt übermittelt werden. Es wird jedoch nicht beanstandet, wenn der Immobiliengewinn nicht übermittelt wird, sondern von dem aufnehmenden Kreditinstitut anhand des Anschaffungszeitpunkts bestimmt wird.

Für Investmentanteile, die im Rahmen einer steuerneutralen Verschmelzung gemäß §§ 14, 17a InvStG in der bis zum 31. Dezember 2017 geltenden Fassung erworben worden sind, gehören zu den Anschaffungsdaten auch die für die Veräußerungsgewinnermittlung nach § 8 Absatz 5 InvStG in der bis zum 31. Dezember 2017 geltenden Fassung erforderlichen Korrekturgrößen für den Zeitraum zwischen Anschaffung und Verschmelzung der Investmentanteile an dem übertragenden Investmentfonds. Die Korrekturgrößen können gesondert oder durch Anpassung im Sinne des § 8 Absatz 5 InvStG in der bis zum 31. Dezember 2017 geltenden Fassung des zu übermittelnden Ausgabe- bzw. Kaufpreises der Investmentanteile an dem übertragenden Investmentfonds mitgeteilt werden. Daneben sind die zum Zeitpunkt der Verschmelzung noch nicht dem Steuerabzug unterworfenen akkumulierten ausschüttungsgleichen Erträge sowie der Zeitpunkt der letzten steuerneutralen Verschmelzung mitzuteilen.

Bei Depotüberträgen ab dem 1. Januar 2018 sind folgende zusätzliche Angaben zu übermitteln:

- der Gewinn aus der fiktiven Veräußerung zum 31. Dezember 2017 im Sinne des § 56 Absatz 2 Satz 1 InvStG und die akkumulierten ausschüttungsgleichen Erträge nach § 7 Absatz 1 Satz 1 Nummer 3 InvStG in der bis zum 31. Dezember 2017 geltenden Fassung (§ 56 Absatz 4 Satz 1 und 3 InvStG),
- der Zwischengewinn nach § 56 Absatz 4 Satz 1 Nummer 2 InvStG in Verbindung mit § 7 Absatz 1 Satz 1 Nummer 4 InvStG in der bis zum 31. Dezember 2017 geltenden Fassung (§ 56 Absatz 4 Satz 3 InvStG),
- die Anschaffungskosten im Sinne des § 56 Absatz 2 Satz 2 oder 3 InvStG zum 1. Januar 2018 (die ursprünglichen Anschaffungskosten wurden im fiktiven Veräußerungsgewinn berücksichtigt und sind daher nicht zu übermitteln),
- der Gewinn aus der fiktiven Veräußerung im Sinne des § 22 Absatz 1 InvStG,
- die Anschaffungskosten im Sinne des § 22 Absatz 2 InvStG (dieser Wert tritt an die Stelle der ursprünglichen Anschaffungskosten zum Zeitpunkt des Erwerbs) und
- die Anschaffungskosten im Sinne des § 52 Absatz 3 Satz 2 InvStG.

Es wird nicht beanstandet, wenn für den Fall von mehreren vorangegangenen fiktiven Veräußerungen im Sinne des § 22 Absatz 1 InvStG Gewinne und Verluste, die aus einer originären Anschaffungsposition stammen, in einem Betrag übermittelt werden, vgl. Rn. 59 Absatz 3 des BMF-Schreibens vom 23. Mai 2022 (BStBl. I S. 860)[1].

Die übermittelten Anschaffungsdaten sind im Rahmen des Steuerabzugs für die Ermittlung des (späteren) Gewinns aus der Rückgabe oder Veräußerung der Investmentanteile für die übernehmende inländische auszahlende Stelle grundsätzlich bindend. Ändert der Investmentfonds die Angaben zum Zwischengewinn oder zum Immobiliengewinn, so hat das aufnehmende Kreditinstitut die korrigierten Werte zu berücksichtigen. Wenn das abgebende Kreditinstitut korrigierte Anschaffungsdaten übermittelt, dann sind diese korrigierten Werte dem Steuerabzug zu Grunde zu legen.

Wertansatz bei Anteilen an Investmentfonds

185 Soweit der Börsenkurs bei börsennotierten Wertpapieren zu Grunde zu legen ist, tritt an diese Stelle bei Anteilen an Investmentfonds der Rücknahmepreis. Wird bei Investmentanteilen ein Rücknahmepreis nicht festgesetzt, tritt an seine Stelle der Börsen- oder Marktpreis.

Depotübertrag aufgrund einer Versicherungsleistung in Form von Investmentfondsanteilen

186 Bei fondsgebundenen Versicherungsverträgen im Sinne des § 20 Absatz 1 Nummer 6 EStG wird dem Versicherungsnehmer mitunter das Wahlrecht eingeräumt, anstatt einer Auszahlung der Versicherungsleistung in Geld eine Übertragung von Fondsanteilen zu verlangen. § 43 a Absatz 2 Satz 3 EStG ist in diesen Fällen entsprechend anzuwenden. Die vom Versicherungsunternehmen mitgeteilten Anschaffungsdaten sind von dem übernehmenden inländischen Kreditinstitut zu verwenden. Als Anschaffungskosten gilt dabei der Rücknahmepreis, mit dem die Versicherungsleistung bei einer Geldzahlung berechnet worden wäre; vgl. Rn. 34 des BMF-Schreibens vom 1. Oktober 2009 (BStBl. I S. 1172), zuletzt geändert durch BMF-Schreiben vom 9. August 2019 (BStBl. I S. 829). Als Anschaffungsdatum ist der Zeitpunkt der Fälligkeit der Versicherungsleistung vom Versicherungsunternehmen mitzuteilen.

Behandlung von Depotüberträgen ohne Gläubigerwechsel, die vor 2009 vollzogen werden

187 Für die Anwendung des § 43 a Absatz 2 Satz 3 EStG (Überträge innerhalb Deutschlands) sowie des § 43 a Absatz 2 Satz 5 EStG (EU-/EWR-Auslandsfälle) gelten die Vorschriften zur Abgeltungsteuer erstmals für nach dem 31. Dezember 2008 zufließende Kapitalerträge. § 43 a Absatz 2 Satz 3 und 5 EStG gilt somit erst für Depotüberträge ab 2009.

188 Hat die inländische abgebende Stelle bei einem Depotübertrag, der vor 2009 vollzogen wurde, der übernehmenden auszahlenden Stelle die Daten übertragen oder überträgt sie diese Daten nach dem 31. Dezember 2008, obwohl sie hierzu nicht verpflichtet ist, sind diese Daten von der übernehmenden Stelle zu berücksichtigen; die Regelung zur Ersatzbemessungsgrundlage findet insoweit keine Anwendung. Werden die Daten von der abgebenden auszahlenden Stelle erst zeitlich nach einer bereits abgerechneten Veräußerung übertragen, ist diese Abrechnung von der übernehmenden auszahlenden Stelle nicht zu korrigieren.

Behandlung von Depotübertragungen bei Wertpapieren, die vor dem 1. Januar 2009 angeschafft wurden

189 § 43 a Absatz 2 Satz 3 ff. EStG findet auch Anwendung bei Wertpapieren, die vor dem 1. Januar 2009 angeschafft wurden.

Weitergabe von Anschaffungsdaten im Emissionsgeschäft

190 Im Emissionsgeschäft begibt der Emittent bestimmte Wertpapiere (z. B. Inhaberschuldverschreibungen oder Genussscheine) und bietet diese im Rahmen eines öffentlichen Angebotes selbstständig, d. h. ohne Beteiligung der abwickelnden Bank, interessierten Anlegern an. Sodann beauftragt der Emit-

---

[1] Nachstehend abgedruckt als Anlage b zu §§ 43–45 e EStG.

tent ein Finanzdienstleistungs- oder Kreditinstitut mit der Verbriefung der zu begebenden Wertpapiere. Das insgesamt angebotene Emissionsvolumen wird daraufhin von dem Finanzdienstleistungs- oder Kreditinstitut „en bloc" oder in Teilbeträgen verbrieft, bei einem Zentralverwahrer (z. B. Clearstream Banking) zugelassen und in ein Emissionsdepot des Emittenten eingebucht.

Aus dem Emissionsdepot heraus werden dann Übertragungsaufträge erteilt, mit denen die jeweils gezeichneten Wertpapiere zu den entsprechenden Anlegern transportiert werden sollen. Alle notwendigen Anschaffungsdaten teilt der Emittent der begleitenden Bank gemeinsam mit den Übertragungsaufträgen mit, so dass die begleitende Bank der Depotbank des Anlegers die effektiv zugrunde zu legenden Anschaffungsdaten mitteilen kann. Sowohl Anschaffungspreise als auch Anschaffungszeitpunkte können dabei auf Basis des Emissionsprospektes oder auch der Zeichnungsscheine festgestellt werden. Die eingeschränkte Möglichkeit des Nachweises der Anschaffungsdaten nach § 43 a Absatz 2 Satz 3 EStG findet insoweit keine Anwendung, da die Richtigkeit der Anschaffungskosten auf Ebene der begleitenden Bank nachvollzogen werden kann.

Depotüberträge aufgrund von Umstrukturierungen im Konzern und Geschäftsstellenveräußerungen – Übertragung von nicht ausgeglichenen Verlusten sowie nicht angerechneter ausländischer Quellensteuern

191 Werden depotführende Unternehmensteile eines Kreditinstituts veräußert oder auf andere Konzerngesellschaften übertragen (Gesamt- oder Einzelrechtsnachfolge), hat in diesen Fällen der Konzernumstrukturierungen und Veräußerungen einer Geschäftsstelle eines Kreditinstituts an ein anderes Kreditinstitut die Ermittlung der Bemessungsgrundlage für den Kapitalertragsteuerabzug weiterhin nach den historischen Anschaffungsdaten zu erfolgen. Die Ersatzbemessungsgrundlage ist nicht anzuwenden. Eventuell erteilte Freistellungsaufträge oder NV-Bescheinigungen gelten weiter, sofern die Geschäftsbeziehungen zum übertragenden Institut aufgegeben werden. Weiterhin sind die nicht ausgeglichenen Verluste sowie die nicht angerechneten anrechenbaren ausländischen Quellensteuern zu berücksichtigen.

192 Entsprechendes gilt, wenn an der Umstrukturierung depotführende Kapitalanlagegesellschaften beteiligt sind.

Übermittlung der Anschaffungsdaten bei Depotübertrag ohne Gläubigerwechsel von einem ausländischen Institut

193 Nach dem Wortlaut des § 43 a Absatz 2 Satz 5 EStG kann der Steuerpflichtige den Nachweis der Anschaffungsdaten bei Depotüberträgen von einem ausländischen Institut mit Sitz innerhalb der EU, des EWR oder in den Staaten/Gebieten Luxemburg, Österreich, Schweizerische Eidgenossenschaft, Fürstentum Liechtenstein, Republik San Marino, Fürstentum Monaco, Fürstentum Andorra, Curacao und Sint Maarten nur mittels Bescheinigung des ausländischen Instituts führen. Es ist jedoch nicht zu beanstanden, wenn bei Depotüberträgen aus dem Ausland eine Übertragung der Anschaffungsdaten auf elektronischem Wege erfolgt. Die Anschaffungsdaten dürfen nur dann übernommen werden, wenn das abgebende ausländische Institut versichert, dass in den letzten 10 Jahren vor dem Depotübertrag ins Inland weder ein Erbfall noch ein sonstiger unentgeltlicher Erwerb (z. B. Stiftungsfall) mit Übernahme der Anschaffungsdaten stattgefunden hat. Bei Depotüberträgen von einem ausländischen Institut mit Sitz außerhalb der vorgenannten Staaten ist nach § 43 a Absatz 2 Satz 6 EStG ein Nachweis der Anschaffungsdaten im Rahmen des Steuerabzugsverfahrens nicht zulässig und infolge dessen die Ersatzbemessungsgrundlage anzuwenden. Eine Berichtigungsmöglichkeit besteht ausschließlich im Veranlagungsverfahren auf Antrag nach § 32 d Absatz 4 EStG.

Im Fall einer Umschreibung eines durch Erbfall erworbenen Depots auf den Erben im Ausland mit anschließender Übertragung ins Inland ist von einem Depotübertrag mit Gläubigerwechsel auszugehen, bei dem die Anschaffungsdaten auch bei einem Übertrag von einem ausländischen Institut mit Sitz innerhalb der in Satz 1 genannten Staaten und Gebiete nicht vom inländischen Institut übernommen werden dürfen, es sei denn, das ausländische Institut versichert, dass der Erbfall mehr als 10 Jahre vor der Depotübertragung ins Inland zurückliegt.

Bei einem unentgeltlichen Depotübertrag mit Gläubigerwechsel (z. B. Depotübertrag Stifter auf Stiftung) kommt eine unmittelbare oder analoge Anwendung des § 43 a Absatz 2 Satz 5 EStG nicht in Betracht.

b) Ersatzbemessungsgrundlage und Verluste (§ 43 a Absatz 2 Satz 6 und 7 EStG)

194 Die Korrektur des Kapitalertrags nach Anwendung einer Ersatzbemessungsgrundlage erfolgt grundsätzlich im Rahmen der Veranlagung nach § 32 d Absatz 4 EStG, vgl. Rn. 145. Der Steuerpflichtige hat hierbei die entsprechenden Unterlagen vorzulegen, die zur Korrektur der steuerlichen Daten dieses Geschäftsvorfalls dienen.

Beispiel 1:

Der Steuerpflichtige weist die Anschaffungsdaten bei einem Geschäftsvorfall (Einlösung einer Anleihe), den das Kreditinstitut mit Ersatzbemessungsgrundlage (Gewinn 300 €) abgerechnet hat, in der Veranlagung nach (Gewinn 0 €).

Lösung:

Die einbehaltene Kapitalertragsteuer wird erstattet.

Abwandlung:

Der Steuerpflichtige hat aus der Veräußerung von Anleihen außerdem Verluste in Höhe von 500 € erzielt. Die Bank bescheinigt am Ende des Kalenderjahres Verluste in Höhe von 200 €. Der Steuerpflichtige weist die Anschaffungsdaten im Rahmen der Veranlagung nach, so dass er neben den von der Bank bescheinigten Verlusten in Höhe von 200 € weitere Verluste in Höhe von 300 € im Rahmen der Veranlagung mit Gewinnen aus Kapitaleinkünften verrechnen kann.

Lösung:

Erklärt der Steuerpflichtige keine weiteren Einkünfte aus Kapitalvermögen, wird zum Jahresende ein Verlust in Höhe von 500 € festgestellt (§ 20 Absatz 6 EStG). Kapitalertragsteuer wird nicht erstattet.

Beispiel 2:

Der Steuerpflichtige veräußert ein Wertpapier für 2 € und zahlt Transaktionskosten von 10 €. Die Anschaffungskosten (100 €) sind der auszahlenden Stelle aufgrund eines Depotübertrags aus dem Ausland nicht bekannt. Im Steuerabzugsverfahren wird die Ersatzbemessungsgrundlage angewendet (30 % des Veräußerungserlöses von 2 €) = 0,60 €.

Lösung 2:

Da die Transaktionskosten den Veräußerungserlös übersteigen, ist von der Veräußerung eines wertlosen Wertpapieres auszugehen, die der Verlustverrechnungsbeschränkung nach § 20 Absatz 6 Satz 6 EStG unterliegt, vgl. Rn. 59.

Ausweis in der Steuerbescheinigung:

„Höhe der Kapitalerträge Zeile 7 der Anlage KAP“	0,60 €
„Ersatzbemessungsgrundlage im Sinne des § 43 a Absatz 2 Satz 7, 10, 13 und 14 EStG	
Enthalten in den bescheinigten Kapitalerträgen Zeile 11 Anlage KAP“	0,60 €

In der Veranlagung macht der Anleger geltend, dass die Anschaffungskosten 100 € und die Transaktionskosten 10 € betrugen. Der Veräußerungsverlust wird im Rahmen der Veranlagung ermittelt und kann in Höhe von 108 € nach § 20 Absatz 6 Satz 6 EStG berücksichtigt werden. Die Kapitalertragsteuer auf die bereits besteuerten 0,60 € wird erstattet. Alternativ kann – je nach Verfahrensweise der auszahlenden Stelle – auf den Ansatz der Ersatzbemessungsgrundlage verzichtet werden. In diesem Fall ist in der Steuerbescheinigung die „Höhe des Verlustes im Sinne des § 20 Absatz 6 Satz 6 EStG, Zeile 5 der Anlage KAP“ in Höhe von 8 € (2 € minus 10 €) auszuweisen.

Bei einer wertlosen Ausbuchung von Wertpapieren (Rn. 59), für die der depotführenden Stelle die Anschaffungsdaten nicht vorliegen, ist der Kunde im Beleg über die Ausbuchung darauf hinzuweisen, dass er den Sachverhalt auch wegen der noch nicht berücksichtigten Anschaffungskosten in der Veranlagung klären kann.

195 Ist bei einem als entgeltlich zu behandelnden Depotübertrag (§ 43 Absatz 1 Satz 4 EStG) keine Ersatzbemessungsgrundlage ermittelbar, weil weder die Anschaffungskosten bekannt sind noch ein Veräußerungspreis ermittelbar ist, hat in diesem Fall eine Meldung an das zuständige Finanzamt entsprechend § 44 Absatz 1 Satz 7 ff. EStG zu erfolgen.

Behandlung von Leerverkäufen

196 Verfügt der Kunde über keinen Bestand und erteilt er einen Verkaufsauftrag, gilt Folgendes:

Der Verkaufsauftrag muss sofort als Veräußerungsgeschäft abgewickelt werden. Da dem Veräußerungsgeschäft kein Depotbestand und somit auch keine Anschaffungskosten gegenüberstehen, ist der Verkauf mit der Ersatzbemessungsgrundlage abzurechnen (§ 43 a Absatz 2 Satz 7 EStG).

Deckt der Kunde sich anschließend mit entsprechenden Wertpapieren ein, hat das Kreditinstitut die hierfür angefallenen Anschaffungskosten nachträglich dem Veräußerungsgeschäft zuzuordnen. Im Rahmen der Kapitalertragsteuer-Anmeldung ist die Erhebung der Kapitalertragsteuer insoweit zu korrigieren, als anstelle des Ansatzes der Ersatzbemessungsgrundlage der tatsächliche Veräußerungsgewinn unter Berücksichtigung der tatsächlichen Anschaffungskosten anzusetzen ist. Das Erfüllungsgeschäft (Lieferung der Wertpapiere) ist steuerlich nicht relevant.

Kann die Zuordnung des späteren Eindeckungsgeschäfts zu dem vorangehenden Veräußerungsgeschäft ausnahmsweise nicht durch das Kreditinstitut vorgenommen werden oder unterbleibt die Zuordnung, weil das Eindeckungsgeschäft in einem späteren Kalenderjahr als dem des Leerverkaufs erfolgt, wird das Erfüllungsgeschäft als entgeltlicher Depotübertrag (§ 43 Absatz 1 Satz 4 EStG) behandelt. Dabei wird als Ersatzwert für den Veräußerungserlös der Börsenkurs angesetzt. Die Zuordnung des Eindeckungsgeschäfts zu dem vorangehenden Veräußerungsgeschäft kann in diesem Fall vom Kunden in der Veranlagung vorgenommen werden (§ 32 d Absatz 4 EStG).

Nimmt das Kreditinstitut eine Zuordnung des Eindeckungsgeschäfts zu dem vorangegangenen Veräußerungsgeschäft im gleichen Kalenderjahr vor, ist im Rahmen der Kapitalertragsteuer-Anmeldung die Erhebung der Kapitalertragsteuer insoweit zu korrigieren, als dass anstelle der Ersatzbemessungsgrundlage der Gewinn aus der Differenz zwischen dem Veräußerungserlös und den tatsächlichen Anschaffungskosten anzusetzen ist.

197 Erfolgt zunächst der Wertpapierkauf und anschließend der Wertpapierverkauf (so die Reihenfolge der Kaufverträge), wird aber die Kaufabrechnung nach der Verkaufsabrechnung verbucht (rein technisch bedingter Minusbestand), gilt Folgendes:

Der Verkauf wird zunächst unter Anwendung der Ersatzbemessungsgrundlage (wegen fehlender Anschaffungsdaten) abgewickelt. Bei späterer Einbuchung der Anschaffungskosten erfolgt dann jedoch eine Korrekturabrechnung durch die Depotbank.

c) Übertragung nicht verbriefter Kapitalforderungen/Wertpapiere des Bundes und der Länder (§ 43 a Absatz 2 Satz 8 EStG)

198 Werden nicht für einen marktmäßigen Handel bestimmte schuldbuchfähige Wertpapiere des Bundes, bei denen die rechnerisch angefallenen Zinsen ausgewiesen werden, auf einen anderen Gläubiger übertragen, ist als Einnahme aus der Veräußerung nach § 43 a Absatz 2 Satz 8 EStG der Börsenpreis zum Zeitpunkt der Übertragung anzusetzen. Als Börsenpreis gilt in allen Fällen der Übertragung der Wert der Kapitalforderung einschließlich der bis zum Übertragungszeitpunkt rechnerisch angefallenen und ausgewiesenen Zinsen. § 43 a Absatz 2 Satz 15 EStG ist nicht anzuwenden.

199 Die entsprechende Kapitalertragsteuer ist nach § 44 Absatz 1 Satz 7 EStG bei dem Steuerpflichtigen anzufordern. Nach § 44 Absatz 1 Satz 10 EStG hat die auszahlende Stelle bei Nichtzahlung eine Meldung bei ihrem Betriebsstättenfinanzamt vorzunehmen.

Anl a zu §§ 43–45e

200 Wird bei den nicht für einen marktmäßigen Handel bestimmten schuldbuchfähigen Wertpapieren der Länder der rechnerisch angefallene Zins ebenfalls berechnet und ausgewiesen, gelten die Ausführungen zu den Wertpapieren des Bundes entsprechend. Andernfalls ist bei diesen Wertpapieren zwar bei ihrer Übertragung von der Veräußerungsfiktion des § 43 Absatz 1 Satz 4 EStG auszugehen, aber mangels einer vergleichbaren Bemessungsgrundlage kein Kapitalertragsteuerabzug vorzunehmen. Weiterhin ist beim Zessionar bei der Einlösung gemäß § 43 a Absatz 2 Satz 15 EStG der Kapitalertragsteuerabzug nach dem vollen Kapitalertrag vorzunehmen. Die Ermittlung der tatsächlichen Bemessungsgrundlagen ist für den Zedenten und den Zessionar im Wege der Veranlagung vorzunehmen.

3. Anrechnung ausländischer Quellensteuer (§ 43 a Absatz 3 Satz 1 EStG)
Anwendungsbereich, Verfahrensweise

201 Gemäß § 43 a Absatz 3 Satz 1 EStG sind ausländische Steuern auf Kapitalerträge auf Ebene der Kreditinstitute nach Maßgabe des § 32 d Absatz 5 EStG zu berücksichtigen. Danach ist bei jedem einzelnen ausländischen Kapitalertrag die jeweilige ausländische Steuer auf die deutsche Abgeltungsteuer anzurechnen, wobei gegebenenfalls die Anrechnungsregelungen nach den jeweiligen DBA zu berücksichtigen sind. Die Anrechnung erfolgt unabhängig vom Beitrag in- oder ausländischer Kapitalerträge zum Abgeltungsteueraufkommen; sie ist begrenzt auf 25 %.

202 Die Anrechnung der ausländischen Steuer gemäß § 32 d Absatz 5 EStG ist nur für diejenigen Kapitalerträge durchzuführen, die den Einkünften aus Kapitalvermögen zuzurechnen sind.

Beispiel 1:

Ausländische Dividende	100
Steuerberechnung:	
Abgeltungsteuer (25%)	25
./. anrechenbare ausl. Steuer	– 15
Zu zahlende Abgeltungsteuer	10

Beispiel 2:

Geschäftsvorfall	Ertrag	Abgeltungsteuer	anrechenbare ausl. Steuer
(1) Ausl. Div. Staat 1	100	10	15
(2) Ausl. Div. Staat 2	200	0	50
(3) Inl. Zinsertrag	300	75	0
Summe	600	85	65

Steuerverprobung:	
Erträge insgesamt	600
Abgeltungsteuer (25%)	150
./. anrechenbare ausländische Steuer	– 65
Zu zahlende Abgeltungsteuer	85

Verluste mindern die abgeltungsteuerpflichtigen Erträge unabhängig davon, ob diese aus in- oder ausländischen Quellen stammen. Die Summe der anrechenbaren ausländischen Quellensteuerbeträge ist auf die nach Verlustverrechnung verbleibende Abgeltungsteuerschuld anzurechnen.

Beispiel 3:

Geschäftsvorfälle (1) bis (3) wie Beispiel 2, zusätzlich danach
(4) Verlust aus Anleiheveräußerung

Geschäftsvorfall	Ertrag	Verlusttopf	Abgeltungsteuer	anrechenbare ausl. Steuer
(1) Ausl. Div. Staat 1	100		10	15
(2) Ausl. Div. Staat 2	200		0	50
(3) Inl. Zinsertrag	300		75	0
(4) Veräußerungsverlust		– 300		
Summe brutto	600	– 300	85	65
Verlustverrechnung	– 300	300		
Zwischensumme	300	0	85	65
Steuererstattung			– 75	0
Endsumme	300	0	10	65

Steuerverprobung:	
Erträge nach Verlustverrechnung	300
Abgeltungsteuer (25%)	75
./. anrechenbare ausländische Steuer	– 65
Verbleibende Abgeltungsteuerschuld	10
./. bereits gezahlte Abgeltungsteuer	– 85
Erstattung	– 75

203 Auf die Abrechnungsperiode bezogen ergibt sich hinsichtlich der Anrechnung ausländischer Steuern insgesamt kein Unterschied aus der Reihenfolge des Anfalls von Verlusten und Erträgen.

Beispiel 4:

Wie Beispiel 3, aber zuerst Verlust aus Anleiheveräußerung

Geschäftsvorfall	Ertrag	Verlusttopf	Abgeltungsteuer	anrechenbare ausl. Steuer
(0) Veräußerungsverlust		– 300	0	0
(1) Ausl. Div. Staat 1	100	(– 100)	0	15
(2) Ausl. Div. Staat 2	200	(– 200)	0	50
(3) Inl. Zinsertrag	300		75	0

Geschäftsvorfall	Ertrag	Verlusttopf	Abgeltungsteuer	anrechenbare ausl. Steuer
Summe brutto	600	– 300	75	65
Verlustverrechnung	– 300	300		
Zwischensumme	300	0	75	65
Steuererstattung			– 65	0
Endsumme	300	0	10	65

Steuerverprobung:	
Erträge nach Verlustverrechnung	300
Abgeltungsteuer (25%)	75
./. anrechenbare ausländische Steuer	– 65
Verbleibende Abgeltungsteuerschuld	10
./. bereits gezahlte Abgeltungsteuer	– 75
Erstattung	– 65

204 Eine dem Grunde nach anzurechnende ausländische Steuer muss der Höhe nach nicht dem gesonderten Steuersatz von 25 % entsprechen. Eine Anrechnung über 25 % ist nicht möglich, mit der Konsequenz, dass der Empfänger dieses ausländischen Kapitalertrags insoweit endgültig belastet bleibt. Die Verrechnung eines derartigen Anrechnungsüberhangs mit der auf anderen Kapitalerträgen lastenden Abgeltungsteuer durch die Zahlstelle ist ebenso wenig zulässig wie eine Erstattung ausländischer Quellensteuer.

205 Die Anwendung des Freistellungsauftrags hat die gleiche Wirkung wie die Verlustverrechnung. Die Bemessungsgrundlage für die Abgeltungsteuer wird unabhängig davon gemindert, ob es sich um in- oder ausländische Erträge handelt. Eine nach Staaten differenzierte Anwendung des Freistellungsauftrags und eine dahingehend eingeschränkte Anrechnung ausländischer Quellensteuer kommt – wie bei der Verlustverrechnung – nicht in Betracht.

206 Wenn nach Verlustverrechnung und Anwendung des Freistellungsauftrags die Abgeltungsteuer geringer ist als die anrechenbare ausländische Quellensteuer, so kann der Anrechnungsüberhang vom Kreditinstitut gesondert bescheinigt werden, damit der Kunde diesen gegebenenfalls mit anderweitig geschuldeter Abgeltungsteuer im Rahmen der Veranlagung verrechnen kann (Anwendungsfall des § 32 d Absatz 4 EStG). Ist dies nicht möglich, verfällt die ausländische Steuer.

207 In der Veranlagung besteht nicht die Möglichkeit des Abzugs gemäß § 34 c Absatz 2 EStG.

Anrechnung ausländischer Steuer bei einem Erstattungsanspruch im ausländischen Staat

207a Die auszahlende Stelle hat keine Anrechnung der ausländischen Quellensteuer vorzunehmen, wenn im betreffenden ausländischen Staat nach dem Recht dieses Staates ein Anspruch auf teilweise oder vollständige Erstattung der ausländischen Steuer besteht. Besteht lediglich der Anspruch auf eine teilweise Erstattung, kann der Steuerpflichtige die Anrechnung im Wege der Veranlagung gemäß § 32 d Absatz 4 EStG beantragen. In diesen Fällen hat er dem zuständigen Finanzamt die Höhe der möglichen Erstattung im ausländischen Staat nachzuweisen (z. B. durch Vorlage des ausländischen Bescheides über die Erstattung der anteiligen Quellensteuer nach ausländischem Recht).

Hinsichtlich der Anrechnung norwegischer Quellensteuer vgl. BMF-Schreiben vom 15. November 2011 (BStBl. I S. 1113). Besteht ein Erstattungsanspruch im Quellenstaat, können entsprechende Erstattungsformulare über die Homepage des Bundeszentralamtes für Steuern online über folgenden Link abgerufen werden:

https://www.bzst.de/DE/Service/SteuerlichesInfocenter/Ausl_Formulare/auslaendische_formulare_node.html.

Anrechnung ausländischer Steuern in Nicht-DBA-Fällen

208 Da es vor allem in Nicht-DBA-Fällen fraglich ist, ob die abgezogene ausländische Quellensteuer eine der deutschen Einkommensteuer entsprechende Steuer darstellt, können die Kreditinstitute nicht von einer generellen Anrechenbarkeit von Quellensteuern (ausländischen Steuern) auf Kapitalerträge ausgehen. Die gesetzlichen Voraussetzungen, nach denen eine Anrechnung ausländischer Steuern vorgenommen werden kann, müssen im Einzelfall vorliegen. Für die Prüfung, ob eine ausländische Steuer der deutschen Einkommensteuer entspricht, enthält Anhang 12 II des Einkommensteuer-Handbuchs eine Übersicht.

Anrechnung ausländischer Quellensteuer in DBA-Fällen

208a Das Bundeszentralamt für Steuern veröffentlicht auf seiner Internetseite unter Steuern international – Ausländische Quellensteuer eine Übersicht der Sätze der anrechenbaren ausländischen Quellensteuer, die jährlich zum Stand 1. Januar aktualisiert wird und die für die auszahlenden Stellen maßgebend ist. Es ist nicht zu beanstanden, wenn die sich aus der Übersicht ergebenden Änderungen erst ab dem 1. Juli des jeweiligen Kalenderjahres durch die auszahlenden Stellen berücksichtigt werden.

Anrechnung fiktiver Quellensteuer im Steuerabzugsverfahren

209 Die Anrechnung fiktiver Quellensteuern ist im Rahmen des Kapitalertragsteuerabzugs möglich, wenn die Anrechnung nach dem DBA nicht an besondere Voraussetzungen gebunden ist. Grundlage stellt hierzu die auf der Internetseite des Bundeszentralamts für Steuern veröffentlichte Übersicht der Sätze der anrechenbaren ausländischen Quellensteuern unter – Steuern international – Ausländische Quellensteuer – dar. Im Übrigen erfolgt die Anrechnung im Rahmen der Veranlagung durch das zuständige Finanzamt.

Anrechnung ausländischer Quellensteuern bei Treuhandkonten, Nießbrauch- und Nachlasskonten

210 Da für die genannten Konten beim Steuerabzug grundsätzlich die für Einkünfte aus Kapitalvermögen geltenden Regelungen angewendet werden (mit konten- oder nachlassbezogenen eigenen Verlustverrechnungskreisen), ist auch die Anrechnung ausländischer Quellensteuern bei Treuhandkonten, Nießbrauch- und Nachlasskonten möglich (zu Treuhandkonten vgl. Rn. 152 bis 154).

Anrechnung ausländischer Quellensteuer bei Ausschüttungen kanadischer Income Trusts

211 Für Zwecke des Kapitalertragsteuerverfahrens gelten die Ausschüttungen kanadischer Income Trusts als Einkünfte im Sinne des § 20 Absatz 1 Nummer 1 EStG. Eine Anrechnung der kanadischen Quellensteuer ist nicht vorzunehmen. Die tatsächliche Zurechnung der Erträge zu den einzelnen Einkunftsarten sowie die Anrechnung der Quellensteuer erfolgt im Rahmen einer Veranlagung zur Einkommensteuer. Entsprechendes gilt für vergleichbar konzipierte Trustgebilde anderer Staaten, bei denen eine eindeutige Zuordnung der Erträge zu einer Einkunftsart im Rahmen des Kapitalertragsteuerverfahrens schwierig ist.

4. Verlusttopf (§ 43 a Absatz 3 Satz 2 bis 6 und 8 EStG)

Führung eines Steuerverrechnungskontos mit Erstattungsmöglichkeit und Auskunft über den Stand des Steuerverrechnungskontos

212 Im Steuerabzugsverfahren hat das Kreditinstitut im Kalenderjahr negative Kapitalerträge einschließlich gezahlter Stückzinsen bis zur Höhe der positiven Kapitalerträge auszugleichen (§ 43 a Absatz 3 Satz 2 EStG). Unterjährig kann das Kreditinstitut die Erträge allerdings nur in der Reihenfolge ihres Zuflusses abarbeiten. Dies kann zu einem unterschiedlichen Kapitalertragsteuerabzug führen, je nach Reihenfolge von positiven und negativen Erträgen.

Um dem Erfordernis des Verlustausgleichs über das Kalenderjahr hinweg gerecht zu werden, kann das Kreditinstitut dem Steuerpflichtigen eine Steuergutschrift aus einer nachträglichen Verrechnung mit dem Verlusttopf erteilen.

Der Ausgleich kann technisch über ein vom Kreditinstitut intern für jeden Steuerpflichtigen geführtes Steuerverrechnungskonto vorgenommen werden.

Im Hinblick auf dieses Steuerverrechnungskonto und das skizzierte Ausgleichserfordernis wird es nicht beanstandet, wenn das Kreditinstitut nicht nur am Ende des Kalenderjahres, sondern auch unterjährig (zu bestimmten Stichtagen oder auch täglich bzw. mit jedem neuen Geschäftsvorfall) einen Abgleich vornimmt und dem Steuerpflichtigen einen etwaigen sich ergebenden positiven Steuersaldo erstattet, der im Rahmen der jeweils nächsten Kapitalertragsteuer-Anmeldung verrechnet wird.

213 Soweit inländische Dividenden durch eine Verlustverrechnung vom Steuerabzug freizustellen sind, ist der zu erstattende Steuerbetrag im Rahmen der jeweils nächsten Kapitalertragsteuer-Anmeldung (also über das jeweilige Betriebsstättenfinanzamt) zu verrechnen. Entsprechendes gilt für die übrigen Kapitalerträge, bei denen die Abgeltungsteuer vom Emittenten der Wertpapiere einzubehalten ist.

Verlustverrechnung nur für Konten und Depots des Privatvermögens

214 Die Verlustverrechnung ist bei natürlichen Personen nur für diejenigen Kapitalerträge durchzuführen, die den Einkünften aus Kapitalvermögen zuzuordnen sind.

215 Bei betrieblichen und anderen nicht den Einkünften aus Kapitalvermögen zuzuordnenden privaten Konten und Depots kommt eine Verlustverrechnung nicht in Betracht. Negative Kapitalerträge, die anderen Einkunftsarten zuzuordnen sind, sind somit nicht verrechenbar mit positiven Kapitalerträgen des Privatvermögens und umgekehrt.

216 Die Kreditinstitute dürfen hierbei auf die Angaben der Kunden vertrauen. Nur wenn dem Institut auf dieser Grundlage bekannt ist, dass es sich um ein betriebliches oder der Vermietung oder Verpachtung zugehörendes Konto oder Depot handelt, ist es in der Lage, die betreffenden Konten und Depots von der Verlustverrechnung auszuschließen.

217, 218 *Nicht besetzt*

Verlustverrechnung bei Ehegatten/Lebenspartnern

219 Mit Wirkung ab dem Jahr 2010 haben die Kreditinstitute im Rahmen des Steuerabzugsverfahrens eine übergreifende Verlustverrechnung über alle beim Kreditinstitut geführten Konten und Depots der Ehegatten/Lebenspartner (Einzelkonten und -depots; Gemeinschaftskonten und -depots) vorzunehmen, wenn die Ehegatten/Lebenspartner einen gemeinsamen Freistellungsauftrag erteilt haben. Hinsichtlich der Erteilung und Änderung von Freistellungsaufträgen bei Ehegatten/Lebenspartnern wird auf die Rn. 261 ff. und hinsichtlich der übergreifenden Verlustverrechnung auf die Rn. 266 ff. verwiesen.

Gemeinschaftskonten und -depots

220 Bei Gemeinschaftskonten und -depots natürlicher Personen wird der Verlusttopf für die jeweilige Gemeinschaft geführt (z. B. nichteheliche Lebensgemeinschaft). Dies gilt auch für andere Personengemeinschaften (z. B. private Investmentclubs, Sparclubs etc.).

221 Die Verlustverrechnung ist unabhängig von einem Wechsel der Beteiligten (z. B. Ein- und Austritte bei Investmentclubs oder bei vermögensverwaltenden Personengesellschaften) fortzuführen. Eine Aufteilung der Erträge und der Verluste oder sogar Zuordnung von Verlusttöpfen ist weder unterjährig noch zum Jahresende vorzunehmen. Wird eine Verlustbescheinigung beantragt, wird diese für die (im Zeitpunkt der Erstellung aktuelle) Gemeinschaft ausgestellt. Sofern kein Antrag gestellt wird, hat das Institut einen Verlustüberhang auf das Folgejahr vorzutragen.

Treuhandkonten und -depots, Wohnungseigentümergemeinschaften u. Ä.

222 Bei Treuhandkonten, Nießbrauchkonten, Notaranderkonten, Mietkautionskonten und bei Wohnungseigentümergemeinschaften ist eine getrennte Verlustverrechnung (je Konto oder Depot) vorzunehmen unabhängig davon, ob der Treugeber bekannt ist und weitere Konten und Depots beim Kreditinstitut führt oder ob er dem Institut nicht bekannt ist.

Schließen des Verlusttopfs bei Tod eines Kunden

223 Sobald ein Kreditinstitut vom Tod eines Kunden Kenntnis erlangt, hat es den Verlusttopf zu schließen. Entsprechendes gilt bei Gemeinschaftskonten von Ehegatten/Lebenspartnern. Eine Abgrenzung der Erträge und Verluste zurück auf den Todestag ist nicht erforderlich.

224 Da die Verlustverrechnung bei anderen Gemeinschaftskonten oder Personengesellschaftskonten sowie -depots unabhängig vom Bestand der Gemeinschaft oder der Gesellschaft erfolgt, wird der Verlusttopf fortgeführt, wenn eine der beteiligten Personen stirbt und die Gemeinschaft oder Gesellschaft dann noch aus mindestens zwei Personen besteht.

225 Stirbt ein Ehegatte/Lebenspartner, wird der für ihn selbst geführte Verlusttopf geschlossen, der Verlusttopf für den anderen Ehegatten/Lebenspartner wird hingegen fortgeführt.

Verlustverrechnung bei NV-Fällen

226 Verluste, die bis zum Widerruf einer NV-Bescheinigung aufgelaufen sind, können im Rahmen des Kapitalertragsteuerabzugs nicht berücksichtigt werden. Entsprechendes gilt für nicht angerechnete Quellensteuer.

227 Die Kreditinstitute haben im Hinblick auf die Veranlagung die aufgelaufenen Verluste zu berücksichtigen (z. B. in einem sogenannten fiktiven Verlusttopf oder durch anderweitige Verrechnung positiver und negativer Erträge während der NV-Phase). Die nicht angerechnete Quellensteuer ist dem Steuerpflichtigen jährlich zu bescheinigen. Nach Fristablauf der NV-Bescheinigung oder falls das Kreditinstitut vom Widerruf der NV-Bescheinigung Kenntnis erlangt, darf ein verbleibender Verlust- oder Quellensteuersaldo nicht mit später zufließenden steuerpflichtigen Erträgen verrechnet oder in das Folgejahr übertragen werden. Wird ein fiktiver Verlust- oder Quellensteuertopf geführt, ist dieser zu schließen. Ein während der NV-Phase entstandener Verlustüberhang ist zu bescheinigen.

Verrechnung von Aktienverlusten (Aktientopf)

228 Da Verluste aus Aktienverkäufen nur mit Gewinnen aus Aktienverkäufen verrechnet werden dürfen (§ 43a Absatz 3 Satz 2 in Verbindung mit § 20 Absatz 6 Satz 4 EStG), muss ein zusätzlicher Verrechnungstopf eingerichtet werden. Verluste aus der Veräußerung von ADRs und GDRs sind in diesen Verlusttopf einzustellen (vgl. Rn. 68, 123). Verluste aus Veräußerungen von Teilrechten und von Bezugsrechten auf Aktien sind nicht in diesen Verlusttopf einzustellen und ohne Einschränkung verrechenbar. Gewinne aus der Veräußerung von Teilrechten und Bezugsrechten können nicht mit Aktienverlusten verrechnet werden.

229 Gewinne aus der Veräußerung von Aktien, die nicht durch entsprechende Aktienveräußerungsverluste ausgeglichen werden, können mit dem Verlusttopf für sonstige Verluste verrechnet werden. Dies kann über das Steuerverrechnungskonto erfolgen (siehe Rn. 212 ff.). Falls nach Verrechnung eines Aktienveräußerungsgewinns mit dem Verlusttopf für sonstige Verluste im weiteren Verlauf des Jahres ein Aktienveräußerungsverlust realisiert wird, muss die Verlustverrechnung insoweit, um eine zeitnahe Verrechnung der Aktienverluste zu erreichen, wieder korrigiert und der Aktienverlust nachträglich mit dem Aktiengewinn verrechnet werden; der Verlusttopf für sonstige Verluste lebt also insoweit wieder auf.

Verlustverrechnungsbeschränkung nach § 20 Absatz 6 Satz 5 und 6 EStG

229a Verluste, auf die die Verlustverrechnungsbeschränkungen des § 20 Absatz 6 Satz 5 und 6 EStG Anwendung finden, dürfen nicht in den Verlusttopf für sonstige Verluste oder den besonderen Verlusttopf für Aktienverluste eingestellt werden. Der Verlustausgleich findet ausschließlich im Rahmen der Veranlagung statt, vgl. Rn. 118, 233.

Berücksichtigung von Freistellungsaufträgen

230[1] Ein erteilter Freistellungsauftrag, vgl. Rn. 257 ff., ist erst auf den nach Verlustverrechnung verbleibenden abzugspflichtigen Ertrag anzuwenden. Ein Freistellungsauftrag wird somit erst nach Berücksichtigung des Verlustverrechnungstopfes angewendet („verbraucht"). Je nach Reihenfolge der Geschäfte kann diese Betrachtung dazu führen, dass ein ausgeführter Freistellungsauftrag bzw. der Freistellungsbetrag wieder auflebt, weil eine vorrangige Verrechnung von Verlusten die Ausführung des Freistellungsauftrages insoweit verhindert.

Beispiel:

Geschäfts-vorfall	Ertrag/Verlust	Verlusttopf/Aktienveräußerung	Verlusttopf sonstige	zur Verfügung stehendes Freistellungsvolumen	Abgeltung-steuer
1. 2. 2023 gezahlte Stückzinsen	– 100		100	1000	0
1. 3. 2023 Zinszahlung	+ 900		0	200	0
1. 4. 2023 Verlust aus Anleiheverkauf	– 500		0	700 (aufgelebtes Freistellungsvolumen)	0

[1] Rn. 230 neugefasst durch BMF-Schreiben vom 20. 12. 2022 (BStBl. 2023 I S. 46).

Anl a zu §§ 43–45e

Hierdurch wird sichergestellt, dass der Sparer-Pauschbetrag nicht höher ist als die nach Maßgabe des § 20 Absatz 6 EStG verrechneten Kapitalerträge. Nicht verrechenbare Aktienverluste bleiben dabei unberücksichtigt.

Erstattung bereits einbehaltener Kapitalertragsteuer auf Grund der Erteilung eines gemeinsamen Freistellungsauftrages im Jahr der Eheschließung/Begründung der Lebenspartnerschaft

231 Ehegatten/Lebenspartner, die unbeschränkt einkommensteuerpflichtig sind und nicht dauernd getrennt leben, können entweder einen gemeinsamen Freistellungsauftrag oder Einzel-Freistellungsaufträge erteilen. Der gemeinsame Freistellungsauftrag gilt sowohl für Gemeinschaftskonten als auch für Konten oder Depots, die auf den Namen nur eines Ehegatten/Lebenspartners geführt werden.

232 Eine rückwirkende Erstattung bereits einbehaltener Kapitalertragsteuer ist auch im Jahr der Eheschließung/Begründung der Lebenspartnerschaft aufgrund eines gemeinsamen Freistellungsauftrages möglich.

Verlustvortrag auf Folgejahr bzw. Ausstellung einer Verlustbescheinigung

233 Etwaige am Jahresende sich ergebende Verlustüberhänge im Verlusttopf für sonstige Verluste und im Aktienverlusttopf sind getrennt auf das Folgejahr vorzutragen. Der Antrag auf die Erteilung der Verlustbescheinigung kann für beide Töpfe getrennt gestellt werden. In den Fällen der ehegatten-/lebenspartnerübergreifenden Verlustverrechnung umfasst die Bescheinigung die nach Maßgabe der Rn. 266 bis 277 ermittelten nicht ausgeglichenen Verluste.

Die Bescheinigung der Verluste im Sinne des § 20 Absatz 6 Satz 5 und 6 EStG wird ohne Antrag ausgestellt. Der Verlustausgleich nach § 20 Absatz 6 Satz 5 und 6 EStG findet nur im Rahmen der Veranlagung statt, vgl. Rn. 118, 229 a.

234 Nach dem Gesetzeswortlaut muss der Gläubiger den Antrag stellen (§ 43 a Absatz 3 Satz 4 EStG). Dies ist dahingehend auszulegen, dass der Konto- bzw. Depotinhaber (bei Gemeinschaftskonten/-depots der Bevollmächtigte) den Antrag stellen kann (muss nicht der Gläubiger im steuerlichen Sinne sein, z. B. bei Treuhandkonto). Geht der Antrag nicht bis zum 15. Dezember des laufenden Jahres bei der auszahlenden Stelle ein, kann keine Bescheinigung erstellt werden. Eine Berücksichtigung der Verluste im Rahmen der Einkommensteuerveranlagung ist nicht möglich; dies gilt nicht für Verluste im Sinne des § 20 Absatz 6 Satz 5 und 6 EStG.

235 Überträgt der Steuerpflichtige sein Depot vollständig auf ein anderes Institut, werden die Verluste nur auf Antrag übertragen. Voraussetzung ist, dass sämtliche von der auszahlenden Stelle verwahrten Wertpapiere übertragen werden. Auch eine getrennte Übertragung der Verluste aus Aktienveräußerungen sowie der Verluste aus anderen Veräußerungsgeschäften ist möglich. Ein Verlustübertrag ohne einen Übertrag von Wirtschaftsgütern ist nicht möglich.

Vollständiger Depotübertrag auf mehrere Institute nach Beendigung der Kundenbeziehung

236 Es ist zulässig, den Aktienverlusttopf und den Verlusttopf für sonstige Verluste jeweils auf unterschiedliche Institute zu übertragen.

Verlustbescheinigung beim Tod eines Kunden (§ 43 a Absatz 3 Satz 4 EStG)

237 Sobald das Kreditinstitut vom Tod eines Kunden Kenntnis erlangt, werden die Verlustverrechnungstöpfe geschlossen. In diesen Fällen ist der an sich erforderliche Antrag auf Ausstellung einer Verlustbescheinigung gemäß § 43 a Absatz 3 Satz 4 EStG als gestellt anzusehen.

Verlustbescheinigung bei Beendigung der Kundenbeziehung und bei Steuerausländereigenschaft

238 Bei Beendigung der Kundenbeziehung sind die in diesem Zeitpunkt noch vorhandenen Verlusttöpfe zu schließen und eine Verlustbescheinigung zum Jahresende zu erstellen, sofern kein Antrag auf Verlustmitteilung an das neue Kreditinstitut (§ 43 a Absatz 3 Satz 6 EStG) gestellt wird. Entsprechendes gilt, wenn der Kunde in den Status des Steuerausländers wechselt. Die Ausstellung der Bescheinigungen durch das Kreditinstitut erfolgt ohne Antrag.

239 Lebensversicherungsunternehmen können die Verlustbescheinigung ohne Antrag erteilen, wenn auf Grund der Beziehungen zwischen dem Unternehmen und dem Steuerpflichtigen nicht damit zu rechnen ist, dass im nächsten Jahr positive Kapitalerträge von diesem Unternehmen für den Steuerpflichtigen anfallen. Ein derartiger Fall liegt insbesondere dann vor, wenn bei dem Versicherungsunternehmen nur ein Lebensversicherungsvertrag besteht, der durch Rückkauf beendet wird.

Kein Verlusttopf bei Körperschaften (§ 43 a Absatz 3 Satz 8 EStG)

240 Bei den Körperschaften ist – wie auch bei den Einkünften gemäß § 20 Absatz 8 EStG – kein Verlusttopf zu führen, da § 43 a Absatz 3 EStG in diesen Fällen keine Anwendung findet. Die in § 43 a Absatz 3 EStG enthaltenen Regelungen insbesondere zur Verlustverrechnung und zur – vereinfachten – Anrechnung ausländischer Steuern sind darauf ausgerichtet, durch eine zusammenfassende Betrachtung aller bei einem Kreditinstitut unterhaltenen Konten und Depots eines Steuerpflichtigen mit privaten Kapitalerträgen schon bei Erhebung der Kapitalertragsteuer die letztlich zutreffende Jahressteuer zu erheben, um den Abgeltungscharakter der Kapitalertragsteuer auf private Kapitalerträge in möglichst vielen Fällen sicherzustellen. Auch die Führung eines eingeschränkten Verlusttopfes – nur für gezahlte Stückzinsen und Zwischengewinne – ist nicht zulässig.

Anl a zu §§ 43–45e

5. Korrekturen beim Kapitalertragsteuerabzug (§ 43 a Absatz 3 Satz 7 EStG)

241[1] Korrekturen beim Kapitalertragsteuerabzug sind gemäß § 43 a Absatz 3 Satz 7 EStG nur mit Wirkung für die Zukunft, d. h. nach den Verhältnissen im Zeitpunkt des Bekanntwerdens des Fehlers vorzunehmen.

Beispiel 1:

A erhält eine Ausschüttung einer Kapitalgesellschaft über 100 € im Jahr 01, die in voller Höhe als Dividende behandelt wird. Im Jahr 02 erfolgt die Korrektur des Dividendenertrags auf 50 €. In Höhe von weiteren 50 € lag eine nicht steuerbare Kapitalrückzahlung vor. Insoweit ergibt sich eine Minderung der Anschaffungskosten für die Anteile. Die Aktien sind im Jahr 02 noch im Bestand des Kunden.
Das Kreditinstitut hat einen sonstigen Verlust in Höhe von 50 € im Jahr 02 einzubuchen. Außerdem sind die Anschaffungskosten um 50 € zu mindern.

Abwandlung:

Die Aktien wurden von A im Jahr 01 mit einem Verlust von 20 € veräußert.
Das Kreditinstitut hat einen sonstigen Verlust in Höhe von 50 € und einen Aktienveräußerungsgewinn von 50 € einzubuchen.

Beispiel 2:

A hat im Jahr 01 Aktien mit einem Gewinn von 2000 € veräußert. Im Jahr 02 führt die Neuberechnung des Veräußerungsergebnisses auf Grund einer Fehlerkorrektur zu einem Verlust von 500 €.
Die Bank hat im Jahr 02 einen sonstigen Verlust in Höhe von 2000 € und einen Aktienverlust in Höhe von 500 € einzubuchen.

Beispiel 3:

A veräußert im Jahr 01 Wertpapiere mit einem Verlust von 200 €. Die Bank behandelt die Verluste als Aktienveräußerungsverluste. Im Jahr 02 stellt sich heraus, dass es sich um Verluste aus der Veräußerung von Finanzinnovationen handelt. Der Verlusttopf ist noch nicht verbraucht.
Die Bank hat die steuerrechtliche Einstufung im Jahr 02 zu korrigieren.

Beispiel 4:

Ehegatten/Lebenspartner A und B erteilen einen gemeinsamen Freistellungsauftrag gegenüber der Bank in Höhe von 2000 €. Bei der Bank werden jeweils Einzelkonten und gemeinschaftliche Konten geführt. A verstirbt im Jahr 01. Ehegatte/Lebenspartner B teilt dies der Bank erst im Jahr 04 mit.
Die Bank hat für die Einzelkonten von A und B sowie für die gemeinschaftlichen Konten eine Korrektur nach § 43 a Absatz 3 Satz 7 EStG im Jahr 04 für die Jahre 02 und 03 durchzuführen. Eine Korrektur für das Todesjahr erfolgt nicht. Die Steuerbescheinigungen der Jahre 02 und 03 werden nicht korrigiert. B kann mit Wirkung zum 1. Januar 04 einen neuen Freistellungsauftrag erteilen.

Beispiel 5:

Steuerpflichtiger A hat einen Freistellungsauftrag gegenüber der Bank in Höhe von 1000 € erteilt. A verstirbt am 1. Juni 01. Die Erben teilen dies der Bank erst im Jahr 02 mit.
Am 1. Oktober 01 werden 100 € Zinsen auf dem Konto des A gutgeschrieben.
Da die Geschäftsbeziehung zu A mit dessen Todestag endet, treten die Erben in die Geschäftsbeziehung zu der Bank ein. Für die zugeflossenen 100 € in 01 ist für die Erben eine Deltakorrektur nach § 43 a Absatz 3 Satz 7 EStG im Jahr 02 für das Jahr 01 durchzuführen. Falls im Jahr 02 der Freistellungsauftrag weiterhin in Anspruch genommen wurde, ist von der Bank die Abrechnung für das Jahr 02 zu stornieren und neu für die Erben abzurechnen.

Abwandlung:

Der verstorbene A war Steuerausländer und hatte die Steuerausländereigenschaft nach Rn. 314 nachgewiesen. Die Erben des A sind alle unbeschränkt steuerpflichtig.
Da die Geschäftsbeziehung zu A mit dessen Todestag endet, treten die Erben in die Geschäftsbeziehung zu der Bank ein. Für die zugeflossen 100 € in 01 ist für die Erben eine Deltakorrektur nach § 43 a Absatz 3 Satz 7 EStG im Jahr 02 für das Jahr 01 durchzuführen. Falls im Jahr 02 keine Umschlüsselung der Steuerausländereigenschaft erfolgte und weitere Zinsen zugeflossen sind, ist von der Bank die Abrechnung für das Jahr 02 zu stornieren und neu für die Erben abzurechnen.

Hiervon abweichend können die auszahlenden Stellen einheitlich für alle Anleger bis zum 31. Januar Korrekturen für das vorangegangene Kalenderjahr vornehmen.

Bei der Korrektur nach Satz 1 dieser RandNummer hat die auszahlende Stelle nicht auf die rechtliche Zuordnung zum Zeitpunkt des Steuerabzugs, sondern auf die rechtliche Zuordnung zum Zeitpunkt der Korrektur abzustellen.

Beispiele:

Zum Zeitpunkt des Steuereinbehalts im Jahr 01 befanden sich die Wertpapiere im Privatvermögen des A. Im Jahr 02 gehören die Wertpapiere zum Betriebsvermögen. Eine Korrektur im Jahr 02 ist nicht vorzunehmen.
A war zum Zeitpunkt des Steuereinbehalts im Jahr 01 unbeschränkt steuerpflichtig. Ende des Jahres 01 zieht er in das Ausland. Eine Korrektur ist im Jahr 02 nicht vorzunehmen.

Hat die auszahlende Stelle den Fehler offensichtlich selbst zu vertreten, kann sie abweichend von Satz 1 dieser RandNummer nach § 44 b Absatz 5 Satz 1 EStG die Korrektur für die Vergangenheit durchführen. In diesen Fällen ist es zulässig, die Korrektur des Steuerabzugs erst im Rahmen der nächsten Steueranmeldung zu berücksichtigen; eine Änderung der ursprünglichen Anmeldung ist nicht erforderlich.

241a Korrekturen mit Wirkung für die Zukunft nach Maßgabe der Rn. 241 finden keine Anwendung bei

– Anlegern, deren Kapitalerträge Betriebseinnahmen sind (§ 43 a Absatz 3 Satz 8 EStG),
– Steuerausländern,

[1] Rn. 241 Beispiel 4 und 5 geändert durch BMF-Schreiben vom 20. 12. 2022 (BStBl. 2023 I S. 46).

Anl a zu §§ 43–45e

– der Korrektur der Ersatzbemessungsgrundlage, sofern nicht die Voraussetzungen der Rn. 196 vorliegen.

Beispiel:

Das Kreditinstitut hat im Jahr 01 einen Wertpapierverkauf wegen fehlender Kenntnis über die Anschaffungskosten mit der Ersatzbemessungsgrundlage abgerechnet. Als Veräußerungspreis wurde ein Börsenkurs von 100 € zu Grunde gelegt. Im Jahr 02 stellt sich heraus, dass der Börsenkurs tatsächlich 90 € betrug.
Eine Korrektur ist nicht vorzunehmen.

– Korrekturen bei Erträgen aus Anteilen an ausländischen Investmentfonds, soweit bei der Veräußerung oder Rückgabe von Anteilen an ausländischen thesaurierenden Investmentfonds § 7 Absatz 1 Satz 1 Nummer 3 InvStG angewendet wurde,
– Korrekturen bei der Anrechnung ausländischer Quellensteuer, wenn der Steuerpflichtige die Quellensteuer auf Grund einer Entscheidung des EuGH vom ausländischen Staat erstattet bekommt, sowie bei Änderung oder Wegfall der Bemessungsgrundlage auf Grund einer Entscheidung des EuGH, des Bundesverfassungsgerichts oder des Bundesfinanzhofs,
– wenn ein Steuerpflichtiger die Geschäftsbeziehung mit einer auszahlenden Stelle beendet, ohne seine Wertpapiere auf ein anderes Institut zu übertragen. Der Tod gilt als Beendigung der Geschäftsbeziehung.

Die zutreffende Festsetzung der Einkommensteuer erfolgt in diesen Fällen bei unbeschränkt Steuerpflichtigen im Rahmen der Veranlagung. Eine Veranlagung von beschränkt Steuerpflichtigen kommt nur in Ausnahmefällen in Betracht.

241b Weist der Steuerpflichtige durch eine Bescheinigung der auszahlenden Stelle nach, dass sie die Korrektur nicht vorgenommen hat und auch nicht vornehmen wird, kann er die Korrektur nach § 32d Absatz 4 oder 6 EStG geltend machen. In den Fällen der Rn. 241 a bedarf es keiner Bescheinigung.

Korrektur ausländischer Quellensteuer

241c Wird der Betrag der anrechenbaren ausländischen Quellensteuer zu Gunsten des Steuerpflichtigen korrigiert und wurde im Berichtigungsjahr bereits Kapitalertragsteuer einbehalten, kann diese um die Quellensteuer gemindert und erstattet werden. Wurde noch keine Kapitalertragsteuer einbehalten, ist der Betrag im Quellensteuertopf zu erfassen und beim nächsten Steuereinbehalt zu berücksichtigen.

Wird der Betrag der anrechenbaren ausländischen Quellensteuer zu Lasten des Steuerpflichtigen korrigiert, hat die auszahlende Stelle den Betrag gleichfalls im Quellensteuertopf als Negativbetrag einzustellen und beim nächsten Steuereinbehalt zu Lasten des Steuerpflichtigen zu berücksichtigen. Hiervon abweichend ist es nicht zu beanstanden, wenn an Stelle der Einstellung des Negativbetrags in den Quellensteuertopf die auszahlende Stelle zum Zeitpunkt der Korrektur die Kapitalertragsteuer einbehält.

Am Ende des Kalenderjahres wird der Quellensteuertopf geschlossen. Positive oder negative Beträge – die beim Steuerabzug nicht berücksichtigt werden konnten – sind in der Steuerbescheinigung im Hinblick auf eine Veranlagung gemäß § 32d Absatz 3 EStG im Falle eines negativen Quellensteuertopfes sowie gemäß § 32d Absatz 4 EStG im Falle eines positiven Quellensteuertopfes auszuweisen.

Anzeige an das Betriebsstättenfinanzamt

241d Wenn der Schuldner der Kapitalertragsteuer seine Geschäftsbeziehung zu der Bank beendet hat und eine Korrektur gemäß § 43a Absatz 3 Satz 7 EStG nicht mehr möglich ist, ist die Regelung des § 44 Absatz 1 Satz 10 bis 11 EStG entsprechend anzuwenden.

VI. Entrichtung der Kapitalertragsteuer (§ 44 EStG)

1. Zuflusszeitpunkt, auszahlende Stelle, Umfang des Steuerabzugs (§ 44 Absatz 1 EStG)

a) Zufluss von Zinsen (§ 44 Absatz 1 Satz 2 EStG)

9 **242** Zinsen fließen als regelmäßig wiederkehrende Einnahmen dem Steuerpflichtigen nach § 11 Absatz 1 Satz 2 EStG in dem Jahr zu, zu dem sie wirtschaftlich gehören. Die wirtschaftliche Zugehörigkeit bestimmt sich nach dem Jahr, in dem sie zahlbar, d. h. fällig sind, unabhängig davon, für welchen Zeitraum die Zinsen gezahlt werden oder wann die Gutschrift tatsächlich vorgenommen wird. Auch bei auf- und abgezinsten Kapitalforderungen ist für den Zufluss nicht der Zeitraum maßgebend, für den die Zinsen gezahlt werden, sondern der Zeitpunkt der Fälligkeit.

243 Bei Bundesschatzbriefen Typ B, bei denen der Zinslauf am 1. Januar beginnt, ist die Kapitalertragsteuer ebenfalls bei Fälligkeit, d. h. am 1. Januar, abzuziehen.

b) Umfang des Steuerabzugs (§ 44 Absatz 1 Satz 2 EStG)

244, 245 *Nicht besetzt*

Kapitalertragsteuer bei Zinsen aus Kontokorrentkonten

246 Bei Zinsen aus Kontokorrentkonten ist die Kapitalertragsteuer nicht auf der Grundlage des Saldos am Ende des jeweiligen Abrechnungszeitraums, sondern von den einzelnen Habenzinsbeträgen vor der Saldierung zu erheben.

Umrechnung von Währungsbeträgen

247 Bei in Fremdwährung bezogenen Kapitalerträgen, z. B. aus Fremdwährungsanleihen und Fremdwährungskonten, ist sowohl für die Gutschrift als auch für die Kapitalertragsteuer der Devisenbriefkurs der jeweiligen Fremdwährung zugrunde zu legen, der am Tag des Zuflusses der Kapitalerträge gilt (zur Billigkeitsregelung bei sogenannten „Alt-Finanzinnovationen“ vgl. Rn. 56).

c) Auszahlende Stelle (§ 44 Absatz 1 Satz 3 und 4 EStG)

Mehrstufige Verwahrung

248 Wertpapiere werden vielfach nicht unmittelbar von dem Kreditinstitut oder der anderen auszahlenden Stelle verwahrt, bei dem der Steuerpflichtige sein Depot unterhält, sondern auch – z. B. im Falle der Girosammelverwahrung – bei der Wertpapiersammelbank (Clearstream Banking AG) als Unterverwahrer. Auszahlende Stelle ist bei mehrstufiger Verwahrung die depotführende auszahlende Stelle, die als letzte auszahlende Stelle die Wertpapiere für den Steuerpflichtigen verwahrt und allein dessen individuelle Verhältnisse (z. B. Freistellungsauftrag, NV-Bescheinigung) berücksichtigen kann.

Stillhalter- oder Termingeschäfte

249 Ist ein Kreditinstitut Partei eines Termingeschäfts, hat es in diesen Fällen hinsichtlich der Erträge, die aus diesem Geschäft ausgezahlt oder gutgeschrieben werden, Kapitalertragsteuer einzubehalten (vgl. § 44 Absatz 1 Satz 4 Nummer 1 Buchstabe a Doppelbuchstabe aa EStG). Dies gilt entsprechend bei Stillhaltergeschäften.

Wertpapierhandelsunternehmen und Wertpapierhandelsbank

250 Auszahlende Stelle im Sinne des § 44 Absatz 1 Satz 4 Nummer 1 EStG ist neben den inländischen Kreditinstituten und inländischen Finanzdienstleistungsinstituten das inländische Wertpapierinstitut. Zum Begriff des Wertpapierinstituts vgl. § 1 Absatz 3 d KWG.

251 Wertpapierinstitute sowie Finanzdienstleistungsunternehmen, die einen Eigenhandel im Sinne des § 1 Absatz 1 a Satz 1 Nummer 4 KWG sowie Eigengeschäfte gemäß § 1 Absatz 1 a Satz 2 KWG betreiben, führen insoweit keine Veräußerung im Sinne des § 44 Absatz 1 Satz 4 Nummer 1 EStG durch.

d) Erhebung der Kapitalertragsteuer bei Sachwertleistung (§ 44 Absatz 1 Satz 7 bis 11 EStG)

251a Werden Kapitalerträge in Sachwerten geleistet oder reicht der in Geld geleistete Ertrag zur Deckung der Kapitalertragsteuer nicht aus, kann der zum Steuerabzug Verpflichtete nach § 44 Absatz 1 Satz 8 und 9 EStG den Fehlbetrag von einem bei ihm geführten Giro-, Kontokorrent- oder Tagesgeldkonto des Gläubigers einziehen. Auf das zum Depot hinterlegte Verrechnungskonto kann auch zugegriffen werden, wenn Gläubiger der Kapitalerträge und Kontoinhaber nicht identisch sind. Ein Zugriff auf den Kontokorrentkredit ist ausgeschlossen, wenn der Gläubiger vor dem Zufluss der Kapitalerträge widerspricht. Bei mehreren Kontoberechtigten reicht es aus, wenn ein Kontoberechtigter widerspricht. Der Widerspruch gilt solange, bis er vom Gläubiger zurückgenommen wird.

251b Der zum Steuerabzug Verpflichtete kann den Gläubiger der Kapitalerträge auffordern, den Fehlbetrag zur Verfügung zu stellen. Kann nicht auf ein Giro-, Kontokorrent- oder Tagesgeldkonto des Gläubigers zugegriffen werden oder deckt das zur Verfügung stehende Guthaben einschließlich eines zur Verfügung stehenden Kontokorrentkredits den Fehlbetrag nicht oder nicht vollständig, hat der zum Steuerabzug Verpflichtete den vollen Kapitalertrag dem Betriebsstättenfinanzamt spätestens nach Ablauf des Kalenderjahres unter Beachtung der in § 93 c Absatz 1 Nummer 1 1. Halbsatz AO genannten Frist anzuzeigen.

251c Sind depotführende Kreditinstitute, depotführende Stellen sowie Tochter- oder Schwestergesellschaften von Kapitalverwaltungsgesellschaften berechtigt, auf ein sogenanntes Referenzkonto des Kunden zuzugreifen, wird es nicht beanstandet, dort den Fehlbetrag einzuziehen.

251d Ist eine Meldung nach § 44 Absatz 1 Satz 10 EStG an das Betriebsstättenfinanzamt zu fertigen, hat diese folgende Angaben zu enthalten:
- die Identifikationsnummer, den Namen und die Anschrift des Gläubigers der Kapitalerträge,
- das Datum des fehlgeschlagenen Steuereinbehalts,
- das betroffene Wertpapier mit Name, ISIN und Anzahl, soweit vorhanden, ansonsten die Bezeichnung des betroffenen Kapitalertrags,
- die Höhe des Kapitalertrags, für den der Steuereinbehalt fehlgeschlagen ist.

VII. Abstandnahme vom Steuerabzug (§ 44 a EStG)

1. Freistellungsauftrag, NV-Bescheinigung (§ 44 a Absatz 2 EStG)

a) Ausstellung, Widerruf und Verwendung einer NV-Bescheinigung

252 Eine NV-Bescheinigung im Sinne des § 44 a Absatz 2 Satz 1 Nummer 2 EStG ist auch in den Fällen des § 44 a Absatz 1 Satz 4 EStG nicht zu erteilen, wenn der Steuerpflichtige voraussichtlich oder **10**
auf Antrag zur Einkommensteuer veranlagt wird. Daher ist eine NV-Bescheinigung in allen Fällen eines festgestellten verbleibenden Verlustabzugs nicht zu erteilen.

253 Nach § 44 a Absatz 2 Satz 2 und 3 EStG ist die NV-Bescheinigung unter dem Vorbehalt des Widerrufs mit einer Geltungsdauer von höchstens drei Jahren auszustellen; sie muss am Schluss eines Kalenderjahres enden.

254 Der Widerruf einer NV-Bescheinigung dürfte in der Regel mit Wirkung ab Beginn des folgenden Kalenderjahres ausgesprochen werden. Sollte die Geltungsdauer in Widerrufsfällen ausnahmsweise während des Jahres enden und der Steuerpflichtige im Anschluss daran einen Freistellungsauftrag erteilen, muss im Hinblick auf das noch zur Verfügung stehende Freistellungsvolumen berücksichtigt werden, in welcher Höhe zuvor während des Kalenderjahres der Kapitalertragsteuerabzug unterblieben ist und etwaige Anträge auf Erstattung von Kapitalertragsteuer gestellt worden sind oder noch gestellt werden.

255 Wird dagegen neben einem Freistellungsauftrag oder nach dessen Widerruf eine NV-Bescheinigung vorgelegt, ist es unerheblich, in welchem Umfang zuvor eine Abstandnahme vom Kapital-

Anl a zu §§ 43–45e

ertragsteuerabzug vorgenommen wurde und Anträge auf Erstattung gestellt worden sind. Nach Ablauf der Geltungsdauer oder Widerruf der NV-Bescheinigung lebt der erteilte Freistellungsauftrag wieder auf.

256 Es bestehen keine Bedenken, neben dem Original der NV-Bescheinigung auch eine Kopie für steuerliche Zwecke anzuerkennen. Wird die NV-Bescheinigung vom Finanzamt zurückgefordert und hatte der zum Steuerabzug Verpflichtete das Original der NV-Bescheinigung zuvor eingescannt und anschließend vernichtet, ist es ausreichend, wenn die Löschung der Abstandnahme vom zum Steuerabzug Verpflichteten bestätigt wird.

256a Ein Kreditinstitut hat eine NV-Bescheinigung nach § 44 a Absatz 2 Satz 1 Nummer 2 EStG nur dann zu berücksichtigen, wenn diese mit Angabe der steuerlichen IdentifikationsNummer (bei Ehegatten/Lebenspartnern von beiden) erteilt wurde. Bereits ohne Angabe der steuerlichen IdentifikationsNummer erteilte NV-Bescheinigungen sind von der Meldestelle nur zu berücksichtigen, wenn die IdentifikationsNummer der Meldestelle aus anderen Gründen vorliegt.

b) Erteilung und Änderung von Freistellungsaufträgen

257[1] Jeder Freistellungsauftrag muss nach amtlich vorgeschriebenem Muster erteilt werden, vgl. Anlage 2. Das Muster sieht die Unterschrift des Kunden vor. Gegen eine Erteilung eines Freistellungsauftrages mit Kundenunterschrift auf einem sogenannten PenPad bestehen keine Bedenken. Eine Vertretung ist zulässig. Der Freistellungsauftrag kann auch per Fax oder als Datei per E-Mail übermittelt, erteilt werden. Daneben ist die Erteilung im elektronischen Verfahren zulässig. In diesem Fall muss die Unterschrift durch eine elektronische Authentifizierung des Kunden z. B. in Form des banküblichen gesicherten PIN/TAN-Verfahrens ersetzt werden. Hierbei wird zur Identifikation die persönliche Identifikationsnummer (PIN) verwendet und die Unterschrift durch Eingabe der Transaktionsnummer (TAN) ersetzt. Die Erteilung eines Freistellungsauftrags ist nur für Konten und Depots von natürlichen Personen möglich.

Wird der Sparer-Pauschbetrag gesetzlich erhöht oder vermindert und sind dadurch bereits erteilte Freistellungsaufträge prozentual anzupassen, kann eine Glättung auf den nächst höheren Euro-Betrag oder durch kaufmännische Rundung vorgenommen werden.

Dies kann zu einer Überschreitung des zulässigen Sparer-Pauschbetrages führen, die nicht beanstandet wird.

Ändert sich die Höhe des Sparer-Pauschbetrags zum 1. Januar eines Jahres, können Freistellungsaufträge noch innerhalb der ersten sechs Monate des Jahres auf dem am 31. Dezember des Vorjahres geltenden Muster erteilt werden.

258 Wird im Laufe des Kalenderjahres ein dem jeweiligen Kreditinstitut bereits erteilter Freistellungsauftrag geändert, handelt es sich insgesamt nur um einen Freistellungsauftrag. Wird der freizustellende Betrag herabgesetzt, muss das Kreditinstitut prüfen, inwieweit das bisherige Freistellungsvolumen bereits durch Abstandnahme vom Steuerabzug ausgeschöpft ist. Ein Unterschreiten des bereits freigestellten und ausgeschöpften Betrages ist nicht zulässig. Eine Erhöhung des freizustellenden Betrages darf ebenso wie die erstmalige Erteilung eines Freistellungsauftrages nur mit Wirkung für das Kalenderjahr, in dem der Antrag gestellt wird, spätestens jedoch bis zum 31. Januar des Folgejahres für das abgelaufene und für spätere Kalenderjahre erfolgen.

259 Freistellungsaufträge können nur mit Wirkung zum Kalenderjahresende befristet werden. Eine Herabsetzung bis zu dem im laufenden Kalenderjahr bereits genutzten Betrag ist jedoch zulässig. Sofern ein Freistellungsauftrag im laufenden Jahr noch nicht genutzt wurde, kann er auch zum 1. Januar des laufenden Jahres widerrufen werden. Eine Beschränkung des Freistellungsauftrages auf einzelne Konten oder Depots desselben Kreditinstituts ist nicht möglich.

259a Ab 1. Januar 2016 ist ein Freistellungsauftrag nur wirksam, wenn der Meldestelle im Sinne des § 45 d Absatz 1 Satz 1 EStG die steuerliche IdentifikationsNummer des Gläubigers der Kapitalerträge und bei gemeinsamen Freistellungsaufträgen auch die des Ehegatten/Lebenspartners vorliegt (§ 44 a Absatz 2 a Satz 2 EStG).

Stellt sich ab diesem Zeitpunkt im laufenden Kalenderjahr heraus, dass die mitgeteilte steuerliche IdentifikationsNummer nicht korrekt ist, und lässt sich die richtige steuerliche IdentifikationsNummer im laufenden Kalenderjahr ermitteln, ist der Freistellungsauftrag als wirksam zu behandeln. Kann die korrekte steuerliche IdentifikationsNummer nicht ermittelt werden, ist der Freistellungsauftrag als unwirksam zu behandeln.

260 Jede Änderung muss nach amtlich vorgeschriebenem Muster vorgenommen werden. Wird die Geschäftsbeziehung im laufenden Kalenderjahr vollständig beendet (z. B. Auszahlung eines Lebensversicherungsvertrages) und der vorliegende Freistellungsauftrag nicht zum Kalenderjahresende befristet, so kann aus Vereinfachungsgründen angenommen werden, dass der erteilte Freistellungsauftrag ab dem Folgejahr – auch ohne ausdrückliche Änderung nach vorgeschriebenem Muster – nicht mehr gültig sein soll.

Mit dem Tod des Kontoinhabers entfällt die Wirkung des erteilten Freistellungsauftrags. Zu den Besonderheiten beim Tod eines Ehegatten/Lebenspartners mit gemeinsam erteiltem Freistellungsauftrag vgl. Rn. 278 f.

c) Freistellungsaufträge bei Ehegatten/Lebenspartnern

261[2] Ehegatten/Lebenspartner, die unbeschränkt einkommensteuerpflichtig sind und nicht dauernd getrennt leben, haben ein gemeinsames Freistellungsvolumen (§ 20 Absatz 9 Satz 2 EStG) und können

[1] Rn. 257 neugefasst durch BMF-Schreiben vom 20. 12. 2022 (BStBl. 2023 I S. 46).
[2] Rn. 261 neugefasst durch BMF-Schreiben vom 20. 12. 2022 (BStBl. 2023 I S. 46).

entweder einen gemeinsamen Freistellungsauftrag oder Einzel-Freistellungsaufträge erteilen. Der gemeinsame Freistellungsauftrag gilt sowohl für Gemeinschaftskonten als auch für Konten oder Depots, die auf den Namen nur eines Ehegatten/Lebenspartners geführt werden.

Beispiel:
Die Ehegatten/Lebenspartner haben Einzel-Freistellungsaufträge über jeweils 1000 € gestellt.

		Ehemann/Lebenspartner A	Ehefrau/Lebenspartner B
15. 2.	Einnahme Freistellungsauftrag Saldo	10 000 € 1 000 € 9 000 €	./. 10 000 € 1 000 € ./. 10 000 €
31. 12.	Verlustverrechnung Verbleiben	entfällt 9 000 €	entfällt 10 000 €
	Verlustvortrag	**0 €**	**./. 10 000 €**

Der Freistellungsauftrag der Ehefrau/des Lebenspartners B hat sich nicht ausgewirkt, weil keine positiven Einkünfte erzielt wurden. Der insoweit nicht ausgeschöpfte Sparer-Pauschbetrag kann im Rahmen der Veranlagung bei den Kapitaleinkünften des Ehemanns/Lebenspartners A berücksichtigt werden. Der gesamte Verlust wird in den Verlusttopf der Ehefrau/des Lebenspartners B eingestellt und vom Kreditinstitut vorgetragen, sofern die Ehefrau/der Lebenspartner B keine Verlustbescheinigung beantragt.

262 Bei Erteilung und Änderung des Freistellungsauftrags im elektronischen Verfahren ist das amtlich vorgeschriebene Muster vom Kreditinstitut mit der Maßgabe anzuwenden, dass der erstgenannte Ehegatte/Lebenspartner als Auftraggeber gilt. Der Auftraggeber hat zu versichern, dass er für die Erteilung oder Änderung durch seinen Ehegatten/Lebenspartner bevollmächtigt wurde. Für die Versicherung hat das Kreditinstitut eine entsprechende Abfragemöglichkeit einzurichten. Nach der Dokumentation des Freistellungsauftrags beim Kreditinstitut erhält der vertretene Ehegatte/Lebenspartner sowohl eine gesonderte Benachrichtigung, mit der er über die Erteilung oder Änderung durch den Auftraggeber informiert wird, als auch eine Kopie des Freistellungsauftrags.

263 Die Kreditinstitute können bei Entgegennahme eines gemeinsamen Freistellungsauftrags von Ehegatten/Lebenspartnern auf die Richtigkeit der gemachten Angaben grundsätzlich vertrauen, sofern ihnen nichts Gegenteiliges bekannt ist; bei grob fahrlässiger Unkenntnis ergeben sich Haftungsfolgen. Die Kreditinstitute müssen jedoch darauf achten, dass der Freistellungsauftrag korrekt ausgefüllt ist; eine Vertretung ist zulässig.

Haben Ehegatten/Lebenspartner bereits vor dem Zeitpunkt ihrer Eheschließung/Begründung der Lebenspartnerschaft einzeln Freistellungsaufträge erteilt, kann der gemeinsame Freistellungsauftrag für den Veranlagungszeitraum der Eheschließung/Begründung der Lebenspartnerschaft erteilt werden. In diesem Fall ist der Freistellungsauftrag mindestens in Höhe der Summe der Kapitalerträge, die bereits aufgrund der von den Ehegatten/Lebenspartnern einzeln erteilten Freistellungsaufträge vom Kapitalertragsteuerabzug freigestellt worden sind, zu erteilen. Die Summe der Kapitalerträge, die bereits aufgrund der einzeln erteilten Freistellungsaufträge vom Kapitalertragsteuerabzug freigestellt worden sind, wird von der auszahlenden Stelle auf das Freistellungsvolumen des gemeinsamen Freistellungsauftrags angerechnet. Eine (rückwirkende) Erstattung bereits einbehaltener Kapitalertragsteuer aufgrund des gemeinsamen Freistellungsauftrags ist zulässig.

264 Ehegatten/Lebenspartner, die unbeschränkt einkommensteuerpflichtig sind und nicht dauernd getrennt gelebt haben, haben im Jahr der Trennung noch ein gemeinsames Freistellungsvolumen (§ 20 Absatz 9 Satz 2 EStG). Sie können daher für das Kalenderjahr der Trennung auch für die Zeit nach der Trennung gemeinsame Freistellungsaufträge erteilen. Dies gilt sowohl für Gemeinschaftskonten als auch für nur auf den Namen eines der Ehegatten/Lebenspartner geführten Konten oder Depots.

265 Für Kalenderjahre, die auf das Kalenderjahr der Trennung folgen, dürfen nur auf den einzelnen Ehegatten/Lebenspartner bezogene Freistellungsaufträge erteilt werden.

d) Gemeinsamer Freistellungsauftrag als Voraussetzung für die Verlustverrechnung gemäß § 43 a Absatz 3 Satz 2 Halbsatz 2 EStG

266 Für die ehegatten-/lebenspartnerübergreifende Verlustverrechnung ist Voraussetzung, dass es sich um zusammen veranlagte Ehegatten/Lebenspartner handelt, die gegenüber dem Kreditinstitut einen gemeinsamen Freistellungsauftrag erteilt haben.

Zwar können Ehegatten/Lebenspartner zwischen Zusammenveranlagung und Einzelveranlagung wählen. In welcher Form die Ehegatten/Lebenspartner dieses Wahlrecht ausüben, ist für das Steuerabzugsverfahren unbeachtlich. Erteilen Ehegatten/Lebenspartner einen gemeinsamen Freistellungsauftrag – vgl. Anlage 2 –, haben die Kreditinstitute die übergreifende Verlustverrechnung durchzuführen. Die ehegatten-/lebenspartnerübergreifende Verlustverrechnung erfolgt unabhängig davon, ob die Ehegatten/Lebenspartner eine oder mehrere Verlustbescheinigungen im Sinne des § 43 a Absatz 3 Satz 4 EStG beantragt haben, vgl. Rn. 233 ff. Verlustbescheinigungen umfassen somit die nach der übergreifenden Verrechnung noch nicht ausgeglichenen Verluste.

267 Ehegatten/Lebenspartner können auch einen gemeinsamen Freistellungsauftrag über 0 € erteilen. Dies ist erforderlich, wenn Ehegatten/Lebenspartner eine übergreifende Verlustverrechnung vom Kreditinstitut durchführen lassen möchten, ihr gemeinsames Freistellungsvolumen aber schon bei einem anderen Institut ausgeschöpft haben.

268 Haben Ehegatten/Lebenspartner vor 2010 einen gemeinsamen Freistellungsauftrag erteilt, hat dieser weiterhin Bestand und führt zu einer gemeinsamen Verlustverrechnung. Die Voraussetzungen der Rn. 259 a sind zu beachten.

Anl a zu §§ 43–45e

Getrennte Verlusttöpfe mit übergreifender Verrechnung nur am Jahresende

269 Die Kapitaleinkünfte sind unter Berücksichtigung des Freistellungsauftrags, vgl. Rn. 230 und 261, zunächst getrennt zu ermitteln, d. h. wie bisher gesondert für die Einzelkonten und -depots des Ehemannes/der Person A (Ehegatte A/Lebenspartner A), der Ehefrau/der Person B (Ehegatte B/Lebenspartner B) sowie für die Gemeinschaftskonten und -depots. Einmalig zum Jahresende erfolgt dann die Verrechnung bestehender Verlustüberhänge über einen Ausgleich der einzelnen Verlusttöpfe. Voraussetzung ist, dass am Jahresende ein gemeinschaftlich gestellter gültiger Freistellungsauftrag vorliegt.

Beispiel 1:
Die Ehegatten/Lebenspartner haben einen gemeinsamen Freistellungsauftrag von 0 € gestellt.
Verlustverrechnung am Jahresende:

		Ehemann/Lebenspartner A	Ehefrau/Lebenspartner B
15. 2.	Einnahme	1000 €	
20. 3.	Verlust		./. 1000 €
28. 6.	Einnahme		500 €
	Summe	1000 €	./. 500 €
31. 12.	Verlustverrechnung	./. 500 €	500 €
	Verbleiben	**500 €**	**0 €**

270 Eine fortlaufende Verlustverrechnung ist nicht zulässig.

Beispiel 2:

		Ehemann/Lebenspartner A	Ehefrau/Lebenspartner B
15. 2.	Einnahme	1000 €	
20. 3.	Verlust		./. 1000 €
20. 3.	Verlustverrechnung	./. 1000 €	1000 €
	Zwischensumme	0 €	0 €
28. 6.	Einnahme		500 €
31. 12.	Kapitalerträge	0 €	500 €
	Verbleiben	**0 €**	**500 €**

Die Beispiele zeigen, dass nur die Verlustverrechnung am Jahresende zu nachvollziehbaren und plausiblen Ergebnissen führt (siehe Beispiel 1). Bei fortlaufender Verlustverrechnung (Beispiel 2) fiele hingegen Kapitalertragsteuer auf die von der Ehefrau/dem Lebenspartner B am 28. Juni erzielte Einnahme an, obwohl die Ehefrau/der Lebenspartner B insgesamt in dem Jahr einen Verlust erzielt hat. Hier würden sich rein zufällig unterschiedlich hohe Kapitalerträge für die Ehegatten/Lebenspartner ergeben, je nachdem in welcher zeitlichen Reihenfolge positive und negative Erträge anfallen. Da die Kirchensteuer an die Kapitalertragsteuer anknüpft, würden sich zwangsläufig auch Zufallsergebnisse bei der Kirchensteuer ergeben, wenn z. B. nur ein Ehegatte/Lebenspartner Mitglied einer kirchensteuererhebenden Religionsgemeinschaft ist oder wenn die Ehegatten/Lebenspartner unterschiedlichen Religionsgemeinschaften angehören.

271 Beenden die Ehegatten/Lebenspartner die gesamte Geschäftsbeziehung im Laufe des Kalenderjahres, können die Kreditinstitute eine ehegatten-/lebenspartnerübergreifende Verlustverrechnung nicht mehr durchführen. Eine Verlustverrechnung am Jahresende setzt voraus, dass noch mindestens ein Konto oder Depot der Kunden geführt wird, um den erforderlichen Geldausgleich für die Erstattung der Kapitalertragsteuer vorzunehmen.

272 Sofern am Jahresende keine Geschäftsbeziehung mehr besteht, werden die Kreditinstitute die Verluste und/oder die gezahlte Kapitalertragsteuer in der jeweiligen Steuerbescheinigung für den Ehemann/die Person A (Ehegatte A/Lebenspartner A), die Ehefrau/die Person B (Ehegatte B/Lebenspartner B) sowie für die Gemeinschaftskonten und -depots ausweisen, ohne dass eine übergreifende Verlustverrechnung stattfindet (zur automatischen Erstellung einer Verlustbescheinigung zum Jahresende bei Beendigung der Kundenbeziehung vgl. Rn. 238).

Verrechnung von Verlusten aus Aktienveräußerungen

273 Bei der übergreifenden Verlustverrechnung werden zunächst der Aktienverlust und dann der sonstige Verlust verrechnet. Dabei werden ausschließlich die am Jahresende vorhandenen „Verlustüberhänge" – wie in Rn. 269 dargestellt – verrechnet. Es erfolgt keine umfassende Verrechnung von Aktienverlusten zwischen den Ehegatten/Lebenspartnern mit der Folge, dass ggf. der Verlusttopf für sonstige Verluste wieder auflebt (anders als bei der zeitnahen Verlustverrechnung für die Einzelperson; vgl. Rn. 228).

Beispiel:

		Ehemann/Lebenspartner A	Ehefrau/Lebenspartner B
15. 2.	Aktiengewinn		100 €
20. 3.	Aktienverlust	./. 100 €	
27. 5.	allgemeiner Verlust	./. 100 €	
30. 9.	allgemeiner Verlust		./. 50 €
31. 12.	Saldo je Ehegatte/Lebenspartner	./. 100 € (Aktienverlust) ./. 100 € (sonstiger Verlust)	50 €
31. 12.	Übergreifende Verlustverrechnung	50 €	./. 50 €

Anl a zu §§ 43–45e

	Ehemann/Lebenspartner A	Ehefrau/Lebenspartner B
Verbleiben	**./. 50 €** **(Aktienverlust)** **./. 100 €** **(sonstiger Verlust)**	**0 €**

Die übergreifende Verlustverrechnung am Jahresende führt nicht dazu, dass der Aktiengewinn der Ehefrau/des Lebenspartners B in vollem Umfang mit dem Aktienverlust des Ehemannes/Lebenspartners A verrechnet wird; die bereits erfolgte Verrechnung mit dem Verlusttopf für sonstige Verluste in Höhe von 50 € bleibt vielmehr bestehen. Verrechnet wird nur der am Jahresende noch nicht verrechnete Aktiengewinn (im Beispiel 50 €). Ein Wiederaufleben von Verlusttöpfen kommt nicht in Betracht.

Berücksichtigung des gemeinsamen Freistellungsauftrags

274 Im Rahmen der Veranlagung wird der gemeinsame Sparer-Pauschbetrag auch dann gewährt, wenn nur ein Ehegatte/Lebenspartner positive Einkünfte aus Kapitalvermögen in dieser Höhe erzielt hat, die Ehegatten/Lebenspartner aber insgesamt einen Verlust aus Kapitalvermögen erzielt haben.

275[1] Für das Steuerabzugsverfahren folgt daraus, dass zuerst die Einkünfte der Ehegatten/Lebenspartner unter Berücksichtigung des gemeinsamen Freistellungsauftrags zu ermitteln sind und dann – wie nachstehend dargestellt – die danach noch bestehenden Verluste am Jahresende ehegatten-/lebenspartnerübergreifend zu verrechnen sind.

Beispiel 1:

Die Ehegatten/Lebenspartner haben einen gemeinsamen Freistellungsauftrag in Höhe von 2000 € erteilt.
Ehegatten-/lebenspartnerübergreifende Verlustverrechnung nach Berücksichtigung des Freistellungsauftrags:

	Ehemann/Lebenspartner A	Ehefrau/Lebenspartner B
Einnahme	10 000 €	./. 15 000 €
Freistellungsauftrag	./. 2 000 €	
Saldo	8 000 €	./. 15 000 €
Verlustverrechnung	./. 8 000 €	8 000 €
Verbleiben	0 €	./. 7 000 €
Verlustvortrag	**0 €**	**./. 7 000 €**

Eine ehegatten-/lebenspartnerübergreifende Verlustverrechnung vor Berücksichtigung des Freistellungsauftrags erfolgt nicht.

Beispiel 2:

	Ehemann/Lebenspartner A	Ehefrau/Lebenspartner B
Einnahme	10 000 €	./. 15 000 €
Verlustverrechnung	./. 10 000 €	10 000 €
Verbleiben	0 €	./. 5 000 €
Freistellungsauftrag	0 €	0 €
Verbleiben	0 €	./. 5 000 €
Verlustvortrag	**0 €**	**./. 5 000 €**

Die Beispiele zeigen, dass eine ehegatten-/lebenspartnerübergreifende Verlustverrechnung vor Berücksichtigung von Freistellungsaufträgen (Beispiel 2) zu einer nicht zu rechtfertigenden Benachteiligung von Ehegatten/Lebenspartnern gegenüber Einzelpersonen führen würde. Denn in dem Beispiel würde der Ehemann/Lebenspartner A, obwohl er positive Einkünfte erzielt hatte, nicht in den Genuss des Sparer-Pauschbetrages kommen.

Quellensteueranrechnung

276 Sofern ein gemeinsamer Freistellungsauftrag der Ehegatten/Lebenspartner vorliegt, hat die Quellensteueranrechnung gleichfalls ehegatten-/lebenspartnerübergreifend zu erfolgen, um Veranlagungsfälle zu vermeiden.

Hierzu werden getrennte Quellensteuertöpfe geführt. Die übergreifende Anrechnung erfolgt im Rahmen der übergreifenden Verlustverrechnung am Jahresende. Eine bereits erfolgte Quellensteueranrechnung wird wieder rückgängig gemacht, wenn nach der übergreifenden Verlustverrechnung keiner der Ehegatten/Lebenspartner mit Kapitalertragsteuer belastet wird.

Beispiel 1:

	Ehemann/Lebenspartner A	Ehefrau/Lebenspartner B
Saldo Kapitalerträge (inkl. ausländischer Erträge)	./. 1 000 €	5 000 €
Verlustverrechnung	1 000 €	./. 1 000 €
Kapitalerträge nach Verlustverrechnung	0 €	4 000 €
nicht angerechnete Quellensteuer (vor Verlustverrechnung)	50 €	0 €
Anrechnung Quellensteuer nach Verlustverrechnung		50 €

[1] Rn. 275 neugefasst durch BMF-Schreiben vom 20. 12. 2022 (BStBl. 2023 I S. 46).

Anl a zu §§ 43–45e

Es wird die beim Ehemann/Lebenspartner A angefallene Quellensteuer auf die von der Ehefrau/dem Lebenspartner B gezahlte Kapitalertragsteuer angerechnet.

Beispiel 2:

	Ehemann/Lebenspartner A	Ehefrau/Lebenspartner B
Saldo Kapitalerträge (inkl. ausländischer Erträge beim Ehemann/Lebenspartner A)	0 €	5 000 €
Verlustverrechnung	–	–
Kapitalerträge nach Verlustverrechnung	0 €	5 000 €
nicht angerechnete Quellensteuer	50 €	0 €
Anrechnung Quellensteuer		50 €

Die beim Ehemann/Lebenspartner A angerechnete Quellensteuer wird auf die von der Ehefrau/dem Lebenspartner B gezahlte Kapitalertragsteuer angerechnet. Dies gilt auch, wenn eine ehegatten-/lebenspartnerübergreifende Verlustverrechnung nicht durchgeführt wird.

Beispiel 3:

	Ehemann/Lebenspartner A	Ehefrau/Lebenspartner B
Saldo Kapitalerträge	1 000 €	./. 1 000 €
Verlustverrechnung	./. 1 000 €	1 000 €
Kapitalerträge nach Verlustverrechnung	0 €	0 €
angerechnete Quellensteuer vor Verlustverrechnung	50 €	0 €
Anrechnung Quellensteuer nach Verlustverrechnung	0 €	0 €

Die bereits erfolgte Quellensteuer-Anrechnung wird wieder rückgängig gemacht, da nach der übergreifenden Verlustverrechnung keiner der Ehegatten/Lebenspartner mit Kapitalertragsteuer belastet ist.

Kirchensteuer

277 Die bereits abgeführte Kirchensteuer der Ehegatten/Lebenspartner wird durch die übergreifende Verlust- und Quellensteuerverrechnung beeinflusst. Die Kirchensteuer des einen Ehegatten/Lebenspartners wird somit durch den Verlust des anderen Ehegatten/Lebenspartners gemindert.

e) NV-Bescheinigungen und Freistellungsaufträge nach dem Tod eines Ehegatten/Lebenspartners

278 Mit dem Tod eines Ehegatten/Lebenspartners entfällt die Wirkung eines gemeinsam erteilten Freistellungsauftrags für Gemeinschaftskonten der Ehegatten/Lebenspartner sowie Konten und Depots, die auf den Namen des Verstorbenen lauten. Da dem verwitweten Steuerpflichtigen im Todesjahr noch der gemeinsame Sparer-Pauschbetrag zusteht, bleibt der gemeinsame Freistellungsauftrag allerdings bis zum Ende des laufenden Veranlagungszeitraums noch für solche Kapitalerträge wirksam, bei denen die alleinige Gläubigerstellung des Verwitweten feststeht, vgl. § 44 a Absatz 6 EStG. Entsprechendes gilt für eine den Ehegatten/Lebenspartnern erteilte NV-Bescheinigung. Zur Korrektur des Kapitalertragsteuerabzugs in Fällen, in denen die Bank erst nach Ablauf des Kalenderjahres vom Tod eines Ehegatten/Lebenspartners Kenntnis erlangt, vgl. Rn. 241 (Beispiel 4).

279[1] Es bestehen keine Bedenken dagegen, dass der verwitwete Steuerpflichtige Freistellungsaufträge, die er gemeinsam mit dem verstorbenen Ehegatten/Lebenspartner erteilt hat, im Todesjahr ändert oder neue Freistellungsaufträge erstmals erteilt. In diesen Fällen sind anstelle der Unterschrift des verstorbenen Ehegatten/Lebenspartners Vorname, Name und Todestag des Verstorbenen einzutragen. Wird ein ursprünglich gemeinsam erteilter Freistellungsauftrag geändert, muss das Kreditinstitut prüfen, inwieweit das bisherige Freistellungsvolumen bereits durch Abstandnahme vom Kapitalertragsteuerabzug ausgeschöpft ist. Durch die Änderung darf der bereits freigestellte und ausgeschöpfte Betrag nicht unterschritten werden.

Ein Widerruf ist nur zum Jahresende möglich, vgl. Rn. 258. Für das auf das Todesjahr folgende Jahr dürfen unabhängig von der Gewährung des Splitting-Tarifs nur Einzel-Freistellungsaufträge über den Sparer-Pauschbetrag des verwitweten Steuerpflichtigen, d. h. nur bis zur Höhe von insgesamt 1000 € erteilt werden.

f) NV-Bescheinigung und Freistellungsaufträge bei nicht steuerbefreiten Körperschaften

Abstandnahme vom Steuerabzug

280[2] Einer unbeschränkt steuerpflichtigen und nicht steuerbefreiten Körperschaft, Personenvereinigung und Vermögensmasse steht, wenn sie Einkünfte aus Kapitalvermögen erzielt, nach § 8 Absatz 1 KStG der Sparer-Pauschbetrag von 1000 € im Rahmen der Veranlagung zu (§ 20 Absatz 9 Satz 1 EStG). Um eine Abstandnahme vom Kapitalertragsteuerabzug zu erreichen, haben unbeschränkt steuerpflichtige und nicht steuerbefreite Körperschaften, Personenvereinigungen und Vermögensmassen, denen der Freibetrag nach § 24 KStG zusteht und deren Einkommen den Freibetrag von 5000 € nicht übersteigt, Anspruch auf Erteilung einer NV-Bescheinigung (Vordruck NV 3 B). Sie dürfen keinen Freistellungsauftrag erteilen.

281 Gesellschaften des bürgerlichen Rechts können keinen Freistellungsauftrag und auch keinen Antrag auf Erteilung einer NV-Bescheinigung stellen.

[1] Rn. 279 neugefasst durch BMF-Schreiben vom 20. 12. 2022 (BStBl. 2023 I S. 46).
[2] Rn. 280 neugefasst durch BMF-Schreiben vom 20. 12. 2022 (BStBl. 2023 I S. 46).

282 Nichtrechtsfähige Vereine dürfen keinen Freistellungsauftrag erteilen. Ein nichtrechtsfähiger Verein liegt vor, wenn die Personengruppe
- einen gemeinsamen Zweck verfolgt,
- einen Gesamtnamen führt,
- unabhängig davon bestehen soll, ob neue Mitglieder aufgenommen werden oder bisherige Mitglieder ausscheiden,
- einen für die Gesamtheit der Mitglieder handelnden Vorstand hat.

283 Das Kreditinstitut hat sich anhand einer Satzung der Personengruppe zu vergewissern, ob die genannten Wesensmerkmale gegeben sind.

284 *Nicht besetzt*

Erstattung von Kapitalertragsteuer

285 Im Anwendungsbereich des Teileinkünfteverfahrens können Gewinnausschüttungen auf der Ebene der empfangenden nicht steuerbefreiten Körperschaft nach Maßgabe des § 8 b KStG bei der Ermittlung des Einkommens außer Ansatz bleiben. Eine Erstattung von Kapitalertragsteuer kann durch eine NV-Bescheinigung bewirkt werden. Eine NV-Bescheinigung kann nur für sogenannte kleine Körperschaften im Sinne von § 24 KStG (NV-Bescheinigung NV 3 B) und für sogenannte Überzahler im Sinne von § 44 a Absatz 5 EStG (Bescheinigung NV 2 B) erteilt werden.

g) Nicht der Körperschaftsteuer unterliegende Zusammenschlüsse

Grundsatz

286 Ein nicht körperschaftsteuerpflichtiger Personenzusammenschluss (z. B. eine Gesellschaft bürgerlichen Rechts oder eine Personenvereinigung, die nicht die in Rn. 282 beschriebenen Wesensmerkmale erfüllt) darf einen Freistellungsauftrag nicht erteilen. Die ihm zufließenden Kapitalerträge unterliegen der Kapitalertragsteuer nach den allgemeinen Grundsätzen.

287 Die Einnahmen aus Kapitalvermögen, die Gewinne und Verluste im Sinne des § 20 Absatz 4 EStG und die anzurechnende Kapitalertragsteuer sind grundsätzlich nach § 180 Absatz 1 Satz 1 Nummer 2 Buchstabe a AO gesondert und einheitlich festzustellen.

288 Die Erklärung zur gesonderten und einheitlichen Feststellung ist vom Geschäftsführer oder vom Vermögensverwalter abzugeben. Soweit ein Geschäftsführer oder Vermögensverwalter nicht vorhanden ist, kann sich das Finanzamt an jedes Mitglied oder jeden Gesellschafter halten.

289 Die gesondert und einheitlich festgestellten Besteuerungsgrundlagen werden bei der Einkommensteuerveranlagung des einzelnen Mitglieds oder Gesellschafters berücksichtigt. Dabei wird auch der Sparer-Pauschbetrag angesetzt.

290 Von einer gesonderten und einheitlichen Feststellung der Besteuerungsgrundlagen kann gemäß § 180 Absatz 3 Satz 1 Nummer 2 AO abgesehen werden, wenn es sich um einen Fall von geringer Bedeutung handelt. In diesen Fällen reicht es aus, dass der Geschäftsführer oder Vermögensverwalter (Kontoinhaber) die anteiligen Einnahmen aus Kapitalvermögen auf die Mitglieder oder Gesellschafter aufteilt und sie den Beteiligten mitteilt. Die Anrechnung der Kapitalertragsteuer bei den einzelnen Beteiligten ist nur zulässig, wenn neben der Mitteilung des Geschäftsführers oder Vermögensverwalters über die Aufteilung der Einnahmen und der Kapitalertragsteuer eine Ablichtung der Steuerbescheinigung des Kreditinstituts vorgelegt wird.

Vereinfachungsregel

291 Aus Vereinfachungsgründen ist es nicht zu beanstanden, wenn bei losen Personenzusammenschlüssen (z. B. Sparclubs, Schulklassen, Sportgruppen), die aus mindestens sieben Mitgliedern bestehen, wie folgt verfahren wird:

Das Kreditinstitut kann vom Steuerabzug im Sinne des § 43 Absatz 1 EStG Abstand nehmen, wenn
- das Konto neben dem Namen des Kontoinhabers einen Zusatz enthält, der auf den Personenzusammenschluss hinweist (z. B. Sparclub XX, Klassenkonto der Realschule YY, Klasse 5 A),
- die Kapitalerträge bei den einzelnen Guthaben des Personenzusammenschlusses im Kalenderjahr den Betrag von 10 €, vervielfältigt mit der Anzahl der Mitglieder, höchstens 300 € im Kalenderjahr, nicht übersteigen und
- Änderungen der Anzahl der Mitglieder dem Kreditinstitut zu Beginn eines Kalenderjahres mitgeteilt werden.

292 Die Verpflichtung zur Erstellung einer Steuerbescheinigung im Sinne des § 45 a Absatz 2 EStG ist hiervon unberührt.

293 Die Anwendung der Vereinfachungsregelung setzt grundsätzlich voraus, dass die insgesamt – d. h. auch bei Aufsplittung des Guthabens auf mehrere Konten und auch ggf. verteilt auf mehrere Kreditinstitute – zugeflossenen Kapitalerträge die genannten Grenzen im Kalenderjahr nicht übersteigen.

294 Ein „loser Personenzusammenschluss" im Sinne dieser Vereinfachungsregel ist z. B. nicht gegeben bei
- Grundstücksgemeinschaften,
- Erbengemeinschaften,
- Wohnungseigentümergemeinschaften,
- Mietern im Hinblick auf gemeinschaftliche Mietkautionskonten.

Anl a zu §§ 43–45e

2. NV-Bescheinigung bei steuerbefreiten Körperschaften und inländischen juristischen Personen des öffentlichen Rechts (§ 44 a Absatz 4, 7 und 8 EStG)

a) Abstandnahme

295 Für die vollständige Abstandnahme vom Steuerabzug nach § 44 a Absatz 4 und Absatz 7 Satz 1 Nummer 2 und 3 EStG und die teilweise Abstandnahme vom Steuerabzug nach § 44 a Absatz 7 Satz 1 Nummer 1 EStG in Verbindung mit § 44 a Absatz 10 Satz 1 Nummer 2 zweiter Halbsatz EStG und § 44 a Absatz 8 EStG ist grundsätzlich die Vorlage einer NV-Bescheinigung (NV 2 B) erforderlich. Es wird jedoch nicht beanstandet, wenn dem Schuldner der Kapitalerträge oder der auszahlenden Stelle statt der NV-Bescheinigung eine Kopie des zuletzt erteilten Freistellungsbescheides überlassen wird, der für einen nicht älter als fünf Jahre zurückliegenden Veranlagungszeitraum vor dem Veranlagungszeitraum des Zuflusses der Kapitalerträge erteilt worden ist. Dies gilt auch für die Abstandnahme vom Kapitalertragsteuerabzug bei Personengesellschaften im Sinne des § 212 Absatz 1 SGB V (§ 44 a Absatz 4 a und 8 a EStG). Die Vorlage eines Freistellungsbescheides führt – im Gegensatz zur NV-Bescheinigung – auch im Fall einer Körperschaft, Personenvereinigung oder Vermögensmasse nach § 44 a Absatz 7 Satz 1 Nummer 1 EStG zur vollständigen Abstandnahme vom Steuerabzug.

295a Gläubiger im Sinne des § 44 a Absatz 7 Satz 1 EStG oder Gläubiger im Sinne des § 44 a Absatz 8 Satz 1 EStG erfüllen stets auch die Voraussetzungen eines Gläubigers im Sinne des § 44 a Absatz 4 Satz 1 EStG. Bei Vorlage einer NV-Bescheinigung nach § 44 a Absatz 7 Satz 2 EStG (NV-Art 35–37) oder nach § 44 a Absatz 8 Satz 2 EStG (NV-Art 04) ist daher auch nach § 44 a Absatz 4 EStG vom Kapitalertragsteuerabzug Abstand zu nehmen.

296 Die Vorlage des Freistellungsbescheides ist unzulässig, wenn die Erträge in einem wirtschaftlichen Geschäftsbetrieb anfallen, für den die Befreiung von der Körperschaftsteuer ausgeschlossen ist, oder wenn sie in einem nicht von der Körperschaftsteuer befreiten Betrieb gewerblicher Art anfallen.

297 Die Rn. 295 und 296 gelten entsprechend, wenn eine Kopie des Feststellungsbescheides nach § 60 a AO der Finanzbehörde überlassen wird. In diesem Fall und bei Vorlage einer NV-Bescheinigung (NV 2 B) einer Körperschaft, Personenvereinigung oder Vermögensmasse nach § 44 a Absatz 7 Satz 1 Nummer 1 EStG ist die Abstandnahme vom Steuerabzug auf Kapitalerträge im Sinne des § 43 Absatz 1 Satz 1 Nummer 1 a EStG in Höhe von maximal 20 000 € jährlich begrenzt. Es wird nicht beanstandet, wenn für die vollständige Abstandnahme vom Steuerabzug die auszahlende Stelle darauf abstellt, dass der Steuerpflichtige die Anteile seit mindestens einem Jahr unverändert im Bestand hat. Nach § 44 a Absatz 2 Satz 3 in Verbindung mit § 44 a Absatz 4 und 7 EStG gilt die Erlaubnis zur Abstandnahme vom Steuerabzug höchstens für drei Jahre; die Frist endet immer am Schluss des Kalenderjahres. Nach § 44 a Absatz 4 und 7 EStG ist für die Abstandnahme vom Steuerabzug Voraussetzung, dass eine steuerbefreite Körperschaft, Personenvereinigung oder Vermögensmasse gegeben ist. Bei nach § 5 Absatz 1 Nummer 9 KStG befreiten Körperschaften, Personenvereinigungen oder Vermögensmassen liegen diese Voraussetzungen dann vor, wenn die Befreiung von der Körperschaftsteuer für den gesamten Veranlagungszeitraum gewährt werden kann (§ 60 Absatz 2 AO).

298 Unterhalten steuerbefreite Körperschaften einen wirtschaftlichen Geschäftsbetrieb, bei dem die Freibeträge und Freigrenzen überschritten sind, sind sie jährlich zur Körperschaftsteuer zu veranlagen. In diesen Fällen ist die Steuerbefreiung für den steuerbegünstigten Bereich in Form einer Anlage zum Körperschaftsteuerbescheid zu bescheinigen. Die Abstandnahme ist zulässig bis zum Ablauf des dritten Kalenderjahres, das auf das Kalenderjahr folgt, für das der Körperschaftsteuerbescheid erteilt wurde. Der Gläubiger der Kapitalerträge hat dem zum Steuerabzug Verpflichteten in Schriftform mitzuteilen, ob die Kapitalerträge im steuerfreien oder steuerpflichtigen Bereich angefallen sind. Die Vorlage der Anlage zum Körperschaftsteuerbescheid führt bei Körperschaften im Sinne des § 44 a Absatz 7 Satz 1 EStG zu einer vollständigen Abstandnahme vom Steuerabzug.

298a Rn. 295 bis 298 finden bei Erstattungen im Sinne des § 44 b Absatz 6 Satz 1 Nummer 3 und 4 EStG und bei der Abstandnahme vom Steuerabzug im Sinne des § 44 a Absatz 4 b Satz 1 Nummer 3 und 4 und Absatz 10 Satz 1 Nummer 2 und 3 EStG entsprechende Anwendung.

b) Zinszahlungen/Dividendenausschüttungen an eine Personengesellschaft mit körperschaftsteuerbefreiten Gesellschaftern (§ 44 a Absatz 4 Satz 1 EStG)

299 Ist für eine Personengesellschaft, an der zumindest ein Gesellschafter beteiligt ist, der von der Körperschaftsteuer befreit ist, Kapitalertragsteuer nach § 43 Absatz 1 Satz 1 Nummer 1, 3, 4, 6, 7 und 8 bis 12 sowie Satz 2 EStG einbehalten worden, kann die einbehaltene Kapitalertragsteuer vorbehaltlich einer Erstattung nach § 44 b Absatz 7 EStG an die körperschaftsteuerbefreiten Gesellschafter auf deren Antrag von dem für sie zuständigen Finanzamt in der gesetzlich zulässigen Höhe erstattet werden.

299a Die Möglichkeit der Erstattung nach Rn. 299 besteht auch entsprechend für Kapitalertragsteuer, die nach § 43 Absatz 1 Satz 1 Nummer 1 a EStG einbehalten wurde, wenn der Gesellschafter die Voraussetzungen nach § 36 a Absatz 1 bis 3 EStG für eine Anrechenbarkeit der Kapitalertragsteuer erfüllt.

c) Erstattung der Kapitalertragsteuer in besonderen Fällen

300 Ist die Kapitalertragsteuer bei Kapitalerträgen, die steuerbefreiten inländischen Körperschaften, Personenvereinigungen und Vermögensmassen oder inländischen juristischen Personen des öffentlichen Rechts zufließen, deswegen einbehalten worden, weil dem Schuldner der Kapitalerträge oder der auszahlenden Stelle die Bescheinigung nach § 44 a Absatz 4 Satz 3 EStG nicht vorlag, und ist eine Änderung der Steueranmeldung nach § 44 b Absatz 5 EStG durch den Schuldner der Kapitalerträge oder die auszahlende Stelle tatsächlich nicht erfolgt, gilt Folgendes:

Bei den genannten Einrichtungen ist die Körperschaftsteuer grundsätzlich durch den Steuerabzug vom Kapitalertrag abgegolten (§ 32 Absatz 1 KStG). Eine Veranlagung findet nicht statt. Zur Vermeidung von sachlichen Härten wird die Kapitalertragsteuer auf Antrag der betroffenen Organisation von dem für sie zuständigen Finanzamt erstattet.

300a[1] Ist in den Fällen des § 44 a Absatz 7, 8 und 10 Satz 1 Nummer 2 und 3 EStG ein Steuerabzug vom Kapitalertrag deswegen vorgenommen worden, weil dem Schuldner der Kapitalerträge oder der auszahlenden Stelle die Bescheinigung im Sinne des § 44 a Absatz 7 oder 8 EStG nicht vorlag, und hat der Schuldner der Kapitalerträge oder die auszahlende Stelle von der Möglichkeit der Änderung der Steueranmeldung nach § 44 b Absatz 5 EStG keinen Gebrauch gemacht, wird zur Vermeidung von Härten zugelassen, dass die Kapitalertragsteuer auf Antrag der betroffenen Körperschaft in der gesetzlich zulässigen Höhe von dem Finanzamt, an das die Kapitalertragsteuer abgeführt wurde, erstattet wird.

300b Ist in Fällen, in denen eine Institution im Sinne des § 44 a Absatz 7 oder 8 EStG als Erbe eingesetzt worden ist, ein Steuerabzug vom Kapitalertrag vorgenommen worden, weil dem Schuldner der Kapitalerträge oder der auszahlenden Stelle die Bescheinigung im Sinne des § 44 a Absatz 7 oder 8 EStG nicht oder erst verspätet vorgelegt werden konnte, und hat der Schuldner der Kapitalerträge oder die auszahlende Stelle von der Möglichkeit der Änderung der Steueranmeldung nach § 44 b Absatz 5 EStG keinen Gebrauch gemacht, so erstattet auf Antrag der betroffenen Körperschaft das Finanzamt, an das die Kapitalertragsteuer abgeführt worden ist, die Kapitalertragsteuer unter den Voraussetzungen des § 44 a Absatz 4, 7, 8 oder Absatz 10 Satz 1 Nummer 2 und 3 EStG in dem dort beschriebenen Umfang. Dem Antrag ist die Bescheinigung im Sinne des § 44 a Absatz 7 oder 8 EStG, die Steuerbescheinigung im Original und ein Nachweis über die Rechtsnachfolge beizufügen. Das Finanzamt, an das die Kapitalertragsteuer abgeführt wurde, erstattet auch die Kapitalertragsteuer auf Kapitalerträge, die einer Institution im Sinne des § 44 a Absatz 7 oder 8 EStG vor dem 1. Januar 2013 zugeflossen sind.

3. Identität von Kontoinhaber und Gläubiger der Kapitalerträge (§ 44 a Absatz 6 ff. EStG)

301 Voraussetzung für die Abstandnahme vom Steuerabzug ist u.a., dass Einlagen und Guthaben beim Zufluss von Einnahmen unter dem Namen des Gläubigers der Kapitalerträge bei der auszahlenden Stelle verwaltet werden. Die Abstandnahme setzt also Identität von Gläubiger und Kontoinhaber voraus. Auf die Verfügungsberechtigung kommt es nicht an; denn Gläubiger von Kapitalerträgen kann auch sein, wer nicht verfügungsberechtigt ist.

Erstattung der Kapitalertragsteuer von Erträgen einer juristischen Person des öffentlichen Rechts aus Treuhandkonten und von Treuhandstiftungen

302 Bei Kapitalerträgen, die inländischen juristischen Personen des öffentlichen Rechts über einen Treuhänder zufließen, sieht das geltende Recht für Kapitalerträge keine Abstandnahme vom Steuerabzug und keine Erstattung der einbehaltenen Kapitalertragsteuer vor. Eine Veranlagung zur Körperschaftsteuer findet nicht statt; die Körperschaftsteuer ist durch den Steuerabzug vom Kapitalertrag abgegolten (§ 32 KStG).

Zur Vermeidung von sachlichen Härten wird zugelassen, dass die Kapitalertragsteuer auf Antrag der betroffenen Körperschaft in der gesetzlich zulässigen Höhe von dem für sie zuständigen Finanzamt erstattet wird.

Entsprechendes gilt auch in den Fällen, in denen ein inländisches Kreditinstitut das Vermögen mehrerer nichtrechtsfähiger Stiftungen des privaten Rechts in einem gemeinsamen Treuhanddepot verwaltet, und die antragstellende Stiftung nachweist, dass bei ihr die Voraussetzungen für eine Körperschaftsteuerbefreiung vorliegen und ihr die jeweiligen Kapitalerträge zuzurechnen sind. Werden in einem Treuhandkonto lediglich die Kapitalanlagen einer Stiftung verwaltet, findet § 44 a Absatz 6 Satz 3 EStG Anwendung.

4. Ausstellung von Bescheinigungen und Verwendung von Kopien

303 Der Gläubiger der Kapitalerträge hat einen Anspruch auf Ausstellung der von ihm benötigten Anzahl von NV-Bescheinigungen sowie auf die Beglaubigung von Kopien des zuletzt erteilten Freistellungsbescheides, des Feststellungsbescheides nach § 60 a AO oder der Bescheinigung über die Steuerbefreiung für den steuerbefreiten Bereich.

304 Es bestehen keine Bedenken, neben dem Original der Bescheinigungen oder Bescheide auch eine Kopie für steuerliche Zwecke anzuerkennen.

5. Gutschriften zugunsten von ausländischen Personengesellschaften

305 Gläubiger der Kapitalerträge bei einem auf den Namen einer Personengesellschaft geführten Konto sind die Gesellschafter. Von der Erhebung der Kapitalertragsteuer kann deshalb nur dann abgesehen werden, wenn es sich bei allen Gesellschaftern um Steuerausländer handelt.

306 Wird dagegen im Inland ein Konto geführt, das auf den Namen einer Personenhandelsgesellschaft lautet, die weder Sitz, Geschäftsleitung noch Betriebsstätte im Inland hat, ist der Kapitalertragsteuereinbehalt wegen der Ausländereigenschaft nicht vorzunehmen.

[1] Rn. 300a geändert durch BMF-Schreiben vom 20. 12. 2022 (BStBl. 2023 I S. 46).

Anl a zu §§ 43–45e

VIII. Erstattung der Kapitalertragsteuer in besonderen Fällen (§ 44 b Absatz 1 und Absatz 5 EStG)

Erstattung bei zu Unrecht einbehaltener Kapitalertragsteuer

11 **307** In den Fällen, in denen Kapitalertragsteuer ohne rechtliche Verpflichtung einbehalten und abgeführt worden ist (z. B. Nichtvorliegen einer beschränkten Steuerpflicht bei Zinseinkünften von Steuerausländern), geht das Erstattungsverfahren nach § 44 b Absatz 5 EStG dem Verfahren nach § 37 Absatz 2 AO vor. Sofern eine Korrektur des Steuerabzugs nach § 44 b Absatz 5 EStG durch den Schuldner der Kapitalerträge oder die auszahlende Stelle tatsächlich nicht erfolgt ist, führt die ohne rechtlichen Grund einbehaltene Kapitalertragsteuer zu einem Steuererstattungsanspruch im Sinne von § 37 Absatz 2 AO. Der Antrag auf Erstattung der Kapitalertragsteuer ist an das Betriebsstättenfinanzamt zu richten, an das die Kapitalertragsteuer abgeführt worden ist. Im Kalenderjahr des Wechsels von der unbeschränkten zur beschränkten Steuerpflicht ist für die Anrechnung der Kapitalertragsteuer ausschließlich das Wohnsitzfinanzamt zuständig (§ 36 Absatz 2 Nummer 2 Satz 5 in Verbindung mit § 2 Absatz 7 Satz 3 EStG).

Erstattung von Kapitalertragsteuer bei nachträglich bekannt gewordenen Steuerbefreiungstatbeständen

307 a Legt der Gläubiger der Kapitalerträge der auszahlenden Stelle
- eine Bescheinigung nach § 43 Absatz 2 Satz 4 EStG,
- einen Freistellungsauftrag nach § 44 a Absatz 2 Satz 1 Nummer 1 EStG,
- eine NV-Bescheinigung nach § 44 a Absatz 2 Satz 1 Nummer 2 EStG,
- eine Bescheinigung nach § 44 a Absatz 4 Satz 3, Absatz 5 Satz 4 EStG oder
- eine Erklärung nach § 43 Absatz 2 Satz 3 Nummer 2 EStG

bis zum Zeitpunkt der technischen Erstellung der Steuerbescheinigung – spätestens bis zum 31. Januar des Folgejahres – für das betreffende Kalenderjahr vor, so hat diese einen bereits vorgenommenen Steuerabzug zu korrigieren.

Nach diesem Zeitpunkt kann der zum Steuerabzug Verpflichtete eine Korrektur des Steuerabzugs vornehmen. Es besteht jedoch keine Verpflichtung (§ 44 b Absatz 5 Satz 1 EStG).

Bei bereits aufgelösten Konten und Depots ist es nicht zu beanstanden, wenn nachträglich eingereichte Bescheinigungen, NV-Bescheinigungen und Freistellungsaufträge nicht mehr berücksichtigt werden.

308 Die Erstattung der Kapitalertragsteuer an Steuerausländer ist jedoch ausgeschlossen, wenn es sich um sogenannte Tafelgeschäfte im Sinne des § 44 Absatz 1 Satz 4 Buchstabe a Doppelbuchstabe bb EStG handelt.

Erstattung von Kapitalertragsteuer nach § 44 b Absatz 1 EStG aufgrund einer Kapitalrückzahlung nach § 17 InvStG in der vom 1. Januar 2018 bis zum 31. Dezember 2019 anzuwendenden Fassung

308a Nach § 44 b Absatz 1 EStG ist die auf Ausschüttungen eines Investmentfonds in dessen Liquidationsphase erhobene Kapitalertragsteuer zu erstatten, soweit die Ausschüttungen Kapitalrückzahlungen darstellen. Die auszahlende Stelle im Sinne des § 44 Absatz 1 Satz 3 und 4 in Verbindung mit § 43 Absatz 1 Satz 1 Nummer 5 EStG (in der Regel das depotführende Kreditinstitut des Inhabers der Investmentanteile) hat die Erstattung vorzunehmen. Gemäß § 17 Absatz 1 InvStG in der vom 1. Januar 2018 bis zum 31. Dezember 2019 anzuwendenden Fassung ist nur der Mehrbetrag, um den die Summe aller Ausschüttungen und des Rücknahmepreises am Ende des Kalenderjahres den Rücknahmepreis am Anfang des Kalenderjahres übersteigt, steuerpflichtig.

Beispiel:

Am Anfang des Jahres 01 beträgt der Rücknahmepreis für einen Anteil an dem A-Investmentfonds 100 €. Der A-Investmentfonds schüttet 20 € pro Anteil während des Jahres 01 aus. Am Ende des Jahres 01 beträgt der Rücknahmepreis für einen Anteil 85 €.

Lösung:

Steuerpflichtig sind (20 € + 85 €) – 100 € = 5 €; steuerneutrale Kapitalrückzahlung sind 15 €.
Die auf die Ausschüttung in Höhe von 15 € erhobene Kapitalertragsteuer hat die zum Steuerabzug verpflichtete Stelle nach § 44 b Absatz 1 EStG an den Anleger A nach Ablauf des Jahres 01 zu erstatten.
Nimmt ein Investmentfonds mehrere Ausschüttungen während eines Kalenderjahres vor, ist die Kapitalrückzahlung quotal aufzuteilen.

Abwandlung:

Der A-Investmentfonds schüttet erst 5 € und anschließend 15 € aus.

Lösung:

Von der ersten Ausschüttung sind 3,75 € (5 × 15/20) und von der zweiten Ausschüttung sind 11,25 € (15 × 15/20) der Kapitalrückzahlung zuzuordnen.

Wenn bei der Erhebung der Kapitalertragsteuer ausländische Quellensteuer angerechnet wurde, ist bei der Erstattung der auf die Kapitalrückzahlung entfallenden Kapitalertragsteuer eine Korrektur der anrechenbaren ausländischen Quellensteuer vorzunehmen. Die quellensteuerbelastete Ausschüttung stellt keinen einheitlichen Kapitalertrag im Sinne des § 32 d Absatz 5 EStG dar, sondern es handelt sich nur zum Teil um einen Kapitalertrag und im Übrigen um eine Kapitalrückzahlung. Die ausländische Quellensteuer ist quotal auf die Kapitalrückzahlung und den verbleibenden Ertrag aufzuteilen.

Abwandlung:

Im Ausgangsbeispiel werden 4 € ausländische Quellensteuer angerechnet.

Lösung:

Es sind 3 € (4 × 15/20) der Kapitalrückzahlung und 1 € (4 × 5/20) dem verbleibenden Ertrag zuzuordnen.

Die vorstehenden Regelungen sind gleichermaßen in den Fällen eines unterjährigen Erwerbs oder einer unterjährigen Veräußerung des Investmentanteils anzuwenden. Berechnungsgrundlage für die Ermittlung der steuerneutralen Kapitalrückzahlung sind ebenfalls der Rücknahmepreis am Anfang und Ende des Jahres sowie die gesamten Ausschüttungen während des Jahres. Eine Erstattung ist allerdings nur insoweit vorzunehmen, wie dem Anleger eine steuerneutrale Kapitalrückzahlung zugeflossen ist.

Abwandlung:

Am Anfang des Jahres 01 beträgt der Rücknahmepreis für einen Anteil an dem A-Investmentfonds 100 €. Der A-Investmentfonds schüttet am 10. März 01 5 € pro Anteil aus. Am 1. April 01 erwirbt der Anleger A einen Investmentanteil zu einem Preis von 96 €. Am 30. Oktober 01 nimmt der A-Investmentfonds eine weitere Ausschüttung in Höhe von 15 € vor. Am Ende des Jahres 01 beträgt der Rücknahmepreis für einen Anteil 85 €. Anfang des Jahres 02 veräußert der Anleger A den Anteil zu einem Preis von 85 €.

Lösung:

Steuerpflichtig sind (20 € + 85 €) – 100 € = 5 €; steuerneutrale Kapitalrückzahlung sind 15 €. Von der Ausschüttung vom 10. März 01 sind 3,75 € (5 × 15/20) und der Ausschüttung vom 30. Oktober 01 sind 11,25 € (15 × 15/20) der Kapitalrückzahlung zuzuordnen. Die zum Steuerabzug nach § 44 b Absatz 1 EStG verpflichtete Stelle hat nur im Hinblick auf die in der Ausschüttung vom 30. Oktober 01 enthaltene Kapitalrückzahlung von 11,25 € eine Erstattung vorzunehmen. Der Anleger A hat damit im Jahr 01 3,75 € zu versteuern. Im Jahr 02 fällt ein steuerpflichtiger Veräußerungsgewinn in Höhe von 0,25 € an (85 € Veräußerungserlös – [96 € Anschaffungskosten – 11,25 € Kapitalrückzahlung] = 0,25 €). Über die gesamte Haltedauer hat der Anleger A 4 € zu versteuern.

Erstattung von Kapitalertragsteuer nach § 44 b Absatz 1 EStG aufgrund einer Kapitalrückzahlung nach § 17 InvStG in der ab dem 1. Januar 2020 anzuwendenden Fassung

308b Nach § 17 Absatz 1 Satz 1 InvStG in der ab dem 1. Januar 2020 anzuwendenden Fassung gelten Ausschüttungen eines Kalenderjahres nur insoweit als steuerfreie Kapitalrückzahlung, wie der letzte im Kalenderjahr festgesetzte Rücknahmepreis die fortgeführten Anschaffungskosten unterschreitet. Beispiele hierzu finden sich unter Tz. 17.1 a) des BMF-Schreibens vom 21. Mai 2019 (BStBl. I S. 527), zuletzt geändert durch das BMF-Schreiben vom 18. August 2021 (BStBl. I S. 1516).

Die für eine Kapitalrückzahlung nach § 17 InvStG in der vom 1. Januar 2018 bis zum 31. Dezember 2019 anzuwendenden Fassung getroffenen Aussagen zur Erstattung nach § 44 b Absatz 1 EStG durch den Entrichtungspflichtigen, zur quotalen Aufteilung der Kapitalrückzahlung im Fall von mehreren Ausschüttungen sowie zur Korrektur der anrechenbaren ausländischen Quellensteuer und deren quotaler Aufteilung gelten für Kapitalrückzahlungen nach § 17 InvStG in der ab dem 1. Januar 2020 anzuwendenden Fassung entsprechend.

Beispiel:

Der Anleger hat seinen Anteil an dem Investmentfonds am 20. Dezember 2019 für 100 € gekauft. Der Rücknahmepreis beträgt am 31. Dezember 2020 noch 95 €. Am 1. September 2020 fand eine Ausschüttung in Höhe von 8 € statt.

Lösung:

Der Rücknahmepreis zum Jahresende 2020 unterschreitet die fortgeführten Anschaffungskosten um 5 €. Die Ausschüttung in Höhe von 8 € ist in einen steuerpflichtigen Teil (8 € ./. 5 €) = 3 € und eine steuerfreie Kapitalrückzahlung in Höhe von 5 € aufzuteilen.

Abwandlung:

Es werden 4 € ausländische Quellensteuer angerechnet.

Lösung:

Es sind 1,50 € (4 × 3/8) dem Ertrag und 2,50 € (4 × 5/8) der Kapitalrückzahlung zuzuordnen.

Es wird nicht beanstandet, wenn die Aufteilung im Fall von mehreren Ausschüttungen sequenziell statt quotal vorgenommen wird.

Beispiel:

Der Anleger hält einen Anteil an dem Investmentfonds. Die fortgeführten Anschaffungskosten betragen 100 €. In 2021 finden mehrere Aufschüttungen statt.
1. Ausschüttung am 2. März 2021 = 5 €, angerechnete ausländische Quellensteuer (15 %) 0,75 €
2. Ausschüttung am 15. November 2021 = 20 €, angerechnete ausländische Quellensteuer (15 %) 3 €
Summe der Ausschüttungen: 25 €
Der Rücknahmepreis beträgt am 31. Dezember 2021 85 €.
Der letzte in 2021 festgesetzte Rücknahmepreis unterschreitet die fortgeführten Anschaffungskosten um 15 €. 15 € der in 2021 erfolgten Ausschüttungen von insgesamt 25 € sind somit als steuerfreie Kapitalrückzahlung zu berücksichtigen.

Ausschüttung 1:

Die Ausschüttung vom 2. März 2021 wird in vollem Umfang zur steuerfreien Kapitalrückzahlung reklassifiziert, d. h., die einbehalte Kapitalertragsteuer auf 5 € wird dem Anleger vollständig erstattet, die bisher angerechnete ausländische Quellensteuer in Höhe von 0,75 € darf in voller Höhe nicht angerechnet werden.

Ausschüttung 2:

Die Ausschüttung vom 15. November 2021 wird zum Teil ebenfalls reklassifiziert, von den ausgeschütteten 20 € werden 10 € als steuerfreie Kapitalrückzahlung berücksichtigt. Es erfolgt eine Steuererstattung auf 10 €. Die verbleibenden 10 € bleiben steuerpflichtig. Die bisher angerechnete ausländische Quellensteuer in Höhe von 3 € darf anteilig in Höhe von 1,50 € nicht angerechnet werden.
In Summe: Steuerfrei = 15 €, steuerpflichtig = 10 €
In Summe: Nicht anrechenbare ausländische Quellensteuer 2,25 € (5/5 × 0,75 € + 10/20 × 3 €), angerechnete ausländische Quellensteuer 1,50 € (0/5 × 0,75 € + 10/20 × 3 €)

Anl a zu §§ 43–45 e

Erstattung in Treuhandfällen bei Steuerausländern

309 Bei Kapitalerträgen, die auf einem Treuhandkonto erzielt werden, ist mangels Identität von Gläubiger und Kontoinhaber eine Abstandnahme vom Kapitalertragsteuerabzug nicht zulässig. Dies gilt auch, wenn der Gläubiger der Kapitalerträge ein Steuerausländer ist, der mit den Einkünften aus Kapitalvermögen nicht der beschränkten Steuerpflicht unterliegt. Da die Einkünfte mangels Steuerpflicht nicht in eine Veranlagung einbezogen werden können, kommt eine Anrechnung der einbehaltenen Kapitalertragsteuer im Rahmen einer Einkommensteuerveranlagung nicht in Betracht. Eine Erstattung nach § 50 c Absatz 3 Satz 1 EStG (§ 50 d Absatz 1 EStG a. F.) beim Bundeszentralamt für Steuern ist ebenfalls nicht zulässig, weil die Kapitalerträge nicht auf Grund des § 43 b EStG oder eines DBA vom Steuerabzug freizustellen sind. Der Steuerausländer hat vielmehr einen Erstattungsanspruch nach § 37 Absatz 2 AO.

IX. Anmeldung und Bescheinigung von Kapitalertragsteuer (§ 45 a EStG)

12 **310** Vgl. BMF-Schreiben vom 23. Mai 2022 (BStBl. I S. 860).[1]

X. Nicht besetzt

13 **311** *Nicht besetzt*

XI. Kapitalertragsteuerabzug bei beschränkt steuerpflichtigen Einkünften aus Kapitalvermögen (§ 49 Absatz 1 Nummer 5 EStG)

14 **312** Soweit die Einkünfte aus Kapitalvermögen der beschränkten Steuerpflicht unterliegen, können sie dem Kapitalertragsteuerabzug unterliegen. Der beschränkten Einkommensteuerpflicht unterliegen die in § 49 Absatz 1 Nummer 5 EStG aufgeführten Kapitaleinkünfte, die von natürlichen oder juristischen Personen ohne Sitz, Wohnsitz und gewöhnlichen Aufenthalt im Inland bezogen werden (§ 1 Absatz 4 EStG oder § 2 KStG). Vom Kapitalertragsteuerabzug sind insbesondere Dividendenzahlungen eines inländischen Schuldners (z. B. bestimmter Körperschaften) betroffen.

313 Soweit bei Kapitaleinkünften die Voraussetzungen für eine beschränkte Steuerpflicht nicht vorliegen, ist von der auszahlenden Stelle für diese Einkünfte kein Kapitalertragsteuereinbehalt vorzunehmen. Es ist nicht zu beanstanden, wenn bei Treuhand- und Nießbrauchsverhältnissen, bei denen sowohl Treuhänder/Nießbraucher als auch Treugeber/Inhaber der Forderung Steuerausländer sind, kein Kapitalertragsteuereinbehalt vorgenommen wird.

314 Die Ausländereigenschaft eines Kunden kann anhand der Merkmale festgestellt werden, die vom Kreditinstitut im Zusammenhang mit der Legitimationsprüfung nach § 154 AO oder der Identifizierung nach §§ 3, 4 des Geldwäschegesetzes (GwG) bei der Begründung der Geschäftsbeziehung oder der Kontoeröffnung erhoben werden. Ist im Einzelfall unklar, ob der Kunde Steuerausländer ist, kann das Institut auf die von einer ausländischen Finanzbehörde ausgestellte Wohnsitzbescheinigung vertrauen und für den Steuerabzug davon ausgehen, dass im Inland nur eine beschränkte Steuerpflicht besteht.

Teilt ein Kunde seinem Kreditinstitut den Umzug vom Inland in das Ausland mit, kann das Kreditinstitut nur dann nicht mehr von einer unbeschränkten Steuerpflicht ausgehen, wenn dem Kreditinstitut der Statuswechsel durch schriftliche, beweiskräftige Unterlagen nachgewiesen wurde. Schriftliche beweiskräftige Unterlagen sind insbesondere die melderechtlichen Nachweise (Schreiben an Meldebehörde) des Wohnsitzwechsels oder die von einer ausländischen Finanzbehörde ausgestellte Wohnsitzbescheinigung. Kann der Statuswechsel nicht zweifelsfrei nachgewiesen werden, ist weiterhin davon auszugehen, dass im Inland eine unbeschränkte Steuerpflicht besteht. Die Voraussetzungen, dass keine unbeschränkte Steuerpflicht vorliegt, sind in einem zeitlich angemessenen Abstand vom Kreditinstitut entsprechend den Grundsätzen zu § 10 Absatz 3 Nummer 4, § 11 Absatz 3 GwG zu überprüfen.

315 Besitzt ein Steuerausländer Anteile an einer Kapitalgesellschaft, die in einem inländischen Depot liegen, besteht im Falle der Veräußerung (§ 49 Absatz 1 Nummer 2 Buchstabe e EStG) auch dann keine Verpflichtung zum Steuerabzug, wenn der Steuerausländer an der Kapitalgesellschaft zu mindestens 1 % beteiligt ist.

XII. Anwendungsvorschriften zur Einführung einer Abgeltungsteuer (§ 52 EStG)

1. Einbehalt der Kapitalertragsteuer bei bestehenden, bisher nicht dem Steuerabzug unterliegenden Beitragsdepots und vergleichbaren Einrichtungen

15 **316** Auch bei Erträgen aus Beitragsdepots, Parkdepots, Ablaufdepots oder Kapitalisierungsgeschäften, die vor dem 1. Januar 2007 abgeschlossen wurden, besteht nach Einführung der Abgeltungsteuer bei Versicherungsunternehmen eine Pflicht zum Einbehalt der Kapitalertragsteuer, soweit die Kapitalanlagen mit dem Einlagengeschäft bei Kreditinstituten vergleichbar sind. Es ist jedoch nicht zu beanstanden, wenn bei Beitragsdepots, die vor dem 1. Januar 2007 abgeschlossen wurden, vom Steuerabzug Abstand genommen wird.

2. Zeitliche Anwendung von § 20 Absatz 2 Satz 1 Nummer 1 EStG und § 23 Absatz 1 Satz 1 Nummer 2 EStG a. F. (§ 52 Absatz 28 Satz 11, Absatz 31 Satz 2 EStG)

317 § 23 Absatz 1 Satz 1 Nummer 2 EStG a. F. ist letztmals auf private Veräußerungsgeschäfte mit Wertpapieren anzuwenden, die vor dem 1. Januar 2009 erworben wurden. Der Begriff des Erwerbs beinhaltet den Tatbestand des „rechtswirksam abgeschlossenen obligatorischen Vertrags oder gleichstehenden Rechtsaktes".

Anschaffungszeitpunkt angedienter Wertpapiere in der Übergangszeit 2008/2009

318 Nach Rechtslage vor Einführung der Abgeltungsteuer gelten bei Umtausch- oder Aktienanleihen die Aktien zu dem Zeitpunkt als angeschafft, in dem die entsprechenden Ausübungsrechte (Um-

[1] Nachstehend abgedruckt als Anlage b zu §§ 43–45 e EStG.

Anl a zu §§ 43–45 e

tauschanleihe) ausgeübt werden oder nach den Emissionsbedingungen der Anleihe feststeht, dass es zur Lieferung kommt (Aktienanleihe).

Damit ist für die erhaltenen Aktien weiterhin § 23 EStG in der bis zum 31. Dezember 2008 geltenden Fassung anzuwenden, auch wenn die Aktien, die als noch in 2008 angeschafft gelten, dem Steuerpflichtigen erst in 2009 zugehen.

Der Steuerpflichtige erzielt aus der Anleihe – durch den Bezug der Aktien – Einkünfte im Sinne des § 20 Absatz 2 Satz 1 Nummer 7 EStG. In diesen Fällen findet § 20 Absatz 4 a Satz 3 EStG keine Anwendung.

3. Übergangsregelung bei obligationsähnlichen Genussrechten und Gewinnobligationen (§ 52 Absatz 28 Satz 15 und 16 EStG)

319 Für die Veräußerung von obligationsähnlichen Genussrechten und Gewinnobligationen im Sinne des § 20 Absatz 2 Satz 1 Nummer 4 Satz 5 EStG in der bis 31. Dezember 2008 geltenden Fassung findet § 52 Absatz 28 Satz 16 EStG Anwendung (BFH-Urteil vom 12. Dezember 2012 – I R 27/12, BStBl. 2013 II S. 682).

320 bis **323** *Nicht besetzt*

XIII. Anwendungsregelung, Nichtbeanstandungsregelungen und Fundstellennachweis

324[1] Für die Abgeltungsteuer auf Kapitalerträge und Veräußerungsgewinne sind die Grundsätze dieses Schreibens auf alle offenen Fälle anzuwenden. Im Übrigen ist dieses Schreiben auf Kapitalerträge, die nach dem 31. Dezember 2008 zufließen, sowie erstmals für den Veranlagungszeitraum 2009 anzuwenden. **16**

Bei Sachverhalten, die unter die Regelung dieses Schreibens fallen, sind folgende BMF-Schreiben nicht mehr anzuwenden: vom 18. Januar 2016 (BStBl. I S. 85)[2], 20. April 2016 (BStBl. I S. 475)[2], 16. Juni 2016 (BStBl. I S. 527)[2], 3. Mai 2017 (BStBl. I S. 739)[2], 10. Mai 2017 (BStBl. I S. 774)[2], 19. Dezember 2017 (BStBl. 2018 I S. 52)[2], 12. April 2018 (BStBl. I S. 624)[2], 17. Dezember 2018 (BStBl. I S. 1399)[2], 17. Januar 2019 (BStBl. I S. 51)[2], 10. Mai 2019 (BStBl. I S. 464)[2], 16. September 2019 (BStBl. I S. 889)[2], 19. Februar 2021 (BStBl. I S. 296)[2] und vom 3. Juni 2021 (BStBl. I S. 723)[2].

Randnummer 92 in der Fassung des BMF-Schreibens vom 20. Dezember 2022 ist erst ab dem 1. Januar 2023 anzuwenden. Für Nennkapitalherabsetzungen und Rückzahlungen und für die Rückgewähr von Einlagen, die bis einschließlich 31. Dezember 2022 stattfinden, ist Randnummer 92 in folgender Fassung anzuwenden:

„Kapitalherabsetzung/Ausschüttung aus dem Einlagekonto

92 Die Herabsetzung des Nennkapitals einer unbeschränkt steuerpflichtigen Kapitalgesellschaft ist keine anteilige Veräußerung der Anteile an der Kapitalgesellschaft im Sinne des § 20 Absatz 2 EStG. Wird der Herabsetzungsbetrag nicht an die Anteilseigner ausgekehrt, ergibt sich keine Auswirkung auf die Anschaffungskosten der Anteile. Im Auskehrungsfall mindert der Auskehrungsbetrag die Anschaffungskosten der Anteile, soweit er nicht auf einen Sonderausweis nach § 28 Absatz 1 Satz 3 KStG entfällt. Zahlungen aus einer Kapitalherabsetzung oder Zahlungen aus dem steuerlichen Einlagekonto können je nach Einstandskurs auch zu negativen Anschaffungskosten führen (BFH-Urteil vom 20. April 1999 – VIII R 44/96, BStBl. II S. 698). Soweit der Auskehrungsbetrag auf einen Sonderausweis nach § 28 Absatz 1 Satz 3 KStG entfällt, ist der Herabsetzungsbetrag als Einkünfte aus Kapitalvermögen nach § 20 Absatz 1 Nummer 2 Satz 2 EStG zu behandeln; eine Minderung der Anschaffungskosten für die Anteile an der Kapitalgesellschaft tritt insoweit nicht ein. Diese Grundsätze gelten für Körperschaften und Personenvereinigungen, die in einem anderen Mitgliedstaat der Europäischen Union oder einem Staat, auf den das Abkommen über den Europäischen Wirtschaftsraum Anwendung findet, unbeschränkt steuerpflichtig sind, entsprechend.

Auch bei einer Nennkapitalherabsetzung und -rückzahlung einer Drittstaaten-Kapitalgesellschaft handelt es sich nicht um eine anteilige Veräußerung der Anteile. Auf die Auskehrung des Herabsetzungsbetrags an die Anteilseigner ist § 28 KStG nicht anwendbar. Unter den Voraussetzungen des § 7 Absatz 2 KapErhStG sind die Auskehrungen als Einkünfte im Sinne des § 20 Absatz 1 Nummer 1 EStG steuerbar.

Nach Ablauf der 5-Jahres-Frist des § 7 Absatz 2 KapErhStG sind die Auskehrungen nicht steuerbar, mindern jedoch die Anschaffungskosten der Anteile.

Soweit innerhalb oder außerhalb der 5-Jahres-Frist die Rückzahlung den Betrag einer vorhergehenden Erhöhung des Kapitals nach § 7 Absatz 1 KapErhStG übersteigt, handelt es sich um eine echte, nicht steuerbare Nennkapital-Rückzahlung.

Bei Auskehrungen von Körperschaften und Personenvereinigungen aus einem Staat, auf den das Abkommen über den Europäischen Wirtschaftsraum Anwendung findet und der nicht zugleich ein Mitgliedsstaat der Europäischen Union ist (Island, Liechtenstein, Norwegen), sowie bei Auskehrungen von Drittstaaten-Kapitalgesellschaften können die damit zusammenhängenden Fragen nur im Rahmen der jeweiligen Veranlagungsverfahren der Gesellschafter geklärt werden, BMF-Schreiben vom 21. April 2022 (BStBl. I S. 647)."

325 Für den Kapitalertragsteuerabzug wird es nicht beanstandet, wenn die Änderungen der Rn. 63, 111, 166 und 280 sowie die Rn. 193 hinsichtlich der Versicherung des ausländischen Instituts ab dem 1. Januar 2023 und die Änderung der Rn. 131 in der Fassung des BMF-Schreibens vom 19. Mai 2022 erst ab dem 1. Januar 2024 angewendet werden. Für die erstmalige Anwendung der Rn. 131 ist hierbei auf den Anschaffungszeitpunkt der Kapitalforderung abzustellen.

---

[1] Rn. 324 neugefasst durch BMF-Schreiben vom 20. 12. 2022 (BStBl. 2023 I S. 46).

[2] BMF-Schreiben mit den genannten Änderungen letztmals abgedruckt im „Handbuch zur ESt-Veranlagung 2021" als Anlage a zu §§ 43–45 e EStG.

Anl a zu §§ 43–45e

Anlage 1

Erklärung zur Freistellung vom Kapitalertragsteuerabzug gemäß § 43 Absatz 2 Satz 3 Nummer 2 EStG

17 (Name/Firma – bei natürlichen Personen Vor- und Zuname, Geburtsdatum)

(Anschrift) (Steuernummer – bei natürlichen Personen Identifikationsnummer)

An die auszahlende Stelle/Kreditinstitut

(Name/Firma)

(Filiale X-Stadt)

(Anschrift)

Ich erkläre/Wir erklären hiermit, dass die Kapitalerträge

□ aus den Konten und Depots mit der Stammnummer …

□ aus den nachstehend oder in der Anlage angeführten Konten und Depots

Konto- bzw. Depot-Nr. …
Konto- bzw. Depot-Nr. …
Konto- bzw. Depot-Nr. …
Konto- bzw. Depot-Nr. …
Konto- bzw. Depot-Nr. …

□ aus den mit Ihnen seit dem … abgeschlossenen Termin- und/oder Optionsgeschäften

□ aus sonstigen nach dem … erworbenen Kapitalforderungen, auch wenn diese nicht konten- oder depotmäßig verbucht sind,

zu den Betriebseinnahmen meines/unseres inländischen Betriebs gehören und der Steuerabzug bei Kapitalerträgen im Sinne des § 43 Absatz 1 Satz 1 Nummer 6 und 8 bis 12 sowie Satz 2 EStG nicht vorzunehmen ist.

□ aus den mit Ihnen seit dem … abgeschlossenen Termin- und/oder Optionsgeschäften zu meinen/unseren Einkünften aus Vermietung und Verpachtung gehören und der Steuerabzug bei Kapitalerträgen im Sinne des § 43 Absatz 1 Satz 1 Nummer 8 und 11 sowie Satz 2 EStG nicht vorzunehmen ist.

Werden von mir/uns im Rahmen meines/unseres inländischen Betriebs weitere betriebliche Konten/Depots eröffnet, Kapitalforderungen erworben oder Options- und/oder Termingeschäfte abgeschlossen, so können die Kapitalerträge bei der Eröffnung, dem Erwerb und dem Abschluss durch Bezugnahme auf diese Erklärung als vom Steuerabzug auf Kapitalerträge im Sinne des § 43 Absatz 1 Satz 1 Nummer 6 und 8 bis 12 sowie Satz 2 EStG freizustellende Erträge gekennzeichnet werden. Entsprechendes gilt beim Abschluss von Options- und/oder Termingeschäften im Rahmen der Einkünfte aus Vermietung und Verpachtung.

Diese Erklärung gilt ab dem … bis zu einem möglichen Widerruf.

Änderungen der Verhältnisse werden Ihnen umgehend mitgeteilt.

(Unterschrift)

Hinweise:

1. Bei Kapitalerträgen i. S. des § 43 Absatz 1 Satz 1 Nummer 6 und 8 bis 12 sowie Satz 2 EStG ist kein Steuerabzug vorzunehmen, wenn die Kapitalerträge Betriebseinnahmen eines inländischen Betriebs sind und der Gläubiger der Kapitalerträge oder die Personenmehrheit dies gegenüber der auszahlenden Stelle nach dem vorliegenden Vordruck erklärt. Entsprechendes gilt für Erträge aus Options- und/oder Termingeschäften, die zu den Einkünften aus Vermietung und Verpachtung gehören.
2. Bei Personenmehrheiten ist die Einkunftsqualifikation auf der Ebene der Personenmehrheit maßgeblich, nicht die abweichende Qualifikation bei einzelnen Beteiligten.
3. Die auszahlende Stelle hat die vorliegende Erklärung sechs Jahre lang aufzubewahren. Die Frist beginnt am Ende des Jahres zu laufen, in dem die Freistellung letztmals berücksichtigt wird.
4. Die auszahlende Stelle übermittelt im Falle der Freistellung die Steuernummer bzw. bei natürlichen Personen die Identifikationsnummer, Vor- und Zuname des Gläubigers der Kapitalerträge sowie die Konto- oder Depotbezeichnung bzw. die sonstige Kennzeichnung des Geschäftsvorgangs an die Finanzverwaltung. Bei Personenmehrheiten treten die Firma oder vergleichbare Bezeichnungen an die Stelle des Vor- und Zunamens.

Anlage 2

Anl a zu §§ 43–45 e

18

Muster[1]
– Freistellungsauftrag für Kapitalerträge und Antrag auf ehegattenübergreifende/lebenspartnerübergreifende Verlustverrechnung –

(Gilt nicht für Betriebseinnahmen und Einnahmen aus Vermietung und Verpachtung)

________________________ ________________________

(Name, Vorname, Geburtsdatum des Gläubigers der Kapitalerträge) (Straße, Hausnummer)

____

(Identifikationsnummer des Gläubigers)

☐ Gemeinsamer Freistellungsauftrag*)

________________________ ________________________

(ggf. Name, Vorname, Geburtsdatum des Ehegatten/des Lebenspartners) (Postleitzahl, Ort)

____

(Identifikationsnummer des Ehegatten/des Lebenspartners bei gemeinsamem Freistellungsauftrag)

An

____

(z. B. Kreditinstitut/Bausparkasse/Lebensversicherungsunternehmen/Bundes-/Landesschuldenverwaltung)

________________________ ________________________

(Straße, Hausnummer) (Postleitzahl, Ort)

Hiermit erteile ich/erteilen wir**) Ihnen den Auftrag, meine/unsere**) bei Ihrem Institut anfallenden Kapitalerträge vom Steuerabzug freizustellen, und zwar

☐ bis zu einem Betrag von … € (bei Verteilung des Sparer-Pauschbetrages auf mehrere Kreditinstitute).

☐ bis zur Höhe des für mich/uns**) geltenden Sparer-Pauschbetrages von insgesamt 1000 €/ 2000 €**).

☐ über 0 €***) (sofern lediglich eine ehegattenübergreifende/lebenspartnerübergreifende Verlustverrechnung beantragt werden soll).

Dieser Auftrag gilt ab dem 1. 1. XXXX bzw. ab Beginn der Geschäftsverbindung

☐ so lange, bis Sie einen anderen Auftrag von mir/uns**) erhalten.

☐ bis zum 31. 12. XXXX

Die in dem Auftrag enthaltenen Daten und freigestellten Beträge werden dem Bundeszentralamt für Steuern (BZSt) übermittelt. Sie dürfen zur Durchführung eines Verwaltungsverfahrens oder eines gerichtlichen Verfahrens in Steuersachen oder eines Strafverfahrens wegen einer Steuerstraftat oder eines Bußgeldverfahrens wegen einer Steuerordnungswidrigkeit verwendet sowie vom BZSt den Sozialleistungsträgern übermittelt werden, soweit dies zur Überprüfung des bei der Sozialleistung zu berücksichtigenden Einkommens oder Vermögens erforderlich ist (§ 45 d EStG).

Ich versichere/Wir versichern**), dass mein/unser**) Freistellungsauftrag zusammen mit Freistellungsaufträgen an andere Kreditinstitute, Bausparkassen usw. den für mich/uns**) geltenden Höchstbetrag von insgesamt 1000 €/2000 €**) nicht übersteigt. Ich versichere/Wir versichern**) außerdem, dass ich/wir**) mit allen für das Kalenderjahr erteilten Freistellungsaufträgen für keine höheren Kapitalerträge als insgesamt 1000 €/2000 €**) im Kalenderjahr die Freistellung in Anspruch nehme(n)**).

Die mit dem Freistellungsauftrag angeforderten Daten werden auf Grund von § 44 a Absatz 2, 2 a und § 45 d Absatz 1 EStG erhoben. Die Angabe der steuerlichen Identifikationsnummer ist für die Übermittlung der Freistellungsdaten an das BZSt erforderlich. Die Rechtsgrundlagen für die Erhebung der Identifikationsnummer ergeben sich aus § 139 a Absatz 1 Satz 1 2. Halbsatz AO, § 139 b Absatz 2 AO und § 45 d EStG. Die Identifikationsnummer darf nur für Zwecke des Besteuerungsverfahrens verwendet werden.

____________ ____________________ ________________________

(Datum) (Unterschrift) (ggf. Unterschrift Ehegatte, Lebenspartner, gesetzliche(r) Vertreter)

☐ Zutreffendes bitte ankreuzen

*) Angaben zum Ehegatten/Lebenspartner und dessen Unterschrift sind nur bei einem gemeinsamen Freistellungsauftrag erforderlich

**) Nichtzutreffendes bitte streichen

***) Möchten Sie mit diesem Antrag lediglich eine ehegattenübergreifende/lebenspartnerübergreifende Verlustverrechnung beantragen, so kreuzen Sie bitte dieses Feld an

[1] Anlage 2 neugefasst durch BMF-Schreiben vom 20. 12. 2022 (BStBl. 2023 I S. 46).

Der Höchstbetrag von 2000 € gilt nur bei Ehegatten/Lebenspartnern, die einen gemeinsamen Freistellungsauftrag erteilen und bei denen die Voraussetzungen einer Zusammenveranlagung i.S. des § 26 Absatz 1 Satz 1 EStG vorliegen. Der gemeinsame Freistellungsauftrag ist z. B. nach Auflösung der Ehe/ Lebenspartnerschaft oder bei dauerndem Getrenntleben zu ändern. Erteilen Ehegatten/Lebenspartner einen gemeinsamen Freistellungsauftrag, führt dies am Jahresende zu einer Verrechnung der Verluste des einen Ehegatten/Lebenspartner mit den Gewinnen und Erträgen des anderen Ehegatten/Lebenspartner. Freistellungsaufträge können nur mit Wirkung zum Kalenderjahresende befristet werden. Eine Herabsetzung bis zu dem im Kalenderjahr bereits ausgenutzten Betrag ist jedoch zulässig. Sofern ein Freistellungsauftrag im laufenden Jahr noch nicht genutzt wurde, kann er auch zum 1. Januar des laufenden Jahres widerrufen werden. Der Freistellungsauftrag kann nur für sämtliche Depots oder Konten bei einem Kreditinstitut oder einem anderen Auftragnehmer gestellt werden.

Wird die Geschäftsbeziehung im laufenden Kalenderjahr vollständig beendet (z. B. Auszahlung eines Lebensversicherungsvertrages) und der vorliegende Freistellungsauftrag nicht zum Kalenderjahresende befristet, so kann aus Vereinfachungsgründen angenommen werden, dass der erteilte Freistellungsauftrag ab dem Folgejahr – auch ohne ausdrückliche Änderung nach vorgeschriebenem Muster – nicht mehr gültig sein soll.

Anl b zu §§ 43–45e

b) Schreiben betr. Kapitalertragsteuer; Ausstellung von Steuerbescheinigungen für Kapitalerträge nach § 45a Absatz 2 und 3 EStG

Vom 23. Mai 2022 (BStBl. I S. 860)

(BMF IV C 1 – S 2401/19/10001 :006; DOK 2022/0538617)

Nach Erörterung mit den obersten Finanzbehörden der Länder wird das BMF-Schreiben vom 15. Dezember 2017 (BStBl. 2018 I S. 13)[1] wie folgt neu gefasst:

Für Kapitalerträge, die nach § 43 Absatz 1 EStG dem Steuerabzug unterliegen, haben der Schuldner der Kapitalerträge, die die Kapitalerträge auszahlende Stelle oder die zur Abführung der Steuer verpflichtete Stelle dem Gläubiger der Kapitalerträge auf Verlangen eine Steuerbescheinigung nach amtlich vorgeschriebenem Muster auszustellen, die die nach § 32d EStG erforderlichen Angaben enthält; die Verpflichtung besteht unabhängig von der Vornahme eines Steuerabzugs. In den Fällen des § 56 Absatz 3 Satz 4 InvStG in der ab dem 1. Januar 2018 anzuwendenden Fassung – im Folgenden: InvStG – (Ansatz der Ersatzbemessungsgrundlage als Gewinn aus der fiktiven Veräußerung von Investmentanteilen) ist der Entrichtungspflichtige nach § 56 Absatz 3 Satz 5 InvStG zur Ausstellung einer Steuerbescheinigung verpflichtet. Zur Ausstellung von Steuerbescheinigungen gilt Folgendes:

Inhaltsverzeichnis

[1] Letztmals abgedruckt im „Handbuch zur ESt-Veranlagung 2021" als Anlage b zu §§ 43–45e EStG.

I. Allgemeines

1. Muster der Steuerbescheinigung

1 Für die Bescheinigung der Angaben sind die anliegenden amtlich vorgeschriebenen Muster I bis Muster III zu verwenden. Nach Inhalt, Aufbau und Reihenfolge der Angaben darf von ihnen nicht abgewichen werden. Die Gestaltung der Felder für die Bezeichnung des Instituts und des Gläubigers ist nicht vorgeschrieben. Eine Ergänzung der Steuerbescheinigungen um ein zusätzliches Adressfeld ist zulässig. Bei Lebensversicherungsunternehmen ist zusätzlich die VersicherungsNummer anzugeben. **19**

Die Ausstellung erfolgt grundsätzlich für den zivilrechtlichen Gläubiger, nicht für den Steuergläubiger. Bei sogenannten Contractual Trust Arrangements (CTA)-Modellen kann die Steuerbescheinigung direkt an den steuerpflichtigen Treugeber (Arbeitgeber) versendet werden, vgl. Rn. 156 des BMF-Schreibens vom 19. Mai 2022 (BStBl. I S. 742).[1] Die Steuerbescheinigung für Erträge aus Versicherungsverträgen ist auf den Namen des Steuerpflichtigen auszustellen. Die Person des Steuerpflichtigen ist gemäß Rn. 50 bis 53 des BMF-Schreibens vom 1. Oktober 2009 (BStBl. I S. 1172), zuletzt geändert durch das BMF-Schreiben vom 9. August 2019 (BStBl. I S. 829) zu ermitteln.

2. Umfang der zu bescheinigenden Angaben

2 Es ist nicht zu beanstanden, wenn in Fällen, in denen ein in dem amtlichen Muster enthaltener Sachverhalt nicht gegeben ist (z. B. bei Muster I: es wurden keine Veräußerungsgeschäfte mit Aktien getätigt und/oder keine ausländische Steuer entrichtet), die entsprechende(n) Zeile(n) oder ggf. Teile des Textes einer Zeile des amtlichen Musters, die nicht zutreffend sind, entfallen. Entsprechendes gilt für die mit Ankreuzfeldern versehenen Zeilen. Die Reihenfolge der ausgedruckten Zeilen ist jedoch entsprechend dem amtlichen Muster beizubehalten. Bei Muster III kann die Tabelle im Falle der zusammengefassten Steuerbescheinigung bezüglich der Kapitalerträge im Sinne des § 43 Absatz 1 Satz 1 Nummer 1, 1 a und 2 EStG auch an das Ende des amtlichen Musters verschoben werden. Sofern das betreffende Wertpapier nicht stücknotiert ist, sondern nominal, kann auf die Angabe der Stückzahl in der Tabelle verzichtet werden.

3. Ergänzende Angaben

3 Der Steuerbescheinigung können weitere Erläuterungen beigefügt werden, sofern die Ergänzungen im Anschluss an das amtliche Muster erfolgen und hiervon optisch abgesetzt werden.

4. Erstmalige Erteilung

4 Der Anspruch auf Ausstellung einer Steuerbescheinigung entsteht frühestens für Kapitalerträge, die dem Gläubiger nach dem 31. Dezember 2008 zufließen.

5. Elektronische Übermittlung

5 Die nach amtlich vorgeschriebenem Muster ausgestellte Steuerbescheinigung kann dem Steuerpflichtigen in elektronischer Form übermittelt werden. Auf welchem Wege die elektronische Übermittlung erfolgt, lässt § 45 a Absatz 2 Satz 2 EStG offen. Die Steuerbescheinigung kann insbesondere in eine elektronische PostBox eingestellt oder per E-Mail übermittelt werden.

Durch den elektronischen Versand wird das Recht auf Erteilung der Steuerbescheinigung in Papierform nicht ausgeschlossen. Der Steuerpflichtige kann die Steuerbescheinigung in Papierform innerhalb der gesetzlichen Aufbewahrungsfristen der der Steuerbescheinigung zugrundeliegenden Daten bei der auszahlenden Stelle/dem Schuldner/dem Entrichtungspflichtigen anfordern. Sollte dem Steuerpflichtigen die Steuerbescheinigung bereits in elektronischer Form zugeleitet worden sein und wünscht er eine Steuerbescheinigung in Papierform, ist ihm diese – als Ersatzbescheinigung gekennzeichnet – zu übermitteln, wenn der Kunde im Rahmen der Anforderung der Steuerbescheinigung in Papierform in Textform versichert, dass er die elektronischen Daten nicht weiterverwendet.

6. Berichtigung

6 Sind in der Steuerbescheinigung die Kapitalerträge und die anrechenbare Kapitalertragsteuer zu niedrig ausgewiesen, kann von einer Berichtigung der Steuerbescheinigung nach § 45 a Absatz 6 EStG abgesehen werden, wenn eine ergänzende Steuerbescheinigung ausgestellt wird, in die neben den übrigen Angaben nur der Unterschied zwischen dem richtigen und dem ursprünglich bescheinigten Betrag aufgenommen wird. Die ergänzende Steuerbescheinigung ist als solche zu kennzeichnen. Die ursprünglich ausgestellte Steuerbescheinigung behält in diesen Fällen weiterhin Gültigkeit.

Ist eine Steuerbescheinigung nach § 45 a Absatz 6 EStG zu berichtigen, hat der Aussteller das für ihn zuständige Betriebsstättenfinanzamt auf elektronischem Weg zu benachrichtigen. Das Betriebsstättenfinanzamt leitet die Meldung an das Wohnsitzfinanzamt des Gläubigers weiter. Handelt es sich bei dem Empfänger der Steuerbescheinigung um einen Steuerausländer, ist bei Dividendenzahlungen

[1] Vorstehend abgedruckt.

sowie bei weiteren Erträgen im Sinne des § 43 Absatz 1 Satz 1 Nummer 1, 1a und 2 EStG, bei denen eine Steuerbescheinigung nach Muster III ausgestellt wurde, das Bundeszentralamt für Steuern (BZSt) elektronisch zu benachrichtigen. Die mitteilungspflichtige Stelle hat den Steuerpflichtigen nach § 93c Absatz 1 Nummer 3 AO mit der berichtigen Steuerbescheinigung darüber zu informieren, welche für seine Besteuerung relevanten Daten sie an die Finanzbehörden übermittelt hat oder übermitteln wird. Dazu ist folgender Text in die Steuerbescheinigung aufzunehmen: „Nach § 45a Absatz 6 EStG wurde die Steuerbescheinigung berichtigt. Die in § 45a Absatz 6 Satz 3 EStG aufgeführten Daten (z. B. Anlass der Ausstellung usw.) wurden von der mitteilungspflichtigen Stelle an die Finanzverwaltung übermittelt."

Abweichend davon setzt eine Erstattung von Kapitalertragsteuer gegenüber einem unbeschränkt körperschaftsteuerpflichtigen Investmentfonds voraus, dass der Investmentfonds eine erteilte Steuerbescheinigung im Original zurückgegeben hat (§ 7 Absatz 5 Satz 3 und 4 InvStG). Nach erfolgter Erstattung hat der Entrichtungspflichtige dem Investmentfonds eine neue Steuerbescheinigung auszustellen und hierin auf die Erstattung nach § 7 Absatz 5 Satz 1 und/oder Satz 2 InvStG unter Angabe der kumulierten Erstattungs- und Abstandnahmebeträge hinzuweisen. Wenn mangels eines entsprechenden Verlangens des Investmentfonds keine Steuerbescheinigung ausgestellt wurde, besteht auch nach einer Erstattung nur auf Verlangen des Investmentfonds eine Verpflichtung zur Ausstellung einer Steuerbescheinigung.

Es wird nicht beanstandet, wenn der Entrichtungspflichtige bei Erstattungen nach § 7 Absatz 5 Satz 1 und/oder Satz 2 InvStG von einer Rückforderung der Steuerbescheinigung und der Ausstellung einer neuen Steuerbescheinigung absieht. Dies setzt voraus, dass der Entrichtungspflichtige die Erstattungs- und Abstandnahmebeträge intern dokumentiert hat und der Finanzverwaltung auf Anforderung zur Verfügung stellt. Fordert der Investmentfonds für Zwecke des Erstattungsverfahrens nach § 11 InvStG vom Entrichtungspflichtigen eine Erklärung nach § 11 Absatz 1 Satz 1 InvStG, hat der Entrichtungspflichtige bei zwischenzeitlichen Erstattungen für unbeschränkt körperschaftsteuerpflichtige Investmentfonds nach § 7 Absatz 5 Satz 1 und/oder Satz 2 InvStG jedoch eine neue Steuerbescheinigung auszustellen und hierin eine kumulierte Summe aus den zwischenzeitlichen Erstattungsbeträgen und den Beträgen, in deren Höhe vom Steuerabzug Abstand genommen wurde (Abstandnahmebeträge), aufzuführen.

7. Allgemeine Angaben zum Gläubiger/Schuldner

7 Es bestehen keine Bedenken dagegen, dass die Einzelsteuerbescheinigung auf der für den Gläubiger der Kapitalerträge bestimmten Mitteilung über die Gutschrift der Dividenden, Zinsen usw. erteilt wird. Für die Angabe des Schuldners reicht die übliche Kurzbezeichnung des Schuldners in Verbindung mit der Angabe der WertpapierkennNummer oder der ISIN (International Securities Identification Number) aus.

8. Keine Auswirkungen des § 36a EStG

8 Eine Voraussetzung für die Anrechnung von Kapitalertragsteuer ist nach § 36 Absatz 2 Nummer 2 Satz 2 EStG (in Verbindung mit § 31 Absatz 1 KStG) die Vorlage der Steuerbescheinigung. Die Anrechnungsbeschränkung des § 36a EStG für Kapitalertragsteuer auf Kapitalerträge im Sinne des § 43 Absatz 1 Satz 1 Nummer 1a EStG sowie des § 36a Absatz 1 Satz 4 EStG wirkt unmittelbar auf der Ebene des Steuerpflichtigen. § 36a EStG berührt den Kapitalertragsteuerabzug nicht und ist daher bei der Erteilung einer Steuerbescheinigung unbeachtlich.

II. Steuerbescheinigung für Privatkonten und/oder -depots sowie Verlustbescheinigung im Sinne des § 43a Absatz 3 Satz 4 EStG (Muster I)

1. Allgemeines

20 **9** Grundsätzlich darf nur eine einzige Jahressteuerbescheinigung ausgestellt werden. Es wird jedoch nicht beanstandet, wenn auf Grund geänderter Besteuerungsmerkmale die auf das abgelaufene ganze Kalenderjahr bezogene Kapitalertragsteuer in zwei oder ggf. mehrere zeitraumbezogene Steuerbescheinigungen aufgeteilt wird. Die Steuerbescheinigungen sind in diesem Jahr laufend zu nummerieren. Weiterhin ist die Gesamtzahl der erstellten Steuerbescheinigungen anzuführen.

Dementsprechend ist das Muster I wie folgt zu ergänzen:

„Steuerbescheinigung

(„1 von 2", „2 von 2")

…

Für

……………………………………………………………………………………………………

(Name und Anschrift der Gläubigerin/des Gläubigers/der Gläubiger der Kapitalerträge)

werden ☐ für das Kalenderjahr …./☐ für den Zeitraum … folgende Angaben bescheinigt:"

Bei der nur in bestimmten Fällen zulässigen Verwendung des Musters als Einzelsteuerbescheinigung ist die Kontenart (z. B. Treuhand-, Nießbrauch-, Notaranderkonto/Wohnungseigentümergemeinschaft/Tafelgeschäfte) zu bezeichnen. Eine Jahressteuerbescheinigung ergeht für alle Konten und Depots des Steuerpflichtigen.

10 Die inländischen Kredit-, Finanzdienstleistungs- oder Wertpapierinstitute einschließlich der Bundesrepublik Deutschland – Finanzagentur GmbH können dabei gleichzeitig als auszahlende Stelle und als Schuldner der Kapitalertragsteuer fungieren. Die Steuerbescheinigung ist auch von Lebensversicherungsunternehmen auszustellen, sofern außer den Erträgen aus Versicherungsverträgen sonstige Einnahmen (z. B. Zinsen aus Beitrags- oder Parkdepots) erzielt werden. Werden nur Versicherungserträge im Sinne des § 20 Absatz 1 Nummer 6 EStG erzielt, ist das Muster II zu verwenden.

2. Gläubiger der Kapitalerträge und Hinterleger der Wertpapiere

Gemeinschaftskonten

11 Wird für Ehegatten/Lebenspartner ein gemeinschaftliches Konto oder Depot unterhalten, lautet die Steuerbescheinigung auf den Namen beider Ehegatten/Lebenspartner. Gleiches gilt für Gemeinschaftskonten/-depots von ehe- und lebenspartnerschaftsähnlichen Gemeinschaften. Bei Personengemeinschaften, bei denen über die steuerliche Zurechnung der Erträge und ggf. anzurechnender Steuerabzugsbeträge grundsätzlich im Rahmen der gesonderten und einheitlichen Feststellung der Einkünfte aus Kapitalvermögen oder von sonstigen Einkünften im Sinne des § 180 Absatz 1 Satz 1 Nummer 2 Buchstabe a AO entschieden wird, ist die Steuerbescheinigung auf den Namen der entsprechenden Gemeinschaft auszustellen. Wird die Steuerbescheinigung den Ehegatten/Lebenspartnern in elektronischer Form übermittelt, ist sicherzustellen, dass sie von beiden Ehegatten/Lebenspartnern zur Kenntnis genommen werden kann. Dafür ist es beispielsweise ausreichend, dass die Steuerbescheinigung an die Kontaktdaten versandt wird, die für die elektronische Übermittlung von den Ehegatten/Lebenspartnern angegeben wurden.

Besonderheiten bei Ausübung der Transparenzoption nach § 30 Absatz 1 InvStG durch einen Spezial-Investmentfonds und nach § 30 Absatz 4 Satz 1 InvStG durch einen Dach-Spezial-Investmentfonds

12 Übt ein Spezial-Investmentfonds die Transparenzoption nach § 30 Absatz 1 InvStG aus, so gelten den Anlegern die inländischen Beteiligungseinnahmen im Sinne des § 6 Absatz 3 InvStG oder die dem Kapitalertragsteuerabzug unterliegenden sonstigen inländischen Einkünfte im Sinne des § 6 Absatz 5 InvStG als unmittelbar selbst zugeflossen. Der Steuerabzug ist gemäß § 31 Absatz 1 Satz 1 InvStG unter Berücksichtigung des Status des jeweiligen Anlegers vorzunehmen. Der Entrichtungspflichtige hat in der Steuerbescheinigung für den Spezial-Investmentfonds zusätzlich die Angaben nach § 31 Absatz 1 Satz 2 InvStG zu machen. Das heißt, es ist nur eine Steuerbescheinigung auszustellen, in der sämtliche Anleger des Spezial-Investmentfonds aufzuführen sind. Die Steuerbescheinigung verbleibt beim Spezial-Investmentfonds. Der Spezial-Investmentfonds hat allen Anlegern jeweils eine Kopie der Steuerbescheinigung zur Verfügung zu stellen. Alternativ darf auch direkt der Entrichtungspflichtige Kopien der Steuerbescheinigung an die Anleger übermitteln. Schwärzungen hinsichtlich der jeweils anderen Anleger sind unzulässig. Die Kopien sind in der Veranlagung grundsätzlich auch ohne eine Bestätigung des Spezial-Investmentfonds hinsichtlich der Übereinstimmung der Kopie mit dem Original anzuerkennen.

Für jede inländische Beteiligungseinnahme ist eine Einzelsteuerbescheinigung zu erstellen. Auszahlende Stellen haben Muster III zu verwenden. Schuldner der Kapitalerträge (z. B. eine GmbH, die an einen Spezial-Investmentfonds Dividenden ausschüttet) haben das Muster II zu verwenden. Wenn an dem Spezial-Investmentfonds im Falle der Ausübung der Transparenzoption ausschließlich steuerbefreite Anleger beteiligt sind und vom Steuerabzug Abstand genommen wird, entfällt das Ausstellen einer Steuerbescheinigung.

Übt ein Spezial-Investmentfonds die Transparenzoption nach § 30 Absatz 1 InvStG aus und ist der Anleger des Spezial-Investmentfonds ein Dach-Spezial-Investmentfonds, der seinerseits die Transparenzoption nach § 30 Absatz 4 in Verbindung mit Absatz 1 InvStG ausübt, so gelten den Anlegern des Dach-Spezial-Investmentfonds die inländischen Beteiligungseinnahmen im Sinne des § 6 Absatz 3 InvStG oder die dem Kapitalertragsteuerabzug unterliegenden sonstigen inländischen Einkünfte im Sinne des § 6 Absatz 5 InvStG als unmittelbar selbst zugeflossen. Der Steuerabzug ist gemäß § 31 Absatz 1 Satz 1 InvStG unter Berücksichtigung des Status des jeweiligen Anlegers des Dach-Spezial-Investmentfonds vorzunehmen. Der Entrichtungspflichtige hat in der Steuerbescheinigung für den Spezial-Investmentfonds zusätzlich die Angaben nach § 31 Absatz 1 Satz 2 InvStG zu machen. Das heißt, es ist nur eine Steuerbescheinigung auszustellen, in der auch sämtliche Anleger des Dach-Spezial-Investmentfonds aufzuführen sind.

3. Depotverwahrung

13 Sind in dem Wertpapierdepot auch Aktien verzeichnet, für die die Dividende nicht durch das Kreditinstitut, sondern unmittelbar durch die leistende Körperschaft an den Anteilseigner ausgezahlt wird, sind diese Ausschüttungen in die Jahressteuerbescheinigung des Kreditinstituts nicht aufzunehmen. Für diese Ausschüttung hat die leistende Körperschaft eine gesonderte Steuerbescheinigung auszustellen (Muster II).

4. Depotinhaber

14 Das Kreditinstitut, bei dem ein Wertpapierdepot unterhalten wird, kann bei Fehlen gegenteiliger Anhaltspunkte davon ausgehen, dass der Depotinhaber der steuerliche Anteilseigner und Gläubiger der Kapitalerträge ist. Ist dem Kreditinstitut bekannt, dass der Depotinhaber nicht der steuerliche Anteilseigner ist, darf es eine Steuerbescheinigung auf den Namen des Depotinhabers nicht ausstellen.

Nießbrauchsbestellung, Treuhandverhältnis oder Anderkonten

15 Hat das Kreditinstitut von einer Nießbrauchsbestellung oder einem Treuhandverhältnis Kenntnis, ohne zu wissen, ob der Depotinhaber Anteilseigner ist, oder handelt es sich um ein Anderkonto von Rechtsanwälten, Notaren oder Angehörigen der wirtschaftsprüfenden oder steuerberatenden Berufe, bestehen keine Bedenken dagegen, dass die Steuerbescheinigung abweichend von Rn. 14 auf den Namen des Depotinhabers ausgestellt, jedoch durch den entsprechenden Hinweis „Nießbrauchsdepot“, „Treuhanddepot“ oder „Anderdepot“ gekennzeichnet wird. In diesen Fällen muss das Finanzamt, bei dem die Anrechnung der Kapitalertragsteuer beantragt wird, nach Vorlage der Steuerbeschei-

Anl b zu §§ 43–45e

nigung prüfen, wem die Kapitalerträge steuerlich zuzurechnen sind. Zur Bescheinigung der von Zinsen aus Notaranderkonten einbehaltenen Kapitalertragsteuer vgl. Rn. 23.

5. Vorlage einer Nichtveranlagungs-Bescheinigung

16 Die Vorlage einer Nichtveranlagungs-Bescheinigung entbindet nicht von der Verpflichtung zur Ausstellung einer Steuerbescheinigung. Die Steuerbescheinigung ist auf Verlangen des Steuerpflichtigen auszustellen.

6. Ausstellung einer Steuerbescheinigung für einbehaltene Kapitalertragsteuer in besonderen Fällen

a) Bescheinigung der von Zinsen aus einem Mietkautionskonto, das auf den Namen des Vermieters lautet, einbehaltenen Kapitalertragsteuer

aa) Allgemeines

17 Mit der Vereinbarung im Mietvertrag, dem Vermieter für dessen etwaige nachvertragliche Ansprüche eine Geldsumme als Sicherheit zu leisten, trifft der Mieter eine Vorausverfügung über die Zinsen, die ihm nach § 551 Absatz 3 BGB zustehen und die Sicherheit erhöhen. Die Zinsen fließen dem Mieter deshalb in dem Zeitpunkt zu, in dem sie auf dem vom Vermieter für die Sicherheit eingerichteten Konto fällig werden, und sind vom Mieter zu versteuern.

bb) Bescheinigungsverfahren

18 Hat der Vermieter ein für das Kreditinstitut als Treuhandkonto erkennbares Sparkonto eröffnet, wie es seinen Verpflichtungen nach § 551 Absatz 3 BGB entspricht, und weiß das Kreditinstitut, wer der Treugeber ist, hat es die Steuerbescheinigung auf den Namen des Treugebers auszustellen. Der Vermieter hat dem Mieter die Steuerbescheinigung zur Verfügung zu stellen (§ 34 Absatz 1 und 3 AO).

19 Hat das Kreditinstitut von dem Treuhandverhältnis Kenntnis, ohne zu wissen, ob der Kontoinhaber Anspruch auf die Zinsen hat, ist die Steuerbescheinigung auf den Namen des Kontoinhabers auszustellen und mit dem Vermerk „Treuhandkonto" zu versehen. Auch in diesem Fall hat der Vermieter dem Mieter die Steuerbescheinigung zur Verfügung zu stellen.

20 Werden die Mietkautionen mehrerer Mieter auf demselben Konto angelegt, ist der Vermieter als Vermögensverwalter im Sinne des § 34 AO verpflichtet, gegenüber dem für ihn zuständigen Finanzamt eine Erklärung zur gesonderten und einheitlichen Feststellung der Einkünfte aus Kapitalvermögen der Mieter (§ 180 AO) abzugeben. Sieht das Finanzamt nach § 180 Absatz 3 Satz 1 Nummer 2 AO von einer gesonderten und einheitlichen Feststellung der Einkünfte ab, kann es dies gegenüber dem Vermieter durch negativen Feststellungsbescheid feststellen. In diesem Fall hat der Vermieter dem Mieter eine Ablichtung des Bescheides und der Steuerbescheinigung des Kreditinstituts zur Verfügung zu stellen sowie den anteiligen Kapitalertrag und die anteilige Kapitalertragsteuer mitzuteilen.

b) Bescheinigung der von Zinsen aus der Anlage einer Instandhaltungsrücklage einer Wohnungseigentümergemeinschaft einbehaltenen Kapitalertragsteuer

aa) Bescheinigung des Vermögensverwalters

21 Im Regelfall ist nach § 180 Absatz 3 Satz 1 Nummer 2 AO von einer gesonderten und einheitlichen Feststellung der von der Wohnungseigentümergemeinschaft erzielten Zinsen aus der Anlage der Instandhaltungsrücklage abzusehen. Es reicht aus, dass der Verwalter die anteiligen Kapitalerträge nach dem Verhältnis der Miteigentumsanteile aufteilt und dem einzelnen Wohnungseigentümer mitteilt.

bb) Behandlung der Kapitalertragsteuer

22 Die Anrechnung der Kapitalertragsteuer bei dem einzelnen Beteiligten ist nur möglich, wenn neben der Mitteilung des Verwalters über die Aufteilung der Kapitalerträge und der Kapitalertragsteuer eine Ablichtung der Steuerbescheinigung des Kreditinstituts vorgelegt wird.

Bedeutet dieses Verfahren allerdings für die Wohnungseigentümer und den Verwalter keine beachtliche Erleichterung, so sind die Kapitalerträge nach § 180 Absatz 1 Satz 1 Nummer 2 Buchstabe a AO gesondert und einheitlich festzustellen. Dabei hat das für die gesonderte und einheitliche Feststellung zuständige Finanzamt auch die entrichtete und anzurechnende Kapitalertragsteuer zu ermitteln und den Wohnsitzfinanzämtern die auf den einzelnen Wohnungseigentümer entfallenden Steuerbeträge mitzuteilen. In diesem Fall ist die Original-Steuerbescheinigung dem Feststellungsfinanzamt einzureichen; Ablichtungen der Steuerbescheinigung für die Wohnungseigentümer sind nicht erforderlich.

c) Bescheinigung der von Zinsen aus einem Notaranderkonto einbehaltenen Kapitalertragsteuer

23 Zu der Frage, ob die Steuerbescheinigung über die Kapitalertragsteuer bei einem Notaranderkonto auf den Namen des formell berechtigten Notars oder auf den Namen des Berechtigten ausgestellt werden soll und wie bei mehreren Berechtigten zu verfahren ist, gilt Folgendes:

Der Notar leitet die Original-Steuerbescheinigung an den Berechtigten weiter. In den Fällen, in denen in der Steuerbescheinigung des Kreditinstituts der Hinweis „Anderkonto" fehlt, erteilt der Notar dem Berechtigten zusätzlich eine Bestätigung darüber, dass er für ihn treuhänderisch tätig war. Der Berechtigte hat im Fall der Veranlagung zur Einkommen- oder Körperschaftsteuer die Steuerbescheinigung und die Bestätigung dem für ihn zuständigen Finanzamt ggf. vorzulegen.

Wenn die auf dem Notaranderkonto erzielten kapitalertragsteuerpflichtigen Zinsen zeitanteilig auf Verkäufer und Käufer entfallen, stellt der Notar eine der Anzahl der Berechtigten entsprechende Anzahl beglaubigter Abschriften der Original-Steuerbescheinigung her und vermerkt auf der an den jeweiligen Berechtigten auszuhändigenden Abschrift, in welcher Höhe er diesem Zinsen gutgeschrieben hat. Die Berechtigten haben diese beglaubigte Abschrift der Steuerbescheinigung dem für sie zuständigen Finanzamt vorzulegen.

Wenn die auf einem Notaranderkonto erzielten kapitalertragsteuerpflichtigen Zinsen an mehrere Berechtigte auszukehren sind, die nicht zusammen veranlagt werden, gilt Folgendes:

- Sind dem Notar die Anteilsverhältnisse bekannt, teilt er die Kapitalerträge und die Kapitalertragsteuer auf die Berechtigten auf.
- Sind dem Notar die Anteilsverhältnisse nicht bekannt, sind die Kapitalerträge und die hierauf entfallende Kapitalertragsteuer gesondert und einheitlich nach § 180 Absatz 1 Satz 1 Nummer 2 Buchstabe a AO festzustellen.

24 Die vorstehenden Regelungen sind auf Kapitalerträge aus Anderkonten von Rechtsanwälten, Steuerberatern, Steuerbevollmächtigten, Steuerberatungsgesellschaften, Wirtschaftsprüfern, vereidigten Buchprüfern, Wirtschaftsprüfungsgesellschaften und Buchführungsgesellschaften entsprechend anzuwenden.

d) Bescheinigung der von Kapitalerträgen aus einem Gemeinschaftskonto bei einer ehe- oder lebenspartnerschaftsähnlichen Gemeinschaft einbehaltenen Kapitalertragsteuer

25 Partner einer ehe- oder lebenspartnerschaftsähnlichen Gemeinschaft dürfen für ein Gemeinschaftskonto – anders als Ehegatten oder Lebenspartner – keinen Freistellungsauftrag erteilen. Die Kapitalertragsteuer ist vom Kreditinstitut einzubehalten. Darüber ist eine Steuerbescheinigung auf den Namen beider Kontoinhaber auszustellen. Anstelle der gesonderten und einheitlichen Feststellung gemäß § 180 Absatz 1 Satz 1 Nummer 2 Buchstabe a AO wird folgendes vereinfachte Verfahren zur Ermittlung des Anteils jedes Kontoinhabers am Kapitalertrag und an der einbehaltenen Kapitalertragsteuer zugelassen:

Wie die Kapitalerträge (und die darauf entfallende Kapitalertragsteuer) auf die Kontoinhaber zu verteilen sind, wird auf dem Original der Steuerbescheinigung vermerkt. Von der mit diesem Vermerk versehenen Steuerbescheinigung wird eine Ablichtung gefertigt.

Sowohl auf der Original-Steuerbescheinigung als auch auf der Ablichtung haben beide Kontoinhaber zu unterschreiben. Es bestehen keine Bedenken, in diesem Fall sowohl die Original-Steuerbescheinigung als auch deren Ablichtung anzuerkennen und den anteiligen Kapitalertrag und die darauf entfallende Kapitalertragsteuer im Fall der Veranlagung zur Einkommensteuer jedes Kontoinhabers zu berücksichtigen.

Sofern sich später Meinungsverschiedenheiten über die Aufteilung der Kapitalerträge ergeben, ist eine gesonderte und einheitliche Feststellung bis zum Ablauf der Festsetzungsfrist nachzuholen.

7. Muster I im Einzelnen:

26 Das Kreditinstitut hat die **Höhe der Kapitalerträge** nach Verlustverrechnung und vor Berücksichtigung des Sparer-Pauschbetrags (nur positiver Saldo) anzugeben. Der Ausweis setzt voraus, dass die betreffenden Erträge vor Berücksichtigung eines evtl. Sparer-Pauschbetrages/einer Nichtveranlagungs-Bescheinigung und der Anrechnung der ausländischen Quellensteuer grundsätzlich kapitalertragsteuerpflichtig waren. Bei unbaren Kapitalerträgen im Sinne des § 44 Absatz 1 Satz 7 EStG kommt ein Ausweis nicht in Betracht, wenn dem Kreditinstitut keine Beträge zur Abführung der Kapitalertragsteuer zur Verfügung gestellt werden.

Bei negativer Saldogröße erfolgt der Ausweis in den entsprechenden Zeilen für sonstige Verluste oder Aktienveräußerungsverluste, sofern ein Antrag für eine Verlustbescheinigung gestellt wird, vgl. Rn. 34. In den Fällen des § 20 Absatz 6 Satz 5 und 6 EStG sind die Verluste zwingend – also ohne einen Antrag des Steuerpflichtigen – in den dafür vorgesehenen Zeilen der Steuerbescheinigung auszuweisen, vgl. Rn. 34a. Grundsätzlich sind alle Arten von Kapitalerträgen – außer z. B. Kapitalerträge aus einem anderen Staat, die auf Grund eines Doppelbesteuerungsabkommens mit diesem Staat in Deutschland steuerfrei sind – in einer Gesamtsumme enthalten. Es wird nicht nach der Quelle der Kapitalerträge unterschieden. Die Kapitalerträge sind in Zeile 7 der Anlage KAP einzutragen.

Ausschüttungen eines Investmentfonds, die nach § 17 Absatz 1 Satz 1 InvStG als steuerfreie Kapitalrückzahlung gelten, sind nicht in der Höhe der Kapitalerträge auszuweisen. Erfolgt nach § 44b Absatz 1 EStG eine Erstattung der auf steuerfreie Kapitalrückzahlungen entfallenden Kapitalertragsteuer erst nach Ausstellung der Steuerbescheinigung, so ist die Steuerbescheinigung zu korrigieren. Für den Fall, dass die ausgewiesene anrechenbare Kapitalertragsteuer beim Finanzamt im Rahmen der Einkommensteuer- oder Körperschaftsteuerveranlagung angerechnet oder erstattet wurde (§ 36 Absatz 2 Nummer 2 EStG, ggf. in Verbindung mit § 31 Absatz 1 KStG), hat der Steuerpflichtige dies dem zuständigen Finanzamt unter Beifügung der berichtigten Steuerbescheinigung anzuzeigen (§ 153 AO).

27 *Nicht besetzt*

28 Die akkumulierten ausschüttungsgleichen Erträge aus vor dem 1. Januar 2018 erworbenen Anteilen an ausländischen thesaurierenden Investmentfonds nach § 7 Absatz 1 Satz 1 Nummer 3 in der bis zum 31. Dezember 2017 geltenden Fassung des Investmentsteuergesetzes (InvStG 2004) unterliegen zum Zeitpunkt der tatsächlichen Veräußerung oder bei Rückgabe der Investmentanteile dem Steuerabzug (§ 56 Absatz 3 Satz 6 InvStG) und sind in der bescheinigten Höhe der Kapitalerträge enthalten. Diese akkumulierten ausschüttungsgleichen Erträge sind im Rahmen der Steuererklärung und des Veranlagungsverfahrens von der bescheinigten Höhe der Kapitalerträge abzuziehen (vgl. den nachrichtlichen Ausweis bei Veräußerung oder Rückgabe von vor dem 1. Januar 2018 erworbenen Anteilen an ausländischen Investmentfonds in den Mustern I und III). Denn es handelt sich nicht um Kapitalerträge im Veräußerungszeitpunkt, sondern um einen nachholenden Steuerabzug auf die während der Haltedauer der Investmentanteile zuzurechnenden ausschüttungsgleichen Erträge. Zu den Voraussetzungen der Anrechnung dieser Kapitalertragsteuer vgl. das BMF-Schreiben vom 17. Dezember 2012 (BStBl. 2013 I S. 54). Aufgrund des Abzugs der akkumulierten ausschüttungsgleichen Erträge (Bemessungsgrundlage für den Kapitalertragsteuerabzug nach § 7 Absatz 1 Satz 1 Nummer 3 InvStG 2004)

Anl b zu §§ 43–45e

von den Kapitalerträgen können negative Kapitalerträge vorliegen. Ein negativer Betrag der Kapitalerträge ist in Zeile 12 der Anlage KAP zu erfassen.

29 Investmenterträge im Sinne des § 16 InvStG (Ausschüttungen, Vorabpauschalen und Gewinne aus der Veräußerung von Investmentanteilen) aus in- und ausländischen Investmentfonds sind grundsätzlich in der bescheinigten Höhe der Kapitalerträge enthalten. Insbesondere Vorabpauschalen sind auch dann auszuweisen, wenn aufgrund einer Verrechnung mit dem Sparer-Pauschbetrag, der Anwendung einer Nichtveranlagungs-Bescheinigung oder der Anrechnung einer ausländischen Quellensteuer kein Steuerabzug vorzunehmen war, vgl. Rn. 26. Unterliegen die Investmenterträge einer Teilfreistellung nach § 20 InvStG für Aktienfonds (§ 20 Absatz 1 Satz 1 InvStG), für Mischfonds (§ 20 Absatz 2 InvStG), für Immobilienfonds (§ 20 Absatz 3 Satz 1 InvStG) oder für Auslands-Immobilienfonds (§ 20 Absatz 3 Satz 2 InvStG), so beschränkt sich der Steuerabzug nach § 43a Absatz 2 Satz 1 Halbsatz 2 EStG auf die steuerpflichtigen Teile der Kapitalerträge, vgl. Ausführungen zu Rn. 59). Nur diese Teile sind in der Steuerbescheinigung in der Zeile „Höhe der Kapitalerträge Zeile 7 Anlage KAP" auszuweisen.

Werden Alt-Anteile im Sinne des § 56 Absatz 2 Satz 1 InvStG tatsächlich veräußert, ist auf den Gewinn aus der fiktiven Veräußerung zum 31. Dezember 2017 nach § 56 Absatz 3 Satz 3 und 4 InvStG und auf die Beträge nach § 56 Absatz 3 Satz 6 InvStG ein Steuerabzug vorzunehmen. Sofern der Steuerabzug auf die Ersatzbemessungsgrundlage nach § 56 Absatz 3 Satz 4 InvStG und der Steuerabzug auf die akkumulierten ausschüttungsgleichen Erträge nebeneinander anwendbar sind, wird nicht beanstandet, wenn nur ein Steuerabzug auf die höhere der beiden Bemessungsgrundlagen vorgenommen wird (vgl. auch Rz. 56.78 des BMF-Schreibens vom 21. Mai 2019, BStBl. I S. 527, zuletzt geändert durch das BMF-Schreiben vom 15. März 2022, BStBl. I S. 336).

Zu den Alt-Anteilen in diesem Sinne rechnen auch Anteile an Personengesellschaften, die als Investmentfonds im Sinne des § 1 Absatz 1b Satz 2 InvStG 2004 unter den Anwendungsbereich des InvStG 2004 fielen, jedoch nach § 1 Absatz 3 Satz 1 Nummer 2 InvStG ab dem 1. Januar 2018 keine Investmentfonds mehr darstellen (Personen-Investmentvermögen). Die Ausschüttungen und die Gewinne aus der Veräußerung von Anteilen an Personen-Investmentvermögen unterliegen seit dem 1. Januar 2018 keinem Steuerabzug. Bei einer Veräußerung eines Anteils an einem Personen-Investmentvermögen ist jedoch ein Steuerabzug nach § 56 Absatz 3 Satz 3 und 4 InvStG auf den Gewinn aus der fiktiven Veräußerung zum 31. Dezember 2017 sowie ein Steuerabzug nach § 56 Absatz 3 Satz 6 InvStG auf die Beträge nach § 7 Absatz 1 Satz 1 Nummer 3 InvStG 2004 vorzunehmen. Die Stelle, die Anteile an einem Personen-Investmentvermögen verwahrt oder verwaltet, hat das Vorhandensein derartiger Anteile und die Höhe von Ausschüttungen sowie von Veräußerungserlösen (nicht die Veräußerungsgewinne) im nachrichtlichen Teil der Steuerbescheinigung auszuweisen. Anteile an Personen-Investmentvermögen sind nicht als bestandsgeschützte Alt-Anteile auszuweisen. Soweit die Stelle, die die Anteile verwahrt oder verwaltet, nicht erkennt, ob es sich um ein Personen-Investmentvermögen handelt, hat sie für Zwecke des Steuerabzugs und der Steuerbescheinigung die für Investmentfonds geltenden Regelungen anzuwenden.

Zu Besonderheiten bei im Privatvermögen gehaltenen bestandsgeschützten Alt-Anteilen im Sinne des § 56 Absatz 6 Satz 1 InvStG vgl. Rn. 30.

30 Realisierte Gewinne aus der Veräußerung von Investmentanteilen, die vor dem 1. Januar 2009 erworben wurden, seit der Anschaffung nicht im Betriebsvermögen gehalten wurden und keine Anteile im Sinne des § 56 Absatz 6 Satz 6 InvStG sind (bestandsgeschützte Alt-Anteile im Sinne des § 56 Absatz 6 Satz 1 InvStG), unterliegen mit den ab dem 1. Januar 2018 eingetretenen und durch Veräußerung realisierten Wertveränderungen nach § 43 Absatz 1 Satz 1 Nummer 9 EStG dem Kapitalertragsteuerabzug. Gewinne und Verluste aus der Veräußerung von bestandsgeschützten Alt-Anteilen sind nach § 43a Absatz 3 Satz 2 EStG mit anderen negativen oder positiven Kapitalerträgen verrechenbar. Die hiernach dem Kapitalertragsteuerabzug unterliegenden Gewinne sind in der Steuerbescheinigung in der Zeile „Höhe der Kapitalerträge Zeile 7 Anlage KAP" auszuweisen. Wenn es dem depotführenden Kreditinstitut nicht möglich ist, die Anteile im Sinne des § 56 Absatz 6 Satz 6 InvStG zu erkennen, wird es die Finanzverwaltung nicht beanstanden, dass auch diese Anteile im Steuerabzugsverfahren als bestandsgeschützte Alt-Anteile behandelt werden. Zweifelsfälle, bei denen die Anteile zwischen dem 10. November 2007 und dem 31. Dezember 2008 angeschafft wurden und die Anschaffungskosten einer Einzeltransaktion mindestens 100 000 € betragen, sind jedoch im nachrichtlichen Teil der Steuerbescheinigung gesondert auszuweisen. Hierbei ist sowohl der Gewinn oder Verlust aus der Veräußerung von bestandsgeschützten Alt-Anteilen nach § 56 Absatz 6 Satz 1 Nummer 2 InvStG als auch der Gewinn oder Verlust aus der fiktiven Veräußerung nach § 56 Absatz 3 Satz 1 InvStG gesondert auszuweisen. Sofern dem Kreditinstitut die Anschaffungskosten von als bestandsgeschützt behandelten Alt-Anteilen nicht vorliegen, ist es nicht zu beanstanden, wenn in der Spalte Gewinn/Verlust aus der fiktiven Veräußerung nach § 56 Absatz 3 Satz 1 InvStG „nicht ermittelbar" ausgewiesen wird.

Die Gewinne aus der Veräußerung von bestandsgeschützten Alt-Anteilen im Sinne des § 56 Absatz 6 Satz 1 Nummer 2 InvStG sind steuerfrei, soweit die insgesamt seit dem 1. Januar 2018 eingetretenen und durch Veräußerung realisierten Wertveränderungen den persönlichen Freibetrag von 100 000 € nicht übersteigen. Den persönlichen Freibetrag kann der Steuerpflichtige ausschließlich im Rahmen der Einkommensteuerveranlagung geltend machen. Hierfür sowie für Zwecke der gesonderten Feststellung nach § 56 Absatz 6 Satz 2 ff. InvStG ist die Summe der Gewinne im „davon"-Ausweis „Gewinne aus der Veräußerung bestandsgeschützter Alt-Anteile im Sinne des § 56 Absatz 6 Satz 1 Nummer 2 InvStG (nach Teilfreistellung) Zeile 10 Anlage KAP" auszuweisen. Für diesen Ausweis ist keine Saldierung zwischen Gewinnen und Verlusten aus bestandsgeschützten Alt-Anteilen vorzunehmen. Dies gilt auch in den Fällen einer ehegatten- oder lebenspartnerübergreifenden Verlustverrechnung. Der „davon"-Ausweis „Gewinne aus der Veräußerung bestandsgeschützter Alt-Anteile im Sinne des § 56 Absatz 6 Satz 1 Nummer 2 InvStG (nach Teilfreistellung) Zeile 10 Anlage KAP" ist der Höhe nach nicht auf die Höhe der Kapitalerträge (Zeile 7 Anlage KAP) beschränkt.

Maßgebend für den Ausweis der Summe der Gewinne aus bestandsgeschützten Alt-Anteilen sind nur die seit dem 1. Januar 2018 eingetretenen Wertveränderungen. Gewinne oder Verluste, die auf Wertveränderungen der bestandsgeschützten Alt-Anteile bis zum 31. Dezember 2017 beruhen, sind beim Steuerpflichtigen steuerfrei (§ 56 Absatz 6 Satz 1 Nummer 1 InvStG).

Beispiel (vereinfacht ohne Solidaritätszuschlag und Kirchensteuer):

Gewinn aus bestandsgeschützten Alt-Anteilen (realisierter Wertzuwachs ab 2018)	+	11 000 €
Verlust aus sonstigen Kapitalerträgen (realisierter Wertverlust aus bestandsgeschützten Alt-Anteilen ab 2018)	–	9000 €
Sonstige Kapitalerträge	+	6000 €
Summe der Kapitalerträge	+	8000 €
Kapitalertragsteuer		2000 €

Lösung:

In der Steuerbescheinigung ist im „davon"-Ausweis ein Gewinn aus der Veräußerung bestandsgeschützter Alt-Anteile in Höhe von 11 000 € auszuweisen.

Abwandlung (vereinfacht ohne Solidaritätszuschlag und Kirchensteuer):

Gewinn aus bestandsgeschützten Alt-Anteilen (realisierter Wertzuwachs ab 2018)	+	11 000 €
Verlust aus sonstigen Kapitalerträgen (realisierter Wertverlust aus bestandsgeschützten Alt-Anteilen ab 2018)	–	15 000 €
Sonstige Kapitalerträge	+	3000 €
Summe der Kapitalerträge (Verlust)	–	1000 €

Lösung:

Hat der Steuerpflichtige rechtzeitig eine Verlustbescheinigung beantragt, ist in dieser im „davon"-Ausweis ein Gewinn aus der Veräußerung bestandsgeschützter Alt-Anteile in Höhe von 11 000 € auszuweisen.

31 In der Zeile „Höhe der Kapitalerträge Zeile 7 Anlage KAP" sind bei Lebensversicherungsverträgen die steuerpflichtigen Kapitalerträge nach § 20 Absatz 1 Nummer 6 EStG in der jeweils für den Vertrag geltenden Fassung anzugeben. Für Altverträge – Vertragsabschluss vor dem 1. Januar 2005 – sind die rechnungsmäßigen und außerrechnungsmäßigen Zinsen aus den Sparanteilen maßgebend. Für Neuverträge – Vertragsabschluss nach dem 31. Dezember 2004 – ist der Ertrag nach § 20 Absatz 1 Nummer 6 EStG in der seit dem 1. Januar 2005 geltenden Fassung anzugeben. Ertrag ist bei diesen Verträgen der Unterschiedsbetrag zwischen der Versicherungsleistung (im Erlebensfall) und der Summe der auf sie entrichteten Beiträge. Sind in dem Ertrag auch Erträge aus fondsgebundenen Lebensversicherungen enthalten, so sind nur die Erträge auszuweisen, die sich nach der teilweisen Steuerfreistellung im Sinne des § 20 Absatz 1 Nummer 6 Satz 9 EStG ergeben. Erträge nach § 20 Absatz 1 Nummer 6 Satz 2 EStG sind nicht in den Ausweis der „Höhe der Kapitalerträge Zeile 7 Anlage KAP" einzubeziehen, vgl. Rn. 35. Maßgeblich für den Kapitalertragsteuerabzug sind die Zinsen und/oder Erträge.

32 Der **Gewinn aus Aktienveräußerungen im Sinne des § 20 Absatz 2 Satz 1 Nummer 1 EStG** ist gesondert auszuweisen („davon"-Ausweis); berechnet wird der positive Unterschiedsbetrag zwischen Aktiengewinnen und -verlusten. Im nachrichtlichen Teil der Steuerbescheinigung ist zusätzlich der Gewinn aus Aktienveräußerungen im Sinne des § 20 Absatz 2 Satz 1 Nummer 1 EStG vor Verrechnung mit sonstigen Verlusten im Sinne des § 20 Absatz 2 EStG auszuweisen.

32a Der **Gewinn aus Termingeschäften im Sinne des § 20 Absatz 2 Satz 1 Nummer 3 EStG** und die Einkünfte aus Stillhalterprämien im Sinne des § 20 Absatz 1 Nummer 11 EStG sind gesondert auszuweisen („davon"-Ausweis). Ggf. vom Stillhalter getätigte Glattstellungsgeschäfte sowie mit der Prämienvereinnahmung verbundene Kosten sind dabei nicht vom „davon"-Ausweis und vom nachrichtlichen Ausweis abzuziehen, vgl. Rn. 25 und 34 des BMF-Schreibens vom 19. Mai 2022 (BStBl. I S. 742).[1] Eine unterjährige Verrechnung von Gewinnen aus Termingeschäften im Sinne des § 20 Absatz 2 Satz 1 Nummer 3 EStG und Einkünften aus Stillhalterprämien im Sinne des § 20 Absatz 1 Nummer 11 EStG mit sonstigen Verlusten ist zwar zulässig. Im nachrichtlichen Teil der Steuerbescheinigung sind jedoch zusätzlich der Gewinn aus Termingeschäften im Sinne des § 20 Absatz 2 Satz 1 Nummer 3 EStG und die Einkünfte aus Stillhalterprämien im Sinne des § 20 Absatz 1 Nummer 11 EStG vor Verrechnung mit sonstigen Verlusten auszuweisen. Zur Verrechnung von Verlusten aus Termingeschäften im Sinne des § 20 Absatz 2 Satz 1 Nummer 3 EStG vgl. Rn. 34 a.

33 Der in der Zeile **Ersatzbemessungsgrundlage** im Sinne des § 43 a Absatz 2 Satz 7, 10, 13 und 14 EStG nach Teilfreistellung und im Sinne des § 56 Absatz 3 Satz 4 InvStG anzusetzende Betrag ist als Bruttobetrag, das heißt vor Berücksichtigung von Verlusten und eines Freistellungsauftrags, anzugeben. Der Betrag wird unabhängig von einem Kapitalertragsteuerabzug ausgewiesen.

Als Ersatzbemessungsgrundlage nach § 43 a Absatz 2 Satz 7, 10, 13 und 14 EStG sind 30 % der Einnahmen aus der Veräußerung oder Einlösung der Wirtschaftsgüter zu Grunde zu legen. Werden Kapitalanlagen auf fremde Depots übertragen, ohne dass der Depotinhaber eine Erklärung über die Unentgeltlichkeit abgibt, hat das Kreditinstitut von einer steuerpflichtigen Veräußerung auszugehen. Als Einnahme aus der Veräußerung gilt der Börsenpreis zum Zeitpunkt der Übertragung zuzüglich Stückzinsen. Falls ein Börsenpreis nicht vorliegt, sind 30 % der Anschaffungskosten als Ersatzbe-

[1] Vorstehend abgedruckt.

Anl b zu §§ 43–45e

messungsgrundlage heranzuziehen. Durch Erklärung gegenüber dem Finanzamt kann der Steuerpflichtige im Rahmen der Veranlagung die Sachverhalte mit Ansatz der Ersatzbemessungsgrundlage aufklären und eine zutreffende Besteuerung herbeiführen, vgl. Rn. 182 des BMF-Schreibens vom 19. Mai 2022 (BStBl. I S. 742). Ist die angesetzte Ersatzbemessungsgrundlage geringer als der tatsächlich erzielte Ertrag, hat der Steuerpflichtige die Ersatzbemessungsgrundlage gegenüber seinem Finanzamt zu korrigieren, vgl. Rn. 183 des vorgenannten BMF-Schreibens.

Bei der tatsächlichen Veräußerung von vor dem 1. Januar 2018 angeschafften Investmentanteilen (Alt-Anteile im Sinne des § 56 Absatz 2 Satz 1 InvStG) gilt der Gewinn aus der fiktiven Veräußerung zum 31. Dezember 2017 als zugeflossen, § 56 Absatz 3 Satz 1 InvStG (im Ausweis der Höhe der Kapitalerträge zu Zeile 7 der Anlage KAP enthalten, soweit steuerpflichtig). Darüber hinaus ist der auf den Zeitraum ab dem 1. Januar 2018 bis zum Veräußerungszeitpunkt entfallende Veräußerungsgewinn zu ermitteln (enthalten im Ausweis der Höhe der Kapitalerträge zu Zeile 7 der Anlage KAP). Wenn für die Ermittlung des Gewinns aus der fiktiven Veräußerung keine Anschaffungskosten vorliegen, ist nach § 56 Absatz 3 Satz 4 InvStG eine Ersatzbemessungsgrundlage von 30 % des letzten im Kalenderjahr 2017 festgesetzten Rücknahmepreises dem Steuerabzug zu Grunde zu legen. Liegt kein Rücknahmepreis vor, ist der letzte im Kalenderjahr 2017 verfügbare Börsen- oder Marktpreis als Bemessungsgrundlage für den Steuerabzug anzusetzen. Nach dem 31. Dezember 2017 eintretende Kapitalmaßnahmen haben keine Auswirkungen auf die Bestimmung der Ersatzbemessungsgrundlage.

Kann der Entrichtungspflichtige weder den Rücknahmepreis noch den Börsen- oder Marktpreis ermitteln, so ist keine Ersatzbemessungsgrundlage für den Gewinn aus der fiktiven Veräußerung zum 31. Dezember 2017 anzusetzen. Dies gilt auch für die Fälle, in denen zwar Anschaffungskosten vorliegen, aber weder der Rücknahmepreis noch der Börsen- oder Marktpreis ermittelbar ist. Es ist keine Anzeige des Entrichtungspflichtigen gegenüber dem zuständigen Finanzamt hinsichtlich des fehlenden Ansatzes der Ersatzbemessungsgrundlage für den Gewinn aus der fiktiven Veräußerung zum 31. Dezember 2017 erforderlich. Im nachrichtlichen Teil der Steuerbescheinigung sind auch die Alt-Anteile gesondert auszuweisen, bei denen die Ersatzbemessungsgrundlage nicht ermittelt werden konnte. Es sind jedoch nach § 43 a Absatz 2 Satz 7 EStG 30 % der Einnahmen aus der tatsächlichen Veräußerung als Ersatzbemessungsgrundlage für den ab dem 1. Januar 2018 entstandenen Gewinn anzusetzen.

Der Ansatz der Ersatzbemessungsgrundlage hinsichtlich des Gewinns aus der fiktiven Veräußerung zum 31. Dezember 2017 ist im nachrichtlichen Teil der Steuerbescheinigung kenntlich zu machen, § 56 Absatz 3 Satz 5 Halbsatz 2 InvStG. Hierbei sind die aktuellen Gattungsdaten im Zeitpunkt der Erhebung des Kapitalertragsteuerabzugs anzugeben.

Die Kapitalertragsteuer auf die Ersatzbemessungsgrundlage entfaltet keine Abgeltungswirkung. Der Steuerpflichtige ist zur Erklärung des Veräußerungsgewinns in der Steuererklärung verpflichtet, § 56 Absatz 3 Satz 5 Halbsatz 1 InvStG.

Für die Zwecke des Steuerabzugs ist auch bei einem Ansatz der Ersatzbemessungsgrundlage im Sinne des § 43 a Absatz 2 Satz 7, 10, 13 und 14 EStG die Teilfreistellung nach § 20 InvStG zu berücksichtigen. In der Steuerbescheinigung ist bei der Höhe der Kapitalerträge der nach der Teilfreistellung verbleibende steuerpflichtige Betrag anzusetzen.

Beispiel:

Privatanleger A erwirbt am 1. Oktober 2010 einen Investmentanteil an einem Immobilienfonds zu einem Preis von 100 €, der die ab 2018 geltenden Voraussetzungen für eine Immobilienteilfreistellung von 60 % nach § 20 Absatz 3 Satz 1 InvStG erfüllt. Es ist kein letzter im Kalenderjahr 2017 festgesetzter Rücknahmepreis im Sinne des § 56 Absatz 2 Satz 2 InvStG und kein Börsen- oder Marktpreis im Sinne des § 56 Absatz 2 Satz 3 InvStG ermittelbar. Am 15. Januar 2018 veräußert A den Investmentanteil zu einem Preis von 200 €.

Lösung:

Für den Gewinn aus der fiktiven Veräußerung zum 31. Dezember 2017 ist aufgrund des nicht ermittelbaren Rücknahme-, Börsen- oder Marktpreises keine Ersatzbemessungsgrundlage anzusetzen. Als Ersatzbemessungsgrundlage für den ab dem 1. Januar 2018 entstandenen Gewinn sind 30 % des Veräußerungspreises von 200 € = 60 € anzusetzen. Dem Steuerabzug unterliegt aber nur die um die Teilfreistellung gekürzte Ersatzbemessungsgrundlage:

60 € – 36 € (60 € × 60 % steuerfrei) = 24 €.

Bei der Höhe der Kapitalerträge sind in der Steuerbescheinigung damit 24 € anzugeben. Außerdem sind die 24 € in der Zeile „Ersatzbemessungsgrundlage im Sinne des § 43 a Absatz 2 Satz 7, 10, 13 und 14 EStG nach Teilfreistellung und im Sinne des § 56 Absatz 3 Satz 4 InvStG" einzutragen und der Investmentanteil im nachrichtlichen Teil der Steuerbescheinigung als Alt-Anteil im Sinne des § 56 Absatz 2 Satz 1 InvStG, der kein bestandsgeschützter Alt-Anteil im Sinne des § 56 Absatz 6 InvStG ist, unter Angabe der Ersatzbemessungsgrundlage als „nicht ermittelbar" auszuweisen.

34 Verluste aus Kapitalvermögen dürfen nach § 20 Absatz 6 Satz 1 EStG nicht mit Einkünften aus anderen Einkunftsarten ausgeglichen werden. Für Zwecke der Verlustverrechnung ist zwischen Verlusten aus der Veräußerung von Aktien, Verlusten im Sinne des § 20 Absatz 6 Satz 5 EStG, Verlusten im Sinne des § 20 Absatz 6 Satz 6 EStG (vgl. Rn. 34 a) und sonstigen Verlusten zu unterscheiden.

Die **Höhe der nicht ausgeglichenen Verluste** aus der Veräußerung von Aktien und die Höhe der nicht ausgeglichenen sonstigen Verluste hat das Kreditinstitut auf Antrag des Steuerpflichtigen zu bescheinigen, um diesem im Rahmen der Veranlagung bei dessen Finanzamt eine Verrechnung mit anderen Kapitalerträgen (beispielsweise solchen, die bei einem anderen Kreditinstitut erzielt wurden) zu ermöglichen.

Die sonstigen Verluste können mit allen Arten von Kapitalerträgen, Verluste aus Aktienveräußerungen jedoch nur mit Gewinnen aus Aktienveräußerungen verrechnet werden. Beide Verlustverrechnungskreise sind im Gegensatz zu den Verlustverrechnungskreisen des § 20 Absatz 6 Satz 5 und 6 EStG betragsmäßig nicht beschränkt.

34a Nach § 20 Absatz 6 Satz 5 EStG können Verluste aus Termingeschäften im Sinne des § 20 Absatz 2 Satz 1 Nummer 3 EStG, insbesondere aus der Veräußerung, der Glattstellung und dem Verfall von Optionen, nur mit Gewinnen aus Termingeschäften im Sinne des § 20 Absatz 2 Satz 1 Nummer 3 EStG und mit Einkünften aus Stillhalterprämien im Sinne des § 20 Absatz 1 Nummer 11 EStG ausgeglichen werden. Die Verlustverrechnung ist beschränkt auf 20 000 €. Nicht verrechnete Verluste können auf Folgejahre vorgetragen und je Folgejahr in Höhe von 20 000 € mit Gewinnen aus Termingeschäften und mit Einkünften aus Stillhalterprämien verrechnet werden, wenn nach der unterjährigen Verlustverrechnung ein verrechenbarer Gewinn oder verrechenbare Einkünfte verbleiben. Ein Verlustausgleich nach § 20 Absatz 6 Satz 5 EStG findet nur im Rahmen der Veranlagung statt. Die Verluste können nicht mit anderen Kapitalerträgen verrechnet werden. Das Kreditinstitut hat die angefallenen Verluste aus Termingeschäften auch ohne Antrag des Steuerpflichtigen zu bescheinigen, um dem Steuerpflichtigen im Rahmen der Veranlagung diese Verrechnung (beispielsweise mit Gewinnen aus Termingeschäften und Einkünften aus Stillhalterprämien, die bei einem anderen Kreditinstitut erzielt wurden) zu ermöglichen. Verluste aus Stillhaltergeschäften im Sinne des § 20 Absatz 1 Nummer 11 EStG (z. B. durch entsprechende Glattstellungsgeschäfte) werden von § 20 Absatz 6 Satz 5 EStG nicht erfasst.

Nach § 20 Absatz 6 Satz 6 EStG können Verluste aus der ganzen oder teilweisen Uneinbringlichkeit einer Kapitalforderung, aus der Ausbuchung wertloser Wirtschaftsgüter im Sinne des § 20 Absatz 1 EStG, aus der Übertragung wertloser Wirtschaftsgüter im Sinne des § 20 Absatz 1 EStG auf einen Dritten oder aus einem sonstigen Ausfall von Wirtschaftsgütern im Sinne des § 20 Absatz 1 EStG nur mit Einkünften aus Kapitalvermögen bis zur Höhe von 20 000 € ausgeglichen werden. Nicht verrechnete Verluste können auf Folgejahre vorgetragen und je Folgejahr in Höhe von 20 000 € mit Einkünften aus Kapitalvermögen verrechnet werden. Ein Verlustausgleich nach § 20 Absatz 6 Satz 6 EStG findet nur im Rahmen der Veranlagung statt. Das Kreditinstitut hat die angefallenen Verluste im Sinne des § 20 Absatz 6 Satz 6 EStG auch ohne Antrag des Steuerpflichtigen zu bescheinigen, um dem Steuerpflichtigen im Rahmen der Veranlagung diese Verrechnung (beispielsweise mit Einkünften aus Kapitalvermögen, die bei einem anderen Kreditinstitut erzielt wurden) zu ermöglichen. Handelt es sich bei den wertlosen oder ausgefallenen Wirtschaftsgütern um Investmentanteile, ist der Verlust aus der Ausbuchung, der Übertragung auf einen Dritten oder einem sonstigen Ausfall nach Teilfreistellung zu bescheinigen.

34b Ein negativer Unterschiedsbetrag bei Lebensversicherungen im Sinne des § 20 Absatz 1 Nummer 6 EStG ist – nach Berücksichtigung der teilweisen Steuerfreistellung im Sinne des § 20 Absatz 1 Nummer 6 Satz 9 EStG – in der Zeile „Höhe des nicht ausgeglichenen Verlustes ohne Verlust aus der Veräußerung von Aktien Zeile 12 Anlage KAP" in voller Höhe auszuweisen, vgl. auch Rn. 31 und 35. Zu Muster II vgl. Rn. 50.

35 In der Zeile „Höhe der **Kapitalerträge aus Lebensversicherungen** im Sinne des § 20 Absatz 1 Nummer 6 Satz 2 EStG nach Berücksichtigung der teilweisen Steuerfreistellung im Sinne des § 20 Absatz 1 Nummer 6 Satz 9 EStG Zeile 30 Anlage KAP" sind die positiven und negativen Erträge des Lebensversicherungsvertrags – Vertragsabschluss ab dem 1. Januar 2005 – gesondert auszuweisen, die nur in Höhe des hälftigen Unterschiedsbetrags einkommensteuerpflichtig sind (Vertragslaufzeit zwölf Jahre, Vollendung des 60. Lebensjahres des Steuerpflichtigen, bei Vertragsabschlüssen nach dem 31. Dezember 2011 nach Vollendung des 62. Lebensjahres, vgl. § 52 Absatz 28 Satz 7 EStG). Es ist zu beachten, dass das Versicherungsunternehmen den Unterschiedsbetrag immer in voller Höhe zu bescheinigen hat. Enthalten die auszuweisenden Erträge aus Lebensversicherungen im Sinne des § 20 Absatz 1 Nummer 6 Satz 2 EStG außerdem Erträge aus fondsgebundenen Lebensversicherungen, so ist der Unterschiedsbetrag nur in der Höhe anzugeben, der sich nach der teilweisen Steuerfreistellung im Sinne des § 20 Absatz 1 Nummer 6 Satz 9 EStG ergibt.

Maßgeblich für den Kapitalertragsteuerabzug auf diese Erträge ist immer der volle Unterschiedsbetrag zwischen der Versicherungsleistung (im Erlebensfall) und der Summe der auf sie entrichteten Beiträge, ggf. nach Abzug der teilweisen Steuerfreistellung im Sinne des § 20 Absatz 1 Nummer 6 Satz 9 EStG. Erst im Rahmen der Veranlagung wird nur der hälftige Unterschiedsbetrag versteuert. Die einbehaltene Kapitalertragsteuer/der Solidaritätszuschlag/die Kirchensteuer ist ausschließlich im Ausweis zu den Zeilen 43 bis 45 anzugeben.

35a Leistet eine Bausparkasse im Rahmen einer gerichtlichen oder außergerichtlichen Vergleichsvereinbarung Zahlungen für entgangene Zinsen, sind diese als „Entschädigungen, die als Ersatz für entgangene oder entgehende Einnahmen gewährt wurden Zeile 35 oder 36 Anlage KAP" im nachrichtlichen Teil des Musters I und in der „Höhe der Kapitalerträge Zeile 7 Anlage KAP" zu erfassen.

36 Die Regelungen zur Aufteilung, Bescheinigung und Anrechnung der Kapitalertragsteuer sind für den auf die Kapitalertragsteuer erhobenen **Solidaritätszuschlag** entsprechend anzuwenden.

37 Bei einem Gemeinschaftskonto von Ehegatten/Lebenspartnern ist die einbehaltene **Kirchensteuer** anteilsmäßig gesondert auszuweisen. Bei Zugehörigkeit der Ehegatten/Lebenspartner zur gleichen Religionsgemeinschaft ist nur eine Summe in der Steuerbescheinigung auszuweisen. Bei konfessionsverschiedener Ehe/Lebenspartnerschaft hat zuerst die Angabe für den Ehemann/Person A (Ehegatte A/Lebenspartner A) zu erfolgen. Bei Lebenspartnerschaften ist der in der Zeile „Name und Anschrift der Gläubigerin/des Gläubigers/der Gläubiger der Kapitalerträge" zuerst genannte Lebenspartner auch in der Zeile „Kirchensteuer zur Kapitalertragsteuer" zuerst zu berücksichtigen.

Neben der einbehaltenen Kirchensteuer ist nach § 51 a Absatz 2 c Satz 6 EStG auch die steuererhebende Religionsgemeinschaft im Klartext (z. B. Bistum Essen, Evangelische Landeskirche in Baden) anzugeben. Klartexte, die 100 Zeichen überschreiten, können geeignet abgekürzt werden.

Wurde im laufenden Jahr wegen einer Änderung der Zugehörigkeit zur Religionsgemeinschaft ein Steuerabzug für unterschiedliche steuererhebende Religionsgemeinschaften durchgeführt, sind sämtliche steuererhebenden Religionsgemeinschaften anzugeben.

38 Angaben zu den **ausländischen Steuern** werden einschließlich der fiktiven Steuern, soweit sie ohne Einschränkung angerechnet werden dürfen, ausgewiesen. In der Summe der anrechenbaren

Anl b zu §§ 43–45e

noch nicht angerechneten ausländischen Steuern dürfen die fiktiven Quellensteuern mit besonderen Anrechnungsvoraussetzungen nicht enthalten sein. Eine Übersicht über anrechenbare ausländische Quellensteuern ist auf der Internetseite des steuerlichen Info-Centers des BZSt veröffentlicht (https://www.bzst.de/DE/Privatpersonen/Kapitalertraege/AuslaendischeQuellensteuer/auslaendischequellensteuer_node). Die Voraussetzungen für die Anrechnung fiktiver Quellensteuern sind in den Doppelbesteuerungsabkommen (DBA) mit entsprechenden Vereinbarungen unterschiedlich geregelt. Eine Prüfung der Voraussetzungen für die Anrechnung kann nur im Einzelfall, das heißt im Rahmen der Veranlagung, durch die zuständigen Finanzämter erfolgen. Ein Verzeichnis ausländischer Steuern in Nicht-DBA-Staaten, die der deutschen Einkommensteuer entsprechen, ist in Anhang 12 II.1 des Einkommensteuer-Handbuchs veröffentlicht.

Ein negativer Quellensteuerbetrag, der zu einer Nachbelastung von Kapitalertragsteuer geführt hat, ist als negativer Betrag in der Zeile „Summe der angerechneten ausländischen Steuer Zeile 40 Anlage KAP“ auszuweisen.

Im Falle eines negativen Quellensteuertopfes sind Beträge, die beim Steuerabzug nicht berücksichtigt werden konnten, als negative Beträge in der Zeile „Summe der anrechenbaren noch nicht angerechneten ausländischen Steuer Zeile 41 Anlage KAP“ auszuweisen. Das Kreditinstitut hat in diesem Fall auf die Veranlagungspflicht nach § 32 d Absatz 3 EStG in der Steuerbescheinigung hinzuweisen.

39 Wurde für Ehegatten/Lebenspartner die ehegatten- oder lebenspartnerübergreifende Verlustverrechnung im Sinne des § 43 a Absatz 3 Satz 2 Halbsatz 2 EStG durchgeführt, sind in der jeweiligen Steuerbescheinigung die Erträge und Quellensteuern auszuweisen, die nach der entsprechend den Rn. 266 bis 277 des BMF-Schreibens vom 19. Mai 2022 (BStBl. I S. 742)[1] durchgeführten übergreifenden Verlustverrechnung und Quellensteueranrechnung verbleiben.

40 bis **42** *Nicht besetzt*

III. Steuerbescheinigung einer leistenden Körperschaft, Personenvereinigung oder Vermögensmasse oder eines Personenunternehmens oder eines Spezial-Investmentfonds (Muster II)

1. Allgemeines

21 **43** Die Steuerbescheinigung einer leistenden Körperschaft, Personenvereinigung oder Vermögensmasse oder eines Personenunternehmens oder eines Spezial-Investmentfonds soll im Unterschied zum Muster I von einem Aussteller erteilt werden, der kein Kredit-, Finanzdienstleistungs- oder Wertpapierinstitut ist, z. B. Lebensversicherungsunternehmen, GmbH, Aktiengesellschaft (wenn die Aktien der Gesellschaft nicht im Depot gehalten werden) oder Spezial-Investmentfonds. Bei Investmentfonds haben die Kapitalverwaltungsgesellschaften, die selbst die Anteile der Anleger verwahren oder verwalten, eine Steuerbescheinigung als auszahlende Stelle im Sinne des § 44 Absatz 1 Satz 4 EStG nach Muster I oder Muster III zu erstellen. Die Steuerbescheinigung gilt unabhängig von einer Abgeltungswirkung des Steuerabzugs für alle Kapitalerträge, insbesondere auch für betriebliche Kapitalerträge. Rn. 26 Satz 1 gilt hinsichtlich der Berücksichtigung des Sparer-Pauschbetrages entsprechend. Grundsätzlich gelten die Ausführungen zu Muster I entsprechend, Besonderheiten werden nachfolgend gesondert aufgeführt.

2. Berechtigung zur Ausstellung

44 Die leistende Körperschaft, Personenvereinigung oder Vermögensmasse oder das Personenunternehmen oder der Spezial-Investmentfonds braucht bei der Ausstellung der Steuerbescheinigung nicht zu prüfen, ob der Anteilseigner zur (vollständigen) Anrechnung der Kapitalertragsteuer oder zur Erstattung nach § 50 c EStG (bei Steuerausländern) berechtigt ist. Diese Prüfung obliegt dem für die Besteuerung des Anteilseigners zuständigen Finanzamt oder dem BZSt. Wegen der Ausstellung von Steuerbescheinigungen an Anteilseigner, deren Anteile sich im Wertpapierdepot eines ausländischen Kreditinstituts befinden, vgl. Rn. 70.

3. Abweichende Anschrift

45 Weicht die in der Steuerbescheinigung angegebene Anschrift des Anteilseigners von derjenigen ab, unter der er beim Finanzamt geführt wird, ist dies der Vereinfachung wegen nicht zu beanstanden, wenn kein Zweifel daran besteht, dass es sich um dieselbe Person handelt. Bestehen Zweifel an der Identität, muss das Finanzamt den Anteilseigner auffordern, den Sachverhalt aufzuklären. Soweit hierzu erforderlich, hat der Anteilseigner eine berichtigte Steuerbescheinigung vorzulegen (§ 45 a Absatz 6 EStG). Ergeben sich die Zweifel daraus, dass die Steuerbescheinigung an eine von dem Anteilseigner der leistenden Körperschaft, Personenvereinigung oder Vermögensmasse oder des Personenunternehmens oder des Spezial-Investmentfonds mitgeteilte Versandanschrift geleitet worden ist, die sich nicht mit der Anschrift deckt, unter der er beim Finanzamt geführt wird, kann die Identität auch durch eine ergänzende Steuerbescheinigung der leistenden Körperschaft, Personenvereinigung oder Vermögensmasse oder des Personenunternehmens oder des Spezial-Investmentfonds nachgewiesen werden, aus der Straße, Hausnummer, Wohnort bzw. Sitz oder Geschäftsleitung des Anteilseigners hervorgehen.

4. Muster der Steuerbescheinigung

46 Für die Angabe des Schuldners reicht die übliche Kurzbezeichnung des Schuldners aus.

47 Da auch der Zahlungstag zu bescheinigen ist, darf die Steuerbescheinigung erst ausgestellt werden, nachdem die Leistung erbracht worden ist.

[1] Vorstehend abgedruckt.

5. Umfang der zu bescheinigenden Angaben

48 Die Verpflichtung unbeschränkt steuerpflichtiger Körperschaften, ihren Anteilseignern auf Verlangen zur Anrechnung von Kapitalertragsteuer eine Steuerbescheinigung auszustellen, wird nicht nur durch Leistungen begründet, die bei den Anteilseignern Gewinnanteile darstellen. Die Verpflichtung entsteht auch, wenn den Anteilseignern der Körperschaft sonstige Bezüge im Sinne des § 20 Absatz 1 Nummer 1 Satz 2 und 3 EStG zufließen, sowie für Bezüge, die nach der Auflösung der Körperschaft anfallen und die nicht in der Rückzahlung von Nennkapital bestehen; § 20 Absatz 1 Nummer 1 Satz 3 EStG gilt entsprechend (§ 20 Absatz 1 Nummer 2 Satz 1 EStG). Das Gleiche gilt, wenn die Anteilseigner auf Grund einer Kapitalherabsetzung oder nach der Auflösung der Körperschaft Bezüge erhalten, die als Gewinnausschüttung im Sinne des § 28 Absatz 2 Satz 2 KStG gelten (§ 20 Absatz 1 Nummer 2 Satz 2 EStG). Liegen die Voraussetzungen nicht vor, hat die Körperschaft gemäß § 27 Absatz 3 KStG die Leistungen zu bescheinigen und in der Steuerbescheinigung darauf hinzuweisen.

49 Die leistende Körperschaft muss die Steuerbescheinigung auch erteilen, wenn einem Anteilseigner Kapitalerträge im Sinne des § 20 Absatz 1 Nummer 1 oder 2 EStG aus dem früheren Rechtsverhältnis zufließen, vgl. § 24 Nummer 2 EStG. Ist die Körperschaft eine Organgesellschaft im Sinne des §§ 14, 17 KStG und werden Ausgleichszahlungen an außenstehende Anteilseigner geleistet, hat die Körperschaft die Steuerbescheinigung an diese Anteilseigner auch zu erteilen, wenn die Verpflichtung zum Ausgleich von dem Organträger erfüllt worden ist.

50 Ein negativer Unterschiedsbetrag bei Lebensversicherungen ist – nach Berücksichtigung der teilweisen Steuerfreistellung im Sinne des § 20 Absatz 1 Nummer 6 Satz 9 EStG – in Muster II in voller Höhe als Minusbetrag auszuweisen. Dabei sind die Beträge nach § 20 Absatz 1 Nummer 6 Satz 1 EStG in der Zeile „Kapitalerträge im Sinne des § 43 Absatz 1 Satz 1 Nummer 4 EStG" und die Beträge nach § 20 Absatz 1 Nummer 6 Satz 2 EStG in der Zeile „Kapitalerträge aus Lebensversicherungen im Sinne des § 20 Absatz 1 Nummer 6 Satz 2 EStG" zu erfassen. Eine gesonderte Verlustbescheinigung nach § 43a Absatz 3 Satz 4 EStG ist in diesen Fällen nicht zu erteilen, da das Versicherungsunternehmen nicht als auszahlende Stelle handelt. Zu Muster I vgl. Rn. 34.

51 Ein inländischer Spezial-Investmentfonds ist selbst zur Vornahme des Kapitalertragsteuerabzugs verpflichtet. Dem Steuerabzug unterliegen nach § 50 Absatz 1 Satz 2 InvStG sowohl ausgeschüttete und ausschüttungsgleiche Erträge als auch Gewinne aus der Veräußerung von Spezial-Investmentanteilen.

52 *Nicht besetzt*

53 Zuzurechnende steuerabzugspflichtige Erträge aus inländischen Spezial-Investmentfonds sind als „Kapitalerträge im Sinne des § 50 Absatz 1 Satz 2 InvStG" auszuweisen. Handelt es sich um Veräußerungsgewinne im Sinne des § 50 Absatz 1 Satz 2 Nummer 2 InvStG, sind die Anzahl der veräußerten Spezial-Investmentanteile und der Handelstag zu benennen. Wird eine zusammengefasste Steuerbescheinigung für einen Zeitraum erteilt und sind in diesem Zeitraum Spezial-Investmentanteile in mehreren Tranchen veräußert worden, sind die einzelnen Veräußerungsdaten (Handelstag und Anzahl der Spezial-Investmentanteile) separat auszuweisen.

Die Kapitalerträge im Sinne des § 50 Absatz 1 Satz 2 InvStG, bei denen nach § 43 Absatz 2 Satz 3 bis 8 EStG vom Steuerabzug Abstand genommen wurde, sind gesondert auszuweisen. Dies gilt sowohl für die ausgeschütteten und ausschüttungsgleichen Erträge als auch die Gewinne aus der Veräußerung von Spezial-Investmentanteilen. Es ist auch dann eine Steuerbescheinigung auf Verlangen des Steuerpflichtigen zu erstellen, die einen gesonderten Ausweis der nach § 43 Absatz 2 Satz 3 bis 8 EStG vom Steuerabzug frei gestellten Erträge und Gewinne enthält, wenn insgesamt keine Kapitalertragsteuer einbehalten wurde.

Bei beschränkt Steuerpflichtigen (Steuerausländern) unterliegen nur die inländischen Immobilienerträge nach § 33 Absatz 3 InvStG sowie die sonstigen inländischen Einkünfte nach § 33 Absatz 4 InvStG der beschränkten Steuerpflicht. Nur in Bezug auf diese Erträge darf eine Steuerbescheinigung für beschränkt Steuerpflichtige ausgestellt werden. Dies gilt entsprechend für ausländische Spezial-Investmentfonds, die freiwillig Kapitalertragsteuer nach § 50 InvStG auf Erträge im Sinne des § 33 Absatz 3 und/oder Absatz 4 InvStG an die für sie nach § 4 InvStG zuständige Finanzbehörde abführen. Der ausländische Spezial-Investmentfonds ist in diesem Fall zur Ausstellung einer Steuerbescheinigung berechtigt.

In den Fällen einer nach § 33 Absatz 2 Satz 3 InvStG ausgeübten Immobilien-Transparenzoption hat der Ziel-Spezial-Investmentfonds gegenüber dem Dach-Spezial-Investmentfonds eine Steuerbescheinigung zu erteilen, in der sämtliche Anleger des Dach-Spezial-Investmentfonds und die weiteren Angaben des § 31 Absatz 1 Satz 2 InvStG aufzuführen sind.

6. Anteilseigner

54 Die leistende Körperschaft darf die Steuerbescheinigung für Erträge nach § 20 Absatz 1 Satz 1 EStG nur an ihre Anteilseigner erteilen. Anteilseigner ist derjenige, dem nach § 39 AO die Anteile an dem Kapitalvermögen im Sinne des § 20 Absatz 1 Nummer 1 EStG, z. B. Aktien, Anteile an Gesellschaften mit beschränkter Haftung, an Erwerbs- und Wirtschaftsgenossenschaften oder an bergbaubetreibenden Vereinigungen, die die Rechte einer juristischen Person haben, im Zeitpunkt des Gewinnverteilungsbeschlusses zuzurechnen sind (§ 20 Absatz 5 Satz 2 EStG).

7. Anteile im Gesamthandsvermögen

55 Gehören die Anteile am Kapitalvermögen zum Gesamthandsvermögen einer Personengesellschaft, kann über die steuerliche Zurechnung der Kapitalerträge aus diesen Anteilen und der anzurechnenden Kapitalertragsteuer nur im Rahmen der gesonderten Feststellung des Gewinns der Personengesellschaft (§ 180 AO) entschieden werden. Die ausschüttende Körperschaft hat deshalb eine

Anl b zu §§ 43–45e

zusammenfassende Steuerbescheinigung auf den Namen der Personengesellschaft auszustellen. Für die Mitunternehmer ergibt sich in diesen Fällen der Betrag der anzurechnenden Kapitalertragsteuer aus der gesonderten Feststellung. Wird der Einkommensteuerbescheid oder der Körperschaftsteuerbescheid für die Mitunternehmer nach § 155 Absatz 2 AO vor Erlass des Bescheids über die gesonderte Feststellung erteilt, kann die anzurechnende Kapitalertragsteuer dabei vorläufig geschätzt werden. Entsprechendes gilt, wenn die Anteile an dem Kapitalvermögen einer anderen Gesamthandsgemeinschaft oder einer Bruchteilsgemeinschaft gehören. Ist die Steuerbescheinigung auf den Namen einer Gesamthands- oder Bruchteilsgemeinschaft ausgestellt worden, die an einer ausschüttenden Körperschaft beteiligt ist, und unterbleibt nach § 180 Absatz 3 AO eine gesonderte Feststellung, ist die anzurechnende Kapitalertragsteuer den Steuerpflichtigen der Vereinfachung wegen in dem Verhältnis zuzurechnen, in dem ihnen die zugrundeliegenden Einnahmen im Sinne des § 20 Absatz 1 Nummer 1 und 2 EStG zugerechnet werden. Stehen die Anteile im Alleineigentum eines Gesellschafters, gehören sie aber zum Sonderbetriebsvermögen des Gesellschafters einer Personengesellschaft, ist die Steuerbescheinigung auf den Namen des Gesellschafters auszustellen. In diesen Fällen ist die Steuerbescheinigung in dem Verfahren der gesonderten Feststellung nach § 180 AO vorzulegen, weil die Leistung der ausschüttenden Körperschaft und die anzurechnende Kapitalertragsteuer in die gesonderte Feststellung einzubeziehen sind.

8. Inländisches Kreditinstitut

56 In den Fällen, in denen die auszahlende Stelle nach § 44 Absatz 1 Satz 4 EStG gleichzeitig auch Kapitalerträge als Schuldner der Kapitalerträge zahlt, sind diese Kapitalerträge in eine etwaige Verlustverrechnung mit einzubeziehen und daher in Muster I zu bescheinigen. Entsprechendes gilt, wenn die Voraussetzungen für eine Einbeziehung in eine zeitraum- oder jahresbezogene Steuerbescheinigung nach Muster III gegeben sind.

IV. Steuerbescheinigung der die Kapitalerträge auszahlenden Stelle für Konten und/oder Depots bei Einkünften im Sinne des §§ 13, 15, 18 und 21 EStG, bei Einkünften im Sinne des § 43 Absatz 1 Satz 1 Nummer 1, 1 a, 2 EStG von beschränkt Steuerpflichtigen, bei Einkünften von Körperschaften, Vermögensmassen und Personenvereinigungen sowie bei Einkünften eines Investmentfonds oder eines Spezial-Investmentfonds (Muster III)

1. Allgemeines

22 **57** Die Steuerbescheinigung der die Kapitalerträge auszahlenden Stelle für Konten und/oder Depots bei Einkünften im Sinne des §§ 13, 15, 18 und 21 EStG gilt für Fälle, die nicht der Abgeltungsteuer unterliegen (Muster I), jedoch für Anrechnungszwecke ebenfalls einer Steuerbescheinigung bedürfen (z. B. Körperschaften). In diesen Fällen wird § 43 a Absatz 3 EStG nicht angewendet, insbesondere findet keine Verlustverrechnung statt, vgl. § 43 a Absatz 3 Satz 8 EStG. Sofern Erträge aus Versicherungen zu den betrieblichen Einkünften gehören und der Versicherungsnehmer daneben Erträge aus Beitragsdepots, Parkdepots, Ablaufdepots oder Kapitalisierungsgeschäften erzielt, ist in der Steuerbescheinigung die Bezeichnung der auszahlenden Stelle um die Bezeichnung des Schuldners der Kapitalerträge zu ergänzen. Grundsätzlich gelten die Ausführungen zu Muster I entsprechend, Besonderheiten werden nachfolgend gesondert aufgeführt.

Beschränkt steuerpflichtige Gläubiger von Kapitalerträgen im Sinne des § 43 Absatz 1 Satz 1 Nummer 1 a EStG können gemäß § 50 c Absatz 3 Satz 3 EStG eine Kapitalertragsteuererstattung nur gegen Vorlage einer Steuerbescheinigung im Sinne des § 45 a Absatz 2 EStG (Muster III) beim BZSt beantragen.

58 Die Ausführungen in Rn. 28 (Veräußerung/Rückgabe von Anteilen an ausländischen thesaurierenden Investmentfonds) und in Rn. 29 (Ansatz von Investmenterträgen im Sinne des § 16 InvStG) sind sinngemäß bei Muster III anzuwenden.

59 Beim Kapitalertragsteuerabzug auf Investmenterträge aus Aktienfonds (§ 20 Absatz 1 InvStG) oder Mischfonds (§ 20 Absatz 2 InvStG) ist nach § 43 a Absatz 2 Satz 1 Halbsatz 2 EStG ausschließlich die Teilfreistellung für im Privatvermögen gehaltene Investmentanteile zu berücksichtigen, vgl. Ausführungen zu Rn. 29. Ein darüberhinausgehender Teilfreistellungssatz für betriebliche oder dem KStG unterliegende Anleger kann erst im Rahmen der Veranlagung berücksichtigt werden.

Im nachrichtlichen Teil der Steuerbescheinigung sind die im Bescheinigungszeitraum erzielten Erträge aus in- und ausländischen Investmentanteilen zur Berücksichtigung des zutreffenden Teilfreistellungssatzes nach § 20 InvStG sowie des Ansatzes der im Bescheinigungszeitraum als zugeflossen geltenden Vorabpauschalen nach § 18 InvStG aufzugliedern. Hierin sind die Höhe der zuzurechnenden Investmenterträge (vor Anwendung der Teilfreistellung) untergliedert nach der Art der anzuwendenden Teilfreistellung (Aktienteilfreistellung, Mischfondsteilfreistellung, Immobilienteilfreistellung und Auslands-Immobilienteilfreistellung) auszuweisen. Die hierin enthaltenen Teilgrößen für im Bescheinigungszeitraum nach § 18 Absatz 3 InvStG als zugeflossen geltenden und dem Steuerabzug unterworfenen (vgl. Rn. 29). Vorabpauschalen im Sinne des § 18 InvStG sind ergänzend auszuweisen.

Wenn mehrere fiktive Veräußerungen nach § 22 Absatz 1 InvStG oder § 19 Absatz 2 Satz 1 InvStG eingetreten sind, ist es nicht zu beanstanden, dass der Entrichtungspflichtige auch bei betrieblichen Anlegern eine Verrechnung von positiven und negativen fiktiven Veräußerungsgewinnen vornimmt (abweichend von Rn. 215 des BMF-Schreibens vom 19. Mai 2022, BStBl. I S. 742[1]). Hinsichtlich des Ausweises von Veräußerungsgewinnen vor Anwendung der Teilfreistellung ist darauf zu achten, dass keine Verrechnung zwischen Gewinnen vorgenommen wird, auf die unterschiedliche Teilfreistellungs-

[1] Vorstehend abgedruckt.

sätze (als Aktien-, Misch-, Immobilien-, Auslands-Immobilienfonds oder sonstiger (nicht begünstigter) Investmentfonds) anwendbar sind. Anl b zu §§ 43–45e

60 Für betriebliche Kapitalerträge und Kapitalerträge bei Einkünften aus Vermietung und Verpachtung von Personengesellschaften und Einzelunternehmen ist entsprechend den Regelungen für Körperschaften im Rahmen der Abgeltungsteuer in bestimmten Fällen kein Steuerabzug vorzunehmen, falls der Steuerpflichtige eine entsprechende Option (§ 43 Absatz 2 Satz 3 Nummer 2 EStG) ausübt. In diesen sowie in den übrigen Fällen des § 43 Absatz 2 EStG sind die Erträge nicht in der Steuerbescheinigung auszuweisen.

61 Die als zugeflossen geltenden, aber noch nicht dem Steuerabzug unterworfenen Erträge nach § 7 Absatz 1 Satz 1 Nummer 3 InvStG 2004 und der Zwischengewinn nach § 7 Absatz 1 Satz 1 Nummer 4 InvStG 2004 unterliegen zum Zeitpunkt der tatsächlichen Veräußerung des Alt-Anteils dem Steuerabzug nach § 43 Absatz 1 Satz 1 Nummer 5 EStG (§ 56 Absatz 3 Satz 6 InvStG). In der Steuerbescheinigung für betriebliche Anleger wird es nicht beanstandet, wenn diese in der Zeile „Kapitalerträge im Sinne des § 43 Absatz 1 Satz 1 Nummer 1, 1 a EStG" ausgewiesen werden.

62 Investmenterträge im Sinne des § 20 Absatz 1 Nummer 3 EStG in Verbindung mit § 16 InvStG unterliegen nicht der beschränkten Steuerpflicht und sind daher bei beschränkt steuerpflichtigen Anlegern nicht im amtlichen Teil der Steuerbescheinigung auszuweisen. Der nachrichtliche Ausweis der Investmenterträge im Sinne des § 16 Absatz 1 Nummer 1 bis 3 InvStG hat unabhängig davon zu erfolgen, ob ein Steuerabzug durchgeführt wurde. Dieser nachrichtliche Ausweis ist insbesondere für die Fälle erforderlich, in denen sich in der Veranlagung herausstellt, dass die Voraussetzungen für eine Abstandnahme oder ein Absehen vom Steuerabzug nicht vorlagen (z. B. liegt – anders als im Steuerabzugsverfahren angenommen – ein Status als Steuerinländer und nicht als Steuerausländer vor). Im Falle der Ausstellung von Einzelsteuerbescheinigungen kann der Steuerpflichtige auch bei fehlendem Steuerabzug eine Steuerbescheinigung mit dem nachrichtlichen Ausweis der Investmenterträge im Sinne des § 16 Absatz 1 Nummer 1 bis 3 InvStG verlangen.

63 Erträge aus Limited Liability Companies (LLCs), aus Limited Partnerships (LPs) und aus Master Limited Partnerships (MLPs) werden im Steuerabzugsverfahren als Dividendenerträge nach § 20 Absatz 1 Nummer 1 EStG behandelt und sind in Muster III als Kapitalerträge im Sinne des § 43 Absatz 1 Satz 1 Nummer 6 EStG zu bescheinigen. Da erst im Veranlagungsverfahren geprüft werden kann, ob beim Dividendenempfänger die Voraussetzungen des § 3 Nummer 40 EStG vorliegen, ist die Zeile „>davon: Erträge, die dem Teileinkünfteverfahren unterliegen" vom Kreditinstitut nicht auszufüllen. Gleiches gilt für Veräußerungsgewinne als Kapitalerträge im Sinne des § 43 Absatz 1 Satz 1 Nummer 9 EStG.

2. Muster der Steuerbescheinigung

64 Für die Angabe des Schuldners reicht die übliche Kurzbezeichnung des Schuldners in Verbindung mit der Angabe der WertpapierkennNummer oder der ISIN aus. Die Angabe des Schuldners ist lediglich bei Ausstellung einer Einzelsteuerbescheinigung erforderlich.

V. Besonderheiten Muster I und III

1. Zweigniederlassung

65 Neben inländischen Kreditinstituten ist auch die im Inland befindliche Zweigniederlassung oder Zweigstelle eines ausländischen Unternehmens zur Ausstellung von Steuerbescheinigungen nach § 45a Absatz 3 EStG berechtigt. Voraussetzung ist, dass dem ausländischen Unternehmen die Erlaubnis zum Betrieb von Bankgeschäften erteilt und dass die in § 20 Absatz 1 und 2 EStG bezeichnete Leistung für Rechnung der ausschüttenden Körperschaft von der inländischen Zweigniederlassung oder Zweigstelle erbracht worden ist. Eine Abfragemöglichkeit über die Zweigniederlassungen gemäß §§ 53b und 53c KWG als auch die Zweigstellen gemäß § 53 KWG ist auf der Internetseite der Bundesanstalt für Finanzdienstleistungsaufsicht (www.bafin.de) unter dem Suchwort „Unternehmensdatenbank" gegeben. In dieser Unternehmensdatenbank sind nicht nur die ausländischen Unternehmen mit einer Erlaubnis zum Betrieb von Bankgeschäften mittels inländischer Zweigniederlassungen oder Zweigstellen, sondern auch diejenigen ausländischen Unternehmen enthalten, die die Erlaubnis haben, mittels inländischer Zweigniederlassungen oder Zweigstellen Finanzdienstleistungen zu erbringen. **23**

2. Gutschrift für andere Kreditinstitute, Kennzeichnung der Steuerbescheinigung

a) Mitteilungsverpflichtung

66 Führt ein Kreditinstitut ein Wertpapierdepot, das auf den Namen eines anderen Kreditinstituts lautet, darf das depotführende Kreditinstitut dem anderen Kreditinstitut eine Steuerbescheinigung über Kapitalerträge im Sinne des § 43 Absatz 1 Satz 1 Nummer 1 EStG nur erteilen, wenn das andere Kreditinstitut schriftlich mitgeteilt hat, dass es Eigentümer der Wertpapiere ist, vgl. § 4 Absatz 2 DepotG. Liegt eine solche Mitteilung nicht vor, hat stets das andere Kreditinstitut die Steuerbescheinigung zu erteilen, und zwar sowohl für die Dividenden, die es seinen Kunden gutschreibt, als auch für diejenigen, die es selbst bezieht. In den Fällen des § 43 Absatz 1 Satz 1 Nummer 1a EStG hat stets das Kreditinstitut die Steuerbescheinigung zu erteilen, das zuvor den Kapitalertragsteuerabzug vorgenommen hat, vgl. Rn. 68.

b) Ausstellung in Vertretung des Anteilseigners

67 Bei Dividendengutschriften im Sinne des § 43 Absatz 1 Satz 1 Nummer 1 EStG für andere Kreditinstitute bestehen jedoch keine Bedenken dagegen, dass ein inländisches Kreditinstitut eine Steuerbescheinigung auf den Namen des Anteilseigners ausstellt, wenn ein anderes Kreditinstitut in Vertretung des Anteilseigners eine auf dessen Namen lautende Steuerbescheinigung beantragt hat. Die Steuerbescheinigung ist von dem ausstellenden Kreditinstitut nach § 45 a Absatz 3 und § 44 a Absatz 6 EStG entsprechend zu kennzeichnen; sie muss außerdem erkennen lassen, welches Kreditinstitut die Gutschrift erhalten hat. Das gilt auch, wenn die Ausstellung von einem ausländischen Kreditinstitut beantragt worden ist.

c) Kapitalerträge mit Zahlstellensteuerprinzip im Sinne des § 43 Absatz 1 Satz 1 Nummer 1 a EStG

68 Führt ein inländisches Kreditinstitut ein Wertpapierdepot, das auf den Namen eines ausländischen Kreditinstituts lautet, liegt für Erträge im Sinne des § 43 Absatz 1 Satz 1 Nummer 1 a und Nummer 2 Satz 4 EStG regelmäßig ein Fall des § 44 Absatz 1 Satz 4 Nummer 3 EStG vor. Das depotführende inländische Kreditinstitut ist zum Einbehalt von Kapitalertragsteuer in seiner Funktion als auszahlende Stelle im Sinne des § 44 Absatz 1 Satz 3 EStG verpflichtet.

Eine Steuerbescheinigung auf den Namen des ausländischen Kreditinstituts darf das depotführende inländische Kreditinstitut nur ausstellen, wenn das ausländische Kreditinstitut schriftlich mitgeteilt hat, dass es Eigentümer der Wertpapiere ist.

In den Fällen der ausländischen Zwischenverwahrung von Wertpapieren für inländische Endkunden kann nach Maßgabe des BMF-Schreibens vom 16. September 2013 (BStBl. I S. 1168) von dem inländischen Kreditinstitut, das als letzte inländische Stelle gemäß § 44 Absatz 1 Satz 4 Nummer 3 EStG vor der Zahlung in das Ausland einen Steuerabzug vorgenommen hat, eine Sammel-Steuerbescheinigung über den vorgenommenen Kapitalertragsteuerabzug ausgestellt werden.

Bei im Inland endverwahrten Beständen, soweit keine Sammel-Steuerbescheinigung beantragt wurde, sowie bei im Ausland endverwahrten Beständen ist für die bei inländischen Kreditinstituten verwahrten Wertpapierbestände ausländischer Kreditinstitute bis zur Höhe der auf die Kapitalerträge abgeführten Kapitalertragsteuer auf Antrag des ausländischen Kreditinstitutes in Vertretung des Anteilseigners eine Einzelsteuerbescheinigung durch das inländische Kreditinstitut auszustellen.

Die Steuerbescheinigung ist von dem ausstellenden Kreditinstitut nach § 45 a Absatz 2 und § 44 a Absatz 6 EStG entsprechend zu kennzeichnen; sie muss außerdem erkennen lassen, welches Kreditinstitut die Gutschrift erhalten hat.

Das inländische Kreditinstitut hat dabei eine Einzelsteuerbescheinigung nach Muster I auszustellen, wenn das ausländische Institut mitteilt, dass die Steuerbescheinigung für einen unbeschränkt Steuerpflichtigen mit Einkünften nach § 20 EStG erteilt werden soll. Wird die Steuerbescheinigung für einen beschränkt Steuerpflichtigen beantragt, ist das Muster III als Einzelsteuerbescheinigung zu verwenden.

Liegen keine Angaben vor, ob es sich beim Anteilseigner um einen unbeschränkt oder beschränkt Steuerpflichtigen handelt, ist bei Ausstellung einer Steuerbescheinigung für natürliche Personen mit inländischer Anschrift als Empfänger im Adressfeld eine Einzelsteuerbescheinigung nach Muster I und im Übrigen nach Muster III auszustellen.

Soweit Muster III als zusammengefasste Bescheinigung ausgestellt werden kann, wird es nicht beanstandet, wenn für beschränkt Steuerpflichtige die Kapitalerträge entsprechend der in Muster III vorgegebenen Tabelle zusammengefasst dargestellt werden.

d) Ausländische Wertpapiersammelbank

69 Werden inländische Aktien von einer ausländischen Wertpapiersammelbank verwahrt, deren Globalurkunde bei einer inländischen Wertpapiersammelbank hinterlegt ist, ist zur Ausstellung der Steuerbescheinigung nur das inländische Kreditinstitut berechtigt, das der ausländischen Wertpapiersammelbank die Dividendengutschrift erteilt hat. Werden dagegen die inländischen Aktien von einer ausländischen Wertpapiersammelbank verwahrt, ist nur der Emittent als Schuldner der Kapitalerträge nach § 45 a Absatz 2 Satz 1 Nummer 1 EStG zur Ausstellung der Steuerbescheinigung berechtigt. Eine inländische depotführende Stelle darf hingegen nach § 45 a Absatz 3 Satz 1 Halbsatz 2 EStG keine Steuerbescheinigung ausstellen.

e) Ausländisches Kreditinstitut

70 Außer in den Fällen der Rn. 67 ff. darf ein inländisches Kreditinstitut eine Steuerbescheinigung an Anteilseigner, deren Aktien sich im Wertpapierdepot eines ausländischen Kreditinstituts befinden, nur ausstellen, wenn der Anteilseigner sich die Dividendenscheine von dem ausländischen Kreditinstitut aushändigen lässt und sie dem inländischen Kreditinstitut zur Einlösung vorlegt. Das inländische Kreditinstitut muss nach § 45 a Absatz 3 und § 44 a Absatz 6 EStG die Steuerbescheinigung durch einen entsprechenden Hinweis kennzeichnen. Legt der Anteilseigner die Dividendenscheine bei der ausschüttenden Körperschaft zur Einlösung vor oder beauftragt er das ausländische Kreditinstitut, die Dividendenscheine der ausschüttenden Körperschaft zur Ausschüttung vorzulegen, ist nur die ausschüttende Körperschaft verpflichtet und berechtigt, die Steuerbescheinigung auszustellen. Beantragt das ausländische Kreditinstitut in Vertretung des Anteilseigners bei der ausschüttenden Körperschaft, die Steuerbescheinigung auf den Namen des Anteilseigners auszustellen, muss die Steuerbescheinigung erkennen lassen, welches ausländische Kreditinstitut die Gutschrift erhalten hat.

VI. Anwendungsregelung, Nichtbeanstandungsregelung und Fundstellennachweis

24 **71** Für Kapitalerträge, die nach dem 31. Dezember 2021 zufließen, ersetzt dieses Schreiben die BMF-Schreiben vom 15. Dezember 2017[1] (BStBl. 2018 I S. 13), vom 27. Juni 2018 (BStBl. I S. 805), vom 11. November 2020 (BStBl. I S. 1134), vom 18. Februar 2021 (BStBl. I S. 295) und vom 13. April 2021 (BStBl. I S. 686). Wurden bereits Steuerbescheinigungen für ein Kalenderjahr nach den bisherigen Mustern ausgestellt und ändern sich danach durch dieses Schreiben Ausweispflichten in den

[1] Letztmals abgedruckt im „Handbuch zur ESt-Veranlagung 2021“ als Anlage b zu §§ 43–45 e EStG.

Mustern, behalten die bereits ausgestellten Steuerbescheinigungen ihre Gültigkeit. Es wird nicht beanstandet, wenn bis zum 31. Dezember 2022 Einzelsteuerbescheinigungen, in der mit BMF-Schreiben vom 15. Dezember 2017 (BStBl. 2018 I S. 13)[1] veröffentlichten Form, erteilt werden. Zudem wird für das Jahr 2021 nicht beanstandet, wenn Institute die einzelnen „davon"-Ausweise – betreffend die Randnummern 32 und 32 a – in Muster I auf die Höhe der Kapitalerträge gedeckelt haben. Anl b zu §§ 43–45 e

Die Änderungen der Rn. 6 zur elektronischen Übermittlung einer berichtigten Steuerbescheinigung sind auf Kapitalerträge anzuwenden, die nach dem 31. Dezember 2022 zufließen. Es wird jedoch nicht beanstandet, wenn die Regelung wegen der technischen Umsetzung erst für Kapitalerträge, die nach dem 31. Dezember 2023 zufließen, angewendet wird.

72 Der nachrichtliche Ausweis in Muster II und III

„Alt-Anteile im Sinne des § 56 Absatz 2 Satz 1 InvStG, die keine bestandsgeschützten Alt-Anteile im Sinne des § 56 Absatz 6 InvStG sind, wurden veräußert und ein Gewinn/Verlust nach § 56 Absatz 3 Satz 1 InvStG erzielt (ohne Fälle der Ersatzbemessungsgrundlage nach § 56 Absatz 3 Satz 4 InvStG):"

sowie der nachrichtliche Ausweis in Muster I bis III

Alt-Anteile im Sinne des § 56 Absatz 2 Satz 1 InvStG, die keine bestandsgeschützten Alt-Anteile im Sinne des § 56 Absatz 6 InvStG sind, wurden veräußert und für die Ermittlung des Gewinns nach § 56 Absatz 3 InvStG ist nach § 56 Absatz 3 Satz 4 InvStG folgende Ersatzbemessungsgrundlage[2] anwendbar:"

sind auch dann vorzunehmen, wenn vom Steuerabzug Abstand genommen wurde (z. B. bei betrieblichen Anlegern nach § 43 Absatz 2 Satz 3 Nummer 2 EStG oder bei Vorlage einer Nichtveranlagungs-Bescheinigung). Der nachrichtliche Ausweis der Veräußerung von Alt-Anteilen soll die Steuerpflichtigen und die Finanzämter darauf hinweisen, dass ein steuerpflichtiger Gewinn oder Verlust aus der fiktiven Veräußerung nach § 56 Absatz 3 Satz 1 InvStG angefallen ist, und es ermöglichen, die Richtigkeit des Steuerabzugs zu überprüfen. Darüber hinaus soll in den Fällen des Ansatzes der Ersatzbemessungsgrundlage deutlich gemacht werden, dass im Rahmen der Einkommensteuererklärung der zutreffende Gewinn aus der fiktiven Veräußerung nach § 56 Absatz 3 Satz 1 InvStG anzugeben und im Rahmen der Veranlagung zu überprüfen ist.

[1] Letztmals abgedruckt im „Handbuch zur ESt-Veranlagung 2021" als Anlage b zu §§ 43–45 e EStG.
[2] Siehe dazu Fußnote 3 im Muster I S. 1564.

Anl b zu §§ 43–45e

Muster I

25 ....
....
(Bezeichnung der auszahlenden Stelle/des Schuldners der Kapitalerträge)

Adressfeld

....
....
....

Steuerbescheinigung

☐ Bescheinigung für alle Privatkonten und/oder -depots

☐ Verlustbescheinigung im Sinne des § 43 a Abs. 3 Satz 4 EStG für alle Privatkonten und/oder -depots

Für

....
(Name und Anschrift der Gläubigerin/des Gläubigers/der Gläubiger der Kapitalerträge)

werden für das Kalenderjahr .... folgende Angaben bescheinigt:

☐ *Steuerbescheinigung für Treuhandkonto/Nießbrauchkonto/Anderkonto/Konto einer Wohnungseigentümergemeinschaft/Tafelgeschäfte (Nichtzutreffendes streichen)*

☐ *Die Steuerbescheinigung wird auf Antrag der .... (Name des ausländischen Kreditinstitutes, das in Vertretung des Anteilseigners den Antrag auf Ausstellung einer Einzelsteuerbescheinigung gestellt hat und die Gutschrift der Kapitalerträge erhalten hat) erteilt. Die Gutschrift der Kapitalerträge wurde an die .... (Name des ausländischen Kreditinstituts) erteilt. Die Wertpapiere wurden im Zeitpunkt des Zuflusses der Kapitalerträge nicht bei .... (Name des inländischen Kreditinstituts) verwaltet oder verwahrt, sondern durch ...., ... (Name des ausländischen Kreditinstituts, Stadt). Die Gutschrift der Kapitalerträge erfolgte ebenfalls durch ...., ... (Name des ausländischen Kreditinstituts, Stadt). Auf Antrag des depotführenden Kreditinstituts versichern wir, dass die vorstehenden Erträge dem Anleger zugeflossen sind bzw. als zugeflossen gelten.*

Dem Kontoinhaber/Der Kontoinhaberin/Den Kontoinhabern werden

☐ für das Kalenderjahr ..../ ☐ für den Zahlungstag ....

folgende Angaben bescheinigt:

Höhe der Kapitalerträge
Zeile 7 Anlage KAP ....

nach Berücksichtigung der teilweisen Steuerfreistellung im Sinne des § 20 Abs. 1 Nr. 6 Satz 9 EStG
(ohne Kapitalerträge aus Lebensversicherungen im Sinne des § 20 Abs. 1 Nr. 6 Satz 2 EStG)

davon: Gewinn aus Aktienveräußerungen im Sinne des § 20 Abs. 2 Satz 1 Nr. 1 EStG
Zeile 8 Anlage KAP ....

davon: Einkünfte aus Stillhalterprämien im Sinne des § 20 Abs. 1 Nr. 11 EStG und Gewinne aus Termingeschäften im Sinne des § 20 Abs. 2 Satz 1 Nr. 3 EStG
Zeile 9 Anlage KAP ....

davon: Gewinne aus der Veräußerung bestandsgeschützter Alt-Anteile im Sinne des § 56 Abs. 6 Satz 1 Nr. 2 InvStG[1]
(nach Teilfreistellung)
Zeile 10 Anlage KAP ....

[1] Die ausgewiesenen Gewinne sind nach § 56 Abs. 6 Satz 1 Nr. 2 InvStG steuerfrei, soweit die insgesamt ab dem 1. Januar 2018 eingetretenen und durch Veräußerung realisierten Wertveränderungen den persönlichen Freibetrag von 100 000 € nicht übersteigen. Die Steuerfreiheit kann nur im Rahmen der Einkommensteuerveranlagung geltend gemacht werden.

Ersatzbemessungsgrundlage im Sinne des § 43 a Abs. 2 Satz 7, 10, 13 und 14 EStG
nach Teilfreistellung und im Sinne des § 56 Abs. 3 Satz 4 InvStG ....
Enthalten in den bescheinigten Kapitalerträgen
Zeile 11 Anlage KAP

Höhe des nicht ausgeglichenen Verlustes ohne Verlust aus der Veräußerung von Aktien
Zeile 12 Anlage KAP ....

Höhe des nicht ausgeglichenen Verlustes aus der Veräußerung von Aktien im Sinne des § 20 Abs. 2 Satz 1 Nr. 1 EStG ....
Zeile 13 Anlage KAP

Höhe des Verlustes im Sinne des § 20 Abs. 6 Satz 5 EStG ....
Zeile 14 Anlage KAP

Höhe des Verlustes im Sinne des § 20 Abs. 6 Satz 6 EStG ....
Zeile 15 Anlage KAP

Höhe des in Anspruch genommenen Sparer-Pauschbetrages ....
Zeile 16 oder 17 Anlage KAP

Höhe der Kapitalerträge aus Lebensversicherungen im Sinne des § 20 Abs. 1 Nr. 6 Satz 2 EStG nach Berücksichtigung der teilweisen Steuerfreistellung im Sinne des § 20 Abs. 1 Nr. 6 Satz 9 EStG ....
Zeile 30 Anlage KAP

einbehaltene Kapitalertragsteuer ....
Zeile 43 Anlage KAP

Solidaritätszuschlag ....
Zeile 44 Anlage KAP

Kirchensteuer zur Kapitalertragsteuer ....
Zeile 45 Anlage KAP

kirchensteuererhebende Religionsgemeinschaft ....

Kapitalertragsteuer ....
Zeile 37 Anlage KAP

Solidaritätszuschlag ....
Zeile 38 Anlage KAP

Kirchensteuer zur Kapitalertragsteuer ....
Zeile 39 Anlage KAP

kirchensteuererhebende Religionsgemeinschaft ....

Summe der angerechneten ausländischen Steuer ....
Zeile 40 Anlage KAP

Summe der anrechenbaren noch nicht angerechneten ausländischen Steuer ....
Zeile 41 Anlage KAP

Wir weisen Sie darauf hin, dass Sie bei negativem Ausweis verpflichtet sind, die hieraus resultierenden Erträge in Ihrer Einkommensteuererklärung – Zeile 19 der Anlage KAP – gemäß § 32 d Abs. 3 EStG anzugeben.

☐ Leistungen aus dem Einlagekonto (§ 27 Abs. 1 bis 7 KStG)

<u>nur nachrichtlich:</u>

Bei Veräußerung/Rückgabe von vor dem 1. Januar 2018 erworbenen Anteilen an ausländischen Investmentfonds (Alt-Anteile im Sinne des § 56 Abs. 2 Satz 1 InvStG):

Summe der als zugeflossen geltenden, noch nicht dem Steuerabzug unterworfenen Erträge aus Anteilen an ausländischen Investmentfonds im Sinne des § 7 Abs. 1 Satz 1 Nr. 3 InvStG 2004 in Verbindung mit § 56 Abs. 3 Satz 6 InvStG ....

(Diese Summe ist in der bescheinigten Höhe der Kapitalerträge enthalten und in der Anlage KAP von der Höhe der Kapitalerträge abzuziehen.)

<u>nur nachrichtlich:</u>

☐ Als bestandsgeschützte Alt-Anteile im Sinne des § 56 Abs. 6 InvStG behandelte Alt-Anteile wurden veräußert, bei denen Indizien vorliegen, dass es sich um Anteile an Investmentfonds im Sinne des § 21 Abs. 2 a InvStG 2004 handeln könnte (Anschaffungsdatum zwischen dem 10. November 2007 und dem 31. Dezember 2008, Anschaffungskosten betragen mindestens 100 000 Euro):

Bei Anteilen an Investmentfonds im Sinne des § 21 Abs. 2 a InvStG 2004 sind auch die vor 2018 eingetretenen Wertveränderungen steuerpflichtig und der persönliche Freibetrag von 100 000 Euro ist nicht anwendbar (§ 56 Abs. 6 Satz 4 InvStG). Verluste aus der Veräußerung von bestandsgeschützten Alt-Anteilen sind im „davon"-Ausweis der Gewinne aus der Veräußerung bestandsgeschützter Alt-Anteile im Sinne des § 56 Abs. 6 Satz 1 Nr. 2 InvStG nicht enthalten. Zur Prüfung des

Anl b zu §§ 43–45e

§ 56 Abs. 6 Satz 6 InvStG i. V. m. § 21 Abs. 2 a InvStG 2004 sind diese Verluste dennoch in der nachfolgenden Tabelle ausgewiesen.

Bei folgenden Anteilen ist im Rahmen der Veranlagung zu klären, ob es sich um Anteile an Investmentfonds im Sinne des § 21 Abs. 2 a InvStG 2004 handelt:

Bezeichnung	ISIN	Anzahl der Anteile	Gewinn/Verlust[2] im Sinne des § 56 Abs. 6 Satz 1 Nr. 2 InvStG (nach Teilfreistellung)	Gewinn/Verlust[2] aus der fiktiven Veräußerung nach § 56 Abs. 3 Satz 1 InvStG

[2] Bei Verlusten wurde ein negatives Zeichen (Minuszeichen) verwendet.

nur nachrichtlich:

☐ Alt-Anteile im Sinne des § 56 Abs. 2 Satz 1 InvStG, die keine bestandsgeschützten Alt-Anteile im Sinne des § 56 Abs. 6 InvStG sind, wurden veräußert und für die Ermittlung des Gewinns nach § 56 Abs. 3 InvStG ist nach § 56 Abs. 3 Satz 4 InvStG folgende Ersatzbemessungsgrundlage[3] anwendbar:

Bezeichnung	ISIN	Anzahl der Anteile	Ersatzbemessungsgrundlage

[3] Eine Ersatzbemessungsgrundlage ist anwendbar, wenn der zum Steuerabzug verpflichteten Stelle relevante Informationen insbesondere zu der Höhe der Anschaffungskosten fehlen. Bei Ansatz einer Ersatzbemessungsgrundlage sind Sie verpflichtet, den tatsächlichen Veräußerungsgewinn gegenüber dem Finanzamt durch geeignete Unterlagen (z. B. Beleg über die Anschaffung der Investmentanteile) nachzuweisen. Wenn die Ersatzbemessungsgrundlage aufgrund fehlender Informationen über den Rücknahme-, Markt- oder Börsenpreis zum 31. Dezember 2017 nicht ermittelt werden konnte, ist in der Spalte „Ersatzbemessungsgrundlage" die Angabe „nicht ermittelbar" auszuweisen.

☐ Gegenüber dem Steuerpflichtigen wurden nach § 44 b Abs. 1 EStG die auf Ausschüttungen eines Investmentfonds abgeführte Kapitalertragsteuer und der darauf entfallende Solidaritätszuschlag erstattet oder es wurde vom Steuerabzug Abstand genommen. Die Erstattung oder die Abstandnahme wurden für folgende Investmentanteile vorgenommen:

Bezeichnung	ISIN	Anzahl der Anteile	Höhe der steuerfreien Kapitalrückzahlungen im Sinne des § 17 Abs. 1 InvStG pro Anteil

Handelt es sich um eine berichtigte Steuerbescheinigung und wurde die ausgewiesene anrechenbare Kapitalertragsteuer beim Finanzamt im Rahmen der Einkommensteuerveranlagung angerechnet oder erstattet (§ 36 Abs. 2 Nr. 2 EStG), haben Sie dies dem zuständigen Finanzamt unter Beifügung der berichtigten Steuerbescheinigung anzuzeigen (§ 153 AO).

☐ Es wurden Anteile an Investmentvermögen in der Rechtsform einer Personengesellschaft verwahrt, die nach § 1 Abs. 3 Satz 1 Nr. 2 InvStG nicht unter den Anwendungsbereich des Investmentsteuergesetzes fallen (Personen-Investmentvermögen). Auf die folgenden Ausschüttungen und Veräußerungserlöse wurde kein Steuerabzug vorgenommen. Die Einkünfte aus den Personen-Investmentvermögen sind in der Steuererklärung anzugeben.

Folgende Anteile an Personen-Investmentvermögen wurden verwahrt:

Bezeichnung	ISIN	Anzahl der Anteile	Ausschüttung/Veräußerungserlös

nur nachrichtlich:

Gewinn aus Aktienveräußerungen im Sinne des § 20 Abs. 2 Satz 1 Nr. 1 EStG vor Verrechnung mit sonstigen Verlusten im Sinne des § 20 Abs. 2 EStG ....

nur nachrichtlich:

Einkünfte aus Stillhalterprämien im Sinne des § 20 Abs. 1 Nr. 11 EStG und Gewinne aus Termingeschäften im Sinne des § 20 Abs. 2 Satz 1 Nr. 3 EStG vor Verrechnung mit sonstigen Verlusten ....

nur nachrichtlich:

Entschädigungen, die als Ersatz für entgangene oder entgehende Einnahmen gewährt wurden
Zeile 35 oder 36 Anlage KAP ....

Anl b zu §§ 43–45e

Muster II

....
....
....
(Bezeichnung des Schuldners der Kapitalerträge)

Adressfeld
....
....
....

Steuerbescheinigung

einer leistenden Körperschaft, Personenvereinigung oder Vermögensmasse oder eines Personenunternehmens oder eines Spezial-Investmentfonds

☐ Einzelsteuerbescheinigung

☐ Zusammengefasste Steuerbescheinigung für den Zeitraum ....
Wir versichern, dass Einzelsteuerbescheinigungen insoweit nicht ausgestellt worden sind.

[Alternative 1]

An
....
(Name und Anschrift der Gläubigerin/des Gläubigers/der Gläubiger der Kapitalerträge)

wurden lt. Beschluss vom .... am .... (Zahlungstag) für .... (Zeitraum)

folgende Kapitalerträge gezahlt/als ausgeschüttete oder ausschüttungsgleiche Erträge zugerechnet:

[Alternative 2]

Am .... [Angabe des Handelstags] wurden von
....
(Name und Anschrift der Gläubigerin/des Gläubigers/der Gläubiger der Kapitalerträge)

.... [Angabe der Anzahl] Spezial-Investmentanteile veräußert und folgende Kapitalerträge erzielt:

Kapitalerträge im Sinne des § 43 Abs. 1 Satz 1 Nr. 1 EStG ....
Kapitalerträge im Sinne des § 43 Abs. 1 Satz 1 Nr. 2 und 3 EStG ....
Kapitalerträge im Sinne des § 43 Abs. 1 Satz 1 Nr. 7 a EStG ....

Darin enthaltene Kapitalerträge, von denen der Steuerabzug in Höhe von drei Fünfteln vorgenommen wurde (§ 44 a Abs. 8 EStG) ....
Summe der darauf entfallenden Kapitalertragsteuer ....

Kapitalerträge im Sinne des § 43 Abs. 1 Satz 1 Nr. 4 EStG[4 · 5]

nach Berücksichtigung der teilweisen Steuerfreistellung im Sinne des § 20 Abs. 1 Nr. 6 Satz 9 EStG ....
(ohne Kapitalerträge aus Lebensversicherungen im Sinne des § 20 Abs. 1 Nr. 6 Satz 2 EStG) ....

[4] Bei Verwendung der Anlage KAP: Eintragung in Zeile 7.
[5] In diesen Fällen ist keine gesonderte Verlustbescheinigung nach § 43 a Absatz 3 Satz 4 EStG auszustellen, vgl. Rn. 50 des BMF-Schreibens vom 23. Mai 2022 (BStBl. I S. 860).

Kapitalerträge aus Lebensversicherungen im Sinne des § 20 Abs. 1 Nr. 6 Satz 2 EStG[6 · 5] nach Berücksichtigung der teilweisen Steuerfreistellung im Sinne des § 20 Abs. 1 Nr. 6 Satz 9 EStG ....

[6] Bei Verwendung der Anlage KAP: Eintragung in Zeile 30.
[5] In diesen Fällen ist keine gesonderte Verlustbescheinigung nach § 43 a Absatz 3 Satz 4 EStG auszustellen, vgl. Rn. 50 des BMF-Schreibens vom 23. Mai 2022 (BStBl. I S. 860).

einbehaltene Kapitalertragsteuer
Zeile 43 Anlage KAP ....

Solidaritätszuschlag
Zeile 44 Anlage KAP ....

Kirchensteuer zur Kapitalertragsteuer
Zeile 45 Anlage KAP ....
kirchensteuererhebende Religionsgemeinschaft..

Sonstige Kapitalerträge ....

Summe Kapitalertragsteuer in Höhe von 25% ....

oder wegen einbehaltener Kirchensteuer entsprechend geminderter Kapitalertragsteuerbetrag ....

Kapitalerträge im Sinne des § 43 Abs. 1 Satz 1 Nr. 7 b EStG ....
Kapitalerträge im Sinne des § 43 Abs. 1 Satz 1 Nr. 7 c EStG ....

Kapitalerträge im Sinne des § 50 Abs. 1 Satz 2 InvStG ....

davon: Kapitalerträge im Sinne des § 43 Abs. 1 Satz 1 Nr. 6 und 8 bis 12 EStG, bei denen nach § 50 Abs. 3 InvStG kein Steuerabzug vorgenommen wurde ....

(Bei beschränkt Steuerpflichtigen)
davon: Erträge im Sinne des § 33 Abs. 3 und 4 InvStG ....

Summe Kapitalertragsteuer in Höhe von 15% ....

Summe Solidaritätszuschlag ....

Summe Kirchensteuer zur Kapitalertragsteuer ....
kirchensteuererhebende Religionsgemeinschaft ....

Höhe des in Anspruch genommenen Sparer-Pauschbetrages[7] ....
Zeile 16 oder 17 Anlage KAP

[7] Beachte Rn. 129 des BMF-Schreibens vom 19. Mai 2022 (BStBl. I S. 742).

Summe der angerechneten ausländischen Steuer ....

Summe der anrechenbaren noch nicht angerechneten ausländischen Steuer ....

Leistungen aus dem steuerlichen Einlagekonto (§ 27 Abs. 1 bis 7 KStG) ....

nur nachrichtlich:

Die Kapitalerträge im Sinne des § 50 Abs. 1 Satz 2 InvStG gliedern sich wie folgt auf (weitere Zeilen ergänzbar):

Art der Erträge (ausgeschüttete Erträge; ausschüttungsgleiche Erträge; Gewinne aus der Veräußerung von Spezial-Investmentanteilen)	Höhe der Erträge[8]

[8] Die auf Spezial-Investmenterträge entfallende Kapitalertragsteuer hat keine abgeltende Wirkung. Die Spezial-Investmenterträge unterliegen der tariflichen Einkommensteuer und sind daher in der Einkommensteuererklärung anzugeben (§ 34 Abs. 2 Satz 1 InvStG).

(nur bei beschränkt Steuerpflichtigen)
Summe der auf inländische Immobilienerträge im Sinne des § 33 Abs. 3 InvStG entfallenden Kapitalertragsteuer ....

(nur bei beschränkt Steuerpflichtigen)
Summe der auf sonstige inländische Einkünfte im Sinne des § 33 Abs. 4 InvStG entfallenden Kapitalertragsteuer ....

nur nachrichtlich:

☐ Alt-Anteile im Sinne des § 56 Abs. 2 Satz 1 InvStG, die keine bestandsgeschützten Alt-Anteile im Sinne des § 56 Abs. 6 InvStG sind, wurden veräußert und ein Gewinn/Verlust nach § 56 Abs. 3 Satz 1 InvStG erzielt (ohne Fälle der Ersatzbemessungsgrundlage nach § 56 Abs. 3 Satz 4 InvStG):

Bezeichnung	ISIN	Anzahl der Anteile	Gewinn/Verlust[2] nach § 56 Abs. 3 Satz 1 InvStG

[2] Bei Verlusten wurde ein negatives Vorzeichen (Minuszeichen) verwendet.

nur nachrichtlich

☐ Alt-Anteile im Sinne des § 56 Abs. 2 Satz 1 InvStG, die keine bestandsgeschützten Alt-Anteile im Sinne des § 56 Abs. 6 InvStG sind, wurden veräußert und für die Ermittlung des Gewinns nach § 56 Abs. 3 InvStG ist nach § 56 Abs. 3 Satz 4 InvStG folgende Ersatzbemessungsgrundlage[3] anwendbar:

Bezeichnung	ISIN	Anzahl der Anteile	Ersatzbemessungsgrundlage

[3] Eine Ersatzbemessungsgrundlage ist anwendbar, wenn der zum Steuerabzug verpflichteten Stelle relevante Informationen insbesondere zu der Höhe der Anschaffungskosten fehlen. Bei Ansatz einer Ersatzbemessungsgrundlage sind Sie verpflichtet, den tatsächlichen Veräußerungsgewinn gegenüber dem Finanzamt durch geeignete Unterlagen (z. B. Beleg über die Anschaffung der Investmentanteile) nachzuweisen. Wenn die Ersatz-

Anl b zu §§ 43–45e

bemessungsgrundlage aufgrund fehlender Informationen über den Rücknahme-, Markt- oder Börsenpreis zum 31. Dezember 2017 nicht ermittelt werden konnte, ist in der Spalte „Ersatzbemessungsgrundlage" die Angabe „nicht ermittelbar" auszuweisen.

☐ Der Spezial-Investmentfonds (Name und Anschrift des Spezial-Investmentfonds) hat die Transparenzoption nach § 30 Abs. 1 Satz 1 InvStG ausgeübt. Am …… (Zurechnungszeitpunkt; bei Kapitalerträgen im Sinne des § 43 Abs. 1 Satz 1 Nr. 1, 1 a EStG = Tag des Gewinnverteilungsbeschlusses) wurde/n dem Spezial-Investmentfonds eine inländische Beteiligungseinnahme/sonstige inländische Einkünfte mit Steuerabzug [Nichtzutreffendes streichen] in Höhe von (Brutto-Betrag der Beteiligungseinnahme/sonstigen inländischen Einkünfte in Euro) zugerechnet, die von der (Bezeichnung und WKN der ausschüttenden Gesellschaft oder in den Fällen des § 6 Abs. 3 Satz 1 Nr. 2 InvStG in Verbindung mit § 2 Nr. 2 Buchstabe a bis c KStG und bei sonstigen inländischen Einkünften der Name und Anschrift des Schuldners der Entgelte, Einnahmen oder Bezüge) stammt. Zum Zurechnungszeitpunkt hat der Spezial-Investmentfonds (Gesamtzahl) Spezial-Investmentanteile begeben.

An dem Spezial-Investmentfonds waren die nachfolgend angegebenen Anleger in dem nachfolgend angegebenen Umfang beteiligt und gegenüber diesen Anlegern wurden in dem nachfolgend angegebenen Umfang Kapitalertragsteuer und Solidaritätszuschlag erhoben:

Name und Anschrift des Anlegers	Anzahl der Anteile zum Zurechnungszeitpunkt	Höhe der gegenüber dem Anleger erhobenen Kapitalertragsteuer	Höhe des gegenüber dem Anleger erhobenen Solidaritätszuschlags

☐ Der Dach-Spezial-Investmentfonds (Name und Anschrift des Dach-Spezial-Investmentfonds) hat die Immobilien-Transparenzoption nach § 33 Abs. 2 Satz 3 InvStG ausgeübt. Am ………. (Zurechnungszeitpunkt) wurden inländische Immobilienerträge oder sonstige inländische Einkünfte ohne Steuerabzug in Höhe von (Betrag der ausgeschütteten oder ausschüttungsgleichen inländischen Immobilienerträge oder sonstigen inländischen Einkünfte) an den Dach-Spezial-Investmentfonds ausgeschüttet oder gelten diesem als ausschüttungsgleiche Erträge zugeflossen. Zum Zurechnungszeitpunkt hat der Dach-Spezial-Investmentfonds (Gesamtzahl) Spezial-Investmentanteile begeben.

An dem Dach-Spezial-Investmentfonds waren die nachfolgend angegebenen Anleger in dem nachfolgend angegebenen Umfang beteiligt und gegenüber diesen Anlegern wurde in dem nachfolgend angegebenen Umfang Kapitalertragsteuer und Solidaritätszuschlag erhoben:

Name und Anschrift des Anlegers	Anzahl der Anteile zum Zurechnungszeitpunkt	Höhe der gegenüber dem Anleger erhobenen Kapitalertragsteuer	Höhe des gegenüber dem Anleger erhobenen Solidaritätszuschlags

☐ Es handelt sich um eine geänderte Steuerbescheinigung für einen Investmentfonds aufgrund von Erstattungen nach § 7 Abs. 5 Satz 1 und/oder Satz 2 InvStG. Kumulierte Erstattungsbeträge nach § 7 Abs. 5 InvStG und der Beträge, in deren Höhe vom Steuerabzug Abstand genommen wurde: ……………………

Anl b zu §§ 43–45 e

Muster III

....
....
....
(Bezeichnung der auszahlenden Stelle)

Adressfeld
....
....
....

Steuerbescheinigung

der die Kapitalerträge auszahlenden Stelle für Konten und/oder Depots bei Einkünften im Sinne der §§ 13, 15, 18 und 21 EStG sowie bei Einkünften im Sinne des § 43 Abs. 1 Satz 1 Nr. 1, 1 a, 2 EStG von beschränkt Steuerpflichtigen, bei Einkünften von Körperschaften, Vermögensmassen und Personenvereinigungen sowie bei Einkünften eines Investmentfonds oder eines Spezial-Investmentfonds

☐ Einzelsteuerbescheinigung

☐ Zusammengefasste Steuerbescheinigung für den Zeitraum ....
Wir versichern, dass Einzelsteuerbescheinigungen insoweit nicht ausgestellt worden sind.

☐ Abstandnahme vom Steuerabzug nach § 43 Abs. 2 EStG

An
....
(Name und Anschrift der Gläubigerin/des Gläubigers/der Gläubiger der Kapitalerträge)

☐ wurden am ....
(Zahlungstag)

☐ *Die Steuerbescheinigung wird auf Antrag der .... (Name des ausländischen Kreditinstitutes, das in Vertretung des Anteilseigners den Antrag auf Ausstellung einer Einzelsteuerbescheinigung gestellt hat und die Gutschrift der Kapitalerträge erhalten hat) erteilt. Die Gutschrift der Kapitalerträge wurde an die .... (Name des ausländischen Kreditinstituts) erteilt. Die Wertpapiere wurden im Zeitpunkt des Zuflusses der Kapitalerträge nicht bei .... (Name des inländischen Kreditinstituts) verwaltet oder verwahrt, sondern durch ...., ... (Name des ausländischen Kreditinstituts, Stadt). Die Gutschrift der Kapitalerträge erfolgte ebenfalls durch ...., ... (Name des ausländischen Kreditinstituts, Stadt). Auf Antrag des depotführenden Kreditinstituts versichern wir, dass die vorstehenden Erträge (Einkünfte im Sinne des §§ 13, 15, 18 und 21 EStG) dem Anleger zugeflossen sind bzw. als zugeflossen gelten.*

für ....
(Name und Anschrift des Schuldners der Kapitalerträge, bei Wertpapieren WKN/ISIN)

☐ wurden für den Zeitraum ....

folgende Kapitalerträge gezahlt/gutgeschrieben/gelten als zugeflossen:

Kapitalerträge im Sinne des § 43 Abs. 1 Satz 1 Nr. 1, 1 a EStG ....
> davon: Erträge, die dem Teileinkünfteverfahren unterliegen ....
> davon: Erträge im Sinne des § 19 Abs. 1 REITG ....
> davon: Erträge beschränkt Steuerpflichtiger[9] ....

[9] Bei zusammengefasster Steuerbescheinigung entfallen die Erträge auf folgende Wertpapiere (weitere Zeilen ergänzbar):

Name Wertpapier	WKN/ISIN	Stückzahl	Zuflussdatum	Brutto-Kapitalertrag	KapSt	SolZ

Kapitalerträge im Sinne des § 43 Abs. 1 Satz 1 Nr. 2 EStG ....
> davon: Erträge beschränkt Steuerpflichtiger[9] ....

[9] Bei zusammengefasster Steuerbescheinigung entfallen die Erträge auf folgende Wertpapiere (weitere Zeilen ergänzbar):

Name Wertpapier	WKN/ISIN	Stückzahl	Zuflussdatum	Brutto-Kapitalertrag	KapSt	SolZ

Anl b zu §§ 43–45e

Kapitalerträge im Sinne des § 43 Abs. 1 Satz 1 Nr. 3 EStG ....

Darin enthaltene Kapitalerträge, von denen der Steuerabzug in Höhe von drei Fünfteln vorgenommen wurde (§ 44 a Abs. 8 EStG) ....
Summe der darauf entfallenden Kapitalertragsteuer ....

Kapitalerträge im Sinne des § 43 Abs. 1 Satz 1 Nr. 4 EStG nach Berücksichtigung der teilweisen Steuerfreistellung im Sinne des § 20 Abs. 1 Nr. 6 Satz 9 EStG ....
(ohne Kapitalerträge aus Lebensversicherungen im Sinne des § 20 Abs. 1 Nr. 6 Satz 2 EStG)

Kapitalerträge aus Lebensversicherungen im Sinne des § 20 Abs. 1 Nr. 6 Satz 2 EStG nach Berücksichtigung der teilweisen Steuerfreistellung im Sinne des § 20 Abs. 1 Nr. 6 Satz 9 EStG ....

einbehaltene Kapitalertragsteuer ....
Zeile 43 Anlage KAP

Solidaritätszuschlag ....
Zeile 44 Anlage KAP

Kirchensteuer zur Kapitalertragsteuer ....
Zeile 45 Anlage KAP
kirchensteuererhebende Religionsgemeinschaft ....

Kapitalerträge im Sinne des § 43 Abs. 1 Satz 1 Nr. 5 EStG ....

Kapitalerträge im Sinne des § 43 Abs. 1 Satz 1 Nr. 6 EStG ....
> davon: Erträge, die dem Teileinkünfteverfahren unterliegen ....
> davon: Erträge im Sinne des § 19 Abs. 1 REITG ....

Kapitalerträge im Sinne des § 43 Abs. 1 Satz 1 Nr. 7 EStG ....

Kapitalerträge im Sinne des § 43 Abs. 1 Satz 1 Nr. 8 und 10 bis 12 EStG ....

Kapitalerträge im Sinne des § 43 Abs. 1 Satz 1 Nr. 9 EStG ....
(ohne Gewinne aus der Veräußerung von Investmentanteilen)
> davon: Erträge, die dem Teileinkünfteverfahren unterliegen ....

Gewinne aus der Veräußerung von Investmentanteilen im Sinne des § 16 Abs. 1 Nr. 3 InvStG und des § 56 Abs. 3 Satz 1 InvStG ....

Ersatzbemessungsgrundlage im Sinne des § 43a Abs. 2 Satz 7, 10, 13 und 14 EStG nach Teilfreistellung und im Sinne des § 56 Abs. 3 Satz 4 InvStG ....
Enthalten in den bescheinigten Kapitalerträgen

Kapitalertragsteuer ....
Solidaritätszuschlag ....
Kirchensteuer zur Kapitalertragsteuer ....
kirchensteuererhebende Religionsgemeinschaft ....

Leistungen aus dem steuerlichen Einlagekonto (§ 27 Abs. 1 bis 7 KStG) ....

<u>nur nachrichtlich:</u>

Bei Veräußerung/Rückgabe von vor dem 1. Januar 2018 erworbenen Anteilen an ausländischen Investmentfonds (Alt-Anteile im Sinne der § 56 Abs. 2 Satz 1 InvStG):

Summe der als zugeflossen geltenden, noch nicht dem Steuerabzug unterworfenen Erträge aus Anteilen an ausländischen Investmentfonds im Sinne des § 7 Abs. 1 Satz 1 Nr. 3 InvStG 2004 in Verbindung mit § 56 Abs. 3 Satz 6 InvStG ....

(Diese Summe ist in der bescheinigten Kapitalerträgen im Sinne des § 43 Abs. 1 Satz 1 Nr. 5 EStG oder in den bescheinigten Kapitalerträgen im Sinne des § 43 Abs. 1 Satz 1 Nr. 1, 1 a EStG enthalten [Nichtzutreffendes streichen].)

☐ Im Bescheinigungszeitraum waren Investmentanteile vorhanden oder wurden veräußert.

<u>nur nachrichtlich:</u>

Investmenterträge im Sinne des § 16 Abs. 1 Nr. 1 und 2 InvStG (vor Berücksichtigung einer etwaigen Teilfreistellung nach § 20 InvStG) ....
davon:
Investmenterträge aus Aktienfonds (§ 2 Abs. 6 InvStG) ....
darin enthaltene Vorabpauschale ....
Investmenterträge aus Mischfonds (§ 2 Abs. 7 InvStG) ....
darin enthaltene Vorabpauschale ....
Investmenterträge aus Immobilienfonds (§ 2 Abs. 9 Satz 1 InvStG) ....
darin enthaltene Vorabpauschale ....

Anl b zu §§ 43–45e

Investmenterträge aus Auslands-Immobilienfonds (§ 2 Abs. 9 Satz 2 InvStG) ....
darin enthaltene Vorabpauschale ....
Investmenterträge aus sonstigen Investmentfonds (keine Teilfreistellung) ....
darin enthaltene Vorabpauschale ....
Investmenterträge im Sinne des § 16 Abs. 1 Nr. 3 InvStG (vor Berücksichtigung einer etwaigen Teilfreistellung nach § 20 InvStG) ....
davon:
Investmenterträge aus Aktienfonds (§ 2 Abs. 6 InvStG) ....
Investmenterträge aus Mischfonds (§ 2 Abs. 7 InvStG) ....
Investmenterträge aus Immobilienfonds (§ 2 Abs. 9 Satz 1 InvStG) ....
Investmenterträge aus Auslands-Immobilienfonds (§ 2 Abs. 9 Satz 2 InvStG) ....
Investmenterträge aus sonstigen Investmentfonds (keine Teilfreistellung) ....

☐ Im Bescheinigungszeitraum waren ausländische Spezial-Investmentanteile vorhanden oder wurden veräußert.

nur nachrichtlich:

☐ Alt-Anteile im Sinne des § 56 Abs. 2 Satz 1 InvStG, die keine bestandsgeschützten Alt-Anteile im Sinne des § 56 Abs. 6 InvStG sind, wurden veräußert und ein Gewinn/Verlust nach § 56 Abs. 3 Satz 1 InvStG erzielt (ohne Fälle der Ersatzbemessungsgrundlage nach § 56 Abs. 3 Satz 4 InvStG):

Bezeichnung	ISIN	Anzahl der Anteile	Gewinn/Verlust[2] nach § 56 Abs. 3 Satz 1 InvStG

[2] Bei Verlusten wurde ein negatives Vorzeichen (Minuszeichen) verwendet.

nur nachrichtlich:

☐ Alt-Anteile im Sinne des § 56 Abs. 2 Satz 1 InvStG, die keine bestandsgeschützten Alt-Anteile im Sinne des § 56 Abs. 6 InvStG sind, wurden veräußert und für die Ermittlung des Gewinns nach § 56 Abs. 3 InvStG ist nach § 56 Abs. 3 Satz 4 InvStG folgende Ersatzbemessungsgrundlage[3] anwendbar:

Bezeichnung	ISIN	Anzahl der Anteile	Ersatzbemessungsgrundlage

[3] Eine Ersatzbemessungsgrundlage ist anwendbar, wenn der zum Steuerabzug verpflichteten Stelle relevante Informationen insbesondere zu der Höhe der Anschaffungskosten fehlen. Bei Ansatz einer Ersatzbemessungsgrundlage sind Sie verpflichtet, den tatsächlichen Veräußerungsgewinn gegenüber dem Finanzamt durch geeignete Unterlagen (z. B. Beleg über Anschaffung der Investmentanteile) nachzuweisen. Wenn die Ersatzbemessungsgrundlage aufgrund fehlender Informationen über den Rücknahme-, Markt- oder Börsenpreis zum 31. Dezember 2017 nicht ermittelt werden konnte, ist in der Spalte „Ersatzbemessungsgrundlage" die Angabe „nicht ermittelbar" auszuweisen.

☐ Es handelt sich um eine geänderte Steuerbescheinigung für einen Investmentfonds aufgrund von Erstattungen nach § 7 Abs. 5 Satz 1 und/oder Satz 2 InvStG.
Kumulierte Erstattungsbeträge nach § 7 Abs. 5 InvStG und der Beträge, in deren Höhe vom Steuerabzug Abstand genommen wurde: ....

☐ Gegenüber dem Steuerpflichtigen wurde nach § 44 b Abs. 1 EStG die auf Ausschüttungen eines Investmentfonds abgeführte Kapitalertragsteuer und der darauf entfallende Solidaritätszuschlag erstattet. Die Erstattung wurde für folgende Investmentanteile vorgenommen:

Bezeichnung	ISIN	Anzahl der Anteile	Höhe der steuerfreien Kapitalrückzahlungen im Sinne des § 17 Abs. 1 InvStG pro Anteil

Handelt es sich um eine berichtigte Steuerbescheinigung und wurde die ausgewiesene anrechenbare Kapitalertragsteuer beim Finanzamt im Rahmen der Veranlagung angerechnet oder erstattet (§ 36 Abs. 2 Nr. 2 EStG), haben Sie dies dem zuständigen Finanzamt unter Beifügung der berichtigten Steuerbescheinigung anzuzeigen (§ 153 AO).

☐ Der Spezial-Investmentfonds (Name und Anschrift des Spezial-Investmentfonds) hat die Transparenzoption nach § 30 Abs. 1 Satz 1 InvStG ausgeübt. Am .... (Zurechnungszeitpunkt; bei Kapitalerträgen im Sinne des § 43 Abs. 1 Satz 1 Nr. 1, 1 a EStG = Tag des Gewinnverteilungsbeschlusses) wurde/n dem Spezial-Investmentfonds eine inländische Beteiligungseinnahme/sonstige inländische Einkünfte mit Steuerabzug [Nichtzutreffendes streichen] in Höhe von (Brutto-Betrag

Anl b zu §§ 43–45 e

der Beteiligungseinnahme/sonstigen inländischen Einkünfte in Euro) zugerechnet, die von der (Bezeichnung und WKN der ausschüttenden Gesellschaft oder in den Fällen des § 6 Abs. 3 Satz 1 Nr. 2 InvStG in Verbindung mit § 2 Nr. 2 Buchstabe a bis c KStG und bei sonstigen inländischen Einkünften der Name und Anschrift des Schuldners der Entgelte, Einnahmen oder Bezüge) stammt. Zum Zurechnungszeitpunkt hat der Spezial-Investmentfonds (Gesamtzahl) Spezial-Investmentanteile begeben.

An dem Spezial-Investmentfonds waren die nachfolgend angegebenen Anleger in dem nachfolgend angegebenen Umfang beteiligt und gegenüber diesen Anlegern wurden in dem nachfolgend angegebenen Umfang Kapitalertragsteuer und Solidaritätszuschlag erhoben:

Name und Anschrift des Anlegers	Anzahl der Anteile zum Zurechnungszeitpunkt	Höhe der gegenüber dem Anleger erhobenen Kapitalertragsteuer	Höhe des gegenüber dem Anleger erhobenen Solidaritätszuschlags

☐ Es wurden Anteile an Investmentvermögen in der Rechtsform einer Personengesellschaft verwahrt, die nach § 1 Abs. 3 Satz 1 Nr. 2 InvStG nicht unter den Anwendungsbereich des Investmentsteuergesetzes fallen (Personen-Investmentvermögen). Auf die folgenden Ausschüttungen und Veräußerungserlöse wurde kein Steuerabzug vorgenommen. Die Einkünfte aus den Personen-Investmentvermögen sind in der Steuererklärung anzugeben.

Folgende Anteile an Personen-Investmentvermögen wurden verwahrt:

Bezeichnung	ISIN	Anzahl der Anteile	Ausschüttung/Veräußerungserlös

4. Veranlagung von Steuerpflichtigen mit steuerabzugspflichtigen Einkünften

§ 46 Veranlagung bei Bezug von Einkünften aus nichtselbständiger Arbeit

EStG

(1) **(weggefallen)**

(2)[1] **Besteht das Einkommen ganz oder teilweise aus Einkünften aus nichtselbständiger Arbeit, von denen ein Steuerabzug vorgenommen worden ist, so wird eine Veranlagung nur durchgeführt,** 1

1. wenn die positive Summe der einkommensteuerpflichtigen Einkünfte, die nicht dem Steuerabzug vom Arbeitslohn zu unterwerfen waren, vermindert um die darauf entfallenden Beträge nach § 13 Absatz 3 und § 24 a, oder die positive Summe der Einkünfte und Leistungen, die dem Progressionsvorbehalt unterliegen, jeweils mehr als 410 Euro beträgt;

2. wenn der Steuerpflichtige nebeneinander von mehreren Arbeitgebern Arbeitslohn bezogen hat; das gilt nicht, soweit nach § 38 Absatz 3 a Satz 7 Arbeitslohn von mehreren Arbeitgebern für den Lohnsteuerabzug zusammengerechnet worden ist;

3. wenn bei einem Steuerpflichtigen die Summe der beim Steuerabzug vom Arbeitslohn nach § 39 b Absatz 2 Satz 5 Nummer 3 Buchstabe b bis d berücksichtigten Teilbeträge der Vorsorgepauschale größer ist als die abziehbaren Vorsorgeaufwendungen nach § 10 Absatz 1 Nummer 3 und Nummer 3 a in Verbindung mit Absatz 4 und der im Kalenderjahr insgesamt erzielte Arbeitslohn 13 150 Euro übersteigt, oder bei Ehegatten, die die Voraussetzungen des § 26 Absatz 1 erfüllen, der im Kalenderjahr von den Ehegatten insgesamt erzielte Arbeitslohn 24 950 Euro übersteigt;

3 a. wenn von Ehegatten, die nach den §§ 26, 26 b zusammen zur Einkommensteuer zu veranlagen sind, beide Arbeitslohn bezogen haben und einer für den Veranlagungszeitraum oder einen Teil davon nach der Steuerklasse V oder VI besteuert oder bei Steuerklasse IV der Faktor (§ 39 f) eingetragen worden ist;

4. wenn für einen Steuerpflichtigen ein Freibetrag im Sinne des § 39 a Absatz 1 Satz 1 Nummer 1 bis 3, 5 oder Nummer 6 ermittelt worden ist und der im Kalenderjahr insgesamt erzielte Arbeitslohn 13 150 Euro übersteigt oder bei Ehegatten, die die Voraussetzungen des § 26 Absatz 1 erfüllen, der im Kalenderjahr von den Ehegatten insgesamt erzielte Arbeitslohn 24 950 Euro übersteigt; dasselbe gilt für einen Steuerpflichtigen, der zum Personenkreis des § 1 Absatz 2 gehört;

4 a. wenn bei einem Elternpaar, bei dem die Voraussetzungen des § 26 Absatz 1 Satz 1 nicht vorliegen,
   a) bis c) (weggefallen)
   d) im Fall des § 33 a Absatz 2 Satz 5 das Elternpaar gemeinsam eine Aufteilung des Abzugsbetrags in einem anderen Verhältnis als je zur Hälfte beantragt oder
   e) im Fall des § 33 b Absatz 5 Satz 3 das Elternpaar gemeinsam eine Aufteilung des Pauschbetrags für Menschen mit Behinderungen oder des Pauschbetrags für Hinterbliebene in einem anderen Verhältnis als je zur Hälfte beantragt.

   ② **Die Veranlagungspflicht besteht für jeden Elternteil, der Einkünfte aus nichtselbständiger Arbeit bezogen hat;**

5. wenn bei einem Steuerpflichtigen die Lohnsteuer für einen sonstigen Bezug im Sinne des § 34 Absatz 1 und 2 Nummer 2 und 4 nach § 39 b Absatz 3 Satz 9 oder für einen sonstigen Bezug nach § 39 c Absatz 3 ermittelt wurde;

5 a. wenn der Arbeitgeber die Lohnsteuer von einem sonstigen Bezug berechnet hat und dabei der Arbeitslohn aus früheren Dienstverhältnissen des Kalenderjahres außer Betracht geblieben ist (§ 39 b Absatz 3 Satz 2, § 41 Absatz 1 Satz 6, Großbuchstabe S);

6. wenn die Ehe des Arbeitnehmers im Veranlagungszeitraum durch Tod, Scheidung oder Aufhebung aufgelöst worden ist und er oder sein Ehegatte der aufgelösten Ehe im Veranlagungszeitraum wieder geheiratet hat;

7. wenn
   a) für einen unbeschränkt Steuerpflichtigen im Sinne des § 1 Absatz 1 bei der Bildung der Lohnsteuerabzugsmerkmale (§ 39) ein Ehegatte im Sinne des § 1 a Absatz 1 Nummer 2 berücksichtigt worden ist oder
   b) für einen Steuerpflichtigen, der zum Personenkreis des § 1 Absatz 3 oder des § 1 a gehört, Lohnsteuerabzugsmerkmale nach § 39 Absatz 2 gebildet worden sind; das nach § 39 Absatz 2 Satz 2 bis 4 zuständige Betriebsstättenfinanzamt ist dann auch für die Veranlagung zuständig;

---

[1] Zur Fassung von § 46 Abs. 2 Nr. 3 und 4 ab VZ 2023 und Abs. 2 Nr. 3 ab VZ 2024 siehe in der geschlossenen Wiedergabe.

8. wenn die Veranlagung beantragt wird, insbesondere zur Anrechnung von Lohnsteuer auf die Einkommensteuer. ② Der Antrag ist durch Abgabe einer Einkommensteuererklärung zu stellen;

9. wenn ein Antrag im Sinne der Nummer 8 gestellt wird und daneben beantragt wird, als unbeschränkt Steuerpflichtiger im Sinne des § 1 Absatz 3 behandelt zu werden; die Zuständigkeit liegt beim lohnsteuerlichen Betriebsstättenfinanzamt des Arbeitgebers.

2 (3) ① **In den Fällen des Absatzes 2 ist ein Betrag in Höhe der einkommensteuerpflichtigen Einkünfte, von denen der Steuerabzug vom Arbeitslohn nicht vorgenommen worden ist und die nicht nach § 32 d Absatz 6 der tariflichen Einkommensteuer unterworfen wurden, vom Einkommen abzuziehen, wenn diese Einkünfte insgesamt nicht mehr als 410 Euro betragen. ② Der Betrag nach Satz 1 vermindert sich um den Altersentlastungsbetrag, soweit dieser den unter Verwendung des nach § 24 a Satz 5 maßgebenden Prozentsatzes zu ermittelnden Anteil des Arbeitslohns mit Ausnahme der Versorgungsbezüge im Sinne des § 19 Absatz 2 übersteigt, und um den nach § 13 Absatz 3 zu berücksichtigenden Betrag.**

3 (4) ① **Kommt nach Absatz 2 eine Veranlagung zur Einkommensteuer nicht in Betracht, so gilt die Einkommensteuer, die auf die Einkünfte aus nichtselbständiger Arbeit entfällt, für den Steuerpflichtigen durch den Lohnsteuerabzug als abgegolten, soweit er nicht für zu wenig erhobene Lohnsteuer in Anspruch genommen werden kann. ② § 42 b bleibt unberührt.**

4 (5) **Durch Rechtsverordnung kann in den Fällen des Absatzes 2 Nummer 1, in denen die einkommensteuerpflichtigen Einkünfte, von denen der Steuerabzug vom Arbeitslohn nicht vorgenommen worden ist und die nicht nach § 32 d Absatz 6 der tariflichen Einkommensteuer unterworfen wurden, den Betrag von 410 Euro übersteigen, die Besteuerung so gemildert werden, dass auf die volle Besteuerung dieser Einkünfte stufenweise übergeleitet wird.**

EStDV

§ 70[1] *Ausgleich von Härten in bestimmten Fällen*

11 *① Betragen in den Fällen des § 46 Absatz 2 Nummer 1 bis 7 des Gesetzes die einkommensteuerpflichtigen Einkünfte, von denen der Steuerabzug vom Arbeitslohn nicht vorgenommen worden ist und die nicht nach § 32 d Absatz 6 des Gesetzes der tariflichen Einkommensteuer unterworfen wurden, insgesamt mehr als 410 Euro, so ist vom Einkommen der Betrag abzuziehen, um den die bezeichneten Einkünfte, vermindert um den auf sie entfallenden Altersentlastungsbetrag (§ 24 a des Gesetzes) und den nach § 13 Absatz 3 des Gesetzes zu berücksichtigenden Betrag, niedriger als 820 Euro sind (Härteausgleichsbetrag). ② Der Härteausgleichsbetrag darf nicht höher sein als die nach Satz 1 verminderten Einkünfte.*

§§ 71 *und* 72 *(weggefallen)*

R 46.1

R 46.1. Veranlagung nach § 46 Abs. 2 Nr. 2 EStG

13 § 46 Abs. 2 Nr. 2 EStG gilt auch für die Fälle, in denen der Stpfl. rechtlich in nur einem Dienstverhältnis steht, die Bezüge aber von verschiedenen öffentlichen Kassen ausgezahlt und gesondert nach Maßgabe der jeweiligen *Lohnsteuerkarte*[2] dem Steuerabzug unterworfen worden sind.

R 46.2

R 46.2. Veranlagung nach § 46 Abs. 2 Nr. 8 EStG

15 (1) Die Vorschrift des § 46 Abs. 2 Nr. 8 EStG ist nur anwendbar, wenn der Arbeitnehmer nicht bereits nach den Vorschriften des § 46 Abs. 2 Nr. 1 bis 7 EStG zu veranlagen ist.

16 (2) Der Antrag ist innerhalb der allgemeinen Festsetzungsfrist von vier Jahren zu stellen.

17 (3) Sollen ausländische Verluste, die nach einem DBA bei der Ermittlung des zu versteuernden Einkommens (§ 2 Abs. 5 EStG) außer Ansatz geblieben sind, zur Anwendung des negativen Progressionsvorbehalts berücksichtigt werden, ist auf Antrag eine Veranlagung durchzuführen.

18 (4) ① Hat ein Arbeitnehmer im VZ zeitweise nicht in einem Dienstverhältnis gestanden, kann die Dauer der Nichtbeschäftigung z. B. durch eine entsprechende Bescheinigung der Agentur für Arbeit, wie einen Bewilligungsbescheid über das Arbeitslosengeld oder eine Bewilligung von Leistungen nach dem SGB III, belegt werden. ② Kann ein Arbeitnehmer Zeiten der Nichtbeschäftigung durch geeignete Unterlagen nicht nachweisen oder in sonstiger Weise glaubhaft machen, ist dies kein Grund, die Antragsveranlagung nicht durchzuführen. ③ Ob und in welcher Höhe außer dem auf der Lohnsteuerbescheinigung ausgewiesenen Arbeitslohn weiterer Arbeitslohn zu berücksichtigen ist, hängt von dem im Einzelfall ermittelten Sachverhalt ab. ④ Für dessen Beurteilung gelten die Grundsätze der freien Beweiswürdigung.

---

[1] Zur Anwendung siehe § 84 Abs. 3 h EStDV.
[2] Jetzt: Lohnsteuerabzugsmerkmale.

Abtretung/Verpfändung[1] H 46.2 19
- zur Abtretung bzw. Verpfändung des Erstattungsanspruchs → § 46 AO sowie AEAO zu § 46,
- zum Entstehen des Erstattungsanspruchs → § 38 AO i. V. m. § 36 Abs. 1 EStG.

Anlaufhemmung. Eine Anlaufhemmung gem. § 170 Abs. 2 Satz 1 Nr. 1 AO kommt in den Fällen des § 46 Abs. 2 Nr. 8 EStG nicht in Betracht (→ BFH vom 14. 4. 2011 – BStBl. II S. 746).

Ermittlung der Summe der Einkünfte. Unter der „Summe der Einkünfte" i. S. d. § 46 Abs. 2 Nr. 1 EStG ist derjenige Saldo zu verstehen, der nach horizontaler und vertikaler Verrechnung der Einkünfte verbleibt. Versagt das Gesetz – wie in § 23 Abs. 3 Satz 8 EStG im Falle eines Verlustes aus privaten Veräußerungsgeschäften – die Verrechnung eines Verlustes aus einer Einkunftsart mit Gewinnen bzw. Überschüssen aus anderen Einkunftsarten, fließt dieser Verlust nicht in die „Summe der Einkünfte" ein (→ BFH vom 26. 3. 2013 – BStBl. II S. 631).

Pfändung des Erstattungsanspruchs aus der Antragsveranlagung → § 46 AO sowie AEAO zu § 46.[1]

Rechtswirksamer, fristwahrender Antrag[2]
- Ein Antrag auf Veranlagung zur Einkommensteuer ist nur dann rechtswirksam gestellt, wenn der amtlich vorgeschriebene Vordruck verwendet wird, dieser innerhalb der allgemeinen Festsetzungsfrist beim Finanzamt eingeht und bis dahin auch vom Arbeitnehmer eigenhändig unterschrieben ist (→ BFH vom 10. 10. 1986 – BStBl. 1987 II S. 77). Eine Einkommensteuererklärung ist auch dann „nach amtlich vorgeschriebenem Vordruck" abgegeben, wenn ein – auch einseitig – privat gedruckter oder fotokopierter Vordruck verwendet wird, der dem amtlichen Muster entspricht (→ BFH vom 22. 5. 2006 – BStBl. 2007 II S. 2).
- Der Ablauf der Festsetzungsfrist wird gem. § 171 Abs. 3 AO nur dann gehemmt, wenn die Steuererklärung bis zum Ablauf der Festsetzungsfrist beim örtlich zuständigen Finanzamt eingeht (→ BFH vom 13. 2. 2020 – BStBl. II 2021 S. 856).
- Kommt eine Veranlagung des Stpfl. nach § 46 Abs. 2 EStG nicht in Betracht, können auch Grundlagenbescheide nicht über die Änderungsnorm des § 175 Abs. 1 Satz 1 Nr. 1 AO zu einer solchen führen (→ BFH vom 9. 2. 2012 – BStBl. II S. 750).

Schätzungsbescheid. Für die Durchführung des Veranlagungsverfahrens bedarf es keines Antrags des Stpfl., wenn das Finanzamt das Veranlagungsverfahren von sich aus bereits durchgeführt und einen Schätzungsbescheid unter dem Vorbehalt der Nachprüfung erlassen hat. Dies gilt jedenfalls dann, wenn bei Erlass des Steuerbescheids aus der insoweit maßgeblichen Sicht des Finanzamts die Voraussetzungen für eine Veranlagung von Amts wegen vorlagen (→ BFH vom 22. 5. 2006 – BStBl. II S. 912).

R 46.3. Härteausgleich *(unbesetzt)* R 46.3 19a

Abhängigkeit der Veranlagung vom Härteausgleich. Eine Veranlagung ist unabhängig vom Härteausgleich nach § 46 Abs. 3 EStG durchzuführen, auch wenn dieser im Ergebnis zu einem Betrag unter 410 Euro führt (→ BFH vom 2. 12. 1971 – BStBl. 1972 II S. 278). H 46.3 20

Allgemeines. Bestehen die einkommensteuerpflichtigen Einkünfte, die nicht der Lohnsteuer zu unterwerfen waren, sowohl aus positiven Einkünften als auch aus negativen Einkünften (Verlusten), so wird ein Härteausgleich nur gewährt, wenn die Summe dieser Einkünfte abzüglich der darauf entfallenden Beträge nach § 13 Abs. 3 und § 24 a EStG einen positiven Einkunftsbetrag von nicht mehr als 410 Euro bzw. 820 Euro ergibt. Das gilt auch in den Fällen der Zusammenveranlagung von Ehegatten, in denen der eine Ehegatte positive und der andere Ehegatte negative Einkünfte, die nicht der Lohnsteuer zu unterwerfen waren, bezogen hat, und im Falle der Veranlagung nach § 46 Abs. 2 Nr. 4 EStG (→ BFH vom 24. 4. 1961 – BStBl. III S. 310).

Beispiel:

Ein Arbeitnehmer, der im Jahr 2012 das 65. Lebensjahr vollendet hatte und für den Lohnsteuerabzugsmerkmale nach § 39 Abs. 4 i. V. m. § 39 a Abs. 1 Satz 1 Nr. 5 EStG (einschl. Freibetrag) gebildet wurden, hat neben seinen Einkünften aus nichtselbständiger Arbeit (Ruhegeld) in **2022** folgende Einkünfte bezogen:

Gewinn aus Land- und Forstwirtschaft		2 000 €
Verlust aus Vermietung und Verpachtung		– 300 €
positive Summe dieser Einkünfte		1700 €
Prüfung des Veranlagungsgrundes nach § 46 Abs. 2 Nr. 1 EStG: Summe der einkommensteuerpflichtigen Einkünfte, die nicht dem Steuerabzug vom Arbeitslohn unterlagen		1700 €
Abzug nach § 13 Abs. 3 EStG	900 €	
Altersentlastungsbetrag nach § 24 a EStG (28,8% aus 1700 € =)	+ 490 €	– 1390 €
		310 €

[1] Ergänzend siehe Vfg. LfSt Bayern vom 22. 7. 2021 S 0166.2.1 – 16/17 St 43, abgedruckt im „AO/FGO-Handbuch 2023" als Anlage 2 zu § 46 AO.

[2] Zum Antragsrecht des Pfändungsgläubigers vgl. *BFH-Urteile vom 18. 8. 1998 VII R 114/97 (BStBl. 1999 II S. 84)* und *vom 29. 2. 2000 VII R 109/98 (BStBl. II S. 573).*

Die Voraussetzungen nach § 46 Abs. 2 Nr. 1 EStG sind nicht gegeben; der Arbeitnehmer ist nach § 46 Abs. 2 Nr. 4 EStG zu veranlagen.

Härteausgleich nach § 46 Abs. 3 EStG:

Betrag der einkommensteuerpflichtigen (Neben-)Einkünfte	1700 €
Abzug nach § 13 Abs. 3 EStG	– 900 €
Altersentlastungsbetrag nach § 24 a EStG	– 490 €
Vom Einkommen abziehbarer Betrag	310 €

Anwendung der §§ 34, 34 b und 34 c EStG. Würden Einkünfte, die nicht der Lohnsteuer zu unterwerfen waren, auf Grund eines Härteausgleichsbetrags in gleicher Höhe unversteuert bleiben, ist für die Anwendung dieser Ermäßigungsvorschriften kein Raum (→ BFH vom 29. 5. 1963 – BStBl. III S. 379 und vom 2. 12. 1971 – BStBl. 1972 II S. 278).

Lohnersatzleistung. Der Härteausgleich nach § 46 Abs. 3 EStG ist nicht auf dem Progressionsvorbehalt unterliegende Lohnersatzleistungen anzuwenden (→ BFH vom 5. 5. 1994 – BStBl. II S. 654).

EStG

§ 47 (weggefallen)

VII. Steuerabzug bei Bauleistungen

§ 48 Steuerabzug

EStG

(1) ① **Erbringt jemand im Inland eine Bauleistung (Leistender) an einen Unternehmer im Sinne des § 2 des Umsatzsteuergesetzes oder an eine juristische Person des öffentlichen Rechts (Leistungsempfänger), ist der Leistungsempfänger verpflichtet, von der Gegenleistung einen Steuerabzug in Höhe von 15 Prozent für Rechnung des Leistenden vorzunehmen.** ② **Vermietet der Leistungsempfänger Wohnungen, so ist Satz 1 nicht auf Bauleistungen für diese Wohnungen anzuwenden, wenn er nicht mehr als zwei Wohnungen vermietet.** ③ **Bauleistungen sind alle Leistungen, die der Herstellung, Instandsetzung, Instandhaltung, Änderung oder Beseitigung von Bauwerken dienen.** ④ **Als Leistender gilt auch derjenige, der über eine Leistung abrechnet, ohne sie erbracht zu haben.** 1

(2) ① **Der Steuerabzug muss nicht vorgenommen werden, wenn der Leistende dem Leistungsempfänger eine im Zeitpunkt der Gegenleistung gültige Freistellungsbescheinigung nach § 48 b Absatz 1 Satz 1 vorlegt oder die Gegenleistung im laufenden Kalenderjahr den folgenden Betrag voraussichtlich nicht übersteigen wird:** 2

1. 15 000 Euro, wenn der Leistungsempfänger ausschließlich steuerfreie Umsätze nach § 4 Nummer 12 Satz 1 des Umsatzsteuergesetzes ausführt,

2. 5000 Euro in den übrigen Fällen.

② **Für die Ermittlung des Betrags sind die für denselben Leistungsempfänger erbrachten und voraussichtlich zu erbringenden Bauleistungen zusammenzurechnen.**

(3) **Gegenleistung im Sinne des Absatzes 1 ist das Entgelt zuzüglich Umsatzsteuer.** 3

(4) **Wenn der Leistungsempfänger den Steuerabzugsbetrag angemeldet und abgeführt hat,** 4

1. ist § 160 Absatz 1 Satz 1 der Abgabenordnung nicht anzuwenden,

2. sind § 42 d Absatz 6 und 8 und § 50 a Absatz 7 nicht anzuwenden.

H 48

6 **Bauwerke.** Bauwerke i. S. d. § 48 Abs. 1 Satz 3 EStG sind insbesondere nicht auf Gebäude oder unbewegliche Wirtschaftsgüter beschränkt, sondern kommen auch bei Scheinbestandteilen, Betriebsvorrichtungen und technischen Anlagen in Betracht. Zur Errichtung von Freiland-Photovoltaikanlagen → BFH vom 7. 11. 2019 (BStBl. 2020 II S. 552).

Fiktiv wirtschaftlich Leistender nach § 48 Abs. 1 Satz 4. Die Fiktion des wirtschaftlich Leistenden trifft selbst auf inaktive ausländische Domizilgesellschaften und Briefkastenfirmen zu, welche die Bauleistung nicht selbst erbringen (→ BFH vom 9. 6. 2022 – BStBl. II S. 721).

Steuerabzug bei Bauleistungen → BMF vom 19. 7. 2022 (BStBl. I S. 1229).[1]

Anl zu H 48

Schreiben betr. Steuerabzug von Vergütungen für im Inland erbrachte Bauleistungen (§§ 48 bis 48 d EStG); Überarbeitung des BMF-Schreibens vom 27. Dezember 2002 (BStBl. I S. 1399)[2]

Vom 19. Juli 2022 (BStBl. I S. 1229)

(BMF IV C 8 – S 2272/19/10003 :002; DOK 2022/0652449)

Unter Bezugnahme auf das Ergebnis der Erörterung mit den obersten Finanzbehörden der Länder gilt für die Anwendung der §§ 48 bis 48 d des Einkommensteuergesetzes (EStG) Folgendes:

Inhaltsübersicht

[1] Nachstehend abgedruckt.

[2] Letztmals abgedruckt im „Handbuch zur ESt-Veranlagung 2021" als Anlage a zu H 48.

Anl zu H 48

7 **1** Nach den §§ 48 bis 48d EStG müssen unternehmerisch tätige Auftraggeber von Bauleistungen (Leistungsempfänger) im Inland einen Steuerabzug von 15 % der Gegenleistung für Rechnung des die Bauleistung erbringenden Unternehmens (Leistender) vornehmen, wenn keine gültige, vom zuständigen Finanzamt des Leistenden ausgestellte Freistellungsbescheinigung vorliegt oder bestimmte Freigrenzen überschritten werden.

2 Außerdem besteht für Unternehmen des Baugewerbes, die ihren Sitz oder ihre Geschäftsleitung im Ausland haben, jeweils eine zentrale örtliche Zuständigkeit von Finanzämtern im Bundesgebiet. Diese umfasst auch das Lohnsteuerabzugsverfahren sowie die Einkommensbesteuerung der von diesen Unternehmen im Inland beschäftigten Arbeitnehmer mit Wohnsitz im Ausland.

1. Steuerabzugspflicht

3 Vergütungen für Bauleistungen, die im Inland gegenüber einem Unternehmer im Sinne des § 2 des Umsatzsteuergesetzes (UStG) oder gegenüber einer juristischen Person des öffentlichen Rechts erbracht werden, unterliegen dem Steuerabzug (§ 48 Absatz 1 Satz 1 EStG). Dies gilt auch für Vergütungen für Bauleistungen, die im Inland an ausländische juristische Personen des öffentlichen Rechts erbracht werden, es sei denn, es handelt sich um Einrichtungen ausländischer Staaten oder Institutionen mit einem vom Auswärtigen Amt anerkannten Sonderstatus (z. B. nach der Wiener Konvention).

1.1. Begriff der Bauleistung

8 **4** Unter einer Bauleistung sind alle Leistungen zu verstehen, die der Herstellung, Instandsetzung oder Instandhaltung, Änderung oder Beseitigung von Bauwerken dienen (§ 48 Absatz 1 Satz 3 EStG). Diese Definition entspricht der Regelung in § 101 Absatz 2 Satz 2 des Dritten Buches Sozialgesetzbuch (SGB III) in Verbindung mit der Baubetriebe-Verordnung (abgedruckt im Anhang), wobei zu den Bauleistungen im Sinne des Steuerabzugs nach § 48 EStG auch die Gewerke gehören, die von der Winterbauförderung gemäß § 2 Baubetriebe-Verordnung ausgeschlossen sind.

Der Begriff des Bauwerks ist weit auszulegen (Urteil des Bundesarbeitsgerichts (BAG) vom 21. Januar 1976 – 4 AZR 71/75, Rn. 23; Urteil des Bundesfinanzhofs (BFH) vom 7. November 2019 – I R 46/17, BStBl. 2020 II S. 552) und umfasst demzufolge nicht nur Gebäude, sondern darüber hinaus sämtliche irgendwie mit dem Erdboden verbundene oder infolge ihrer eigenen Schwere auf ihm ruhende, aus Baustoffen oder Bauteilen mit baulichem Gerät hergestellte Anlagen (z. B. Brücken, Straßen oder Tunnel, Versorgungsleitungen, Windkraftanlagen). Der Begriff des Bauwerks im Sinne des § 48 Absatz 1 Satz 3 EStG ist weder auf Gebäude noch allgemein auf unbewegliche Wirtschaftsgüter beschränkt. Vielmehr können darunter auch Scheinbestandteile im Sinne des § 95 des Bürgerlichen Gesetzbuchs (BGB) und Betriebsvorrichtungen im Sinne des § 68 Absatz 2 Satz 1 Nummer 2 des Bewertungsgesetzes (BewG) fallen. Technische Anlagen können daher ebenfalls ein Bauwerk im Sinne des § 48 Absatz 1 Satz 3 EStG darstellen, wenn es um die Frage geht, ob überhaupt ein Bauwerk vorliegt (BFH-Urteil vom 7. November 2019 – I R 46/17, BStBl. 2020 II S. 552, Rn. 17 zu Freiland-Photovoltaikanlagen).

Zu den Bauleistungen gehören u.a. der Einbau von Fenstern und Türen sowie Bodenbelägen, Aufzügen, Rolltreppen und Heizungsanlagen, aber auch von Einrichtungsgegenständen, wenn sie mit einem Gebäude fest verbunden sind, wie z. B. Ladeneinbauten, Schaufensteranlagen, Gaststätteneinrichtungen. Ebenfalls zu den Bauleistungen zählen die Installation einer Lichtwerbeanlage, Dachbegrünung eines Bauwerks oder der Hausanschluss durch Energieversorgungsunternehmen (die Hausanschlusskosten umfassen regelmäßig Erdarbeiten, Mauerdurchbruch, Installation des Hausanschlusskastens und Verlegung des Hausanschlusskabels vom Netz des Elektrizitätsversorgungsunternehmens zum Hausanschlusskasten). Die Installation einer Photovoltaikanlage an oder auf einem Gebäude stellt eine Bauleistung im Sinne des § 48 EStG dar.

5 Die in der Baubetriebe-Verordnung aufgeführten Tätigkeiten sind nicht in allen Fällen dem Steuerabzug zu unterwerfen. Voraussetzung für den Steuerabzug ist immer, dass die in der Baubetriebe-Verordnung aufgeführten Tätigkeiten im Zusammenhang mit einem Bauwerk durchgeführt werden, also der Herstellung, Instandsetzung, Instandhaltung, Änderung oder Beseitigung von Bauwerken dienen. Die Annahme einer Bauleistung setzt voraus, dass sie sich unmittelbar auf die Substanz des Bauwerks auswirkt, d. h. eine Substanzveränderung im Sinne einer Substanzerweiterung, Substanzverbesserung oder Substanzbeseitigung bewirkt. Hierzu zählen auch Erhaltungsaufwendungen.

6 Ausschließlich planerische Leistungen (z. B. von Statikern, Architekten, Garten- und Innenarchitekten, Vermessungs-, Prüf- und Bauingenieuren), Labordienstleistungen (z. B. chemische Analyse von Baustoffen) oder reine Leistungen zur Bauüberwachung, zur Prüfung von Bauabrechnungen und zur Durchführung von Ausschreibungen und Vergaben sind keine Bauleistungen. Werden neben diesen Leistungen auch als Bauleistung zu qualifizierende Tätigkeiten ausgeführt, ist Rn. 12 zu beachten.

7 Künstlerische Leistungen an Bauwerken, die sich unmittelbar auf die Substanz auswirken, unterliegen grundsätzlich dem Steuerabzug. Dies gilt jedoch nicht, wenn der Künstler nicht die Ausführung des Werks als eigene Leistung schuldet, sondern lediglich Ideen oder Planungen zur Verfügung stellt oder die Ausführung des von einem Dritten geschuldeten Werks durch Bauunternehmer überwacht.

8 Die Arbeitnehmerüberlassung stellt keine Bauleistung dar, auch wenn die überlassenen Arbeitnehmer für den Entleiher Bauleistungen erbringen.

9 Die bloße Reinigung von Räumlichkeiten oder Flächen, z. B. Fenstern, stellt keine Bauleistung dar, es sei denn, es handelt sich um eine Nebenleistung zu weiteren als Bauleistung zu qualifizierenden Tätigkeiten. Ein Reinigungsvorgang, bei dem die zu reinigende Oberfläche verändert wird, stellt dagegen eine Bauleistung dar. Eine zum Steuerabzug führende Fassadenreinigung gemäß § 2 Nummer 3 der Baubetriebe-Verordnung liegt z. B. bei Vornahme einer Behandlung vor, bei der die Oberfläche abgeschliffen oder abgestrahlt wird.

10 Reine Wartungsarbeiten an Bauwerken oder Teilen von Bauwerken stellen keine Bauleistung dar, solange nicht Teile verändert, bearbeitet oder ausgetauscht werden.

11 Folgende Leistungen fallen für sich genommen nicht unter den Steuerabzug:
- Materiallieferungen (z. B. durch Baustoffhändler oder Baumärkte),
- Anliefern von Beton (demgegenüber stellt das Anliefern und das anschließende fachgerechte Verarbeiten des Betons durch den Anliefernden eine Bauleistung dar),
- Zurverfügungstellung von Betonpumpen,
- Zurverfügungstellung von anderen Baugeräten (es sei denn, es wird zugleich Bedienungspersonal für substanzverändernde Arbeiten zur Verfügung gestellt),
- Aufstellen von Material- und Bürocontainern, mobilen Toilettenhäusern,
- Entsorgung von Baumaterialien (Schuttabfuhr durch Abfuhrunternehmer),
- Aufstellen von Messeständen,
- Gerüstbau,
- Schiffbau,
- Anlegen von Bepflanzungen und deren Pflege (z. B. Bäume, Gehölze, Blumen, Rasen), außer bei Dachbegrünungen (siehe auch Rn. 4).

Werden diese Leistungen von demselben Leistenden zusammen mit Bauleistungen erbracht, ist Rn. 12 zu beachten.

12 Werden im Rahmen eines Vertragsverhältnisses mehrere Leistungen erbracht, bei denen es sich teilweise um Bauleistungen handelt, kommt es darauf an, welche Leistung im Vordergrund steht, also der vertraglichen Beziehung das Gepräge gibt. Eine Abzugsverpflichtung besteht vollumfänglich dann, wenn die Bauleistung als Hauptleistung anzusehen ist. Die Nebenleistung teilt jeweils das Schicksal der Hauptleistung.

Beispiele:
- Die von einem Gastwirt bestellte Theke ist von dem beauftragten Schreiner individuell nach den Wünschen des Auftraggebers geplant, gefertigt, geliefert und vor Ort montiert worden. Bei der Fertigung und Montage handelt es sich um Bauleistungen. Demgegenüber sind Planung und Transport durch den Schreiner nicht als Bauleistungen anzusehen. Sie teilen aber hier als Nebenleistungen das Schicksal der Hauptleistung, sodass von der Vergütung insgesamt ein Steuerabzug vorzunehmen ist.
- Einem Handwerksbetrieb wird eine Maschine geliefert. Der Lieferant nimmt die Maschine beim Auftraggeber in Betrieb. Zu diesem Zweck muss beim Auftraggeber eine Steckdose versetzt werden, was durch einen Arbeitnehmer des Lieferanten erfolgt. Ein Steuerabzug ist nicht vorzunehmen, denn die Lieferung der Maschine ist keine Bauleistung. Bei dem Versetzen der Steckdose handelt es sich zwar um eine Bauleistung, die jedoch als Nebenleistung hinter die Lieferung der Maschine zurücktritt.

13 Unerheblich ist demgegenüber die zivilrechtliche Einordnung des Vertragsverhältnisses. Die Abzugsverpflichtung ist nicht auf Werkverträge beschränkt, sondern greift z. B. auch in Fällen, in denen die Bauleistung im Rahmen eines „Werklieferungsvertrags" (§ 651 BGB) erbracht wird.

1.2. Abzugsverpflichteter

14 Abzugsverpflichtet ist der Leistungsempfänger (auch bei Erbringung der Gegenleistung durch einen Dritten, vgl. Rn. 70), wenn es sich hierbei um einen Unternehmer im Sinne des § 2 UStG oder um eine juristische Person des öffentlichen Rechts handelt. 9

Umsatzsteuerrechtlich ist Unternehmer, wer eine gewerbliche oder berufliche Tätigkeit selbstständig nachhaltig ausübt. Entscheidend ist hierbei, dass die Tätigkeit auf die Erzielung von Einnahmen gerichtet ist; auf die Absicht, mit der Tätigkeit Gewinn zu erzielen, kommt es nicht an. Daher werden auch Tätigkeiten erfasst, die einkommensteuerrechtlich eine Liebhaberei darstellen. Dabei umfasst das Unternehmen die gesamte gewerbliche oder berufliche Tätigkeit. Die Abzugsverpflichtung besteht demzufolge auch für Kleinunternehmer (§ 19 UStG), pauschalversteuernde Land- und Forstwirte (§ 24 UStG) und Unternehmer, die ausschließlich steuerfreie Umsätze tätigen. Dazu gehören auch die Vermietung und Verpachtung von Grundstücken, von Gebäuden und Gebäudeteilen. Im Falle des Nießbrauchs ist der Nießbrauchsberechtigte Unternehmer. Der Gebäudeeigentümer (Nießbrauchsverpflichteter) ist nur bei entgeltlich bestelltem Nießbrauch Unternehmer (nachhaltige Duldungsleistung). Bei unentgeltlich bestelltem Nießbrauch (z. B. Vorbehalts-, Zuwendungsnießbrauch) fehlt es zur Unternehmereigenschaft an der Einnahmeerzielungsabsicht. Die Abzugsverpflichtung betrifft nur den unternehmerischen Bereich des Auftraggebers. Wird eine Bauleistung ausschließlich für den nichtunternehmerischen Bereich eines Unternehmers erbracht, besteht keine Abzugsverpflichtung.

15 Wird die Bauleistung für ein Bauwerk erbracht, das nur teilweise unternehmerischen Zwecken dient, so kommt es abweichend von Abschnitt 15.2 c Absatz 2 des Umsatzsteuer-Anwendungserlasses (UStAE) darauf an, ob die Bauleistung dem unternehmerisch oder nichtunternehmerisch genutzten Teil des Bauwerks zugeordnet werden kann. Bauleistungen, die einem Teil des Bauwerks nicht eindeutig zugeordnet werden können, sind dem Zweck zuzuordnen, der überwiegt. Der überwiegende Zweck ist anhand des Wohn-/Nutzflächenverhältnisses oder anderer sachgerechter Maßstäbe festzustellen.

Beispiele:
- Ein Bäcker lässt im Verkaufsraum seiner Bäckerei eine neue Ladeneinrichtung installieren. Die Vergütung unterliegt dem Steuerabzug nach § 48 EStG.
- Ein freiberuflich tätiger Journalist lässt die Fliesen im Badezimmer seiner zu eigenen Wohnzwecken genutzten Eigentumswohnung erneuern. Die Vergütung unterliegt nicht dem Steuerabzug, obwohl es sich beim Leistungsempfänger um einen Unternehmer handelt, denn die Bauleistung wurde in dessen Privatwohnung vorgenommen.

Anl zu H 48

– Ein Eigentümer lässt in einem Vierfamilienhaus, in dem er eine Wohnung selbst bewohnt und die übrigen Wohnungen vermietet, Verbundglasfenster einbauen. Da es sich bei dem Eigentümer hinsichtlich seiner Vermietungstätigkeit um einen Unternehmer handelt, unterliegt die Vergütung insoweit dem Steuerabzug, als sie sich auf den Einbau von Fenstern in den vermieteten Wohnungen bezieht. Fenster in Gemeinschaftsräumen (z. B. Flure, Treppenhäuser) sind der überwiegenden Nutzung zuzuordnen. Da in dem Beispiel die größere Zahl der Wohnungen vermietet ist, ist von der Gegenleistung für diese Fenster der Steuerabzug vorzunehmen.
– Ein Arbeitnehmer ist nebenberuflich als Bausparkassenvertreter tätig und lässt das Dach seines selbstgenutzten Eigenheims neu eindecken, in dem sich ein häusliches Arbeitszimmer, das er auch für seine Arbeitnehmertätigkeit nutzt, befindet. Der Arbeitnehmer ist zwar hinsichtlich seiner Nebentätigkeit Unternehmer. Ein Steuerabzug unterbleibt jedoch, weil die Bauleistung dem unternehmerischen Zweck nicht unmittelbar zugeordnet werden kann und die Wohnnutzung überwiegt.

16 Leistungsempfänger und damit zum Steuerabzug verpflichtet ist auch ein Generalunternehmer, der sich zur Erfüllung seiner Leistungspflicht Subunternehmern bedient. Der Generalunternehmer gilt im Verhältnis zum Auftraggeber auch dann als Leistender, wenn er selbst keine Bauleistungen erbringt, sondern lediglich über solche Leistungen abrechnet. Im Verhältnis zu den Subunternehmern handelt es sich indessen bei dem Generalunternehmer um einen Leistungsempfänger, der als Unternehmer zum Steuerabzug verpflichtet ist.

17 Leistungen von Bauträgern im Sinne des § 3 Makler- und Bauträgerverordnung unterliegen nur dann dem Steuerabzug bei Bauleistungen, wenn der Abnehmer der von dem Bauträger erstellten oder zu erstellenden Bauwerke als Bauherr im Sinne des BMF-Schreibens vom 20. Oktober 2003, BStBl. I S. 546[1] (Anhang 30 I Amtliches Einkommensteuer-Handbuch 2021), anzusehen ist.

18 Leistungsempfänger einer Bauleistung kann auch eine Gesellschaft bürgerlichen Rechts (z. B. eine Arbeitsgemeinschaft) sein. Entrichtungsschuldner des Steuerabzugsbetrags ist die Personengesellschaft. In diesen Fällen sind die geschäftsführenden Gesellschafter (§ 713 BGB) zum Steuerabzug verpflichtet.

19 Bei Wohnungseigentümergemeinschaften ist zwischen dem Sondereigentum und dem Gemeinschaftseigentum zu unterscheiden. Bei Bauleistungen für das Sondereigentum ist der jeweilige Sondereigentümer als Leistungsempfänger zum Steuerabzug verpflichtet, sofern er die Voraussetzungen des § 48 Absatz 1 EStG erfüllt. Bei Bauleistungen für das Gemeinschaftseigentum ist die Wohnungseigentümergemeinschaft als Leistungsempfängerin zur Durchführung des Steuerabzugs verpflichtet. Die Wohnungseigentümergemeinschaft ist Unternehmerin im Sinne des § 2 UStG, denn sie erbringt Leistungen gegenüber den Eigentümern. Dazu gehört auch die Instandhaltung des Bauwerks.

20 Bei einer umsatzsteuerrechtlichen Organschaft ist der Organträger Unternehmer. Werden Bauleistungen von Leistenden außerhalb des Organkreises an die Organgesellschaft erbracht, ist daher der Organträger Leistungsempfänger und zum Steuerabzug verpflichtet. Er haftet für das Unterlassen des Steuerabzugs. Es wird jedoch nicht beanstandet, wenn die Durchführung des Steuerabzugs durch die Organgesellschaft im Auftrag des Organträgers erfolgt.

Organgesellschaften einer umsatzsteuerrechtlichen Organschaft sind keine Unternehmer. Bei Innenumsätzen zwischen verschiedenen Organgesellschaften bzw. zwischen der Organgesellschaft und dem Organträger besteht daher keine Abzugsverpflichtung.

21 Bei juristischen Personen des öffentlichen Rechts kann der Steuerabzug auch durch einzelne Organisationseinheiten der juristischen Person des öffentlichen Rechts (z. B. Ressorts, Behörden, Ämter) vorgenommen werden.

22 Der Beginn und das Ende der Unternehmereigenschaft richten sich nach den Grundsätzen des Umsatzsteuergesetzes (vgl. Abschnitt 2.6 UStAE).

1.3. Leistender

10 **23** Der Steuerabzug ist vom Leistungsempfänger unabhängig davon durchzuführen, ob der Leistende (Auftragnehmer) im Inland oder im Ausland ansässig ist (§§ 8 bis 11 Abgabenordnung [AO]). Unerheblich ist, ob die Einkünfte des Leistenden in Deutschland steuerpflichtig sind (BFH-Urteil vom 7. November 2019 – I R 46/17, BStBl. 2020 II S. 552, Rn. 27). Es kommt auch nicht darauf an, ob es zum Unternehmenszweck des Leistenden gehört, Bauleistungen zu erbringen, oder ob er mit seinem Unternehmen überwiegend Bauleistungen erbringt. Auch wenn jemand nur ausnahmsweise gegenüber einem Unternehmer eine Bauleistung erbringt, unterliegt die Vergütung dem Steuerabzug. Die Vergütungen für Bauleistungen, die juristische Personen des öffentlichen Rechts im Rahmen ihrer hoheitlichen Tätigkeit erbringen, unterliegen nicht dem Steuerabzug. Sie haben bei der Ausführung der Bauleistungen bzw. der Abrechnung in geeigneter Weise auf ihren Status als juristische Person des öffentlichen Rechts und die Leistungserbringung im Rahmen ihrer hoheitlichen Tätigkeit hinzuweisen. Diese Grundsätze gelten auch, wenn eine juristische Person des öffentlichen Rechts eine Bauleistung bzw. eine Abrechnung (im Sinne des § 48 Absatz 1 Satz 4 EStG) gegenüber einer anderen juristischen Person des öffentlichen Rechts erbringt. Der Steuerabzug ist vorzunehmen, wenn die leistende juristische Person des öffentlichen Rechts in einem Betrieb gewerblicher Art tätig wird.

24 Als Leistender gilt auch derjenige, der über eine Leistung abrechnet, ohne sie selbst erbracht zu haben. Daher ist der Steuerabzug auch von der Vergütung vorzunehmen, die ein Generalunternehmer erhält, der selbst nicht als Bauunternehmer tätig wird, aber mit dem Leistungsempfänger die Leistungen der beauftragten Subunternehmer abrechnet. Dagegen ist die Abrechnung einer Wohnungseigentümergemeinschaft mit den Eigentümern keine Abrechnung im Sinne von § 48 Absatz 1 Satz 4 EStG.

[1] Abgedruckt als Anlage c zu § 21 EStG.

Anl zu H 48

25 Auch eine Personengesellschaft kann Leistender sein, ebenso eine Arbeitsgemeinschaft. Schließt eine Arbeitsgemeinschaft Verträge über Bauleistungen mit Leistungsempfängern ab, so ist die Arbeitsgemeinschaft der Leistende. Erbringt ein Partner der Arbeitsgemeinschaft aufgrund eines eigenen Vertrages Bauleistungen gegenüber der Arbeitsgemeinschaft, so ist insofern auch der Partner Leistender und die Arbeitsgemeinschaft Leistungsempfängerin.

26 Erbringt eine Organgesellschaft Bauleistungen an Leistungsempfänger außerhalb des umsatzsteuerrechtlichen Organkreises, ist Leistender die Organgesellschaft.

1.4. Abstandnahme vom Steuerabzug

27 Der Steuerabzug muss nicht vorgenommen werden, wenn die Gegenleistung im laufenden Kalenderjahr insgesamt die Freigrenze von 5000 € bzw. 15 000 € voraussichtlich nicht übersteigen wird (vgl. Rn. 47 ff.). Der Steuerabzug ist nicht vorzunehmen, wenn der Leistende (Auftragnehmer) dem Leistungsempfänger (Auftraggeber) eine im Zeitpunkt der Gegenleistung gültige Freistellungsbescheinigung vorlegt (§ 48 Absatz 2 Satz 1 EStG) oder der Leistungsempfänger nicht mehr als zwei Wohnungen vermietet (vgl. Rn. 53 ff.). 11

1.4.1. Erteilung der Freistellungsbescheinigung

28 Der Leistende kann bei dem für ihn zuständigen Finanzamt (vgl. Rn. 97) eine Freistellungsbescheinigung beantragen (§ 48 b EStG). Die Freistellungsbescheinigung wird unter der Steuernummer ausgestellt, die an den jeweiligen Leistenden für Zwecke der Einkommen- bzw. Körperschaftsteuer vergeben wurde. Ist Leistender eine Personengesellschaft, z. B. eine Arbeitsgemeinschaft, ist der Antrag bei dem für die Personengesellschaft zuständigen Finanzamt zu stellen. Die Ausstellung der Freistellungsbescheinigung erfolgt unter der Steuernummer der Personengesellschaft. Ist eine Personengesellschaft ertragsteuerlich nicht zu führen, ist auf die umsatzsteuerrechtliche Zuständigkeit abzustellen. Der Antrag bedarf keiner Form. Ggf. ermittelt das Finanzamt Angaben durch einen Fragebogen. Bei Leistenden, die ihren Wohnsitz, Sitz, Geschäftsleitung oder gewöhnlichen Aufenthalt nicht im Inland haben, ist eine Freistellungsbescheinigung zu erteilen, wenn ein inländischer Empfangsbevollmächtigter bestellt ist und der Steueranspruch nicht gefährdet erscheint, also sichergestellt ist, dass der Leistende seine steuerlichen Pflichten im Inland ordnungsgemäß erfüllt. Bei Leistenden mit Wohnsitz, Sitz, Geschäftsleitung oder gewöhnlichem Aufenthalt in einem Mitgliedstaat der Europäischen Union oder in einem Staat, auf den das Abkommen über den Europäischen Wirtschaftsraum anwendbar ist, ist die Bestellung eines inländischen Empfangsbevollmächtigten nicht Voraussetzung für die Erteilung einer Freistellungsbescheinigung.

29 Der Steueranspruch ist insbesondere dann gefährdet und die Versagung einer Freistellungsbescheinigung gerechtfertigt, wenn

1. der Leistende seine Anzeigepflicht nach § 138 AO nicht erfüllt;

30 2. der Leistende seiner Mitwirkungspflicht nach § 90 AO nicht nachkommt.

Insbesondere bei Leistenden, die bislang noch nicht steuerlich erfasst sind, soll das Finanzamt die notwendigen Angaben zur Prüfung der Frage, ob durch einen Steuerabzug zu sichernde Steueransprüche bestehen können und die steuerliche Erfassung des Leistenden notwendig ist, mittels eines Fragebogens erheben. Werden diese Angaben nicht oder nicht vollständig erbracht, ist nach den Gesamtumständen des Einzelfalls abzuwägen, ob wegen einer Verletzung von Auskunfts- und Mitteilungspflichten die Freistellungsbescheinigung zu versagen ist.

31 3. der im Ausland ansässige Leistende den Nachweis der steuerlichen Ansässigkeit nicht eine Bescheinigung der zuständigen ausländischen Steuerbehörde erbringt.

Der dem Antragsteller auferlegte Nachweis der steuerlichen Ansässigkeit nach § 48 b Absatz 1 Satz 2 Nummer 3 EStG wird grundsätzlich dadurch erbracht, dass die ausländische Steuerbehörde die steuerliche Erfassung im Ansässigkeitsstaat bestätigt. In Zweifelsfällen kann das Finanzamt nach § 90 Absatz 2 AO vom Antragsteller eine qualifizierte Ansässigkeitsbescheinigung verlangen, in der die ausländische Steuerbehörde bestätigt, dass sich auch der Ort der Geschäftsleitung (BFH-Urteil vom 16. Dezember 1998 – I R 138/97, BStBl. 1999 II S. 437) im Ansässigkeitsstaat befindet und in welchem Umfang der Antragsteller im Ansässigkeitsstaat selbst wirtschaftliche Aktivitäten entfaltet.

32 Der Gefährdungskatalog in § 48 b Absatz 1 Satz 2 EStG ist nicht abschließend. Entscheidend ist, ob nach dem Gesamtbild der Verhältnisse die Befürchtung gerechtfertigt erscheint, dass die rechtzeitige und vollständige Erfüllung des durch das Abzugsverfahren gesicherten Steueranspruchs durch die Erteilung der Freistellungsbescheinigung gefährdet werden könnte (BFH-Beschluss vom 13. November 2002 – I B 147/02, BStBl. 2003 II S. 716). Über die im Gesetz ausdrücklich erwähnten Versagungsgründe hinaus kann daher auch dann eine Gefährdung des zu sichernden Steueranspruchs vorliegen, wenn z. B. nachhaltig oder wiederholt Steuerrückstände bestehen oder drei Monate vor Antragstellung bestanden haben oder unzutreffende Angaben in Steueranmeldungen bzw. Steuererklärungen festgestellt werden oder der Leistende diese wiederholt nicht oder nicht rechtzeitig abgibt. Ggf. kann in diesen Fällen eine Freistellungsbescheinigung mit einer kurzen Geltungsdauer oder auftragsbezogen erteilt werden.

Im Rahmen der Verfahren nach der Insolvenzordnung (InsO) über das Vermögen des Leistenden ist die Erteilung einer Freistellungsbescheinigung nicht grundsätzlich ausgeschlossen. So ist einem Insolvenzverwalter, bei dem davon auszugehen ist, dass er seine steuerlichen Pflichten erfüllt, grundsätzlich eine Freistellungsbescheinigung auszustellen. Dies gilt im Fall der Eigenverwaltung entsprechend für vom Unternehmer nach Eröffnung des Insolvenzverfahrens erbrachte Bauleistungen. Einem vorläufigen Insolvenzverwalter mit Verfügungsbefugnis (§ 22 Absatz 1 InsO), bei dem davon auszugehen ist, dass

Anl zu H 48

er seine steuerlichen Pflichten erfüllt, ist eine Bescheinigung auszustellen, wenn erkennbar ist, dass das Insolvenzverfahren auch tatsächlich eröffnet wird. Unternehmer bleibt der Inhaber der Vermögensmasse, für die der Amtsinhaber (z. B. Insolvenzverwalter), bei Eigenverwaltung der Unternehmer selbst, tätig wird (Abschnitt 2.1 Absatz 7 Satz 1 UStAE).

Einer Arbeitsgemeinschaft, für die keine gesonderte Feststellung der Besteuerungsgrundlagen erfolgt (§ 180 Absatz 4 AO) und die nicht Arbeitgeber der eingesetzten Arbeitnehmer ist, kann eine Freistellungsbescheinigung in der Regel nur dann erteilt werden, wenn auch den an ihr beteiligten Gesellschaftern von dem für sie jeweils zuständigen Finanzamt jeweils eine Freistellungsbescheinigung erteilt wurde. Das für die Arbeitsgemeinschaft zuständige Finanzamt kann die Vorlage der den beteiligten Gesellschaftern erteilten Freistellungsbescheinigungen verlangen.

Bei einer umsatzsteuerrechtlichen Organschaft ist ausschließlich das steuerliche Verhalten der Organgesellschaft, die nach außen als Leistender auftritt, für die Erteilung der Freistellungsbescheinigung maßgebend. Ist die Organgesellschaft Leistender (vgl. Rn. 26), weicht die in der Freistellungsbescheinigung aufgeführte SteuerNummer von der in der Rechnung ggf. bezeichneten SteuerNummer ab, da die Organgesellschaft in ihren Rechnungen die ihr oder dem Organträger erteilte Umsatzsteuer-IdentifikationsNummer oder die SteuerNummer des Organträgers anzugeben hat (vgl. Abschnitt 14.5 Absatz 7 UStAE).

33 Nach § 48 b Absatz 2 EStG soll eine Freistellungsbescheinigung erteilt werden, wenn mit großer Wahrscheinlichkeit kein zu sichernder Steueranspruch besteht. Dies kann insbesondere dann der Fall sein, wenn mit großer Wahrscheinlichkeit kein Gewinn erzielt wird, z. B. bei Existenzgründern (vgl. auch Rn. 35). Der Leistende muss die Voraussetzungen glaubhaft machen. Einem Leistenden, der darlegt und glaubhaft macht, dass wegen seines nur kurzzeitigen Tätigwerdens im Inland keine zu sichernden Steueransprüche bestehen (z. B. keine inländische Einkommen- oder Körperschaftsteuerpflicht des Leistenden), soll eine Freistellungsbescheinigung erteilt werden, wenn das Vorbringen schlüssig ist und nicht in Widerspruch zu anderweitigen Erkenntnissen des Finanzamts steht.

34 Das Finanzamt kann eine Freistellungsbescheinigung für einen im Ausland ansässigen Leistenden vorbehaltlich der Rn. 35 bis 37 ablehnen, wenn nicht ausgeschlossen werden kann, dass das Besteuerungsrecht der Bundesrepublik Deutschland zusteht, und wenn sich die formelle Laufzeit der Werkverträge der aus dem einschlägigen Doppelbesteuerungsabkommen resultierenden Frist, deren Überschreitung zur Begründung einer inländischen Betriebsstätte (BMF-Schreiben vom 24. Dezember 1999, BStBl. I S. 1076, Tz. 4.3)[1] führen würde, nähert. Eine Freistellungsbescheinigung kann außerdem versagt werden, wenn sich aufgrund der Auswertung von Verträgen und Unterlagen oder aufgrund anderweitiger Erkenntnisse Anhaltspunkte ergeben, dass

- eine Zusammenrechnung mehrerer Bauausführungen ein deutsches Besteuerungsrecht begründen kann,
- der Antragsteller im Inland eine Geschäftsstelle unterhält, durch einen abhängigen Vertreter handelt oder
- sich Anzeichen dafür ergeben, dass der Leistende der unbeschränkten Einkommen- oder Körperschaftsteuerpflicht unterliegt.

In diesen Fällen kann ggf. eine Freistellungsbescheinigung mit einer kurzen Dauer erteilt werden.

35 Liegen keine Versagungsgründe gegen die Erteilung einer Freistellungsbescheinigung vor, so erteilt das für den Leistenden zuständige Finanzamt die Freistellungsbescheinigung nach amtlich vorgeschriebenem Vordruck. Die Freistellungsbescheinigung kann dabei auf bestimmte Zeit, längstens jedoch für einen Zeitraum von drei Jahren, oder bezogen auf einen bestimmten Auftrag erteilt werden. Eine Freistellungsbescheinigung, die für einen bestimmten Auftrag erteilt wird, ist auf einen Gültigkeitszeitraum zu befristen. Insbesondere bei einem Leistenden, der der Finanzverwaltung erstmals bekannt wird, soll die Freistellungsbescheinigung in der Regel nur so lange gelten, bis das Abgabe- und Zahlungsverhalten erstmalig beurteilt werden kann. Dies wird grundsätzlich spätestes ein Jahr nach Antragstellung möglich sein, wenn die ersten Voranmeldungen oder Jahreserklärungen abzugeben sind.

In den ersten drei Jahren nach Neugründung eines Unternehmens soll vom Finanzamt vorrangig die Erteilung einer auftragsbezogenen Freistellungsbescheinigung geprüft werden, wenn

1. dem Finanzamt nur unzureichende Informationen über das Zahlungs- und Erklärungsverhalten des neugegründeten Unternehmens vorliegen, oder
2. Anhaltspunkte bestehen, dass es sich bei dem neugegründeten Unternehmen um ein Nachfolgeunternehmen eines Unternehmens handelt, das seinen Zahlungs- und Erklärungspflichten nicht ausreichend nachgekommen ist, oder
3. die Besteuerungsgrundlagen mangels eingereichter Steueranmeldungen- bzw. Steuererklärungen zumindest für eine Abgabeart im Wege einer Schätzung ermittelt wurden.

Anderenfalls soll bei neugegründeten Unternehmen, über deren steuerliches Verhalten keine Kenntnisse vorliegen, die Freistellungsbescheinigung in der Regel nur so lange gelten, bis das Abgabe- und Zahlungsverhalten erstmalig beurteilt werden kann. Dies wird grundsätzlich spätestens ein Jahr nach Antragstellung möglich sein, wenn die ersten Voranmeldungen oder gar schon Jahreserklärungen abzugeben sind.

Die Freistellungsbescheinigung gilt ab dem Tag der Ausstellung. Ist dem Leistenden eine Freistellungsbescheinigung auf eine bestimmte Zeit erteilt worden, werden ihm zusätzlich keine auftragsbezogenen Freistellungsbescheinigungen erteilt.

36 Sechs Monate vor Ablauf einer Freistellungsbescheinigung nach § 48 b EStG kann auf Antrag des Leistenden eine Freistellungsbescheinigung erteilt werden, deren Geltungsdauer an die Geltungsdauer

[1] Abgedruckt in der Loseblattsammlung „Steuererlasse" **800** § 12/1.

der bereits erteilten Freistellungsbescheinigung anknüpft (Folgebescheinigung). Wird die Ausstellung einer Freistellungsbescheinigung mehr als sechs Monate vor Ablauf einer Freistellungsbescheinigung verlangt oder ist dem Antrag nicht zu entnehmen, dass eine Folgebescheinigung gewünscht wird, ist eine Freistellungsbescheinigung auszustellen, die ab dem Tag der Ausstellung gültig ist.

Für die Erteilung von Freistellungsbescheinigungen an Leistende mit Wohnsitz, Sitz, Geschäftsleitung oder gewöhnlichem Aufenthalt im Ausland gelten die für Inländer anzuwendenden Grundsätze.

37 Bei nur vorübergehender Tätigkeit im Inland, insbesondere, wenn nur die Ausführung eines Auftrags im Inland beabsichtigt ist, soll die Freistellungsbescheinigung auftragsbezogen erteilt werden. Das Finanzamt kann die Erteilung einer Freistellungsbescheinigung von der Vorlage des Werkvertrages abhängig machen, wenn sie auf einen bestimmten Auftrag bezogen erteilt werden soll. Eine Freistellungsbescheinigung, die für einen bestimmten Auftrag erteilt wird, ist auf einen Gültigkeitszeitraum zu befristen.

38 Wird dem Antrag auf Erteilung einer Freistellungsbescheinigung nicht entsprochen, so erlässt das Finanzamt unter Angabe der Gründe einen Ablehnungsbescheid. Hiergegen ist als Rechtsbehelf der Einspruch statthaft.

39 Bei Verlust der Freistellungsbescheinigung wird eine Ersatzbescheinigung gleichen Inhalts und mit gleicher SicherheitsNummer erteilt oder auf Antrag bei Vorliegen der übrigen Voraussetzungen eine neue Freistellungsbescheinigung ausgefertigt.

40 Bei Änderung eines der in der Freistellungsbescheinigung eingetragenen persönlichen Identifikationsmerkmale (Steuernummer, Name oder Anschrift bzw. Firma) ist auf Antrag des Leistenden eine neue Freistellungsbescheinigung vom ggf. neu zuständigen Finanzamt zu erteilen.

Die neue Freistellungsbescheinigung kann eine von der bisherigen Freistellungsbescheinigung abweichende Befristung enthalten. Die bisherige Freistellungsbescheinigung bleibt daneben bestehen. Beim Bundeszentralamt für Steuern (BZSt) werden die Daten beider Bescheinigungen gespeichert und zur Abfrage bereitgehalten.

1.4.2. Handhabung der Freistellungsbescheinigung durch den Leistungsempfänger

41 In Fällen, in denen die Freistellungsbescheinigung auf einen bestimmten Auftrag beschränkt ist, wird sie dem Leistungsempfänger vom Leistenden ausgehändigt. In den übrigen Fällen genügt es, wenn dem Leistungsempfänger eine Kopie der Freistellungsbescheinigung ausgehändigt oder elektronisch übermittelt wird.

42 Wird die Gegenleistung in Teilbeträgen (z. B. Abschlagszahlungen nach Baufortschritt) erbracht, kann im Hinblick auf diese Teilzahlungen nur dann vom Steuerabzug abgesehen werden, wenn bereits vor Auszahlung des jeweiligen Teilbetrags dem Leistungsempfänger eine gültige Freistellungsbescheinigung vorliegt. Es reicht demgegenüber nicht aus, wenn der Leistende die Freistellungsbescheinigung dem Leistungsempfänger erst zusammen mit der Schlussrechnung vorlegt. Entsprechendes gilt, wenn der Leistungsempfänger mit einer Gegenforderung gegen den Anspruch des Leistenden (Hauptforderung) aufrechnet. Der maßgebliche Zeitpunkt, in dem bei der Aufrechnung eine Freistellungsbescheinigung vorliegen muss, ist der Zeitpunkt der Aufrechnungserklärung, wenn zu diesem Zeitpunkt die Gegenforderung vollwirksam und fällig sowie die Hauptforderung erfüllbar ist (§ 387 BGB).

43 Wurde der Anspruch auf die Gegenleistung vom Leistenden (Zedent) an einen Dritten (Zessionar) an Erfüllungs statt oder erfüllungshalber abgetreten (§ 398 BGB), kommt es auf die Zahlung an den Zessionar und nicht auf den Zeitpunkt der Abtretung an. Auch beim echten und unechten Factoring sowie beim Forderungskauf ist auf den Zeitpunkt der Zahlung an den Factor oder den Forderungskäufer abzustellen. Liegt bei Zahlung an den Dritten/Zessionar keine gültige Freistellungsbescheinigung des Leistenden vor, ist der Steuerabzug vorzunehmen, selbst wenn der Zahlungsempfänger hiervon keine Kenntnis hatte und die Gegenleistung in voller Höhe einfordert.

44 Die nach den §§ 48 ff. EStG bestehende öffentlich-rechtliche Verpflichtung zum Steuerabzug ist auch bei der zivilrechtlichen Zwangsvollstreckung zu berücksichtigen. Der Drittschuldner (Leistungsempfänger) kann, unabhängig davon, ob er im Zeitpunkt des Wirksamwerdens der Pfändung 15 % der Gegenleistung bereits für Rechnung des Leistenden an das Finanzamt gezahlt hat oder er noch verpflichtet ist, diesen Steuerabzug zu erbringen, geltend machen, dass die zu pfändende Forderung nur in Höhe von 85 % der Gegenleistung besteht.

45 Liegt die Freistellungsbescheinigung dem Leistungsempfänger nicht spätestens im Zeitpunkt der Erbringung der Gegenleistung vor, bleibt die Verpflichtung zur Durchführung des Steuerabzugs auch dann bestehen, wenn die Freistellungsbescheinigung dem Leistungsempfänger später vorgelegt wird.

46 Der Leistungsempfänger soll die ihm vom Leistenden übergebenen Unterlagen aufbewahren. Freistellungsbescheinigungen sind von Leistungsempfängern, die unter die Buchführungs- und Aufzeichnungspflichten der §§ 140 ff. AO fallen, nach § 147 Absatz 1 Nummer 5 AO sechs Jahre aufzubewahren (§ 147 Absatz 3 AO).

1.4.3. Bagatellregelung

47 Wird keine Freistellungsbescheinigung vorgelegt, soll vom Steuerabzug auch dann abgesehen werden, wenn die Gegenleistung im laufenden Kalenderjahr den Betrag von 5000 € voraussichtlich nicht übersteigen wird. Die Freigrenze von 5000 € erhöht sich auf 15 000 €, wenn der Leistungsempfänger allein deswegen als Unternehmer abzugspflichtig ist, weil er ausschließlich steuerfreie Umsätze nach § 4 Nummer 12 Satz 1 UStG (umsatzsteuerbefreite Vermietungsumsätze) ausführt. Die erhöhte Freigrenze von 15 000 € ist nicht anzuwenden, wenn der Unternehmer die nach § 4 Nummer 12 Satz 1 UStG steuerfreien Umsätze nach § 9 UStG als umsatzsteuerpflichtig behandelt (Option zur Umsatzsteuer). Erbringt der Leistungsempfänger neben steuerfreien Umsätzen nach § 4 Nummer 12 Satz 1

Anl zu H 48

UStG weitere, ggf. nur geringfügige umsatzsteuerpflichtige Umsätze, gilt insgesamt die Freigrenze von 5000 €.

48 Nimmt in den Fällen der umsatzsteuerrechtlichen Organschaft die Organgesellschaft den Steuerabzug im Auftrag des Organträgers für Bauleistungen von Leistenden außerhalb des Organkreises vor (vgl. Rn. 20), sind die Freigrenzen nur zu beachten, wenn eine zentrale Überwachung der Freigrenzen im Organkreis erfolgt.

49 Wird der Steuerabzug bei juristischen Personen des öffentlichen Rechts von einzelnen Organisationseinheiten der juristischen Person des öffentlichen Rechts vorgenommen (vgl. Rn. 21), sind die Freigrenzen nur zu beachten, wenn eine zentrale Überwachung der Freigrenzen für alle Organisationseinheiten der juristischen Person des öffentlichen Rechts erfolgt.

50 Wird die Gegenleistung für ein Bauwerk erbracht, das nur teilweise unternehmerisch genutzt wird, bezieht sich die Freigrenze nur auf Gegenleistungen für den unternehmerisch genutzten Teil des Bauwerkes (vgl. Rn. 15).

51 Für die Ermittlung des Betrags sind die für denselben Leistungsempfänger im Kalenderjahr erbrachten und voraussichtlich noch zu erbringenden Bauleistungen zusammenzurechnen. Daher ist eine Abstandnahme vom Steuerabzug im Hinblick auf diese Freigrenzen nur zulässig, wenn im laufenden Kalenderjahr nicht mit weiteren Zahlungen für Bauleistungen an denselben Auftragnehmer zu rechnen ist oder die Zahlungen insgesamt nicht die Freigrenze überschreiten werden. Geht der Leistungsempfänger zunächst davon aus, dass die Freigrenze nicht überschritten wird, und nimmt er bei Erfüllung der Gegenleistung den Steuerabzug nicht vor, so ist der unterlassene Steuerabzug nachzuholen, wenn es im Nachhinein zur Überschreitung der maßgeblichen Freigrenze im laufenden Kalenderjahr kommt. Auf ein Verschulden des Leistungsempfängers kommt es insoweit nicht an. Eine Gegenleistung für eine weitere Bauleistung an denselben Leistungsempfänger, für die jedoch eine Freistellungsbescheinigung vorgelegt wird, bleibt für die Berechnung der Freigrenze außer Ansatz.

Beispiele:

- Ein Steuerpflichtiger lässt an einem vermieteten Mehrfamilienhaus das Dach neu eindecken. Der beauftragte Dachdecker legt keine Freistellungsbescheinigung vor. Die Kosten der Dachreparatur werden insgesamt ca. 20 000 € betragen. Hiervon sind 10 000 € zunächst als Abschlagszahlung und der Rest nach Erteilung der Schlussrechnung noch im selben Kalenderjahr zu erbringen. Damit steht von vornherein fest, dass die Freigrenze von 15 000 € überschritten wird, sodass bereits von der Abschlagszahlung der Steuerabzug vorzunehmen ist.
- Ein Steuerpflichtiger lässt an seinem vermieteten Dreifamilienhaus das Dach reparieren. Der beauftragte Dachdecker legt keine Freistellungsbescheinigung vor. Nach dem Kostenvoranschlag soll die Dachreparatur 14 500 € kosten. Vereinbarungsgemäß zahlt der Leistungsempfänger nach Baufortschritt eine Abschlagszahlung in Höhe von 10 000 €. Durch Zusatzarbeiten verteuert sich der Auftrag, sodass in der Schlussrechnung noch 6000 € in Rechnung gestellt werden, die der Leistungsempfänger noch im selben Jahr zahlt. Damit wurde die Freigrenze von 15 000 € überschritten, sodass die gesamte Gegenleistung (16 000 €) dem Steuerabzug unterliegt. Sofern bei der Leistung der Abschlagszahlung der Steuerabzug unterblieben ist, muss er nun bei Erfüllung der Restzahlung nachgeholt werden, es sei denn, der Dachdecker legt vor Zahlung der Restsumme eine Freistellungsbescheinigung vor.

52 Reicht der Betrag der Gegenleistung, der im Laufe des Jahres nachträglich zum Überschreiten der Freigrenze führt, für die Erfüllung der Abzugsverpflichtung nicht aus, so entfällt die Abzugsverpflichtung in der Höhe, in der sie die Gegenleistung übersteigt.

Beispiele:

- Ein Steuerpflichtiger lässt zu Beginn des Jahres Reparaturarbeiten an Regenrinnen seines vermieteten Dreifamilienhauses ausführen. Die Gegenleistung beträgt 14 000 €. Ein Steuerabzug wird nicht vorgenommen. Im November lässt er durch denselben Dachdecker an dem Gebäude ein Dachflächenfenster reparieren. Diese Reparatur führt zu einer Gegenleistung in Höhe von 2000 €. Der Steuerabzugsbetrag in Höhe von insgesamt 2400 € kann aus der letzten Gegenleistung nicht erbracht werden. Es ist ein Steuerabzug in Höhe der Gegenleistung von 2000 € vorzunehmen.
- Danach wird noch eine weitere kleine Reparatur durch denselben Dachdecker vorgenommen. Die Gegenleistung beträgt 1000 €. Der Steuerabzugsbetrag beträgt nunmehr insgesamt 2550 €. Ein Abzug von 2000 € ist bereits vorgenommen worden. Der noch verbleibende Steuerabzug von 550 € ist von der Gegenleistung durchzuführen.

1.4.4. Absehen vom Steuerabzug bei Vermietung von nicht mehr als zwei Wohnungen, § 48 Absatz 1 Satz 2 EStG (Zweiwohnungsregelung)

53 Vermietet der Leistungsempfänger nicht mehr als zwei Wohnungen, ist der Steuerabzug auf Bauleistungen für diese Wohnungen nicht anzuwenden (Zweiwohnungsregelung). Ob eine Wohnung vorliegt, richtet sich nach § 181 Absatz 9 BewG. Danach ist eine Wohnung die Zusammenfassung einer Mehrheit von Räumen, die in ihrer Gesamtheit so beschaffen sein müssen, dass die Führung eines selbständigen Haushalts möglich ist. Die Zusammenfassung einer Mehrheit von Räumen muss eine von anderen Wohnungen oder Räumen, insbesondere Wohnräumen, baulich getrennte, in sich abgeschlossene Wohneinheit bilden und einen selbständigen Zugang haben. Außerdem ist erforderlich, dass die für die Führung eines selbständigen Haushalts notwendigen Nebenräume (Küche, Bad oder Dusche, Toilette) vorhanden sind. Die Wohnfläche muss mindestens 23 m^2 betragen.

54 Bei einzeln vermieteten Zimmern ist die Nutzung der gesamten Wohnung ausschlaggebend. Wird diese im Übrigen selbst genutzt oder unentgeltlich überlassen, so ist kein Steuerabzug vorzunehmen. Werden sämtliche Zimmer an mehrere Mieter vermietet, so zählt die Wohnung als ein Objekt für die Zweiwohnungsregelung.

55 Die Verpflichtung zum Steuerabzug besteht für alle Wohnungen, wenn von einem Vermieter mehr als zwei Wohnungen vermietet werden. Der Steuerabzug für Bauleistungen für andere unternehmerische Zwecke bleibt von der Zweiwohnungsgrenze unberührt.

Beispiel:

Sind eigenbetrieblich genutzte Gebäude und ein Zweifamilienhaus neben einem zu eigenen Wohnzwecken genutzten Einfamilienhaus vorhanden, ist der Steuerabzug nur auf die eigenbetrieblichen Gebäude anzuwenden. Hinsichtlich des Zweifamilienhauses gilt die Zweiwohnungsregelung. Bauleistungen an dem zu eigenen Wohnzwecken genutzten Einfamilienhaus unterliegen nicht dem Steuerabzug (vgl. Rn. 14). Unentgeltlich überlassene Wohnungen bleiben unberücksichtigt.

56 Vorübergehend leerstehende Wohnungen sind im Rahmen der Zweiwohnungsgrenze zu berücksichtigen, es sei denn, der Vermieter hat die Vermietungsabsicht aufgegeben.

57 Es ist unerheblich, zu welchem Zweck vermietet wird und ob sich die vermieteten Wohnungen im Privatvermögen oder Betriebsvermögen des Vermieters befinden. Gewerblich oder zu freiberuflichen Zwecken vermietete Wohnungen sind daher zu berücksichtigen. Werden z. B. zwei Wohnungen des Privatvermögens zu Wohnzwecken und eine Wohnung, die zum Betriebsvermögen des Unternehmers gehört, gewerblich vermietet, ist die Zweiwohnungsregelung nicht anzuwenden.

58 Vermietete Wohnungen im Ausland sind bei der Anwendung der Zweiwohnungsregelung zu berücksichtigen.

59 Die Zweiwohnungsregelung wird auf die jeweilige Grundstücksgesellschaft/-gemeinschaft angewendet, die umsatzsteuerrechtlich als eigenständiger Unternehmer qualifiziert wird. Demjenigen, der an mehreren Grundstücksgesellschaften/-gemeinschaften beteiligt ist, werden die einzelnen Beteiligungen nicht als Wohnungen zugerechnet.

60 Jede Grundstücksgesellschaft/-gemeinschaft ist für sich zu beurteilen. Bei einer umsatzsteuerrechtlichen Unternehmereigenschaft können daher eine Vielzahl von Objektgesellschaften mit den gleichen Beteiligten bestehen.

61 Bei Ehegatten ist die Zweiwohnungsgrenze für jeden Ehegatten getrennt zu ermitteln. Eine Ehegatten-Eigentümergemeinschaft ist ein eigener Leistungsempfänger.

62 Garagen stellen nur dann einen Bestandteil einer Wohnung dar, wenn sie zusammen mit der Wohnung vermietet werden. Bauleistungen an einer nicht gemeinsam mit einer Wohnung vermieteten Garage unterliegen dem Steuerabzug.

2. Einbehaltung, Abführung und Anmeldung des Abzugsbetrags

63 Die Verpflichtung zum Steuerabzug entsteht in dem Zeitpunkt, in dem die Gegenleistung erbracht wird, d. h. beim Leistungsempfänger selbst oder bei einem Dritten, der für den Leistungsempfänger zahlt, abfließt (§ 11 Absatz 2 Satz 1 EStG). Dies gilt auch in Fällen, in denen die Gegenleistung in Teilbeträgen (Vorschüsse, Abschlagszahlungen, Zahlung gestundeter Beträge) erbracht wird. Erlischt die Gegenleistung infolge einer Aufrechnung, tritt die wirksame Aufrechnungserklärung an die Stelle der Zahlung. In diesem Zeitpunkt hat der Leistungsempfänger (Auftraggeber und Schuldner der Gegenleistung) den Steuerabzug für Rechnung des Leistenden (Auftragnehmers) vorzunehmen (§ 48 Absatz 1 Satz 1 EStG). Dazu muss er den Steuerabzugsbetrag von der Gegenleistung einbehalten. **12**

Die Verpflichtung des Leistungsempfängers zur Einbehaltung, Abführung und Anmeldung der Bauabzugsteuer hängt tatbestandlich nicht von der inländischen Steuerpflicht des Leistenden ab (BFH-Urteil vom 7. November 2019 – I R 46/17, BStBl. 2020 II S. 552, Rn. 27).

64 Der Leistungsempfänger hat den innerhalb eines Kalendermonats einbehaltenen Steuerabzugsbetrag unter Angabe des Verwendungszwecks jeweils bis zum 10. des Folgemonats an das für die Besteuerung des Einkommens des Leistenden zuständige Finanzamt (Kasse) abzuführen. Eine Stundung des Steuerabzugsbetrags ist nach § 222 AO ausgeschlossen.

65 Darüber hinaus ist der Leistungsempfänger verpflichtet, über den einbehaltenen Steuerabzug ebenfalls bis zum 10. des Folgemonats eine Anmeldung nach amtlich vorgeschriebenem Vordruck bei dem für den Leistenden zuständigen Finanzamt (vgl. Rn. 97 ff.) abzugeben, in der er den Steuerabzug für den Anmeldezeitraum (Kalendermonat) selbst berechnet. Der Leistungsempfänger hat für jeden Leistenden eine eigene Anmeldung abzugeben, auch wenn mehrere Leistende bei einem Finanzamt geführt werden. Die Anmeldung muss vom Leistungsempfänger oder von einem zu seiner Vertretung Berechtigten unterschrieben sein. Sie steht einer Steueranmeldung (§§ 167, 168 AO) gleich. In der Anmeldung ist die zu Grunde liegende Bauleistung anzugeben (Art der Tätigkeit und Projekt); nur die Angabe einer Auftrags- oder RechnungsNummer ist nicht ausreichend.

66 Die benötigten Adressen und Bankverbindungen der zuständigen Finanzämter können regelmäßig beim Leistenden erfragt werden. Daneben können die Informationen auch im Internet unter www.finanzamt.de ermittelt werden. Ferner kann jedes Finanzamt entsprechende Informationen zur Verfügung stellen.

67 Das Finanzamt kann bei verspäteter Abgabe der Anmeldung einen Verspätungszuschlag festsetzen (höchstens 25 000 €). Nach § 152 AO in der Fassung des Gesetzes zur Steuermodernisierung (BGBl. 2016 I S. 1679) beträgt der Verspätungszuschlag für jeden angefangenen Monat der eingetretenen Verspätung 0,25 % der festgesetzten Steuer, mindestens jedoch 10 € für jeden angefangenen Monat der eingetretenen Verspätung (§ 152 Absatz 5 Satz 1 AO); insoweit besteht kein Ermessenspielraum des Finanzamtes. § 152 Absatz 8 AO gilt nicht, da Steueranmeldungen nach § 48 a Absatz 1 EStG nicht periodisch, sondern nur anlassbezogen abzugeben sind (vgl. AEAO zu § 152 AO, Nummer 8). Bei verspäteter Zahlung entstehen Säumniszuschläge.

68 Bei einer nachträglichen Erhöhung der Gegenleistung ist nur der Differenzbetrag zu der vorherigen Anmeldung in dem Anmeldungszeitraum, in dem der erhöhte Betrag erbracht wurde, anzumelden (§ 48 a Absatz 1 EStG). Bei einer Minderung der Gegenleistung ist keine Berichtigung vorzunehmen.

Anl zu H 48

3. Abrechnung mit dem Leistenden

13 **69** Der Leistungsempfänger ist verpflichtet, mit dem Leistenden über den einbehaltenen Steuerabzug abzurechnen (§ 48 a Absatz 2 EStG). Dazu hat er dem Leistenden (Auftragnehmer) einen Abrechnungsbeleg zu erteilen, der folgende Angaben enthalten muss:

1. Name und Anschrift des Leistenden,
2. Rechnungsbetrag, Rechnungsdatum und Zahlungstag,
3. Höhe des Steuerabzugs,
4. Finanzamt, bei dem der Abzugsbetrag angemeldet worden ist.

4. Haftung

14 **70** Ist der Steuerabzug nicht ordnungsgemäß durchgeführt worden, so haftet der Leistungsempfänger für den nicht oder zu niedrig abgeführten Abzugsbetrag (§ 48 a Absatz 3 Satz 1 EStG). Bei Erbringung der Gegenleistung durch Dritte (z. B. durch ein Versicherungsunternehmen) haftet der Leistungsempfänger (z. B. der Geschädigte) für den Steuerabzug. Die Haftung ist grundsätzlich unabhängig von einem Verschulden des Leistungsempfängers, wenn dem Leistungsempfänger keine Freistellungsbescheinigung vorgelegen hat (BFH-Urteil vom 7. November 2019 – I R 46/17, BStBl. 2020 II S. 552, Rn. 43). Unerheblich ist auch, ob für den Leistenden im Inland zu sichernde Steueransprüche bestehen. Insbesondere kann sich der Leistungsempfänger im Haftungsverfahren nicht darauf berufen, dass die Gegenleistung beim Leistenden im Inland nicht besteuert werden kann (vgl. BFH-Urteil vom 7. November 2019 – I R 46/17, BStBl. 2020 II S. 552, Rn. 45, 46). Nach § 48 d Absatz 1 Satz 1 und 6 EStG wird der Steuerabzug nicht durch ein Doppelbesteuerungsabkommen eingeschränkt. Eine Haftungsinanspruchnahme ist auch möglich, wenn die Person des Steuerschuldners nicht feststeht.

71 Sofern die tatbestandlichen Voraussetzungen für die Haftung vorliegen, entscheidet das Finanzamt im Rahmen seines pflichtgemäßen Ermessens über die Inanspruchnahme des Leistungsempfängers als Haftungsschuldner. Dabei ist auch zu berücksichtigen, dass die Steuerschuld, für die gehaftet werden soll, entstanden sein und noch bestehen muss. Bei der Prüfung der Akzessorietät der Haftungsschuld zur zugrundeliegenden Steuerschuld (Primärschuld) ist die „zugrunde liegende Steuerschuld" nicht die Einkommen- bzw. Körperschaftsteuerschuld des Leistenden, sondern die vom Leistenden geschuldete Bauabzugsteuer (vgl. BFH-Urteil vom 7. November 2019 – I R 46/17, BStBl. 2020 II S. 552, Rn. 41 ff.).

72 Die Haftung des Leistungsempfängers ist jedoch ausgeschlossen, wenn ihm im Zeitpunkt der Gegenleistung eine Freistellungsbescheinigung vorgelegen hat, auf deren Rechtmäßigkeit er vertrauen durfte. Der Leistungsempfänger ist verpflichtet, die Freistellungsbescheinigung zu überprüfen; insbesondere soll er sich vergewissern, ob die Freistellungsbescheinigung mit einem Dienstsiegel versehen ist und eine SicherheitsNummer trägt. Bei Vorlage einer Kopie müssen alle Angaben auf der Freistellungsbescheinigung lesbar sein. Eine Verpflichtung zu einer regelmäßigen Prüfung der Freistellungsbescheinigung besteht nicht.

Der Leistungsempfänger hat die Möglichkeit, sich durch eine Prüfung der Gültigkeit der Freistellungsbescheinigung über ein eventuelles Haftungsrisiko Gewissheit zu verschaffen. Er kann hierzu im Wege einer elektronischen Abfrage beim BZSt (https://eibe.bff-online.de/eibe) eine Bestätigung der Gültigkeit der Bescheinigung erlangen. Bestätigt das BZSt die Gültigkeit nicht oder kann der Leistungsempfänger die elektronische Abfrage nicht durchführen, kann sich der Leistungsempfänger auch durch eine Nachfrage bei dem auf der Freistellungsbescheinigung angegebenen Finanzamt Gewissheit verschaffen. Hat der Leistungsempfänger die Gültigkeit der Freistellungsbescheinigung im Zeitpunkt der Gegenleistung durch eine elektronische Abfrage beim BZSt oder durch eine Anfrage beim Finanzamt überprüft, liegt in der Regel keine grobe Fahrlässigkeit vor. Anfragen an die Finanzämter zur Bestätigung der Gültigkeit der Freistellungsbescheinigungen werden mündlich oder telefonisch beantwortet. Eine schriftliche Bestätigung erfolgt grundsätzlich nicht.

73 Eine Inanspruchnahme des Leistungsempfängers soll auch dann unterbleiben, wenn ihm zum Zeitpunkt der Erbringung der Gegenleistung keine Freistellungsbescheinigung vorgelegen hat, er aber gleichwohl den Steuerabzug nicht vorgenommen hat und ihm im Nachhinein eine bereits im Zeitpunkt der Zahlung gültige Freistellungsbescheinigung nachgereicht wird.

74 Schützenswertes Vertrauen liegt nicht vor, wenn die Freistellungsbescheinigung durch unlautere Mittel oder falsche Angaben erwirkt wurde und dem Leistungsempfänger dies bekannt oder infolge grober Fahrlässigkeit nicht bekannt war (§ 48 a Absatz 3 Satz 3 EStG).

75 Dies gilt auch, wenn dem Leistungsempfänger eine gefälschte Freistellungsbescheinigung vorgelegt wurde und der Leistungsempfänger dies erkannte oder hätte erkennen müssen.

76 Sind die Voraussetzungen für eine Inanspruchnahme des Leistungsempfängers im Sinne des § 48 a Absatz 3 EStG im Wege der Haftung gegeben, so kann er entweder durch einen Haftungsbescheid nach § 191 AO oder durch eine Steuerfestsetzung nach § 167 Absatz 1 AO (sog. Nacherhebungsbescheid) in Anspruch genommen werden. Die Wahl des Verfahrens muss nicht begründet werden. Die tatbestandlichen Erfordernisse der jeweiligen Haftungsnorm sind auch dann zu beachten, wenn kein Haftungsbescheid, sondern ein Nachforderungsbescheid erlassen wird (BFH-Urteil vom 7. November 2019 – I R 46/17, BStBl. 2020 II S. 552, Rn. 37, 38). Den entsprechenden Bescheid erlässt das für den Leistenden zuständige Finanzamt nach Anhörung des Leistungsempfängers. Besondere Ermessenserwägungen sind für den Erlass eines Nachforderungsbescheides nicht erforderlich; dies gilt auch, wenn die Einkünfte des Leistenden nicht in Deutschland steuerpflichtig gewesen sein sollten (BFH-Urteil vom 7. November 2019 – I R 46/17, BStBl. 2020 II S. 552, Rn. 45).

5. Widerruf und Rücknahme der Freistellungsbescheinigung

77 Wird eine rechtmäßige Freistellungsbescheinigung für die Zukunft widerrufen, so ist sie für Gegenleistungen, die nach diesem Zeitpunkt erbracht werden, nicht mehr gültig. Entsprechendes gilt, wenn eine rechtswidrige Freistellungsbescheinigung mit Wirkung für die Vergangenheit zurückgenommen wird. In diesem Fall war die Abstandnahme vom Steuerabzug jedoch bereits in der Vergangenheit unzulässig. In den Fällen, in denen die Freistellungsbescheinigung für eine bestimmte Bauleistung erteilt worden war, unterrichtet das Finanzamt auch den Leistungsempfänger vom Widerruf bzw. der Rücknahme der Freistellungsbescheinigung. Dies hat zur Folge, dass der Leistungsempfänger von künftigen Gegenleistungen den Steuerabzug vorzunehmen hat und – bei der Rücknahme – auch den Steuerabzug für bereits erbrachte Gegenleistungen nachholen muss. Die Nachholung erfolgt grundsätzlich durch Einbehalt von künftigen Gegenleistungen. Ist dies nicht möglich oder reicht die künftige Gegenleistung hierfür nicht aus, so entfällt insoweit der Einbehalt. **15**

Wird eine zeitlich befristete, jedoch nicht auf einen bestimmten Auftrag beschränkte Freistellungsbescheinigung widerrufen oder zurückgenommen, kommt eine Haftungsinanspruchnahme des Leistungsempfängers nur dann in Betracht, wenn ihm der Widerruf oder die Rücknahme bekannt oder infolge grober Fahrlässigkeit nicht bekannt waren.

78 Eine Freistellungsbescheinigung soll widerrufen werden, wenn der Steueranspruch gefährdet erscheint (vgl. Rn. 32). Insbesondere in den Fällen, in denen noch Steuererklärungen ausstehen und das Finanzamt die Besteuerungsgrundlagen nach § 162 AO schätzt, ist die Möglichkeit eines Widerrufs einer erteilten Freistellungsbescheinigung zu prüfen. Eine Gefährdung des Steueranspruchs kann bereits vor Stellung eines Insolvenzantrages vorliegen. Ob und wann ein Widerruf vorgenommen wird, ist nach den Gegebenheiten im Einzelfall zu entscheiden. Eine Anfechtung des Widerrufs durch den Insolvenzverwalter oder Sachwalter nach den Vorschriften der InsO ist nur möglich, wenn das Insolvenzverfahren eröffnet wurde und die Voraussetzungen der §§ 130 und 131 InsO vorliegen.

6. Bemessungsgrundlage und Höhe des Steuerabzugs

79 Dem Steuerabzug unterliegt der volle Betrag der Gegenleistung. Zur Gegenleistung gehört das Entgelt für die Bauleistung zuzüglich der Umsatzsteuer. Das gilt auch im Falle des § 13 b UStG, obwohl der Leistungsempfänger Schuldner der Umsatzsteuer ist. Der Steuerabzug beträgt 15 % der Gegenleistung. Ein Solidaritätszuschlag wird auf den Abzugsbetrag nicht erhoben. Zur nachträglichen Erhöhung oder Minderung der Gegenleistung siehe auch Rn. 68. **16**

80 Auch die nachträgliche Auszahlung eines Sicherheitseinbehaltes (z. B. nach Ablauf der Gewährleistungspflicht) stellt die Erbringung einer Gegenleistung dar. Der Steuerabzug ist hierauf vorzunehmen, sofern keine Freistellungsbescheinigung vorliegt und die Bagatellgrenze überschritten wird.

81 Der Steuerabzug nach §§ 48 ff. EStG hat keine Auswirkungen auf die umsatzsteuerrechtliche Behandlung (siehe auch: Tz. VI „Merkblatt zur Umsatzbesteuerung in der Bauwirtschaft [USt M 2]).

Zum umsatzsteuerrechtlichen Entgelt gem. § 10 Absatz 1 Satz 2 UStG gehören auch Zahlungen des Leistungsempfängers an Dritte (vgl. Abschnitt 10.1 Absatz 7 Satz 1 UStAE). Deshalb ist bei der Ermittlung des Entgelts auch der vom Leistungsempfänger einzubehaltende und an das für den leistenden Unternehmer zuständige Finanzamt abzuführende Umsatzsteuerbetrag zu berücksichtigen.

Beispiel:

Der Unternehmer erteilt dem Leistungsempfänger für erbrachte Bauleistungen folgende Rechnung:

Auftragssumme netto:	100 000 EUR
Umsatzsteuer 19 %:	19 000 EUR
Bruttobetrag:	119 000 EUR

Der Leistungsempfänger überweist dem Unternehmer 101 150 € (119 000 € abzüglich 15 % Steuerabzug 17 850 €). Das umsatzsteuerrechtliche Entgelt beträgt 100 000 €, die darauf entfallende Umsatzsteuer 19 000 €.

82 Versteuert der leistende Unternehmer seine Umsätze nach vereinnahmten Entgelten (§ 20 UStG), ist die Versteuerung in dem Voranmeldungszeitraum vorzunehmen, in dem das Entgelt bzw. Teilentgelt vereinnahmt wird. Hierbei ist es unerheblich, dass der Leistungsempfänger den Steuerabzug gemäß § 48 a Absatz 1 EStG (15 %) erst am 10. des Folgemonats an das Finanzamt entrichtet.

Beispiel:

Der Unternehmer erteilt dem Leistungsempfänger für erbrachte Bauleistungen die im Beispiel zu Rn. 81 bezeichnete Rechnung. Der Leistungsempfänger überweist im März 2020 einen Betrag in Höhe von 50 575 € (59 500 € abzüglich 15 % Steuerabzug 8925 €) und nochmals 50 575 € im Mai 2020. Der leistende Unternehmer hat gemäß § 13 Absatz 1 Nummer 1 Buchstabe b UStG mit Ablauf des März 2020 ein Teilentgelt von 50 000 € und mit Ablauf des Mai 2020 den Restbetrag von 50 000 € zu versteuern.

Versteuert hingegen der leistende Unternehmer seine Umsätze nach vereinbarten Entgelten (Sollversteuerung), ist die Versteuerung mit Ablauf des Voranmeldungszeitraums vorzunehmen, in dem die Bauleistung ausgeführt worden ist. Die vor Ausführung der Leistung vereinnahmten Vorauszahlungen, Abschlagszahlungen usw. führen nach § 13 Absatz 1 Nummer 1 Buchstabe a Satz 4 UStG zu einer früheren Steuerentstehung (vgl. Abschnitt 13.2 Absatz 2 Satz 1 UStAE).

Beispiel:

Der Unternehmer führt im April 2020 Bauleistungen aus. Das vereinbarte Entgelt entspricht der im Mai 2020 erteilten Rechnung (vgl. Rn. 81). Der Leistungsempfänger überweist im März 2020 einen Betrag in Höhe von 50 575 € (59 500 € abzüglich 15 % Steuerabzug 8925 €) als Vorauszahlung und nochmals 50 575 € im Mai 2020. Der leistende Unternehmer hat gemäß § 13 Absatz 1 Nummer 1 Buchstabe a Satz 4 UStG im März 2020 ein Teilentgelt von 50 000 € und im April 2020 gemäß § 13 Absatz 1 Nummer 1 Buchstabe a Satz 1 UStG den Restbetrag von 50 000 € zu versteuern.

83 Der Steuerabzug ist auch bei der Aufrechnung und beim Tausch vorzunehmen.

Anl zu H 48

Beispiel:

Die fällige Forderung des Leistenden aus einem Bauauftrag beträgt 30 000 €. Hiergegen rechnet der Leistungsempfänger mit einer fälligen Gegenforderung von 17 000 € auf. Von der verbleibenden Verbindlichkeit von 13 000 € wird der Steuerabzug in Höhe von 4500 € vorgenommen und der Restbetrag von 8500 € an den Leistenden gezahlt.

84 Der Steuerabzug ist auch vorzunehmen, wenn sich im Rahmen der Aufrechnung Hauptforderung und Gegenforderung in gleicher oder annähernd gleicher Höhe gegenüberstehen.

7. Entlastung aufgrund von Doppelbesteuerungsabkommen

17 **85** Auch in Fällen, in denen die Bauleistung von einem nicht unbeschränkt steuerpflichtigen Leistenden erbracht wird, unterliegt die Gegenleistung dem Steuerabzug. Dies gilt selbst dann, wenn die im Inland erzielten Einkünfte des Leistenden nach einem Doppelbesteuerungsabkommen in der Bundesrepublik Deutschland nicht besteuert werden dürfen (§ 48d Absatz 1 Satz 1 EStG). Das Gleiche gilt, wenn die Gegenleistung aufgrund eines Doppelbesteuerungsabkommens vom Steuerabzug freigestellt oder der Steuerabzug nach einem niedrigeren Steuersatz vorzunehmen ist. Unberührt bleibt jedoch der Anspruch des Leistenden auf völlige oder teilweise Erstattung des Abzugsbetrags; die Erstattung erfolgt auf Antrag durch das Finanzamt, das nach § 20a AO für die Besteuerung des nicht unbeschränkt steuerpflichtigen Leistenden zuständig ist.

8. Anrechnung des Steuerabzugsbetrags

18 **86** Das Finanzamt rechnet den Abzugsbetrag auf die vom Leistenden zu entrichtenden Steuern an. Voraussetzung ist, dass der Abzugsbetrag einbehalten und angemeldet wurde (§ 48c Absatz 1 EStG). Zur Prüfung dieser Voraussetzung hat der Leistende auf Verlangen des Finanzamtes die vom Leistungsempfänger gemäß § 48a Absatz 2 EStG erteilten Abrechnungsbelege vorzulegen.

Steuerabzugsbeträge, die auf Bauleistungen beruhen, die vor Eröffnung des Insolvenzverfahrens ausgeführt wurden und vor der Insolvenzeröffnung durch den Leistungsempfänger an das Finanzamt gezahlt wurden, sind auf Steuern anzurechnen, die vor Eröffnung des Verfahrens begründet wurden (Insolvenzforderungen nach § 38 InsO). Bei der Anrechnung ist die Reihenfolge des § 48c Absatz 1 EStG zu beachten. Sofern sich danach keine Anrechnungsmöglichkeiten ergeben, sind die verbliebenen Beträge mit anderen Insolvenzforderungen aufzurechnen (§ 94 InsO).

Steuerabzugsbeträge, die auf Bauleistungen beruhen, die vor Eröffnung des Insolvenzverfahrens ausgeführt wurden und nach der Insolvenzeröffnung durch den Leistungsempfänger an das Finanzamt gezahlt wurden, sind an die Insolvenzmasse auszukehren (BFH-Beschluss vom 13. November 2002 – I B 147/02, BStBl. 2003 II S. 716).

Für die Anrechnung ist zum Schutz des Leistenden grundsätzlich nicht Voraussetzung, dass der angemeldete Betrag auch abgeführt wurde. Im Hinblick auf § 48c Absatz 3 EStG hat das Finanzamt vor der Anrechnung jedoch festzustellen, ob der Leistungsempfänger den angemeldeten Abzugsbetrag abgeführt hat. Ist dies nicht der Fall, ist vom Finanzamt durch weitere Sachverhaltsermittlungen zu klären, ob Anhaltspunkte für einen Missbrauch des Abzugsverfahrens gegeben sind.

Ist ein Abzugsbetrag vom Leistungsempfänger einbehalten, aber nicht angemeldet und abgeführt worden, wird der Abzugsbetrag beim Leistenden angerechnet, wenn der Leistende seinem Finanzamt die entsprechende Abrechnung im Sinne des § 48a Absatz 2 EStG vorlegt und der Leistungsempfänger durch Haftungsbescheid oder eine Steuerfestsetzung nach § 167 Absatz 1 AO in Anspruch genommen worden ist. Bis dahin ist eine Stundung der dem Steuerabzugsverfahren unterliegenden fälligen Steuern des Leistenden nach § 222 AO nicht zulässig. Ggf. kommen die einstweilige Einstellung oder Beschränkung der Vollstreckung gemäß § 258 AO in Betracht.

Für die Anrechnung gilt folgende zwingende Reihenfolge:

1. auf die nach § 41a Absatz 1 EStG vom Leistenden einbehaltene und angemeldete Lohnsteuer,
2. auf die vom Leistenden zu entrichtenden Vorauszahlungen auf die Einkommen- oder Körperschaftsteuer,
3. auf die Einkommen- oder Körperschaftsteuer des Besteuerungs- oder Veranlagungszeitraums, in dem die Leistung erbracht worden ist, und
4. auf die vom Leistenden selbst nach dem Steuerabzugsverfahren bei Bauleistungen anzumeldenden und abzuführenden Abzugsbeträge.

Die Anrechnung nach § 48c Absatz 1 Satz 1 Nummer 2 EStG kann nur für Vorauszahlungszeiträume innerhalb des Besteuerungs- oder Veranlagungszeitraums erfolgen, in dem die Bauleistung erbracht worden ist. Außerdem darf die Anrechnung auf Vorauszahlungen nicht zu einer Erstattung führen. Anrechnungen nach § 48c Absatz 1 Satz 1 Nummer 1 und 4 EStG sind nur bis zur Veranlagung zur Einkommen- oder Körperschaftsteuer des Jahres, in dem die Bauleistung erbracht wurde, möglich.

Eine Anrechnung gemäß § 48c EStG ist auch im Fall der Inanspruchnahme des Leistungsempfängers durch Festsetzungsbescheid nach § 167 Absatz 1 Satz 1 AO oder durch Haftungsbescheid möglich. Der Leistungsempfänger zahlt in jedem Fall für Rechnung des Bauleistenden.

87 Soweit nach Anrechnung auf die Beträge nach § 48c Absatz 1 Satz 1 Nummer 1 EStG ein Guthaben verbleibt, kann dieses nur auf die Vorauszahlungen angerechnet werden, die für den Veranlagungszeitraum der Leistungserbringung festgesetzt wurden oder werden. Der übersteigende Betrag kann erst auf die veranlagte Einkommen- oder Körperschaftsteuer des Veranlagungszeitraumes angerechnet werden, in dem die Leistung erbracht wurde. Bis zum Abschluss der Veranlagung dieses Veranlagungszeitraumes kann eine Erstattung der Steuer nicht erfolgen. Das Erstattungsverfahren nach § 48c Absatz 2 EStG bleibt hiervon unberührt.

Leistung in diesem Sinne ist nicht die Gegenleistung im Sinne von § 48 Absatz 3 EStG, sondern die Bauleistung nach § 48 Absatz 1 Satz 3 EStG. Die Bauleistung ist in dem Zeitpunkt erbracht, in dem sie abgeschlossen und nach den Grundsätzen ordnungsgemäßer Buchführung die Ergebnisrealisierung eingetreten ist. Hiervon ist allgemein auszugehen, wenn das fertige Werk an den Leistungsempfänger übergeben und von diesem abgenommen wurde. Dass die Anrechnung des Abzugsbetrages erst im Veranlagungszeitraum der Gewinnrealisierung möglich ist, entspricht dem Sicherungscharakter des Steuerabzugsbetrages, der erst im Jahr der Gewinnrealisierung beim Leistenden zur Steueranrechnung zur Verfügung stehen soll. Eine Anrechnung auf Teilleistungen kann ausnahmsweise in vorhergehenden Veranlagungszeiträumen in Betracht kommen, wenn sich ein Großbauwerk über mehrere Jahre erstreckt und wenn der Leistende von seinem Wahlrecht Gebrauch gemacht hat, aufgrund von Teilabrechnungen und Teilabnahmen eine Teilgewinnrealisierung vorzunehmen.

Bei mehreren lohnsteuerlichen Betriebsstätten kann der Leistende die Reihenfolge der Anrechnung der Lohnsteuer entsprechend § 225 Absatz 1 AO bestimmen.

88 Sind Personengesellschaften Leistende, erfolgt die Anrechnung im Sinne des § 48c Absatz 1 Satz 1 Nummer 2 und 3 EStG bei der Einkommen- oder Körperschaftsteuer der Gesellschafter. Die Anrechnung auf Vorauszahlungen nach § 48c Absatz 1 Satz 1 Nummer 2 EStG erfolgt, wenn der zur Vertretung der Gesellschaft Berechtigte (§ 34 Absatz 1 AO) dem Finanzamt mitteilt, in welchem Verhältnis die Anrechnung zu erfolgen hat. Die Mitteilung hat den Beteiligungsverhältnissen zu entsprechen. Ausnahmsweise können andere Kriterien berücksichtigt werden, wenn sie betrieblich begründet sind. Die Anrechnung auf die veranlagte Einkommen- oder Körperschaftsteuer des Besteuerungs- oder Veranlagungszeitraums nach § 48c Absatz 1 Satz 1 Nummer 3 EStG erfolgt bei den Gesellschaftern nach dem Gewinnverteilungsschlüssel der Gesellschaft. Bei Unstimmigkeiten zwischen den Gesellschaftern über die Höhe ihrer Anteile am Anrechnungsvolumen ist eine gesonderte und einheitliche Feststellung der Steuerabzugsbeträge nach § 180 Absatz 5 Nummer 2 AO durchzuführen; diese Feststellung kann mit der Gewinnfeststellung nach § 180 Absatz 1 Satz 1 Nummer 2 Buchstabe a AO verbunden werden.

Die Ausführungen zu den Personengesellschaften gelten in gleicher Weise auch für Arbeitsgemeinschaften.

89 Ist eine Organgesellschaft einer umsatzsteuerrechtlichen Organschaft Leistender im Sinne des § 48 Absatz 1 EStG, wird der Steuerabzug nach § 48c Absatz 1 Satz 1 Nummer 2 und 3 EStG bei der Organgesellschaft angerechnet. Dies gilt auch im Fall einer körperschaftsteuerlichen Organschaft mit der Folge, dass der Steuerabzug ggf. nur nach § 48c Absatz 1 Satz 1 Nummer 1 EStG angerechnet werden kann.

9. Erstattungsverfahren

90 Verbleiben nach der Anrechnung gemäß § 48c Absatz 1 EStG Abzugsbeträge, die bis zum Abschluss der Veranlagung zur Einkommen- oder Körperschaftsteuer des Jahres, in dem die Bauleistung erbracht wurde, nicht angerechnet werden konnten und für die eine Aufrechnung nach § 226 AO nicht in Betracht kommt, werden sie dem Leistenden erstattet. **19**

91 Auf Antrag des Leistenden erstattet das nach § 20a AO zuständige Finanzamt dem Leistenden mit Wohnsitz, Geschäftsleitung oder Sitz außerhalb des Geltungsbereiches des Gesetzes den Abzugsbetrag (§ 48c Absatz 2 EStG). Voraussetzung ist, dass der Leistende nicht zur Abgabe von Lohnsteueranmeldungen verpflichtet ist und eine Veranlagung zur Einkommen- oder Körperschaftsteuer beim Leistenden oder seinen Gesellschaftern nicht in Betracht kommt oder glaubhaft gemacht wird, dass im Veranlagungszeitraum keine zu sichernden Steueransprüche entstehen werden. Wird die Erstattung beantragt, weil nach dem Doppelbesteuerungsabkommen die Gegenleistung im Inland nicht zu besteuern ist, hat der Leistende durch eine Bestätigung der für ihn im Ausland zuständigen Steuerbehörde nachzuweisen, dass er dort ansässig ist (§ 48d Absatz 1 Satz 4 EStG).

92 Der Antrag auf Erstattung gemäß Rn. 91 ist nach amtlich vorgeschriebenem Muster zu stellen, und zwar bis spätestens zum Ablauf des zweiten Kalenderjahres, das auf das Jahr folgt, in dem der Abzugsbetrag angemeldet worden ist. Ist in einem Doppelbesteuerungsabkommen eine längere Frist eingeräumt, so ist diese Frist maßgebend.

93 Erfolgt der Steuerabzug unberechtigt (z. B. weil keine Bauleistung gegeben ist oder weil ein Steuerabzug trotz Vorlage einer gültigen Freistellungsbescheinigung vorgenommen wurde), ist der an das Finanzamt abgeführte Betrag gemäß § 37 Absatz 2 AO durch das für die Besteuerung des Leistenden zuständige Finanzamt an den anmeldenden Leistungsempfänger zu erstatten, nachdem dieser eine entsprechend berichtigte Anmeldung abgegeben hat (vgl. AEAO zu § 37, Nummer 2, 2. Absatz). Der Leistende kann alternativ zivilrechtlich gegen einen unberechtigten Steuerabzug vorgehen.

10. Sperrwirkung gegenüber § 160 AO, § 42d Absatz 6 und 8 sowie § 50a Absatz 7 EStG

94 Ist der Leistungsempfänger seiner Verpflichtung zur Anmeldung und Abführung des Steuerabzugsbetrags nachgekommen oder hat ihm eine im Zeitpunkt der Gegenleistung gültige Freistellungsbescheinigung vorgelegen, sind § 160 Absatz 1 Satz 1 AO, § 42d Absatz 6 und 8 EStG sowie § 50a Absatz 7 EStG nicht anzuwenden. Es entfällt somit hinsichtlich der betroffenen Gegenleistung die Versagung des Betriebsausgaben- oder Werbungskostenabzugs. **20**

95 Hat ein Steuerpflichtiger einen Steuerabzugsbetrag angemeldet und abgeführt oder hat ihm eine Freistellungsbescheinigung vorgelegen, obwohl keine Bauleistung im Sinne des § 48 Absatz 1 EStG vorlag, ist § 48 Absatz 4 EStG bzw. § 48b Absatz 5 EStG nicht anzuwenden. Bei Arbeitnehmerüberlassung ist auch die Inanspruchnahme als Entleiher nach § 42d Absatz 6 und 8 EStG dann nicht ausgeschlossen.

96 Das Steuerabzugsverfahren geht der Abzugsanordnung nach § 50a Absatz 7 EStG als Spezialregelung vor. Die Anordnung dieses Steuerabzugs ist daher bei Bauleistungen ausgeschlossen.

Anl zu H 48

11. Zuständiges Finanzamt

21 **97** Für den Steuerabzug im Zusammenhang mit Bauleistungen ist das Finanzamt des Leistenden zuständig. Ist der Leistende eine natürliche Person, so ist dies das Wohnsitzfinanzamt (§ 19 AO). An die Stelle des Wohnsitzes tritt der inländische gewöhnliche Aufenthalt, wenn der leistende Unternehmer über keinen Wohnsitz verfügt (vgl. § 19 AO). Ist der Leistende eine Personengesellschaft mit Geschäftsleitung bzw. eine Körperschaft mit Sitz und Geschäftsleitung im Inland, ist das Finanzamt zuständig, in dessen Bezirk sich die Geschäftsleitung befindet (vgl. § 20 AO). Findet für eine Arbeitsgemeinschaft keine gesonderte Feststellung der Besteuerungsgrundlagen statt (§ 180 Absatz 4 AO), ist für den Steuerabzug das Finanzamt zuständig, das für die Umsatzsteuer zuständig ist.

98 Hat der leistende Unternehmer seinen Wohnsitz im Ausland bzw. das leistende Unternehmen (Körperschaft oder Personenvereinigung) den Sitz oder die Geschäftsleitung im Ausland, besteht eine zentrale Zuständigkeit im Bundesgebiet (vgl. § 20a Absatz 1 Satz 1 AO in Verbindung mit § 21 Absatz 1 Satz 2 AO und der Umsatzsteuerzuständigkeitsverordnung [UStZustV]). Dies gilt auch, wenn eine natürliche Person zusätzlich im Inland einen weiteren Wohnsitz hat. Zuständigkeitsvereinbarungen sind unter den Voraussetzungen des § 27 AO zulässig. Dies gilt auch für die Verwaltung der Lohnsteuer. Demzufolge kann ein im Ausland ansässiges Bauunternehmen im Inland nur eine lohnsteuerliche Betriebsstätte haben.

Daher sind die in der UStZustV genannten Finanzämter für die Besteuerung der inländischen Umsätze und des im Inland steuerpflichtigen Einkommens des Leistenden, für die Verwaltung der Lohnsteuer der Arbeitnehmer des Leistenden, für die Anmeldung und Abführung des Steuerabzugs nach § 48 EStG, für die Erteilung oder Ablehnung von Freistellungsbescheinigungen und für die Anrechnung oder Erstattung des Steuerabzugs nach § 48c EStG zuständig.

Die zentrale Zuständigkeit gilt auch für die Einkommensbesteuerung der Arbeitnehmer ausländischer Bauunternehmen, die im Inland tätig werden und ihren Wohnsitz im Ausland haben, dabei ist für die zentrale Zuständigkeit der Wohnsitzstaat des jeweiligen Arbeitnehmers maßgeblich (vgl. § 1 Arbeitnehmer-Zuständigkeitsverordnung-Bau).

Bei Personengesellschaften ist das zentrale Finanzamt auch für die gesonderte und einheitliche Feststellung nach § 18 Absatz 1 Nummer 2 AO zuständig. Das zentrale Finanzamt ist ferner gemäß § 48a Absatz 3 Satz 4 EStG für den Erlass eines Haftungsbescheides nach § 42d Absatz 6 EStG zuständig.

99 Im Fall des Zuständigkeitswechsels haben die abgebenden Finanzämter die aufnehmenden Finanzämter auf anhängige Rechtsbehelfsverfahren und Anträge nach § 361 AO, §§ 69 und 114 FGO aufmerksam zu machen und bei anhängigen Klage- und Revisionsverfahren und anhängigen Nichtzulassungsbeschwerden das Finanzgericht zu informieren.

Anhängige Einspruchs- und Klageverfahren sind vom nunmehr zuständigen Finanzamt fortzuführen. Auf die Grundsätze des BMF-Schreibens vom 10. Oktober 1995 (BStBl. I S. 664)[1] wird hingewiesen.

100 Einspruchs- und Klageverfahren wegen streitiger Entleiherhaftung sind von dem Finanzamt fortzuführen, das nach § 20a Absatz 2 AO für den Verleiher zuständig ist (§ 42d Absatz 6 Satz 9 EStG). Sind die Leistungen von Verleihern unterschiedlicher Nationalität Gegenstand eines Haftungsverfahrens (Altfälle), so führt das Finanzamt das Rechtsbehelfsverfahren fort, das für den Verleiher mit dem in der Summe höchsten Haftungsbetrag zuständig ist.

101 Der Zuständigkeitswechsel betrifft auch die Zuständigkeit der Prüfungsdienste (Amtsbetriebsprüfung, Großbetriebsprüfung, Umsatzsteuersonderprüfung, Lohnsteuer-Außenprüfung). Die örtlich zuständigen Finanzämter beauftragen das Finanzamt, in dem das zu prüfende Unternehmen überwiegend tätig wird oder seine Geschäftsleitung unterhält, mit der Außenprüfung (§ 195 Satz 2 AO).

12. Anwendung

102 Dieses Schreiben ersetzt die BMF-Schreiben vom 27. Dezember 2002, BStBl. I S. 1399[2]; vom 4. September 2003, BStBl. I S. 431[2], und vom 20. September 2004, BStBl. I S. 862[3].

Anhang

§ 101 Absatz 2 SGB III

22 ① Ein Betrieb des Baugewerbes ist ein Betrieb, der gewerblich überwiegend Bauleistungen auf dem Baumarkt erbringt. ② Bauleistungen sind alle Leistungen, die der Herstellung, Instandsetzung, Änderung oder Beseitigung von Bauwerken dienen. ③ Ein Betrieb, der überwiegend Bauvorrichtungen, Baumaschinen, Baugeräte oder sonstige Baubetriebsmittel ohne Personal Betrieben des Baugewerbes gewerblich zur Verfügung stellt oder überwiegend Baustoffe oder Bauteile für den Markt herstellt, sowie ein Betrieb, der Betonentladegeräte gewerblich zur Verfügung stellt, ist kein Betrieb des Baugewerbes.

§ 1 Baubetriebe-Verordnung

(1) […]

(2) Betriebe und Betriebsabteilungen im Sinne des Absatzes 1 sind solche, in denen insbesondere folgende Arbeiten verrichtet werden:

[1] Abgedruckt im „AO/FGO-Handbuch 2023" als Anlage 13 zu § 367 AO.
[2] Letztmals abgedruckt im „Handbuch zur ESt-Veranlagung 2021" als Anlage a zu H 48.
[3] Letztmals abgedruckt im „Handbuch zur ESt-Veranlagung 2021" als Anlage b zu H 48.

Anl zu H 48

1. Abdichtungsarbeiten gegen Feuchtigkeit;
2. Aptierungs- und Drainierungsarbeiten, wie zum Beispiel das Entwässern von Grundstücken und urbar zu machenden Bodenflächen, einschließlich der Grabenräumungs- und Faschinierungsarbeiten, des Verlegens von Drainagerohrleitungen sowie des Herstellens von Vorflut- und Schleusenanlagen;

2 a. Asbestsanierungsarbeiten an Bauwerken und Bauwerksteilen;

3. Bautrocknungsarbeiten, das sind Arbeiten, die unter Einwirkung auf das Gefüge des Mauerwerks der Entfeuchtung dienen, auch unter Verwendung von Kunststoffen oder chemischen Mitteln sowie durch Einbau von Kondensatoren;
4. Beton- und Stahlbetonarbeiten einschließlich Betonschutz- und Betonsanierungsarbeiten sowie Armierungsarbeiten;
5. Bohrarbeiten;
6. Brunnenbauarbeiten;
7. chemische Bodenverfestigungen;
8. Dämm-(Isolier-)Arbeiten (das sind zum Beispiel Wärme-, Kälte-, Schallschutz-, Schallschluck-, Schallverbesserungs-, Schallveredelungsarbeiten) einschließlich Anbringung von Unterkonstruktionen sowie technischen Dämm-(Isolier-)Arbeiten, insbesondere an technischen Anlagen und auf Land-, Luft- und Wasserfahrzeugen;
9. Erdbewegungsarbeiten, das sind zum Beispiel Wegebau-, Meliorations-, Landgewinnungs-, Deichbauarbeiten, Wildbach- und Lawinenverbau, Sportanlagenbau sowie Errichtung von Schallschutzwällen und Seitenbefestigungen an Verkehrswegen;
10. Estricharbeiten, das sind zum Beispiel Arbeiten unter Verwendung von Zement, Asphalt, Anhydrit, Magnesit, Gips, Kunststoffen oder ähnlichen Stoffen;
11. Fassadenbauarbeiten;
12. Fertigbauarbeiten: Einbauen oder Zusammenfügen von Fertigbauteilen zur Erstellung, Instandsetzung, Instandhaltung oder Änderung von Bauwerken; ferner das Herstellen von Fertigbauteilen, wenn diese zum überwiegenden Teil durch den Betrieb, einen anderen Betrieb desselben Unternehmens oder innerhalb von Unternehmenszusammenschlüssen – unbeschadet der Rechtsform – durch den Betrieb mindestens eines beteiligten Gesellschafters zusammengefügt oder eingebaut werden; nicht erfasst wird das Herstellen von Betonfertigteilen, Holzfertigteilen zum Zwecke des Errichtens von Holzfertigbauwerken und Isolierelementen in massiven, ortsfesten und auf Dauer eingerichteten Arbeitsstätten nach Art stationärer Betriebe; § 2 Nummer 12 bleibt unberührt;
13. Feuerungs- und Ofenbauarbeiten;
14. Fliesen-, Platten- und Mosaik-Ansetz- und Verlegearbeiten;

14 a. Fugarbeiten an Bauwerken, insbesondere Verfugung von Verblendmauerwerk und von Anschlüssen zwischen Einbauteilen und Mauerwerk sowie dauerelastische und dauerplastische Verfugungen aller Art;

15. Glasstahlbetonarbeiten sowie Vermauern und Verlegen von Glasbausteinen;
16. Gleisbauarbeiten;
17. Herstellen von nicht lagerfähigen Baustoffen, wie zum Beispiel Beton- und Mörtelmischungen (Transportbeton und Fertigmörtel), wenn mit dem überwiegenden Teil der hergestellten Baustoffe die Baustellen des herstellenden Betriebs, eines anderen Betriebs desselben Unternehmens oder innerhalb von Unternehmenszusammenschlüssen – unbeschadet der Rechtsform – die Baustellen des Betriebs mindestens eines beteiligten Gesellschafters versorgt werden;
18. Hochbauarbeiten;
19. Holzschutzarbeiten an Bauteilen;
20. Kanalbau-(Sielbau-)Arbeiten;
21. Maurerarbeiten;
22. Rammarbeiten;
23. Rohrleitungsbau-, Rohrleitungstiefbau-, Kabelleitungstiefbauarbeiten und Bodendurchpressungen;
24. Schachtbau- und Tunnelbauarbeiten;
25. Schalungsarbeiten;
26. Schornsteinbauarbeiten;
27. Spreng-, Abbruch- und Enttrümmerungsarbeiten; nicht erfasst werden Abbruch- und Abwrackbetriebe, deren überwiegende Tätigkeit der Gewinnung von Rohmaterialien oder der Wiederaufbereitung von Abbruchmaterialien dient;
28. Stahlbiege- und -flechtarbeiten, soweit sie zur Erbringung anderer baulicher Leistungen des Betriebes oder auf Baustellen ausgeführt werden;
29. Stakerarbeiten;
30. Steinmetzarbeiten;
31. Straßenbauarbeiten, das sind zum Beispiel Stein-, Asphalt-, Beton-, Schwarzstraßenbauarbeiten, Pflasterarbeiten aller Art, Fahrbahnmarkierungsarbeiten; ferner Herstellen und Aufbereiten des Mischguts, wenn mit dem überwiegenden Teil des Mischguts der Betrieb, ein anderer Betrieb des-

Anl zu H 48

selben Unternehmens oder innerhalb von Unternehmenszusammenschlüssen – unbeschadet der Rechtsform – der Betrieb mindestens eines beteiligten Gesellschafters versorgt wird;
32. Straßenwalzarbeiten;
33. Stuck-, Putz-, Gips- und Rabitzarbeiten einschließlich des Anbringens von Unterkonstruktionen und Putzträgern;
34. Terrazzoarbeiten;
35. Tiefbauarbeiten;
36. Trocken- und Montagebauarbeiten (z. B. Wand- und Deckeneinbau und -verkleidungen) einschließlich des Anbringens von Unterkonstruktionen und Putzträgern;
37. Verlegen von Bodenbelägen in Verbindung mit anderen baulichen Leistungen;
38. Vermieten von Baumaschinen mit Bedienungspersonal, wenn die Baumaschinen mit Bedienungspersonal zur Erbringung baulicher Leistungen eingesetzt werden;
38 a. Wärmedämmverbundsystemarbeiten;
39. Wasserwerksbauarbeiten, Wasserhaltungsarbeiten, Wasserbauarbeiten (z. B. Wasserstraßenbau, Wasserbeckenbau, Schleusenanlagenbau);
40. Zimmerarbeiten und Holzbauarbeiten, die im Rahmen des Zimmergewerbes ausgeführt werden;
41. Aufstellen von Bauaufzügen.

(3) Betriebe und Betriebsabteilungen im Sinne des Absatzes 1 sind auch
1. Betriebe, die Gerüste aufstellen,
2. Betriebe des Dachdeckerhandwerks.

(4) Betriebe und Betriebsabteilungen im Sinne des Absatzes 1 sind ferner diejenigen des Garten- und Landschaftsbaus, in denen folgende Arbeiten verrichtet werden:
1. Erstellung von Garten-, Park- und Grünanlagen, Sport- und Spielplätzen sowie Friedhofsanlagen;
2. Erstellung der gesamten Außenanlagen im Wohnungsbau, bei öffentlichen Bauvorhaben, insbesondere an Schulen, Krankenhäusern, Schwimmbädern, Straßen-, Autobahn-, Eisenbahn-Anlagen, Flugplätzen, Kasernen;
3. Deich-, Hang-, Halden- und Böschungsverbau einschließlich Faschinenbau;
4. ingenieurbiologische Arbeiten aller Art;
5. Schutzpflanzungen aller Art;
6. Drainierungsarbeiten;
7. Meliorationsarbeiten;
8. Landgewinnungs- und Rekultivierungsarbeiten.

(5) Betriebe und Betriebsabteilungen im Sinne des Absatzes 1 sind von einer Förderung der ganzjährigen Beschäftigung durch das Saison-Kurzarbeitergeld ausgeschlossen, wenn sie zu einer abgrenzbaren und nennenswerten Gruppe gehören, bei denen eine Einbeziehung nach den Absätzen 2 bis 4 in der Schlechtwetterzeit nicht zu einer Belebung der wirtschaftlichen Tätigkeit oder zu einer Stabilisierung der Beschäftigungsverhältnisse der von saisonbedingten Arbeitsausfällen betroffenen Arbeitnehmer führt.

§ 2 Baubetriebe-Verordnung

Die ganzjährige Beschäftigung wird nicht gefördert insbesondere in Betrieben
1. des Bauten- und Eisenschutzgewerbes;
2. des Betonwaren und Terrazzowaren herstellenden Gewerbes, soweit nicht in Betriebsabteilungen nach deren Zweckbestimmung überwiegend Bauleistungen im Sinne des § 1 Absatz 1 und 2 ausgeführt werden;
3. der Fassadenreinigung;
4. der Fußboden- und Parkettlegerei;
5. des Glaserhandwerks;
6. des Installationsgewerbes, insbesondere der Klempnerei, des Klimaanlagenbaues, der Gas-, Wasser-, Heizungs-, Lüftungs- und Elektroinstallation, sowie des Blitzschutz- und Erdungsanlagenbaus;
7. des Maler- und Lackiererhandwerks, soweit nicht überwiegend Bauleistungen im Sinne des § 1 Absatz 1 und 2 ausgeführt werden;
8. der Naturstein- und Naturwerksteinindustrie und des Steinmetzhandwerks;
9. der Nassbaggerei;
10. des Kachelofen- und Luftheizungsbaues;
11. der Säurebauindustrie;
12. des Schreinerhandwerks sowie der holzbe- und -verarbeitenden Industrie einschließlich der Holzfertigbauindustrie, soweit nicht überwiegend Fertigbau-, Dämm-(Isolier-), Trockenbau- und Montagebauarbeiten oder Zimmerarbeiten ausgeführt werden;
13. des reinen Stahl-, Eisen-, Metall- und Leichtmetallbaus sowie des Fahrleitungs-, Freileitungs-, Ortsnetz- und Kabelbaus;
14. und Betrieben, die Betonentladegeräte gewerblich zur Verfügung stellen.

§ 48a Verfahren

(1)[1] ① Der Leistungsempfänger hat bis zum zehnten Tag nach Ablauf des Monats, in dem die Gegenleistung im Sinne des § 48 erbracht wird, eine Anmeldung nach amtlich vorgeschriebenem Vordruck abzugeben, in der er den Steuerabzug für den Anmeldungszeitraum selbst zu berechnen hat. ② Der Abzugsbetrag ist am zehnten Tag nach Ablauf des Anmeldungszeitraums fällig und an das für den Leistenden zuständige Finanzamt für Rechnung des Leistenden abzuführen. ③ Die Anmeldung des Abzugsbetrags steht einer Steueranmeldung gleich. 1

(2) Der Leistungsempfänger hat mit dem Leistenden unter Angabe 2

1. des Namens und der Anschrift des Leistenden,

2. des Rechnungsbetrags, des Rechnungsdatums und des Zahlungstags,

3. der Höhe des Steuerabzugs und

4. des Finanzamts, bei dem der Abzugsbetrag angemeldet worden ist,

über den Steuerabzug abzurechnen.

(3) ① Der Leistungsempfänger haftet für einen nicht oder zu niedrig abgeführten Abzugsbetrag. ② Der Leistungsempfänger haftet nicht, wenn ihm im Zeitpunkt der Gegenleistung eine Freistellungsbescheinigung (§ 48b) vorgelegen hat, auf deren Rechtmäßigkeit er vertrauen konnte. ③ Er darf insbesondere dann nicht auf eine Freistellungsbescheinigung vertrauen, wenn diese durch unlautere Mittel oder durch falsche Angaben erwirkt wurde und ihm dies bekannt oder infolge grober Fahrlässigkeit nicht bekannt war. ④ Den Haftungsbescheid erlässt das für den Leistenden zuständige Finanzamt. 3

(4) § 50b gilt entsprechend. 4

§ 48b Freistellungsbescheinigung

(1) ① Auf Antrag des Leistenden hat das für ihn zuständige Finanzamt, wenn der zu sichernde Steueranspruch nicht gefährdet erscheint und ein inländischer Empfangsbevollmächtigter bestellt ist, eine Bescheinigung nach amtlich vorgeschriebenem Vordruck zu erteilen, die den Leistungsempfänger von der Pflicht zum Steuerabzug befreit. ② Eine Gefährdung kommt insbesondere dann in Betracht, wenn der Leistende 1

1. Anzeigepflichten nach § 138 der Abgabenordnung nicht erfüllt,

2. seiner Auskunfts- und Mitwirkungspflicht nach § 90 der Abgabenordnung nicht nachkommt,

3. den Nachweis der steuerlichen Ansässigkeit durch Bescheinigung der zuständigen ausländischen Steuerbehörde nicht erbringt.

(2) Eine Bescheinigung soll erteilt werden, wenn der Leistende glaubhaft macht, dass keine zu sichernden Steueransprüche bestehen. 2

(3) ① In der Bescheinigung sind anzugeben: 3

1. Name, Anschrift und Steuernummer des Leistenden,

2. Geltungsdauer der Bescheinigung,

3. Umfang der Freistellung sowie der Leistungsempfänger, wenn sie nur für bestimmte Bauleistungen gilt,

4. das ausstellende Finanzamt.

② Der Antragsteller ist über die Verarbeitung der in Satz 1 genannten Daten durch das Bundeszentralamt für Steuern gemäß Absatz 6 zu informieren.

(4) Wird eine Freistellungsbescheinigung aufgehoben, die nur für bestimmte Bauleistungen gilt, ist dies den betroffenen Leistungsempfängern mitzuteilen. 4

(5) Wenn eine Freistellungsbescheinigung vorliegt, gilt § 48 Absatz 4 entsprechend. 5

(6) ① Das Bundeszentralamt für Steuern speichert die Daten nach Absatz 3 Satz 1. ② Es erteilt dem Leistungsempfänger im Sinne des § 48 Absatz 1 Satz 1 im Wege einer elektronischen Abfrage Auskunft über die beim Bundeszentralamt für Steuern gespeicherten Freistellungsbescheinigungen. 6

§ 48c Anrechnung

(1) ① Soweit der Abzugsbetrag einbehalten und angemeldet worden ist, wird er auf vom Leistenden zu entrichtende Steuern nacheinander wie folgt angerechnet: 1

---

[1] Zur Fassung von § 48a Abs. 1 ab 1. 1. 2025 siehe in der geschlossenen Wiedergabe.

EStG

1. die nach § 41 a Absatz 1 einbehaltene und angemeldete Lohnsteuer,

2. die Vorauszahlungen auf die Einkommen- oder Körperschaftsteuer,

3. die Einkommen- oder Körperschaftsteuer des Besteuerungs- oder Veranlagungszeitraums, in dem die Leistung erbracht worden ist, und

4. die vom Leistenden im Sinne der §§ 48, 48 a anzumeldenden und abzuführenden Abzugsbeträge.

② Die Anrechnung nach Satz 1 Nummer 2 kann nur für Vorauszahlungszeiträume innerhalb des Besteuerungs- oder Veranlagungszeitraums erfolgen, in dem die Leistung erbracht worden ist. ③ Die Anrechnung nach Satz 1 Nummer 2 darf nicht zu einer Erstattung führen.

2 **(2) ① Auf Antrag des Leistenden erstattet das nach § 20 a Absatz 1 der Abgabenordnung zuständige Finanzamt den Abzugsbetrag. ② Die Erstattung setzt voraus, dass der Leistende nicht zur Abgabe von Lohnsteueranmeldungen verpflichtet ist und eine Veranlagung zur Einkommen- oder Körperschaftsteuer nicht in Betracht kommt oder der Leistende glaubhaft macht, dass im Veranlagungszeitraum keine zu sichernden Steueransprüche entstehen werden. ③ Der Antrag ist nach amtlich vorgeschriebenem Muster bis zum Ablauf des zweiten Kalenderjahres zu stellen, das auf das Jahr folgt, in dem der Abzugsbetrag angemeldet worden ist; weitergehende Fristen nach einem Abkommen zur Vermeidung der Doppelbesteuerung bleiben unberührt.**

3 **(3) Das Finanzamt kann die Anrechnung ablehnen, soweit der angemeldete Abzugsbetrag nicht abgeführt worden ist und Anlass zu der Annahme besteht, dass ein Missbrauch vorliegt.**

§ 48d Besonderheiten im Fall von Doppelbesteuerungsabkommen

1 **(1) ① Können Einkünfte, die dem Steuerabzug nach § 48 unterliegen, nach einem Abkommen zur Vermeidung der Doppelbesteuerung nicht besteuert werden, so sind die Vorschriften über die Einbehaltung, Abführung und Anmeldung der Steuer durch den Schuldner der Gegenleistung ungeachtet des Abkommens anzuwenden. ② Unberührt bleibt der Anspruch des Gläubigers der Gegenleistung auf Erstattung der einbehaltenen und abgeführten Steuer. ③ Der Anspruch ist durch Antrag nach § 48 c Absatz 2 geltend zu machen. ④ Der Gläubiger der Gegenleistung hat durch eine Bestätigung der für ihn zuständigen Steuerbehörde des anderen Staates nachzuweisen, dass er dort ansässig ist. ⑤ § 48 b gilt entsprechend. ⑥ Der Leistungsempfänger kann sich im Haftungsverfahren nicht auf die Rechte des Gläubigers aus dem Abkommen berufen.**

2 **(2) Unbeschadet des § 5 Absatz 1 Nummer 2 des Finanzverwaltungsgesetzes liegt die Zuständigkeit für Entlastungsmaßnahmen nach Absatz 1 bei dem nach § 20 a der Abgabenordnung zuständigen Finanzamt.**

VIII. Besteuerung beschränkt Steuerpflichtiger

§ 49 Beschränkt steuerpflichtige Einkünfte

EStG

(1) Inländische Einkünfte im Sinne der beschränkten Einkommensteuerpflicht (§ 1 Absatz 4) sind

1. Einkünfte aus einer im Inland betriebenen Land- und Forstwirtschaft (§§ 13, 14); 1

2. Einkünfte aus Gewerbebetrieb (§§ 15 bis 17), 2

a) für den im Inland eine Betriebsstätte unterhalten wird oder ein ständiger Vertreter bestellt ist,

b) die durch den Betrieb eigener oder gecharterter Seeschiffe oder Luftfahrzeuge aus Beförderungen zwischen inländischen und von inländischen zu ausländischen Häfen erzielt werden, einschließlich der Einkünfte aus anderen mit solchen Beförderungen zusammenhängenden, sich auf das Inland erstreckenden Beförderungsleistungen,

c) die von einem Unternehmen im Rahmen einer internationalen Betriebsgemeinschaft oder eines Pool-Abkommens, bei denen ein Unternehmen mit Sitz oder Geschäftsleitung im Inland die Beförderung durchführt, aus Beförderungen und Beförderungsleistungen nach Buchstabe b erzielt werden,

d) die, soweit sie nicht zu den Einkünften im Sinne der Nummern 3 und 4 gehören, durch im Inland ausgeübte oder verwertete künstlerische, sportliche, artistische, unterhaltende oder ähnliche Darbietungen erzielt werden, einschließlich der Einkünfte aus anderen mit diesen Leistungen zusammenhängenden Leistungen, unabhängig davon, wem die Einnahmen zufließen,

e) die unter den Voraussetzungen des § 17 erzielt werden, wenn es sich um Anteile an einer Kapitalgesellschaft handelt,

aa) die ihren Sitz oder ihre Geschäftsleitung im Inland hat,

bb) bei deren Erwerb auf Grund eines Antrags nach § 13 Absatz 2 oder § 21 Absatz 2 Satz 3 Nummer 2 des Umwandlungssteuergesetzes nicht der gemeine Wert der eingebrachten Anteile angesetzt worden ist oder auf die § 17 Absatz 5 Satz 2 anzuwenden war oder

cc)[1] deren Anteilswert zu irgendeinem Zeitpunkt während der 365 Tage vor der Veräußerung unmittelbar oder mittelbar zu mehr als 50 Prozent auf inländischem unbeweglichem Vermögen beruhte und die Anteile dem Veräußerer zu diesem Zeitpunkt zuzurechnen waren; für die Ermittlung dieser Quote sind die aktiven Wirtschaftsgüter des Betriebsvermögens mit den Buchwerten, die zu diesem Zeitpunkt anzusetzen gewesen wären, zugrunde zu legen,

f)[2] die, soweit sie nicht zu den Einkünften im Sinne des Buchstaben a gehören, durch

aa) Vermietung und Verpachtung oder

bb) Veräußerung

von inländischem unbeweglichem Vermögen, von Sachinbegriffen oder Rechten im Sinne des § 21 Absatz 1 Satz 1 Nummer 1 oder sonstigen Rechten, insbesondere Patentrechten, Markenrechten oder Sortenrechten, die im Inland belegen oder in ein inländisches öffentliches Buch oder egister eingetragen sind oder deren Verwertung in einer inländischen Betriebsstätte oder anderen Einrichtung erfolgt, erzielt werden. ② Bei sonstigen Rechten, bei denen Einkünfte nur auf Grund der Eintragung in ein inländisches öffentliches Buch oder Register vorliegen, liegen Einkünfte abweichend von Satz 1 nicht vor, wenn die Vermietung und Verpachtung oder die Veräußerung nicht zwischen nahestehenden Personen im Sinne des § 1 Absatz 2 des Außensteuergesetzes erfolgt oder der Besteuerung der Einkünfte die Bestimmungen eines Abkommens zur Vermeidung der Doppelbesteuerung unter Berücksichtigung der ihre Anwendung regelnden Vorschriften dieses Gesetzes entgegenstehen. ③ § 23 Absatz 1 Satz 4 gilt entsprechend. ④ Als Einkünfte aus Gewerbebetrieb gelten auch die Einkünfte aus Tätigkeiten im Sinne dieses Buchstabens, die von einer Körperschaft im Sinne des § 2 Nummer 1 des Körperschaftsteuergesetzes erzielt werden, die mit einer Kapitalgesellschaft oder sonstigen juristischen Person im Sinne des § 1 Absatz 1 Nummer 1 bis 3 des Körperschaftsteuergesetzes vergleichbar ist. ⑤ Zu den Einkünften aus der Veräußerung von inländischem unbeweglichem Vermögen im Sinne dieses Buchstabens gehören auch Wertveränderungen von Wirtschaftsgütern, die mit diesem Vermögen in wirtschaftlichem Zusammenhang stehen, oder

---

[1] Zur erstmaligen Anwendung siehe § 52 Abs. 45 a Satz 1 EStG.

[2] **Zur Anwendung von Abs. 1 Nr. 2 Buchstabe f Satz 1 und 2 siehe § 52 Abs. 45 a Satz 3 EStG.**

EStG

g) die aus der Verschaffung der Gelegenheit erzielt werden, einen Berufssportler als solchen im Inland vertaglich zu verpflichten; dies gilt nur, wenn die Gesamteinnahmen 10 000 Euro übersteigen;

3 **3. Einkünfte aus selbständiger Arbeit (§ 18), die im Inland ausgeübt oder verwertet wird oder worden ist, oder für die im Inland eine feste Einrichtung oder eine Betriebsstätte unterhalten wird;**

4 **4. Einkünfte aus nichtselbständiger Arbeit (§ 19), die**

a) im Inland ausgeübt oder verwertet wird oder worden ist,

b) aus inländischen öffentlichen Kassen einschließlich der Kassen des Bundeseisenbahnvermögens und der Deutschen Bundesbank mit Rücksicht auf ein gegenwärtiges oder früheres Dienstverhältnis gewährt werden, ohne dass ein Zahlungsanspruch gegenüber der inländischen öffentlichen Kasse bestehen muss; dies gilt nicht, wenn das Dienstverhältnis im Tätigkeitsstaat oder einem anderen ausländischen Staat begründet wurde, der Arbeitnehmer keinen inländischen Wohnsitz oder gewöhnlichen Aufenthalt auf Grund des Dienstverhältnisses oder eines vorangegangenen vergleichbaren Dienstverhältnisses aufgegeben hat und mit dem Tätigkeitsstaat kein Abkommen zur Vermeidung der Doppelbesteuerung besteht,

c) als Vergütung für eine Tätigkeit als Geschäftsführer, Prokurist oder Vorstandsmitglied einer Gesellschaft mit Geschäftsleitung im Inland bezogen werden,

d) als Entschädigung im Sinne des § 24 Nummer 1 für die Auflösung eines Dienstverhältnisses gezahlt werden, soweit die für die zuvor ausgeübte Tätigkeit bezogenen Einkünfte der inländischen Besteuerung unterlegen haben,

e) an Bord eines im internationalen Luftverkehr eingesetzten Luftfahrzeugs ausgeübt wird, das von einem Unternehmen mit Geschäftsleitung im Inland betrieben wird;

5 **5. Einkünfte aus Kapitalvermögen im Sinne des**

a) § 20 Absatz 1 Nummer 1, 2, 4, 6 und 9, wenn

aa) der Schuldner Wohnsitz, Geschäftsleitung oder Sitz im Inland hat,

bb) in den Fällen des § 20 Absatz 1 Nummer 1 Satz 4 der Emittent der Aktien Geschäftsleitung oder Sitz im Inland hat oder

cc) es sich um Fälle des § 44 Absatz 1 Satz 4 Nummer 1 Buchstabe a Doppelbuchstabe bb handelt;

dies gilt auch für Erträge aus Wandelanleihen und Gewinnobligationen,

b)[1] *(aufgehoben)*

c) § 20 Absatz 1 Nummer 5 und 7, wenn

aa) das Kapitalvermögen durch inländischen Grundbesitz, durch inländische Rechte, die den Vorschriften des bürgerlichen Rechts über Grundstücke unterliegen, oder durch Schiffe, die in ein inländisches Schiffsregister eingetragen sind, unmittelbar oder mittelbar gesichert ist. ② Ausgenommen sind Zinsen aus Anleihen und Forderungen, die in ein öffentliches Schuldbuch eingetragen oder über die Sammelurkunden im Sinne des § 9 a des Depotgesetzes oder Teilschuldverschreibungen, soweit es sich nicht um Wandelanleihen oder Gewinnobligationen handelt, ausgegeben sind, oder

bb) das Kapitalvermögen aus Genussrechten besteht, die nicht in § 20 Absatz 1 Nummer 1 genannt sind,

d) § 43 Absatz 1 Satz 1 Nummer 7 Buchstabe a, Nummer 9 und 10 sowie Satz 2, wenn sie von einem Schuldner oder von einem inländischen Kreditinstitut oder einem inländischen Finanzdienstleistungsinstitut oder einem inländischen Wertpapierinstitut im Sinne des § 43 Absatz 1 Satz 1 Nummer 7 Buchstabe b einem anderen als einem ausländischen Kreditinstitut oder einem ausländischen Finanzdienstleistungsinstitut oder einem ausländischen Wertpapierinstitut

aa) gegen Aushändigung der Zinsscheine ausgezahlt oder gutgeschrieben werden und die Teilschuldverschreibungen nicht von dem Schuldner, dem inländischen Kreditinstitut, dem inländischen Finanzdienstleistungsinstitut oder dem inländischen Wertpapierinstitut verwahrt werden oder

bb) gegen Übergabe der Wertpapiere ausgezahlt oder gutgeschrieben werden und diese vom Kreditinstitut weder verwahrt noch verwaltet werden.

② § 20 Absatz 3 gilt entsprechend;

6 **6.[2] Einkünfte aus Vermietung und Verpachtung (§ 21), soweit sie nicht zu den Einkünften im Sinne der Nummern 1 bis 5 gehören, wenn das unbewegliche Vermögen, die Sachinbegriffe oder Rechte im Sinne des § 21 Absatz 1 Satz 1 Nummer 1 oder sonstige Rechte, insbesondere Patentrechte, Markenrechte oder**

[1] Zur letztmaligen Anwendung siehe § 52 Abs. 45 a Satz 5 EStG.

[2] **Zur Anwendung siehe § 52 Abs. 45 a Satz 3 EStG.**

Sortenrechte, im Inland belegen oder in ein inländisches öffentliches Buch oder Register eingetragen sind oder in einer inländischen Betriebsstätte oder in einer anderen Einrichtung verwertet werden. ② Bei sonstigen Rechten, bei denen Einkünfte nur auf Grund der Eintragung in ein inländisches öffentliches Buch oder Register vorliegen, liegen Einkünfte abweichend von Satz 1 nicht vor, wenn die Vermietung und Verpachtung nicht zwischen nahestehenden Personen im Sinne des § 1 Absatz 2 des Außensteuergesetzes erfolgt oder der Besteuerung der Einkünfte die Bestimmungen eines Abkommens zur Vermeidung der Doppelbesteuerung unter Berücksichtigung der ihre Anwendung regelnden Vorschriften dieses Gesetzes entgegenstehen;

7. sonstige Einkünfte im Sinne des § 22 Nummer 1 Satz 3 Buchstabe a, die von den inländischen gesetzlichen Rentenversicherungsträgern, der inländischen landwirtschaftlichen Alterskasse, den inländischen berufsständischen Versorgungseinrichtungen, den inländischen Versicherungsunternehmen oder sonstigen inländischen Zahlstellen gewährt werden; dies gilt entsprechend für Leibrenten und andere Leistungen ausländischer Zahlstellen, wenn die Beiträge, die den Leistungen zugrunde liegen, nach § 10 Absatz 1 Nummer 2 ganz oder teilweise bei der Ermittlung der Sonderausgaben berücksichtigt wurden; 7

8. sonstige Einkünfte im Sinne des § 22 Nummer 2, soweit es sich um private Veräußerungsgeschäfte handelt, mit 8
a) inländischen Grundstücken oder
b) inländischen Rechten, die den Vorschriften des bürgerlichen Rechts über Grundstücke unterliegen;

8 a. sonstige Einkünfte im Sinne des § 22 Nummer 4;

9.[1] sonstige Einkünfte im Sinne des § 22 Nummer 3, auch wenn sie bei Anwendung dieser Vorschrift einer anderen Einkunftsart zuzurechnen wären, soweit es sich um Einkünfte aus inländischen unterhaltenden Darbietungen, aus der Nutzung beweglicher Sachen im Inland oder aus der Überlassung der Nutzung oder des Rechts auf Nutzung von gewerblichen, technischen, wissenschaftlichen und ähnlichen Erfahrungen, Kenntnissen und Fertigkeiten, zum Beispiel Plänen, Mustern und Verfahren, handelt, die im Inland genutzt werden oder worden sind; dies gilt nicht, soweit es sich um steuerpflichtige Einkünfte im Sinne der Nummern 1 bis 8 handelt; 9

10. sonstige Einkünfte im Sinne des § 22 Nummer 5; dies gilt auch für Leistungen ausländischer Zahlstellen, soweit die Leistungen bei einem unbeschränkt Steuerpflichtigen zu Einkünften nach § 22 Nummer 5 Satz 1 führen würden oder wenn die Beiträge, die den Leistungen zugrunde liegen, nach § 10 Absatz 1 Nummer 2 ganz oder teilweise bei der Ermittlung der Sonderausgaben berücksichtigt wurden. 9a

11.[2] Einkünfte aus der Beteiligung an einer Personengesellschaft oder Gemeinschaft, die ihren Sitz oder ihre Geschäftsleitung im Inland hat oder in ein inländisches Register eingetragen ist, soweit diese Einkünfte 9b
a) in dem Staat, in dem der Beteiligte seinen Wohnsitz oder gewöhnlichen Aufenthalt hat, aufgrund einer vom deutschen Recht abweichenden steuerlichen Behandlung der Personengesellschaft oder Gemeinschaft keiner Besteuerung unterliegen,
b) nicht bereits als Einkünfte im Sinne der Nummern 1 bis 10 einer Besteuerung unterliegen und
c) in keinem anderen Staat einer Besteuerung unterliegen.

② Satz 1 gilt nur, wenn dem Beteiligten allein oder zusammen mit ihm nahestehenden Personen im Sinne des § 1 Absatz 2 des Außensteuergesetzes, die keiner unbeschränkten Steuerpflicht im Inland nach § 1 Absatz 1 oder nach § 1 des Körperschaftsteuergesetzes unterliegen, mehr als die Hälfte der Stimmrechte oder mehr als die Hälfte der Anteile am Kapital unmittelbar oder mittelbar zuzurechnen sind oder unmittelbar oder mittelbar ein Anspruch auf mehr als die Hälfte des Gewinns oder des Liquidationserlöses der Personengesellschaft oder Gemeinschaft zusteht; eine Beteiligung in diesem Sinne setzt nicht die Stellung als Gesellschafter oder Gemeinschafter voraus. ③ Die Sätze 1 und 2 gelten nicht, wenn es sich bei der Personengesellschaft oder Gemeinschaft um einen Altersvorsorgevermögensfonds im Sinne des § 53 des Investmentsteuergesetzes handelt oder die Einkünfte auch bei einer nicht vom deutschen Recht abweichenden Behandlung der Personengesellschaft oder Gemeinschaft im ausländischen Staat keiner Besteuerung unterliegen würden. ④ Die Besteuerung nach den vorstehenden Sätzen erfolgt ungeachtet der Bestimmungen eines Abkommens zur Vermeidung der Doppelbesteuerung.

[1] Die Überlassung von Kundenadressen führt nicht zu beschränkt steuerpflichtigen Know-how-Einkünften. *BFH-Urteil vom 13. 11. 2002 I R 90/01 (BStBl. 2003 II S. 249).* Siehe auch H 50 a.1 (Kundenadressen) EStH.
[2] Zur Anwendung siehe § 52 Abs. 45 a Satz 5 EStG.

10 (2) **Im Ausland gegebene Besteuerungsmerkmale bleiben außer Betracht, soweit bei ihrer Berücksichtigung inländische Einkünfte im Sinne des Absatzes 1 nicht angenommen werden könnten.**

11 (3) ① **Bei Schifffahrt- und Luftfahrtunternehmen sind die Einkünfte im Sinne des Absatzes 1 Nummer 2 Buchstabe b mit 5 Prozent der für diese Beförderungsleistungen vereinbarten Entgelte anzusetzen.** ② **Das gilt auch, wenn solche Einkünfte durch eine inländische Betriebsstätte oder einen inländischen ständigen Vertreter erzielt werden (Absatz 1 Nummer 2 Buchstabe a).** ③ **Das gilt nicht in den Fällen des Absatzes 1 Nummer 2 Buchstabe c oder soweit das deutsche Besteuerungsrecht nach einem Abkommen zur Vermeidung der Doppelbesteuerung ohne Begrenzung des Steuersatzes aufrechterhalten bleibt.**

12 (4) ① **Abweichend von Absatz 1 Nummer 2 sind Einkünfte steuerfrei, die ein beschränkt Steuerpflichtiger mit Wohnsitz oder gewöhnlichem Aufenthalt in einem ausländischen Staat durch den Betrieb eigener oder gecharterter Schiffe oder Luftfahrzeuge aus einem Unternehmen bezieht, dessen Geschäftsleitung sich in dem ausländischen Staat befindet.** ② **Voraussetzung für die Steuerbefreiung ist, dass dieser ausländische Staat Steuerpflichtigen mit Wohnsitz oder gewöhnlichem Aufenthalt im Geltungsbereich dieses Gesetzes eine entsprechende Steuerbefreiung für derartige Einkünfte gewährt und dass das Bundesministerium für Verkehr und digitale Infrastruktur die Steuerbefreiung nach Satz 1 für verkehrspolitisch unbedenklich erklärt hat.**[1]

Übersicht

R 49.1

R 49.1. Beschränkte Steuerpflicht bei Einkünften aus Gewerbebetrieb

17 (1) ① Einkünfte aus Gewerbebetrieb unterliegen nach § 49 Abs. 1 Nr. 2 Buchstabe a EStG auch dann der beschränkten Steuerpflicht, wenn im Inland keine Betriebsstätte unterhalten wird, sondern nur ein ständiger Vertreter für den Gewerbebetrieb bestellt ist (§ 13 AO). ② Ist der ständige Vertreter ein Kommissionär oder Makler, der Geschäftsbeziehungen für das ausländische Unternehmen im Rahmen seiner ordentlichen Geschäftstätigkeit unterhält, und ist die Besteuerung des ausländischen Unternehmens nicht durch ein DBA geregelt, sind die Einkünfte des ausländischen Unternehmens insoweit nicht der Besteuerung zu unterwerfen. ③ Das gilt auch, wenn der ständige Vertreter ein Handelsvertreter (§ 84 HGB) ist, der weder eine allgemeine Vollmacht zu Vertragsverhandlungen und Vertragsabschlüssen für das ausländische Unternehmen besitzt noch über ein Warenlager dieses Unternehmens verfügt, von dem er regelmäßig Bestellungen für das Unternehmen ausführt.

18 (2) ① Auf Einkünfte, die ein beschränkt Stpfl. durch den Betrieb eigener oder gecharterter Schiffe oder Luftfahrzeuge aus einem Unternehmen bezieht, dessen Geschäftsleitung sich in einem ausländischen Staat befindet, sind die Sätze 2 und 3 des Absatzes 1 nicht anzuwenden. ② Einkünfte aus Gewerbebetrieb, die ein Unternehmen im Rahmen einer internationalen Betriebsgemeinschaft oder eines Pool-Abkommens erzielt, unterliegen nach § 49 Abs. 1 Nr. 2 Buchstabe c EStG der beschränkten Steuerpflicht auch, wenn das die Beförderung durchführende Unternehmen mit Sitz oder Geschäftsleitung im Inland nicht als ständiger Vertreter des ausländischen Beteiligten anzusehen ist.

[1] Siehe hierzu das nachstehend als Anlage zu § 49 abgedruckte Verzeichnis.

(3) Bei gewerblichen Einkünften, die durch im Inland ausgeübte oder verwertete künstlerische, sportliche, artistische, unterhaltende oder ähnliche Darbietungen erzielt werden, kommt es für die Begründung der beschränkten Steuerpflicht nicht darauf an, ob im Inland eine Betriebsstätte unterhalten wird oder ein ständiger Vertreter bestellt worden ist und ob die Einnahmen dem Darbietenden, dem die Darbietung Verwertenden oder einem Dritten zufließen. **19**

(4) ① Hat der Stpfl. im Falle des § 49 Abs. 1 Nr. 2 Buchstabe e EStG wegen Verlegung des Wohnsitzes in das Ausland den Vermögenszuwachs der Beteiligung im Sinne des § 17 Abs. 1 Satz 1 EStG nach § 6 AStG versteuert, so ist dieser Vermögenszuwachs vom tatsächlich erzielten Veräußerungsgewinn abzusetzen (§ 6 Abs. 1 Satz 5 AStG). ② Ein sich dabei ergebender Verlust ist bei der Ermittlung der Summe der zu veranlagenden inländischen Einkünfte auszugleichen. **20**

Allgemeines. Stand der DBA und anderer Abkommen im Steuerbereich.[1] H 49.1

Anteilsveräußerung mit Verlust nach Wegzug ins EU-/EWR-Ausland → § 6 Abs. 6 AStG. **21**

Beschränkt steuerpflichtige inländische Einkünfte aus Gewerbebetrieb bei Verpachtung liegen vor, solange der Verpächter für seinen Gewerbebetrieb im Inland einen ständigen Vertreter, gegebenenfalls den Pächter seines Betriebs, bestellt hat und während dieser Zeit weder eine Betriebsaufgabe erklärt noch den Betrieb veräußert (→ BFH vom 13. 11. 1963 – BStBl. 1964 III S. 124 und vom 12. 4. 1978 – BStBl. II S. 494).

Besteuerung beschränkt steuerpflichtiger Einkünfte nach § 50 a EStG → BMF vom 25. 11. 2010 (BStBl. I S. 1350);[2] → R 49.1 Abs. 3.

Grenzüberschreitende Überlassung von Software und Datenbanken → BMF vom 27. 10. 2017 (BStBl. I S. 1448).

Nachträgliche Einkünfte aus Gewerbebetrieb im Zusammenhang mit einer inländischen Betriebsstätte → H 34 d sinngemäß.

Rechte, die in ein inländisches Register eingetragen sind → BMF vom 6. 11. 2020 (BStBl. I S. 1060)[3] und vom 11. 2. 2021 (BStBl. I S. 301).[4]

Schiff- und Luftfahrt
- → Pauschalierung der Einkünfte → § 49 Abs. 3 EStG;
- Steuerfreiheit der Einkünfte bei Gegenseitigkeit mit ausländischem Staat → § 49 Abs. 4 EStG;
- → BMF vom 19. 1. 2022 (BStBl. I S. 147) mit Verzeichnis der Staaten, die eine dem § 49 Abs. 4 EStG entsprechende Steuerbefreiung gewähren;[5] Gegenseitigkeit wird erforderlichenfalls vom BMF festgestellt.

Ständiger Vertreter kann auch ein inländischer Gewerbetreibender sein, der die Tätigkeit im Rahmen eines eigenen Gewerbebetriebs ausübt (→ BFH vom 28. 6. 1972 – BStBl. II S. 785).

Veräußerung von Dividendenansprüchen. Zur Veräußerung von Dividendenansprüchen durch Steuerausländer an Dritte → BMF vom 26. 7. 2013 (BStBl. I S. 939).

Zweifelsfragen zur Besteuerung der Einkünfte aus Vermietung und Verpachtung. Zur Vermietung und Verpachtung gem. § 49 Abs. 1 Nr. 2 Buchstabe f Doppelbuchstabe aa EStG → BMF vom 16. 5. 2011 (BStBl. I S. 530).[6]

Anl a zu H 49.1

a) Schreiben betr. Einkünfte aus Vermietung und Verpachtung gemäß § 49 Absatz 1 Nummer 2 Buchstabe f Doppelbuchstabe aa und § 49 Absatz 1 Nummer 6 EStG

Vom 16. Mai 2011 (BStBl. I S. 530)

(BMF IV C 3 – S 2300/08/10014; DOK 2011/0349521)

Unter Bezugnahme auf das Ergebnis der Erörterungen mit den obersten Finanzbehörden der Länder gilt für die Ermittlung der Einkünfte im Sinne des § 49 Absatz 1 Nummer 2 Buchst. f Doppelbuchst. aa EStG ab dem Veranlagungszeitraum 2009 Folgendes:

Buchführungspflichten

1 Beschränkt Steuerpflichtige, die im Rahmen einer gewerblichen Tätigkeit inländisches unbewegliches Vermögen, im Inland belegene, in ein inländisches öffentliches Buch oder Register eingetragene oder in einer inländischen Betriebsstätte oder einer anderen Einrichtung verwertete Sachinbegriffe oder Rechte vermieten, verpachten oder veräußern, erzielen mit diesen Tätigkeiten auch dann Einkünfte aus Gewerbebetrieb im Sinne von § 49 Absatz 1 Nummer 2 Buchst. f EStG, wenn sie im Inland weder eine Betriebsstätte unterhalten noch einen ständigen Vertreter für das Inland bestellt haben. Bei **21a**

[1] Zum Stand der Doppelbesteuerungsabkommen und Doppelbesteuerungsverhandlungen am 1. 1. 2022 vgl. *BMF-Schreiben vom 19. 1. 2022 (BStBl. I S. 147);* zum Stand ab 1. 1. 2023 vgl. *BMF-Schreiben vom 18. 1. 2023 (BStBl. I S. 195).*
[2] Letztmals abgedruckt im „Handbuch zur ESt-Veranlagung 2019" als Anlage c zu R 50 a.2.
[3] Abgedruckt als Anlage b zu H 49.1.
[4] Abgedruckt als Anlage c zu H 49.1.
[5] Verzeichnis nachstehend abgedruckt als Anlage zu § 49 EStG.
[6] Nachstehend abgedruckt.

Anl a zu H 49.1

beschränkt steuerpflichtigen Körperschaften, die mit einer inländischen Kapitalgesellschaft oder sonstigen juristischen Person im Sinne des § 1 Absatz 1 Nummer 1 bis 3 KStG vergleichbar sind, wird das Vorliegen entsprechender gewerblicher Einkünfte nach § 49 Absatz 1 Nummer 2 Buchst. f Satz 2 EStG fingiert. Beschränkt steuerpflichtige natürliche Personen, die im Rahmen einer vermögensverwaltenden Tätigkeit inländisches unbewegliches Vermögen, im Inland belegene, in ein inländisches öffentliches Buch oder Register eingetragene oder in einer inländischen Betriebsstätte oder einer anderen Einrichtung verwertete Sachinbegriffe oder Rechte vermieten oder verpachten, erzielen Einkünfte im Sinne des § 49 Absatz 1 Nummer 6 EStG.

2 Der Erwerb eines die Steuerpflicht nach § 49 Absatz 1 Nummer 2 Buchst. f EStG begründenden Vermögensgegenstands ist der zuständigen Gemeinde gemäß § 138 Absatz 1 AO innerhalb eines Monats nach dem Erwerb (Übergang von Nutzen und Lasten) anzuzeigen. Wurde die Vermietungstätigkeit bereits vor dem Jahr 2009 ausgeübt, stellt die Umqualifikation der zuvor vermögensverwaltenden Einkünfte in gewerbliche Einkünfte ab 1. Januar 2009 keine willentlich unternehmerische Entscheidung dar. Daher besteht bei Fortführung der Vermietungs- und Verpachtungstätigkeit keine (nachträgliche) Anzeigepflicht gemäß § 138 Absatz 1 AO.

3 Die Verpflichtung zur Führung von Büchern richtet sich nach §§ 140, 141 AO. Nach § 140 AO sind für die Besteuerung Bücher zu führen, wenn diese bereits nach „anderen Gesetzen als den Steuergesetzen" zu führen sind, wobei auch ausländische Rechtsnormen eine Buchführungspflicht nach § 140 AO begründen können.

Überschreitet der beschränkt Steuerpflichtige eine der in § 141 AO genannten Grenzen, hat die zuständige Finanzbehörde auf das Vorliegen der Buchführungspflicht nach § 141 AO hinzuweisen. Der Hinweis soll mindestens einen Monat vor Beginn des Wirtschaftsjahrs bekannt gegeben werden, von dessen Beginn ab die Buchführungspflicht zu erfüllen ist (AEAO Nummer 4 zu § 141). Er kann in einem Steuer- oder Feststellungsbescheid oder in einem gesonderten Verwaltungsakt erfolgen.

4 Zudem sind die Buchführungs- und Aufzeichnungspflichten nach §§ 145 ff. AO sowie nach § 22 UStG zu beachten. Die Mitwirkungspflichten richten sich nach den allgemeinen Regelungen des § 90 AO.

5 Die Bücher und sonstigen erforderlichen Aufzeichnungen sind im Inland zu führen und aufzubewahren (§ 146 Absatz 2 AO). Abweichend hiervon kann unter den Voraussetzungen des § 146 Absatz 2 a AO das Führen und Aufbewahren der elektronischen Bücher und der sonstigen erforderlichen elektronischen Aufzeichnungen in einem anderen Staat bewilligt werden. Zu den Vorlagepflichten von Büchern, Aufzeichnungen, Urkunden und sonstigen Geschäftspapieren vgl. §§ 97, 200 AO.

Gewinnermittlung

21b **6** Besteht keine Buchführungspflicht und werden tatsächlich keine Bücher geführt, kann der Gewinn als Überschuss der Betriebseinnahmen über die Betriebsausgaben nach § 4 Absatz 3 EStG ermittelt werden.

7 In den übrigen Fällen wird der Gewinn nach § 4 Absatz 1 EStG einheitlich als Unterschiedsbetrag zwischen dem Wert des Betriebsvermögens am Schluss des Wirtschaftsjahrs und am Schluss des vorangegangenen Wirtschaftsjahrs, vermehrt um den Wert der Entnahmen und vermindert um den Wert der Einlagen, ermittelt. Das Wirtschaftsjahr entspricht dem Kalenderjahr; dies gilt auch dann, wenn der beschränkt Steuerpflichtige im Ausland ein abweichendes Wirtschaftsjahr hat.

8 Wird der Gewinn infolge der Rechtsänderung ab dem Veranlagungszeitraum 2009 erstmals nach den Grundsätzen der Rz. 7 ermittelt, ist eine Eröffnungsbilanz aufzustellen. Zu Ansatz und Bewertung vgl. Rz. 11. In der Eröffnungsbilanz sind auf der Aktivseite lediglich die in § 49 Absatz 1 Nummer 2 Buchst. f EStG genannten Wirtschaftsgüter und auf der Passivseite die mit diesen Wirtschaftsgütern zusammenhängenden Schulden zu erfassen. Einnahmen und Ausgaben, die wirtschaftlich Veranlagungszeiträumen vor 2009 zuzurechnen sind, sind im Zeitpunkt ihres Zu- oder Abflusses weiterhin als Einkünfte aus Vermietung und Verpachtung nach § 49 Absatz 1 Nummer 6 EStG anzusetzen, soweit es sich nicht um einen Fall des § 49 Absatz 1 Nummer 2 Buchst. f i. d. F. des EStG vor Inkrafttreten der Neuregelung (Veräußerung) handelt.

9 Eine Körperschaft im Sinne des § 2 Nummer 1 KStG, die mit einer Kapitalgesellschaft oder sonstigen juristischen Person im Sinne des § 1 Absatz 1 Nummer 1 bis 3 KStG vergleichbar ist, hat nur einen Betrieb im Sinne des § 4 h Absatz 1 EStG. Der Betrieb umfasst für Zwecke des Eigenkapitalvergleichs nach § 4 h Absatz 2 Satz 1 Buchst. c EStG dabei sowohl die inländischen als auch die ausländischen Betriebsteile der Körperschaft. Bei der Ermittlung des maßgeblichen Einkommens (§ 8 a Absatz 1 KStG) ist der gesamte Bereich der Einkünfteerzielung im Sinne des § 49 Absatz 1 Nummer 1 bis 3 EStG zu berücksichtigen.

Bemessung der Abschreibung, Bewertung des Vermögens

21c **10** Für die Bemessung der Abschreibung sowie für die Bewertung von Vermögen, durch das vor dem 1. Januar 2009 Einkünfte aus Vermietung und Verpachtung nach § 49 Absatz 1 Nummer 6 EStG und nach dem 31. Dezember 2008 Einkünfte nach § 49 Absatz 1 Nummer 2 Buchst. f Doppelbuchst. aa EStG erzielt werden, gilt das Nachfolgende:

11 Inländisches unbewegliches Vermögen, im Inland belegene, in ein inländisches öffentliches Buch oder Register eingetragene oder in einer inländischen Betriebsstätte oder einer anderen Einrichtung verwertete Sachinbegriffe oder Rechte, die nach dem 31. Dezember 1993 und vor dem 1. Januar 2009 angeschafft oder hergestellt wurden, sind zum 1. Januar 2009 unabhängig von der Gewinnermittlungsart nach § 6 Absatz 1 Nummer 1, 1 a und 2 EStG mit den Anschaffungs- oder Herstellungskosten vermindert um die im Rahmen von § 49 Absatz 1 Nummer 6 EStG tatsächlich geltend gemachten substanzbezogenen Absetzungen anzusetzen. Für Wirtschaftsgüter im Sinne des Satzes 1, die vor dem 1. Januar 1994 angeschafft oder hergestellt wurden, tritt an die Stelle der Anschaffungs- oder Herstellungskosten der Teilwert zum 1. Januar 1994, vermindert um die im Zeitraum vom 1. Januar 1994 bis zum 31. Dezember 2008 im Rahmen von § 49 Absatz 1 Nummer 6 EStG tatsächlich geltend gemachten substanzbezogenen Absetzungen. Auch nach dem 31. Dezember 2008 gelten als AfA-Bemessungsgrundlagen die ursprünglichen Anschaffungs- oder Herstellungskosten oder der Teilwert zum 1. Januar 1994; § 7 Absatz 1 Satz 5 EStG kommt mangels Einlage nicht zur Anwendung. § 6 b EStG ist mangels Bestehen einer inländischen Betriebsstätte (§ 6 b Absatz 4 EStG) nicht anzuwenden. Teilwertabschreibungen nach § 6 Absatz 1 Nummer 1 Satz 2 und Nummer 2 Satz 2 EStG sind bei Gewinnermittlung nach § 4 Absatz 1, § 5 EStG zulässig.

12 Ab dem Veranlagungszeitraum 2009 sind Absetzungen für Abnutzung für Gebäude in Höhe von 3 Prozent vorzunehmen (§ 7 Absatz 4 Satz 1 Nummer 1 EStG), soweit die übrigen Voraussetzungen des § 7 Absatz 4 Satz 1 Nummer 1 EStG erfüllt sind (z. B. keine Nutzung zu Wohnzwecken).

Besteuerungsverfahren

13 Zuständig für die Veranlagung (bzw. die Anordnung des Steuerabzugs nach § 50 a Absatz 7 EStG) ist das Finanzamt, in dessen Bezirk sich das Vermögen befindet. Treffen die Voraussetzungen nach Satz 1 für mehrere Finanzämter zu, ist das Finanzamt zuständig, in dessen Bezirk sich der wertvollste Teil des Vermögens befindet (§§ 19, 20 AO). **21d**

Besteht in Fällen des § 49 Absatz 1 Nummer 2 Buchst. f EStG und § 49 Absatz 1 Nummer 6 EStG hinsichtlich der Festsetzung der Umsatzsteuer nach § 21 Absatz 1 Satz 2 AO i. V. m. § 1 der Umsatzsteuerzuständigkeitsverordnung eine Zentralzuständigkeit für ein im Ausland ansässiges Unternehmen, ist zur Vermeidung einer abweichenden Zuständigkeit für die Umsatz- und Ertragsbesteuerung grundsätzlich eine Zuständigkeitsvereinbarung nach § 27 AO anzustreben, nach der das für die Ertragsbesteuerung zuständige Finanzamt auch für die Umsatzsteuer zuständig wird (vgl. AEAO zu §§ 21 und 27).

14 Das Finanzamt kann zur Sicherstellung der Besteuerung den Steuerabzug nach § 50 a Absatz 7 EStG anordnen, soweit dies bei vermuteter Gefährdung des Steueranspruchs anstelle der Festsetzung von Steuervorauszahlungen angebracht ist.

15 Das Vorliegen der Voraussetzungen des § 49 Absatz 1 Nummer 2 Buchst. f EStG führt für sich genommen nicht zur Annahme einer Betriebsstätte im Sinne des § 2 Absatz 1 Satz 3 GewStG. Eine Gewerbesteuerpflicht dieser Einkünfte besteht daher nicht.

b) Schreiben betr. Verpflichtung zur Abgabe von Steueranmeldungen/Steuererklärungen zur beschränkten Steuerpflicht bei der Überlassung von in inländischen Registern eingetragenen Rechten

Anl b zu H 49.1

Vom 6. November 2020 (BStBl. 2020 I S. 1060)

(BMF IV C 5 – S 2300/19/10016 :006; DOK 2020/1009219)

Unter Bezugnahme auf das Ergebnis der Erörterungen mit den obersten Finanzbehörden der Länder gilt für die Verpflichtung zur Abgabe von Steueranmeldungen/Steuererklärungen zur beschränkten Steuerpflicht bei der Überlassung von in inländischen Registern eingetragenen Rechten Folgendes: **21e**

1 Inländische Einkünfte nach § 49 Absatz 1 Nummer 2 Buchstabe f und Nummer 6 EStG, die zur beschränkten Steuerpflicht führen, können sich auch aus der befristeten oder unbefristeten Überlassung von Rechten ergeben, die in ein inländisches Register eingetragen sind. Eines weitergehenden oder zusätzlichen Inlandsbezugs bedarf es für die Anwendung der Norm nicht.

2 Zu den in ein inländisches Register eingetragenen Rechten gehören z. B. auch Patente, die aufgrund einer Anmeldung beim Europäischen Patent- und Markenamt nach dem Europäischen Patentübereinkommen in das inländische Register eingetragen werden. Die Überlassung solcher Rechte führt auch dann zu inländischen Einkünften, wenn die Lizenzgebühr nicht von einem unbeschränkt Steuerpflichtigen getragen wird.

3 Wird ein in einem inländischen Register eingetragenes Recht zeitlich befristet überlassen, hat der Schuldner der Vergütung (Lizenzgebühr) nach § 50 a Absatz 5 Satz 2 EStG den Steuerabzug vorzunehmen (§ 50 a Absatz 1 Nummer 3 EStG), die Steuer an das Bundeszentralamt für Steuern abzuführen und dem Bundeszentralamt für Steuern nach § 73 e EStDV eine Steueranmeldung zu übersenden. Für Vergütungen, die dem Vergütungsgläubiger bis zum 31. Dezember 2013 zugeflossen sind, ist die Steueranmeldung dem zuständigen Finanzamt zu übersenden und die Steuer an dieses Finanzamt abzuführen.

4 Ist das zugrundeliegende Recht zeitlich unbefristet überlassen worden und liegt deshalb eine Rechteveräußerung vor, die nicht dem Steuerabzug nach § 50 a Absatz 1 Nummer 3 EStG unterliegt, hat der Empfänger der Lizenzgebühr bei dem zuständigen Finanzamt (§§ 19, 20 AO) eine Steuererklärung einzureichen (§ 25 Absatz 3 EStG).

Anl c zu H 49.1

c) Schreiben betr. Vergütungen im Sinne des § 49 Absatz 1 Nummer 2 Buchstabe f und Nummer 6 EStG für die zeitlich befristete Überlassung sowie Veräußerung von Rechten, die in ein inländisches öffentliches Buch oder Register eingetragen sind

Vom 11. Februar 2021 (BStBl. I S. 301)

(BMF IV B 8 – S 2300/19/10016 :007; DOK 2021/0003450)

Unter Bezugnahme auf das Ergebnis der Erörterungen mit den obersten Finanzbehörden der Länder sowie das BMF-Schreiben vom 6. November 2020 – IV C 5 – S 2300/19/10016 :006 –/– 2020/1009219– (BStBl. I S. 1060)[1] gilt für Vergütungen i. S. d. § 49 Absatz 1 Nummer 2 Buchstabe f und Nummer 6 Einkommensteuergesetz (EStG), die von ausländischen Vergütungsschuldnern für die zeitlich befristete Überlassung von Rechten gewährt werden, die in ein inländisches öffentliches Buch oder Register eingetragen sind, und ohne einen weiteren Inlandsbezug dem Steuerabzug nach § 50 a Absatz 1 Nummer 3 EStG unterliegen, sowie für die Veräußerung solcher Rechte zur Vereinfachung des Verfahrens Folgendes:

I. Kein Steuerabzug in bestimmten Fällen zeitlich befristeter Rechteüberlassung

21f **1**[2] Für Vergütungen, die dem Vergütungsgläubiger bereits zugeflossen sind oder noch bis einschließlich 30. September 2021 zufließen, kann davon abgesehen werden, den Steuerabzug nach § 50 a Absatz 5 Satz 2 EStG vorzunehmen, die Steuer nach § 50 a Absatz 5 Satz 3 EStG abzuführen und eine Steueranmeldung nach § 73 e Satz 2 Einkommensteuer-Durchführungsverordnung (EStDV) abzugeben, wenn alle Voraussetzungen, die zu den Rz. 2 bis 6 aufgeführt sind, vorliegen:

2 Der Vergütungsschuldner hat im Inland bei Zufluss der Vergütung, wenn es sich um eine
- natürliche Person handelt, weder Wohnsitz noch gewöhnlichen Aufenthalt,
- Körperschaft, Personenvereinigung oder Vermögensmasse handelt, weder seine Geschäftsleitung noch seinen Sitz.

3 Der Vergütungsgläubiger ist bei Zufluss der Vergütung in einem Staat ansässig, mit dem Deutschland ein zu diesem Zeitpunkt anwendbares Abkommen zur Vermeidung der Doppelbesteuerung (DBA) abgeschlossen hat. Er ist als Empfänger der Vergütung nach dem jeweiligen DBA abkommensberechtigt (DBA-Berechtigung), die Vergütung ist ihm nach den Vorschriften des DBA zuzurechnen (vgl. auch Artikel 1 Absatz 2 OECD-Musterabkommen) und ihm steht die Entlastungsberechtigung von im Inland erhobenen Steuern nach dem DBA unter Berücksichtigung von § 50 d Absatz 1 Satz 11 und Absatz 3 EStG zu. Ist eine steuerlich transparente Personengesellschaft Vergütungsgläubiger, so dass die Vergütung den an ihr Beteiligten zugerechnet wird, kommt es auf die Ansässigkeit sowie Abkommens- und Entlastungsberechtigung der Beteiligten an.

4 Der Vergütungsgläubiger oder der von ihm bevollmächtigte Vergütungsschuldner stellt beim Bundeszentralamt für Steuern (BZSt) bis zum 31. Dezember 2021 einen Antrag auf Freistellung vom Steuerabzug analog § 50 d Absatz 2 Satz 1 EStG. Der Vergütungsschuldner ist auch ohne Vollmacht zur Antragstellung berechtigt, wenn das Vertragsverhältnis zum Vergütungsgläubiger nicht mehr besteht und er darlegen kann, dass der Vergütungsgläubiger daran gehindert ist, einen Antrag zu stellen oder dazu nicht bereit ist. Soweit der Antrag für Vergütungen gestellt wird, die bis zum 31. Dezember 2013 zugeflossen sind, hat der Antragsteller der für die Durchführung des Steuerabzugsverfahrens zuständigen örtlichen Finanzbehörde einen Abdruck des Antrags zu übersenden. Sofern mehrere Vertragsverhältnisse zwischen verschiedenen Vergütungsgläubigern und Vergütungsschuldnern vorliegen, ist jeweils ein gesonderter Antrag für jedes Vertragsverhältnis zu stellen. Ausgenommen hiervon sind Sachverhalte, in denen ein Vergütungsgläubiger mit einem stets gleichen Vergütungsschuldner mehrere Verträge abgeschlossen hat. Diese können in einem Antrag zusammengefasst werden.

5 Mit dem Antrag sind die Vertragsverhältnisse in Bezug auf die Vergütung, für die ein Freistellungsantrag gestellt wird, gegenüber dem BZSt offenzulegen. Bei konzerninternen Sachverhalten ist zusätzlich erforderlich, dass zugleich die Vereinbarungen in Bezug auf weitere, dieses Recht betreffende, Überlassungen an nahestehende Personen i. S. d. § 1 Absatz 2 AStG offengelegt werden.

6 Vertragliche Vereinbarungen sind in Bezug auf die für die Rechteüberlassung wesentlichen Passagen (Rechteüberlassung, Rechteinhaberschaft und Zahlungsbestimmungen in Bezug auf die Vergütung) in die deutsche Sprache zu übersetzen und neben den Unterlagen in der Vertragssprache bei Offenlegung der Vertragsverhältnisse vorzulegen.

II. Ausschluss vom vereinfachten Verfahren bei bestimmten Sachverhaltsgestaltungen

21g **7** Von der Abgabe einer Steueranmeldung und der Abführung der Steuerabzugsbeträge kann der Vergütungsschuldner, auch wenn der Antrag zu Rz. 4 in der oben genannten Frist gestellt wird, nicht absehen, wenn die DBA-Berechtigung des Vergütungsgläubigers oder seine Entlastungsberechtigung nach dem DBA oder nach § 50 d EStG zweifelhaft ist. Dies ist z. B. der Fall, wenn die Voraussetzungen einer abkommensrechtlichen Bestimmung zur Beschränkung von Abkommensvergünstigungen erfüllt sind, oder sonstige Zweifel an der Berechtigung bestehen, Abkommensvorteile in Anspruch zu nehmen. Zweifel an der Berechtigung, Abkommensvorteile in Anspruch zu nehmen, bestehen insbesondere bei Anhaltspunkten für hybride oder doppelt ansässige Gesellschaften oder für sonstige Qualifikationskonflikte.

---

[1] Vorstehend abgedruckt.

[2] Zu den Vergütungen, die dem Vergütungsgläubiger nach dem 30. 9. 2021 und vor dem 1. 7. 2023 zugeflossen sind, siehe *BMF-Schreiben vom 14. 7. 2021 (BStBl. I S. 1005) und vom 29. 6. 2022 (BStBl. I S. 957).*

III. Abgabe von Steueranmeldungen und Abführung der Steuerabzugsbeträge

8 Lehnt das BZSt den zu Rz. 4 beschriebenen Antrag auf Freistellung ab, hat der Vergütungsschuldner innerhalb eines Monats ab Bekanntgabe des ablehnenden Verwaltungsakts Steueranmeldungen für die entsprechenden Vergütungen beim BZSt (für Vergütungen, die bis zum 31. Dezember 2013 zugeflossen sind, bei der zuständigen örtlichen Finanzbehörde) einzureichen und die entsprechenden Steuerabzugsbeträge abzuführen. Dies gilt auch dann, wenn gegen die Ablehnung des Antrags Einspruch eingelegt worden ist. **21h**

9 Für Vergütungen, die dem Vergütungsgläubiger nach dem 30. September 2021 zufließen, sind die gesetzlichen Voraussetzungen zur Berücksichtigung der sich aus DBA ergebenden Beschränkungen des Besteuerungsanspruchs nach § 50 d Absatz 1 bis 4 EStG in allen Fällen zu beachten.

IV. Ermittlung der Bemessungsgrundlage, Aufteilung von Gesamtvergütungen

10 Wenn eine Steueranmeldung abzugeben und eine Steuer abzuführen ist, ist die Bemessungsgrundlage für den Steuerabzug nach § 50 a Absatz 1 Nummer 3 EStG grundsätzlich die jeweilige Bruttovergütung für die Überlassung des im Inland registrierten Rechts. **21i**

11 Die Vergütung ist anhand der jeweiligen vertraglichen Bestimmungen zu ermitteln. Sofern das Vertragsverhältnis eine konkrete Bezifferung des Teils der Vergütung nicht zulässt, der auf die Überlassung des im Inland registrierten Rechts entfällt, ist die gezahlte Vergütung sachgerecht aufzuteilen. Dies gilt z. B. dann, wenn der Vertrag eine Vielzahl von Rechten umfasst oder Rechte in mehreren Staaten registriert sind.

12 Ausgangspunkt für eine sachgerechte Aufteilung ist die tatsächlich geleistete Gesamtvergütung (sog. Top-Down-Ansatz), die unter Berücksichtigung des Veranlassungsprinzips aufzuteilen ist. Dabei ist nach § 50 a Absatz 2 Satz 1 EStG maßgeblich, wie hoch die gesamten Einnahmen des Vergütungsgläubigers sind, die er durch die Überlassung der im Inland registrierten Rechte erzielt hat. Eine Ermittlung der Bemessungsgrundlage für den Steuerabzug nur anhand der Kosten der Eintragung und Pflege der Rechte in inländische Register (auf Registerkosten basierender Bewertungsansatz, ggf. einschließlich eines Gewinnaufschlags) stellt deshalb keine sachgerechte Aufteilung dar. Dies gilt auch für sog. Bottom-Up-Ansätze, bei denen die auf Deutschland entfallenden Lizenzgebühren, z. B. auf Basis von Datenbankstudien, als (fiktiver) Prozentsatz vom Umsatz oder Gewinn ermittelt werden.

13 Soweit das BZSt oder das Finanzamt die Besteuerungsgrundlagen nicht ermitteln oder berechnen kann, insbesondere, weil der Steuerpflichtige seine Mitwirkungspflichten verletzt, hat es den auf Deutschland entfallenden Anteil der Vergütung zu schätzen (§ 162 AO). Als Schätzungsgrundlage kommt dabei regelmäßig ein sog. Einnahme basierter Ansatz in Betracht. Die in Deutschland erzielten Umsätze werden zu den Umsätzen in den Gebieten (Territorien) ins Verhältnis gesetzt, die von der Rechteüberlassung umfasst sind. Dies können abhängig vom Einzelfall ggf. die weltweiten Umsätze sein. Der sich daraus ergebende Schlüssel wird auf die Gesamtvergütung angewandt. Die so ermittelte Bemessungsgrundlage ist dem Steuerabzug nach § 50 a Absatz 1 Nummer 3 EStG zugrunde zu legen.

14 Beispiel:

Würde sowohl in Land X als auch in Deutschland jeweils ein Umsatz von 100 Mio. Euro erzielt und die Lizenzzahlung für die Rechteüberlassung auf dem Gebiet des Landes X und Deutschlands betrüge insgesamt 20 Mio. Euro, so wäre hiernach eine Aufteilung der Lizenzzahlung im Verhältnis 50:50 vorzunehmen. Die Bemessungsgrundlage für den Steuerabzug beliefe sich folglich auf 10 Mio. Euro.

V. Verfahren bei der Veräußerung von Rechten

15 Die Veräußerung von Rechten, die in ein inländisches öffentliches Buch oder Register eingetragen sind, erfüllt den Tatbestand des § 49 Absatz 1 Nummer 2 Buchstabe f Doppelbuchstabe bb EStG. Für diese Veräußerungsvorgänge, die nicht dem Steuerabzug nach § 50 a EStG unterliegen, sind nach § 149 Absatz 1 AO i. V. m. § 25 EStG und § 31 Körperschaftsteuergesetz (KStG) durch den beschränkt Steuerpflichtigen Steuererklärungen bei der örtlich zuständigen Finanzbehörde einzureichen. Die Erklärungspflicht besteht auch dann, wenn Deutschland aufgrund von DBA kein Besteuerungsrecht zugewiesen ist. **21j**

16 Der beschränkt Steuerpflichtige kann eine Steuererklärung mit null Euro einreichen, wenn er in einem Staat ansässig ist, mit dem Deutschland ein für den Veranlagungszeitraum, in dem die Einkünfte aus der Veräußerung zu erfassen sind, anwendbares DBA abgeschlossen hat, er nach diesem DBA abkommensberechtigt ist, ihm die Einkünfte nach den Vorschriften des DBA zuzurechnen sind und das DBA dem Ansässigkeitsstaat das ausschließliche Besteuerungsrecht für diese Einkünfte zuweist. Von einer Übermittlung durch Datenfernübertragung nach § 25 Absatz 4 EStG bzw. § 31 Absatz 1 a KStG kann für Erklärungen, die bis zum 30. September 2021 bei der örtlich zuständigen Finanzbehörde eingehen, abgesehen werden, soweit sie nicht ausdrücklich zur Übermittlung durch Datenfernübertragung auffordert. Der örtlich zuständigen Finanzbehörde sind die Veräußerungsvorgänge offenzulegen und die entsprechenden Unterlagen vorzulegen. Rz. 5 und 6 dieses Schreibens gelten entsprechend.

17 Wenn die Voraussetzungen der Rz. 16 für die Abgabe einer Steuererklärung mit null Euro vorliegen, kann darauf verzichtet werden, die durch die Veräußerung des Rechts erzielten steuerbaren inländischen Einkünfte zu ermitteln. In allen übrigen Fällen ist zur Ermittlung der inländischen Einkünfte der Gewinn zu bestimmen, der auf die Veräußerung des im Inland registrierten Rechts entfällt. Hierbei gelten die Ausführungen unter IV. entsprechend.

VI. Anwendung

18 Dieses Schreiben ist in allen noch nicht bestandskräftigen Fällen anzuwenden. **21k**

R 49.2

R 49.2. Beschränkte Steuerpflicht bei Einkünften aus selbständiger Arbeit

22 ① Zur Ausübung einer selbständigen Tätigkeit gehört z. B. die inländische Vortragstätigkeit durch eine im Ausland ansässige Person. ② Eine Verwertung einer selbständigen Tätigkeit im Inland liegt z. B. vor, wenn ein beschränkt steuerpflichtiger Erfinder sein Patent einem inländischen Betrieb überlässt oder wenn ein beschränkt steuerpflichtiger Schriftsteller sein Urheberrecht an einem Werk auf ein inländisches Unternehmen überträgt.[1]

H 49.2

Ausüben einer selbständigen Tätigkeit setzt das persönliche Tätigwerden im Inland voraus (→ BFH vom 12. 11. 1986 – BStBl. 1987 II S. 372).

23

Beschränkt steuerpflichtige inländische Einkünfte eines im Ausland ansässigen Textdichters → BFH vom 28. 2. 1973 (BStBl. II S. 660); → BFH vom 20. 7. 1988 (BStBl. 1989 II S. 87).

R 49.3

R 49.3. Bedeutung der Besteuerungsmerkmale im Ausland bei beschränkter Steuerpflicht

26 (1) ① Nach § 49 Abs. 2 EStG sind bei der Feststellung, ob inländische Einkünfte im Sinne der beschränkten Steuerpflicht vorliegen, die im Ausland gegebenen Besteuerungsmerkmale insoweit außer Betracht zu lassen, als bei ihrer Berücksichtigung steuerpflichtige inländische Einkünfte nicht angenommen werden könnten (isolierende Betrachtungsweise). ② Danach unterliegen z. B. Einkünfte, die unter den Voraussetzungen des § 17 EStG aus der Veräußerung des Anteiles an einer Kapitalgesellschaft erzielt werden, auch dann der beschränkten Steuerpflicht (§ 49 Abs. 1 Nr. 2 Buchstabe e EStG), wenn der Anteil in einem ausländischen Betriebsvermögen gehalten wird.

27 (2) Vergütungen für die Überlassung der Nutzung oder des Rechts auf Nutzung von gewerblichem Know-how, die weder Betriebseinnahmen eines inländischen Betriebs sind noch zu den Einkünften im Sinne des § 49 Abs. 1 Nr. 1 bis 8 EStG gehören, sind als sonstige Einkünfte im Sinne des § 49 Abs. 1 Nr. 9 EStG beschränkt steuerpflichtig.

28 (3) ① Wird für verschiedenartige Leistungen eine einheitliche Vergütung gewährt, z. B. für Leistungen im Sinne des § 49 Abs. 1 Nr. 3 oder 9 EStG, ist die Vergütung nach dem Verhältnis der einzelnen Leistungen aufzuteilen. ② Ist eine Trennung nicht ohne besondere Schwierigkeit möglich, kann die Gesamtvergütung zur Vereinfachung den sonstigen Einkünften im Sinne des § 49 Abs. 1 Nr. 9 EStG zugeordnet werden.

H 49.3

Einkünfte aus inländischen öffentlichen Kassen → BMF vom 13. 11. 2019 (BStBl. I S. 1082).

29

Anl zu § 49

Verzeichnis von Staaten, die unbeschränkt Steuerpflichtigen eine dem § 49 Abs. 4 EStG entsprechende Steuerbefreiung gewähren

30

Äthiopien	auf dem Gebiet der Luftfahrt (BMF vom 26. 3. 1962 – BStBl. I S. 536)
Afghanistan	auf dem Gebiet der Luftfahrt (BMF vom 1. 7. 1964 – BStBl. I S. 411)
Brasilien	auf dem Gebiet der Seeschifffahrt und Luftfahrt (BMF vom 13. 2. 2006 – BStBl. I S. 216)
Chile	auf dem Gebiet der Luftfahrt (BMF vom 21. 6. 1977 – BStBl. I S. 350)
Fidschi	auf dem Gebiet der Seeschifffahrt (BMF vom 21. 12. 2015 – BStBl. I S. 1087)
Irak	auf dem Gebiet der Seeschifffahrt und Luftfahrt (BMWF vom 25. 9. 1972 – BStBl. I S. 490)
Jordanien	auf dem Gebiet der Luftfahrt (BMF vom 26. 3. 1976 – BStBl. I S. 278)
Katar	auf dem Gebiet der Luftfahrt (BMF vom 27. 12. 2005 – BStBl. 2006 I S. 3)
Libanon	auf dem Gebiet der Seeschifffahrt und Luftfahrt (BMF vom 4. 4. 1959 – BStBl. I S. 198)
Malediven	auf dem Gebiet der Luftfahrt (BMF vom 31. 8. 2015 – BStBl. I S. 675)
Oman	auf dem Gebiet der Seeschifffahrt und Luftfahrt (BMF vom 18. 10. 2018 – BStBl. I S. 1036)

[1] Siehe hierzu *BFH-Urteil vom 5. 11. 1992 I R 41/92 (BStBl. 1993 II S. 407).*

Anl zu § 49

Papua-Neuguinea	auf dem Gebiet der Luftfahrt (BMF vom 6. 3. 1989 – BStBl. I S. 115)
Seychellen	auf dem Gebiet der Luftfahrt (BMF vom 9. 6. 1998 – BStBl. I S. 582)
Sudan	auf dem Gebiet der Luftfahrt (BMF vom 21. 7. 1983 – BStBl. I S. 370)
Zaire	auf dem Gebiet der Seeschifffahrt und Luftfahrt (BMF vom 3. 4. 1990 – BStBl. I S. 178)

EStG

§ 50 Sondervorschriften für beschränkt Steuerpflichtige

1 (1)[1] ① **Beschränkt Steuerpflichtige dürfen Betriebsausgaben (§ 4 Absatz 4 bis 8) oder Werbungskosten (§ 9) nur insoweit abziehen, als sie mit inländischen Einkünften in wirtschaftlichem Zusammenhang stehen. ② § 32 a Absatz 1 ist mit der Maßgabe anzuwenden, dass das zu versteuernde Einkommen um den Grundfreibetrag des § 32 a Absatz 1 Satz 2 Nummer 1 erhöht wird; dies gilt bei Einkünften nach § 49 Absatz 1 Nummer 4 nur in Höhe des diese Einkünfte abzüglich der nach Satz 5 abzuziehenden Aufwendungen übersteigenden Teils des Grundfreibetrags. ③ Wenn für das um den Grundfreibetrag erhöhte zu versteuernde Einkommen ein besonderer Steuersatz nach § 32 b Absatz 2 oder nach § 2 Absatz 5 des Außensteuergesetzes gilt, ist dieser auf das zu versteuernde Einkommen anzuwenden. ④ § 10 Absatz 1, 1 a Nummer 1, 3 und 4, Absatz 2 bis 6, die §§ 10 a, 10 c, 16 Absatz 4, die §§ 24 b, 32, 32 a Absatz 6, die §§ 33, 33 a, 33 b und 35 a und 35 c sind nicht anzuwenden. ⑤ Hiervon abweichend sind bei Arbeitnehmern, die Einkünfte aus nichtselbständiger Arbeit im Sinne des § 49 Absatz 1 Nummer 4 beziehen, § 10 Absatz 1 Nummer 2 Buchstabe a, Nummer 3 und Absatz 3 sowie § 10 c anzuwenden, soweit die Aufwendungen auf die Zeit entfallen, in der Einkünfte im Sinne des § 49 Absatz 1 Nummer 4 erzielt wurden und die Einkünfte nach § 49 Absatz 1 Nummer 4 nicht übersteigen. ⑥ Die Jahres- und Monatsbeträge der Pauschalen nach § 9 a Satz 1 Nummer 1 und § 10 c ermäßigen sich zeitanteilig, wenn Einkünfte im Sinne des § 49 Absatz 1 Nummer 4 nicht während eines vollen Kalenderjahres oder Kalendermonats zugeflossen sind.**

1a (1 a)[2] ① **Abweichend von Absatz 1 Satz 4 ist § 10 Absatz 1 Nummer 2 Buchstabe a sowie Absatz 2 und 3 auf Beiträge an berufsständische Versorgungseinrichtungen anzuwenden, wenn eine gesetzliche Pflichtmitgliedschaft in der Versorgungseinrichtung besteht, die auf einer für die inländische Berufsausübung erforderlichen Zulassung beruht. ② Dies gilt nur für Staatsangehörige**

1. **eines Mitgliedstaates der Europäischen Union oder eines Staates, auf den das Abkommen über den Europäischen Wirtschaftsraum Anwendung findet, und die im Hoheitsgebiet eines dieser Staaten oder der Schweiz ihren Wohnsitz oder gewöhnlichen Aufenthalt haben, sowie**
2. **der Schweizerischen Eidgenossenschaft, die ihren Wohnsitz oder gewöhnlichen Aufenthalt im Hoheitsgebiet eines Mitgliedstaates der Europäischen Union oder der Schweiz haben.**

③ **Die Beiträge können nur als Sonderausgaben abgezogen werden, soweit sie in unmittelbarem wirtschaftlichem Zusammenhang mit inländischen Einkünften nach § 49 Absatz 1 Nummer 2 oder 3 stehen, die aus der durch die Zulassung ermöglichten Berufsausübung erzielt werden. ④ Der Abzug der Beiträge erfolgt entsprechend dem Anteil der inländischen Einkünfte im Sinne des Satzes 3 an dem Gesamtbetrag der positiven in- und ausländischen Einkünfte aus der durch die Zulassung ermöglichten Berufsausübung. ⑤ Der Abzug der Beiträge ist ausgeschlossen, soweit sie im Rahmen der Einkommensbesteuerung des Steuerpflichtigen in einem Staat, in dem er seinen Wohnsitz oder gewöhnlichen Aufenthalt hat, abgezogen worden sind oder sie die Einkünfte nach Satz 3 übersteigen.**

2 (2)[3] ① **Die Einkommensteuer für Einkünfte, die dem Steuerabzug vom Arbeitslohn oder vom Kapitalertrag oder dem Steuerabzug auf Grund des § 50 a unterliegen, gilt bei beschränkt Steuerpflichtigen durch den Steuerabzug als abgegolten. ② Satz 1 gilt nicht**

1. **für Einkünfte eines inländischen Betriebs;**
2. **wenn nachträglich festgestellt wird, dass die Voraussetzungen der unbeschränkten Einkommensteuerpflicht im Sinne des § 1 Absatz 2 oder Absatz 3 oder des § 1a nicht vorgelegen haben; § 39 Absatz 7 ist sinngemäß anzuwenden;**
3. **in Fällen des § 2 Absatz 7 Satz 3;**
4. **für Einkünfte aus nichtselbständiger Arbeit im Sinne des § 49 Absatz 1 Nummer 4,**
   a) **wenn als Lohnsteuerabzugsmerkmal ein Freibetrag nach § 39 a Absatz 4 gebildet worden ist und der im Kalenderjahr insgesamt erzielte Arbeitslohn 13 150 Euro übersteigt,**
   b) **wenn die Veranlagung zur Einkommensteuer beantragt wird (§ 46 Absatz 2 Nummer 8) oder**
   c) **in den Fällen des § 46 Absatz 2 Nummer 2, 5 und 5 a;**

---

[1] Zur Anwendung von Abs. 1 Satz 3 siehe § 52 Abs. 46 Satz 1 EStG.
Zur Anwendung von Abs. 1 Satz 2 siehe § 52 Abs. 46 Satz 5 EStG.
[2] Zur erstmaligen Anwendung siehe § 52 Abs. 46 Satz 2 EStG.
[3] **Zur Fassung von § 50 Abs. 2 Satz 2 Nr. 4 Buchstabe a ab 1. 1. 2023 siehe in der geschlossenen Wiedergabe.**

5. für Einkünfte im Sinne des § 50 a Absatz 1 Nummer 1, 2 und 4, wenn die Veranlagung zur Einkommensteuer beantragt wird;

6.[1] für Einkünfte aus Kapitalvermögen im Sinne des § 49 Absatz 1 Nummer 5 Satz 1 Buchstabe a, auf die § 20 Absatz 1 Nummer 6 Satz 2 anzuwenden ist, wenn die Veranlagung zur Einkommensteuer beantragt wird.

③ In den Fällen des Satzes 2 Nummer 4 erfolgt die Veranlagung durch das Betriebsstättenfinanzamt, das nach § 39 Absatz 2 Satz 2 oder Satz 4 für die Bildung und die Änderung der Lohnsteuerabzugsmerkmale zuständig ist. ④ Bei mehreren Betriebsstättenfinanzämtern ist das Betriebsstättenfinanzamt zuständig, in dessen Bezirk der Arbeitnehmer zuletzt beschäftigt war. ⑤ Bei Arbeitnehmern mit Steuerklasse VI ist das Betriebsstättenfinanzamt zuständig, in dessen Bezirk der Arbeitnehmer zuletzt unter Anwendung der Steuerklasse I beschäftigt war. ⑥ Hat der Arbeitgeber für den Arbeitnehmer keine elektronischen Lohnsteuerabzugsmerkmale (§ 39 e Absatz 4 Satz 2) abgerufen und wurde keine Bescheinigung für den Lohnsteuerabzug nach § 39 Absatz 3 oder § 39 e Absatz 7 Satz 5 ausgestellt, ist das Betriebsstättenfinanzamt zuständig, in dessen Bezirk der Arbeitnehmer zuletzt beschäftigt war. ⑦ Satz 2 Nummer 4 Buchstabe b und Nummer 5 gilt nur für Staatsangehörige eines Mitgliedstaats der Europäischen Union oder eines anderen Staates, auf den das Abkommen über den Europäischen Wirtschaftsraum Anwendung findet, die im Hoheitsgebiet eines dieser Staaten ihren Wohnsitz oder gewöhnlichen Aufenthalt haben. ⑧ In den Fällen des Satzes 2 Nummer 5 erfolgt die Veranlagung durch das Bundeszentralamt für Steuern. ⑨ In den Fällen des Satzes 2 Nummer 6 ist für die Besteuerung des Gläubigers nach dem Einkommen das Finanzamt zuständig, das auch für die Besteuerung des Schuldners nach dem Einkommen zuständig ist; bei mehreren Schuldnern ist das Finanzamt zuständig, das für den Schuldner, dessen Leistung dem Gläubiger im Veranlagungszeitraum zuerst zufloss, zuständig ist. ⑩ Werden im Rahmen einer Veranlagung Einkünfte aus nichtselbständiger Arbeit im Sinne des § 49 Absatz 1 Nummer 4 bei der Ermittlung des zu versteuernden Einkommens berücksichtigt, gilt § 46 Absatz 3 und 5 entsprechend.

(3) **§ 34 c Absatz 1 bis 3 ist bei Einkünften aus Land- und Forstwirtschaft, Gewerbebetrieb oder selbständiger Arbeit, für die im Inland ein Betrieb unterhalten wird, entsprechend anzuwenden, soweit darin nicht Einkünfte aus einem ausländischen Staat enthalten sind, mit denen der beschränkt Steuerpflichtige dort in einem der unbeschränkten Steuerpflicht ähnlichen Umfang zu einer Steuer vom Einkommen herangezogen wird.** 3

(4)[2] **Die obersten Finanzbehörden der Länder oder die von ihnen beauftragten Finanzbehörden können mit Zustimmung des Bundesministeriums der Finanzen die Einkommensteuer bei beschränkt Steuerpflichtigen ganz oder zum Teil erlassen oder in einem Pauschbetrag festsetzen, wenn dies im besonderen öffentlichen Interesse liegt; ein besonderes öffentliches Interesse besteht** 4

1. an der inländischen Veranstaltung international bedeutsamer kultureller und sportlicher Ereignisse, um deren Ausrichtung ein internationaler Wettbewerb stattfindet, oder

2. am inländischen Auftritt einer ausländischen Kulturvereinigung, wenn ihr Auftritt wesentlich aus öffentlichen Mitteln gefördert wird.

Übersicht

§ 73 *(weggefallen)* EStDV

R 50. Bemessungsgrundlage für die Einkommensteuer und Steuerermäßigung für ausländische Steuern R 50

① § 50 Abs. 3 EStG ist auch im Verhältnis zu Staaten anzuwenden, mit denen ein DBA besteht. ② Es ist in diesem Fall grundsätzlich davon auszugehen, dass Ertragsteuern, für die das DBA gilt, der deutschen Einkommensteuer entsprechen. ③ Bei der Ermittlung des Höchstbetrags für Zwecke der Steueranrechnung (→ R 34 c) sind in die Summe der Einkünfte nur die Einkünfte einzubeziehen, die im Wege der Veranlagung besteuert werden. 12

---

[1] Zur Anwendung siehe § 52 Abs. 46 Satz 3 EStG.
[2] Zur Anwendung siehe § 52 Abs. 46 Satz 4 EStG.

H 50 **Allgemeines.** Stand der DBA und anderer Abkommen im Steuerbereich.[1]

13 **Anwendung des § 50 Abs. 5 Satz 2 Nr. 2 EStG (jetzt § 50 Abs. 2 Satz 2 Nr. 4 EStG i. d. F. des JStG 2009)** → BMF vom 30. 12. 1996 (BStBl. I S. 1506).

Anwendung des § 50 Abs. 3 EStG → R 34 c gilt entsprechend.

Ausländische Kulturvereinigungen

– Zu Billigkeitsmaßnahmen nach § 50 Abs. 7 EStG (jetzt § 50 Abs. 4 EStG) bei ausländischen Kulturvereinigungen → BMF vom 20. 7. 1983 (BStBl. I S. 382)[2] – sog. Kulturorchestererlass – und BMF vom 30. 5. 1995 (BStBl. I S. 336).

– Als „solistisch besetztes Ensemble" i. S. d. Tz. 4 des sog. Kulturorchestererlasses ist eine Formation jedenfalls dann anzusehen, wenn bei den einzelnen Veranstaltungen nicht mehr als fünf Mitglieder auftreten und die ihnen abverlangte künstlerische Gestaltungshöhe mit derjenigen eines Solisten vergleichbar ist (→ BFH vom 7. 3. 2007 – BStBl. 2008 II S. 186).

Europäische Vereinswettbewerbe von Mannschaftssportarten → BMF vom 20. 3. 2008 (BStBl. I S. 538).

Kein Veranlagungsrecht für einen beschränkt steuerpflichtigen Staatsbürger eines Drittstaates. Einem in Deutschland beschränkt steuerpflichtigen Staatsbürger eines Drittstaates steht das Veranlagungswahlrecht gem. § 50 Abs. 2 Satz 2 Nr. 4 Buchst. b i. V. m. Satz 7 EStG für Einkünfte aus nichtselbständiger Arbeit auch dann nicht zu, wenn er in einem EU- oder EWR-Staat wohnt (→ BFH vom 3. 9. 2020 – BStBl. 2021 II S. 237).

Wechsel zwischen beschränkter und unbeschränkter Steuerpflicht → § 2 Abs. 7 Satz 3 EStG.

[1] Zum Stand der Doppelbesteuerungsabkommen und Doppelbesteuerungsverhandlungen am 1. 1. 2022 vgl. *BMF-Schreiben vom 19. 1. 2022 (BStBl. I S. 147)*, zum Stand am 1. 1. 2023 siehe *BMF-Schreiben vom 18. 1. 2023 (BStBl. I S. 195)*.

[2] Abgedruckt als Anlage a zu R 50 a.2 EStR.

EStG

§ 50a[1] Steuerabzug bei beschränkt Steuerpflichtigen

(1) Die Einkommensteuer wird bei beschränkt Steuerpflichtigen im Wege des Steuerabzugs erhoben 1

1. **bei Einkünften, die durch im Inland ausgeübte künstlerische, sportliche, artistische, unterhaltende oder ähnliche Darbietungen erzielt werden, einschließlich der Einkünfte aus anderen mit diesen Leistungen zusammenhängenden Leistungen, unabhängig davon, wem die Einkünfte zufließen (§ 49 Absatz 1 Nummer 2 bis 4 und 9), es sei denn, es handelt sich um Einkünfte aus nichtselbständiger Arbeit, die bereits dem Steuerabzug vom Arbeitslohn nach § 38 Absatz 1 Satz 1 Nummer 1 unterliegen,**
2. **bei Einkünften aus der inländischen Verwertung von Darbietungen im Sinne der Nummer 1 (§ 49 Absatz 1 Nummer 2 bis 4 und 6),**
3. **bei Einkünften, die aus Vergütungen für die Überlassung der Nutzung oder des Rechts auf Nutzung von Rechten, insbesondere von Urheberrechten und gewerblichen Schutzrechten, von gewerblichen, technischen, wissenschaftlichen und ähnlichen Erfahrungen, Kenntnissen und Fertigkeiten, zum Beispiel Plänen, Mustern und Verfahren, herrühren, sowie bei Einkünften, die aus der Verschaffung der Gelegenheit erzielt werden, einen Berufssportler über einen begrenzten Zeitraum vertraglich zu verpflichten (§ 49 Absatz 1 Nummer 2, 3, 6 und 9),**
4. **bei Einkünften, die Mitgliedern des Aufsichtsrats, Verwaltungsrats oder anderen mit der Überwachung der Geschäftsführung von Körperschaften, Personenvereinigungen und Vermögensmassen im Sinne des § 1 des Körperschaftsteuergesetzes beauftragten Personen sowie von anderen inländischen Personenvereinigungen des privaten und öffentlichen Rechts, bei denen die Gesellschafter nicht als Unternehmer (Mitunternehmer) anzusehen sind, für die Überwachung der Geschäftsführung gewährt werden (§ 49 Absatz 1 Nummer 3).**

(2) ①**Der Steuerabzug beträgt 15 Prozent, in den Fällen des Absatzes 1 Nummer 4 beträgt er 30 Prozent der gesamten Einnahmen.** ②**Vom Schuldner der Vergütung ersetzte oder übernommene Reisekosten gehören nur insoweit zu den Einnahmen, als die Fahrt- und Übernachtungsauslagen die tatsächlichen Kosten und die Vergütungen für Verpflegungsmehraufwand die Pauschbeträge nach § 4 Absatz 5 Satz 1 Nummer 5 übersteigen.** ③**Bei Einkünften im Sinne des Absatzes 1 Nummer 1 wird ein Steuerabzug nicht erhoben, wenn die Einnahmen je Darbietung 250 Euro nicht übersteigen.** 2

(3) ①**Der Schuldner der Vergütung kann von den Einnahmen in den Fällen des Absatzes 1 Nummer 1, 2 und 4 mit ihnen in unmittelbarem wirtschaftlichem Zusammenhang stehende Betriebsausgaben oder Werbungskosten abziehen, die ihm ein beschränkt Steuerpflichtiger in einer für das Bundeszentralamt für Steuern nachprüfbaren Form nachgewiesen hat oder die vom Schuldner der Vergütung übernommen worden sind.** ②**Das gilt nur, wenn der beschränkt Steuerpflichtige Staatsangehöriger eines Mitgliedstaats der Europäischen Union oder eines anderen Staates ist, auf den das Abkommen über den Europäischen Wirtschaftsraum Anwendung findet, und im Hoheitsgebiet eines dieser Staaten seinen Wohnsitz oder gewöhnlichen Aufenthalt hat.** ③**Es gilt entsprechend bei einer beschränkt steuerpflichtigen Körperschaft, Personenvereinigung oder Vermögensmasse im Sinne des § 32 Absatz 4 des Körperschaftsteuergesetzes.** ④**In diesen Fällen beträgt der Steuerabzug von den nach Abzug der Betriebsausgaben oder Werbungskosten verbleibenden Einnahmen (Nettoeinnahmen), wenn** 3

1. **Gläubiger der Vergütung eine natürliche Person ist, 30 Prozent,**
2. **Gläubiger der Vergütung eine Körperschaft, Personenvereinigung oder Vermögensmasse ist, 15 Prozent.**

(4) ①**Hat der Gläubiger einer Vergütung seinerseits Steuern für Rechnung eines anderen beschränkt steuerpflichtigen Gläubigers einzubehalten (zweite Stufe), kann er vom Steuerabzug absehen, wenn seine Einnahmen bereits dem Steuerabzug nach Absatz 2 unterlegen haben.** ②**Wenn der Schuldner der Vergütung auf zweiter Stufe Betriebsausgaben oder Werbungskosten nach Absatz 3 geltend macht, die Veranlagung nach § 50 Absatz 2 Satz 2 Nummer 5 beantragt oder die Erstattung der Abzugsteuer nach § 50c Absatz 3 oder einer anderen Vorschrift beantragt, hat er die sich nach Absatz 2 oder Absatz 3 ergebende Steuer zu diesem Zeitpunkt zu entrichten; Absatz 5 gilt entsprechend.** 4

[1] Zur Anwendung siehe § 52 Abs. 47 EStG.

EStG

(5) ① Die Steuer entsteht in dem Zeitpunkt, in dem die Vergütung dem Gläubiger zufließt. ② In diesem Zeitpunkt hat der Schuldner der Vergütung den Steuerabzug für
5 **Rechnung des Gläubigers (Steuerschuldner) vorzunehmen. ③ Er hat die innerhalb eines Kalendervierteljahres einzubehaltende Steuer jeweils bis zum zehnten des dem Kalendervierteljahr folgenden Monats beim Bundeszentralamt für Steuern anzumelden und die einbehaltene Steuer an das Bundeszentralamt für Steuern abzuführen. ④ Eine Anmeldungsverpflichtung beim Bundeszentralamt für Steuern besteht auch, wenn ein Steuerabzug auf Grund des Absatzes 2 Satz 3 oder des Absatzes 4 Satz 1 nicht vorzunehmen ist oder auf Grund des § 50 c Absatz 2 nicht oder nicht in voller Höhe vorzunehmen ist; Satz 3 gilt insoweit entsprechend. ⑤ Der Schuldner der Vergütung haftet für die Einbehaltung und Abführung der Steuer. ⑥ Der Steuerschuldner kann in Anspruch genommen werden, wenn der Schuldner der Vergütung den Steuerabzug nicht vorschriftsmäßig vorgenommen hat. ⑦ Der Schuldner der Vergütung ist verpflichtet, dem Gläubiger auf Verlangen die folgenden Angaben nach amtlich vorgeschriebenem Muster zu bescheinigen:**

1. den Namen und die Anschrift des Gläubigers,

2. die Art der Tätigkeit und Höhe der Vergütung in Euro,

3. den Zahlungstag,

4. den Betrag der einbehaltenen und abgeführten Steuer nach Absatz 2 oder Absatz 3.

6 **(6) Die Bundesregierung kann durch Rechtsverordnung mit Zustimmung des Bundesrates bestimmen, dass bei Vergütungen für die Nutzung oder das Recht auf Nutzung von Urheberrechten (Absatz 1 Nummer 3), die nicht unmittelbar an den Gläubiger, sondern an einen Beauftragten geleistet werden, anstelle des Schuldners der Vergütung der Beauftragte die Steuer einzubehalten und abzuführen hat und für die Einbehaltung und Abführung haftet.**

7 **(7) ① Das Finanzamt des Vergütungsgläubigers kann anordnen, dass der Schuldner der Vergütung für Rechnung des Gläubigers (Steuerschuldner) die Einkommensteuer von beschränkt steuerpflichtigen Einkünften, soweit diese nicht bereits dem Steuerabzug unterliegen, im Wege des Steuerabzugs einzubehalten und abzuführen hat, wenn dies zur Sicherung des Steueranspruchs zweckmäßig ist. ② Der Steuerabzug beträgt 25 Prozent der gesamten Einnahmen, bei Körperschaften, Personenvereinigungen oder Vermögensmassen 15 Prozent der gesamten Einnahmen; das Finanzamt kann die Höhe des Steuerabzugs hiervon abweichend an die voraussichtlich geschuldete Steuer anpassen. ③ Absatz 5 gilt entsprechend mit der Maßgabe, dass die Steuer bei dem Finanzamt anzumelden und abzuführen ist, das den Steuerabzug angeordnet hat; das Finanzamt kann anordnen, dass die innerhalb eines Monats einbehaltene Steuer jeweils zum zehnten des Folgemonats anzumelden und abzuführen ist. ④ § 50 Absatz 2 Satz 1 ist nicht anzuwenden. ⑤ Ist für Einkünfte im Sinne des § 49 Absatz 1 Nummer 7 und 10 der Steuerabzug einbehalten und abgeführt worden, obwohl eine Verpflichtung hierzu nicht bestand, ist auf Antrag des Schuldners der Vergütung die Anmeldung über den Steuerabzug insoweit zu ändern; stattdessen kann der Schuldner der Vergütung, sobald er erkennt, dass er den Steuerabzug ohne Verpflichtung einbehalten und abgeführt hat, bei der folgenden Steueranmeldung den abzuführenden Steuerabzug entsprechend kürzen; erstattungsberechtigt ist der Schuldner der Vergütung; die nach Absatz 5 Satz 6 erteilte Bescheinigung ist durch eine berichtigte Bescheinigung zu ersetzen und im Fall der Übermittlung in Papierform zurückzufordern. ⑥ Die Anrechnung der durch Steuerabzug erhobenen Einkommensteuer nach § 36 Absatz 2 Nummer 2 Buchstabe a richtet sich nach der Höhe der in der Rentenbezugsmitteilung nach § 22a ausgewiesenen einbehaltenen Steuerabzugsbeträge. ⑦ Wird eine Rentenbezugsmitteilung wegen einbehaltener Steuerabzugsbeträge korrigiert, ist die Anrechnung insoweit nachzuholen oder zu ändern.**

Übersicht

§ 73 a[1] *Begriffsbestimmungen*

EStDV

(1) Inländisch im Sinne des § 50 a Abs. 1 Nr. 4 des Gesetzes sind solche Personenvereinigungen, die ihre Geschäftsleitung oder ihren Sitz im Geltungsbereich des Gesetzes haben. **11**

(2) Urheberrechte im Sinne des § 50 a Abs. 1 Nr. 3 des Gesetzes sind Rechte, die nach Maßgabe des Urheberrechtsgesetzes geschützt sind.

(3) Gewerbliche Schutzrechte im Sinne des § 50 a Absatz 1 Nummer 3 des Gesetzes sind Rechte, die nach Maßgabe
1. des Designgesetzes,
2. des Patentgesetzes,
3. des Gebrauchsmustergesetzes oder
4. des Markengesetzes
geschützt sind.

§ 73 b *(weggefallen)*

§ 73 c[2] *Zeitpunkt des Zufließens im Sinne des § 50 a Abs. 5 Satz 1 des Gesetzes*

Die Vergütungen im Sinne des § 50 a Abs. 1 des Gesetzes fließen dem Gläubiger zu **12**
1. im Fall der Zahlung, Verrechnung oder Gutschrift:
bei Zahlung, Verrechnung oder Gutschrift;
2. im Fall der Hinausschiebung der Zahlung wegen vorübergehender Zahlungsunfähigkeit des Schuldners:
bei Zahlung, Verrechnung oder Gutschrift;
3. im Fall der Gewährung von Vorschüssen:
bei Zahlung, Verrechnung oder Gutschrift der Vorschüsse.

§ 73 d[2] *Aufzeichnungen, Aufbewahrungspflichten, Steueraufsicht*

(1) ① Der Schuldner der Vergütungen im Sinne des § 50 a Abs. 1 des Gesetzes (Schuldner) hat besondere Aufzeichnungen zu führen. ② Aus den Aufzeichnungen müssen ersichtlich sein **13**
1. Name und Wohnung des beschränkt steuerpflichtigen Gläubigers (Steuerschuldners),
2. Höhe der Vergütungen in Euro,
3. Höhe und Art der von der Bemessungsgrundlage des Steuerabzugs abgezogenen Betriebsausgaben oder Werbungskosten,
4. Tag, an dem die Vergütungen dem Steuerschuldner zugeflossen sind,
5. Höhe und Zeitpunkt der Abführung der einbehaltenen Steuer.

③ [3] Er hat in Fällen des § 50 a Abs. 3 des Gesetzes die von der Bemessungsgrundlage des Steuerabzugs abgezogenen Betriebsausgaben oder Werbungskosten und die Staatsangehörigkeit des beschränkt Steuerpflichtigen Gläubigers in einer für das Bundeszentralamt für Steuern nachprüfbaren Form zu dokumentieren.

(2) Bei der Veranlagung des Schuldners zur Einkommensteuer (Körperschaftsteuer) und bei Außenprüfungen, die bei dem Schuldner vorgenommen werden, ist auch zu prüfen, ob die Steuern ordnungsmäßig einbehalten und abgeführt worden sind. **14**

§ 73 e[3, 4] *Einbehaltung, Abführung und Anmeldung der Steuer von Vergütungen im Sinne des § 50 a Abs. 1 und 7 des Gesetzes (§ 50 a Abs. 5 des Gesetzes)*

① Der Schuldner hat die innerhalb eines Kalendervierteljahrs einbehaltene Steuer von Vergütungen im Sinne des § 50 a Absatz 1 des Gesetzes unter der Bezeichnung „Steuerabzug von Vergütungen im Sinne des § 50 a Absatz 1 des Einkommensteuergesetzes" jeweils bis zum zehnten des dem Kalendervierteljahr folgenden Monats an das Bundeszentralamt für Steuern abzuführen. ② Bis zum gleichen Zeitpunkt hat der **15**

[1] Zur Anwendung siehe § 84 Abs. 3 i Satz 6 EStDV.
[2] Zur Anwendung siehe § 84 Abs. 3 i Satz 1 EStDV.
[3] Zur erstmaligen Anwendung siehe § 84 Abs. 3 i Satz 4 EStDV.
[4] Zur erstmaligen Anwendung von § 73 e Satz 7 siehe § 84 Abs. 3 i Satz 5 EStDV.

Schuldner dem Bundeszentralamt für Steuern eine Steueranmeldung über den Gläubiger, die Höhe der Vergütungen im Sinne des § 50a Absatz 1 des Gesetzes, die Höhe und Art der von der Bemessungsgrundlage des Steuerabzugs abgezogenen Betriebsausgaben oder Werbungskosten und die Höhe des Steuerabzugs zu übersenden. ③ Satz 2 gilt entsprechend, wenn ein Steuerabzug auf Grund des § 50a Absatz 2 Satz 3 oder Absatz 4 Satz 1 des Gesetzes nicht vorzunehmen ist oder auf Grund des § 50c Absatz 2 des Gesetzes nicht oder nicht in voller Höhe vorzunehmen ist. ④ Die Steueranmeldung ist nach amtlich vorgeschriebenem Datensatz durch Datenfernübertragung zu übermitteln. ⑤ Auf Antrag kann das Bundeszentralamt für Steuern zur Vermeidung unbilliger Härten auf eine elektronische Übermittlung verzichten; in diesem Fall ist die Steueranmeldung vom Schuldner oder von einem zu seiner Vertretung Berechtigten zu unterschreiben. ⑥ Ist es zweifelhaft, ob der Gläubiger beschränkt oder unbeschränkt steuerpflichtig ist, so darf der Schuldner die Einbehaltung der Steuer nur dann unterlassen, wenn der Gläubiger durch eine Bescheinigung des nach den abgabenrechtlichen Vorschriften für die Besteuerung seines Einkommens zuständigen Finanzamts nachweist, dass er unbeschränkt steuerpflichtig ist. ⑦ Die Sätze 1, 2, 4 und 5 gelten entsprechend für die Steuer nach § 50a Absatz 7 des Gesetzes mit der Maßgabe, dass

1. *die Steuer an das Finanzamt abzuführen und bei dem Finanzamt anzumelden ist, das den Steuerabzug angeordnet hat, und*
2. *bei entsprechender Anordnung die innerhalb eines Monats einbehaltene Steuer jeweils bis zum zehnten des Folgemonats anzumelden und abzuführen ist.*

§ 73f[1] *Steuerabzug in den Fällen des § 50a Abs. 6 des Gesetzes*

16 *① Der Schuldner der Vergütungen für die Nutzung oder das Recht auf Nutzung von Urheberrechten im Sinne des § 50a Abs. 1 Nr. 3 des Gesetzes braucht den Steuerabzug nicht vorzunehmen, wenn er diese Vergütungen auf Grund eines Übereinkommens nicht an den beschränkt steuerpflichtigen Gläubiger (Steuerschuldner), sondern an die Gesellschaft für musikalische Aufführungs- und mechanische Vervielfältigungsrechte (Gema) oder an einen anderen Rechtsträger[2] abführt und die obersten Finanzbehörden der Länder mit Zustimmung des Bundesministeriums der Finanzen einwilligen, dass dieser andere Rechtsträger an die Stelle des Schuldners tritt. ② In diesem Fall hat die Gema oder der andere Rechtsträger den Steuerabzug vorzunehmen; § 50a Abs. 5 des Gesetzes sowie die §§ 73d und 73e gelten entsprechend.*

§ 73g[3] *Haftungsbescheid*

17 *(1) Ist die Steuer nicht ordnungsmäßig einbehalten oder abgeführt, so hat das Bundeszentralamt für Steuern oder das zuständige Finanzamt die Steuer von dem Schuldner, in den Fällen des § 73f von dem dort bezeichneten Rechtsträger, durch Haftungsbescheid oder von dem Steuerschuldner durch Steuerbescheid anzufordern.*

18 *(2) Der Zustellung des Haftungsbescheids an den Schuldner bedarf es nicht, wenn der Schuldner die einbehaltene Steuer dem Bundeszentralamt für Steuern oder dem Finanzamt ordnungsmäßig angemeldet hat (§ 73e) oder wenn er vor dem Bundeszentralamt für Steuern oder dem Finanzamt oder einem Prüfungsbeamten des Bundeszentralamts für Steuern oder des Finanzamts seine Verpflichtung zur Zahlung der Steuer schriftlich anerkannt hat.*

R 50a.1

R 50a.1. Steuerabzug bei Lizenzgebühren, Vergütungen für die Nutzung von Urheberrechten und bei Veräußerungen von Schutzrechten usw.

21 ① Lizenzgebühren für die Verwertung gewerblicher Schutzrechte und Vergütungen für die Nutzung von Urheberrechten, deren Empfänger im Inland weder einen Wohnsitz noch ihren gewöhnlichen Aufenthalt haben, unterliegen nach § 49 Abs. 1 Nr. 2 Buchstabe f Doppelbuchstabe aa bzw. Nr. 6 EStG der beschränkten Steuerpflicht, wenn die Patente in die deutsche Patentrolle eingetragen sind oder wenn die gewerblichen Erfindungen oder Urheberrechte in einer inländischen Betriebsstätte oder in einer anderen Einrichtung verwertet werden. ② Als andere Einrichtungen sind öffentlich-rechtliche Rundfunkanstalten anzusehen, soweit sie sich in dem durch Gesetz oder Staatsvertrag bestimmten Rahmen mit der Weitergabe von Informationen in Wort und Bild beschäftigen und damit hoheitliche Aufgaben wahrnehmen, so dass sie nicht der Körperschaftsteuer unterliegen und damit auch keine Betriebsstätte begründen. ③ In den übrigen Fällen ergibt sich die beschränkte Steuerpflicht für Lizenzgebühren aus § 49 Abs. 1 Nr. 2 Buchstabe a oder Nr. 9 EStG. ④ Dem Steuerabzug unterliegen auch Lizenzgebühren, die den Einkünften aus selbständiger Arbeit zuzurechnen sind (§ 49 Abs. 1 Nr. 3 EStG).

H 50a.1

22 **Kundenadressen.** Einkünfte aus der Überlassung von Kundenadressen zur Nutzung im Inland fallen auch dann nicht gem. § 49 Abs. 1 Nr. 9 EStG unter die beschränkte Steuerpflicht, wenn die Adressen vom ausländischen Überlassenden nach Informationen über das Konsumverhalten der betreffenden Kunden selektiert wurden. Es handelt sich nicht um die Nutzungs-

[1] Zur Anwendung siehe § 84 Abs. 3i Satz 1 EStDV.
[2] Bisher liegen Einwilligungen für folgende Rechtsträger vor:
„Bild-Kunst, Gesellschaft zur Wahrnehmung und Verwertung der Rechte und Ansprüche bildender Künstler, Frankfurt/Main“ (*BMF-Schreiben vom 18. 4. 1974, BStBl. I S. 360*), „Verwertungsgesellschaft Wort vereinigt mit der Verwertungsgesellschaft Wissenschaft, rechtsfähiger Verein kraft Verleihung, München“ (*FM Bayern vom 17. 11. 1986 31b – S 2411 W – 67547, FR S. 674; BeckVerw 155589*).
[3] Zur erstmaligen Anwendung siehe § 84 Abs. 3i Satz 4 EStDV.

überlassung von Know-how, sondern von Datenbeständen (→ BFH vom 13. 11. 2002 – BStBl. 2003 II S. 249).

Rechteüberlassung

– Die entgeltliche Überlassung eines Rechts führt zu inländischen Einkünften, wenn die Rechteverwertung Teil einer gewerblichen oder selbständigen Tätigkeit im Inland (§ 49 Abs. 1 Nr. 2 Buchstabe a oder Nr. 3 EStG) ist oder die Überlassung zeitlich begrenzt zum Zwecke der Verwertung in einer inländischen Betriebsstätte oder anderen inländischen Einrichtung erfolgt (§ 49 Abs. 1 Nr. 6 EStG). Dies gilt auch dann, wenn das Recht vom originären beschränkt steuerpflichtigen Inhaber selbst überlassen wird, wie z. B. bei der Überlassung der Persönlichkeitsrechte eines Sportlers durch diesen selbst im Rahmen einer Werbekampagne (→ BMF vom 2. 8. 2005 – BStBl. I S. 844).
– Zu einem ausnahmsweise möglichen Betriebsausgaben- und Werbungskostenabzug → BMF vom 17. 6. 2014 (BStBl. I S. 887).
– Zur grenzüberschreitenden Überlassung von Software und Datenbanken → BMF vom 27. 10. 2017 (BStBl. I S. 1448).
– Kein Steuerabzug nach § 50 a Abs. 1 Nr. 3 EStG bei Vergütungen für die Platzierung oder Vermittlung von Onlinewerbung → BMF vom 3. 4. 2019 (BStBl. I S. 256).
– Zur Überlassung von in inländischen Registern eingetragenen Rechten → BMF vom 6. 11. 2020 (BStBl. I S. 1060)[1] und vom 11. 2. 2021 (BStBl. I S. 301).[2]

Spezialwissen. Auch ein rechtlich nicht geschütztes technisches Spezialwissen, wie es in § 49 Abs. 1 Nr. 9 EStG aufgeführt ist, kann wie eine Erfindung zu behandeln sein, wenn sein Wert etwa dadurch greifbar ist, dass es in Lizenzverträgen zur Nutzung weitergegeben werden kann (→ BFH vom 26. 10. 2004 – BStBl. 2005 II S. 167).

Werbeleistungen eines ausländischen Motorsport-Rennteams. Eine ausländische Kapitalgesellschaft, die als Motorsport-Rennteam Rennwagen und Fahrer in einer internationalen Rennserie einsetzt, erbringt eine eigenständige sportliche Darbietung. Sie ist mit ihrer anteilig auf inländische Rennen entfallenden Vergütung für Werbeleistungen (auf den Helmen und Rennanzügen der Fahrer und auf den Rennwagen aufgebrachte Werbung) beschränkt steuerpflichtig (→ BFH vom 6. 6. 2012 – BStBl. 2013 II S. 430).

R 50 a.2. Berechnung des Steuerabzugs nach § 50 a EStG in besonderen Fällen *(unbesetzt)* R 50 a.2 30

H 50 a.2 31

Allgemeines

– Zum Steuerabzug gem. § 50 a EStG bei Einkünften beschränkt Steuerpflichtiger aus künstlerischen, sportlichen, artistischen, unterhaltenden oder ähnlichen Darbietungen → BMF vom 25. 11. 2010 (BStBl. I S. 1350).[3]
– Zur Haftung eines im Ausland ansässigen Vergütungsschuldners gem. § 50 a Abs. 5 EStG auf der sog. zweiten Ebene → BFH vom 22. 8. 2007 (BStBl. 2008 II S. 190).

Auslandskorrespondenten → BMF vom 13. 3. 1998 (BStBl. I S. 351).

Ausländische Kulturvereinigungen → BMF vom 20. 7. 1983 (BStBl. I S. 382)[4] und BMF vom 30. 5. 1995 (BStBl. I S. 336).

Doppelbesteuerungsabkommen. Nach § 50 d Abs. 1 Satz 1 EStG sind die Vorschriften über die Einbehaltung, Abführung und Anmeldung der Steuer durch den Schuldner der Vergütung nach § 50 a EStG ungeachtet eines DBA anzuwenden, wenn Einkünfte nach dem Abkommen nicht oder nur nach einem niedrigeren Steuersatz besteuert werden können (→ BFH vom 13. 7. 1994 – BStBl. 1995 II S. 129).

Fotomodelle. Zur Aufteilung von Gesamtvergütungen beim Steuerabzug von Einkünften beschränkt stpfl. Fotomodelle → BMF vom 9. 1. 2009 (BStBl. I S. 362).

Sicherungseinbehalt nach § 50 a Abs. 7 EStG

– Allgemeines → BMF vom 2. 8. 2002 (BStBl. I S. 710).[4]
– Sperrwirkung gem. § 48 Abs. 4 EStG → BMF vom 19. 7. 2022 (BStBl. I S. 1229),[5] Rn. 94 ff.

Steueranmeldung

– Im Falle einer Aussetzung (Aufhebung) der Vollziehung dürfen ausgesetzte Steuerbeträge nur an den Vergütungsschuldner und nicht an den Vergütungsgläubiger erstattet werden (→ BFH vom 13. 8. 1997 – BStBl. II S. 700 und BMF vom 25. 11. 2010 – BStBl. I S. 1350, Rz. 68).[3]

---

[1] Abgedruckt als Anlage b zu H 49.1.
[2] Abgedruckt als Anlage c zu H 49.1.
[3] Letztmals abgedruckt im „Handbuch zur ESt-Veranlagung 2019" als Anlage c zu R 50 a.2 EStR.
[4] Nachstehend abgedruckt.
[5] Abgedruckt als Anlage zu H 48.

– Zu Inhalt und Wirkungen einer Steueranmeldung gem. § 73e EStDV und zur gemeinschaftsrechtskonformen Anwendung des § 50a EStG → BFH vom 7. 11. 2007 (BStBl. 2008 II S. 228) und BMF vom 25. 11. 2010 (BStBl. I S. 1350, Rz. 68).[1]

Steuerbescheinigung nach § 50a Abs. 5 Satz 7 EStG. Das amtliche Muster ist auf der Internetseite des BZSt (www.bzst.bund.de) abrufbar.

Übersicht. Übernimmt der Schuldner der Vergütung die Steuer nach § 50a EStG und den Solidaritätszuschlag (sog. Nettovereinbarung), ergibt sich zur Ermittlung der Abzugsteuer in den Fällen des § 50a Abs. 2 Satz 1, erster Halbsatz und Satz 3 EStG folgender Berechnungssatz in %, der auf die jeweilige Netto-Vergütung anzuwenden ist:

Bei einer Netto-Vergütung in € Zufluss nach dem 31. 12. 2008	Berechnungssatz für die Steuer nach § 50a EStG in % der Netto-Vergütung	Berechnungssatz für den Solidaritätszuschlag in % der Netto-Vergütung
bis 250,00	0,00	0,00
mehr als 250,00	17,82	0,98

Zuständigkeit. Örtlich zuständig für den Erlass eines Nachforderungsbescheides gem. § 73g Abs. 1 EStDV gegen den Vergütungsgläubiger (Steuerschuldner) ist in Fällen des angeordneten Steuerabzugs gem. § 50a Abs. 7 EStG das für dessen Besteuerung zuständige Finanzamt und im Übrigen das Bundeszentralamt für Steuern (§ 73e Satz 1 und Satz 7 EStDV).

Anl a zu R 50a.2

a) Schreiben betr. steuerliche Behandlung ausländischer Kulturvereinigungen[2]

Vom 20. Juli 1983 (BStBl. I S. 382)

(BMF IV B 4 – S 2303 – 34/83)

Geändert durch BMF vom 30. Mai 1995 (BStBl. I S. 336)

Auf Grund der Erörterungen mit den Vertretern der obersten Finanzbehörden der Länder wird zur steuerlichen Behandlung ausländischer Kulturvereinigungen folgende Auffassung vertreten:

41 **1.** Ausländische Kulturvereinigungen sind, soweit eine Freistellung im Inland nicht schon nach den Vorschriften eines Abkommens zur Vermeidung der Doppelbesteuerung zu erfolgen hat, von der inländischen Einkommensteuer nach *§ 50 Abs. 7 EStG*[3] freizustellen, wenn ihr Auftritt im Inland wesentlich aus inländischen oder ausländischen öffentlichen Mitteln gefördert wird.

1.1. Als Kulturvereinigung ist ohne Rücksicht auf ihre Rechtsform jede Gruppierung zu verstehen, die eine künstlerische Gemeinschaftsleistung darbietet (z. B. Theater, Musik, Tanz), sofern es sich nicht um Solisten (vgl. Tz. 4) handelt.

1.2. Eine wesentliche Förderung aus inländischen oder ausländischen öffentlichen Mitteln ist dann anzunehmen, wenn sie ein Drittel der Kosten des Auftritts im Inland deckt. Der Umfang der Förderung aus öffentlichen Mitteln ist durch eine Bescheinigung nachzuweisen, die im Fall inländischer öffentlicher Mittel von der inländischen Förderungsbehörde (z. B. Auswärtiges Amt, Kultusbehörde) und im Fall ausländischer öffentlicher Mittel von der ausländischen Förderungsbehörde oder von der diplomatischen Vertretung des Herkunftslandes der Kulturvereinigung ausgestellt wird. Eine Bescheinigung ist von jeder Stelle auszustellen, die eine unmittelbare öffentliche Förderung gewährt hat. Als öffentliche Mittel sind alle Leistungen aus öffentlichen Kassen (Bar- und Sachleistungen) zu behandeln, die unmittelbar für einen Auftritt oder mehrere Auftritte einer ausländischen Kulturvereinigung im Inland gewährt werden. Keine öffentlichen Mittel sind dagegen Beiträge, die aus einem öffentlichen Haushalt z. B. an eine gemeinnützige Körperschaft geleistet werden, die diese ihrerseits an eine Kulturvereinigung weiterleitet.

Zu den Kosten des Auftritts gehören alle Aufwendungen, die in unmittelbarem wirtschaftlichem Zusammenhang mit der Gastspielreise stehen (z. B. Kosten für Reise, Werbung, Beschäftigung zusätzlichen Personals, Raummiete), nicht dagegen Löhne und Gehälter des Personals der Kulturvereinigung selbst.

Werden öffentliche Mittel nur für einen Teil der Auftritte im Inland gewährt, kommt eine Freistellung von der inländischen Einkommensteuer nach *§ 50 Abs. 7 EStG*[3] nur für diesen Teil der Auftritte in Betracht. Auch in derartigen Fällen ist durch entsprechende Bescheinigungen nachzuweisen, daß die öffentlichen Mittel mindestens ein Drittel der Kosten dieses Teils der Auftritte decken.

1.3.[4] Die Bescheinigung über die Freistellung vom Steuerabzug nach § 50a EStG wird von dem Finanzamt ausgestellt, das für den ersten Vergütungsschuldner (ersten Veranstalter) gemäß § 50a Abs. 5 EStG, § 73e EStDV zuständig ist; soweit eine Freistellung auf Grund von Vorschriften eines Abkommens zur Vermeidung der Doppelbesteuerung vorzunehmen ist, wird die Bescheinigung vom Bundesamt für Finanzen ausgestellt. Dies gilt auch, wenn die Gastspielreise nur einen Auftritt beinhaltet.

---

[1] Letztmals abgedruckt im „Handbuch zur ESt-Veranlagung 2019" als Anlage c zu R 50a.2 EStR.

[2] Ergänzend siehe *Vfg. OFD Berlin vom 21. 7. 1998 (DStR 1999 S. 26), Erlass Schleswig-Holstein vom 18. 3. 2003 VI 305 – S 2303 – 131 (BeckVerw 155712), Vfg. BayLfSt vom 24. 10. 2011 S 2303.1.1 – 5/2 St 32 (DB S. 2575)* sowie *BFH-Beschluss vom 7. 3. 2007 I R 98/05 (BStBl. 2008 II S. 186).*

[3] Nunmehr „§ 50 Abs. 4 EStG".

[4] Tz. 1.3 Satz 1 neu gefasst mit BMF-Schreiben vom 30. 5. 1995 (BStBl. I S. 336).

Werden alle Auftritte im Rahmen einer Gastspielreise in dem nach Tz. 1.2 erforderlichen Umfang aus öffentlichen Mitteln gefördert, gilt die Bescheinigung nach Satz 1 für die gesamte Gastspielreise. Für Vergütungen für einzelne Auftritte, die nicht nach Tz. 1.2 gefördert werden, gelten die allgemeinen Grundsätze.

2. Bei angestellten Mitgliedern ausländischer Kulturvereinigungen (z. B. bei Personen, die im Rahmen eines ausländischen Symphonieorchesters angestellt und besoldet sind) ist bei Auftritten im Inland nach *§ 50 Abs. 7 EStG*[1] vom Steuerabzug nach *§ 50a Abs. 4 EStG*[2] abzusehen. Der Steuerabzug ist vorzunehmen, soweit von einem inländischen Veranstalter Vergütungen unmittelbar an alle oder einzelne Mitglieder der Kulturvereinigung gezahlt werden. 42

3. Für Künstler, die im Inland als Angestellte einer in einem Niedrigsteuerland im Sinne des § 8 Außensteuergesetz ansässigen Basisgesellschaft auftreten, kommt eine Freistellung vom Steuerabzug nicht in Betracht.

4. Bei ausländischen Solisten kommt eine Freistellung vom Steuerabzug im Sinne des *§ 50a Abs. 4 EStG*[2] nach *§ 50 Abs. 7 EStG*[1] selbst dann nicht in Betracht, wenn ihr Auftritt aus öffentlichen Mitteln gefördert wird. Solisten im Sinne dieser Regelung sind Künstler, die einzeln oder in solistisch besetzten Ensembles (z. B. Duo, Trio, Quartett) auftreten.

Anl b zu R 50a.2

b) Schreiben betr. Steuerabzug bei beschränkt Steuerpflichtigen nach § 50a Abs. 7 EStG

Vom 2. August 2002 (BStBl. I S. 710)

(BMF IV A 5 – S 2411 – 27/02)

Im Einvernehmen mit den obersten Finanzbehörden der Länder vertrete ich zum Steuerabzug nach § 50a Abs. 7 EStG folgende Auffassung: 43

Zur Sicherstellung des Steueranspruchs aus beschränkt steuerpflichtigen Einkünften im Sinne des § 49 EStG, die nicht bereits dem Steuerabzug vom Arbeitslohn oder vom Kapitalertrag oder dem Steuerabzug nach § 50a Abs. 1 bis 4 EStG unterliegen, kann das Finanzamt des Vergütungsgläubigers einen besonderen Steuerabzug anordnen (sog. Sicherungseinbehalt). Der Vergütungsschuldner hat den Steuerabzug für Rechnung des beschränkt steuerpflichtigen Vergütungsgläubigers (Steuerschuldner) vorzunehmen. Der Steuerabzug ist auf die veranlagte Einkommensteuer anzurechnen (§ 36 Abs. 2 Nr. 2 EStG).

Der Steuerabzug beträgt 25 v. H. der gesamten Einnahmen, wenn der beschränkt Steuerpflichtige dem Finanzamt nicht glaubhaft macht, dass die voraussichtlich geschuldete Steuer niedriger ist. In die Bemessungsgrundlage für den Steuerabzug ist auch die Umsatzsteuer einzubeziehen, wenn der Vergütungsgläubiger Schuldner der Umsatzsteuer ist. Abzüge von der Bemessungsgrundlage, z. B. für Betriebsausgaben, sind nicht zulässig.

Die Steuer entsteht in dem Zeitpunkt, in dem die Vergütungen, für die ein Steuerabzug nach § 50a Abs. 7 EStG angeordnet ist, an den beschränkt Steuerpflichtigen gezahlt werden (§ 50a Abs. 7 Satz 3 i. V. m. Abs. 5 Satz 1 EStG und § 73c Nr. 1 EStDV). Sind Teilvergütungen bereits vor der Anordnung des Steuerabzugs nach § 50a Abs. 7 EStG an den beschränkt steuerpflichtigen Gläubiger gezahlt worden, so kann der Sicherungseinbehalt, der sich nach der Gesamtvergütung bemisst, von den verbleibenden Teilvergütungen angeordnet werden.

Der Vergütungsschuldner hat die innerhalb eines Kalendervierteljahres im Zeitpunkt der Zahlung der Vergütung einbehaltene Steuer jeweils bis zum 10. des dem Kalendervierteljahr folgenden Monats an das Finanzamt abzuführen, das den Steuerabzug angeordnet hat (§ 50a Abs. 7 Satz 3 EStG), und demselben Finanzamt auf amtlichem Vordruck eine Steueranmeldung zu übersenden (§ 149 Abs. 1 Satz 2 AO). Nach § 52 Abs. 58b EStG i. d. F. des Steueränderungsgesetzes 2001 (BGBl. I S. 3794, BStBl. 2002 I S. 4) gilt dies erstmals für Vergütungen, für die der Steuerabzug nach dem 22. Dezember 2001 angeordnet worden ist.

Werden Vergütungen nach Anordnung des Steuerabzugs nach § 50a Abs. 7 EStG ohne einen Sicherungseinbehalt an den beschränkt Steuerpflichtigen ausgezahlt, so haftet der Vergütungsschuldner für die Einbehaltung und Abführung der Steuer (§ 50a Abs. 7 Satz 3 i. V. m. Abs. 5 Satz 5 EStG).

Dieses Schreiben ersetzt das BMF-Schreiben vom 13. Juli 1999 (BStBl. I S. 687).

---

[1] Nunmehr „§ 50 Abs. 4 EStG".
[2] Nunmehr „§ 50a Abs. 1 EStG".

IX. Sonstige Vorschriften, Bußgeld-, Ermächtigungs- und Schlussvorschriften

EStG

§ 50b Prüfungsrecht

1 **①Die Finanzbehörden sind berechtigt, Verhältnisse, die für die Anrechnung oder Vergütung von Körperschaftsteuer, für die Anrechnung oder Erstattung von Kapitalertragsteuer, für die Nichtvornahme des Steuerabzugs, für die Ausstellung der Jahresbescheinigung nach § 24c oder für die Mitteilungen an das Bundeszentralamt für Steuern nach § 45e von Bedeutung sind oder der Aufklärung bedürfen, bei den am Verfahren Beteiligten zu prüfen. ②Die §§ 193 bis 203 der Abgabenordnung gelten sinngemäß.**

§ 50c Entlastung vom Steuerabzug in bestimmten Fällen

1 **(1) ①Soweit der Besteuerung von Einkünften, die der Kapitalertragsteuer oder dem Steuerabzug nach § 50a unterliegen, der § 43b, der § 50g oder ein Abkommen zur Vermeidung der Doppelbesteuerung entgegenstehen, sind dessen ungeachtet die Vorschriften zur Einbehaltung, Abführung und Anmeldung der Steuer anzuwenden. ②Der zum Steuerabzug Verpflichtete kann sich vorbehaltlich des Absatzes 2 nicht auf die Rechte des Gläubigers der Kapitalerträge oder Vergütungen aus § 43b, § 50g oder dem Abkommen berufen.**

2 **(2) ①Der Schuldner der Kapitalerträge oder Vergütungen ist zur Einbehaltung und Abführung der Steuer nicht verpflichtet,**

1. soweit dem Gläubiger der Kapitalerträge oder Vergütungen auf dessen Antrag (Freistellungsantrag) vom Bundeszentralamt für Steuern bescheinigt wird, dass § 43b, § 50g oder ein Abkommen zur Vermeidung der Doppelbesteuerung der Besteuerung der Einkünfte entgegensteht (Freistellungsbescheinigung), oder

2.[1] soweit es sich um Einkünfte eines beschränkt Steuerpflichtigen im Sinne des § 50a Absatz 1 Nummer 3 handelt und soweit der Besteuerung der Einkünfte ein Abkommen zur Vermeidung der Doppelbesteuerung entgegensteht; dies gilt nur, wenn die Vergütung zuzüglich der dem beschränkt Steuerpflichtigen in demselben Kalenderjahr vom Schuldner bereits zugeflossenen Vergütungen 5000 Euro nicht übersteigt.

②Der Schuldner ist zur Steueranmeldung auch dann verpflichtet, wenn er gemäß Satz 1 keine Steuer einzubehalten und abzuführen hat. ③Eine Steueranmeldung kann auf der Grundlage des Satzes 1 nicht geändert werden, es sei denn, die Freistellungsbescheinigung ist zum Zeitpunkt der Anmeldung der Steuer noch nicht erteilt worden. ④Eine Freistellungsbescheinigung ist auf einen Zeitraum von höchstens drei Jahren frühestens ab dem Tag, an dem der Antrag beim Bundeszentralamt für Steuern eingeht, zu befristen und von der Einhaltung der Voraussetzungen ihrer Erteilung während ihrer Geltung abhängig zu machen; sie kann mit weiteren Nebenbestimmungen gemäß § 120 Absatz 2 der Abgabenordnung versehen werden. ⑤Eine Freistellungsbescheinigung für die Kapitalertragsteuer auf Grund eines Abkommens zur Vermeidung der Doppelbesteuerung ist nur zu erteilen, wenn der Gläubiger der Kapitalerträge eine Kapitalgesellschaft ist, die im Staat ihrer Ansässigkeit den Steuern vom Einkommen oder Gewinn unterliegt, ohne davon befreit zu sein, und soweit dem Gläubiger Kapitalerträge von einer unbeschränkt steuerpflichtigen Kapitalgesellschaft im Sinne des § 1 Absatz 1 Nummer 1 des Körperschaftsteuergesetzes zufließen, an deren Nennkapital der Gläubiger zu mindestens einem Zehntel unmittelbar beteiligt ist. ⑥Über einen Freistellungsantrag ist innerhalb von drei Monaten nach Vorlage aller erforderlichen Nachweise zu entscheiden.

3 **(3) ①Dem beschränkt steuerpflichtigen Gläubiger der Kapitalerträge oder Vergütungen wird auf seinen fristgemäßen Antrag beim Bundeszentralamt für Steuern (Erstattungsantrag) auf der Grundlage eines Freistellungsbescheides die gemäß Absatz 1 Satz 1 einbehaltene und abgeführte oder auf Grund eines Haftungsbescheids oder Nachforderungsbescheids entrichtete Steuer erstattet, wenn die Steuer nicht nach § 36 Absatz 2 Nummer 2 auf die Einkommensteuer oder die Körperschaftsteuer des Gläubigers angerechnet werden kann. ②Die Frist für einen Erstattungsantrag beträgt vier Jahre und beginnt mit Ablauf des Kalenderjahres, in dem die Kapitalerträge oder Vergütungen bezogen worden sind; sie endet nicht vor Ablauf eines Jahres seit dem Zeitpunkt der Entrichtung der Steuer und nicht vor Ablauf der im Abkommen zur Vermeidung der Doppelbesteuerung vorgesehenen Frist. ③Ein Freistellungsbescheid für Kapitalertragsteuer wird nur erteilt, wenn die in § 45a Absatz 2**

[1] Zur erstmaligen Anwendung siehe § 52 Abs. 47 a Satz 1 EStG.

oder Absatz 3 bezeichnete Bescheinigung vorgelegt wurde oder die Angaben gemäß § 45 a Absatz 2 a übermittelt wurden; einem Antrag auf Erstattung der nach § 50 a entrichteten Steuer ist die Bescheinigung nach § 50 a Absatz 5 Satz 6 beizufügen. ④ Hat der Gläubiger nach § 50 a Absatz 5 Steuern für Rechnung anderer beschränkt steuerpflichtiger Gläubiger einzubehalten, kann die Auszahlung des Erstattungsanspruchs davon abhängig gemacht werden, dass er die Zahlung der von ihm einzubehaltenden Steuer nachweist, hierfür Sicherheit leistet oder unwiderruflich die Zustimmung zur Verrechnung seines Erstattungsanspruchs mit dem Steueranspruch nach § 50 a Absatz 5 Satz 3 erklärt.

(4) ① Ein nach Absatz 3 in Verbindung mit § 50 g zu erstattender Betrag ist nach Maßgabe der §§ 238 und 239 der Abgabenordnung zu verzinsen. ② Die Festsetzungsfrist beginnt mit Ablauf des Kalenderjahres, in dem der Freistellungsbescheid erlassen, aufgehoben oder nach § 129 der Abgabenordnung berichtigt worden ist. ③ Der Zinslauf beginnt zwölf Monate nach Ablauf des Monats, in dem der Erstattungsantrag und alle für die Entscheidung erforderlichen Nachweise vorliegen, frühestens am Tag der Entrichtung der Steuer. ④ Der Zinslauf endet mit Ablauf des Tages, an dem der Freistellungsbescheid wirksam wird. ⑤ § 233 a Absatz 5 der Abgabenordnung gilt sinngemäß. 4

(5)[1] ① Der Freistellungsantrag und der Erstattungsantrag sind nach amtlich vorgeschriebenem Datensatz über die amtlich bestimmte Schnittstelle zu übermitteln. ② Der Antragsteller hat durch eine Bestätigung der für ihn zuständigen Steuerbehörde des anderen Staates nachzuweisen, dass er dort ansässig ist oder in den Fällen des § 43 b Absatz 1 Satz 1 zweite Alternative oder des § 50 g Absatz 1 Satz 1 letzte Alternative dort eine Betriebsstätte hat. ③ Zur Vermeidung unbilliger Härten kann das Bundeszentralamt für Steuern auf Antrag auf eine Übermittlung gemäß Satz 1 verzichten; in diesem Fall ist der Freistellungsantrag oder der Erstattungsantrag nach amtlich vorgeschriebenem Vordruck zu stellen. ④ Die Entscheidung über einen Freistellungsantrag und die Entscheidung über einen Erstattungsantrag werden zum Datenabruf über die amtlich bestimmte Schnittstelle bereitgestellt, es sei denn, der Antrag war nach amtlich vorgeschriebenem Vordruck zu stellen; § 122 a Absatz 3 und 4 der Abgabenordnung ist entsprechend anzuwenden. 5

R 50 c[2]

R 50 c

H 50 c

Abstandnahme vom Steuerabzug gem. § 50 d Abs. 2 Satz 1 a. F. (jetzt § 50 c Abs. 2) bei sog. abgesetzten Beständen → BMF vom 5. 7. 2013 (BStBl. I S. 847). 7

Merkblatt des BZSt zur Entlastung vom Steuerabzug i. S. v. § 50 a EStG aufgrund von DBA
– bei Vergütungen an ausländische Künstler und Sportler vom 9. 10. 2002 (BStBl. I S. 904)
– bei Lizenzgebühren und ähnlichen Vergütungen vom 9. 10. 2002 (BStBl. I S. 916)
Das BZSt bietet aktuelle Fassungen seiner Merkblätter sowie die Bestellung von Antragsvordrucken im Internet an (www.bzst.bund.de).

---

[1] **Zur Anwendung von Abs. 5 Satz 1, 3 und 4 siehe § 52 Abs. 47 a Satz 2 EStG.**
[2] „R 50 c Wertminderung von Anteilen durch Gewinnausschüttungen" gegenstandslos, letztmals abgedruckt im „Handbuch zur ESt-Veranlagung 2020".

EStG

§ 50d Anwendung von Abkommen zur Vermeidung der Doppelbesteuerung

(1) bis (2) *(aufgehoben)*

1 (3)[1] ① **Eine Körperschaft, Personenvereinigung oder Vermögensmasse hat auf der Grundlage eines Abkommens zur Vermeidung der Doppelbesteuerung keinen Anspruch auf Entlastung von der Kapitalertragsteuer und vom Steuerabzug nach § 50a, soweit**

1. **Personen an ihr beteiligt oder durch die Satzung, das Stiftungsgeschäft oder die sonstige Verfassung begünstigt sind, denen dieser Anspruch nicht zustünde, wenn sie die Einkünfte unmittelbar erzielten, und**
2. **die Einkunftsquelle keinen wesentlichen Zusammenhang mit einer Wirtschaftstätigkeit dieser Körperschaft, Personenvereinigung oder Vermögensmasse aufweist; das Erzielen der Einkünfte, deren Weiterleitung an beteiligte oder begünstigte Personen sowie eine Tätigkeit, soweit sie mit einem für den Geschäftszweck nicht angemessen eingerichteten Geschäftsbetrieb ausgeübt wird, gelten nicht als Wirtschaftstätigkeit.**

② **Satz 1 findet keine Anwendung, soweit die Körperschaft, Personenvereinigung oder Vermögensmasse nachweist, dass keiner der Hauptzwecke ihrer Einschaltung die Erlangung eines steuerlichen Vorteils ist, oder wenn mit der Hauptgattung der Anteile an ihr ein wesentlicher und regelmäßiger Handel an einer anerkannten Börse stattfindet.** ③ **§ 42 der Abgabenordnung bleibt unberührt.**

(4) bis (6) *(aufgehoben)*

2 (7) **Werden Einkünfte im Sinne des § 49 Absatz 1 Nummer 4 aus einer Kasse einer juristischen Person des öffentlichen Rechts im Sinne der Vorschrift eines Abkommens zur Vermeidung der Doppelbesteuerung über den öffentlichen Dienst gewährt, so ist diese Vorschrift bei Bestehen eines Dienstverhältnisses mit einer anderen Person in der Weise auszulegen, dass die Vergütungen für der erstgenannten Person geleistete Dienste gezahlt werden, wenn sie ganz oder im Wesentlichen aus öffentlichen Mitteln aufgebracht werden.**

3 (8) ① **Sind Einkünfte eines unbeschränkt Steuerpflichtigen aus nichtselbständiger Arbeit (§ 19) nach einem Abkommen zur Vermeidung der Doppelbesteuerung von der Bemessungsgrundlage der deutschen Steuer auszunehmen, wird die Freistellung bei der Veranlagung ungeachtet des Abkommens nur gewährt, soweit der Steuerpflichtige nachweist, dass der Staat, dem nach dem Abkommen das Besteuerungsrecht zusteht, auf dieses Besteuerungsrecht verzichtet hat oder dass die in diesem Staat auf die Einkünfte festgesetzten Steuern entrichtet wurden.**[2] ② **Wird ein solcher Nachweis erst geführt, nachdem die Einkünfte in eine Veranlagung zur Einkommensteuer einbezogen wurden, ist der Steuerbescheid insoweit zu ändern.** ③ **§ 175 Absatz 1 Satz 2 der Abgabenordnung ist entsprechend anzuwenden.**

4 (9) ① **Sind Einkünfte eines unbeschränkt Steuerpflichtigen nach einem Abkommen zur Vermeidung der Doppelbesteuerung von der Bemessungsgrundlage der deutschen Steuer auszunehmen, so wird die Freistellung der Einkünfte ungeachtet des Abkommens nicht gewährt, soweit**

1. **der andere Staat die Bestimmungen des Abkommens so anwendet, dass die Einkünfte in diesem Staat von der Besteuerung auszunehmen sind oder nur zu einem durch das Abkommen begrenzten Steuersatz besteuert werden können,**
2. **die Einkünfte in dem anderen Staat nur deshalb nicht steuerpflichtig sind, weil sie von einer Person bezogen werden, die in diesem Staat nicht auf Grund ihres Wohnsitzes, ständigen Aufenthalts, des Ortes ihrer Geschäftsleitung, des Sitzes oder eines ähnlichen Merkmals unbeschränkt steuerpflichtig ist,**[3] **oder**
3. **die Einkünfte in dem anderen Staat nur deshalb nicht steuerpflichtig sind, weil sie einer Betriebsstätte in einem anderen Staat zugeordnet werden oder auf Grund einer anzunehmenden schuldrechtlichen Beziehung die steuerliche Bemessungsgrundlage in dem anderen Staat gemindert wird.**

② **Nummer 2 gilt nicht für Dividenden, die nach einem Abkommen zur Vermeidung der Doppelbesteuerung von der Bemessungsgrundlage der deutschen Steuer auszunehmen sind, es sei denn, die Dividenden sind bei der Ermittlung des Gewinns der ausschüttenden Gesellschaft abgezogen worden.** ③ **Bestimmungen eines Abkommens zur Vermeidung der Doppelbesteuerung sowie Absatz 8 und § 20 Absatz 2 des Außengesetzes bleiben unberührt, soweit sie jeweils die Freistellung von Einkünften in**

[1] Zur Anwendung siehe § 52 Abs. 47b EStG.
[2] Zur Verfassungsmäßigkeit siehe *Beschluss BVerfG vom 15. 12. 2015 2 BvL 1/12 (DStR 2016 S. 359).*
[3] Zur Frage der Verfassungsmäßigkeit siehe *Vorlagebeschluss des BFH an das BVerfG vom 20. 8. 2014 I R 86/13 (BStBl. 2015 II S. 18); Az. beim BVerfG: 2 BvL 21/14.*

einem weitergehenden Umfang einschränken. ④ Bestimmungen eines Abkommens zur Vermeidung der Doppelbesteuerung, nach denen Einkünfte aufgrund ihrer Behandlung im anderen Vertragsstaat nicht von der Bemessungsgrundlage der deutschen Steuer ausgenommen werden, sind auch auf Teile von Einkünften anzuwenden, soweit die Voraussetzungen der jeweiligen Bestimmung des Abkommens hinsichtlich dieser Einkunftsteile erfüllt sind.

(10)[1] **① Sind auf eine Vergütung im Sinne des § 15 Absatz 1 Satz 1 Nummer 2** 5
Satz 1 zweiter Halbsatz und Nummer 3 zweiter Halbsatz die Vorschriften eines Abkommens zur Vermeidung der Doppelbesteuerung anzuwenden und enthält das Abkommen keine solche Vergütungen betreffende ausdrückliche Regelung, gilt die Vergütung für Zwecke der Anwendung des Abkommens zur Vermeidung der Doppelbesteuerung ausschließlich als Teil des Unternehmensgewinns des vergütungsberechtigten Gesellschafters. ② Satz 1 gilt auch für die durch das Sonderbetriebsvermögen veranlassten Erträge und Aufwendungen. ③ Die Vergütung des Gesellschafters ist ungeachtet der Vorschriften eines Abkommens zur Vermeidung der Doppelbesteuerung über die Zuordnung von Vermögenswerten zu einer Betriebsstätte derjenigen Betriebsstätte der Gesellschaft zuzurechnen, der der Aufwand für die der Vergütung zugrunde liegende Leistung zuzuordnen ist; die in Satz 2 genannten Erträge und Aufwendungen sind der Betriebsstätte zuzurechnen, der die Vergütung zuzuordnen ist. ④ Die Sätze 1 bis 3 gelten auch in den Fällen des § 15 Absatz 1 Satz 1 Nummer 2 Satz 2 sowie in den Fällen des § 15 Absatz 1 Satz 2 entsprechend. ⑤ Sind Einkünfte im Sinne der Sätze 1 bis 4 einer Person zuzurechnen, die nach einem Abkommen zur Vermeidung der Doppelbesteuerung als im anderen Staat ansässig gilt, und weist der Steuerpflichtige nach, dass der andere Staat die Einkünfte besteuert, ohne die darauf entfallende deutsche Steuer anzurechnen, ist die in diesem Staat nachweislich auf diese Einkünfte festgesetzte und gezahlte und um einen entstandenen Ermäßigungsanspruch gekürzte, der deutschen Einkommensteuer entsprechende, anteilige ausländische Steuer bis zur Höhe der anteilig auf diese Einkünfte entfallenden deutschen Einkommensteuer anzurechnen. ⑥ Satz 5 gilt nicht, wenn das Abkommen zur Vermeidung der Doppelbesteuerung eine ausdrückliche Regelung für solche Einkünfte enthält. ⑦ Die Sätze 1 bis 6

1. **sind nicht auf Gesellschaften im Sinne des § 15 Absatz 3 Nummer 2 anzuwenden;**
2. **gelten entsprechend, wenn die Einkünfte zu den Einkünften aus selbständiger Arbeit im Sinne des § 18 gehören; dabei tritt der Artikel über die selbständige Arbeit an die Stelle des Artikels über die Unternehmenseinkünfte, wenn das Abkommen zur Vermeidung der Doppelbesteuerung einen solchen Artikel enthält.**

⑧ Absatz 9 Satz 1 Nummer 1 bleibt unberührt.

(11) **① Sind Dividenden bei einem unbeschränkt steuerpflichtigen Zahlungsemp-** 6
fänger nach einem Abkommen zur Vermeidung der Doppelbesteuerung von der Bemessungsgrundlage der deutschen Steuer auszunehmen, wird die Freistellung ungeachtet des Abkommens nur insoweit gewährt, als die Dividenden nach deutschem Steuerrecht nicht einer anderen Person zuzurechnen sind. ② Soweit die Dividenden nach deutschem Steuerrecht einer anderen Person zuzurechnen sind, werden sie bei dieser Person freigestellt, wenn sie bei ihr als Zahlungsempfänger nach Maßgabe des Abkommens freigestellt würden.

(11a) **Ist der Gläubiger der Kapitalerträge oder Vergütungen eine Person, der die** 7
Kapitalerträge oder Vergütungen nach diesem Gesetz oder nach dem Steuerrecht des anderen Vertragsstaats nicht zugerechnet werden, steht der Anspruch auf völlige oder teilweise Erstattung des Steuerabzugs vom Kapitalertrag oder nach § 50a auf Grund eines Abkommens zur Vermeidung der Doppelbesteuerung nur der Person zu, der die Kapitalerträge oder Vergütungen nach den Steuergesetzen des anderen Vertragsstaats als Einkünfte oder Gewinne einer ansässigen Person zugerechnet werden.

(12) **① Abfindungen, die anlässlich der Beendigung eines Dienstverhältnisses gezahlt** 8
werden, gelten für Zwecke der Anwendung eines Abkommens zur Vermeidung der Doppelbesteuerung als für frühere Tätigkeit geleistetes zusätzliches Entgelt. ② Dies gilt nicht, soweit das Abkommen in einer gesonderten, ausdrücklich solche Abfindungen betreffenden Vorschrift eine abweichende Regelung trifft. ③ Absatz 9 Satz 1 Nummer 1 sowie Rechtsverordnungen gemäß § 2 Absatz 2 Satz 1 der Abgabenordnung bleiben unberührt.

(13) **Werden Aktien einer Gesellschaft mit Sitz oder Geschäftsleitung im Inland mit** 9
Dividendenberechtigung erworben, aber ohne Dividendenanspruch geliefert, sind vom Erwerber an Stelle von Dividenden erhaltene sonstige Bezüge für Zwecke der

---

[1] Zur Frage der Verfassungsmäßigkeit siehe *Vorlagebeschluss des BFH an das BVerfG vom 11. 12. 2013 I R 4/13 (BStBl. 2014 II S. 791); Az. beim BVerfG: 2 BvL 15/14.*

Anwendung eines Abkommens zur Vermeidung der Doppelbesteuerung den Dividenden, die von dieser Gesellschaft gezahlt werden, gleichgestellt.

9a **(14)** ① **Dem Gläubiger der Kapitalerträge im Sinne des § 20 Absatz 1 Nummer 1 und 2 aus Anteilen an einer optierenden Gesellschaft im Sinne des § 1 a des Körperschaftsteuergesetzes steht ungeachtet der Bestimmungen eines Abkommens zur Vermeidung der Doppelbesteuerung kein Anspruch auf Entlastung von der Kapitalertragsteuer zu, wenn die Kapitalerträge im anderen Staat aufgrund einer vom deutschen Recht abweichenden steuerlichen Behandlung der optierenden Gesellschaft nicht der Besteuerung unterliegen.** ② **Gewinne aus der Veräußerung von Anteilen an einer optierenden Gesellschaft im Sinne des § 1 a des Körperschaftsteuergesetzes sind ungeachtet der Bestimmungen eines Abkommens zur Vermeidung der Doppelbesteuerung zu versteuern, wenn sie im anderen Staat aufgrund einer vom deutschen Recht abweichenden steuerlichen Behandlung der optierenden Gesellschaft nicht der Besteuerung unterliegen.**

Übersicht

H 50d

10 **Anwendung der DBA auf Personengesellschaften** → BMF vom 26. 9. 2014 (BStBl. I S. 1258).

Arbeitslohn nach DBA → BMF vom 3. 5. 2018 (BStBl. I S. 643)[1] unter Berücksichtigung der Änderungen durch BMF vom 22. 4. 2020 (BStBl. I S. 483).

Entlastungsberechtigung ausländischer Gesellschaften. Zur Anwendung des § 50 d Abs. 3 EStG → BMF vom 24. 1. 2012 (BStBl. I S. 171) unter Berücksichtigung → BMF vom 4. 4. 2018 (BStBl. I S. 589).

Entlastung von deutscher Abzugsteuer gemäß § 50 a EStG bei künstlerischer, sportlicher Tätigkeit oder ähnlichen Darbietungen → BMF vom 25.11.2010 (BStBl. I S. 1350).[2]

Gestaltungsmissbrauch. Werden im Inland erzielte Einnahmen zur Vermeidung inländischer Steuer durch eine ausländische Kapitalgesellschaft „durchgeleitet", kann ein Missbrauch rechtlicher Gestaltungsmöglichkeiten auch dann vorliegen, wenn der Staat, in dem die Kapitalgesellschaft ihren Sitz hat, kein sog. Niedrigbesteuerungsland ist (→ BFH vom 29. 10. 1997 – BStBl. 1998 II S. 235).

Anl zu § 50d

Zwei Schreiben betr. Steuerabzug von Vergütungen im Sinne des § 50 a Abs. 4 Satz 1 Nr. 2 und 3 EStG; Entlastung von Abzugsteuern aufgrund von Doppelbesteuerungsabkommen (DBA) nach einem vereinfachten Verfahren („Kontrollmeldeverfahren")[3]

Vom 18. Dezember 2002 (BStBl. I S. 1386)

(BMF IV B 4 – S 2293 – 54/02)

Unter Bezugnahme auf das Ergebnis der Erörterungen mit den obersten Finanzbehörden der Länder werden die Voraussetzungen für die Teilnahme am Kontrollmeldeverfahren (§ 50 d Abs. 5 EStG) nachfolgend neu geregelt.

I. Kontrollmeldeverfahren

11 **1** Gemäß § 50 d Abs. 5 EStG kann das Bundesamt für Finanzen auf Antrag den Schuldner von Vergütungen im Sinne des § 50 a Abs. 4 Satz 1 Nr. 2 und 3 EStG ermächtigen, in Fällen von geringer steuerrechtlicher Bedeutung ein vereinfachtes Verfahren (Kontrollmeldeverfahren) anzuwenden. Das Verfahren setzt voraus, dass die Vergütungen im Sinne des § 50 a Abs. 4 Satz 1 Nr. 2 und 3 EStG nach einem DBA im Inland nicht oder nur zu einem niedrigeren Steuersatz besteuert werden können (vgl. Tz. 4). Die Ermächtigung kann mit Auflagen verbunden werden.

Im Kontrollmeldeverfahren unterlassen die Schuldner von sich aus bei Gläubigern, die in einem ausländischen Staat ansässig sind, mit dem ein entsprechendes DBA besteht, den Steuerabzug oder

[1] Abgedruckt im „Handbuch zur Lohnsteuer 2021" als Anlage c zu § 39 b EStG.
[2] Letztmals abgedruckt im „Handbuch zur ESt-Veranlagung 2019" als Anlage c zu R 50 a.2 EStR.
[3] Siehe jetzt aber auch § 50 d Abs. 5 EStG in der abgedruckten Fassung.

nehmen diesen nur nach dem gemäß dem DBA höchstens zulässigen Satz vor. Nach Ablauf des Kalenderjahres haben die Schuldner für jeden Gläubiger dem Bundesamt für Finanzen und dem für sie zuständigen Finanzamt jeweils eine „Jahreskontrollmeldung" zu übersenden.

II. Ermächtigung zur Anwendung des Kontrollmeldeverfahrens

2 Ein Schuldner von Vergütungen im Sinne des § 50a Abs. 4 Satz 1 Nr. 2 und 3 EStG kann das Kontrollmeldeverfahren nur anwenden, wenn er hierzu auf seinen Antrag vom Bundesamt für Finanzen ermächtigt worden ist. Der Antrag ist nach vorgeschriebenem Muster zu stellen. In dem Antrag hat sich der Schuldner zu verpflichten, **12**

a) die Jahreskontrollmeldung (Tz. 10) bis zum Ablauf des Monats April jeden Jahres für das vorhergehende Kalenderjahr zu übersenden;
b) den Ermächtigungsbescheid (Tz. 3) und je einen Abdruck der Jahreskontrollmeldung (Tz. 10) als Belege zu seinen Unterlagen zu nehmen;
c) dem Gläubiger die in Tz. 8 bezeichnete Mitteilung zu machen.

Der Schuldner hat außerdem anzuerkennen, dass die Ermächtigung zum Kontrollmeldeverfahren die Haftung nach § 50a Abs. 5 EStG unberührt lässt.

3 Die Ermächtigung, das Kontrollmeldeverfahren anzuwenden, wird von dem Bundesamt für Finanzen durch Bescheid erteilt, und zwar im Allgemeinen unbefristet, jedoch unter dem Vorbehalt jederzeitigen Widerrufs; eine Abschrift des Ermächtigungsbescheides erhält das für den Schuldner der Vergütungen nach § 73e Satz 1 EStDV örtlich zuständige Finanzamt. In dem Ermächtigungsbescheid weist das Bundesamt für Finanzen auf die nach Tz. 2 zu übernehmenden Verpflichtungen hin. Die Ermächtigung zur Anwendung des Kontrollmeldeverfahrens kann mit Wirkung vom 1. Januar des Jahres erteilt werden, in dem die Teilnahme am Kontrollmeldeverfahren beantragt wurde.

III. Anwendungsbereich des Kontrollmeldeverfahrens

4 Das Kontrollmeldeverfahren kann nur auf Vergütungen im Sinne des § 50a Abs. 4 Satz 1 Nr. 2 und 3 EStG angewendet werden. Das Bundesamt für Finanzen kann es auf Zahlungen aus einer bestimmten (z. B. im Inland lediglich verwerteten) Tätigkeit und auf bestimmte Personen oder Personengruppen beschränken sowie Abweichungen zulassen. Die Teilnahme am Kontrollmeldeverfahren ist ausgeschlossen für Zahlungen, die für die Ausübung einer Tätigkeit als Künstler oder Berufssportler im Inland geleistet werden, weil für diese Zahlungen nach den DBA regelmäßig der Staat, in dem die Tätigkeit ausgeübt wird, ein uneingeschränktes Besteuerungsrecht hat. **13**

5 Das Kontrollmeldeverfahren kann nur bei Gläubigern zugelassen werden, bei denen die jeweilige Zahlung (Einzelzahlung) den Bruttobetrag von 5500 Euro und die während eines Kalenderjahres geleisteten gesamten Zahlungen den Bruttobetrag von 40 000 Euro nicht übersteigen.

6 Hat der Schuldner Personen in das Kontrollmeldeverfahren einbezogen, bei denen diese Höchstbeträge überschritten werden, so ist für diese Personen zu dem Zeitpunkt eine Freistellungsbescheinigung zu beantragen, in dem eine Einzelzahlung von mehr als 5500 Euro geleistet wird oder die gesamten Zahlungen den Betrag von 40 000 Euro überschreiten. Die Jahreskontrollmeldung (Tz. 10) hat jedoch alle an diese Personen geleisteten Zahlungen zu umfassen. Wird die Höchstgrenze im Laufe eines Jahres überschritten und weigert sich der Gläubiger, eine Freistellungsbescheinigung zu beantragen, so hat der Schuldner gemäß § 50a Abs. 5 EStG von der die Jahreshöchstgrenze überschreitenden Vergütung die gesetzliche Steuer einzubehalten und an das Finanzamt abzuführen.

7 In die vorgenannten Höchstbeträge sind Vorschüsse, Teil-, Abschlags- und Abschlusszahlungen sowie Kostenerstattungen (Fahrtkosten, Mehraufwand für Verpflegung, Übernachtung u. Ä.) einzubeziehen und sämtliche während eines Kalenderjahres geleisteten Zahlungen zusammenzurechnen, die sich auf dieselbe Tätigkeit oder Leistung des Gläubigers beziehen.

8 Ein Schuldner, der die Zahlungen an einen bestimmten Gläubiger in das Kontrollmeldeverfahren einbezieht und daher keine oder nur eine reduzierte Abzugsteuer einbehält, hat dies so früh wie möglich, spätestens bei der ersten in dieser Weise geleisteten Zahlung, dem Gläubiger mitzuteilen und ihn darauf hinzuweisen, dass die deutschen Finanzbehörden die Finanzbehörden seines Wohnsitzstaates über diese und alle künftigen Zahlungen informieren können.

9 Bei den einzelnen Gläubigern kann das Verfahren innerhalb desselben Kalendervierteljahres, für das die einzubehaltende Abzugsteuer abzuführen ist (§ 73e EStDV), auch rückwirkend angewendet werden. Die nach dem einschlägigen DBA zuviel einbehaltene, aber noch nicht an das zuständige Finanzamt abgeführte Abzugsteuer ist dann gesondert oder zusammen mit weiteren Zahlungen an den betreffenden Gläubiger auszuzahlen. Der Schuldner hat das in seinen Unterlagen zu vermerken. Soweit die Abzugsteuer bereits an das zuständige Finanzamt abgeführt worden ist, kann das Kontrollmeldeverfahren nicht rückwirkend angewendet werden.

IV. Jahreskontrollmeldungen

10 Von den Schuldnern ist für jeden Gläubiger bis zum 30. April jeden Kalenderjahres für das vorhergehende Kalenderjahr jeweils eine Jahreskontrollmeldung beim Bundesamt für Finanzen und beim zuständigen Finanzamt einzureichen und als „Meldung über die im Jahr ... gezahlten Lizenzgebühren und/oder Vergütungen für eine in der Bundesrepublik Deutschland ausgeübte persönliche Tätigkeit" zu bezeichnen. Sie muss mindestens folgende Angaben enthalten: **14**

– Name, Vorname sowie Wohnort oder Geschäftsleitung des Schuldners;

Anl zu § 50 d

- Name, Vorname sowie Staat und Ort des Wohnsitzes oder der Geschäftsleitung des Gläubigers (einschließlich Postleitzahl, Straße, Hausnummer). Die Angabe eines Postfaches oder einer c/o-Anschrift ist nicht ausreichend;
- Bei Zahlungen an Empfänger mit Wohnsitz oder Sitz in den Vereinigten Staaten ist deren „Social Security Number", „Employer's Identification Number" oder „Taxpayer Identification Number" anzugeben;
- Bruttobetrag und Art der Vergütungen, ausgedrückt durch genaue Angabe der Vorschrift des § 50 a Abs. 4 Satz 1 Nr. 2 oder 3 EStG;
- von den Vergütungen einbehaltener Steuerbetrag.

Das Bundesamt für Finanzen kann die Übersendung der Jahreskontrollmeldung auf Magnetband oder einem anderen Datenträger nach einem von ihm vorgegebenen Datensatz zulassen. Dem zuständigen Finanzamt ist die Jahreskontrollmeldung hingegen nur in Papierform zuzuleiten.

Die Einreichung der Jahreskontrollmeldung lässt die Meldeverpflichtung nach § 73 e EStDV unberührt.

11 Unbeschadet der Zuständigkeit des Bundesamtes für Finanzen für das Entlastungsverfahren nach § 50 d EStG, obliegt es dem für den Schuldner der Vergütungen zuständigen Finanzamt, die ordnungsmäßige Abwicklung des Verfahrens im Rahmen des § 73 d Abs. 2 EStDV zu prüfen. Zu diesem Zweck erhält es von dem Vergütungsschuldner eine Ausfertigung der Jahreskontrollmeldung.

12 Das Bundesamt für Finanzen wird nach Weisung des BMF aufgrund der bestehenden Regelungen über den Austausch von Auskünften zur Durchführung der DBA Daten aus den Jahreskontrollmeldungen den zuständigen Finanzbehörden der in Betracht kommenden Staaten übermitteln. Mit dem Antrag auf Teilnahme am Kontrollmeldeverfahren gilt die Zustimmung des Gläubigers und des Schuldners zur Weiterleitung der Angaben des Schuldners an den Wohnsitz- oder Sitzstaat des Gläubigers als erteilt (§ 50 d Abs. 5 Satz 5 EStG).

V. Haftung

15 **13** Die Ermächtigung zur Anwendung des Kontrollmeldeverfahrens lässt die Haftung im Sinne des § 50 a Abs. 5 EStG unberührt. Hat der Schuldner der Vergütungen das Kontrollmeldeverfahren nicht ordnungsgemäß angewendet, so wird eine nicht oder zu wenig einbehaltene oder abgeführte Steuer durch Haftungsbescheid nach § 73 g EStDV nacherhoben. Von der Geltendmachung der Haftung wird abgesehen, wenn die nicht ordnungsgemäße Anwendung des Kontrollmeldeverfahrens darauf beruht, dass der Schuldner der Vergütungen von dem Gläubiger hinsichtlich seiner Person oder seines Wohnsitzes getäuscht worden ist, sofern sich dem Schuldner der Vergütungen nicht nach den Umständen des Falles Zweifel an der Richtigkeit der Angaben des Gläubigers hätten aufdrängen müssen.

14 Der Haftungsbescheid wird von dem für den Schuldner der Vergütungen nach § 73 e EStDV örtlich zuständigen Finanzamt erlassen; dieses wird aufgrund eigener Feststellungen (vgl. Tz. 11) oder auf Ersuchen des Bundesamtes für Finanzen tätig.

VI. Erstmalige Anwendung

15 Dieses Schreiben ersetzt das Schreiben vom 21. Dezember 1993 – IV C 5 – S 1300 – 191/93 – (BStBl. I 1994 S. 4) und gilt für Zahlungen, die von dem Schuldner ab dem 1. Januar 2002 geleistet werden.

Schreiben betr. Entlastung von Abzugsteuern aufgrund von Doppelbesteuerungsabkommen (DBA) nach dem Kontrollmeldeverfahren – Erstreckung auf Kapitalerträge gemäß § 50 d Abs. 6 EStG

Vom 20. Mai 2009 (BStBl. I S. 645)

(BMF IV B 5 – S 2411/07/10021; DOK 2009/0230615)

Unter Bezugnahme auf das Ergebnis der Erörterungen mit den obersten Finanzbehörden der Länder gilt für die Teilnahme am Kontrollmeldeverfahren für Kapitalerträge (§ 50 d Abs. 6 EStG) das Folgende:

I. Kontrollmeldeverfahren

15a **1** Nach § 50 d Abs. 6 i. V. m. Abs. 5 EStG kann das Bundeszentralamt für Steuern, soweit Absatz 2 nicht anwendbar ist, auf Antrag den Schuldner von Kapitalerträgen im Sinne des § 43 Abs. 1 Satz 1 Nr. 1 und 4 EStG ermächtigen, in Fällen von geringer steuerlicher Bedeutung ein vereinfachtes Verfahren (Kontrollmeldeverfahren) anzuwenden.

Im Kontrollmeldeverfahren unterlässt der Schuldner von sich aus bei Gläubigern, die in einem ausländischen Staat ansässig sind, mit dem ein entsprechendes DBA besteht, den Steuerabzug oder nimmt diesen nur nach dem gemäß dem DBA höchstens zulässigen Satz vor. Nach Ablauf des Kalenderjahres hat der Schuldner für jeden Gläubiger dem Bundeszentralamt für Steuern und dem für ihn zuständigen Finanzamt jeweils eine „Jahreskontrollmeldung" zu übersenden.

II. Ermächtigung zur Anwendung des Kontrollmeldeverfahrens

2 Ein Schuldner von Kapitalerträgen im Sinne des § 43 Abs. 1 Satz 1 Nr. 1 und 4 EStG kann das Kontrollmeldeverfahren nur anwenden, wenn er hierzu auf seinen Antrag vom Bundeszentralamt für Steuern ermächtigt worden ist. Der Antrag ist nach amtlich vorgeschriebenem Muster zu stellen. In dem Antrag hat sich der Schuldner zu verpflichten,

a) die Jahreskontrollmeldung (Rn. 9) bis zum Ablauf des Monats Mai jeden Jahres für das vorhergehende Kalenderjahr dem Bundeszentralamt für Steuern und dem für den Schuldner zuständigen Finanzamt zu übersenden;
b) den Ermächtigungsbescheid (Rn. 3) und je einen Abdruck der Jahreskontrollmeldung (Rn. 9) als Belege zu seinen Unterlagen zu nehmen;
c) dem Gläubiger die in Rn. 7 bezeichnete Mitteilung zu machen.

Der Schuldner hat außerdem anzuerkennen, dass die Ermächtigung zum Kontrollmeldeverfahren die Haftung nach § 44 Abs. 5 Satz 1 EStG unberührt lässt. Bestehende Anmeldungsverpflichtungen der Schuldner von Kapitalerträgen bleiben unberührt.

3 Die Ermächtigung zur Anwendung des Kontrollmeldeverfahrens wird von dem Bundeszentralamt für Steuern durch Bescheid erteilt, und zwar im Allgemeinen unbefristet, jedoch unter dem Vorbehalt des jederzeitigen Widerrufs. Die Ermächtigung kann mit Auflagen verbunden werden.

In dem Ermächtigungsbescheid weist das Bundeszentralamt für Steuern auf die nach Rn. 2 zu übernehmenden Verpflichtungen hin. Die Ermächtigung kann mit Wirkung vom 1. Januar des Kalenderjahres erteilt werden, in dem die Teilnahme am Kontrollmeldeverfahren beantragt wurde. Rn. 8 bleibt unberührt.

Das für den Schuldner der Kapitalerträge örtlich zuständige Finanzamt (§ 44 Abs. 1 Satz 5 Nr. 1 EStG) erhält eine Abschrift des Ermächtigungsbescheids.

III. Anwendungsbereich des Kontrollmeldeverfahrens im Rahmen des § 50 d Abs. 6 EStG

4 Das Kontrollmeldeverfahren kann auf folgende Kapitalerträge angewandt werden:
a) auf Kapitalerträge im Sinne des § 43 Abs. 1 Satz 1 Nr. 1 EStG sowie
b) auf Kapitalerträge im Sinne des § 43 Abs. 1 Satz 1 Nr. 4 EStG.

In Bezug auf Kapitalerträge im Sinne des § 43 Abs. 1 Satz 1 Nr. 1 EStG ist das Kontrollmeldeverfahren nur auf Dividendenzahlungen auf Namensaktien, nicht aber auf Dividendenzahlungen auf Inhaberaktien oder Geschäftsanteile einer Gesellschaft mit beschränkter Haftung oder auf Kapitalerträge aus der Veräußerung oder der Abtretung von Dividendenansprüchen anzuwenden. Das Kontrollmeldeverfahren gilt ferner nur unter der Voraussetzung, dass der hinsichtlich der Kapitalerträge wirtschaftlich Berechtigte, dessen Abkommensberechtigung und Entlastungsanspruch ohne nähere Ermittlungen feststellbar ist. Das Bundeszentralamt für Steuern kann eine entsprechende Auflage in den Ermächtigungsbescheid aufnehmen.

Das Bundeszentralamt für Steuern kann die Anwendung des Kontrollmeldeverfahrens auf Zahlungen bestimmter Kapitalerträge und auf bestimmte Personen oder Personengruppen beschränken sowie Abweichungen zulassen.

5 Das Kontrollmeldeverfahren kann nur bei Gläubigern zugelassen werden, bei denen die gesamten während eines Kalenderjahres geleisteten Zahlungen den Bruttobetrag von 40 000 € nicht überschreiten.

6 Hat der Schuldner Personen in das Kontrollmeldeverfahren einbezogen, bei denen dieser Höchstbetrag überschritten wird, so hat der Schuldner gemäß § 44 Abs. 1 Satz 3 EStG von den die Jahreshöchstgrenze überschreitenden Kapitalerträgen die nach dem EStG zu erhebende Steuer einzubehalten und an das Finanzamt abzuführen. Eine Entlastung von der Kapitalertragsteuer ist insoweit nur im Rahmen des Erstattungsverfahrens gemäß § 50 d Abs. 1 EStG möglich. Die Jahreskontrollmeldung (Rn. 9) hat jedoch alle an diese Personen geleisteten Zahlungen zu umfassen.

Beispiel 1:

Ein Steuerpflichtiger bezieht im Februar des Kalenderjahres 01 Kapitalerträge in Höhe von 10 000 € (Brutto), für die der Schuldner der Kapitalerträge vom Bundeszentralamt für Steuern auf seinen Antrag zur Teilnahme am Kontrollmeldeverfahren ermächtigt wurde. In den Monaten Juli, August und Dezember des Kalenderjahres 01 bezieht der Steuerpflichtige weitere Kapitalerträge in Höhe von 5000 € (Brutto), 15 000 € (Brutto) und 7000 € (Brutto). Da die im Kalenderjahr 01 erzielten Kapitalerträge den Bruttobetrag von 40 000 € nicht übersteigen, hat der Schuldner der Kapitalerträge das Kontrollmeldeverfahren im Sinne der Rn. 5 ordnungsgemäß angewandt.

Beispiel 2:

Ein Steuerpflichtiger bezieht im Monat Mai des Kalenderjahres 01 Kapitalerträge in Höhe von 38 000 € (Brutto), für die der Schuldner der Kapitalerträge vom Bundeszentralamt für Steuern auf seinen Antrag zur Teilnahme am Kontrollmeldeverfahren ermächtigt wurde. Im Monat August des Kalenderjahres 01 bezieht der Steuerpflichtige weitere Kapitalerträge in Höhe von 5000 €. Da die gesamten während des Kalenderjahres geleisteten Zahlungen nun den Bruttobetrag von 40 000 € überschreiten, ist von den die Jahreshöchstgrenze überschreitenden Kapitalerträgen in Höhe von 3000 € die nach dem EStG zu erhebende Steuer einzubehalten und an das Finanzamt abzuführen.

7 Ein Schuldner, der die Zahlungen an einen bestimmten Gläubiger in das Kontrollmeldeverfahren einbezieht und daher keine oder nur eine reduzierte Abzugsteuer einbehält, hat dies so früh wie möglich, spätestens bei der ersten in dieser Weise geleisteten Zahlung, dem Gläubiger mitzuteilen und ihn darauf hinzuweisen, dass die deutschen Finanzbehörden die Finanzbehörden seines Wohnsitz- oder Sitzstaates über diese und alle künftigen Zahlungen informieren können.

8 Das Kontrollmeldeverfahren kann bei Kapitalerträgen im Sinne des § 43 Abs. 1 Satz 1 Nr. 4 EStG in Bezug auf den einzelnen Gläubiger rückwirkend innerhalb desselben Kalendermonats, für den die einbehaltene Abzugsteuer abzuführen ist (§ 44 Abs. 1 Satz 5 EStG), angewendet werden. Die nach dem einschlägigen DBA zuviel einbehaltene, aber noch nicht an das zuständige Finanzamt abgeführte Abzugsteuer ist dann gesondert oder zusammen mit weiteren Zahlungen an den betreffenden Gläubiger auszuzahlen. Der Schuldner hat das in seinen Unterlagen zu vermerken. Soweit die Abzugsteuer bereits an das zuständige Finanzamt abgeführt worden ist, kann das Kontrollmeldeverfahren nicht rückwirkend angewendet werden.

Bei Kapitalerträgen im Sinne von § 43 Abs. 1 Satz 1 Nr. 1 EStG ist eine rückwirkende Anwendung ausgeschlossen.

IV. Jahreskontrollmeldungen

9 Von dem Schuldner der Kapitalerträge, auf die das Kontrollmeldeverfahren Anwendung findet, ist für jeden Gläubiger bis zum 31. Mai jeden Jahres für das vorhergehende Kalenderjahr jeweils eine Jahreskontrollmeldung beim Bundeszentralamt für Steuern und bei dem für ihn zuständigen Finanzamt einzureichen und als „Meldung über die im Jahr … gezahlten Kapitalerträge gemäß § 43 Abs. 1 Satz 1 Nr. 1 bzw. 4 EStG" zu bezeichnen. Sie muss mindestens folgende Angaben enthalten:

– Name, Vorname sowie Sitz oder Ort der Geschäftsleitung des Schuldners;

Anl zu § 50 d

- Steuer- bzw. Wirtschafts-Identifikationsnummer des Schuldners;
- Name, Vorname sowie Staat und Ort des Wohnsitzes/Sitzes oder der Geschäftsleitung des Gläubigers (einschließlich Postleitzahl, Straße, Hausnummer). Die Angabe eines Postfaches oder einer c/o-Anschrift ist nicht ausreichend;
- Steuer-Identifikationsnummer („Taxpayer Identification Number" – TIN) des Gläubigers; bei Zahlungen an Empfänger mit Wohnsitz oder Sitz in den Vereinigten Staaten ist deren „Social Security Number", „Employer's Identification Number" oder TIN anzugeben;
- Bruttobetrag und Art der Kapitalerträge, ausgedrückt durch genaue Angabe der Vorschrift des § 43 Abs. 1 Satz 1 Nr. 1 oder 4 EStG;
- von den Kapitalerträgen einbehaltener Steuerbetrag.

Das Bundeszentralamt für Steuern kann die Übersendung der Jahreskontrollmeldung auch auf CD-Rom oder einem anderen Datenträger nach einem von ihm vorgegebenen Datensatz zulassen. Dem zuständigen Finanzamt ist die Jahreskontrollmeldung hingegen nur in Papierform zuzuleiten.

Die Einreichung der Jahreskontrollmeldung lässt die Meldeverpflichtung nach § 45 a EStG unberührt.

10 Unbeschadet der Zuständigkeit des Bundeszentralamtes für Steuern für das Entlastungsverfahren nach § 50 d EStG obliegt es dem für den Schuldner der Kapitalerträge zuständigen Finanzamt, die ordnungsmäßige Abwicklung des Verfahrens im Rahmen des § 45 a EStG zu prüfen. Zu diesem Zweck erhält es von dem Schuldner der Kapitalerträge eine Ausfertigung der Jahreskontrollmeldung.

11 Das Bundeszentralamt für Steuern wird nach Weisung des Bundesministeriums der Finanzen aufgrund der bestehenden Regelungen über den Austausch von Auskünften zur Durchführung der DBA Daten aus den Jahreskontrollmeldungen den zuständigen Finanzbehörden der in Betracht kommenden Staaten übermitteln. Mit dem Antrag auf Teilnahme am Kontrollmeldeverfahren gilt die Zustimmung des Gläubigers und des Schuldners zur Weiterleitung der Angaben des Schuldners an den Wohnsitz- oder Sitzstaat des Gläubigers als erteilt (§ 50 d Abs. 5 Satz 5 EStG).

V. Haftung

12 Die Ermächtigung zur Anwendung des Kontrollmeldeverfahrens lässt die Haftung im Sinne des § 44 Abs. 5 Satz 1 EStG unberührt. Hat der Schuldner der Kapitalerträge das Kontrollmeldeverfahren nicht ordnungsgemäß angewendet, so wird eine nicht oder zu wenig einbehaltene oder abgeführte Steuer durch Haftungsbescheid nach § 44 Abs. 5 EStG i. V. m. § 191 Abs. 1 AO nacherhoben. Von der Geltendmachung der Haftung wird abgesehen, wenn die nicht ordnungsmäßige Anwendung des Kontrollmeldeverfahrens darauf beruht, dass der Schuldner der Kapitalerträge von dem Gläubiger hinsichtlich seiner Person oder seines Wohnsitzes/Sitzes getäuscht worden ist, sofern sich dem Schuldner der Kapitalerträge nicht nach den Umständen des Falles Zweifel an der Richtigkeit der Angaben des Gläubigers hätten aufdrängen müssen.

13 Der Haftungsbescheid wird von dem für den Schuldner der Kapitalerträge nach § 44 Abs. 1 Satz 5 EStG örtlich zuständigen Finanzamt erlassen; dieses wird aufgrund eigener Feststellungen (vgl. Rn. 10) oder auf Ersuchen des Bundeszentralamtes für Steuern tätig.

VI. Vordrucke

14 Das amtlich vorgeschriebene Muster für den Antrag auf die Teilnahme am Kontrollmeldeverfahren und ein Muster der Jahreskontrollmeldung sind nur beim Bundeszentralamt für Steuern erhältlich. Beide Muster sowie weitere Informationen zum Kontrollmeldeverfahren sind auf der Internetseite des Bundeszentralamtes für Steuern unter www.bzst.de zur Ansicht und zum Herunterladen bereitgestellt.

VII. Erstmalige Anwendung

15 Dieses Schreiben gilt für Kapitalerträge, die ab 2009 geleistet werden.

§ 50e Bußgeldvorschriften; Nichtverfolgung von Steuerstraftaten bei geringfügiger Beschäftigung in Privathaushalten

(1) **Ordnungswidrig handelt, wer vorsätzlich oder leichtfertig entgegen § 45 d Absatz 1 Satz 1, § 45 d Absatz 3 Satz 1, der nach § 45 e erlassenen Rechtsverordnung oder den unmittelbar geltenden Verträgen mit den in Artikel 17 der Richtlinie 2003/48/EG genannten Staaten und Gebieten eine Mitteilung nicht, nicht richtig, nicht vollständig oder nicht rechtzeitig abgibt.** 1

(1 a) *(aufgehoben)* 1a

(2)[1] … 2

(3)[1] …

(4) **Die Ordnungswidrigkeit kann in den Fällen des Absatzes 2 mit einer Geldbuße bis zu zwanzigtausend Euro, in den Fällen des Absatzes 1 mit einer Geldbuße bis zu fünftausend Euro geahndet werden.**

(5) **Verwaltungsbehörde im Sinne des § 36 Absatz 1 Nummer 1 des Gesetzes über Ordnungswidrigkeiten ist das Bundeszentralamt für Steuern.**

(6) ① **Liegen die Voraussetzungen des § 40 a Absatz 2 vor, werden Steuerstraftaten (§§ 369 bis 376 der Abgabenordnung) als solche nicht verfolgt, wenn der Arbeitgeber in den Fällen des § 8 a des Vierten Buches Sozialgesetzbuch entgegen § 41 a Absatz 1 Nummer 1, auch in Verbindung mit Absatz 2 und 3 und § 51 a, und § 40 a Absatz 6 Satz 3 dieses Gesetzes in Verbindung mit § 28 a Absatz 7 Satz 1 des Vierten Buches Sozialgesetzbuch für das Arbeitsentgelt die Lohnsteuer-Anmeldung und die Anmeldung der einheitlichen Pauschsteuer nicht oder nicht rechtzeitig durchführt und dadurch Steuern verkürzt oder für sich oder einen anderen nicht gerechtfertigte Steuervorteile erlangt.** ② **Die Freistellung von der Verfolgung nach Satz 1 gilt auch für den Arbeitnehmer einer in Satz 1 genannten Beschäftigung, der die Finanzbehörde pflichtwidrig über steuerlich erhebliche Tatsachen aus dieser Beschäftigung in Unkenntnis lässt.** ③ **Die Bußgeldvorschriften der §§ 377 bis 384 der Abgabenordnung bleiben mit der Maßgabe anwendbar, dass § 378 der Abgabenordnung auch bei vorsätzlichem Handeln anwendbar ist.**

§ 50f Bußgeldvorschriften

(1) **Ordnungswidrig handelt, wer vorsätzlich oder leichtfertig entgegen § 22 a Absatz 1 Satz 1 dort genannte Daten nicht, nicht vollständig oder nicht rechtzeitig übermittelt oder eine dort genannte Mitteilung nicht, nicht vollständig oder nicht rechtzeitig macht.** 1

(2) **Die Ordnungswidrigkeit kann mit einer Geldbuße bis zu fünfzigtausend Euro geahndet werden.** 2

(3) **Verwaltungsbehörde im Sinne des § 36 Absatz 1 Nummer 1 des Gesetzes über Ordnungswidrigkeiten ist die zentrale Stelle nach § 81.** 3

§ 50g Entlastung vom Steuerabzug bei Zahlungen von Zinsen und Lizenzgebühren zwischen verbundenen Unternehmen verschiedener Mitgliedstaaten der Europäischen Union

(1) ① **Auf Antrag werden die Kapitalertragsteuer für Zinsen und die Steuer auf Grund des § 50 a für Lizenzgebühren, die von einem Unternehmen der Bundesrepublik Deutschland oder einer dort gelegenen Betriebsstätte eines Unternehmens eines anderen Mitgliedstaates der Europäischen Union als Schuldner an ein Unternehmen eines anderen Mitgliedstaates der Europäischen Union oder an eine in einem anderen Mitgliedstaat der Europäischen Union gelegene Betriebsstätte eines Unternehmens eines Mitgliedstaates der Europäischen Union als Gläubiger gezahlt werden, nicht erhoben.** ② **Erfolgt die Besteuerung durch Veranlagung, werden die Zinsen und Lizenzgebühren bei der Ermittlung der Einkünfte nicht erfasst.** ③ **Voraussetzung für die Anwendung der Sätze 1 und 2 ist, dass der Gläubiger der Zinsen oder Lizenzgebühren ein mit dem Schuldner verbundenes Unternehmen oder dessen Betriebsstätte ist.** ④ **Die Sätze 1 bis 3 sind nicht anzuwenden, wenn die Zinsen oder Lizenzgebühren an eine Betriebsstätte eines Unternehmens eines Mitgliedstaates der Europäischen Union als Gläubiger gezahlt werden, die in einem Staat außerhalb der Europäischen Union oder im Inland gelegen ist und in der die Tätigkeit des Unternehmens ganz oder teilweise ausgeübt wird.** 1

(2) **Absatz 1 ist nicht anzuwenden auf die Zahlung von** 2

1. Zinsen,

---

[1] **Zur Fassung von § 50 e Abs. 2 und 3 ab 1. 1. 2025 siehe in der geschlossenen Wiedergabe.**

a) die nach deutschem Recht als Gewinnausschüttung behandelt werden (§ 20 Absatz 1 Nummer 1 Satz 2) oder

b) die auf Forderungen beruhen, die einen Anspruch auf Beteiligung am Gewinn des Schuldners begründen;

2. Zinsen oder Lizenzgebühren, die den Betrag übersteigen, den der Schuldner und der Gläubiger ohne besondere Beziehungen, die zwischen den beiden oder einem von ihnen und einem Dritten auf Grund von Absatz 3 Nummer 5 Buchstabe b bestehen, vereinbart hätten.

3 **(3) Für die Anwendung der Absätze 1 und 2 gelten die folgenden Begriffsbestimmungen und Beschränkungen:**

1. ① Der Gläubiger muss der Nutzungsberechtigte sein. ② Nutzungsberechtigter ist

a) ein Unternehmen, wenn es die Einkünfte im Sinne von § 2 Absatz 1 erzielt;

b) eine Betriebsstätte, wenn

aa) die Forderung, das Recht oder der Gebrauch von Informationen, auf Grund derer/dessen Zahlungen von Zinsen oder Lizenzgebühren geleistet werden, tatsächlich zu der Betriebsstätte gehört und

bb)[1] die Zahlungen der Zinsen oder Lizenzgebühren Einkünfte darstellen, auf Grund derer die Gewinne der Betriebsstätte in dem Mitgliedstaat der Europäischen Union, in dem sie gelegen ist, zu einer der in Nummer 5 Satz 1 Buchstabe a Doppelbuchstabe cc genannten Steuer beziehungsweise im Fall Belgiens dem „impôt des non-résidents/belasting der nietverblijfhouders" beziehungsweise im Fall Spaniens dem „Impuesto sobre la Renta de no Residentes" oder zu einer mit diesen Steuern identischen oder weitgehend ähnlichen Steuer herangezogen werden, die nach dem jeweiligen Zeitpunkt des Inkrafttretens der Richtlinie 2003/49/EG des Rates vom 3. Juni 2003 über eine gemeinsame Steuerregelung für Zahlungen von Zinsen und Lizenzgebühren zwischen verbundenen Unternehmen verschiedener Mitgliedstaaten (ABl. Nr. L 157 vom 26. 6. 2003, S. 49), die zuletzt durch die Richtlinie 2013/13/EU (ABl. L 141 vom 28. 5. 2013, S. 30) geändert worden ist, anstelle der bestehenden Steuern oder ergänzend zu ihnen eingeführt wird.

2. Eine Betriebsstätte gilt nur dann als Schuldner der Zinsen oder Lizenzgebühren, wenn die Zahlung bei der Ermittlung des Gewinns der Betriebsstätte eine steuerlich abzugsfähige Betriebsausgabe ist.

3. Gilt eine Betriebsstätte eines Unternehmens eines Mitgliedstaates der Europäischen Union als Schuldner oder Gläubiger von Zinsen oder Lizenzgebühren, so wird kein anderer Teil des Unternehmens als Schuldner oder Gläubiger der Zinsen oder Lizenzgebühren angesehen.

4. Im Sinne des Absatzes 1 sind

a) „Zinsen" Einkünfte aus Forderungen jeder Art, auch wenn die Forderungen durch Pfandrechte an Grundstücken gesichert sind, insbesondere Einkünfte aus öffentlichen Anleihen und aus Obligationen einschließlich der damit verbundenen Aufgelder und der Gewinne aus Losanleihen; Zuschläge für verspätete Zahlung und die Rückzahlung von Kapital gelten nicht als Zinsen;

b) „Lizenzgebühren" Vergütungen jeder Art, die für die Nutzung oder für das Recht auf Nutzung von Urheberrechten an literarischen, künstlerischen oder wissenschaftlichen Werken, einschließlich kinematografischer Filme und Software, von Patenten, Marken, Mustern oder Modellen, Plänen, geheimen Formeln oder Verfahren oder für die Mitteilung gewerblicher, kaufmännischer oder wissenschaftlicher Erfahrungen gezahlt werden; Zahlungen für die Nutzung oder das Recht auf Nutzung gewerblicher, kaufmännischer oder wissenschaftlicher Ausrüstungen gelten als Lizenzgebühren.

5. Die Ausdrücke „Unternehmen eines Mitgliedstaates der Europäischen Union", „verbundenes Unternehmen" und „Betriebsstätte" bedeuten:

a) „Unternehmen eines Mitgliedstaates der Europäischen Union" jedes Unternehmen, das

aa) eine der in Anlage 3[2] Nummer 1 zu diesem Gesetz aufgeführten Rechtsformen aufweist und

bb) nach dem Steuerrecht eines Mitgliedstaates in diesem Mitgliedstaat ansässig ist und nicht nach einem zwischen dem betreffenden Staat und einem Staat außerhalb der Europäischen Union geschlossenen Abkommen zur Vermeidung der Doppelbesteuerung von Einkünften für steuerliche Zwecke als außerhalb der Gemeinschaft ansässig gilt und

---

[1] Zur Anwendung siehe § 52 Abs. 59 c Satz 2 EStG i. d. F. des Art. 1 des Gesetzes vom 25. 7. 2014 (BGBl. I S. 1266): „② § 50 g und die Anlage 3 (zu § 50 g) in der am 1. Juli 2013 geltenden Fassung sind erstmals auf Zahlungen anzuwenden, die nach dem 30. Juni 2013 erfolgen."

[2] Nachstehend abgedruckt.

cc)[1] einer der in Anlage 3[2] Nummer 2 zu diesem Gesetz aufgeführten Steuern unterliegt und nicht von ihr befreit ist. ② Entsprechendes gilt für eine mit diesen Steuern identische oder weitgehend ähnliche Steuer, die nach dem jeweiligen Zeitpunkt des Inkrafttretens der Richtlinie 2003/49/EG des Rates vom 3. Juni 2003 (ABl. L 157 vom 26. 6. 2003, S. 49), zuletzt geändert durch die Richtlinie 2013/13/EU (ABl. L 141 vom 28. 5. 2013, S. 30) anstelle der bestehenden Steuern oder ergänzend zu ihnen eingeführt wird.

② Ein Unternehmen ist im Sinne von Doppelbuchstabe bb in einem Mitgliedstaat der Europäischen Union ansässig, wenn es der unbeschränkten Steuerpflicht im Inland oder einer vergleichbaren Besteuerung in einem anderen Mitgliedstaat der Europäischen Union nach dessen Rechtsvorschriften unterliegt.

b) „Verbundenes Unternehmen" jedes Unternehmen, das dadurch mit einem zweiten Unternehmen verbunden ist, dass

aa) das erste Unternehmen unmittelbar mindestens zu 25 Prozent an dem Kapital des zweiten Unternehmens beteiligt ist oder

bb) das zweite Unternehmen unmittelbar mindestens zu 25 Prozent an dem Kapital des ersten Unternehmens beteiligt ist oder

cc) ein drittes Unternehmen unmittelbar mindestens zu 25 Prozent an dem Kapital des ersten Unternehmens und dem Kapital des zweiten Unternehmens beteiligt ist.

② Die Beteiligungen dürfen nur zwischen Unternehmen bestehen, die in einem Mitgliedstaat der Europäischen Union ansässig sind.

c) „Betriebsstätte" eine feste Geschäftseinrichtung in einem Mitgliedstaat der Europäischen Union, in der die Tätigkeit eines Unternehmens eines anderen Mitgliedstaates der Europäischen Union ganz oder teilweise ausgeübt wird.

(4) **§ 50 d Absatz 3 gilt entsprechend.** 4

(5) **Entlastungen von der Kapitalertragsteuer für Zinsen und der Steuer auf Grund des § 50 a nach einem Abkommen zur Vermeidung der Doppelbesteuerung, die weiter gehen als die nach Absatz 1 gewährten, werden durch Absatz 1 nicht eingeschränkt.** 5

(6) **① Ist im Fall des Absatzes 1 Satz 1 eines der Unternehmen ein Unternehmen der Schweizerischen Eidgenossenschaft oder ist eine in der Schweizerischen Eidgenossenschaft gelegene Betriebsstätte eines Unternehmens eines anderen Mitgliedstaats der Europäischen Union Gläubiger der Zinsen oder Lizenzgebühren, gelten die Absätze 1 bis 5 entsprechend mit der Maßgabe, dass die Schweizerische Eidgenossenschaft insoweit einem Mitgliedstaat der Europäischen Union gleichgestellt ist. ② Absatz 3 Nummer 5 Buchstabe a gilt entsprechend mit der Maßgabe, dass ein Unternehmen der Schweizerischen Eidgenossenschaft jedes Unternehmen ist, das** 6

1. eine der folgenden Rechtsformen aufweist:
– Aktiengesellschaft/société anonyme/società anonima;
– Gesellschaft mit beschränkter Haftung/société à responsabilité limitée/società a responsabilità limitata;
– Kommanditaktiengesellschaft/société en commandite par actions/società in accomandita per azioni, und

2. nach dem Steuerrecht der Schweizerischen Eidgenossenschaft dort ansässig ist und nicht nach einem zwischen der Schweizerischen Eidgenossenschaft und einem Staat außerhalb der Europäischen Union geschlossenen Abkommen zur Vermeidung der Doppelbesteuerung von Einkünften für steuerliche Zwecke als außerhalb der Gemeinschaft oder der Schweizerischen Eidgenossenschaft ansässig gilt, und

3. unbeschränkt der schweizerischen Körperschaftsteuer unterliegt, ohne von ihr befreit zu sein.

Anlage 3[3]
(zu § 50 g)

Anl 3
zu § 50 g

1. Unternehmen im Sinne von § 50 g Absatz 3 Nummer 5 Buchstabe a Doppelbuchstabe aa sind: 7

a) Gesellschaften belgischen Rechts mit der Bezeichnung „naamloze vennootschap"/„société anonyme", „commanditaire vennootschap op aandelen"/„société en commandite par actions" oder „besloten vennootschap met beperkte aansprakelijkheid"/„société privée à responsabilité limitée" sowie öffentlich-rechtliche Körperschaften, deren Tätigkeit unter das Privatrecht fällt;

b) Gesellschaften dänischen Rechts mit der Bezeichnung „aktieselskab" und „anpartsselskab";

---

[1] Zur Anwendung siehe Fußnote zu § 50 g Abs. 3 Nr. 1 Buchst. b Doppelbuchst. bb EStG.

[2] Nachstehend abgedruckt.

[3] Zur erstmaligen Anwendung siehe § 52 Abs. 59 c EStG i. d. F. des Art. 1 des Gesetzes vom 25. 7. 2014 (BGBl. I S. 1266): „② § 50 g und die Anlage 3 (zu § 50 g) in der am 1. Juli 2013 geltenden Fassung sind erstmals auf Zahlungen anzuwenden, die nach dem 30. Juni 2013 erfolgen."

Anl 3 zu § 50 g

c) Gesellschaften deutschen Rechts mit der Bezeichnung „Aktiengesellschaft“, „Kommanditgesellschaft auf Aktien“ oder „Gesellschaft mit beschränkter Haftung“;
d) Gesellschaften griechischen Rechts mit der Bezeichnung „ανώνυμη εταιρία“;
e) Gesellschaften spanischen Rechts mit der Bezeichnung „sociedad anónima“, „sociedad comanditaria por acciones“ oder „sociedad de responsabilidad limitada“ sowie öffentlichrechtliche Körperschaften, deren Tätigkeit unter das Privatrecht fällt;
f) Gesellschaften französischen Rechts mit der Bezeichnung „société anonyme“, „société en commandite par actions“ oder „société à responsabilité limitée“ sowie die staatlichen Industrie- und Handelsbetriebe und Unternehmen;
g) Gesellschaften irischen Rechts mit der Bezeichnung „public companies limited by shares or by guarantee“, „private companies limited by shares or by guarantee“, gemäß den „Industrial and Provident Societies Acts“ eingetragene Einrichtungen oder gemäß den „Building Societies Acts“ eingetragene „building societies“;
h) Gesellschaften italienischen Rechts mit der Bezeichnung „società per azioni“, „società in accomandita per azioni“ oder „società a responsabilità limitata“ sowie staatliche und private Industrie- und Handelsunternehmen;
i) Gesellschaften luxemburgischen Rechts mit der Bezeichnung „société anonyme“, „société en commandite par actions“ oder „société à responsabilité limitée“;
j) Gesellschaften niederländischen Rechts mit der Bezeichnung „naamloze vennootschap“ oder „besloten vennootschap met beperkte aansprakelijkheid“;
k) Gesellschaften österreichischen Rechts mit der Bezeichnung „Aktiengesellschaft“ oder „Gesellschaft mit beschränkter Haftung“;
l) Gesellschaften portugiesischen Rechts in Form von Handelsgesellschaften oder zivilrechtlichen Handelsgesellschaften sowie Genossenschaften und öffentliche Unternehmen;
m) Gesellschaften finnischen Rechts mit der Bezeichnung „osakeyhtiö/aktiebolag“, „osuuskunta/andelslag“, „säästöpankki/sparbank“ oder „vakuutusyhtiö/försäkringsbolag“;
n) Gesellschaften schwedischen Rechts mit der Bezeichnung „aktiebolag“ oder „försäkringsaktiebolag“;
o) nach dem Recht des Vereinigten Königreichs gegründete Gesellschaften;
p) Gesellschaften tschechischen Rechts mit der Bezeichnung „akciová společnost“, „společnost s ručením omezeným“, „veřejná obchodní společnost“, „komanditní společnost“ oder „družstvo“;
q) Gesellschaften estnischen Rechts mit der Bezeichnung „täisühing“, „usaldusühing“, „osaühing“, „aktsiaselts“ oder „tulundusühistu“;
r) Gesellschaften zyprischen Rechts, die nach dem Gesellschaftsrecht als Gesellschaften bezeichnet werden, Körperschaften des öffentlichen Rechts und sonstige Körperschaften, die als Gesellschaft im Sinne der Einkommensteuergesetze gelten;
s) Gesellschaften lettischen Rechts mit der Bezeichnung „akciju sabiedrība“ oder „sabiedrība ar ierobežotu atbildību“;
t) nach dem Recht Litauens gegründete Gesellschaften;
u) Gesellschaften ungarischen Rechts mit der Bezeichnung „közkereseti társaság“, „betéti társaság“, „közös vállalat“, „korlátolt felelősségű társaság“, „részvénytársaság“, „egyesülés“, „közhasznú társaság“ oder „szövetkezet“;
v) Gesellschaften maltesischen Rechts mit der Bezeichnung „Kumpaniji ta' Responsabilita' Limitata“ oder „Soċjetajiet in akkomandita li l-kapital taghhom maqsum f'azzjonijiet“;
w) Gesellschaften polnischen Rechts mit der Bezeichnung „spółka akcyjna“ oder „spółka z ograniczoną odpowiedzialnością“;
x) Gesellschaften slowenischen Rechts mit der Bezeichnung „delniška družba“, „komanditna delniška družba“, „komanditna družba“, „družba z omejeno odgovornostjo“ oder „družba z neomejeno odgovornostjo“;
y) Gesellschaften slowakischen Rechts mit der Bezeichnung „akciová spoločnost'“ , „spoločnost' s ručením obmedzeným“, „komanditná spoločnost'“, „verejná obchodná spoločnost'“ oder „družstvo“;
aa) Gesellschaften bulgarischen Rechts mit der Bezeichnung „събирателното дружество“, „командитното дружество“, „дружеството с ограничена отговорност“, „акционерното дружество“, „командитното дружество с акции“, „кооперации“, „кооперативни съюзи“ oder „държавни предприятия“, die nach bulgarischem Recht gegründet wurden und gewerbliche Tätigkeiten ausüben;
bb) Gesellschaften rumänischen Rechts mit der Bezeichnung „societăţi pe acţiuni“, „societăţi în comandită pe acţiuni“ oder „societăţi cu răspundere limitată“;
cc) Gesellschaften kroatischen Rechts mit der Bezeichnung „dioničko društvo“ oder „društvo s ograničenom odgovornošću“ und andere nach kroatischem Recht gegründete Gesellschaften, die der kroatischen Gewinnsteuer unterliegen.

2. Steuern im Sinne von § 50 g Absatz 3 Nummer 5 Buchstabe a Doppelbuchstabe cc sind:
– impôt des sociétés/vennootschapsbelasting in Belgien,
– selskabsskat in Dänemark,
– Körperschaftsteuer in Deutschland,
– φόρος εισοδήματος νομικών προσώπων in Griechenland,
– impuesto sobre sociedades in Spanien,
– impôt sur les sociétés in Frankreich,
– *corporation tax in Irland*,
– imposta sul reddito delle persone giuridiche in Italien,
– impôt sur le revenu des collectivités in Luxemburg,

– vennootschapsbelasting in den Niederlanden,
– Körperschaftsteuer in Österreich,
– imposto sobre o rendimento das pessoas colectivas in Portugal,
– yhteisöjen tulovero/inkomstskatten för samfund in Finnland,
– statlig inkomstskatt in Schweden,
– corporation tax im Vereinigten Königreich,
– Daň z příjmů právnických osob in der Tschechischen Republik,
– Tulumaks in Estland,
– φόρος εισοδήματος in Zypern,
– Uzņēmumu ienākuma nodoklis in Lettland,
– Pelno mokestis in Litauen,
– Társasági adó in Ungarn,
– Taxxa fuq l-income in Malta,
– Podatek dochodowy od osób prawnych in Polen,
– Davek od dobička pravnih oseb in Slowenien,
– Daň z príjmov právnických osôb in der Slowakei,
– корпоративен данък in Bulgarien,
– impozit pe profit, impozitul pe veniturile obţinute din România de nerezidenţi in Rumänien,
– porez na dobit in Kroatien.

§ 50h Bestätigung für Zwecke der Entlastung von Quellensteuern in einem anderen Mitgliedstaat der Europäischen Union oder der Schweizerischen Eidgenossenschaft

EStG

Auf Antrag hat das Finanzamt, das für die Besteuerung eines Unternehmens der Bundesrepublik Deutschland oder einer dort gelegenen Betriebsstätte eines Unternehmens eines anderen Mitgliedstaats der Europäischen Union im Sinne des § 50g Absatz 3 Nummer 5 oder eines Unternehmens der Schweizerischen Eidgenossenschaft im Sinne des § 50g Absatz 6 Satz 2 zuständig ist, für die Entlastung von der Quellensteuer dieses Staats auf Zinsen oder Lizenzgebühren im Sinne des § 50g zu bescheinigen, dass das empfangende Unternehmen steuerlich im Inland ansässig ist oder die Betriebsstätte im Inland gelegen ist. 1

§ 50i[1] Besteuerung bestimmter Einkünfte und Anwendung von Doppelbesteuerungsabkommen

(1) ① **Sind Wirtschaftsgüter des Betriebsvermögens oder sind Anteile im Sinne des § 17** 1

1. vor dem 29. Juni 2013 in das Betriebsvermögen einer Personengesellschaft im Sinne des § 15 Absatz 3 übertragen oder überführt worden,

2. ist eine Besteuerung der stillen Reserven im Zeitpunkt der Übertragung oder Überführung unterblieben, und

3. ist das Recht der Bundesrepublik Deutschland hinsichtlich der Besteuerung des Gewinns aus der Veräußerung oder Entnahme dieser Wirtschaftsgüter oder Anteile ungeachtet der Anwendung dieses Absatzes vor dem 1. Januar 2017 ausgeschlossen oder beschränkt worden,

so ist der Gewinn, den ein Steuerpflichtiger, der im Sinne eines Abkommens zur Vermeidung der Doppelbesteuerung im anderen Vertragsstaat ansässig ist, aus der späteren Veräußerung oder Entnahme dieser Wirtschaftsgüter oder Anteile erzielt, ungeachtet entgegenstehender Bestimmungen des Abkommens zur Vermeidung der Doppelbesteuerung zu versteuern. ② **Als Übertragung oder Überführung von Anteilen im Sinne des § 17 in das Betriebsvermögen einer Personengesellschaft gilt auch die Gewährung neuer Anteile an eine Personengesellschaft, die bisher auch eine Tätigkeit im Sinne des § 15 Absatz 1 Satz 1 Nummer 1 ausgeübt hat oder gewerbliche Einkünfte im Sinne des 15 Absatz 1 Satz 1 Nummer 2 bezogen hat, im Rahmen der Einbringung eines Betriebs oder Teilbetriebs oder eines Mitunternehmeranteils dieser Personengesellschaft in eine Körperschaft nach § 20 des Umwandlungssteuergesetzes, wenn**

1. der Einbringungszeitpunkt vor dem 29. Juni 2013 liegt,

2. die Personengesellschaft nach der Einbringung als Personengesellschaft im Sinne des § 15 Absatz 3 fortbesteht und

3. das Recht der Bundesrepublik Deutschland hinsichtlich der Besteuerung des Gewinns aus der Veräußerung oder Entnahme der neuen Anteile ungeachtet der Anwendung dieses Absatzes bereits im Einbringungszeitpunkt ausgeschlossen oder

[1] Zur Anwendung siehe § 52 Abs. 48 EStG.

beschränkt ist oder vor dem 1. Januar 2017 ausgeschlossen oder beschränkt worden ist.

③ Auch die laufenden Einkünfte aus der Beteiligung an der Personengesellschaft, auf die die in Satz 1 genannten Wirtschaftsgüter oder Anteile übertragen oder überführt oder der im Sinne des Satzes 2 neue Anteile gewährt wurden, sind ungeachtet entgegenstehender Bestimmungen des Abkommens zur Vermeidung der Doppelbesteuerung zu versteuern. ④ Die Sätze 1 und 3 gelten sinngemäß, wenn Wirtschaftsgüter vor dem 29. Juni 2013 Betriebsvermögen eines Einzelunternehmens oder einer Personengesellschaft geworden sind, die deswegen Einkünfte aus Gewerbebetrieb erzielen, weil der Steuerpflichtige sowohl im überlassenden Betrieb als auch im nutzenden Betrieb allein oder zusammen mit anderen Gesellschaftern einen einheitlichen geschäftlichen Betätigungswillen durchsetzen kann und dem nutzenden Betrieb eine wesentliche Betriebsgrundlage zur Nutzung überlässt.

2 **(2)[1] ① Bei Einbringung nach § 20 des Umwandlungssteuergesetzes sind die Wirtschaftsgüter und Anteile im Sinne des Absatzes 1 abweichend von § 20 Absatz 2 Satz 2 des Umwandlungssteuergesetzes stets mit dem gemeinen Wert anzusetzen, soweit das Recht der Bundesrepublik Deutschland hinsichtlich der Besteuerung des Gewinns aus der Veräußerung der erhaltenen Anteile oder hinsichtlich der mit diesen im Zusammenhang stehenden Anteile im Sinne des § 22 Absatz 7 des Umwandlungssteuergesetzes ausgeschlossen oder beschränkt ist.**

H 50i

3 **Anwendung der DBA auf Personengesellschaften** → BMF vom 26. 9. 2014 (BStBl. I S. 1258).

Anwendung des § 50 i Abs. 2 EStG → BMF vom 5. 1. 2017 (BStBl. I S. 32).

EStG

§ 50j Versagung der Entlastung von Kapitalertragsteuern in bestimmten Fällen

1 **(1) ① Ein Gläubiger von Kapitalerträgen im Sinne des § 43 Absatz 1 Satz 1 Nummer 1 a, die nach einem Abkommen zur Vermeidung der Doppelbesteuerung nicht oder nur nach einem Steuersatz unterhalb des Steuersatzes des § 43 a Absatz 1 Satz 1 Nummer 1 besteuert werden, hat ungeachtet dieses Abkommens nur dann Anspruch auf völlige oder teilweise Entlastung nach § 50 c Absatz 3, wenn er**

1. während der Mindesthaltedauer nach Absatz 2 hinsichtlich der diesen Kapitalerträgen zugrunde liegenden Anteile oder Genussscheine ununterbrochen wirtschaftlicher Eigentümer ist,

2. während der Mindesthaltedauer nach Absatz 2 ununterbrochen das Mindestwertänderungsrisiko nach Absatz 3 trägt und

3. nicht verpflichtet ist, die Kapitalerträge im Sinne des § 43 Absatz 1 Satz 1 Nummer 1 a ganz oder überwiegend, unmittelbar oder mittelbar anderen Personen zu vergüten.

② Satz 1 gilt entsprechend für Anteile oder Genussscheine, die zu inländischen Kapitalerträgen im Sinne des § 43 Absatz 3 Satz 1 führen und einer Wertpapiersammelbank im Ausland zur Verwahrung anvertraut sind.

2 **(2) ① Die Mindesthaltedauer umfasst 45 Tage und muss innerhalb eines Zeitraums von 45 Tagen vor und 45 Tagen nach der Fälligkeit der Kapitalerträge erreicht werden. ② Bei Anschaffungen und Veräußerungen ist zu unterstellen, dass die zuerst angeschafften Anteile oder Genussscheine zuerst veräußert wurden.**

3 **(3) ① Der Gläubiger der Kapitalerträge muss unter Berücksichtigung von gegenläufigen Ansprüchen und Ansprüchen nahe stehender Personen das Risiko aus einem sinkenden Wert der Anteile oder Genussscheine im Umfang von mindestens 70 Prozent tragen (Mindestwertänderungsrisiko). ② Kein hinreichendes Mindestwertänderungsrisiko liegt insbesondere dann vor, wenn der Gläubiger der Kapitalerträge oder eine ihm nahe stehende Person Kurssicherungsgeschäfte abgeschlossen hat, die das Wertänderungsrisiko der Anteile oder Genussscheine unmittelbar oder mittelbar um mehr als 30 Prozent mindern.**

4 **(4) ① Die Absätze 1 bis 3 sind nur anzuwenden, wenn**

1. die Steuer auf die dem Antrag zu Grunde liegenden Kapitalerträge nach einem Abkommen zur Vermeidung der Doppelbesteuerung 15 Prozent des Bruttobetrags der Kapitalerträge im Sinne des § 43 Absatz 1 Satz 1 Nummer 1 a und des Absatzes 1 Satz 2 unterschreitet und

2. es sich nicht um Kapitalerträge handelt, die einer beschränkt steuerpflichtigen Kapitalgesellschaft, die am Nennkapital einer unbeschränkt steuerpflichtigen Kapitalgesellschaft im Sinne des § 1 Absatz 1 Nummer 1 des Körperschaftsteuergeset-

[1] Zur erstmaligen Anwendung siehe § 52 Abs. 48 Satz 4 EStG.

ESTG

zes zu mindestens einem Zehntel unmittelbar beteiligt ist und im Staat ihrer Ansässigkeit den Steuern vom Einkommen oder Gewinn unterliegt, ohne davon befreit zu sein, von der unbeschränkt steuerpflichtigen Kapitalgesellschaft zufließen.

② **Die Absätze 1 bis 3 sind nicht anzuwenden, wenn der Gläubiger der Kapitalerträge im Sinne des § 43 Absatz 1 Satz 1 Nummer 1 a und des Absatzes 1 Satz 2 bei Zufluss seit mindestens einem Jahr ununterbrochen wirtschaftlicher Eigentümer der Aktien oder Genussscheine ist; Absatz 2 Satz 2 gilt entsprechend.**

(5) **Bestimmungen eines Abkommens zur Vermeidung der Doppelbesteuerung, § 42 der Abgabenordnung und andere steuerliche Vorschriften bleiben unberührt, soweit sie jeweils die Entlastung in einem weitergehenden Umfang einschränken.** 5

EStG

§ 51 Ermächtigungen

(1) **Die Bundesregierung wird ermächtigt, mit Zustimmung des Bundesrates**

1 **1. zur Durchführung dieses Gesetzes Rechtsverordnungen zu erlassen, soweit dies zur Wahrung der Gleichmäßigkeit bei der Besteuerung, zur Beseitigung von Unbilligkeiten in Härtefällen, zur Steuerfreistellung des Existenzminimums oder zur Vereinfachung des Besteuerungsverfahrens erforderlich ist, und zwar:**

a) über die Abgrenzung der Steuerpflicht, die Beschränkung der Steuererklärungspflicht auf die Fälle, in denen eine Veranlagung in Betracht kommt, über die den Einkommensteuererklärungen beizufügenden Unterlagen und über die Beistandspflichten Dritter;

b) über die Ermittlung der Einkünfte und die Feststellung des Einkommens einschließlich der abzugsfähigen Beträge;

c) über die Höhe von besonderen Betriebsausgaben-Pauschbeträgen für Gruppen von Betrieben, bei denen hinsichtlich der Besteuerungsgrundlagen annähernd gleiche Verhältnisse vorliegen, wenn der Steuerpflichtige Einkünfte aus Gewerbebetrieb (§ 15) oder selbständiger Arbeit (§ 18) erzielt, in Höhe eines Prozentsatzes der Umsätze im Sinne des § 1 Absatz 1 Nummer 1 des Umsatzsteuergesetzes; Umsätze aus der Veräußerung von Wirtschaftsgütern des Anlagevermögens sind nicht zu berücksichtigen. ② Einen besonderen Betriebsausgaben-Pauschbetrag dürfen nur Steuerpflichtige in Anspruch nehmen, die ihren Gewinn durch Einnahme-Überschussrechnung nach § 4 Absatz 3 ermitteln. ③ Bei der Festlegung der Höhe des besonderen Betriebsausgaben-Pauschbetrags ist der Zuordnung der Betriebe entsprechend der Klassifikation der Wirtschaftszweige, Fassung für Steuerstatistiken, Rechnung zu tragen. ④ Bei der Ermittlung der besonderen Betriebsausgaben-Pauschbeträge sind alle Betriebsausgaben mit Ausnahme der an das Finanzamt gezahlten Umsatzsteuer zu berücksichtigen. ⑤ Bei der Veräußerung oder Entnahme von Wirtschaftsgütern des Anlagevermögens sind die Anschaffungs- oder Herstellungskosten, vermindert um die Absetzungen für Abnutzung nach § 7 Absatz 1 oder 4 sowie die Veräußerungskosten neben dem besonderen Betriebsausgaben-Pauschbetrag abzugsfähig. ⑥ Der Steuerpflichtige kann im folgenden Veranlagungszeitraum zur Ermittlung der tatsächlichen Betriebsausgaben übergehen. ⑦ Wechselt der Steuerpflichtige zur Ermittlung der tatsächlichen Betriebsausgaben, sind die abnutzbaren Wirtschaftsgüter des Anlagevermögens mit ihren Anschaffungs- oder Herstellungskosten, vermindert um die Absetzungen für Abnutzung nach § 7 Absatz 1 oder 4, in ein laufend zu führendes Verzeichnis aufzunehmen. ⑧ § 4 Absatz 3 Satz 5 bleibt unberührt. ⑨ Nach dem Wechsel zur Ermittlung der tatsächlichen Betriebsausgaben ist eine erneute Inanspruchnahme des besonderen Betriebsausgaben-Pauschbetrags erst nach Ablauf der folgenden vier Veranlagungszeiträume zulässig; die §§ 140, 141 der Abgabenordnung bleiben unberührt;

d) über die Veranlagung, die Anwendung der Tarifvorschriften und die Regelung der Steuerentrichtung einschließlich der Steuerabzüge;

e) über die Besteuerung der beschränkt Steuerpflichtigen einschließlich eines Steuerabzugs;

2. Vorschriften durch Rechtsverordnung zu erlassen

2 **a) über die sich aus der Aufhebung oder Änderung von Vorschriften dieses Gesetzes ergebenden Rechtsfolgen, soweit dies zur Wahrung der Gleichmäßigkeit bei der Besteuerung oder zur Beseitigung von Unbilligkeiten in Härtefällen erforderlich ist;**

b) (weggefallen)

3 **c) über den Nachweis von Zuwendungen im Sinne des § 10 b einschließlich erleichterter Nachweisanforderungen;**

4 **d) über Verfahren, die in den Fällen des § 38 Absatz 1 Nummer 2[1] den Steueranspruch der Bundesrepublik Deutschland sichern oder die sicherstellen, dass bei Befreiungen im Ausland ansässiger Leiharbeitnehmer von der Steuer der Bundesrepublik Deutschland auf Grund von Abkommen zur Vermeidung der Doppelbesteuerung die ordnungsgemäße Besteuerung im Ausland gewährleistet ist. ② Hierzu kann nach Maßgabe zwischenstaatlicher Regelungen bestimmt werden, dass**

aa) der Entleiher in dem hierzu notwendigen Umfang an derartigen Verfahren mitwirkt,

bb) er sich im Haftungsverfahren nicht auf die Freistellungsbestimmungen des Abkommens berufen kann, wenn er seine Mitwirkungspflichten verletzt;

5 **e) bis m) (weggefallen)**

6 **n)[2] über Sonderabschreibungen**

---

[1] Red. Anm.: Verweis müsste lauten „§ 38 Absatz 1 Satz 1 Nummer 2".

[2] Vgl. § 81 EStDV.

ESTG

aa) im Tiefbaubetrieb des Steinkohlen-, Pechkohlen-, Braunkohlen- und Erzbergbaues bei Wirtschaftsgütern des Anlagevermögens unter Tage und bei bestimmten mit dem Grubenbetrieb unter Tage in unmittelbarem Zusammenhang stehenden, der Förderung, Seilfahrt, Wasserhaltung und Wetterführung sowie der Aufbereitung des Minerals dienenden Wirtschaftsgütern des Anlagevermögens über Tage, soweit die Wirtschaftsgüter
für die Errichtung von neuen Förderschachtanlagen, auch in Form von Anschlussschachtanlagen,
für die Errichtung neuer Schächte sowie die Erweiterung des Grubengebäudes und den durch Wasserzuflüsse aus stillliegenden Anlagen bedingten Ausbau der Wasserhaltung bestehender Schachtanlagen,
für Rationalisierungsmaßnahmen in der Hauptschacht-, Blindschacht-, Strecken- und Abbauförderung, im Streckenvortrieb, in der Gewinnung, Versatzwirtschaft, Seilfahrt, Wetterführung und Wasserhaltung sowie in der Aufbereitung,
für die Zusammenfassung von mehreren Förderschachtanlagen zu einer einheitlichen Förderschachtanlage und
für den Wiederaufschluss stillliegender Grubenfelder und Feldesteile,

bb) im Tagebaubetrieb des Braunkohlen- und Erzbergbaues bei bestimmten Wirtschaftsgütern des beweglichen Anlagevermögens (Grubenaufschluss, Entwässerungsanlagen, Großgeräte sowie Einrichtungen des Grubenrettungswesens und der ersten Hilfe und im Erzbergbau auch Aufbereitungsanlagen), die
für die Erschließung neuer Tagebaue, auch in Form von Anschlusstagebauen, für Rationalisierungsmaßnahmen bei laufenden Tagebauen,
beim Übergang zum Tieftagebau für die Freilegung und Gewinnung der Lagerstätte und
für die Wiederinbetriebnahme stillgelegter Tagebaue

von Steuerpflichtigen, die den Gewinn nach § 5 ermitteln, vor dem 1. Januar 1990 angeschafft oder hergestellt werden. ② Die Sonderabschreibungen können bereits für Anzahlungen auf Anschaffungskosten und für Teilherstellungskosten zugelassen werden. ③ Hat der Steuerpflichtige vor dem 1. Januar 1990 die Wirtschaftsgüter bestellt oder mit ihrer Herstellung begonnen, so können die Sonderabschreibungen auch für nach dem 31. Dezember 1989 und vor dem 1. Januar 1991 angeschaffte oder hergestellte Wirtschaftsgüter sowie für vor dem 1. Januar 1991 geleistete Anzahlungen auf Anschaffungskosten und entstandene Teilherstellungskosten in Anspruch genommen werden. ④ Voraussetzung für die Inanspruchnahme der Sonderabschreibungen ist, dass die Förderungswürdigkeit der bezeichneten Vorhaben von der obersten Landesbehörde für Wirtschaft im Einvernehmen mit dem Bundesministerium für Wirtschaft und Energie bescheinigt worden ist. ⑤ Die Sonderabschreibungen können im Wirtschaftsjahr der Anschaffung oder Herstellung und in den vier folgenden Wirtschaftsjahren in Anspruch genommen werden, und zwar bei beweglichen Wirtschaftsgütern des Anlagevermögens bis zu insgesamt 50 Prozent, bei unbeweglichen Wirtschaftsgütern des Anlagevermögens bis zu insgesamt 30 Prozent der Anschaffungs- oder Herstellungskosten. ⑥ Bei den begünstigten Vorhaben im Tagebaubetrieb des Braunkohlen- und Erzbergbaues kann außerdem zugelassen werden, dass die vor dem 1. Januar 1991 aufgewendeten Kosten für den Vorabraum bis zu 50 Prozent als sofort abzugsfähige Betriebsausgaben behandelt werden;

o) (weggefallen)

p) über die Bemessung der Absetzungen für Abnutzung oder Substanzverringerung bei nicht zu einem Betriebsvermögen gehörenden Wirtschaftsgütern, die vor dem 21. Juni 1948 angeschafft oder hergestellt oder die unentgeltlich erworben sind. ② Hierbei kann bestimmt werden, dass die Absetzungen für Abnutzung oder Substanzverringerung nicht nach den Anschaffungs- oder Herstellungskosten, sondern nach Hilfswerten (am 21. Juni 1948 maßgebender Einheitswert, Anschaffungs- oder Herstellungskosten des Rechtsvorgängers abzüglich der von ihm vorgenommenen Absetzungen, fiktive Anschaffungskosten an einem noch zu bestimmenden Stichtag) zu bemessen sind. ③ Zur Vermeidung von Härten kann zugelassen werden, dass an Stelle der Absetzungen für Abnutzung, die nach dem am 21. Juni 1948 maßgebenden Einheitswert zu bemessen sind, der Betrag abgezogen wird, der für das Wirtschaftsgut in dem Veranlagungszeitraum 1947 als Absetzung für Abnutzung geltend gemacht werden konnte. ④ Für das Land Berlin tritt in den Sätzen 1 bis 3 an die Stelle des 21. Juni 1948 jeweils der 1. April 1949; 7

q)[1] über erhöhte Absetzungen bei Herstellungskosten 8

[1] Vgl. § 82 a EStDV, letztmals abgedruckt im „Handbuch zur ESt-Veranlagung 2012" bei § 21 EStG.

EStG

aa) für Maßnahmen, die für den Anschluss eines im Inland belegenen Gebäudes an eine Fernwärmeversorgung einschließlich der Anbindung an das Heizsystem erforderlich sind, wenn die Fernwärmeversorgung überwiegend aus Anlagen der Kraft-Wärme-Kopplung, zur Verbrennung von Müll oder zur Verwertung von Abwärme gespeist wird,

bb) für den Einbau von Wärmepumpenanlagen, Solaranlagen und Anlagen zur Wärmerückgewinnung in einem im Inland belegenen Gebäude einschließlich der Anbindung an das Heizsystem,

cc) für die Errichtung von Windkraftanlagen, wenn die mit diesen Anlagen erzeugte Energie überwiegend entweder unmittelbar oder durch Verrechnung mit Elektrizitätsbezügen des Steuerpflichtigen von einem Elektrizitätsversorgungsunternehmen zur Versorgung eines im Inland belegenen Gebäudes des Steuerpflichtigen verwendet wird, einschließlich der Anbindung an das Versorgungssystem des Gebäudes,

dd) für die Errichtung von Anlagen zur Gewinnung von Gas, das aus pflanzlichen oder tierischen Abfallstoffen durch Gärung unter Sauerstoffabschluss entsteht, wenn dieses Gas zur Beheizung eines im Inland belegenen Gebäudes des Steuerpflichtigen oder zur Warmwasserbereitung in einem solchen Gebäude des Steuerpflichtigen verwendet wird, einschließlich der Anbindung an das Versorgungssystem des Gebäudes,

ee) für den Einbau einer Warmwasseranlage zur Versorgung von mehr als einer Zapfstelle und einer zentralen Heizungsanlage oder bei einer zentralen Heizungs- und Warmwasseranlage für den Einbau eines Heizkessels, eines Brenners, einer zentralen Steuerungseinrichtung, einer Wärmeabgabeeinrichtung und eine Änderung der Abgasanlage in einem im Inland belegenen Gebäude oder in einer im Inland belegenen Eigentumswohnung, wenn mit dem Einbau nicht vor Ablauf von zehn Jahren seit Fertigstellung dieses Gebäudes begonnen worden ist und der Einbau nach dem 30. Juni 1985 fertig gestellt worden ist; Entsprechendes gilt bei Anschaffungskosten für neue Einzelöfen, wenn keine Zentralheizung vorhanden ist.

② Voraussetzung für die Gewährung der erhöhten Absetzungen ist, dass die Maßnahmen vor dem 1. Januar 1992 fertig gestellt worden sind; in den Fällen des Satzes 1 Doppelbuchstabe aa müssen die Gebäude vor dem 1. Juli 1983 fertig gestellt worden sein, es sei denn, dass der Anschluss nicht schon im Zusammenhang mit der Errichtung des Gebäudes möglich war. ③ Die erhöhten Absetzungen dürfen jährlich 10 Prozent der Aufwendungen nicht übersteigen. ④ Sie dürfen nicht gewährt werden, wenn für dieselbe Maßnahme eine Investitionszulage in Anspruch genommen wird. ⑤ Sind die Aufwendungen Erhaltungsaufwand und entstehen sie bei einer zu eigenen Wohnzwecken genutzten Wohnung im eigenen Haus, für die der Nutzungswert nicht mehr besteuert wird, und liegen in den Fällen des Satzes 1 Doppelbuchstabe aa die Voraussetzungen des Satzes 2 zweiter Halbsatz vor, so kann der Abzug dieser Aufwendungen wie Sonderausgaben mit gleichmäßiger Verteilung auf das Kalenderjahr, in dem die Arbeiten abgeschlossen worden sind, und die neun folgenden Kalenderjahre zugelassen werden, wenn die Maßnahme vor dem 1. Januar 1992 abgeschlossen worden ist;

9 r) nach denen Steuerpflichtige größere Aufwendungen

aa) für die Erhaltung von nicht zu einem Betriebsvermögen gehörenden Gebäuden, die überwiegend Wohnzwecken dienen,

bb) zur Erhaltung eines Gebäudes in einem förmlich festgelegten Sanierungsgebiet oder städtebaulichen Entwicklungsbereich, die für Maßnahmen im Sinne des § 177 des Baugesetzbuchs sowie für bestimmte Maßnahmen, die der Erhaltung, Erneuerung und funktionsgerechten Verwendung eines Gebäudes dienen, das wegen seiner geschichtlichen, künstlerischen oder städtebaulichen Bedeutung erhalten bleiben soll, und zu deren Durchführung sich der Eigentümer neben bestimmten Modernisierungsmaßnahmen gegenüber der Gemeinde verpflichtet hat, aufgewendet worden sind,

cc) zur Erhaltung von Gebäuden, die nach den jeweiligen landesrechtlichen Vorschriften Baudenkmale sind, soweit die Aufwendungen nach Art und Umfang zur Erhaltung des Gebäudes als Baudenkmal und zu seiner sinnvollen Nutzung erforderlich sind,

auf zwei bis fünf Jahre gleichmäßig verteilen können. ② In den Fällen der Doppelbuchstaben bb und cc ist Voraussetzung, dass der Erhaltungsaufwand vor dem 1. Januar 1990 entstanden ist. ③ In den Fällen von Doppelbuchstabe cc sind die Denkmaleigenschaft des Gebäudes und die Voraussetzung, dass die Aufwendungen nach Art und Umfang zur Erhaltung des Gebäudes als Baudenkmal und zu seiner sinnvollen Nutzung erforderlich sind, durch eine Bescheinigung der nach Landesrecht zuständigen oder von der Landesregierung bestimmten Stelle nachzuweisen;

10

s) nach denen bei Anschaffung oder Herstellung von abnutzbaren beweglichen und bei Herstellung von abnutzbaren unbeweglichen Wirtschaftsgütern des Anlagevermögens auf Antrag ein Abzug von der Einkommensteuer für den Veranlagungszeitraum der Anschaffung oder Herstellung bis zur Höhe von 7,5 Prozent der Anschaffungs- oder Herstellungskosten dieser Wirtschaftsgüter vorgenommen werden kann, wenn eine Störung des gesamtwirtschaftlichen Gleichgewichts eingetreten ist oder sich abzeichnet, die eine nachhaltige Verringerung der Umsätze oder der Beschäftigung zur Folge hatte oder erwarten lässt, insbesondere bei einem erheblichen Rückgang der Nachfrage nach Investitionsgütern oder Bauleistungen. ② Bei der Bemessung des von der Einkommensteuer abzugsfähigen Betrags dürfen nur berücksichtigt werden

aa) die Anschaffungs- oder Herstellungskosten von beweglichen Wirtschaftsgütern, die innerhalb eines jeweils festzusetzenden Zeitraums, der ein Jahr nicht übersteigen darf (Begünstigungszeitraum), angeschafft oder hergestellt werden,

bb) die Anschaffungs- oder Herstellungskosten von beweglichen Wirtschaftsgütern, die innerhalb des Begünstigungszeitraums bestellt und angezahlt werden oder mit deren Herstellung innerhalb des Begünstigungszeitraums begonnen wird, wenn sie innerhalb eines Jahres, bei Schiffen innerhalb zweier Jahre nach Ablauf des Begünstigungszeitraums geliefert oder fertig gestellt werden. ② Soweit bewegliche Wirtschaftsgüter im Sinne des Satzes 1 mit Ausnahme von Schiffen nach Ablauf eines Jahres, aber vor Ablauf zweier Jahre nach dem Ende des Begünstigungszeitraums geliefert oder fertig gestellt werden, dürfen bei Bemessung des Abzugs von der Einkommensteuer die bis zum Ablauf eines Jahres nach dem Ende des Begünstigungszeitraums aufgewendeten Anzahlungen und Teilherstellungskosten berücksichtigt werden,

cc) die Herstellungskosten von Gebäuden, bei denen innerhalb des Begünstigungszeitraums der Antrag auf Baugenehmigung gestellt wird, wenn sie bis zum Ablauf von zwei Jahren nach dem Ende des Begünstigungszeitraums fertig gestellt werden;

dabei scheiden geringwertige Wirtschaftsgüter im Sinne des § 6 Absatz 2 und Wirtschaftsgüter, die in gebrauchtem Zustand erworben werden, aus. ③ Von der Begünstigung können außerdem Wirtschaftsgüter ausgeschlossen werden, für die Sonderabschreibungen, erhöhte Absetzungen oder die Investitionszulage nach § 19 des Berlinförderungsgesetzes in Anspruch genommen werden. ④ In den Fällen des Satzes 2 Doppelbuchstabe bb und cc können bei Bemessung des von der Einkommensteuer abzugsfähigen Betrags bereits die im Begünstigungszeitraum, im Fall des Satzes 2 Doppelbuchstabe bb Satz 2 auch die bis zum Ablauf eines Jahres nach dem Ende des Begünstigungszeitraums aufgewendeten Anzahlungen und Teilherstellungskosten berücksichtigt werden; der Abzug von der Einkommensteuer kann insoweit schon für den Veranlagungszeitraum vorgenommen werden, in dem die Anzahlungen oder Teilherstellungskosten aufgewendet worden sind. ⑤ Übersteigt der von der Einkommensteuer abzugsfähige Betrag die für den Veranlagungszeitraum der Anschaffung oder Herstellung geschuldete Einkommensteuer, so kann der übersteigende Betrag von der Einkommensteuer für den darauf folgenden Veranlagungszeitraum abgezogen werden. ⑥ Entsprechendes gilt, wenn in den Fällen des Satzes 2 Doppelbuchstabe bb und cc der Abzug von der Einkommensteuer bereits für Anzahlungen oder Teilherstellungskosten geltend gemacht wird. ⑦ Der Abzug von der Einkommensteuer darf jedoch die für den Veranlagungszeitraum der Anschaffung oder Herstellung und den folgenden Veranlagungszeitraum insgesamt zu entrichtende Einkommensteuer nicht übersteigen. ⑧ In den Fällen des Satzes 2 Doppelbuchstabe bb Satz 2 gilt dies mit der Maßgabe, dass an die Stelle des Veranlagungszeitraums der Anschaffung oder Herstellung der Veranlagungszeitraum tritt, in dem zuletzt Anzahlungen oder Teilherstellungskosten aufgewendet worden sind. ⑨ Werden begünstigte Wirtschaftsgüter von Gesellschaften im Sinne des § 15 Absatz 1 Satz 1 Nummer 2 und 3 angeschafft oder hergestellt, so ist der abzugsfähige Betrag nach dem Verhältnis der Gewinnanteile einschließlich der Vergütungen aufzuteilen. ⑩ Die Anschaffungs- oder Herstellungskosten der Wirtschaftsgüter, die bei Bemessung des von der Einkommensteuer abzugsfähigen Betrags berücksichtigt worden sind, werden durch den Abzug von der Einkommensteuer nicht gemindert. ⑪ Rechtsverordnungen auf Grund dieser Ermächtigung bedürfen der Zustimmung des Bundestages. ⑫ Die Zustimmung gilt als erteilt, wenn der Bundestag nicht binnen vier Wochen nach Eingang der Vorlage der Bundesregierung die Zustimmung verweigert hat;

t) (weggefallen)

EStG

11 u) über Sonderabschreibungen bei abnutzbaren Wirtschaftsgütern des Anlagevermögens, die der Forschung oder Entwicklung dienen und nach dem 18. Mai 1983 und vor dem 1. Januar 1990 angeschafft oder hergestellt werden. ② Voraussetzung für die Inanspruchnahme der Sonderabschreibungen ist, dass die beweglichen Wirtschaftsgüter ausschließlich und die unbeweglichen Wirtschaftsgüter zu mehr als $33^1/_3$ Prozent der Forschung oder Entwicklung dienen. ③ Die Sonderabschreibungen können auch für Ausbauten und Erweiterungen an bestehenden Gebäuden, Gebäudeteilen, Eigentumswohnungen oder im Teileigentum stehenden Räumen zugelassen werden, wenn die ausgebauten oder neu hergestellten Gebäudeteile zu mehr als $33^1/_3$ Prozent der Forschung oder Entwicklung dienen. ④ Die Wirtschaftsgüter dienen der Forschung oder Entwicklung, wenn sie verwendet werden

aa) zur Gewinnung von neuen wissenschaftlichen oder technischen Erkenntnissen und Erfahrungen allgemeiner Art (Grundlagenforschung) oder

bb) zur Neuentwicklung von Erzeugnissen oder Herstellungsverfahren oder

cc) zur Weiterentwicklung von Erzeugnissen oder Herstellungsverfahren, soweit wesentliche Änderungen dieser Erzeugnisse oder Verfahren entwickelt werden.

⑤ Die Sonderabschreibungen können im Wirtschaftsjahr der Anschaffung oder Herstellung und in den vier folgenden Wirtschaftsjahren in Anspruch genommen werden, und zwar

aa) bei beweglichen Wirtschaftsgütern des Anlagevermögens bis zu insgesamt 40 Prozent,

bb) bei unbeweglichen Wirtschaftsgütern des Anlagevermögens, die zu mehr als $66^2/_3$ Prozent der Forschung oder Entwicklung dienen, bis zu insgesamt 15 Prozent, die nicht zu mehr als $66^2/_3$ Prozent, aber zu mehr als $33^1/_3$ Prozent der Forschung oder Entwicklung dienen, bis zu insgesamt 10 Prozent,

cc) bei Ausbauten und Erweiterungen an bestehenden Gebäuden, Gebäudeteilen, Eigentumswohnungen oder im Teileigentum stehenden Räumen, wenn die ausgebauten oder neu hergestellten Gebäudeteile zu mehr als $66^2/_3$ Prozent der Forschung oder Entwicklung dienen, bis zu insgesamt 15 Prozent, zu nicht mehr als $66^2/_3$ Prozent, aber zu mehr als $33^1/_3$ Prozent der Forschung oder Entwicklung dienen, bis zu insgesamt 10 Prozent

der Anschaffungs- oder Herstellungskosten. ⑥ Sie können bereits für Anzahlungen auf Anschaffungskosten und für Teilherstellungskosten zugelassen werden. ⑦ Die Sonderabschreibungen sind nur unter der Bedingung zuzulassen, dass die Wirtschaftsgüter und die ausgebauten oder neu hergestellten Gebäudeteile mindestens drei Jahre nach ihrer Anschaffung oder Herstellung in dem erforderlichen Umfang der Forschung oder Entwicklung in einer inländischen Betriebsstätte des Steuerpflichtigen dienen;

v) (weggefallen)

12 w)[1] über Sonderabschreibungen bei Handelsschiffen, die auf Grund eines vor dem 25. April 1996 abgeschlossenen Schiffbauvertrags hergestellt, in einem inländischen Seeschiffsregister eingetragen und vor dem 1. Januar 1999 von Steuerpflichtigen angeschafft oder hergestellt worden sind, die den Gewinn nach § 5 ermitteln. ② Im Fall der Anschaffung eines Handelsschiffes ist weitere Voraussetzung, dass das Schiff vor dem 1. Januar 1996 in ungebrauchtem Zustand vom Hersteller oder nach dem 31. Dezember 1995 auf Grund eines vor dem 25. April 1996 abgeschlossenen Kaufvertrags bis zum Ablauf des vierten auf das Jahr der Fertigstellung folgenden Jahres erworben worden ist. ③ Bei Steuerpflichtigen, die in eine Gesellschaft im Sinne des § 15 Absatz 1 Satz 1 Nummer 2 und Absatz 3 nach Abschluss des Schiffbauvertrags (Unterzeichnung des Hauptvertrags) eingetreten sind, dürfen Sonderabschreibungen nur zugelassen werden, wenn sie der Gesellschaft vor dem 1. Januar 1999 beitreten. ④ Die Sonderabschreibungen können im Wirtschaftsjahr der Anschaffung oder Herstellung und in den vier folgenden Wirtschaftsjahren bis zu insgesamt 40 Prozent der Anschaffungs- oder Herstellungskosten in Anspruch genommen werden. ⑤ Sie können bereits für Anzahlungen auf Anschaffungskosten und für Teilherstellungskosten zugelassen werden. ⑥ Die Sonderabschreibungen sind nur unter der Bedingung zuzulassen, dass die Handelsschiffe innerhalb eines Zeitraums von acht Jahren nach ihrer Anschaffung oder Herstellung nicht veräußert werden; für Anteile an einem Handelsschiff gilt dies entsprechend. ⑦ Die Sätze 1 bis 6 gelten für Schiffe, die der Seefischerei dienen, entsprechend. ⑧ Für Luftfahrzeuge, die vom Steuerpflichtigen hergestellt oder in ungebrauchtem Zustand vom Hersteller erworben worden sind und die zur gewerbsmäßigen Beförderung von Personen oder Sachen im internationalen Luftverkehr oder zur Ver-

[1] Vgl. § 82 f EStDV, nachstehend abgedruckt.

wendung zu sonstigen gewerblichen Zwecken im Ausland bestimmt sind, gelten die Sätze 1 bis 4 und 6 mit der Maßgabe entsprechend, dass an die Stelle der Eintragung in ein inländisches Seeschiffsregister die Eintragung in die deutsche Luftfahrzeugrolle, an die Stelle des Höchstsatzes von 40 Prozent ein Höchstsatz von 30 Prozent und bei der Vorschrift des Satzes 6 an die Stelle des Zeitraums von acht Jahren ein Zeitraum von sechs Jahren treten;

x)[1] über erhöhte Absetzungen bei Herstellungskosten für Modernisierungs- und Instandsetzungsmaßnahmen im Sinne des § 177 des Baugesetzbuchs sowie für bestimmte Maßnahmen, die der Erhaltung, Erneuerung und funktionsgerechten Verwendung eines Gebäudes dienen, das wegen seiner geschichtlichen, künstlerischen oder städtebaulichen Bedeutung erhalten bleiben soll, und zu deren Durchführung sich der Eigentümer neben bestimmten Modernisierungsmaßnahmen gegenüber der Gemeinde verpflichtet hat, die für Gebäude in einem förmlich festgelegten Sanierungsgebiet oder städtebaulichen Entwicklungsbereich aufgewendet worden sind; Voraussetzung ist, dass die Maßnahmen vor dem 1. Januar 1991 abgeschlossen worden sind. ② Die erhöhten Absetzungen dürfen jährlich 10 Prozent der Aufwendungen nicht übersteigen; 13

y)[2] über erhöhte Absetzungen für Herstellungskosten an Gebäuden, die nach den jeweiligen landesrechtlichen Vorschriften Baudenkmale sind, soweit die Aufwendungen nach Art und Umfang zur Erhaltung des Gebäudes als Baudenkmal und zu seiner sinnvollen Nutzung erforderlich sind; Voraussetzung ist, dass die Maßnahmen vor dem 1. Januar 1991 abgeschlossen worden sind. ② Die Denkmaleigenschaft des Gebäudes und die Voraussetzung, dass die Aufwendungen nach Art und Umfang zur Erhaltung des Gebäudes als Baudenkmal und zu seiner sinnvollen Nutzung erforderlich sind, sind durch eine Bescheinigung der nach Landesrecht zuständigen oder von der Landesregierung bestimmten Stelle nachzuweisen. ③ Die erhöhten Absetzungen dürfen jährlich 10 Prozent der Aufwendungen nicht übersteigen; 14

3. die in § 4a Absatz 1 Satz 2 Nummer 1, § 10 Absatz 5, § 22 Nummer 1 Satz 3 Buchstabe a, § 26a Absatz 3, § 34c Absatz 7, § 46 Absatz 5 und § 50a Absatz 6 vorgesehenen Rechtsverordnungen zu erlassen. 15

(2) **① Die Bundesregierung wird ermächtigt, durch Rechtsverordnung Vorschriften zu erlassen, nach denen die Inanspruchnahme von Sonderabschreibungen und erhöhten Absetzungen sowie die Bemessung der Absetzung für Abnutzung in fallenden Jahresbeträgen ganz oder teilweise ausgeschlossen werden können, wenn eine Störung des gesamtwirtschaftlichen Gleichgewichts eingetreten ist oder sich abzeichnet, die erhebliche Preissteigerungen mit sich gebracht hat oder erwarten lässt, insbesondere, wenn die Inlandsnachfrage nach Investitionsgütern oder Bauleistungen das Angebot wesentlich übersteigt. ② Die Inanspruchnahme von Sonderabschreibungen und erhöhten Absetzungen sowie die Bemessung der Absetzung für Abnutzung in fallenden Jahresbeträgen darf nur ausgeschlossen werden** 16

1. für bewegliche Wirtschaftsgüter, die innerhalb eines jeweils festzusetzenden Zeitraums, der frühestens mit dem Tage beginnt, an dem die Bundesregierung ihren Beschluss über die Verordnung bekannt gibt, und der ein Jahr nicht übersteigen darf, angeschafft oder hergestellt werden. ② Für bewegliche Wirtschaftsgüter, die vor Beginn dieses Zeitraums bestellt und angezahlt worden sind oder mit deren Herstellung vor Beginn dieses Zeitraums angefangen worden ist, darf jedoch die Inanspruchnahme von Sonderabschreibungen und erhöhten Absetzungen sowie die Bemessung der Absetzung für Abnutzung in fallenden Jahresbeträgen nicht ausgeschlossen werden;

2. für bewegliche Wirtschaftsgüter und für Gebäude, die in dem in Nummer 1 bezeichneten Zeitraum bestellt werden oder mit deren Herstellung in diesem Zeitraum begonnen wird. ② Als Beginn der Herstellung gilt bei Gebäuden der Zeitpunkt, in dem der Antrag auf Baugenehmigung gestellt wird.

③ Rechtsverordnungen auf Grund dieser Ermächtigung bedürfen der Zustimmung des Bundestages und des Bundesrates. ④ Die Zustimmung gilt als erteilt, wenn der Bundesrat nicht binnen drei Wochen, der Bundestag nicht binnen vier Wochen nach Eingang der Vorlage der Bundesregierung die Zustimmung verweigert hat.

(3) **① Die Bundesregierung wird ermächtigt, durch Rechtsverordnung mit Zustimmung des Bundesrates Vorschriften zu erlassen, nach denen die Einkommensteuer einschließlich des Steuerabzugs vom Arbeitslohn, des Steuerabzugs vom Kapitalertrag und des Steuerabzugs bei beschränkt Steuerpflichtigen** 17

---

[1] Vgl. § 82 g EStDV, letztmals abgedruckt im „Handbuch zur ESt-Veranlagung 2012" bei § 21 EStG.
[2] Vgl. § 82 i EStDV, letztmals abgedruckt im „Handbuch zur ESt-Veranlagung 2012" bei § 21 EStG.

EStG

1. um höchstens 10 Prozent herabgesetzt werden kann. ② Der Zeitraum, für den die Herabsetzung gilt, darf ein Jahr nicht übersteigen; er soll sich mit dem Kalenderjahr decken. ③ Voraussetzung ist, dass eine Störung des gesamtwirtschaftlichen Gleichgewichts eingetreten ist oder sich abzeichnet, die eine nachhaltige Verringerung der Umsätze oder der Beschäftigung zur Folge hatte oder erwarten lässt, insbesondere bei einem erheblichen Rückgang der Nachfrage nach Investitionsgütern und Bauleistungen oder Verbrauchsgütern;
2. um höchstens 10 Prozent erhöht werden kann. ② Der Zeitraum, für den die Erhöhung gilt, darf ein Jahr nicht übersteigen; er soll sich mit dem Kalenderjahr decken. ③ Voraussetzung ist, dass eine Störung des gesamtwirtschaftlichen Gleichgewichts eingetreten ist oder sich abzeichnet, die erhebliche Preissteigerungen mit sich gebracht hat oder erwarten lässt, insbesondere, wenn die Nachfrage nach Investitionsgütern und Bauleistungen oder Verbrauchsgütern das Angebot wesentlich übersteigt.

② Rechtsverordnungen auf Grund dieser Ermächtigung bedürfen der Zustimmung des Bundestages.

18 (4)[1] Das Bundesministerium der Finanzen wird ermächtigt,

1. im Einvernehmen mit den obersten Finanzbehörden der Länder die Vordrucke für
   a) (weggefallen)
   b) die Erklärungen zur Einkommensbesteuerung,
   c) die Anträge nach § 38 b Absatz 2, nach § 39 a Absatz 2, in dessen Vordrucke der Antrag nach § 39 f einzubeziehen ist, die Anträge nach § 39 a Absatz 4 sowie die Anträge zu den elektronischen Lohnsteuerabzugsmerkmalen (§ 38 b Absatz 3 und § 39 e Absatz 6 Satz 7),
   d) die Lohnsteuer-Anmeldung (§ 41 a Absatz 1),
   e) die Anmeldung der Kapitalertragsteuer (§ 45 a Absatz 1) und den Freistellungsauftrag nach § 44 a Absatz 2 Satz 1 Nummer 1,
   f) die Anmeldung des Abzugsbetrags (§ 48 a),
   g) die Erteilung der Freistellungsbescheinigung (§ 48 b),
   h) die Anmeldung der Abzugsteuer (§ 50 a Absatz 7),
   i) die Entlastung von der Kapitalertragsteuer und vom Steuerabzug nach § 50 a auf Grund von Abkommen zur Vermeidung der Doppelbesteuerung

   und die Muster der Bescheinigungen für den Lohnsteuerabzug nach § 39 Absatz 3 und § 39 e Absatz 7 Satz 5, des Ausdrucks der elektronischen Lohnsteuerbescheinigung (§ 41 b Absatz 1), das Muster der Lohnsteuerbescheinigung nach § 41 b Absatz 3 Satz 1, der Anträge auf Erteilung einer Bescheinigung für den Lohnsteuerabzug nach § 39 Absatz 3 und § 39 e Absatz 7 Satz 1 sowie der in § 45 a Absatz 2 und 3 vorgesehenen Bescheinigungen zu bestimmen;

1 a. im Einvernehmen mit den obersten Finanzbehörden der Länder auf der Basis der §§ 32 a und 39 b einen Programmablaufplan für die Herstellung von Lohnsteuertabellen zur manuellen Berechnung der Lohnsteuer aufzustellen und bekannt zu machen. ② Der Lohnstufenabstand beträgt bei den Jahrestabellen 36. ③ Die in den Tabellenstufen auszuweisende Lohnsteuer ist aus der Obergrenze der Tabellenstufen zu berechnen und muss an der Obergrenze mit der maschinell berechneten Lohnsteuer übereinstimmen. ④ Die Monats-, Wochen- und Tagestabellen sind aus den Jahrestabellen abzuleiten;

1 b. im Einvernehmen mit den obersten Finanzbehörden der Länder den Mindestumfang der nach § 5 b elektronisch zu übermittelnden Bilanz und Gewinn- und Verlustrechnung zu bestimmen;

1 c. durch Rechtsverordnung zur Durchführung dieses Gesetzes mit Zustimmung des Bundesrates Vorschriften über einen von dem vorgesehenen erstmaligen Anwendungszeitpunkt gemäß § 52 Absatz 15 a in der Fassung des Artikels 1 des Gesetzes vom 20. Dezember 2008 (BGBl. I S. 2850) abweichenden späteren Anwendungszeitpunkt zu erlassen, wenn bis zum 31. Dezember 2010 erkennbar ist, dass die technischen oder organisatorischen Voraussetzungen für eine Umsetzung der in § 5 b Absatz 1 in der Fassung des Artikels 1 des Gesetzes vom 20. Dezember 2008 (BGBl. I S. 2850) vorgesehenen Verpflichtung nicht ausreichen;

1 d. die Vordrucke für die Anmeldung des Steuerabzugs von Vergütungen im Sinne des § 50 a Absatz 1 sowie das amtlich vorgeschriebene Muster nach § 50 a Absatz 5 Satz 7 zu bestimmen;

2. den Wortlaut dieses Gesetzes und der zu diesem Gesetz erlassenen Rechtsverordnungen in der jeweils geltenden Fassung satzweise nummeriert mit neuem Datum und in neuer Paragraphenfolge bekannt zu machen und dabei Unstimmigkeiten im Wortlaut zu beseitigen.

---

[1] Zur Fassung von § 51 Abs. 4 Nr. 1 Buchstabe h und i sowie Nr. 1 e ab 1. 1. 2024 siehe in der geschlossenen Wiedergabe.

Übersicht

§§ 74 ***bis*** **80**[1] *(weggefallen)* EStDV

Zu § 51 Abs. 1 Nr. 2 Buchstabe n EStG

§ 81 *Bewertungsfreiheit für bestimmte Wirtschaftsgüter des Anlagevermögens im Kohlen- und Erzbergbau*

(1) ① Steuerpflichtige, die den Gewinn nach § 5 des Gesetzes ermitteln, können bei abnutzbaren Wirtschaftsgütern des Anlagevermögens, bei denen die in den Absätzen 2 und 3 bezeichneten Voraussetzungen vorliegen, im Wirtschaftsjahr der Anschaffung oder Herstellung und in den vier folgenden Wirtschaftsjahren Sonderabschreibungen vornehmen, und zwar 48

1. bei beweglichen Wirtschaftsgütern des Anlagevermögens bis zur Höhe von insgesamt 50 Prozent,

2. bei unbeweglichen Wirtschaftsgütern des Anlagevermögens bis zur Höhe von insgesamt 30 Prozent

der Anschaffungs- oder Herstellungskosten. ② § 9a gilt entsprechend.

(2) Voraussetzung für die Anwendung des Absatzes 1 ist, 49

1. dass die Wirtschaftsgüter

a) im Tiefbaubetrieb des Steinkohlen-, Pechkohlen-, Braunkohlen- und Erzbergbaues

aa) für die Errichtung von neuen Förderschachtanlagen, auch in der Form von Anschlussschachtanlagen,

bb) für die Errichtung neuer Schächte sowie die Erweiterung des Grubengebäudes und den durch Wasserzuflüsse aus stillliegenden Anlagen bedingten Ausbau der Wasserhaltung bestehender Schachtanlagen,

cc) für Rationalisierungsmaßnahmen in der Hauptschacht-, Blindschacht-, Strecken- und Abbauförderung, im Streckenvortrieb, in der Gewinnung, Versatzwirtschaft, Seilfahrt, Wetterführung und Wasserhaltung sowie in der Aufbereitung,

dd) für die Zusammenfassung von mehreren Förderschachtanlagen zu einer einheitlichen Förderschachtanlage oder

ee) für den Wiederaufschluss stillliegender Grubenfelder und Feldesteile,

b) im Tagebaubetrieb des Braunkohlen- und Erzbergbaues

aa) für die Erschließung neuer Tagebaue, auch in Form von Anschlusstagebauen,

bb) für Rationalisierungsmaßnahmen bei laufenden Tagebauen,

cc) beim Übergang zum Tieftagebau für die Freilegung und Gewinnung der Lagerstätte oder

dd) für die Wiederinbetriebnahme stillgelegter Tagebaue

angeschafft oder hergestellt werden und

2. dass die Förderungswürdigkeit dieser Vorhaben von der obersten Landesbehörde oder der von ihr bestimmten Stelle im Einvernehmen mit dem Bundesministerium für Wirtschaft und Energie bescheinigt worden ist.

(3) Die Abschreibungen nach Absatz 1 können nur in Anspruch genommen werden 50

1. in den Fällen des Absatzes 2 Nr. 1 Buchstabe a bei Wirtschaftsgütern des Anlagevermögens unter Tage und bei den in der Anlage 5[2] *zu dieser Verordnung bezeichneten Wirtschaftsgütern des Anlagevermögens über Tage,*

2. in den Fällen des Absatzes 2 Nr. 1 Buchstabe b bei den in der Anlage 6[2] *zu dieser Verordnung bezeichneten Wirtschaftsgütern des beweglichen Anlagevermögens.*

(4) Die Abschreibungen nach Absatz 1 können in Anspruch genommen werden bei im Geltungsbereich dieser Verordnung ausschließlich des in Artikel 3 des Einigungsvertrages genannten Gebiets[3] 51

1. vor dem 1. Januar 1990 angeschafften oder hergestellten Wirtschaftsgütern,

2. a) nach dem 31. Dezember 1989 und vor dem 1. Januar 1991 angeschafften oder hergestellten Wirtschaftsgütern,

b) vor dem 1. Januar 1991 geleisteten Anzahlungen auf Anschaffungskosten und entstandenen Teilherstellungskosten,

---

[1] Zur letztmaligen Anwendung von § 80 EStDV siehe § 84 Abs. 3j EStDV.

[2] Nachstehend abgedruckt.

[3] Das ist das Gebiet der ehem. DDR und Berlin (Ost).

wenn der Steuerpflichtige vor dem 1. Januar 1990 die Wirtschaftsgüter bestellt oder mit ihrer Herstellung begonnen hat.

52 *(5) Bei den in Absatz 2 Nr. 1 Buchstabe b bezeichneten Vorhaben können die vor dem 1. Januar 1990 im Geltungsbereich dieser Verordnung ausschließlich des in Artikel 3 des Einigungsvertrages genannten Gebiets[1] aufgewendeten Kosten für den Vorabraum bis zu 50 Prozent als sofort abzugsfähige Betriebsausgaben behandelt werden.*

*Zu § 81 EStDV: Zur Anwendung im **Beitrittsgebiet** siehe § 57 Abs. 2 EStG.*

Anl a zu § 81 EStDV

a) Verzeichnis der Wirtschaftsgüter des Anlagevermögens über Tage im Sinne des § 81 Abs. 3 Nr. 1

– Anlage 5 der EStDV –

53 Die Bewertungsfreiheit des § 81 kann im Tiefbaubetrieb des Steinkohlen-, Pechkohlen-, Braunkohlen- und Erzbergbaues für die Wirtschaftsgüter des Anlagevermögens über Tage in Anspruch genommen werden, die zu den folgenden, mit dem Grubenbetrieb unter Tage in unmittelbarem Zusammenhang stehenden, der Förderung, Seilfahrt, Wasserhaltung und Wetterführung sowie der Aufbereitung des Minerals dienenden Anlagen und Einrichtungen gehören:

1. Förderanlagen und -einrichtungen einschließlich Schachthalle, Hängebank, Wagenumlauf und Verladeeinrichtungen sowie Anlagen der Berge- und Grubenholzwirtschaft,
2. Anlagen und Einrichtungen der Wetterwirtschaft und Wasserhaltung,
3. Waschkauen sowie Einrichtungen der Grubenlampenwirtschaft, des Grubenrettungswesens und der Ersten Hilfe,
4. Sieberei, Wäsche und sonstige Aufbereitungsanlagen; im Erzbergbau alle der Aufbereitung dienenden Anlagen sowie die Anlagen zum Rösten von Eisenerzen, wenn die Anlagen nicht zu einem Hüttenbetrieb gehören.

Anl b zu § 81 EStDV

b) Verzeichnis der Wirtschaftsgüter des beweglichen Anlagevermögens im Sinne des § 81 Abs. 3 Nr. 2

– Anlage 6 der EStDV –

54 Die Bewertungsfreiheit des § 81 kann im Tagebaubetrieb des Braunkohlen- und Erzbergbaues für die folgenden Wirtschaftsgüter des beweglichen Anlagevermögens in Anspruch genommen werden:

1. Grubenaufschluss,
2. Entwässerungsanlagen,
3. Großgeräte, die der Lösung, Bewegung und Verkippung der Abraummassen sowie der Förderung und Bewegung des Minerals dienen, soweit sie wegen ihrer besonderen, die Ablagerungs- und Größenverhältnisse des Tagebaubetriebs berücksichtigenden Konstruktion nur für diesen Tagebaubetrieb oder anschließend für andere begünstigte Tagebaubetriebe verwendet werden; hierzu gehören auch Spezialabraum- und -kohlenwagen einschließlich der dafür erforderlichen Lokomotiven sowie Transportbandanlagen mit den Auf- und Übergaben und den dazugehörigen Bunkereinrichtungen mit Ausnahme der Rohkohlenbunker in Kraftwerken, Brikettfabriken oder Versandanlagen, wenn die Wirtschaftsgüter die Voraussetzungen des ersten Halbsatzes erfüllen,
4. Einrichtungen des Grubenrettungswesens und der Ersten Hilfe,
5. Wirtschaftsgüter, die zu den Aufbereitungsanlagen im Erzbergbau gehören, wenn die Aufbereitungsanlagen nicht zu einem Hüttenbetrieb gehören.

EStDV

§ 82 *(weggefallen)*

§ 82 a,[2] § 82 b *[abgedruckt bei § 21 EStG]*

§ 82 c bis § 82 e *(weggefallen)*

Zu § 51 Abs. 1 Nr. 2 Buchstabe w EStG

§ 82 f ***Bewertungsfreiheit für Handelsschiffe, für Schiffe, die der Seefischerei dienen, und für Luftfahrzeuge***

76 *(1) ① Steuerpflichtige, die den Gewinn nach § 5 des Gesetzes ermitteln, können bei Handelsschiffen, die in einem inländischen Seeschiffsregister eingetragen sind, im Wirtschaftsjahr der Anschaffung oder Herstellung und in den vier folgenden Wirtschaftsjahren Sonderabschreibungen bis zu insgesamt 40 Prozent der Anschaffungs- oder Herstellungskosten vornehmen. ② § 9 a gilt entsprechend.*

[1] Das ist das Gebiet der ehem. DDR und Berlin (Ost).
[2] Letztmals abgedruckt im „Handbuch zur ESt-Veranlagung 2012" bei § 21 EStG.

(2) Im Fall der Anschaffung eines Handelsschiffs ist Absatz 1 nur anzuwenden, wenn das Handelsschiff vor dem 1. Januar 1996 in ungebrauchtem Zustand vom Hersteller oder nach dem 31. Dezember 1995 bis zum Ablauf des vierten auf das Jahr der Fertigstellung folgenden Jahres erworben worden ist. 77

(3) ① Die Inanspruchnahme der Abschreibungen nach Absatz 1 ist nur unter der Bedingung zulässig, dass die Handelsschiffe innerhalb eines Zeitraums von acht Jahren nach ihrer Anschaffung oder Herstellung nicht veräußert werden. ② Für Anteile an Handelsschiffen gilt dies entsprechend. 78

(4) Die Abschreibungen nach Absatz 1 können bereits für Anzahlungen auf Anschaffungskosten und für Teilherstellungskosten in Anspruch genommen werden. 79

(5 a. F.)[1] *① Für Handelsschiffe, deren Anschaffungs- oder Herstellungskosten zu mindestens 30 vom Hundert durch Mittel finanziert werden, die weder unmittelbar noch mittelbar in wirtschaftlichem Zusammenhang mit der Aufnahme von Krediten durch den Gewerbebetrieb stehen, zu dessen Betriebsvermögen das Handelsschiff gehört, gilt § 7 a Abs. 6 des Gesetzes*[2] *mit der Maßgabe, daß die Abschreibungen bis zum Gesamtbetrag von 15 vom Hundert der Anschaffungs- oder Herstellungskosten zur Entstehung oder Erhöhung von Verlusten führen dürfen. ② Auf Handelsschiffe bis zu 1 600 Bruttoregistertonnen ist Satz 1 nicht anzuwenden, es sei denn, es handelt sich um Tanker, Seeschlepper oder Spezialschiffe für den unmittelbaren oder mittelbaren Einsatz zur Gewinnung von Bodenschätzen.* 80

(5) ① Die Abschreibungen nach Absatz 1 können nur in Anspruch genommen werden, wenn das Handelsschiff vor dem 1. Januar 1999 angeschafft oder hergestellt wird und der Kaufvertrag oder Bauvertrag vor dem 25. April 1996 abgeschlossen worden ist. ② Bei Steuerpflichtigen, die in eine Gesellschaft im Sinne des § 15 Absatz 1 Satz 1 Nummer 2 und Absatz 3 des Einkommensteuergesetzes nach Abschluss des Schiffbauvertrags (Unterzeichnung des Hauptvertrags) eintreten, sind Sonderabschreibungen nur zulässig, wenn sie der Gesellschaft vor dem 1. Januar 1999 beitreten. 81

(6) ① Die Absätze 1 bis 5 gelten für Schiffe, die der Seefischerei dienen, entsprechend. ② Für Luftfahrzeuge, die vom Steuerpflichtigen hergestellt oder in ungebrauchtem Zustand vom Hersteller erworben worden sind und die zur gewerbsmäßigen Beförderung von Personen oder Sachen im internationalen Luftverkehr oder zur Verwendung zu sonstigen gewerblichen Zwecken im Ausland bestimmt sind, gelten die Absätze 1 und 3 bis 5 mit der Maßgabe entsprechend, dass an die Stelle der Eintragung in ein inländisches Seeschiffsregister die Eintragung in die deutsche Luftfahrzeugrolle, an die Stelle des Höchstsatzes von 40 Prozent ein Höchstsatz von 30 Prozent und bei der Vorschrift des Absatzes 3 an die Stelle des Zeitraums von acht Jahren ein Zeitraum von sechs Jahren treten. 82

Zu § 82f EStDV: *Zur Anwendung im* ***Beitrittsgebiet*** *siehe § 57 Abs. 1 EStG.*

§ 82g *[abgedruckt bei § 21 EStG]*

§ 82h *(weggefallen)*

§ 82i *[abgedruckt bei § 21 EStG]*

§ 83 *(weggefallen)*

§ 51 a[3] Festsetzung und Erhebung von Zuschlagsteuern

EStG

(1) ① **Auf die Festsetzung und Erhebung von Steuern, die nach der Einkommensteuer bemessen werden (Zuschlagsteuern), sind die Vorschriften dieses Gesetzes mit Ausnahme des § 36 a entsprechend anzuwenden. ② Wird Einkommensteuer im Wege des Steuerabzugs erhoben, dürfen die zu diesem Zweck verarbeiteten personenbezogenen Daten auch für die Erhebung einer Zuschlagsteuer im Wege des Steuerabzugs verarbeitet werden.** 1

(2) ① **Bemessungsgrundlage ist die Einkommensteuer, die abweichend von § 2 Absatz 6 unter Berücksichtigung von Freibeträgen nach § 32 Absatz 6 in allen Fällen des § 32 festzusetzen wäre. ② Zur Ermittlung der Einkommensteuer im Sinne des Satzes 1 ist das zu versteuernde Einkommen um die nach § 3 Nummer 40 steuerfreien Beträge zu erhöhen und um die nach § 3 c Absatz 2 nicht abziehbaren Beträge zu mindern. ③ § 35 ist bei der Ermittlung der festzusetzenden Einkommensteuer nach Satz 1 nicht anzuwenden.** 2

(2 a)[4] ① **Vorbehaltlich des § 40 a Absatz 2 ist beim Steuerabzug vom Arbeitslohn Bemessungsgrundlage die Lohnsteuer; beim Steuerabzug vom laufenden Arbeitslohn und beim Jahresausgleich ist die Lohnsteuer maßgebend, die sich ergibt, wenn der nach § 39 b Absatz 2 Satz 5 zu versteuernde Jahresbetrag für die Steuerklassen I, II und III um den doppelten Kinderfreibetrag sowie den doppelten Freibetrag für den Betreuungs- und Erziehungs- oder Ausbildungsbedarf und für die Steuerklasse IV um** 3

---

[1] § 82 f Abs. 5 a. F. aufgehoben; zur Weitergeltung von Abs. 5 a. F. siehe § 84 Abs. 5 EStDV.
[2] § 7 a Abs. 6 EStG aufgehoben durch Gesetz vom 20. 8. 1980 (BGBl. I S. 1545).
[3] **Zur Fassung von § 51 a Abs. 2 b ab 1. 1. 2023 siehe in der geschlossenen Wiedergabe.**
[4] Zur erstmaligen Anwendung siehe § 52 Abs. 32 a EStG.

EStG

den Kinderfreibetrag sowie den Freibetrag für den Betreuungs- und Erziehungs- oder Ausbildungsbedarf (§ 32 Absatz 6 Satz 1) für jedes Kind vermindert wird, für das eine Kürzung der Freibeträge für Kinder nach § 32 Absatz 6 Satz 4 nicht in Betracht kommt. ② Bei der Anwendung des § 39b für die Ermittlung der Zuschlagsteuern ist die als Lohnsteuerabzugsmerkmal gebildete Zahl der Kinderfreibeträge maßgebend. ③ Bei Anwendung des § 39f ist beim Steuerabzug vom laufenden Arbeitslohn die Lohnsteuer maßgebend, die sich bei Anwendung des nach § 39f Absatz 1 ermittelten Faktors auf den nach den Sätzen 1 und 2 ermittelten Betrag ergibt.

4 (2b) **Wird die Einkommensteuer nach § 43 Absatz 1 durch Abzug vom Kapitalertrag (Kapitalertragsteuer) erhoben, wird die darauf entfallende Kirchensteuer nach dem Kirchensteuersatz der Religionsgemeinschaft, der der Kirchensteuerpflichtige angehört, als Zuschlag zur Kapitalertragsteuer erhoben.**

5 (2c)[1] **① Der zur Vornahme des Steuerabzugs vom Kapitalertrag Verpflichtete (Kirchensteuerabzugsverpflichteter) hat die auf die Kapitalertragsteuer nach Absatz 2b entfallende Kirchensteuer nach folgenden Maßgaben einzubehalten:**

1. **① Das Bundeszentralamt für Steuern speichert unabhängig von und zusätzlich zu den in § 139b Absatz 3 der Abgabenordnung genannten und nach § 39e gespeicherten Daten des Steuerpflichtigen den Kirchensteuersatz der steuererhebenden Religionsgemeinschaft des Kirchensteuerpflichtigen sowie die ortsbezogenen Daten, mit deren Hilfe der Kirchensteuerpflichtige seiner Religionsgemeinschaft zugeordnet werden kann. ② Die Daten werden als automatisiert abrufbares Merkmal für den Kirchensteuerabzug bereitgestellt;**
2. **sofern dem Kirchensteuerabzugsverpflichteten die Identifikationsnummer des Schuldners der Kapitalertragsteuer nicht bereits bekannt ist, kann er sie beim Bundeszentralamt für Steuern anfragen. ② In der Anfrage dürfen nur die in § 139b Absatz 3 der Abgabenordnung genannten Daten des Schuldners der Kapitalertragsteuer angegeben werden, soweit sie dem Kirchensteuerabzugsverpflichteten bekannt sind. ③ Die Anfrage hat nach amtlich vorgeschriebenem Datensatz durch Datenfernübertragung zu erfolgen. ④ Das Bundeszentralamt für Steuern teilt dem Kirchensteuerabzugsverpflichteten die Identifikationsnummer mit, sofern die übermittelten Daten mit den nach § 139b Absatz 3 der Abgabenordnung beim Bundeszentralamt für Steuern gespeicherten Daten übereinstimmen;**
3. **der Kirchensteuerabzugsverpflichtete hat unter Angabe der Identifikationsnummer und des Geburtsdatums des Schuldners der Kapitalertragsteuer bei Begründung einer rechtlichen Verbindung beim Bundeszentralamt für Steuern anzufragen, ob der Schuldner der Kapitalertragsteuer kirchensteuerpflichtig ist (Anlassabfrage), und einmal jährlich im Zeitraum vom 1. September bis 31. Oktober beim Bundeszentralamt für Steuern anzufragen, ob der Schuldner der Kapitalertragsteuer am 31. August des betreffenden Jahres (Stichtag) kirchensteuerpflichtig ist (Regelabfrage). ② Für Kapitalerträge im Sinne des § 43 Absatz 1 Nummer 4 aus Versicherungsverträgen hat der Kirchensteuerabzugsverpflichtete eine auf den Zuflusszeitpunkt der Kapitalerträge bezogene Abfrage (Anlassabfrage) an das Bundeszentralamt für Steuern zu richten. ③ Im Übrigen kann der Kirchensteuerabzugsverpflichtete eine Anlassabfrage auf Veranlassung des Schuldners der Kapitalertragsteuer an das Bundeszentralamt für Steuern richten. ④ Auf die Anfrage hin teilt das Bundeszentralamt für Steuern dem Kirchensteuerabzugsverpflichteten die rechtliche Zugehörigkeit zu einer steuererhebenden Religionsgemeinschaft und den für die Religionsgemeinschaft geltenden Kirchensteuersatz zum Zeitpunkt der Anfrage als automatisiert abrufbares Merkmal nach Nummer 1 mit. ⑤ Bei Begründung einer rechtlichen Verbindung ist der Schuldner der Kapitalertragsteuer vom Kirchensteuerabzugsverpflichteten auf die Datenabfrage sowie das Antragsrecht nach Absatz 2e Satz 1 in geeigneter Form hinzuweisen. ⑥ Anträge auf das Setzen der Sperrvermerke, die im aktuellen Kalenderjahr für eine Regelabfrage berücksichtigt werden sollen, müssen bis zum 30. Juni beim Bundeszentralamt für Steuern eingegangen sein. ⑦ Alle übrigen Sperrvermerke können nur berücksichtigt werden, wenn sie spätestens zwei Monate vor der Abfrage des Kirchensteuerabzugsverpflichteten eingegangen sind. ⑧ Dies gilt für den Widerruf entsprechend. ⑨ Gehört der Schuldner der Kapitalertragsteuer keiner steuererhebenden Religionsgemeinschaft an oder hat er dem Abruf von Daten zur Religionszugehörigkeit widersprochen (Sperrvermerk), so teilt das Bundeszentralamt für Steuern dem Kirchensteuerabzugsverpflichteten zur Religionszugehörigkeit einen neutralen Wert (Nullwert) mit. ⑩ Der Kirchensteuerabzugsverpflichtete hat die vorhandenen Daten zur Religionszugehörigkeit unverzüglich zu löschen, wenn ein Nullwert übermittelt wurde;**

---

[1] Zur erstmaligen Anwendung siehe § 52 Abs. 49 EStG.

4. im Falle einer am Stichtag oder im Zuflusszeitpunkt bestehenden Kirchensteuerpflicht hat der Kirchensteuerabzugsverpflichtete den Kirchensteuerabzug für die steuererhebende Religionsgemeinschaft durchzuführen und den Kirchensteuerbetrag an das für ihn zuständige Finanzamt abzuführen. ② § 45 a Absatz 1 gilt entsprechend; in der Steueranmeldung sind die nach Satz 1 einbehaltenen Kirchensteuerbeträge für jede steuererhebende Religionsgemeinschaft jeweils als Summe anzumelden. ③ Die auf Grund der Regelabfrage vom Bundeszentralamt für Steuern bestätigte Kirchensteuerpflicht hat der Kirchensteuerabzugsverpflichtete dem Kirchensteuerabzug des auf den Stichtag folgenden Kalenderjahres zu Grunde zu legen. ④ Das Ergebnis einer Anlassabfrage wirkt anlassbezogen.

② Die Daten gemäß Nummer 3 sind nach amtlich vorgeschriebenem Datensatz durch Datenfernübertragung zu übermitteln. ③ Die Verbindung der Anfrage nach Nummer 2 mit der Anfrage nach Nummer 3 zu einer Anfrage ist zulässig. ④ Auf Antrag kann das Bundeszentralamt für Steuern zur Vermeidung unbilliger Härten auf eine elektronische Übermittlung verzichten. ⑤ § 44 Absatz 5 ist mit der Maßgabe anzuwenden, dass der Haftungsbescheid von dem für den Kirchensteuerabzugsverpflichteten zuständigen Finanzamt erlassen wird. ⑥ § 45 a Absatz 2 ist mit der Maßgabe anzuwenden, dass die steuererhebende Religionsgemeinschaft angegeben wird. ⑦ Sind an den Kapitalerträgen ausschließlich Ehegatten beteiligt, wird der Anteil an der Kapitalertragsteuer hälftig ermittelt. ⑧ Der Kirchensteuerabzugsverpflichtete darf die von ihm für die Durchführung des Kirchensteuerabzugs erhobenen Daten ausschließlich für diesen Zweck verarbeiten. ⑨ Er hat organisatorisch dafür Sorge zu tragen, dass ein Zugriff auf diese Daten für andere Zwecke gesperrt ist. ⑩ Ohne Einwilligung der oder des Kirchensteuerpflichtigen und soweit gesetzlich nichts anderes zugelassen ist, dürfen der Kirchensteuerabzugsverpflichtete und die beteiligte Finanzbehörde die Daten nach Satz 8 nicht für andere Zwecke verarbeiten.

(2 d) **① Wird die nach Absatz 2 b zu erhebende Kirchensteuer nicht nach Absatz 2 c als Kirchensteuerabzug vom Kirchensteuerabzugsverpflichteten einbehalten, wird sie nach Ablauf des Kalenderjahres nach dem Kapitalertragsteuerbetrag veranlagt, der sich ergibt, wenn die Steuer auf Kapitalerträge nach § 32 d Absatz 1 Satz 4 und 5 errechnet wird; wenn Kirchensteuer als Kirchensteuerabzug nach Absatz 2 c erhoben wurde, wird eine Veranlagung auf Antrag des Steuerpflichtigen durchgeführt. ② Der Abzugsverpflichtete hat dem Kirchensteuerpflichtigen auf dessen Verlangen hin eine Bescheinigung über die einbehaltene Kapitalertragsteuer zu erteilen. ③ Der Kirchensteuerpflichtige hat die erhobene Kapitalertragsteuer zu erklären und die Bescheinigung nach Satz 2 oder nach § 45 a Absatz 2 oder 3 vorzulegen.** 6

(2 e)[1] **① Der Schuldner der Kapitalertragsteuer kann unter Angabe seiner Identifikationsnummer nach amtlich vorgeschriebenem Vordruck schriftlich beim Bundeszentralamt für Steuern beantragen, dass der automatisierte Datenabruf seiner rechtlichen Zugehörigkeit zu einer steuererhebenden Religionsgemeinschaft bis auf schriftlichen Widerruf unterbleibt (Sperrvermerk). ② Das Bundeszentralamt für Steuern kann für die Abgabe der Erklärungen nach Satz 1 ein anderes sicheres Verfahren zur Verfügung stellen. ③ Der Sperrvermerk verpflichtet den Kirchensteuerpflichtigen für jeden Veranlagungszeitraum, in dem Kapitalertragsteuer einbehalten worden ist, zur Abgabe einer Steuererklärung zum Zwecke der Veranlagung nach Absatz 2 d Satz 1. ④ Das Bundeszentralamt für Steuern übermittelt für jeden Veranlagungszeitraum, für den ein Sperrvermerk abgerufen worden ist, an das Wohnsitzfinanzamt des Schuldners der Kapitalertragsteuer Name und Anschrift des Kirchensteuerabzugsverpflichteten, dem im Fall des Absatzes 2 c Satz 1 Nummer 3 auf Grund des Sperrvermerks ein Nullwert im Sinne des Absatzes 2 c Satz 1 Nummer 3 Satz 9 mitgeteilt worden ist. ⑤ Das Wohnsitzfinanzamt fordert den Kirchensteuerpflichtigen zur Abgabe einer Steuererklärung nach § 149 Absatz 1 Satz 1 und 2 der Abgabenordnung auf.** 7

(3) **Ist die Einkommensteuer für Einkünfte, die dem Steuerabzug unterliegen, durch den Steuerabzug abgegolten oder werden solche Einkünfte bei der Veranlagung zur Einkommensteuer oder beim Lohnsteuer-Jahresausgleich nicht erfasst, gilt dies für die Zuschlagsteuer entsprechend.** 8

(4) **① Die Vorauszahlungen auf Zuschlagsteuern sind gleichzeitig mit den festgesetzten Vorauszahlungen auf die Einkommensteuer zu entrichten; § 37 Absatz 5 ist nicht anzuwenden. ② Solange ein Bescheid über die Vorauszahlungen auf Zuschlagsteuern nicht erteilt worden ist, sind die Vorauszahlungen ohne besondere Aufforderung nach Maßgabe der für die Zuschlagsteuern geltenden Vorschriften zu entrichten. ③ § 240 Absatz 1 Satz 3 der Abgabenordnung ist insoweit nicht anzuwenden; § 254 Absatz 2 der Abgabenordnung gilt insoweit sinngemäß.** 9

[1] Zur erstmaligen Anwendung siehe § 52 Abs. 49 EStG.

EStG

10 (5) ① **Mit einem Rechtsbehelf gegen die Zuschlagsteuer kann weder die Bemessungsgrundlage noch die Höhe des zu versteuernden Einkommens angegriffen werden.** ② **Wird die Bemessungsgrundlage geändert, ändert sich die Zuschlagsteuer entsprechend.**

11 (6) **Die Absätze 1 bis 5 gelten für die Kirchensteuern nach Maßgabe landesrechtlicher Vorschriften.**

§ 52[1] Anwendungsvorschriften

EStG

(1) ①Diese Fassung des Gesetzes ist, soweit in den folgenden Absätzen nichts an- 1
deres bestimmt ist, erstmals für den Veranlagungszeitraum 2022 anzuwenden. ②Beim Steuerabzug vom Arbeitslohn gilt Satz 1 mit der Maßgabe, dass diese Fassung erstmals auf den laufenden Arbeitslohn anzuwenden ist, der für einen nach dem 31. Dezember 2021 endenden Lohnzahlungszeitraum gezahlt wird, und auf sonstige Bezüge, die nach dem 31. Dezember 2021 zufließen. ③Beim Steuerabzug vom Kapitalertrag gilt Satz 1 mit der Maßgabe, dass diese Fassung des Gesetzes erstmals auf Kapitalerträge anzuwenden ist, die dem Gläubiger nach dem 31. Dezember 2021 zufließen.

(2) ①§ 2 a Absatz 1 Satz 1 Nummer 6 Buchstabe b in der am 1. Januar 2000 gelten- 2
den Fassung ist erstmals auf negative Einkünfte eines Steuerpflichtigen anzuwenden, die er aus einer entgeltlichen Überlassung von Schiffen auf Grund eines nach dem 31. Dezember 1999 rechtswirksam abgeschlossenen obligatorischen Vertrags oder gleichstehenden Rechtsakts erzielt. ②Für negative Einkünfte im Sinne des § 2 a Absatz 1 und 2 in der am 24. Dezember 2008 geltenden Fassung, die vor dem 25. Dezember 2008 nach § 2 a Absatz 1 Satz 5 bestandskräftig gesondert festgestellt wurden, ist § 2 a Absatz 1 Satz 3 bis 5 in der am 24. Dezember 2008 geltenden Fassung weiter anzuwenden. ③§ 2 a Absatz 3 Satz 3, 5 und 6 in der am 29. April 1997 geltenden Fassung ist für Veranlagungszeiträume ab 1999 weiter anzuwenden, soweit sich ein positiver Betrag im Sinne des § 2 a Absatz 3 Satz 3 in der am 29. April 1997 geltenden Fassung ergibt oder soweit eine in einem ausländischen Staat belegene Betriebsstätte im Sinne des § 2 a Absatz 4 in der Fassung des § 52 Absatz 3 Satz 8 in der am 30. Juli 2014 geltenden Fassung in eine Kapitalgesellschaft umgewandelt, übertragen oder aufgegeben wird. ④Insoweit ist in § 2 a Absatz 3 Satz 5 letzter Halbsatz in der am 29. April 1997 geltenden Fassung die Angabe „§ 10 d Absatz 3" durch die Angabe „§ 10 d Absatz 4" zu ersetzen.

(3) § 2 b in der Fassung der Bekanntmachung vom 19. Oktober 2002 (BGBl. I 3
S. 4210; 2003 I S. 179) ist weiterhin für Einkünfte aus einer Einkunftsquelle im Sinne des § 2 b anzuwenden, die der Steuerpflichtige nach dem 4. März 1999 und vor dem 11. November 2005 rechtswirksam erworben oder begründet hat.

(4) ①§ 3 Nummer 5 in der am 30. Juni 2013 geltenden Fassung ist vorbehaltlich des 4
Satzes 2 erstmals für den Veranlagungszeitraum 2013 anzuwenden. ②§ 3 Nummer 5 in der am 29. Juni 2013 geltenden Fassung ist weiterhin anzuwenden für freiwillig Wehrdienst Leistende, die das Dienstverhältnis vor dem 1. Januar 2014 begonnen haben. ③§ 3 Nummer 10 in der am 31. Dezember 2005 geltenden Fassung ist weiter anzuwenden für ausgezahlte Übergangsbeihilfen an Soldatinnen auf Zeit und Soldaten auf Zeit, wenn das Dienstverhältnis vor dem 1. Januar 2006 begründet worden ist. ④§ 3 Nummer 11 b in der Fassung des Artikels 1 des Gesetzes vom 19. Juni 2022 (BGBl. I S. 911) ist erstmals für den Veranlagungszeitraum 2021 anzuwenden. ⑤§ 3 Nummer 14 a in der Fassung des Artikels 3 des Gesetzes vom 16. Dezember 2022 (BGBl. I S. 2294) ist erstmals für den Veranlagungszeitraum 2021 anzuwenden. ⑥Ist in der für das jeweilige Leistungsjahr zuletzt übermittelten Rentenbezugsmitteilung im Sinne des § 22 a in den nach § 22 a Absatz 1 Satz 1 Nummer 2 zu übermittelnden Daten der Zuschlag an Entgeltpunkten für langjährige Versicherung nach dem Sechsten Buch Sozialgesetzbuch enthalten, haben die Träger der gesetzlichen Rentenversicherung als mitteilungspflichtige Stelle im Sinne des § 22 a bis zum letzten Tag des Monats Februar 2024 für das jeweilige Leistungsjahr eine insoweit korrigierte Rentenbezugsmitteilung zu übermitteln. ⑦Ein Einkommensteuerbescheid ist infolge einer nach Satz 6 korrigierten Rentenbezugsmitteilung insoweit zu ändern. ⑧Das gilt auch, wenn der Einkommensteuerbescheid bereits bestandskräftig ist; andere Änderungsvorschriften bleiben unberührt. ⑨Auf fortlaufende Leistungen nach dem Gesetz über die Heimkehrerstiftung vom 21. Dezember 1992 (BGBl. I S. 2094, 2101), das zuletzt durch Artikel 1 des Gesetzes vom 10. Dezember 2007 (BGBl. I S. 2830) geändert worden ist, in der jeweils geltenden Fassung ist § 3 Nummer 19 in der am 31. Dezember 2010 geltenden Fassung weiter anzuwenden. ⑩§ 3 Nummer 26 und 26 a in der Fassung des Artikels 2 des Gesetzes vom 11. Dezember 2018 (BGBl. I S. 2338) ist in allen offenen Fällen anzuwenden. ⑪Für die Anwendung des § 3 Nummer 34 in der Fassung des Artikels 3 des Gesetzes vom 11. Dezember 2018 (BGBl. I S. 2338) ist das Zertifizierungserfordernis nach § 20 Absatz 2 Satz 2 in Verbindung mit § 20 Absatz 5 des Fünften Buches Sozialgesetzbuch für bereits vor dem 1. Januar 2019 begonnene unzertifizierte Gesundheitsmaßnahmen erstmals maßgeblich für

[1] Die vorstehend im Hauptteil abgedruckte Fassung des EStG gibt den für den **VZ 2022** geltenden Gesetzestext wieder. Die Änderungen zu § 52 EStG sind nur, soweit sie **von Bedeutung für VZ 2022** sind, abgedruckt; **zu den späteren Änderungen siehe in der geschlossenen Wiedergabe.**

EStG

Sachbezüge, die nach dem 31. Dezember 2019 gewährt werden. [12] § 3 Nummer 37 in der Fassung des Artikels 3 des Gesetzes vom 11. Dezember 2018 (BGBl. I S. 2338) ist letztmals für den Veranlagungszeitraum 2030 anzuwenden, sowie beim Steuerabzug vom Arbeitslohn auf Vorteile, die in einem vor dem 1. Januar 2031 endenden Lohnzahlungszeitraum oder als sonstige Bezüge vor dem 1. Januar 2031 zugewendet werden. [13] § 3 Nummer 40 ist erstmals anzuwenden für

1. **Gewinnausschüttungen, auf die bei der ausschüttenden Körperschaft der nach Artikel 3 des Gesetzes vom 23. Oktober 2000 (BGBl. I S. 1433) aufgehobene Vierte Teil des Körperschaftsteuergesetzes nicht mehr anzuwenden ist; für die übrigen in § 3 Nummer 40 genannten Erträge im Sinne des § 20 gilt Entsprechendes;**
2. **Erträge im Sinne des § 3 Nummer 40 Satz 1 Buchstabe a, b, c und j nach Ablauf des ersten Wirtschaftsjahres der Gesellschaft, an der die Anteile bestehen, für das das Körperschaftsteuergesetz in der Fassung des Artikels 3 des Gesetzes vom 23. Oktober 2000 (BGBl. I S. 1433) erstmals anzuwenden ist.**

[14] § 3 Nummer 40 Satz 1 Buchstabe d Satz 3 in der Fassung des Artikels 1 des Gesetzes vom 25. Juni 2021 (BGBl. I S. 2035) ist erstmals für Bezüge anzuwenden, die nach dem 31. Dezember 2019 zufließen. [15] § 3 Nummer 40 Satz 3 und 4 in der am 12. Dezember 2006 geltenden Fassung ist für Anteile, die einbringungsgeboren im Sinne des § 21 des Umwandlungssteuergesetzes in der am 12. Dezember 2006 geltenden Fassung sind, weiter anzuwenden. [16] § 3 Nummer 40 Satz 3 erster Halbsatz in der am 1. Januar 2017 geltenden Fassung ist erstmals für den Veranlagungszeitraum 2017 anzuwenden; der zweite Halbsatz ist anzuwenden auf Anteile, die nach dem 31. Dezember 2016 dem Betriebsvermögen zugehen. [17] Bei vom Kalenderjahr abweichenden Wirtschaftsjahren ist § 3 Nummer 40 Buchstabe d Satz 2 in der am 30. Juni 2013 geltenden Fassung erstmals für den Veranlagungszeitraum anzuwenden, in dem das Wirtschaftsjahr endet, das nach dem 31. Dezember 2013 begonnen hat. [18] § 3 Nummer 40a in der am 6. August 2004 geltenden Fassung ist auf Vergütungen im Sinne des § 18 Absatz 1 Nummer 4 anzuwenden, wenn die vermögensverwaltende Gesellschaft oder Gemeinschaft nach dem 31. März 2002 und vor dem 1. Januar 2009 gegründet worden ist oder soweit die Vergütungen in Zusammenhang mit der Veräußerung von Anteilen an Kapitalgesellschaften stehen, die nach dem 7. November 2003 und vor dem 1. Januar 2009 erworben worden sind. [19] § 3 Nummer 40a in der am 19. August 2008 geltenden Fassung ist erstmals auf Vergütungen im Sinne des § 18 Absatz 1 Nummer 4 anzuwenden, wenn die vermögensverwaltende Gesellschaft oder Gemeinschaft nach dem 31. Dezember 2008 gegründet worden ist. [20] § 3 Nummer 41 in der am 30. Juni 2021 geltenden Fassung ist letztmals für den Veranlagungszeitraum 2021 anzuwenden. [21] § 3 Nummer 46 in der am 17. November 2016 geltenden Fassung ist erstmals anzuwenden auf Vorteile, die in einem nach dem 31. Dezember 2016 endenden Lohnzahlungszeitraum oder als sonstige Bezüge nach dem 31. Dezember 2016 zugewendet werden, und letztmals anzuwenden auf Vorteile, die in einem vor dem 1. Januar 2031 endenden Lohnzahlungszeitraum oder als sonstige Bezüge vor dem 1. Januar 2031 zugewendet werden. [22] § 3 Nummer 60 in der am 13. August 2020 geltenden Fassung ist weiterhin anzuwenden für Anpassungsgelder an Arbeitnehmer im Steinkohlenbergbau bis zum Auslaufen dieser öffentlichen Mittel im Jahr 2027. [23] Der Höchstbetrag nach § 3 Nummer 63 Satz 1 verringert sich um Zuwendungen, auf die § 40b Absatz 1 und 2 Satz 1 und 2 in der am 31. Dezember 2004 geltenden Fassung angewendet wird. [24] § 3 Nummer 63 Satz 3 in der ab dem 1. Januar 2018 geltenden Fassung ist nicht anzuwenden, soweit § 40b Absatz 1 und 2 Satz 3 und 4 in der am 31. Dezember 2004 geltenden Fassung angewendet wird. [25] § 3 Nummer 71 in der am 31. Dezember 2014 geltenden Fassung ist erstmals für den Veranlagungszeitraum 2013 anzuwenden. [26] § 3 Nummer 71 in der Fassung des Artikels 1 des Gesetzes vom 27. Juni 2017 (BGBl. I S. 2074) ist erstmals für den Veranlagungszeitraum 2017 anzuwenden. [27] § 3 Nummer 72 in der Fassung des Artikels 1 des Gesetzes vom 16. Dezember 2022 (BGBl. I S. 2294) ist für Einnahmen und Entnahmen anzuwenden, die nach dem 31. Dezember 2021 erzielt oder getätigt werden.

4a **(4a) [1] § 3a in der Fassung des Artikels 2 des Gesetzes vom 27. Juni 2017 (BGBl. I S. 2074) ist erstmals in den Fällen anzuwenden, in denen die Schulden ganz oder teilweise nach dem 8. Februar 2017 erlassen wurden. [2] Satz 1 gilt bei einem Schuldenerlass nach dem 8. Februar 2017 nicht, wenn dem Steuerpflichtigen auf Antrag Billigkeitsmaßnahmen aus Gründen des Vertrauensschutzes für einen Sanierungsertrag auf Grundlage von § 163 Absatz 1 Satz 2 und den §§ 222, 227 der Abgabenordnung zu gewähren sind. [3] Auf Antrag des Steuerpflichtigen ist § 3a auch in den Fällen anzuwenden, in denen die Schulden vor dem 9. Februar 2017 erlassen wurden. [4] Satz 1 gilt auch für § 3a Absatz 3a in der Fassung des Artikels 1 des Gesetzes vom 12. Dezember 2019 (BGBl. I S. 2451).**

(5) ① § 3 c Absatz 2 Satz 3 und 4 in der am 12. Dezember 2006 geltenden Fassung ist für Anteile, die einbringungsgeboren im Sinne des § 21 des Umwandlungssteuer-
gesetzes in der am 12. Dezember 2006 geltenden Fassung sind, weiter anzuwenden. 5
② § 3 c Absatz 2 in der am 31. Dezember 2014 geltenden Fassung ist erstmals für Wirtschaftsjahre anzuwenden, die nach dem 31. Dezember 2014 beginnen. ③ § 3 c Absatz 4 in der Fassung des Artikels 2 des Gesetzes vom 27. Juni 2017 (BGBl. I S. 2074) ist für Betriebsvermögensminderungen oder Betriebsausgaben in unmittelbarem wirtschaftlichem Zusammenhang mit einem Schuldenerlass nach dem 8. Februar 2017 anzuwenden, für den § 3 a angewendet wird. ④ § 3 c Absatz 4 ist auch in den Fällen anzuwenden, in denen dem Steuerpflichtigen die Steuerbefreiung des § 3 a auf Grund eines Antrags nach Absatz 4 a Satz 3 gewährt wird.

(6) ① § 4 Absatz 1 Satz 3 in der Fassung des Artikels 1 des Gesetzes vom 25. Juni 6
2021 (BGBl. I S. 2035) ist erstmals für nach dem 31. Dezember 2019 endende Wirtschaftsjahre anzuwenden. ② § 4 Absatz 1 Satz 4 in der Fassung des Artikels 1 des Gesetzes vom 8. Dezember 2010 (BGBl. I S. 1768) gilt in allen Fällen, in denen § 4 Absatz 1 Satz 3 anzuwenden ist. ③ § 4 Absatz 1 Satz 9 in der Fassung des Artikels 1 des Gesetzes vom 25. Juni 2021 (BGBl. I S. 2035) ist erstmals für nach dem 31. Dezember 2019 endende Wirtschaftsjahre anzuwenden. ④ § 4 Absatz 3 Satz 4 ist nicht anzuwenden, soweit die Anschaffungs- oder Herstellungskosten vor dem 1. Januar 1971 als Betriebsausgaben abgesetzt worden sind. ⑤ § 4 Absatz 3 Satz 4 und 5 in der Fassung des Artikels 1 des Gesetzes vom 28. April 2006 (BGBl. I S. 1095) ist erstmals für Wirtschaftsgüter anzuwenden, die nach dem 5. Mai 2006 angeschafft, hergestellt oder in das Betriebsvermögen eingelegt werden. ⑥ Die Anschaffungs- oder Herstellungskosten für nicht abnutzbare Wirtschaftsgüter des Anlagevermögens, die vor dem 5. Mai 2006 angeschafft, hergestellt oder in das Betriebsvermögen eingelegt wurden, sind erst im Zeitpunkt des Zuflusses des Veräußerungserlöses oder im Zeitpunkt der Entnahme als Betriebsausgaben zu berücksichtigen. ⑦ § 4 Absatz 4 a in der Fassung des Gesetzes vom 22. Dezember 1999 (BGBl. I S. 2601) ist erstmals für das Wirtschaftsjahr anzuwenden, das nach dem 31. Dezember 1998 endet. ⑧ Über- und Unterentnahmen vorangegangener Wirtschaftsjahre bleiben unberücksichtigt. ⑨ Bei vor dem 1. Januar 1999 eröffneten Betrieben sind im Fall der Betriebsaufgabe bei der Überführung von Wirtschaftsgütern aus dem Betriebsvermögen in das Privatvermögen die Buchwerte nicht als Entnahme anzusetzen; im Fall der Betriebsveräußerung ist nur der Veräußerungsgewinn als Entnahme anzusetzen. ⑩ § 4 Absatz 5 Satz 1 Nummer 5 in der Fassung des Artikels 1 des Gesetzes vom 20. Februar 2013 (BGBl. I S. 285) ist erstmals ab dem 1. Januar 2014 anzuwenden. ⑪ § 4 Absatz 5 Satz 1 Nummer 6 a in der Fassung des Artikels 1 des Gesetzes vom 20. Februar 2013 (BGBl. I S. 285) ist erstmals ab dem 1. Januar 2014 anzuwenden. ⑫ § 4 Absatz 5 Satz 1 Nummer 6 b und 6 c in der Fassung des Artikels 1 des Gesetzes vom 16. Dezember 2022 (BGBl. I S. 2294) ist für nach dem 31. Dezember 2022 in der häuslichen Wohnung ausgeübte Tätigkeiten anzuwenden. ⑬ § 4 Absatz 5 Satz 1 Nummer 8 in der Fassung des Artikels 1 des Gesetzes vom 12. Dezember 2019 (BGBl. I S. 2451) ist erstmals anzuwenden auf nach dem 31. Dezember 2018 festgesetzte Geldbußen, Ordnungsgelder und Verwarnungsgelder sowie auf nach dem 31. Dezember 2018 entstandene mit der Geldbuße, dem Ordnungsgeld oder dem Verwarnungsgeld zusammenhängende Aufwendungen. ⑭ § 4 Absatz 5 Satz 1 Nummer 8 a in der Fassung des Artikels 1 des Gesetzes vom 12. Dezember 2019 (BGBl. I S. 2451) ist erstmals anzuwenden auf nach dem 31. Dezember 2018 festgesetzte Zinsen im Sinne der Vorschrift. ⑮ § 4 Absatz 10 in der Fassung des Artikels 2 des Gesetzes vom 12. Dezember 2019 (BGBl. I S. 2451) ist erstmals anzuwenden auf nach dem 31. Dezember 2019 durchgeführte Übernachtungen im Sinne der Vorschrift. ⑯ § 4 Absatz 5 Satz 1 Nummer 6 b Satz 4 in der Fassung des Artikels 1 des Gesetzes vom 21. Dezember 2020 (BGBl. I S. 3096) ist für nach dem 31. Dezember 2019 und vor dem 1. Januar 2023 in der häuslichen Wohnung ausgeübte Tätigkeiten anzuwenden.

(7) *(aufgehoben)* 7

(8) ① § 4 f in der Fassung des Gesetzes vom 18. Dezember 2013 (BGBl. I S. 4318) ist 8
erstmals für Wirtschaftsjahre anzuwenden, die nach dem 28. November 2013 enden. ② § 4 f Absatz 1 Satz 3 in der Fassung des Artikels 1 des Gesetzes vom 21. Dezember 2020 (BGBl. I S. 3096) ist erstmals für Wirtschaftsjahre anzuwenden, die nach dem 31. Dezember 2019 enden; bei nach § 4 a vom Kalenderjahr abweichenden Wirtschaftsjahren ist § 4 f Absatz 1 Satz 3 spätestens für Wirtschaftsjahre anzuwenden, die nach dem 17. Juli 2020 enden.

(8 a) § 4 g Absatz 1 in der Fassung des Artikels 1 des Gesetzes vom 25. Juni 2021 8a
(BGBl. I S. 2035) ist in allen offenen Fällen anzuwenden.

(8 b) § 4 j in der Fassung des Artikels 1 des Gesetzes vom 27. Juni 2017 (BGBl. I 8b
S. 2074) ist erstmals für Aufwendungen anzuwenden, die nach dem 31. Dezember 2017 entstehen.

EStG

8c (8c) ① § 4k in der Fassung des Artikels 1 des Gesetzes vom 25. Juni 2021 (BGBl. I S. 2035) ist erstmals für Aufwendungen anzuwenden, die nach dem 31. Dezember 2019 entstehen. ② Aufwendungen, die rechtlich bereits vor dem 1. Januar 2020 verursacht wurden, gelten bei der Anwendung des Satzes 1 nur insoweit als nach dem 31. Dezember 2019 entstanden, als ihnen ein Dauerschuldverhältnis zugrunde liegt und sie ab diesem Zeitpunkt ohne wesentliche Nachteile hätten vermieden werden können. ③ Ein Nachteil ist insbesondere dann wesentlich im Sinne des Satzes 2, wenn sämtliche mit der Vermeidung der Aufwendungen verbundenen Kosten den steuerlichen Vorteil infolge der Besteuerungsinkongruenz übersteigen. ④ Satz 2 gilt nicht, wenn das Dauerschuldverhältnis nach dem 31. Dezember 2019 wesentlich geändert wurde.

9 (9) ① § 5 Absatz 5 Satz 2 in der Fassung des Artikels 1 des Gesetzes vom 16. Dezember 2022 (BGBl. I S. 2294) ist erstmals für Wirtschaftsjahre anzuwenden, die nach dem 31. Dezember 2021 enden. ② § 5 Absatz 7 in der Fassung des Gesetzes vom 18. Dezember 2013 (BGBl. I S. 4318) ist erstmals für Wirtschaftsjahre anzuwenden, die nach dem 28. November 2013 enden. ③ Auf Antrag kann § 5 Absatz 7 auch für frühere Wirtschaftsjahre angewendet werden. ④ Bei Schuldübertragungen, Schuldbeitritten und Erfüllungsübernahmen, die vor dem 14. Dezember 2011 vereinbart wurden, ist § 5 Absatz 7 Satz 5 mit der Maßgabe anzuwenden, dass für einen Gewinn, der sich aus der Anwendung von § 5 Absatz 7 Satz 1 bis 3 ergibt, jeweils in Höhe von 19 Zwanzigsteln eine gewinnmindernde Rücklage gebildet werden kann, die in den folgenden 19 Wirtschaftsjahren jeweils mit mindestens einem Neunzehntel gewinnerhöhend aufzulösen ist.

10 (10) ① § 5a Absatz 3 in der Fassung des Artikels 9 des Gesetzes vom 29. Dezember 2003 (BGBl. I S. 3076) ist erstmals für das Wirtschaftsjahr anzuwenden, das nach dem 31. Dezember 2005 endet. ② § 5a Absatz 3 Satz 1 in der am 31. Dezember 2003 geltenden Fassung ist weiterhin anzuwenden, wenn der Steuerpflichtige im Fall der Anschaffung das Handelsschiff auf Grund eines vor dem 1. Januar 2006 rechtswirksam abgeschlossenen schuldrechtlichen Vertrags oder gleichgestellten Rechtsakts angeschafft oder im Fall der Herstellung mit der Herstellung des Handelsschiffs vor dem 1. Januar 2006 begonnen hat. ③ In Fällen des Satzes 2 muss der Antrag auf Anwendung des § 5a Absatz 1 spätestens bis zum Ablauf des Wirtschaftsjahres gestellt werden, das vor dem 1. Januar 2008 endet. ④ § 5a Absatz 4 Satz 5 bis 7 in der Fassung des Artikels 1 des Gesetzes vom 2. Juni 2021 (BGBl. I S. 1259) ist erstmals auf Wirtschaftsjahre anzuwenden, die nach dem 31. Dezember 1998 beginnen. ⑤ Soweit Ansparabschreibungen im Sinne des § 7g Absatz 3 in der am 17. August 2007 geltenden Fassung zum Zeitpunkt des Übergangs zur Gewinnermittlung nach § 5a Absatz 1 noch nicht gewinnerhöhend aufgelöst worden sind, ist § 5a Absatz 5 Satz 3 in der am 17. August 2007 geltenden Fassung weiter anzuwenden. ⑥ § 5a Absatz 6 in der durch Artikel 1 des Gesetzes vom 12. Dezember 2019 (BGBl. I S. 2451) geänderten Fassung ist erstmals für Wirtschaftsjahre anzuwenden, die nach dem 31. Dezember 2018 beginnen.

11 (11) § 5b in der Fassung des Artikels 1 des Gesetzes vom 20. Dezember 2008 (BGBl. I S. 2850) ist erstmals für Wirtschaftsjahre anzuwenden, die nach dem 31. Dezember 2010 beginnen.

12 (12) ① § 6 Absatz 1 Nummer 1b kann auch für Wirtschaftsjahre angewendet werden, die vor dem 23. Juli 2016 enden. ② § 6 Absatz 1 Nummer 3 und 3a Buchstabe e in der Fassung des Artikels 3 des Gesetzes vom 19. Juni 2022 (BGBl. I S. 911) ist erstmals für Wirtschaftsjahre anzuwenden, die nach dem 31. Dezember 2022 enden. ③ Auf Antrag kann § 6 Absatz 1 Nummer 3 und 3a Buchstabe e in der Fassung des Artikels 3 des Gesetzes vom 19. Juni 2022 (BGBl. I S. 911) auch für frühere Wirtschaftsjahre angewendet werden. ④ § 6 Absatz 1 Nummer 4 Satz 2 Nummer 3 und Satz 3 Nummer 3 in der Fassung des Artikels 1 des Gesetzes vom 29. Juni 2020 (BGBl. I S. 1512) ist bereits ab dem 1. Januar 2020 anzuwenden. ⑤ § 6 Absatz 1 Nummer 4 Satz 6 ist bis zum 31. Dezember 2030 anzuwenden. ⑥ § 6 Absatz 1 Nummer 5 Satz 1 Buchstabe c in der Fassung des Artikels 2 des Gesetzes vom 11. Dezember 2018 (BGBl. I S. 2338) ist erstmals bei Wirtschaftsgütern anzuwenden, die nach dem 31. Dezember 2017 in ein Betriebsvermögen eingelegt werden. ⑦ § 6 Absatz 2 Satz 4 in der Fassung des Artikels 4 des Gesetzes vom 30. Juni 2017 (BGBl. I S. 2143) ist erstmals bei Wirtschaftsgütern anzuwenden, die nach dem 31. Dezember 2017 angeschafft, hergestellt oder in das Betriebsvermögen eingelegt werden. ⑧ § 6 Absatz 2 Satz 1 in der Fassung des Artikels 1 des Gesetzes vom 27. Juni 2017 (BGBl. I S. 2074) ist erstmals bei Wirtschaftsgütern anzuwenden, die nach dem 31. Dezember 2017 angeschafft, hergestellt oder in das Betriebsvermögen eingelegt werden. ⑨ § 6 Absatz 5 Satz 1 zweiter Halbsatz in der am 14. Dezember 2010 geltenden Fassung gilt in allen Fällen, in denen § 4 Absatz 1 Satz 3 anzuwenden ist. ⑩ § 6 Absatz 2a in der Fassung des Artikels 1 des Gesetzes vom 27. Juni 2017 (BGBl. I S. 2074) ist erstmals

bei Wirtschaftsgütern anzuwenden, die nach dem 31. Dezember 2017 angeschafft, hergestellt oder in das Betriebsvermögen eingelegt werden. ⑪ § 6 Absatz 1 Nummer 4 Satz 1 zweiter Halbsatz, Nummer 5 a zweiter Halbsatz und Nummer 5 b in der Fassung des Artikels 1 des Gesetzes vom 25. Juni 2021 (BGBl. I S. 2035) ist erstmals für nach dem 31. Dezember 2019 endende Wirtschaftsjahre anzuwenden. EStG

(13) *(aufgehoben)* 13

(14) ① **§ 6 b Absatz 2 a in der am 6. November 2015 geltenden Fassung ist auch auf Gewinne im Sinne des § 6 b Absatz 2 anzuwenden, die vor dem 6. November 2015 entstanden sind.** ② **§ 6 b Absatz 10 Satz 11 in der am 12. Dezember 2006 geltenden Fassung ist für Anteile, die einbringungsgeboren im Sinne des § 21 des Umwandlungssteuergesetzes in der am 12. Dezember 2006 geltenden Fassung sind, weiter anzuwenden.** ③ **§ 6 b Absatz 2 a in der Fassung des Artikels 1 des Gesetzes vom 11. Dezember 2018 (BGBl. I S. 2338) ist erstmals auf Gewinne im Sinne des § 6 b Absatz 2 anzuwenden, die in nach dem 31. Dezember 2017 beginnenden Wirtschaftsjahren entstanden sind.** ④ **Die Fristen des § 6 b Absatz 3 Satz 2, 3 und 5, Absatz 8 Satz 1 Nummer 1 sowie Absatz 10 Satz 1 und 8 verlängern sich jeweils um drei Jahre, wenn die Rücklage wegen § 6 b Absatz 3 Satz 5, Absatz 8 Satz 1 Nummer 1 in Verbindung mit Absatz 3 Satz 5 oder Absatz 10 Satz 8 am Schluss des nach dem 29. Februar 2020 und vor dem 1. Januar 2021 endenden Wirtschaftsjahres aufzulösen wäre.** ⑤ **Die in Satz 4 genannten Fristen verlängern sich um zwei Jahre, wenn die Rücklage wegen § 6 b Absatz 3 Satz 5, Absatz 8 Satz 1 Nummer 1 in Verbindung mit Absatz 3 Satz 5 oder Absatz 10 Satz 8 am Schluss des nach dem 31. Dezember 2020 und vor dem 1. Januar 2022 endenden Wirtschaftsjahres aufzulösen wäre.** ⑥ **Die in Satz 4 genannten Fristen verlängern sich um ein Jahr, wenn die Rücklage wegen § 6 b Absatz 3 Satz 5, Absatz 8 Satz 1 Nummer 1 in Verbindung mit Absatz 3 Satz 5 oder Absatz 10 Satz 8 am Schluss des nach dem 31. Dezember 2021 und vor dem 1. Januar 2023 endenden Wirtschaftsjahres aufzulösen wäre.** 14

(14 a) **§ 6 e in der Fassung des Artikels 1 des Gesetzes vom 12. Dezember 2019 (BGBl. I S. 2451) ist auch in Wirtschaftsjahren anzuwenden, die vor dem 18. Dezember 2019 enden.** 14a

(15) ① **Bei Wirtschaftsgütern, die vor dem 1. Januar 2001 angeschafft oder hergestellt worden sind, ist § 7 Absatz 2 Satz 2 in der Fassung des Gesetzes vom 22. Dezember 1999 (BGBl. I S. 2601) weiter anzuwenden.** ② **Bei Gebäuden, soweit sie zu einem Betriebsvermögen gehören und nicht Wohnzwecken dienen, ist § 7 Absatz 4 Satz 1 und 2 in der am 31. Dezember 2000 geltenden Fassung weiter anzuwenden, wenn der Steuerpflichtige im Fall der Herstellung vor dem 1. Januar 2001 mit der Herstellung des Gebäudes begonnen hat oder im Fall der Anschaffung das Objekt auf Grund eines vor dem 1. Januar 2001 rechtswirksam abgeschlossenen obligatorischen Vertrags oder gleichstehenden Rechtsakts angeschafft hat.** ③ **Als Beginn der Herstellung gilt bei Gebäuden, für die eine Baugenehmigung erforderlich ist, der Zeitpunkt, in dem der Bauantrag gestellt wird; bei baugenehmigungsfreien Gebäuden, für die Bauunterlagen einzureichen sind, der Zeitpunkt, in dem die Bauunterlagen eingereicht werden.** 15

(15 a)[1] ① **Die Inanspruchnahme der Sonderabschreibungen nach § 7 b in der Fassung des Artikels 1 des Gesetzes vom 4. August 2019 (BGBl. I S. 1122) kann erstmalig für den Veranlagungszeitraum 2018 und letztmalig für den Veranlagungszeitraum 2026, in den Fällen des § 4 a letztmalig für Wirtschaftsjahre, die vor dem 1. Januar 2027 enden, geltend gemacht werden.** ② **Das gilt auch dann, wenn der Abschreibungszeitraum nach § 7 b Absatz 1 noch nicht abgelaufen ist.** 15a

(15 b) **§ 7 c in der Fassung des Artikels 2 des Gesetzes vom 12. Dezember 2019 (BGBl. I S. 2451) ist für nach dem 31. Dezember 2019 und vor dem 1. Januar 2031 angeschaffte neue Elektrolieferfahrzeuge anzuwenden.** 15b

(16) ① **§ 7 g Absatz 1 Satz 1, 2 Nummer 1, Absatz 2 Satz 1 und 3, Absatz 4 Satz 1 sowie Absatz 6 in der Fassung des Artikels 1 des Gesetzes vom 21. Dezember 2020 (BGBl. I S. 3096) ist erstmals für Investitionsabzugsbeträge und Sonderabschreibungen anzuwenden, die in nach dem 31. Dezember 2019 endenden Wirtschaftsjahren in Anspruch genommen werden; bei nach § 4 a vom Kalenderjahr abweichenden Wirtschaftsjahren ist § 7 g Absatz 1 Satz 2 Nummer 1 und Absatz 6 Nummer 1 spätestens für Investitionsabzugsbeträge und Sonderabschreibungen anzuwenden, die in nach dem 17. Juli 2020 endenden Wirtschaftsjahren in Anspruch genommen werden.** ② **§ 7 g Absatz 2 Satz 2 und Absatz 7 in der Fassung des Artikels 1 des Gesetzes vom 21. Dezember 2020 (BGBl. I S. 3096) ist erstmals für Investitionsabzugsbeträge anzuwenden, die in nach dem 31. Dezember 2020 endenden Wirtschaftsjahren in Anspruch genommen werden.** ③ **Bei in nach dem 31. Dezember 2016 und vor dem** 16

[1] **Zur Fassung von Abs. 15 a Satz 3 ab 1. 1. 2023 siehe in der geschlossenen Wiedergabe.**

EStG

1. Januar 2018 endenden Wirtschaftsjahren beanspruchten Investitionsabzugsbeträgen endet die Investitionsfrist abweichend von § 7g Absatz 3 Satz 1 erst zum Ende des sechsten auf das Wirtschaftsjahr des Abzugs folgenden Wirtschaftsjahres. ④ Bei in nach dem 31. Dezember 2017 und vor dem 1. Januar 2019 endenden Wirtschaftsjahren beanspruchten Investitionsabzugsbeträgen endet die Investitionsfrist abweichend von § 7g Absatz 3 Satz 1 erst zum Ende des fünften auf das Wirtschaftsjahr des Abzugs folgenden Wirtschaftsjahres. ⑤ Bei in nach dem 31. Dezember 2018 und vor dem 1. Januar 2020 endenden Wirtschaftsjahren beanspruchten Investitionsabzugsbeträgen endet die Investitionsfrist abweichend von § 7g Absatz 3 Satz 1 erst zum Ende des vierten auf das Wirtschaftsjahr des Abzugs folgenden Wirtschaftsjahres.

16a (16a) **① § 7h Absatz 1a in der Fassung des Artikels 1 des Gesetzes vom 12. Dezember 2019 (BGBl. I S. 2451) ist erstmals auf Baumaßnahmen anzuwenden, mit denen nach dem 31. Dezember 2018 begonnen wurde. ② Als Beginn der Baumaßnahmen am Gebäude, für die eine Baugenehmigung erforderlich ist, gilt der Zeitpunkt, in dem der Bauantrag gestellt wurde. ③ Bei baugenehmigungsfreien Baumaßnahmen, für die Bauunterlagen einzureichen sind, gilt als Beginn der Baumaßnahmen der Zeitpunkt, in dem die Bauunterlagen eingereicht werden. ④ § 7h Absatz 2 Satz 1 in der Fassung des Artikels 1 des Gesetzes vom 21. Dezember 2020 (BGBl. I S. 3096) ist erstmals anzuwenden auf Bescheinigungen der zuständigen Gemeindebehörde, die nach dem 31. Dezember 2020 erteilt werden. ⑤ § 7h Absatz 2 Satz 1 letzter Halbsatz in der Fassung des Artikels 1 des Gesetzes vom 12. Dezember 2019 (BGBl. I S. 2451) ist erstmals anzuwenden auf Bescheinigungen der zuständigen Gemeindebehörde, die nach dem 31. Dezember 2018 erteilt werden. ⑥ § 7h Absatz 3 in der Fassung des Artikels 1 des Gesetzes vom 12. Dezember 2019 (BGBl. I S. 2451) ist erstmals anzuwenden auf Baumaßnahmen, mit denen nach dem 31. Dezember 2018 begonnen wurde sowie auf Bescheinigungen, die nach dem 31. Dezember 2018 erteilt werden. ⑦ § 7i Absatz 2 Satz 1 in der Fassung des Artikels 1 des Gesetzes vom 21. Dezember 2020 (BGBl. I S. 3096) ist erstmals anzuwenden auf Bescheinigungen der nach Landesrecht zuständigen oder von der Landesregierung bestimmten Stelle, die nach dem 31. Dezember 2020 erteilt werden.**

16b (16b) **① § 9 Absatz 1 Satz 3 Nummer 7 Satz 1 in der Fassung des Artikels 1 des Gesetzes vom 12. Dezember 2019 (BGBl. I S. 2451) ist erstmals anzuwenden auf Sonderabschreibungen nach § 7b in der Fassung des Artikels 1 des Gesetzes vom 4. August 2019 (BGBl. I S. 1122). ② § 9 Absatz 5 Satz 2 in der Fassung des Artikels 1 des Gesetzes vom 27. Juni 2017 (BGBl. I S. 2074) ist erstmals für Aufwendungen im Sinne des § 4j in der Fassung des Artikels 1 des Gesetzes vom 27. Juni 2017 (BGBl. I S. 2074) anzuwenden, die nach dem 31. Dezember 2017 entstehen. ③ § 9 Absatz 5 Satz 2 in der Fassung des Artikels 1 des Gesetzes vom 12. Dezember 2019 (BGBl. I S. 2451) ist auch für Veranlagungszeiträume vor 2019 anzuwenden. ④ § 9 Absatz 5 Satz 2 in der Fassung des Artikels 1 des Gesetzes vom 25. Juni 2021 (BGBl. I S. 2035) ist erstmals für Aufwendungen im Sinne des § 4k anzuwenden, die nach dem 31. Dezember 2019 entstehen.**

17 (17) **§ 9b Absatz 2 in der Fassung des Artikels 11 des Gesetzes vom 18. Dezember 2013 (BGBl. I S. 4318) ist auf Mehr- und Minderbeträge infolge von Änderungen der Verhältnisse im Sinne von § 15a des Umsatzsteuergesetzes anzuwenden, die nach dem 28. November 2013 eingetreten sind.**

18 (18) **① § 10 Absatz 1a Nummer 2 in der am 1. Januar 2015 geltenden Fassung ist auf alle Versorgungsleistungen anzuwenden, die auf Vermögensübertragungen beruhen, die nach dem 31. Dezember 2007 vereinbart worden sind. ② Für Versorgungsleistungen, die auf Vermögensübertragungen beruhen, die vor dem 1. Januar 2008 vereinbart worden sind, gilt dies nur, wenn das übertragene Vermögen nur deshalb einen ausreichenden Ertrag bringt, weil ersparte Aufwendungen, mit Ausnahme des Nutzungsvorteils eines vom Vermögensübernehmer zu eigenen Zwecken genutzten Grundstücks, zu den Erträgen des Vermögens gerechnet werden. ③ § 10 Absatz 1 Nummer 5 in der am 1. Januar 2012 geltenden Fassung gilt auch für Kinder, die wegen einer vor dem 1. Januar 2007 in der Zeit ab Vollendung des 25. Lebensjahres und vor Vollendung des 27. Lebensjahres eingetretenen körperlichen, geistigen oder seelischen Behinderung außerstande sind, sich selbst zu unterhalten. ④ § 10 Absatz 2 Satz 1 Nummer 1 in der Fassung des Artikels 1 des Gesetzes vom 21. Dezember 2020 (BGBl. I S. 3096) ist in allen offenen Fällen anzuwenden. ⑤ § 10 Absatz 4b Satz 4 bis 6 in der am 30. Juni 2013 geltenden Fassung ist erstmals für die Übermittlung der Daten des Veranlagungszeitraums 2016 anzuwenden. ⑥ § 10 Absatz 5 in der am 31. Dezember 2009 geltenden Fassung ist auf Beiträge zu Versicherungen im Sinne des § 10 Absatz 1 Nummer 2 Buchstabe b Doppelbuchstabe bb bis dd in der am 31. Dezember 2004 geltenden Fassung weiterhin anzuwenden, wenn die Laufzeit dieser Versicherungen vor dem 1. Januar 2005 begonnen hat und ein Versicherungsbeitrag bis zum 31. Dezember 2004 entrichtet wurde.**

EStG

(18 a) **§ 10 b Absatz 1 Satz 8 in der Fassung des Artikels 2 des Gesetzes vom 12. Dezember 2019 (BGBl. I S. 2451) ist erstmals auf Mitgliedsbeiträge anzuwenden, die nach dem 31. Dezember 2019 gezahlt werden.** 18a

(18 b)[1] ① **§ 10 d Absatz 1 Satz 1 in der Fassung des Artikels 1 des Gesetzes vom 10. März 2021 (BGBl. I S. 330) ist für die Veranlagungszeiträume 2020 und 2021 anzuwenden.** ② **§ 10 d Absatz 1 in der Fassung des Artikels 3 des Gesetzes vom 19. Juni 2022 (BGBl. I S. 911) ist erstmals für den Veranlagungszeitraum 2022 anzuwenden.** 18b

(19) ① **Für nach dem 31. Dezember 1986 und vor dem 1. Januar 1991 hergestellte oder angeschaffte Wohnungen im eigenen Haus oder Eigentumswohnungen sowie in diesem Zeitraum fertiggestellte Ausbauten oder Erweiterungen ist § 10 e in der am 30. Dezember 1989 geltenden Fassung weiter anzuwenden.** ② **Für nach dem 31. Dezember 1990 hergestellte oder angeschaffte Wohnungen im eigenen Haus oder Eigentumswohnungen sowie in diesem Zeitraum fertiggestellte Ausbauten oder Erweiterungen ist § 10 e in der am 28. Juni 1991 geltenden Fassung weiter anzuwenden.** ③ **Abweichend von Satz 2 ist § 10 e Absatz 1 bis 5 und 6 bis 7 in der am 28. Juni 1991 geltenden Fassung erstmals für den Veranlagungszeitraum 1991 bei Objekten im Sinne des § 10 e Absatz 1 und 2 anzuwenden, wenn im Fall der Herstellung der Steuerpflichtige nach dem 30. September 1991 den Bauantrag gestellt oder mit der Herstellung des Objekts begonnen hat oder im Fall der Anschaffung der Steuerpflichtige das Objekt nach dem 30. September 1991 auf Grund eines nach diesem Zeitpunkt rechtswirksam abgeschlossenen obligatorischen Vertrags oder gleichstehenden Rechtsakts angeschafft hat oder mit der Herstellung des Objekts nach dem 30. September 1991 begonnen worden ist.** ④ **§ 10 e Absatz 5 a ist erstmals bei den in § 10 e Absatz 1 und 2 bezeichneten Objekten anzuwenden, wenn im Fall der Herstellung der Steuerpflichtige den Bauantrag nach dem 31. Dezember 1991 gestellt oder, falls ein solcher nicht erforderlich ist, mit der Herstellung nach diesem Zeitpunkt begonnen hat, oder im Fall der Anschaffung der Steuerpflichtige das Objekt auf Grund eines nach dem 31. Dezember 1991 rechtswirksam abgeschlossenen obligatorischen Vertrags oder gleichstehenden Rechtsakts angeschafft hat.** ⑤ **§ 10 e Absatz 1 Satz 4 in der am 27. Juni 1993 geltenden Fassung und § 10 e Absatz 6 Satz 3 in der am 30. Dezember 1993 geltenden Fassung sind erstmals anzuwenden, wenn der Steuerpflichtige das Objekt auf Grund eines nach dem 31. Dezember 1993 rechtswirksam abgeschlossenen obligatorischen Vertrags oder gleichstehenden Rechtsakts angeschafft hat.** ⑥ **§ 10 e ist letztmals anzuwenden, wenn der Steuerpflichtige im Fall der Herstellung vor dem 1. Januar 1996 mit der Herstellung des Objekts begonnen hat oder im Fall der Anschaffung das Objekt auf Grund eines vor dem 1. Januar 1996 rechtswirksam abgeschlossenen obligatorischen Vertrags oder gleichstehenden Rechtsakts angeschafft hat.** ⑦ **Als Beginn der Herstellung gilt bei Objekten, für die eine Baugenehmigung erforderlich ist, der Zeitpunkt, in dem der Bauantrag gestellt wird; bei baugenehmigungsfreien Objekten, für die Bauunterlagen einzureichen sind, gilt als Beginn der Herstellung der Zeitpunkt, in dem die Bauunterlagen eingereicht werden.** 19

(20) **§ 12 Nummer 4 in der Fassung des Artikels 1 des Gesetzes vom 12. Dezember 2019 (BGBl. I S. 2451) ist erstmals anzuwenden auf nach dem 31. Dezember 2018 festgesetzte Geldstrafen, sonstige Rechtsfolgen vermögensrechtlicher Art, bei denen der Strafcharakter überwiegt, und Leistungen zur Erfüllung von Auflagen oder Weisungen, soweit die Auflagen oder Weisungen nicht lediglich der Wiedergutmachung des durch die Tat verursachten Schadens dienen, sowie auf nach dem 31. Dezember 2018 entstandene damit zusammenhängende Aufwendungen.** 20

(21) *(aufgehoben)* 21

(22) **Für die Anwendung des § 13 Absatz 7 in der am 31. Dezember 2005 geltenden Fassung gilt Absatz 25 entsprechend.** 22

(22 a) ① **§ 13 a in der am 31. Dezember 2014 geltenden Fassung ist letztmals für das Wirtschaftsjahr anzuwenden, das vor dem 31. Dezember 2015 endet.** ② **§ 13 a in der am 1. Januar 2015 geltenden Fassung ist erstmals für das Wirtschaftsjahr anzuwenden, das nach dem 30. Dezember 2015 endet.** ③ **Die Bindungsfrist auf Grund des § 13 a Absatz 2 Satz 1 in der am 31. Dezember 2014 geltenden Fassung bleibt bestehen.** 22a

(22 b)[2] **…** 22b

(22 c) ① **§ 14 Absatz 3 ist erstmals auf Fälle anzuwenden, in denen die Übertragung oder Überführung der Grundstücke nach dem 16. Dezember 2020 stattgefunden hat.** ② **Auf unwiderruflichen Antrag des jeweiligen Mitunternehmers ist § 14 Absatz 3 auch für Übertragungen oder Überführungen vor dem 17. Dezember 2020 anzuwenden.** ③ **Der Antrag ist bei dem Finanzamt zu stellen, das für die einheitliche und gesonderte Feststellung der Einkünfte der Mitunternehmerschaft zuständig ist.** 22c

---

[1] Zur Fassung von Abs. 18 b ab 1. 1. 2024 siehe in der geschlossenen Wiedergabe.
[2] Zur Fassung von Abs. 22 b ab 1. 1. 2025 siehe in der geschlossenen Wiedergabe.

23 (23) ① **§ 15 Absatz 3 Nummer 1 Satz 2 ist auch für Veranlagungszeiträume vor 2019 anzuwenden.** ② **§ 15 Absatz 4 Satz 2 und 7 in der am 30. Juni 2013 geltenden Fassung ist in allen Fällen anzuwenden, in denen am 30. Juni 2013 die Feststellungsfrist noch nicht abgelaufen ist.**

24 (24) ① **§ 15 a ist nicht auf Verluste anzuwenden, soweit sie**

1. **durch Sonderabschreibungen nach § 82 f der Einkommensteuer-Durchführungsverordnung,**
2. **durch Absetzungen für Abnutzung in fallenden Jahresbeträgen nach § 7 Absatz 2 von den Herstellungskosten oder von den Anschaffungskosten von in ungebrauchtem Zustand vom Hersteller erworbenen Seeschiffen, die in einem inländischen Seeschiffsregister eingetragen sind,**

entstehen; Nummer 1 gilt nur bei Schiffen, deren Anschaffungs- oder Herstellungskosten zu mindestens 30 Prozent durch Mittel finanziert werden, die weder unmittelbar noch mittelbar in wirtschaftlichem Zusammenhang mit der Aufnahme von Krediten durch den Gewerbebetrieb stehen, zu dessen Betriebsvermögen das Schiff gehört. ② **§ 15 a ist in diesen Fällen erstmals anzuwenden auf Verluste, die in nach dem 31. Dezember 1999 beginnenden Wirtschaftsjahren entstehen, wenn der Schiffbauvertrag vor dem 25. April 1996 abgeschlossen worden ist und der Gesellschafter der Gesellschaft vor dem 1. Januar 1999 beigetreten ist; soweit Verluste, die in dem Betrieb der Gesellschaft entstehen und nach Satz 1 oder nach § 15 a Absatz 1 Satz 1 ausgleichsfähig oder abzugsfähig sind, zusammen das Eineinviertelfache der insgesamt geleisteten Einlage übersteigen, ist § 15 a auf Verluste anzuwenden, die in nach dem 31. Dezember 1994 beginnenden Wirtschaftsjahren entstehen.** ③ **Scheidet ein Kommanditist oder ein anderer Mitunternehmer, dessen Haftung der eines Kommanditisten vergleichbar ist und dessen Kapitalkonto in der Steuerbilanz der Gesellschaft auf Grund von ausgleichs- oder abzugsfähigen Verlusten negativ geworden ist, aus der Gesellschaft aus oder wird in einem solchen Fall die Gesellschaft aufgelöst, so gilt der Betrag, den der Mitunternehmer nicht ausgleichen muss, als Veräußerungsgewinn im Sinne des § 16.** ④ **In Höhe der nach Satz 3 als Gewinn zuzurechnenden Beträge sind bei den anderen Mitunternehmern unter Berücksichtigung der für die Zurechnung von Verlusten geltenden Grundsätze Verlustanteile anzusetzen.** ⑤ **Bei der Anwendung des § 15 a Absatz 3 sind nur Verluste zu berücksichtigen, auf die § 15 a Absatz 1 anzuwenden ist.**

25 (25) ① **§ 15 b in der Fassung des Artikels 1 des Gesetzes vom 22. Dezember 2005 (BGBl. I S. 3683) ist nur auf Verluste der dort bezeichneten Steuerstundungsmodelle anzuwenden, denen der Steuerpflichtige nach dem 10. November 2005 beigetreten ist oder für die nach dem 10. November 2005 mit dem Außenvertrieb begonnen wurde.** ② **Der Außenvertrieb beginnt in dem Zeitpunkt, in dem die Voraussetzungen für die Veräußerung der konkret bestimmbaren Fondsanteile erfüllt sind und die Gesellschaft selbst oder über ein Vertriebsunternehmen mit Außenwirkung an den Markt herangetreten ist.** ③ **Dem Beginn des Außenvertriebs stehen der Beschluss von Kapitalerhöhungen und die Reinvestition von Erlösen in neue Projekte gleich.** ④ **Besteht das Steuerstundungsmodell nicht im Erwerb eines Anteils an einem geschlossenen Fonds, ist § 15 b in der Fassung des Artikels 1 des Gesetzes vom 22. Dezember 2005 (BGBl. I S. 3683) anzuwenden, wenn die Investition nach dem 10. November 2005 rechtsverbindlich getätigt wurde.** ⑤ **§ 15 b Absatz 3 a ist erstmals auf Verluste der dort bezeichneten Steuerstundungsmodelle anzuwenden, bei denen Wirtschaftsgüter des Umlaufvermögens nach dem 28. November 2013 angeschafft, hergestellt oder in das Betriebsvermögen eingelegt werden.**

25a (25 a) ① **§ 17 Absatz 2 a in der Fassung des Artikels 2 des Gesetzes vom 12. Dezember 2019 (BGBl. I S. 2451) ist erstmals für Veräußerungen im Sinne von § 17 Absatz 1, 4 oder 5 nach dem 31. Juli 2019 anzuwenden.** ② **Auf Antrag des Steuerpflichtigen ist § 17 Absatz 2 a Satz 1 bis 4 auch für Veräußerungen im Sinne von § 17 Absatz 1, 4 oder 5 vor dem 31. Juli 2019 anzuwenden.**

26 (26) **Für die Anwendung des § 18 Absatz 4 Satz 2 in der Fassung des Artikels 1 des Gesetzes vom 22. Dezember 2005 (BGBl. I S. 3683) gilt Absatz 25 entsprechend.**

26a (26 a) **§ 19 Absatz 1 Satz 1 Nummer 3 Satz 2 und 3 in der am 31. Dezember 2014 geltenden Fassung gilt für alle Zahlungen des Arbeitgebers nach dem 30. Dezember 2014.**

27 (27) **§ 19 a in der Fassung des Artikels 3 des Gesetzes vom 3. Juni 2021 (BGBl. I S. 1498) ist erstmals anzuwenden auf Vermögensbeteiligungen, die nach dem 30. Juni 2021 übertragen werden.**

28 (28) ① **Für die Anwendung des § 20 Absatz 1 Nummer 4 Satz 2 in der am 31. Dezember 2005 geltenden Fassung gilt Absatz 25 entsprechend.** ② **Für die Anwendung von § 20 Absatz 1 Nummer 4 Satz 2 und Absatz 2 b in der am 1. Januar 2007 geltenden Fassung gilt Absatz 25 entsprechend.** ③ **§ 20 Absatz 1 Nummer 6 in der Fassung des Geset-**

zes vom 7. September 1990 (BGBl. I S. 1898) ist erstmals auf nach dem 31. Dezember 1974 zugeflossene Zinsen aus Versicherungsverträgen anzuwenden, die nach dem 31. Dezember 1973 abgeschlossen worden sind. ④ § 20 Absatz 1 Nummer 6 in der Fassung des Gesetzes vom 20. Dezember 1996 (BGBl. I S. 2049) ist erstmals auf Zinsen aus Versicherungsverträgen anzuwenden, bei denen die Ansprüche nach dem 31. Dezember 1996 entgeltlich erworben worden sind. ⑤ Für Kapitalerträge aus Versicherungsverträgen, die vor dem 1. Januar 2005 abgeschlossen worden sind, ist § 20 Absatz 1 Nummer 6 in der am 31. Dezember 2004 geltenden Fassung mit der Maßgabe weiterhin anzuwenden, dass in Satz 3 die Wörter „§ 10 Absatz 1 Nummer 2 Buchstabe b Satz 5“ durch die Wörter „§ 10 Absatz 1 Nummer 2 Buchstabe b Satz 6“ ersetzt werden. ⑥ § 20 Absatz 1 Nummer 6 Satz 3 in der Fassung des Artikels 1 des Gesetzes vom 13. Dezember 2006 (BGBl. I S. 2878) ist erstmals anzuwenden auf Versicherungsleistungen im Erlebensfall bei Versicherungsverträgen, die nach dem 31. Dezember 2006 abgeschlossen werden, und auf Versicherungsleistungen bei Rückkauf eines Vertrages nach dem 31. Dezember 2006. ⑦ § 20 Absatz 1 Nummer 6 Satz 2 ist für Vertragsabschlüsse nach dem 31. Dezember 2011 mit der Maßgabe anzuwenden, dass die Versicherungsleistung nach Vollendung des 62. Lebensjahres des Steuerpflichtigen ausgezahlt wird. ⑧ § 20 Absatz 1 Nummer 6 Satz 6 in der Fassung des Artikels 1 des Gesetzes vom 19. Dezember 2008 (BGBl. I S. 2794) ist für alle Versicherungsverträge anzuwenden, die nach dem 31. März 2009 abgeschlossen werden oder bei denen die erstmalige Beitragsleistung nach dem 31. März 2009 erfolgt. ⑨ Wird auf Grund einer internen Teilung nach § 10 des Versorgungsausgleichsgesetzes oder einer externen Teilung nach § 14 des Versorgungsausgleichsgesetzes ein Anrecht in Form eines Versicherungsvertrags zugunsten der ausgleichsberechtigten Person begründet, so gilt dieser Vertrag insoweit zu dem gleichen Zeitpunkt als abgeschlossen wie derjenige der ausgleichspflichtigen Person. ⑩ § 20 Absatz 1 Nummer 6 Satz 7 und 8 ist auf Versicherungsleistungen anzuwenden, die auf Grund eines nach dem 31. Dezember 2014 eingetretenen Versicherungsfalles ausgezahlt werden. ⑪ § 20 Absatz 2 Satz 1 Nummer 1 in der am 18. August 2007 geltenden Fassung ist erstmals auf Gewinne aus der Veräußerung von Anteilen anzuwenden, die nach dem 31. Dezember 2008 erworben wurden. ⑫ § 20 Absatz 2 Satz 1 Nummer 3 in der am 18. August 2007 geltenden Fassung ist erstmals auf Gewinne aus Termingeschäften anzuwenden, bei denen der Rechtserwerb nach dem 31. Dezember 2008 stattgefunden hat. ⑬ § 20 Absatz 2 Satz 1 Nummer 4, 5 und 8 in der am 18. August 2007 geltenden Fassung ist erstmals auf Gewinne anzuwenden, bei denen die zugrunde liegenden Wirtschaftsgüter, Rechte oder Rechtspositionen nach dem 31. Dezember 2008 erworben oder geschaffen wurden. ⑭ § 20 Absatz 2 Satz 1 Nummer 6 in der am 18. August 2007 geltenden Fassung ist erstmals auf die Veräußerung von Ansprüchen nach dem 31. Dezember 2008 anzuwenden, bei denen der Versicherungsvertrag nach dem 31. Dezember 2004 abgeschlossen wurde; dies gilt auch für Versicherungsverträge, die vor dem 1. Januar 2005 abgeschlossen wurden, sofern bei einem Rückkauf zum Veräußerungszeitpunkt die Erträge nach § 20 Absatz 1 Nummer 6 in der am 31. Dezember 2004 geltenden Fassung steuerpflichtig wären. ⑮ § 20 Absatz 2 Satz 1 Nummer 7 in der Fassung des Artikels 1 des Gesetzes vom 14. August 2007 (BGBl. I S. 1912) ist erstmals auf nach dem 31. Dezember 2008 zufließende Kapitalerträge aus der Veräußerung sonstiger Kapitalforderungen anzuwenden. ⑯ Für Kapitalerträge aus Kapitalforderungen, die zum Zeitpunkt des vor dem 1. Januar 2009 erfolgten Erwerbs zwar Kapitalforderungen im Sinne des § 20 Absatz 1 Nummer 7 in der am 31. Dezember 2008 anzuwendenden Fassung, aber nicht Kapitalforderungen im Sinne des § 20 Absatz 2 Satz 1 Nummer 4 in der am 31. Dezember 2008 anzuwendenden Fassung sind, ist § 20 Absatz 2 Satz 1 Nummer 7 nicht anzuwenden; für die bei der Veräußerung in Rechnung gestellten Stückzinsen ist Satz 15 anzuwenden; Kapitalforderungen im Sinne des § 20 Absatz 2 Satz 1 Nummer 4 in der am 31. Dezember 2008 anzuwendenden Fassung liegen auch vor, wenn die Rückzahlung nur teilweise garantiert ist oder wenn eine Trennung zwischen Ertrags- und Vermögensebene möglich erscheint. ⑰ Bei Kapitalforderungen, die zwar nicht die Voraussetzungen von § 20 Absatz 1 Nummer 7 in der am 31. Dezember 2008 geltenden Fassung, aber die Voraussetzungen von § 20 Absatz 1 Nummer 7 in der am 18. August 2007 geltenden Fassung erfüllen, ist § 20 Absatz 2 Satz 1 Nummer 7 in Verbindung mit § 20 Absatz 1 Nummer 7 vorbehaltlich der Regelung in Absatz 31 Satz 2 und 3 auf alle nach dem 30. Juni 2009 zufließenden Kapitalerträge anzuwenden, es sei denn, die Kapitalforderung wurde vor dem 15. März 2007 angeschafft. ⑱ § 20 Absatz 4 a Satz 3 in der Fassung des Artikels 1 des Gesetzes vom 8. Dezember 2010 (BGBl. I S. 1768) ist erstmals für Wertpapiere anzuwenden, die nach dem 31. Dezember 2009 geliefert wurden, sofern für die Lieferung § 20 Absatz 4 anzuwenden ist. ⑲ § 20 Absatz 4 a Satz 3 in der Fassung des Artikels 1 des Gesetzes vom 21. Dezember 2020 (BGBl. I S. 3096) ist für die Andienung von Wertpapieren anzuwenden, wenn diese nach dem 31. Dezember 2020 erfolgt. ⑳ § 20 Absatz 4 a Satz 5 in der Fassung des Artikels 1 des Gesetzes vom 21. Dezember 2020 (BGBl. I S. 3096) ist für die Zuteilung von Anteilen anzuwenden, wenn diese nach dem 31. Dezember 2020

EStG erfolgt und die die Zuteilung begründenden Anteile nach dem 31. Dezember 2008 angeschafft worden sind. ㉑ § 20 Absatz 2 und 4 in der am 27. Juli 2016 geltenden Fassung ist erstmals ab dem 1. Januar 2017 anzuwenden. ㉒ § 20 Absatz 1 in der am 27. Juli 2016 geltenden Fassung ist erstmals ab dem 1. Januar 2018 anzuwenden. ㉓ Investmenterträge nach § 20 Absatz 1 Nummer 6 Satz 9 sind

1. die nach dem 31. Dezember 2017 zugeflossenen Ausschüttungen nach § 2 Absatz 11 des Investmentsteuergesetzes,
2. die realisierten oder unrealisierten Wertveränderungen aus Investmentanteilen nach § 2 Absatz 4 Satz 1 des Investmentsteuergesetzes, die das Versicherungsunternehmen nach dem 31. Dezember 2017 dem Sicherungsvermögen zur Sicherung der Ansprüche des Steuerpflichtigen zugeführt hat, und
3. die realisierten oder unrealisierten Wertveränderungen aus Investmentanteilen nach § 2 Absatz 4 Satz 1 des Investmentsteuergesetzes, die das Versicherungsunternehmen vor dem 1. Januar 2018 dem Sicherungsvermögen zur Sicherung der Ansprüche des Steuerpflichtigen zugeführt hat, soweit Wertveränderungen gegenüber dem letzten im Kalenderjahr 2017 festgesetzten Rücknahmepreis des Investmentanteils eingetreten sind.

㉔ Wird kein Rücknahmepreis festgesetzt, tritt der Börsen- oder Marktpreis an die Stelle des Rücknahmepreises. ㉕ § 20 Absatz 6 Satz 5 in der Fassung des Artikels 1 des Gesetzes vom 21. Dezember 2020 (BGBl. I S. 3096) ist auf Verluste anzuwenden, die nach dem 31. Dezember 2020 entstehen. ㉖ § 20 Absatz 6 Satz 6 in der Fassung des Artikels 1 des Gesetzes vom 21. Dezember 2020 (BGBl. I S. 3096) ist auf Verluste anzuwenden, die nach dem 31. Dezember 2019 entstehen.

29 (29) Für die Anwendung des § 21 Absatz 1 Satz 2 in der am 31. Dezember 2005 geltenden Fassung gilt Absatz 25 entsprechend.

30 (30) Für die Anwendung des § 22 Nummer 1 Satz 1 zweiter Halbsatz in der am 31. Dezember 2005 geltenden Fassung gilt Absatz 25 entsprechend.

30a (30a) § 22a Absatz 2 Satz 2 in der am 1. Januar 2017 geltenden Fassung ist erstmals für die Übermittlung von Daten ab dem 1. Januar 2019 anzuwenden.

30b (30b) ① Die mitteilungspflichtige Stelle nach § 22a Absatz 1 kann die Identifikationsnummer im Sinne des § 139b der Abgabenordnung ihrer Kunden, bei denen das Versicherungs- oder Vertragsverhältnis vor dem Stichtag bestand, der in der Rechtsverordnung nach § 13 Absatz 3 des Rentenübersichtsgesetzes festgelegt wird, abweichend von § 22a Absatz 2 Satz 1 und 2 zur Durchführung des Rentenübersichtsgesetzes beim Bundeszentralamt für Steuern bereits vor dem Leistungsbezug erheben. ② Das Bundeszentralamt für Steuern teilt der mitteilungspflichtigen Stelle die Identifikationsnummer des Versicherten nur mit, wenn die von der mitteilungspflichtigen Stelle übermittelten Daten mit den nach § 139b Absatz 3 der Abgabenordnung beim Bundeszentralamt für Steuern gespeicherten Daten im maschinellen Datenabgleich übereinstimmen.

31 (31) ① § 23 Absatz 1 Satz 1 Nummer 2 in der am 18. August 2007 geltenden Fassung ist erstmals auf Veräußerungsgeschäfte anzuwenden, bei denen die Wirtschaftsgüter nach dem 31. Dezember 2008 auf Grund eines nach diesem Zeitpunkt rechtswirksam abgeschlossenen obligatorischen Vertrags oder gleichstehenden Rechtsakts angeschafft wurden; § 23 Absatz 1 Satz 1 Nummer 2 Satz 2 in der am 14. Dezember 2010 geltenden Fassung ist erstmals auf Veräußerungsgeschäfte anzuwenden, bei denen die Gegenstände des täglichen Gebrauchs auf Grund eines nach dem 13. Dezember 2010 rechtskräftig abgeschlossenen Vertrags oder gleichstehenden Rechtsakts angeschafft wurden. ② § 23 Absatz 1 Satz 1 Nummer 2 in der am 1. Januar 1999 geltenden Fassung ist letztmals auf Veräußerungsgeschäfte anzuwenden, bei denen die Wirtschaftsgüter vor dem 1. Januar 2009 erworben wurden. ③ § 23 Absatz 1 Satz 1 Nummer 3 in der Fassung des Artikels 7 des Gesetzes vom 20. Dezember 2016 (BGBl. I S. 3000) ist erstmals auf Veräußerungsgeschäfte anzuwenden, bei denen die Veräußerung auf einem nach dem 23. Dezember 2016 rechtswirksam abgeschlossenen obligatorischen Vertrag oder gleichstehenden Rechtsakt beruht. ④ § 23 Absatz 1 Satz 1 Nummer 4 ist auf Termingeschäfte anzuwenden, bei denen der Erwerb des Rechts auf einen Differenzausgleich, Geldbetrag oder Vorteil nach dem 31. Dezember 1998 und vor dem 1. Januar 2009 erfolgt. ⑤ § 23 Absatz 3 Satz 4 in der am 1. Januar 2000 geltenden Fassung ist auf Veräußerungsgeschäfte anzuwenden, bei denen der Steuerpflichtige das Wirtschaftsgut nach dem 31. Juli 1995 und vor dem 1. Januar 2009 angeschafft oder nach dem 31. Dezember 1998 und vor dem 1. Januar 2009 fertiggestellt hat; § 23 Absatz 3 Satz 4 in der am 1. Januar 2009 geltenden Fassung ist auf Veräußerungsgeschäfte anzuwenden, bei denen der Steuerpflichtige das Wirtschaftsgut nach dem 31. Dezember 2008 angeschafft oder fertiggestellt hat. ⑥ § 23 Absatz 1 Satz 2 und 3 sowie Absatz 3 Satz 3 in der am 12. Dezember 2006 geltenden

Fassung sind für Anteile, die einbringungsgeboren im Sinne des § 21 des Umwandlungssteuergesetzes in der am 12. Dezember 2006 geltenden Fassung sind, weiter anzuwenden.

(32) ① **§ 32 Absatz 4 Satz 1 Nummer 3 in der Fassung des Artikels 1 des Gesetzes vom 19. Juli 2006 (BGBl. I S. 1652) ist erstmals für Kinder anzuwenden, die im Veranlagungszeitraum 2007 wegen einer vor Vollendung des 25. Lebensjahres eingetretenen körperlichen, geistigen oder seelischen Behinderung außerstande sind, sich selbst zu unterhalten; für Kinder, die wegen einer vor dem 1. Januar 2007 in der Zeit ab der Vollendung des 25. Lebensjahres und vor Vollendung des 27. Lebensjahres eingetretenen körperlichen, geistigen oder seelischen Behinderung außerstande sind, sich selbst zu unterhalten, ist § 32 Absatz 4 Satz 1 Nummer 3 weiterhin in der bis zum 31. Dezember 2006 geltenden Fassung anzuwenden.** ② **§ 32 Absatz 5 ist nur noch anzuwenden, wenn das Kind den Dienst oder die Tätigkeit vor dem 1. Juli 2011 angetreten hat.** ③ **Für die nach § 10 Absatz 1 Nummer 2 Buchstabe b und den §§ 10 a, 82 begünstigten Verträge, die vor dem 1. Januar 2007 abgeschlossen wurden, gelten für das Vorliegen einer begünstigten Hinterbliebenenversorgung die Altersgrenzen des § 32 in der am 31. Dezember 2006 geltenden Fassung.** ④ **Dies gilt entsprechend für die Anwendung des § 93 Absatz 1 Satz 3 Buchstabe b.** ⑤ **§ 32 Absatz 6 Satz 1 in der Fassung des Artikels 1 des Gesetzes vom 8. Dezember 2022 (BGBl. I S. 2230) ist beim Steuerabzug vom Arbeitslohn ab dem 1. Januar 2023 anzuwenden.** 32

(32 a) ① **§ 32 a Absatz 1 und § 51 a Absatz 2 a Satz 1 in der am 23. Juli 2015 geltenden Fassung sind beim Steuerabzug vom Arbeitslohn erstmals anzuwenden auf laufenden Arbeitslohn, der für einen nach dem 30. November 2015 endenden Lohnzahlungszeitraum gezahlt wird, und auf sonstige Bezüge, die nach dem 30. November 2015 zufließen.** ② **Bei der Lohnsteuerberechnung auf laufenden Arbeitslohn, der für einen nach dem 30. November 2015, aber vor dem 1. Januar 2016 endenden täglichen, wöchentlichen und monatlichen Lohnzahlungszeitraum gezahlt wird, ist zu berücksichtigen, dass § 32 a Absatz 1 und § 51 a Absatz 2 a Satz 1 in der am 23. Juli 2015 geltenden Fassung bis zum 30. November 2015 nicht angewandt wurden (Nachholung).** ③ **Das Bundesministerium der Finanzen hat im Einvernehmen mit den obersten Finanzbehörden der Länder entsprechende Programmablaufpläne aufzustellen und bekannt zu machen (§ 39 b Absatz 6 und § 51 Absatz 4 Nummer 1 a).** 32a

(33) ① **§ 32 b Absatz 2 Satz 1 Nummer 2 Satz 2 Buchstabe c ist erstmals auf Wirtschaftsgüter des Umlaufvermögens anzuwenden, die nach dem 28. Februar 2013 angeschafft, hergestellt oder in das Betriebsvermögen eingelegt werden.** ② **§ 32 b Absatz 1 Satz 3 in der Fassung des Artikels 11 des Gesetzes vom 18. Dezember 2013 (BGBl. I S. 4318) ist in allen offenen Fällen anzuwenden.** ③ **§ 32 b Absatz 3 bis 5 in der am 1. Januar 2017 geltenden Fassung ist erstmals für ab dem 1. Januar 2018 gewährte Leistungen anzuwenden.** 33

(33 a)[1] ① **§ 32 c in der Fassung des Artikels 4 des Gesetzes vom 12. Dezember 2019 (BGBl. I S. 2451) ist erstmals für den Veranlagungszeitraum 2016 anzuwenden.** ② **§ 32 c ist im Veranlagungszeitraum 2016 mit der Maßgabe anzuwenden, dass der erste Betrachtungszeitraum die Veranlagungszeiträume 2014 bis 2016 umfasst.** ③ **Die weiteren Betrachtungszeiträume umfassen die Veranlagungszeiträume 2017 bis 2019 und 2020 bis 2022.** ④ **§ 32 c ist letztmalig für den Veranlagungszeitraum 2022 anzuwenden.** 33a

(33 b) ① **§ 32 d Absatz 2 Nummer 1 Buchstabe b in der Fassung des Artikels 1 des Gesetzes vom 21. Dezember 2020 (BGBl. I S. 3096) ist auf Kapitalerträge anzuwenden, die nach dem 31. Dezember 2020 erzielt werden.** ② **Auf Kapitalerträge aus Darlehen an die Kapitalgesellschaft oder Genossenschaft, deren rechtliche Grundlage vor dem 1. Januar 2021 begründet wurde, ist § 32 d Absatz 2 Nummer 1 Buchstabe b in der Fassung des Artikels 1 des Gesetzes vom 21. Dezember 2020 (BGBl. I S. 3096) ab dem Veranlagungszeitraum 2024 anzuwenden.** ③ **§ 32 d Absatz 2 Nummer 3 Buchstabe b in der Fassung des Artikels 7 des Gesetzes vom 20. Dezember 2016 (BGBl. I S. 3000) ist erstmals auf Anträge für den Veranlagungszeitraum 2017 anzuwenden.** 33b

(33 c) **Die §§ 33 und 33 b in der Fassung des Artikels 1 des Gesetzes vom 9. Dezember 2020 (BGBl. I S. 2770) sind erstmals für den Veranlagungszeitraum 2021 anzuwenden.** 33c

(34) ① **§ 34 a in der Fassung des Artikels 1 des Gesetzes vom 19. Dezember 2008 (BGBl. I S. 2794) ist erstmals für den Veranlagungszeitraum 2008 anzuwenden.** ② **§ 34 a Absatz 6 Satz 1 Nummer 3 und Satz 2 in der Fassung des Artikels 1 des Gesetzes vom 27. Juni 2017 (BGBl. I S. 2074) ist erstmals für unentgeltliche Übertragungen nach dem 5. Juli 2017 anzuwenden.** 34

[1] Siehe dazu die Bekanntmachung über das Inkrafttreten des Gesetzes vom 12. 12. 2019 (BGBl. I S. 2451) vom 18. 3. 2020 (BGBl. I S. 597).

EStG

34a (34a) Für Veranlagungszeiträume bis einschließlich 2014 ist § 34c Absatz 1 Satz 2 in der bis zum 31. Dezember 2014 geltenden Fassung in allen Fällen, in denen die Einkommensteuer noch nicht bestandskräftig festgesetzt ist, mit der Maßgabe anzuwenden, dass an die Stelle der Wörter „Summe der Einkünfte" die Wörter „Summe der Einkünfte abzüglich des Altersentlastungsbetrages (§ 24a), des Entlastungsbetrages für Alleinerziehende (§ 24b), der Sonderausgaben (§§ 10, 10a, 10b, 10c), der außergewöhnlichen Belastungen (§§ 33 bis 33b), der berücksichtigten Freibeträge für Kinder (§§ 31, 32 Absatz 6) und des Grundfreibetrages (§ 32a Absatz 1 Satz 2 Nummer 1)" treten.

34b (34b) ① § 34d Nummer 4 Buchstabe b Doppelbuchstabe bb in der Fassung des Artikels 3 des Gesetzes vom 11. Dezember 2018 (BGBl. I S. 2338) ist erstmals auf Gewinne aus der Veräußerung von Anteilen anzuwenden, bei denen die Veräußerung nach dem 31. Dezember 2018 erfolgt, und nur soweit den Gewinnen nach dem 31. Dezember 2018 eingetretene Wertveränderungen zugrunde liegen. ② § 34d Nummer 7 in der Fassung des Artikels 3 des Gesetzes vom 11. Dezember 2018 (BGBl. I S. 2338) ist erstmals auf Wertveränderungen anzuwenden, die nach dem 31. Dezember 2018 eintreten.

35 (35) ① § 34f Absatz 3 und 4 Satz 2 in der Fassung des Gesetzes vom 25. Februar 1992 (BGBl. I S. 297) ist erstmals anzuwenden bei Inanspruchnahme der Steuerbegünstigung nach § 10e Absatz 1 bis 5 in der Fassung des Gesetzes vom 25. Februar 1992 (BGBl. I S. 297). ② § 34f Absatz 4 Satz 1 ist erstmals anzuwenden bei Inanspruchnahme der Steuerbegünstigung nach § 10e Absatz 1 bis 5 oder nach § 15b des Berlinförderungsgesetzes für nach dem 31. Dezember 1991 hergestellte oder angeschaffte Objekte.

35a (35a) ① § 35c ist erstmals auf energetische Maßnahmen anzuwenden, mit deren Durchführung nach dem 31. Dezember 2019 begonnen wurde und die vor dem 1. Januar 2030 abgeschlossen sind. ② Als Beginn gilt bei energetischen Maßnahmen, für die eine Baugenehmigung erforderlich ist, der Zeitpunkt, in dem der Bauantrag gestellt wird. ③ Bei nicht genehmigungsbedürftigen Vorhaben für solche Vorhaben, die nach Maßgabe des Bauordnungsrechts der zuständigen Behörde zur Kenntnis zu geben sind, gilt als Beginn der Zeitpunkt des Eingangs der Kenntnisgabe bei der zuständigen Behörde und für sonstige nicht genehmigungsbedürftige, insbesondere genehmigungs-, anzeige- und verfahrensfreie Vorhaben, der Zeitpunkt des Beginns der Bauausführung.

35b (35b) ① § 36 Absatz 2 Nummer 2 Satz 5 in der Fassung des Artikels 2 des Gesetzes vom 21. Dezember 2020 (BGBl. I S. 3096) ist erstmals auf Kapitalerträge anzuwenden, die nach dem 31. Dezember 2020 zufließen. ② § 36 Absatz 2 Nummer 4 in der Fassung des Artikels 2 des Gesetzes vom 21. Dezember 2020 (BGBl. I S. 3096) ist erstmals für den Veranlagungszeitraum 2016 und letztmalig für den Veranlagungszeitraum 2022 anzuwenden.

35c (35c) ① § 36a in der am 27. Juli 2016 geltenden Fassung ist erstmals auf Kapitalerträge anzuwenden, die nach dem 1. Januar 2016 zufließen. ② § 36a in der Fassung des Artikels 1 des Gesetzes vom 12. Dezember 2019 (BGBl. I S. 2451) ist erstmals auf Kapitalerträge anzuwenden, die ab dem 1. Januar 2019 zufließen.

35d (35d) § 37 Absatz 3 Satz 3 ist auf Antrag des Steuerpflichtigen mit der Maßgabe anzuwenden, dass

1. für den Veranlagungszeitraum 2019 an die Stelle des 15. Kalendermonats der 21. Kalendermonat und an die Stelle des 23. Kalendermonats der 28. Kalendermonat,
2. für die Veranlagungszeiträume 2020 und 2021 an die Stelle des 15. Kalendermonats der 21. Kalendermonat und an die Stelle des 23. Kalendermonats der 29. Kalendermonat,
3. für den Veranlagungszeitraum 2022 an die Stelle des 15. Kalendermonats der 20. Kalendermonat und an die Stelle des 23. Kalendermonats der 28. Kalendermonat,
4. für den Veranlagungszeitraum 2023 an die Stelle des 15. Kalendermonats der 18. Kalendermonat und an die Stelle des 23. Kalendermonats der 26. Kalendermonat und
5. für den Veranlagungszeitraum 2024 an die Stelle des 15. Kalendermonats der 17. Kalendermonat und an die Stelle des 23. Kalendermonats der 25. Kalendermonat

tritt.

36 (36)[1] ① Das Bundesministerium der Finanzen kann im Einvernehmen mit den obersten Finanzbehörden der Länder in einem Schreiben mitteilen, wann die in § 39

[1] Zur Fassung von Abs. 36 ab 1. 1. 2023 siehe in der geschlossenen Wiedergabe.

EStG

Absatz 4 Nummer 4 und 5 genannten Lohnsteuerabzugsmerkmale erstmals abgerufen werden können (§ 39e Absatz 3 Satz 1). ② Dieses Schreiben ist im Bundessteuerblatt zu veröffentlichen.

(37) **① Das Bundesministerium der Finanzen kann im Einvernehmen mit den obersten Finanzbehörden der Länder in einem Schreiben[1] mitteilen, ab wann die Regelungen in § 39a Absatz 1 Satz 3 bis 5 erstmals anzuwenden sind. ② Dieses Schreiben ist im Bundessteuerblatt zu veröffentlichen.** 37

(37a) **§ 39f Absatz 1 Satz 9 bis 11 und Absatz 3 Satz 1 ist erstmals für den Veranlagungszeitraum 2019 anzuwenden.** 37a

(37b) **① § 39b Absatz 2 Satz 5 Nummer 4 in der am 23. Juli 2015 geltenden Fassung ist erstmals anzuwenden auf laufenden Arbeitslohn, der für einen nach dem 30. November 2015 endenden Lohnzahlungszeitraum gezahlt wird, und auf sonstige Bezüge, die nach dem 30. November 2015 zufließen. ② Bei der Lohnsteuerberechnung auf laufenden Arbeitslohn, der für einen nach dem 30. November 2015, aber vor dem 1. Januar 2016 endenden täglichen, wöchentlichen und monatlichen Lohnzahlungszeitraum gezahlt wird, ist zu berücksichtigen, dass § 39b Absatz 2 Satz 5 Nummer 4 in der am 23. Juli 2015 geltenden Fassung bis zum 30. November 2015 nicht angewandt wurde (Nachholung). ③ Das Bundesministerium der Finanzen hat dies im Einvernehmen mit den obersten Finanzbehörden der Länder bei der Aufstellung und Bekanntmachung der geänderten Programmablaufpläne für 2015 zu berücksichtigen (§ 39b Absatz 6 und § 51 Absatz 4 Nummer 1a). ④ In den Fällen des § 24b Absatz 4 ist für das Kalenderjahr 2015 eine Veranlagung durchzuführen, wenn die Nachholung nach Satz 2 durchgeführt wurde.** 37b

(37c) **① § 40 Absatz 2 Satz 1 Nummer 6 in der am 17. November 2016 geltenden Fassung ist erstmals anzuwenden auf Vorteile, die in einem nach dem 31. Dezember 2016 endenden Lohnzahlungszeitraum oder als sonstige Bezüge nach dem 31. Dezember 2016 zugewendet werden, und letztmals anzuwenden auf Vorteile, die in einem vor dem 1. Januar 2031 endenden Lohnzahlungszeitraum oder als sonstige Bezüge vor dem 1. Januar 2031 zugewendet werden. ② § 40 Absatz 2 Satz 2 Nummer 3 und Satz 4 in der Fassung des Artikels 2 des Gesetzes vom 21. Dezember 2020 (BGBl. I S. 3096) ist erstmals auf Freifahrtberechtigungen anzuwenden, die nach dem 31. Dezember 2020 gewährt werden.** 37c

(38) **§ 40a Absatz 2, 2a und 6 in der am 31. Juli 2014 geltenden Fassung ist erstmals ab dem Kalenderjahr 2013 anzuwenden.** 38

(39) *(aufgehoben)* 39

(40) **§ 40b Absatz 1 und 2 in der am 31. Dezember 2004 geltenden Fassung ist weiter anzuwenden auf Beiträge für eine Direktversicherung des Arbeitnehmers und Zuwendungen an eine Pensionskasse, wenn vor dem 1. Januar 2018 mindestens ein Beitrag nach § 40b Absatz 1 und 2 in einer vor dem 1. Januar 2005 geltenden Fassung pauschal besteuert wurde.** 40

(40a) **① § 41a Absatz 1 Satz 1 Nummer 1 in der Fassung des Artikels 2 des Gesetzes vom 12. Dezember 2019 (BGBl. I S. 2451) ist erstmals für Lohnzahlungszeiträume anzuwenden, die nach dem 31. Dezember 2020 enden. ② § 41a Absatz 4 Satz 1 in der Fassung des Artikels 1 des Gesetzes vom 24. Februar 2016 (BGBl. I S. 310) gilt für eine Dauer von 60 Monaten und ist erstmals für laufenden Arbeitslohn anzuwenden, der für den Lohnzahlungszeitraum gezahlt wird, der nach dem Kalendermonat folgt, in dem die Europäische Kommission die Genehmigung zu diesem Änderungsgesetz erteilt hat; die Regelung ist erstmals für sonstige Bezüge anzuwenden, die nach dem Monat zufließen, in dem die Europäische Kommission die Genehmigung zu diesem Änderungsgesetz erteilt hat. ③ § 41a Absatz 4 in der Fassung des Artikels 3 des Gesetzes vom 19. Juni 2022 (BGBl. I S. 911) gilt für eine Dauer von 72 Monaten und ist erstmals für laufenden Arbeitslohn anzuwenden, der für einen ab dem 1. Juni 2021 endenden Lohnzahlungszeitraum gezahlt wird, und für sonstige Bezüge, die ab dem 1. Juni 2021 zufließen.** 40a

(41) **Bei der Veräußerung oder Einlösung von Wertpapieren und Kapitalforderungen, die von der das Bundesschuldbuch führenden Stelle oder einer Landesschuldenverwaltung verwahrt oder verwaltet werden können, bemisst sich der Steuerabzug nach den bis zum 31. Dezember 1993 geltenden Vorschriften, wenn die Wertpapier- und Kapitalforderungen vor dem 1. Januar 1994 emittiert worden sind; dies gilt nicht für besonders in Rechnung gestellte Stückzinsen.** 41

(42) **① § 43 Absatz 1 Satz 1 Nummer 7 Buchstabe b Satz 2 in der Fassung des Artikels 1 des Gesetzes vom 13. Dezember 2006 (BGBl. I S. 2878) ist erstmals auf Verträge anzuwenden, die nach dem 31. Dezember 2006 abgeschlossen werden. ② § 43 Absatz 1** 42

---

[1] Siehe *BMF-Schreiben vom 21. 5. 2015 (BStBl. I S. 488).*

Satz 1 Nummer 7 Buchstabe c in der Fassung des Artikels 2 des Gesetzes vom 12. Dezember 2019 (BGBl. I S. 2451) ist erstmals auf Kapitalerträge anzuwenden, die dem Gläubiger nach dem 31. Dezember 2020 zufließen. ③ § 43 Absatz 1 Satz 6 und Absatz 2 Satz 7 und 8 in der am 1. Januar 2017 geltenden Fassung ist erstmals anzuwenden auf Kapitalerträge, die dem Gläubiger nach dem 31. Dezember 2016 zufließen. ④ § 43 in der Fassung des Artikels 3 des Gesetzes vom 19. Juli 2016 (BGBl. I S. 1730) ist erstmals ab dem 1. Januar 2018 anzuwenden. ⑤ § 43 Absatz 1 Satz 6 Nummer 5 in der Fassung des Artikels 1 des Gesetzes vom 2. Juni 2021 (BGBl. I S. 1259) ist erstmals auf Kapitalerträge anzuwenden, die nach dem 31. Dezember 2019 zufließen.

42a (42 a) § 43 a in der Fassung des Artikels 3 des Gesetzes vom 19. Juli 2016 (BGBl. I S. 1730) ist erstmals ab dem 1. Januar 2018 anzuwenden.

42b (42 b) § 43 b und Anlage 2 (zu § 43 b) in der am 1. Januar 2016 geltenden Fassung sind erstmals auf Ausschüttungen anzuwenden, die nach dem 31. Dezember 2015 zufließen.

43 (43)[1] ① Ist ein Freistellungsauftrag im Sinne des § 44 a vor dem 1. Januar 2007 unter Beachtung des § 20 Absatz 4 in der bis dahin geltenden Fassung erteilt worden, darf der nach § 44 Absatz 1 zum Steuerabzug Verpflichtete den angegebenen Freistellungsbetrag nur zu 56,37 Prozent berücksichtigen. ② Sind in dem Freistellungsauftrag der gesamte Sparer-Freibetrag nach § 20 Absatz 4 in der Fassung des Artikels 1 des Gesetzes vom 19. Juli 2006 (BGBl. I S. 1652) und der gesamte Werbungskosten-Pauschbetrag nach § 9 a Satz 1 Nummer 2 in der Fassung des Artikels 1 des Gesetzes vom 19. Juli 2006 (BGBl. I S. 1652) angegeben, ist der Werbungskosten-Pauschbetrag in voller Höhe zu berücksichtigen.

44 (44)[2] ① § 44 Absatz 1 Satz 4 Nummer 2 a in der Fassung des Artikels 2 des Gesetzes vom 12. Dezember 2019 (BGBl. I S. 2451) ist erstmals auf Kapitalerträge anzuwenden, die dem Gläubiger nach dem 31. Dezember 2020 zufließen. ② § 44 Absatz 6 Satz 2 und 5 in der am 12. Dezember 2006 geltenden Fassung ist für Anteile, die einbringungsgeboren im Sinne des § 21 des Umwandlungssteuergesetzes in der am 12. Dezember 2006 geltenden Fassung sind, weiter anzuwenden. ③ § 44 in der Fassung des Artikels 3 des Gesetzes vom 19. Juli 2016 (BGBl. I S. 1730) ist erstmals ab dem 1. Januar 2018 anzuwenden. ④ § 44 Absatz 1 in der Fassung des Artikels 1 des Gesetzes vom 21. Dezember 2020 (BGBl. I S. 3096) ist erstmals auf Kapitalerträge anzuwenden, die dem Gläubiger nach dem 29. Dezember 2020 zufließen.

44a (44 a) ① § 45 a Absatz 2 Satz 1 in der Fassung des Artikels 1 des Gesetzes vom 21. Dezember 2020 (BGBl. I S. 3096) ist erstmals auf Kapitalerträge anzuwenden, die dem Gläubiger nach dem 29. Dezember 2020 zufließen. ② § 45 a Absatz 6 in der Fassung des Artikels 2 des Gesetzes vom 21. Dezember 2020 (BGBl. I S. 3096) ist auf Kapitalerträge anzuwenden, die nach dem 31. Dezember 2022 zufließen. ③ § 45 a Absatz 2 a und 7 Satz 1 in der Fassung des Artikels 1 des Gesetzes vom 2. Juni 2021 (BGBl. I S. 1259) ist erstmals auf Kapitalerträge anzuwenden, die dem Gläubiger nach dem 31. Dezember 2024 zufließen. ④ § 45 a Absatz 7 Satz 3 in der am 8. Juni 2021 geltenden Fassung ist letztmals anzuwenden für Kapitalerträge, die vor dem 1. Januar 2024 zufließen.

44b (44 b) § 45 b in der Fassung des Artikels 1 des Gesetzes vom 2. Juni 2021 (BGBl. I S. 1259) ist erstmals auf Kapitalerträge anzuwenden, die dem Gläubiger nach dem 31. Dezember 2024 zufließen.

44c (44 c) § 45 c in der Fassung des Artikels 1 des Gesetzes vom 2. Juni 2021 (BGBl. I S. 1259) ist erstmals auf Kapitalerträge anzuwenden, die dem Gläubiger nach dem 31. Dezember 2024 zufließen.

45 (45) ① § 45 d Absatz 1 in der am 14. Dezember 2010 geltenden Fassung ist erstmals für Kapitalerträge anzuwenden, die ab dem 1. Januar 2013 zufließen; eine Übermittlung der Identifikationsnummer hat für Kapitalerträge, die vor dem 1. Januar 2016 zufließen, nur zu erfolgen, wenn die Identifikationsnummer der Meldestelle vorliegt. ② § 45 d Absatz 1 in der am 1. Januar 2017 geltenden Fassung ist erstmals anzuwenden auf Kapitalerträge, die dem Gläubiger nach dem 31. Dezember 2016 zufließen. ③ § 45 d Absatz 3 in der am 1. Januar 2017 geltenden Fassung ist für Versicherungsverträge anzuwenden, die nach dem 31. Dezember 2016 abgeschlossen werden.

45a (45 a) ① § 49 Absatz 1 Nummer 2 Buchstabe e Doppelbuchstabe cc in der Fassung des Artikels 3 des Gesetzes vom 11. Dezember 2018 (BGBl. I S. 2338) ist erstmals auf Gewinne aus der Veräußerung von Anteilen anzuwenden, bei denen die Veräußerung nach dem 31. Dezember 2018 erfolgt, und nur soweit den Gewinnen nach dem 31. Dezember 2018 eingetretene Wertveränderungen zugrunde liegen. ② § 49 Absatz 1 Nummer 2 Buchstabe f in der Fassung des Artikels 3 des Gesetzes vom 11. Dezem-

[1] Zur Fassung von Abs. 43 ab 1. 1. 2023 siehe in der geschlossenen Wiedergabe.
[2] Zur Fassung von Abs. 44 ab 1. 1. 2024 siehe in der geschlossenen Wiedergabe.

ber 2018 (BGBl. I S. 2338) ist erstmals auf Wertveränderungen anzuwenden, die nach dem 31. Dezember 2018 eintreten. ③ § 49 Absatz 1 Nummer 2 Buchstabe f Satz 1 und 2 und Nummer 6 in der am 20. Dezember 2022 geltenden Fassung ist, soweit die Vermietung und Verpachtung oder die Veräußerung von sonstigen Rechten, bei denen Einkünfte nur auf Grund der Eintragung in ein inländisches öffentliches Buch oder Register vorliegen, nicht zwischen nahestehenden Personen im Sinne des § 1 Absatz 2 des Außensteuergesetzes erfolgt, auf alle offene Fälle anzuwenden; im Übrigen ist § 49 Absatz 1 Nummer 2 Buchstabe f Satz 1 und 2 und Nummer 6 in der am 20. Dezember 2022 geltenden Fassung auf Veräußerungen, die nach dem 31. Dezember 2022 erfolgen oder auf Vergütungen, die nach dem 31. Dezember 2022 zufließen, anzuwenden. ④ § 49 Absatz 1 Nummer 5 in der am 27. Juli 2016 geltenden Fassung ist erstmals auf Kapitalerträge anzuwenden, die ab dem 1. Januar 2018 zufließen. ⑤ § 49 Absatz 1 Nummer 11 in der am 1. Juli 2021 geltenden Fassung ist erstmals auf Einkünfte anzuwenden, die nach dem 31. Dezember 2021 zufließen.

(46) **① § 50 Absatz 1 Satz 3 in der Fassung des Artikels 1 des Gesetzes vom 21. Dezember 2020 (BGBl. I S. 3096) ist in allen offenen Fällen anzuwenden. ② § 50 Absatz 1 a in der Fassung des Artikels 2 des Gesetzes vom 21. Dezember 2020 (BGBl. I S. 3096) ist erstmals auf Beiträge an berufsständische Versorgungseinrichtungen anzuwenden, die nach dem 31. Dezember 2020 geleistet werden. ③ § 50 Absatz 2 Satz 2 Nummer 6 in der Fassung des Artikels 1 des Gesetzes vom 12. Dezember 2019 (BGBl. I S. 2451) ist erstmals auf Kapitalerträge anzuwenden, die nach dem 31. Dezember 2016 zufließen. ④ § 50 Absatz 4 in der am 1. Januar 2016 geltenden Fassung ist in allen offenen Fällen anzuwenden. ⑤ § 50 Absatz 1 Satz 2 in der Fassung des Artikels 1 des Gesetzes vom 2. Juni 2021 (BGBl. I S. 1259) ist in allen offenen Fällen anzuwenden.** 46

(47) **① Der Zeitpunkt der erstmaligen Anwendung des § 50 a Absatz 3 und 5 in der am 18. August 2009 geltenden Fassung wird durch eine Rechtsverordnung der Bundesregierung bestimmt, die der Zustimmung des Bundesrates bedarf; dieser Zeitpunkt darf nicht vor dem 31. Dezember 2011 liegen. ② § 50 a Absatz 7 in der am 31. Juli 2014 geltenden Fassung ist erstmals auf Vergütungen anzuwenden, für die der Steuerabzug nach dem 31. Dezember 2014 angeordnet worden ist.** 47

(47 a)[1] **① § 50 c Absatz 2 Satz 1 Nummer 2 in der Fassung des Artikels 1 des Gesetzes vom 2. Juni 2021 (BGBl. I S. 1259) ist erstmals auf Einkünfte anzuwenden, die dem beschränkt Steuerpflichtigen nach dem 31. Dezember 2021 zufließen; die Geltung von Ermächtigungen nach § 50 d Absatz 5 und 6 des Gesetzes in der Fassung, die vor dem Inkrafttreten des Artikels 1 des Gesetzes vom 2. Juni 2021 (BGBl. I S. 1259) galt, endet spätestens zu diesem Zeitpunkt. ② § 50 c Absatz 5 Satz 1, 3 und 4 in der Fassung des Artikels 1 des Gesetzes vom 2. Juni 2021 (BGBl. I S. 1259) ist erstmals auf Anträge anzuwenden, die nach dem 31. Dezember 2022 gestellt werden; für Anträge, die gemäß § 50 c Absatz 2 oder 3 bis zu diesem Zeitpunkt gestellt werden, ist der amtlich vorgeschriebene Vordruck zu verwenden und § 50 d Absatz 1 Satz 7 und 8 des Gesetzes in der Fassung anzuwenden, die vor dem Inkrafttreten des Artikels 1 des Gesetzes vom 2. Juni 2021 (BGBl. I S. 1259) galt.** 47a

(47 b) **§ 50 d Absatz 3 in der Fassung des Artikels 1 des Gesetzes vom 2. Juni 2021 (BGBl. I S. 1259) ist in allen offenen Fällen anzuwenden, es sei denn, § 50 d Absatz 3 in der Fassung, die zu dem Zeitpunkt galt, in dem die Einkünfte zugeflossen sind, steht dem Anspruch auf Entlastung nicht entgegen.** 47b

(47 c) **① § 50 e Absatz 1 und 4 bis 6 in der Fassung des Artikels 1 des Gesetzes vom 2. Juni 2021 (BGBl. I S. 1259) ist ab dem 1. Januar 2022 anzuwenden. ② § 50 e Absatz 2 und 3 in der Fassung des Artikels 1 des Gesetzes vom 2. Juni 2021 (BGBl. I S. 1259) ist erstmals auf die nach dem 31. Dezember 2024 nicht oder nicht vollständig erfolgte Übermittlung von Daten oder Mitteilungen anzuwenden.** 47c

(48) **① § 50 i Absatz 1 Satz 1 und 2 ist auf die Veräußerung oder Entnahme von Wirtschaftsgütern oder Anteilen anzuwenden, die nach dem 29. Juni 2013 stattfindet. ② Hinsichtlich der laufenden Einkünfte aus der Beteiligung an der Personengesellschaft ist die Vorschrift in allen Fällen anzuwenden, in denen die Einkommensteuer noch nicht bestandskräftig festgesetzt worden ist. ③ § 50 i Absatz 1 Satz 4 in der am 31. Juli 2014 geltenden Fassung ist erstmals auf die Veräußerung oder Entnahme von Wirtschaftsgütern oder Anteilen anzuwenden, die nach dem 31. Dezember 2013 stattfindet. ④ § 50 i Absatz 2 in der Fassung des Artikels 7 des Gesetzes vom 20. Dezember 2016 (BGBl. I S. 3000) ist erstmals für Einbringungen anzuwenden, bei denen der Einbringungsvertrag nach dem 31. Dezember 2013 geschlossen worden ist.** 48

(48 a) **§ 51 in der Fassung des Artikels 1 des Gesetzes vom 2. Juni 2021 (BGBl. I S. 1259) gilt erstmals für die Vergabe von Ordnungsnummern zu Steuerbescheinigungen für Kapitalerträge, die nach dem 31. Dezember 2023 zufließen.** 48a

---

[1] Zur Fassung von Abs. 47 a Satz 2 ab 1. 1. 2023 siehe in der geschlossenen Wiedergabe.

EStG

49 **(49) § 51a Absatz 2c und 2e in der am 30. Juni 2013 geltenden Fassung ist erstmals auf nach dem 31. Dezember 2014 zufließende Kapitalerträge anzuwenden.**

49a **(49a)[1] ① § 62 Absatz 1a in der am 18. Juli 2019 geltenden Fassung ist für Kindergeldfestsetzungen anzuwenden, die Zeiträume betreffen, die nach dem 31. Juli 2019 beginnen. ② § 62 Absatz 2 Nummer 1 bis 4 in der Fassung des Artikels 3 des Gesetzes vom 12. Dezember 2019 (BGBl. I S. 2451) ist für Kindergeldfestsetzungen anzuwenden, die Zeiträume betreffen, die nach dem 29. Februar 2020 beginnen. ③ § 62 Absatz 2 Nummer 2 Buchstabe c in der Fassung des Artikels 11 Nummer 2 des Gesetzes vom 23. Mai 2022 (BGBl. I S. 760) ist für Kindergeldfestsetzungen anzuwenden, die Zeiträume betreffen, die nach dem 31. Mai 2022 beginnen. ④ § 62 Absatz 2 Nummer 5 in der Fassung des Artikels 3 des Gesetzes vom 12. Dezember 2019 (BGBl. I S. 2451) ist für Kindergeldfestsetzungen anzuwenden, die Zeiträume betreffen, die nach dem 31. Dezember 2019 beginnen. ⑤ Die §§ 62, 63 und 67 in der am 9. Dezember 2014 geltenden Fassung sind für Kindergeldfestsetzungen anzuwenden, die Zeiträume betreffen, die nach dem 31. Dezember 2015 beginnen. ⑥ Die §§ 62, 63 und 67 in der am 9. Dezember 2014 geltenden Fassung sind auch für Kindergeldfestsetzungen anzuwenden, die Zeiträume betreffen, die vor dem 1. Januar 2016 liegen, der Antrag auf Kindergeld aber erst nach dem 31. Dezember 2015 gestellt wird. ⑦ § 66 Absatz 1 in der am 23. Juli 2015 geltenden Fassung ist für Kindergeldfestsetzungen anzuwenden, die Zeiträume betreffen, die nach dem 31. Dezember 2014 beginnen. ⑧ § 66 Absatz 1 in der am 1. Januar 2016 geltenden Fassung ist für Kindergeldfestsetzungen anzuwenden, die Zeiträume betreffen, die nach dem 31. Dezember 2015 beginnen. ⑨ § 66 Absatz 1 in der am 1. Januar 2017 geltenden Fassung ist für Kindergeldfestsetzungen anzuwenden, die Zeiträume betreffen, die nach dem 31. Dezember 2016 beginnen. ⑩ § 66 Absatz 1 in der am 1. Januar 2018 geltenden Fassung ist für Kindergeldfestsetzungen anzuwenden, die Zeiträume betreffen, die nach dem 31. Dezember 2017 beginnen. ⑪ § 66 Absatz 3 ist auf Anträge anzuwenden, die nach dem 31. Dezember 2017 und vor dem 18. Juli 2019 eingehen. ⑫ § 69 in der am 1. Januar 2018 geltenden Fassung ist erstmals am 1. November 2019 anzuwenden. ⑬ § 66 Absatz 1 in der Fassung des Artikels 2 des Gesetzes vom 29. November 2018 (BGBl. I S. 2210) ist für Kindergeldfestsetzungen anzuwenden, die Zeiträume betreffen, die nach dem 30. Juni 2019 beginnen. ⑭ § 66 Absatz 1 in der Fassung des Artikels 1 des Gesetzes vom 1. Dezember 2020 (BGBl. I S. 2616) ist für Kindergeldfestsetzungen anzuwenden, die Zeiträume betreffen, die nach dem 31. Dezember 2020 beginnen.**

50 **(50) ① § 70 Absatz 1 Satz 2 ist auf Anträge anzuwenden, die nach dem 18. Juli 2019 eingehen. ② § 70 Absatz 4 in der am 31. Dezember 2011 geltenden Fassung ist weiter für Kindergeldfestsetzungen anzuwenden, die Zeiträume betreffen, die vor dem 1. Januar 2012 enden.**

51 **(51) ① § 89 Absatz 2 Satz 1 in der am 1. Januar 2017 geltenden Fassung ist erstmals für die Übermittlung von Daten ab dem 1. Januar 2017 anzuwenden. ② § 89 Absatz 2 Satz 1 in der Fassung des Artikels 3 des Gesetzes vom 11. Dezember 2018 (BGBl. I S. 2338) ist erstmals für die Übermittlung von Daten ab dem 1. Januar 2020 anzuwenden.**

51a (51a)[2] …

52 **(52) § 110 in der Fassung des Artikels 1 des Gesetzes vom 10. März 2021 (BGBl. I S. 330) ist für den Veranlagungszeitraum 2019 anzuwenden.**

53 **(53) § 111 in der Fassung des Artikels 1 des Gesetzes vom 10. März 2021 (BGBl. I S. 330) ist für die Veranlagungszeiträume 2019 und 2020 anzuwenden.**

54 **(54)[3] …**

Schlußvorschriften

EStDV

§ 84 *Anwendungsvorschriften*

71 *(1) Die vorstehende Fassung dieser Verordnung ist, soweit in den folgenden Absätzen nichts anderes bestimmt ist, erstmals für den Veranlagungszeitraum 2020 anzuwenden.*

(1a) § 1 in der Fassung des Artikels 2 des Gesetzes vom 18. Juli 2014 (BGBl. I S. 1042) ist in allen Fällen anzuwenden, in denen die Einkommensteuer noch nicht bestandskräftig festgesetzt ist.

(1b) § 7 der Einkommensteuer-Durchführungsverordnung 1997 in der Fassung der Bekanntmachung vom 18. Juni 1997 (BGBl. I S. 1558) ist letztmals für das Wirtschaftsjahr anzuwenden, das vor dem 1. Januar 1999 endet.

---

[1] **Zur Fassung von Abs. 49a Sätze 15 bis 17 ab 1. 1. 2023 siehe in der geschlossenen Wiedergabe.**
[2] **Zur Fassung von Abs. 51a ab 1. 1. 2023 siehe in der geschlossenen Wiedergabe.**
[3] **Zur Fassung von Abs. 54 ab 1. 1. 2024 siehe in der geschlossenen Wiedergabe.**

EStDV

(1c) Die §§ 8 und 8a der Einkommensteuer-Durchführungsverordnung 1986 in der Fassung der Bekanntmachung vom 24. Juli 1986 (BGBl. I S. 1239) sind letztmals für das Wirtschaftsjahr anzuwenden, das vor dem 1. Januar 1990 endet.

(2) § 8c Absatz 2 Satz 1 in der Fassung des Artikels 1 der Verordnung vom 25. Juni 2020 (BGBl. I S. 1495) kann erstmals für Wirtschaftsjahre angewendet werden, die nach dem 31. Dezember 2018 beginnen.

(2a) § 11c Abs. 2 Satz 3 ist erstmals für das nach dem 31. Dezember 1998 endende Wirtschaftsjahr anzuwenden.

(2b) § 29 Abs. 1 ist auch für Veranlagungszeiträume vor 1996 anzuwenden, soweit die Fälle, in denen Ansprüche aus Versicherungsverträgen nach dem 13. Februar 1992 zur Tilgung oder Sicherung von Darlehen eingesetzt wurden, noch nicht angezeigt worden sind.

(2c) § 50 in der am 1. Januar 2020 geltenden Fassung ist erstmals auf Zuwendungen anzuwenden, die dem Zuwendungsempfänger nach dem 31. Dezember 2019 zufließen.

(3) § 29 Abs. 3 bis 6, § 31 und § 32 sind in der vor dem 1. Januar 1996 geltenden Fassung für vor diesem Zeitpunkt an Bausparkassen geleistete Beiträge letztmals für den Veranlagungszeitraum 2005 anzuwenden.

(3a) § 51 in der Fassung des Artikels 2 des Gesetzes vom 1. November 2011 (BGBl. I S. 2131) ist erstmals für das Wirtschaftsjahr anzuwenden, das nach dem 31. Dezember 2011 beginnt.

(3b) ① § 52 ist erstmals für den übernächsten Veranlagungszeitraum anzuwenden, der auf den Veranlagungszeitraum folgt, in dem die für die Anwendung erforderlichen technischen und organisatorischen Voraussetzungen in der Finanzverwaltung für eine Umsetzung der Regelung vorliegen. ② Das Bundesministerium der Finanzen gibt im Einvernehmen mit dem Bundesministerium für Ernährung und Landwirtschaft sowie den obersten Finanzbehörden der Länder im Bundessteuerblatt den Veranlagungszeitraum bekannt, ab dem die Regelung des § 52 erstmals anzuwenden ist. ③ Bisher schon bestehende Mitteilungspflichten sind für die Veranlagungszeiträume vor erstmaliger Anwendung des § 52 weiter zu erfüllen.

(3c) ① § 54 Abs. 1 Satz 2 in der Fassung des Artikels 1a des Gesetzes vom 20. Dezember 2007 (BGBl. I S. 3150) ist erstmals für Vorgänge nach dem 31. Dezember 2007 anzuwenden. ② § 54 Abs. 4 in der Fassung des Artikels 2 des Gesetzes vom 7. Dezember 2006 (BGBl. I S. 2782) ist erstmals auf Verfügungen über Anteile an Kapitalgesellschaften anzuwenden, die nach dem 31. Dezember 2006 beurkundet werden.

(3d) § 56 in der Fassung des Artikels 10 des Gesetzes vom 29. Dezember 2003 (BGBl. I S. 3076) ist erstmals für den Veranlagungszeitraum 2004 anzuwenden.

(3e) § 60 Abs. 1 und 4 in der Fassung des Artikels 2 des Gesetzes vom 20. Dezember 2008 (BGBl. I S. 2850) ist erstmals für Wirtschaftsjahre (Gewinnermittlungszeiträume) anzuwenden, die nach dem 31. Dezember 2010 beginnen.

(3f) § 62d Abs. 2 Satz 2 in der Fassung des Artikels 2 des Gesetzes vom 22. Dezember 2003 (BGBl. I S. 2840) ist erstmals auf Verluste anzuwenden, die aus dem Veranlagungszeitraum 2004 in den Veranlagungszeitraum 2003 zurückgetragen werden.

(3g) ① § 65 Absatz 1 in der Fassung des Artikels 10 des Gesetzes vom 2. Juni 2021 (BGBl. I S. 1259) ist erstmals für den Veranlagungszeitraum 2021 anzuwenden. ② § 65 Absatz 3a ist erstmals für den Veranlagungszeitraum anzuwenden, der auf den Veranlagungszeitraum folgt, in dem die für die Anwendung erforderlichen Programmierarbeiten für das elektronische Datenübermittlungsverfahren abgeschlossen sind. ③ Das Bundesministerium der Finanzen gibt im Einvernehmen mit den obersten Finanzbehörden der Länder im Bundessteuerblatt Teil I den Veranlagungszeitraum bekannt, ab dem die Regelung des § 65 Absatz 3a erstmals anzuwenden ist. ④ Mit der Anwendung von § 65 Absatz 3a ist § 65 Absatz 1 Nummer 1 und 2 Buchstabe a, Absatz 2 Satz 1 und 2 zweiter Halbsatz nicht weiter anzuwenden. ⑤ Der Anwendungsbereich des § 65 Absatz 3 wird auf die Fälle des § 65 Absatz 1 Nummer 2 Buchstabe b beschränkt. ⑥ Zu diesem Zeitpunkt noch gültige und dem Finanzamt vorliegende Feststellungen über eine Behinderung werden bis zum Ende ihrer Gültigkeit weiter berücksichtigt, es sei denn, die Feststellungen ändern sich vor Ablauf der Gültigkeit.

(3h) § 70 in der Fassung des Artikels 24 des Gesetzes vom 25. Juli 2014 (BGBl. I S. 1266) ist erstmals ab dem Veranlagungszeitraum 2014 anzuwenden.

(3i) ① Die §§ 73a, 73c, 73d Abs. 1 sowie die §§ 73e und 73f Satz 1 in der Fassung des Artikels 2 des Gesetzes vom 19. Dezember 2008 (BGBl. I S. 2794) sind erstmals auf Vergütungen anzuwenden, die nach dem 31. Dezember 2008 zufließen. ② Abweichend von Satz 1 ist § 73e Satz 4 und 5 in der Fassung des Artikels 2 des Gesetzes vom 19. Dezember 2008 (BGBl. I S. 2794) erstmals auf Vergütungen anzuwenden, die nach dem 31. Dezember 2009 zufließen. ③ § 73e Satz 4 in der Fassung der Bekanntmachung vom 10. Mai 2000 (BGBl. I S. 717) ist letztmals auf Vergütungen anzuwenden, die vor dem 1. Januar 2010 zufließen. ④ § 73d Absatz 1 Satz 3, § 73e Satz 1, 2 und 5 sowie § 73g Absatz 1 und 2 in der Fassung des Artikels 9 des Gesetzes vom 10. August 2009 (BGBl. I S. 2702) sind erstmals auf Vergütungen anzuwenden, die nach dem 31. Dezember 2013 zufließen. ⑤ § 73e Satz 7 in der am 31. Juli 2014 geltenden Fassung ist erstmals auf Vergütungen anzuwenden, für die der Steuerabzug nach dem 31. Dezember 2014 angeordnet worden ist. ⑥ § 73a Absatz 3 in der am 30. Dezember 2014 geltenden Fassung ist erstmals ab dem 1. Januar 2014 anzuwenden.

(3j) § 80 der Einkommensteuer-Durchführungsverordnung 1997 in der Fassung der Bekanntmachung vom 18. Juni 1997 (BGBl. I S. 1558) ist letztmals für das Wirtschaftsjahr anzuwenden, das vor dem 1. Januar 1999 endet.

EStDV

(4) ① § 82a ist auf Tatbestände anzuwenden, die in dem in Artikel 3 des Einigungsvertrages genannten Gebiet[1] nach dem 31. Dezember 1990 und vor dem 1. Januar 1992 verwirklicht worden sind. ② Auf Tatbestände, die im Geltungsbereich dieser Verordnung ausschließlich des in Artikel 3 des Einigungsvertrages genannten Gebiets[1] verwirklicht worden sind, ist

1. § 82a Abs. 1 und 2 bei Herstellungskosten für Einbauten von Anlagen und Einrichtungen im Sinne von dessen Absatz 1 Nr. 1 bis 5 anzuwenden, die nach dem 30. Juni 1985 und vor dem 1. Januar 1992 fertiggestellt worden sind,

2. § 82a Abs. 3 Satz 1 ab dem Veranlagungszeitraum 1987 bei Erhaltungsaufwand für Arbeiten anzuwenden, die vor dem 1. Januar 1992 abgeschlossen worden sind,

3. § 82a Abs. 3 Satz 2 ab dem Veranlagungszeitraum 1987 bei Aufwendungen für Einzelöfen anzuwenden, die vor dem 1. Januar 1992 angeschafft worden sind,

4. § 82a Abs. 3 Satz 1 in der Fassung der Bekanntmachung vom 24. Juli 1986[2] für Veranlagungszeiträume vor 1987 bei Erhaltungsaufwand für Arbeiten anzuwenden, die nach dem 30. Juni 1985 abgeschlossen worden sind,

5. § 82a Abs. 3 Satz 2 in der Fassung der Bekanntmachung vom 24. Juli 1986[2] für Veranlagungszeiträume vor 1987 bei Aufwendungen für Einzelöfen anzuwenden, die nach dem 30. Juni 1985 angeschafft worden sind,

6. § 82a bei Aufwendungen für vor dem 1. Juli 1985 fertiggestellte Anlagen und Einrichtungen in den vor diesem Zeitpunkt geltenden Fassungen weiter anzuwenden.[3]

(4a) ① § 82b der Einkommensteuer-Durchführungsverordnung 1997 in der Fassung der Bekanntmachung vom 18. Juni 1997 (BGBl. I S. 1558) ist letztmals auf Erhaltungsaufwand anzuwenden, der vor dem 1. Januar 1999 entstanden ist. ② § 82b in der Fassung des Artikels 10 des Gesetzes vom 29. Dezember 2003 (BGBl. I S. 3076) ist erstmals auf Erhaltungsaufwand anzuwenden, der nach dem 31. Dezember 2003 entstanden ist.

(4b) § 82d der Einkommensteuer-Durchführungsverordnung 1986 ist auf Wirtschaftsgüter sowie auf ausgebaute und neu hergestellte Gebäudeteile anzuwenden, die im Geltungsbereich dieser Verordnung ausschließlich des in Artikel 3 des Einigungsvertrages genannten Gebiets[1] nach dem 18. Mai 1983 und vor dem 1. Januar 1990 hergestellt oder angeschafft worden sind.

(5) § 82f Abs. 5 und Abs. 7 Satz 1 der Einkommensteuer-Durchführungsverordnung 1979 in der Fassung der Bekanntmachung vom 24. September 1980 (BGBl. I S. 1801) ist letztmals für das Wirtschaftsjahr anzuwenden, das dem Wirtschaftsjahr vorangeht, für das § 15a des Gesetzes erstmals anzuwenden ist.

(6) ① § 82g ist auf Maßnahmen anzuwenden, die nach dem 30. Juni 1987 und vor dem 1. Januar 1991 in dem Geltungsbereich dieser Verordnung ausschließlich des in Artikel 3 des Einigungsvertrages genannten Gebiets[1] abgeschlossen worden sind. ② Auf Maßnahmen, die vor dem 1. Juli 1987 in dem Geltungsbereich dieser Verordnung ausschließlich des in Artikel 3 des Einigungsvertrages genannten Gebiets[1] abgeschlossen worden sind, ist § 82g in der vor diesem Zeitpunkt geltenden Fassung weiter anzuwenden.

(7) ① § 82h in der durch die Verordnung vom 19. Dezember 1988 (BGBl. I S. 2301)[4] geänderten Fassung ist erstmals auf Maßnahmen, die nach dem 30. Juni 1987 in dem Geltungsbereich dieser Verordnung ausschließlich des in Artikel 3 des Einigungsvertrages genannten Gebiets[1] abgeschlossen worden sind, und letztmals auf Erhaltungsaufwand, der vor dem 1. Januar 1990 in dem Geltungsbereich dieser Verordnung ausschließlich des in Artikel 3 des Einigungsvertrages genannten Gebiets[1] entstanden ist, mit der Maßgabe anzuwenden, daß der noch nicht berücksichtigte Teil des Erhaltungsaufwands in dem Jahr, in dem das Gebäude letztmals zur Einkunftserzielung genutzt wird, als Betriebsausgaben oder Werbungskosten abzusetzen ist. ② Auf Maßnahmen, die vor dem 1. Juli 1987 in dem Geltungsbereich dieser Verordnung ausschließlich des in Artikel 3 des Einigungsvertrages genannten Gebiets[1] abgeschlossen worden sind, ist § 82h in der vor diesem Zeitpunkt geltenden Fassung weiter anzuwenden.

(8) § 82i ist auf Herstellungskosten für Baumaßnahmen anzuwenden, die nach dem 31. Dezember 1977 und vor dem 1. Januar 1991 in dem Geltungsbereich dieser Verordnung ausschließlich des in Artikel 3 des Einigungsvertrages genannten Gebiets[1] abgeschlossen worden sind.

(9) § 82k der Einkommensteuer-Durchführungsverordnung 1986[2] ist auf Erhaltungsaufwand, der vor dem 1. Januar 1990 in dem Geltungsbereich dieser Verordnung ausschließlich des in Artikel 3 des Einigungsvertrages genannten Gebiets[1] entstanden ist, mit der Maßgabe anzuwenden, dass der noch nicht berücksichtigte Teil des Erhaltungsaufwands in dem Jahr, in dem das Gebäude letztmals zur Einkunftserzielung genutzt wird, als Betriebsausgaben oder Werbungskosten abzusetzen ist.

(10) ① In Anlage 3 (zu § 80 Abs. 1) ist die Nummer 26 erstmals für das Wirtschaftsjahr anzuwenden, das nach dem 31. Dezember 1990 beginnt. ② Für Wirtschaftsjahre, die vor dem 1. Januar 1991 beginnen, ist die Nummer 26 in Anlage 3 in der vor diesem Zeitpunkt geltenden Fassung anzuwenden.

---

[1] Das ist das Gebiet der ehem. DDR und Berlin (Ost).
[2] Abgedruckt im „Handbuch zur Einkommensteuerveranlagung 1986“.
[3] Die früheren Fassungen siehe im „Handbuch zur Einkommensteuerveranlagung 1985“.
[4] Abgedruckt im „Handbuch zur Einkommensteuerveranlagung 1989“.

(11) § 56 Satz 1 Nummer 1, die §§ 61 und 62d in der Fassung des Artikels 2 des Gesetzes vom 1. November 2011 (BGBl. I S. 2131) sind erstmals für den Veranlagungszeitraum 2013 anzuwenden.

§ 52 a–§ 53 *(aufgehoben)* EStG

§ 54 (weggefallen)

§ 55 Schlussvorschriften (Sondervorschriften für die Gewinnermittlung nach § 4 oder nach Durchschnittssätzen bei vor dem 1. Juli 1970 angeschafftem Grund und Boden)

(1) ① Bei Steuerpflichtigen, deren Gewinn für das Wirtschaftsjahr, in das der 30. Juni 1970 fällt, nicht nach § 5 zu ermitteln ist, gilt bei Grund und Boden, der mit Ablauf des 30. Juni 1970 zu ihrem Anlagevermögen gehört hat, als Anschaffungs- oder Herstellungskosten (§ 4 Absatz 3 Satz 4 und § 6 Absatz 1 Nummer 2 Satz 1) das Zweifache des nach den Absätzen 2 bis 4 zu ermittelnden Ausgangsbetrags. ② Zum Grund und Boden im Sinne des Satzes 1 gehören nicht die mit ihm in Zusammenhang stehenden Wirtschaftsgüter und Nutzungsbefugnisse. 1

(2) ① Bei der Ermittlung des Ausgangsbetrags des zum land- und forstwirtschaftlichen Vermögen (§ 33 Absatz 1 Satz 1 des Bewertungsgesetzes in der Fassung der Bekanntmachung vom 10. Dezember 1965 – BGBl. I S. 1861 –, zuletzt geändert durch das Bewertungsänderungsgesetz 1971 vom 27. Juli 1971 – BGBl. I S. 1157) gehörenden Grund und Bodens ist seine Zuordnung zu den Nutzungen und Wirtschaftsgütern (§ 34 Absatz 2 des Bewertungsgesetzes) am 1. Juli 1970 maßgebend; dabei sind die Hof- und Gebäudeflächen sowie die Hausgärten im Sinne des § 40 Absatz 3 des Bewertungsgesetzes nicht in die einzelne Nutzung einzubeziehen. ② Es sind anzusetzen: 2

1. bei Flächen, die nach dem Bodenschätzungsgesetz vom 20. Dezember 2007 (BGBl. I S. 3150, 3176) in der jeweils geltenden Fassung zu schätzen sind, für jedes katastermäßig abgegrenzte Flurstück der Betrag in Deutscher Mark, der sich ergibt, wenn die für das Flurstück am 1. Juli 1970 im amtlichen Verzeichnis nach § 2 Absatz 2 der Grundbuchordnung (Liegenschaftskataster) ausgewiesene Ertragsmesszahl vervierfacht wird. ② Abweichend von Satz 1 sind für Flächen der Nutzungsteile
   a) Hopfen, Spargel, Gemüsebau und Obstbau
   2,05 Euro je Quadratmeter,
   b) Blumen- und Zierpflanzenbau sowie Baumschulen
   2,56 Euro je Quadratmeter
   anzusetzen, wenn der Steuerpflichtige dem Finanzamt gegenüber bis zum 30. Juni 1972 eine Erklärung über die Größe, Lage und Nutzung der betreffenden Flächen abgibt,

2. für Flächen der forstwirtschaftlichen Nutzung je Quadratmeter 0,51 Euro,

3. für Flächen der weinbaulichen Nutzung der Betrag, der sich unter Berücksichtigung der maßgebenden Lagenvergleichszahl (Vergleichszahl der einzelnen Weinbaulage, § 39 Absatz 1 Satz 3 und § 57 Bewertungsgesetz), die für ausbauende Betriebsweise mit Fassweinerzeugung anzusetzen ist, aus der nachstehenden Tabelle ergibt:

Lagenvergleichszahl	**Ausgangsbetrag je Quadratmeter in Euro**
bis 20	**1,28**
21 bis 30	**1,79**
31 bis 40	**2,56**
41 bis 50	**3,58**
51 bis 60	**4,09**
61 bis 70	**4,60**
71 bis 100	**5,11**
über 100	**6,39**

4. für Flächen der sonstigen land- und forstwirtschaftlichen Nutzung, auf die Nummer 1 keine Anwendung findet, je Quadratmeter 0,51 Euro,

5. für Hofflächen, Gebäudeflächen und Hausgärten im Sinne des § 40 Absatz 3 des Bewertungsgesetzes je Quadratmeter 2,56 Euro,

6. für Flächen des Geringstlandes je Quadratmeter 0,13 Euro,

7. für Flächen des Abbaulandes je Quadratmeter 0,26 Euro,

8. für Flächen des Unlandes je Quadratmeter 0,05 Euro.

3 (3) ① **Lag am 1. Juli 1970 kein Liegenschaftskataster vor, in dem Ertragsmesszahlen ausgewiesen sind, so ist der Ausgangsbetrag in sinngemäßer Anwendung des Absatzes 2 Nummer 1 Satz 1 auf der Grundlage der durchschnittlichen Ertragsmesszahl der landwirtschaftlichen Nutzung eines Betriebs zu ermitteln, die die Grundlage für die Hauptfeststellung des Einheitswerts auf den 1. Januar 1964 bildet.** ② **Absatz 2 Satz 2 Nummer 1 Satz 2 bleibt unberührt.**

4 (4) **Bei nicht zum land- und forstwirtschaftlichen Vermögen gehörendem Grund und Boden ist als Ausgangsbetrag anzusetzen:**

1. **Für unbebaute Grundstücke der auf den 1. Januar 1964 festgestellte Einheitswert.** ② **Wird auf den 1. Januar 1964 kein Einheitswert festgestellt oder hat sich der Bestand des Grundstücks nach dem 1. Januar 1964 und vor dem 1. Juli 1970 verändert, so ist der Wert maßgebend, der sich ergeben würde, wenn das Grundstück nach seinem Bestand vom 1. Juli 1970 und nach den Wertverhältnissen vom 1. Januar 1964 zu bewerten wäre;**
2. **für bebaute Grundstücke der Wert, der sich nach Nummer 1 ergeben würde, wenn das Grundstück unbebaut wäre.**

5 (5) ① **Weist der Steuerpflichtige nach, dass der Teilwert für Grund und Boden im Sinne des Absatzes 1 am 1. Juli 1970 höher ist als das Zweifache des Ausgangsbetrags, so ist auf Antrag des Steuerpflichtigen der Teilwert als Anschaffungs- oder Herstellungskosten anzusetzen.** ② **Der Antrag ist bis zum 31. Dezember 1975 bei dem Finanzamt zu stellen, das für die Ermittlung des Gewinns aus dem Betrieb zuständig ist.** ③ **Der Teilwert ist gesondert festzustellen.** ④ **Vor dem 1. Januar 1974 braucht diese Feststellung nur zu erfolgen, wenn ein berechtigtes Interesse des Steuerpflichtigen gegeben ist.** ⑤ **Die Vorschriften der Abgabenordnung und der Finanzgerichtsordnung über die gesonderte Feststellung von Besteuerungsgrundlagen gelten entsprechend.**

6 (6) ① **Verluste, die bei der Veräußerung oder Entnahme von Grund und Boden im Sinne des Absatzes 1 entstehen, dürfen bei der Ermittlung des Gewinns in Höhe des Betrags nicht berücksichtigt werden, um den der ausschließlich auf den Grund und Boden entfallende Veräußerungspreis oder der an dessen Stelle tretende Wert nach Abzug der Veräußerungskosten unter dem Zweifachen des Ausgangsbetrags liegt.** ② **Entsprechendes gilt bei Anwendung des § 6 Absatz 1 Nummer 2 Satz 2.**

7 (7) **Grund und Boden, der nach § 4 Absatz 1 Satz 5 des Einkommensteuergesetzes 1969 nicht anzusetzen war, ist wie eine Einlage zu behandeln; er ist dabei mit dem nach Absatz 1 oder Absatz 5 maßgebenden Wert anzusetzen.**

Übersicht

R 55

R 55. Bodengewinnbesteuerung

11 Zu den Wirtschaftsgütern und Nutzungsbefugnissen nach § 55 Abs. 1 Satz 2 EStG gehören insbesondere Milchlieferrechte, Zuckerrübenlieferrechte, Weinanbaurechte, Bodenschätze und Eigenjagdrechte.[1]

H 55

12 **Abschreibung auf den niedrigeren Teilwert.** Abschreibung auf den niedrigeren Teilwert ist bei Grund und Boden, der mit dem Zweifachen des Ausgangsbetrags als Einlage anzusetzen war, auch dann ausgeschlossen, wenn für die Minderung des Werts des Grund und Bodens eine Entschädigung gezahlt und diese als Betriebseinnahme erfasst wird (→ BFH vom 10. 8. 1978 – BStBl. 1979 II S. 103).
Ein außer Betracht bleibender Veräußerungs- oder Entnahmeverlust kann nicht im Wege der Teilwertabschreibung vorweggenommen werden (→ BFH vom 16. 10. 1997 – BStBl. 1998 II S. 185).

Ackerprämienberechtigung (Ackerquote). Ein immaterielles Wirtschaftsgut Ackerquote entsteht erst, wenn es in den Verkehr gebracht wurde (→ BFH vom 30. 9. 2010 – BStBl. 2011 II S. 406).

Ausschlussfrist. Versäumt ein Land- und Forstwirt es, rechtzeitig vor Ablauf der Ausschlussfrist die Feststellung des höheren Teilwerts nach § 55 Abs. 5 EStG zu beantragen, und ist auch die Wiedereinsetzung in den vorigen Stand wegen Ablaufs der Jahresfrist nicht mehr möglich, kann er aus Billigkeitsgründen nicht so gestellt werden, als hätte das Finanzamt den höheren Teilwert festgestellt (→ BFH vom 26. 5. 1994 – BStBl. II S. 833).

---

[1] Vgl. hierzu *BMF-Schreiben vom 23. 6. 1999 (BStBl. I S. 593).*

Bodengewinnbesteuerung. Zu Fragen der Bodengewinnbesteuerung → BMWF vom 29. 2. 1972 (BStBl. I S. 102),[1] Tz. 1 bis 6 und 9 bis 13.

Verlustausschlussklausel

– Verlustausschlussklausel des § 55 Abs. 6 EStG zwingt bei Hinzuerwerb eines Miteigentumsanteils dazu, für den neu erworbenen Anteil als Buchwert die Anschaffungskosten getrennt von dem schon bisher diesem Miteigentümer gehörenden Anteil anzusetzen; gilt entsprechend bei Gesamthandseigentum. Bei einer **späteren Veräußerung** dieser Grundstücksflächen ist der **Veräußerungsgewinn** für beide Buchwerte gesondert zu ermitteln (→ BFH vom 8. 8. 1985 – BStBl. 1986 II S. 6).
– Für die Anwendung des § 55 Abs. 6 EStG ist unerheblich, auf welchen Umständen der Veräußerungsverlust oder Entnahmeverlust oder die Teilwertabschreibung des Grund und Bodens beruhen. Demgemäß sind vom Abzugsverbot auch Wertminderungen betroffen, die nicht auf eine Veränderung der Preisverhältnisse, sondern auf tatsächliche Veränderungen am Grundstück zurückgehen. Überlässt ein Landwirt einem Dritten das Recht, ein Sandvorkommen – das in einem bisher landwirtschaftlich genutzten und weiterhin zum Betriebsvermögen rechnenden Grundstück vorhanden ist – abzubauen, so vollzieht sich die Nutzung des Sandvorkommens im Privatbereich und der Landwirt erzielt hieraus Einkünfte aus Vermietung und Verpachtung. Die von den Einnahmen aus dem Sandvorkommen abzuziehenden Werbungskosten können auch das Betriebsvermögen des Landwirts betreffen. Die dadurch bewirkte Vermögensminderung kann jedoch, weil nicht betrieblich veranlasst, den betrieblichen Gewinn nicht mindern. Ihr ist deswegen eine gewinnerhöhende Entnahme gegenüberzustellen. Die Höhe der Entnahme legt insoweit den Umfang der Werbungskosten bei den Einkünften aus Vermietung und Verpachtung fest (→ BFH vom 16. 10. 1997 – BStBl. 1998 II S. 185).

Anl zu R 55

Schreiben betr. Zweifelsfragen zur Neuregelung der Bodengewinnbesteuerung durch das Zweite Steueränderungsgesetz 1971

Vom 29. Februar 1972 (BStBl. I S. 102)

(BMWF F/IV B 2 – S 2000 – 5/72)

Unter Bezugnahme auf das Ergebnis der Erörterungen mit den obersten Finanzbehörden der Länder gilt folgendes:

1. Wertmäßige Erfassung des bisher nach § 4 Abs. 1 Satz 5 EStG 1969 außer Ansatz zu lassenden Grund und Bodens bei Steuerpflichtigen mit Gewinnermittlung nach § 4 Abs. 1 EStG

(1) Der Wert des zum Anlagevermögen gehörenden Grund und Bodens ist bei buchführenden Land- 16
und Forstwirten letztmals für Wirtschaftsjahre, die vor dem 1. 7. 1970 enden, und bei selbständig Tätigen letztmals für Wirtschaftsjahre, die vor dem 15. 8. 1971 enden, außer Ansatz zu lassen. Diese Steuerpflichtigen haben deshalb in Bilanzen, die für Stichtage nach dem 30. 6. 1970 bzw. nach dem 14. 8. 1971 aufgestellt werden, den zum Anlagevermögen gehörenden Grund und Boden auszuweisen. Dabei ist der Grund und Boden, der mit Ablauf des 30. 6. 1970 zu ihrem Anlagevermögen gehört hat, mit dem doppelten Ausgangsbetrag nach § 55 Abs. 1 EStG oder dem festgestellten höheren Teilwert (§ 55 Abs. 5 EStG) anzusetzen. Die Einbuchung des Grund und Bodens hat erfolgsneutral zu erfolgen. Solange für eine Grundstücksfläche kein höherer Teilwert nach § 55 Abs. 5 EStG festgestellt ist, ist der nach § 55 Abs. 1 EStG maßgebende doppelte Ausgangsbetrag anzusetzen. Dies gilt selbst dann, wenn der Steuerpflichtige die Feststellung eines höheren Teilwerts beantragt hat. Wird ein höherer Teilwert festgestellt, so ist er statt des doppelten Ausgangsbetrags erfolgsneutral in der ersten Bilanz anzusetzen, die nach seiner Feststellung aufgestellt wird. War der Grund und Boden an dem betreffenden Bilanzstichtag veräußert oder entnommen, so ist der höhere Teilwert bereits in der Bilanz anzusetzen, die für das dem Wirtschaftsjahr der Veräußerung oder Entnahme vorausgehende Wirtschaftsjahr aufgestellt ist. Beim erstmaligen Ansatz des höheren Teilwerts ist § 55 Abs. 7 EStG zu beachten.

(2) Absatz 1 gilt auch dann, wenn der Grund und Boden in der Bilanz, die auf den letzten vor dem 1. 7. 1970 bzw. vor dem 15. 8. 1971 liegenden Bilanzstichtag aufgestellt worden ist, mit einem Wert ausgewiesen war.

(3)[2] *Ist es dem Steuerpflichtigen nicht möglich, sich Unterlagen für die Ermittlung des doppelten Ausgangsbetrags für eine ihm zuzurechnende Grundstücksfläche zu beschaffen, so sind keine für ihn*

---

[1] Nachstehend abgedruckt.

[2] Im Einvernehmen mit dem BMF und den obersten Finanzbehörden der Länder ist Nr. 1 Abs. 3 in folgender Fassung anzuwenden:

„Ist es dem Steuerpflichtigen nicht möglich, sich Unterlagen für die Ermittlung des doppelten Ausgangsbetrags für eine ihm zuzurechnende Grundstücksfläche zu beschaffen, so sind keine für ihn nachteiligen Folgerungen zu ziehen, wenn die Grundstücksfläche in Bilanzen, die auf einen **vor dem 31. 12. 1975** liegenden Stichtag aufgestellt werden, wertmäßig nicht ausgewiesen ist. In Bilanzen, die auf einen Stichtag nach dem **30. 12. 1975** aufgestellt werden, ist der doppelte Ausgangsbetrag, solange er noch nicht ermittelt ist, zu schätzen."

Im Falle der Veräußerung oder Entnahme bis zum 31. 12. 1975 sind die betreffenden Grundstücke jedoch in der Anfangsbilanz des Wirtschaftsjahres, in dem sie veräußert oder entnommen werden, bei nichtbuchführenden Steuerpflichtigen im Verzeichnis des Wirtschaftsjahres der Veräußerung oder Entnahme, wertmäßig auszuweisen. *FM Bayern 32 – S 2000 – 17/54 – 73317 I vom 16. 12. 1974.*

Anl zu R 55

nachteiligen Folgerungen zu ziehen, wenn die Grundstücksfläche in Bilanzen, die auf einen vor dem 31. 12. 1973 liegenden Stichtag aufgestellt werden, wertmäßig nicht ausgewiesen ist. In Bilanzen, die auf einen Stichtag nach dem 30. 12. 1973 aufgestellt werden, ist der doppelte Ausgangsbetrag, solange er noch nicht ermittelt ist, zu schätzen.

(4) Für die Aufstellung des Inventars (Grundstücksverzeichnisses) gilt Nummer 2 Abs. 3 entsprechend.

2. Verzeichnis für nicht abnutzbare Anlagegüter im Sinne des § 4 Abs. 3 Satz 5 EStG

17 (1) Land- und Forstwirte, Gewerbetreibende und selbständig Tätige, die keine Bücher führen, haben nach § 4 Abs. 3 Satz 5 EStG vom 1. 1. 1971 an ein Verzeichnis über die ihnen zuzurechnenden nichtabnutzbaren Wirtschaftsgüter des Anlagevermögens zu führen. Den zu ihrem Anlagevermögen gehörenden Grund und Boden haben nicht buchführende Land- und Forstwirte vom 1. 1. 1971 an, nicht buchführende Gewerbetreibende und nicht buchführende selbständig Tätige vom 15. 8. 1971 an in dem Verzeichnis auszuweisen.

(2) Für den Ausweis des Grund und Bodens in dem Verzeichnis gilt Nummer 1 Abs. 1 Sätze 3 bis 8 und Abs. 3 entsprechend.

(3) Für die Führung des Verzeichnisses ist keine besondere Form vorgeschrieben. Hinsichtlich des bereits mit Ablauf des 30. 6. 1970 zum Anlagevermögen gehörenden Grund und Bodens wird es in der Regel ausreichen, daß der Steuerpflichtige sich die entsprechenden Auszüge aus dem Liegenschaftskataster (z. B. Ablichtungen der Bestandsblätter) beschafft und diese in der Weise ergänzt, daß bei jedem katastermäßig abgegrenzten Flurstück der dafür nach § 55 EStG maßgebende Wert vermerkt wird. Wird ein Teil eines katastermäßig abgegrenzten Flurstücks nach § 55 Abs. 2 Ziff. 1 Satz 2 EStG bewertet oder wird für einen Teil des Flurstücks ein höherer Teilwert festgestellt, so ist in dem Verzeichnis der betreffende Teil besonders auszuweisen. Das Restflurstück ist ebenfalls gesondert auszuweisen.

(4) Bei Grundstücksflächen, die mit Ablauf des 30. 6. 1970 zum Anlagevermögen eines nicht buchführenden Steuerpflichtigen gehörten, ist es nicht zu beanstanden, wenn in dem Verzeichnis statt des Tages der Anschaffung oder Herstellung vermerkt ist, daß die Grundstücksflächen bereits mit Ablauf des 30. 6. 1970 zum Anlagevermögen des Steuerpflichtigen gehörten.

3. Anschaffungskosten beim Tausch von Grundstücksflächen

18 (1) Werden Grundstücksflächen im Tauschweg erworben, so ist für die Ermittlung ihrer Anschaffungskosten grundsätzlich von dem gemeinen Wert der hingegebenen Wirtschaftsgüter auszugehen. Beim Tausch von Grundstücksflächen im Umlegungsverfahren sind hingegen die Grundsätze des *Abschnitts 35 EStR*[1] anzuwenden (vgl. BFH-Urteil vom 14. 10. 1970, BStBl. 1971 II S. 90). Das gilt auch beim Tausch von Grundstücksflächen im Rahmen eines Flurbereinigungsverfahrens.[2] Die Grundsätze des *Abschnitts 35 EStR*[1] sind – in einer entsprechenden Weise – in den vorgenannten Fällen eines zwangsweisen Tausches auch dann anzuwenden, wenn als Buchwert der hingegebenen Grundstücksfläche ein doppelter Ausgangsbetrag (§ 55 Abs. 1 EStG) ausgewiesen ist, der höher ist als ihr gemeiner Wert. In einem solchen Fall kann die erworbene Grundstücksfläche mit dem doppelten Ausgangsbetrag der hingegebenen Grundstücksfläche angesetzt werden.

Beispiel:

Buchwert (= doppelter Ausgangsbetrag) der hingegebenen Fläche	4 000,– DM
gemeiner Wert der hingegebenen Fläche	1 200,– DM
gemeiner Wert der erworbenen Fläche	1 200,– DM.
Die erworbene Fläche kann mit angesetzt werden.	4 000,– DM

(2) Erhält der Steuerpflichtige außer der Grundstücksfläche noch einen Wertausgleich, so ist es in der Regel nicht zu beanstanden, wenn der für den erworbenen Grund und Boden anzusetzende Buchwert wie folgt ermittelt wird:

$$\text{Buchwert der erworbenen Grundstücksfläche} = \frac{\text{doppelter Ausgangsbetrag der hingegebenen Grundstücksfläche} \times \text{gemeiner Wert der erworbenen Grundstücksfläche}}{\text{gemeiner Wert der hingegebenen Grundstücksfläche.}}$$

Beispiel:

Buchwert (= doppelter Ausgangsbetrag) der hingegebenen Fläche	4 000,– DM
gemeiner Wert der hingegebenen Fläche	2 500,– DM
gemeiner Wert der erworbenen Fläche	1 500,– DM
Wertausgleich	1 000,– DM.

Die erworbene Fläche kann mit $\frac{4000 \times 1500}{2500}$ = 2400 DM angesetzt werden.

Der Differenz zwischen dem Buchwert der hingegebenen Grundstücksfläche (4000 DM) und dem Buchwert der erworbenen Grundstücksfläche (2400 DM) = 1600 DM steht ein Wertausgleich von 1000 DM gegenüber, so daß sich ein Verlust von 600 DM ergibt, der nach § 55 Abs. 6 EStG nicht berücksichtigungsfähig ist.

---

[1] Nunmehr R 6.6 EStR.

[2] Zum Grundstückstausch im Rahmen eines Umlegungsverfahrens (Flurbereinigung) vgl. *BFH-Urteil vom 13. 3. 1986 IV R 1/84 (BStBl. II S. 711).* Die Finanzverwaltung beanstandet es nicht, wenn die Grundsätze dieses Urteils (keine Gewinnrealisierung nach Tauschgrundsätzen) noch nicht auf offene Fälle angewendet werden, in denen das wirtschaftliche Eigentum an dem zugewiesenen Grundstück vor dem 1. 1. 1987 übergegangen ist. *BMF-Schreiben IV B 2 – S 2138 – 7/88 vom 19 4. 1988 (BStBl. I S. 152).* Ergänzend siehe *BFH-Urteil vom 27. 8. 1992 IV R 89/90 (BStBl. 1993 II S. 225).*

4. Grundstücksflächen, die Bodenschätze enthalten[1]

19 (1) Bei Grundstücken, die Bodenschätze (Kohle, Kali, Mineralien, Erdöl, Steine, Ziegellehm, Kies, Sand, Bims usw.) enthalten, handelt es sich um zwei verschiedene Wirtschaftsgüter, nämlich um die Grundstücksfläche (Ackerkrume ohne Feldinventar, Aufwuchs auf oder Anlagen im Grund und Boden) und um den Bodenschatz. Werden eine Grundstücksfläche und ein darunter liegender Bodenschatz zu einem Gesamtpreis veräußert, so ist der Veräußerungserlös auf die Grundstücksfläche und den Bodenschatz aufzuteilen. Gehört in einem solchen Fall die Grundstücksfläche zu einem land- und forstwirtschaftlichen Betriebsvermögen, der Bodenschatz hingegen – was regelmäßig der Fall sein wird – zum Privatvermögen, so gehört nur der auf die Grundstücksfläche entfallende Teil des Gesamtkaufpreises zu den Einkünften aus Land- und Forstwirtschaft (vgl. BFH-Urteil vom 12. 12. 1969 – BStBl. 1970 II S. 210).

(2) Sowohl der doppelte Ausgangsbetrag nach § 55 Abs. 1 EStG als auch der nach § 55 Abs. 5 EStG festzustellende höhere Teilwert beziehen sich nur auf die Grundstücksfläche und nicht auch auf den Bodenschatz.

5. Entschädigungen für Wertminderungen des Grund und Bodens

20 (1) Entschädigungen für Wertminderungen bei Grund und Boden, der zu einem Betriebsvermögen gehört, sind bei der Gewinnermittlung als Betriebseinnahmen zu berücksichtigen. Aufwendungen für die Beseitigung solcher Wertminderungen sind bei der Gewinnermittlung durch Betriebsvermögensvergleich grundsätzlich als nachträgliche Herstellungskosten zu aktivieren. Bei der Gewinnermittlung nach § 4 Abs. 3 EStG dürfen sie grundsätzlich nicht sofort abgezogen werden (§ 4 Abs. 3 Satz 4 EStG). Bei der Gewinnermittlung durch Betriebsvermögensvergleich kann für die Wertminderungen (§ 6 Abs. 1 Ziff. 2 EStG) eine Teilwertabschreibung in Betracht kommen; dabei ist aber § 55 Abs. 6 EStG zu berücksichtigen. Es ist nicht zu beanstanden, wenn – abweichend von den vorstehenden Grundsätzen – die Entschädigungen dadurch erfolgsneutral behandelt werden, daß die Aufwendungen zur Beseitigung der Wertminderung, soweit sie die Entschädigung nicht übersteigen, nicht aktiviert bzw. entgegen § 4 Abs. 3 Satz 4 EStG sofort als Betriebsausgaben abgezogen werden.

(2) Wird die Wertminderung nicht oder nicht in vollem Umfang in dem Wirtschaftsjahr beseitigt, in dem der Anspruch auf die Entschädigung entstanden ist, so können buchführende Steuerpflichtige am Schluß des Wirtschaftsjahres in Höhe des Betrags, um den die Entschädigung die bisherigen Aufwendungen für die Beseitigung der Wertminderung übersteigt, eine steuerfreie Rücklage bilden. Die Rücklage darf den Betrag nicht übersteigen, der den Aufwendungen entspricht, die zur Beseitigung der Wertminderung bis zum Ablauf der auf die Entstehung des Entschädigungsanspruchs folgenden beiden Wirtschaftsjahre ernstlich geplant und zu erwarten sind. Die innerhalb der genannten Frist zur Beseitigung der Wertminderungen angefallenen Aufwendungen sind – soweit sie die Entschädigung nicht übersteigen – nicht als nachträgliche Herstellungskosten zu aktivieren, sondern gegen die Rücklage zu verbuchen. Soweit die Rücklage am Schluß des zweiten auf ihre Bildung folgenden Wirtschaftsjahrs noch vorhanden ist, ist sie in diesem Zeitpunkt gewinnerhöhend aufzulösen.

(3) Wird die Wertminderung bei einem Steuerpflichtigen, der seinen Gewinn nach § 4 Abs. 3 EStG ermittelt, nicht oder nicht in vollem Umfang in dem Wirtschaftsjahr beseitigt, in dem die Entschädigung zugeflossen ist, so ist es nicht zu beanstanden, wenn die Entschädigung in Höhe des Betrages, um den sie die bisherigen Aufwendungen für die Beseitigung der Wertminderung übersteigt, als Betriebseinnahme erst in dem Wirtschaftsjahr berücksichtigt wird, in dem Aufwendungen für die Beseitigung der Wertminderung anfallen. Voraussetzung hierfür ist, daß am Schluß des Wirtschaftsjahrs, in dem die Entschädigung zugeflossen ist, die Beseitigung der Wertminderung ernstlich geplant und innerhalb der folgenden beiden Wirtschaftsjahre zu erwarten ist. Die Aufwendungen für die Beseitigung der Wertminderung sind, soweit sie die Entschädigung nicht übersteigen, in jedem Fall als Betriebsausgaben sofort abzuziehen. § 4 Abs. 3 Satz 5 EStG ist insoweit nicht anzuwenden. Übersteigt die Entschädigung die Beträge, die bis zum Ende der auf den Zufluß der Entschädigung folgenden beiden Wirtschaftsjahre für die Beseitigung der Wertminderung aufgewendet sind, so ist der übersteigende Betrag grundsätzlich als Gewinn des auf den Zufluß der Entschädigung folgenden zweiten Wirtschaftsjahrs anzusetzen.

6. Verpachtung eines land- und forstwirtschaftlichen Betriebs oder einzelner Grundstücksflächen

21 (1) Inwieweit die Verpachtung eines land- und forstwirtschaftlichen Betriebs eine Betriebsaufgabe darstellt, bestimmt sich nach den gleichlautenden Erlassen der Finanzminister (-senatoren) der Länder im BStBl. 1965 II S. 4 ff. und im BStBl. 1966 II S. 29 ff.[2] War bei Ablauf des 30. 6. 1970 ein land- und forstwirtschaftlicher Betrieb im ganzen verpachtet und hatte der Verpächter vor dem 1. 7. 1970 die Aufgabe des Betriebs erklärt, so sind Gewinne aus der Veräußerung von Grundstücksflächen, die zu dem verpachteten Betrieb gehören, keine Einkünfte aus Land- und Forstwirtschaft. Hat der Verpächter eines bei Ablauf des 30. 6. 1970 im ganzen verpachteten land- und forstwirtschaftlichen Betriebs vor dem 1. 7. 1970 die Aufgabe seines Betriebs nicht ausdrücklich erklärt, so kann aus Gründen des Vertrauensschutzes von einer vor dem 1. 7. 1970 erfolgten Betriebsaufgabe ausgegangen werden, wenn die Pachteinnahmen bei der rechtskräftigen Veranlagung für den Veranlagungszeitraum 1969 als Einkünfte aus Vermietung und Verpachtung behandelt worden sind.[3] Sind dagegen die Pachteinnahmen

---

[1] Zum Zeitpunkt der Entstehung eines selbständigen Wirtschaftsguts „Bodenschatz" vgl. BMF-Schreiben vom 7. 10. 1998, abgedruckt als Anlage zu R 7.5 EStR.

[2] Siehe nunmehr § 16 Abs. 3 b EStG.

[3] Im Einvernehmen mit dem Bundesminister der Finanzen und den obersten Finanzbehörden der anderen Länder bitte ich entsprechend in den Fällen zu verfahren, in denen die Pachteinnahmen zwar als Einkünfte aus Vermietung und Verpachtung erklärt worden sind, das Finanzamt jedoch keine Veranlagung durchgeführt hat (sog. NV-Fälle). *FM Bayern 32 – S 2230 – 30/10 – 44948 I vom 16. 12. 1974 (BeckVerw 123956).*

Anl zu R 55

als Einkünfte aus Land- und Forstwirtschaft angesehen worden, ist der land- und forstwirtschaftliche Betrieb des Verpächters als fortgeführt zu behandeln. In diesen Fällen ist jedoch, wenn der Verpächter die Aufgabe des land- und forstwirtschaftlichen Betriebs spätestens mit Wirkung auf den 30. 6. 1972 erklärt, im allgemeinen auch ohne besonderen Nachweis davon auszugehen, daß der Wert des Grund und Bodens im Zeitpunkt der Betriebsaufgabe nicht über dem Wert liegt, der sich für ihn nach § 55 EStG ergibt, es sei denn, besondere Umstände sprechen dagegen (z. B. bei einer Grundstücksfläche ist seit dem 30. 6. 1970 eine Wertsteigerung offenkundig eingetreten).

(2) Verpachtet ein Land- und Forstwirt einzelne zu seinem Betriebsvermögen gehörende Grundstücksflächen, so ist nach allgemeinen Grundsätzen zu beurteilen, ob die Verpachtung zu einer Entnahme führt oder ob die verpachteten Flächen weiterhin zum Betriebsvermögen gehören.

7. Veräußerungsfreibetrag nach § 14 a Abs. 1 bis 3 EStG

(1)–(4) *überholt*

8. Veräußerungsfreibetrag nach § 14 a Abs. 4 EStG

(1)–(7) *überholt*

9. Zum Begriff „gleichstehender Rechtsakt" im Sinne des *§ 52 Abs. 5, 9 und 25*[1] EStG

22 Nach § 52 *Abs. 5*[1] EStG sind Gewinne aus der Veräußerung von Grund und Boden, der zu einem land- und forstwirtschaftlichen Betriebsvermögen gehört, u. a. dann nicht zu berücksichtigen, wenn bei einer Veräußerung nach dem 30. 6. 1970 die Veräußerung auf einem vor dem 1. 7. 1970 rechtswirksam abgeschlossenen obligatorischen Vertrag oder gleichstehenden Rechtsakt beruht. Ein gleichstehender Rechtsakt in diesem Sinne ist u. a. ein unwiderrufliches notarielles Verkaufsangebot, bei dem Leistung und Gegenleistung – insbesondere der Kaufpreis – im wesentlichen festgelegt sind. Dies gilt für die Vorschriften des § 52 *Abs. 9 und 25*[1] EStG entsprechend.

10. Die Ausgangsbeträge nach § 55 Abs. 2 bis 4 EStG

23 (1) Für Grund und Boden, der am 1. 7. 1970 bewertungsrechtlich zum land- und forstwirtschaftlichen Vermögen (§ 33 Abs. 1 Satz 1 BewG) gehörte, ist der Ausgangsbetrag nach § 55 Abs. 2 oder 3 EStG zu ermitteln. Gehörte der Grund und Boden am 1. 7. 1970 bewertungsrechtlich nicht zum land- und forstwirtschaftlichen Vermögen, so ist der Ausgangsbetrag nach § 55 Abs. 4 EStG zu ermitteln.

(2) Für jedes katastermäßig abgegrenzte Flurstück, für das am 1. 7. 1970 im Liegenschaftskataster eine Ertragsmeßzahl ausgewiesen war, ist der Ausgangsbetrag grundsätzlich nach § 55 Abs. 2 Ziff. 1 Satz 1 EStG das Vierfache der Ertragsmeßzahl (EMZ). Bei einem Flurstück, das in mehrere Abschnitte (Klassenflächen, Klassenabschnitte, Sonderflächen) eingeteilt ist, sind die Ertragsmeßzahlen der Abschnitte zusammenzurechnen; die mit vier multiplizierte Summe der Ertragsmeßzahlen ist der Ausgangsbetrag für das Flurstück.

(3) Soll für den Teil eines Flurstücks, der die Voraussetzungen des § 55 Abs. 2 Ziff. 1 Satz 1 EStG erfüllt, der Ausgangsbetrag nach § 55 Abs. 2 Ziff. 1 Satz 2 EStG ermittelt werden oder wird für einen Teil eines solchen Flurstücks ein höherer Teilwert nach § 55 Abs. 5 EStG festgestellt, so ist eine entsprechende katastermäßige Teilung des Flurstücks nicht erforderlich. Die nicht nach § 55 Abs. 2 Ziff. 1 Satz 1 EStG anzusetzenden Teilflächen müssen jedoch in der nach § 55 Abs. 2 Ziff. 1 Satz 2 EStG bis zum 30. 6. 1972 abzugebenden Erklärung bzw. in dem nach § 55 Abs. 5 EStG bis zum 31. 12. 1975 zu stellenden Antrag nach Größe und Lage (ggf. verdeutlicht durch eine maßstabsgerechte Skizze) bezeichnet werden. Für das Restflurstück ist der Ausgangsbetrag des § 55 Abs. 2 Ziff. 1 Satz 1 EStG nach folgender Formel zu berechnen:

$$\text{Ausgangsbetrag des Restflurstücks} = 4 \times \frac{\text{EMZ des ganzen Flurstücks} \times \text{Quadratmeterzahl des Restflurstücks}}{\text{Quadratmeterzahl des ganzen Flurstücks}}$$

(4) Die nach § 55 Abs. 2 Ziff. 1 Satz 2 EStG erforderliche Abgabe einer Erklärung über die Größe, Lage und Nutzung der Flächen, für die der Ausgangsbetrag nach dieser Vorschrift ermittelt werden soll, kann nicht durch einen Hinweis auf die Anlage L zur Steuererklärung 1970 ersetzt werden, da diese Anlage weder die Bezeichnung der betreffenden Flurstücke noch Angaben über die Größe der Flächen enthält. Die Frist für die Abgabe der Erklärung ist eine Ausschlußfrist. Sie kann daher nicht verlängert werden. Bei ihrer Versäumung kann nur Nachsicht unter den Voraussetzungen des *§ 86 AO*[2] gewährt werden.

(5) Maßgebend für die Ermittlung der Ausgangsbeträge nach § 55 Abs. 2 Ziff. 1 Satz 2 und Ziff. 2 bis 8 EStG ist die tatsächliche Nutzung der betreffenden Grundstücksfläche am 1. 7. 1970. Weicht die vom Steuerpflichtigen für den 1. 7. 1970 behauptete Nutzung von der im Liegenschaftskataster für diesen Stichtag eingetragenen Nutzung ab und kann der Steuerpflichtige die von ihm behauptete Nutzung nicht nachweisen, so wird vermutet, daß die im Liegenschaftskataster eingetragene Nutzung richtig ist (BFH-Urteil vom 24. 10. 1952, BStBl. III S. 294).

(6) Für Flächen des Spargelbaus, des Gemüse- und Obstbaus sowie der Baumschulen sind die Ausgangsbeträge nur dann nach § 55 Abs. 2 Ziff. 1 Satz 2 EStG zu ermitteln, wenn sie nach bewertungsrechtlichen Vorschriften zum Nutzungsteil Spargel oder zur gärtnerischen Nutzung gehören und – ungeachtet der Fortschreibungsgrenzen – auf den 1. 1. 1971 entsprechend zu bewerten gewesen wären. Landwirtschaftlicher Gemüsebau (Abschnitt 1.08 Abs. 2 und Abschnitt 6.07 Abs. 1 Nr. 1 BewRL), Extensivobstbau (Abschnitt 1.08 Abs. 4 BewRL) sowie Bagatellflächen (Abschnitt 1.13 BewRL) sind in die

[1] „EStG 1971".
[2] Jetzt „Wiedereinsetzung in den vorigen Stand" nach § 110 AO 1977.

landwirtschaftliche Nutzung einzubeziehen. Sie fallen daher unter die Vorschrift des § 55 Abs. 2 Ziff. 1 Satz 1 EStG.

(7) Für bestimmte intensiv genutzte Flächen, die am 1. 7. 1970 durch einen anderen Nutzungsberechtigten als den Eigentümer bewirtschaftet wurden und bei denen nach § 48 a BewG der Unterschiedsbetrag zwischen dem für landwirtschaftliche Nutzung maßgebenden Vergleichswert und dem höheren, durch die Intensivnutzung bedingten Vergleichswert bei der Feststellung des Einheitswerts des Eigentümers nicht zu berücksichtigen ist, ist § 55 Abs. 2 Ziff. 1 Satz 1 EStG anzuwenden.

(8) Im Gegensatz zu Hof- und Gebäudeflächen sowie Hausgärten im Sinne des § 40 Abs. 3 BewG, für die Ausgangsbeträge nach § 55 Abs. 2 Ziff. 5 EStG ermittelt werden, sind die Ausgangsbeträge für betriebseigene Wege und Gräben nach § 55 Abs. 2 Ziff. 1 bis 8 EStG in Anlehnung an die Ausgangsbeträge der angrenzenden Flurstücke zu ermitteln. Gehören die angrenzenden Flurstücke zu verschiedenen Nutzungen, kann ein flächengewogenes Mittel gebildet werden.

(9) Der Ausgangsbetrag für die bodengeschätzten Flächen eines land- und forstwirtschaftlichen Betriebs ist nach § 55 Abs. 3 EStG zu ermitteln, wenn am 1. 7. 1970 noch kein Liegenschaftskataster vorlag, in dem Ertragsmeßzahlen ausgewiesen sind. Das gilt auch dann, wenn dem Finanzamt an diesem Stichtag die Ertragsmeßzahlen bereits bekannt waren.

(10) Bei Betrieben der Land- und Forstwirtschaft, die nach dem 1. 1. 1964 entstanden sind, ist, soweit § 55 Abs. 3 EStG anzuwenden ist, auf den Tag der Entstehung des Betriebs eine durchschnittliche Ertragsmeßzahl zu ermitteln.

(11) Bei bebautem Grund und Boden, der mit Ablauf des 30. 6. 1970 nicht zu einem land- und forstwirtschaftlichen Vermögen im Sinne des Bewertungsgesetzes gehörte, ist nach § 55 Abs. 4 Ziff. 2 EStG als Ausgangsbetrag für den Grund und Boden der Wert maßgebend, der sich für den Grund und Boden nach seinem Bestand vom 1. 7. 1970 und nach den Wertverhältnissen vom 1. 1. 1964 als Einheitswert ergeben würde, wenn er nicht bebaut wäre. Dieser Wert stimmt weder mit dem Wert überein, mit dem der Grund und Boden im Einheitswert des bebauten Grundstücks enthalten ist, noch steht er zu dem Einheitswert des Grundstücks in einem bestimmten Verhältnis. Der Wert kann infolgedessen nicht in Höhe eines pauschalen Anteils am Einheitswert geschätzt werden. Abschnitt 20 BewRGr ist deshalb für die Ermittlung des Ausgangsbetrags für den Grund und Boden bebauter Grundstücke nicht anwendbar.

11. Bewertung mit dem höheren Teilwert

(1) Der Ansatz eines höheren Teilwerts nach § 55 Abs. 5 EStG hat in allen Fällen, also auch dann, wenn Grund und Boden in der Zeit vom 1. 7. 1970 bis 15. 8. 1971 zu einem über dem doppelten Ausgangsbetrag (§ 55 Abs. 1 EStG) liegenden Preis veräußert worden ist, zur Voraussetzung, daß der höhere Teilwert auf Grund eines Antrags vom Finanzamt gesondert festgestellt worden ist. Der Antrag muß vor dem 1. 1. 1976 bei dem Betriebsfinanzamt gestellt werden. Bei dieser Frist handelt es sich um eine Ausschlußfrist, die nicht verlängert werden kann. Wird sie versäumt, so ist lediglich unter den Voraussetzungen des *§ 86 AO*[1] *Nachsichtgewährung* möglich. Der Antrag auf Feststellung des höheren Teilwerts kann zurückgenommen werden, solange über den Antrag noch nicht rechtskräftig entschieden ist. **24**

(2) Gehört eine Grundstücksfläche zu einem Betrieb, der in der Rechtsform einer Personengesellschaft oder von einer Gemeinschaft geführt wird, so kann der Antrag auf Feststellung des höheren Teilwerts nur von allen Beteiligten gemeinsam gestellt werden.

(3) Wird Grund und Boden vor dem 1. 7. 1972 veräußert oder entnommen, so ist bei der Feststellung des höheren Teilwerts im allgemeinen auch ohne besonderen Nachweis davon auszugehen, daß der höhere Teilwert des Grund und Bodens am 1. 7. 1970 dem erzielten Veräußerungserlös abzüglich etwaiger Veräußerungskosten oder dem Wert des Grund und Bodens im Zeitpunkt der Entnahme entspricht; es sei denn, besondere Umstände sprechen dagegen.

12. Nachträgliche Anschaffungs- oder Herstellungskosten für nach § 55 EStG bewerteten Grund und Boden[2]

Entstehen für Grund und Boden, für den als Anschaffungs- oder Herstellungskosten der doppelte Ausgangsbetrag (§ 55 Abs. 1 EStG) oder der höhere Teilwert (§ 55 Abs. 5 EStG) anzusetzen ist, nach dem 30. 6. 1970 noch Anschaffungsnebenkosten (z. B. Vermessungskosten, Gerichts- und Notariatskosten, Grunderwerbsteuer), so dürfen diese die Anschaffungs- oder Herstellungskosten im Sinne des § 55 EStG nicht erhöhen. Sie sind bei der Ermittlung des steuerlichen Gewinns als nicht abzugsfähige Betriebsausgaben zu behandeln. Wird bei Grund und Boden, der nach § 55 EStG zu bewerten ist, nach dem 30. 6. 1970 nachträglicher Herstellungsaufwand (z. B. für die Herrichtung von Unland für land- und forstwirtschaftliche Zwecke) vorgenommen, so erhöhen die nachträglichen Herstellungskosten die steuerlichen Anschaffungs- oder Herstellungskosten des Grund und Bodens. **25**

13. Verlustklausel[3]

(1) Die Vorschrift des § 55 Abs. 6 EStG (Nichtberücksichtigung bestimmter Verluste, die durch die Veräußerung oder Entnahme von Grund und Boden oder durch den Ansatz des niedrigeren Teil- **26**

---

[1] Jetzt „Wiedereinsetzung in den vorigen Stand" nach § 110 AO 1977.

[2] Zur Behandlung eines Flächenbeitrags in einem Umlegungsverfahren als nachträgliche Anschaffungskosten vgl. *BFH-Urteil vom 6. 7. 1989 IV R 27/87 (BStBl. 1990 II S. 126).*

[3] Zur Anwendung der Verlustklausel bei vorweggenommener Erbfolge vgl. Tz. 46 des BMF-Schreibens vom 13. 1. 1993, geändert durch BMF-Schreiben vom 26. 2. 2007 (BGBl. I S. 269), abgedruckt als Anlage c zu § 7 EStG.

werts für eine Grundstücksfläche entstehen) gilt sowohl für mit dem doppelten Ausgangsbetrag (§ 55 Abs. 1 EStG) als auch für mit dem höheren Teilwert[1] (§ 55 Abs. 5 EStG) angesetzten Grund und Boden. In beiden Fällen dürfen Verluste steuerlich insoweit nicht gewinnmindernd berücksichtigt werden, als sie dadurch entstanden sind, dass der Veräußerungspreis oder der an dessen Stelle tretende Wert abzüglich der Veräußerungskosten bzw. der angesetzte niedrigere Teilwert unter dem doppelten Ausgangsbetrag liegt. Dabei ist es ohne Bedeutung, wodurch die Verluste entstanden sind.

(2)[2] Die Verlustklausel ist hinsichtlich jeder selbständig bewerteten Grundstücksfläche anzuwenden. Werden mehrere selbständig bewertete Grundstücksflächen zu einem Gesamtpreis veräußert, so ist dieser für die Anwendung der Verlustklausel nach allgemeinen Grundsätzen aufzuteilen. Dies gilt auch, wenn Grund und Boden zusammen mit anderen Wirtschaftsgütern zu einem Gesamtkaufpreis veräußert wird. Entsprechend ist zu verfahren, wenn die vom Steuerpflichtigen vorgenommene Aufteilung des Veräußerungserlöses nicht den wirtschaftlichen Gegebenheiten entspricht.

EStG

§ 56 Sondervorschriften für Steuerpflichtige in dem in Artikel 3 des Einigungsvertrages genannten Gebiet[3]

1 **Bei Steuerpflichtigen, die am 31. Dezember 1990 einen Wohnsitz oder ihren gewöhnlichen Aufenthalt in dem in Artikel 3 des Einigungsvertrages genannten Gebiet[3] und im Jahre 1990 keinen Wohnsitz oder gewöhnlichen Aufenthalt im bisherigen Geltungsbereich dieses Gesetzes hatten, gilt Folgendes:**

§ 7 Absatz 5 ist auf Gebäude anzuwenden, die in dem in Artikel 3 des Einigungsvertrages genannten Gebiet[3] nach dem 31. Dezember 1990 angeschafft oder hergestellt worden sind.

§ 57 Besondere Anwendungsregeln aus Anlass der Herstellung der Einheit Deutschlands

1 **(1) Die §§ 7c, 7f, 7g, 7k und 10e dieses Gesetzes, die §§ 76, 78, 82a und 82f der Einkommensteuer-Durchführungsverordnung sowie die §§ 7 und 12 Absatz 3 des Schutzbaugesetzes sind auf Tatbestände anzuwenden, die in dem in Artikel 3 des Einigungsvertrages genannten Gebiet[3] nach dem 31. Dezember 1990 verwirklicht worden sind.**

2 **(2) Die §§ 7b und 7d dieses Gesetzes sowie die §§ 81, 82d, 82g und 82i der Einkommensteuer-Durchführungsverordnung sind nicht auf Tatbestände anzuwenden, die in dem in Artikel 3 des Einigungsvertrages genannten Gebiet[3] verwirklicht worden sind.**

3 **(3)[4] Bei der Anwendung des § 7g Absatz 2 Nummer 1 und des § 14a Absatz 1 ist in dem in Artikel 3 des Einigungsvertrages genannten Gebiet[3] anstatt vom maßgebenden Einheitswert des Betriebs der Land- und Forstwirtschaft und den darin ausgewiesenen Werten vom Ersatzwirtschaftswert nach § 125 des Bewertungsgesetzes auszugehen.**

4 **(4) ① § 10d Absatz 1 ist mit der Maßgabe anzuwenden, dass der Sonderausgabenabzug erstmals von dem für die zweite Hälfte des Veranlagungszeitraums 1990 ermittelten Gesamtbetrag der Einkünfte vorzunehmen ist. ② § 10d Absatz 2 und 3 ist auch für Verluste anzuwenden, die in dem in Artikel 3 des Einigungsvertrages genannten Gebiet[3] im Veranlagungszeitraum 1990 entstanden sind.**

5 **(5) § 22 Nummer 4 ist auf vergleichbare Bezüge anzuwenden, die auf Grund des Gesetzes über Rechtsverhältnisse der Abgeordneten der Volkskammer der Deutschen Demokratischen Republik vom 31. Mai 1990 (GBl. I Nr. 30 S. 274)[5] gezahlt worden sind.**

6 **(6) § 34f Absatz 3 Satz 3 ist erstmals auf die in dem in Artikel 3 des Einigungsvertrags genannten Gebiet[3] für die zweite Hälfte des Veranlagungszeitraums 1990 festgesetzte Einkommensteuer anzuwenden.**

---

[1] Siehe hierzu aber *BFH-Urteil vom 10. 8. 1978 IV R 181/77 (BStBl. 1979 II S. 103).*

[2] Siehe auch *BFH-Urteil vom 8. 8. 1985 IV R 129/83 (BStBl. 1986 II S. 6).*

[3] Die in Artikel 3 des Einigungsvertrags genannten Gebiete sind die Länder Brandenburg, Mecklenburg-Vorpommern, Sachsen, Sachsen-Anhalt und Thüringen sowie der Teil des Landes Berlin, in dem das Grundgesetz bisher nicht galt.

[4] **§ 57 Abs. 3 aufgehoben mit Wirkung ab 1. 1. 2025.**

[5] „GBl. der DDR".

EStG

§ 58 Weitere Anwendung von Rechtsvorschriften, die vor Herstellung der Einheit Deutschlands in dem in Artikel 3 des Einigungsvertrages genannten Gebiet[1] gegolten haben

(1) **Die Vorschriften über Sonderabschreibungen nach § 3 Absatz 1 des Steueränderungsgesetzes vom 6. März 1990 (GBl. I Nr. 17 S. 136) in Verbindung mit § 7 der Durchführungsbestimmung zum Gesetz zur Änderung der Rechtsvorschriften über die Einkommen-, Körperschaft- und Vermögensteuer – Steueränderungsgesetz – vom 16. März 1990 (GBl. I Nr. 21 S. 195) sind auf Wirtschaftsgüter weiter anzuwenden, die nach dem 31. Dezember 1989 und vor dem 1. Januar 1991 in dem in Artikel 3 des Einigungsvertrages genannten Gebiet[1] angeschafft oder hergestellt worden sind.** 1

(2) ① **Rücklagen nach § 3 Absatz 2 des Steueränderungsgesetzes vom 6. März 1990 (GBl. I Nr. 17 S. 136) in Verbindung mit § 8 der Durchführungsbestimmung zum Gesetz zur Änderung der Rechtsvorschriften über die Einkommen-, Körperschaft- und Vermögensteuer – Steueränderungsgesetz – vom 16. März 1990 (GBl. I Nr. 21 S. 195) dürfen, soweit sie zum 31. Dezember 1990 zulässigerweise gebildet worden sind, auch nach diesem Zeitpunkt fortgeführt werden.** ② **Sie sind spätestens im Veranlagungszeitraum 1995 gewinn- oder sonst einkünfteerhöhend aufzulösen.** ③ **Sind vor dieser Auflösung begünstigte Wirtschaftsgüter angeschafft oder hergestellt worden, sind die in Rücklage eingestellten Beträge von den Anschaffungs- oder Herstellungskosten abzuziehen; die Rücklage ist in Höhe des abgezogenen Betrags im Veranlagungszeitraum der Anschaffung oder Herstellung gewinn- oder sonst einkünfteerhöhend aufzulösen.** 2

(3) **Die Vorschrift über den Steuerabzugsbetrag nach § 9 Absatz 1 der Durchführungsbestimmung zum Gesetz zur Änderung der Rechtsvorschriften über die Einkommen-, Körperschaft- und Vermögensteuer – Steueränderungsgesetz – vom 16. März 1990 (GBl. I Nr. 21 S. 195) ist für Steuerpflichtige weiter anzuwenden, die vor dem 1. Januar 1991 in dem in Artikel 3 des Einigungsvertrages genannten Gebiet[1] eine Betriebsstätte begründet haben, wenn sie von dem Tag der Begründung der Betriebsstätte an zwei Jahre lang die Tätigkeit ausüben, die Gegenstand der Betriebsstätte ist.** 3

§§ 59 bis 61 (weggefallen)

[1] Die in Artikel 3 des Einigungsvertrags genannten Gebiete sind die Länder Brandenburg, Mecklenburg-Vorpommern, Sachsen, Sachsen-Anhalt und Thüringen sowie der Teil des Landes Berlin, in dem das Grundgesetz bisher nicht galt.

EStG

X. Kindergeld

§ 62 Anspruchsberechtigte

1 (1) ① **Für Kinder im Sinne des § 63 hat Anspruch auf Kindergeld nach diesem Gesetz, wer**

1. im Inland einen Wohnsitz oder seinen gewöhnlichen Aufenthalt hat oder

2. ohne Wohnsitz oder gewöhnlichen Aufenthalt im Inland
   a) nach § 1 Absatz 2 unbeschränkt einkommensteuerpflichtig ist oder
   b) nach § 1 Absatz 3 als unbeschränkt einkommensteuerpflichtig behandelt wird.

② **Voraussetzung für den Anspruch nach Satz 1 ist, dass der Berechtigte durch die an ihn vergebene Identifikationsnummer (§ 139 b der Abgabenordnung) identifiziert wird.** ③ **Die nachträgliche Vergabe der Identifikationsnummer wirkt auf Monate zurück, in denen die Voraussetzungen des Satzes 1 vorliegen.**

(1 a)[1] ① **Begründet ein Staatsangehöriger eines anderen Mitgliedstaates der Europäischen Union oder eines Staates, auf den das Abkommen über den Europäischen Wirtschaftsraum Anwendung findet, im Inland einen Wohnsitz oder gewöhnlichen Aufenthalt, so hat er für die ersten drei Monate ab Begründung des Wohnsitzes oder des gewöhnlichen Aufenthalts keinen Anspruch auf Kindergeld.** ② **Dies gilt nicht, wenn er nachweist, dass er inländische Einkünfte im Sinne des § 2 Absatz 1 Satz 1 Nummer 1 bis 4 mit Ausnahme von Einkünften nach § 19 Absatz 1 Satz 1 Nummer 2 erzielt.** ③ **Nach Ablauf des in Satz 1 genannten Zeitraums hat er Anspruch auf Kindergeld, es sei denn, die Voraussetzungen des § 2 Absatz 2 oder Absatz 3 des Freizügigkeitsgesetzes/EU liegen nicht vor oder es sind nur die Voraussetzungen des § 2 Absatz 2 Nummer 1 a des Freizügigkeitsgesetzes/EU erfüllt, ohne dass vorher eine andere der in § 2 Absatz 2 des Freizügigkeitsgesetzes/EU genannten Voraussetzungen erfüllt war.** ④ **Die Prüfung, ob die Voraussetzungen für einen Anspruch auf Kindergeld gemäß Satz 2 vorliegen oder gemäß Satz 3 nicht gegeben sind, führt die Familienkasse in eigener Zuständigkeit durch.** ⑤ **Lehnt die Familienkasse eine Kindergeldfestsetzung in diesem Fall ab, hat sie ihre Entscheidung der zuständigen Ausländerbehörde mitzuteilen.** ⑥ **Wurde das Vorliegen der Anspruchsvoraussetzungen durch die Verwendung gefälschter oder verfälschter Dokumente oder durch Vorspiegelung falscher Tatsachen vorgetäuscht, hat die Familienkasse die zuständige Ausländerbehörde unverzüglich zu unterrichten.**

(2)[2] **Ein nicht freizügigkeitsberechtigter Ausländer erhält Kindergeld nur, wenn er**

1. eine Niederlassungserlaubnis oder eine Erlaubnis zum Daueraufenthalt-EU besitzt,

2. eine Blaue Karte EU, eine ICT-Karte, eine Mobiler-ICT-Karte oder eine Aufenthaltserlaubnis besitzt, die für einen Zeitraum von mindestens sechs Monaten zur Ausübung einer Erwerbstätigkeit berechtigen oder berechtigt haben oder diese erlauben, es sei denn, die Aufenthaltserlaubnis wurde
   a) nach § 16 e des Aufenthaltsgesetzes zu Ausbildungszwecken, nach § 19 c Absatz 1 des Aufenthaltsgesetzes zum Zweck der Beschäftigung als Au-Pair oder zum Zweck der Saisonbeschäftigung, nach § 19 e des Aufenthaltsgesetzes zum Zweck der Teilnahme an einem Europäischen Freiwilligendienst oder nach § 20 Absatz 1 und 2 des Aufenthaltsgesetzes zur Arbeitsplatzsuche erteilt,
   b) nach § 16 b des Aufenthaltsgesetzes zum Zweck eines Studiums, nach § 16 d des Aufenthaltsgesetzes für Maßnahmen zur Anerkennung ausländischer Berufsqualifikationen oder nach § 20 Absatz 3 des Aufenthaltsgesetzes zur Arbeitsplatzsuche erteilt und er ist weder erwerbstätig noch nimmt er Elternzeit nach § 15 des Bundeselterngeld- und Elternzeitgesetzes oder laufende Geldleistungen nach dem Dritten Buch Sozialgesetzbuch in Anspruch,
   c)[3] nach § 23 Absatz 1 des Aufenthaltsgesetzes wegen eines Krieges in seinem Heimatland oder nach den § 23 a oder § 25 Absatz 3 bis 5 des Aufenthaltsgesetzes erteilt,

3. eine in Nummer 2 Buchstabe c genannte Aufenthaltserlaubnis besitzt und im Bundesgebiet berechtigt erwerbstätig ist oder Elternzeit nach § 15 des Bundeselterngeld- und Elternzeitgesetzes oder laufende Geldleistungen nach dem Dritten Buch Sozialgesetzbuch in Anspruch nimmt,

4. eine in Nummer 2 Buchstabe c genannte Aufenthaltserlaubnis besitzt und sich seit mindestens 15 Monaten erlaubt, gestattet oder geduldet im Bundesgebiet aufhält oder

---

[1] Zur Anwendung siehe § 52 Abs. 49 a Satz 1 EStG.
[2] Zur Anwendung siehe § 52 Abs. 49 a Satz 2 EStG.
[3] Zur Anwendung siehe § 52 Abs. 49 a Satz 3 EStG.

5.[1] **eine Beschäftigungsduldung gemäß § 60 d in Verbindung mit § 60 a Absatz 2 Satz 3 des Aufenthaltsgesetzes besitzt.**

Anspruchsberechtigung → A 1-6 DA-KG 2022. H 62 4

§ 63 Kinder

EStG

(1)[2] ① **Als Kinder werden berücksichtigt** 1

1. Kinder im Sinne des § 32 Absatz 1,

2. vom Berechtigten in seinen Haushalt aufgenommene Kinder seines Ehegatten,

3. vom Berechtigten in seinen Haushalt aufgenommene Enkel.

② **§ 32 Absatz 3 bis 5 gilt entsprechend.** ③ **Voraussetzung für die Berücksichtigung ist die Identifizierung des Kindes durch die an dieses Kind vergebene Identifikationsnummer (§ 139 b der Abgabenordnung).** ④ **Ist das Kind nicht nach einem Steuergesetz steuerpflichtig (§ 139 a Absatz 2 der Abgabenordnung), ist es in anderer geeigneter Weise zu identifizieren.** ⑤ **Die nachträgliche Identifizierung oder nachträgliche Vergabe der Identifikationsnummer wirkt auf Monate zurück, in denen die Voraussetzungen der Sätze 1 bis 4 vorliegen.** ⑥ **Kinder, die weder einen Wohnsitz noch ihren gewöhnlichen Aufenthalt im Inland, in einem Mitgliedstaat der Europäischen Union oder in einem Staat, auf den das Abkommen über den Europäischen Wirtschaftsraum Anwendung findet, haben, werden nicht berücksichtigt, es sei denn, sie leben im Haushalt eines Berechtigten im Sinne des § 62 Absatz 1 Satz 1 Nummer 2 Buchstabe a.** ⑦ **Kinder im Sinne von § 2 Absatz 4 Satz 2 des Bundeskindergeldgesetzes werden nicht berücksichtigt.**

(2) **Die Bundesregierung wird ermächtigt, durch Rechtsverordnung, die nicht der Zustimmung des Bundesrates bedarf, zu bestimmen, dass einem Berechtigten, der im Inland erwerbstätig ist oder sonst seine hauptsächlichen Einkünfte erzielt, für seine in Absatz 1 Satz 3 erster Halbsatz bezeichneten Kinder Kindergeld ganz oder teilweise zu leisten ist, soweit dies mit Rücksicht auf die durchschnittlichen Lebenshaltungskosten für Kinder in deren Wohnsitzstaat und auf die dort gewährten dem Kindergeld vergleichbaren Leistungen geboten ist.** 2

Berücksichtigung von Kindern → R 32.1–32.11, → A 7–23 DA-KG 2022. H 63

Territoriale Voraussetzungen → A 23.1 DA-KG 2022. 6

Die territorialen Voraussetzungen gelten nicht, wenn die Voraussetzungen nach einem zwischenstaatlichen Abkommen über die Soziale Sicherheit → H 31 (Über- und zwischenstaatliche Rechtsvorschriften) erfüllt sind → A 23.2 Abs. 2 DA-KG 2022.

§ 64 Zusammentreffen mehrerer Ansprüche[3]

EStG

(1) **Für jedes Kind wird nur einem Berechtigten Kindergeld gezahlt.** 1

(2) ① **Bei mehreren Berechtigten wird das Kindergeld demjenigen gezahlt, der das Kind in seinen Haushalt aufgenommen hat.** ② **Ist ein Kind in den gemeinsamen Haushalt von Eltern, einem Elternteil und dessen Ehegatten, Pflegeeltern oder Großeltern aufgenommen worden, so bestimmen diese untereinander den Berechtigten.** ③ **Wird eine Bestimmung nicht getroffen, so bestimmt das Familiengericht auf Antrag den Berechtigten.** ④ **Den Antrag kann stellen, wer ein berechtigtes Interesse an der Zahlung des Kindergeldes hat.** ⑤ **Lebt ein Kind im gemeinsamen Haushalt von Eltern und Großeltern, so wird das Kindergeld vorrangig einem Elternteil gezahlt; es wird an einen Großelternteil gezahlt, wenn der Elternteil gegenüber der zuständigen Stelle auf seinen Vorrang schriftlich verzichtet hat.** 2

(3) ① **Ist das Kind nicht in den Haushalt eines Berechtigten aufgenommen, so erhält das Kindergeld derjenige, der dem Kind eine Unterhaltsrente zahlt.** ② **Zahlen mehrere Berechtigte dem Kind Unterhaltsrenten, so erhält das Kindergeld derjenige, der dem Kind die höchste Unterhaltsrente zahlt.** ③ **Werden gleich hohe Unterhaltsrenten gezahlt oder zahlt keiner der Berechtigten dem Kind Unterhalt, so bestimmen die Berechtigten untereinander, wer das Kindergeld erhalten soll.** ④ **Wird eine Bestimmung nicht getroffen, so gilt Absatz 2 Satz 3 und 4 entsprechend.** 3

Haushaltsaufnahme → A 9 und A 25.2 DA-KG 2022. H 64

Zusammentreffen mehrerer Ansprüche → A 24–27 DA-KG 2022. 5

---

[1] Zur Anwendung siehe § 52 Abs. 49 a Satz 4 EStG.
[2] Zur Anwendung siehe § 52 Abs. 49 a Satz 5 und 6 EStG.
[3] Zum elektronischen Antragsverfahren siehe BZSt vom 25. 9. 2020 (BStBl. I S. 2020).

EStG

§ 65 Andere Leistungen für Kinder

1 **① Kindergeld wird nicht für ein Kind gezahlt, für das eine der folgenden Leistungen zu zahlen ist oder bei entsprechender Antragstellung zu zahlen wäre:**

1. **Leistungen für Kinder, die im Ausland gewährt werden und dem Kindergeld oder der Kinderzulage aus der gesetzlichen Unfallversicherung nach § 217 Absatz 3 des Siebten Buches Sozialgesetzbuch in der bis zum 30. Juni 2020 geltenden Fassung oder dem Kinderzuschuss aus der gesetzlichen Rentenversicherung nach § 270 des Sechsten Buches Sozialgesetzbuch in der bis zum 16. November 2016 geltenden Fassung vergleichbar sind,**
2. **Leistungen für Kinder, die von einer zwischen- oder überstaatlichen Einrichtung gewährt werden und dem Kindergeld vergleichbar sind.**

② Soweit es für die Anwendung von Vorschriften dieses Gesetzes auf den Erhalt von Kindergeld ankommt, stehen die Leistungen nach Satz 1 dem Kindergeld gleich. ③ Steht ein Berechtigter in einem Versicherungspflichtverhältnis zur Bundesagentur für Arbeit nach § 24 des Dritten Buches Sozialgesetzbuch oder ist er versicherungsfrei nach § 28 Absatz 1 Nummer 1 des Dritten Buches Sozialgesetzbuch oder steht er im Inland in einem öffentlich-rechtlichen Dienst- oder Amtsverhältnis, so wird sein Anspruch auf Kindergeld für ein Kind nicht nach Satz 1 Nummer 2 mit Rücksicht darauf ausgeschlossen, dass sein Ehegatte als Beamter, Ruhestandsbeamter oder sonstiger Bediensteter der Europäischen Union für das Kind Anspruch auf Kinderzulage hat.

H 65

Leistungen, die den Kindergeldanspruch ausschließen → A 28 DA-KG 2022.

4 **Kindergeld in Höhe eines Unterschiedsbetrags** → A 29 DA-KG 2022.

Vergleichbare ausländische Leistungen → BZSt vom 16. 1. 2017 (BStBl. I S. 151).

EStG

§ 66 Höhe des Kindergeldes, Zahlungszeitraum

1 (1)[1] **① Das Kindergeld beträgt monatlich für das erste und zweite Kind jeweils 219 Euro, für das dritte Kind 225 Euro und für das vierte und jedes weitere Kind jeweils 250 Euro. ② Darüber hinaus wird für jedes Kind, für das für den Monat Juli 2022 ein Anspruch auf Kindergeld besteht, für den Monat Juli 2022 ein Einmalbetrag in Höhe von 100 Euro gezahlt. ③ Ein Anspruch in Höhe des Einmalbetrags von 100 Euro für das Kalenderjahr 2022 besteht auch für ein Kind, für das nicht für den Monat Juli 2022, jedoch für mindestens einen anderen Kalendermonat im Kalenderjahr 2022 ein Anspruch auf Kindergeld besteht. ④ Der Einmalbetrag nach den Sätzen 2 und 3 wird als Kindergeld im Rahmen der Vergleichsberechnung nach § 31 Satz 4 berücksichtigt.**

2 (2) **Das Kindergeld wird monatlich vom Beginn des Monats an gezahlt, in dem die Anspruchsvoraussetzungen erfüllt sind, bis zum Ende des Monats, in dem die Anspruchsvoraussetzungen wegfallen.**

3 (3)[2] *(aufgehoben)*

H 66

Anspruchszeitraum → A 31 DA-KG 2022.

4 **Festsetzungsverjährung** → V 12 DA-KG 2022.

Höhe des Kindergeldes → A 30 DA-KG 2022.

Kinderbonus → BZSt vom 27. 5. 2022 (BStBl. I S. 884).

Zählkinder

Beispiel:

Ein Berechtigter hat aus einer früheren Beziehung zwei Kinder, für die die Mutter das Kindergeld erhält. Diese Kinder werden bei dem Berechtigten, der aus seiner jetzigen Beziehung zwei weitere Kinder hat, als Zählkinder berücksichtigt. Somit erhält er für sein zweitjüngstes (also sein drittes) Kind 225 € Kindergeld und für sein jüngstes (also sein viertes) Kind 250 € Kindergeld.

EStG

§ 67[3] Antrag

1 **① Das Kindergeld ist bei der zuständigen Familienkasse schriftlich zu beantragen; eine elektronische Antragstellung nach amtlich vorgeschriebenem Datensatz über die amtlich vorgeschriebene Schnittstelle ist zulässig, soweit der Zugang eröffnet wurde.**

---

[1] Zur erstmaligen Anwendung siehe § 52 Abs. 49 a Satz 14 EStG.
Zur Fassung von § 66 Abs. 1 ab 1. 1. 2023 siehe in der geschlossenen Wiedergabe.

[2] Zur letztmaligen Anwendung siehe § 52 Abs. 49 a Satz 11 EStG.

[3] Zur Anwendung siehe § 52 Abs. 49 a Satz 5 und 6 EStG.

②**Den Antrag kann außer dem Berechtigten auch stellen, wer ein berechtigtes Interesse an der Leistung des Kindergeldes hat.** ③**In Fällen des Satzes 2 ist § 62 Absatz 1 Satz 2 bis 3 anzuwenden.** ④**Der Berechtigte ist zu diesem Zweck verpflichtet, demjenigen, der ein berechtigtes Interesse an der Leistung des Kindergeldes hat, seine an ihn vergebene Identifikationsnummer (§ 139 b der Abgabenordnung) mitzuteilen.** ⑤**Kommt der Berechtigte dieser Verpflichtung nicht nach, teilt die zuständige Familienkasse demjenigen, der ein berechtigtes Interesse an der Leistung des Kindergeldes hat, auf seine Anfrage die Identifikationsnummer des Berechtigten mit.**

H 67

Antrag bei volljährigen Kindern →V 5.4 DA-KG 2022.

Antragstellung →V 5 DA-KG 2022. 4

Auskunfts- und Beratungspflicht der Familienkassen →V 8 DA-KG 2022.

Mitwirkungspflichten → § 68 EStG, →V 7 DA-KG 2022.

Zuständigkeit. Dem BZSt obliegt die Durchführung des Familienleistungsausgleichs nach Maßgabe der §§ 31, 62 bis 78 EStG. Die Bundesagentur für Arbeit stellt dem BZSt zur Durchführung dieser Aufgaben ihre Dienststellen als Familienkassen zur Verfügung; die Fachaufsicht obliegt dem BZSt (§ 5 Abs. 1 Satz 1 Nr. 11 FVG).

EStG

§ 68 Besondere Mitwirkungspflichten und Offenbarungsbefugnis

(1) ①**Wer Kindergeld beantragt oder erhält, hat Änderungen in den Verhältnissen, die für die Leistung erheblich sind oder über die im Zusammenhang mit der Leistung Erklärungen abgegeben worden sind, unverzüglich der zuständigen Familienkasse mitzuteilen.** ②**Ein Kind, das das 18. Lebensjahr vollendet hat, ist auf Verlangen der Familienkasse verpflichtet, an der Aufklärung des für die Kindergeldzahlung maßgebenden Sachverhalts mitzuwirken; § 101 der Abgabenordnung findet insoweit keine Anwendung.** 1

(2) *(weggefallen)* 2

(3) **Auf Antrag des Berechtigten erteilt die das Kindergeld auszahlende Stelle eine Bescheinigung über das für das Kalenderjahr ausgezahlte Kindergeld.** 3

(4) ①**Die Familienkassen dürfen den Stellen, die die Bezüge im öffentlichen Dienst anweisen, den für die jeweilige Kindergeldzahlung maßgebenden Sachverhalt durch automatisierte Abrufverfahren bereitstellen oder Auskunft über diesen Sachverhalt erteilen.** ②**Das Bundesministerium der Finanzen wird ermächtigt, durch Rechtsverordnung ohne Zustimmung des Bundesrates zur Durchführung von automatisierten Abrufen nach Satz 1 die Voraussetzungen, unter denen ein Datenabruf erfolgen darf, festzulegen.**[1] 4

(5) ①**Zur Erfüllung der in § 31 a Absatz 2 der Abgabenordnung genannten Mitteilungspflichten dürfen die Familienkassen den Leistungsträgern, die für Leistungen der Arbeitsförderung nach § 19 Absatz 2, für Leistungen der Grundsicherung für Arbeitsuchende nach § 19 a Absatz 2, für Kindergeld, Kinderzuschlag, Leistungen für Bildung und Teilhabe und Elterngeld nach § 25 Absatz 3 oder für Leistungen der Sozialhilfe nach § 28 Absatz 2 des Ersten Buches Sozialgesetzbuch zuständig sind, und den nach § 9 Absatz 1 Satz 2 des Unterhaltsvorschussgesetzes zuständigen Stellen den für die jeweilige Kindergeldzahlung maßgebenden Sachverhalt durch automatisierte Abrufverfahren bereitstellen.** ②**Das Bundesministerium der Finanzen wird ermächtigt, durch Rechtsverordnung mit Zustimmung des Bundesrates zur Durchführung von automatisierten Abrufen nach Satz 1 die Voraussetzungen, unter denen ein Datenabruf erfolgen darf, festzulegen.** 5

(6) ①**Zur Prüfung und Bemessung der in Artikel 3 Absatz 1 Buchstabe j in Verbindung mit Artikel 1 Buchstabe z der Verordnung (EG) Nr. 883/2004 des Europäischen Parlaments und des Rates vom 29. April 2004 zur Koordinierung der Systeme der sozialen Sicherheit (ABl. L 166 vom 30. 4. 2004, S. 1), die zuletzt durch die Verordnung (EU) 2017/492 (ABl. L 76 vom 22. 3. 2017, S. 13) geändert worden ist, genannten Familienleistungen dürfen die Familienkassen den zuständigen öffentlichen Stellen eines Mitgliedstaates der Europäischen Union den für die jeweilige Kindergeldzahlung maßgebenden Sachverhalt durch automatisierte Abrufverfahren bereitstellen.** ②**Das Bundesministerium der Finanzen wird ermächtigt, durch Rechtsverordnung ohne Zustimmung des Bundesrates zur Durchführung von automatisierten Abrufen nach Satz 1 die Voraussetzungen, unter denen ein Datenabruf erfolgen darf, festzulegen.** 6

(7) ①**Die Datenstelle der Rentenversicherung darf den Familienkassen in einem automatisierten Abrufverfahren die zur Überprüfung des Anspruchs auf Kindergeld** 7

[1] Siehe VO vom 24. 4. 2018 (BStBl. I S. 1022).

nach § 62 Absatz 1 a und 2 erforderlichen Daten übermitteln; § 79 Absatz 2 bis 4 des Zehnten Buches Sozialgesetzbuch gilt entsprechend. ② Die Träger der Leistungen nach dem Zweiten und Dritten Buch Sozialgesetzbuch dürfen den Familienkassen in einem automatisierten Abrufverfahren die zur Überprüfung des Anspruchs auf Kindergeld nach § 62 erforderlichen Daten übermitteln. ③ Das Bundesministerium für Arbeit und Soziales wird ermächtigt, durch Rechtsverordnung mit Zustimmung des Bundesrates die Voraussetzungen für das Abrufverfahren und Regelungen zu den Kosten des Verfahrens nach Satz 2 festzulegen.

H 68

Auskunftserteilung an Bezügestellen des öffentlichen Dienstes → O 4.4 DA-KG 2022.

6 **Bescheinigungen für Finanzämter** → O 4.3 DA-KG 2022.

EStG

§ 69[1] Datenübermittlung an die Familienkassen

1 **Erfährt das Bundeszentralamt für Steuern, dass ein Kind, für das Kindergeld gezahlt wird, ins Ausland verzogen ist oder von Amts wegen von der Meldebehörde abgemeldet wurde, hat es der zuständigen Familienkasse unverzüglich die in § 139 b Absatz 3 Nummer 1, 3, 5, 8 und 14 der Abgabenordnung genannten Daten zum Zweck der Prüfung der Rechtmäßigkeit des Bezugs von Kindergeld zu übermitteln.**

§ 70 Festsetzung und Zahlung des Kindergeldes

1 **(1) ① Das Kindergeld nach § 62 wird von den Familienkassen durch Bescheid festgesetzt und ausgezahlt. ② Die Auszahlung von festgesetztem Kindergeld erfolgt rückwirkend nur für die letzten sechs Monate vor Beginn des Monats, in dem der Antrag auf Kindergeld eingegangen ist.[2] ③ Der Anspruch auf Kindergeld nach § 62 bleibt von dieser Auszahlungsbeschränkung unberührt.**

2 **(2) ① Soweit in den Verhältnissen, die für den Anspruch auf Kindergeld erheblich sind, Änderungen eintreten, ist die Festsetzung des Kindergeldes mit Wirkung vom Zeitpunkt der Änderung der Verhältnisse aufzuheben oder zu ändern. ② Ist die Änderung einer Kindergeldfestsetzung nur wegen einer Anhebung der in § 66 Absatz 1 genannten Kindergeldbeträge erforderlich, kann von der Erteilung eines schriftlichen Änderungsbescheides abgesehen werden.**

3 **(3) ① Materielle Fehler der letzten Festsetzung können durch Aufhebung oder Änderung der Festsetzung mit Wirkung ab dem auf die Bekanntgabe der Aufhebung oder Änderung der Festsetzung folgenden Monat beseitigt werden. ② Bei der Aufhebung oder Änderung der Festsetzung nach Satz 1 ist § 176 der Abgabenordnung entsprechend anzuwenden; dies gilt nicht für Monate, die nach der Verkündung der maßgeblichen Entscheidung eines obersten Bundesgerichts beginnen.**

4 ***(4)[3] Eine Kindergeldfestsetzung ist aufzuheben oder zu ändern, wenn nachträglich bekannt wird, dass die Einkünfte und Bezüge des Kindes den Grenzbetrag nach § 32 Absatz 4 über- oder unterschreiten.***

H 70

Festsetzung des Kindergeldes durch Bescheid → V 10 DA-KG 2022.

EStG

§ 71 Vorläufige Einstellung der Zahlung des Kindergeldes

1 **(1) Die Familienkasse kann die Zahlung des Kindergeldes ohne Erteilung eines Bescheides vorläufig einstellen, wenn**

1. sie Kenntnis von Tatsachen erhält, die kraft Gesetzes zum Ruhen oder zum Wegfall des Anspruchs führen, und

2. die Festsetzung, aus der sich der Anspruch ergibt, deshalb mit Wirkung für die Vergangenheit aufzuheben ist.

2 **(2) ① Soweit die Kenntnis der Familienkasse nicht auf Angaben des Berechtigten beruht, der das Kindergeld erhält, sind dem Berechtigten unverzüglich die vorläufige Einstellung der Zahlung des Kindergeldes sowie die dafür maßgeblichen Gründe mitzuteilen. ② Ihm ist Gelegenheit zu geben, sich zu äußern.**

3 **(3) Die Familienkasse hat die vorläufig eingestellte Zahlung des Kindergeldes unverzüglich nachzuholen, soweit die Festsetzung, aus der sich der Anspruch ergibt, zwei Monate nach der vorläufigen Einstellung der Zahlung nicht mit Wirkung für die Vergangenheit aufgehoben oder geändert wird.**

H 71

Vorläufige Zahlungseinstellung → V 23.3 DA-KG 2022.

---

[1] Zur erstmaligen Anwendung siehe § 52 Abs. 49 a Satz 12 EStG.
Zur Fassung von § 69 ab 1. 1. 2024 siehe in der geschlossenen Wiedergabe.

[2] Zur Anwendung siehe § 52 Abs. 50 Satz 1 EStG.

[3] § 70 Abs. 4 aufgehoben, **zur weiteren Anwendung siehe § 52 Abs. 50 Satz 2 EStG.**

§ 72[1] Festsetzung und Zahlung des Kindergeldes an Angehörige des öffentlichen Dienstes

(1) ① **Steht Personen, die** 1

1. **in einem öffentlich-rechtlichen Dienst-, Amts- oder Ausbildungsverhältnis stehen, mit Ausnahmen der Ehrenbeamten,**
2. **Versorgungsbezüge nach beamten- oder soldatenrechtlichen Vorschriften oder Grundsätzen erhalten oder**
3. **Arbeitnehmer einer Körperschaft, einer Anstalt oder einer Stiftung des öffentlichen Rechts sind, einschließlich der zu ihrer Berufsausbildung Beschäftigten,**

Kindergeld nach Maßgabe dieses Gesetzes zu, wird es von den Körperschaften, Anstalten oder Stiftungen des öffentlichen Rechts als Familienkassen festgesetzt und ausgezahlt. ② **Das Bundeszentralamt für Steuern erteilt den Familienkassen ein Merkmal zu ihrer Identifizierung (Familienkassenschlüssel).** ③ **Satz 1 ist nicht anzuwenden, wenn die Körperschaften, Anstalten oder Stiftungen des öffentlichen Rechts gegenüber dem Bundeszentralamt für Steuern auf ihre Zuständigkeit zur Festsetzung und Auszahlung des Kindergeldes schriftlich oder elektronisch verzichtet haben und dieser Verzicht vom Bundeszentralamt für Steuern schriftlich oder elektronisch bestätigt worden ist.** ④ **Die Bestätigung des Bundeszentralamts für Steuern darf erst erfolgen, wenn die haushalterischen Voraussetzungen für die Übernahme der Festsetzung und Auszahlung des Kindergeldes durch die Bundesagentur für Arbeit vorliegen.** ⑤ **Das Bundeszentralamt für Steuern veröffentlicht die Namen und die Anschriften der Körperschaften, Anstalten oder Stiftungen des öffentlichen Rechts, die nach Satz 3 auf die Zuständigkeit verzichtet haben, sowie den jeweiligen Zeitpunkt, zu dem der Verzicht wirksam geworden ist, im Bundessteuerblatt.** ⑥ **Hat eine Körperschaft, Anstalt oder Stiftung des öffentlichen Rechts die Festsetzung des Kindergeldes auf eine Bundes- oder Landesfamilienkasse im Sinne des § 5 Absatz 1 Nummer 11 Satz 6 bis 9 des Finanzverwaltungsgesetzes übertragen, kann ein Verzicht nach Satz 3 nur durch die Bundes- oder Landesfamilienkasse im Einvernehmen mit der auftraggebenden Körperschaft, Anstalt oder Stiftung wirksam erklärt werden.** ⑦ **Satz 1 ist nicht anzuwenden, wenn die Körperschaften, Anstalten oder Stiftungen des öffentlichen Rechts nach dem 31. Dezember 2018 errichtet wurden; das Bundeszentralamt für Steuern kann auf Antrag eine Ausnahmegenehmigung erteilen, wenn das Kindergeld durch eine Landesfamilienkasse im Sinne des § 5 Absatz 1 Nummer 11 Satz 8 bis 10 des Finanzverwaltungsgesetzes festgesetzt und ausgezahlt wird und kein Verzicht nach Satz 3 vorliegt.**

(2) *(aufgehoben)* 2

(3) **Absatz 1 gilt nicht für Personen, die ihre Bezüge oder ihr Arbeitsentgelt** 3

1. **von einem Dienstherrn oder Arbeitgeber im Bereich der Religionsgesellschaften des öffentlichen Rechts,**
2. **von einem Spitzenverband der Freien Wohlfahrtspflege, einem diesem unmittelbar oder mittelbar angeschlossenen Mitgliedsverband oder einer einem solchen Verband angeschlossenen Einrichtung oder Anstalt oder**
3. **von einem Dienstherrn oder Arbeitgeber im Bereich des Bundes mit Ausnahme der Nachrichtendienste des Bundes, des Bundesverwaltungsamtes sowie derjenigen Behörden, Körperschaften, Anstalten und Stiftungen des öffentlichen Rechts, die die Festsetzung und Auszahlung des Kindergeldes auf das Bundesverwaltungsamt übertragen haben.**

erhalten.

(4) **Absatz 1 gilt nicht für Personen, die voraussichtlich nicht länger als sechs Monate in den Kreis der in Absatz 1 Satz 1 Nummer 1 bis 3 Bezeichneten eintreten.** 4

(5) **Obliegt mehreren Rechtsträgern die Zahlung von Bezügen oder Arbeitsentgelt (Absatz 1 Satz 1) gegenüber einem Berechtigten, so ist für die Durchführung dieses Gesetzes zuständig:** 5

1. **bei Zusammentreffen von Versorgungsbezügen mit anderen Bezügen oder Arbeitsentgelt der Rechtsträger, dem die Zahlung der anderen Bezüge oder des Arbeitsentgelts obliegt;**
2. **bei Zusammentreffen mehrerer Versorgungsbezüge der Rechtsträger, dem die Zahlung der neuen Versorgungsbezüge im Sinne der beamtenrechtlichen Ruhensvorschriften obliegt;**

---

[1] Zur Fassung von § 72 Abs. 1 Satz 6 und 7, Abs. 3 Nr. 3 und Abs. 8 ab 1. 3. 2023 und ab 1. 1. 2024 siehe in der geschlossenen Wiedergabe.

3. bei Zusammentreffen von Arbeitsentgelt (Absatz 1 Satz 1 Nummer 3) mit Bezügen aus einem der in Absatz 1 Satz 1 Nummer 1 bezeichneten Rechtsverhältnisse der Rechtsträger, dem die Zahlung dieser Bezüge obliegt;

4. bei Zusammentreffen mehrerer Arbeitsentgelte (Absatz 1 Satz 1 Nummer 3) der Rechtsträger, dem die Zahlung des höheren Arbeitsentgelts obliegt oder – falls die Arbeitsentgelte gleich hoch sind – der Rechtsträger, zu dem das zuerst begründete Arbeitsverhältnis besteht.

6 (6) **① Scheidet ein Berechtigter im Laufe eines Monats aus dem Kreis der in Absatz 1 Satz 1 Nummer 1 bis 3 Bezeichneten aus oder tritt er im Laufe eines Monats in diesen Kreis ein, so wird das Kindergeld für diesen Monat von der Stelle gezahlt, die bis zum Ausscheiden oder Eintritt des Berechtigten zuständig war. ② Dies gilt nicht, soweit die Zahlung von Kindergeld für ein Kind in Betracht kommt, das erst nach dem Ausscheiden oder Eintritt bei dem Berechtigten nach § 63 zu berücksichtigen ist. ③ Ist in einem Fall des Satzes 1 das Kindergeld bereits für einen folgenden Monat gezahlt worden, so muss der für diesen Monat Berechtigte die Zahlung gegen sich gelten lassen.**

7 (7) **① In den Abrechnungen der Bezüge und des Arbeitsentgelts ist das Kindergeld gesondert auszuweisen, wenn es zusammen mit den Bezügen oder dem Arbeitsentgelt ausgezahlt wird. ② Der Rechtsträger hat die Summe des von ihm für alle Berechtigten ausgezahlten Kindergeldes dem Betrag, den er insgesamt an Lohnsteuer einzubehalten hat, zu entnehmen und unter Angabe des in Absatz 1 genannten Familienkassenschlüssels bei der nächsten Lohnsteuer-Anmeldung gesondert abzusetzen. ③ Übersteigt das insgesamt ausgezahlte Kindergeld den Betrag, der insgesamt an Lohnsteuer abzuführen ist, so wird der übersteigende Betrag dem Rechtsträger auf Antrag von dem Finanzamt, an das die Lohnsteuer abzuführen ist, aus den Einnahmen der Lohnsteuer ersetzt.**

8 (8) **① Abweichend von Absatz 1 Satz 1 werden Kindergeldansprüche auf Grund über- oder zwischenstaatlicher Rechtsvorschriften durch die Familienkassen der Bundesagentur für Arbeit festgesetzt und ausgezahlt. ② Dies gilt auch für Fälle, in denen Kindergeldansprüche sowohl nach Maßgabe dieses Gesetzes als auch auf Grund über- oder zwischenstaatlicher Rechtsvorschriften bestehen. ③ Die Sätze 1 und 2 sind auf Kindergeldansprüche von Angehörigen der Nachrichtendienste des Bundes nicht anzuwenden.**

H 72

11 **Festsetzung und Zahlung des Kindergeldes an Angehörige des öffentlichen Dienstes** →V 1.2–3.3 DA-KG 2022.

EStG

§ 73 (weggefallen)

§ 74 Zahlung des Kindergeldes in Sonderfällen

1 (1) **① Das für ein Kind festgesetzte Kindergeld nach § 66 Absatz 1 kann an das Kind ausgezahlt werden, wenn der Kindergeldberechtigte ihm gegenüber seiner gesetzlichen Unterhaltspflicht nicht nachkommt. ② Kindergeld kann an Kinder, die bei der Festsetzung des Kindergeldes berücksichtigt werden, bis zur Höhe des Betrages, der sich bei entsprechender Anwendung des § 76 ergibt, ausgezahlt werden. ③ Dies gilt auch, wenn der Kindergeldberechtigte mangels Leistungsfähigkeit nicht unterhaltspflichtig ist oder nur Unterhalt in Höhe eines Betrages zu leisten braucht, der geringer ist als das für die Auszahlung in Betracht kommende Kindergeld. ④ Die Auszahlung kann auch an die Person oder Stelle erfolgen, die dem Kind Unterhalt gewährt.**

2 (2) **Für Erstattungsansprüche der Träger von Sozialleistungen gegen die Familienkasse gelten die §§ 102 bis 109 und 111 bis 113 des Zehnten Buches Sozialgesetzbuch entsprechend.**

H 74

7 **Zahlung des Kindergeldes in Sonderfällen** →V 33–34 DA-KG 2022.

EStG

§ 75 Aufrechnung

1 (1) **Mit Ansprüchen auf Erstattung von Kindergeld kann die Familienkasse gegen Ansprüche auf Kindergeld bis zu deren Hälfte aufrechnen, wenn der Leistungsberechtigte nicht nachweist, dass er dadurch hilfebedürftig im Sinne der Vorschriften des Zwölften Buches Sozialgesetzbuch über die Hilfe zum Lebensunterhalt oder im Sinne der Vorschriften des Zweiten Buches Sozialgesetzbuch über die Leistungen zur Sicherung des Lebensunterhalts wird.**

2 (2) **Absatz 1 gilt für die Aufrechnung eines Anspruchs auf Erstattung von Kindergeld gegen einen späteren Kindergeldanspruch eines mit dem Erstattungspflichtigen in Haushaltsgemeinschaft lebenden Berechtigten entsprechend, soweit es sich um**

laufendes Kindergeld für ein Kind handelt, das bei beiden berücksichtigt werden kann oder konnte.

Aufrechnung → V 28 DA-KG 2022. H 75 4

§ 76 Pfändung EStG

① Der Anspruch auf Kindergeld kann nur wegen gesetzlicher Unterhaltsansprüche eines Kindes, das bei der Festsetzung des Kindergeldes berücksichtigt wird, gepfändet werden. ② Für die Höhe des pfändbaren Betrages gilt: 1

1. ① Gehört das unterhaltsberechtigte Kind zum Kreis der Kinder, für die dem Leistungsberechtigten Kindergeld gezahlt wird, so ist eine Pfändung bis zu dem Betrag möglich, der bei gleichmäßiger Verteilung des Kindergeldes auf jedes dieser Kinder entfällt. ② Ist das Kindergeld durch die Berücksichtigung eines weiteren Kindes erhöht, für das einer dritten Person Kindergeld oder dieser oder dem Leistungsberechtigten eine andere Geldleistung für Kinder zusteht, so bleibt der Erhöhungsbetrag bei der Bestimmung des pfändbaren Betrages des Kindergeldes nach Satz 1 außer Betracht;

2. der Erhöhungsbetrag nach Nummer 1 Satz 2 ist zugunsten jedes bei der Festsetzung des Kindergeldes berücksichtigten unterhaltsberechtigten Kindes zu dem Anteil pfändbar, der sich bei gleichmäßiger Verteilung auf alle Kinder, die bei der Festsetzung des Kindergeldes zugunsten des Leistungsberechtigten berücksichtigt werden, ergibt.

Pfändung → V 24 DA-KG 2022. H 76 3

§ 76a *(aufgehoben)* EStG

§ 77 Erstattung von Kosten im Vorverfahren

(1) ① Soweit der Einspruch gegen die Kindergeldfestsetzung erfolgreich ist, hat die Familienkasse demjenigen, der den Einspruch erhoben hat, die zur zweckentsprechenden Rechtsverfolgung oder Rechtsverteidigung notwendigen Aufwendungen zu erstatten. ② Dies gilt auch, wenn der Einspruch nur deshalb keinen Erfolg hat, weil die Verletzung einer Verfahrens- oder Formvorschrift nach § 126 der Abgabenordnung unbeachtlich ist. ③ Aufwendungen, die durch das Verschulden eines Erstattungsberechtigten entstanden sind, hat dieser selbst zu tragen; das Verschulden eines Vertreters ist dem Vertretenen zuzurechnen. 1

(2) Die Gebühren und Auslagen eines Bevollmächtigten oder Beistandes, der nach den Vorschriften des Steuerberatungsgesetzes zur geschäftsmäßigen Hilfeleistung in Steuersachen befugt ist, sind erstattungsfähig, wenn dessen Zuziehung notwendig war. 2

(3) ① Die Familienkasse setzt auf Antrag den Betrag der zu erstattenden Aufwendungen fest. ② Die Kostenentscheidung bestimmt auch, ob die Zuziehung eines Bevollmächtigten oder Beistandes im Sinne des Absatzes 2 notwendig war. 3

Rechtsbehelfsverfahren → R 1–14 DA-KG 2022. H 77 5

§ 78 Übergangsregelungen EStG

(1) bis (4) (weggefallen)

(5) ① Abweichend von § 64 Absatz 2 und 3 steht Berechtigten, die für Dezember 1990 für ihre Kinder Kindergeld in dem in Artikel 3 des Einigungsvertrages genannten Gebiet bezogen haben, das Kindergeld für diese Kinder auch für die folgende Zeit zu, solange sie ihren Wohnsitz oder gewöhnlichen Aufenthalt in diesem Gebiet beibehalten und die Kinder die Voraussetzungen ihrer Berücksichtigung weiterhin erfüllen. ② § 64 Absatz 2 und 3 ist insoweit erst für die Zeit vom Beginn des Monats an anzuwenden, in dem ein hierauf gerichteter Antrag bei der zuständigen Stelle eingegangen ist; der hiernach Berechtigte muss die nach Satz 1 geleisteten Zahlungen gegen sich gelten lassen. 1

Sonderregelung für Berechtigte in den neuen Ländern → A 27 DA-KG 2022. H 78 4

XI. Altersvorsorgezulage

EStG

§ 79 Zulageberechtigte

1 **① Die in § 10a Absatz 1 genannten Personen haben Anspruch auf eine Altersvorsorgezulage (Zulage). ② Ist nur ein Ehegatte nach Satz 1 begünstigt, so ist auch der andere Ehegatte zulageberechtigt, wenn**

1. beide Ehegatten nicht dauernd getrennt leben (§ 26 Absatz 1),

2. beide Ehegatten ihren Wohnsitz oder gewöhnlichen Aufenthalt in einem Mitgliedstaat der Europäischen Union oder einem Staat haben, auf den das Abkommen über den Europäischen Wirtschaftsraum anwendbar ist,

3. ein auf den Namen des anderen Ehegatten lautender Altersvorsorgevertrag besteht,

4. der andere Ehegatte zugunsten des Altersvorsorgevertrags nach Nummer 3 im jeweiligen Beitragsjahr mindestens 60 Euro geleistet hat und

5. die Auszahlungsphase des Altersvorsorgevertrags nach Nummer 3 noch nicht begonnen hat.

③ Satz 1 gilt entsprechend für die in § 10a Absatz 6 Satz 1 und 2 genannten Personen, sofern sie unbeschränkt steuerpflichtig sind oder für das Beitragsjahr nach § 1 Absatz 3 als unbeschränkt steuerpflichtig behandelt werden.

H 79

2 **Private Altersvorsorge** → BMF vom 21. 12. 2017 (BStBl. 2018 I S. 93)[1] unter Berücksichtigung der Änderungen durch BMF vom 17. 2. 2020 (BStBl. I S. 213) und vom 11. 2. 2022 (BStBl. I S. 186).

EStG

§ 80 Anbieter

1 **Anbieter im Sinne dieses Gesetzes sind Anbieter von Altersvorsorgeverträgen gemäß § 1 Absatz 2 des Altersvorsorgeverträge-Zertifizierungsgesetzes sowie die in § 82 Absatz 2 genannten Versorgungseinrichtungen.**

§ 81 Zentrale Stelle

1 **Zentrale Stelle im Sinne dieses Gesetzes ist die Deutsche Rentenversicherung Bund.**

§ 81a Zuständige Stelle

1 **① Zuständige Stelle ist bei einem**

1. Empfänger von Besoldung nach dem Bundesbesoldungsgesetz oder einem Landesbesoldungsgesetz die die Besoldung anordnende Stelle,

2. Empfänger von Amtsbezügen im Sinne des § 10a Absatz 1 Satz 1 Nummer 2 die die Amtsbezüge anordnende Stelle,

3. versicherungsfrei Beschäftigten sowie bei einem von der Versicherungspflicht befreiten Beschäftigten im Sinne des § 10a Absatz 1 Satz 1 Nummer 3 der die Versorgung gewährleistende Arbeitgeber der rentenversicherungsfreien Beschäftigung,

4. Beamten, Richter, Berufssoldaten und Soldaten auf Zeit im Sinne des § 10a Absatz 1 Satz 1 Nummer 4 der zur Zahlung des Arbeitsentgelts verpflichtete Arbeitgeber und

5. Empfänger einer Versorgung im Sinne des § 10a Absatz 1 Satz 4 die die Versorgung anordnende Stelle.

② Für die in § 10a Absatz 1 Satz 1 Nummer 5 genannten Steuerpflichtigen gilt Satz 1 entsprechend.

§ 82 Altersvorsorgebeiträge

1 **(1) ① Geförderte Altersvorsorgebeiträge sind im Rahmen des in § 10a Absatz 1 Satz 1 genannten Höchstbetrags**

1. Beiträge,

2. Tilgungsleistungen,

die der Zulageberechtigte (§ 79) bis zum Beginn der Auszahlungsphase zugunsten eines auf seinen Namen lautenden Vertrags leistet, der nach § 5 des Altersvorsorgeverträge-Zertifizierungsgesetzes zertifiziert ist (Altersvorsorgevertrag). ② Die Zertifizierung ist Grundlagenbescheid im Sinne des § 171 Absatz 10 der Abgabenordnung. ③ Als Tilgungsleistungen gelten auch Beiträge, die vom Zulageberechtigten zugunsten eines auf seinen Namen lautenden Altersvorsorgevertrags im Sinne des § 1 Absatz 1a

[1] Abgedruckt als Anlage zu H 10a.

Satz 1 Nummer 3 des Altersvorsorgeverträge-Zertifizierungsgesetzes erbracht wurden und die zur Tilgung eines im Rahmen des Altersvorsorgevertrags abgeschlossenen Darlehens abgetreten wurden. ④ Im Fall der Übertragung von gefördertem Altersvorsorgevermögen nach § 1 Absatz 1 Satz 1 Nummer 10 Buchstabe b des Altersvorsorgeverträge-Zertifizierungsgesetzes in einen Altersvorsorgevertrag im Sinne des § 1 Absatz 1a Satz 1 Nummer 3 des Altersvorsorgeverträge-Zertifizierungsgesetzes gelten die Beiträge nach Satz 1 Nummer 1 ab dem Zeitpunkt der Übertragung als Tilgungsleistungen nach Satz 3; eine erneute Förderung nach § 10a oder Abschnitt XI erfolgt insoweit nicht. ⑤ Tilgungsleistungen nach den Sätzen 1 und 3 werden nur berücksichtigt, wenn das zugrunde liegende Darlehen für eine nach dem 31. Dezember 2007 vorgenommene wohnungswirtschaftliche Verwendung im Sinne des § 92a Absatz 1 Satz 1 eingesetzt wurde. ⑥ Bei einer Aufgabe der Selbstnutzung nach § 92a Absatz 3 Satz 1 gelten im Beitragsjahr der Aufgabe der Selbstnutzung auch die nach der Aufgabe der Selbstnutzung geleisteten Beiträge oder Tilgungsleistungen als Altersvorsorgebeiträge nach Satz 1. ⑦ Bei einer Reinvestition nach § 92a Absatz 3 Satz 9 Nummer 1 gelten im Beitragsjahr der Reinvestition auch die davor geleisteten Beiträge oder Tilgungsleistungen als Altersvorsorgebeiträge nach Satz 1. ⑧ Bei einem beruflich bedingten Umzug nach § 92a Absatz 4 gelten

1. im Beitragsjahr des Wegzugs auch die nach dem Wegzug und

2. im Beitragsjahr des Wiedereinzugs auch die vor dem Wiedereinzug

geleisteten Beiträge und Tilgungsleistungen als Altersvorsorgebeiträge nach Satz 1.

2 (2) ① **Zu den Altersvorsorgebeiträgen gehören auch**

a) die aus dem individuell versteuerten Arbeitslohn des Arbeitnehmers geleisteten Beiträge an einen Pensionsfonds, eine Pensionskasse oder eine Direktversicherung zum Aufbau einer kapitalgedeckten betrieblichen Altersversorgung und

b) Beiträge des Arbeitnehmers und des ausgeschiedenen Arbeitnehmers, die dieser im Fall der zunächst durch Entgeltumwandlung (§ 1a des Betriebsrentengesetzes) finanzierten und nach § 3 Nummer 63 oder § 10a und diesem Abschnitt geförderten kapitalgedeckten betrieblichen Altersversorgung nach Maßgabe des § 1a Absatz 4, des § 1b Absatz 5 Satz 1 Nummer 2 und des § 22 Absatz 3 Nummer 1 Buchstabe a des Betriebsrentengesetzes selbst erbringt.

② **Satz 1 gilt nur, wenn**

1. a) vereinbart ist, dass die zugesagten Altersversorgungsleistungen als monatliche Leistungen in Form einer lebenslangen Leibrente oder als Ratenzahlungen im Rahmen eines Auszahlungsplans mit einer anschließenden Teilkapitalverrentung ab spätestens dem 85. Lebensjahr ausgezahlt werden und die Leistungen während der gesamten Auszahlungsphase gleich bleiben oder steigen; dabei können bis zu zwölf Monatsleistungen in einer Auszahlung zusammengefasst und bis zu 30 Prozent des zu Beginn der Auszahlungsphase zur Verfügung stehenden Kapitals außerhalb der monatlichen Leistungen ausgezahlt werden, und

b) ein vereinbartes Kapitalwahlrecht nicht oder nicht außerhalb des letzten Jahres vor dem vertraglich vorgesehenen Beginn der Altersversorgungsleistung ausgeübt wurde, oder

2. bei einer reinen Beitragszusage nach § 1 Absatz 2 Nummer 2a des Betriebsrentengesetzes der Pensionsfonds, die Pensionskasse oder die Direktversicherung eine lebenslange Zahlung als Altersversorgungsleistung zu erbringen hat.

③ **Die §§ 3 und 4 des Betriebsrentengesetzes stehen dem vorbehaltlich des § 93 nicht entgegen.**

3 (3) **Zu den Altersvorsorgebeiträgen gehören auch die Beitragsanteile, die zur Absicherung der verminderten Erwerbsfähigkeit des Zulageberechtigten und zur Hinterbliebenenversorgung verwendet werden, wenn in der Leistungsphase die Auszahlung in Form einer Rente erfolgt.**

4 (4) **Nicht zu den Altersvorsorgebeiträgen zählen**

1. Aufwendungen, die vermögenswirksame Leistungen nach dem Fünften Vermögensbildungsgesetz in der jeweils geltenden Fassung darstellen,

2. prämienbegünstigte Aufwendungen nach dem Wohnungsbau-Prämiengesetz in der Fassung der Bekanntmachung vom 30. Oktober 1997 (BGBl. I S. 2678), zuletzt geändert durch Artikel 5 des Gesetzes vom 29. Juli 2008 (BGBl. I S. 1509), in der jeweils geltenden Fassung,

3. Aufwendungen, die im Rahmen des § 10 als Sonderausgaben geltend gemacht werden,

4. Zahlungen nach § 92a Absatz 2 Satz 4 Nummer 1 und Absatz 3 Satz 9 Nummer 2 oder

5. Übertragungen im Sinne des § 3 Nummer 55 bis 55c.

EStG

5 (5) ①Der Zulageberechtigte kann für ein abgelaufenes Beitragsjahr bis zum Beitragsjahr 2011 Altersvorsorgebeiträge auf einen auf seinen Namen lautenden Altersvorsorgevertrag leisten, wenn

1. der Anbieter des Altersvorsorgevertrags davon Kenntnis erhält, in welcher Höhe und für welches Beitragsjahr die Altersvorsorgebeiträge berücksichtigt werden sollen,
2. in dem Beitragsjahr, für das die Altersvorsorgebeiträge berücksichtigt werden sollen, ein Altersvorsorgevertrag bestanden hat,
3. im fristgerechten Antrag auf Zulage für dieses Beitragsjahr eine Zulageberechtigung nach § 79 Satz 2 angegeben wurde, aber tatsächlich eine Zulageberechtigung nach § 79 Satz 1 vorliegt,
4. die Zahlung der Altersvorsorgebeiträge für abgelaufene Beitragsjahre bis zum Ablauf von zwei Jahren nach Erteilung der Bescheinigung nach § 92, mit der zuletzt Ermittlungsergebnisse für dieses Beitragsjahr bescheinigt wurden, längstens jedoch bis zum Beginn der Auszahlungsphase des Altersvorsorgevertrages erfolgt und
5. der Zulageberechtigte vom Anbieter in hervorgehobener Weise darüber informiert wurde oder dem Anbieter seine Kenntnis darüber versichert, dass die Leistungen aus diesen Altersvorsorgebeiträgen der vollen nachgelagerten Besteuerung nach § 22 Nummer 5 Satz 1 unterliegen.

②Wurden die Altersvorsorgebeiträge dem Altersvorsorgevertrag gutgeschrieben und sind die Voraussetzungen nach Satz 1 erfüllt, so hat der Anbieter der zentralen Stelle (§ 81) die entsprechenden Daten nach § 89 Absatz 2 Satz 1 für das zurückliegende Beitragsjahr nach einem mit der zentralen Stelle abgestimmten Verfahren mitzuteilen. ③Die Beträge nach Satz 1 gelten für die Ermittlung der zu zahlenden Altersvorsorgezulage nach § 83 als Altersvorsorgebeiträge für das Beitragsjahr, für das sie gezahlt wurden. ④Für die Anwendung des § 10a Absatz 1 Satz 1 sowie bei der Ermittlung der dem Steuerpflichtigen zustehenden Zulage im Rahmen des § 2 Absatz 6 und des § 10a sind die nach Satz 1 gezahlten Altersvorsorgebeiträge weder für das Beitragsjahr nach Satz 1 Nummer 2 noch für das Beitragsjahr der Zahlung zu berücksichtigen.

§ 83 Altersvorsorgezulage

1 In Abhängigkeit von den geleisteten Altersvorsorgebeiträgen wird eine Zulage gezahlt, die sich aus einer Grundzulage (§ 84) und einer Kinderzulage (§ 85) zusammensetzt.

§ 84 Grundzulage

1 ①Jeder Zulageberechtigte erhält eine Grundzulage; diese beträgt ab dem Beitragsjahr 2018 jährlich 175 Euro. ②Für Zulageberechtigte nach § 79 Satz 1, die zu Beginn des Beitragsjahres (§ 88) das 25. Lebensjahr noch nicht vollendet haben, erhöht sich die Grundzulage nach Satz 1 um einmalig 200 Euro. ③Die Erhöhung nach Satz 2 ist für das erste nach dem 31. Dezember 2007 beginnende Beitragsjahr zu gewähren, für das eine Altersvorsorgezulage beantragt wird.

§ 85 Kinderzulage

1 (1) ①Die Kinderzulage beträgt für jedes Kind, für das gegenüber dem Zulageberechtigten Kindergeld festgesetzt wird, jährlich 185 Euro. ②Für ein nach dem 31. Dezember 2007 geborenes Kind erhöht sich die Kinderzulage nach Satz 1 auf 300 Euro. ③Der Anspruch auf Kinderzulage entfällt für den Veranlagungszeitraum, für den das Kindergeld insgesamt zurückgefordert wird. ④Erhalten mehrere Zulageberechtigte für dasselbe Kind Kindergeld, steht die Kinderzulage demjenigen zu, dem gegenüber für den ersten Anspruchszeitraum (§ 66 Absatz 2) im Kalenderjahr Kindergeld festgesetzt worden ist.

2 (2) ①Bei Eltern verschiedenen Geschlechts, die miteinander verheiratet sind, nicht dauernd getrennt leben (§ 26 Absatz 1) und ihren Wohnsitz oder gewöhnlichen Aufenthalt in einem Mitgliedstaat der Europäischen Union oder einem Staat haben, auf den das Abkommen über den Europäischen Wirtschaftsraum (EWR-Abkommen) anwendbar ist, wird die Kinderzulage der Mutter zugeordnet, auf Antrag beider Eltern dem Vater. ②Bei Eltern gleichen Geschlechts, die miteinander verheiratet sind oder eine Lebenspartnerschaft führen, nicht dauernd getrennt leben (§ 26 Absatz 1) und ihren Wohnsitz oder gewöhnlichen Aufenthalt in einem Mitgliedstaat der Europäischen Union oder einem Staat haben, auf den das EWR-Abkommen anwendbar ist, ist die Kinderzulage dem Elternteil zuzuordnen, dem gegenüber das Kindergeld festgesetzt wird, auf Antrag beider Eltern dem anderen Elternteil. ③Der Antrag kann für ein abgelaufenes Beitragsjahr nicht zurückgenommen werden.

§ 86 Mindesteigenbeitrag

(1) ① Die Zulage nach den §§ 84 und 85 wird gekürzt, wenn der Zulageberechtigte nicht den Mindesteigenbeitrag leistet. ② Dieser beträgt jährlich 4 Prozent der Summe der in dem dem Kalenderjahr vorangegangenen Kalenderjahr 1

1. erzielten beitragspflichtigen Einnahmen im Sinne des Sechsten Buches Sozialgesetzbuch,

2. bezogenen Besoldung und Amtsbezüge,

3. in den Fällen des § 10 a Absatz 1 Satz 1 Nummer 3 und Nummer 4 erzielten Einnahmen, die beitragspflichtig wären, wenn die Versicherungsfreiheit in der gesetzlichen Rentenversicherung nicht bestehen würde und

4. bezogenen Rente wegen voller Erwerbsminderung oder Erwerbsunfähigkeit oder bezogenen Versorgungsbezüge wegen Dienstunfähigkeit in den Fällen des § 10 a Absatz 1 Satz 4,

jedoch nicht mehr als der in § 10 a Absatz 1 Satz 1 genannte Höchstbetrag, vermindert um die Zulage nach den §§ 84 und 85; gehört der Ehegatte zum Personenkreis nach § 79 Satz 2, berechnet sich der Mindesteigenbeitrag des nach § 79 Satz 1 Begünstigten unter Berücksichtigung der den Ehegatten insgesamt zustehenden Zulagen. ③ Auslandsbezogene Bestandteile nach den §§ 52 ff. des Bundesbesoldungsgesetzes oder entsprechender Regelungen eines Landesbesoldungsgesetzes bleiben unberücksichtigt. ④ Als Sockelbetrag sind ab dem Jahr 2005 jährlich 60 Euro zu leisten. ⑤ Ist der Sockelbetrag höher als der Mindesteigenbeitrag nach Satz 2, so ist der Sockelbetrag als Mindesteigenbeitrag zu leisten. ⑥ Die Kürzung der Zulage ermittelt sich nach dem Verhältnis der Altersvorsorgebeiträge zum Mindesteigenbeitrag.

(2) ① Ein nach § 79 Satz 2 begünstigter Ehegatte hat Anspruch auf eine ungekürzte Zulage, wenn der zum begünstigten Personenkreis nach § 79 Satz 1 gehörende Ehegatte seinen geförderten Mindesteigenbeitrag unter Berücksichtigung der den Ehegatten insgesamt zustehenden Zulagen erbracht hat. ② Werden bei einer in der gesetzlichen Rentenversicherung pflichtversicherten Person beitragspflichtige Einnahmen zu Grunde gelegt, die höher sind als das tatsächlich erzielte Entgelt oder die Entgeltersatzleistung, ist das tatsächlich erzielte Entgelt oder der Zahlbetrag der Entgeltersatzleistung für die Berechnung des Mindesteigenbeitrags zu berücksichtigen. ③ Für die nicht erwerbsmäßig ausgeübte Pflegetätigkeit einer nach § 3 Satz 1 Nummer 1 a des Sechsten Buches Sozialgesetzbuch rentenversicherungspflichtigen Person ist für die Berechnung des Mindesteigenbeitrags ein tatsächlich erzieltes Entgelt von 0 Euro zu berücksichtigen. 2

(3) ① Für Versicherungspflichtige nach dem Gesetz über die Alterssicherung der Landwirte ist Absatz 1 mit der Maßgabe anzuwenden, dass auch die Einkünfte aus Land- und Forstwirtschaft im Sinne des § 13 des zweiten dem Beitragsjahr vorangegangenen Veranlagungszeitraums als beitragspflichtige Einnahmen des vorangegangenen Kalenderjahres gelten. ② Negative Einkünfte im Sinne des Satzes 1 bleiben unberücksichtigt, wenn weitere nach Absatz 1 oder Absatz 2 zu berücksichtigende Einnahmen erzielt werden. 3

(4) Wird nach Ablauf des Beitragsjahres festgestellt, dass die Voraussetzungen für die Gewährung einer Kinderzulage nicht vorgelegen haben, ändert sich dadurch die Berechnung des Mindesteigenbeitrags für dieses Beitragsjahr nicht. 4

(5) Bei den in § 10 a Absatz 6 Satz 1 und 2 genannten Personen ist der Summe nach Absatz 1 Satz 2 die Summe folgender Einnahmen und Leistungen aus dem dem Kalenderjahr vorangegangenen Kalenderjahr hinzuzurechnen: 5

1. die erzielten Einnahmen aus der Tätigkeit, die die Zugehörigkeit zum Personenkreis des § 10 a Absatz 6 Satz 1 begründet, und

2. die bezogenen Leistungen im Sinne des § 10 a Absatz 6 Satz 2 Nummer 1.

§ 87 Zusammentreffen mehrerer Verträge

(1) ① Zahlt der nach § 79 Satz 1 Zulageberechtigte Altersvorsorgebeiträge zugunsten mehrerer Verträge, so wird die Zulage nur für zwei dieser Verträge gewährt. ② Der insgesamt nach § 86 zu leistende Mindesteigenbeitrag muss zugunsten dieser Verträge geleistet worden sein. ③ Die Zulage ist entsprechend dem Verhältnis der auf diese Verträge geleisteten Beiträge zu verteilen. 1

(2) ① Der nach § 79 Satz 2 Zulageberechtigte kann die Zulage für das jeweilige Beitragsjahr nicht auf mehrere Altersvorsorgeverträge verteilen. ② Es ist nur der Altersvorsorgevertrag begünstigt, für den zuerst die Zulage beantragt wird. 2

EStG

§ 88 Entstehung des Anspruchs auf Zulage

1 **Der Anspruch auf die Zulage entsteht mit Ablauf des Kalenderjahres, in dem die Altersvorsorgebeiträge geleistet worden sind (Beitragsjahr).**

§ 89 Antrag

1 (1) ① **Der Zulageberechtigte hat den Antrag auf Zulage nach amtlich vorgeschriebenem Vordruck[1] bis zum Ablauf des zweiten Kalenderjahres, das auf das Beitragsjahr (§ 88) folgt, bei dem Anbieter seines Vertrages einzureichen.** ② **Hat der Zulageberechtigte im Beitragsjahr Altersvorsorgebeiträge für mehrere Verträge gezahlt, so hat er mit dem Zulageantrag zu bestimmen, auf welche Verträge die Zulage überwiesen werden soll.** ③ **Beantragt der Zulageberechtigte die Zulage für mehr als zwei Verträge, so wird die Zulage nur für die zwei Verträge mit den höchsten Altersvorsorgebeiträgen gewährt.** ④ **Sofern eine Zulagenummer (§ 90 Absatz 1 Satz 2) durch die zentrale Stelle (§ 81) oder eine Versicherungsnummer nach § 147 des Sechsten Buches Sozialgesetzbuch für den nach § 79 Satz 2 berechtigten Ehegatten noch nicht vergeben ist, hat dieser über seinen Anbieter eine Zulagenummer bei der zentralen Stelle zu beantragen.** ⑤ **Der Antragsteller ist verpflichtet, dem Anbieter unverzüglich eine Änderung der Verhältnisse mitzuteilen, die zu einer Minderung oder zum Wegfall des Zulageanspruchs führt.**

2 (1 a) ① **Der Zulageberechtigte kann den Anbieter seines Vertrages schriftlich bevollmächtigen, für ihn abweichend von Absatz 1 die Zulage für jedes Beitragsjahr zu beantragen.** ② **Absatz 1 Satz 5 gilt mit Ausnahme der Mitteilung geänderter beitragspflichtiger Einnahmen im Sinne des Sechsten Buches Sozialgesetzbuch entsprechend.** ③ **Ein Widerruf der Vollmacht ist bis zum Ablauf des Beitragsjahres, für das der Anbieter keinen Antrag auf Zulage stellen soll, gegenüber dem Anbieter zu erklären.**

3 (2) ① **Der Anbieter ist verpflichtet,**

a) die Vertragsdaten,

b)[2] die Identifikationsnummer, die Versicherungsnummer nach § 147 des Sechsten Buches Sozialgesetzbuch, die Zulagenummer des Zulageberechtigten und dessen Ehegatten oder einen Antrag auf Vergabe einer Zulagenummer eines nach § 79 Satz 2 berechtigten Ehegatten,

c) die vom Zulageberechtigten mitgeteilten Angaben zur Ermittlung des Mindesteigenbeitrags (§ 86),

d)[3] die Identifikationsnummer des Kindes sowie die weiteren für die Gewährung der Kinderzulage erforderlichen Daten,

e) die Höhe der geleisteten Altersvorsorgebeiträge und

f) das Vorliegen einer nach Absatz 1 a erteilten Vollmacht

als die für die Ermittlung und Überprüfung des Zulageanspruchs und Durchführung des Zulageverfahrens erforderlichen Daten zu erfassen. ② **Er hat die Daten der bei ihm im Laufe eines Kalendervierteljahres eingegangenen Anträge bis zum Ende des folgenden Monats nach amtlich vorgeschriebenem Datensatz durch amtlich bestimmte Datenfernübertragung an die zentrale Stelle zu übermitteln.** ③ **Dies gilt auch im Fall des Absatzes 1 Satz 5.** ④ **§ 22 a Absatz 2 gilt entsprechend.**

4 (3) ① **Ist der Anbieter nach Absatz 1 a Satz 1 bevollmächtigt worden, hat er der zentralen Stelle die nach Absatz 2 Satz 1 erforderlichen Angaben für jedes Kalenderjahr bis zum Ablauf des auf das Beitragsjahr folgenden Kalenderjahres zu übermitteln.** ② **Liegt die Bevollmächtigung erst nach dem im Satz 1 genannten Meldetermin vor, hat der Anbieter die Angaben bis zum Ende des folgenden Kalendervierteljahres nach der Bevollmächtigung, spätestens jedoch bis zum Ablauf der in Absatz 1 Satz 1 genannten Antragsfrist, zu übermitteln.** ③ **Absatz 2 Satz 2 und 3 gilt sinngemäß.**

§ 90[4] Verfahren

1 (1) ① **Die zentrale Stelle ermittelt auf Grund der von ihr erhobenen oder der ihr übermittelten Daten, ob und in welcher Höhe ein Zulageanspruch besteht.** ② **Soweit der zuständige Träger der Rentenversicherung keine Versicherungsnummer vergeben hat, vergibt die zentrale Stelle zur Erfüllung der ihr nach diesem Abschnitt zugewiesenen Aufgaben eine Zulagenummer.** ③ **Die zentrale Stelle teilt im Falle eines Antrags nach § 10 a Absatz 1 a der zuständigen Stelle, im Falle eines Antrags nach § 89 Absatz 1 Satz 4 dem Anbieter die Zulagenummer mit; von dort wird sie an den Antragsteller weitergeleitet.**

2 (2) ① **Die zentrale Stelle veranlasst die Auszahlung an den Anbieter zugunsten der Zulageberechtigten durch die zuständige Kasse.** ② **Ein gesonderter Zulagenbescheid**

[1] Zum Vordruckmuster 2022 mit Erläuterungen siehe *BMF-Schreiben vom 29. 7. 2022 (BStBl. I S. 1244).*

[2] Zur erstmaligen Anwendung siehe § 52 Abs. 51 Satz 1 EStG.

[3] Zur Anwendung siehe § 52 Abs. 51 Satz 2 EStG.

[4] **Zur Fassung von § 90 Abs. 1 Satz 3 und Abs. 3 ab 1. 1. 2023 und Abs. 2 bis 5 ab 1. 1. 2024 siehe in der geschlossenen Wiedergabe.**

ergeht vorbehaltlich des Absatzes 4 nicht. ③ Der Anbieter hat die erhaltenen Zulagen unverzüglich den begünstigten Verträgen gutzuschreiben. ④ Zulagen, die nach Beginn der Auszahlungsphase für das Altersvorsorgevermögen von der zentralen Stelle an den Anbieter überwiesen werden, können vom Anbieter an den Anleger ausgezahlt werden. ⑤ Besteht kein Zulageanspruch, so teilt die zentrale Stelle dies dem Anbieter durch Datensatz mit. ⑥ Die zentrale Stelle teilt dem Anbieter die Altersvorsorgebeiträge im Sinne des § 82, auf die § 10 a oder dieser Abschnitt angewendet wurde, durch Datensatz mit. EStG

(3) ① Erkennt die zentrale Stelle bis zum Ende des zweiten auf die Ermittlung der Zulage folgenden Jahres nachträglich, dass der Zulageanspruch ganz oder teilweise nicht besteht oder weggefallen ist, so hat sie zu Unrecht gutgeschriebene oder ausgezahlte Zulagen bis zum Ablauf eines Jahres nach der Erkenntnis zurückzufordern und dies dem Anbieter durch Datensatz mitzuteilen. ② Bei bestehendem Vertragsverhältnis hat der Anbieter das Konto zu belasten. ③ Die ihm im Kalendervierteljahr mitgeteilten Rückforderungsbeträge hat er bis zum zehnten Tag des dem Kalendervierteljahr folgenden Monats in einem Betrag bei der zentralen Stelle anzumelden und an diese abzuführen. ④ Die Anmeldung nach Satz 3 ist nach amtlich vorgeschriebenem Vordruck[1] abzugeben. ⑤ Sie gilt als Steueranmeldung im Sinne der Abgabenordnung. 3

(3 a) ① Erfolgt nach der Durchführung einer versorgungsrechtlichen Teilung eine Rückforderung von zu Unrecht gezahlten Zulagen, setzt die zentrale Stelle den Rückforderungsbetrag nach Absatz 3 unter Anrechnung bereits vom Anbieter einbehaltener und abgeführter Beträge gegenüber dem Zulageberechtigten fest, soweit 3a

1. das Guthaben auf dem Vertrag des Zulageberechtigten zur Zahlung des Rückforderungsbetrags nach § 90 Absatz 3 Satz 1 nicht ausreicht und
2. im Rückforderungsbetrag ein Zulagebetrag enthalten ist, der in der Ehe- oder Lebenspartnerschaftszeit ausgezahlt wurde.

② Erfolgt nach einer Inanspruchnahme eines Altersvorsorge-Eigenheimbetrags im Sinne des § 92 a Absatz 1 oder während einer Darlehenstilgung bei Altersvorsorgeverträgen nach § 1 Absatz 1 a des Altersvorsorgeverträge-Zertifizierungsgesetzes eine Rückforderung zu Unrecht gezahlter Zulagen, setzt die zentrale Stelle den Rückforderungsbetrag nach Absatz 3 unter Anrechnung bereits vom Anbieter einbehaltener und abgeführter Beträge gegenüber dem Zulageberechtigten fest, soweit das Guthaben auf dem Altersvorsorgevertrag des Zulageberechtigten zur Zahlung des Rückforderungsbetrags nicht ausreicht. ③ Der Anbieter hat in diesen Fällen der zentralen Stelle die nach Absatz 3 einbehaltenen und abgeführten Beträge nach amtlich vorgeschriebenem Datensatz durch amtlich bestimmte Datenfernübertragung mitzuteilen.

(4) ① Eine Festsetzung der Zulage erfolgt nur auf besonderen Antrag des Zulageberechtigten. ② Der Antrag ist schriftlich innerhalb eines Jahres vom Antragsteller an den Anbieter zu richten; die Frist beginnt mit der Erteilung der Bescheinigung nach § 92, die die Ermittlungsergebnisse für das Beitragsjahr enthält, für das eine Festsetzung der Zulage erfolgen soll. ③ Der Anbieter leitet den Antrag der zentralen Stelle zur Festsetzung zu. ④ Er hat dem Antrag eine Stellungnahme und die zur Festsetzung erforderlichen Unterlagen beizufügen. ⑤ Die zentrale Stelle teilt die Festsetzung auch dem Anbieter mit. ⑥ Im Übrigen gilt Absatz 3 entsprechend. 4

(5) ① Im Rahmen des Festsetzungsverfahrens kann der Zulageberechtigte bis zum rechtskräftigen Abschluss des Festsetzungsverfahrens eine nicht fristgerecht abgegebene Einwilligung nach § 10 a Absatz 1 Satz 1 Halbsatz 2 gegenüber der zuständigen Stelle nachholen. ② Über die Nachholung hat er die zentrale Stelle unter Angabe des Datums der Erteilung der Einwilligung unmittelbar zu informieren. ③ Hat der Zulageberechtigte im Rahmen des Festsetzungsverfahrens eine wirksame Einwilligung gegenüber der zuständigen Stelle erteilt, wird er so gestellt, als hätte er die Einwilligung innerhalb der Frist nach § 10 a Absatz 1 Satz 1 Halbsatz 2 wirksam gestellt. 5

§ 91 Datenerhebung und Datenabgleich

(1)[2] ① Für die Berechnung und Überprüfung der Zulage sowie die Überprüfung des Vorliegens der Voraussetzungen des Sonderausgabenabzugs nach § 10 a übermitteln die Träger der gesetzlichen Rentenversicherung, die landwirtschaftliche Alterskasse, die Bundesagentur für Arbeit, die Meldebehörden, die Familienkassen und die Finanzämter der zentralen Stelle auf Anforderung unter Angabe der Identifikationsnummer (§ 139 b der Abgabenordnung) des Steuerpflichtigen die bei ihnen vorhandenen Daten nach § 89 Absatz 2 durch Datenfernübertragung; für Zwecke der Berechnung des Mindesteigenbeitrags für ein Beitragsjahr darf die zentrale Stelle bei 1

[1] Zum Vordruckmuster siehe *BMF-Schreiben vom 18. 3. 2010 (BStBl. I S. 242).*

[2] **Zur Fassung von § 91 Abs. 1 ab 1. 1. 2024 siehe in der geschlossenen Wiedergabe.**

EStG

den Trägern der gesetzlichen Rentenversicherung und der landwirtschaftlichen Alterskasse die bei ihnen vorhandenen Daten zu den beitragspflichtigen Einnahmen sowie in den Fällen des § 10 a Absatz 1 Satz 4 zur Höhe der bezogenen Rente wegen voller Erwerbsminderung oder Erwerbsunfähigkeit erheben, sofern diese nicht vom Anbieter nach § 89 übermittelt worden sind; im Datenabgleich mit den Familienkassen sind auch die Identifikationsnummern des Kindergeldberechtigten und des Kindes anzugeben. ② Für Zwecke der Überprüfung nach Satz 1 darf die zentrale Stelle die ihr übermittelten Daten mit den ihr nach § 89 Absatz 2 übermittelten Daten automatisiert abgleichen. ③ Führt die Überprüfung zu einer Änderung der ermittelten oder festgesetzten Zulage, ist dies dem Anbieter mitzuteilen. ④ Ergibt die Überprüfung eine Abweichung von dem in der Steuerfestsetzung berücksichtigten Sonderausgabenabzug nach § 10 a oder der gesonderten Feststellung nach § 10 a Absatz 4, ist dies dem Finanzamt mitzuteilen; die Steuerfestsetzung oder die gesonderte Feststellung ist insoweit zu ändern.

2 (2) ① Die zuständige Stelle hat der zentralen Stelle die Daten nach § 10 a Absatz 1 Satz 1 zweiter Halbsatz bis zum 31. März des dem Beitragsjahr folgenden Kalenderjahres durch Datenfernübertragung zu übermitteln. ② Liegt die Einwilligung nach § 10 a Absatz 1 Satz 1 zweiter Halbsatz erst nach dem in Satz 1 genannten Meldetermin vor, hat die zuständige Stelle die Daten spätestens bis zum Ende des folgenden Kalendervierteljahres nach Erteilung der Einwilligung nach Maßgabe von Satz 1 zu übermitteln.

§ 92 Bescheinigung

1 ① Der Anbieter hat dem Zulageberechtigten jährlich bis zum Ablauf des auf das Beitragsjahr folgenden Jahres eine Bescheinigung nach amtlich vorgeschriebenem Muster[1] zu erteilen über

1. die Höhe der im abgelaufenen Beitragsjahr geleisteten Altersvorsorgebeiträge (Beiträge und Tilgungsleistungen),
2. die im abgelaufenen Beitragsjahr getroffenen, aufgehobenen oder geänderten Ermittlungsergebnisse (§ 90),
3. die Summe der bis zum Ende des abgelaufenen Beitragsjahres dem Vertrag gutgeschriebenen Zulagen,
4. die Summe der bis zum Ende des abgelaufenen Beitragsjahres geleisteten Altersvorsorgebeiträge (Beiträge und Tilgungsleistungen),
5. den Stand des Altersvorsorgevermögens,
6. den Stand des Wohnförderkontos (§ 92 a Absatz 2 Satz 1), sofern er diesen von der zentralen Stelle mitgeteilt bekommen hat, und
7. die Bestätigung der durch den Anbieter erfolgten Datenübermittlung an die zentrale Stelle im Fall des § 10 a Absatz 5 Satz 1.

② Einer jährlichen Bescheinigung bedarf es nicht, wenn zu Satz 1 Nummer 1, 2, 6 und 7 keine Angaben erforderlich sind und sich zu Satz 1 Nummer 3 bis 5 keine Änderungen gegenüber der zuletzt erteilten Bescheinigung ergeben. ③ Liegen die Voraussetzungen des Satzes 2 nur hinsichtlich der Angabe nach Satz 1 Nummer 6 nicht vor und wurde die Geschäftsbeziehung im Hinblick auf den jeweiligen Altersvorsorgevertrag zwischen Zulageberechtigtem und Anbieter beendet, weil

1. das angesparte Kapital vollständig aus dem Altersvorsorgevertrag entnommen wurde oder
2. das gewährte Darlehen vollständig getilgt wurde,

bedarf es keiner jährlichen Bescheinigung, wenn der Anbieter dem Zulageberechtigten in einer Bescheinigung im Sinne dieser Vorschrift Folgendes mitteilt: „Das Wohnförderkonto erhöht sich bis zum Beginn der Auszahlungsphase jährlich um 2 Prozent, solange Sie keine Zahlungen zur Minderung des Wohnförderkontos leisten." ④ Der Anbieter kann dem Zulageberechtigten mit dessen Einverständnis die Bescheinigung auch elektronisch bereitstellen.

§ 92 a Verwendung für eine selbst genutzte Wohnung

1 (1) ① Der Zulageberechtigte kann das in einem Altersvorsorgevertrag gebildete und nach § 10 a oder nach diesem Abschnitt geförderte Kapital in vollem Umfang oder, wenn das verbleibende geförderte Restkapital mindestens 3000 Euro beträgt, teilweise wie folgt verwenden (Altersvorsorge-Eigenheimbetrag):

[1] Siehe *BMF-Schreiben vom 10. 10. 2011 (BStBl. I S. 964)* und *vom 6. 12. 2013 (BStBl. I S. 1507).*

1. bis zum Beginn der Auszahlungsphase unmittelbar für die Anschaffung oder Herstellung einer Wohnung oder zur Tilgung eines zu diesem Zweck aufgenommenen Darlehens, wenn das dafür entnommene Kapital mindestens 3000 Euro beträgt, oder

2. bis zum Beginn der Auszahlungsphase unmittelbar für den Erwerb von Pflicht-Geschäftsanteilen an einer eingetragenen Genossenschaft für die Selbstnutzung einer Genossenschaftswohnung oder zur Tilgung eines zu diesem Zweck aufgenommenen Darlehens, wenn das dafür entnommene Kapital mindestens 3000 Euro beträgt, oder

3.[1] bis zum Beginn der Auszahlungsphase unmittelbar für die Finanzierung eines Umbaus einer Wohnung, wenn

a) das dafür entnommene Kapital

aa) mindestens 6000 Euro beträgt und für einen innerhalb eines Zeitraums von drei Jahren nach der Anschaffung oder Herstellung der Wohnung vorgenommenen Umbau verwendet wird oder

bb) mindestens 20 000 Euro beträgt,

b) das dafür entnommene Kapital zu mindestens 50 Prozent auf Maßnahmen entfällt, die die Vorgaben der DIN 18040 Teil 2, Ausgabe September 2011, soweit baustrukturell möglich, erfüllen, und der verbleibende Teil der Kosten der Reduzierung von Barrieren in oder an der Wohnung dient; die zweckgerechte Verwendung ist durch einen Sachverständigen zu bestätigen; und

c) der Zulageberechtigte oder ein Mitnutzer der Wohnung für die Umbaukosten weder eine Förderung durch Zuschüsse noch eine Steuerermäßigung nach § 35 a in Anspruch nimmt oder nehmen wird noch die Berücksichtigung als außergewöhnliche Belastung nach § 33 beantragt hat oder beantragen wird und dies schriftlich bestätigt. ② Diese Bestätigung ist bei der Antragstellung nach § 92 b Absatz 1 Satz 1 gegenüber der zentralen Stelle abzugeben. ③ Bei der Inanspruchnahme eines Darlehens im Rahmen eines Altersvorsorgevertrags nach § 1 Absatz 1 a des Altersvorsorgeverträge-Zertifizierungsgesetzes hat der Zulageberechtigte die Bestätigung gegenüber seinem Anbieter abzugeben.

② Die DIN 18040 ist im Beuth-Verlag GmbH, Berlin und Köln, erschienen und beim Deutschen Patent- und Markenamt in München archivmäßig gesichert niedergelegt. ③ Die technischen Mindestanforderungen für die Reduzierung von Barrieren in oder an der Wohnung nach Satz 1 Nummer 3 Buchstabe b werden durch das Bundesministerium des Innern, für Bau und Heimat im Einvernehmen mit dem Bundesministerium der Finanzen festgelegt und im Bundesbaublatt veröffentlicht. ④ Sachverständige im Sinne dieser Vorschrift sind nach Landesrecht Bauvorlageberechtigte sowie nach § 91 Absatz 1 Nummer 8 der Handwerksordnung öffentlich bestellte und vereidigte Sachverständige, die für ein Sachgebiet bestellt sind, das die Barrierefreiheit und Barrierereduzierung in Wohngebäuden umfasst, und die eine besondere Sachkunde oder ergänzende Fortbildung auf diesem Gebiet nachweisen. ⑤ Eine nach Satz 1 begünstigte Wohnung ist

1. eine Wohnung in einem eigenen Haus oder

2. eine eigene Eigentumswohnung oder

3. eine Genossenschaftswohnung einer eingetragenen Genossenschaft,

wenn diese Wohnung in einem Mitgliedstaat der Europäischen Union oder in einem Staat, auf den das Abkommen über den Europäischen Wirtschaftsraum (EWR-Abkommen) anwendbar ist, belegen ist und die Hauptwohnung oder den Mittelpunkt der Lebensinteressen des Zulageberechtigten darstellt; dies gilt auch für eine im Vereinigten Königreich Großbritannien und Nordirland belegene Wohnung, die vor dem Zeitpunkt, ab dem das Vereinigte Königreich Großbritannien und Nordirland nicht mehr Mitgliedstaat der Europäischen Union ist und auch nicht wie ein solcher zu behandeln ist, bereits begünstigt war, soweit für diese Wohnung bereits vor diesem Zeitpunkt eine Verwendung nach Satz 1 erfolgt ist und keine erneute beantragt wird. ⑥ Einer Wohnung im Sinne des Satzes 5 steht ein eigentumsähnliches oder lebenslanges Dauerwohnrecht nach § 33 des Wohnungseigentumsgesetzes gleich, soweit Vereinbarungen nach § 39 des Wohnungseigentumsgesetzes getroffen werden. ⑦ Bei der Ermittlung des Restkapitals nach Satz 1 ist auf den Stand des geförderten Altersvorsorgevermögens zum Ablauf des Tages abzustellen, an dem die zentrale Stelle den Bescheid nach § 92 b ausgestellt hat. ⑧ Der Altersvorsorge-Eigenheimbetrag gilt nicht als Leistung aus einem Altersvorsorgevertrag, die dem Zulageberechtigten im Zeitpunkt der Auszahlung zufließt.

(2) **① Der Altersvorsorge-Eigenheimbetrag, die Tilgungsleistungen im Sinne des § 82 Absatz 1 Satz 1 Nummer 2 und die hierfür gewährten Zulagen sind durch die** 2

[1] Zur Fassung von § 92 a Abs. 1 Satz 1 Nr. 3 ab 1. 1. 2024 siehe in der geschlossenen Wiedergabe.

EStG

zentrale Stelle in Bezug auf den zugrunde liegenden Altersvorsorgevertrag gesondert zu erfassen (Wohnförderkonto); die zentrale Stelle teilt für jeden Altersvorsorgevertrag, für den sie ein Wohnförderkonto (Altersvorsorgevertrag mit Wohnförderkonto) führt, dem Anbieter jährlich den Stand des Wohnförderkontos nach amtlich vorgeschriebenem Datensatz durch Datenfernübertragung mit. ② Beiträge, die nach § 82 Absatz 1 Satz 3 wie Tilgungsleistungen behandelt wurden, sind im Zeitpunkt der unmittelbaren Darlehenstilgung einschließlich der zur Tilgung eingesetzten Zulagen und Erträge in das Wohnförderkonto aufzunehmen; zur Tilgung eingesetzte ungeförderte Beiträge einschließlich der darauf entfallenden Erträge fließen dem Zulageberechtigten in diesem Zeitpunkt zu. ③ Nach Ablauf eines Beitragsjahres, letztmals für das Beitragsjahr des Beginns der Auszahlungsphase, ist der sich aus dem Wohnförderkonto ergebende Gesamtbetrag um 2 Prozent zu erhöhen. ④ Das Wohnförderkonto ist zu vermindern um

1. Zahlungen des Zulageberechtigten auf einen auf seinen Namen lautenden zertifizierten Altersvorsorgevertrag nach § 1 Absatz 1 des Altersvorsorgeverträge-Zertifizierungsgesetzes bis zum Beginn der Auszahlungsphase zur Minderung der in das Wohnförderkonto eingestellten Beträge; der Anbieter, bei dem die Einzahlung erfolgt, hat die Einzahlung der zentralen Stelle nach amtlich vorgeschriebenem Datensatz durch Datenfernübertragung mitzuteilen; erfolgt die Einzahlung nicht auf den Altersvorsorgevertrag mit Wohnförderkonto, hat der Zulageberechtigte dem Anbieter, bei dem die Einzahlung erfolgt, die Vertragsdaten des Altersvorsorgevertrags mit Wohnförderkonto mitzuteilen; diese hat der Anbieter der zentralen Stelle zusätzlich mitzuteilen;
2. den Verminderungsbetrag nach Satz 5.

⑤ Verminderungsbetrag ist der sich mit Ablauf des Kalenderjahres des Beginns der Auszahlungsphase ergebende Stand des Wohnförderkontos dividiert durch die Anzahl der Jahre bis zur Vollendung des 85. Lebensjahres des Zulageberechtigten; als Beginn der Auszahlungsphase gilt der vom Zulageberechtigten und Anbieter vereinbarte Zeitpunkt, der zwischen der Vollendung des 60. Lebensjahres und des 68. Lebensjahres des Zulageberechtigten liegen muss; ist ein Auszahlungszeitpunkt nicht vereinbart, so gilt die Vollendung des 67. Lebensjahres als Beginn der Auszahlungsphase; die Verschiebung des Beginns der Auszahlungsphase über das 68. Lebensjahr des Zulageberechtigten hinaus ist unschädlich, sofern es sich um eine Verschiebung im Zusammenhang mit der Abfindung einer Kleinbetragsrente auf Grund des § 1 Absatz 1 Satz 1 Nummer 4 Buchstabe a des Altersvorsorgeverträge-Zertifizierungsgesetzes handelt. ⑥ Anstelle einer Verminderung nach Satz 5 kann der Zulageberechtigte jederzeit in der Auszahlungsphase von der zentralen Stelle die Auflösung des Wohnförderkontos verlangen (Auflösungsbetrag). ⑦ Der Anbieter hat im Zeitpunkt der unmittelbaren Darlehenstilgung die Beträge nach Satz 2 erster Halbsatz und der Anbieter eines Altersvorsorgevertrags mit Wohnförderkonto hat zu Beginn der Auszahlungsphase den Zeitpunkt des Beginns der Auszahlungsphase der zentralen Stelle nach amtlich vorgeschriebenem Datensatz durch Datenfernübertragung spätestens bis zum Ablauf des zweiten Monats, der auf den Monat der unmittelbaren Darlehenstilgung oder des Beginns der Auszahlungsphase folgt, mitzuteilen. ⑧ Wird gefördertes Altersvorsorgevermögen nach § 93 Absatz 2 Satz 1 von einem Anbieter auf einen anderen auf den Namen des Zulageberechtigten lautenden Altersvorsorgevertrag vollständig übertragen und hat die zentrale Stelle für den bisherigen Altersvorsorgevertrag ein Wohnförderkonto geführt, so schließt sie das Wohnförderkonto des bisherigen Vertrags und führt es zu dem neuen Altersvorsorgevertrag fort. ⑨ Erfolgt eine Zahlung nach Satz 4 Nummer 1 oder nach Absatz 3 Satz 9 Nummer 2 auf einen anderen Altersvorsorgevertrag als auf den Altersvorsorgevertrag mit Wohnförderkonto, schließt die zentrale Stelle das Wohnförderkonto des bisherigen Vertrags und führt es ab dem Zeitpunkt der Einzahlung für den Altersvorsorgevertrag fort, auf den die Einzahlung erfolgt ist. ⑩ Die zentrale Stelle teilt die Schließung des Wohnförderkontos dem Anbieter des bisherigen Altersvorsorgevertrags mit Wohnförderkonto mit.

2a (2 a) ① Geht im Rahmen der Regelung von Scheidungsfolgen der Eigentumsanteil des Zulageberechtigten an der Wohnung im Sinne des Absatzes 1 Satz 5 ganz oder teilweise auf den anderen Ehegatten über, geht das Wohnförderkonto in Höhe des Anteils, der dem Verhältnis des übergegangenen Eigentumsanteils zum ursprünglichen Eigentumsanteil entspricht, mit allen Rechten und Pflichten auf den anderen Ehegatten über; dabei ist auf das Lebensalter des anderen Ehegatten abzustellen. ② Hat der andere Ehegatte das Lebensalter für den vertraglich vereinbarten Beginn der Auszahlungsphase oder, soweit kein Beginn der Auszahlungsphase vereinbart wurde, das 67. Lebensjahr im Zeitpunkt des Übergangs des Wohnförderkontos bereits überschritten, so gilt als Beginn der Auszahlungsphase der Zeitpunkt des Übergangs des Wohnförderkontos. ③ Der Zulageberechtigte hat den Übergang des Eigentumsan-

EStG

teils der zentralen Stelle nachzuweisen. ④ Dazu hat er die für die Anlage eines Wohnförderkontos erforderlichen Daten des anderen Ehegatten mitzuteilen. ⑤ Die Sätze 1 bis 4 gelten entsprechend für Ehegatten, die im Zeitpunkt des Todes des Zulageberechtigten

1. nicht dauernd getrennt gelebt haben (§ 26 Absatz 1) und

2. ihren Wohnsitz oder gewöhnlichen Aufenthalt in einem Mitgliedstaat der Europäischen Union oder einem Staat hatten, auf den das Abkommen über den Europäischen Wirtschaftsraum anwendbar ist; dies gilt auch, wenn die Ehegatten ihren vor dem Zeitpunkt, ab dem das Vereinigte Königreich Großbritannien und Nordirland nicht mehr Mitgliedstaat der Europäischen Union ist und auch nicht wie ein solcher zu behandeln ist, begründeten Wohnsitz oder gewöhnlichen Aufenthalt im Vereinigten Königreich Großbritannien und Nordirland hatten und der Altersvorsorgevertrag vor dem 23. Juni 2016 abgeschlossen worden ist.

(3) **① Nutzt der Zulageberechtigte die Wohnung im Sinne des Absatzes 1 Satz 5, für die ein Altersvorsorge-Eigenheimbetrag verwendet oder für die eine Tilgungsförderung im Sinne des § 82 Absatz 1 in Anspruch genommen worden ist, nicht nur vorübergehend nicht mehr zu eigenen Wohnzwecken, hat er dies dem Anbieter, in der Auszahlungsphase der zentralen Stelle, unter Angabe des Zeitpunkts der Aufgabe der Selbstnutzung anzuzeigen. ② Eine Aufgabe der Selbstnutzung liegt auch vor, soweit der Zulageberechtigte das Eigentum an der Wohnung aufgibt. ③ Die Anzeigepflicht gilt entsprechend für den Rechtsnachfolger der begünstigten Wohnung, wenn der Zulageberechtigte stirbt. ④ Die Anzeigepflicht entfällt, wenn das Wohnförderkonto vollständig zurückgeführt worden ist, es sei denn, es liegt ein Fall des § 22 Nummer 5 Satz 6 vor. ⑤ Im Fall des Satzes 1 gelten die im Wohnförderkonto erfassten Beträge als Leistungen aus einem Altersvorsorgevertrag, die dem Zulageberechtigten nach letztmaliger Erhöhung des Wohnförderkontos nach Absatz 2 Satz 3 zum Ende des Veranlagungszeitraums, in dem die Selbstnutzung aufgegeben wurde, zufließen; das Wohnförderkonto ist aufzulösen (Auflösungsbetrag). ⑥ Verstirbt der Zulageberechtigte, ist der Auflösungsbetrag ihm noch zuzurechnen. ⑦ Der Anbieter hat der zentralen Stelle den Zeitpunkt der Aufgabe nach amtlich vorgeschriebenem Datensatz durch Datenfernübertragung spätestens bis zum Ablauf des zweiten Monats, der auf den Monat der Anzeige des Zulageberechtigten folgt, mitzuteilen. ⑧ Wurde im Fall des Satzes 1 eine Tilgungsförderung nach § 82 Absatz 1 Satz 3 in Anspruch genommen und erfolgte keine Einstellung in das Wohnförderkonto nach Absatz 2 Satz 2, sind die Beiträge, die nach § 82 Absatz 1 Satz 3 wie Tilgungsleistungen behandelt wurden, sowie die darauf entfallenden Zulagen und Erträge in ein Wohnförderkonto aufzunehmen und anschließend die weiteren Regelungen dieses Absatzes anzuwenden; Absatz 2 Satz 2 zweiter Halbsatz und Satz 7 gilt entsprechend. ⑨ Die Sätze 5 bis 7 sowie § 20 sind nicht anzuwenden, wenn** 3

1. der Zulageberechtigte einen Betrag in Höhe des noch nicht zurückgeführten Betrags im Wohnförderkonto innerhalb von zwei Jahren vor dem Veranlagungszeitraum und von fünf Jahren nach Ablauf des Veranlagungszeitraums, in dem er die Wohnung letztmals zu eigenen Wohnzwecken genutzt hat, für eine weitere Wohnung im Sinne des Absatzes 1 Satz 5 verwendet,

2. der Zulageberechtigte einen Betrag in Höhe des noch nicht zurückgeführten Betrags im Wohnförderkonto innerhalb eines Jahres nach Ablauf des Veranlagungszeitraums, in dem er die Wohnung letztmals zu eigenen Wohnzwecken genutzt hat, auf einen auf seinen Namen lautenden zertifizierten Altersvorsorgevertrag zahlt; Absatz 2 Satz 4 Nummer 1 ist entsprechend anzuwenden,

3. die Ehewohnung auf Grund einer richterlichen Entscheidung nach § 1361 b des Bürgerlichen Gesetzbuchs oder nach der Verordnung über die Behandlung der Ehewohnung und des Hausrats dem anderen Ehegatten zugewiesen wird,

4. der Zulageberechtigte krankheits- oder pflegebedingt die Wohnung nicht mehr bewohnt, sofern er Eigentümer dieser Wohnung bleibt, sie ihm weiterhin zur Selbstnutzung zur Verfügung steht und sie nicht von Dritten, mit Ausnahme seines Ehegatten, genutzt wird oder

5. der Zulageberechtigte innerhalb von fünf Jahren nach Ablauf des Veranlagungszeitraums, in dem er die Wohnung letztmals zu eigenen Wohnzwecken genutzt hat, die Selbstnutzung dieser Wohnung wieder aufnimmt.

⑩ Satz 9 Nummer 1 und 2 setzt voraus, dass der Zulageberechtigte dem Anbieter, in der Auszahlungsphase der zentralen Stelle, die fristgemäße Reinvestitionsabsicht im Rahmen der Anzeige nach Satz 1 und den Zeitpunkt der Reinvestition oder die Aufgabe der Reinvestitionsabsicht anzeigt; in den Fällen des Absatzes 2a und des Satzes 9 Nummer 3 gelten die Sätze 1 bis 9 entsprechend für den anderen, geschiedenen oder überlebenden Ehegatten, wenn er die Wohnung nicht nur vorübergehend nicht

ESTG

mehr zu eigenen Wohnzwecken nutzt. ⑪ Satz 5 ist mit der Maßgabe anzuwenden, dass der Eingang der Anzeige der aufgegebenen Reinvestitionsabsicht, spätestens jedoch der 1. Januar

1. des sechsten Jahres nach dem Jahr der Aufgabe der Selbstnutzung bei einer Reinvestitionsabsicht nach Satz 9 Nummer 1 oder

2. des zweiten Jahres nach dem Jahr der Aufgabe der Selbstnutzung bei einer Reinvestitionsabsicht nach Satz 9 Nummer 2

als Zeitpunkt der Aufgabe gilt. ⑫ Satz 9 Nummer 5 setzt voraus, dass bei einer beabsichtigten Wiederaufnahme der Selbstnutzung der Zulageberechtigte dem Anbieter, in der Auszahlungsphase der zentralen Stelle, die Absicht der fristgemäßen Wiederaufnahme der Selbstnutzung im Rahmen der Anzeige nach Satz 1 und den Zeitpunkt oder die Aufgabe der Reinvestitionsabsicht nach Satz 10 anzeigt. ⑬ Satz 10 zweiter Halbsatz und Satz 11 gelten für die Anzeige der Absicht der fristgemäßen Wiederaufnahme der Selbstnutzung entsprechend.

4 **(4) ① Absatz 3 sowie § 20 sind auf Antrag des Steuerpflichtigen nicht anzuwenden, wenn er**

1. die Wohnung im Sinne des Absatzes 1 Satz 5 auf Grund eines beruflich bedingten Umzugs für die Dauer der beruflich bedingten Abwesenheit nicht selbst nutzt; wird während dieser Zeit mit einer anderen Person ein Nutzungsrecht für diese Wohnung vereinbart, ist diese Vereinbarung von vorneherein entsprechend zu befristen,

2. beabsichtigt, die Selbstnutzung wieder aufzunehmen und

3. die Selbstnutzung spätestens mit der Vollendung seines 67. Lebensjahres aufnimmt.

② Der Steuerpflichtige hat den Antrag bei der zentralen Stelle zu stellen und dabei die notwendigen Nachweise zu erbringen. ③ Die zentrale Stelle erteilt dem Steuerpflichtigen einen Bescheid über die Bewilligung des Antrags und informiert den Anbieter des Altersvorsorgevertrags mit Wohnförderkonto des Zulageberechtigten über die Bewilligung, eine Wiederaufnahme der Selbstnutzung nach einem beruflich bedingten Umzug und den Wegfall der Voraussetzungen nach diesem Absatz; die Information hat nach amtlich vorgeschriebenem Datensatz durch Datenfernübertragung zu erfolgen. ④ Entfällt eine der in Satz 1 genannten Voraussetzungen, ist Absatz 3 mit der Maßgabe anzuwenden, dass bei einem Wegfall der Voraussetzung nach Satz 1 Nummer 1 als Zeitpunkt der Aufgabe der Zeitpunkt des Wegfalls der Voraussetzung und bei einem Wegfall der Voraussetzung nach Satz 1 Nummer 2 oder Nummer 3 der Eingang der Mitteilung des Steuerpflichtigen nach Absatz 3 als Zeitpunkt der Aufgabe gilt, spätestens jedoch die Vollendung des 67. Lebensjahres des Steuerpflichtigen.

§ 92b Verfahren bei Verwendung für eine selbst genutzte Wohnung

1 **(1) ① Der Zulageberechtigte hat die Verwendung des Kapitals nach § 92a Absatz 1 Satz 1 spätestens zehn Monate vor dem Beginn der Auszahlungsphase des Altersvorsorgevertrags im Sinne des § 1 Absatz 1 Nummer 2 des Altersvorsorgeverträge-Zertifizierungsgesetzes bei der zentralen Stelle zu beantragen und dabei die notwendigen Nachweise zu erbringen. ② Er hat zu bestimmen, aus welchen Altersvorsorgeverträgen der Altersvorsorge-Eigenheimbetrag ausgezahlt werden soll. ③ Die zentrale Stelle teilt dem Zulageberechtigten durch Bescheid und den Anbietern der in Satz 2 genannten Altersvorsorgeverträge nach amtlich vorgeschriebenem Datensatz durch Datenfernübertragung mit, bis zu welcher Höhe eine wohnungswirtschaftliche Verwendung im Sinne des § 92a Absatz 1 Satz 1 vorliegen kann.**

2 **(2) ① Die Anbieter der in Absatz 1 Satz 2 genannten Altersvorsorgeverträge dürfen den Altersvorsorge-Eigenheimbetrag auszahlen, sobald sie die Mitteilung nach Absatz 1 Satz 3 erhalten haben. ② Sie haben der zentralen Stelle nach amtlich vorgeschriebenem Datensatz durch Datenfernübertragung Folgendes spätestens bis zum Ablauf des zweiten Monats, der auf den Monat der Auszahlung folgt, anzuzeigen:**

1. den Auszahlungszeitpunkt und den Auszahlungsbetrag,

2. die Summe der bis zum Auszahlungszeitpunkt dem Altersvorsorgevertrag gutgeschriebenen Zulagen,

3. die Summe der bis zum Auszahlungszeitpunkt geleisteten Altersvorsorgebeiträge und

4. den Stand des geförderten Altersvorsorgevermögens im Zeitpunkt der Auszahlung.

3 **(3) ① Die zentrale Stelle stellt zu Beginn der Auszahlungsphase und in den Fällen des § 92a Absatz 2a und 3 Satz 5 den Stand des Wohnförderkontos, soweit für die Besteuerung erforderlich, den Verminderungsbetrag und den Auflösungsbetrag von Amts wegen gesondert fest. ② Die zentrale Stelle teilt die Feststellung dem Zulagebe-**

rechtigten, in den Fällen des § 92a Absatz 2a Satz 1 auch dem anderen Ehegatten, durch Bescheid und dem Anbieter nach amtlich vorgeschriebenem Datensatz durch Datenfernübertragung mit. ③ Der Anbieter hat auf Anforderung der zentralen Stelle die zur Feststellung erforderlichen Unterlagen vorzulegen. ④ Auf Antrag des Zulageberechtigten stellt die zentrale Stelle den Stand des Wohnförderkontos gesondert fest. ⑤ § 90 Absatz 4 Satz 2 bis 5 gilt entsprechend.

§ 93 Schädliche Verwendung

(1) ① **Wird gefördertes Altersvorsorgevermögen nicht unter den in § 1 Absatz 1 Satz 1 Nummer 4 und 10 Buchstabe c des Altersvorsorgeverträge-Zertifizierungsgesetzes oder § 1 Absatz 1 Satz 1 Nummer 4, 5 und 10 Buchstabe c des Altersvorsorgeverträge-Zertifizierungsgesetzes in der bis zum 31. Dezember 2004 geltenden Fassung genannten Voraussetzungen an den Zulageberechtigten ausgezahlt (schädliche Verwendung), sind die auf das ausgezahlte geförderte Altersvorsorgevermögen entfallenden Zulagen und die nach § 10a Absatz 4 gesondert festgestellten Beträge (Rückzahlungsbetrag) zurückzuzahlen. ② Dies gilt auch bei einer Auszahlung nach Beginn der Auszahlungsphase (§ 1 Absatz 1 Satz 1 Nummer 2 des Altersvorsorgeverträge-Zertifizierungsgesetzes) und bei Auszahlungen im Fall des Todes des Zulageberechtigten. ③ Hat der Zulageberechtigte Zahlungen im Sinne des § 92a Absatz 2 Satz 4 Nummer 1 oder § 92a Absatz 3 Satz 9 Nummer 2 geleistet, dann handelt es sich bei dem hierauf beruhenden Altersvorsorgevermögen um gefördertes Altersvorsorgevermögen im Sinne des Satzes 1; der Rückzahlungsbetrag bestimmt sich insoweit nach der für die in das Wohnförderkonto eingestellten Beträge gewährten Förderung. ④ Eine Rückzahlungsverpflichtung besteht nicht für den Teil der Zulagen und der Steuerermäßigung,** 1

a) der auf nach § 1 Absatz 1 Satz 1 Nummer 2 des Altersvorsorgeverträge-Zertifizierungsgesetzes angespartes gefördertes Altersvorsorgevermögen entfällt, wenn es in Form einer Hinterbliebenenrente an die dort genannten Hinterbliebenen ausgezahlt wird; dies gilt auch für Leistungen im Sinne des § 82 Absatz 3 an Hinterbliebene des Steuerpflichtigen;

b) der den Beitragsanteilen zuzuordnen ist, die für die zusätzliche Absicherung der verminderten Erwerbsfähigkeit und eine zusätzliche Hinterbliebenenabsicherung ohne Kapitalbildung verwendet worden sind;

c) der auf gefördertes Altersvorsorgevermögen entfällt, das im Fall des Todes des Zulageberechtigten auf einen auf den Namen des Ehegatten lautenden Altersvorsorgevertrag übertragen wird, wenn die Ehegatten im Zeitpunkt des Todes des Zulageberechtigten nicht dauernd getrennt gelebt haben (§ 26 Absatz 1) und ihren Wohnsitz oder gewöhnlichen Aufenthalt in einem Mitgliedstaat der Europäischen Union oder einem Staat hatten, auf den das Abkommen über den Europäischen Wirtschaftsraum (EWR-Abkommen) anwendbar ist; dies gilt auch, wenn die Ehegatten ihren vor dem Zeitpunkt, ab dem das Vereinigte Königreich Großbritannien und Nordirland nicht mehr Mitgliedstaat der Europäischen Union ist und auch nicht wie ein solcher zu behandeln ist, begründeten Wohnsitz oder gewöhnlichen Aufenthalt im Vereinigten Königreich Großbritannien und Nordirland hatten und der Vertrag vor dem 23. Juni 2016 abgeschlossen worden ist;

d) der auf den Altersvorsorge-Eigenheimbetrag entfällt.

(1a) ① **Eine schädliche Verwendung liegt nicht vor, wenn gefördertes Altersvorsorgevermögen auf Grund einer internen Teilung nach § 10 des Versorgungsausgleichsgesetzes oder auf Grund einer externen Teilung nach § 14 des Versorgungsausgleichsgesetzes auf einen zertifizierten Altersvorsorgevertrag oder eine nach § 82 Absatz 2 begünstigte betriebliche Altersversorgung übertragen wird; die auf das übertragene Anrecht entfallende steuerliche Förderung geht mit allen Rechten und Pflichten auf die ausgleichsberechtigte Person über. ② Eine schädliche Verwendung liegt ebenfalls nicht vor, wenn gefördertes Altersvorsorgevermögen auf Grund einer externen Teilung nach § 14 des Versorgungsausgleichsgesetzes auf die Versorgungsausgleichskasse oder die gesetzliche Rentenversicherung übertragen wird; die Rechte und Pflichten der ausgleichspflichtigen Person aus der steuerlichen Förderung des übertragenen Anteils entfallen. ③ In den Fällen der Sätze 1 und 2 teilt die zentrale Stelle der ausgleichspflichtigen Person die Höhe der auf die Ehezeit im Sinne des § 3 Absatz 1 des Versorgungsausgleichsgesetzes oder die Lebenspartnerschaftszeit im Sinne des § 20 Absatz 2 des Lebenspartnerschaftsgesetzes entfallenden gesondert festgestellten Beträge nach § 10a Absatz 4 und die ermittelten Zulagen mit. ④ Die entsprechenden Beträge sind monatsweise zuzuordnen. ⑤ Die zentrale Stelle teilt die geänderte Zuordnung der gesondert festgestellten Beträge nach § 10a Absatz 4 sowie der ermittelten Zulagen der ausgleichspflichtigen und in den Fällen des Satzes 1 auch der ausgleichsberechtigten Person durch Feststellungsbescheid mit. ⑥ Nach Eintritt der Unanfechtbarkeit dieses Feststellungsbescheids informiert die zentrale Stelle den Anbieter durch einen Datensatz über die geänderte Zuordnung.** 1a

EStG

2 (2) ① Die Übertragung von gefördertem Altersvorsorgevermögen auf einen anderen auf den Namen des Zulageberechtigten lautenden Altersvorsorgevertrag (§ 1 Absatz 1 Satz 1 Nummer 10 Buchstabe b des Altersvorsorgeverträge-Zertifizierungsgesetzes) stellt keine schädliche Verwendung dar. ② Dies gilt sinngemäß in den Fällen des § 4 Absatz 2 und 3 des Betriebsrentengesetzes, wenn das geförderte Altersvorsorgevermögen auf eine der in § 82 Absatz 2 Buchstabe a genannten Einrichtungen der betrieblichen Altersversorgung zum Aufbau einer kapitalgedeckten betrieblichen Altersversorgung übertragen und eine lebenslange Altersversorgung entsprechend § 82 Abs. 2 Satz 2 vorgesehen ist, wie auch in den Fällen einer Übertragung nach § 3 Nummer 55 c Satz 2 Buchstabe a. ③ In den übrigen Fällen der Abfindung von Anwartschaften der betrieblichen Altersversorgung gilt dies, soweit das geförderte Altersvorsorgevermögen zugunsten eines auf den Namen des Zulageberechtigten lautenden Altersvorsorgevertrages geleistet wird. ④ Auch keine schädliche Verwendung sind der gesetzliche Forderungs- und Vermögensübergang nach § 9 des Betriebsrentengesetzes und die gesetzlich vorgesehene schuldbefreiende Übertragung nach § 8 Absatz 1 des Betriebsrentengesetzes.

3 (3) ① Auszahlungen zur Abfindung einer Kleinbetragsrente zu Beginn der Auszahlungsphase oder im darauffolgenden Jahr gelten nicht als schädliche Verwendung. ② Eine Kleinbetragsrente ist eine Rente, die bei gleichmäßiger Verrentung des gesamten zu Beginn der Auszahlungsphase zur Verfügung stehenden Kapitals eine monatliche Rente ergibt, die 1 Prozent der monatlichen Bezugsgröße nach § 18 des Vierten Buches Sozialgesetzbuch nicht übersteigt. ③ Bei der Berechnung dieses Betrags sind alle bei einem Anbieter bestehenden Verträge des Zulageberechtigten insgesamt zu berücksichtigen, auf die nach diesem Abschnitt geförderte Altersvorsorgebeiträge geleistet wurden. ④ Die Sätze 1 bis 3 gelten entsprechend, wenn

1. nach dem Beginn der Auszahlungsphase ein Versorgungsausgleich durchgeführt wird und
2. sie dadurch die Rente verringert.

4 (4) ① Wird bei einem einheitlichen Vertrag nach § 1 Absatz 1 a Satz 1 Nummer 2 zweiter Halbsatz des Altersvorsorgeverträge-Zertifizierungsgesetzes das Darlehen nicht wohnungswirtschaftlich im Sinne des § 92 a Absatz 1 Satz 1 verwendet, liegt zum Zeitpunkt der Darlehensauszahlung eine schädliche Verwendung des geförderten Altersvorsorgevermögens vor, es sei denn, das geförderte Altersvorsorgevermögen wird innerhalb eines Jahres nach Ablauf des Veranlagungszeitraums, in dem das Darlehen ausgezahlt wurde, auf einen anderen zertifizierten Altersvorsorgevertrag übertragen, der auf den Namen des Zulageberechtigten lautet. ② Der Zulageberechtigte hat dem Anbieter die Absicht zur Kapitalübertragung, den Zeitpunkt der Kapitalübertragung bis zum Zeitpunkt der Darlehensauszahlung und die Aufgabe der Absicht zur Kapitalübertragung mitzuteilen. ③ Wird die Absicht zur Kapitalübertragung aufgegeben, tritt die schädliche Verwendung zu dem Zeitpunkt ein, zu dem die Mitteilung des Zulageberechtigten hierzu beim Anbieter eingeht, spätestens aber am 1. Januar des zweiten Jahres nach dem Jahr, in dem das Darlehen ausgezahlt wurde.

§ 94 Verfahren bei schädlicher Verwendung

1 (1) ① In den Fällen des § 93 Absatz 1 hat der Anbieter der zentralen Stelle vor der Auszahlung des geförderten Altersvorsorgevermögens die schädliche Verwendung nach amtlich vorgeschriebenem Datensatz durch amtlich bestimmte Datenfernübertragung anzuzeigen. ② Die zentrale Stelle ermittelt den Rückzahlungsbetrag und teilt diesen dem Anbieter durch Datensatz mit. ③ Der Anbieter hat den Rückzahlungsbetrag einzubehalten, mit der nächsten Anmeldung nach § 90 Absatz 3 anzumelden und an die zentrale Stelle abzuführen. ④ Der Anbieter hat die einbehaltenen und abgeführten Beträge der zentralen Stelle nach amtlich vorgeschriebenem Datensatz durch amtlich bestimmte Datenfernübertragung mitzuteilen und diese Beträge dem Zulageberechtigten zu bescheinigen;[1] mit Einverständnis des Zulageberechtigten kann die Bescheinigung elektronisch bereitgestellt werden. ⑤ In den Fällen des § 93 Absatz 3 gilt Satz 1 entsprechend.

2 (2) ① Eine Festsetzung des Rückzahlungsbetrags erfolgt durch die zentrale Stelle auf besonderen Antrag des Zulageberechtigten oder sofern die Rückzahlung nach Absatz 1 ganz oder teilweise nicht möglich oder nicht erfolgt ist. ② § 90 Absatz 4 Satz 2 bis 6 gilt entsprechend; § 90 Absatz 4 Satz 5 gilt nicht, wenn die Geschäftsbeziehung im Hinblick auf den jeweiligen Altersvorsorgevertrag zwischen dem Zulageberechtigten und dem Anbieter beendet wurde. ③ Im Rückforderungsbescheid sind auf den Rückzahlungsbetrag die vom Anbieter bereits einbehaltenen und abgeführten Beträge nach Maßgabe der Bescheinigung nach Absatz 1 Satz 4 anzurechnen.

[1] Zum Vordruckmuster für die Bescheinigung siehe *BMF-Schreiben vom 8. 5. 2014 (BStBl. I S. 810).*

④ Der Zulageberechtigte hat den verbleibenden Rückzahlungsbetrag innerhalb eines Monats nach Bekanntgabe des Rückforderungsbescheids an die zuständige Kasse zu entrichten. ⑤ Die Frist für die Festsetzung des Rückzahlungsbetrags beträgt vier Jahre und beginnt mit Ablauf des Kalenderjahres, in dem die Auszahlung im Sinne des § 93 Absatz 1 erfolgt ist.

(3) ① Sofern der zentralen Stelle für den Zulageberechtigten im Zeitpunkt der schädlichen Verwendung eine Meldung nach § 118 Absatz 1 a des Zwölften Buches Sozialgesetzbuch zum erstmaligen Bezug von Hilfe zum Lebensunterhalt und von Grundsicherung im Alter und bei Erwerbsminderung vorliegt, teilt die zentrale Stelle zum Zeitpunkt der Mitteilung nach Absatz 1 Satz 2 der Datenstelle der Rentenversicherungsträger als Vermittlungsstelle die schädliche Verwendung durch Datenfernübertragung mit. ② Dies gilt nicht, wenn das Ausscheiden aus diesem Hilfebezug nach § 118 Absatz 1 a des Zwölften Buches Sozialgesetzbuch angezeigt wurde. 3

§ 95[1] Sonderfälle der Rückzahlung

(1) ① Die §§ 93 und 94 gelten entsprechend, wenn 1

1. sich der Wohnsitz oder gewöhnliche Aufenthalt des Zulageberechtigten außerhalb der Mitgliedstaaten der Europäischen Union und der Staaten befindet, auf die das Abkommen über den Europäischen Wirtschaftsraum (EWR-Abkommen) anwendbar ist, oder wenn der Zulageberechtigte ungeachtet eines Wohnsitzes oder gewöhnlichen Aufenthaltes in einem dieser Staaten nach einem Abkommen zur Vermeidung der Doppelbesteuerung mit einem dritten Staat als außerhalb des Hoheitsgebiets dieser Staaten ansässig gilt und
2. entweder keine Zulageberechtigung besteht oder der Vertrag in der Auszahlungsphase ist.

② Satz 1 gilt nicht, sofern sich der Wohnsitz oder gewöhnliche Aufenthalt des Zulageberechtigten bereits seit dem 22. Juni 2016 ununterbrochen im Vereinigten Königreich Großbritannien und Nordirland befindet und der Vertrag vor dem 23. Juni 2016 abgeschlossen worden ist.

(2) ① Auf Antrag des Zulageberechtigten ist der Rückzahlungsbetrag im Sinne des § 93 Absatz 1 Satz 1 zunächst bis zum Beginn der Auszahlung zu stunden. ② Die Stundung ist zu verlängern, wenn der Rückzahlungsbetrag mit mindestens 15 Prozent der Leistungen aus dem Vertrag getilgt wird. ③ Die Stundung endet, wenn das geförderte Altersvorsorgevermögen nicht unter den in § 1 Absatz 1 Satz 1 Nummer 4 des Altersvorsorgeverträge-Zertifizierungsgesetzes genannten Voraussetzungen an den Zulageberechtigten ausgezahlt wird. ④ Der Stundungsantrag ist über den Anbieter an die zentrale Stelle zu richten. ⑤ Der Anbieter hat dem Zulageberechtigten den Stundungsantrag bereitzustellen; mit Einverständnis des Zulageberechtigten kann der Antrag elektronisch bereitgestellt werden. ⑥ Die zentrale Stelle teilt ihre Entscheidung auch dem Anbieter mit. 2

(3) Wurde der Rückzahlungsbetrag nach Absatz 2 gestundet und 3

1. verlegt der ehemals Zulageberechtigte seinen ausschließlichen Wohnsitz oder gewöhnlichen Aufenthalt in einen Mitgliedstaat der Europäischen Union oder einen Staat, auf den das Abkommen über den Europäischen Wirtschaftsraum (EWR-Abkommen) anwendbar ist, oder
2. wird der ehemals Zulageberechtigte erneut zulageberechtigt,

sind der Rückzahlungsbetrag und die bereits entstandenen Stundungszinsen von der zentralen Stelle zu erlassen.

§ 96 Anwendung der Abgabenordnung, allgemeine Vorschriften

(1) ① Auf die Zulagen und die Rückzahlungsbeträge sind die für Steuervergütungen geltenden Vorschriften der Abgabenordnung entsprechend anzuwenden. ② Dies gilt nicht für § 163 der Abgabenordnung. 1

(2) ① Hat der Anbieter vorsätzlich oder grob fahrlässig 2

1. unrichtige oder unvollständige Daten übermittelt oder
2. Daten pflichtwidrig nicht übermittelt,

obwohl der Zulageberechtigte seiner Informationspflicht gegenüber dem Anbieter zutreffend und rechtzeitig nachgekommen ist, haftet der Anbieter für die entgangene Steuer und die zu Unrecht gewährte Steuervergünstigung. ② Dies gilt auch, wenn im Verhältnis zum Zulageberechtigten Festsetzungsverjährung eingetreten ist. ③ Der Zulageberechtigte haftet als Gesamtschuldner neben dem Anbieter, wenn er weiß, dass der Anbieter unrichtige oder unvollständige Daten übermittelt oder Daten pflicht-

[1] Zur Fassung von § 95 ab 1. 1. 2023 siehe in der geschlossenen Wiedergabe.

EStG

widrig nicht übermittelt hat. ④ Für die Inanspruchnahme des Anbieters ist die zentrale Stelle zuständig.

3 (3) **Die zentrale Stelle hat auf Anfrage des Anbieters Auskunft über die Anwendung des Abschnitts XI zu geben.**

4 (4) ① **Die zentrale Stelle kann beim Anbieter ermitteln, ob er seine Pflichten erfüllt hat.** ② **Die §§ 193 bis 203 der Abgabenordnung gelten sinngemäß.** ③ **Auf Verlangen der zentralen Stelle hat der Anbieter ihr Unterlagen, soweit sie im Ausland geführt und aufbewahrt werden, verfügbar zu machen.**

5 (5) **Der Anbieter erhält vom Bund oder den Ländern keinen Ersatz für die ihm aus diesem Verfahren entstehenden Kosten.**

6 (6) ① **Der Anbieter darf die im Zulageverfahren bekannt gewordenen Verhältnisse der Beteiligten nur für das Verfahren verwerten.** ② **Er darf sie ohne Zustimmung der Beteiligten nur offenbaren, soweit dies gesetzlich zugelassen ist.**

7 (7) ① **Für die Zulage gelten die Strafvorschriften des § 370 Absatz 1 bis 4, der §§ 371, 375 Absatz 1 und des § 376 sowie die Bußgeldvorschriften der §§ 378, 379 Absatz 1 und 4 und der §§ 383 und 384 der Abgabenordnung entsprechend.** ② **Für das Strafverfahren wegen einer Straftat nach Satz 1 sowie der Begünstigung einer Person, die eine solche Tat begangen hat, gelten die §§ 385 bis 408, für das Bußgeldverfahren wegen einer Ordnungswidrigkeit nach Satz 1 die §§ 409 bis 412 der Abgabenordnung entsprechend.**

§ 97 Übertragbarkeit

1 ① **Das nach § 10 a oder Abschnitt XI geförderte Altersvorsorgevermögen einschließlich seiner Erträge, die geförderten laufenden Altersvorsorgebeiträge und der Anspruch auf die Zulage sind nicht übertragbar.** ② **§ 93 Absatz 1 a und § 4 des Betriebsrentengesetzes bleiben unberührt.**

§ 98 Rechtsweg

1 **In öffentlich-rechtlichen Streitigkeiten über die auf Grund des Abschnitts XI ergehenden Verwaltungsakte ist der Finanzrechtsweg gegeben.**

§ 99 Ermächtigung

1 (1) **Das Bundesministerium der Finanzen wird ermächtigt, die Vordrucke für die Anträge nach § 89, für die Anmeldung nach § 90 Absatz 3 und für die in den §§ 92 und 94 Absatz 1 Satz 4 vorgesehenen Bescheinigungen und im Einvernehmen mit den obersten Finanzbehörden der Länder das Muster für die nach § 22 Nummer 5 Satz 7 vorgesehene Bescheinigung und den Inhalt und Aufbau der für die Durchführung des Zulageverfahrens zu übermittelnden Datensätze zu bestimmen.**

2 (2) ① **Das Bundesministerium der Finanzen wird ermächtigt, im Einvernehmen mit dem Bundesministerium für Arbeit und Soziales und dem Bundesministerium des Innern, für Bau und Heimat durch Rechtsverordnung mit Zustimmung des Bundesrates Vorschriften zur Durchführung dieses Gesetzes über das Verfahren für die Ermittlung, Festsetzung, Auszahlung, Rückzahlung und Rückforderung der Zulage sowie die Rückzahlung und Rückforderung der nach § 10 a Absatz 4 festgestellten Beträge zu erlassen.** ② **Hierzu gehören insbesondere**

1. Vorschriften über Aufzeichnungs-, Aufbewahrungs-, Bescheinigungs- und Anzeigepflichten des Anbieters,

2.[1] Grundsätze des vorgesehenen Datenaustausches zwischen den Anbietern, der zentralen Stelle, den Trägern der gesetzlichen Rentenversicherung, der Bundesagentur für Arbeit, den Meldebehörden, den Familienkassen, den zuständigen Stellen und den Finanzämtern und

3. Vorschriften über Mitteilungspflichten, die für die Erteilung der Bescheinigungen nach § 22 Nummer 5 Satz 7 und § 92 erforderlich sind.

---

[1] Vgl. hierzu Altersvorsorge-Durchführungsverordnung vom 28. 2. 2005 (BGBl. I S. 487), zuletzt geändert durch Artikel 12 Gesetz zur digitalen Rentenübersicht vom 11. 2. 2021 (BGBl. I S. 154), abgedruckt im „Handbuch zur Lohnsteuer 2022" im Anhang **I** Nr. **15 a.**

XII. Förderbetrag zur betrieblichen Altersversorgung

EStG

§ 100 Förderbetrag zur betrieblichen Altersversorgung

**(1) ①Arbeitgeber im Sinne des § 38 Absatz 1 dürfen vom Gesamtbetrag der ein- 1
zubehaltenden Lohnsteuer für jeden Arbeitnehmer mit einem ersten Dienstverhältnis einen Teilbetrag des Arbeitgeberbeitrags zur kapitalgedeckten betrieblichen Altersversorgung (Förderbetrag) entnehmen und bei der nächsten Lohnsteuer-Anmeldung gesondert absetzen. ②Übersteigt der insgesamt zu gewährende Förderbetrag den Betrag, der insgesamt an Lohnsteuer abzuführen ist, so wird der übersteigende Betrag dem Arbeitgeber auf Antrag von dem Finanzamt, an das die Lohnsteuer abzuführen ist, aus den Einnahmen der Lohnsteuer ersetzt.**

**(2) ①Der Förderbetrag beträgt im Kalenderjahr 30 Prozent des zusätzlichen Ar- 2
beitgeberbeitrags nach Absatz 3, höchstens 288 Euro. ②In Fällen, in denen der Arbeitgeber bereits im Jahr 2016 einen zusätzlichen Arbeitgeberbeitrag an einen Pensionsfonds, eine Pensionskasse oder für eine Direktversicherung geleistet hat, ist der jeweilige Förderbetrag auf den Betrag beschränkt, den der Arbeitgeber darüber hinaus leistet.**

**(3) Voraussetzung für die Inanspruchnahme des Förderbetrags nach den Absätzen 1 3
und 2 ist, dass**

1. **der Arbeitslohn des Arbeitnehmers im Lohnzahlungszeitraum, für den der Förderbetrag geltend gemacht wird, im Inland dem Lohnsteuerabzug unterliegt;**
2. **der Arbeitgeber für den Arbeitnehmer zusätzlich zum ohnehin geschuldeten Arbeitslohn im Kalenderjahr mindestens einen Betrag in Höhe von 240 Euro an einen Pensionsfonds, eine Pensionskasse oder für eine Direktversicherung zahlt;**
3. **im Zeitpunkt der Beitragsleistung der laufende Arbeitslohn (§ 39 b Absatz 2 Satz 1 und 2), der pauschal besteuerte Arbeitslohn (§ 40 a Absatz 1 und 3) oder das pauschal besteuerte Arbeitsentgelt (§ 40 a Absatz 2 und 2 a) nicht mehr beträgt als**
   a) **85,84 Euro bei einem täglichen Lohnzahlungszeitraum,**
   b) **600,84 Euro bei einem wöchentlichen Lohnzahlungszeitraum,**
   c) **2575 Euro bei einem monatlichen Lohnzahlungszeitraum oder**
   d) **30 900 Euro bei einem jährlichen Lohnzahlungszeitraum;**
4. **eine Auszahlung der zugesagten Alters-, Invaliditäts- oder Hinterbliebenenversorgungsleistungen entsprechend § 82 Absatz 2 Satz 2 vorgesehen ist;**
5. **sichergestellt ist, dass von den Beiträgen jeweils derselbe prozentuale Anteil zur Deckung der Vertriebskosten herangezogen wird; der Prozentsatz kann angepasst werden, wenn die Kalkulationsgrundlagen geändert werden, darf die ursprüngliche Höhe aber nicht überschreiten.**

**(4) ①Für die Inanspruchnahme des Förderbetrags sind die Verhältnisse im Zeit- 4
punkt der Beitragsleistung maßgeblich; spätere Änderungen der Verhältnisse sind unbeachtlich. ②Abweichend davon sind die für den Arbeitnehmer nach Absatz 1 geltend gemachten Förderbeträge zurückzugewähren, wenn eine Anwartschaft auf Leistungen aus einer nach Absatz 1 geförderten betrieblichen Altersversorgung später verfällt und sich daraus eine Rückzahlung an den Arbeitgeber ergibt. ③Der Förderbetrag ist nur zurückzugewähren, soweit er auf den Rückzahlungsbetrag entfällt. ④Der Förderbetrag ist in der Lohnsteuer-Anmeldung für den Lohnzahlungszeitraum, in dem die Rückzahlung zufließt, der an das Betriebsstättenfinanzamt abzuführenden Lohnsteuer hinzuzurechnen.**

(5) Für den Förderbetrag gelten entsprechend: 5

1. **die §§ 41, 41 a, 42 e, 42 f und 42 g,**
2. **die für Steuervergütungen geltenden Vorschriften der Abgabenordnung mit Ausnahme des § 163 der Abgabenordnung und**
3. **die §§ 195 bis 203 der Abgabenordnung, die Strafvorschriften des § 370 Absatz 1 bis 4, der §§ 371, 375 Absatz 1 und des § 376, die Bußgeldvorschriften der §§ 378, 379 Absatz 1 und 4 und der §§ 383 und 384 der Abgabenordnung, die §§ 385 bis 408 für das Strafverfahren und die §§ 409 bis 412 der Abgabenordnung für das Bußgeldverfahren.**

**(6) ①Der Arbeitgeberbeitrag im Sinne des Absatzes 3 Nummer 2 ist steuerfrei, 6
soweit er im Kalenderjahr 960 Euro nicht übersteigt. ②Die Steuerfreistellung des § 3 Nummer 63 bleibt hiervon unberührt.**

EStG

XIII. Mobilitätsprämie

§ 101 Bemessungsgrundlage und Höhe der Mobilitätsprämie

1 **① Steuerpflichtige können für die Veranlagungszeiträume 2021 bis 2026 neben der Berücksichtigung der Entfernungspauschalen ab dem 21. vollen Entfernungskilometer gemäß § 9 Absatz 1 Satz 3 Nummer 4 Satz 8 Buchstabe a und b, Nummer 5 Satz 9 Buchstabe a und b und § 4 Absatz 5 Satz 1 Nummer 6 Satz 4 als Werbungskosten oder Betriebsausgaben eine Mobilitätsprämie beanspruchen. ② Bemessungsgrundlage der Mobilitätsprämie sind die berücksichtigten Entfernungspauschalen im Sinne des Satzes 1, begrenzt auf den Betrag, um den das zu versteuernde Einkommen den Grundfreibetrag im Sinne des § 32 a Absatz 1 Satz 2 Nummer 1 unterschreitet; bei Ehegatten, die nach den §§ 26, 26 b zusammen zur Einkommensteuer veranlagt werden, sind das gemeinsame zu versteuernde Einkommen und der doppelte Grundfreibetrag maßgebend. ③ Bei Steuerpflichtigen mit Einkünften aus nichtselbständiger Arbeit gilt dies nur, soweit die Entfernungspauschalen im Sinne des Satzes 1 zusammen mit den übrigen zu berücksichtigenden Werbungskosten im Zusammenhang mit den Einnahmen aus nichtselbständiger Arbeit den Arbeitnehmer-Pauschbetrag nach § 9 a Satz 1 Nummer 1 Buchstabe a übersteigen. ④ Die Mobilitätsprämie beträgt 14 Prozent dieser Bemessungsgrundlage.**

§ 102 Anspruchsberechtigung

1 **Anspruchsberechtigt sind unbeschränkt oder beschränkt Steuerpflichtige im Sinne des § 1.**

§ 103 Entstehung der Mobilitätsprämie

1 **Der Anspruch auf die Mobilitätsprämie entsteht mit Ablauf des Kalenderjahres, in dem der Anspruchsberechtigte die erste Tätigkeitsstätte im Sinne des § 9 Absatz 4 oder eine Betriebsstätte im Sinne des § 4 Absatz 5 Satz 1 Nummer 6 aufgesucht oder Familienheimfahrten im Rahmen einer doppelten Haushaltsführung im Sinne des § 9 Absatz 1 Satz 3 Nummer 5 Satz 5 sowie des § 4 Absatz 5 Satz 1 Nummer 6 durchgeführt hat.**

§ 104 Antrag auf die Mobilitätsprämie

1 **(1) Die Mobilitätsprämie wird auf Antrag gewährt.**

2 **(2) ① Der Anspruchsberechtigte hat den Antrag auf die Mobilitätsprämie bis zum Ablauf des vierten Kalenderjahres, das auf das Kalenderjahr folgt, in dem nach § 103 die Mobilitätsprämie entsteht, zu stellen. ② Der Antrag ist nach amtlich vorgeschriebenem Vordruck bei dem Finanzamt zu stellen, das für die Besteuerung des Anspruchsberechtigten nach dem Einkommen zuständig ist.**

§ 105 Festsetzung und Auszahlung der Mobilitätsprämie

1 **(1) ① Die Mobilitätsprämie ist nach Ablauf des Kalenderjahres im Rahmen einer Einkommensteuerveranlagung festzusetzen. ② Eine Festsetzung erfolgt nur, wenn die Mobilitätsprämie mindestens 10 Euro beträgt. ③ Die festgesetzte Mobilitätsprämie mindert die festgesetzte Einkommensteuer im Wege der Anrechnung. ④ Sie gilt insoweit als Steuervergütung. ⑤ Die Auszahlung erfolgt aus den Einnahmen an Einkommensteuer.**

2 **(2) ① Besteht das Einkommen ganz oder teilweise aus Einkünften aus nichtselbständiger Arbeit, die dem Steuerabzug unterlegen haben, gilt der Antrag auf Mobilitätsprämie zugleich als ein Antrag auf Einkommensteuerveranlagung. ② Besteht nach § 46 keine Pflicht zur Durchführung einer Veranlagung und wird keine Veranlagung, insbesondere zur Anrechnung von Lohnsteuer auf die Einkommensteuer nach § 46 Absatz 2 Nummer 8 beantragt, ist für die Festsetzung der Mobilitätsprämie die im Rahmen der Einkommensteuerveranlagung festgesetzte Einkommensteuer, die sich auf Grund des Antrags auf Mobilitätsprämie ergibt, mit Null Euro anzusetzen. ③ Auch in den Fällen des § 25 gilt, ungeachtet des § 56 Satz 1 der Einkommensteuer-Durchführungsverordnung, der Antrag auf Mobilitätsprämie zugleich als Abgabe einer Einkommensteuererklärung.**

§ 106 Ertragsteuerliche Behandlung der Mobilitätsprämie

1 **Die Mobilitätsprämie gehört nicht zu den steuerpflichtigen Einnahmen im Sinne des Einkommensteuergesetzes.**

§ 107 Anwendung der Abgabenordnung

Auf die Mobilitätsprämie sind die für Steuervergütungen geltenden Vorschriften der Abgabenordnung mit Ausnahme des § 163 der Abgabenordnung entsprechend anzuwenden. 1

§ 108 Anwendung von Straf- und Bußgeldvorschriften der Abgabenordnung

① Für die Mobilitätsprämie gelten die Strafvorschriften des § 370 Absatz 1 bis 4, der §§ 371, 375 Absatz 1 und des § 376 der Abgabenordnung sowie die Bußgeldvorschriften der §§ 378 und 379 Absatz 1 und 4 sowie der §§ 383 und 384 der Abgabenordnung entsprechend. ② Für das Strafverfahren wegen einer Straftat nach Satz 1 sowie der Begünstigung einer Person, die eine solche Tat begangen hat, gelten die §§ 385 bis 408 der Abgabenordnung, für das Bußgeldverfahren wegen einer Ordnungswidrigkeit nach Satz 1 die §§ 409 bis 412 der Abgabenordnung entsprechend. 1

§ 109 Verordnungsermächtigung

Die Bundesregierung wird ermächtigt, durch Rechtsverordnung mit Zustimmung des Bundesrates das Verfahren bei der Festsetzung und der Auszahlung der Mobilitätsprämie näher zu regeln. 1

EStG

XIV. Sondervorschriften zur Bewältigung der Corona-Pandemie

§ 110[1] Anpassung von Vorauszahlungen für den Veranlagungszeitraum 2019

1 **(1) ① Auf Antrag wird der für die Bemessung der Vorauszahlungen für den Veranlagungszeitraum 2019 zugrunde gelegte Gesamtbetrag der Einkünfte pauschal um 30 Prozent gemindert. ② Das gilt nicht, soweit in dem Gesamtbetrag der Einkünfte Einkünfte aus nichtselbständiger Arbeit (§ 19) enthalten sind. ③ Voraussetzung für die Anwendung des Satzes 1 ist, dass die Vorauszahlungen für 2020 auf 0 Euro herabgesetzt wurden.**

2 **(2) Abweichend von Absatz 1 wird der für die Bemessung der Vorauszahlungen für den Veranlagungszeitraum 2019 zugrunde gelegte Gesamtbetrag der Einkünfte um einen höheren Betrag als 30 Prozent gemindert, wenn der Steuerpflichtige einen voraussichtlichen Verlustrücktrag im Sinne des § 10 d Absatz 1 Satz 1 für 2020 in dieser Höhe nachweisen kann.**

3 **(3) ① Die Minderungen nach den Absätzen 1 und 2 dürfen insgesamt 10 000 000 Euro, bei Ehegatten, die nach den §§ 26 und 26 b zusammenveranlagt werden, 20 000 000 Euro nicht überschreiten. ② § 37 Absatz 3, 5 und 6 ist entsprechend anzuwenden.**

§ 111[2] Vorläufiger Verlustrücktrag für 2020 und 2021

1 **(1) ① Auf Antrag wird bei der Steuerfestsetzung für den Veranlagungszeitraum 2019 pauschal ein Betrag in Höhe von 30 Prozent des Gesamtbetrags der Einkünfte des Veranlagungszeitraums 2019 als Verlustrücktrag aus 2020 abgezogen (vorläufiger Verlustrücktrag für 2020). ② Bei der Berechnung des vorläufigen Verlustrücktrags für 2020 sind Einkünfte aus nichtselbständiger Arbeit (§ 19) nicht zu berücksichtigen, die im Gesamtbetrag der Einkünfte enthalten sind. ③ Voraussetzung für die Anwendung des Satzes 1 ist, dass die Vorauszahlungen für den Veranlagungszeitraum 2020 auf 0 Euro herabgesetzt wurden. ④ Soweit bei der Steuerfestsetzung für den Veranlagungszeitraum 2019 der vorläufige Verlustrücktrag für 2020 abgezogen wird, ist § 233 a Absatz 2 a der Abgabenordnung entsprechend anzuwenden.**

2 **(2) Abweichend von Absatz 1 wird ein höherer Betrag als 30 Prozent vom Gesamtbetrag der Einkünfte abgezogen, wenn der Steuerpflichtige einen voraussichtlichen Verlustrücktrag im Sinne des § 10 d Absatz 1 Satz 1 für 2020 in dieser Höhe nachweisen kann.**

3 **(3) Der vorläufige Verlustrücktrag für 2020 nach den Absätzen 1 und 2 kann insgesamt bis zu 10 000 000 Euro, bei Ehegatten, die nach den §§ 26 und 26 b zusammenveranlagt werden, bis zu 20 000 000 Euro betragen.**

4 **(4) ① Führt die Herabsetzung von Vorauszahlungen für den Veranlagungszeitraum 2019 auf Grund eines voraussichtlich erwarteten Verlustrücktrags für 2020 zu einer Nachzahlung bei der Steuerfestsetzung für den Veranlagungszeitraum 2019, so wird diese auf Antrag des Steuerpflichtigen bis zum Ablauf eines Monats nach Bekanntgabe der Steuerfestsetzung für den Veranlagungszeitraum 2020 gestundet. ② Stundungszinsen werden nicht erhoben.**

5 **(5) Für den Veranlagungszeitraum 2020 ist bei Anwendung von Absatz 1 oder 2 eine Einkommensteuererklärung abzugeben.**

6 **(6) ① Mit der Veranlagung für 2020 ist die Steuerfestsetzung für den Veranlagungszeitraum 2019 zu ändern; hierbei ist der bislang berücksichtigte vorläufige Verlustrücktrag für 2020 dem Gesamtbetrag der Einkünfte hinzuzurechnen. ② Dies gilt auch dann, wenn der Steuerbescheid für den Veranlagungszeitraum 2019 bestandskräftig geworden ist; die Festsetzungsfrist endet insoweit nicht, bevor die Festsetzungsfrist für den Veranlagungszeitraum 2020 abgelaufen ist. ③ Soweit die Änderung der Steuerfestsetzung für den Veranlagungszeitraum 2019 auf der Hinzurechnung des vorläufigen Verlustrücktrags für 2020 beruht, ist § 233 a Absatz 2 a der Abgabenordnung entsprechend anzuwenden.**

7 **(7) Die Absätze 1 bis 3 sind nicht anzuwenden, wenn die Veranlagung für den Veranlagungszeitraum 2020 vor der Veranlagung für den Veranlagungszeitraum 2019 durchgeführt wird.**

8 **(8) ① Wird der Einkommensteuerbescheid für 2019 vor dem 1. April 2021 bestandskräftig, kann bis zum 17. April 2021 nachträglich ein erstmaliger oder geänderter**

[1] Zur Anwendung siehe § 52 Abs. 52 EStG.
[2] Zur Anwendung siehe § 52 Abs. 53 EStG.

Antrag auf Berücksichtigung des vorläufigen Verlustrücktrags für 2020 gestellt werden. ② Der Einkommensteuerbescheid für 2019 ist insoweit zu ändern.

(9) **Die Absätze 1 bis 7 gelten für die Steuerfestsetzung für den Veranlagungszeitraum 2020 und die Berücksichtigung des Verlustrücktrags für 2021 entsprechend.** 9

EStG

XV. Energiepreispauschale

§ 112 Veranlagungszeitraum, Höhe

1 (1) **Für den Veranlagungszeitraum 2022 wird Anspruchsberechtigten eine einmalige steuerpflichtige Energiepreispauschale gewährt.**

2 (2) **Die Höhe der Energiepreispauschale beträgt 300 Euro.**

§ 113 Anspruchsberechtigung

1 **Unbeschränkt Steuerpflichtige nach § 1 Absatz 1, die im Veranlagungszeitraum 2022 Einkünfte aus § 13, § 15, § 18 oder § 19 Absatz 1 Satz 1 Nummer 1 erzielen, haben Anspruch auf eine Energiepreispauschale.**

§ 114 Entstehung des Anspruchs

1 **Der Anspruch auf die Energiepreispauschale entsteht am 1. September 2022.**

§ 115 Festsetzung mit der Einkommensteuerveranlagung

1 (1) **Die Energiepreispauschale wird mit der Einkommensteuerveranlagung für den Veranlagungszeitraum 2022 festgesetzt.**

2 (2) **Absatz 1 gilt nicht, wenn die Energiepreispauschale nach § 117 vom Arbeitgeber ausgezahlt wurde.**

§ 116 Anrechnung auf die Einkommensteuer

1 (1) ① **Eine nach § 115 Absatz 1 festgesetzte Energiepreispauschale ist auf die festgesetzte Einkommensteuer anzurechnen.** ② **Die festgesetzte Energiepreispauschale ist bei der Ermittlung des Unterschiedsbetrages nach § 233 a Absatz 3 Satz 1 der Abgabenordnung entsprechend zu berücksichtigen.**

2 (2) **Ergibt sich nach der Anrechnung nach Absatz 1 ein Erstattungsbetrag, so wird dieser dem Anspruchsberechtigten ausgezahlt.**

§ 117 Auszahlung an Arbeitnehmer

1 (1) ① **Arbeitnehmer erhalten die Energiepreispauschale vom Arbeitgeber, wenn sie am 1. September 2022**

1. in einem gegenwärtigen ersten Dienstverhältnis stehen und

2. in eine der Steuerklassen 1 bis 5 eingereiht sind oder nach § 40 a Absatz 2 pauschal besteuerten Arbeitslohn beziehen.

② **Satz 1 gilt nicht, wenn der Arbeitgeber keine Lohnsteuer-Anmeldung abgibt.** ③ **Satz 1 gilt in den Fällen der Pauschalbesteuerung nach § 40 a Absatz 2 nur, wenn der Arbeitnehmer dem Arbeitgeber schriftlich bestätigt hat, dass es sich um das erste Dienstverhältnis handelt.**

2 (2) ① **Arbeitgeber im Sinne des § 38 Absatz 1 haben an Arbeitnehmer im Sinne des Absatzes 1 Satz 1 die Energiepreispauschale im September 2022 auszuzahlen.** ② **Die Arbeitgeber haben hierbei die Energiepreispauschale gesondert vom Gesamtbetrag der einzubehaltenden Lohnsteuer zu entnehmen, die**

1. in den Fällen des § 41 a Absatz 2 Satz 1 bis zum 10. September 2022,

2. in den Fällen des § 41 a Absatz 2 Satz 2 Halbsatz 1 bis zum 10. Oktober 2022 und

3. in den Fällen des § 41 a Absatz 2 Satz 2 Halbsatz 2 bis zum 10. Januar 2023

anzumelden und abzuführen ist. ③ **Übersteigt die insgesamt zu gewährende Energiepreispauschale den Betrag, der insgesamt an Lohnsteuer abzuführen ist, wird der übersteigende Betrag dem Arbeitgeber von dem Finanzamt, an das die Lohnsteuer abzuführen ist, aus den Einnahmen der Lohnsteuer ersetzt.**

3 (3) ① **Der Arbeitgeber kann in den Fällen des § 41 a Absatz 2 Satz 2 Halbsatz 1 die Energiepreispauschale an den Arbeitnehmer abweichend von Absatz 2 Satz 1 im Oktober 2022 auszahlen.** ② **Absatz 2 Satz 2 und 3 bleibt hiervon unberührt.** ③ **Der Arbeitgeber kann in den Fällen des § 41 a Absatz 2 Satz 2 Halbsatz 2 auf die Auszahlung an den Arbeitnehmer verzichten.**

4 (4) **Eine vom Arbeitgeber ausgezahlte Energiepreispauschale ist in der elektronischen Lohnsteuerbescheinigung (§ 41 b Absatz 1 Satz 2) mit dem Großbuchstaben E anzugeben.**

EStG

§ 118 Energiepreispauschale im Einkommensteuer-Vorauszahlungsverfahren

(1) ① **Ist eine Einkommensteuer-Vorauszahlung auch für Einkünfte aus § 13, § 15 oder § 18 für den 10. September 2022 festgesetzt worden, dann ist diese Festsetzung um die Energiepreispauschale zu mindern.** ② **Betragen die für den 10. September 2022 festgesetzten Vorauszahlungen weniger als 300 Euro, so mindert die Energiepreispauschale die Vorauszahlung auf 0 Euro.** 1

(2) ① **Die Minderung der Einkommensteuer-Vorauszahlung für den 10. September 2022 nach Absatz 1 hat durch Allgemeinverfügung nach § 118 Satz 2 der Abgabenordnung oder durch geänderten Vorauszahlungsbescheid zu erfolgen.** ② **Sachlich zuständig für den Erlass der Allgemeinverfügung ist jeweils die oberste Landesfinanzbehörde.** ③ **Die Allgemeinverfügung ist im Bundessteuerblatt und auf den Internetseiten des Bundesministeriums der Finanzen zu veröffentlichen.** ④ **Sie gilt am Tag nach der Herausgabe des Bundessteuerblattes, in dem sie veröffentlicht wird, als bekannt gegeben.** ⑤ **Abweichend von § 47 Absatz 1 der Finanzgerichtsordnung endet die Klagefrist mit Ablauf von drei Monaten nach dem Tag der Bekanntgabe der Allgemeinverfügung.** ⑥ **Die Klage ist nur gegen die oberste Finanzbehörde zu richten, die die Allgemeinverfügung erlassen hat.** 2

§ 119 Steuerpflicht

(1) ① **Bei Anspruchsberechtigten, die im Veranlagungszeitraum 2022 Einkünfte aus nichtselbständiger Arbeit erzielt haben, ist die Energiepreispauschale stets als Einnahme nach § 19 Absatz 1 Satz 1 Nummer 1 für den Veranlagungszeitraum 2022 zu berücksichtigen.** ② **Dies gilt nicht für pauschal besteuerten Arbeitslohn nach § 40a.** ③ **Im Lohnsteuerabzugsverfahren ist die Energiepreispauschale bei der Berechnung einer Vorsorgepauschale nach § 39b Absatz 2 Satz 5 Nummer 3 Buchstabe a bis c nicht zu berücksichtigen.** 1

(2) ① **Bei den übrigen Anspruchsberechtigten gilt die Energiepreispauschale stets als Einnahme nach § 22 Nummer 3 für den Veranlagungszeitraum 2022.** ② **Die Freigrenze nach § 22 Nummer 3 Satz 2 ist insoweit nicht anzuwenden.** 2

§ 120 Anwendung der Abgabenordnung

(1) ① **Auf die Energiepreispauschale sind die für Steuervergütungen geltenden Vorschriften der Abgabenordnung entsprechend anzuwenden.** ② **§ 163 der Abgabenordnung gilt nicht.** 1

(2) **In öffentlich-rechtlichen Streitigkeiten über die zur Energiepreispauschale ergehenden Verwaltungsakte der Finanzbehörden ist der Finanzrechtsweg eröffnet.** 2

§ 121 Anwendung von Straf- und Bußgeldvorschriften der Abgabenordnung

(1) **Für die Energiepreispauschale gelten die Strafvorschriften des § 370 Absatz 1 bis 4 und 7, der §§ 371, 375 Absatz 1 und des § 376 der Abgabenordnung sowie die Bußgeldvorschriften der §§ 378 und 379 Absatz 1 und 4 sowie der §§ 383 und 384 der Abgabenordnung entsprechend.** 1

(2) **Für das Strafverfahren wegen einer Straftat nach Absatz 1 sowie der Begünstigung einer Person, die eine solche Tat begangen hat, gelten die §§ 385 bis 408 der Abgabenordnung entsprechend.** 2

(3) **Für das Bußgeldverfahren wegen einer Ordnungswidrigkeit nach Absatz 1 gelten die §§ 409 bis 412 der Abgabenordnung entsprechend.** 3

§ 122 Nichtberücksichtigung als Einkommen bei Sozialleistungen, Unpfändbarkeit

① **Die Energiepreispauschale ist bei einkommensabhängigen Sozialleistungen nicht als Einkommen zu berücksichtigen.** ② **Die Energiepreispauschale ist in Höhe des in § 112 Absatz 2 genannten Betrages unpfändbar.** 1

EStG

XVI. Besteuerung der Gas-/Wärmepreisbremse

§ 123 Grundsatz der Besteuerung

1 (1) ① **Die einmalige Entlastung bei leitungsgebundenen Erdgaslieferungen an Letztverbraucher nach § 2 Absatz 1 Satz 1 des Erdgas-Wärme-Soforthilfegesetzes wird den Einkünften aus Leistungen nach § 22 Nummer 3 Satz 1 zugeordnet, soweit sie weder zu anderen Einkunftsarten (§ 2 Absatz 1 Satz 1 Nummer 1 bis 6) noch zu den Einkünften im Sinne des § 22 Nummer 1, 1 a, 2 oder Nummer 4 gehört.** ② **Satz 1 gilt auch für die vorläufige Leistung des Erdgaslieferanten auf die Entlastung bei Letztverbrauchern mit Standardlastprofil nach § 3 Absatz 1 Satz 1 des Erdgas-Wärme-Soforthilfegesetzes, die finanzielle Kompensation nach § 4 Absatz 1 des Erdgas-Wärme-Soforthilfegesetzes sowie die Entlastungen bei Mietverhältnissen und in Wohnungseigentümergemeinschaften nach § 5 des Erdgas-Wärme-Soforthilfegesetzes.** ③ **§ 22 Nummer 3 Satz 2 ist nicht anzuwenden.**

2 (2) **Gehört eine Entlastung im Sinne des Absatzes 1 zu den Einkünften aus Leistungen nach § 22 Nummer 3 Satz 1, dann ist die Entlastung nach Absatz 1 nicht Gegenstand der Berechnungen zu § 2 Absatz 1 bis 5, sondern wird dem zu versteuernden Einkommen des § 2 Absatz 5 Satz 1 nach Maßgabe des § 124 hinzugerechnet.**

§ 124 Einstieg und Milderungszone

1 (1) ① **Die Entlastung nach § 123 Absatz 1 ist mit Beginn der Milderungszone des Absatzes 2 dem zu versteuernden Einkommen nach § 2 Absatz 5 Satz 1 in Höhe des Hinzurechnungsbetrags nach Absatz 2 zuzurechnen.** ② **Oberhalb der Milderungszone des Absatzes 2 wird die Entlastung nach § 123 Absatz 1 dem zu versteuernden Einkommen des § 2 Absatz 5 Satz 1 in voller Höhe zugerechnet.**

2 (2) ① **Die Milderungszone beginnt ab einem zu versteuernden Einkommen von 66 915 Euro und endet bei einem zu versteuernden Einkommen von 104 009 Euro.** ② **Bei Ehegatten, die zusammenveranlagt werden, beginnt die Milderungszone ab einem zu versteuernden Einkommen von 133 830 Euro und endet bei einem zu versteuernden Einkommen von 208 018 Euro.** ③ **Im Bereich der Milderungszone ist als Zurechnungsbetrag nach § 123 Absatz 2 nur der Bruchteil der Entlastungen des § 123 Absatz 1 einzubeziehen, der sich als Differenz aus dem individuellen zu versteuernden Einkommen des Steuerpflichtigen und der Untergrenze der Milderungszone dividiert durch die Breite der Milderungszone errechnet.**

§ 125 Zufluss und Besteuerung

1 ① **Ist eine Entlastung nach § 123 Absatz 1 den Einkünften aus Leistungen nach § 22 Nummer 3 Satz 1 zuzuordnen, gelten für deren Besteuerung die in den Rechnungen nach § 2 Absatz 3, § 3 Absatz 1 Satz 4 und nach § 4 Absatz 2 des Erdgas-Wärme-Soforthilfegesetzes als Kostenentlastung gesondert ausgewiesenen Beträge im Veranlagungszeitraum der Erteilung dieser Rechnung als nach § 11 Absatz 1 Satz 1 zugeflossen.** ② **Satz 1 gilt entsprechend für die Abrechnungen der Vermieter und Verpächter nach § 5 Absatz 1 und 5 des Erdgas-Wärme-Soforthilfegesetzes sowie der Wohnungseigentümergemeinschaften nach § 5 Absatz 3 des Erdgas-Wärme-Soforthilfegesetzes.**

§ 126 Anwendung von Straf- und Bußgeldvorschriften der Abgabenordnung

1 (1) **Für die einmalige Entlastung bei leitungsgebundenen Erdgaslieferungen an Letztverbraucher nach § 2 Absatz 1 Satz 1 des Erdgas-Wärme-Soforthilfegesetzes gelten die Strafvorschriften des § 370 Absatz 1 bis 4 und 7, der §§ 371, 375 Absatz 1 und des § 376 der Abgabenordnung sowie die Bußgeldvorschriften der §§ 378 und 379 Absatz 1 und 4 sowie der §§ 383 und 384 der Abgabenordnung entsprechend.**

2 (2) **Für das Strafverfahren wegen einer Straftat nach Absatz 1 sowie der Begünstigung einer Person, die eine solche Tat begangen hat, gelten die §§ 385 bis 408 der Abgabenordnung entsprechend.**

3 (3) **Für das Bußgeldverfahren wegen einer Ordnungswidrigkeit nach Absatz 1 gelten die §§ 409 bis 412 der Abgabenordnung entsprechend.**

Anhang I

1.[1] Verordnung über wohnwirtschaftliche Berechnungen (Zweite Berechnungsverordnung – II. BV)

In der Fassung der Bekanntmachung vom 12. Oktober 1990 (BGBl. I S. 2178)

Zuletzt geändert durch Gesetz vom 23. 11. 2007 (BGBl. I S. 2614/2628)

– Auszug –

Teil IV. Wohnflächenberechnung

§ 42[2] Wohnfläche

Ist die Wohnfläche bis zum 31. Dezember 2003 nach dieser Verordnung berechnet worden, bleibt es bei dieser Berechnung. Soweit in den in Satz 1 genannten Fällen nach dem 31. Dezember 2003 bauliche Änderungen an dem Wohnraum vorgenommen werden, die eine Neuberechnung der Wohnfläche erforderlich machen, sind die Vorschriften der Wohnflächenverordnung vom 25. November 2003 (BGBl. I S. 2346)[3] anzuwenden. 1

§ 43 und § 44[4] (weggefallen)

1 a. Verordnung zur Berechnung der Wohnfläche (Wohnflächenverordnung – WoFlV)

Vom 25. November 2003 (BGBl. I S. 2346)

§ 1 Anwendungsbereich, Berechnung der Wohnfläche

(1) Wird nach dem Wohnraumförderungsgesetz die Wohnfläche berechnet, sind die Vorschriften dieser Verordnung anzuwenden. 2

(2) Zur Berechnung der Wohnfläche sind die nach § 2 zur Wohnfläche gehörenden Grundflächen nach § 3 zu ermitteln und nach § 4 auf die Wohnfläche anzurechnen.

§ 2 Zur Wohnfläche gehörende Grundflächen

(1) Die Wohnfläche einer Wohnung umfasst die Grundflächen der Räume, die ausschließlich zu dieser Wohnung gehören. Die Wohnfläche eines Wohnheims umfasst die Grundflächen der Räume, die zur alleinigen und gemeinschaftlichen Nutzung durch die Bewohner bestimmt sind.

(2) Zur Wohnfläche gehören auch die Grundflächen von

1. Wintergärten, Schwimmbädern und ähnlichen nach allen Seiten geschlossenen Räumen sowie
2. Balkonen, Loggien, Dachgärten und Terrassen,

wenn sie ausschließlich zu der Wohnung oder dem Wohnheim gehören.

(3) Zur Wohnfläche gehören nicht die Grundflächen folgender Räume:

1. Zubehörräume, insbesondere:
   a) Kellerräume,
   b) Abstellräume und Kellerersatzräume außerhalb der Wohnung,
   c) Waschküchen,
   d) Bodenräume,
   e) Trockenräume,
   f) Heizungsräume und
   g) Garagen,
2. Räume, die nicht den an ihre Nutzung zu stellenden Anforderungen des Bauordnungsrechts der Länder genügen, sowie
3. Geschäftsräume.

§ 3 Ermittlung der Grundfläche

(1) Die Grundfläche ist nach den lichten Maßen zwischen den Bauteilen zu ermitteln; dabei ist von der Vorderkante der Bekleidung der Bauteile auszugehen. Bei fehlenden begrenzenden Bauteilen ist der bauliche Abschluss zu Grunde zu legen.

(2) Bei der Ermittlung der Grundfläche sind namentlich einzubeziehen die Grundflächen von

1. Tür- und Fensterbekleidungen sowie Tür- und Fensterumrahmungen,
2. Fuß-, Sockel- und Schrammleisten,

---

[1] Ab 1. 1. 2004 gilt die neue Verordnung zur Berechnung der Wohnfläche (Wohnflächenverordnung), eingeführt durch VO vom 25. 11. 2003 (BGBl. I S. 2346), nachstehend abgedruckt.

[2] § 42 neu gefasst durch VO vom 25. 11. 2003 (BGBl. I S. 2346).

[3] Nachstehend abgedruckt.

[4] § 43 und § 44 aufgehoben durch VO vom 25. 11. 2003 (BGBl. I S. 2346) zum 1. 1. 2004; § 43 und § 44 letztmals abgedruckt im „Handbuch zur ESt-Veranlagung 2003".

3. fest eingebauten Gegenständen, wie z. B. Öfen, Heiz- und Klimageräten, Herden, Bade- oder Duschwannen,
4. freiliegenden Installationen,
5. Einbaumöbeln und
6. nicht ortsgebundenen, versetzbaren Raumteilern.

(3) Bei der Ermittlung der Grundflächen bleiben außer Betracht die Grundflächen von

1. Schornsteinen, Vormauerungen, Bekleidungen, freistehenden Pfeilern und Säulen, wenn sie eine Höhe von mehr als 1,50 Meter aufweisen und ihre Grundfläche mehr als 0,1 Quadratmeter beträgt,
2. Treppen mit über drei Steigungen und deren Treppenabsätze,
3. Türnischen und
4. Fenster- und offenen Wandnischen, die nicht bis zum Fußboden herunterreichen oder bis zum Fußboden herunterreichen und 0,13 Meter oder weniger tief sind.

(4) Die Grundfläche ist durch Ausmessung im fertig gestellten Wohnraum oder auf Grund einer Bauzeichnung zu ermitteln. Wird die Grundfläche auf Grund einer Bauzeichnung ermittelt, muss diese

1. für ein Genehmigungs-, Anzeige-, Genehmigungsfreistellungs- oder ähnliches Verfahren nach dem Bauordnungsrecht der Länder gefertigt oder, wenn ein bauordnungsrechtliches Verfahren nicht erforderlich ist, für ein solches geeignet sein und
2. die Ermittlung der lichten Maße zwischen den Bauteilen im Sinne des Absatzes 1 ermöglichen.

Ist die Grundfläche nach einer Bauzeichnung ermittelt worden und ist abweichend von dieser Bauzeichnung gebaut worden, ist die Grundfläche durch Ausmessung im fertig gestellten Wohnraum oder auf Grund einer berichtigten Bauzeichnung neu zu ermitteln.

§ 4 Anrechnung der Grundflächen

Die Grundflächen

1. von Räumen und Raumteilen mit einer lichten Höhe von mindestens zwei Metern sind vollständig,
2. von Räumen und Raumteilen mit einer lichten Höhe von mindestens einem Meter und weniger als zwei Metern sind zur Hälfte,
3. von unbeheizbaren Wintergärten, Schwimmbädern und ähnlichen nach allen Seiten geschlossenen Räumen sind zur Hälfte,
4. von Balkonen, Loggien, Dachgärten und Terrassen sind in der Regel zu einem Viertel, höchstens jedoch zur Hälfte anzurechnen.

§ 5 Überleitungsvorschrift

Ist die Wohnfläche bis zum 31. Dezember 2003 nach der Zweiten Berechnungsverordnung in der Fassung der Bekanntmachung vom 12. Oktober 1990 (BGBl. I S. 2178), zuletzt geändert durch Artikel 3 der Verordnung vom 25. November 2003 (BGBl. I S. 2346),[1] in der jeweils geltenden Fassung berechnet worden, bleibt es bei dieser Berechnung. Soweit in den in Satz 1 genannten Fällen nach dem 31. Dezember 2003 bauliche Änderungen an dem Wohnraum vorgenommen werden, die eine Neuberechnung der Wohnfläche erforderlich machen, sind die Vorschriften dieser Verordnung anzuwenden.

1 b. Verordnung über die Aufstellung von Betriebskosten (Betriebskostenverordnung – BetrKV)

Vom 25. November 2003 (BGBl. I S. 2346)

Geändert durch Gesetz vom 3. 5. 2012 (BGBl. I S. 958) und Gesetz vom 23. 6. 2021 (BGBl. I S. 1858)

§ 1 Betriebskosten

3 (1) Betriebskosten sind die Kosten, die dem Eigentümer oder Erbbauberechtigten durch das Eigentum oder Erbbaurecht am Grundstück oder durch den bestimmungsmäßigen Gebrauch des Gebäudes, der Nebengebäude, Anlagen, Einrichtungen und des Grundstücks laufend entstehen. Sach- und Arbeitsleistungen des Eigentümers oder Erbbauberechtigten dürfen mit dem Betrag angesetzt werden, der für eine gleichwertige Leistung eines Dritten, insbesondere eines Unternehmers, angesetzt werden könnte; die Umsatzsteuer des Dritten darf nicht angesetzt werden.

(2) Zu den Betriebskosten gehören nicht:

1. die Kosten der zur Verwaltung des Gebäudes erforderlichen Arbeitskräfte und Einrichtungen, die Kosten der Aufsicht, der Wert der vom Vermieter persönlich geleisteten Verwaltungsarbeit, die Kosten für die gesetzlichen oder freiwilligen Prüfungen des Jahresabschlusses und die Kosten für die Geschäftsführung (Verwaltungskosten),
2. die Kosten, die während der Nutzungsdauer zur Erhaltung des bestimmungsmäßigen Gebrauchs aufgewendet werden müssen, um die durch Abnutzung, Alterung und Witterungseinwirkung entstehenden baulichen oder sonstigen Mängel ordnungsgemäß zu beseitigen (Instandhaltungs- und Instandsetzungskosten).

---

[1] Vorstehend abgedruckt.

§ 2[1] Aufstellung der Betriebskosten

① Betriebskosten im Sinne von § 1 sind:

1. die laufenden öffentlichen Lasten des Grundstücks,
   hierzu gehört namentlich die Grundsteuer;
2. die Kosten der Wasserversorgung,
   hierzu gehören die Kosten des Wasserverbrauchs, die Grundgebühren, die Kosten der Anmietung oder anderer Arten der Gebrauchsüberlassung von Wasserzählern sowie die Kosten ihrer Verwendung einschließlich der Kosten der Eichung sowie der Kosten der Berechnung und Aufteilung, die Kosten der Wartung von Wassermengenreglern, die Kosten des Betriebs einer hauseigenen Wasserversorgungsanlage und einer Wasseraufbereitungsanlage einschließlich der Aufbereitungsstoffe;
3. die Kosten der Entwässerung,
   hierzu gehören die Gebühren für die Haus- und Grundstücksentwässerung, die Kosten des Betriebs einer entsprechenden nicht öffentlichen Anlage und die Kosten des Betriebs einer Entwässerungspumpe;
4. die Kosten
   a) des Betriebs der zentralen Heizungsanlage einschließlich der Abgasanlage,
      hierzu gehören die Kosten der verbrauchten Brennstoffe und ihrer Lieferung, die Kosten des Betriebsstroms, die Kosten der Bedienung, Überwachung und Pflege der Anlage, der regelmäßigen Prüfung ihrer Betriebsbereitschaft und Betriebssicherheit einschließlich der Einstellung durch eine Fachkraft, der Reinigung der Anlage und des Betriebsraums, die Kosten der Messungen nach dem Bundes-Immissionsschutzgesetz, die Kosten der Anmietung oder anderer Arten der Gebrauchsüberlassung einer Ausstattung zur Verbrauchserfassung sowie die Kosten der Verwendung einer Ausstattung zur Verbrauchserfassung einschließlich der Kosten der Eichung sowie der Kosten der Berechnung und Aufteilung
   oder
   b) des Betriebs der zentralen Brennstoffversorgungsanlage,
      hierzu gehören die Kosten der verbrauchten Brennstoffe und ihrer Lieferung, die Kosten des Betriebsstroms und die Kosten der Überwachung sowie die Kosten der Reinigung der Anlage und des Betriebsraums
   oder
   c) der eigenständig gewerblichen Lieferung von Wärme, auch aus Anlagen im Sinne des Buchstabens a,
      hierzu gehören das Entgelt für die Wärmelieferung und die Kosten des Betriebs der zugehörigen Hausanlagen entsprechend Buchstabe a
   oder
   d) der Reinigung und Wartung von Etagenheizungen und Gaseinzelfeuerstätten,
      hierzu gehören die Kosten der Beseitigung von Wasserablagerungen und Verbrennungsrückständen in der Anlage, die Kosten der regelmäßigen Prüfung der Betriebsbereitschaft und Betriebssicherheit und der damit zusammenhängenden Einstellung durch eine Fachkraft sowie die Kosten der Messungen nach dem Bundes-Immissionsschutzgesetz;
5. die Kosten
   a) des Betriebs der zentralen Warmwasserversorgungsanlage,
      hierzu gehören die Kosten der Wasserversorgung entsprechend Nummer 2, soweit sie nicht dort bereits berücksichtigt sind, und die Kosten der Wassererwärmung entsprechend Nummer 4 Buchstabe a
   oder
   b) der eigenständig gewerblichen Lieferung von Warmwasser, auch aus Anlagen im Sinne des Buchstabens a,
      hierzu gehören das Entgelt für die Lieferung des Warmwassers und die Kosten des Betriebs der zugehörigen Hausanlagen entsprechend Nummer 4 Buchstabe a
   oder
   c) der Reinigung und Wartung von Warmwassergeräten,
      hierzu gehören die Kosten der Beseitigung von Wasserablagerungen und Verbrennungsrückständen im Innern der Geräte sowie die Kosten der regelmäßigen Prüfung der Betriebsbereitschaft und Betriebssicherheit und der damit zusammenhängenden Einstellung durch eine Fachkraft;
6. die Kosten verbundener Heizungs- und Warmwasserversorgungsanlagen
   a) bei zentralen Heizungsanlagen entsprechend Nummer 4 Buchstabe a und entsprechend Nummer 2, soweit sie nicht dort bereits berücksichtigt sind,
   oder
   b) bei der eigenständig gewerblichen Lieferung von Wärme entsprechend Nummer 4 Buchstabe c und entsprechend Nummer 2, soweit sie nicht dort bereits berücksichtigt sind,
   oder
   c) bei verbundenen Etagenheizungen und Warmwasserversorgungsanlagen entsprechend Nummer 4 Buchstabe d und entsprechend Nummer 2, soweit sie nicht dort bereits berücksichtigt sind;

---

[1] § 2 Satz 1 Nr. 15 neugefasst und Satz 2 angefügt mit Wirkung ab 1. 12. 2021 durch Gesetz vom 23. 6. 2021 (BGBl. I S. 1858).

7. die Kosten des Betriebs des Personen- oder Lastenaufzugs,
hierzu gehören die Kosten des Betriebsstroms, die Kosten der Beaufsichtigung, der Bedienung, Überwachung und Pflege der Anlage, der regelmäßigen Prüfung ihrer Betriebsbereitschaft und Betriebssicherheit einschließlich der Einstellung durch eine Fachkraft sowie die Kosten der Reinigung der Anlage;

8. die Kosten der Straßenreinigung und Müllbeseitigung,
zu den Kosten der Straßenreinigung gehören die für die öffentliche Straßenreinigung zu entrichtenden Gebühren und die Kosten entsprechender nicht öffentlicher Maßnahmen; zu den Kosten der Müllbeseitigung gehören namentlich die für die Müllabfuhr zu entrichtenden Gebühren, die Kosten entsprechender nicht öffentlicher Maßnahmen, die Kosten des Betriebs von Müllkompressoren, Müllschluckern, Müllabsauganlagen sowie des Betriebs von Müllmengenerfassungsanlagen einschließlich der Kosten der Berechnung und Aufteilung;

9. die Kosten der Gebäudereinigung und Ungezieferbekämpfung,
zu den Kosten der Gebäudereinigung gehören die Kosten für die Säuberung der von den Bewohnern gemeinsam genutzten Gebäudeteile, wie Zugänge, Flure, Treppen, Keller, Bodenräume, Waschküchen, Fahrkorb des Aufzugs;

10. die Kosten der Gartenpflege,
hierzu gehören die Kosten der Pflege gärtnerisch angelegter Flächen einschließlich der Erneuerung von Pflanzen und Gehölzen, der Pflege von Spielplätzen einschließlich der Erneuerung von Sand und der Pflege von Plätzen, Zugängen und Zufahrten, die dem nicht öffentlichen Verkehr dienen;

11. die Kosten der Beleuchtung,
hierzu gehören die Kosten des Stroms für die Außenbeleuchtung und die Beleuchtung der von den Bewohnern gemeinsam genutzten Gebäudeteile, wie Zugänge, Flure, Treppen, Keller, Bodenräume, Waschküchen;

12. die Kosten der Schornsteinreinigung,
hierzu gehören die Kehrgebühren nach der maßgebenden Gebührenordnung, soweit sie nicht bereits als Kosten nach Nummer 4 Buchstabe a berücksichtigt sind;

13. die Kosten der Sach- und Haftpflichtversicherung,
hierzu gehören namentlich die Kosten der Versicherung des Gebäudes gegen Feuer-, Sturm-, Wasser- sowie sonstige Elementarschäden, der Glasversicherung, der Haftpflichtversicherung für das Gebäude, den Öltank und den Aufzug;

14. die Kosten für den Hauswart,
hierzu gehören die Vergütung, die Sozialbeiträge und alle geldwerten Leistungen, die der Eigentümer oder Erbbauberechtigte dem Hauswart für seine Arbeit gewährt, soweit diese nicht die Instandhaltung, Instandsetzung, Erneuerung, Schönheitsreparaturen oder die Hausverwaltung betrifft; soweit Arbeiten vom Hauswart ausgeführt werden, dürfen Kosten für Arbeitsleistungen nach den Nummern 2 bis 10 und 16 nicht angesetzt werden;

15. die Kosten
   a) des Betriebs der Gemeinschafts-Antennenanlage,
   hierzu gehören die Kosten des Betriebsstroms und die Kosten der regelmäßigen Prüfung ihrer Betriebsbereitschaft einschließlich ihrer Einstellung durch eine Fachkraft,
   bis zum 30. Juni 2024 außerdem das Nutzungsentgelt für eine nicht zu dem Gebäude gehörende Antennenanlage sowie die Gebühren, die nach dem Urheberrechtsgesetz für die Kabelweitersendung entstehen,

   oder
   b) des Betriebs der mit einem Breitbandnetz verbundenen privaten Verteilanlage,
   hierzu gehören die Kosten des Betriebsstroms,
   bis zum 30. Juni 2024 außerdem die weiteren Kosten entsprechend Buchstabe a, sowie die laufenden monatlichen Grundgebühren für Breitbandanschlüsse,

   oder
   c) des Betriebs einer gebäudeinternen Verteilanlage, die vollständig mittels Glasfaser mit einem öffentlichen Netz mit sehr hoher Kapazität im Sinne des § 3 Nummer 33 des Telekommunikationsgesetzes verbunden ist, wenn der Mieter seinen Anbieter von öffentlich zugänglichen Telekommunikationsdiensten über seinen Anschluss frei wählen kann,
   hierzu gehören die Kosten des Betriebsstroms sowie ein Bereitstellungsentgelt gemäß § 72 Absatz 1 des Telekommunikationsgesetzes;

16. die Kosten des Betriebs der Einrichtungen für die Wäschepflege,
hierzu gehören die Kosten des Betriebsstroms, die Kosten der Überwachung, Pflege und Reinigung der Einrichtungen, der regelmäßigen Prüfung ihrer Betriebsbereitschaft und Betriebssicherheit sowie die Kosten der Wasserversorgung entsprechend Nummer 2, soweit sie nicht dort bereits berücksichtigt sind;

17. sonstige Betriebskosten,
hierzu gehören Betriebskosten im Sinne des § 1, die von den Nummern 1 bis 16 nicht erfasst sind.

② Für Anlagen, die ab dem 1. Dezember 2021 errichtet worden sind, ist Satz 1 Nummer 15 Buchstabe a und b nicht anzuwenden.

2. Solidaritätszuschlaggesetz 1995[1] (SolzG 1995)

Vom 15. Oktober 2002 (BGBl. I S. 4130)

Geändert durch Gesetz vom 23. 12. 2002 (BGBl. I S. 4621), vom 13. 12. 2006 (BGBl. I S. 2878), vom 20. 12. 2007 (BGBl. I S. 3150), vom 19. 12. 2008 (BGBl. I S. 2794), vom 22. 12. 2008 (BGBl. I S. 2955), vom 22. 12. 2009 (BGBl. I S. 3950), vom 8. 12. 2010 (BGBl. I S. 1768), vom 7. 12. 2011 (BGBl. I S. 2592), vom 16. 7. 2015 (BGBl. I S. 1202), vom 19. 7. 2016 (BGBl. I S. 1730), vom 20. 12. 2016 (BGBl. I S. 3000), vom 29. 11. 2018 (BGBl. I S. 2210), vom 20. 11. 2019 (BGBl. I S. 1626), vom 10. 12. 2019 (BGBl. I S. 2115), vom 1. 12. 2020 (BGBl. I S. 2616) und vom 8. 12. 2022 (BGBl. I S. 2230)

§ 1 Erhebung eines Solidaritätszuschlags

(1) Zur Einkommensteuer und zur Körperschaftsteuer wird ein Solidaritätszuschlag als Ergänzungsabgabe erhoben. 1

(2)[2] ① Auf die Festsetzung und Erhebung des Solidaritätszuschlags sind die Vorschriften des Einkommensteuergesetzes mit Ausnahme des § 36 a des Einkommensteuergesetzes und des Körperschaftsteuergesetzes entsprechend anzuwenden. ② Wird die Einkommen- oder Körperschaftsteuer im Wege des Steuerabzugs erhoben, so dürfen die zu diesem Zweck verarbeiteten personenbezogenen Daten auch für die Erhebung des Solidaritätszuschlags im Wege des Steuerabzugs verarbeitet werden.

(3) Ist die Einkommen- oder Körperschaftsteuer für Einkünfte, die dem Steuerabzug unterliegen, durch den Steuerabzug abgegolten oder werden solche Einkünfte bei der Veranlagung zur Einkommen- oder Körperschaftsteuer oder beim Lohnsteuer-Jahresausgleich nicht erfasst, gilt dies für den Solidaritätszuschlag entsprechend.

(4) ① Die Vorauszahlungen auf den Solidaritätszuschlag sind gleichzeitig mit den festgesetzten Vorauszahlungen auf die Einkommensteuer oder Körperschaftsteuer zu entrichten; § 37 Abs. 5 des Einkommensteuergesetzes ist nicht anzuwenden. ② Solange ein Bescheid über die Vorauszahlungen auf den Solidaritätszuschlag nicht erteilt worden ist, sind die Vorauszahlungen ohne besondere Aufforderung nach Maßgabe der für den Solidaritätszuschlag geltenden Vorschriften zu entrichten. ③ § 240 Abs. 1 Satz 3 der Abgabenordnung ist insoweit nicht anzuwenden; § 254 Abs. 2 der Abgabenordnung gilt insoweit sinngemäß.

(5) ① Mit einem Rechtsbehelf gegen den Solidaritätszuschlag kann weder die Bemessungsgrundlage noch die Höhe des zu versteuernden Einkommens angegriffen werden. ② Wird die Bemessungsgrundlage geändert, ändert sich der Solidaritätszuschlag entsprechend.

§ 2 Abgabepflicht

Abgabepflichtig sind 2

1. natürliche Personen, die nach § 1 des Einkommensteuergesetzes einkommensteuerpflichtig sind,
2.[3] natürliche Personen, die nach § 2 des Außensteuergesetzes erweitert beschränkt steuerpflichtig sind,
3. Körperschaften, Personenvereinigungen und Vermögensmassen, die nach § 1 oder § 2 des Körperschaftsteuergesetzes körperschaftsteuerpflichtig sind.

§ 3[4, 5] Bemessungsgrundlage und zeitliche Anwendung

(1) Der Solidaritätszuschlag bemisst sich vorbehaltlich der Absätze 2 bis 5, 3

1. soweit eine Veranlagung zur Einkommensteuer oder Körperschaftsteuer vorzunehmen ist:
   nach der nach Absatz 2 berechneten Einkommensteuer oder der festgesetzten Körperschaftsteuer für Veranlagungszeiträume ab 1998, vermindert um die anzurechnende oder vergütete Körperschaftsteuer, wenn ein positiver Betrag verbleibt;
2. soweit Vorauszahlungen zur Einkommensteuer oder Körperschaftsteuer zu leisten sind:
   nach den Vorauszahlungen auf die Steuer für Veranlagungszeiträume ab 2002;
3. soweit Lohnsteuer zu erheben ist:
   nach der nach Absatz 2 a berechneten Lohnsteuer für
   a) laufenden Arbeitslohn, der für einen nach dem 31. Dezember 1997 endenden Lohnzahlungszeitraum gezahlt wird,
   b) sonstige Bezüge, die nach dem 31. Dezember 1997 zufließen;

---

[1] Zur Frage der Verfassungsmäßigkeit siehe *BFH-Urteil vom 21. 7. 2011 II R 50/09 (BFH/NV 2011, 1685).* Die dagegen eingelegte Verfassungsbeschwerde, Az. beim BVerfG: *2 BvR 1942/11,* wurde nicht zur Entscheidung angenommen.

Zur vorläufigen Festsetzung des Solidaritätszuschlags für VZ ab 2005 und zum Vorläufigkeitsvermerk für die Veranlagungsräume ab 2020 siehe BMF-Schreiben vom 15. 1. 2018 (BStBl. I S. 2), zuletzt geändert durch BMF-Schreiben vom 28. 3. 2022 (BStBl. I S. 203), abgedruckt im Anhang **III.**

[2] § 1 Abs. 2 geändert durch Gesetz vom 19. 7. 2016 (BGBl. I S. 1730); zur erstmaligen Anwendung siehe § 6 Abs. 16. § 1 Abs. 2 Satz 2 angefügt mit Wirkung ab 26. 11. 2019 durch Art. 72 des Gesetzes vom 20. 11. 2019 (BGBl. I S. 1626/1668).

[3] Zur erstmaligen Anwendung siehe § 6 Abs. 1.

[4] Zur erstmaligen Anwendung siehe § 6 Abs. 3.

[5] Zur Fassung von § 3 Abs. 2 a, 3, 4 a und 5 ab VZ 2023 und § 3 Abs. 3, 4, 4 a und 5 ab VZ 2024 siehe Art. 4 und 5 des Gesetzes vom 8. 12. 2022 (BGBl. I S. 2230).

4. soweit ein Lohnsteuer-Jahresausgleich durchzuführen ist, nach der nach Absatz 2a sich ergebenden Jahreslohnsteuer für Ausgleichsjahre ab 1998;
5. soweit Kapitalertragsteuer oder Zinsabschlag zu erheben ist außer in den Fällen des § 43b[1] des Einkommensteuergesetzes:
   nach der ab 1. Januar 1998 zu erhebenden Kapitalertragsteuer oder dem ab diesem Zeitpunkt zu erhebenden Zinsabschlag;
6. soweit bei beschränkt Steuerpflichtigen ein Steuerabzugsbetrag nach § 50a des Einkommensteuergesetzes zu erheben ist:
   nach dem ab 1. Januar 1998 zu erhebenden Steuerabzugsbetrag.

(2)[2] Bei der Veranlagung zur Einkommensteuer ist Bemessungsgrundlage für den Solidaritätszuschlag die Einkommensteuer, die abweichend von § 2 Abs. 6 des Einkommensteuergesetzes unter Berücksichtigung von Freibeträgen nach § 32 Abs. 6 des Einkommensteuergesetzes in allen Fällen des § 32 des Einkommensteuergesetzes festzusetzen wäre.

(2a)[3] ① Vorbehaltlich des § 40a Absatz 2 des Einkommensteuergesetzes ist beim Steuerabzug vom Arbeitslohn Bemessungsgrundlage die Lohnsteuer; beim Steuerabzug vom laufenden Arbeitslohn und beim Jahresausgleich ist die Lohnsteuer maßgebend, die sich ergibt, wenn der nach § 39b Absatz 2 Satz 5 des Einkommensteuergesetzes zu versteuernde Jahresbetrag für die Steuerklassen I, II und III im Sinne des § 38b des Einkommensteuergesetzes um den Kinderfreibetrag von 5460 Euro sowie den Freibetrag für den Betreuungs- und Erziehungs- oder Ausbildungsbedarf von 2928 Euro und für die Steuerklasse IV im Sinne des § 38b des Einkommensteuergesetzes um den Kinderfreibetrag von 2730 Euro sowie den Freibetrag für den Betreuungs- und Erziehungs- oder Ausbildungsbedarf von 1464 Euro für jedes Kind vermindert wird, für das eine Kürzung der Freibeträge für Kinder nach § 32 Absatz 6 Satz 4 des Einkommensteuergesetzes nicht in Betracht kommt. ② Bei der Anwendung des § 39b des Einkommensteuergesetzes für die Ermittlung des Solidaritätszuschlages ist die als Lohnsteuerabzugsmerkmal gebildete Zahl der Kinderfreibeträge maßgebend.[4] ③ Bei Anwendung des § 39f des Einkommensteuergesetzes ist beim Steuerabzug vom laufenden Arbeitslohn die Lohnsteuer maßgebend, die sich bei Anwendung des nach § 39f Abs. 1 des Einkommensteuergesetzes ermittelten Faktors auf den nach den Sätzen 1 und 2 ermittelten Betrag ergibt.[5]

(3)[6] ① Der Solidaritätszuschlag ist von einkommensteuerpflichtigen Personen nur zu erheben, wenn die Bemessungsgrundlage nach Absatz 1 Nummer 1 und 2, vermindert um die Einkommensteuer nach § 32d Absatz 3 und 4 des Einkommensteuergesetzes,

1. in den Fällen des § 32a Absatz 5 und 6 des Einkommensteuergesetzes 33 912 Euro,
2. in anderen Fällen 16 956 Euro

übersteigt. ② Auf die Einkommensteuer nach § 32d Absatz 3 und 4 des Einkommensteuergesetzes ist der Solidaritätszuschlag ungeachtet des Satzes 1 zu erheben.

(4)[7] Beim Abzug vom laufenden Arbeitslohn ist der Solidaritätszuschlag nur zu erheben, wenn die Bemessungsgrundlage im jeweiligen Lohnzahlungszeitraum

1. bei monatlicher Lohnzahlung
   a) in der Steuerklasse III mehr als 2826 Euro und
   b) in den Steuerklassen I, II, IV bis VI mehr als 1413 Euro,
2. bei wöchentlicher Lohnzahlung
   a) in der Steuerklasse III mehr als 659,40 Euro und
   b) in den Steuerklassen I, II, IV bis VI mehr als 329,70 Euro,
3. bei täglicher Lohnzahlung
   a) in der Steuerklasse III mehr als 94,20 Euro und
   b) in den Steuerklassen I, II, IV bis VI mehr als 47,10 Euro

beträgt.

(4a)[8] ① Beim Abzug von einem sonstigen Bezug ist der Solidaritätszuschlag nur zu erheben, wenn die Jahreslohnsteuer im Sinne des § 39b Absatz 3 Satz 5 des Einkommensteuergesetzes unter Berücksichtigung des Kinderfreibetrags und des Freibetrags für den Betreuungs- und Erziehungs- oder Ausbildungsbedarf für jedes Kind entsprechend den Vorgaben in Absatz 2a folgende Beträge übersteigt:

---

[1] Zur erstmaligen Anwendung siehe § 6 Abs. 4.

[2] Zur erstmaligen Anwendung siehe § 6 Abs. 5.

[3] § 3 Abs. 2a Satz 1 neu gefasst durch Gesetz vom 16. 7. 2015 (BGBl. I S. 1202); Abs. 2a Satz 1 Betrag geändert durch Gesetz vom 16. 7. 2015 (BGBl. I S. 1202); Abs. 2a Satz 1 Betrag geändert durch Art. 10 des Gesetzes vom 20. 12. 2016 (BGBl. I S. 3000/3012); Abs. 2a Satz 1 Betrag geändert durch Art. 11 des Gesetzes vom 20. 12. 2016 (BGBl. I S. 3000/3012); Abs. 2a Satz 1 Betrag geändert durch Art. 4 des Gesetzes vom 29. 11. 2018 (BGBl. I S. 2210); Abs. 2a Satz 1 Betrag geändert durch Art. 5 des Gesetzes vom 29. 11. 2018 (BGBl. I S. 2210); Abs 2a Satz 1 Beträge geändert durch Gesetz vom 1. 1. 2020 (BGBl. I S. 2616); zur erstmaligen Anwendung siehe § 6 Abs. 22.

[4] § 3 Abs. 2a Satz 2 geändert durch Gesetz vom 7. 12. 2011 (BGBl. I S. 2592); zur erstmaligen Anwendung siehe § 6 Abs. 13.

[5] § 3 Abs. 2a Satz 3 angefügt durch Gesetz vom 19. 12. 2008 (BGBl. I S. 2794).

[6] § 3 Abs. 3 geändert durch Gesetz vom 8. 12. 2010 (BGBl. I S. 1768); zur Anwendung siehe § 6 Abs. 12; Abs. 3 Satz 1 Nr. 1 und 2 Beträge geändert durch Gesetz vom 10. 12. 2019 (BGBl. I S. 2115); zur erstmaligen Anwendung siehe § 6 Abs. 21 Satz 1.

[7] § 3 Abs. 4 Satz 1 Nr. 1 bis 3 Beträge geändert und Satz 2 aufgehoben durch Gesetz vom 10. 12. 2019 (BGBl. I S. 2115); zur erstmaligen Anwendung siehe § 6 Abs. 21 Satz 1.

[8] § 3 Abs. 4a eingefügt durch Gesetz vom 10. 12. 2019 (BGBl. I S. 2115); zur erstmaligen Anwendung siehe § 6 Abs. 21 Satz 2.

1. in den Steuerklassen I, II, IV bis VI 16 956 Euro und
2. in der Steuerklasse III 33 912 Euro.

② Die weiteren Berechnungsvorgaben in § 39b Absatz 3 des Einkommensteuergesetzes finden Anwendung.

(5)[1] Beim Lohnsteuer-Jahresausgleich ist der Solidaritätszuschlag nur zu ermitteln, wenn die Bemessungsgrundlage in Steuerklasse III mehr als 33 912 Euro und in den Steuerklassen I, II oder IV mehr als 16 956 Euro beträgt.

§ 4[2] Zuschlagsatz

① Der Solidaritätszuschlag beträgt 5,5 Prozent der Bemessungsgrundlage. ② Er beträgt nicht mehr 4
als 11,9 Prozent des Unterschiedsbetrages zwischen der Bemessungsgrundlage, vermindert um die Einkommensteuer nach § 32 d Absatz 3, 4 und 5 des Einkommensteuergesetzes, und der nach § 3 Absatz 3 bis 5 jeweils maßgebenden Freigrenze. ③ Bruchteile eines Cents bleiben außer Ansatz. ④ Der Solidaritätszuschlag auf die Einkommensteuer nach § 32 d Absatz 3 und 4 des Einkommensteuergesetzes und auf die Lohnsteuer nach § 39 b Absatz 3 des Einkommensteuergesetzes beträgt ungeachtet des Satzes 2 5,5 Prozent.

§ 5 Doppelbesteuerungsabkommen

Werden auf Grund eines Abkommens zur Vermeidung der Doppelbesteuerung im Geltungsbereich 5
dieses Gesetzes erhobene Steuern vom Einkommen ermäßigt, so ist diese Ermäßigung zuerst auf den Solidaritätszuschlag zu beziehen.

§ 6 Anwendungsvorschrift

(1) § 2 in der Fassung des Gesetzes vom 18. Dezember 1995 (BGBl. I S. 1959) ist ab dem Ver- 6
anlagungszeitraum 1995 anzuwenden.

(2) Das Gesetz in der Fassung des Gesetzes vom 11. Oktober 1995 (BGBl. I S. 1250) ist erstmals für den Veranlagungszeitraum 1996 anzuwenden.

(3) Das Gesetz in der Fassung des Gesetzes vom 21. November 1997 (BGBl. I S. 2743) ist erstmals für den Veranlagungszeitraum 1998 anzuwenden.

(4) Das Gesetz in der Fassung des Gesetzes vom 23. Oktober 2000 (BGBl. I S. 1433) ist erstmals für den Veranlagungszeitraum 2001 anzuwenden.

(5) Das Gesetz in der Fassung des Gesetzes vom 21. Dezember 2000 (BGBl. I S. 1978) ist erstmals für den Veranlagungszeitraum 2001 anzuwenden.

(6) Das Solidaritätszuschlaggesetz 1995 in der Fassung des Artikels 6 des Gesetzes vom 19. Dezember 2000 (BGBl. I S. 1790) ist erstmals für den Veranlagungszeitraum 2002 anzuwenden.

(7) § 1 Abs. 2 a in der Fassung des Gesetzes zur Regelung der Bemessungsgrundlage für Zuschlagsteuern vom 21. Dezember 2000 (BGBl. I S. 1978, 1979) ist letztmals für den Veranlagungszeitraum 2001 anzuwenden.

(8) § 3 Abs. 2 a *in der Fassung des Gesetzes zur Regelung der Bemessungsgrundlage für Zuschlagsteuern vom 21. Dezember 2000 (BGBl. I S. 1978, 1979)*[3] ist erstmals für den Veranlagungszeitraum 2002 anzuwenden.

(9)[4] § 3 in der Fassung des Artikels 7 des Gesetzes vom 20. Dezember 2007 (BGBl. I S. 3150) ist erstmals für den Veranlagungszeitraum 2008 anzuwenden.

(10)[5] § 3 in der Fassung des Artikels 5 des Gesetzes vom 22. Dezember 2008 (BGBl. I S. 2955) ist erstmals für den Veranlagungszeitraum 2009 anzuwenden.

(11)[6] § 3 in der Fassung des Artikels 9 des Gesetzes vom 22. Dezember 2009 (BGBl. I S. 3950) ist erstmals für den Veranlagungszeitraum 2010 anzuwenden.

(12)[7] ① § 3 Absatz 3 und § 4 in der Fassung des Artikels 31 des Gesetzes vom 8. Dezember 2010 (BGBl. I S. 1768) sind erstmals für den Veranlagungszeitraum 2011 anzuwenden. ② Abweichend von Satz 1 sind § 3 Absatz 3 und § 4 in der Fassung des Artikels 31 des Gesetzes vom 8. Dezember 2010 (BGBl. I S. 1768) auch für die Veranlagungszeiträume 2009 und 2010 anzuwenden, soweit sich dies zu Gunsten des Steuerpflichtigen auswirkt.

(13)[8] § 3 Absatz 2 a Satz 2 in der Fassung des Artikels 6 des Gesetzes vom 7. Dezember 2011 (BGBl. I S. 2592) ist erstmals für den Veranlagungszeitraum 2012 anzuwenden.

---

[1] § 3 Abs. 5 Beträge geändert durch Gesetz vom 10. 12. 2019 (BGBl. I S. 2115); zur erstmaligen Anwendung siehe § 6 Abs. 21 Satz 3.

[2] § 4 Satz 2 geändert und Satz 4 angefügt durch Gesetz vom 8. 12. 2010 (BGBl. I S. 1768); zur Anwendung siehe § 6 Abs. 12; Sätze 2 und 4 geändert durch Gesetz vom 10. 12. 2019 (BGBl. I S. 2115); zur Anwendung siehe § 6 Abs. 21 Satz 1 und 2.

[3] Redaktionelles Versehen des Gesetzgebers – müßte richtig lauten: in der Fassung des Fünften Gesetzes zur Änderung des Steuerbeamten-Ausbildungsgesetzes und zur Änderung von Steuergesetzen von 23. 7. 2002 (BGBl. I S. 2715).

[4] § 6 Abs. 9 angefügt durch Gesetz vom 20. 12. 2007 (BGBl. I S. 3150).

[5] § 6 Abs. 10 angefügt durch Gesetz vom 22. 12. 2008 (BGBl. I S. 2955).

[6] § 6 Abs. 11 angefügt durch Gesetz vom 22. 12. 2009 (BGBl. I S. 3950).

[7] § 6 Abs. 12 angefügt durch Gesetz vom 8. 12. 2010 (BGBl. I S. 1768).

[8] § 6 Abs. 13 angefügt durch Gesetz vom 7. 12. 2011 (BGBl. I S. 2592).

(14)[1] ① § 3 Absatz 2 a Satz 1 in der am 23. Juli 2015 geltenden Fassung ist erstmals anzuwenden auf laufenden Arbeitslohn, der für einen nach dem 30. November 2015 endenden Lohnzahlungszeitraum gezahlt wird, und auf sonstige Bezüge, die nach dem 30. November 2015 zufließen. ② Bei der Lohnsteuerberechnung auf laufenden Arbeitslohn, der für einen nach dem 30. November 2015, aber vor dem 1. Januar 2016 endenden täglichen, wöchentlichen und monatlichen Lohnzahlungszeitraum gezahlt wird, ist zu berücksichtigen, dass § 3 Absatz 2 a Satz 1 in der am 23. Juli 2015 geltenden Fassung bis zum 30. November 2015 nicht angewandt wurde (Nachholung). ③ Das Bundesministerium der Finanzen hat dies im Einvernehmen mit den obersten Finanzbehörden der Länder bei der Aufstellung und Bekanntmachung der entsprechenden Programmablaufpläne zu berücksichtigen (§ 52 Absatz 32 a Satz 3 des Einkommensteuergesetzes).

(15)[2] § 3 Absatz 2 a in der am 1. Januar 2016 geltenden Fassung ist erstmals auf den laufenden Arbeitslohn anzuwenden, der für einen nach dem 31. Dezember 2015 endenden Lohnzahlungszeitraum gezahlt wird, und auf sonstige Bezüge, die nach dem 31. Dezember 2015 zufließen.

(16)[3] Das Gesetz in der Fassung des Gesetzes vom 19. Juli 2016 (BGBl. I S. 1730) ist erstmals für den Veranlagungszeitraum 2016 anzuwenden.

(17)[4] § 3 Absatz 2 a in der am 1. Januar 2017 geltenden Fassung ist erstmals auf den laufenden Arbeitslohn anzuwenden, der für einen nach dem 31. Dezember 2016 endenden Lohnzahlungszeitraum gezahlt wird, und auf sonstige Bezüge, die nach dem 31. Dezember 2016 zufließen.

(18)[4] § 3 Absatz 2 a in der am 1. Januar 2018 geltenden Fassung ist erstmals auf den laufenden Arbeitslohn anzuwenden, der für einen nach dem 31. Dezember 2017 endenden Lohnzahlungszeitraum gezahlt wird, und auf sonstige Bezüge, die nach dem 31. Dezember 2017 zufließen.

(19)[5] § 3 Absatz 2 a in der am 1. Januar 2019 geltenden Fassung ist erstmals auf den laufenden Arbeitslohn anzuwenden, der für einen nach dem 31. Dezember 2018 endenden Lohnzahlungszeitraum gezahlt wird, und auf sonstige Bezüge, die nach dem 31. Dezember 2018 zufließen.

(20)[5] § 3 Absatz 2 a in der am 1. Januar 2020 geltenden Fassung ist erstmals auf den laufenden Arbeitslohn anzuwenden, der für einen nach dem 31. Dezember 2019 endenden Lohnzahlungszeitraum gezahlt wird, und auf sonstige Bezüge, die nach dem 31. Dezember 2019 zufließen.

(21)[6] ① § 3 Absatz 3 und § 4 Satz 2 in der Fassung des Gesetzes vom 10. Dezember 2019 (BGBl. I S. 2115) sind erstmals im Veranlagungszeitraum 2021 anzuwenden. ② § 3 Absatz 4 und 4 a und § 4 Satz 2 und 4 in der Fassung des Gesetzes vom 10. Dezember 2019 (BGBl. I S. 2115) sind erstmals auf den laufenden Arbeitslohn anzuwenden, der für einen nach dem 31. Dezember 2020 endenden Lohnzahlungszeitraum gezahlt wird, und auf sonstige Bezüge, die nach dem 31. Dezember 2020 zufließen. ③ § 3 Absatz 5 in der Fassung des Gesetzes vom 10. Dezember 2019 (BGBl. I S. 2115) ist beim Lohnsteuer-Jahresausgleich durch den Arbeitgeber (§ 42 b des Einkommensteuergesetzes) erstmals für das Ausgleichsjahr 2021 anzuwenden.

(22)[7] § 3 Absatz 2 a in der am 1. Januar 2021 geltenden Fassung ist erstmals auf den laufenden Arbeitslohn anzuwenden, der für einen nach dem 31. Dezember 2020 endenden Lohnzahlungszeitraum gezahlt wird, und auf sonstige Bezüge, die nach dem 31. Dezember 2020 zufließen.

(23)[8] …

(24)[9] …

---

[1] § 6 Abs. 14 und 15 angefügt durch Gesetz vom 16. 7. 2015 (BGBl. I S. 1202).
[2] § 6 Abs. 14 und 15 angefügt durch Gesetz vom 16. 7. 2015 (BGBl. I S. 1202).
[3] § 6 Abs. 16 angefügt durch Gesetz vom 19. 7. 2016 (BGBl. I S. 1730).
[4] § 6 Abs. 17 und 18 angefügt durch Gesetz vom 20. 12. 2016 (BGBl. I S. 3000/3012).
[5] § 6 Abs. 19 und 20 angefügt durch Gesetz vom 29. 11. 2018 (BGBl. I S. 2210).
[6] § 6 Abs. 21 eingefügt durch Gesetz vom 10. 12. 2019 (BGBl. I S. 2115).
[7] § 6 Abs. 22 eingefügt durch Gesetz vom 1. 12. 2020 (BGBl. I S. 2616).
[8] Zur Fassung von § 6 Abs. 23 ab 1. 1. 2023 siehe Art. 4 des Gesetzes vom 8. 12. 2022 (BGBl. I S. 2230).
[9] Zur Fassung von § 6 Abs. 24 ab 1. 1. 2024 siehe Art. 5 des Gesetzes vom 8. 12. 2022 (BGBl. I S. 2230).

Anhang II

Berechnung der Einkommensteuer und Tabellen

Die Berechnung der Einkommensteuer erfolgt nach einem stufenlosen Steuertarif. Dies bedeutet, dass die Einkommensteuer exakt für den sich bei der Steuerveranlagung jeweils ergebenden Einzelwert berechnet wird.

Eine jeden Einzelwert berücksichtigende Einkommensteuertabelle ist somit aus Umfangsgründen nicht mehr möglich. Eine genaue Berechnung der Einkommensteuer kann nur noch mit Hilfe eines elektronischen Berechnungsprogramms erfolgen. Die nachstehende Einkommen-, Grund- und Splittingtabelle gibt Ihnen für die zwischen den ausgewiesenen zu versteuernden Einkommen liegenden Werte nur **Annäherungswerte.** Den Wert Ihrer Einkommensteuer können Sie aber, soweit Sie keine elektronische Berechnung vornehmen, innerhalb der ausgewiesenen zu versteuernden Einkommen zumindest annäherungsweise schätzen.

Zur Beachtung

Nachstehend ist die nach dem Grundtarif und Splittingtarif ermittelte Einkommensteuer in Tabellen (Grundtabelle und Splittingtabelle) ausgewiesen. Mit Wegfall des § 32 a Abs. 4 und Abs. 5 Satz 2 EStG ist das BMF nicht mehr verpflichtet, Tabellen aufzustellen und bekannt zu machen. Auf den folgenden Seiten sind die Grundtabelle und die Splittingtabelle aus Gründen der Raumersparnis zusammengefasst.

Die Zahlen der Tabellen sind nach amtlichen Unterlagen ermittelt. Ihre Wiedergabe erfolgt ohne Gewähr.

Zu versteuerndes Einkommen bis	Tarif	Einkommensteuer	Zu versteuerndes Einkommen bis	Tarif	Einkommensteuer	Zu versteuerndes Einkommen bis	Tarif	Einkommensteuer	Zu versteuerndes Einkommen bis	Tarif	Einkommensteuer	Zu versteuerndes Einkommen bis	Tarif	Einkommensteuer
10347	G S		**11499**	G S	175	**12651**	G S	380	**13803**	G S	613	**14955**	G S	876
10383	G S	5	**11535**	G S	181	**12687**	G S	387	**13839**	G S	621	**14991**	G S	884
10419	G S	10	**11571**	G S	187	**12723**	G S	394	**13875**	G S	629	**15027**	G S	893
10455	G S	15	**11607**	G S	193	**12759**	G S	401	**13911**	G S	637	**15063**	G S	902
10491	G S	20	**11643**	G S	199	**12795**	G S	407	**13947**	G S	645	**15099**	G S	910
10527	G S	25	**11679**	G S	205	**12831**	G S	414	**13983**	G S	652	**15135**	G S	919
10563	G S	30	**11715**	G S	211	**12867**	G S	421	**14019**	G S	660	**15171**	G S	928
10599	G S	35	**11751**	G S	218	**12903**	G S	428	**14055**	G S	668	**15207**	G S	936
10635	G S	41	**11787**	G S	224	**12939**	G S	436	**14091**	G S	676	**15243**	G S	945
10671	G S	46	**11823**	G S	230	**12975**	G S	443	**14127**	G S	684	**15279**	G S	954
10707	G S	51	**11859**	G S	236	**13011**	G S	450	**14163**	G S	692	**15315**	G S	962
10743	G S	57	**11895**	G S	242	**13047**	G S	457	**14199**	G S	700	**15351**	G S	971
10779	G S	62	**11931**	G S	249	**13083**	G S	464	**14235**	G S	708	**15387**	G S	980
10815	G S	67	**11967**	G S	255	**13119**	G S	471	**14271**	G S	716	**15423**	G S	988
10851	G S	73	**12003**	G S	261	**13155**	G S	478	**14307**	G S	725	**15459**	G S	997
10887	G S	78	**12039**	G S	268	**13191**	G S	486	**14343**	G S	733	**15495**	G S	1006
10923	G S	84	**12075**	G S	274	**13227**	G S	493	**14379**	G S	741	**15531**	G S	1015
10959	G S	89	**12111**	G S	280	**13263**	G S	500	**14415**	G S	749	**15567**	G S	1023
10995	G S	95	**12147**	G S	287	**13299**	G S	508	**14451**	G S	757	**15603**	G S	1032
11031	G S	100	**12183**	G S	293	**13335**	G S	515	**14487**	G S	766	**15639**	G S	1041
11067	G S	106	**12219**	G S	300	**13371**	G S	522	**14523**	G S	774	**15675**	G S	1050
11103	G S	112	**12255**	G S	306	**13407**	G S	530	**14559**	G S	782	**15711**	G S	1058
11139	G S	117	**12291**	G S	313	**13443**	G S	537	**14595**	G S	791	**15747**	G S	1067
11175	G S	123	**12327**	G S	319	**13479**	G S	545	**14631**	G S	799	**15783**	G S	1076
11211	G S	129	**12363**	G S	326	**13515**	G S	552	**14667**	G S	807	**15819**	G S	1085
11247	G S	134	**12399**	G S	333	**13551**	G S	560	**14703**	G S	816	**15855**	G S	1093
11283	G S	140	**12435**	G S	339	**13587**	G S	567	**14739**	G S	824	**15891**	G S	1102
11319	G S	146	**12471**	G S	346	**13623**	G S	575	**14775**	G S	833	**15927**	G S	1111
11355	G S	152	**12507**	G S	353	**13659**	G S	583	**14811**	G S	841	**15963**	G S	1120
11391	G S	158	**12543**	G S	359	**13695**	G S	590	**14847**	G S	850	**15999**	G S	1128
11427	G S	163	**12579**	G S	366	**13731**	G S	598	**14883**	G S	859	**16035**	G S	1137
11463	G S	169	**12615**	G S	373	**13767**	G S	606	**14919**	G S	867	**16071**	G S	1146

Zu versteuerndes Einkommen bis	Tarif	Einkommensteuer	Zu versteuerndes Einkommen bis	Tarif	Einkommensteuer	Zu versteuerndes Einkommen bis	Tarif	Einkommensteuer	Zu versteuerndes Einkommen bis	Tarif	Einkommensteuer	Zu versteuerndes Einkommen bis	Tarif	Einkommensteuer
16107	G	1 155	**17259**	G	1 439	**18411**	G	1 729	**19563**	G	2 025	**20715**	G	2 326
	S			S			S			S			S	2
16143	G	1 164	**17295**	G	1 448	**18447**	G	1 738	**19599**	G	2 034	**20751**	G	2 335
	S			S			S			S			S	6
16179	G	1 172	**17331**	G	1 457	**18483**	G	1 748	**19635**	G	2 043	**20787**	G	2 345
	S			S			S			S			S	12
16215	G	1 181	**17367**	G	1 466	**18519**	G	1 757	**19671**	G	2 053	**20823**	G	2 354
	S			S			S			S			S	18
16251	G	1 190	**17403**	G	1 475	**18555**	G	1 766	**19707**	G	2 062	**20859**	G	2 364
	S			S			S			S			S	22
16287	G	1 199	**17439**	G	1 484	**18591**	G	1 775	**19743**	G	2 071	**20895**	G	2 373
	S			S			S			S			S	28
16323	G	1 208	**17475**	G	1 493	**18627**	G	1 784	**19779**	G	2 081	**20931**	G	2 383
	S			S			S			S			S	32
16359	G	1 217	**17511**	G	1 502	**18663**	G	1 793	**19815**	G	2 090	**20967**	G	2 392
	S			S			S			S			S	38
16395	G	1 225	**17547**	G	1 511	**18699**	G	1 803	**19851**	G	2 099	**21003**	G	2 402
	S			S			S			S			S	42
16431	G	1 234	**17583**	G	1 520	**18735**	G	1 812	**19887**	G	2 109	**21039**	G	2 411
	S			S			S			S			S	48
16467	G	1 243	**17619**	G	1 529	**18771**	G	1 821	**19923**	G	2 118	**21075**	G	2 421
	S			S			S			S			S	52
16503	G	1 252	**17655**	G	1 538	**18807**	G	1 830	**19959**	G	2 128	**21111**	G	2 430
	S			S			S			S			S	58
16539	G	1 261	**17691**	G	1 547	**18843**	G	1 839	**19995**	G	2 137	**21147**	G	2 440
	S			S			S			S			S	64
16575	G	1 270	**17727**	G	1 556	**18879**	G	1 849	**20031**	G	2 146	**21183**	G	2 449
	S			S			S			S			S	68
16611	G	1 279	**17763**	G	1 565	**18915**	G	1 858	**20067**	G	2 156	**21219**	G	2 459
	S			S			S			S			S	74
16647	G	1 287	**17799**	G	1 575	**18951**	G	1 867	**20103**	G	2 165	**21255**	G	2 469
	S			S			S			S			S	80
16683	G	1 296	**17835**	G	1 584	**18987**	G	1 876	**20139**	G	2 174	**21291**	G	2 478
	S			S			S			S			S	84
16719	G	1 305	**17871**	G	1 593	**19023**	G	1 886	**20175**	G	2 184	**21327**	G	2 488
	S			S			S			S			S	90
16755	G	1 314	**17907**	G	1 602	**19059**	G	1 895	**20211**	G	2 193	**21363**	G	2 497
	S			S			S			S			S	94
16791	G	1 323	**17943**	G	1 611	**19095**	G	1 904	**20247**	G	2 203	**21399**	G	2 507
	S			S			S			S			S	100
16827	G	1 332	**17979**	G	1 620	**19131**	G	1 913	**20283**	G	2 212	**21435**	G	2 516
	S			S			S			S			S	106
16863	G	1 341	**18015**	G	1 629	**19167**	G	1 923	**20319**	G	2 222	**21471**	G	2 526
	S			S			S			S			S	110
16899	G	1 350	**18051**	G	1 638	**19203**	G	1 932	**20355**	G	2 231	**21507**	G	2 536
	S			S			S			S			S	116
16935	G	1 359	**18087**	G	1 647	**19239**	G	1 941	**20391**	G	2 240	**21543**	G	2 545
	S			S			S			S			S	122
16971	G	1 368	**18123**	G	1 656	**19275**	G	1 950	**20427**	G	2 250	**21579**	G	2 555
	S			S			S			S			S	128
17007	G	1 377	**18159**	G	1 665	**19311**	G	1 960	**20463**	G	2 259	**21615**	G	2 565
	S			S			S			S			S	132
17043	G	1 386	**18195**	G	1 674	**19347**	G	1 969	**20499**	G	2 269	**21651**	G	2 574
	S			S			S			S			S	138
17079	G	1 394	**18231**	G	1 684	**19383**	G	1 978	**20535**	G	2 278	**21687**	G	2 584
	S			S			S			S			S	144
17115	G	1 403	**18267**	G	1 693	**19419**	G	1 987	**20571**	G	2 288	**21723**	G	2 593
	S			S			S			S			S	148
17151	G	1 412	**18303**	G	1 702	**19455**	G	1 997	**20607**	G	2 297	**21759**	G	2 603
	S			S			S			S			S	154
17187	G	1 421	**18339**	G	1 711	**19491**	G	2 006	**20643**	G	2 307	**21795**	G	2 613
	S			S			S			S			S	160
17223	G	1 430	**18375**	G	1 720	**19527**	G	2 015	**20679**	G	2 316	**21831**	G	2 622
	S			S			S			S			S	166

Zu versteuerndes Einkommen bis	Tarif	Einkommensteuer	Zu versteuerndes Einkommen bis	Tarif	Einkommensteuer	Zu versteuerndes Einkommen bis	Tarif	Einkommensteuer	Zu versteuerndes Einkommen bis	Tarif	Einkommensteuer	Zu versteuerndes Einkommen bis	Tarif	Einkommensteuer
21 867	G	2 632	**23 019**	G	2 944	**24 171**	G	3 261	**25 323**	G	3 584	**26 475**	G	3 912
	S	170		S	354		S	552		S	764		S	990
21 903	G	2 642	**23 055**	G	2 954	**24 207**	G	3 271	**25 359**	G	3 594	**26 511**	G	3 923
	S	176		S	360		S	558		S	770		S	998
21 939	G	2 651	**23 091**	G	2 964	**24 243**	G	3 281	**25 395**	G	3 604	**26 547**	G	3 933
	S	182		S	366		S	564		S	778		S	1 004
21 975	G	2 661	**23 127**	G	2 973	**24 279**	G	3 291	**25 431**	G	3 615	**26 583**	G	3 944
	S	188		S	372		S	570		S	784		S	1 012
22 011	G	2 671	**23 163**	G	2 983	**24 315**	G	3 301	**25 467**	G	3 625	**26 619**	G	3 954
	S	192		S	378		S	578		S	792		S	1 020
22 047	G	2 680	**23 199**	G	2 993	**24 351**	G	3 311	**25 503**	G	3 635	**26 655**	G	3 964
	S	198		S	384		S	584		S	798		S	1 026
22 083	G	2 690	**23 235**	G	3 003	**24 387**	G	3 321	**25 539**	G	3 645	**26 691**	G	3 975
	S	204		S	390		S	590		S	804		S	1 034
22 119	G	2 700	**23 271**	G	3 013	**24 423**	G	3 331	**25 575**	G	3 655	**26 727**	G	3 985
	S	210		S	396		S	596		S	812		S	1 042
22 155	G	2 709	**23 307**	G	3 023	**24 459**	G	3 341	**25 611**	G	3 666	**26 763**	G	3 995
	S	216		S	402		S	604		S	818		S	1 048
22 191	G	2 719	**23 343**	G	3 033	**24 495**	G	3 352	**25 647**	G	3 676	**26 799**	G	4 006
	S	220		S	408		S	610		S	826		S	1 056
22 227	G	2 729	**23 379**	G	3 043	**24 531**	G	3 362	**25 683**	G	3 686	**26 835**	G	4 016
	S	226		S	414		S	616		S	832		S	1 064
22 263	G	2 739	**23 415**	G	3 052	**24 567**	G	3 372	**25 719**	G	3 696	**26 871**	G	4 027
	S	232		S	420		S	622		S	840		S	1 072
22 299	G	2 748	**23 451**	G	3 062	**24 603**	G	3 382	**25 755**	G	3 707	**26 907**	G	4 037
	S	238		S	426		S	630		S	846		S	1 078
22 335	G	2 758	**23 487**	G	3 072	**24 639**	G	3 392	**25 791**	G	3 717	**26 943**	G	4 047
	S	244		S	432		S	636		S	854		S	1 086
22 371	G	2 768	**23 523**	G	3 082	**24 675**	G	3 402	**25 827**	G	3 727	**26 979**	G	4 058
	S	248		S	438		S	642		S	860		S	1 094
22 407	G	2 778	**23 559**	G	3 092	**24 711**	G	3 412	**25 863**	G	3 737	**27 015**	G	4 068
	S	254		S	444		S	650		S	868		S	1 102
22 443	G	2 787	**23 595**	G	3 102	**24 747**	G	3 422	**25 899**	G	3 748	**27 051**	G	4 079
	S	260		S	450		S	656		S	874		S	1 108
22 479	G	2 797	**23 631**	G	3 112	**24 783**	G	3 432	**25 935**	G	3 758	**27 087**	G	4 089
	S	266		S	456		S	662		S	882		S	1 116
22 515	G	2 807	**23 667**	G	3 122	**24 819**	G	3 442	**25 971**	G	3 768	**27 123**	G	4 100
	S	272		S	464		S	668		S	890		S	1 124
22 551	G	2 817	**23 703**	G	3 132	**24 855**	G	3 452	**26 007**	G	3 778	**27 159**	G	4 110
	S	278		S	470		S	676		S	896		S	1 132
22 587	G	2 826	**23 739**	G	3 142	**24 891**	G	3 462	**26 043**	G	3 789	**27 195**	G	4 120
	S	284		S	476		S	682		S	904		S	1 138
22 623	G	2 836	**23 775**	G	3 152	**24 927**	G	3 473	**26 079**	G	3 799	**27 231**	G	4 131
	S	290		S	482		S	688		S	910		S	1 146
22 659	G	2 846	**23 811**	G	3 162	**24 963**	G	3 483	**26 115**	G	3 809	**27 267**	G	4 141
	S	294		S	488		S	696		S	918		S	1 154
22 695	G	2 856	**23 847**	G	3 171	**24 999**	G	3 493	**26 151**	G	3 820	**27 303**	G	4 152
	S	300		S	494		S	702		S	924		S	1 162
22 731	G	2 865	**23 883**	G	3 181	**25 035**	G	3 503	**26 187**	G	3 830	**27 339**	G	4 162
	S	306		S	500		S	710		S	932		S	1 170
22 767	G	2 875	**23 919**	G	3 191	**25 071**	G	3 513	**26 223**	G	3 840	**27 375**	G	4 173
	S	312		S	506		S	716		S	940		S	1 178
22 803	G	2 885	**23 955**	G	3 201	**25 107**	G	3 523	**26 259**	G	3 850	**27 411**	G	4 183
	S	318		S	514		S	722		S	946		S	1 184
22 839	G	2 895	**23 991**	G	3 211	**25 143**	G	3 533	**26 295**	G	3 861	**27 447**	G	4 194
	S	324		S	520		S	730		S	954		S	1 192
22 875	G	2 905	**24 027**	G	3 221	**25 179**	G	3 543	**26 331**	G	3 871	**27 483**	G	4 204
	S	330		S	526		S	736		S	960		S	1 200
22 911	G	2 914	**24 063**	G	3 231	**25 215**	G	3 554	**26 367**	G	3 881	**27 519**	G	4 215
	S	336		S	532		S	744		S	968		S	1 208
22 947	G	2 924	**24 099**	G	3 241	**25 251**	G	3 564	**26 403**	G	3 892	**27 555**	G	4 225
	S	342		S	538		S	750		S	976		S	1 216
22 983	G	2 934	**24 135**	G	3 251	**25 287**	G	3 574	**26 439**	G	3 902	**27 591**	G	4 236
	S	348		S	546		S	756		S	982		S	1 224

Zu versteuerndes Einkommen bis	Tarif	Einkommensteuer	Zu versteuerndes Einkommen bis	Tarif	Einkommensteuer	Zu versteuerndes Einkommen bis	Tarif	Einkommensteuer	Zu versteuerndes Einkommen bis	Tarif	Einkommensteuer	Zu versteuerndes Einkommen bis	Tarif	Einkommensteuer
27 627	G	4 246	**28 779**	G	4 586	**29 931**	G	4 930	**31 083**	G	5 281	**32 235**	G	5 636
	S	1 232		S	1 486		S	1 756		S	2 034		S	2 314
27 663	G	4 257	**28 815**	G	4 596	**29 967**	G	4 941	**31 119**	G	5 292	**32 271**	G	5 647
	S	1 238		S	1 494		S	1 764		S	2 042		S	2 324
27 699	G	4 267	**28 851**	G	4 607	**30 003**	G	4 952	**31 155**	G	5 303	**32 307**	G	5 659
	S	1 246		S	1 502		S	1 774		S	2 052		S	2 332
27 735	G	4 278	**28 887**	G	4 618	**30 039**	G	4 963	**31 191**	G	5 314	**32 343**	G	5 670
	S	1 254		S	1 512		S	1 782		S	2 060		S	2 340
27 771	G	4 288	**28 923**	G	4 628	**30 075**	G	4 974	**31 227**	G	5 325	**32 379**	G	5 681
	S	1 262		S	1 520		S	1 790		S	2 068		S	2 350
27 807	G	4 299	**28 959**	G	4 639	**30 111**	G	4 985	**31 263**	G	5 336	**32 415**	G	5 692
	S	1 270		S	1 528		S	1 800		S	2 078		S	2 358
27 843	G	4 309	**28 995**	G	4 650	**30 147**	G	4 996	**31 299**	G	5 347	**32 451**	G	5 704
	S	1 278		S	1 536		S	1 808		S	2 086		S	2 368
27 879	G	4 320	**29 031**	G	4 660	**30 183**	G	5 006	**31 335**	G	5 358	**32 487**	G	5 715
	S	1 286		S	1 544		S	1 816		S	2 096		S	2 376
27 915	G	4 331	**29 067**	G	4 671	**30 219**	G	5 017	**31 371**	G	5 369	**32 523**	G	5 726
	S	1 294		S	1 552		S	1 826		S	2 104		S	2 384
27 951	G	4 341	**29 103**	G	4 682	**30 255**	G	5 028	**31 407**	G	5 380	**32 559**	G	5 737
	S	1 302		S	1 560		S	1 834		S	2 112		S	2 394
27 987	G	4 352	**29 139**	G	4 693	**30 291**	G	5 039	**31 443**	G	5 391	**32 595**	G	5 749
	S	1 310		S	1 570		S	1 842		S	2 122		S	2 402
28 023	G	4 362	**29 175**	G	4 703	**30 327**	G	5 050	**31 479**	G	5 402	**32 631**	G	5 760
	S	1 318		S	1 578		S	1 852		S	2 130		S	2 412
28 059	G	4 373	**29 211**	G	4 714	**30 363**	G	5 061	**31 515**	G	5 413	**32 667**	G	5 771
	S	1 326		S	1 586		S	1 860		S	2 138		S	2 420
28 095	G	4 383	**29 247**	G	4 725	**30 399**	G	5 072	**31 551**	G	5 424	**32 703**	G	5 782
	S	1 334		S	1 594		S	1 868		S	2 148		S	2 430
28 131	G	4 394	**29 283**	G	4 736	**30 435**	G	5 083	**31 587**	G	5 435	**32 739**	G	5 794
	S	1 342		S	1 602		S	1 878		S	2 156		S	2 438
28 167	G	4 405	**29 319**	G	4 746	**30 471**	G	5 094	**31 623**	G	5 447	**32 775**	G	5 805
	S	1 348		S	1 612		S	1 886		S	2 166		S	2 446
28 203	G	4 415	**29 355**	G	4 757	**30 507**	G	5 105	**31 659**	G	5 458	**32 811**	G	5 816
	S	1 356		S	1 620		S	1 894		S	2 174		S	2 456
28 239	G	4 426	**29 391**	G	4 768	**30 543**	G	5 116	**31 695**	G	5 469	**32 847**	G	5 827
	S	1 364		S	1 628		S	1 904		S	2 182		S	2 464
28 275	G	4 436	**29 427**	G	4 779	**30 579**	G	5 127	**31 731**	G	5 480	**32 883**	G	5 839
	S	1 372		S	1 636		S	1 912		S	2 192		S	2 474
28 311	G	4 447	**29 463**	G	4 790	**30 615**	G	5 138	**31 767**	G	5 491	**32 919**	G	5 850
	S	1 380		S	1 644		S	1 920		S	2 200		S	2 482
28 347	G	4 458	**29 499**	G	4 800	**30 651**	G	5 149	**31 803**	G	5 502	**32 955**	G	5 861
	S	1 390		S	1 654		S	1 930		S	2 208		S	2 492
28 383	G	4 468	**29 535**	G	4 811	**30 687**	G	5 160	**31 839**	G	5 513	**32 991**	G	5 873
	S	1 398		S	1 662		S	1 938		S	2 218		S	2 500
28 419	G	4 479	**29 571**	G	4 822	**30 723**	G	5 170	**31 875**	G	5 525	**33 027**	G	5 884
	S	1 406		S	1 670		S	1 946		S	2 226		S	2 508
28 455	G	4 490	**29 607**	G	4 833	**30 759**	G	5 181	**31 911**	G	5 536	**33 063**	G	5 895
	S	1 414		S	1 680		S	1 956		S	2 236		S	2 518
28 491	G	4 500	**29 643**	G	4 844	**30 795**	G	5 192	**31 947**	G	5 547	**33 099**	G	5 907
	S	1 422		S	1 688		S	1 964		S	2 244		S	2 526
28 527	G	4 511	**29 679**	G	4 854	**30 831**	G	5 203	**31 983**	G	5 558	**33 135**	G	5 918
	S	1 430		S	1 696		S	1 974		S	2 252		S	2 536
28 563	G	4 522	**29 715**	G	4 865	**30 867**	G	5 214	**32 019**	G	5 569	**33 171**	G	5 929
	S	1 438		S	1 704		S	1 982		S	2 262		S	2 544
28 599	G	4 532	**29 751**	G	4 876	**30 903**	G	5 225	**32 055**	G	5 580	**33 207**	G	5 941
	S	1 446		S	1 714		S	1 990		S	2 270		S	2 554
28 635	G	4 543	**29 787**	G	4 887	**30 939**	G	5 236	**32 091**	G	5 591	**33 243**	G	5 952
	S	1 454		S	1 722		S	2 000		S	2 280		S	2 562
28 671	G	4 553	**29 823**	G	4 898	**30 975**	G	5 247	**32 127**	G	5 603	**33 279**	G	5 963
	S	1 462		S	1 730		S	2 008		S	2 288		S	2 570
28 707	G	4 564	**29 859**	G	4 909	**31 011**	G	5 258	**32 163**	G	5 614	**33 315**	G	5 975
	S	1 470		S	1 740		S	2 016		S	2 296		S	2 580
28 743	G	4 575	**29 895**	G	4 919	**31 047**	G	5 270	**32 199**	G	5 625	**33 351**	G	5 986
	S	1 478		S	1 748		S	2 026		S	2 306		S	2 588

Zu versteuerndes Einkommen bis	Tarif	Einkommensteuer	Zu versteuerndes Einkommen bis	Tarif	Einkommensteuer	Zu versteuerndes Einkommen bis	Tarif	Einkommensteuer	Zu versteuerndes Einkommen bis	Tarif	Einkommensteuer	Zu versteuerndes Einkommen bis	Tarif	Einkommensteuer
33 387	G	5 997	**34 539**	G	6 364	**35 691**	G	6 736	**36 843**	G	7 114	**37 995**	G	7 497
	S	2 598		S	2 884		S	3 172		S	3 464		S	3 758
33 423	G	6 009	**34 575**	G	6 376	**35 727**	G	6 748	**36 879**	G	7 126	**38 031**	G	7 509
	S	2 606		S	2 892		S	3 182		S	3 472		S	3 766
33 459	G	6 020	**34 611**	G	6 387	**35 763**	G	6 760	**36 915**	G	7 138	**38 067**	G	7 521
	S	2 616		S	2 902		S	3 190		S	3 482		S	3 776
33 495	G	6 032	**34 647**	G	6 399	**35 799**	G	6 771	**36 951**	G	7 150	**38 103**	G	7 533
	S	2 624		S	2 910		S	3 200		S	3 492		S	3 786
33 531	G	6 043	**34 683**	G	6 410	**35 835**	G	6 783	**36 987**	G	7 162	**38 139**	G	7 545
	S	2 634		S	2 920		S	3 208		S	3 500		S	3 794
33 567	G	6 054	**34 719**	G	6 422	**35 871**	G	6 795	**37 023**	G	7 173	**38 175**	G	7 557
	S	2 642		S	2 928		S	3 218		S	3 510		S	3 804
33 603	G	6 066	**34 755**	G	6 433	**35 907**	G	6 807	**37 059**	G	7 185	**38 211**	G	7 569
	S	2 652		S	2 938		S	3 226		S	3 518		S	3 814
33 639	G	6 077	**34 791**	G	6 445	**35 943**	G	6 818	**37 095**	G	7 197	**38 247**	G	7 582
	S	2 660		S	2 946		S	3 236		S	3 528		S	3 822
33 675	G	6 089	**34 827**	G	6 457	**35 979**	G	6 830	**37 131**	G	7 209	**38 283**	G	7 594
	S	2 668		S	2 956		S	3 244		S	3 536		S	3 832
33 711	G	6 100	**34 863**	G	6 468	**36 015**	G	6 842	**37 167**	G	7 221	**38 319**	G	7 606
	S	2 678		S	2 964		S	3 254		S	3 546		S	3 840
33 747	G	6 111	**34 899**	G	6 480	**36 051**	G	6 854	**37 203**	G	7 233	**38 355**	G	7 618
	S	2 686		S	2 974		S	3 262		S	3 556		S	3 850
33 783	G	6 123	**34 935**	G	6 491	**36 087**	G	6 865	**37 239**	G	7 245	**38 391**	G	7 630
	S	2 696		S	2 982		S	3 272		S	3 564		S	3 860
33 819	G	6 134	**34 971**	G	6 503	**36 123**	G	6 877	**37 275**	G	7 257	**38 427**	G	7 642
	S	2 704		S	2 992		S	3 282		S	3 574		S	3 868
33 855	G	6 146	**35 007**	G	6 515	**36 159**	G	6 889	**37 311**	G	7 269	**38 463**	G	7 654
	S	2 714		S	3 000		S	3 290		S	3 582		S	3 878
33 891	G	6 157	**35 043**	G	6 526	**36 195**	G	6 901	**37 347**	G	7 281	**38 499**	G	7 666
	S	2 722		S	3 010		S	3 300		S	3 592		S	3 888
33 927	G	6 169	**35 079**	G	6 538	**36 231**	G	6 913	**37 383**	G	7 293	**38 535**	G	7 679
	S	2 732		S	3 018		S	3 308		S	3 602		S	3 896
33 963	G	6 180	**35 115**	G	6 550	**36 267**	G	6 924	**37 419**	G	7 305	**38 571**	G	7 691
	S	2 740		S	3 028		S	3 318		S	3 610		S	3 906
33 999	G	6 192	**35 151**	G	6 561	**36 303**	G	6 936	**37 455**	G	7 317	**38 607**	G	7 703
	S	2 750		S	3 036		S	3 326		S	3 620		S	3 916
34 035	G	6 203	**35 187**	G	6 573	**36 339**	G	6 948	**37 491**	G	7 329	**38 643**	G	7 715
	S	2 758		S	3 046		S	3 336		S	3 628		S	3 924
34 071	G	6 215	**35 223**	G	6 584	**36 375**	G	6 960	**37 527**	G	7 341	**38 679**	G	7 727
	S	2 768		S	3 054		S	3 344		S	3 638		S	3 934
34 107	G	6 226	**35 259**	G	6 596	**36 411**	G	6 972	**37 563**	G	7 353	**38 715**	G	7 739
	S	2 776		S	3 064		S	3 354		S	3 648		S	3 942
34 143	G	6 237	**35 295**	G	6 608	**36 447**	G	6 983	**37 599**	G	7 365	**38 751**	G	7 751
	S	2 784		S	3 072		S	3 364		S	3 656		S	3 952
34 179	G	6 249	**35 331**	G	6 619	**36 483**	G	6 995	**37 635**	G	7 377	**38 787**	G	7 764
	S	2 794		S	3 082		S	3 372		S	3 666		S	3 962
34 215	G	6 260	**35 367**	G	6 631	**36 519**	G	7 007	**37 671**	G	7 389	**38 823**	G	7 776
	S	2 802		S	3 090		S	3 382		S	3 674		S	3 970
34 251	G	6 272	**35 403**	G	6 643	**36 555**	G	7 019	**37 707**	G	7 401	**38 859**	G	7 788
	S	2 812		S	3 100		S	3 390		S	3 684		S	3 980
34 287	G	6 283	**35 439**	G	6 654	**36 591**	G	7 031	**37 743**	G	7 413	**38 895**	G	7 800
	S	2 820		S	3 108		S	3 400		S	3 694		S	3 990
34 323	G	6 295	**35 475**	G	6 666	**36 627**	G	7 043	**37 779**	G	7 425	**38 931**	G	7 812
	S	2 830		S	3 118		S	3 408		S	3 702		S	3 998
34 359	G	6 306	**35 511**	G	6 678	**36 663**	G	7 055	**37 815**	G	7 437	**38 967**	G	7 825
	S	2 838		S	3 126		S	3 418		S	3 712		S	4 008
34 395	G	6 318	**35 547**	G	6 689	**36 699**	G	7 066	**37 851**	G	7 449	**39 003**	G	7 837
	S	2 848		S	3 136		S	3 428		S	3 720		S	4 018
34 431	G	6 330	**35 583**	G	6 701	**36 735**	G	7 078	**37 887**	G	7 461	**39 039**	G	7 849
	S	2 856		S	3 146		S	3 436		S	3 730		S	4 026
34 467	G	6 341	**35 619**	G	6 713	**36 771**	G	7 090	**37 923**	G	7 473	**39 075**	G	7 861
	S	2 866		S	3 154		S	3 446		S	3 740		S	4 036
34 503	G	6 353	**35 655**	G	6 725	**36 807**	G	7 102	**37 959**	G	7 485	**39 111**	G	7 873
	S	2 874		S	3 164		S	3 454		S	3 748		S	4 046

Zu versteuerndes Einkommen bis	Tarif	Einkommensteuer	Zu versteuerndes Einkommen bis	Tarif	Einkommensteuer	Zu versteuerndes Einkommen bis	Tarif	Einkommensteuer	Zu versteuerndes Einkommen bis	Tarif	Einkommensteuer	Zu versteuerndes Einkommen bis	Tarif	Einkommensteuer
39 147	G	7 886	**40 299**	G	8 280	**41 451**	G	8 679	**42 603**	G	9 084	**43 755**	G	9 495
	S	4 054		S	4 354		S	4 656		S	4 962		S	5 270
39 183	G	7 898	**40 335**	G	8 292	**41 487**	G	8 692	**42 639**	G	9 097	**43 791**	G	9 508
	S	4 064		S	4 364		S	4 666		S	4 972		S	5 280
39 219	G	7 910	**40 371**	G	8 305	**41 523**	G	8 704	**42 675**	G	9 110	**43 827**	G	9 521
	S	4 074		S	4 372		S	4 676		S	4 980		S	5 288
39 255	G	7 922	**40 407**	G	8 317	**41 559**	G	8 717	**42 711**	G	9 123	**43 863**	G	9 534
	S	4 082		S	4 382		S	4 686		S	4 990		S	5 298
39 291	G	7 935	**40 443**	G	8 329	**41 595**	G	8 730	**42 747**	G	9 135	**43 899**	G	9 546
	S	4 092		S	4 392		S	4 694		S	5 000		S	5 308
39 327	G	7 947	**40 479**	G	8 342	**41 631**	G	8 742	**42 783**	G	9 148	**43 935**	G	9 559
	S	4 102		S	4 402		S	4 704		S	5 010		S	5 318
39 363	G	7 959	**40 515**	G	8 354	**41 667**	G	8 755	**42 819**	G	9 161	**43 971**	G	9 572
	S	4 110		S	4 410		S	4 714		S	5 020		S	5 328
39 399	G	7 971	**40 551**	G	8 367	**41 703**	G	8 767	**42 855**	G	9 174	**44 007**	G	9 585
	S	4 120		S	4 420		S	4 724		S	5 028		S	5 338
39 435	G	7 984	**40 587**	G	8 379	**41 739**	G	8 780	**42 891**	G	9 186	**44 043**	G	9 598
	S	4 130		S	4 430		S	4 732		S	5 038		S	5 346
39 471	G	7 996	**40 623**	G	8 392	**41 775**	G	8 793	**42 927**	G	9 199	**44 079**	G	9 611
	S	4 138		S	4 438		S	4 742		S	5 048		S	5 356
39 507	G	8 008	**40 659**	G	8 404	**41 811**	G	8 805	**42 963**	G	9 212	**44 115**	G	9 624
	S	4 148		S	4 448		S	4 752		S	5 058		S	5 366
39 543	G	8 020	**40 695**	G	8 416	**41 847**	G	8 818	**42 999**	G	9 225	**44 151**	G	9 637
	S	4 158		S	4 458		S	4 762		S	5 068		S	5 376
39 579	G	8 033	**40 731**	G	8 429	**41 883**	G	8 830	**43 035**	G	9 238	**44 187**	G	9 650
	S	4 166		S	4 468		S	4 770		S	5 076		S	5 386
39 615	G	8 045	**40 767**	G	8 441	**41 919**	G	8 843	**43 071**	G	9 250	**44 223**	G	9 663
	S	4 176		S	4 476		S	4 780		S	5 086		S	5 396
39 651	G	8 057	**40 803**	G	8 454	**41 955**	G	8 856	**43 107**	G	9 263	**44 259**	G	9 676
	S	4 186		S	4 486		S	4 790		S	5 096		S	5 404
39 687	G	8 070	**40 839**	G	8 466	**41 991**	G	8 868	**43 143**	G	9 276	**44 295**	G	9 689
	S	4 194		S	4 496		S	4 800		S	5 106		S	5 414
39 723	G	8 082	**40 875**	G	8 479	**42 027**	G	8 881	**43 179**	G	9 289	**44 331**	G	9 702
	S	4 204		S	4 506		S	4 808		S	5 116		S	5 424
39 759	G	8 094	**40 911**	G	8 491	**42 063**	G	8 894	**43 215**	G	9 302	**44 367**	G	9 715
	S	4 214		S	4 514		S	4 818		S	5 124		S	5 434
39 795	G	8 107	**40 947**	G	8 504	**42 099**	G	8 906	**43 251**	G	9 315	**44 403**	G	9 728
	S	4 222		S	4 524		S	4 828		S	5 134		S	5 444
39 831	G	8 119	**40 983**	G	8 516	**42 135**	G	8 919	**43 287**	G	9 327	**44 439**	G	9 741
	S	4 232		S	4 534		S	4 838		S	5 144		S	5 454
39 867	G	8 131	**41 019**	G	8 529	**42 171**	G	8 932	**43 323**	G	9 340	**44 475**	G	9 754
	S	4 242		S	4 542		S	4 846		S	5 154		S	5 464
39 903	G	8 144	**41 055**	G	8 541	**42 207**	G	8 944	**43 359**	G	9 353	**44 511**	G	9 767
	S	4 250		S	4 552		S	4 856		S	5 164		S	5 472
39 939	G	8 156	**41 091**	G	8 554	**42 243**	G	8 957	**43 395**	G	9 366	**44 547**	G	9 780
	S	4 260		S	4 562		S	4 866		S	5 172		S	5 482
39 975	G	8 168	**41 127**	G	8 566	**42 279**	G	8 970	**43 431**	G	9 379	**44 583**	G	9 793
	S	4 270		S	4 572		S	4 876		S	5 182		S	5 492
40 011	G	8 181	**41 163**	G	8 579	**42 315**	G	8 983	**43 467**	G	9 392	**44 619**	G	9 806
	S	4 280		S	4 580		S	4 886		S	5 192		S	5 502
40 047	G	8 193	**41 199**	G	8 591	**42 351**	G	8 995	**43 503**	G	9 405	**44 655**	G	9 819
	S	4 288		S	4 590		S	4 894		S	5 202		S	5 512
40 083	G	8 205	**41 235**	G	8 604	**42 387**	G	9 008	**43 539**	G	9 417	**44 691**	G	9 832
	S	4 298		S	4 600		S	4 904		S	5 212		S	5 522
40 119	G	8 218	**41 271**	G	8 616	**42 423**	G	9 021	**43 575**	G	9 430	**44 727**	G	9 845
	S	4 308		S	4 610		S	4 914		S	5 222		S	5 532
40 155	G	8 230	**41 307**	G	8 629	**42 459**	G	9 033	**43 611**	G	9 443	**44 763**	G	9 858
	S	4 316		S	4 618		S	4 924		S	5 230		S	5 542
40 191	G	8 243	**41 343**	G	8 642	**42 495**	G	9 046	**43 647**	G	9 456	**44 799**	G	9 872
	S	4 326		S	4 628		S	4 932		S	5 240		S	5 550
40 227	G	8 255	**41 379**	G	8 654	**42 531**	G	9 059	**43 683**	G	9 469	**44 835**	G	9 885
	S	4 336		S	4 638		S	4 942		S	5 250		S	5 560
40 263	G	8 267	**41 415**	G	8 667	**42 567**	G	9 072	**43 719**	G	9 482	**44 871**	G	9 898
	S	4 344		S	4 648		S	4 952		S	5 260		S	5 570

Zu versteuerndes Einkommen bis	Tarif	Einkommensteuer	Zu versteuerndes Einkommen bis	Tarif	Einkommensteuer	Zu versteuerndes Einkommen bis	Tarif	Einkommensteuer	Zu versteuerndes Einkommen bis	Tarif	Einkommensteuer	Zu versteuerndes Einkommen bis	Tarif	Einkommensteuer
44 907	G	9 911	**46 059**	G	10 332	**47 211**	G	10 759	**48 363**	G	11 192	**49 515**	G	11 630
	S	5 580		S	5 894		S	6 210		S	6 528		S	6 850
44 943	G	9 924	**46 095**	G	10 346	**47 247**	G	10 773	**48 399**	G	11 205	**49 551**	G	11 643
	S	5 590		S	5 904		S	6 220		S	6 538		S	6 860
44 979	G	9 937	**46 131**	G	10 359	**47 283**	G	10 786	**48 435**	G	11 219	**49 587**	G	11 657
	S	5 600		S	5 912		S	6 230		S	6 548		S	6 870
45 015	G	9 950	**46 167**	G	10 372	**47 319**	G	10 800	**48 471**	G	11 232	**49 623**	G	11 671
	S	5 610		S	5 922		S	6 240		S	6 558		S	6 880
45 051	G	9 963	**46 203**	G	10 385	**47 355**	G	10 813	**48 507**	G	11 246	**49 659**	G	11 685
	S	5 620		S	5 932		S	6 250		S	6 568		S	6 890
45 087	G	9 976	**46 239**	G	10 399	**47 391**	G	10 826	**48 543**	G	11 260	**49 695**	G	11 698
	S	5 628		S	5 942		S	6 258		S	6 578		S	6 900
45 123	G	9 989	**46 275**	G	10 412	**47 427**	G	10 840	**48 579**	G	11 273	**49 731**	G	11 712
	S	5 638		S	5 952		S	6 268		S	6 588		S	6 910
45 159	G	10 003	**46 311**	G	10 425	**47 463**	G	10 853	**48 615**	G	11 287	**49 767**	G	11 726
	S	5 648		S	5 962		S	6 278		S	6 598		S	6 920
45 195	G	10 016	**46 347**	G	10 438	**47 499**	G	10 867	**48 651**	G	11 301	**49 803**	G	11 740
	S	5 658		S	5 972		S	6 288		S	6 608		S	6 930
45 231	G	10 029	**46 383**	G	10 452	**47 535**	G	10 880	**48 687**	G	11 314	**49 839**	G	11 754
	S	5 668		S	5 982		S	6 298		S	6 618		S	6 940
45 267	G	10 042	**46 419**	G	10 465	**47 571**	G	10 894	**48 723**	G	11 328	**49 875**	G	11 767
	S	5 678		S	5 992		S	6 308		S	6 628		S	6 950
45 303	G	10 055	**46 455**	G	10 478	**47 607**	G	10 907	**48 759**	G	11 342	**49 911**	G	11 781
	S	5 688		S	6 002		S	6 318		S	6 638		S	6 960
45 339	G	10 068	**46 491**	G	10 492	**47 643**	G	10 921	**48 795**	G	11 355	**49 947**	G	11 795
	S	5 698		S	6 012		S	6 328		S	6 648		S	6 970
45 375	G	10 081	**46 527**	G	10 505	**47 679**	G	10 934	**48 831**	G	11 369	**49 983**	G	11 809
	S	5 706		S	6 022		S	6 338		S	6 658		S	6 982
45 411	G	10 095	**46 563**	G	10 518	**47 715**	G	10 948	**48 867**	G	11 383	**50 019**	G	11 823
	S	5 716		S	6 032		S	6 348		S	6 668		S	6 992
45 447	G	10 108	**46 599**	G	10 532	**47 751**	G	10 961	**48 903**	G	11 396	**50 055**	G	11 837
	S	5 726		S	6 042		S	6 358		S	6 678		S	7 002
45 483	G	10 121	**46 635**	G	10 545	**47 787**	G	10 975	**48 939**	G	11 410	**50 091**	G	11 851
	S	5 736		S	6 050		S	6 368		S	6 688		S	7 012
45 519	G	10 134	**46 671**	G	10 558	**47 823**	G	10 988	**48 975**	G	11 424	**50 127**	G	11 864
	S	5 746		S	6 060		S	6 378		S	6 698		S	7 022
45 555	G	10 147	**46 707**	G	10 572	**47 859**	G	11 002	**49 011**	G	11 437	**50 163**	G	11 878
	S	5 756		S	6 070		S	6 388		S	6 708		S	7 032
45 591	G	10 160	**46 743**	G	10 585	**47 895**	G	11 015	**49 047**	G	11 451	**50 199**	G	11 892
	S	5 766		S	6 080		S	6 398		S	6 718		S	7 042
45 627	G	10 174	**46 779**	G	10 598	**47 931**	G	11 029	**49 083**	G	11 465	**50 235**	G	11 906
	S	5 776		S	6 090		S	6 408		S	6 728		S	7 052
45 663	G	10 187	**46 815**	G	10 612	**47 967**	G	11 042	**49 119**	G	11 478	**50 271**	G	11 920
	S	5 786		S	6 100		S	6 418		S	6 738		S	7 062
45 699	G	10 200	**46 851**	G	10 625	**48 003**	G	11 056	**49 155**	G	11 492	**50 307**	G	11 934
	S	5 796		S	6 110		S	6 428		S	6 748		S	7 072
45 735	G	10 213	**46 887**	G	10 639	**48 039**	G	11 069	**49 191**	G	11 506	**50 343**	G	11 948
	S	5 804		S	6 120		S	6 438		S	6 758		S	7 082
45 771	G	10 226	**46 923**	G	10 652	**48 075**	G	11 083	**49 227**	G	11 520	**50 379**	G	11 962
	S	5 814		S	6 130		S	6 448		S	6 770		S	7 092
45 807	G	10 240	**46 959**	G	10 665	**48 111**	G	11 097	**49 263**	G	11 533	**50 415**	G	11 975
	S	5 824		S	6 140		S	6 458		S	6 780		S	7 102
45 843	G	10 253	**46 995**	G	10 679	**48 147**	G	11 110	**49 299**	G	11 547	**50 451**	G	11 989
	S	5 834		S	6 150		S	6 468		S	6 790		S	7 112
45 879	G	10 266	**47 031**	G	10 692	**48 183**	G	11 124	**49 335**	G	11 561	**50 487**	G	12 003
	S	5 844		S	6 160		S	6 478		S	6 800		S	7 124
45 915	G	10 279	**47 067**	G	10 706	**48 219**	G	11 137	**49 371**	G	11 574	**50 523**	G	12 017
	S	5 854		S	6 170		S	6 488		S	6 810		S	7 134
45 951	G	10 293	**47 103**	G	10 719	**48 255**	G	11 151	**49 407**	G	11 588	**50 559**	G	12 031
	S	5 864		S	6 180		S	6 498		S	6 820		S	7 144
45 987	G	10 306	**47 139**	G	10 732	**48 291**	G	11 164	**49 443**	G	11 602	**50 595**	G	12 045
	S	5 874		S	6 190		S	6 508		S	6 830		S	7 154
46 023	G	10 319	**47 175**	G	10 746	**48 327**	G	11 178	**49 479**	G	11 616	**50 631**	G	12 059
	S	5 884		S	6 200		S	6 518		S	6 840		S	7 164

Zu versteuerndes Einkommen bis	Tarif	Einkommensteuer	Zu versteuerndes Einkommen bis	Tarif	Einkommensteuer	Zu versteuerndes Einkommen bis	Tarif	Einkommensteuer	Zu versteuerndes Einkommen bis	Tarif	Einkommensteuer	Zu versteuerndes Einkommen bis	Tarif	Einkommensteuer
50 667	G	12 073	**51 819**	G	12 522	**52 971**	G	12 976	**54 123**	G	13 436	**55 275**	G	13 901
	S	7 174		S	7 500		S	7 830		S	8 164		S	8 498
50 703	G	12 087	**51 855**	G	12 536	**53 007**	G	12 990	**54 159**	G	13 450	**55 311**	G	13 916
	S	7 184		S	7 512		S	7 840		S	8 174		S	8 508
50 739	G	12 101	**51 891**	G	12 550	**53 043**	G	13 005	**54 195**	G	13 465	**55 347**	G	13 931
	S	7 194		S	7 522		S	7 852		S	8 184		S	8 520
50 775	G	12 115	**51 927**	G	12 564	**53 079**	G	13 019	**54 231**	G	13 479	**55 383**	G	13 945
	S	7 204		S	7 532		S	7 862		S	8 194		S	8 530
50 811	G	12 129	**51 963**	G	12 578	**53 115**	G	13 033	**54 267**	G	13 494	**55 419**	G	13 960
	S	7 214		S	7 542		S	7 872		S	8 204		S	8 540
50 847	G	12 143	**51 999**	G	12 592	**53 151**	G	13 048	**54 303**	G	13 508	**55 455**	G	13 974
	S	7 224		S	7 552		S	7 882		S	8 216		S	8 550
50 883	G	12 157	**52 035**	G	12 607	**53 187**	G	13 062	**54 339**	G	13 523	**55 491**	G	13 989
	S	7 236		S	7 562		S	7 892		S	8 226		S	8 562
50 919	G	12 171	**52 071**	G	12 621	**53 223**	G	13 076	**54 375**	G	13 537	**55 527**	G	14 004
	S	7 246		S	7 572		S	7 904		S	8 236		S	8 572
50 955	G	12 185	**52 107**	G	12 635	**53 259**	G	13 091	**54 411**	G	13 552	**55 563**	G	14 018
	S	7 256		S	7 584		S	7 914		S	8 246		S	8 582
50 991	G	12 199	**52 143**	G	12 649	**53 295**	G	13 105	**54 447**	G	13 566	**55 599**	G	14 033
	S	7 266		S	7 594		S	7 924		S	8 258		S	8 594
51 027	G	12 213	**52 179**	G	12 663	**53 331**	G	13 119	**54 483**	G	13 581	**55 635**	G	14 048
	S	7 276		S	7 604		S	7 934		S	8 268		S	8 604
51 063	G	12 227	**52 215**	G	12 677	**53 367**	G	13 134	**54 519**	G	13 595	**55 671**	G	14 062
	S	7 286		S	7 614		S	7 944		S	8 278		S	8 614
51 099	G	12 241	**52 251**	G	12 692	**53 403**	G	13 148	**54 555**	G	13 610	**55 707**	G	14 077
	S	7 296		S	7 624		S	7 956		S	8 288		S	8 624
51 135	G	12 255	**52 287**	G	12 706	**53 439**	G	13 162	**54 591**	G	13 624	**55 743**	G	14 092
	S	7 306		S	7 634		S	7 966		S	8 298		S	8 636
51 171	G	12 269	**52 323**	G	12 720	**53 475**	G	13 177	**54 627**	G	13 639	**55 779**	G	14 107
	S	7 316		S	7 644		S	7 976		S	8 310		S	8 646
51 207	G	12 283	**52 359**	G	12 734	**53 511**	G	13 191	**54 663**	G	13 653	**55 815**	G	14 121
	S	7 326		S	7 656		S	7 986		S	8 320		S	8 656
51 243	G	12 297	**52 395**	G	12 748	**53 547**	G	13 205	**54 699**	G	13 668	**55 851**	G	14 136
	S	7 338		S	7 666		S	7 996		S	8 330		S	8 666
51 279	G	12 311	**52 431**	G	12 762	**53 583**	G	13 220	**54 735**	G	13 682	**55 887**	G	14 151
	S	7 348		S	7 676		S	8 006		S	8 340		S	8 678
51 315	G	12 325	**52 467**	G	12 777	**53 619**	G	13 234	**54 771**	G	13 697	**55 923**	G	14 165
	S	7 358		S	7 686		S	8 018		S	8 352		S	8 688
51 351	G	12 339	**52 503**	G	12 791	**53 655**	G	13 248	**54 807**	G	13 712	**55 959**	G	14 180
	S	7 368		S	7 696		S	8 028		S	8 362		S	8 698
51 387	G	12 353	**52 539**	G	12 805	**53 691**	G	13 263	**54 843**	G	13 726	**55 995**	G	14 195
	S	7 378		S	7 706		S	8 038		S	8 372		S	8 710
51 423	G	12 367	**52 575**	G	12 819	**53 727**	G	13 277	**54 879**	G	13 741	**56 031**	G	14 210
	S	7 388		S	7 716		S	8 048		S	8 382		S	8 720
51 459	G	12 381	**52 611**	G	12 834	**53 763**	G	13 292	**54 915**	G	13 755	**56 067**	G	14 224
	S	7 398		S	7 728		S	8 058		S	8 394		S	8 730
51 495	G	12 395	**52 647**	G	12 848	**53 799**	G	13 306	**54 951**	G	13 770	**56 103**	G	14 239
	S	7 408		S	7 738		S	8 070		S	8 404		S	8 740
51 531	G	12 409	**52 683**	G	12 862	**53 835**	G	13 320	**54 987**	G	13 784	**56 139**	G	14 254
	S	7 418		S	7 748		S	8 080		S	8 414		S	8 752
51 567	G	12 423	**52 719**	G	12 876	**53 871**	G	13 335	**55 023**	G	13 799	**56 175**	G	14 269
	S	7 430		S	7 758		S	8 090		S	8 424		S	8 762
51 603	G	12 437	**52 755**	G	12 891	**53 907**	G	13 349	**55 059**	G	13 814	**56 211**	G	14 283
	S	7 440		S	7 768		S	8 100		S	8 436		S	8 772
51 639	G	12 451	**52 791**	G	12 905	**53 943**	G	13 364	**55 095**	G	13 828	**56 247**	G	14 298
	S	7 450		S	7 778		S	8 110		S	8 446		S	8 784
51 675	G	12 465	**52 827**	G	12 919	**53 979**	G	13 378	**55 131**	G	13 843	**56 283**	G	14 313
	S	7 460		S	7 790		S	8 122		S	8 456		S	8 794
51 711	G	12 479	**52 863**	G	12 933	**54 015**	G	13 393	**55 167**	G	13 857	**56 319**	G	14 328
	S	7 470		S	7 800		S	8 132		S	8 466		S	8 804
51 747	G	12 494	**52 899**	G	12 948	**54 051**	G	13 407	**55 203**	G	13 872	**56 355**	G	14 342
	S	7 480		S	7 810		S	8 142		S	8 478		S	8 816
51 783	G	12 508	**52 935**	G	12 962	**54 087**	G	13 421	**55 239**	G	13 887	**56 391**	G	14 357
	S	7 490		S	7 820		S	8 152		S	8 488		S	8 826

Zu versteuerndes Einkommen bis	Tarif	Einkommensteuer	Zu versteuerndes Einkommen bis	Tarif	Einkommensteuer	Zu versteuerndes Einkommen bis	Tarif	Einkommensteuer	Zu versteuerndes Einkommen bis	Tarif	Einkommensteuer	Zu versteuerndes Einkommen bis	Tarif	Einkommensteuer
56427	G	14372	**57579**	G	14848	**58731**	G	15330	**59883**	G	15814	**61035**	G	16298
	S	8836		S	9178		S	9520		S	9866		S	10216
56463	G	14387	**57615**	G	14863	**58767**	G	15345	**59919**	G	15829	**61071**	G	16313
	S	8846		S	9188		S	9532		S	9878		S	10226
56499	G	14402	**57651**	G	14878	**58803**	G	15360	**59955**	G	15844	**61107**	G	16328
	S	8858		S	9198		S	9542		S	9888		S	10238
56535	G	14416	**57687**	G	14893	**58839**	G	15375	**59991**	G	15859	**61143**	G	16343
	S	8868		S	9210		S	9552		S	9900		S	10248
56571	G	14431	**57723**	G	14908	**58875**	G	15391	**60027**	G	15874	**61179**	G	16358
	S	8878		S	9220		S	9564		S	9910		S	10260
56607	G	14446	**57759**	G	14923	**58911**	G	15406	**60063**	G	15890	**61215**	G	16373
	S	8890		S	9230		S	9574		S	9920		S	10270
56643	G	14461	**57795**	G	14938	**58947**	G	15421	**60099**	G	15905	**61251**	G	16388
	S	8900		S	9242		S	9586		S	9932		S	10282
56679	G	14476	**57831**	G	14953	**58983**	G	15436	**60135**	G	15920	**61287**	G	16404
	S	8910		S	9252		S	9596		S	9942		S	10292
56715	G	14491	**57867**	G	14968	**59019**	G	15451	**60171**	G	15935	**61323**	G	16419
	S	8922		S	9262		S	9606		S	9954		S	10304
56751	G	14505	**57903**	G	14983	**59055**	G	15466	**60207**	G	15950	**61359**	G	16434
	S	8932		S	9274		S	9618		S	9964		S	10314
56787	G	14520	**57939**	G	14998	**59091**	G	15481	**60243**	G	15965	**61395**	G	16449
	S	8942		S	9284		S	9628		S	9976		S	10326
56823	G	14535	**57975**	G	15013	**59127**	G	15496	**60279**	G	15980	**61431**	G	16464
	S	8954		S	9294		S	9640		S	9986		S	10336
56859	G	14550	**58011**	G	15028	**59163**	G	15512	**60315**	G	15995	**61467**	G	16479
	S	8964		S	9306		S	9650		S	9998		S	10348
56895	G	14565	**58047**	G	15043	**59199**	G	15527	**60351**	G	16010	**61503**	G	16494
	S	8974		S	9316		S	9660		S	10008		S	10358
56931	G	14580	**58083**	G	15058	**59235**	G	15542	**60387**	G	16026	**61539**	G	16509
	S	8986		S	9326		S	9672		S	10018		S	10370
56967	G	14595	**58119**	G	15073	**59271**	G	15557	**60423**	G	16041	**61575**	G	16525
	S	8996		S	9338		S	9682		S	10030		S	10380
57003	G	14609	**58155**	G	15088	**59307**	G	15572	**60459**	G	16056	**61611**	G	16540
	S	9006		S	9348		S	9694		S	10040		S	10392
57039	G	14624	**58191**	G	15104	**59343**	G	15587	**60495**	G	16071	**61647**	G	16555
	S	9016		S	9360		S	9704		S	10052		S	10402
57075	G	14639	**58227**	G	15119	**59379**	G	15602	**60531**	G	16086	**61683**	G	16570
	S	9028		S	9370		S	9714		S	10062		S	10414
57111	G	14654	**58263**	G	15134	**59415**	G	15617	**60567**	G	16101	**61719**	G	16585
	S	9038		S	9380		S	9726		S	10074		S	10424
57147	G	14669	**58299**	G	15149	**59451**	G	15632	**60603**	G	16116	**61755**	G	16600
	S	9048		S	9392		S	9736		S	10084		S	10436
57183	G	14684	**58335**	G	15164	**59487**	G	15648	**60639**	G	16131	**61791**	G	16615
	S	9060		S	9402		S	9748		S	10096		S	10446
57219	G	14699	**58371**	G	15179	**59523**	G	15663	**60675**	G	16147	**61827**	G	16630
	S	9070		S	9412		S	9758		S	10106		S	10458
57255	G	14714	**58407**	G	15194	**59559**	G	15678	**60711**	G	16162	**61863**	G	16646
	S	9080		S	9424		S	9768		S	10118		S	10468
57291	G	14729	**58443**	G	15209	**59595**	G	15693	**60747**	G	16177	**61899**	G	16661
	S	9092		S	9434		S	9780		S	10128		S	10480
57327	G	14744	**58479**	G	15224	**59631**	G	15708	**60783**	G	16192	**61935**	G	16676
	S	9102		S	9446		S	9790		S	10138		S	10490
57363	G	14759	**58515**	G	15239	**59667**	G	15723	**60819**	G	16207	**61971**	G	16691
	S	9112		S	9456		S	9802		S	10150		S	10502
57399	G	14774	**58551**	G	15254	**59703**	G	15738	**60855**	G	16222	**62007**	G	16706
	S	9124		S	9466		S	9812		S	10160		S	10512
57435	G	14788	**58587**	G	15270	**59739**	G	15753	**60891**	G	16237	**62043**	G	16721
	S	9134		S	9478		S	9824		S	10172		S	10524
57471	G	14803	**58623**	G	15285	**59775**	G	15769	**60927**	G	16252	**62079**	G	16736
	S	9144		S	9488		S	9834		S	10182		S	10534
57507	G	14818	**58659**	G	15300	**59811**	G	15784	**60963**	G	16268	**62115**	G	16751
	S	9156		S	9498		S	9844		S	10194		S	10546
57543	G	14833	**58695**	G	15315	**59847**	G	15799	**60999**	G	16283	**62151**	G	16766
	S	9166		S	9510		S	9856		S	10204		S	10556

Zu versteuerndes Einkommen bis	Tarif	Einkommensteuer	Zu versteuerndes Einkommen bis	Tarif	Einkommensteuer	Zu versteuerndes Einkommen bis	Tarif	Einkommensteuer	Zu versteuerndes Einkommen bis	Tarif	Einkommensteuer	Zu versteuerndes Einkommen bis	Tarif	Einkommensteuer
62187	G	16782	**63339**	G	17265	**64491**	G	17749	**65643**	G	18233	**66795**	G	18717
	S	10568		S	10922		S	11278		S	11638		S	12002
62223	G	16797	**63375**	G	17281	**64527**	G	17764	**65679**	G	18248	**66831**	G	18732
	S	10578		S	10932		S	11290		S	11650		S	12012
62259	G	16812	**63411**	G	17296	**64563**	G	17780	**65715**	G	18263	**66867**	G	18747
	S	10590		S	10944		S	11302		S	11662		S	12024
62295	G	16827	**63447**	G	17311	**64599**	G	17795	**65751**	G	18278	**66903**	G	18762
	S	10600		S	10954		S	11312		S	11672		S	12036
62331	G	16842	**63483**	G	17326	**64635**	G	17810	**65787**	G	18294	**66939**	G	18777
	S	10612		S	10966		S	11324		S	11684		S	12046
62367	G	16857	**63519**	G	17341	**64671**	G	17825	**65823**	G	18309	**66975**	G	18793
	S	10622		S	10978		S	11334		S	11696		S	12058
62403	G	16872	**63555**	G	17356	**64707**	G	17840	**65859**	G	18324	**67011**	G	18808
	S	10634		S	10988		S	11346		S	11706		S	12070
62439	G	16887	**63591**	G	17371	**64743**	G	17855	**65895**	G	18339	**67047**	G	18823
	S	10644		S	11000		S	11358		S	11718		S	12080
62475	G	16903	**63627**	G	17386	**64779**	G	17870	**65931**	G	18354	**67083**	G	18838
	S	10656		S	11010		S	11368		S	11730		S	12092
62511	G	16918	**63663**	G	17402	**64815**	G	17885	**65967**	G	18369	**67119**	G	18853
	S	10666		S	11022		S	11380		S	11740		S	12104
62547	G	16933	**63699**	G	17417	**64851**	G	17900	**66003**	G	18384	**67155**	G	18868
	S	10678		S	11032		S	11390		S	11752		S	12116
62583	G	16948	**63735**	G	17432	**64887**	G	17916	**66039**	G	18399	**67191**	G	18883
	S	10688		S	11044		S	11402		S	11762		S	12126
62619	G	16963	**63771**	G	17447	**64923**	G	17931	**66075**	G	18415	**67227**	G	18898
	S	10700		S	11056		S	11414		S	11774		S	12138
62655	G	16978	**63807**	G	17462	**64959**	G	17946	**66111**	G	18430	**67263**	G	18914
	S	10710		S	11066		S	11424		S	11786		S	12150
62691	G	16993	**63843**	G	17477	**64995**	G	17961	**66147**	G	18445	**67299**	G	18929
	S	10722		S	11078		S	11436		S	11796		S	12160
62727	G	17008	**63879**	G	17492	**65031**	G	17976	**66183**	G	18460	**67335**	G	18944
	S	10732		S	11088		S	11448		S	11808		S	12172
62763	G	17024	**63915**	G	17507	**65067**	G	17991	**66219**	G	18475	**67371**	G	18959
	S	10744		S	11100		S	11458		S	11820		S	12184
62799	G	17039	**63951**	G	17522	**65103**	G	18006	**66255**	G	18490	**67407**	G	18974
	S	10756		S	11110		S	11470		S	11830		S	12194
62835	G	17054	**63987**	G	17538	**65139**	G	18021	**66291**	G	18505	**67443**	G	18989
	S	10766		S	11122		S	11480		S	11842		S	12206
62871	G	17069	**64023**	G	17553	**65175**	G	18037	**66327**	G	18520	**67479**	G	19004
	S	10778		S	11134		S	11492		S	11854		S	12218
62907	G	17084	**64059**	G	17568	**65211**	G	18052	**66363**	G	18536	**67515**	G	19019
	S	10788		S	11144		S	11504		S	11864		S	12230
62943	G	17099	**64095**	G	17583	**65247**	G	18067	**66399**	G	18551	**67551**	G	19034
	S	10800		S	11156		S	11514		S	11876		S	12240
62979	G	17114	**64131**	G	17598	**65283**	G	18082	**66435**	G	18566	**67587**	G	19050
	S	10810		S	11166		S	11526		S	11888		S	12252
63015	G	17129	**64167**	G	17613	**65319**	G	18097	**66471**	G	18581	**67623**	G	19065
	S	10822		S	11178		S	11538		S	11898		S	12264
63051	G	17144	**64203**	G	17628	**65355**	G	18112	**66507**	G	18596	**67659**	G	19080
	S	10832		S	11190		S	11548		S	11910		S	12274
63087	G	17160	**64239**	G	17643	**65391**	G	18127	**66543**	G	18611	**67695**	G	19095
	S	10844		S	11200		S	11560		S	11922		S	12286
63123	G	17175	**64275**	G	17659	**65427**	G	18142	**66579**	G	18626	**67731**	G	19110
	S	10854		S	11212		S	11570		S	11934		S	12298
63159	G	17190	**64311**	G	17674	**65463**	G	18158	**66615**	G	18641	**67767**	G	19125
	S	10866		S	11222		S	11582		S	11944		S	12310
63195	G	17205	**64347**	G	17689	**65499**	G	18173	**66651**	G	18656	**67803**	G	19140
	S	10878		S	11234		S	11594		S	11956		S	12320
63231	G	17220	**64383**	G	17704	**65535**	G	18188	**66687**	G	18672	**67839**	G	19155
	S	10888		S	11246		S	11604		S	11968		S	12332
63267	G	17235	**64419**	G	17719	**65571**	G	18203	**66723**	G	18687	**67875**	G	19171
	S	10900		S	11256		S	11616		S	11978		S	12344
63303	G	17250	**64455**	G	17734	**65607**	G	18218	**66759**	G	18702	**67911**	G	19186
	S	10910		S	11268		S	11628		S	11990		S	12356

Zu versteuerndes Einkommen bis	Tarif	Einkommensteuer	Zu versteuerndes Einkommen bis	Tarif	Einkommensteuer	Zu versteuerndes Einkommen bis	Tarif	Einkommensteuer	Zu versteuerndes Einkommen bis	Tarif	Einkommensteuer	Zu versteuerndes Einkommen bis	Tarif	Einkommensteuer
67 947	G	19 201	**69 099**	G	19 685	**70 251**	G	20 168	**71 403**	G	20 652	**72 555**	G	21 136
	S	12 366		S	12 734		S	13 106		S	13 480		S	13 856
67 983	G	19 216	**69 135**	G	19 700	**70 287**	G	20 184	**71 439**	G	20 667	**72 591**	G	21 151
	S	12 378		S	12 746		S	13 118		S	13 490		S	13 868
68 019	G	19 231	**69 171**	G	19 715	**70 323**	G	20 199	**71 475**	G	20 683	**72 627**	G	21 166
	S	12 390		S	12 758		S	13 128		S	13 502		S	13 880
68 055	G	19 246	**69 207**	G	19 730	**70 359**	G	20 214	**71 511**	G	20 698	**72 663**	G	21 182
	S	12 400		S	12 770		S	13 140		S	13 514		S	13 890
68 091	G	19 261	**69 243**	G	19 745	**70 395**	G	20 229	**71 547**	G	20 713	**72 699**	G	21 197
	S	12 412		S	12 780		S	13 152		S	13 526		S	13 902
68 127	G	19 276	**69 279**	G	19 760	**70 431**	G	20 244	**71 583**	G	20 728	**72 735**	G	21 212
	S	12 424		S	12 792		S	13 164		S	13 538		S	13 914
68 163	G	19 292	**69 315**	G	19 775	**70 467**	G	20 259	**71 619**	G	20 743	**72 771**	G	21 227
	S	12 436		S	12 804		S	13 176		S	13 550		S	13 926
68 199	G	19 307	**69 351**	G	19 790	**70 503**	G	20 274	**71 655**	G	20 758	**72 807**	G	21 242
	S	12 446		S	12 816		S	13 186		S	13 562		S	13 938
68 235	G	19 322	**69 387**	G	19 806	**70 539**	G	20 289	**71 691**	G	20 773	**72 843**	G	21 257
	S	12 458		S	12 828		S	13 198		S	13 572		S	13 950
68 271	G	19 337	**69 423**	G	19 821	**70 575**	G	20 305	**71 727**	G	20 788	**72 879**	G	21 272
	S	12 470		S	12 838		S	13 210		S	13 584		S	13 962
68 307	G	19 352	**69 459**	G	19 836	**70 611**	G	20 320	**71 763**	G	20 804	**72 915**	G	21 287
	S	12 482		S	12 850		S	13 222		S	13 596		S	13 974
68 343	G	19 367	**69 495**	G	19 851	**70 647**	G	20 335	**71 799**	G	20 819	**72 951**	G	21 302
	S	12 492		S	12 862		S	13 234		S	13 608		S	13 986
68 379	G	19 382	**69 531**	G	19 866	**70 683**	G	20 350	**71 835**	G	20 834	**72 987**	G	21 318
	S	12 504		S	12 874		S	13 246		S	13 620		S	13 998
68 415	G	19 397	**69 567**	G	19 881	**70 719**	G	20 365	**71 871**	G	20 849	**73 023**	G	21 333
	S	12 516		S	12 884		S	13 256		S	13 632		S	14 010
68 451	G	19 412	**69 603**	G	19 896	**70 755**	G	20 380	**71 907**	G	20 864	**73 059**	G	21 348
	S	12 528		S	12 896		S	13 268		S	13 644		S	14 020
68 487	G	19 428	**69 639**	G	19 911	**70 791**	G	20 395	**71 943**	G	20 879	**73 095**	G	21 363
	S	12 538		S	12 908		S	13 280		S	13 656		S	14 032
68 523	G	19 443	**69 675**	G	19 927	**70 827**	G	20 410	**71 979**	G	20 894	**73 131**	G	21 378
	S	12 550		S	12 920		S	13 292		S	13 666		S	14 044
68 559	G	19 458	**69 711**	G	19 942	**70 863**	G	20 426	**72 015**	G	20 909	**73 167**	G	21 393
	S	12 562		S	12 932		S	13 304		S	13 678		S	14 056
68 595	G	19 473	**69 747**	G	19 957	**70 899**	G	20 441	**72 051**	G	20 924	**73 203**	G	21 408
	S	12 574		S	12 942		S	13 316		S	13 690		S	14 068
68 631	G	19 488	**69 783**	G	19 972	**70 935**	G	20 456	**72 087**	G	20 940	**73 239**	G	21 423
	S	12 584		S	12 954		S	13 326		S	13 702		S	14 080
68 667	G	19 503	**69 819**	G	19 987	**70 971**	G	20 471	**72 123**	G	20 955	**73 275**	G	21 439
	S	12 596		S	12 966		S	13 338		S	13 714		S	14 092
68 703	G	19 518	**69 855**	G	20 002	**71 007**	G	20 486	**72 159**	G	20 970	**73 311**	G	21 454
	S	12 608		S	12 978		S	13 350		S	13 726		S	14 104
68 739	G	19 533	**69 891**	G	20 017	**71 043**	G	20 501	**72 195**	G	20 985	**73 347**	G	21 469
	S	12 620		S	12 990		S	13 362		S	13 738		S	14 116
68 775	G	19 549	**69 927**	G	20 032	**71 079**	G	20 516	**72 231**	G	21 000	**73 383**	G	21 484
	S	12 630		S	13 000		S	13 374		S	13 750		S	14 128
68 811	G	19 564	**69 963**	G	20 048	**71 115**	G	20 531	**72 267**	G	21 015	**73 419**	G	21 499
	S	12 642		S	13 012		S	13 386		S	13 762		S	14 140
68 847	G	19 579	**69 999**	G	20 063	**71 151**	G	20 546	**72 303**	G	21 030	**73 455**	G	21 514
	S	12 654		S	13 024		S	13 398		S	13 772		S	14 152
68 883	G	19 594	**70 035**	G	20 078	**71 187**	G	20 562	**72 339**	G	21 045	**73 491**	G	21 529
	S	12 666		S	13 036		S	13 408		S	13 784		S	14 164
68 919	G	19 609	**70 071**	G	20 093	**71 223**	G	20 577	**72 375**	G	21 061	**73 527**	G	21 544
	S	12 676		S	13 048		S	13 420		S	13 796		S	14 176
68 955	G	19 624	**70 107**	G	20 108	**71 259**	G	20 592	**72 411**	G	21 076	**73 563**	G	21 560
	S	12 688		S	13 060		S	13 432		S	13 808		S	14 186
68 991	G	19 639	**70 143**	G	20 123	**71 295**	G	20 607	**72 447**	G	21 091	**73 599**	G	21 575
	S	12 700		S	13 070		S	13 444		S	13 820		S	14 198
69 027	G	19 654	**70 179**	G	20 138	**71 331**	G	20 622	**72 483**	G	21 106	**73 635**	G	21 590
	S	12 712		S	13 082		S	13 456		S	13 832		S	14 210
69 063	G	19 670	**70 215**	G	20 153	**71 367**	G	20 637	**72 519**	G	21 121	**73 671**	G	21 605
	S	12 724		S	13 094		S	13 468		S	13 844		S	14 222

Zu versteuerndes Einkommen bis	Tarif	Einkommensteuer	Zu versteuerndes Einkommen bis	Tarif	Einkommensteuer	Zu versteuerndes Einkommen bis	Tarif	Einkommensteuer	Zu versteuerndes Einkommen bis	Tarif	Einkommensteuer	Zu versteuerndes Einkommen bis	Tarif	Einkommensteuer
73707	G	21620	**74859**	G	22104	**76011**	G	22588	**77163**	G	23072	**78315**	G	23555
	S	14234		S	14616		S	15000		S	15388		S	15778
73743	G	21635	**74895**	G	22119	**76047**	G	22603	**77199**	G	23087	**78351**	G	23570
	S	14246		S	14628		S	15012		S	15400		S	15790
73779	G	21650	**74931**	G	22134	**76083**	G	22618	**77235**	G	23102	**78387**	G	23586
	S	14258		S	14640		S	15024		S	15412		S	15802
73815	G	21665	**74967**	G	22149	**76119**	G	22633	**77271**	G	23117	**78423**	G	23601
	S	14270		S	14652		S	15036		S	15424		S	15814
73851	G	21680	**75003**	G	22164	**76155**	G	22648	**77307**	G	23132	**78459**	G	23616
	S	14282		S	14664		S	15050		S	15436		S	15826
73887	G	21696	**75039**	G	22179	**76191**	G	22663	**77343**	G	23147	**78495**	G	23631
	S	14294		S	14676		S	15062		S	15448		S	15840
73923	G	21711	**75075**	G	22195	**76227**	G	22678	**77379**	G	23162	**78531**	G	23646
	S	14306		S	14688		S	15074		S	15460		S	15852
73959	G	21726	**75111**	G	22210	**76263**	G	22694	**77415**	G	23177	**78567**	G	23661
	S	14318		S	14700		S	15086		S	15474		S	15864
73995	G	21741	**75147**	G	22225	**76299**	G	22709	**77451**	G	23192	**78603**	G	23676
	S	14330		S	14712		S	15098		S	15486		S	15876
74031	G	21756	**75183**	G	22240	**76335**	G	22724	**77487**	G	23208	**78639**	G	23691
	S	14342		S	14724		S	15110		S	15498		S	15888
74067	G	21771	**75219**	G	22255	**76371**	G	22739	**77523**	G	23223	**78675**	G	23707
	S	14354		S	14736		S	15122		S	15510		S	15900
74103	G	21786	**75255**	G	22270	**76407**	G	22754	**77559**	G	23238	**78711**	G	23722
	S	14366		S	14748		S	15134		S	15522		S	15912
74139	G	21801	**75291**	G	22285	**76443**	G	22769	**77595**	G	23253	**78747**	G	23737
	S	14378		S	14760		S	15146		S	15534		S	15926
74175	G	21817	**75327**	G	22300	**76479**	G	22784	**77631**	G	23268	**78783**	G	23752
	S	14390		S	14772		S	15158		S	15546		S	15938
74211	G	21832	**75363**	G	22316	**76515**	G	22799	**77667**	G	23283	**78819**	G	23767
	S	14402		S	14784		S	15170		S	15558		S	15950
74247	G	21847	**75399**	G	22331	**76551**	G	22814	**77703**	G	23298	**78855**	G	23782
	S	14414		S	14796		S	15182		S	15570		S	15962
74283	G	21862	**75435**	G	22346	**76587**	G	22830	**77739**	G	23313	**78891**	G	23797
	S	14426		S	14808		S	15194		S	15582		S	15974
74319	G	21877	**75471**	G	22361	**76623**	G	22845	**77775**	G	23329	**78927**	G	23812
	S	14436		S	14820		S	15206		S	15594		S	15986
74355	G	21892	**75507**	G	22376	**76659**	G	22860	**77811**	G	23344	**78963**	G	23828
	S	14448		S	14832		S	15218		S	15608		S	15998
74391	G	21907	**75543**	G	22391	**76695**	G	22875	**77847**	G	23359	**78999**	G	23843
	S	14460		S	14844		S	15230		S	15620		S	16010
74427	G	21922	**75579**	G	22406	**76731**	G	22890	**77883**	G	23374	**79035**	G	23858
	S	14472		S	14856		S	15242		S	15632		S	16024
74463	G	21938	**75615**	G	22421	**76767**	G	22905	**77919**	G	23389	**79071**	G	23873
	S	14484		S	14868		S	15254		S	15644		S	16036
74499	G	21953	**75651**	G	22436	**76803**	G	22920	**77955**	G	23404	**79107**	G	23888
	S	14496		S	14880		S	15266		S	15656		S	16048
74535	G	21968	**75687**	G	22452	**76839**	G	22935	**77991**	G	23419	**79143**	G	23903
	S	14508		S	14892		S	15278		S	15668		S	16060
74571	G	21983	**75723**	G	22467	**76875**	G	22951	**78027**	G	23434	**79179**	G	23918
	S	14520		S	14904		S	15290		S	15680		S	16072
74607	G	21998	**75759**	G	22482	**76911**	G	22966	**78063**	G	23450	**79215**	G	23933
	S	14532		S	14916		S	15304		S	15692		S	16084
74643	G	22013	**75795**	G	22497	**76947**	G	22981	**78099**	G	23465	**79251**	G	23948
	S	14544		S	14928		S	15316		S	15704		S	16096
74679	G	22028	**75831**	G	22512	**76983**	G	22996	**78135**	G	23480	**79287**	G	23964
	S	14556		S	14940		S	15328		S	15716		S	16110
74715	G	22043	**75867**	G	22527	**77019**	G	23011	**78171**	G	23495	**79323**	G	23979
	S	14568		S	14952		S	15340		S	15730		S	16122
74751	G	22058	**75903**	G	22542	**77055**	G	23026	**78207**	G	23510	**79359**	G	23994
	S	14580		S	14964		S	15352		S	15742		S	16134
74787	G	22074	**75939**	G	22557	**77091**	G	23041	**78243**	G	23525	**79395**	G	24009
	S	14592		S	14976		S	15364		S	15754		S	16146
74823	G	22089	**75975**	G	22573	**77127**	G	23056	**78279**	G	23540	**79431**	G	24024
	S	14604		S	14988		S	15376		S	15766		S	16158

Zu versteuerndes Einkommen bis	Tarif	Einkommensteuer	Zu versteuerndes Einkommen bis	Tarif	Einkommensteuer	Zu versteuerndes Einkommen bis	Tarif	Einkommensteuer	Zu versteuerndes Einkommen bis	Tarif	Einkommensteuer	Zu versteuerndes Einkommen bis	Tarif	Einkommensteuer
79467	G	24039	**80619**	G	24523	**81771**	G	25007	**82923**	G	25491	**84075**	G	25975
	S	16170		S	16566		S	16964		S	17366		S	17770
79503	G	24054	**80655**	G	24538	**81807**	G	25022	**82959**	G	25506	**84111**	G	25990
	S	16184		S	16578		S	16978		S	17378		S	17782
79539	G	24069	**80691**	G	24553	**81843**	G	25037	**82995**	G	25521	**84147**	G	26005
	S	16196		S	16592		S	16990		S	17390		S	17794
79575	G	24085	**80727**	G	24568	**81879**	G	25052	**83031**	G	25536	**84183**	G	26020
	S	16208		S	16604		S	17002		S	17404		S	17808
79611	G	24100	**80763**	G	24584	**81915**	G	25067	**83067**	G	25551	**84219**	G	26035
	S	16220		S	16616		S	17014		S	17416		S	17820
79647	G	24115	**80799**	G	24599	**81951**	G	25082	**83103**	G	25566	**84255**	G	26050
	S	16232		S	16628		S	17026		S	17428		S	17832
79683	G	24130	**80835**	G	24614	**81987**	G	25098	**83139**	G	25581	**84291**	G	26065
	S	16244		S	16640		S	17040		S	17440		S	17846
79719	G	24145	**80871**	G	24629	**82023**	G	25113	**83175**	G	25597	**84327**	G	26080
	S	16258		S	16654		S	17052		S	17454		S	17858
79755	G	24160	**80907**	G	24644	**82059**	G	25128	**83211**	G	25612	**84363**	G	26096
	S	16270		S	16666		S	17064		S	17466		S	17870
79791	G	24175	**80943**	G	24659	**82095**	G	25143	**83247**	G	25627	**84399**	G	26111
	S	16282		S	16678		S	17078		S	17478		S	17884
79827	G	24190	**80979**	G	24674	**82131**	G	25158	**83283**	G	25642	**84435**	G	26126
	S	16294		S	16690		S	17090		S	17492		S	17896
79863	G	24206	**81015**	G	24689	**82167**	G	25173	**83319**	G	25657	**84471**	G	26141
	S	16306		S	16702		S	17102		S	17504		S	17908
79899	G	24221	**81051**	G	24704	**82203**	G	25188	**83355**	G	25672	**84507**	G	26156
	S	16318		S	16716		S	17114		S	17516		S	17922
79935	G	24236	**81087**	G	24720	**82239**	G	25203	**83391**	G	25687	**84543**	G	26171
	S	16332		S	16728		S	17128		S	17530		S	17934
79971	G	24251	**81123**	G	24735	**82275**	G	25219	**83427**	G	25702	**84579**	G	26186
	S	16344		S	16740		S	17140		S	17542		S	17946
80007	G	24266	**81159**	G	24750	**82311**	G	25234	**83463**	G	25718	**84615**	G	26201
	S	16356		S	16752		S	17152		S	17554		S	17960
80043	G	24281	**81195**	G	24765	**82347**	G	25249	**83499**	G	25733	**84651**	G	26216
	S	16368		S	16766		S	17164		S	17568		S	17972
80079	G	24296	**81231**	G	24780	**82383**	G	25264	**83535**	G	25748	**84687**	G	26232
	S	16380		S	16778		S	17178		S	17580		S	17984
80115	G	24311	**81267**	G	24795	**82419**	G	25279	**83571**	G	25763	**84723**	G	26247
	S	16392		S	16790		S	17190		S	17592		S	17998
80151	G	24326	**81303**	G	24810	**82455**	G	25294	**83607**	G	25778	**84759**	G	26262
	S	16406		S	16802		S	17202		S	17604		S	18010
80187	G	24342	**81339**	G	24825	**82491**	G	25309	**83643**	G	25793	**84795**	G	26277
	S	16418		S	16814		S	17214		S	17618		S	18022
80223	G	24357	**81375**	G	24841	**82527**	G	25324	**83679**	G	25808	**84831**	G	26292
	S	16430		S	16828		S	17228		S	17630		S	18036
80259	G	24372	**81411**	G	24856	**82563**	G	25340	**83715**	G	25823	**84867**	G	26307
	S	16442		S	16840		S	17240		S	17642		S	18048
80295	G	24387	**81447**	G	24871	**82599**	G	25355	**83751**	G	25838	**84903**	G	26322
	S	16454		S	16852		S	17252		S	17656		S	18062
80331	G	24402	**81483**	G	24886	**82635**	G	25370	**83787**	G	25854	**84939**	G	26337
	S	16468		S	16864		S	17264		S	17668		S	18074
80367	G	24417	**81519**	G	24901	**82671**	G	25385	**83823**	G	25869	**84975**	G	26353
	S	16480		S	16878		S	17278		S	17680		S	18086
80403	G	24432	**81555**	G	24916	**82707**	G	25400	**83859**	G	25884	**85011**	G	26368
	S	16492		S	16890		S	17290		S	17694		S	18100
80439	G	24447	**81591**	G	24931	**82743**	G	25415	**83895**	G	25899	**85047**	G	26383
	S	16504		S	16902		S	17302		S	17706		S	18112
80475	G	24463	**81627**	G	24946	**82779**	G	25430	**83931**	G	25914	**85083**	G	26398
	S	16516		S	16914		S	17316		S	17718		S	18124
80511	G	24478	**81663**	G	24962	**82815**	G	25445	**83967**	G	25929	**85119**	G	26413
	S	16530		S	16928		S	17328		S	17732		S	18138
80547	G	24493	**81699**	G	24977	**82851**	G	25460	**84003**	G	25944	**85155**	G	26428
	S	16542		S	16940		S	17340		S	17744		S	18150
80583	G	24508	**81735**	G	24992	**82887**	G	25476	**84039**	G	25959	**85191**	G	26443
	S	16554		S	16952		S	17352		S	17756		S	18162

Zu versteuerndes Einkommen bis	Tarif	Einkommensteuer	Zu versteuerndes Einkommen bis	Tarif	Einkommensteuer	Zu versteuerndes Einkommen bis	Tarif	Einkommensteuer	Zu versteuerndes Einkommen bis	Tarif	Einkommensteuer	Zu versteuerndes Einkommen bis	Tarif	Einkommensteuer
85 227	G	26 458	**86 379**	G	26 942	**87 531**	G	27 426	**88 683**	G	27 910	**89 835**	G	28 394
	S	18 176		S	18 584		S	18 996		S	19 412		S	19 828
85 263	G	26 474	**86 415**	G	26 957	**87 567**	G	27 441	**88 719**	G	27 925	**89 871**	G	28 409
	S	18 188		S	18 598		S	19 010		S	19 424		S	19 842
85 299	G	26 489	**86 451**	G	26 972	**87 603**	G	27 456	**88 755**	G	27 940	**89 907**	G	28 424
	S	18 202		S	18 610		S	19 022		S	19 438		S	19 856
85 335	G	26 504	**86 487**	G	26 988	**87 639**	G	27 471	**88 791**	G	27 955	**89 943**	G	28 439
	S	18 214		S	18 624		S	19 036		S	19 450		S	19 868
85 371	G	26 519	**86 523**	G	27 003	**87 675**	G	27 487	**88 827**	G	27 970	**89 979**	G	28 454
	S	18 226		S	18 636		S	19 048		S	19 464		S	19 882
85 407	G	26 534	**86 559**	G	27 018	**87 711**	G	27 502	**88 863**	G	27 986	**90 015**	G	28 469
	S	18 240		S	18 650		S	19 062		S	19 476		S	19 894
85 443	G	26 549	**86 595**	G	27 033	**87 747**	G	27 517	**88 899**	G	28 001	**90 051**	G	28 484
	S	18 252		S	18 662		S	19 074		S	19 490		S	19 908
85 479	G	26 564	**86 631**	G	27 048	**87 783**	G	27 532	**88 935**	G	28 016	**90 087**	G	28 500
	S	18 264		S	18 674		S	19 088		S	19 502		S	19 920
85 515	G	26 579	**86 667**	G	27 063	**87 819**	G	27 547	**88 971**	G	28 031	**90 123**	G	28 515
	S	18 278		S	18 688		S	19 100		S	19 516		S	19 934
85 551	G	26 594	**86 703**	G	27 078	**87 855**	G	27 562	**89 007**	G	28 046	**90 159**	G	28 530
	S	18 290		S	18 700		S	19 114		S	19 528		S	19 946
85 587	G	26 610	**86 739**	G	27 093	**87 891**	G	27 577	**89 043**	G	28 061	**90 195**	G	28 545
	S	18 304		S	18 714		S	19 126		S	19 542		S	19 960
85 623	G	26 625	**86 775**	G	27 109	**87 927**	G	27 592	**89 079**	G	28 076	**90 231**	G	28 560
	S	18 316		S	18 726		S	19 138		S	19 554		S	19 972
85 659	G	26 640	**86 811**	G	27 124	**87 963**	G	27 608	**89 115**	G	28 091	**90 267**	G	28 575
	S	18 328		S	18 738		S	19 152		S	19 568		S	19 986
85 695	G	26 655	**86 847**	G	27 139	**87 999**	G	27 623	**89 151**	G	28 106	**90 303**	G	28 590
	S	18 342		S	18 752		S	19 164		S	19 580		S	20 000
85 731	G	26 670	**86 883**	G	27 154	**88 035**	G	27 638	**89 187**	G	28 122	**90 339**	G	28 605
	S	18 354		S	18 764		S	19 178		S	19 594		S	20 012
85 767	G	26 685	**86 919**	G	27 169	**88 071**	G	27 653	**89 223**	G	28 137	**90 375**	G	28 621
	S	18 368		S	18 778		S	19 190		S	19 606		S	20 026
85 803	G	26 700	**86 955**	G	27 184	**88 107**	G	27 668	**89 259**	G	28 152	**90 411**	G	28 636
	S	18 380		S	18 790		S	19 204		S	19 620		S	20 038
85 839	G	26 715	**86 991**	G	27 199	**88 143**	G	27 683	**89 295**	G	28 167	**90 447**	G	28 651
	S	18 392		S	18 804		S	19 216		S	19 632		S	20 052
85 875	G	26 731	**87 027**	G	27 214	**88 179**	G	27 698	**89 331**	G	28 182	**90 483**	G	28 666
	S	18 406		S	18 816		S	19 230		S	19 646		S	20 064
85 911	G	26 746	**87 063**	G	27 230	**88 215**	G	27 713	**89 367**	G	28 197	**90 519**	G	28 681
	S	18 418		S	18 830		S	19 242		S	19 658		S	20 078
85 947	G	26 761	**87 099**	G	27 245	**88 251**	G	27 728	**89 403**	G	28 212	**90 555**	G	28 696
	S	18 432		S	18 842		S	19 256		S	19 672		S	20 092
85 983	G	26 776	**87 135**	G	27 260	**88 287**	G	27 744	**89 439**	G	28 227	**90 591**	G	28 711
	S	18 444		S	18 854		S	19 268		S	19 686		S	20 104
86 019	G	26 791	**87 171**	G	27 275	**88 323**	G	27 759	**89 475**	G	28 243	**90 627**	G	28 726
	S	18 456		S	18 868		S	19 282		S	19 698		S	20 118
86 055	G	26 806	**87 207**	G	27 290	**88 359**	G	27 774	**89 511**	G	28 258	**90 663**	G	28 742
	S	18 470		S	18 880		S	19 294		S	19 712		S	20 130
86 091	G	26 821	**87 243**	G	27 305	**88 395**	G	27 789	**89 547**	G	28 273	**90 699**	G	28 757
	S	18 482		S	18 894		S	19 308		S	19 724		S	20 144
86 127	G	26 836	**87 279**	G	27 320	**88 431**	G	27 804	**89 583**	G	28 288	**90 735**	G	28 772
	S	18 496		S	18 906		S	19 320		S	19 738		S	20 156
86 163	G	26 852	**87 315**	G	27 335	**88 467**	G	27 819	**89 619**	G	28 303	**90 771**	G	28 787
	S	18 508		S	18 920		S	19 334		S	19 750		S	20 170
86 199	G	26 867	**87 351**	G	27 350	**88 503**	G	27 834	**89 655**	G	28 318	**90 807**	G	28 802
	S	18 520		S	18 932		S	19 346		S	19 764		S	20 184
86 235	G	26 882	**87 387**	G	27 366	**88 539**	G	27 849	**89 691**	G	28 333	**90 843**	G	28 817
	S	18 534		S	18 946		S	19 360		S	19 776		S	20 196
86 271	G	26 897	**87 423**	G	27 381	**88 575**	G	27 865	**89 727**	G	28 348	**90 879**	G	28 832
	S	18 546		S	18 958		S	19 372		S	19 790		S	20 210
86 307	G	26 912	**87 459**	G	27 396	**88 611**	G	27 880	**89 763**	G	28 364	**90 915**	G	28 847
	S	18 560		S	18 970		S	19 386		S	19 802		S	20 222
86 343	G	26 927	**87 495**	G	27 411	**88 647**	G	27 895	**89 799**	G	28 379	**90 951**	G	28 862
	S	18 572		S	18 984		S	19 398		S	19 816		S	20 236

Zu versteuerndes Einkommen bis	Tarif	Einkommensteuer	Zu versteuerndes Einkommen bis	Tarif	Einkommensteuer	Zu versteuerndes Einkommen bis	Tarif	Einkommensteuer	Zu versteuerndes Einkommen bis	Tarif	Einkommensteuer	Zu versteuerndes Einkommen bis	Tarif	Einkommensteuer
90 987	G	28 878	**92 139**	G	29 361	**93 291**	G	29 845	**94 443**	G	30 329	**95 595**	G	30 813
	S	20 248		S	20 672		S	21 098		S	21 526		S	21 956
91 023	G	28 893	**92 175**	G	29 377	**93 327**	G	29 860	**94 479**	G	30 344	**95 631**	G	30 828
	S	20 262		S	20 686		S	21 110		S	21 540		S	21 970
91 059	G	28 908	**92 211**	G	29 392	**93 363**	G	29 876	**94 515**	G	30 359	**95 667**	G	30 843
	S	20 276		S	20 698		S	21 124		S	21 552		S	21 984
91 095	G	28 923	**92 247**	G	29 407	**93 399**	G	29 891	**94 551**	G	30 374	**95 703**	G	30 858
	S	20 288		S	20 712		S	21 138		S	21 566		S	21 998
91 131	G	28 938	**92 283**	G	29 422	**93 435**	G	29 906	**94 587**	G	30 390	**95 739**	G	30 873
	S	20 302		S	20 724		S	21 150		S	21 580		S	22 012
91 167	G	28 953	**92 319**	G	29 437	**93 471**	G	29 921	**94 623**	G	30 405	**95 775**	G	30 889
	S	20 314		S	20 738		S	21 164		S	21 594		S	22 024
91 203	G	28 968	**92 355**	G	29 452	**93 507**	G	29 936	**94 659**	G	30 420	**95 811**	G	30 904
	S	20 328		S	20 752		S	21 178		S	21 606		S	22 038
91 239	G	28 983	**92 391**	G	29 467	**93 543**	G	29 951	**94 695**	G	30 435	**95 847**	G	30 919
	S	20 342		S	20 764		S	21 190		S	21 620		S	22 052
91 275	G	28 999	**92 427**	G	29 482	**93 579**	G	29 966	**94 731**	G	30 450	**95 883**	G	30 934
	S	20 354		S	20 778		S	21 204		S	21 634		S	22 066
91 311	G	29 014	**92 463**	G	29 498	**93 615**	G	29 981	**94 767**	G	30 465	**95 919**	G	30 949
	S	20 368		S	20 792		S	21 218		S	21 646		S	22 078
91 347	G	29 029	**92 499**	G	29 513	**93 651**	G	29 996	**94 803**	G	30 480	**95 955**	G	30 964
	S	20 380		S	20 804		S	21 232		S	21 660		S	22 092
91 383	G	29 044	**92 535**	G	29 528	**93 687**	G	30 012	**94 839**	G	30 495	**95 991**	G	30 979
	S	20 394		S	20 818		S	21 244		S	21 674		S	22 106
91 419	G	29 059	**92 571**	G	29 543	**93 723**	G	30 027	**94 875**	G	30 511	**96 027**	G	30 994
	S	20 408		S	20 832		S	21 258		S	21 688		S	22 120
91 455	G	29 074	**92 607**	G	29 558	**93 759**	G	30 042	**94 911**	G	30 526	**96 063**	G	31 010
	S	20 420		S	20 844		S	21 272		S	21 700		S	22 132
91 491	G	29 089	**92 643**	G	29 573	**93 795**	G	30 057	**94 947**	G	30 541	**96 099**	G	31 025
	S	20 434		S	20 858		S	21 284		S	21 714		S	22 146
91 527	G	29 104	**92 679**	G	29 588	**93 831**	G	30 072	**94 983**	G	30 556	**96 135**	G	31 040
	S	20 446		S	20 872		S	21 298		S	21 728		S	22 160
91 563	G	29 120	**92 715**	G	29 603	**93 867**	G	30 087	**95 019**	G	30 571	**96 171**	G	31 055
	S	20 460		S	20 884		S	21 312		S	21 742		S	22 174
91 599	G	29 135	**92 751**	G	29 618	**93 903**	G	30 102	**95 055**	G	30 586	**96 207**	G	31 070
	S	20 474		S	20 898		S	21 324		S	21 754		S	22 188
91 635	G	29 150	**92 787**	G	29 634	**93 939**	G	30 117	**95 091**	G	30 601	**96 243**	G	31 085
	S	20 486		S	20 910		S	21 338		S	21 768		S	22 200
91 671	G	29 165	**92 823**	G	29 649	**93 975**	G	30 133	**95 127**	G	30 616	**96 279**	G	31 100
	S	20 500		S	20 924		S	21 352		S	21 782		S	22 214
91 707	G	29 180	**92 859**	G	29 664	**94 011**	G	30 148	**95 163**	G	30 632	**96 315**	G	31 115
	S	20 512		S	20 938		S	21 364		S	21 794		S	22 228
91 743	G	29 195	**92 895**	G	29 679	**94 047**	G	30 163	**95 199**	G	30 647	**96 351**	G	31 130
	S	20 526		S	20 950		S	21 378		S	21 808		S	22 242
91 779	G	29 210	**92 931**	G	29 694	**94 083**	G	30 178	**95 235**	G	30 662	**96 387**	G	31 146
	S	20 540		S	20 964		S	21 392		S	21 822		S	22 254
91 815	G	29 225	**92 967**	G	29 709	**94 119**	G	30 193	**95 271**	G	30 677	**96 423**	G	31 161
	S	20 552		S	20 978		S	21 406		S	21 836		S	22 268
91 851	G	29 240	**93 003**	G	29 724	**94 155**	G	30 208	**95 307**	G	30 692	**96 459**	G	31 176
	S	20 566		S	20 990		S	21 418		S	21 848		S	22 282
91 887	G	29 256	**93 039**	G	29 739	**94 191**	G	30 223	**95 343**	G	30 707	**96 495**	G	31 191
	S	20 580		S	21 004		S	21 432		S	21 862		S	22 296
91 923	G	29 271	**93 075**	G	29 755	**94 227**	G	30 238	**95 379**	G	30 722	**96 531**	G	31 206
	S	20 592		S	21 018		S	21 446		S	21 876		S	22 310
91 959	G	29 286	**93 111**	G	29 770	**94 263**	G	30 254	**95 415**	G	30 737	**96 567**	G	31 221
	S	20 606		S	21 030		S	21 458		S	21 890		S	22 322
91 995	G	29 301	**93 147**	G	29 785	**94 299**	G	30 269	**95 451**	G	30 752	**96 603**	G	31 236
	S	20 618		S	21 044		S	21 472		S	21 902		S	22 336
92 031	G	29 316	**93 183**	G	29 800	**94 335**	G	30 284	**95 487**	G	30 768	**96 639**	G	31 251
	S	20 632		S	21 058		S	21 486		S	21 916		S	22 350
92 067	G	29 331	**93 219**	G	29 815	**94 371**	G	30 299	**95 523**	G	30 783	**96 675**	G	31 267
	S	20 646		S	21 070		S	21 500		S	21 930		S	22 364
92 103	G	29 346	**93 255**	G	29 830	**94 407**	G	30 314	**95 559**	G	30 798	**96 711**	G	31 282
	S	20 658		S	21 084		S	21 512		S	21 944		S	22 378

Zu versteuerndes Einkommen bis	Tarif	Einkommensteuer	Zu versteuerndes Einkommen bis	Tarif	Einkommensteuer	Zu versteuerndes Einkommen bis	Tarif	Einkommensteuer	Zu versteuerndes Einkommen bis	Tarif	Einkommensteuer	Zu versteuerndes Einkommen bis	Tarif	Einkommensteuer
96 747	G	31 297	**97 899**	G	31 781	**99 051**	G	32 264	**100 203**	G	32 748	**101 355**	G	33 232
	S	22 390		S	22 828		S	23 266		S	23 708		S	24 154
96 783	G	31 312	**97 935**	G	31 796	**99 087**	G	32 280	**100 239**	G	32 763	**101 391**	G	33 247
	S	22 404		S	22 842		S	23 280		S	23 722		S	24 168
96 819	G	31 327	**97 971**	G	31 811	**99 123**	G	32 295	**100 275**	G	32 779	**101 427**	G	33 262
	S	22 418		S	22 854		S	23 294		S	23 736		S	24 182
96 855	G	31 342	**98 007**	G	31 826	**99 159**	G	32 310	**100 311**	G	32 794	**101 463**	G	33 278
	S	22 432		S	22 868		S	23 308		S	23 750		S	24 196
96 891	G	31 357	**98 043**	G	31 841	**99 195**	G	32 325	**100 347**	G	32 809	**101 499**	G	33 293
	S	22 446		S	22 882		S	23 322		S	23 764		S	24 210
96 927	G	31 372	**98 079**	G	31 856	**99 231**	G	32 340	**100 383**	G	32 824	**101 535**	G	33 308
	S	22 458		S	22 896		S	23 336		S	23 778		S	24 224
96 963	G	31 388	**98 115**	G	31 871	**99 267**	G	32 355	**100 419**	G	32 839	**101 571**	G	33 323
	S	22 472		S	22 910		S	23 350		S	23 792		S	24 238
96 999	G	31 403	**98 151**	G	31 886	**99 303**	G	32 370	**100 455**	G	32 854	**101 607**	G	33 338
	S	22 486		S	22 924		S	23 364		S	23 806		S	24 252
97 035	G	31 418	**98 187**	G	31 902	**99 339**	G	32 385	**100 491**	G	32 869	**101 643**	G	33 353
	S	22 500		S	22 936		S	23 376		S	23 820		S	24 266
97 071	G	31 433	**98 223**	G	31 917	**99 375**	G	32 401	**100 527**	G	32 884	**101 679**	G	33 368
	S	22 514		S	22 950		S	23 390		S	23 834		S	24 280
97 107	G	31 448	**98 259**	G	31 932	**99 411**	G	32 416	**100 563**	G	32 900	**101 715**	G	33 383
	S	22 526		S	22 964		S	23 404		S	23 848		S	24 294
97 143	G	31 463	**98 295**	G	31 947	**99 447**	G	32 431	**100 599**	G	32 915	**101 751**	G	33 398
	S	22 540		S	22 978		S	23 418		S	23 862		S	24 308
97 179	G	31 478	**98 331**	G	31 962	**99 483**	G	32 446	**100 635**	G	32 930	**101 787**	G	33 414
	S	22 554		S	22 992		S	23 432		S	23 876		S	24 322
97 215	G	31 493	**98 367**	G	31 977	**99 519**	G	32 461	**100 671**	G	32 945	**101 823**	G	33 429
	S	22 568		S	23 006		S	23 446		S	23 890		S	24 336
97 251	G	31 508	**98 403**	G	31 992	**99 555**	G	32 476	**100 707**	G	32 960	**101 859**	G	33 444
	S	22 582		S	23 020		S	23 460		S	23 904		S	24 350
97 287	G	31 524	**98 439**	G	32 007	**99 591**	G	32 491	**100 743**	G	32 975	**101 895**	G	33 459
	S	22 596		S	23 032		S	23 474		S	23 916		S	24 364
97 323	G	31 539	**98 475**	G	32 023	**99 627**	G	32 506	**100 779**	G	32 990	**101 931**	G	33 474
	S	22 608		S	23 046		S	23 488		S	23 930		S	24 378
97 359	G	31 554	**98 511**	G	32 038	**99 663**	G	32 522	**100 815**	G	33 005	**101 967**	G	33 489
	S	22 622		S	23 060		S	23 502		S	23 944		S	24 390
97 395	G	31 569	**98 547**	G	32 053	**99 699**	G	32 537	**100 851**	G	33 020	**102 003**	G	33 504
	S	22 636		S	23 074		S	23 516		S	23 958		S	24 404
97 431	G	31 584	**98 583**	G	32 068	**99 735**	G	32 552	**100 887**	G	33 036	**102 039**	G	33 519
	S	22 650		S	23 088		S	23 528		S	23 972		S	24 418
97 467	G	31 599	**98 619**	G	32 083	**99 771**	G	32 567	**100 923**	G	33 051	**102 075**	G	33 535
	S	22 664		S	23 102		S	23 542		S	23 986		S	24 432
97 503	G	31 614	**98 655**	G	32 098	**99 807**	G	32 582	**100 959**	G	33 066	**102 111**	G	33 550
	S	22 678		S	23 116		S	23 556		S	24 000		S	24 446
97 539	G	31 629	**98 691**	G	32 113	**99 843**	G	32 597	**100 995**	G	33 081	**102 147**	G	33 565
	S	22 690		S	23 130		S	23 570		S	24 014		S	24 460
97 575	G	31 645	**98 727**	G	32 128	**99 879**	G	32 612	**101 031**	G	33 096	**102 183**	G	33 580
	S	22 704		S	23 142		S	23 584		S	24 028		S	24 474
97 611	G	31 660	**98 763**	G	32 144	**99 915**	G	32 627	**101 067**	G	33 111	**102 219**	G	33 595
	S	22 718		S	23 156		S	23 598		S	24 042		S	24 488
97 647	G	31 675	**98 799**	G	32 159	**99 951**	G	32 642	**101 103**	G	33 126	**102 255**	G	33 610
	S	22 732		S	23 170		S	23 612		S	24 056		S	24 502
97 683	G	31 690	**98 835**	G	32 174	**99 987**	G	32 658	**101 139**	G	33 141	**102 291**	G	33 625
	S	22 746		S	23 184		S	23 626		S	24 070		S	24 516
97 719	G	31 705	**98 871**	G	32 189	**100 023**	G	32 673	**101 175**	G	33 157	**102 327**	G	33 640
	S	22 758		S	23 198		S	23 640		S	24 084		S	24 532
97 755	G	31 720	**98 907**	G	32 204	**100 059**	G	32 688	**101 211**	G	33 172	**102 363**	G	33 656
	S	22 772		S	23 212		S	23 654		S	24 098		S	24 546
97 791	G	31 735	**98 943**	G	32 219	**100 095**	G	32 703	**101 247**	G	33 187	**102 399**	G	33 671
	S	22 786		S	23 226		S	23 668		S	24 112		S	24 560
97 827	G	31 750	**98 979**	G	32 234	**100 131**	G	32 718	**101 283**	G	33 202	**102 435**	G	33 686
	S	22 800		S	23 240		S	23 682		S	24 126		S	24 574
97 863	G	31 766	**99 015**	G	32 249	**100 167**	G	32 733	**101 319**	G	33 217	**102 471**	G	33 701
	S	22 814		S	23 252		S	23 694		S	24 140		S	24 588

Zu versteuerndes Einkommen bis	Tarif	Einkommensteuer	Zu versteuerndes Einkommen bis	Tarif	Einkommensteuer	Zu versteuerndes Einkommen bis	Tarif	Einkommensteuer	Zu versteuerndes Einkommen bis	Tarif	Einkommensteuer	Zu versteuerndes Einkommen bis	Tarif	Einkommensteuer
102 507	G	33 716	**103 659**	G	34 200	**104 811**	G	34 684	**105 963**	G	35 168	**107 115**	G	35 651
	S	24 602		S	25 052		S	25 504		S	25 960		S	26 418
102 543	G	33 731	**103 695**	G	34 215	**104 847**	G	34 699	**105 999**	G	35 183	**107 151**	G	35 666
	S	24 616		S	25 066		S	25 518		S	25 974		S	26 434
102 579	G	33 746	**103 731**	G	34 230	**104 883**	G	34 714	**106 035**	G	35 198	**107 187**	G	35 682
	S	24 630		S	25 080		S	25 532		S	25 988		S	26 448
102 615	G	33 761	**103 767**	G	34 245	**104 919**	G	34 729	**106 071**	G	35 213	**107 223**	G	35 697
	S	24 644		S	25 094		S	25 548		S	26 004		S	26 462
102 651	G	33 776	**103 803**	G	34 260	**104 955**	G	34 744	**106 107**	G	35 228	**107 259**	G	35 712
	S	24 658		S	25 108		S	25 562		S	26 018		S	26 476
102 687	G	33 792	**103 839**	G	34 275	**104 991**	G	34 759	**106 143**	G	35 243	**107 295**	G	35 727
	S	24 672		S	25 122		S	25 576		S	26 032		S	26 490
102 723	G	33 807	**103 875**	G	34 291	**105 027**	G	34 774	**106 179**	G	35 258	**107 331**	G	35 742
	S	24 686		S	25 136		S	25 590		S	26 046		S	26 504
102 759	G	33 822	**103 911**	G	34 306	**105 063**	G	34 790	**106 215**	G	35 273	**107 367**	G	35 757
	S	24 700		S	25 150		S	25 604		S	26 060		S	26 520
102 795	G	33 837	**103 947**	G	34 321	**105 099**	G	34 805	**106 251**	G	35 288	**107 403**	G	35 772
	S	24 714		S	25 164		S	25 618		S	26 074		S	26 534
102 831	G	33 852	**103 983**	G	34 336	**105 135**	G	34 820	**106 287**	G	35 304	**107 439**	G	35 787
	S	24 728		S	25 178		S	25 632		S	26 088		S	26 548
102 867	G	33 867	**104 019**	G	34 351	**105 171**	G	34 835	**106 323**	G	35 319	**107 475**	G	35 803
	S	24 742		S	25 192		S	25 646		S	26 104		S	26 562
102 903	G	33 882	**104 055**	G	34 366	**105 207**	G	34 850	**106 359**	G	35 334	**107 511**	G	35 818
	S	24 756		S	25 206		S	25 660		S	26 118		S	26 576
102 939	G	33 897	**104 091**	G	34 381	**105 243**	G	34 865	**106 395**	G	35 349	**107 547**	G	35 833
	S	24 770		S	25 220		S	25 676		S	26 132		S	26 592
102 975	G	33 913	**104 127**	G	34 396	**105 279**	G	34 880	**106 431**	G	35 364	**107 583**	G	35 848
	S	24 784		S	25 236		S	25 690		S	26 146		S	26 606
103 011	G	33 928	**104 163**	G	34 412	**105 315**	G	34 895	**106 467**	G	35 379	**107 619**	G	35 863
	S	24 798		S	25 250		S	25 704		S	26 160		S	26 620
103 047	G	33 943	**104 199**	G	34 427	**105 351**	G	34 910	**106 503**	G	35 394	**107 655**	G	35 878
	S	24 812		S	25 264		S	25 718		S	26 174		S	26 634
103 083	G	33 958	**104 235**	G	34 442	**105 387**	G	34 926	**106 539**	G	35 409	**107 691**	G	35 893
	S	24 826		S	25 278		S	25 732		S	26 190		S	26 648
103 119	G	33 973	**104 271**	G	34 457	**105 423**	G	34 941	**106 575**	G	35 425	**107 727**	G	35 908
	S	24 840		S	25 292		S	25 746		S	26 204		S	26 664
103 155	G	33 988	**104 307**	G	34 472	**105 459**	G	34 956	**106 611**	G	35 440	**107 763**	G	35 924
	S	24 854		S	25 306		S	25 760		S	26 218		S	26 678
103 191	G	34 003	**104 343**	G	34 487	**105 495**	G	34 971	**106 647**	G	35 455	**107 799**	G	35 939
	S	24 868		S	25 320		S	25 774		S	26 232		S	26 692
103 227	G	34 018	**104 379**	G	34 502	**105 531**	G	34 986	**106 683**	G	35 470	**107 835**	G	35 954
	S	24 882		S	25 334		S	25 788		S	26 246		S	26 706
103 263	G	34 034	**104 415**	G	34 517	**105 567**	G	35 001	**106 719**	G	35 485	**107 871**	G	35 969
	S	24 896		S	25 348		S	25 804		S	26 260		S	26 722
103 299	G	34 049	**104 451**	G	34 532	**105 603**	G	35 016	**106 755**	G	35 500	**107 907**	G	35 984
	S	24 910		S	25 362		S	25 818		S	26 276		S	26 736
103 335	G	34 064	**104 487**	G	34 548	**105 639**	G	35 031	**106 791**	G	35 515	**107 943**	G	35 999
	S	24 924		S	25 376		S	25 832		S	26 290		S	26 750
103 371	G	34 079	**104 523**	G	34 563	**105 675**	G	35 047	**106 827**	G	35 530	**107 979**	G	36 014
	S	24 938		S	25 390		S	25 846		S	26 304		S	26 764
103 407	G	34 094	**104 559**	G	34 578	**105 711**	G	35 062	**106 863**	G	35 546	**108 015**	G	36 029
	S	24 952		S	25 406		S	25 860		S	26 318		S	26 778
103 443	G	34 109	**104 595**	G	34 593	**105 747**	G	35 077	**106 899**	G	35 561	**108 051**	G	36 044
	S	24 966		S	25 420		S	25 874		S	26 332		S	26 794
103 479	G	34 124	**104 631**	G	34 608	**105 783**	G	35 092	**106 935**	G	35 576	**108 087**	G	36 060
	S	24 980		S	25 434		S	25 888		S	26 346		S	26 808
103 515	G	34 139	**104 667**	G	34 623	**105 819**	G	35 107	**106 971**	G	35 591	**108 123**	G	36 075
	S	24 994		S	25 448		S	25 904		S	26 362		S	26 822
103 551	G	34 154	**104 703**	G	34 638	**105 855**	G	35 122	**107 007**	G	35 606	**108 159**	G	36 090
	S	25 010		S	25 462		S	25 918		S	26 376		S	26 836
103 587	G	34 170	**104 739**	G	34 653	**105 891**	G	35 137	**107 043**	G	35 621	**108 195**	G	36 105
	S	25 024		S	25 476		S	25 932		S	26 390		S	26 852
103 623	G	34 185	**104 775**	G	34 669	**105 927**	G	35 152	**107 079**	G	35 636	**108 231**	G	36 120
	S	25 038		S	25 490		S	25 946		S	26 404		S	26 866

Zu versteuerndes Einkommen bis	Tarif	Einkommensteuer	Zu versteuerndes Einkommen bis	Tarif	Einkommensteuer	Zu versteuerndes Einkommen bis	Tarif	Einkommensteuer	Zu versteuerndes Einkommen bis	Tarif	Einkommensteuer	Zu versteuerndes Einkommen bis	Tarif	Einkommensteuer
108 267	G	36 135	**109 419**	G	36 619	**110 571**	G	37 103	**111 723**	G	37 587	**112 875**	G	38 071
	S	26 880		S	27 344		S	27 810		S	28 280		S	28 752
108 303	G	36 150	**109 455**	G	36 634	**110 607**	G	37 118	**111 759**	G	37 602	**112 911**	G	38 086
	S	26 894		S	27 358		S	27 826		S	28 294		S	28 768
108 339	G	36 165	**109 491**	G	36 649	**110 643**	G	37 133	**111 795**	G	37 617	**112 947**	G	38 101
	S	26 908		S	27 372		S	27 840		S	28 310		S	28 782
108 375	G	36 181	**109 527**	G	36 664	**110 679**	G	37 148	**111 831**	G	37 632	**112 983**	G	38 116
	S	26 924		S	27 388		S	27 854		S	28 324		S	28 796
108 411	G	36 196	**109 563**	G	36 680	**110 715**	G	37 163	**111 867**	G	37 647	**113 019**	G	38 131
	S	26 938		S	27 402		S	27 870		S	28 338		S	28 812
108 447	G	36 211	**109 599**	G	36 695	**110 751**	G	37 178	**111 903**	G	37 662	**113 055**	G	38 146
	S	26 952		S	27 416		S	27 884		S	28 354		S	28 826
108 483	G	36 226	**109 635**	G	36 710	**110 787**	G	37 194	**111 939**	G	37 677	**113 091**	G	38 161
	S	26 966		S	27 432		S	27 898		S	28 368		S	28 842
108 519	G	36 241	**109 671**	G	36 725	**110 823**	G	37 209	**111 975**	G	37 693	**113 127**	G	38 176
	S	26 982		S	27 446		S	27 914		S	28 384		S	28 856
108 555	G	36 256	**109 707**	G	36 740	**110 859**	G	37 224	**112 011**	G	37 708	**113 163**	G	38 192
	S	26 996		S	27 460		S	27 928		S	28 398		S	28 870
108 591	G	36 271	**109 743**	G	36 755	**110 895**	G	37 239	**112 047**	G	37 723	**113 199**	G	38 207
	S	27 010		S	27 474		S	27 942		S	28 412		S	28 886
108 627	G	36 286	**109 779**	G	36 770	**110 931**	G	37 254	**112 083**	G	37 738	**113 235**	G	38 222
	S	27 024		S	27 490		S	27 958		S	28 428		S	28 900
108 663	G	36 302	**109 815**	G	36 785	**110 967**	G	37 269	**112 119**	G	37 753	**113 271**	G	38 237
	S	27 040		S	27 504		S	27 972		S	28 442		S	28 916
108 699	G	36 317	**109 851**	G	36 800	**111 003**	G	37 284	**112 155**	G	37 768	**113 307**	G	38 252
	S	27 054		S	27 518		S	27 986		S	28 456		S	28 930
108 735	G	36 332	**109 887**	G	36 816	**111 039**	G	37 299	**112 191**	G	37 783	**113 343**	G	38 267
	S	27 068		S	27 534		S	28 000		S	28 472		S	28 944
108 771	G	36 347	**109 923**	G	36 831	**111 075**	G	37 315	**112 227**	G	37 798	**113 379**	G	38 282
	S	27 082		S	27 548		S	28 016		S	28 486		S	28 960
108 807	G	36 362	**109 959**	G	36 846	**111 111**	G	37 330	**112 263**	G	37 814	**113 415**	G	38 297
	S	27 098		S	27 562		S	28 030		S	28 502		S	28 974
108 843	G	36 377	**109 995**	G	36 861	**111 147**	G	37 345	**112 299**	G	37 829	**113 451**	G	38 312
	S	27 112		S	27 576		S	28 044		S	28 516		S	28 990
108 879	G	36 392	**110 031**	G	36 876	**111 183**	G	37 360	**112 335**	G	37 844	**113 487**	G	38 328
	S	27 126		S	27 592		S	28 060		S	28 530		S	29 004
108 915	G	36 407	**110 067**	G	36 891	**111 219**	G	37 375	**112 371**	G	37 859	**113 523**	G	38 343
	S	27 140		S	27 606		S	28 074		S	28 546		S	29 020
108 951	G	36 422	**110 103**	G	36 906	**111 255**	G	37 390	**112 407**	G	37 874	**113 559**	G	38 358
	S	27 156		S	27 620		S	28 090		S	28 560		S	29 034
108 987	G	36 438	**110 139**	G	36 921	**111 291**	G	37 405	**112 443**	G	37 889	**113 595**	G	38 373
	S	27 170		S	27 636		S	28 104		S	28 574		S	29 048
109 023	G	36 453	**110 175**	G	36 937	**111 327**	G	37 420	**112 479**	G	37 904	**113 631**	G	38 388
	S	27 184		S	27 650		S	28 118		S	28 590		S	29 064
109 059	G	36 468	**110 211**	G	36 952	**111 363**	G	37 436	**112 515**	G	37 919	**113 667**	G	38 403
	S	27 198		S	27 664		S	28 134		S	28 604		S	29 078
109 095	G	36 483	**110 247**	G	36 967	**111 399**	G	37 451	**112 551**	G	37 934	**113 703**	G	38 418
	S	27 214		S	27 680		S	28 148		S	28 620		S	29 094
109 131	G	36 498	**110 283**	G	36 982	**111 435**	G	37 466	**112 587**	G	37 950	**113 739**	G	38 433
	S	27 228		S	27 694		S	28 162		S	28 634		S	29 108
109 167	G	36 513	**110 319**	G	36 997	**111 471**	G	37 481	**112 623**	G	37 965	**113 775**	G	38 449
	S	27 242		S	27 708		S	28 178		S	28 648		S	29 124
109 203	G	36 528	**110 355**	G	37 012	**111 507**	G	37 496	**112 659**	G	37 980	**113 811**	G	38 464
	S	27 256		S	27 722		S	28 192		S	28 664		S	29 138
109 239	G	36 543	**110 391**	G	37 027	**111 543**	G	37 511	**112 695**	G	37 995	**113 847**	G	38 479
	S	27 272		S	27 738		S	28 206		S	28 678		S	29 152
109 275	G	36 559	**110 427**	G	37 042	**111 579**	G	37 526	**112 731**	G	38 010	**113 883**	G	38 494
	S	27 286		S	27 752		S	28 222		S	28 694		S	29 168
109 311	G	36 574	**110 463**	G	37 058	**111 615**	G	37 541	**112 767**	G	38 025	**113 919**	G	38 509
	S	27 300		S	27 766		S	28 236		S	28 708		S	29 182
109 347	G	36 589	**110 499**	G	37 073	**111 651**	G	37 556	**112 803**	G	38 040	**113 955**	G	38 524
	S	27 314		S	27 782		S	28 250		S	28 722		S	29 198
109 383	G	36 604	**110 535**	G	37 088	**111 687**	G	37 572	**112 839**	G	38 055	**113 991**	G	38 539
	S	27 330		S	27 796		S	28 266		S	28 738		S	29 212

Zu versteuerndes Einkommen bis	Tarif	Einkommensteuer	Zu versteuerndes Einkommen bis	Tarif	Einkommensteuer	Zu versteuerndes Einkommen bis	Tarif	Einkommensteuer	Zu versteuerndes Einkommen bis	Tarif	Einkommensteuer	Zu versteuerndes Einkommen bis	Tarif	Einkommensteuer
114027	G	38554	**115179**	G	39038	**116331**	G	39522	**117483**	G	40006	**118635**	G	40490
	S	29228		S	29704		S	30186		S	30668		S	31152
114063	G	38570	**115215**	G	39053	**116367**	G	39537	**117519**	G	40021	**118671**	G	40505
	S	29242		S	29720		S	30200		S	30684		S	31168
114099	G	38585	**115251**	G	39068	**116403**	G	39552	**117555**	G	40036	**118707**	G	40520
	S	29256		S	29734		S	30216		S	30698		S	31182
114135	G	38600	**115287**	G	39084	**116439**	G	39567	**117591**	G	40051	**118743**	G	40535
	S	29272		S	29750		S	30230		S	30714		S	31198
114171	G	38615	**115323**	G	39099	**116475**	G	39583	**117627**	G	40066	**118779**	G	40550
	S	29286		S	29764		S	30246		S	30730		S	31212
114207	G	38630	**115359**	G	39114	**116511**	G	39598	**117663**	G	40082	**118815**	G	40565
	S	29302		S	29780		S	30260		S	30744		S	31228
114243	G	38645	**115395**	G	39129	**116547**	G	39613	**117699**	G	40097	**118851**	G	40580
	S	29316		S	29794		S	30276		S	30760		S	31244
114279	G	38660	**115431**	G	39144	**116583**	G	39628	**117735**	G	40112	**118887**	G	40596
	S	29332		S	29810		S	30290		S	30774		S	31258
114315	G	38675	**115467**	G	39159	**116619**	G	39643	**117771**	G	40127	**118923**	G	40611
	S	29346		S	29824		S	30306		S	30790		S	31274
114351	G	38690	**115503**	G	39174	**116655**	G	39658	**117807**	G	40142	**118959**	G	40626
	S	29362		S	29840		S	30320		S	30804		S	31288
114387	G	38706	**115539**	G	39189	**116691**	G	39673	**117843**	G	40157	**118995**	G	40641
	S	29376		S	29854		S	30336		S	30820		S	31304
114423	G	38721	**115575**	G	39205	**116727**	G	39688	**117879**	G	40172	**119031**	G	40656
	S	29392		S	29870		S	30352		S	30834		S	31318
114459	G	38736	**115611**	G	39220	**116763**	G	39704	**117915**	G	40187	**119067**	G	40671
	S	29406		S	29884		S	30366		S	30850		S	31334
114495	G	38751	**115647**	G	39235	**116799**	G	39719	**117951**	G	40202	**119103**	G	40686
	S	29420		S	29900		S	30382		S	30866		S	31348
114531	G	38766	**115683**	G	39250	**116835**	G	39734	**117987**	G	40218	**119139**	G	40701
	S	29436		S	29914		S	30396		S	30880		S	31364
114567	G	38781	**115719**	G	39265	**116871**	G	39749	**118023**	G	40233	**119175**	G	40717
	S	29450		S	29930		S	30412		S	30896		S	31380
114603	G	38796	**115755**	G	39280	**116907**	G	39764	**118059**	G	40248	**119211**	G	40732
	S	29466		S	29944		S	30426		S	30910		S	31394
114639	G	38811	**115791**	G	39295	**116943**	G	39779	**118095**	G	40263	**119247**	G	40747
	S	29480		S	29960		S	30442		S	30926		S	31410
114675	G	38827	**115827**	G	39310	**116979**	G	39794	**118131**	G	40278	**119283**	G	40762
	S	29496		S	29974		S	30456		S	30940		S	31424
114711	G	38842	**115863**	G	39326	**117015**	G	39809	**118167**	G	40293	**119319**	G	40777
	S	29510		S	29990		S	30472		S	30956		S	31440
114747	G	38857	**115899**	G	39341	**117051**	G	39824	**118203**	G	40308	**119355**	G	40792
	S	29526		S	30004		S	30486		S	30970		S	31454
114783	G	38872	**115935**	G	39356	**117087**	G	39840	**118239**	G	40323	**119391**	G	40807
	S	29540		S	30020		S	30502		S	30986		S	31470
114819	G	38887	**115971**	G	39371	**117123**	G	39855	**118275**	G	40339	**119427**	G	40822
	S	29556		S	30034		S	30518		S	31002		S	31486
114855	G	38902	**116007**	G	39386	**117159**	G	39870	**118311**	G	40354	**119463**	G	40838
	S	29570		S	30050		S	30532		S	31016		S	31500
114891	G	38917	**116043**	G	39401	**117195**	G	39885	**118347**	G	40369	**119499**	G	40853
	S	29586		S	30064		S	30548		S	31032		S	31516
114927	G	38932	**116079**	G	39416	**117231**	G	39900	**118383**	G	40384	**119535**	G	40868
	S	29600		S	30080		S	30562		S	31046		S	31530
114963	G	38948	**116115**	G	39431	**117267**	G	39915	**118419**	G	40399	**119571**	G	40883
	S	29616		S	30096		S	30578		S	31062		S	31546
114999	G	38963	**116151**	G	39446	**117303**	G	39930	**118455**	G	40414	**119607**	G	40898
	S	29630		S	30110		S	30592		S	31076		S	31560
115035	G	38978	**116187**	G	39462	**117339**	G	39945	**118491**	G	40429	**119643**	G	40913
	S	29646		S	30126		S	30608		S	31092		S	31576
115071	G	38993	**116223**	G	39477	**117375**	G	39961	**118527**	G	40444	**119679**	G	40928
	S	29660		S	30140		S	30624		S	31108		S	31590
115107	G	39008	**116259**	G	39492	**117411**	G	39976	**118563**	G	40460	**119715**	G	40943
	S	29674		S	30156		S	30638		S	31122		S	31606
115143	G	39023	**116295**	G	39507	**117447**	G	39991	**118599**	G	40475	**119751**	G	40958
	S	29690		S	30170		S	30654		S	31138		S	31622

Zu versteuerndes Einkommen bis	Tarif	Einkommensteuer	Zu versteuerndes Einkommen bis	Tarif	Einkommensteuer	Zu versteuerndes Einkommen bis	Tarif	Einkommensteuer	Zu versteuerndes Einkommen bis	Tarif	Einkommensteuer	Zu versteuerndes Einkommen bis	Tarif	Einkommensteuer
119 787	G	40 974	**120 939**	G	41 457	**122 091**	G	41 941	**123 243**	G	42 425	**124 395**	G	42 909
	S	31 636		S	32 120		S	32 604		S	33 088		S	33 572
119 823	G	40 989	**120 975**	G	41 473	**122 127**	G	41 956	**123 279**	G	42 440	**124 431**	G	42 924
	S	31 652		S	32 136		S	32 620		S	33 102		S	33 586
119 859	G	41 004	**121 011**	G	41 488	**122 163**	G	41 972	**123 315**	G	42 455	**124 467**	G	42 939
	S	31 666		S	32 150		S	32 634		S	33 118		S	33 602
119 895	G	41 019	**121 047**	G	41 503	**122 199**	G	41 987	**123 351**	G	42 470	**124 503**	G	42 954
	S	31 682		S	32 166		S	32 650		S	33 134		S	33 616
119 931	G	41 034	**121 083**	G	41 518	**122 235**	G	42 002	**123 387**	G	42 486	**124 539**	G	42 969
	S	31 696		S	32 180		S	32 664		S	33 148		S	33 632
119 967	G	41 049	**121 119**	G	41 533	**122 271**	G	42 017	**123 423**	G	42 501	**124 575**	G	42 985
	S	31 712		S	32 196		S	32 680		S	33 164		S	33 648
120 003	G	41 064	**121 155**	G	41 548	**122 307**	G	42 032	**123 459**	G	42 516	**124 611**	G	43 000
	S	31 726		S	32 210		S	32 694		S	33 178		S	33 662
120 039	G	41 079	**121 191**	G	41 563	**122 343**	G	42 047	**123 495**	G	42 531	**124 647**	G	43 015
	S	31 742		S	32 226		S	32 710		S	33 194		S	33 678
120 075	G	41 095	**121 227**	G	41 578	**122 379**	G	42 062	**123 531**	G	42 546	**124 683**	G	43 030
	S	31 758		S	32 242		S	32 724		S	33 208		S	33 692
120 111	G	41 110	**121 263**	G	41 594	**122 415**	G	42 077	**123 567**	G	42 561	**124 719**	G	43 045
	S	31 772		S	32 256		S	32 740		S	33 224		S	33 708
120 147	G	41 125	**121 299**	G	41 609	**122 451**	G	42 092	**123 603**	G	42 576	**124 755**	G	43 060
	S	31 788		S	32 272		S	32 756		S	33 238		S	33 722
120 183	G	41 140	**121 335**	G	41 624	**122 487**	G	42 108	**123 639**	G	42 591	**124 791**	G	43 075
	S	31 802		S	32 286		S	32 770		S	33 254		S	33 738
120 219	G	41 155	**121 371**	G	41 639	**122 523**	G	42 123	**123 675**	G	42 607	**124 827**	G	43 090
	S	31 818		S	32 302		S	32 786		S	33 270		S	33 754
120 255	G	41 170	**121 407**	G	41 654	**122 559**	G	42 138	**123 711**	G	42 622	**124 863**	G	43 106
	S	31 832		S	32 316		S	32 800		S	33 284		S	33 768
120 291	G	41 185	**121 443**	G	41 669	**122 595**	G	42 153	**123 747**	G	42 637	**124 899**	G	43 121
	S	31 848		S	32 332		S	32 816		S	33 300		S	33 784
120 327	G	41 200	**121 479**	G	41 684	**122 631**	G	42 168	**123 783**	G	42 652	**124 935**	G	43 136
	S	31 864		S	32 346		S	32 830		S	33 314		S	33 798
120 363	G	41 216	**121 515**	G	41 699	**122 667**	G	42 183	**123 819**	G	42 667	**124 971**	G	43 151
	S	31 878		S	32 362		S	32 846		S	33 330		S	33 814
120 399	G	41 231	**121 551**	G	41 714	**122 703**	G	42 198	**123 855**	G	42 682	**125 007**	G	43 166
	S	31 894		S	32 378		S	32 860		S	33 344		S	33 828
120 435	G	41 246	**121 587**	G	41 730	**122 739**	G	42 213	**123 891**	G	42 697	**125 043**	G	43 181
	S	31 908		S	32 392		S	32 876		S	33 360		S	33 844
120 471	G	41 261	**121 623**	G	41 745	**122 775**	G	42 229	**123 927**	G	42 712	**125 079**	G	43 196
	S	31 924		S	32 408		S	32 892		S	33 376		S	33 858
120 507	G	41 276	**121 659**	G	41 760	**122 811**	G	42 244	**123 963**	G	42 728	**125 115**	G	43 211
	S	31 938		S	32 422		S	32 906		S	33 390		S	33 874
120 543	G	41 291	**121 695**	G	41 775	**122 847**	G	42 259	**123 999**	G	42 743	**125 151**	G	43 226
	S	31 954		S	32 438		S	32 922		S	33 406		S	33 890
120 579	G	41 306	**121 731**	G	41 790	**122 883**	G	42 274	**124 035**	G	42 758	**125 187**	G	43 242
	S	31 968		S	32 452		S	32 936		S	33 420		S	33 904
120 615	G	41 321	**121 767**	G	41 805	**122 919**	G	42 289	**124 071**	G	42 773	**125 223**	G	43 257
	S	31 984		S	32 468		S	32 952		S	33 436		S	33 920
120 651	G	41 336	**121 803**	G	41 820	**122 955**	G	42 304	**124 107**	G	42 788	**125 259**	G	43 272
	S	32 000		S	32 482		S	32 966		S	33 450		S	33 934
120 687	G	41 352	**121 839**	G	41 835	**122 991**	G	42 319	**124 143**	G	42 803	**125 295**	G	43 287
	S	32 014		S	32 498		S	32 982		S	33 466		S	33 950
120 723	G	41 367	**121 875**	G	41 851	**123 027**	G	42 334	**124 179**	G	42 818	**125 331**	G	43 302
	S	32 030		S	32 514		S	32 998		S	33 480		S	33 964
120 759	G	41 382	**121 911**	G	41 866	**123 063**	G	42 350	**124 215**	G	42 833	**125 367**	G	43 317
	S	32 044		S	32 528		S	33 012		S	33 496		S	33 980
120 795	G	41 397	**121 947**	G	41 881	**123 099**	G	42 365	**124 251**	G	42 848	**125 403**	G	43 332
	S	32 060		S	32 544		S	33 028		S	33 512		S	33 994
120 831	G	41 412	**121 983**	G	41 896	**123 135**	G	42 380	**124 287**	G	42 864	**125 439**	G	43 347
	S	32 074		S	32 558		S	33 042		S	33 526		S	34 010
120 867	G	41 427	**122 019**	G	41 911	**123 171**	G	42 395	**124 323**	G	42 879	**125 475**	G	43 363
	S	32 090		S	32 574		S	33 058		S	33 542		S	34 026
120 903	G	41 442	**122 055**	G	41 926	**123 207**	G	42 410	**124 359**	G	42 894	**125 511**	G	43 378
	S	32 104		S	32 588		S	33 072		S	33 556		S	34 040

Anhang III

Schreiben betr. vorläufige Steuerfestsetzung im Hinblick auf anhängige Musterverfahren (§ 165 Absatz 1 Satz 2 AO); Aussetzung der Steuerfestsetzung nach § 165 Absatz 1 Satz 4 AO; Ruhenlassen von außergerichtlichen Rechtsbehelfsverfahren (§ 363 Absatz 2 AO); Aussetzung der Vollziehung (§ 361 AO, § 69 Absatz 2 FGO)

Vom 15. Januar 2018 (BStBl. I S. 2)

(BMF IV A 3 – S 0338/17/10007; DOK 2017/1040112)

Geändert durch BMF-Schreiben vom 18. Juni 2018 (BStBl. I S. 702), vom 10. Januar 2019 (BStBl. I S. 2), vom 4. Januar 2021 (BStBl. I S. 49), vom 18. Mai 2021 (BStBl. I S. 680), vom 30. August 2021 (BStBl. I S. 1042), vom 31. Januar 2022 (BStBl. I S. 131) und vom 28. März 2022 (BStBl. I S. 203)

1 Anlage

1 Unter Bezugnahme auf das Ergebnis der Erörterung mit den obersten Finanzbehörden der Länder gilt Folgendes:

I. Vorläufige Steuerfestsetzungen

1. Erstmalige Steuerfestsetzungen

Erstmalige Steuerfestsetzungen sind hinsichtlich der in der Anlage zu diesem BMF-Schreiben unter Abschnitt A aufgeführten Punkte nach § 165 Absatz 1 Satz 2 AO vorläufig durchzuführen.

In die Bescheide ist folgender **Erläuterungstext** aufzunehmen:

„Die Festsetzung der Steuer ist gemäß § 165 Absatz 1 Satz 2 Nummer 3 AO vorläufig hinsichtlich …

Die Vorläufigkeitserklärung erfasst sowohl die Frage, ob die angeführten gesetzlichen Vorschriften mit höherrangigem Recht vereinbar sind, als auch den Fall, dass das Bundesverfassungsgericht oder der Bundesfinanzhof die streitige verfassungsrechtliche Frage durch verfassungskonforme Auslegung der angeführten gesetzlichen Vorschriften entscheidet (BFH-Urteil vom 30. September 2010 – III R 39/08 –, BStBl. 2011 II S. 11). Die Vorläufigkeitserklärung erfolgt lediglich aus verfahrenstechnischen Gründen. Sie ist nicht dahin zu verstehen, dass die im Vorläufigkeitsvermerk angeführten gesetzlichen Vorschriften als verfassungswidrig oder als gegen Unionsrecht verstoßend angesehen werden. Soweit die Vorläufigkeitserklärung die Frage der Verfassungsmäßigkeit einer Norm betrifft, ist sie außerdem nicht dahingehend zu verstehen, dass die Finanzverwaltung es für möglich hält, das Bundesverfassungsgericht oder der Bundesfinanzhof könne die im Vorläufigkeitsvermerk angeführte Rechtsnorm gegen ihren Wortlaut auslegen.

Die Festsetzung der Steuer ist ferner gemäß § 165 Absatz 1 Satz 2 Nummer 4 AO vorläufig hinsichtlich …

Sollte aufgrund einer diesbezüglichen des Gerichtshofs der Europäischen Union, des Bundesverfassungsgerichts oder des Bundesfinanzhofs diese Steuerfestsetzung aufzuheben oder zu ändern sein, wird die Aufhebung oder Änderung von Amts wegen vorgenommen; ein Einspruch ist daher insoweit nicht erforderlich."

2. Geänderte oder berichtigte Steuerfestsetzungen

Bei Änderungen oder Berichtigungen von Steuerfestsetzungen ist wie folgt zu verfahren:

a) Werden Steuerfestsetzungen nach **§ 164 Absatz 2 AO** geändert oder wird der Vorbehalt der Nachprüfung nach **§ 164 Absatz 3 AO** aufgehoben, sind die Steuerfestsetzungen in demselben Umfang wie erstmalige Steuerfestsetzungen vorläufig vorzunehmen. In die Bescheide ist unter Berücksichtigung der aktuellen Anlage zu diesem BMF-Schreiben derselbe Erläuterungstext wie bei erstmaligen Steuerfestsetzungen aufzunehmen (vgl. Abschnitt I Nummer 1).

b) Werden Steuerfestsetzungen nach anderen Vorschriften (einschließlich des § 165 Absatz 2 Satz 2 AO) **zugunsten** der **Steuerpflichtigen** geändert oder berichtigt, sind die den jeweils letzten vorangegangenen Steuerfestsetzungen beigefügten Vorläufigkeitsvermerke zu wiederholen, soweit die Voraussetzungen des § 165 AO für eine vorläufige Steuerfestsetzung noch erfüllt sind. Soweit dies nicht mehr der Fall ist, sind die Steuerfestsetzungen endgültig durchzuführen.

c) Werden Steuerfestsetzungen nach anderen Vorschriften (einschließlich des § 165 Absatz 2 Satz 2 AO) **zuungunsten** der **Steuerpflichtigen** geändert oder berichtigt, sind die den jeweils letzten vorangegangenen Steuerfestsetzungen beigefügten Vorläufigkeitsvermerke zu wiederholen, soweit die Voraussetzungen des § 165 AO für eine vorläufige Steuerfestsetzung noch erfüllt sind. Soweit dies nicht mehr der Fall ist, sind die Steuerfestsetzungen endgültig durchzuführen. Soweit aufgrund der aktuellen Anlage zu diesem BMF-Schreiben weitere Vorläufigkeitsvermerke in Betracht kommen, sind diese den Bescheiden nur beizufügen, soweit die Änderung reicht.

In die Bescheide ist folgender **Erläuterungstext** aufzunehmen:

„Die Festsetzung der Steuer ist gemäß § 165 Absatz 1 Satz 2 Nummer 3 AO vorläufig hinsichtlich …

Die Vorläufigkeitserklärung erfasst sowohl die Frage, ob die angeführten gesetzlichen Vorschriften mit höherrangigem Recht vereinbar sind, als auch den Fall, dass das Bundesverfassungsgericht oder der Bundesfinanzhof die streitige verfassungsrechtliche Frage durch verfassungskonforme Auslegung der angeführten gesetzlichen Vorschriften entscheidet (BFH-Urteil vom 30. September 2010 – III R 39/08 –, BStBl. 2011 II S. 11). Die Vorläufigkeitserklärung erfolgt lediglich aus verfahrenstechnischen Gründen. Sie ist nicht dahin zu verstehen, dass die im Vorläufigkeitsvermerk angeführten gesetzlichen Vorschriften als verfassungswidrig oder als gegen Unionsrecht verstoßend angesehen werden. Soweit die Vorläufigkeitserklärung die Frage der Verfassungsmäßigkeit einer Norm betrifft, ist sie außerdem nicht dahingehend zu verstehen, dass die Finanzverwaltung es für möglich hält, das Bundesverfassungsgericht oder der Bundesfinanzhof könne die im Vorläufigkeitsvermerk angeführte Rechtsnorm gegen ihren Wortlaut auslegen.

Die Festsetzung der Steuer ist ferner gemäß § 165 Absatz 1 Satz 2 Nummer 4 AO vorläufig hinsichtlich

...

Soweit diese Festsetzung gegenüber der vorangegangenen in weiteren Punkten vorläufig ist, erstreckt sich der Vorläufigkeitsvermerk nur auf den betragsmäßigen Umfang der Änderung der Steuerfestsetzung.

Sollte aufgrund einer diesbezüglichen Entscheidung des Gerichtshofs der Europäischen Union, des Bundesverfassungsgerichts oder des Bundesfinanzhofs diese Steuerfestsetzung aufzuheben oder zu ändern sein, wird die Aufhebung oder Änderung von Amts wegen vorgenommen; ein Einspruch ist daher insoweit nicht erforderlich."

d) Werden bisher vorläufig durchgeführte Steuerfestsetzungen nach Beseitigung der Ungewissheit **ohne** eine **betragsmäßige Änderung** gemäß **§ 165 Absatz 2 Satz 2 AO** für **endgültig** erklärt, sind die den jeweils letzten vorangegangenen Steuerfestsetzungen beigefügten übrigen Vorläufigkeitsvermerke zu wiederholen, soweit die Voraussetzungen des § 165 AO für eine vorläufige Steuerfestsetzung noch erfüllt sind.

II. Aussetzung der Steuerfestsetzung nach § 165 Absatz 1 Satz 4 AO

1. Allgemeines

Nach § 165 Absatz 1 Satz 4 AO kann die Festsetzung der Steuer unter den Voraussetzungen des § 165 Absatz 1 Satz 1 oder 2 AO (ganz oder teilweise) ausgesetzt werden. Die Aussetzung der Steuerfestsetzung kann von einer Sicherheitsleistung abhängig gemacht werden.

Angesichts des Geltungsanspruchs jedes formell verfassungsgemäß zustande gekommenen Gesetzes kommt eine Aussetzung der Steuerfestsetzung allerdings grundsätzlich nur in Betracht, wenn das Bundesverfassungsgericht die weitere Anwendung einer Norm bis zum Inkrafttreten der von ihm geforderten (rückwirkenden) Gesetzesänderung untersagt hat.

Aussetzung der Steuerfestsetzung bedeutet, dass die bei Anwendung einer nach der Entscheidung des Bundesverfassungsgerichts nicht mehr anwendbaren Norm entstehende Steuer nicht festgesetzt wird. Nur die darüber hinaus entstehende Steuer ist dann Gegenstand der Festsetzung. Die ausgesetzte Steuerfestsetzung ist gegebenenfalls nachzuholen, sobald die Ungewissheit durch eine rückwirkende Gesetzesänderung beseitigt ist (§ 165 Absatz 2 Satz 2 Halbsatz 2 AO).

2. Erstmalige Steuerfestsetzungen

Bei erstmaligen Steuerfestsetzungen ist die Steuerfestsetzung hinsichtlich der in der Anlage zu diesem BMF-Schreiben unter Abschnitt B aufgeführten Punkte nach § 165 Absatz 1 Satz 4 AO auszusetzen. In die Bescheide ist folgender **Erläuterungstext** aufzunehmen:

„Die Festsetzung der Steuer ist gemäß § 165 Absatz 1 Satz 4 in Verbindung mit Satz 2 Nummer 2 AO ausgesetzt, soweit

...

Die Aussetzung der Steuerfestsetzung erfolgt aufgrund der Entscheidung des Bundesverfassungsgerichts, dass die genannte Rechtsnorm im Umfang der festgestellten Verfassungswidrigkeit bis zu einer rückwirkenden Gesetzesänderung nicht mehr angewendet werden darf. Nach Verkündung der vom Bundesverfassungsgericht geforderten rückwirkenden Gesetzesänderung wird die Steuerfestsetzung gegebenenfalls nachgeholt."

3. Geänderte oder berichtigte Steuerfestsetzungen

Bei Änderungen oder Berichtigungen von Steuerfestsetzungen ist wie folgt zu verfahren:

a) Werden Steuerfestsetzungen nach **§ 164 Absatz 2 AO** geändert oder wird der Vorbehalt der Nachprüfung nach **§ 164 Absatz 3 AO** aufgehoben, ist die Steuerfestsetzung in demselben Umfang wie erstmalige Steuerfestsetzungen auszusetzen. In die Bescheide ist unter Berücksichtigung der aktuellen Anlage zu diesem BMF-Schreiben derselbe Erläuterungstext wie bei erstmaligen Steuerfestsetzungen aufzunehmen (vgl. Abschnitt II Nummer 2).

b) Werden Steuerfestsetzungen nach anderen Vorschriften (einschließlich des § 165 Absatz 2 Satz 2 AO) **zugunsten** der **Steuerpflichtigen** geändert oder berichtigt, sind die den jeweils letzten vorangegangenen Steuerfestsetzungen beigefügten Vermerke über eine Aussetzung der Steuerfestsetzung zu wiederholen, soweit die Voraussetzungen des § 165 Absatz 1 Satz 4 AO für eine Aussetzung der Steuerfestsetzung noch erfüllt sind. Soweit dies nicht mehr der Fall ist, sind die ausgesetzten Steuerfestsetzungen gegebenenfalls nachzuholen.

c) Werden Steuerfestsetzungen nach anderen Vorschriften (einschließlich des § 165 Absatz 2 Satz 2 AO) **zuungunsten** der **Steuerpflichtigen** geändert oder berichtigt, sind die den jeweils letzten vorangegangenen Steuerfestsetzungen beigefügten Vermerke über eine Aussetzung der Steuerfestsetzung zu wiederholen, soweit die Voraussetzungen des § 165 Absatz 1 Satz 4 AO für eine Aussetzung der Steuerfestsetzung noch erfüllt sind. Soweit dies nicht mehr der Fall ist, sind die ausgesetzten Steuerfestsetzungen gegebenenfalls nachzuholen.

Soweit aufgrund der aktuellen Anlage zu diesem BMF-Schreiben weitere Vermerke über eine Aussetzung der Steuerfestsetzung in Betracht kommen, sind diese den Bescheiden nur beizufügen, soweit die Änderung reicht.

In die Bescheide ist folgender **Erläuterungstext** aufzunehmen:

„Die Festsetzung der Steuer ist gemäß § 165 Absatz 1 Satz 4 in Verbindung mit Satz 2 Nummer 2 AO ausgesetzt, soweit

...

Die Aussetzung der Steuerfestsetzung erfolgt aufgrund der Entscheidung des Bundesverfassungsgerichts, dass die genannte Rechtsnorm bis zu einer rückwirkenden Gesetzesänderung nicht mehr angewendet werden darf.

Soweit die Steuerfestsetzung gegenüber der vorangegangenen in weiteren Punkten ausgesetzt ist, erstreckt sich der Vermerk über eine Aussetzung der Steuerfestsetzung nur auf den betragsmäßigen Umfang der Änderung der Steuerfestsetzung.

Nach Verkündung der vom Bundesverfassungsgericht geforderten rückwirkenden Gesetzesänderung wird die Steuerfestsetzung gegebenenfalls nachgeholt."

III. Einspruchsfälle

In Fällen eines zulässigen Einspruchs ist wie folgt zu verfahren:

1. Wird mit einem Einspruch geltend gemacht, der Vorläufigkeitsvermerk bzw. der Vermerk über eine Aussetzung der Steuerfestsetzung berücksichtige nicht die aktuelle Anlage zu diesem BMF-Schreiben, und ist dieser Einwand begründet, ist dem Einspruch insoweit durch eine Erweiterung des Vorläufigkeitsvermerks bzw. durch entsprechende Aussetzung der Steuerfestsetzung abzuhelfen. Ist Gegenstand des Einspruchsverfahrens ein Änderungsbescheid, sind die Regelungen in Abschnitt I Nummer 2 und Abschnitt II Nummer 3 zu beachten. Mit der Erweiterung des Vorläufigkeitsvermerks bzw. der Aussetzung der Steuerfestsetzung ist das Einspruchsverfahren erledigt, falls nicht auch andere Einwendungen gegen die Steuerfestsetzung erhoben werden. Dies gilt entsprechend bei einem rechtzeitig gestellten Antrag auf schlichte Änderung (§ 172 Absatz 1 Satz 1 Nummer 2 Buchstabe a AO).

   Wird der Einspruch auch wegen anderer, vom Vorläufigkeitsvermerk bzw. von der Aussetzung der Steuerfestsetzung nicht erfasster Fragen erhoben, wird ein den Vorläufigkeitsvermerk bzw. die Aussetzung der Steuerfestsetzung erweiternder Bescheid Gegenstand des anhängig bleibenden Einspruchsverfahrens (§ 365 Absatz 3 AO).

2.[1] Wird gegen eine nach Abschnitt I vorläufig durchgeführte Steuerfestsetzung oder eine nach Abschnitt II ausgesetzte Steuerfestsetzung Einspruch eingelegt und betrifft die vom Einspruchsführer vorgetragene Begründung Fragen, die vom Vorläufigkeitsvermerk bzw. der Aussetzung der Steuerfestsetzung erfasst sind, ist der Einspruch als unzulässig zu verwerfen (vgl. AEAO zu § 350, Nummer 6 dritter Absatz). Ein Ruhenlassen des Einspruchsverfahrens kommt insoweit nicht in Betracht, es sei denn, dass nach Abschnitt V dieses BMF-Schreibens die Vollziehung auszusetzen ist.

3. Spätestens in der (Teil-)Einspruchsentscheidung ist die Steuerfestsetzung im Umfang der aktuellen Anlage zu diesem BMF-Schreiben für vorläufig zu erklären oder auszusetzen. Ist Gegenstand des Einspruchsverfahrens ein Änderungsbescheid, sind die Regelungen in Abschnitt I Nummer 2 und Abschnitt II Nummer 3 zu beachten.

IV. Rechtshängige Fälle

In Fällen, in denen Verfahren bei einem Finanzgericht oder beim Bundesfinanzhof anhängig sind, sind rechtzeitig vor der Entscheidung des Gerichts die Steuerfestsetzungen hinsichtlich der in der aktuellen Anlage zu diesem BMF-Schreiben aufgeführten Punkte vorläufig vorzunehmen oder auszusetzen (§ 172 Absatz 1 Satz 1 Nummer 2 Buchstabe a in Verbindung mit § 132 AO). Dies gilt nicht, wenn die Klage oder das Rechtsmittel (Revision, Nichtzulassungsbeschwerde) unzulässig ist oder die Klage sich gegen eine Einspruchsentscheidung richtet, die den Einspruch als unzulässig verworfen hat.

Ist Gegenstand des gerichtlichen Verfahrens ein Änderungsbescheid, sind die Regelungen in Abschnitt I Nummer 2 und Abschnitt II Nummer 3 zu beachten. Die hinsichtlich des Vorläufigkeitsvermerks nach § 165 Absatz 1 Satz 2 AO bzw. der Aussetzung nach § 165 Absatz 1 Satz 4 AO geänderte Steuerfestsetzung wird nach § 68 FGO Gegenstand des gerichtlichen Verfahrens.

V. Aussetzung der Vollziehung

In den Fällen von Abschnitt A der Anlage zu diesem BMF-Schreiben kommt eine Aussetzung der Vollziehung nur in Betracht, soweit die Finanzbehörden hierzu durch BMF-Schreiben oder gleich lautende Erlasse der obersten Finanzbehörden der Länder angewiesen worden sind.

In den Fällen von Abschnitt B der Anlage zu diesem BMF-Schreiben kommt eine Aussetzung der Vollziehung mangels entsprechender Steuerfestsetzung nicht in Betracht.

VI. Anwendung

Dieses Schreiben tritt an die Stelle des BMF-Schreibens vom 16. Mai 2011 – IV A 3 – S 0338/07/10010 – / – 2011/0314156 – (BStBl. I S. 464) und der zuletzt durch das BMF-Schreiben vom 20. Januar 2017 – IV A 3 – S 0338/07/10010 – / – 2016/1155366 – (BStBl. I S. 66) neu gefassten Anlage zum vorgenannten BMF-Schreiben.

---

[1] Abschnitt III.2 geändert durch BMF-Schreiben vom 31. 1. 2022 (BStBl. I S. 131).

Anlage[1]

Abschnitt A (Vorläufige Steuerfestsetzung)

I.

Steuerfestsetzungen sind hinsichtlich folgender Punkte gemäß § 165 Absatz 1 Satz 2 Nummer 3 AO im Hinblick auf die Verfassungsmäßigkeit und verfassungskonforme Auslegung der Norm vorläufig vorzunehmen, soweit dies verfahrensrechtlich möglich ist:

1. Höhe der kindbezogenen Freibeträge nach § 32 Absatz 6 Satz 1 und 2 EStG
2. Besteuerung von Leibrenten und anderen Leistungen aus der Basisversorgung nach § 22 Nummer 1 Satz 3 Buchstabe a Doppelbuchstabe aa EStG
3. Verlustverrechnungsbeschränkung für Aktienveräußerungsverluste nach § 20 Absatz 6 Satz 4 EStG (§ 20 Absatz 6 Satz 5 EStG a. F.)

Der **Vorläufigkeitsvermerk gemäß Nummer 1** ist sämtlichen Einkommensteuerfestsetzungen für Veranlagungszeiträume ab 2001 mit einer Prüfung der Steuerfreistellung nach § 31 EStG sowie den mit derartigen Einkommensteuerfestsetzungen verbundenen Festsetzungen des Solidaritätszuschlags und der Kirchensteuer beizufügen. Wird im Rechtsbehelfsverfahren gegen die Festsetzung der Einkommensteuer, des Solidaritätszuschlags und der Kirchensteuer für den Veranlagungszeitraum 2014 Aussetzung der Vollziehung (§ 361 AO, § 69 Absatz 2 FGO) beantragt, ist dem zu entsprechen, soweit unter Berücksichtigung eines um 72 Euro erhöhten Kinderfreibetrags je Kind die Steuer herabzusetzen wäre und im Übrigen die Voraussetzungen des § 361 AO oder des § 69 FGO erfüllt sind. Ein Einkommensteuerbescheid ist hinsichtlich des Kinderfreibetrags kein Grundlagenbescheid für die Festsetzung des Solidaritätszuschlags und der Kirchensteuer (BFH-Urteile vom 27. Januar 2011, III R 90/07, BStBl. II S. 543, und vom 15. November 2011, I R 29/11, BFH/NV 2012 S. 921); § 361 Absatz 3 Satz 1 AO und § 69 Absatz 2 Satz 4 FGO sind daher insoweit nicht anwendbar.

Der **Vorläufigkeitsvermerk gemäß Nummer 2** ist sämtlichen Einkommensteuerfestsetzungen für Veranlagungszeiträume ab 2005 beizufügen, in denen eine Leibrente oder eine andere Leistung aus der Basisversorgung nach § 22 Nummer 1 Satz 3 Buchstabe a Doppelbuchstabe aa EStG erfasst wird. Eine mögliche Zuvielbelastung von Alterseinkünften muss nach der Rechtsprechung des BFH vom Steuerpflichtigen belegt werden (ständige Rechtsprechung des BFH, s. BFH-Urteil vom 21. Juni 2016, X R 44/14, BFH/NV S. 1791 und vom 19. Mai 2021, X R 20/19). Eine Überprüfung von Amts wegen durch die Finanzämter ohne Mitwirkung der betroffenen Steuerpflichtigen ist nicht möglich. Daher ist in Steuerbescheiden, die den Vorläufigkeitsvermerk gemäß Nummer 2 enthalten, zusätzlich folgender Hinweis aufzunehmen:

„Wichtiger Hinweis:
Sollte nach einer künftigen Entscheidung des Bundesverfassungsgerichts oder des Bundesfinanzhofs dieser Steuerbescheid Ihrer Auffassung nach hinsichtlich der Besteuerung von Leibrenten und anderen Leistungen aus der Basisversorgung nach § 22 Nummer 1 Satz 3 Buchstabe a Doppelbuchstabe aa EStG zu Ihren Gunsten zu ändern sein, benötige ich weitere Unterlagen von Ihnen. Von Amts wegen kann ich Ihren Steuerbescheid nicht ändern, weil mir nicht alle erforderlichen Informationen vorliegen."

Der **Vorläufigkeitsvermerk gemäß Nummer 3** ist sämtlichen Einkommensteuerfestsetzungen für Veranlagungszeiträume ab 2009 beizufügen, zu denen ein Verlust aus Kapitalvermögen im Sinne des § 20 Absatz 2 Satz 1 Nummer 1 Satz 1 EStG, der aus der Veräußerung von Aktien entstanden ist, nach § 20 Absatz 6 Satz 3 i. V. m. § 10d Absatz 4 EStG festgestellt wird, weil ein Ausgleich mit anderen Einkünften aus Kapitalvermögen nach § 20 Absatz 6 Satz 4 EStG (§ 20 Absatz 6 Satz 5 EStG a. F.) nicht möglich ist.

II.

Ferner sind im Rahmen der verfahrensrechtlichen Möglichkeiten sämtliche Festsetzungen des Solidaritätszuschlags für die Veranlagungszeiträume ab 2005 hinsichtlich der Verfassungsmäßigkeit des Solidaritätszuschlaggesetzes 1995 vorläufig gemäß § 165 Absatz 1 Satz 2 Nummer 3 AO vorzunehmen.

Für die Veranlagungszeiträume ab 2020 erfasst dieser Vorläufigkeitsvermerk auch die Frage, ob die fortgeltende Erhebung eines Solidaritätszuschlages nach Auslaufen des Solidarpakts II zum 31. Dezember 2019 verfassungsgemäß ist.

Abschnitt B (Aussetzung der Steuerfestsetzung)

(aufgehoben)

[1] Anlage zuletzt neugefasst durch BMF-Schreiben vom 28. 3. 2022 (BStBl. I S. 203).

Stichwortregister

Fettgedruckte Zahlen verweisen auf die Paragraphen des EStG bzw. des im Anhang abgedruckten Gesetzes, magere Zahlen auf die Randziffern.

A

F

H

M

N

O

P

Q

R

S

T

U

V

W

Y

Z

Körperschaftsteuer-
veranlagung
2022

Inhaltsverzeichnis

Zweiter Teil. Einkommen

Erstes Kapitel. Allgemeine Vorschriften

Zweites Kapitel. Sondervorschriften für die Organschaft

Drittes Kapitel. Sondervorschriften für Versicherungen und Pensionsfonds

Viertes Kapitel. Sondervorschriften für Genossenschaften

Dritter Teil. Tarif; Besteuerung bei ausländischen Einkunftsteilen

Sechster Teil.
Sondervorschriften für den Übergang vom Anrechnungsverfahren zum Halbeinkünfteverfahren

Abkürzungsverzeichnis

aaO .... am angegebenen Ort
ABl. EG .... Amtsblatt der Europäischen Gemeinschaften
Abs. .... Absatz
abw. .... abweichend(es)
AEUV .... Vertrag über die Arbeitsweise der Europäischen Union (Vertrag von Lissabon)
a. F. .... alte(r) Fassung
AfA .... Absetzung für Abnutzung
AG .... Aktiengesellschaft
AIG .... Auslandsinvestitionsgesetz
AktG........................ Aktiengesetz
AmtshilfeRLUmsG Amtshilferichtlinie-Umsetzungsgesetz
AO .... Abgabenordnung
AStG .... Außensteuergesetz
ATADUmsG .... Gesetz zur Umsetzung der Anti-Steuervermeidungsrichtlinie (ATAD-Umsetzungsgesetz)
AVmG .... Altersvermögensgesetz

BaWü .... Baden-Württemberg
BayLfSt .... Bayerisches Landesamt für Steuern
BB .... Betriebs-Berater (Zeitschrift)
BetrAVG .... Gesetz zur Verbesserung der betrieblichen Altersversorgung
BewG .... Bewertungsgesetz
BFH .... Bundesfinanzhof
BFH/NV .... Sammlung amtlicher nicht veröffentlichter Entscheidungen des Bundesfinanzhofs (Zeitschrift)
BgA .... Betriebe gewerblicher Art
BGB .... Bürgerliches Gesetzbuch
BGBl. .... Bundesgesetzblatt
BGBl. III .... Bereinigte Sammlung des Bundesrechts, abgeschlossen am 28. 12. 1968 (in Nachweisform fortgeführt durch FNA)
BMF .... Bundesminister(ium) der Finanzen
BR-Drs. .... Bundesrats-Drucksache
BStBl. .... Bundessteuerblatt
BT-Drs. .... Bundestags-Drucksache
BVerfG .... Bundesverfassungsgericht
BVerwG .... Bundesverwaltungsgericht

DB .... Der Betrieb (Zeitschrift)
DBA .... Doppelbesteuerungsabkommen
DMBG .... Gesetz über die Eröffnungsbilanz in Deutscher Mark und die Kapitalneufestsetzung (D-Markbilanzgesetz)
Doppik .... Doppelte Buchführung in Konten
DStR .... Deutsches Steuerrecht (Zeitschrift)
DV, DVO .... Durchführungsverordnung

EAV .... Ergebnisabführungsvertrag
EFG .... Entscheidungen der Finanzgerichte (Zeitschrift)
EK .... Eigenkapital
Entw. .... Entwurf
Erl. .... Erlass
ESt .... Einkommensteuer
EStDV .... Einkommensteuer-Durchführungsverordnung
EStG .... Einkommensteuergesetz
EStR .... Einkommensteuer-Richtlinien
EU .... Europäische Union
EuGH .... Europäischer Gerichtshof
EURLUmsG .... EU-Richtlinien-Umsetzungsgesetz
EWG .... Europäische Wirtschaftsgemeinschaft

FA .... Finanzamt
FG .... Finanzgericht

Abkürzungen

FGO .... Finanzgerichtsordnung
FM .... Finanzministerium, Finanzminister
FMBl. .... Amtsblatt des Bayerischen Staatsministeriums der Finanzen
FMStFG .... Finanzmarktstabilisierungsfondgesetz
Fn. .... Fußnote
FNA .... Bundesgesetzblatt Teil I, Fundstellennachweis A (Bundesrecht ohne völkerrechtliche Vereinbarungen)

GAV .... Gewinnabführungsvertrag
GbR .... Gesellschaft bürgerlichen Rechts
GenG .... Genossenschaftsgesetz
GewStG .... Gewerbesteuergesetz
GmbH .... Gesellschaft mit beschränkter Haftung
GVBl. .... Gesetz- und Verordnungsblatt

HB .... Handelsbilanz
HBeglG .... Haushaltsbegleitgesetz
HFR .... Höchstrichterliche Finanzrechtsprechung (Zeitschrift)
HGB .... Handelsgesetzbuch
HS .... Halbsatz

idF .... in der Fassung
InvStG .... Investmentsteuergesetz
iSd .... im Sinne des/der
iSv .... im Sinne von
iVm .... in Verbindung mit

jPöR .... juristische Person des öffentlichen Rechts
JStG .... Jahressteuergesetz

KAGB .... Kapitalanlagegesetzbuch
KapErhStG .... Kapitalerhöhungssteuergesetz
KGaA .... Kommanditgesellschaft auf Aktien
Kj. .... Kalenderjahr
KöR .... Körperschaft des öffentlichen Rechts
KStG .... Körperschaftsteuergesetz
KStDV .... Körperschaftsteuer-Durchführungsverordnung
KStH .... Körperschaftsteuer-Hinweise
KStR .... Körperschaftsteuer-Richtlinien

LAG .... Lastenausgleichsgesetz
LStDV .... Lohnsteuer-Durchführungsverordnung
LStH .... Hinweis zu den Lohnsteuer-Richtlinien
LStR .... Lohnsteuer-Richtlinien

MinBlFin. .... Ministerialblatt des Bundesministers der Finanzen
MoRaKG .... Gesetz zur Modernisierung der Rahmenbedingungen für Kapitalbeteiligungen
mWv .... mit Wirkung vom

n. F. .... neue(r) Fassung
Nr. .... Nummer
NRW .... Nordrhein-Westfalen

OFD .... Oberfinanzdirektion

Rz .... Randziffer

Schrb. .... Schreiben
SEStEG .... Gesetz über steuerliche Begleitmaßnahmen zur Einführung der Europäischen Gesellschaft und zur Änderung weiterer steuerrechtlicher Vorschriften
StÄndG .... Steueränderungsgesetz
StAnpG .... Steueranpassungsgesetz
StEK .... Steuererlasse in Karteiform (Steuererlaß-Kartei), Nachschlagewerk der Erlasse und Verfügungen der Finanzverwaltungen mit kritischen Anmerkungen

StEntlG	Steuerentlastungsgesetz
StEuglG	Steuer-Euroglättungsgesetz
StSenkG	Steuersenkungsgesetz
StVBG	Steuerverkürzungsbekämpfungsgesetz
StVereinfG	Steuervereinfachungsgesetz
StVergAbG	Steuervergünstigungsabbaugesetz
Tz.	Textziffer
UmwStAE	Umwandlungssteueranwendungserlass
UmwStG	Umwandlungssteuergesetz
UntStFG	Unternehmenssteuerfortentwicklungsgesetz
UStG	Umsatzsteuergesetz
v.	vom
VAG	Versicherungsaufsichtsgesetz
Vfg.	Verfügung
vGA	verdeckte Gewinnausschüttung
VO	Verordnung
VZ	Veranlagungszeitraum
Wj.	Wirtschaftsjahr

Geschlossene Wiedergabe des Körperschaftsteuergesetzes[1, 2] (KStG)[3]

In der Fassung der Bekanntmachung vom 15. Oktober 2002

(BGBl. I S. 4144, BStBl. I S. 1169)

Änderungen des Gesetzes

Lfd. Nr.	Änderndes Gesetz	Datum	Fundstelle BGBl. I	Geänderte Paragraphen	Art der Änderung
1.	Gesetz zum Abbau von Steuervergünstigungen und Ausnahmeregelungen (Steuervergünstigungsabbaugesetz – StVergAbG)	16. 5. 2003	S. 660	Überschrift; § 14 Abs. 1 Satz 1 Nr. 3; § 15 Satz 1; § 26 Abs. 6 Satz 1; § 34 Abs. 1, Abs. 9 Nrn. 2 bis 4; § 37 Abs. 2; § 38 Abs. 2 Satz 3; § 40 Abs. 4 Sätze 4 bis 6	geändert
				§ 14 Abs. 1 Satz 1 Nr. 2 Satz 2 und Abs. 1 Satz 2; § 15 Satz 2; § 34 Abs. 13 a; § 37 Abs. 2 a; § 40 Abs. 3 Satz 2, Abs. 4 Satz 7	eingefügt
				§ 14 Abs. 2 (bish. Abs. 3 wird Abs. 2)	aufgehoben
2.	Gesetz zur Neustrukturierung der Förderbanken des Bundes (Förderbankenneustrukturierungsgesetz)	15. 8. 2003	S. 1657	§ 5 Abs. 1 Nr. 2	geändert
3.	Zweites Gesetz zur Änderung steuerlicher Vorschriften (Steueränderungsgesetz 2003 – StÄndG 2003)	15. 12. 2003	S. 2645	§ 2 Nr. 2; § 5 Abs. 1 Nr. 2 und Abs. 2 Nr. 1; § 34 Abs. 3	geändert
				§ 5 Abs. 1 Nr. 23; § 31 Abs. 1 Satz 2; § 34 Abs. 2 a, Abs. 3 a, Abs. 5 a, Abs. 13 a	eingefügt
4.	Gesetz zur Umsetzung der Protokollerklärung der Bundesregierung zur Vermittlungsempfehlung zum Steuervergünstigungsabbaugesetz	22. 12. 2003	S. 2840	§ 8 a	neu gefasst
				§ 8 b Abs. 2, Abs. 3, Abs. 4, Abs. 5; § 15 Satz 1 Nr. 2 Satz 2; § 21 Abs. 1 Nr. 1 Satz 1; § 34 Abs. 1	geändert
				§ 8 b Abs. 8; § 34 Abs. 6 a, Abs. 7 Satz 8	eingefügt
5.	Haushaltsbegleitgesetz 2004 (HBeglG 2004)	29. 12. 2003	S. 3076	§ 25 Abs. 1 Satz 1	geändert
				§ 34 Abs. 11 b	eingefügt
6.	EG-Amtshilfe-Anpassungsgesetz	2. 12. 2004	S. 3112	§ 26 Abs. 6 Sätze 3 bis 8; § 34 Abs. 11 c	eingefügt
7.	Gesetz zur Organisationsreform in der gesetzlichen Rentenversicherung (RVOrgG)	9. 12. 2004	S. 3242	§ 5 Abs. 1 Nr. 8 Sätze 1 und 2	geändert
				§ 34 Abs. 3 a (bish. Abs. 3 a wird Abs. 3 b)	eingefügt
8.	Gesetz zur Umsetzung von EU-Richtlinien in nationales Steuerrecht und zur Änderung weiterer Vorschriften (Richtlinien-Umsetzungsgesetz – EURLUmsG)	9. 12. 2004	S. 3310	§ 1 Abs. 1 Nr. 3; § 5 Abs. 1 Nr. 2, Abs. 2 Nr. 3; § 21 Abs. 1 Nr. 1 Satz 1; § 27 Abs. 6 Satz 4; § 29 Abs. 1; § 32 Abs. 2 Nr. 2; § 34 Abs. 1, Abs. 3, Abs. 9 Nr. 1 Abs. 1 Satz 1; § 39 Abs. 2	geändert
				§ 8 b Abs. 9; § 14 Abs. 3; § 34 Abs. 7 Sätze 9 und 10, Abs. 9 Nr. 4; § 37 Abs. 2 Satz 2	eingefügt
9.	Gesetz zur Änderung des Versicherungsaufsichtsgesetzes und anderer Gesetze	15. 12. 2004	S. 3416	§ 5 Abs. 1 Nr. 16 Satz 3	geändert
				§ 34 Abs. 3 b	eingefügt
10.	Steueränderungsgesetz 2007	19. 7. 2006	S. 1652	§ 9 Abs. 2 Satz 3	geändert
				§ 26 Abs. 6 Satz 9; § 34 Abs. 11 c Satz 2	eingefügt
11.	Gesetz zur Umsetzung der neu gefassten Bankenrichtlinie und der neu gefassten Kapitaladäquanzrichtlinie	17. 11. 2006	S. 2606	§ 8 b Abs. 7 Satz 1	geändert

[1] Neufassung des Körperschaftsteuergesetzes aufgrund des § 33 Abs. 2 Nr. 2 des KStG 1999 i. d. F. der Bek. vom 22. 4. 1999 (BGBl. I S. 817), der durch Art. 3 Nr. 19 des Gesetzes vom 23. 10. 2000 (BGBl. I S. 1433) eingefügt worden ist und unter Berücksichtigung der Änderungsgesetze vom 22. 12. 1999 (BGBl. I S. 2601), vom 14. 7. 2000 (BGBl. I S. 1034), vom 23. 10. 2000 (BGBl. I S. 1433), vom 19. 12. 2000 (BGBl. I S. 1790), vom 20. 12. 2000 (BGBl. I S. 1850), vom 26. 6. 2001 (BGBl. I S. 1310), vom 20. 12. 2001 (BGBl. I S. 3794), vom 20. 12. 2001 (BGBl. I S. 3858), vom 19. 12. 2001 (BGBl. I S. 3922), vom 20. 12. 2001 (BGBl. I S. 3955), vom 23. 7. 2002 (BGBl. I S. 2715) und vom 19. 9. 2002 (BGBl. I S. 3651).

Zum Anwendungsbereich siehe § 34.

[2] Das KStG tritt im Beitrittsgebiet am 1. 1. 1991 in Kraft (vgl. Anl. I Kap. IV Sachgebiet B Abschn. II Nr. 19 des Einigungsvertrags vom 31. 8. 1990, BGBl. II S. 889). Zur Anwendung siehe § 35.

[3] Überschrift neu gefasst durch StVergAbG.

Lfd. Nr.	Änderndes Gesetz	Datum	Fundstelle BGBl. I	Geänderte Paragraphen	Art der Änderung
12.	Gesetz über steuerliche Begleitmaßnahmen zur Einführung der Europäischen Gesellschaft und zur Änderung weiterer steuerrechtlicher Vorschriften (SEStEG)	7. 12. 2006	S. 2782; bericht. 2007 S. 68	Inhaltsübersicht zu § 12 und § 40; § 1 Abs. 1 Nr. 1 und 2; § 8 Abs. 2; § 8 b Abs. 2 Satz 3; § 9 Abs. 1 Nr. 1; § 11 Abs. 1 und Abs. 7; § 14 Abs. 1; § 15 Nr. 2; § 27 Abs. 1, Abs. 5 und Abs. 7; § 28 Abs. 2; § 29 Abs. 5; § 34 Abs. 1	geändert
				§ 12; § 40	neu gefasst
				§ 8 b Abs. 2 Satz 5; § 27 Abs. 2 Satz 3; § 27 Abs. 8; § 29 Abs. 6; § 34 Abs. 7 a, Abs. 8 Sätze 2 bis 4, Abs. 10 Satz 2, Abs. 14 Satz 6, Abs. 15; § 37 Abs. 4 bis 7	eingefügt
				§ 8 b Abs. 4	aufgehoben
13.	Jahressteuergesetz 2007 (JStG 2007)[1]	13. 12. 2006	S. 2878	§ 5 Abs. 1 Nr. 2, Nr. 3 Buchst. e Satz 1, Nr. 5 Satz 2 Buchst. b und Satz 4, Nr. 10 Satz 2, Nr. 14 Satz 2 und 3, Nr. 20 Buchst. b; § 8 Abs. 1 Satz 2; § 8 a Abs. 4 Satz 1; § 8 b Abs. 3 Satz 1 und Abs. 5 Satz 1; § 9 Abs. 1 Satz 1 Nr. 2 Satz 1 und 2, Abs. 3 Satz 3; § 21 b Satz 2; § 23 Abs. 1; § 26 Abs. 1, Abs. 6 Satz 1; § 33 Abs. 1 Nr. 2 Buchst. c Satz 1; § 34 Abs. 1, Abs. 3, Abs. 3 b, Abs. 7, Abs. 11 a, Abs. 12, Abs. 13 b, bish. Abs. 13 b wird Abs. 13 c; § 37 Abs. 1 Satz 2, Abs. 2 a Nr. 2	geändert
				Inhaltsübersicht zu § 32 a; § 8 Abs. 3 Sätze 3 bis 6; § 8 b Abs. 1 Sätze 2 bis 4; § 26 Abs. 6 Satz 3; § 31 Abs. 1 Satz 3; § 32 a; § 34 Abs. 3 c, Abs. 6 Satz 3, Abs. 7 Satz 11, Abs. 11 c Sätze 2 und 3, Abs. 13 d; § 38 Abs. 1 Sätze 6 und 7	eingefügt
14.	Unternehmensteuerreformgesetz 2008	14. 8. 2007	S. 1912	Inhaltsübersicht zu § 8 a; § 16; § 23 Abs. 1; § 34 Abs. 2 a, Abs. 11 a, Abs. 13 a	geändert
				§ 8 a	neu gefasst
				Inhaltsübersicht zu § 8 c; § 2 Nr. 2 zweiter Halbs.; § 5 Abs. 2 Nr. 1 zweiter Halbs.; § 8 b Abs. 10; § 8 c; § 15 Satz 1 Nr. 3; § 31 Abs. 1 Satz 2 (bish. Sätze 2 und 3 werden Sätze 3 und 4); § 32 Abs. 3; § 34 Abs. 6 Satz 4, Abs. 6 a Sätze 3 und 4, Abs. 7 Satz 9 (bish. Sätze 9 bis 11 werden Sätze 10 bis 12), Abs. 7 b, Abs. 10 Satz 3, Abs. 10 a, Abs. 13 b (bish. Abs. 13 b bis 13 d werden Abs. 13 c bis 13 e)	eingefügt
				§ 8 Abs. 4	aufgehoben
15.	Gesetz zur weiteren Stärkung des bürgerschaftlichen Engagements	10. 10. 2007	S. 2332	§ 9 Abs. 1 Nr. 2, Abs. 2 und 3	geändert
				§ 34 Abs. 8 a	eingefügt
16.	Jahressteuergesetz 2008 (JStG 2008)	20. 12. 2007	S. 3150	Inhaltsübersicht zu § 40; § 1 Abs. 3; § 5 Abs. 1 Nr. 12 Satz 1; § 8 b Abs. 3 Satz 1; § 12 Abs. 1 letzter Halbs.; § 27 Abs. 1 Satz 3; § 34 Abs. 1, Abs. 7 Satz 12; § 37 Abs. 4 Sätze 3 und 4, Abs. 5 Sätze 2 und 4	geändert
				§ 8 b Abs. 3 Sätze 4 bis 8; § 14 Abs. 4; § 34 Abs. 8 Satz 5, Abs. 9 Nr. 5, Abs. 13 d Sätze 3 und 4, Abs. 16; § 37 Abs. 4 Satz 5, Abs. 5 Sätze 5, 8 und 9; § 380 Abs. 4 bis 10	eingefügt
				§ 27 Abs. 6 Sätze 2 bis 4; § 40	aufgehoben
17.	Gesetz zur Modernisierung der Rahmenbedingungen für Kapitalbeteiligungen (MoRaKG)	12. 8. 2008	S. 1672	*§ 34 Abs. 6 Satz 4, Abs. 7 b*	*neu gefasst*
				§ 8 c Abs. 2; § 34 Abs. 6 Sätze 3 bis 6 [Änderungen nicht in Kraft getreten!]	*eingefügt*

[1] Die vorgenommenen Ersetzungen der Begriffe „vom Hundert" in „Prozent", „Vomhundertgrenze" in „Prozentgrenze" sowie „Vomhundertsatz" in „Prozentsatz" durch das JStG 2007 sind im Text nicht weiter einzeln nachgewiesen.

Lfd. Nr.	Änderndes Gesetz	Datum	Fundstelle BGBl. I	Geänderte Paragraphen	Art der Änderung
18.	Jahressteuergesetz 2009 (JStG 2009)	19. 12. 2008	S. 2794	Inhaltsübersicht zu § 32; § 5 Abs. 1 Nr. 2, Abs. 2 Nr. 2 und 3; § 9 Abs. 3 Satz 2; § 21 Abs. 1 Nr. 1 Satz 1; Überschrift zu § 32; § 32 Abs. 2; § 34 Abs. 1, Abs. 3, Abs. 5 a, Abs. 6 Sätze 1 und 2	geändert
				§ 4 Abs. 6; § 8 Abs. 1 Satz 2 (bish. Satz 2 wird Satz 3), Abs. 7 bis 10; § 8 b Abs. 10 Satz 9; § 9 Abs. 3 Satz 3 (bisheriger Satz 3 wird Satz 4); § 15 Satz 1 Nr. 2 Satz 3, Nr. 4 und 5; § 32 Abs. 4; § 34 Abs. 6 Sätze 4 bis 12, Abs. 9 Satz 1 Nr. 6, Abs. 10 Sätze 4 bis 6, Abs. 10 b, Abs. 13 e Sätze 3 und 4	eingefügt
				§ 14 Abs. 2; § 34 Abs. 13 d Sätze 3 und 4	aufgehoben
19.	Gesetz zur Modernisierung und Entbürokratisierung des Steuerverfahrens (Steuerbürokratieabbaugesetz)	20. 12. 2008	S. 2850	§ 37 Abs. 5 bish. Satz 7	neu gefasst
				§ 31 Abs. 1 a; § 34 Abs. 13 a Satz 2, Abs. 13 d Satz 3; § 37 Abs. 5 Satz 6 (bish. Sätze 7 bis 9 werden Sätze 8 bis 10), Abs. 6 Satz 2 (bish. Satz 2 wird Satz 3)	eingefügt
20.	Gesetz zum Abbau bürokratischer Hemmnisse insb. in der mittelständischen Wirtschaft (Drittes Mittelstandsentlastungsgesetz)	17. 3. 2009	S. 550	§ 24 Satz 1; § 25 Abs. 1 Satz 1, Abs. 2	geändert
21.	Gesetz zur Fortführung der Gesetzeslage 2006 bei der Entfernungspauschale	20. 4. 2009	S. 774	§ 9 Abs. 2 Satz 3	geändert
				§ 34 Abs. 8 a Satz 4	eingefügt
22.	Gesetz zur verbesserten steuerlichen Berücksichtigung von Vorsorgeaufwendungen (Bürgerentlastungsgesetz Krankenversicherung)	16. 7. 2009	S. 1959	§ 8 c Abs. 1 a; § 34 Abs. 7 c	eingefügt
23.	Gesetz zur Bekämpfung der Steuerhinterziehung (Steuerhinterziehungsbekämpfungsgesetz)	29. 7. 2009	S. 2302	§ 33 Abs. 1 Nr. 2 Buchstabe e	eingefügt
24.	Gesetz zur Beschleunigung des Wirtschaftswachstums (Wachstumsbeschleunigungsgesetz)	22. 12. 2009	S. 3950	§ 8 a Abs. 1 Satz 1, Satz 3; § 8 c Abs. 1 a Satz 3 Nr. 3 Satz 5; § 34 Abs. 7 c	geändert
				§ 8 c Abs. 1 Sätze 5 bis 8; § 34 Abs. 6 a Sätze 5 und 6, Abs. 7 b Satz 2	eingefügt
25.	Gesetz zur Umsetzung steuerlicher EU-Vorgaben sowie zur Änderung steuerlicher Vorschriften	8. 4. 2010	S. 386	§ 9 Abs. 1 Nr. 2 Satz 1, Abs. 3 Sätze 3 und 4	geändert
				§ 9 Abs. 1 Sätze 2 bis 7, Abs. 3 Satz 2 Halbs. 2; § 34 Abs. 8 a Sätze 5 bis 7	eingefügt
26.	Jahressteuergesetz 2010 (JStG 2010)	8. 12. 2010	S. 1768	§ 5 Abs. 1 Nr. 2; § 8 b Abs. 1 Satz 2; § 8 c Abs. 1 Satz 6; § 12 Abs. 1 Satz 1; § 34 Abs. 1; § 38 Abs. 7 Satz 5	geändert
				§ 8 Abs. 9 Satz 8; § 8 c Abs. 1 Satz 8; § 12 Abs. 1 Satz 2; § 20 Abs. 2 Satz 3; § 34 Abs. 3 Sätze 2 und 4 (bish. Satz 2 wird Satz 3), Abs. 6 Satz 13, Abs. 8 Sätze 2 und 3 (bish. Sätze 3 und 4 werden Sätze 4 und 5), Abs. 8 b, Abs. 10 b Satz 3, Abs. 13 f, Abs. 13 g	eingefügt
				§ 13 Abs. 3 Sätze 2 bis 11; § 34 Abs. 8 bish. Sätze 2 und 5	aufgehoben
27.	Gesetz zur Umsetzung der Richtlinie 2009/65/EG zur Koordinierung der Rechts- und Verwaltungsvorschriften betreffend bestimmte Organismen für gemeinsame Anlagen in Wertpapieren (OGAW-IV-Umsetzungsgesetz – OGAW-IV-UmsG)	22. 6. 2011	S. 1126	§ 32 Abs. 3 Satz 3	geändert
28.	Steuervereinfachungsgesetz 2011	1. 11. 2011	S. 2131	§ 8 Abs. 10 Satz 1	geändert
				§ 34 Abs. 6 Satz 14	eingefügt
29.	Gesetz zur Umsetzung der Beitreibungsrichtlinie sowie zur Änderung steuerlicher Vorschriften (Beitreibungsrichtlinie-Umsetzungsgesetz – BeitrRLUmsG)	7. 12. 2011	S. 2592	§ 9 Abs. 1 Nr. 2 Satz 5	geändert
				§ 34 Abs. 7 c Sätze 3 bis 5, Abs. 8 a Satz 6 (bish. Sätze 6 und 7 werden Sätze 7 und 8)	eingefügt

Lfd. Nr.	Änderndes Gesetz	Datum	Fundstelle BGBl. I	Geänderte Paragraphen	Art der Änderung
30.	Gesetz zur Änderung und Vereinfachung der Unternehmensbesteuerung und des steuerlichen Reisekostenrechts	20. 2. 2013	S. 285	§ 14 Abs. 1 Satz 1, Satz 1 Nrn. 2 und 5; § 17 Satz 1, Satz 2 Nr. 2; § 34 Abs. 1, Abs. 10 b wird Abs. 10 c	geändert
				§ 14 Abs. 1 Satz 1 Nr. 3 Sätze 4 und 5, Abs. 5; § 34 Abs. 9 Nrn. 7 bis 9, Abs. 10 b	eingefügt
				§ 18	aufgehoben
31.	Gesetz zur Stärkung des Ehrenamtes (Ehrenamtsstärkungsgesetz)	21. 3. 2013	S. 556	§ 9 Abs. 3 Satz 2	geändert
				§ 34 Abs. 8 a Satz 9	eingefügt
32.	Gesetz zur Umsetzung des EuGH-Urteils vom 20. Oktober 2011 in der Rechtssache C-284/09	21. 3. 2013	S. 561	§ 8 b Abs. 4, Abs. 10 Satz 1	geändert
				§ 15 Satz 1 Nr. 2 Satz 4; § 32 Abs. 5; § 34 Abs. 7 a Sätze 2 und 3, Abs. 13 b Sätze 3 bis 5	eingefügt
33.	Gesetz zur Umsetzung der Amtshilferichtlinie sowie zur Änderung steuerlicher Vorschriften (Amtshilferichtlinie-Umsetzungsgesetz – AmtshilfeRLUmsG)	26. 6. 2013	S. 1809	§ 5 Abs. 2 Nr. 2; § 8 b Abs. 1 Satz 2, Abs. 7 Satz 3, Abs. 9, Abs. 10; § 9 Abs. 1 Nr. 2 Satz 4; § 21 a Abs. 2; § 26 Abs. 6 Satz 10; § 32 Abs. 4 Satz 1; § 34 Abs. 10 c Satz 3	geändert
				§ 26 Abs. 2; § 34 Abs. 7 Sätze 13 bis 16, Abs. 8a Satz 6 (bish. Sätze 6 bis 9 werden Sätze 7 bis 10), Abs. 11 c Satz 5	eingefügt
34.	Gesetz zur Anpassung des Investmentsteuergesetzes und anderer Gesetze an das AIFM-Umsetzungsgesetz (AIFM-Steuer-Anpassungsgesetz – AIFM-StAnpG)	18. 12. 2013	S. 4318	§ 34 Abs. 10 b Satz 2	geändert
35.	Gesetz zur Anpassung des nationalen Steuerrechts an den Beitritt Kroatiens zur EU und zur Änderung weiterer steuerlicher Vorschriften	25. 7. 2014	S. 1266	§ 1 Abs. 3; § 5 Abs. 1 Nr. 2; § 8 b Abs. 2 Sätze 1 und 3, Abs. 7 Satz 1; § 19 Abs. 1 bis 4; § 26; § 27 Abs. 4 Satz 3; § 34; § 38 Abs. 1 Satz 7	geändert
				§ 17 Abs. 2 (bish. Wortlaut wird Abs. 1)	eingefügt
				§ 27 Abs. 1 Satz 6; § 31 Abs. 1 Satz 2	aufgehoben
36.	Gesetz zur Anpassung der Abgabenordnung an den Zollkodex der Union und zur Änderung weiterer steuerlicher Vorschriften	22. 12. 2014	S. 2417	§ 26 Überschrift, Abs. 1 Satz 1, Abs. 2 Satz 1; § 34 Abs. 9 Satz 1	geändert
				§ 5 Abs. 1 Nr. 24; § 34 Abs. 3 Satz 3, Abs. 9 Satz 2	eingefügt
37.	Gesetz zur Modernisierung der Finanzaufsicht über Versicherungen	1. 4. 2015	S. 434	§ 5 Abs. 1 Nr. 3 Buchst. d Satz 1, Nr. 4 Satz vor Buchst. a, Nr. 16 Satz 3; § 20 Abs. 2 Satz 3; § 21 a Abs. 1 Sätze 1 und 2; § 33 Abs. 1 Nr. 2 Buchst. d	geändert
				§ 34 Abs. 3 a, 7 a, 8 a und 10 a	eingefügt
38.	Steueränderungsgesetz 2015	2. 11. 2015	S. 1834	Inhaltsübersicht; § 1 Abs. 3; § 5 Abs. 1 Nr. 16 Sätze 1 und 2; § 6 Abs. 5 Satz 2; § 8 c Abs. 1 Satz 5; § 34 Abs. 1 und Abs. 8	geändert
				§ 6 Abs. 5 a; § 6 a; § 8 b Abs. 11; § 20 Abs. 1 Satz 2; § 34 Abs. 3 Satz 3 (bish. Satz 3 wird Satz 4), Abs. 6 Satz 5, Abs. 7 Satz 1 (bish. Wortlaut wird Satz 2)	eingefügt
			S. 1844 Berichtig.	§ 21 a Abs. 1 Satz 1 und 2	geändert
39.	Gesetz zur Reform der Investmentbesteuerung (Investmentsteuerreformgesetz – InvStRefG)	19. 7. 2016	S. 1730	§ 32 Abs. 3 Satz 5	geändert
40.	Gesetz zur Weiterentwicklung der steuerlichen Verlustverrechnung bei Körperschaften	20. 12. 2016	S. 2998	Inhaltsübersicht; § 8 a Abs. 1 Satz 3	geändert
				§ 8 d; § 34 Abs. 6 a	eingefügt
41.	Gesetz zur Umsetzung der Änderungen der EU-Amtshilferichtlinie und von weiteren Maßnahmen gegen Gewinnkürzungen und -verlagerungen	20. 12. 2016	S. 3000	Inhaltsübersicht; § 8 b Abs. 7 Sätze 1 und 2; Überschrift des dritten Kapitels zum zweiten Teil; § 34 Abs. 8	geändert
				§ 34 Abs. 5 Satz 2	eingefügt
				§ 8 b Abs. 7 Satz 3; § 21 b	aufgehoben
42.	Beschluss des Bundesverfassungsgerichts (BVerfG 2 BvL 6/11)	29. 3. 2017	S. 1289	§ 8 c	
43.	Gesetz gegen schädliche Steuerpraktiken im Zusammenhang mit Rechteüberlassungen	27. 6. 2017	S. 2074	§ 8 Abs. 8, § 8 Abs. 9	geändert
				§ 8 c Abs. 2, § 8 d Abs. 1 Satz 9	eingefügt
				§ 15 Satz 1 Nr. 1	geändert
				§ 15 Satz 1 Nr. 1 a	eingefügt
				§ 34 Abs. 1	geändert
44.	Gesetz zum Ausschluss verfassungsfeindlicher Parteien von der Parteienfinanzierung	18. 7. 2017	S. 2730	§ 5 Abs. 1 Nr. 7	geändert

Lfd. Nr.	Änderndes Gesetz	Datum	Fundstelle BGBl. I	Geänderte Paragraphen	Art der Änderung
45.	Gesetz zur Vermeidung von Umsatzsteuerausfällen beim Handel mit Waren im Internet und zur Änderung weiterer steuerlicher Vorschriften	11. 12. 2018	S. 2338	§ 8 a Abs. 1 Satz 3; § 8 b Abs. 10 Satz 11; § 8 c Abs. 1; § 8 d Abs. 2 Satz 1; § 21; § 34 Abs. 6 § 14 Abs. 2; § 15 Satz 1 Nr. 2 a, Sätze 3 und 4; § 34 Abs. 3 b, Abs. 6 b, Abs. 6 c, Abs. 8 Satz 2 § 33 Abs. 1 Nr. 2 Buchst. a	geändert eingefügt aufgehoben
46.	Gesetz über steuerliche und weitere Begleitregelungen zum Austritt des Vereinigten Königreichs Großbritannien und Nordirland aus der Europäischen Union (Brexit-Steuerbegleitgesetz – Brexit-StBG)	25. 3. 2019	S. 357	§ 12 Abs. 3 Satz 4 und Abs. 4	eingefügt
47.	Gesetz zur steuerlichen Förderung des Mietwohnungsneubaus	4. 8. 2019	S. 1122	§ 5 Abs. 1 Nr. 10 Sätze 3 und 4; § 34 Abs. 3 b (bish. Abs. 3 b wird Abs. 3 c)	eingefügt
48.	Gesetz zur weiteren steuerlichen Förderung der Elektromobilität und zur Änderung weiterer steuerlicher Vorschriften (sog. „Jahressteuergesetz 2019")	12. 12. 2019	S. 2451	§ 5 Abs. 1 Nr. 1, Nr. 10 Satz 1, Nr. 14 Satz 1; § 8 b Abs. 4 Satz 8; § 8 c Abs. 1 Satz 1, Abs. 1 a Satz 3 Nr. 2; § 9 Abs. 1 Satz 8; § 10 Nr. 3 und Nr. 4; § 13 Abs. 4 Satz 1; § 15 Satz 1 Nr. 2 Satz 1 und 2; § 22 Abs. 1 Satz 1 und 2 Nr. 2; § 25 Überschrift und Abs. 2; § 34 Abs. 1, Abs. 2 Satz 1, Abs. 6 Satz 3, Abs. 14 Satz 1 Nr. 2 § 24 Satz 2 Nr. 3; § 34 Abs. 2 a, Abs. 5 Satz 2, Abs. 6 b und 6 c (bish. Abs. 6 b und 6 c werden Abs. 6 d und 6 e), Abs. 6 f, Abs. 8 b, Abs. 8 c	geändert eingefügt
49.	Gesetz zur Einführung einer Pflicht zur Mitteilung grenzüberschreitender Steuergestaltungen	21. 12. 2019	S. 2875	§ 5 Abs. 1 Nr. 10 Satz 5	eingefügt
50.	Jahressteuergesetz 2020 (JStG 2020)	21. 12. 2020	S. 3096	§ 5 Abs. 1 Nr. 10 Satz 6 und 7	eingefügt
51.	Gesetz zur Umsetzung der Richtlinie (EU) 2019/2034 über die Beaufsichtigung von Wertpapierinstituten	12. 5. 2021	S. 990	§ 5 Abs. 1 Nr. 16 Satz 1 Buchst. b; § 8 b Abs. 7 Satz 1 und Satz 2	geändert
52.	Gesetz zur Umsetzung der Anti-Steuervermeidungsrichtlinie (ATAD-Umsetzungsgesetz – ATADUmsG)	25. 6. 2021	S. 2035	Inhaltsübersicht; § 12 Überschrift § 8 b Abs. 1 Satz 3 (bish. Sätze 3 bis 5 werden Sätze 4 bis 6); § 12 Abs. 1 Satz 3, Abs. 1 a; § 34 Abs. 5 Satz 1 (bish. Sätze 1 bis 3 werden Sätze 2 bis 4), Abs. 6 d (bish. Abs. 6 d bis 6 f werden Abs. 6 e bis 6 g)	geändert eingefügt
53.	Gesetz zur Modernisierung des Körperschaftsteuerrechts	25. 6. 2021	S. 2050	Inhaltsübersicht; § 1 Abs. 1 Nr. 1; § 8 b Abs. 3 S. 8; § 27 Abs. 1 Satz 3; § 34 Abs. 1 § 14 Abs. 4 § 1 a; § 8 b Abs. 3 Satz 6 (bish. Sätze 6 bis 8 werden Sätze 7 bis 9); § 27 Abs. 6 Satz 2; § 34 Abs. 1 a, Abs. 5 Satz 2 (bish. Sätze 2 bis 4 werden Sätze 3 bis 5), Abs. 6 d Satz 2, Abs. 6 e Sätze 5 bis 16 § 12 Abs. 2, Abs. 3	geändert neu gefasst eingefügt aufgehoben
54.	Gesetz zur Abwehr von Steuervermeidung und unfairem Steuerwettbewerb und zur Änderung weiterer Gesetze	25. 6. 2021	S. 2056	§ 33 Abs. 1 Nr. 2 Buchst. d § 8 Abs. 1 Satz 4; § 34 Abs. 3 c (bish. Abs. 3 c wird Abs. 3 d), Abs. 6 d Satz 3 § 12 Abs. 4; § 33 Abs. 1 Nr. 2 Buchst. e	geändert eingefügt aufgehoben
55.	Jahressteuergesetz 2022 (JStG 2022)	16. 12. 2022	S. 2294	§ 5 Abs. 1 Nr. 2 § 27 Abs. 8 Sätze 1, 3, 4 und 9; § 34 Abs. 6 e Satz 7 und Sätze 9 bis 16, Abs. 10 § 14 Abs. 1 Satz 1 Nr. 1 Satz 3, Abs. 4 Sätze 3 bis 5 (bish. Sätze 3 und 4 werden Sätze 6 und 7); § 34 Abs. 3 Sätze 3 und 4 (bish. Sätze 3 und 4 werden Sätze 5 und 6), Abs. 6 e Sätze 17 bis 20	geändert neu gefasst eingefügt
56.	Beschluss des Bundesverfassungsgerichts (BVerfG 2 BvR 1424/15)	24. 11. 2022	2023 Nr. 44	§ 36 Abs. 4	
57.	Beschluss des Bundesverfassungsgerichts (BVerfG 2 BvL 29/14)	6. 12. 2022	2023 Nr. 58	§ 36 Abs. 6 a	
58.	Beschluss des Bundesverfassungsgerichts (BVerfG 2 BvR 988/16)	7. 12. 2022	2023 Nr. 86	§ 38 Abs. 5 und 6	

Erster Teil. Steuerpflicht

§ 1 Unbeschränkte Steuerpflicht

(1) Unbeschränkt körperschaftsteuerpflichtig sind die folgenden Körperschaften, Personenvereinigungen und Vermögensmassen, die ihre Geschäftsleitung oder ihren Sitz im Inland haben:

1.[1] Kapitalgesellschaften (insbesondere Europäische Gesellschaften, Aktiengesellschaften, Kommanditgesellschaften auf Aktien, Gesellschaften mit beschränkter Haftung) einschließlich optierender Gesellschaften im Sinne des § 1 a;
2.[1] Genossenschaften einschließlich der Europäischen Genossenschaften;
3.[2] Versicherungs- und Pensionsfondsvereine auf Gegenseitigkeit;
4. sonstige juristische Personen des privaten Rechts;
5. nichtrechtsfähige Vereine, Anstalten, Stiftungen und andere Zweckvermögen des privaten Rechts;
6. Betriebe gewerblicher Art von juristischen Personen des öffentlichen Rechts.

(2) Die unbeschränkte Körperschaftsteuerpflicht erstreckt sich auf sämtliche Einkünfte.

(3)[3] Zum Inland im Sinne dieses Gesetzes gehört auch der der Bundesrepublik Deutschland zustehende Anteil

1. an der ausschließlichen Wirtschaftszone, soweit dort
   a) die lebenden und nicht lebenden natürlichen Ressourcen der Gewässer über dem Meeresboden, des Meeresbodens und seines Untergrunds erforscht, ausgebeutet, erhalten oder bewirtschaftet werden,
   b) andere Tätigkeiten zur wirtschaftlichen Erforschung oder Ausbeutung der ausschließlichen Wirtschaftszone ausgeübt werden, wie beispielsweise die Energieerzeugung aus Wasser, Strömung und Wind oder
   c) künstliche Inseln errichtet oder genutzt werden und Anlagen und Bauwerke für die in den Buchstaben a und b genannten Zwecke errichtet oder genutzt werden, und
2. am Festlandsockel, soweit dort
   a) dessen natürliche Ressourcen erforscht oder ausgebeutet werden; natürliche Ressourcen in diesem Sinne sind die mineralischen und sonstigen nicht lebenden Ressourcen des Meeresbodens und seines Untergrunds sowie die zu den sesshaften Arten gehörenden Lebewesen, die im nutzbaren Stadium entweder unbeweglich auf oder unter dem Meeresboden verbleiben oder sich nur in ständigem körperlichen Kontakt mit dem Meeresboden oder seinem Untergrund fortbewegen können; oder
   b) künstliche Inseln errichtet oder genutzt werden und Anlagen und Bauwerke für die in Buchstabe a genannten Zwecke errichtet oder genutzt werden.

§ 1 a[4] Option zur Körperschaftsbesteuerung

(1) ① Auf unwiderruflichen Antrag sind für Zwecke der Besteuerung nach dem Einkommen eine Personenhandels- oder Partnerschaftsgesellschaft wie eine Kapitalgesellschaft (optierende Gesellschaft) und ihre Gesellschafter wie die nicht persönlich haftenden Gesellschafter einer Kapitalgesellschaft zu behandeln; § 217 Absatz 1 des Umwandlungsgesetzes gilt sinngemäß. ② Der Antrag ist von der Personenhandels- oder Partnerschaftsgesellschaft nach amtlich vorgeschriebenem Datensatz durch Datenfernübertragung bei dem für die gesonderte und einheitliche Feststellung der Einkünfte nach § 180 der Abgabenordnung zuständigen Finanzamt spätestens einen Monat vor Beginn des Wirtschaftsjahrs zu stellen, ab dem die Besteuerung wie eine Kapitalgesellschaft gelten soll; § 31 Absatz 1 a Satz 2 gilt entsprechend. ③ Erfolgt für die Personenhandels- oder Partnerschaftsgesellschaft keine gesonderte und einheitliche Feststellung der Einkünfte, ist der Antrag bei dem für die Einkommensteuer oder Körperschaftsteuer des Gesellschafters zuständigen Finanzamt zu stellen. ④ Erzielt eine Personenhandels- oder Partnerschaftsgesellschaft ausschließlich Einkünfte, die dem Steuerabzug vom Kapitalertrag oder dem Steuerabzug auf Grund des § 50 a des Einkommensteuergesetzes unterliegen und gilt infolgedessen die Einkommensteuer nach § 50 Absatz 2 Satz 1 des Einkommensteuergesetzes oder die Körperschaftsteuer nach § 32 Absatz 1 als abgegolten, ist der Antrag bei dem Bundeszentralamt für Steuern zu stellen. ⑤ Hat die Gesellschaft ihren Sitz im Inland, ist der Antrag abweichend von den Sätzen 3 und 4 bei dem Finanzamt zu stellen, in dessen Bezirk die Gesellschaft ihren Sitz hat. ⑥ Die Sätze 1 bis 5 finden keine Anwendung auf

---

[1] § 1 Abs. 1 Nrn. 1 und 2 geändert mWv VZ 2006 durch SEStEG vom 7. 12. 2006 (BGBl. I S. 2782); § 1 Abs. 1 Nr. 1 geändert mWv VZ 2022 durch Gesetz vom 25. 6. 2021 (BGBl. I S. 2050).

[2] § 1 Abs. 1 Nr. 3 geändert mWv VZ 2005 durch EURLUmsG vom 9. 12. 2004 (BGBl. I S. 3310).

[3] § 1 Abs. 3 neu gefasst durch Gesetz vom 25. 7. 2014 (BGBl. I S. 1266) mit Wirkung ab VZ 2015; neu gefasst durch JStG 2015 (BGBl. I S. 1834) mit Wirkung ab VZ 2016.

[4] § 1 a eingefügt durch Gesetz vom 25. 6. 2021 (BGBl. I S. 2050) mit Wirkung ab VZ 2021; zur Anwendung siehe § 34 Abs. 1 a.

1. Investmentfonds im Sinne des Investmentsteuergesetzes und
2. Gesellschaften, die nach Ausübung der Option in dem Staat, in dem sich ihre Geschäftsleitung befindet, keiner der deutschen unbeschränkten Körperschaftsteuerpflicht vergleichbaren Steuerpflicht unterliegen.

(2) ① Der Übergang zur Körperschaftsbesteuerung gilt als Formwechsel im Sinne des § 1 Absatz 3 Nummer 3 des Umwandlungssteuergesetzes. ② Die §§ 1 und 25 des Umwandlungssteuergesetzes sind entsprechend anzuwenden. ③ Als Einbringungszeitpunkt gilt das Ende des Wirtschaftsjahrs, das dem Wirtschaftsjahr im Sinne des Absatzes 1 Satz 2 unmittelbar vorangeht; § 9 Satz 3 des Umwandlungssteuergesetzes ist nicht anzuwenden. ④ Das im Einbringungszeitpunkt in der Steuerbilanz auszuweisende Eigenkapital wird auf dem steuerlichen Einlagekonto der optierenden Gesellschaft erfasst. ⑤ Die zur Vertretung der Gesellschaft ermächtigten Personen gelten als gesetzliche Vertreter der optierenden Gesellschaft.

(3) ① Aufgrund der Option gilt die Beteiligung an einer optierenden Gesellschaft für Zwecke der Besteuerung nach dem Einkommen als Beteiligung eines nicht persönlich haftenden Gesellschafters an einer Kapitalgesellschaft. ② Beim Gesellschafter führen daher insbesondere

1. durch das Gesellschaftsverhältnis veranlasste Einnahmen zu Einkünften im Sinne des § 20 Absatz 1 Nummer 1 des Einkommensteuergesetzes,
2. Einnahmen, die er von der Gesellschaft für seine Tätigkeit im Dienst der Gesellschaft bezieht, zu Einkünften im Sinne des § 19 des Einkommensteuergesetzes,
3. Einnahmen aus der Hingabe von Darlehen zu Einkünften im Sinne des § 20 Absatz 1 Nummer 7 oder Absatz 2 Satz 1 Nummer 7 des Einkommensteuergesetzes und
4. Einnahmen aus der Überlassung von Wirtschaftsgütern zu Einkünften im Sinne des § 21 oder § 22 des Einkommensteuergesetzes.

③ Die §§ 13 bis 16, 18 und 35 des Einkommensteuergesetzes sind vorbehaltlich des Satzes 4 nicht anzuwenden. ④ Soweit entsprechende Einnahmen bei einem Gesellschafter einer Kapitalgesellschaft anderen Einkunftsarten zuzurechnen wären, gilt abweichend von Satz 3, dass auch die Einnahmen des Gesellschafters der optierenden Gesellschaft zu diesen Einkünften gehören. ⑤ Gewinnanteile gelten erst dann als ausgeschüttet, wenn sie entnommen werden oder ihre Auszahlung verlangt werden kann. ⑥ § 4 Absatz 3 des Einkommensteuergesetzes ist bei einer optierenden Gesellschaft nicht anzuwenden. ⑦ In den Fällen des Satzes 2 Nummer 2 gelten die optierende Gesellschaft als lohnsteuerlicher Arbeitgeber und der Gesellschafter als Arbeitnehmer.

(4) ① Eine Gesellschaft, die nach Absatz 1 zur Körperschaftsbesteuerung optiert hat, kann beantragen, dass sie nicht mehr wie eine Kapitalgesellschaft und ihre Gesellschafter nicht mehr wie die nicht persönlich haftenden Gesellschafter einer Kapitalgesellschaft behandelt werden (Rückoption). ② Die Rückoption gilt als Formwechsel nach § 1 Absatz 1 Satz 1 Nummer 2 des Umwandlungssteuergesetzes mit der Maßgabe, dass § 9 Satz 3 des Umwandlungssteuergesetzes keine Anwendung findet. ③ Absatz 1 Satz 2, 3 und 5 gilt mit der Maßgabe entsprechend, dass der Antrag bei dem für die Körperschaftsbesteuerung zuständigen Finanzamt zu stellen ist; in den Fällen des Absatzes 1 Satz 4 ist der Antrag bei dem Bundeszentralamt für Steuern zu stellen. ④ Die Sätze 1 und 2 finden auch ohne Antrag Anwendung, wenn die Voraussetzungen des Absatzes 1 entfallen. ⑤ Scheidet der vorletzte Gesellschafter aus der Gesellschaft aus, gilt die optierende Gesellschaft als unmittelbar danach aufgelöst und, sofern der verbleibende Gesellschafter die persönlichen Voraussetzungen eines übernehmenden Rechtsträgers einer Umwandlung einer Kapitalgesellschaft im Sinne des § 1 Absatz 1 Satz 1 Nummer 1 oder 4 des Umwandlungssteuergesetzes erfüllt, im Fall des § 1 Absatz 1 Satz 1 Nummer 1 des Umwandlungssteuergesetzes als auf den verbleibenden Gesellschafter verschmolzen beziehungsweise gilt im Fall des § 1 Absatz 1 Satz 1 Nummer 4 des Umwandlungssteuergesetzes das Vermögen der optierenden Gesellschaft als auf den verbleibenden Gesellschafter übertragen mit der Maßgabe, dass jeweils § 2 des Umwandlungssteuergesetzes keine Anwendung findet. ⑥ Erfüllt der verbleibende Gesellschafter nicht die persönlichen Voraussetzungen eines übernehmenden Rechtsträgers einer Umwandlung einer Kapitalgesellschaft im Sinne des § 1 Absatz 1 Satz 1 Nummer 1 oder 4 des Umwandlungssteuergesetzes, gilt die optierende Gesellschaft als aufgelöst und ihr Vermögen als an die Gesellschafter ausgeschüttet; § 11 des Körperschaftsteuergesetzes ist entsprechend mit der Maßgabe anzuwenden, dass an die Stelle des zur Verteilung kommenden Vermögens der gemeine Wert des vorhandenen Vermögens tritt. ⑦ Abweichend von Satz 4 gilt die Umwandlung der optierenden Gesellschaft in eine Körperschaft im Sinne des Umwandlungssteuergesetzes als Umwandlung einer Kapitalgesellschaft in eine Körperschaft.

§ 2 Beschränkte Steuerpflicht

Beschränkt körperschaftsteuerpflichtig sind

1. Körperschaften, Personenvereinigungen und Vermögensmassen, die weder ihre Geschäftsleitung noch ihren Sitz im Inland haben, mit ihren inländischen Einkünften;

2.[1] sonstige Körperschaften, Personenvereinigungen und Vermögensmassen, die nicht unbeschränkt steuerpflichtig sind, mit den inländischen Einkünften, die dem Steuerabzug vollständig oder teilweise unterliegen; inländische Einkünfte sind auch
   a) die Entgelte, die den sonstigen Körperschaften, Personenvereinigungen oder Vermögensmassen dafür gewährt werden, dass sie Anteile an einer Kapitalgesellschaft mit Sitz oder Geschäftsleitung im Inland einem Anderen überlassen und der Andere, dem die Anteile zuzurechnen sind, diese Anteile oder gleichartige Anteile zurückzugeben hat,
   b) die Entgelte, die den sonstigen Körperschaften, Personenvereinigungen oder Vermögensmassen im Rahmen eines Wertpapierpensionsgeschäfts im Sinne des § 340b Abs. 2 des Handelsgesetzbuchs gewährt werden, soweit Gegenstand des Wertpapierpensionsgeschäfts Anteile an einer Kapitalgesellschaft mit Sitz oder Geschäftsleitung im Inland sind, und
   c) die in § 8b Abs. 10 Satz 2 genannten Einnahmen oder Bezüge, die den sonstigen Körperschaften, Personenvereinigungen oder Vermögensmassen als Entgelt für die Überlassung von Anteilen an einer Kapitalgesellschaft mit Sitz oder Geschäftsleitung im Inland gewährt gelten.

§ 3 Abgrenzung der Steuerpflicht bei nichtrechtsfähigen Personenvereinigungen und Vermögensmassen sowie bei Realgemeinden

(1) Nichtrechtsfähige Personenvereinigungen, Anstalten, Stiftungen und andere Zweckvermögen sind körperschaftsteuerpflichtig, wenn ihr Einkommen weder nach diesem Gesetz noch nach dem Einkommensteuergesetz unmittelbar bei einem anderen Steuerpflichtigen zu versteuern ist.

(2) ① Hauberg-, Wald-, Forst- und Laubgenossenschaften und ähnliche Realgemeinden, die zu den in § 1 bezeichneten Steuerpflichtigen gehören, sind nur insoweit körperschaftsteuerpflichtig, als sie einen Gewerbebetrieb unterhalten oder verpachten, der über den Rahmen eines Nebenbetriebs hinausgeht. ② Im Übrigen sind ihre Einkünfte unmittelbar bei den Beteiligten zu versteuern.

§ 4 Betriebe gewerblicher Art von juristischen Personen des öffentlichen Rechts

(1) ① Betriebe gewerblicher Art von juristischen Personen des öffentlichen Rechts im Sinne des § 1 Abs. 1 Nr. 6 sind vorbehaltlich des Absatzes 5 alle Einrichtungen, die einer nachhaltigen wirtschaftlichen Tätigkeit zur Erzielung von Einnahmen außerhalb der Land- und Forstwirtschaft dienen und die sich innerhalb der Gesamtbetätigung der juristischen Person wirtschaftlich herausheben. ② Die Absicht, Gewinn zu erzielen, und die Beteiligung am allgemeinen wirtschaftlichen Verkehr sind nicht erforderlich.

(2) Ein Betrieb gewerblicher Art ist auch unbeschränkt steuerpflichtig, wenn er selbst eine juristische Person des öffentlichen Rechts ist.

(3) Zu den Betrieben gewerblicher Art gehören auch Betriebe, die der Versorgung der Bevölkerung mit Wasser, Gas, Elektrizität oder Wärme, dem öffentlichen Verkehr oder dem Hafenbetrieb dienen.

(4) Als Betrieb gewerblicher Art gilt die Verpachtung eines solchen Betriebs.

(5) ① Zu den Betrieben gewerblicher Art gehören nicht Betriebe, die überwiegend der Ausübung der öffentlichen Gewalt dienen (Hoheitsbetriebe). ② Für die Annahme eines Hoheitsbetriebs reichen Zwangs- oder Monopolrechte nicht aus.

(6)[2] ① Ein Betrieb gewerblicher Art kann mit einem oder mehreren anderen Betrieben gewerblicher Art zusammengefasst werden, wenn

1. sie gleichartig sind,
2. zwischen ihnen nach dem Gesamtbild der tatsächlichen Verhältnisse objektiv eine enge wechselseitige technisch-wirtschaftliche Verflechtung von einigem Gewicht besteht oder
3. Betriebe gewerblicher Art im Sinne des Absatzes 3 vorliegen.

② Ein Betrieb gewerblicher Art kann nicht mit einem Hoheitsbetrieb zusammengefasst werden.

§ 5 Befreiungen

(1) Von der Körperschaftsteuer sind befreit

1.[3] das Bundeseisenbahnvermögen, die staatlichen Lotterieunternehmen und der Erdölbevorratungsverband nach § 2 Absatz 1 des Erdölbevorratungsgesetzes vom 16. Januar 2012 (BGBl. I S. 74) in der jeweils geltenden Fassung;

---

[1] § 2 Nr. 2 neu gefasst mWv VZ 2004 durch StÄndG 2003 vom 15. 12. 2003 (BGBl. I S. 2645); zweiter Halbsatz angefügt durch Gesetz vom 14. 8. 2007 (BGBl. I S. 1912).

[2] § 4 Abs. 6 eingefügt durch JStG 2009 vom 19. 12. 2008 (BGBl. I S. 2794) mit Wirkung ab VZ 2009.

[3] § 5 Abs. 1 Nr. 1 geändert durch Gesetz vom 12. 12. 2019 (BGBl. I S. 2451) mit Wirkung ab VZ 2019 (§ 34 Abs. 2 a).

2.[1, 2] die Deutsche Bundesbank, die Kreditanstalt für Wiederaufbau, die Landwirtschaftliche Rentenbank, die Bayerische Landesanstalt für Aufbaufinanzierung, die Niedersächsische Gesellschaft für öffentliche Finanzierung mit beschränkter Haftung, die Bremer Aufbau-Bank GmbH, die Landeskreditbank Baden-Württemberg – Förderbank, die Bayerische Landesbodenkreditanstalt, die Investitionsbank Berlin, die Hamburgische Investitions- und Förderbank, die NRW.Bank, die Investitions- und Förderbank Niedersachsen, die Saarländische Investitionskreditbank Aktiengesellschaft, die Investitionsbank Schleswig-Holstein, die Investitionsbank des Landes Brandenburg, die Sächsische Aufbaubank – Förderbank –, die Thüringer Aufbaubank, ***[bis VZ 2023:** die Investitionsbank Sachsen-Anhalt – Anstalt der Norddeutschen Landesbank – Girozentrale –**] [ab VZ 2023:*** die Investitionsbank Sachsen-Anhalt***]***, die Investitions- und Strukturbank Rheinland-Pfalz, das Landesförderinstitut Mecklenburg-Vorpommern – Geschäftsbereich der Norddeutschen Landesbank Girozentrale –, die Wirtschafts- und Infrastrukturbank Hessen – rechtlich unselbständige Anstalt in der Landesbank Hessen-Thüringen Girozentrale und die Liquiditäts-Konsortialbank Gesellschaft mit beschränkter Haftung;

2a. die Bundesanstalt für vereinigungsbedingte Sonderaufgaben;

3. rechtsfähige Pensions-, Sterbe- und Krankenkassen, die den Personen, denen die Leistungen der Kasse zugute kommen oder zugute kommen sollen (Leistungsempfängern), einen Rechtsanspruch gewähren, und rechtsfähige Unterstützungskassen, die den Leistungsempfängern keinen Rechtsanspruch gewähren,
   a) wenn sich die Kasse beschränkt
      aa) auf Zugehörige oder frühere Zugehörige einzelner oder mehrerer wirtschaftlicher Geschäftsbetriebe oder
      bb) auf Zugehörige oder frühere Zugehörige der Spitzenverbände der freien Wohlfahrtspflege (Arbeiterwohlfahrt-Bundesverband e. V., Deutscher Caritasverband e. V., Deutscher Paritätischer Wohlfahrtsverband e. V., Deutsches Rotes Kreuz, Diakonisches Werk – Innere Mission und Hilfswerk der Evangelischen Kirche in Deutschland sowie Zentralwohlfahrtsstelle der Juden in Deutschland e. V.) einschließlich ihrer Untergliederungen, Einrichtungen und Anstalten und sonstiger gemeinnütziger Wohlfahrtsverbände oder
      cc) auf Arbeitnehmer sonstiger Körperschaften, Personenvereinigungen und Vermögensmassen im Sinne der §§ 1 und 2; den Arbeitnehmern stehen Personen, die sich in einem arbeitnehmerähnlichen Verhältnis befinden, gleich;

      zu den Zugehörigen oder Arbeitnehmern rechnen jeweils auch deren Angehörige;
   b) wenn sichergestellt ist, dass der Betrieb der Kasse nach dem Geschäftsplan und nach Art und Höhe der Leistungen eine soziale Einrichtung darstellt. ② Diese Voraussetzung ist bei Unterstützungskassen, die Leistungen von Fall zu Fall gewähren, nur gegeben, wenn sich diese Leistungen mit Ausnahme des Sterbegeldes auf Fälle der Not oder Arbeitslosigkeit beschränken;
   c) wenn vorbehaltlich des § 6 die ausschließliche und unmittelbare Verwendung des Vermögens und der Einkünfte der Kasse nach der Satzung und der tatsächlichen Geschäftsführung für die Zwecke der Kasse dauernd gesichert ist;
   d) wenn bei Pensions-, Sterbe- und Krankenkassen am Schluss des Wirtschaftsjahrs, zu dem der Wert der Deckungsrückstellung versicherungsmathematisch zu berechnen ist, das nach den handelsrechtlichen Grundsätzen ordnungsmäßiger Buchführung unter Berücksichtigung des Geschäftsplans sowie der allgemeinen Versicherungsbedingungen und der fachlichen Geschäftsunterlagen im Sinne des § 219 Absatz 3 Nummer 1[3] des Versicherungsaufsichtsgesetzes auszuweisende Vermögen nicht höher ist als bei einem Versicherungsverein auf Gegenseitigkeit die Verlustrücklage und bei einer Kasse anderer Rechtsform der dieser Rücklage entsprechende Teil des Vermögens. ② Bei der Ermittlung des Vermögens ist eine Rückstellung für Beitragsrückerstattung nur insoweit abziehbar, als den Leistungsempfängern ein Anspruch auf die Überschussbeteiligung zusteht. ③ Übersteigt das Vermögen der Kasse den bezeichneten Betrag, so ist die Kasse nach Maßgabe des § 6 Abs. 1 bis 4 steuerpflichtig; und
   e) wenn bei Unterstützungskassen am Schluss des Wirtschaftsjahrs das Vermögen ohne Berücksichtigung künftiger Versorgungsleistungen nicht höher ist als das um 25 Prozent erhöhte zulässige Kassenvermögen. ② Für die Ermittlung des tatsächlichen und des zulässigen Kassenvermögens gilt § 4d des Einkommensteuergesetzes. ③ Übersteigt das Vermögen der Kasse den in Satz 1 bezeichneten Betrag, so ist die Kasse nach Maßgabe des § 6 Abs. 5 steuerpflichtig;

---

[1] Zur erstmaligen bzw. letztmaligen Anwendung von § 5 Abs. 1 Nr. 2 vgl. § 34 Abs. 3 Sätze 1 bis 4.

[2] § 5 Abs. 1 Nr. 2 geändert durch Gesetz vom 15. 8. 2003 (BGBl. I S. 1657), durch StÄndG 2003 vom 15. 12. 2003 (BGBl. I S. 2645), durch EURLUmsG vom 9. 12. 2004 (BGBl. I S. 3310), durch JStG 2007 vom 13. 12. 2006 (BGBl. I S. 2878), durch JStG 2009 vom 19. 12. 2008 (BGBl. I S. 2794), durch JStG 2010 vom 8. 12. 2010 (BGBl. I S. 1768), durch Gesetz vom 25. 7. 2014 (BGBl. I S. 1266) und durch JStG 2022 vom 16. 12. 2022 (BGBl. I S. 2294).

[3] § 5 Abs. 1 Nr. 3 Buchst. d Satz 1 geändert durch Gesetz vom 1. 4. 2015 (BGBl. I S. 434) mit Wirkung ab VZ 2016 (§ 34 Abs. 3 a).

4. kleinere Versicherungsvereine auf Gegenseitigkeit im Sinne des § 210[1] des Versicherungsaufsichtsgesetzes, wenn
   a) ihre Beitragseinnahmen im Durchschnitt der letzten drei Wirtschaftsjahre einschließlich des im Veranlagungszeitraum endenden Wirtschaftsjahrs die durch Rechtsverordnung festzusetzenden Jahresbeträge nicht überstiegen haben oder
   b) sich ihr Geschäftsbetrieb auf die Sterbegeldversicherung beschränkt und die Versicherungsvereine nach dem Geschäftsplan sowie nach Art und Höhe der Leistungen soziale Einrichtungen darstellen;

5. Berufsverbände ohne öffentlich-rechtlichen Charakter sowie kommunale Spitzenverbände auf Bundes- oder Landesebene einschließlich ihrer Zusammenschlüsse, wenn der Zweck dieser Verbände nicht auf einen wirtschaftlichen Geschäftsbetrieb gerichtet ist. ② Die Steuerbefreiung ist ausgeschlossen,
   a) soweit die Körperschaften oder Personenvereinigungen einen wirtschaftlichen Geschäftsbetrieb unterhalten oder
   b) wenn die Berufsverbände Mittel von mehr als 10 Prozent der Einnahmen für die unmittelbare oder mittelbare Unterstützung oder Förderung politischer Parteien verwenden.

   ③ Die Sätze 1 und 2 gelten auch für Zusammenschlüsse von juristischen Personen des öffentlichen Rechts, die wie die Berufsverbände allgemeine ideelle und wirtschaftliche Interessen ihrer Mitglieder wahrnehmen. ④ Verwenden Berufsverbände Mittel für die unmittelbare oder mittelbare Unterstützung oder Förderung politischer Parteien, beträgt die Körperschaftsteuer 50 Prozent der Zuwendungen;

6. Körperschaften oder Personenvereinigungen, deren Hauptzweck die Verwaltung des Vermögens für einen nichtrechtsfähigen Berufsverband der in Nummer 5 bezeichneten Art ist, sofern ihre Erträge im Wesentlichen aus dieser Vermögensverwaltung herrühren und ausschließlich dem Berufsverband zufließen;

7.[2] politische Parteien im Sinne des § 2 des Parteiengesetzes und ihre Gebietsverbände, sofern die jeweilige Partei nicht gemäß § 18 Absatz 7 des Parteiengesetzes von der staatlichen Teilfinanzierung ausgeschlossen ist, sowie kommunale Wählervereinigungen und ihre Dachverbände. ② Wird ein wirtschaftlicher Geschäftsbetrieb unterhalten, so ist die Steuerbefreiung insoweit ausgeschlossen;

8.[3] öffentlich-rechtliche Versicherungs- und Versorgungseinrichtungen von Berufsgruppen, deren Angehörige auf Grund einer durch Gesetz angeordneten oder auf Gesetz beruhenden Verpflichtung Mitglieder dieser Einrichtung sind, wenn die Satzung der Einrichtung die Zahlung keiner höheren jährlichen Beiträge zulässt als das Zwölffache der Beiträge, die sich bei einer Beitragsbemessungsgrundlage in Höhe der doppelten monatlichen Beitragsbemessungsgrenze in der allgemeinen Rentenversicherung ergeben würden. ② Ermöglicht die Satzung der Einrichtung nur Pflichtmitgliedschaften sowie freiwillige Mitgliedschaften, die unmittelbar an eine Pflichtmitgliedschaft anschließen, so steht dies der Steuerbefreiung nicht entgegen, wenn die Satzung die Zahlung keiner höheren jährlichen Beiträge zulässt als das Fünfzehnfache der Beiträge, die sich bei einer Beitragsbemessungsgrundlage in Höhe der doppelten monatlichen Beitragsbemessungsgrenze in der allgemeinen Rentenversicherung ergeben würden;

9. Körperschaften, Personenvereinigungen und Vermögensmassen, die nach der Satzung, dem Stiftungsgeschäft oder der sonstigen Verfassung und nach der tatsächlichen Geschäftsführung ausschließlich und unmittelbar gemeinnützigen, mildtätigen oder kirchlichen Zwecken dienen (§§ 51 bis 68 der Abgabenordnung). ② Wird ein wirtschaftlicher Geschäftsbetrieb unterhalten, ist die Steuerbefreiung insoweit ausgeschlossen. ③ Satz 2 gilt nicht für selbst bewirtschaftete Forstbetriebe;

10.[4,5] Genossenschaften sowie Vereine, soweit sie
   a) Wohnungen herstellen oder erwerben und sie den Mitgliedern auf Grund eines Mietvertrags oder auf Grund eines genossenschaftlichen Nutzungsvertrags zum Gebrauch überlassen; den Wohnungen stehen Räume in Wohnheimen im Sinne des § 15 des Zweiten Wohnungsbaugesetzes gleich,
   b) im Zusammenhang mit einer Tätigkeit im Sinne des Buchstabens a Gemeinschaftsanlagen oder Folgeeinrichtungen herstellen oder erwerben und sie betreiben, wenn sie überwiegend für Mitglieder bestimmt sind und der Betrieb durch die Genossenschaft oder den Verein notwendig ist.

---

[1] § 5 Abs. 1 Nr. 4 geändert durch Gesetz vom 1. 4. 2015 (BGBl. I S. 434) mit Wirkung ab VZ 2016 (§ 34 Abs. 3 a).

[2] § 5 Abs. 1 Nr. 7 Satz 1 geändert durch Gesetz vom 18. 7. 2017 (BGBl. I S. 2730) mit Inkrafttreten am 29. 7. 2017.

[3] § 5 Abs. 1 Nr. 8 Sätze 1 und 2 geändert durch RVOrgG vom 9. 12. 2004 (BGBl. I S. 3242) mit Wirkung ab VZ 2005.

[4] § 5 Abs. 1 Nr. 10 neue Sätze 3 und 4 angefügt durch Gesetz zur steuerlichen Förderung des Mietwohnungsneubaus, vom 4. 8. 2019 (BGBl. I S. 1122) mit Wirkung ab VZ 2019 (§ 34 Abs. 3 b); Abs. 1 Nr. 10 erster Satzteil redaktionell angepasst durch Gesetz vom 12. 12. 2019 (BGBl. I S. 2451); Abs. 1 Nr. 10 Satz 5 angefügt durch Gesetz vom 21. 12. 2019 (BGBl. I S. 2875) mit Wirkung ab VZ 2020; Abs. 1 Nr. 10 Sätze 6 und 7 angefügt durch Gesetz vom 21. 12. 2020 (BGBl. I S. 3096) mit Wirkung ab VZ 2020.

[5] Zur Anwendung von § 5 Abs. 1 Nr. 10 vgl. § 34 Abs. 2.

②Die Steuerbefreiung ist ausgeschlossen, wenn die Einnahmen des Unternehmens aus den in Satz 1 nicht bezeichneten Tätigkeiten 10 Prozent der gesamten Einnahmen übersteigen. ③Erzielt das Unternehmen Einnahmen aus der Lieferung von Strom aus Anlagen, für den es unter den Voraussetzungen des § 21 Absatz 3 des Erneuerbare-Energien-Gesetzes einen Anspruch auf Zahlung eines Mieterstromzuschlags hat, erhöht sich die Grenze des Satzes 2 für diese Einnahmen auf 20 Prozent, wenn die Grenze des Satzes 2 nur durch diese Einnahmen überschritten wird. ④Zu den Einnahmen nach Satz 3 gehören auch Einnahmen aus der zusätzlichen Stromlieferung im Sinne des § 42a Absatz 2 Satz 6 des Energiewirtschaftsgesetzes sowie Einnahmen aus der Einspeisung von Strom aus diesen Anlagen. ⑤Investierende Mitglieder im Sinne des § 8 Absatz 2 des Genossenschaftsgesetzes sind keine Mitglieder im Sinne des Satzes 1. ⑥Satz 1 ist auch auf Verträge zur vorübergehenden Unterbringung von Wohnungslosen anzuwenden, die mit juristischen Personen des öffentlichen Rechts oder mit Steuerpflichtigen im Sinne der Nummer 9, die Mitglied sind, abgeschlossen werden. ⑦Eine Einweisungsverfügung nach den Ordnungsbehördengesetzen der Länder steht dem Abschluss eines Vertrags im Sinne des Satzes 6 gleich;

11. *(weggefallen)*

12.[1] die von den zuständigen Landesbehörden begründeten oder anerkannten gemeinnützigen Siedlungsunternehmen im Sinne des Reichssiedlungsgesetzes in der jeweils aktuellen Fassung oder entsprechender Landesgesetze, soweit diese Landesgesetze nicht wesentlich von den Bestimmungen des Reichssiedlungsgesetzes abweichen, und im Sinne der Bodenreformgesetze der Länder, soweit die Unternehmen im ländlichen Raum Siedlungs-, Agrarstrukturverbesserungs- und Landentwicklungsmaßnahmen mit Ausnahme des Wohnungsbaus durchführen. ②Die Steuerbefreiung ist ausgeschlossen, wenn die Einnahmen des Unternehmens aus den in Satz 1 nicht bezeichneten Tätigkeiten die Einnahmen aus den in Satz 1 bezeichneten Tätigkeiten übersteigen;

13. *(weggefallen)*

14.[2,3] Genossenschaften sowie Vereine, soweit sich ihr Geschäftsbetrieb beschränkt
 a) auf die gemeinschaftliche Benutzung land- und forstwirtschaftlicher Betriebseinrichtungen oder Betriebsgegenstände,
 b) auf Leistungen im Rahmen von Dienst- oder Werkverträgen für die Produktion land- und forstwirtschaftlicher Erzeugnisse für die Betriebe der Mitglieder, wenn die Leistungen im Bereich der Land- und Forstwirtschaft liegen; dazu gehören auch Leistungen zur Erstellung und Unterhaltung von Betriebsvorrichtungen, Wirtschaftswegen und Bodenverbesserungen,
 c) auf die Bearbeitung oder die Verwertung der von den Mitgliedern selbst gewonnenen land- und forstwirtschaftlichen Erzeugnisse, wenn die Bearbeitung oder die Verwertung im Bereich der Land- und Forstwirtschaft liegt, oder
 d) auf die Beratung für die Produktion oder Verwertung land- und forstwirtschaftlicher Erzeugnisse der Betriebe der Mitglieder.

②Die Steuerbefreiung ist ausgeschlossen, wenn die Einnahmen des Unternehmens aus den in Satz 1 nicht bezeichneten Tätigkeiten 10 Prozent der gesamten Einnahmen übersteigen. ③Bei Genossenschaften und Vereinen, deren Geschäftsbetrieb sich überwiegend auf die Durchführung von Milchqualitäts- und Milchleistungsprüfungen oder auf die Tierbesamung beschränkt, bleiben die auf diese Tätigkeiten gerichteten Zweckgeschäfte mit Nichtmitgliedern bei der Berechnung der 10-Prozentgrenze außer Ansatz;

15. der Pensions-Sicherungs-Verein Versicherungsverein auf Gegenseitigkeit,
 a) wenn er mit Erlaubnis der Versicherungsaufsichtsbehörde ausschließlich die Aufgaben des Trägers der Insolvenzsicherung wahrnimmt, die sich aus dem Gesetz zur Verbesserung der betrieblichen Altersversorgung vom 19. Dezember 1974 (BGBl. I S. 3610) ergeben, und
 b) wenn seine Leistungen nach dem Kreis der Empfänger sowie nach Art und Höhe den in den §§ 7 bis 9, 17 und 30 des Gesetzes zur Verbesserung der betrieblichen Altersversorgung bezeichneten Rahmen nicht überschreiten;

16.[4,5] Körperschaften, Personenvereinigungen und Vermögenmassen, soweit sie
 a) als Einlagensicherungssysteme im Sinne des § 2 Absatz 1 des Einlagensicherungsgesetzes sowie als Entschädigungseinrichtungen im Sinne des Anlegerentschädigungsgesetzes ihre gesetzlichen Pflichtaufgaben erfüllen oder
 b)[6] als nicht als Einlagensicherungssysteme anerkannte vertragliche Systeme zum Schutz von Einlagen und institutsbezogene Sicherungssysteme im Sinne des § 61 des Einlagensicherungsgesetzes nach ihrer Satzung oder sonstigen Verfassung ausschließlich den Zweck ha-

---

[1] § 5 Abs. 1 Nr. 12 Satz 1 neu gefasst durch JStG 2008 v. 20. 12. 2007 (BGBl. I S. 3150) mit Wirkung ab VZ 2008.
[2] § 5 Abs. 1 Nr. 14 erster Satzteil redaktionell angepasst durch Gesetz vom 12. 12. 2019 (BGBl. I S. 2451).
[3] Zur Anwendung von § 5 Abs. 1 Nr. 14 vgl. § 34 Abs. 2.
[4] § 5 Abs. 1 Nr. 16 Satz 1 und 2 neu gefasst durch JStG 2015 vom 2. 11. 2015 (BGBl. I S. 1834) mit Wirkung ab VZ 2015 (§ 34 Abs. 3 Satz 5).
[5] § 5 Abs. 1 Nr. 16 Satz 3 geändert durch Gesetz vom 15. 12. 2004 (BGBl. I S. 3416), sowie durch Gesetz vom 1. 4. 2015 (BGBl. I S. 434) mit Wirkung ab VZ 2016 (§ 34 Abs. 3 a).
[6] § 5 Abs. 1 Nr. 16 Satz 1 Buchst. b geändert durch Gesetz vom 12. 5. 2021 (BGBl. I S. 990).

ben, Einlagen zu sichern oder bei Gefahr für die Erfüllung der Verpflichtungen eines Kreditinstituts im Sinne des § 1 Absatz 1 des Kreditwesengesetzes oder eines Finanzdienstleistungsinstituts im Sinne des § 1 Absatz 1a Satz 2 Nummer 1 bis 4 des Kreditwesengesetzes oder eines Wertpapierinstituts im Sinne des § 2 Absatz 1 des Wertpapierinstitutsgesetzes Hilfe zu leisten oder Einlagensicherungssysteme im Sinne des § 2 Absatz 1 des Einlagensicherungsgesetzes bei deren Pflichtenerfüllung zu unterstützen. ② Voraussetzung für die Steuerbefreiung nach Satz 1 ist zusätzlich, dass das Vermögen und etwa erzielte Überschüsse dauernd nur zur Erreichung des gesetzlichen oder satzungsmäßigen Zwecks verwendet werden. ③ Die Sätze 1 und 2 gelten entsprechend für Sicherungsfonds im Sinne der §§ 223 und 224 des Versicherungsaufsichtsgesetzes sowie für Einrichtungen zur Sicherung von Einlagen bei Wohnungsgenossenschaften mit Spareinrichtung. ④ Die Steuerbefreiung ist für wirtschaftliche Geschäftsbetriebe ausgeschlossen, die nicht ausschließlich auf die Erfüllung der begünstigten Aufgaben gerichtet sind;

17. Bürgschaftsbanken (Kreditgarantiegemeinschaften), deren Tätigkeit sich auf die Wahrnehmung von Wirtschaftsförderungsmaßnahmen insbesondere in Form der Übernahme und Verwaltung von staatlichen Bürgschaften und Garantien oder von Bürgschaften und Garantien mit staatlichen Rückbürgschaften oder auf der Grundlage staatlich anerkannter Richtlinien gegenüber Kreditinstituten, Versicherungsunternehmen, Leasinggesellschaften und Beteiligungsgesellschaften für Kredite, Leasingforderungen und Beteiligungen an mittelständischen Unternehmen zu ihrer Gründung und zur Erhaltung und Förderung ihrer Leistungsfähigkeit beschränkt. ② Voraussetzung ist, dass das Vermögen und etwa erzielte Überschüsse nur zur Erreichung des in Satz 1 genannten Zwecks verwendet werden;

18. Wirtschaftsförderungsgesellschaften, deren Tätigkeit sich auf die Verbesserung der sozialen und wirtschaftlichen Struktur einer bestimmten Region durch Förderung der Wirtschaft, insbesondere durch Industrieansiedlung, Beschaffung neuer Arbeitsplätze und der Sanierung von Altlasten beschränkt, wenn an ihnen überwiegend Gebietskörperschaften beteiligt sind. ② Voraussetzung ist, dass das Vermögen und etwa erzielte Überschüsse nur zur Erreichung des in Satz 1 genannten Zwecks verwendet werden;

19. Gesamthafenbetriebe im Sinne des § 1 des Gesetzes über die Schaffung eines besonderen Arbeitgebers für Hafenarbeiter vom 3. August 1950 (BGBl. S. 352), soweit sie Tätigkeiten ausüben, die in § 2 Abs. 1 dieses Gesetzes bestimmt und nach § 2 Abs. 2 dieses Gesetzes genehmigt worden sind. ② Voraussetzung ist, dass das Vermögen und etwa erzielte Überschüsse nur zur Erfüllung der begünstigten Tätigkeiten verwendet werden. ③ Wird ein wirtschaftlicher Geschäftsbetrieb unterhalten, dessen Tätigkeit nicht ausschließlich auf die Erfüllung der begünstigten Tätigkeiten gerichtet ist, ist die Steuerbefreiung insoweit ausgeschlossen;

20. Zusammenschlüsse von juristischen Personen des öffentlichen Rechts, von steuerbefreiten Körperschaften oder von steuerbefreiten Personenvereinigungen,
    a) deren Tätigkeit sich auf den Zweck beschränkt, im Wege des Umlageverfahrens die Versorgungslasten auszugleichen, die den Mitgliedern aus Versorgungszusagen gegenüber ihren Arbeitnehmern erwachsen,
    b) wenn am Schluss des Wirtschaftsjahrs das Vermögen nicht höher ist als 60 Prozent der im Wirtschaftsjahr erbrachten Leistungen an die Mitglieder;

21. die nicht in der Rechtsform einer Körperschaft des öffentlichen Rechts errichteten Arbeitsgemeinschaften Medizinischer Dienst der Krankenversicherung im Sinne des § 278 des Fünften Buches Sozialgesetzbuch und der Medizinische Dienst der Spitzenverbände der Krankenkassen im Sinne des § 282 des Fünften Buches Sozialgesetzbuch, soweit sie die ihnen durch Gesetz zugewiesenen Aufgaben wahrnehmen. ② Voraussetzung ist, dass das Vermögen und etwa erzielte Überschüsse nur zur Erreichung der in Satz 1 genannten Zwecke verwendet werden;

22. gemeinsame Einrichtungen der Tarifvertragsparteien im Sinne des § 4 Abs. 2 des Tarifvertragsgesetzes vom 25. August 1969 (BGBl. I S. 1323), die satzungsmäßige Beiträge auf der Grundlage des § 186a des Arbeitsförderungsgesetzes vom 25. Juni 1969 (BGBl. I S. 582) oder tarifvertraglicher Vereinbarungen erheben und Leistungen ausschließlich an die tarifgebundenen Arbeitnehmer des Gewerbezweigs oder an deren Hinterbliebene erbringen, wenn sie dabei zu nicht steuerbegünstigten Betrieben derselben oder ähnlicher Art nicht in größerem Umfang in Wettbewerb treten, als es bei Erfüllung ihrer begünstigten Aufgaben unvermeidlich ist. ② Wird ein wirtschaftlicher Geschäftsbetrieb unterhalten, dessen Tätigkeit nicht ausschließlich auf die Erfüllung der begünstigten Tätigkeiten gerichtet ist, ist die Steuerbefreiung insoweit ausgeschlossen;

23.[1] die Auftragsforschung öffentlich-rechtlicher Wissenschafts- und Forschungseinrichtungen; ist die Tätigkeit auf die Anwendung gesicherter wissenschaftlicher Erkenntnisse, die Übernahme von Projektträgerschaften sowie wirtschaftliche Tätigkeiten ohne Forschungsbezug gerichtet, ist die Steuerbefreiung insoweit ausgeschlossen;

---

[1] § 5 Abs. 1 Nr. 23 eingefügt durch StÄndG 2003 vom 15. 12. 2003 (BGBl. I S. 2645) mit Wirkung für VZ auch vor 2003.

24.[1] die Global Legal Entity Identifier Stiftung, soweit die Stiftung Tätigkeiten ausübt, die im unmittelbaren Zusammenhang mit der Einführung, dem Unterhalten und der Fortentwicklung eines Systems zur eindeutigen Identifikation von Rechtspersonen mittels eines weltweit anzuwendenden Referenzcodes stehen.

(2) Die Befreiungen nach Absatz 1 und nach anderen Gesetzen als dem Körperschaftsteuergesetz gelten nicht

1.[2] für inländische Einkünfte, die dem Steuerabzug vollständig oder teilweise unterliegen; Entsprechendes gilt für die in § 32 Abs. 3 Satz 1 zweiter Halbsatz genannten Einkünfte,

2.[3] für beschränkt Steuerpflichtige im Sinne des § 2 Nr. 1, es sei denn, es handelt sich um Steuerpflichtige im Sinne des Absatzes 1 Nr. 9, die nach den Rechtsvorschriften eines Mitgliedstaats der Europäischen Union oder nach den Rechtsvorschriften eines Staates, auf den das Abkommen über den Europäischen Wirtschaftsraum vom 3. Januar 1994 (ABl. EG Nr. L 1 S. 3), zuletzt geändert durch den Beschluss des Gemeinsamen EWR-Ausschusses Nr. 91/2007 vom 6. Juli 2007 (ABl. EU Nr. L 328 S. 40), in der jeweiligen Fassung Anwendung findet, gegründete Gesellschaften im Sinne des Artikels 54 des Vertrags über die Arbeitsweise der Europäischen Union[4] oder des Artikels 34 des Abkommens über den Europäischen Wirtschaftsraum sind, deren Sitz und Ort der Geschäftsleitung sich innerhalb des Hoheitsgebiets eines dieser Staaten befindet, und mit diesen Staaten ein Amtshilfeabkommen besteht,

3.[5] soweit § 38 Abs. 2 anzuwenden ist.

§ 6 Einschränkung der Befreiung von Pensions-, Sterbe-, Kranken- und Unterstützungskassen

(1) Übersteigt am Schluss des Wirtschaftsjahrs, zu dem der Wert der Deckungsrückstellung versicherungsmathematisch zu berechnen ist, das Vermögen einer Pensions-, Sterbe- oder Krankenkasse im Sinne des § 5 Abs. 1 Nr. 3 den in Buchstabe d dieser Vorschrift bezeichneten Betrag, so ist die Kasse steuerpflichtig, soweit ihr Einkommen anteilig auf das übersteigende Vermögen entfällt.

(2) Die Steuerpflicht entfällt mit Wirkung für die Vergangenheit, soweit das übersteigende Vermögen innerhalb von 18 Monaten nach dem Schluss des Wirtschaftsjahrs, für das es festgestellt worden ist, mit Zustimmung der Versicherungsaufsichtsbehörde zur Leistungserhöhung, zur Auszahlung an das Trägerunternehmen, zur Verrechnung mit Zuwendungen des Trägerunternehmens, zur gleichmäßigen Herabsetzung künftiger Zuwendungen des Trägerunternehmens oder zur Verminderung der Beiträge der Leistungsempfänger verwendet wird.

(3) Wird das übersteigende Vermögen nicht in der in Absatz 2 bezeichneten Weise verwendet, so erstreckt sich die Steuerpflicht auch auf die folgenden Kalenderjahre, für die der Wert der Deckungsrückstellung nicht versicherungsmathematisch zu berechnen ist.

(4) ① Bei der Ermittlung des Einkommens der Kasse sind Beitragsrückerstattungen oder sonstige Vermögensübertragungen an das Trägerunternehmen außer in den Fällen des Absatzes 2 nicht abziehbar. ② Das Gleiche gilt für Zuführungen zu einer Rückstellung für Beitragsrückerstattung, soweit den Leistungsempfängern ein Anspruch auf die Überschussbeteiligung nicht zusteht.

(5) ① Übersteigt am Schluss des Wirtschaftsjahrs das Vermögen einer Unterstützungskasse im Sinne des § 5 Abs. 1 Nr. 3 den in Buchstabe e dieser Vorschrift bezeichneten Betrag, so ist die Kasse steuerpflichtig, soweit ihr Einkommen anteilig auf das übersteigende Vermögen entfällt. ② Bei der Ermittlung des Einkommens sind Zuwendungen des Trägerunternehmens nicht erhöhend und Versorgungsleistungen der Kasse sowie Vermögensübertragungen an das Trägerunternehmen nicht mindernd zu berücksichtigen.[6]

(5 a)[7] ① Unterstützungskassen in der Rechtsform der Kapitalgesellschaft können bis zum 31. Dezember 2016 auf amtlich vorgeschriebenem Vordruck einen positiven Zuwendungsbetrag erklären. ② Dieser errechnet sich aus den Zuwendungen des Trägerunternehmens in den Veranlagungszeiträumen 2006 bis 2015 abzüglich der Versorgungsleistungen in diesem Zeitraum, soweit diese Zuwendungen und diese Versorgungsleistungen in dem steuerpflichtigen Teil des Einkommens der Kasse nach Absatz 5 Satz 1 enthalten waren. ③ Dabei gelten Versorgungsleistungen in den Veranlagungszeiträumen 2006 bis 2015 als vornehmlich aus Zuwendungen des Trägerunternehmens in diesem Zeitraum erbracht. ④ Ab dem Veranlagungszeitraum 2016 mindert sich das

---

[1] § 5 Abs. 1 Nr. 24 eingefügt durch Gesetz vom 22. 12. 2014 (BGBl. I S. 2417) mit erstmaliger Wirkung für VZ 2014 (§ 34 Abs. 3 Satz 6).

[2] § 5 Abs. 2 Nr. 1 geändert durch StÄndG 2003 vom 15. 12. 2003 (BGBl. I S. 2645) mit Wirkung ab VZ 2004; zweiter Halbsatz angefügt durch Gesetz vom 14. 8. 2007 (BGBl. I S. 1912).

[3] § 5 Abs. 2 Nr. 2 neu gefasst durch JStG 2009 vom 19. 12. 2008 (BGBl. I S. 2794) mit Wirkung für VZ auch vor 2009.

[4] Artikel und Vertragsbezeichnung angepasst durch Gesetz vom 26. 6. 2013 (BGBl. I S. 1809).

[5] § 5 Abs. 2 Nr. 3 neu gefasst durch JStG 2009 vom 19. 12. 2008 (BGBl. I S. 2794) mit Wirkung ab VZ 2009.

[6] § 6 Abs. 5 Satz 2 neu gefasst und Abs. 5 a eingefügt durch JStG 2015 vom 2. 11. 2015 (BGBl. I S. 1834) mit Wirkung ab VZ 2016.

[7] § 6 Abs. 5a eingefügt mit Wirkung ab VZ 2016 durch Gesetz vom 2. 11. 2015 (BGBl. I S. 1834).

steuerpflichtige Einkommen der Kasse in Höhe des zum Schluss des vorherigen Veranlagungszeitraums festgestellten Betrags nach Satz 6; es mindert sich höchstens um einen Betrag in Höhe der im Wirtschaftsjahr getätigten Versorgungsleistungen. ⑤ Durch die Minderung darf das Einkommen nicht negativ werden. ⑥ Gesondert festzustellen sind,

1. der Zuwendungsbetrag auf den 31. Dezember 2015 und
2. der zum 31. Dezember des jeweiligen Folgejahres verbleibende Zuwendungsbetrag, der sich ergibt, wenn vom zum Schluss des Vorjahres festgestellten Betrag der Betrag abgezogen wird, um den sich das steuerpflichtige Einkommen im laufenden Veranlagungszeitraum nach den Sätzen 4 und 5 gemindert hat.

(6) ① Auf den Teil des Vermögens einer Pensions-, Sterbe-, Kranken- oder Unterstützungskasse, der am Schluss des Wirtschaftsjahrs den in § 5 Abs. 1 Nr. 3 Buchstabe d oder e bezeichneten Betrag übersteigt, ist Buchstabe c dieser Vorschrift nicht anzuwenden. ② Bei Unterstützungskassen gilt dies auch, soweit das Vermögen vor dem Schluss des Wirtschaftsjahrs den in § 5 Abs. 1 Nr. 3 Buchstabe e bezeichneten Betrag übersteigt.

§ 6a[1] Einkommensermittlung bei voll steuerpflichtigen Unterstützungskassen

Bei Unterstützungskassen, die voll steuerpflichtig sind, ist § 6 Absatz 5 Satz 2 und Absatz 5a entsprechend anzuwenden.

Zweiter Teil. Einkommen

Erstes Kapitel. Allgemeine Vorschriften

§ 7 Grundlagen der Besteuerung

(1) Die Körperschaftsteuer bemisst sich nach dem zu versteuernden Einkommen.

(2) Zu versteuerndes Einkommen ist das Einkommen im Sinne des § 8 Abs. 1, vermindert um die Freibeträge der §§ 24 und 25.

(3) ① Die Körperschaftsteuer ist eine Jahressteuer. ② Die Grundlagen für ihre Festsetzung sind jeweils für ein Kalenderjahr zu ermitteln. ③ Besteht die unbeschränkte oder beschränkte Steuerpflicht nicht während eines ganzen Kalenderjahrs, so tritt an die Stelle des Kalenderjahrs der Zeitraum der jeweiligen Steuerpflicht.

(4) ① Bei Steuerpflichtigen, die verpflichtet sind, Bücher nach den Vorschriften des Handelsgesetzbuchs zu führen, ist der Gewinn nach dem Wirtschaftsjahr zu ermitteln, für das sie regelmäßig Abschlüsse machen. ② Weicht bei diesen Steuerpflichtigen das Wirtschaftsjahr, für das sie regelmäßig Abschlüsse machen, vom Kalenderjahr ab, so gilt der Gewinn aus Gewerbebetrieb als in dem Kalenderjahr bezogen, in dem das Wirtschaftsjahr endet. ③ Die Umstellung des Wirtschaftsjahrs auf einen vom Kalenderjahr abweichenden Zeitraum ist steuerlich nur wirksam, wenn sie im Einvernehmen mit dem Finanzamt vorgenommen wird.

§ 8 Ermittlung des Einkommens

(1)[2] ① Was als Einkommen gilt und wie das Einkommen zu ermitteln ist, bestimmt sich nach den Vorschriften des Einkommensteuergesetzes und dieses Gesetzes. ② Bei Betrieben gewerblicher Art im Sinne des § 4 sind die Absicht, Gewinn zu erzielen, und die Beteiligung am allgemeinen wirtschaftlichen Verkehr nicht erforderlich. ③ Bei den inländischen öffentlich-rechtlichen Rundfunkanstalten beträgt das Einkommen aus dem Geschäft der Veranstaltung von Werbesendungen 16 Prozent der Entgelte (§ 10 Abs. 1 des Umsatzsteuergesetzes) aus Werbesendungen. ④ Bei Körperschaften im Sinne des § 1 Absatz 1 mit Sitz im Ausland, deren Ort der Geschäftsleitung im Inland belegen ist und die nach inländischem Gesellschaftsrecht mangels Rechtsfähigkeit nicht als juristische Person zu behandeln sind, sind Leistungen und Leistungsversprechen zwischen der Körperschaft und Personen, die aus dieser Körperschaft Einkünfte im Sinne des § 20 Absatz 1 Nummer 1 und 9 des Einkommensteuergesetzes erzielen, für Zwecke der Durchführung der Besteuerung mit Ertragsteuern wie Leistungen und Leistungsversprechen zwischen einer rechtsfähigen Körperschaft und deren Anteilseignern zu behandeln.

(2)[3] Bei unbeschränkt Steuerpflichtigen im Sinne des § 1 Abs. 1 Nr. 1 bis 3 sind alle Einkünfte als Einkünfte aus Gewerbebetrieb zu behandeln.

(3) ① Für die Ermittlung des Einkommens ist es ohne Bedeutung, ob das Einkommen verteilt wird. ② Auch verdeckte Gewinnausschüttungen sowie Ausschüttungen jeder Art auf Genussrech-

---

[1] § 6a eingefügt durch JStG 2015 vom 2. 11. 2015 (BGBl. I S. 1834) mit Wirkung ab VZ 2016.

[2] § 8 Abs. 1 Satz 2 eingefügt, bish. Satz 2 wird Satz 3, durch JStG 2009 vom 19. 12. 2008 (BGBl. I S. 2794) mit Wirkung für VZ auch vor 2009; Satz 4 angefügt durch Gesetz vom 25. 6. 2021 (BGBl. I S. 2056) mit Wirkung für VZ auch vor 2021; zur Anwendung siehe § 34 Abs. 3 c.

[3] § 8 Abs. 2 geändert mWv VZ 2006 durch SEStEG vom 7. 12. 2006 (BGBl. I S. 2782).

te, mit denen das Recht auf Beteiligung am Gewinn und am Liquidationserlös der Kapitalgesellschaft verbunden ist, mindern das Einkommen nicht. ③ [1] Verdeckte Einlagen erhöhen das Einkommen nicht. ④ Das Einkommen erhöht sich, soweit eine verdeckte Einlage das Einkommen des Gesellschafters gemindert hat. ⑤ Satz 4 gilt auch für eine verdeckte Einlage, die auf einer verdeckten Gewinnausschüttung einer dem Gesellschafter nahe stehenden Person beruht und bei der Besteuerung des Gesellschafters nicht berücksichtigt wurde, es sei denn, die verdeckte Gewinnausschüttung hat bei der leistenden Körperschaft das Einkommen nicht gemindert. ⑥ In den Fällen des Satzes 5 erhöht die verdeckte Einlage nicht die Anschaffungskosten der Beteiligung.

(4)[2] *(aufgehoben)*

(5) Bei Personenvereinigungen bleiben für die Ermittlung des Einkommens Beiträge, die auf Grund der Satzung von den Mitgliedern lediglich in ihrer Eigenschaft als Mitglieder erhoben werden, außer Ansatz.

(6) Besteht das Einkommen nur aus Einkünften, von denen lediglich ein Steuerabzug vorzunehmen ist, so ist ein Abzug von Betriebsausgaben oder Werbungskosten nicht zulässig.

(7)[3] ① Die Rechtsfolgen einer verdeckten Gewinnausschüttung im Sinne des Absatzes 3 Satz 2 sind

1. bei Betrieben gewerblicher Art im Sinne des § 4 nicht bereits deshalb zu ziehen, weil sie ein Dauerverlustgeschäft ausüben;
2. bei Kapitalgesellschaften nicht bereits deshalb zu ziehen, weil sie ein Dauerverlustgeschäft ausüben. ② Satz 1 gilt nur bei Kapitalgesellschaften, bei denen die Mehrheit der Stimmrechte unmittelbar oder mittelbar auf juristische Personen des öffentlichen Rechts entfällt und nachweislich ausschließlich diese Gesellschafter die Verluste aus Dauerverlustgeschäften tragen.

② Ein Dauerverlustgeschäft liegt vor, soweit aus verkehrs-, umwelt-, sozial-, kultur-, bildungs- oder gesundheitspolitischen Gründen eine wirtschaftliche Betätigung ohne kostendeckendes Entgelt unterhalten wird oder in den Fällen von Satz 1 Nr. 2 das Geschäft Ausfluss einer Tätigkeit ist, die bei juristischen Personen des öffentlichen Rechts zu einem Hoheitsbetrieb gehört.

(8)[4] ① Werden Betriebe gewerblicher Art zusammengefasst, ist § 10 d des Einkommensteuergesetzes auf den Betrieb gewerblicher Art anzuwenden, der sich durch die Zusammenfassung ergibt. ② Nicht ausgeglichene negative Einkünfte der einzelnen Betriebe gewerblicher Art aus der Zeit vor der Zusammenfassung können nicht beim zusammengefassten Betrieb gewerblicher Art abgezogen werden. ③ Ein Rücktrag von Verlusten des zusammengefassten Betriebs gewerblicher Art auf die einzelnen Betriebe gewerblicher Art vor Zusammenfassung ist unzulässig. ④ Ein bei einem Betrieb gewerblicher Art vor der Zusammenfassung festgestellter Verlustvortrag kann nach Maßgabe des § 10 d des Einkommensteuergesetzes vom Gesamtbetrag der Einkünfte abgezogen werden, den dieser Betrieb gewerblicher Art nach Beendigung der Zusammenfassung erzielt. ⑤ Die Einschränkungen der Sätze 2 bis 4 gelten nicht, wenn gleichartige Betriebe gewerblicher Art zusammengefasst oder getrennt werden. ⑥ Kommt es bei einem Betrieb gewerblicher Art, der sich durch eine Zusammenfassung ergeben hat, innerhalb eines Zeitraums von fünf Jahren nach der Zusammenfassung zur Anwendung des § 3 a des Einkommensteuergesetzes, ist § 3 a Absatz 3 Satz 3 des Einkommensteuergesetzes entsprechend auf die in Satz 4 genannten Verlustvorträge anzuwenden.[5]

(9)[6] ① Wenn für Kapitalgesellschaften Absatz 7 Satz 1 Nr. 2 zur Anwendung kommt, sind die einzelnen Tätigkeiten der Gesellschaft nach folgender Maßgabe Sparten zuzuordnen:

1. Tätigkeiten, die als Dauerverlustgeschäfte Ausfluss einer Tätigkeit sind, die bei juristischen Personen des öffentlichen Rechts zu einem Hoheitsbetrieb gehören, sind jeweils gesonderten Sparten zuzuordnen;
2. Tätigkeiten, die nach § 4 Abs. 6 Satz 1 zusammenfassbar sind oder aus den übrigen, nicht in Nummer 1 bezeichneten Dauerverlustgeschäften stammen, sind jeweils gesonderten Sparten zuzuordnen, wobei zusammenfassbare Tätigkeiten jeweils eine einheitliche Sparte bilden;
3. alle übrigen Tätigkeiten sind einer einheitlichen Sparte zuzuordnen.

② Für jede sich hiernach ergebende Sparte ist der Gesamtbetrag der Einkünfte getrennt zu ermitteln. ③ Die Aufnahme einer weiteren, nicht gleichartigen Tätigkeit führt zu einer neuen, gesonderten Sparte; Entsprechendes gilt für die Aufgabe einer solchen Tätigkeit. ④ Ein negativer

---

[1] § 8 Abs. 3 Sätze 3 bis 6 eingefügt durch JStG 2007 vom 13. 12. 2006 (BGBl. I S. 2878). Erstmals anzuwenden auf verdeckte Einlagen, die nach dem 18. Dezember 2006 getätigt wurden.

[2] § 8 Abs. 4 aufgehoben durch Gesetz vom 14. 8. 2007 (BGBl. I S. 1912).

[3] § 8 Abs. 7 eingefügt durch JStG 2009 vom 19. 12. 2008 (BGBl. I S. 2794) mit Wirkung für VZ auch vor 2009.

[4] § 8 Abs. 8 eingefügt durch JStG 2009 vom 19. 12. 2008 (BGBl. I S. 2794) mit Wirkung ab VZ 2009. Satz 6 eingefügt durch Gesetz vom 27. 6. 2017 (BGBl. I S. 2074) mit Wirkung zum VZ 2017.

[5] Zur Anwendung von Satz 6 auf Antrag auch für VZ vor 2017 siehe § 34 Abs. 3 d.

[6] § 8 Abs. 9 eingefügt durch JStG 2009 vom 19. 12. 2008 (BGBl. I S. 2794) mit Wirkung ab VZ 2009.

Gesamtbetrag der Einkünfte einer Sparte darf nicht mit einem positiven Gesamtbetrag der Einkünfte einer anderen Sparte ausgeglichen oder nach Maßgabe des § 10 d des Einkommensteuergesetzes abgezogen werden. ⑤ Er mindert jedoch nach Maßgabe des § 10 d des Einkommensteuergesetzes die positiven Gesamtbeträge der Einkünfte, die sich in dem unmittelbar vorangegangenen und in den folgenden Veranlagungszeiträumen für dieselbe Sparte ergeben. ⑥ Liegen die Voraussetzungen des Absatzes 7 Satz 1 Nr. 2 Satz 2 ab einem Zeitpunkt innerhalb eines Veranlagungszeitraums nicht mehr vor, sind die Sätze 1 bis 5 ab diesem Zeitpunkt nicht mehr anzuwenden; hiernach nicht ausgeglichene oder abgezogene negative Beträge sowie verbleibende Verlustvorträge aus den Sparten, in denen Dauerverlusttätigkeiten ausgeübt werden, entfallen. ⑦ Liegen die Voraussetzungen des Absatzes 7 Satz 1 Nr. 2 Satz 2 erst ab einem bestimmten Zeitpunkt innerhalb eines Veranlagungszeitraums vor, sind die Sätze 1 bis 5 ab diesem Zeitpunkt anzuwenden; ein bis zum Eintritt der Voraussetzungen entstandener Verlust kann nach Maßgabe des § 10 d des Einkommensteuergesetzes abgezogen werden; ein danach verbleibender Verlust ist der Sparte zuzuordnen, in denen keine Dauerverlustgeschäfte ausgeübt werden. ⑧ [1]Der am Schluss eines Veranlagungszeitraums verbleibende negative Gesamtbetrag der Einkünfte einer Sparte ist gesondert festzustellen; § 10 d Absatz 4 des Einkommensteuergesetzes gilt entsprechend. ⑨ [2]Die §§ 3 a und 3 c Absatz 4 des Einkommensteuergesetzes sind entsprechend anzuwenden; § 3 a Absatz 2 des Einkommensteuergesetzes ist für die Kapitalgesellschaft anzuwenden.

(10)[3] ① Bei Einkünften aus Kapitalvermögen ist § 2 Absatz 5 b des Einkommensteuergesetzes nicht anzuwenden. ② § 32 d Abs. 2 Satz 1 Nr. 1 Satz 1 und Nr. 3 Satz 1 und Satz 3 bis 6 des Einkommensteuergesetzes ist entsprechend anzuwenden; in diesen Fällen ist § 20 Abs. 6 und 9 des Einkommensteuergesetzes nicht anzuwenden.

§ 8 a[4] Betriebsausgabenabzug für Zinsaufwendungen bei Körperschaften (Zinsschranke)

(1)[5, 6] ① § 4 h Abs. 1 Satz 2 des Einkommensteuergesetzes[7] ist mit der Maßgabe anzuwenden, dass anstelle des maßgeblichen Gewinns das maßgebliche Einkommen tritt. ② Maßgebliches Einkommen ist das nach den Vorschriften des Einkommensteuergesetzes und dieses Gesetzes ermittelte Einkommen mit Ausnahme der §§ 4 h und 10 d des Einkommensteuergesetzes[7] und des § 9 Abs. 1 Nr. 2 dieses Gesetzes. ③ Die §§ 8 c und 8 d gelten für den Zinsvortrag nach § 4 h Absatz 1 Satz 5 des Einkommensteuergesetzes[7] mit der Maßgabe entsprechend, dass stille Reserven im Sinne des § 8 c Absatz 1 Satz 6 nur zu berücksichtigen sind, soweit sie die nach § 8 c Absatz 1 Satz 5 und § 8 d Absatz 2 Satz 1 abziehbaren nicht genutzten Verluste übersteigen. ④ Auf Kapitalgesellschaften, die ihre Einkünfte nach § 2 Abs. 2 Nr. 2 des Einkommensteuergesetzes ermitteln, ist § 4 h des Einkommensteuergesetzes[7] sinngemäß anzuwenden.

(2)[8] § 4 h Abs. 2 Satz 1 Buchstabe b des Einkommensteuergesetzes[7] ist nur anzuwenden, wenn die Vergütungen für Fremdkapital an einen zu mehr als einem Viertel unmittelbar oder mittelbar am Grund- oder Stammkapital beteiligten Anteilseigner, eine diesem nahe stehende Person (§ 1 Abs. 2 des Außensteuergesetzes vom 8. September 1972 – BGBl. I S. 1713 –, das zuletzt durch Artikel 3 des Gesetzes vom 28. Mai 2007 – BGBl. I S. 914 – geändert worden ist, in der jeweils geltenden Fassung) oder einen Dritten, der auf den zu mehr als einem Viertel am Grund- oder Stammkapital beteiligten Anteilseigner oder eine diesem nahe stehende Person zurückgreifen kann, nicht mehr als 10 Prozent der die Zinserträge übersteigenden Zinsaufwendungen der Körperschaft im Sinne des § 4 h Abs. 3 des Einkommensteuergesetzes[7] betragen und die Körperschaft dies nachweist.

(3)[8] ① § 4 h Abs. 2 Satz 1 Buchstabe c des Einkommensteuergesetzes[7] ist nur anzuwenden, wenn die Vergütungen für Fremdkapital der Körperschaft oder eines anderen demselben Konzern zugehörenden Rechtsträgers an einen zu mehr als einem Viertel unmittelbar oder mittelbar am Kapital beteiligten Gesellschafter einer konzernzugehörigen Gesellschaft, eine diesem nahe stehende Person (§ 1 Abs. 2 des Außensteuergesetzes) oder einen Dritten, der auf den zu mehr als einem Viertel am Kapital beteiligten Gesellschafter oder eine diesem nahe stehende Person zurückgreifen kann, nicht mehr als 10 Prozent der die Zinserträge übersteigenden Zinsaufwendungen des Rechtsträgers im Sinne des § 4 h Abs. 3 des Einkommensteuergesetzes[7] betragen und die Körperschaft dies nachweist. ② Satz 1 gilt nur für Zinsaufwendungen aus Verbindlichkeiten,

---

[1] § 8 Abs. 9 Satz 8 angefügt mit Wirkung ab VZ 2009 durch JStG 2010 vom 8. 12. 2010 (BGBl. I S. 1768).

[2] § 8 Abs. 9 Satz 9 eingefügt durch Gesetz vom 27. 6. 2017 (BGBl. I S. 2074) mit Wirkung zum VZ 2017. Zur Anwendung von Satz 9 auf Antrag für VZ auch vor 2017 siehe § 34 Abs. 3 d.

[3] § 8 Abs. 10 eingefügt durch JStG 2009 vom 19. 12. 2008 (BGBl. I S. 2794) mit Wirkung ab VZ 2009; Abs. 10 Satz 1 geändert durch StVereinfG 2011 vom 1. 11. 2011 (BGBl. I S. 2131), erstmals anzuwenden ab VZ 2012.

[4] § 8 a neu gefasst durch Gesetz vom 14. 8. 2007 (BGBl. I S. 1912). Erstmals anzuwenden für Wj., die nach dem 25. Mai 2007 beginnen und nicht vor dem 1. Januar 2008 enden.

[5] § 8 a Abs. 1 Satz 1 Verweis geändert mit Wirkung für Wj., die nach dem 31. 12. 2009 enden sowie Satz 3 neu gefasst mit Wirkung für schädliche Beteiligungserwerbe nach dem 31. 12. 2009 durch Gesetz vom 22. 12. 2009 (BGBl. I S. 3950).

[6] § 8 a Abs. 1 Satz 3 geändert durch Gesetz vom 20. 12. 2016 (BGBl. I S. 2998) mit Wirkung ab VZ 2016; Satz 3 redaktionell angepasst durch Gesetz vom 11. 12. 2018 (BGBl. I S. 2338).

[7] § 4 h EStG abgedruckt bei § 8 a im Hauptteil.

[8] § 8 a Abs. 2 und 3 nicht anzuwenden in den Fällen des § 34 Abs. 4.

die in dem voll konsolidierten Konzernabschluss nach § 4h Abs. 2 Satz 1 Buchstabe c des Einkommensteuergesetzes[1] ausgewiesen sind und bei Finanzierung durch einen Dritten einen Rückgriff gegen einen nicht zum Konzern gehörenden Gesellschafter oder eine diesem nahe stehende Person auslösen.

§ 8b[2] Beteiligung an anderen Körperschaften und Personenvereinigungen

(1)[3] ① Bezüge im Sinne des § 20 Abs. 1 Nr. 1, 2, 9 und 10 Buchstabe a des Einkommensteuergesetzes bleiben bei der Ermittlung des Einkommens außer Ansatz. ②[4] Satz 1 gilt nur, soweit die Bezüge das Einkommen der leistenden Körperschaft nicht gemindert haben. ③ Sofern die Bezüge in einem anderen Staat auf Grund einer vom deutschen Recht abweichenden steuerlichen Zurechnung der Anteile im Sinne des Satzes 1 einer anderen Person zugerechnet werden, gilt Satz 1 nur, soweit das Einkommen der anderen Person oder ihr nahestehender Personen nicht niedriger ist als bei einer dem deutschen Recht entsprechenden Zurechnung. ④ Sind die Bezüge im Sinne des Satzes 1 nach einem Abkommen zur Vermeidung der Doppelbesteuerung von der Bemessungsgrundlage für die Körperschaftsteuer auszunehmen, gilt Satz 2 ungeachtet des Wortlauts des Abkommens für diese Freistellung entsprechend. ⑤ Satz 2 gilt nicht, soweit die verdeckte Gewinnausschüttung das Einkommen einer dem Steuerpflichtigen nahe stehenden Person erhöht hat und § 32a des Körperschaftsteuergesetzes auf die Veranlagung dieser nahe stehenden Person keine Anwendung findet. ⑥ Bezüge im Sinne des Satzes 1 sind auch Einnahmen aus der Veräußerung von Dividendenscheinen und sonstigen Ansprüchen im Sinne des § 20 Abs. 2 Satz 1 Nr. 2 Buchstabe a des Einkommensteuergesetzes sowie Einnahmen aus der Abtretung von Dividendenansprüchen oder sonstigen Ansprüchen im Sinne des § 20 Abs. 2 Satz 2 des Einkommensteuergesetzes.

(2)[5] ① Bei der Ermittlung des Einkommens bleiben Gewinne aus der Veräußerung eines Anteils an einer Körperschaft oder Personenvereinigung, deren Leistungen beim Empfänger zu Einnahmen im Sinne des § 20 Abs. 1 Nr. 1, 2, 9 und 10 Buchstabe a des Einkommensteuergesetzes gehören, oder an einer Organgesellschaft im Sinne des § 14 oder § 17 au Ansatz. ② Veräußerungsgewinn im Sinne des Satzes 1 ist der Betrag, um den der Veräußerungspreis oder der an dessen Stelle tretende Wert nach Abzug der Veräußerungskosten den Wert übersteigt, der sich nach den Vorschriften über die steuerliche Gewinnermittlung im Zeitpunkt der Veräußerung ergibt (Buchwert). ③ Satz 1 gilt entsprechend für Gewinne aus der Auflösung oder der Herabsetzung des Nennkapitals oder aus dem Ansatz des in § 6 Absatz 1 Nummer 2 Satz 3 des Einkommensteuergesetzes bezeichneten Werts. ④ Die Sätze 1 und 3 gelten nicht, soweit der Anteil in früheren Jahren steuerwirksam auf den niedrigeren Teilwert abgeschrieben und die Gewinnminderung nicht durch den Ansatz eines höheren Werts ausgeglichen worden ist. ⑤ Satz 4 gilt außer für Gewinne aus dem Ansatz mit dem Wert, der sich nach § 6 Abs. 1 Nr. 2 Satz 3 des Einkommensteuergesetzes ergibt, auch für steuerwirksam vorgenommene Abzüge nach § 6b des Einkommensteuergesetzes und ähnliche Abzüge. ⑥ Veräußerung im vorstehenden Sinne ist auch die verdeckte Einlage.

(3)[6, 7] ① Von dem jeweiligen Gewinn im Sinne des Absatzes 2 Satz 1, 3 und 6 gelten 5 Prozent als Ausgaben, die nicht als Betriebsausgaben abgezogen werden dürfen. ② § 3c Abs. 1 des Einkommensteuergesetzes ist nicht anzuwenden. ③ Gewinnminderungen, die im Zusammenhang mit dem in Absatz 2 genannten Anteil entstehen, sind bei der Ermittlung des Einkommens nicht zu berücksichtigen. ④ Zu den Gewinnminderungen im Sinne des Satzes 3 gehören auch Gewinnminderungen im Zusammenhang mit einer Darlehensforderung oder aus der Inanspruchnahme von Sicherheiten, die für ein Darlehen hingegeben wurden, wenn das Darlehen oder die Sicherheit von einem Gesellschafter gewährt wird, der zu mehr als einem Viertel unmittelbar oder mittelbar am Grund- oder Stammkapital der Körperschaft, der das Darlehen gewährt wurde, beteiligt ist oder war. ⑤ Dies gilt auch für diesem Gesellschafter nahestehende Personen im Sinne des § 1 Abs. 2 des Außensteuergesetzes oder für Gewinnminderungen aus dem Rückgriff eines Dritten auf den zu mehr als einem Viertel am Grund- oder Stammkapital beteiligten Gesellschafter oder eine diesem nahestehende Person auf Grund eines der Gesellschaft gewährten Darlehens. ⑥ Währungskursverluste gelten nicht als Gewinnminderungen im Sinne der Sätze 4 und 5. ⑦ Die Sätze 4 und 5 sind nicht anzuwenden, wenn nachgewiesen wird, dass auch ein

---

[1] § 4h EStG abgedruckt bei § 8a im Hauptteil.

[2] Vgl. zur Anwendung BMF-Schrb. v. 28. 4. 2003, abgedruckt im Hauptteil bei § 8b als Anl. b zu H 8b.

[3] § 8b Abs. 1 Sätze 2 bis 4 eingefügt durch JStG 2007 vom 13. 12. 2006 (BGBl. I S. 2878). Erstmals anzuwenden auf Bezüge, die nach dem 18. Dezember 2006 zugeflossen sind. Bisheriger Satz 2 des Abs. 1 wird Satz 5. Abs. 1 Satz 2 Zitat geändert durch JStG 2010 vom 8. 12. 2010 (BGBl. I S. 1768); Abs. 1 Satz 3 eingefügt, bish. Sätze 3 bis 5 werden Sätze 4 bis 6 mWv VZ 2020 durch Gesetz vom 25. 6. 2021 (BGBl. I S. 2035); zur Anwendung siehe § 34 Abs. 5 Satz 1.

[4] § 8b Abs. 1 Satz 2 neu gefasst durch Gesetz vom 26. 6. 2013 (BGBl. I S. 1809) mWv VZ 2014.

[5] § 8b Abs. 2 neu gefasst mWv VZ 2004 durch Gesetz vom 22. 12. 2003 (BGBl. I S. 2840); Satz 3 geändert, Satz 5 angefügt mWv VZ 2006, bish. Satz 5 wird Satz 6 durch SEStEG vom 7. 12. 2006 (BGBl. I S. 2782); Abs. 2 Satz 1 Verweis geändert mWv VZ 2015 und Satz 3 redaktionell angepasst durch Gesetz vom 25. 7. 2014 (BGBl. I S. 1266).

[6] § 8b Abs. 3 neu gefasst mWv VZ 2004 durch Gesetz vom 22. 12. 2003 (BGBl. I S. 2840); Abs. 3 Satz 1 redaktionell geändert, Sätze 4 bis 8 mWv VZ 2008 eingefügt durch JStG 2008 vom 20. 12. 2007 (BGBl. I S. 3150).

[7] § 8b Abs. 3 Satz 6 eingefügt, bish. Sätze 6 bis 8 werden Sätze 7 bis 9 und neuer Satz 8 geändert mWv VZ 2022 durch Gesetz vom 25. 6. 2021 (BGBl. I S. 2050); zur Anwendung siehe § 34 Abs. 5 Satz 2.

fremder Dritter das Darlehen bei sonst gleichen Umständen gewährt oder noch nicht zurückgefordert hätte; dabei sind nur die eigenen Sicherungsmittel der Gesellschaft zu berücksichtigen. ⑧ Die Sätze 4 bis 7 gelten entsprechend für Forderungen aus Rechtshandlungen, die einer Darlehensgewährung wirtschaftlich vergleichbar sind. ⑨ Gewinne aus dem Ansatz einer Darlehensforderung mit dem nach § 6 Abs. 1 Nr. 2 Satz 3 des Einkommensteuergesetzes maßgeblichen Wert bleiben bei der Ermittlung des Einkommens außer Ansatz, soweit auf die vorangegangene Teilwertabschreibung Satz 3 angewendet worden ist.

(4)[1, 2] ① Bezüge im Sinne des Absatzes 1 sind abweichend von Absatz 1 Satz 1 bei der Ermittlung des Einkommens zu berücksichtigen, wenn die Beteiligung zu Beginn des Kalenderjahres unmittelbar weniger als 10 Prozent des Grund- oder Stammkapitals betragen hat; ist ein Grund- oder Stammkapital nicht vorhanden, ist die Beteiligung an dem Vermögen, bei Genossenschaften die Beteiligung an der Summe der Geschäftsguthaben, maßgebend. ② Für die Bemessung der Höhe der Beteiligung ist § 13 Absatz 2 Satz 2 des Umwandlungssteuergesetzes nicht anzuwenden. ③ Überlässt eine Körperschaft Anteile an einen anderen und hat der andere diese oder gleichartige Anteile zurückzugeben, werden die Anteile für die Ermittlung der Beteiligungsgrenze der überlassenden Körperschaft zugerechnet. ④ Beteiligungen über eine Mitunternehmerschaft sind dem Mitunternehmer anteilig zuzurechnen; § 15 Absatz 1 Satz 1 Nummer 2 Satz 2 des Einkommensteuergesetzes gilt sinngemäß. ⑤ Eine dem Mitunternehmer nach Satz 4 zugerechnete Beteiligung gilt für die Anwendung dieses Absatzes als unmittelbare Beteiligung. ⑥ Für Zwecke dieses Absatzes gilt der Erwerb einer Beteiligung von mindestens 10 Prozent als zu Beginn des Kalenderjahres erfolgt. ⑦ Absatz 5 ist auf Bezüge im Sinne des Satzes 1 nicht anzuwenden. ⑧ Beteiligungen von Kreditinstituten im Sinne des § 1 Absatz 1 Satz 1 des Kreditwesengesetzes, die Mitglied einer kreditwirtschaftlichen Verbundgruppe im Sinne des § 2 Absatz 1 Nummer 13 des Zahlungsdiensteaufsichtsgesetzes sind, an anderen Unternehmen und Einrichtungen dieser Verbundgruppe sind zusammenzurechnen.

(5)[3] ① Von den Bezügen im Sinne des Absatzes 1, die bei der Ermittlung des Einkommens außer Ansatz bleiben, gelten 5 Prozent als Ausgaben, die nicht als Betriebsausgaben abgezogen werden dürfen. ② § 3c Abs. 1 des Einkommensteuergesetzes ist nicht anzuwenden.

(6) ① Die Absätze 1 bis 5 gelten auch für die dort genannten Bezüge, Gewinne und Gewinnminderungen, die dem Steuerpflichtigen im Rahmen des Gewinnanteils aus einer Mitunternehmerschaft zugerechnet werden, sowie für Gewinne und Verluste, soweit sie bei der Veräußerung oder Aufgabe eines Mitunternehmeranteils auf Anteile im Sinne des Absatzes 2 entfallen. ② Die Absätze 1 bis 5 gelten für Bezüge und Gewinne, die einem Betrieb gewerblicher Art einer juristischen Person des öffentlichen Rechts über andere juristische Personen des öffentlichen Rechts zufließen, über die sie mitteilbar an der leistenden Körperschaft, Personenvereinigung oder Vermögensmasse beteiligt ist und bei denen die Leistungen nicht im Rahmen eines Betriebs gewerblicher Art erfasst werden, und damit in Zusammenhang stehende Gewinnminderungen entsprechend.

(7)[4] ① Die Absätze 1 bis 6 sind nicht auf Anteile anzuwenden, die bei Kreditinstituten, Wertpapierinstituten und Finanzdienstleistungsinstituten dem Handelsbestand im Sinne des § 340e Absatz 3 des Handelsgesetzbuchs zuzuordnen sind. ② Gleiches gilt für Anteile, die bei Finanzunternehmen im Sinne des Kreditwesengesetzes, an denen Kreditinstitute, Wertpapierinstitute oder Finanzdienstleistungsinstitute unmittelbar oder mittelbar zu mehr als 50 Prozent beteiligt sind, zum Zeitpunkt des Zugangs zum Betriebsvermögen als Umlaufvermögen auszuweisen sind.

(8)[5] ① Die Absätze 1 bis 7 sind nicht anzuwenden auf Anteile, die bei Lebens- und Krankenversicherungsunternehmen den Kapitalanlagen zuzurechnen sind. ② Satz 1 gilt nicht für Gewinne im Sinne des Absatzes 2, soweit eine Teilwertabschreibung in früheren Jahren nach Absatz 3 bei der Ermittlung des Einkommens unberücksichtigt geblieben ist und diese Minderung nicht durch den Ansatz eines höheren Werts ausgeglichen worden ist. ③ Gewinnminderungen, die im Zusammenhang mit den Anteilen im Sinne des Satzes 1 stehen, sind bei der Ermittlung des Einkommens nicht zu berücksichtigen, wenn das Lebens- oder Krankenversicherungsunternehmen die Anteile von einem verbundenen Unternehmen (§ 15 des Aktiengesetzes) erworben hat, soweit ein Veräußerungsgewinn für das verbundene Unternehmen nach Absatz 2 in der Fassung des Artikels 3 des Gesetzes vom 23. Oktober 2000 (BGBl. I S. 1433) bei der Ermittlung des Einkommens außer Ansatz geblieben ist. ④ Für die Ermittlung des Einkommens sind die Anteile mit den nach handelsrechtlichen Vorschriften ausgewiesenen Werten anzusetzen, die bei der Ermitt-

---

[1] § 8b Abs. 4 neu gefasst durch Gesetz vom 21. 3. 2013 (BGBl. I S. 561); erstmals anzuwenden für Bezüge, die nach dem 28. Februar 2013 zufließen (vgl. § 27 Abs. 11 UmwStG); Abs. 4 Satz 8 redaktionell geändert durch Gesetz vom 12. 12. 2019 (BGBl. I S. 2451) mit Wirkung ab VZ 2018 (§ 34 Abs. 5 Satz 4).

[2] § 8b Abs. 4 a. F., in der am 12. Dezember 2006 geltenden Fassung, aufgehoben; letztmals abgedruckt im „Handbuch zur Körperschaftsteuerveranlagung 2014".

[3] § 8b Abs. 5 neu gefasst mWv VZ 2004 durch Gesetz vom 22. 12. 2003 (BGBl. I S. 2840).

[4] § 8b Abs. 7 Sätze 1 und 2 neu gefasst, Satz 3 aufgehoben durch Gesetz vom 20. 12. 2016 (BGBl. I S. 3000) mit Wirkung ab VZ 2017; zur Anwendung von Satz 1 ab VZ 2017 vgl. § 34 Abs. 5 Satz 5 HS 1, zur Anwendung von Satz 2 vgl. § 34 Abs. 5 Satz 5 HS 2; Abs. 7 Sätze 1 und 2 geändert durch Gesetz vom 12. 5. 2021 (BGBl. I S. 990).

[5] § 8b Abs. 8 angefügt durch Gesetz vom 22. 12. 2003 (BGBl. I S. 2840). Erstmals anzuwenden für den VZ 2004, bei vom Kj. abw. Wj. erstmals für den VZ 2005.

lung der nach § 21 abziehbaren Beträge zu Grunde gelegt wurden. ⑤ Entsprechendes gilt für Pensionsfonds.

(9)[1] Die Absätze 7 und 8 gelten nicht für Bezüge im Sinne des Absatzes 1, auf die die Mitgliedstaaten der Europäischen Union Artikel 4 Abs. 1 der Richtlinie 2011/96/EU des Rates vom 30. November 2011 über das gemeinsame Steuersystem der Mutter- und Tochtergesellschaften verschiedener Mitgliedsaaten (ABl. L 345 vom 29. 12. 2011, S. 8), anzuwenden haben.

(10)[2] ① Überlässt eine Körperschaft (überlassende Körperschaft) Anteile, auf die bei ihr Absatz 4, 7 oder 8 anzuwenden ist oder auf die bei ihr aus anderen Gründen die Steuerfreistellungen der Absätze 1 und 2 oder vergleichbare ausländische Vorschriften nicht anzuwenden sind, an eine Körperschaft (andere Körperschaft), bei der auf die Anteile Absatz 4, 7 oder 8 nicht anzuwenden ist, und hat die andere Körperschaft, der die Anteile zuzurechnen sind, diese oder gleichartige Anteile zurückzugeben, dürfen die für die Überlassung gewährten Entgelte bei der anderen Körperschaft nicht als Betriebsausgabe abgezogen werden. ② Überlässt die andere Körperschaft für die Überlassung der Anteile Wirtschaftsgüter an die überlassende Körperschaft, aus denen diese Einnahmen oder Bezüge erzielt, gelten diese Einnahmen oder Bezüge als von der anderen Körperschaft bezogen und als Entgelt für die Überlassung an die überlassende Körperschaft gewährt. ③ Absatz 3 Satz 1 und 2 sowie Absatz 5 sind nicht anzuwenden. ④ Die Sätze 1 bis 3 gelten auch für Wertpapierpensionsgeschäfte im Sinne des § 340 b Absatz 2 des Handelsgesetzbuchs. ⑤ Die Sätze 1 bis 4 gelten nicht, wenn die andere Körperschaft keine Einnahmen oder Bezüge aus den ihr überlassenen Anteilen erzielt. ⑥ Zu den Einnahmen und Bezügen aus den überlassenen Anteilen im Sinne des Satzes 5 gehören auch Entgelte, die die andere Körperschaft dafür erhält, dass sie die entliehenen Wertpapiere weiterverleiht. ⑦ Die Sätze 1 bis 6 gelten entsprechend, wenn die Anteile an eine Personengesellschaft oder von einer Personengesellschaft überlassen werden, an der die überlassende oder die andere Körperschaft unmittelbar oder mittelbar über eine Personengesellschaft oder mehrere Personengesellschaften beteiligt ist. ⑧ In diesen Fällen gelten die Anteile als an die Körperschaft oder von der Körperschaft überlassen. ⑨ Die Sätze 1 bis 8 gelten entsprechend, wenn Anteile, die die Voraussetzungen des Absatzes 7 erfüllen, von einer Personengesellschaft überlassen werden. ⑩ Die Sätze 1 bis 8 gelten nicht, soweit § 2 Nummer 2 zweiter Halbsatz oder § 5 Absatz 2 Nummer 1 zweiter Halbsatz auf die überlassende Körperschaft Anwendung findet. ⑪[3] Als Anteil im Sinne der Sätze 1 bis 10 gilt auch der Anteil im Sinne von § 2 Absatz 4 des Investmentsteuergesetzes vom 19. Juli 2016 (BGBl. I S. 1730), das zuletzt durch Artikel 10 des Gesetzes vom 23. Juni 2017 (BGBl. I S. 1682) geändert worden ist, in der jeweils geltenden Fassung, soweit daraus Einnahmen erzielt werden, auf die § 8 b anzuwenden ist.

(11)[4] Die Absätze 1 bis 10 sind nicht anzuwenden bei Anteilen an Unterstützungskassen.

§ 8c[5, 6] Verlustabzug bei Körperschaften

(1)[7, 8] ① Werden innerhalb von fünf Jahren mittelbar oder unmittelbar mehr als 50 Prozent des gezeichneten Kapitals, der Mitgliedschaftsrechte, der Beteiligungsrechte oder der Stimmrechte an einer Körperschaft an einen Erwerber oder diesem nahe stehende Personen übertragen oder liegt ein vergleichbarer Sachverhalt vor (schädlicher Beteiligungserwerb), sind bis zum schädlichen Beteiligungserwerb nicht ausgeglichene oder abgezogene negative Einkünfte (nicht genutzte Verluste) vollständig nicht mehr abziehbar. ② Als ein Erwerber im Sinne des Satzes 1 gilt auch eine Gruppe von Erwerbern mit gleichgerichteten Interessen. ③ Eine Kapitalerhöhung steht der Übertragung des gezeichneten Kapitals gleich, soweit sie zu einer Veränderung der Beteiligungsquoten am Kapital der Körperschaft führt. ④ Ein schädlicher Beteiligungserwerb liegt nicht vor, wenn

1. an dem übertragenden Rechtsträger der Erwerber zu 100 Prozent mittelbar oder unmittelbar beteiligt ist und der Erwerber eine natürliche oder juristische Person oder eine Personenhandelsgesellschaft ist,
2. an dem übernehmenden Rechtsträger der Veräußerer zu 100 Prozent mittelbar oder unmittelbar beteiligt ist und der Veräußerer eine natürliche oder juristische Person oder eine Personenhandelsgesellschaft ist oder

---

[1] § 8 b Abs. 9 eingefügt mit Wirkung ab VZ 2005 durch EURLUmsG vom 9. 12. 2004 (BGBl. I S. 3310); geändert mWv 1. 1. 2012 durch Gesetz vom 26. 6. 2013 (BGBl. I S. 1809).

[2] § 8 b Abs. 10 neu gefasst durch Gesetz vom 26. 6. 2013 (BGBl. I S. 1809); Sätze 1 bis 5 und 7 bis 11 erstmals anzuwenden für nach dem 31. 12. 2013 überlassene Anteile, Satz 6 auf alle offenen Fälle.

[3] § 8 b Abs. 10 Satz 11 neu gefasst durch Gesetz vom 11. 12. 2018 (BGBl. I S. 2338) mit Wirkung ab VZ 2017.

[4] § 8 b Abs. 11 angefügt durch JStG 2015 vom 2. 11. 2015 (BGBl. I S. 1834) mit Wirkung ab VZ 2016.

[5] § 8 c eingefügt durch Gesetz vom 14. 8. 2007 (BGBl. I S. 1912).
Zur Anwendung von § 8 c siehe § 34 Abs. 6.

[6] § 8 c KStG ist bei dem Erwerb von Stabilisierungsmaßnahmen durch den Finanzmarktstabilisierungsfonds oder deren Rückübertragung durch den Fonds nicht anzuwenden (§ 14 Abs. 3 FMStG).

[7] § 8 c Abs. 1 neu gefasst durch Gesetz vom 11. 12. 2018 (BGBl. I S. 2338); Abs. 1 Satz 1 bis 3 erstmals anzuwenden für den VZ 2008 und auf Anteilsübertragungen nach dem 31. Dezember 2007 (§ 34 Abs. 6 Satz 1) und Abs. 1 Satz 4 bis 8 erstmals anzuwenden auf schädliche Beteiligungserwerbe nach dem 31. Dezember 2009 (§ 34 Abs. 6 Satz 2).

[8] § 8 c Abs. 1 Satz 1 geändert durch Gesetz vom 12. 12. 2019 (BGBl. I S. 2451).

3. an dem übertragenden und an dem übernehmenden Rechtsträger dieselbe natürliche oder juristische Person oder dieselbe Personenhandelsgesellschaft zu jeweils 100 Prozent mittelbar oder unmittelbar beteiligt ist.

⑤ Ein nicht abziehbarer nicht genutzter Verlust kann abweichend von Satz 1 abgezogen werden, soweit er die gesamten zum Zeitpunkt des schädlichen Beteiligungserwerbs vorhandenen im Inland steuerpflichtigen stillen Reserven des Betriebsvermögens der Körperschaft nicht übersteigt. ⑥ Stille Reserven im Sinne des Satzes 5 sind der Unterschiedsbetrag zwischen dem in der steuerlichen Gewinnermittlung ausgewiesenen Eigenkapital und dem auf dieses Eigenkapital jeweils entfallenden gemeinen Wert der Anteile an der Körperschaft, soweit diese im Inland steuerpflichtig sind. ⑦ Ist das Eigenkapital der Körperschaft negativ, sind stille Reserven im Sinne des Satzes 5 der Unterschiedsbetrag zwischen dem in der steuerlichen Gewinnermittlung ausgewiesenen Eigenkapital und dem diesem Anteil entsprechenden gemeinen Wert des Betriebsvermögens der Körperschaft. ⑧ Bei der Ermittlung der stillen Reserven ist nur das Betriebsvermögen zu berücksichtigen, das der Körperschaft ohne steuerrechtliche Rückwirkung, insbesondere ohne Anwendung des § 2 Absatz 1 des Umwandlungssteuergesetzes, zuzurechnen ist.

(1 a)[1] ① Für die Anwendung des Absatzes 1 ist ein Beteiligungserwerb zum Zweck der Sanierung des Geschäftsbetriebs der Körperschaft unbeachtlich. ② Sanierung ist eine Maßnahme, die darauf gerichtet ist, die Zahlungsunfähigkeit oder Überschuldung zu verhindern oder zu beseitigen und zugleich die wesentlichen Betriebsstrukturen zu erhalten.
③ Die Erhaltung der wesentlichen Betriebsstrukturen setzt voraus, dass

1. die Körperschaft eine geschlossene Betriebsvereinbarung mit einer Arbeitsplatzregelung befolgt oder

2. die Summe der maßgebenden jährlichen Lohnsummen der Körperschaft innerhalb von fünf Jahren nach dem Beteiligungserwerb 400 Prozent der Ausgangslohnsumme nicht unterschreitet; § 13 a Absatz 1 Satz 3 und 4 und Absatz 4 des Erbschaftsteuer- und Schenkungsteuergesetzes in der Fassung des Gesetzes vom 24. Dezember 2008 (BGBl. I S. 3018) gilt sinngemäß; oder

3. der Körperschaft durch Einlagen wesentliches Betriebsvermögen zugeführt wird. ② Eine wesentliche Betriebsvermögenszuführung liegt vor, wenn der Körperschaft innerhalb von zwölf Monaten nach dem Beteiligungserwerb neues Betriebsvermögen zugeführt wird, das mindestens 25 Prozent des in der Steuerbilanz zum Schluss des vorangehenden Wirtschaftsjahrs enthaltenen Aktivvermögens entspricht. ③ Wird nur ein Anteil an der Körperschaft erworben, ist nur der entsprechende Anteil des Aktivvermögens zuzuführen. ④ Der Erlass von Verbindlichkeiten durch den Erwerber oder eine diesem nahestehende Person steht der Zuführung neuen Betriebsvermögens gleich, soweit die Verbindlichkeiten werthaltig sind. ⑤ Leistungen der Kapitalgesellschaft, die innerhalb von drei Jahren nach der Zuführung des neuen Betriebsvermögens erfolgen, mindern den Wert des zugeführten Betriebsvermögens. ⑥ Wird dadurch die erforderliche Zuführung nicht mehr erreicht, ist Satz 1 nicht mehr anzuwenden.

④ Keine Sanierung liegt vor, wenn die Körperschaft ihren Geschäftsbetrieb im Zeitpunkt des Beteiligungserwerbs im Wesentlichen eingestellt hat oder nach dem Beteiligungserwerb ein Branchenwechsel innerhalb eines Zeitraums von fünf Jahren erfolgt.

(2)[2] § 3 a Absatz 3 des Einkommensteuergesetzes ist auf verbleibende nicht genutzte Verluste anzuwenden, die sich nach einer Anwendung des Absatzes 1 ergeben.

§ 8 d[3] Fortführungsgebundener Verlustvortrag

(1) ① § 8 c ist nach einem schädlichen Beteiligungserwerb auf Antrag nicht anzuwenden, wenn die Körperschaft seit ihrer Gründung oder zumindest seit dem Beginn des dritten Veranlagungszeitraums, der dem Veranlagungszeitraum nach Satz 5 vorausgeht, ausschließlich denselben Geschäftsbetrieb unterhält und in diesem Zeitraum bis zum Schluss des Veranlagungszeitraums des schädlichen Beteiligungserwerbs kein Ereignis im Sinne von Absatz 2 stattgefunden hat. ② Satz 1 gilt nicht:

1. für Verluste aus der Zeit vor einer Einstellung oder Ruhendstellung des Geschäftsbetriebs oder

2. wenn die Körperschaft zu Beginn des dritten Veranlagungszeitraums, der dem Veranlagungszeitraum nach Satz 5 vorausgeht, Organträger oder an einer Mitunternehmerschaft beteiligt ist.

---

[1] § 8 c Abs. 1 a eingefügt durch Gesetz vom 16. 7. 2009 (BGBl. I S. 1959), Satz 3 Nr. 3 Satz 5 geändert durch Gesetz vom 22. 12. 2009 (BGBl. I S. 3950); § 8 c Abs. 1 a Satz 3 Nr. 2 geändert durch Gesetz vom 12. 12. 2019 (BGBl. I S. 2451). Zur Anwendung von Abs. 1 a siehe § 34 Abs. 6 Satz 3 und 4.

[2] § 8 c Abs. 2 eingefügt durch Gesetz vom 27. 6. 2017 (BGBl. I S. 2074) mit Wirkung zum VZ 2017.
Zur Anwendung von Abs. 2 auf Antrag für VZ auch vor 2017 siehe § 34 Abs. 3 d.

[3] § 8 d eingefügt durch Gesetz vom 20. 12. 2016 (BGBl. I S. 2998). § 8 d erstmals anzuwenden auf schädliche Beteiligungserwerbe im Sinne des § 8 c, die nach dem 31. Dezember 2015 erfolgen, wenn der Geschäftsbereich der Körperschaft vor dem 1. Januar 2016 weder eingestellt noch ruhend gestellt war (§ 34 Abs. 6 a Satz 1).
§ 8 d Abs. 1 Satz 2 Nr. 1 erstmals anzuwenden auf Einstellungen oder Ruhendstellungen, die nach dem 31. Dezember 2015 erfolgen (§ 34 Abs. 6 a Satz 2).

③ Ein Geschäftsbetrieb umfasst die von einer einheitlichen Gewinnerzielungsabsicht getragenen, nachhaltigen, sich gegenseitig ergänzenden und fördernden Betätigungen der Körperschaft und bestimmt sich nach qualitativen Merkmalen in einer Gesamtbetrachtung. ④ Qualitative Merkmale sind insbesondere die angebotenen Dienstleistungen oder Produkte, der Kunden- und Lieferantenkreis, die bedienten Märkte und die Qualifikation der Arbeitnehmer. ⑤ Der Antrag ist in der Steuererklärung für die Veranlagung des Veranlagungszeitraums zu stellen, in den der schädliche Beteiligungserwerb fällt. ⑥ Der Verlustvortrag, der zum Schluss des Veranlagungszeitraums verbleibt, in den der schädliche Beteiligungserwerb fällt, wird zum fortführungsgebundenen Verlust (fortführungsgebundener Verlustvortrag). ⑦ Dieser ist gesondert auszuweisen und festzustellen; § 10 d Absatz 4 des Einkommensteuergesetzes gilt entsprechend. ⑧ Der fortführungsgebundene Verlustvortrag ist vor dem nach § 10 d Absatz 4 des Einkommensteuergesetzes festgestellten Verlustvortrag abzuziehen. ⑨ [1] Satz 8 gilt bei Anwendung des § 3 a Absatz 3 des Einkommensteuergesetzes entsprechend.

(2)[2] ① Wird der Geschäftsbetrieb im Sinne des Absatzes 1 eingestellt, geht der nach Absatz 1 zuletzt festgestellte fortführungsgebundene Verlustvortrag unter; § 8 c Absatz 1 Satz 5 bis 8 gilt bezogen auf die zum Schluss des vorangegangenen Veranlagungszeitraums vorhandenen stillen Reserven entsprechend. ② Gleiches gilt, wenn

1. der Geschäftsbetrieb ruhend gestellt wird,
2. der Geschäftsbetrieb einer andersartigen Zweckbestimmung zugeführt wird,
3. die Körperschaft einen zusätzlichen Geschäftsbetrieb aufnimmt,
4. die Körperschaft sich an einer Mitunternehmerschaft beteiligt,
5. die Körperschaft die Stellung eines Organträgers im Sinne des § 14 Absatz 1 einnimmt oder
6. auf die Körperschaft Wirtschaftsgüter übertragen werden, die sie zu einem geringeren als dem gemeinen Wert ansetzt.

§ 9 Abziehbare Aufwendungen

(1) Abziehbare Aufwendungen sind auch:

1.[3] bei Kommanditgesellschaften auf Aktien und bei vergleichbaren Kapitalgesellschaften der Teil des Gewinns, der an persönlich haftende Gesellschafter auf ihre nicht auf das Grundkapital gemachten Einlagen oder als Vergütung (Tantieme) für die Geschäftsführung verteilt wird;

2.[4] vorbehaltlich des § 8 Absatz 3 Zuwendungen (Spenden und Mitgliedsbeiträge) zur Förderung steuerbegünstigter Zwecke im Sinne der §§ 52 bis 54 der Abgabenordnung bis zur Höhe von insgesamt
   a) 20 Prozent des Einkommens oder
   b) 4 Promille der Summe der gesamten Umsätze und der im Kalenderjahr aufgewendeten Löhne und Gehälter.

   ② Voraussetzung für den Abzug ist, dass diese Zuwendungen
   a) an eine juristische Person des öffentlichen Rechts oder an eine öffentliche Dienststelle, die in einem Mitgliedstaat der Europäischen Union oder in einem Staat belegen ist, auf den das Abkommen über den Europäischen Wirtschaftsraum (EWR-Abkommen) Anwendung findet, oder
   b) an eine nach § 5 Absatz 1 Nummer 9 steuerbefreite Körperschaft, Personenvereinigung oder Vermögensmasse oder
   c) an eine Körperschaft, Personenvereinigung oder Vermögensmasse, die in einem Mitgliedstaat der Europäischen Union oder in einem Staat belegen ist, auf den das Abkommen über den Europäischen Wirtschaftsraum (EWR-Abkommen) Anwendung findet, und die nach § 5 Absatz 1 Nummer 9 in Verbindung mit § 5 Absatz 2 Nummer 2 zweiter Halbsatz steuerbefreit wäre, wenn sie inländische Einkünfte erzielen würde,

   geleistet werden (Zuwendungsempfänger). ③ Für nicht im Inland ansässige Zuwendungsempfänger nach Satz 2 ist weitere Voraussetzung, dass durch diese Staaten Amtshilfe und Unterstützung bei der Beitreibung geleistet werden. ④ Amtshilfe ist der Auskunftsaustausch im Sinne oder entsprechend der Amtshilferichtlinie gemäß § 2 Absatz 2 des EU-Amtshilfegesetzes.[5] ⑤ Betreibung ist die gegenseitige Unterstützung bei der Beitreibung von Forderungen im Sinne oder entsprechend der Beitreibungsrichtlinie[6] einschließlich der in diesem Zusammenhang anzuwendenden Durchführungsbestimmungen in den für den jeweiligen Veranlagungs-

---

[1] § 8 d Abs. 1 Satz 9 eingefügt durch Gesetz vom 27. 6. 2017 (BGBl. I S. 2074) mit Wirkung zum VZ 2017. Zur Anwendung von Satz 9 auf Antrag für VZ auch vor 2017 siehe § 34 Abs. 3 d.

[2] § 8 d Abs. 2 Satz 1 redaktionell angepasst durch Gesetz vom 11. 12. 2018 (BGBl. I S. 2338).

[3] § 9 Abs. 1 Nr. 1 geändert mWv VZ 2006 durch SEStEG vom 7. 12. 2006 (BGBl. I S. 2782).

[4] § 9 Abs. 1 Nr. 2 neu gefasst durch Gesetz vom 10. 10. 2007 (BGBl. I S. 2332); Nr. 2 Sätze 1 bis 7 neu gefasst, bish. Sätze 2 bis 4 werden Sätze 8 bis 10 durch Gesetz vom 8. 4. 2010 (BGBl. I S. 386).

[5] § 9 Abs. 1 Nr. 2 Satz 4 Richtlinienbezeichnung geändert durch Gesetz vom 26. 6. 2013 (BGBl. I S. 1809) mWv VZ 2013.

[6] § 9 Abs. 1 Nr. 2 Satz 5 geändert durch BeitrRLUmsG vom 7. 12. 2011 (BGBl. I S. 2592); erstmals anzuwenden für den VZ 2012.

zeitraum geltenden Fassungen oder eines entsprechenden Nachfolgerechtsaktes. ⑥ Werden die steuerbegünstigten Zwecke des Zuwendungsempfängers im Sinne von Satz 2 Buchstabe a nur im Ausland verwirklicht, ist für die Abziehbarkeit der Zuwendungen Voraussetzung, dass natürliche Personen, die ihren Wohnsitz oder ihren gewöhnlichen Aufenthalt im Geltungsbereich dieses Gesetzes haben, gefördert werden oder dass die Tätigkeit dieses Zuwendungsempfängers neben der Verwirklichung der steuerbegünstigten Zwecke auch zum Ansehen der Bundesrepublik Deutschland beitragen kann. ⑦ Abziehbar sind auch Mitgliedsbeiträge an Körperschaften, die Kunst und Kultur gemäß § 52 Absatz 2 Nummer 5 der Abgabenordnung fördern, soweit es sich nicht um Mitgliedsbeiträge nach Satz 8 Nummer 2 handelt, auch wenn den Mitgliedern Vergünstigungen gewährt werden.
⑧ [1]Nicht abziehbar sind Mitgliedsbeiträge an Körperschaften,

1. die den Sport (§ 52 Absatz 2 Satz 1 Nummer 21 der Abgabenordnung),
2. die kulturelle Betätigungen, die in erster Linie der Freizeitgestaltung dienen,
3. die die Heimatpflege und Heimatkunde (§ 52 Absatz 2 Satz 1 Nummer 22 der Abgabenordnung),
4. die Zwecke im Sinne des § 52 Absatz 2 Satz 1 Nummer 23 der Abgabenordnung

fördern oder

5. deren Zweck nach § 52 Absatz 2 Satz 2 der Abgabenordnung für gemeinnützig erklärt worden ist, weil deren Zweck die Allgemeinheit auf materiellem, geistigem oder sittlichem Gebiet entsprechend einem Zweck nach den Nummern 1 bis 4 fördert.

⑨ Abziehbare Zuwendungen, die die Höchstbeträge nach Satz 1 überschreiten, sind im Rahmen der Höchstbeträge in den folgenden Veranlagungszeiträumen abzuziehen. ⑩ § 10 d Abs. 4 des Einkommensteuergesetzes gilt entsprechend.

(2)[2] ① Als Einkommen im Sinne dieser Vorschrift gilt das Einkommen vor Abzug der in Absatz 1 Nr. 2 bezeichneten Zuwendungen und vor dem Verlustabzug nach § 10 d des Einkommensteuergesetzes. ② Als Zuwendung im Sinne dieser Vorschrift gilt auch die Zuwendung von Wirtschaftsgütern mit Ausnahme von Nutzungen und Leistungen. ③ Der Wert der Zuwendung ist nach § 6 Absatz 1 Nummer 4 Satz 1 und 4 des Einkommensteuergesetzes zu ermitteln. ④ Aufwendungen zugunsten einer Körperschaft, die zum Empfang steuerlich abziehbarer Zuwendungen berechtigt ist, sind nur abziehbar, wenn ein Anspruch auf die Erstattung der Aufwendungen durch Vertrag oder Satzung eingeräumt und auf die Erstattung verzichtet worden ist. ⑤ Der Anspruch darf nicht unter der Bedingung des Verzichts eingeräumt worden sein.

(3)[3] ① Der Steuerpflichtige darf auf die Richtigkeit der Bestätigung über Spenden und Mitgliedsbeiträge vertrauen, es sei denn, dass er die Bestätigung durch unlautere Mittel oder falsche Angaben erwirkt hat oder dass ihm die Unrichtigkeit der Bestätigung bekannt oder infolge grober Fahrlässigkeit nicht bekannt war. ② Wer vorsätzlich oder grob fahrlässig eine unrichtige Bestätigung ausstellt oder veranlasst, dass Zuwendungen nicht zu den in der Bestätigung angegebenen steuerbegünstigten Zwecken verwendet werden (Veranlasserhaftung), haftet für die entgangene Steuer; diese ist mit 30 Prozent des zugewendeten Betrags anzusetzen. ③ In den Fällen der Veranlasserhaftung ist vorrangig der Zuwendungsempfänger in Anspruch zu nehmen; die natürlichen Personen, die in diesen Fällen für den Zuwendungsempfänger handeln, sind nur in Anspruch zu nehmen, wenn die entgangene Steuer nicht nach § 47 der Abgabenordnung erloschen ist und Vollstreckungsmaßnahmen gegen den Zuwendungsempfänger nicht erfolgreich sind; § 10 b Absatz 4 Satz 5 des Einkommensteuergesetzes gilt entsprechend.

§ 10 Nichtabziehbare Aufwendungen

Nichtabziehbar sind auch:

1. die Aufwendungen für die Erfüllung von Zwecken des Steuerpflichtigen, die durch Stiftungsgeschäft, Satzung oder sonstige Verfassung vorgeschrieben sind. ② § 9 Abs. 1 Nr. 2 bleibt unberührt,
2. die Steuern vom Einkommen und sonstige Personensteuern sowie die Umsatzsteuer für Umsätze, die Entnahmen oder verdeckte Gewinnausschüttungen sind, und die Vorsteuerbeträge auf Aufwendungen, für die das Abzugsverbot des § 4 Abs. 5 Satz 1 Nr. 1 bis 4 und 7 oder Abs. 7 des Einkommensteuergesetzes gilt; das gilt auch für die auf diese Steuern entfallenden Nebenleistungen,

---

[1] § 9 Abs. 1 Satz 8 neu gefasst durch Gesetz vom 12. 12. 2019 (BGBl. I S. 2451); erstmals anzuwenden auf Mitgliedsbeiträge, die nach dem 31. 12. 2019 gezahlt werden (§ 34 Abs. 6 b).

[2] § 9 Abs. 2 neu gefasst durch Gesetz vom 10. 10. 2007 (BGBl. I S. 2332); Satz 3 geändert durch Gesetz vom 20. 4. 2009 (BGBl. I S. 774); erstmals anzuwenden auf Zuwendungen, die im VZ 2007 geleistet werden.

[3] § 9 Abs. 3 Satz 2 geändert, Satz 3 eingefügt, bish. Satz 3 wird Satz 4 durch JStG 2009 vom 19. 12. 2008 (BGBl. I S. 2794) mit Wirkung ab VZ 2009; Abs. 3 Satz 2 letzter Halbsatz angefügt mit Wirkung ab VZ 2010, Sätze 3 und 4 ersetzt durch neuen Satz 3 mit Wirkung für alle noch nicht bestandskräftigen Fälle durch Gesetz vom 8. 4. 2010 (BGBl. I S. 386); Satz 2 geändert durch Gesetz vom 21. 3. 2013 (BGBl. I S. 556) mWvVZ 2013.

3.[1] in einem Strafverfahren festgesetzte Geldstrafen, sonstige Rechtsfolgen vermögensrechtlicher Art, bei denen der Strafcharakter überwiegt, und Leistungen zur Erfüllung von Auflagen oder Weisungen, soweit die Auflagen oder Weisungen nicht lediglich der Wiedergutmachung des durch die Tat verursachten Schadens dienen, sowie damit zusammenhängende Aufwendungen,

4. die Hälfte der Vergütungen jeder Art, die an Mitglieder des Aufsichtsrats, Verwaltungsrats,[2] oder andere mit der Überwachung der Geschäftsführung beauftragte Personen gewährt werden.

§ 11 Auflösung und Abwicklung (Liquidation)

(1)[3] ① Wird ein unbeschränkt Steuerpflichtiger im Sinne des § 1 Abs. 1 Nr. 1 bis 3 nach der Auflösung abgewickelt, so ist der im Zeitraum der Abwicklung erzielte Gewinn der Besteuerung zugrunde zu legen. ② Der Besteuerungszeitraum soll drei Jahre nicht übersteigen.

(2) Zur Ermittlung des Gewinns im Sinne des Absatzes 1 ist das Abwicklungs-Endvermögen dem Abwicklungs-Anfangsvermögen gegenüberzustellen.

(3) Abwicklungs-Endvermögen ist das zur Verteilung kommende Vermögen, vermindert um die steuerfreien Vermögensmehrungen, die dem Steuerpflichtigen in dem Abwicklungszeitraum zugeflossen sind.

(4) ① Abwicklungs-Anfangsvermögen ist das Betriebsvermögen, das am Schluss des der Auflösung vorangegangenen Wirtschaftsjahrs der Veranlagung zur Körperschaftsteuer zugrunde gelegt worden ist. ② Ist für den vorangegangenen Veranlagungszeitraum eine Veranlagung nicht durchgeführt worden, so ist das Betriebsvermögen anzusetzen, das im Fall einer Veranlagung nach den steuerrechtlichen Vorschriften über die Gewinnermittlung auszuweisen gewesen wäre. ③ Das Abwicklungs-Anfangsvermögen ist um den Gewinn eines vorangegangenen Wirtschaftsjahrs zu kürzen, der im Abwicklungszeitraum ausgeschüttet worden ist.

(5) War am Schluss des vorangegangenen Veranlagungszeitraums Betriebsvermögen nicht vorhanden, so gilt als Abwicklungs-Anfangsvermögen die Summe der später geleisteten Einlagen.

(6) Auf die Gewinnermittlung sind im Übrigen die sonst geltenden Vorschriften anzuwenden.

(7)[4] Unterbleibt eine Abwicklung, weil über das Vermögen des unbeschränkt Steuerpflichtigen im Sinne des § 1 Abs. 1 Nr. 1 bis 3 das Insolvenzverfahren eröffnet worden ist, sind die Absätze 1 bis 6 sinngemäß anzuwenden.

§ 12[5] Entstrickungs- und Wegzugsbesteuerung

(1)[6] ① Wird bei der Körperschaft, Personenvereinigung oder Vermögensmasse das Besteuerungsrecht der Bundesrepublik Deutschland hinsichtlich des Gewinns aus der Veräußerung oder der Nutzung eines Wirtschaftsguts ausgeschlossen oder beschränkt, gilt dies als Veräußerung oder Überlassung des Wirtschaftsguts zum gemeinen Wert; § 4 Absatz 1 Satz 5, § 4g und § 15 Abs. 1a des Einkommensteuergesetzes gelten entsprechend. ② Ein Ausschluss oder eine Beschränkung des Besteuerungsrechts hinsichtlich des Gewinns aus der Veräußerung eines Wirtschaftsguts liegt insbesondere vor, wenn ein bisher einer inländischen Betriebsstätte einer Körperschaft, Personenvereinigung oder Vermögensmasse zuzuordnendes Wirtschaftsgut einer ausländischen Betriebsstätte dieser Körperschaft, Personenvereinigung oder Vermögensmasse zuzuordnen ist. ③ Entfällt die Beschränkung des Besteuerungsrechts der Bundesrepublik Deutschland hinsichtlich des Gewinns aus der Veräußerung eines Wirtschaftsguts und erfolgt in einem anderen Staat eine Besteuerung auf Grund des Ausschlusses oder der Beschränkung des Besteuerungsrechts dieses Staates hinsichtlich des Gewinns aus der Veräußerung des Wirtschaftsguts, gilt dies auf Antrag als Veräußerung und Anschaffung des Wirtschaftsguts zu dem Wert, den der andere Staat der Besteuerung zugrunde legt, höchstens zum gemeinen Wert.

(1a)[7] § 4 Absatz 1 Satz 3 zweiter Halbsatz, Satz 8 zweiter Halbsatz, Satz 9 und Satz 10 des Einkommensteuergesetzes gilt im Fall der Begründung des Besteuerungsrechts oder des Wegfalls einer Beschränkung des Besteuerungsrechts der Bundesrepublik Deutschland hinsichtlich des

---

[1] § 10 Nr. 3 geändert durch Gesetz vom 12. 12. 2019 (BGBl. I S. 2451); erstmals anzuwenden auf nach dem 31. 12. 2018 festgesetzte Geldstrafen usw., sowie auf nach dem 31. 12. 2018 entstandene damit zusammenhängende Aufwendungen (vgl. § 34 Abs. 6c).

[2] § 10 Nr. 4 geändert durch Gesetz vom 12. 12. 2019 (BGBl. I S. 2451).

[3] § 11 Abs. 1 Satz 1 und Abs. 7 geändert mWv VZ 2006 durch SEStEG vom 7. 12. 2006 (BGBl. I S. 2782).

[4] § 11 Abs. 1 Satz 1 und Abs. 7 geändert mWv VZ 2006 durch SEStEG vom 7. 12. 2006 (BGBl. I S. 2782).

[5] § 12 neu gefasst durch SEStEG vom 7. 12. 2006 (BGBl. I S. 2782).
In dieser Fassung ist Abs. 1 erstmals für nach dem 31. Dezember 2005 endende Wj. anzuwenden; Überschrift des § 12 neu gefasst durch Gesetz vom 25. 6. 2021 (BGBl. I S. 2035).

[6] § 12 Abs. 1 letzter Halbsatz geändert durch JStG 2008 vom 20. 12. 2007 (BGBl. I S. 3150); erstmals anzuwenden für Wj., die nach dem 31. Dezember 2005 enden; Abs. 1 Satz 1 2. Halbsatz Zitat geändert und Satz 2 angefügt mit Wirkung für nach dem 31. 12. 2005 endende Wj. durch JStG 2010 vom 8. 12. 2010 (BGBl. I S. 1768); Satz 3 angefügt mWv VZ 2020 durch Gesetz vom 25. 6. 2021 (BGBl. I S. 2035); zur Anwendung siehe § 34 Abs. 6d Satz 1.

[7] § 12 Abs. 1a eingefügt mWv VZ 2020 durch Gesetz vom 25. 6. 2021 (BGBl. I S. 2035); zur Anwendung siehe § 34 Abs. 6d Satz 1.

Gewinns aus der Veräußerung eines Wirtschaftsguts, das der außerbetrieblichen Sphäre einer Körperschaft, Personenvereinigung oder Vermögensmasse zuzuordnen ist, entsprechend.

(2)[1] *(aufgehoben)*

(3)[2] *(aufgehoben)*

(4)[3] *(aufgehoben)*

§ 13 Beginn und Erlöschen einer Steuerbefreiung

(1) Wird eine steuerpflichtige Körperschaft, Personenvereinigung oder Vermögensmasse von der Körperschaftsteuer befreit, so hat sie auf den Zeitpunkt, in dem die Steuerpflicht endet, eine Schlussbilanz aufzustellen.

(2) Wird eine von der Körperschaftsteuer befreite Körperschaft, Personenvereinigung oder Vermögensmasse steuerpflichtig und ermittelt sie ihren Gewinn durch Betriebsvermögensvergleich, so hat sie auf den Zeitpunkt, in dem die Steuerpflicht beginnt, eine Anfangsbilanz aufzustellen.

(3)[4] In der Schlussbilanz im Sinne des Absatzes 1 und in der Anfangsbilanz im Sinne des Absatzes 2 sind die Wirtschaftsgüter vorbehaltlich des Absatzes 4 mit den Teilwerten anzusetzen.

(4)[5] ① Beginnt die Steuerbefreiung auf Grund des § 5 Abs. 1 Nr. 9, sind die Wirtschaftsgüter, die der Förderung steuerbegünstigter Zwecke im Sinne der §§ 52 bis 54 der Abgabenordnung dienen, in der Schlussbilanz mit den Buchwerten anzusetzen. ② Erlischt die Steuerbefreiung, so ist in der Anfangsbilanz für die in Satz 1 bezeichneten Wirtschaftsgüter der Wert anzusetzen, der sich bei ununterbrochener Steuerpflicht nach den Vorschriften über die steuerliche Gewinnermittlung ergeben würde.

(5) Beginnt oder erlischt die Steuerbefreiung nur teilweise, so gelten die Absätze 1 bis 4 für den entsprechenden Teil des Betriebsvermögens.

(6) ① Gehören Anteile an einer Kapitalgesellschaft nicht zu dem Betriebsvermögen der Körperschaft, Personenvereinigung oder Vermögensmasse, die von der Körperschaftsteuer befreit wird, so ist § 17 des Einkommensteuergesetzes auch ohne Veräußerung anzuwenden, wenn die übrigen Voraussetzungen dieser Vorschrift in dem Zeitpunkt erfüllt sind, in dem die Steuerpflicht endet. ② Als Veräußerungspreis gilt der gemeine Wert der Anteile. ③ Im Falle des Beginns der Steuerpflicht gilt der gemeine Wert der Anteile als Anschaffungskosten der Anteile. ④ Die Sätze 1 und 2 gelten nicht in den Fällen des Absatzes 4 Satz 1.

Zweites Kapitel. Sondervorschriften für die Organschaft

§ 14 Aktiengesellschaft oder Kommanditgesellschaft auf Aktien als Organgesellschaft

(1)[6, 7, 8] ① Verpflichtet sich eine Europäische Gesellschaft, Aktiengesellschaft oder Kommanditgesellschaft auf Aktien mit Geschäftsleitung im Inland und Sitz in einem Mitgliedstaat der Europäischen Union oder in einem Vertragsstaat des EWR-Abkommens (Organgesellschaft) durch einen Gewinnabführungsvertrag im Sinne des § 291 Abs. 1 des Aktiengesetzes, ihren ganzen Gewinn an ein einziges anderes gewerbliches Unternehmen abzuführen, ist das Einkommen der Organgesellschaft, soweit sich aus § 16 nichts anderes ergibt, dem Träger des Unternehmens (Organträger) zuzurechnen, wenn die folgenden Voraussetzungen erfüllt sind:

1.[8] ① Der Organträger muss an der Organgesellschaft vom Beginn ihres Wirtschaftsjahrs an ununterbrochen in einem solchen Maße beteiligt sein, dass ihm die Mehrheit der Stimmrechte aus den Anteilen an der Organgesellschaft zusteht (finanzielle Eingliederung). ② Mittelbare Beteiligungen sind zu berücksichtigen, wenn die Beteiligung an jeder vermittelnden Gesellschaft die Mehrheit der Stimmrechte gewährt. ③ Satz 2 gilt nicht, wenn bereits die unmittelbare Beteiligung die Mehrheit der Stimmrechte gewährt.

---

[1] § 12 Abs. 2 aufgehoben mWv VZ 2022 durch Gesetz vom 25. 6. 2021 (BGBl. I S. 2050); zur letztmaligen Anwendung siehe § 34 Abs. 6 d Satz 2.

[2] § 12 Abs. 3 aufgehoben mWv VZ 2022 durch Gesetz vom 25. 6. 2021 (BGBl. I S. 2050).

[3] § 12 Abs. 4 aufgehoben durch Gesetz vom 25. 6. 2021 (BGBl. I S. 2056); zur letztmaligen Anwendung siehe § 34 Abs. 6 d Satz 3.

[4] § 13 Abs. 3 Sätze 2 bis 11 aufgehoben durch JStG 2010 vom 8. 12. 2010 (BGBl. I S. 1768) und letztmals anzuwenden für Wj., die vor dem 1. 1. 2011 enden. Abs. 3 vollständig letztmals abgedruckt im „Handbuch zur Körperschaftsteuerveranlagung 2011".

[5] § 13 Abs. 4 Satz 1 redaktionell geändert durch Gesetz vom 12. 12. 2019 (BGBl. I S. 2451).

[6] § 14 Abs. 1 Nrn. 2 und 3 neu gefasst mWv VZ 2003 durch StVergAbG vom 16. 5. 2003 (BGBl. I S. 660); Abs. 1 Satz 1 geändert mWv VZ 2006 durch SEStEG vom 7. 12. 2006 (BGBl. I S. 2782).

[7] § 14 Abs. 1 Satz 1 (erster Halbsatz) geändert, Nr. 2 neu gefasst, Nr. 3 Sätze 4 und 5 angefügt durch Gesetz vom 20. 2. 2013 (BGBl. I S. 285). In dieser Fassung sind Abs. 1 Satz 1 erster Halbsatz und Nr. 3 in allen noch nicht bestandskräftig veranlagten Fällen anzuwenden, Nr. 2 mit Wirkung ab VZ 2012.

[8] § 14 Abs. 1 Satz 1 Nr. 1 Satz 3 angefügt durch JStG 2022 vom 16. 12. 2022 (BGBl. I S. 2294).

2.[1] ① Organträger muss eine natürliche Person oder eine nicht von der Körperschaftsteuer befreite Körperschaft, Personenvereinigung oder Vermögensmasse sein. ② Organträger kann auch eine Personengesellschaft im Sinne des § 15 Absatz 1 Satz 1 Nummer 2 des Einkommensteuergesetzes sein, wenn sie eine Tätigkeit im Sinne des § 15 Absatz 1 Satz 1 Nummer 1 des Einkommensteuergesetzes ausübt. ③ Die Voraussetzung der Nummer 1 muss im Verhältnis zur Personengesellschaft selbst erfüllt sein. ④ Die Beteiligung im Sinne der Nummer 1 an der Organgesellschaft oder, bei mittelbarer Beteiligung an der Organgesellschaft, die Beteiligung im Sinne der Nummer 1 an der vermittelnden Gesellschaft, muss ununterbrochen während der gesamten Dauer der Organschaft einer inländischen Betriebsstätte im Sinne des § 12 der Abgabenordnung des Organträgers zuzuordnen sein. ⑤ Ist der Organträger mittelbar über eine oder mehrere Personengesellschaften an der Organgesellschaft beteiligt, gilt Satz 4 sinngemäß. ⑥ Das Einkommen der Organgesellschaft ist der inländischen Betriebsstätte des Organträgers zuzurechnen, der die Beteiligung im Sinne der Nummer 1 an der Organgesellschaft oder, bei mittelbarer Beteiligung an der Organgesellschaft, die Beteiligung im Sinne der Nummer 1 an der vermittelnden Gesellschaft zuzuordnen ist. ⑦ Eine inländische Betriebsstätte im Sinne der vorstehenden Sätze ist nur gegeben, wenn die dieser Betriebsstätte zuzurechnenden Einkünfte sowohl nach innerstaatlichem Steuerrecht als auch nach einem anzuwendenden Abkommen zur Vermeidung der Doppelbesteuerung der inländischen Besteuerung unterliegen.

3.[1] ① Der Gewinnabführungsvertrag muss auf mindestens fünf Jahre abgeschlossen und während seiner gesamten Geltungsdauer durchgeführt werden. ② Eine vorzeitige Beendigung des Vertrags durch Kündigung ist unschädlich, wenn ein wichtiger Grund die Kündigung rechtfertigt. ③ Die Kündigung oder Aufhebung des Gewinnabführungsvertrags auf einen Zeitpunkt während des Wirtschaftsjahrs der Organgesellschaft wirkt auf den Beginn dieses Wirtschaftsjahrs zurück. ④ Der Gewinnabführungsvertrag gilt auch als durchgeführt, wenn der abgeführte Gewinn oder ausgeglichene Verlust auf einem Jahresabschluss beruht, der fehlerhafte Bilanzansätze enthält, sofern

a) der Jahresabschluss wirksam festgestellt ist,
b) die Fehlerhaftigkeit bei Erstellung des Jahresabschlusses unter Anwendung der Sorgfalt eines ordentlichen Kaufmanns nicht hätte erkannt werden müssen und
c) ein von der Finanzverwaltung beanstandeter Fehler spätestens in dem nächsten nach dem Zeitpunkt der Beanstandung des Fehlers aufzustellenden Jahresabschluss der Organgesellschaft und des Organträgers korrigiert und das Ergebnis entsprechend abgeführt oder ausgeglichen wird, soweit es sich um einen Fehler handelt, der in der Handelsbilanz zu korrigieren ist.

⑤ Die Voraussetzung des Satzes 4 Buchstabe b gilt bei Vorliegen eines uneingeschränkten Bestätigungsvermerks nach § 322 Absatz 3 des Handelsgesetzbuchs zum Jahresabschluss, zu einem Konzernabschluss, in den der handelsrechtliche Jahresabschluss einbezogen worden ist, oder über die freiwillige Prüfung des Jahresabschlusses oder der Bescheinigung eines Steuerberaters oder Wirtschaftsprüfers über die Erstellung eines Jahresabschlusses mit umfassenden Beurteilungen als erfüllt.

4. Die Organgesellschaft darf Beträge aus dem Jahresüberschuss nur insoweit in die Gewinnrücklagen (§ 272 Abs. 3 des Handelsgesetzbuchs) mit Ausnahme der gesetzlichen Rücklagen einstellen, als dies bei vernünftiger kaufmännischer Beurteilung wirtschaftlich begründet ist.

5.[2] Negative Einkünfte des Organträgers oder der Organgesellschaft bleiben bei der inländischen Besteuerung unberücksichtigt, soweit sie in einem ausländischen Staat im Rahmen der Besteuerung des Organträgers, der Organgesellschaft oder einer anderen Person berücksichtigt werden.

②[3] Das Einkommen der Organgesellschaft ist dem Organträger erstmals für das Kalenderjahr zuzurechnen, in dem das Wirtschaftsjahr der Organgesellschaft endet, in dem der Gewinnabführungsvertrag wirksam wird.

(2)[4] ① Der ganze Gewinn gilt auch dann als abgeführt im Sinne des Absatzes 1 Satz 1, wenn über den mindestens zugesicherten Betrag im Sinne des § 304 Absatz 2 Satz 1 des Aktiengesetzes hinausgehende Ausgleichszahlungen vereinbart und geleistet werden. ② Dies gilt nur, wenn die Ausgleichszahlungen insgesamt den dem Anteil am gezeichneten Kapital entsprechenden Gewinnanteil des Wirtschaftsjahres nicht überschreiten, der ohne Gewinnabführungsvertrag hätte geleistet werden können. ③ Der über den Mindestbetrag nach § 304 Absatz 2 Satz 1 des Aktiengesetzes hinausgehende Betrag muss nach vernünftiger kaufmännischer Beurteilung wirtschaftlich begründet sein.

---

[1] § 14 Abs. 1 Satz 1 Nr. 2 neu gefasst, Nr. 3 Sätze 4 und 5 angefügt durch Gesetz vom 20. 2. 2013 (BGBl. I S. 285). In dieser Fassung sind Abs. 1 Satz 1 erster Halbsatz und Nr. 3 in allen noch nicht bestandskräftig veranlagten Fällen anzuwenden, Nr. 2 mit Wirkung ab VZ 2012.

[2] § 14 Abs. 1 Satz 1 Nr. 5 neu gefasst durch Gesetz vom 20. 2. 2013 (BGBl. I S. 285). In dieser Fassung anzuwenden in allen noch nicht bestandskräftig veranlagten Fällen.

[3] § 14 Abs. 1 Satz 2 eingefügt durch StVergAbG vom 16. 5. 2003 (BGBl. I S. 660).

[4] § 14 Abs. 2 eingefügt durch Gesetz vom 11. 12. 2018 (BGBl. I S. 2338) und anzuwenden auch für VZ vor 2017. Zur Anwendung siehe umfassend § 34 Abs. 6 e.

(3)[1] ① Mehrabführungen, die ihre Ursache in vororganschaftlicher Zeit haben, gelten als Gewinnausschüttungen der Organgesellschaft an den Organträger. ② Minderabführungen, die ihre Ursache in vororganschaftlicher Zeit haben, sind als Einlage durch den Organträger in die Organgesellschaft zu behandeln. ③ Mehrabführungen nach Satz 1 und Minderabführungen nach Satz 2 gelten in dem Zeitpunkt als erfolgt, in dem das Wirtschaftsjahr der Organgesellschaft endet. ④ Der Teilwertansatz nach § 13 Abs. 3 Satz 1 ist der vororganschaftlichen Zeit zuzurechnen.

(4)[2] ① Minderabführungen der Organgesellschaft, die ihre Ursache in organschaftlicher Zeit haben, sind als Einlage durch den Organträger in die Organgesellschaft zu behandeln. ② Mehrabführungen der Organgesellschaft, die ihre Ursache in organschaftlicher Zeit haben, gelten als Einlagenrückgewähr der Organgesellschaft an den Organträger. ③ Die Einlage erhöht und die Einlagenrückgewähr mindert den Buchwert der Beteiligung an der Organgesellschaft; dabei darf dieser nicht negativ werden. ④ In den Fällen des Absatzes 1 Satz 1 Nummer 1 Satz 2 ist Satz 3 auf den Buchwert der Beteiligung an jeder vermittelnden Gesellschaft entsprechend anzuwenden. ⑤ Soweit die Einlagenrückgewähr die Summe aus Buchwert und Einlage übersteigt, liegt ein Ertrag vor, auf den die Regelungen des § 8b Absatz 2, 3, 6, 7 und 8 dieses Gesetzes sowie § 3 Nummer 40 Buchstabe a und § 3c Absatz 2 des Einkommensteuergesetzes anzuwenden sind. ⑥ Minder- oder Mehrabführungen im Sinne der Sätze 1 und 2 liegen insbesondere vor, wenn der an den Organträger abgeführte Gewinn von dem Steuerbilanzgewinn der Organgesellschaft abweicht und diese Abweichung in organschaftlicher Zeit verursacht ist. ⑦ Minder- und Mehrabführungen nach den Sätzen 1 und 2 gelten in dem Zeitpunkt als erfolgt, in dem das Wirtschaftsjahr der Organgesellschaft endet.

(5)[3] ① Das dem Organträger zuzurechnende Einkommen der Organgesellschaft und damit zusammenhängende andere Besteuerungsgrundlagen werden gegenüber dem Organträger und der Organgesellschaft gesondert und einheitlich festgestellt. ② Die Feststellungen nach Satz 1 sind für die Besteuerung des Einkommens des Organträgers und der Organgesellschaft bindend. ③ Die Sätze 1 und 2 gelten entsprechend für von der Organgesellschaft geleistete Steuern, die auf die Steuer des Organträgers anzurechnen sind. ④ Zuständig für diese Feststellungen ist das Finanzamt, das für die Besteuerung nach dem Einkommen der Organgesellschaft zuständig ist. ⑤ Die Erklärung zu den gesonderten und einheitlichen Feststellungen nach den Sätzen 1 und 3 soll mit der Körperschaftsteuererklärung der Organgesellschaft verbunden werden.

§ 15[4] Ermittlung des Einkommens bei Organschaft

① Bei der Ermittlung des Einkommens bei Organschaft gilt abweichend von den allgemeinen Vorschriften Folgendes:

1.[5] ① Ein Verlustabzug im Sinne des § 10d des Einkommensteuergesetzes ist bei der Organgesellschaft nicht zulässig. ② Satz 1 steht einer Anwendung von § 3a des Einkommensteuergesetzes nicht entgegen. ③ Der für § 3c Absatz 4 Satz 4 des Einkommensteuergesetzes maßgebende Betrag ist der sich nach Anwendung von Nummer 1a ergebende verminderte Sanierungsertrag.

1a.[5] ① Auf einen sich nach § 3a Absatz 3 Satz 4 des Einkommensteuergesetzes ergebenden verbleibenden Sanierungsertrag einer Organgesellschaft ist § 3a Absatz 3 Satz 2, 3 und 5 des Einkommensteuergesetzes beim Organträger anzuwenden. ② Wird der Gewinn des Organträgers gesondert und einheitlich festgestellt, gilt § 3a Absatz 4 des Einkommensteuergesetzes entsprechend. ③ Die Sätze 1 und 2 gelten auch, wenn die Voraussetzungen des § 14 Absatz 1 im Sanierungsjahr nicht vorliegen und das Einkommen der Organgesellschaft in einem innerhalb der letzten fünf Jahre vor dem Sanierungsjahr liegenden Veranlagungszeitraum dem Organträger gemäß § 14 Absatz 1 Satz 1 zugerechnet worden ist.

2.[6] ① § 8b Absatz 1 bis 6 dieses Gesetzes sowie § 4 Absatz 6 und § 12 Absatz 2 Satz 1 des Umwandlungssteuergesetzes sind bei der Organgesellschaft nicht anzuwenden. ② Sind in dem dem Organträger zugerechneten Einkommen Bezüge, Gewinne oder Gewinnminderungen im Sinne des § 8b Absatz 1 bis 3 dieses Gesetzes oder mit solchen Beträgen zusammenhängende Ausgaben im Sinne des § 3c Absatz 2 des Einkommensteuergesetzes, ein Übernahmeverlust im Sinne des § 4 Absatz 6 des Umwandlungssteuergesetzes oder ein Gewinn oder Verlust im

[1] § 14 Abs. 3 eingefügt durch EURLUmsG vom 9. 12. 2004 (BGBl. I S. 3310).

[2] § 14 Abs. 4 neu gefasst mWv VZ 2022 durch Gesetz vom 25. 6. 2021 (BGBl. I S. 2050); zur Anwendung siehe § 34 Abs. 6e Sätze 5 bis 20; Sätze 3 bis 5 eingefügt, bish. Sätze 3 und 4 werden Sätze 6 und 7, mWv VZ 2022 durch JStG 2022 (BGBl. I S. 2294).

[3] § 14 Abs. 5 angefügt durch Gesetz vom 20. 2. 2013 (BGBl. I S. 285); erstmals anzuwenden für Feststellungszeiträume, die nach dem 31. Dezember 2013 beginnen.

[4] § 15 neu gefasst durch StVergAbG vom 16. 5. 2003 (BGBl. I S. 660) mit Wirkung ab VZ 2003.

[5] § 15 Satz 1 Nr. 1 Sätze 2 und 3 und Nr. 1a eingefügt durch Gesetz vom 27. 6. 2017 (BGBl. I S. 2074) mit Wirkung zum VZ 2017.

Zur Anwendung von Nr. 1 Satz 2 und 3 und Nr. 1a auf Antrag für VZ auch vor 2017 siehe § 34 Abs. 3d.

[6] § 15 Satz 1 Nr. 2 neu gefasst durch SEStEG vom 7. 12. 2006 (BGBl. I S. 2782) mWv VZ 2006; § 15 Satz 1 Nr. 2 Satz 1 und 2 neu gefasst durch Gesetz vom 12. 12. 2019 (BGBl. I S. 2451); erstmals anzuwenden auf Umwandlungen, bei denen die Anmeldung zur Eintragung in das für die Wirksamkeit des jeweiligen Vorgangs maßgebende öffentliche Register nach dem 12. 12. 2019 erfolgt ist (§ 34 Abs. 6g).

Sinne des § 12 Absatz 2 Satz 1 des Umwandlungssteuergesetzes enthalten, sind § 8b dieses Gesetzes, § 4 Absatz 6 und § 12 Absatz 2 des Umwandlungssteuergesetzes sowie § 3 Nummer 40 und § 3c Absatz 2 des Einkommensteuergesetzes bei der Ermittlung des Einkommens des Organträgers anzuwenden; in den Fällen des § 12 Absatz 2 Satz 2 des Umwandlungssteuergesetzes sind neben § 8b dieses Gesetzes auch § 3 Nummer 40 und § 3c Absatz 2 des Einkommensteuergesetzes entsprechend anzuwenden. ③ [1]Satz 2 gilt nicht, soweit bei der Organgesellschaft § 8b Abs. 7, 8 oder 10 anzuwenden ist. ④ [2]Für die Anwendung der Beteiligungsgrenze im Sinne des § 8b Absatz 4 in der Fassung des Artikels 1 des Gesetzes vom 21. März 2013 (BGBl. I S. 561) werden Beteiligungen der Organgesellschaft und Beteiligungen des Organträgers getrennt betrachtet.

2a.[3] ① § 20 Absatz 1 Satz 1 bis 3 und Absatz 2 bis 4, die §§ 21, 30 Absatz 2, die §§ 42 und 43 Absatz 3, § 44 sowie § 49 Absatz 1 des Investmentsteuergesetzes sind bei der Organgesellschaft nicht anzuwenden. ② Sind in dem dem Organträger zugerechneten Einkommen Erträge im Sinne des § 16 oder § 34 des Investmentsteuergesetzes oder mit solchen Erträgen zusammenhängende Betriebsvermögensminderungen, Betriebsausgaben oder Veräußerungskosten im Sinne des § 21 oder des § 44 des Investmentsteuergesetzes enthalten, sind die §§ 20, 21, 30 Absatz 2, die §§ 42, 43 Absatz 3, § 44 sowie § 49 Absatz 1 des Investmentsteuergesetzes bei der Ermittlung des Einkommens des Organträgers anzuwenden. ③ Für Zwecke des Satzes 2 gilt der Organträger als Anleger im Sinne des § 2 Absatz 10 des Investmentsteuergesetzes. ④ Die bloße Begründung oder Beendigung einer Organschaft nach § 14 Absatz 1 Satz 1 führt nicht zu einer Veräußerung nach § 22 Absatz 1 des Investmentsteuergesetzes. ⑤ Die Sätze 1 bis 4 gelten nicht, soweit die Organgesellschaft die Voraussetzungen des § 20 Absatz 1 Satz 4 oder des § 30 Absatz 3 des Investmentsteuergesetzes erfüllt. ⑥ Für die Anwendung der Beteiligungsgrenze im Sinne des § 30 Absatz 2 Nummer 2 des Investmentsteuergesetzes werden Beteiligungen der Organgesellschaft und Beteiligungen des Organträgers getrennt betrachtet.

3.[4] ① § 4h des Einkommensteuergesetzes ist bei der Organgesellschaft nicht anzuwenden. ② Organträger und Organgesellschaften gelten als ein Betrieb im Sinne des § 4h des Einkommensteuergesetzes. ③ Sind in dem dem Organträger zugerechneten Einkommen der Organgesellschaften Zinsaufwendungen und Zinserträge im Sinne des § 4h Abs. 3 des Einkommensteuergesetzes enthalten, sind diese bei Anwendung des § 4h Abs. 1 des Einkommensteuergesetzes beim Organträger einzubeziehen.

4.[5] ① § 8 Abs. 3 Satz 2 und Abs. 7 ist bei der Organgesellschaft auf Dauerverlustgeschäfte im Sinne des § 8 Abs. 7 Satz 2 nicht anzuwenden. ② Sind in dem dem Organträger zugerechneten Einkommen Verluste aus Dauerverlustgeschäften im Sinne des § 8 Abs. 7 Satz 2 enthalten, ist § 8 Abs. 3 Satz 2 und Abs. 7 bei der Ermittlung des Einkommens des Organträgers anzuwenden.

5.[6] ① § 8 Abs. 9 ist bei der Organgesellschaft nicht anzuwenden. ② Sind in dem dem Organträger zugerechneten Einkommen Einkommen einer Kapitalgesellschaft enthalten, auf die § 8 Abs. 7 Satz 1 Nr. 2 anzuwenden ist, ist § 8 Abs. 9 bei der Ermittlung des Einkommens des Organträgers anzuwenden.

② Nummer 2 gilt entsprechend für Gewinnanteile aus der Beteiligung an einer ausländischen Gesellschaft, die nach den Vorschriften eines Abkommens zur Vermeidung der Doppelbesteuerung von der Besteuerung auszunehmen sind. ③ Bei Anwendung des Satzes 2 finden § 16 Absatz 4 sowie § 43 Absatz 1 Satz 3 des Investmentsteuergesetzes beim Organträger Anwendung. ④ Für Zwecke des Satzes 3 gilt der Organträger als Anleger im Sinne des § 2 Absatz 10 des Investmentsteuergesetzes.[7]

§ 16 Ausgleichszahlungen

① Die Organgesellschaft hat ihr Einkommen in Höhe von $^{20}/_{17}$[8] der geleisteten Ausgleichszahlungen selbst zu versteuern. ② Ist die Verpflichtung zum Ausgleich vom Organträger erfüllt worden, so hat die Organgesellschaft $^{20}/_{17}$[7] der geleisteten Ausgleichszahlungen anstelle des Organträgers zu versteuern.

---

[1] § 15 Satz 1 Nr. 2 Satz 3 angefügt durch JStG 2009 vom 19. 12. 2008 (BGBl. I S. 2794) mit Wirkung ab VZ 2009.

[2] § 15 Satz 1 Nr. 2 Satz 4 angefügt durch Gesetz vom 21. 3. 2013 (BGBl. I S. 561).

[3] § 15 Satz 1 Nr. 2a eingefügt und Sätze 3 und 4 angefügt durch Gesetz vom 11. 12. 2018 (BGBl. I S. 2338) mit Wirkung erstmals für den VZ 2018 (§ 34 Abs. 6f).

[4] § 15 Satz 1 Nr. 3 eingefügt durch Gesetz vom 14. 8. 2007 (BGBl. I S. 1912). Erstmals anzuwenden für Wj., die nach dem 25. Mai 2007 beginnen und nicht vor dem 1. Januar 2008 enden.

[5] § 15 Satz 1 Nr. 4 eingefügt durch JStG 2009 vom 19. 12. 2008 (BGBl. I S. 2794) mit Wirkung für VZ auch vor 2009.

[6] § 15 Satz 1 Nr. 5 eingefügt durch JStG 2009 vom 19. 12. 2008 (BGBl. I S. 2794) mit Wirkung für VZ auch vor 2009.

[7] § 15 Sätze 3 und 4 angefügt durch Gesetz vom 11. 12. 2018 (BGBl. I S. 2338) mit Wirkung erstmals für den VZ 2018 (§ 34 Abs. 6f).

[8] § 16 Bruch geändert durch Gesetz vom 14. 8. 2007 (BGBl. I S. 1912) mit Wirkung ab VZ 2008.

§ 17 Andere Kapitalgesellschaften als Organgesellschaft

(1)[1] ① [2] Die §§ 14 bis 16 gelten entsprechend, wenn eine andere als die in § 14 Absatz 1 Satz 1 bezeichnete Kapitalgesellschaft mit Geschäftsleitung im Inland und Sitz in einem Mitgliedstaat der Europäischen Union oder in einem Vertragsstaat des EWR-Abkommens sich wirksam verpflichtet, ihren ganzen Gewinn an ein anderes Unternehmen im Sinne des § 14 abzuf. ② Weitere Voraussetzung ist, dass

1. eine Gewinnabführung den in § 301 des Aktiengesetzes genannten Betrag nicht überschreitet und
2.[3, 4] eine Verlustübernahme durch Verweis auf die Vorschriften des § 302 des Aktiengesetzes in seiner jeweils gültigen Fassung vereinbart wird.

(2)[1] Für die Anwendung des Absatzes 1 Satz 2 Nummer 2 gilt § 34 Absatz 10 b in der Fassung des Artikels 12 des Gesetzes vom 18. Dezember 2013 (BGBl. I S. 4318) entsprechend fort.[5]

§ 18[6] *(aufgehoben)*

§ 19 Steuerabzug bei dem Organträger

(1)[7] Sind bei der Organgesellschaft die Voraussetzungen für die Anwendung besonderer Tarifvorschriften erfüllt, die einen Abzug von der Körperschaftsteuer vorsehen, und unterliegt der Organträger der unbeschränkten Körperschaftsteuerpflicht, sind diese Tarifvorschriften beim Organträger so anzuwenden, als wären die Voraussetzungen für ihre Anwendung bei ihm selbst erfüllt.

(2)[8] Unterliegt der Organträger der unbeschränkten Einkommensteuerpflicht, gilt Absatz 1 entsprechend, soweit für die Einkommensteuer gleichartige Tarifvorschriften wie für die Körperschaftsteuer bestehen.

(3)[9] Unterliegt der Organträger nicht der unbeschränkten Körperschaftsteuer- oder Einkommensteuerpflicht, gelten die Absätze 1 und 2 entsprechend, soweit die besonderen Tarifvorschriften bei beschränkt Steuerpflichtigen anwendbar sind.

(4)[9] ① Ist der Organträger eine Personengesellschaft, gelten die Absätze 1 bis 3 für die Gesellschafter der Personengesellschaft entsprechend. ② Bei jedem Gesellschafter ist der Teilbetrag abzuziehen, der dem auf den Gesellschafter entfallenden Bruchteil des dem Organträger zuzurechnenden Einkommens der Organgesellschaft entspricht.

(5) Sind in dem Einkommen der Organgesellschaft Betriebseinnahmen enthalten, die einem Steuerabzug unterlegen haben, so ist die einbehaltene Steuer auf die Körperschaftsteuer oder die Einkommensteuer des Organträgers oder, wenn der Organträger eine Personengesellschaft ist, anteilig auf die Körperschaftsteuer oder die Einkommensteuer der Gesellschafter anzurechnen.

---

[1] § 17 bisherige Fassung wird Abs. 1, Abs. 2 angefügt durch Gesetz vom 25. 7. 2014 (BGBl. I S. 1266); Abs. 2 betrifft VZ vor 2015.

[2] § 17 Satz 1 geändert durch Gesetz vom 20. 2. 2013 (BGBl. I S. 285) mit Wirkung für alle noch nicht bestandskräftig veranlagten Fälle.

[3] § 17 Satz 2 Nr. 2 i. d. F. der Bekanntmachung v. 15. 10. 2002 letztmals abgedruckt im „Handbuch zur Körperschaftsteuerveranlagung 2015".

[4] § 17 Satz 2 Nr. 2 neu gefasst durch Gesetz vom 20. 2. 2013 (BGBl. I S. 285). Erstmals anzuwenden auf Gewinnabführungsverträge, die nach dem 26. 2. 2013 abgeschlossen werden, vgl. § 34 Abs. 10 b a. F., abgedruckt in der nachstehenden Fußnote.

[5] **Wortlaut des § 34 Abs. 10 b a. F.:** ① § 17 Satz 2 Nummer 2 in der Fassung des Artikels 2 des Gesetzes vom 20. Februar 2013 (BGBl. I S. 285) ist erstmals auf Gewinnabführungsverträge anzuwenden, die nach dem Tag des Inkrafttretens dieses Gesetzes abgeschlossen oder geändert werden. ② Enthält ein Gewinnabführungsvertrag, der vor diesem Zeitpunkt wirksam abgeschlossen wurde, keinen den Anforderungen des § 17 Satz 2 Nummer 2 in der Fassung der Bekanntmachung vom 15. Oktober 2002 (BGBl. I S. 4144), das zuletzt durch Artikel 4 des Gesetzes vom 7. Dezember 2011 (BGBl. I S. 2592) geändert worden ist, entsprechenden Verweis auf § 302 des Aktiengesetzes, steht dies der Anwendung der §§ 14 bis 16 für Veranlagungszeiträume, die vor dem 1. Januar 2015 enden, nicht entgegen, wenn eine Verlustübernahme entsprechend § 302 des Aktiengesetzes tatsächlich erfolgt ist und eine Verlustübernahme entsprechend § 17 Satz 2 Nummer 2 in der Fassung des Artikels 2 des Gesetzes vom 20. Februar 2013 (BGBl. I S. 285) bis zum Ablauf des 31. Dezember 2014 wirksam vereinbart wird. ③ Für die Anwendung des Satzes 2 ist die Vereinbarung einer Verlustübernahme entsprechend § 17 Satz 2 Nummer 2 in der Fassung des Artikels 2 des Gesetzes vom 20. Februar 2013 (BGBl. I S. 285) nicht erforderlich, wenn die steuerliche Organschaft vor dem 1. Januar 2015 beendet wurde. ④ Die Änderung im Sinne des Satzes 2 eines bestehenden Gewinnabführungsvertrags gilt für die Anwendung des § 14 Absatz 1 Satz 1 Nummer 3 nicht als Neuabschluss.

[6] § 18 aufgehoben durch Gesetz vom 20. 2. 2013 (BGBl. I S. 285) mit Wirkung ab VZ 2012.

[7] § 19 Abs. 1 neu gefasst durch Gesetz vom 25. 7. 2014 (BGBl. I S. 1266) mWv VZ 2012 (§ 34 Abs. 7).

[8] § 19 Abs. 2 neu gefasst durch Gesetz vom 25. 7. 2014 (BGBl. I S. 1266) mWv VZ 2012 (§ 34 Abs. 7).

[9] § 19 Abs. 3 und 4 neu gefasst durch Gesetz vom 25. 7. 2014 (BGBl. I S. 1266) mWv VZ 2012 (§ 34 Abs. 7).

Drittes Kapitel. Sondervorschriften für Versicherungen und Pensionsfonds[1]

§ 20 Schwankungsrückstellungen, Schadenrückstellungen

(1)[2] ① Für die Bildung der Rückstellungen zum Ausgleich des schwankenden Jahresbedarfs sind insbesondere folgende Voraussetzungen erforderlich:

1. Es muss nach den Erfahrungen in dem betreffenden Versicherungszweig mit erheblichen Schwankungen des Jahresbedarfs zu rechnen sein.
2. ① Die Schwankungen des Jahresbedarfs dürfen nicht durch die Prämien ausgeglichen werden. ② Sie müssen aus den am Bilanzstichtag bestehenden Versicherungsverträgen herrühren und dürfen nicht durch Rückversicherungen gedeckt sein.

② Auf Schwankungsrückstellungen und ähnliche Rückstellungen im Sinne des § 341 h des Handelsgesetzbuchs ist § 6 Absatz 1 Nummer 3 a Buchstabe e des Einkommensteuergesetzes nicht anzuwenden.

(2)[3] ① Bei Rückstellungen für noch nicht abgewickelte Versicherungsfälle (§ 341 g des Handelsgesetzbuchs) sind die Erfahrungen im Sinne des § 6 Abs. 1 Nr. 3 a Buchstabe a des Einkommensteuergesetzes für jeden Versicherungszweig zu berücksichtigen, für den nach aufsichtsrechtlichen Vorschriften eine gesonderte Gewinn- und Verlustrechnung aufzustellen ist. ② Die Summe der einzelbewerteten Schäden des Versicherungszweiges ist um den Betrag zu mindern (Minderungsbetrag), der wahrscheinlich insgesamt nicht zur Befriedigung der Ansprüche für die Schäden benötigt wird. ③ Für Zwecke der Sätze 1 und 2 haben die Niederlassungen der Versicherungsunternehmen im Sinne des § 341 Absatz 2 Satz 2 des Handelsgesetzbuchs die auf Grund des § 55 a des Versicherungsaufsichtsgesetzes in der am 31. Dezember 2015 geltenden Fassung erlassene Verordnung über die Berichterstattung von Versicherungsunternehmen gegenüber der Bundesanstalt für Finanzdienstleistungsaufsicht entsprechend anzuwenden.

§ 21[4] Beitragsrückerstattungen

(1) ① Aufwendungen für Beitragsrückerstattungen und Direktgutschriften, die für das selbst abgeschlossene Geschäft gewährt werden, sind abziehbar

1. in dem nach Art der Lebensversicherung betriebenen Geschäft bis zum einem Höchstbetrag, der sich auf Grundlage des nach handelsrechtlichen Vorschriften ermittelten Jahresergebnisses für das selbst abgeschlossene Geschäft ohne Berücksichtigung eines Gewinnabführungsvertrages ermittelt. ② Diese Grundlage erhöht sich um die für Beitragsrückerstattungen und Direktgutschriften aufgewendeten Beträge, soweit die Beträge das Jahresergebnis gemindert haben. ③ Sie mindert sich um den Nettoertrag des Eigenkapitals am Beginn des Wirtschaftsjahrs. ④ Als Eigenkapital gilt das nach den Vorschriften der auf Grund des § 39 des Versicherungsaufsichtsgesetzes erlassenen Verordnungen über die Berichterstattung von Versicherungsunternehmen zu ermittelnde Eigenkapital zuzüglich 10 Prozent des ungebundenen Teils der Rückstellung für Beitragsrückerstattung. ⑤ Als Nettoertrag gilt 70 Prozent der Differenz zwischen Erträgen und Aufwendungen aus Kapitalanlagen, die anteilig auf das Eigenkapital entfallen. ⑥ Dabei sind die Kapitalanlagen auszusondern, bei denen das Anlagerisiko nicht vom Versicherungsunternehmen getragen wird. ⑦ Als Höchstbetrag mindestens abziehbar sind die Aufwendungen, die auf Grund gesetzlicher Vorschriften zu gewähren sind. ⑧ Die Sätze 1 bis 7 sind für Pensionsfonds entsprechend anzuwenden,
2. in den übrigen Versicherungsgeschäften auf Grund des versicherungstechnischen Überschusses bis zur Höhe des Überschusses, der sich aus den Beitragseinnahmen nach Abzug aller anteiligen abziehbaren und nichtabziehbaren Betriebsausgaben einschließlich der Versicherungsleistungen, Rückstellungen und Rechnungsabgrenzungsposten ergibt. ② Der Berechnung des Überschusses sind die auf das Wirtschaftsjahr entfallenden Beitragseinnahmen und Betriebsausgaben des einzelnen Versicherungszweiges aus dem selbst abgeschlossenen Geschäft für eigene Rechnung zugrunde zu legen.

② Der nach Satz 1 Nummer 1 für den Abzug maßgebliche Betrag ist in dem Verhältnis abziehbar, wie die für die Beitragsrückerstattung maßgeblichen Überschüsse am Kapitalanlageergebnis im

---

[1] Überschrift des Dritten Kapitels zum Zweiten Teil geändert durch Gesetz vom 20. 12. 2016 (BGBl. I S. 3000) mit Wirkung ab VZ 2016.

[2] § 20 Abs. 1 Satz 2 angefügt, bish. Text wird Satz 1, durch JStG 2015 vom 2. 11. 2015 (BGBl. I S. 1834); in dieser Fassung ist Abs. 1 auch für VZ vor 2016 anzuwenden (§ 34 Abs. 7 a Satz 1).

[3] § 20 Abs. 2 Satz 3 angefügt durch JStG 2010 vom 8. 12. 2010 (BGBl. I S. 1768) mit Wirkung ab VZ 2010; Abs. 2 Satz 3 geändert durch Gesetz vom 1. 4. 2015 (BGBl. I S. 434) mit Wirkung ab VZ 2016 (§ 34 Abs. 7 a Satz 2).

[4] § 21 neu gefasst durch Gesetz vom 11. 12. 2018 (BGBl. I S. 2338); gemäß § 34 Abs. 8 Satz 2 anzuwenden

1. erstmals für den VZ 2019;
2. auf bis zum 30. Juni 2019 zu stellenden, unwiderruflichen Antrag bereits für den VZ 2018. Der Antrag nach Satz 1 kann nur gestellt werden, wenn es im VZ 2018 sonst zu einer Auflösung der Rückstellung für Beitragsrückerstattung nach § 21 Absatz 2 Satz 2 in der zum 31. Dezember 2017 geltenden Fassung kommen würde. *[§ 21 a. F. letztmals abgedruckt im „Handbuch zur Körperschaftsteuerveranlagung 2018"].*

Geltungsbereich dieses Gesetzes dem Grunde nach steuerpflichtig und nicht steuerbefreit sind. ③ Ist maßgeblicher Betrag der sich nach Satz 1 Nummer 1 Satz 7 ergebende Betrag, ist Satz 2 nur für Aufwendungen aus dem Kapitalanlageergebnis anzuwenden.

(2) § 6 Absatz 1 Nummer 3a des Einkommensteuergesetzes ist nicht anzuwenden.

§ 21a Deckungsrückstellungen

(1) ① § 6 Abs. 1 Nr. 3a Buchstabe e des Einkommensteuergesetzes ist von Versicherungsunternehmen und Pensionsfonds mit der Maßgabe anzuwenden, dass Deckungsrückstellungen im Sinne des § 341f des Handelsgesetzbuchs mit dem sich für die zugrunde liegenden Verträge aus der Bestimmung in Verbindung mit § 25 der Verordnung über die Rechnungslegung von Versicherungsunternehmen oder in Verbindung mit der auf Grund des § 240 Satz 1 Nummer 10 des Versicherungsaufsichtsgesetzes erlassenen Rechtsverordnung[1] ergebenden Höchstzinssatz oder einem niedrigeren zulässigerweise verwendeten Zinssatz abgezinst werden können. ② Für die von Schaden- und Unfallversicherungsunternehmen gebildeten Renten-Deckungsrückstellungen kann der Höchstzinssatz, der sich auf Grund der nach § 217 Satz 1 Nummer 7 des Versicherungsaufsichtsgesetzes erlassenen Rechtsverordnung[1] ergibt, oder ein niedrigerer zulässigerweise verwendeter Zinssatz zugrunde gelegt werden.

(2) Soweit die in Absatz 1 genannten versicherungsrechtlichen Bestimmungen auf Versicherungsunternehmen mit Sitz in einem anderen Mitgliedsstaat der Europäischen Union[2] oder in einem anderen Vertragsstaat des EWR-Abkommens keine Anwendung finden, können diese entsprechend verfahren.

§ 21b[3] *(aufgehoben)*

Viertes Kapitel. Sondervorschriften für Genossenschaften

§ 22 Genossenschaftliche Rückvergütung

(1)[4] ① Rückvergütungen der Genossenschaften an ihre Mitglieder sind nur insoweit als Betriebsausgaben abziehbar, als die dafür verwendeten Beträge im Mitgliedergeschäft erwirtschaftet worden sind. ② Zur Feststellung dieser Beträge ist der Überschuss

1. bei Absatz- und Produktionsgenossenschaften im Verhältnis des Wareneinkaufs bei Mitgliedern zum gesamten Wareneinkauf,
2. bei den übrigen Genossenschaften im Verhältnis des Mitgliederumsatzes zum Gesamtumsatz

aufzuteilen. ③ Der hiernach sich ergebende Gewinn aus dem Mitgliedergeschäft bildet die obere Grenze für den Abzug. ④ Überschuss im Sinne des Satzes 2 ist das um den Gewinn aus Nebengeschäften geminderte Einkommen vor Abzug der genossenschaftlichen Rückvergütungen und des Verlustabzugs.

(2) ① Voraussetzung für den Abzug nach Absatz 1 ist, dass die genossenschaftliche Rückvergütung unter Bemessung nach der Höhe des Umsatzes zwischen den Mitgliedern und der Genossenschaft bezahlt ist und dass sie

1. auf einem durch die Satzung der Genossenschaft eingeräumten Anspruch des Mitglieds beruht oder
2. durch Beschluss der Verwaltungsorgane der Genossenschaft festgelegt und der Beschluss den Mitgliedern bekannt gegeben worden ist oder
3. in der Generalversammlung beschlossen worden ist, die den Gewinn verteilt.

② Nachzahlungen der Genossenschaft für Lieferungen oder Leistungen und Rückzahlungen von Unkostenbeiträgen sind wie genossenschaftliche Rückvergütungen zu behandeln.

Dritter Teil. Tarif; Besteuerung bei ausländischen Einkunftsteilen

§ 23 Steuersatz

(1)[5] Die Körperschaftsteuer beträgt 15 Prozent des zu versteuernden Einkommens.

(2) Wird die Einkommensteuer auf Grund der Ermächtigung des § 51 Abs. 3 des Einkommensteuergesetzes herabgesetzt oder erhöht, so ermäßigt oder erhöht sich die Körperschaftsteuer entsprechend.

---

[1] § 21a Abs. 1 Sätze 1 und 2 geändert durch Gesetz vom 1. 4. 2015 (BGBl. I S 434), berichtigt durch Gesetz v. 2. 11. 2015 (BGBl. I S. 1834) mit Wirkung ab VZ 2016 (§ 34 Abs. 8a).

[2] § 21a Abs. 2 geändert durch Gesetz vom 26. 6. 2013 (BGBl. I S. 1809).

[3] § 21b aufgehoben durch Gesetz vom 20. 12. 2016 (BGBl. I S. 3000) mit Wirkung ab VZ 2016; letztmals abgedruckt im „Handbuch zur Körperschaftsteuerveranlagung 2015".

[4] § 22 Abs. 1 Satz 1 und Satz 2 Nr. 2 redaktionell angepasst durch Gesetz vom 12. 12. 2019 (BGBl. I S. 2451).

[5] § 23 Abs. 1 Prozentsatz geändert durch Gesetz vom 14. 8. 2007 (BGBl. I S. 1912) mit Wirkung ab VZ 2008.

§ 24[1] Freibetrag für bestimmte Körperschaften

① Vom Einkommen der steuerpflichtigen Körperschaften, Personenvereinigungen oder Vermögensmassen ist ein Freibetrag von 5000 Euro, höchstens jedoch in Höhe des Einkommens, abzuziehen. ② Satz 1 gilt nicht

1. für Körperschaften und Personenvereinigungen, deren Leistungen bei den Empfängern zu den Einnahmen im Sinne des § 20 Abs. 1 Nr. 1 oder 2 des Einkommensteuergesetzes gehören,
2. für Vereine im Sinne des § 25,
3. für Investmentfonds im Sinne des § 1 des Investmentsteuergesetzes und Spezial-Investmentfonds im Sinne des § 26 des Investmentsteuergesetzes, deren Leistungen bei den Empfängern zu den Einnahmen im Sinne des § 20 Absatz 1 Nummer 3 oder 3 a des Einkommensteuergesetzes gehören.

§ 25[2] Freibetrag für Genossenschaften[3] sowie Vereine, die Land- und Forstwirtschaft betreiben

(1) ① Vom Einkommen der steuerpflichtigen Genossenschaften sowie der steuerpflichtigen Vereine, deren Tätigkeit sich auf den Betrieb der Land- und Forstwirtschaft beschränkt, ist ein Freibetrag in Höhe von 15 000 Euro, höchstens jedoch in Höhe des Einkommens, im Veranlagungszeitraum der Gründung und in den folgenden neun Veranlagungszeiträumen abzuziehen. ② Voraussetzung ist, dass

1. die Mitglieder der Genossenschaft oder dem Verein Flächen zur Nutzung oder für die Bewirtschaftung der Flächen erforderliche Gebäude überlassen und
2. a) bei Genossenschaften das Verhältnis der Summe der Werte der Geschäftsanteile des einzelnen Mitglieds zu der Summe der Werte aller Geschäftsanteile,
   b) bei Vereinen das Verhältnis des Werts des Anteils an dem Vereinsvermögen, der im Falle der Auflösung des Vereins an das einzelne Mitglied fallen würde, zu dem Wert des Vereinsvermögens

nicht wesentlich von dem Verhältnis abweicht, in dem der Wert der von dem einzelnen Mitglied zur Nutzung überlassenen Flächen und Gebäude zu dem Wert der insgesamt zur Nutzung überlassenen Flächen und Gebäude steht.

(2) Absatz 1 Satz 1 gilt auch für steuerpflichtige Genossenschaften sowie für steuerpflichtige Vereine, die eine gemeinschaftliche Tierhaltung im Sinne des *§ 51 a des Bewertungsgesetzes* ***[ab 1. 1. 2025:*** § 13 b des Einkommensteuergesetzes***]***[4] betreiben.

§ 26[5] Steuerermäßigung bei ausländischen Einkünften

(1) ① Für die Anrechnung einer der deutschen Körperschaftsteuer entsprechenden ausländischen Steuer auf die deutsche Körperschaftsteuer und für die Berücksichtigung anderer Steuerermäßigungen bei ausländischen Einkünften gelten vorbehaltlich des Satzes 2 und des Absatzes 2 die folgenden Bestimmungen entsprechend:

1. bei unbeschränkt Steuerpflichtigen § 34 c Absatz 1 bis 3 und 5 bis 7 und § 50 d Absatz 10 des Einkommensteuergesetzes sowie
2. bei beschränkt Steuerpflichtigen § 50 Absatz 3 und § 50 d Absatz 10 des Einkommensteuergesetzes.

② Dabei ist auf Bezüge im Sinne des § 8 b Absatz 1 Satz 1, die auf Grund des § 8 b Absatz 1 Satz 2 und 3 bei der Ermittlung des Einkommens nicht außer Ansatz bleiben, vorbehaltlich des Absatzes 2 § 34 c Absatz 1 bis 3 und 6 Satz 6 des Einkommensteuergesetzes entsprechend anzuwenden.

(2) ① Abweichend von § 34 c Absatz 1 Satz 2 des Einkommensteuergesetzes ist die auf die ausländischen Einkünfte entfallende deutsche Körperschaftsteuer in der Weise zu ermitteln, dass die sich bei der Veranlagung des zu versteuernden Einkommens, einschließlich der ausländischen Einkünfte, ohne Anwendung der §§ 37 und 38 ergebende deutsche Körperschaftsteuer im Verhältnis dieser ausländischen Einkünfte zur Summe der Einkünfte aufgeteilt wird. ② Bei der entsprechenden Anwendung von § 34 c Absatz 2 des Einkommensteuergesetzes ist die ausländische Steuer abzuziehen, soweit sie auf ausländische Einkünfte entfällt, die bei der Ermittlung der Ein-

---

[1] § 24 Satz 1 geändert durch Gesetz vom 17. 3. 2009 (BGBl. I S. 550) mit Wirkung ab VZ 2009; Satz 2 Nr. 3 angefügt durch Gesetz vom 12. 12. 2019 (BGBl. I S. 2451) mit Wirkung ab VZ 2019 (§ 34 Abs. 8 b).

[2] § 25 Abs. 1 Satz 1 geändert durch Gesetz vom 17. 3. 2009 (BGBl. I S. 550) mit Wirkung ab VZ 2009; § 25 Abs. 2 geändert durch Gesetz vom 17. 3. 2009 (BGBl. I S. 550) mit Wirkung ab VZ 2009.

[3] § 25 Überschrift redaktionell angepasst durch Gesetz vom 12. 12. 2019 (BGBl. I S. 2451).

[4] § 25 Abs. 2 geändert durch Gesetz vom 12. 12. 2019 (BGBl. I S. 2451) mit Wirkung ab **1. 1. 2025** (§ 34 Abs. 8 c).

[5] § 26 neu gefasst durch Gesetz vom 25. 7. 2014 (BGBl. I S. 1266); Überschrift und Abs. 1 Satz 1 geändert, Abs. 2 Satz 1 neu gefasst durch Gesetz vom 22. 12. 2014 (BGBl. I S. 2417). In dieser Fassung ist § 26 erstmals anzuwenden auf Einkünfte und Einkunftsteile, die nach dem 31. Dezember 2013 zufließen (§ 34 Abs. 9 Satz 1); für Zufluss vor dem 1. Januar 2014 auf noch nicht bestandskräftig festgesetzte Körperschaftsteuer (§ 34 Abs. 9 Satz 2).

künfte nicht außer Ansatz bleiben. ③ § 34 c Absatz 6 Satz 3 des Einkommensteuergesetzes ist auch auf Einkünfte entsprechend anzuwenden, die auf Grund einer Verordnung oder Richtlinie der Europäischen Union in einem anderen Mitgliedstaat der Europäischen Union nicht besteuert werden.

Vierter Teil.[1] Nicht in das Nennkapital geleistete Einlagen und Entstehung und Veranlagung

§ 27 Nicht in das Nennkapital geleistete Einlagen

(1)[2] ① Die unbeschränkt steuerpflichtige Kapitalgesellschaft hat die nicht in das Nennkapital geleisteten Einlagen am Schluss jedes Wirtschaftsjahrs auf einem besonderen Konto (steuerliches Einlagekonto) auszuweisen. ② Das steuerliche Einlagekonto ist ausgehend von dem Bestand am Ende des vorangegangenen Wirtschaftsjahrs um die jeweiligen Zu- und Abgänge des Wirtschaftsjahrs fortzuschreiben. ③ Leistungen der Kapitalgesellschaft mit Ausnahme der Rückzahlung von Nennkapital im Sinne des § 28 Abs. 2 Satz 2 und 3 und der Mehrabführungen im Sinne des Absatzes 6 mindern das steuerliche Einlagekonto unabhängig von ihrer handelsrechtlichen Einordnung nur, soweit sie den auf den Schluss des vorangegangenen Wirtschaftsjahrs ermittelten ausschüttbaren Gewinn übersteigen (Einlagenrückgewähr). ④ Der Bestand des steuerlichen Einlagekontos kann durch Leistungen nicht negativ werden; Absatz 6 bleibt unberührt. ⑤ Als ausschüttbarer Gewinn gilt das um das gezeichnete Kapital geminderte in der Steuerbilanz ausgewiesene Eigenkapital abzüglich des Bestands des steuerlichen Einlagekontos.

(2)[3] ① Der unter Berücksichtigung der Zu- und Abgänge des Wirtschaftsjahrs ermittelte Bestand des steuerlichen Einlagekontos wird gesondert festgestellt. ② Der Bescheid über die gesonderte Feststellung ist Grundlagenbescheid für den Bescheid über die gesonderte Feststellung zum folgenden Feststellungszeitpunkt. ③ Bei Eintritt in die unbeschränkte Steuerpflicht ist der zum Zeitpunkt des Eintritts in die Steuerpflicht vorhandene Bestand der nicht in das Nennkapital geleisteten Einlagen gesondert festzustellen; der gesondert festgestellte Bestand gilt als Bestand des steuerlichen Einlagekontos am Ende des vorangegangenen Wirtschaftsjahrs. ④ Kapitalgesellschaften haben auf den Schluss jedes Wirtschaftsjahrs Erklärungen zur gesonderten Feststellung von Besteuerungsgrundlagen abzugeben. ⑤ Die Erklärungen sind von den in § 34 der Abgabenordnung bezeichneten Personen eigenhändig zu unterschreiben.

(3) ① Erbringt eine Kapitalgesellschaft für eigene Rechnung Leistungen, die nach Absatz 1 Satz 3 als Abgang auf dem steuerlichen Einlagekonto zu berücksichtigen sind, so ist sie verpflichtet, ihren Anteilseignern die folgenden Angaben nach amtlich vorgeschriebenem Muster zu bescheinigen:

1. den Namen und die Anschrift des Anteilseigners,
2. die Höhe der Leistungen, soweit das steuerliche Einlagekonto gemindert wurde,
3. den Zahlungstag.

② Die Bescheinigung braucht nicht unterschrieben zu werden, wenn sie in einem maschinellen Verfahren ausgedruckt worden ist und den Aussteller erkennen lässt.

(4)[4] ① Ist die in Absatz 1 bezeichnete Leistung einer Kapitalgesellschaft von der Vorlage eines Dividendenscheins abhängig und wird sie für Rechnung der Kapitalgesellschaft durch ein inländisches Kreditinstitut erbracht, so hat das Institut dem Anteilseigner eine Bescheinigung mit den in Absatz 3 Satz 1 bezeichneten Angaben nach amtlich vorgeschriebenem Muster zu erteilen. ② Aus der Bescheinigung muss ferner hervorgehen, für welche Kapitalgesellschaft die Leistung erbracht wird. ③ Die Sätze 1 und 2 gelten entsprechend, wenn anstelle eines inländischen Kreditinstituts eine inländische Zweigniederlassung eines der in § 53 b Absatz 1 oder 7 des Kreditwesengesetzes genannten Unternehmen die Leistung erbringt.

(5)[5] ① Ist für eine Leistung der Kapitalgesellschaft die Minderung des Einlagekontos zu niedrig bescheinigt worden, bleibt die der Bescheinigung zugrunde gelegte Verwendung unverändert. ② Ist für eine Leistung bis zum Tag der Bekanntgabe der erstmaligen Feststellung im Sinne des Absatzes 2 zum Schluss des Wirtschaftsjahrs der Leistung eine Steuerbescheinigung im Sinne des Absatzes 3 nicht erteilt worden, gilt der Betrag der Einlagenrückgewähr als mit 0 Euro bescheinigt. ③ In den Fällen der Sätze 1 und 2 ist eine Berichtigung oder erstmalige Erteilung von Steu-

---

[1] Der früher zusätzlich an dieser Stelle abgedruckte alte Vierte Teil – Anrechnungsverfahren, §§ 27 bis 47 a. F. – findet sich letztmals im „Handbuch zur Körperschaftsteuerveranlagung 2006".

[2] § 27 Abs. 1 bish. Satz 3 durch neue Sätze 3 und 4 ersetzt, bish. Satz 4 wird Satz 5, Satz 6 aufgehoben mWv VZ 2006 durch SEStEG vom 7. 12. 2006 (BGBl. I S. 2782); Abs. 1 Satz 3 geändert durch JStG 2008 vom 20. 12. 2007 (BGBl. I S. 3150); Abs. 1 Satz 6 aufgehoben durch Gesetz vom 25. 7. 2014 (BGBl. I S. 1266); Abs. 1 Satz 3 geändert mWv VZ 2022 durch Gesetz vom 25. 6. 2021 (BGBl. I S. 2050); zur Anwendung siehe § 34 Abs. 6 e Sätze 5 bis 20.

[3] § 27 Abs. 2 Satz 3 eingefügt, bish. Sätze 3 und 4 werden Sätze 4 und 5 mWv VZ 2006 durch SEStEG vom 7. 12. 2006 (BGBl. I S. 2782).

[4] § 27 Abs. 4 Satz 3 Zitat geändert durch Gesetz vom 25. 7. 2014 (BGBl. I S. 1266) mWv VZ 2015.

[5] § 27 Abs. 5 neu gefasst mWv VZ 2006 durch SEStEG vom 7. 12. 2006 (BGBl. I S. 2782).

erbescheinigungen im Sinne des Absatzes 3 nicht zulässig. ④ In anderen Fällen ist die auf den überhöht ausgewiesenen Betrag der Einlagenrückgewähr entfallende Kapitalertragsteuer durch Haftungsbescheid geltend zu machen; § 44 Abs. 5 Satz 1 zweiter Halbsatz des Einkommensteuergesetzes gilt insoweit nicht. ⑤ Die Steuerbescheinigungen können berichtigt werden. ⑥ Die Feststellung im Sinne des Absatzes 2 für das Wirtschaftsjahr, in dem die entsprechende Leistung erfolgt ist, ist an die der Kapitalertragsteuerhaftung nach Satz 4 zugrunde gelegte Einlagenrückgewähr anzupassen.

(6)[1] ① Minderabführungen erhöhen und Mehrabführungen mindern das Einlagekonto einer Organgesellschaft, wenn sie ihre Ursache in organschaftlicher Zeit haben. ② Mehrabführungen im Sinne des Satzes 1 mindern das steuerliche Einlagekonto der Organgesellschaft vor anderen Leistungen.

(7)[2] Die vorstehenden Absätze gelten sinngemäß für andere unbeschränkt steuerpflichtige Körperschaften und Personenvereinigungen, die Leistungen im Sinne des § 20 Abs. 1 Nr. 1, 9 oder Nr. 10 des Einkommensteuergesetzes gewähren können.

(8)[3] ① *Eine Einlagenrückgewähr können auch Körperschaften oder Personenvereinigungen erbringen, die in einem anderen Mitgliedstaat der Europäischen Union der unbeschränkten Steuerpflicht unterliegen, wenn sie Leistungen im Sinne des § 20 Abs. 1 Nr. 1 oder 9 des Einkommensteuergesetzes gewähren können.* ***[ab VZ 2023:*** Eine Einlagenrückgewähr können auch Körperschaften oder Personenvereinigungen erbringen, die nicht der unbeschränkten Steuerpflicht im Inland unterliegen, wenn sie Leistungen im Sinne des § 20 Absatz 1 Nummer 1 oder 9 des Einkommensteuergesetzes gewähren können.***]*** ② Die Einlagenrückgewähr ist in entsprechender Anwendung der Absätze 1 bis 6 und der §§ 28 und 29 zu ermitteln. ③ *Der als Leistung im Sinne des Satzes 1 zu berücksichtigende Betrag wird auf Antrag der Körperschaft oder Personenvereinigung für den jeweiligen Veranlagungszeitraum gesondert festgestellt.* ***[ab VZ 2023:*** Der als Einlagenrückgewähr zu berücksichtigende Betrag wird auf Antrag der Körperschaft oder Personenvereinigung für das jeweilige Wirtschaftsjahr gesondert festgestellt.***]*** ④ *Der Antrag ist nach amtlich vorgeschriebenem Vordruck bis zum Ende des Kalenderjahrs zu stellen, das auf das Kalenderjahr folgt, in dem die Leistung erfolgt ist.* ***[ab VZ 2023:*** Der Antrag ist nach amtlich vorgeschriebenem Vordruck bis zum Ende des zwölften Monats zu stellen, der auf das Ende des Wirtschaftsjahres folgt, in dem die Leistung erfolgt ist.***]*** ⑤ Zuständig für die gesonderte Feststellung ist die Finanzbehörde, die im Zeitpunkt der Abgabe des Antrags nach § 20 der Abgabenordnung für die Besteuerung nach dem Einkommen örtlich zuständig ist. ⑥ Bei Körperschaften oder Personenvereinigungen, für die im Zeitpunkt der Antragstellung nach § 20 der Abgabenordnung keine Finanzbehörde zuständig ist, ist abweichend von Satz 5 das Bundeszentralamt für Steuern zuständig. ⑦ Im Antrag sind die für die Berechnung der Einlagenrückgewähr erforderlichen Umstände darzulegen. ⑧ In die Bescheinigung nach Absatz 3 ist das Aktenzeichen der nach Satz 5 oder 6 zuständigen Behörde aufzunehmen. ⑨ *Soweit Leistungen nach Satz 1 nicht gesondert festgestellt worden sind, gelten sie als Gewinnausschüttung, die beim Anteilseigner zu Einnahmen im Sinne des § 20 Abs. 1 Nr. 1 oder 9 des Einkommensteuergesetzes führen.* ***[ab VZ 2023:*** Soweit für Leistungen nach Satz 1 oder Nennkapitalrückzahlungen eine Einlagenrückgewähr nicht gesondert festgestellt worden ist, gelten sie als Gewinnausschüttung, die beim Anteilseigner zu Einnahmen im Sinne des § 20 Absatz 1 Nummer 1 oder 9 des Einkommensteuergesetzes führen.***]***

§ 28 Umwandlung von Rücklagen in Nennkapital und Herabsetzung des Nennkapitals

(1) ① Wird das Nennkapital durch Umwandlung von Rücklagen erhöht, so gilt der positive Bestand des steuerlichen Einlagekontos als vor den sonstigen Rücklagen umgewandelt. ② Maßgeblich ist dabei der sich vor Anwendung des Satzes 1 ergebende Bestand des steuerlichen Einlagekontos zum Schluss des Wirtschaftsjahrs der Rücklagenumwandlung. ③ Enthält das Nennkapital auch Beträge, die ihm durch Umwandlung von sonstigen Rücklagen mit Ausnahme von aus Einlagen der Anteilseigner stammenden Beträgen zugeführt worden sind, so sind diese Teile des Nennkapitals getrennt auszuweisen und gesondert festzustellen (Sonderausweis). ④ § 27 Abs. 2 gilt entsprechend.

(2)[4] ① Im Fall der Herabsetzung des Nennkapitals oder der Auflösung der Körperschaft wird zunächst der Sonderausweis zum Schluss des vorangegangenen Wirtschaftsjahrs gemindert; ein übersteigender Betrag ist dem steuerlichen Einlagekonto gutzuschreiben, soweit die Einlage in das Nennkapital geleistet ist. ② Die Rückzahlung des Nennkapitals gilt, soweit der Sonderausweis zu mindern ist, als Gewinnausschüttung, die beim Anteilseigner zu Bezügen im Sinne des § 20 Abs. 1 Nr. 2 des Einkommensteuergesetzes führt. ③ Ein den Sonderausweis übersteigender Betrag ist vom positiven Bestand des steuerlichen Einlagekontos abzuziehen. ④ Soweit der positive Bestand des steuerlichen Einlagekontos für den Abzug nach Satz 3 nicht ausreicht, gilt die

[1] § 27 Abs. 6 Sätze 2 bis 4 gestrichen durch JStG 2008 vom 20. 12. 2007 (BGBl. I S. 3150); neuer Satz 2 angefügt mWv VZ 2022 durch Gesetz vom 25. 6. 2021 (BGBl. I S. 2050); zur Anwendung siehe § 34 Abs. 6 e Sätze 5 bis 20.

[2] § 27 Abs. 7 geändert durch Berichtigung vom 24. 1. 2007 (BGBl. I S. 68).

[3] § 27 Abs. 8 eingefügt mWv VZ 2006 durch SEStEG vom 7. 12. 2006 (BGBl. I S. 2782); Sätze 1, 3, 4 und 9 neu gefasst **mWv VZ 2023** durch JStG 2022 vom 16. 12. 2022 (BGBl. I S. 2294); zur Anwendung siehe § 34 Abs. 10.

[4] § 28 Abs. 2 neu gefasst mWv VZ 2006 durch SEStEG vom 7. 12. 2006 (BGBl. I S. 2782).

Rückzahlung des Nennkapitals ebenfalls als Gewinnausschüttung, die beim Anteilseigner zu Bezügen im Sinne des § 20 Abs. 1 Nr. 2 des Einkommensteuergesetzes führt.

(3) Ein Sonderausweis zum Schluss des Wirtschaftsjahrs vermindert sich um den positiven Bestand des steuerlichen Einlagekontos zu diesem Stichtag; der Bestand des steuerlichen Einlagekontos vermindert sich entsprechend.

§ 29 Kapitalveränderungen bei Umwandlungen

(1)[1] In Umwandlungsfällen im Sinne des § 1 des Umwandlungsgesetzes gilt das Nennkapital der übertragenden Kapitalgesellschaft und bei Anwendung des Absatzes 2 Satz 3 und des Absatzes 3 Satz 3 zusätzlich das Nennkapital der übernehmenden Kapitalgesellschaft als in vollem Umfang nach § 28 Abs. 2 Satz 1 herabgesetzt.

(2) ① Geht das Vermögen einer Kapitalgesellschaft durch Verschmelzung nach § 2 des Umwandlungsgesetzes auf eine unbeschränkt steuerpflichtige Körperschaft über, so ist der Bestand des steuerlichen Einlagekontos dem steuerlichen Einlagekonto der übernehmenden Körperschaft hinzuzurechnen. ② Eine Hinzurechnung des Bestands des steuerlichen Einlagekontos nach Satz 1 unterbleibt im Verhältnis des Anteils des Übernehmers an dem übertragenden Rechtsträger. ③ Der Bestand des Einlagekontos des Übernehmers mindert sich anteilig im Verhältnis des Anteils des übertragenden Rechtsträgers am Übernehmer.

(3) ① Geht Vermögen einer Kapitalgesellschaft durch Aufspaltung oder Abspaltung im Sinne des § 123 Abs. 1 und 2 des Umwandlungsgesetzes auf eine unbeschränkt steuerpflichtige Körperschaft über, so ist der Bestand des steuerlichen Einlagekontos der übertragenden Kapitalgesellschaft einer übernehmenden Körperschaft im Verhältnis der übergehenden Vermögensteile zu dem bei der übertragenden Kapitalgesellschaft vor dem Übergang bestehenden Vermögen zuzuordnen, wie es in der Regel in den Angaben zum Umtauschverhältnis der Anteile im Spaltungs- und Übernahmevertrag oder im Spaltungsplan (§ 126 Abs. 1 Nr. 3, § 136 des Umwandlungsgesetzes) zum Ausdruck kommt. ② Entspricht das Umtauschverhältnis der Anteile nicht dem Verhältnis der übergehenden Vermögensteile zu dem bei der übertragenden Kapitalgesellschaft vor der Spaltung bestehenden Vermögen, ist das Verhältnis der gemeinen Werte der übergehenden Vermögensteile zu dem vor der Spaltung vorhandenen Vermögen maßgebend. ③ Für die Entwicklung des steuerlichen Einlagekontos des Übernehmers gilt Absatz 2 Satz 2 und 3 entsprechend. ④ Soweit das Vermögen durch Abspaltung auf eine Personengesellschaft übergeht, mindert sich das steuerliche Einlagekonto der übertragenden Kapitalgesellschaft in dem Verhältnis der übergehenden Vermögensteile zu dem vor der Spaltung bestehenden Vermögen.

(4) Nach Anwendung der Absätze 2 und 3 ist für die Anpassung des Nennkapitals der umwandlungsbeteiligten Kapitalgesellschaften § 28 Abs. 1 und 3 anzuwenden.

(5)[2] Die vorstehenden Absätze gelten sinngemäß für andere unbeschränkt steuerpflichtige Körperschaften und Personenvereinigungen, die Leistungen im Sinne des § 20 Abs. 1 Nr. 1, 9 und 10 des Einkommensteuergesetzes gewähren können.

(6)[2] ① War für die übertragende Körperschaft oder Personenvereinigung ein Einlagekonto bisher nicht festzustellen, tritt für die Anwendung der vorstehenden Absätze an die Stelle des Einlagekontos der Bestand der nicht in das Nennkapital geleisteten Einlagen zum Zeitpunkt des Vermögensübergangs. ② § 27 Abs. 8 gilt entsprechend.

§ 30 Entstehung der Körperschaftsteuer

Die Körperschaftsteuer entsteht

1. für Steuerabzugsbeträge in dem Zeitpunkt, in dem die steuerpflichtigen Einkünfte zufließen,
2. für Vorauszahlungen mit Beginn des Kalendervierteljahrs, in dem die Vorauszahlungen zu entrichten sind, oder, wenn die Steuerpflicht erst im Laufe des Kalenderjahrs begründet wird, mit Begründung der Steuerpflicht,
3. für die veranlagte Steuer mit Ablauf des Veranlagungszeitraums, soweit nicht die Steuer nach Nummer 1 oder 2 schon früher entstanden ist.

§ 31[3] Steuererklärungspflicht, Veranlagung und Erhebung der Körperschaftsteuer

(1)[4, 5] ① Auf die Durchführung der Besteuerung einschließlich der Anrechnung, Entrichtung und Vergütung der Körperschaftsteuer sowie die Festsetzung und Erhebung von Steuern, die

---

[1] § 29 Abs. 1 geändert mWv VZ 2005 durch EURLUmsG vom 9. 12. 2004 (BGBl. I S. 3310).

[2] § 29 Abs. 5 neu gefasst, Abs. 6 eingefügt mWv VZ 2006 durch SEStEG vom 7. 12. 2006 (BGBl. I S. 2782).

[3] Vgl. die Ergänzungsabgabe-Bestimmungen im Solidaritätszuschlaggesetz, abgedruckt im „Handbuch zur Einkommensteuerveranlagung" im Anhang I 2.

[4] § 31 Abs. 1 früherer Satz 2 angefügt durch StÄndG 2003 vom 15. 12. 2003 (BGBl. I S. 2645) mWv VZ 2002; Abs. 1 Satz 3 angefügt mWv VZ 2007 durch JStG 2007 vom 13. 12. 2006 (BGBl. I S. 2878); Abs. 1 neuer Satz 2 eingefügt durch Gesetz vom 14. 8. 2007 (BGBl. I S. 1912) mWv VZ 2008; bish. Sätze 2 und 3 werden Sätze 3 und 4.

[5] § 31 Abs. 1 bish. Satz 2 aufgehoben mWv VZ 2015 durch Gesetz vom 25. 7. 2014 (BGBl. I S. 1266), bish. Sätze 3 und 4 werden Sätze 2 und 3.

nach der veranlagten Körperschaftsteuer bemessen werden (Zuschlagsteuern), sind die Vorschriften des Einkommensteuergesetzes entsprechend anzuwenden, soweit dieses Gesetz nichts anderes bestimmt. ② Die sich im Zuge der Festsetzung ergebenden einzelnen Körperschaftsteuerbeträge sind jeweils zu Gunsten des Steuerpflichtigen auf volle Euro-Beträge zu runden. ③ § 37b des Einkommensteuergesetzes findet entsprechende Anwendung.

(1 a)[1] ① Die Körperschaftsteuererklärung und die Erklärung zur gesonderten Feststellung von Besteuerungsgrundlagen sind nach amtlich vorgeschriebenem Datensatz durch Datenfernübertragung zu übermitteln. ② Auf Antrag kann die Finanzbehörde zur Vermeidung unbilliger Härten auf eine elektronische Übermittlung verzichten; in diesem Fall sind die Erklärungen nach amtlich vorgeschriebenem Vordruck abzugeben und vom gesetzlichen Vertreter des Steuerpflichtigen eigenhändig zu unterschreiben.

(2) Bei einem vom Kalenderjahr abweichenden Wirtschaftsjahr gilt § 37 Abs. 1 des Einkommensteuergesetzes mit der Maßgabe, dass die Vorauszahlungen auf die Körperschaftsteuer bereits während des Wirtschaftsjahrs zu entrichten sind, das im Veranlagungszeitraum endet.

§ 32[2] Sondervorschriften für den Steuerabzug

(1) Die Körperschaftsteuer für Einkünfte, die dem Steuerabzug unterliegen, ist durch den Steuerabzug abgegolten,

1. wenn die Einkünfte nach § 5 Abs. 2 Nr. 1 von der Steuerbefreiung ausgenommen sind oder
2. wenn der Bezieher der Einkünfte beschränkt steuerpflichtig ist und die Einkünfte nicht in einem inländischen gewerblichen oder land- oder forstwirtschaftlichen Betrieb angefallen sind.

(2)[2] Die Körperschaftsteuer ist nicht abgegolten,

1. wenn bei dem Steuerpflichtigen während eines Kalenderjahrs sowohl unbeschränkte Steuerpflicht als auch beschränkte Steuerpflicht im Sinne des § 2 Nr. 1 bestanden hat; in diesen Fällen sind die während der beschränkten Steuerpflicht erzielten Einkünfte in eine Veranlagung zur unbeschränkten Körperschaftsteuerpflicht einzubeziehen;
2. für Einkünfte, die dem Steuerabzug nach § 50a Abs. 1 Nr. 1, 2 oder Nr. 4 des Einkommensteuergesetzes unterliegen, wenn der Gläubiger der Vergütungen eine Veranlagung zur Körperschaftsteuer beantragt;
3. soweit der Steuerpflichtige wegen der Steuerabzugsbeträge in Anspruch genommen werden kann oder
4. soweit § 38 Abs. 2 anzuwenden ist.

(3)[3] ① Von den inländischen Einkünften im Sinne des § 2 Nr. 2 zweiter Halbsatz ist ein Steuerabzug vorzunehmen; Entsprechendes gilt, wenn die inländischen Einkünfte im Sinne des § 2 Nr. 2 zweiter Halbsatz von einer nach § 5 Abs. 1 oder nach anderen Gesetzen als dem Körperschaftsteuergesetz steuerbefreiten Körperschaft, Personenvereinigung oder Vermögensmasse erzielt werden. ② Der Steuersatz beträgt 15 Prozent des Entgelts. ③ Die für den Steuerabzug von Kapitalerträgen im Sinne des § 43 Abs. 1 Satz 1 Nummer 1 und 1 a[4] geltenden Vorschriften des Einkommensteuergesetzes mit Ausnahme des § 44 Abs. 2 und § 44a Abs. 8 des Einkommensteuergesetzes sind entsprechend anzuwenden. ④ Der Steuerabzug ist bei Einnahmen oder Bezügen im Sinne des § 2 Nr. 2 zweiter Halbsatz Buchstabe c von der anderen Körperschaft im Sinne des § 8b Abs. 10 Satz 2 vorzunehmen. ⑤[5] In Fällen des Satzes 4 hat die überlassende Körperschaft der anderen Körperschaft den zur Deckung der Kapitalertragsteuer notwendigen Betrag zur Verfügung zu stellen; § 44 Absatz 1 Satz 10 und 11 des Einkommensteuergesetzes gilt entsprechend.

(4) ① Absatz 2 Nr. 2 gilt nur für beschränkt steuerpflichtige Körperschaften, Personenvereinigungen oder Vermögensmassen im Sinne des § 2 Nr. 1, die nach den Rechtsvorschriften eines Mitgliedstaats der Europäischen Union oder nach den Rechtsvorschriften eines Staates, auf den das Abkommen über den Europäischen Wirtschaftsraum vom 3. Januar 1994 (ABl. EG Nr. L 1 S. 3), zuletzt geändert durch den Beschluss des Gemeinsamen EWR-Ausschusses Nr. 91/2007 vom 6. Juli 2007 (ABl. EU Nr. L 328 S. 40), in der jeweiligen Fassung Anwendung findet, gegründete Gesellschaften im Sinne des Artikels 54 des Vertrags über die Arbeitsweise der Europäischen Union[6] oder des Artikels 34 des Abkommens über den Europäischen Wirtschaftsraum sind, deren Sitz und Ort der Geschäftsleitung sich innerhalb des Hoheitsgebiets eines dieser Staaten befindet. ② Europäische Gesellschaften sowie Europäische Genossenschaften gelten für die An-

[1] § 31 Abs. 1 a eingefügt mit Wirkung ab VZ 2011 durch Gesetz vom 20. 12. 2008 (BGBl. I S. 2850).

[2] § 32 Überschrift und Abs. 2 neu gefasst sowie Abs. 4 eingefügt durch JStG 2009 vom 19. 12. 2008 (BGBl. I S. 2794) mit Wirkung ab VZ 2009.

[3] § 32 Abs. 3 eingefügt durch Gesetz vom 14. 8. 2007 (BGBl. I S. 1912); erstmals anzuwenden für Einkünfte, die nach dem 17. August 2007 zufließen.

[4] § 32 Abs. 3 Satz 3 Zitat geändert durch OGAW-IV-UmsG vom 22. 6. 2011 (BGBl. I S. 1126). Erstmals anzuwenden auf Kapitalerträge, die dem Gläubiger nach dem 31. 12. 2011 zufließen.

[5] § 32 Abs. 3 Satz 5 Zitat geändert durch InvStRefG vom 19.7. 2016 (BGBl. I S. 1730) mit Wirkung vom 1. 1. 2018.

[6] Artikel und Vertragsbezeichnung angepasst durch Gesetz vom 26. 6. 2013 (BGBl. I S. 1809).

wendung des Satzes 1 als nach den Rechtsvorschriften des Staates gegründete Gesellschaften, in dessen Hoheitsgebiet sich der Sitz der Gesellschaften befindet.

(5)[1] ① Ist die Körperschaftsteuer des Gläubigers für Kapitalerträge im Sinne des § 20 Absatz 1 Nummer 1 des Einkommensteuergesetzes nach Absatz 1 abgegolten, wird dem Gläubiger der Kapitalerträge auf Antrag die einbehaltene und abgeführte Kapitalertragsteuer nach Maßgabe des § 36 Absatz 2 Nummer 2 des Einkommensteuergesetzes erstattet, wenn

1. der Gläubiger der Kapitalerträge eine nach § 2 Nummer 1 beschränkt steuerpflichtige Gesellschaft ist, die
   a) zugleich eine Gesellschaft im Sinne des Artikels 54 des Vertrags über die Arbeitsweise der Europäischen Union oder des Artikels 34 des Abkommens über den Europäischen Wirtschaftsraum ist,
   b) ihren Sitz und Ort der Geschäftsleitung innerhalb des Hoheitsgebiets eines Mitgliedstaates der Europäischen Union oder eines Staates, auf den das Abkommen über den Europäischen Wirtschaftsraum Anwendung findet, hat,
   c) im Staat des Orts ihrer Geschäftsleitung ohne Wahlmöglichkeit einer mit § 1 vergleichbaren unbeschränkten Steuerpflicht unterliegt, ohne von dieser befreit zu sein, und
2. der Gläubiger unmittelbar am Grund- oder Stammkapital der Schuldnerin der Kapitalerträge beteiligt ist und die Mindestbeteiligungsvoraussetzung des § 43 b Absatz 2 des Einkommensteuergesetzes nicht erfüllt.

② Satz 1 gilt nur, soweit

1. keine Erstattung der betreffenden Kapitalertragsteuer nach anderen Vorschriften vorgesehen ist,
2. die Kapitalerträge nach § 8 b Absatz 1 bei der Einkommensermittlung außer Ansatz bleiben würden,
3. die Kapitalerträge aufgrund ausländischer Vorschriften keiner Person zugerechnet werden, die keinen Anspruch auf Erstattung nach Maßgabe dieses Absatzes hätte, wenn sie die Kapitalerträge unmittelbar erzielte,
4. ein Anspruch auf völlige oder teilweise Erstattung der Kapitalertragsteuer bei entsprechender Anwendung des § 50 d Absatz 3 des Einkommensteuergesetzes nicht ausgeschlossen wäre und
5. die Kapitalertragsteuer nicht beim Gläubiger oder einem unmittelbar oder mittelbar am Gläubiger beteiligten Anteilseigner angerechnet oder als Betriebsausgabe oder als Werbungskosten abgezogen werden kann; die Möglichkeit eines Anrechnungsvortrags steht der Anrechnung gleich.

③ Der Gläubiger der Kapitalerträge hat die Voraussetzungen für die Erstattung nachzuweisen. ④ Er hat insbesondere durch eine Bescheinigung der Steuerbehörden seines Ansässigkeitsstaates nachzuweisen, dass er in diesem Staat als steuerlich ansässig betrachtet wird, dort unbeschränkt körperschaftsteuerpflichtig und nicht von der Körperschaftsteuer befreit sowie der tatsächliche Empfänger der Kapitalerträge ist. ⑤ Aus der Bescheinigung der ausländischen Steuerverwaltung muss hervorgehen, dass die deutsche Kapitalertragsteuer nicht angerechnet, nicht abgezogen oder nicht vorgetragen werden kann und inwieweit eine Anrechnung, ein Abzug oder Vortrag auch tatsächlich nicht erfolgt ist. ⑥ Die Erstattung der Kapitalertragsteuer erfolgt für alle in einem Kalenderjahr bezogenen Kapitalerträge im Sinne des Satzes 1 auf der Grundlage eines Freistellungsbescheids nach § 155 Absatz 1 Satz 3 der Abgabenordnung.

§ 32 a[2] Erlass, Aufhebung oder Änderung von Steuerbescheiden bei verdeckter Gewinnausschüttung oder verdeckter Einlage

(1) ① Soweit gegenüber einer Körperschaft ein Steuerbescheid hinsichtlich der Berücksichtigung einer verdeckten Gewinnausschüttung erlassen, aufgehoben oder geändert wird, kann ein Steuerbescheid oder ein Feststellungsbescheid gegenüber dem Gesellschafter, dem die verdeckte Gewinnausschüttung zuzurechnen ist, oder einer diesem nahe stehenden Person erlassen, aufgehoben oder geändert werden. ② Die Festsetzungsfrist endet insoweit nicht vor Ablauf eines Jahres nach Unanfechtbarkeit des Steuerbescheides der Körperschaft. ③ Die Sätze 1 und 2 gelten auch für verdeckte Gewinnausschüttungen an Empfänger von Bezügen im Sinne des § 20 Abs. 1 Nr. 9 und 10 Buchstabe a des Einkommensteuergesetzes.

(2) ① Soweit gegenüber dem Gesellschafter ein Steuerbescheid oder ein Feststellungsbescheid hinsichtlich der Berücksichtigung einer verdeckten Einlage erlassen, aufgehoben oder geändert wird, kann ein Steuerbescheid gegenüber der Körperschaft, welcher der Vermögensvorteil zugewendet wurde, aufgehoben, erlassen oder geändert werden. ② Absatz 1 Satz 2 gilt entsprechend.

---

[1] § 32 Abs. 5 angefügt durch Gesetz vom 21. 3. 2013 (BGBl. I S. 561); erstmals anzuwenden für im Kj. 2013 zugeflossene Kapitalerträge.

[2] § 32 a eingefügt durch JStG 2007 vom 13. 12. 2006 (BGBl. I S. 2878). Erstmals anzuwenden, wenn nach dem 18. Dezember 2006 ein Steuerbescheid erlassen, aufgehoben oder geändert wird.

Fünfter Teil. Ermächtigungs- und Schlussvorschriften

§ 33 Ermächtigungen

(1) Die Bundesregierung wird ermächtigt, zur Durchführung dieses Gesetzes mit Zustimmung des Bundesrates durch Rechtsverordnung

1. zur Wahrung der Gleichmäßigkeit bei der Besteuerung, zur Beseitigung von Unbilligkeiten in Härtefällen und zur Vereinfachung des Besteuerungsverfahrens den Umfang der Steuerbefreiungen nach § 5 Abs. 1 Nr. 3 und 4 näher zu bestimmen. ② Dabei können
   a) zur Durchführung des § 5 Abs. 1 Nr. 3 Vorschriften erlassen werden, nach denen die Steuerbefreiung nur eintritt,
      aa) wenn die Leistungsempfänger nicht überwiegend aus dem Unternehmer oder seinen Angehörigen, bei Gesellschaften aus den Gesellschaftern und ihren Angehörigen bestehen,
      bb) wenn bei Kassen mit Rechtsanspruch der Leistungsempfänger die Rechtsansprüche und bei Kassen ohne Rechtsanspruch der Leistungsempfänger die laufenden Kassenleistungen und das Sterbegeld bestimmte Beträge nicht übersteigen, die dem Wesen der Kasse als soziale Einrichtung entsprechen,
      cc) wenn bei Auflösung der Kasse ihr Vermögen satzungsmäßig nur für soziale Zwecke verwendet werden darf,
      dd) wenn rechtsfähige Pensions-, Sterbe- und Krankenkassen der Versicherungsaufsicht unterliegen,
      ee) wenn bei rechtsfähigen Unterstützungskassen die Leistungsempfänger zu laufenden Beiträgen oder Zuschüssen nicht verpflichtet sind und die Leistungsempfänger oder die Arbeitnehmervertretungen des Betriebs oder der Dienststelle an der Verwaltung der Beträge, die der Kasse zufließen, beratend mitwirken können;
   b) zur Durchführung des § 5 Abs. 1 Nr. 4 Vorschriften erlassen werden
      aa) über die Höhe der für die Inanspruchnahme der Steuerbefreiung zulässigen Beitragseinnahmen,
      bb) nach denen bei Versicherungsvereinen auf Gegenseitigkeit, deren Geschäftsbetrieb sich auf die Sterbegeldversicherung beschränkt, die Steuerbefreiung unabhängig von der Höhe der Beitragseinnahmen auch eintritt, wenn die Höhe des Sterbegeldes insgesamt die Leistung der nach § 5 Abs. 1 Nr. 3 steuerbefreiten Sterbekassen nicht übersteigt und wenn der Verein auch im Übrigen eine soziale Einrichtung darstellt;
2. Vorschriften zu erlassen
   a)[1] *(aufgehoben)*
   b) über die Herabsetzung oder Erhöhung der Körperschaftsteuer nach § 23 Abs. 2;
   c) nach denen bei Anschaffung oder Herstellung von abnutzbaren beweglichen und bei Herstellung von abnutzbaren unbeweglichen Wirtschaftsgütern des Anlagevermögens auf Antrag ein Abzug von der Körperschaftsteuer für den Veranlagungszeitraum der Anschaffung oder Herstellung bis zur Höhe von 7,5 Prozent der Anschaffungs- oder Herstellungskosten dieser Wirtschaftsgüter vorgenommen werden kann. ② § 51 Abs. 1 Nr. 2 Buchstabe s des Einkommensteuergesetzes gilt entsprechend;
   d)[2] nach denen Versicherungsvereine auf Gegenseitigkeit von geringerer wirtschaftlicher Bedeutung, die eine Schwankungsrückstellung nach § 20 Abs. 1 nicht gebildet haben, zum Ausgleich des schwankenden Jahresbedarfs zu Lasten des steuerlichen Gewinns Beträge der nach § 193 des Versicherungsaufsichtsgesetzes zu bildenden Verlustrücklage zuführen können.
   e)[3] *(aufgehoben)*

(2) Das Bundesministerium der Finanzen wird ermächtigt,

1. im Einvernehmen mit den obersten Finanzbehörden der Länder Muster der in den §§ 27 und 37 vorgeschriebenen Bescheinigungen zu bestimmen;
2. den Wortlaut dieses Gesetzes und der zu diesem Gesetz erlassenen Durchführungsverordnungen in der jeweils geltenden Fassung mit neuem Datum, unter neuer Überschrift und in neuer Paragrafenfolge bekannt zu machen und dabei Unstimmigkeiten des Wortlauts zu beseitigen.

§ 34 Schlussvorschriften

(1) Diese Fassung des Gesetzes gilt, soweit in den folgenden Absätzen nichts anderes bestimmt ist, erstmals für den Veranlagungszeitraum 2022[4].

---

[1] § 33 Abs. 1 Nr. 2 Buchst. a aufgehoben durch Gesetz vom 11. 12. 2018 (BGBl. I S. 2338) mWv VZ 2017.
[2] § 33 Abs. 1 Nr. 2 Buchst. d geändert durch Gesetz vom 1. 4. 2015 (BGBl. I S. 434) mit Wirkung ab VZ 2016 (§ 34 Abs. 10 a).
[3] § 33 Abs. 1 Nr. 2 Buchst. e aufgehoben mWv 1. 7. 2021 durch Gesetz vom 25. 6. 2021 (BGBl. I S. 2056).
[4] § 34 Abs. 1 geändert durch Gesetz vom 25. 6. 2021 (BGBl. I S. 2050).

(1 a)[1] § 1 a in der Fassung des Artikels 1 des Gesetzes vom 25. Juni 2021 (BGBl. I S. 2050) ist erstmals für den Veranlagungszeitraum 2021 anzuwenden mit der Maßgabe, dass der Antrag erstmals für nach dem 31. Dezember 2021 beginnende Wirtschaftsjahre gestellt werden kann.

(2) ① Genossenschaften[2] sowie Vereine können bis zum 31. Dezember 1991, in den Fällen des § 54 Absatz 4 in der Fassung des Artikels 9 des Gesetzes vom 18. Dezember 1989 (BGBl. I S. 2212) bis zum 31. Dezember 1992 oder, wenn es sich um Genossenschaften[2] oder Vereine in dem in Artikel 3 des Einigungsvertrages genannten Gebiet handelt, bis zum 31. Dezember 1993 durch schriftliche Erklärung auf die Steuerbefreiung nach § 5 Absatz 1 Nummer 10 und 14 des Körperschaftsteuergesetzes in der Fassung des Artikels 4 des Gesetzes vom 14. Juli 2000 (BGBl. I S. 1034) verzichten, und zwar auch für den Veranlagungszeitraum 1990. ② Die Körperschaft ist mindestens für fünf aufeinanderfolgende Kalenderjahre an die Erklärung gebunden. ③ Die Erklärung kann nur mit Wirkung vom Beginn eines Kalenderjahrs an widerrufen werden. ④ Der Widerruf ist spätestens bis zur Unanfechtbarkeit der Steuerfestsetzung des Kalenderjahrs zu erklären, für das er gelten soll.

(2 a)[3] § 5 Absatz 1 Nummer 1 in der Fassung des Artikels 6 des Gesetzes vom 12. Dezember 2019 (BGBl. I S. 2451) ist erstmals für den Veranlagungszeitraum 2019 anzuwenden.

(3)[4] ① § 5 Absatz 1 Nummer 2 ist für die Hamburgische Investitions- und Förderbank erstmals für den Veranlagungszeitraum 2013 anzuwenden. ② Die Steuerbefreiung nach § 5 Absatz 1 Nummer 2 in der bis zum 30. Juli 2014 geltenden Fassung ist für die Hamburgische Wohnungsbaukreditanstalt letztmals für den Veranlagungszeitraum 2013 anzuwenden. ③ § 5 Absatz 1 Nummer 2 ist für die Investitionsbank Sachsen-Anhalt erstmals für den Veranlagungszeitraum 2023 anzuwenden. ④ Die Steuerbefreiung nach § 5 Absatz 1 Nummer 2 in der bis zum 20. Dezember 2022 geltenden Fassung ist für die Investitionsbank Sachsen-Anhalt – Anstalt der Norddeutschen Landesbank – Girozentrale – letztmalig für den Veranlagungszeitraum 2023 anzuwenden. ⑤ § 5 Absatz 1 Nummer 16 Satz 1 und 2 in der am 1. Januar 2016 geltenden Fassung ist erstmals für den Veranlagungszeitraum 2015 anzuwenden. ⑥ § 5 Absatz 1 Nummer 24 in der am 31. Dezember 2014 geltenden Fassung ist erstmals für den Veranlagungszeitraum 2014 anzuwenden.

(3 a)[5] § 5 Absatz 1 Nummer 3 Buchstabe d, Nummer 4 und 16 Satz 3 in der am 1. Januar 2016 geltenden Fassung ist erstmals für den Veranlagungszeitraum 2016 anzuwenden.

(3 b)[6] § 5 Absatz 1 Nummer 10 in der Fassung des Artikels 2 des Gesetzes vom 4. August 2019 (BGBl. I S. 1122) ist erstmals für den Veranlagungszeitraum 2019 anzuwenden.

(3 c)[7] § 8 Absatz 1 in der Fassung des Artikels 3 des Gesetzes vom 25. Juni 2021 (BGBl. I S. 2056) ist auch für Veranlagungszeiträume vor 2021 anzuwenden.

(3 d)[8] § 8 Absatz 8 Satz 6, § 8 Absatz 9 Satz 9, § 8 c Absatz 2, § 8 d Absatz 1 Satz 9, § 15 Satz 1 Nummer 1 Satz 2 und 3 und § 15 Satz 1 Nummer 1 a in der Fassung des Artikels 3 des Gesetzes vom 27. Juni 2017 (BGBl. I S. 2074) sind auch für Veranlagungszeiträume vor 2017 anzuwenden, wenn der Steuerpflichtige einen Antrag nach § 52 Absatz 4 a Satz 3 des Einkommensteuergesetzes in der Fassung des Artikels 2 des Gesetzes vom 11. Dezember 2018 (BGBl. I S. 2338) stellt.

(4) § 8 a Absatz 2 und 3 ist nicht anzuwenden, wenn die Rückgriffsmöglichkeit des Dritten allein auf der Gewährträgerhaftung einer Gebietskörperschaft oder einer anderen Einrichtung des öffentlichen Rechts gegenüber den Gläubigern eines Kreditinstituts für Verbindlichkeiten beruht, die bis zum 18. Juli 2001 vereinbart waren; Gleiches gilt für bis zum 18. Juli 2005 vereinbarte Verbindlichkeiten, wenn deren Laufzeit nicht über den 31. Dezember 2015 hinausgeht.

(5)[9] ① § 8 b Absatz 1 Satz 3 in der Fassung des Artikels 2 des Gesetzes vom 25. Juni 2021 (BGBl. I S. 2035) ist erstmals für Bezüge anzuwenden, die nach dem 31. Dezember 2019 zufließen. ② § 8 b Absatz 3 Satz 6 in der Fassung des Artikels 1 des Gesetzes vom 25. Juni 2021 (BGBl. I S. 2050) ist erstmals für Gewinnminderungen im Sinne des § 8 b Absatz 3 Satz 4 und 5 anzuwenden, die nach dem 31. Dezember 2021 eintreten. ③ § 8 b Absatz 4 in der am 12. Dezember 2006 geltenden Fassung[10] ist für Anteile weiter anzuwenden, die einbringungsgeboren im Sinne des § 21 des Umwandlungssteuergesetzes in der am 12. Dezember 2006 gelten-

[1] § 34 Abs. 1 a eingefügt durch Gesetz vom 25. 6. 2021 (BGBl. I S. 2050).
[2] § 34 Abs. 2 Satz 1 redaktionell angepasst durch Gesetz vom 12. 12. 2019 (BGBl. I S. 2451).
[3] § 34 Abs. 2 a eingefügt durch Gesetz vom 12. 12. 2019 (BGBl. I S. 2451).
[4] § 34 Abs. 3 Satz 3 angefügt durch Gesetz vom 22. 12. 2014 (BGBl. I S. 2417); neuer Satz 3 eingefügt durch JStG 2015 vom 2. 11. 2015 (BGBl. I S. 1834), bish. Satz 3 wird Satz 4; neue Sätze 3 und 4 eingefügt, bish. Sätze 3 und 4 werden Sätze 5 und 6, durch JStG vom 16. 12. 2022 (BGBl. I S. 2294).
[5] § 34 Abs. 3 a eingefügt durch Gesetz vom 1. 4. 2015 (BGBl. I S. 434).
[6] § 34 Abs. 3 b eingefügt, bish. Abs. 3 b wird Abs. 3 c, durch Gesetz vom 4. 8. 2019 (BGBl. I S. 1122).
[7] § 34 Abs. 3 c eingefügt durch Gesetz vom 25. 6. 2021 (BGBl. I S. 2056).
[8] § 34 Abs. 3 c eingefügt durch Gesetz vom 11. 12. 2018 (BGBl. I S. 2338); bish. Abs. 3 c wird Abs. 3 d durch Gesetz vom 25. 6. 2021 (BGBl. I S. 2056).
[9] § 34 Abs. 5 Satz 2 angefügt durch Gesetz vom 20. 12. 2016 (BGBl. I S. 3000); neuer Satz 2 eingefügt, bish. Satz 2 wird Satz 3, durch Gesetz vom 12. 12. 2019 (BGBl. I S. 2451); neuer Satz 1 eingefügt, bish. Sätze 1 bis 3 werden Sätze 2 bis 4 durch Gesetz vom 25. 6. 2021 (BGBl. I S. 2035); neuer Satz 2 eingefügt, bish. Sätze 2 bis 4 werden Sätze 3 bis 5, durch Gesetz vom 25. 6. 2021 (BGBl. I S. 2050).
[10] § 8 b Abs. 4 a. F. letztmals abgedruckt im „Handbuch zur Körperschaftsteuerveranlagung 2014".

den Fassung[1] sind, und für Anteile im Sinne des § 8b Absatz 4 Satz 1 Nummer 2, die auf einer Übertragung bis zum 12. Dezember 2006 beruhen. ④ § 8b Absatz 4 Satz 8 in der Fassung des Artikels 6 des Gesetzes vom 12. Dezember 2019 (BGBl. I S. 2451) ist erstmals für den Veranlagungszeitraum 2018 anzuwenden. ⑤ § 8b Absatz 7 Satz 1 in der am 1. Januar 2017 geltenden Fassung ist erstmals für den Veranlagungszeitraum 2017 anzuwenden; § 8b Absatz 7 Satz 2 in der am 1. Januar 2017 geltenden Fassung ist anzuwenden auf Anteile, die nach dem 31. Dezember 2016 dem Betriebsvermögen zugehen.

(6)[2] ① § 8c Absatz 1 Satz 1 bis 3 in der Fassung des Artikels 6 des Gesetzes vom 11. Dezember 2018 (BGBl. I S. 2338) findet erstmals für den Veranlagungszeitraum 2008 und auf Anteilsübertragungen nach dem 31. Dezember 2007 Anwendung. ② § 8c Absatz 1 Satz 4 bis 8 in der Fassung des Artikels 6 des Gesetzes vom 11. Dezember 2018 (BGBl. I S. 2338) ist erstmals auf schädliche Beteiligungserwerbe nach dem 31. Dezember 2009 anzuwenden. ③ § 8c Absatz 1a in der Fassung des Artikels 6 des Gesetzes vom 12. Dezember 2019 (BGBl. I S. 2451) ist erstmals für den Veranlagungszeitraum 2008 und auf Anteilsübertragungen nach dem 31. Dezember 2007 anzuwenden. ④ Erfüllt ein nach dem 31. Dezember 2007 erfolgter Beteiligungserwerb die Voraussetzungen des § 8c Absatz 1a, bleibt er bei der Anwendung des § 8c Absatz 1 Satz 1 unberücksichtigt.

(6a)[3] ① § 8d ist erstmals auf schädliche Beteiligungserwerbe im Sinne des § 8c anzuwenden, die nach dem 31. Dezember 2015 erfolgen, wenn der Geschäftsbetrieb der Körperschaft vor dem 1. Januar 2016 weder eingestellt noch ruhend gestellt war. ② § 8d Absatz 1 Satz 2 Nummer 1 ist auf Einstellungen oder Ruhendstellungen anzuwenden, die nach dem 31. Dezember 2015 erfolgen.

(6b)[4] § 9 Absatz 1 Satz 8 in der Fassung des Artikels 6 des Gesetzes vom 12. Dezember 2019 (BGBl. I S. 2451) ist erstmals auf Mitgliedsbeiträge anzuwenden, die nach dem 31. Dezember 2019 gezahlt werden.

(6c)[4] § 10 Nummer 3 in der Fassung des Artikels 6 des Gesetzes vom 12. Dezember 2019 (BGBl. I S. 2451) ist erstmals anzuwenden auf nach dem 31. Dezember 2018 festgesetzte Geldstrafen, sonstige Rechtsfolgen vermögensrechtlicher Art, bei denen der Strafcharakter überwiegt, und Leistungen zur Erfüllung von Auflagen oder Weisungen, soweit die Auflagen oder Weisungen nicht lediglich der Wiedergutmachung des durch die Tat verursachten Schadens dienen, sowie auf nach dem 31. Dezember 2018 entstandene damit zusammenhängende Aufwendungen.

(6d)[5] ① § 12 Absatz 1 und 1a in der Fassung des Artikels 2 des Gesetzes vom 25. Juni 2021 (BGBl. I S. 2035) ist erstmals für nach dem 31. Dezember 2019 endende Wirtschaftsjahre anzuwenden. ② § 12 Absatz 4 in der am 30. Juni 2021 geltenden Fassung ist letztmals für den Veranlagungszeitraum 2020 anzuwenden.③ § 12 Absatz 2 in der am 31. Dezember 2021 geltenden Fassung ist letztmals auf Verschmelzungen anwendbar, deren steuerlicher Übertragungsstichtag vor dem 1. Januar 2022 liegt.

(6e)[6] ① § 14 Absatz 2 in der Fassung des Artikels 6 des Gesetzes vom 11. Dezember 2018 (BGBl. I S. 2338) ist auch für Veranlagungszeiträume vor 2017 anzuwenden. ② Ist im Einzelfall eine vor dem 1. August 2018 bestehende Organschaft unter Berücksichtigung von Ausgleichszahlungen nach anderen Grundsätzen als denen des § 14 Absatz 2 in der Fassung des Artikels 6 des Gesetzes vom 11. Dezember 2018 (BGBl. I S. 2338) anerkannt worden, so sind diese Grundsätze insoweit letztmals für den Veranlagungszeitraum 2021 maßgebend. ③ Wird ein Gewinnabführungsvertrag im Sinne des Satzes 2 vorzeitig nach dem 1. August 2018 durch Kündigung beendet, gilt die Kündigung als durch einen wichtigen Grund im Sinne des § 14 Absatz 1 Satz 1 Nummer 3 Satz 2 gerechtfertigt. ④ Wird ein Gewinnabführungsvertrag im Sinne des Satzes 2 an die Anforderungen des § 14 Absatz 2 in der Fassung des Artikels 6 des Gesetzes vom 11. Dezember 2018 (BGBl. I S. 2338) angepasst, gilt diese Anpassung für die Anwendung des § 14 Absatz 1 Satz 1 Nummer 3 nicht als Neuabschluss. ⑤ § 14 Absatz 4 sowie § 27 Absatz 1 Satz 3 und Absatz 6 in der Fassung des Artikels 1 des Gesetzes vom 25. Juni 2021 (BGBl. I S. 2050) sind erstmals auf Minder- und Mehrabführungen anzuwenden, die nach dem 31. Dezember 2021 erfolgen. ⑥ Hinsichtlich des Zeitpunkts der Minder- und Mehrabführungen ist dabei auf das Ende des Wirtschaftsjahres der Organgesellschaft abzustellen. ⑦ Noch bestehende Ausgleichsposten für organschaftliche Minder- und Mehrabführungen, die nach Maßgabe des § 14 Absatz 4 in der am 31. Dezember 2021 geltenden Fassung in der Steuerbilanz gebildet wurden oder noch zu

[1] UmwStG a. F. in Auszügen letztmals abgedruckt im „Handbuch zur Körperschaftsteuerveranlagung 2019".

[2] § 34 Abs. 6 neu gefasst durch Gesetz vom 11. 12. 2018 (BGBl. I S. 2338); Satz 3 geändert durch Gesetz vom 12. 12. 2019 (BGBl. I S. 2451).

[3] § 34 Abs. 6a eingefügt durch Gesetz vom 20. 12. 2016 (BGBl. I S. 2998).

[4] § 34 Abs. 6b und 6c eingefügt, bish. Abs. 6b und 6c werden Abs. 6d und 6e durch Gesetz vom 12. 12. 2019 (BGBl. I S. 2451).

[5] § 34 Abs. 6d eingefügt durch Gesetz vom 25. 6. 2021 (BGBl. I S. 2035); Satz 2 angefügt durch Gesetz vom 25. 6. 2021 (BGBl. I S. 2056); Satz 3 angefügt durch Gesetz vom 25. 6. 2021 (BGBl. I S. 2050).

[6] § 34 Abs. 6d und 6e eingefügt durch Gesetz vom 11. 12. 2018 (BGBl. I S. 2338); bish. Abs. 6d und Abs. 6e werden Abs. 6e und Abs. 6f durch Gesetz vom 25. 6. 2021 (BGBl. I S. 2035); Abs. 6e Sätze 5 bis 16 angefügt durch Gesetz vom 25. 6. 2021 (BGBl. I S. 2050); Sätze 7 und 9 bis 16 neu gefasst, Sätze 17 bis 20 angefügt durch JStG 2022 vom 16. 12. 2022 (BGBl. I S. 2294).

bilden sind, sind nach den zu berücksichtigenden organschaftlichen Minder- und Mehrabführungen im Sinne von § 14 Absatz 4 in der Fassung des Artikels 1 des Gesetzes vom 25. Juni 2021 (BGBl. I S. 2050) zum Schluss des Wirtschaftsjahres aufzulösen, das nach dem 31. Dezember 2021 endet. ⑧ Aktive Ausgleichsposten erhöhen, passive Ausgleichsposten mindern dabei den Buchwert der Beteiligung des Organträgers an der Organgesellschaft in der Steuerbilanz. ⑨ Noch bestehende Ausgleichsposten sind für Zwecke der Sätze 7 und 8 zunächst durch Anwendung eines Angleichungsfaktors zu erhöhen, wenn die Beteiligungshöhe des Organträgers zum 31. Dezember 2021 oder, falls die Organschaft zu diesem Zeitpunkt nicht mehr besteht, am Ende des letzten Wirtschaftsjahres der Organschaft, weniger als 100 Prozent am Nennkapital der Organgesellschaft betragen hat. ⑩ Angleichungsfaktor ist der Kehrwert des durchschnittlichen Beteiligungsanteils des Organträgers bezogen auf das Nennkapital der Organgesellschaft an den Bilanzstichtagen der letzten fünf Wirtschaftsjahre. ⑪ Das Produkt aus Angleichungsfaktor und Ausgleichsposten tritt für Zwecke der Sätze 7 und 8 jeweils an die Stelle der noch bestehenden Ausgleichsposten. ⑫ Besteht das Organschaftsverhältnis weniger als fünf Wirtschaftsjahre, ist Satz 11 mit der Maßgabe anzuwenden, dass der entsprechend kürzere Zeitraum zugrunde zu legen ist. ⑬ Soweit ein passiver Ausgleichsposten die Summe aus dem aktiven Ausgleichsposten und dem Buchwert der Beteiligung des Organträgers an der Organgesellschaft in der Steuerbilanz übersteigt, liegt ein Ertrag aus der Beteiligung an der Organgesellschaft vor. ⑭ § 3 Nummer 40 Buchstabe a und § 3c Absatz 2 des Einkommensteuergesetzes sowie § 8b Absatz 2, 3, 6, 7 und 8 dieses Gesetzes sind auf diesen Beteiligungsertrag anzuwenden. ⑮ Bis zur Höhe des Beteiligungsertrags nach Satz 13 kann eine den steuerlichen Gewinn mindernde Rücklage gebildet werden. ⑯ Soweit diese Rücklage gebildet wird, sind § 3 Nummer 40 Buchstabe a und § 3c Absatz 2 des Einkommensteuergesetzes sowie § 8b Absatz 2, 3, 6, 7 und 8 dieses Gesetzes auf den Beteiligungsertrag nach Satz 13 nicht anzuwenden. ⑰ Die Rücklage nach Satz 15 ist grundsätzlich im Wirtschaftsjahr der Bildung und in den neun folgenden Wirtschaftsjahren zu jeweils einem Zehntel gewinnerhöhend aufzulösen. ⑱ Die Rücklage ist in vollem Umfang gewinnerhöhend aufzulösen, wenn die Beteiligung des Organträgers an der Organgesellschaft oder der vermittelnden Gesellschaft veräußert wird; bei einer teilweisen Veräußerung ist die Rücklage anteilig aufzulösen. ⑲ Der Veräußerung gleichgestellt sind insbesondere die Umwandlung der Organgesellschaft auf eine Personengesellschaft oder eine natürliche Person, die verdeckte Einlage der Beteiligung an der Organgesellschaft und die Auflösung der Organgesellschaft. ⑳ § 3 Nummer 40 Buchstabe a und § 3c Absatz 2 des Einkommensteuergesetzes sowie § 8b Absatz 2, 3, 6, 7 und 8 dieses Gesetzes sind bei der Auflösung der Rücklage anzuwenden.

(6f)[1] § 15 in der Fassung des Artikels 6 des Gesetzes vom 11. Dezember 2018 (BGBl. I S. 2338) ist erstmals für den Veranlagungszeitraum 2018 anzuwenden.

(6g)[2] § 15 Satz 1 Nummer 2 Satz 1 und 2 in der Fassung des Artikels 6 des Gesetzes vom 12. Dezember 2019 (BGBl. I S. 2451) ist erstmals auf Umwandlungen anzuwenden, bei denen die Anmeldung zur Eintragung in das für die Wirksamkeit des jeweiligen Vorgangs maßgebende öffentliche Register nach dem 12. Dezember 2019 erfolgt ist.

(7) § 19 in der am 31. Juli 2014 geltenden Fassung ist erstmals für den Veranlagungszeitraum 2012 anzuwenden.

(7a)[3] ① § 20 Absatz 1 in der am 1. Januar 2016 geltenden Fassung ist auch für Veranlagungszeiträume vor 2016 anzuwenden. ② § 20 Absatz 2 in der am 1. Januar 2016 geltenden Fassung ist erstmals für den Veranlagungszeitraum 2016 anzuwenden.

(8)[4] ① § 21 Absatz 2 Satz 2 Nummer 1 ist für die Veranlagungszeiträume 2016 bis 2018 in der folgenden Fassung anzuwenden:

„1. die Zuführungen innerhalb des am Bilanzstichtag endenden Wirtschaftsjahrs und der vier vorangegangenen Wirtschaftsjahre. ② Der Betrag nach Satz 1 darf nicht niedriger sein als der Betrag, der sich ergeben würde, wenn das am 13. Dezember 2010 geltende Recht weiter anzuwenden wäre,".

② § 21 in der Fassung des Artikels 7 des Gesetzes vom 11. Dezember 2018 (BGBl. I S. 2338) ist anzuwenden:

1. erstmals für den Veranlagungszeitraum 2019;
2. auf bis zum 30. Juni 2019 zu stellenden, unwiderruflichen Antrag bereits für den Veranlagungszeitraum 2018. ② Der Antrag nach Satz 1 kann nur gestellt werden, wenn es im Veranla-

---

[1] § 34 Abs. 6c eingefügt durch Gesetz vom 11. 12. 2018 (BGBl. I S. 2338); bish. Abs. 6c wird Abs. 6e durch Gesetz vom 12. 12. 2019 (BGBl. I S. 2451); bish. Abs. 6e wird Abs. 6f durch Gesetz vom 25. 6. 2021 (BGBl. I S. 2035).

[2] § 34 Abs. 6f eingefügt durch Gesetz vom 12. 12. 2019 (BGBl. I S. 2451); bish. Abs. 6f wird Abs. 6g durch Gesetz vom 25. 6. 2021 (BGBl. I S. 2035).

[3] § 34 Abs. 7a eingefügt durch Gesetz vom 1. 4. 2015 (BGBl. I S. 434), Satz 1 vorangestellt durch JStG 2015 vom 2. 11. 2015 (BGBl. I S. 1834), vorheriger Text wird Satz 2.

[4] § 34 Abs. 8 neu gefasst durch JStG 2015 vom 2. 11. 2015 (BGBl. I S. 1834) für VZ 2016 bis 2017; geändert durch Gesetz vom 20. 12. 2016 (BGBl. I S. 3000) mit Wirkung für VZ 2016 bis 2018; Fassung für VZ 2010 bis 2015 letztmals abgedruckt im „Handbuch zur Körperschaftsteuerveranlagung 2015". Abs. 8 Satz 2 angefügt durch Gesetz vom 11. 12. 2018 (BGBl. I S. 2338).

gungszeitraum 2018 sonst zu einer Auflösung der Rückstellung für Beitragsrückerstattung nach § 21 Absatz 2 Satz 2 in der zum 31. Dezember 2017 geltenden Fassung kommen würde.

(8 a)[1] § 21 a Absatz 1 in der am 1. Januar 2016 geltenden Fassung ist erstmals für den Veranlagungszeitraum 2016 anzuwenden.

(8 b)[2] § 24 in der Fassung des Artikels 6 des Gesetzes vom 12. Dezember 2019 (BGBl. I S. 2451) ist erstmals für den Veranlagungszeitraum 2019 anzuwenden.

(8 c)[3] § 25 Absatz 2 in der Fassung des Artikels 7 des Gesetzes vom 12. Dezember 2019 (BGBl. I S. 2451) ist erstmals für den Veranlagungszeitraum 2025 anzuwenden.

(9)[4] ① § 26 in der am 31. Dezember 2014 geltenden Fassung ist erstmals auf Einkünfte und Einkunftsteile anzuwenden, die nach dem 31. Dezember 2013 zufließen. ② Auf vor dem 1. Januar 2014 zugeflossene Einkünfte und Einkunftsteile ist § 26 Absatz 2 Satz 1 in der am 31. Dezember 2014 geltenden Fassung in allen Fällen anzuwenden, in denen die Körperschaftsteuer noch nicht bestandskräftig festgesetzt ist.

(10)[5] § 27 Absatz 8 in der Fassung des Artikels 9 des Gesetzes vom 16. Dezember 2022 (BGBl. I S. 2294) ist erstmalig anzuwenden auf Leistungen und Nennkapitalrückzahlungen, die nach dem 31. Dezember 2022 erbracht werden.

(10 a)[6] § 33 Absatz 1 Nummer 2 Buchstabe d in der am 1. Januar 2016 geltenden Fassung ist erstmals für den Veranlagungszeitraum 2016 anzuwenden.

(11) § 36 ist in allen Fällen, in denen die Endbestände im Sinne des § 36 Absatz 7 noch nicht bestandskräftig festgestellt sind, in der folgenden Fassung anzuwenden: *[Fassung abgedruckt bei § 36].*

(12) § 37 Absatz 1 ist in den Fällen des Absatzes 11 in der folgenden Fassung anzuwenden:

„(1) ① Auf den Schluss des Wirtschaftsjahrs, das dem in § 36 Abs. 1 genannten Wirtschaftsjahr folgt, wird ein Körperschaftsteuerguthaben ermittelt. ② Das Körperschaftsteuerguthaben beträgt $^{15}/_{55}$ des Endbestands des mit einer Körperschaftsteuer von 45 Prozent belasteten Teilbetrags zuzüglich $^{1}/_{6}$ des Endbestands des mit einer Körperschaftsteuer von 40 Prozent belasteten Teilbetrags."

(13) ① § 38 Absatz 1 in der am 19. Dezember 2006 geltenden Fassung gilt nur für Genossenschaften, die zum Zeitpunkt der erstmaligen Anwendung dieses Gesetzes in der Fassung des Artikels 3 des Gesetzes vom 23. Oktober 2000 (BGBl. I S. 1433) bereits bestanden haben. ② Die Regelung ist auch für Veranlagungszeiträume vor 2007 anzuwenden. ③ Ist in den Fällen des § 40 Absatz 5 und 6 in der am 13. Dezember 2006 geltenden Fassung die Körperschaftsteuerfestsetzung unter Anwendung des § 38 in der am 27. Dezember 2007 geltenden Fassung vor dem 28. Dezember 2007 erfolgt, sind die §§ 38 und 40 Absatz 5 und 6 weiter anzuwenden. ④ § 38 Absatz 4 bis 9 in der am 29. Dezember 2007 geltenden Fassung ist insoweit nicht anzuwenden.

(14) ① Die §§ 38 und 40 in der am 27. Dezember 2007 geltenden Fassung sowie § 10 des Umwandlungssteuergesetzes vom 7. Dezember 2006 (BGBl. I S. 2782, 2791)[7] sind auf Antrag weiter anzuwenden für

1. Körperschaften oder deren Rechtsnachfolger, an denen unmittelbar oder mittelbar zu mindestens 50 Prozent
   a) juristische Personen des öffentlichen Rechts aus Mitgliedstaaten der Europäischen Union oder aus Staaten, auf die das EWR-Abkommen Anwendung findet, oder
   b) Körperschaften, Personenvereinigungen oder Vermögensmassen im Sinne des § 5 Absatz 1 Nummer 9

   alleine oder gemeinsam beteiligt sind, und
2.[8] Genossenschaften,

die ihre Umsatzerlöse überwiegend durch Verwaltung und Nutzung eigenen zu Wohnzwecken dienenden Grundbesitzes, durch Betreuung von Wohnbauten oder durch die Errichtung und Veräußerung von Eigenheimen, Kleinsiedlungen oder Eigentumswohnungen erzielen, sowie für steuerbefreite Körperschaften. ② Der Antrag ist unwiderruflich und kann von der Körperschaft bis zum 30. September 2008 bei dem für die Besteuerung zuständigen Finanzamt gestellt werden. ③ Die Körperschaften oder deren Rechtsnachfolger müssen die Voraussetzungen nach Satz 1 ab dem 1. Januar 2007 bis zum Ende des Zeitraums im Sinne des § 38 Absatz 2 Satz 3 erfüllen. ④ Auf den Schluss des Wirtschaftsjahres, in dem die Voraussetzungen des Satzes 1 nach Antragstellung erstmals nicht mehr vorliegen, wird der Endbetrag nach § 38 Absatz 1 letztmals ermittelt und festgestellt. ⑤ Die Festsetzung und Erhebung des Körperschaftsteuererhöhungsbetrags richtet sich nach § 38 Absatz 4 bis 9 in der am 29. Dezember 2007 geltenden Fassung mit der Maßgabe, dass als Zahlungszeitraum im Sinne des § 38 Absatz 6 Satz 1 die verbleibenden Wirtschaftsjahre

---

[1] § 34 Abs. 8 a eingefügt durch Gesetz vom 1. 4. 2015 (BGBl. I S 434).
[2] § 34 Abs. 8 b eingefügt durch Gesetz vom 12. 12. 2019 (BGBl. I S. 2451).
[3] § 34 Abs. 8 c eingefügt durch Gesetz vom 12. 12. 2019 (BGBl. I S. 2451) **mit Wirkung ab 1. 1. 2025.**
[4] § 34 Abs. 9 neu gefasst durch Gesetz vom 22. 12. 2014 (BGBl. I S. 2417).
[5] § 34 Abs. 10 neu gefasst durch JStG 2022 vom 16. 12. 2022 (BGBl. I S. 2294).
[6] § 34 Abs. 10 a eingefügt durch Gesetz vom 1. 4. 2015 (BGBl. I S 434).
[7] UmwStG abgedruckt im **Anhang I 2.**
[8] § 34 Abs. 14 Satz 1 Nr. 2 redaktionell angepasst durch Gesetz vom 12. 12. 2019 (BGBl. I S. 2451).

des Zeitraums im Sinne des § 38 Absatz 2 Satz 3 gelten. ⑥ Die Sätze 4 und 5 gelten entsprechend, soweit das Vermögen der Körperschaft oder ihres Rechtsnachfolgers durch Verschmelzung nach § 2 des Umwandlungsgesetzes oder Auf- oder Abspaltung im Sinne des § 123 Absatz 1 und 2 des Umwandlungsgesetzes ganz oder teilweise auf eine andere Körperschaft übergeht und diese keinen Antrag nach Satz 2 gestellt hat. ⑦ § 40 Absatz 6 in der am 27. Dezember 2007 geltenden Fassung ist nicht anzuwenden.

§ 35 Sondervorschriften für Körperschaften, Personenvereinigungen oder Vermögensmassen in dem in Artikel 3 des Einigungsvertrages genannten Gebiet

Soweit ein Verlust einer Körperschaft, Personenvereinigung oder Vermögensmasse, die am 31. Dezember 1990 ihre Geschäftsleitung oder ihren Sitz in dem in Artikel 3 des Einigungsvertrages genannten Gebiet und im Jahre 1990 keine Geschäftsleitung und keinen Sitz im bisherigen Geltungsbereich des Körperschaftsteuergesetzes hatte, aus dem Veranlagungszeitraum 1990 auf das Einkommen eines Veranlagungszeitraums für das das Körperschaftsteuergesetz in der Fassung des Artikels 3 des Gesetzes vom 23. Oktober 2000 (BGBl. I S. 1433) erstmals anzuwenden ist oder eines nachfolgenden Veranlagungszeitraums vorgetragen wird, ist das steuerliche Einlagekonto zu erhöhen.

Sechster Teil. Sondervorschriften für den Übergang vom Anrechnungsverfahren zum Halbeinkünfteverfahren

[Fassung gem. § 34 Abs. 11 für alle Fälle, in denen die Endbestände iSd § 36 Abs. 7 noch nicht bestandskräftig festgestellt sind:][1]

§ 36 Endbestände

(1) Auf den Schluss des letzten Wirtschaftsjahrs, das in dem Veranlagungszeitraum endet, für den das Körperschaftsteuergesetz in der Fassung der Bekanntmachung vom 22. April 1999 (BGBl. I S. 817), das durch Artikel 4 des Gesetzes vom 14. Juli 2000 (BGBl. I S. 1034) geändert worden ist, letztmals anzuwenden ist, werden die Endbestände der Teilbeträge des verwendbaren Eigenkapitals ausgehend von den gemäß § 47 Absatz 1 Satz 1 Nummer 1 des Körperschaftsteuergesetzes in der Fassung der Bekanntmachung vom 22. April 1999 (BGBl. I S. 817), das zuletzt durch Artikel 4 des Gesetzes vom 14. Juli 2000 (BGBl. I S. 1034) geändert worden ist, festgestellten Teilbeträgen gemäß den nachfolgenden Absätzen ermittelt.

(2) ① Die Teilbeträge sind um die Gewinnausschüttungen, die auf einem den gesellschaftsrechtlichen Vorschriften entsprechenden Gewinnverteilungsbeschluss für ein abgelaufenes Wirtschaftsjahr beruhen und die in dem in Absatz 1 genannten Wirtschaftsjahr folgenden Wirtschaftsjahr erfolgen, sowie um andere Ausschüttungen und sonstige Leistungen, die in dem in Absatz 1 genannten Wirtschaftsjahr erfolgen, zu verringern. ② Die Regelungen des Vierten Teils des Körperschaftsteuergesetzes in der Fassung der Bekanntmachung vom 22. April 1999 (BGBl. I S. 817), das zuletzt durch Artikel 4 des Gesetzes vom 14. Juli 2000 (BGBl. I S. 1034) geändert worden ist, sind anzuwenden. ③ Der Teilbetrag im Sinne des § 54 Absatz 11 Satz 1 des Körperschaftsteuergesetzes in der Fassung der Bekanntmachung vom 22. April 1999 (BGBl. I S. 817), das zuletzt durch Artikel 4 des Gesetzes vom 14. Juli 2000 (BGBl. I S. 1034) geändert worden ist (Teilbetrag, der einer Körperschaftsteuer in Höhe von 45 Prozent unterlegen hat), erhöht sich um die Einkommensteile, die nach § 34 Absatz 12 Satz 2 bis 5 in der am 14. Dezember 2010 geltenden Fassung einer Körperschaftsteuer von 45 Prozent unterlegen haben, und der Teilbetrag, der nach dem 31. Dezember 1998 einer Körperschaftsteuer in Höhe von 40 Prozent ungemildert unterlegen hat, erhöht sich um die Beträge, die nach § 34 Absatz 12 Satz 6 bis 8 in der am 14. Dezember 2010 geltenden Fassung einer Körperschaftsteuer von 40 Prozent unterlegen haben, jeweils nach Abzug der Körperschaftsteuer, der sie unterlegen haben.

(3) *(weggefallen)*

(4)[2] Ist die Summe der unbelasteten Teilbeträge im Sinne des § 30 Absatz 2 Nummer 1 bis 3 in der Fassung des Artikels 4 des Gesetzes vom 14. Juli 2000 (BGBl. I S. 1034) nach Anwendung des Absat-

[1] Nach *Beschluss des BVerfG 1 BvR 2192/05 vom 17. 11. 2009* sind die Übergangsregelungen des § 36 Abs. 3 und 4 KStG idF des StSenkG vom 23. 10. 2000 vom Anrechnungsverfahren zum Halbeinkünfteverfahren nicht mit Art. 3 Abs. 1 GG vereinbar, soweit sie zu einem Verlust von KSt-Minderungspotenzial führen.

Durch JStG 2010 vom 8. 12. 2010 (BGBl. I S. 1768) war daher die Vorschrift in der Anwendungsregelung des *§ 34 Abs. 13f a. F.* neu gefasst worden und rückwirkend in allen Fällen, in denen die Endbestände noch nicht bestandskräftig festgestellt sind, anzuwenden. Nach Neufassung des § 34 durch Gesetz vom 25. 7. 2014 (BGBl. I S. 1266) jetzt: § 34 Abs. 11.

Alte Fassung des § 36 nicht aufgehoben, aber obsolet; siehe letztmals im „Handbuch zur Körperschaftsteuerveranlagung 2009".

[2] § 36 Abs. 4 idF von § 34 Abs. 11 idF des Gesetzes vom 25. 7. 2014 (BGBl. I S. 1266) ist gem. *Beschluss des BVerfG 2 BvR 1424/15 vom 24. 11. 2022 (BGBl. 2023 I Nr. 44)* unvereinbar mit Art. 14 Abs. 1 iVm Art. 3 Abs. 1 GG, soweit diese Regelungen zu einem Verlust von Körperschaftsteuerminderungspotenzial führen, weil der in § 30 Abs. 2 Nr. 4 idF der Bekanntmachung vom 22. 4. 1999 (BGBl. I S. 817), zuletzt geändert durch Art. 4 des Gesetzes vom 14. 7. 2000 (BGBl. I S. 1034), bezeichnete Teilbetrag des verwendbaren Eigenkapitals bei der Verrechnung der unbelasteten Teilbeträge nicht berücksichtigt wird.

zes 2 negativ, sind diese Teilbeträge zunächst untereinander und danach mit den mit Körperschaftsteuer belasteten Teilbeträgen in der Reihenfolge zu verrechnen, in der ihre Belastung zunimmt.

(5) ① Ist die Summe der unbelasteten Teilbeträge im Sinne des § 30 Absatz 2 Nummer 1 bis 3 in der Fassung des Artikels 4 des Gesetzes vom 14. Juli 2000 (BGBl. I S. 1034) nach Anwendung des Absatzes 2 nicht negativ, sind zunächst die Teilbeträge im Sinne des § 30 Absatz 2 Nummer 1 und 3 in der Fassung des Artikels 4 des Gesetzes vom 14. Juli 2000 (BGBl. I S. 1034) zusammenzufassen. ② Ein sich aus der Zusammenfassung ergebender Negativbetrag ist vorrangig mit einem positiven Teilbetrag im Sinne des § 30 Absatz 2 Nummer 2 in der Fassung des Artikels 4 des Gesetzes vom 14. Juli 2000 (BGBl. I S. 1034) zu verrechnen. ③ Ein negativer Teilbetrag im Sinne des § 30 Absatz 2 Nummer 2 in der Fassung des Artikels 4 des Gesetzes vom 14. Juli 2000 (BGBl. I S. 1034) ist vorrangig mit dem positiven zusammengefassten Teilbetrag im Sinne des Satzes 1 zu verrechnen.

(6) ① Ist einer der belasteten Teilbeträge negativ, sind diese Teilbeträge zunächst untereinander in der Reihenfolge zu verrechnen, in der ihre Belastung zunimmt. ② Ein sich danach ergebender Negativbetrag mindert vorrangig den nach Anwendung des Absatzes 5 verbleibenden positiven Teilbetrag im Sinne des § 30 Absatz 2 Nummer 2 in der Fassung des Artikels 4 des Gesetzes vom 14. Juli 2000 (BGBl. I S. 1034); ein darüber hinausgehender Negativbetrag mindert den positiven zusammengefassten Teilbetrag nach Absatz 5 Satz 1.

(6a)[1] ① *Ein sich nach Anwendung der Absätze 1 bis 6 ergebender positiver Teilbetrag, der einer Körperschaftsteuer von 45 Prozent unterlegen hat, mindert in Höhe von $^{5}/_{22}$ seines Bestands einen nach Anwendung der Absätze 1 bis 6 verbleibenden positiven Bestand des Teilbetrags im Sinne des § 30 Absatz 2 Nummer 2 in der Fassung des Artikels 4 des Gesetzes vom 14. Juli 2000 (BGBl. I S. 1034) bis zu dessen Verbrauch.* ② *Ein sich nach Anwendung der Absätze 1 bis 6 ergebender positiver Teilbetrag, der einer Körperschaftsteuer von 45 Prozent unterlegen hat, erhöht in Höhe von $^{27}/_{5}$ des Minderungsbetrags nach Satz 1 den nach Anwendung der Absätze 1 bis 6 verbleibenden Bestand des Teilbetrags, der nach dem 31. Dezember 1998 einer Körperschaftsteuer von 40 Prozent ungemildert unterlegen hat.* ③ *Der nach Satz 1 abgezogene Betrag erhöht und der nach Satz 2 hinzugerechnete Betrag vermindert den nach Anwendung der Absätze 1 bis 6 verbleibenden Bestand des Teilbetrags, der einer Körperschaftsteuer von 45 Prozent unterlegen hat.*

(7) Die Endbestände sind getrennt auszuweisen und werden gesondert festgestellt; dabei sind die verbleibenden unbelasteten Teilbeträge im Sinne des § 30 Absatz 2 Nummer 1 und 3 des Körperschaftsteuergesetzes in der Fassung der Bekanntmachung vom 22. April 1999 (BGBl. I S. 817), das zuletzt durch Artikel 4 des Gesetzes vom 14. Juli 2000 (BGBl. I S. 1034) geändert worden ist, in einer Summe auszuweisen.

§ 37 Körperschaftsteuerguthaben und Körperschaftsteuerminderung

[Abs. 1 idF des § 34 Abs. 12:][2]

(1) ① Auf den Schluss des Wirtschaftsjahrs, das dem in § 36 Absatz 1 genannten Wirtschaftsjahr folgt, wird ein Körperschaftsteuerguthaben ermittelt. ② Das Körperschaftsteuerguthaben beträgt $^{15}/_{55}$ des Endbestands des mit einer Körperschaftsteuer von 45 Prozent belasteten Teilbetrags zuzüglich $^{1}/_{6}$ des Endbestands des mit einer Körperschaftsteuer von 40 Prozent belasteten Teilbetrags.

[Abs. 1 a. F.:]

(1)[3] ① Auf den Schluss des Wirtschaftsjahrs, das dem in § 36 Abs. 1 genannten Wirtschaftsjahr folgt, wird ein Körperschaftsteuerguthaben ermittelt. ② Das Körperschaftsteuerguthaben beträgt $^{1}/_{6}$ des Endbestands des mit einer Körperschaftsteuer von 40 Prozent belasteten Teilbetrags.

(2)[3·4] ① Das Körperschaftsteuerguthaben mindert sich vorbehaltlich des Absatzes 2a um jeweils $^{1}/_{6}$ der Gewinnausschüttungen, die in den folgenden Wirtschaftsjahren erfolgen und die auf einem den gesellschaftsrechtlichen Vorschriften entsprechenden Gewinnverteilungsbeschluss beruhen. ②[5] Satz 1 gilt für Mehrabführungen im Sinne des § 14 Abs. 3 entsprechend. ③ Die Körperschaftsteuer des Veranlagungszeitraums, in dem das Wirtschaftsjahr endet, in dem die Gewinnausschüttung erfolgt, mindert sich bis zum Verbrauch des Körperschaftsteuerguthabens um diesen Betrag, letztmalig in dem Veranlagungszeitraum, in dem das 18. Wirtschaftsjahr endet, das auf das Wirtschaftsjahr folgt, auf dessen Schluss nach Absatz 1 das Körperschaftsteuerguthaben ermittelt wird. ④ Das verbleibende Körperschaftsteuerguthaben ist auf den Schluss der jeweiligen Wirtschaftsjahre, letztmals auf den Schluss des 17. Wirtschaftsjahrs, das auf das Wirtschaftsjahr folgt, auf dessen Schluss nach Absatz 1 das Körperschaftsteuerguthaben ermittelt wird, fortzuschreiben und gesondert festzustellen. ⑤ § 27 Abs. 2 gilt entsprechend.

[1] § 36 Abs. 6a idF von § 34 Abs. 11 idF des Gesetzes vom 25. 7. 2014 (BGBl. I S. 1266) ist gem. *Beschluss des BVerfG 2 BvL 29/14 vom 6. 12. 2022 (BGBl. 2023 I Nr. 58)* unvereinbar mit Art. 14 Abs. 1 iVm Art. 3 Abs. 1 GG.

[2] § 37 Abs. 1 neu gefasst durch die Regelung in § 34 Abs. 12 KStG i. d. F. des Gesetzes vom 25. 7. 2014 (BGBl. I S. 1266) und anzuwenden in den Fällen, in denen die Schlussbestände nach § 36 idF des § 34 Abs. 11 zu ermitteln sind.

[3] Zur letztmaligen Anwendung der Abs. 1 bis 3 siehe Abs. 4 Sätze 4 und 5.

[4] § 37 Abs. 2 neu gefasst durch StVergAbG vom 16. 5. 2003 (BGBl. I S. 660) mWvVZ 2003.

[5] § 37 Abs. 2 Satz 2 eingefügt durch EURLUmsG vom 9. 12. 2004 (BGBl. I S. 3310).

(2 a)[1, 2] Die Minderung ist begrenzt

1. für Gewinnausschüttungen, die nach dem 11. April 2003 und vor dem 1. Januar 2006 erfolgen, jeweils auf 0 Euro;
2. für Gewinnausschüttungen, die nach dem 31. Dezember 2005 erfolgen auf den Betrag, der auf das Wirtschaftsjahr der Gewinnausschüttung entfällt, wenn das auf den Schluss des vorangegangenen Wirtschaftsjahrs festgestellte Körperschaftsteuerguthaben gleichmäßig auf die einschließlich des Wirtschaftsjahrs der Gewinnausschüttung verbleibenden Wirtschaftsjahre verteilt wird, für die nach Absatz 2 Satz 3[3] eine Körperschaftsteuerminderung in Betracht kommt.

(3)[1] ① Erhält eine unbeschränkt steuerpflichtige Körperschaft oder Personenvereinigung, deren Leistungen bei den Empfängern zu den Einnahmen im Sinne des § 20 Abs. 1 Nr. 1 oder 2 des Einkommensteuergesetzes in der Fassung des Artikels 1 des Gesetzes vom 20. Dezember 2001 (BGBl. I S. 3858) gehören, Bezüge, die nach § 8b Abs. 1 bei der Einkommensermittlung außer Ansatz bleiben und die bei der leistenden Körperschaft zu einer Minderung der Körperschaftsteuer geführt haben, erhöht sich bei ihr die Körperschaftsteuer und das Körperschaftsteuerguthaben um den Betrag der Minderung der Körperschaftsteuer bei der leistenden Körperschaft. ② Satz 1 gilt auch, wenn der Körperschaft oder Personenvereinigung die entsprechenden Bezüge einer Organgesellschaft zugerechnet werden, weil sie entweder Organträger ist oder an einer Personengesellschaft beteiligt ist, die Organträger ist. ③ Im Fall des § 4 des Umwandlungssteuergesetzes sind die Sätze 1 und 2 entsprechend anzuwenden. ④ Die leistende Körperschaft hat der Empfängerin die folgenden Angaben nach amtlich vorgeschriebenem Muster zu bescheinigen:

1. den Namen und die Anschrift des Anteilseigners,
2. die Höhe des in Anspruch genommenen Körperschaftsteuerminderungsbetrags,
3. den Zahlungstag.

⑤ § 27 Abs. 3 Satz 2, Abs. 4 und 5 gilt entsprechend. ⑥ Die Sätze 1 bis 4 gelten nicht für steuerbefreite Körperschaften und Personenvereinigungen im Sinne des § 5 Abs. 1 Nr. 9, soweit die Einnahmen in einem wirtschaftlichen Geschäftsbetrieb anfallen, für den die Steuerbefreiung ausgeschlossen ist.

(4)[4] ① Das Körperschaftsteuerguthaben wird letztmalig auf den 31. Dezember 2006 ermittelt. ② Geht das Vermögen einer unbeschränkt steuerpflichtigen Körperschaft durch einen der in § 1 Abs. 1 des Umwandlungssteuergesetzes vom 7. Dezember 2006 (BGBl. I S. 2782, 2791)[5] in der jeweils geltenden Fassung genannten Vorgänge, bei denen die Anmeldung zur Eintragung in ein öffentliches Register nach dem 12. Dezember 2006 erfolgt, ganz oder teilweise auf einen anderen Rechtsträger über, wird das Körperschaftsteuerguthaben bei der übertragenden Körperschaft letztmalig auf den vor dem 31. Dezember 2006 liegenden steuerlichen Übertragungsstichtag ermittelt. ③ Wird das Vermögen einer Körperschaft oder Personenvereinigung im Rahmen einer Liquidation im Sinne des § 11 nach dem 12. Dezember 2006 und vor dem 1. Januar 2007 verteilt, wird das Körperschaftsteuerguthaben letztmalig auf den Stichtag ermittelt, auf den die Liquidationsschlussbilanz erstellt wird. ④ Die Absätze 1 bis 3 sind letztmals auf Gewinnausschüttungen und als ausgeschüttet geltende Beträge anzuwenden, die vor dem 1. Januar 2007 oder bis zu dem nach Satz 2 maßgebenden Zeitpunkt erfolgt sind. ⑤ In Fällen der Liquidation sind die Absätze 1 bis 3 auf Abschlagszahlungen anzuwenden, die bis zum Stichtag erfolgt sind, auf den das Körperschaftsteuerguthaben letztmalig ermittelt wird.

(5)[6, 7] ① Die Körperschaft hat innerhalb eines Auszahlungszeitraums von 2008 bis 2017 einen Anspruch auf Auszahlung des Körperschaftsteuerguthabens in zehn gleichen Jahresbeträgen. ② Der Anspruch entsteht mit Ablauf des 31. Dezember 2006 oder des nach Absatz 4 Satz 2 oder Satz 3 maßgebenden Tages. ③ Der Anspruch wird für den gesamten Auszahlungszeitraum festgesetzt. ④ Der Anspruch ist jeweils am 30. September auszuzahlen. ⑤ Für das Jahr der Bekanntgabe des Bescheids und die vorangegangenen Jahre ist der Anspruch innerhalb eines Monats nach Bekanntgabe des Bescheids auszuzahlen, wenn die Bekanntgabe des Bescheids nach dem 31. August 2008 erfolgt. ⑥ Abweichend von Satz 1 ist der festgesetzte Anspruch in einem Betrag auszuzahlen, wenn das festgesetzte Körperschaftsteuerguthaben nicht mehr als 1000 Euro beträgt. ⑦ Der Anspruch ist nicht verzinslich. ⑧ Die Festsetzungsfrist für die Festsetzung des Anspruchs läuft nicht vor Ablauf des Jahres ab, in dem der letzte Jahresbetrag fällig geworden ist oder ohne

---

[1] Zur letztmaligen Anwendung der Abs. 1 bis 3 siehe Abs. 4 Sätze 4 und 5.

[2] § 37 Abs. 2 a eingefügt durch StVergAbG vom 16. 5. 2003 (BGBl. I S. 660).

[3] Redaktionell geändert durch JStG 2007 vom 13. 12. 2006 (BGBl. I S. 2878).

[4] § 37 Abs. 4 angefügt mWv VZ 2006 durch SEStEG vom 7. 12. 2006 (BGBl. I S. 2782); Abs. 4 Sätze 3 und 4 geändert, Satz 5 angefügt durch JStG 2008 vom 20. 12. 2007 (BGBl. I S. 3150).

[5] UmwStG abgedruckt im **Anhang I 2.**

[6] § 37 Abs. 5 angefügt mWv VZ 2006 durch SEStEG vom 7. 12. 2006 (BGBl. I S. 2782); Abs. 4 Sätze 3 und 4 geändert, Satz 5 angefügt durch JStG 2008 vom 20. 12. 2007 (BGBl. I S. 3150).

[7] § 37 Abs. 5 Satz 2 geändert, Satz 4 durch neue Sätze 4 und 5 ersetzt (bish. Sätze 5 und 6 werden Sätze 6 und 7) sowie Sätze 8 und 9 angefügt durch JStG 2008 vom 20. 12. 2007 (BGBl. I S. 3150); Abs. 5 Satz 6 eingefügt, bish. Sätze 6 bis 9 werden Sätze 7 bis 10, Satz 8 neu gefasst durch Gesetz vom 20. 12. 2008 (BGBl. I S. 2850) mit Wirkung ab VZ 2008.

Anwendung des Satzes 6 fällig geworden wäre. ⑨ § 10 d Abs. 4 Satz 4 und 5 des Einkommensteuergesetzes gilt sinngemäß. ⑩ Auf die Abtretung oder Verpfändung des Anspruchs ist § 46 Abs. 4 der Abgabenordnung nicht anzuwenden.

(6)[1] ① Wird der Bescheid über die Festsetzung des Anspruchs nach Absatz 5 aufgehoben oder geändert, wird der Betrag, um den der Anspruch, der sich aus dem geänderten Bescheid ergibt, die Summe der Auszahlungen, die bis zur Bekanntgabe des neuen Bescheids geleistet worden sind, übersteigt, auf die verbleibenden Fälligkeitstermine des Auszahlungszeitraums verteilt. ② Abweichend von Satz 1 ist der übersteigende Betrag in einer Summe auszuzahlen, wenn er nicht mehr als 1000 Euro beträgt und auf die vorangegangene Festsetzung Absatz 5 Satz 6 oder dieser Satz angewendet worden ist. ③ Ist die Summe der Auszahlungen, die bis zur Bekanntgabe des neuen Bescheids geleistet worden sind, größer als der Auszahlungsanspruch, der sich aus dem geänderten Bescheid ergibt, ist der Unterschiedsbetrag innerhalb eines Monats nach Bekanntgabe des Bescheids zu entrichten.

(7)[2] ① Erträge und Gewinnminderungen der Körperschaft, die sich aus der Anwendung des Absatzes 5 ergeben, gehören nicht zu den Einkünften im Sinne des Einkommensteuergesetzes. ② Die Auszahlung ist aus den Einnahmen an Körperschaftsteuer zu leisten.

§ 38 Körperschaftsteuererhöhung

(1)[3] ① Ein positiver Endbetrag im Sinne des § 36 Abs. 7 aus dem Teilbetrag im Sinne des § 30 Abs. 2 Nr. 2 in der Fassung des Artikels 4 des Gesetzes vom 14. Juli 2000 (BGBl. I S. 1034) ist auch zum Schluss der folgenden Wirtschaftsjahre fortzuschreiben und gesondert festzustellen. ② § 27 Abs. 2 gilt entsprechend. ③ Der Betrag verringert sich jeweils, soweit er als für Leistungen verwendet gilt. ④ Er gilt als für Leistungen verwendet, soweit die Summe der Leistungen, die die Gesellschaft im Wirtschaftsjahr erbracht hat, den um den Bestand des Satzes 1 verminderten ausschüttbaren Gewinn (§ 27) übersteigt. ⑤ Maßgeblich sind die Bestände zum Schluss des vorangegangenen Wirtschaftsjahrs. ⑥ Die Rückzahlung von Geschäftsguthaben an ausscheidende Mitglieder von Genossenschaften stellt, soweit es sich dabei nicht um Nennkapital im Sinne des § 28 Abs. 2 Satz 2 handelt, keine Leistung im Sinne der Sätze 3 und 4 dar. ⑦ Satz 6 gilt nicht, soweit der unbelastete Teilbetrag im Sinne des Satzes 1 nach § 40 Abs. 1 oder Abs. 2 infolge der Umwandlung einer Körperschaft, die nicht Genossenschaft im Sinne des § 34 Absatz 13[4] ist, übergegangen ist.

(2) ① Die Körperschaftsteuer des Veranlagungszeitraums, in dem das Wirtschaftsjahr endet, in dem die Leistungen erfolgen, erhöht sich um 3/7 des Betrags der Leistungen, für die ein Teilbetrag aus dem Endbetrag im Sinne des Absatzes 1 als verwendet gilt. ② Die Körperschaftsteuererhöhung mindert den Endbetrag im Sinne des Absatzes 1 bis zu dessen Verbrauch. ③[5] Satz 1 ist letztmals für den Veranlagungszeitraum anzuwenden, in dem das 18. Wirtschaftsjahr endet, das auf das Wirtschaftsjahr folgt, auf dessen Schluss nach § 37 Abs. 1 Körperschaftsteuerguthaben ermittelt werden.

(3) ① Die Körperschaftsteuer wird nicht erhöht, soweit eine von der Körperschaftsteuer befreite Körperschaft Leistungen an einen unbeschränkt steuerpflichtigen, von der Körperschaftsteuer befreiten Anteilseigner oder an eine juristische Person des öffentlichen Rechts vornimmt. ② Der Anteilseigner ist verpflichtet, der ausschüttenden Körperschaft seine Befreiung durch eine Bescheinigung des Finanzamts nachzuweisen, es sei denn, er ist eine juristische Person des öffentlichen Rechts. ③ Das gilt nicht, soweit die Leistung auf Anteile entfällt, die in einem wirtschaftlichen Geschäftsbetrieb gehalten werden, für den die Befreiung von der Körperschaftsteuer ausgeschlossen ist, oder in einem nicht von der Körperschaftsteuer befreiten Betrieb gewerblicher Art.

[Abs. 4 bis 10 idF des JStG 2008:]

(4)[6] ① Der Endbetrag nach Absatz 1 wird letztmalig auf den 31. Dezember 2006 ermittelt und festgestellt. ② Wird das Vermögen einer Körperschaft oder Personenvereinigung im Rahmen einer Liquidation im Sinne des § 11 nach dem 31. Dezember 2006 verteilt, wird der Endbetrag im Sinne des Satzes 1 letztmalig auf den Schluss des letzten vor dem 1. Januar 2007 endenden Besteuerungszeitraums festgestellt. ③ Bei über den 31. Dezember 2006 hinaus fortdauernden Liquidationen endet der Besteuerungszeitraum nach § 11 auf Antrag der Körperschaft oder Personenvereinigung mit Ablauf des 31. Dezember 2006. ④ Die Absätze 1 bis 3 sind letztmals auf Leistungen anzuwenden, die vor dem 1. Januar 2007 oder dem nach Satz 2 maßgebenden Zeitpunkt erfolgt sind.

---

[1] § 37 Abs. 6 angefügt mWv VZ 2006 durch SEStEG vom 7. 12. 2006 (BGBl. I S. 2782); Abs. 6 Satz 2 eingefügt, bish. Satz 2 wird Satz 3, durch Gesetz vom 20. 12. 2008 (BGBl. I S. 2850) mit Wirkung ab VZ 2008.

[2] § 37 Abs. 7 angefügt mWv VZ 2006 durch SEStEG vom 7. 12. 2006 (BGBl. I S. 2782).

[3] § 38 Abs. 1 Sätze 6 und 7 angefügt durch JStG 2007 vom 13. 12. 2006 (BGBl. I S. 2878). Zur Geltung von Abs. 1 in dieser Fassung siehe § 34 Abs. 13.

[4] Redaktionell angepasst durch Gesetz vom 25. 7. 2014 (BGBl. I S. 1266).

[5] § 38 Abs. 2 Satz 3 geändert durch StVergAbG vom 16. 5. 2003 (BGBl. I S. 660).

[6] § 38 Abs. 4 bis 10 neu angefügt durch JStG 2008 vom 20. 12. 2007 (BGBl. I S. 3150).
Zur Weiteranwendung der bisherigen Fassung von § 38 (= Abs. 1 bis 3) auf Antrag siehe § 34 Abs. 14.

(5)[1, 2] ① Der Körperschaftsteuererhöhungsbetrag beträgt $^3/_{100}$ des nach Absatz 4 Satz 1 festgestellten Endbetrags. ② Er ist begrenzt auf den Betrag, der sich nach den Absätzen 1 bis 3 als Körperschaftsteuererhöhung ergeben würde, wenn die Körperschaft oder Personenvereinigung ihr am 31. Dezember 2006 oder an dem nach Absatz 4 Satz 2 maßgebenden Zeitpunkt bestehendes Eigenkapital laut Steuerbilanz für eine Ausschüttung verwenden würde. ③ Ein Körperschaftsteuererhöhungsbetrag ist nur festzusetzen, wenn er 1000 Euro übersteigt.

(6)[1, 2] ① Die Körperschaft oder deren Rechtsnachfolger hat den sich nach Absatz 5 ergebenden Körperschaftsteuererhöhungsbetrag innerhalb eines Zeitraums von 2008 bis 2017 in zehn gleichen Jahresbeträgen zu entrichten (Zahlungszeitraum). ② Satz 1 gilt nicht für Körperschaften oder Personenvereinigungen, die sich am 31. Dezember 2006 bereits in Liquidation befanden. ③ Der Anspruch entsteht am 1. Januar 2007. ④ Der Körperschaftsteuererhöhungsbetrag wird für den gesamten Zahlungszeitraum festgesetzt. ⑤ Der Jahresbetrag ist jeweils am 30. September fällig. ⑥ Für das Jahr der Bekanntgabe des Bescheids und die vorangegangenen Jahre ist der Jahresbetrag innerhalb eines Monats nach Bekanntgabe des Bescheids fällig, wenn die Bekanntgabe des Bescheids nach dem 31. August 2008 erfolgt. ⑦ In den Fällen des Satzes 2 ist der gesamte Anspruch innerhalb eines Monats nach Bekanntgabe des Bescheids fällig. ⑧ Der Anspruch ist nicht verzinslich. ⑨ Die Festsetzungsfrist für die Festsetzung des Körperschaftsteuererhöhungsbetrags läuft nicht vor Ablauf des Jahres ab, in dem der letzte Jahresbetrag fällig geworden ist.

(7)[1] ① Auf Antrag kann die Körperschaft oder deren Rechtsnachfolger abweichend von Absatz 6 Satz 1 den Körperschaftsteuererhöhungsbetrag in einer Summe entrichten. ② Der Antrag kann letztmals zum 30. September 2015 gestellt werden. ③ Anstelle des jeweiligen Jahresbetrags ist zu dem Zahlungstermin, der auf den Zeitpunkt der Antragstellung folgt, der zu diesem Termin nach Absatz 6 Satz 4 fällige Jahresbetrag zuzüglich der noch nicht fälligen Jahresbeträge abgezinst mit einem Zinssatz von 5,5 Prozent zu entrichten. ④ Mit der Zahlung erlischt der gesamte Anspruch. ⑤ Die Sätze 3 und 4 sind in den Fällen des Absatzes 6 Satz 7,[3] des Absatzes 8 und des Absatzes 9 Satz 1 und 2 von Amts wegen anzuwenden.

(8)[1] Bei Liquidationen, die nach dem 31. Dezember 2006 beginnen, werden alle entstandenen und festgesetzten Körperschaftsteuererhöhungsbeträge an dem 30. September fällig, der auf den Zeitpunkt der Erstellung der Liquidationseröffnungsbilanz folgt.

(9)[1] ① Geht das Vermögen einer unbeschränkt steuerpflichtigen Körperschaft oder Personenvereinigung durch einen der in § 1 Abs. 1 Nr. 1 des Umwandlungssteuergesetzes vom 7. Dezember 2006 (BGBl. I S. 2782, 2791)[4] in der jeweils geltenden Fassung genannten Vorgänge ganz oder teilweise auf eine nicht unbeschränkt steuerpflichtige Körperschaft oder Personenvereinigung über oder verlegt eine unbeschränkt steuerpflichtige Körperschaft oder Personenvereinigung ihren Sitz oder Ort der Geschäftsleitung und endet dadurch ihre unbeschränkte Steuerpflicht, werden alle entstandenen und festgesetzten Körperschaftsteuererhöhungsbeträge an dem 30. September fällig, der auf den Zeitpunkt des Vermögensübergangs oder des Wegzugs folgt. ② Ist eine Festsetzung nach Absatz 6 noch nicht erfolgt, ist der gesamte Anspruch innerhalb eines Monats nach Bekanntgabe des Bescheids fällig. ③ Satz 1 gilt nicht, wenn der übernehmende Rechtsträger in einem anderen Mitgliedstaat der Europäischen Union unbeschränkt steuerpflichtig ist oder die Körperschaft oder Personenvereinigung in den Fällen des Wegzugs in einem anderen Mitgliedstaat der Europäischen Union unbeschränkt steuerpflichtig wird.

(10)[1] § 37 Abs. 6 und 7 gilt entsprechend.

§ 39 Einlagen der Anteilseigner und Sonderausweis

(1) Ein sich nach § 36 Abs. 7 ergebender positiver Endbetrag des Teilbetrags im Sinne des § 30 Abs. 2 Nr. 4 des Körperschaftsteuergesetzes in der Fassung der Bekanntmachung vom 22. April 1999 (BGBl. I S. 817), das zuletzt durch Artikel 4 des Gesetzes vom 14. Juli 2000 (BGBl. I S. 1034) geändert worden ist, wird als Anfangsbestand des steuerlichen Einlagekontos im Sinne des § 27 erfasst.

(2) Der nach § 47 Abs. 1 Satz 1 Nr. 2 in der Fassung des Artikels 4 des Gesetzes vom 14. Juli 2000 (BGBl. I S. 1034) zuletzt festgestellte Betrag wird als Anfangsbestand in die Feststellung nach § 28 Abs. 1 Satz 3[5] einbezogen.

---

[1] § 38 Abs. 4 bis 10 neu angefügt durch JStG 2008 vom 20. 12. 2007 (BGBl. I S. 3150).
Zur Weiteranwendung der bisherigen Fassung von § 38 (= Abs. 1 bis 3) auf Antrag siehe § 34 Abs. 14.

[2] § 38 Abs. 5 und 6 idF des JStG 2008 vom 20. 12. 2007 (BGBl. I S. 3150) iVm § 34 Abs. 16 Satz 1 idF des JStG 2008 v. 20. 12. 2007 (BGBl. I S. 3150) und iVm § 34 Abs. 14 Satz 1 idF des Gesetzes vom 25. 7. 2014 (BGBl. I S. 1266) sind gem. *Beschluss des BVerfG 2 BvR 988/16 vom 7. 12. 2022 (BGBl. 2023 I Nr. 86)* unvereinbar mit Art. 3 Abs. 1 GG.

[3] Satzziffer redaktionell geändert durch JStG 2010 vom 8. 12. 2010 (BGBl. I S. 1768).

[4] UmwStG abgedruckt im **Anhang I 2.**

[5] § 39 Abs. 2 redaktionell geändert durch EURLUmsG vom 9. 12. 2004 (BGBl. I S. 3310).

§ 40[1] Umwandlung, Liquidation und Verlegung des Sitzes

(1) Geht das Vermögen einer unbeschränkt steuerpflichtigen Körperschaft durch Verschmelzung nach § 2 des Umwandlungsgesetzes auf eine unbeschränkt steuerpflichtige Körperschaft über, ist der unbelastete Teilbetrag gemäß § 38 dem entsprechenden Betrag der übernehmenden Körperschaft hinzuzurechnen.

(2) ① Geht Vermögen einer unbeschränkt steuerpflichtigen Körperschaft durch Aufspaltung oder Abspaltung im Sinne des § 123 Abs. 1 und 2 des Umwandlungsgesetzes auf eine unbeschränkt steuerpflichtige Körperschaft über, ist der in Absatz 1 genannte Betrag der übertragenden Körperschaft einer übernehmenden Körperschaft im Verhältnis der übergehenden Vermögensteile zu dem bei der übertragenden Körperschaft vor dem Übergang bestehenden Vermögen zuzuordnen, wie es in der Regel in den Angaben zum Umtauschverhältnis der Anteile im Spaltungs- und Übernahmevertrag oder im Spaltungsplan (§ 126 Abs. 1 Nr. 3, § 136 des Umwandlungsgesetzes) zum Ausdruck kommt. ② Entspricht das Umtauschverhältnis der Anteile nicht dem Verhältnis der übergehenden Vermögensteile zu dem bei der übertragenden Körperschaft vor der Spaltung bestehenden Vermögen, ist das Verhältnis der gemeinen Werte der übergehenden Vermögensteile zu dem vor der Spaltung vorhandenen Vermögen maßgebend. ③ Soweit das Vermögen auf eine Personengesellschaft übergeht, mindert sich der Betrag der übertragenden Körperschaft in dem Verhältnis der übergehenden Vermögensteile zu dem vor der Spaltung bestehenden Vermögen.

(3) ① Geht das Vermögen einer unbeschränkt steuerpflichtigen Körperschaft durch einen der in § 1 Abs. 1 Nr. 1 des Umwandlungssteuergesetzes vom 7. Dezember 2006 (BGBl. I S. 2782, 2791)[2] in der jeweils geltenden Fassung genannten Vorgänge ganz oder teilweise auf eine von der Körperschaftsteuer befreite Körperschaft, Personenvereinigung oder Vermögensmasse oder auf eine juristische Person des öffentlichen Rechts über oder wird die Körperschaft steuerbefreit, erhöht sich die Körperschaftsteuer um den Betrag, der sich nach § 38 ergeben würde, wenn das in der Steuerbilanz ausgewiesene Eigenkapital abzüglich des Betrags, der nach § 28 Abs. 2 Satz 1 in Verbindung mit § 29 Abs. 1 dem steuerlichen Einlagekonto gutzuschreiben ist, als im Zeitpunkt des Vermögensübergangs für eine Ausschüttung verwendet gelten würde. ② Die Körperschaftsteuer erhöht sich nicht in den Fällen des § 38 Abs. 3.

(4) ① Wird das Vermögen einer Körperschaft oder Personenvereinigung im Rahmen einer Liquidation im Sinne des § 11 verteilt, erhöht sich die Körperschaftsteuer um den Betrag, der sich nach § 38 ergeben würde, wenn das verteilte Vermögen als im Zeitpunkt der Verteilung für eine Ausschüttung verwendet gelten würde. ② Das gilt auch insoweit, als das Vermögen bereits vor Schluss der Liquidation verteilt wird. ③ Die Erhöhung der Körperschaftsteuer ist für den Veranlagungszeitraum vorzunehmen, in dem die Liquidation bzw. der jeweilige Besteuerungszeitraum endet. ④ Eine Erhöhung ist letztmals für den Veranlagungszeitraum 2020 vorzunehmen. ⑤ Bei Liquidationen, die über den 31. Dezember 2020 hinaus fortdauern, endet der Besteuerungszeitraum nach § 11 mit Ablauf des 31. Dezember 2020. ⑥ Auf diesen Zeitpunkt ist ein steuerlicher Zwischenabschluss zu fertigen. ⑦ Die Körperschaftsteuer erhöht sich nicht in den Fällen des § 38 Abs. 3.

(5) Geht das Vermögen einer unbeschränkt steuerpflichtigen Körperschaft oder Personenvereinigung durch einen der in § 1 Abs. 1 Nr. 1 des Umwandlungssteuergesetzes vom 7. Dezember 2006 (BGBl. I S. 2782, 2791)[2] in der jeweils geltenden Fassung genannten Vorgänge ganz oder teilweise auf eine nicht unbeschränkt steuerpflichtige Körperschaft oder Personenvereinigung über oder verlegt eine unbeschränkt steuerpflichtige Körperschaft oder Personenvereinigung ihren Sitz oder Ort der Geschäftsleitung und endet dadurch ihre unbeschränkte Steuerpflicht, erhöht sich die Körperschaftsteuer um den Betrag, der sich nach § 38 ergeben würde, wenn das zum Übertragungsstichtag oder im Zeitpunkt des Wegfalls der unbeschränkten Steuerpflicht vorhandene Vermögen abzüglich des Betrags, der nach § 28 Abs. 2 Satz 1 in Verbindung mit § 29 Abs. 1 dem steuerlichen Einlagekonto gutzuschreiben ist, als am Übertragungsstichtag oder im Zeitpunkt des Wegfalls der unbeschränkten Steuerpflicht für eine Ausschüttung verwendet gelten würde.

(6) ① Ist in den Fällen des Absatzes 5 die übernehmende Körperschaft oder Personenvereinigung in einem anderen Mitgliedstaat der Europäischen Union unbeschränkt steuerpflichtig und nicht von der Körperschaftsteuer befreit, ist der auf Grund der Anwendung des § 38 nach Absatz 5 festgesetzte Betrag bis zum Ablauf des nächsten auf die Bekanntgabe der Körperschaftsteuerfestsetzung folgenden Kalenderjahres zinslos zu stunden, soweit die übernehmende Körperschaft oder Personenvereinigung bis zum 31. Mai des nachfolgenden Jahres nachweist, dass sie bis zum Zeitpunkt der Fälligkeit keine Ausschüttung der übernommenen unbelasteten Teilbeträge vorgenommen hat. ② Die Stundung verlängert sich jeweils um ein Jahr, soweit der in Satz 1 genannte Nachweis erbracht wird, letztmals bis zum Schluss des Wirtschaftsjahrs, das nach dem 31. Dezember 2018 endet. ③ Auf diesen Zeitpunkt gestundete Beträge werden nicht erhoben, soweit der in Satz 1 genannte Nachweis erbracht wird. ④ Die Sätze 1 bis 3 gelten auch bei der Sitzverlegung, wenn die Körperschaft oder Personenvereinigung in einem anderen Mitgliedstaat der Europäischen Union unbeschränkt steuerpflichtig wird. ⑤ Die Stundung ist zu widerrufen, wenn die aufnehmende Körperschaft oder Personenvereinigung oder deren Rechtsnachfolger
a) von der Körperschaftsteuer befreit wird,
b) aufgelöst und abgewickelt wird,

---

[1] § 40 neu gefasst durch SEStEG vom 7. 12. 2006 (BGBl. I S. 2782).
In dieser Fassung erstmals anzuwenden auf Umwandlungen, bei denen die Anmeldung zur Eintragung in ein öffentliches Register nach dem 12. Dezember 2006 erfolgt ist.
§ 40 aufgehoben durch JStG 2008 vom 20. 12. 2007 (BGBl. I S. 3150).
Zur Weiteranwendung von § 40 siehe § 34 Abs. 13 Satz 3 und Abs. 14.

[2] UmwStG abgedruckt im **Anhang I 2**.

c) ihr Vermögen ganz oder teilweise auf eine Körperschaft oder Personenvereinigung überträgt, die in einem Staat außerhalb der Europäischen Union unbeschränkt steuerpflichtig ist,
d) ihren Sitz oder Ort der Geschäftsleitung in einen Staat außerhalb der Europäischen Union verlegt und dadurch ihre unbeschränkte Steuerpflicht innerhalb der Europäischen Union endet oder
e) ihr Vermögen auf eine Personengesellschaft oder natürliche Person überträgt.

Hauptteil
Körperschaftsteuergesetz,[1] Durchführungsverordnung,[2] Richtlinien[3]

Erster Teil. Steuerpflicht

KStG

§ 1 Unbeschränkte Steuerpflicht

(1) Unbeschränkt körperschaftsteuerpflichtig sind die folgenden Körperschaften, Personenvereinigungen und Vermögensmassen, die ihre Geschäftsleitung oder ihren Sitz im Inland haben: 1

1. Kapitalgesellschaften (insbesondere Europäische Gesellschaften, Aktiengesellschaften, Kommanditgesellschaften auf Aktien, Gesellschaften mit beschränkter Haftung) einschließlich optierender Gesellschaften im Sinne des § 1 a;

2. Genossenschaften einschließlich der Europäischen Genossenschaften;

3. Versicherungs- und Pensionsfondsvereine auf Gegenseitigkeit;

4. sonstige juristische Personen des privaten Rechts;

5. nichtrechtsfähige Vereine, Anstalten, Stiftungen und andere Zweckvermögen des privaten Rechts;

6. Betriebe gewerblicher Art von juristischen Personen des öffentlichen Rechts.

(2) Die unbeschränkte Körperschaftsteuerpflicht erstreckt sich auf sämtliche Einkünfte. 2

(3) Zum Inland im Sinne dieses Gesetzes gehört auch der der Bundesrepublik Deutschland zustehende Anteil 3

1. an der ausschließlichen Wirtschaftszone, soweit dort

a) die lebenden und nicht lebenden natürlichen Ressourcen der Gewässer über dem Meeresboden, des Meeresbodens und seines Untergrunds erforscht, ausgebeutet, erhalten oder bewirtschaftet werden,

b) andere Tätigkeiten zur wirtschaftlichen Erforschung oder Ausbeutung der ausschließlichen Wirtschaftszone ausgeübt werden, wie beispielsweise die Energieerzeugung aus Wasser, Strömung und Wind oder

c) künstliche Inseln errichtet oder genutzt werden und Anlagen und Bauwerke für die in den Buchstaben a und b genannten Zwecke errichtet oder genutzt werden, und

2. am Festlandsockel, soweit dort

a) dessen natürliche Ressourcen erforscht oder ausgebeutet werden; natürliche Ressourcen in diesem Sinne sind die mineralischen und sonstigen nicht lebenden Ressourcen des Meeresbodens und seines Untergrunds sowie die zu den sesshaften Arten gehörenden Lebewesen, die im nutzbaren Stadium entweder unbeweglich auf oder unter dem Meeresboden verbleiben oder sich nur in ständigem körperlichen Kontakt mit dem Meeresboden oder seinem Untergrund fortbewegen können; oder

b) künstliche Inseln errichtet oder genutzt werden und Anlagen und Bauwerke für die in Buchstabe a genannten Zwecke errichtet oder genutzt werden.

Übersicht

[1] **KStG** i. d. F. der Bek. v. 15. Oktober 2002 (BGBl. I S. 4144 = BStBl. I S. 1169) unter Berücksichtigung der zwischenzeitlich eingetretenen Änderungen (vgl. im Einzelnen die zu Beginn der geschlossenen Wiedergabe abgedruckte Änderungsübersicht), jedoch nur insoweit, als sie für den **VZ 2022** gelten. Vorausschau und gegebenenfalls erforderliche frühere Fassungen siehe geschlossene Wiedergabe.

[2] **KStDV 1994** v. 22. Februar 1996 (BGBl. I S. 365 = BStBl. I S. 191), geändert durch StEuglG v. 19. 12. 2000 (BGBl. I S. 1790), VO zur Änderung steuerlicher Verordnungen v. 17. 11. 2010 (BGBl. I S. 1544) und Gesetz v. 1. 4. 2015 (BGBl. I S. 434).

[3] **KStR 2022** i. d. F. der Bek. v. 13. 4. 2022 (BStBl. I 2022 Sondernummer 1 S. 2) mit den amtlichen Hinweisen 2022 **(KStH 2022).** Hierzu **Amtl. Anm.:** Redaktionsschluss für die KStH 2022: 21. 4. 2022.
Wird in den KStR auf die EStR (ohne weitere Benennung) verwiesen, so handelt es sich hierbei um die EStR 2012.

Rz.

Anlage:
Verordnung über die Steuerbegünstigung von Stiftungen, die an die Stelle von Familienfideikommissen getreten sind, v. 13. 2. 1926 *(nicht abgedruckt)*

KStR Einf

Einführung

11 (1) ① Die Körperschaftsteuer-Richtlinien 2022 (KStR 2022) behandeln Anwendungs- und Auslegungsfragen von allgemeiner Bedeutung, um eine einheitliche Anwendung des Körperschaftsteuerrechts durch die Behörden der Finanzverwaltung sicherzustellen. ② Sie geben außerdem zur Vermeidung unbilliger Härten und aus Gründen der Verwaltungsvereinfachung Anweisungen an die Finanzämter, wie in bestimmten Fällen verfahren werden soll.

12 (2) Die Körperschaftsteuer-Richtlinien 2022 gelten, soweit sich aus ihnen nichts anderes ergibt, vom VZ 2022 an.

13 (3) Anordnungen, die mit den nachstehenden Richtlinien im Widerspruch stehen, sind nicht mehr anzuwenden.

14 (4) Diese Allgemeine Verwaltungsvorschrift tritt am Tag nach ihrer Veröffentlichung in Kraft.[1]

R 1.1

R 1.1 Unbeschränkte Steuerpflicht

15 (1) ① Die Aufzählung der Körperschaften, Personenvereinigungen und Vermögensmassen in § 1 Abs. 1 KStG ist abschließend. ② Sie kann nicht im Wege der Auslegung erweitert werden.

16 (2) ① Zu den sonstigen juristischen Personen des privaten Rechts i. S. d. § 1 Abs. 1 Nr. 4 KStG gehören eingetragene Vereine (§ 21 BGB), wirtschaftliche Vereine (§ 22 BGB) und rechtsfähige privatrechtliche Stiftungen (§ 80 BGB). ② Rechtsfähige Stiftungen des öffentlichen Rechts (§ 89 BGB) fallen nicht unter § 1 Abs. 1 Nr. 4 KStG; insoweit ist ggf. § 1 Abs. 1 Nr. 6 KStG zu prüfen.

17 (3) ① § 1 Abs. 1 Nr. 6 KStG bezieht sich ausschließlich auf inländische jPöR. ② Die Steuerpflicht ausländischer jPöR richtet sich nach § 2 Nr. 1 KStG.

18 (4) ① Die Steuerpflicht beginnt bei Genossenschaften (§ 1 Abs. 1 Nr. 2 KStG) nicht erst mit der Erlangung der Rechtsfähigkeit durch die Eintragung in das Genossenschaftsregister (§ 13 GenG), sondern erstreckt sich auch auf die mit Abschluss des Statuts (§ 5 GenG) errichtete Vorgenossenschaft, d. h. die Genossenschaft im Gründungsstadium. ② Für rechtsfähige Vereine sind die vorgenannten Grundsätze sinngemäß anzuwenden. ③ Genossenschaften i. S. d. § 1 Abs. 1 Nr. 2 KStG sind sowohl eingetragene als auch nichtrechtsfähige Genossenschaften. ④ Bei Versicherungsvereinen auf Gegenseitigkeit (§ 1 Abs. 1 Nr. 3 KStG) beginnt die Steuerpflicht mit der aufsichtsbehördlichen Erlaubnis zum Geschäftsbetrieb, bei den anderen juristischen Personen des privaten Rechts (§ 1 Abs. 1 Nr. 4 KStG) durch staatliche Genehmigung, Anerkennung oder Verleihung. ⑤ Nichtrechtsfähige Vereine, Anstalten, Stiftungen oder andere Zweckvermögen des privaten Rechts (§ 1 Abs. 1 Nr. 5 KStG) entstehen durch Errichtung, Feststellung der Satzung oder Aufnahme einer geschäftlichen Tätigkeit. ⑥ JPöR werden mit ihren BgA (§ 1 Abs. 1 Nr. 6 KStG) mit der Aufnahme der wirtschaftlichen Tätigkeit unbeschränkt steuerpflichtig.

19 (5) ① Ein Zweckvermögen des Privatrechts i. S. d. § 1 Abs. 1 Nr. 5 KStG liegt vor, wenn ein selbständiges Sondervermögen gebildet wird, das durch Widmung einem bestimmten Zweck dient. ② Dazu gehören u. a. Sammelvermögen i. S. d. § 1914 BGB. ③ Inländische Investmentfonds und inländische Spezial-Investmentfonds gelten nach § 6 Abs. 1 Satz 1 und § 29 Abs. 1 InvStG als Zweckvermögen. ④ Ausländische Investmentfonds und ausländische Spezial-Investmentfonds gelten nach § 6 Abs. 1 Satz 2 und § 29 Abs. 1 InvStG als beschränkt steuerpflichtige Vermögensmassen.

H 1.1

H 1.1

21 **Ausländische Gesellschaften, Typenvergleich.**[2] Tabellen 1 und 2 zu → BMF vom 24. 12. 1999, BStBl. I S. 1076 ff. (insbes. S. 1114 und 1119) unter Berücksichtigung der Änderungen durch BMF vom 20. 11. 2000 (BStBl. I S. 1509), BMF vom 29. 9. 2004 (BStBl. I S. 917) und BMF vom 25. 8. 2009 (BStBl. I S. 888) und → BMF vom 19. 3. 2004, BStBl. I S. 411 unter Berücksichtigung der Änderungen durch → BMF vom 26. 9. 2014, BStBl. I S. 1258 Rn. 4.1.4.2.

Beginn der Steuerpflicht. Die Steuerpflicht beginnt bei Kapitalgesellschaften (§ 1 Abs. 1 Nr. 1 KStG) nicht erst mit der Erlangung der Rechtsfähigkeit durch die Eintragung in das Handels-

[1] Veröffentlicht am 22. April 2022, BStBl. I 2022 Sondernummer 1 S. 2.

[2] Zur **Besteuerung der britischen Limited mit Geschäftsleitung im Inland** vgl. *OFD Düsseldorf v. 6. 10. 2005, StEK KStG 1977 § 1 Nr. 55.*

Zur Einordnung der Limited Liability Company **(LLC) US-amerikanischen Rechts** als Körperschaft oder Personengesellschaft siehe *BMF-Schrb. v. 19. 3. 2004 IV B 4 – S 1301 USA – 22/04 (BStBl. 2004 I S. 411),* abgedruckt in der Textausgabe „Doppelbesteuerungsabkommen" unter **USA 4.2.**

Zur steuerlichen Einordnung der nach **britischem Recht** gegründeten Limited Liability Partnerships **(LLP)** siehe *Erlass FinSen Berlin v. 19. 1. 2007 III A – S 1301 GB – 2/2006 (DStR 2007 S. 1034),* abgedruckt in der Textausgabe „Doppelbesteuerungsabkommen" unter **Großbritannien 2.1.**

register (§§ 41, 278 AktG, § 11 GmbHG), sondern erstreckt sich auch auf die mit Abschluss des notariellen Gesellschaftsvertrags (§ 2 GmbHG) oder durch notarielle Feststellung der Satzung (§ 23 Abs. 1, § 280 Abs. 1 AktG) errichtete Vorgesellschaft, d. h. die Kapitalgesellschaft im Gründungsstadium (→ BFH vom 13. 12. 1989, I R 98–99/86, BStBl. 1990 II S. 468; → BFH vom 14. 10. 1992, I R 17/92, BStBl. 1993 II S. 352).
Von Todes wegen errichtete Stiftungen sind im Falle ihrer Anerkennung auf Grund der in § 84 BGB angeordneten Rückwirkung bereits ab dem Zeitpunkt des Vermögensanfalls subjektiv körperschaftsteuerpflichtig nach § 1 Abs. 1 Nr. 4 KStG (→ BFH vom 17. 9. 2003, I R 85/02, BStBl. 2005 II S. 149, BFH vom 6. 6. 2019, V R 50/17, BStBl. II S. 782).

Drittstaaten-Kapitalgesellschaft. → BFH vom 8. 9. 2010, I R 6/09, BStBl. 2013 II S. 186.

GmbH & Co. KG. Eine GmbH & Co. KG, deren alleiniger persönlich haftender Gesellschafter eine GmbH ist, ist nicht als Kapitalgesellschaft i. S. v. § 1 Abs. 1 Nr. 1 KStG anzusehen. Eine Publikums-GmbH & Co. KG ist kein nichtrechtsfähiger Verein i. S. v. § 1 Abs. 1 Nr. 5 KStG. Sie ist auch nicht als nichtrechtsfähige Personenvereinigung nach § 3 Abs. 1 KStG körperschaftsteuerpflichtig, da ihr Einkommen bei den Gesellschaftern zu versteuern ist (→ BFH vom 25. 6. 1984, GrS 4/82, BStBl. II S. 751).

Kameradschaft einer Freiwilligen Feuerwehr. Die Kameradschaft einer Freiwilligen Feuerwehr kann ein nichtrechtsfähiger Verein i. S. d. § 1 Abs. 1 Nr. 5 KStG sein, sofern ein Personenzusammenschluss für Zwecke gebildet wurde, die über die Aufgaben der gemeindlichen Einrichtung hinausgehen, z. B. Einrichtung einer Kameradschaftskasse zum Zwecke der Kameradschaftspflege und Veranstaltung jährlicher Feste (→ BFH vom 18. 12. 1996, I R 16/96, BStBl. 1997 II S. 361).

Limited. Zur verfahrensrechtlichen Behandlung nach dem 31. Dezember 2020 → BMF vom 30. 12. 2020, BStBl. 2021 I S. 46.

REIT-AG. → REITG vom 28. 5. 2007 (BGBl. I S. 914) und → BMF vom 10. 7. 2007, BStBl. I S. 527.

Stiftung. → H 1.1 Beginn der Steuerpflicht.

Unechte Vorgesellschaft. Eine unechte Vorgesellschaft unterliegt mangels zivilrechtlicher Rechtsform einer Körperschaft i. S. d. § 1 Abs. 1 KStG nicht der Körperschaftsteuerpflicht. Um eine unechte Vorgesellschaft handelt es sich, wenn die Gründer nicht die Absicht haben, die Eintragung ins Handelsregister zu erreichen, wenn die Eintragungsabsicht wegfällt, jedoch die werbende Tätigkeit fortgesetzt wird, wenn aufgrund von Eintragungshindernissen die Vorgesellschaft zum Dauerzustand wird oder wenn nach Ablehnung des Eintragungsantrags eine Auseinandersetzung unter den Gesellschaftern nicht erfolgt (→ BFH vom 7. 4. 1998, VII R 82/97, BStBl. II S. 531 und → BFH vom 18. 3. 2010, IV R 88/06, BStBl. II S. 991).

Vorgesellschaft. → H 1.1 Beginn der Steuerpflicht; → H 1.1 Unechte Vorgesellschaft.

Vorgründungsgesellschaft. Die Vorgründungsgesellschaft erstreckt sich auf die Zeit zwischen der Vereinbarung über die Errichtung einer Kapitalgesellschaft bis zur notariellen Beurkundung des Gesellschaftsvertrags bzw. der Satzung. Sie ist weder mit der Vorgesellschaft noch mit der später entstehenden Kapitalgesellschaft identisch. Es handelt sich, von Ausnahmen abgesehen, nicht um ein körperschaftsteuerpflichtiges Gebilde (→ BFH vom 8. 11. 1989, I R 174/86, BStBl. 1990 II S. 91). Die Vorgründungsgesellschaft kann als nichtrechtsfähiger Verein oder Personenvereinigung i. S. d. § 3 Abs. 1 KStG steuerpflichtig sein, wenn ein größerer Kreis von Personen, eine Verfassung und besondere Organe vorhanden sind (→ BFH vom 6. 5. 1952, I 8/52 U, BStBl. III S. 172).

R 1.2 Familienstiftungen

R 1.2

23 ① Die Verordnung über die Steuerbegünstigung von Stiftungen, die an die Stelle von Familienfideikommissen getreten sind, vom 13. 2. 1926 (RGBl. I S. 101)[1] ist noch anzuwenden. ② Da die Verordnung sich auf einen Sondertatbestand bezieht, kann sie auf andere als die in ihr bezeichneten Stiftungen nicht entsprechend angewendet werden.

[1] Letztmals abgedruckt als Anl zu R 1.2 im „Handbuch zur Körperschaftsteuerveranlagung 2021".

Anl zu R 1.2

noch **23**

Verordnung über die Steuerbegünstigung von Stiftungen, die an die Stelle von Familienfideikommissen getreten sind

Vom 13. Februar 1926 (RGBl. I S. 101)

(letztmals abgedruckt im Handbuch zur Körperschaftsteuerveranlagung 2021)

KStG

§ 1 a Option zur Körperschaftsbesteuerung

(1) ① Auf unwiderruflichen Antrag sind für Zwecke der Besteuerung nach dem Einkommen eine Personenhandels- oder Partnerschaftsgesellschaft wie eine Kapitalgesellschaft (optierende Gesellschaft) und ihre Gesellschafter wie die nicht persönlich haftenden Gesellschafter einer Kapitalgesellschaft zu behandeln; § 217 Absatz 1 des Umwandlungsgesetzes gilt sinngemäß. ② Der Antrag ist von der Personenhandels- oder Partnerschaftsgesellschaft nach amtlich vorgeschriebenem Datensatz durch Datenfernübertragung bei dem für die gesonderte und einheitliche Feststellung der Einkünfte nach § 180 der Abgabenordnung zuständigen Finanzamt spätestens einen Monat vor Beginn des Wirtschaftsjahrs zu stellen, ab dem die Besteuerung wie eine Kapitalgesellschaft gelten soll; § 31 Absatz 1 a Satz 2 gilt entsprechend. ③ Erfolgt für die Personenhandels- oder Partnerschaftsgesellschaft keine gesonderte und einheitliche Feststellung der Einkünfte, ist der Antrag bei dem für die Einkommensteuer oder Körperschaftsteuer des Gesellschafters zuständigen Finanzamt zu stellen. ④ Erzielt eine Personenhandels- oder Partnerschaftsgesellschaft ausschließlich Einkünfte, die dem Steuerabzug vom Kapitalertrag oder dem Steuerabzug auf Grund des § 50 a des Einkommensteuergesetzes unterliegen und gilt infolgedessen die Einkommensteuer nach § 50 Absatz 2 Satz 1 des Einkommensteuergesetzes oder die Körperschaftsteuer nach § 32 Absatz 1 als abgegolten, ist der Antrag bei dem Bundeszentralamt für Steuern zu stellen. ⑤ Hat die Gesellschaft ihren Sitz im Inland, ist der Antrag abweichend von den Sätzen 3 und 4 bei dem Finanzamt zu stellen, in dessen Bezirk die Gesellschaft ihren Sitz hat. ⑥ Die Sätze 1 bis 5 finden keine Anwendung auf 1

1. Investmentfonds im Sinne des Investmentsteuergesetzes und
2. Gesellschaften, die nach Ausübung der Option in dem Staat, in dem sich ihre Geschäftsleitung befindet, keiner der deutschen unbeschränkten Körperschaftsteuerpflicht vergleichbaren Steuerpflicht unterliegen.

(2) ① Der Übergang zur Körperschaftsbesteuerung gilt als Formwechsel im Sinne des § 1 Absatz 3 Nummer 3 des Umwandlungssteuergesetzes. ② Die §§ 1 und 25 des Umwandlungssteuergesetzes sind entsprechend anzuwenden. ③ Als Einbringungszeitpunkt gilt das Ende des Wirtschaftsjahrs, das dem Wirtschaftsjahr im Sinne des Absatzes 1 Satz 2 unmittelbar vorangeht; § 9 Satz 3 des Umwandlungssteuergesetzes ist nicht anzuwenden. ④ Das im Einbringungszeitpunkt in der Steuerbilanz auszuweisende Eigenkapital wird auf dem steuerlichen Einlagekonto der optierenden Gesellschaft erfasst. ⑤ Die zur Vertretung der Gesellschaft ermächtigten Personen gelten als gesetzliche Vertreter der optierenden Gesellschaft. 2

(3) ① Aufgrund der Option gilt die Beteiligung an einer optierenden Gesellschaft für Zwecke der Besteuerung nach dem Einkommen als Beteiligung eines nicht persönlich haftenden Gesellschafters an einer Kapitalgesellschaft. ② Beim Gesellschafter führen daher insbesondere 3

1. durch das Gesellschaftsverhältnis veranlasste Einnahmen zu Einkünften im Sinne des § 20 Absatz 1 Nummer 1 des Einkommensteuergesetzes,
2. Einnahmen, die er von der Gesellschaft für seine Tätigkeit im Dienst der Gesellschaft bezieht, zu Einkünften im Sinne des § 19 des Einkommensteuergesetzes,
3. Einnahmen aus der Hingabe von Darlehen zu Einkünften im Sinne des § 20 Absatz 1 Nummer 7 oder Absatz 2 Satz 1 Nummer 7 des Einkommensteuergesetzes und
4. Einnahmen aus der Überlassung von Wirtschaftsgütern zu Einkünften im Sinne des § 21 oder § 22 des Einkommensteuergesetzes.

③ Die §§ 13 bis 16, 18 und 35 des Einkommensteuergesetzes sind vorbehaltlich des Satzes 4 nicht anzuwenden. ④ Soweit entsprechende Einnahmen bei einem Gesellschafter einer Kapitalgesellschaft anderen Einkunftsarten zuzurechnen wären, gilt abweichend von Satz 3, dass auch die Einnahmen des Gesellschafters der optierenden Gesellschaft zu diesen Einkünften gehören. ⑤ Gewinnanteile gelten erst dann als ausgeschüttet, wenn sie entnommen werden oder ihre Auszahlung verlangt werden kann. ⑥ § 4 Absatz 3 des Einkommensteuergesetzes ist bei einer optierenden Gesellschaft nicht anzuwenden. ⑦ In den Fällen des Satzes 2 Nummer 2 gelten die optierende Gesellschaft als lohnsteuerlicher Arbeitgeber und der Gesellschafter als Arbeitnehmer.

(4) ① Eine Gesellschaft, die nach Absatz 1 zur Körperschaftsbesteuerung optiert hat, kann beantragen, dass sie nicht mehr wie eine Kapitalgesellschaft und ihre Gesellschafter nicht mehr wie die nicht persönlich haftenden Gesellschafter einer Kapitalgesellschaft behandelt werden (Rückoption). ② Die Rückoption gilt als Formwechsel nach § 1 Absatz 1 Satz 1 Nummer 2 des Umwandlungssteuergesetzes mit der Maß- 4

gabe, dass § 9 Satz 3 des Umwandlungssteuergesetzes keine Anwendung findet. ③ Absatz 1 Satz 2, 3 und 5 gilt mit der Maßgabe entsprechend, dass der Antrag bei dem für die Körperschaftsbesteuerung zuständigen Finanzamt zu stellen ist; in den Fällen des Absatzes 1 Satz 4 ist der Antrag bei dem Bundeszentralamt für Steuern zu stellen. ④ Die Sätze 1 und 2 finden auch ohne Antrag Anwendung, wenn die Voraussetzungen des Absatzes 1 entfallen. ⑤ Scheidet der vorletzte Gesellschafter aus der Gesellschaft aus, gilt die optierende Gesellschaft als unmittelbar danach aufgelöst und, sofern der verbleibende Gesellschafter die persönlichen Voraussetzungen eines übernehmenden Rechtsträgers einer Umwandlung einer Kapitalgesellschaft im Sinne des § 1 Absatz 1 Satz 1 Nummer 1 oder 4 des Umwandlungssteuergesetzes erfüllt, im Fall des § 1 Absatz 1 Satz 1 Nummer 1 des Umwandlungssteuergesetzes als auf den verbleibenden Gesellschafter verschmolzen beziehungsweise gilt im Fall des § 1 Absatz 1 Satz 1 Nummer 4 des Umwandlungssteuergesetzes das Vermögen der optierenden Gesellschaft als auf den verbleibenden Gesellschafter übertragen mit der Maßgabe, dass jeweils § 2 des Umwandlungssteuergesetzes keine Anwendung findet. ⑥ Erfüllt der verbleibende Gesellschafter nicht die persönlichen Voraussetzungen eines übernehmenden Rechtsträgers einer Umwandlung einer Kapitalgesellschaft im Sinne des § 1 Absatz 1 Satz 1 Nummer 1 oder 4 des Umwandlungssteuergesetzes, gilt die optierende Gesellschaft als aufgelöst und ihr Vermögen als an die Gesellschafter ausgeschüttet; § 11 des Körperschaftsteuergesetzes ist entsprechend mit der Maßgabe anzuwenden, dass an die Stelle des zur Verteilung kommenden Vermögens der gemeine Wert des vorhandenen Vermögens tritt. ⑦ Abweichend von Satz 4 gilt die Umwandlung der optierenden Gesellschaft in eine Körperschaft im Sinne des Umwandlungssteuergesetzes als Umwandlung einer Kapitalgesellschaft in eine Körperschaft.

Übersicht

H 1a

H 1 a

10 **Anwendungsschreiben zur Option zur Körperschaftsbesteuerung.** → BMF vom 10. 11. 2021, BStBl. I S. 2212.[1]

Anl zu H 1 a

Schreiben betr. Option zur Körperschaftsbesteuerung (§ 1 a KStG)

Vom 10. November 2021 (BStBl. I S. 2212)

(BMF IV C 2-S 2707/21/10001 :004)

Inhaltsübersicht

[1] Nachstehend abgedruckt als Anl zu H 1 a.

Anl zu H 1 a

Durch das Gesetz zur Modernisierung des Körperschaftsteuerrechts vom 25. 6. 2021 (BGBl. I S. 2050, BStBl. I S. 889) wurde u. a. § 1 a KStG eingeführt, der Personenhandelsgesellschaften und Partnerschaftsgesellschaften die Möglichkeit einräumt, zur Körperschaftsbesteuerung zu optieren. Unter Bezugnahme auf das Ergebnis der Erörterung mit den obersten Finanzbehörden der Länder gilt für die Option zur Körperschaftsbesteuerung (im Folgenden: Option) Folgendes: 11

I. Zeitliche Anwendung

1 Die Option kann erstmals für Wirtschaftsjahre ausgeübt werden, die nach dem 31. Dezember 2021 beginnen (§ 34 Abs. 1 a KStG). 12

II. Persönlicher Anwendungsbereich

2 Antragsberechtigt sind Personenhandelsgesellschaften (offene Handelsgesellschaften und Kommanditgesellschaften im Sinne der §§ 105 und 161 HGB einschließlich der Europäischen wirtschaftlichen Interessenvereinigung, vgl. § 1 EWIVAG) sowie Partnerschaftsgesellschaften im Sinne des Partnerschaftsgesellschaftsgesetzes (PartGG). Dies gilt auch, wenn die antragsberechtigte Gesellschaft nur eine vermögensverwaltende Tätigkeit ausübt (vgl. Rn. 30). Eine GmbH & Co. KG ist auch dann antragsberechtigt, wenn deren Komplementärgesellschaft vermögensmäßig nicht beteiligt ist. Einzelunternehmen, Gesellschaften des bürgerlichen Rechts, Erbengemeinschaften und reine Innengesellschaften (wie die atypisch stille Gesellschaft) fallen dagegen nicht in den Anwendungsbereich des § 1 a KStG. 13

3 Die Option ist auch Gesellschaften ausländischer Rechtsform eröffnet, die den in § 1 a Abs. 1 Satz 1 KStG genannten Gesellschaftsformen vergleichbar sind. Die Vergleichbarkeit mit einer Personenhandelsgesellschaft ist in der Regel gegeben, wenn die ausländische Gesellschaft, die nach dem Rechtstypenvergleich als Personengesellschaft einzustufen ist (vgl. hierzu Rn. 01.27 des BMF-Schreibens vom 11. November 2011, BStBl. I S. 1314 – im Folgenden: UmwStE –), bei Zugrundelegung deutscher Maßstäbe ein Handelsgewerbe im Sinne des § 1 HGB betreibt.

4 Zur Körperschaftsbesteuerung optieren können auch Gesellschaften ohne Sitz und Geschäftsleitung im Inland. Diese unterliegen nach Ausübung der Option der beschränkten Körperschaftsteuerpflicht nach § 2 Nr. 1 KStG, soweit sie inländische Einkünfte im Sinne des § 49 EStG (i. V. m. § 8 Abs. 1 KStG) erzielen. Die Option ist auch möglich, wenn die Gesellschaft keine inländischen Einkünfte erzielt.

5 Nach § 1 a Abs. 1 Satz 6 KStG ist die Option ausgeschlossen für Investmentfonds im Sinne des InvStG sowie für Gesellschaften mit Geschäftsleitung im Ausland, die nach Ausübung der Option (steuerlicher Übertragungsstichtag) in dem Staat, in dem sich ihre Geschäftsleitung befindet, keiner der deutschen unbeschränkten Körperschaftsteuerpflicht vergleichbaren Steuerpflicht unterliegen. Zur steuerlichen Behandlung ausgewählter ausländischer Gesellschaftsformen im Gründungsstaat vgl. u. a. die Anlage des BMF-Schreibens vom 26. September 2014, BStBl. I S. 1258, zur Anwendung der DBA auf Personengesellschaften. Rn. 01.26 und 01.27 UmwStE sind zu beachten. 14

Beispiel:

An der französischen Société en nom collectif (SNC – Personenhandelsgesellschaft nach französischem Recht) sind der in Deutschland ansässige A sowie die in Frankreich ansässigen B und C beteiligt. Sitz und Geschäftsleitung befinden sich in Frankreich. Die SNC hat eine Betriebsstätte in Deutschland.

Lösung:

Die SNC kann zur Körperschaftsbesteuerung nach § 1 a KStG optieren, wenn sie einen entsprechenden Antrag nach französischem Recht auch in Frankreich stellt oder bereits der französischen Körperschaftsteuerpflicht unterliegt (vgl. BMF-Schreiben vom 26. September 2014, a. a. O., Anlage zu Frankreich). Liegen diese Voraussetzungen nicht vor, so ist auch die Ausübung der Option nicht möglich (§ 1 a Abs. 1 Satz 6 Nr. 2 KStG).

6 Das Vorliegen der persönlichen Voraussetzungen für die Option während des gesamten Besteuerungszeitraums ist auf Anforderung für jedes Jahr von der optierenden Gesellschaft nachzuweisen. Wird der Nachweis nicht erbracht, so ist davon auszugehen, dass die persönlichen Voraussetzungen für die Option in dem betreffenden Wirtschaftsjahr nicht vorgelegen haben. Wird der Nachweis bereits für das erste Wirtschaftsjahr nicht erbracht, so ist u. a. anhand der mit dem Antrag nach § 1 a Abs. 1 Satz 1 KStG vorgelegten Unterlagen zu prüfen, ob die Option überhaupt erstmals wirksam ausgeübt wurde. Im Übrigen vgl. Rn. 91 ff. (Beendigung der Option kraft Gesetzes). Für ausländische Gesellschaften gelten hierbei die erhöhten Mitwirkungspflichten nach § 90 Abs. 2 AO. Änderungen der persönlichen Voraussetzungen sind der Finanzbehörde mitzuteilen. 15

Anl zu H 1 a

7 Hat die Gesellschaft keine Körperschaftsteuererklärung abzugeben, weil sie nur einem abgeltenden Steuerabzug unterliegende inländische Einkünfte erzielt, so ist der Nachweis mit dem Stellen eines Antrags auf Entlastung vom Steuerabzug zu erbringen. Wirkt sich die Option auf die Durchführung des Steuerabzugs aus, so sind der Vergütungsschuldner und die zuständige Finanzbehörde unverzüglich über Änderungen der Verhältnisse zu informieren, die sich auf die Voraussetzung für die Option auswirken. Hat die Gesellschaft keine Körperschaftsteuererklärung abzugeben, weil sie keine inländischen Einkünfte erzielt, ist der Nachweis durch die Gesellschaft bei dem für die Besteuerung des Gesellschafters zuständigen Finanzamt zu erbringen.

8 Der Begriff „Gesellschafter" im Sinne des § 1 a KStG erfasst auch Partner einer optierenden Partnerschaftsgesellschaft.

III. Antrag

1. Form des Antrags

16 **9** Der Antrag auf Option ist nach amtlich vorgeschriebenem Datensatz durch Datenfernübertragung zu stellen. Die Übermittlung dieses Datensatzes ist nach Maßgabe des § 87 a Abs. 6 AO und nach § 87 b AO über die amtlich bestimmte Schnittstelle vorzunehmen.

10 Auf Antrag kann zur Vermeidung unbilliger Härten auf die elektronische Übermittlung des Antrags verzichtet werden. In diesem Fall ist der Antrag nach amtlich vorgeschriebenem und von einer zur Vertretung befugten Person eigenhändig unterschriebenem Vordruck zu stellen (§ 1 a Abs. 1 Satz 2 i. V. m. § 31 Abs. 1 a Satz 2 KStG). Besteht die unbillige Härte darin, dass der Antragstellerin die Antragstellung nach amtlich vorgeschriebenem Datensatz durch Datenfernübertragung wirtschaftlich oder persönlich nicht zumutbar ist, hat die Finanzbehörde dem Antrag zu entsprechen (§ 150 Abs. 8 AO).

11 Befindet sich der Ort der Geschäftsleitung im Ausland, so ist zudem anhand geeigneter Unterlagen darzulegen, dass die Gesellschaft im Optionszeitraum im anderen Staat einer der deutschen unbeschränkten Körperschaftsteuerpflicht vergleichbaren Steuerpflicht dem Grunde nach unterliegen wird (z. B. aktueller Körperschaftsteuerbescheid bzw. Bestätigung des ausländischen Staates). Zudem ist eine Ansässigkeitsbescheinigung der zuständigen ausländischen Steuerbehörde vorzulegen.

2. Zustimmung der Gesellschafter

17 **12** Für die Option ist grundsätzlich die Zustimmung aller Gesellschafter erforderlich (§ 1 a Abs. 1 Satz 1 zweiter Halbsatz KStG i. V. m. § 217 Abs. 1 Satz 1 UmwG). Diese muss im Zeitpunkt der Antragstellung vorliegen. Sieht der Gesellschaftsvertrag für einen echten Formwechsel im Sinne des § 25 UmwStG oder für die Option eine Mehrheitsentscheidung der Gesellschafter vor, so ist diese nur anzuerkennen, wenn die Mehrheit mindestens drei Viertel der abgegebenen Stimmen beträgt (§ 1 a Abs. 1 Satz 1 Hs. 2 KStG i. V. m. § 217 Abs. 1 Satz 2 und 3 UmwG). Eine notarielle Beurkundung der Beschlussfassung ist nicht erforderlich. Sieht bei ausländischen Gesellschaften das Gesellschaftsrecht ein höheres Form- oder Zustimmungserfordernis vor, so gilt dieses. Mit dem Antrag auf Option ist nachzuweisen, dass die erforderliche Anzahl der Gesellschafter der Ausübung der Option zugestimmt hat.

3. Adressat des Antrags

18 **13** Der Antrag ist grundsätzlich bei dem Finanzamt zu stellen, das für die gesonderte und einheitliche Feststellung der Einkünfte der Personenhandels- oder Partnerschaftsgesellschaft (§ 180 Abs. 1 Satz 1 Nr. 2 Buchst. a oder Abs. 5 i. V. m. § 179 Abs. 2 Satz 2 AO) örtlich zuständig ist. Diese Zuständigkeit bestimmt sich grundsätzlich nach § 18 AO. Erfolgt keine gesonderte und einheitliche Feststellung der Einkünfte und hat die Gesellschaft ihren Sitz im Inland, so ist der Antrag bei dem Finanzamt zu stellen, in dessen Bezirk sich der Sitz der Gesellschaft befindet (§ 1 a Abs. 1 Satz 5 KStG).

14 Bei Gesellschaften mit Sitz im Ausland, für die bislang keine gesonderte und einheitliche Feststellung der Einkünfte nach § 180 Abs. 1 Satz 1 Nr. 2 Buchst. a oder Abs. 5 AO vorgenommen wird, ist wie folgt zu differenzieren:

a. Unterbleibt eine gesonderte und einheitliche Feststellung nach § 180 Abs. 3 Satz 1 Nr. 1 AO, weil nur eine der an den Einkünften beteiligten Personen mit ihren Einkünften in Deutschland einkommen- oder körperschaftsteuerpflichtig ist, ist der Antrag bei dem für die Einkommen- oder Körperschaftsteuer des Gesellschafters zuständigen Finanzamt zu stellen (§ 1 a Abs. 1 Satz 3 KStG).

b. Erzielt die Gesellschaft ausschließlich Einkünfte, die dem Steuerabzug vom Kapitalertrag oder dem Steuerabzug auf Grund des § 50 a EStG unterliegen, und gilt infolgedessen die Einkommensteuer nach § 50 Abs. 2 Satz 1 EStG oder die Körperschaftsteuer nach § 32 Abs. 1 KStG als abgegolten, ist der Antrag beim Bundeszentralamt für Steuern (BZSt) zu stellen (§ 1 a Abs. 1 Satz 4 KStG).

c. In allen anderen Fällen ist das Finanzamt zuständig, das für die gesonderte und einheitliche Feststellung zuständig ist (§ 1 a Abs. 1 Satz 2 KStG).

15 Maßgeblich sind jeweils die Verhältnisse im Zeitpunkt der Antragstellung. Eine spätere Änderung der Verhältnisse hinsichtlich der sachlichen oder örtlichen Zuständigkeit (insbesondere eine abweichende Zuständigkeit für die künftige Besteuerung der optierenden Gesellschaft nach dem KStG) führt nicht zur Unwirksamkeit des Antrags. Im Falle eines Zuständigkeitswechsels ist der Antrag von der nach § 1 a Abs. 1 Satz 2 bis 5 KStG zuständigen Finanzbehörde an die neu zuständig gewordene Finanzbehörde zur Entscheidung abzugeben, es sei denn, es soll insoweit zulässigerweise nach § 26 Satz 2 AO verfahren werden.

4. Antragsfrist

19 **16** Der Antrag muss (auch bei neu gegründeten Gesellschaften oder übernehmenden Rechtsträgern einer Umwandlung) spätestens einen Monat vor Beginn des Wirtschaftsjahres, ab dem die Option

Anl zu H 1 a

gelten soll, bei der jeweils zuständigen Finanzbehörde eingegangen sein. Im Fall eines kalenderjahrgleichen Wirtschaftsjahres ist der Antrag somit spätestens am 30. November des vorangehenden Jahres zu stellen, sofern sich nicht aus § 108 Abs. 3 AO etwas anderes ergibt.

17 Die Umstellung des Wirtschaftsjahres auf einen vom Kalenderjahr abweichenden Zeitraum im Zusammenhang mit dem Optionsantrag ist bei nach Ausübung der Option unbeschränkt oder beschränkt steuerpflichtigen Gesellschaften nach § 4 a Abs. 1 Satz 2 Nr. 2 EStG nur im Einvernehmen mit der nach Rn. 13 ff. zuständigen Finanzbehörde wirksam.

18 Da der Antrag von der Personenhandels- oder Partnerschaftsgesellschaft zu stellen ist (§ 1 a Abs. 1 Satz 2 KStG), kann er nicht vor Gründung der Gesellschaft gestellt werden. Eine Option für das erste (Rumpf-)Wirtschaftsjahr ist damit ausgeschlossen. Eine Partnerschaftsgesellschaft muss zum Zeitpunkt der Antragstellung bereits in das Partnerschaftsregister eingetragen sein (§ 7 Abs. 1 PartGG), eine Personenhandelsgesellschaft muss zum Zeitpunkt der Antragstellung entweder in das Handelsregister eingetragen sein (§ 105 Abs. 2 HGB) oder ein Handelsgewerbe im Sinne des § 1 Abs. 2 HGB betreiben. Dies gilt auch für den Fall der Verschmelzung oder Spaltung auf eine neu gegründete Personengesellschaft sowie für den Formwechsel einer Kapitalgesellschaft in eine Personengesellschaft.

19 Ein verspäteter Antrag ist unwirksam und gilt nicht automatisch als Antrag für das nächste Wirtschaftsjahr. Vielmehr ist für eine wirksame Ausübung der Option für ein Wirtschaftsjahr, dessen Beginn von dem im unwirksamen Antrag bezeichneten Datum abweicht, ein neuer Antrag zu stellen.

5. Entscheidung über den Antrag

20 Die nach § 1 a Abs. 1 Satz 2 bis 5 KStG (ggf. i. V. m. § 26 Satz 2 AO) zuständige Finanzbehörde prüft summarisch, ob die gesetzlichen Voraussetzungen für den Antrag vorliegen. Im Falle eines Zuständigkeitswechsels (vgl. Rn. 15) ist der Antrag abweichend von S. 1 dieser Rn. von der neu zuständigen Finanzbehörde zu prüfen, es sei denn, es soll insoweit zulässigerweise nach § 26 Satz 2 AO verfahren werden. 20

21 Eine gesonderte Mitteilung, dass die Finanzbehörde von einem wirksamen Antrag ausgeht, erfolgt grundsätzlich nicht. Die Mitteilung über die Erteilung einer Körperschaftsteuernummer durch das nach § 20 AO für die Körperschaftsbesteuerung der optierenden Gesellschaft zuständige Finanzamt beinhaltet jedoch konkludent die Information, dass das Finanzamt von einem wirksamen Antrag ausgeht. Diese Mitteilung ist kein (anfechtbarer) Verwaltungsakt. Stellt sich nachträglich heraus, dass die Voraussetzungen für einen Antrag nach § 1 a Abs. 1 KStG nicht vorgelegen haben, sind Verwaltungsakte (z. B. Steuerbescheide), die von der Wirksamkeit des Antrags ausgehen, rechtswidrig und im Rahmen der verfahrensrechtlichen Möglichkeiten aufzuheben oder zu ändern.

22 Die ablehnende Entscheidung über den Antrag ist ein Verwaltungsakt. Dieser ist schriftlich oder elektronisch zu erlassen und mit einer Rechtsbehelfsbelehrung zu versehen. Die Bekanntgabe richtet sich nach den §§ 122 und 122 a AO sowie nach den Regelungen im AEAO zu den §§ 122 und 122 a AO.

6. Unwiderruflichkeit des Antrags

23 Der Antrag auf Option ist unwiderruflich (§ 1 a Abs. 1 Satz 1 KStG). Eines erneuten Antrags für die folgenden Wirtschaftsjahre bedarf es nicht, wenn die Voraussetzungen für die Option ununterbrochen vorliegen. Zur Beendigung der Option vgl. Rn. 90 ff. 21

IV. Übergang zur Körperschaftsbesteuerung

24 Nach § 1 a Abs. 2 Satz 1 KStG gilt der Übergang zur Körperschaftsbesteuerung als Formwechsel im Sinne des § 1 Abs. 3 Nr. 3 UmwStG. Damit wird als Folge der Option ertragsteuerlich ein Anschaffungs- und Veräußerungsvorgang fingiert (Rn. 00.02 UmwStE). Da § 4 Abs. 3 EStG bei einer optierenden Gesellschaft nach § 1 a Abs. 3 Satz 6 KStG nicht anwendbar ist, ist von Einnahmenüberschussrechnern im Rahmen des Übergangs zur Körperschaftsbesteuerung zwingend zum steuerlichen Übertragungsstichtag zur Gewinnermittlung durch Betriebsvermögensvergleich zu wechseln. Ein in diesen Fällen entstehender Übergangsgewinn ist als laufender Gewinn des Wirtschaftsjahres, das dem Wirtschaftsjahr der erstmaligen Ausübung der Option vorangeht, zu versteuern. 22

25 Die nach Rn. 25.01 UmwStE für den Formwechsel einer Personengesellschaft in eine Kapitalgesellschaft entsprechend anzuwendenden Rn. 20.01 bis 23.21 UmwStE sind – mit Ausnahme der Ausführungen zur steuerlichen Rückwirkung – auch auf den fiktiven Formwechsel nach § 1 a Abs. 2 Satz 1 KStG entsprechend anzuwenden.

1. Persönlicher Anwendungsbereich des UmwStG

26 Die §§ 1 und 25 UmwStG sind entsprechend anzuwenden (§ 1 a Abs. 2 Satz 2 KStG). Infolgedessen ist der Anwendungsbereich des Sechsten bis Achten Teils des UmwStG (§§ 20 ff. UmwStG) nur insoweit eröffnet, als zum einen die optierende Gesellschaft die Voraussetzungen des § 1 Abs. 4 Satz 1 Nr. 1 UmwStG und zum anderen die an der optierenden Gesellschaft beteiligten Gesellschafter die Voraussetzungen des § 1 Abs. 4 Satz 1 Nr. 2 Buchst. a UmwStG spätestens am steuerlichen Übertragungsstichtag erfüllen (Rn. 01.52 UmwStE) oder das Recht der Bundesrepublik Deutschland hinsichtlich der Besteuerung des Gewinns aus der Veräußerung der Anteile an der optierenden Gesellschaft nicht ausgeschlossen oder beschränkt ist (§ 1 Abs. 4 Satz 1 Nr. 2 Buchst. b UmwStG). Sind diese Voraussetzungen bei einzelnen Gesellschaftern nicht erfüllt, so sind die stillen Reserven im Betriebsvermögen der optierenden Personengesellschaft insoweit zwingend durch Ansatz des gemeinen Wertes aufzudecken (vgl. hierzu auch Rn. 29 ff.). 23

Anl zu H 1 a

27 Die Feststellungslast dafür, dass die Voraussetzungen für den fiktiven Formwechsel nach § 1 a Abs. 2 Satz 1 KStG vorliegen, trägt die antragstellende Gesellschaft.

2. Einbringungsgegenstand und Bewertungswahlrecht

24 28 Einbringungsgegenstand sind entsprechend dem echten Formwechsel die Anteile der jeweiligen Gesellschafter an der optierenden Gesellschaft.

29 Die entsprechende Anwendung des § 20 UmwStG und auch das hierin enthaltene Bewertungswahlrecht nach § 20 Abs. 2 UmwStG setzen die Einbringung von Anteilen an einer Mitunternehmerschaft voraus. Dazu gehören neben den Anteilen an einer Mitunternehmerschaft im Sinne des § 15 Abs. 1 Satz 1 Nr. 2 EStG auch die Beteiligung an einer Gesellschaft, die Einkünfte im Sinne der §§ 13 und 18 EStG erzielt, sowie an einer gewerblich geprägten oder infizierten Gesellschaft im Sinne des § 15 Abs. 3 EStG.

30 Handelt es sich bei der optierenden Gesellschaft nicht um eine Mitunternehmerschaft (sondern z. B. um eine vermögensverwaltende Personenhandelsgesellschaft), so kommt § 20 UmwStG nicht zur Anwendung mit der Folge, dass der Ansatz eines Buch- oder Zwischenwertes ausgeschlossen ist (vgl. Rn. 40); im Fall einer Beteiligung an einer Kapitalgesellschaft oder Genossenschaft ist § 21 Abs. 1 Satz 2 UmwStG zu prüfen.

31 Der Ansatz des Buch- oder Zwischenwerts für die Anteile an der optierenden Gesellschaft setzt – neben dem Optionsantrag – einen Antrag innerhalb der Ausschlussfrist des § 20 Abs. 2 Satz 3 UmwStG bei dem nach § 20 AO zuständigen Finanzamt voraus.

25 32 Das Bewertungswahlrecht nach § 20 Abs. 2 Satz 2 UmwStG kann für jeden Mitunternehmeranteil gesondert ausgeübt werden. Rn. 20.21 und 20.22 UmwStE gelten entsprechend. Gehören zum Sonderbetriebsvermögen eines Gesellschafters funktional wesentliche Betriebsgrundlagen, die nicht bis zum fiktiven Einbringungszeitpunkt (vgl. Rn. 41) auf die Mitunternehmerschaft übertragen wurden, so ist hinsichtlich seines Mitunternehmeranteils der Ansatz zum Buch- oder Zwischenwert ausgeschlossen (Rn. 20.10 i. V. m. 20.06 UmwStE). In diesen Fällen kommt es grundsätzlich zur Aufgabe des jeweiligen Mitunternehmeranteils (§ 16 Abs. 3 i. V. m. Abs. 1 Satz 1 Nr. 2, § 34 EStG) mit der Folge der vollständigen Aufdeckung der stillen Reserven (vgl. aber Rn. 34 und 35). Der Ansatz des Buch- oder Zwischenwerts ist auch dann ausgeschlossen, wenn die Beteiligung eines Mitunternehmers an einer Komplementärgesellschaft einer optierenden Kommanditgesellschaft nicht eingebracht wird, sofern die Beteiligung eine funktional wesentliche Betriebsgrundlage darstellt. In den Fällen, in denen funktional wesentliche Betriebsgrundlagen im Rahmen des fiktiven Formwechsels im Sinne des § 25 UmwStG nicht mit übertragen werden, ist in Bezug auf Beteiligungen an Kapitalgesellschaften oder Genossenschaften im Betriebsvermögen der optierenden Gesellschaft § 21 UmwStG zu prüfen.

33 Werden Wirtschaftsgüter, die keine funktional wesentliche Betriebsgrundlage sind, zurückbehalten oder in zeitlichem und wirtschaftlichem Zusammenhang mit der Option veräußert, entnommen oder in ein anderes Betriebsvermögen übertragen, so schließt dies den Ansatz des eingebrachten Vermögens zum Buch- oder Zwischenwert nicht aus.

26 34 Werden die einem Sonderbetriebsvermögen zugehörigen funktional wesentlichen Betriebsgrundlagen gesondert auf die optierende Personengesellschaft in zeitlichem und wirtschaftlichem Zusammenhang mit der Ausübung der Option übertragen, so liegt ein einheitlicher Vorgang vor, der insgesamt unter § 20 UmwStG fallen kann. Ein Anwendungsfall des § 6 Abs. 5 Satz 3 EStG wird dadurch nicht begründet.

35 Bei einer Übertragung oder Überführung von funktional wesentlichen Betriebsgrundlagen in ein anderes Betriebsvermögen in zeitlichem und wirtschaftlichem Zusammenhang mit der Option ist zu prüfen, ob infolge der Gesamtplanrechtsprechung die Voraussetzungen für die Anwendung des § 20 UmwStG nicht vorliegen (Rn. 20.07 UmwStE). Die Grundsätze zu Rn. 10 des BMF-Schreibens v. 20. November 2019 (BStBl. I S. 1291) sind nicht anzuwenden.

36 Zurückbehaltene Wirtschaftsgüter gelten als entnommen, sofern sie nicht zum Beginn des Wirtschaftsjahres der Option zu einem anderweitigen Betriebsvermögen gehören (Rn. 20.08 UmwStE). Wird durch die Option eine Betriebsaufspaltung aufgrund der Zurückbehaltung von Wirtschaftsgütern des Sonderbetriebsvermögens begründet, so sind nach Maßgabe des § 6 Abs. 5 Satz 2 EStG insoweit die Buchwerte fortzuführen. Im Übrigen gilt Rn. 32 Satz 3.

27 37 Bei ausländischen Gesellschaften erfolgt die Bewertung und der Ansatz der Wirtschaftsgüter in der steuerlichen Schlussbilanz im Sinne des § 20 UmwStG unter Zugrundelegung der Vorschriften des deutschen Steuerrechts (zum Buchwert vgl. § 1 Abs. 5 Nr. 4 UmwStG).

38 Gemäß § 20 Abs. 2 Satz 2 Nr. 3 UmwStG ist ein Ansatz zum Buch- oder Zwischenwert auch ausgeschlossen, soweit das Recht der Bundesrepublik Deutschland hinsichtlich der Besteuerung des Gewinns aus der Veräußerung des eingebrachten Betriebsvermögens bei der optierenden Gesellschaft ausgeschlossen oder beschränkt wird.

39 Die Buchwerte der durch die Option eingebrachten Wirtschaftsgüter des Gesamthandsvermögens sind unter Berücksichtigung von Ergänzungsbilanzen zu bestimmen.

28 40 Auf Ebene der Gesellschafter gelten auch hinsichtlich der Rechtsfolgen des fiktiven Formwechsels die für den echten Formwechsel einer Personengesellschaft in eine Kapitalgesellschaft maßgeblichen Regelungen entsprechend (insbesondere Besteuerung eines Veräußerungsgewinns und Bemessung der Anschaffungskosten der Anteile an der optierenden Gesellschaft – vgl. § 20 Abs. 3 und § 21 Abs. 2 UmwStG).

Beispiel:

An der optierenden AB-OHG, die neben anderen Wirtschaftsgütern auch Beteiligungen an mehreren Kapitalgesellschaften hält, sind A und B als Mitunternehmer beteiligt.

Lösung:

Der Wert, mit dem die optierende Gesellschaft ihr Betriebsvermögen ansetzt, gilt für die Gesellschafter als Veräußerungspreis und als Anschaffungskosten der Gesellschaftsanteile (§ 20 Abs. 3 bzw. § 21 Abs. 2 UmwStG).

Abwandlung:

An der optierenden, vermögensverwaltenden Zebragesellschaft CD-KG, Inhaberin diverser festverzinslicher Schuldverschreibungen, sind die natürlichen Personen C als Komplementär (Beteiligung im Betriebsvermögen) und D als Kommanditist (Beteiligung im Privatvermögen) beteiligt.

Lösung:

Auf die CD-KG finden die §§ 20 ff. UmwStG keine Anwendung (vgl. Rn. 30). Bei C findet § 6 Abs. 6 Satz 1 EStG Anwendung. Bei D findet § 20 Abs. 2 Satz 1 Nr. 7 EStG sowie im Fall der späteren Veräußerung der Anteile an der optierenden Gesellschaft abhängig von der Beteiligungshöhe § 17 Abs. 2 a oder § 20 Abs. 2 Satz 1 Nr. 1 i. V. m. Abs. 4 EStG Anwendung.

3. Einbringungszeitpunkt und Feststellung des steuerlichen Einlagekontos

41 Als Einbringungszeitpunkt gilt das Ende des Wirtschaftsjahres, das dem Wirtschaftsjahr der erstmaligen Ausübung der Option unmittelbar vorangeht (§ 1 a Abs. 2 Satz 3 KStG). Infolgedessen ist für die optierende Gesellschaft (wie für den übernehmenden Rechtsträger im Rahmen eines echten Formwechsels) bereits für die letzte juristische Sekunde des Vorjahres neben einer Eröffnungsbilanz auch eine steuerliche Schlussbilanz unter Zugrundelegung der ggf. aufgestockten Werte (vgl. Rn. 29 ff.) aufzustellen und eine Körperschaftsteuererklärung sowie ggf. eine Gewerbesteuererklärung abzugeben. Von inländischen Gesellschaften ist ferner eine Erklärung zur gesonderten Feststellung des steuerlichen Einlagekontos abzugeben. **29**

42 Da die Gesellschaft zivilrechtlich als Personenhandels- oder Partnerschaftsgesellschaft fortbesteht, verfügt sie anders als eine Kapitalgesellschaft nicht über Nennkapital im Sinne des § 27 Abs. 1 Satz 1 KStG. Nach § 1 a Abs. 2 Satz 4 KStG wird daher das in der steuerlichen Schlussbilanz auszuweisende Eigenkapital (einschließlich des Eigenkapitals in Ergänzungsbilanzen) insgesamt auf dem steuerlichen Einlagekonto erfasst. Der Umfang des maßgeblichen Eigenkapitals bestimmt sich nach Tz. I. 2. des BMF-Schreibens vom 11. Juli 2011 (BStBl. I S. 713) i. V. m. dem BMF-Schreiben vom 30. Mai 1997 (BStBl. I S. 627) und dem BMF-Schreiben vom 26. Juli 2016 (BStBl. I S. 684).

4. Keine steuerliche Rückbeziehung

43 Eine steuerliche Rückbeziehung des Einbringungszeitpunkts ist ausgeschlossen (§ 1 a Abs. 2 Satz 3 Hs. 2 KStG). **30**

5. Ergänzungs- und Sonderbilanzen

44 Ergänzungs- und Sonderbilanzen sind infolge der Option nicht fortzuführen. Zur Berücksichtigung von Ergänzungsbilanzen bei der Bewertung der eingebrachten Mitunternehmeranteile vgl. Rn. 39 und zu den Auswirkungen auf das steuerliche Einlagekonto vgl. Rn. 42. **31**

6. Sperrfristen

45 Auch ein fiktiver Formwechsel nach § 1 a Abs. 2 KStG kann dazu führen, dass Sperrfristverletzungen ausgelöst werden (vgl. z. B. Rn. 29 des BMF-Schreibens vom 20. November 2019, BStBl. I S. 1291, zu § 6 Abs. 3 Satz 2 EStG und Rn. 33, 34 des BMF-Schreibens vom 8. Dezember 2011, BStBl. I S. 1279, zu § 6 Abs. 5 Satz 4 und 6 EStG sowie § 16 Abs. 3 Satz 3 EStG, § 15 Abs. 2 Satz 4, § 18 Abs. 3 Satz 2, § 22 Abs. 1 Satz 6 Nr. 2 und § 24 Abs. 5 UmwStG). **32**

Beispiel:

A und sein Sohn B sind zu je 50 % an der originär gewerblich tätigen AB-KG beteiligt. A hat in 2018 ein Grundstück (stille Reserven 200 000 €), das bisher zu seinem Sonderbetriebsvermögen gehörte, nach § 6 Abs. 5 Satz 3 Nr. 2 EStG in das Gesamthandsvermögen der KG übertragen. A und B beschließen im Jahr 2022 von der Option Gebrauch zu machen.

Lösung:

Die AB-KG erfüllt die Tatbestandsmerkmale für die Wahlrechtsausübung. Der Übergang zur Körperschaftsbesteuerung gilt als Formwechsel im Sinne des § 1 Abs. 3 Nr. 3 UmwStG. Unter den Voraussetzungen des § 20 Abs. 2 Satz 2 UmwStG ist auf Antrag der Ansatz zu Buchwerten möglich. Allerdings stellt die Option eine Sperrfristverletzung nach § 6 Abs. 5 Satz 6 EStG dar, da innerhalb von sieben Jahren der Anteil einer Körperschaft an dem Grundstück begründet wird. Im Jahr 2018 ist damit rückwirkend der Teilwert des Grundstücks anzusetzen (Versteuerung der stillen Reserven von 200 000 €).

46 Sämtliche Anteile an der optierenden Gesellschaft werden infolge der Option sperrfristverhaftet und unterliegen der Nachweispflicht nach § 22 Abs. 3 UmwStG, sofern der fiktive Formwechsel zu Buch- oder Zwischenwerten erfolgt.

7. Verluste

47 Ein vortragsfähiger Gewerbeverlust (Fehlbetrag nach § 10 a GewStG) der optierenden Personengesellschaft geht infolge der Option unter und lebt auch im Fall der Beendigung der Option nicht wieder auf. Dies gilt auch für den Zinsvortrag und einen EBITDA-Vortrag (§ 20 Abs. 9 UmwStG) sowie für Verluste nach § 15 a und § 15 b EStG. **33**

Anl zu H 1 a

8. Nachversteuerungspflichtige Beträge nach § 34 a Abs. 3 EStG

34 **48** Nachversteuerungspflichtige Beträge im Sinne des § 34 a Abs. 3 EStG unterliegen infolge der Ausübung der Option der Nachversteuerung nach § 34 a Abs. 6 Satz 1 Nr. 2 EStG. Unter den Voraussetzungen des § 34 a Abs. 6 Satz 2 EStG kann die nach § 34 a Abs. 4 EStG geschuldete Einkommensteuer in regelmäßigen Teilbeträgen für einen Zeitraum von höchstens zehn Jahren zinslos gestundet werden.

V. Zeitraum der Körperschaftsbesteuerung

1. Besteuerung der optierenden Gesellschaft

a) Ertragsteuerliche Behandlung wie eine Kapitalgesellschaft

35 **49** Da die optierende Gesellschaft ihr Rechtsstatut zivilrechtlich und somit gesellschaftsrechtlich nicht ändert, gelten für sie die gesellschafts- und handelsrechtlichen Vorgaben auch nach Ausübung der Option fort.

50 Ertragsteuerlich wird die optierende Gesellschaft jedoch wie eine Kapitalgesellschaft behandelt (§ 1 a Abs. 1 Satz 1 KStG, § 2 Abs. 8 GewStG). Daher finden grundsätzlich alle Regelungen insbesondere des KStG, EStG, GewStG, SolZG, AStG und des UmwStG, die für alle Kapitalgesellschaften unabhängig von ihrer spezifischen Rechtsform gelten, auch auf die optierende Gesellschaft Anwendung. Die örtliche Zuständigkeit für die Körperschaftsbesteuerung der optierenden Gesellschaft bestimmt sich grundsätzlich nach § 20 AO.

51 Auf die optierende Gesellschaft anwendbar sind auch Regelungen, die nicht ausdrücklich nur für Kapitalgesellschaften, sondern z. B. für juristische Personen, Körperschaften oder Personenvereinigungen gelten, sofern davon jeweils auch allgemein Kapitalgesellschaften erfasst werden. Nicht auf die optierende Gesellschaft anwendbar sind dagegen diejenigen Regelungen, die einen spezifischen Rechtsformbezug enthalten und nicht für alle Kapitalgesellschaften gleichermaßen gelten, wie z. B. § 9 Nr. 1 KStG (KGaA) oder § 10 Abs. 1 a Nr. 2 Buchst. c EStG (GmbH).

36 **52** Die optierende Gesellschaft ist keine Gesellschaft im Sinne der Anlage 2 Nr. 3 (zu § 43 b EStG) oder der Anlage 3 Nr. 1 (zu § 50 g EStG) zum EStG. Infolge der Wahlmöglichkeit findet auch § 8 b Abs. 9 KStG auf Bezüge einer optierenden Gesellschaft bzw. aus der Beteiligung an einer solchen keine Anwendung (vgl. Art. 2 Buchst. a (iii) der Mutter-Tochter-Richtlinie).

53 Die Einkommensermittlung der optierenden Gesellschaft ergibt sich aus R 7.1 Abs. 1 S. 2 KStR 2015. Eine Überleitungsrechnung der Handelsbilanz nach § 60 Abs. 2 EStDV ist nicht möglich (vgl. Rn. 101). Die optierende Gesellschaft hat keine außerbetriebliche Sphäre. § 4 Abs. 4 a EStG findet bei der optierenden Gesellschaft keine Anwendung. Auf einen Gesellschafterwechsel nach Ausübung der Option finden die §§ 8 c, 8 d KStG und § 10 a GewStG Anwendung.

54 Die optierende Gesellschaft ist für Zwecke der Anwendung eines DBA „ein Rechtsträger, der für die Besteuerung wie eine juristische Person behandelt wird" und erfüllt damit die abkommensrechtlichen Voraussetzungen einer „Gesellschaft" entsprechend Art. 3 Abs. 1 Buchst. b des OECD-Musterabkommens (OECD-MA) 2017. Weiterhin ist die optierende Gesellschaft, die ihren Ort der Geschäftsleitung im Inland hat, in Deutschland unbeschränkt steuerpflichtig, so dass sie entsprechend Art. 4 Abs. 1 OECD-MA 2017 in Deutschland ansässig und damit auch abkommensberechtigt ist.

Um in einem anderen Vertragsstaat ansässig zu sein, müssen dort die abkommensrechtlichen Voraussetzungen entsprechend Art. 4 Abs. 1 OECD-MA 2017 (grundsätzlich unbeschränkte Steuerpflicht) und – bei Doppelansässigkeit – entsprechend Abs. 3 OECD-MA 2014 bzw. 2017 erfüllt sein.

b) Ertragsteuerliche Organschaft

37 **55** Eine optierende Gesellschaft kann unabhängig von der Art ihrer Tätigkeit Organträgerin im Sinne von § 14 Abs. 1 Satz 1 Nr. 2 S. 1 KStG sein (vgl. Rn. 4 des BMF-Schreibens vom 26. August 2003, BStBl. I S. 437). Eine bereits bestehende Organschaft wird fortgeführt. Die Ausübung der Option führt nicht zu einem Neubeginn der fünfjährigen Mindestlaufzeit im Sinne des § 14 Abs. 1 Satz 1 Nr. 3 S. 1 KStG. Eine bislang bestehende finanzielle Eingliederung besteht insofern fort. Der fiktive Formwechsel ist kein wichtiger Grund für die Beendigung des Gewinnabführungsvertrages.

56 Die Anerkennung der optierenden Gesellschaft als Organgesellschaft scheidet dagegen aus. Insbesondere müssen die Regelungen des Gewinnabführungsvertrages in eintragungspflichtiger Form vereinbart werden und organisationsrechtlichen Charakter haben.

Nach deutschem Gesellschaftsrecht besteht weder eine Eintragungspflicht für Unternehmensverträge mit Personenhandels- oder Partnerschaftsgesellschaften noch führen sie dazu, dass das Gesellschaftsstatut unternehmensvertraglich überlagert wird (vgl. OLG München, Beschluss vom 8. Februar 2011 – 31 Wx 2/11 –, ZIP 2011 S. 526). Eine Eintragungspflicht ins Handelsregister für diese Gesellschaften kann weder auf eine ausdrückliche gesetzliche Bestimmung gestützt noch aus einer entsprechenden Anwendung der für eine Satzungsänderung geltenden Vorschriften hergeleitet werden. Zudem gehören Gesellschaftsverträge bzw. entsprechende Vertragsänderungen nicht zu den eintragungspflichtigen Tatsachen im Sinne von §§ 106, 162 HGB oder § 4 PartGG.

c) Sonderregelungen bei der Forschungszulage und der Grunderwerbsteuer

38 **57** Für Zwecke der Forschungszulage sind optierende Gesellschaften als Steuerpflichtige im Sinne des KStG anspruchsberechtigt (§ 1 Abs. 2 Satz 2 FZulG).

58 Zu grunderwerbsteuerlichen Sonderregelungen vgl. § 5 Abs. 1 Satz 2, Abs. 2 Satz 2 und Abs. 3 Satz 3 sowie § 6 Abs. 3 Satz 4 GrEStG. Die Grunderwerbsteuerstelle, in deren Zuständigkeitsbereich sich die Geschäftsleitung der nach § 1 a KStG optierenden Gesellschaft befindet, ist von dem für die optierende Gesellschaft zuständigen Veranlagungsbezirk über die Ausübung und den Zeitpunkt der Wirksamkeit der Option nach § 1 a KStG zu unterrichten, wenn sich im Vermögen der Gesellschaft ein inländisches Grundstück befindet.

d) Investmentbesteuerung

59 Investmentfonds können nicht selbst zur Körperschaftsbesteuerung optieren (§ 1 a Abs. 1 Satz 6 Nr. 1 KStG) und optierende Gesellschaften können kein Investmentfonds sein (§ 1 Abs. 3 Satz 3 InvStG). Wenn eine optierende Gesellschaft in einen Investmentfonds oder einen Spezial-Investmentfonds investiert, sind die investmentsteuerrechtlichen Regelungen für Anleger nach § 2 Abs. 10 InvStG anzuwenden. Für Investmenterträge, die eine optierende Gesellschaft aus einem Investmentfonds erzielt, ist nach § 20 Abs. 3 a Satz 2 InvStG derjenige Teilfreistellungssatz anzuwenden, der für Anleger gilt, die dem KStG unterliegen (insbesondere § 20 Abs. 1 Satz 3 InvStG). Investiert ein Investmentfonds in eine optierende Gesellschaft, so stellt diese Beteiligung nach § 2 Abs. 8 Satz 5 Nr. 1 InvStG keine Kapitalbeteiligung dar. Bei Spezial-Investmentfonds gilt nach § 2 Abs. 16 InvStG die Beteiligung an einer optierenden Gesellschaft für die Zwecke der §§ 26, 28 und 48 InvStG nicht als Beteiligung an einer Kapitalgesellschaft. 39

e) Gewinnermittlung

60 Die Einnahmenüberschussrechnung (§ 4 Abs. 3 EStG) als Gewinnermittlungsart ist für die optierende Gesellschaft nicht zulässig (§ 1 a Abs. 3 Satz 6 KStG). Besteht für die zivilrechtlich fortbestehende Personengesellschaft eine Buchführungspflicht nach dem HGB oder einer ausländischen Rechtsnorm, so gilt diese auch für die optierende Gesellschaft. Besteht eine solche Buchführungspflicht nicht, so ist der Gewinn der optierenden Gesellschaft nach § 4 Abs. 1 EStG zu ermitteln. In beiden Fällen hat die optierende Gesellschaft für steuerliche Zwecke eine Gewinnermittlung unter Beachtung der für Kapitalgesellschaften geltenden Vorschriften zu erstellen (vgl. Rn. 53 und zur E-Bilanz Rn. 101). 40

2. Beteiligung an der optierenden Gesellschaft

61 Die Beteiligung an einer optierenden Gesellschaft gilt für Zwecke der Besteuerung nach dem Einkommen – und nach § 2 Abs. 8 GewStG auch für Zwecke der Gewerbesteuer – als Beteiligung eines nicht persönlich haftenden Gesellschafters an einer Kapitalgesellschaft (§ 1 a Abs. 3 Satz 1 KStG). Die Beteiligung an einer optierenden Gesellschaft ist ein eigenständiges Wirtschaftsgut. Ist für die Besteuerung die Beteiligungshöhe an der optierenden Gesellschaft maßgeblich (z. B. in §§ 8 b und 8 c KStG sowie § 9 Nr. 2 a und Nr. 7 GewStG), so ist diese nach den festen Kapitalkonten (sogenannte Kapitalkonten I) zu ermitteln, sofern der Gesellschaftsvertrag entsprechende Regelungen umfasst und diese über die maßgebenden Vermögensrechte entscheiden (insbesondere das Gewinnbezugsrecht, aber auch Entnahme- und Auseinandersetzungsrechte). Anderenfalls ist das Verhältnis der Kapitalanteile im Sinne des Handelsrechts maßgeblich. 41

62 Die Veräußerung eines Anteils oder eines Teils eines Anteils an einer optierenden Gesellschaft oder dessen verdeckte Einlage in eine Kapitalgesellschaft führt je nach Beteiligungshöhe und Zeitpunkt des Erwerbs der Beteiligung zu Einkünften nach § 20 Abs. 2 Satz 1 Nr. 1 oder § 17 Abs. 1 EStG (ggf. i. V. m. § 17 Abs. 6 EStG) i. V. m. § 3 Nr. 40 Satz 1 Buchst. c EStG. Werden die Anteile im Betriebsvermögen einer natürlichen Person gehalten, so finden § 3 Nr. 40 Satz 1 Buchst. a und § 3 c Abs. 2 EStG Anwendung. Als Veräußerung gelten auch die gesetzlich einer Veräußerung gleichgestellten Vorgänge wie insbesondere solche im Sinne des § 17 Abs. 1 Satz 2 und Abs. 4, § 20 Abs. 2 Satz 2 EStG oder § 6 AStG.

63 Gewinne aus der Veräußerung von Anteilen an einer optierenden Gesellschaft im Sinne des § 17 oder § 20 Abs. 2 EStG unterliegen ungeachtet der Bestimmungen eines DBA der inländischen Besteuerung, wenn sie im anderen Staat aufgrund einer vom deutschen Recht abweichenden steuerlichen Behandlung der optierenden Gesellschaft nicht der Besteuerung unterliegen (§ 50 d Abs. 14 Satz 2 EStG). Dies gilt auch, wenn die Anteile an der optierenden Gesellschaft in einem Betriebsvermögen gehalten werden und bzw. oder es sich um einen einer Veräußerung gleichgestellten Vorgang handelt. 42

64 Der veräußernde Gesellschafter hat nach § 90 Abs. 2 AO nachzuweisen, dass die optierende Gesellschaft im anderen Staat entsprechend dem deutschen Recht behandelt wurde und die Gewinne aus der Veräußerung von Anteilen dort besteuert wurden.

65 Im Fall der Veräußerung der Beteiligung an der optierenden Gesellschaft oder eines der Veräußerung gleichgestellten Vorgangs innerhalb von sieben Jahren nach dem Einbringungszeitpunkt findet § 22 UmwStG Anwendung, soweit der fiktive Formwechsel zu Buch- oder Zwischenwerten erfolgt ist (vgl. zur Sperrfristverhaftung durch die Optionsausübung Rn. 46 und zur möglichen Verletzung anderer, älterer Sperrfristen auch nach dem UmwStG durch das Wirksamwerden der Option vgl. Rn. 45).

66 Bei Aufnahme eines neuen Gesellschafters gegen Einlage oder bei Erhöhung eines Anteils eines Gesellschafters findet die Mitverstrickungsregelung nach § 22 Abs. 7 UmwStG sinngemäß Anwendung, soweit stille Reserven auf andere Anteile verlagert werden. Weil die optierende Gesellschaft nicht über Nennkapital verfügt, führt die Einlage zu einer Erhöhung des steuerlichen Einlagekontos (vgl. Rn. 41 f.).

3. Rechtsverhältnisse zwischen der optierenden Gesellschaft und ihren Gesellschaftern

67 Für die ertragsteuerliche Beurteilung von Leistungsbeziehungen zwischen der optierenden Gesellschaft und ihren Gesellschaftern sind die für Kapitalgesellschaften geltenden Grundsätze maßgeblich. 43

68 Auch vermögensmäßig nicht beteiligte Gesellschafter gelten als Anteilseigner der optierenden Gesellschaft.

Anl zu H 1 a

a) Durch das Gesellschaftsverhältnis veranlasste Vermögensminderungen und Vermögensmehrungen

aa) Optierende Gesellschaft

44 **69** Durch das Gesellschaftsverhältnis veranlasste Vermögensminderungen oder verhinderte Vermögensmehrungen mindern das Einkommen der optierenden Gesellschaft nicht. Die Grundsätze der verdeckten Gewinnausschüttung und der verdeckten Einlage (§ 8 Abs. 3 Satz 2 und 3 KStG, R 8.5 bis R 8.9 KStR 2015 und H 8.5 bis H 8.9 KStH 2015) gelten für eine optierende Gesellschaft entsprechend. Zur Frage der Beherrschung gelten die vorstehenden Grundsätze unter Beachtung des BMF-Schreibens vom 7. Oktober 2002 (BStBl. I S. 1028) und H 15.7 (6) EStH 2020 „Faktische Beherrschung" und „Mehrheit der Stimmrechte". Löst eine verdeckte Gewinnausschüttung Umsatzsteuer aus, so ist diese nicht abziehbar (§ 10 Nr. 2 KStG). R 8.6 KStR 2015 gilt entsprechend.

70 Die Verwendung des steuerlichen Einlagekontos ist gemäß § 27 Abs. 1 KStG im Wirtschaftsjahr der erstmaligen Ausübung der Option möglich.

71 Optierende Gesellschaften, die in einem anderen Mitgliedstaat der EU oder des EWR der unbeschränkten Steuerpflicht unterliegen, können die Feststellung einer Leistung als Einlagenrückgewähr nach § 27 Abs. 8 KStG beantragen. Bei einem solchen Antrag ist die Berechnung der Einlagenrückgewähr darzulegen und durch geeignete Unterlagen nachzuweisen (§ 27 Abs. 8 Satz 7 KStG). Aus den Unterlagen muss sich zweifelsfrei ergeben, in welcher Höhe Einlagen in die Gesellschaft geleistet worden sind und in welcher Höhe diese Einlagen zum Schluss des der Leistung vorangegangenen Wirtschaftsjahres noch vorhanden waren. Die Qualifikation der Einlagen bestimmt sich nach den Grundsätzen des deutschen Steuerrechts. Bei Drittstaatengesellschaften ist die Berücksichtigung von Beträgen als Einlagenrückgewähr im Rahmen der jeweiligen Festsetzungsverfahren der Gesellschafter zu klären.

bb) Gesellschafter

45 **72** Beim Gesellschafter führen durch das Gesellschaftsverhältnis veranlasste Einnahmen zu Einkünften aus Kapitalvermögen im Sinne des § 20 Abs. 1 Nr. 1 EStG, es sei denn, die Einnahmen sind einer anderen Einkunftsart zuzurechnen (§ 1 a Abs. 3 Satz 4 KStG, § 20 Abs. 8 Satz 1 EStG). Dies wäre beispielsweise dann der Fall, wenn die Beteiligung an der optierenden Gesellschaft in einem Betriebsvermögen gehalten wird.

73 Die für Gesellschafter einer Kapitalgesellschaft maßgeblichen Regelungen finden Anwendung (z. B. § 8 b KStG, § 3 Nr. 40 Satz 1 Buchst. d und § 3 c Abs. 2 EStG). § 43 b EStG und § 8 b Abs. 9 KStG finden auf Bezüge aus Anteilen an einer optierenden Gesellschaft keine Anwendung (vgl. Rn. 52).

74 Gewinnanteile gelten erst dann als ausgeschüttet, wenn sie entnommen werden oder ihre Auszahlung verlangt werden kann (§ 1 a Abs. 3 Satz 5 KStG). Daher gelten Gewinnanteile, deren Auszahlung der Gesellschafter mit Feststellung des Jahresabschlusses von der Gesellschaft verlangen kann, in diesem Zeitpunkt als ausgeschüttet. Auf die tatsächliche Entnahme oder Auszahlung kommt es hierbei nicht an. Bedarf es z. B. für die Auszahlung oder Entnahme noch eines gesonderten Beschlusses, liegt regelmäßig noch keine fiktive Ausschüttung vor. Zu den Gewinnanteilen im Sinne dieser Rn. zählen insbesondere die Gewinnanteile von Gesellschaftern einer offenen Handelsgesellschaft und Komplementären einer Kommanditgesellschaft (vgl. § 122 Abs. 1 Alt. 2, § 161 Abs. 2 HGB), von Kommanditisten, soweit deren Kapitalkonten nicht durch Verluste unterhalb ihrer Einlage gemindert wurden (vgl. § 169 Abs. 1 Satz 2 HGB), und Gesellschaftern einer Partnerschaftsgesellschaft (vgl. § 1 Abs. 4 PartGG, §§ 721, 722 BGB). Unerheblich für die Ausschüttungsfiktion ist, ob der Gesellschafter die Auszahlung seines Gewinnanteils tatsächlich verlangt.

46 **75** Gesellschaftsvertraglich vereinbarte Vorauszahlungen auf den Gewinn gelten unabhängig von der Feststellung des Jahresabschlusses als ausgeschüttet, wenn sie entnommen werden oder ihre Auszahlung verlangt werden kann.

76 Die – ggf. fiktive – Ausschüttung unterliegt im Ausschüttungszeitpunkt dem Steuerabzug vom Kapitalertrag (§ 43 Abs. 1 Satz 1 Nr. 1 EStG). Die optierende Gesellschaft hat die im Ausschüttungszeitpunkt entstandene Kapitalertragsteuer beim zuständigen Finanzamt anzumelden und zu entrichten (§ 45 a Abs. 1 Satz 1 und § 44 Abs. 1 Satz 2 und 3 sowie Satz 5 Hs. 2 EStG). Die für den Steuerabzug auf Gewinnausschüttungen einer GmbH maßgeblichen Regelungen der §§ 43 ff. EStG gelten entsprechend.

77 Die Ausschüttungsfiktion infolge der Möglichkeit, die Auszahlung verlangen zu können, gilt nicht für den Teil des Entnahmebetrags nach § 122 Abs. 1 Alt. 1 HGB, der den Betrag nach § 122 Abs. 1 Alt. 2 HGB übersteigt, oder für sonstige gesellschaftsvertraglich vereinbarte gewinnunabhängige Entnahmerechte. Allein die gesetzliche Möglichkeit, einen den Gewinnanteil übersteigenden Betrag entnehmen oder dessen Auszahlung von der Gesellschaft verlangen zu können, löst daher insoweit noch keine Ausschüttungsfiktion und keine Kapitalertragsteuer aus.

Beispiel:

Für den Gesellschafter A der AB-OHG wurde für das Vorjahr 01 ein Kapitalanteil iHv 10 000 € ermittelt. Gemäß § 122 Abs. 1 Alt. 1 HGB ist er berechtigt, in Jahr 02 bis zu vier Prozent von 10 000 €, mithin 400 €, zu entnehmen. Der für A festgestellte Gewinn für das Vorjahr 01 beträgt 300 €.

Lösung:

Wenn im Gesellschaftsvertrag nichts Abweichendes geregelt wurde, gelten die 300 €, deren Auszahlung A mit Feststellung des Jahresabschlusses nach § 122 Abs. 1 Alt. 2 HGB verlangen kann, in diesem Zeitpunkt als ausgeschüttet gemäß § 1 a Abs. 3 Satz 5 KStG und unterliegen der Kapitalertragsteuer.

Anl zu H 1 a

Die weiteren 100 € (400 € – 300 €), die A auch ohne Gesellschafterbeschluss und über seinen Gewinnanteil des Jahres 01 hinaus zu entnehmen berechtigt wäre, gelten nicht automatisch als ausgeschüttet gemäß § 1 a Abs. 3 Satz 5 KStG. Erst bei tatsächlicher Entnahme gilt der Betrag als ausgeschüttet und unterliegt der Kapitalertragsteuer.

78 Sind aufgrund gesetzlicher oder gesellschaftsrechtlicher Regelungen die als ausgeschüttet geltenden Beträge auf einem Fremdkapitalkonto des jeweiligen Gesellschafters zu verbuchen, so bleibt die spätere Erfüllung der Verbindlichkeit steuerneutral. Soweit Beträge, deren Auszahlung verlangt werden kann, auf einem Eigenkapitalkonto verbucht werden, gilt der fiktiv ausgeschüttete Betrag unmittelbar nach der fiktiven Ausschüttung als eingelegt mit der Folge, dass sich die Anschaffungskosten der Beteiligung des Gesellschafters und das steuerliche Einlagekonto der Gesellschaft entsprechend erhöhen. Bei einer späteren Ausschüttung der als eingelegt geltenden Beträge gilt nach der Verwendungsreihenfolge in § 27 KStG vorrangig der ausschüttbare Gewinn als verwendet. Erst nach dessen Verbrauch ist eine Verwendung des steuerlichen Einlagekontos möglich (§ 27 Abs. 1 Satz 3 KStG). 47

79 Dem Gläubiger der Kapitalerträge aus Anteilen an einer inländischen optierenden Gesellschaft steht ungeachtet der Bestimmungen eines DBA kein Anspruch auf Entlastung von der Kapitalertragsteuer zu, wenn die Kapitalerträge im Ausland aufgrund einer vom deutschen Recht abweichenden steuerlichen Behandlung der optierenden Gesellschaft nicht der Besteuerung unterliegen (§ 50 d Abs. 14 Satz 1 EStG). Der Entlastungsanspruch nach § 44 a Abs. 9 EStG wird durch § 50 d Abs. 14 Satz 1 nicht eingeschränkt.

b) Sonstige Vermögensminderungen und Vermögensmehrungen

aa) Allgemeines

80 Nicht durch das Gesellschaftsverhältnis veranlasste Vermögensmehrungen stellen bei der optierenden Gesellschaft grundsätzlich das Einkommen erhöhende Betriebseinnahmen, Vermögensminderungen grundsätzlich abziehbare Betriebsausgaben dar. Insbesondere die allgemeinen Abzugsbeschränkungen (u. a. § 4 Abs. 5, §§ 4 h, 4 j, 4 k EStG, §§ 8 a, 9 Satz 1 Nr. 2 und § 10 KStG) sind zu beachten. 48

bb) Einnahmen aus einer Tätigkeit im Dienst der Gesellschaft

81 Einnahmen, die der Gesellschafter von der Gesellschaft für seine Tätigkeit im Dienst der Gesellschaft bezieht, führen zu Einkünften im Sinne des § 19 EStG (§ 1 a Abs. 3 Satz 2 Nr. 2 KStG). Dies gilt auch dann, wenn der Gesellschafter die Einnahmen von einem Dritten bezieht. Eine Tätigkeit „im Dienst" der Gesellschaft im Sinne des § 1 a Abs. 3 Satz 2 Nr. 2 KStG liegt vor, wenn eine entsprechende Tätigkeit eines Gesellschafters einer Kapitalgesellschaft zu Einkünften aus § 19 EStG führen würde. Erforderlich ist insoweit, dass ein Dienstverhältnis im Sinne des § 1 LStDV vorliegt, welches (z. B. durch einen förmlichen Arbeitsvertrag) bestätigt ist, und die Leistungen der Gesellschaft an den Gesellschafter aufgrund dieses Dienstverhältnisses erbracht werden. Für die Qualifizierung der Einkünfte als solche aus § 19 EStG ist entscheidend, dass die Einnahmen bei wertender Betrachtung als durch das Dienstverhältnis veranlasst anzusehen sind (vgl. H 19.0 [Gesellschafter-Geschäftsführer] LStH 2021). Fehlt es an einem Dienstverhältnis, scheidet § 19 EStG aus. Sieht die gesellschaftsrechtliche Regelung für den Gesellschafter anstelle einer Tätigkeitsvergütung einen Vorabgewinn vor, liegt insoweit keine Leistung aufgrund eines Dienstverhältnisses, sondern eine Gewinnausschüttung vor. 49

82 Soweit die Einnahmen, die der Gesellschafter von der Gesellschaft für seine Tätigkeit im Dienst der Gesellschaft bezieht, nicht angemessen sind, liegt in Höhe des den angemessenen Teil übersteigenden Teils eine verdeckte Gewinnausschüttung vor. Im Verhältnis zwischen Gesellschaft und beherrschendem Gesellschafter ist zudem eine Veranlassung durch das Gesellschaftsverhältnis in der Regel auch dann anzunehmen, wenn es an einer zivilrechtlich wirksamen, klaren, eindeutigen und im Voraus abgeschlossenen Vereinbarung darüber fehlt, ob und in welcher Höhe ein Entgelt für eine Leistung des Gesellschafters zu zahlen ist, oder wenn nicht einer klaren Vereinbarung entsprechend verfahren wird. Die beherrschende Stellung des Gesellschafters muss im Zeitpunkt der Vereinbarung oder des Vollzugs der Vermögensminderung oder verhinderten Vermögensmehrung vorliegen (R 8.5 Abs. 2 KStR 2015). Zur Angemessenheit der Gesamtbezüge eines Gesellschafter-Geschäftsführers vgl. BMF-Schreiben vom 14. Oktober 2002 (BStBl. I S. 972).

83 Führen die Einnahmen, die der Gesellschafter für seine Tätigkeit im Dienst der Gesellschaft bezieht, zu Einkünften im Sinne des § 19 EStG, gelten die optierende Gesellschaft als lohnsteuerlicher Arbeitgeber und der Gesellschafter als Arbeitnehmer (§ 1 a Abs. 3 Satz 7 KStG). In diesen Fällen sind sämtliche Regelungen zur Erhebung der Lohnsteuer in den §§ 38 ff. EStG anzuwenden. Die optierende Gesellschaft hat insbesondere für den Gesellschafter ein Lohnkonto zu führen, den Lohnsteuerabzug auf die Vergütungen vorzunehmen, für jeden Lohnsteuer-Anmeldungszeitraum insgesamt eine Lohnsteuer-Anmeldung unter Berücksichtigung des jeweiligen Lohnsteuerabzugs für ihre weiteren Arbeitnehmer einzureichen und die elektronischen Lohnsteuerbescheinigungen an die Finanzverwaltung zu übermitteln. Auch der Arbeitnehmer-Pauschbetrag, die für Arbeitnehmer geltenden Steuerbefreiungsvorschriften (Rn. 82 bleibt unberührt) und die sonstigen, nur für Arbeitnehmer geltenden steuerlichen (Sonder-)Regelungen sind zu berücksichtigen. 50

c) Betriebsaufspaltung

84 Im Falle einer Betriebsaufspaltung zwischen der optierenden Gesellschaft und einem oder mehreren Gesellschaftern kommen die allgemeinen Grundsätze der Betriebsaufspaltung vollumfänglich zur Anwendung. 51

Anl zu H 1 a

4. Steuerermäßigung bei Einkünften aus Gewerbebetrieb (§ 35 EStG)

52 **85** § 35 EStG ist bei den Gesellschaftern der optierenden Gesellschaft nicht anzuwenden (§ 1 a Abs. 3 Satz 3 KStG). Auf gewerbliche Einkünfte, die den Gesellschaftern für Zeiträume vor dem Übergang zur Körperschaftsbesteuerung im Rahmen der transparenten Besteuerung zugerechnet werden, findet § 35 EStG hingegen Anwendung.

5. Sonstige Folgen der Option

a) Bekanntgabe von Verwaltungsakten an die optierende Gesellschaft und deren Vollstreckung

53 **86** Die optierende Gesellschaft bleibt zivilrechtlich und damit auch steuerverfahrensrechtlich eine Personengesellschaft. Diese ist Schuldnerin der Körperschaftsteuer, des Solidaritätszuschlags, der Gewerbesteuer sowie der steuerlichen Nebenleistungen nach § 3 AO und zum Einbehalt und zur Entrichtung der Kapitalertragsteuer verpflichtet. Die entsprechenden Steuerbescheide sind an sie unter Angabe ihrer Firma bzw. ihres geschäftsüblichen Namens zu richten (vgl. Nr. 2.4.1 des AEAO zu § 122). Ist keine Firma oder kein geschäftsüblicher Name vorhanden, sind die Bescheide an alle Gesellschafter der optierenden Gesellschaft zu richten (vgl. Nr. 2.4.1.3 des AEAO zu § 122).

87 Die optierende Gesellschaft kann (durch die zur Vertretung befugten Personen) eine Vollmacht zur Vertretung in Steuersachen (§ 80 Abs. 1 AO) für die Körperschaftsteuer erteilen. Bis zur Ausübung der Option erteilte Generalvollmachten bleiben wirksam; der Vertretungsumfang erstreckt sich in diesen Fällen auch auf die Körperschaftsteuer. Auf einzelne Steuerarten begrenzte Vollmachten gelten auch weiterhin nur für diesen begrenzten Umfang; eine Erweiterung der Bevollmächtigung auf die Körperschaftsteuer bedarf dann einer neuen Vollmacht mit angepasstem Umfang.

88 Die Gesellschaft ist Vollstreckungsschuldnerin der Steuern, für die sie selbst Steuerschuldnerin oder Entrichtungsschuldnerin ist (§§ 253, 267 AO).

b) Haftung für Steuerschulden der optierenden Gesellschaft

54 **89** Die Gesellschafter der optierenden Gesellschaft haften für von der Gesellschaft selbst geschuldete Steuern, also auch für Körperschaftsteuer, Solidaritätszuschlag und Gewerbesteuer entsprechend den allgemeinen handelsrechtlichen Grundsätzen (vgl. hierzu auch § 191 Abs. 1 AO). Eine Haftung nach steuerrechtlichen Vorschriften (z. B. nach § 69 Satz 1 i. V. m. § 34, § 71 oder § 74 AO) bleibt unberührt.

VI. Beendigung der Option

1. Rückoption (§ 1 a Abs. 4 Satz 1 bis 3 KStG)

55 **90** Auf Antrag ist eine Rückkehr zur transparenten Besteuerung möglich (§ 1 a Abs. 4 Satz 1 bis 3 KStG). Der Antrag ist spätestens einen Monat vor Beginn desjenigen Wirtschaftsjahres zu stellen, in dem die optierende Gesellschaft erstmals nicht mehr wie eine Kapitalgesellschaft besteuert werden soll. Die Rn. 9 bis 11 und 13 bis 22 gelten insoweit entsprechend.

2. Beendigung der Option kraft Gesetzes (§ 1 a Abs. 4 Satz 4 bis 7 KStG)

a) Rückkehr zur transparenten Besteuerung nach § 1 a Abs. 4 Satz 4 KStG

56 **91** Die Rückkehr zur transparenten Besteuerung kraft Gesetzes nach § 1 a Abs. 4 Satz 4 KStG kommt in Betracht, wenn die optierende Gesellschaft zwar fortbesteht, aber die persönlichen Voraussetzungen für die Option nicht mehr erfüllt. Dies ist insbesondere der Fall, wenn die optierende Gesellschaft keine Personenhandels- oder Partnerschaftsgesellschaft mehr ist (z. B. aufgrund eines homogenen Formwechsels in eine Gesellschaft bürgerlichen Rechts im Sinne der §§ 705 ff. BGB oder auf Grund eines vergleichbaren Vorgangs nach ausländischem Recht) oder im Staat ihrer Geschäftsleitung keiner Körperschaftsteuer mehr unterliegt. In diesem Fall gilt die Rückkehr zur transparenten Besteuerung kraft Gesetzes als Formwechsel einer Kapitalgesellschaft in eine Personengesellschaft (§ 1 a Abs. 4 Satz 2 KStG i. V. m. § 1 Abs. 1 Satz 1 Nr. 2 UmwStG). Auf den Zeitpunkt des Wegfalls der Voraussetzungen für die Option ist eine unterjährige Übertragungsbilanz aufzustellen.

b) Beendigung der Option nach § 1 a Abs. 4 Satz 7 KStG

57 **92** Eine Beendigung der Option nach § 1 a Abs. 4 Satz 7 KStG liegt vor, wenn die optierende Gesellschaft die Voraussetzungen des § 1 a Abs. 1 Satz 1 KStG deshalb nicht mehr erfüllt, weil sie in eine Körperschaft umgewandelt wird. In diesem Fall richten sich die weiteren Rechtsfolgen nach der Art der zivilrechtlichen Umwandlung. Wird die optierende Gesellschaft z. B. mit steuerlicher Wirkung auf einen Stichtag nach dem Wirksamwerden der Option auf eine (bestehende oder neu gegründete) Körperschaft verschmolzen, so finden die §§ 11 ff. UmwStG Anwendung. Im Fall des Formwechsels der optierenden Gesellschaft in eine Kapitalgesellschaft handelt es sich ertragsteuerlich um einen homogenen und daher steuerlich grundsätzlich neutralen Formwechsel eines Körperschaftsteuersubjekts.

c) Beendigung der Option nach § 1 a Abs. 4 Satz 5 oder 6 KStG

58 **93** Eine Beendigung der Option kraft Gesetzes liegt auch vor, wenn die optierende Gesellschaft infolge des Ausscheidens des vorletzten Gesellschafters als aufgelöst gilt. Maßgeblicher Zeitpunkt ist die zivilrechtliche Wirksamkeit der Anwachsung des Vermögens auf den verbleibenden Gesellschafter. Die weiteren Rechtsfolgen richten sich danach, ob der verbleibende Gesellschafter die persönlichen Voraussetzungen eines übernehmenden Rechtsträgers einer Umwandlung einer Kapitalgesellschaft im Sinne des § 1 Abs. 1 Satz 1 Nr. 1 (Verschmelzung) oder Nr. 4 (Vermögensübertragung) UmwStG erfüllt. Ist dies (ggf. aufgrund entsprechender bundes- oder landesrechtlicher Regelung, § 1 Abs. 1 Satz 1 Nr. 3 UmwStG) der Fall, gilt die optierende Gesellschaft im Fall des § 1 Abs. 1 Satz 1 Nr. 1 UmwStG als auf den verbleibenden Gesellschafter verschmolzen bzw. gilt im Fall des § 1 Abs. 1 Satz 1 Nr. 4

UmwStG das Vermögen der optierenden Gesellschaft als auf den verbleibenden Gesellschafter übertragen. Im Fall des unterjährigen Ausscheidens des vorletzten Gesellschafters ist auf diesen Zeitpunkt eine steuerliche Schlussbilanz aufzustellen.

94 In allen anderen Fällen gilt die optierende Gesellschaft als aufgelöst und ihr Vermögen als an die Gesellschafter ausgeschüttet; § 11 KStG ist entsprechend mit der Maßgabe anzuwenden, dass an die Stelle des zur Verteilung kommenden Vermögens der gemeine Wert des vorhandenen Vermögens tritt (§ 1 a Abs. 4 Satz 6 KStG).

3. Auswirkungen der Beendigung der Option

95 Die Beendigung der Option stellt – mit Ausnahme der Fälle der fiktiven Auflösung ohne Umwandlung (§ 1 a Abs. 4 Satz 6 KStG) – einen Veräußerungs- und Erwerbsvorgang dar (vgl. Rn. 00.02 und 22.07 UmwStE). Im Fall der Rückoption (§ 1 a Abs. 4 Satz 1 KStG) oder des Wegfalls der persönlichen Voraussetzungen der Option unter Fortbestand als Personengesellschaft (§ 1 a Abs. 4 Satz 4 KStG) finden die für einen Formwechsel einer Kapitalgesellschaft in eine Personengesellschaft geltenden Regelungen des Ersten, Zweiten und Fünften Teils des UmwStG entsprechend Anwendung. **59**

96 Im Fall des Ausscheidens des vorletzten Gesellschafters gilt die optierende Gesellschaft als aufgelöst. Sofern nicht durch § 1 a Abs. 4 Satz 5 KStG die Anwendung der für die Verschmelzung maßgeblichen Regelungen des Zweiten bzw. Vierten Teils des UmwStG angeordnet ist, findet beim verbleibenden Gesellschafter § 20 Abs. 1 Nr. 2 EStG (ggf. i. V. m. § 8 Abs. 1 KStG) Anwendung, sofern die Anteile an der fiktiven Kapitalgesellschaft keinem Betriebsvermögen zuzurechnen waren (§ 20 Abs. 8 EStG).

97 Eine steuerliche Rückwirkung ist in allen Fällen der Beendigung der Option ausgeschlossen (§ 1 a Abs. 4 Satz 2 i. V. m. § 9 Satz 3 UmwStG).

4. Beendigung der Option innerhalb von sieben Jahren

98 Eine Rückoption oder sonstige Beendigung der Option innerhalb von sieben Jahren führt zu einer Sperrfristverletzung im Sinne des § 22 Abs. 1 bzw. 2 UmwStG. § 23 Abs. 2 UmwStG ist zu beachten. Die Beendigung der Option kraft Gesetzes nach § 1 a Abs. 4 Satz 7 KStG durch Formwechsel in eine Körperschaft führt zu keiner Sperrfristverletzung im Sinne des § 22 Abs. 1 und 2 UmwStG. Im Fall der Beendigung der Option kraft Gesetzes nach § 1 a Abs. 4 Satz 7 KStG durch Verschmelzung vgl. Rn. 22.23 UmwStE. **60**

5. Mitteilungspflicht

99 Der Steuerpflichtige hat der zuständigen Finanzbehörde nach Eintritt eines Ereignisses im Sinne des § 1 a Abs. 4 Satz 4 bis 7 KStG mitzuteilen, dass die Voraussetzungen für die Option entfallen sind. **61**

VII. Sonderfälle

1. Umwandlungen während der Option

100 Auch für Zwecke des UmwStG ist die optierende Gesellschaft wie eine Kapitalgesellschaft zu behandeln (vgl. Rn. 50). Für die Anwendung des UmwStG folgt daraus insbesondere: **62**

a. Die Verschmelzung einer optierenden Gesellschaft auf eine Körperschaft oder umgekehrt ist nach den §§ 11 bis 13 UmwStG zu beurteilen.
b. Entsprechende Spaltungsvorgänge fallen unter § 15 UmwStG.
c. Die Einbringung von Anteilen an der optierenden Gesellschaft in eine Kapitalgesellschaft oder Genossenschaft zum Buch- oder Zwischenwert ist nur nach Maßgabe der §§ 20 und 21 UmwStG möglich. Zur Mehrheit der Stimmrechte siehe Rn. 21.09 UmwStE und H 15.7 (6) „Mehrheit der Stimmrechte" EStH.
d. Auf den Ein- und Austritt von Gesellschaftern findet § 24 UmwStG keine Anwendung.
e. Die Einbringung eines Betriebs, Teilbetriebs oder Mitunternehmeranteils in die optierende Gesellschaft ist ein Vorgang nach § 20 UmwStG (zur Gewährung von Gesellschaftsrechten als Gegenleistung vgl. Rn. 24.07 UmwStE).
f. Die 100 %ige Beteiligung des Kommanditisten an einer GmbH & Co. KG (Beteiligung Komplementärgesellschaft 0 %) gilt als fiktiver Teilbetrieb (§ 15 Abs. 1 Satz 3 UmwStG und ggf. Rn. 24.02 UmwStE).
g. Die Beendigung der Option ist mit Ausnahme des homogenen Formwechsels eine Veräußerung im Sinne des § 15 Abs. 2 Satz 2 bis 4 und des § 22 Abs. 1 Satz 1 und Abs. 2 Satz 1 UmwStG von (erhaltenen oder eingebrachten) Anteilen.
h. Bei der optierenden Gesellschaft sind weder Realteilungsgrundsätze (§ 16 Abs. 3 Satz 2 ff. EStG) noch sonstige ertragsteuerliche Regelungen anzuwenden, die sich auf eine Mitunternehmerschaft oder eine sonstige nicht der Körperschaftsteuer unterliegende Personengesellschaft beziehen.
i. Für die Beispiele in Rn. 22.23 UmwStE stellt die optierende Gesellschaft eine Kapitalgesellschaft dar.

2. E-Bilanz

101 Die optierende Gesellschaft hat für Wirtschaftsjahre, in denen sie wie eine Kapitalgesellschaft besteuert wird, eine Steuerbilanz nebst entsprechender Gewinn- und Verlustrechnung für eine Körperschaft nach § 5 b Abs. 1 Satz 1 und Satz 3 EStG zu übermitteln. **63**

3. Zerlegung

102 Die optierende Gesellschaft ist für Zwecke der Besteuerung nach dem Einkommen und damit auch bei der Zerlegung nach dem ZerlG wie eine Kapitalgesellschaft zu behandeln. **64**

KStG

§ 2 Beschränkte Steuerpflicht

Beschränkt körperschaftsteuerpflichtig sind

1 **1. Körperschaften, Personenvereinigungen und Vermögensmassen, die weder ihre Geschäftsleitung noch ihren Sitz im Inland haben, mit ihren inländischen Einkünften;**

2 **2.[1] sonstige Körperschaften, Personenvereinigungen und Vermögensmassen, die nicht unbeschränkt steuerpflichtig sind, mit den inländischen Einkünften, die dem Steuerabzug vollständig oder teilweise unterliegen; inländische Einkünfte sind auch**

a) die Entgelte, die den sonstigen Körperschaften, Personenvereinigungen oder Vermögensmassen dafür gewährt werden, dass sie Anteile an einer Kapitalgesellschaft mit Sitz oder Geschäftsleitung im Inland einem Anderen überlassen und der Andere, dem die Anteile zuzurechnen sind, diese Anteile oder gleichartige Anteile zurückzugeben hat,

b) die Entgelte, die den sonstigen Körperschaften, Personenvereinigungen oder Vermögensmassen im Rahmen eines Wertpapierpensionsgeschäfts im Sinne des § 340 b Abs. 2 des Handelsgesetzbuchs gewährt werden, soweit Gegenstand des Wertpapierpensionsgeschäfts Anteile an einer Kapitalgesellschaft mit Sitz oder Geschäftsleitung im Inland sind, und

c) die in § 8 b Abs. 10 Satz 2 genannten Einnahmen oder Bezüge, die den sonstigen Körperschaften, Personenvereinigungen oder Vermögensmassen als Entgelt für die Überlassung von Anteilen an einer Kapitalgesellschaft mit Sitz oder Geschäftsleitung im Inland gewährt gelten.

R 2

R 2. Beschränkte Steuerpflicht

11 (1) ① Die beschränkte Körperschaftsteuerpflicht beginnt bei Personen i. S. d. § 2 Nr. 1 KStG, sobald inländische Einkünfte i. S. d. § 49 EStG vorliegen; bei Personen i. S. d. § 2 Nr. 2 KStG, sobald inländische Einkünfte insbesondere i. S. d. § 43 EStG vorliegen, von denen ein Steuerabzug vorzunehmen ist. ② Sie endet, wenn keine inländischen Einkünfte mehr erzielt werden.

12 (2) § 2 Nr. 2 KStG gilt aufgrund der Vorschrift des § 3 Abs. 2 KStG nicht für Hauberg-, Wald-, Forst- und Laubgenossenschaften und ähnliche Realgemeinden.

H 2

H 2

15 **Ausländische Gesellschaften, Typenvergleich.** Tabellen 1 und 2 zu → BMF vom 24. 12. 1999, BStBl. I S. 1076 ff.[2] (insbes. S. 1114 und 1119) unter Berücksichtigung der Änderungen durch BMF vom 20. 11. 2000 (BStBl. I S. 1509), BMF vom 29. 9. 2004 (BStBl. I S. 917) und BMF vom 25. 8. 2009 (BStBl. I S. 888) und → BMF vom 19. 3. 2004, BStBl. I S. 411 unter Berücksichtigung der Änderungen durch → BMF vom 26. 9. 2014, BStBl. I S. 1258 Rn. 4.1.4.2.

Buchführungspflicht ausländischer Gesellschaften. „Andere Gesetze" i. S. des § 140 AO können auch ausländische Rechtsnormen sein → BFH vom 14. 11. 2018, I R 81/16, BStBl. 2019 II S. 390.

---

[1] § 2 Nr. 2 in dieser Fassung ist erstmals anzuwenden auf Entgelte, die nach dem 17. August 2007 zufließen.
[2] Abgedruckt in der Textausgabe „Doppelbesteuerungsabkommen" unter **DBA-Allgemein 5.6.**

KStG

§ 3 Abgrenzung der Steuerpflicht bei nichtrechtsfähigen Personenvereinigungen und Vermögensmassen sowie bei Realgemeinden

(1) Nichtrechtsfähige Personenvereinigungen, Anstalten, Stiftungen[1] und andere Zweckvermögen sind körperschaftsteuerpflichtig, wenn ihr Einkommen weder nach diesem Gesetz noch nach dem Einkommensteuergesetz unmittelbar bei einem anderen Steuerpflichtigen zu versteuern ist. 1

(2) ① Hauberg-, Wald-, Forst- und Laubgenossenschaften und ähnliche Realgemeinden, die zu den in § 1 bezeichneten Steuerpflichtigen gehören, sind nur insoweit körperschaftsteuerpflichtig, als sie einen Gewerbebetrieb unterhalten oder verpachten, der über den Rahmen eines Nebenbetriebs hinausgeht. ② Im Übrigen sind ihre Einkünfte unmittelbar bei den Beteiligten zu versteuern. 2

H 3

H 3

GmbH & Co. KG. Eine Publikums-GmbH & Co. KG ist weder als nichtrechtsfähiger Verein i. S. v. § 1 Abs. 1 Nr. 5 KStG noch als nichtrechtsfähige Personenvereinigung nach § 3 Abs. 1 KStG körperschaftsteuerpflichtig (→ BFH vom 25. 6. 1984, GrS 4/82, BStBl. II S. 751). 11

Steuerpflicht einer Vorgründungsgesellschaft. → H 1.1 Vorgründungsgesellschaft.

[1] Zu Kriterien betreffend die wirtschaftliche Selbständigkeit einer nichtrechtsfähigen Stiftung vgl. *Vfg. OFD Frankfurt v. 30. 8. 2011 S 0170 A-41-St 53 (DB 2012 S. 204).*

KStG

§ 4 Betriebe gewerblicher Art von juristischen Personen des öffentlichen Rechts

1 **(1) ① Betriebe gewerblicher Art von juristischen Personen des öffentlichen Rechts im Sinne des § 1 Abs. 1 Nr. 6 sind vorbehaltlich des Absatzes 5 alle Einrichtungen, die einer nachhaltigen wirtschaftlichen Tätigkeit zur Erzielung von Einnahmen außerhalb der Land- und Forstwirtschaft dienen und die sich innerhalb der Gesamtbetätigung der juristischen Person wirtschaftlich herausheben. ② Die Absicht, Gewinn zu erzielen, und die Beteiligung am allgemeinen wirtschaftlichen Verkehr sind nicht erforderlich.**

2 **(2) Ein Betrieb gewerblicher Art ist auch unbeschränkt steuerpflichtig, wenn er selbst eine juristische Person des öffentlichen Rechts ist.**

3 **(3) Zu den Betrieben gewerblicher Art gehören auch Betriebe, die der Versorgung der Bevölkerung mit Wasser, Gas, Elektrizität oder Wärme, dem öffentlichen Verkehr oder dem Hafenbetrieb dienen.**

4 **(4) Als Betrieb gewerblicher Art gilt die Verpachtung eines solchen Betriebs.**

5 **(5) ① Zu den Betrieben gewerblicher Art gehören nicht Betriebe, die überwiegend der Ausübung der öffentlichen Gewalt dienen (Hoheitsbetriebe). ② Für die Annahme eines Hoheitsbetriebs reichen Zwangs- oder Monopolrechte nicht aus.**

6 **(6) ① Ein Betrieb gewerblicher Art kann mit einem oder mehreren anderen Betrieben gewerblicher Art zusammengefasst werden, wenn**

1. sie gleichartig sind,

2. zwischen ihnen nach dem Gesamtbild der tatsächlichen Verhältnisse objektiv eine enge wechselseitige technisch-wirtschaftliche Verflechtung von einigem Gewicht besteht oder

3. Betriebe gewerblicher Art im Sinne des Absatzes 3 vorliegen.

② Ein Betrieb gewerblicher Art kann nicht mit einem Hoheitsbetrieb zusammengefasst werden.

Übersicht

R 4.1

R 4.1 Betriebe gewerblicher Art von juristischen Personen des öffentlichen Rechts

Betrieb gewerblicher Art

11 (1) ① JPöR sind insbesondere die Gebietskörperschaften (Bund, Länder, Gemeinden, Gemeindeverbände), Zweckverbände, die öffentlich-rechtlichen Religionsgesellschaften, die Innungen, Handwerkskammern, Industrie- und Handelskammern und sonstige Gebilde, die aufgrund öffentlichen Rechts eigene Rechtspersönlichkeit besitzen. ② Dazu gehören neben Körperschaften auch Anstalten und Stiftungen des öffentlichen Rechts, z. B. Rundfunkanstalten des öffentlichen Rechts.

12 (2) ① Der Begriff → Einrichtung setzt nicht voraus, dass die Tätigkeit im Rahmen einer im Verhältnis zur sonstigen Betätigung verselbständigten Abteilung ausgeübt wird; sie kann auch innerhalb des allgemeinen Betriebs miterledigt werden. ② Die Beteiligung einer jPöR an einer Kapitalgesellschaft begründet grundsätzlich keinen eigenständigen BgA. ③ Die Beteiligung einer jPöR an einer Kapitalgesellschaft stellt einen BgA dar, wenn mit ihr tatsächlich ein entscheidender Einfluss auf die laufende Geschäftsführung des Unternehmens ausgeübt wird. ④ Eine geringfügige Beteiligung stellt einen BgA dar, wenn die jPöR zusammen mit anderen jPöR die Kapi-

talgesellschaft beherrscht und im Zusammenwirken mit diesen jPöR tatsächlich einen entscheidenden Einfluss auf die Geschäftsführung der Gesellschaft ausübt. ⑤ Die Beteiligung an einer ausschließlich vermögensverwaltend tätigen Kapitalgesellschaft ist kein BgA.

(3) ① Die verschiedenen Tätigkeiten der jPöR sind für sich zu beurteilen. ② Lässt sich eine Tätigkeit nicht klar dem hoheitlichen oder dem wirtschaftlichen Bereich zuordnen, ist nach § 4 Abs. 5 KStG auf die → überwiegende Zweckbestimmung der Tätigkeit abzustellen. ③ Verschiedene wirtschaftliche Tätigkeiten sind als Einheit zu behandeln, wenn dies der Verkehrsauffassung entspricht. **13**

(4) ① Eine Einrichtung kann auch dann angenommen werden, wenn Betriebsmittel, z. B. Maschinen oder Personal, sowohl im hoheitlichen als auch im wirtschaftlichen Bereich eingesetzt werden, sofern eine zeitliche Abgrenzung (zeitlich abgegrenzter Einsatz für den einen oder anderen Bereich) möglich ist. ② Ein wichtiges Merkmal für die wirtschaftliche Selbständigkeit der ausgeübten Tätigkeit und damit für die Annahme einer Einrichtung ist darin zu sehen, dass der Jahresumsatz i. S. v. § 1 Abs. 1 Nr. 1 UStG aus der wirtschaftlichen Tätigkeit den Betrag von 130 000 Euro übersteigt. ③ Für die wirtschaftliche Selbständigkeit der Einrichtung ist es unerheblich, wenn die Bücher bei einer anderen Verwaltung geführt werden. **14**

(5) ① In der Tatsache, dass der Jahresumsatz i. S. v. § 1 Abs. 1 Nr. 1 UStG 45 000 Euro nachhaltig übersteigt, ist ein wichtiger Anhaltspunkt dafür zu sehen, dass die Tätigkeit von einigem → wirtschaftlichen Gewicht ist. ② I. d. R. kann deshalb bei diesem Jahresumsatz davon ausgegangen werden, dass die Tätigkeit sich innerhalb der Gesamtbetätigung der jPöR wirtschaftlich heraushebt. ③ Dagegen kommt es für das Gewicht der ausgeübten Tätigkeit weder auf das im BFH-Urteil vom 11. 1. 1979 (V R 26/74, BStBl. II S. 746) angesprochene Verhältnis der Einnahmen aus der wirtschaftlichen Tätigkeit zum Gesamthaushalt der jPöR noch auf das im BFH-Urteil vom 14. 4. 1983 (V R 3/79, BStBl. II S. 491) angesprochene Verhältnis der Einnahmen aus der wirtschaftlichen Tätigkeit zu einem bestimmten Teil des Gesamthaushalts der jPöR an. ④ Wird ein nachhaltiger Jahresumsatz von über 45 000 Euro im Einzelfall nicht erreicht, ist ein BgA nur anzunehmen, wenn hierfür besondere Gründe von der Körperschaft vorgetragen werden. ⑤ Solche Gründe sind insbesondere gegeben, wenn die jPöR mit ihrer Tätigkeit zu anderen Unternehmen unmittelbar in Wettbewerb tritt. ⑥ In den Fällen der Verpachtung eines BgA ist darauf abzustellen, ob die Einrichtung beim Verpächter einen BgA darstellen würde. ⑦ Dabei kommt es für die Frage, ob die Tätigkeit von einigem Gewicht ist, auf die Umsätze des Pächters an. **15**

(6) ① Zu den BgA gehören nicht → land- und forstwirtschaftliche Betriebe von jPöR. ② Den land- und forstwirtschaftlichen Betrieben zuzurechnen sind auch die land- und forstwirtschaftlichen Nebenbetriebe. ③ Auch die Verpachtung eines land- und forstwirtschaftlichen Betriebs durch eine jPöR begründet keinen BgA. ④ Dagegen sind Einkünfte aus land- und forstwirtschaftlicher Tätigkeit, die in einem BgA anfallen, steuerpflichtig. **16**

Kapitalgesellschaften

(7) Kapitalgesellschaften, an denen die jPöR beteiligt ist, werden nach den für diese Rechtsform geltenden Vorschriften besteuert. **17**

H 4.1

H 4.1

Allgemeines. Nach § 1 Abs. 1 Nr. 6 KStG sollen im Grundsatz alle Einrichtungen der öffentlichen Hand der Körperschaftsteuer unterworfen werden, die das äußere Bild eines Gewerbebetriebs haben (→ BFH vom 22. 9. 1976, I R 102/74, BStBl. II S. 793). Hat die jPöR mehrere BgA, ist sie Subjekt der Körperschaftsteuer wegen jedes einzelnen Betriebs (→ BFH vom 13. 3. 1974, I R 7/71, BStBl. II S. 391 und → BFH vom 8. 11. 1989, I R 187/85, BStBl. 1990 II S. 242). **20**

Anwendungsfragen zur Besteuerung von BgA und Eigengesellschaften von jPöR. → BMF vom 12. 11. 2009, BStBl. I S. 1303.[1]

Beteiligungen von jPöR an Personengesellschaften. Die Beteiligung einer jPöR an einer Mitunternehmerschaft führt zu mindestens einem BgA (→ BFH vom 25. 3. 2015, I R 52/13, BStBl. 2016 II S. 172). Wegen Anwendungsfragen zu dieser Entscheidung → BMF vom 21. 6. 2017, BStBl. I S. 880.[2]
Die Beteiligung einer jPöR an einer gewerblich geprägten vermögensverwaltenden Personengesellschaft begründet keinen BgA (→ BFH vom 29. 11. 2017, I R 83/15, BStBl. 2018 II S. 495).

Einkommensermittlung bei BgA. → R 8.2.

[1] Nachstehend abgedruckt als Anl a zu H 4.1.
[2] Zu der Anwendung der Urteilsgrundsätze ab dem Veranlagungszeitraum 2009 vgl. weiterhin *Vfg. OFD Karlsruhe S 270.6/242 – St 213 v. 14. 6. 2018 (BeckVerw 436 547)* mit erläuternden Hinweisen und Beispielen.

noch **20** **Einrichtung.**

- Die Einrichtung kann sich aus einer besonderen Leitung, aus einem geschlossenen Geschäftskreis, aus der Buchführung oder aus einem ähnlichen, auf eine Einheit hindeutenden Merkmal ergeben (→ BFH vom 26. 5. 1977, V R 15/74, BStBl. II S. 813).
- Sie kann auch dann gegeben sein, wenn nicht organisatorische, sondern andere Merkmale vorliegen, die die wirtschaftliche Selbständigkeit verdeutlichen (→ BFH vom 13. 3. 1974, I R 7/71, BStBl. II S. 391).
- Insbesondere kann die Einrichtung gegeben sein, wenn der Jahresumsatz i. S. v. § 1 Abs. 1 Nr. 1 UStG aus der wirtschaftlichen Tätigkeit beträchtlich ist bzw. wegen des Umfangs der damit verbundenen Tätigkeit eine organisatorische Abgrenzung geboten erscheint (→ RFH vom 20. 1. 1942, I 235/41, RStBl. S. 405 und → BFH vom 26. 2. 1957, I 327/56 U, BStBl. III S. 146).
- Die Einbeziehung der wirtschaftlichen Tätigkeit in einen überwiegend mit hoheitlichen Aufgaben betrauten, organisatorisch gesondert geführten Betrieb schließt es nicht aus, die einbezogene Tätigkeit gesondert zu beurteilen und rechtlich als eigenständige Einheit von dem sie organisatorisch tragenden Hoheitsbetrieb zu unterscheiden (→ BFH vom 26. 5. 1977, V R 15/74, BStBl. II S. 813 und → BFH vom 14. 4. 1983, V R 3/79, BStBl. II S. 491).

Kapitalertragsteuer bei BgA. → H 8.2 Kapitalertragsteuer sowie → BMF vom 28. 1. 2019, BStBl. I S. 97.[1]

Kirchliche Orden. Kirchliche Orden können Körperschaften des öffentlichen Rechts sein (→ BFH vom 8. 7. 1971, V R 1/68, BStBl. 1972 II S. 70).

Kriterien zur Abgrenzung hoheitlicher von wirtschaftlicher Tätigkeit einer jPöR. → BMF vom 11. 12. 2009, BStBl. I S. 1597.[2]

Land- und forstwirtschaftliche Betriebe. Abgrenzung zum Gewerbebetrieb → R 15.5 EStR.

Überwiegende Zweckbestimmung. Eine überwiegend hoheitliche Zweckbestimmung liegt nur vor, wenn die beiden Tätigkeitsbereiche derart ineinander greifen, dass eine genaue Abgrenzung nicht möglich oder nicht zumutbar ist, wenn also die wirtschaftliche Tätigkeit unlösbar mit der hoheitlichen Tätigkeit verbunden ist und eine Art Nebentätigkeit im Rahmen der einheitlichen, dem Wesen nach hoheitlichen Tätigkeit darstellt (→ BFH vom 26. 5. 1977, V R 15/74, BStBl. II S. 813).

Wirtschaftliches Gewicht. Ein BgA ist nur anzunehmen, wenn es sich um eine Tätigkeit von einigem wirtschaftlichem Gewicht handelt (→ BFH vom 26. 2. 1957, I 327/56 U, BStBl. III S. 146 und → BFH vom 24. 10. 1961, I 105/60 U, BStBl. III S. 552).

Anl a zu H 4.1

a) Schreiben betr. Anwendungsfragen zu den Regelungen im Jahressteuergesetz 2009 zur Besteuerung von Betrieben gewerblicher Art und Eigengesellschaften von juristischen Personen des öffentlichen Rechts

Vom 12. November 2009 (BStBl. I S. 1303)

(BMF IV C 7-S 2706/08/10004)

Übersicht

[1] Rdnr. 38, 42, 44 und 45 neu gefasst und Rdnr. 46 aufgehoben mit *BMF-Schrb. v. 4. 4. 2022 IV C 2 – S 2836/21/10 001 :001, BStBl. 2022 I S. 645.* Die geänderten Grundsätze sind auf alle offenen Fälle anzuwenden.

[2] Nachstehend abgedruckt als Anl b zu H 4.1.

Anl a zu H 4.1

Zu Anwendungsfragen zu den Regelungen zur Besteuerung der Betriebe gewerblicher Art (BgA) und Eigengesellschaften der juristischen Personen des öffentlichen Rechts (jPöR) durch das Jahressteuergesetz 2009 nehme ich nach dem Ergebnis der Erörterung mit den obersten Finanzbehörden des Bundes und der Länder wie folgt Stellung:

A. Zusammenfassung von BgA

I. Allgemeines

1 Durch § 4 Absatz 6 KStG werden die bisherigen Verwaltungsgrundsätze für die Zusammenfassung von BgA gesetzlich festgeschrieben. Die Grundsätze des *R 7 Absatz 1*[1] und des *H 7 KStH*[1] sind weiter anzuwenden, soweit im Folgenden nichts Abweichendes gesagt wird. Eine Zusammenfassung nach anderen Grundsätzen ist steuerlich nicht anzuerkennen. Die jPöR hat jeweils ein Wahlrecht, ob und in welchem Umfang sie bestehende BgA im Einzelfall nach diesen Grundsätzen steuerlich zusammenfasst oder eine Zusammenfassung beibehält (wegen der Zusammenfassung in einer Eigengesellschaft vgl. Rdnr. 68). Eine steuerliche Zusammenfassung nach § 4 Absatz 6 Satz 1 KStG setzt keine organisatorische Zusammenfassung der BgA durch die jPöR voraus. 22

Beispiel:

2 Die Stadt unterhält die zwei getrennt voneinander organisierten Bäder-Ämter A und B. Im Amt A werden die Bäder Süd und Ost und im Amt B die Bäder Nord und West verwaltet.
Die Ämter A und B bilden jeweils Einrichtungen i. S. d. § 4 Absatz 1 KStG, die jeweils einen BgA darstellen. Die Stadt kann die beiden BgA in Folge ihrer Gleichartigkeit steuerlich zu einem BgA zusammenfassen.

3 Für den zusammengefassten BgA muss steuerlich eine eigenständige Gewinnermittlung vorgenommen werden.

4 Die einzelnen in § 4 Absatz 6 Satz 1 KStG aufgeführten Zusammenfassungstatbestände sind jeweils getrennt zu prüfen. Dabei sind Versorgungs- und Verkehrsbetriebe nicht bereits schon deshalb als gleichartig anzusehen, weil sie in § 4 Absatz 3 KStG genannt sind. Dagegen sind die in § 4 Absatz 3 KStG aufgeführten Versorgungsbetriebe gleichartig.

5 Sind BgA nach einem Tatbestand zusammengefasst worden, so kann für diesen zusammengefassten BgA gesondert geprüft werden, ob er mit einem anderen, ggf. auch zusammengefassten BgA weiter zusammengefasst werden kann. Für die Zusammenfassung eines BgA mit einem anderen zusammengefassten BgA oder einer Einrichtung, die mehrere Betriebe umfasst, reicht es aus, wenn die Zusammenfassungsvoraussetzungen nur zwischen diesem BgA und einem der „BgA" des zusammengefassten BgA oder einem der Betriebe der Einrichtung vorliegen. In den Fällen des § 4 Absatz 6 Satz 1 Nummer 2 KStG muss die Voraussetzung „von einigem Gewicht" jedoch im Verhältnis zum zusammengefassten BgA vorliegen.

6 Soll ein nach § 4 Absatz 6 Satz 1 Nummer 2 KStG zusammengefasster BgA nach § 4 Absatz 6 Satz 1 Nummer 3 KStG mit einem anderen BgA weiter zusammengefasst werden, setzt dies voraus, dass beide BgA als Verkehrs- oder Versorgungs-BgA anzusehen sind, d. h. von dem jeweiligen Tätigkeitsbereich geprägt sind. Soll ein nach § 4 Absatz 6 Satz 1 Nummer 2 oder 3 KStG zusammengefasster BgA nach § 4 Absatz 6 Satz 1 Nummer 1 KStG mit einem anderen BgA weiter zusammengefasst werden, setzt dies voraus, dass beide BgA als gleichartig anzusehen sind.

Beispiel 1:

7 Die Stadt unterhält die Bäder Ost, West und Nord als jeweils eigenständige BgA. Am Bad Ost haben die Stadtwerke ein Blockheizkraftwerk errichtet. Zwischen diesem Bad und den Stadtwerken besteht hiernach eine enge wechselseitige technisch-wirtschaftliche Verflechtung von einigem Gewicht.
Die Stadtwerke (mit dem Blockheizkraftwerk) sind ein Versorgungs-BgA. Die Bäder bilden jeweils eigenständige BgA, die, weil gleichartig, zu einem Gesamt-Bad-BgA zusammengefasst werden können. Eine enge wechselseitige technisch-wirtschaftliche Verflechtung von einigem Gewicht besteht nur zum Bad Ost. Eine Zusammenfassung des Versorgungs-BgA mit dem Gesamt-Bad-BgA nach § 4 Absatz 6 Satz 1 Nummer 2 KStG ist möglich, da zumindest mit dem Bad Ost eine

[1] Jetzt Neufassung in **R 4.2** KStR.

Anl a zu H 4.1

technisch-wirtschaftliche Verflechtung besteht, diese muss zusätzlich aber zum zusammengefassten Gesamt-Bad-BgA nach der Gesamtschau von einigem Gewicht sein. Wegen Gleichartigkeit könnten aber auch nur die BgA Bad West und Nord zu einem Doppelbad-BgA zusammengefasst und daneben könnten die Stadtwerke mit dem BgA Ost nach § 4 Absatz 6 Satz 1 Nummer 2 KStG zu einem gesonderten Versorgungs-Bad-BgA zusammengefasst werden.

Beispiel 2:

8 Die Stadt verwaltet die Bäder Ost, West und Nord in einem Bäder-Amt (eine Einrichtung i. S. d. § 4 Absatz 1 Satz 1 KStG). Am Bad Ost (ein großes Bad) ist ein kleines Blockheizkraftwerk errichtet. Zwischen diesem Großbad und dem Blockheizkraftwerk besteht hiernach eine enge wechselseitige technisch-wirtschaftliche Verflechtung von einigem Gewicht, bei dem wegen der unterschiedlichen Dimension der zusammengefassten Betriebe der Badbetrieb das Gepräge gibt. Daneben unterhält die Stadt einen Verkehrsbetrieb.

Der Verkehrsbetrieb ist ein Verkehrs-BgA. Das Blockheizkraftwerk ist isoliert betrachtet ein Versorgungs-BgA. Beide BgA können nach § 4 Absatz 6 Satz 1 Nummer 3 KStG zusammengefasst werden. Die in dem Bäder-Amt verwalteten Bäder bilden als Einrichtung einen BgA. Zu diesem Bäder-BgA besteht keine enge wechselseitige technisch-wirtschaftliche Verflechtung von einigem Gewicht. Diese besteht nur zum Großbad Ost und dem eigenständigen Versorgungs-BgA. Eine Zusammenfassung dieses Versorgungs-BgA nach § 4 Absatz 6 Satz 1 Nummer 2 KStG mit dem Großbad Ost wäre nur möglich, wenn es verwaltungsmäßig aus dem Bäder-Amt herausgelöst und zu einem eigenständigen BgA verselbständigt würde. In diesem Fall würde der zusammengefasste Großbad Ost-Blockheizkraftwerk-BgA nicht als Versorgungsbetrieb gelten, weil ihm der Bäderbereich das Gepräge gibt; eine Zusammenfassung mit dem Verkehrs-BgA nach § 4 Absatz 6 Satz 1 Nummer 3 KStG scheidet aus.

II. Versorgungsbetriebe

1. Allgemeines

23 **9** Versorgungsbetriebe i. S. d. § 4 Absatz 3 KStG sind nur Einrichtungen im Bereich der Wasser-, Gas-, Elektrizitäts- oder Wärmeversorgung. Ihre Tätigkeit muss der Versorgung der Bevölkerung dienen. Erfasst werden sämtliche Wertschöpfungsstufen (Erzeugung, Transport und Handel bzw. Vertrieb). Für die Einordnung als Versorgungsbetrieb ist es ausreichend, dass die Einrichtung nur eine oder einige der Wertschöpfungsstufen umfasst.

10 § 4 Absatz 3 KStG erfasst nur Tätigkeiten, die bis zur Übergabe an den Endkunden anfallen. Tätigkeiten, die in Folge der Verwendung des Wassers, der Energie oder der Wärme beim Endkunden anfallen, sind von § 4 Absatz 3 KStG nicht erfasst. Hierunter fallen insbesondere Dienstleistungen im Bereich der Wartung von Kundenanlagen oder der Betrieb einer Anlage beim Kunden (sog. Contracting) sowie der Energieberatung. Diese Tätigkeiten führen grundsätzlich zu einem gesonderten BgA, der ggf. nach den übrigen Voraussetzungen des § 4 Absatz 6 KStG mit dem Versorgungs-BgA oder anderen BgA zusammengefasst werden kann.

2. Selbständiger Netzbetrieb

11 Die bloße Überlassung eines gesamten Leitungsnetzes (z. B. Strom-, Gas- oder Wasserleitungen) durch die jPöR an einen rechtlich selbständigen Versorger, bei der der Versorger auch für den Unterhalt der Leitungen verantwortlich ist, stellt grundsätzlich eine vermögensverwaltende Tätigkeit dar, die aber regelmäßig die Tatbestände des Verpachtungs-BgA i. S. d. § 4 Absatz 4 KStG erfüllt. Werden nur Teile eines Leitungsnetzes überlassen, liegen aber die personellen und sachlichen Voraussetzungen für eine Betriebsaufspaltung (vgl. R 15.7 Absatz 4 EStR) vor, ist dieser Netzbetrieb (Besitzbetrieb) ein BgA i. S. d. § 4 Absatz 1 KStG.

12 Ein Netzbetrieb ist ein Versorgungsbetrieb i. S. d. § 4 Absatz 3 KStG. Entsprechendes gilt für Netzverpachtungs-BgA und Netzbesitz-BgA.

3. Telekommunikationsbetrieb

13 Das Unterhalten eines öffentlichen Telekommunikationsbetriebs durch die jPöR führt zwar zu einem BgA, stellt aber keinen Versorgungsbetrieb i. S. d. § 4 Absatz 3 KStG dar.[1]

4. Photovoltaikanlage

14 Der Betrieb einer Photovoltaikanlage begründet einen Versorgungsbetrieb i. S. d. § 4 Absatz 3 KStG.

III. Verpachtungs-BgA

24 **15** Ein Verpachtungs-BgA i. S. d. Fiktion des § 4 Absatz 4 KStG liegt nur vor, wenn die überlassenen Wirtschaftsgüter die wesentlichen Grundlagen des Betriebs ausmachen, mit denen der Pächter sogleich ohne größere Vorkehrungen einen Gewerbebetrieb ausüben kann (vgl. BFH-Urteil vom 11. Juli 1990, BStBl. II S. 1100).

15a Es liegt keine entgeltliche Verpachtung und damit kein Verpachtungs-BgA vor, wenn bei wirtschaftlicher Betrachtung nicht der Pächter, sondern der Verpächter die wirtschaftliche Last des vereinbarten Pachtzinses zu tragen hat. Das ist z. B. der Fall, wenn der Pächter einen Zuschuss mindestens in Höhe der Pacht erhält.[2]

16 Für die Frage, ob ein Verpachtungs-BgA mit einem anderen Verpachtungs-BgA oder einem BgA i. S. d. § 4 Absatz 1 KStG zusammengefasst werden kann, ist nicht auf die Verpachtungstätigkeit, sondern auf die Tätigkeit des Pächters abzustellen.

---

[1] Zur steuerlichen Würdigung des Breitbandausbaus siehe *OFD NRW v. 30. 1. 2020 S 2706 – 2017/0011-St 15, Beck-Verw 463 724.*

[2] Rdnr. 15 a neu eingefügt mit *BMF-Schrb. v. 15. 12. 2021 IV C 2 – S 2706/19/10 008 :001, BStBl. 2021 I S. 2483.* Die Grundsätze der neu eingefügten Rdnr. 15 a sind auf alle offenen Fälle anzuwenden. Es wird jedoch nicht beanstandet, wenn die bisher geltenden Grundsätze bis zum 31. 12. 2022 angewandt werden. Zeitliche Übergangsregelung bis zum 31. Dezember 2024 verlängert, wenn die Norm des § 2 b UStG für die juristische Person des öffentlichen Rechts noch keine Anwendung findet und für den betreffenden Verpachtungs-BgA bereits bis zum 31. Dezember 2022 von der bisherigen Übergangsregelung des BMF-Schreibens vom 15. Dezember 2021 Gebrauch gemacht wurde *(BMF-Schrb. v. 26. 1. 2023 IV C 2 – S 2706/19/10008 :001, BStBl. 2023 I S. 206).*

Anl a zu H 4.1

17 Werden dagegen nicht alle wesentlichen Betriebsgrundlagen an den Pächter überlassen, liegt kein Verpachtungs-BgA, sondern grundsätzlich eine Vermögensverwaltung vor. Erfüllt eine derartige Verpachtung aber die persönlichen und sachlichen Voraussetzungen für eine Betriebsaufspaltung (vgl. H 15.7 Absatz 4 EStH „Allgemeines"), stellt sie eine gewerbliche Tätigkeit dar, die zu einem BgA i. S. d. § 4 Abs. 1 KStG führt. Dies gilt auch dann, wenn auf Seiten des Verpächters lediglich eine Einnahmeerzielungsabsicht vorliegt; eine Gewinnerzielungsabsicht ist insoweit nicht erforderlich (§ 4 Absatz 1 KStG). Zur Frage des Vorliegens einer Entgeltlichkeit gelten die Grundsätze der Rdnr. 15 a. Hierbei sind in einer Gesamtbetrachtung neben der Pacht auch erwartbare Dividenden und Wertzuwächse zu berücksichtigen.[1]

18 Eine Zusammenfassung dieser BgA kann nicht nach den für Verpachtungs-BgA geltenden Grundsätzen (vgl. Rdnr. 16) vorgenommen werden. Es ist zu prüfen, ob der Besitz-BgA mit der Verpachtung des oder der Wirtschaftgüter im Einzelfall die Zusammenfassungsvoraussetzungen des § 4 Absatz 6 KStG erfüllt.

IV. Fortgelten bisheriger verbindlicher Auskünfte oder Zusagen

19 Die gesetzliche Festschreibung der bisherigen Verwaltungsgrundsätze für die Zusammenfassung von BgA hat keine Rechtsänderung im Sinne des AEAO zu § 89 AO, Nr. 3.6.4 zur Folge. Sind auf der Grundlage der bisherigen Verwaltungsauffassung im Einzelfall verbindliche Auskünfte erteilt worden, verlieren diese allein durch das Inkrafttreten des § 4 Absatz 6 KStG nicht ihre Bindungswirkung. 25

20 Sind verbindliche Auskünfte im Einzelfall für die Zukunft aufzuheben, sind bisher festgestellte Verlustvorträge sachgerecht den nicht mehr zusammenfassbaren BgA zuzuordnen.

B. Allgemeine Grundsätze der Einkommensermittlung eines BgA

21 Die jPöR ist mit ihrem BgA nach § 1 Absatz 1 Nummer 6 i. V. m. § 4 KStG bereits dann subjektiv unbeschränkt körperschaftsteuerpflichtig, wenn der BgA nur mit Einnahmeerzielungsabsicht betrieben wird, ein Totalgewinn aber nicht zu erwarten ist. § 8 Absatz 1 Satz 2 KStG stellt klar, dass auch in einem solchen Fall grundsätzlich ein Einkommen zu ermitteln ist. Hierbei gelten die Einkommensermittlungsvorschriften des EStG bzw. des KStG einschließlich § 8 Absatz 3 Satz 2 KStG, von dessen Anwendung nur unter den Voraussetzungen des § 8 Absatz 7 KStG abgesehen werden kann. 26

C. Sonderregelung zum Ausschluss einer verdeckten Gewinnausschüttung (§ 8 Absatz 7 KStG)

I. Begünstigte Betriebe

1. BgA

22 Die Sonderregelung des § 8 Absatz 7 Satz 1 Nummer 1 KStG erfasst den einzelnen BgA i. S. d. § 4 KStG, der ein Dauerverlustgeschäft unterhält. Dies gilt auch, wenn er Organträger ist und das Dauerverlustgeschäft von der Organgesellschaft unterhalten wird (§ 15 Satz 1 Nummer 4 Satz 2 KStG). Handelt es sich um einen BgA, der in Folge einer Zusammenfassung i. S. d. § 4 Absatz 6 KStG entstanden ist, muss dieser BgA ein Dauerverlustgeschäft unterhalten.[1] 27

23 Werden auf Grund der Sonderregelung die Rechtsfolgen einer verdeckten Gewinnausschüttung nicht gezogen, ist insoweit auch § 20 Absatz 1 Nummer 10 EStG nicht anzuwenden.

2. Eigengesellschaften

a) Allgemeines

24 Von der Sonderregelung des § 8 Absatz 7 Satz 1 Nummer 2 KStG erfasst wird eine Kapitalgesellschaft, die ein Dauerverlustgeschäft unterhält. Dies gilt auch, wenn sie Organträger ist und das Dauerverlustgeschäft von der Organgesellschaft unterhalten wird (§ 15 Satz 1 Nummer 4 Satz 2 KStG).

25 Werden auf Grund der Sonderregelung die Rechtsfolgen einer verdeckten Gewinnausschüttung nicht gezogen, ist insoweit auch § 20 Absatz 1 Nummer 1 Satz 2 EStG nicht anzuwenden.

b) Stimmrechtsverhältnisse

26 Die Mehrheit der Stimmrechte muss unmittelbar oder mittelbar auf jPöR entfallen. Stimmrechtsvereinbarungen sind zu beachten. Es ist nicht notwendig, dass die Stimmrechte nur bei einer jPöR liegen. Die jeweilige jPöR kann auch in einem Mitgliedstaat der EU oder der EWR ansässig sein.

27 Bei mittelbarer Beteiligung muss auf jeder Stufe der Beteiligungskette die Mehrheit der Stimmrechte vermittelt werden.

c) Verlusttragung

28 Die gesamten Verluste aus den einzelnen Dauerverlustgeschäften, die sich handelsrechtlich vor Verlustübernahme oder einer anderweitigen Verlustkompensation ergeben, müssen nachweislich von der jPöR als Gesellschafter getragen werden. Dies gilt auch, wenn sich bei der Gesellschaft selbst handelsrechtlich in der Summe kein Verlust ergibt. Für die Tragung der Verluste ist es nicht notwendig, dass die Verluste jährlich seitens der jPöR mittels Einlagen ausgeglichen werden. Es reicht aus, dass sie von der jPöR wirtschaftlich im Ergebnis getragen werden. Maßgebend sind die Verhältnisse des Einzelfalls. Sind

[1] Rdnr. 17 und Rdnr. 22 neu gefasst mit *BMF-Schrb. v. 15. 12. 2021 IV C 2 – S 2706/19/10 008 :001, BStBl. 2021 I S. 2483.* Die Grundsätze der geänderten Rdnr. 17 und Rdnr. 22 sind auf alle offenen Fälle anzuwenden. Es wird jedoch nicht beanstandet, wenn die bisher geltenden Grundsätze bis zum 31. 12. 2022 angewandt werden. Zeitliche Übergangsregelung bis zum 31. Dezember 2024 verlängert, wenn die Norm des § 2 b UStG für die juristische Person des öffentlichen Rechts noch keine Anwendung findet und für den betreffenden Verpachtungs-BgA bereits bis zum 31. Dezember 2022 von der bisherigen Übergangsregelung des BMF-Schreibens vom 15. Dezember 2021 Gebrauch gemacht wurde *(BMF-Schrb. v. 26. 1. 2023 IV C 2 – S 2706/19/10008 :001, BStBl. 2023 I S. 206).*

Anl a zu H 4.1

mehrere jPöR Gesellschafter, so müssen die gesamten Verluste nachweislich von diesen beteiligten jPöR getragen werden. Die jeweilige Verlusttragungspflicht kann sich hierbei sowohl nach Maßgabe der Beteiligungsquote als auch nach anderen, nachprüfbar vernünftigen Aufteilungsmaßstäben richten.[1]

Beispiel:

28a Die Gemeinden A und B sind jeweils zur Hälfte Gesellschafter einer GmbH, die in A und B jeweils ein Bad betreibt. Beide Bäder erzielen Dauerverluste. Die beiden Gemeinden haben eine von der Beteiligungsquote abweichende Verlusttragung vereinbart. Diese legt fest, dass die (Teil)Verluste nach Maßgabe der im jeweiligen Gemeindegebiet entstehenden Bäderverluste zu tragen sind.

Die vorliegende Verlusttragungsvereinbarung ist anzuerkennen. Damit ist die GmbH eine Eigengesellschaft im Sinne des § 8 Absatz 7 Satz 1 Nr. 2 KStG.[1]

29 Unterhält die Kapitalgesellschaft neben einem Dauerverlustgeschäft auch eine gewinnbringende Tätigkeit, werden die Ergebnisse regelmäßig gesellschaftsintern verrechnet. Die jPöR als Mitgesellschafterin trägt die Verluste aus der Verlusttätigkeit nur in Höhe des auf sie entsprechend ihrer Beteiligungsquote entfallenden Anteils am Ergebnis aus der Gewinntätigkeit. Den gesamten sich aus der Verlusttätigkeit ergebenden Verlust trägt sie nur, wenn sie auch den darüber hinausgehenden Verlust aus der Verlusttätigkeit nach den Grundsätzen der Rdnr. 28 trägt. Entsprechendes gilt, wenn die Tätigkeiten in verschiedenen Eigengesellschaften ausgeübt werden, die z. B. in einer Holdingstruktur gesellschaftsrechtlich verbunden sind.

Beispiel:

30 An einer GmbH ist die Gemeinde G zu 51 % und der Private P zu 49 % beteiligt. Die GmbH betreibt ÖPNV mit Jahresverlusten von 100 und die Stromversorgung mit Jahresgewinnen von 100.

Damit bei der GmbH § 8 Absatz 7 KStG angewendet werden kann, muss sich G verpflichten, den jährlich rechnerisch auf P entfallenden Verlustanteil aus dem Dauerverlustgeschäft ÖPNV in Höhe von 49 zu tragen, z. B. durch Einlagen. Leistet sie diese Einlagen, dürfen diese im Falle einer Liquidation nicht an G, sondern nur an P ausgekehrt werden.

31 Ist ein BgA Organträger einer Kapitalgesellschaft, trägt der BgA auf Grund des Ergebnisabführungsvertrags die Verluste jährlich voll; der Tatbestand des § 8 Absatz 7 Satz 1 Nummer 2 Satz 2 KStG ist damit erfüllt.

32 Die auf Grund § 8 Absatz 7 Satz 1 Nummer 2 Satz 2 KStG getroffenen Verlusttragungsvereinbarungen lassen die Grundsätze des *BMF-Schreibens vom 7. Dezember 2000 (BStBl. 2001 I S. 47)*[2] unberührt. Danach ist bei einer disquotalen Verlusttragung der jPöR für die Anerkennung einer disquotalen Gewinnverteilung eine „besondere Leistung" des privaten Gesellschafters erforderlich.

II. Begünstigte Dauerverlustgeschäfte

1. Allgemeines

28 **33** Für die Frage, ob die Sonderregelung zur Anwendung kommt, ist zunächst erforderlich, dass beim BgA bzw. der Eigengesellschaft eine Vermögensminderung bzw. verhinderte Vermögensmehrung vorliegt, die den Tatbestand der verdeckten Gewinnausschüttung i. S. d. § 8 Absatz 3 Satz 2 KStG erfüllt. Die Sonderregelung erfasst nur Vermögensminderungen bzw. verhinderte Vermögensmehrungen, soweit sie auf dem Unterhalten eines Dauerverlustgeschäfts aus den in § 8 Absatz 7 Satz 2 KStG genannten Gründen beruhen. Hierbei handelt es sich um „wirtschaftliche" Dauerverlustgeschäfte (vgl. Rdnrn. 36 bis 49) und „hoheitliche" Dauerverlustgeschäfte (vgl. Rdnrn. 50 bis 51). Für Vermögensminderungen bzw. verhinderte Vermögensmehrungen aus anderen Gründen gelten die allgemeinen Grundsätze des § 8 Absatz 3 Satz 2 KStG.

Beispiel:

34 Der Verkehrsbetrieb, der einen Betriebsverlust von 100 000 € erzielt, überlässt seiner Trägerkommune ein Grundstück, für das eine Marktmiete von jährlich 1000 € zu erzielen wäre, für 100 €.

In Höhe von 900 € liegt eine Vermögensminderung vor, die nach § 8 Absatz 3 Satz 2 KStG zu einer verdeckten Gewinnausschüttung führt. Durch die Einkommenshinzurechnung der verdeckten Gewinnausschüttung ergibt sich nur ein negatives Einkommen von 99 100 €. Dieses unterfällt der Sonderregelung des § 8 Absatz 7 KStG.

35 Liegt eine verdeckte Gewinnausschüttung vor, trifft die Feststellungslast für die Anwendung der Sonderregelung den Steuerpflichtigen.

2. Voraussetzung für ein „wirtschaftliches" Dauerverlustgeschäft

36 Ein Dauerverlustgeschäft i. S. d. § 8 Absatz 7 Satz 2 erster Halbsatz KStG setzt zum einen voraus, dass eine wirtschaftliche Betätigung aus den aufgeführten politischen Gründen ohne kostendeckende Entgelte unterhalten wird, und zum anderen der dabei entstehende Verlust ein Dauerverlust ist. Entsprechendes gilt, wenn die Entgelte nur zu einem ausgeglichenen Ergebnis führen. Ein Dauerverlust liegt vor, wenn auf Grund einer Prognose nach den Verhältnissen des jeweiligen Veranlagungszeitraums nicht mit einem positiven oder ausgeglichenen Ergebnis oder nicht mit einem steuerlichen Totalgewinn zu rechnen ist. Dabei sind Betriebsvermögensmehrungen, die nicht der Besteuerung unterliegen (z. B. zu erwartende Investitionszulagen oder Dividenden, die unter § 8 b KStG fallen), gewinnerhöhend und Aufwendungen, die den steuerlichen Gewinn nicht mindern dürfen, gewinnmindernd zu berücksichtigen (vgl. BFH-Urteil vom 30. November 1989, BStBl. 1990 II S. 452, 454). Maßgebend ist ausschließlich das Ergebnis aus der Geschäftstätigkeit selbst, d. h. unter Berücksichtigung allein des hierfür notwendigen Betriebsvermögens.

37 Mögliche Aufgabe- und Veräußerungsgewinne sind bei der Beurteilung als Dauerverlustgeschäft nicht zu berücksichtigen.

---

[1] Rdnr. 28 neu gefasst und Rdnr. 28 a neu eingefügt mit *BMF-Schrb. v. 6. 7. 2021 IV C 2 – S 2706/19/10 007 :001, BStBl. 2021 I S. 914.* Die Grundsätze der geänderten Rdnr. 28 und 28 a sind auf alle offenen Fälle anzuwenden.

[2] **Ersetzt** durch *BMF-Schrb. v. 17. 12. 2013 IV C 2 – S 2750-a/11/10 001, BStBl. 2014 I S. 63.*

Anl a zu H 4.1

noch **28**

38 Gewinne in einzelnen Veranlagungszeiträumen stehen der Annahme eines Dauerverlustgeschäfts nicht entgegen.

39 § 8 Absatz 7 KStG ist ab dem Zeitpunkt nicht mehr anzuwenden, ab dem ein Dauerverlustgeschäft i. S. d. Rdnr. 36 nicht mehr vorliegt. Die Frage, ob die Rechtsfolgen einer vGA zu ziehen sind, richtet sich ab diesem Zeitpunkt allein nach allgemeinen Grundsätzen.

3. Einzelne begünstigte „wirtschaftliche" Dauerverlustgeschäfte

40 § 8 Absatz 7 Satz 2 KStG enthält eine abschließende Aufzählung der Gründe, aus denen ein kostendeckendes Entgelt nicht erhoben wird. Die begünstigten wirtschaftlichen Geschäfte müssen den folgenden Bereichen zuzurechnen sein, denen die genannten Betätigungen beispielhaft zuzuordnen sind:

a) Verkehrsbereich

41 ÖPNV, Flughafenbetriebe, Parkraumbewirtschaftung, Hafen- und Fährbetriebe.

b) Umweltbereich

42 Gewerbemüllentsorgung (soweit im Einzelfall nicht hoheitlich).

c) Sozialbereich

43 Kindergärten, Tageseinrichtungen für Kinder, Einrichtungen der Jugend- und Erwachsenenhilfe, Senioreneinrichtungen; Wirtschaftsförderung ist keine sozialpolitische Tätigkeit; sie zählt nicht zu den in § 8 Absatz 7 Satz 2 aufgeführten Bereichen.

d) Kulturbereich

44 Bibliotheken, Zoologische Gärten, Museen, kulturelle Ausstellungen, Kinos, Opern, Theater, Bühnen, Orchester.

e) Bildungsbereich

45 Schulen und Kurstätigkeit von Kammern (soweit nicht hoheitlich)[1] oder Volkshochschulen.

f) Gesundheitsbereich

46 Krankenhäuser, Bäder, Kuranlagen, Sportanlagen; Beherbergungsbetriebe zählen nicht zum Gesundheitsbereich.

47 Die Begünstigung setzt voraus, dass der BgA oder die Kapitalgesellschaft die Geschäfte selbst tätigen. Überlässt der BgA oder die Kapitalgesellschaft nur Wirtschaftsgüter an Dritte, damit diese vergleichbare Geschäfte tätigen können, liegt grundsätzlich bei dem BgA oder der Kapitalgesellschaft kein begünstigtes Geschäft vor (z. B. die Überlassung einer Multifunktionshalle an verschiedene Veranstalter). Führt die Überlassung durch die jPöR zur Fiktion des (dauerdefizitären) Verpachtungs-BgA (§ 4 Absatz 4 KStG) und übt in diesen Fällen nur der Pächter die in § 8 Absatz 7 Satz 2 KStG aufgeführten Tätigkeiten aus, ist § 8 Absatz 7 KStG auf den Verpachtungs-BgA nicht anzuwenden, da dieser das Geschäft nicht selbst tätigt. Erfolgt die Überlassung durch die jPöR hingegen im Rahmen einer Betriebsaufspaltung, die bei der überlassenden jPöR zu einem Besitz-BgA i. S. d. § 4 Absatz 1 KStG führt und werden in diesen Fällen die in § 8 Absatz 7 Satz 2 KStG aufgeführten Tätigkeiten ausschließlich von der Betriebsgesellschaft ausgeübt, ist § 8 Absatz 7 KStG auf den Besitz-BgA anzuwenden.[2]

Beispiel 1:

48 Stadt B ist zu 100 % an der ÖPNV-GmbH beteiligt, die ihrerseits den (dauerdefizitären) ÖPNV im Stadtgebiet B unterhält. B überlässt die in ihrem Eigentum befindlichen Gleisanlagen entgeltlich an die ÖPNV-GmbH und erhebt aus verkehrspolitischen Gründen keine kostendeckende Pacht.
Die Überlassung erfüllt die Voraussetzungen einer Betriebsaufspaltung und führt zu einem dauerdefizitären Besitz-BgA. Dieser umfasst die überlassenen Gleisanlagen sowie die Beteiligung an der ÖPNV-GmbH. Auf den dauerdefizitären Besitz-BgA ist § 8 Absatz 7 KStG anzuwenden.[2]

Beispiel 2:

49 JPöR unterhält mit einer Multifunktionshalle, die mit Erbringung erheblicher zusätzlicher Leistungen (z. B. Bühnen- und Tribünenauf- und -abbau, Reinigung, Sicherheitsdienst etc.) an unterschiedliche Nutzer zu deren Zwecken (z. B. Theateraufführung, Kongressveranstaltung oder Parteitag) überlassen wird, einen BgA; kostendeckende Erlöse werden nicht erhoben.

---

[1] **Zur Abgrenzung der von Handwerkskammern, Kreishandwerkerschaften und Innungen durchgeführten Bildungsmaßnahmen** vgl. *BayLfSt v. 7. 1. 2010, KSt-Kartei § 1 Abs. 1 Nr. 6 KStG Karte 1.1* bzw. *DB 2010 S. 307:* „Handwerkskammern, Kreishandwerkerschaften und Innungen unterliegen als juristische Personen des öffentlichen Rechts nur mit ihren Betrieben gewerblicher Art der Körperschaftsteuer (§ 1 Abs. 1 Nr. 6, § 4 KStG). Nach dem Ergebnis der Erörterung der obersten Finanzbehörden des Bundes und der Länder ist die Durchführung von Prüfungen als Teil der (Berufs-)Ausbildung dem hoheitlichen Bereich der Handwerkskammern, Kreishandwerkerschaften, Innungen zuzurechnen. Die darüber hinausgehenden Betätigungen auf dem Gebiet der Fort- und Weiterbildung sind nach allgemein Grundsätzen zu beurteilenen. Folglich ist das Angebot von Bildungsmaßnahmen, die auch von Dritten angeboten werden können, als wirtschaftliche Tätigkeit zu behandeln, die bei Vorliegen der weiteren Voraussetzungen der § 1 Abs. 1 Nr. 6, § 4 KStG einen BgA begründet. Bildungsmaßnahmen, die nicht von privaten Dritten angeboten werden, weil z. B. die Teilnahme an einem bestimmten Kurs der Kammer unabdingbare Voraussetzung ist, um an der Prüfung vor der Kammer teilnehmen zu können, sind dem hoheitlichen Bereich zuzuordnen; sie begründen keinen BgA."

[2] Rdnr. 47 und Rdnr. 48 neu gefasst mit *BMF-Schrb. v. 15. 12. 2021 IV C 2 – S 2706/19/10 008 :001, BStBl. 2021 I S. 2483.* Die Grundsätze der geänderten Rdnr. 47 und Rdnr. 48 sind auf alle offenen Fälle anzuwenden. Es wird jedoch nicht beanstandet, wenn die bisher geltenden Grundsätze bis zum 31. 12. 2022 angewandt werden. Zeitliche Übergangsregelung bis zum 31. Dezember 2024 verlängert, wenn die Norm des § 2b UStG für die juristische Person des öffentlichen Rechts noch keine Anwendung findet und für den betreffenden Verpachtungs-BgA bereits bis zum 31. Dezember 2022 von der bisherigen Übergangsregelung des BMF-Schreibens vom 15. Dezember 2021 Gebrauch gemacht wurde *(BMF-Schrb. v. 26. 1. 2023 IV C 2 – S 2706/19/10008 :001, BStBl. 2023 I S. 206).*

Anl a zu H 4.1

Das Unterhalten der Halle ist ein BgA i. S. d. § 4 Absatz 1 KStG, der kein in § 8 Absatz 7 Satz 2 aufgeführtes Dauerverlustgeschäft betreibt.

4. „Hoheitliche" Dauerverlustgeschäfte einer Kapitalgesellschaft

50 Hoheitliche Tätigkeiten führen bei der jPöR nicht zu einem BgA (vgl. § 4 Absatz 5 Satz 1 KStG); Verluste im Rahmen dieser Tätigkeit sind für die jPöR steuerlich irrelevant. Derartige Verlustgeschäfte sind allerdings nach den Grundsätzen des BFH-Urteils vom 22. August 2007 (BStBl. II S. 961) im Rahmen der Einkommensermittlung zu berücksichtigen, wenn sie von einer Kapitalgesellschaft getätigt werden. Handelt es sich bei der Verlusttätigkeit um Dauerverlustgeschäfte (vgl. Rdnr. 33), ist bei der Kapitalgesellschaft nach § 8 Absatz 7 Satz 2 letzter Halbsatz KStG die Rechtsfolge der verdeckten Gewinnausschüttung nicht zu ziehen. Das gilt z. B. für das Schulschwimmen in einem von der Kapitalgesellschaft betriebenen öffentlichen Bad.

51 Von der Sonderregelung erfasst sind nur „hoheitliche" Tätigkeiten, die die Kapitalgesellschaft selbst ausübt. Verpachtet die Gesellschaft z. B. einen Bauhof oder ein Rathaus an die Trägerkörperschaft gegen ein nicht kostendeckendes Entgelt, ist § 8 Absatz 7 Satz 2 letzter Halbsatz KStG nicht einschlägig; es ist nach allgemeinen Grundsätzen zu prüfen, ob das nicht kostendeckende Entgelt den Tatbestand der verdeckten Gewinnausschüttung erfüllt.

III. Höhe der verdeckten Gewinnausschüttung bei nicht begünstigten Dauerverlustgeschäften

29 **52** Liegt kein begünstigtes Dauerverlustgeschäft i. S. d. § 8 Absatz 7 Satz 2 KStG vor, gelten die allgemeinen Grundsätze zur verdeckten Gewinnausschüttung des § 8 Absatz 3 Satz 2 KStG. Nach den Grundsätzen des BFH-Urteils vom 22. August 2007 (BStBl. II S. 961) wird das Dauerverlustgeschäft ohne Verlustausgleich im Interesse des Gesellschafters der Eigengesellschaft unterhalten. In Höhe des Verlustes kommt es zu einer verdeckten Gewinnausschüttung. Für BgA und dessen Verhältnis zur Trägerkörperschaft gilt Entsprechendes. Maßgebend für die Bemessung der verdeckten Gewinnausschüttung ist grundsätzlich der steuerliche Verlust aus dem Geschäft. Fallen im Zuge des Geschäfts allerdings Vermögensmehrungen an, die nicht der Besteuerung unterliegen (z. B. vereinnahmte Investitionszulagen oder Dividenden, die unter § 8 b KStG fallen), so mindern diese Beträge die Bemessungsgrundlage der verdeckten Gewinnausschüttung.

53 In Fällen, in denen nach den Grundsätzen des BMF-Schreibens vom 7. Dezember 2007 (BStBl. I S. 905) in Veranlagungszeiträumen vor 2009 eine verdeckte Gewinnausschüttung anzusetzen ist, gelten vorstehende Grundsätze entsprechend.

IV. Anwendungsregelungen

30 **54** § 8 Absatz 7 KStG ist auch für Veranlagungszeiträume vor 2009 anzuwenden (vgl. § 34 Absatz 6 Satz 4 KStG). Ist im Einzelfall vor dem 18. Juni 2008 (Tag der Kabinettbefassung zum Entwurf eines Jahressteuergesetzes 2009) zu Gunsten der Steuerpflichtigen nach anderen als den in § 8 Absatz 7 KStG enthaltenen Grundsätzen verfahren worden, sind diese Grundsätze grundsätzlich bis einschl. Veranlagungszeitraum 2011 weiter anzuwenden (vgl. § 34 Absatz 6 Satz 5 KStG). § 34 Absatz 6 Satz 5 KStG kommt allerdings nur zur Anwendung, wenn diese Grundsätze den bisherigen Verwaltungsgrundsätzen bzw. der bisherigen Rechtslage nicht entgegenstanden.

55 Die Übergangsregelung kommt hiernach zur Anwendung, wenn im Einzelfall vor dem 18. Juni 2008 die Rechtsfolgen der verdeckten Gewinnausschüttung nicht gezogen worden sind,

56 – bei anderen als in § 8 Absatz 7 Satz 2 KStG aufgeführten Dauerverlustgeschäften. Die insoweit bis Veranlagungszeitraum 2011 festgestellten Verlustvorträge sind auch – vorbehaltlich § 8 Absatz 8 und 9 KStG – in den folgenden Veranlagungszeiträumen nach Maßgabe des § 10 d EStG bzw. § 8 c KStG nutzbar,

57 – bei einer Kapitalgesellschaft, bei der die Stimmrechtsverhältnisse und/oder die Verlusttragungsregelungen nicht den Vorgaben des § 8 Absatz 7 Satz 1 Nummer 2 Satz 2 KStG entsprechen.

58 Entsprechen bei der Kapitalgesellschaft die Stimmrechtsverhältnisse und die Verlusttragungsregelungen vor dem 18. Juni 2008 den Vorgaben des § 8 Absatz 7 Satz 1 Nummer 2 Satz 2 KStG und trifft dies bei mindestens einer der Maßgaben zu einem Zeitpunkt nach dem 18. Juni 2008 nicht mehr zu, so kann die Kapitalgesellschaft ab dem Veranlagungszeitraum der Veränderung die Übergangsregelung des § 34 Absatz 6 Satz 5 KStG nicht in Anspruch nehmen (§ 34 Absatz 6 Satz 6 KStG).

V. Anwendung der Grundsätze des § 8 Absatz 7 KStG auf Personengesellschaften mit Dauerverlustgeschäften

1. Juristische Person des öffentlichen Rechts ist Gesellschafterin der Personengesellschaft

a) Allgemeines

31 **59** Nach *R 6 Absatz 2 Satz 2 KStR*[1] ist die Beteiligung der jPöR an einer Mitunternehmerschaft ein eigenständiger BgA. Diese Regelung ist nach den Grundsätzen des *R 7 Absatz 2 KStR*[2] auf jede von der Personengesellschaft ausgeübte Tätigkeit gesondert anzuwenden. Eine Zusammenfassung der sich hiernach ergebenden BgA beurteilt sich nach § 4 Absatz 6 KStG.

b) Personengesellschaft unterhält ausschließlich ein Dauerverlustgeschäft

60 Eine Mitunternehmerschaft liegt nach dem BFH-Urteil vom 25. Juni 1996 (BStBl. 1997 II S. 202) nur vor, wenn die Personengesellschaft insgesamt mit Gewinnerzielungsabsicht tätig ist. Eine Perso-

---

[1] Vgl. jetzt **H 4.1** KStH Beteiligungen von jPöR an Personengesellschaften.

[2] Vgl. jetzt Neufassung **R 4.2** KStR.

nengesellschaft, deren Geschäftstätigkeit sich auf ein Dauerverlustgeschäft beschränkt, ist keine Mitunternehmerschaft; *R 6 Absatz 2 Satz 2 KStR*[1] ist insoweit nicht einschlägig.

61 Die der jPöR aus einer Beteiligung an einer derartigen Personengesellschaft zuzurechnende anteilige Tätigkeit der Gesellschaft stellt bei der jPöR aber nach den allgemeinen Grundsätzen des § 4 KStG einen BgA dar. Auf diesen BgA sind § 4 Absatz 6 und § 8 Absatz 7 KStG anzuwenden.

c) Personengesellschaft unterhält neben einem Dauerverlustgeschäft auch andere Geschäftsbereiche

62 Das jeweilige Dauerverlustgeschäft bildet nach allgemeinen Grundsätzen einen gesonderten BgA. Für die jeweiligen Gewinntätigkeiten gilt (auch unter Berücksichtigung von *R 6 Absatz 2 Satz 2 KStR*[1]) Entsprechendes. Auf die BgA sind § 4 Absatz 6 und § 8 Absatz 7 KStG anzuwenden.

2. Kapitalgesellschaft ist Gesellschafterin der Personengesellschaft

63 Nach den Grundsätzen des BFH-Urteils vom 25. Juni 1996 (BStBl. 1997 II S. 202) sind die aus den einzelnen Tätigkeiten der Gesellschaft dem Gesellschafter zuzurechnenden Einkünfte bei ihm nur steuerrelevant, soweit die Tätigkeiten mit Gewinnerzielungsabsicht unternommen werden. Verlustgeschäfte, auch soweit sie Dauerverlustgeschäfte i. S. d. § 8 Absatz 7 Satz 2 KStG sind, sind bei der Einkommensermittlung der Kapitalgesellschaft nicht zu berücksichtigen. Damit stellt sich die Frage, ob eine Zurechnung der anteiligen Verluste eine verdeckte Gewinnausschüttung zur Folge hat, nicht. Dies gilt auch bei einer gewerblich geprägten Personengesellschaft (vgl. BFH-Urteil vom 25. September 2008, BStBl. 2009 II S. 266).

D. Verlustnutzungen bei zusammengefassten BgA (§ 8 Absatz 8 KStG)

64 Die Vorschriften des Verlustabzugs sind auf den jeweiligen BgA anzuwenden. Aus der zulässigen Zusammenfassung von BgA, die nicht gleichartig sind, entsteht ein neuer BgA, der Verlustvorträge, die im Einzelfall bei den bisherigen BgA vor Zusammenfassung festgestellt worden sind, nicht übernehmen kann (§ 8 Absatz 8 Satz 2 KStG). Diese Verlustvorträge sind erst wieder „nutzbar“, wenn die jPöR einen BgA, wie er bis zur Zusammenfassung bestand, künftig wieder unterhält. Entsprechendes gilt, wenn ein BgA, in dem nicht gleichartige Tätigkeiten zulässigerweise zusammengefasst worden sind, getrennt wird. Wird einem BgA, in dem mehrere nicht gleichartige Tätigkeiten zusammengefasst sind (z. B. ÖPNV und Hafenbetrieb) ein weiterer Tätigkeitsbereich (z. B. Wasserversorgung) zugeführt, liegt ein neuer BgA vor, der über keinen Verlustvortrag verfügt. Veränderungen innerhalb eines Tätigkeitsbereichs (z. B. Erweiterung des Verkehrsbetriebs von Bussen um Straßenbahnen) sind dagegen unschädlich. 32

Beispiel:

65 Die jPöR unterhält den BgA „Bad Ost und West“ und den BgA „ÖPNV“. Zum 31. Dezember 2008 sind beim Bäder-BgA 100 000 € Verlustvortrag und beim Verkehrs-BgA 300 000 € Verlustvortrag festgestellt. In 2009 als auch in 2010 erzielt der BgA „Bad Ost und West“ jeweils einen Jahresverlust von 10 000 € und der Verkehrsbetrieb in 2009 als auch in 2010 jeweils einen Jahresverlust von 20 000 €. In 2010 eröffnet die jPöR zusätzlich das „Bad Süd“, das einen Gewinn von 1000 € erzielt. In 2010 betreibt die jPöR auch noch die Stromversorgung mit einem Gewinn von 11 000 €.
Für den BgA „Bad Ost und West“ wird zum 31. Dezember 2009 ein Verlustvortrag von 110 000 € festgestellt. Durch die Eröffnung des „Bad Süd“ kann die jPöR, da eine gleichartige Tätigkeit vorliegt, den BgA zum BgA „Bad Ost, West und Süd“ erweitern, dessen Verlustvortrag zum 31. Dezember 2010 auf 110 000 € + 10 000 € ./. 1000 € = 119 000 € festzustellen ist.
Für den BgA „ÖPNV“ wird zum 31. Dezember 2009 ein Verlustvortrag von 320 000 € festgestellt. Fasst die jPöR in 2010 diesen BgA mit dem neuen BgA „Stromversorgung“ zusammen, entsteht ein neuer BgA „ÖPNV-Stromversorgung“, der zum 31. Dezember 2010 einen festzustellenden Verlustvortrag von 0 € + 20 000 € ./. 11 000 € = 9000 € hat. Der bisherige Verlustvortrag von 320 000 € aus dem BgA „ÖPNV“ wird so lange „eingefroren“, bis die jPöR in der Zukunft die Stromversorgung wieder aufgeben sollte und den ÖPNV „alleine“ weiter betreibt. In diesem Fall würde der wieder entstandene BgA „ÖPNV“ mit einem Verlustvortrag von 320 000 € „starten“ und der Verlustvortrag von 9000 € des BgA „ÖPNV-Stromversorgung“ festgeschrieben bleiben.

E. Spartentrennung bei Eigengesellschaften (§ 8 Absatz 9 KStG)

I. Allgemeines

66 § 8 Absatz 9 KStG ist anzuwenden, wenn für eine Kapitalgesellschaft § 8 Absatz 7 Satz 1 Nummer 2 KStG zur Anwendung kommt und diese 33
- mehr als eine Tätigkeit ausübt, die bei einer jPöR jeweils zu einem BgA führen würde, die ggf. aber nach § 4 Absatz 6 KStG zusammengefasst werden könnten,
- neben mindestens einer wirtschaftlichen Tätigkeit auch eine Tätigkeit im Sinne des § 8 Absatz 7 Satz 2 letzter Halbsatz KStG ausübt oder
- mehrere Tätigkeiten im Sinne des § 8 Absatz 7 Satz 2 letzter Halbsatz KStG ausübt.

67 In Fällen der Organschaft vgl. unter F.

II. Sparteneinteilung

1. Einzelne Sparten

68 Mit der Ausübung mehrerer verschiedener Tätigkeiten in einer Kapitalgesellschaft kommt es zur Zusammenfassung dieser Tätigkeiten bei einem Steuerpflichtigen. Diese Zusammenfassung ist unter Beachtung der Grundsätze des § 4 Absatz 6 KStG bei der Spartenbildung zwingend zu berücksichtigen (wegen der Zusammenfassung bei BgA vgl. Rdnr. 1). 34

[1] Vgl. jetzt **H 4.1** KStH Beteiligungen von jPöR an Personengesellschaften.

Anl a zu H 4.1

noch **34**

Für die Spartenzuordnung sind

69 – zunächst Dauerverlustgeschäfte im Sinne des § 8 Absatz 7 Satz 2 letzter Halbsatz KStG jeweils einer gesonderten Sparte zuzuordnen (Sparten i. S. d. § 8 Absatz 9 Satz 1 Nummer 1 KStG = Sparten mit „hoheitlichen" Dauerverlustgeschäften). Eine Zusammenfassung dieser „hoheitlichen" Tätigkeiten scheidet aus;

70 – danach Tätigkeiten, die entweder nach § 4 Absatz 6 Satz 1 KStG zusammenfassbar sind, unabhängig davon, ob es sich um Dauerverlustgeschäfte oder Gewinngeschäfte handelt, oder aus übrigen nicht zusammenfassbaren Dauerverlustgeschäften stammen, nach Maßgabe des § 4 Absatz 6 Satz 1 EStG jeweils einer gesonderten Sparte zuzuordnen (Sparten i. S. d. § 8 Absatz 9 Satz 1 Nummer 2 KStG);

71 – die danach verbleibenden Tätigkeiten einer gesonderten Sparte zuzuordnen (Sparte i. S. d. § 8 Absatz 9 Satz 1 Nummer 3 KStG; „übrige Sparte"). In diese Sparte sind auch Geschäfte einzuordnen, die – ohne Dauerverlustgeschäfte zu sein – in einzelnen Wirtschaftsjahren Verluste bzw. Anlaufverluste erzielen.

72 Jede Änderung in der Tätigkeitsstruktur der Kapitalgesellschaft ist auf ihre Auswirkung auf die Spartenzuordnung zu überprüfen; eine Änderung in der Tätigkeitsstruktur kann auch über Umwandlungsvorgänge bewirkt werden:

73 – Wird zu einer bestehenden Sparte eine gleichartige Tätigkeit aufgenommen oder fällt eine solche weg, wird die nämliche Sparte in ihrer veränderten Form fortgeführt.

74 – Veränderungen in der „übrigen Sparte" (§ 8 Absatz 9 Satz 1 Nummer 3 KStG) führen zu Änderungen in dieser Sparte und der Fortführung dieser Sparte in der veränderten Form.

75 – Übrige Veränderungen in Form der Aufnahme neuer Tätigkeiten oder dem Wegfall bisheriger Tätigkeiten führen zu neuen Sparten unter Berücksichtigung der aktuellen Tätigkeitsstruktur. Wenn hiervon bisherige Sparten betroffen sind, fallen diese Sparten weg: Ein in einer dieser Sparten festgestellter Verlustvortrag ist festzuschreiben; kommt es künftig wieder zu einer Tätigkeitsstruktur, die dieser Sparte entspricht, ist dieser festgeschriebene Betrag als Anfangsbestand der neuen Sparte maßgebend.

76 Hilfsgeschäfte zu einer Haupttätigkeit der Kapitalgesellschaft teilen das Schicksal der Haupttätigkeit. Ob ein Hilfsgeschäft vorliegt, beurteilt sich nach den Gegebenheiten des Einzelfalls. Die Veräußerung des Betriebsvermögens in Folge der Aufgabe der operativen Tätigkeit ist beispielsweise ein Hilfsgeschäft in der Sparte, der das Betriebsvermögen bisher zugeordnet war. Für Nebengeschäfte von untergeordneter Bedeutung gilt Entsprechendes.

77 Die Spartenbildung ist losgelöst von der Frage vorzunehmen, ob die einzelnen Sparten einen Teilbetrieb bilden oder nicht.

Beispiel 1:

78 Im Veranlagungszeitraum 01 betreibt die Kapitalgesellschaft ein Theater mit einem Verlust von 30, in den Stadtteilen A und B jeweils ein Bad mit Verlusten von 30 bzw. 40, ein Blockheizkraftwerk, das aus der Stromgewinnung einen Überschuss von 120 erzielt, den ÖPNV mit einem Verlust von 160, ein reines Schulschwimmbad mit einem Verlust von 40, die Hausmüllentsorgung mit einem Gewinn von 10, die Grundstücksverwertung mit einem Gewinn von 30 und erstmals eine EDV-Servicetätigkeit mit einem Anlaufverlust von 5.

Die Tätigkeiten der Eigengesellschaft sind zwingend folgenden Sparten zuzuordnen:

- Sparte „Schulschwimmbad" (Verlust 40) als „hoheitliches" Dauerverlustgeschäft.
- Sparte „Theater" (Verlust 30) als Dauerverlustgeschäft.
- Sparte „Bäder A und B" (Verlust 70) als gleichartig zusammengefasste Tätigkeiten.
- Sparte „Stromversorgung/Verkehrsbetrieb" (Verlust 40) als auf Grund § 4 Absatz 3 KStG zusammengefasste Tätigkeiten.
- Sparte „übrige Tätigkeiten" bestehend aus der mit Gewinnerzielungsabsicht betriebenen Tätigkeit der Hausmüllentsorgung, der Grundstücksverwertung und der EDV-Servicetätigkeit (Gewinn 35).

Die Verluste der vier Verlustsparten sind gesondert festzustellen. Der Gewinn aus der Sparte „übrige Tätigkeiten" ist bei der Einkommensermittlung der Gesellschaft für den Veranlagungszeitraum 01 zu berücksichtigen.

Beispiel 2:

79 Im Veranlagungszeitraum 02 betreibt die Kapitalgesellschaft zum einen dieselben Tätigkeiten wie 01 und erzielt hierbei auch die entsprechenden Ergebnisse. Zusätzlich betreibt sie ab Beginn des Jahres noch ein zweites Theater mit einem Gewinn von 70 und die Wasserversorgung mit einem Gewinn von 50.

Die Tätigkeiten der Eigengesellschaft sind nunmehr zwingend folgenden Sparten zuzuordnen:

- Sparte „Schulschwimmbad" (Verlust 40) als „hoheitliches" Dauerverlustgeschäft. Ingesamt festgestellter Verlust 80.
- Sparte „Theater" bestehend aus dem Dauerverlustgeschäft des bisherigen Theaters und dem neu hinzugekommenen Theater, das kein Dauerverlustgeschäft ist. Das laufende Ergebnis von 70 ./. 30 = 40 vermindert sich um den Verlustvortrag dieser Sparte von 30, so dass sich für 02 ein Gesamtbetrag der Einkünfte von 10 ergibt.
- Sparte „Bäder A und B" (Verlust 70) als gleichartig zusammengefasste Tätigkeiten. Ingesamt festgestellter Verlust 140.
- Neue Sparte „Stromversorgung/Verkehrsbetrieb/Wasserversorgung" (Gewinn (50 ./. 40 =) 10) als auf Grund von § 4 Absatz 3 KStG zusammengefasste Tätigkeiten. Dieser Gewinn kann nicht um den Verlustvortrag der bisherigen Sparte „Stromversorgung/Verkehrsbetrieb" aus 01 gemindert werden, da zwar die Stromversorgung und die Wasserversorgung für sich als gleichartig anzusehen wären, in Folge der schon bestehenden Zusammenfassung der Stromversorgung mit dem Verkehrsbetrieb aber kein Versorgungsbetrieb vorliegt, der mit der Wasserversorgung wegen Gleichartigkeit zusammengefasst werden könnte. (Dies wäre nur der Fall, wenn bei der Zusammenfassung der Stromversorgung mit dem Verkehrsbetrieb die Stromversorgung diesem zusammengefassten BgA das Gepräge geben würde.)
- Sparte „Übrige Tätigkeiten" bestehend aus der mit Gewinnerzielungsabsicht betriebenen Tätigkeit der Hausmüllentsorgung und der Grundstücksverwertung und der EDV-Servicetätigkeit (Gewinn 35).

Die Verluste der zwei Verlustssparten sind gesondert festzustellen. Die Gewinne aus den Sparten „Theater“, „Stromversorgung/Verkehrsbetrieb/Wasserversorgung“ und „Übrige Tätigkeiten“ sind bei der Einkommensermittlung der Gesellschaft für den Veranlagungszeitraum 02 zu berücksichtigen. Anl a zu H 4.1

2. Ergebnisermittlung der Sparten

80 Die Bildung der Sparten lässt die Steuerpflicht der Kapitalgesellschaft selbst unberührt. Für die Ermittlung der Spartenergebnisse sind die Wirtschaftsgüter bzw. die Geschäftsvorfälle der Kapitalgesellschaft aus der für sie bestehenden Rechnungslegung den einzelnen Sparten in sachgerechter Weise rechnerisch zuzuordnen; dies gilt insbesondere für Beteiligungen oder Finanzanlagen. Dabei ist für die Tätigkeit notwendiges Betriebsvermögen zwingend entsprechend der Tätigkeit dieser Sparte zuzuordnen. Die Änderung der spartenmäßigen Zuordnung eines Wirtschaftsguts führt nicht zur Realisierung stiller Reserven.

Beispiel 1:

81 Die Kapitalgesellschaft betreibt den dauerdefizitären Nahverkehr und die Abwasserentsorgung. Sie hält Anteile an einer Reisebürogesellschaft und einer Recyclinggesellschaft. Schließlich hat sie ein Festgeldkonto, auf dem liquide Finanzmittel angelegt sind.

Die Kapitalgesellschaft ist in die Sparten „Nahverkehr“ und „Abwasserentsorgung“ aufzuteilen. Die Beteiligung an dem Reisebüro ist der Sparte „Nahverkehr“ und die an der Recyclinggesellschaft der Sparte „Abwasserentsorgung“ zuzuordnen. Die Finanzmittel sind beiden Sparten z. B. umsatzabhängig zuzuordnen. Eine ausschließliche Zuordnung zur Sparte „Nahverkehr“ wäre z. B. nur möglich, wenn nachweisbar im Bereich Abwasserentsorgung keine liquiden Finanzmittel anfallen oder benötigt würden.

Beispiel 2:

82 Die Kapitalgesellschaft betreibt den Nahverkehr, bei dem sich dauerhaft ein Betriebsverlust ergibt, der aber regelmäßig durch Ausschüttungen auf eine dem Nahverkehr als gewillkürtes Betriebsvermögen zugeordnete nicht 100 %ige Beteiligung überkompensiert wird, die Stromversorgung und die Abwasserentsorgung.

Die Kapitalgesellschaft ist in die Sparten „Nahverkehr/Stromversorgung“ und „Abwasserentsorgung“ aufzuteilen. Im Zuge der Ermittlung des Gesamtbetrags der Einkünfte in der Sparte „Nahverkehr/Stromversorgung“ kommt es in Folge § 8 b KStG zu einer Verrechnung der Betriebsverluste aus dem Nahverkehr mit einem Gewinn aus der Stromversorgung.

3. Behandlung allgemeiner Verwaltungs- und Servicekosten

83 Die allgemeinen ex- und internen Verwaltungs- und Servicekosten (z. B. Kosten für Buchführung oder Beratung) oder vergleichbare Kosten der Kapitalgesellschaft sind den einzelnen Sparten sachgerecht zuzuordnen. Weicht der Steuerpflichtige von seinen bisherigen Zuordnungsgrundsätzen ab, kann dies nur anerkannt werden, wenn die Abweichung nachvollziehbar begründet wird.

84 Werden derartige Leistungen von einer Konzerngesellschaft für die einzelnen Unternehmen des Konzerns erbracht, stellt diese Tätigkeit bei der Konzerngesellschaft eine sonstige Tätigkeit dar, die der Sparte „übrige Tätigkeiten“ zuzuordnen ist. Die den Konzerngesellschaften in Rechnung gestellten Beträge stellen bei diesen externe Verwaltungs- und Servicekosten dar.

4. Zinsschranke

85 Kommt es bei der Kapitalgesellschaft nach den Grundsätzen der Rdnrn. 91 bis 93 des BMF-Schreibens vom 4. Juli 2008 (BStBl. I S. 718)[1] zur Anwendung des § 4 h EStG bzw. § 8 a KStG, so ist der nichtabziehbare Betrag bzw. der Zinsvortrag sachgerecht den einzelnen Sparten zuzuordnen.

5. Ermittlung des Einkommens der Kapitalgesellschaft

86 Für jede Sparte ist nach Maßgabe des *R 29 Absatz 1 Satz 2 KStR*[2] ein eigenständiger Gesamtbetrag der Einkünfte zu ermitteln (§ 8 Absatz 9 Satz 2 KStG). Hierbei sind insbesondere § 8 Absatz 3 Satz 2 KStG bzw. § 8 Absatz 7 KStG in der jeweiligen Sparte anzuwenden.

87 Nur Sparten, deren Gesamtbetrag der Einkünfte nicht negativ ist, sind bei der anschließenden Ermittlung des Einkommens der Eigengesellschaft zu berücksichtigen.

6. Verlustabzug bei der Kapitalgesellschaft

88 Nach § 8 Absatz 9 Satz 5 KStG mindert ein Verlust in einer Sparte nach Maßgabe des § 10 d EStG den positiven Gesamtbetrag der Einkünfte, der sich in dem unmittelbar vorangegangenen und in den folgenden Veranlagungszeiträumen für diese Sparte ergibt. Dies hat zur Folge, dass sich der Verlustrücktrag von bis zu 511 500 EUR bzw. der Sockelbetrag beim Verlustvortrag von 1 Mio. EUR pro Sparte ermittelt.

89 Der sich hiernach pro Sparte ergebende verbleibende Verlustvortrag ist nach Maßgabe des § 10 d Absatz 4 EStG gesondert festzustellen.

F. Sonderregelungen bei Organschaftsgestaltungen

I. Allgemeines

90 In Fällen einer Organschaft kommt es auf Ebene des Organträgers zu einer Zusammenfassung der Tätigkeiten, die im Organkreis ausgeübt werden. 35

91 Auf Ebene der Organgesellschaft sind im Wege der Einkommensermittlung weder Sparten i. S. d. § 8 Absatz 9 KStG zu bilden noch bei Dauerverlustgeschäften die Rechtsfolgen des § 8 Absatz 3 Satz 2 und Absatz 7 KStG zu ziehen (§ 15 Satz 1 Nummer 4 Satz 1 und Nummer 5 Satz 1 KStG). Das

---

[1] Letzmals abgedruckt als Anl zu H 8 a im „Handbuch zur Körperschaftsteuerveranlagung 2021“. **Weiterhin abrufbar im Online-Modul über das Inhaltsverzeichnis.** Zudem abgedruckt als Anl zu § 4 h im „Handbuch zur Einkommensteuerveranlagung“.

[2] Jetzt **R 7.1 Abs. 1 Satz 2** KStR.

dem Organträger zugerechnete Einkommen ist auf Ebene des Organträgers nach Maßgabe der Ausführungen unter E den beim Organträger zu bildenden Sparten zuzuordnen (§ 15 Satz 1 Nummer 5 Satz 2 KStG). Innerhalb dieser Sparten ist dann § 8 Absatz 3 Satz 2 und Absatz 7 KStG anzuwenden (§ 15 Satz 1 Nummer 4 Satz 2 KStG).

II. Organträger ist ein BgA

36 **92** Nach § 15 Satz 1 Nummer 5 Satz 2 KStG ist in Fällen, in denen die Organgesellschaft Dauerverlustgeschäfte im Sinne des § 8 Absatz 7 Satz 2 KStG ausübt, bei der Ermittlung des Einkommens des Organträgers § 8 Absatz 9 KStG anzuwenden. Dies gilt auch, wenn der Organträger keine Kapitalgesellschaft i. S. d. § 8 Absatz 9 KStG, sondern ein BgA ist.

Beispiel:

93 JPöR unterhält einen gewinnträchtigen BgA „Grundstücksverwertung", der mit einer GmbH, die laufende Verluste aus Bädern erzielt und die die Voraussetzungen des § 8 Absatz 7 Satz 1 Nummer 2 KStG erfüllt, ein Organschaftsverhältnis begründet hat.

Auf Ebene der GmbH ist § 8 Absatz 7 KStG nicht anzuwenden (§ 15 Satz 1 Nummer 4 Satz 1 KStG). Die Anwendung der Grundsätze des § 8 Absatz 9 KStG auf Ebene des Organträgers (§ 15 Satz 1 Nummer 5 Satz 2 KStG) führt zu einer Spartenbildung: Sparte „Grundstücksverwertung" und Sparte „Bäder". In der Sparte „Bäder" ist keine vGA anzusetzen (§ 15 Satz 1 Nummer 4 Satz 2 i. V. m. § 8 Absatz 7 KStG).

94 Ein Dauerverlust-BgA kann kein Organträger sein (vgl. Rdnr. 5 des BMF-Schreibens vom 26. August 2003, BStBl. I S. 437).[1]

G. Gewerbesteuerliche Regelungen

I. Ermittlung des Gewerbeertrags bei Betrieben der öffentlichen Hand und Eigengesellschaften

37 **95** § 8 Absatz 1 Satz 2 KStG ist für die Ermittlung des Gewerbeertrags eines Betriebs der öffentlichen Hand ohne Bedeutung. Ein solcher liegt im Gegensatz zum BgA nur vor, wenn er die Tatbestände des stehenden Gewerbebetriebs erfüllt, zu denen u. a. die Gewinnerzielungsabsicht zählt.

96 Die Zuordnung der Wirtschaftsgüter bzw. der Geschäftsvorfälle der Kapitalgesellschaft auf die einzelnen Sparten (vgl. E) ist für die Hinzurechnung bzw. Kürzung nach §§ 8 und 9 GewStG maßgebend. Der Freibetrag des § 8 Nummer 1 GewStG ist nur für die Eigengesellschaft zu gewähren. Er ist auf die einzelnen Sparten entsprechend dem Verhältnis aufzuteilen, wie die Hinzurechnungsbeträge (vor Freibetrag) auf die Sparten entfallen. Entsprechend den Grundsätzen zu Rdnr. 88 ist der Betrag von 1 Mio. EUR nach § 10 a Satz 2 GewStG pro Sparte zu ermitteln.

97 In Fällen einer Organschaft sind die Grundsätze des *Abschnitts 41 GewStR*[2] anzuwenden.

II. Gewerbesteuerliche Zusammenfassung von Betrieben der öffentlichen Hand

38 **98** § 2 Absatz 1 Satz 1 GewStDV stellt klar, dass für die Frage, ob ein Betrieb der öffentlichen Hand als stehender Gewerbebetrieb anzusehen ist, die Zusammenfassungsgrundsätze des § 4 Absatz 6 Satz 1 KStG maßgebend sind. Maßgebend ist danach, ob das nach diesen Grundsätzen zusammengefasste Unternehmen mit Gewinnerzielungsabsicht betrieben wird.

Anl b zu H 4.1

b) Schreiben betr. Kriterien zur Abgrenzung hoheitlicher von wirtschaftlicher Tätigkeit einer juristischen Person des öffentlichen Rechts

Vom 11. Dezember 2009 (BStBl. I S. 1597)

(BMF IV C 7-S 2706/07/10006)

41 Der BFH hat im Urteil vom 29. Oktober 2008 I R 51/07 (BStBl. 2009 II S. 1022) zum Betrieb eines Krematoriums zur Frage Stellung genommen, unter welchen Voraussetzungen eine Betätigung der juristischen Person des öffentlichen Rechts (jPöR) als hoheitliche Tätigkeit angesehen werden kann.

Nach dem Ergebnis der Erörterung mit den obersten Finanzbehörden der Länder sind die Grundsätze dieser Entscheidung unter Berücksichtigung der nachfolgenden Ausführungen über den entschiedenen Einzelfall hinaus bei der Beurteilung von Tätigkeiten der jPöR (einschließlich des Betriebs eines Krematoriums) in Ergänzung der Ausführungen in *R 9 und H 9 KStH*[3] allgemein anzuwenden.

I. Abgrenzung hoheitlicher von wirtschaftlicher Tätigkeit

42 Eine Tätigkeit der jPöR ist, sofern es sich nicht um eine Tätigkeit eines Betriebs i. S. des § 4 Absatz 3 KStG handelt, nur wirtschaftlich (und damit unter den übrigen Voraussetzungen als BgA) einzustufen, wenn sie der jPöR nicht eigentümlich und vorbehalten ist. Bei der Prüfung, ob eine der jPöR vorbehaltene Tätigkeit vorliegt, gilt Folgendes:

1. Aufgabenzuweisung an die jPöR

a) Grundsatz

Eine Tätigkeit ist der jPöR vorbehalten, soweit die jPöR (z. B. Kommune) sie in Erfüllung einer ihr gesetzlich (z. B. durch Bundesrecht, Landesrecht oder Landesrecht auf der Grundlage von Bundesrecht) zugewiesenen Aufgabe ausübt. Entsprechendes gilt, soweit eine derart zugewiesene Aufgabe von der jPöR auf eine andere jPöR (Zweckverband oder Anstalt öffentlichen Rechts) übertragen wird.

[1] Abgedruckt als Anl a zu H 14.1.
[2] Jetzt R 7.1 Abs. 5 GewStR.
[3] Vgl. jetzt Neufassung **R 4.4** KStR und **H 4.4** KStH.

Ist eine Tätigkeit hiernach in einem Bundesland der jPöR vorbehalten und besteht hier ein öffentlich-rechtlicher Benutzungszwang, bleibt die Tätigkeit ihr vorbehalten, auch wenn die Tätigkeit in einem anderen Bundesland der jPöR nicht vorbehalten ist.

Eine vorbehaltene Tätigkeit liegt nicht vor, wenn die jPöR die Aufgaben auf private Dritte übertragen kann (vgl. unter 2.). Eine Übertragung einer Aufgabe auf einen Dritten liegt nicht vor, wenn sich die jPöR bei ihrer Durchführung privater Dritter lediglich als Erfüllungsgehilfen bedient.

Beispiel:

Auf der Grundlage des bis Februar 2010 geltenden § 18 a Absatz 2 a des Wasserhaushaltgesetzes bzw. des ab März 2010 geltenden § 56 des Wasserhaushaltsgesetzes bestimmt Artikel 41 b Absatz 1 Satz 1 des Bayerischen Wassergesetzes, dass die Aufgabe der Abwasserbeseitigung der Kommune zugewiesen ist, in der die Abwässer anfallen. Der Abwassererzeuger ist zur Überlassung seiner Abwässer an die Kommune verpflichtet (öffentlich-rechtlicher Benutzungszwang).

Die Aufgabe der Entsorgung dieser Abwässer ist der Kommune – auch wenn sie sich bei der Durchführung der Aufgabe eines privaten Dritten bedient (z. B. einem privaten Kläranlagenbetreiber) – vorbehalten. Es liegt unter Berücksichtigung der übrigen Kriterien des § 4 KStG eine hoheitliche Tätigkeit vor.

b) Ausnahme

Trotz einer Aufgabenzuweisung an die jPöR liegt keine vorbehaltene Tätigkeit vor, wenn kein öffentlich-rechtlicher Benutzungszwang besteht, so dass die Leistung auch bei einem Dritten nachgefragt werden kann, der keine in- oder ausländische jPöR ist.

Beispiel:

§ 13 Absatz 1 des Hamburger Bestattungsgesetzes weist den Betrieb von Feuerbestattungsanlagen in der Hansestadt einer jPöR zu; ein öffentlich-rechtlicher Benutzungszwang dieser Anlagen besteht nicht; d. h., auch andernorts ansässige Unternehmen, die derartige Tätigkeiten anbieten, können von Hamburgern in Anspruch genommen werden.

Mangels bestehendem öffentlich-rechtlichem Benutzungszwang liegt keine der jPöR vorbehaltene Aufgabe vor. Die der jPöR zugewiesene Aufgabe führt bei dieser zu einem BgA.

c) Rückausnahme

Dies gilt ausnahmsweise nicht, wenn der Markt für die von der jPöR ausgeübte Tätigkeit örtlich so eingeschränkt ist, dass eine Wettbewerbsbeeinträchtigung steuerpflichtiger Unternehmen im In- und Ausland ausgeschlossen werden kann.

2. Aufgabenübertragung auf private Dritte

a) Grundsatz

Kann die der jPöR zugewiesene Aufgabe auf einen privaten Dritten übertragen werden, handelt es sich mangels einer der jPöR vorbehaltenen Aufgabe um eine wirtschaftliche Tätigkeit, die – soweit auch die übrigen Voraussetzungen erfüllt sind – zu einem BgA der jPöR führt. 43

Beispiel:

Nach § 39 Absatz 2 des Hessischen Wassergesetzes (und vergleichbarer Regelungen in den anderen Bundesländern) kann die den Gemeinden zugewiesene Aufgabe der ausreichenden Versorgung der Bevölkerung mit Trinkwasser von diesen auf private Dritte übertragen werden.

Die Trinkwasserversorgung begründet bei einer jPöR damit einen BgA.

b) Ausnahme

Trotz der Möglichkeit, die der jPöR zugewiesene Aufgabe auf einen privaten Dritten zu übertragen, ist die Tätigkeit der jPöR allerdings vorbehalten, wenn

- die Übertragung auf den privaten Dritten nur im Wege der Beleihung möglich ist und
- ein öffentlich-rechtlicher Benutzungszwang besteht, so dass die Leistung nur von jPöR oder von Beliehenen erbracht werden kann. Besteht in einem Bundesland ein öffentlich-rechtlicher Benutzungszwang, ist die Tätigkeit der jPöR in diesem Land der jPöR vorbehalten und damit unter Berücksichtigung der übrigen Voraussetzungen des § 4 KStG hoheitlich, auch wenn dieses Vorbehalten in einem anderen Bundesland nicht vorliegt.

Eine Beleihung in diesem Sinne setzt voraus, dass der private Dritte seine ihm übertragene Aufgabe nach Maßgabe öffentlich-rechtlicher Handlungsformen zu erfüllen hat.

Beispiel:

Nach § 2 Absatz 2 Satz 1 des Vermessungs- und Katastergesetzes NRW wird die Aufgabe des amtlichen Vermessungswesens, das nach § 2 Absatz 1 des Vermessungs- und Katastergesetzes NRW den Kreisen und kreisfreien Städten übertragen ist, auch von einem in NRW zugelassenen öffentlich bestellten Vermessungsingenieur erbracht, der diese Aufgabe in den Handlungsformen des öffentlichen Rechts auszuüben hat.

Die genannte Vermessungstätigkeit der Katasterbehörden in NRW ist hoheitlich, da privaten Dritten diese Aufgabe nur im Wege der Beleihung übertragen werden kann und nicht beliehene private Dritte die Leistung nicht erbringen können. Für Zwecke der Umsatzsteuer ist *§ 2 Absatz 3 Satz 2 Nummer 4 UStG*[1] zu beachten.

II. Übergangsregelung

Soweit zu vorstehenden Grundsätzen in einzelnen Bundesländern bisher abweichende Regelungen galten, sind diese Grundsätze erstmals für den Veranlagungszeitraum 2010 anzuwenden. 44

---

[1] § 2 Abs. 3 UStG aufgeh. durch Gesetz v. 2. 11. 2015 mWv 31. 12. 2015 (BGBl. I S. 1834); zur weiteren Anwendung siehe § 27 Abs. 22 UStG.

R 4.2

R 4.2 Zusammenfassung von Betrieben gewerblicher Art

46 ① Die Zusammenfassung mehrerer BgA ist unter den Voraussetzungen des § 4 Abs. 6 KStG zulässig. ② Das gilt auch für die Zusammenfassung von Einrichtungen, die mangels Gewicht keinen BgA darstellen, zu einem BgA, und die Zusammenfassung solcher Einrichtungen mit BgA. ③ Die Zusammenfassung von Verpachtungsbetrieben ist jedoch ausschließlich nach § 4 Abs. 6 Satz 1 Nr. 1 KStG zulässig; hierfür ist die jeweilige Tätigkeit des Pächters maßgeblich. ④ Ein BgA, der auch Dauerverlustgeschäfte i. S. d. § 8 Abs. 7 KStG ausübt, kann Organträger sein, wenn er insgesamt ein gewerbliches Unternehmen i. S. d. § 14 Abs. 1 KStG ist. ⑤ Eine Zusammenfassung von Gewinn- und Verlustbetrieben mittels Organschaft ist auch in diesen Fällen nur zulässig, wenn diese als BgA nach § 4 Abs. 6 KStG hätten zusammengefasst werden können.

H 4.2

H 4.2

47 **Enge wechselseitige technisch-wirtschaftliche Verflechtung.** → BFH vom 16. 12. 2020, I R 41/17, BStBl. 2021 II S. 872.

Zusammenfassung von Betrieben gewerblicher Art mittels eines Blockheizkraftwerks. → BMF vom 11. 5. 2016, BStBl. I S. 479.[1]

R 4.3

R 4.3 Verpachtungsbetriebe gewerblicher Art

48 – *unbesetzt* –

H 4.3

H 4.3

50 **Anwendungsschreiben zu Verpachtungen durch die öffentliche Hand.** Zu den Grundsätzen der Verpachtung → BMF vom 12. 11. 2009, BStBl. I S. 1303, Rdnr. 15 ff.[2]

Aufgabe des Verpachtungsbetriebs. Ein Verpachtungsbetrieb gewerblicher Art kann nur dadurch mit der Folge der Auflösung der in dem verpachteten Betriebsvermögen enthaltenen stillen Reserven aufgegeben werden, dass der Verpachtungsbetrieb eingestellt oder veräußert wird (→ BFH vom 1. 8. 1979, I R 106/76, BStBl. II S. 716).

Einkunftsart. → H 8.2 Einkunftsart.

Inventar. Sind keine Räume, sondern nur Inventar verpachtet, kommt es für die Steuerpflicht auf die Umstände des Einzelfalls an (→ BFH vom 6. 10. 1976, I R 115/75, BStBl. 1977 II S. 94). Das gilt auch für die Verpachtung eines einer Gemeinde gehörenden Campingplatzes (→ BFH vom 7. 5. 1969, I R 106/66, BStBl. II S. 443).

Wirtschaftliches Gewicht. → R 4.1 Abs. 5 Satz 6 und 7.

R 4.4

R 4.4 Hoheitsbetriebe

52 (1) ① Eine Ausübung der öffentlichen Gewalt kann insbesondere anzunehmen sein, wenn es sich um Leistungen handelt, zu deren Annahme der Leistungsempfänger aufgrund gesetzlicher oder behördlicher Anordnung verpflichtet ist. ② Zu den Hoheitsbetrieben können z. B. gehören: Wetterwarten, Schlachthöfe in Gemeinden mit Schlachtzwang, Anstalten zur Lebensmitteluntersuchung, zur Desinfektion, zur Straßenreinigung und zur Abführung von Abwässern und Abfällen.

53 (2) ① Die Verwertung bzw. Veräußerung von Material oder Gegenständen aus dem hoheitlichen Bereich einer jPöR (sog. Hilfsgeschäfte) ist dem hoheitlichen Bereich zuzuordnen. ② Das gilt z. B. für den An- und Verkauf von Dienstkraftfahrzeugen auch dann, wenn die Veräußerung regelmäßig vor Ablauf der wirtschaftlichen Nutzungsdauer erfolgt. ③ Die Anzahl der von der Beschaffungsstelle vorgenommenen An- und Verkäufe ist dabei unbeachtlich.

H 4.4

H 4.4

55 **Beistandsleistung.** Eine ihrem Inhalt nach wirtschaftliche Tätigkeit wird auch nicht dadurch zur Ausübung hoheitlicher Gewalt, dass sie im Wege der Amtshilfe für den wirtschaftlichen Bereich eines anderen Hoheitsträgers erfolgt (→ BFH vom 14. 3. 1990, I R 156/87, BStBl. II S. 866).

Hoheitsbetrieb.

– **Ausübung öffentlicher Gewalt.** Ausübung öffentlicher Gewalt ist eine Tätigkeit, die der öffentlich-rechtlichen Körperschaft eigentümlich und vorbehalten ist. Kennzeichnend für die Ausübung öffentlicher Gewalt ist die Erfüllung öffentlich-rechtlicher Aufgaben, die aus der Staatsgewalt abgeleitet sind und staatlichen Zwecken dienen (→ BFH vom 21. 11. 1967,

---

[1] Siehe ergänzend *Vfg. OFD Karlsruhe v. 27. 3. 2017 S 270.6/265 – St 213.*
[2] Abgedruckt als Anl a zu H 4.1.

I 274/64, BStBl. 1968 II S. 218). Dies ist nicht schon dann der Fall, wenn der jPöR Tätigkeiten durch Gesetz zugewiesen werden (→ BFH vom 30. 6. 1988, V R 79/84, BStBl. II S. 910). Ausübung öffentlicher Gewalt liegt nicht vor, wenn sich die Körperschaft durch ihre Einrichtungen in den wirtschaftlichen Verkehr einschaltet und eine Tätigkeit entfaltet, die sich ihrem Inhalt nach von der Tätigkeit eines privaten gewerblichen Unternehmens nicht wesentlich unterscheidet (→ BFH vom 21. 11. 1967, I 274/64, BStBl. 1968 II S. 218, → BFH vom 18. 2. 1970, I R 157/67, BStBl. II S. 519 und → BFH vom 25. 1. 2005, I R 63/03, BStBl. II S. 501).

- **BgA im Rahmen eines Hoheitsbetriebs.** Besteht im Rahmen eines Hoheitsbetriebs auch ein BgA (z. B. Kantine, Verkaufsstelle, Erholungsheim), ist die jPöR insoweit steuerpflichtig (→ BFH vom 26. 5. 1977, V R 15/74, BStBl. II S. 813).

Kriterien zur Abgrenzung hoheitlicher von wirtschaftlicher Tätigkeit einer jPöR. → BMF vom 11. 12. 2009, BStBl. I S. 1597.[1]

R 4.5 Abgrenzung in Einzelfällen[2]

R 4.5

(1) ① Die Behandlung der Mitglieder eines → Trägers der Sozialversicherung in seinen eigenen Rehabilitationseinrichtungen ist eine hoheitliche Tätigkeit. ② An dieser Zuordnung zum Hoheitsbereich ändert sich nichts, wenn die Tätigkeit von einem anderen Sozialversicherungsträger übernommen wird. ③ Eine wirtschaftliche Tätigkeit, die unter den Voraussetzungen des R 4.1 Abs. 2 bis 5 ein BgA ist, liegt jedoch dann vor, wenn ein Sozialversicherungsträger in seinen Rehabilitationseinrichtungen gegen Entgelt auch Mitglieder privater Versicherungen oder Privatpersonen behandelt. ④ Von der Prüfung dieser Frage kann abgesehen werden, wenn die Anzahl der Behandlungen von Mitgliedern privater Versicherungen oder von Privatpersonen 5% der insgesamt behandelten Fälle nicht übersteigt. 57

(2) Sind Schülerheime öffentlicher Schulen erforderlich, um den Unterrichts- oder Erziehungszweck zu erreichen, ist der Betrieb der Schülerheime als Erfüllung einer öffentlichrechtlichen Aufgabe anzusehen. 58

(3) Gemeindeeigene Schlachtviehmärkte sind im Gegensatz zu gemeindeeigenen (Nutz- und Zucht-) → Viehmärkten Hoheitsbetriebe. 59

(4) ① Der Betrieb von Parkuhren oder von Parkscheinautomaten ist als Ausübung öffentlicher Gewalt anzusehen, soweit er im Rahmen der Straßenverkehrsordnung durchgeführt wird. ② Die Bereitstellung von öffentlichen Parkflächen in Parkhäusern, Tiefgaragen oder zusammenhängenden Parkflächen außerhalb öffentlicher Straßen ist dagegen als wirtschaftliche Tätigkeit anzusehen (Verkehrsbetrieb i. S. d. § 4 Abs. 3 KStG); dies gilt auch dann, wenn sich die jPöR aufgrund einer Benutzungssatzung oder einer Widmung zum öffentlichen Verkehr der Handlungsform des öffentlichen Rechts bedient. ③ Die Parkraumüberlassung durch eine jPöR an ihre Bediensteten bzw. durch eine öffentlich-rechtliche Hochschule an ihre Studenten ist als Vermögensverwaltung anzusehen, soweit sie ohne weitere Leistungen erfolgt. 60

(5) ① Wird ein gemeindliches Schwimmbad sowohl für das Schulschwimmen[3] als auch für den öffentlichen Badebetrieb genutzt, ist unabhängig davon, welche Nutzung überwiegt, die Nutzung für den öffentlichen Badebetrieb grundsätzlich als wirtschaftlich selbständige Tätigkeit i. S. d. R 4.1 Abs. 4 anzusehen. ② Unter den Voraussetzungen des R 4.1 Abs. 5 ist ein BgA anzunehmen. 61

(6) ① Die Verwertung und Beseitigung von in ihrem Gebiet anfallenden und überlassenen Abfällen aus privaten Haushaltungen durch öffentlich-rechtliche Entsorgungsträger nach § 20 Abs. 1 Kreislaufwirtschaftsgesetz (Abfallentsorgung) ist eine hoheitliche Tätigkeit. ② Für Abfälle aus anderen Herkunftsbereichen als privaten Haushaltungen (sog. Gewerbemüll) gilt dies nur, soweit es sich um Abfälle zur Beseitigung handelt. ③ Deshalb ist auch die entgeltliche Abgabe dieser Abfälle selbst oder der aus diesen Abfällen gewonnenen Stoffe oder Energie steuerlich dem hoheitlichen Bereich zuzuordnen und als hoheitliches Hilfsgeschäft (→ R 4.4 Abs. 2) anzusehen. ④ Eine wirtschaftliche Tätigkeit, die unter den Voraussetzungen des R 4.1 Abs. 2 bis 5 zur Annahme eines BgA führt, liegt allerdings dann vor, wenn die veräußerten Stoffe oder die veräußerte Energie nicht überwiegend aus Abfällen gewonnen werden. ⑤ Bei der Abgrenzung ist vom Brennwert der eingesetzten Abfälle und sonstigen Brennstoffe auszugehen. ⑥ Das getrennte Einsammeln wiederverwertbarer Abfälle und die entgeltliche Veräußerung dieser Abfälle oder der aus den Abfällen gewonnenen Stoffe oder Energie durch die auf Grund von Vorgaben aus Abfallverordnungen entsorgungspflichtige Körperschaft ist steuerlich ebenfalls als hoheitliche Tätigkeit anzusehen. ⑦ Dagegen sind die entsorgungspflichtigen Körperschaften wirtschaftlich tätig, wenn sie aufgrund von privatrechtlichen Vereinbarungen Aufgaben im Rahmen des in § 22 Abs. 3, 4 und 9 des Verpackungsgesetzes vom 5. 7. 2017 (BGBl. I S. 2234) bezeichneten Systems 62

[1] Abgedruckt als Anl b zu H 4.1.

[2] Der Verkauf von AU-Plaketten durch die Kfz-Innungen und von sog. Feinstaubplaketten durch die Kfz-Zulassungsstellen sind keine hoheitlichen Tätigkeiten. *Vfg. OFD Niedersachsen v. 22. 6. 2011 S 2760-180-St 241, DStR 2011 S. 1858).*

[3] Zur steuerlichen Behandlung des Schulschwimmens siehe auch *Vfg. OFD Niedersachsen v. 12. 1. 2012 (S 2706-219-St 241, StEK KStG § 8 Nr. 256).*

durchführen. ⑧ Dies gilt auch für die folgenden Leistungen, die die entsorgungspflichtigen Körperschaften für das System erbringen: Erfassung von Verkaufsverpackungen, Öffentlichkeitsarbeit, Wertstoffberatung, Zurverfügungstellung und Reinigung von Containerstellplätzen. ⑨ Soweit der öffentlich-rechtliche Entsorgungsträger sich gegenüber dem Gewerbetreibenden vertraglich dazu verpflichtet, den bei diesem anfallenden Gewerbemüll zu verwerten, liegt insoweit kein Abfall zur Beseitigung vor, so dass insoweit eine wirtschaftliche Tätigkeit anzunehmen ist.[1]

63 (7) ① → Kurbetriebe einer Gemeinde stellen unter den Voraussetzungen der R 4.1 Abs. 2 bis 5 BgA dar. ② Das gilt unabhängig davon, ob eine Kurtaxe z. B. als öffentlich-rechtliche Abgabe erhoben wird.

64 (8) ① Die entgeltliche Übertragung des Rechts, Werbung an Fahrzeugen des Fuhrparks einer jPöR anzubringen, stellt grundsätzlich keine einen BgA begründende Tätigkeit dar. ② Das Entgelt erhöht jedoch die Einnahmen eines BgA, wenn die Fahrzeuge diesem zugeordnet sind. ③ Ein eigenständiger BgA kann im Einzelfall vorliegen, wenn im Zusammenhang mit der Werbung Leistungen erbracht werden, die über die bloße Zurverfügungstellung der Werbeflächen hinausgehen.

65 (9) Bei der Tätigkeit der Gutachterausschüsse i. S. d. §§ 192 ff. BauGB für Privatpersonen (z. B. Wertermittlungstätigkeit) handelt es sich um eine wirtschaftliche Tätigkeit.[2]

H 4.5

H 4.5

68 **Arbeitsbetriebe von Straf- und Untersuchungshaftanstalten.** Arbeitsbetriebe einer Strafvollzugsanstalt entfalten keine wirtschaftliche Tätigkeit, weil die Beschäftigung von Strafgefangenen zur hoheitlichen Tätigkeit gehört. Für Arbeitsbetriebe einer Untersuchungshaftvollzugsanstalt gilt entsprechendes, wenn die Gefangenen nur in derselben Weise wie Strafgefangene beschäftigt werden (→ BFH vom 14. 10. 1964, I 80/62 U, BStBl. 1965 III S. 95).

Auftragsforschung. → § 5 Abs. 1 Nr. 23 KStG.

Campingplatz. Die Unterhaltung eines Zeltplatzes oder Campingplatzes (→ H 4.3 Inventar) stellt eine wirtschaftliche Tätigkeit dar (→ BFH vom 20. 5. 1960, III 440/58 S, BStBl. III S. 368).

Friedhofsverwaltung, Grabpflegeleistungen u. ä. Die Friedhofsverwaltung ist ein Hoheitsbetrieb, soweit Aufgaben des Bestattungswesens wahrgenommen werden. Dazu gehören neben dem eigentlichen Vorgang der Bestattung die Grabfundamentierung, das Vorhalten aller erforderlichen Einrichtungen und Vorrichtungen sowie die notwendigerweise anfallenden Dienstleistungen wie Wächterdienste, Sargaufbewahrung, Sargtransportdienste im Friedhofsbereich, Totengeleit, Kranzannahme, Graben der Gruft und ähnliche Leistungen. Ferner sind dem Hoheitsbetrieb solche Leistungen zuzuordnen, die kraft Herkommens oder allgemeiner Übung allein von der Friedhofsverwaltung erbracht oder allgemein als ein unverzichtbarer Bestandteil einer würdigen Bestattung angesehen werden, z. B. Läuten der Glocken, übliche Ausschmückung des ausgehobenen Grabes, musikalische Umrahmung der Trauerfeier. Dagegen sind Blumenverkäufe und Grabpflegeleistungen wirtschaftliche, vom Hoheitsbetrieb abgrenzbare Tätigkeiten (→ BFH vom 14. 4. 1983, V R 3/79, BStBl. II S. 491).

Kindergärten und Kindertagesstätten.[3] Von einer Kommune betriebene Kindergärten sind unbeschadet des Rechtsanspruchs von Kindern ab dem vollendeten dritten Lebensjahr auf Förderung in Tageseinrichtungen nach § 24 SGB VIII keine Hoheitsbetriebe, sondern BgA (→ BFH vom 12. 7. 2012, I R 106/10, BStBl. II S. 837).

Kommunales Krematorium. Auch wenn eine wirtschaftliche Betätigung durch landesrechtliche Regelungen in einem einzelnen Land ausschließlich der öffentlichen Hand vorbehalten ist, handelt es sich nur dann um einen Hoheitsbetrieb i. S. v. § 4 Abs. 5 Satz 1 KStG, wenn der Markt für die angebotene Leistung örtlich so eingegrenzt ist, dass eine Wettbewerbsbeeinträchtigung steuerpflichtiger Unternehmen in anderen Ländern oder EU-Mitgliedstaaten ausgeschlossen werden kann (→ BFH vom 29. 10. 2008, I R 51/07, BStBl. 2009 II S. 1022). Hierzu nachfolgend → BMF vom 11. 12. 2009, BStBl. I S. 1597.

Kurbetriebe. Die Gemeinde kann Parkwege, soweit sie öffentlich-rechtlich gewidmet sind, nicht dem Kurbetrieb als BgA zuordnen (→ BFH vom 26. 4. 1990, V R 166/84, BStBl. II S. 799).

Marktveranstaltungen (Wochen- und Krammärkte). Die Überlassung von Standplätzen an die Beschicker von Wochen- und Krammärkten stellt einen BgA der Gemeinde dar (→ BFH vom 26. 2. 1957, I 327/56 U, BStBl. III S. 146). Das gilt auch dann, wenn die Marktveranstal-

---

[1] Siehe auch *OFD Karlsruhe v. 3. 7. 2020 S 270.6/256-St 213, BeckVerw 472 970* betr. steuerliche Behandlung der Abfallentsorgung durch die öffentliche Hand.

[2] Zur Abgrenzung siehe auch *OFD Magdeburg v. 27. 1. 2012 S 2705-39 – St 217, StEd 2012, 142.*

[3] Zu den ertrag- und umsatzsteuerlichen Konsequenzen siehe *Vfg. OFD Niedersachsen v. 15. 1. 2013 S 2706 – 182 – St 241, StEK KStG § 4 Nr. 102.*

tungen auf öffentlichen Straßenflächen stattfinden (→ BFH vom 17. 5. 2000, I R 50/98, BStBl. 2001 II S. 558).

Parkraumbewirtschaftung.
- **Bewachte Parkplätze.** Die Unterhaltung von bewachten Parkplätzen erfüllt die Merkmale eines BgA (→ BFH vom 22. 9. 1976, I R 102/74, BStBl. II S. 793).
- **Öffentliche Tiefgarage.** Eine von einer jPöR betriebene öffentliche Tiefgarage ist ein dem öffentlichen Verkehr dienender Betrieb i. S. d. § 4 Abs. 3 KStG (→ BFH vom 8. 11. 1989, I R 187/85, BStBl. 1990 II S. 242).

Träger der Sozialversicherung. Die öffentlich-rechtlichen Träger der Sozialversicherung werden in Ausübung öffentlicher Gewalt tätig (→ BFH vom 4. 2. 1976, I R 200/73, BStBl. II S. 355).

Vermittlungstätigkeit gesetzlicher Krankenversicherungen. Gesetzliche Krankenversicherungen unterhalten einen BgA, wenn sie ihren Mitgliedern private Zusatzversicherungsverträge vermitteln und dafür von den privaten Krankenversicherungen einen Aufwendungsersatz erhalten (→ BFH vom 3. 2. 2010, I R 8/09, BStBl. II S. 502).

Viehmärkte. Der Betrieb von städtischen Nutz- und Zuchtviehmärkten ist als BgA anzusehen (→ BFH vom 10. 5. 1955, I 124/53 U, BStBl. III S. 176).

Wasserbeschaffung, Wasserversorgung. Bei der Wasserversorgung handelt eine Gemeinde, anders als bei der Wasserbeschaffung, nicht in Ausübung öffentlicher Gewalt (→ BFH vom 15. 3. 1972, I R 232/71, BStBl. II S. 500 und → BFH vom 28. 1. 1988, V R 112/86, BStBl. II S. 473). Wird die Wasserbeschaffung zusammen mit der Wasserversorgung durchgeführt, liegt eine einheitliche, untrennbare wirtschaftliche Tätigkeit vor (→ BFH vom 30. 11. 1989, I R 79–80/86, BStBl. 1990 II S. 452).

Anl zu H 4.5

Schreiben betr. steuerliche Behandlung von Grundstücksverkäufen der Gemeinden[1]

Vom 17. November 1980

(FM Bayern 33 – S 2706–7/21–75 355; koord. Ländererlass)

Zur steuerlichen Behandlung von Grundstücksverkäufen der Gemeinden gilt folgendes: 70

Der Verkauf von Grundstücken, die nicht bereits zum Betriebsvermögen eines Betriebs gewerblicher Art gehören und damit dem Hoheitsvermögen (Vermögensverwaltung) der Gemeinden zuzurechnen sind, ist grundsätzlich keine wirtschaftliche Tätigkeit, die zur Annahme eines Betriebs gewerblicher Art führen würde.

Die Gemeinden sind allgemein zur Ordnung und Gestaltung ihres Gebiets durch eine planmäßige und gezielte Boden- und Siedlungspolitik verpflichtet. Dabei beschränkt sich die Aufgabe der Gemeinden nicht auf die Planung, sondern umfaßt auch die Durchführung der erforderlichen Maßnahmen, soweit ein Eingreifen der Gemeinde im Einzelfall geboten ist. Hierzu gehört auch der Erwerb und die Veräußerung von Grundstücken. Einige Gesetze schreiben den Gemeinden diese Aufgabe ausdrücklich vor und geben ihnen besondere Rechte bei der Durchführung der notwendigen Maßnahmen.

So sind die Gemeinden nach *§ 1 BBauG*[2] verpflichtet, die bauliche und sonstige Nutzung der Grundstücke in der Gemeinde durch die Aufstellung von Bauleitplänen vorzubereiten und zu leiten.

Zur Sicherung der Bauleitplanung stehen den Gemeinden bestimmte gesetzliche Vorkaufsrechte zu *(§§ 24 bis 28 a BBauG*[2]*)*. Dadurch werden die Gemeinden in den Stand gesetzt, Grundstücke zu erwerben und anschließend wieder zu veräußern, um auf diese Weise eine geordnete städtebauliche Entwicklung und eine dem Wohl der Allgemeinheit entsprechende sozialgerechte Bodennutzung zu gewährleisten (vgl. *§ 1 Abs. 6 BBauG*[2]). Die Gemeinden können sich zur Durchführung ihrer Aufgaben auch hoheitlicher Zwangsmittel wie des Umlegungsverfahrens *(§§ 45 ff. BBauG*[2]*)* und des Enteignungsverfahrens *(§§ 85 ff. BBauG*[2]*)* bedienen.

Das *Städtebauförderungsgesetz*[2] verpflichtet die Gemeinden zum Zwecke der Durchführung städtebaulicher Sanierungs- und Entwicklungsmaßnahmen zum Erwerb und zur Veräußerung von Grundstücken *(§§ 25, 54 Abs. 3 und 59*[2]*)* und gewährt ihnen besondere Vorkaufsrechte und Grunderwerbsrechte *(§§ 17 und 18*[2]*)*.

§ 89 II. WoBauG[3] schreibt den Gemeinden die Bereitstellung und Beschaffung von Bauland für den Wohnungsbau vor, namentlich für den sozialen Wohnungsbau. Danach haben die Gemeinden
- geeignete eigene Grundstücke als Bauland abzugeben,
- eigene ungeeignete Grundstücke zum Austausch gegen geeignetes Bauland bereitzustellen,
- fremde Grundstücke für Zwecke des Wohnungsbaus zu beschaffen, baureif zu machen und abzugeben.

---

[1] Vgl. hierzu jedoch *BFH-Urteil v. 1. 7. 2004 V R 64/02, BFH/NV 2005 S. 252:* Eine juristische Person des öffentlichen Rechts, die einen Militärflughafen in einen Gewerbepark umwandelt und zu diesem Zweck nachhaltig Grundstücke ankauft und verkauft, ist insoweit unternehmerisch tätig.

[2] Siehe jetzt: BauGB.

[3] Siehe jetzt: WoFG.

Anl zu H 4.5

noch 70 Soweit die Gemeinden im Rahmen der von ihnen durchzuführenden Boden- und Siedlungspolitik Grundstücke verkaufen, nehmen sie hoheitliche Aufgaben wahr und unterliegen deshalb nicht der Besteuerung.

Dieses Schreiben ergeht im Einvernehmen mit dem Bundesminister der Finanzen und den obersten Finanzbehörden der übrigen Länder.

§ 5 Befreiungen

(1) **Von der Körperschaftsteuer sind befreit**

1.[1] das Bundeseisenbahnvermögen, die staatlichen Lotterieunternehmen und der Erdölbevorratungsverband nach § 2 Absatz 1 des Erdölbevorratungsgesetzes vom 16. Januar 2012 (BGBl. I S. 74) in der jeweils geltenden Fassung; 1

2.[2] die Deutsche Bundesbank, die Kreditanstalt für Wiederaufbau, die Landwirtschaftliche Rentenbank, die Bayerische Landesanstalt für Aufbaufinanzierung, die Niedersächsische Gesellschaft für öffentliche Finanzierung mit beschränkter Haftung, die Bremer Aufbau-Bank GmbH, die Landeskreditbank Baden-Württemberg – Förderbank, die Bayerische Landesbodenkreditanstalt, die Investitionsbank Berlin, die Hamburgische Investitions- und Förderbank, die NRW.Bank, die Investitions- und Förderbank Niedersachsen, die Saarländische Investitionskreditbank Aktiengesellschaft, die Investitionsbank Schleswig-Holstein, die Investitionsbank des Landes Brandenburg, die Sächsische Aufbaubank – Förderbank –, die Thüringer Aufbaubank, die Investitionsbank Sachsen-Anhalt – Anstalt der Norddeutschen Landesbank – Girozentrale –, die Investitions- und Strukturbank Rheinland-Pfalz, das Landesförderinstitut Mecklenburg-Vorpommern – Geschäftsbereich der Norddeutschen Landesbank Girozentrale –, die Wirtschafts- und Infrastrukturbank Hessen – rechtlich unselbständige Anstalt in der Landesbank Hessen-Thüringen Girozentrale und die Liquiditäts-Konsortialbank Gesellschaft mit beschränkter Haftung; 2

2 a. die Bundesanstalt für vereinigungsbedingte Sonderaufgaben; 3

3. rechtsfähige Pensions-, Sterbe- und Krankenkassen, die den Personen, denen die Leistungen der Kasse zugute kommen oder zugute kommen sollen (Leistungsempfängern), einen Rechtsanspruch gewähren, und rechtsfähige Unterstützungskassen, die den Leistungsempfängern keinen Rechtsanspruch gewähren, 4

a) wenn sich die Kasse beschränkt

aa) auf Zugehörige oder frühere Zugehörige einzelner oder mehrerer wirtschaftlicher Geschäftsbetriebe oder

bb) auf Zugehörige oder frühere Zugehörige der Spitzenverbände der freien Wohlfahrtspflege (Arbeiterwohlfahrt-Bundesverband e. V., Deutscher Caritasverband e. V., Deutscher Paritätischer Wohlfahrtsverband e. V., Deutsches Rotes Kreuz, Diakonisches Werk – Innere Mission und Hilfswerk der Evangelischen Kirche in Deutschland sowie Zentralwohlfahrtsstelle der Juden in Deutschland e. V.) einschließlich ihrer Untergliederungen, Einrichtungen und Anstalten und sonstiger gemeinnütziger Wohlfahrtsverbände oder

cc) auf Arbeitnehmer sonstiger Körperschaften, Personenvereinigungen und Vermögensmassen im Sinne der §§ 1 und 2; den Arbeitnehmern stehen Personen, die sich in einem arbeitnehmerähnlichen Verhältnis befinden, gleich;

zu den Zugehörigen oder Arbeitnehmern rechnen jeweils auch deren Angehörige;

b) wenn sichergestellt ist, dass der Betrieb der Kasse nach dem Geschäftsplan und nach Art und Höhe der Leistungen eine soziale Einrichtung darstellt. ② Diese Voraussetzung ist bei Unterstützungskassen, die Leistungen von Fall zu Fall gewähren, nur gegeben, wenn sich diese Leistungen mit Ausnahme des Sterbegeldes auf Fälle der Not oder Arbeitslosigkeit beschränken;

c) wenn vorbehaltlich des § 6 die ausschließliche und unmittelbare Verwendung des Vermögens und der Einkünfte der Kasse nach der Satzung und der tatsächlichen Geschäftsführung für die Zwecke der Kasse dauernd gesichert ist;

d)[3] wenn bei Pensions-, Sterbe- und Krankenkassen am Schluss des Wirtschaftsjahrs, zu dem der Wert der Deckungsrückstellung versicherungsmathematisch zu berechnen ist, das nach den handelsrechtlichen Grundsätzen ordnungsmäßiger Buchführung unter Berücksichtigung des Geschäftsplans sowie der allgemeinen Versicherungsbedingungen und der fachlichen Geschäftsunterlagen im Sinne des § 219 Absatz 3 Nummer 1 des Versicherungsaufsichtsgesetzes auszuweisende Vermögen nicht höher ist als bei einem Versicherungsverein auf Gegenseitigkeit die Verlustrücklage und bei einer Kasse anderer Rechtsform der dieser Rücklage entsprechende Teil des Vermögens. ② Bei der Ermittlung des Vermögens ist eine Rückstellung für Beitragsrückerstattung nur insoweit abziehbar, als den Leistungsempfängern ein Anspruch auf die Überschussbetei-

---

[1] § 5 Abs. 1 Nr. 1 in dieser Fassung erstmals anzuwenden für VZ 2019 (§ 34 Abs. 2 a).

[2] Fassung des § 5 Abs. 1 Nr. 2 ab VZ 2023 siehe geschlossene Wiedergabe; zur erstmaligen bzw. letztmaligen Anwendung vgl. § 34 Abs. 3 Sätze 1 bis 4.

[3] Zur Anwendung von § 5 Abs. 1 Nr. 3 Buchst. d siehe § 34 Abs. 3 a.

ligung zusteht. ③ Übersteigt das Vermögen der Kasse den bezeichneten Betrag, so ist die Kasse nach Maßgabe des § 6 Abs. 1 bis 4 steuerpflichtig; und

e) wenn bei Unterstützungskassen am Schluss des Wirtschaftsjahrs das Vermögen ohne Berücksichtigung künftiger Versorgungsleistungen nicht höher ist als das um 25 Prozent erhöhte zulässige Kassenvermögen. ② Für die Ermittlung des tatsächlichen und des zulässigen Kassenvermögens gilt § 4 d des Einkommensteuergesetzes. ③ Übersteigt das Vermögen der Kasse den in Satz 1 bezeichneten Betrag, so ist die Kasse nach Maßgabe des § 6 Abs. 5 steuerpflichtig;

5 4.[1] kleinere Versicherungsvereine auf Gegenseitigkeit im Sinne des § 210 des Versicherungsaufsichtsgesetzes, wenn

a) ihre Beitragseinnahmen im Durchschnitt der letzten drei Wirtschaftsjahre einschließlich des im Veranlagungszeitraum endenden Wirtschaftsjahrs die durch Rechtsverordnung festzusetzenden Jahresbeträge nicht überstiegen haben oder

b) sich ihr Geschäftsbetrieb auf die Sterbegeldversicherung beschränkt und die Versicherungsvereine nach dem Geschäftsplan sowie nach Art und Höhe der Leistungen soziale Einrichtungen darstellen;

6 5. Berufsverbände ohne öffentlich-rechtlichen Charakter sowie kommunale Spitzenverbände auf Bundes- oder Landesebene einschließlich ihrer Zusammenschlüsse, wenn der Zweck dieser Verbände nicht auf einen wirtschaftlichen Geschäftsbetrieb gerichtet ist. ② Die Steuerbefreiung ist ausgeschlossen,

a) soweit die Körperschaften oder Personenvereinigungen einen wirtschaftlichen Geschäftsbetrieb unterhalten oder

b) wenn die Berufsverbände Mittel von mehr als 10 Prozent der Einnahmen für die unmittelbare oder mittelbare Unterstützung oder Förderung politischer Parteien verwenden.

③ Die Sätze 1 und 2 gelten auch für Zusammenschlüsse von juristischen Personen des öffentlichen Rechts, die wie die Berufsverbände allgemeine ideelle und wirtschaftliche Interessen ihrer Mitglieder wahrnehmen. ④ Verwenden Berufsverbände Mittel für die unmittelbare oder mittelbare Unterstützung oder Förderung politischer Parteien, beträgt die Körperschaftsteuer 50 Prozent der Zuwendungen;

7 6. Körperschaften oder Personenvereinigungen, deren Hauptzweck die Verwaltung des Vermögens für einen nichtrechtsfähigen Berufsverband der in Nummer 5 bezeichneten Art ist, sofern ihre Erträge im Wesentlichen aus dieser Vermögensverwaltung herrühren und ausschließlich dem Berufsverband zufließen;

8 7.[2] politische Parteien im Sinne des § 2 des Parteiengesetzes und ihre Gebietsverbände, sofern die jeweilige Partei nicht gemäß § 18 Absatz 7 des Parteiengesetzes von der staatlichen Teilfinanzierung ausgeschlossen ist, sowie kommunale Wählervereinigungen und ihre Dachverbände. ② Wird ein wirtschaftlicher Geschäftsbetrieb unterhalten, so ist die Steuerbefreiung insoweit ausgeschlossen;

9 8.[3] öffentlich-rechtliche Versicherungs- und Versorgungseinrichtungen von Berufsgruppen, deren Angehörige auf Grund einer durch Gesetz angeordneten oder auf Gesetz beruhenden Verpflichtung Mitglieder dieser Einrichtung sind, wenn die Satzung der Einrichtung die Zahlung keiner höheren jährlichen Beiträge zulässt als das Zwölffache der Beiträge, die sich bei einer Beitragsbemessungsgrundlage in Höhe der doppelten monatlichen Beitragsbemessungsgrenze in der allgemeinen Rentenversicherung ergeben würden. ② Ermöglicht die Satzung der Einrichtung nur Pflichtmitgliedschaften sowie freiwillige Mitgliedschaften, die unmittelbar an eine Pflichtmitgliedschaft anschließen, so steht dies der Steuerbefreiung nicht entgegen, wenn die Satzung die Zahlung keiner höheren jährlichen Beiträge zulässt als das Fünfzehnfache der Beiträge, die sich bei einer Beitragsbemessungsgrundlage in Höhe der doppelten monatlichen Beitragsbemessungsgrenze in der allgemeinen Rentenversicherung ergeben würden;

10 9. Körperschaften, Personenvereinigungen und Vermögensmassen, die nach der Satzung, dem Stiftungsgeschäft oder der sonstigen Verfassung und nach der tatsächlichen Geschäftsführung ausschließlich und unmittelbar gemeinnützigen, mildtätigen oder kirchlichen Zwecken dienen (§§ 51 bis 68 der Abgabenordnung). ② Wird ein wirtschaftlicher Geschäftsbetrieb unterhalten, ist die Steuerbefreiung insoweit ausgeschlossen. ③ Satz 2 gilt nicht für selbst bewirtschaftete Forstbetriebe;

---

[1] Zur Anwendung von § 5 Abs. 1 Nr. 4 siehe § 34 Abs. 3 a.

[2] Geänderte Fassung in Kraft getreten am 29. 7. 2017.

[3] Für die Steuerbefreiung der berufsständischen Versicherungs- und Versorgungseinrichtungen ist es entsprechend § 187 a SGB VI unschädlich, wenn aus einer vom Arbeitgeber gezahlten Entlassungsentschädigung wegen Altersteilzeit neben den in § 5 Abs. 1 Nr. 8 KStG, § 3 Nr. 11 GewStG festgelegten Höchstbeträgen zur Reduzierung des versicherungsmathematischen Abschlags beim vorgezogenen Altersruhegeld Leistungen in die berufsständische Versorgungseinrichtung entrichtet werden. *BMF-Schrb. v. 20. 10. 2003 IV A 2 – S 2728–4/03, BStBl. 2003 I S. 558.*

KStG

10.[1, 2] **Genossenschaften sowie Vereine, soweit sie** 11

a) Wohnungen herstellen oder erwerben und sie den Mitgliedern auf Grund eines Mietvertrags oder auf Grund eines genossenschaftlichen Nutzungsvertrags zum Gebrauch überlassen; den Wohnungen stehen Räume in Wohnheimen im Sinne des § 15 des Zweiten Wohnungsbaugesetzes gleich;

b) im Zusammenhang mit einer Tätigkeit im Sinne des Buchstabens a Gemeinschaftsanlagen oder Folgeeinrichtungen herstellen oder erwerben und sie betreiben, wenn sie überwiegend für Mitglieder bestimmt sind und der Betrieb durch die Genossenschaft oder den Verein notwendig ist.

② Die Steuerbefreiung ist ausgeschlossen, wenn die Einnahmen des Unternehmens aus den in Satz 1 nicht bezeichneten Tätigkeiten 10 Prozent der gesamten Einnahmen übersteigen. ③ Erzielt das Unternehmen Einnahmen aus der Lieferung von Strom aus Anlagen, für den es unter den Voraussetzungen des § 21 Absatz 3 des Erneuerbare-Energien-Gesetzes einen Anspruch auf Zahlung eines Mieterstromzuschlags hat, erhöht sich die Grenze des Satzes 2 für diese Einnahmen auf 20 Prozent, wenn die Grenze des Satzes 2 nur durch diese Einnahmen überschritten wird. ④ Zu den Einnahmen nach Satz 3 gehören auch Einnahmen aus der zusätzlichen Stromlieferung im Sinne des § 42a Absatz 2 Satz 6 des Energiewirtschaftsgesetzes sowie Einnahmen aus der Einspeisung von Strom aus diesen Anlagen. ⑤ Investierende Mitglieder im Sinne des § 8 Absatz 2 des Genossenschaftsgesetzes sind keine Mitglieder im Sinne des Satzes 1. ⑥ Satz 1 ist auch auf Verträge zur vorübergehenden Unterbringung von Wohnungslosen anzuwenden, die mit juristischen Personen des öffentlichen Rechts oder mit Steuerpflichtigen im Sinne der Nummer 9, die Mitglied sind, abgeschlossen werden. ⑦ Eine Einweisungsverfügung nach den Ordnungsbehördengesetzen der Länder steht dem Abschluss eines Vertrags im Sinne des Satzes 6 gleich;

11. (weggefallen)

12. die von den zuständigen Landesbehörden begründeten oder anerkannten gemeinnützigen Siedlungsunternehmen im Sinne des Reichssiedlungsgesetzes in der jeweils aktuellen Fassung oder entsprechender Landesgesetze, soweit diese Landesgesetze nicht wesentlich von den Bestimmungen des Reichssiedlungsgesetzes abweichen, und im Sinne der Bodenreformgesetze der Länder, soweit die Unternehmen im ländlichen Raum Siedlungs-, Agrarstrukturverbesserungs- und Landentwicklungsmaßnahmen mit Ausnahme des Wohnungsbaus durchführen. ② Die Steuerbefreiung ist ausgeschlossen, wenn die Einnahmen des Unternehmens aus den in Satz 1 nicht bezeichneten Tätigkeiten die Einnahmen aus den in Satz 1 bezeichneten Tätigkeiten übersteigen; 13

13. (weggefallen)

14.[3] **Genossenschaften sowie Vereine, soweit sich ihr Geschäftsbetrieb beschränkt** 15

a) auf die gemeinschaftliche Benutzung land- und forstwirtschaftlicher Betriebseinrichtungen oder Betriebsgegenstände,

b) auf Leistungen im Rahmen von Dienst- oder Werkverträgen für die Produktion land- und forstwirtschaftlicher Erzeugnisse für die Betriebe der Mitglieder, wenn die Leistungen im Bereich der Land- und Forstwirtschaft liegen; dazu gehören auch Leistungen zur Erstellung und Unterhaltung von Betriebsvorrichtungen, Wirtschaftswegen und Bodenverbesserungen,

c) auf die Bearbeitung oder die Verwertung der von den Mitgliedern selbst gewonnenen land- und forstwirtschaftlichen Erzeugnisse, wenn die Bearbeitung oder die Verwertung im Bereich der Land- und Forstwirtschaft liegt, oder

d) auf die Beratung für die Produktion oder Verwertung land- und forstwirtschaftlicher Erzeugnisse der Betriebe der Mitglieder.

② Die Steuerbefreiung ist ausgeschlossen, wenn die Einnahmen des Unternehmens aus den in Satz 1 nicht bezeichneten Tätigkeiten 10 Prozent der gesamten Einnahmen übersteigen. ③ Bei Genossenschaften und Vereinen, deren Geschäftsbetrieb sich überwiegend auf die Durchführung von Milchqualitäts- und Milchleistungsprüfungen oder auf die Tierbesamung beschränkt, bleiben die auf diese Tätigkeiten gerichteten Zweckgeschäfte mit Nichtmitgliedern bei der Berechnung der 10-Prozentgrenze außer Ansatz;

15. der Pensions-Sicherungs-Verein Versicherungsverein auf Gegenseitigkeit, 16

[1] Zur Anwendung von § 5 Abs. 1 Nr. 10 siehe § 34 Abs. 2 und Abs. 3 b.

[2] Zu Billigkeitsmaßnahmen bei Unterbringung von Kriegsflüchtlingen aus der Ukraine durch Vermietungsgenossenschaften und Vermietungsvereine i. S. d. § 5 Abs. 1 Nr. 10 KStG siehe *BMF-Schrb. v. 31. 3. 2022 IV C 2-S 1900/22/10 045, BStBl. 2022 I S. 345* sowie zur Verlängerung der zeitlichen Befristung bis 31. 12. 2023 *BMF-Schrb. v. 11. 11. 2022 IV C 2-S 1900/22/10 045, BStBl. 2022 I S. 1529.*

[3] Zur Anwendung von § 5 Abs. 1 Nr. 14 siehe § 34 Abs. 2.

KStG

a) wenn er mit Erlaubnis der Versicherungsaufsichtsbehörde ausschließlich die Aufgaben des Trägers der Insolvenzsicherung wahrnimmt, die sich aus dem Gesetz zur Verbesserung der betrieblichen Altersversorgung vom 19. Dezember 1974 (BGBl. I S. 3610) ergeben, und

b) wenn seine Leistungen nach dem Kreis der Empfänger sowie nach Art und Höhe den in den §§ 7 bis 9, 17 und 30 des Gesetzes zur Verbesserung der betrieblichen Altersversorgung bezeichneten Rahmen nicht überschreiten;

17 **16.**[1] **Körperschaften, Personenvereinigungen und Vermögensmassen, soweit sie**

a) als Einlagensicherungssysteme im Sinne des § 2 Absatz 1 des Einlagensicherungsgesetzes sowie als Entschädigungseinrichtungen im Sinne des Anlegerentschädigungsgesetzes ihre gesetzlichen Pflichtaufgaben erfüllen oder

b) als nicht als Einlagensicherungssysteme anerkannte vertragliche Systeme zum Schutz von Einlagen und institutsbezogene Sicherungssysteme im Sinne des § 61 des Einlagensicherungsgesetzes nach ihrer Satzung oder sonstigen Verfassung ausschließlich den Zweck haben, Einlagen zu sichern oder bei Gefahr für die Erfüllung der Verpflichtungen eines Kreditinstituts im Sinne des § 1 Absatz 1 des Kreditwesengesetzes oder eines Finanzdienstleistungsinstituts im Sinne des § 1 Absatz 1a Satz 2 Nummer 1 bis 4 des Kreditwesengesetzes oder eines Wertpapierinstituts im Sinne des § 2 Absatz 1 des Wertpapierinstitutsgesetzes Hilfe zu leisten oder Einlagensicherungssysteme im Sinne des § 2 Absatz 1 des Einlagensicherungsgesetzes bei deren Pflichtenerfüllung zu unterstützen.

② Voraussetzung für die Steuerbefreiung nach Satz 1 ist zusätzlich, dass das Vermögen und etwa erzielte Überschüsse dauernd nur zur Erreichung des gesetzlichen oder satzungsmäßigen Zwecks verwendet werden. ③ Die Sätze 1 und 2 gelten entsprechend für Sicherungsfonds im Sinne der §§ 223 und 224 des Versicherungsaufsichtsgesetzes sowie für Einrichtungen zur Sicherung von Einlagen bei Wohnungsgenossenschaften mit Spareinrichtung. ④ Die Steuerbefreiung ist für wirtschaftliche Geschäftsbetriebe ausgeschlossen, die nicht ausschließlich auf die Erfüllung der begünstigten Aufgaben gerichtet sind;

18 **17. Bürgschaftsbanken (Kreditgarantiegemeinschaften), deren Tätigkeit sich auf die Wahrnehmung von Wirtschaftsförderungsmaßnahmen insbesondere in Form der Übernahme und Verwaltung von staatlichen Bürgschaften und Garantien oder von Bürgschaften und Garantien mit staatlichen Rückbürgschaften oder auf der Grundlage staatlich anerkannter Richtlinien gegenüber Kreditinstituten, Versicherungsunternehmen, Leasinggesellschaften und Beteiligungsgesellschaften für Kredite, Leasingforderungen und Beteiligungen an mittelständischen Unternehmen zu ihrer Gründung und zur Erhaltung und Förderung ihrer Leistungsfähigkeit beschränkt.**[2] **② Voraussetzung ist, dass das Vermögen und etwa erzielte Überschüsse nur zur Erreichung des in Satz 1 genannten Zwecks verwendet werden;**

19 **18. Wirtschaftsförderungsgesellschaften, deren Tätigkeit sich auf die Verbesserung der sozialen und wirtschaftlichen Struktur einer bestimmten Region durch Förderung der Wirtschaft, insbesondere durch Industrieansiedlung, Beschaffung neuer Arbeitsplätze und der Sanierung von Altlasten beschränkt, wenn an ihnen überwiegend Gebietskörperschaften beteiligt sind. ② Voraussetzung ist, dass das Vermögen und etwa erzielte Überschüsse nur zur Erreichung des in Satz 1 genannten Zwecks verwendet werden;**[3, 4]

20 **19. Gesamthafenbetriebe im Sinne des § 1 des Gesetzes über die Schaffung eines besonderen Arbeitgebers für Hafenarbeiter vom 3. August 1950 (BGBl. S. 352), soweit sie Tätigkeiten ausüben, die in § 2 Abs. 1 dieses Gesetzes bestimmt und nach § 2 Abs. 2 dieses Gesetzes genehmigt worden sind. ② Voraussetzung ist, dass das Vermögen und etwa erzielte Überschüsse nur zur Erfüllung der begünstigten Tätigkeiten verwendet werden. ③ Wird ein wirtschaftlicher Geschäftsbetrieb unter-**

---

[1] Zur Anwendung von § 5 Abs. 1 Nr. 16 Satz 1 und 2 siehe § 34 Abs. 3 Satz 5; zur Anwendung von Satz 3 siehe § 34 Abs. 3a.

[2] *BFH-Urteil v. 21. 10. 1999 I R 14/98, BStBl. 2000 II S. 325:* **1.** Die Steuerbefreiung gemäß § 5 Abs. 1 Nr. 17 KStG setzt zwar voraus, daß das sie beanspruchende Körperschaftsteuersubjekt mit seiner Tätigkeit ausschließlich den Zweck verfolgt, die Wirtschaft – d. h. andere Unternehmen – zu fördern. Keine derartige absolute Beschränkung enthält die Vorschrift aber hinsichtlich der Art der Förderungsmaßnahmen und -ziele. Insoweit reicht es für die Steuerbefreiung aus, wenn andere Unternehmen überwiegend durch die in § 5 Abs. 1 Nr. 17 Satz 1 KStG genannten Maßnahmen gefördert werden und wenn überwiegend mittelständische Unternehmen gefördert werden. **2.** Keine Voraussetzung der Steuerbefreiung ist, daß die geförderten Unternehmen mit Gewinnerzielungsabsicht betrieben werden.

[3] Wirtschaftsförderung i. S. d. § 5 Abs. 1 Nr. 18 KStG setzt eine ausschließliche und unmittelbare Förderung von Unternehmen voraus. *BFH-Urteil v. 26. 2. 2003 I R 49/01, BStBl. 2003 II S. 723.*

[4] Zu den Auswirkungen einer verdeckten Gewinnausschüttung auf die Steuerbefreiung siehe *BayLfSt v. 12. 5. 2011 S 2738.1.1-1/2 St 31, DB 2011 S. 1304* und *FM Schleswig-Holstein Körperschaftsteuer-Kurzinformation 2013 Nr. 6 v. 20. 3. 2013, StEd 2013 S. 282.*

halten, dessen Tätigkeit nicht ausschließlich auf die Erfüllung der begünstigten Tätigkeiten gerichtet ist, ist die Steuerbefreiung insoweit ausgeschlossen;

20. **Zusammenschlüsse von juristischen Personen des öffentlichen Rechts, von steuerbefreiten Körperschaften oder von steuerbefreiten Personenvereinigungen,** 21
    a) **deren Tätigkeit sich auf den Zweck beschränkt, im Wege des Umlageverfahrens die Versorgungslasten auszugleichen, die den Mitgliedern aus Versorgungszusagen gegenüber ihren Arbeitnehmern erwachsen,**
    b) **wenn am Schluss des Wirtschaftsjahrs das Vermögen nicht höher ist als 60 Prozent der im Wirtschaftsjahr erbrachten Leistungen an die Mitglieder;**
21. **die nicht in der Rechtsform einer Körperschaft des öffentlichen Rechts errichteten Arbeitsgemeinschaften Medizinischer Dienst der Krankenversicherung im Sinne des § 278 des Fünften Buches Sozialgesetzbuch und der Medizinische Dienst der Spitzenverbände der Krankenkassen im Sinne des § 282 des Fünften Buches Sozialgesetzbuch, soweit sie die ihnen durch Gesetz zugewiesenen Aufgaben wahrnehmen. ② Voraussetzung ist, dass das Vermögen und etwa erzielte Überschüsse nur zur Erreichung der in Satz 1 genannten Zwecke verwendet werden;** 22
22. **gemeinsame Einrichtungen der Tarifvertragsparteien im Sinne des § 4 Abs. 2 des Tarifvertragsgesetzes vom 25. August 1969 (BGBl. I S. 1323), die satzungsmäßige Beiträge auf der Grundlage des § 186 a des Arbeitsförderungsgesetzes vom 25. Juni 1969 (BGBl. I S. 582) oder tarifvertraglicher Vereinbarungen erheben und Leistungen ausschließlich an die tarifgebundenen Arbeitnehmer des Gewerbezweigs oder an deren Hinterbliebene erbringen, wenn sie dabei zu nicht steuerbegünstigten Betrieben derselben oder ähnlicher Art nicht in größerem Umfang in Wettbewerb treten, als es bei Erfüllung ihrer begünstigten Aufgaben unvermeidlich ist. ② Wird ein wirtschaftlicher Geschäftsbetrieb unterhalten, dessen Tätigkeit nicht ausschließlich auf die Erfüllung der begünstigten Tätigkeiten gerichtet ist, ist die Steuerbefreiung insoweit ausgeschlossen;** 23
23. **die Auftragsforschung öffentlich-rechtlicher Wissenschafts- und Forschungseinrichtungen; ist die Tätigkeit auf die Anwendung gesicherter wissenschaftlicher Erkenntnisse, die Übernahme von Projektträgerschaften sowie wirtschaftliche Tätigkeiten ohne Forschungsbezug gerichtet, ist die Steuerbefreiung insoweit ausgeschlossen;** 24
24.[1] **die Global Legal Entity Identifier Stiftung, soweit die Stiftung Tätigkeiten ausübt, die im unmittelbaren Zusammenhang mit der Einführung, dem Unterhalten und der Fortentwicklung eines Systems zur eindeutigen Identifikation von Rechtspersonen mittels eines weltweit anzuwendenden Referenzcodes stehen.** 25

(2) **Die Befreiungen nach Absatz 1 und nach anderen Gesetzen als dem Körperschaftsteuergesetz gelten nicht** 26

1.[2] **für inländische Einkünfte, die dem Steuerabzug vollständig oder teilweise unterliegen; Entsprechendes gilt für die in § 32 Abs. 3 Satz 1 zweiter Halbsatz genannten Einkünfte,**

2.[3] **für beschränkt Steuerpflichtige im Sinne des § 2 Nr. 1, es sei denn, es handelt sich um Steuerpflichtige im Sinne des Absatzes 1 Nr. 9, die nach den Rechtsvorschriften eines Mitgliedstaats der Europäischen Union oder nach den Rechtsvorschriften eines Staates, auf den das Abkommen über den Europäischen Wirtschaftsraum vom 3. Januar 1994 (ABl. EG Nr. L 1 S. 3), zuletzt geändert durch den Beschluss des Gemeinsamen EWR-Ausschusses Nr. 91/2007 vom 6. Juli 2007 (ABl. EU Nr. L 328 S. 40), in der jeweiligen Fassung Anwendung findet, gegründete Gesellschaften im Sinne des Artikels 54 des Vertrags über die Arbeitsweise der Europäischen Union oder des Artikels 34 des Abkommens über den Europäischen Wirtschaftsraum sind, deren Sitz und Ort der Geschäftsleitung sich innerhalb des Hoheitsgebiets eines dieser Staaten befindet, und mit diesen Staaten ein Amtshilfeabkommen besteht,**

3. **soweit § 38 Abs. 2 anzuwenden ist.**

Übersicht

[1] Zur erstmaligen Anwendung von § 5 Abs. 1 Nr. 24 siehe § 34 Abs. 3 Satz 6.
[2] § 5 Abs. 2 Nr. 1 in dieser Fassung erstmals anzuwenden auf Entgelte, die nach dem 17. August 2007 zufließen.
[3] § 5 Abs. 2 Nr. 2 erstmals anzuwenden für VZ auch vor 2009.

KStDV zu § 5 Abs. 1 Nr. 3

§ 1 *Allgemeines*

Rechtsfähige Pensions-, Sterbe-, Kranken- und Unterstützungskassen sind nur dann eine soziale Einrichtung im Sinne des § 5 Abs. 1 Nr. 3 Buchstabe b des Gesetzes, wenn sie die folgenden Voraussetzungen erfüllen:

31 *1. Die Leistungsempfänger dürfen sich in der Mehrzahl nicht aus dem Unternehmer oder dessen Angehörigen und bei Gesellschaften in der Mehrzahl nicht aus den Gesellschaftern oder deren Angehörigen zusammensetzen.*

2. Bei Auflösung der Kasse darf ihr Vermögen vorbehaltlich der Regelung in § 6 des Gesetzes satzungsmäßig nur den Leistungsempfängern oder deren Angehörigen zugute kommen oder für ausschließlich gemeinnützige oder mildtätige Zwecke verwendet werden.

3. Außerdem müssen bei Kassen mit Rechtsanspruch der Leistungsempfänger die Voraussetzungen des § 2, bei Kassen ohne Rechtsanspruch der Leistungsempfänger die Voraussetzungen des § 3 erf sein.

§ 2 *Kassen mit Rechtsanspruch der Leistungsempfänger*

32 *(1) Bei rechtsfähigen Pensions- oder Sterbekassen, die den Leistungsempfängern einen Rechtsanspruch gewähren, dürfen die jeweils erreichten Rechtsansprüche der Leistungsempfänger vorbehaltlich des Absatzes 2 die folgenden Beträge nicht übersteigen:*

als Pension	*25 769 Euro jährlich,*
als Witwengeld	*17 179 Euro jährlich,*
als Waisengeld	*5 154 Euro jährlich für jede Halbwaise,*
	10 308 Euro jährlich für jede Vollwaise,
als Sterbegeld	*7 669 Euro als Gesamtleistung.*

(2) ① Die jeweils erreichten Rechtsansprüche, mit Ausnahme des Anspruchs auf Sterbegeld, dürfen in nicht mehr als 12 vom Hundert aller Fälle auf höhere als die in Absatz 1 bezeichneten Beträge gerichtet sein. ② Dies gilt in nicht mehr als 4 vom Hundert aller Fälle uneingeschränkt. ③ Im Übrigen dürfen die jeweils erreichten Rechtsansprüche die folgenden Beträge nicht übersteigen:

als Pension	*38 654 Euro jährlich,*
als Witwengeld	*25 769 Euro jährlich,*
als Waisengeld	*7 731 Euro jährlich für jede Halbwaise,*
	15 461 Euro jährlich für jede Vollwaise.

§ 3 *Kassen ohne Rechtsanspruch der Leistungsempfänger*

33 *Rechtsfähige Unterstützungskassen, die den Leistungsempfängern keinen Rechtsanspruch gewähren, müssen die folgenden Voraussetzungen erfüllen:*

1. *Die Leistungsempfänger dürfen zu laufenden Beiträgen oder zu sonstigen Zuschüssen nicht verpflichtet sein.*
2. *Den Leistungsempfängern oder den Arbeitnehmervertretungen des Betriebs oder der Dienststelle muß satzungsgemäß und tatsächlich das Recht zustehen, an der Verwaltung sämtlicher Beträge, die der Kasse zufließen, beratend mitzuwirken.*
3. *Die laufenden Leistungen und das Sterbegeld dürfen die in § 2 bezeichneten Beträge nicht übersteigen.*

R 5.1 Kapitalertragsteuer bei wirtschaftlichen Geschäftsbetrieben

R 5.1

– unbesetzt – 39

H 5.1

H 5.1

Kapitalertragsteuer bei wirtschaftlichen Geschäftsbetrieben. → BMF vom 2. 2. 2016, BStBl. I S. 200 sowie → BMF vom 21. 7. 2016, BStBl. I S. 685. 40

R 5.2 Allgemeines zu Pensions-, Sterbe-, Kranken- und Unterstützungskassen

R 5.2

(1) ① Als Pensionskassen sind sowohl die in § 1 b Abs. 3 Satz 1 BetrAVG als solche bezeichneten rechtsfähigen Versorgungseinrichtungen als auch rechtlich unselbständige Zusatzversorgungseinrichtungen des öffentlichen Dienstes i. S. d. § 18 BetrAVG anzusehen, die den Leistungsberechtigten (Arbeitnehmer und Personen i. S. d. § 17 Abs. 1 Satz 2 BetrAVG sowie deren Hinterbliebene) auf ihre Leistungen einen Rechtsanspruch gewähren. ② Bei Sterbekassen handelt es sich um Einrichtungen, welche die Versicherung auf den Todesfall unter Gewährung eines Rechtsanspruchs auf die Leistung betreiben. ③ Krankenkassen fallen unter die Vorschrift, wenn sie das Versicherungsgeschäft betriebsbezogen wahrnehmen. ④ Eine Unterstützungskasse ist eine rechtsfähige Versorgungseinrichtung, die auf ihre Leistungen keinen Rechtsanspruch gewährt (§ 1 b Abs. 4 BetrAVG). 41

(2) Für die Steuerbefreiung genügt es, wenn die Voraussetzungen des § 5 Abs. 1 Nr. 3 Buchstabe d KStG am Ende des VZ erfüllt sind. 42

(3) ① Die Art der Anlage oder Nutzung des Kassenvermögens darf nicht dazu führen, dass die Kasse sich durch die mit der Vermögensverwaltung verbundene Tätigkeit selbst einen weiteren satzungsgemäß nicht bestimmten Zweck gibt. ② Kassen, die als Bauherr auftreten, werden körperschaftsteuerpflichtig, wenn sie sich durch diese Tätigkeit einen neuen Zweck setzen. 43

H 5.2

H 5.2

Abgrenzung einer Pensionskasse und einer Unterstützungskasse. → BFH vom 5. 11. 1992, I R 61/89, BStBl. 1993 II S. 185. 45

Einschränkung der Befreiung. → § 6 KStG und → R 6.

Überdotierung einer Gruppenunterstützungskasse, kassenbezogene Beurteilung. Für die Frage, ob eine Gruppenunterstützungskasse überdotiert ist, sind das zulässige und das tatsächliche Vermögen der gesamten Kasse maßgebend (→ BFH vom 26. 11. 2014, I R 37/13, BStBl. II 2015 S. 813).

R 5.3 Leistungsempfänger bei Pensions-, Sterbe-, Kranken- und Unterstützungskassen

R 5.3

(1) ① Steuerbefreite Kassen müssen sich auf Zugehörige oder frühere Zugehörige einzelner oder mehrerer wirtschaftlicher Geschäftsbetriebe oder der Spitzenverbände der freien Wohlfahrtspflege einschließlich deren Untergliederungen, Einrichtungen und Anstalten und sonstiger gemeinnütziger Wohlfahrtsverbände oder auf Arbeitnehmer sonstiger Körperschaften, Personenvereinigungen oder Vermögensmassen beschränken. ② Unter dem Begriff der Zugehörigen sind einerseits Arbeitnehmer und die in einem arbeitnehmerähnlichen Verhältnis stehenden Personen zu verstehen, andererseits aber auch solche Personen, für die der Betrieb durch ihre soziale Abhängigkeit oder eine sonstige enge Bindung als Mittelpunkt der Berufstätigkeit anzusehen ist (z. B. Unternehmer und Gesellschafter). ③ Frühere Zugehörige müssen die Zugehörigkeit zu der Kasse durch ihre Tätigkeit in den betreffenden Betrieben oder Verbänden erworben haben. ④ Es ist nicht notwendig, dass die Kasse schon während der Zeit der Tätigkeit des Betriebsangehörigen bestanden hat. ⑤ Als arbeitnehmerähnliches Verhältnis ist i. d. R. ein Verhältnis von einer gewissen Dauer bei gleichzeitiger sozialer Abhängigkeit, ohne dass Lohnsteuerpflicht besteht, anzusehen. ⑥ Arbeitnehmer, die über den Zeitpunkt der Pensionierung hinaus im Betrieb beschäftigt werden, sind Zugehörige i. S. d. Gesetzes. 47

(2) Nach § 1 Nr. 1 KStDV darf die Mehrzahl der Personen, denen die Leistungen der Kasse zugutekommen sollen (Leistungsempfänger), sich nicht aus dem Unternehmer oder dessen Angehörigen und bei Gesellschaften nicht aus den Gesellschaftern oder deren Angehörigen zusammensetzen. 48

49 (3) ① Der Pensions- oder Unterstützungskasse eines inländischen Unternehmens geht die Steuerfreiheit nicht dadurch verloren, dass zu ihren Leistungsempfängern Arbeitnehmer gehören, die das inländische Unternehmen zur Beschäftigung bei seinen ausländischen Tochtergesellschaften oder Betriebsstätten abgeordnet hat. ② Auch die Mitgliedschaft anderer, auch ausländischer, Arbeitnehmer der ausländischen Tochtergesellschaften oder Betriebsstätten des inländischen Unternehmens ist für die Kasse steuerunschädlich, wenn für diese Arbeitnehmer von der ausländischen Tochtergesellschaft oder Betriebsstätte entsprechende Beiträge (Zuwendungen) an die Kasse des inländischen Unternehmens abgeführt werden.

50 (4) Bei Unterstützungskassen muss den Leistungsempfängern oder den Arbeitnehmervertretungen des Betriebs oder der Dienststelle satzungsgemäß und tatsächlich das Recht zustehen, an der Verwaltung sämtlicher Beträge, die der Kasse zufließen, beratend mitzuwirken.

H 5.3

H 5.3

52 **Angehörige.** → BMF vom 25. 7. 2002, BStBl. I S. 706, → BMF vom 8. 1. 2003, BStBl. I S. 93 sowie → BMF vom 10. 11. 2011, BStBl. I S. 1084.

Bevorzugung des Unternehmers. Eine rechtsfähige Unterstützungskasse ist nur dann nach § 5 Abs. 1 Nr. 3 KStG von der Körperschaftsteuer befreit, wenn sie eine soziale Einrichtung ist. Das ist nicht der Fall, wenn Unterstützungsempfänger auch die Unternehmer sind und die Leistungen der Kasse an die Unternehmer unverhältnismäßig hoch sind (→ BFH vom 24. 3. 1970, I R 73/68, BStBl. II S. 473).

Mitwirkungsrecht. Das satzungsmäßige Recht zur beratenden Mitwirkung darf nicht eingeschränkt sein. Insbesondere macht § 87 Abs. 1 Nr. 1 Betriebsverfassungsgesetz, der dem Betriebsrat das Recht zur Mitbestimmung bei der Verwaltung der Sozialeinrichtungen einräumt, die Voraussetzung des § 3 Nr. 2 KStDV nicht überflüssig (→ BFH vom 20. 9. 1967, I 62/63, BStBl. 1968 II S. 24). Das Recht zu einer beratenden Mitwirkung kann auch in der Weise eingeräumt werden, dass satzungsmäßig und tatsächlich bei der Unterstützungskasse ein Beirat gebildet wird, dem Arbeitnehmer angehören. Diese müssen jedoch die Gesamtheit der Betriebszugehörigen repräsentieren, d. h. sie müssen von diesen unmittelbar oder mittelbar gewählt worden sein (→ BFH vom 24. 6. 1981, I R 143/78, BStBl. II S. 749). Diese Voraussetzung ist nicht erfüllt, wenn die Beiratsmitglieder letztlich von der Geschäftsleitung des Trägerunternehmens bestimmt werden. Eine Bestimmung durch die Geschäftsleitung des Trägerunternehmens ist auch gegeben, wenn der Beirat zwar durch die Mitgliederversammlung der Unterstützungskasse aus dem Kreis der Betriebsangehörigen gewählt wird, über die Zusammensetzung der Mitgliederversammlung jedoch der von der Geschäftsleitung des Trägerunternehmens eingesetzte Vorstand entscheidet (→ BFH vom 10. 6. 1987, I R 253/83, BStBl. 1988 II S. 27).

Versorgungsausgleich. Zur Auswirkung einer internen Teilung beim Versorgungsausgleich auf die Steuerfreiheit einer Unterstützungskasse; Ehegatte des Ausgleichsberechtigten als begünstigter Angehöriger i. S. d. § 5 Abs. 1 Nr. 3 KStG → BMF vom 10. 11. 2011, BStBl. I S. 1084.

R 5.4

R 5.4 Vermögensbindung bei Pensions-, Sterbe-, Kranken- und Unterstützungskassen

54 (1) ① Bei Kassen, deren Vermögen bei ihrer Auflösung vorbehaltlich der Regelung in § 6 KStG satzungsgemäß für ausschließlich gemeinnützige oder mildtätige Zwecke zu verwenden ist, gilt § 61 Abs. 1 AO sinngemäß. ② Bei einer Unterstützungskasse in der Rechtsform einer privatrechtlichen Stiftung ist es nicht zu beanstanden, wenn die Stiftung in ihre Verfassung die Bestimmung aufnimmt, dass das Stiftungskapital ungeschmälert zu erhalten ist, um dadurch zu verhindern, dass sie neben ihren Erträgen und den Zuwendungen vom Trägerunternehmen auch ihr Vermögen uneingeschränkt zur Erbringung ihrer laufenden Leistungen einsetzen muss. ③ In einer solchen Bestimmung ist kein Verstoß gegen das Erfordernis der dauernden Vermögenssicherung für Zwecke der Kasse zu erblicken. ④ Durch die satzungsgemäß abgesicherte Vermögensbindung ist nämlich gewährleistet, dass das Stiftungsvermögen im Falle der Auflösung der Stiftung nicht an den Stifter zurückfließt, sondern nur den Leistungsempfängern oder deren Angehörigen zugutekommt oder für ausschließlich gemeinnützige oder mildtätige Zwecke zu verwenden ist.

55 (2) ① Bei einer Darlehensgewährung der Unterstützungskasse an das Trägerunternehmen muss gewährleistet sein, dass die wirtschaftliche Leistungsfähigkeit des Betriebs in ausreichendem Maße für die Sicherheit der Mittel bürgt. ② Ist diese Voraussetzung nicht gegeben, müssen die Mittel der Kasse in angemessener Frist aus dem Betrieb ausgesondert und in anderer Weise angelegt werden.

56 (3) ① Nach § 1 b Abs. 4 BetrAVG wird ein aus dem Betrieb vor Eintritt des Versorgungsfalles ausscheidender Arbeitnehmer, der seine betriebliche Altersversorgung von der Unterstützungskasse des Betriebs erhalten sollte, bei Erfüllung der Voraussetzungen hinsichtlich der Leistungen so gestellt, wie wenn er weiterhin zum Kreis der Begünstigten der Unterstützungskasse des Be-

triebs gehören würde. ② Bei Eintritt des Versorgungsfalles hat die Unterstützungskasse dem früheren Arbeitnehmer und seinen Hinterbliebenen mindestens den nach § 2 Abs. 1 BetrAVG berechneten Teil der Versorgung zu gewähren (§ 2 Abs. 4 BetrAVG) oder den gem. § 2 Abs. 5a BetrAVG berechneten Teil der Versorgung bei ab dem 1. 1. 2001 erteilten Versorgungszusagen. ③ Diese Verpflichtung zur Gewährung von Leistungen an den vorzeitig ausgeschiedenen Arbeitnehmer bei Eintritt des Versorgungsfalles (§ 2 Abs. 4 BetrAVG) kann von der Unterstützungskasse wie folgt abgelöst werden:

1. Unter den Voraussetzungen des § 3 Abs. 2 bis 5 BetrAVG können nach § 2 BetrAVG unverfallbare Anwartschaften abgefunden werden. ② Soweit unverfallbare Anwartschaften über den gesetzlichen Umfang hinaus vertraglich zugesichert wurden, ist eine Abfindung zulässig.
2. Unter den Voraussetzungen des § 4 Abs. 2, 4 und 5 BetrAVG kann die Verpflichtung von jedem Unternehmen, bei dem der ausgeschiedene Arbeitnehmer beschäftigt wird, von einem Pensionsfonds, von einer Pensionskasse, von einem Unternehmen der Lebensversicherung oder einem öffentlich-rechtlichen Versorgungsträger übernommen werden.

④ Vermögensübertragungen im Zusammenhang mit diesen Maßnahmen verstoßen nicht gegen die Voraussetzungen des § 5 Abs. 1 Nr. 3 Buchstabe c KStG.

(4) ① Der Grundsatz der ausschließlichen und unmittelbaren Verwendung des Vermögens und der Einkünfte der Unterstützungskasse für die Zwecke der Kasse gilt nach § 6 Abs. 6 KStG nicht für den Teil des Vermögens, der am Schluss des Wj. den in § 5 Abs. 1 Nr. 3 Buchstabe e KStG bezeichneten Betrag übersteigt. ② Auch für den Fall, dass ein Unternehmen den Arbeitnehmern, die bisher von der Unterstützungskasse versorgt werden sollten, eine Pensionszusage erteilt oder bisher von der Unterstützungskasse gewährte Leistungen von Fall zu Fall aufgrund einer entsprechenden Betriebsvereinbarung übernimmt, oder wenn eine Unterstützungskasse durch Änderung des Leistungsplans die Versorgungsleistungen einschränkt, gelten die Grundsätze des Satzes 1 nur für den überdotierten Teil des gesamten Kassenvermögens der Unterstützungskasse. ③ Insoweit ist eine Übertragung von Vermögen einer Unterstützungskasse auf das Trägerunternehmen zulässig. ④ Werden Versorgungsleistungen einer Unterstützungskasse durch Satzungsbeschluss in vollem Umfang ersatzlos aufgehoben, d. h., liegt kein Fall des Satzes 2 vor, entfällt die Steuerfreiheit der Kasse auch mit Wirkung für die Vergangenheit, soweit Steuerbescheide nach den Vorschriften der AO noch änderbar sind. 57

H 5.4

H 5.4

Aufhebung der satzungsmäßigen Vermögensbindung. Wird die satzungsgemäße Vermögensbindung einer Kasse aufgehoben oder durch Übertragung nahezu des gesamten Vermögens verletzt, entfällt die Steuerfreiheit der Kasse auch mit Wirkung für die Vergangenheit (→ BFH vom 15. 12. 1976, I R 235/75, BStBl. 1977 II S. 490 und → BFH vom 14. 11. 2012, I R 78/11, BStBl. 2014 II S. 44). 59

Mittelüberlassung an Träger der Kasse. Die Mittel einer Unterstützungskasse können gegen angemessene Verzinsung auch dem Betrieb zur Verfügung gestellt werden, der Träger der Kasse ist (→ BFH vom 24. 5. 1973, IV R 39/68, BStBl. II S. 632 und → BFH vom 27. 1. 1977, I B 60/76, BStBl. II S. 442). Ob die Verzinsung der Darlehensforderung angemessen ist, hängt von den Umständen des Einzelfalls ab. Wurde einer Unterstützungskasse vom Trägerunternehmen eine Darlehensforderung zugewendet, beruht die Darlehensforderung also nicht auf Leistungen der Kasse an das Trägerunternehmen, dann ist die Unverzinslichkeit oder unangemessen niedrige Verzinsung der Forderung für die Steuerbefreiung unschädlich, solange die Unterstützungskasse aus rechtlichen Gründen gehindert ist, eine angemessene Verzinsung durchzusetzen (→ BFH vom 30. 5. 1990, I R 64/86, BStBl. II S. 1000).

Mitunternehmerschaft einer Unterstützungskasse. Eine Kasse macht ihr Vermögen oder ihre Einkünfte anderen als ihren satzungsgemäßen Zwecken dienstbar, wenn sie sich als Mitunternehmer eines Gewerbebetriebs betätigt. Das Vermögen ist nämlich dann nicht dauernd gesichert, wenn es zu einem nicht unerheblichen Teil aus einem Mitunternehmeranteil besteht, da der Mitunternehmer die sich aus dem Handels- und Insolvenzrecht ergebenden Risiken trägt (→ BFH vom 17. 10. 1979, I R 14/76, BStBl. 1980 II S. 225).

Satzungsmäßige Festlegung der Verwendung des Vermögens. Eine ausreichende Vermögensbindung i. S. d. § 1 Nr. 2 KStDV liegt nicht vor, wenn die Satzung sich auf die allgemeine Bestimmung beschränkt, dass zur Verteilung des Vermögens der Kasse die Zustimmung des Finanzamts erforderlich ist (→ BFH vom 20. 9. 1967, I 62/63, BStBl. 1968 II S. 24). Wird eine Unterstützungskasse in der Rechtsform einer GmbH betrieben, ist wegen der satzungsgemäß abzusichernden Vermögensbindung für den Fall der Liquidation der Unterstützungskassen-GmbH eine Rückzahlung der eingezahlten Stammeinlagen an das Trägerunternehmen ausgeschlossen (→ BFH vom 25. 10. 1972, GrS 6/71, BStBl. 1973 II S. 79).

Übertragung von Vermögenswerten in Folge des Ausscheidens eines Trägerunternehmens. → BMF vom 18. 2. 2020, BStBl. I S. 221.

R 5.5

R 5.5 Leistungsbegrenzung

61 (1) ① Bei der Prüfung, ob die erreichten Rechtsansprüche der Leistungsempfänger in nicht mehr als 12% aller Fälle auf höhere als die in § 2 Abs. 1 KStDV bezeichneten Beträge gerichtet sind (§ 2 Abs. 2 KStDV), ist von den auf Grund der Satzung, des Geschäftsplans oder des Leistungsplans insgesamt bestehenden Rechtsansprüchen, also von den laufenden tatsächlich gewährten Leistungen und den Anwartschaften auszugehen. ② Dabei ist jede in § 2 KStDV genannte einzelne Leistungsgruppe (Pensionen, Witwengelder, Waisengelder und Sterbegelder) für sich zu betrachten. ③ Nur bei Beschränkung auf die Höchstbeträge kann die Kasse als Sozialeinrichtung anerkannt werden.

62 (2) ① Unterstützungskassen sind als Kassen ohne Rechtsanspruch der Leistungsempfänger zur Aufstellung eines Geschäftsplans i. S. d. VAG nicht verpflichtet. ② Unterstützungskassen dürfen auch laufende Leistungen, z. B. zur Altersversorgung, gewähren, wenn die Voraussetzungen des § 5 Abs. 1 Nr. 3 Buchstabe b KStG und des § 3 Nr. 3 KStDV erfüllt sind. ③ Dabei dürfen Altersrenten, Witwengeld, Waisengeld und Sterbegeld ohne Rücksicht auf die wirtschaftlichen Verhältnisse des Leistungsempfängers gewährt werden. ④ Die laufenden Leistungen und das Sterbegeld dürfen die in § 2 KStDV bezeichneten Beträge nicht übersteigen. ⑤ Dagegen hat eine Unterstützungskasse, die jedem Zugehörigen eines Betriebs ohne Rücksicht auf seine wirtschaftlichen Verhältnisse einmalige Zuwendungen macht, keinen Anspruch auf die Steuerbefreiung. ⑥ Leistungsempfänger i. S. d. Vorschrift sind nach § 5 Abs. 1 Nr. 3 KStG die Personen, denen die Leistungen der Kasse zugutekommen oder zugutekommen sollen, also auch die Leistungsanwärter. ⑦ Daher gilt die Begrenzung der laufenden Leistungen nach § 3 Nr. 3 KStDV für die tatsächlich gezahlten Renten und die sich aus dem Leistungsplan ergebenden tatsächlichen Rentenanwartschaften. ⑧ Die Rentenanwartschaften sind mit den jeweils erreichten Beträgen anzusetzen.

63 (3) ① Eine steuerbefreite Pensionskasse oder Unterstützungskasse kann anstelle einer laufenden Rente auch eine Kapitalabfindung zahlen. ② Voraussetzung ist, dass die zu kapitalisierende Rente sich in den Grenzen der Höchstbeträge der §§ 2 und 3 KStDV hält und der Leistungsempfänger durch die Kapitalisierung nicht mehr erhält, als er insgesamt erhalten würde, wenn die laufende Rente gezahlt würde. ③ Der Berechnung der Kapitalabfindung darf daher nur ein Zinsfuß zugrunde gelegt werden, der auf die Dauer gesehen dem durchschnittlichen Zinsfuß entspricht. ④ Bei der Prüfung, ob sich die kapitalisierte Rente in den Grenzen der vorgenannten Höchstbeträge hält, ist von einem Zinssatz von 5,5% auszugehen. ⑤ Im Übrigen ist die Kapitalabfindung nach den sonst steuerlich anerkannten Rechnungsgrundlagen zu berechnen.

H 5.5

H 5.5

65 **Gesamtleistung beim Sterbegeld.** Zur Gesamtleistung einer Sterbekasse gehören auch Gewinnzuschläge, auf die die Berechtigten einen Rechtsanspruch haben (→ BFH vom 20. 11. 1969, I R 107/67, BStBl. 1970 II S. 227).

Nachweis als soziale Einrichtung. Es genügt, wenn bei Unterstützungskassen in anderer Weise als durch Aufstellung eines Geschäftsplans sichergestellt ist, dass die Kassen nach Art und Höhe ihrer Leistungen eine soziale Einrichtung darstellen, z. B. durch Aufnahme entsprechender Bestimmungen in die Satzung oder – bei Unterstützungskassen mit laufenden Leistungen – durch Aufstellung eines Leistungsplans (→ BFH vom 18. 7. 1990, I R 22–23/87, BStBl. II S. 1088).

Zuwendungen nach §§ 4 c und 4 d EStG. → R 4 c und 4 d EStR.

KStDV zu § 5 Abs. 1 Nr. 4

§ 4 *Kleinere Versicherungsvereine*

Kleinere Versicherungsvereine auf Gegenseitigkeit im Sinne § 210 des Versicherungsaufsichtsgesetzes[1] sind von der Körperschaftsteuer befreit, wenn

66 *1. ihre Beitragseinnahmen im Durchschnitt der letzten drei Wirtschaftsjahre einschließlich des im Veranlagungszeitraum endenden Wirtschaftsjahrs die folgenden Jahresbeträge nicht übersteigen haben:*
   a) 797 615 Euro bei Versicherungsvereinen, die die Lebensversicherung oder die Krankenversicherung betreiben,
   b) 306 775 Euro bei allen übrigen Versicherungsvereinen oder

2. sich ihr Geschäftsbetrieb auf die Sterbegeldversicherung beschränkt und sie im übrigen die Voraussetzungen des § 1 erfüllen.

R 5.6

R 5.6 Kleinere Versicherungsvereine

67 Hat ein Mitglied einer Sterbekasse mit der Kasse mehrere Versicherungsverträge für sich selbst abgeschlossen, sind die für das Mitglied aufgrund dieser Versicherungsverträge in Betracht kom-

[1] Ab VZ 2016 Änderung des Verweises durch Gesetz v. 1. 4. 2015 (BGBl. I S. 434).

menden Versicherungsleistungen bei der Ermittlung der Gesamtleistung i. S. d. § 4 Nr. 2 KStDV zusammenzurechnen.

H 5.6

H 5.6

Gewinnzuschläge bei einer Sterbekasse. Zur Gesamtleistung einer Sterbekasse i. S. d. § 5 Abs. 1 Nr. 4 KStG gehören auch Gewinnzuschläge, auf die die Beteiligten einen Anspruch haben (→ BFH vom 20. 11. 1969, I R 107/67, BStBl. 1970 II S. 227). 69

R 5.7 Berufsverbände ohne öffentlich-rechtlichen Charakter

R 5.7

(1) ① Berufsverbände sind Vereinigungen von natürlichen Personen oder von Unternehmen, die allgemeine, aus der beruflichen oder unternehmerischen Tätigkeit erwachsende ideelle und wirtschaftliche Interessen des Berufsstandes oder Wirtschaftszweiges wahrnehmen. ② Es müssen die allgemeinen wirtschaftlichen Belange aller Angehörigen eines Berufes, nicht nur die besonderen wirtschaftlichen Belange einzelner Angehöriger eines bestimmten Geschäftszweiges wahrgenommen werden. ③ Die Zusammenschlüsse derartiger Vereinigungen sind ebenfalls Berufsverbände. ④ Ein Berufsverband ist auch dann gegeben, wenn er die sich aus der Summe der Einzelinteressen der Mitglieder ergebenden allgemeinen wirtschaftlichen Belange eines Berufsstandes oder Wirtschaftszweiges vertritt und die Ergebnisse der Interessenvertretung dem Berufsstand oder Wirtschaftszweig als solchem unabhängig von der Mitgliedschaft der Angehörigen des Berufsstandes oder Wirtschaftszweiges beim Verband zugutekommen. ⑤ Die Unterhaltung eines wirtschaftlichen Geschäftsbetriebs (z. B. Rechtsberatung) führt grundsätzlich nicht zum Verlust der Steuerbefreiung des Berufsverbands, auch wenn er in der Satzung des Verbands aufgeführt ist.[1] ⑥ Die Steuerbefreiung entfällt, wenn nach dem Gesamtbild der tatsächlichen Geschäftsführung die nicht dem Verbandszweck dienende wirtschaftliche Tätigkeit dem Verband das Gepräge gibt. 71

(2) Zu den Berufsverbänden ohne öffentlich-rechtlichen Charakter i. S. d. § 5 Abs. 1 Nr. 5 KStG können Berufsverbände der Arbeitgeber und der Arbeitnehmer, z. B. Arbeitgeberverbände und Gewerkschaften, und andere Berufsverbände, z. B. Wirtschaftsverbände, Bauernvereine und Hauseigentümervereine, gehören. 72

(3) ① Verwendet ein Berufsverband Mittel von mehr als 10% seiner Einnahmen für die unmittelbare oder mittelbare Unterstützung oder Förderung politischer Parteien, ist die Steuerbefreiung ausgeschlossen. ② Dabei ist es ohne Bedeutung, ob die Mittel aus Beitragseinnahmen oder aus anderen Quellen, z. B. aus wirtschaftlichen Geschäftsbetrieben, aus Vermögensanlagen oder aus Zuschüssen, stammen. ③ Zu den Mitteln gehört bei Beteiligung an einer Personengesellschaft der Gewinnanteil an der Personengesellschaft, bei Beteiligung an einer Kapitalgesellschaft die Gewinnausschüttung sowie Veräußerungsgewinne aus diesen Beteiligungen. ④ Der Besteuerung unterliegt in diesem Fall neben dem Einkommen die Verwendung von Mitteln für die Unterstützung oder Förderung politischer Parteien nach § 5 Abs. 1 Nr. 5 Satz 4 KStG. ⑤ Eine Mittelüberlassung liegt auch bei verdeckten Zuwendungen vor, z. B. bei Leistungen ohne ausreichende Gegenleistung. ⑥ Das gilt auch bei einer unentgeltlichen oder verbilligten Raumüberlassung und bei einer zinslosen oder zinsverbilligten Darlehensgewährung. ⑦ Eine mittelbare Unterstützung oder Förderung politischer Parteien ist anzunehmen, wenn der Berufsverband z. B. den Wahlkampf eines Abgeordneten finanziert. 73

(4) ① Der Begriff des wirtschaftlichen Geschäftsbetriebs ergibt sich aus § 14 AO. ② Danach ist Voraussetzung für die Annahme eines wirtschaftlichen Geschäftsbetriebs, dass durch die Tätigkeit Einnahmen oder andere wirtschaftliche Vorteile erzielt werden. ③ Das ist nicht der Fall, wenn für die Tätigkeit ausschließlich (echte) Mitgliederbeiträge nach § 8 Abs. 5 KStG erhoben werden. ④ Zu den Mitgliederbeiträgen gehören auch Umlagen, die von allen Mitgliedern in gleicher Höhe oder nach einem bestimmten Maßstab, der von dem Maßstab der Mitgliederbeiträge abweichen kann, erhoben werden. ⑤ Solche beitragsähnlichen Umlagen liegen z. B. bei der Gemeinschaftswerbung und bei der Durchführung von Betriebsvergleichen vor. ⑥ Dagegen ist ein wirtschaftlicher Geschäftsbetrieb anzunehmen, wenn mehr als 20% der Mitglieder des Berufsverbandes oder der Mitglieder eines zu dem Berufsverband gehörenden Berufs- oder Wirtschaftszweiges, der an der Gemeinschaftswerbung oder an der Durchführung von Betriebsvergleichen beteiligt ist, nicht zu der Umlage herangezogen werden. ⑦ Es kann im Einzelfall notwendig sein, zu prüfen, ob die von dem Berufsverband erhobenen Beiträge in vollem Umfang als Mitgliederbeiträge anzusehen oder ob darin Entgelte für die Gewährung besonderer wirtschaftlicher Vorteile enthalten sind. ⑧ Die Gewährung derartiger Vorteile gegen Entgelt begründet einen wirtschaftlichen Geschäftsbetrieb. ⑨ Vgl. z. B. → R 8.12 und 8.13. ⑩ Zu den wirtschaftlichen Geschäftsbetrieben gehören z. B. die Vorführung und der Verleih von Filmen, die Beratung der Angehörigen des Berufsstandes oder Wirtschaftszweiges einschließlich der Hilfe bei 74

[1] Das steuerliche Ergebnis des wirtschaftlichen Geschäftsbetriebs „Rechtsberatung" von Berufsverbänden im Sinne des § 5 Abs. 1 Nr. 5 KStG ist mit 0 € anzusetzen, sofern die Tätigkeit von untergeordneter Bedeutung ist. *Vfg. OFD Hannover v. 8. 12. 2005, StEK KStG 1977 § 5 Nr. 187.*

der Buchführung, bei der Ausfüllung von Steuererklärungen und sonstigen Vordrucken, die Unterhaltung einer Buchstelle, die Einrichtung eines Kreditschutzes, die Unterhaltung von Sterbekassen, der Abschluss oder die Vermittlung von Versicherungen, die Unterhaltung von Laboratorien und Untersuchungseinrichtungen, die Veranstaltung von Märkten, Leistungsschauen und Fachausstellungen, die Unterhaltung einer Kantine für die Arbeitskräfte der Verbandsgeschäftsstelle, die nachhaltige Vermietung von Räumen für regelmäßig kurze Zeit, z. B. für Stunden oder einzelne Tage, an wechselnde Benutzer. ⑩ Die Herausgabe, das Verlegen oder der Vertrieb von Fachzeitschriften, Fachzeitungen und anderen fachlichen Druckerzeugnissen des Berufsstandes oder Wirtschaftszweiges, einschließlich der Aufnahme von Fachanzeigen, stellt ebenfalls einen wirtschaftlichen Geschäftsbetrieb dar. ⑪ Verbandszeitschriften, in denen die Mitglieder über die Verbandstätigkeit und über allgemeine Fragen des Berufsstandes unterrichtet werden, sind kein wirtschaftlicher Geschäftsbetrieb. ⑫ Betreibt ein Berufsverband in seiner Verbandszeitschrift jedoch Anzeigen- oder Annoncenwerbung, liegt insoweit ein wirtschaftlicher Geschäftsbetrieb vor.

75 (5) ① Unter den Begriff des wirtschaftlichen Geschäftsbetriebs fällt nicht die Vermögensverwaltung. ② Wegen des Begriffs der Vermögensverwaltung vgl. § 14 AO. ③ Die → Beteiligung eines Berufsverbandes an einer Kapitalgesellschaft ist im Regelfall Vermögensverwaltung. ④ Die Grundsätze von R 4.1 Abs. 2 Satz 2 bis 5 gelten entsprechend.

76 (6) ① Die Tätigkeit der Geschäftsstelle des Berufsverbandes stellt keinen wirtschaftlichen Geschäftsbetrieb dar. ② Der Verkauf von Altmaterial, Einrichtungsgegenständen, Maschinen, Kraftfahrzeugen und dgl. bildet eine Einheit mit der Tätigkeit der Geschäftsstelle. ③ Es fehlt insoweit an der für die Begründung eines wirtschaftlichen Geschäftsbetriebs erforderlichen Selbständigkeit. ④ Das gilt auch für den Fall, dass Entgelte für die Mitbenutzung der Geschäftsstelle oder einzelner Räume oder Einrichtungsgegenstände der Geschäftsstelle durch einen anderen Berufsverband vereinnahmt werden. ⑤ Entsprechendes gilt auch hinsichtlich der Vereinnahmung von Entgelten für die Zurverfügungstellung von Personal für einen anderen Berufsverband.

77 (7) ① Steuerpflichtig ist nicht der einzelne wirtschaftliche Geschäftsbetrieb, sondern der Berufsverband. ② Die Ergebnisse der wirtschaftlichen Geschäftsbetriebe werden für die Besteuerung zusammengefasst. ③ Die Freibetragsregelung des § 24 KStG bezieht sich auf das Einkommen des Berufsverbandes. ④ Sie ist nicht auf die Bemessungsgrundlage für die besondere Körperschaftsteuer i. S. d. § 5 Abs. 1 Nr. 5 Satz 4 KStG anzuwenden.

H 5.7

H 5.7

79 **Abgrenzung.** Keine Berufsverbände sind z. B.
- eine Abrechnungsstelle von Apothekeninhabern (→ BFH vom 26. 4. 1954, I 110/53 U, BStBl. III S. 204),
- eine Güteschutzgemeinschaft (→ BFH vom 11. 8. 1972, III R 114/71, BStBl. 1973 II S. 39),
- ein Lohnsteuerhilfeverein (→ BFH vom 29. 8. 1973, I R 234/71, BStBl. 1974 II S. 60 und → BFH vom 16. 12. 1998, I R 36/98, BStBl. 1999 II S. 366),
- ein Mieterverein (→ BFH vom 17. 5. 1966, III 190/64, BStBl. III S. 525),
- ein Rabattsparverein (→ BFH vom 29. 11. 1967, I 67/65, BStBl. 1968 II S. 236),
- ein Warenzeichenverband (→ BFH vom 8. 6. 1966, I 151/63, BStBl. III S. 632),
- ein Werbeverband (→ BFH vom 15. 7. 1966, III 179/64, BStBl. III S. 638).

Beteiligung eines Berufsverbands an einer Kapitalgesellschaft. Die Beteiligung an einer Kapitalgesellschaft stellt einen wirtschaftlichen Geschäftsbetrieb dar, wenn mit ihr tatsächlich ein entscheidender Einfluss auf die laufende Geschäftsführung des Unternehmens ausgeübt wird (→ BFH vom 30. 6. 1971, I R 57/70, BStBl. II S. 753).

Beteiligung eines Berufsverbands an einer Personengesellschaft. Ob die Beteiligung an einer Personengesellschaft als wirtschaftlicher Geschäftsbetrieb oder als Vermögensverwaltung anzusehen ist, ist im Rahmen der gesonderten und einheitlichen Gewinnfeststellung für die Personengesellschaft zu entscheiden (→ BFH vom 27. 7. 1988, I R 113/84, BStBl. 1989 II S. 134).

Einkommensermittlung bei Berufsverbänden. → R 8.11 bis 8.13.

Entgeltliche Leistungen an Mitglieder oder Dritte. Ein Berufsverband kann ohne Verlust der Körperschaftsteuerbefreiung entgeltliche Leistungen an seine Mitglieder oder Dritte im Rahmen eines wirtschaftlichen Geschäftsbetriebs nur erbringen, wenn sein Verbandszweck nicht hierauf gerichtet ist, sondern es sich hierbei um eine Nebentätigkeit handelt (→ BFH vom 13. 12. 2018, V R 45/17, BStBl. II S. 460).

Kapitalertragsteuer bei wirtschaftlichen Geschäftsbetrieben. → BMF vom 2. 2. 2016, BStBl. I S. 200 sowie BMF vom 21. 7. 2016, BStBl. I S. 685.

Wahrnehmung allgemeiner Interessen eines Wirtschaftszweiges. Ein Verband nimmt auch dann allgemeine Interessen eines Wirtschaftszweiges wahr, wenn er lediglich die in einem eng begrenzten Bereich der unternehmerischen Tätigkeit bestehenden gemeinsamen Interessen eines Wirtschaftszweiges vertritt (→ BFH vom 4. 6. 2003, I R 45/02, BStBl. II S. 891).

R 5.8 Gemeinnützige, mildtätige und kirchliche Körperschaften

R 5.8

– unbesetzt – 81

H 5.8

H 5.8

Kapitalertragsteuer bei wirtschaftlichen Geschäftsbetrieben. → BMF vom 2. 2. 2016, BStBl. I S. 200 sowie BMF vom 21. 7. 2016, BStBl. I S. 685. 83

Steuerbegünstigte Zwecke. → AEAO zu §§ 51 bis 68.[1]

R 5.9 Vermietungsgenossenschaften und -vereine

R 5.9

– unbesetzt – 85

H 5.9

H 5.9

Vermietungsgenossenschaften und -vereine. Zur Steuerbefreiung für Vermietungsgenossenschaften und -vereine sowie zur Übergangsregelung für gemeinnützige Wohnungsunternehmen → BMF vom 22. 11. 1991 (BStBl. I S. 1014) und die entsprechenden Erlasse der obersten Finanzbehörden der Länder. 87

R 5.10 Gemeinnützige Siedlungsunternehmen

R 5.10

89 ① Gemeinnützige Siedlungsunternehmen sind insoweit von der Körperschaftsteuer befreit, als sie im ländlichen Raum Siedlungs-, Agrarstrukturverbesserungs- und Landentwicklungsmaßnahmen mit Ausnahme des Wohnungsbaus durchführen. ② Die Durchführung von Siedlungs-, Agrarstrukturverbesserungs- und Landentwicklungsmaßnahmen ist auch dann begünstigt, wenn sie nicht ausdrücklich durch Gesetz zugewiesen ist. ③ Landentwicklungsmaßnahmen sind Maßnahmen im öffentlichen Interesse, die wegen des sich vollziehenden Strukturwandels zur Unterstützung und Ergänzung der Siedlungs- und Agrarstrukturverbesserung im ländlichen Raum erforderlich sind und vornehmlich zum Gegenstand haben

- die Planung und Durchführung von Maßnahmen der Ortssanierung, Ortsentwicklung, Bodenordnung und der Agrarstrukturverbesserung,
- die Durchführung von Umsiedlungen und Landtauschen, weil Land für öffentliche und städtebauliche Zwecke in Anspruch genommen wird.

④ Die Durchführung umfasst alle Tätigkeiten gemeinnütziger Siedlungsunternehmen, die der Verwirklichung dieser Maßnahme dienen, insbesondere auch die erforderliche Landbeschaffung. ⑤ Soweit die gemeinnützigen Siedlungsunternehmen als Bauträger oder Baubetreuer im Wohnungsbau tätig sind oder andere Tätigkeiten ausüben, z. B. das Betreiben von Land- und Forstwirtschaft, besteht partielle Steuerpflicht, wenn diese Tätigkeiten nicht überwiegen. ⑥ Übersteigen die Einnahmen aus diesen Tätigkeiten die Einnahmen aus den in Satz 1 bezeichneten Tätigkeiten, wird das Unternehmen in vollem Umfang steuerpflichtig.

R 5.11 Allgemeines über die Steuerbefreiung von Genossenschaften und Vereinen im Bereich der Land- und Forstwirtschaft

R 5.11

(1) ① Genossenschaften sowie Vereine sind nach § 5 Abs. 1 Nr. 14 KStG grundsätzlich von der Körperschaftsteuer befreit, soweit sich ihr Geschäftsbetrieb auf die dort genannten Tätigkeiten beschränkt und im Bereich der Land- und Forstwirtschaft liegt. ② Unter den Begriff „Vereine" fallen sowohl rechtsfähige als auch nichtrechtsfähige Vereine i. S. v. § 1 Abs. 1 Nr. 4 und 5 KStG. ③ Üben die Genossenschaften und Vereine auch Tätigkeiten aus, die nicht nach § 5 Abs. 1 Nr. 14 KStG begünstigt sind, und betragen die Einnahmen aus diesen Tätigkeiten nicht mehr als 10% der gesamten Einnahmen, sind die Genossenschaften und Vereine mit den Gewinnen aus den nicht begünstigten Tätigkeiten partiell steuerpflichtig. ④ Die nicht begünstigten Tätigkeiten bilden einen einheitlichen steuerpflichtigen Gewerbebetrieb. ⑤ Hinsichtlich der begünstigten Tätigkeiten bleibt die Steuerfreiheit erhalten. ⑥ Übersteigen die Einnahmen aus den nicht begünstigten Tätigkeiten in einem VZ 10% der Gesamteinnahmen, entfällt die Steuerbefreiung für diesen VZ insgesamt. 91

(2) ① Der Begriff und die Höhe der Einnahmen (Einnahmen einschließlich Umsatzsteuer) bestimmen sich nach den Grundsätzen über die steuerliche Gewinnermittlung. ② Der Zufluss i. S. d. § 11 EStG ist nicht maßgebend. ③ Wegen der Ermittlung der Einnahmen aus nicht begünstigten Tätigkeiten bei Verwertungsgenossenschaften vgl. Absatz 8. 92

---

[1] Vgl. „AO-Handbuch".

R 5.11

93 (3) ① Eine Ausnahme von der 10%-Grenze enthält § 5 Abs. 1 Nr. 14 KStG für Genossenschaften und Vereine, deren Geschäftsbetrieb sich überwiegend auf die Durchführung von Milchqualitätsprüfungen und/oder Milchleistungsprüfungen oder auf die Tierbesamung beschränkt. ② Zur ersten Gruppe gehören danach grundsätzlich die nach Landesrecht zugelassenen Untersuchungsstellen i. S. d. § 2 Abs. 7 der Milch-Güteverordnung, die insbesondere im öffentlichen Interesse Milchqualitätsprüfungen für Mitglieder und Nichtmitglieder sowie für Nichtlandwirte durchführen. ③ Auch die Tierbesamungsstationen tätigen, insbesondere bei Ausbruch einer Seuche, neben Zweckgeschäften mit Mitgliedern in größerem Umfang auch solche mit Nichtmitgliedern und Nichtlandwirten. ④ Die Einnahmen aus diesen Tätigkeiten bleiben bei der Berechnung der 10%-Grenze, d. h. sowohl bei der Berechnung der Einnahmen aus den steuerlich nicht begünstigten Tätigkeiten als auch bei der Berechnung der gesamten Einnahmen, außer Ansatz. ⑤ Die Gewinne aus diesen Tätigkeiten unterliegen jedoch der Körperschaftsteuer.

94 (4) ① Die Ausübung mehrerer begünstigter Tätigkeiten nebeneinander ist für die Steuerbefreiung unschädlich. ② Zu den begünstigten Tätigkeiten gehört auch die Vermittlung von Leistungen im Bereich der Land- und Forstwirtschaft, z. B. von Mietverträgen für Maschinenringe einschließlich der Gestellung von Personal. ③ Der Begriff „Verwertung" umfasst auch die Vermarktung und den Absatz, wenn die Tätigkeit im Bereich der Land- und Forstwirtschaft liegt. ④ Nicht unter die Steuerbefreiung fällt dagegen die Rechts- und Steuerberatung.

95 (5) ① Beteiligungen an anderen Unternehmen sind grundsätzlich zulässig. ② Die Einnahmen aus Beteiligungen an anderen Unternehmen sind jedoch als Einnahmen aus nicht begünstigten Tätigkeiten anzusehen. ③ Einnahmen aus der Beteiligung an einer Körperschaft, deren Leistungen bei den Empfängern zu den Einnahmen i. S. d. § 20 Abs. 1 Nr. 1 oder 2 EStG gehören, sind in voller Höhe als Einnahmen aus nicht begünstigten Tätigkeiten anzusehen. ④ Dies gilt nicht für Beteiligungen an Genossenschaften und Vereinen, die nach § 5 Abs. 1 Nr. 14 KStG befreit sind. ⑤ Bei der Beteiligung an einer Personengesellschaft sind die anteiligen Einnahmen anzusetzen. ⑥ Rückvergütungen i. S. d. § 22 KStG sind den Einnahmen aus den Geschäften zuzurechnen, für die die Rückvergütungen gewährt worden sind.

96 | (6) Für die Besteuerung der Genossenschaften sind die folgenden Arten von Geschäften zu unterscheiden:

1. Zweckgeschäfte;
   ① Zweckgeschäfte sind alle Geschäfte, die der Erfüllung des satzungsmäßigen Gegenstandes des Unternehmens der Genossenschaft dienen und die Förderung des Erwerbs oder der Wirtschaft der Mitglieder bezwecken (§ 1 GenG).
   ② Sie können sein
   a) Mitgliedergeschäfte;
      ① Mitgliedergeschäfte sind Zweckgeschäfte, die mit den Mitgliedern der Genossenschaft als Vertragspartnern durchgeführt werden. ② Mitglieder sind die in die Mitgliederliste eingetragenen Personen. ③ Es genügt, wenn der Genossenschaft zur Zeit des Geschäftsabschlusses die Beitrittserklärung vorliegt;
   b) Nichtmitgliedergeschäfte;
      Nichtmitgliedergeschäfte sind Zweckgeschäfte, die mit Nichtmitgliedern als Vertragspartnern der Genossenschaft durchgeführt werden;
2. Gegengeschäfte;
   Gegengeschäfte sind Geschäfte, die zur Durchführung der Zweckgeschäfte erforderlich sind, z. B. bei Bezugsgenossenschaften der Einkauf der Waren, bei Nutzungsgenossenschaften der Ankauf eines Mähdreschers, bei Absatzgenossenschaften der Verkauf der Waren;
3. Hilfsgeschäfte;
   ① → Hilfsgeschäfte sind Geschäfte, die zur Abwicklung der Zweckgeschäfte und Gegengeschäfte notwendig sind und die der Geschäftsbetrieb der Genossenschaft mit sich bringt, z. B. Einkauf von Büromaterial, der Verkauf von überflüssig gewordenem Inventar oder Verpackungsmaterial, die Lieferung von Molkereibedarfsartikeln, z. B. Hofbehälter, Milchbehälter oder Milchkühlbehälter, durch eine Molkereigenossenschaft an ihre Mitglieder, die Vermietung von Wohnräumen an Betriebsangehörige, wenn die Vermietung aus betrieblichen Gründen (im eigenen betrieblichen Interesse der Genossenschaft) veranlasst ist. ② Die Führung von Mitgliederkonten für Anzahlungen und Guthaben, die als reine Geldanlagekonten anzusehen sind, ist als Hilfsgeschäft anzusehen, wenn die Guthaben auf die Gesamthöhe des Warenbezugs des betreffenden Mitglieds im vorangegangenen Jahr begrenzt werden. ③ Auch die Veräußerung eines Betriebsgrundstücks oder des Teils eines Betriebsgrundstücks kann ein Hilfsgeschäft sein. ④ Dagegen gehören Geschäfte aus der Veräußerung von Anlagevermögen im Zuge der Betriebseinstellung (wie z. B. die Veräußerung eines Betriebsgrundstücks, der Betriebsvorrichtungen oder anderer Wirtschaftsgüter) zu den Nebengeschäften;
4. Nebengeschäfte;
   → Nebengeschäfte sind alle sonstigen Geschäfte.

97 (7) Für die Besteuerung der Vereine gilt die in Absatz 6 vorgenommene Unterscheidung von
| Arten von Geschäften bei Genossenschaften sinngemäß.

(8) ① Begünstigt sind nur → Zweckgeschäfte mit Mitgliedern, → Gegengeschäfte und → Hilfsgeschäfte, die sich auf den nach § 5 Abs. 1 Nr. 14 KStG steuerfreien Geschäftsbereich beziehen (begünstigte Tätigkeiten). ② Die Einnahmen (Einnahmen einschließlich Umsatzsteuer) aus Zweckgeschäften mit Nichtmitgliedern und Nebengeschäften sind den Einnahmen aus nicht begünstigten Tätigkeiten zuzurechnen. ③ Bei Verwertungsgenossenschaften sind die Einnahmen aus begünstigten und nicht begünstigten Tätigkeiten nach dem Verhältnis der Ausgaben für bezogene Waren von Mitgliedern und Nichtmitgliedern aus den Gesamteinnahmen zu ermitteln, soweit eine unmittelbare Zuordnung nicht möglich ist. ④ Dabei ist von den Ausgaben im gleichen Wj. auszugehen. ⑤ Die durch diese zeitliche Zuordnung mögliche Verschiebung im Einzelfall, soweit Ausgaben für bezogene Waren und Einnahmen aus dem Verkauf dieser Waren in verschiedenen Wj. anfallen, wird zugunsten einer einfachen Handhabung hingenommen. ⑥ Bei Zukauf landwirtschaftlicher Erzeugnisse ermitteln sich die Einnahmen aus nichtbegünstigten Tätigkeiten aus der Verwertung des Endproduktes im Verhältnis der zugekauften zu den von den Mitgliedern selbst erzeugten Produkten. ⑦ Wegen der Auswirkungen auf die partielle oder volle Steuerpflicht der Genossenschaften oder Vereine vgl. Absätze 1 und 2. 98

(9) ① Die wechselseitigen Hilfen von Genossenschaften aufgrund eines Beistandsvertrages sind begünstigte Zweckgeschäfte, wenn beide Genossenschaften die gleiche Zweckbestimmung haben und gegenseitig als Mitglied beteiligt sind. ② Das gilt sinngemäß für Vereine und für Leistungen von Beratungsringen an die an ihnen beteiligten Erzeugergemeinschaften, soweit deren Mitglieder gleichzeitig Mitglieder des Beratungsrings sind. 99

(10) ① Begünstigte Zweckgeschäfte i. S. v. R 5.11 Abs. 6 liegen vor, wenn der Zukauf von einer anderen Genossenschaft (Anschluss- oder Lieferungsgenossenschaft) erfolgt, die ihrerseits Mitglied der Verwertungsgenossenschaft ist. ② Dies gilt jedoch nur für land- und forstwirtschaftliche Erzeugnisse, die von Mitgliedern der Anschluss- oder Liefergenossenschaft selbst erzeugt sind. ③ Umfasst werden auch Teilanlieferungen. ④ Die Abrechnung wird zwischen der Verwertungsgenossenschaft und der Lieferungsgenossenschaft oder unmittelbar zwischen der Verwertungsgenossenschaft und den Mitgliedern der Lieferungsgenossenschaften vorgenommen. ⑤ Das gilt sinngemäß auch für Vereine. 100

H 5.11

H 5.11

Biogasanlagen und Erzeugung von Energie aus Biogas. → BMF vom 6. 3. 2006, BStBl. I S. 248. 102

Genossenschaftszentralen. Wegen der steuerlichen Behandlung von Zentralen landwirtschaftlicher Nutzungs- und Verwertungsgenossenschaften wird auf das BFH-Gutachten vom 2. 12. 1950 (I D 3/50 S, BStBl. 1951 III S. 26) hingewiesen. Danach sind die Genossenschaftszentralen wie folgt zu behandeln:

1. Werden die Zentralen in der Form von Kapitalgesellschaften geführt, gilt die persönliche Steuerbefreiung des § 5 Abs. 1 Nr. 14 KStG für sie nicht.
2. Werden die Zentralen in der Form von Genossenschaften oder Vereinen betrieben, ist § 5 Abs. 1 Nr. 14 KStG für sie anwendbar. Voraussetzung ist, dass die angeschlossenen Genossenschaften vorbehaltlich des Satzes 3 die in § 5 Abs. 1 Nr. 14 KStG geforderten Voraussetzungen erfüllen und die Zentralen lediglich Erzeugnisse dieser Genossenschaften bearbeiten oder verwerten. Ist eine der Mitgliedergenossenschaften nicht nach § 5 Abs. 1 Nr. 14 KStG befreit, sind die Umsätze mit dieser Genossenschaft Einnahmen aus nicht begünstigten Tätigkeiten.

Hilfsgeschäfte. Ein Hilfsgeschäft ist insbesondere dann anzunehmen, wenn der Erlös aus dem Verkauf eines Betriebsgrundstücks zur Finanzierung neuer Betriebsanlagen verwendet wird (→ BFH vom 14. 10. 1970, I R 67/68, BStBl. 1971 II S. 116) oder wenn der Verkauf im Rahmen einer Rationalisierungsmaßnahme erfolgt, z. B. bei einer Verschmelzung, bei einer Betriebsumstellung, bei Einstellung eines Betriebszweiges oder wenn der Bestand an Betriebsgrundstücken dem Bedarf der Genossenschaft angepasst wird. Der Annahme eines Hilfsgeschäfts steht i. d. R. nicht entgegen, dass der Erlös aus dem Verkauf an die Mitglieder ausgeschüttet wird; ein Hilfsgeschäft entfällt jedoch, wenn die Veräußerung dazu dient, eine Ausschüttung an die Mitglieder einer untergehenden Genossenschaft im Zusammenhang mit einer Verschmelzung zu finanzieren (→ BFH vom 10. 12. 1975, I R 192/73, BStBl. 1976 II S. 351).

Land- und Forstwirtschaft. → R 15.5 EStR.

Nebengeschäfte. Zu den Nebengeschäften gehört auch die Vermietung oder Verpachtung eines Betriebs oder von Betriebsteilen (→ BFH vom 9. 3. 1988, I R 262/83, BStBl. II S. 592). Bei der Frage, ob steuerlich schädliche, den satzungsmäßigen Aufgabenbereich überschreitende Nebengeschäfte vorliegen, kommt es auf die Person, mit der diese Geschäfte abgewickelt werden, nicht an. Das gilt auch für Nebengeschäfte mit anderen nach § 5 Abs. 1 Nr. 14 KStG steuerbefreiten Erwerbs- und Wirtschaftsgenossenschaften sowie Vereinen (→ BFH vom 18. 5. 1988, II R 238/81, BStBl. II S. 753).

Reservenbildung. Die Steuerbefreiung ist nicht ausgeschlossen, wenn die Genossenschaft oder der Verein die Gewinne ganz oder überwiegend thesauriert und zur Bildung von Reserven verwendet (→ BFH vom 11. 2. 1998, I R 26/97, BStBl. II S. 576).

R 5.12

R 5.12 Molkereigenossenschaften

104 (1) ① Bei Molkereigenossenschaften fällt z. B. in den folgenden Fällen die Bearbeitung oder Verwertung in den Bereich der Landwirtschaft, auch wenn hierbei Zutaten, z. B. Salz oder Bindemittel, im gesetzlich festgelegten oder nachstehend enger begrenzten Umfang verwendet werden:

1. Standardisierung (Einstellung) der Milch auf einen gewünschten Fett- und ggf. Eiweißgehalt ohne Rücksicht auf seine Höhe, vgl. VO (EU) 1308/2013;
2. Herstellung von ultrahocherhitzter Milch (H-Milch);
3. Herstellung von Konsummilch gem. VO (EU) 1308/2013 Anhang VII Teil III und Teil IV;
4. Vitaminieren von Milch, auch von Magermilch;
5. Herstellung von Milchmischerzeugnissen, wenn der Anteil aus Milch oder Milcherzeugnissen mindestens 75% des Fertigerzeugnisses beträgt;
6. Herstellung von Sauermilcherzeugnissen;
7. Herstellung von Joghurt, Joghurtpulver und Bioghurt, auch mit Fruchtzusätzen. ② Wird zugekauftes Milchpulver oder Magermilchpulver zugesetzt, darf dieser Zusatz 3% der Joghurtmilch nicht übersteigen;
8. Herstellung von Butter;
9. Herstellung von Käse aller Art, auch mit beigegebenen Lebensmitteln, sowie geschäumt und Quarkmischungen für Backzwecke;
10. Herstellung von Schmelzkäse nur, wenn dies ausschließlich zur Verwertung der im eigenen Betrieb angefallenen Fehlproduktionen erfolgt;
11. Herstellung von Molkensirup (eingedickter Molke) und eingedickter Magermilch mittels Vakuumverdampfer;
12. Herstellung und Vitaminieren von Magermilchpulver, auch im Werklohnverfahren. ② Herstellung und Vitaminieren von aufgefetteter Magermilch oder aufgefettetem Magermilchpulver zu Fütterungszwecken und von Sauermilchquarkpulver, auch im Werklohnverfahren;
13. Herstellung von Speisemolke durch Erhitzen und Tiefkühlen der Molke und Ausfällen von Molkeneiweiß;
14. Herstellung von Trinkmolke mit Fruchtzusätzen, wenn der Anteil der Molke mindestens 75% des Fertigerzeugnisses beträgt;
15. Verwertung der Molke zu Futterzwecken;
16. Herstellung von Molkepulver;
17. Lieferung von Molke an andere Betriebe;
18. Herstellung von Schlagsahne ohne Zusätze;
19. Herstellung von Industriesahne ohne Zusätze.

② Ein von einer nach § 5 Abs. 1 Nr. 14 KStG steuerbefreiten Molkereigenossenschaft erteilter Werklohnauftrag zur Herstellung von Milcherzeugnissen ist nicht steuerschädlich i. S. d. § 5 Abs. 1 Nr. 14 KStG, wenn die Bearbeitung bei eigener Durchführung in den Bereich der Landwirtschaft fallen würde und das Zukaufsverbot nicht verletzt wird.

105 (2) Nicht in den Bereich der Landwirtschaft fallen z. B.:

1. Herstellung von Laktrone, Lakreme, Milone, Germola und ähnlichen Erzeugnissen;
2. Herstellung kondensierter Milch;
3. Gewinnung von Eiweiß mit Zusätzen, Herstellung von Essigaustauschstoffen und Gewinnung von Milchpulver, Ausnahme vgl. Absatz 1 Satz 1 Nr. 12;
4. Verhefung von Molke zu Nährhefe und Kefirpulver;
5. Herstellung von Heilmitteln wie Milchzucker, Albumin- und Vitaminpräparaten, Molkenseren und Mineralpräparaten;
6. Herstellung von Speiseeis;
7. Herstellung von Kunsteis;
8. Herstellung von Saure-Sahne-Dressing.

106 (3) ① Sind Geschäfte, die eine Molkereigenossenschaft auf Grund gesetzlicher Vorschriften oder behördlicher Anordnungen mit Nichtmitgliedern abschließen muss, Zweckgeschäfte, kann die Lieferung von Molkereibedarfsartikeln an diese Nichtmitglieder als Hilfsgeschäft angesehen werden. ② Gewährt eine Molkereigenossenschaft einem Milchversorgungsbetrieb ein Darlehen

zur Finanzierung der Kapazitätserweiterung eines Trockenmilchwerkes und räumt der Milchversorgungsbetrieb der Molkereigenossenschaft dafür ein sog. Milchanlieferungsrecht ein, kann die Darlehensgewährung als ein Hilfsgeschäft angesehen werden.

R 5.13 Winzergenossenschaften

R 5.13

(1) ① In den Bereich der Landwirtschaft fallen insbesondere die nachstehend bezeichneten Tätigkeiten. ② Voraussetzung ist, dass die Tätigkeiten Erzeugnisse der Weinbaubetriebe der Genossen betreffen und die Tätigkeiten keine gewerblichen Formen annehmen: 108

1. Zucht und Unterhaltung der Weinreben;
2. Weinbereitung;
3. Weinbehandlung;
4. Absatz der Trauben, des Traubenmostes und des Weins. ② Der Zukauf von fremden Weinen, Traubenmost oder Trauben im Rahmen des Weinerzeugungsprozesses ist nach R 15.5 Abs. 5 Satz 4 EStR als Hilfsstoff zulässig, wenn diese Waren nicht als überwiegender Bestandteil in die jeweiligen eigenen Erzeugnisse eingehen. ③ Der Verkauf durch Ausschank liegt nicht im Bereich der Landwirtschaft, wenn er gewerbliche Formen annimmt;
5. Herstellung von Branntwein aus Wein oder aus Rückständen, die bei der Weinbereitung anfallen, z. B. Trester, Hefe.

(2) ① Eine Winzergenossenschaft, die Winzersekt aus Grundwein herstellt, der ausschließlich aus dem Lesegut ihrer Mitglieder gewonnen wurde, betätigt sich mit der Herstellung und dem Vertrieb des Winzersekts noch im Bereich der Landwirtschaft, wenn der Sekt beim Vertrieb durch die Genossenschaft unter Angabe der ggf. verschiedenen Rebsorten, des Jahrgangs, der geographischen Herkunft und als Erzeugnis der Genossenschaft in sinngemäßer Anwendung der bezeichnungsrechtlichen Vorschriften für Wein bezeichnet ist. ② Dabei darf der Wein weder von den Mitgliedern noch von der Genossenschaft zugekauft sein. ③ Lässt eine Winzergenossenschaft Winzersekt im Wege einer Werkleistung (sog. Lohnversektung) durch eine gewerbliche Sektkellerei herstellen und vermarktet sie ihn als eigenes Erzeugnis der Genossenschaft, gilt die Regelung entsprechend. 109

(3) Nicht in den Bereich der Landwirtschaft fallen z. B.: 110

1. Mitverkauf fremder Erzeugnisse;
2. Herstellung von Branntweinerzeugnissen und ihr Verkauf;
3. Betrieb oder Verpachtung eines Ausschanks oder einer Gastwirtschaft, wenn andere Getränke als Weine, die von der Genossenschaft hergestellt worden sind, kalte oder warme Speisen oder sonstige Genussmittel abgegeben werden.

R 5.14 Pfropfrebengenossenschaften

R 5.14

① Die Verpflanzung von Pfropfreben zur Gewinnung von Rebstecklingen durch Winzergenossenschaften und ihr Absatz an Mitglieder fallen in den Bereich der Landwirtschaft. ② Es bestehen deshalb keine Bedenken, auch reine Pfropfrebengenossenschaften als befreite Genossenschaften i. S. d. § 5 Abs. 1 Nr. 14 KStG zu behandeln, obwohl es sich nicht um reine Verwertungsgenossenschaften im Sinne dieser Vorschrift handelt. 112

R 5.15 Andere Genossenschaften

R 5.15

In den Bereich der Landwirtschaft fallen z. B. unter der Voraussetzung, dass es sich um die Bearbeitung von Erzeugnissen der land- und forstwirtschaftlichen Betriebe der Mitglieder handelt: 115

1. Herstellung von Kartoffelflocken und Stärkemehl;
2. Herstellung von Branntwein;
3. Herstellung von Apfel- und Traubenmost;
4. Herstellung von Sirup aus Zuckerrüben;
5. Herstellung von Mehl aus Getreide, nicht dagegen Herstellung von Backwaren;
6. Herstellung von Brettern oder anderen Sägewerkserzeugnissen, nicht dagegen Herstellung von Möbeln.

R 5.16 Vereine im Bereich der Land- und Forstwirtschaft

R 5.16

Die R 5.12 bis 5.15 sind auf Vereine i. S. d. § 5 Abs. 1 Nr. 14 KStG entsprechend anzuwenden. 118

R 5.17 Wirtschaftsförderungsgesellschaften

R 5.17

– unbesetzt – 120

H 5.17

H 5.17

122 **Schädliche Tätigkeiten einer Wirtschaftsförderungsgesellschaft.** Eine Wirtschaftsförderungsgesellschaft, deren hauptsächliche Tätigkeit sich darauf erstreckt, Grundstücke zu erwerben, hierauf Gebäude nach den Wünschen und Vorstellungen ansiedlungswilliger Unternehmen zu errichten und an diese zu verleasen, ist nicht nach § 5 Abs. 1 Nr. 18 KStG steuerbefreit (→ BFH vom 3. 8. 2005, I R 37/04, BStBl. 2006 II S. 141).

Steuerbefreiung von Wirtschaftsförderungsgesellschaften.[1] → BMF vom 4. 1. 1996, BStBl. I S. 54.

R 5.18

R 5.18 Steuerbefreiung außerhalb des Körperschaftsteuergesetzes[2]

124 Von der Körperschaftsteuer sind aufgrund anderer Gesetze u. a. befreit:

1. Inländische Investmentfonds und Spezial-Investmentfonds nach § 6 Abs. 2 Satz 1 InvStG und § 29 Abs. 1 InvStG, soweit es sich nicht um inländische Beteiligungseinnahmen, inländische Immobilienerträge und sonstige inländische Einkünfte handelt (§ 6 Absatz 2 Satz 2 InvStG),
2. Ausgleichskassen und gemeinsame Einrichtungen der Tarifvertragsparteien nach § 12 Abs. 3 des Vorruhestandsgesetzes vom 13. 4. 1984 (BGBl. I S. 601, BStBl. I S. 332) in der jeweils geltenden Fassung.

---

[1] Zur ausschließlichen und unmittelbaren Förderung von Unternehmen siehe *BFH-Urteil v. 26. 2. 2003 I R 49/01, BStBl. 2003 II S. 723* und hierzu *OFD Koblenz v. 5. 1. 2005, S 2738 A – St 331, DB 2005 S. 308.* – Zu Bürgschaftsbanken siehe *BFH-Urteil v. 21. 10. 1999 I R 14/98, BStBl. 2000 II S. 325.*

[2] Steuerbefreit sind auch REIT-Aktiengesellschaften nach § 16 REITG.

§ 6 Einschränkung der Befreiung von Pensions-, Sterbe-, Kranken- und Unterstützungskassen

KStG

(1) Übersteigt am Schluss des Wirtschaftsjahrs, zu dem der Wert der Deckungsrückstellung versicherungsmathematisch zu berechnen ist, das Vermögen einer Pensions-, Sterbe- oder Krankenkasse im Sinne des § 5 Abs. 1 Nr. 3 den in Buchstabe d dieser Vorschrift bezeichneten Betrag, so ist die Kasse steuerpflichtig, soweit ihr Einkommen anteilig auf das übersteigende Vermögen entfällt. 1

(2) Die Steuerpflicht entfällt mit Wirkung für die Vergangenheit, soweit das übersteigende Vermögen innerhalb von 18 Monaten nach dem Schluss des Wirtschaftsjahrs, für das es festgestellt worden ist, mit Zustimmung der Versicherungsaufsichtsbehörde zur Leistungserhöhung, zur Auszahlung an das Trägerunternehmen, zur Verrechnung mit Zuwendungen des Trägerunternehmens, zur gleichmäßigen Herabsetzung künftiger Zuwendungen des Trägerunternehmens oder zur Verminderung der Beiträge der Leistungsempfänger verwendet wird. 2

(3) Wird das übersteigende Vermögen nicht in der in Absatz 2 bezeichneten Weise verwendet, so erstreckt sich die Steuerpflicht auch auf die folgenden Kalenderjahre, für die der Wert der Deckungsrückstellung nicht versicherungsmathematisch zu berechnen ist. 3

(4) ① Bei der Ermittlung des Einkommens der Kasse sind Beitragsrückerstattungen oder sonstige Vermögensübertragungen an das Trägerunternehmen außer in den Fällen des Absatzes 2 nicht abziehbar. ② Das Gleiche gilt für Zuführungen zu einer Rückstellung für Beitragsrückerstattung, soweit den Leistungsempfängern ein Anspruch auf die Überschussbeteiligung nicht zusteht. 4

(5) ① Übersteigt am Schluss des Wirtschaftsjahrs das Vermögen einer Unterstützungskasse im Sinne des § 5 Abs. 1 Nr. 3 den in Buchstabe e dieser Vorschrift bezeichneten Betrag, so ist die Kasse steuerpflichtig, soweit ihr Einkommen anteilig auf das übersteigende Vermögen entfällt. ② Bei der Ermittlung des Einkommens sind Zuwendungen des Trägerunternehmens nicht erhöhend und Versorgungsleistungen der Kasse sowie Vermögensübertragungen an das Trägerunternehmen nicht mindernd zu berücksichtigen.[1] 5

(5 a)[1] ① Unterstützungskassen in der Rechtsform der Kapitalgesellschaft können bis zum 31. Dezember 2016 auf amtlich vorgeschriebenem Vordruck einen positiven Zuwendungsbetrag erklären. ② Dieser errechnet sich aus den Zuwendungen des Trägerunternehmens in den Veranlagungszeiträumen 2006 bis 2015 abzüglich der Versorgungsleistungen in diesem Zeitraum, soweit diese Zuwendungen und diese Versorgungsleistungen in dem steuerpflichtigen Teil des Einkommens der Kasse nach Absatz 5 Satz 1 enthalten waren. ③ Dabei gelten Versorgungsleistungen in den Veranlagungszeiträumen 2006 bis 2015 als vornehmlich aus Zuwendungen des Trägerunternehmens in diesem Zeitraum erbracht. ④ Ab dem Veranlagungszeitraum 2016 mindert sich das steuerpflichtige Einkommen der Kasse in Höhe des zum Schluss des vorherigen Veranlagungszeitraums festgestellten Betrags nach Satz 6; es mindert sich höchstens um einen Betrag in Höhe der im Wirtschaftsjahr getätigten Versorgungsleistungen. ⑤ Durch die Minderung darf das Einkommen nicht negativ werden. ⑥ Gesondert festzustellen sind,[2] 6

1. der Zuwendungsbetrag auf den 31. Dezember 2015 und

2. der zum 31. Dezember des jeweiligen Folgejahres verbleibende Zuwendungsbetrag, der sich ergibt, wenn vom zum Schluss des Vorjahres festgestellten Betrag der Betrag abgezogen wird, um den sich das steuerpflichtige Einkommen im laufenden Veranlagungszeitraum nach den Sätzen 4 und 5 gemindert hat.

(6) ① Auf den Teil des Vermögens einer Pensions-, Sterbe-, Kranken- oder Unterstützungskasse, der am Schluss des Wirtschaftsjahrs den in § 5 Abs. 1 Nr. 3 Buchstabe d oder e bezeichneten Betrag übersteigt, ist Buchstabe c dieser Vorschrift nicht anzuwenden. ② Bei Unterstützungskassen gilt dies auch, soweit das Vermögen vor dem Schluss des Wirtschaftsjahrs den in § 5 Abs. 1 Nr. 3 Buchstabe e bezeichneten Betrag übersteigt. 7

Übersicht

[1] Zur Anwendung von § 6 Abs. 5 Satz 2 und Abs. 5 a bei voll steuerpflichtigen Unterstützungskassen ab VZ 2016 siehe **§ 6 a.**

[2] Zeichensetzung amtlich.

R 6

R 6. Einschränkung der Befreiung von Pensions-, Sterbe-, Kranken- und Unterstützungskassen

Allgemeines

11 (1) ① § 6 KStG regelt die teilweise Steuerpflicht überdotierter Pensions-, Sterbe-, Kranken- und Unterstützungskassen. ② Steuerpflichtig ist der Teil des Einkommens, der auf das den zulässigen Betrag übersteigende Vermögen entfällt.

Pensions-, Sterbe- und Krankenkassen

12 (2) ① Bei Pensions-, Sterbe- und Krankenkassen ist das zulässige Vermögen nach § 5 Abs. 1 Nr. 3 Buchstabe d KStG zu errechnen. ② Es entspricht bei einer in der Rechtsform des VVaG betriebenen Kasse dem Betrag der Verlustrücklage nach *§ 37 VAG.*[1] ③ Maßgebend ist der Soll-Betrag der Verlustrücklage. ④ Soll-Betrag der Verlustrücklage ist der in der Satzung bestimmte und von der Versicherungsaufsichtsbehörde genehmigte Mindestbetrag der Verlustrücklage i. S. d. *§ 37 VAG.*[1] ⑤ Diese Rücklage dient zur Deckung eines außergewöhnlichen Verlustes aus dem Geschäftsbetrieb. ⑥ Zu anderen Zwecken, z. B. zu Zahlungen an das Trägerunternehmen, darf die Rücklage nicht verwendet werden. ⑦ Wird die Kasse nicht in der Rechtsform eines VVaG betrieben, tritt an die Stelle der Verlustrücklage i. S. v. *§ 37 VAG*[1] der dieser Rücklage entsprechende Teil des Vermögens, der zur Deckung eines Verlustes dient. ⑧ Ist die Ansammlung von Reserven nicht vorgeschrieben, wie z. B. bei öffentlich-rechtlichen Unternehmen, ist i. d. R. darauf abzustellen, ob die Satzung eine der Verlustrücklage des *§ 37 VAG*[1] entsprechende Rücklagenbildung vorsieht.

13 (3) ① Nach dem Wortlaut des § 5 Abs. 1 Nr. 3 Buchstabe d KStG ist bei der Prüfung der Überdotierung einer Pensionskasse das Vermögen zugrunde zu legen, das sich nach den handelsrechtlichen Grundsätzen ordnungsmäßiger Buchführung unter Berücksichtigung des Geschäftsplans sowie der allgemeinen Versicherungsbedingungen und der fachlichen Geschäftsunterlagen i. S. d. *§ 5 Abs. 3 Nr. 2 Halbsatz 2 VAG*[1] ergibt. ② Die Bindung an die handelsrechtlichen Grundsätze gilt aber nicht uneingeschränkt. ③ Eine handelsrechtlich zulässigerweise gebildete Rückstellung für Beitragsrückerstattung darf nur insoweit berücksichtigt werden, als den Leistungsempfängern ein Anspruch auf die Überschussbeteiligung zusteht. ④ Der Rückstellung für Beitragsrückerstattung gleichzusetzen ist die Rückstellung für satzungsgemäße Überschussbeteiligung, wenn durch Satzung, geschäftsplanmäßige Erklärung oder Beschluss des zuständigen Organs festgelegt ist, dass die Überschüsse in vollem Umfang den Leistungsempfängern und Mitgliedern der Kasse zustehen. ⑤ Dabei kommt es nicht darauf an, welche Form der Beitragsrückerstattung gewählt wird. ⑥ Handelt es sich bei den Anspruchsberechtigten um die Leistungsempfänger der Kasse, gilt hinsichtlich der Verwendungsfrist der Rückstellung für Beitragsrückerstattung die für Lebensversicherungsunternehmen getroffene Regelung (§ 21 Abs. 2 KStG in der vor Inkrafttreten des Artikels 7 des Gesetzes zur Vermeidung von Umsatzsteuerausfällen beim Handel mit Waren im Internet und zur Änderung weiterer steuerlicher Vorschriften vom 11. Dezember 2018, BGBl. I S. 2338, geltenden Fassung) entsprechend. ⑦ Soweit jedoch das Trägerunternehmen anspruchsberechtigt ist, müssen die Mittel der Beitragsrückerstattung innerhalb der in § 6 Abs. 2 KStG genannten Frist verwendet werden.

14 (4) ① Über die Überdotierung einer Pensions-, Sterbe- und Krankenkasse i. S. d. § 5 Abs. 1 Nr. 3 KStG ist nach steuerlichen Gesichtspunkten zu entscheiden. ② Eine Bindung der Finanzbehörden an Entscheidungen der Versicherungsaufsichtsbehörde besteht nicht. ③ Der Geschäftsplan sowie die allgemeinen Versicherungsbedingungen und die fachlichen Geschäftsunterlagen i. S. d. *§ 5 Abs. 3 Nr. 2 Halbsatz 2 VAG*[1] dienen lediglich als Grundlage für die Prüfung der Überdotierung. ④ Die Prüfung, ob eine Pensions-, Sterbe- und Krankenkasse wegen Überdotierung teilweise steuerpflichtig ist, hat zu den Bilanzstichtagen zu erfolgen, zu denen der Wert der Deckungsrückstellung versicherungsmathematisch zu berechnen ist oder freiwillig berechnet wird. ⑤ Die teilweise Steuerpflicht beginnt und endet vorbehaltlich des § 6 Abs. 2 KStG nur zu den Bilanzstichtagen, zu denen eine versicherungsmathematische Berechnung durchgeführt worden ist. ⑥ Tritt die Steuerpflicht z. B. für einen Zeitraum von drei Jahren ein, bleibt während dieser Zeit der Aufteilungsschlüssel unverändert, d. h. das Einkommen ist zwar für jedes Jahr gesondert nach den allgemeinen Vorschriften unter Berücksichtigung des § 6 Abs. 4 KStG zu ermitteln, jedoch nach dem unveränderten Verhältnis in den steuerfreien und den steuerpflichtigen Anteil aufzuteilen.

Unterstützungskassen[2]

15 (5) ① Bei Unterstützungskassen ist das Vermögen nach § 5 Abs. 1 Nr. 3 Buchstabe e KStG zu errechnen. ② Im Gegensatz zu den Pensionskassen ist bei der Ermittlung nicht von handelsrechtlichen Bewertungsmaßstäben auszugehen. ③ Im Einzelnen sind anzusetzen:

[1] VAG 1992 aufgehoben mit Wirkung vom 1. 1. 2016; vgl. jetzt VAG vom 1. 4. 2015, BGBl. I S. 434 (Beck'sche Textsammlung **Wirtschaftsgesetze** Nr. **90**).
[2] Zur Einkommensermittlung bei voll steuerpflichtigen Unterstützungskassen vgl. ab VZ 2016 **§ 6 a.**

a) der Grundbesitz mit 200% des Einheitswerts (§ 4d Abs. 1 Satz 1 Nr. 1 Satz 3 EStG), der zu dem Feststellungszeitpunkt maßgebend ist, der auf den Schluss des Wj. folgt,
b) der noch nicht fällige Anspruch aus einer Versicherung mit dem Wert des geschäftsplanmäßigen Deckungskapitals zuzüglich des Guthabens aus Beitragsrückerstattung am Schluss des Wj.; soweit die Berechnung des Deckungskapitals nicht zum Geschäftsplan gehört, tritt an die Stelle des geschäftsplanmäßigen Deckungskapitals der nach § 169 Abs. 3 des VVG berechnete Rückkaufswert bzw. der nach § 169 Abs. 4 VVG berechnete Zeitwert,
c) das übrige Vermögen mit dem gemeinen Wert am Schluss des Wj.

(6) ①Abweichend von der Regelung für Pensionskassen ist für Unterstützungskassen ein rückwirkender Wegfall der Steuerpflicht nicht vorgesehen. ②Die teilweise Steuerpflicht ist nach Ablauf jedes Jahres zu prüfen. ③Sie besteht deshalb jeweils nur für ein Jahr. ④Die teilweise Steuerpflicht kann jedoch nach § 6 Abs. 6 Satz 2 KStG von vornherein z. B. durch entsprechende Rückübertragung von Deckungsmitteln auf das Trägerunternehmen vermieden werden. 16

H 6

H 6

Abstandnahme vom Kapitalertragsteuerabzug. → H 20.1 Abgeltungsteuer Allgemeines EStH. 18

Überdotierung einer Gruppenunterstützungskasse. Die Frage, ob eine Unterstützungskasse mit mehreren Trägerunternehmen (sog. Gruppenkasse) überdotiert ist, ist einheitlich zu entscheiden, da die Kasse ein einheitliches Rechtssubjekt ist (→ BFH vom 26. 11. 2014, I R 37/13, BStBl. 2015 II S. 813).

Beispiel zur Berechnung des Einkommens bei partieller Steuerpflicht:

Das steuerpflichtige Einkommen einer überdotierten Pensionskasse wird wie folgt berechnet:

			€
Aktiva			5 000 000
Passiva			3 500 000
Vermögen der Kasse			1 500 000
Verlustrücklage			500 000
übersteigendes Vermögen (Überdotierung)			1 000 000
Einkommen der Kasse			100 000
steuerpflichtiges Einkommen:	$\frac{100\,000 \times 1\,000\,000}{1\,500\,000}$	=	66 667

Anrechnung von Steuerabzugsbeträgen. Bezieht eine Kasse, die partiell steuerpflichtig ist, Einkünfte, die dem Steuerabzug unterliegen, sind diese Einkünfte im Verhältnis des überdotierten zum Gesamtvermögen der Kasse in die Veranlagung einzubeziehen; nur insoweit ist die auf die Kapitalerträge entfallende Kapitalertragsteuer auf die eigene Körperschaftsteuer der Kasse anzurechnen (→ BFH vom 31. 7. 1991, I R 4/89, BStBl. 1992 II S. 98).

Zuwendungen nach §§ 4c und 4d EStG. → R 4c und 4d EStR.

KStG

§ 6 a[1] Einkommensermittlung bei voll steuerpflichtigen Unterstützungskassen

1 **Bei Unterstützungskassen, die voll steuerpflichtig sind, ist § 6 Absatz 5 Satz 2 und Absatz 5 a entsprechend anzuwenden.**

[1] § 6 a anzuwenden ab VZ 2016 (§ 34 Abs. 1 idF des JStG 2015).

Zweiter Teil. Einkommen

KStG

Erstes Kapitel. Allgemeine Vorschriften

§ 7 Grundlagen der Besteuerung

(1) **Die Körperschaftsteuer bemisst sich nach dem zu versteuernden Einkommen.** 1

(2) **Zu versteuerndes Einkommen ist das Einkommen im Sinne des § 8 Abs. 1, vermindert um die Freibeträge der §§ 24 und 25.** 2

(3) **① Die Körperschaftsteuer ist eine Jahressteuer. ② Die Grundlagen für ihre Festsetzung sind jeweils für ein Kalenderjahr zu ermitteln. ③ Besteht die unbeschränkte oder beschränkte Steuerpflicht nicht während eines ganzen Kalenderjahrs, so tritt an die Stelle des Kalenderjahrs der Zeitraum der jeweiligen Steuerpflicht.** 3

(4) **① Bei Steuerpflichtigen, die verpflichtet sind, Bücher nach den Vorschriften des Handelsgesetzbuchs zu führen, ist der Gewinn nach dem Wirtschaftsjahr zu ermitteln, für das sie regelmäßig Abschlüsse machen. ② Weicht bei diesen Steuerpflichtigen das Wirtschaftsjahr, für das sie regelmäßig Abschlüsse machen, vom Kalenderjahr ab, so gilt der Gewinn aus Gewerbebetrieb als in dem Kalenderjahr bezogen, in dem das Wirtschaftsjahr endet. ③ Die Umstellung des Wirtschaftsjahrs auf einen vom Kalenderjahr abweichenden Zeitraum ist steuerlich nur wirksam, wenn sie im Einvernehmen mit dem Finanzamt vorgenommen wird.** 4

Übersicht

R 7.1 Ermittlung des zu versteuernden Einkommens

R 7.1

(1) ① Bemessungsgrundlage für die tarifliche Körperschaftsteuer ist das zu versteuernde Einkommen. ② Bei Körperschaften, die nur gewerbliche Einkünfte erzielen können, ist das zu versteuernde Einkommen wie folgt zu ermitteln: 11

1. Jahresüberschuss/-fehlbetrag lt. Steuerbilanz bzw. nach § 60 Abs. 2 EStDV korrigierter Jahresüberschuss/-fehlbetrag lt. Handelsbilanz
2. –/+ im Jahresüberschuss/-fehlbetrag enthaltener Gewinn/Verlust aus der Beteiligung an Personengesellschaften
3. +/– Steuerpflichtige Einkünfte aus Personengesellschaften nach Berücksichtigung aller außerbilanzieller Korrekturen und Verlustverrechnungsvorschriften (inkl. § 15 a EStG)
4. –/+ im Jahresüberschuss enthaltener Gewinn/Verlust aus dem Betrieb von Handelsschiffen im internationalen Verkehr, für die der Gewinn nach § 5 a EStG zu ermitteln ist
5. +/– Pauschaler Gewinn/Verlust aus dem Betrieb von Handelsschiffen nach § 5 a EStG
6. +/– Hinzurechnungen und Kürzungen nach § 4 e Abs. 3, § 4 f, § 4 j Abs. 3 und § 4 k EStG
7. \+ Hinzurechnung nicht ausgleichsfähiger Verluste u. a. nach § 15 b Abs. 1 Satz 1 EStG, § 15 Abs. 4 Satz 1, 3 und 6, § 20 Abs. 1 Nr. 4 Satz 2 EStG, § 2 Abs. 4 Satz 1 und Abs. 5 Satz 1, § 20 Abs. 6 Satz 4 UmwStG
8. – Kürzungen nach § 15 b Abs. 1 Satz 2 EStG, § 15 Abs. 4 Satz 2, 3 und 7, § 20 Abs. 1 Nr. 4 Satz 2 EStG
9. +/– Bildung und Auflösung von Investitionsabzugsbeträgen i. S. d. § 7 g EStG
10. \+ Hinzurechnung von → vGA (§ 8 Abs. 3 Satz 2 KStG) und Ausschüttungen auf Genussrechte i. S. d. § 8 Abs. 3 Satz 2 KStG
11. – Abzug von Gewinnerhöhungen im Zusammenhang mit bereits in vorangegangenen VZ versteuerten → vGA
12. \+ Gewinnzuschlag nach § 6 b Abs. 7 EStG
13. – verdeckte Einlagen (§ 8 Abs. 3 Satz 3 bis 6 KStG), Einlagen (§ 4 Abs. 1 Satz 8 EStG)

R 7.1

noch 11

14. + nichtabziehbare Aufwendungen (z. B. § 10 KStG, § 4 Abs. 5 bis 8 EStG, § 160 AO)
15. + Gesamtbetrag der Zuwendungen nach § 9 Abs. 1 Nr. 2 KStG
16. – sonstige inländische steuerfreie Einnahmen und Erträge (ggf. gekürzt um im Zusammenhang stehende Betriebsausgaben nach § 3c Abs. 1 EStG)
17. +/– Hinzurechnungen und Kürzungen bei Umwandlung u. a.
  – nach § 12 Abs. 2 Satz 1 UmwStG nicht zu berücksichtigender Übernahmeverlust oder -gewinn,
  – Einbringungsgewinn I nach § 22 Abs. 1 UmwStG
18. +/– Hinzurechnungen und Kürzungen bei ausländischen Einkünften u. a.
  – Korrektur um nach DBA steuerfreie Einkünfte unter Berücksichtigung des § 3c Abs. 1 EStG,
  – Abzug ausländischer Steuern nach § 26 KStG,
  – Hinzurechnungsbetrag nach § 10 AStG,
19. +/– Berichtigungsbetrag nach § 1 AStG
20. +/– Kürzungen/Hinzurechnungen nach § 8b KStG und InvStG
21. +/– Korrekturen bei Organschaft i. S. d. §§ 14 und 17 KStG (z. B. gebuchte Gewinnabführung, Verlustübernahme, Ausgleichszahlungen i. S. d. § 16 KStG)
22. +/– Hinzurechnung der nicht abziehbaren Zinsen und Kürzung um den abziehbaren Zinsvortrag nach § 4h EStG i. V. m. § 8a KStG
23. – Verrechnung mit verrechenbaren Verlusten nach § 15a EStG, die aufgrund einer Anwachsung bei der Körperschaft zu berücksichtigen sind
24. – Abzug ausländischer Steuern nach § 26 KStG
25. + nicht abziehbare negative Einkünfte nach § 2a EStG
26. – Verrechnung positiver Einkünfte mit verbleibenden negativen Einkünften nach § 2a EStG
27. – Abzuziehende Kapitalertragsteuer nach § 36a Abs. 1 Satz 3 EStG
28. – steuerfreier Sanierungsertrag nach § 3a Abs. 2 EStG
29. + nicht abziehbare Aufwendungen, die in unmittelbarem wirtschaftlichen Zusammenhang zum Sanierungsertrag stehen (§ 3c Abs. 4 EStG)
30. +/– sonstige Hinzurechnungen und Kürzungen

---

31. = steuerlicher Gewinn (Summe der Einkünfte in den Fällen der R 7.1 Abs. 2 Satz 1)
32. – Zuwendungen und Zuwendungsvortrag, soweit nach § 9 Abs. 1 Nr. 2 KStG abziehbar
33. + Sonstige Hinzurechnungen bei ausländischen Einkünften
  – Hinzurechnung nach § 52 Abs. 2 EStG i. V. m. § 2a Abs. 3 und 4 EStG 1997,
  – Hinzurechnung nach § 8 Abs. 5 Satz 2 AuslInvG
34. + nicht zu berücksichtigender/wegfallender Verlust des laufenden VZ, soweit Hinzurechnungen nach § 8c KStG ggf. i. V. m. § 2 Abs. 4 Satz 1 und 2, § 20 Abs. 6 Satz 4 UmwStG oder im Falle einer Abspaltung nach § 15 Abs. 3, § 16 UmwStG vor den Korrekturen nach *Nr. 25 oder 26*[1] vorzunehmen sind
35. +/– bei Organträgern:
  – Zurechnung des Einkommens von Organgesellschaften (§§ 14 und 17 KStG),
  – Kürzungen/Hinzurechnungen bezogen auf das dem Organträger zugerechnete Einkommen von Organgesellschaften (§ 15 KStG),
  – Abzug des der Organgesellschaft nach § 16 Satz 2 KStG zuzurechnenden Einkommens des Organträgers
36. +/– bei Organgesellschaften:
  – Zurechnung von Einkommen des Organträgers nach § 16 Satz 2 KStG,
  – Abzug des dem Organträger zuzurechnenden Einkommens (§§ 14 und 17 KStG)
37. + nicht zu berücksichtigender/wegfallender Verlust des laufenden VZ, soweit Hinzurechnungen nach § 8c KStG ggf. i. V. m. § 2 Abs. 4 Satz 1 und 2, § 20 Abs. 6 Satz 4 UmwStG oder im Falle einer Abspaltung nach § 15 Abs. 3, § 16 UmwStG nicht bereits nach *Nr. 24*[2] vorzunehmen sind
38. + Hinzurechnung der nach § 2 Abs. 4 Satz 3 und 4 UmwStG nicht ausgleichsfähigen Verluste des laufenden VZ sowie der nach § 2 Abs. 5 Satz 1 und 2 UmwStG nicht ausgleichsfähigen und verrechenbaren negativen Einkünfte des übernehmenden Rechtsträgers

[1] Richtig wohl: „Nr. 35 oder 36".
[2] Richtig wohl: „Nr. 34".

39.	+	Nicht zu berücksichtigender/wegfallender Verlust des laufenden VZ nach § 3a Abs. 3 Satz 2 Nr. 8 und 9 EStG ggf. i. V. m. § 3a Abs. 3 Satz 3 EStG und § 15 S. 1 Nr. 1a KStG
40.	=	Gesamtbetrag der Einkünfte i. S. d. § 10d EStG
41.	–	Verlustabzug nach § 10d EStG (unter vorrangigem Abzug des darin enthaltenen fortführungsgebundenen Verlustvortrags nach § 8d KStG)
42.	=	Einkommen
43.	–	Freibetrag für bestimmte Körperschaften (§ 24 KStG)
44.	–	Freibetrag für Genossenschaften, die Land- und Forstwirtschaft betreiben (§ 25 KStG)
45.	=	zu versteuerndes Einkommen.

③ Bei Körperschaften i. S. d. § 8 Abs. 9 KStG ist zunächst für jede Sparte ein Gesamtbetrag der Einkünfte entsprechend dem Schema nach Satz 2 zu ermitteln. ④ Der Verlustabzug ist in Fällen von Satz 3 spartenbezogen vorzunehmen. ⑤ Die Summe der sich hiernach ergebenden positiven Spartenergebnisse bildet das Einkommen.

(2) ① Für Körperschaften, die auch andere Einkünfte als gewerbliche erzielen können, gilt Absatz 1 entsprechend. ② Von der Summe der Einkünfte ist bei Vorliegen der Voraussetzungen der Freibetrag bei Einkünften aus Land- und Forstwirtschaft nach § 13 Abs. 3 EStG abzuziehen. 12

H 7.1

H 7.1

Beteiligungserträge/Phasengleiche Aktivierung. Eine phasengleiche Aktivierung von Dividendenansprüchen aus einer zum Bilanzstichtag noch nicht beschlossenen Gewinnverwendung einer nachgeschalteten Gesellschaft scheidet steuerlich grundsätzlich aus (→ BFH vom 7. 8. 2000, GrS 2/99, BStBl. II S. 632 und → BFH vom 20. 12. 2000, I R 50/95, BStBl. 2001 II S. 409). 14

Betriebe gewerblicher Art. Zu Besonderheiten der Einkommensermittlung → R 8.2.

Doppelbesteuerungsabkommen. Stand zum 1. 1. 2022 → BMF vom 19. 1. 2022, BStBl. I S. 147.

Gewinnermittlung bei Handelsschiffen. Zu körperschaftsteuerlichen Fragen bei der Gewinnermittlung von Handelsschiffen im internationalen Verkehr nach § 5a EStG → BMF vom 24. 3. 2000, BStBl. I S. 453.

Gewinnermittlung bei Körperschaften, die Land- und Forstwirtschaft betreiben. → R 8.3.

Inkongruente Gewinnausschüttungen. → BMF vom 17. 12. 2013, BStBl. 2014 I S. 63.

Mindestgewinnbesteuerung. Die Mindestgewinnbesteuerung des § 10d Abs. 2 EStG verstößt in ihrer Grundkonzeption einer zeitlichen Streckung des Verlustvortrags nicht gegen Verfassungsrecht (→ BFH vom 22. 8. 2012, I R 9/11, BStBl. 2013 II S. 512).[1, 2]

Organschaft. Zu Besonderheiten der Einkommensermittlung bei Organgesellschaften und Organträgern → R 14.6 bis 16.

Spartentrennung bei Kapitalgesellschaften, für die § 8 Abs. 7 Satz 1 Nr. 2 KStG anzuwenden ist. Zu Besonderheiten der Einkommensermittlung bei Kapitalgesellschaften, für die § 8 Abs. 7 Satz 1 Nr. 2 KStG anzuwenden ist → BMF vom 12. 11. 2009, BStBl. I S. 1303. Eine Eigengesellschaft übt das Dauerverlustgeschäft nicht selbst aus, wenn sie den verlustbringenden Betrieb verpachtet (→ BFH vom 9. 11. 2016, I R 56/15, BStBl. 2017 II S. 498).

Verdeckte Gewinnausschüttung. Die vGA führt im Rahmen der Hinzurechnung nach § 8 Abs. 3 Satz 2 KStG zu einer außerbilanziellen Korrektur des Jahresüberschusses/-fehlbetrags als Ausgangsgröße der steuerlichen Einkommensermittlung (→ BFH vom 29. 6. 1994, I R 137/93, BStBl. 2002 II S. 366 und → BFH vom 12. 10. 1995, I R 27/95, BStBl. 2002 II S. 367). Zur Darstellung im Einzelnen und zum Abzug von Gewinnerhöhungen im Zusammenhang mit bereits früher versteuerten vGA → BMF vom 28. 5. 2002, BStBl. I S. 603.[3]

R 7.2 Ermittlung der festzusetzenden und verbleibenden Körperschaftsteuer

R 7.2

① Die festzusetzende und die verbleibende Körperschaftsteuer sind wie folgt zu ermitteln: 16

[1] **[Amtl. Anm.:]** Verfassungsbeschwerde anhängig, 2 BvR 2998/12.
[2] **[Amtl. Anm.:]** Vgl. auch 2 BvL 19/14 (→ BFH vom 26. 2. 2014, I R 59/12, BStBl. II S. 1016).
[3] Abgedruckt als Anl zu H 8.6.

1.		Steuerbetrag nach Regelsteuersatz (§ 23 Abs. 1 KStG) bzw. Sondersteuersätzen
2.	–	anzurechnende ausländische Steuern nach § 26 Abs. 1 KStG, § 12 AStG
3.	=	Tarifbelastung
4.	=	festzusetzende Körperschaftsteuer
5.	–	anzurechnende Kapitalertragsteuer
6.	=	verbleibende Körperschaftsteuer

② Bei Berufsverbänden unterliegen Mittel, die für die Unterstützung und Förderung von Parteien verwendet werden, einer besonderen Körperschaftsteuer von 50% (§ 5 Abs. 1 Nr. 5 Satz 4 KStG).

H 7.2

H 7.2

17 **Zusammentreffen von Erbschaftsteuer und Körperschaftsteuer.** Eine Erbschaft unterliegt ungeachtet ihrer erbschaftsteuerrechtlichen Belastung der Körperschaftsteuer (→ BFH vom 6. 12. 2016, I R 50/16, BStBl. 2017 II S. 324.

R 7.3

R 7.3 Vom Kalenderjahr abweichendes Wirtschaftsjahr

18 (1) Auf kleine Betriebe, Stiftungen, Verbände und Vereine, die einer jPöR angeschlossen sind oder von ihr verwaltet werden, sowie auf technische Überwachungsvereine kann, soweit sie gezwungen sind, ihre Abschlüsse abweichend vom Kj. aufzustellen, § 7 Abs. 4 KStG entsprechend angewendet werden.

19 (2) Bei Körperschaften i. S. d. § 5 Abs. 1 Nr. 9 KStG mit einem vom Kj. abweichenden Wj., die ohne Verpflichtung nach den Vorschriften des HGB ordnungsmäßig Bücher führen und regelmäßig Abschlüsse machen, kann in entsprechender Anwendung des § 7 Abs. 4 KStG auf Antrag das Wj. der Besteuerung des wirtschaftlichen Geschäftsbetriebs zugrunde gelegt werden.

§ 8 Ermittlung des Einkommens

(1)[1] ① **Was als Einkommen gilt und wie das Einkommen zu ermitteln ist, bestimmt sich nach den Vorschriften des Einkommensteuergesetzes und dieses Gesetzes. ② Bei Betrieben gewerblicher Art im Sinne des § 4 sind die Absicht, Gewinn zu erzielen, und die Beteiligung am allgemeinen wirtschaftlichen Verkehr nicht erforderlich. ③ Bei den inländischen öffentlich-rechtlichen Rundfunkanstalten beträgt das Einkommen aus dem Geschäft der Veranstaltung von Werbesendungen 16 Prozent der Entgelte (§ 10 Abs. 1 des Umsatzsteuergesetzes) aus Werbesendungen. ④ Bei Körperschaften im Sinne des § 1 Absatz 1 mit Sitz im Ausland, deren Ort der Geschäftsleitung im Inland belegen ist und die nach inländischem Gesellschaftsrecht mangels Rechtsfähigkeit nicht als juristische Person zu behandeln sind, sind Leistungen und Leistungsversprechen zwischen der Körperschaft und Personen, die aus dieser Körperschaft Einkünfte im Sinne des § 20 Absatz 1 Nummer 1 und 9 des Einkommensteuergesetzes erzielen, für Zwecke der Durchführung der Besteuerung mit Ertragsteuern wie Leistungen und Leistungsversprechen zwischen einer rechtsfähigen Körperschaft und deren Anteilseignern zu behandeln.** 1

(2) **Bei unbeschränkt Steuerpflichtigen im Sinne des § 1 Abs. 1 Nr. 1 bis 3 sind alle Einkünfte als Einkünfte aus Gewerbebetrieb zu behandeln.** 2

(3)[2] ① **Für die Ermittlung des Einkommens ist es ohne Bedeutung, ob das Einkommen verteilt wird. ② Auch verdeckte Gewinnausschüttungen sowie Ausschüttungen jeder Art auf Genussrechte[3], mit denen das Recht auf Beteiligung am Gewinn und am Liquidationserlös der Kapitalgesellschaft verbunden ist, mindern das Einkommen nicht. ③ Verdeckte Einlagen erhöhen das Einkommen nicht. ④ Das Einkommen erhöht sich, soweit eine verdeckte Einlage das Einkommen des Gesellschafters gemindert hat. ⑤ Satz 4 gilt auch für eine verdeckte Einlage, die auf einer verdeckten Gewinnausschüttung einer dem Gesellschafter nahe stehenden Person beruht und bei der Besteuerung des Gesellschafters nicht berücksichtigt wurde, es sei denn, die verdeckte Gewinnausschüttung hat bei der leistenden Körperschaft das Einkommen nicht gemindert. ⑥ In den Fällen des Satzes 5 erhöht die verdeckte Einlage nicht die Anschaffungskosten der Beteiligung.** 3

(4)[4] *(aufgehoben)* 4

(5) **Bei Personenvereinigungen bleiben für die Ermittlung des Einkommens Beiträge, die auf Grund der Satzung von den Mitgliedern lediglich in ihrer Eigenschaft als Mitglieder erhoben werden, außer Ansatz.** 5

(6) **Besteht das Einkommen nur aus Einkünften, von denen lediglich ein Steuerabzug vorzunehmen ist, so ist ein Abzug von Betriebsausgaben oder Werbungskosten nicht zulässig.** 6

(7)[5] ① **Die Rechtsfolgen einer verdeckten Gewinnausschüttung im Sinne des Absatzes 3 Satz 2 sind** 7

1. **bei Betrieben gewerblicher Art im Sinne des § 4 nicht bereits deshalb zu ziehen, weil sie ein Dauerverlustgeschäft ausüben;**
2. **bei Kapitalgesellschaften nicht bereits deshalb zu ziehen, weil sie ein Dauerverlustgeschäft ausüben. ② Satz 1 gilt nur bei Kapitalgesellschaften, bei denen die Mehrheit der Stimmrechte unmittelbar oder mittelbar auf juristische Personen des öffentlichen Rechts entfällt und nachweislich ausschließlich diese Gesellschafter die Verluste aus Dauerverlustgeschäften tragen.**

② **Ein Dauerverlustgeschäft liegt vor, soweit aus verkehrs-, umwelt-, sozial-, kultur-, bildungs- oder gesundheitspolitischen Gründen eine wirtschaftliche Betätigung ohne kostendeckendes Entgelt unterhalten wird oder in den Fällen von Satz 1 Nr. 2 das Geschäft Ausfluss einer Tätigkeit ist, die bei juristischen Personen des öffentlichen Rechts zu einem Hoheitsbetrieb gehört.**

(8) ① **Werden Betriebe gewerblicher Art zusammengefasst, ist § 10 d des Einkommensteuergesetzes auf den Betrieb gewerblicher Art anzuwenden, der sich durch die Zusammenfassung ergibt. ② Nicht ausgeglichene negative Einkünfte der einzelnen Betriebe gewerblicher Art aus der Zeit vor der Zusammenfassung können nicht beim zusammengefassten Betrieb gewerblicher Art abgezogen werden. ③ Ein Rück-** 8

---

[1] § 8 Abs. 1 Satz 2 erstmals anzuwenden für VZ auch vor 2009; Satz 4 angefügt durch Gesetz vom 25. 6. 2021 (BGBl. I S. 2056) mit Wirkung für VZ auch vor 2021; zur Anwendung siehe § 34 Abs. 3 c.

[2] § 8 Abs. 3 Satz 4 bis 6 erstmals anzuwenden auf verdeckte Einlagen, die nach dem 18. Dezember 2006 getätigt werden.

[3] Siehe auch *Erlass FM NRW v. 18. 7. 2018 (DB S. 1762)* betreffend steuerbilanzieller Ausweis von Genussrechtskapital.

[4] § 8 Abs. 4 aufgehoben mit letztmaliger Anwendung in VZ 2013.

[5] Zur Anwendbarkeit von § 8 Abs. 7 KStG auf durch die öffentliche Hand betriebene dauerdefizitäre Forschungs- und Technologieförderung vgl. *Kurzinformation FM Schleswig-Holstein v. 14. 3. 2013 VI 3010 – S 2706 – 280, StEK KStG § 8 Nr. 262* und auf Wirtschaftsförderungsgesellschaften vgl. *Kurzinformation FM Schleswig-Holstein v. 20. 3. 2013 VI 3010 – S 0177 – 010, StEK KStG § 8 Nr. 263.*

KStG

trag von Verlusten des zusammengefassten Betriebs gewerblicher Art auf die einzelnen Betriebe gewerblicher Art vor Zusammenfassung ist unzulässig. ④ Ein bei einem Betrieb gewerblicher Art vor der Zusammenfassung festgestellter Verlustvortrag kann nach Maßgabe des § 10 d des Einkommensteuergesetzes vom Gesamtbetrag der Einkünfte abgezogen werden, den dieser Betrieb gewerblicher Art nach Beendigung der Zusammenfassung erzielt. ⑤ Die Einschränkungen der Sätze 2 bis 4 gelten nicht, wenn gleichartige Betriebe gewerblicher Art zusammengefasst oder getrennt werden. ⑥[1] Kommt es bei einem Betrieb gewerblicher Art, der sich durch eine Zusammenfassung ergeben hat, innerhalb eines Zeitraums von fünf Jahren nach der Zusammenfassung zur Anwendung des § 3 a des Einkommensteuergesetzes, ist § 3 a Absatz 3 Satz 3 des Einkommensteuergesetzes entsprechend auf die in Satz 4 genannten Verlustvorträge anzuwenden.

9 **(9) ① Wenn für Kapitalgesellschaften Absatz 7 Satz 1 Nr. 2 zur Anwendung kommt, sind die einzelnen Tätigkeiten der Gesellschaft nach folgender Maßgabe Sparten zuzuordnen:**

1. Tätigkeiten, die als Dauerverlustgeschäfte Ausfluss einer Tätigkeit sind, die bei juristischen Personen des öffentlichen Rechts zu einem Hoheitsbetrieb gehören, sind jeweils gesonderten Sparten zuzuordnen;

2. Tätigkeiten, die nach § 4 Abs. 6 Satz 1 zusammenfassbar sind oder aus den übrigen, nicht in Nummer 1 bezeichneten Dauerverlustgeschäften stammen, sind jeweils gesonderten Sparten zuzuordnen, wobei zusammenfassbare Tätigkeiten jeweils eine einheitliche Sparte bilden;

3. alle übrigen Tätigkeiten sind einer einheitlichen Sparte zuzuordnen.

② Für jede sich hiernach ergebende Sparte ist der Gesamtbetrag der Einkünfte getrennt zu ermitteln. ③ Die Aufnahme einer weiteren, nicht gleichartigen Tätigkeit führt zu einer neuen, gesonderten Sparte; Entsprechendes gilt für die Aufgabe einer solchen Tätigkeit. ④ Ein negativer Gesamtbetrag der Einkünfte einer Sparte darf nicht mit einem positiven Gesamtbetrag der Einkünfte einer anderen Sparte ausgeglichen oder nach Maßgabe des § 10 d des Einkommensteuergesetzes abgezogen werden. ⑤ Er mindert jedoch nach Maßgabe des § 10 d des Einkommensteuergesetzes die positiven Gesamtbeträge der Einkünfte, die sich in dem unmittelbar vorangegangenen und in den folgenden Veranlagungszeiträumen für dieselbe Sparte ergeben. ⑥ Liegen die Voraussetzungen des Absatzes 7 Satz 1 Nr. 2 Satz 2 ab einem Zeitpunkt innerhalb eines Veranlagungszeitraums nicht mehr vor, sind die Sätze 1 bis 5 ab diesem Zeitpunkt nicht mehr anzuwenden; hiernach nicht ausgeglichene oder abgezogene negative Beträge sowie verbleibende Verlustvorträge aus den Sparten, in denen Dauerverlusttätigkeiten ausgeübt werden, entfallen. ⑦ Liegen die Voraussetzungen des Absatzes 7 Satz 1 Nr. 2 Satz 2 erst ab einem bestimmten Zeitpunkt innerhalb eines Veranlagungszeitraums vor, sind die Sätze 1 bis 5 ab diesem Zeitpunkt anzuwenden; ein bis zum Eintritt der Voraussetzungen entstandener Verlust kann nach Maßgabe des § 10 d des Einkommensteuergesetzes abgezogen werden; ein danach verbleibender Verlust ist der Sparte zuzuordnen, in denen keine Dauerverlustgeschäfte ausgeübt werden. ⑧ Der am Schluss eines Veranlagungszeitraums verbleibende negative Gesamtbetrag der Einkünfte einer Sparte ist gesondert festzustellen; § 10 d Absatz 4 des Einkommensteuergesetzes gilt entsprechend. ⑨[2] Die §§ 3 a und 3 c Absatz 4 des Einkommensteuergesetzes sind entsprechend anzuwenden; § 3 a Absatz 2 des Einkommensteuergesetzes ist für die Kapitalgesellschaft anzuwenden.

10 **(10) ① Bei Einkünften aus Kapitalvermögen ist § 2 Absatz 5 b des Einkommensteuergesetzes nicht anzuwenden. ② § 32 d Abs. 2 Satz 1 Nr. 1 Satz 1 und Nr. 3 Satz 1 und Satz 3 bis 6 des Einkommensteuergesetzes ist entsprechend anzuwenden; in diesen Fällen ist § 20 Abs. 6 und 9 des Einkommensteuergesetzes nicht anzuwenden.**

Übersicht

[1] § 8 Abs. 8 Satz 6 erstmals anzuwenden für VZ 2017, sowie auf Antrag auch für VZ vor 2017 (§ 34 Abs. 3 d).
[2] § 8 Abs. 9 Satz 9 erstmals anzuwenden für VZ 2017, sowie auf Antrag auch für VZ vor 2017 (§ 34 Abs. 3 d).

R 8.1 Anwendung einkommensteuerrechtlicher Vorschriften

R 8.1

(1) Bei Körperschaften sind nach § 8 Abs. 1, § 26 und § 31 Abs. 1 KStG anzuwenden: **11**

1. die folgenden Vorschriften des EStG i. d. F. der Bekanntmachung vom 8. 10. 2009 (BGBl. I S. 3366, S. 3862, BStBl. I S. 1346) unter Berücksichtigung der Änderungen bis einschließlich durch Artikel 2 des Gesetzes vom 10. März 2021 (BGBl. I S. 330):
   § 2 Abs. 1 bis 4, 6 und 7 Satz 3. ② Auf R 7.1 wird hingewiesen;
   § 2a,
   § 3 Nr. 7, 8 Satz 1, Nr. 11 Satz 1 und 3, Nr. 18, 40a, 42, 44, 54, 70 und 71,
   § 3a,
   § 3c Abs. 1, § 3c Abs. 2 i. V. m. § 3 Nr. 40a, § 3c Abs. 3 und 4,
   § 4 Abs. 1 bis 4, Abs. 5 Satz 1 Nr. 1 bis 4, 7 bis 13, Satz 2, Abs. 5b bis 8,
   § 4a Abs. 1 Satz 2 Nr. 1 und 3, Abs. 2,
   § 4b,
   § 4c,
   § 4d,
   § 4e,
   § 4f,
   § 4g,
   § 4h,
   § 4i,
   § 4j,
   § 4k,
   § 5,
   § 5a,
   § 5b,

R 8.1
noch 11
§ 6,
§ 6a,
§ 6b,
§ 6c,
§ 6d,
§ 6e,
§ 7,
§ 7a,
§ 7b,
§ 7c,
§ 7g,
§ 7h,
§ 7i,
§ 8 Abs. 1 und 2,
§ 9 Abs. 1 Satz 3 Nr. 1 bis 3 und 7 und Abs. 5,
§ 9a Satz 1 Nr. 3 und Satz 2. ③ Auf nachfolgenden Absatz 2 wird hingewiesen;
§ 9b,
§ 10d,
§ 10g,
§ 11,
§ 11a,
§ 11b,
§ 13 Abs. 1, 2 Nr. 1, Abs. 3 Satz 1 und 2, Abs. 6 und 7,
§ 13a,
§ 13b,
§ 14 Abs. 1 Satz 1, Abs. 2 und 3,
§ 15,
§ 15a,
§ 15b,
§ 16 Abs. 1 bis 3b und 5,
§ 17. ④ Auf nachfolgende Absätze 2 und 3 wird hingewiesen;
§ 18 Abs. 1 Nr. 2, 3 und 4, Abs. 2, 3, 4 Satz 2,
§ 20. ⑤ Auf nachfolgenden Absatz 2 wird hingewiesen;
§ 21 Abs. 1 und 3,
§ 22 Nr. 1, 2 und 3,
§ 23,
§ 24,
§ 25 Abs. 1 und 3 Satz 1,
§ 32d Abs. 2 Satz 1 Nr. 1 Satz 1 und Nr. 3 Satz 1 und Satz 3 bis 6 (die Anwendung erfolgt i. V. m. § 8 Abs. 10 Satz 2 KStG),
§ 34b Abs. 1 Nr. 2 (die Anwendung erfolgt i. V. m. R 23),
§ 34c (die Anwendung erfolgt i. V. m. § 26 KStG),
§ 34d Nr. 1 bis 4 und 6 bis 8,
§ 36 Abs. 2 Nr. 2, Abs. 3 bis 5,
§ 36a,
§ 37 Abs. 1, Abs. 3 Satz 1 bis 3 sowie 8 bis 11, Abs. 4 und 5,
§ 37b,
§ 43,
§ 43a,
§ 43b,
§ 44,
§ 44a,
§ 44b,
§ 45,
§ 45a,
§ 45b,
§ 45c,
§ 45d,
§ 48,
§ 48a,
§ 48b,
§ 48c,
§ 48d,
§ 49,
§ 50 Abs. 1 Satz 1, Abs. 2 Satz 1, 2, 7 und 8, Abs. 3 und 4,
§ 50a Abs. 1 Nr. 1 bis 3, Abs. 2 bis 7,
§ 50b,
§ 50c,

§ 50d Abs. 3, 9 bis 11a, 13 und 14,
§ 50e,
§ 50f,
§ 50g,
§ 50h,
§ 50i,
§ 50j,
§ 51,
§ 51a Abs. 1 und 3 bis 5,
§ 52,
§ 55,
§ 56,
§ 57,
§ 58;

2. die folgenden Vorschriften der EStDV i. d. F. der Bekanntmachung vom 10. 5. 2000 (BGBl. I S. 717, BStBl. I S. 595), zuletzt geändert durch die Verordnung vom 21. 12. 2020 (BGBl. I S. 3096):
§ 6,
§ 8b,
§ 8c,
§ 9a,
§ 10,
§ 11c,
§ 11d,
§ 15,
§ 50,
§ 51,
§ 53,
§ 54,
§ 56 Satz 2,
§ 60,
§ 68a,
§ 68b,
§ 73a Abs. 2 und 3,
§ 73c,
§ 73d,
§ 73e,
§ 73f,
§ 73g,
§ 81,
§ 82a,
§ 82b,
§ 82f,
§ 82g,
§ 82i,
§ 84.

(2) ① Unbeschränkt Körperschaftsteuerpflichtige i. S. d. § 1 Abs. 1 Nr. 4 und 5 KStG können grundsätzlich Bezieher sämtlicher Einkünfte i. S. d. § 2 Abs. 1 EStG sein. ② Bei der Ermittlung der Einkünfte aus Kapitalvermögen ist die Vorschrift des § 20 Abs. 9 Satz 1 und 4 EStG (Sparer-Pauschbetrag) zu berücksichtigen. ③ In den Fällen des § 8 Abs. 10 KStG ist § 20 Abs. 6 und 9 EStG nicht anzuwenden. ④ Ferner ist die Freibetragsregelung des § 17 Abs. 3 EStG zu beachten. 12

(3) Bei Körperschaftsteuerpflichtigen, bei denen alle Einkünfte als Einkünfte aus Gewerbebetrieb zu behandeln sind (§ 8 Abs. 2 KStG), ist die Freibetragsregelung des § 17 Abs. 3 EStG nicht anzuwenden. 13

H 8.1

H 8.1

Gewinnermittlung bei Handelsschiffen. Zu körperschaftsteuerlichen Fragen bei der Gewinnermittlung von Handelsschiffen im internationalen Verkehr nach § 5a EStG → BMF vom 24. 3. 2000, BStBl. I S. 453. 15

Steuerberatungskosten. Zum Abzug von Steuerberatungskosten als Betriebsausgaben oder Werbungskosten → BMF vom 21. 12. 2007, BStBl. 2008 I S. 256.

R 8.2 Einkommensermittlung bei Betrieben gewerblicher Art

R 8.2

(1) ① Für die Zwecke der Ermittlung des körperschaftsteuerpflichtigen Einkommens wird der BgA der jPöR verselbständigt. ② Das schließt grundsätzlich die steuerrechtliche Anerkennung 17

von Regelungen der jPöR in Bezug auf den BgA ein, z. B. über verzinsliche Darlehen oder Konzessionsabgaben. ③ Diese Regelungen müssen jedoch klar und eindeutig sein und können nur für die Zukunft, nicht aber mit Wirkung für die Vergangenheit getroffen werden.

18 (2)[1] ① Regelungen der jPöR in Bezug auf den BgA über verzinsliche Darlehen sind steuerrechtlich nur anzuerkennen, soweit der BgA mit einem angemessenen Eigenkapital ausgestattet ist. ② Ein Anhaltspunkt ist die Kapitalstruktur gleichartiger Unternehmen in privatrechtlicher Form. ③ Ein BgA ist grundsätzlich mit einem angemessenen Eigenkapital ausgestattet, wenn das Eigenkapital mindestens 30% des Aktivvermögens beträgt. ④ Für die Berechnung der Eigenkapitalquote ist von den Buchwerten in der steuerrechtlichen Gewinnermittlung am Anfang des Wj. auszugehen. ⑤ Das Aktivvermögen ist um Baukostenzuschüsse und passive Wertberichtigungsposten zu kürzen. ⑥ Von der jPöR gewährte unverzinsliche Darlehen sind als Eigenkapital zu behandeln. ⑦ Pensionsrückstellungen rechnen als echte Verpflichtungen nicht zum Eigenkapital. ⑧ Soweit der BgA nicht mit einem angemessenen Eigenkapital ausgestattet ist, ist ein von der jPöR ihrem BgA gewährtes Darlehen als Eigenkapital zu behandeln mit der Folge, dass die insoweit angefallenen Zinsen als vGA anzusehen sind. ⑨ Die Angemessenheit des Eigenkapitals ist für jeden VZ neu zu prüfen.

19 (3) ① Auch ohne besondere Regelung sind Aufwendungen der jPöR, die dieser aus der Unterhaltung des BgA erwachsen, in angemessenem Umfang als Betriebsausgaben des BgA abziehbar. ② Wegen vGA → R 8.5 und wegen der Abgrenzung der Spenden zur vGA → R 9 Abs. 6.

20 (4) ① Werden Wirtschaftsgüter anlässlich der Veräußerung eines BgA nicht mit veräußert, kommt es zur → Überführung dieser Wirtschaftsgüter in das Hoheitsvermögen der Trägerkörperschaft. ② Sie können danach einem anderen BgA zugeführt werden. ③ Eine Zusammenfassung von BgA führt nicht zur Überführung der in den bisherigen BgA enthaltenen Wirtschaftsgüter in das Hoheitsvermögen mit anschließender Zuführung in den zusammengefassten BgA.

21 (5) Eine von außersteuerlichen Verpflichtungen abgeleitete steuerliche → Buchführungspflicht i. S. d. § 140 AO kann sich für BgA von jPöR aufgrund der landesspezifischen Eigenbetriebsgesetze sowie bei kaufmännischen Betrieben auch aufgrund einer unmittelbaren Anwendung der handelsrechtlichen Rechnungslegungsvorschriften (§§ 238 ff. HGB) ergeben.

H 8.2

H 8.2

23 **Angemessene Eigenkapitalausstattung.** → BFH vom 9. 7. 2003, I R 48/02, BStBl. 2004 II S. 425.

Anwendungsfragen zur Besteuerung von BgA und Eigengesellschaften von jPöR. → BMF vom 12. 11. 2009, BStBl. I S. 1303.

Betriebsvermögen. Zum Begriff des notwendigen Betriebsvermögens → R 4.2 EStR. Wesentliche Betriebsgrundlagen sind auch ohne eine entsprechende Widmung stets als notwendiges Betriebsvermögen des BgA zu behandeln (→ BFH vom 14. 3. 1984, I R 223/80, BStBl. II S. 496). Der Annahme notwendigen Betriebsvermögens des BgA steht nicht entgegen, dass sich das Wirtschaftsgut räumlich im hoheitlichen Bereich der Trägerkörperschaft befindet (→ BFH vom 27. 6. 2001, I R 82–85/00, BStBl. II S. 773). Die Annahme von Betriebsvermögen des BgA ist hingegen ausgeschlossen, wenn das Wirtschaftsgut zum Hoheitsbereich der Trägerkörperschaft gehört; dies gilt auch dann, wenn das Wirtschaftsgut eine wesentliche Betriebsgrundlage des BgA darstellt (→ BFH vom 17. 5. 2000, I R 50/98, BStBl. 2001 II S. 558). Hoheitsvermögen kann kein gewillkürtes Betriebsvermögen darstellen (→ BFH vom 7. 11. 2007, I R 52/06, BStBl. 2009 II S. 248).

Buchführungspflicht. → BMF vom 3. 1. 2013, BStBl. I S. 59.[2]

Eigenkapitalausstattung und Darlehensgewährung. → BFH vom 1. 9. 1982, I R 52/78, BStBl. 1983 II S. 147.

Einkunftsart. Einkünfte eines BgA stellen stets gewerbliche Einkünfte i. S. d. § 15 EStG dar. Das gilt auch im Fall der Verpachtung eines BgA (→ BFH vom 1. 8. 1979, I R 106/76, BStBl. II S. 716).

Enge wechselseitige technisch-wirtschaftliche Verflechtung. → BFH vom 16. 12. 2020, I R 41/17, BStBl. 2021 II S. 872;
→ BFH vom 16. 12. 2020, I R 50/17, BStBl. 2021 II S. 443.

---

[1] R 8.2 Abs. 2 KStG gilt nicht, wenn die Körperschaft des öffentlichen Rechts das Darlehen nicht an einen eigenen Betrieb gewerblicher Art, sondern an eine rechtlich selbstständige Anstalt des öffentlichen Rechts gewährt *(LfSt Niedersachsen v. 29. 9. 2020 S 2766-153-St 241, DB 2020, S. 2156).*

[2] Auszug aus dem *BMF-Schrb. v. 3. 1. 2013 IV C 2 – S 2706/09/10 005, BStBl. 2013 I S. 59,* zur Auswirkung der Doppik auf das Wahlrecht nach § 4 Abs. 3 EStG: (. . .) Steuerpflichtig nach § 1 Abs. 1 Nr. 6 KStG ist die jPöR nur mit ihrem jeweiligen BgA. Der Anwendungsbereich der Doppik erstreckt sich dagegen regelmäßig auch auf das gesamte Hoheitsvermögen der jPöR, das aus steuerlicher Sicht nicht wirtschaftlichen Zwecken dient. Diese umfassenden Aufzeichnungspflichten stellen keine Pflichten zum Führen von Büchern oder zum Erstellen von Abschlüssen für den einzelnen BgA im Sinne des § 1 Abs. 1 Nr. 6 KStG dar, die eine Einnahmenüberschussrechnung nach § 4 Abs. 3 EStG ausschließen.

H 8.2 noch 23

Kapitalertragsteuer. Zur Kapitalertragsteuer auf Leistungen eines mit eigener Rechtspersönlichkeit ausgestatteten BgA bzw. auf den Gewinn eines BgA ohne eigene Rechtspersönlichkeit, die zu einer beschränkten Steuerpflicht der Trägerkörperschaft nach § 2 Nr. 2 KStG mit abgeltendem Steuerabzug (§ 32 Abs. 1 Nr. 2 KStG) führt → BMF vom 28. 1. 2019, BStBl. I S. 97.[1]

Konzessionsabgaben. Zur Abziehbarkeit von Konzessionsabgaben → BMF vom 9. 2. 1998, BStBl. I S. 209 und → BMF vom 27. 9. 2002, BStBl. I S. 940 sowie (insbesondere in der Anlaufphase) → BFH vom 6. 4. 2005, I R 15/04, BStBl. 2006 II S. 196. Zur Bestimmung der Einwohnerzahl → BFH vom 31. 1. 2012, I R 1/11, BStBl. II S. 694 und → BMF vom 24. 8. 2012, BStBl. I S. 904.

Miet- oder Pachtverträge. Die fiktive Verselbständigung des BgA im Rahmen der Einkommensermittlung lässt grundsätzlich auch die steuerliche Berücksichtigung von Miet- und Pachtvereinbarungen des BgA mit seiner Trägerkörperschaft zu. Miet- oder Pachtverträge zwischen der jPöR und ihrem BgA können allerdings im Hinblick auf den Besteuerungszweck des § 1 Abs. 1 Nr. 6 i. V. m. § 4 KStG nicht der Besteuerung zugrunde gelegt werden, soweit Wirtschaftsgüter überlassen werden, die für den BgA eine wesentliche Grundlage bilden (→ BFH vom 14. 3. 1984, I R 223/80, BStBl. II S. 496). Dies gilt auch dann, wenn das Wirtschaftsgut – wie z. B. eine öffentliche Straßenfläche – zum Hoheitsbereich der jPöR gehört und die Annahme von → Betriebsvermögen des BgA ausscheidet (→ BFH vom 17. 5. 2000, I R 50/98, BStBl. 2001 II S. 558).

Rechnungsprüfung. Angemessene Aufwendungen eines BgA für gesetzlich vorgesehene Rechnungs- und Kassenprüfungen durch das Rechnungsprüfungsamt der Trägerkörperschaft sind als Betriebsausgaben abziehbar (→ BFH vom 28. 2. 1990, I R 137/86, BStBl. II S. 647).

Sondernutzungsentgelte. Soweit hoheitliches Vermögen auf Grund von Sondernutzungsentgelten genutzt wird, kann dies zu Betriebsausgaben führen (→ BFH vom 6. 11. 2007, I R 72/06, BStBl. 2009 II S. 246).

Steuerrechtssubjekt i. S. d. § 1 Abs. 1 Nr. 6 KStG. Die Trägerkörperschaft ist Steuerrechtssubjekt i. S. d. § 1 Abs. 1 Nr. 6 KStG wegen jedes einzelnen von ihr unterhaltenen BgA. Für jeden einzelnen BgA ist das Einkommen gesondert zu ermitteln und die Körperschaftsteuer gesondert gegen die Trägerkörperschaft festzusetzen (→ BFH vom 13. 3. 1974, I R 7/71, BStBl. II S. 391, → BFH vom 8. 11. 1989, I R 187/85, BStBl. 1990 II S. 242 und → BFH vom 17. 5. 2000, I R 50/98, BStBl. 2001 II S. 558).

Überführung von Wirtschaftsgütern. Werden Wirtschaftsgüter in einen anderen BgA derselben Trägerkörperschaft überführt, ist dieser Vorgang infolge der fiktiven Verselbständigung des rechtlich unselbständigen BgA im Rahmen der Einkommensermittlung als vGA des abgebenden sowie als verdeckte Einlage bei dem aufnehmenden Betrieb zu berücksichtigen (→ BFH vom 24. 4. 2002, I R 20/01, BStBl. 2003 II S. 412). Zur Bewertung der vGA mit dem gemeinen Wert → H 8.6 Hingabe von Wirtschaftsgütern und zur Bewertung der verdeckten Einlage mit dem Teilwert → § 8 Abs. 1 KStG i. V. m. § 6 Abs. 1 Nr. 5 und 6 EStG und → R 8.9 Abs. 4.

Vereinbarungen. Vereinbarungen zwischen dem rechtlich unselbständigen BgA und seiner Trägerkörperschaft sind aufgrund der fiktiven Verselbständigung des BgA im Rahmen der Einkommensermittlung steuerlich grundsätzlich zu berücksichtigen, zur Ausnahme bei Miet- und Pachtverträgen über wesentliche Betriebsgrundlagen → Miet- oder Pachtverträge, zur Ausnahme bei Darlehensverträgen zur Refinanzierung wesentlicher Betriebsgrundlagen → Darlehensverträge[2]. Aufgrund der engen Beziehung zwischen Trägerkörperschaft und rechtlich unselbständigem BgA sind für eine steuerliche Anerkennung der Vereinbarungen die für beherrschende Anteilseigner einer Kapitalgesellschaft geltenden Grundsätze maßgebend. Soweit bei der Ermittlung des Einkommens Minderungen des dem BgA zuzuordnenden Vermögens zugunsten des übrigen Vermögens der Trägerkörperschaft zu beurteilen sind, ist das Einkommen zu ermitteln, als ob der BgA ein selbständiges Steuersubjekt in der Rechtsform einer Kapitalgesellschaft und die Trägerkörperschaft deren Alleingesellschafter ist (→ BFH vom 3. 2. 1993, I R 61/91, BStBl. II S. 459, → BFH vom 10. 7. 1996, I R 108–109/95, BStBl. 1997 II S. 230 und → BFH vom 17. 5. 2000, I R 50/98, BStBl. 2001 II S. 558).

---

[1] Rdnr. 38, 42, 44 und 45 neu gefasst und Rdnr. 46 aufgehoben mit *BMF-Schrb. v. 4. 4. 2022 IV C 2 – S 2836/21/10001 :001, BStBl. 2022 I S. 645.* Die geänderten Grundsätze sind auf alle offenen Fälle anzuwenden.

[2] Stichwort „Darlehensverträge" in H 8.2 nicht enthalten. Siehe hierzu *BFH-Urteil v. 10. 12. 2019 I R 24/17, BStBl. 2022 II S. 815*: Die Rechtsprechung, wonach interne Miet- oder Pachtverträge zwischen einer Trägerkörperschaft und ihrem BgA über wesentliche Betriebsgrundlagen des BgA steuerrechtlich unbeachtlich sind (z. B. *BFH-Urteil v. 24. 4. 2002 I R 20/01, BStBl. 2003 II S. 412*), ist sinngemäß auch auf sog. interne Darlehen anzuwenden, die zur Finanzierung der aus Eigenmitteln der Trägerkörperschaft bestrittenen Anschaffungs- oder Herstellungskosten wesentlicher Betriebsgrundlagen des BgA vereinbart wurden.

Verpachtetes Dauerverlustgeschäft i. S. d. § 8 Abs. 7 KStG. Die steuerliche Begünstigung von Dauerverlustgeschäften nach § 8 Abs. 7 Satz 1 Nr. 2 KStG setzt voraus, dass die dauerdefizitären Tätigkeiten durch die von der öffentlichen Hand beherrschte Kapitalgesellschaft selbst ausgeübt wird. Übt die Kapitalgesellschaft das Dauerverlustgeschäft nicht selbst aus, weil sie den verlustbringenden Freibadbetrieb an einen eingetragenen Verein verpachtet hat, ist die Verpachtungstätigkeit nicht begünstigt (→ BFH vom 9. 11. 2016, I R 56/15, BStBl. 2017 II S. 498), → BMF vom 15. 12. 2021, BStBl. I S. 2483.

Zuwendungen.

– **Zuwendungen an Trägerkörperschaft.** Die fiktive Verselbständigung des BgA im Rahmen der Einkommensermittlung schließt die steuerrechtliche Anerkennung sowohl von Vereinbarungen als auch von sonstigen Geschäftsvorfällen zwischen der Trägerkörperschaft und dem unselbständigen BgA ein. Die Rspr. erkennt demzufolge grundsätzlich auch eine gewinnmindernde Berücksichtigung von Zuwendungen i. S. d. § 9 Abs. 1 Nr. 2 KStG an, die der rechtlich unselbständige BgA zugunsten der Trägerkörperschaft leistet (→ BFH vom 5. 6. 1962, I 31/61, BStBl. III S. 355 und → BFH vom 12. 10. 1978, I R 149/75, BStBl. 1979 II S. 192).
– **Auswirkung von Zuwendungen auf den Gewinn.** Zuwendungen zugunsten seiner Trägerkörperschaft kann der BgA nur dann gewinnmindernd berücksichtigen, wenn er die Zuwendung auch bei Anwendung der Sorgfalt eines ordentlichen und gewissenhaften Geschäftsleiters geleistet hätte und die Zuwendung ihre Ursache nicht in der engen Bindung des BgA an die Trägerkörperschaft, mithin in der trägerschaftlichen Beziehung findet; andernfalls kommt es zu einer vGA (→ BFH vom 21. 1. 1970, I R 23/68, BStBl. II S. 468, → BFH vom 12. 10. 1978, I R 149/75, BStBl. 1979 II S. 192 und → BFH vom 1. 12. 1982, I R 101/79, BStBl. 1983 II S. 150).
  → H 9 Zuwendungen und Spenden an den Träger der Sparkasse (Gewährträger).

R 8.3

R 8.3 Gewinnermittlung bei Körperschaften, die Land- und Forstwirtschaft betreiben

25 ① Im Interesse der Gleichmäßigkeit der Besteuerung bestehen keine Bedenken, dass auch Körperschaften, bei denen alle Einkünfte als Einkünfte aus Gewerbebetrieb zu behandeln sind (§ 8 Abs. 2 KStG) und die daher ihren Gewinn nicht nach § 4 Abs. 1 EStG, sondern nach § 5 EStG ermitteln, die Steuervergünstigungen des § 6b EStG für Gewinne aus der Veräußerung von Aufwuchs oder Anlagen im Grund und Boden mit dem dazugehörigen Grund und Boden in Anspruch nehmen. ② Das gilt auch für die Vereinfachungsregelung i. S. d. R 14 Abs. 3 Satz 1 EStR. ③ Voraussetzung ist in diesen Fällen, dass sich der Betrieb der Körperschaft auf die Land- und Forstwirtschaft beschränkt oder der land- und forstwirtschaftliche Betrieb als organisatorisch verselbständigter Betriebsteil (Teilbetrieb) geführt wird.

R 8.4

R 8.4 Zuwendungen an Pensions- und Unterstützungskassen

27 *– unbesetzt –*

R 8.5

R 8.5 Verdeckte Gewinnausschüttungen

Grundsätze der verdeckten Gewinnausschüttung

31 (1) ① Eine vGA i. S. d. § 8 Abs. 3 Satz 2 KStG ist eine Vermögensminderung oder verhinderte Vermögensmehrung, die durch das Gesellschaftsverhältnis veranlasst ist, sich auf die Höhe des Unterschiedsbetrags i. S. d. § 4 Abs. 1 Satz 1 EStG auswirkt und nicht auf einem den gesellschaftsrechtlichen Vorschriften entsprechenden Gewinnverteilungsbeschluss beruht. ② Bei nicht buchführungspflichtigen Körperschaften ist auf die Einkünfte abzustellen. ③ Eine → Veranlassung durch das Gesellschaftsverhältnis ist auch dann gegeben, wenn die Vermögensminderung oder verhinderte Vermögensmehrung bei der Körperschaft zugunsten einer → nahestehenden Person erfolgt.

32 (2) ① Im Verhältnis zwischen Gesellschaft und beherrschendem Gesellschafter ist eine Veranlassung durch das Gesellschaftsverhältnis i. d. R. auch dann anzunehmen, wenn es an einer zivilrechtlich wirksamen, klaren, eindeutigen und im Voraus abgeschlossenen Vereinbarung darüber fehlt, ob und in welcher Höhe ein Entgelt für eine Leistung des Gesellschafters zu zahlen ist, oder wenn nicht einer klaren Vereinbarung entsprechend verfahren wird. ② Die beherrschende Stellung muss im Zeitpunkt der Vereinbarung oder des Vollzugs der Vermögensminderung oder verhinderten Vermögensmehrung vorliegen.

H 8.5

H 8.5

34 **I. Grundsätze**

Anwendungsschreiben zur Option zur Körperschaftsbesteuerung. → BMF vom 10. 11. 2021, BStBl. I S. 2212.[1]

[1] Abgedruckt als Anl zu H 1 a.

H 8.5

noch **34**

Auslegung von Vereinbarungen. Zur Auslegung von Vereinbarungen zwischen einer Kapitalgesellschaft und ihrem Gesellschafter-Geschäftsführer im Zusammenhang mit einer Pensionszusage → BMF vom 28. 8. 2001, BStBl. I S. 594.

BgA. Eine vGA kann auch bei BgA von jPöR vorliegen (→ BFH vom 29. 5. 1968, I 46/65, BStBl. II S. 692, → BFH vom 13. 3. 1974, I R 7/71, BStBl. II S. 391 und → BFH vom 10. 7. 1996, I R 108-109/95, BStBl. 1997 II S. 230).
Zum Verhältnis zwischen dem BgA und der Trägerkörperschaft → H 8.2 Vereinbarungen.
Zur Frage vGA bei Dauerverlustgeschäften → § 8 Abs. 7 KStG und → BMF vom 12. 11. 2009, BStBl. I S. 1303.
Der Ausschluss der Rechtsfolgen einer vGA gemäß § 8 Abs. 7 Satz 1 Nr. 2 KStG i. d. F. des JStG 2009 gilt nicht nur für die begünstigte dauerdefizitäre Eigengesellschaft, sondern auch für die kapitalertragsteuerlichen Folgen beim (unmittelbaren oder mittelbaren) Anteilseigner (→ BFH vom 11. 12. 2018, VIII R 44/15, BStBl. 2021 II S. 347).

Dauerschuldverhältnisse. → H 8.5 I zivilrechtliche Wirksamkeit.

Korrektur innerhalb oder außerhalb der Steuerbilanz. → BMF vom 28. 5. 2002, BStBl. I S. 603.[1]

Mündliche Vereinbarung. Wer sich auf die Existenz eines mündlich abgeschlossenen Vertrags beruft, einen entsprechenden Nachweis aber nicht führen kann, hat den Nachteil des fehlenden Nachweises zu tragen, weil er sich auf die Existenz des Vertrags zur Begründung des Betriebsausgabenabzugs beruft (→ BFH vom 29. 7. 1992, I R 28/92, BStBl. 1993 II S. 247).
→ H 8.5 I zivilrechtliche Wirksamkeit.

Nichtkapitalgesellschaften und vGA. Die Annahme einer vGA setzt voraus, dass der Empfänger der Ausschüttung ein mitgliedschaftliches oder mitgliedschaftsähnliches Verhältnis zur ausschüttenden Körperschaft hat (→ BFH vom 13. 7. 1994, I R 112/93, BStBl. 1995 II S. 198). Entscheidend für eine vGA ist ihre Veranlassung durch das mitgliedschaftliche oder mitgliedschaftsähnliche Verhältnis. Aus diesem Grund kann eine vGA auch vorliegen, wenn im Zeitpunkt der Ausschüttung das mitgliedschaftliche oder mitgliedschaftsähnliche Verhältnis noch nicht oder nicht mehr besteht (→ BFH vom 24. 1. 1989, VIII R 74/84, BStBl. II S. 419).

Realgemeinden und Vereine. Eine vGA kann auch bei Realgemeinden und Vereinen vorliegen (→ BFH vom 23. 9. 1970, I R 22/67, BStBl. 1971 II S. 47). Ein eingetragener Verein hat eine außersteuerliche Sphäre (→ BFH vom 15. 1. 2015, I R 48/13, BStBl. II S. 713).

Stiftungen. Destinatäre einer Stiftung haben kein mitgliedschaftliches oder mitgliedschaftsähnliches Verhältnis zur Stiftung (→ BFH vom 22. 9. 1959, I 5/59 U, BStBl. 1960 III S. 37 und → BFH vom 12. 10. 2011, I R 102/10, BStBl. 2014 II S. 484). Stiftungen verfügen über eine außerbetriebliche Sphäre (→ BFH vom 12. 10. 2011, I R 102/10, BStBl. 2014 II S. 484).

Tatsächliche Durchführung von Vereinbarungen. Das Fehlen der tatsächlichen Durchführung ist ein gewichtiges Indiz dafür, dass die Vereinbarung nicht ernstlich gemeint ist. Leistungen der Gesellschaft an ihren Gesellschafter aufgrund einer nicht ernstlich gemeinten Vereinbarung führen zu vGA (→ BFH vom 28. 10. 1987, I R 110/83, BStBl. 1988 II S. 301 und → BFH vom 29. 7. 1992, I R 28/92, BStBl. 1993 II S. 247).

Tatsächliche Handlungen. Eine vGA setzt nicht voraus, dass die Vermögensminderung oder verhinderte Vermögensmehrung auf einer Rechtshandlung der Organe der Kapitalgesellschaft beruht. Auch tatsächliche Handlungen können den Tatbestand der vGA erfüllen (→ BFH vom 14. 10. 1992, I R 17/92, BStBl. 1993 II S. 352).

VVaG. Eine vGA kann auch bei VVaG vorliegen (→ BFH vom 14. 7. 1976, I R 239/73, BStBl. II S. 731).

Zivilrechtliche Wirksamkeit.[2] Verträge mit beherrschenden Gesellschaftern müssen zivilrechtlich wirksam sein, um steuerlich anerkannt zu werden. Eine Wirksamkeitsvoraussetzung ist ein evtl. bestehendes Schriftformerfordernis (→ BFH vom 17. 9. 1992, I R 89-98/91, BStBl. 1993 II S. 141). Rechtsgeschäfte, welche der durch das Gesetz vorgeschriebenen Form ermangeln, sind gem. § 125 Satz 1 BGB nichtig. Der Mangel einer durch Rechtsgeschäft vorgeschriebenen Form hat gem. § 125 Satz 2 BGB „im Zweifel" gleichfalls Nichtigkeit zur Folge. Maßgeblich für die Beurteilung der zivilrechtlichen Wirksamkeit ist, ob die Einhaltung der Schriftform Gültigkeitsvoraussetzung für den geänderten Vertrag sein soll (konstitutive Schrift-

---

[1] Abgedruckt als Anl zu H 8.6.

[2] *BFH-Urteil v. 28. 9. 2022 VIII R 20/20, DStR 2022, 2606*: Ein punktuell satzungsdurchbrechender Beschluss über eine inkongruente Vorabausschüttung, der von der Gesellschafterversammlung einstimmig gefasst worden ist und von keinem Gesellschafter angefochten werden kann, ist als zivilrechtlich wirksamer Ausschüttungsbeschluss der Besteuerung zugrunde zu legen (entgegen *BMF-Schrb. v. 17. 12. 2013 IV C 2 – S 2750-a/11/10001, BStBl. 2014 I S. 63*).

H 8.5

form) oder ob der Inhalt des Vertrags lediglich zu Beweiszwecken schriftlich niedergelegt werden soll (deklaratorische Schriftform).

Änderungen des Gesellschaftsvertrags einer GmbH bedürfen gem. § 53 Abs. 2 GmbHG der notariellen Beurkundung. Die Befreiung eines Alleingesellschafters vom Selbstkontrahierungsverbot des § 181 BGB bedarf zu ihrer Wirksamkeit einer ausdrücklichen Gestattung im Gesellschaftsvertrag und der Eintragung im Handelsregister. Wird die Befreiung erst nach Abschluss von In-sich-Geschäften in der Satzung geregelt und ins Handelsregister eingetragen, sind diese als nachträglich genehmigt anzusehen. Das steuerliche Rückwirkungsverbot steht dem dann nicht entgegen, wenn den In-sich-Geschäften klare und von vornherein abgeschlossene Vereinbarungen zugrunde liegen (→ BFH vom 17. 9. 1992, I R 89-98/91, BStBl. 1993 II S. 141 und → BFH vom 23. 10. 1996, I R 71/95, BStBl. 1999 II S. 35).

Miet- und Pachtverträge bedürfen nicht notwendig der Schriftform (§§ 550, 578, 581 BGB). Grundstückskaufverträge bedürfen der notariellen Beurkundung (§ 311 b BGB).
Für **Dienstverträge** (z. B. mit Geschäftsführern) ist keine Schriftform vorgeschrieben. Gibt es Beweisanzeichen dafür, dass die Vertragsparteien eine mündlich getroffene Abrede gelten lassen wollen, obwohl sie selbst für alle Vertragsänderungen Schriftform vereinbart hatten, ist der Vertrag trotzdem wirksam geändert. Solche Beweisanzeichen liegen bei Dauerschuldverhältnissen vor, wenn aus gleichförmigen monatlichen Zahlungen und Buchungen erhöhter Gehälter sowie aus der Abführung von Lohnsteuer und Sozialversicherungsbeiträgen auf die Vereinbarung erhöhter Gehälter geschlossen werden kann (→ BFH vom 24. 1. 1990, I R 157/86, BStBl. II S. 645 und → BFH vom 29. 7. 1992, I R 18/91, BStBl. 1993 II S. 139). Stark schwankende Leistungen sprechen für eine vGA (→ BFH vom 14. 3. 1990, I R 6/89, BStBl. II S. 795). Ist vertraglich ausdrücklich festgelegt, dass ohne Schriftform vorgenommene Änderungen unwirksam sein sollen, tritt ein diesbezüglicher Wille klar zu Tage (→ BFH vom 31. 7. 1991, I S 1/91, BStBl. II S. 933). Ist die Zivilrechtslage zweifelhaft, durfte ein ordentlicher und gewissenhafter Geschäftsleiter aber von der Wirksamkeit ausgehen, liegt keine vGA vor (→ BFH vom 17. 9. 1992, I R 89-98/91, BStBl. 1993 II S. 141).

Zuflusseignung/Vorteilsgeneigtheit. Die Minderung des Unterschiedsbetrags i. S. d. § 4 Abs. 1 Satz 1 EStG (→ R 8.5 Abs. 1) muss geeignet sein, beim Gesellschafter einen sonstigen Bezug i. S. d. § 20 Abs. 1 Nr. 1 Satz 2 EStG auszulösen (→ BFH vom 7. 8. 2002, I R 2/02, BStBl. 2004 II S. 131 und → BFH vom 10. 4. 2013, I R 45/11, BStBl. II S. 771).

35 **II. Vermögensminderung oder verhinderte Vermögensmehrung**

Darlehenszinsen. Zur Ermittlung der Vermögensminderung oder der verhinderten Vermögensmehrung bei vGA im Zusammenhang mit Darlehenszinsen (→ BFH vom 28. 2. 1990, I R 83/87, BStBl. II S. 649 und → BFH vom 19. 1. 1994, I R 93/93, BStBl. II S. 725).

Erstattungsanspruch. Zivilrechtliche Ansprüche der Gesellschaft gegen den Gesellschafter, die sich aus einem als vGA zu qualifizierenden Vorgang ergeben, sind stets als Einlageforderung gegen den Gesellschafter zu behandeln, die erfolgsneutral zu aktivieren und somit nicht geeignet ist, die durch die vorangegangene vGA eintretende Vermögensminderung auszugleichen (→ BFH vom 29. 4. 2008, I R 67/06, BStBl. 2011 II S. 55).

Vorteilsausgleich. Eine vGA liegt nicht vor, wenn die Kapitalgesellschaft bei Anwendung der Sorgfalt eines ordentlichen und gewissenhaften Geschäftsleiters die Vermögensminderung oder verhinderte Vermögensmehrung unter sonst gleichen Umständen auch gegenüber einem Nichtgesellschafter hingenommen hätte. Dies kann der Fall sein, wenn zwischen Gesellschaft und Gesellschafter ein angemessenes Entgelt in anderer Weise vereinbart worden ist. Voraussetzungen für die Anerkennung eines derartigen Vorteilsausgleichs ist, dass eine rechtliche Verknüpfung von Leistung und Gegenleistung aus einem gegenseitigen Vertrag besteht (→ BFH vom 8. 6. 1977, I R 95/75, BStBl. II S. 704 und → BFH vom 1. 8. 1984, I R 99/80, BStBl. 1985 II S. 18). Bei einem beherrschenden Gesellschafter bedarf es zur Anerkennung eines Vorteilsausgleichs zudem einer im Voraus getroffenen klaren und eindeutigen Vereinbarung (→ BFH vom 7. 12. 1988, I R 25/82, BStBl. 1989 II S. 248 und → BFH vom 8. 11. 1989, I R 16/86, BStBl. 1990 II S. 244).
Zum Vorteilsausgleich bei international verbundenen Unternehmen → BMF vom 14. 7. 2021, BStBl. I S. 1098 (Rn. 3.25 ff.) und → BMF vom 24. 12. 1999, BStBl. I S. 1076, (insbes. S. 1114 und 1119), unter Berücksichtigung der Änderungen durch BMF vom 20. 11. 2000 (BStBl. I S. 1509), BMF vom 29. 9. 2004 (BStBl. I S. 917) und BMF vom 25. 8. 2009 (BStBl. I S. 888).

36 **III. Veranlassung durch das Gesellschaftsverhältnis**

Allgemeines. Eine Veranlassung durch das Gesellschaftsverhältnis liegt dann vor, wenn ein ordentlicher und gewissenhafter Geschäftsleiter (§ 93 Abs. 1 Satz 1 AktG, § 43 Abs. 1 GmbHG, § 34 Abs. 1 Satz 1 GenG) die Vermögensminderung oder verhinderte Vermögensmehrung gegenüber einer Person, die nicht Gesellschafter ist, unter sonst gleichen Umständen nicht hingenommen hätte (Fremdvergleich, → BFH vom 11. 2. 1987, I R 177/83, BStBl. II S. 461,

→ BFH vom 29. 4. 1987, I R 176/83, BStBl. II S. 733, → BFH vom 10. 6. 1987, I R 149/83, BStBl. 1988 II S. 25, → BFH vom 28. 10. 1987, I R 110/83, BStBl. 1988 II S. 301, → BFH vom 27. 7. 1988, I R 68/84, BStBl. 1989 II S. 57, → BFH vom 7. 12. 1988, I R 25/82, BStBl. 1989 II S. 248 und → BFH vom 17. 5. 1995, I R 147/93, BStBl. 1996 II S. 204). Der Fremdvergleich erfordert auch die Einbeziehung des Vertragspartners. Auch wenn ein Dritter einer für die Gesellschaft vorteilhaften Vereinbarung nicht zugestimmt hätte, kann deren Veranlassung im Gesellschaftsverhältnis liegen (→ BFH vom 17. 5. 1995, I R 147/93, BStBl. 1996 II S. 204). Bei der Prüfung des sog. doppelten Fremdvergleichs ist nicht nur auf den – die Interessen der Gesellschaft im Auge behaltenden – ordentlichen und gewissenhaften Geschäftsleiter, sondern ebenso auf die Interessenlage des objektiven und gedachten Vertragspartners abzustellen (→ BFH vom 11. 9. 2013, I R 28/13, BStBl. 2014 II S. 726).

Beherrschender Gesellschafter.

– **Anwendungsschreiben zur Option zur Körperschaftsteuer.** → BMF vom 10. 11. 2021, BStBl. I S. 2212.[1]
– **Begriff.** Eine beherrschende Stellung eines GmbH-Gesellschafters liegt im Regelfall vor, wenn der Gesellschafter die Mehrheit der Stimmrechte besitzt und deshalb bei Gesellschafterversammlungen entscheidenden Einfluss ausüben kann (→ BFH vom 13. 12. 1989, I R 99/87, BStBl. 1990 II S. 454).
– **Beteiligungsquote.** Eine Beteiligung von 50% oder weniger reicht zur Annahme einer beherrschenden Stellung aus, wenn besondere Umstände hinzutreten, die eine Beherrschung der Gesellschaft begründen (→ BFH vom 8. 1. 1969, I R 91/66, BStBl. II S. 347, → BFH vom 21. 7. 1976, I R 223/74, BStBl. II S. 734 und → BFH vom 23. 10. 1985, I R 247/81, BStBl. 1986 II S. 195).
– **Bilanzierung.** Ein Rechtsgeschäft zwischen einer Kapitalgesellschaft und ihrem alleinigen Gesellschafter-Geschäftsführer ist als vGA zu werten, wenn es in der Bilanz der Gesellschaft nicht zutreffend abgebildet wird und ein ordentlicher und gewissenhafter Geschäftsführer den Fehler bei sorgsamer Durchsicht der Bilanz hätte bemerken müssen (→ BFH vom 13. 6. 2006, I R 58/05, BStBl. II S. 928).
– **Gleichgerichtete Interessen.** Wenn mehrere Gesellschafter einer Kapitalgesellschaft mit gleichgerichteten Interessen zusammenwirken, um eine ihren Interessen entsprechende einheitliche Willensbildung herbeizuführen, ist auch ohne Hinzutreten besonderer Umstände eine beherrschende Stellung anzunehmen (→ BFH vom 26. 7. 1978, I R 138/76, BStBl. II S. 659, → BFH vom 29. 4. 1987, I R 192/82, BStBl. II S. 797, → BFH vom 29. 7. 1992, I R 28/92, BStBl. 1993 II S. 247 und → BFH vom 25. 10. 1995, I R 9/95, BStBl. 1997 II S. 703).
  Gleichgerichtete wirtschaftliche Interessen liegen vor, wenn die Gesellschafter bei der Bemessung der dem einzelnen Gesellschafter jeweils zuzubilligenden Tantieme im Zusammenwirken gemeinsame Interessen verfolgen (→ BFH vom 11. 12. 1985, I R 164/82, BStBl. 1986 II S. 469). Als Indiz für ein solches Zusammenwirken reichen die übereinstimmende Höhe der Gehälter und das zeitliche Zusammenfallen der Beschlussfassung aus (→ BFH vom 10. 11. 1965, I 178/63 U, BStBl. 1966 III S. 73).
  Die Tatsache, dass die Gesellschafter nahe Angehörige sind, reicht allein nicht aus, um gleichgerichtete Interessen anzunehmen; vielmehr müssen weitere Anhaltspunkte hinzutreten (→ BVerfG vom 12. 3. 1985, 1 BvR 571/81, 1 BvR 494/82, 1 BvR 47/83, BStBl. II S. 475 und → BFH vom 1. 2. 1989, I R 73/85, BStBl. II S. 522).
– **Klare und eindeutige Vereinbarung.** Vereinbarungen mit beherrschenden Gesellschaftern müssen, um steuerlich wirksam zu sein, im Vorhinein klar und eindeutig getroffen sein. Ohne eine klare und eindeutige Vereinbarung kann eine Gegenleistung nicht als schuldrechtlich begründet angesehen werden. Das gilt selbst dann, wenn ein Vergütungsanspruch aufgrund gesetzlicher Regelung bestehen sollte, wie z.B. bei einer Arbeitsleistung (§ 612 BGB) oder einer Darlehensgewährung nach Handelsrecht (§§ 352, 354 HGB, → BFH vom 2. 3. 1988, I R 63/82, BStBl. II S. 590).
  Eine vGA kommt bei beherrschenden Gesellschaftern in Betracht, wenn nicht von vornherein klar und eindeutig bestimmt ist, ob und in welcher Höhe – einerlei ob laufend oder einmalig – ein Entgelt gezahlt werden soll. Auch eine getroffene Vereinbarung über Sondervergütungen muss zumindest erkennen lassen, nach welcher Bemessungsgrundlage (Prozentsätze, Zuschläge, Höchst- und Mindestbeträge) die Vergütung errechnet werden soll.
  Es muss ausgeschlossen sein, dass bei der Berechnung der Vergütung ein Spielraum verbleibt; die Berechnungsgrundlagen müssen so bestimmt sein, dass allein durch Rechenvorgänge die Höhe der Vergütung ermittelt werden kann, ohne dass es noch der Ausübung irgendwelcher Ermessensakte seitens der Geschäftsführung oder Gesellschafterversammlung bedarf (→ BFH vom 24. 5. 1989, I R 90/85, BStBl. II S. 800 und → BFH vom 17. 12. 1997, I R 70/97, BStBl. 1998 II S. 545).

[1] Abgedruckt als Anl zu H 1 a.

H 8.5

Leistungen an den beherrschenden Gesellschaftern nahe stehende Personen bedürfen zu ihrer steuerlichen Anerkennung einer im Voraus getroffenen klaren und eindeutigen Vereinbarung (→ BFH vom 22. 2. 1989, I R 9/85, BStBl. II S. 631).

- **Konzernrückhalt.** Der Konzernrückhalt beschreibt lediglich den rechtlichen und wirtschaftlichen Rahmen der Unternehmensverflechtung. → BMF vom 14. 7. 2021, BStBl. I S. 1098 (Rn. 3.94).
- **Pensionszusagen.** Rückstellung für Pensionszusagen an beherrschende Gesellschafter-Geschäftsführer → R 8.7, → H 8.7 (Erdienbarkeit).
- **Rückwirkende Vereinbarung.** Rückwirkende Vereinbarungen zwischen der Gesellschaft und dem beherrschenden Gesellschafter sind steuerrechtlich unbeachtlich (→ BFH vom 23. 9. 1970, I R 116/66, BStBl. 1971 II S. 64, → BFH vom 3. 4. 1974, I R 241/71, BStBl. II S. 497 und → BFH vom 21. 7. 1976, I R 223/74, BStBl. II S. 734).
- **Sperrwirkung des abkommensrechtlichen Grundsatzes des „dealing at arm's length".** Der abkommensrechtliche Grundsatz des „dealing at arm's length" entfaltet Sperrwirkung gegenüber den sog. Sonderbedingungen, denen beherrschende Gesellschafter bei Annahme einer vGA unterworfen sind (→ BFH vom 11. 10. 2012, I R 75/11, BStBl. 2013 II S. 1046) und → BFH vom 27. 2. 2019, I R 73/16, BStBl. II S. 394 aus anderen Gründen aufgehoben durch BVerfG-Beschluss vom 4. 3. 2021, 2 BvR 1161/19.
- **Stimmrechtsausschluss.** Der Vorschrift des § 47 Abs. 4 GmbHG über einen Stimmrechtsausschluss des Gesellschafters bei Rechtsgeschäften zwischen ihm und der Gesellschaft kommt für die Frage der Beherrschung der Gesellschaft keine Bedeutung zu (→ BFH vom 26. 1. 1989, IV R 151/86, BStBl. II S. 455 und → BFH vom 21. 8. 1996, X R 25/93, BStBl. 1997 II S. 44).

Nahestehende Person.

- **International verbundene Unternehmen.** Zum Begriff des Nahestehens bei international verbundenen Unternehmen → BMF vom 14. 7. 2021, BStBl. I S. 1098 (Rn. 1.9 ff.) sowie → BFH vom 10. 4. 2013, I R 45/11, BStBl. II S. 771.
- **Kreis der nahestehenden Personen.** Zur Begründung des „Nahestehens" reicht jede Beziehung eines Gesellschafters der Kapitalgesellschaft zu einer anderen Person aus, die den Schluss zulässt, sie habe die Vorteilszuwendung der Kapitalgesellschaft an die andere Person beeinflusst. Ehegatten können als nahestehende Personen angesehen werden (→ BFH vom 2. 3. 1988, I R 103/86, BStBl. II S. 786 und → BFH vom 10. 4. 2013, I R 45/11, BStBl. II S. 771). Beziehungen, die ein Nahestehen begründen, können familienrechtlicher, gesellschaftsrechtlicher, schuldrechtlicher oder auch rein tatsächlicher Art sein (→ BFH vom 18. 12. 1996, I R 139/94, BStBl. 1997 II S. 301). Eine beherrschende Stellung ist für ein Nahestehen nicht erforderlich (→ BFH vom 8. 10. 2008, I R 61/07, BStBl. 2011 II S. 62). Eine Person, die an einer vermögensverwaltenden Personengesellschaft beteiligt ist, welche ihrerseits Gesellschafterin einer Kapitalgesellschaft ist, ist bei Prüfung einer vGA nicht als „Anteilseigner" der zuwendenden Kapitalgesellschaft zu behandeln. Die dem Anteilseigner nahestehende Person ist selbst kein Anteilseigner (→ BFH vom 21. 10. 2014, VIII R 22/11, BStBl. 2015 II S. 687).
  Zum Kreis der dem Gesellschafter nahestehenden Personen zählen sowohl natürliche als auch juristische Personen, unter Umständen auch Personenhandelsgesellschaften (→ BFH vom 6. 12. 1967, I 98/65, BStBl. 1968 II S. 322, → BFH vom 23. 10. 1985, I R 247/81, BStBl. 1986 II S. 195 und → BFH vom 1. 10. 1986, I R 54/83, BStBl. 1987 II S. 459).
  Eine gemeinnützige Stiftung kann im Verhältnis zu einem Anteilseigner einer Kapitalgesellschaft eine nahestehende Person sein (→ BFH vom 13. 7. 2021, I R 16/18, BStBl. 2022 II S. 119).
- **Schwestergesellschaften.** Zur Beurteilung von vGA zwischen Schwestergesellschaften → BFH vom 26. 10. 1987, GrS 2/86, BStBl. 1988 II S. 348 und → BFH vom 10. 4. 2013, I R 45/11, BStBl. II S. 771.
- **Verhältnis zum beherrschenden Gesellschafter.** Bei dem beherrschenden Gesellschafter nahestehenden Personen bedarf eine Vereinbarung über die Höhe eines Entgelts für eine Leistung der vorherigen und eindeutigen Regelung, die auch tatsächlich durchgeführt werden muss (→ BFH vom 29. 4. 1987, I R 192/82, BStBl. II S. 797, → BFH vom 2. 3. 1988, I R 103/86, BStBl. II S. 786 und → BFH vom 22. 2. 1989, I R 9/85, BStBl. II S. 631).
- **Zurechnung der vGA.** Wenn eine vGA einer Person zufließt, die einem Gesellschafter nahesteht, ist diese vGA steuerrechtlich stets dem Gesellschafter als Einnahme zuzurechnen, es sei denn, die nahestehende Person ist selbst Gesellschafter. Darauf, dass der betreffende Gesellschafter selbst einen Vermögensvorteil erlangt, kommt es nicht an (→ BFH vom 29. 9. 1981, VIII R 8/77, BStBl. 1982 II S. 248 und → BFH vom 18. 12. 1996, I R 139/94, BStBl. 1997 II S. 301, sowie → BMF vom 20. 5. 1999, BStBl. I S. 514).

37 **IV. Vergütung der Gesellschafter-Geschäftsführer**

Angemessenheit der Gesamtausstattung. → BMF vom 14. 10. 2002, BStBl. I S. 972.[1]

[1] Nachstehend abgedruckt als Anl a zu H 8.5.

H 8.5

Private Kfz-Nutzung. → BMF vom 3. 4. 2012, BStBl. I S. 478 zur Anwendung der Urteile → BFH vom 23. 1. 2008, I R 8/06, BStBl. 2012 II S. 260, → BFH vom 23. 4. 2009, VI R 81/06, BStBl. 2012 II S. 262 und → BFH vom 11. 2. 2010, VI R 43/09, BStBl. 2012 II S. 266.

Überstundenvergütung, Sonn-, Feiertags- und Nachtzuschläge. Die Zahlung einer Überstundenvergütung an den Gesellschafter-Geschäftsführer ist regelmäßig eine vGA, da die gesonderte Vergütung von Überstunden nicht dem entspricht, was ein ordentlicher und gewissenhafter Geschäftsleiter einer GmbH mit einem Fremdgeschäftsführer vereinbaren würde. Dies gilt erst recht dann, wenn die Vereinbarung von vorneherein auf die Vergütung von Überstunden an Sonntagen, Feiertagen und zur Nachtzeit beschränkt ist (→ BFH vom 19. 3. 1997, I R 75/96, BStBl. II S. 577 und → BFH vom 27. 3. 2001, I R 40/00, BStBl. II S. 655). Sofern eine Vereinbarung von Zuschlägen an Sonn- und Feiertagen und zur Nachtzeit im Einzelfall durch überzeugende betriebliche Gründe gerechtfertigt wird, die geeignet sind, die Regelvermutung für eine Veranlassung durch das Gesellschaftsverhältnis zu entkräften, kann eine vGA ausnahmsweise zu verneinen sein (→ BFH vom 14. 7. 2004, I R 111/03, BStBl. 2005 II S. 307). Auch Zuschläge für Sonntagsarbeit, Feiertagsarbeit, Mehrarbeit und Nachtarbeit an den nicht beherrschenden, aber als leitenden Angestellten tätigen Gesellschafter können eine vGA sein (→ BFH vom 13. 12. 2006, VIII R 31/05, BStBl. 2007 II S. 393).

Urlaub, Abgeltungszahlungen für nicht beanspruchte Tage. Soweit klare und eindeutige Vereinbarungen hinsichtlich des Urlaubsanspruches getroffen worden sind, stellen Abgeltungszahlungen für nicht in Anspruch genommenen Urlaub an den Gesellschafter-Geschäftsführer keine vGA dar, wenn der Nichtwahrnehmung des Urlaubsanspruches betriebliche Gründe zugrunde lagen. Dies ist insbesondere dann der Fall, wenn der Umfang der von ihm geleisteten Arbeit sowie seine Verantwortung für das Unternehmen die Gewährung von Freizeit im Urlaubsjahr ausgeschlossen haben. Gleiches kann für eine im Unternehmen beschäftigte nahe stehende Person gelten, wenn diese gegenüber den übrigen Angestellten eine leitende Stellung innehat und die den Geschäftsführer betreffenden betrieblichen Gründe gleichermaßen einschlägig sind, den Jahresurlaub nicht antreten zu können (→ BFH vom 28. 1. 2004, I R 50/03, BStBl. 2005 II S. 524).

Zeitwertkonten-Modelle. Zu Zeitwertkonten bei Organen von Körperschaften → BMF vom 17. 6. 2009, BStBl. I S. 1286, Tz. A. IV. 2. Buchstabe b und Tz. F II unter Berücksichtigung der Änderungen durch BMF vom 8. 8. 2019, BStBl. I S. 874 zur Anwendung der Urteile → BFH vom 11. 11. 2015, I R 26/15, BStBl. 2016 II S. 489 und → BFH vom 22. 2. 2018, VI R 17/16, BStBl. 2019 II S. 496.

V. Einzelfälle 38

Aktien/Anteile.
- Zur Anwendung von § 8b KStG auf die Übertragung von Anteilen → BMF vom 28. 4. 2003, BStBl. I S. 292.[1]
- Zum Erwerb eigener Anteile → BMF vom 27. 11. 2013, BStBl. I S. 1615.

Beirat. Das Erfordernis der Zustimmung eines gesellschaftsvertraglich errichteten und jederzeit auflösbaren Beirats zu einer überhöhten Geschäftsführervergütung schließt die Annahme einer vGA nicht aus (→ BFH vom 22. 10. 2015, IV R 7/13, BStBl. 2016 II S. 19).

Darlehensgewährung.
- Die Hingabe eines Darlehens an den Gesellschafter stellt eine vGA dar, wenn schon bei der Darlehenshingabe mit der Uneinbringlichkeit gerechnet werden muss (→ BFH vom 16. 9. 1958, I 88/57 U, BStBl. III S. 451 und → BFH vom 14. 3. 1990, I R 6/89, BStBl. II S. 795).
- Ein unvollständiger Darlehensvertrag zwischen Kapitalgesellschaft und beherrschendem Gesellschafter kann nicht in die Zuführung von Eigenkapital umgedeutet werden (→ BFH vom 29. 10. 1997, I R 24/97, BStBl. 1998 II S. 573).
- Eine vGA kann auch bei Wertberichtigungen auf Darlehensforderungen gegenüber einem Gesellschafter vorliegen, wenn die Gesellschaft im Zeitpunkt der Darlehensgewährung auf dessen ausreichende Besicherung verzichtet hat; auf einen tatsächlichen Mittelabfluss bei der Gesellschaft kommt es nicht an (→ BFH vom 14. 7. 2004, I R 16/03, BStBl. II S. 1010 und → BFH vom 8. 10. 2008, I R 61/07, BStBl. 2011 II S. 62).
- Eine als vGA zu qualifizierende Teilwertabschreibung einer Darlehensforderung schlägt nicht auf den Ausweis der Zinsforderungen durch (→ BFH vom 11. 11. 2015, I R 5/14, BStBl. 2016 II S. 91). Der sog. Konzernrückhalt führt für sich zu keiner fremdüblichen Besicherung des Darlehens (→ BFH vom 27. 2. 2019, I R 51/17, BStBl. 2020 II S. 440). Zur Teilwertabschreibung in Fällen der Gewährung eines unbesicherten Darlehens an eine Mutterkapitalgesellschaft oder eine Schwesterkapitalgesellschaft (Dreiecksfall) → BMF vom 14. 7. 2021, BStBl. I S. 1098.

[1] Abgedruckt als Anl b zu H 8b.

H 8.5
noch 38

Darlehenszinsen.[1] Erhält ein Gesellschafter ein Darlehen von der Gesellschaft zinslos oder zu einem außergewöhnlich geringen Zinssatz, liegt eine vGA vor (→ BFH vom 25. 11. 1964, I 116/63 U, BStBl. 1965 III S. 176 und → BFH vom 23. 6. 1981, VIII R 102/80, BStBl. 1982 II S. 245).

Gibt ein Gesellschafter der Gesellschaft ein Darlehen zu einem außergewöhnlich hohen Zinssatz, liegt eine vGA vor (→ BFH vom 28. 10. 1964, I 198/62 U, BStBl. 1965 III S. 119 und → BFH vom 25. 11. 1964, I 116/63 U, BStBl. 1965 III S. 176).

Einbringung einer GmbH in eine KG. Bringt eine GmbH ihr Unternehmen unentgeltlich in eine KG ein, führt dies zu einer vGA in Höhe des fremdüblichen Entgelts für das eingebrachte Unternehmen, wenn am Vermögen der KG ausschließlich der beherrschende Gesellschafter der GmbH beteiligt ist (→ BFH vom 15. 9. 2004, I R 7/02, BStBl. 2005 II S. 867).

Einkünfteabgrenzung bei international verbundenen Unternehmen. → AStG, GAufzV, FVerlV, BsGaV.

Zum Verhältnis von § 1 Abs. 1 AStG zu anderen Einkünftekorrekturnormen → BMF vom 14. 7. 2021, BStBl. I S. 1098 (Rn. 1.1 ff.).

→ *BMF vom 23. 2. 1983, BStBl. I S. 218;*[2]

Verwaltungsgrundsätze Arbeitnehmerentsendung → BMF vom 9. 11. 2001, BStBl. I S. 796;

Verwaltungsgrundsätze 2020 → BMF vom 3. 12. 2020, BStBl. I S. 1325;

Verwaltungsgrundsätze Funktionsverlagerung → BMF vom 13. 10. 2010, BStBl. I S. 774;

Verwaltungsgrundsätze Betriebsstättengewinnaufteilung – VWG BsGa → BMF vom 22. 12. 2016, BStBl. 2017 I S. 182.

Erstausstattung der Kapitalgesellschaft. Bei Rechtsverhältnissen, die im Rahmen der Erstausstattung einer Kapitalgesellschaft zustande gekommen sind, liegt eine vGA schon dann vor, wenn die Gestaltung darauf abstellt, den Gewinn der Kapitalgesellschaft nicht über eine angemessene Verzinsung des eingezahlten Nennkapitals und eine Vergütung für das Risiko des nicht eingezahlten Nennkapitals hinaus zu steigern (→ BFH vom 5. 10. 1977, I R 230/75, BStBl. 1978 II S. 234, → BFH vom 23. 5. 1984, I R 294/81, BStBl. II S. 673 und → BFH vom 2. 2. 1994, I R 78/92, BStBl. II S. 479).

Forderungsverzicht gegen Besserungsschein. → H 8.9 Forderungsverzicht gegen Besserungsschein.

Wird eine vermögenslose und inaktive Kapitalgesellschaft, deren Gesellschafter ihr gegenüber auf Darlehensforderungen mit Besserungsschein verzichtet hatten, auf eine finanziell gut ausgestattete Schwesterkapitalgesellschaft mit der weiteren Folge des Eintritts des Besserungsfalls und dem „Wiederaufleben" der Forderungen verschmolzen (Fall des Schuldnerwechsels), so kann die beim übernehmenden Rechtsträger ausgelöste Passivierungspflicht durch eine außerbilanzielle Hinzurechnung wegen einer vGA zu korrigieren sein (→ BFH vom 21. 2. 2018, I R 46/16, BStBl. 2020 II S. 412).

Geburtstag. Gibt eine GmbH aus Anlass des Geburtstags ihres Gesellschafter-Geschäftsführers einen Empfang, an dem nahezu ausschließlich Geschäftsfreunde teilnehmen, liegt eine vGA vor (→ BFH vom 28. 11. 1991, I R 13/90, BStBl. 1992 II S. 359).

Gesellschafterversammlung. Zur Frage der steuerlichen Behandlung der Fahrtkosten, Sitzungsgelder, Verpflegungs- und Übernachtungskosten anlässlich einer Hauptversammlung oder Gesellschafterversammlung bzw. einer Vertreterversammlung → BMF vom 26. 11. 1984, BStBl. I S. 591.

Gewinnverteilung. Stimmt die an einer Personengesellschaft beteiligte Kapitalgesellschaft rückwirkend oder ohne rechtliche Verpflichtung einer Neuverteilung des Gewinns zu, die ihre Gewinnbeteiligung zugunsten ihres gleichfalls an der Personengesellschaft beteiligten Gesellschafters einschränkt, liegt eine vGA vor (→ BFH vom 12. 6. 1980, IV R 40/77, BStBl. II S. 723).

Gründungskosten. → BMF vom 25. 6. 1991, BStBl. I S. 661.

Haftungsinanspruchnahme nach § 73 AO. → BFH vom 24. 10. 2018, I R 78/16, BStBl. 2019 II S. 570.

Irrtum über Leistungspflicht. Leistet der Geschäftsführer einer Kapitalgesellschaft in der irrtümlichen Annahme einer vertraglichen Leistungspflicht eine Zahlung an einen vormaligen Gesellschafter, liegt hierin jedenfalls dann eine vGA, wenn die Begründung der nach der Vorstellung des Geschäftsführers bestehenden Leistungspflicht als vGA zu beurteilen wäre (→ BFH vom 29. 4. 2008, I R 67/06, BStBl. 2011 II S. 55).

---

[1] *BFH-Urteil v. 18. 5. 2021 I R 62/17, BFH/NV 2021, 1601*: Bei der Ermittlung des fremdüblichen Darlehenszinses für ein unbesichertes Gesellschafterdarlehen steht die gesetzlich angeordnete Nachrangigkeit von Gesellschafterdarlehen (§ 39 Abs. 1 Nr. 5 InsO) einem Risikozuschlag bei der Festlegung der Zinshöhe zum Ausgleich der fehlenden Darlehensbesicherung nicht entgegen.

[2] Aufgehoben und ersetzt durch *BMF-Schrb. v. 14. 7. 2021 IV B 5 – S 1341/19/10017 :001, BStBl. 2021 I S. 1098.*

H 8.5

noch 38

Kapitalerhöhungskosten. → BFH vom 19. 1. 2000, I R 24/99, BStBl. II S. 545.

Konzernkasse. Besteht für die Unternehmen eines Konzerns eine gemeinsame Unterstützungskasse (Konzernkasse), können bei einem Missverhältnis der Zuwendungen der einzelnen Unternehmen an die Konzernkasse unter bestimmten Voraussetzungen vGA vorliegen (→ BFH vom 29. 1. 1964, I 209/62 U, BStBl. 1965 III S. 27).

Markteinführungskosten. Ein ordentlicher und gewissenhafter Geschäftsleiter einer Kapitalgesellschaft wird für die Gesellschaft nur dann ein neues Produkt am Markt einführen und vertreiben, wenn er daraus bei vorsichtiger und vorheriger kaufmännischer Prognose innerhalb eines überschaubaren Zeitraums und unter Berücksichtigung der voraussichtlichen Marktentwicklung einen angemessenen Gesamtgewinn erwarten kann (→ BFH vom 17. 2. 1993, I R 3/92, BStBl. II S. 457 und → BMF vom 14. 7. 2021, BStBl. I S. 1098 Rn. 3.31 ff.).

Nutzungsüberlassungen
- Eine vGA liegt vor bei Mietverhältnissen oder Nutzungsrechtsüberlassungen zwischen Gesellschafter und Kapitalgesellschaft zu einem unangemessenen Preis (→ BFH vom 16. 8. 1955, I 160/54 U, BStBl. III S. 353 und → BFH vom 3. 2. 1971, I R 51/66, BStBl. II S. 408).
- Eine vGA liegt bei Mietverhältnissen zwischen Gesellschafter und Kapitalgesellschaften grundsätzlich auch vor, soweit die Vermietung zu marktüblichen, aber nicht zu kostendeckenden Bedingungen erfolgt. (→ BFH vom 27. 7. 2016, I R 12/15, BStBl. 2017 II S. 217; I R 8/15, BStBl. 2017 II S. 214).
- Die Nutzung eines betrieblichen Kfz durch den Gesellschafter-Geschäftsführer ohne fremdübliche Überlassungs- oder Nutzungsvereinbarung führt zur vGA (→ BMF vom 3. 4. 2012, BStBl. I S. 478 zur Anwendung der Urteile → BFH vom 23. 1. 2008, I R 8/06, BStBl. 2012 II S. 260, → BFH vom 23. 4. 2009, VI R 81/06, BStBl. 2012 II S. 262 und → BFH vom 11. 2. 2010, VI R 43/09, BStBl. 2012 II S. 266[1]).

Rechtsverzicht. Verzichtet eine Gesellschaft auf Rechte, die ihr einem Gesellschafter gegenüber zustehen, liegt eine vGA vor (→ BFH vom 3. 11. 1971, I R 68/70, BStBl. 1972 II S. 227, → BFH vom 13. 10. 1983, I R 4/81, BStBl. 1984 II S. 65 und → BFH vom 7. 12. 1988, I R 25/82, BStBl. 1989 II S. 248).

Reisekosten des Gesellschafter-Geschäftsführers. Von der Kapitalgesellschaft getragene Aufwendungen für eine Auslandsreise des Gesellschafter-Geschäftsführers können eine vGA begründen, wenn die Reise durch private Interessen des Gesellschafters veranlasst oder in nicht nur untergeordnetem Maße mitveranlasst ist (→ BFH vom 6. 4. 2005, I R 86/04, BStBl. II S. 666). Zum Abzugsverbot nach § 12 Nr. 1 EStG → BFH vom 21. 9. 2009, GrS 1/06, BStBl. 2010 II S. 672 sowie → BMF vom 6. 7. 2010, BStBl. I S. 614.

Risikogeschäfte. → BMF vom 14. 12. 2015, BStBl. I S. 1091 zur Anwendung des Urteils → BFH vom 8. 8. 2001, I R 106/99, BStBl. 2003 II S. 487.

Rückstellung bei Mietzahlungen. Eine Rückstellung für die Verpflichtung einer Kapitalgesellschaft, einer Schwestergesellschaft die von dieser geleisteten Mietzahlungen nach den Grundsätzen der eigenkapitalersetzenden Gebrauchsüberlassung zu erstatten, führt zu einer vGA (→ BFH vom 20. 8. 2008, I R 19/07, BStBl. 2011 II S. 60).

Schuldübernahme. Eine vGA liegt vor, wenn eine Gesellschaft eine Schuld oder sonstige Verpflichtung eines Gesellschafters übernimmt (→ BFH vom 19. 3. 1975, I R 173/73, BStBl. II S. 614 und → BFH vom 19. 5. 1982, I R 102/79, BStBl. II S. 631).

Stille Gesellschaft. Beteiligt sich ein Gesellschafter an der Gesellschaft als stiller Gesellschafter und erhält dafür einen unangemessen hohen Gewinnanteil, liegt eine vGA vor (→ BFH vom 6. 2. 1980, I R 50/76, BStBl. II S. 477).

Träger der Sparkasse, Zinsaufbesserungen. Zu der Frage, ob vGA an den Träger der Sparkasse vorliegen, wenn eine Sparkasse diesem Zinsaufbesserungen für Einlagen und Zinsrückvergütungen für ausgereichte Darlehen gewährt → BFH vom 1. 12. 1982, I R 69-70/80, BStBl. 1983 II S. 152.

Verlustgeschäfte. Ein ordentlicher und gewissenhafter Geschäftsleiter würde die Übernahme von Aufgaben, die vorrangig im Interesse des Alleingesellschafters liegen, davon abhängig machen, ob sich der Gesellschaft die Chance zur Erzielung eines angemessenen Gewinns stellt (→ BFH vom 2. 2. 1994, I R 78/92, BStBl. II S. 479). Bei Dauerverlustgeschäften bei der öffentlichen Hand → § 8 Abs. 7 KStG und → BMF vom 12. 11. 2009, BStBl. I S. 1303.

(Zinslose) Vorschüsse auf Tantieme. Zahlt eine GmbH ihrem Gesellschafter ohne eine entsprechende klare und eindeutige Abmachung einen unverzinslichen Tantiemevorschuss, ist der Verzicht auf eine angemessene Verzinsung eine vGA (→ BFH vom 22. 10. 2003, I R 36/03, BStBl. 2004 II S. 307).

---

[1] Letztmals abgedruckt als Anl b zu H 8.5 im „Handbuch zur Körperschaftsteuerveranlagung 2021".

Waren. Liefert ein Gesellschafter an die Gesellschaft, erwirbt er von der Gesellschaft Waren und sonstige Wirtschaftsgüter zu ungewöhnlichen Preisen, oder erhält er besondere Preisnachlässe und Rabatte, liegt eine vGA vor (→ BFH vom 12. 7. 1972, I R 203/70, BStBl. II S. 802, → BFH vom 21. 12. 1972, I R 70/70, BStBl. 1973 II S. 449, → BFH vom 16. 4. 1980, I R 75/78, BStBl. 1981 II S. 492 und → BFH vom 6. 8. 1985, VIII R 280/81, BStBl. 1986 II S. 17).

Zur Lieferung von Gütern oder Waren bei international verbundenen Unternehmen → BMF vom 14. 7. 2021, BStBl. I S. 1098 Rn. 3.62f.

Anl a zu H 8.5

a) Schreiben betr. Angemessenheit der Gesamtbezüge eines Gesellschafter-Geschäftsführers

Vom 14. Oktober 2002 (BStBl. I S. 972)

(BMF IV A 2 – S 2742 – 62/02)

Nach dem Ergebnis einer Erörterung mit den obersten Finanzbehörden der Länder nehme ich zu den Grundsätzen, nach denen die die Frage nach der Angemessenheit der Gesamtausstattung des Gesellschafter-Geschäftsführers zu beurteilen ist, wie folgt Stellung:

A. Allgemeines

41 **1** Das **Zivilrecht** behandelt die Kapitalgesellschaft und ihren Gesellschafter jeweils als eigenständige Rechts- und Vermögenssubjekte. Das **Steuerrecht** folgt den Wertungen des Zivilrechts. Die Kapitalgesellschaft und der dahinterstehende Gesellschafter sind jeweils selbständige Steuersubjekte. Daher sind schuldrechtliche Leistungsbeziehungen (hier: Arbeits- oder Dienstverträge) zwischen der Kapitalgesellschaft und dem Gesellschafter grundsätzlich steuerlich anzuerkennen. Sie führen auf der Ebene der Kapitalgesellschaft zu Betriebsausgaben, die den Unterschiedsbetrag im Sinne des § 4 Abs. 1 Satz 1 EStG mindern.

2 Steuerlich ist zu prüfen, ob die Vereinbarung ganz oder teilweise durch das Gesellschaftsverhältnis veranlasst ist. Die Gewinnminderung, die auf dem durch das Gesellschaftsverhältnis veranlassten Teil der Vereinbarung beruht, ist außerhalb der Steuerbilanz dem Steuerbilanzgewinn im Rahmen der Ermittlung des Einkommens hinzuzurechnen (§ 8 Abs. 3 Satz 2 KStG).

B. Einzelne Vergütungsbestandteile

42 **3** Die Vergütung des Gesellschafter-Geschäftsführers setzt sich regelmäßig aus mehreren Bestandteilen zusammen. Es finden sich Vereinbarungen über Festgehälter[1] (einschl. Überstundenvergütung), zusätzliche feste jährliche Einmalzahlungen (z. B. Urlaubsgeld, Weihnachtsgeld), variable Gehaltsbestandteile (z. B. Tantieme, Gratifikationen), Zusagen über Leistungen der betrieblichen Altersversorgung (z. B. Pensionszusagen) und Sachbezüge (z. B. Fahrzeugüberlassung, private Telefonnutzung).

C. Steuerliche Beurteilung der Vergütungsbestandteile

I. Allgemeines

43 **4** Die Beurteilung der gesellschaftlichen Veranlassung der Vergütungsvereinbarung bezieht sich zuerst auf die Vereinbarung des jeweils einzelnen Vergütungsbestandteils und danach auf die Angemessenheit der steuerlich anzuerkennenden Gesamtvergütung.

II. Prüfungsschema

44 **5** In einem ersten Schritt sind alle vereinbarten Vergütungsbestandteile einzeln danach zu beurteilen, ob sie **dem Grunde nach** als durch das Gesellschaftsverhältnis veranlasst anzusehen sind. Ist dies der Fall, führt die Vermögensminderung, die sich durch die Vereinbarung ergibt, in vollem Umfang zu einer verdeckten Gewinnausschüttung. So ist beispielsweise die Vereinbarung von Überstundenvergütungen nicht mit dem Aufgabenbild eines Geschäftsführers vereinbar (vgl. BFH-Urteile vom 19. März 1997, BStBl. II S. 577, und vom 27. März 2001, BStBl. II S. 655). Auch Pensionszusagen, die gegen die Grundsätze der Wartezeit (vgl. *BMF-Schreiben vom 14. Mai 1999, BStBl. I S. 512, unter 1.*)[2] verstoßen, oder zeitlich unbefristete Nur-Tantiemezusagen (vgl. Grundsätze des BMF-Schreibens vom 1. Februar 2002, BStBl. I S. 219) führen in vollem Umfang zu verdeckten Gewinnausschüttungen.

6 In einem zweiten Schritt sind die verbleibenden Vergütungsbestandteile danach zu beurteilen, ob sie **der Höhe nach** als durch das Gesellschaftsverhältnis veranlasst anzusehen sind. Vgl. z. B. zum Verhältnis der Tantieme zum Festgehalt die Grundsätze des BMF-Schreibens vom 1. Februar 2002, a. a. O.). Soweit die gesellschaftliche Veranlassung reicht, führt dies zu verdeckten Gewinnausschüttungen.

7 Im dritten Schritt ist bezogen auf die verbliebene nicht durch das Gesellschaftsverhältnis veranlasste Vergütung zu prüfen, ob sie in der Summe als angemessen angesehen werden kann. Soweit die

---

[1] Wird dem Gesellschafter-Geschäftsführer einer GmbH neben einem monatlichen Festgehalt jährlich eine weitere Festvergütung für den Fall gezahlt, dass eine bestimmte Umsatzgrenze erreicht wird, ist eine vGA regelmäßig nur dann anzunehmen, wenn die Gesamtvergütung ihrer Höhe nach unangemessen ist (Abgrenzung zum Senatsurteil v. 19. Februar 1999 I R 105–107/97, BStBl. 1999 II S. 321). *BFH-Urteil v. 5. 6. 2002 I R 69/01, BStBl. 2003 II S. 329.*

[2] Vgl. nunmehr *BMF-Schrb. v. 14. 12. 2012, BStBl. 2013 I S. 58,* abgedruckt als Anl b zu H 8.7.

Vergütung die Grenze der Angemessenheit übersteigt, führt dies zu einer verdecken Gewinnausschüttung. Anl a zu H 8.5

8 Sind die einzelnen Vergütungsbestandteile nicht zeitgleich vereinbart worden und übersteigt die Vergütung die Angemessenheitsgrenze, ist der unangemessene Betrag in der Regel dem bzw. den zuletzt vereinbarten Bestandteilen zuzuordnen. Sind die einzelnen Vergütungsbestandteile zeitgleich vereinbart worden, ist der die Angemessenheitsgrenze übersteigende Betrag nach sachgerechten Kriterien (z. B. quotal) auf die einzelnen Vergütungsbestandteile zu verteilen.

9 **Beispiel**

Die GmbH vereinbart ab dem Geschäftsjahr 02 mit ihrem Gesellschafter-Geschäftsführer ein Festgehalt von 350 000 €. Ab dem Geschäftsjahr 03 soll er zusätzlich eine Tantieme von 250 000 € erhalten. Die angemessene Gesamtausstattung beträgt a) 600 000 € und b) 400 000 €.
zu a)
Zweite Stufe:
Anzuerkennende Tantieme:
25 % des **vereinbarten** Gesamtgehalts von 600 000 € = 150 000 €
> verdeckte Gewinnausschüttung aus zweiter Stufe: 100 000 €
Dritte Stufe:
Anzuerkennende Vergütung nach der zweiten Stufe: 350 000 € (F) + 150 000 € (T) = 500 000 €
angemessene Gesamtausstattung: 600 000 €
> Folge: keine (weitere) verdeckte Gewinnausschüttung aus dritter Stufe
verdeckte Gewinnausschüttung insgesamt: 100 000 €
zu b)
Zweite Stufe:[1]
Anzuerkennende Tantieme:
25 % des **vereinbarten** Gesamtgehalts von 600 000 € = 150 000 €
> verdeckte Gewinnausschüttung aus zweiter Stufe: 100 000 €
Dritte Stufe:
Anzuerkennende Vergütung nach der zweiten Stufe: 350 000 € (F) + 150 000 € (T) = 500 000 €
angemessene Gesamtausstattung: 400 000 €
> verdeckte Gewinnausschüttung aus dritter Stufe: 100 000 €
verdeckte Gewinnausschüttung insgesamt: 200 000 €.

D. Festlegung der Angemessenheitsgrenze[2]

10 Beurteilungskriterien für die Angemessenheit sind Art und Umfang der Tätigkeit, die künftigen Ertragsaussichten des Unternehmens, das Verhältnis des Geschäftsführergehaltes zum Gesamtgewinn und zur verbleibenden Eigenkapitalverzinsung sowie Art und Höhe der Vergütungen, die im selben Betrieb gezahlt werden oder in gleichartigen Betrieben an Geschäftsführer für entsprechende Leistungen gewährt werden (BFH-Urteil vom 5. Oktober 1994, BStBl. 1995 II S. 549). 45

1. Art und Umfang der Tätigkeit

11 Art und Umfang der Tätigkeit werden vorrangig durch die Größe des Unternehmens bestimmt. Je größer ein Unternehmen ist, desto höher kann das angemessene Gehalt des Geschäftsführers liegen, da mit der Größe eines Unternehmens auch Arbeitseinsatz, Anforderung und Verantwortung steigen. Die Unternehmensgröße ist vorrangig anhand der Umsatzhöhe und der Beschäftigtenzahl zu bestimmen. 46

12 Übt der Gesellschafter außerhalb seiner Geschäftsführerfunktion anderweitige unternehmerische Tätigkeiten aus (z. B. als Einzelunternehmer, in einer Personengesellschaft oder einer anderen Kapitalgesellschaft), so deckt sich die Angemessenheitsgrenze bei der betreffenden Gesellschaft mit dem Umfang, in dem er jeweils für die konkrete Gesellschaft tätig ist. Er kann in diesem Fall nicht seine gesamte Arbeitskraft der Kapitalgesellschaft zur Verfügung stellen.

13 Entsprechendes gilt in den Fällen, in denen zwei oder mehrere Geschäftsführer sich die Verantwortung für die Kapitalgesellschaft teilen. Vor allem bei kleineren Gesellschaften ist, auch wenn sie ertragsstark sind, in diesen Fällen ein Abschlag gerechtfertigt. Hier kann unterstellt werden, dass Anforderungen und Arbeitseinsatz des einzelnen Geschäftsführers geringer sind als bei einem Alleingeschäftsführer und dass von dem einzelnen Geschäftsführer im Regelfall deshalb auch solche Aufgaben

[1] *Vgl. hierzu aber BFH-Urteil v. 27. 2. 2003 I R 46/01, BStBl. 2004 II S. 132:* Ist die Gesamtausstattung eines Gesellschafter-Geschäftsführers angemessen, so muss nicht schon deshalb eine vGA vorliegen, weil die Vergütung zu mehr als 25 v. H. aus variablen Anteilen besteht.

Vgl. weiter BFH-Urteil v. 4. 6. 2003 I R 24/02, BStBl. 2004 II S. 136: Die Zahlung einer Gewinntantieme zugunsten eines Gesellschafter-Geschäftsführers ist insoweit, als sie 50 v. H. des Jahresgewinns übersteigt, in der Regel vGA. Bemessungsgrundlage dieser Regelvermutung ist der steuerliche Gewinn vor Abzug der Steuern und der Tantieme.

[2] *Vgl. hierzu BFH-Urteil v. 4. 6. 2003 I R 38/02, BStBl. 2004 II S. 139:* **1.** Die Angemessenheit der Gesamtausstattung eines Gesellschafter-Geschäftsführers muss grundsätzlich anhand derjenigen Umstände und Erwägungen beurteilt werden, die im Zeitpunkt der Gehaltsvereinbarungen vorgelegen haben und angestellt worden sind. **2.** Die Höhe der angemessenen Bezüge ist im Einzelfall durch Schätzung zu ermitteln. Dabei ist zu berücksichtigen, dass der Bereich des Angemessenen sich auf eine Bandbreite von Beträgen erstrecken kann. Unangemessen sind nur diejenigen Beträge, die den oberen Rand dieser Bandbreite übersteigen. **3.** Die Entscheidung darüber, wie ein ordentlicher Geschäftsführer eine gewinnabhängige Vergütung bemessen und ggf. nach oben begrenzt hätte, obliegt im gerichtlichen Verfahren grundsätzlich dem FG. Dessen Würdigung ist im Revisionsverfahren nur eingeschränkt überprüfbar. **4.** Die als angemessen anzusehende Gesamtausstattung bezieht sich regelmäßig auf die Gesamtgeschäftsführung. Bei Bestellung mehrerer Gesellschafter-Geschäftsführer müssen deswegen insbesondere bei sog. kleineren GmbH ggf. Vergütungsabschläge vorgenommen werden, die von den Unterschieden in den Aufgabenstellungen, in der zeitlichen Beanspruchung und in der für den Betrieb der GmbH zu tragenden Verantwortung abhängen. In Ausnahmefällen können auch Gehaltszuschläge gerechtfertigt sein. Es kann jedoch auch bei einer kleineren GmbH nicht pauschal von den Vergleichswerten ausgegangen werden, die sich für einen Geschäftsführer und einen leitenden Angestellten ergeben.

Anl a zu H 8.5

wahrgenommen werden, die bei vergleichbaren Gesellschaften von Nichtgeschäftsführern erledigt werden (BFH-Urteil vom 11. Dezember 1991, BStBl. 1992 II S. 690).

2. Ertragsaussichten der Gesellschaft/Verhältnis zur Eigenkapitalverzinsung

47 **14** Neben der Unternehmensgröße stellt die Ertragssituation das entscheidende Kriterium für die Angemessenheitsprüfung dar. Maßgebend ist hierbei vor allem das Verhältnis der Gesamtausstattung des Geschäftsführergehalts zum Gesamtgewinn der Gesellschaft und zur verbleibenden Eigenkapitalverzinsung. Ein ordentlicher und gewissenhafter Geschäftsleiter würde bei der Festlegung der Gesamtbezüge des Geschäftsführers sicherstellen, dass der Gesellschaft auch nach Zahlung der Bezüge mindestens eine angemessene Eigenkapitalverzinsung verbleibt.

15 Die angemessene Verzinsung des Eigenkapitals ist dabei aus dem gesamten von der Gesellschaft eingesetzten Eigenkapital zu ermitteln. Wird nahezu der gesamte Gewinn einer Kapitalgesellschaft durch die Gesamtvergütung „abgesaugt", stellt dies ein wesentliches Indiz für die Annahme einer unangemessenen Gesamtvergütung dar.

16[1] Die Mindestverzinsung des eingesetzten Eigenkapitals rechtfertigt es allerdings nicht, darüber hinausgehende Beträge in vollem Umfang als Geschäftsführergehalt auszukehren. Es ist Aufgabe der Kapitalgesellschaft, Gewinne zu erzielen und die Gewinne nach Möglichkeit zu steigern, und ein ordentlicher und gewissenhafter Geschäftsleiter wird auf jeden Fall dafür sorgen, dass der Kapitalgesellschaft ein entsprechender Gewinn verbleibt (BFH-Urteil vom 28. Juni 1989, BStBl. II S. 854). Im Regelfall kann daher von der Angemessenheit der Gesamtausstattung der Geschäftsführerbezüge ausgegangen werden, wenn der Gesellschaft nach Abzug der Geschäftsführervergütungen noch ein Jahresüberschuss vor Ertragsteuern in mindestens gleicher Höhe wie die Geschäftsführervergütungen verbleibt. Bei mehreren Gesellschafter-Geschäftsführern ist hierbei auf die Gesamtsumme der diesen gewährten Vergütungen abzustellen.

17 Der dargestellte Grundsatz rechtfertigt es allerdings auch bei sehr ertragsstarken Gesellschaften nicht, die Vergütungen unbegrenzt zu steigern. Die jeweilige Obergrenze muss nach den Umständen des Einzelfalles bestimmt werden. Hierbei ist vor allem auf die Unternehmensgröße abzustellen. Orientierungshilfen für die Bemessung des zu ermittelnden Höchstbetrags können die in den Gehaltsstrukturuntersuchungen für die jeweilige Branche und Größenklasse genannten Höchstwerte bieten. Diese tragen auch dem Umstand hinreichend Rechnung, dass der Unternehmenserfolg maßgeblich von der Leistung des Geschäftsführers und von dessen hohem Arbeitseinsatz abhängt sowie dass sich das Unternehmen in einem Ballungsgebiet mit hohem Gehaltsniveau befindet; eines speziellen Gehaltszuschlags bedarf es hierdurch nicht.

18 Bei ertragsschwachen Gesellschaften ist hingegen davon auszugehen, dass auch ein Fremdgeschäftsführer selbst in Verlustjahren nicht auf ein angemessenes Gehalt verzichten würde. Das Unterschreiten einer Mindestverzinsung des eingesetzten Kapitals führt daher nicht zwangsläufig zu einer verdeckten Gewinnausschüttung. Vielmehr kann von einer angemessenen Ausstattung der Gesamtbezüge des Gesellschafter-Geschäftsführers dann ausgegangen werden, wenn er Gesamtbezüge erhält, die sich am unteren Ende des entsprechenden Vergleichsmaßstabes befinden.

3. Fremdvergleichsmaßstab

48 **19** Für die Ermittlung der Angemessenheitsgrenze ist der Fremdvergleich (vgl. BFH-Urteil vom 17. Mai 1995, BStBl. 1996 II S. 204) maßgebend.

a) Interner Betriebsvergleich

20 Wird in der Gesellschaft neben dem Gesellschafter-Geschäftsführer ein Fremdgeschäftsführer beschäftigt, stellt dessen Vergütungshöhe ein wesentliches Indiz bei der Festlegung der Angemessenheitsgrenze der Vergütung des Gesellschafter-Geschäftsführers dar.

b) Externer Betriebsvergleich

21 Ein externer Betriebsvergleich lässt sich i. d. R. nur unter Heranziehung von nach den Regeln der wissenschaftlichen Statistik erstellten neutralen Gehaltsuntersuchungen führen. Nach dem BFH-Urteil vom 14. Juli 1999, BFH/NV 1999 S. 1645, bestehen gegen die Heranziehung von Gehaltsstrukturuntersuchungen im Rahmen eines externen Betriebsvergleichs keine rechtlichen Bedenken. Daneben besteht die Möglichkeit, branchenspezifische Erfahrungswerte zu verwenden, die aber nur in seltenen Fällen vorliegen werden.

c) Durchführung der Angemessenheitsprüfung

22 Die Prüfung der Angemessenheit der Gesamtbezüge von Gesellschafter-Geschäftsführern ist im Einzelfall nach den o. a. Kriterien vorzunehmen. Die Prüfung darf auch nicht aus Vereinfachungsgründen unterbleiben, d. h. betragsmäßige Unter- oder Obergrenzen finden keine Anwendung.

23 Im Übrigen ist zu berücksichtigen, dass nach der Rechtsprechung des BFH bei einer nur geringfügigen Überschreitung der Angemessenheitsgrenze noch keine verdeckte Gewinnausschüttung vor-

[1] Die Ausführungen in Tz. 16 stellen eine Nichtaufgriffsgrenze dar, nach der im Regelfall von der Angemessenheit der Gesamtausstattung der Geschäftsführerbezüge ausgegangen werden kann, wenn der Gesellschaft nach Abzug der Geschäftsführervergütungen noch ein Jahresüberschuss vor Ertragsteuern in mindestens gleicher Höhe wie die Geschäftsführervergütung verbleibt. Daraus lässt sich nicht der Umkehrschluss ableiten, dass regelmäßig dem Grunde nach eine verdeckte Gewinnausschüttung anzunehmen ist, wenn die Gesamtbezüge des Gesellschafter-Geschäftsführers den hälftigen Gewinn vor Steuern übersteigen. Vielmehr kann die einzelfallgerechte Prüfung besonderer Umstände gemäß Tz. 17 und 18 des BMF-Schreibens eine von Tz. 16 abweichende Beurteilung des konkreten Tatbestands rechtfertigen. Vgl. *Vfg. OFD Chemnitz v. 1. 6. 2004 S 2742–44/15 – St 21, StEK KStG 1977 § 8 Nr. 216.*

liegt. Eine verdeckte Gewinnausschüttung ist danach jedenfalls dann anzunehmen, wenn die tatsächliche Vergütung die Angemessenheitsgrenze um mehr als 20 % überschreitet (BFH-Urteil vom 28. Juni 1989, BStBl. II S. 854); eine Freigrenze ist hiermit nicht verbunden.

E. Anwendung vorstehender Grundsätze

24 Die vorstehenden Grundsätze sind in allen offenen Fällen anzuwenden. Soweit in der Vergangenheit hiervon abweichende allgemeine Grundsätze bestanden haben, sind diese ab dem Wirtschaftsjahr, das im Veranlagungszeitraum 2003 beginnt, nicht mehr anzuwenden. 49

Anl b zu H 8.5

b) Schreiben betr. private Kfz-Nutzung durch den Gesellschafter-Geschäftsführer einer Kapitalgesellschaft; Urteile des Bundesfinanzhofs vom 23. Januar 2008 – I R 8/06 – (BStBl. 2012 II S. 260), vom 23. April 2009 – VI R 81/06 – (BStBl. 2012 II S. 262) und vom 11. Februar 2010 – VI R 43/09 – (BStBl. 2012 II S. 266)

Vom 3. April 2012 (BStBl. I S. 478)

(BMF IV C 2 – S 2742/08/10001; DOK 2012/0274530)

(letztmals abgedruckt im Handbuch zur Körperschaftsteuerveranlagung 2021)[1]

R 8.6

R 8.6 Wert der verdeckten Gewinnausschüttungen, Beweislast, Rückgängigmachung

Löst eine vGA Umsatzsteuer oder nicht abziehbare Vorsteuer aus, ist diese bei der Gewinnermittlung nicht zusätzlich nach § 10 Nr. 2 KStG hinzuzurechnen. 55

H 8.6

H 8.6

Beweislast. 57

– **Grundsätze.** Die objektive Beweislast für das Vorliegen von vGA obliegt dem Finanzamt (→ BFH vom 27. 10. 1992, VIII R 41/89, BStBl. 1993 II S. 569). Andererseits hat die Körperschaft die objektive Beweislast für die betriebliche Veranlassung der in der Buchführung als Betriebsvermögensminderung behandelten Aufwendungen. Sprechen nahezu alle erheblichen Beweisanzeichen dafür, dass eine Zuwendung an den Gesellschafter ihre Grundlage im Gesellschaftsverhältnis hat, geht ein verbleibender Rest an Ungewissheit zulasten der Körperschaft. Spricht der Maßstab des Handelns eines ordentlichen und gewissenhaften Geschäftsleiters für die Veranlassung einer Vorteilszuwendung im Gesellschaftsverhältnis, hat die Körperschaft die Umstände darzulegen, aus denen sich eine andere Beurteilung ergeben kann (→ BFH vom 19. 3. 1997, I R 75/96, BStBl. II S. 577).
– **Beweislast bei beherrschendem Gesellschafter.** Der beherrschende Gesellschafter hat das Vorliegen einer im Voraus geschlossenen klaren und eindeutigen Vereinbarung nachzuweisen (→ BFH vom 29. 7. 1992, I R 28/92, BStBl. 1993 II S. 247).
– **Beweislast bei international verbundenen Unternehmen.** Zur Mitwirkungs- und Nachweispflicht bei international verbundenen Unternehmen → BMF vom 3. 12. 2020, BStBl. I S. 1325. § 90 Abs. 3 AO bzw. die GAufzV sind zu beachten.

Fremdvergleich von Preisen bei Handel zwischen verbundenen Unternehmen. Zur Bemessung der vGA bei grenzüberschreitenden Geschäftsbeziehungen zwischen verbundenen Unternehmen → BFH-Urteile vom 17. 10. 2001, I R 103/00, BStBl. 2004 II S. 171 und → BFH vom 6. 4. 2005, I R 22/04, BStBl. 2007 II S. 658.

Hingabe von Wirtschaftsgütern. Für die Bemessung der vGA ist bei Hingabe von Wirtschaftsgütern von deren gemeinem Wert, der durch den erzielbaren Erlös bestimmt wird, auszugehen (→ BFH vom 18. 10. 1967, I 262/63, BStBl. 1968 II S. 105 und → BFH vom 27. 11. 1974, I R 250/72, BStBl. 1975 II S. 306).

Nutzungsüberlassungen. Für die Bemessung der vGA ist bei Nutzungsüberlassungen von der erzielbaren Vergütung auszugehen (→ BFH vom 27. 11. 1974, I R 250/72, BStBl. 1975 II S. 306, → BFH vom 6. 4. 1977, I R 86/75, BStBl. II S. 569, → BFH vom 28. 2. 1990, I R 83/87, BStBl. II S. 649 und → BFH vom 27. 6. 2016, I R 12/15, BStBl. 2017 II S. 217). Zur Bemessung der vGA bei der Überlassung eines betrieblichen Kfz → BMF vom 3. 4. 2012, BStBl. I S. 478[2].

Rückgängigmachung. Die Rückgängigmachung von vGA ist nur in besonders gelagerten Ausnahmefällen möglich (→ BFH vom 10. 4. 1962, I 65/61 U, BStBl. III S. 255, → BFH vom 23. 5. 1984, I R 266/81, BStBl. II S. 723 und → BMF vom 6. 8. 1981, BStBl. I S. 599).

Steuerbilanzgewinn. Die Gewinnerhöhung aufgrund einer vGA i. S.d. § 8 Abs. 3 Satz 2 KStG ist dem Steuerbilanzgewinn außerhalb der Steuerbilanz im Rahmen der Ermittlung des Einkommens der Körperschaft hinzuzurechnen (→ BMF vom 28. 5. 2002, BStBl. I S. 603).[3]

---

[1] **Weiterhin abrufbar im Online-Modul über das Inhaltsverzeichnis.**
[2] Letztmals abgedruckt als Anl b zu H 8.5 im „Handbuch zur Körperschaftsteuerveranlagung 2021".
[3] Nachstehend abgedruckt als Anl zu H 8.6.

Verdeckte Gewinnausschüttung und Kapitalertrag nach § 20 EStG. Für die Anwendung des § 8 Abs. 3 Satz 2 KStG kommt es nicht darauf an, ob und in welcher Höhe die vGA beim Gesellschafter tatsächlich einen Kapitalertrag nach § 20 Abs. 1 Nr. 1 Satz 2, Nr. 9 oder Nr. 10 Buchstabe a oder b EStG auslöst (→ BFH vom 29. 4. 1987, I R 176/83, BStBl. II S. 733, → BFH vom 22. 2. 1989, I R 44/85, BStBl. II S. 475, → BFH vom 14. 3. 1989, I R 8/85, BStBl. II S. 633 und → BFH vom 26. 6. 2013, I R 39/12, BStBl. 2014 II S. 174).
Beachte hierzu → H 8.5. I. Zuflusseignung/Vorteilsgeneigtheit.
Zur Kapitalertragsteuerpflicht bei BgA → BMF vom 28. 1. 2019, BStBl. I S. 97.[1]

Anl zu H 8.6

Schreiben betr. Korrektur einer verdeckten Gewinnausschüttung innerhalb oder außerhalb der Steuerbilanz

Vom 28. Mai 2002 (BStBl. I S. 603)

(BMF IV A 2 – S 2742 – 32/02)

61 **1** Die **Körperschaftsteuer** bemisst sich bei Körperschaftsteuerpflichtigen grundsätzlich nach dem zu versteuernden Einkommen (§ 7 Abs. 1 KStG). Maßgebend für die Ermittlung des zu versteuernden Einkommens ist das Einkommen im Sinne des § 8 Abs. 1 KStG. Dies ermittelt sich nach den Vorschriften des Einkommensteuergesetzes und des Körperschaftsteuergesetzes. § 8 Abs. 3 Satz 2 KStG schreibt allgemein vor, dass verdeckte Gewinnausschüttungen das Einkommen nicht mindern. Das Körperschaftsteuergesetz enthält keine Aussage dazu, auf welcher Stufe der Einkommensermittlung die verdeckte Gewinnausschüttung korrigiert wird.

2 Nach dem BFH-Urteil vom 29. Juni 1994 (BStBl. 2002 II S. 366)[2] erschöpft sich bei einem Körperschaftsteuerpflichtigen, der Einkünfte aus Gewerbebetrieb erzielt, die Rechtsfolge des § 8 Abs. 3 Satz 2 KStG in einer Gewinnkorrektur und setzt außerhalb der Steuerbilanz an. Die Gewinnerhöhung auf Grund einer verdeckten Gewinnausschüttung im Sinne des § 8 Abs. 3 Satz 2 KStG ist dem Steuerbilanzgewinn außerhalb der Steuerbilanz hinzuzurechnen.

Nach dem Ergebnis der Erörterung mit den obersten Finanzbehörden der Länder gilt bei der Anwendung der Grundsätze dieses Urteils über den entschiedenen Einzelfall hinaus Folgendes:

I. Grundsatz

1. Allgemeines

62 **3** Voraussetzung für die Annahme einer verdeckten Gewinnausschüttung im Sinne des § 8 Abs. 3 Satz 2 KStG ist u. a. eine Vermögensminderung oder verhinderte Vermögensmehrung, die sich auf die Höhe des Einkommens ausgewirkt hat (vgl. *Abschn. 31 Abs. 3 Satz 1 KStR 1995*[3]). Soweit eine verdeckte Gewinnausschüttung im Sinne des § 8 Abs. 3 Satz 2 KStG vorliegt, ist sie außerhalb der Steuerbilanz dem Steuerbilanzgewinn im Rahmen der Ermittlung des Einkommens der Körperschaft hinzuzurechnen.

4 Ist die verdeckte Gewinnausschüttung bei der erstmaligen Veranlagung des Wirtschaftsjahrs, in dem es zu der Vermögensminderung bzw. zu der verhinderten Vermögensmehrung gekommen ist, nicht hinzugerechnet worden und kann diese Veranlagung nach den Vorschriften der Abgabenordnung nicht mehr berichtigt oder geändert werden, so unterbleibt die Hinzurechnung nach § 8 Abs. 3 Satz 2 KStG endgültig.

5 Zu einer anderen Ausschüttung im Sinne des § 27 Abs. 3 Satz 2 KStG in der Fassung vor Änderung durch das Steuersenkungsgesetz bzw. einer Leistung der Kapitalgesellschaft im Sinne des KStG in der Fassung des Steuersenkungsgesetzes kommt es unabhängig von der bilanziellen bzw. einkommensmäßigen Behandlung der verdeckten Gewinnausschüttung erst im Zeitpunkt ihres tatsächlichen Abflusses (vgl. *Abschn. 77 Abs. 6 KStR 1995*[4]).

6 Beim Gesellschafter ist die verdeckte Gewinnausschüttung nach den für ihn geltenden steuerlichen Grundsätzen unabhängig davon zu erfassen, ob sie auf der Ebene der Gesellschaft dem Einkommen hinzugerechnet wurde.[5]

2. Verdeckte Gewinnausschüttung bei Passivierung von Verpflichtungen

63 **7** Ist eine Vereinbarung mit dem Gesellschafter, die in der Steuerbilanz zu einer Passivierung geführt hat (Verbindlichkeit oder Rückstellung), ganz oder teilweise als verdeckte Gewinnausschüttung zu beurteilen, hat dies auf die Passivierung der Verpflichtung keinerlei Einfluss. Das Betriebsvermögen ist

---

[1] Rdnr. 38, 42, 44 und 45 neu gefasst und Rdnr. 46 aufgehoben mit *BMF-Schrb. v. 4. 4. 2022 IV C 2 – S 2836/21/10001 :001, BStBl. 2022 I S. 645.* Die geänderten Grundsätze sind auf alle offenen Fälle anzuwenden.

[2] *Leitsätze des Urteils:* **1.** Verspricht eine GmbH ihrem Gesellschafter-Geschäftsführer eine Umsatztantieme, die als verdeckte Gewinnausschüttung i. S. des § 8 Abs. 3 Satz 2 KStG 1984 zu beurteilen ist, so ist dennoch sowohl in der Handels- als auch in der Steuerbilanz für die Umsatztantieme eine Rückstellung zu bilden. **2.** Eine Tantiemerückstellung bleibt unbeschadet ihrer Behandlung als verdeckte Gewinnausschüttung Fremdkapital. Auch Ausschüttungsverbindlichkeiten sind als Fremdkapital zu behandeln. **3.** Für eine Berichtigung der Steuerbilanz um die Tantiemerückstellung besteht so lange kein Rechtsgrund, als die Verbindlichkeit zivilrechtlich noch existent ist. **4.** Die Rechtsfolge des § 8 Abs. 3 Satz 2 KStG 1984 setzt außerhalb der Steuerbilanz an.

[3] Jetzt **R 8.5** KStR.

[4] Jetzt **H 27** KStH.

[5] Vgl. aber § 8 b Abs. 1 Satz 2 i. d. F. des JStG 2007.

in der Steuerbilanz zutreffend ausgewiesen; der gebildete Passivposten ist im Hinblick auf die verdeckte Gewinnausschüttung nicht zu korrigieren. Anl zu H 8.6

8 Für den betreffenden Passivposten in der Steuerbilanz ist zum Zwecke der weiteren steuerlichen Behandlung der verdeckten Gewinnausschüttung eine Nebenrechnung durchzuführen. In Höhe der verdeckten Gewinnausschüttung ist ein Teilbetrag I zu bilden. Die Höhe des Teilbetrags I ist nicht davon abhängig, dass ein entsprechender Betrag im Rahmen der Einkommensermittlung der Gesellschaft hinzugerechnet worden ist. Ergänzend ist festzuhalten, in welchem Umfang der Teilbetrag I bei der Einkommensermittlung dem Steuerbilanzgewinn hinzugerechnet worden ist (Teilbetrag II). Die Nebenrechnung als Folge einer verdeckten Gewinnausschüttung ist für jeden betroffenen Passivposten gesondert vorzunehmen.

9 Die beiden Teilbeträge sind entsprechend der Entwicklung des Passivpostens in der Steuerbilanz fortzuschreiben. Sie sind aufzulösen, soweit die Verpflichtung (vgl. Rdnr. 7) in der Steuerbilanz gewinnerhöhend aufzulösen ist. Die Gewinnerhöhung, die sich durch die Auflösung der Verpflichtung in der Steuerbilanz ergibt, ist, soweit sie anteilig auf den durch das Gesellschaftsverhältnis veranlassten Teil der Verpflichtung entfällt, bis zur Höhe des aufzulösenden Teilbetrags II außerhalb der Steuerbilanz vom Steuerbilanzgewinn zur Vermeidung einer doppelten Erfassung abzuziehen.

II. Auswirkungen der Grundsätze im Einzelnen

1. Verdeckte Gewinnausschüttung bei laufenden Betriebsausgaben 64

10 Maßgebend für die Hinzurechnung ist der Betrag, der im laufenden Wirtschaftsjahr den Steuerbilanzgewinn und damit das Einkommen gemindert hat.

Beispiel 1

Die Kapitalgesellschaft erzielt im Wirtschaftsjahr 01 einen Steuerbilanzgewinn von 200 000 €. Dabei hat sie ihrem Gesellschafter-Geschäftsführer gemäß Anstellungsvertrag 9000 € als laufendes Monatsgehalt gezahlt, obwohl nach dem Fremdvergleich nur 6000 € angemessen wären.

11 Zur Ermittlung des Einkommens ist dem Steuerbilanzgewinn der Kapitalgesellschaft im Beispielsfall der Betrag von 36 000 € hinzuzurechnen. In Höhe des Hinzurechnungsbetrags liegen im Wirtschaftsjahr 01 eine Ausschüttung der Kapitalgesellschaft und beim Gesellschafter Einnahmen aus Kapitalvermögen vor.

2. Verdeckte Gewinnausschüttung bei Passivierung von Verpflichtungen 65

a) Abfluss der verdeckten Gewinnausschüttung im Jahr nach Passivierung der Verpflichtung

Beispiel 2

In der Steuerbilanz für das Wirtschaftsjahr 01 ist für eine Tantiemezusage an den Gesellschafter-Geschäftsführer eine Tantiemerückstellung von 70 000 € gebildet worden; die Tantieme ist zum 30. Juni 02 fällig und wird zu diesem Zeitpunkt ausgezahlt. Die durch die gebildete Rückstellung eingetretene Vermögensminderung ist (unstreitig) in Höhe von 20 000 € eine verdeckte Gewinnausschüttung. Im Zuge der Veranlagung für das Wirtschaftsjahr 01 wird
a) die verdeckte Gewinnausschüttung hinzugerechnet
b) die verdeckte Gewinnausschüttung nicht hinzugerechnet; eine Änderungsmöglichkeit nach den Vorschriften der AO besteht nicht.

12 In der Steuerbilanz der Gesellschaft ist im Unterfall a) und b) für das Wirtschaftsjahr 01 gewinnmindernd eine Tantiemerückstellung in Höhe von 70 000 € zu bilden.

13 Im Unterfall a) kommt es im Zuge der Einkommensermittlung für 01 zur Hinzurechnung der verdeckten Gewinnausschüttung von 20 000 €. Der Teilbetrag I und der Teilbetrag II belaufen sich am Schluss des Wirtschaftsjahrs 01 jeweils auf 20 000 €. In Folge der Auszahlung in 02 kommt es zur Auflösung der Rückstellung; Auszahlung und Auflösung wirken sich nicht auf den Steuerbilanzgewinn aus. Die Teilbeträge I und II sind ebenfalls aufzulösen; die Auflösung hat keinen Einfluss auf die Einkommensermittlung der Gesellschaft.

14 Im Unterfall b) unterbleibt im Zuge der Einkommensermittlung für 01 eine Hinzurechnung von 20 000 €. Der Teilbetrag I beläuft sich am Schluss des Wirtschaftsjahrs 01 auf 20 000 €, der Teilbetrag II auf 0 €. In Folge der Auszahlung in 02 kommt es zur Auflösung der Rückstellung; Auszahlung und Auflösung wirken sich nicht auf den Steuerbilanzgewinn aus. Der Teilbetrag I ist aufzulösen; die Auflösung hat keinen Einfluss auf die Einkommensermittlung der Gesellschaft.

15 Auf der Ebene des Gesellschafters führt der Zufluss der 70 000 € in den beiden Unterfällen in Höhe des Teilbetrags I (= 20 000 €) zu Einnahmen aus Kapitalvermögen und in Höhe des Restbetrags zu Einnahmen aus nichtselbständiger Arbeit.

b) Abfluss der verdeckten Gewinnausschüttung erst nach Ablauf einer Zeitspanne von mehr als zwölf Monaten

Beispiel 3

Dem Gesellschafter-Geschäftsführer ist für das Wirtschaftsjahr 01 eine Tantieme von 20 000 € zugesagt worden, die (zulässigerweise) am 31. Januar 03 fällig gestellt und ausbezahlt wird. Die durch die Rückstellung eintretende Vermögensminderung stellt zu 50 % eine verdeckte Gewinnausschüttung dar. In der Steuerbilanz für das Wirtschaftsjahr 01 ist eine Tantiemerückstellung von 18 960 € gebildet und für das Wirtschaftsjahr 02 auf 20 000 € aufgestockt worden (§ 6 Abs. 1 Nr. 3 a Buchstabe e EStG [Aufzinsungsbetrag]). Im Zuge der Veranlagung für das Wirtschaftsjahr 01 wird
a) die verdeckte Gewinnausschüttung hinzugerechnet
b) die verdeckte Gewinnausschüttung nicht hinzugerechnet; eine Änderungsmöglichkeit nach den Vorschriften der AO besteht nicht.

Die Veranlagung für das Wirtschaftsjahr 02 ist noch offen.

16 In der Steuerbilanz der Gesellschaft ist im Unterfall a) und b) am Schluss des Wirtschaftsjahrs 01 eine Tantiemerückstellung in Höhe von 18 960 € und am Schluss des Wirtschaftsjahrs 02 von 20 000 € auszuweisen.

17 Im Unterfall a) kommt es im Zuge der Einkommensermittlung für 01 zur Hinzurechnung von 9480 € und für 02 von 520 € (50 % des Aufstockungsbetrags von 1040 €). Der Teilbetrag I und der Teilbetrag II belaufen sich am Schluss des Wirtschaftsjahrs 01 jeweils auf 9480 € und erhöhen sich am Schluss des Wirtschaftsjahrs 02 um jeweils 520 € auf jeweils 10 000 €. In Folge der Auszahlung in 03 kommt es zur Auflösung der Rückstellung; Auszahlung und Auflösung

Anl zu H 8.6

noch **65** wirken sich nicht auf den Steuerbilanzgewinn aus. Die Teilbeträge I und II sind aufzulösen; die Auflösung hat keinen Einfluss auf die Einkommensermittlung der Gesellschaft.

18 Im Unterfall b) unterbleibt im Zuge der Einkommensermittlung für 01 eine Hinzurechnung von 9480 €. Der Teilbetrag I beläuft sich am Schluss des Wirtschaftsjahrs 01 auf 9480 €, der Teilbetrag II auf 0 €. Im Zuge der Einkommensermittlung für 02 kommt es zu einer Hinzurechnung von 520 €. Der Teilbetrag I erhöht sich am Schluss des Wirtschaftsjahrs 02 auf 10 000 €, der Teilbetrag II beläuft sich zu diesem Stichtag auf 520 €. In Folge der Auszahlung in 03 kommt es zur Auflösung der Rückstellung; Auszahlung und Auflösung wirken sich nicht auf den Steuerbilanzgewinn aus. Die Teilbeträge I und II sind aufzulösen; die Auflösung hat keinen Einfluss auf die Einkommensermittlung der Gesellschaft.

19 Auf der Ebene des Gesellschafters führt der Zufluss der 20 000 € in Höhe des Teilbetrags I (= 10 000 €) im Jahr 03 zu Einnahmen aus Kapitalvermögen und in Höhe des Restbetrags zu Einnahmen aus nichtselbständiger Arbeit.

c) Durch das Gesellschaftsverhältnis veranlasster Verzicht auf einen voll werthaltigen Anspruch, der zu einer verdeckten Gewinnausschüttung geführt hat

Beispiel 4

Wie Beispiel 3; der Gesellschafter-Geschäftsführer verzichtet aber am 15. Januar 03 aus durch das Gesellschaftsverhältnis veranlassten Gründen auf die Auszahlung der Tantieme.

20 Es gelten die Grundsätze des BFH-Beschlusses vom 9. Juni 1997, BStBl. 1998 II S. 307. Die gewinnwirksame Auflösung der Tantiemerückstellung in der Steuerbilanz des Wirtschaftsjahrs 03 wird in gleicher Höhe durch eine Einlage des Gesellschafters neutralisiert. Die Teilbeträge I und II sind aufzulösen; die Auflösung hat im Unterfall a) und b) keinen Einfluss auf die Einkommensermittlung der Gesellschaft.

21 Auf der Ebene des Gesellschafters führt der Verzicht auf die Tantieme in Höhe des Teilbetrags I (= 10 000 €) zu Einnahmen aus Kapitalvermögen und der Differenzbetrag von Tantiemerückstellung und Teilbetrag I (= 10 000 €) zu Einnahmen aus nichtselbständiger Arbeit. In Höhe der Einlage (von 20 000 €) erhöhen sich die steuerlichen Anschaffungskosten der Beteiligung.

d) Durch das Gesellschaftsverhältnis veranlasster Verzicht auf einen nicht voll werthaltigen Anspruch, der zu einer verdeckten Gewinnausschüttung geführt hat

Beispiel 5

Wie Beispiel 3; der Gesellschafter-Geschäftsführer verzichtet aber am 15. Januar 03 aus durch das Gesellschaftsverhältnis veranlassten Gründen auf die Auszahlung der Tantieme von 20 000 € (Anspruch war nur noch zu 40 % werthaltig).

22 War der Anspruch im Zeitpunkt des Verzichts nicht mehr voll werthaltig, beschränkt sich die Einlage nach den Grundsätzen des BFH-Beschlusses vom 9. Juni 1997 (a. a. O.) betragsmäßig auf den werthaltigen Teil der Tantiemeverpflichtung lt. Steuerbilanz. Die in der Steuerbilanz des Wirtschaftsjahrs 03 auszubuchende Verpflichtung wirkt sich damit im Ergebnis im Unterfall a) und b) in Höhe des nicht werthaltigen Teils gewinnwirksam aus (60 % von 20 000 € = 12 000 €).

23 Dieser Betrag von 12 000 € entfällt im Verhältnis des Teilbetrags I (10 000 €) zum Rückstellungsbetrag (20 000 €) auf die vormalige verdeckte Gewinnausschüttung (50 % von 12 000 € = 6000 €). Sie ist daher außerhalb der Steuerbilanz im Rahmen der Einkommensermittlung 03 bis zur Höhe des Teilbetrags II zu mindern. Im Unterfall a) sind dies 6000 €; der Restbetrag des Teilbetrags II ist ebenso wie der Teilbetrag I ohne Auswirkung auf die Einkommensermittlung aufzulösen. Im Unterfall b) kommt es zur Minderung um 520 €; der Restbetrag des Teilbetrags I ist ohne Auswirkung auf die Einkommensermittlung aufzulösen.

24 Auf der Ebene des Gesellschafters kommt es auf Grund des Verzichts auf die Tantieme in Höhe des werthaltigen Teils des Anspruchs (= 8000 €) zum Zufluss. Dieser führt im Verhältnis des Teilbetrags I (10 000 €) zur Rückstellung (20 000 €), d. h. zu 50 % zu Einnahmen aus Kapitalvermögen und in Höhe des Restbetrags zu Einnahmen aus nichtselbständiger Arbeit. In Höhe der Einlage (= 8000 €) erhöhen sich die steuerlichen Anschaffungskosten der Beteiligung.

e) Verdeckte Gewinnausschüttung bei Pensionsrückstellungen in der Anwartschaftsphase

Beispiel 6

Dem Gesellschafter-Geschäftsführer ist im Wirtschaftsjahr 01 (zulässigerweise ohne Berücksichtigung einer Probezeit) eine endgehaltsabhängige Pensionszusage (Invaliditäts- und Altersversorgung) erteilt worden. Im Wirtschaftsjahr 01 war eine Pensionsrückstellung von 10 000 € zu bilden. Im Wirtschaftsjahr 02 waren 12 000 € zuzuführen. In Folge einer Gehaltsabsenkung im Wirtschaftsjahr 03 war die Rückstellung um 2000 € auf 20 000 € aufzulösen. Im Wirtschaftsjahr 04 kommt es zur Zuführung von 10 000 € auf 30 000 €. Die Zusage ist in Höhe von 40 % als verdeckte Gewinnausschüttung einzustufen. Im Zuge der Veranlagung für das Wirtschaftsjahr 01 wird

a) die verdeckte Gewinnausschüttung hinzugerechnet
b) die verdeckte Gewinnausschüttung nicht hinzugerechnet; eine Änderungsmöglichkeit nach den Vorschriften der AO besteht nicht.

Die Veranlagungen für die Wirtschaftsjahre 02 bis 04 sind noch offen.

25 In der Steuerbilanz der Gesellschaft ist im Unterfall a) und b) eine Pensionsrückstellung auszuweisen. Am Schluss des Wirtschaftsjahrs 01 beträgt diese 10 000 €, am Schluss des Wirtschaftsjahrs 02 beträgt sie 22 000 €, am Schluss des Wirtschaftsjahrs 03 beträgt sie 20 000 € und am Schluss des Wirtschaftsjahrs 04 beträgt sie 30 000 €. Die jeweiligen Zuführungen bzw. die Auflösung wirken sich in der Steuerbilanz gewinnmindernd bzw. gewinnerhöhend aus.

26 Im Unterfall a) kommt es im Rahmen der Einkommensermittlung des Veranlagungszeitraums für das Wirtschaftsjahr 01 zur Hinzurechnung von 40 % von 10 000 € = 4000 € und für das Wirtschaftsjahr 02 zur Hinzurechnung von 40 % von 12 000 € = 4800 €. Die Teilbeträge I und II betragen am Schluss des Wirtschaftsjahrs 01 jeweils 4000 € und am Schluss des Wirtschaftsjahrs 02 jeweils 8800 €.

27 Im Unterfall b) kommt es im Rahmen der Einkommensermittlung des Veranlagungszeitraums für das Wirtschaftsjahr 01 nicht zur Hinzurechnung von 40 % von 10 000 € = 4000 €. Am Schluss des Wirtschaftsjahrs 01 beträgt der Teilbetrag I 4000 € und der Teilbetrag II 0 €. Im Rahmen der Einkommensermittlung des Veranlagungszeitraums für das Wirtschaftsjahr 02 kommt es zur Hinzurechnung von 40 % von 12 000 € = 4800 €. Am Schluss des Wirtschaftsjahrs 02 beträgt der Teilbetrag I 8800 € und der Teilbetrag II 4800 €.

28 Im Wirtschaftsjahr 03 kommt es in der Steuerbilanz in Folge der Rückstellungsauflösung zu einer Gewinnerhöhung von 2000 €. Diese Gewinnerhöhung ist im Verhältnis des Teilbetrags I zum Schluss des vorangegangenen

Wirtschaftsjahrs (8800 €) zum Rückstellungsbetrag zu diesem Zeitpunkt (22 000 €) durch das Gesellschaftsverhältnis veranlasst (40 % von 2000 € = 800 €). Die Gewinnerhöhung von 2000 € in der Steuerbilanz 03 ist außerhalb der Steuerbilanz im Rahmen der Einkommensermittlung des Veranlagungszeitraums für das Wirtschaftsjahr 03 bis zur Höhe des Teilbetrags II zu mindern. Die Minderung beträgt in Unterfall a) und b) jeweils 800 €. Der Teilbetrag I in Höhe von 8800 € ist in beiden Unterfällen ebenfalls um 800 € aufzulösen und in Höhe des Restbetrags von 8000 € fortzuführen. Der Restbetrag des Teilbetrags II beträgt nach Abzug von 800 € im Unterfall a) 8000 € und in Unterfall b) 4000 €.

29 Im Rahmen der Einkommensermittlung des Veranlagungszeitraums für das Wirtschaftsjahr 04 kommt es im Unterfall a) und b) zur Hinzurechnung von 40 % von 10 000 € = 4000 €. Im Unterfall a) betragen der Teilbetrag I und der Teilbetrag II jeweils 12 000 €. Im Unterfall b) beträgt am Schluss des Wirtschaftsjahrs 04 der Teilbetrag I 12 000 € und der Teilbetrag II 8000 €.

f) Verdeckte Gewinnausschüttung bei Pensionsrückstellungen in der Leistungsphase

30 Die fällige Pensionsverpflichtung führt nach den Grundsätzen von *R 41 Abs. 23 Satz 1 EStR*[1] zu einer gewinnerhöhenden Auflösung der Pensionsrückstellung in der Steuerbilanz; die laufenden Pensionszahlungen führen zu Betriebsausgaben. Im Ergebnis kommt es im Rahmen der Einkommensermittlung auf der Ebene der Gesellschaft nur in Höhe des Saldos beider Größen zu einer Vermögensminderung und damit zu einer verdeckten Gewinnausschüttung. Beide Vorgänge sind für die Ausschüttung auf der Ebene der Gesellschaft und auf der Ebene des Gesellschafters aber getrennt zu betrachten.

aa) Gleich bleibender Anteil der durch das Gesellschaftsverhältnis veranlassten Zusage in der Leistungsphase

Beispiel 7

Dem Gesellschafter-Geschäftsführer ist im Wirtschaftsjahr 01 eine Pensionszusage (Invaliditäts- und Altersversorgung) erteilt worden, für die am Schluss des Wirtschaftsjahrs 15 eine Pensionsrückstellung von 100 000 € zu bilden ist. Die Zusage ist in Höhe von 40 % als verdeckte Gewinnausschüttung einzustufen. Am Schluss des Wirtschaftsjahrs 15 beläuft sich der Teilbetrag I auf 40 000 €. Der Teilbetrag II beläuft sich zu diesem Zeitpunkt
a) auf 40 000 €
b) auf 2000 €.
Am 1. Januar 16 tritt planmäßig der Versorgungsfall ein; als Pensionsleistungen werden jährlich 7500 € (625 € im Monat) ausbezahlt, die Pensionsrückstellung am Schluss des Wirtschaftsjahrs 16 beläuft sich auf 93 000 €.

31 Im Wirtschaftsjahr 16 kommt es in der Steuerbilanz in Folge der **Rückstellungsauflösung** zu einer Gewinnerhöhung um 7000 €. Diese Gewinnerhöhung ist im Verhältnis des Teilbetrags I zum Schluss des vorangegangenen Wirtschaftsjahrs (40 000 €) zum Rückstellungsbetrag zu diesem Zeitpunkt (100 000 €) durch das Gesellschaftsverhältnis veranlasst (40 % von 7000 € = 2800 €). Die Gewinnerhöhung in der Steuerbilanz des Wirtschaftsjahrs 16 ist im Rahmen der Einkommensermittlung für den Veranlagungszeitraum 16 außerhalb der Steuerbilanz bis zur Höhe des Teilbetrags II zu mindern.

32 Im Unterfall a) mindert sich der Teilbetrag II um 2800 € auf 37 200 €, so dass sich isoliert betrachtet eine Einkommenserhöhung von 4200 € (7000 € ./. 2800 €) ergibt. Der Restbetrag des Teilbetrags II von 37 200 € ist fortzuführen.

33 Im Unterfall b) mindert sich der Teilbetrag II um 2000 € auf 0 €, so dass sich isoliert betrachtet eine Einkommenserhöhung von 5000 € (7000 € ./. 2000 €) ergibt. Eine Fortführung des Teilbetrags II entfällt.

34 Die **Pensionszahlungen** führen im Wirtschaftsjahr 16 zu laufenden Betriebsausgaben in Höhe von 7500 €. Diese sind in Höhe von 3000 € (= 40 % von 7500 €) durch das Gesellschaftsverhältnis veranlasst. Dieser Betrag ist dem Steuerbilanzgewinn insoweit hinzuzurechnen, wie er die Differenz aus aufzulösendem Teilbetrag I und aufzulösendem Teilbetrag II übersteigt. Im Unterfall a) beträgt die Hinzurechnung 3000 € ./. (2800 € ./. 2800 €) = 3000 €. Im Unterfall b) beträgt sie 3000 € ./. (2800 € ./. 2000 €) = 2200 €. Im Ergebnis kommt es daher im Unterfall a) und im Unterfall b) zu einer effektiven Hinzurechnung von 200 € (= 40 % von 500 € Mehraufwand gegenüber der Rückstellungsauflösung).

35 Auf der Ebene des Gesellschafters führen die zufließenden Pensionszahlungen im Veranlagungszeitraum 16 in Höhe des Verhältnisses des Teilbetrags I zum Schluss des vorangegangenen Wirtschaftsjahrs (40 000 €) zur Pensionsrückstellung zu diesem Zeitpunkt (100 000 €) zu Einnahmen aus Kapitalvermögen von 3000 € (= 40 % von 7500 €) und in Höhe des Restbetrags von 4500 € zu Einnahmen aus nichtselbständiger Arbeit.

bb) Wechselnder Anteil der durch das Gesellschaftsverhältnis veranlassten Zusage in der Leistungsphase

36 Durch die durch das Gesellschaftsverhältnis veranlasste Erhöhung der Pensionszahlungen ist der Anteil der durch das Gesellschaftsverhältnis veranlassten Pensionsleistung für die Wirtschaftsjahre ab der Änderung der Zusage in geeigneter Weise neu zu ermitteln. Im Wirtschaftsjahr der Änderung der Pensionszusage ist bis zum Zeitpunkt der Änderung der bisherige und danach der korrigierte Aufteilungsmaßstab anzuwenden; die Teilbeträge I und II sind entsprechend fortzuführen. Es gelten die Grundsätze der Rdnr. 31–35 entsprechend.

g) Vollständiger Wegfall der Pensionsverpflichtung durch Tod

Beispiel 8

Dem Gesellschafter-Geschäftsführer ist im Wirtschaftsjahr 01 eine Pensionszusage (Invaliditäts- und Altersversorgung) erteilt worden, für die zum Schluss des Wirtschaftsjahrs 15 eine Pensionsrückstellung von 100 000 € zu bilden ist. Die Zusage ist (unstreitig) in Höhe von 40 % als verdeckte Gewinnausschüttung einzustufen. Am Schluss des Wirtschaftsjahrs 15 beläuft sich der Teilbetrag I auf 40 000 €. Der Teilbetrag II beläuft sich zu diesem Zeitpunkt
a) auf 40 000 €
b) auf 30 000 €.
Am 1. Januar 16 stirbt der Gesellschafter-Geschäftsführer.

37 Die auszubuchende Verpflichtung erhöht den Steuerbilanzgewinn des Wirtschaftsjahrs 16 um 100 000 €.

38 Diese Gewinnerhöhung in der Steuerbilanz ist im Verhältnis des Teilbetrags I von 40 000 € zum Rückstellungsbetrag von 100 000 € (= zu 40 % = 40 000 €) außerhalb der Steuerbilanz im Rahmen der Einkommensermittlung der Veranlagung des Wirtschaftsjahrs 16 bis zur Höhe des Teilbetrags II zu mindern. Im Unterfall a) kommt es zur Minde-

[1] Jetzt **R 6 a** (21–23) Abs. 22 Satz 1 EStR.

Anl zu H 8.6

rung um 40 000 €. Im Unterfall b) kommt es zur Minderung um 30 000 €. Der Teilbetrag I ist im Unterfall a) und b) ohne Auswirkung auf die Einkommensermittlung aufzulösen.

h) Aktiventod und Fälligwerden der Hinterbliebenenversorgung

Beispiel 9

Dem Gesellschafter-Geschäftsführer ist im Wirtschaftsjahr 01 eine Pensionszusage (Alters- und Hinterbliebenenversorgung) erteilt worden, für die zum Schluss des Wirtschaftsjahrs 15 eine Pensionsrückstellung von 100 000 € zu bilden ist. Die Zusage ist in Höhe von 40 % als verdeckte Gewinnausschüttung einzustufen. Am Schluss des Wirtschaftsjahrs 15 beläuft sich der Teilbetrag I auf 40 000 €. Der Teilbetrag II beläuft sich zu diesem Zeitpunkt^
a) auf 40 000 €
b) auf 30 000 €.
Am 31. Dezember 16 stirbt der Gesellschafter-Geschäftsführer. Die Witwenversorgung (60 % der Altersversorgung) führt zu einer Pensionsrückstellung von anfangs 190 000 €.

39 In der Steuerbilanz des Wirtschaftsjahrs 16 kommt es in Folge der Rückstellungsaufstockung zu einer Gewinnminderung von 90 000 €.

40 Diese Gewinnminderung ist im Verhältnis des Teilbetrags I zum Schluss des vorangegangenen Wirtschaftsjahrs (40 000 €) zum Rückstellungsbetrag zu diesem Zeitpunkt (100 000 €) durch das Gesellschaftsverhältnis veranlasst (40 % von 90 000 € = 36 000 €). Dem Steuerbilanzgewinn des Wirtschaftsjahrs 16 ist im Rahmen der Einkommensermittlung außerhalb der Steuerbilanz ein Betrag von 36 000 € hinzuzurechnen. Der Teilbetrag I erhöht sich im Unterfall a) und b) um jeweils 36 000 € auf 76 000 €. Im Unterfall a) erhöht sich der Teilbetrag II am Schluss des Wirtschaftsjahrs 16 auf 76 000 € und im Unterfall b) erhöht sich der Teilbetrag II zu diesem Zeitpunkt auf 66 000 €.

41 Für die nachfolgenden Jahre der Auszahlung gelten die Grundsätze unter Rdnr. 31–36 entsprechend.

66 **3. Verdeckte Gewinnausschüttung bei Posten der Aktivseite**

Beispiel 10

Die Kapitalgesellschaft erwirbt von ihrem Gesellschafter eine Maschine (betriebsgewöhnliche Nutzungsdauer von fünf Jahren) im Wert von 100 000 € zum Preis von 120 000 €. Der Mehrpreis von 20 000 € ist durch das Gesellschaftsverhältnis veranlasst.

42 Die Maschine ist mit den unter fremden Dritten üblichen Anschaffungskosten zu aktivieren (vgl. BFH-Urteil vom 13. März 1985, BFH/NV 1986 S. 116). In Höhe der Differenz zum tatsächlich gezahlten Betrag kommt es zu einem durch das Gesellschaftsverhältnis veranlassten Aufwand, der als verdeckte Gewinnausschüttung gilt. Ein Zufluss beim Gesellschafter liegt in dem Zeitpunkt vor, in dem er den Anspruch nach den für ihn geltenden allgemeinen Gewinn- bzw. Einkommensermittlungsvorschriften zu erfassen hat.

43 Kann die Veranlagung für das Wirtschaftsjahr der Anschaffung nach den Vorschriften der AO nicht mehr berichtigt oder geändert werden, ist das Wirtschaftsgut im Wirtschaftsjahr des ersten offenen Veranlagungszeitraums mit dem Wert zu bewerten, der sich unter Berücksichtigung der Abschreibungen bezogen auf die unter Fremden üblichen Anschaffungskosten ergibt. Die sich hierbei ergebende Vermögensminderung stellt eine verdeckte Gewinnausschüttung dar.

III. Anwendung

67 **44** Die Grundsätze dieses Schreibens sind in allen noch offenen Fällen anzuwenden. Steht die verdeckte Gewinnausschüttung im Zusammenhang mit einer passivierten Verpflichtung, so ist die Verpflichtung in der Schlussbilanz des ersten offenen Wirtschaftsjahrs nach den vorstehenden Grundsätzen in der Steuerbilanz auszuweisen. Soweit die sich danach ergebende Minderung des Steuerbilanzgewinns wirtschaftlich auf das laufende Wirtschaftsjahr entfällt, ist eine dieses Wirtschaftsjahr betreffende verdeckte Gewinnausschüttung entsprechend den Grundsätzen dieses Schreibens zu behandeln. Bis zur Höhe des Betrags, zu dem die Minderung des Bilanzgewinns wirtschaftlich nicht auf das laufende Wirtschaftsjahr entfällt, sind Beträge, die in den Vorjahren als verdeckte Gewinnausschüttungen erfasst worden sind, im Rahmen der Einkommensermittlung dem Steuerbilanzgewinn hinzuzurechnen. Die in den Vorjahren und dem laufenden Jahr tatsächlich als verdeckte Gewinnausschüttung erfassten Beträge sind die ersten Zugänge zum Teilbetrag II. Der Teilbetrag I ergibt sich zum Schluss des laufenden Wirtschaftsjahrs in Höhe des Betrags, zu dem die Verpflichtung als durch das Gesellschaftsverhältnis veranlasst anzusehen ist.

Beispiel 11

In 1990 wurde eine Pensionszusage erteilt, die (vereinfacht) jährlich zu Zuführungen zur Pensionsrückstellung von 10 000 € führt. Die Zusage ist zu 60 % durch das Gesellschaftsverhältnis veranlasst. Bis zum Jahre 01 beträgt die Pensionsrückstellung rechnerisch 120 000 €. Davon sind 72 000 € als verdeckte Gewinnausschüttung behandelt worden.
a) In der Steuerbilanz ist zum 31. Dezember 01 eine Pensionsrückstellung von 48 000 € ausgewiesen.
b) Wie a), daneben ist eine Ausschüttungsverpflichtung von 72 000 € ausgewiesen.
In 02 wird auf die vorstehenden Grundsätze umgestellt, zum 31. Dezember 02 beträgt die Pensionsrückstellung 130 000 €.

Unterfall a)

Durch die Rückstellungserhöhung auf 130 000 € ergibt sich in der Steuerbilanz eine Gewinnminderung von 82 000 €. Diese entfällt wirtschaftlich in Höhe von 10 000 € auf das laufende Wirtschaftsjahr. Von diesen 10 000 € werden 6000 € als verdeckte Gewinnausschüttung behandelt und dem Bilanzgewinn hinzugerechnet. Der Restbetrag von 72 000 € entfällt wirtschaftlich auf die Vorjahre; er wird bis zur Höhe der in der Vergangenheit tatsächlich als verdeckte Gewinnausschüttung behandelten Beträge, d. h. um 72 000 € dem Bilanzgewinn hinzugerechnet.

Zum 31. Dezember 02 beträgt der Teilbetrag II 78 000 €; der Teilbetrag I beträgt ebenfalls 78 000 €.

Unterfall b)

Durch die „Umbuchung" von Ausschüttungsverbindlichkeit auf Rückstellung und die „normale" Jahreszuführung 02 *ergibt sich eine Minderung des* Bilanzgewinns von 10 000 €. Diese entfällt wirtschaftlich voll auf das Jahr 02. Von dem Minderungsbetrag sind 6000 € als verdeckte Gewinnausschüttung zu behandeln. Eine weitere Korrektur eines wirtschaftlich auf die Vorjahre entfallenden Minderungsbetrags entfällt.
Zum 31. Dezember 02 beträgt der Teilbetrag II 78 000 €; der Teilbetrag I beträgt ebenfalls 78 000 €.

Beispiel 12

In 1990 wurde eine Pensionszusage erteilt, die (vereinfacht) jährlich zu Zuführungen zur Pensionsrückstellung von 10 000 € führt. Die Zusage ist zu 60 % durch das Gesellschaftsverhältnis veranlasst. Bis zum Jahre 00 beträgt die Pensionsrückstellung (rechnerisch) 110 000 €; eine Korrektur als verdeckte Gewinnausschüttung ist bisher unterblieben. In 01 werden erstmals 6000 € als verdeckte Gewinnausschüttung behandelt.
a) In der Steuerbilanz ist zum 31. Dezember 01 eine Pensionsrückstellung von 114 000 € ausgewiesen.
b) Wie a), daneben ist eine Ausschüttungsverpflichtung von 6000 € ausgewiesen.
In 02 wird auf vorstehende Grundsätze umgestellt, zum 31. Dezember 02 beträgt die Rückstellung 130 000 €.

Unterfall a)

Durch die Rückstellungserhöhung ergibt sich eine Gewinnminderung von 16 000 €. Diese entfällt wirtschaftlich in Höhe von 10 000 € auf das laufende Wirtschaftsjahr. Von den 10 000 € werden 6000 € als verdeckte Gewinnausschüttung behandelt und dem Bilanzgewinn hinzugerechnet. Der Restbetrag von 6000 € entfällt wirtschaftlich auf die Vorjahre; er wird bis zur Höhe der in der Vergangenheit tatsächlich als verdeckte Gewinnausschüttung behandelten Beträge, d. h. um 6000 € dem Bilanzgewinn hinzugerechnet.
Zum 31. Dezember 02 beträgt der Teilbetrag II 12 000 €; der Teilbetrag I beträgt 78 000 €.

Unterfall b)

Durch die „Umbuchung" von Ausschüttungsverbindlichkeit auf Rückstellung und die „normale" Jahreszuführung 02 ergibt sich eine Minderung des Bilanzgewinns von 10 000 €. Diese entfällt wirtschaftlich voll auf das Jahr 2002. Von dem Minderungsbetrag sind 6000 € als verdeckte Gewinnausschüttung zu behandeln. Eine weitere Korrektur eines wirtschaftlich auf die Vorjahre entfallenden Minderungsbetrags entfällt.
Zum 31. Dezember 02 beträgt der Teilbetrag II 12 000 €; der Teilbetrag I beträgt 78 000 €.

R 8.7 Rückstellungen für Pensionszusagen an Gesellschafter-Geschäftsführer von Kapitalgesellschaften

R 8.7

70 ①Bei Pensionsverpflichtungen ist in einem ersten Schritt zu prüfen, ob und in welchem Umfang eine Rückstellung gebildet werden darf. ②Ist eine Pensionszusage bereits zivilrechtlich unwirksam, ist die Pensionsrückstellung in der Handelsbilanz erfolgswirksam aufzulösen, dies ist maßgeblich für die steuerrechtliche Gewinnermittlung. ③Daneben müssen die Voraussetzungen des § 6 a EStG erfüllt sein; sind sie nicht erfüllt, ist die Pensionsrückstellung insoweit innerhalb der steuerrechtlichen Gewinnermittlung erfolgswirksam aufzulösen. ④Die Regelungen in R 6 a EStR sind für den Ansatz der Pensionsrückstellungen in der steuerrechtlichen Gewinnermittlung dem Grunde und der Höhe nach zu berücksichtigen. ⑤Ist die Pensionsrückstellung dem Grunde und der Höhe nach zutreffend bilanziert, ist in einem zweiten Schritt zu prüfen, ob und inwieweit die Pensionsverpflichtung auf einer vGA beruht. ⑥Bei dieser Prüfung sind insbesondere die Aspekte → Ernsthaftigkeit, → Erdienbarkeit und → Angemessenheit zu prüfen.

H 8.7

H 8.7

72 **Angemessenheit.** In die Prüfung der Angemessenheit der Gesamtbezüge des Gesellschafter-Geschäftsführers ist auch die ihm erteilte Pensionszusage einzubeziehen. Diese ist mit der fiktiven Jahresnettoprämie nach dem Alter des Gesellschafter-Geschäftsführers im Zeitpunkt der Pensionszusage anzusetzen, die er selbst für eine entsprechende Versicherung zu zahlen hätte, abzüglich etwaiger Abschluss- und Verwaltungskosten. Sieht die Pensionszusage spätere Erhöhungen vor oder wird sie später erhöht, ist die fiktive Jahresnettoprämie für den Erhöhungsbetrag auf den Zeitpunkt der Erhöhung der Pensionszusage zu berechnen; dabei ist von den Rechnungsgrundlagen auszugehen, die für die Berechnung der Pensionsrückstellung verwendet werden. Das gilt nicht für laufende Anpassungen an gestiegene Lebenshaltungskosten. Zur Ermittlung der Angemessenheitsgrenze für die Gesamtbezüge → BMF vom 14. 10. 2002, BStBl. I S. 972.[1] Zur Überversorgung wegen überdurchschnittlich hoher Versorgungsanwartschaften und bei Nur-Pension → BMF vom 3. 11. 2004, BStBl. I S. 1045, Rn. 7, → BMF vom 13. 12. 2012, BStBl. 2013 I S. 35, → BFH vom 31. 3. 2004, I R 70/03, BStBl. II S. 937, und → BFH vom 28. 4. 2010, I R 78/08, BStBl. 2013 II S. 41.

Erdienbarkeit. Die Zusage einer Pension an einen beherrschenden Gesellschafter-Geschäftsführer führt zu einer vGA, wenn der Zeitraum zwischen dem Zeitpunkt der Zusage der Pension und dem vorgesehenen Zeitpunkt des Eintritts in den Ruhestand weniger als 10 Jahre beträgt (→ BFH vom 21. 12. 1994, I R 98/93, BStBl. 1995 II S. 419 sowie → BMF vom 1. 8. 1996, BStBl. I S. 1138 und → BMF vom 9. 12. 2002, BStBl. I S. 1393).
Die zur Direktzusage entwickelten Grundsätze gelten auch bei einer mittelbaren Versorgungszusage in Gestalt einer rückgedeckten Unterstützungskassenzusage (→ BFH vom 20. 7. 2016, I R 33/15, BStBl. 2017 II S. 66).
Die Zusage einer Pension an einen nicht beherrschenden Gesellschafter-Geschäftsführer führt zu einer vGA, wenn
- der Zeitraum zwischen dem Zeitpunkt der Zusage der Pension und dem vorgesehenen Zeitpunkt des Eintritts in den Ruhestand weniger als 10 Jahre beträgt, oder
- dieser Zeitraum zwar mindestens drei Jahre beträgt, der Gesellschafter-Geschäftsführer dem Betrieb aber weniger als 12 Jahre angehörte (→BFH vom 24. 1. 1996, I R 41/95, BStBl.

[1] Abgedruckt als Anl a zu H 8.5.

H 8.7

noch 72

1997 II S. 440 und → BFH vom 15. 3. 2000, I R 40/99, BStBl. II S. 504 und → BMF vom 7. 3. 1997, BStBl. I S. 637).
Eine Pensionszusage muss zur Vermeidung einer vGA vor der Vollendung des 60. Lebensjahres des Gesellschafter-Geschäftsführers erteilt worden sein (→ BFH vom 5. 4. 1995, I R 138/93, BStBl. II S. 478).
Diese Grundsätze sind auch bei einer nachträglichen Erhöhung der Zusage anzuwenden (→ BFH vom 23. 9. 2008, I R 62/07, BStBl. 2013 II S. 39). Um eine nachträgliche Erhöhung kann es sich auch handeln, wenn ein endgehaltsabhängiges Pensionsversprechen infolge einer Gehaltsaufstockung mittelbar erhöht wird und das der Höhe nach einer Neuzusage gleichkommt (→ BFH vom 20. 5. 2015, I R 17/14, BStBl. 2015 II S. 1022).
Wird bei einer bestehenden Versorgungszusage lediglich der Durchführungsweg gewechselt, so löst allein diese Änderung keine erneute Erdienbarkeitsprüfung aus (→ BFH vom 7. 3. 2018, I R 89/15, BStBl. 2019 II S. 70).

Ernsthaftigkeit. Bei einer vertraglichen Altersgrenze von weniger als 62 Jahren ist davon auszugehen, dass keine ernsthafte Vereinbarung vorliegt (→ BMF vom 9. 12. 2016, BStBl. I S. 1427).[1]

Finanzierbarkeit. Zur Finanzierbarkeit von Pensionszusagen gegenüber Gesellschafter-Geschäftsführern → BFH vom 8. 11. 2000, I R 70/99, BStBl. 2005 II S. 653, → BFH vom 20. 12. 2000, I R 15/00, BStBl. 2005 II S. 657, → BFH vom 7. 11. 2001, I R 79/00, BStBl. 2005 II S. 659, → BFH vom 4. 9. 2002, I R 7/01, BStBl. 2005 II S. 662 und → BFH vom 31. 3. 2004, I R 65/03, BStBl. 2005 II S. 664 sowie → BMF vom 6. 9. 2005, BStBl. I S. 875.

Fortführung eines Dienstverhältnisses. Zur vGA bei Fortführung eines Dienstverhältnisses nach Eintritt des Versorgungsfalls → BFH vom 5. 3. 2008, I R 12/07, BStBl. 2015 II S. 409 und → BFH vom 23. 10. 2013, I R 60/12, BStBl. 2015 II S. 413 sowie → BMF vom 18. 9. 2017, BStBl. I S. 1293.

Invaliditätsversorgung – dienstzeitunabhängig. Die Zusage einer dienstzeitunabhängigen Invaliditätsversorgung zugunsten eines Gesellschafter-Geschäftsführers i. H. v. 75 % des Bruttogehalts führt wegen Unüblichkeit zur vGA (→ BFH vom 28. 1. 2004, I R 21/03, BStBl. 2005 II S. 841).

Kapitalabfindung. Sagt eine Kapitalgesellschaft ihrem beherrschenden Gesellschafter-Geschäftsführer anstelle der monatlichen Rente „spontan" die Zahlung einer Kapitalabfindung der Versorgungsanwartschaft zu, so ist die gezahlte Abfindung regelmäßig vGA (→ BFH vom 11. 9. 2013, I R 28/13, BStBl. 2014 II S. 726 und → BFH vom 23. 10. 2013, I R 89/12, BStBl. 2014 II S. 729). Bei nicht beherrschenden Gesellschafter-Geschäftsführern → BFH vom 28. 4. 2010, I R 78/08, BStBl. 2013 II S. 41.

Lebenshaltungskosten. Zur Pensionserhöhung wegen gestiegener Lebenshaltungskosten → BFH vom 27. 7. 1988, I R 68/84, BStBl. 1989 II S. 57.

Lebensgefährtin. Zur Pensionszusage zugunsten einer nichtehelichen Lebensgefährtin → BFH vom 29. 11. 2000, I R 90/99, BStBl. 2001 II S. 204 sowie → BMF vom 25. 7. 2002, BStBl. I S. 706 und → BMF vom 8. 1. 2003, BStBl. I S. 93.

Pensionseintrittsalter. → BMF vom 9. 12. 2016, BStBl. I S. 1427.[1]

Rückdeckungsversicherung. Beiträge, die eine GmbH für eine Lebensversicherung entrichtet, die sie zur Rückdeckung einer ihrem Gesellschafter-Geschäftsführer zugesagten Pension abgeschlossen hat, stellen auch dann keine vGA dar, wenn die Pensionszusage durch das Gesellschaftsverhältnis veranlasst ist (→ BFH vom 7. 8. 2002, I R 2/02, BStBl. 2004 II S. 131).

Tatsächliche Durchführung. Scheidet der beherrschende Gesellschafter-Geschäftsführer einer GmbH vor Ablauf der Erdienenszeit aus dem Unternehmen als Geschäftsführer aus, wird der Versorgungsvertrag tatsächlich nicht durchgeführt. Die jährlichen Zuführungen zu der für die Versorgungszusage gebildeten Rückstellung stellen deswegen regelmäßig vGA dar (→ BFH vom 25. 6. 2014, I R 76/13, BStBl. 2015 II S. 665).

Überversorgung

- **Nur-Pension.** Sog. Nur-Pensionszusagen führen regelmäßig zur sog. Überversorgung, so dass eine Rückstellung nach § 6 a EStG zu Lasten des Steuerbilanzgewinns nicht gebildet werden darf (→ BFH vom 9. 11. 2005, I R 89/04, BStBl. 2008 II S. 523 und → BFH vom 28. 4. 2010, I R 78/08, BStBl. 2013 II S. 41 sowie → BMF vom 13. 12. 2012, BStBl. 2013 I S. 35). Die Zusage einer Nur-Pension ist im Übrigen durch das Gesellschaftsverhältnis veranlasst (→ BFH vom 17. 5. 1995, I R 147/93, BStBl. 1996 II S. 204 und → BFH vom 28. 4. 2010, I R 78/08, BStBl. 2013 II S. 41 sowie → BMF vom 28. 1. 2005, BStBl. I S. 387).
- **Reduzierung der Aktivbezüge.** → BFH vom 27. 3. 2012, I R 56/11, BStBl. II S. 665 und vom 20. 12. 2016, I R 4/15, BStBl. 2017 II S. 678 sowie → BMF vom 3. 11. 2004, BStBl. I S. 1045.

[1] Nachstehend abgedruckt als Anl a zu H 8.7.

– **Rentendynamik.** Zu fest zugesagten prozentualen Erhöhungen von Renten und Rentenanwartschaften → H 6a (17) Steigerungen der Versorgungsansprüche EStH.

Unverfallbarkeit. Zu Vereinbarungen über eine Unverfallbarkeit in Zusagen auf Leistungen der betrieblichen Altersversorgung an Gesellschafter-Geschäftsführer → BMF vom 9. 12. 2002, BStBl. I S. 1393 sowie → BFH vom 26. 6. 2013, I R 39/12, BStBl. 2014 II S. 174.

Warte-/Probezeit. Die Erteilung einer Pensionszusage unmittelbar nach der Anstellung und ohne die unter Fremden übliche Wartezeit ist in aller Regel durch das Gesellschaftsverhältnis veranlasst. Eine derartige Wartezeit ist bei bereits erprobten Geschäftsführern insbesondere in Fällen der Umwandlung nicht erforderlich (→ BFH vom 15. 10. 1997, I R 42/97, BStBl. 1999 II S. 316, → BFH vom 29. 10. 1997, I R 52/97, BStBl. 1999 II S. 318, → BFH vom 24. 4. 2002, I R 18/01, BStBl. II S. 670, → BFH vom 23. 2. 2005, I R 70/04, BStBl. II S. 882, → BFH vom 28. 4. 2010, I R 78/08, BStBl. 2013 II S. 41 und → BFH vom 26. 6. 2013, I R 39/12, BStBl. 2014 II S. 174 sowie → BMF vom 14. 12. 2012, BStBl. 2013 I S. 58). Eine unter Verstoß gegen eine angemessene Probezeit erteilte Pensionszusage wächst auch nach Ablauf der angemessenen Probezeit nicht in eine fremdvergleichsgerechte Pensionszusage hinein (→ BFH vom 28. 4. 2010, I R 78/08, BStBl. 2013 II S. 41 sowie → BMF vom 14. 12. 2012, BStBl. 2013 I S. 58[1]).
Eine vGA kann bei einer unberechtigten Einbeziehung von Vordienstzeiten bei der Teilwertberechnung einer Pensionsrückstellung zu verneinen sein, wenn die Pensionszusage dem Grunde und der Höhe nach einem Fremdvergleich standhält (→ BFH vom 18. 4. 2002, III R 43/00, BStBl. 2003 II S. 149).

Wegfall einer Pensionsverpflichtung. Eine wegen Wegfalls der Verpflichtung gewinnerhöhend aufgelöste Pensionsrückstellung ist im Wege einer Gegenkorrektur nur um die tatsächlich bereits erfassten vGA der Vorjahre außerbilanziell zu kürzen (→ BFH vom 21. 8. 2007, I R 74/06, BStBl. 2008 II S. 277 sowie → BMF vom 28. 5. 2002, BStBl. I S. 603).[2]

Anl a zu H 8.7

a) Schreiben betr. betriebliche Altersversorgung; Maßgebendes Pensionsalter bei der Bewertung von Versorgungszusagen, Urteile des Bundesfinanzhofes (BFH) vom 11. September 2013 (BStBl. 2016 II S. 1008) und des Bundesarbeitsgerichtes (BAG) vom 15. Mai 2012 – 3 AZR 11/10 und vom 13. Januar 2015 – 3 AZR 897/12 –

Vom 9. Dezember 2016 (BStBl. I S. 1427)

(BMF IV C 6 – S 2176/07/10004 :003; DOK 2016/1112009)

– Auszug –

(...)

2. Verdeckte Gewinnausschüttungen (vGA) bei Pensionszusagen an Gesellschafter-Geschäftsführer von Kapitalgesellschaften 73

7 Ist die Pensionsrückstellung dem Grunde und der Höhe nach zutreffend bilanziert, ist bei Zusagen an Gesellschafter-Geschäftsführer von Kapitalgesellschaften im zweiten Schritt zu prüfen, ob und inwieweit die Gewinnminderung aufgrund der Pensionsverpflichtung eine vGA darstellt.

8 Bei Neuzusagen nach dem 9. Dezember ist bei einer vertraglichen Altersgrenze von weniger als 62 Jahren davon auszugehen, dass keine ernsthafte Vereinbarung vorliegt (vGA dem Grunde nach). Zuführungen zur Pensionsrückstellung sind in voller Höhe vGA. Bei zum 9. Dezember 2016 bereits bestehenden Zusagen gilt die R 38 Satz 8 KStR 2004 (Altersgrenze von 60 Jahren) weiter.

9 Bei beherrschenden Gesellschafter-Geschäftsführern ist bei Neuzusagen nach dem 9. Dezember 2016 grundsätzlich davon auszugehen, dass eine Pensionszusage insoweit unangemessen ist, als eine geringere vertragliche Altersgrenze als 67 Jahre vereinbart wird (vGA der Höhe nach). Zuführungen zur Pensionsrückstellung sind dann insoweit vGA, als diese nicht auf das 67. Lebensjahr, sondern auf das vertraglich vereinbarte geringere Pensionsalter berechnet werden. Den Steuerpflichtigen bleibt es aber unbenommen, die Fremdüblichkeit eines niedrigeren Pensionsalters darzulegen.

Bei zum 9. Dezember 2016 bereits bestehenden Zusagen wird es nicht beanstandet, wenn eine vertragliche Altersgrenze von mindestens 65 Jahren vereinbart wurde (BFH-Urteile vom 11. September 2013 (a. a. O.); vom 23. Januar 1991, I R 113/88, BStBl. II S. 379; vom 28. April 1982, I R 51/76, BStBl. II S. 612 und vom 23. Januar 1980, I R 12/77, BStBl. II S. 304) oder nachträglich spätestens bis zum Ende des Wirtschaftsjahres vereinbart wird, das nach dem 9. Dezember 2016 beginnt. Ist eine vertragliche Altersgrenze von weniger als 65 Jahren vereinbart, gelten die Sätze 1 und 2 dieser Randnummer mit der Maßgabe entsprechend, dass für die Berechnung der vGA statt auf das 67. Lebensjahr auf das 65. Lebensjahr abzustellen ist.

10 Bei Neuzusagen nach dem 9. Dezember 2016 an beherrschende Gesellschafter-Geschäftsführer mit Behinderung im Sinne des § 2 Absatz 2 SGB IX ist es abweichend von Randnummer 9 nicht zu beanstanden, wenn eine vertragliche Altersgrenze von mindestens 62 Jahren zugrunde ge-

[1] Nachstehend abgedruckt als Anl b zu H 8.7.
[2] Vorstehend abgedruckt als Anl zu H 8.6.

legt wird. Bei zum 9. Dezember 2016 bereits bestehenden Zusagen ist es nicht zu beanstanden, wenn eine vertragliche Altersgrenze von mindestens 60 Jahren zugrunde gelegt wird (R 38 Satz 7 KStR 2004).

11 Für die Frage, ob eine vGA vorliegt, ist grundsätzlich auf die Verhältnisse bei Erteilung der Zusage abzustellen (u. a. BFH-Urteil vom 31. März 2004, I R 65/03, BStBl. II 2005 S. 664). Ein Statuswechsel vom nicht beherrschenden zum beherrschenden Gesellschafter begründet für sich alleine regelmäßig noch keinen Anlass zur Prüfung, ob das in der Zusage vereinbarte Pensionsalter durch das Gesellschaftsverhältnis veranlasst ist. Dies gilt jedoch nicht, wenn weitere Anhaltspunkte für eine mögliche Veranlassung durch das Gesellschaftsverhältnis hinzutreten (z. B. eine zeitliche Nähe von Erteilung der Zusage und Erwerb der beherrschenden Stellung). Wird die Zusage wesentlich geändert, ist stets auch im Hinblick auf das vereinbarte Pensionsalter erneut zu prüfen, ob die Pensionszusage durch das Gesellschaftsverhältnis veranlasst ist.

(...)

Anl b zu H 8.7

b) Schreiben betr. Probezeit vor Zusage einer Pension an den Gesellschafter-Geschäftsführer einer Kapitalgesellschaft (§ 8 Absatz 3 Satz 2 KStG)

Vom 14. Dezember 2012 (BStBl. 2013 I S. 58)

(BMF IV C 2 – S 2742/10/10001; DOK 2012/0807278)

74 Nach dem Ergebnis der Erörterungen mit den obersten Finanzbehörden der Länder bitte ich zur Frage der Probezeit bei Pensionszusagen an Gesellschafter-Geschäftsführer von Kapitalgesellschaften folgende Auffassung zu vertreten:

Als Probezeit ist der Zeitraum zwischen Dienstbeginn und der erstmaligen Vereinbarung einer schriftlichen Pensionszusage (zusagefreie Zeit) zu verstehen. Der Zeitraum zwischen der Erteilung einer Pensionszusage und der erstmaligen Anspruchsberechtigung (versorgungsfreie Zeit) zählt nicht zur Probezeit.

1. Dauer der Probezeit

Für die steuerliche Beurteilung einer Pensionszusage ist regelmäßig eine Probezeit von zwei bis drei Jahren als ausreichend anzusehen. Die Erteilung der Pensionszusage an den Gesellschafter-Geschäftsführer unmittelbar nach der Anstellung und ohne die unter Fremden übliche Erprobung ist in der Regel nicht betrieblich, sondern durch das Gesellschaftsverhältnis veranlasst (BFH-Urteile vom 15. Oktober 1997 – I R 42/97 – BStBl. 1999 II S. 316, vom 29. Oktober 1997 – I R 52/97 – BStBl. 1999 II S. 318, vom 24. April 2002 – I R 18/01 – BStBl. II S. 670, vom 23. Februar 2005 – I R 70/04 – BStBl. II S. 882 und vom 28. April 2010 – I R 78/08 – BStBl. 2013 II S. 41).

Ein ordentlicher und gewissenhafter Geschäftsleiter einer neu gegründeten Kapitalgesellschaft wird einem gesellschaftsfremden Geschäftsführer erst dann eine Pension zusagen, wenn er die künftige wirtschaftliche Entwicklung und damit die künftige wirtschaftliche Leistungsfähigkeit der Kapitalgesellschaft zuverlässig abschätzen kann (ständige Rechtsprechung des BFH, a. a. O.). Hierzu bedarf es in der Regel eines Zeitraums von wenigstens fünf Jahren.

Eine Probezeit ist bei solchen Unternehmen verzichtbar, die aus eigener Erfahrung Kenntnisse über die Befähigung des Geschäftsleiters haben und die die Ertragserwartungen aufgrund ihrer bisherigen unternehmerischen Tätigkeit hinreichend deutlich abschätzen können. Diese Kriterien sind bei einem Unternehmen erfüllt, das seit Jahren tätig war und lediglich sein Rechtskleid ändert, wie beispielsweise bei Begründung einer Betriebsaufspaltung oder einer Umwandlung (BFH-Urteile vom 29. Oktober 1997 – I R 52/97 – BStBl. 1999 II S. 318 und vom 23. Februar 2005 – I R 70/04 – BStBl. II S. 882) und der bisherige, bereits erprobte Geschäftsleiter das Unternehmen fortführt. Wird ein Unternehmen durch seine bisherigen leitenden Angestellten „aufgekauft" und führen diese Angestellten den Betrieb in Gestalt einer neu gegründeten Kapitalgesellschaft als Geschäftsführer fort (sog. Management-Buy-Out), so kann es ausreichen, wenn bis zur Erteilung der Zusagen nur rund ein Jahr abgewartet wird (BFH-Urteil vom 24. April 2002 – I R 18/01 – BStBl. II S. 670).

2. Verstoß gegen die angemessene Probezeit

Eine unter Verstoß gegen eine angemessene Probezeit erteilte Pensionszusage ist durch das Gesellschaftsverhältnis veranlasst und führt nach den Grundsätzen des BMF-Schreibens vom 28. Mai 2002 (BStBl. I S. 603) zu verdeckten Gewinnausschüttungen im Sinne des § 8 Absatz 3 Satz 2 KStG. Ausschlaggebend ist die Situation im Zeitpunkt der Zusage, so dass die Anwartschaft auch nach Ablauf der angemessenen Probezeit nicht zu einer fremdvergleichsgerechten Pensionszusage wird (BFH-Urteil vom 28. April 2010 – I R 78/08 – BStBl. 2013 II S. 41). Das gilt auch dann, wenn die Pensionszusage in der Folgezeit geändert, also z. B. erhöht wird.

Die Möglichkeit einer Aufhebung der ursprünglichen und des Abschlusses einer neuen Pensionszusage nach Ablauf der angemessenen Probezeit bleibt hiervon unberührt.

Dieses Schreiben ersetzt das BMF-Schreiben vom 14. Mai 1999 (BStBl. I S. 512). Tz. 2 gilt für Pensionsvereinbarungen, die nach dem 29. Juli 2010 (Datum der Veröffentlichung des Urteils vom 28. April 2010 – I R 78/08 – BStBl. 2013 II S. 41 auf den Internetseiten des Bundesfinanzhofs) abgeschlossen worden sind.

R 8.8

R 8.8 Tantiemen

75 *– unbesetzt –*

H 8.8

Allgemeines. Vereinbart eine GmbH mit ihrem beherrschenden Gesellschafter-Geschäftsführer eine Gewinntantieme, liegt darin eine vGA, wenn der nach Ablauf des jeweiligen Geschäftsjahres entstehende gesellschaftsrechtliche Gewinnanspruch lediglich der Form nach in einen Gehaltsanspruch gekleidet ist (→ BFH vom 2. 12. 1992, I R 54/91, BStBl. 1993 II S. 311). 76

Grundsätze. → BMF vom 1. 2. 2002, BStBl. I S. 219.[1]
Nach der sog. 75/25-Regelvermutung ist zu beachten, dass die Bezüge im Allgemeinen wenigstens zu 75% aus einem festen und höchstens zu 25% aus erfolgsabhängigen Bestandteilen (Tantiemen) bestehen. Übersteigt der variable Anteil der Vergütung diese Grenze, ist im Einzelfall zu ermitteln, ob die gewählte Gestaltung betrieblich oder gesellschaftsrechtlich veranlasst ist (→ BFH vom 27. 2. 2003, I R 46/01, BStBl. 2004 II S. 132[2] und → BFH vom 4. 6. 2003, I R 24/02, BStBl. 2004 II S. 136[3]).

Unerwartete Erhöhung der Bemessungsgrundlage für die Gewinntantieme. → BFH vom 10. 7. 2002, I R 37/01, BStBl. 2003 II S. 418.

Umsatztantieme. Umsatzabhängige Vergütungen an Geschäftsführer sind steuerlich nur anzuerkennen, wenn besondere Gründe dafür vorliegen, dass die mit dem Vergütungsanreiz angestrebten Ziele mit einer gewinnabhängigen Vergütung nicht zu erreichen sind. Besondere Gründe sind in der Branchenüblichkeit und der Aufbauphase der Gesellschaft gegeben (→ BFH vom 5. 10. 1977, I R 230/75, BStBl. 1978 II S. 234, → BFH vom 28. 6. 1989, I R 89/85, BStBl. II S. 854 und → BFH vom 19. 2. 1999, I R 105-107/97, BStBl. II S. 321).
Voraussetzung der Anerkennung der Umsatztantieme ist aber die vertragliche, zeitliche und höhenmäßige Begrenzung der Umsatztantieme. Eine derartige Begrenzung ist zur Vermeidung einer künftigen Gewinnabsaugung und einer die Rendite vernachlässigenden Umsatzsteigerung notwendig (→ BFH vom 19. 2. 1999, I R 105-107/97, BStBl. II S. 321). Die Beweislast für die Anerkennung der für eine umsatzabhängige Tantieme sprechenden Umstände trägt der Steuerpflichtige (→ BFH vom 28. 6. 1989, I R 89/85, BStBl. II S. 854).

Verlustvorträge. Ist der gewinntantiemeberechtigte Gesellschafter-Geschäftsführer für einen bestehenden Verlustvortrag verantwortlich oder zumindest teilverantwortlich, ist der Verlustvortrag in die Bemessungsgrundlage der Gewinntantieme einzubeziehen (→ BFH vom 17. 12. 2003, I R 22/03, BStBl. 2004 II S. 524). Jahresfehlbeträge müssen regelmäßig vorgetragen und durch zukünftige Jahresüberschüsse ausgeglichen werden; eine vorhergehende Verrechnung mit einem etwa bestehenden Gewinnvortrag laut Handelsbilanz darf i. d. R. nicht vorgenommen werden (→ BFH vom 18. 9. 2007, I R 73/06, BStBl. 2008 II S. 314).

Verspätete Auszahlung. Wird eine klar und eindeutig vereinbarte Gewinntantieme an einen beherrschenden Gesellschafter-Geschäftsführer nicht bereits bei Fälligkeit ausgezahlt, führt dies nicht notwendigerweise zu einer vGA. Entscheidend ist, ob unter Würdigung aller Umstände die verspätete Auszahlung Ausdruck mangelnder Ernsthaftigkeit der Tantiemevereinba-

---

[1] Nachstehend abgedruckt als Anl zu H 8.8.

[2] *BFH-Urteil v. 27. 2. 2003 I R 46/01, BStBl. 2004 II S. 132:* **1.** Verspricht eine Kapitalgesellschaft ihrem Gesellschafter-Geschäftsführer eine Gewinntantieme, so führt dies zu einer vGA, soweit die Gesamtausstattung des Gesellschafter-Geschäftsführers unter Berücksichtigung der Tantiemeleistungen unangemessen hoch ist. **2.** Die Angemessenheit der Gesamtausstattung eines Gesellschafter-Geschäftsführers muss grundsätzlich anhand derjenigen Umstände und Erwägungen beurteilt werden, die im Zeitpunkt der Gehaltsvereinbarung vorgelegen haben und angestellt worden sind. **3.** Die Höhe der angemessenen Bezüge ist im Einzelfall durch Schätzung zu ermitteln. Dabei ist zu berücksichtigen, dass der Bereich des Angemessenen sich auf eine Bandbreite von Beträgen erstrecken kann. Unangemessen sind nur diejenigen Bezüge, die den oberen Rand dieser Band breite übersteigen. **4.** Die Entscheidung darüber, wie ein ordentlicher Geschäftsleiter eine gewinnabhängige Vergütung bemessen und ggf. nach oben begrenzt hätte, obliegt im gerichtlichen Verfahren grundsätzlich dem FG. Dessen Würdigung ist im Revisionsverfahren nur eingeschränkt überprüfbar. **5.** Steht im Zeitpunkt des Vertragsschlusses ein sprunghafter Gewinnanstieg ernsthaft im Raum, so kann es bei Vereinbarung einer gewinnabhängigen Vergütung geboten sein, diese auf einen bestimmten Höchstbetrag zu begrenzen. **6.** Arbeitet ein Gesellschafter-Geschäftsführer zusätzlich für weitere Unternehmen, so ist dies bei der Bestimmung des angemessenen Gehalts in der Regel mindernd zu berücksichtigen. **7.** Ist die Gesamtausstattung eines Gesellschafter-Geschäftsführers angemessen, so muss nicht schon deshalb eine vGA vorliegen, weil die Vergütung zu mehr als 25 v. H. aus variablen Anteilen besteht.

[3] *BFH-Urteil v. 4. 6. 2003 I R 24/02, BStBl. 2004 II S. 136:* **1.** Die Angemessenheit der Gesamtausstattung eines Gesellschafter-Geschäftsführers muss grundsätzlich anhand derjenigen Umstände und Erwägungen beurteilt werden, die im Zeitpunkt der Gehaltsvereinbarung vorgelegen haben und angestellt worden sind. **2.** Die Höhe der angemessenen Bezüge ist im Einzelfall durch Schätzung zu ermitteln. Dabei ist zu berücksichtigen, dass der Bereich des Angemessenen sich auf eine Bandbreite von Beträgen erstrecken kann. Unangemessen sind nur diejenigen Beträge, die den oberen Rand dieser Bandbreite übersteigen. **3.** Die Entscheidung darüber, wie ein ordentlicher Geschäftsführer eine gewinnabhängige Vergütung bemessen und ggf. nach oben begrenzt hätte, obliegt im gerichtlichen Verfahren grundsätzlich dem FG. Dessen Würdigung ist im Revisionsverfahren nur eingeschränkt nachprüfbar. **4.** Ist die Gesamtausstattung eines Gesellschafter-Geschäftsführers angemessen, so muss nicht schon deshalb eine vGA vorliegen, weil die Vergütung zu mehr als 25 v. H. aus variablen Anteilen besteht. **5.** Die Zahlung einer Gewinntantieme zugunsten eines Gesellschafter-Geschäftsführers ist insoweit, als sie 50 v. H. des Jahresgewinns übersteigt, in der Regel vGA. Bemessungsgrundlage dieser Regelvermutung ist der steuerliche Gewinn vor Abzug der Steuern und der Tantieme.

rung ist (→ BFH vom 29. 7. 1992, I R 28/92, BStBl. 1993 II S. 247 und → BFH vom 29. 6. 1994, I R 11/94, BStBl. II S. 952).

(Zinslose) Vorschüsse auf Tantieme. Zahlt eine GmbH ihrem Gesellschafter ohne eine entsprechende klare und eindeutige Abmachung einen unverzinslichen Tantiemevorschuss, ist der Verzicht auf eine angemessene Verzinsung eine vGA (→ BFH vom 22. 10. 2003, I R 36/03, BStBl. 2004 II S. 307).

Zustimmungsvorbehalt. Steht eine im Übrigen klare Tantiemevereinbarung mit einem beherrschenden Gesellschafter-Geschäftsführer unter dem Vorbehalt, dass die Gesellschafterversammlung die Tantieme anderweitig höher oder niedriger festsetzen kann, dann besteht Unsicherheit und damit auch Unklarheit, ob der Tantiemeanspruch des Gesellschafter-Geschäftsführers letztlich Bestand haben wird. Deshalb ist in Höhe des Betrags der gebildeten Rückstellung für die Tantieme eine vGA anzunehmen (→ BFH vom 29. 4. 1992, I R 21/90, BStBl. II S. 851).

Anl zu H 8.8

Schreiben betr. Grundsätze bei der Anerkennung von Tantiemezusagen an Gesellschafter-Geschäftsführer; Rechtsfolgen aus dem BFH-Urteil vom 27. März 2001 (BStBl. II 2002 S. 111)[1]

Vom 1. Februar 2002 (BStBl. I S. 219)

(BMF IV A 2 – S 2742 – 4/02)

80 Mit Urteil vom 27. März 2001 (a. a. O.) hat der BFH zu Grundsätzen bei der körperschaftsteuerlichen Anerkennung von Tantiemezusagen (insbesondere von Nur-Tantiemezusagen) an den Gesellschafter-Geschäftsführer Stellung genommen. Nach dem Ergebnis einer Erörterung mit den obersten Finanzbehörden der Länder sind künftig ergänzend zu *Abschn. 33 KStR*[2] nachfolgende Grundsätze bei der Anerkennung von Tantiemezusagen an Gesellschafter-Geschäftsführer anzuwenden:

1. Verhältnis der Tantieme zum verbleibenden Jahresüberschuss

Nach *Abschn. 33 Abs. 2 Satz 1 KStR*[2] können Tantiemezusagen an mehrere Gesellschafter-Geschäftsführer, die insgesamt die Grenze von 50 % des Jahresüberschusses übersteigen, zu einer verdeckten Gewinnausschüttung führen. Diese Grenze ist auch bei Tantiemezusagen an einen Gesellschafter-Geschäftsführer maßgebend. Bemessungsgrundlage für die 50-%-Grenze ist der handelsrechtliche Jahresüberschuss vor Abzug der Gewinntantieme und der ertragsabhängigen Steuern.

2. Verhältnis der Tantieme zu sonstigen Bestandteilen der Gesamtbezüge

Nach *Abschn. 33 Abs. 2 Satz 4 KStR*[2] ist bei Tantiemezusagen an den Gesellschafter-Geschäftsführer zu beachten, dass die Bezüge im Allgemeinen wenigstens zu 75 % aus einem festen und höchstens zu 25 % aus erfolgsabhängigen Bestandteilen (Tantieme) bestehen. Bei der Ermittlung des der Höhe nach angemessenen Teils der Tantieme ist von der angemessenen Gesamtausstattung des Gesellschafter-Geschäftsführers auszugehen.

Beispiel:

Ein Gesellschafter-Geschäftsführer soll eine angemessene Gesamtausstattung von 400 000 € erhalten, die sich wie folgt zusammensetzt:

Festgehalt	150 000 €
Tantieme	250 000 €

Der durchschnittlich erzielbare Jahresüberschuss vor Abzug der Tantieme und der ertragsabhängigen Steuern wird mit 1,6 Mio. € angenommen.

Die angemessene Tantieme beträgt 25 % von 400 000 € = 100 000 €. Es ergibt sich eine verdeckte Gewinnausschüttung in Höhe von 150 000 € (250 000 € abzüglich 100 000 €).

Der sich aus der Aufteilung ergebende absolute Betrag der angemessenen Tantieme ist in eine Beziehung zu dem durchschnittlich erzielbaren Jahresüberschuss vor Abzug der Tantieme und der ertragsabhängigen Steuern (im Beispielsfall 1,6 Mio. €) zu setzen. Aus diesem Vergleich ergibt sich der angemessene Tantiemesatz durch folgende Rechnung:

$$\frac{100\,000 \times 100}{1{,}6 \text{ Mio.}} = 6{,}25\,\%$$

Dieser angemessene Tantiemesatz ist bis zum nächsten Zeitpunkt der Überprüfung der Angemessenheit der gezahlten Tantieme (vgl. hierzu *Abschn. 33 Abs. 2 Satz 7 KStR*[2]) maßgebend.

[1] *BFH-Urteil v. 27. 3. 2001 I R 27/99, BStBl. 2002 II S. 111:* Verzichtet der alleinige Gesellschafter einer GmbH wegen verschlechterter Gewinnsituation der Gesellschaft auf das vereinbarte Geschäftsführergehalt, jedoch nicht auf die ihm zugesagte Gewinntantieme, so führt die „stehengelassene" Tantieme jedenfalls dann zur Annahme einer vGA, wenn sie weder zeitlich noch betragsmäßig begrenzt wird.

[2] Jetzt **H 8.8** KStH.

3. Vereinbarung einer Nur-Tantieme[1]

Die Vereinbarung einer Nur-Tantieme ist grundsätzlich nicht anzuerkennen (BFH-Urteil vom 27. März 2001; a. a. O.). Als Ausnahmefälle kommen insbesondere die Gründungsphase der Gesellschaft, Phasen vorübergehender wirtschaftlicher Schwierigkeiten oder Tätigkeiten in stark risikobehafteten Geschäftszweigen in Betracht. In derartigen Ausnahmefällen ist es unter Berücksichtigung der Grundsätze des *Abschn. 33 Abs. 2 Satz 5 KStR*[2] auch zulässig, bei der 75-/25-%-Grenze zugunsten des Tantiemeanteils abzuweichen. Liegt ein Ausnahmefall vor, ist die Tantieme dem Grunde nach allerdings nur anzuerkennen, wenn die Vereinbarung die Grundsätze der Textziffer 1 beachtet und ausdrücklich zeitlich begrenzt ist und bei Wegfall der Ausnahmesituation zwingend durch eine Vereinbarung einschließlich fester Vergütungsbestandteile bzw. mit angemessenem Verhältnis dieser Bestandteile zueinander ersetzt wird. Ein Ausnahmefall liegt dagegen nicht vor, wenn der Gesellschafter-Geschäftsführer bei zwei Schwestergesellschaften tätig ist und mit der einen eine Nur-Tantieme und mit der anderen ein Festgehalt vereinbart hat.

4. Nur Rohgewinntantieme

Die vorstehenden Ausführungen gelten für eine Nur-Rohgewinntantieme entsprechend.

5. Wegfall bisheriger BMF-Schreiben und Anwendung

Dieses Schreiben tritt an die Stelle der BMF-Schreiben vom 3. Januar 1996 (BStBl. I S. 53), vom 13. Oktober 1997 (BStBl. I S. 900) und vom 5. Januar 1998 (BStBl. I S. 90); Übergangsregelungen in diesen Schreiben bleiben hiervon unberührt. Soweit dieses Schreiben bezogen auf den BFH-Beschluss vom 26. Januar 1999 (BStBl. II S. 241) von in der Vergangenheit im Einzelfall vertretenen Grundsätzen zur Nur-Tantieme abweicht, ist es erstmals für den Veranlagungszeitraum 2003 anzuwenden; im Übrigen sind die Grundsätze dieses Schreibens in allen noch offenen Fällen anzuwenden.

R 8.9 Verdeckte Einlage

R 8.9

85 (1) Eine verdeckte Einlage i. S. d. § 8 Abs. 3 Satz 3 KStG liegt vor, wenn ein Gesellschafter oder eine ihm → nahestehende Person der Körperschaft außerhalb der gesellschaftsrechtlichen Einlagen einen → einlagefähigen Vermögensvorteil zuwendet und diese Zuwendung durch das Gesellschaftsverhältnis veranlasst ist.

86 (2) § 4 Abs. 1 Satz 1, § 6 Abs. 1 Nr. 5 EStG finden gem. § 8 Abs. 1 KStG auch auf Kapitalgesellschaften Anwendung, obwohl hier Einlegender und Empfänger der Einlage verschiedene Rechtsträger sind (finaler Einlagebegriff).

87 (3) ① Voraussetzung für die Annahme einer verdeckten Einlage ist stets, dass die Zuwendung des Gesellschafters oder einer ihm → nahestehenden Person durch das Gesellschaftsverhältnis veranlasst ist. ② Eine Veranlassung durch das Gesellschaftsverhältnis ist nur dann gegeben, wenn ein Nichtgesellschafter bei Anwendung der Sorgfalt eines ordentlichen Kaufmanns den Vermögensvorteil der Gesellschaft nicht eingeräumt hätte, was grundsätzlich durch Fremdvergleich festzustellen ist.

88 (4) ① Die Bewertung verdeckter Einlagen hat grundsätzlich mit dem Teilwert zu erfolgen (§ 8 Abs. 1 KStG i. V. m. § 6 Abs. 1 Nr. 5 und Abs. 6 EStG). ② § 6 Abs. 1 Nr. 5 Satz 1 Buchstabe b EStG findet keine Anwendung, weil die verdeckte Einlage von Anteilen an einer Kapitalgesellschaft i. S. d. § 17 Abs. 1 Satz 1 EStG in eine Kapitalgesellschaft gem. § 17 Abs. 1 Satz 2 EStG beim Einlegenden einer Veräußerung gleichgestellt wird und es somit bei ihm zum Einlagezeitpunkt zu einer Besteuerung der stillen Reserven kommt. ③ Entsprechendes gilt in Fällen des § 20 Abs. 2 Satz 2 EStG und § 2 Abs. 13 InvStG für § 6 Abs. 1 Nr. 5 Satz 1 Buchstabe c EStG. ④ § 6 Abs. 1 Nr. 5 Satz 1 Buchstabe a EStG ist in den Fällen zu beachten, in denen das eingelegte Wirtschaftsgut innerhalb der letzten drei Jahre vor dem Zeitpunkt der Zuführung angeschafft oder hergestellt worden ist, es sich aber nicht um eine verdeckte Einlage in eine Kapitalgesellschaft gem. § 23 Abs. 1 Satz 1 oder § 20 Abs. 2 Satz 2 EStG handelt, die als Veräußerung gilt und folglich im Einlagezeitpunkt ebenfalls zu einer Besteuerung der stillen Reserven führt.

89 (5) ① Für die Qualifizierung von Leistungen als verdeckte Einlagen sind die Umstände maßgebend, die bestanden, als der Verpflichtete seine Zusage auf die Leistung gegeben hat. ② Ändern sich diese Umstände durch das Ausscheiden nicht, dann sind die Leistungen auch nach dem Ausscheiden des bisherigen Gesellschafters weiterhin als verdeckte Einlagen zu qualifizieren.

---

[1] Ergänzung durch

Vfg. OFD Hannover v. 16. 4. 2002 $\frac{\textit{S 2742–175 – StH 231}}{\textit{S 2742–91 – StO 214}}$, *StEK KStG 1977 § 8 Nr. 197:*

„Nur-Tantiemen" können dem Grunde nach anerkannt werden, wenn ein Ausnahmefall (zB Gründungsphase) vorliegt, vgl. Tz. 3 des BMF-Schreibens, IV A 2 – S 2742–4/02 v. 1. 2. 2002. Diese Tantiemezusagen an einen oder mehrere Gesellschafter-Geschäftsführer dürfen insgesamt grundsätzlich nicht mehr als 50 vH des Jahresüberschusses vor Abzug der Tantieme und der ertragsabhängigen Steuern betragen. Es ist zusätzlich erforderlich, dass die „Nur-Tantiemen" zeitlich begrenzt und bei Wegfall der Ausnahmesituation zwingend durch eine Vereinbarung einschließlich fester Vergütungsbestandteile in angemessenem Verhältnis ersetzt werden. Werden diese Voraussetzungen nicht erfüllt, ist die „Nur-Tantieme" in vollem Umfang nicht anzuerkennen.

Ist die „Nur-Tantieme" ausnahmsweise dem Grunde nach anzuerkennen, ist die „Nur-Tantieme" der Höhe nach zu 25 vH angemessen und zu 75 vH unangemessen. Von diesem Regelaufteilungsmaßstab kann zugunsten der Beteiligten abgewichen werden, wenn sie darlegen, dass die Abweichung außerhalb des Gesellschaftsverhältnisses veranlasst ist.

[2] Jetzt **H 8.8** KStH.

H 8.9

H 8.9

91 **Anwachsung.** Scheiden die Kommanditisten einer GmbH & Co. KG, die zugleich Gesellschafter der Komplementär-GmbH sind, ohne Entschädigung mit der Folge aus, dass ihr Anteil am Gesellschaftsvermögen gem. §§ 736, 738 BGB der Komplementär-GmbH zuwächst, erbringen die Kommanditisten eine verdeckte Einlage in die Komplementär-GmbH. Dabei bemisst sich der Wert der verdeckten Einlage nach der Wertsteigerung, die die GmbH einschließlich des anteiligen Geschäftswerts durch die Anwachsung erfährt (→ BFH vom 12. 2. 1980, VIII R 114/77, BStBl. II S. 494 und → BFH vom 24. 3. 1987, I R 202/83, BStBl. II S. 705 sowie → *BMF vom 25. 3. 1998, BStBl. I S. 268).*[1]

Anwendungsbereich. Der Anwendungsbereich verdeckter Einlagen ist auf solche Körperschaften beschränkt, die ihren Anteilseignern oder Mitgliedern kapitalmäßige oder mitgliedschaftsähnliche Rechte gewähren (→ BFH vom 21. 9. 1989, IV R 115/88, BStBl. 1990 II S. 86).

Behandlung beim Gesellschafter. Die verdeckte Einlage eines Wirtschaftsguts in das Betriebsvermögen einer Kapitalgesellschaft führt auf der Ebene des Gesellschafters grundsätzlich zu nachträglichen Anschaffungskosten auf die Beteiligung an dieser Gesellschaft (→ BFH vom 12. 2. 1980, VIII R 114/77, BStBl. II S. 494 und → BFH vom 29. 7. 1997, VIII R 57/94, BStBl. 1998 II S. 652).
Zu Anschaffungskosten einer Beteiligung bei verdeckter Einlage → § 6 Abs. 6 Satz 2 und 3 EStG.

Bürgschaftsübernahme des Gesellschafters zu Gunsten der Gesellschaft. Mangels einlagefähigem Wirtschaftsgut sind die Voraussetzungen zur Annahme einer verdeckten Einlage durch die bloße Abgabe des Bürgschaftsversprechens noch nicht erfüllt (→ BFH vom 19. 5. 1982, I R 102/79, BStBl. II S. 631).
Wird der Gesellschafter aber aus der Bürgschaft in Anspruch genommen und war diese gesellschaftsrechtlich veranlasst, liegt eine verdeckte Einlage vor, soweit der Gesellschafter auf seine dadurch entstandene Regressforderung verzichtet. Dabei ist die verdeckte Einlage bei der Kapitalgesellschaft mit dem Teilwert der Forderung zu bewerten (→ BFH vom 18. 12. 2001, VIII R 27/00, BStBl. 2002 II S. 733).

Einkommenserhöhende Einlage bei Nichtberücksichtigung einer vGA. Eine vGA ist bei der Besteuerung eines Gesellschafters als nicht berücksichtigt i. S. v. § 8 Abs. 3 Satz 5 KStG anzusehen, wenn sie im Rahmen seiner Veranlagung bei der Einkommensermittlung tatsächlich nicht angesetzt worden ist (→ BMF vom 18. 11. 2020, BStBl. I S. 1226).
→ BFH vom 13. 6. 2018, BStBl. 2020 II S. 755.

Einlage von Beteiligungen i. S. d. § 17 Abs. 1 Satz 1 EStG. Die Bewertung der verdeckten Einlage einer Beteiligung i. S. d. § 17 Abs. 1 Satz 1 EStG bei der aufnehmenden Körperschaft erfolgt mit dem Teilwert (→ BMF vom 2. 11. 1998, BStBl. I S. 1227).

Einlagefähiger Vermögensvorteil. Gegenstand einer verdeckten Einlage kann nur ein aus Sicht der Gesellschaft bilanzierungsfähiger Vermögensvorteil sein. Dieser muss in der steuerrechtlichen Gewinnermittlung der Gesellschaft entweder
– zum Ansatz bzw. zur Erhöhung eines Aktivpostens oder
– zum Wegfall bzw. zur Minderung eines Passivpostens
geführt haben (→ BFH vom 24. 5. 1984, I R 166/78, BStBl. II S. 747).
Gegenstand einer verdeckten Einlage kann auch ein immaterielles Wirtschaftsgut, wie z. B. ein nicht entgeltlich erworbener Firmenwert sein. Wegen der Notwendigkeit der Abgrenzung der gesellschaftsrechtlichen von der betrieblichen Sphäre einer Kapitalgesellschaft tritt hier das Aktivierungsverbot des § 5 Abs. 2 EStG zurück (→ BFH vom 24. 3. 1987, I R 202/83, BStBl. II S. 705).
→ H 8.9 Nutzungsvorteile; → H 8.9 Verzicht auf Tätigkeitsvergütungen.

Erbfall. Vererbt ein Gesellschafter Wirtschaftsgüter seines Privatvermögens an seine Kapitalgesellschaft, handelt es sich um einen unentgeltlichen, nicht auf ihrer unternehmerischen Tätigkeit beruhenden Erwerb, der wie eine Einlage zu behandeln ist. Nachlassschulden sowie durch den Erbfall entstehende Verbindlichkeiten (z. B. Vermächtnisse) mindern die Höhe des Werts der Einlage (→ BFH vom 24. 3. 1993, I R 131/90, BStBl. II S. 799).

Forderungsverzicht. Ein auf dem Gesellschaftsverhältnis beruhender Verzicht eines Gesellschafters auf seine nicht mehr vollwertige Forderung gegenüber seiner Kapitalgesellschaft führt bei dieser zu einer Einlage in Höhe des Teilwerts der Forderung. Dies gilt auch dann, wenn die entsprechende Verbindlichkeit auf abziehbare Aufwendungen zurückgeht. Der Verzicht des Gesellschafters auf eine Forderung gegenüber seiner Kapitalgesellschaft im Wege der verdeckten Einlage führt bei ihm zum Zufluss des noch werthaltigen Teils der Forderung. Eine verdeckte Einlage bei der Kapitalgesellschaft kann auch dann anzunehmen sein, wenn der Forderungsverzicht von einer dem Gesellschafter nahestehenden Person ausgesprochen wird (→ BFH vom 9. 6. 1997, GrS 1/94, BStBl. 1998 II S. 307).

[1] Jetzt *BMF-Schrb. v. 11. 11. 2011, BStBl. 2011 I S. 1314,* abgedruckt im **Anhang I 2 a.**

Die vorgenannten Grundsätze gelten auch dann, wenn auf eine Forderung verzichtet wird, die kapitalersetzenden Charakter hat (→ BFH vom 16. 5. 2001, I B 143/00, BStBl. 2002 II S. 436).

Forderungsverzicht gegen Besserungsschein. Verzichtet ein Gesellschafter auf eine Forderung gegen seine GmbH unter der auflösenden Bedingung, dass im Besserungsfall die Forderung wieder aufleben soll und ist der Verzicht durch das Gesellschaftsverhältnis veranlasst, liegt in Höhe des werthaltigen Teils der Forderung eine (verdeckte) Einlage vor. Die Erfüllung der Forderung nach Bedingungseintritt ist keine vGA, sondern gilt als zurückgewährte Einlage (→ BMF vom 2. 12. 2003, BStBl. I S. 648).
Umfasst der Forderungsverzicht auch den Anspruch auf Darlehenszinsen, sind nach Bedingungseintritt Zinsen auch für die Dauer der Krise als Betriebsausgaben anzusetzen (→ BFH vom 30. 5. 1990, I R 41/87, BStBl. 1991 II S. 588).

Gesellschaftsrechtliches Interesse. → BFH vom 29. 7. 1997, VIII R 57/94, BStBl. 1998 II S. 652.
Für die Prüfung der Frage, ob die Zuwendung gesellschaftsrechtlich veranlasst ist, ist ausschließlich auf den Zeitpunkt des Eingehens der Verpflichtung, nicht auf den Zeitpunkt des späteren Erfüllungsgeschäfts abzustellen. Eine gesellschaftsrechtliche Veranlassung kann somit selbst dann anzunehmen sein, wenn zum Zeitpunkt der Erfüllung der Verpflichtung ein Gesellschaftsverhältnis nicht mehr besteht (analog zur vGA; → BFH vom 14. 11. 1984, I R 50/80, BStBl. 1985 II S. 227).

Gesellschaftsrechtliche Veranlassung. Die Veranlassung durch das Gesellschaftsverhältnis ist gegeben, wenn ein Nichtgesellschafter bei Anwendung der Sorgfalt eines ordentlichen Kaufmanns den Vermögensvorteil der Gesellschaft nicht eingeräumt hätte (→ BFH vom 28. 2. 1956, I 92/54 U, BStBl. III S. 154, → BFH vom 19. 2. 1970, I R 24/67, BStBl. II S. 442, → BFH vom 26. 11. 1980, I R 52/77, BStBl. 1981 II S. 181, → BFH vom 9. 3. 1983, I R 182/78, BStBl. II S. 744, → BFH vom 11. 4. 1984, I R 175/79, BStBl. II S. 535, → BFH vom 14. 11. 1984, I R 50/80, BStBl. 1985 II S. 227, → BFH vom 24. 3. 1987, I R 202/83, BStBl. II S. 705 und → BFH vom 26. 10. 1987, GrS 2/86, BStBl. 1988 II S. 348).

Immaterielle Wirtschaftsgüter. → H 8.9 Einlagefähiger Vermögensvorteil.

Nachträgliche Preissenkungen. Nachträgliche Preissenkungen durch den Gesellschafter beim Verkauf von Wirtschaftsgütern an seine Kapitalgesellschaft stellen i. d. R. verdeckte Einlagen dar (→ BFH vom 14. 8. 1974, I R 168/72, BStBl. 1975 II S. 123).

Nahestehende Person. Die als verdeckte Einlage zu qualifizierende Zuwendung kann auch durch eine dem Gesellschafter nahestehende Person erfolgen, z. B. durch eine andere Tochtergesellschaft (→ BFH vom 30. 4. 1968, I 161/65, BStBl. II S. 720, → BFH vom 9. 6. 1997, GrS 1/94, BStBl. 1998 II S. 307 und → BFH vom 12. 12. 2000, VIII R 62/93, BStBl. 2001 II S. 234).
→ H 8.5 III. Nahestehende Person.

Nutzungsvorteile. Die Überlassung eines Wirtschaftsguts zum Gebrauch oder zur Nutzung kann mangels Bilanzierbarkeit des Nutzungsvorteils nicht Gegenstand einer Einlage sein (→ BFH vom 8. 11. 1960, I 131/59 S, BStBl. III S. 513, → BFH vom 9. 3. 1962, I 203/61 S, BStBl. III S. 338, → BFH vom 3. 2. 1971, I R 51/66, BStBl. II S. 408, → BFH vom 24. 5. 1984, I R 166/78, BStBl. II S. 747 und → BFH vom 26. 10. 1987, GrS 2/86, BStBl. 1988 II S. 348). Das gilt auch, wenn der Gesellschafter ein verzinsliches Darlehen aufnimmt, um der Kapitalgesellschaft ein zinsloses Darlehen zu gewähren (→ BFH vom 26. 10. 1987, GrS 2/86, BStBl. 1988 II S. 348).
Keine einlagefähigen Nutzungsvorteile sind insbesondere
- eine ganz oder teilweise unentgeltliche Dienstleistung (→ BFH vom 14. 3. 1989, I R 8/85, BStBl. II S. 633),
- eine unentgeltliche oder verbilligte Gebrauchs- oder Nutzungsüberlassung eines Wirtschaftsguts und
- der Zinsvorteil bei unverzinslicher oder geringverzinslicher Darlehensgewährung (→ BFH vom 26. 10. 1987, GrS 2/86, BStBl. 1988 II S. 348).

Rückgewähr einer vGA. Die Rückgewähr einer vGA führt regelmäßig zur Annahme einer Einlage. Das gilt unabhängig davon, ob sich die Rückzahlungsverpflichtung aus einer Satzungsklausel oder aus gesetzlichen Vorschriften (z. B. §§ 30, 31 GmbHG) ergibt, oder ob sie seitens des Gesellschafters freiwillig erfolgt (→ BFH vom 29. 5. 1996, I R 118/93, BStBl. 1997 II S. 92, → BFH vom 31. 5. 2005, I R 35/04, BStBl. 2006 II S. 132, sowie → BMF vom 6. 8. 1981, BStBl. I S. 599).
→ H 8.6 Rückgängigmachung.

Verdecktes Leistungsentgelt. Gleicht ein Gesellschafter durch Zuwendungen Nachteile einer Kapitalgesellschaft aus, die diese durch die Übernahme von Aufgaben erleidet, die eigentlich der Gesellschafter zu erfüllen hat, ist das Gesellschaftsverhältnis für die Leistung nicht ursächlich. Folglich liegt keine steuerfreie Vermögensmehrung in Form einer verdeckten Einlage, sondern vielmehr eine steuerpflichtige Betriebseinnahme vor (→ BFH vom 9. 3. 1983, I R 182/78, BStBl. II S. 744).

Verzicht auf Pensionsanwartschaftsrechte. Verzichtet der Gesellschafter aus Gründen des Gesellschaftsverhältnisses auf einen bestehenden Anspruch aus einer ihm gegenüber durch die Kapitalgesellschaft gewährten Pensionszusage, liegt hierin eine verdeckte Einlage begründet. Dies gilt auch im Falle eines Verzichts vor Eintritt des vereinbarten Versorgungsfalles hinsichtlich des bis zum Verzichtszeitpunkt bereits erdienten (Anteils des) Versorgungsanspruches. Der durch die Ausbuchung der Pensionsrückstellung bei der Kapitalgesellschaft zu erfassende Gewinn ist im Rahmen der Einkommensermittlung in Höhe des Werts der verdeckten Einlage wieder in Abzug zu bringen. Aus der Annahme einer verdeckten Einlage folgt andererseits beim Gesellschafter zwingend die Annahme eines Zuflusses von Arbeitslohn bei gleichzeitiger Erhöhung der Anschaffungskosten für die Anteile an der Kapitalgesellschaft (→ BFH vom 9. 6. 1997, GrS 1/94, BStBl. 1998 II S. 307).
Sowohl hinsichtlich der Bewertung der verdeckten Einlage als auch hinsichtlich des Zuflusses beim Gesellschafter ist auf den Teilwert der Pensionszusage abzustellen und nicht auf den gem. § 6a EStG ermittelten Teilwert der Pensionsrückstellung der Kapitalgesellschaft. Bei der Ermittlung des Teilwerts ist die Bonität der zur Pensionszahlung verpflichteten Kapitalgesellschaft zu berücksichtigen (→ BFH vom 15. 10. 1997, I R 58/93, BStBl. 1998 II S. 305).
Zum Verzicht auf künftig noch zu erdienende Pensionsanwartschaften (sog. Future Service) → BMF vom 14. 8. 2012, BStBl. I S. 874.[1]

Verzicht auf Tätigkeitsvergütungen. Verzichtet der Gesellschafter (z. B. wegen der wirtschaftlichen Lage der Kapitalgesellschaft) als Geschäftsführer auf seine Tätigkeitsvergütungen, ist wie folgt zu unterscheiden (→ BFH vom 15. 6. 2016, VI R 6/13, BStBl. II S. 903):

- **Verzicht nach Entstehung:** Verzichtet der Gesellschafter-Geschäftsführer nach Entstehung seines Anspruchs auf die Tätigkeitsvergütungen, wird damit der Zufluss der Einnahmen, verbunden mit der Verpflichtung zur Lohnversteuerung, nicht verhindert. Die Tätigkeitsvergütungen sind als Einnahmen aus nichtselbständiger Arbeit zu versteuern. Der Verzicht stellt demgegenüber eine – die steuerlichen Anschaffungskosten des Gesellschafters erhöhende – verdeckte Einlage dar (→ BFH vom 19. 7. 1994, VIII R 58/92, BStBl. 1995 II S. 362).
  Bestehen zum Zeitpunkt des Gehaltsverzichts Liquiditätsschwierigkeiten, berührt dies die Werthaltigkeit der Gehaltsforderung, so dass die verdeckte Einlage unter dem Nennwert ggf. sogar mit 0 Euro zu bewerten ist (→ BFH vom 19. 5. 1993, I R 34/92, BStBl. II S. 804, → BFH vom 19. 7. 1994, VIII R 58/92, BStBl. 1995 II S. 362 und → BFH vom 9. 6. 1997, GrS 1/94, BStBl. 1998 II S. 307).
- **Verzicht vor Entstehung:** Verzichtet der Gesellschafter-Geschäftsführer auf noch nicht entstandene Gehaltsansprüche, ergeben sich hieraus weder bei der Kapitalgesellschaft noch beim Gesellschafter-Geschäftsführer ertragsteuerliche Folgen (→ BFH vom 24. 5. 1984, I R 166/78, BStBl. II S. 747 und → BFH vom 14. 3. 1989, I R 8/85, BStBl. II S. 633).
- **Folgen eines Verzichts:** Zur verdeckten Einlage in eine Kapitalgesellschaft und Zufluss von Gehaltsbestandteilen bei einem Gesellschafter-Geschäftsführer einer Kapitalgesellschaft (→ BFH-Urteile vom 3. 2. 2011, VI R 4/10, BStBl. 2014 II S. 493 und VI R 66/09, BStBl. 2014 II S. 491 und → BFH vom 15. 5. 2013, VI R 24/12, BStBl. 2014 II S. 495 sowie → BMF vom 12. 5. 2014, BStBl. I S. 860).[2]

Zuschuss zur Abdeckung eines Bilanzverlustes. Der zur Abdeckung eines Bilanzverlustes der Kapitalgesellschaft durch den Gesellschafter-Geschäftsführer geleistete Zuschuss stellt eine verdeckte Einlage dar (→ BFH vom 12. 2. 1980, VIII R 114/77, BStBl. II S. 494).

Anl zu H 8.9

Schreiben betr. Verzicht des Gesellschafter-Geschäftsführers einer Kapitalgesellschaft auf eine Pensionsanwartschaft als verdeckte Einlage (§ 8 Absatz 3 Satz 3 KStG); Verzicht auf künftig noch zu erdienende Pensionsanwartschaften (sog. Future Service)

Vom 14. August 2012 (BStBl. I S. 874)

(BMF IV C 2 – S 2743/10/10001 :001; DOK 2012/0652306)

92 Unter Bezugnahme auf die Erörterung mit den obersten Finanzbehörden der Länder gilt zur ertragsteuerlichen Behandlung des Verzichts eines Gesellschafter-Geschäftsführers auf eine Pensionsanwartschaft gegenüber seiner Kapitalgesellschaft Folgendes:

[1] Nachstehend abgedruckt als Anl zu H 8.9.

[2] Auszug aus *BMF-Schrb. v. 12. 5. 2014 IV C 2 – S 2743/12/10 001, BStBl. 2014 I S. 860:* (...) Dem beherrschenden Gesellschafter fließt eine eindeutige und unbestrittene Forderung gegen „seine" Kapitalgesellschaft bereits mit deren Fälligkeit zu (BFH-Urteil vom 3. Februar 2011 – VI R 66/09 – m. w. N.). Ob sich der Vorgang in der Bilanz der Kapitalgesellschaft tatsächlich gewinnmindernd ausgewirkt hat, etwa durch die Bildung einer Verbindlichkeit, ist für die Anwendung dieser sog. Zuflussfiktion unerheblich, sofern eine solche Verbindlichkeit nach den Grundsätzen ordnungsmäßiger Buchführung hätte gebildet werden müssen (...).

1 Nach dem BFH-Beschluss vom 9. Juni 1997 (GrS 1/94 – BStBl. 1998 II S. 307) führt der durch das Gesellschaftsverhältnis veranlasste Verzicht eines Gesellschafter-Geschäftsführers auf eine werthaltige Forderung gegenüber seiner Kapitalgesellschaft zu einer verdeckten Einlage nach § 8 Absatz 3 Satz 3 KStG in die Kapitalgesellschaft und zu einem Zufluss von Einnahmen beim Gesellschafter-Geschäftsführer. Diese Grundsätze gelten auch bei einem Verzicht des Gesellschafter-Geschäftsführers auf eine Pensionsanwartschaft. Für die Bewertung der verdeckten Einlage ist dabei nach dem BFH-Urteil vom 15. Oktober 1997 (I R 58/93 – BStBl. 1998 II S. 305) auf den Teilwert der Pensionsanwartschaft des Gesellschafter-Geschäftsführers abzustellen und nicht auf den gemäß § 6a EStG ermittelten Teilwert der Pensionsverbindlichkeit der Kapitalgesellschaft. Der Teilwert ist dabei unter Beachtung der allgemeinen Teilwertermittlungsgrundsätze im Zweifel nach den Wiederbeschaffungskosten zu ermitteln. Demnach kommt es darauf an, welchen Betrag der Versorgungsberechtigte zu dem Zeitpunkt des Verzichtes hätte aufwenden müssen, um eine gleich hohe Pensionsanwartschaft gegen einen vergleichbaren Schuldner zu erwerben. Dabei kann die Bonität des Forderungsschuldners berücksichtigt werden. Außerdem kann von Bedeutung sein, ob die Pension unverfallbar ist oder ob sie voraussetzt, dass der Berechtigte bis zum Pensionsfall für den Verpflichteten nichtselbständig tätig ist (BFH-Urteil vom 15. Oktober 1997 – I R 58/93 – BStBl. 1998 II S. 305).

2 Im Falle des vollständigen Verzichts auf eine Pensionsanwartschaft vor Eintritt des Versorgungsfalls liegt eine verdeckte Einlage in Höhe des bis zum Verzichtszeitpunkt bereits erdienten Anteils des Versorgungsanspruches vor. Bei einem teilweisen Verzicht ist eine verdeckte Einlage insoweit anzunehmen, als der Barwert der bis zu dem Verzichtszeitpunkt bereits erdienten Versorgungsleistungen des Gesellschafter-Geschäftsführers den Barwert der nach dem Teilverzicht noch verbleibenden Versorgungsleistungen übersteigt. Dies gilt unabhängig davon, ob sich die Verzichtsvereinbarung der Bezeichnung nach nur auf künftig noch zu erdienende Anwartschaften (sog. Future Service) bezieht oder ob es sich dabei um eine durch das Gesellschaftsverhältnis veranlasste Änderung einer Pensionszusage handelt, die mit einer Reduzierung der bisher zugesagten Versorgungsleistungen verbunden ist.

3 Es wird nicht beanstandet, wenn als erdienter Teil der Versorgungsleistungen bei einer Leistungszusage an einen beherrschenden Gesellschafter-Geschäftsführer der Teilanspruch aus den bisher zugesagten Versorgungsleistungen angesetzt wird, der dem Verhältnis der ab Erteilung der Pensionszusage bis zum Verzichtszeitpunkt abgeleisteten Dienstzeit (s) einerseits und der ab Erteilung der Pensionszusage bis zu der in der Pensionszusage vorgesehenen festen Altersgrenze (t) andererseits entspricht (zeitanteilig erdienter Anwartschaftsbarwert ab Pensionszusage – s/t). Bei einem nicht beherrschenden Gesellschafter-Geschäftsführer ist insoweit nicht auf den Zeitpunkt der (erstmaligen) Erteilung einer Pensionszusage, sondern auf den Beginn des Dienstverhältnisses abzustellen (sog. m/n-Anwartschaftsbarwert).

Beispiel:

- Beherrschender Gesellschafter-Geschäftsführer einer GmbH, geb. 1. Januar 1960
- Diensteintritt in die GmbH am 1. Januar 1986
- Zusage am 1. Januar 1996 einer Alters- und Invalidenrente über 3000 €/monatlich
- Pensionseintritt mit Vollendung des 66. Lebensjahres
- Herabsetzung der Versorgungsanwartschaft am 1. Januar 2011 auf 1500 €/monatlich

Lösung:

Ermittlung des erdienten Anteils der Versorgungsleistungen zum Zeitpunkt der Herabsetzung:
Quotient nach Rz. 3: tatsächlich geleistete Dienstjahre ab Zusageerteilung (da beherrschend)/maximal mögliche Dienstjahre ab Zusageerteilung = 15/30 = 0,5
Erdienter Anteil zum 1. Januar 2011: 1500 €/monatlich

Ergebnis:

Da die nach Herabsetzung noch verbleibenden Versorgungsleistungen genau dem bereits erdienten Anteil entsprechen, beträgt der Wert der verdeckten Einlage nach § 8 Absatz 3 Satz 3 KStG 0 €.

4 Bei der Berechnung des Barwerts der bis zum Verzichtszeitpunkt erdienten sowie des Barwerts der danach herabgesetzten Pensionsanwartschaft sind die gleichen, im Verzichtszeitpunkt anerkannten Rechnungsgrundlagen und anerkannten Regeln der Versicherungsmathematik anzuwenden. Es wird dabei für den Barwertvergleich nicht beanstandet, wenn die Rechnungsgrundlagen verwendet werden, die am vorangegangenen Bilanzstichtag der steuerlichen Bewertung der Pensionsverpflichtung zugrunde lagen.

R 8.10 Verluste bei Körperschaften R 8.10

– unbesetzt – 93

R 8.11 Mitgliedsbeiträge R 8.11

(1) ① Mitgliedsbeiträge i. S. v. § 8 Abs. 5 KStG sind Beiträge, die die Mitglieder einer Personenvereinigung lediglich in ihrer Eigenschaft als Mitglieder nach der Satzung zu entrichten haben. ② Sie dürfen der Personenvereinigung nicht für die Wahrnehmung besonderer geschäftlicher Interessen oder für Leistungen zugunsten ihrer Mitglieder zufließen. ③ Der Beurteilung als echter Mitgliedsbeitrag steht es entgegen, wenn die Beitragshöhe von der tatsächlichen Inanspruchnahme für Leistungen durch die Mitglieder abhängt. 97

(2) ① Mitgliedsbeiträge, die auf Grund der Satzung erhoben werden, bleiben bei der Ermittlung des Einkommens von unbeschränkt oder beschränkt körperschaftsteuerpflichtigen Perso- 98

nenvereinigungen außer Ansatz (§ 8 Abs. 5 KStG). ② Es genügt, dass eine der folgenden Voraussetzungen erfüllt ist:

1. Die Satzung bestimmt Art und Höhe der Mitgliedsbeiträge.
2. Die Satzung sieht einen bestimmten Berechnungsmaßstab vor.
3. Die Satzung bezeichnet ein Organ, das die Beiträge der Höhe nach erkennbar festsetzt.

③ Bei den nicht zur Führung von Büchern verpflichteten Personenvereinigungen zählen echte Mitgliedsbeiträge bereits mangels Zurechenbarkeit zu einer Einkunftsart nicht zu den steuerpflichtigen Einkünften. ④ Das gilt auch für die mit ihnen in Verbindung stehenden Ausgaben, die mithin regelmäßig dem ideellen Bereich der Körperschaft zuzurechnen sind und demzufolge die steuerpflichtigen Einkünfte nicht mindern.

99 (3) ① Dient eine Personenvereinigung auch der wirtschaftlichen Förderung der Einzelmitglieder, sind die Beiträge an diese Vereinigung insoweit keine Mitgliedsbeiträge i. S. v. § 8 Abs. 5 KStG, sondern pauschalierte Gegenleistungen für die Förderung durch die Vereinigung, und zwar auch dann, wenn die Vereinigung keinen wirtschaftlichen Geschäftsbetrieb ausübt. ② In diesem Fall sind die Mitgliedsbeiträge durch Schätzung in einen steuerfreien Teil (reine Mitgliedsbeiträge) und in einen steuerpflichtigen Teil (pauschalierte Gegenleistungen) aufzuteilen.

100 (4) ① Bei Versicherungsunternehmen ist § 8 Abs. 5 KStG auf Leistungen der Mitglieder, die ein Entgelt für die Übernahme der Versicherung darstellen, nicht anzuwenden. ② Bei → VVaG können jedoch steuerfreie Mitgliedsbeiträge in Betracht kommen, z. B. Eintrittsgelder unter besonderen Voraussetzungen.

H 8.11

H 8.11

102 **Abgrenzung zu Leistungsentgelten.** Vereinsbeiträge, die ein Entgelt für bestimmte Leistungen des Vereins zugunsten seiner Mitglieder darstellen, sind keine Mitgliedsbeiträge i. S. v. § 8 Abs. 5 KStG. Beschränkt sich die Tätigkeit des Vereins darauf, seinen Mitgliedern preisgünstige Reisen zu vermitteln und zinsgünstige Darlehen zu gewähren, sind die gesamten Beiträge Entgelt für diese Leistungen, auch wenn diese pauschal erhoben werden (→ BFH vom 28. 6. 1989, I R 86/85, BStBl. 1990 II S. 550).

Nichtabzugsfähigkeit des mit Mitgliedsbeiträgen in Verbindung stehenden Aufwands. Zahlt ein Mitglied beim Eintritt in eine Kreditgenossenschaft zur Abgeltung des mit dem Eintritt verbundenen Aufwands ein einmaliges Eintrittsgeld, kann dieses in vollem Umfang als Mitgliedsbeitrag nach § 8 Abs. 5 KStG steuerfrei sein. Ist das der Fall, ist der mit dem Eintritt in wirtschaftlichem Zusammenhang stehende Aufwand gem. § 3c EStG nicht abzugsfähig (→ BFH vom 19. 2. 1964, I 179/62 U, BStBl. III S. 277).
Ein bloß mittelbarer Zusammenhang reicht aber zur Anwendung des § 3c EStG nicht aus (→ BFH vom 11. 10. 1989, I R 208/85, BStBl. 1990 II S. 88).

Schätzung des Leistungsentgelts bei Erhebung nicht kostendeckender Entgelte für Sonderleistungen. Werden für Sonderleistungen der Personenvereinigung an die einzelnen Mitglieder keine oder keine kostendeckenden Entgelte gefordert, kann in den allgemeinen Mitgliedsbeiträgen teilweise ein ggf. im Wege der Schätzung zu ermittelndes Leistungsentgelt enthalten sein (→ BFH vom 9. 2. 1965, I 25/63 U, BStBl. III S. 294).
Die Umlagebeträge, die Interessengemeinschaften zur gemeinsamen Bewirtschaftung von Gemeindewaldungen von den beteiligten Gemeinden nach dem Verhältnis ihres flächenmäßigen Waldbesitzes zur Gesamtfläche des betreuten Waldes erheben, sind (ggf. im Wege der Schätzung) in Entgelte für Einzelleistungen und echte Mitgliedsbeiträge für Gemeinschaftsleistungen aufzuteilen (→ BFH vom 22. 11. 1963, V 47/61 U, BStBl. 1964 III S. 147).

VVaG. Bei den Mitgliederleistungen an VVaG ist zwischen steuerpflichtigen Versicherungsbeiträgen und steuerfreien Einlagen zu unterscheiden. Im Allgemeinen werden Eintrittsgelder insoweit, als ein Rückzahlungsanspruch beim Austritt besteht, der in seiner Höhe genau festgelegt ist und nicht vom Betriebsergebnis abhängt, steuerfreie Einlagen darstellen (→ BFH vom 21. 4. 1953, I 32/53 U, BStBl. III S. 175).

Werbeverband. Umlagen, die pauschalierte Entgelte der einzelnen Mitglieder für die Förderung ihrer wirtschaftlichen Einzelinteressen durch zusammengefasste Werbung darstellen, sind keine Mitgliedsbeiträge i. S. d. § 8 Abs. 5 KStG (→ BFH vom 8. 6. 1966, I 151/63, BStBl. III S. 632).

R 8.12

R 8.12 Haus- und Grundeigentümervereine, Mietervereine

104 (1) ① Die Mitgliedsbeiträge zu Haus- und Grundeigentümervereinen sowie zu Mietervereinen enthalten i. d. R. Entgelte für die Gewährung besonderer wirtschaftlicher Vorteile, z. B. Rechtsberatung, Prozessvertretung. ② Sie sind deshalb keine reinen Mitgliedsbeiträge i. S. v. § 8 Abs. 5 KStG. ③ Um eine einfache und gleichmäßige Besteuerung der in Satz 1 bezeichneten Vereine zu gewährleisten, ist bei der Abgrenzung der steuerfreien Mitgliedsbeiträge von den steuerpflichti-

gen Beträgen sowie bei der Berechnung der hiervon abzuziehenden Ausgaben wie folgt zu verfahren:

1. ① Von den eigenen Beitragseinnahmen (= gesamte Beitragseinnahmen abzüglich der an übergeordnete Verbände abgeführten Beträge) sind 20% als steuerpflichtige Einnahmen anzusehen. ② Erhebt der Verein neben den Beiträgen besondere Entgelte, z.B. für Prozessvertretungen, sind diese Entgelte den steuerpflichtigen Einnahmen voll hinzuzurechnen.
2. ① Von den Ausgaben des Vereins, die mit den eigenen Beitragseinnahmen und den daneben erhobenen besonderen Entgelten in unmittelbarem Zusammenhang stehen, ist der Teil abzuziehen, der dem Verhältnis der steuerpflichtigen Einnahmen zu den eigenen Beitragseinnahmen zuzüglich der daneben erhobenen besonderen Entgelte entspricht. ② Werden jedoch die mit den steuerpflichtigen Einnahmen zusammenhängenden Ausgaben gesondert ermittelt, sind die gesondert ermittelten Ausgaben abzuziehen.
3. ① Übersteigen die abzuziehenden Ausgaben die steuerpflichtigen Einnahmen ständig, d.h. in mehreren aufeinanderfolgenden Jahren, ist erkennbar, dass der als steuerpflichtig behandelte Betrag von 20% der eigenen Beitragseinnahmen zu niedrig ist. ② Er ist dann angemessen zu erhöhen, dass im Durchschnitt mehrerer Jahre die abziehbaren Ausgaben nicht höher als die steuerpflichtigen Einnahmen sind.

(2) Die übrigen steuerpflichtigen Einkünfte, z.B. aus dem Verkauf von Vordrucken und Altmaterial, aus Kapitalvermögen und aus Vermietung und Verpachtung, sind nach den allgemeinen steuerrechtlichen Grundsätzen zu ermitteln. 105

H 8.12

H 8.12

Aufteilung der Mitgliedsbeiträge bei Haus- und Grundbesitzervereinen sowie Mietervereinen. Zur Zulässigkeit der von der Finanzverwaltung vorgesehenen pauschalen Aufteilung der Mitgliedsbeiträge in echte Mitgliedsbeiträge und Leistungsentgelte → BFH vom 5.6. 1953, I 104/52 U, BStBl. III S. 212. 107

Zur Notwendigkeit des Ansatzes eines höheren prozentualen Einnahmeanteils für steuerpflichtige Leistungen bei ansonsten anhaltender Erzielung von Verlusten → BFH vom 9.2. 1965, I 25/63 U, BStBl. III S. 294.

Beispiel zur Aufteilung:

	€	€
Vereinnahmte Mitgliedsbeiträge		130 000
An den Landesverband sind abgeführt		– 30 000
Eigene Beitragseinnahmen		100 000
Steuerpflichtige Einnahmen:		
20% von 100 000 €	20 000	
Entgelte für Prozessvertretungen	+ 4 000	24 000

Die Ausgaben, die mit den eigenen Beitragseinnahmen (100 000 €) und den Entgelten für Prozessvertretungen (4000 €) zusammenhängen, betragen 90 000 €.

	€	€
Abzuziehen sind	$\frac{90\,000 \times 24\,000}{104\,000}$	– 20 769
Überschuss		3 231

Würden die gesondert festgestellten abziehbaren Ausgaben 27 000 € betragen und würde sich weiter ergeben, dass die Ausgaben auch in den vorangegangenen Jahren die steuerpflichtigen Einnahmen überstiegen haben, müsste der Satz von 20% angemessen erhöht werden.

R 8.13 Sonstige Vereine und Einrichtungen

R 8.13

(1) ① Die von Obst- und Gartenbauvereinen erhobenen Mitgliedsbeiträge enthalten i.d.R. Entgelte für die Gewährung besonderer wirtschaftlicher Vorteile. ② Sie sind deshalb keine reinen Mitgliedsbeiträge i.S.v. § 8 Abs. 5 KStG. ③ Bei der Abgrenzung der steuerfreien Mitgliedsbeiträge von den steuerpflichtigen Beträgen ist R 8.12 entsprechend anzuwenden. 109

(2) ① Die von den Kleingärtner- und Siedlervereinen erhobenen Beiträge enthalten i.d.R. keine Entgelte für die Gewährung besonderer wirtschaftlicher Vorteile. ② Im Allgemeinen bestehen deshalb aus Gründen der Verwaltungsvereinfachung keine Bedenken, diese Beiträge ohne Prüfung als Mitgliedsbeiträge i.S.v. § 8 Abs. 5 KStG anzusehen. 110

(3) ① Sind Tierzuchtverbände oder Vatertierhaltungsvereine nicht steuerbegünstigt und infolgedessen nicht nur mit ihren wirtschaftlichen Geschäftsbetrieben, sondern in vollem Umfang steuerpflichtig, dann werden die Beiträge der Mitglieder zum großen Teil keine steuerfreien Mitgliedsbeiträge i.S.v. § 8 Abs. 5 KStG sein, weil sie Entgelte der Mitglieder für wirtschaftliche Leistungen enthalten. ② Aus Vereinfachungsgründen ist bei der Abgrenzung der steuerfreien Mit- 111

gliedsbeiträge von den steuerpflichtigen Beträgen wie folgt zu verfahren: ③ Die Beitragseinnahmen sind nur i. H. v. 50% als steuerpflichtig zu behandeln. ④ Die mit den Beitragseinnahmen in unmittelbarem Zusammenhang stehenden Ausgaben sind dementsprechend nur mit 50% zu berücksichtigen. ⑤ Zu den Beitragseinnahmen gehören außer den Mitgliedsbeiträgen auch die Beträge, die nicht laufend, sondern einmalig als sog. Gebühren entrichtet werden, z. B. für die Herdbucheintragungen, für den Nachweis der Abstammung, für die Anerkennung und Umschreibung, für die Vermittlung des Absatzes von Zuchttieren, für das Brennen von Vieh, für Ohrmarken und Geflügelringe und Deckgelder von Mitgliedern. ⑥ Voraussetzung ist, dass diese Gebühren nach Art und Höhe in der Satzung oder in der Gebührenordnung genau bestimmt sind. ⑦ Im Übrigen sind die steuerpflichtigen Einkünfte, z. B. aus Gewerbebetrieb, Kapitalvermögen, Vermietung und Verpachtung, sonstige Einkünfte i. S. d. § 22 EStG, nach den allgemeinen steuerrechtlichen Grundsätzen zu ermitteln.

112 (4) Die Bestimmungen in Absatz 3 gelten nicht für die Verbände und Vereine der Pelztierzüchter.

113 (5) ① Einrichtungen zur Förderung des Fremdenverkehrs können BgA von jPöR oder Personenvereinigungen sein. ② Im ersten Fall können sie eine Steuerbefreiung für Mitgliedsbeiträge nicht in Anspruch nehmen. ③ Im zweiten Fall sind die Beiträge oft keine reinen Mitgliedsbeiträge (§ 8 Abs. 5 KStG), weil sie auch Entgelte der Mitglieder für wirtschaftliche Vorteile enthalten. ④ Aus Vereinfachungsgründen bestehen keine Bedenken, in diesen Fällen nur 25% der Beitragseinnahmen als steuerpflichtige Einnahmen zu behandeln. ⑤ Die Ausgaben, die mit den Beitragseinnahmen in unmittelbarem wirtschaftlichen Zusammenhang stehen, sind dementsprechend nur mit 25% abzuziehen. ⑥ R 8.12 ist entsprechend anzuwenden. ⑦ Im Übrigen sind die steuerpflichtigen Einkünfte, z. B. aus dem Verkauf von Zeitungen oder Fahrkarten, nach den allgemeinen steuerrechtlichen Grundsätzen zu ermitteln. ⑧ Die Zuschüsse, die gemeindliche Fremdenverkehrseinrichtungen von den Gemeinden erhalten, sind steuerfrei zu lassen.

H 8.13

H 8.13

116 **Lohnsteuerhilfevereine.** Die von Lohnsteuerhilfevereinen (→ H 5.1 Abgrenzung) erhobenen Beiträge sind in vollem Umfang steuerpflichtige Entgelte für Gegenleistungen der Vereine an ihre Mitglieder. § 8 Abs. 5 KStG findet keine Anwendung (→ BFH vom 29. 8. 1973, I R 234/71, BStBl. 1974 II S. 60).

§ 8 a[1] Betriebsausgabenabzug für Zinsaufwendungen bei Körperschaften (Zinsschranke) KStG

(1) ①[2] § 4 h Abs. 1 Satz 2 des Einkommensteuergesetzes[3] ist mit der Maßgabe anzuwenden, dass anstelle des maßgeblichen Gewinns das maßgebliche Einkommen tritt. ② Maßgebliches Einkommen ist das nach den Vorschriften des Einkommensteuergesetzes und dieses Gesetzes ermittelte Einkommen mit Ausnahme der §§ 4 h[3] und 10 d des Einkommensteuergesetzes und des § 9 Abs. 1 Nr. 2 dieses Gesetzes. ③[4] Die §§ 8 c und 8 d gelten für den Zinsvortrag nach § 4 h Absatz 1 Satz 5 des Einkommensteuergesetzes[3] mit der Maßgabe entsprechend, dass stille Reserven im Sinne des § 8 c Absatz 1 Satz 6 nur zu berücksichtigen sind, soweit sie die nach § 8 c Absatz 1 Satz 5 und § 8 d Absatz 2 Satz 1 abziehbaren nicht genutzten Verluste übersteigen. ④ Auf Kapitalgesellschaften, die ihre Einkünfte nach § 2 Abs. 2 Nr. 2 des Einkommensteuergesetzes ermitteln, ist § 4 h des Einkommensteuergesetzes[3] sinngemäß anzuwenden. 1

(2)[5] § 4 h Abs. 2 Satz 1 Buchstabe b des Einkommensteuergesetzes[3] ist nur anzuwenden, wenn die Vergütungen für Fremdkapital an einen zu mehr als einem Viertel unmittelbar oder mittelbar am Grund- oder Stammkapital beteiligten Anteilseigner, eine diesem nahe stehende Person (§ 1 Abs. 2 des Außensteuergesetzes vom 8. September 1972 – BGBl. I S. 1713 –, das zuletzt durch Artikel 3 des Gesetzes vom 28. Mai 2007 – BGBl. I S. 914 – geändert worden ist, in der jeweils geltenden Fassung) oder einen Dritten, der auf den zu mehr als einem Viertel am Grund- oder Stammkapital beteiligten Anteilseigner oder eine diesem nahe stehende Person zurückgreifen kann, nicht mehr als 10 Prozent der die Zinserträge übersteigenden Zinsaufwendungen der Körperschaft im Sinne des § 4 h Abs. 3 des Einkommensteuergesetzes[3] betragen und die Körperschaft dies nachweist.[6] 2

(3)[5] ① § 4 h Abs. 2 Satz 1 Buchstabe c des Einkommensteuergesetzes[3] ist nur anzuwenden, wenn die Vergütungen für Fremdkapital der Körperschaft oder eines anderen demselben Konzern zugehörenden Rechtsträgers an einen zu mehr als einem Viertel unmittelbar oder mittelbar am Kapital beteiligten Gesellschafter einer konzernzugehörigen Gesellschaft, eine diesem nahe stehende Person (§ 1 Abs. 2 des Außensteuergesetzes) oder einen Dritten, der auf den zu mehr als einem Viertel am Kapital beteiligten Gesellschafter oder eine diesem nahe stehende Person zurückgreifen kann, nicht mehr als 10 Prozent der die Zinserträge übersteigenden Zinsaufwendungen des Rechtsträgers im Sinne des § 4 h Abs. 3 des Einkommensteuergesetzes[3] betragen und die Körperschaft dies nachweist. ② Satz 1 gilt nur für Zinsaufwendungen aus Verbindlichkeiten, die in dem voll konsolidierten Konzernabschluss nach § 4 h Abs. 2 Satz 1 Buchstabe c des Einkommensteuergesetzes[3] ausgewiesen sind und bei Finanzierung durch einen Dritten einen Rückgriff gegen einen nicht zum Konzern gehörenden Gesellschafter oder eine diesem nahe stehende Person auslösen. 3

§ 4 h[7] *Betriebsausgabenabzug für Zinsaufwendungen (Zinsschranke)* EStG

(1)[8] ① Zinsaufwendungen eines Betriebs sind abziehbar in Höhe des Zinsertrags, darüber hinaus nur bis zur Höhe des verrechenbaren EBITDA. ② Das verrechenbare EBITDA ist 30 Prozent des um die Zinsaufwendungen und um die nach § 6 Absatz 2 Satz 1 abzuziehenden, nach § 6 Absatz 2 a Satz 2 gewinnmindernd aufzulösenden und nach § 7 abgesetzten Beträge erhöhten und um die Zinserträge verminderten maßgeblichen Gewinns. ③ Soweit das verrechenbare EBITDA die um die Zinserträge geminderten Zinsaufwendungen des Betriebs übersteigt, ist es in die folgenden fünf Wirtschaftsjahre vorzutragen (EBITDA-Vortrag); ein EBITDA-Vortrag entsteht nicht in Wirtschaftsjahren, in denen Absatz 2 die Anwendung von Absatz 1 Satz 1 ausschließt. ④ Zinsaufwendungen, die nach Satz 1 nicht abgezogen werden können, sind bis zur Höhe der EBITDA-Vorträge aus vorangegangenen Wirtschaftsjahren abziehbar und mindern die EBITDA-Vorträge in ihrer zeitlichen Reihenfolge. ⑤ Danach verbleibende nicht abziehbare Zinsaufwendungen sind in die folgenden Wirtschaftsjahre vorzutragen (Zinsvortrag). ⑥ Sie erhöhen die Zinsaufwendungen dieser Wirtschaftsjahre, nicht aber den maßgeblichen Gewinn. 10

(2) ① Absatz 1 Satz 1 ist nicht anzuwenden, wenn 11

---

[1] § 8 a erstmals anzuwenden für Wj., die nach dem 25. Mai 2007 beginnen und nicht vor dem 1. Januar 2008 enden.
[2] § 8 a Abs. 1 Satz 1 in dieser Fassung erstmals anzuwenden für Wj., die nach dem 31. 12. 2009 enden.
[3] **§ 4 h EStG** im Anschluss abgedruckt.
[4] § 8 a Abs. 1 Satz 3 in dieser Fassung erstmals anzuwenden ab VZ 2017.
[5] **§ 8 a Abs. 2 und 3 nicht anzuwenden in den Fällen des § 34 Abs. 4.**
[6] *BFH-Beschluss v. 13. 3. 2012 I B 111/11, BStBl. 2012 II S. 611:* Es ist ernstlich zweifelhaft, ob § 8a Abs. 2 Alternative 3 KStG 2002 n. F. jedenfalls insoweit verfassungsrechtlichen Anforderungen standhält, als dadurch nicht nur sog. Back-to-back-Finanzierungen, sondern auch übliche Fremdfinanzierungen von Kapitalgesellschaften bei Banken erfasst und damit die entsprechenden Zinsaufwendungen der Betriebsausgabenabzugsbeschränkung der sog. Zinsschranke unterworfen werden.
[7] § 4 h EStG in der **für VZ 2022** geltenden Fassung.
[8] § 4 h Abs. 1 i. d. F. des Gesetzes v. 22. 12. 2009 (BGBl. I S. 3950). Erstmals anzuwenden für Wj., die nach dem 31. 12. 2009 enden.

EStG

a) der Betrag der Zinsaufwendungen, soweit er den Betrag der Zinserträge übersteigt, weniger als drei Millionen Euro[1] beträgt,

b) der Betrieb nicht oder nur anteilmäßig zu einem Konzern gehört oder

c) der Betrieb zu einem Konzern gehört und seine Eigenkapitalquote am Schluss des vorangegangenen Abschlussstichtages gleich hoch oder höher ist als die des Konzerns (Eigenkapitalvergleich). ② Ein Unterschreiten der Eigenkapitalquote des Konzerns um bis zu zwei Prozentpunkte[2] ist unschädlich.

③ Eigenkapitalquote ist das Verhältnis des Eigenkapitals zur Bilanzsumme; sie bemisst sich nach dem Konzernabschluss, der den Betrieb umfasst, und ist für den Betrieb auf der Grundlage des Jahresabschlusses oder Einzelabschlusses zu ermitteln. ④ Wahlrechte sind im Konzernabschluss und im Jahresabschluss oder Einzelabschluss einheitlich auszuüben; bei gesellschaftsrechtlichen Kündigungsrechten ist insoweit mindestens das Eigenkapital anzusetzen, das sich nach den Vorschriften des Handelsgesetzbuchs ergeben würde. ⑤ Bei der Ermittlung der Eigenkapitalquote des Betriebs ist das Eigenkapital um einen im Konzernabschluss enthaltenen Firmenwert, soweit er auf den Betrieb entfällt, und um die Hälfte von Sonderposten mit Rücklagenanteil (§ 273 des Handelsgesetzbuchs) zu erhöhen sowie um das Eigenkapital, das keine Stimmrechte vermittelt – mit Ausnahme von Vorzugsaktien –, die Anteile an anderen Konzerngesellschaften und um Einlagen der letzten sechs Monate vor dem maßgeblichen Abschlussstichtag, soweit ihnen Entnahmen oder Ausschüttungen innerhalb der ersten sechs Monate nach dem maßgeblichen Abschlussstichtag gegenüberstehen, zu kürzen. ⑥ Die Bilanzsumme ist um Kapitalforderungen zu kürzen, die nicht im Konzernabschluss ausgewiesen sind und denen Verbindlichkeiten im Sinne des Absatzes 3 in mindestens gleicher Höhe gegenüberstehen. ⑦ Sonderbetriebsvermögen ist dem Betrieb der Mitunternehmerschaft zuzuordnen, soweit es im Konzernvermögen enthalten ist.

⑧ Die für den Eigenkapitalvergleich maßgeblichen Abschlüsse sind einheitlich nach den International Financial Reporting Standards (IFRS) zu erstellen. ⑨ Hiervon abweichend können Abschlüsse nach dem Handelsrecht eines Mitgliedstaats der Europäischen Union verwendet werden, wenn kein Konzernabschluss nach den IFRS zu erstellen und offen zu legen ist und für keines der letzten fünf Wirtschaftsjahre ein Konzernabschluss nach den IFRS erstellt wurde; nach den Generally Accepted Accounting Principles der Vereinigten Staaten von Amerika (US-GAAP) aufzustellende und offen zu legende Abschlüsse sind zu verwenden, wenn kein Konzernabschluss nach den IFRS oder dem Handelsrecht eines Mitgliedstaats der Europäischen Union zu erstellen und offen zu legen ist. ⑩ Der Konzernabschluss muss den Anforderungen an die handelsrechtliche Konzernrechnungslegung genügen oder die Voraussetzungen erfüllen, unter denen ein Abschluss nach den §§ 291 und 292 des Handelsgesetzbuchs befreiende Wirkung hätte. ⑪ Wurde der Jahresabschluss oder Einzelabschluss nicht nach denselben Rechnungslegungsstandards wie der Konzernabschluss aufgestellt, ist die Eigenkapitalquote des Betriebs in einer Überleitungsrechnung nach den für den Konzernabschluss geltenden Rechnungslegungsstandards zu ermitteln. ⑫ Die Überleitungsrechnung ist einer prüferischen Durchsicht zu unterziehen. ⑬ Auf Verlangen der Finanzbehörde ist der Abschluss oder die Überleitungsrechnung des Betriebs durch einen Abschlussprüfer zu prüfen, der die Voraussetzungen des § 319 des Handelsgesetzbuchs erfüllt.

⑭ Ist ein dem Eigenkapitalvergleich zugrunde gelegter Abschluss unrichtig und führt der zutreffende Abschluss zu einer Erhöhung der nach Absatz 1 nicht abziehbaren Zinsaufwendungen, ist ein Zuschlag entsprechend § 162 Absatz 4 Satz 1 und 2 der Abgabenordnung festzusetzen. ⑮ Bemessungsgrundlage für den Zuschlag sind die nach Absatz 1 nicht abziehbaren Zinsaufwendungen. ⑯ § 162 Absatz 4 Satz 4 bis 6 der Abgabenordnung gilt sinngemäß.

② Ist eine Gesellschaft, bei der der Gesellschafter als Mitunternehmer anzusehen ist, unmittelbar oder mittelbar einer Körperschaft nachgeordnet, gilt für die Gesellschaft § 8 a Absatz 2 und 3 des Körperschaftsteuergesetzes entsprechend.

12 *(3) ① Maßgeblicher Gewinn ist der nach den Vorschriften dieses Gesetzes mit Ausnahme des Absatzes 1 ermittelte steuerpflichtige Gewinn. ② Zinsaufwendungen sind Vergütungen für Fremdkapital, die den maßgeblichen Gewinn gemindert haben. ③ Zinserträge sind Erträge aus Kapitalforderungen jeder Art, die den maßgeblichen Gewinn erhöht haben. ④ Die Auf- und Abzinsung unverzinslicher oder niedrig verzinslicher Verbindlichkeiten oder Kapitalforderungen führen ebenfalls zu Zinserträgen oder Zinsaufwendungen. ⑤ Ein Betrieb gehört zu einem Konzern, wenn er nach dem für die Anwendung des Absatzes 2 Satz 1 Buchstabe c zugrunde gelegten Rechnungslegungsstandard mit einem oder mehreren anderen Betrieben konsolidiert wird oder werden könnte. ⑥ Ein Betrieb gehört für Zwecke des Absatzes 2 auch zu einem Konzern, wenn seine Finanz- und Geschäftspolitik mit einem oder mehreren anderen Betrieben einheitlich bestimmt werden kann.*

13 *(4)[3] ① Der EBITDA-Vortrag und der Zinsvortrag sind gesondert festzustellen. ② Zuständig ist das für die gesonderte Feststellung des Gewinns und Verlusts der Gesellschaft zuständige Finanzamt, im Übrigen das für die Besteuerung zuständige Finanzamt. ③ § 10 d Absatz 4 gilt sinngemäß. ④ Feststellungsbescheide sind zu erlassen, aufzuheben oder zu ändern, soweit sich die nach Satz 1 festzustellenden Beträge ändern.*

---

[1] § 4 h Abs. 2 Satz 1 Buchst. a EStG i. d. F. des Gesetzes v. 16. 7. 2009 erstmals anzuwenden für Wj., die nach dem 25. Mai 2007 beginnen und nicht vor dem 1. Januar 2008 enden.

[2] § 4 h Abs. 2 Satz 1 Buchst. c i. d. F. des Gesetzes v. 22. 12. 2009 (BGBl. I S. 3950); erstmals anzuwenden für Wj., die nach dem 31. 12. 2009 enden.

[3] § 4 h Abs. 4 EStG i. d. F. des Gesetzes v. 22. 12. 2009 (BGBl. I S. 3950); erstmals anzuwenden für Wj., die nach dem 31. 12. 2009 enden.

(5)[1] ① *Bei Aufgabe oder Übertragung des Betriebs gehen ein nicht verbrauchter EBITDA-Vortrag und ein nicht verbrauchter Zinsvortrag unter.* ② *Scheidet ein Mitunternehmer aus einer Gesellschaft aus, gehen der EBITDA-Vortrag und der Zinsvortrag anteilig mit der Quote unter, mit der der ausgeschiedene Gesellschafter an der Gesellschaft beteiligt war.* ③[2] *§ 8c des Körperschaftsteuergesetzes ist auf den Zinsvortrag einer Gesellschaft entsprechend anzuwenden, soweit an dieser unmittelbar oder mittelbar eine Körperschaft als Mitunternehmer beteiligt ist.* 14

Übersicht

H 8a

H 8a

Anwendungsschreiben zur Zinsschranke. Zu § 8 a KStG i. d. F. des Unternehmensteuerreformgesetzes vom 14. 8. 2007 (BGBl. I S. 1912; BStBl. I S. 630), sog. Zinsschranke → BMF vom 4. 7. 2008, BStBl. I S. 718.[3] 20

Gesellschafterfremdfinanzierung. Bei Prüfung der 10%-Grenze, ob eine schädliche Gesellschafterfremdfinanzierung vorliegt, sind Vergütungen für Fremdkapital der einzelnen qualifiziert beteiligten Gesellschafter nicht zusammenzurechnen (→ BFH vom 11. 11. 2015, I R 57/13, BStBl. 2017 II S. 319).

Verfassungsmäßigkeit. → BFH vom 14. 10. 2015, I R 20/15, BStBl. 2017 II S. 1240.[4, 5]

Schreiben betr. Zinsschranke (§ 4 h EStG; § 8 a KStG)[6]

Anl zu H 8a

Vom 4. Juli 2008 (BStBl. I S. 718)

(BMF IV C 7 – S 2742-a/07/10 001)

(letztmals abgedruckt im Handbuch zur Körperschaftsteuerveranlagung 2021)[7]

---

[1] § 4h Abs. 5 EStG i. d. F. des Gesetzes v. 22. 12. 2009 (BGBl. I S. 3950); erstmals anzuwenden für Wj., die nach dem 31. 12. 2009 enden.

[2] § 4h Abs. 5 Satz 3 EStG i. d. F. des JStG 2009 erstmals anzuwenden auf schädliche Beteiligungserwerbe nach dem 28. November 2008, deren sämtliche Erwerbe und gleichgestellte Rechtsakte nach dem 28. November 2008 stattfinden.

[3] Letztmals abgedruckt als Anl zu H 8 a im „Handbuch zur Körperschaftsteuerveranlagung 2021". Weiterhin abgedruckt als Anl zu § 4 h im „Handbuch zur Einkommensteuerveranlagung".

[4] **[Amtl. Anm.:]** Hierzu anhängiges Normenkontrollverfahren beim Bundesverfassungsgericht 2 BvL 1/16.

[5] Zur Frage der AdV siehe *BFH-Beschluss v. 18. 12. 2013 I B 85/13, BStBl. 2014 II S. 947:* Es ist ernstlich zweifelhaft, ob die Einschränkung des Betriebsausgabenabzugs für Zinsaufwendungen gemäß § 4 h EStG 2002 n. F. (sog. Zinsschranke) mit Art. 3 Abs. 1 GG vereinbar ist. Die Finanzverwaltung wendet das Urteil über den entschiedenen Einzelfall hinaus nicht an *(BMF-Schrb. v. 13. 11. 2014 IV C 2-S 2742-a/07/10 001:009, BStBl. 2014 I S. 1516).*

[6] Zu diversen **Praxisfragen betr. Anwendung der Zinsschranke** nach § 4 h EStG iVm § 8 a KStG siehe auch *Vfg. OFD Nordrhein-Westfalen v. 11. 7. 2013 S 2742 a – 2003 – St 137, DStR 2013 S. 1947* sowie *Vfg. OFD Karlsruhe v. 10. 10. 2014 S 2742 b/1/21-St 221 StEK KStG § 8 a Nr. 38.*

[7] **Weiterhin abrufbar im Online-Modul über das Inhaltsverzeichnis.** Zudem abgedruckt als Anl zu § 4 h im „Handbuch zur Einkommensteuerveranlagung".

KStG

§ 8 b Beteiligung an anderen Körperschaften und Personenvereinigungen

1 (1) [1]① Bezüge im Sinne des § 20 Abs. 1 Nr. 1, 2, 9 und 10 Buchstabe a des Einkommensteuergesetzes bleiben bei der Ermittlung des Einkommens außer Ansatz. ② Satz 1 gilt nur, soweit die Bezüge das Einkommen der leistenden Körperschaft nicht gemindert haben. ③ Sofern die Bezüge in einem anderen Staat auf Grund einer vom deutschen Recht abweichenden steuerlichen Zurechnung der Anteile im Sinne des Satzes 1 einer anderen Person zugerechnet werden, gilt Satz 1 nur, soweit das Einkommen der anderen Person oder ihr nahe stehender Personen nicht niedriger ist als bei einer dem deutschen Recht entsprechenden Zurechnung. ④ Sind die Bezüge im Sinne des Satzes 1 nach einem Abkommen zur Vermeidung der Doppelbesteuerung von der Bemessungsgrundlage für die Körperschaftsteuer auszunehmen, gilt Satz 2 ungeachtet des Wortlauts des Abkommens für diese Freistellung entsprechend. ⑤ Satz 2 gilt nicht, soweit die verdeckte Gewinnausschüttung das Einkommen einer dem Steuerpflichtigen nahestehenden Person erhöht hat und § 32 a des Körperschaftsteuergesetzes auf die Veranlagung dieser nahe stehenden Person keine Anwendung findet. ⑥ Bezüge im Sinne des Satzes 1 sind auch Einnahmen aus der Veräußerung von Dividendenscheinen und sonstigen Ansprüchen im Sinne des § 20 Abs. 2 Satz 1 Nr. 2 Buchstabe a des Einkommensteuergesetzes sowie Einnahmen aus der Abtretung von Dividendenansprüchen oder sonstigen Ansprüchen im Sinne des § 20 Abs. 2 Satz 2 des Einkommensteuergesetzes.

2 (2)[2] ① Bei der Ermittlung des Einkommens bleiben Gewinne aus der Veräußerung eines Anteils an einer Körperschaft oder Personenvereinigung, deren Leistungen beim Empfänger zu Einnahmen im Sinne des § 20 Abs. 1 Nr. 1, 2, 9 und 10 Buchstabe a des Einkommensteuergesetzes gehören, oder an einer Organgesellschaft im Sinne des § 14 oder § 17 au Ansatz. ② Veräußerungsgewinn im Sinne des Satzes 1 ist der Betrag, um den der Veräußerungspreis oder der an dessen Stelle tretende Wert nach Abzug der Veräußerungskosten den Wert übersteigt, der sich nach den Vorschriften über die steuerliche Gewinnermittlung im Zeitpunkt der Veräußerung ergibt (Buchwert). ③ Satz 1 gilt entsprechend für Gewinne aus der Auflösung oder der Herabsetzung des Nennkapitals oder aus dem Ansatz des in § 6 Absatz 1 Nummer 2 Satz 3 des Einkommensteuergesetzes bezeichneten Werts. ④ Die Sätze 1 und 3 gelten nicht, soweit der Anteil in früheren Jahren steuerwirksam auf den niedrigeren Teilwert abgeschrieben und die Gewinnminderung nicht durch den Ansatz eines höheren Werts ausgeglichen worden ist. ⑤ Satz 4 gilt außer für Gewinne aus dem Ansatz mit dem Wert, der sich nach § 6 Abs. 1 Nr. 2 Satz 3 des Einkommensteuergesetzes ergibt, auch für steuerwirksam vorgenommene Abzüge nach § 6 b des Einkommensteuergesetzes und ähnliche Abzüge. ⑥ Veräußerung im vorstehenden Sinne ist auch die verdeckte Einlage.

3 (3)[3] ① Von dem jeweiligen Gewinn im Sinne des Absatzes 2 Satz 1, 3 und 6 gelten 5 Prozent als Ausgaben, die nicht als Betriebsausgaben abgezogen werden dürfen. ② § 3 c Abs. 1 des Einkommensteuergesetzes ist nicht anzuwenden. ③ Gewinnminderungen, die im Zusammenhang mit dem in Absatz 2 genannten Anteil entstehen, sind bei der Ermittlung des Einkommens nicht zu berücksichtigen. ④ Zu den Gewinnminderungen im Sinne des Satzes 3 gehören auch Gewinnminderungen im Zusammenhang mit einer Darlehensforderung oder aus der Inanspruchnahme von Sicherheiten, die für ein Darlehen hingegeben wurden, wenn das Darlehen oder die Sicherheit von einem Gesellschafter gewährt wird, der zu mehr als einem Viertel unmittelbar oder mittelbar am Grund- oder Stammkapital der Körperschaft, der das Darlehen gewährt wurde, beteiligt ist oder war. ⑤ Dies gilt auch für diesem Gesellschafter nahestehende Personen im Sinne des § 1 Abs. 2 des Außensteuergesetzes oder für Gewinnminderungen aus dem Rückgriff eines Dritten auf den zu mehr als einem Viertel am Grund- oder Stammkapital beteiligten Gesellschafter oder eine diesem nahestehende Person auf Grund eines der Gesellschaft gewährten Darlehens. ⑥ Währungskursverluste gelten nicht als Gewinnminderungen im Sinne der Sätze 4 und 5. ⑦ Die Sätze 4 und 5 sind nicht anzuwenden, wenn nachgewiesen wird, dass auch ein fremder Dritter das Darlehen bei sonst gleichen Umständen gewährt oder noch nicht zurückgefordert hätte; dabei sind nur die eigenen Sicherungsmittel der Gesellschaft zu berücksichtigen. ⑧ Die Sätze 4 bis 7 gelten entsprechend für Forderungen aus Rechtshandlungen, die einer Darlehensgewährung wirtschaftlich vergleichbar sind. ⑨ Gewinne aus dem Ansatz einer Darlehensforderung mit dem nach § 6 Abs. 1 Nr. 2 Satz 3 des Einkommensteuergesetzes maßgeblichen Wert bleiben bei

[1] § 8 b Abs. 1 Satz 3 erstmals anzuwenden für Bezüge, die nach dem 31. Dezember 2019 zufließen (§ 34 Abs. 5 Satz 1).

[2] Zu diversen FG-Urteilen betr. steuerliche Gestaltungsmodelle im Zusammenhang mit Finanzmarktprodukten unter Ausnutzung von § 8 b KStG vgl. *Vfg. OFD Nordrhein-Westfalen v. 22. 10. 2018 S 2750 a – 1014 – St 131; S 1980–2014/0022 – St 225, DB 2018 S. 2964.*

[3] § 8 b Abs. 3 Satz 6 eingefügt, bish. Sätze 6 bis 8 werden Sätze 7 bis 9 und neuer Satz 8 geändert mWv VZ 2022 durch Gesetz vom 25. 6. 2021 (BGBl. I S. 2050); zur Anwendung siehe § 34 Abs. 5 Satz 2.

der Ermittlung des Einkommens außer Ansatz, soweit auf die vorangegangene Teilwertabschreibung Satz 3 angewendet worden ist.

(4)[1] ① Bezüge im Sinne des Absatzes 1 sind abweichend von Absatz 1 Satz 1 bei der Ermittlung des Einkommens zu berücksichtigen, wenn die Beteiligung zu Beginn des Kalenderjahres unmittelbar weniger als 10 Prozent des Grund- oder Stammkapitals betragen hat; ist ein Grund- oder Stammkapital nicht vorhanden, ist die Beteiligung an dem Vermögen, bei Genossenschaften die Beteiligung an der Summe der Geschäftsguthaben, maßgebend. ② Für die Bemessung der Höhe der Beteiligung ist § 13 Absatz 2 Satz 2 des Umwandlungssteuergesetzes nicht anzuwenden. ③ Überlässt eine Körperschaft Anteile an einen anderen und hat der andere diese oder gleichartige Anteile zurückzugeben, werden die Anteile für die Ermittlung der Beteiligungsgrenze der überlassenden Körperschaft zugerechnet. ④ Beteiligungen über eine Mitunternehmerschaft sind dem Mitunternehmer anteilig zuzurechnen; § 15 Absatz 1 Satz 1 Nummer 2 Satz 2 des Einkommensteuergesetzes gilt sinngemäß. ⑤ Eine dem Mitunternehmer nach Satz 4 zugerechnete Beteiligung gilt für die Anwendung dieses Absatzes als unmittelbare Beteiligung. ⑥ Für Zwecke dieses Absatzes gilt der Erwerb einer Beteiligung von mindestens 10 Prozent als zu Beginn des Kalenderjahres erfolgt. ⑦ Absatz 5 ist auf Bezüge im Sinne des Satzes 1 nicht anzuwenden. ⑧ [2]Beteiligungen von Kreditinstituten im Sinne des § 1 Absatz 1 Satz 1 des Kreditwesengesetzes, die Mitglied einer kreditwirtschaftlichen Verbundgruppe im Sinne des § 2 Absatz 1 Nummer 13 des Zahlungsdiensteaufsichtsgesetzes sind, an anderen Unternehmen und Einrichtungen dieser Verbundgruppe sind zusammenzurechnen. 4

(5) ① Von den Bezügen im Sinne des Absatzes 1, die bei der Ermittlung des Einkommens außer Ansatz bleiben, gelten 5 Prozent als Ausgaben, die nicht als Betriebsausgaben abgezogen werden dürfen. ② § 3 c Abs. 1 des Einkommensteuergesetzes ist nicht anzuwenden. 5

(6) ① Die Absätze 1 bis 5 gelten auch für die dort genannten Bezüge, Gewinne und Gewinnminderungen, die dem Steuerpflichtigen im Rahmen des Gewinnanteils aus einer Mitunternehmerschaft zugerechnet werden, sowie für Gewinne und Verluste, soweit sie bei der Veräußerung oder Aufgabe eines Mitunternehmeranteils auf Anteile im Sinne des Absatzes 2 entfallen. ② Die Absätze 1 bis 5 gelten für Bezüge und Gewinne, die einem Betrieb gewerblicher Art einer juristischen Person des öffentlichen Rechts über andere juristische Personen des öffentlichen Rechts zufließen, über die sie mittelbar an der leistenden Körperschaft, Personenvereinigung oder Vermögensmasse beteiligt ist und bei denen die Leistungen nicht im Rahmen eines Betriebs gewerblicher Art erfasst werden, und damit in Zusammenhang stehende Gewinnminderungen entsprechend. 6

(7)[3] ① Die Absätze 1 bis 6 sind nicht auf Anteile anzuwenden, die bei Kreditinstituten, Wertpapierinstituten und Finanzdienstleistungsinstituten dem Handelsbestand im Sinne des § 340 e Absatz 3 des Handelsgesetzbuchs zuzuordnen sind. ② [4]Gleiches gilt für Anteile, die bei Finanzunternehmen im Sinne des Kreditwesengesetzes, an denen Kreditinstitute, Wertpapierinstitute oder Finanzdienstleistungsinstitute unmittelbar oder mittelbar zu mehr als 50 Prozent beteiligt sind, zum Zeitpunkt des Zugangs zum Betriebsvermögen als Umlaufvermögen auszuweisen sind. 7

(8) ① Die Absätze 1 bis 7 sind nicht anzuwenden auf Anteile, die bei Lebens- und Krankenversicherungsunternehmen den Kapitalanlagen zuzurechnen sind. ② Satz 1 gilt nicht für Gewinne im Sinne des Absatzes 2, soweit eine Teilwertabschreibung in früheren Jahren nach Absatz 3 bei der Ermittlung des Einkommens unberücksichtigt geblieben ist und diese Minderung nicht durch den Ansatz eines höheren Werts ausgeglichen worden ist. ③ Gewinnminderungen, die im Zusammenhang mit den Anteilen im Sinne des Satzes 1 stehen, sind bei der Ermittlung des Einkommens nicht zu berücksichtigen, wenn das Lebens- oder Krankenversicherungsunternehmen die Anteile von einem verbundenen Unternehmen (§ 15 des Aktiengesetzes) erworben hat, soweit ein Veräußerungsgewinn für das verbundene Unternehmen nach Absatz 2 in der Fassung des Artikels 3 des Gesetzes vom 23. Oktober 2000 (BGBl. I S. 1433) bei der Ermittlung des Einkommens außer Ansatz geblieben ist. ④ Für die Ermittlung des Einkommens sind die Anteile mit den nach handelsrechtlichen Vorschriften ausgewiesenen Werten anzusetzen, die bei der Ermittlung der nach § 21 abziehbaren Beträge zu Grunde gelegt wurden. ⑤ Entsprechendes gilt für Pensionsfonds. 8

[1] § 8 b n. F. erstmals anzuwenden für Bezüge, die nach dem 28. Februar 2013 zufließen (vgl. § 27 Abs. 11 UmwStG).

[2] § 8 b Abs. 4 Satz 8 in dieser Fassung erstmals anzuwenden für den VZ 2018 (§ 34 Abs. 5 Satz 4).

[3] § 8 b Abs. 7 Sätze 1 und 2 in dieser Fassung erstmals anzuwenden für VZ 2017 bzw. auf Anteile, die nach dem 31. Dezember 2016 dem Betriebsvermögen zugehen, vgl. § 34 Abs. 5 Satz 5.

[4] Hat ein Finanzunternehmen eine Wandelanleihe in der Absicht erworben, einen kurzfristigen Eigenhandelserfolg zu erzielen, und veräußert es die im Zuge der Wandlung erhaltenen Aktien, erfüllt dies den Tatbestand des § 8 b Abs. 7 Satz 2 KStG (*BFH-Beschluss v. 13. 10. 2021 I R 37/18, BFH/NV 2022, 536*).

KStG

9 (9) **Die Absätze 7 und 8 gelten nicht für Bezüge im Sinne des Absatzes 1, auf die die Mitgliedstaaten der Europäischen Union Artikel 4 Abs. 1 der Richtlinie 2011/96/EU des Rates vom 30. November 2011 über das gemeinsame Steuersystem der Mutter- und Tochtergesellschaften verschiedener Mitgliedstaaten (ABl. L 345 vom 29. 12. 2011, S. 8), anzuwenden haben.**

10 (10)[1] **① Überlässt eine Körperschaft (überlassende Körperschaft) Anteile, auf die bei ihr Absatz 4, 7 oder 8 anzuwenden ist oder auf die bei ihr aus anderen Gründen die Steuerfreistellungen der Absätze 1 und 2 oder vergleichbare ausländische Vorschriften nicht anzuwenden sind, an eine Körperschaft (andere Körperschaft), bei der auf die Anteile Absatz 4, 7oder 8 nicht anzuwenden ist, und hat die andere Körperschaft, der die Anteile zuzurechnen sind, diese oder gleichartige Anteile zurückzugeben, dürfen die für die Überlassung gewährten Entgelte bei der anderen Körperschaft nicht als Betriebsausgabe abgezogen werden. ② Überlässt die andere Körperschaft für die Überlassung der Anteile Wirtschaftsgüter an die überlassende Körperschaft, aus denen diese Einnahmen oder Bezüge erzielt, gelten diese Einnahmen oder Bezüge als von der anderen Körperschaft bezogen und als Entgelt für die Überlassung an die überlassende Körperschaft gewährt. ③ Absatz 3 Satz 1 und 2 sowie Absatz 5 sind nicht anzuwenden. ④ Die Sätze 1 bis 3 gelten auch für Wertpapierpensionsgeschäfte im Sinne des § 340 b Absatz 2 des Handelsgesetzbuchs. ⑤ Die Sätze 1 bis 4 gelten nicht, wenn die andere Körperschaft keine Einnahmen oder Bezüge aus den ihr überlassenen Anteilen erzielt. ⑥ Zu den Einnahmen und Bezügen aus den überlassenen Anteilen im Sinne des Satzes 5 gehören auch Entgelte, die die andere Körperschaft dafür erhält, dass sie die entliehenen Wertpapiere weiterverleiht. ⑦ Die Sätze 1 bis 6 gelten entsprechend, wenn die Anteile an eine Personengesellschaft oder von einer Personengesellschaft überlassen werden, an der die überlassende oder die andere Körperschaft unmittelbar oder mittelbar über eine Personengesellschaft oder mehrere Personengesellschaften beteiligt ist. ⑧ In diesen Fällen gelten die Anteile als an die Körperschaft oder von der Körperschaft überlassen. ⑨ Die Sätze 1 bis 8 gelten entsprechend, wenn Anteile, die die Voraussetzungen des Absatzes 7 erfüllen, von einer Personengesellschaft überlassen werden. ⑩ Die Sätze 1 bis 8 gelten nicht, soweit § 2 Nummer 2 zweiter Halbsatz oder § 5 Absatz 2 Nummer 1 zweiter Halbsatz auf die überlassende Körperschaft Anwendung findet. ⑪ Als Anteil im Sinne der Sätze 1 bis 10 gilt auch der Anteil im Sinne von § 2 Absatz 4 des Investmentsteuergesetzes vom 19. Juli 2016 (BGBl. I S. 1730), das zuletzt durch Artikel 10 des Gesetzes vom 23. Juni 2017 (BGBl. I S. 1682) geändert worden ist, in der jeweils geltenden Fassung, soweit daraus Einnahmen erzielt werden, auf die § 8 b anzuwenden ist.**

11 (11)[2] **Die Absätze 1 bis 10 sind nicht anzuwenden bei Anteilen an Unterstützungskassen.**

Übersicht

H 8b

H 8b

15 **Abwärtsverschmelzung mit ausländischer Anteilseignerin.** Die Verschmelzung zweier Kapitalgesellschaften kann zu einem steuerfreien Auflösungsgewinn i. S. des § 8 b Abs. 2 Satz 3 KStG führen, von dem 5% als nicht abziehbare Betriebsausgaben gelten. Das Diskriminierungsverbot aus Art. 24 Abs. 4 DBA USA 1989 steht dem Ansatz nicht abziehbarer Betriebsausgaben in Höhe von 5% des Auflösungsgewinns nicht entgegen, wenn Anteilseignerin der übertragenden Muttergesellschaft eine US-amerikanische Kapitalgesellschaft ist. Gleiches gilt im Hinblick auf die Fusionsrichtlinie und die unionsrechtlichen Grundfreiheiten (→ BFH vom 30. 5. 2018, I R 31/16, BStBl. 2019 II S. 136).

Abzugsverbot von Gewinnminderungen im Zusammenhang mit Gesellschafterdarlehen. Das in § 8 b Abs. 3 Satz 4 KStG angeordnete Abzugsverbot erfordert nur, dass der Gesellschafter, der das Darlehen oder die Sicherheit gewährt, zu irgendeinem Zeitpunkt während der Darlehenslaufzeit die Beteiligungsvoraussetzungen erfüllt. Auf den alleinigen Zeitpunkt

[1] § 8 b Abs. 10 Satz 1 bis 5 und 7 bis 11 in dieser Fassung erstmals für nach dem 31. Dezember 2013 überlassene Anteile anzuwenden, Abs. 10 Satz 6 auf alle offenen Fälle.
[2] § 8 b Abs. 11 erstmals anzuwenden ab VZ 2016 (§ 34 Abs. 1 i.d. F. des JStG 2015).

der Darlehensbegebung oder den Eintritt der Gewinnminderung kommt es nicht an (→ BFH vom 12. 3. 2014, I R 87/12, BStBl. II S. 859).

Allgemeine Fragen zur Auslegung des § 8b KStG. → BMF vom 28. 4. 2003, BStBl. I S. 292.[1]

Ausschüttungen aus dem steuerlichen Einlagekonto. Ausschüttungen aus dem steuerlichen Einlagekonto, die den Beteiligungsbuchwert übersteigen, fallen unter § 8b Abs. 2 KStG (→ BMF vom 28. 4. 2003, BStBl. I S. 292, Rn. 6 und → BFH vom 28. 10. 2009, I R 116/08, BStBl. 2011 II S. 898).

Betriebsausgabenfiktion gemäß § 8b Abs. 3 Satz 1 KStG bei beschränkt steuerpflichtigen Körperschaften. Der von einer beschränkt steuerpflichtigen Körperschaft erzielte Gewinn aus der Veräußerung von Anteilen an einer inländischen Kapitalgesellschaft ist gemäß § 8b Abs. 2 Satz 1 KStG steuerfrei. Die Fiktion nichtabziehbarer Betriebsausgaben nach Maßgabe von § 8b Abs. 3 Satz 1 KStG (sog. Schachtelstrafe) geht ins Leere, wenn die veräußernde Kapitalgesellschaft im Inland über keine Betriebsstätte und keinen ständigen Vertreter verfügt (→ BFH vom 31. 5. 2017, I R 37/15, BStBl. 2018 II S. 144).

Betriebsausgabenabzugsverbot nach § 8b Abs. 5 Satz 1 KStG auf Hinzurechnungsbeträge. Das in § 8b Abs. 5 Satz 1 KStG geregelte pauschale Betriebsausgabenabzugsverbot ist auf Gewinnausschüttungen anzuwenden, die nach § 3 Nr. 41 Buchst. a EStG[2] steuerfrei geblieben wären (→ BFH vom 26. 4. 2017, I R 84/15, BStBl. 2018 II S. 492; → BMF vom 5. 10. 2020, BStBl. I S. 1033).

Gewinn- oder umsatzabhängige Kaufpreisforderung. Die Rechtsprechung zu § 16 EStG, nach der ein Veräußerungsgewinn im Zeitpunkt des Übergangs der wirtschaftlichen Inhaberstellung entsteht, unabhängig davon, ob der vereinbarte Kaufpreis sofort fällig, in Raten zahlbar oder langfristig gestundet ist und wann der Verkaufserlös dem Veräußerer tatsächlich zufließt, ist auch für § 8b Abs. 2 KStG zu beachten (→ BFH vom 19. 12. 2018, I R 71/16, BStBl. 2019 II S. 493).

Investmentsteuergesetz – Anwendungsfragen. → BMF vom 21. 5. 2019, BStBl. I S. 527.

Sonderumlagen an einen öffentlich-rechtlichen Verband. Sonderumlagen an einen öffentlich-rechtlichen Verband als Gewinnminderungen i. S. des § 8b Abs. 6 Satz 2 i. V. m. Abs. 3 Satz 3 KStG (→ BFH vom 22. 5. 2019, I R 16/17, BStBl. 2020 II S. 416).

Stillhalterprämien. Sog. Stillhalterprämien aus Optionsgeschäften im Zusammenhang mit dem Erwerb und der Veräußerung von Anteilen i. S. d. § 8b Abs. 2 KStG werden nicht von § 8b Abs. 2 KStG erfasst (→ BFH vom 6. 3. 2013, I R 18/12, BStBl. II S. 588).

Umtauschanleihen. Wird bei Umtauschanleihen die Option auf Aktienlieferung durch den Anleihegläubiger ausgeübt, ist die Anleiheverbindlichkeit gegen den Buchwert der abgegebenen Aktien auszubuchen. Sofern der Ansatz der Anleiheverbindlichkeit den Buchwert der Aktien übersteigt, entsteht ein Gewinn, der § 8b Abs. 2 KStG unterfällt. Bei der Ermittlung des Veräußerungsgewinns nach § 8b Abs. 2 KStG kann die Anleiheverbindlichkeit wegen § 5 Abs. 1 a EStG nicht mit einem über dem Nennwert liegenden Teilwert berücksichtigt werden, wenn in der Handelsbilanz eine Bewertungseinheit zwischen der Anleiheverbindlichkeit und im Bestand der Anleiheschuldnerin gehaltenen Aktien gebildet wurde (→ BFH vom 27. 3. 2019, I R 20/17, BStBl. 2020 II S. 685).

Veräußerungskosten/nachträgliche Kaufpreisänderungen. → BMF vom 24. 7. 2015, BStBl. I S. 612.[3]

„Vergebliche" Kosten für die sog. Due-Diligence-Prüfung aus Anlass des gescheiterten Erwerbs einer Kapitalbeteiligung unterfallen nicht dem Abzugsverbot des § 8b Abs. 3 KStG (→ BFH vom 9. 1. 2013, I R 72/11, BStBl. II S. 343).

Zu den Veräußerungskosten i. S. d. § 8b Abs. 2 Satz 2 KStG gehören alle Aufwendungen, welche durch die Veräußerung der Anteile veranlasst sind.

Das können auch die Verluste aus der Veräußerung von Zertifikaten auf die entsprechenden Aktien aus Wertpapiertermingeschäften sein (→ BFH vom 9. 4. 2014, I R 52/12, BStBl. II S. 861, → BFH vom 15. 6. 2016, I R 64/14, BStBl. 2017 II S. 182).

Hiernach sind auch Gemeinkosten jedenfalls dann als Veräußerungskosten zu qualifizieren, wenn der Geschäftszweck einer Kapitalgesellschaft ausschließlich darin besteht, Vorratsgesellschaften zu gründen und die hierbei erlangten Anteile zu veräußern (→ BFH vom 15. 6. 2016, I R 64/16, BStBl. 2017 II S. 182).

Die in § 8b Abs. 2 Satz 1 KStG angeordnete Freistellung der Gewinne aus der Veräußerung von Kapitalanteilen bezieht sich auf einen um etwaige Veräußerungskosten gekürzten Netto-

---

[1] Nachstehend abgedruckt als Anl b zu H 8b.

[2] **[Amtl. Anm.:]** § 3 Nr. 41 EStG wurde durch Art. 1 Nr. 2 Buchst. b) des ATADUmsG vom 25. Juni 2021 aufgehoben und ist nach § 52 Abs. 4 Satz 15 in der am 30. Juni 2021 geltenden Fassung letztmals für den Veranlagungszeitraum 2021 anzuwenden.

[3] Letztmals abgedruckt als Anl a zu H 8b im „Handbuch zur Körperschaftsteuerveranlagung 2021".

noch 15 betrag, von welchem nach § 8b Abs. 3 Satz 1 KStG sodann 5% als fiktive nichtabziehbare Betriebsausgaben behandelt werden (→ BFH vom 12. 3. 2014, I R 45/13, BStBl. II S. 719).

Verfassungsmäßigkeit des § 8b Abs. 3 und 5 KStG. Die Pauschalierung eines Betriebsausgabenabzugsverbots durch die Hinzurechnung von 5% des Veräußerungsgewinns und der Bezüge aus Beteiligungen nach § 8b Abs. 3 Satz 1 und Abs. 5 Satz 1 KStG ist verfassungsgemäß. Dies gilt auch dann, wenn die Körperschaft nachweisen kann, dass im Zusammenhang mit der Beteiligung keine oder nur sehr geringe Aufwendungen angefallen sind (→ BVerfG vom 12. 10. 2010, 1 BvL 12/07, BGBl. I S. 1766).
Das Abzugsverbot des § 8b Abs. 3 Satz 3 KStG für Veräußerungsverluste und Teilwertabschreibungen und das in § 8b Abs. 3 Satz 4 KStG enthaltene Abzugsverbot sind verfassungsgemäß (→ BFH vom 12. 3. 2014, I R 87/12, BStBl. II S. 859).
§ 8b Abs. 3 Satz 1 KStG verstößt nicht gegen das verfassungsrechtliche Rückwirkungsverbot (→ BFH vom 11. 4. 2018, I R 34/15, BStBl. 2020 II S. 201[1]). Ferner ist § 8b Abs. 3 Satz 1 KStG, auch soweit die Norm Gewinne aus Teilwertaufholungen umfasst, mit Art. 3 Abs. 1 GG vereinbar (→ BFH vom 13. 2. 2019, I R 21/17, BStBl. II S. 567).

Verfassungsmäßigkeit des § 8b Abs. 4 KStG. § 8b Abs. 4 KStG i. d. F. des Gesetzes zur Umsetzung des EuGH-Urteils vom 20. 10. 2011 in der Rechtssache C-284/09 vom 21. 3. 2013 (BGBl. I 2013, 561, BStBl. I 2013, 344) ist mit Art. 3 Abs. 1 GG vereinbar (→ BFH vom 18. 12. 2019, I R 29/17, BStBl. 2020 II S. 690).

Währungssicherungsgeschäfte. Bei der Bemessung des nach § 8b Abs. 2 Satz 1 KStG steuerfreien Veräußerungsgewinns aus einem in Fremdwährung abgewickelten Anteilsverkauf ist der Ertrag aus einem Devisentermingeschäft, das der Veräußerer vor der Veräußerung zum Zweck der Minimierung des Währungskursrisikos in Bezug auf den Veräußerungserlös abgeschlossen hat, als Bestandteil des Veräußerungspreises i. S. des § 8b Abs. 2 Satz 2 KStG gewinnerhöhend zu berücksichtigen. Verluste aus Devisentermingeschäften, die ausschließlich zum Ausschluss bzw. zur Minderung des Währungskursrisikos einer konkret geplanten, in Fremdwährung abzuwickelnden Anteilsveräußerung abgeschlossen worden sind, mindern als Bestandteil der Veräußerungskosten i. S. von § 8b Abs. 2 Satz 2 KStG den Veräußerungsgewinn (→ BFH vom 10. 4. 2019, I R 20/16, BStBl. 2020 II S. 674).
→ BMF vom 5. 10. 2020, BStBl. I S. 1033.

Wertaufholungen bei vorangegangenen Teilwertabschreibungen. Wertaufholungen sind zuerst mit unmittelbar vorangegangenen Teilwertabschreibungen zu kompensieren (→ BFH vom 19. 8. 2009, I R 2/09, BStBl. 2010 II S. 760).
Dagegen sind Wertaufholungen, denen in früheren Jahren sowohl steuerwirksame als auch steuerunwirksame Anteilsabschreibungen auf den niedrigeren Teilwert vorangegangen sind, nach § 8b Abs. 8 Satz 2 KStG vorrangig mit dem Gesamtvolumen früherer steuerunwirksamer Teilwertabschreibungen zu verrechnen (→ BFH vom 13. 2. 2019, I R 21/17, BStBl. II S. 567).[2]

Wertpapierleihe, Zurechnung von Aktien. Das wirtschaftliche Eigentum an Aktien, die im Rahmen einer sog. Wertpapierleihe an den Entleiher zivilrechtlich übereignet wurden, kann ausnahmsweise beim Verleiher verbleiben, wenn die Gesamtwürdigung der Umstände des Einzelfalles ergibt, dass dem Entleiher lediglich eine formale zivilrechtliche Rechtsposition verschafft werden sollte. § 8b KStG findet dann beim Entleiher bezogen auf die „entliehenen" Anteile und die daraus resultierenden Einkünfte insgesamt keine Anwendung (→ BFH vom 18. 8. 2015, I R 88/13, BStBl. 2016 II S. 961, → BMF vom 9. 7. 2021, BStBl. I S. 1002).

Anl a zu H 8b

a) Schreiben betr. Veräußerungsgewinnbefreiung nach § 8b Abs. 2 KStG; Behandlung von Veräußerungskosten und nachträglichen Kaufpreisänderungen

Vom 24. Juli 2015 (BStBl. I S. 612)

(BMF IV C 2 – S 2750–a/07/10002 :002)

(letztmals abgedruckt im Handbuch zur Körperschaftsteuerveranlagung 2021)[3]

[1] **[Amtl. Anm.:]** Verfassungsbeschwerde anhängig, 2 BvR 2664/18.
[2] Nach *Kurzinformation FM Schleswig-Holstein v. 5. 11. 2020 VI 313-S 2750 a-039, BeckVerw 494 172* sind die Grundsätze dieser Entscheidung über den Einzelfall hinaus lediglich auf insoweit vergleichbare Konstellationen bei Lebens- und Krankenversicherungsunternehmen sowie bei Pensionsfonds anzuwenden, für die die sektorspezifische Sonderregelung des § 8b Abs. 8 KStG gilt.
[3] **Weiterhin abrufbar im Online-Modul über das Inhaltsverzeichnis.**

b) Schreiben betr. Anwendung des § 8 b KStG 2002[1] und Auswirkungen auf die Gewerbesteuer

Vom 28. April 2003 (BStBl. I S. 292)

(BMF IV A 2 – S 2750 a – 7/03)

Inhaltsübersicht

Unter Bezugnahme auf das Ergebnis der Erörterungen mit den obersten Finanzbehörden der Länder gilt zur Anwendung der durch das Steuersenkungsgesetz – StSenkG – vom 23. Oktober 2000 (BGBl. I S. 1433, BStBl. I S. 1428) neu gefassten und durch das Unternehmenssteuerfortentwicklungsgesetz – UntStFG – vom 20. Dezember 2001 (BGBl. I S. 3858, BStBl. I 2002 S. 35) geänderten Vorschriften des § 8 b Abs. 1 bis 6 KStG Folgendes:

A. Einführung

1 Durch das Steuersenkungsgesetz wurde das Vollanrechnungsverfahren durch das so genannte Halbeinkünfteverfahren ersetzt. Im Halbeinkünfteverfahren werden die Gewinne der Körperschaft unabhängig davon, ob sie ausgeschüttet oder einbehalten werden, in Höhe des jeweiligen Körperschaftsteuersatzes (mit 25 v. H. bzw. 26,5 v. H.) besteuert. Ausgeschüttete Gewinne werden beim Anteilseigner nur zur Hälfte in die Bemessungsgrundlage seiner Einkommensteuer einbezogen. Bei Gewinnausschüttungen einer Körperschaft an eine andere Körperschaft gilt beim Empfänger grundsätzlich eine allgemeine Beteiligungsertragsbefreiung; dadurch bleibt es in Beteiligungsketten bei einer einmaligen Körperschaftsteuerbelastung in Höhe des jeweiligen Körperschaftsteuersatzes, bis der Gewinn die Ebene der Körperschaften verlässt und an eine natürliche Person ausgeschüttet wird. 30

2 Der Gewinn aus der Veräußerung einer Beteiligung an einer inländischen oder ausländischen Körperschaft wird durch § 8 b Abs. 2 KStG ebenfalls grundsätzlich steuerfrei gestellt. Die Freistellung berücksichtigt, dass der Veräußerungsgewinn auf offenen und stillen Reserven in der Beteiligungsgesellschaft beruht, welche dort entweder bereits versteuert worden sind oder auch nach der Veräußerung steuerverhaftet bleiben.

3 Gewinnminderungen, die im Zusammenhang mit steuerfreien Erträgen nach § 8 b KStG stehen, sind nur eingeschränkt zu berücksichtigen. Zu Einzelfragen der Abzugsbeschränkung ergeht ein gesondertes BMF-Schreiben.

---

[1] **[Amtl. Anm.:]** KStG 2002 = KStG n. F.
KStG 1999 = KStG a. F.

Anl b zu H 8 b

B. Beteiligungsertragsbefreiung (§ 8 b Abs. 1 KStG)

I. Allgemeines

31 **4** § 8 b Abs. 1 KStG gilt sachlich für Beteiligungserträge aus dem In- und Ausland[1] und persönlich für alle Körperschaften, Personenvereinigungen und Vermögensmassen i. S. der §§ 1 und 2 KStG als Empfänger. Die Anwendung des § 8 b Abs. 1 KStG setzt keine Mindestbeteiligungsquote oder Mindestbehaltefrist voraus.

II. Sachlicher Anwendungsbereich

32 **5** § 8 b Abs. 1 KStG enthält eine abschließende Aufzählung der Tatbestände, die unter die Beteiligungsertragsbefreiung fallen. Dies sind insbesondere **Bezüge aus offenen und verdeckten Gewinnausschüttungen** (§ 20 Abs. 1 Nr. 1 EStG).

6 Zu den Bezügen i. S. des § 20 Abs. 1 Nr. 1 EStG gehören nicht solche Ausschüttungen, die als Zahlung aus dem steuerlichen Einlagekonto i. S. des § 27 KStG gelten. Diese **Einlagenrückgewähr** unterliegt der Steuerbefreiung nach § 8 b Abs. 2 KStG, soweit sie den Buchwert der Beteiligung übersteigt.

7 Liquidationsraten, die nicht in der Rückzahlung von Nennkapital mit Ausnahme des Nennkapitals i. S. des § 28 Abs. 2 Satz 2 KStG bestehen und nicht aus dem Bestand des steuerlichen Einlagekontos i. S. des § 27 KStG stammen, gehören gem. § 20 Abs. 1 Nr. 2 EStG zu den Einkünften aus Kapitalvermögen und fallen daher unter die Beteiligungsertragsbefreiung.

Beispiel

Die A-GmbH (Nennkapital 50 000 €) wird zum 30. Juni 2003 aufgelöst. Der Abwicklungszeitraum endet am 31. August 2004. Zum 31. August 2004 betragen die sonstigen Rücklagen lt. Steuerbilanz 200 000 €. Ein KSt-Guthaben oder ein Bestand an Alt-EK 02 ist nicht vorhanden. Am 31. Dezember 2003 betrug das steuerliche Einlagekonto 20 000 €. Alleingesellschafterin der A-GmbH ist die X-GmbH.

Das verteilte Vermögen beträgt 250 000 € (sonstige Rücklagen und Nennkapital). Der ausschüttbare Gewinn gem. § 27 Abs. 1 Satz 4 KStG vor der Schlussverteilung beträgt 180 000 €. Von dem verteilten Vermögen entfallen 50 000 € auf die Rückzahlung des Nennkapitals; 20 000 € gelten als Zahlung aus dem steuerlichen Einlagekonto und unterliegen damit bei der X-GmbH der Steuerbefreiung des § 8 b Abs. 2 KStG. Die Auskehrung des restlichen Betrages von 180 000 € führt bei der X-GmbH zu Einnahmen i. S. des § 20 Abs. 1 Nr. 2 EStG und fallen damit unter die Beteiligungsertragsbefreiung nach § 8 b Abs. 1 KStG.

Zur steuerlichen Behandlung der Auflösung von Körperschaften ergeht ein gesondertes BMF-Schreiben.

8 Die Beteiligungsertragsbefreiung erstreckt sich auch auf **Einnahmen aus der Veräußerung von** Dividendenansprüchen (§ 8 b Abs. 1 Satz 2 KStG).

9 Einnahmen aus Wertpapierleihgeschäften (Leihgebühr, Kompensationszahlungen des Entleihers) fallen nicht unter die Beteiligungsertragsbefreiung.

10 Von § 8 b Abs. 1 KStG werden ebenfalls Einnahmen aus Leistungen einer Körperschaft, Personenvereinigung oder Vermögensmasse i. S. des § 1 Abs. 1 Nr. 3 bis 6 KStG erfasst, die Gewinnausschüttungen i. S. des § 20 Abs. 1 Nr. 1 EStG vergleichbar sind **(Leistungen i. S. des § 20 Abs. 1 Nr. 9 und 10 Buchst. a EStG).**

III. Einbehaltung und Anrechnung von Kapitalertragsteuer

33 **11** Der Kapitalertragsteuerabzug wird durch § 8 b Abs. 1 KStG nicht ausgeschlossen (§ 43 Abs. 1 Satz 3 EStG). Die auf Erträge i. S. des § 8 b Abs. 1 KStG einbehaltene Kapitalertragsteuer kann im Rahmen der Körperschaftsteuerveranlagung in voller Höhe angerechnet werden (§ 8 Abs. 1 KStG i. V. m. § 36 Abs. 2 Satz 2 Nr. 2 EStG). Bei beschränkt Steuerpflichtigen ohne inländisches Betriebsvermögen hat der Kapitalertragsteuereinbehalt abgeltende Wirkung (§ 32 Abs. 1 Nr. 2 KStG).

IV. Steuerpflicht nach anderen Vorschriften

34 **12** Die Beteiligungsertragsbefreiung nach § 8 b Abs. 1 KStG schließt eine Steuerpflicht nach anderen Vorschriften (z. B. § 37 Abs. 3 KStG) nicht aus.

C. Veräußerungsgewinnbefreiung (§ 8 b Abs. 2 KStG)

I. Allgemeines

35 **13** § 8 b Abs. 2 KStG gilt persönlich für alle Körperschaften (z. B. beschränkt steuerpflichtige Körperschaft ohne inländisches Betriebsvermögen, steuerpflichtiger Verein). Durch § 8 b Abs. 2 KStG wird sachlich der Gewinn aus der Veräußerung einer Beteiligung an einer anderen Körperschaft steuerfrei gestellt. Das gilt sowohl für Beteiligungen an inländischen als auch an ausländischen Körperschaften, unabhängig von der Beteiligungshöhe.

14 Ausdrücklich geregelt ist außerdem die Steuerfreiheit von Gewinnen aus der Veräußerung eines Anteils an einer Organgesellschaft, aus der Auflösung, der Kapitalherabsetzung oder Wertaufholung, aus der Anwendung des § 21 Abs. 2 UmwStG und aus der verdeckten Einlage.

---

[1] *BFH-Urteil v. 18. 5. 2021 I R 12/18, BStBl. 2021 II S. 875:* Ob Ausschüttungen einer ausländischen Gesellschaft gemäß § 8 b Abs. 1 Satz 1 KStG i. V. m. § 20 Abs. 1 Nr. 1 EStG außer Ansatz bleiben, richtet sich nach dem sog. Typenvergleich. Sowohl das ausländische Rechtsgebilde als auch die konkrete Beteiligungsform des Steuerpflichtigen müssen vom Typ her den Gesellschafts- und Beteiligungsformen gleichen, die in diesen Regelungen angeführt werden. Entscheidend ist eine rechtliche und wirtschaftliche Gesamtwürdigung der maßgebenden ausländischen Bestimmungen über die Organisation und Struktur der Gesellschaft sowie deren konkrete Ausformung in ihrer Satzung.

II. Gesetzlich geregelte Anwendungsfälle des § 8 b Abs. 2 KStG

15 Das Gesetz unterscheidet nicht zwischen Anteilen an anderen Körperschaften und **eigenen Anteilen.** Deshalb fällt auch der Verkauf von zur Weiterveräußerung erworbenen eigenen Anteilen unter § 8 b Abs. 2 KStG. 36

16 Die Veräußerungsgewinnbefreiung nach § 8 b Abs. 2 KStG gilt auch, wenn ein Organträger, auf den § 8 b KStG Anwendung findet, die **Beteiligungen an einer Organgesellschaft** verkauft.

Einzubeziehen ist dabei auch der Gewinn aus der Auflösung eines passiven Ausgleichspostens, der gebildet worden ist, weil der an den Organträger abgeführte Gewinn der Organgesellschaft von dem Steuerbilanzgewinn abweicht. Gewinnminderungen aus der Auflösung entsprechender aktiver Ausgleichsposten fallen unter das Abzugsverbot des § 8 b Abs. 3 KStG (vgl. Tz. 26).

Beispiel

Die A-GmbH veräußert die Beteiligung an ihrer 100 %igen Organgesellschaft (OG) (Veräußerungspreis 500, Buchwert 200). Aufgrund handelsrechtlicher Mehrabführungen der OG hatte die A-GmbH in ihrer Steuerbilanz einen passiven Ausgleichsposten i. H. von 50 gebildet. Aus der Veräußerung erzielt die A-GmbH einen Gewinn von 300 (500–200). Dieser Gewinn erhöht sich durch die Auflösung des passiven Ausgleichspostens um weitere 50. Der Gesamtbetrag von 350 fällt unter die Veräußerungsgewinnbefreiung des § 8 b Abs. 2 KStG.

17 Zur Anwendung des § 8 b Abs. 2 KStG im Fall der **Liquidation** vgl. Tz. 7.

18 Unter die Veräußerungsgewinnbefreiung fallen ferner Gewinne aus **Wertaufholungen i. S. des § 6 Abs. 1 Nr. 2 Satz 3 EStG,** denen eine nach § 8 b Abs. 3 KStG steuerlich nicht zu berücksichtigende Teilwertabschreibung vorausgegangen ist.

Beispiel

Die A-GmbH bringt im Jahr 01 einen Teilbetrieb zu einem unter dem Teilwert liegenden Buchwert in die B-GmbH ein. Sie erhält Anteile im Nennwert von 400. Im Jahr 04 schreibt sie die Beteiligung auf 200 ab. Im Jahr 08 wird eine Wertaufholung von 100 erforderlich.
Die Teilwertabschreibung von 200 ist nach § 8 b Abs. 3 KStG steuerlich nicht zu berücksichtigen. Das Einkommen des Jahres 04 ist daher um 200 zu erhöhen. Die Wertaufholung führt zu einer Gewinnerhöhung von 100, die nach § 8 b Abs. 2 KStG steuerfrei ist.

Abwandlung

Die Wertaufholung erfolgt im Jahr 06.
Die Wertaufholung führt zu einer Gewinnerhöhung von 100, die nicht durch § 8 b Abs. 2 KStG begünstigt ist, weil sie innerhalb des 7-Jahreszeitraums (vgl. Tz. 40 ff.) erfolgt ist. Der Gewinn ist jedoch um die zuvor steuerlich nicht gewinnmindernd berücksichtigte Teilwertabschreibung zu korrigieren, so dass kein steuerpflichtiger Gewinn verbleibt.

19 § 8 b Abs. 2 KStG erfasst ebenfalls die Fälle, in denen bei einbringungsgeborenen Anteilen nach **§ 21 Abs. 2** UmwStG eine Gewinnrealisierung ohne Veräußerung eintritt. Wegen einer möglichen Steuerpflicht des Veräußerungsgewinns nach § 8 b Abs. 4 KStG vgl. Tz. 28 ff.

Beispiel

Die A-GmbH bringt im Jahr 01 einen Teilbetrieb (Buchwert 200, Teilwert 400) gem. § 20 Abs. 1 Satz 1 UmwStG zu Buchwerten in die B-GmbH ein. Im Jahr 09 stellt die A-GmbH einen Antrag nach § 21 Abs. 2 Satz 1 Nr. 1 UmwStG. Der Wert der Anteile beträgt zu diesem Zeitpunkt 500. Der Gewinn i. H. von 300 (500–200) ist steuerfrei nach § 8 b Abs. 2 KStG.

20 Gewinne aus der Übertragung von Anteilen im Rahmen einer **verdeckten Einlage** werden nach § 8 b Abs. 2 Satz 3 KStG den Gewinnen aus Veräußerungen gleichgestellt.

III. Anwendung des § 8 b Abs. 2 KStG auf weitere Realisationsvorgänge

21 Einkommenserhöhungen durch **verdeckte Gewinnausschüttungen** im Zusammenhang mit der Übertragung von Anteilen fallen unter die Steuerbefreiung. Die Ermittlung der verdeckten Gewinnausschüttung geht der Anwendung des § 8 b KStG vor. 37

Beispiel 1

Die M-AG veräußert Anteile an der T-GmbH für 200 an ihren Anteilseigner. Die Anteile an der T-GmbH haben Anschaffungskosten von 500, einen Buchwert von 500 und einen Teilwert (gemeinen Wert) von 1000.

Steuerpflichtiger Veräußerungsgewinn der M-AG:

Veräußerungserlös		200
Buchwert		– 500
		– 300
verdeckte Gewinnausschüttung (§ 8 Abs. 3 Satz 2 KStG):		
Wert der Anteile	1000	
Gegenleistung	– 200	
		+ 800
Gewinn		+ 500
Anwendung § 8 b Abs. 2 KStG:		– 500
steuerpflichtiger Veräußerungsgewinn		0
Bemessungsgrundlage der Kapitalertragsteuer (§ 43 a Abs. 1 Nr. 1 EStG)		800
Bezüge des Anteilseigners (§ 20 Abs. 1 Nr. 1 EStG)		800

Anl b zu H 8 b

Beispiel 2

Die M-AG veräußert Anteile an der T-GmbH für 200 an ihren Anteilseigner. Die Anteile an der T-GmbH haben Anschaffungskosten von 500, einen Buchwert von 300 (steuerwirksam abgeschrieben) und einen Teilwert (gemeinen Wert) von 1000.

Steuerpflichtiger Veräußerungsgewinn der M-AG:		
Veräußerungserlös		200
Buchwert		– 300
		– 100
verdeckte Gewinnausschüttung (§ 8 Abs. 3 Satz 2 KStG):		
Wert der Anteile	1000	
Gegenleistung	– 200	
		+ 800
Gewinn		700
Anwendung § 8 b Abs. 2 KStG:		
Steuerbefreiung	700	
Teilwertabschreibung (§ 8 b Abs. 2 Satz 2 KStG)	– 200	
		– 500
steuerpflichtiger Veräußerungsgewinn		200
Bemessungsgrundlage der Kapitalertragsteuer (§ 43 a Abs. 1 Nr. 1 EStG)		800
Bezüge des Anteilseigners (§ 20 Abs. 1 Nr. 1 EStG)		800

22 Gibt eine Kapitalgesellschaft Anteile an einer Kapitalgesellschaft an ihre Anteilseigner weiter **(Sachdividende),** fallen die Gewinne aus der Aufdeckung stiller Reserven unter die Veräußerungsgewinnbefreiung nach § 8 b Abs. 2 KStG. Die als Sachdividende abgegebenen Anteile werden bei der Ermittlung des Einkommens mit dem gemeinen Wert[1] angesetzt.

23 Die Steuerbefreiung gilt auch für **Übertragungsgewinne i. S. der §§ 11, 15 UmwStG,** soweit diese auf Beteiligungen i. S. des § 8 b Abs. 2 KStG entfallen.

24 Unter die Veräußerungsgewinnbefreiung fallen auch **Genussrechte i. S. des § 8 Abs. 3 Satz 2 KStG;** nicht aber andere Genussrechte, Wandelschuldverschreibungen, Optionsanleihen und sonstige Bezugsrechte.

D. Nicht zu berücksichtigende Gewinnminderungen (§ 8 b Abs. 3 KStG)

38 **25** Nach § 8 b Abs. 3 KStG sind Gewinnminderungen, die im Zusammenhang mit dem in Absatz 2 genannten Anteil entstehen, bei der Gewinnermittlung nicht zu berücksichtigen.

26 Dabei handelt es sich insbesondere um Gewinnminderungen
- durch Ansatz des niedrigeren Teilwerts,
- durch Veräußerung des Anteils (Veräußerungsverlust)
- bei Auflösung der Gesellschaft
- bei Herabsetzung des Nennkapitals der Kapitalgesellschaft
- bei Anwendung des § 21 Abs. 2 UmwStG
- aus der Auflösung eines aktiven Ausgleichspostens aufgrund handelsrechtlicher Minderabführungen bei Organschaft (vgl. Tz. 16)
- im Zusammenhang mit der verdeckten Ausschüttung eines Anteils
- bei Sachdividenden.

Beispiel

Die M-AG veräußert Anteile an der T-GmbH für 200 an ihren Anteilseigner. Die Anteile an der T-GmbH haben Anschaffungskosten von 500, einen Buchwert von 500 und einen Teilwert (gemeinen Wert) von 300.

Steuerpflichtiger Veräußerungsgewinn der M-AG:		
Veräußerungserlös		200
Buchwert		– 500
		– 300
verdeckte Gewinnausschüttung (§ 8 Abs. 3 Satz 2 KStG):		
Wert der Anteile	300	
Gegenleistung	– 200	
		+ 100
Verlust		– 200
Anwendung § 8 b Abs. 2 KStG:		+ 200
steuerpflichtiger Veräußerungsgewinn		0
Bemessungsgrundlage der Kapitalertragsteuer (§ 43 a Abs. 1 Nr. 1 EStG)		100
Bezüge des Anteilseigners (§ 20 Abs. 1 Nr. 1 EStG)		100

27 Das Abzugsverbot greift auch dann, wenn ein Gewinn nach § 8 b Abs. 4 KStG steuerpflichtig wäre.

[1] Siehe auch *BFH-Urteil v. 11. 4. 2018 IR 34/15, BStBl. 2020 II S. 201.* Der Gegenstand einer Sachausschüttung einer Kapitalgesellschaft ist mit dem gemeinen Wert zu bewerten. Auf den Wertansatz im Gewinnverwendungsbeschluss kommt es nicht an.

Beispiel

Im Jahr 1997 hatte die X-GmbH einen Teilbetrieb zu einem unter dem Teilwert liegenden Buchwert von 500 gegen Gewährung von Gesellschaftsrechten in die Y-GmbH eingebracht. Wegen schlechter Geschäftsentwicklung veräußert die X-GmbH im Jahr 2002 ihren Anteil an der Y-GmbH für 300.

Der Verlust von 200 ist nach § 8 b Abs. 3 KStG nicht abzugsfähig. Das Abzugsverbot gilt unabhängig davon, dass ein Gewinn aus der Veräußerung dieses Anteils innerhalb der 7-Jahresfrist steuerpflichtig gewesen wäre.

Zu Einzelfragen der Abzugsbeschränkung ergeht ein gesondertes BMF-Schreiben.

E. Einbringungsklausel (§ 8 b Abs. 4 KStG)[1]

I. Allgemeines

(...)[2]

F. Pauschaliertes Betriebsausgaben-Abzugsverbot bei ausländischen Dividenden (§ 8 b Abs. 5 KStG)

53 Zur Abzugsbeschränkung im Zusammenhang mit steuerfreien ausländischen Dividenden wird in einem gesonderten BMF-Schreiben Stellung genommen (vgl. Hinweise in Tz. 3 und 26 f.). 49

G. Anwendung des § 8 b Absätze 1 bis 5 KStG bei Beteiligung über eine Personengesellschaft (§ 8 b Abs. 6 KStG)

I. Allgemeines

54 Die Steuerbefreiungen und die Abzugsbeschränkungen des § 8 b KStG gelten auch, wenn die Körperschaften, Personenvereinigungen und Vermögensmassen die Bezüge, Gewinne bzw. Gewinnminderungen nicht unmittelbar, sondern nur mittelbar über eine Mitunternehmerschaft erzielen. Dies gilt auch bei mehrstufigen Mitunternehmerschaften. 50

55 Die Regelung erfasst auch Gewinne bzw. Gewinnminderungen aus der Veräußerung von Mitunternehmeranteilen, soweit zu dem Betriebsvermögen der Mitunternehmerschaft eine Beteiligung an einer Kapitalgesellschaft, Personenvereinigung oder Vermögensmasse gehört.

II. Beteiligung über eine vermögensverwaltende Personengesellschaft

56 § 8 b Abs. 1 bis 5 KStG ist auch bei mittelbarer Beteiligung über eine vermögensverwaltende Personengesellschaft anzuwenden. Der Durchgriff durch die vermögensverwaltende Personengesellschaft folgt aus der so genannten Bruchteilsbetrachtung (§ 39 AO). 51

III. Auswirkungen auf die Gewerbesteuer

57[3] *§ 8 b Abs. 1 bis 5 KStG sowie § 3 Nr. 40 EStG sind bei der Ermittlung des Gewerbeertrags (§ 7 GewStG) einer Mitunternehmerschaft nicht anzuwenden.* 52

58 Auch der Gewinn i. S. des § 7 Satz 2 GewStG aus der Veräußerung eines Mitunternehmeranteils durch eine Kapitalgesellschaft entsteht auf der Ebene der Mitunternehmerschaft. Die Grundsätze der Tz. 57 gelten daher auch für diese Gewinnanteile.

H. Keine Anwendung des § 8 b Absätze 1 bis 6 KStG auf den kurzfristigen Eigenhandel bei Banken und Finanzdienstleistern (§ 8 b Abs. 7 KStG)

59 Zur Anwendung des § 8 b Abs. 7 KStG wird auf das BMF-Schreiben vom 25. Juli 2002 (BStBl. I S. 712)[4] hingewiesen. 53

I. Zeitliche Anwendung (§ 34 Abs. 7 KStG)

I. Erstmalige Anwendung der Beteiligungsertragsbefreiung des § 8 b Abs. 1 KStG bei Inlandsbeteiligungen

60 Die steuerliche Behandlung einer Ausschüttung bei der ausschüttenden Körperschaft und die steuerliche Behandlung beim Empfänger des Beteiligungsertrags müssen korrespondieren. Gilt für eine Ausschüttung auf der Seite der ausschüttenden Körperschaft noch das Anrechnungsverfahren, kommt eine Beteiligungsertragsbefreiung beim Empfänger nicht in Betracht. Die Anwendungsregelung für § 8 b Abs. 1 KStG nimmt deshalb auf die letztmalige Abwicklung von Ausschüttungen nach dem Anrechnungsverfahren Bezug (§ 34 Abs. 12 KStG). 54

61 Bei offenen Gewinnausschüttungen für abgelaufene Wirtschaftsjahre gilt § 8 b Abs. 1 KStG erst für Ausschüttungen, die **bei der ausschüttenden Körperschaft** nicht mehr nach dem Anrechnungsverfahren (Vierter Teil des KStG a. F.) behandelt werden; dies ist i. d. R. bei Körperschaften mit kalenderjahrgleichem Wirtschaftsjahr erstmals bei Abfließen der Ausschüttung im Jahr 2002 oder später (bei abweichendem Wirtschaftsjahr: 2002/2003 oder später) der Fall.

---

[1] Die Ausführungen beziehen sich auf § 8 b Abs. 4 in der am 12. Dezember 2006 geltenden Fassung (letztmals abgedruckt im „Handbuch zur Körperschaftsteuerveranlagung 2016“).

[2] Teil E letztmals abgedruckt im „Handbuch zur Körperschaftsteuerveranlagung 2019“.

[3] Tz. 57 überholt durch Änderung des § 7 Satz 4 GewStG mit Wirkung ab dem 1. 1. 2004.

[4] Ergangen zu § 8 b Abs. 7 in der **bis VZ 2016** gültigen Fassung, letztmals abgedruckt im „Handbuch zur Körperschaftsteuerveranlagung 2016“.

Anl b zu H 8b

62 Für andere Gewinnausschüttungen (insbesondere verdeckte Gewinnausschüttungen und Vorabausschüttungen) und sonstige Leistungen gilt § 8 b Abs. 1 KStG bei Körperschaften mit kalenderjahrgleichem Wirtschaftsjahr bereits i. d. R. erstmals bei Abfließen der Leistung im Jahr 2001 (bei abweichendem Wirtschaftsjahr 2001/2002).

63 § 8 b Abs. 1 KStG n. F. ist nach § 34 Abs. 7 KStG bei der empfangenden Körperschaft auch dann anzuwenden, wenn bei ihr das KStG n. F. im Übrigen noch nicht gilt.

II. Erstmalige Anwendung der Veräußerungsgewinnbefreiung des § 8 b Abs. 2 KStG und des Abzugsverbots des § 8 b Abs. 3 KStG bei Inlandsbeteiligungen

1. Kalenderjahrgleiches Wirtschaftsjahr der Gesellschaft, deren Anteile übertragen werden

55 **64** § 8 b Abs. 2 und 3 KStG gilt vorbehaltlich der § 8 b Abs. 4 und § 34 Abs. 7 Satz 2 KStG für Gewinne und Gewinnminderungen aus Vorgängen, die im Jahr 2002 oder später erfolgen.

2. Vom Kalenderjahr abweichendes Wirtschaftsjahr der Gesellschaft, deren Anteile übertragen werden

56 **65** § 8 b Abs. 2 und 3 KStG gilt vorbehaltlich der § 8 b Abs. 4 und § 34 Abs. 7 Satz 2 KStG für Gewinne und Gewinnminderungen aus Vorgängen, die im Wirtschaftsjahr 2002/2003 oder später erfolgen.

3. Anwendung bei der veräußernden Körperschaft

57 **66** Für die Anwendung des § 8 b Abs. 2 KStG n. F. bei der veräußernden Körperschaft gelten die Ausführungen in Tz. 63 entsprechend.

III. Anwendung des § 8 b Abs. 2 KStG bei Umstellung auf ein vom Kalenderjahr abweichendes Wirtschaftsjahr in 2001 (§ 34 Abs. 7 Satz 1 Nr. 2 KStG)

58 **67** Eine Umstellung des kalenderjahrgleichen Wirtschaftsjahrs auf ein vom Kalenderjahr abweichendes Wirtschaftsjahr in 2001 (Beispiel: Rumpfwirtschaftsjahr 1. Januar 2001 bis 31. März 2001 und dann abweichendes Wirtschaftsjahr 1. April 2001 bis 31. März 2002) ist unter Darlegung sachlicher Gründe möglich (§ 7 Abs. 4 Satz 3 KStG). Die Veräußerungsgewinnbefreiung ist dann bereits ab dem Wirtschaftsjahr 2001/2002 der Beteiligungsgesellschaft anzuwenden, denn der Veräußerungsgewinn entsteht bei Veräußerung im Wirtschaftsjahr 2001/2002 nach Ablauf des ersten Wirtschaftsjahres, das dem letzten Wirtschaftsjahr folgt, das in dem Veranlagungszeitraum endet, in dem das KStG a. F. letztmals anzuwenden ist (§ 34 Abs. 7 Satz 1 Nr. 2 KStG).

IV. Anwendung der Beteiligungsertragsbefreiung des § 8 b Abs. 1 KStG und der Veräußerungsgewinnbefreiung des § 8 b Abs. 2 KStG bei Auslandsbeteiligungen

59 **68** Gewinnausschüttungen und Gewinne aus der Veräußerung von Beteiligungen an ausländischen Gesellschaften durch inländische Kapitalgesellschaften sind nach der allgemeinen Anwendungsvorschrift des § 34 Abs. 1 bzw. Abs. 2 KStG erstmals im Veranlagungszeitraum 2001 oder bei vom Kalenderjahr abweichendem Wirtschaftsjahr im Veranlagungszeitraum 2002 steuerfrei. Veräußerungsverluste und Teilwertabschreibungen können nach § 8 b Abs. 3 KStG von diesem Zeitpunkt an nicht mehr steuerlich berücksichtigt werden. Maßgebend ist die Anwendung des KStG n. F. bei der veräußernden Körperschaft. Die besondere Anwendungsvorschrift des § 34 Abs. 7 KStG greift nicht, da eine ausländische Körperschaft nie dem Anrechnungsverfahren (Vierter Teil des KStG a. F.) unterlegen hat.

KStG

§ 8 c Verlustabzug bei Körperschaften[1, 2]

1 (1)[3, 4] ① **Werden innerhalb von fünf Jahren mittelbar oder unmittelbar mehr als 50 Prozent des gezeichneten Kapitals, der Mitgliedschaftsrechte, der Beteiligungsrechte oder der Stimmrechte an einer Körperschaft an einen Erwerber oder diesem nahe stehende Personen übertragen oder liegt ein vergleichbarer Sachverhalt vor (schädlicher Beteiligungserwerb), sind bis zum schädlichen Beteiligungserwerb nicht ausgeglichene oder abgezogene negative Einkünfte (nicht genutzte Verluste) vollständig nicht mehr abziehbar. ② Als ein Erwerber im Sinne des Satzes 1 gilt auch eine Gruppe von Erwerbern mit gleichgerichteten Interessen. ③ Eine Kapitalerhöhung steht der Übertragung des gezeichneten Kapitals gleich, soweit sie zu einer Veränderung der Beteiligungsquoten am Kapital der Körperschaft führt. ④ Ein schädlicher Beteiligungserwerb liegt nicht vor, wenn**

1. an dem übertragenden Rechtsträger der Erwerber zu 100 Prozent mittelbar oder unmittelbar beteiligt ist und der Erwerber eine natürliche oder juristische Person oder eine Personenhandelsgesellschaft ist,

2. an dem übernehmenden Rechtsträger der Veräußerer zu 100 Prozent mittelbar oder unmittelbar beteiligt ist und der Veräußerer eine natürliche oder juristische Person oder eine Personenhandelsgesellschaft ist oder

3. an dem übertragenden und an dem übernehmenden Rechtsträger dieselbe natürliche oder juristische Person oder dieselbe Personenhandelsgesellschaft zu jeweils 100 Prozent mittelbar oder unmittelbar beteiligt ist.

⑤ Ein nicht abziehbarer nicht genutzter Verlust kann abweichend von Satz 1 abgezogen werden, soweit er die gesamten zum Zeitpunkt des schädlichen Beteiligungserwerbs vorhandenen im Inland steuerpflichtigen stillen Reserven des Betriebsvermögens der Körperschaft nicht übersteigt. ⑥ Stille Reserven im Sinne des Satzes 5 sind der Unterschiedsbetrag zwischen dem in der steuerlichen Gewinnermittlung ausgewiesenen Eigenkapital und dem auf dieses Eigenkapital jeweils entfallenden gemeinen Wert der Anteile an der Körperschaft, soweit diese im Inland steuerpflichtig sind. ⑦ Ist das Eigenkapital der Körperschaft negativ, sind stille Reserven im Sinne des Satzes 5 der Unterschiedsbetrag zwischen dem in der steuerlichen Gewinnermittlung ausgewiesenen Eigenkapital und dem diesem Anteil entsprechenden gemeinen Wert des Betriebsvermögens der Körperschaft. ⑧ Bei der Ermittlung der stillen Reserven ist nur das Betriebsvermögen zu berücksichtigen, das der Körperschaft ohne steuerrechtliche Rückwirkung, insbesondere ohne Anwendung des § 2 Absatz 1 des Umwandlungssteuergesetzes[5], zuzurechnen ist.

2 (1 a)[6, 7] ① **Für die Anwendung des Absatzes 1 ist ein Beteiligungserwerb zum Zweck der Sanierung des Geschäftsbetriebs der Körperschaft unbeachtlich. ② Sanierung ist eine Maßnahme, die darauf gerichtet ist, die Zahlungsunfähigkeit oder Überschuldung zu verhindern oder zu beseitigen und zugleich die wesentlichen Betriebsstrukturen zu erhalten.**
③ Die Erhaltung der wesentlichen Betriebsstrukturen setzt voraus, dass

1.[8] die Körperschaft eine geschlossene Betriebsvereinbarung mit einer Arbeitsplatzregelung befolgt oder

2. die Summe der maßgebenden jährlichen Lohnsummen der Körperschaft innerhalb von fünf Jahren nach dem Beteiligungserwerb 400 Prozent der Ausgangslohnsumme nicht unterschreitet; § 13 a Absatz 1 Satz 3 und 4 und Absatz 4 des Erbschaft-

---

[1] **Zur Anwendung von § 8 c siehe § 34 Abs. 6.**

[2] § 8 c ist bei dem Erwerb von Stabilisierungselementen durch den Finanzmarktstabilisierungsfonds und deren Rückübertragung durch den Fonds sowie auf den Erwerb von Stabilisierungselementen und deren Rückübertragung durch eine andere inländische Gebietskörperschaft oder einer von dieser errichteten, mit dem Finanzmarktstabilisierungsfonds vergleichbaren, Einrichtung nicht anzuwenden. Entsprechendes gilt für Maßnahmen im Sinne des Rettungsübernahmegesetzes (§ 14 Abs. 3 FMStFG).

[3] **§ 8 c Abs. 1 Satz 1 bis 3** erstmals anzuwenden für den VZ 2008 und auf Anteilsübertragungen nach dem 31. 12. 2007 (§ 34 Abs. 6 Satz 1); **Abs. 1 Satz 4 bis 8** erstmals anzuwenden auf schädliche Beteiligungserwerbe nach dem 31. 12. 2009 (§ 34 Abs. 6 Satz 2).

[4] Zur Frage, ob § 8 c Satz 2 KStG i. d. F. des Unternehmensteuerreformgesetzes 2008 vom 14. 8. 2007 mit Artikel 3 Abs. 1 des Grundgesetzes insoweit vereinbar ist, als bei der unmittelbaren Übertragung innerhalb von fünf Jahren von mehr als 50 Prozent des gezeichneten Kapitals an einer Kapitalgesellschaft an einen Erwerber die bis zum schädlichen Beteiligungserwerb nicht genutzten Verluste vollständig nicht mehr abziehbar sind, ist ein Verfahren beim Bundesverfassungsgericht anhängig *(2 BvL 19/17, Vorlagebeschluss des FG Hamburg v. 29. 8. 2017 2 K 245/17, DStR 2017 S. 2377).*

[5] UmwStG abgedruckt im **Anhang I 2.**

[6] **§ 8 c Abs. 1 a** erstmals anzuwenden für den VZ 2008 und auf Anteilsübertragungen nach dem 31. 12. 2007 (§ 34 Abs. 6 Satz 3).

[7] Zu Anwendungsfragen zur Sanierungsklausel siehe *Vfg. OFD NW v. 20. 12. 2018 S 2745 a-2015/0011-St, DB 2019 S. 26.*

[8] Die Voraussetzung kann auch durch Abschluss eines Tarifvertrages mit Arbeitsplatzregelung erfüllt werden *(Vfg. LFD Thüringen v. 23. 10. 2009 S 2750 b A – 03 – A 2).*

steuer- und Schenkungsteuergesetzes in der Fassung des Gesetzes vom 24. Dezember 2008 (BGBl. I S. 3018) gilt sinngemäß; oder

3. der Körperschaft durch Einlagen wesentliches Betriebsvermögen zugeführt wird. ② Eine wesentliche Betriebsvermögenszuführung liegt vor, wenn der Körperschaft innerhalb von zwölf Monaten nach dem Beteiligungserwerb neues Betriebsvermögen zugeführt wird, das mindestens 25 Prozent des in der Steuerbilanz zum Schluss des vorangehenden Wirtschaftsjahrs enthaltenen Aktivvermögens entspricht. ③ Wird nur ein Anteil an der Körperschaft erworben, ist nur der entsprechende Anteil des Aktivvermögens zuzuführen. ④ Der Erlass von Verbindlichkeiten durch den Erwerber oder eine diesem nahestehende Person steht der Zuführung neuen Betriebsvermögens gleich, soweit die Verbindlichkeiten werthaltig sind. ⑤ Leistungen der Kapitalgesellschaft, die innerhalb von drei Jahren nach der Zuführung des neuen Betriebsvermögens erfolgen, mindern den Wert des zugeführten Betriebsvermögens. ⑥ Wird dadurch die erforderliche Zuführung nicht mehr erreicht, ist Satz 1 nicht mehr anzuwenden.

④ Keine Sanierung liegt vor, wenn die Körperschaft ihren Geschäftsbetrieb im Zeitpunkt des Beteiligungserwerbs im Wesentlichen eingestellt hat oder nach dem Beteiligungserwerb ein Branchenwechsel innerhalb eines Zeitraums von fünf Jahren erfolgt.

3 (2)[1] **§ 3a Absatz 3 des Einkommensteuergesetzes ist auf verbleibende nicht genutzte Verluste anzuwenden, die sich nach einer Anwendung des Absatzes 1 ergeben.**

Übersicht

H 8c

H 8c

11 **Anwendungsschreiben zu § 8 c KStG.** → BMF vom 28. 11. 2017, BStBl. I S. 1645.[2]

Anwendung des § 8 c KStG auf gewerbesteuerliche Fehlbeträge. → gleich lautende Erlasse der obersten Finanzbehörden der Länder vom 29. 11. 2017, BStBl. I S. 1643.

Aussetzung der Vollziehung bei Mindestgewinnbesteuerung.[3] → BMF vom 19. 10. 2011, BStBl. I S. 974.

Verfassungswidrigkeit des § 8 c (Abs. 1) Satz 1 KStG i. d. F. vor Einführung des § 8 d KStG. → BVerfG vom 29. 3. 2017, 2 BvL 6/11, BGBl. I S. 1289, BStBl. II S. 1082.

Anl zu H 8 c

Schreiben betr. Verlustabzugsbeschränkung für Körperschaften (§ 8 c KStG)[4]

Vom 28. November 2017 (BStBl. I S. 1645)

(BMF IV C 2 – S 2745 – a/09/10002 :004; DOK 2017/789973)

Inhaltsübersicht

[1] **§ 8 c Abs. 2** erstmals anzuwenden für VZ 2017, sowie auf Antrag für VZ auch vor 2017 (§ 34 Abs. 3 d).

[2] Nachstehend abgedruckt als Anl zu H 8 c.

[3] **[Amtl. Anm.:]** Vgl. auch → H 7.1 Mindestgewinnbesteuerung.

[4] Das *Bundesverfassungsgericht* hat mit *Beschluss v. 29. 3. 2017 2 BvL 6/11, BGBl. II 2017, 1289* entschieden, dass § 8 c Satz 1 KStG in allen bisherigen Fassungen mit Artikel 3 Abs. 1 des Grundgesetzes unvereinbar ist, soweit bei der unmittelbaren Übertragung innerhalb von fünf Jahren von mehr als 25 Prozent des gezeichneten Kapitals an einer Kapitalgesellschaft an einen Erwerber insoweit die bis zum schädlichen Beteiligungserwerb nicht ausgeglichenen oder abgezogenen negativen Einkünfte (nicht genutzte Verluste) nicht mehr abziehbar sind.

§ 8 Abs. 1 wurde daher mit Gesetz v. 11. 12. 2018 rückwirkend geändert. Schädlich sind nur noch Beteiligungserwerbe mit einer Anteilsübertragung von mehr als 50 v. H.

Im Einvernehmen mit den obersten Finanzbehörden der Länder wird zur Anwendung der allgemeinen Verlustabzugsbeschränkung für Körperschaften gem. § 8c KStG unter Berücksichtigung der Änderungen durch das Wachstumsbeschleunigungsgesetz vom 22. Dezember 2009 (BGBl. I S. 3950) – Einführung der Konzernklausel und der Stille-Reserven-Klausel –, durch das Jahressteuergesetz 2010 (JStG 2010) vom 8. Dezember 2010 (BGBl. I S. 1768) – Anpassung der Stille-Reserven-Klausel – und durch das Steueränderungsgesetz 2015 (StÄndG 2015) vom 2. November 2015 (BGBl. I S. 1834) – Anpassung der Konzernklausel – wie folgt Stellung genommen. Das BMF-Schreiben vom 4. Juli 2008 (BStBl. I S. 736) wird durch dieses Schreiben ersetzt: 12

I. Anwendungsbereich

1 § 8c KStG ist auf unbeschränkt und beschränkt steuerpflichtige Körperschaften, Personenvereinigungen und Vermögensmassen i. S. d. § 1 Absatz 1 KStG anzuwenden. Auch Anstalten oder Stiftungen fallen in den Anwendungsbereich des § 8c KStG. 13

2 Die Abzugsbeschränkung gem. § 8c KStG ist auf alle nicht ausgeglichenen und nicht abgezogenen negativen Einkünfte (nicht genutzte Verluste) anwendbar und umfasst insbesondere die Verluste nach § 2a, § 10d (Verlustvor- und -rücktrag, einschließlich der Verlustvorträge einer Organgesellschaft aus vororganschaftlicher Zeit), § 15 Absatz 4, § 15a und § 15b EStG sowie festgestellte verbleibende Verlustvorträge i. S. d. § 10 Absatz 3 Satz 5 AStG. § 8c KStG gilt für den Zinsvortrag nach § 4h Absatz 1 Satz **5** EStG entsprechend (§ 8a Absatz 1 Satz 3 KStG).

II. Schädlicher Beteiligungserwerb

3 § 8c KStG setzt einen schädlichen Beteiligungserwerb innerhalb eines Zeitraums von fünf Jahren durch Personen eines Erwerberkreises voraus. Den Erwerberkreis bildet der Erwerber gemeinsam mit ihm nahestehenden Personen und Personen, die mit ihm oder den nahestehenden Personen gleichgerichtete Interessen haben. 14

4 Der Erwerb der Beteiligung kann entgeltlich oder unentgeltlich erfolgen, z. B. im Wege der Schenkung. Ein Erwerb seitens einer natürlichen Person durch Erbfall einschließlich der unentgeltlichen Erbauseinandersetzung und der unentgeltlichen vorweggenommenen Erbfolge **zwischen Angehörigen i. S. d. § 15 AO** wird von § 8c KStG nicht erfasst; dies gilt nicht, wenn der Erwerb in auch nur geringem Umfang entgeltlich erfolgt.

1. Anteilsübertragung und vergleichbare Sachverhalte

5 § 8c KStG erfasst neben dem Erwerb von Kapitalanteilen auch den Erwerb von Mitgliedschaftsrechten und Beteiligungsrechten (jeweils auch ohne Stimmrechte) sowie von Stimmrechten und vergleichbaren Sachverhalten. Werden zugleich mehrere Anteile und Rechte übertragen, ist diejenige Übertragung maßgebend, die die weitestgehende Anwendung des § 8c KStG erlaubt. 15

6 Soweit es für den Erwerb auf den Übergang einer Eigentumsposition ankommt, ist auf den Übergang des wirtschaftlichen Eigentums abzustellen.

Ein Zwischenerwerb durch eine Emissionsbank im Rahmen eines Börsengangs i. S. d. § 1 Absatz 1 Satz 2 Nummer 10 KWG bleibt unbeachtlich.

7 Vergleichbare Sachverhalte können insbesondere sein:
- der Erwerb von Genussscheinen i. S. d. § 8 Absatz 3 Satz 2 KStG;
- Stimmrechtsvereinbarungen, Stimmrechtsbindungen, Stimmrechtsverzicht;
- die Umwandlung auf eine Verlustgesellschaft, wenn durch die Umwandlung ein Beteiligungserwerb durch einen Erwerberkreis stattfindet;
- die Einbringung eines Betriebs, Teilbetriebs oder Mitunternehmeranteils, wenn durch die Einbringung ein Beteiligungserwerb am übernehmenden Rechtsträger durch einen Erwerberkreis stattfindet;
- die Fusion von Anstalten des öffentlichen Rechts, wenn hierdurch bei der aufnehmenden Anstalt des öffentlichen Rechts mit nicht genutzten Verlusten ein Träger Beteiligungsrechte an der Anstalt (hinzu) erwirbt;
- der Erwerb eigener Anteile, wenn sich hierdurch die Beteiligungsquoten ändern;
- die Kapitalherabsetzung, mit der eine Änderung der Beteiligungsquoten einhergeht.

Auch die Kombination verschiedener Sachverhalte kann insgesamt zu einem schädlichen Beteiligungserwerb führen (BFH-Urteil vom 22. Oktober 2003, I R 18/02, BStBl. 2004 II S. 468).

8 Werden neben Stammaktien auch stimmrechtslose Vorzugsaktien erworben, ist bei der Ermittlung der Quote der übertragenen Anteile für die Stammaktien im Regelfall nur auf das stimmberechtigte Kapital und für die Vorzugsaktien auf das gesamte Stammkapital abzustellen. Verschiedene Quoten werden nicht addiert. 16

Anl zu H 8c

Beispiel 1:

Die Anteile an einer Gesellschaft entfallen zu 70 % auf Stammaktien und zu 30 % auf Vorzugsaktien. Erworben werden
a) 30 %-Punkte der Vorzugsaktien (= 30 % des Nennkapitals);
b) 21 %-Punkte der Stammaktien (= 30 % der Stimmrechte);
c) 10 %-Punkte der Vorzugsaktien (= 10 % des Nennkapitals) und 14 %-Punkte der Stammaktien (= 20 % der Stimmrechte).

Lösung B 1:

In den Fallvarianten a) und b) wird die schädliche Beteiligungsgrenze überschritten:
a) $^{30}/_{100}$ = 30 %;
b) $^{21}/_{70}$ = 30 %.
In der Fallvariante c) wird die schädliche Beteiligungsgrenze nicht überschritten, denn es werden 24 % gezeichnetes Kapital und 20 % Stimmrechte übertragen.

2. Kapitalerhöhung

17 **9** Einem Beteiligungserwerb von mehr als 25 % ist eine Kapitalerhöhung bzw. die Erhöhung anderer Beteiligungsrechte i. S. d. Rn. 5 gleichzusetzen, bei der der neu hinzutretende Erwerberkreis nach der Kapitalerhöhung bzw. der Erhöhung anderer Beteiligungsrechte i. S. d. Rn. 5 zu mehr als 25 % des Kapitals i. S. d. Rn. 5 beteiligt ist oder sich eine bestehende Beteiligung um mehr als 25 % erhöht (§ 8c Absatz 1 Satz 4 KStG). Die Quote ist auf das Kapital nach der Kapitalerhöhung bzw. der Erhöhung anderer Beteiligungsrechte i. S. d. Rn. 5 zu beziehen.

10 Die Kapitalerhöhung bei einer Gesellschaft, die ihrerseits unmittelbar oder mittelbar an einer Verlustgesellschaft beteiligt ist, löst unter den genannten Voraussetzungen die Rechtsfolgen des § 8c KStG aus, wenn sich dadurch die mittelbare Beteiligungsquote eines Erwerberkreises an der Verlustgesellschaft in schädlichem Umfang ändert.

3. Unmittelbarer und mittelbarer Erwerb

18 **11** Der Erwerb einer Beteiligung kann unmittelbar oder mittelbar erfolgen. Der unmittelbare Erwerb ist auch schädlich, wenn er mittelbar zu keiner Änderung der Beteiligungsquote führt. **Zu Ausnahmen im Rahmen der Konzernklausel des § 8c Absatz 1 Satz 5 KStG vgl. Rn. 39 ff.** Auch die Übernahme von mehr als 25 % der Anteile an einer **Körperschaft** durch eine Mitunternehmerschaft, an der die bisherigen Gesellschafter der **Körperschaft** beteiligt sind, führt zur Anwendung des § 8c KStG.

Beispiel 2:

Die Gesellschafterin der Verlustgesellschaft V-GmbH ist die E-GmbH, deren Gesellschafterin ist die T-GmbH und deren Gesellschafter sind die M1-KG und die M2-KG.

Lösung B 2:

Eine schädliche konzerninterne Umstrukturierung liegt u. a. vor, wenn:
- die M1-KG auf die M2-KG verschmolzen wird oder umgekehrt;
- die Anteile an der T-GmbH aus dem Gesamthandsvermögen der M1 in das Sonder-Betriebsvermögen eines ihrer Gesellschafter übertragen werden oder umgekehrt.

Ein Formwechsel des Anteilseigners i. S. d. § 190 Absatz 1 UmwG oder ein vergleichbarer ausländischer Vorgang bewirkt keine mittelbare Übertragung der Anteile an einer nachgeordneten Körperschaft.

12 Im Falle eines mittelbaren Beteiligungserwerbs ist die auf die Verlustgesellschaft durchgerechnete Beteiligungsquote oder Stimmrechtsquote maßgeblich.

4. Zeitpunkt des Erwerbs

19 **13** Der Zeitpunkt des Beteiligungserwerbs oder des vergleichbaren Sachverhalts bestimmt sich nach dem Übergang des wirtschaftlichen Eigentums.

14 Kapitalerhöhungen werden mit ihrer Eintragung ins Handelsregister wirksam (BFH-Urteil vom 14. März 2006, VIII R 49/04, BStBl II S. 746). Zu diesem Zeitpunkt entstehen die neuen Mitgliedschaftsrechte.

15 Bei der Umwandlung des Anteilseigners einer Verlustgesellschaft ist für den Erwerb der Beteiligung an der Verlustgesellschaft durch den übernehmenden Rechtsträger der Übergang des wirtschaftlichen Eigentums maßgebend. Ein steuerlicher Rückbezug des Beteiligungserwerbs nach § 2 UmwStG 2006 scheidet aus.

5. Fünf-Jahres-Zeitraum

20 **16** Zur Ermittlung des schädlichen Beteiligungserwerbs nach § 8c Absatz 1 Satz 1 KStG werden alle Erwerbe durch den Erwerberkreis innerhalb eines Fünf-Jahres-Zeitraums zusammengefasst.

17 Ein Fünf-Jahres-Zeitraum beginnt mit dem ersten unmittelbaren oder mittelbaren Beteiligungserwerb an der Verlustgesellschaft durch einen Erwerberkreis. Zu diesem Zeitpunkt muss noch kein Verlustvortrag der späteren Verlustgesellschaft vorhanden sein.

18 Wird die 25 %-Grenze durch einen Beteiligungserwerb eines Erwerberkreises überschritten, beginnt **vorbehaltlich der Ausführungen zu Rn. 48** – unabhängig davon, ob zu diesem Zeitpunkt ein nicht genutzter Verlust vorhanden ist – mit dem nächsten Beteiligungserwerb ein neuer Fünf-Jahres-Zeitraum i. S. d. § 8c Absatz 1 Satz 1 KStG für diesen Erwerberkreis.

19 Eine Mehrzahl von Erwerben durch einen Erwerberkreis gilt als ein Erwerb, wenn ihnen ein Gesamtplan zugrunde liegt. Ein schädlicher Gesamtplan in diesem Sinne wird widerlegbar vermutet, wenn die Erwerbe innerhalb eines Jahres erfolgen.

Anl zu H 8c

20 Der Verlustabzugsbeschränkung des § 8c Absatz 1 Satz 2 KStG ist ein eigener Fünf-Jahres-Zeitraum zugrunde zu legen. Eine quotale Kürzung des nicht genutzten Verlustes nach § 8c Absatz 1 Satz 1 KStG löst deshalb keinen neuen Fünf-Jahres-Zeitraum für Zwecke des § 8c Absatz 1 Satz 2 KStG aus.

Im Rahmen des § 8c Absatz 1 Satz 1 KStG berücksichtigte Erwerbsvorgänge, die eine quotale Kürzung des nicht genutzten Verlustes ausgelöst haben, sind im Rahmen des § 8c Absatz 1 Satz 2 KStG nochmals zu berücksichtigen.

Wird die 50%-Grenze überschritten, beginnt – unabhängig davon, ob zu diesem Zeitpunkt ein nicht genutzter Verlust vorhanden ist – ein neuer Fünf-Jahres-Zeitraum i. S. d. § 8c Absatz 1 Satz 2 KStG mit dem nächsten Beteiligungserwerb.

21 Wird innerhalb eines Fünf-Jahres-Zeitraums die 50%-Grenze überschritten, ist der zu diesem Zeitpunkt bestehende Verlustabzug vollständig zu versagen.

22 Die mehrfache Übertragung der nämlichen Anteile ist schädlich, soweit sie je Erwerberkreis die 21
Beteiligungsgrenzen des § 8c KStG übersteigt. Wird mit einer unmittelbaren Übertragung einer Verlustgesellschaft gleichzeitig im Erwerberkreis auch eine mittelbare Übertragung verwirklicht, wird bei der Ermittlung der übertragenen Quote nur die unmittelbare Übertragung berücksichtigt.

Beispiel 3:

Im Veranlagungszeitraum (VZ) 01 erwirbt die E-GmbH 30 % der Anteile an der Verlust-GmbH vom bisherigen Alleingesellschafter A. Von der E-GmbH erwirbt die M-AG, die an der E-GmbH zu 80 % beteiligt ist, im VZ 03 dieselben 30 %. Weitere 21 % erwirbt die M-AG in 04 direkt von A.

Lösung:

B 3

VZ 01: Quotaler Verlustuntergang nach § 8c Absatz 1 Satz 1 KStG wegen des Beteiligungserwerbs durch die E-GmbH von 30 %.

B 4

VZ 03: Quotaler Verlustuntergang nach § 8c Absatz 1 Satz 1 KStG wegen des Beteiligungserwerbs durch die M-AG von 30 %. Dem steht nicht entgegen, dass die E-GmbH und die M-AG einen Erwerberkreis bilden.

B 5

VZ 04: Der nochmalige Beteiligungserwerb durch die M-AG von 21 % führt zum Überschreiten der 50 %-Quote nach § 8c Absatz 1 Satz 2 KStG und damit zum vollständigen Verlustuntergang.

23 Die Übertragung von Anteilen auf eine Person stellt in dem Umfang, in dem diese Person bereits 22
zu einem früheren Zeitpunkt (ggf. auch im ursprünglichen Verlustentstehungsjahr) an der Verlustgesellschaft beteiligt gewesen ist, eine mehrfache Übertragung nämlicher Anteile i. S. d. Rn. 22 dar.

24 Nicht erforderlich ist, dass der schädliche Erwerb oder die zu addierenden Einzelerwerbe zu einer Zeit erfolgen, zu der die Körperschaft nicht genutzte Verluste aufweist.

Beispiel 4:

A hält 100 % der Anteile an einer GmbH. B erwirbt per 31.12.**01** 25 % und per 31.12.**02** weitere 25 % der Anteile. Die GmbH erzielt in **01** einen Gewinn von 20 000 € und in **02** einen Verlust von 200 000 €.

Lösung B 6:

Es kommt zu einem quotalen Untergang (zu 50 %) des nicht genutzten Verlusts der GmbH per 31.12.**02** i. H. v. 100 000 €. Der Anteilserwerb per 31.12.**01** ist ebenfalls zu berücksichtigen, obwohl er in einer Gewinnphase der GmbH erfolgte und zum Erwerbszeitpunkt noch keine nicht genutzten Verluste der GmbH vorhanden waren.

III. Erwerber

25 Erwerber kann jede natürliche Person, juristische Person oder Mitunternehmerschaft sein. Für 23
vermögensverwaltende Personengesellschaften gilt eine anteilige Zurechnung nach § 39 Absatz 2 Nummer 2 AO.

1. Übertragung auf nahestehende Personen

26 Zur Begründung des „Nahestehens" reicht jede rechtliche oder tatsächliche Beziehung zu einer 24
anderen Person aus **(H 8.5 Nahestehende Person – Kreis der nahestehenden Personen KStH 2015),** die bereits vor oder unabhängig von dem Anteilserwerb besteht.

2. Übertragung auf Erwerber mit gleichgerichteten Interessen

27 Personen mit gleichgerichteten Interessen gehören zum Erwerberkreis (vgl. Rn. 3). 25

28 Von einer Erwerbergruppe mit gleichgerichteten Interessen ist regelmäßig auszugehen, wenn eine Abstimmung zwischen den Erwerbern stattfindet, wobei kein Vertrag vorliegen muss. Die Abstimmung darf jedoch nicht nur auf Absprachen beschränkt sein, die sich auf den Erwerb als solchen beziehen – z. B. mit Blick auf die Preisfindung oder das Bewahren eines bisher vorliegenden Verhältnisses im Anteilsbesitz (BFH-Urteil vom 22. November 2016, I R 30/15, BStBl 2017 II S. 921). Die Verfolgung eines gemeinsamen Zwecks i. S. d. § 705 BGB reicht zur Begründung gleichgerichteter Interessen aus, ist aber nicht Voraussetzung. Die gleichgerichteten Interessen müssen sich nicht auf den Erhalt des Verlustvortrags der Körperschaft richten. Gleichgerichtete Interessen liegen z. B. vor, wenn mehrere Erwerber einer Körperschaft zur einheitlichen Willensbildung zusammenwirken. Indiz gleichgerichteter Interessen ist auch die gemeinsame Beherrschung der Körperschaft; vgl. **H 8.5 Beherrschender Gesellschafter – Gleichgerichtete Interessen KStH 2015**.

Anl zu H 8 c

IV. Rechtsfolgen

1. Zeitpunkt und Umfang des Verlustuntergangs

26 **29** Werden innerhalb von fünf Jahren unmittelbar oder mittelbar mehr als 25 % der Anteile durch einen Erwerberkreis erworben, geht der Verlust gem. § 8 c Absatz 1 Satz 1 KStG quotal entsprechend der Höhe der schädlichen Beteiligungserwerbe unter.

30 Bei einem schädlichen Beteiligungserwerb von über 50 % innerhalb eines Zeitraums von fünf Jahren geht der nicht genutzte Verlust gem. § 8 c Absatz 1 Satz 2 KStG vollständig unter.

31 Die Rechtsfolge tritt in dem Wirtschaftsjahr ein, in dem die 25 %-Grenze bzw. die 50 %-Grenze überschritten wird. Verluste, die bis zum Zeitpunkt des schädlichen Beteiligungserwerbs entstanden sind, dürfen mit danach entstandenen Gewinnen weder ausgeglichen noch von ihnen abgezogen werden. Sie dürfen auch nicht in vorangegangene VZ zurückgetragen werden.

Beispiel 5:

27

	Jahr 01 EUR	**Jahr 02 EUR**	**Jahr 03 EUR**	**Jahr 04 EUR**	**Jahr 05 EUR**
Gezeichnetes Kapital	1 000 000	1 000 000	1 000 000	1 000 000	1 000 000
Beteiligungsverhältnisse					
Gesellschafter A	700 000	400 000	400 000	400 000	400 000
Gesellschafter B	300 000	300 000	200 000	150 000	50 000
Gesellschafter C		300 000	400 000	450 000	550 000
Übertragene Anteile im Fünf-Jahres-Zeitraum		300 000 (30 %)	400 000 (40 %)	450 000 (45 %)	550 000 (55 %)
Schädlicher Beteiligungserwerb		**ja**	**nein**	**nein**	**ja**
Ergebnis des laufenden VZ		– 2 000 000	– 600 000	3 500 000	470 000
davon Verlust/**Gewinn** bis zum schädlichen Beteiligungserwerb		– 1 200 000	– 300 000	0	**235 000**
Verbleibender Verlustabzug zum Ende des vorangegangenen VZ		20 000 000	15 640 000	16 240 000	13 740 000
Verlust**abzugs**verbot § 8 c Absatz 1 Satz 1 KStG		6 000 000 30 %	0	0	0
Verlustabzugsverbot § 8 c Absatz 1 Satz 2 KStG		0	0	0	**13 505 000** (100 %)
Verlust**ausgleichs**verbot § 8 c Absatz 1 Satz 1 KStG		360 000	0	0	0
Verlustabzug				2 500 000	**235 000**
Verbleibender Verlustabzug zum Ende des VZ		**15 640 000**	**16 240 000**	**13 740 000**	**0**

32 In den Fällen eines unmittelbaren und mittelbaren oder eines mittelbaren schädlichen Beteiligungserwerbs am Organträger bzw. an der Organgesellschaft zum Ende des Wirtschaftsjahres des Organträgers bzw. der Organgesellschaft ist die Verlustkürzung nach § 8 c KStG nur beim Organträger nach Zurechnung des Einkommens der Organgesellschaft vorzunehmen.

2. Unterjähriger Beteiligungserwerb

a) Allgemein

28 **33** Bei einem unterjährigen schädlichen Beteiligungserwerb unterliegt auch ein bis zu diesem Zeitpunkt erzielter Verlust der Verlustabzugsbeschränkung nach § 8 c KStG.

Ein bis zum schädlichen Beteiligungserwerb erzielter Gewinn kann nach den Grundsätzen der Rn. 34 mit noch nicht genutzten Verlusten verrechnet werden (BFH-Urteil vom 30. November 2011, I R 14/11, BStBl. 2012 II S. 360). Maßgebend ist dabei der bis zum schädlichen Beteiligungserwerb erwirtschaftete Gesamtbetrag der Einkünfte (G. d. E.). Ein unterjähriger Beteiligungserwerb liegt nicht vor, wenn die Übertragung zum Ende des Kalender- oder Wirtschaftsjahres erfolgt.

34 Der zum Ende des dem schädlichen Beteiligungserwerb vorangegangenen VZ gesondert festgestellte verbleibende Verlustvortrag bleibt abweichend von § 8 c Absatz 1 Satz 1 und 2 KStG abziehbar, soweit bis zum schädlichen Beteiligungserwerb ein positiver G. d. E. erzielt wurde. Dies gilt auch, wenn im VZ, in dem der schädliche Beteiligungserwerb erfolgt, insgesamt ein niedrigerer G. d. E. als in der Zeit bis zum schädlichen Beteiligungserwerb erzielt wird. Die Regelungen der Mindestgewinnbesteuerung sind für die Ermittlung der Höhe des verbleibenden Verlustvortrags unbeachtlich. Ein danach verbleibender Verlustvortrag kann im VZ, in dem der schädliche Beteiligungserwerb erfolgt, unter Beachtung der Mindestgewinnbesteuerung abgezogen und ggf. weiter vorgetragen werden.

29 **Beispiel 6:**

Die V-GmbH hat zum 31. 12. 01 einen verbleibenden Verlustvortrag i. H. v. 10 Mio. €. Das Wirtschaftsjahr der V-GmbH entspricht dem Kalenderjahr. Am 30. 6. 02 werden 100 % der Anteile der V-GmbH auf einen Erwerber übertragen (schädlicher Beteiligungserwerb). Der G. d. E. des VZ 02 beträgt 4 Mio. €. Davon entfallen 1,5 Mio. € auf den Zeitraum bis zum schädlichen Beteiligungserwerb (Abwandlung: der G. d. E. bis zum schädlichen Beteiligungserwerb beträgt 6 Mio. €).

Anl zu H 8 c

Lösung

B 7:
Nach dem vorstehenden Absatz bleibt ein Teilbetrag von 1,5 Mio. € des zum 31. 12. 01 verbleibenden Verlustvortrags abziehbar. I. H. v. 8,5 Mio. € geht der Verlustvortrag nach § 8 c Absatz 1 Satz 2 KStG unter.

B 8:
Der nach Anwendung des § 8 c Absatz 1 Satz 2 KStG verbleibende Verlustvortrag i. H. v. 1,5 Mio. € kann unter Beachtung der Mindestgewinnbesteuerung mit dem positiven G. d. E. des VZ 02 verrechnet werden. Das Einkommen des VZ 02 beträgt danach 2,5 Mio. € (= 4 Mio. € – 1,5 Mio. €).

B 9:
Im Fall der Abwandlung bleibt ein Teilbetrag von 6 Mio. € des zum 31. 12. 01 verbleibenden Verlustvortrags abziehbar. I. H. v. 4 Mio. € geht der Verlustvortrag nach § 8 c Absatz 1 Satz 2 KStG unter.

B 10:
Der nach Anwendung des § 8 c Absatz 1 Satz 2 KStG verbleibende Verlustvortrag i. H. v. 6 Mio. € kann unter Beachtung der Mindestgewinnbesteuerung mit dem positiven G. d. E. des VZ 02 verrechnet werden. Das Einkommen des VZ 02 beträgt danach 1,2 Mio. € (= 4 Mio. € – 1 Mio. € – 1,8 Mio. € [= 60 % von 3 Mio. €]). Zum 31. 12. 02 ist ein verbleibender Verlustvortrag i. H. v. 3,2 Mio. € gesondert festzustellen.

35 Das Ergebnis **des gesamten Wirtschaftsjahres ist nach wirtschaftlichen Kriterien aufzuteilen.** Dies kann durch einen nach den Regeln eines Jahresabschlusses erstellten Zwischenabschluss auf den Stichtag des schädlichen Beteiligungserwerbs und getrennte Einkommensermittlungen für die Zeit vor und nach dem schädlichen Beteiligungserwerb erfolgen. Sofern ein Zwischenabschluss nicht erstellt wird, ist die Aufteilung des Ergebnisses sachlich und wirtschaftlich begründet zu schätzen (z. B. betriebswirtschaftliche Auswertung oder zeitanteilige Aufteilung). 30

36 Die Rn. 33 bis 35 gelten bei einem vom Kalenderjahr abweichenden Wirtschaftsjahr entsprechend. Der Verlust eines vom Kalenderjahr abweichenden Wirtschaftsjahres und der zum Schluss des vorangegangenen VZ festgestellte verbleibende Verlustvortrag sind auch dann nach § 8 c KStG zu kürzen, wenn der schädliche Beteiligungserwerb in dem betreffenden VZ nach Ablauf des Wirtschaftsjahres, also im folgenden Wirtschaftsjahr erfolgt. Auf den Schluss des VZ ist daher kein bzw. ein gekürzter verbleibender Verlust festzustellen. Dies gilt nicht, soweit im folgenden Wirtschaftsjahr auf den Zeitraum bis zum schädlichen Beteiligungserwerb ein positiver G. d. E. entfällt. In dieser Höhe bleiben nicht genutzte Verluste aus dem vorangegangenen Wirtschaftsjahr nach den Grundsätzen der Rn. 33 bis 35 abziehbar. Insoweit ist auf den Schluss des VZ des schädlichen Beteiligungserwerbs ein verbleibender Verlust festzustellen und eine ggf. anderslautende Verlustfeststellung zu ändern. Ist das Ergebnis des folgenden Wirtschaftsjahres, in dem der schädliche Beteiligungserwerb erfolgt ist, noch nicht bekannt, ist der zum Ablauf des VZ verbleibende Verlust nach § 165 Absatz 1 Satz 1 AO vorläufig festzustellen. 31

Beispiel 7: 32
Die V-GmbH hat ein vom Kalenderjahr abweichendes Wirtschaftsjahr vom 1. 4. bis 31. 3. Im Wirtschaftsjahr 01/02 erzielt sie einen negativen G. d. E. von – 10 000 €, im Wirtschaftsjahr 02/03 einen Gewinn (= G. d. E.) von 20 000 €. Zum 30. 6. 02 werden 100 % der Anteile auf einen Erwerber übertragen (schädlicher Beteiligungserwerb). Vom G. d. E. des Wirtschaftsjahres 02/03 entfällt auf den Zeitraum vom 1. 4. 02 bis 30. 6. 02 ein Anteil von + 5 000 € (Abwandlung: ein Anteil von – 5 000 €). Entsprechend der Rn. 36 ist die Verlustfeststellung zum 31. 12. 02 nach § 165 Absatz 1 Satz 1 AO vorläufig erfolgt.

Lösung

B 11:
Bei ausschließlicher Berücksichtigung der Informationen für das Jahr 02 ist zum 31. 12. 02 kein verbleibender Verlust festzustellen, da der Verlust des Wirtschaftsjahres 01/02 aufgrund des schädlichen Beteiligungserwerbs zum 30. 6. 02 nach § 8 c KStG vollständig zu kürzen ist.

B 12:
Im Rahmen der KSt-Veranlagung für den Zeitraum 03 ist zu berücksichtigen, dass in Höhe des bis zum schädlichen Beteiligungserwerb entstandenen Gewinns von 5 000 € Verluste, die vor dem schädlichen Beteiligungserwerb entstanden sind (– 10 000 €), abziehbar bleiben (vgl. Rn. 34). Die Verlustfeststellung zum 31. 12. 02 ist entsprechend zu ändern.

B 13:
Der verbleibende Verlustvortrag zum 31. 12. 02 i. H. v. 5 000 € kann mit dem positiven G. d. E. des Wirtschaftsjahres 02/03 verrechnet werden. Für den VZ 03 beträgt das Einkommen danach 15 000 €.

B 14:
Im Fall der Abwandlung ist auch der bis zum 30. 6. 02 entstandene Verlust nach § 8 c KStG zu kürzen. Für den VZ 03 beträgt das Einkommen 25 000 €.

b) Bei Organschaft

37 Bei einer steuerlichen Organschaft ist die Verlustabzugsbeschränkung des § 8 c KStG auf Ebene des Organträgers und auf Ebene der Organgesellschaft getrennt anzuwenden. Im Fall eines schädlichen Beteiligungserwerbs bei einem Organträger unterliegt daher regelmäßig auch das noch nicht zugerechnete negative Organeinkommen der Verlustabzugsbeschränkung des § 8 c KStG, soweit es aufgrund eines schädlichen Beteiligungserwerbs an einem Organträger zu einem mittelbaren schädlichen Erwerb an der Organgesellschaft kommt. Die negativen Einkommen der Organgesellschaft und des Organträgers sind bei einem unterjährigen Beteiligungserwerb jeweils vor der Einkommenszurechnung auf Ebene der Organgesellschaft bzw. des Organträgers entsprechend der Ergebnisaufteilung i. S. d. Rn. 35 zu kürzen. Das gilt auch für ein negatives Einkommen einer Organgesellschaft aus einem laufenden vom Kalenderjahr abweichenden Wirtschaftsjahr, das die Organgesellschaft in der Zeit vom Beginn des Wirtschaftsjahres bis zum schädlichen Beteiligungserwerb erzielt hat. Für das negative 33

Anl zu H 8c

Einkommen eines vom Kalenderjahr abweichenden Wirtschaftsjahres der Organgesellschaft, das vor dem schädlichen Beteiligungserwerb abgeschlossen war, gilt Rn. 32.

38 Rn. 33 Satz 2 ist bei Organgesellschaften nicht anzuwenden. Aufgrund der Zurechnung des Einkommens der Organgesellschaft beim Organträger kann es bei der Organgesellschaft keine nicht genutzten Verluste aus Vorjahren geben, die für eine Verrechnung mit bis zum Zeitpunkt des schädlichen Beteiligungserwerbs entstandenen Gewinnen zur Verfügung stehen könnten. Eine Verrechnung von innerhalb der Organschaft entstandenen Gewinnen mit ggf. bestehenden vororganschaftlichen Verlusten ist nicht zulässig (§ 15 Satz 1 Nummer 1 KStG).

V. Konzernklausel (§ 8c Absatz 1 Satz 5 KStG)

34 **39** Ein schädlicher Beteiligungserwerb liegt nicht vor, wenn

1. an dem übertragenden Rechtsträger der Erwerber zu 100 % mittelbar oder unmittelbar beteiligt ist und der Erwerber eine natürliche oder juristische Person oder eine Personenhandelsgesellschaft (KG oder OHG) ist,
2. an dem übernehmenden Rechtsträger der Veräußerer zu 100 % mittelbar oder unmittelbar beteiligt ist und der Veräußerer eine natürliche oder juristische Person oder eine Personenhandelsgesellschaft (KG oder OHG) ist oder
3. an dem übertragenden und an dem übernehmenden Rechtsträger dieselbe natürliche oder juristische Person oder dieselbe Personenhandelsgesellschaft (KG oder OHG) zu jeweils 100 % mittelbar oder unmittelbar beteiligt ist.

35 **40** § 8c Absatz 1 Satz 5 KStG ist auf sämtliche Rechtsvorgänge anwendbar, die zu einem schädlichen Beteiligungserwerb i. S. d. § 8c Absatz 1 KStG führen können, unabhängig davon, auf welchem Rechtsgrund (z. B. Kauf-, Schenkungsvertrag, Einbringung, verdeckte Einlage, Umwandlung usw.) diese beruhen. Aus den in § 8c Absatz 1 Satz 5 KStG verwendeten Begriffen „Veräußerer" und „Erwerber" folgt keine Einschränkung der Anwendbarkeit der Konzernklausel auf schädliche Beteiligungserwerbe durch Veräußerungsgeschäfte.

41 „Übertragender Rechtsträger" bzw. „Veräußerer" i. S. d. § 8c Absatz 1 Satz 5 KStG ist der Rechtsträger, der die Anteile an der Verlustgesellschaft vor der Anteilsübertragung unmittelbar oder mittelbar hält. „Übernehmender Rechtsträger" bzw. „Erwerber" i. S. d. § 8c Absatz 1 Satz 5 KStG ist der Rechtsträger, der die Anteile nach der Anteilsübertragung unmittelbar oder mittelbar hält. Die Begriffe „übertragender Rechtsträger" und „übernehmender Rechtsträger" werden in der Konzernklausel normspezifisch verwendet und sind nicht im umwandlungssteuerrechtlichen Sinn zu verstehen.

Beispiel 8:

Die A-AG hält 100 % der Anteile an der T-GmbH, die wiederum zu 100 % an der Verlustgesellschaft V-GmbH beteiligt ist. Die T-GmbH wird abwärts auf die V-GmbH verschmolzen.

Lösung B 15:

Übertragender Rechtsträger der Anteile an der V-GmbH i. S. d. § 8c KStG ist hier die T-GmbH, übernehmender Rechtsträger ist die A-AG, denn sie hält anschließend die Anteile an der V-GmbH. Demgegenüber ist umwandlungssteuerlich hier die V-GmbH übernehmender Rechtsträger, denn sie übernimmt das Vermögen der T-GmbH aus der Verschmelzung.

36 **42** Der Begriff Personenhandelsgesellschaft stellt auf die handelsrechtliche Beurteilung ab und erfasst auch ausländische Personenhandelsgesellschaften (vgl. auch BT-Drs. 18/4902 Seite 47).

43 § 8c Absatz 1 Satz 5 Nummer 1 und 2 KStG betrifft die Verkürzung bzw. die Verlängerung von Beteiligungsketten innerhalb eines Konzerns bei jeweils 100 %iger Beteiligung.

44 § 8c Absatz 1 Satz 5 Nummer 3 KStG erfasst weitere Übertragungen, z. B. auf Schwestergesellschaften. Die Anwendung setzt drei Ebenen voraus:
Die erste Ebene (Zurechnungsebene) betrifft die natürliche oder juristische Person oder die Personenhandelsgesellschaft, die unmittelbar oder mittelbar zu 100 % am übertragenden und am übernehmenden Rechtsträger beteiligt ist. Dabei werden unmittelbare und mittelbare Beteiligungen zusammengerechnet.
Die zweite Ebene (Handlungsebene) betrifft den schädlichen Beteiligungserwerb zwischen dem übertragenden und dem übernehmenden Rechtsträger.
Die dritte Ebene betrifft die Verlustgesellschaft (Ebene der Verlustgesellschaft), deren Anteile erworben wurden und für deren Verluste die Anwendung des § 8c KStG zu prüfen ist.
Die Voraussetzungen aller Ebenen müssen erfüllt sein, damit die dritte Alternative der Konzernklausel Anwendung findet.

37 **45** Die Voraussetzungen der Konzernklausel sind auch dann erfüllt, wenn dieselbe Person zu 100 % am übertragenden und am übernehmenden Rechtsträger beteiligt ist, sie selbst zur Verlustgesellschaft jedoch keine 100 %ige mittelbare Beteiligung besitzt, sondern zusätzlich ein fremder Dritter an der Verlustgesellschaft beteiligt ist.

Beispiel 9:

Die natürliche Person A ist jeweils zu 100 % an der X-GmbH und an der Y-GmbH beteiligt. Die X-GmbH veräußert ihre Anteile i. H. v. 50 % an der Verlustgesellschaft V an die Y-GmbH. Ferner ist an der Verlustgesellschaft V ein fremder Dritter D zu 50 % beteiligt.

Lösung B 16:

A ist sowohl am übertragenden Rechtsträger X-GmbH als auch am übernehmenden Rechtsträger Y-GmbH jeweils zu 100 % beteiligt. Es liegt somit kein schädlicher Beteiligungserwerb vor. Für die Anwendung der dritten Alternative der

Konzernklausel ist nicht Voraussetzung, dass A zusätzlich auch zu 100 % an der Verlustgesellschaft V (mittelbar) beteiligt sein muss.

Anl zu H 8 c

46 Die Konzernklausel findet hingegen keine Anwendung, wenn mehr als ein Beteiligter am übertragenden oder übernehmenden Rechtsträger vorhanden ist und durch die Zusammenrechnung von unmittelbaren und mittelbaren Beteiligungen keine 100 %ige Beteiligung am übertragenden und/oder übernehmenden Rechtsträger erreicht wird. Das ist z. B. der Fall, wenn übertragender oder übernehmender Rechtsträger eine Kapitalgesellschaft mit mehreren Anteilseignern (z. B. börsennotierte Gesellschaften) oder eine Personengesellschaft ist, an der nur natürliche Personen beteiligt sind. 38

Beispiel 10:

Die natürlichen Personen A und B sind zu jeweils 50 % an der AB-GmbH beteiligt. Diese wiederum hält eine Beteiligung an der Verlust-GmbH. Die AB-GmbH überträgt nun die Anteile an der Verlust-GmbH auf A. Der übernehmende Rechtsträger bzw. Erwerber ist A selbst (Handlungsebene).

Lösung B 17:

A ist nicht zu 100 % an dem übertragenden Rechtsträger (AB-GmbH) beteiligt. Die Voraussetzungen des § 8 c Absatz 1 Satz 5 Nummer 1 KStG liegen damit nicht vor. Gleichfalls greift § 8 c Absatz 1 Satz 5 Nummer 3 KStG nicht, da die Voraussetzung einer 100 %igen Beteiligung am übernehmenden Rechtsträger nicht erfüllt ist (keine Zurechnungsebene vorhanden).

Prüfung der Konzernklausel im Zusammenhang mit der Ermittlung der schädlichen Erwerbsquote von 25 %/50 %

47 Ob für einen Anteilserwerb die Voraussetzungen für die Anwendung der Konzernklausel vorliegen, wird regelmäßig geprüft, wenn die schädliche Grenze von 25 % bzw. 50 % innerhalb von fünf Jahren erstmals überschritten wird. Führen erst mehrere Erwerbe zu einem Überschreiten der Grenze von 25 % bzw. 50 %, sind die Voraussetzungen der Konzernklausel für jeden der Erwerbe getrennt voneinander zu prüfen. 39

48 Einzelne Beteiligungserwerbe, die die Voraussetzungen der Konzernklausel erfüllen, sind weder bei der Ermittlung der schädlichen Grenze von 25 % bzw. 50 % noch bei der Berechnung des Fünf-Jahres-Zeitraums zu berücksichtigen. Einem solchen Beteiligungserwerb folgende und vorangegangene Erwerbe, die die Voraussetzungen der Konzernklausel nicht erfüllen, sind weiterhin in die Ermittlung der schädlichen Grenze und des Fünf-Jahres-Zeitraums einzubeziehen.

Beispiel 11:

Es werden zum 1. 1. des jeweiligen Jahres folgende Anteile einer Verlustgesellschaft durch einen Erwerber erworben:

01:	15 %	Voraussetzungen der Konzernklausel sind nicht erfüllt
02:	20 %	Voraussetzungen der Konzernklausel sind erfüllt
03:	32,5 %	Voraussetzungen der Konzernklausel sind nicht erfüllt
04/05:		keine weiteren Erwerbe
06:	18 %	Voraussetzungen der Konzernklausel sind nicht erfüllt

Lösung B 18:

Für die Erwerbe im ersten und zweiten Jahr (insg. 35) erfolgt keine Verlustkürzung, da für den Erwerb im zweiten Jahr (20 %) die Konzernklausel anzuwenden ist. Im dritten Jahr wird der Verlust um 47,5 % nach § 8 c Absatz 1 Satz 1 KStG gekürzt. Das entspricht der Höhe der schädlichen Beteiligungserwerbe in den Jahren 01 und 03. Damit endet der Fünf-Jahres-Zeitraum nach § 8 c Absatz 1 Satz 1 KStG vorzeitig; der Fünf-Jahres-Zeitraum nach § 8 c Absatz 1 Satz 2 KStG läuft weiter. Aufgrund des weiteren Erwerbs im sechsten Jahr erfolgt eine vollständige Verlustkürzung nach § 8 c Absatz 1 Satz 2 KStG.

VI. Stille-Reserven-Klausel (§ 8 c Absatz 1 Satz 6 bis 9 KStG)

1. Verhältnis der Konzernklausel zur Stille-Reserven-Klausel

49 Die Stille-Reserven-Klausel gem. § 8 c Absatz 1 Satz 6 bis 9 KStG i. d. F. des Jahressteuergesetzes 2010 setzt nach Anwendung der Konzernklausel zunächst einen schädlichen Beteiligungserwerb voraus, der die 25 %- bzw. 50 %-Grenze überschreitet und der ohne die Stille-Reserven-Klausel zu einer Verlustkürzung führen würde. 40

2. Ermittlung der stillen Reserven

a) Allgemein

50 Der gemeine Wert der Anteile entspricht in den Fällen eines entgeltlichen Erwerbs grundsätzlich dem Entgelt. Wurde aufgrund gesellschaftsrechtlicher Veranlassung ein unangemessenes Entgelt für den Erwerb der Anteile gezahlt oder lässt sich der Wert der Anteile aus anderen Gründen nicht aus einem Entgelt ableiten, ist der Wert durch eine Unternehmensbewertung zu ermitteln (vgl. BMF-Schreiben vom 22. September 2011, BStBl. S. 859). 41

51 Die Bestimmung der im Inland steuerpflichtigen stillen Reserven setzt regelmäßig nicht die Ermittlung der gesamten stillen Reserven einschließlich der ausländischen stillen Reserven der Körperschaft voraus. Inländische und ausländische stille Reserven sind sachgerecht zuzuordnen.

52 Stille Reserven aus Beteiligungen an Kapitalgesellschaften, die von der Verlustgesellschaft gehalten werden, bleiben vorbehaltlich der Rn. 53 bei der Ermittlung des Einkommens unberücksichtigt (§ 8 b Absatz 2 KStG) und sind nicht in die Berechnung der stillen Reserven einzubeziehen. Stille Reserven aus Beteiligungen sind auch nicht in Höhe des pauschalen Abzugsverbots von Betriebsausgaben i. H. v. 5 % des Veräußerungsgewinns nach § 8 b Absatz 3 Satz 1 KStG zu berücksichtigen. Sind in dem Betriebsvermögen sperrfristbehaftete Anteile i. S. d. § 20 UmwStG 2006 enthalten, ist ein zum

Anl zu H 8 c

Zeitpunkt des schädlichen Beteiligungserwerbs gem. § 22 Absatz 1 UmwStG 2006 latent steuerverhafteter Einbringungsgewinn I ebenfalls nicht in die Berechnung der stillen Reserven einzubeziehen.

53 Stille Reserven, die auf Anteile, auf die § 8 b Absatz 7 oder 8 KStG anzuwenden ist, und auf einbringungsgeborene Anteile, auf die § 8 b Absatz 4 KStG a. F. anzuwenden ist, entfallen, sind abweichend von Rn. 52 bei der Anwendung der Stille-Reserven-Klausel zu berücksichtigen.

54 Die Rn. 51 ff. gelten entsprechend für Wirtschaftsgüter, die aufgrund einer Beteiligung an einer Personengesellschaft für Zwecke der Körperschaftsteuer anteilig zu berücksichtigen sind.

55 Sind für Kapitalgesellschaften i. S. d. § 8 Absatz 7 Satz 1 Nummer 2 KStG die einzelnen Tätigkeiten der Gesellschaft gem. § 8 Absatz 9 KStG verschiedenen Sparten zuzuordnen und ist der verbleibende negative G. d. E. der jeweiligen Sparte gesondert festzustellen, sind auch die Voraussetzungen für die Inanspruchnahme der Stille-Reserven-Klausel getrennt für jede Sparte zu überprüfen. Die ermittelten stillen Reserven sind sachgerecht aufzuteilen.

b) Bei negativem Eigenkapital (§ 8 c Absatz 1 Satz 8 KStG)

42 **56** Verfügt die Verlustgesellschaft über ein negatives Eigenkapital, ist für die Ermittlung der maßgeblichen stillen Reserven das dem Anteil an der Verlustgesellschaft entsprechende negative Eigenkapital dem entsprechenden gemeinen Wert des Betriebsvermögens der Verlustgesellschaft gegenüberzustellen. Der maßgebliche gemeine Wert kann in diesen Fällen nicht aus einem für die Anteile gezahlten Entgelt abgeleitet werden. Die Ermittlung des gemeinen Werts des Betriebsvermögens i. S. d. § 8 c Absatz 1 Satz 8 KStG setzt vielmehr eine Unternehmensbewertung voraus (siehe BMF-Schreiben vom 22. September 2011, a. a. O.).

c) Bei unterjährigem Beteiligungserwerb

43 **57** Bei unterjährigem Beteiligungserwerb ist für die Ermittlung der stillen Reserven das steuerbilanzielle Eigenkapital zum Zeitpunkt des schädlichen Beteiligungserwerbs maßgebend. Sofern auf diesen Zeitpunkt kein Zwischenabschluss erstellt worden ist, ist das auf den letzten vor diesem Zeitpunkt liegenden Abschlusszeitpunkt ermittelte Eigenkapital weiterzuentwickeln. Aus Vereinfachungsgründen kann das steuerbilanzielle Eigenkapital zum Zeitpunkt des schädlichen Beteiligungserwerbs wie folgt ermittelt werden:

	steuerbilanzielles Eigenkapital zum Abschlusszeitpunkt, der vor dem Zeitpunkt des schädlichen Beteiligungserwerbs liegt
+/–	anteiliges Ergebnis nach Rn. 35
+/–	bis zum Zeitpunkt des schädlichen Beteiligungserwerbs nach den Grundsätzen ordnungsgemäßer Buchführung tatsächlich zu berücksichtigende Zugänge/Auskehrungen
=	steuerbilanzielles Eigenkapital zum Zeitpunkt des schädlichen Beteiligungserwerbs.

Wurde die Aufteilung des Ergebnisses des Wirtschaftsjahres geschätzt (vgl. Rn. 35 Satz 3), ist dieser Schlüssel auch für die Ermittlung des maßgeblichen Eigenkapitals anzuwenden.

d) Mehrstufiger Beteiligungserwerb

44 **58** Bei mehrstufigen Beteiligungen können unmittelbare schädliche Beteiligungserwerbe zugleich mittelbare schädliche Beteiligungserwerbe auf einer anderen Ebene zur Folge haben. Die Tatbestandsvoraussetzungen der Stille-Reserven-Klausel sind grundsätzlich für jede Verlustgesellschaft gesondert zu prüfen. Dabei sind allein die in der Verlustgesellschaft vorhandenen im Inland steuerpflichtigen stillen Reserven zu berücksichtigen (vgl. Rn. 50 ff.). Für die Ermittlung der Höhe der in der Verlustgesellschaft enthaltenen stillen Reserven ist grundsätzlich das für die Obergesellschaft gezahlte Entgelt zugrunde zu legen. Abweichend davon kann der Steuerpflichtige die in der Verlustgesellschaft vorhandenen stillen Reserven z. B. durch Vorlage einer Unternehmensbewertung nachweisen.

e) Bei Organschaften

45 **59** Der Grundsatz, dass für jede Verlustgesellschaft gesondert zu prüfen ist, in welcher Höhe stille Reserven vorhanden sind (Rn. 58), ist auch dann anzuwenden, wenn zum Betriebsvermögen einer Verlustgesellschaft die Beteiligung an einer oder mehreren Organgesellschaften gehört. Stille Reserven im Betriebsvermögen der Organgesellschaft sind beim Organträger nicht zu berücksichtigen.

60 Ist die Organgesellschaft selbst eine Verlustgesellschaft, kann die Anwendung der Stille-Reserven-Klausel über die Verluste des laufenden Wirtschaftsjahres hinaus nur vororganschaftliche Verluste betreffen.

3. Verwendung der stillen Reserven zum Erhalt eines nicht abziehbaren nicht genutzten Verlustes

46 **61** In Höhe der stillen Reserven der Verlustgesellschaft können im Zeitpunkt des schädlichen Beteiligungserwerbs vorhandene nicht genutzte körperschaftsteuerliche Verluste abgezogen werden. Eine doppelte Nutzung von stillen Reserven insbesondere in Fällen mitsteuerlicher Rückwirkung ist ausgeschlossen.

62 Die im Betriebsvermögen enthaltenen stillen Reserven sind zunächst für die Erhaltung des laufenden Verlustes und anschließend für die Erhaltung des Verlustvortrages zu nutzen.

63 Für die Verrechnung der stillen Reserven mit den nicht genutzten Verlusten (Rn. 2) gilt die gleiche Reihenfolge, in der im Fall der Realisierung der stillen Reserven die Verluste aufgebraucht werden würden.

Anl zu H 8c

Beispiel 12:

Die V-GmbH ist als alleinige Kommanditistin an der X-GmbH & Co. KG (KG) beteiligt. Die Komplementärin (X-GmbH) ist nicht vermögensmäßig an der KG beteiligt.

Bei der KG wurde im Rahmen der gesonderten und einheitlichen Feststellung für den VZ 01 ein nur nach § 15 Absatz 4 EStG verrechenbarer Verlust i. H. v. 100 000 € ermittelt und festgestellt sowie ausschließlich der Kommanditistin V-GmbH zugeordnet. 47

Für die V-GmbH wurde ferner zum 31. 12. 01 ein nach § 15 a EStG nur verrechenbarer Verlust i. H. v. 20 000 € festgestellt.

Unabhängig davon wurde bei der V-GmbH zum 31. 12. 01 ein verbleibender Verlustvortrag nach § 10 d Absatz 4 EStG i. H. v. 200 000 € festgestellt.

Zum 31. 12. 01 bestehen folgende stille Reserven:

V- GmbH: 30 000 € (ohne Betriebsvermögen der KG)

KG: 110 000 € (davon 40 000 € in dem von § 15 Absatz 4 EStG betroffenen Bereich)

Am 1. 1. 02 werden 100 % der Anteile an der V-GmbH auf einen Erwerber übertragen.

Lösung B 19:

Der Beteiligungserwerb zum 1. 1. 02 führt nach § 8 c Absatz 1 Satz 2 KStG grundsätzlich zum vollständigen Untergang der nicht genutzten Verluste (Stand: 31. 12. 01). Die Stille-Reserven-Klausel des § 8 c Absatz 1 Satz 6 bis 9 KStG ist hier in folgender Reihenfolge anzuwenden:

1. Stille Reserven in dem Betriebsvermögen der KG, soweit dies den Einkünften i. S. d. § 15 Absatz 4 EStG zuzuordnen ist, und vorrangige Verrechnung mit dem nur nach § 15 Absatz 4 EStG verrechenbaren Verlust; verbleibende stille Reserven sind in die folgende Ermittlung zu 2. mit einzubeziehen:

Nur nach § 15 Absatz 4 EStG verrechenbarer Verlust zum 31. 12. 01		100 000 €
Stille Reserven in diesem Betriebsvermögen	40 000 €	
(Fiktive) Verrechnung (max. verrechenbarer Verlust)	– 40 000 €	– 40 000 €
Verbleibende stille Reserven	0 €	
Verbleibender verrechenbarer Verlust, der nach § 8 c Absatz 1 KStG verfällt		60 000 €

2. Restliche stille Reserven im Betriebsvermögen der KG und vorrangige Verrechnung mit dem nur nach § 15 a EStG verrechenbaren Verlust; verbleibende stille Reserven sind in die folgende Ermittlung zu 3. mit einzubeziehen:

Nur nach § 15 a EStG verrechenbarer Verlust zum 31. 12. 01		20 000 €
Stille Reserven (110 000 € ./. 40 000 € =)	70 000 €	
(Fiktive) Verrechnung (max. verrechenbarer Verlust)	– 20 000 €	– 20 000 €
Verbleibende stille Reserven (siehe unten)	50 000 €	
Verbleibender verrechenbarer Verlust, der nach § 8 c Absatz 1 KStG verfällt		0 €

3. Stille Reserven im Betriebsvermögen der V-GmbH:

Verbleibender Verlustvortrag nach § 10 d Absatz 4 EStG zum 31. 12. 01		200 000 €
Verbleibende stille Reserven im Betriebsvermögen der KG (siehe oben) – zu 100 % V-GmbH	50 000 €	
Stille Reserven der V-GmbH	30 000 €	
Summe der stillen Reserven	80 000 €	
(Fiktive) Verrechnung (max. verrechenbarer Verlust)	– 80 000 €	– 80 000 €
Verbleibender Verlustvortrag, der nach § 8 c Absatz 1 KStG verfällt		120 000 €

Abwandlung:

Wie oben, allerdings bestehen folgende stille Reserven:

V-GmbH: 30 000 €

KG: 110 000 € (davon 0 € in dem von § 15 Absatz 4 EStG betroffenen Bereich)

Lösung B 20:

Der Beteiligungserwerb zum 1. 1. 02 führt nach § 8 c Absatz 1 Satz 2 KStG grundsätzlich zum vollständigen Untergang der nicht genutzten Verluste (Stand: 31. 12. 01). Die Anwendung der Stille-Reserven-Klausel des § 8 c Absatz 1 Satz 6 bis 9 KStG ist hier in folgender Reihenfolge anzuwenden:

1. Stille Reserven in dem Betriebsvermögen der KG, soweit dies den Einkünften i. S. d. § 15 Absatz 4 EStG zuzuordnen ist, und vorrangig Verrechnung mit dem nur nach § 15 Absatz 4 EStG verrechenbaren Verlust; verbleibende stille Reserven sind in die folgende Ermittlung zu 2. mit einzubeziehen:

Nur nach § 15 Absatz 4 EStG verrechenbarer Verlust zum 31. 12. 01		100 000 €
Stille Reserven in diesem Betriebsvermögen	0 €	
(Fiktive) Verrechnung (max. verrechenbarer Verlust)	– 0 €	– 0 €
Verbleibende stille Reserven	0 €	
Verbleibender verrechenbarer Verlust, der nach § 8 c Absatz 1 KStG verfällt		100 000 €

2. Restliche stille Reserven im Betriebsvermögen der KG und vorrangig Verrechnung mit dem nur nach § 15 a EStG verrechenbaren Verlust; verbleibende stille Reserven sind in die folgende Ermittlung zu 3. mit einzubeziehen:

Nur nach § 15 a EStG verrechenbarer Verlust zum 31. 12. 01		20 000 €
Stille Reserven	110 000 €	
(Fiktive) Verrechnung (max. verrechenbarer Verlust)	– 20 000 €	– 20 000 €
Verbleibende stille Reserven (siehe unten)	90 000 €	
Verbleibender verrechenbarer Verlust, der nach § 8 c Absatz 1 KStG verfällt		0 €

3. Stille Reserven im Betriebsvermögen der V-GmbH:

Verbleibender Verlustabzug nach § 10 d Absatz 4 EStG zum 31. 12. 01		200 000 €
Verbleibende stille Reserven im Betriebsvermögen der KG (siehe oben) – zu 100 % V-GmbH	90 000 €	
Stille Reserven der V-GmbH	30 000 €	
Summe der stillen Reserven	120 000 €	
(Fiktive) Verrechnung (max. verrechenbarer Verlust)	– 120 000 €	– 120 000 €
Verbleibender Verlustvortrag, der nach § 8 c Absatz 1 KStG verfällt		80 000 €

VII. Anwendungsvorschriften

1. Erstmalige Anwendung des § 8 c KStG

64 § 8 c KStG findet gem. § 34 Absatz 7 b KStG i. d. F. des Unternehmensteuerreformgesetzes 2008 vom 14. August 2007 (BGBl. I S. 1912) erstmals für den VZ 2008 und auf Beteiligungserwerbe Anwen- 48

Anl zu H 8c

dung, bei denen das wirtschaftliche Eigentum nach dem 31. Dezember 2007 übergeht. Die zeitlichen Voraussetzungen müssen kumulativ vorliegen.

Beispiel 13:

Eine GmbH mit einem vom Kalenderjahr abweichenden Wirtschaftsjahr 1.7./30.6. erzielt im Wirtschaftsjahr 2006/2007 einen Verlust von 200 000 €. Am 30. 9. 2007 werden 51 % der Anteile auf einen Erwerber übertragen.

Lösung B 21:

Auf den 31. 12. 2007 wird ein verbleibender Verlust von 200 000 € festgestellt. Der Beteiligungserwerb am 30. 9. 2007 ist zwar dem Wirtschaftsjahr 1. 7. 2007 – 30. 6. 2008 und damit dem VZ 2008 zuzurechnen, hat aber vor dem 1. 1. 2008 stattgefunden und löst somit nicht die Rechtsfolgen des § 8c Absatz 1 Satz 2 KStG aus.

49 **65** § 8c Absatz 1 KStG ist gem. § 34 Absatz 7b Satz 2 KStG i. d. F. des Wachstumsbeschleunigungsgesetzes vom 22. Dezember 2009 – a. a. O. – (Einführung der Konzern- und der Stille-Reserven-Klausel) erstmals auf schädliche Beteiligungserwerbe nach dem 31. Dezember 2009 anzuwenden. Gleichermaßen ist § 8c Absatz 1 Satz 5 KStG in der am 1. Januar 2016 geltenden Fassung gem. § 34 Absatz 6 Satz 5 KStG i. d. F. des StÄndG 2015 vom 2. November 2015 – a. a. O. – (Änderung der Konzernklausel) erstmals auf schädliche Beteiligungserwerbe nach dem 31. Dezember 2009 anzuwenden.

66 Im Hinblick auf den Beschluss des Bundesverfassungsgerichts vom 29. März 2017 – 2 BvL 6/11 – ist § 8c Satz 1 bzw. Absatz 1 Satz 1 KStG für unmittelbare Beteiligungserwerbe von Anteilen an Kapitalgesellschaften vor dem 1. Januar 2016 bis zu einer gesetzlichen Neuregelung vorerst nicht anzuwenden.

2. Anwendung des § 8 Absatz 4 KStG a. F. neben § 8c KStG

50 **67** § 8 Absatz 4 KStG a. F. ist neben § 8c KStG letztmals anzuwenden, wenn mehr als die Hälfte der Anteile an einer Kapitalgesellschaft innerhalb eines Fünf-Jahres-Zeitraums übertragen werden, der vor dem 1. Januar 2008 beginnt, und der Verlust der wirtschaftlichen Identität vor dem 1. Januar 2013 eintritt. Gleiches gilt für den Verlust der wirtschaftlichen Identität einer Körperschaft nach § 8 Absatz 4 Satz 1 KStG a. F.

68 Die für die Sanierungsklausel des § 8 Absatz 4 Satz 3 KStG a. F. erforderliche fünfjährige Fortführung des den Verlust verursachenden Betriebs ist ggf. bis längstens Ende 2017 zu überwachen.

69 Die Grundsätze des BMF-Schreibens vom 2. August 2007 (BStBl I S. 624) finden Anwendung.

51 **Beispiel 14:**

Im Jahr 2007 werden 40 % und am 30. 6. 2011 26 % der Anteile an der Verlustgesellschaft V von A an B veräußert. Zum Veräußerungszeitpunkt in 2011 besitzt V ein Aktivvermögen von 100 000 €. Im Anschluss daran kommt es zu Betriebsvermögenszuführungen von 50 000 € im Jahr 2011 und 60 000 € im Jahr 2012, die nicht allein der Sanierung des Geschäftsbetriebs i. S. d. § 8 Absatz 4 Satz 3 KStG a. F. dienen.

Lösung

B 22:

§ 8 Absatz 4 KStG a. F. ist anwendbar, da innerhalb eines Zeitraums von 5 Jahren (beginnend vor dem 1. 1. 2008) mehr als 50 % der Anteile übertragen wurden, nach dem schädlichen Anteilseignerwechsel in 2011 innerhalb von 2 Jahren überwiegend neues Betriebsvermögen zugeführt wurde und die wirtschaftliche Identität somit noch vor dem 1. 1. 2013 verloren ging. Der Verlust geht zum 30. 6. 2011 vollständig unter. Würde der Betrag von 60 000 € nach dem 31. 12. 2012 zugeführt, wäre § 8 Absatz 4 KStG a. F. nicht mehr anwendbar.

B 23:

Daneben ist auch § 8c Absatz 1 Satz 1 KStG in 2011 anwendbar und würde zwar für sich zu einem quotalen Verlustuntergang von 26 % führen. Dieser bleibt aber ohne Auswirkung, da der Verlust infolge der Anwendung des § 8 Absatz 4 KStG a. F. rückwirkend zum 30. 6. 2011 vollständig untergeht.

KStG

§ 8 d[1] Fortführungsgebundener Verlustvortrag

(1) ① § 8 c ist nach einem schädlichen Beteiligungserwerb auf Antrag nicht anzuwenden, wenn die Körperschaft seit ihrer Gründung oder zumindest seit dem Beginn des dritten Veranlagungszeitraums, der dem Veranlagungszeitraum nach Satz 5 vorausgeht, ausschließlich denselben Geschäftsbetrieb unterhält und in diesem Zeitraum bis zum Schluss des Veranlagungszeitraums des schädlichen Beteiligungserwerbs kein Ereignis im Sinne von Absatz 2 stattgefunden hat. ② Satz 1 gilt nicht: 1

1. **für Verluste aus der Zeit vor einer Einstellung oder Ruhendstellung des Geschäftsbetriebs oder**
2. **wenn die Körperschaft zu Beginn des dritten Veranlagungszeitraums, der dem Veranlagungszeitraum nach Satz 5 vorausgeht, Organträger oder an einer Mitunternehmerschaft beteiligt ist.**

③ Ein Geschäftsbetrieb umfasst die von einer einheitlichen Gewinnerzielungsabsicht getragenen, nachhaltigen, sich gegenseitig ergänzenden und fördernden Betätigungen der Körperschaft und bestimmt sich nach qualitativen Merkmalen in einer Gesamtbetrachtung. ④ Qualitative Merkmale sind insbesondere die angebotenen Dienstleistungen oder Produkte, der Kunden- und Lieferantenkreis, die bedienten Märkte und die Qualifikation der Arbeitnehmer. ⑤ Der Antrag ist in der Steuererklärung für die Veranlagung des Veranlagungszeitraums zu stellen, in den der schädliche Beteiligungserwerb fällt. ⑥ Der Verlustvortrag, der zum Schluss des Veranlagungszeitraums verbleibt, in den der schädliche Beteiligungserwerb fällt, wird zum fortführungsgebundenen Verlust (fortführungsgebundener Verlustvortrag). ⑦ Dieser ist gesondert auszuweisen und festzustellen; § 10 d Absatz 4 des Einkommensteuergesetzes gilt entsprechend. ⑧ Der fortführungsgebundene Verlustvortrag ist vor dem nach § 10 d Absatz 4 des Einkommensteuergesetzes festgestellten Verlustvortrag abzuziehen. ⑨[2] Satz 8 gilt bei Anwendung des § 3 a Absatz 3 des Einkommensteuergesetzes entsprechend.

(2) ① Wird der Geschäftsbetrieb im Sinne des Absatzes 1 eingestellt, geht der nach Absatz 1 zuletzt festgestellte fortführungsgebundene Verlustvortrag unter; § 8 c Absatz 1 Satz 5 bis 8 gilt bezogen auf die zum Schluss des vorangegangenen Veranlagungszeitraums vorhandenen stillen Reserven entsprechend. ② Gleiches gilt, wenn 2

1. **der Geschäftsbetrieb ruhend gestellt wird,**
2. **der Geschäftsbetrieb einer andersartigen Zweckbestimmung zugeführt wird,**
3. **die Körperschaft einen zusätzlichen Geschäftsbetrieb aufnimmt,**
4. **die Körperschaft sich an einer Mitunternehmerschaft beteiligt,**
5. **die Körperschaft die Stellung eines Organträgers im Sinne des § 14 Absatz 1 einnimmt oder**
6. **auf die Körperschaft Wirtschaftsgüter übertragen werden, die sie zu einem geringeren als dem gemeinen Wert ansetzt.**

Übersicht

H 8d

H 8d

Anwendungsschreiben zu § 8 d KStG. → BMF vom 18. 3. 2021, BStBl. I S. 363.[3] 10

Anwendung des § 8 d KStG auf gewerbesteuerliche Fehlbeträge. → gleich lautende Erlasse der obersten Finanzbehörden der Länder vom 19. 3. 2021, BStBl. I S. 359.

---

[1] Zur erstmaligen Anwendung von **§ 8 d** auf schädliche Beteiligungserwerbe im Sinne des § 8 c **nach dem 31. Dezember 2015 siehe § 34 Abs. 6 a Satz 1.**

Zur erstmaligen Anwendung von **§ 8 d Abs. 1 Satz 2 Nr. 1 nach dem 31. Dezember 2015 siehe § 34 Abs. 6 a Satz 2.**

[2] **§ 8 d Abs. 1 Satz 9** erstmals anzuwenden für VZ 2017, sowie auf Antrag für VZ auch vor 2017 (§ 34 Abs. 3 d).

[3] Nachstehend abgedruckt als Anl zu H 8 d.

Anl zu H 8d

Schreiben betr. fortführungsgebundener Verlustvortrag nach § 8d KStG

Vom 18. März 2021 (BStBl. I S. 363)

(BMF IV C 2 – S 2745-b/19/10002 :002; DOK 2021/303080)

Inhaltsübersicht

11 Nach Abstimmung mit den obersten Finanzbehörden der Länder nehme ich zur Anwendung des § 8d KStG i. d. F. des Gesetzes zur Vermeidung von Umsatzsteuerausfällen beim Handel mit Waren im Internet und zur Änderung weiterer steuerlicher Vorschriften vom 11. Dezember 2018 (BGBl. I S. 2338[1]) wie folgt Stellung:

I. Anwendungsbereich

12 **1** Der persönliche Anwendungsbereich des § 8d KStG entspricht demjenigen des § 8c KStG (vgl. Rn. 1 des BMF-Schreibens vom 28. November 2017, BStBl. I S. 1645), da ein schädlicher Beteiligungserwerb i. S. d. § 8c KStG Voraussetzung für eine Anwendung von § 8d KStG ist. Demnach ist § 8d KStG auf unbeschränkt und beschränkt steuerpflichtige Körperschaften, Personenvereinigungen und Vermögensmassen i. S. d. § 1 Abs. 1 KStG anzuwenden.

2 § 8d KStG ist auf alle nicht genutzten Verluste i. S. d. § 8c KStG anwendbar (vgl. Rn. 2 des BMF-Schreibens vom 28. November 2017, BStBl. I S. 1645). Das gilt insbesondere für Verluste i. S. d. §§ 2a, 15 Abs. 4, 15a, 15b EStG sowie § 8d KStG (vgl. Rn. 72) oder ähnliche ausgleichs- oder verrechnungsbeschränkte Verluste.

3 Gemäß § 8a Abs. 1 Satz 3 KStG gilt § 8d KStG für einen vorhandenen Zinsvortrag entsprechend.

II. Antragserfordernis

13 **4** Ein Antrag nach § 8d Abs. 1 Satz 1 KStG kann für einen Veranlagungszeitraum nur einheitlich für alle schädlichen Beteiligungserwerbe, welche die Rechtsfolgen des § 8c KStG auslösen, gestellt werden.

5 Ein schädlicher Beteiligungserwerb liegt nicht vor, wenn die Konzernklausel nach § 8c Abs. 1 Satz 4 KStG oder die Sanierungsklausel nach § 8c Abs. 1a KStG Anwendung findet. Dasselbe gilt, wenn ein Erwerb durch Erbfall einschließlich der unentgeltlichen Erbauseinandersetzung und der unentgeltlichen vorweggenommenen Erbfolge nach Rn. 4 des BMF-Schreibens vom 28. November 2017

[1] **[Amtl. Anm.:]** BStBl. 2018 I S. 1377.

(BStBl. I S. 1645) von § 8c KStG nicht erfasst wird. In Ermangelung eines schädlichen Beteiligungserwerbs ist § 8d KStG in diesen Fällen nicht anwendbar.

6 Die Stille-Reserven-Klausel nach § 8c Abs. 1 Satz 5 ff. KStG schließt einen schädlichen Beteiligungserwerb nicht aus. Sie suspendiert ganz oder teilweise den Verlustuntergang nach § 8c Abs. 1 Satz 1 KStG. Nach § 8d Abs. 1 KStG ist § 8c KStG insgesamt und damit auch die Stille-Reserven-Klausel (§ 8c Abs. 1 Satz 5 ff. KStG) nicht anzuwenden. Reichen die stillen Reserven i. S. d. § 8c Abs. 1 Satz 5 ff. KStG nicht aus, um die vorhandenen Verlustvorträge vollständig zu erhalten, können die verbleibenden und vom Abzugsverbot bedrohten Verluste nicht zusätzlich durch einen Antrag i. S. d. § 8d KStG fortgeführt werden. Der Steuerpflichtige hat ein Wahlrecht zwischen der Anwendung der Stille-Reserven-Klausel nach § 8c Abs. 1 Satz 5 ff. KStG oder einem Antrag nach § 8d KStG.

Beispiel 1:

Für die V-GmbH wurde zum 31. 12. 2018 ein Verlustvortrag i. H. v. 300 000 € festgestellt. Zum 1. 1. 2019 veräußert der bisherige Alleingesellschafter V sämtliche Anteile an den Z. Die V-GmbH verfügt zu diesem Zeitpunkt über stille Reserven i. H. v. 200 000 €, die im Inland steuerpflichtig sind. Außerdem liegen die Voraussetzungen für eine Anwendung des § 8d KStG vor. Im Veranlagungszeitraum 2019 erzielt die V-GmbH einen weiteren laufenden Verlust i. H. v. 50 000 €. Es wird kein Antrag nach § 8d KStG gestellt.

Variante: Für den Veranlagungszeitraum 2019 wird ein Antrag nach § 8d KStG gestellt.

Lösung:

Die Anteilsübertragung stellt einen schädlichen Beteiligungserwerb i. S. d. § 8c Abs. 1 KStG dar.
Da kein Antrag nach § 8d KStG gestellt wird, greift die Stille-Reserven-Klausel des § 8c Abs. 1 Satz 5 ff. KStG i. H. v. 200 000 €, so dass die nicht genutzten Verluste lediglich i. H. v. 100 000 € untergehen. Zum 31. 12. 2019 wird dann ein Verlustvortrag nach § 10d EStG i. H. v. 250 000 € (= 200 000 € zzgl. 50 000 € laufender Verlust 2019 nach dem schädlichen Beteiligungserwerb) festgestellt.

Lösung zur Variante:

Da die V-GmbH einen Antrag nach § 8d KStG stellt, werden zum 31. 12. 2019 die bisher nicht genutzten Verluste zum 31. 12. 2018 i. H. v. 300 000 € zuzüglich des laufenden Verlusts 2019 i. H. v. 50 000 € als fortführungsgebundener Verlustvortrag i. H. v. 350 000 € festgestellt.

1. Zeitpunkt

7 Der Antrag ist nach § 8d Abs. 1 Satz 5 KStG in der Steuererklärung für die Veranlagung des Veranlagungszeitraums zu stellen, in den der schädliche Beteiligungserwerb fällt. Der Antrag kann grundsätzlich bis zur Unanfechtbarkeit der Steuerfestsetzung oder bis zur Unanfechtbarkeit der Feststellung über den Verlustvortrag nachgeholt werden. 14

8 Wird in einem Änderungsbescheid erstmals ein schädlicher Beteiligungserwerb i. S. d. § 8c KStG berücksichtigt, kann der Antrag nach § 8d Abs. 1 KStG bis zur Unanfechtbarkeit des Änderungsbescheides gestellt werden (vgl. AEAO Nr. 8.5 ff. vor §§ 172 bis 177). Im Übrigen kann ein erst nach Eintritt der Unanfechtbarkeit der Steuerfestsetzung oder der Feststellung des Verlustvortrags gestellter Antrag nach § 8d Abs. 1 Satz 5 KStG nur berücksichtigt werden, wenn die Steuerfestsetzung oder die Feststellung des Verlustvortrags nach §§ 129, 164, 165 oder 172 ff. AO oder nach entsprechenden Regelungen in den Einzelsteuergesetzen insoweit korrigiert werden kann.

9 Bei einem vom Kalenderjahr abweichenden Wirtschaftsjahr ist ein Antrag nach § 8d Abs. 1 Satz 5 KStG in der Steuererklärung für den Veranlagungszeitraum zu stellen, in dem das Wirtschaftsjahr endet, in das der schädliche Beteiligungserwerb fällt. Nach den Grundsätzen der Rn. 36 des BMF-Schreibens vom 28. November 2017 (BStBl. I S. 1645) ist der zum Ablauf des vorangegangenen Veranlagungszeitraums verbleibende Verlust nach § 165 Abs. 1 Satz 1 AO vorläufig festzustellen.

Beispiel 2:

Die V-GmbH ermittelt ihren Gewinn für das vom Kalenderjahr abweichende Wirtschaftsjahr vom 1. 7. bis 30. 6. Zum 31. 12. 2017 weist die gesonderte Feststellung des verbleibenden Verlustvortrags i. S. d. § 10d EStG einen Betrag i. H. v. 300 000 € aus. Im Wirtschaftsjahr 2017/2018 erzielt sie einen weiteren Verlust von 200 000 €. Am 1. 10. 2018 werden 100 % der Anteile an der V-GmbH an einen Erwerber i. S. d. § 8c KStG veräußert. Vom 1. 7. 2018 bis zu dem schädlichen Beteiligungserwerb hat die V-GmbH einen Verlust von 100 000 € erwirtschaftet. Darüber hinaus erzielt die V-GmbH im Wirtschaftsjahr 2018/2019 einen Verlust von 50 000 €.

Variante: Die V-GmbH stellt vor Veranlagung des Veranlagungszeitraums 2018 in der Steuererklärung für den Veranlagungszeitraum 2019 einen Antrag nach § 8d KStG.

Lösung:

Im Rahmen der Veranlagung des Veranlagungszeitraums 2018 ist der verbleibende Verlustvortrag zum 31. 12. 2018 i. H. v. 500 000 € vollständig zu kürzen. Die Feststellung ist zwingend vorläufig nach § 165 Abs. 1 Satz 1 AO vorzunehmen.
Der Antrag nach § 8d KStG ist in der Steuererklärung für den Veranlagungszeitraum 2019 zu stellen. Der Verlustvortrag zum 31. 12. 2018 ist nach § 165 Abs. 2 AO zu ändern (fortführungsgebundener Verlustvortrag i. H. v. 500 000 €). Zum 31. 12. 2019 ist ein fortführungsgebundener Verlustvortrag i. H. v. 650 000 € festzustellen (vgl. Rn. 54).

Lösung zur Variante:

Liegt bei der Veranlagung des Veranlagungszeitraums 2018 bereits die Information über eine wirksame Antragstellung in der Steuererklärung für den Veranlagungszeitraum 2019 vor, kann eine Kürzung des Verlustvortrags zum 31. 12. 2018 unterbleiben. Die Feststellung des verbleibenden Verlustvortrags zum 31. 12. 2018 ist vorläufig nach § 165 Abs. 1 Satz 1 AO vorzunehmen.

2. Form

10 Für den Antrag nach § 8d KStG gelten die gleichen Formvorschriften wie für die Steuererklärung. Ein Antrag nach § 8d KStG ist in der Körperschaftsteuererklärung zu stellen. Er gilt einheitlich für alle nicht genutzten Verluste, die von § 8c KStG erfasst werden (vgl. Rn. 2). Die Nachholung eines Antrags 15

Anl zu H 8d

nach § 8d KStG (vgl. Rn. 7, 8) erfordert die formgerechte Abgabe einer berichtigten Körperschaftsteuererklärung.

3. Rücknahme des Antrags

16 **11** Der Antrag kann bis zum Eintritt der Unanfechtbarkeit der Steuerfestsetzung oder der Feststellung des Verlustvortrags des Veranlagungs- bzw. Feststellungszeitraums, in den der (jeweilige) schädliche Beteiligungserwerb i. S. d. § 8c KStG fällt, zurückgenommen werden. Für die Rücknahme des Antrags gelten die gleichen Formvorschriften wie für die Antragstellung (vgl. Rn. 10). Die Rücknahme eines Antrags nach § 8d KStG erfordert daher die formgerechte Abgabe einer berichtigten Körperschaftsteuererklärung.

12 Nach Eintritt der Unanfechtbarkeit der Steuerfestsetzung oder der Feststellung des Verlustvortrags kann der Antrag nach § 8d Abs. 1 Satz 5 KStG nur zurückgenommen werden, soweit die Steuerfestsetzung oder die gesonderte Verlustfeststellung nach §§ 129, 164, 165 oder 172 ff. AO oder nach entsprechenden Regelungen in den Einzelsteuergesetzen korrigiert werden kann (vgl. AEAO Nr. 8.5 ff. vor §§ 172 bis 177).

III. Materielle Voraussetzungen

1. Allgemein (§ 8d Abs. 1 Satz 1 und 2 KStG)

17 **13** Die Anwendung des § 8d KStG erfordert kumulativ, dass

- die Körperschaft seit einem der beiden folgenden Zeitpunkte bis zum schädlichen Beteiligungserwerb (= Beobachtungszeitraum A) ausschließlich denselben Geschäftsbetrieb unterhält (vgl. Rn. 16 ff.):
  a) entweder seit ihrer Gründung oder
  b) seit dem Beginn des dritten Veranlagungszeitraums, der dem Veranlagungszeitraum des schädlichen Beteiligungserwerbs vorausgeht, wenn die Gründung der Körperschaft bereits länger zurückliegt,

  und
- von dem zuvor genannten Zeitpunkt bis zum Schluss des Veranlagungszeitraums des schädlichen Beteiligungserwerbs (= Beobachtungszeitraum B) kein Ereignis i. S. d. § 8d Abs. 2 KStG stattgefunden hat (Rn. 25 ff.) und
- kein Ausschluss des Anwendungsbereichs nach § 8d Abs. 1 Satz 2 KStG vorliegt (Rn. 46 ff.).

14 Als Gründungszeitpunkt der Körperschaft gilt der Zeitpunkt des formgültigen Abschlusses des notariellen Gesellschaftsvertrags (Beginn der Körperschaftsteuerpflicht der sogenannten Vorgesellschaft, vgl. H 1.1 „Beginn der Steuerpflicht" KStH 2015). Auf den Zeitpunkt der Eintragung in das Handelsregister kommt es nicht an.

Abbildung 1

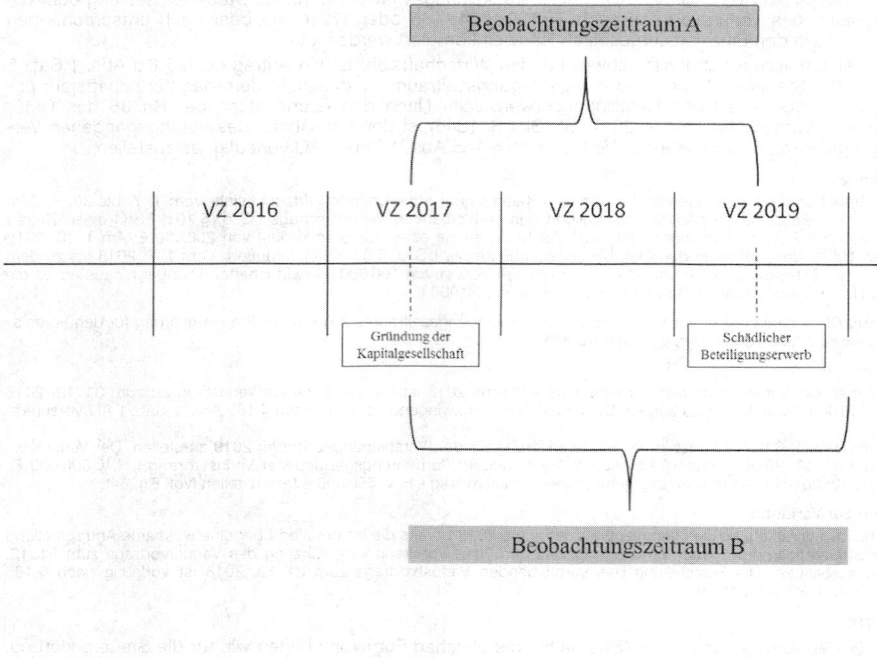

Anl zu H 8 d

Abbildung 2:

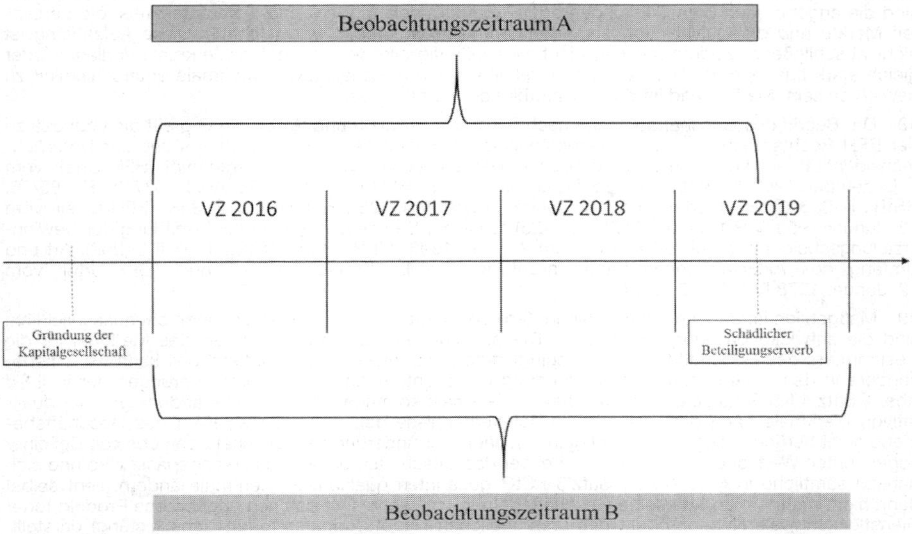

18 **15** Bei einem vom Kalenderjahr abweichenden Wirtschaftsjahr beginnen die Beobachtungszeiträume A und B drei Zeitjahre vor dem Beginn des Wirtschaftsjahres, in das der schädliche Beteiligungserwerb fällt. Wurde die Körperschaft erst nach diesem Zeitpunkt gegründet, beginnen die Beobachtungszeiträume A und B mit der Gründung. Abweichend von Rn. 13 endet der Beobachtungszeitraum B mit Ablauf des Wirtschaftsjahres, in dem der schädliche Beteiligungserwerb stattgefunden hat.

Abbildung 3:

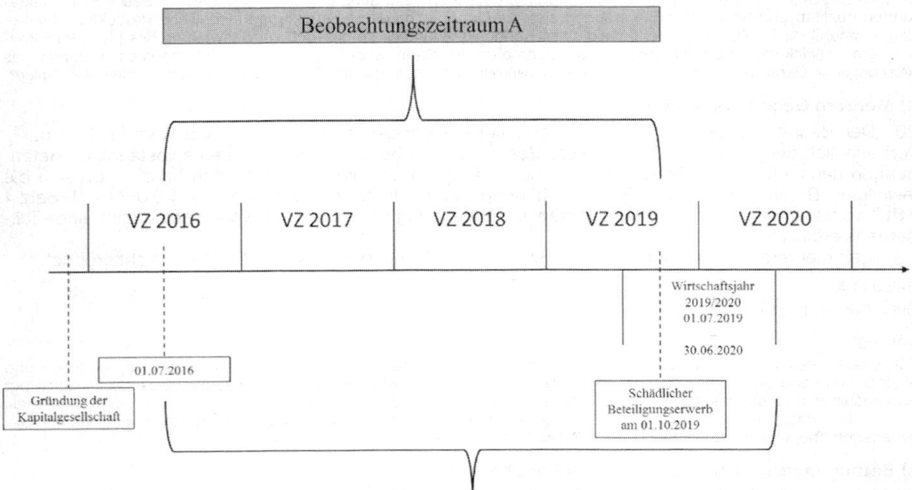

2. Begriff des Geschäftsbetriebs (§ 8 d Abs. 1 Satz 3 und 4 KStG)

a) Allgemein

19 **16** Ein Geschäftsbetrieb umfasst die von einer einheitlichen Gewinnerzielungsabsicht getragenen, nachhaltigen, sich gegenseitig ergänzenden und fördernden Betätigungen der Körperschaft (§ 8 d Abs. 1 Satz 3 Halbsatz 1 KStG).

Anl zu H 8d

17 Der Geschäftsbetrieb einer Körperschaft ist nach § 8d Abs. 1 Satz 3 Halbsatz 2 KStG anhand qualitativer Merkmale in einer Gesamtbetrachtung zu bestimmen. Beispielhaft aufgezählte Merkmale sind die angebotenen Dienstleistungen oder Produkte, der Kunden- und Lieferantenkreis, die bedienten Märkte und die Qualifikation der Arbeitnehmer (§ 8d Abs. 1 Satz 4 KStG). Diese Aufzählung ist nicht abschließend. Zudem müssen nicht zwangsläufig alle der genannten Merkmale vorliegen oder gleich stark ausgeprägt sein. Je nach Einzelfall können die qualitativen Merkmale unterschiedlich zu gewichten sein. Maßgebend ist das Gesamtbild der Verhältnisse.

18 Der Begriff des Geschäftsbetriebs nach § 8d Abs. 1 Satz 3 und Satz 4 KStG greift die Grundsätze der BFH-Rechtsprechung zum gewerbesteuerlichen Begriff des Gewerbebetriebs und zur Unternehmensidentität als Voraussetzung für den gewerbesteuerlichen Verlustvortrag (vgl. BFH-Urteil vom 1. Dezember 1960 IV 353/60 U, BStBl. III 1961 S. 65; BFH-Urteil vom 28. April 1977 IV R 165/76, BStBl. II S. 666; BFH-Urteil vom 12. Januar 1978 IV R 26/73, BStBl. II S. 348; BFH-Urteil vom 12. Januar 1983 IV R 177/80, BStBl. II S. 425) sowie zur Segmentierung bei der Ermittlung der Gewinnerzielungsabsicht auf (vgl. BFH-Urteil vom 25. Juni 1996 VIII R 28/94, BStBl. 1997 II S. 202). Art und Umfang des Aktivvermögens haben allenfalls indizielle Bedeutung (vgl. auch BFH-Urteil vom 12. Januar 1978 IV R 26/73, a. a. O.).

19 Maßgeblich ist dabei der wesentliche Kern der Betätigung. Regelmäßig, aber nicht ausschließlich, sind die entwickelten oder angebotenen Dienstleistungen und Produkte prägendes Merkmal für die Bestimmung des Geschäftsbetriebs. Bedingt durch das jeweilige Geschäftsmodell kann es – insbesondere in den ersten Jahren nach Gründung eines Unternehmens – zu Veränderungen der in § 8d Abs. 1 Satz 4 KStG aufgeführten qualitativen Merkmale kommen. Soweit die Veränderungen der qualitativen Merkmale nach dem Gesamtbild der Verhältnisse den wesentlichen Kern des Geschäftsbetriebs nicht berühren, liegt insgesamt keine (schädliche) Änderung des Geschäftsbetriebs vor. Bei einer sogenannten Wertschöpfungskorrektur, bei der das Geschäftsmodell gänzlich angepasst wird und sich nahezu sämtliche in § 8d Abs. 1 Satz 3 KStG genannten qualitativen Merkmale ändern, liegt selbst dann nicht mehr ein und derselbe Geschäftsbetrieb vor, wenn sich das neu angebotene Produkt (oder Dienstleistung) als Nebenprodukt des ursprünglichen Hauptproduktes (oder Dienstleistung) darstellt. Ein bloßer wirtschaftlicher, organisatorischer oder finanzieller Zusammenhang ist nicht ausreichend.

Beispiel 3:

Die V-GmbH wird im Jahr 2016 gegründet. Ziel ist die Entwicklung eines innovativen Klebstoffs. Sie beschäftigt anfangs hauptsächlich Wissenschaftler aus dem Gebiet der Polymerchemie.

Nachdem die Entwicklung des Klebstoffs erfolgreich beendet ist, eröffnet die V-GmbH im Jahr 2018 Produktionsstätten und stellt neue Arbeitnehmer u. a. für die Bereiche Produktion, Marketing und Vertrieb ein. Außerdem werden die Produkte erstmals an Kunden ausgeliefert.

Lösung:

Im Jahr 2018 liegt derselbe Geschäftsbetrieb i. S. d. § 8d KStG wie im Jahr 2016 vor. Im Rahmen einer dynamischen Entwicklung des Unternehmens kommt es zwar zu erheblichen Veränderungen der in § 8d Abs. 1 Satz 4 KStG aufgeführten qualitativen Merkmale (z. B. verändert sich die Qualifikation der Arbeitnehmer [technische Produktion, Marketing, Vertrieb]). Außerdem gibt es erstmalig einen Kundenkreis und es kommt ggf. zur Ausweitung des Lieferantenkreises. Die entwickelten Klebstoffprodukte, die nunmehr vertrieben werden, geben dem Unternehmen weiterhin das ursprüngliche Gepräge, sodass nach allgemeiner Verkehrsanschauung keine Änderung des Geschäftsbetriebs vorliegt.

b) Mehrere Geschäftsbetriebe

20 **20** Der Begriff des Geschäftsbetriebs ist tätigkeitsbezogen zu verstehen. Eine Körperschaft hat – vorbehaltlich der Rn. 21 bis 24 – mehrere Geschäftsbetriebe, wenn sie mehreren selbständigen Betätigungen nachgeht. Ob mehrere selbständige Betätigungen vorliegen, richtet sich danach, ob sich die jeweiligen Betätigungen unter Berücksichtigung der qualitativen Merkmale des § 8d Abs. 1 Satz 4 KStG voneinander abheben. Eine selbständige Betätigung muss nicht die Voraussetzungen eines Teilbetriebs erfüllen.

Liegen mehrere Geschäftsbetriebe vor, ist der Anwendungsbereich des § 8d KStG nicht eröffnet.

Beispiel 4:

Die V-GmbH stellt Waschmaschinen sowie Schuhe her.

Lösung:

Für Zwecke des § 8d KStG liegen zwei selbständige Betätigungen in Form einer Waschmaschinenproduktion und einer Schuhproduktion vor, da sich die angebotenen Produkte, der Kunden- und Lieferantenkreis, die Qualifikation der Arbeitnehmer und die bedienten Märkte voneinander unterscheiden. Zufällige Überschneidungen im Kundenkreis führen nicht dazu, dass von einem einheitlichen Kundenkreis auszugehen ist. Die V-GmbH hat damit mehrere Geschäftsbetriebe, was die Anwendung des § 8d KStG ausschließt.

c) Betätigungen als einheitlicher Geschäftsbetrieb

21 **21** Mehrere selbständige Betätigungen können als einheitlicher Geschäftsbetrieb zu qualifizieren sein, wenn zwischen ihnen ein gegenseitiger Förder- und Sachzusammenhang gegeben ist. Ein solcher liegt nicht allein deshalb vor, weil die selbständigen Betätigungen der Verlustkörperschaft gleichartig sind. Vielmehr muss auch bei gleichartigen Betätigungen eine inhaltliche Verknüpfung vorliegen. Ein gegenseitiger Förder- und Sachzusammenhang liegt regelmäßig dann vor, wenn sich die selbständigen Betätigungen gegenseitig bedingen oder sich als Haupt- und Nebentätigkeit gegenseitig fördern (vgl. z. B. BFH-Urteil vom 25. Juni 1996 VIII R 28/94, BStBl. 1997 II S. 202; BFH-Urteil vom 13. Dezember 1990 IV R 1/89, BStBl. 1991 II S. 452; BFH-Urteil vom 18. Mai 1995 IV R 31/94, BStBl. II S. 718; BFH-Urteil vom 1. Februar 1990 IV R 45/89, BStBl. 1991 II S. 625). Es kommt darauf an, ob das gleichzeitige Betreiben der jeweils selbständigen Betätigungen zu wesentlichen Synergieeffekten führt (zu organischem Wachstum vgl. Rn. 33).

Beispiel 5:

Die V-GmbH führt ein Autohaus. Zusätzlich betreibt sie in einem Nebengebäude eine Kfz-Werkstatt. Neben Kfz-Reparaturen, die nach entsprechenden Kundenaufträgen durchgeführt werden, dient die Werkstatt dem Autohaus u. a. dazu, angekaufte Fahrzeuge für den Verkauf vorzubereiten sowie Gewährleistungsverpflichtungen nachzukommen. Das Autohaus und die Werkstatt treten nach außen unter einem einheitlichen Markennamen („Automobile V Kfz-Handel und -Reparaturen") auf.

Lösung:

Für Zwecke des § 8 d KStG liegen zwei selbständige Betätigungen vor, da sie sich unter Berücksichtigung der qualitativen Merkmale des § 8 d Abs. 1 Satz 4 KStG voneinander abheben: Die angebotenen Dienstleistungen und Produkte, der Lieferantenkreis und die Qualifikation der Arbeitnehmer unterscheiden sich teils erheblich voneinander. Der Kundenkreis überschneidet sich. Die beiden unterschiedlichen Tätigkeiten fördern und ergänzen sich gegenseitig: Die Kfz-Werkstatt erbringt wesentliche Vorbereitungs-, Service- und Ergänzungsdienstleistungen für den Autohandel während umgekehrt durch den Verkauf von Kfz die Käufer als (langfristige) Kunden der angeschlossenen Werkstatt gewonnen werden.
Aufgrund dieser engen sachlichen Verknüpfung und des Förderungs- und Ergänzungszusammenhangs bilden die beiden an sich selbständigen Betätigungen nach dem Gesamtbild der Verhältnisse einen einheitlichen Geschäftsbetrieb i. S. d. § 8 d KStG.

Beispiel 6:

Die V-GmbH betreibt einen Kfz-Handel unter der Firmierung „Autohaus Vogel" und davon unabhängig in zwei weiteren Stadtteilen einen Wohnmobilverleih „Camper-Center" sowie eine Autowaschstraße „V's Car Wash". Für jede der Betätigungen besteht ein eigenes Marketing-Konzept mit jeweils eigenem Markenlogo.

Lösung:

Für Zwecke des § 8 d KStG liegen drei selbständige Betätigungen in Form eines Kfz-Handels, eines Wohnmobilverleihs und einer Autowaschstraße vor, da sich die angebotenen Produkte, der Kunden- und Lieferantenkreis, die Qualifikation der Arbeitnehmer und die bedienten Märkte voneinander unterscheiden. Zufällige Überschneidungen im Kundenkreis führen nicht dazu, dass von einem einheitlichen Kundenkreis auszugehen ist. Ein unmittelbar greifbarer Förder- und Sachzusammenhang ist nicht gegeben.
Folglich hat die V-GmbH drei Geschäftsbetriebe, die der Inanspruchnahme des § 8 d KStG entgegenstehen.

22 Ein bloßer mittelbarer Zusammenhang ist für die Annahme eines gegenseitigen Förder- und Sachzusammenhangs nicht ausreichend. Ein einheitlicher Geschäftsbetrieb liegt danach z. B. nicht vor, wenn eine Körperschaft mehreren nicht gleichartigen, selbständigen Betätigungen nachgeht, für die sie lediglich eine gemeinsame Verwaltung und eine einheitliche Buchführung eingerichtet hat, aber im Übrigen keine sachlichen Verbindungen zwischen den unterschiedlichen Betätigungen bestehen. 22

23 Werden selbständige Betätigungen räumlich getrennt voneinander betrieben, spricht eine widerlegbare Vermutung dafür, dass durch die räumliche Trennung kein unmittelbar greifbarer Förder- und Sachzusammenhang gegeben ist.

Beispiel 7:

Die V-GmbH betreibt in zwei unterschiedlichen Städten zwei Restaurants unter unterschiedlichen Namen und mit unterschiedlichem Personal. Der Einkauf für beide Restaurants erfolgt getrennt.

Lösung:

Unter Berücksichtigung der qualitativen Merkmale in einer Gesamtbetrachtung des Einzelfalls liegen bei der V-GmbH zwei selbständige Betätigungen vor, die jeweils einen Geschäftsbetrieb begründen. Es fehlt an einem gegenseitigen Förder- und Sachzusammenhang. Das Vorliegen mehrerer Geschäftsbetriebe steht der Anwendung des § 8 d KStG entgegen.

Beispiel 8:

Die V-GmbH betreibt in zwei unterschiedlichen Städten zwei Restaurants. Die Restaurants werden unter einem einheitlichen Markennamen und einem nahezu identischen Speise- und Getränkeangebot betrieben. Weiterhin gelten auch einheitliche Qualitäts- und Servicestandards.

Lösung:

Die beiden Restaurants stellen nach dem Gesamtbild der Verhältnisse einen einheitlichen Geschäftsbetrieb i. S. d. § 8 d KStG dar.
Die angebotenen Dienstleistungen und Produkte geben dem Geschäftsbetrieb in diesem Fall das Gepräge. Einheitliche Qualitäts- und Servicestandards sorgen zudem für einen hohen Wiedererkennungswert bei den Kunden. Die beiden Restaurants stehen daher trotz der räumlichen Trennung in einem gegenseitigen Förder- und Sachzusammenhang. Bei Vorliegen der übrigen Voraussetzungen ist § 8 d KStG anzuwenden.

d) Wirtschaftlich geringfügige Betätigungen

24 Eine zusätzlich ausgeübte weitere Betätigung steht einem einheitlichen Geschäftsbetrieb nicht entgegen, wenn sie wirtschaftlich nicht ins Gewicht fällt und ihr damit nicht die Qualität eines selbständigen weiteren Geschäftsbetriebs zukommt. Zur Vereinfachung können hierbei die Grundsätze der BFH-Urteile vom 27. August 2014 VIII R 16/11, BStBl. 2015 II S. 996, VIII R 41/11, BStBl. 2015 II S. 999, und VIII R 6/12, BStBl. 2015 II S. 1002, entsprechend angewendet werden. Danach fällt eine Betätigung wirtschaftlich nicht ins Gewicht, wenn die Nettoumsatzerlöse aus dieser Betätigung 3 % der Gesamtnettoumsatzerlöse der Verlustkörperschaft und den Betrag von 24 500 € im Veranlagungszeitraum nicht übersteigen. 23

Beispiel 9:

Die V-GmbH führt einen Einzelhandelsbetrieb. Zudem betreibt sie eine Photovoltaikanlage. Der erzeugte Strom wird von der V-GmbH nicht für Zwecke des Einzelhandelsbetriebs eingesetzt, sondern gegen Entgelt an den örtlichen Energieversorger geliefert. Der Erlös aus der Stromerzeugung beträgt 15 000 €. Die Gesamtnettoumsatzerlöse der V-GmbH betragen 750 000 €.

Variante: Die Gesamtnettoumsatzerlöse betragen 300 000 €.

Lösung:

Nach Rn. 20 stellt der Betrieb der Photovoltaikanlage eine neben dem Einzelhandelsbetrieb stehende selbständige Betätigung dar, weil er sich vom Einzelhandelsbetrieb abhebt. Gleichwohl ist von demselben Geschäftsbetrieb auszugehen, da der Betrieb der Photovoltaikanlage wirtschaftlich nicht ins Gewicht fällt. Der Erlös beträgt lediglich 2 % (= 15 000 € × 100/750 000 €) und nicht mehr als 24 500 €. Bei Vorliegen der übrigen Voraussetzungen ist § 8 d KStG anzuwenden.

Lösung zur Variante:

In der Variante fällt der Betrieb der Photovoltaikanlage wirtschaftlich ins Gewicht, da er mehr als 3 % der Erlöse ausmacht (5 % = 15 000 € × 100/300 000 €). Es liegen zwei selbständige Betätigungen und damit zwei nebeneinanderstehende Geschäftsbetriebe vor, die die Anwendung des § 8 d KStG ausschließen.

3. Kein Ereignis i. S. d. § 8 d Abs. 2 KStG im Beobachtungszeitraum B

24 **25** Innerhalb des Beobachtungszeitraums B (vgl. Rn. 13) darf kein Ereignis i. S. d. § 8 d Abs. 2 KStG vorgelegen haben. Schädlich ist es danach, wenn in diesem Zeitraum
- der Geschäftsbetrieb ruhend gestellt wird (vgl. Rn. 26 ff.),
- der Geschäftsbetrieb einer andersartigen Zweckbestimmung zugeführt wird (vgl. Rn. 31 f.),
- die Körperschaft einen zusätzlichen Geschäftsbetrieb aufnimmt (vgl. Rn. 33 ff.),
- die Körperschaft sich an einer Mitunternehmerschaft beteiligt (vgl. Rn. 37 ff.),
- die Körperschaft die Stellung eines Organträgers i. S. d. § 14 Abs. 1 KStG einnimmt (vgl. Rn. 41 f.) oder
- auf die Körperschaft Wirtschaftsgüter übertragen werden, die sie zu einem geringeren als dem gemeinen Wert ansetzt (vgl. Rn. 43 ff.).

a) Ruhendstellung des Geschäftsbetriebs (§ 8 d Abs. 2 Satz 2 Nr. 1 KStG)

25 **26** Eine Ruhendstellung des Geschäftsbetriebs liegt vor, wenn die unternehmerische Entscheidung getroffen wurde, den Geschäftsbetrieb trotz fortbestehender Möglichkeit der Fortführung nicht weiterzuführen. Unschädlich sind daher z. B. vorübergehende Betriebsschließungen aufgrund behördlicher Anordnung bzw. als Maßnahme des Gesundheitsschutzes sowie temporäre Unterbrechungen aufgrund einer schweren Erkrankung bei personenabhängigen Tätigkeiten.

Beispiel 10:

Die V-GmbH betreibt eine Cocktailbar. Während der Corona-Pandemie wird die Bar für mehrere Wochen vorübergehend geschlossen, da die Infektionsschutzverordnung der zuständigen Gebietskörperschaft für diesen Zeitraum die Öffnung für den Publikumsverkehr untersagt.

Lösung:

Es liegt keine Ruhendstellung des Geschäftsbetriebs i. S. d. § 8 d Abs. 2 Satz 2 Nr. 1 KStG vor, da die Bar aufgrund der geltenden Infektionsschutzverordnung und nicht aufgrund einer freien unternehmerischen Entscheidung vorübergehend geschlossen wird. Die V-GmbH hat während der Geltungsdauer der Infektionsschutzverordnung nicht die Möglichkeit, den Betrieb in seiner bestehenden Form weiterzuführen.

27 Der Geschäftsbetrieb muss durch die Körperschaft selbst ausgeübt werden. Abweichend von den Grundsätzen der Betriebsaufgabe steht eine Verpachtung des Geschäftsbetriebs daher einer Ruhendstellung i. S. d. § 8 d Abs. 2 Nr. 1 KStG gleich.

28 Auch das nur zeitweise Ruhendstellen des Geschäftsbetriebs ist schädlich. Eine Ruhendstellung des Geschäftsbetriebs liegt jedoch nicht vor, wenn es sich nur um eine unwesentliche, kurze Betriebsunterbrechung handelt (z. B. vierwöchige Betriebsferien, Schließung eines Ladenlokals für sechs Wochen wegen umfassender Renovierungsarbeiten).

29 Bei der Beurteilung, ob der Geschäftsbetrieb ruhend gestellt wurde, sind branchenspezifische Besonderheiten zu berücksichtigen (z. B. Saisonbetriebe).

Beispiel 11:

Die V-GmbH betreibt einen Eissalon, der jährlich von März bis Oktober geöffnet ist. In den Wintermonaten (November bis Februar) bleibt das Ladenlokal jeweils geschlossen.

Variante: Statt die vorhandenen Räumlichkeiten in den Wintermonaten (November bis Februar) ungenutzt zu lassen, vermietet die V-GmbH den Laden mit Ausnahme der Küchenflächen zeitweise an einen Unternehmer, der dort Lebkuchen verkauft.

Lösung:

Es liegt keine Ruhendstellung des Geschäftsbetriebs i. S. d. § 8 d Abs. 2 Satz 2 Nr. 1 KStG vor, da es branchenüblich ist, dass Eissalons nicht ganzjährig durchgehend geöffnet sind, sondern während der Wintermonate (mit typischerweise fehlender Nachfrage nach Speiseeis) pausieren.

Lösung zur Variante:

Es liegt weder eine Ruhendstellung des Geschäftsbetriebs i. S. d. § 8 d Abs. 2 Satz 2 Nr. 1 KStG noch eine Aufnahme eines zusätzlichen Geschäftsbetriebs i. S. d. § 8 d Abs. 2 Satz 2 Nr. 3 KStG vor. Die kurzzeitige Untervermietung der Betriebsräume hat nach allgemeiner Verkehrsanschauung keine prägende Bedeutung für den Geschäftsbetrieb der V-GmbH. Es liegt eine unschädliche Hilfstätigkeit zur Haupttätigkeit (Betrieb eines Eissalons) vor.

30 Stellt die Verlustkörperschaft, deren einheitlicher Geschäftsbetrieb mehrere eigenständige Betätigungen umfasst (Rn. 21), eine Betätigung ruhend und verbleibt noch mindestens eine Betätigung, gilt Rn. 65 entsprechend.

b) Zuführung zu einer andersartigen Zweckbestimmung (§ 8 d Abs. 2 Satz 2 Nr. 2 KStG)

26 **31** Die Körperschaft darf die Zweckbestimmung ihres Geschäftsbetriebs und damit ihre Branche nicht wesentlich verändern. Ein schädlicher Branchenwechsel liegt bei einer wesentlichen Änderung

Anl zu H 8d

der wirtschaftlichen Betätigung bzw. des tatsächlichen Gegenstands des Unternehmens vor. Die allgemeine Verkehrsanschauung ist zu berücksichtigen. Eine Änderung des satzungsmäßigen Unternehmensgegenstands stellt regelmäßig ein Indiz für einen Branchenwechsel dar, es sei denn, es handelt sich lediglich um rein redaktionelle Anpassungen.

32 Anpassungen der Betätigung bzw. des Geschäftsmodells an dauerhaft veränderte wirtschaftliche oder gesellschaftliche Rahmenbedingungen (Strukturwandel) sind nicht als schädlicher Branchenwechsel einzustufen, wenn ein Sach- und Förderzusammenhang zu der bisherigen Betätigung besteht.

Beispiel 12:

Die V-GmbH betreibt seit 2014 ein Geschäft für Damenoberbekleidung mit Ladenlokal, in dem drei Angestellte als Verkäuferinnen tätig sind. Ab dem Jahr 2018 bietet die V-GmbH ihr Produktsortiment zusätzlich in einem Online-Shop an, der unter der gleichen Bezeichnung betrieben wird. Fortan erfolgt eine einheitliche Werbung bzw. ein gemeinsames Marketing.
Für die Betreuung des Online-Shops wird ein neuer Mitarbeiter (IT-Systemkaufmann) eingestellt.

Variante 1: Aufgrund der guten Entwicklung der Umsätze im Onlinegeschäft und gleichzeitigem Umsatzrückgang im Ladenlokal kündigt die V-GmbH ab dem Jahr 2020 den Pachtvertrag für das Ladenlokal und konzentriert sich fortan ausschließlich auf den Verkauf ihrer Produkte im Online-Shop.

Variante 2: Die V-GmbH schließt im Jahr 2018 ihr Ladenlokal und bietet fortan Outdoor-Produkte (Wanderbekleidung, Campingzubehör, Angelbedarf etc.) in einem Online-Shop unter einem neuen Geschäftsnamen an. Die bisherigen Lieferantenbeziehungen werden endgültig beendet und das bisherige Personal wird nicht weiter eingesetzt.

Lösung:

Durch die Eröffnung des Online-Shops erweitert sich zwar der Kundenkreis und auch die Qualifikation der Arbeitnehmer ändert sich teilweise. Nach dem Gesamtbild der Verhältnisse wird der Geschäftsbetrieb aber keiner andersartigen Zweckbestimmung zugeführt. Die angebotenen Produkte (Damenoberbekleidung) geben dem Geschäftsbetrieb in diesem Fall sein Gepräge. Daran ändert auch der zusätzliche Vertriebsweg (Online-Shop) nichts, da ein gegenseitiger Förder- und Sachzusammenhang besteht.

Lösung zur Variante 1:

Nach dem Gesamtbild der Verhältnisse wird der Geschäftsbetrieb durch die Konzentration auf das Online-Geschäft keiner andersartigen Zweckbestimmung zugeführt. Die angebotenen Produkte (Damenoberbekleidung) geben dem Geschäftsbetrieb in diesem Fall weiter sein Gepräge. Es besteht ein Sach- und Förderzusammenhang zu der bisherigen Betätigung.

Lösung zur Variante 2:

Nach dem Gesamtbild der Verhältnisse liegt mit der grundlegenden Umstellung des Produktsortiments nicht mehr derselbe Geschäftsbetrieb vor. Sowohl der Geschäftsname sowie die angebotenen Produkte als auch der Kundenkreis ändern sich. Zusätzlich ergibt sich durch die Umstellung auf den Online-Handel auch eine geänderte Qualifikation der Arbeitnehmer. Nach der Änderung des Produktsortiments entspricht das Geschäftsbild (Handel mit Outdoor-Produkten) im Kern nicht mehr dem ursprünglichen Geschäftsbild (Handel mit Damenoberbekleidung). Es fehlt an einem Förder- und Sachzusammenhang zu der früheren wirtschaftlichen Betätigung.

Beispiel 13:

Die V-GmbH produziert als Zulieferer für große Automobilhersteller seit dem Jahr 2010 diverse Kunststoffteile. Während der Corona-Pandemie im Jahr 2020 fällt ein Großteil der Aufträge aus der Automobilindustrie weg. Die V-GmbH stellt nun für die Dauer der Pandemie zusätzlich Plexiglas-Schutzscheiben her, um ihre Produktionskapazität besser ausschöpfen zu können. Dabei nutzt die V-GmbH die vorhandene Technologie und die Maschinen aus der Produktion der Kunststoffteile.

Lösung:

Durch die zusätzliche Produktion der Plexiglas-Schutzscheiben erweitert sich zwar (temporär) der Kundenkreis sowie das angebotene Produktsortiment. Die Qualifikation der Arbeitnehmer bleibt davon aber grundsätzlich unberührt. Die kurzfristige Erweiterung des Produktsortiments, die auf der Nutzung derselben Basistechnologie und Maschinen beruht, stellt eine Anpassung an die veränderten Rahmenbedingungen dar und steht weiterhin in einem Förder- und Sachzusammenhang mit der ursprünglichen Betätigung.

Beispiel 14:

Die V-GmbH produziert seit dem Jahr 2015 Hi-Fi-Lautsprecher, die per Online-Direktvertrieb zum Kunden gelangen. Sie stellt im Laufe des Jahres 2020 fest, dass sich der Verkauf der Lautsprecher über den Onlineshop nicht wie erhofft entwickelt. Neben dem Online-Direktvertrieb setzt die V-GmbH daher auf weitere Vertriebsintermediäre und lässt die Produkte auch in Fachmärkten für Unterhaltungselektronik listen.

Lösung:

Durch den zusätzlichen Absatzweg ändert sich weder die grundsätzliche Betätigung der Körperschaft noch die Zweckbestimmung, auch wenn dadurch weitere Märkte erschlossen und zusätzliche Kunden erreicht werden können.

c) Aufnahme eines zusätzlichen Geschäftsbetriebs (§ 8 d Abs. 2 Satz 2 Nr. 3 KStG)

33 Ob eine schädliche Aufnahme eines zusätzlichen Geschäftsbetriebs i. S. d. § 8 d Abs. 2 Satz 2 Nr. 3 KStG vorliegt, bestimmt sich nach den Grundsätzen der Rn. 16 ff. Danach liegt keine schädliche Aufnahme eines zusätzlichen Geschäftsbetriebs vor, wenn die zusätzliche Betätigung entweder in einem Förder- und Sachzusammenhang mit dem vorhandenen Geschäftsbetrieb steht oder wirtschaftlich nicht ins Gewicht fällt. Organische Veränderungen eines wachsenden Unternehmens stellen keine schädliche Aufnahme eines zusätzlichen Geschäftsbetriebs dar. 27

Beispiel 15:

Die V-GmbH betreibt ein Restaurant in einer deutschen Großstadt. Nach kurzer Zeit eröffnet sie ein weiteres Restaurant in einer anderen deutschen Großstadt. Die Restaurants werden unter einem einheitlichen Markennamen mit gleichem Speise- und Getränkeangebot betrieben. Weiterhin gelten auch einheitliche Qualitäts- und Servicestandards. Der Einkauf erfolgt für beide Restaurants zentral.

Lösung:

Die Eröffnung des zweiten Restaurants stellt keine schädliche Aufnahme eines zusätzlichen Geschäftsbetriebs dar. Die angebotenen Dienstleistungen und Produkte geben dem Geschäftsbetrieb in diesem Fall das Gepräge. Einheitliche Qualitäts- und Servicestandards sollen zudem für einen hohen Wiedererkennungswert bei den Kunden sorgen. Die beiden Restaurants stehen daher in einem gegenseitigen Förder- und Sachzusammenhang.

Beispiel 16:

Die V-GmbH produziert und vertreibt seit dem Jahr 2000 konventionelle Fahrräder. Aufgrund der steigenden Nachfrage nach E-Bikes stellt die V-GmbH ab dem Jahr 2019 zusätzlich auch E-Bikes unter demselben Markennamen her. Für die Entwicklung eigener Batterien und Elektromotoren wird eine neue Fabrikhalle an einem neuen Standort errichtet und es werden entsprechend qualifizierte Mitarbeiter eingestellt. Im Übrigen wird bei der Produktion der E-Bikes auf das Know-how der bisherigen Fahrrad-Produktion zurückgegriffen.

Lösung:

Die E-Bikes stellen zwar ein neues Produkt dar. Insgesamt kommt es dadurch aber nicht zu einer signifikanten Änderung der qualitativen Merkmale des § 8 d Abs. 1 Satz 4 KStG. Zudem stehen die Produkte nach allgemeiner Verkehrsanschauung in einem klaren Förder- und Sachzusammenhang. Mit der Produkterweiterung liegt keine schädliche Aufnahme eines zusätzlichen Geschäftsbetriebs vor.

28 **34** Eine schädliche Aufnahme eines zusätzlichen Geschäftsbetriebs i. S. d. § 8 d Abs. 2 Satz 2 Nr. 3 KStG ist aber dann gegeben, wenn eine weitere, vom vorhandenen Geschäftsbetrieb unabhängige Betätigung, die nach Rn. 24 zunächst nicht wirtschaftlich ins Gewicht gefallen ist, später derart ausgeweitet wird oder sich dahingehend entwickelt, dass sie ab diesem Zeitpunkt wirtschaftlich nicht mehr nur unwesentlich ist.

35 Die Übertragung eines Betriebs oder Teilbetriebs im Rahmen eines Umwandlungsvorgangs mit Ansatz zum gemeinen Wert kann eine schädliche Aufnahme eines zusätzlichen Geschäftsbetriebs nach § 8 d Abs. 2 Satz 2 Nr. 3 KStG beim übernehmenden Rechtsträger darstellen, wenn es sich aus der Sicht des übernehmenden Rechtsträgers bei dem Betrieb oder Teilbetrieb nach den Grundsätzen der Rn. 16 ff. um einen selbstständigen Geschäftsbetrieb handelt. Werden die übernommenen Wirtschaftsgüter dagegen mit dem Buch- oder Zwischenwert angesetzt, liegt bereits ein schädliches Ereignis i. S. d. § 8 d Abs. 2 Satz 2 Nr. 6 KStG vor. Auf die Beurteilung, ob ein selbständiger Geschäftsbetrieb vorliegt, kommt es in diesen Fällen nicht an (vgl. Rn. 43).

36 § 8 d Abs. 2 Satz 2 Nr. 3 KStG knüpft typisierend an die Aufnahme eines zusätzlichen Geschäftsbetriebs an. Es kommt daher nicht darauf an, ob mit dem zusätzlichen Geschäftsbetrieb im konkreten Fall tatsächlich eine Verlustverrechnung möglich wäre (z. B. Aufnahme eines zusätzlichen Geschäftsbetriebs im Ausland, dessen Einkünfte nach einem Doppelbesteuerungsabkommen im Inland freigestellt sind).

d) Beteiligung an einer Mitunternehmerschaft (§ 8 d Abs. 2 Satz 2 Nr. 4 KStG)

29 **37** Mitunternehmerschaften in diesem Sinne sind sowohl Mitunternehmerschaften i. S. d. § 15 Abs. 1 Satz 1 Nr. 2 EStG (einschließlich atypisch stiller Beteiligungen) als auch gewerblich infizierte sowie gewerblich geprägte Personengesellschaften i. S. d. § 15 Abs. 3 Nr. 1 und 2 EStG. Dies gilt ebenfalls, wenn die Mitunternehmerschaft durch Ausgliederung oder Einbringung einer eigenständigen Betätigung der Verlustkörperschaft entsteht.

38 Die Beteiligung an einer Mitunternehmerschaft stellt unabhängig von ihrer Höhe oder ihrer wirtschaftlichen Bedeutung ein schädliches Ereignis dar (z. B. Beteiligung als Komplementär-GmbH ohne vermögensmäßige Beteiligung).

39 Vermögensverwaltende Personengesellschaften und typisch stille Beteiligungen stellen keine Mitunternehmerschaften dar und werden dementsprechend von § 8 d Abs. 2 Satz 2 Nr. 4 KStG nicht erfasst. Die Grundsätze zur Abgrenzung des Gewerbebetriebs von der Vermögensverwaltung nach R 15.7 EStR 2019 sind zu beachten.

40 Eine Beteiligung an einer vermögensverwaltenden Personengesellschaft stellt allerdings ein schädliches Ereignis i. S. d. § 8 d Abs. 2 Satz 2 Nr. 3 KStG dar, wenn das Halten von Beteiligungen an vermögensverwaltenden Personengesellschaften eine solche Bedeutung bei der beteiligten Verlustkörperschaft einnimmt, dass darin ein weiterer selbstständiger Geschäftsbetrieb zu sehen ist (vgl. Rn. 33 ff.).

e) Begründung einer Organträgerschaft (§ 8 d Abs. 2 Satz 2 Nr. 5 KStG)

30 **41** Nach § 8 d Abs. 2 Satz 2 Nr. 5 KStG stellt das Einnehmen der Stellung eines Organträgers i. S. d. § 14 Abs. 1 KStG ein schädliches Ereignis dar. Dies gilt auch für den Fall, dass der betreffende Organträger im Rahmen einer sogenannten Organschaftskette daneben auch die Stellung einer Organgesellschaft (im Verhältnis zu einem anderen Organträger) einnimmt. Die Stellung einer Organgesellschaft i. S. d. § 14 Abs. 1 oder § 17 Abs. 1 KStG ist für Zwecke des § 8 d KStG unschädlich.

42 Wird die Organschaft steuerlich rückwirkend nicht mehr anerkannt, ist der Anwendungsbereich des § 8 d KStG bei Vorliegen eines Antrags nachträglich unter Beachtung der Grundsätze der Rn. 7 ff. eröffnet.

f) Übertragung von Wirtschaftsgütern unterhalb des gemeinen Werts (§ 8 d Abs. 2 Satz 2 Nr. 6 KStG)

31 **43** Die Übertragung von Wirtschaftsgütern im Rahmen eines Umwandlungsvorgangs stellt ein schädliches Ereignis dar, wenn die Wirtschaftsgüter mit einem geringeren als dem gemeinen Wert, also mit einem Buch- oder Zwischenwert angesetzt werden.

Beispiel 17:

Die V-GmbH betreibt ein Transportunternehmen. Zum 1. 4. 2017 (steuerlicher Übertragungsstichtag) bringt der Neu-Gesellschafter E den Betrieb seines Einzelunternehmens in die V-GmbH ein und erhält dafür GmbH-Anteile i. H. v. 70 % (schädlicher Beteiligungserwerb nach § 8c Abs. 1 KStG). Die V-GmbH setzt die eingebrachten Wirtschaftsgüter mit den Buchwerten an. Ist auf Antrag § 8d KStG anwendbar?

Lösung:

Da die von E eingebrachten Wirtschaftsgüter bei der V-GmbH mit den Buchwerten angesetzt werden, liegt ein schädliches Ereignis i. S. d. § 8d Abs. 2 Satz 2 Nr. 6 KStG vor, das die Anwendung des § 8d KStG ausschließt.

44 Eine Übertragung zu einem geringeren als dem gemeinen Wert liegt nicht vor, wenn es aufgrund eines Sperrfristverstoßes nach § 22 Abs. 1 oder 2 UmwStG innerhalb des ersten Zeitjahres nach dem steuerlichen Übertragungsstichtag zu einem rückwirkenden Ansatz des gemeinen Werts kommt (Einbringungsgewinn I oder II).

Beispiel 18:

Die V-GmbH, an der die Gesellschafter E und X zu je 50 % beteiligt sind, betreibt ein Transportunternehmen. Daneben betreibt E ein Einzelunternehmen mit gleichem Tätigkeitsfeld. Zum 1. 4. 2017 (steuerlicher Übertragungsstichtag) bringt der E den Betrieb seines Einzelunternehmens in die V-GmbH ein und erhält dafür neue GmbH-Anteile, sodass sich sein Beteiligungsanteil auf 75 % erhöht. Die V-GmbH setzt die eingebrachten Wirtschaftsgüter mit den Buchwerten an.

Mit steuerlicher Wirkung zum 1. 2. 2018 veräußert E seine Anteile an der V-GmbH an F (schädlicher Beteiligungserwerb nach § 8c Abs. 1 KStG). Ist auf Antrag § 8d KStG anwendbar?

Lösung:

Die Wirtschaftsgüter des Betriebs von E werden zunächst mit dem Buchwert bei der V-GmbH angesetzt. Daher liegt dem Grunde nach ein schädliches Ereignis i. S. d. § 8d Abs. 2 Satz 2 Nr. 6 KStG vor. Durch die Veräußerung der Anteile an der V-GmbH kommt es zu einem Sperrfristverstoß nach § 22 Abs. 1 UmwStG. Da der Verstoß innerhalb des ersten Zeitjahres nach dem steuerlichen Übertragungsstichtag eingetreten ist, wird die Einbringung des Betriebs zum 1. 4. 2017 so behandelt, als sei sie zum gemeinen Wert erfolgt. Im Ergebnis liegt keine Übertragung von Wirtschaftsgütern unterhalb des gemeinen Werts vor.

Ein schädliches Ereignis i. S. d. § 8d Abs. 2 Satz 2 Nr. 6 KStG, das der Anwendung des § 8d KStG entgegenstehen würde, liegt daher nicht vor.

45 Im Falle der verdeckten Einlage führt der Ansatz des Wirtschaftsguts mit dem Teilwert nicht zu einem schädlichen Ereignis i. S. d. § 8d Abs. 2 Satz 2 Nr. 6 KStG. Es ist ohne weitere Prüfung anzunehmen, dass der Teilwert dem gemeinen Wert entspricht. Schädlich ist jedoch die Bewertung der verdeckten Einlage nach R 8.9 Abs. 4 Satz 4 KStR 2015 i. V. m. § 6 Abs. 1 Nr. 5 Satz 1 Buchst. a EStG mit den (fortgeführten) Anschaffungs- oder Herstellungskosten des Gesellschafters. 32

Beispiel 19:

Die V-GmbH erwirbt von ihrem Gesellschafter ein Wirtschaftsgut unterhalb des gemeinen Werts. Die übrigen Voraussetzungen für die Annahme einer verdeckten Einlage liegen vor. Die V-GmbH setzt als Anschaffungskosten des Wirtschaftsguts den gezahlten (zu niedrigen) Kaufpreis an (**Variante:** Ansatz mit dem Teilwert).

Lösung:

Im Grundfall wurde das Wirtschaftsgut zu einem geringeren als dem gemeinen Wert angesetzt. Darin ist ein schädliches Ereignis nach § 8d Abs. 2 Satz 2 Nr. 6 KStG zu sehen, sofern der Bilanzansatz des Wirtschaftsguts nicht rückwirkend auf den gemeinen Wert bzw. Teilwert korrigiert wird.

Lösung zur Variante:

In der Variante hat die V-GmbH aufgrund der verdeckten Einlage das Wirtschaftsgut zutreffend mit dem Teilwert angesetzt. Damit führt dieser Vorgang nicht zu einem schädlichen Ereignis nach § 8d Abs. 2 Satz 2 Nr. 6 KStG.

4. Ausschluss des Anwendungsbereichs (§ 8d Abs. 1 Satz 2 KStG)

a) Verluste aus der Zeit vor Einstellung oder Ruhendstellung des Geschäftsbetriebs (§ 8d Abs. 1 Satz 2 Nr. 1 KStG)

46 § 8d KStG findet nur auf Verluste Anwendung, die auf der ununterbrochenen Ausübung des maßgeblichen Geschäftsbetriebs beruhen. Von der Anwendung des § 8d KStG sind daher Verluste ausgeschlossen, die auf die Zeit vor einer Einstellung oder Ruhendstellung des Geschäftsbetriebs entfallen. 33

Beispiel 20:

Die V-GmbH hat zu Beginn des Veranlagungszeitraums 2016 ihren Geschäftsbetrieb ruhend gestellt. Vor der Ruhendstellung bestand ein Verlustvortrag zum 31. 12. 2015 i. H. v. 200 000 €. Zum 1. 1. 2017 nimmt die V-GmbH denselben Geschäftsbetrieb wieder auf.

Im Veranlagungszeitraum 2020 werden 100 % der Anteile an der V-GmbH auf einen Erwerber übertragen, der den Geschäftsbetrieb unverändert fortführt. Der Verlustvortrag zum Ende des Veranlagungszeitraums 2020 beträgt ohne Anwendung des § 8c KStG 300 000 €. Die V-GmbH stellt für den Veranlagungszeitraum 2020 einen Antrag nach § 8d KStG. Es sind keine stillen Reserven vorhanden.

Lösung:

Die Anwendung des § 8d KStG ist auf Antrag möglich, da die Voraussetzungen des § 8d Abs. 1 Satz 1 KStG erfüllt sind, denn im Beobachtungszeitraum A wird ausschließlich derselbe Geschäftsbetrieb unterhalten. Nach § 8d Abs. 1 Satz 2 Nr. 1 KStG ist die Anwendung des § 8d KStG für den Verlust ausgeschlossen, der auf die Zeit vor der Ruhendstellung des Geschäftsbetriebs entfällt (200 000 €); dieser ist nach § 8c KStG zu kürzen. Auf den nach der Kürzung verbleibenden Verlust i. H. v. 100 000 € ist § 8d KStG antragsgemäß anzuwenden.

b) Organträgerstellung oder Beteiligung an einer Mitunternehmerschaft (§ 8d Abs. 1 Satz 2 Nr. 2 KStG)

47 Die Beteiligung an einer Mitunternehmerschaft oder die Stellung als Organträger i. S. d. § 14 Abs. 1 KStG zu Beginn des dritten Veranlagungszeitraums, der dem Veranlagungszeitraum vorausgeht, 34

Anl zu H 8 d

in den der schädliche Beteiligungserwerb fällt, steht einer Anwendung des § 8 d Abs. 1 Satz 1 KStG entgegen. Die Rn. 37 bis 42 gelten entsprechend.

48 Ist eine der Antragstellung nach § 8 d Abs. 1 KStG entgegenstehende Organschaft rückwirkend nicht anzuerkennen, kann ein Antrag nach § 8 d Abs. 1 Satz 5 KStG in der Steuererklärung für die Veranlagung des Veranlagungszeitraums gestellt werden, in den der schädliche Beteiligungserwerb fällt (vgl. Rn. 7 ff.). Entsprechendes gilt für die Einbringung von Mitunternehmeranteilen in eine Kapitalgesellschaft oder den Formwechsel einer Personengesellschaft in eine Kapitalgesellschaft, wenn diese mit steuerlicher Rückwirkung erfolgen.

IV. Rechtsfolgen

1. Umfang der Verlusterhaltung

35 **49** Nach § 8 d Abs. 1 Satz 1 KStG ist auf Antrag die Verlustkürzung nach § 8 c KStG bei einem schädlichen Beteiligungserwerb nicht anzuwenden. Dies schließt die Nichtanwendung der Stille-Reserven-Klausel (§ 8 c Abs. 1 Satz 5 ff. KStG) ein (vgl. Rn. 6). Verluste aus der Zeit vor Einstellung oder Ruhendstellung des Geschäftsbetriebs sind auch bei einem wirksamen Antrag nach § 8 d KStG weiterhin nach § 8 c KStG zu kürzen (vgl. Rn. 46).

50 Verluste eines vorherigen Geschäftsbetriebs, der nicht dem für die Anwendung des § 8 d KStG maßgeblichen Geschäftsbetrieb entspricht und der vor Beginn des Beobachtungszeitraums A eingestellt wurde, sind ebenfalls nach § 8 c KStG zu kürzen.

Beispiel 21:

Die V-GmbH führt seit ihrer Gründung im Jahr 2011 ein Einzelhandelsgeschäft. Der Verlustvortrag zum 31. 12. 2015 beträgt 200 000 €. Anfang des Jahres 2016 stellt sie ihr Einzelhandelsgeschäft ein und betreibt stattdessen eine Transportvermittlung. In den Jahren 2017 bis 2019 erleidet die V-GmbH weitere Verluste von insgesamt 100 000 €. Im Jahr 2020 werden 100 % der Anteile an der V-GmbH auf einen Erwerber übertragen. Stille Reserven existieren nicht. Die V-GmbH stellt für den Veranlagungszeitraum 2020 einen Antrag nach § 8 d KStG.

Lösung:

Maßgeblich für die Anwendung des § 8 d KStG ist ausschließlich der Geschäftsbetrieb „Transportvermittlung". Nach § 8 d Abs. 1 Satz 2 Nr. 1 KStG ist ein Antrag für den Verlust ausgeschlossen, der auf den eingestellten Geschäftsbetrieb „Einzelhandelsgeschäft" entfällt (200 000 €), so dass diese Altverluste aufgrund des schädlichen Beteiligungserwerbs untergehen. Auf den Verlust i. H. v. 100 000 €, der durch die Tätigkeit „Transportvermittlung" verursacht wurde, ist § 8 d KStG antragsgemäß anzuwenden.

51 Ist der Verlust in einer Zeit entstanden, in der die Verlustkörperschaft mehr als einen Geschäftsbetrieb unterhalten hat, und wird seit dem Beginn des Beobachtungszeitraums A nur noch einer dieser Geschäftsbetriebe als maßgeblicher Geschäftsbetrieb nach § 8 d KStG ausgeübt, ist der Verlust für Zwecke des § 8 d Abs. 1 Satz 2 Nr. 1 KStG jeweils den einzelnen Geschäftsbetrieben sachgerecht zuzuordnen. Zwischenzeitliche Verrechnungen mit Gewinnen sind entsprechend zu berücksichtigen. Den Nachweis über eine konkrete Zuordnung hat die antragstellende Körperschaft zu führen. Kann ein solcher Nachweis nicht erbracht werden, ist im Zweifel davon auszugehen, dass der gesamte Verlust auf den eingestellten Geschäftsbetrieb entfällt.

Beispiel 22:

Die V-GmbH führt seit ihrer Gründung im Jahr 2011 ein Einzelhandelsgeschäft und betreibt eine Transportvermittlung. Der Verlustvortrag zum 31. 12. 2015 beträgt 200 000 €, der nachweislich zu 40 % auf das Einzelhandelsgeschäft entfällt. Anfang des Jahres 2016 stellt die V-GmbH ihr Einzelhandelsgeschäft ein. In den Jahren 2017 bis 2019 erleidet die V-GmbH einen weiteren Verlust von 100 000 €. Im Jahr 2020 werden 100 % der Anteile an der V-GmbH auf einen Erwerber übertragen. Stille Reserven existieren nicht. Die V-GmbH stellt für den Veranlagungszeitraum 2020 einen Antrag nach § 8 d KStG.

Lösung:

Nach § 8 d Abs. 1 Satz 2 Nr. 1 KStG ist die Anwendung des § 8 d KStG für den Verlust ausgeschlossen, der auf den eingestellten Geschäftsbetrieb „Einzelhandelsgeschäft" entfällt (80 000 €). Dieser Altverlust geht aufgrund des schädlichen Beteiligungserwerbs unter. Auf den Verlust i. H. v. 220 000 €, der durch die „Transportvermittlung" verursacht wurde, ist § 8 d KStG antragsgemäß anzuwenden.

52 In den Fällen der Rn. 50 und 51 spricht eine widerlegbare Vermutung dafür, dass etwaige vorhandene stille Reserven in voller Höhe auf den nach § 8 d KStG maßgeblichen fortgeführten Geschäftsbetrieb entfallen.

36 **53** Wenn § 8 d KStG Anwendung findet, sind für die nicht ausgeglichenen negativen Einkünfte des Veranlagungszeitraums, in den der schädliche Beteiligungserwerb fällt, zunächst die Regelungen zum Verlustrücktrag (§ 10 d Abs. 1 EStG) anzuwenden.

Beispiel 23:

Die V-GmbH erzielt im Jahr 2019 einen Verlust i. H. v. 25 000 €. Zum 30. 6. 2019 werden 100 % der Anteile an der V-GmbH an einen Erwerber veräußert. Auf die Zeit bis zum schädlichen Beteiligungserwerb entfällt ein Verlust i. H. v. 10 000 €.
Der Gesamtbetrag der Einkünfte der V-GmbH im Veranlagungszeitraum 2018 beträgt 20 000 €. Die V-GmbH stellt für den Veranlagungszeitraum 2019 keinen Antrag nach § 8 d KStG.

Variante: Die V-GmbH stellt für den Veranlagungszeitraum 2019 einen Antrag nach § 8 d KStG.

Lösung:

Der bis zum 30. 6. 2019 erwirtschaftete Verlust geht nach § 8 c KStG grundsätzlich vollständig unter. Ein Verlustrücktrag scheidet i. H. v. 10 000 € entsprechend der Rn. 31 des BMF-Schreibens vom 28. November 2017 (BStBl. I S. 1645) aus. Der auf die Zeit nach dem schädlichen Beteiligungserwerb entfallende Verlust (15 000 €) kann nach § 10 d Abs. 1 EStG in das Vorjahr zurückgetragen werden.

Lösung zur Variante:

Aufgrund des Antrags der V-GmbH findet § 8 c KStG keine Anwendung. Somit kann der im Jahr 2019 erwirtschaftete Verlust i. H. v. 20 000 € nach § 10 d Abs. 1 EStG in das Vorjahr zurückgetragen werden. Zum 31. 12. 2019 wird ein fortführungsgebundener Verlustvortrag i. H. v. 5000 € gesondert festgestellt.

54 Der verbleibende nicht genutzte Verlustvortrag wird zum Schluss des Veranlagungszeitraums, in den der schädliche Beteiligungserwerb fällt, insgesamt zum fortführungsgebundenen Verlustvortrag (§ 8 d Abs. 1 Satz 6 KStG). Bei einem vom Kalenderjahr abweichenden Wirtschaftsjahr wird der nicht genutzte Verlustvortrag zum Schluss des Veranlagungszeitraums, in dem das Wirtschaftsjahr des schädlichen Beteiligungserwerbs endet, zum fortführungsgebundenen Verlustvortrag. 37

Beispiel 24:

Die V-GmbH ermittelt ihren Gewinn für das vom Kalenderjahr abweichende Wirtschaftsjahr vom 1. 7. bis 30. 6. Sie erzielt im Wirtschaftsjahr 2018/2019 einen Verlust i. H. v. 100 000 €. Zum 1. 2. 2019 werden 100 % der Anteile an der V-GmbH an einen Erwerber veräußert. Zum 31. 12. 2018 wurde ein vortragsfähiger Verlust i. S. d. § 10 d EStG i. H. v. 200 000 € festgestellt.
Die V-GmbH stellt für den Veranlagungszeitraum 2019 einen Antrag nach § 8 d KStG.

Lösung:

Die bis zum 1. 2. 2019 nicht genutzten Verluste (Verlustvortrag zum 31. 12. 2018 zzgl. anteiliger Verlust des Wirtschaftsjahres 2018/2019) würden nach § 8 c KStG vollständig untergehen. Aufgrund des Antrags der V-GmbH findet § 8 c KStG jedoch keine Anwendung. Der zum 31. 12. 2019 festzustellende fortführungsgebundene Verlustvortrag beträgt 300 000 € (= Verlustvortrag zum 31. 12. 2018 i. H. v. 200 000 € zzgl. laufender Verlust des Wirtschaftsjahres 2018/2019 i. H. v. 100 000 €).

55 Soweit zum Ende des Veranlagungszeitraums, in den der schädliche Beteiligungserwerb fällt, Verluste nach §§ 2 a, 15 Abs. 4, 15 a, 15 b EStG sowie § 8 d KStG (vgl. Rn. 2) oder ähnliche ausgleichs- oder verrechnungsbeschränkte Verluste bestehen, sind diese im Rahmen der jeweiligen gesonderten Verlustfeststellung ebenfalls als fortführungsgebundene Verluste gesondert auszuweisen und festzustellen.

2. Verrechnung des fortführungsgebundenen Verlustvortrags

56 Der fortführungsgebundene Verlustvortrag ist als Teil des verbleibenden Verlustvortrags zum Ende des jeweiligen Veranlagungszeitraums gesondert auszuweisen (§ 8 d Abs. 1 Satz 7 KStG). Der fortführungsgebundene Verlustvortrag ist kein eigenständiger, neben dem Verlustvortrag i. S. d. § 10 d Abs. 4 EStG stehender Verlustvortrag. Die Vorschriften über den Verlustrücktrag und den Verlustvortrag nach § 10 d EStG, §§ 4 Abs. 2, 12 Abs. 3 und 15 Abs. 3 UmwStG sowie die Grundsätze der Mindestgewinnbesteuerung nach § 10 d Abs. 2 EStG sind zu beachten. 38

Beispiel 25:

Bei der V-GmbH besteht zum 31. 12. 2017 ausschließlich ein fortführungsgebundener Verlustvortrag i. S. d. § 8 d KStG i. H. v. 3 Mio. €. Im Veranlagungszeitraum 2018 erzielt die V-GmbH einen positiven Gesamtbetrag der Einkünfte i. H. v. 2 Mio. €.

Lösung:

Nach § 10 d Abs. 2 EStG findet eine Verrechnung des fortführungsgebundenen Verlustvortrags i. H. v. 1 Mio. € uneingeschränkt statt. Darüber hinaus können 60 % des 1 Mio. € übersteigenden positiven Gesamtbetrags der Einkünfte (= 600 000 €) mit dem verbleibenden fortführungsgebundenen Verlustvortrag verrechnet werden. Zum 31. 12. 2018 ist ein verbleibender fortführungsgebundener Verlustvortrag i. H. v. 1,4 Mio. € gesondert festzustellen.

57 Nach § 8 d Abs. 1 Satz 8 KStG ist der gesondert ausgewiesene und festgestellte fortführungsgebundene Verlustvortrag vor dem nach § 10 d Abs. 4 EStG gesondert festgestellten Verlustvortrag vorrangig abzuziehen.

Beispiel 26:

Bei der V-GmbH besteht zum 31. 12. 2017 ein fortführungsgebundener Verlustvortrag i. S. d. § 8 d KStG i. H. v. 100 000 € sowie ein übriger Verlustvortrag i. S. d. § 10 d EStG i. H. v. 50 000 €. Im Veranlagungszeitraum 2018 erzielt die V-GmbH einen positiven Gesamtbetrag der Einkünfte i. H. v. 120 000 €.

Lösung:

Nach § 8 d Abs. 1 Satz 8 KStG wird vorrangig der fortführungsgebundene Verlustvortrag (100 000 €) mit dem positiven Gesamtbetrag der Einkünfte verrechnet. Der danach verbleibende positive Gesamtbetrag der Einkünfte (= 20 000 €) wird mit dem verbleibenden Verlustvortrag i. S. d. § 10 d EStG verrechnet. Zum 31. 12. 2018 ist ein verbleibender Verlustvortrag i. S. d. § 10 d EStG i. H. v. 30 000 € (= 50 000 € – 20 000 €) gesondert festzustellen. Der fortführungsgebundene Verlustvortrag ist vollständig aufgebraucht.

58 Eine quotale Aufteilung des Sockelbetrags des § 10 d Abs. 2 EStG ist dabei nicht vorzunehmen.

Beispiel 27:

Bei der V-GmbH besteht zum 31. 12. 2017 ein fortführungsgebundener Verlustvortrag i. S. d. § 8 d KStG i. H. v. 800 000 € (**Variante 1**: 1,2 Mio. €; **Variante 2**: 1,8 Mio. €) sowie ein übriger Verlustvortrag i. S. d. § 10 d EStG i. H. v. 1,2 Mio. €. Im Veranlagungszeitraum 2018 erzielt die V-GmbH einen positiven Gesamtbetrag der Einkünfte i. H. v. 2 Mio. €.

Lösung:

Nach § 10 d Abs. 2 EStG i. V. m. § 8 d Abs. 1 Satz 8 KStG erfolgt im Grundfall eine Verrechnung des gesamten fortführungsgebundenen Verlustvortrags (800 000 €) sowie des übrigen verbleibenden Verlustvortrags i. H. v. 200 000 € uneingeschränkt. Darüber hinaus können 60 % des 1 Mio. € übersteigenden positiven Gesamtbetrags der Einkünfte (= 600 000 €) des übrigen verbleibenden Verlustvortrags verrechnet werden. Zum 31. 12. 2018 ist ein verbleibender Verlustvortrag i. H. v. 400 000 € gesondert festzustellen. Der fortführungsgebundene Verlustvortrag ist vollständig aufgebraucht.

Lösung zur Variante 1:

In der Variante 1 wird der fortführungsgebundene Verlustvortrag i. H. v. 1 Mio. € uneingeschränkt verrechnet. Darüber hinaus kann ein Verlustvolumen von 600 000 € mit dem positiven Gesamtbetrag der Einkünfte verrechnet werden. Dies setzt sich aus den verbleibenden 200 000 € des fortführungsgebundenen Verlustvortrags sowie i. H. v. 400 000 € des übrigen verbleibenden Verlustvortrags zusammen. Zum 31. 12. 2018 ist ein verbleibender Verlustvortrag i. S. d. § 10 d EStG i. H. v. 800 000 € gesondert festzustellen. Der fortführungsgebundene Verlustvortrag i. S. d. § 8 d KStG ist vollständig aufgebraucht.

Lösung zur Variante 2:

In der Variante 2 wird der fortführungsgebundene Verlustvortrag i. H. v. 1 Mio. € uneingeschränkt verrechnet. Darüber hinaus kann ein Verlustvolumen von 600 000 € mit dem positiven Gesamtbetrag der Einkünfte verrechnet werden. Dies setzt sich vollständig aus dem fortführungsgebundenen Verlustvortrag zusammen. Zum 31. 12. 2018 sind ein verbleibender fortführungsgebundener Verlustvortrag i. S. d. § 8 d KStG i. H. v. 200 000 € und ein übriger Verlustvortrag i. S. d. § 10 d EStG i. H. v. 1,2 Mio. € gesondert festzustellen.

3. Organschaft

39 **59** Eine Anwendung des § 8 d KStG auf Ebene des Organträgers ist ausdrücklich ausgeschlossen (§ 8 d Abs. 1 Satz 2 Nr. 2 KStG bzw. § 8 d Abs. 1 Satz 1 KStG i. V. m. Abs. 2 Nr. 5 KStG, vgl. Rn. 41). Auf Ebene der Organgesellschaft ist die Anwendung des § 8 d KStG dem Grunde nach möglich. Antragsberechtigt ist die Organgesellschaft.

60 Sind die Voraussetzungen des § 8 d KStG erfüllt, ist ein „vororganschaftlicher" Verlustvortrag nach § 15 Satz 1 Nr. 1 KStG als „vororganschaftlicher" fortführungsgebundener Verlustvortrag gesondert auszuweisen und festzustellen. Eine Verrechnung des „vororganschaftlichen" fortführungsgebundenen Verlustvortrags ist erst nach Beendigung der Organschaft und nur unter der Voraussetzung möglich, dass zwischenzeitlich kein schädliches Ereignis i. S. d. § 8 d Abs. 2 KStG bei der Organgesellschaft eingetreten ist.

61 Für den Verlust der Organgesellschaft, der während des Bestehens der Organschaft im Veranlagungszeitraum des schädlichen Beteiligungserwerbs entsteht, ist § 8 d KStG vor der Zurechnung ihres Einkommens an den Organträger anzuwenden (vgl. Rn. 37 ff. des BMF-Schreibens vom 28. November 2017, BStBl. I S. 1645). Die Anwendung des § 8 d KStG auf der Ebene der Organgesellschaft führt zur vollständigen Suspendierung der Regelung des § 8 c Abs. 1 KStG. Ein laufender Verlust der Organgesellschaft geht in Folge des (mittelbaren) schädlichen Beteiligungserwerbs nicht unter. Dieser Verlust der Organgesellschaft wird nach den allgemeinen organschaftlichen Regelungen dem Organträger ungekürzt zugerechnet. Ein etwaiger verbleibender Verlustvortrag des Organträgers, der aus dem zugerechneten Verlust der Organgesellschaft resultiert, ist nicht fortführungsgebunden.

V. Untergang des fortführungsgebundenen Verlustvortrags durch schädliche Ereignisse

40 **62** Bei Einstellung des Geschäftsbetriebs oder bei Eintritt eines anderen schädlichen Ereignisses i. S. d. § 8 d Abs. 2 Satz 2 KStG geht der auf den Schluss des vorhergehenden Veranlagungszeitraums festgestellte fortführungsgebundene Verlustvortrag – vorbehaltlich der Berücksichtigung etwaiger stiller Reserven (vgl. Rn. 68 ff.) – unter.

1. Einstellung des Geschäftsbetriebs (§ 8 d Abs. 2 Satz 1 KStG)

41 **63** Ein Geschäftsbetrieb wird eingestellt, wenn er nach den Grundsätzen der Betriebsaufgabe beendet wird. Erforderlich ist eine Willensentscheidung oder Handlung, die darauf gerichtet ist, dass der Betrieb als selbständiger Organismus nicht mehr in seiner bisherigen Form bestehen bleiben soll. Der maßgebliche Geschäftsbetrieb muss wirtschaftlich aufgehört haben, werbend tätig zu sein. Eine Einstellung des Geschäftsbetriebs liegt bereits dann vor, wenn die verbleibende im Vergleich zur bisherigen Tätigkeit nur noch unwesentlich ist. Davon kann grundsätzlich ausgegangen werden, wenn sich der Umsatz im Vergleich zur bisherigen Tätigkeit um mehr als 90 % reduziert. Nur wenn die verbleibende Tätigkeit weiterhin bedeutsam ist und die Gesellschaft insoweit wirtschaftlich aktiv bleibt, kann der Geschäftsbetrieb als (noch) nicht eingestellt angesehen werden.

64 Ist in den Fällen der Rn. 24 von einem einheitlichen Geschäftsbetrieb auszugehen, weil ein weiterer Geschäftsbetrieb wirtschaftlich nicht ins Gewicht fällt, liegt eine Einstellung des gesamten Geschäftsbetriebs auch dann vor, wenn nur der wirtschaftlich ins Gewicht fallende Geschäftsbetrieb eingestellt wird.

65 Stellt die Verlustkörperschaft, deren einheitlicher Geschäftsbetrieb mehrere selbständige Betätigungen umfasst (Rn. 21), eine Betätigung ein und verbleibt noch mindestens eine Betätigung, führt diese Einstellung nicht – auch nicht quotal – zu einem Untergang des zuletzt festgestellten fortführungsgebundenen Verlustvortrags nach § 8 d Abs. 2 KStG. Der Geschäftsbetrieb mit seiner verbleibenden Betätigung ist dann der maßgebliche Geschäftsbetrieb der Verlustkörperschaft für Zwecke des § 8 d KStG. Entsprechendes gilt für die Ausgliederung.

Beispiel 28:

Die V-GmbH betreibt seit dem Jahr 2017 einen Einzelhandel für selbstproduzierte Fahrräder und führt unter demselben Firmennamen auch Fahrradreparaturen in einem Nebengebäude des Verkaufsgeschäfts durch. Aufgrund steigender Absatzzahlen für die selbstproduzierten Fahrräder und im Verhältnis nur noch geringer Umsätze aus der Fahrradreparatur konzentriert sich die V-GmbH ab dem Jahr 2019 ausschließlich auf die Produktion und den Vertrieb der Fahrräder.

Lösung:

Der Fahrradeinzelhandel sowie die Reparaturwerkstatt stellen zwei sich gegenseitig fördernde und ergänzende Betätigungen und damit einen einheitlichen Geschäftsbetrieb dar. Die Einstellung der Dienstleistung „Fahrradreparatur" führt nicht zu einer andersartigen Zweckbestimmung des Betriebs. Der Geschäftsbetrieb mit seiner verbleibenden Betätigung ist fortan der maßgebliche Geschäftsbetrieb der Verlustkörperschaft für Zwecke des § 8 d KStG.

2. Eintritt eines anderen schädlichen Ereignisses (§ 8 d Abs. 2 Satz 2 Nr. 1 bis 6 KStG)

66 Ein anderes schädliches Ereignis liegt vor, wenn 42
- der Geschäftsbetrieb ruhend gestellt wird (vgl. Rn. 26 ff.),
- der Geschäftsbetrieb einer andersartigen Zweckbestimmung zugeführt wird (vgl. Rn. 31 f.),
- die Körperschaft einen zusätzlichen Geschäftsbetrieb aufnimmt (vgl. Rn. 33 ff.),
- die Körperschaft sich an einer Mitunternehmerschaft beteiligt (vgl. Rn. 37 ff.),
- die Körperschaft die Stellung eines Organträgers i. S. d. § 14 Abs. 1 KStG einnimmt (vgl. Rn. 41 f.) oder
- auf die Körperschaft Wirtschaftsgüter übertragen werden, die sie zu einem geringeren als dem gemeinen Wert ansetzt (vgl. Rn. 43 ff.).

67 Bei unterjährigem Eintritt eines schädlichen Ereignisses wird der zum Schluss des vorangehenden Veranlagungszeitraums festgestellte fortführungsgebundene Verlustvortrag gekürzt. Eine Kürzung laufender Verluste, die bis zum Eintritt des jeweiligen schädlichen Ereignisses entstanden sind, oder eine Verrechnung von bis zum Eintritt des jeweiligen schädlichen Ereignisses entstandenen positiven Ergebnissen mit dem zuletzt festgestellten fortführungsgebundenen Verlustvortrag erfolgt nicht.

VI. Stille-Reserven-Klausel des § 8 d KStG (§ 8 d Abs. 2 Satz 1 Halbsatz 2 KStG)

1. Allgemein

68 Eine Kürzung des fortführungsgebundenen Verlustvortrags unterbleibt nach § 8 d Abs. 2 Satz 1 Halbsatz 2 KStG i. V. m. § 8 c Abs. 1 Satz 5 bis 8 KStG, soweit im Inland steuerpflichtige stille Reserven vorhanden sind. Der danach verbleibende Verlustvortrag ist nicht mehr als fortführungsgebundener Verlustvortrag gesondert auszuweisen und festzustellen. 43

69 Bei der entsprechenden Anwendung der Stille-Reserven-Klausel des § 8 c Abs. 1 Satz 5 bis 8 KStG sind die zum Schluss des dem schädlichen Ereignis vorangegangenen Veranlagungszeitraums vorhandenen stillen Reserven zu Grunde zu legen.

70 Maßgebend sind die gesamten vorhandenen stillen Reserven. Für die Ermittlung der stillen Reserven gelten die Rn. 49 ff. des BMF-Schreibens vom 28. November 2017 (BStBl. I S. 1645) entsprechend.

Beispiel 29:

Bei der V-GmbH besteht zum 31. 12. 2018 ein fortführungsgebundener Verlustvortrag i. H. v. 500 000 €. Zum 31. 12. 2018 betragen die stillen Reserven 200 000 €.
Im Jahr 2019 beteiligt sich die V-GmbH an einer Mitunternehmerschaft.

Lösung:

Die Beteiligung an einer Mitunternehmerschaft durch die V-GmbH im Jahr 2019 stellt ein schädliches Ereignis nach § 8 d Abs. 2 Satz 2 Nr. 4 KStG dar. Dadurch steht der zuletzt festgestellte fortführungsgebundene Verlustvortrag (auf den 31. 12. 2018: 500 000 €) grundsätzlich nicht mehr für eine künftige Verrechnung mit Gewinnen zur Verfügung. Da zum 31. 12. 2018 stille Reserven i. H. v. 200 000 € bestehen, werden Verluste in nämlicher Höhe von einer Kürzung nach § 8 d Abs. 2 KStG verschont. Sofern im Veranlagungszeitraum 2019 keine weitere Verrechnung mit einem positiven Gesamtbetrag der Einkünfte stattfindet, ist zum 31. 12. 2019 ein verbleibender Verlustvortrag i. S. d. § 10 d EStG i. H. v. 200 000 € gesondert festzustellen (kein fortführungsgebundener Verlustvortrag; vgl. Rn. 68). Der übrige nicht genutzte fortführungsgebundene Verlustvortrag i. H. v. 300 000 € geht gemäß § 8 d Abs. 2 Satz 2 Nr. 4 KStG unter.

2. Zusammentreffen von fortführungsgebundenem Verlustvortrag und einem übrigen Verlustvortrag i. S. d. § 10 d EStG

71 Besteht bei Eintritt eines schädlichen Ereignisses nach § 8 d Abs. 2 KStG sowohl ein fortführungsgebundener Verlustvortrag als auch ein Verlustvortrag nach § 10 d EStG, sind die gesamten stillen Reserven für die Anwendung des § 8 d Abs. 2 Satz 1 KStG zu berücksichtigen. 44

Variante zu Beispiel 29:

Neben dem fortführungsgebundenen Verlustvortrag i. H. v. 500 000 € zum 31. 12. 2018 besteht ein übriger Verlustvortrag nach § 10 d Abs. 4 EStG i. H. v. 400 000 €. Der „Gesamtverlustvortrag" beträgt somit 900 000 €. Im Veranlagungszeitraum 2019 wurde weder ein Gewinn noch ein Verlust erzielt.

Lösung:

Die stillen Reserven i. H. v. 200 000 € sind nicht nach dem Verhältnis des fortführungsgebundenen Verlustvortrags zum gesamten Verlustvortrag aufzuteilen, sondern vollständig dem fortführungsgebundenen Verlustvortrag zuzuordnen. Zum 31. 12. 2019 ist ein verbleibender Verlustvortrag i. H. v. 600 000 € (= 400 000 € Verlustvortrag zzgl. 200 000 €, die aufgrund der Stille-Reserven-Klausel des § 8 d KStG erhalten bleiben) gesondert festzustellen (kein fortführungsgebundener Verlustvortrag, vgl. Rn. 68).

VII. Anwendung des § 8 c KStG auf einen fortführungsgebundenen Verlustvortrag nach § 8 d KStG

1. Allgemein

72 Der fortführungsgebundene Verlustvortrag ist ein nicht genutzter Verlust i. S. d. § 8 c KStG, der durch einen weiteren schädlichen Beteiligungserwerb i. S. d. § 8 c Abs. 1 KStG grundsätzlich untergeht. Es kann aber ein erneuter Antrag nach § 8 d KStG gestellt werden. In diesem Fall werden die gesamten nicht genutzten Verluste einschließlich des bisher festgestellten fortführungsgebundenen Verlustvortrags zum neu festzustellenden fortführungsgebundenen Verlustvortrag. 45

Anl zu H 8 d

Beispiel 30:

Bei der V-GmbH besteht zum 31. 12. 2017 ein vortragsfähiger Verlust i. S. d. § 10 d EStG i. H. v. 500 000 €. Alleingesellschafter der V-GmbH ist die natürliche Person A. A veräußert zum 30. 6. 2018 100 % seiner Anteile an die natürliche Person B. Dies stellt einen schädlichen Beteiligungserwerb nach § 8 c Abs. 1 Satz 1 KStG dar, der grundsätzlich zur vollständigen Kürzung der nicht genutzten Verluste führen würde. Die V-GmbH stellt einen Antrag nach § 8 d KStG. Da sie im Veranlagungszeitraum 2018 einen weiteren Verlust i. H. v. 200 000 € erzielt, wird zum 31. 12. 2018 ein fortführungsgebundener Verlustvortrag i. S. d. § 8 d KStG i. H. v. 700 000 € gesondert festgestellt.
Am 1. 3. 2019 veräußert B 100 % seiner Anteile an C (schädlicher Beteiligungserwerb nach § 8 c Abs. 1 Satz 1 KStG). Im Veranlagungszeitraum 2019 erzielt die V-GmbH einen Verlust i. H. v. 300 000 €. Davon entfallen 200 000 € auf den Zeitraum bis zum schädlichen Beteiligungserwerb. Die V-GmbH stellt einen Antrag nach § 8 d KStG.

Variante: Die V-GmbH stellt keinen Antrag nach § 8 d KStG.

Lösung:

Durch den erneuten Antrag nach § 8 d KStG im Veranlagungszeitraum 2019 wird § 8 c KStG suspendiert und damit der Untergang des zum 31. 12. 2018 festgestellten fortführungsgebundenen Verlustvortrags sowie des bis zum schädlichen Beteiligungserwerb erwirtschafteten laufenden Verlusts verhindert. Der zum 31. 12. 2019 festzustellende fortführungsgebundene Verlustvortrag beträgt 1 Mio. € (fortführungsgebundener Verlustvortrag zum 31. 12. 2018 i. H. v. 700 000 € zzgl. laufender Verlust des Veranlagungszeitraums 2019 i. H. v. 300 000 €).

Lösung zur Variante:

Der schädliche Beteiligungserwerb führt nach § 8 c Abs. 1 KStG zum vollständigen Untergang des auf den 31. 12. 2018 gesondert festgestellten fortführungsgebundenen Verlustvortrags i. S. d. § 8 d KStG i. H. v. 700 000 € sowie des bis zum schädlichen Beteiligungserwerb entstandenen laufenden Verlusts i. H. v. 200 000 €.
Der nach dem schädlichen Beteiligungserwerb entstandene laufende Verlust i. H. v. 100 000 € ist nach § 10 d EStG gesondert festzustellen.

46 **73** Bei einem unterjährigen schädlichen Beteiligungserwerb sind auf einen am Schluss des Vorjahres vorhandenen fortführungsgebundenen Verlustvortrag die Grundsätze der Rn. 33 ff. des BMF-Schreibens vom 28. November 2017 (BStBl. I S. 1645) anzuwenden, es sei denn, § 8 d KStG findet aufgrund eines erneuten Antrags Anwendung. Der zum Schluss des Vorjahres vorhandene fortführungsgebundene Verlustvortrag bleibt in Höhe eines bis zum schädlichen Beteiligungserwerb erzielten positiven Gesamtbetrags der Einkünfte als Verlustvortrag (ohne Fortführungsgebundenheit) erhalten.

Beispiel 31:

Bei der V-GmbH besteht zum 31. 12. 2017 ein fortführungsgebundener Verlustvortrag i. S. d. § 8 d KStG i. H. v. 500 000 €. Zum 30. 6. 2018 werden 100 % der Anteile an der V-GmbH an einen Erwerber veräußert. Im Veranlagungszeitraum 2018 erzielt die V-GmbH einen positiven Gesamtbetrag der Einkünfte i. H. v. 200 000 €. Dieser entfällt vollständig auf den Zeitraum bis zum 30. 6. 2018. Die V-GmbH stellt keinen Antrag nach § 8 d KStG.

Variante: Die V-GmbH stellt einen Antrag nach § 8 d KStG.

Lösung:

Der verbleibende fortführungsgebundene Verlustvortrag i. S. d. § 8 d KStG kann mit dem positiven Gesamtbetrag der Einkünfte i. H. v. 200 000 €, der auf den Zeitraum bis zum schädlichen Beteiligungserwerb am 30. 6. 2018 entfällt, verrechnet werden (vgl. Rn. 56). Der verbleibende Teil der nicht genutzten Verluste i. H. v. 300 000 € geht nach § 8 c Abs. 1 KStG unter.

Lösung zur Variante:

Aufgrund des Antrags der V-GmbH findet § 8 c KStG keine Anwendung. Somit kann der auf den 31. 12. 2017 festgestellte fortführungsgebundene Verlust i. S. d. § 8 d KStG i. H. v. 500 000 € mit dem positiven Gesamtbetrag der Einkünfte verrechnet werden. Danach verbleibt zum 31. 12. 2018 ein fortführungsgebundener Verlustvortrag i. S. d. § 8 d KStG i. H. v. 300 000 €.

2. Anwendung der Stille-Reserven-Klausel nach § 8 c Abs. 1 Satz 5 bis 8 KStG

47 **74** Wird für den Veranlagungszeitraum, in den der schädliche Beteiligungserwerb fällt, erneut ein Antrag nach § 8 d KStG gestellt, findet die Stille-Reserven-Klausel nach § 8 c Abs. 1 Satz 5 ff. KStG keine Anwendung (vgl. Rn. 6).

75 Wird nach dem schädlichen Beteiligungserwerb kein neuer Antrag nach § 8 d KStG gestellt, werden die im Zeitpunkt des schädlichen Beteiligungserwerbs vorhandenen stillen Reserven nach Rn. 62 des BMF-Schreibens vom 28. November 2017 (BStBl. I S. 1645) zunächst zum Erhalt des laufenden Verlusts genutzt. Soweit die vorhandenen stillen Reserven die laufenden Verluste übersteigen, sind sie zum Erhalt des Verlustvortrags nach § 10 d Abs. 4 EStG (inkl. des fortführungsgebundenen Verlustvortrags) zu verwenden. Der danach verbleibende Verlustvortrag ist kein fortführungsgebundener Verlustvortrag mehr.

Beispiel 32:

Bei der V-GmbH besteht zum 31. 12. 2018 ein fortführungsgebundener Verlustvortrag i. H. v. 200 000 € und ein übriger Verlustvortrag i. S. d. § 10 d EStG i. H. v. 300 000 €. Gesellschafter der V-GmbH sind die natürlichen Personen A zu 60 % und B zu 40 %. Am 30. 6. 2019 überträgt A seine gesamten Anteile auf die natürliche Person C. Im Veranlagungszeitraum 2019 erwirtschaftet die V-GmbH einen Verlust i. H. v. 300 000 €. Davon entfällt auf den Zeitraum 1. 1. bis 30. 6. 2019 ein Verlust i. H. v. 100 000 €. Zum 30. 6. 2019 betragen die stillen Reserven 150 000 €.
Für den Veranlagungszeitraum 2019 stellt die V-GmbH einen Antrag nach § 8 d KStG.

Variante: Für den Veranlagungszeitraum 2019 stellt die V-GmbH keinen Antrag nach § 8 d KStG.

Lösung:

Aufgrund des Antrags nach § 8 d KStG der V-GmbH findet § 8 c KStG keine Anwendung. In diesem Fall werden die gesamten nicht genutzten Verluste einschließlich des bisher festgestellten fortführungsgebundenen Verlustvortrags zum neu festzustellenden fortführungsgebundenen Verlustvortrag. Zum 31. 12. 2019 ist daher ein fortführungsgebundener Verlustvortrag i. H. v. 800 000 € festzustellen.

Anl zu H 8 d

Lösung zur Variante:

Der zum 31. 12. 2018 festgestellte Verlustvortrag (inkl. des fortführungsgebundenen Verlustvortrags) i. H. v. 500 000 € und der bis zum Zeitpunkt des schädlichen Beteiligungserwerbs erzielte laufende Verlust i. H. v. 100 000 € stellen nicht genutzte Verluste i. S. d. § 8 c KStG dar und gehen daher grundsätzlich unter. Durch die vorhandenen stillen Reserven i. H. v. 150 000 € kann der bis zum Zeitpunkt des schädlichen Beteiligungserwerbs erzielte laufende Verlust in voller Höhe (100 000 €) erhalten werden. Der übersteigende Teil der stillen Reserven (50 000 €) führt zum teilweisen Erhalt des zum 31. 12. 2018 festgestellten Verlustvortrag (inkl. des fortführungsgebundenen Verlustvortrags).
Nach § 8 c Abs. 1 KStG gehen somit 450 000 € des Verlustvortrags zum 31. 12. 2018 unter. Zum 31. 12. 2019 ist ein verbleibender Verlustvortrag i. H. v. 350 000 € (laufender Verlust i. H. v. 300 000 € zzgl. „geretteter" Verlustvortrag zum 31. 12. des Vorjahres i. H. v. 50 000 €) festzustellen (kein fortführungsgebundener Verlustvortrag).

3. Schädlicher Beteiligungserwerb nach § 8 c Abs. 1 Satz 1 KStG stellt gleichzeitig ein schädliches Ereignis nach § 8 d Abs. 2 KStG dar

76 Ist ein schädlicher Beteiligungserwerb i. S. d. § 8 c Abs. 1 KStG zugleich ein schädliches Ereignis i. S. d. § 8 d Abs. 2 KStG, hat § 8 c KStG Vorrang vor § 8 d Abs. 2 KStG. **48**

Beispiel 33:

Bei der V-GmbH ist zum 31. 12. 2018 ein fortführungsgebundener Verlustvortrag i. H. v. 200 000 € sowie ein übriger Verlustvortrag nach § 10 d EStG i. H. v. 500 000 € festgestellt worden. Gesellschafter der V-GmbH sind die natürlichen Personen A zu 60 % und B zu 40 %. Am 30. 6. 2019 wird eine (Sach-)Kapitalerhöhung bei der V-GmbH beschlossen. Nach der Kapitalerhöhung sind B zu 95 % und A zu 5 % beteiligt. B bringt im Rahmen der Kapitalerhöhung einen Betrieb ein. Die V-GmbH setzt das übernommene Betriebsvermögen in ihrer Steuerbilanz mit dem gemeinen Wert an. Der Betrieb stellt einen zusätzlichen Geschäftsbetrieb i. S. d. § 8 d Abs. 2 Satz 2 Nr. 3 KStG dar. Bis zum 30. 6. 2019 erzielt die V-GmbH einen negativen Gesamtbetrag der Einkünfte i. H. v. 100 000 €. Zum 31. 12. 2018 und 30. 6. 2019 bestehen stille Reserven i. H. v. 200 000 €.

Lösung:

Die Kapitalerhöhung stellt einen schädlichen Beteiligungserwerb dar, da sie zu einer Veränderung der Beteiligung von mehr als 50 % führt (§ 8 c Abs. 1 Satz 3 KStG). In einem ersten Schritt wären sowohl der vortragsfähige Verlust i. H. v. 500 000 €, der laufende Verlust i. H. v. 100 000 € als auch der fortführungsgebundene Verlustvortrag i. H. v. 200 000 € nach § 8 c Abs. 1 Satz 1 KStG vollständig zu kürzen. Der Anwendungsbereich des § 8 d KStG ist nicht eröffnet, da mit der Übernahme des Betriebs des B durch die V-GmbH ein schädliches Ereignis i. S. d. § 8 d Abs. 2 Satz 2 Nr. 3 KStG bis zum Ende des Veranlagungszeitraums des schädlichen Beteiligungserwerbs eingetreten ist. Da jedoch stille Reserven i. H. v. 200 000 € im Zeitpunkt des schädlichen Beteiligungserwerbs vorhanden sind, bleiben nach § 8 c Abs. 1 Satz 5 ff. KStG der laufende Verlust i. H. v. 100 000 € als auch 100 000 € des Verlustvortrags zum 31. 12. 2018 (inkl. des fortführungsgebundenen Verlustvortrags) von der Kürzung nach § 8 c KStG verschont; gleichzeitig entfällt die Fortführungsgebundenheit.

4. Schädlicher Beteiligungserwerb nach § 8 c Abs. 1 Satz 1 KStG folgt auf ein schädliches Ereignis nach § 8 d Abs. 2 KStG im selben Veranlagungszeitraum

77 Findet in einem Veranlagungszeitraum ein schädliches Ereignis i. S. d. § 8 d Abs. 2 KStG statt und folgt danach ein schädlicher Beteiligungserwerb, hat § 8 c KStG Vorrang vor § 8 d Abs. 2 KStG. **49**

Beispiel 34:

Bei der V-GmbH besteht zum 31. 12. 2017 ein fortführungsgebundener Verlustvortrag i. H. v. 200 000 € sowie ein übriger Verlustvortrag nach § 10 d EStG i. H. v. 300 000 €. Alleingesellschafter der V-GmbH ist die natürliche Person A. Die V-GmbH beteiligt sich zum 1. 3. 2018 an einer Mitunternehmerschaft. A veräußert zum 30. 6. 2018 100 % seiner Anteile an die natürliche Person B. Die stillen Reserven betragen zum 31. 12. 2017 und zum 30. 6. 2018 jeweils 200 000 €.

Lösung:

Der schädliche Beteiligungserwerb führt grundsätzlich zur vollständigen Kürzung des Verlustvortrags (inkl. des fortführungsgebundenen Verlusts, vgl. Rn. 72). Ein Antrag nach § 8 d KStG ist nicht zulässig, da im Veranlagungszeitraum des schädlichen Beteiligungserwerbs mit der Beteiligung an der Mitunternehmerschaft ein schädliches Ereignis nach § 8 d Abs. 2 Satz 2 Nr. 4 KStG eingetreten ist (vgl. Rn. 37 ff.). Da jedoch zum Zeitpunkt des schädlichen Beteiligungserwerbs stille Reserven i. H. v. 200 000 € vorhanden sind, geht der Verlustvortrag (inkl. des fortführungsgebundenen Verlusts) nur in Höhe der restlichen 300 000 € unter (vgl. Rn. 75). Für den verbleibenden Verlustvortrag zum 31. 12. 2018 entfällt die Fortführungsgebundenheit.

VIII. Erstmalige Anwendung des § 8 d KStG

78 § 8 d KStG ist erstmals auf schädliche Beteiligungserwerbe i. S. d. § 8 c KStG anzuwenden, die nach dem 31. Dezember 2015 erfolgen (§ 34 Abs. 6 a Satz 1 KStG). Voraussetzung dafür ist, dass der Geschäftsbetrieb der Körperschaft vor dem 1. Januar 2016 weder eingestellt noch ruhend gestellt war. Unerheblich ist dabei, ob zu diesem Zeitpunkt nicht genutzte Verluste existierten. **50**

79 Abweichend davon kann § 8 d KStG trotz einer früheren Einstellung oder Ruhendstellung für Verluste in Anspruch genommen werden, die nach dem 31. Dezember 2015 entstanden sind.

80 Bei vom Kalenderjahr abweichenden Wirtschaftsjahren, die im Veranlagungszeitraum 2016 enden, kommt es für die erstmalige Anwendung des § 8 d KStG darauf an, ob der schädliche Beteiligungserwerb nach dem 31. Dezember 2015 erfolgte.

KStG

§ 9 Abziehbare Aufwendungen

(1) **Abziehbare Aufwendungen sind auch:**

1 **1. bei Kommanditgesellschaften auf Aktien und bei vergleichbaren Kapitalgesellschaften der Teil des Gewinns, der an persönlich haftende Gesellschafter auf ihre nicht auf das Grundkapital gemachten Einlagen oder als Vergütung (Tantieme) für die Geschäftsführung verteilt wird;**

2 **2. vorbehaltlich des § 8 Absatz 3 Zuwendungen (Spenden und Mitgliedsbeiträge) zur Förderung steuerbegünstigter Zwecke im Sinne der §§ 52 bis 54 der Abgabenordnung bis zur Höhe von insgesamt**

a) 20 Prozent des Einkommens oder

b) 4 Promille der Summe der gesamten Umsätze und der im Kalenderjahr aufgewendeten Löhne und Gehälter.

② Voraussetzung für den Abzug ist, dass diese Zuwendungen

a) an eine juristische Person des öffentlichen Rechts oder an eine öffentliche Dienststelle, die in einem Mitgliedstaat der Europäischen Union oder in einem Staat belegen ist, auf den das Abkommen über den Europäischen Wirtschaftsraum (EWR-Abkommen) Anwendung findet, oder

b) an eine nach § 5 Absatz 1 Nummer 9 steuerbefreite Körperschaft, Personenvereinigung oder Vermögensmasse oder

c) an eine Körperschaft, Personenvereinigung oder Vermögensmasse, die in einem Mitgliedstaat der Europäischen Union oder in einem Staat belegen ist, auf den das Abkommen über den Europäischen Wirtschaftsraum (EWR-Abkommen) Anwendung findet, und die nach § 5 Absatz 1 Nummer 9 in Verbindung mit § 5 Absatz 2 Nummer 2 zweiter Halbsatz steuerbefreit wäre, wenn sie inländische Einkünfte erzielen würde,

geleistet werden (Zuwendungsempfänger). ③ Für nicht im Inland ansässige Zuwendungsempfänger nach Satz 2 ist weitere Voraussetzung, dass durch diese Staaten Amtshilfe und Unterstützung bei der Beitreibung geleistet werden. ④ Amtshilfe ist der Auskunftsaustausch im Sinne oder entsprechend der Amtshilferichtlinie gemäß § 2 Absatz 2 des EU-Amtshilfegesetzes. ⑤ Beitreibung ist die gegenseitige Unterstützung bei der Beitreibung von Forderungen im Sinne oder entsprechend der Beitreibungsrichtlinie einschließlich der in diesem Zusammenhang anzuwendenden Durchführungsbestimmungen in den für den jeweiligen Veranlagungszeitraum geltenden Fassungen oder eines entsprechenden Nachfolgerechtsaktes. ⑥ Werden die steuerbegünstigten Zwecke des Zuwendungsempfängers im Sinne von Satz 2 Buchstabe a nur im Ausland verwirklicht, ist für die Abziehbarkeit der Zuwendungen Voraussetzung, dass natürliche Personen, die ihren Wohnsitz oder ihren gewöhnlichen Aufenthalt im Geltungsbereich dieses Gesetzes haben, gefördert werden oder dass die Tätigkeit dieses Zuwendungsempfängers neben der Verwirklichung der steuerbegünstigten Zwecke auch zum Ansehen der Bundesrepublik Deutschland beitragen kann. ⑦ Abziehbar sind auch Mitgliedsbeiträge an Körperschaften, die Kunst und Kultur gemäß § 52 Absatz 2 Nummer 5 der Abgabenordnung fördern, soweit es sich nicht um Mitgliedsbeiträge nach Satz 8 Nummer 2 handelt, auch wenn den Mitgliedern Vergünstigungen gewährt werden. ⑧ Nicht abziehbar sind Mitgliedsbeiträge an Körperschaften,

1. die den Sport (§ 52 Absatz 2 Satz 1 Nummer 21 der Abgabenordnung),

2. die kulturelle Betätigungen, die in erster Linie der Freizeitgestaltung dienen,

3. die die Heimatpflege und Heimatkunde (§ 52 Absatz 2 Satz 1 Nummer 22 der Abgabenordnung),

4. die Zwecke im Sinne des § 52 Absatz 2 Satz 1 Nummer 23 der Abgabenordnung fördern oder

5. deren Zweck nach § 52 Absatz 2 Satz 2 der Abgabenordnung für gemeinnützig erklärt worden ist, weil deren Zweck die Allgemeinheit auf materiellem, geistigem oder sittlichem Gebiet entsprechend einem Zweck nach den Nummern 1 bis 4 fördert.

⑨ Abziehbare Zuwendungen, die die Höchstbeträge nach Satz 1 überschreiten, sind im Rahmen der Höchstbeträge in den folgenden Veranlagungszeiträumen abzuziehen. ⑩ § 10 d Abs. 4 des Einkommensteuergesetzes gilt entsprechend.

3 (2) **① Als Einkommen im Sinne dieser Vorschrift gilt das Einkommen vor Abzug der in Absatz 1 Nr. 2 bezeichneten Zuwendungen und vor dem Verlustabzug nach § 10 d des Einkommensteuergesetzes. ② Als Zuwendung im Sinne dieser Vorschrift gilt auch die Zuwendung von Wirtschaftsgütern mit Ausnahme von Nutzungen und Leistungen. ③ Der Wert der Zuwendung ist nach § 6 Absatz 1 Nummer 4 Satz 1 und 4 des Einkommensteuergesetzes zu ermitteln. ④ Aufwendungen zugunsten einer Körperschaft, die zum Empfang steuerlich abziehbarer Zuwendungen berechtigt ist,**

sind nur abziehbar, wenn ein Anspruch auf die Erstattung der Aufwendungen durch Vertrag oder Satzung eingeräumt und auf die Erstattung verzichtet worden ist. ⑤ Der Anspruch darf nicht unter der Bedingung des Verzichts eingeräumt worden sein.

(3) **① Der Steuerpflichtige darf auf die Richtigkeit der Bestätigung über Spenden und Mitgliedsbeiträge vertrauen, es sei denn, dass er die Bestätigung durch unlautere Mittel oder falsche Angaben erwirkt hat oder dass ihm die Unrichtigkeit der Bestätigung bekannt oder infolge grober Fahrlässigkeit nicht bekannt war. ② Wer vorsätzlich oder grob fahrlässig eine unrichtige Bestätigung ausstellt oder veranlasst, dass Zuwendungen nicht zu den in der Bestätigung angegebenen steuerbegünstigten Zwecken verwendet werden (Veranlasserhaftung), haftet für die entgangene Steuer; diese ist mit 30 Prozent des zugewendeten Betrags anzusetzen. ③ In den Fällen der Veranlasserhaftung ist vorrangig der Zuwendungsempfänger in Anspruch zu nehmen; die natürlichen Personen, die in diesen Fällen für den Zuwendungsempfänger handeln, sind nur in Anspruch zu nehmen, wenn die entgangene Steuer nicht nach § 47 der Abgabenordnung erloschen ist und Vollstreckungsmaßnahmen gegen den Zuwendungsempfänger nicht erfolgreich sind; § 10 b Absatz 4 Satz 5 des Einkommensteuergesetzes gilt entsprechend.** 4

Übersicht

R 9. Ausgaben i. S. d. § 9 Abs. 1 Nr. 1 und 2 KStG

R 9

(1) Für die Frage der Abziehbarkeit der Ausgaben i. S. d. § 9 Abs. 1 Nr. 2 KStG gelten § 50 EStDV sowie R 10b.1 und 10b.3 EStR entsprechend. 11

(2) ① Aufwendungen i. S. d. § 9 Abs. 1 Nr. 1 KStG sind bereits bei der Einkunftsermittlung zu berücksichtigen. ② Die Ausgaben i. S. d. § 9 Abs. 1 Nr. 2 KStG sind vorbehaltlich des § 8 Abs. 3 KStG in der im Gesetz genannten Höhe bei der Ermittlung des Gesamtbetrags der Einkünfte abzuziehen. 12

(3) § 9 Abs. 1 Nr. 2 KStG bezieht sich auch im Fall eines vom Kj. abweichenden Wj. auf die Ausgaben im Wj. 13

(4) Für die Berechnung des Höchstbetrags der abziehbaren Zuwendungen ist das Einkommen des VZ oder die Summe der gesamten Umsätze und der im Kalenderjahr aufgewendeten Löhne und Gehälter maßgebend. 14

(5) ① In Organschaftsfällen ist § 9 Abs. 1 Nr. 2 KStG bei der Ermittlung des dem Organträger zuzurechnenden Einkommens der Organgesellschaft eigenständig anzuwenden. ② Dementsprechend bleibt beim Organträger das zugerechnete Einkommen der Organgesellschaft für die Ermittlung des Höchstbetrags der abziehbaren Zuwendungen außer Betracht. ③ Als Summe der gesamten Umsätze i. S. d. § 9 Abs. 1 Nr. 2 KStG gelten beim Organträger und bei der Organgesellschaft auch in den Fällen, in denen umsatzsteuerrechtlich ein Organschaftsverhältnis vorliegt (§ 2 Abs. 2 Nr. 2 UStG), jeweils nur die eigenen Umsätze. ④ Für die Ermittlung des Höchstbetrags der abziehbaren Zuwendungen beim Organträger sind die Umsätze der Organgesellschaft demnach dem Organträger nicht zuzurechnen. ⑤ Andererseits sind bei der Organgesellschaft für die Ermittlung des Höchstbetrags der abziehbaren Zuwendungen ihre eigenen Umsätze maßgebend, obwohl die Organgesellschaft nicht Unternehmer i. S. v. § 2 UStG ist und daher umsatzsteuerrechtlich keine steuerbaren Umsätze hat. 15

(6) ① Zuwendungen einer Kapitalgesellschaft können vGA sein. ② Die Entscheidung hängt von den Umständen des einzelnen Falles ab. ③ Dabei ist insbesondere Voraussetzung, dass die Zuwendung durch ein Näheverhältnis zwischen dem Empfänger und dem Gesellschafter der zuwendenden Kapitalgesellschaft veranlasst ist. 16

(7) Auch Zuwendungen eines BgA an seine Trägerkörperschaft können unter den Voraussetzungen des § 9 Abs. 1 Nr. 2 KStG abziehbar sein, soweit es sich nicht um eine vGA handelt. 17

(8) ① Der wirtschaftliche Geschäftsbetrieb einer Körperschaft, Personenvereinigung oder Vermögensmasse, die im Übrigen wegen Gemeinnützigkeit steuerbegünstigt ist (§ 5 Abs. 1 Nr. 9 KStG), ist kein selbständiges Steuersubjekt. ② Zuwendungen, die ein solcher wirtschaftlicher Geschäftsbetrieb an diese Körperschaft, Personenvereinigung oder Vermögensmasse zur Förderung deren gemeinnütziger Zwecke gibt, sind deshalb Gewinnverwendung. ③ Die Zuwendungen dürfen deshalb die Einkünfte aus dem wirtschaftlichen Geschäftsbetrieb nicht mindern. 18

H 9

H 9

Aufwendungen für die Erfüllung von Satzungszwecken. Zur Abgrenzung von Spenden und Zahlungen für satzungsmäßige Zwecke → BFH vom 12. 10. 2011, I R 102/10, BStBl. 2014 II S. 484. 20

H 9
noch 20

Ausländischer Zuwendungsempfänger. Zum Nachweis des Vorliegens der Voraussetzungen des § 9 Abs. 1 Nr. 2 Satz 2 Buchstabe c KStG → BMF vom 16. 5. 2011, BStBl. I S. 559 und → BFH vom 17. 9. 2013, I R 16/12, BStBl. 2014 II S. 440.

Auswirkung von Zuwendungen auf den Gewinn. Abzugsfähige Zuwendungen mindern den körperschaftsteuerpflichtigen Gewinn und erhöhen einen vortragsfähigen Verlust einer Kapitalgesellschaft (→ BFH vom 21. 10. 1981, I R 149/77, BStBl. 1982 II S. 177).

Haftung. Eine Körperschaft haftet nicht nach § 10 b Abs. 4 Satz 2 2. Alt. EStG, § 9 Abs. 3 Satz 2 2. Alt. KStG wegen Fehlverwendung, wenn sie die Zuwendungen zwar zu dem in der Zuwendungsbestätigung angegebenen Zweck verwendet, selbst aber rückwirkend nicht als steuerbegünstigt anerkannt ist (→ BFH vom 10. 9. 2003, XI R 58/01, BStBl. 2004 II S. 352).

Höchstbetrag für den Zuwendungsabzug in Organschaftsfällen. Ist ein Steuerpflichtiger an einer Personengesellschaft beteiligt, die Organträger einer körperschaftsteuerrechtlichen Organschaft ist, bleibt bei der Berechnung des Höchstbetrags der abziehbaren Zuwendungen nach § 10 b Abs. 1 EStG auf Grund des Gesamtbetrags der Einkünfte das dem Steuerpflichtigen anteilig zuzurechnende Einkommen der Organgesellschaft außer Ansatz (→ BFH vom 23. 1. 2002, XI R 95/97, BStBl. 2003 II S. 9).

Minderung des zu versteuernden Einkommens einer teilweise steuerbefreiten Körperschaft durch Zuwendungen. Das zu versteuernde Einkommen einer teilweise von der Körperschaftsteuer befreiten Körperschaft darf nicht durch Zuwendungen gemindert werden, die aus dem steuerfreien Bereich der Körperschaft stammen (→ BFH vom 13. 3. 1991, I R 117/88, BStBl. II S. 645).

Sponsoring. → BMF vom 18. 2. 1998, BStBl. I S. 212.

Zuschüsse einer Sparkasse zur Zinsverbilligung eines Darlehens an Gemeinden und Schulverbände. Zuschüsse einer Sparkasse zur Zinsverbilligung von Darlehen an Gemeinden und Schulverbände können abziehbare Spenden sein (→ BFH vom 15. 5. 1968, I 158/63, BStBl. II S. 629).

Zuwendungen an die Trägergemeinde. Zuwendungen, die ein Eigenbetrieb seiner Trägergemeinde gibt, mindern bei Vorliegen der im Gesetz näher angeführten Voraussetzungen das Einkommen des laufenden Geschäftsjahres. Sie können aber wegen der engen Bindung des Eigenbetriebs an die Trägergemeinde eine vGA sein (→ BFH vom 12. 10. 1978, I R 149/75, BStBl. 1979 II S. 192).

Zuwendungen aus wirtschaftlichem Geschäftsbetrieb an Empfänger, die gleichartige Zwecke verfolgen. Zuwendungen, die gemeinnützige Körperschaften, Personenvereinigungen oder Vermögensmassen (§ 5 Abs. 1 Nr. 9 KStG) aus ihrem der Besteuerung unterliegenden Einkommen aus wirtschaftlichen Geschäftsbetrieben Empfängern zuwenden, die die Voraussetzungen des § 10 b Abs. 1 Satz 2 Nr. 1 bis 3 EStG bzw. des § 9 Abs. 1 Nr. 2 Satz 2 Buchstabe a bis c KStG erfüllen, sind auch abziehbar, wenn die Empfänger der Zuwendungen gleichartige steuerbegünstigte Zwecke wie die Zuwendenden verfolgen (→ BFH vom 3. 12. 1963, I 121/62 U, BStBl. 1964 III S. 81).

Zuwendungen und Spenden an Träger der Sparkasse (Gewährträger).

- Macht eine Sparkasse ihrem Gewährträger oder einer dem Gewährträger nahe stehenden Person eine Zuwendung, liegt keine abziehbare Zuwendung, sondern eine vGA vor, wenn die Sparkasse bei Anwendung der Sorgfalt eines ordentlichen und gewissenhaften Geschäftsleiters die Zuwendung einer fremden Körperschaft nicht gegeben hätte (→ BFH vom 21. 1. 1970, I R 23/68, BStBl. II S. 468 und → BFH vom 1. 12. 1982, I R 101/79, BStBl. 1983 II S. 150). Eine vGA ist anzunehmen, soweit die an den Gewährträger geleisteten Zuwendungen den durchschnittlichen Betrag an Zuwendungen übersteigen, den die Sparkasse an Dritte zugewendet hat. Dabei ist grundsätzlich auf die Fremdspenden des Wj., in dem die Zuwendung an den Gewährträger geleistet wurde, und der beiden vorangegangenen Wj. abzustellen. Lediglich für den Fall, dass sich aus der Einbeziehung eines weiter zurückreichenden Zeitraums von nicht mehr als fünf Wj. eine höhere Summe an durchschnittlichen Fremdzuwendungen ergibt, ist dieser Zeitraum maßgebend. Eine Einbeziehung eines Zeitraums, der nach Ablauf des zu beurteilenden Wj. liegt, ist nicht möglich (→ BFH vom 9. 8. 1989, I R 4/84, BStBl. 1990 II S. 237).
- Ausgaben, die als Einkommensverteilung anzusehen sind, bleiben bei der Vergleichsrechnung unberücksichtigt (→ BFH vom 1. 2. 1989, I R 98/84, BStBl. II S. 471). Gibt eine Sparkasse die Zuwendung an einen Dritten und erfüllt sie damit eine Aufgabe, die sich der Gewährträger – wenn auch ohne gesetzliche Verpflichtung – in rechtsverbindlicher Weise gestellt hat, kann darin eine vGA an den Gewährträger durch mittelbare Zuwendung liegen (→ BFH vom 19. 6. 1974, I R 94/71, BStBl. II S. 586 und → BFH vom 8. 4. 1992, I R 126/90, BStBl. II S. 849).
- Ist ein Landkreis Gewährträger, sind bei der Prüfung, ob die Zuwendungen an den Gewährträger die an Dritte übersteigen, die Zuwendungen zugunsten der kreisangehörigen

H 9
noch **20**

Gemeinden grundsätzlich als Fremdzuwendungen zu berücksichtigen (→ BFH vom 8. 4. 1992, I R 126/90, BStBl. II S. 849).

Zuwendungen an eine Stiftung. Zuwendungen einer Kapitalgesellschaft an eine Stiftung können eine vGA sein (→ BFH vom 13. 7. 2021, I R 16/18, BStBl. 2022 II S. 119).

Zuwendungsbestätigung. → BMF vom 7. 11. 2013, BStBl. I S. 1333, ergänzt durch → BMF vom 26. 3. 2014, BStBl. I S. 791.
Elektronisch in Form von schreibgeschützten Dateien → BMF vom 6. 2. 2017, BStBl. I S. 287.

KStG

§ 10 Nichtabziehbare Aufwendungen

Nichtabziehbar sind auch:

1 **1. die Aufwendungen für die Erfüllung von Zwecken des Steuerpflichtigen, die durch Stiftungsgeschäft, Satzung oder sonstige Verfassung vorgeschrieben sind. ② § 9 Abs. 1 Nr. 2 bleibt unberührt,**

2 **2. die Steuern vom Einkommen und sonstige Personensteuern sowie die Umsatzsteuer für Umsätze, die Entnahmen oder verdeckte Gewinnausschüttungen sind, und die Vorsteuerbeträge auf Aufwendungen, für die das Abzugsverbot des § 4 Abs. 5 Satz 1 Nr. 1 bis 4 und 7 oder Abs. 7 des Einkommensteuergesetzes gilt; das gilt auch für die auf diese Steuern entfallenden Nebenleistungen,**

3 **3.[1] in einem Strafverfahren festgesetzte Geldstrafen, sonstige Rechtsfolgen vermögensrechtlicher Art, bei denen der Strafcharakter überwiegt, und Leistungen zur Erfüllung von Auflagen oder Weisungen, soweit die Auflagen oder Weisungen nicht lediglich der Wiedergutmachung des durch die Tat verursachten Schadens dienen, sowie damit zusammenhängende Aufwendungen,**

4 **4. die Hälfte der Vergütungen jeder Art, die an Mitglieder des Aufsichtsrats, Verwaltungsrats oder andere mit der Überwachung der Geschäftsführung beauftragte Personen gewährt werden.**

Übersicht

R 10.1

R 10.1 Nichtabziehbare Steuern und Nebenleistungen

11 (1) Zur körperschaftsteuerlichen Behandlung der Umsatzsteuer für Umsätze, die vGA sind, → R 8.6.

12 (2) ① Das Abzugsverbot des § 10 Nr. 2 KStG gilt auch für die auf die dort genannten Steuern entfallenden Nebenleistungen im Sinne des § 3 Abs. 4 AO. ② Gleichwohl gehören von der Körperschaft empfangene Erstattungszinsen i. S. d. § 233 a AO zu den steuerpflichtigen Einnahmen. ③ Daher sind Erstattungszinsen zu unterscheiden von an den Steuerpflichtigen zurückgezahlten Nachzahlungszinsen, welche erfolgsneutral zu behandeln sind.

H 10.1

H 10.1

14 **Erfüllung von Satzungszwecken.** Aufwendungen für die Erfüllung von Zwecken, die in der Satzung vorgeschrieben sind, sind nichtabziehbar und können auch nicht aufgrund einer „Auflage" als abziehbare Betriebsausgaben behandelt werden (→ BMF vom 24. 3. 2005, BStBl. I S. 608 und zur Nichtanwendung → BFH vom 5. 6. 2003, I R 76/01, BStBl. 2005 II S. 305).

Erstattungs- und Nachzahlungszinsen, Aussetzungszinsen.
- → BFH vom 16. 12. 2009, I R 43/08, BStBl. 2012 II S. 688 und → BFH vom 15. 2. 2012, I B 97/11, BStBl. II S. 697.
- Billigkeitsregelung → BMF vom 16. 3. 2021, BStBl. I S. 353.

Nicht abziehbare steuerliche Nebenleistungen. Insbesondere die folgenden Nebenleistungen (§ 3 Abs. 4 AO) sind nicht abziehbar, soweit sie auf die in § 10 Nr. 2 KStG genannten Steuern entfallen:
- Verzögerungsgelder (§ 146 Abs. 2 c AO),
- Verspätungszuschläge (§ 152 AO),
- Zuschlag wegen der Nichtvorlage oder Unbrauchbarkeit von Aufzeichnungen (§ 162 Abs. 4 AO),
- Zuschlag wegen Verletzung der Mitwirkungspflichten nach § 12 StAbwG (§ 164 Abs. 4 a AO),
- Zinsen auf Steuernachforderungen (§ 233 a AO),
- Stundungszinsen (§ 234 AO),
- Hinterziehungszinsen (§ 235 AO),

[1] **§ 10 Nr. 3 in dieser Fassung erstmals anzuwenden** auf nach dem 31. 12. 2018 festgesetzte Geldstrafen, sonstige Rechtsfolgen vermögensrechtlicher Art, bei denen der Strafcharakter überwiegt, und Leistungen zur Erfüllung von Auflagen oder Weisungen, soweit die Auflagen oder Weisungen nicht lediglich der Wiedergutmachung des durch die Tat verursachten Schadens dienen, sowie auf nach dem 31. 12. 2018 entstandene damit zusammenhängende Aufwendungen (§ 34 Abs. 6 c).

– Aussetzungszinsen (§ 237 AO),
– Säumniszuschläge (§ 240 AO),
– Zwangsgelder (§ 329 AO),
– Kosten nach den §§ 89, 178, 178 a und 337 bis 345 AO.

Forschungszulage. → BMF vom 11. 11. 2021, BStBl. I S. 2277.

Nichtabziehbare Steuern. Zu den Steuern i. S. d. § 10 Nr. 2 KStG gehören auch
– die **ausländische Quellensteuer** (→ BFH vom 16. 5. 1990, I R 80/87, BStBl. II S. 920),
– die **Erbschaftsteuer** und die **Erbersatzsteuer** (→ BFH vom 14. 9. 1994, I R 78/94, BStBl. 1995 II S. 207) sowie
– der **Solidaritätszuschlag** (→ BFH vom 9. 11. 1994, I R 67/94, BStBl. 1995 II S. 305).

Prozesszinsen. Prozesszinsen (§ 236 AO) gehören zu den steuerpflichtigen Einnahmen (→ BFH vom 18. 2. 1975, VIII R 104/70, BStBl. II S. 568).

R 10.2 Geldstrafen und ähnliche Rechtsnachteile

R 10.2

① Das steuerrechtliche Abzugsverbot für Geldstrafen und ähnliche Rechtsnachteile betrifft in einem Strafverfahren festgesetzte Geldstrafen, sonstige Rechtsfolgen vermögensrechtlicher Art, bei denen der Strafcharakter überwiegt, und Leistungen zur Erfüllung von Auflagen oder Weisungen, soweit die Auflagen oder Weisungen nicht lediglich der Wiedergutmachung des durch die Tat verursachten Schadens dienen (→ R 12.3 EStR). ② Geldstrafen sowie Auflagen oder Weisungen sind nach deutschem Strafrecht gegenüber juristischen Personen nicht zulässig. ③ Gegen juristische Personen können jedoch sonstige Rechtsfolgen vermögensrechtlicher Art, bei denen der Strafcharakter überwiegt, verhängt werden (§ 74 e StGB). ④ In Betracht kommt insbesondere die Einziehung von Gegenständen nach § 74 StGB. ⑤ Die mit den Rechtsnachteilen zusammenhängenden Verfahrenskosten, insbesondere Gerichts- und Anwaltskosten, und Finanzierungskosten unterliegen ebenfalls dem Abzugsverbot, wenn sie nach dem 31. Dezember 2018 entstanden sind (§ 34 Abs. 6 c KStG). **16**

H 10.2

H 10.2

Nichtabziehbarkeit von Geldbußen. → § 4 Abs. 5 Satz 1 Nr. 8 EStG. **18**
→ BFH vom 22. 5. 2019, BStBl. II S. 663.

R 10.3 Vergütungen für die Überwachung der Geschäftsführung

R 10.3

(1) ① Vergütungen für die Überwachung der Geschäftsführung (Aufsichtsratsvergütungen) sind alle Leistungen, die als Entgelt für die Tätigkeit gewährt werden. ② Hierzu gehören auch Tagegelder, Sitzungsgelder, Reisegelder und sonstige Aufwandsentschädigungen. ③ Unter das hälftige Abzugsverbot des § 10 Nr. 4 KStG fällt jedoch nicht der dem einzelnen Aufsichtsratsmitglied aus der Wahrnehmung seiner Tätigkeit erwachsene Aufwand, soweit ihm dieser Aufwand gesondert erstattet worden ist. **20**

(2) ① Unterliegt die Aufsichtsratsvergütung bei der Umsatzsteuer der Regelbesteuerung und nimmt die Körperschaft den Vorsteuerabzug nach § 15 UStG in Anspruch, ist bei der Ermittlung des Einkommens der Körperschaft die Hälfte des Nettobetrags der Aufsichtsratsvergütung – ohne Umsatzsteuer – nach § 10 Nr. 4 KStG hinzuzurechnen. ② Ist die Körperschaft nicht oder nur verhältnismäßig zum Vorsteuerabzug berechtigt, ist außerdem die Hälfte der gesamten oder der den Vorsteuerabzug übersteigenden Umsatzsteuer dem Einkommen hinzuzurechnen. ③ In den übrigen Fällen ist stets die Hälfte des Gesamtbetrags der Aufsichtsratsvergütung (einschl. Umsatzsteuer) nach § 10 Nr. 4 KStG hinzuzurechnen. **21**

(3) ① Der Begriff der Überwachung ist weit auszulegen. ② Unter das hälftige Abzugsverbot fällt jede Tätigkeit eines Aufsichtsratsmitglieds, die innerhalb des möglichen Rahmens seiner Aufgaben liegt. **22**

H 10.3

H 10.3

Beamtenrechtliche Ablieferungspflicht einer Aufsichtsratsvergütung. Der einem Beamten erwachsene tatsächliche Aufwand bemisst sich nicht nach den beamtenrechtlichen Vorschriften über die Ablieferungspflicht der Vergütung (→ BFH vom 12. 1. 1966, I 185/63, BStBl. III S. 206). **24**

Doppelfunktion von Vertretern im Aufsichtsrat und Kreditausschuss. Gehören dem Kreditausschuss eines Unternehmens neben Vertretern der Darlehensgeber und mittelverwaltender Behörden und neben den Geschäftsführern auch Mitglieder des Aufsichtsrats des Unternehmens an, schließt deren Doppelfunktion die volle Abziehbarkeit der ihnen als Mitglieder des Kreditausschusses gewährten Sitzungsgelder aus (→ BFH vom 15. 11. 1978, I R 65/76, BStBl. 1979 II S. 193).

H 10.3
noch **24**

Finanzierungsberatung einer AG. Die Finanzierungsberatung einer AG durch eines ihrer Aufsichtsratsmitglieder ist keine aus dem Rahmen der Aufsichtsratstätigkeit fallende Sondertätigkeit. Die dafür geleisteten Zahlungen sind als Aufsichtsratsvergütungen zu behandeln (→ BFH vom 20. 9. 1966, I 265/62, BStBl. III S. 688).

Geschäftsführeraufgaben. Eine Vergütung, die eine Kapitalgesellschaft einem Mitglied ihres Aufsichtsrats dafür zahlt, dass dieser sich in die Wahrnehmung von Aufgaben der Geschäftsführung einschaltet, unterliegt dem hälftigen Abzugsverbot des § 10 Nr. 4 KStG (→ BFH vom 12. 9. 1973, I R 249/71, BStBl. II S. 872).

Sachverständige. Die Vergütungen, die eine Gesellschaft an den vom Aufsichtsrat zur Unterstützung seiner Kontrollfunktion beauftragten Sachverständigen zahlt, unterliegen nicht dem hälftigen Abzugsverbot des § 10 Nr. 4 KStG (→ BFH vom 30. 9. 1975, I R 46/74, BStBl. 1976 II S. 155).

Steuerabzug. Übernimmt die beaufsichtigte Körperschaft bei beschränkt Steuerpflichtigen eine nach § 50 a Abs. 1 Nr. 4 EStG entstandene Steuer, unterliegt die übernommene Steuer ebenfalls dem Abzugsverbot.

§ 11 Auflösung und Abwicklung (Liquidation)

KStG

(1) ① **Wird ein unbeschränkt Steuerpflichtiger im Sinne des § 1 Abs. 1 Nr. 1 bis 3 nach der Auflösung abgewickelt, so ist der im Zeitraum der Abwicklung erzielte Gewinn der Besteuerung zugrunde zu legen.** ② **Der Besteuerungszeitraum soll drei Jahre nicht übersteigen.** 1

(2) **Zur Ermittlung des Gewinns im Sinne des Absatzes 1 ist das Abwicklungs-Endvermögen dem Abwicklungs-Anfangsvermögen gegenüberzustellen.** 2

(3) **Abwicklungs-Endvermögen ist das zur Verteilung kommende Vermögen, vermindert um die steuerfreien Vermögensmehrungen, die dem Steuerpflichtigen in dem Abwicklungszeitraum zugeflossen sind.** 3

(4) ① **Abwicklungs-Anfangsvermögen ist das Betriebsvermögen, das am Schluss des der Auflösung vorangegangenen Wirtschaftsjahrs der Veranlagung zur Körperschaftsteuer zugrunde gelegt worden ist.** ② **Ist für den vorangegangenen Veranlagungszeitraum eine Veranlagung nicht durchgeführt worden, so ist das Betriebsvermögen anzusetzen, das im Falle einer Veranlagung nach den steuerrechtlichen Vorschriften über die Gewinnermittlung auszuweisen gewesen wäre.** ③ **Das Abwicklungs-Anfangsvermögen ist um den Gewinn eines vorangegangenen Wirtschaftsjahrs zu kürzen, der im Abwicklungszeitraum ausgeschüttet worden ist.** 4

(5) **War am Schluss des vorangegangenen Veranlagungszeitraums Betriebsvermögen nicht vorhanden, so gilt als Abwicklungs-Anfangsvermögen die Summe der später geleisteten Einlagen.** 5

(6) **Auf die Gewinnermittlung sind im Übrigen die sonst geltenden Vorschriften anzuwenden.** 6

(7) **Unterbleibt eine Abwicklung, weil über das Vermögen des unbeschränkt Steuerpflichtigen im Sinne des § 1 Abs. 1 Nr. 1 bis 3 das Insolvenzverfahren eröffnet worden ist, sind die Absätze 1 bis 6 sinngemäß anzuwenden.** 7

Übersicht

R 11. Liquidationsbesteuerung

R 11

(1) ① Der Zeitraum der Abwicklung beginnt mit der Auflösung. ② Der Besteuerungszeitraum beginnt mit dem Wj., in das die Auflösung fällt. ③ Erfolgt die Auflösung im Laufe eines Wj., so kann ein Rumpfwirtschaftsjahr gebildet werden. ④ Dieses Wahlrecht besteht nicht bei Eröffnung eines Insolvenzverfahrens (§ 155 Abs. 2 Satz 1 InsO). ⑤ Das Rumpfwirtschaftsjahr reicht vom Schluss des vorangegangenen Wj. bis zur Auflösung. ⑥ Es ist nicht in den Abwicklungszeitraum einzubeziehen. ⑦ Bei einer Überschreitung des Dreijahreszeitraums sind die danach beginnenden weiteren Besteuerungszeiträume grundsätzlich jeweils auf ein Jahr begrenzt. 11

(2) ① Die Steuerpflicht endet erst, wenn die Liquidation rechtsgültig abgeschlossen ist. ② Zum rechtsgültigen Abschluss der Liquidation gehört bei Kapitalgesellschaften auch der Ablauf des → Sperrjahres. ③ Auch wenn die Kapitalgesellschaft vor Ablauf des Sperrjahres ihr Gesellschaftsvermögen vollständig ausgeschüttet hat, ist sie damit noch nicht erloschen. ④ Die Löschung im Handelsregister ist für sich allein ohne Bedeutung. 12

(3) ① Wird der Abwicklungszeitraum in mehrere Besteuerungszeiträume unterteilt (§ 11 Abs. 1 Satz 2 KStG), ist die besondere Gewinnermittlung nach § 11 Abs. 2 KStG nur für den letzten Besteuerungszeitraum vorzunehmen. ② Dabei ist das Abwicklungs-Anfangsvermögen aus der Bilanz zum Schluss des letzten vorangegangenen Besteuerungszeitraums abzuleiten. ③ Für die vorangehenden Besteuerungszeiträume ist die Gewinnermittlung nach allgemeinen Grundsätzen durchzuführen. ④ Auf den Schluss jedes Besteuerungszeitraums ist eine Steuerbilanz zu erstellen. 13

(4) Bei den Körperschaftsteuer-Veranlagungen für Besteuerungszeiträume innerhalb des Abwicklungszeitraums handelt es sich nicht um bloße Zwischenveranlagungen, die nach Ablauf des Liquidationszeitraums durch eine Veranlagung für den gesamten Liquidationszeitraum zu ersetzen sind. 14

H 11

H 11

16 **Beginn der Liquidation.** Ein Beschluss der Gesellschafter einer Kapitalgesellschaft über die Auflösung wird mit dem Tag der Beschlussfassung wirksam, sofern sich aus dem Beschluss nichts anderes ergibt (→ BFH vom 9. 3. 1983, I R 202/79, BStBl. II S. 433).

Besteuerungszeitraum.

- Zieht sich die Liquidation einer Kapitalgesellschaft über mehr als drei Jahre hin, so darf das Finanzamt nach Ablauf dieses Zeitraums regelmäßig auch dann gegenüber der Kapitalgesellschaft einen Körperschaftsteuerbescheid erlassen, wenn für eine Steuerfestsetzung vor Abschluss der Liquidation kein besonderer Anlass besteht (→ BFH vom 18. 9. 2007, I R 44/06, BStBl. 2008 II S. 319).
- Zur Abweichung des Besteuerungszeitraums bei der Körperschaftsteuer und der Gewerbesteuer → BMF vom 4. 4. 2008, BStBl. I S. 542.
- Für Zwecke des § 27 KStG tritt an die Stelle des Wirtschaftsjahres der Besteuerungszeitraum (→ BMF vom 26. 8. 2003, BStBl. I S. 434, Rdnr. 1).

Löschung einer britischen Limited. → BMF vom 6. 1. 2014, BStBl. I S. 111 unter Berücksichtigung der Änderungen von Tz. 6 durch → BMF vom 19. 10. 2017, BStBl. I S. 1437.

Sperrjahr. Das Sperrjahr beginnt mit dem Tag, an dem der Aufruf an die Gläubiger bekannt gemacht bzw. veröffentlicht worden ist (§ 272 Abs. 1 AktG oder § 73 GmbHG).

Verlustabzug.

- Auch im mehrjährigen Besteuerungszeitraum der Abwicklung einer Kapitalgesellschaft ist der sog. Sockelbetrag der Mindestgewinnbesteuerung von 1 Mio. Euro (§ 10 d Abs. 2 Satz 1 EStG) nur einmal anzusetzen (→ BFH vom 23. 1. 2013, I R 35/12, BStBl. II S. 508).
- Zur Gewährung von Aussetzung der Vollziehung im Fall der Mindestgewinnbesteuerung nach § 10 d Abs. 2 Satz 1 und 2 EStG (→ BMF vom 19. 10. 2011, BStBl. I S. 974).

Anl zu H 11

Schreiben betr. körperschaftsteuerliche Behandlung der Auflösung und Abwicklung von Körperschaften und Personenvereinigungen nach den Änderungen durch das Gesetz zur Fortentwicklung des Unternehmenssteuerrechts (UntStFG)

Vom 26. August 2003 (BStBl. I S. 434)

(BMF IV A 2 – S 2760 – 4/03)

Nach dem Ergebnis der Erörterung mit den obersten Finanzbehörden der Länder gilt für die steuerliche Behandlung der Auflösung und Abwicklung einer Körperschaft und Personenvereinigung nach Inkrafttreten des Gesetzes zur Fortentwicklung des Unternehmenssteuerrechts vom 20. Dezember 2001 (BGBl. I S. 3858 – UntStFG –) Folgendes:

A. Bedeutung des Besteuerungszeitraums

20 **1** Im Abwicklungszeitraum gibt es keine Wirtschaftsjahre im steuerrechtlichen Sinne. Für Zwecke der §§ 27, 37 und 38 KStG n. F.[1] tritt an die Stelle des Wirtschaftsjahrs der Besteuerungszeitraum.

2 Auf den Schluss jedes Besteuerungszeitraums ist eine Steuerbilanz aufzustellen.

3 Umfasst der Abwicklungszeitraum mehrere Besteuerungszeiträume, ist auf den Schluss eines jeden Besteuerungszeitraums, für den neues Recht gilt (siehe Tz. 4 ff.), das Körperschaftsteuerguthaben (§ 37 KStG n. F.), der Teilbetrag EK 02 (§ 38 KStG n. F.) und das steuerliche Einlagekonto (§ 27 KStG n. F.) gesondert festzustellen. Die abschließenden gesonderten Feststellungen für den letzten Besteuerungszeitraum sind auf den Zeitpunkt vor der Schlussverteilung des Vermögens vorzunehmen.

B. Systemübergreifende Liquidation

I. Grundsatz

21 **4** Endet bei der Liquidation einer unbeschränkt steuerpflichtigen Körperschaft der Besteuerungszeitraum nach dem 31. Dezember 2000, richtet sich die Besteuerung für diesen Zeitraum nach den Vorschriften des KStG n. F. (§ 34 Abs. 14 Satz 1 KStG n. F.).

5 Auch für den auf die Zeit vor dem 1. Januar 2001 entfallenden Teil des Besteuerungszeitraums ist das KStG n. F. anzuwenden. Ob das verteilte Vermögen bei der Körperschaft zu einer Minderung oder Erhöhung der Körperschaftsteuer führt, richtet sich nach § 40 Abs. 4 i. V. m. den §§ 37 und 38 KStG n. F. Bereits unter Zugrundelegung der früheren Rechtslage ausgestellte Steuerbescheinigungen sind zurückzufordern und auf der Grundlage des EStG bzw. KStG n. F. neu zu erteilen.

6 Der Feststellung der Endbestände nach § 36 Abs. 7 KStG n. F. sind die Bestände zum Schluss des letzten vor Liquidationsbeginn endenden Wirtschaftsjahrs bzw. zum Schluss des letzten Besteuerungszeitraums, für das noch das KStG a. F. gilt, zugrunde zu legen.

---

[1] **[Amtl. Anm.:]** KStG n. F. = KStG 2002.
KStG a. F. = KStG 1999.

II. Antrag im Sinne des § 34 Abs. 14 KStG n. F.

7 Hat die in Liquidation befindliche Körperschaft, deren Besteuerungszeitraum vor dem 1. Januar 2001 beginnt und nach dem 31. Dezember 2000 endet, gemäß § 34 Abs. 14 Satz 2 KStG n. F. bis zum 30. Juni 2002 (Ausschlussfrist) den Antrag gestellt, auf die Zeit bis zum 31. Dezember 2000 das KStG a. F. anzuwenden, so endet auf den 31. Dezember 2000 ein Besteuerungszeitraum, für den ein steuerlicher Zwischenabschluss zu fertigen ist (§ 34 Abs. 14 Satz 3 KStG n. F.). 22

8 In den in Tz. 7 genannten Fällen unterliegt das Einkommen des am 31. Dezember 2000 endenden Besteuerungszeitraums noch dem KStG a. F. Für Liquidationsraten, andere Ausschüttungen und sonstige Leistungen, die in diesem Besteuerungszeitraum erfolgen, ist noch die Körperschaftsteuer-Ausschüttungsbelastung nach dem Vierten Teil des KStG a. F. herzustellen (§ 34 Abs. 14 Satz 5 KStG n. F.). Diese Auskehrungen verringern gemäß § 36 Abs. 2 KStG n. F. die Endbestände der auf den 31. Dezember 2000 festzustellenden Teilbeträge des verwendbaren Eigenkapitals.

9 Die Feststellung der Endbestände nach § 36 Abs. 7 KStG n. F. erfolgt auf den 31. Dezember 2000.

C. Gewinnausschüttungen für vor dem Abwicklungszeitraum endende Wirtschaftsjahre

10 Eine Ausschüttung kann auch dann auf einem den gesellschaftsrechtlichen Vorschriften entsprechenden Gewinnverteilungsbeschluss für ein abgelaufenes Wirtschaftsjahr beruhen, wenn die Körperschaft nach Beginn der Liquidation beschließt, Gewinne für vor dem Abwicklungszeitraum endende Wirtschaftsjahre auszuschütten (BFH-Urteile vom 12. September 1973, BStBl. 1974 II S. 14, vom 17. Juli 1974, BStBl. II S. 692 und vom 22. Oktober 1998, I R 15/98, BFH/NV 1999 S. 829). 23

11 Erfolgt eine solche Gewinnausschüttung in Besteuerungszeiträumen, die bereits unter das KStG n. F. fallen, ist § 34 Abs. 12 Satz 1 Nr. 1 KStG n. F. nicht anzuwenden, da es während des Abwicklungszeitraums keine Wirtschaftsjahre gibt (vgl. Tz. 1). Für diese Ausschüttungen gilt der Vierte Teil des KStG a. F. daher nicht mehr.

D. Auswirkungen der Liquidation auf das steuerliche Einlagekonto und den Sonderausweis

12 Bei der Vermögensverteilung gilt das übrige Eigenkapital als vor dem Nennkapital ausgezahlt. 24

13 Die Vermögensverteilung ist, soweit sie nicht als Nennkapitalrückzahlung zu beurteilen ist, eine Leistung im Sinne des § 27 Abs. 1 Satz 3 KStG. Bei Abschlagszahlungen auf den Liquidationserlös ist auf den ausschüttbaren Gewinn zum Schluss des der Leistung vorangegangenen Besteuerungszeitraums bzw. Wirtschaftsjahrs abzustellen. Bei der Schlussauskehrung ist der ausschüttbare Gewinn maßgeblich, der sich auf den Zeitpunkt vor dieser Auskehrung ergibt. Das ist grundsätzlich der Zeitpunkt, auf den die Liquidationsschlussbilanz erstellt wird.

14 Soweit die Vermögensverteilung als Nennkapitalrückzahlung zu behandeln ist, wird in Höhe dieses Betrags zunächst der Sonderausweis verringert (§ 28 Abs. 2 Satz 1 KStG n. F.). Wegen des Zeitpunktes, auf den der maßgebliche Bestand des Sonderausweises zu ermitteln ist, gilt Tz. 13 entsprechend. Insoweit gilt die Rückzahlung des Nennkapitals als Gewinnausschüttung, die bei den Anteilseignern zu kapitalertragsteuerpflichtigen Bezügen im Sinne des § 20 Abs. 1 Nr. 2 EStG führt (§ 28 Abs. 2 Satz 2 KStG n. F.).

15 Soweit die Nennkapitalrückzahlung einen Sonderausweis übersteigt bzw. wenn ein Sonderausweis nicht besteht, führt der Rückzahlungsbetrag zu einer betragsmäßig identischen Erhöhung und Verringerung des steuerlichen Einlagekontos (§ 28 Abs. 2 Satz 1 2. Halbsatz und Satz 2 2. Halbsatz KStG). Eine Steuerbescheinigung im Sinne des § 27 Abs. 3 KStG ist den Anteilseignern insoweit nicht auszustellen.

E. Körperschaftsteuerminderung bzw. -erhöhung in Liquidationsfällen

16 Unabhängig davon, ob das Vermögen der Körperschaft als Abschlagszahlung auf den Liquidationserlös oder im Rahmen der Schlussverteilung ausgekehrt wird, mindert oder erhöht sich die Körperschaftsteuer um den Betrag, der sich nach den §§ 37 und 38 KStG n. F. ergeben würde, wenn das verteilte Vermögen einschließlich des Nennkapitals als in dem Zeitpunkt der Verteilung für eine Ausschüttung verwendet gelten würde (§ 40 Abs. 4 Satz 1 KStG n. F.). 25

17 Wegen des Zeitpunktes, auf den die maßgeblichen Bestände des KSt-Guthabens, des Teilbetrags EK 02 und des ausschüttbaren Gewinns zu ermitteln sind, gelten die Ausführungen zu Tz. 13 entsprechend. Für die Anwendung des § 40 Abs. 4 Satz 3 KStG n. F. gilt die Liquidation auf den Stichtag der Erstellung der Liquidationsschlussbilanz als beendet.

F. Zusammenfassendes Beispiel

18 Beispiel: 26

Die A-GmbH (Wirtschaftsjahr = Kalenderjahr) wird zum 30. Juni 2002 aufgelöst. Der der Schlussauskehrung zugrunde liegende Liquidationsschlussbestand wird auf den 31. August 2003 ermittelt. Für die Zeit vom 1. Januar 2002 bis zum 30. Juni 2002 bildet die GmbH ein Rumpfwirtschaftsjahr. Zum 31. Dezember 2001 und zum 30. Juni 2002 betragen das KSt-Guthaben 25 000 € und der Teilbetrag EK 02 30 000 €. Das Nennkapital zu den Stichtagen beträgt 90 000 € und der Sonderausweis 40 000 €.

Das übrige Eigenkapital lt. Steuerbilanz beträgt

a) zum 30. Juni 2002 = 410 000 €

b) zum 31. August 2003 = 648 500 €

Der Gewinn des Rumpfwirtschaftsjahrs 2002 wird am 15. August 2003 in Höhe von 75 000 € offen ausgeschüttet.

Anl zu H 11

Lösung:

Anwendung des § 28 Abs. 2 und des § 40 Abs. 4 KStG n. F.

		Einlagekonto	KSt-Guthaben	EK 02	Nenn-kapital	Sonderausweis
Bestände zum 30. Juni 2002		0	25 000	30 000	90 000	40 000
Offene Gewinnausschüttung für das Rumpf-Wj. 2002	75 000					
KSt-Minderung: $^{1}/_{6}$ von 75 000			– 12 500			
Keine Verwendung von EK 02[1]				0		
Bestände vor Schlussverteilung (= letzte gesonderte Feststellung)		0	12 500	30 000	90 000	40 000
Nullstellung des Nennkapitals gem. § 28 Abs. 2 Satz 1 KStG n. F.		+ 50 000			– 90 000	– 40 000
Zwischensumme		50 000	12 500	30 000	0	0
Verteiltes Vermögen (= übriges Eigenkapital und Nennkapital)	738 500					
Unmittelbarer Abzug beim Einlagekonto gem. § 28 Abs. 2 Satz 2 Hs. 2 KStG n. F.	– 50 000	– 50 000				
Zwischensumme		0	12 500	30 000	0	0
Leistung gem. **§ 27 Abs. 1 Satz 3 KStG n. F.** (= Verteiltes Vermögen abzüglich Nennkapital)	648 500					
Verwendung Einlagekonto (höchstens verbleibender Bestand)	– 0	0				
Zwischensumme		0	12 500	30 000	0	0
Leistung i. S. d. **§ 40 Abs. 4 i. V. m. §§ 37, 38 KStG n. F.** (= verteiltes Vermögen)	738 500					
KSt-Minderung (§ 37 KStG n. F.) $^{1}/_{6}$ von 738 500; höchstens jedoch Bestand des KSt-Guthabens			– 12 500			
KSt-Erhöhung (§ 38 KStG n. F.) Verwendung von EK 02[2] 738 500–618 500 = 120 000; höchstens $^{7}/_{10}$ des Bestandes				– 21 000		
KSt-Erhöhung = $^{3}/_{7}$ von 21 000				– 9 000		

G. Behandlung der Nennkapitalrückzahlung bei den Anteilseignern

27 **19** Bei den Anteilseignern richtet sich die steuerliche Behandlung der Nennkapitalrückzahlung nach § 17 Abs. 4 EStG bzw. – soweit ein Sonderausweis vorhanden ist – nach § 20 Abs. 1 Nr. 2 Satz 2 EStG, unabhängig davon, ob die Leistung bei der Körperschaft zu einer Minderung bzw. einer Erhöhung der Körperschaftsteuer führt oder nicht.

[1] **[Amtl. Anm.:]** Differenzrechnung: Ausschüttbarer Gewinn zum 30. Juni 2002 abzüglich EK 02 zum 30. Juni 2002: 410 000 € – 30 000 € = 380 000 €. Da die Ausschüttung kleiner ist als 380 000 €, gilt EK 02 nicht als verwendet.

[2] **[Amtl. Anm.:]** Differenzrechnung: Ausschüttbarer Gewinn vor Schlussverteilung abzüglich EK 02 vor Schlussverteilung: 648 500 € – 30 000 € = 618 500 €; das verteilte Vermögen i. H. v. 738 500 € übersteigt 618 500 € um 120 000 €. Für die Berechnung der KSt-Erhöhung gilt: 120 000 € × $^{3}/_{7}$ = 51 428 €, höchstens jedoch $^{7}/_{10}$ × 30 000 € (Bestand des EK 02) = 21 000 €.

KStG

§ 12 Entstrickungs- und Wegzugsbesteuerung

(1)[1, 2] ① **Wird bei der Körperschaft, Personenvereinigung oder Vermögensmasse das Besteuerungsrecht der Bundesrepublik Deutschland hinsichtlich des Gewinns aus der Veräußerung oder der Nutzung eines Wirtschaftsguts ausgeschlossen oder beschränkt, gilt dies als Veräußerung oder Überlassung des Wirtschaftsguts zum gemeinen Wert; § 4 Absatz 1 Satz 5, § 4 g und § 15 Abs. 1 a des Einkommensteuergesetzes gelten entsprechend.** ② **Ein Ausschluss oder eine Beschränkung des Besteuerungsrechts hinsichtlich des Gewinns aus der Veräußerung eines Wirtschaftsguts liegt insbesondere vor, wenn ein bisher einer inländischen Betriebsstätte einer Körperschaft, Personenvereinigung oder Vermögensmasse zuzuordnendes Wirtschaftsgut einer ausländischen Betriebsstätte dieser Körperschaft, Personenvereinigung oder Vermögensmasse zuzuordnen ist.** ③ **Entfällt die Beschränkung des Besteuerungsrechts der Bundesrepublik Deutschland hinsichtlich des Gewinns aus der Veräußerung eines Wirtschaftsguts und erfolgt in einem anderen Staat eine Besteuerung auf Grund des Ausschlusses oder der Beschränkung des Besteuerungsrechts dieses Staates hinsichtlich des Gewinns aus der Veräußerung des Wirtschaftsguts, gilt dies auf Antrag als Veräußerung und Anschaffung des Wirtschaftsguts zu dem Wert, den der andere Staat der Besteuerung zugrunde legt, höchstens zum gemeinen Wert.** 1

(1 a)[2] **§ 4 Absatz 1 Satz 3 zweiter Halbsatz, Satz 8 zweiter Halbsatz, Satz 9 und Satz 10 des Einkommensteuergesetzes gilt im Fall der Begründung des Besteuerungsrechts oder des Wegfalls einer Beschränkung des Besteuerungsrechts der Bundesrepublik Deutschland hinsichtlich des Gewinns aus der Veräußerung eines Wirtschaftsguts, das der außerbetrieblichen Sphäre einer Körperschaft, Personenvereinigung oder Vermögensmasse zuzuordnen ist, entsprechend.** 2

(2)[3] *(aufgehoben)* 3

(3)[4] *(aufgehoben)* 4

(4)[5] *(aufgehoben)* 5

R 12. Beschränkte Steuerpflicht der übertragenden Körperschaft

R 12

– unbesetzt – 10

H 12

H 12

Drittstaatsverschmelzung. Zur Anwendbarkeit des § 13 UmwStG auf Anteilseignerebene → BMF vom 11. 11. 2011, BStBl. I S. 1314, Randnr. 13.04,[6] geändert durch → BMF vom 10. 11. 2016, BStBl. I S. 1252. 12

Finale Entnahme und finale Betriebsaufgabe. Zur Beschränkung der BFH-Urteile vom 17. 7. 2008, I R 77/06, BStBl. 2009 II S. 464 und vom 28. 10. 2009, I R 99/08, BStBl. 2011 II S. 1019 auf die entschiedenen Einzelfälle → BMF vom 18. 11. 2011, BStBl. I S. 1278.

---

[1] Zur passiven Entstrickung aufgrund erstmaliger Anwendung eines Abkommens zur Vermeidung der Doppelbesteuerung (DBA) siehe *BMF-Schrb. v. 26. 10. 2018 IV B 5 – S 1348/07/10 002-01 (BStBl. 2018 I S. 1104).*

[2] § 12 Abs. 1 Satz 3 angefügt und § 12 Abs. 1 a eingefügt mWv VZ 2020 (§ 34 Abs. 6 d Satz 1).

[3] § 12 Abs. 2 aufgehoben mWv VZ 2022; zur letztmaligen Anwendung siehe § 34 Abs. 6 d Satz 3.

[4] § 12 Abs. 3 aufgehoben mWv VZ 2022.

[5] § 12 Abs. 4 aufgehoben; zur letztmaligen Anwendung siehe § 34 Abs. 6 d Satz 2.

[6] Abgedruckt im **Anhang I 2 a.**

KStG

§ 13 Beginn und Erlöschen einer Steuerbefreiung

1 **(1) Wird eine steuerpflichtige Körperschaft, Personenvereinigung oder Vermögensmasse von der Körperschaftsteuer befreit, so hat sie auf den Zeitpunkt, in dem die Steuerpflicht endet, eine Schlussbilanz aufzustellen.**

2 **(2) Wird eine von der Körperschaftsteuer befreite Körperschaft, Personenvereinigung oder Vermögensmasse steuerpflichtig und ermittelt sie ihren Gewinn durch Betriebsvermögensvergleich, so hat sie auf den Zeitpunkt, in dem die Steuerpflicht beginnt, eine Anfangsbilanz aufzustellen.**

3 **(3) In der Schlussbilanz im Sinne des Absatzes 1 und in der Anfangsbilanz im Sinne des Absatzes 2 sind die Wirtschaftsgüter vorbehaltlich des Absatzes 4 mit den Teilwerten anzusetzen.**

4 **(4) ① Beginnt die Steuerbefreiung auf Grund des § 5 Abs. 1 Nr. 9, sind die Wirtschaftsgüter, die der Förderung steuerbegünstigter Zwecke im Sinne der §§ 52 bis 54 der Abgabenordnung dienen, in der Schlussbilanz mit den Buchwerten anzusetzen. ② Erlischt die Steuerbefreiung, so ist in der Anfangsbilanz für die in Satz 1 bezeichneten Wirtschaftsgüter der Wert anzusetzen, der sich bei ununterbrochener Steuerpflicht nach den Vorschriften über die steuerliche Gewinnermittlung ergeben würde.**

5 **(5) Beginnt oder erlischt die Steuerbefreiung nur teilweise, so gelten die Absätze 1 bis 4 für den entsprechenden Teil des Betriebsvermögens.**

6 **(6) ① Gehören Anteile an einer Kapitalgesellschaft nicht zu dem Betriebsvermögen der Körperschaft, Personenvereinigung oder Vermögensmasse, die von der Körperschaftsteuer befreit wird, so ist § 17 des Einkommensteuergesetzes auch ohne Veräußerung anzuwenden, wenn die übrigen Voraussetzungen dieser Vorschrift in dem Zeitpunkt erfüllt sind, in dem die Steuerpflicht endet. ② Als Veräußerungspreis gilt der gemeine Wert der Anteile. ③ Im Falle des Beginns der Steuerpflicht gilt der gemeine Wert der Anteile als Anschaffungskosten der Anteile. ④ Die Sätze 1 und 2 gelten nicht in den Fällen des Absatzes 4 Satz 1.**

Übersicht

R 13.1

R 13.1 Beginn einer Steuerbefreiung

11 (1) § 13 Abs. 1 KStG erfasst die Fälle, in denen eine bisher in vollem Umfang steuerpflichtige Körperschaft, Personenvereinigung oder Vermögensmasse in vollem Umfang von der Körperschaftsteuer befreit wird.

12 (2) ① Die Pflicht zur Aufstellung einer Schlussbilanz besteht nur insoweit, als die betreffende Körperschaft, Personenvereinigung oder Vermögensmasse Einkünfte aus Gewerbebetrieb, aus Land- und Forstwirtschaft oder aus selbständiger Arbeit bezieht. ② Die Bilanzierungspflicht besteht demnach für Körperschaften i. S. d. § 8 Abs. 2 KStG in vollem Umfang (→ R 8.1 Abs. 3), für andere Körperschaften (→ R 8.1 Abs. 2) nur hinsichtlich des Bereichs der vorgenannten Einkünfte (zur Anwendung des § 13 KStG auf Beteiligungen i. S. d. § 17 EStG außerhalb des Betriebsvermögens → R 13.4 Abs. 3).

H 13.1

H 13.1

14 **Beispiele für den Wechsel zwischen Steuerpflicht und Steuerbefreiung.**

1. Eine bisher wegen schädlicher Tätigkeiten i. S. d. → H 5.4 steuerpflichtige Unterstützungskassen-GmbH beendet diese Tätigkeiten und fällt anschließend, da sie nicht überdotiert ist, unter die Befreiung des § 5 Abs. 1 Nr. 3 KStG.
2. Eine Krankenhaus-GmbH, die bisher nicht die Voraussetzungen des § 67 AO erfüllte und deshalb steuerpflichtig war, erfüllt nunmehr die Voraussetzungen dieser Vorschrift und ist nach § 5 Abs. 1 Nr. 9 KStG in vollem Umfang von der Körperschaftsteuer befreit.
3. Eine Wohnungsgenossenschaft, der bisher aufgrund der Beteiligung an einer Personengesellschaft Einnahmen von mehr als 10 % ihrer Gesamteinnahmen zuzurechnen waren, veräußert die Beteiligung an der Personengesellschaft und erzielt anschließend ausschließlich Einnahmen i. S. d. § 5 Abs. 1 Nr. 10 Satz 1 KStG, so dass sie in vollem Umfang unter diese Befreiungsvorschrift fällt.

Teilweiser Beginn einer Steuerbefreiung (§ 13 Abs. 5 KStG). → R 13.2 Abs. 3.

R 13.2 Erlöschen einer Steuerbefreiung R 13.2

(1) § 13 Abs. 2 KStG erfasst die Fälle, in denen eine bisher in vollem Umfang steuerbefreite Körperschaft, Personenvereinigung oder Vermögensmasse in vollem Umfang steuerpflichtig wird. 16

(2) ① Zusätzliche Voraussetzung ist, dass die Körperschaft, Personenvereinigung oder Vermögensmasse ihren Gewinn nach Eintritt in die Steuerpflicht durch Betriebsvermögensvergleich ermittelt. ② Körperschaften i. S. d. § 8 Abs. 2 KStG fallen stets unter den Anwendungsbereich der Vorschrift, andere Körperschaften nur dann, wenn sie zur Buchführung verpflichtet sind oder freiwillig Bücher führen. ③ Bei diesen anderen Körperschaften erstreckt sich die Bilanzierungspflicht nur auf den Bereich der Gewinneinkünfte (→ R 13.1 Abs. 2). ④ Zur Anwendung des § 13 KStG auf Beteiligungen i. S. d. § 17 EStG außerhalb des Betriebsvermögens → R 13.4 Abs. 3. 17

(3) ① Nach § 13 Abs. 5 KStG gelten die Absätze 1 bis 4 dieser Vorschrift bei nur teilweisem Erlöschen der Steuerpflicht für die entsprechenden Teile des Betriebsvermögens. ② Der teilweise Beginn einer Steuerbefreiung ist in drei Varianten denkbar: 18

1. Wechsel von voller zu nur noch partieller Steuerpflicht
   Eine bisher wegen Überschreitens der 10%-Grenze in § 5 Abs. 1 Nr. 10 Satz 2 KStG in vollem Umfang steuerpflichtige Wohnungsgenossenschaft verringert die Einnahmen aus den schädlichen Tätigkeiten durch Vermietung frei werdender, bisher an Nichtmitglieder vermieteter Wohnungen an Mitglieder auf weniger als 10% der Gesamteinnahmen und ist daher nur noch partiell steuerpflichtig.
2. Verringerung der partiellen Steuerpflicht
   Bei einer Unterstützungskassen-GmbH, die wegen ihrer Überdotierung nach § 6 Abs. 5 KStG partiell steuerpflichtig ist, verringert sich das prozentuale Ausmaß der Überdotierung.
3. Wechsel von partieller Steuerpflicht zu voller Steuerbefreiung
   Bei einer nach § 5 Abs. 1 Nr. 9 KStG wegen Verfolgung gemeinnütziger Zwecke steuerbefreiten GmbH wird eine bisher als steuerpflichtiger wirtschaftlicher Geschäftsbetrieb (§ 64 AO) beurteilte Tätigkeit als steuerfreier Zweckbetrieb (§ 65 AO) anerkannt.

R 13.3 Schlussbilanz, Anfangsbilanz R 13.3

(1) ① Durch den Ansatz der Wirtschaftsgüter in der Schlussbilanz mit dem Teilwert wird erreicht, dass eine steuerpflichtige Körperschaft, die von der Körperschaftsteuer befreit wird, vorbehaltlich des § 13 Abs. 4 KStG die während des Bestehens der Steuerpflicht gebildeten stillen Reserven des Betriebsvermögens aufzudecken und der Besteuerung zuzuführen hat, bevor sie aus der Steuerpflicht ausscheidet. ② Ermittelt sie ihren Gewinn durch Betriebsvermögensvergleich, hat sie auf den Zeitpunkt, in dem die Steuerpflicht endet, eine Schlussbilanz aufzustellen. ③ Für die aufzustellende Schlussbilanz sind die steuerlichen Gewinnermittlungsvorschriften zu beachten. ④ Ermittelt sie ihren Gewinn durch Einnahmenüberschussrechnung, ist R 4.5 Abs. 6 EStR entsprechend anzuwenden. 20

(2) ① Umgekehrt wird durch den Ansatz der Wirtschaftsgüter in der Anfangsbilanz mit dem Teilwert bei Wegfall der Steuerbefreiung erreicht, dass die im Zeitraum der Steuerfreiheit gebildeten stillen Reserven nicht bei einer späteren Realisierung besteuert werden müssen. ② Zum Erfordernis der Bilanzierung → R 13.2 Abs. 2. 21

H 13.3 H 13.3

Firmenwert. Das Aktivierungsverbot des § 5 Abs. 2 EStG gilt auch für die gem. § 13 Abs. 1 bzw. 2 KStG aufzustellende Schluss- bzw. Anfangsbilanz (→ BFH vom 9. 8. 2000, I R 69/98, BStBl. 2001 II S. 71). 23

R 13.4 Sonderregelung für bestimmte steuerbegünstigte Körperschaften R 13.4

(1) Nach § 13 Abs. 4 Satz 1 KStG wird bei bisher steuerpflichtigen Körperschaften, die nach § 5 Abs. 1 Nr. 9 KStG steuerbefreit werden, auf die Schlussbesteuerung der in der Zeit der früheren Steuerpflicht gebildeten stillen Reserven verzichtet. 25

(2) ① Erlischt bei einer Körperschaft, die steuerbegünstigte Zwecke i. S. d. § 9 Abs. 1 Nr. 2 KStG verfolgt, die Steuerbefreiung, ist für die Wirtschaftsgüter, die in der Anfangsbilanz zu Beginn der Steuerbefreiung nach § 13 Abs. 4 Satz 1 KStG mit dem Buchwert anzusetzen waren, der Wert anzusetzen, der sich bei ununterbrochener Steuerpflicht nach den Vorschriften über die steuerliche Gewinnermittlung ergeben würde. ② Dadurch wird die steuerliche Erfassung später realisierter stiller Reserven dieser Wirtschaftsgüter aus der Zeit der früheren Steuerpflicht wieder ermöglicht. ③ Für Wirtschaftsgüter, die erst im Zeitraum der Steuerbefreiung angeschafft oder hergestellt worden sind, gilt § 13 Abs. 4 Satz 2 KStG nicht. ④ Für diese Wirtschaftsgüter ist der Teilwert nach § 13 Abs. 3 Satz 1 KStG anzusetzen (→ R 13.3 Abs. 2). 26

27 (3) Durch § 13 Abs. 6 KStG wird der Anwendungsbereich der Vorschrift über den Bereich des Betriebsvermögens hinaus auf Beteiligungen i. S. d. § 17 EStG der Körperschaft, Personenvereinigung oder Vermögensmasse an einer Kapitalgesellschaft ausgedehnt.

H 13.4

H 13.4

29 **Teilweises Erlöschen einer Steuerbefreiung (§ 13 Abs. 5 KStG).** → R 13.2 Abs. 3.

Überführung eines Betriebs oder Teilbetriebs aus dem steuerpflichtigen in den steuerbefreiten Bereich einer Körperschaft unter Ansatz der Buchwerte nach § 13 Abs. 4 Satz 1 KStG. → BMF vom 1. 2. 2002, BStBl. I S. 221.

KStG

Zweites Kapitel. Sondervorschriften für die Organschaft

§ 14 Aktiengesellschaft oder Kommanditgesellschaft auf Aktien als Organgesellschaft

(1) ① Verpflichtet sich eine Europäische Gesellschaft, Aktiengesellschaft oder Kommanditgesellschaft auf Aktien mit Geschäftsleitung im Inland und Sitz in einem Mitgliedstaat der Europäischen Union oder in einem Vertragsstaat des EWR-Abkommens[1] (Organgesellschaft) durch einen Gewinnabführungsvertrag im Sinne des § 291 Abs. 1 des Aktiengesetzes, ihren ganzen Gewinn an ein einziges anderes gewerbliches Unternehmen abzuführen, ist das Einkommen der Organgesellschaft, soweit sich aus § 16 nichts anderes ergibt, dem Träger des Unternehmens (Organträger) zuzurechnen, wenn die folgenden Voraussetzungen erfüllt sind: 1

1. **① Der Organträger muss an der Organgesellschaft vom Beginn ihres Wirtschaftsjahrs an ununterbrochen in einem solchen Maße beteiligt sein, dass ihm die Mehrheit der Stimmrechte aus den Anteilen an der Organgesellschaft zusteht (finanzielle Eingliederung). ② Mittelbare Beteiligungen sind zu berücksichtigen, wenn die Beteiligung an jeder vermittelnden Gesellschaft die Mehrheit der Stimmrechte gewährt. ③ Satz 2 gilt nicht, wenn bereits die unmittelbare Beteiligung die Mehrheit der Stimmrechte gewährt.[2]** 2
2. **① Organträger[3] muss eine natürliche Person oder eine nicht von der Körperschaftsteuer befreite Körperschaft, Personenvereinigung oder Vermögensmasse sein. ② Organträger kann auch eine Personengesellschaft im Sinne des § 15 Absatz 1 Satz 1 Nummer 2 des Einkommensteuergesetzes sein, wenn sie eine Tätigkeit im Sinne des § 15 Absatz 1 Satz 1 Nummer 1 des Einkommensteuergesetzes ausübt. ③ Die Voraussetzung der Nummer 1 muss im Verhältnis zur Personengesellschaft selbst erfüllt sein. ④ Die Beteiligung im Sinne der Nummer 1 an der Organgesellschaft oder, bei mittelbarer Beteiligung an der Organgesellschaft, die Beteiligung im Sinne der Nummer 1 an der vermittelnden Gesellschaft, muss ununterbrochen während der gesamten Dauer der Organschaft einer inländischen Betriebsstätte im Sinne des § 12 der Abgabenordnung des Organträgers zuzuordnen sein. ⑤ Ist der Organträger mittelbar über eine oder mehrere Personengesellschaften an der Organgesellschaft beteiligt, gilt Satz 4 sinngemäß. ⑥ Das Einkommen der Organgesellschaft ist der inländischen Betriebsstätte des Organträgers zuzurechnen, der die Beteiligung im Sinne der Nummer 1 an der Organgesellschaft oder, bei mittelbarer Beteiligung an der Organgesellschaft, die Beteiligung im Sinne der Nummer 1 an der vermittelnden Gesellschaft zuzuordnen ist. ⑦ Eine inländische Betriebsstätte im Sinne der vorstehenden Sätze ist nur gegeben, wenn die dieser Betriebsstätte zuzurechnenden Einkünfte sowohl nach innerstaatlichem Steuerrecht als auch nach einem anzuwendenden Abkommen zur Vermeidung der Doppelbesteuerung der inländischen Besteuerung unterliegen.** 3
3. **① Der Gewinnabführungsvertrag muss auf mindestens fünf Jahre abgeschlossen und während seiner gesamten Geltungsdauer durchgeführt werden. ② Eine vorzeitige Beendigung des Vertrags durch Kündigung ist unschädlich, wenn ein wichtiger Grund die Kündigung rechtfertigt. ③ Die Kündigung oder Aufhebung des Gewinnabführungsvertrags auf einen Zeitpunkt während des Wirtschaftsjahrs der Organgesellschaft wirkt auf den Beginn dieses Wirtschaftsjahrs zurück. ④[4] Der Gewinnabführungsvertrag gilt auch als durchgeführt, wenn der abgeführte Gewinn oder ausgeglichene Verlust auf einem Jahresabschluss beruht, der fehlerhafte Bilanzansätze enthält, sofern** 4
   a) **der Jahresabschluss wirksam festgestellt ist,**
   b) **die Fehlerhaftigkeit bei Erstellung des Jahresabschlusses unter Anwendung der Sorgfalt eines ordentlichen Kaufmanns nicht hätte erkannt werden müssen und**
   c) **ein von der Finanzverwaltung beanstandeter Fehler spätestens in dem nächsten nach dem Zeitpunkt der Beanstandung des Fehlers aufzustellenden Jahresabschluss der Organgesellschaft und des Organträgers korrigiert und das Ergebnis entsprechend abgeführt oder ausgeglichen wird, soweit es sich um einen Fehler handelt, der in der Handelsbilanz zu korrigieren ist.**

---

[1] Zu den Voraussetzungen für die Anerkennung ausländischer Gewinnabführungsverträge siehe *Kurzinformation FM Schleswig-Holstein v. 17. 1. 2020 VI 313 – S 2770-077, DStR 2020 S. 1573* sowie *OFD Frankfurt a. M. v. 9. 7. 2020 S 2770 A – 55 – St 55, DB 2020, S. 1768.*

[2] § 14 Abs. 1 Satz 1 Nr. 1 Satz 3 angefügt mWv VZ 2022.

[3] Zur Anerkennung einer Organschaft unter Beteiligung einer Kapitalgesellschaft, an der eine atypisch stille Beteiligung besteht vgl. *BMF-Schrb. v. 20. 8. 2015 IV C 2 – S 2770/12/10001, BStBl. 2015 I S. 649.*

[4] Siehe hierzu auch *Kurzinformation Nr. 3/2016 des FM Schleswig-Holstein v. 22.2. 2016 VI 3011 – S 2770 – 086, DStR 2016 S. 539* betreffend Zweifelsfragen zur Durchführungsfiktion des Gewinnabführungsvertrages nach § 14 Abs. 1 Satz 1 Nr. 3 Satz 4 KStG.

KStG

⑤ **Die Voraussetzung des Satzes 4 Buchstabe b gilt bei Vorliegen eines uneingeschränkten Bestätigungsvermerks nach § 322 Absatz 3 des Handelsgesetzbuchs zum Jahresabschluss, zu einem Konzernabschluss, in den der handelsrechtliche Jahresabschluss einbezogen worden ist, oder über die freiwillige Prüfung des Jahresabschlusses oder der Bescheinigung eines Steuerberaters oder Wirtschaftsprüfers über die Erstellung eines Jahresabschlusses mit umfassenden Beurteilungen als erfüllt.**

5 **4. Die Organgesellschaft darf Beträge aus dem Jahresüberschuss nur insoweit in die Gewinnrücklagen (§ 272 Abs. 3 des Handelsgesetzbuchs) mit Ausnahme der gesetzlichen Rücklagen einstellen, als dies bei vernünftiger kaufmännischer Beurteilung wirtschaftlich begründet ist.**

6 **5. Negative Einkünfte**[1] **des Organträgers oder der Organgesellschaft bleiben bei der inländischen Besteuerung unberücksichtigt, soweit sie in einem ausländischen Staat im Rahmen der Besteuerung des Organträgers, der Organgesellschaft oder einer anderen Person berücksichtigt werden.**

7 ② **Das Einkommen der Organgesellschaft ist dem Organträger erstmals für das Kalenderjahr zuzurechnen, in dem das Wirtschaftsjahr der Organgesellschaft endet, in dem der Gewinnabführungsvertrag wirksam wird.**

8 **(2)**[2] ① **Der ganze Gewinn gilt auch dann als abgeführt im Sinne des Absatzes 1 Satz 1, wenn über den mindestens zugesicherten Betrag im Sinne des § 304 Absatz 2 Satz 1 des Aktiengesetzes hinausgehende Ausgleichszahlungen vereinbart und geleistet werden.** ② **Dies gilt nur, wenn die Ausgleichszahlungen insgesamt den dem Anteil am gezeichneten Kapital entsprechenden Gewinnanteil des Wirtschaftsjahres nicht überschreiten, der ohne Gewinnabführungsvertrag hätte geleistet werden können.** ③ **Der über den Mindestbetrag nach § 304 Absatz 2 Satz 1 des Aktiengesetzes hinausgehende Betrag muss nach vernünftiger kaufmännischer Beurteilung wirtschaftlich begründet sein.**

9 **(3)** ① **Mehrabführungen, die ihre Ursache in vororganschaftlicher Zeit haben, gelten als Gewinnausschüttungen der Organgesellschaft an den Organträger.** ② **Minderabführungen, die ihre Ursache in vororganschaftlicher Zeit haben, sind als Einlage durch den Organträger in die Organgesellschaft zu behandeln.** ③ **Mehrabführungen nach Satz 1 und Minderabführungen nach Satz 2 gelten in dem Zeitpunkt als erfolgt, in dem das Wirtschaftsjahr der Organgesellschaft endet.** ④ **Der Teilwertansatz nach § 13 Abs. 3 Satz 1 ist der vororganschaftlichen Zeit zuzurechnen.**

10 **(4)**[3·4] ① **Minderabführungen der Organgesellschaft, die ihre Ursache in organschaftlicher Zeit haben, sind als Einlage durch den Organträger in die Organgesellschaft zu behandeln.** ② **Mehrabführungen der Organgesellschaft, die ihre Ursache in organschaftlicher Zeit haben, gelten als Einlagenrückgewähr der Organgesellschaft an den Organträger.** ③ **Die Einlage erhöht und die Einlagenrückgewähr mindert den Buchwert der Beteiligung an der Organgesellschaft; dabei darf dieser nicht negativ werden.** ④ **In den Fällen des Absatzes 1 Satz 1 Nummer 1 Satz 2 ist Satz 3 auf den Buchwert der Beteiligung an jeder vermittelnden Gesellschaft entsprechend anzuwenden.** ⑤ **Soweit die Einlagenrückgewähr die Summe aus Buchwert und Einlage übersteigt, liegt ein Ertrag vor, auf den die Regelungen des § 8 b Absatz 2, 3, 6, 7 und 8 dieses Gesetzes sowie § 3 Nummer 40 Buchstabe a und § 3 c Absatz 2 des Einkommensteuergesetzes anzuwenden sind.** ⑥ **Minder- oder Mehrabführungen im Sinne der Sätze 1 und 2 liegen insbesondere vor, wenn der an den Organträger abgeführte Gewinn von dem Steuerbilanzgewinn der Organgesellschaft abweicht und diese Abweichung in organschaftlicher Zeit verursacht ist.** ⑦ **Minder- und Mehrabführungen nach den Sätzen 1 und 2 gelten in dem Zeitpunkt als erfolgt, in dem das Wirtschaftsjahr der Organgesellschaft endet.**

11 **(5)**[5] ① **Das dem Organträger zuzurechnende Einkommen der Organgesellschaft und damit zusammenhängende andere Besteuerungsgrundlagen werden gegenüber dem Organträger und der Organgesellschaft gesondert und einheitlich festgestellt.** ② **Die Feststellungen nach Satz 1 sind für die Besteuerung des Einkommens des Organträ-**

[1] Zum Begriff der negativen Einkünfte und zur Nichtanwendung des zweiten Leitsatzes des *BFH-Urteils v. 12. 10. 2016 I R 92/12, BStBl. 2022 II S. 123* vgl. *BMF-Schrb. v. 14. 1. 2022 IV C 2 – S 2770/20/10001 :001, BStBl. 2022 I S. 160.*

[2] **§ 14 Abs. 2 erstmals anzuwenden für VZ auch vor 2017. Zur Anwendung im Einzelnen siehe § 34 Abs. 6 e.**

Siehe auch **Anwendungsschreiben** *BMF v. 4.3.2020 IV C 2 – S 2770/19/10003 :002, BStBl. 2020 I S. 256,* nachstehend abgedruckt als Anl zu H 14.5.

[3] § 14 Abs. 4 neu gefasst mWv VZ 2022 durch Gesetz vom 25. 6. 2021 (BGBl. I S. 2050); zur Anwendung siehe § 34 Abs. 6 e Sätze 5 bis 20; Sätze 3 bis 5 eingefügt, bish. Sätze 3 und 4 werden Sätze 6 und 7 mWv VZ 2022 durch JStG 2022 (BGBl. I S. 2294).

[4] Zu Anwendungsfragen zum Wechsel zur Einlagelösung nach § 14 Abs. 4 KStG i. d. F. des Gesetzes zur Modernisierung des Körperschaftsteuerrechts vom 25. 6. 2021 vgl. *BMF-Schrb. v. 29. 9. 2022, IV C 2 – S 2770/19/10004 :007, BStBl. 2022 I S. 1412,* nachstehend abgedruckt als Anl zu H 14.8.

[5] § 14 Abs. 5 erstmals anzuwenden für Feststellungszeiträume, die nach dem 31. Dezember 2013 beginnen.

gers und der Organgesellschaft bindend. ③ Die Sätze 1 und 2 gelten entsprechend für von der Organgesellschaft geleistete Steuern, die auf die Steuer des Organträgers anzurechnen sind. ④ Zuständig für diese Feststellungen ist das Finanzamt, das für die Besteuerung nach dem Einkommen der Organgesellschaft zuständig ist. ⑤ Die Erklärung zu den gesonderten und einheitlichen Feststellungen nach den Sätzen 1 und 3 soll mit der Körperschaftsteuererklärung der Organgesellschaft verbunden werden.

Übersicht

R 14.1 Organträger, Begriff des gewerblichen Unternehmens

R 14.1

15

– unbesetzt –

H 14.1

H 14.1

17

Anwendungsschreiben zur Option zur Körperschaftsteuer. → BMF vom 10. 11. 2021, BStBl. I S. 2212.[1]

Begriff des gewerblichen Unternehmens. → BMF vom 26. 8. 2003, BStBl. I S. 437 Rn. 2 ff.[2]

Steuerbefreite Körperschaft als Organträgerin. Mit der die Organschaft ausschließenden Steuerbefreiung i. S. v. § 14 Abs. 1 Satz 1 Nr. 2 Satz 1 KStG ist nur eine persönliche Steuerbefreiung gemeint, die den Rechtsträger als solchen insgesamt von der Steuerpflicht ausschließt (unbeschränkte persönliche Steuerbefreiung). Körperschaften, die nur im Hinblick auf einen bestimmten Teil ihrer Tätigkeit oder ihres Ertrags von der Steuerpflicht ausgenommen sind (sog. beschränkte persönliche oder sachliche Steuerbefreiung), kommen demgegenüber als Organträger grundsätzlich in Betracht, soweit nicht die Beteiligung an der Organgesellschaft den steuerbefreiten Aktivitäten zuzuordnen ist (→ BFH vom 10. 3. 2010, I R 41/09, BStBl. 2011 II S. 181).

[1] Abgedruckt als Anl zu H 1 a.
[2] Nachstehend abgedruckt als Anl a zu H 14.1.

Anl a zu H 14.1

a) Schreiben betr. körperschaftsteuerliche und gewerbesteuerliche Organschaft unter Berücksichtigung der Änderungen durch das Steuersenkungs- (StSenkG) und das Unternehmenssteuerfortentwicklungsgesetz (UntStFG)

Vom 26. August 2003 (BStBl. I S. 437)

(BMF IV A 2 – S 2770 – 18/03)

Unter Bezugnahme auf das Ergebnis der Erörterungen mit den obersten Finanzbehörden der Länder gilt zur Anwendung der Änderungen der Organschaftsregelungen durch das Steuersenkungsgesetz (StSenkG) vom 23. Oktober 2000 (BGBl. I S. 1433, BStBl. I S. 1428) und durch das Unternehmenssteuerfortentwicklungsgesetz (UntStFG) vom 20. Dezember 2001 (BGBl. I S. 3858, BStBl. 2002 I S. 35) Folgendes:[1]

A. Organträger

20 **1** Nach § 14 Abs. 1 Satz 1 i. V. mit Abs. 1 Nr. 2 Satz 1 KStG kann Organträger[2] nur noch ein einziges gewerbliches Unternehmen mit Geschäftsleitung im Inland sein. Eine Organschaft zu mehreren Organträgern ist nicht zulässig (vgl. Tz. 15 ff.).

I. Begriff des gewerblichen Unternehmens

2 Ein gewerbliches Unternehmen liegt vor, wenn die Voraussetzungen für einen Gewerbebetrieb[3] im Sinne des § 2 GewStG erfüllt sind.

3 Eine eigene gewerbliche Tätigkeit des Organträgers ist nicht mehr erforderlich. Organträger kann auch eine gewerblich geprägte Personengesellschaft i. S. des § 15 Abs. 3 Nr. 2 EStG[4] oder ein Unternehmen sein, das Gewerbebetrieb kraft Rechtsform ist.

4 Die Tätigkeit einer Kapitalgesellschaft gilt nach § 2 Abs. 2 GewStG stets und in vollem Umfang als Gewerbebetrieb, so dass auch eine bloß vermögensverwaltende Kapitalgesellschaft und eine dauerdefizitäre Kapitalgesellschaft als Organträger in Betracht kommen.

5 Dies gilt nicht für einen dauerdefizitären Betrieb gewerblicher Art. Aufgrund fehlender Gewinnerzielungsabsicht erfüllt er nicht die allgemeinen Voraussetzungen für das Vorliegen eines Gewerbebetriebes i. S. von § 2 Abs. 1 Satz 2 GewStG.

II. Wegfall des Begriffs „inländisches" Unternehmen

6 Der Organträger[2] musste bisher seinen Sitz und seine Geschäftsleitung im Inland haben. Auf diesen doppelten Inlandsbezug beim Organträger verzichtet § 14 Abs. 1 Nr. 2 KStG. Es reicht künftig aus, wenn sich die Geschäftsleitung des Organträgers im Inland befindet.

III. Zeitliche Anwendung

7 Die obigen Voraussetzungen gelten für die körperschaftsteuerliche Organschaft erstmals ab dem Veranlagungszeitraum 2001 (§ 34 Abs. 9 Nr. 2 KStG) und für die gewerbesteuerliche Organschaft erstmals ab dem Erhebungszeitraum 2002 (§ 36 Abs. 1 GewStG).

B. Organgesellschaft

21 **8** Bisher reichte es für die gewerbesteuerliche Organschaft aus, wenn sich die Geschäftsleitung der Organgesellschaft[5] im Inland befand. Ab dem Erhebungszeitraum 2002 ist nach § 2 Abs. 2 Satz 2 GewStG i. V. mit § 14 Abs. 1 Satz 1 KStG und § 36 Abs. 1 GewStG auch der inländische Sitz (doppelter Inlandsbezug) erforderlich. Eine ausländische Kapitalgesellschaft kann danach nicht Organgesellschaft sein, selbst wenn sie im Inland einen Gewerbebetrieb unterhält.

C. Gewinnabführungsvertrag und Eingliederungsvoraussetzungen

I. Körperschaftsteuerliche Organschaft

22 **9** Ab dem Veranlagungszeitraum 2001 sind die Organschaftsvoraussetzungen der wirtschaftlichen und organisatorischen Eingliederung weggefallen (§ 34 Abs. 9 Nr. 2 KStG). Die körperschaftsteuerliche Organschaft setzt künftig nur noch einen Gewinnabführungsvertrag i. S. des § 291 Abs. 1 Aktiengesetz und die finanzielle Eingliederung der Organgesellschaft voraus.

---

[1] **[Amtl. Anm.:]** Die Änderungen sind in dem KStG 2002 in der Fassung der Bekanntmachung vom 15. Oktober 2002 (BGBl. I S. 4144, BStBl. I S. 1169) – KStG n. F. – und in dem GewStG 2002 in der Fassung der Bekanntmachung vom 15. Oktober 2002 (BGBl. I S. 4167, BStBl. I S. 1192) – GewStG n. F. – enthalten. Das KStG 2002 ist zuletzt durch das Steuervergünstigungsabbaugesetz (StVergAbG) vom 16. Mai 2003 (BGBl. I S. 660) geändert worden. Das GewStG 2002 ist zuletzt durch das Kleinunternehmerförderungsgesetz (KleinUntFG) vom 31. Juli 2003 (BGBl. I S. 1550) geändert worden. Auf die Änderungen wird an geeigneter Stelle durch Fußnoten hingewiesen. Die Gesetzeszitate dieses Schreibens beziehen sich noch auf die Gesetzesfassungen der Bekanntmachungen vom 15. Oktober 2002.

[2] Jetzt: **Neuregelung** in **§ 14 Abs. 1 Satz 1 Nr. 2.**

[3] Zur Organträgereigenschaft eines BgA bzw. einer Eigengesellschaft vgl. *OFD Karlsruhe v. 19. 7. 2018 S 270.6/57 – St 213, DB 2018 S. 1953.*

[4] **[Amtl. Anm.:]** Ab dem VZ 2003 kann eine Personengesellschaft nur dann Organträger sein, wenn sie eine Tätigkeit i. S. des § 15 Abs. 1 Nr. 1 EStG ausübt (§ 14 Abs. 1 Satz 1 Nr. 2 KStG i. d. F. des StVergAbG).

[5] Jetzt: **Neuregelung** in **§ 14 Abs. 1 Satz 1 Halbsatz 1.**

II. Gewerbesteuerliche Organschaft

10 Für die gewerbesteuerliche Organschaft werden bis zu dem Erhebungszeitraum 2001 unverändert die finanzielle, wirtschaftliche und organisatorische Eingliederung gefordert (*§ 36 Abs. 2 GewStG*[1]).

III. Angleichung der Voraussetzungen für die körperschaftsteuerliche und gewerbesteuerliche Organschaft

11 Ab dem Erhebungszeitraum 2002 stimmen die Voraussetzungen für die gewerbesteuerliche Organschaft mit denen der körperschaftsteuerlichen Organschaft überein (*§ 36 Abs. 2 GewStG*[1]). Bereits bestehende gewerbesteuerliche Organschaften ohne Gewinnabführungsvertrag enden mit dem Erhebungszeitraum 2001, wenn nicht mit Wirkung ab 2002 ein Gewinnabführungsvertrag abgeschlossen und tatsächlich durchgeführt wird.

12 Die Rückbeziehung der finanziellen Eingliederung und damit die rückwirkende Begründung eines Organschaftsverhältnisses ist nicht zulässig. Rz. Org. 05 des BMF-Schreibens vom 25. März 1998 (BStBl. I S. 268) gilt für die finanzielle Eingliederung entsprechend.

IV. Additionsverbot

13 Sowohl für die körperschaftsteuerliche als auch für die gewerbesteuerliche Organschaft dürfen ab dem Veranlagungs-/Erhebungszeitraum 2001 für das Vorliegen einer finanziellen Eingliederung i. S. von § 14 Abs. 1 Nr. 1 KStG mittelbare und unmittelbare Beteiligungen zusammengerechnet werden, wenn die Beteiligung an jeder vermittelnden Gesellschaft die Mehrheit der Stimmrechte gewährt.

14 **Beispiel für die finanzielle Eingliederung:**

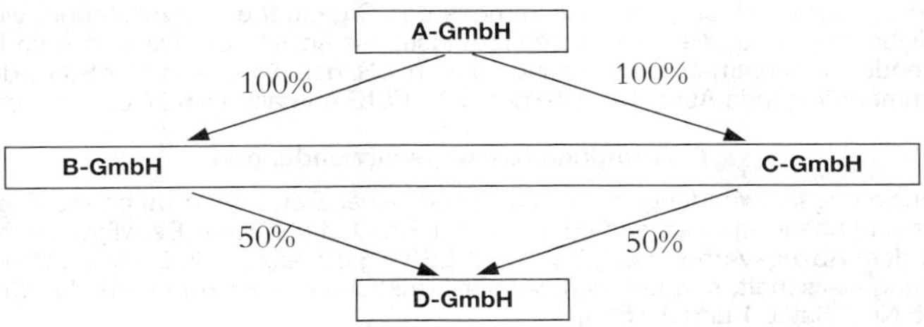

Die B-GmbH und die C-GmbH sind in die A-GmbH auf Grund unmittelbarer Beteiligung von jeweils 100 % finanziell eingegliedert. Die A-GmbH ist an der D-GmbH nicht unmittelbar beteiligt.
Die Zusammenrechnung der mittelbaren Beteiligung über die B-GmbH (50 %) und die C-GmbH (50 %) führt aber zur finanziellen Eingliederung der D-GmbH in die A-GmbH.

D. Mehrmütterorganschaft

15 Die bislang gewohnheitsrechtlich anerkannte Mehrmütterorganschaft ist durch § 14 Abs. 2 Satz 1 i. V. mit § 34 Abs. 9 Nr. 4 KStG erstmals gesetzlich geregelt worden.[2] 23

I. Qualifizierung der Willensbildungs-GbR als Organträger

16 Schließen sich mehrere gewerbliche Unternehmen zum Zwecke der einheitlichen Willensbildung gegenüber einer Kapitalgesellschaft zu einer Gesellschaft bürgerlichen Rechts (Willensbildungs-GbR) zusammen, ist die Willensbildungs-GbR Organträger. Sie ist kraft Gesetzes als gewerbliches Unternehmen anzusehen (§ 14 Abs. 2 KStG).

17 Voraussetzung für die Begründung eines Organschaftsverhältnisses ist in diesen Fällen, dass den Gesellschaftern der GbR die Mehrheit der Stimmrechte an der Organgesellschaft zusteht und ihr Wille in der Organgesellschaft tatsächlich durchgeführt wird. Vom Beginn des Wirtschaftsjahrs der Organgesellschaft muss die GbR ununterbrochen bestehen und jeder ihrer Gesellschafter an der Organgesellschaft ununterbrochen beteiligt sein (§ 14 Abs. 2 Satz 2 KStG). Weitere Voraussetzung für eine Organschaft ist ein Gewinnabführungsvertrag zwischen der Organgesellschaft und der Willensbildungs-GbR. Veräußert ein Gesellschafter der Willensbildungs-GbR während des Wirtschaftsjahrs der Organgesellschaft seine Anteile an der Organgesellschaft oder scheidet er während des Wirtschaftsjahrs der Organgesellschaft aus der Willensbildungs-GbR aus, ist vom Zeitpunkt der Veräußerung oder des Ausscheidens an die Voraussetzung der finanziellen Eingliederung nicht mehr erfüllt. Damit entfällt die Anwendung des § 14 KStG für dieses Wirtschaftsjahr.

18 Für den Veranlagungszeitraum 2000 und früher setzt eine Mehrmütterorganschaft voraus, dass die Organgesellschaft wirtschaftlich und organisatorisch in das Unternehmen des Organträgers eingegliedert ist (§ 14 Abs. 2 Nr. 1 bis 5 KStG i. V. mit § 34 Abs. 9 Nr. 1 KStG). Eine Ergebniszurechnung bei den an der Willensbildungsgesellschaft beteiligten Muttergesellschaften ist gesetzlich ausgeschlossen.

---

[1] Gemeint ist § 36 Abs. 2 GewStG a. F.; vgl. letztmals im „Handbuch zur Gewerbesteuerveranlagung 2013".

[2] **[Amtl. Anm.:]** Durch das StVergAbG ist das Rechtsinstitut der Mehrmütterorganschaft mit Wirkung ab dem VZ 2003 gestrichen worden.

Anl a zu H 14.1

II. Auswirkungen der Mehrmütterorganschaft auf gewerbesteuerliche Verluste

19 Nach § 2 Abs. 2 Satz 3 GewStG[1] ist in Fällen der Mehrmütterorganschaft die Willensbildungs-GbR Organträger. Der Gewerbeertrag der Organgesellschaft ist der Willensbildungs-GbR zuzurechnen. Eine Berücksichtigung bei den an der Willensbildungs-GbR beteiligten Gesellschaftern (Muttergesellschaften) ist ausgeschlossen. Die Entscheidungen des Bundesfinanzhofs zur Mehrmütterorganschaft vom 9. Juni 1999 (BStBl. 2000 II S. 695 und BFH/NV 2000 S. 347) finden keine Anwendung.[2]

20 Bei Beendigung der Mehrmütterorganschaft durch Ausscheiden des vorletzten Gesellschafters aus der Willensbildungs-GbR geht ein noch nicht berücksichtigter Verlustabzug i. S. des § 10 a GewStG weder ganz noch anteilig auf den verbleibenden Gesellschafter über, da zwischen dem verbleibenden Gesellschafter und der GbR keine Unternehmensidentität besteht.

E. Steuerfreie Beteiligungserträge der Organgesellschaft

24 **21** Es entspricht der Systematik des Halbeinkünfteverfahrens, wenn ausgeschüttete Gewinne im Organkreis steuerfrei bleiben, soweit sie letztlich auf eine Kapitalgesellschaft entfallen, und lediglich der Halbeinkünftebesteuerung unterliegen, soweit sie letztlich auf eine natürliche Person entfallen.

I. Bruttomethode

22 Nach § 15 Nr. 2 KStG finden bei der Ermittlung des Einkommens der Organgesellschaft § 8 b Abs. 1 bis 6 KStG keine Anwendung. Die Vorschriften des § 8 b KStG sowie des § 3 Nr. 40 und des § 3 c EStG sind bei der Ermittlung des Einkommens des Organträgers anzuwenden, wenn die Organgesellschaft Dividendeneinnahmen oder Veräußerungserlöse erzielt oder wenn in dem beim Organträger zuzurechnenden Einkommen Gewinnminderungen i. S. des § 8 b Abs. 3 KStG oder mit solchen Bezügen zusammenhängende Ausgaben i. S. des § 3 c EStG enthalten sind (sog. Bruttomethode).[3]

II. Fremdfinanzierungsaufwendungen

23 Fremdfinanzierungsaufwendungen für den Erwerb einer Beteiligung durch die Organgesellschaft stehen im Zusammenhang mit den nach § 8 b Abs. 1 KStG steuerfreien Beteiligungserträgen und unterliegen damit dem Abzugsverbot des § 3 c Abs. 1 EStG. § 8 b Abs. 1 bis 6 KStG ist aber nicht auf der Ebene der Organgesellschaft, sondern erst bei der Ermittlung des Einkommens des Organträgers anzuwenden (§ 15 Nr. 2 Sätze 1 und 2 KStG).

24 Finanziert der Organträger die Beteiligung an der Organgesellschaft fremd, sind die Aufwendungen in voller Höhe abziehbar. Eine Anwendung des § 3 c EStG scheidet aus, da die Aufwendungen im Zusammenhang mit Gewinnabführungen und nicht mit nach § 8 b KStG steuerfreien Einnahmen stehen. Dies gilt nicht, wenn eine Organgesellschaft für ein Geschäftsjahr in vertraglicher Zeit vorvertragliche Rücklagen auflöst und hieraus eine Gewinnausschüttung leistet. Insoweit handelt es sich um nach § 8 b Abs. 1 KStG steuerfreie Beteiligungserträge.

III. Organträger ist eine Kapitalgesellschaft

25 Ist Organträger eine Kapitalgesellschaft, gilt für die steuerliche Behandlung der steuerfreien Beteiligungserträge der Organgesellschaft Folgendes:

Beispiel:

Die A-GmbH ist 100 %ige Tochtergesellschaft der B-GmbH. Es besteht ein Organschaftsverhältnis. Die A-GmbH erzielt Dividendeneinnahmen in Höhe von 10 000 €, auf die Betriebsausgaben in Höhe von 1000 € entfallen.
Bei der Ermittlung des der B-GmbH gemäß § 14 KStG zuzurechnenden Einkommens werden § 8 b Abs. 1 KStG und § 3 c Abs. 1 EStG nicht berücksichtigt (§ 15 Nr. 2 KStG). Das zuzurechnende Einkommen beträgt 9000 €.

	10 000 €	Betriebseinnahmen
./.	1 000 €	Betriebsausgaben
	9 000 €	

In der Steuererklärung macht die A-GmbH als Organgesellschaft folgende Angaben:

Einkommen:	9 000 €
nachrichtlich:	
inländische Bezüge i. S. des § 8 b Abs. 1 KStG:	10 000 €
Betriebsausgaben nach § 3 c Abs. 1 EStG:	1 000 €

Bei der B-GmbH als Organträger werden nach § 15 Nr. 2 Satz 2 KStG vom zuzurechnenden Einkommen nach § 14 KStG in Höhe von 9000 € nun die steuerfreien Bezüge nach § 8 b Abs. 1 KStG in Höhe von 10 000 € gekürzt und die damit im Zusammenhang stehenden Betriebsausgaben i. S. von § 3 c Abs. 1 EStG hinzugerechnet. Das verbleibende zuzurechnende Einkommen beträgt 0 €.

IV. Organträger ist eine natürliche Person

26 Ist Organträger eine natürliche Person, gilt für die steuerliche Behandlung der steuerfreien Beteiligungserträge der Organgesellschaft Folgendes:

---

[1] **[Amtl. Anm.:]** Satz 3 wurde durch das StVergAbG aufgehoben.
[2] **[Amtl. Anm.:]** BMF-Schreiben vom 4. Dezember 2000, BStBl. I S. 1571.
[3] **[Amtl. Anm.:]** Durch das StVergAbG ist klargestellt worden, dass die Bruttomethode auch angewendet wird, soweit die Organgesellschaft einen Übernahmegewinn i. S. von § 4 Abs. 7 UmwStG oder Erträge aus ausländischen Beteiligungen, die durch ein DBA-Schachtelprivileg freigestellt sind, erzielt.

noch **24**

Beispiel:

Die 100 %ige Beteiligung an der A-GmbH ist Betriebsvermögen des gewerblichen Einzelunternehmens des B. Es besteht ein Organschaftsverhältnis. Die A-GmbH erzielt Dividendeneinnahmen in Höhe von 10 000 €, auf die Betriebsausgaben in Höhe von 1000 € entfallen.
Das dem Organträger gemäß § 14 KStG zuzurechnende Einkommen beträgt 9000 € (wie Beispiel zu Tz. 25).
Die Angaben in der Steuererklärung der A-GmbH als Organgesellschaft entsprechend dem Beispiel zu Tz. 25.
Bei Organträger B werden nach § 15 Nr. 2 Satz 2 KStG vom zuzurechnenden Einkommen nach § 14 KStG i. H. von 9000 € die nach § 3 Nr. 40 Buchstabe d EStG steuerfreien Bezüge i. H. von 5000 € abgezogen und nach § 3 c Abs. 2 EStG die Hälfte der damit im Zusammenhang stehenden Betriebsausgaben hinzugerechnet. Das dem Organträger B verbleibende zuzurechnende Einkommen beträgt 4500 €.

V. Organträger ist eine Personengesellschaft

27 Ist der Organträger eine Personengesellschaft, werden steuerfreie Beteiligungserträge der Organgesellschaft bei Gesellschaftern, die Kapitalgesellschaften sind, entsprechend Beispiel zu Tz. 25, und bei Gesellschaftern, die natürliche Personen sind, entsprechend Beispiel zu Tz. 26 behandelt.

VI. Auswirkungen der Bruttomethode des § 15 Nr. 2 KStG auf die Gewerbesteuer

28 Die Bruttomethode nach § 15 Nr. 2 KStG ist auch bei der Gewerbesteuer anzuwenden. Dabei ist nach § 15 Nr. 2 Satz 2 KStG die Anwendung der Vorschriften § 8 b KStG, § 3 Nr. 40 EStG und § 3 c EStG auf der Ebene des Organträgers nachzuholen.

1. Veräußerungsgewinne

29 Gewinne aus der Veräußerung von Anteilen an in- und ausländischen Körperschaften sind im Steuerbilanzgewinn der Organgesellschaft enthalten. § 8 b Abs. 2 KStG findet auf der Ebene der Organgesellschaft keine Anwendung (§ 15 Nr. 2 Satz 1 KStG). Die Voraussetzungen einer Kürzungsvorschrift nach § 9 GewStG liegen nicht vor. § 8 b Abs. 2 KStG ist nach § 15 Nr. 2 Satz 2 KStG bei der Ermittlung des Einkommens des Organträgers anzuwenden.

Beispiel:

Die O-GmbH hat einen Gewinn aus Gewerbebetrieb in Höhe von 100 000 €. Darin enthalten ist ein Gewinn aus der Veräußerung von Anteilen an der E-AG in Höhe von 10 000 €. Es besteht ein Organschaftsverhältnis mit der M-AG als Organträger.

Lösung:

Nach § 15 Nr. 2 Satz 1 KStG ist bei der O-GmbH § 8 b Abs. 2 KStG nicht anzuwenden. Der Steuerbilanzgewinn beträgt 100 000 €. Dieser Betrag stellt auch den Gewerbeertrag der O-GmbH dar, weil auf Veräußerungsgewinne eine gewerbesteuerliche Kürzungsvorschrift nicht anzuwenden ist.
Auf der Ebene der M-AG ist § 8 b Abs. 2 KStG anzuwenden. Es ergibt sich ein Gewerbeertrag i. H. von 90 000 €.

2. Dividendeneinnahmen aus Schachtelbeteiligungen

30 Auf Dividendeneinnahmen der Organgesellschaft ist § 8 b Abs. 1 KStG nicht anzuwenden (§ 15 Nr. 2 Satz 1 KStG). Die Dividendeneinnahmen unterliegen im Organkreis nicht der Gewerbesteuer, wenn die Voraussetzungen einer Kürzung nach § 9 Nr. 2 a oder Nr. 7 GewStG erfüllt sind. In diesem Fall sind sie bei der Ermittlung des Gewerbeertrags der Organgesellschaft abzüglich der damit im Zusammenhang stehenden Ausgaben zu kürzen.

Beispiel:

Die O-GmbH hat einen Gewinn aus Gewerbebetrieb in Höhe von 100 000 €. Darin enthalten sind Dividenden aus der 15 %igen Beteiligung an der E-AG i. H. von 10 000 €. Es besteht ein Organschaftsverhältnis mit der M-AG als Organträger.

Lösung:

Nach § 15 Nr. 2 KStG ist bei der O-GmbH der Gewinn in voller Höhe von 100 000 € anzusetzen, weil § 8 b Abs. 1 KStG bei ihr nicht zu berücksichtigen ist. Dieser Gewinn ist Ausgangsgröße für die Ermittlung des Gewerbeertrags. Bei der Ermittlung des Gewerbeertrags ist der Gewinn i. H. von 100 000 € nach § 9 Nr. 2 a GewStG um die darin enthaltenen Einnahmen aus der Schachteldividende zu kürzen. Der Gewerbeertrag beträgt 90 000 €.
Der M-AG ist als Organträger ein Gewerbeertrag der O-GmbH in Höhe von 90 000 € zuzurechnen. Es ist keine Korrektur vorzunehmen, da in dem zugerechneten Betrag keine Einnahmen i. S. des § 8 b Abs. 1 KStG enthalten sind.

31 Bei mehreren Beteiligungen im Organkreis ist die 10 %-Grenze des § 9 Nr. 2 a und Nr. 7 GewStG für jede Beteiligung getrennt zu betrachten.

3. Dividendeneinnahmen aus Streubesitz

32 Auf Dividendeneinnahmen der Organgesellschaft ist § 8 b Abs. 1 KStG nicht bei der Ermittlung des Einkommens der Organgesellschaft, sondern erst auf der Ebene des Organträgers anzuwenden (§ 15 Nr. 2 Satz 1 und 2 KStG). Die Dividendeneinnahmen sind jedoch nach § 8 Nr. 5 GewStG wieder hinzuzurechnen.

Beispiel:

Die O-GmbH hat einen Gewinn aus Gewerbebetrieb in Höhe von 100 000 €. Darin enthalten sind Dividenden aus einer 5 %igen Beteiligung an der E-AG i. H. von 10 000 €. Es besteht ein Organschaftsverhältnis mit der M-AG als Organträger.

Lösung:

Nach § 15 Nr. 2 KStG ist bei der O-GmbH der Gewinn in voller Höhe von 100 000 € anzusetzen, weil § 8 b Abs. 1 KStG bei ihr nicht zu berücksichtigen ist. Bei der Ermittlung des Gewerbeertrags ist eine Kürzung nicht vorzunehmen, weil die Voraussetzungen des § 9 Nr. 2 a GewStG bei Nicht-Schachtelbeteiligungen nicht vorliegen. Der Gewinn aus Gewerbebetrieb und der Gewerbeertrag betragen 100 000 €.

Anl a zu H 14.1

Auf der Ebene M-AG ist § 8 b Abs. 1 KStG anzuwenden. Durch die Hinzurechnung nach § 8 Nr. 5 GewStG auf der Ebene des Organträgers bleibt es bei einem Gewerbeertrag von 100 000 €.

4. Entgelte für Dauerschulden

33 Sind bei der Organgesellschaft in den mit nach § 8 b KStG steuerfreien Einnahmen im Zusammenhang stehenden Ausgaben (§ 3 c EStG) Entgelte für Dauerschulden enthalten, ist § 3 c EStG auf der Ebene des Organträgers nur noch insoweit anzuwenden, wie nicht schon eine Hinzurechnung in Höhe der Hälfte der Entgelte für Dauerschuldzinsen nach § 8 Nr. 1 GewStG bei der Organgesellschaft erfolgt ist.

5. Organträger ist eine Personengesellschaft

34[1] *Ist Organträger eine Personengesellschaft, finden die Vorschriften zu § 8 b KStG und § 3 Nr. 40 EStG bei der Gewerbesteuer keine Anwendung, da die Personengesellschaft eigenes Gewerbesteuersubjekt i. S. des § 2 GewStG ist.*

Beispiel:

Die O-GmbH ist Organgesellschaft einer Personengesellschaft, an der zu 50 % eine natürliche Person und zu 50 % eine Kapitalgesellschaft beteiligt sind. Die O-GmbH hat einen Gewinn aus Gewerbebetrieb i. H. von 100 000 €. Darin enthalten ist ein Gewinn aus der Veräußerung von Anteilen an der E-AG i. H. von 10 000 €.

Lösung:

Der Gewinn aus der Veräußerung der Anteile an der E-AG ist auf der Ebene der O-GmbH nicht nach § 8 b Abs. 2 KStG steuerfrei (§ 15 Nr. 2 KStG). Auf der Ebene der Personengesellschaft als Organträger ist weder § 8 b KStG noch § 3 Nr. 40 EStG anwendbar, so dass der Gewerbeertrag (einschließlich des Veräußerungsgewinns von 10 000 €) in voller Höhe von 100 000 € der Gewerbesteuer unterliegt.

F. Unterschiedliches Recht bei Organgesellschaft und Organträger

25 **35** Beim Übergang vom Anrechnungsverfahren zum Halbeinkünfteverfahren bei der Körperschaftsteuer kann es zu einem Zusammenfallen von altem Recht (KStG a. F.)[2] und neuem Recht (KStG n. F.) innerhalb des Organkreises kommen, wenn das Wirtschaftsjahr bei der Organgesellschaft und dem Organträger nicht identisch ist.
Zu unterscheiden sind zwei Fallgruppen:

I. Fallgruppe 1: Abweichendes Wirtschaftsjahr bei der Organgesellschaft

36 Unterliegt der Organträger dem KStG n. F. und ist für die Ermittlung des ihm zuzurechnenden Organeinkommens noch das KStG a. F. anzuwenden, ist auf das zu versteuernde Einkommen des Organträgers ein Steuersatz von 25 % anzuwenden.

Beispiel:

Im Jahr 2001 ermittelt der Organträger, bei dem das Wirtschaftsjahr das Kalenderjahr ist, sein Einkommen nach neuem Recht. Die Organgesellschaft ermittelt hingegen das Organeinkommen für das Wirtschaftsjahr 2000/2001 noch nach altem Recht. Dieses Organeinkommen wird dem Organträger für den Veranlagungszeitraum 2001 zugerechnet. Auf das zu versteuernde Einkommen des Organträgers ist ein Steuersatz von 25 % anzuwenden.

II. Fallgruppe 2: Abweichendes Wirtschaftsjahr beim Organträger

37 Unterliegt der Organträger dem KStG a. F. und ist für die Ermittlung des ihm zuzurechnenden Organeinkommens schon das KStG n. F. anzuwenden, ist auf das zu versteuernde Einkommen des Organträgers ein Steuersatz von 40 % anzuwenden.

Beispiel:

Der Organträger ermittelt sein Einkommen für das Wirtschaftsjahr 2000/2001 noch nach altem Recht. Für die Organgesellschaft gilt bereits neues Recht. Das nach neuem Recht ermittelte Organeinkommen wird dem Organträger für den Veranlagungszeitraum 2001 zugerechnet. Auf das zu versteuernde Einkommen des Organträgers ist ein Steuersatz von 40 % anzuwenden.

38 Bezieht die Organgesellschaft Beteiligungserträge nach neuem Recht, findet § 15 Nr. 2 Satz 2 KStG n. F. und damit § 8 b KStG, § 3 Nr. 40 und § 3 c EStG beim Organträger Anwendung (§ 34 Abs. 10 KStG).

G. Körperschaftsteuererhöhung nach § 37 Abs. 3 KStG

26 **39** Vereinnahmt eine Körperschaft Bezüge i. S. des § 8 b Abs. 1 KStG, die bei der leistenden Körperschaft zu einer Körperschaftsteuerminderung geführt haben, führt dies bei der Empfängerin der Bezü-

[1] Tz. 34 überholt durch *BMF-Schrb. v. 21. 3. 2007 IV B 7 G 1424/0, BStBl. 2007 I S. 302:* Nach Rdnr. 34 des BMF-Schreibens vom 26. August 2003 (BStBl. I S. 437) finden die Vorschriften des § 8 b KStG und des § 3 Nr. 40 EStG bei der Gewerbeertragsermittlung einer Personengesellschaft (Mitunternehmerschaft) als Organträgerin keine Anwendung, wenn ihr Einkommen einer Organgesellschaft zuzurechnen ist, in dem die in § 15 Satz 1 Nr. 2 Satz 2 KStG genannten Einkommensteile enthalten sind.

Hieran ist nach den Grundsätzen des BFH-Urteils vom 9. August 2006 (BStBl. 2007 II S. 279) auch für Erhebungszeiträume vor 2004 in allen noch offenen Fällen nicht mehr festzuhalten. Bei der Gewerbeertragsermittlung einer Personengesellschaft als Organträgerin finden in diesem Fall die Grundsätze des § 7 Satz 4 GewStG Anwendung.

Soweit für Erhebungszeiträume vor 2004 bei der Personengesellschaft als Organträgerin im ihr von der Organgesellschaft zuzurechnenden Einkommen in § 15 Satz 1 Nr. 2 Satz 2 KStG genannte Einkommensteile enthalten sind, die negativ sind, können die Grundsätze der Rdnr. 34 des BMF-Schreibens vom 26. August 2003 (BStBl. I S. 437) in allen offenen Fällen – sofern sich ein derartiger Anspruch nicht bereits aus § 176 Abs. 2 AO ergibt – auf Antrag aus Gründen des Vertrauensschutzes weiter angewendet werden.

[2] **[Amtl. Anm.:]** KStG a. F. = KStG 1999.

ge nach § 37 Abs. 3 KStG zu einer Körperschaftsteuererhöhung. In Organschaftsfällen ist für Bezüge der Organgesellschaft die Körperschaftsteuererhöhung beim Organträger vorzunehmen (§ 37 Abs. 3 Satz 2 KStG).

H. Organschaftliche Mehr- und Minderabführungen (§ 27 Abs. 6 KStG)

40 Veränderungen des steuerlichen Einlagekontos bei Mehr- und Minderabführungen einer Organgesellschaft sind in § 27 Abs. 6 KStG geregelt. Ist die Kapitalgesellschaft Organgesellschaft im Sinne des § 14 KStG oder des § 17 KStG und übersteigt das dem Organträger zuzurechnende Einkommen den abgeführten Gewinn **27**
- wegen der Einstellung von Beträgen aus dem Jahresüberschuss in die gesetzliche Rücklage (§ 300 Nr. 1 des Aktiengesetzes),
- in den Fällen des § 14 Abs. 1 Nr. 4 KStG wegen Einstellung von Beträgen aus dem Jahresüberschuss in die Gewinnrücklagen,
- wegen der Verpflichtung zum Ausgleich vorvertraglicher Verluste (§ 301 des Aktiengesetzes) oder
- wegen von der Handelsbilanz abweichender Bewertung von Aktiv- oder Passivposten in der Steuerbilanz,

ist der Unterschiedsbetrag (Minderabführung) bei der Organgesellschaft auf dem steuerlichen Einlagekonto zu erfassen.

41 Unterschreitet das dem Organträger zuzurechnende Einkommen den abgeführten Gewinn
- wegen der Auflösung der in Satz 1 genannten Gewinnrücklagen oder
- wegen von der Handelsbilanz abweichender Bewertung von Aktiv- oder Passivposten in der Steuerbilanz,

mindert der Unterschiedsbetrag (Mehrabführung) das steuerliche Einlagekonto.

42 Zur Verwendung des steuerlichen Einlagekontos bei Mehr- und Minderabführungen wird auf das BMF-Schreiben vom 4. Juni 2003 zum steuerlichen Einlagekonto (BStBl. I S. 366) verwiesen.

I. Organschaftsausgleichsposten

43 Nach der Umstellung des Körperschaftsteuersystems vom Anrechnungs- auf das Halbeinkünfteverfahren gilt für die steuerliche Behandlung von Ausgleichsposten bei der Organschaft Folgendes: **28**
Der Ausgleichsposten ist ein Korrekturposten zum Beteiligungsbuchwert. Auch nach der Systemumstellung sind die organschaftlichen Ausgleichsposten in voller Höhe zu bilden, unabhängig davon, ob das Organschaftseinkommen bzw. Teile davon beim Organträger voll steuerpflichtig oder insgesamt oder hälftig steuerfrei sind. Die Ausgleichsposten sind aber begrenzt auf die Höhe des Prozentsatzes der Beteiligung des Organträgers an der Organgesellschaft.

44 Wird beispielsweise ein beim Organträger gebildeter passiver Ausgleichsposten im Rahmen einer Veräußerung der Organbeteiligung aufgelöst, so erhöht sich der – nach § 8b Abs. 2 KStG steuerfreie – Veräußerungsgewinn. Der passive Ausgleichsposten repräsentiert stille Reserven in der Organgesellschaft, die handelsrechtlich bereits an den Organträger abgeführt worden sind.

45 Nach § 8b Abs. 2 Satz 2 KStG tritt die Steuerfreiheit jedoch nicht ein, soweit in den vorangegangenen Jahren bereits steuerwirksame Teilwertabschreibungen vorgenommen worden sind. In Höhe dieser Teilwertabschreibungen bleibt der Veräußerungsgewinn, zu dem auch die Auflösung eines Ausgleichspostens gehört, steuerpflichtig.

b) Schreiben betr. Änderungen bei der Besteuerung steuerlicher Organschaften durch das Steuervergünstigungsabbaugesetz – StVergAbG –

Anl b zu H 14.1

Vom 10. November 2005 (BStBl. I S. 1038)

(BMF IV B 7 – S 2770 – 24/05)

Unter Bezugnahme auf das Ergebnis der Erörterungen mit den obersten Finanzbehörden der Länder gilt zur Anwendung der Organschaftsregelungen i. d. F. des Steuervergünstigungsabbaugesetzes (StVergAbG) vom 16. Mai 2003 (BGBl. I S. 660, BStBl. I S. 318) und des Gesetzes zur Änderung des Gewerbesteuergesetzes und anderer Gesetze vom 23. Dezember 2003 (BGBl. I S. 2922, BStBl. 2004 I S. 20) Folgendes:

A. Allgemeines

1 Durch das StVergAbG vom 16. Mai 2003 (a. a. O.) sind die Vorschriften über die steuerliche Organschaft geändert worden: **30**
- Die Mehrmütterorganschaft wird ab dem Veranlagungszeitraum/Erhebungszeitraum (VZ/EZ) 2003 steuerlich nicht mehr anerkannt.
- Eine Personengesellschaft kommt ab dem VZ/EZ 2003 nach § 14 Abs. 1 Satz 1 Nr. 2 Satz 2 und 3 KStG als Organträger nur noch in Betracht,
  - wenn die finanzielle Eingliederung der Organgesellschaft zur Organträger-Personengesellschaft (Organträger-PersG) selbst besteht, d. h., die Anteile an der Organgesellschaft müssen zum Gesamthandsvermögen der Organträger-PersG gehören und
  - wenn die Organträger-PersG eine eigene gewerbliche Tätigkeit i. S. des § 15 Abs. 1 Satz 1 Nr. 1 EStG ausübt.
- Das Einkommen der Organgesellschaft ist dem Organträger nach § 14 Abs. 1 Satz 2 KStG erstmals für das Kalenderjahr zuzurechnen, in dem das Wirtschaftsjahr der Organgesellschaft endet, in dem der Gewinnabführungsvertrag wirksam wird.

Anl b zu H 14.1

2 Durch das Gesetz zur Änderung des Gewerbesteuergesetzes und anderer Gesetze vom 23. Dezember 2003 (a. a. O.) ist die Möglichkeit des Abzugs vororganschaftlicher Verluste bei der Organgesellschaft auch für die Gewerbesteuer weggefallen – § 10 a Satz 5 GewStG (vgl. Rdnr. 25).

B. Wirksamwerden des Gewinnabführungsvertrags

I. Neuregelung

31 3 Nach § 14 Abs. 1 Satz 2 KStG kann das Einkommen der Organgesellschaft dem Organträger erstmals für das Kalenderjahr zugerechnet werden, in dem das Wirtschaftsjahr der Organgesellschaft endet, in dem der Gewinnabführungsvertrag (GAV) wirksam wird. Danach muss der GAV bis zum Ende des Wirtschaftsjahrs der Organgesellschaft, für das die Folgen der steuerlichen Organschaft erstmals eintreten sollen, in das Handelsregister eingetragen sein.

II. Mindestlaufzeit

4 Nach § 14 Abs. 1 Satz 1 Nr. 3 KStG muss der GAV auf mindestens fünf Jahre abgeschlossen sein. Die Voraussetzung der Mindestlaufzeit ist nicht erfüllt, wenn der Vertrag zwar auf fünf Jahre abgeschlossen ist, aber erst in einem auf das Jahr des Abschlusses folgenden Jahr ins Handelsregister eingetragen wird. Für die Frage, ob die Mindestlaufzeit erfüllt ist, kommt es auf die für die steuerliche Anerkennung maßgebende zivilrechtliche Wirksamkeit des GAV an (vgl. auch *R 60 Abs. 2 Satz 2 KStR 2004*[1]). Eine vertragliche Vereinbarung, nach der die Laufzeit des GAV erst in dem Wirtschaftsjahr beginnt, in dem der GAV im Handelsregister eingetragen wird, ist nicht zu beanstanden.

III. Übergangsregelung des § 34 Abs. 9 Nr. 3 KStG

5 Nach § 34 Abs. 9 Nr. 3 KStG konnte ein steuerliches Organschaftsverhältnis noch nach den bisherigen Grundsätzen begründet werden, wenn der GAV vor dem 21. November 2002 abgeschlossen wurde. Dabei reicht der Vertragsabschluss durch die vertretungsbefugten Organe (Geschäftsführer oder Vorstand) aus. Die Zustimmung der Hauptversammlung bzw. der Gesellschafterversammlung ist für die Einhaltung der Frist nicht erforderlich.

C. Wegfall der steuerlichen Anerkennung der Mehrmütterorganschaft

I. Allgemeines

32 6 Eine Mehrmütterorganschaft liegt vor, wenn sich mehrere Unternehmen (mehrere Mütter), die allein die Voraussetzungen der finanziellen Eingliederung nicht erfüllen, zu einer Gesellschaft bürgerlichen Rechts (Willensbildungs-GbR) zusammenschließen, um ein Organschaftsverhältnis zu einer Organgesellschaft zu begründen. Dabei handelt es sich i. d. R. um eine reine Innengesellschaft, die keinen eigenen anderweitigen betrieblichen Zweck verfolgt. Eine Mehrmütterorganschaft ist letztmalig für den VZ/EZ 2002 anzuerkennen (§ 34 Abs. 1 KStG i. d. F. des StVergAbG). Der Wegfall der steuerlichen Anerkennung der Mehrmütterorganschaft ist ein wichtiger Grund i. S. des § 14 Abs. 1 Satz 1 Nr. 3 Satz 2 KStG für die Beendigung des GAV. Der Vertrag bleibt für die Jahre, für die er durchgeführt worden ist, bis einschließlich 2002 steuerrechtlich wirksam.

II. Auswirkungen auf die Willensbildungs-GbR und deren Gesellschafter

7 Mit Wegfall der steuerlichen Anerkennung der Mehrmütterorganschaft ist die Willensbildungs-GbR nicht mehr als gewerbliches Unternehmen und damit nicht mehr als Steuergegenstand der Gewerbesteuer anzusehen. Sie gilt im Zeitpunkt der erstmaligen Anwendung der Gesetzesänderung steuerlich als aufgelöst. Die Willensbildungs-GbR besteht steuerlich nur in den Fällen bis zu ihrer zivilrechtlichen Beendigung fort, in denen sie keine reine Innengesellschaft ist.

8 Handelt es sich bei der Willensbildungs-GbR um eine reine Innengesellschaft, die keinen eigenen anderweitigen betrieblichen Zweck verfolgt, findet eine Aufdeckung der stillen Reserven der Anteile an der Organgesellschaft auf der Ebene der Willensbildungs-GbR nicht statt. Eine solche Willensbildungs-GbR ist selbst nicht gewerblich tätig i. S. des § 15 Abs. 1 Satz 1 Nr. 1 EStG. Sie ist auch mangels Einkünfteerzielungsabsicht nicht gewerblich geprägt i. S. des § 15 Abs. 3 Nr. 2 EStG. Sie wurde nach § 14 Abs. 2 KStG a. F. lediglich fiktiv als Gewerbebetrieb behandelt. Als bloße Innengesellschaft hat sie kein eigenes Betriebsvermögen.
Während des Bestehens der Mehrmütterorganschaft gehörten die Anteile an der Organgesellschaft daher weder zum Betriebsvermögen der Willensbildungs-GbR noch zum Sonderbetriebsvermögen der Gesellschafter der Willensbildungs-GbR. Sie waren Betriebsvermögen der Gesellschafter der Willensbildungs-GbR.

III. Auswirkungen auf gewerbesteuerliche Verlustvorträge der Willensbildungs-GbR

9 Mit Wegfall der steuerlichen Anerkennung einer Mehrmütterorganschaft gilt die Willensbildungs-GbR, die nur eine reine Innengesellschaft ist, steuerlich als aufgelöst (vgl. Rdnr. 7). Ein noch nicht berücksichtigter Verlustabzug geht unter. Eine Berücksichtigung der Verlustvorträge bei den Gesellschaftern der Willensbildungs-GbR oder bei der bisherigen Organgesellschaft ist grundsätzlich nicht möglich.

10 Aus Billigkeitsgründen wird allerdings auf übereinstimmenden, unwiderruflichen, beim für die Besteuerung der Organgesellschaft zuständigen Finanzamt zu stellenden Antrag der Gesellschafter der Willensbildungs-GbR und der Organgesellschaft eine Übertragung des Verlustvortrags auf die bisherige verlustverursachende Organgesellschaft nicht beanstandet. Der Antrag ist bis zur materiellen

[1] Jetzt R **14.5** KStR.

Bestandskraft der Feststellung des verbleibenden Verlustvortrags der ehemaligen Willensbildungs-GbR für den EZ 2002 zu stellen.

11 Nimmt die Willensbildungs-GbR, die als reine Innengesellschaft anzusehen war, mit Wegfall der steuerlichen Anerkennung einer Mehrmütterorganschaft eine gewerbliche Tätigkeit auf, ist dies als Neugründung anzusehen. Mangels Unternehmensidentität i. S. der gewerbesteuerlichen Grundsätze des *Abschn. 67 GewStR 1998*[1] kann daher diese Gesellschaft ihren Gewerbeertrag nicht um Verluste kürzen, die auf die als aufgelöst geltende Innengesellschaft entfallen.

12 Änderte sich der Gesellschafterbestand der Willensbildungs-GbR, die als reine Innengesellschaft anzusehen war, vor dem Zeitpunkt ihrer Auflösung, sind hierbei die gewerbesteuerlichen Grundsätze der Unternehmeridentität zu beachten (*Abschn. 68 GewStR 1998*[2]; vgl. auch Rdnr. 20 des BMF-Schreibens vom 26. August 2003 – BStBl. I S. 437[3]).

D. Personengesellschaft als Organträger

I. Finanzielle Eingliederung der Organträger-Personengesellschaft

13 Bei einer Personengesellschaft als Organträger müssen ab dem VZ 2003 die Voraussetzungen der finanziellen Eingliederung im Verhältnis zur Personengesellschaft selbst erfüllt sein (§ 14 Abs. 1 Satz 1 Nr. 2 Satz 3 KStG). Danach ist es erforderlich, dass zumindest die Anteile, die die Mehrheit der Stimmrechte an der Organgesellschaft vermitteln, im Gesamthandsvermögen der Personengesellschaft gehalten werden. 33

14 Befinden sich die Anteile an der Organgesellschaft im Sonderbetriebsvermögen eines Mitunternehmers und sollen sie (zur Fortführung der Organschaft) in das Gesamthandsvermögen der Personengesellschaft übertragen werden, erfolgt dies nach § 6 Abs. 5 Satz 3 EStG zu Buchwerten. Soweit an der aufnehmenden Personengesellschaft weitere Kapitalgesellschaften beteiligt sind, ist aber nach § 6 Abs. 5 Satz 5 EStG der Teilwert anzusetzen.

II. Eigene gewerbliche Tätigkeit der Organträger-Personengesellschaft

1. Allgemeines

15 Zusätzlich zu den übrigen Voraussetzungen muss nach § 14 Abs. 1 Satz 1 Nr. 2 Satz 2 KStG bei einer Organträger-PersG zur steuerlichen Anerkennung einer Organschaft ab dem VZ 2003 eine eigene gewerbliche Tätigkeit i. S. des § 15 Abs. 1 Satz 1 Nr. 1 EStG vorliegen. Gewerblich geprägte Personengesellschaften i. S. des § 15 Abs. 3 Nr. 2 EStG können damit nicht mehr Organträger sein.

16 Eine Besitzpersonengesellschaft im Rahmen einer Betriebsaufspaltung kommt als Organträger in Betracht. Ihr wird die gewerbliche Tätigkeit i. S. des § 15 Abs. 1 Satz 1 Nr. 1 EStG der Betriebsgesellschaft zugerechnet.

2. Umfang der eigenen gewerblichen Tätigkeit

17 Durch das Merkmal der eigenen gewerblichen Tätigkeit soll insbesondere auch verhindert werden, dass mit Hilfe einer Personengesellschaft ohne substanzielle originäre gewerbliche Tätigkeit das steuerliche Ergebnis einer Mehrmütterorganschaft erreicht werden kann. Die Voraussetzung ist daher nur erfüllt, wenn die eigene gewerbliche Tätigkeit der Organträger-PersG nicht nur geringfügig ist.

Einzelfälle

Holdinggesellschaften/geschäftsleitende Holding

18 Eine Holdingpersonengesellschaft kann nur dann Organträger sein, wenn sie selbst eine eigene gewerbliche Tätigkeit ausübt. Für die Frage, ob eine geschäftsleitende Holding die Voraussetzung der eigenen gewerblichen Tätigkeit i. S. des § 14 Abs. 1 Satz 1 Nr. 2 Satz 2 KStG erfüllt, kann nicht auf die Grundsätze des BFH zur wirtschaftlichen Eingliederung (vgl. *Abschn. 50 Abs. 2 Nr. 2 KStR 1995*) abgestellt werden.

Erbringung von sonstigen Dienstleistungen gegenüber Konzerngesellschaften

19 Das Merkmal der Teilnahme am allgemeinen wirtschaftlichen Verkehr ist schon dann erfüllt, wenn eine Gesellschaft Dienstleistungen nur gegenüber einem Auftraggeber erbringt. Eine gewerbliche Tätigkeit liegt daher auch vor, wenn eine Gesellschaft Dienstleistungen (wie z. B. Erstellen der Buchführung, EDV-Unterstützung o. Ä.) nur gegenüber einer oder mehreren Konzerngesellschaften erbringt. Voraussetzung ist, dass die Leistungen gegen gesondertes Entgelt erbracht und wie gegenüber fremden Dritten abgerechnet werden.

Beteiligung an einer gewerblich tätigen Personengesellschaft

20 Eine vermögensverwaltende Personengesellschaft wird nicht allein deshalb selbst gewerblich i. S. des § 14 Abs. 1 Satz 1 Nr. 2 Satz 2 KStG tätig, weil sie an einer gewerblich tätigen Personengesellschaft beteiligt ist und aufgrund dieser Beteiligung gewerbliche Einkünfte erzielt.

3. Übergangsregelungen

21 Zur steuerlichen Anerkennung einer Organschaft müssen alle gesetzlichen Voraussetzungen grundsätzlich vom Beginn des Wirtschaftsjahrs der Organgesellschaft an erfüllt sein. Dies gilt auch für die eigene gewerbliche Tätigkeit des Organträgers.

---

[1] Siehe nunmehr **R 10 a.2** GewStR.
[2] Jetzt R **10 a.3** GewStR.
[3] Vorstehend abgedruckt als Anl a zu H 14.1.

22 Eine im VZ/EZ 2002 steuerlich wirksame Organschaft wird für die Zukunft steuerlich weiter anerkannt, wenn die Voraussetzungen der Aufnahme einer eigenen gewerblichen Tätigkeit und des Haltens der Organbeteiligung im Gesamthandvermögen bis zum 31. Dezember 2003 vorgelegen haben. Eine rückwirkende Übertragung von Sonderbetriebsvermögen in das Gesamthandvermögen ist nicht möglich. Rdnr. 11 bleibt davon unberührt.

23 Ein neu begründetes Organschaftsverhältnis wird ab dem VZ 2003 steuerlich grundsätzlich nur anerkannt, wenn die Voraussetzungen des § 14 KStG i. d. F. des StVergAbG von Anfang an erfüllt sind. Für im VZ 2003 neu begründete Organschaftsverhältnisse, für die der GAV vor dem 16. Mai 2003 abgeschlossen wurde, gilt Rdnr. 22 entsprechend. Das Organschaftsverhältnis wird steuerlich anerkannt, wenn die ab 2003 geltenden strengeren Voraussetzungen bis zum 31. Dezember 2003 erfüllt wurden.

24 Eine wirksame steuerliche Organschaft bleibt für die Vergangenheit auch dann anerkannt, wenn künftig die veränderten Voraussetzungen für eine Organschaft nicht mehr erfüllt sind. Das gilt auch, wenn der bis dahin tatsächlich durchgeführte GAV deshalb beendet wird. Die Gesetzesänderung ist ein wichtiger Grund i. S. des § 14 Abs. 1 Satz 1 Nr. 3 Satz 2 KStG i. V. mit *R 60 Abs. 6 KStR 2004.*[1]

E. Gewerbesteuerliches Abzugsverbot vororganschaftlicher Verluste

34 **25** Nach § 10 a Satz 3 GewStG i. d. F. des Gesetzes zur Änderung des Gewerbesteuergesetzes und anderer Gesetze vom 23. Dezember 2003 (a. a. O.) kann im Fall des § 2 Abs. 2 Satz 2 GewStG die Organgesellschaft den maßgebenden Gewerbeertrag nicht um Fehlbeträge kürzen, die sich vor dem Rechtswirksamwerden des GAV ergeben haben. Nach der korrespondierenden Vorschrift des § 14 Abs. 1 Satz 2 KStG ist das Einkommen der Organgesellschaft dem Organträger erstmals für das Kalenderjahr zuzurechnen, in dem das Wirtschaftsjahr der Organgesellschaft endet, in dem der GAV wirksam wird. Der GAV wird wirksam mit der Eintragung im Handelsregister.
Für den gewerbesteuerlichen Verlustabzug ist entsprechend der körperschaftsteuerlichen Regelung auf das Jahr des Wirksamwerdens des GAV abzustellen.

Beispiel:

Abschluss des GAV in 2003; Eintragung im Handelsregister am 30. Juni 2004.
Die körperschaftsteuerliche Einkommenszurechnung nach § 14 Abs. 1 Satz 2 KStG erfolgt erstmals für den VZ 2004. Gewerbesteuerlich ist der Gewerbeertrag der Organgesellschaft erstmals für den EZ 2004 dem Organträger zuzurechnen (vgl. § 2 Abs. 2 Satz 2 GewStG). Bei der Ermittlung des Gewerbeertrags der Organgesellschaft für den EZ 2004 dürfen die auf den 31. Dezember 2003 festgestellten nicht ausgeglichenen (vororganschaftlichen) Fehlbeträge der Organgesellschaft nicht mehr abgezogen werden (vgl. § 10 a Satz 3 GewStG).

R 14.2

R 14.2 Finanzielle Eingliederung

36 ①Der Organträger ist i. S. d. finanziellen Eingliederung an der Organgesellschaft beteiligt, wenn ihm Anteile an der Organgesellschaft – einschließlich der Stimmrechte daraus – steuerrechtlich in dem für die finanzielle Eingliederung erforderlichen Umfang zuzurechnen sind. ②Entsprechendes gilt für die → mittelbare Beteiligung (§ 14 Abs. 1 Satz 1 Nr. 1 Satz 2 KStG). ③Unmittelbare und mittelbare Beteiligungen (bzw. mehrere mittelbare Beteiligungen) dürfen zusammengefasst werden. ④Es sind nur solche mittelbaren Beteiligungen zu berücksichtigen, die auf Beteiligungen des Organträgers an vermittelnden (Kapital- oder Personen-)Gesellschaften beruhen, an denen der Organträger jeweils die Mehrheit der Stimmrechte hat und die jeweils die Voraussetzungen des § 14 Abs. 1 Satz 1 Nr. 2 Satz 4 und 5 KStG erfüllen.

37 **Beispiele:**

In den Beispielen wird unterstellt, dass die Stimmrechtsverhältnisse den Beteiligungsverhältnissen entsprechen und alle Beteiligungen inländischen Betriebsstätten zuzuordnen sind:

1. Die Gesellschaft M ist an der Gesellschaft E unmittelbar zu 50% beteiligt. Über die Gesellschaft T (Beteiligung der T an E 50%), an der die M ebenfalls zu 50% beteiligt ist, hält M mittelbar weitere 25% der Anteile an der E. Die Gesellschaft E ist in die Gesellschaft M nicht finanziell eingegliedert, weil die unmittelbare und die mittelbare Beteiligung der M an der E aufgrund der fehlenden Stimmrechtsmehrheit der M an T nicht zusammenzurechnen sind und die unmittelbare Beteiligung allein die Voraussetzung der finanziellen Eingliederung nicht erfüllt.
2. Die Gesellschaft M ist an der Gesellschaft T 1 zu 100% und an der Gesellschaft T 2 zu 49% beteiligt; die Gesellschaften T 1 und T 2 sind an der Gesellschaft E zu je 50% beteiligt. M besitzt an T 2 nicht die Mehrheit der Stimmrechte. Damit sind die Voraussetzungen des § 14 Abs. 1 Satz 1 Nr. 1 Satz 2 KStG für eine Zusammenrechnung der beiden mittelbaren Beteiligungen nicht erfüllt. Die Gesellschaft E ist in die Gesellschaft M nicht finanziell eingegliedert.
3. Die Gesellschaft M ist zu 20% unmittelbar an E beteiligt. Zugleich ist M am Vermögen der Gesellschaft P zu 80% beteiligt, die ihrerseits 80% der Anteile an E hält. Die Gesellschaft E ist in die Gesellschaft M finanziell eingegliedert, da die unmittelbare und die mittelbare Beteiligung aufgrund der Stimmrechtsmehrheit der M an P zu addieren sind (20% + 64%).

H 14.2

H 14.2

40 **Mittelbare Beteiligung.** Eine mittelbare Beteiligung kann auch über eine Gesellschaft bestehen, die nicht selbst Organgesellschaft sein kann (→ BFH vom 2. 11. 1977, I R 143/75, BStBl. 1978 II S. 74).

[1] Vgl. jetzt **R 14.5 Abs. 6** KStR.

Querorganschaft. → BFH vom 22. 2. 2017, I R 35/14, BStBl. 2018 II S. 33.

Rückwirkende Begründung eines Organschaftsverhältnisses bei Umwandlung. Zur rückwirkenden Begründung eines Organschaftsverhältnisses bei Umwandlungen → BFH vom 28. 7. 2010, I R 89/09, BStBl. 2011 II S. 528 sowie → BMF vom 11. 11. 2011, BStBl. I S. 1314 Rn. Org.01 ff.

Stimmrechtsverbot. Stimmrechtsverbote für einzelne Geschäfte zwischen Organträger und Organgesellschaft stehen der finanziellen Eingliederung nicht entgegen (→ BFH vom 26. 1. 1989, IV R 151/86, BStBl. II S. 455).

R 14.3 Personengesellschaften als Organträger R 14.3

①Eine Personengesellschaft i. S. d. § 15 Abs. 1 Satz 1 Nr. 2 EStG kann Organträger sein, wenn **45**
die Voraussetzung der → finanziellen Eingliederung im Verhältnis zur Personengesellschaft selbst erfüllt ist (§ 14 Abs. 1 Satz 1 Nr. 2 Satz 3 KStG), sie eine gewerbliche Tätigkeit i. S. d. § 15 Abs. 1 Satz 1 Nr. 1 EStG ausübt (§ 14 Abs. 1 Satz 1 Nr. 2 Satz 2 KStG) und die Beteiligungen, die die finanzielle Eingliederung vermitteln, während der gesamten Dauer der Organschaft einer inländischen Betriebsstätte des Organträgers zuzurechnen sind. ②Dies gilt sowohl für unmittelbare Beteiligungen an der Organgesellschaft als auch für Beteiligungen an Gesellschaften, über die eine mittelbare Beteiligung des Organträgers an der Organgesellschaft besteht (§ 14 Abs. 1 Satz 1 Nr. 2 Satz 4, 5 und 7 KStG). ③In diesen Fällen hat die Veräußerung eines Mitunternehmeranteils bzw. die Veränderung im Gesellschafterbestand der Organträger-Personengesellschaft während des Wj. der Organgesellschaft keine Auswirkungen auf das bestehende Organschaftsverhältnis, da der Personengesellschaft im Hinblick auf das Organschaftsverhältnis eine rechtliche Eigenständigkeit eingeräumt wird. ④Dem entspricht auch, dass die wirtschaftliche Identität der Personengesellschaft gewahrt und die rechtliche Gebundenheit des Gesellschaftsvermögens gleich bleibt, auch, wenn die am Vermögen insgesamt Beteiligten wechseln. ⑤Gehören die Anteile an der Organgesellschaft nicht zum Vermögen der Personengesellschaft, reicht es für die finanzielle Eingliederung in die Personengesellschaft nicht aus, dass die Anteile notwendiges Sonderbetriebsvermögen der Gesellschafter der Personengesellschaft sind.

H 14.3 H 14.3

Personengesellschaft als Organträger. → BMF vom 10. 11. 2005, BStBl. I S. 1038 Rn. 13 ff.[1] **47**

Vermögensverwaltende Personengesellschaft. Eine Personengesellschaft, die Besitzunternehmen im Rahmen einer Betriebsaufspaltung und ansonsten nur vermögensverwaltend tätig ist, kann Organträgerin sein (→ BFH vom 24. 7. 2013, I R 40/12, BStBl. 2014 II S. 272).

Zeitpunkt einer gewerblichen Betätigung des Organträgers i. S. d. § 15 Abs. 1 Satz 1 Nr. 1 EStG. Der Organträger einer ertragsteuerlichen Organschaft muss nicht bereits zu Beginn des Wj. der Organgesellschaft gewerblich tätig sein (→ BFH vom 24. 7. 2013, I R 40/12, BStBl. 2014 II S. 272). → BMF vom 10. 11. 2005, BStBl. I S. 1038 Rn. 21 ist damit überholt.[1]

R 14.4 Zeitliche Voraussetzungen R 14.4

(1) ①Nach § 14 Abs. 1 Satz 1 Nr. 1 KStG muss die Organgesellschaft vom Beginn ihres Wj. an **50**
ununterbrochen finanziell in das Unternehmen des Organträgers eingegliedert sein. ②Ununterbrochen bedeutet, dass diese Eingliederung vom Beginn ihres Wj. an ohne Unterbrechung bis zum Ende des Wj. bestehen muss. ③Das gilt auch im Falle eines Rumpfwirtschaftsjahres.

(2) ①Veräußert der Organträger seine Beteiligung an der Organgesellschaft zum Ende des Wj. **51**
der Organgesellschaft an ein anderes gewerbliches Unternehmen, bedeutet dies, dass der Organträger das Eigentum an den Anteilen an der Organgesellschaft bis zum letzten Tag, 24 Uhr, des Wj. der Organgesellschaft behält und das andere Unternehmen dieses Eigentum am ersten Tag, 0 Uhr, des anschließenden Wj. der Organgesellschaft erwirbt. ②In diesen Fällen ist deshalb die Voraussetzung der finanziellen Eingliederung der Organgesellschaft beim Veräußerer der Anteile bis zum Ende des Wj. der Organgesellschaft und beim Erwerber der Anteile vom Beginn des anschließenden Wj. der Organgesellschaft an erfüllt. ③Veräußert der Organträger seine Beteiligung an der Organgesellschaft während des Wj. der Organgesellschaft, und stellt die Organgesellschaft mit Zustimmung des Finanzamts ihr Wj. auf den Zeitpunkt der Veräußerung der Beteiligung um, ist die finanzielle Eingliederung der Organgesellschaft beim Veräußerer der Anteile bis zum Ende des entstandenen Rumpfwirtschaftsjahres der Organgesellschaft und beim Erwerber der Anteile vom Beginn des anschließenden Wj. der Organgesellschaft an gegeben.

(3) ①Wird im Zusammenhang mit der Begründung oder Beendigung eines Organschafts- **52**
verhältnisses i. S. d. § 14 KStG das Wj. der Organgesellschaft auf einen vom Kj. abweichenden Zeitraum umgestellt, ist dafür die nach § 7 Abs. 4 Satz 3 KStG erforderliche Zustimmung zu erteilen. ②Bei der Begründung eines Organschaftsverhältnisses gilt das auch, wenn das Wj. der

[1] Abgedruckt als Anl b zu H 14.1.

Organgesellschaft im selben VZ ein zweites Mal umgestellt wird, um den Abschlussstichtag der Organgesellschaft dem im Organkreis üblichen Abschlussstichtag anzupassen. ③ Weicht dabei das neue Wj. vom Kj. ab, ist für die zweite Umstellung ebenfalls die Zustimmung nach § 7 Abs. 4 Satz 3 KStG zu erteilen.

H 14.4

H 14.4

54 **Unterbrochene Organschaft.** Geht das Vermögen eines Organträgers innerhalb der ersten fünf Jahre eines Ergebnisabführungsvertrags auf ein anderes Rechtssubjekt über, steht dies bei ununterbrochener Durchführung des Vertrags (d. h. tatsächlicher Abführung des handelsrechtlichen Ergebnisses) der steuerrechtlichen Anerkennung der körperschaftsteuerlichen Organschaft ab diesem Zeitpunkt auch dann nicht entgegen, wenn die Organschaft in den Vorjahren wegen fehlender steuerrechtlicher Tatbestandsvoraussetzungen (z. B. finanzieller Eingliederung) nicht anzuerkennen war (→ BFH vom 10. 5. 2017, I R 51/15, BStBl. 2018 II S. 30).

R 14.5

R 14.5 Gewinnabführungsvertrag

Wirksamwerden des Gewinnabführungsvertrags

55 (1) ① Nach § 14 Abs. 1 Satz 2 KStG kann die Einkommenszurechnung erstmals für das Wj. der Organgesellschaft erfolgen, in dem der GAV wirksam wird. ② Bei einer nicht nach §§ 319 bis 327 AktG eingegliederten AG oder KGaA wird der GAV i. S. d. § 291 Abs. 1 AktG zivilrechtlich erst wirksam, wenn sein Bestehen in das Handelsregister des Sitzes der Organgesellschaft eingetragen ist (§ 294 Abs. 2 AktG). ③ Bei einer nach den §§ 319 bis 327 AktG eingegliederten AG oder KGaA tritt die zivilrechtliche Wirksamkeit des GAV ein, sobald er in Schriftform abgeschlossen ist (§ 324 Abs. 2 AktG).

Mindestlaufzeit

56 (2) ① Der GAV muss nach § 14 Abs. 1 Satz 1 Nr. 3 Satz 1 KStG auf einen Zeitraum von mindestens fünf Zeitjahren abgeschlossen sein. ② Der Zeitraum beginnt mit dem Anfang des Wj., für das die Rechtsfolgen des § 14 Abs. 1 Satz 1 KStG erstmals eintreten.

Vollzug des Gewinnabführungsvertrags

57 (3) ① Nach § 14 Abs. 1 Satz 1 KStG muss sich die Organgesellschaft aufgrund eines GAV i. S. d. § 291 Abs. 1 AktG verpflichten, ihren ganzen Gewinn an ein anderes gewerbliches Unternehmen abzuführen. ② Die Abführung des ganzen Gewinns setzt hierbei voraus, dass der Jahresabschluss keinen Bilanzgewinn (§ 268 Abs. 1 HGB, § 158 AktG) mehr ausweist. ③ Wegen der nach § 14 Abs. 1 Satz 1 Nr. 4 KStG zulässigen Bildung von Gewinn- oder Kapitalrücklagen → Absatz 5 Nr. 3. ④ § 301 AktG bestimmt als Höchstbetrag der Gewinnabführung für eine nicht eingegliederte Organgesellschaft in der Rechtsform der AG oder der KGaA:

1. in seinem Satz 1 den ohne die Gewinnabführung entstehenden Jahresüberschuss, vermindert um einen Verlustvortrag aus dem Vorjahr und um den Betrag, der nach § 300 AktG in die gesetzliche Rücklage einzustellen ist und um den nach § 268 Abs. 8 HGB ausschüttungsgesperrten Betrag;
2. in seinem Satz 2 zusätzlich die Entnahmen aus in vertraglicher Zeit gebildeten und wieder aufgelösten Gewinnrücklagen.

⑤ Nach § 275 Abs. 4 HGB dürfen Veränderungen der Gewinnrücklagen in der Gewinn- und Verlustrechnung erst nach dem Posten „Jahresüberschuss/Jahresfehlbetrag" ausgewiesen werden und verändern dadurch nicht den Jahresüberschuss. ⑥ Bei Verlustübernahme (§ 302 AktG) hat der Organträger einen sonst entstehenden Jahresfehlbetrag auszugleichen, soweit dieser nicht dadurch ausgeglichen wird, dass den anderen Gewinnrücklagen Beträge entnommen werden, die während der Vertragsdauer in sie eingestellt worden sind.

Abführung/Ausschüttung vorvertraglicher Rücklagen

58 (4) ① Bei einer nicht eingegliederten Organgesellschaft in der Rechtsform der AG oder der KGaA ist der GAV steuerlich als nicht durchgeführt anzusehen, wenn vorvertragliche Gewinnrücklagen entgegen §§ 301 und 302 Abs. 1 AktG aufgelöst und an den Organträger abgeführt werden. ② Da der Jahresüberschuss i. S. d. § 301 AktG nicht einen Gewinnvortrag (§ 158 Abs. 1 Nr. 1 AktG, § 266 Abs. 3 A HGB) umfasst, darf ein vor dem Inkrafttreten des GAV vorhandener Gewinnvortrag weder abgeführt noch zum Ausgleich eines aufgrund des GAV vom Organträger auszugleichenden Jahresfehlbetrags (Verlustübernahme) verwendet werden. ③ Ein Verstoß gegen das Verbot, Erträge aus der Auflösung vorvertraglicher Rücklagen an den Organträger abzuführen, liegt auch vor, wenn die Organgesellschaft Aufwand – dazu gehören auch die steuerrechtlich nichtabziehbaren Ausgaben, z. B. Körperschaftsteuer, Aufsichtsratsvergütungen – über eine vorvertragliche Rücklage verrechnet und dadurch den Gewinn erhöht, der an den Organträger abzuführen ist. ④ Ein Verstoß gegen die §§ 301 und 302 Abs. 1 AktG ist nicht gegeben, wenn die Organgesellschaft vorvertragliche Rücklagen auflöst und den entsprechenden Gewinn außerhalb

des GAV an ihre Anteilseigner ausschüttet. ⑤ Insoweit ist § 14 KStG nicht anzuwenden; für die Gewinnausschüttung gelten die allgemeinen Grundsätze.

Durchführung des Gewinnabführungsvertrags

(5) Der Durchführung des GAV steht es nicht entgegen, wenn z. B. 59

1. der an den Organträger abzuführende Gewinn entsprechend dem gesetzlichen Gebot in § 301 AktG durch einen beim Inkrafttreten des GAV vorhandenen Verlustvortrag gemindert wird. ② Der Ausgleich vorvertraglicher Verluste durch den Organträger ist steuerrechtlich als Einlage zu werten;
2. der ohne die Gewinnabführung entstehende Jahresüberschuss der Organgesellschaft nach § 301 AktG um den Betrag vermindert wird, der nach § 300 AktG in die gesetzliche Rücklage einzustellen ist. ② Zuführungen zur gesetzlichen Rücklage, die die gesetzlich vorgeschriebenen Beträge übersteigen, sind steuerrechtlich wie die Bildung von Gewinnrücklagen zu beurteilen;
3. die Organgesellschaft nach § 14 Abs. 1 Satz 1 Nr. 4 KStG Gewinnrücklagen i. S. d. § 272 Abs. 3 und 4 HGB mit Ausnahme der gesetzlichen Rücklagen, aber einschließlich der satzungsmäßigen Rücklagen (§ 266 Abs. 3 A III HGB) bildet, die bei vernünftiger kaufmännischer Beurteilung wirtschaftlich begründet sind. ② Die Bildung einer Kapitalrücklage i. S. d. § 272 Abs. 2 Nr. 4 HGB beeinflusst die Höhe der Gewinnabführung nicht und stellt daher keinen Verstoß gegen § 14 Abs. 1 Satz 1 Nr. 4 KStG dar. ③ Für die Bildung der Rücklagen muss ein konkreter Anlass gegeben sein, der es auch aus objektiver unternehmerischer Sicht rechtfertigt, eine Rücklage zu bilden, wie z. B. eine geplante Betriebsverlegung, Werkserneuerung, Kapazitätsausweitung. ④ Die Beschränkung nach § 14 Abs. 1 Satz 1 Nr. 4 KStG ist nicht auf die Bildung stiller Reserven anzuwenden;
4. die Organgesellschaft ständig Verluste erwirtschaftet.

Beendigung des Gewinnabführungsvertrags

(6) ① Wird der GAV, der noch nicht fünf aufeinanderfolgende Jahre durchgeführt worden ist, durch Kündigung oder im gegenseitigen Einvernehmen beendet, bleibt der Vertrag für die Jahre, für die er durchgeführt worden ist, steuerrechtlich wirksam, wenn die Beendigung auf einem wichtigen Grund beruht. ② Ein wichtiger Grund kann insbesondere in der Veräußerung oder Einbringung der Organbeteiligung durch den Organträger, der Verschmelzung, Spaltung oder Liquidation des Organträgers oder der Organgesellschaft gesehen werden. ③ Stand bereits im Zeitpunkt des Vertragsabschlusses fest, dass der GAV vor Ablauf der ersten fünf Jahre beendet werden wird, ist ein wichtiger Grund nicht anzunehmen. ④ Liegt ein wichtiger Grund nicht vor, ist der GAV von Anfang an als steuerrechtlich unwirksam anzusehen. 60

(7) Ist der GAV bereits mindestens fünf aufeinanderfolgende Jahre durchgeführt worden, bleibt er für diese Jahre steuerrechtlich wirksam. 61

Nichtdurchführung des Gewinnabführungsvertrags

(8) ① Wird ein GAV in einem Jahr nicht durchgeführt, ist er 62

1. von Anfang an als steuerrechtlich unwirksam anzusehen, wenn er noch nicht fünf aufeinander folgende Jahre durchgeführt worden ist;
2. erst ab diesem Jahr als steuerrechtlich unwirksam anzusehen, wenn er bereits mindestens fünf aufeinander folgende Jahre durchgeführt worden ist. ② Soll die körperschaftsteuerrechtliche Organschaft ab einem späteren Jahr wieder anerkannt werden, bedarf es einer erneuten mindestens fünfjährigen Laufzeit und ununterbrochenen Durchführung des Vertrags.

② Ist der GAV als steuerrechtlich unwirksam anzusehen, ist die Organgesellschaft nach den allgemeinen steuerrechtlichen Vorschriften zur Körperschaftsteuer zu veranlagen.

H 14.5

H 14.5

Änderung des § 301 AktG und § 249 HGB durch das BilMoG. → BMF vom 14. 1. 2010, BStBl. I S. 65. 65

Auflösung und Abführung vorvertraglicher versteuerter Rücklagen. Zur Auflösung und Abführung vorvertraglicher versteuerter Rücklagen bei einer nach den §§ 319 bis 327 AktG eingegliederten Organgesellschaft in der Rechtsform der AG oder KGaA → R 14.6 Abs. 3.

Auflösung von in organschaftlicher Zeit gebildeten Kapitalrücklagen. Eine in organschaftlicher Zeit gebildete und aufgelöste Kapitalrücklage kann an die Gesellschafter ausgeschüttet werden; sie unterliegt nicht der Gewinnabführung (→ BFH vom 8. 8. 2001, I R 25/00, BStBl. 2003 II S. 923 und → BMF vom 27. 11. 2003, BStBl. I S. 647).

Ausschüttungssperre. Keine analoge Anwendung der[1] des § 253 Abs. 6 HGB im Rahmen des § 14 Absatz 1 Satz 1 KStG i.V. m. § 301 AktG.
→ BMF vom 23. 12. 2016, BStBl. 2017 I S. 41.

[1] Wortlaut amtlich.

Beendigung des Gewinnabführungsvertrags. Die Beendigung des GAV, weil er aus Sicht der Parteien seinen Zweck der Konzernverlustverrechnung erfüllt hat, ist kein wichtiger Grund i. S. d. § 14 Abs. 1 Satz 1 Nr. 3 Satz 2 KStG (→ BFH vom 13. 11. 2013, I R 45/12, BStBl. 2014 II S. 486).

Beginn der Mindestlaufzeit des Gewinnabführungsvertrages bei umwandlungsteuerlicher Rückwirkungsfiktion. → BMF vom 10. 5. 2017, I R 19/15, BStBl. 2019 II S. 81.[1]

Bildung einer Rücklage. Zur Zulässigkeit der Bildung einer Rücklage in der Bilanz einer Organgesellschaft aus Gründen der Risikovorsorge → BFH vom 29. 10. 1980, I R 61/77, BStBl. 1981 II S. 336.

Mindestlaufzeit. Die fünfjährige Mindestlaufzeit des GAV bei der körperschaftsteuerlichen Organschaft bemisst sich nach Zeitjahren und nicht nach Wj. (→ BFH vom 12. 1. 2011, I R 3/10, BStBl. II S. 727). Unabhängig von einer Umstellung des Wj. der Organgesellschaft und der damit einhergehenden Bildung eines Rumpfwirtschaftsjahres ist für die steuerliche Anerkennung der Organschaft die Mindestlaufzeit des GAV von fünf Zeitjahren einzuhalten (→ BFH vom 13. 11. 2013, I R 45/12, BStBl. 2014 II S. 486). Zur Voraussetzung der Mindestlaufzeit → BMF vom 10. 11. 2005, BStBl. I S. 1038 Rn. 4.

Verzinsung des Anspruchs auf Verlustübernahme nach § 302 AktG. Die unterlassene oder unzutreffende Verzinsung eines Verlustausgleichsanspruchs steht einer tatsächlichen Durchführung des GAV nicht entgegen (→ BMF vom 15. 10. 2007, BStBl. I S. 765).

Variable Ausgleichszahlungen an außenstehende Gesellschafter. → BFH vom 10. 5. 2017, I R 93/15, BStBl. 2019 II S. 278.
→ BMF vom 4. 3. 2020, BStBl. I S. 256.[2]

Verzögerte Registereintragung. Keine sachliche Unbilligkeit bei verzögerter Registereintragung → BFH vom 23. 8. 2017, I R 80/15, BStBl. 2018 II S. 141.

Wirksamwerden des Gewinnabführungsvertrags. Bei einem lediglich mit der Vorgründungsgesellschaft (→ H 1.1) abgeschlossenen GAV gehen die sich daraus ergebenden Rechte und Pflichten nicht automatisch auf die später gegründete und eingetragene Kapitalgesellschaft über (→ BFH vom 8. 11. 1989, I R 174/86, BStBl. 1990 II S. 91).

Anl zu H 14.5

Schreiben betr. Anwendungsfragen zu § 14 Abs. 2 KStG

Vom 4. März 2020 (BStBl. I S. 256)

(BMF IV C 2 – S 2770/19/10003 :002)

70 **1** Mit Urteil vom 10. Mai 2017 – I R 93/15 (BStBl. 2019 II S. 278) hat der BFH entgegen der bisherigen Verwaltungsauffassung entschieden, dass die Vereinbarung von variablen Ausgleichszahlungen eines beherrschenden Unternehmens an einen außenstehenden Gesellschafter der Anerkennung einer steuerlichen Organschaft entgegensteht, wenn sich die Ausgleichszahlungen im Ergebnis an dem Gewinn der beherrschten Gesellschaft bemessen.

Mit dem Gesetz zur Vermeidung von Umsatzsteuerausfällen beim Handel mit Waren im Internet und zur Änderung weiterer steuerlicher Vorschriften vom 11. Dezember 2018 (BGBl. I S. 2338)[3] wurde in § 14 Absatz 2 KStG geregelt, unter welchen Voraussetzungen neben dem festen Betrag nach § 304 Absatz 2 Satz 1 des Aktiengesetzes (AktG) zusätzlich vereinbarte und geleistete (variable) Ausgleichszahlungen an außenstehende Gesellschafter der Anerkennung einer ertragsteuerlichen Organschaft nicht entgegenstehen.

Nach dem Ergebnis einer Erörterung mit den obersten Finanzbehörden der Länder nehme ich zu Anwendungsfragen zu § 14 Absatz 2 KStG wie folgt Stellung:

I. Anwendungsbereich des § 14 Absatz 2 KStG

71 **2** Für die Anwendung des § 14 Absatz 2 KStG ist es unerheblich, ob die Ausgleichszahlungen von der Organgesellschaft oder dem Organträger geleistet werden. Es kommt auch nicht darauf an, wer die Ausgleichszahlungen zivilrechtlich schuldet. Dies entspricht im Übrigen dem Rechtsgedanken des § 16 KStG, wonach stets die Organgesellschaft die Ausgleichszahlungen zu versteuern hat – unabhängig davon, ob sie selbst oder der Organträger die Ausgleichszahlungen geleistet hat.

72 **3** Der Anwendungsbereich des § 14 Absatz 2 KStG ist nur eröffnet, wenn Ausgleichszahlungen vereinbart und geleistet werden.

73 **4** In Fällen, in denen neben dem aktienrechtlichen Mindestbetrag i. S. d. § 304 Absatz 2 Satz 1 AktG weitere, gewinnabhängige Ausgleichszahlungen zwar vereinbart sind, die variablen Betragskomponenten aber z. B. wegen eines niedrigen oder negativen Ergebnisses der Organgesellschaft in einem kon-

[1] *BFH-Urteil v. 10. 5. 2017 I R 19/15, BStBl. 2019 II S. 81:* Bei der Berechnung der fünfjährigen Mindestlaufzeit eines Gewinnabführungsvertrags bei körperschaftsteuerrechtlicher Organschaft kann eine umwandlungssteuerrechtliche Rückwirkungsfiktion beachtlich sein, auch wenn sie auf einen Zeitpunkt vor Gründung der Organgesellschaft zurückwirkt.

[2] Nachstehend abgedruckt als Anl zu H 14.5.

[3] **[Amtl. Anm.:]** BStBl. I S. 1377.

Anl zu H 14.5

kreten Wirtschaftsjahr nicht zu leisten sind und auch tatsächlich nicht geleistet werden, kommt § 14 Absatz 2 Satz 1 KStG für dieses Wirtschaftsjahr nicht zur Anwendung. In solchen Fällen bestimmt sich allein nach § 14 Absatz 1 KStG und § 16 KStG, dass die tatsächlich geleisteten Ausgleichszahlungen in der nach § 304 Absatz 2 Satz 1 AktG angeordneten Höhe unschädlich für die steuerliche Anerkennung der Organschaft sind.

5 Der Anwendungsbereich des § 14 Absatz 2 KStG ist eröffnet, wenn die Vereinbarung zu Ausgleichszahlungen keine Festbetragskomponente i. S. d. § 304 Absatz 2 Satz 1 AktG enthält, sondern die Ausgleichszahlungen nach dem Gewinn des Organträgers bemessen werden (variable Ausgleichszahlung i. S. d. § 304 Absatz 2 Satz 2 AktG). Der mindestens zugesicherte Betrag i. S. d. § 304 Absatz 2 Satz 1 AktG beläuft sich in diesem Fall auf null. Somit geht der Gesamtbetrag der Ausgleichszahlungen über diesen Betrag hinaus und unterliegt in voller Höhe der betragsmäßigen Begrenzung nach § 14 Absatz 2 Satz 2 KStG; siehe hierzu Randnummer 6. 74

II. Höchstbetrag der Ausgleichszahlungen i. S. d. § 14 Absatz 2 Satz 2 KStG

6 Als Bezugsgröße für den fiktiven Gewinnanteil eines außenstehenden Gesellschafters i. S. d. § 14 Absatz 2 Satz 2 KStG ist stets auf den Gesamtgewinn der Organgesellschaft abzustellen. 75

1. Disquotale Gewinnverteilungsabreden

7 Der Höchstbetrag der Ausgleichszahlungen bemisst sich ausschließlich nach dem Gewinnanteil, der dem Anteil am gezeichneten Kapital entspricht, und kann durch vertragliche Vereinbarung einer disquotalen Gewinnverteilung nicht beeinflusst werden. 76

2. Ausgleichszahlungen, die an dem Ergebnis bestimmter Bereiche der Organgesellschaft bemessen werden (Spartengewinne, sogenannte Tracking-stock-Strukturen)

8 Soweit mit einem außenstehenden Gesellschafter Ausgleichzahlungen vereinbart werden, die sich z. B. an dem Ergebnis einer einzelnen (gewinnträchtigen) Sparte orientieren, ist dies für die Prüfung der Begrenzung der steuerlich anzuerkennenden Ausgleichszahlungen im Rahmen des § 14 Absatz 2 Satz 2 KStG unbeachtlich. Auch in diesen Fällen ist als Ausgangsgröße bei der Berechnung des fiktiven Gewinnanteils auf den Gesamtgewinn der Organgesellschaft (d. h. die Gesamtsumme aller Spartenergebnisse) abzustellen. 77

3. Ermittlung des fiktiv für eine Ausschüttung zur Verfügung stehenden Gewinnanteils

9 Maßgebend für die Ermittlung des Höchstbetrages nach § 14 Absatz 2 Satz 2 KStG ist der Betrag, der in dem Wirtschaftsjahr ohne Bestehen des Gewinnabführungsvertrages an den außenstehenden Gesellschafter hätte geleistet werden können (Stand-alone-Betrachtung). 78

10 Bei der Ermittlung des fiktiv für eine Ausschüttung zur Verfügung stehenden Gewinnanteils ist der handelsrechtliche Jahresüberschuss vor Gewinnabführung als Ausgangsgröße um Beträge zu bereinigen, die bei einer Ausschüttung an den außenstehenden Gesellschafter ohne Bestehen der Organschaft nicht zur Verfügung gestanden hätten. Insbesondere folgende Positionen sind abzuziehen: 79

- Zuführungen in gesetzliche Rücklagen
- Zuführungen in andere Gewinnrücklagen i. S. d. § 272 Absatz 3 HGB
- Ausschüttungsgesperrte Beträge (z. B. nach § 253 Absatz 6 HGB)
- Fiktive Ertragsteuerbeträge (Körperschaftsteuer, Gewerbesteuer), die ohne Bestehen der Organschaft auf Ebene der Organgesellschaft entstanden wären.
  Soweit Steuerumlagen den Jahresüberschuss der Organgesellschaft gemindert bzw. erhöht haben, sind diese Beträge im Rahmen der Ermittlung der fiktiven Ertragsteuerbelastung der Organgesellschaft gegenzurechnen bzw. einzubeziehen.

11 Insbesondere folgende Beträge sind hinzuzurechnen: 80

- Die Auflösung von in organschaftlicher Zeit gebildeten Rücklagen i. S. d. Randnummer 10
- Ausgleichszahlungen an den außenstehenden Gesellschafter, soweit sie den Jahresüberschuss gemindert haben
- Körperschaftsteuerbeträge auf Ausgleichszahlungen nach § 16 KStG, soweit sie den Jahresüberschuss gemindert haben.

4. Wirtschaftsjahrbezogene Betrachtungsweise

12 Die Ermittlung des Höchstbetrages i. S. d. § 14 Absatz 2 Satz 2 KStG ist für jedes Wirtschaftsjahr gesondert vorzunehmen. Soweit in einem Wirtschaftsjahr die an den außenstehenden Gesellschafter insgesamt geleisteten Ausgleichszahlungen (Summe aus dem Festbetrag nach § 304 Absatz 2 Satz 1 AktG und den darüber hinausgehenden Beträgen) geringer sind als dessen fiktiver Gewinnanteil i. S. d. § 14 Absatz 2 Satz 2 KStG, kann der nicht voll ausgeschöpfte Teil des Höchstbetrages nicht in die Ermittlung des Höchstbetrages für die folgenden Wirtschaftsjahre einbezogen werden. 81

III. „Kaufmannstest" i. S. d. § 14 Absatz 2 Satz 3 KStG

13 Mit dem Kaufmannstest soll verhindert werden, dass die besonderen Voraussetzungen der Sondervorschriften für die Organschaft – insbesondere das Erfordernis der Gesamtgewinnabführung – zweck- und systemwidrig durch die Vereinbarung von Ausgleichszahlungen in beliebiger Höhe unterlaufen werden können. Insbesondere rein steuerlich motivierte variable Ausgleichszahlungen, bei denen es an einer sachlichen Begründung fehlt, sind schädlich für die steuerliche Anerkennung der Organschaft. Sofern Organträger und Minderheitsgesellschafter nicht in einem Näheverhältnis zueinanderstehen, wird es in der Regel aufgrund des bestehenden Interessengegensatzes sachliche Gründe für die Vereinbarung der zusätzlichen Ausgleichszahlung geben, sodass der Kaufmannstest regelmäßig einer steuerlichen Anerkennung der Organschaft nicht entgegensteht. 82

IV. Rechtsfolgen

83 **14** Wenn die an außenstehende Gesellschafter insgesamt geleisteten Ausgleichszahlungen den nach § 14 Absatz 2 KStG zulässigen Höchstbetrag nicht übersteigen, greift die gesetzliche Fiktion und der ganze Gewinn gilt als abgeführt i. S. d. § 14 Absatz 1 Satz 1 KStG. Bei Vorliegen der weiteren Voraussetzungen (§§ 14 ff. KStG) ist die Organschaft für diesen Veranlagungszeitraum anzuerkennen. Die Organgesellschaft hat nach § 16 KStG in Höhe von 20/17 der Ausgleichszahlungen ein eigenes Einkommen zu versteuern.

84 **15** Sofern die an den außenstehenden Gesellschafter insgesamt geleisteten Ausgleichszahlungen den nach § 14 Absatz 2 KStG zulässigen Höchstbetrag übersteigen, steht dies der steuerlichen Anerkennung der Organschaft entgegen. Die in R 14.5 Absatz 8 KStR 2015 dargelegten Grundsätze sind anzuwenden.

R 14.6

R 14.6 Zuzurechnendes Einkommen der Organgesellschaft

90 (1) ① Als zuzurechnendes Einkommen ist das Einkommen der Organgesellschaft vor Berücksichtigung des an den Organträger abgeführten Gewinns oder des vom Organträger zum Ausgleich eines sonst entstehenden Jahresfehlbetrags (§ 302 Abs. 1 AktG) geleisteten Betrags zu verstehen. ② Bei der Ermittlung des Einkommens des Organträgers bleibt demnach der von der Organgesellschaft an den Organträger abgeführte Gewinn außer Ansatz; ein vom Organträger an die Organgesellschaft zum Ausgleich eines sonst entstehenden Jahresfehlbetrags geleisteter Betrag darf nicht abgezogen werden.

91 (2) ① Gewinne der Organgesellschaft, die aus der Auflösung vorvertraglicher unversteuerter stiller Reserven herrühren, sind Teil des Ergebnisses des Wj. der Organgesellschaft, in dem die Auflösung der Reserven erfolgt. ② Handelsrechtlich unterliegen diese Gewinne deshalb der vertraglichen Abführungsverpflichtung. ③ Steuerrechtlich gehören sie zu dem Einkommen, das nach § 14 KStG dem Organträger zuzurechnen ist.

92 (3) ① Bei einer nach den §§ 319 bis 327 AktG eingegliederten AG oder KGaA als Organgesellschaft sind nach § 324 Abs. 2 AktG die §§ 293 bis 296, 298 bis 303 AktG nicht anzuwenden. ② Löst diese Organgesellschaft vorvertragliche Gewinn- oder Kapitalrücklagen zugunsten des an den Organträger abzuführenden Gewinns auf, verstößt sie handelsrechtlich nicht gegen das Abführungsverbot. ③ In diesen Fällen ist deshalb → R 14.5 Abs. 8 nicht anzuwenden. ④ Steuerrechtlich fällt die Abführung der Gewinne aus der Auflösung dieser Rücklagen an den Organträger nicht unter § 14 KStG; sie unterliegt somit den allgemeinen steuerrechtlichen Vorschriften.

93 (4) ① VGA an den Organträger sind im Allgemeinen vorweggenommene Gewinnabführungen; sie stellen die tatsächliche Durchführung des GAV nicht in Frage. ② Das gilt auch, wenn eine Personengesellschaft der Organträger ist (→ R 14.3) und Gewinn verdeckt an einen Gesellschafter der Personengesellschaft ausgeschüttet wird. ③ Ein solcher Vorgang berührt lediglich die Gewinnverteilung innerhalb der Personengesellschaft. ④ VGA an außenstehende Gesellschafter sind wie Ausgleichszahlungen i. S. d. § 16 KStG zu behandeln.

94 (5) Der Gewinn aus der Veräußerung eines Teilbetriebs unterliegt der vertraglichen Gewinnabführungsverpflichtung; er ist bei der Ermittlung des dem Organträger zuzurechnenden Einkommens zu berücksichtigen.

95 (6) ① Die Höhe des nach § 14 KStG dem Organträger zuzurechnenden Einkommens der Organgesellschaft sowie weitere Besteuerungsgrundlagen werden gesondert und einheitlich festgestellt mit Bindungswirkung für die Steuerbescheide der Organgesellschaft und des Organträgers. ② Einspruchsberechtigt gegen den Bescheid über die gesonderte und einheitliche Feststellung sind sowohl der Organträger als auch die Organgesellschaft.

96 (7) Gewinnabführungen stellen auch dann keine Gewinnausschüttungen dar, wenn sie erst nach Beendigung des GAV abfließen.

H 14.6

H 14.6

100 **Einstellung der gewerblichen Tätigkeit.** Stellt eine Organgesellschaft ohne förmlichen Auflösungsbeschluss ihre gewerbliche Tätigkeit nicht nur vorübergehend ein und veräußert sie ihr Vermögen, fällt der Gewinn, den sie während der tatsächlichen Abwicklung erzielt, nicht mehr unter die Gewinnabführungsverpflichtung (→ BFH vom 17. 2. 1971, I R 148/68, BStBl. II S. 411).

Gewinn im Zeitraum der Abwicklung. Der im Zeitraum der Abwicklung erzielte Gewinn (§ 11 KStG, → R 11) unterliegt nicht der vertraglichen Gewinnabführungsverpflichtung und ist deshalb von der Organgesellschaft zu versteuern (→ BFH vom 18. 10. 1967, I 262/63, BStBl. 1968 II S. 105).

Klagebefugnis. → BFH vom 1. 7. 2020, XI R 20/18.[1]

[1] **[Amtl. Anm.:]** Verfassungsbeschwerde eingelegt.

R 14.7 Einkommensermittlung beim Organträger

R 14.7

(1) Ausgaben im Zusammenhang mit der Organbeteiligung, z. B. Zinsen für Schulden, die der Organträger zum Erwerb der Beteiligung aufgenommen hat, dürfen bei der Ermittlung des Einkommens des Organträgers abgezogen werden. 102

(2) ① VGA der Organgesellschaft sind beim Organträger zur Vermeidung der Doppelbelastung aus dem Einkommen auszuscheiden, wenn die Vorteilszuwendung den Bilanzgewinn des Organträgers erhöht oder dessen Bilanzverlust gemindert hat. ② Entgegen → BFH vom 20. 8. 1986 (I R 150/82, BStBl. 1987 II S. 455) ist jedoch nicht das zuzurechnende Organeinkommen, sondern das eigene Einkommen des Organträgers zu kürzen. 103

(3) ① Der Organträger kann seine Beteiligung an der Organgesellschaft auf den niedrigeren Teilwert abschreiben, wenn die nach dem geltenden Recht hierfür erforderlichen Voraussetzungen erfüllt sind. ② Eine Abschreibung auf den niedrigeren Teilwert ist jedoch nicht schon deshalb gerechtfertigt, weil die Organgesellschaft ständig Verluste erwirtschaftet. 104

(4) Übernimmt der Organträger die Verpflichtung, einen vorvertraglichen Verlust der Organgesellschaft auszugleichen, stellt der Verlustausgleich steuerrechtlich eine Einlage des Organträgers in die Organgesellschaft dar. 105

H 14.7

H 14.7

Veranlagungszeitraum der Zurechnung. Das Einkommen der Organgesellschaft ist dem Organträger für das Kj. (VZ) zuzurechnen, in dem die Organgesellschaft das Einkommen erzielt hat (→ BFH vom 29. 10. 1974, I R 240/72, BStBl. 1975 II S. 126). 109
Das Einkommen einer Organgesellschaft ist entsprechend dem allgemeinen Gewinnverteilungsschlüssel nur den Gesellschaftern einer Organträger-Personengesellschaft zuzurechnen, die im Zeitpunkt der Einkommenszurechnung an der Organträgerin beteiligt sind (→ BFH vom 28. 2. 2013, IV R 50/09, BStBl. II S. 494).

Verlustausgleich durch den Organträger. Der aus der gesetzlichen Verpflichtung (§ 301 AktG, § 30 Abs. 1 GmbHG) des Organträgers resultierende Ausgleich von vorvertraglichen Verlusten der Organgesellschaft führt beim Organträger zu nachträglichen Anschaffungskosten für die Anteile an der Organgesellschaft und ist auf dem Beteiligungskonto zu aktivieren (→ BFH vom 8. 3. 1955, I 73/54 U, BStBl. III S. 187).

Verlustübernahme. Der Organträger darf steuerrechtlich keine Rückstellung für drohende Verluste aus der Übernahme des Verlustes der Organgesellschaft bilden (→ BFH vom 26. 1. 1977, I R 101/75, BStBl. II S. 441).

R 14.8 Bildung und Auflösung besonderer Ausgleichsposten beim Organträger bis einschließlich VZ 2021

R 14.8

(1) ① Die Regelung zur Bildung und Auflösung besonderer Ausgleichsposten beim Organträger ist für Mehr- und Minderabführungen anzuwenden, die bis einschließlich 31. Dezember 2021 erfolgen. ② Für alle Mehr- und Minderabführungen nach dem 31. Dezember 2021 ist § 14 Abs. 4 sowie § 27 Abs. 1 Satz 3 und Abs. 6 i. d. F. des Artikels 1 des Gesetzes vom 25. Juni 2021 (BGBl. I S. 2050) anzuwenden. 111

(2) ① Stellt die Organgesellschaft aus dem Jahresüberschuss (§ 275 Abs. 2 Nr. 20 oder Abs. 3 Nr. 19 HGB) Beträge in die Gewinnrücklagen i. S. d. § 272 Abs. 3 HGB ein oder bildet sie steuerlich nicht anzuerkennende stille Reserven, werden die Rücklagen mit dem zuzurechnenden Einkommen beim Organträger oder, wenn er eine Personengesellschaft ist, bei seinen Gesellschaftern versteuert. ② Der steuerrechtliche Wertansatz der Beteiligung des Organträgers an der Organgesellschaft bleibt unberührt. ③ Um sicherzustellen, dass nach einer Veräußerung der Organbeteiligung die bei der Organgesellschaft so gebildeten Rücklagen nicht noch einmal beim Organträger steuerrechtlich erfasst werden, ist in der Steuerbilanz des Organträgers, in die der um die Rücklage verminderte Jahresüberschuss der Organgesellschaft eingegangen ist, ein besonderer aktiver Ausgleichsposten in Höhe des Teils der versteuerten Rücklagen einkommensneutral zu bilden, der dem Verhältnis der Beteiligung des Organträgers am Nennkapital der Organgesellschaft entspricht. ④ Löst die Organgesellschaft die Rücklagen in den folgenden Jahren ganz oder teilweise zugunsten des an den Organträger abzuführenden Gewinns auf, ist der besondere aktive Ausgleichsposten entsprechend einkommensneutral aufzulösen. 112

(3) Weicht der an den Organträger abgeführte Gewinn der Organgesellschaft aus anderen Gründen als infolge der Auflösung einer Rücklage i. S. d. Absatzes 2 von dem Steuerbilanzgewinn ab, z. B. wegen Änderung des Wertansatzes von Aktiv- oder Passivposten in der Bilanz, und liegt die Ursache in vertraglicher Zeit, ist in der Steuerbilanz des Organträgers nach § 14 Abs. 4 Satz 1, 2 und 6 KStG i. d. F. vom 11. 12. 2018 ein besonderer aktiver oder passiver Ausgleichsposten in Höhe des Unterschieds einkommensneutral zu bilden, der dem Verhältnis der Beteiligung des Organträgers am Nennkapital der Organgesellschaft entspricht. 113

114 (4) ① Im Zeitpunkt der Veräußerung der Organbeteiligung oder eines der Veräußerung gleichgestellten Vorgangs sind die besonderen Ausgleichsposten aufzulösen (§ 14 Abs. 4 Satz 2 und 5 KStG i. d. F. vom 11. 12. 2018), sofern sie nicht in den Anwendungsbereich des § 34 Abs. 6e Satz 7 KStG fallen. ② Dadurch erhöht oder verringert sich das Einkommen des Organträgers; § 8b KStG sowie § 3 Nr. 40 und § 3c Abs. 2 EStG sind anzuwenden. ③ Für die Anwendung des § 8b KStG bzw. der § 3 Nr. 40, § 3c Abs. 2 EStG sind die Ausgleichsposten mit dem in der Steuerbilanz ausgewiesenen Buchwert der Organbeteiligung zusammenzufassen. ④ Dadurch kann sich rechnerisch auch ein negativer Buchwert ergeben. ⑤ Die *Sätze 4 und 5*[1] sind bei der Ermittlung eines Übernahmeergebnisses i. S. d. § 4 Abs. 4 Satz 1 oder § 12 Abs. 2 Satz 1 UmwStG entsprechend anzuwenden. ⑥ Bei mittelbarer Beteiligung an der Organgesellschaft sind die Ausgleichsposten aufzulösen, wenn der Organträger die Beteiligung an der Zwischengesellschaft veräußert.[2] ⑦ Eine gewinnwirksame Auflösung der besonderen Ausgleichsposten erfolgt nicht bei Beendigung des GAV.

H 14.8

H 14.8

115 **Allgemeine Fragen zu organschaftlichen Mehr- und Minderabführungen.** → BMF vom 26. 8. 2003, BStBl. I S. 437 Rn. 40ff.[3]

Berechnung der Mehrabführung. Die Mehrabführung der Organgesellschaft an den Organträger ist ein rein rechnerischer Differenzbetrag zweier Vergleichswerte und kann auch in einer sog. Minderverlustübernahme bestehen. Auf einen tatsächlichen Vermögensabfluss kommt es nicht an (→ BFH vom 6. 6. 2013, I R 38/11, BStBl. 2014 II S. 398, → BFH vom 27. 11. 2013, I R 36/13, BStBl. 2014 II S. 651).

Passiver Ausgleichsposten im Falle außerbilanzieller Zurechnung bei der Organgesellschaft. Ein passiver Ausgleichsposten i. S. d. § 14 Abs. 4 KStG i. d. F. vom 11. 12. 2018 für Mehrabführungen ist nicht zu bilden, wenn die auf die Organgesellschaft entfallenden Beteiligungsverluste aus einem KG-Anteil aufgrund außerbilanzieller Zurechnung gem. § 15a EStG neutralisiert werden und damit das dem Organträger zuzurechnende Einkommen nicht mindern (→ BFH vom 29. 8. 2012, I R 65/11, BStBl. 2013 II S. 555). Mit Ausnahme des Anwendungsfalls des § 15a EStG ist in allen anderen Fällen bei der Bildung organschaftlicher Ausgleichsposten weiterhin nach dem Wortlaut des § 14 Abs. 4 Satz 6 KStG i. d. F. vom 11. 12. 2018 auf die Abweichung des an den Organträger abgeführten Gewinns vom Steuerbilanzgewinn der Organgesellschaft abzustellen. Die organschaftlichen Ausgleichsposten sind aufgrund der gesetzlichen Vorgabe des § 14 Abs. 4 Satz 1 KStG i. d. F. vom 11. 12. 2018 in der Steuerbilanz zu aktivieren oder zu passivieren (→ BMF vom 15. 7. 2013, BStBl. I S. 921).[4]

Steuerliches Einlagekonto. → BMF vom 4. 6. 2003, BStBl. I S. 366 Rn. 28.[5]

Anl zu H 14.8

Schreiben betr. Wechsel zur Einlagelösung nach § 14 Abs. 4 KStG i. d. F. des Gesetzes zur Modernisierung des Körperschaftsteuerrechts vom 25. Juni 2021 (BStBl. I S. 889)

Vom 29. September 2022 (BStBl. I S. 1412)

(BMF IV C 2 – S 2770/19/10004 :007)

Inhaltsübersicht

120 Durch das Gesetz zur Modernisierung des Körperschaftsteuerrechts vom 25. Juni 2021 (BStBl. I S. 889), KöMoG, wurde in Bezug auf die ertragsteuerliche Organschaft ein Wechsel der bisherigen Behandlung von Minder- und Mehrabführungen vollzogen und die Bildung steuerlicher Ausgleichsposten durch die Einlagelösung ersetzt (§ 14 Abs. 4 KStG). Unter Bezugnahme auf das Ergebnis der Erörterung mit den obersten Finanzbehörden der Länder gilt für die Neuregelung zur Behandlung von Minder- und Mehrabführungen Folgendes:

---

[1] Richtig wohl: „Sätze 3 und 4".

[2] Zur Bildung und Auflösung aktiver und passiver Ausgleichsposten gemäß § 14 Abs. 4 KStG bei mittelbarer Organschaft siehe *Erlass FinMin. Schleswig-Holstein v. 8. 12. 2011 VI 3011 – S 2770 – 054 (DStR 2012 S. 1607)*.

[3] Abgedruckt als Anl a zu H 14.1.

[4] Vgl. aber *BFH-Urteil v. 15. 3. 2017 I R 67/15, DStR 2017 S. 1650:* Bei der Rückgewähr eines Ertragszuschusses über die organschaftliche Gewinnabführung besteht ein aus dem Rechtsinstitut der Organschaft abzuleitender Grund dafür, von einer organschaftlichen Mehrabführung auszugehen (a.A. *BMF-Schrb. v. 15. 7. 2013, BStBl. I S. 921)*.

[5] Abgedruckt als Anl zu H 27.

Anl zu H 14.8

I. Zeitliche Anwendung

1 § 14 Abs. 4 sowie § 27 Abs. 1 Satz 3 und Abs. 6 des Körperschaftsteuergesetzes (KStG) i. d. F. des Art. 1 des KöMoG sind erstmals auf Minder- und Mehrabführungen anzuwenden, die nach dem 31. Dezember 2021 erfolgen. Hinsichtlich des Zeitpunkts der Minder- und Mehrabführungen ist dabei auf das Ende des Wirtschaftsjahres der Organgesellschaft abzustellen (§ 34 Abs. 6e Satz 6 KStG). Noch bestehende Ausgleichsposten für organschaftliche Minder- und Mehrabführungen, die nach Maßgabe des § 14 Abs. 4 KStG in der am 31. Dezember 2021 geltenden Fassung in der Steuerbilanz gebildet wurden, sind in dem Wirtschaftsjahr aufzulösen, das nach dem 31. Dezember 2021 endet (§ 34 Abs. 6e Satz 7 KStG). Im Falle voneinander abweichender Wirtschaftsjahre von Organträger und Organgesellschaft ist darauf abzustellen, ob die Minder- oder Mehrabführungen bei der Organgesellschaft noch der Regelung des § 14 Abs. 4 KStG a. F. (§ 34 Abs. 6e Satz 6 KStG) unterliegen. In einem solchen Fall sind die Ausgleichsposten erst zum Schluss des darauffolgenden Wirtschaftsjahres aufzulösen. 121

II. Behandlung von Minder- und Mehrabführungen

2 In organschaftlicher Zeit verursachte Minderabführungen der Organgesellschaft sind wie eine Einlage durch den Organträger in die Organgesellschaft zu behandeln. Der Beteiligungsbuchwert der Organgesellschaft beim Organträger ist daher entsprechend zu erhöhen. 122

3 In organschaftlicher Zeit verursachte Mehrabführungen der Organgesellschaft sind wie eine Einlagenrückgewähr der Organgesellschaft an den Organträger zu behandeln. Der Beteiligungsbuchwert der Organgesellschaft beim Organträger ist daher entsprechend zu verringern.

4 Einlage und Einlagenrückgewähr sind nicht auf das Verhältnis der Beteiligung des Organträgers am Nennkapital der Organgesellschaft begrenzt.

Beispiel 1:

Die A-GmbH (Organträger) hält eine Beteiligung i. H. v. 80 % an der B-GmbH (Organgesellschaft) zum Buchwert von 80. Die Voraussetzungen einer ertragsteuerlichen Organschaft sind erfüllt.
Im Jahr 01 kommt es bei der B-GmbH zu einer Mehrabführung von 20. Dies führt zu einer Verringerung des Beteiligungsbuchwerts der B-GmbH in der Bilanz der A-GmbH um 20 auf 60.
Im Jahr 02 kommt es bei der B-GmbH zu einer Minderabführung von 40. Dies führt zu einer Erhöhung des Beteiligungsbuchwerts der B-GmbH in der Bilanz der A-GmbH um 40 auf 100.

5 Eine Saldierung der Minder- und Mehrabführungen bei der Organgesellschaft ist nicht zulässig. 123

6 Eine Saldierung der Minder- und Mehrabführungen beim Organträger ist beteiligungsbezogen zulässig, da Minder- und Mehrabführungen in dem Zeitpunkt als verursacht gelten, in dem das Wirtschaftsjahr der Organgesellschaft endet (§ 14 Abs. 4 Satz 4 KStG). Mehrabführungen mindern hierbei den Beteiligungsbuchwert in einem Wirtschaftsjahr erst dann, wenn die sich aus den Minderabführungen resultierenden Erhöhungen des Beteiligungsbuchwerts im gleichen Wirtschaftsjahr berücksichtigt wurden.

1. Steuerliche Auswirkungen

7 Eine Minderabführung der Organgesellschaft an den Organträger führt zur buchtechnischen Erhöhung des Beteiligungsbuchwerts in der Steuerbilanz des Organträgers. Diese Erhöhung stellt für den Organträger einen einkommensneutralen Vorgang dar. Der Ertrag, der sich aus der buchtechnischen Erhöhung des Beteiligungsbuchwerts ergibt, ist außerbilanziell zu korrigieren. 124

8 Eine Mehrabführung der Organgesellschaft an den Organträger führt zur buchtechnischen Minderung des Beteiligungsbuchwerts in der Steuerbilanz des Organträgers. Diese Minderung stellt für den Organträger bis zu einem Beteiligungsbuchwert von 0 einen einkommensneutralen Vorgang dar. Der Aufwand, der durch die buchtechnische Minderung des Beteiligungsbuchwerts entsteht, ist außerbilanziell zu korrigieren.

9 Die Bilanzierung eines negativen Buchwerts infolge einer Mehrabführung ist ausgeschlossen.

10 Ist eine Personengesellschaft Organträger, ermittelt sich der dem einzelnen Mitunternehmer zuzurechnende Beteiligungsbuchwert aus dem anteiligen Buchwert in der Gesamthandsbilanz zuzüglich bzw. abzüglich etwaiger Mehr- oder Minderbuchwerte aus den jeweiligen Ergänzungsbilanzen. Die Minder- und Mehrabführungen sind nach dem allgemeinen Gewinnverteilungsschlüssel zu verteilen. 125

11 Übersteigen die Mehrabführungen der Organgesellschaft an den Organträger die Summe aus Beteiligungsbuchwert und Minderabführungen, so ist ein veräußerungsähnlicher Ertrag aus der Beteiligung zu berücksichtigen, und zwar in Höhe des übersteigenden Betrages (§ 34 Abs. 6e Satz 9 und 10 KStG). Auf diesen veräußerungsähnlichen Ertrag sind die Regelungen des § 8b KStG bzw. § 3 Nr. 40 und § 3c Abs. 2 EStG entsprechend anzuwenden (vgl. § 34 Abs. 6e Satz 10 KStG).

Beispiel 2 (Fortführung des Beispiels 1):

Im Wirtschaftsjahr 03 kommt es zu einer Mehrabführung der B-GmbH an die A-GmbH von 130. Dies führt grundsätzlich zu einer Verringerung des Beteiligungsbuchwerts an der B-GmbH um 130.
Da zum Schluss des Wirtschaftsjahres 03 und vor Berücksichtigung der Mehrabführungen der Beteiligungsbuchwert für die Anteile an der B-GmbH 100 betragen hat, vermindert sich dieser in der Steuerbilanz auf 0, da ein negativer Beteiligungsbuchwert nicht möglich ist. Der übersteigende Betrag von 30 stellt bei der A-GmbH einen veräußerungsähnlichen Ertrag dar, der unter entsprechender Anwendung der Regelung des § 8b Abs. 2 KStG außerbilanziell zu korrigieren ist. In Höhe von 5 % dieses steuerfreien Betrags erfolgt nach § 8b Abs. 3 Satz 1 KStG eine außerbilanzielle Zurechnung pauschal nichtabziehbarer Betriebsausgaben.

Anl zu H 14.8

2. Rücklage nach § 34 Abs. 6 e KStG

126 **12** Mit dem Wechsel von der Ausgleichspostenmethode zur Einlagelösung liegt nach der Übergangsregelung des § 34 Abs. 6 e Satz 9 und 10 KStG ein veräußerungsähnlicher Ertrag insoweit vor, als die passiven Ausgleichsposten die Summe aus dem Beteiligungsbuchwert und den aktiven Ausgleichsposten übersteigen. Einlagen, die im Laufe des Wirtschaftsjahres getätigt werden, erhöhen den Beteiligungsbuchwert in der Steuerbilanz des Organträgers vor der Verrechnung mit den Ausgleichsposten. Auf den veräußerungsähnlichen Ertrag sind § 8 b KStG bzw. § 3 Nr. 40 und § 3 c Abs. 2 EStG anzuwenden (vgl. § 34 Abs. 6 e Satz 10 KStG). Die Anwendung der Übergangsregelung in § 34 Abs. 6 e Satz 9 und 10 KStG erfolgt als letzter Geschäftsvorfall in der Steuerbilanz.

13 Dieser veräußerungsähnliche Ertrag kann in der Steuerbilanz des Organträgers in eine den Gewinn mindernde Rücklage nach § 34 Abs. 6 e Satz 11 ff. KStG eingestellt werden.

a) Bildung der Rücklage

127 **14** Nimmt der Organträger das Wahlrecht zur Bildung einer Rücklage in Anspruch, so ist diese Rücklage in der ersten Steuerbilanz desjenigen Wirtschaftsjahres zu bilden, das nach dem 31. Dezember 2021 endet. Im Falle der Anwendbarkeit von Rn. 1 letzter Satz ist die Rücklage entsprechend später zu bilden.

15 Die Bildung der Rücklage ist bis zur Höhe des veräußerungsähnlichen Ertrags (vgl. Rn. 11) zulässig. Eine Bildung in geringerer Höhe ist möglich.

16 Im Fall der Bildung einer Rücklage ist § 8 b KStG bzw. § 3 Nr. 40 und § 3 c Abs. 2 EStG nicht auf den in die Rücklage eingestellten Ertrag anzuwenden (vgl. § 34 Abs. 6 e Satz 12 KStG).

17 Eine Rücklage kann auch dann gebildet werden, wenn das Wirtschaftsjahr der Organgesellschaft von dem des Organträgers abweicht.

18 Gleiches gilt, wenn die Organschaft bereits vor dem 31. Dezember 2021 beendet wurde.

b) Auflösung der Rücklage

128 **19** Die Rücklage ist im Wirtschaftsjahr ihrer Bildung sowie in den folgenden neun Wirtschaftsjahren zu jeweils einem Zehntel gewinnerhöhend aufzulösen. Ein Wahlrecht in Bezug auf den Zeitraum der Auflösung besteht nicht.

20 Die jährlichen Auflösungsbeträge der Rücklage unterliegen als veräußerungsähnliche Erträge jeweils der Besteuerung nach § 8 b KStG bzw. § 3 Nr. 40 und § 3 c Abs. 2 EStG (vgl. § 34 Abs. 6 e Satz 16 KStG).

21 Wird die Beteiligung des Organträgers an der Organgesellschaft vollständig veräußert oder kommt es zu einem Vorgang, der einer vollständigen Veräußerung gleichgestellt ist (z. B. Entnahme oder Übertragung in Sonderbetriebsvermögen), so ist die zu diesem Zeitpunkt noch bestehende Rücklage vollständig aufzulösen (§ 34 Abs. 6 e Satz 14 f. KStG). Wird die Beteiligung des Organträgers an der Organgesellschaft teilweise veräußert, so ist die Rücklage entsprechend anteilig aufzulösen. Dies gilt unabhängig vom Fortbestand der Organschaft. Sofern mehrere mittelbare Beteiligungen oder eine unmittelbare und eine oder mehrere mittelbare Beteiligungen bestehen, ist für die Bestimmung des aufzulösenden Anteils der Rücklage auf das Verhältnis des veräußerten Anteils an den gesamten Stimmrechten der Organgesellschaft (mittelbar zzgl. unmittelbar) abzustellen.

Beispiel 3:

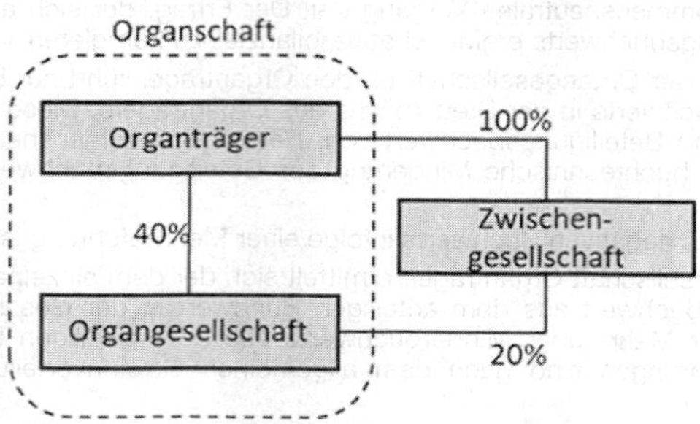

Der Organträger ist zu 40 % unmittelbar an der Organgesellschaft beteiligt. Weiterhin ist der Organträger zu 100 % an einer die Beteiligung vermittelnden Gesellschaft (im Folgenden: Zwischengesellschaft) beteiligt, die wiederum zu 20 % an der Organgesellschaft beteiligt ist.

Die finanzielle Eingliederung der Organgesellschaft in den Organträger ergibt sich erst nach Addition der mittelbaren und der unmittelbaren Beteiligung an der Organgesellschaft. Der Organträger ist hierbei mit 60 % (40 % unmittelbar zzgl. 20 % mittelbar) an den Stimmrechten der Organgesellschaft beteiligt.

Beim Organträger wurde im Zuge des Wechsels von der Ausgleichspostenmethode zur Einlagelösung eine den Gewinn mindernde Rücklage nach § 34 Abs. 6 e Satz 11 ff. KStG i. H. v. 100 gebildet.

Im Falle einer hälftigen Veräußerung der unmittelbaren Beteiligung (Verbleib unmittelbare Beteiligung 20 %) ist die Rücklage i. H. v. 33,3 aufzulösen. Die Gesamtbeteiligung (mittelbar und unmittelbar) des Organträgers an der Organgesellschaft beträgt vor Veräußerung 60 % und nach Veräußerung 40 %. Demnach wurden 33,3 % der Gesamtbeteiligung veräußert und es sind damit auch 33,3 % der Rücklage aufzulösen.

129 **22** Die verdeckte Einlage der Beteiligung an der Organgesellschaft sowie die Auflösung der Organgesellschaft sind einer Veräußerung der Beteiligung des Organträgers an der Organgesellschaft gleichgestellt.

Anl zu H 14.8

23 Da Umwandlungen und Formwechsel des Organträgers ertragsteuerlich Veräußerungsvorgänge darstellen (vgl. Randnr. 00.02 des UmwStE – BMF-Schreiben vom 11. November 2011, BStBl. I S. 1314[1]), ist auch hier eine im Betriebsvermögen des übertragenden Rechtsträgers enthaltene Rücklage nach § 34 Abs. 6e Satz 11 KStG (ggf. anteilig; siehe Rn. 21) aufzulösen.

24 Bei Beendigung der Organschaft muss die Rücklage nicht aufgelöst werden.

c) Rücklage bei Personengesellschaften als Organträger

25 Ist eine Personengesellschaft Organträger, so ist die Rücklage nach § 34 Abs. 6e Satz 11 KStG in der Gesamthandsbilanz der Personengesellschaft zu bilden. Das Wahlrecht zur Bildung der Rücklage ist gesellschaftsbezogen auszuüben. **130**

III. Steuerliches Einlagekonto (§ 27 KStG)

26 Minderabführungen erhöhen und Mehrabführungen mindern das steuerliche Einlagekonto einer Organgesellschaft, wenn sie ihre Ursache in organschaftlicher Zeit haben. Mehrabführungen mindern dabei das steuerliche Einlagekonto vorrangig vor anderen Leistungen (§ 27 Abs. 6 Satz 2 KStG) und führen zu einem Direktzugriff auf dessen Bestand (§ 27 Abs. 1 Satz 3 KStG). Mehrabführungen können zum Entstehen oder zu einer Erhöhung eines negativen Bestands des steuerlichen Einlagekontos führen (§ 27 Abs. 1 Satz 4 2. Halbsatz KStG). **131**

Beispiel 4 (Fortführung des Beispiels 2):

Zum Bilanzstichtag 31. Dezember des Wirtschaftsjahres 02 weist die B-GmbH ein steuerliches Eigenkapital von 200 und ein Nennkapital von 50 aus. Der auf den 31. Dezember des Wirtschaftsjahres 02 festgestellte Bestand des steuerlichen Einlagekontos beträgt 50. Folglich beläuft sich der zu diesem Zeitpunkt ermittelte ausschüttbare Gewinn auf 100 (steuerliches Eigenkapital 200 abzüglich der Summe aus Nennkapital 50 und steuerlichem Einlagekonto 50).
Die im Wirtschaftsjahr 03 entstandene Mehrabführung von 130 führt in dieser Höhe, unabhängig von der Höhe des maßgeblichen ausschüttbaren Gewinns, zu einer Minderung des steuerlichen Einlagekontos. Der Bestand des steuerlichen Einlagekontos ist um 130 zu mindern und beträgt zum 31. Dezember des Wirtschaftsjahres 03 somit – 80 (50 – 130), sofern im Wirtschaftsjahr 03 keine Einlagen getätigt wurden.

IV. Mittelbare Organschaft

27 Eine mittelbare Organschaft im Sinne dieses Schreibens liegt vor, wenn sich die finanzielle Eingliederung der Organgesellschaft in den Organträger **132**
- ausschließlich durch eine mittelbare Beteiligung des Organträgers an der Organgesellschaft über eine Zwischengesellschaft ergibt (Alternative 1) oder
- durch die mittelbare Beteiligung über eine Zwischengesellschaft ergibt und darüber hinaus noch eine unmittelbare Beteiligung des Organträgers an der Organgesellschaft besteht (Alternative 2) oder
- nur durch Addition einer unmittelbaren und einer mittelbaren Beteiligung über eine Zwischengesellschaft ergibt (Alternative 3).

28 Ergibt sich die finanzielle Eingliederung der Organgesellschaft bereits durch eine unmittelbare Beteiligung des Organträgers an der Organgesellschaft, so sind die Rn. 29 bis 35 dieses Schreibens nicht anzuwenden – unabhängig davon, ob neben dieser unmittelbaren Beteiligung auch mittelbare Beteiligungen bestehen.

29 Auch die Veräußerung der Beteiligung des Organträgers an der Zwischengesellschaft führt zur Auflösung der nach § 34 Abs. 6e Satz 11 ff. KStG gebildeten Rücklage. Im Falle einer nur teilweisen Veräußerung ist die Rücklage entsprechend anteilig aufzulösen (Rn. 21 gilt sinngemäß). Dies gilt unabhängig vom Fortbestand der Organschaft.

1. Finanzielle Eingliederung nach Alternative 1

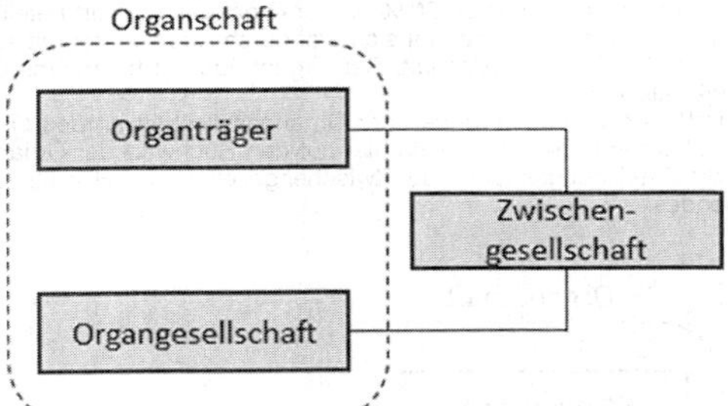

30 Im Falle einer ausschließlich mittelbaren Organschaft über eine Zwischengesellschaft sind die bilanziellen Folgen der Einlagen sowie der Einlagenrückgewähr aufgrund einer organschaftlich verursachten Minder- oder Mehrabführung bilanztechnisch auf jeder Beteiligungsstufe nachzuvollziehen – unabhängig vom Bestehen einer Organschaft mit der Zwischengesellschaft.

31 In organschaftlicher Zeit verursachte Minderabführungen der Organgesellschaft sind wie eine Einlage durch den Organträger in die Organgesellschaft zu behandeln (vgl. Rn. 2). Sie führen zu einer Erhöhung sowohl des Beteiligungsbuchwerts der Organgesellschaft bei der Zwischengesellschaft als auch des Beteiligungsbuchwerts der Zwischengesellschaft beim Organträger. Rn. 10 ist hierbei auch auf die Zwischengesellschaft anzuwenden. Zudem ist das steuerliche Einlagekonto sowohl bei der **133**

[1] Abgedruckt im **Anhang I 2 a.**

Anl zu H 14.8

Organgesellschaft (vgl. Rn. 25) als auch bei der Zwischengesellschaft, sofern die Zwischengesellschaft eine Körperschaft i. S. d. § 27 KStG ist, entsprechend zu erhöhen.

32 In organschaftlicher Zeit verursachte Mehrabführungen sind wie eine Einlagenrückgewähr der Organgesellschaft an den Organträger zu behandeln (vgl. Rn. 3). Sie führen zu einer Verringerung sowohl des Beteiligungsbuchwerts der Organgesellschaft bei der Zwischengesellschaft als auch des Beteiligungsbuchwerts der Zwischengesellschaft beim Organträger. Die Rn. 9 und 10 sind hierbei auch auf die Zwischengesellschaft anzuwenden. Zudem ist das steuerliche Einlagekonto sowohl bei der Organgesellschaft (vgl. Rn. 25) als auch bei der Zwischengesellschaft, sofern die Zwischengesellschaft eine Körperschaft i. S. d. § 27 KStG ist und eine Einlagenrückgewähr leisten kann, durch Direktzugriff nach § 27 Abs. 1 Satz 3 KStG entsprechend zu mindern.

33 Ist die Zwischengesellschaft nicht im Inland ansässig, gilt im Verhältnis der inländischen Organgesellschaft zu einer ausländischen Zwischengesellschaft die Mehrabführung als Einlagenrückgewähr der Organgesellschaft an die Zwischengesellschaft. Diese Mehrabführung mindert bei der Zwischengesellschaft den Beteiligungsansatz für die Organgesellschaft. Hierbei wird für steuerliche Zwecke die Weiterleitung der Mehrabführung von der ausländischen Zwischengesellschaft an den inländischen Organträger fingiert. Diese fingierte Weiterleitung gilt bei einer Körperschaft i. S. d. § 27 KStG als Leistung i. S. d. § 27 Abs. 8 Satz 3 KStG. Auf einen Antrag nach § 27 Abs. 8 KStG zur gesonderten Feststellung einer Einlagenrückgewähr in Höhe des an den Organträger weitergeleiteten Mehrbetrages kann hierbei aus Vereinfachungsgründen verzichtet werden.

2. Finanzielle Eingliederung nach Alternative 2 oder Alternative 3

134 **34** Ergibt sich die finanzielle Eingliederung der Organgesellschaft in den Organträger durch eine mittelbare Beteiligung über eine Zwischengesellschaft und besteht darüber hinaus noch eine unmittelbare Beteiligung des Organträgers an der Organgesellschaft (Alternative 2) oder ergibt sich eine solche erst durch Addition einer unmittelbaren Beteiligung des Organträgers an der Organgesellschaft und einer mittelbaren Beteiligung an der Organgesellschaft über eine Zwischengesellschaft (Alternative 3), so sind Minder- und Mehrabführungen der Organgesellschaft auf beide Beteiligungsstränge im Verhältnis der Höhe der unmittelbaren Beteiligung des Organträgers an den Stimmrechten der Organgesellschaft und der Höhe der mittelbaren Beteiligung der Zwischengesellschaft an den Stimmrechten der Organgesellschaft aufzuteilen.

Beispiel 5:

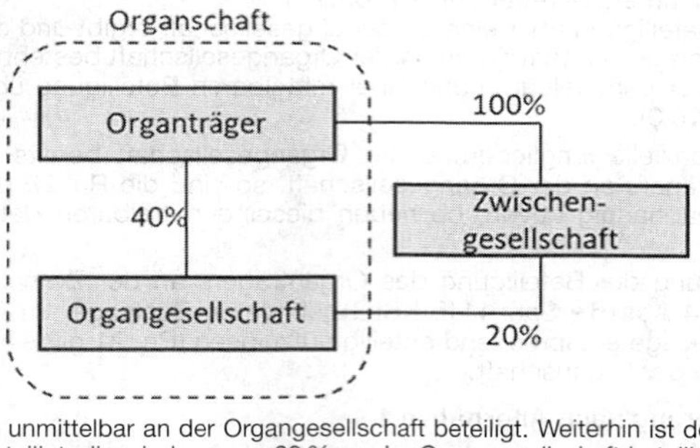

Der Organträger ist zu 40 % unmittelbar an der Organgesellschaft beteiligt. Weiterhin ist der Organträger zu 100 % an der Zwischengesellschaft beteiligt, die wiederum zu 20 % an der Organgesellschaft beteiligt ist. Die finanzielle Eingliederung der Organgesellschaft in den Organträger ergibt sich erst durch Addition der mittelbaren und der unmittelbaren Beteiligung des Organträgers an der Organgesellschaft. Der Organträger ist hierbei mit 60 % (40 % unmittelbar zzgl. 20 % mittelbar) an der Organgesellschaft beteiligt.
Kommt es nun zu Minder- und/oder Mehrabführungen der Organgesellschaft an den Organträger, so sind diese anhand der Beteiligungsquote aufzuteilen. Sie wirken sich hier auf den Buchwert der Organgesellschaft beim Organträger i. H. v. 66,67 % und über die Beteiligungsstruktur der Zwischengesellschaft i. H. v. 33,33 % aus. Für die steuerlichen Einlagekonten gilt Entsprechendes.

Abwandlung Beispiel 5:

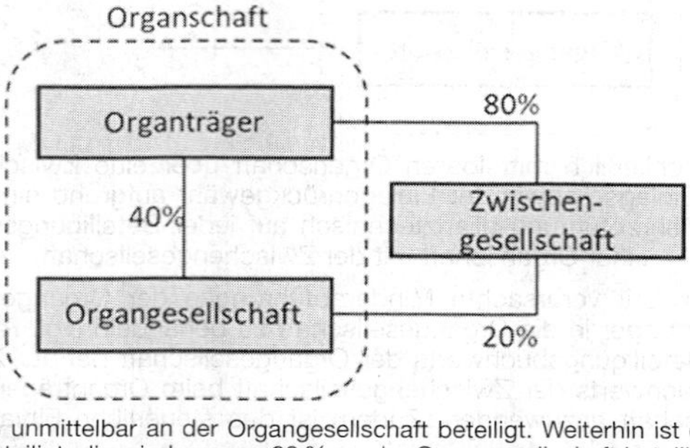

Der Organträger ist zu 40 % unmittelbar an der Organgesellschaft beteiligt. Weiterhin ist der Organträger zu 80 % an der Zwischengesellschaft beteiligt, die wiederum zu 20 % an der Organgesellschaft beteiligt ist. Die finanzielle Eingliederung der Organgesellschaft in den Organträger ergibt sich erst durch Addition der mittelbaren und der unmittelbaren

Anl zu H 14.8

Beteiligung des Organträgers an der Organgesellschaft. Der Organträger ist hierbei mit 56 % (40 % unmittelbar zzgl. 20 % von 80 % = 16 % mittelbar) an den Stimmrechten der Organgesellschaft beteiligt.
Kommt es nun zu Minder- und/oder Mehrabführungen der Organgesellschaft an den Organträger, so sind diese anhand der Beteiligungsquote aufzuteilen. Sie wirken sich hier auf den Buchwert der Organgesellschaft beim Organträger i. H. v. 71 % und über die Beteiligungsstruktur der Zwischengesellschaft i. H. v. 29 % aus. Für die steuerlichen Einlagekonten gilt Entsprechendes.

35 Die Minder- und/oder Mehrabführungen sind auch dann anhand der Beteiligungsquote (vgl. Rn. 35) aufzuteilen, wenn sich die finanzielle Eingliederung der Organgesellschaft in den Organträger bereits durch die mittelbare Beteiligung über eine Zwischengesellschaft ergibt und darüber hinaus auch eine unmittelbare Beteiligung des Organträgers an der Organgesellschaft besteht. Auch hier gelten die Grundsätze der mittelbaren Organschaft, das heißt, es ist eine Aufteilung der Minder- und Mehrabführung anhand der Beteiligungsquote vorzunehmen. **135**

Beispiel 6:

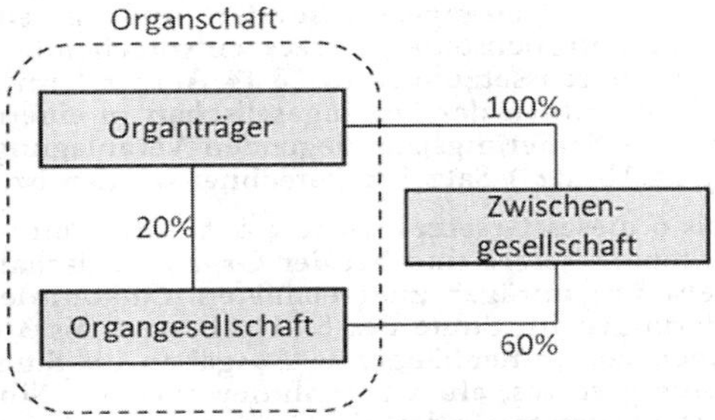

Der Organträger ist zu 20 % unmittelbar an der Organgesellschaft beteiligt. Weiterhin ist der Organträger zu 100 % an der Zwischengesellschaft beteiligt, die wiederum zu 60 % an der Organgesellschaft beteiligt ist. Der Organträger ist somit mit 80 % (20 % unmittelbar zzgl. 60 % mittelbar) an den Stimmrechten der Organgesellschaft beteiligt. Die finanzielle Eingliederung der Organgesellschaft in den Organträger ergibt sich allerdings bereits durch die 60 %ige Beteiligung der Zwischengesellschaft an der Organgesellschaft. Die unmittelbare Beteiligung des Organträgers an der Organgesellschaft von 20 % ist hier daher nicht maßgeblich.
Kommt es zu Minder- und/oder Mehrabführungen der Organgesellschaft an den Organträger, so sind diese anhand der Beteiligungsquote aufzuteilen. Sie wirken sich auf den Buchwert der Organgesellschaft beim Organträger i. H. v. 25 % und über die Beteiligungsstruktur der Zwischengesellschaft i. H. v. 75 % aus. Für die steuerlichen Einlagekonten gilt Entsprechendes.

V. Kettenorganschaft

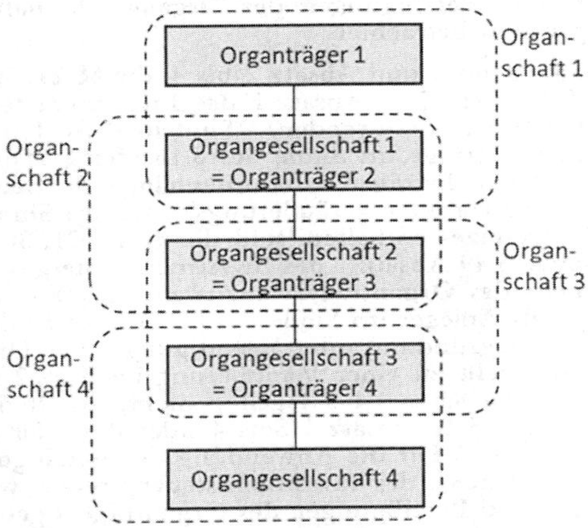

36 Im Fall einer Kettenorganschaft sind bei der Umstellung auf die Einlagelösung die bestehenden Ausgleichsposten auf allen Beteiligungsebenen aufzulösen. Auf Ebene derjenigen Gesellschaften, die zugleich Organträger und Organgesellschaft sind, ist § 15 Satz 1 Nr. 2 Satz 1 KStG anzuwenden. Die Rechtsfolgen des § 34 Abs. 6e Satz 10 KStG treten somit erst auf der Ebene des obersten Organträgers (im Schaubild Organträger 1) ein. **136**

37 Die in Rn. 36 dargestellten Grundsätze gelten auch im Falle künftiger Mehrabführungen.

KStG

§ 15 Ermittlung des Einkommens bei Organschaft

① Bei der Ermittlung des Einkommens bei Organschaft gilt abweichend von den allgemeinen Vorschriften Folgendes:

1 **1.[1] ① Ein Verlustabzug im Sinne des § 10 d des Einkommensteuergesetzes ist bei der Organgesellschaft nicht zulässig. ② Satz 1 steht einer Anwendung von § 3 a des Einkommensteuergesetzes nicht entgegen. ③ Der für § 3 c Absatz 4 Satz 4 des Einkommensteuergesetzes maßgebende Betrag ist der sich nach Anwendung von Nummer 1 a ergebende verminderte Sanierungsertrag.**

2 **1 a.[1] ① Auf einen sich nach § 3 a Absatz 3 Satz 4 des Einkommensteuergesetzes ergebenden verbleibenden Sanierungsertrag einer Organgesellschaft ist § 3 a Absatz 3 Satz 2, 3 und 5 des Einkommensteuergesetzes beim Organträger anzuwenden. ② Wird der Gewinn des Organträgers gesondert und einheitlich festgestellt, gilt § 3 a Absatz 4 des Einkommensteuergesetzes entsprechend. ③ Die Sätze 1 und 2 gelten auch, wenn die Voraussetzungen des § 14 Absatz 1 im Sanierungsjahr nicht vorliegen und das Einkommen der Organgesellschaft in einem innerhalb der letzten fünf Jahre vor dem Sanierungsjahr liegenden Veranlagungszeitraum dem Organträger gemäß § 14 Absatz 1 Satz 1 zugerechnet worden ist.**

3 **2.[2] ① § 8 b Absatz 1 bis 6 dieses Gesetzes sowie § 4 Absatz 6 und § 12 Absatz 2 Satz 1 des Umwandlungssteuergesetzes sind bei der Organgesellschaft nicht anzuwenden. ② Sind in dem dem Organträger zugerechneten Einkommen Bezüge, Gewinne oder Gewinnminderungen im Sinne des § 8 b Absatz 1 bis 3 dieses Gesetzes oder mit solchen Beträgen zusammenhängende Ausgaben im Sinne des § 3 c Absatz 2 des Einkommensteuergesetzes, ein Übernahmeverlust im Sinne des § 4 Absatz 6 des Umwandlungssteuergesetzes oder ein Gewinn oder Verlust im Sinne des § 12 Absatz 2 Satz 1 des Umwandlungssteuergesetztes enthalten, sind § 8 b dieses Gesetzes, § 4 Absatz 6 und § 12 Absatz 2 des Umwandlungssteuergesetzes sowie § 3 Nummer 40 und § 3 c Absatz 2 des Einkommensteuergesetzes bei der Ermittlung des Einkommens des Organträgers anzuwenden; in den Fällen des § 12 Absatz 2 Satz 2 des Umwandlungssteuergesetzes sind neben § 8 b dieses Gesetzes auch § 3 Nummer 40 und § 3 c Absatz 2 des Einkommensteuergesetzes entsprechend anzuwenden. ③ Satz 2 gilt nicht, soweit bei der Organgesellschaft § 8 b Abs. 7, 8 oder 10 anzuwenden ist. ④ Für die Anwendung der Beteiligungsgrenze im Sinne des § 8 b Absatz 4 in der Fassung des Artikels 1 des Gesetzes vom 21. März 2013 (BGBl. I S. 561) werden Beteiligungen der Organgesellschaft und Beteiligungen des Organträgers getrennt betrachtet.**

4 **2 a.[3] ① § 20 Absatz 1 Satz 1 bis 3 und Absatz 2 bis 4, die §§ 21, 30 Absatz 2, die §§ 42 und 43 Absatz 3, § 44 sowie § 49 Absatz 1 des Investmentsteuergesetzes sind bei der Organgesellschaft nicht anzuwenden. ② Sind in dem dem Organträger zugerechneten Einkommen Erträge im Sinne des § 16 oder § 34 des Investmentsteuergesetzes oder mit solchen Erträgen zusammenhängende Betriebsvermögensminderungen, Betriebsausgaben oder Veräußerungskosten im Sinne des § 21 oder § 44 des Investmentsteuergesetzes enthalten, sind die §§ 20, 21, 30 Absatz 2, die §§ 42, 43 Absatz 3, § 44 sowie § 49 Absatz 1 des Investmentsteuergesetzes bei der Ermittlung des Einkommens des Organträgers anzuwenden. ③ Für Zwecke des Satzes 2 gilt der Organträger als Anleger im Sinne des § 2 Absatz 10 des Investmentsteuergesetzes. ④ Die bloße Begründung oder Beendigung einer Organschaft nach § 14 Absatz 1 Satz 1 führt nicht zu einer Veräußerung nach § 22 Absatz 1 des Investmentsteuergesetzes. ⑤ Die Sätze 1 bis 4 gelten nicht, soweit die Organgesellschaft die Voraussetzungen des § 20 Absatz 1 Satz 4 oder des § 30 Absatz 3 des Investmentsteuergesetzes erfüllt. ⑥ Für die Anwendung der Beteiligungsgrenze im Sinne des § 30 Absatz 2 Nummer 2 des Investmentsteuergesetzes werden Beteiligungen der Organgesellschaft und Beteiligungen des Organträgers getrennt betrachtet.**

5 **3. ① § 4 h des Einkommensteuergesetzes ist bei der Organgesellschaft nicht anzuwenden. ② Organträger und Organgesellschaften gelten als ein Betrieb im Sinne des § 4 h des Einkommensteuergesetzes. ③ Sind in dem dem Organträger zugerechneten Einkommen der Organgesellschaften Zinsaufwendungen und Zinserträge im Sinne des § 4 h Abs. 3 des Einkommensteuergesetzes enthalten, sind diese bei Anwendung des § 4 h Abs. 1 des Einkommensteuergesetzes beim Organträger einzubeziehen.**

[1] **§ 15 Satz 1 Nr. 1 Sätze 2 und 3** sowie **§ 15 Satz 1 Nr. 1 a** erstmals anzuwenden für VZ 2017, sowie auf Antrag für VZ auch vor 2017 (§ 34 Abs. 3 d).

[2] **§ 15 Satz 1 Nr. 2 Satz 1 und 2 in dieser Fassung erstmals anzuwenden** auf Umwandlungen, bei denen die Anmeldung zur Eintragung in das für die Wirksamkeit des jeweiligen Vorgangs maßgebende öffentliche Register nach dem 12. Dezember 2019 erfolgt ist (§ 34 Abs. 6 g).

[3] **§ 15 Satz 1 Nr. 2 a** erstmals anzuwenden für VZ 2018 (vgl. § 34 Abs. 6 f).

4. ① § 8 Abs. 3 Satz 2 und Abs. 7 ist bei der Organgesellschaft auf Dauerverlustgeschäfte im Sinne des § 8 Abs. 7 Satz 2 nicht anzuwenden. ② Sind in dem dem Organträger zugerechneten Einkommen Verluste aus Dauerverlustgeschäften im Sinne des § 8 Abs. 7 Satz 2 enthalten, ist § 8 Abs. 3 Satz 2 und Abs. 7 bei der Ermittlung des Einkommens des Organträgers anzuwenden. 6

5. ① § 8 Abs. 9 ist bei der Organgesellschaft nicht anzuwenden. ② Sind in dem dem Organträger zugerechneten Einkommen Einkommen einer Kapitalgesellschaft enthalten, auf die § 8 Abs. 7 Satz 1 Nr. 2 anzuwenden ist, ist § 8 Abs. 9 bei der Ermittlung des Einkommens des Organträgers anzuwenden. 7

② Nummer 2 gilt entsprechend für Gewinnanteile aus der Beteiligung an einer ausländischen Gesellschaft, die nach den Vorschriften eines Abkommens zur Vermeidung der Doppelbesteuerung von der Besteuerung auszunehmen sind. ③[1] Bei Anwendung des Satzes 2 finden § 16 Absatz 4 sowie § 43 Absatz 1 Satz 3 des Investmentsteuergesetzes beim Organträger Anwendung. ④[1] Für Zwecke des Satzes 3 gilt der Organträger als Anleger im Sinne des § 2 Absatz 10 des Investmentsteuergesetzes. 8

R 15. Einkommensermittlung bei der Organgesellschaft

R 15

Ein Verlustabzug aus der Zeit vor dem Abschluss des GAV darf das Einkommen der Organgesellschaft, das sie während der Geltungsdauer des GAV bezieht, nicht mindern (§ 15 Satz 1 Nr. 1 KStG). 11

H 15

H 15

Anwendung der Zinsschranke im Organkreis. → BMF vom 4. 7. 2008, BStBl. I S. 718.[2] 13

Beteiligungserträge der Organgesellschaft. Zu den steuerfreien Beteiligungserträgen der Organgesellschaft → BMF vom 26. 8. 2003, BStBl. I S. 437 Rn. 21 ff.[3]

Dauerverlustgeschäft der Organgesellschaft (§ 8 Abs. 7 KStG). → BMF vom 12. 11. 2009, BStBl. I S. 1303 Rn. 90 ff.[4]

Spartenrechnung für die Organgesellschaft (§ 8 Abs. 9 KStG). → BMF vom 12. 11. 2009, BStBl. I S. 1303 Rn. 90 ff.[4]
→ BMF vom 21. 5. 2019, BStBl. I S. 527.

---

[1] **§ 15 neue Sätze 3 und 4 erstmals anzuwenden** für VZ 2018 (vgl. § 34 Abs. 6 f).
[2] Letztmals abgedruckt als Anl zu H 8 a im „Handbuch zur Körperschaftsteuerveranlagung 2021". **Weiterhin abrufbar im Online-Modul über das Inhaltsverzeichnis.** Zudem abgedruckt als Anl zu § 4 h im „Handbuch zur Einkommensteuerveranlagung".
[3] Abgedruckt als Anl a zu H 14.1.
[4] Abgedruckt als Anl a zu H 4.1.

KStG

§ 16 Ausgleichszahlungen

1 **① Die Organgesellschaft hat ihr Einkommen in Höhe von $^{20}/_{17}$ der geleisteten Ausgleichszahlungen selbst zu versteuern. ② Ist die Verpflichtung zum Ausgleich vom Organträger erfüllt worden, so hat die Organgesellschaft $^{20}/_{17}$ der geleisteten Ausgleichszahlungen anstelle des Organträgers zu versteuern.**

R 16

R 16. Ausgleichszahlungen

8 (1) ① Ausgleichszahlungen, die in den Fällen der §§ 14, 17 KStG an außenstehende Anteilseigner gezahlt werden, dürfen nach § 4 Abs. 5 Satz 1 Nr. 9 EStG weder den Gewinn der Organgesellschaft noch den Gewinn des Organträgers mindern. ② Die Organgesellschaft hat ihr Einkommen i. H. v. $^{20}/_{17}$ der geleisteten Ausgleichszahlungen stets selbst zu versteuern, auch wenn die Verpflichtung zum Ausgleich von dem Organträger erfüllt worden oder ihr Einkommen negativ ist.

9 (2) ① Hat die Organgesellschaft selbst die Ausgleichszahlungen zu Lasten ihres Gewinns geleistet, ist dem Organträger das um $^{20}/_{17}$ der Ausgleichszahlungen verminderte Einkommen der Organgesellschaft zuzurechnen. ② Leistet die Organgesellschaft trotz eines steuerlichen Verlustes die Ausgleichszahlungen, erhöht sich ihr dem Organträger zuzurechnendes negatives Einkommen; die Organgesellschaft hat $^{20}/_{17}$ der Ausgleichszahlungen als (positives) Einkommen selbst zu versteuern. ③ Hat dagegen der Organträger die Ausgleichszahlungen geleistet, gilt Folgendes:

1. Das Einkommen des Organträgers wird um die Ausgleichszahlungen vermindert.
2. Die Organgesellschaft hat $^{20}/_{17}$ der Ausgleichszahlungen zu versteuern.
3. Das von der Organgesellschaft erwirtschaftete Einkommen ist dem Organträger nach § 14 Abs. 1 Satz 1 KStG zuzurechnen.

④ Satz 3 gilt auch, wenn der Organträger die Ausgleichszahlungen trotz eines steuerlichen Verlustes geleistet hat.

KStG

§ 17 Andere Kapitalgesellschaften als Organgesellschaft

(1) ① Die §§ 14 bis 16 gelten entsprechend, wenn eine andere als die in § 14 Absatz 1 Satz 1 bezeichnete Kapitalgesellschaft mit Geschäftsleitung im Inland und Sitz in einem Mitgliedstaat der Europäischen Union oder in einem Vertragsstaat des EWR-Abkommens sich wirksam verpflichtet, ihren ganzen Gewinn an ein anderes Unternehmen im Sinne des § 14 abzuf. ② Weitere Voraussetzung ist, dass 1

1. eine Gewinnabführung den in § 301 des Aktiengesetzes genannten Betrag nicht überschreitet und

2.[1, 2] eine Verlustübernahme durch Verweis auf die Vorschriften des § 302 des Aktiengesetzes in seiner jeweils gültigen Fassung vereinbart wird.

(2)[3, 4] Für die Anwendung des Absatzes 1 Satz 2 Nummer 2 gilt § 34 Absatz 10 b in der Fassung des Artikels 12 des Gesetzes vom 18. Dezember 2013 (BGBl. I S. 4318) entsprechend fort. 2

R 17

R 17. Andere Kapitalgesellschaften als Organgesellschaft

(1) ① Ist die Organgesellschaft eine GmbH, ist der GAV zivilrechtlich nur wirksam, wenn die Gesellschafterversammlungen der beherrschten und der herrschenden Gesellschaft dem Vertrag zustimmen und seine Eintragung in das Handelsregister der beherrschten Gesellschaft erfolgt. ② Der Zustimmungsbeschluss der Gesellschafterversammlung der beherrschten Gesellschaft bedarf der notariellen Beurkundung. 11

(2) Nach § 17 KStG ist Voraussetzung für die steuerliche Anerkennung einer anderen als der in § 14 Abs. 1 Satz 1 KStG bezeichneten Kapitalgesellschaft als Organgesellschaft, dass diese sich wirksam verpflichtet, ihren ganzen Gewinn an ein anderes Unternehmen i. S. d. § 14 KStG abzuführen, und die Gewinnabführung den in § 301 AktG genannten Betrag nicht überschreitet. 12

(3) Die Verlustübernahme muss durch den Verweis auf die Vorschriften des § 302 AktG in seiner jeweils gültigen Fassung vereinbart werden. 13

(4) → R 14.5 gilt entsprechend. 14

H 17

H 17

Anwendungsschreiben zur Option zur Körperschaftsteuer. → BMF vom 10. 11. 2021, BStBl. I S. 2212.[5] 16

Verweis auf § 302 AktG in allen vor dem 27. 2. 2013 geschlossenen Gewinnabführungsverträgen. → BMF-Schreiben vom 24. 3. 2021, BStBl. I S. 379, für Altfälle gilt H 17 KStH 2015[6].

Zivilrechtlich unwirksamer Gewinnabführungsvertrag. Entgegen § 41 Abs. 1 Satz 1 AO ist ein zivilrechtlich nicht wirksamer GAV steuerlich auch dann unbeachtlich, wenn die Vertragsparteien den Vertrag als wirksam behandelt und tatsächlich durchgeführt haben (→ BFH vom 30. 7. 1997, I R 7/97, BStBl. 1998 II S. 33).

KStG

§ 18 *(aufgehoben)*[7]

---

[1] § 17 Satz 2 Nr. 2 i. d. F. des Gesetzes vom 20. 2. 2013 (BGBl. I S. 285).

[2] Der Verstoß gegen die Pflicht der §§ 352, 353 HGB zur Verzinsung eines Verlustausgleichsanspruchs bzw. der Verzicht auf eine Verzinsung im Rahmen einer Organschaft hat keine Auswirkungen auf die steuerliche Anerkennung der Organschaft. *Vgl. BMF-Schrb. v. 15. 10. 2007 IV B 7 – S 2770/0, BStBl. 2007 I S. 765.*

[3] § 17 Abs. 2 betrifft VZ vor 2015.

[4] **Wortlaut des § 34 Abs. 10 b a. F.:**

(10 b) ① § 17 Satz 2 Nummer 2 in der Fassung des Artikels 2 des Gesetzes vom 20. Februar 2013 (BGBl. I S. 285) ist erstmals auf Gewinnabführungsverträge anzuwenden, die nach dem Tag des Inkrafttretens dieses Gesetzes ***[Red. Anm.: 26. Februar 2013]*** abgeschlossen oder geändert werden. ② Enthält ein Gewinnabführungsvertrag, der vor diesem Zeitpunkt wirksam abgeschlossen wurde, keinen den Anforderungen des § 17 Satz 2 Nummer 2 in der Fassung der Bekanntmachung vom 15. Oktober 2002 (BGBl. I S. 4144), das zuletzt durch Artikel 4 des Gesetzes vom 7. Dezember 2011 (BGBl. I S. 2592) geändert worden ist, entsprechenden Verweis auf § 302 des Aktiengesetzes, steht dies der Anwendung der §§ 14 bis 16 für Veranlagungszeiträume, die vor dem 1. Januar 2015 enden, nicht entgegen, wenn eine Verlustübernahme entsprechend § 302 des Aktiengesetzes tatsächlich erfolgt ist und eine Verlustübernahme entsprechend § 17 Satz 2 Nummer 2 in der Fassung des Artikels 2 des Gesetzes vom 20. Februar 2013 (BGBl. I S. 285) bis zum Ablauf des 31. Dezember 2014 wirksam vereinbart wird. ③ Für die Anwendung des Satzes 2 ist die Vereinbarung einer Verlustübernahme entsprechend § 17 Satz 2 Nummer 2 in der Fassung des Artikels 2 des Gesetzes vom 20. Februar 2013 (BGBl. I S. 285) nicht erforderlich, wenn die steuerliche Organschaft vor dem 1. Januar 2015 beendet wurde. ④ Die Änderung im Sinne des Satzes 2 eines bestehenden Gewinnabführungsvertrags gilt für die Anwendung des § 14 Absatz 1 Satz 1 Nummer 3 nicht als Neuabschluss.

[5] Abgedruckt als Anl zu H 1 a.

[6] H 17 KStH 2015 letztmals abgedruckt im „Handbuch zur Körperschaftsteuerveranlagung 2021".

[7] § 18 aufgehoben mit Wirkung ab VZ 2012.

KStG

§ 19[1] Steuerabzug bei dem Organträger

1 (1) **Sind bei der Organgesellschaft die Voraussetzungen für die Anwendung besonderer Tarifvorschriften erfüllt, die einen Abzug von der Körperschaftsteuer vorsehen, und unterliegt der Organträger der unbeschränkten Körperschaftsteuerpflicht, sind diese Tarifvorschriften beim Organträger so anzuwenden, als wären die Voraussetzungen für ihre Anwendung bei ihm selbst erfüllt.**

2 (2) **Unterliegt der Organträger der unbeschränkten Einkommensteuerpflicht, gilt Absatz 1 entsprechend, soweit für die Einkommensteuer gleichartige Tarifvorschriften wie für die Körperschaftsteuer bestehen.**

3 (3) **Unterliegt der Organträger nicht der unbeschränkten Körperschaftsteuer- oder Einkommensteuerpflicht, gelten die Absätze 1 und 2 entsprechend, soweit die besonderen Tarifvorschriften bei beschränkt Steuerpflichtigen anwendbar sind.**

4 (4)[1] ① **Ist der Organträger eine Personengesellschaft, gelten die Absätze 1 bis 3 für die Gesellschafter der Personengesellschaft entsprechend.** ② **Bei jedem Gesellschafter ist der Teilbetrag abzuziehen, der dem auf den Gesellschafter entfallenden Bruchteil des dem Organträger zuzurechnenden Einkommens der Organgesellschaft entspricht.**

5 (5) **Sind in dem Einkommen der Organgesellschaft Betriebseinnahmen enthalten, die einem Steuerabzug unterlegen haben, so ist die einbehaltene Steuer auf die Körperschaftsteuer oder die Einkommensteuer des Organträgers oder, wenn der Organträger eine Personengesellschaft ist, anteilig auf die Körperschaftsteuer oder die Einkommensteuer der Gesellschafter anzurechnen.**

R 19

R 19. Anwendung besonderer Tarifvorschriften

11 (1) ① Eine besondere Tarifvorschrift i. S. d. § 19 Abs. 1 KStG ist z. B. § 26 KStG. ② Die Voraussetzungen der Steuerermäßigung müssen bei der Organgesellschaft erfüllt sein. ③ Der Abzug von der Steuer ist beim Organträger vorzunehmen. ④ Ist die Steuerermäßigung der Höhe nach auf einen bestimmten Betrag begrenzt, richtet sich dieser Höchstbetrag nach den steuerlichen Verhältnissen beim Organträger.

12 (2) Ist in dem zugerechneten Einkommen der Organgesellschaft (→ R 14.6) ein Veräußerungsgewinn i. S. d. § 16 EStG enthalten, kann der Organträger, auch wenn er eine natürliche Person ist, dafür die Steuervergünstigung des § 34 EStG nicht in Anspruch nehmen.

---

[1] § 19 in dieser Fassung erstmals anzuwenden für den VZ 2012 (§ 34 Abs. 7).

KStG

Drittes Kapitel. Sondervorschriften für Versicherungen und Pensionsfonds[1]

§ 20 Schwankungsrückstellungen, Schadenrückstellungen

(1)[2] ① Für die Bildung der Rückstellungen zum Ausgleich des schwankenden Jahresbedarfs sind insbesondere folgende Voraussetzungen erforderlich: 1

1. Es muss nach den Erfahrungen in dem betreffenden Versicherungszweig mit erheblichen Schwankungen des Jahresbedarfs zu rechnen sein. 2

2. ① Die Schwankungen des Jahresbedarfs dürfen nicht durch die Prämien ausgeglichen werden. ② Sie müssen aus den am Bilanzstichtag bestehenden Versicherungsverträgen herrühren und dürfen nicht durch Rückversicherungen gedeckt sein. 3

② Auf Schwankungsrückstellungen und ähnliche Rückstellungen im Sinne des § 341 h des Handelsgesetzbuchs ist § 6 Absatz 1 Nummer 3 a Buchstabe e des Einkommensteuergesetzes nicht anzuwenden.

(2)[3] ① Bei Rückstellungen für noch nicht abgewickelte Versicherungsfälle (§ 341 g des Handelsgesetzbuchs) sind die Erfahrungen im Sinne des § 6 Abs. 1 Nr. 3 a Buchstabe a des Einkommensteuergesetzes für jeden Versicherungszweig zu berücksichtigen, für den nach aufsichtsrechtlichen Vorschriften eine gesonderte Gewinn- und Verlustrechnung aufzustellen ist. ② Die Summe der einzelbewerteten Schäden des Versicherungszweiges ist um den Betrag zu mindern (Minderungsbetrag), der wahrscheinlich insgesamt nicht zur Befriedigung der Ansprüche für die Schäden benötigt wird. ③ Für Zwecke der Sätze 1 und 2 haben die Niederlassungen der Versicherungsunternehmen im Sinne des § 341 Absatz 2 Satz 2 des Handelsgesetzbuchs die auf Grund des § 55 a des Versicherungsaufsichtsgesetzes in der am 31. Dezember 2015 geltenden Fassung erlassene Verordnung über die Berichterstattung von Versicherungsunternehmen gegenüber der Bundesanstalt für Finanzdienstleistungsaufsicht entsprechend anzuwenden. 4

H 20

H 20

Abzinsung der Schadenrückstellungen. Anwendung des § 6 Abs. 1 Nr. 3 a EStG, Pauschalverfahren → BMF vom 16. 8. 2000, BStBl. I S. 1218 und → BMF vom 20. 10. 2016, BStBl. I S. 1145. 11

Bewertung der Schadenrückstellungen. Ermittlung des Minderungsbetrags nach § 20 Abs. 2 KStG → BMF vom 5. 5. 2000, BStBl. I S. 487.

---

[1] Überschrift des Dritten Kapitels zum Zweiten Teil in dieser Fassung anzuwenden ab VZ 2016.

[2] **§ 20 Abs. 1 Satz 2 auch anzuwenden für VZ vor 2016 (§ 34 Abs. 7 a Satz 1).**

[3] Zur Anwendung von § 20 Abs. 2 siehe § 34 Abs. 7 a.

KStG

§ 21[1, 2] Beitragsrückerstattungen

(1) ① Aufwendungen für Beitragsrückerstattungen und Direktgutschriften, die für das selbst abgeschlossene Geschäft gewährt werden, sind abziehbar

1 **1. in dem nach Art der Lebensversicherung betriebenen Geschäft bis zu einem Höchstbetrag, der sich auf Grundlage des nach handelsrechtlichen Vorschriften ermittelten Jahresergebnisses für das selbst abgeschlossene Geschäft ohne Berücksichtigung eines Gewinnabführungsvertrages ermittelt. ② Diese Grundlage erhöht sich um die für Beitragsrückerstattungen und Direktgutschriften aufgewendeten Beträge, soweit die Beträge das Jahresergebnis gemindert haben. ③ Sie mindert sich um den Nettoertrag des Eigenkapitals am Beginn des Wirtschaftsjahrs. ④ Als Eigenkapital gilt das nach den Vorschriften der auf Grund des § 39 des Versicherungsaufsichtsgesetzes erlassenen Verordnungen über die Berichterstattung von Versicherungsunternehmen zu ermittelnde Eigenkapital zuzüglich 10 Prozent des ungebundenen Teils der Rückstellung für Beitragsrückerstattung. ⑤ Als Nettoertrag gilt 70 Prozent der Differenz zwischen Erträgen und Aufwendungen aus Kapitalanlagen, die anteilig auf das Eigenkapital entfallen. ⑥ Dabei sind die Kapitalanlagen auszusondern, bei denen das Anlagerisiko nicht vom Versicherungsunternehmen getragen wird. ⑦ Als Höchstbetrag mindestens abziehbar sind die Aufwendungen, die auf Grund gesetzlicher Vorschriften zu gewähren sind. ⑧ Die Sätze 1 bis 7 sind für Pensionsfonds entsprechend anzuwenden,**

2 **2. in den übrigen Versicherungsgeschäften auf Grund des versicherungstechnischen Überschusses bis zur Höhe des Überschusses, der sich aus den Beitragseinnahmen nach Abzug aller anteiligen abziehbaren und nichtabziehbaren Betriebsausgaben einschließlich der Versicherungsleistungen, Rückstellungen und Rechnungsabgrenzungsposten ergibt. ② Der Berechnung des Überschusses sind die auf das Wirtschaftsjahr entfallenden Beitragseinnahmen und Betriebsausgaben des einzelnen Versicherungszweiges aus dem selbst abgeschlossenen Geschäft für eigene Rechnung zugrunde zu legen.**

3 **② Der nach Satz 1 Nummer 1 für den Abzug maßgebliche Betrag ist in dem Verhältnis abziehbar, wie die für die Beitragsrückerstattung maßgeblichen Überschüsse am Kapitalanlageergebnis im Geltungsbereich dieses Gesetzes dem Grunde nach steuerpflichtig und nicht steuerbefreit sind. ③ Ist maßgeblicher Betrag der sich nach Satz 1 Nummer 1 Satz 7 ergebende Betrag, ist Satz 2 nur für Aufwendungen aus dem Kapitalanlageergebnis anzuwenden.**

4 **(2) § 6 Absatz 1 Nummer 3 a des Einkommensteuergesetzes ist nicht anzuwenden.**

H 21

H 21

11 **Beitragsrückerstattung bei Versicherungsunternehmen.** → BMF vom 12. 12. 2019, BStBl. I S. 1376.

Erfolgsabhängige Beitragsrückerstattungen. Beitragsrückerstattungen in der Lebens- und Krankenversicherung, die sich nach dem Jahresüberschuss bemessen, sind nach § 21 KStG nur beschränkt abziehbar (→ BFH vom 7. 3. 2007, I R 61/05, BStBl. II S. 589).

---

[1] **§ 21 in dieser Fassung erstmals anzuwenden für den VZ 2019** (§ 34 Abs. 8 Satz 2 Nr. 1); **auf Antrag bereits anwendbar für VZ 2018,** siehe dazu § 34 Abs. 8 Satz 2 Nr. 2.

[2] Fassung von **§ 21 a. F.** letztmals abgedruckt im „Handbuch zur Körperschaftsteuerveranlagung 2018".

§ 21 a Deckungsrückstellungen

KStG

(1)[1] ① **§ 6 Abs. 1 Nr. 3 a Buchstabe e des Einkommensteuergesetzes ist von Versicherungsunternehmen und Pensionsfonds mit der Maßgabe anzuwenden, dass Deckungsrückstellungen im Sinne des § 341 f des Handelsgesetzbuchs mit dem sich für die zugrunde liegenden Verträge aus der Bestimmung in Verbindung mit § 25 der Verordnung über die Rechnungslegung von Versicherungsunternehmen oder in Verbindung mit der auf Grund des § 240 Satz 1 Nummer 10 des Versicherungsaufsichtsgesetzes erlassenen Rechtsverordnung ergebenden Höchstzinssatz oder einem niedrigeren zulässigerweise verwendeten Zinssatz abgezinst werden können.** ② **Für die von Schaden- und Unfallversicherungsunternehmen gebildeten Renten-Deckungsrückstellungen kann der Höchstzinssatz, der sich auf Grund der nach § 217 Satz 1 Nummer 7 des Versicherungsaufsichtsgesetzes erlassenen Rechtsverordnung ergibt, oder ein niedrigerer zulässigerweise verwendeter Zinssatz zugrunde gelegt werden.** 1

(2) **Soweit die in Absatz 1 genannten versicherungsrechtlichen Bestimmungen auf Versicherungsunternehmen mit Sitz in einem anderen Mitgliedsstaat der Europäischen Union oder in einem anderen Vertragsstaat des EWR-Abkommens keine Anwendung finden, können diese entsprechend verfahren.** 2

§ 21 b *(aufgehoben)*[2]

---

[1] Zur Anwendung von § 21 a Absatz 1 siehe § 34 Abs. 8 a.

[2] § 21 b aufgehoben mit Wirkung ab VZ 2016; letztmals abgedruckt im „Handbuch zur Körperschaftsteuerveranlagung 2015".

KStG

Viertes Kapitel. Sondervorschriften für Genossenschaften

§ 22 Genossenschaftliche Rückvergütung

1 **(1) ① Rückvergütungen der Genossenschaften an ihre Mitglieder sind nur insoweit als Betriebsausgaben abziehbar, als die dafür verwendeten Beträge im Mitgliedergeschäft erwirtschaftet worden sind. ② Zur Feststellung dieser Beträge ist der Überschuss**

1. bei Absatz- und Produktionsgenossenschaften im Verhältnis des Wareneinkaufs bei Mitgliedern zum gesamten Wareneinkauf,

2. bei den übrigen Genossenschaften im Verhältnis des Mitgliederumsatzes zum Gesamtumsatz

aufzuteilen. ③ Der hiernach sich ergebende Gewinn aus dem Mitgliedergeschäft bildet die obere Grenze für den Abzug. ④ Überschuss im Sinne des Satzes 2 ist das um den Gewinn aus Nebengeschäften geminderte Einkommen vor Abzug der genossenschaftlichen Rückvergütungen und des Verlustabzugs.

2 **(2) ① Voraussetzung für den Abzug nach Absatz 1 ist, dass die genossenschaftliche Rückvergütung unter Bemessung nach der Höhe des Umsatzes zwischen den Mitgliedern und der Genossenschaft bezahlt ist und dass sie**

1. auf einem durch die Satzung der Genossenschaft eingeräumten Anspruch des Mitglieds beruht oder

2. durch Beschluss der Verwaltungsorgane der Genossenschaft festgelegt und der Beschluss den Mitgliedern bekannt gegeben worden ist oder

3. in der Generalversammlung beschlossen worden ist, die den Gewinn verteilt.

3 **② Nachzahlungen der Genossenschaft für Lieferungen oder Leistungen und Rückzahlungen von Unkostenbeiträgen sind wie genossenschaftliche Rückvergütungen zu behandeln.**

Übersicht

R 22

R 22. Genossenschaftliche Rückvergütung

11 | (1) Vom Vorliegen einer Genossenschaft ist von der Eintragung bis zur Löschung im Genossenschaftsregister auszugehen.

12 (2) ① Preisnachlässe (Rabatte, Boni), die sowohl Mitgliedern als auch Nichtmitgliedern gewährt werden, gehören nicht zu den genossenschaftlichen Rückvergütungen. ② Sie sind abziehbare Betriebsausgaben. ③ Der Unterschied zwischen dem Preisnachlass und der genossenschaftlichen Rückvergütung besteht darin, dass der Preisnachlass bereits vor oder bei Abschluss des Rechtsgeschäfts vereinbart wird, während die genossenschaftliche Rückvergütung erst nach Ablauf des Wj. beschlossen wird.

13 (3) Eine Verpflichtung zur Einzahlung auf die Geschäftsanteile wird durch eine Regelung in der Satzung auch dann begründet, wenn die Bestimmung über Zeitpunkt und Betrag der Leistungen der Generalversammlung übertragen ist.

14 (4) ① Die genossenschaftlichen Rückvergütungen sind bei der Ermittlung des Gewinns des Wj., für das sie gewährt werden, auch dann abzuziehen bzw. in der Jahresschlussbilanz durch eine Rückstellung zu berücksichtigen, wenn sie nach Ablauf des Wj. – spätestens bei Feststellung des Jahresabschlusses durch die Generalversammlung – dem Grunde nach beschlossen werden. ② Sie müssen aber, ohne dass es dabei auf den Zeitpunkt der Aufstellung oder Errichtung der steuerlichen Gewinnermittlung ankommt, spätestens bis zum Ablauf von zwölf Monaten nach dem Ende des Wj. gezahlt oder gutgeschrieben worden sein. ③ In besonders begründeten Einzelfällen kann das Finanzamt diese Frist nach Anhörung des Prüfungsverbands verlängern. ④ Werden die genossenschaftlichen Rückvergütungen nicht innerhalb dieser Frist gezahlt oder gutgeschrieben, können sie auch im Wj. der Zahlung nicht abgezogen werden. ⑤ Die Gewährung von genossenschaftlichen Rückvergütungen darf nicht von bestimmten Voraussetzungen abhängig gemacht werden, z. B. davon, dass das Mitglied seine Zahlungsverpflichtungen gegenüber der Genossenschaft stets pünktlich erfüllt und keinen Kredit in Anspruch nimmt. ⑥ Die Aufrechnung von genossenschaftlichen Rückvergütungen mit Schulden der Genossen an die Genossenschaft wird dadurch nicht berührt.

15 (5) ① Genossenschaftliche Rückvergütungen sind nach § 22 KStG nur dann abziehbare Betriebsausgaben, wenn sie – von der für Geschäftssparten zugelassenen Ausnahme abgesehen – nach der Höhe des Umsatzes (Warenbezugs) bemessen und allen Mitgliedern in gleichen Pro-

zentsätzen des Umsatzes gewährt werden. ② Eine Abstufung nach der Art der umgesetzten Waren (Warengruppen) oder nach der Höhe des Umsatzes mit den einzelnen Mitgliedern (Umsatzgruppen) ist nicht zulässig. ③ Das gilt nicht für die Umsätze der Konsumgenossenschaften in Tabakwaren, weil nach dem Tabaksteuergesetz auf die Tabakwaren im Einzelhandel weder Rabatte noch genossenschaftliche Rückvergütungen gewährt werden dürfen. ④ Die in der Regelung des Satzes 2 zum Ausdruck kommende Auffassung steht auch einer Bemessung der genossenschaftlichen Rückvergütung nach zeitlichen Gesichtspunkten entgegen. ⑤ Die Abziehbarkeit der genossenschaftlichen Rückvergütung setzt u. a. voraus, dass die Rückvergütung nach einem einheitlichen, für das ganze Wj. geltenden Prozentsatz berechnet wird. ⑥ Die genossenschaftlichen Rückvergütungen dürfen indessen für solche Geschäftssparten nach unterschiedlichen Prozentsätzen des Umsatzes bemessen werden, die als Betriebsabteilungen im Rahmen des Gesamtbetriebs der Genossenschaft eine gewisse Bedeutung haben, z. B. Bezugsgeschäft, Absatzgeschäft, Kreditgeschäft, Produktion, Leistungsgeschäft. ⑦ Dabei ist in der Weise zu verfahren, dass zunächst der im Gesamtbetrieb erzielte Überschuss i. S. v. § 22 Abs. 1 KStG im Verhältnis der Mitgliederumsätze zu den Nichtmitgliederumsätzen aufgeteilt wird. ⑧ Bei der Feststellung dieses Verhältnisses scheiden die → Nebengeschäfte, die → Hilfsgeschäfte und die → Gegengeschäfte aus. ⑨ Der errechnete Anteil des Überschusses, der auf Mitgliederumsätze entfällt, bildet die Höchstgrenze für die an Mitglieder ausschüttbaren steuerlich abziehbaren genossenschaftlichen Rückvergütungen. ⑩ Die Genossenschaft darf den so errechneten Höchstbetrag der steuerlich abziehbaren Rückvergütungen nach einem angemessenen Verhältnis auf die einzelnen Geschäftssparten verteilen und in den einzelnen Geschäftssparten verschieden hohe Rückvergütungen gewähren. ⑪ Es ist nicht zulässig, für jede einzelne Geschäftssparte die höchstzulässige abziehbare Rückvergütung an Mitglieder unter Zugrundelegung der in den einzelnen Geschäftssparten erwirtschafteten Überschüsse zu berechnen, es sei denn, es treffen verschiedenartige Umsätze, z. B. Provisionen und Warenumsätze, zusammen mit der Folge, dass in den einzelnen Geschäftssparten sowohl das Verhältnis des in der Geschäftssparte erwirtschafteten Überschusses zu dem in der Geschäftssparte erzielten Umsatz als auch das Verhältnis des in der Geschäftssparte erzielten Mitgliederumsatzes zu dem in der Geschäftssparte insgesamt erzielten Umsatz große Unterschiede aufweist. ⑫ In diesen Fällen kann wie folgt verfahren werden: ⑬ Der im Gesamtbetrieb erzielte Überschuss i. S. v. § 22 Abs. 1 KStG wird in einem angemessenen Verhältnis auf die einzelnen Geschäftssparten aufgeteilt. ⑭ Von dem danach auf die einzelne Geschäftssparte entfallenden Betrag (Spartenüberschuss) wird der auf das Mitgliedergeschäft entfallende Anteil errechnet, als ob es sich bei der Geschäftssparte um eine selbständige Genossenschaft handelte. ⑮ Die Summe der in den Geschäftssparten auf das → Mitgliedergeschäft entfallenden Anteile bildet die Höchstgrenze für die an die Mitglieder ausschüttbaren steuerlich abziehbaren genossenschaftlichen Rückvergütungen. R 22

(6) ① Wird der Gewinn einer Genossenschaft z. B. auf Grund einer Betriebsprüfung nachträglich erhöht, kann die nachträgliche Ausschüttung des Mehrgewinns – soweit sich dieser in den Grenzen des § 22 KStG hält – als genossenschaftliche Rückvergütung steuerlich als Betriebsausgabe behandelt werden, wenn der Mehrgewinn in einer nach dem GenG geänderten Handelsbilanz ausgewiesen ist und die Rückvergütung ordnungsgemäß beschlossen worden ist. ② Gewinnanteile, die schon bisher in der Handelsbilanz ausgewiesen, aber in Reserve gestellt waren, dürfen mit steuerlicher Wirkung nachträglich nicht ausgeschüttet werden. ③ Das Ausschüttungsrecht ist verwirkt. ④ Wird eine bisher nach § 5 Abs. 1 Nr. 14 KStG steuerbefreite land- oder forstwirtschaftliche Nutzungs- oder Verwertungsgenossenschaft später, z. B. aufgrund der Feststellungen durch eine Betriebsprüfung, körperschaftsteuerpflichtig, können auch die bisher von der Genossenschaft in Reserve gestellten Gewinne nachträglich mit gewinnmindernder Wirkung als genossenschaftliche Rückvergütungen ausgeschüttet werden. ⑤ Die nachträglich gewährten genossenschaftlichen Rückvergütungen müssen innerhalb von drei Monaten, vom Zeitpunkt des Ausschüttungsbeschlusses an gerechnet, bezahlt werden. ⑥ Das Finanzamt kann die Frist nach Anhörung des Prüfungsverbands angemessen verlängern. **16**

(7) ① Der Gewinn aus → Nebengeschäften ist, wenn er buchmäßig nachgewiesen wird, mit dem buchmäßig nachgewiesenen Betrag zu berücksichtigen. ② Kann der Gewinn aus → Nebengeschäften buchmäßig nicht nachgewiesen werden, ist der um die anteiligen Gemeinkosten geminderte Rohgewinn anzusetzen. ③ Welche Kosten den Gemeinkosten und welche Kosten den mit den → Nebengeschäften zusammenhängenden Einzelkosten zuzurechnen sind, ist nach den im Einzelfall gegebenen Verhältnissen zu entscheiden. ④ Die anteiligen Gemeinkosten können aus Vereinfachungsgründen mit dem Teilbetrag berücksichtigt werden, der sich bei Aufteilung der gesamten Gemeinkosten nach dem Verhältnis der Roheinnahmen aus → Nebengeschäften zu den gesamten Roheinnahmen ergibt. ⑤ Unter den als Aufteilungsmaßstab für die gesamten Gemeinkosten dienenden Roheinnahmen ist der Umsatz zu verstehen. ⑥ In Einzelfällen, z. B. bei Warengenossenschaften, können die gesamten Gemeinkosten statt nach den Roheinnahmen (Umsätzen) aus → Nebengeschäften nach den entsprechenden Rohgewinnen aufgeteilt werden, wenn dadurch ein genaueres Ergebnis erzielt wird. ⑦ Soweit Verluste aus einzelnen → Nebengeschäften erzielt worden sind, sind sie bei der Ermittlung des gesamten Gewinns aus → Nebengeschäften mindernd zu berücksichtigen. **17**

18 (8) ① Bei Absatz- und Produktionsgenossenschaften ist der Überschuss im Verhältnis des Wareneinkaufs bei Mitgliedern zum gesamten Wareneinkauf aufzuteilen. ② Beim gesamten Wareneinkauf sind zu berücksichtigen:

Einkäufe bei Mitgliedern
Einkäufe bei Nichtmitgliedern } (im Rahmen von → Zweckgeschäften)

③ → Hilfsgeschäfte und → Nebengeschäfte bleiben außer Ansatz.

19 (9) ① Gesamtumsatz bei den übrigen Genossenschaften (§ 22 Abs. 1 Satz 2 Nr. 2 KStG) ist die Summe der Umsätze aus → Zweckgeschäften mit Mitgliedern und Nichtmitgliedern. ② Umsätze aus → Nebengeschäften und aus → Hilfsgeschäften bleiben außer Ansatz.

20 (10) Bei Bezugs- und Absatzgenossenschaften ist der Überschuss im Verhältnis der Summe aus dem Umsatz mit Mitgliedern im Bezugsgeschäft und dem Wareneinkauf bei Mitgliedern im Absatzgeschäft zur Summe aus dem Gesamtumsatz im Bezugsgeschäft und dem gesamten Wareneinkauf im Absatzgeschäft aufzuteilen.

21 (11) Wird Mitgliedern, die der Genossenschaft im Laufe des Geschäftsjahres beigetreten sind, eine genossenschaftliche Rückvergütung auch auf die Umsätze (Einkäufe) gewährt, die mit ihnen vom Beginn des Geschäftsjahres an bis zum Eintritt getätigt worden sind, sind aus Gründen der Vereinfachung auch diese Umsätze (Einkäufe) als Mitgliederumsätze(-einkäufe) anzusehen.

22 (12) ① Übersteigt der Umsatz aus → Nebengeschäften weder 2% des gesamten Umsatzes der Genossenschaft noch 5200 Euro im Jahr, ist bei der Ermittlung der Höchstgrenze für die an Mitglieder ausschüttbaren steuerlich abziehbaren genossenschaftlichen Rückvergütungen der Gewinn aus → Nebengeschäften nicht abzusetzen. ② Hierbei ist es gleichgültig, ob der Reingewinnsatz bei → Nebengeschäften von dem Reingewinnsatz bei den übrigen Geschäften wesentlich abweicht. ③ In diesen Fällen sind die → Nebengeschäfte als → Zweckgeschäfte mit Nichtmitgliedern zu behandeln.

23 (13) Genossenschaftliche Rückvergütungen, die nach den vorstehenden Anordnungen nicht abziehbar sind, sind vGA (→ Abgrenzung).

H 22

H 22

26 **Abfluss der Rückvergütung.** Genossenschaftliche Rückvergütungen können nur dann als bezahlt i. S. d. § 22 Abs. 2 KStG angesehen werden, wenn der geschuldete Betrag bei der Genossenschaft abfließt und in den Herrschaftsbereich des Empfängers gelangt (→ BFH vom 1. 2. 1966, I 275/62, BStBl. III S. 321).
→ H 22 Darlehen; → H 22 Gutschriften.

Abgrenzung zur vGA. Im Rahmen der Prüfung des Vorliegens einer vGA bei Zahlungen der Genossenschaft an ihre Mitglieder kann auf eine Angemessenheitsprüfung nicht verzichtet werden. § 22 KStG berührt nicht die grundsätzlichen Voraussetzungen einer vGA (→ BFH vom 9. 3. 1988, I R 262/83, BStBl. II S. 592).

Beispiel zu Absatz - und Produktionsgenossenschaften (§ 22 Abs. 1 Satz 2 Nr. 1 KStG).

Der Wareneinkauf einer Absatzgenossenschaft im Rahmen von Zweckgeschäften entfällt zu 60% auf Einkäufe bei Mitgliedern:

	€
Einkommen vor Abzug aller genossenschaftlichen Rückvergütungen an Mitglieder und vor Berücksichtigung des Verlustabzugs sowie des zuzurechnenden Einkommens der Organgesellschaften	55 000
Davon ab: Gewinn aus Nebengeschäften	– 7 000
Überschuss i. S. d. § 22 Abs. 1 KStG	48 000

Als Rückvergütung an Mitglieder kann ein Betrag bis zu 60% von 48 000 € = 28 800 € vom Gewinn abgezogen werden. Wird z. B. in der Generalversammlung, die den Jahresüberschuss verteilt, beschlossen, über eine bereits im abgelaufenen Wj. gewährte Rückvergütung an Mitglieder von 12 000 € hinaus den Mitgliedern einen weiteren Betrag von 18 000 € als Rückvergütung zuzuwenden, ist das Einkommen wie folgt zu berechnen:

	€
Einkommen vor Abzug aller Rückvergütungen an Mitglieder und vor Berücksichtigung des Verlustabzugs sowie des zuzurechnenden Einkommens der Organgesellschaften	55 000
Rückvergütungen an Mitglieder (12 000 € + 18 000 € = 30 000 €) nur mit dem nach der obigen Berechnung zulässigen Höchstbetrag von	– 28 800
Es verbleiben	26 200
Verlustabzug nach § 10 d EStG	10 000
Einkommen (evtl. zuzüglich des zuzurechnenden Einkommens der Organgesellschaften)	16 200

Die Rückvergütungen an Mitglieder sind in diesem Fall bis zur Höhe von 60% des Überschusses abzuziehen.

H 22
noch 26

Bilanzierung der Rückvergütung. Mindert eine nach Ablauf des Wj. beschlossene Warenrückvergütung den Gewinn des Wj., für das die Ausschüttung der Warenrückvergütung beschlossen wird, muss in der Schlussbilanz dieses Wj. eine Rückstellung passiviert und ein sich ergebender Umsatzsteuererstattungsanspruch aktiviert werden (→ BFH vom 8. 11. 1960, I 152/59 U, BStBl. III S. 523).

Bonusprogramm. Zahlungen eines Kreditinstituts in der Rechtsform einer eingetragenen Genossenschaft aus einem Bonusprogramm für Genossenschaftsmitglieder sind Einkommensverwendungen und damit verdeckte Gewinnausschüttungen an die Genossen, wenn das Programm die Vorteile entgeltunabhängig gewährt (→ BFH vom 28. 10. 2015, I R 10/13, BStBl. 2016 II S. 298).

Darlehen. Belassen die Mitglieder die zur Ausschüttung gelangenden genossenschaftlichen Rückvergütungen der Genossenschaft als Darlehen, können die Rückvergütungen als bezahlt i. S. v. § 22 KStG angesehen werden, wenn die folgenden Voraussetzungen erfüllt sind (→ BFH vom 28. 2. 1968, I 260/64, BStBl. II S. 458):
- Es muss für jede für ein Wj. ausgeschüttete genossenschaftliche Rückvergütung ein besonderer Darlehensvertrag abgeschlossen werden.
- Der Darlehensvertrag muss über eine bestimmte Summe lauten. Es genügt nicht, wenn lediglich auf die Rückvergütungen des betreffenden Jahres Bezug genommen wird.
- Jeder einzelne Genosse muss frei entscheiden können, ob er den Darlehensvertrag abschließen will oder nicht.

Gutschriften. Wird die Rückvergütung dem Mitglied gutgeschrieben, gilt sie nur dann als bezahlt i. S. d. § 22 KStG, wenn das Mitglied über den gutgeschriebenen Betrag jederzeit nach eigenem Ermessen verfügen kann, bei Gutschriften auf nicht voll eingezahlte Geschäftsanteile nur dann, wenn das Mitglied dadurch von einer sonst bestehenden Verpflichtung zur Einzahlung auf seine Geschäftsanteile befreit wird (→ BFH vom 21. 7. 1976, I R 147/74, BStBl. 1977 II S. 46).

Molkereigenossenschaft. Für die Abgrenzung der Milchgeldnachzahlungen von den genossenschaftlichen Rückvergütungen ist von den gleichen Grundsätzen auszugehen, wie sie für vGA gelten. Es kommt grundsätzlich darauf an, ob die Nachzahlungen an Nichtmitglieder und Mitglieder zu denselben Bedingungen geleistet werden und die Nichtmitglieder über die gutgeschriebenen Nachzahlungen frei verfügen dürfen (→ BFH vom 18. 12. 1963, I 187/62 U, BStBl. 1964 III S. 211).

Unterscheidung und Bestimmung von Gegen-, Hilfs-, Mitglieder-, Neben- und Zweckgeschäft. → R 5.11 Abs. 6.

KStG

Dritter Teil. Tarif; Besteuerung bei ausländischen Einkunftsteilen

§ 23 Steuersatz

1 (1) **Die Körperschaftsteuer beträgt 15 Prozent des zu versteuernden Einkommens.**

2 (2) **Wird die Einkommensteuer auf Grund der Ermächtigung des § 51 Abs. 3 des Einkommensteuergesetzes herabgesetzt oder erhöht, so ermäßigt oder erhöht sich die Körperschaftsteuer entsprechend.**

R 23

R 23. Ermäßigte Besteuerung bei Einkünften aus außerordentlichen Holznutzungen infolge höherer Gewalt

10 ① Bei Körperschaften, Personenvereinigungen und Vermögensmassen kann die Körperschaftsteuer, soweit sie auf Kalamitätsnutzungen i. S. d. § 34 b Abs. 1 Nr. 2 EStG entfällt, auf die Hälfte ermäßigt werden, wenn die volle Besteuerung zu Härten führen würde. ② Die R 34 b.1 bis 34 b.3 und 34 b.5 bis 34 b.8 EStR sind sinngemäß anzuwenden.

KStG

§ 24 Freibetrag für bestimmte Körperschaften

① Vom Einkommen der steuerpflichtigen Körperschaften, Personenvereinigungen oder Vermögensmassen ist ein Freibetrag von 5000 Euro, höchstens jedoch in Höhe des Einkommens, abzuziehen. ② Satz 1 gilt nicht 1

1. für Körperschaften und Personenvereinigungen, deren Leistungen bei den Empfängern zu den Einnahmen im Sinne des § 20 Abs. 1 Nr. 1 oder 2 des Einkommensteuergesetzes gehören, 2

2. für Vereine im Sinne des § 25,

3.[1] für Investmentfonds im Sinne des § 1 des Investmentsteuergesetzes und Spezial-Investmentfonds im Sinne des § 26 des Investmentsteuergesetzes, deren Leistungen bei den Empfängern zu den Einnahmen im Sinne des § 20 Absatz 1 Nummer 3 oder 3 a des Einkommensteuergesetzes gehören.

R 24

R 24. Freibetrag für bestimmte Körperschaften

(1) ① § 24 KStG findet Anwendung bei steuerpflichtigen Körperschaften, Personenvereinigungen und Vermögensmassen, deren Leistungen bei den Empfängern nicht zu den Einnahmen i. S. d. § 20 Abs. 1 Nr. 1, 2, 3 und 3 a EStG gehören, es sei denn, dass sie den Freibetrag nach § 25 KStG beanspruchen können. ② Die Regelung des § 24 KStG gilt auch in den Fällen einer teilweisen Steuerpflicht, z. B. bei: 11

1. JPöR mit ihren BgA, Versicherungsvereinen auf Gegenseitigkeit, Stiftungen.
2. Gemeinnützigen Körperschaften i. S. d. § 5 Abs. 1 Nr. 9 KStG mit steuerpflichtigen wirtschaftlichen Geschäftsbetrieben, außer wenn sie die Rechtsform einer Kapitalgesellschaft oder einer Genossenschaft haben.
3. Steuerbefreiten Pensions- oder Unterstützungskassen, die die Rechtsform eines Vereins oder einer Stiftung haben und wegen Überdotierung teilweise zu besteuern sind (§ 5 Abs. 1 Nr. 3 i. V. m. § 6 KStG).

③ Wegen der Anwendung der Freibetragsregelung des § 24 KStG auf das Einkommen eines Berufsverbands und der Nichtanwendung auf die Bemessungsgrundlage für die besondere Körperschaftsteuer i. S. d. § 5 Abs. 1 Nr. 5 Satz 4 KStG → R 5.7 Abs. 7. ④ Ausgeschlossen ist die Anwendung des Freibetrags nach § 24 KStG z. B. in den Fällen von:

1. Gemeinnützigen Körperschaften i. S. d. § 5 Abs. 1 Nr. 9 KStG mit steuerpflichtigen wirtschaftlichen Geschäftsbetrieben, wenn sie die Rechtsform einer Kapitalgesellschaft haben.
2. Steuerbefreiten Pensions- oder Unterstützungskassen, die die Rechtsform einer Kapitalgesellschaft haben und wegen Überdotierung teilweise zu besteuern sind (§ 5 Abs. 1 Nr. 3 i. V. m. § 6 KStG).
3. Vermietungsgenossenschaften (§ 5 Abs. 1 Nr. 10 und 12 KStG).
4. Optierenden Gesellschaften i. S. d. § 1 a KStG.

(2) ① Körperschaften, Personenvereinigungen und Vermögensmassen i. S. d. Absatzes 1, deren Einkommen den Freibetrag von 5 000 Euro nicht übersteigt, sind nicht zu veranlagen (NV-Fall) und haben Anspruch auf Erteilung einer NV-Bescheinigung. ② Das gilt auch für die Fälle der → R 31 Abs. 1. 12

H 24

H 24

Nichtanwendung des Freibetrags nach § 24 KStG. § 24 KStG ist bei steuerpflichtigen Körperschaften, Personenvereinigungen und Vermögensmassen, deren Leistungen bei den Empfängern zu den Einnahmen i. S. d. § 20 Abs. 1 Nr. 1 und 2 EStG gehören, nicht anzuwenden (→ BFH vom 5. 6. 1985, I R 163/81, BStBl. II S. 634). Das gilt auch, wenn die Körperschaften auf Dauer keine Ausschüttungen vornehmen oder nur teilweise steuerpflichtig sind (→ BFH vom 24. 1. 1990, I R 33/86, BStBl. II S. 470). 15

---

[1] § 24 Satz 2 Nr. 3 erstmals anzuwenden für **VZ 2019** (§ 34 Abs. 8 b).

KStG

§ 25 Freibetrag für Genossenschaften sowie Vereine, die Land- und Forstwirtschaft betreiben

1 (1) ① **Vom Einkommen der steuerpflichtigen Genossenschaften sowie der steuerpflichtigen Vereine, deren Tätigkeit sich auf den Betrieb der Land- und Forstwirtschaft beschränkt, ist ein Freibetrag in Höhe von 15 000 Euro, höchstens jedoch in Höhe des Einkommens, im Veranlagungszeitraum der Gründung und in den folgenden neun Veranlagungszeiträumen abzuziehen.** ② **Voraussetzung ist, dass**

1. die Mitglieder der Genossenschaft oder dem Verein Flächen zur Nutzung oder für die Bewirtschaftung der Flächen erforderliche Gebäude überlassen und

2. a) bei Genossenschaften das Verhältnis der Summe der Werte der Geschäftsanteile des einzelnen Mitglieds zu der Summe der Werte aller Geschäftsanteile,

b) bei Vereinen das Verhältnis des Werts des Anteils an dem Vereinsvermögen, der im Falle der Auflösung des Vereins an das einzelne Mitglied fallen würde, zu dem Wert des Vereinsvermögens

nicht wesentlich von dem Verhältnis abweicht, in dem der Wert der von dem einzelnen Mitglied zur Nutzung überlassenen Flächen und Gebäude zu dem Wert der insgesamt zur Nutzung überlassenen Flächen und Gebäude steht.

2 (2) **Absatz 1 Satz 1 gilt auch für steuerpflichtige Genossenschaften sowie für steuerpflichtige Vereine, die eine gemeinschaftliche Tierhaltung im Sinne des § 51 a des Bewertungsgesetzes[1] betreiben.**

R 25

R 25. Freibetrag für Genossenschaften sowie Vereine, die Land- und Forstwirtschaft betreiben

10 Genossenschaften sowie Vereine, deren Einkommen den nach § 25 KStG zu gewährenden Freibetrag von 15 000 Euro nicht übersteigt, sind nicht zu veranlagen (NV-Fall) und haben Anspruch auf Erteilung einer NV-Bescheinigung.

---

[1] Fassung von Abs. 2 ab VZ 2025 siehe geschlossene Wiedergabe.

§ 26[1] Steuerermäßigung bei ausländischen Einkünften[2]

KStG

(1) ① Für die Anrechnung einer der deutschen Körperschaftsteuer entsprechenden ausländischen Steuer auf die deutsche Körperschaftsteuer und für die Berücksichtigung anderer Steuerermäßigungen bei ausländischen Einkünften gelten vorbehaltlich des Satzes 2 und des Absatzes 2 die folgenden Bestimmungen entsprechend: 1

1. bei unbeschränkt Steuerpflichtigen § 34 c Absatz 1 bis 3 und 5 bis 7 und § 50 d Absatz 10 des Einkommensteuergesetzes sowie

2. bei beschränkt Steuerpflichtigen § 50 Absatz 3 und § 50 d Absatz 10 des Einkommensteuergesetzes.

② Dabei ist auf Bezüge im Sinne des § 8 b Absatz 1 Satz 1, die auf Grund des § 8 b Absatz 1 Satz 2 und 3 bei der Ermittlung des Einkommens nicht außer Ansatz bleiben, vorbehaltlich des Absatzes 2 § 34 c Absatz 1 bis 3 und 6 Satz 6 des Einkommensteuergesetzes entsprechend anzuwenden.

(2) ① Abweichend von § 34 c Absatz 1 Satz 2 des Einkommensteuergesetzes ist die auf die ausländischen Einkünfte entfallende deutsche Körperschaftsteuer in der Weise zu ermitteln, dass die sich bei der Veranlagung des zu versteuernden Einkommens, einschließlich der ausländischen Einkünfte, ohne Anwendung der §§ 37 und 38 ergebende deutsche Körperschaftsteuer im Verhältnis dieser ausländischen Einkünfte zur Summe der Einkünfte aufgeteilt wird. ② Bei der entsprechenden Anwendung von § 34 c Absatz 2 des Einkommensteuergesetzes ist die ausländische Steuer abzuziehen, soweit sie auf ausländische Einkünfte entfällt, die bei der Ermittlung der Einkünfte nicht außer Ansatz bleiben. ③ § 34 c Absatz 6 Satz 3 des Einkommensteuergesetzes ist auch auf Einkünfte entsprechend anzuwenden, die auf Grund einer Verordnung oder Richtlinie der Europäischen Union in einem anderen Mitgliedstaat der Europäischen Union nicht besteuert werden. 2

§ 5 *(aufgehoben)*[3]

KStDV

10

R 26. Steuerermäßigung bei ausländischen Einkünften

R 26

(1) ① Bei der Steueranrechnung nach § 26 KStG, die keinen Antrag voraussetzt, handelt es sich um die Anrechnung ausländischer Steuern vom Einkommen, zu denen eine unbeschränkt steuerpflichtige Körperschaft, Personenvereinigung oder Vermögensmasse im Ausland herangezogen wurde oder die für ihre Rechnung einbehalten worden sind, auf die deutsche Körperschaftsteuer. ② Für die Ermittlung der auf die ausländischen Einkünfte entfallenden deutschen Körperschaftsteuer ist die Tarifbelastung vor Abzug der anzurechnenden ausländischen Steuern zugrunde zu legen; die Summe der Einkünfte ist entsprechend dem in → R 7.1 enthaltenen Berechnungsschema zu ermitteln. ③ Zur direkten Steueranrechnung bei beschränkter Steuerpflicht → Absatz 4. 11

(2) Die Pauschalierung der anzurechnenden Körperschaftsteuer nach dem Pauschalierungserlass vom 10. 4. 1984 (BStBl. I S. 252) ist nicht zulässig. 12

(3)[4] ① Stammen Einkünfte aus einem ausländischen Staat, mit dem ein DBA besteht, kann eine Steueranrechnung (§ 26 Abs. 1 KStG) oder ein wahlweiser Abzug der ausländischen Steuern bei der Ermittlung der Einkünfte nur unter Beachtung der Vorschriften des maßgeblichen DBA vorgenommen werden. ② Ggfs. kann auch die Anrechnung fiktiver Steuerbeträge in Betracht kommen. ③ Sieht ein DBA nur die Anrechnung ausländischer Steuern vor, kann dennoch auf Antrag das nach innerstaatlichem Recht eingeräumte Wahlrecht eines Abzugs der ausländischen Steuern bei der Ermittlung der Einkünfte beansprucht werden. ④[5] Das Wahlrecht muss für die gesamten Einkünfte aus einem ausländischen Staat einheitlich ausgeübt werden. ⑤ Über den Rahmen bestehender DBA hinaus kann eine Anrechnung oder ein Abzug ausländischer Steuern in Betracht kommen, wenn das DBA die Doppelbesteuerung nicht beseitigt oder sich nicht auf die fragliche Steuer vom Einkommen dieses Staates bezieht. ⑥ Bei negativen ausländischen Einkünften i. S. d. § 2a EStG aus einem ausländischen Staat, mit dem ein DBA besteht, ist auf Antrag anstelle einer im DBA vorgesehenen Anrechnung ein Abzug der ausländischen Steuern entsprechend § 34 c Abs. 2 EStG möglich. 13

---

[1] § 26 in dieser Fassung ist erstmals auf Einkünfte und Einkunftsteile anzuwenden, die nach dem 31. Dezember 2013 zufließen (§ 34 Abs. 9 Satz 1); für Zufluss vor dem 1. Januar 2014 gilt Abs. 2 Satz 1 in allen Fällen, in denen die KSt noch nicht bestandskräftig festgesetzt ist (§ 34 Abs. 9 Satz 2).

[2] Beachte auch das Außensteuergesetz v. 8. 9. 1972 (BGBl. I S. 1713) mit Änderungen, sowie Anwendungserlass (AEAStG) = BMF-Schrb. betr. Grundsätze zur Anwendung des Außensteuergesetzes v. 14. 5. 2004 I VB 4 – S 1340 – 11/04 (BStBl. 2004 I Sondernummer 1), geändert durch *BMF-Schrb. v. 14. 7. 2021 IV B 5 – S 1341/19/10017 :001, BStBl. I S. 1098*; abgedruckt in der Textausgabe „Steuergesetze" sowie „Steuererlasse", jeweils unter **Nr. 725.**

[3] § 5 KStDV und Anlage zu § 5 KStDV aufgehoben durch VO v. 17. 11. 2010 (BGBl. I S. 1544).

[4] Alle DBA abgedruckt in der Textausgabe „Doppelbesteuerungsabkommen".

[5] Zur Ausübung des Wahlrechts im Organkreis vgl. *OFD Frankfurt/M. v. 15. 1. 2018 S 2770 A-58-St 51, DB 2018 S. 347.*

R 26

14 (4) Sind Körperschaften, Personenvereinigungen und Vermögensmassen beschränkt steuerpflichtig (§ 2Nr. 1 KStG), ist nach § 26 Abs. 1 KStG i. V. m. § 50 Abs. 3 EStG unter den dort genannten Voraussetzungen die direkte Steueranrechnung (§ 34 c Abs. 1 EStG) oder der Steuerabzug (§ 34 c Abs. 2 und 3 EStG) möglich.

KStG

Vierter Teil. Nicht in das Nennkapital geleistete Einlagen und Entstehung und Veranlagung

§ 27[1] Nicht in das Nennkapital geleistete Einlagen

(1)[2] ① Die unbeschränkt steuerpflichtige Kapitalgesellschaft hat die nicht in das Nennkapital geleisteten Einlagen am Schluss jedes Wirtschaftsjahrs auf einem besonderen Konto (steuerliches Einlagekonto) auszuweisen. ② Das steuerliche Einlagekonto ist ausgehend von dem Bestand am Ende des vorangegangenen Wirtschaftsjahrs um die jeweiligen Zu- und Abgänge des Wirtschaftsjahrs fortzuschreiben. ③ Leistungen der Kapitalgesellschaft mit Ausnahme der Rückzahlung von Nennkapital im Sinne des § 28 Abs. 2 Satz 2 und 3 und der Mehrabführungen im Sinne des Absatzes 6 mindern das steuerliche Einlagekonto unabhängig von ihrer handelsrechtlichen Einordnung nur, soweit sie den auf den Schluss des vorangegangenen Wirtschaftsjahrs ermittelten ausschüttbaren Gewinn übersteigen (Einlagenrückgewähr). ④ Der Bestand des steuerlichen Einlagekontos kann durch Leistungen nicht negativ werden; Absatz 6 bleibt unberührt. ⑤ Als ausschüttbarer Gewinn gilt das um das gezeichnete Kapital geminderte in der Steuerbilanz ausgewiesene Eigenkapital abzüglich des Bestands des steuerlichen Einlagekontos. 1

(2) ① Der unter Berücksichtigung der Zu- und Abgänge des Wirtschaftsjahrs ermittelte Bestand des steuerlichen Einlagekontos wird gesondert festgestellt. ② Der Bescheid über die gesonderte Feststellung ist Grundlagenbescheid für den Bescheid über die gesonderte Feststellung zum folgenden Feststellungszeitpunkt. ③ Bei Eintritt in die unbeschränkte Steuerpflicht ist der zum Zeitpunkt des Eintritts in die Steuerpflicht vorhandene Bestand der nicht in das Nennkapital geleisteten Einlagen gesondert festzustellen; der gesondert festgestellte Bestand gilt als Bestand des steuerlichen Einlagekontos am Ende des vorangegangenen Wirtschaftsjahrs. ④ Kapitalgesellschaften haben auf den Schluss jedes Wirtschaftsjahrs Erklärungen zur gesonderten Feststellung von Besteuerungsgrundlagen abzugeben. ⑤ Die Erklärungen sind von den in § 34 der Abgabenordnung bezeichneten Personen eigenhändig zu unterschreiben. 2

(3) ① Erbringt eine Kapitalgesellschaft für eigene Rechnung Leistungen, die nach Absatz 1 Satz 3 als Abgang auf dem steuerlichen Einlagekonto zu berücksichtigen sind, so ist sie verpflichtet, ihren Anteilseignern die folgenden Angaben nach amtlich vorgeschriebenem Muster zu bescheinigen: 3

1. den Namen und die Anschrift des Anteilseigners,

2. die Höhe der Leistungen, soweit das steuerliche Einlagekonto gemindert wurde,

3. den Zahlungstag.

② Die Bescheinigung braucht nicht unterschrieben zu werden, wenn sie in einem maschinellen Verfahren ausgedruckt worden ist und den Aussteller erkennen lässt.

(4) ① Ist die in Absatz 1 bezeichnete Leistung einer Kapitalgesellschaft von der Vorlage eines Dividendenscheins abhängig und wird sie für Rechnung der Kapitalgesellschaft durch ein inländisches Kreditinstitut erbracht, so hat das Institut dem Anteilseigner eine Bescheinigung mit den in Absatz 3 Satz 1 bezeichneten Angaben nach amtlich vorgeschriebenem Muster zu erteilen. ② Aus der Bescheinigung muss ferner hervorgehen, für welche Kapitalgesellschaft die Leistung erbracht wird. ③ Die Sätze 1 und 2 gelten entsprechend, wenn anstelle eines inländischen Kreditinstituts eine inländische Zweigniederlassung eines der in § 53 b Absatz 1 oder 7 des Kreditwesengesetzes genannten Unternehmen die Leistung erbringt. 4

(5) ① Ist für eine Leistung der Kapitalgesellschaft die Minderung des Einlagekontos zu niedrig bescheinigt worden, bleibt die der Bescheinigung zugrunde gelegte Verwendung unverändert. ② Ist für eine Leistung bis zum Tag der Bekanntgabe der erstmaligen Feststellung im Sinne des Absatzes 2 zum Schluss des Wirtschaftsjahrs der Leistung eine Steuerbescheinigung im Sinne des Absatzes 3 nicht erteilt worden, gilt der Betrag der Einlagenrückgewähr als mit 0 Euro bescheinigt. ③ In den Fällen der Sätze 1 und 2 ist eine Berichtigung oder erstmalige Erteilung von Steuerbescheinigungen im Sinne des Absatzes 3 nicht zulässig. ④ In anderen Fällen ist die auf den überhöht ausgewiesenen Betrag der Einlagenrückgewähr entfallende Kapitalertragsteuer durch Haftungsbescheid geltend zu machen; § 44 Abs. 5 Satz 1 zweiter Halbsatz des Einkommensteuergesetzes gilt insoweit nicht. ⑤ Die Steuerbescheinigungen können berichtigt werden. ⑥ Die Feststellung im Sinne des Absatzes 2 für das Wirtschaftsjahr, in dem die entsprechende Leistung erfolgt ist, ist an die der Ka- 5

[1] **§ 27 in der Fassung des SEStEG,** erstmals anzuwenden ab VZ 2006.
[2] § 27 Abs. 1 Satz 3 geändert mWvVZ 2022; zur Anwendung siehe § 34 Abs. 6 e Sätze 5 bis 20.

pitalertragsteuerhaftung nach Satz 4 zugrunde gelegte Einlagenrückgewähr anzupassen.

6 **(6)[1] ① Minderabführungen erhöhen und Mehrabführungen mindern das Einlagekonto einer Organgesellschaft, wenn sie ihre Ursache in organschaftlicher Zeit haben. ② Mehrabführungen im Sinne des Satzes 1 mindern das steuerliche Einlagekonto der Organgesellschaft vor anderen Leistungen.**

7 **(7)[2] Die vorstehenden Absätze gelten sinngemäß für andere unbeschränkt steuerpflichtige Körperschaften und Personenvereinigungen, die Leistungen im Sinne des § 20 Abs. 1 Nr. 1, 9 oder Nr. 10 des Einkommensteuergesetzes gewähren können.**

8 **(8)[3] ① Eine Einlagenrückgewähr können auch Körperschaften oder Personenvereinigungen erbringen, die in einem anderen Mitgliedstaat der Europäischen Union der unbeschränkten Steuerpflicht unterliegen, wenn sie Leistungen im Sinne des § 20 Abs. 1 Nr. 1 oder 9 des Einkommensteuergesetzes gewähren können. ② Die Einlagenrückgewähr ist in entsprechender Anwendung der Absätze 1 bis 6 und der §§ 28 und 29 zu ermitteln. ③ Der als Leistung im Sinne des Satzes 1 zu berücksichtigende Betrag wird auf Antrag der Körperschaft oder Personenvereinigung für den jeweiligen Veranlagungszeitraum gesondert festgestellt. ④ Der Antrag ist nach amtlich vorgeschriebenem Vordruck bis zum Ende des Kalenderjahrs zu stellen, das auf das Kalenderjahr folgt, in dem die Leistung erfolgt ist. ⑤ Zuständig für die gesonderte Feststellung ist die Finanzbehörde, die im Zeitpunkt der Abgabe des Antrags nach § 20 der Abgabenordnung für die Besteuerung nach dem Einkommen örtlich zuständig ist. ⑥ Bei Körperschaften oder Personenvereinigungen, für die im Zeitpunkt der Antragstellung nach § 20 der Abgabenordnung keine Finanzbehörde zuständig ist, ist abweichend von Satz 5 das Bundeszentralamt für Steuern zuständig. ⑦ Im Antrag sind die für die Berechnung der Einlagenrückgewähr erforderlichen Umstände darzulegen. ⑧ In die Bescheinigung nach Absatz 3 ist das Aktenzeichen der nach Satz 5 oder 6 zuständigen Behörde aufzunehmen. ⑨ Soweit Leistungen nach Satz 1 nicht gesondert festgestellt worden sind, gelten sie als Gewinnausschüttung, die beim Anteilseigner zu Einnahmen im Sinne des § 20 Abs. 1 Nr. 1 oder 9 des Einkommensteuergesetzes führen.**

Übersicht

H 27

H 27

12 **Abflusszeitpunkt.** Eine Gewinnausschüttung ist verwirklicht, wenn bei der Körperschaft der Vermögensminderung entsprechende Mittel abgeflossen sind oder eine Vermögensmehrung verhindert worden ist (→ BFH vom 20. 8. 1986, I R 87/83, BStBl. 1987 II S. 75, → BFH vom 9. 12. 1987, I R 260/83, BStBl. 1988 II S. 460, → BFH vom 14. 3. 1989, I R 8/85, BStBl. II S. 633, → BFH vom 12. 4. 1989, I R 142-143/85, BStBl. II S. 636, → BFH vom 28. 6. 1989, I R 89/85, BStBl. II S. 854 und → BFH vom 30. 1. 2013, I R 35/11, BStBl. II S. 560).

Bei einer verhinderten Vermögensmehrung tritt der Vermögensabfluss in dem Augenblick ein, in dem die verhinderte Vermögensmehrung bei einer unterstellten angemessenen Entgeltvereinbarung sich nach den allgemeinen Realisationsgrundsätzen gewinnerhöhend ausgewirkt hätte (→ BFH vom 23. 6. 1993, I R 72/92, BStBl. II S. 801).

Eine Gewinnausschüttung kann auch in der Umwandlung eines Dividendenanspruchs in eine Darlehensforderung liegen (→ BFH vom 9. 12. 1987, I R 260/83, BStBl. 1988 II S. 460). Eine Gewinnausschüttung ist grundsätzlich auch dann abgeflossen, wenn die Gewinnanteile dem Gesellschafter auf Verrechnungskonten, über die die Gesellschafter vereinbarungsgemäß frei verfügen können, bei der Gesellschaft gutgeschrieben worden sind (→ BFH vom 11. 7. 1973, I R 144/71, BStBl. II S. 806).

Eine Gewinnausschüttung ist grundsätzlich auch dann abgeflossen, wenn die Gesellschafter ihre Gewinnanteile im Zusammenhang mit der Ausschüttung aufgrund vertraglicher Vereinbarungen z. B. als Einlage in die Körperschaft zur Erhöhung des Geschäftsguthabens bei einer Genossenschaft verwenden (→ BFH vom 21. 7. 1976, I R 147/74, BStBl. 1977 II S. 46).

Bindung an die Feststellungen des Bestands des steuerlichen Einlagekontos auf Ebene der Gesellschafter. Die gesonderte Feststellung des Bestands des steuerlichen Einlagekontos

[1] § 27 Abs. 6 Satz 2 angefügt mWvVZ 2022; zur Anwendung siehe § 34 Abs. 6 e Sätze 5 bis 20.

[2] Auf Stiftungen des privaten Rechts findet § 27 KStG keine Anwendung. *Vfg. LfSt Niedersachsen v. 26. 9. 2019 S 2836-1-St 241, DB 2019 S. 2268.*

[3] Fassung des § 27 Abs. 8 ab VZ 2023 siehe geschlossene Wiedergabe.

einer Kapitalgesellschaft gem. § 27 Abs. 2 KStG entfaltet grundsätzlich keine unmittelbare Bindungswirkung i. S. d. § 182 AO, aber über § 20 Abs. 1 Nr. 1 Satz 3 EStG materiellrechtliche Bindungswirkung für die Anteilseigner (→ BFH vom 19. 5. 2010, I R 51/09, BStBl. 2014 II S. 937).

Kein Direktzugriff auf das steuerliche Einlagekonto bei Auflösung und Auskehrung einer Kapitalrücklage. Es bestehen keine verfassungsrechtlichen Bedenken, dass ein Direktzugriff auf das steuerliche Einlagekonto, d.h. dessen Minderung vor Auskehrung der ausschüttbaren Gewinne nach § 27 Abs. 1 Satz 3 KStG, auch dann nicht in Betracht kommt, wenn die Leistung der Kapitalgesellschaft auf die Auflösung von Kapitalrücklagen zurückgeht (→ BFH vom 11. 2. 2015, I R 3/14, BStBl. II S. 816).

Nennkapitalrückzahlung in Fällen des § 27 Abs. 8 KStG. Zu Anwendungsfragen zur gesonderten Feststellung von Nennkapitalrückzahlungen bei unter § 27 Abs. 8 KStG fallenden ausländische Körperschaften und Personenvereinigungen → BMF vom 4. 4. 2016, BStBl. I S. 468).[1]

Steuerliches Einlagekonto. → BMF vom 4. 6. 2003, BStBl. I S. 366.[2]

Steuerliches Einlagekonto bei Betrieben gewerblicher Art. → BMF vom 28. 1. 2019, BStBl. I S. 97.[3]

Steuerliches Einlagekonto bei Gewinnausschüttungen im Rückwirkungszeitraum (§ 2 UmwStG). → BMF vom 11. 11. 2011, BStBl. I S. 1314, Rn. 02.27 und 02.34.[4]

Steuerliches Einlagekonto bei wirtschaftlichen Geschäftsbetrieben der von der Körperschaftsteuer befreiten Körperschaften, Personenvereinigungen und Vermögensmassen. → BMF vom 2. 2. 2016, BStBl. I S. 200 und → BMF vom 21. 7. 2016, BStBl. I S. 685.

Unterjährige Zugänge. Unterjährige Zugänge zum steuerlichen Einlagekonto stehen nicht für Leistungen im gleichen Jahr zur Verfügung (→ BFH vom 30. 1. 2013, I R 35/11, BStBl. II S. 560).

Verluste in dem in Artikel 3 des Einigungsvertrags genannten Gebiet. → R 35 KStR.

Verwendungsfestschreibung nach § 27 Abs. 5 KStG.
- Die zum Zeitpunkt des Erlasses eines Feststellungsbescheids über das steuerliche Einlagekonto fehlende Steuerbescheinigung über die Ausschüttung aus einer Kapitalrücklage führt nach § 27 Abs. 5 Satz 2 KStG zu einer Verwendungsfestschreibung auf Null €; die Norm ist keiner einschränkenden Auslegung zugänglich (→ BFH vom 11. 7. 2018, I R 30/16, BStBl. 2019 II S. 283).
- Keine verfassungsrechtlichen Bedenken gegen die vom Gesetzgeber gewählte Ausgestaltung des § 27 Abs. 5 Sätze 1–3 KStG (→ BFH vom 11. 7. 2018, I R 30/16, BStBl. 2019 II S. 283; → BFH vom 11. 2. 2015, I R 3/14, BStBl. II S. 816).

Anl zu H 27

Schreiben betr. steuerliches Einlagekonto (Anwendung der §§ 27 und 28 KStG 2002)[5]

Vom 4. Juni 2003 (BStBl. I S. 366)

(BMF IV A 2 – S 2836 – 2/03)

Unter Bezugnahme auf das Ergebnis der Erörterungen mit den obersten Finanzbehörden der Länder gilt für die Anwendung der §§ 27 und 28 KStG 2002[6] Folgendes:

A. Steuerliches Einlagekonto (§ 27 KStG)

I. Allgemeines

1 Wie im bisherigen Recht führt die Rückgewähr von nicht in das Nennkapital geleisteten Einlagen grundsätzlich nicht zu steuerpflichtigen Beteiligungserträgen der Anteilseigner. Um dies zu gewährleisten, bestimmt § 27 KStG, dass diese Einlagen außerhalb der Steuerbilanz auf einem besonderen Konto erfasst werden. **20**

---

[1] Zur Rückzahlung von nicht in das Nennkapital geleisteten Einlagen und Rückzahlung von Nennkapital durch Drittstaaten-Kapitalgesellschaften vgl. *BMF-Schrb. v. 21. 4. 2022 IV C 2 – S 2836/20/10001 :002, BStBl. 2022 I S. 647.*

[2] Nachstehend abgedruckt als Anl zu H 27.

[3] Rdnr. 38, 42, 44 und 45 neu gefasst und Rdnr. 46 aufgehoben mit *BMF-Schrb. v. 4. 4. 2022 IV C 2 – S 2836/21/10001 :001, BStBl. 2022 I S. 645.* Die geänderten Grundsätze sind auf alle offenen Fälle anzuwenden.

[4] Abgedruckt im **Anhang I 2 a.**

[5] **[Amtl. Anm.:]** KStG 2002 = KStG n. F.
KStG 1999 = KStG a. F.

[6] **[Amtl. Anm.:** Zur Anwendung des § 29 KStG vgl. gesondert ergehendes BMF-Schreiben zu den Änderungen des Umwandlungssteuerrechts.] Siehe jetzt *BMF-Schrb. v. 16. 12. 2003 IV A 2-S 1978-16/03, BStBl. I S. 786,* letztmals abgedruckt im „Handbuch zur Körperschaftsteuerveranlagung 2010" im Anhang I 2 e.

Anl zu H 27

II. Persönlicher Anwendungsbereich

2 Ein Einlagekonto haben unter der Voraussetzung der unbeschränkten Körperschaftsteuerpflicht zu
21 führen:

a) Kapitalgesellschaften (§ 1 Abs. 1 Nr. 1 KStG);
b) Sonstige Körperschaften, die Leistungen i. S. des § 20 Abs. 1 Nr. 1 EStG gewähren können;
c) Körperschaften und Personenvereinigungen, die Leistungen i. S. des § 20 Abs. 1 Nr. 9 bzw. 10 EStG gewähren können.

Bei den unter Buchstabe a) und b) genannten Körperschaften handelt es sich um die ehemals zur Gliederung des verwendbaren Eigenkapitals verpflichteten unbeschränkt steuerpflichtigen Körperschaften. Unter Buchstabe b) fallen in erster Linie die Erwerbs- und Wirtschaftsgenossenschaften (§ 1 Abs. 1 Nr. 2 KStG) sowie Realgemeinden und wirtschaftliche Vereine, die Mitgliedschaftsrechte gewähren, welche einer kapitalmäßigen Beteiligung gleichstehen. Wegen der Führung des Einlagekontos bei Betrieben gewerblicher Art von juristischen Personen des öffentlichen Rechts bei Leistungen i. S. des § 20 Abs. 1 Nr. 10 EStG wird auf das BMF-Schreiben vom 11. September 2002 (BStBl. I S. 935) verwiesen.

3 Beschränkt steuerpflichtige Körperschaften haben kein Einlagekonto zu führen.
Das Einlagekonto ist auch von Körperschaften und Personenvereinigungen zu führen, bei denen Ausschüttungen ausgeschlossen sind.

III. Ermittlung und Fortschreibung des steuerlichen Einlagekontos

22 **1. Anfangsbestand**

a) Überleitung vom Anrechnungsverfahren zum Halbeinkünfteverfahren

4 Nach § 36 Abs. 7 KStG ist auf den Schluss des letzten Wirtschaftsjahres, das noch unter das Anrechnungsverfahren fällt, u. a. der Schlussbestand des Teilbetrags nach § 30 Abs. 2 Nr. 4 KStG a. F. (EK 04) gesondert festzustellen. Der Feststellungsbescheid ist Grundlagenbescheid für die Feststellung des Einlagekontos nach § 27 Abs. 2 Satz 1 KStG auf den Schluss des ersten Wirtschaftsjahrs im neuen Recht. Der festgestellte Schlussbestand wird, soweit er positiv ist, als Anfangsbestand des Einlagekontos erfasst (§ 39 Abs. 1 KStG).

b) Erstmalige Verpflichtung zur Führung des Einlagekontos in sonstigen Fällen

5[1] *Hat eine Körperschaft oder eine Personenvereinigung erstmalig ein Einlagekonto zu führen, z. B. beim Wechsel von der beschränkten zur unbeschränkten Körperschaftsteuerpflicht, ist der Anfangsbestand des steuerlichen Einlagekontos mit 0 anzusetzen.*

6 Im Gegensatz dazu ist in den Fällen der Bar- und Sachgründung sowie in Einbringungsfällen nach § 20 UmwStG (vgl. auch Tz. 27) das in der Eröffnungsbilanz auszuweisende Eigenkapital, soweit es das Nennkapital übersteigt, als Zugang beim steuerlichen Einlagekonto in der Feststellung zum Schluss des ersten Wirtschaftsjahrs zu erfassen.

Beispiel:

Das bisherige Einzelunternehmen des A wird zu Buchwerten in die neu gegründete A-GmbH eingebracht. Das in der Schlussbilanz des Einzelunternehmens ausgewiesene Eigenkapital beträgt 500. A erhält im Rahmen der Einbringung Anteile an der A-GmbH im Nennwert von 100. Der übersteigende Betrag i. H. von 400 wird in der Eröffnungsbilanz der A-GmbH zu 150 in die Kapitalrücklage eingestellt und zu 250 als Darlehensverbindlichkeit gegenüber A ausgewiesen.

Das in der Eröffnungsbilanz der A-GmbH auszuweisende Eigenkapital beträgt 250. Der das Nennkapital von 100 übersteigende Betrag i. H. von 150 ist als Zugang beim steuerlichen Einlagekonto in der Feststellung zum Schluss des Gründungsjahres zu erfassen.

7 Zu Körperschaften bzw. Personenvereinigungen, die im Wege einer Umwandlung nach UmwG neu entstehen bzws. erstmalig zur Führung eines Einlagekontos verpflichtet sind, wird auf das gesondert ergehende BMF-Schreiben zu den Änderungen des Umwandlungssteuerrechts[2] verwiesen.

c) Führung des Einlagekontos in den Fällen des § 156 Abs. 2 AO

8 Wird nach § 156 Abs. 2 AO auf eine Festsetzung der Körperschaftsteuer verzichtet, unterbleibt auch die gesonderte Feststellung des Einlagekontos. Findet für einen folgenden Veranlagungszeitraum erstmalig eine Körperschaftsteuerveranlagung statt, ist bei der dann notwendigen gesonderten Feststellung des Einlagekontos auf den Schluss des Wirtschaftsjahrs der Anfangsbestand des Einlagekontos mit 0 anzusetzen, soweit die Körperschaft nicht etwas anderes nachweist.

23 **2. Verringerung des Einlagekontos durch Leistungen**

a) Allgemeines

9 Im Wirtschaftsjahr von der Körperschaft erbrachte Leistungen verringern das Einlagekonto, soweit sie in der Summe den auf den Schluss des letzten Wirtschaftsjahrs ermittelten ausschüttbaren Gewinn übersteigen (§ 27 Abs. 1 Satz 3 KStG). Unter das Halbeinkünfteverfahren fallende Leistungen im ersten Wirtschaftsjahr des neuen Rechts können bereits zu einer Verringerung des Einlagekontos führen.

10 Eine Verringerung des steuerlichen Einlagekontos nach § 27 Abs. 1 Satz 3 KStG ist grundsätzlich auf den positiven Bestand des Einlagekontos zum Schluss des vorangegangenen Wirtschaftsjahrs begrenzt. U. a. in den Fällen der Festschreibung nach § 27 Abs. 1 Satz 5 KStG (Tz. 24) kann es auch zu

---

[1] Tz. 5 überholt durch § 27 Abs. 2 Satz 3 i. d. F. des SEStEG mWvVZ 2006.

[2] *BMF-Schrb. v. 16. 12. 2003 IV A 2-S 1978-16/03, BStBl. I S. 786,* letztmals abgedruckt im „Handbuch zur Körperschaftsteuerveranlagung 2010" im Anhang I 2 e.

einem Negativbestand des steuerlichen Einlagekontos kommen (wegen weiterer Fälle, in denen das steuerliche Einlagekonto negativ werden kann, vgl. Tz. 28 und 29).

Anl zu H 27

noch **23**

b) Begriff der Leistung

11 Leistungen i. S. des § 27 Abs. 1 Satz 3 KStG sind alle Auskehrungen, die ihre Ursache im Gesellschaftsverhältnis haben.
Zur Rückzahlung von Nennkapital nach § 28 Abs. 2 Satz 2 KStG vgl. Tz. 40.

12 Für die Verrechnung mit dem steuerlichen Einlagekonto sind alle Leistungen eines Wirtschaftsjahrs zusammenzufassen. Eine sich danach ergebende Verwendung des steuerlichen Einlagekontos ist den einzelnen Leistungen anteilig zuzuordnen.

13 Leistungen, die nach § 34 Abs. 12 Satz 1 Nr. 1 KStG noch unter das Anrechnungsverfahren fallen, stellen keine Leistungen i. S. des § 27 Abs. 1 Satz 3 KStG dar.

c) Ausschüttbarer Gewinn

14 Der ausschüttbare Gewinn nach § 27 Abs. 1 Satz 4 KStG ist wie folgt zu ermitteln:

- Eigenkapital laut Steuerbilanz
- gezeichnetes Kapital
- (positiver) Bestand des steuerlichen Einlagekontos
- ausschüttbarer Gewinn (wenn negativ, Ansatz mit 0)

15 Der Berechnung sind jeweils die Bestände zum Schluss des vorangegangenen Wirtschaftsjahrs zugrunde zu legen. Zugänge bzw. Abgänge des laufenden Wirtschaftsjahrs beeinflussen den ausschüttbaren Gewinn nicht. Wegen der für Liquidationen geltenden Besonderheiten wird auf das gesondert ergehende BMF-Schreiben zur Auflösung und Abwicklung von Körperschaften und Personenvereinigungen[1] hingewiesen.

aa) In der Steuerbilanz ausgewiesenes Eigenkapital

16 Maßgeblich ist das Eigenkapital laut Steuerbilanz. Rückstellungen und Verbindlichkeiten stellen auch dann Fremdkapital dar, wenn sie auf außerhalb der Steuerbilanz zu korrigierenden verdeckten Gewinnausschüttungen i. S. des § 8 Abs. 3 Satz 2 KStG beruhen.

17 Nicht zum Eigenkapital gehören diejenigen auf der Passivseite der Steuerbilanz ausgewiesenen Posten, die aufgrund steuerrechtlicher Vorschriften erst bei ihrer Auflösung zu versteuern sind (Sonderposten mit Rücklageanteil i. S. des § 247 Abs. 3 HGB).

18 § 27 Abs. 1 Satz 4 KStG enthält keine Verpflichtung zur Aufstellung einer Steuerbilanz. Hat die Körperschaft oder Personenvereinigung eine Steuerbilanz nicht aufgestellt, muss sie für die Berechnung des ausschüttbaren Gewinns das Eigenkapital, ausgehend von der Handelsbilanz, ermitteln, das sich nach den Vorschriften über die steuerliche Gewinnermittlung ergibt (§ 60 Abs. 2 Satz 1 EStDV).

bb) Gezeichnetes Kapital

19 Gezeichnetes Kapital i. S. des § 27 Abs. 1 Satz 4 KStG ist das Grundkapital einer Aktiengesellschaft, das Stammkapital einer GmbH oder die Summe der Geschäftsguthaben der Genossen bei Erwerbs- und Wirtschaftsgenossenschaften.

20 Für die Berechnung des ausschüttbaren Gewinns (Tz. 14 ff.) ist das gezeichnete Kapital aus Vereinfachungsgründen auch dann mit dem Nominalbetrag anzusetzen, wenn es nicht vollständig eingezahlt ist. Das gilt unabhängig davon, ob ausstehende Einlagen ganz oder teilweise eingefordert sind und ob der ausstehende, nicht eingeforderte Teil in der Steuerbilanz offen vom Nennkapital abgesetzt ist.

cc) Bestand des steuerlichen Einlagekontos

21 Maßgeblich für die Ermittlung des ausschüttbaren Gewinns ist der auf den Schluss des vorangegangenen Wirtschaftsjahrs gesondert festgestellte Bestand des steuerlichen Einlagekontos bzw. der nach § 36 Abs. 7 KStG festgestellte Schlussbestand des EK 04. Ist dieser Bestand negativ, ist er bei der Ermittlung des ausschüttbaren Gewinns nicht zu berücksichtigen.

d) Bescheinigung

22 Die Verwendung des steuerlichen Einlagekontos ist gemäß § 27 Abs. 3 Satz 1 Nr. 2 KStG den Anteilseignern entsprechend ihrem Anteil an der Gesamtleistung zu bescheinigen. Bescheinigungen sind auch zu erteilen, wenn sich das steuerliche Einlagekonto in einem der in Tz. 29 aufgeführten Sonderfälle unmittelbar verringert.

23 Dagegen ist bei der Rückzahlung von Nennkapital nach einer Kapitalherabsetzung (vgl. Tz. 40) für den das steuerliche Einlagekonto unmittelbar mindernden Betrag eine Steuerbescheinigung nicht auszustellen.

e) Festschreibung nach § 27 *Abs. 1 Satz 5* KStG[2]

24 Nach § 27 *Abs. 1 Satz 5* KStG[1] bleibt die der Bescheinigung zugrunde gelegte Verwendung unverändert, wenn für die Leistung die Minderung des steuerlichen Einlagekontos bescheinigt worden ist. Bei einer nachträglichen Änderung des maßgeblichen Bestands des steuerlichen Einlagekontos, z. B. durch eine Betriebsprüfung, kommt es weder zu einer höheren noch zu einer niedrigeren Verwendung des steuerlichen Einlagekontos.

---

[1] *BMF-Schrb. v. 26. 8. 2003 IV A 2 - S 2760 - 4/03, BStBl. I S. 434,* abgedruckt als Anl zu H 11.
[2] Festschreibung mWv VZ 2006 neu geregelt in § 27 **Abs. 5** KStG.

Anl zu H 27

f) Nebeneinander von Einlagerückgewähr und Körperschaftsteuer-Minderung/-Erhöhung nach §§ 37, 38 KStG

25 Eine Leistung, die nach § 27 Abs. 1 Satz 3 KStG den Bestand des steuerlichen Einlagekontos verringert, kann gleichzeitig zu einer Körperschaftsteuer-Minderung nach § 37 Abs. 2 Satz 1 KStG und/oder zu einer Körperschaftsteuer-Erhöhung nach § 38 Abs. 2 KStG führen. Soweit eine Leistung, die bei der ausschüttenden Körperschaft zu einer Minderung der Körperschaftsteuer führt, zugleich eine Einlagerückgewähr nach § 27 Abs. 1 Satz 3 KStG darstellt, ist lediglich eine Steuerbescheinigung nach § 27 Abs. 3 KStG auszustellen. Ein Körperschaftsteuer-Minderungsbetrag ist entgegen § 37 Abs. 3 Satz 4 Nr. 2 KStG nicht auszuweisen.

3. Einlagen

26 Einlagen erhöhen das steuerliche Einlagekonto bei Zufluss.

24 **4. Zugang beim steuerlichen Einlagekonto in den Fällen der Einbringung nach § 20 UmwStG**

27 Bei Einbringung eines Betriebs, Teilbetriebs oder Mitunternehmeranteils in eine unbeschränkt körperschaftsteuerpflichtige Kapitalgesellschaft (§ 20 UmwStG) erhöht der Eigenkapitalzugang einschließlich der in diesem Zusammenhang geleisteten Bareinlagen den Bestand des steuerlichen Einlagekontos, soweit er den dem Anteilseigner im Zuge der Einbringung gewährten Teil des Nennkapitals übersteigt (vgl. Tz. 6).

25 **5. Organschaftliche Mehr-/Minderabführungen**

28 § 27 Abs. 6 KStG regelt die Behandlung von organschaftlichen Mehr-/Minderabführungen. Minderabführungen erhöhen, Mehrabführungen vermindern das steuerliche Einlagekonto nach Bilanzierungsgrundsätzen. Die Verringerung des steuerlichen Einlagekontos durch Mehrabführungen gemäß § 27 Abs. 6 KStG kann auch zu einem Negativbestand führen.

26 **6. Sonderfälle der Verrechnung mit dem Einlagekonto**

29[1] *Außer in den Fällen der Leistungsverrechnung nach § 27 Abs. 1 Satz 3 bis 5 KStG (Tz. 9 ff.) und der organschaftlichen Mehrabführungen i. S. des § 27 Abs. 6 KStG (Tz. 28) verringert sich das steuerliche Einlagekonto insbesondere in den folgenden Sonderfällen:*

- *Erfüllung bzw. Wiederaufleben einer Darlehensverpflichtung gegenüber Gesellschaftern nach vorausgegangenem Forderungsverzicht gegen Besserungsversprechen (BFH-Urteil vom 30. Mai 1990, BStBl. 1991 II S. 588).*
- *Rückzahlung von Nachschüssen der Anteilseigner i. S. des § 26 GmbHG, die nicht zur Deckung eines Verlustes an Stammkapital erforderlich sind (§ 30 Abs. 2 GmbHG).*

Die Verringerung des Einlagekontos erfolgt in diesen Fällen unabhängig von der Höhe des ausschüttbaren Gewinns i. S. des § 27 Abs. 1 Satz 4 KStG (Tz. 14 ff.) und kann auch zu einem Negativbestand führen.

30 Wegen der Verringerung des Einlagekontos durch Auskehrungen bei Kapitalherabsetzung, bei der Auflösung von Körperschaften bzw. im Rahmen von Umwandlungsvorgängen wird auf Tz. 37 ff. bzw. die gesondert ergehenden BMF-Schreiben zur körperschaftsteuerlichen Behandlung der Auflösung und Abwicklung von Körperschaften und Personenvereinigungen[2] und zu den Änderungen des Umwandlungssteuerrechts[3] verwiesen.

B. Umwandlung von Rücklagen in Nennkapital und Herabsetzung des Nennkapitals (§ 28 KStG)

I. Allgemeines

27 **31** Wie im bisherigen Recht sind die in Nennkapital umgewandelten Beträge, die aus Gewinnrücklagen stammen, getrennt auszuweisen und gesondert festzustellen (Sonderausweis). Da die Auskehrung des Herabsetzungsbetrags beim Anteilseigner insoweit zu Einkünften aus Kapitalvermögen i. S. des § 20 Abs. 1 Nr. 2 EStG führt, hat die leistende Körperschaft Kapitalertragsteuer einzubehalten (§ 43 Abs. 1 Nr. 1 EStG).

II. Persönlicher Anwendungsbereich

28 **32** § 28 KStG gilt für alle unbeschränkt steuerpflichtigen Körperschaften, bei denen ein Nennkapital (Tz. 19) auszuweisen ist.

III. Sonderausweis

1. Begriff des Sonderausweises

29 **33** Der Sonderausweis ist die Summe der Beträge, die dem Nennkapital durch Umwandlung von Rücklagen mit Ausnahme von aus Einlagen der Anteilseigner stammenden Beträgen zugeführt worden sind. Der Sonderausweis kann auch im Zusammenhang mit Umwandlungen zu bilden oder zu verändern sein (siehe dazu im Einzelnen das gesondert ergehende BMF-Schreiben zu den Änderungen des Umwandlungssteuerrechts[2]).

---

[1] Tz. 29 überholt durch § 27 Abs. 1 Satz 4 i. d. F. des SEStEG mWv VZ 2006.
[2] *BMF-Schrb. v. 26. 8. 2003 IV A 2 – S 2760 – 4/03, BStBl. I S. 434,* abgedruckt als Anl zu H 11.
[3] *BMF-Schrb. v. 16. 12. 2003 IV A 2 – S 1978 – 16/03, BStBl. I S. 786,* letztmals abgedruckt im „Handbuch zur Körperschaftsteuerveranlagung 2010" im Anhang I 2 e.

2. Anfangsbestand

34 Der nach § 47 Abs. 1 Satz 1 Nr. 2 KStG a. F. zuletzt festgestellte Betrag wird als Anfangsbestand bei der Ermittlung des Sonderausweises auf den Schluss des ersten Wirtschaftsjahrs im neuen Recht berücksichtigt (§ 39 Abs. 2 KStG). Er gilt gleichzeitig als Bestand zum Schluss des vorangegangenen Wirtschaftsjahrs i. S. des § 28 Abs. 2 Satz 1 KStG.

3. Kapitalerhöhung aus Gesellschaftsmitteln

35 Bei der Umwandlung von Rücklagen in Nennkapital mindert der Kapitalerhöhungsbetrag vorrangig den positiven Bestand des steuerlichen Einlagekontos, der sich ohne die Kapitalerhöhung für den Schluss dieses Wirtschaftsjahrs ergeben würde (§ 28 Abs. 1 Satz 1 und 2 KStG).

36 Übersteigt der Betrag der Kapitalerhöhung den maßgeblichen Bestand des steuerlichen Einlagekontos, ist der übersteigende Betrag im Sonderausweis zu erfassen.

Beispiel:

Zum Ende des vorangegangenen Wirtschaftsjahrs weist die Bilanz der A-GmbH folgende Beträge aus:

Nennkapital (davon Sonderausweis: 0)	100
Kapitalrücklage (= steuerliches Einlagekonto)	50
Sonstige Rücklagen	100

Am 1. März erfolgt eine Kapitalerhöhung aus Gesellschaftsmitteln um 100 und am 1. Mai eine Einlage i. H. von 20.

Ermittlung des steuerlichen Einlagekontos sowie des Sonderausweises:

	Vorspalte	Einlagekonto	Sonderausweis
Anfangsbestand		50	0
+ Einlage		+ 20	
Zwischenergebnis (Bestand nach § 28 Abs. 1 Satz 2 KStG)		70	0
Betrag der Kapitalerhöhung	100		
Vorrangige Verwendung des steuerlichen Einlagekontos	– 70	– 70	
Zugang beim Sonderausweis	30		+ 30
Schlussbestände		0	30

IV. Herabsetzung des Nennkapitals

37 Bei Herabsetzung des Nennkapitals verringert sich vorrangig der auf den Schluss des vorangegangenen Wirtschaftsjahrs festgestellte Bestand des Sonderausweises. Die Verringerung des Sonderausweises ist unabhängig davon vorzunehmen, ob der Kapitalherabsetzungsbetrag an die Anteilseigner ausgekehrt wird. Stehen im Zeitpunkt des Kapitalherabsetzungsbeschlusses Einlagen auf das Nennkapital aus, so ist die vorgenannte Kürzung nach § 28 Abs. 2 Satz 1 KStG nur insoweit vorzunehmen, als der Herabsetzungsbetrag auf den eingezahlten Teil des Nennkapitals entfällt (vgl. Tz. 39). 30

38 Übersteigt der Betrag der Kapitalherabsetzung den maßgeblichen Bestand des Sonderausweises, erhöht der Differenzbetrag den Bestand des steuerlichen Einlagekontos zum Schluss des Wirtschaftsjahrs, in dem die Kapitalherabsetzung wirksam wird (Eintragung im Handelsregister). Das Einlagekonto ist auch dann zunächst zu erhöhen, wenn der Kapitalherabsetzungsbetrag anschließend an die Anteilseigner ausgekehrt wird.

39 Entfällt der Kapitalherabsetzungsbetrag auf zum Zeitpunkt des Kapitalherabsetzungsbeschlusses ausstehende Einlagen und fällt dadurch die Einzahlungsverpflichtung der Anteilseigner weg, unterbleibt eine Hinzurechnung des Herabsetzungsbetrages zum Bestand des steuerlichen Einlagekontos (§ 28 Abs. 2 Satz 1 2. Halbsatz KStG). Soweit der Herabsetzungsbetrag jedoch auf das eingezahlte Nennkapital entfällt, d. h. die Einzahlungsverpflichtung bestehen bleibt, hat eine Erhöhung des steuerlichen Einlagekontos um den den Sonderausweis übersteigenden Herabsetzungsbetrag zu erfolgen (vgl. Tz. 38). Es ist dabei unmaßgeblich, ob und ggf. in welcher Höhe die Einzahlungsverpflichtung eingefordert ist.

40[1] Nach § 28 Abs. 2 Satz 2 KStG verringert der im Beschluss über die Kapitalherabsetzung vorgesehene Auskehrungsbetrag das steuerliche Einlagekonto. Wenn ein Sonderausweis vorhanden ist, gilt dies nur für den den Sonderausweis übersteigenden Auszahlungsbetrag.[2] Der Auszahlungsbetrag ist nicht in die Differenzrechnung nach § 27 Abs. 1 Satz 3 KStG einzubeziehen.

Beispiel:

Die A-GmbH weist zum Schluss des vorangegangenen Wirtschaftsjahres folgende Beträge aus:

Nennkapital		200
	(davon nicht eingezahlt	20)
Sonderausweis		50
steuerliches Einlagekonto		0

[1] Siehe aber **H 28 KStH** „Rückzahlung von Nennkapital" zur Zulässigkeit eines Direktzugriffs bei Rückzahlung des Nennkapitals i. S. v. § 28 Abs. 2 Satz 2 KStG nach einer Nennkapitalherabsetzung.

[2] Beachte aber mWvVZ 2006 § 28 Abs. 2 Sätze 3 und 4 KStG i. d. F. des SEStEG.

Anl zu H 27

Es erfolgt eine Kapitalherabsetzung um 100, die auch auf den nicht eingezahlten Teil von 20 entfällt, und Rückzahlung des eingezahlten Nennkapitals in Höhe von 80.

	Vorspalte	Einlagekonto	Sonderausweis
Anfangsbestand		0	50
Betrag der Kapitalherabsetzung	100		
– Verringerung des Sonderausweises	– 50		– 50
Zwischenergebnis	50		
– ausstehende Einlagen auf das Nennkapital	– 20		
Zugang beim steuerlichen Einlagekonto	30	+ 30	
Zwischenergebnis		30	0
Rückzahlung von Nennkapital	80		
– Verringerung des Sonderausweises	– 50		
Abgang vom steuerlichen Einlagekonto	30	– 30	
Schlussbestände		0	0

41 Die Auskehrung des Herabsetzungsbetrages ist unabhängig davon, ob ein Sonderausweis vorhanden ist, eine Leistung, die zu einer Körperschaftsteuer-Erhöhung nach § 38 KStG führen kann. Eine Minderung nach § 37 KStG kommt nicht in Betracht.

42 Auch bei verspäteter Auszahlung des im Beschluss über die Kapitalherabsetzung vorgesehenen Auskehrungsbetrags erhöht sich das steuerliche Einlagekonto nach § 28 Abs. 2 Satz 1 KStG in dem Wirtschaftsjahr, in dem der Beschluss wirksam wird (vgl. Tz. 38). Die Verringerung des steuerlichen Einlagekontos nach § 28 Abs. 2 Satz 2 2. Halbsatz KStG um den den Sonderausweis übersteigenden Auskehrungsbetrag (vgl. Tz. 40) erfolgt dagegen erst im Wirtschaftsjahr der Auszahlung.

V. Auflösung einer Körperschaft

31 **43** Auf die Ausführungen in dem gesondert ergehenden BMF-Schreiben zur körperschaftsteuerlichen Behandlung der Auflösung und Abwicklung von Körperschaften und Personenvereinigungen[1] wird hingewiesen.

VI. Verrechnung des Sonderausweises mit dem Bestand des steuerlichen Einlagekontos

32 **44** Wenn ein Sonderausweis i. S. des § 28 KStG und ein positiver Bestand des steuerlichen Einlagekontos zusammentreffen, verringern sich beide Beträge nach Maßgabe des § 28 Abs. 3 KStG. Die Verringerung ist als letzter Schritt der Ermittlung des steuerlichen Einlagekontos bzw. des Sonderausweises vorzunehmen.

[1] *BMF-Schrb. v. 26. 8. 2003 IV A 2 – S 2760 – 4/03, BStBl. I S. 434,* abgedruckt als Anl zu H 11.

KStG

§ 28 Umwandlung von Rücklagen in Nennkapital und Herabsetzung des Nennkapitals

(1) ① Wird das Nennkapital durch Umwandlung von Rücklagen erhöht, so gilt der positive Bestand des steuerlichen Einlagekontos als vor den sonstigen Rücklagen umgewandelt. ② Maßgeblich ist dabei der sich vor Anwendung des Satzes 1 ergebende Bestand des steuerlichen Einlagekontos zum Schluss des Wirtschaftsjahrs der Rücklagenumwandlung. ③ Enthält das Nennkapital auch Beträge, die ihm durch Umwandlung von sonstigen Rücklagen mit Ausnahme von aus Einlagen der Anteilseigner stammenden Beträgen zugeführt worden sind, so sind diese Teile des Nennkapitals getrennt auszuweisen und gesondert festzustellen (Sonderausweis). ④ § 27 Abs. 2 gilt entsprechend. 1

(2) ① Im Fall der Herabsetzung des Nennkapitals oder der Auflösung der Körperschaft wird zunächst der Sonderausweis zum Schluss des vorangegangenen Wirtschaftsjahrs gemindert; ein übersteigender Betrag ist dem steuerlichen Einlagekonto gutzuschreiben, soweit die Einlage in das Nennkapital geleistet ist. ② Die Rückzahlung des Nennkapitals gilt, soweit der Sonderausweis zu mindern ist, als Gewinnausschüttung, die beim Anteilseigner zu Bezügen im Sinne des § 20 Abs. 1 Nr. 2 des Einkommensteuergesetzes führt. ③ Ein den Sonderausweis übersteigender Betrag ist vom positiven Bestand des steuerlichen Einlagekontos abzuziehen. ④ Soweit der positive Bestand des steuerlichen Einlagekontos für den Abzug nach Satz 3 nicht ausreicht, gilt die Rückzahlung des Nennkapitals ebenfalls als Gewinnausschüttung, die beim Anteilseigner zu Bezügen im Sinne des § 20 Abs. 1 Nr. 2 des Einkommensteuergesetzes führt. 2

(3) Ein Sonderausweis zum Schluss des Wirtschaftsjahrs vermindert sich um den positiven Bestand des steuerlichen Einlagekontos zu diesem Stichtag; der Bestand des steuerlichen Einlagekontos vermindert sich entsprechend. 3

Übersicht

H 28

H 28

Allgemeines. → BMF vom 4. 6. 2003, BStBl. I S. 366.[1] 11

Liquidation. → BMF vom 26. 8. 2003, BStBl. I S. 434.[2]

Rückzahlung von Nennkapital. Eine Rückzahlung des Nennkapitals i. S. von § 28 Abs. 2 Satz 2 KStG (nach einer Nennkapitalherabsetzung) ermöglicht einen Direktzugriff auf das steuerliche Einlagekonto. Um als Rückzahlung des Nennkapitals behandelt zu werden, muss feststehen, dass die entsprechende Leistung der Kapitalgesellschaft darauf gerichtet ist, den Herabsetzungsbetrag auszuzahlen. Das ist anhand des Herabsetzungsbeschlusses und unter Würdigung der weiteren tatsächlichen Umstände festzustellen (→ BFH vom 21. 10. 2014, I R 31/13, BStBl. 2016 II S. 411). Die entgegenstehende Regelung in Rdnr. 40 → BMF vom 4. 6. 2003, BStBl. I S. 366,[1] ist damit überholt.

Steuerrechtliche Behandlung des Erwerbs eigener Anteile. → BMF vom 27. 11. 2013, BStBl. I S. 1615.[3]

Schreiben betr. steuerrechtliche Behandlung des Erwerbs eigener Anteile

Anl zu H 28

Vom 27. November 2013 (BStBl. I S. 1615)

(BMF IV C 2 – S 2742/07/10009)

Unter Bezugnahme auf das Ergebnis der Erörterungen mit den obersten Finanzbehörden der Länder gilt für die steuerrechtliche Behandlung des Erwerbs eigener Anteile Folgendes:

A. Handelsrechtliche Grundlagen

1 Mit dem Einfügen von § 272 Abs. 1 a und 1 b HGB durch das Gesetz zur Modernisierung des Bilanzrechts (Bilanzrechtsmodernisierungsgesetz, BilMoG) vom 25. Mai 2009 (BGBl. I S. 1102)[4] wurde der handelsbilanzielle Ausweis eigener Anteile rechtsformunabhängig geregelt. 15

[1] Vorstehend abgedruckt als Anl zu H 27.
[2] Abgedruckt als Anl zu H 11.
[3] Nachstehend abgedruckt als Anl zu H 28.
[4] **[Amtl. Anm.:]** BStBl. I S. 650.

Anl zu H 28

2 Der Nennbetrag der eigenen Anteile ist nunmehr nach § 272 Abs. 1 a Satz 1 HGB stets auf der Passivseite in der Vorspalte offen von dem Posten „Gezeichnetes Kapital" abzusetzen. Eine Aktivierung der eigenen Anteile, bei gleichzeitiger Bildung einer entsprechenden Rücklage kommt nicht mehr in Betracht. § 272 Abs. 1 a Satz 2 und 3 und § 272 Abs. 1 b HGB enthalten weitere Regelungen zur Behandlung des Erwerbs und der Veräußerung eigener Anteile in der Handelsbilanz. Danach ist ein Unterschiedsbetrag zwischen der Gegenleistung für den Erwerb der eigenen Anteile und dem anteiligen Nennbetrag dieser Anteile handelsrechtlich mit den frei verfügbaren Gewinn- und Kapitalrücklagen zu verrechnen (vgl. § 272 Abs. 1 a Satz 2 HGB). Bei dem Erwerb eigener Anteile handelt es sich wirtschaftlich betrachtet nicht um einen Anschaffungsvorgang, sondern um eine Kapitalherabsetzung.

3 Die Aufwendungen im Zusammenhang mit dem Erwerb der eigenen Anteile stellen handelsrechtlich Aufwand des Geschäftsjahres dar (vgl. § 272 Abs. 1 a Satz 3 HGB).

4 Bei der Veräußerung der eigenen Anteile durch die Gesellschaft handelt es sich wirtschaftlich nicht um einen Veräußerungsvorgang, sondern um eine Kapitalerhöhung. Der offene Ausweis der eigenen Anteile in der Vorspalte des Postens „Gezeichnetes Kapital" nach § 272 Abs. 1 a Satz 1 HGB entfällt (§ 272 Abs. 1 b Satz 1 HGB). Das „Gezeichnete Kapital" wird in Höhe des Nennbetrages dieser Anteile – durch Minderung des Absetzungsbetrages – wieder ausgewiesen. Ein Unterschiedsbetrag zwischen dem anteiligen Nennbetrag der eigenen Anteile und der Gegenleistung für den Erwerb dieser Anteile ist gem. § 272 Abs. 1 b Satz 2 HGB bis zur Höhe des mit den frei verfügbaren Rücklagen verrechneten Betrages in die jeweiligen Rücklagen einzustellen. Ein darüber hinausgehender Differenzbetrag (Aufgeld) ist gem. § 272 Abs. 1 b Satz 3 HGB in die Kapitalrücklage gem. § 272 Abs. 2 Nr. 1 HGB einzustellen.

5 Die Aufwendungen im Zusammenhang mit einer Veräußerung der eigenen Anteile stellen handelsrechtlich Aufwand des Geschäftsjahres dar (vgl. § 272 Abs. 1 b Satz 4 HGB).

6 Im Fall der Einziehung liegt ein bilanz- und ergebnisneutraler Vorgang vor. Der offene Ausweis der eigenen Anteile in der Vorspalte des Postens „Gezeichnetes Kapital" nach § 272 Abs. 1 a Satz 1 HGB entfällt auch hier.

7 Die Regelungen sind nach Art. 66 Abs. 3 Satz 1 des Einführungsgesetzes zum Handelsgesetzbuch (EGHGB) grundsätzlich erstmals auf Jahresabschlüsse für nach dem 31. Dezember 2009 beginnende Geschäftsjahre anzuwenden. Wahlweise sind die Regelungen nach Art. 66 Abs. 3 letzter Satz EGHGB allerdings auch bereits auf Jahresabschlüsse für nach dem 31. Dezember 2008 beginnende Geschäftsjahre anzuwenden.

B. Steuerrechtliche Konsequenzen

I. Ebene der Gesellschaft

16 **8** Auf der Ebene der Gesellschaft folgt die steuerrechtliche Behandlung des Erwerbs eigener Anteile künftig der wirtschaftlichen Betrachtungsweise des Handelsrechts. Danach sind auch in der Steuerbilanz der Erwerb und die Veräußerung eigener Anteile nicht als Anschaffungs- oder Veräußerungsvorgang, sondern wie eine Kapitalherabsetzung oder Kapitalerhöhung zu behandeln.

1. Erwerb der Anteile

17 **9** Der Erwerb eigener Anteile stellt bei der Gesellschaft keinen Anschaffungsvorgang dar, sondern ist wie eine Herabsetzung des Nennkapitals zu behandeln. In Höhe des Nennbetrags der eigenen Anteile ist § 28 Abs. 2 KStG entsprechend anzuwenden. Abweichend von § 28 Abs. 2 Satz 1 KStG ist ein bestehender Sonderausweis nicht zu mindern. Der über die Rückzahlung des herabgesetzten Nennkapitals hinausgehende Betrag stellt eine Leistung der Gesellschaft an den veräußernden Anteilseigner dar, die nach den Grundsätzen des § 27 Abs. 1 Satz 3 KStG zu einer Minderung des steuerlichen Einlagekontos führt, soweit sie den maßgebenden ausschüttbaren Gewinn übersteigt.

10 Werden eigene Anteile zu einem (angemessenen) Kaufpreis unterhalb des Nennbetrags erworben, ergeben sich keine Änderungen beim steuerlichen Einlagekonto und bei einem eventuellen Sonderausweis. In Höhe des Differenzbetrags zwischen dem Kaufpreis und dem Nennbetrag der Anteile ist von einer Kapitalherabsetzung ohne Auszahlung an den Gesellschafter auszugehen, auf die § 28 Abs. 2 Satz 1 KStG entsprechend anzuwenden ist. Danach vermindert der Differenzbetrag einen bestehenden Sonderausweis. Übersteigt der Differenzbetrag den Sonderausweis, erhöht sich insoweit der Bestand des steuerlichen Einlagekontos.

11 Kapitalertragsteuer ist auch auf den Teil der Leistung, der das steuerliche Einlagekonto nicht nach § 27 Abs. 1 Satz 3 oder § 28 Abs. 2 Satz 3 KStG mindert, nicht einzubehalten und abzuführen, da der Vorgang auf der Ebene des Anteilseigners eine Veräußerung darstellt (vgl. Rdnr. 20).

12 Bei Zahlung eines überhöhten Kaufpreises kann eine verdeckte Gewinnausschüttung im Sinne des § 20 Abs. 1 Nr. 1 Satz 2 EStG vorliegen, die nach den allgemeinen Grundsätzen zu behandeln ist. In diesen Fällen ist ggfs. Kapitalertragsteuer einzubehalten und abzuführen. Ein überhöhter Kaufpreis ist in der Regel nicht anzunehmen, wenn die Anteile über die Börse oder im Tender-Verfahren erworben werden.

2. Weiterveräußerung der Anteile

18 **13** Die Weiterveräußerung der eigenen Anteile stellt bei der Gesellschaft steuerlich keinen Veräußerungsvorgang dar, sondern ist wie eine Erhöhung des Nennkapitals zu behandeln. Sie führt nicht zu einem steuerlichen Veräußerungsgewinn bzw. -verlust. In Höhe des Nennbetrags der eigenen Anteile ergeben sich keine Auswirkungen auf den Bestand des steuerlichen Einlagekontos oder einen bestehenden Sonderausweis.
Ein den Nennbetrag übersteigender Betrag erhöht den Bestand des steuerlichen Einlagekontos.

14 Werden eigene Anteile zu einem (angemessenen) Kaufpreis unterhalb des Nennbetrags weiterveräußert, ist der Differenzbetrag zwischen dem Kaufpreis und dem Nennbetrag der Anteile als Kapitalerhöhung aus Gesellschaftsmitteln zu behandeln. In entsprechender Anwendung des § 28 Abs. 1 KStG vermindert der Differenzbetrag den Bestand des steuerlichen Einlagekontos und führt, soweit der Bestand nicht ausreicht, zur Bildung bzw. Erhöhung eines Sonderausweises.

15 Bei Zahlung eines zu niedrigen Kaufpreises kann eine verdeckte Gewinnausschüttung im Sinne des § 20 Abs. 1 Nr. 1 Satz 2 EStG vorliegen, die nach den allgemeinen Grundsätzen zu behandeln ist. In diesen Fällen ist ggf. Kapitalertragsteuer einzubehalten und abzuführen. Ein zu niedriger Kaufpreis ist in der Regel nicht anzunehmen, wenn die Anteile über die Börse oder im Tender-Verfahren veräußert werden.

3. Einziehung der Anteile

16 Bei Einziehung eigener Anteile ergeben sich keine steuerlichen Auswirkungen. 19
Im Fall der Einziehung ohne einen vorangegangenen Erwerb gelten die in den Rdnrn. 8 ff. dargestellten Grundsätze mit der Maßgabe, dass eine Entschädigungszahlung wie eine Kaufpreiszahlung zu behandeln ist.

17 Wird das Nennkapital bei der Einziehung nicht herabgesetzt, ist der Vorgang hinsichtlich der Höhe des Nennbetrags der eingezogenen eigenen Anteile in entsprechender Anwendung des § 28 Abs. 1 KStG als Kapitalerhöhung aus Gesellschaftsmitteln zu behandeln.

4. Behandlung von Aufwendungen

18 Die Aufwendungen im Zusammenhang mit dem Erwerb und der Veräußerung der eigenen Anteile 20
sind als Betriebsausgaben abziehbar, soweit sie angemessen sind.

5. Behandlung des Erwerbs und der Veräußerung eigener Anteile bei EU-/EWR-ausländischen Kapitalgesellschaften

19 Im Rahmen der Feststellung nach § 27 Abs. 8 KStG ist der Erwerb und die Veräußerung eigener 21
Anteile entsprechend den Regelungen im Inland als Kapitalherabsetzung zu berücksichtigen.

II. Ebene des Anteilseigners

20 Beim Anteilseigner stellt der Erwerb eigener Anteile durch die Gesellschaft ein Veräußerungsge- 22
schäft dar, das nach allgemeinen Grundsätzen der Besteuerung unterliegt. Eine Steuerpflicht der Veräußerung kann sich u. a. ergeben aus §§ 13 bis 18 und 20 EStG. Darüber hinaus ist eine Steuerpflicht auch nach § 23 EStG i. d. F. vor dem Gesetz vom 14. August 2007 (BGBl. I S. 1912)[1] und § 21 UmwStG i. d. F. der Bekanntmachung vom 15. Oktober 2002 (BGBl. I S. 4133[2], 2003 I S. 738, geändert durch Art. 3 des Gesetzes vom 16. Mai 2003 (BGBl. I S. 660[3]) möglich.

21 Werden die Anteile in einem Depot eines inländischen Kreditinstituts oder inländischen Finanzdienstleistungsinstituts im Sinne des § 43 Abs. 1 Satz 1 Nr. 7 Buchstabe b) EStG, eines inländischen Wertpapierhandelsunternehmens oder einer inländischen Wertpapierhandelsbank verwaltet oder verwahrt oder wird die Veräußerung der Beteiligungsrechte von inländischen Kreditinstituten durchgeführt, haben die genannten Unternehmen als auszahlende Stelle die Kapitalertragsteuer auf den Veräußerungsgewinn zu entrichten (§ 44 Abs. 1 Satz 3 und 4 EStG).

22 Soweit im Einzelfall wegen eines überhöhten Kaufpreises bzw. – im Fall der Weiterveräußerung der eigenen Anteile – wegen eines zu niedrigen Kaufpreises eine verdeckte Gewinnausschüttung anzunehmen ist, ist dem Anteilseigner ein entsprechender Kapitalertrag im Sinne des § 20 Abs. 1 Nr. 1 Satz 2 EStG zuzurechnen (vgl. Rdnrn. 12 und 15).

C. Anwendung und Übergangsregelungen

I. Grundsatz

23 Die Abschnitte A und B dieses BMF-Schreibens gelten für alle offenen Fälle, soweit Geschäftsjah- 23
re betroffen sind, für die die Neuregelung des § 272 Abs. 1 a und 1 b HGB i. d. F. des BilMoG gelten.

II. Anpassung an BilMoG-Grundsätze

24 Anpassungen, die in der Handelsbilanz vorgenommen werden, um eigene Anteile, die nach bishe- 24
rigem Recht zu aktivieren waren, nach den Grundsätzen des § 272 Abs. 1 a Satz 1 und 2 HGB darzustellen, sind in der Steuerbilanz zu übernehmen. Der Nennbetrag ist dabei offen vom „Gezeichneten Kapital" abzusetzen und die bisherige Rücklage für eigene Anteile ist in voller Höhe aufzulösen. In Höhe des über den Nennbetrag hinausgehenden Buchwerts der eigenen Anteile sind die frei verfügbaren Rücklagen zu vermindern.

25 Steuerrechtlich ist die Ausbuchung als Kapitalherabsetzung zu behandeln. Da in diesen Fällen zumindest in dem betreffenden Geschäftsjahr keine Kaufpreiszahlung an den Gesellschafter erfolgt, ist das auf die eigenen Anteile entfallende Nennkapital für die Anwendung des § 28 Abs. 2 Satz 1 KStG als bereits an den Gesellschafter ausgezahlt und damit als nicht eingezahlt zu behandeln. Infolgedessen kommt es weder zu einer Verminderung des Sonderausweises, noch zu einer Erhöhung des steuerlichen Einlagekontos. Der über den Nennbetrag hinausgehende Teil des Buchwerts der nicht mehr zu aktivierenden eigenen Anteile führt rechnerisch zu einer Verminderung des ausschüttbaren Gewinns.

---

[1] **[Amtl. Anm.:]** BStBl. I S. 630.
[2] **[Amtl. Anm.:]** BStBl. I S. 1157.
[3] **[Amtl. Anm.:]** BStBl. I S. 3021.

Anl zu H 28

III. Übergangsregelungen für nicht unter BilMoG-Grundsätze fallende Geschäftsjahre

25 **26** Für Zeiträume, in denen bereits das Halb- bzw. Teileinkünfteverfahren, nicht aber das BilMoG galt, gelten weiterhin die Regelungen des BMF-Schreibens vom 2. Dezember 1998 (BStBl. I S. 1509)[1] nach Maßgabe der Rdnrn. 27 ff. Das BMF-Schreiben wird insoweit wieder in Kraft gesetzt. Über Fälle, in denen aufgrund des BMF-Schreibens vom 10. August 2010 (BStBl. I S. 659)[2] anders verfahren wurde, ist unter Berücksichtigung der allgemeinen Grundsätze im Einzelfall zu entscheiden.
Für die Weiteranwendung des BMF-Schreibens vom 2. Dezember 1998 (BStBl. I S. 1509)[1] unter Geltung des Halb- bzw. Teileinkünfteverfahrens gilt Folgendes:

1. Behandlung des Erwerbs von nicht zu aktivierenden eigenen Anteilen bei der Kapitalgesellschaft [II. 1. b.) aa) des BMF-Schreibens vom 2. Dezember 1998 (BStBl. I S. 1509)[1]]

26 **27** Aufgrund der Behandlung des Erwerbs der eigenen Anteile als Anschaffungsvorgang auch auf Ebene der Gesellschaft hat der Vorgang keine Auswirkung auf das steuerliche Einlagekonto oder den Sonderausweis. Die Verminderung des EK 04 nach dem BMF-Schreiben vom 2. Dezember 1998 (BStBl. I S. 1509)[1] war allein den Besonderheiten der im Anrechnungsverfahren vorzunehmenden Gliederung des verwendbaren Eigenkapitals und der Abstimmung mit dem um das Nennkapital geminderten Eigenkapital laut Steuerbilanz geschuldet und hat seit dem Systemwechsel keine Bedeutung mehr. Eine Verminderung des steuerlichen Einlagekontos bzw. des Sonderausweises ist nicht vorzunehmen. Soweit der Kaufpreis den Nennbetrag der Anteile übersteigt, verringert sich rechnerisch der ausschüttbare Gewinn.

2. Behandlung der Weiterveräußerung von nicht zu aktivierenden eigenen Anteilen bei der Kapitalgesellschaft [II. 2. des BMF-Schreibens vom 2. Dezember 1998 (BStBl. I S. 1509)[1]]

27 **28** Nach den Grundsätzen des BMF-Schreibens vom 2. Dezember 1998 (BStBl. I S. 1509)[1] ist die Weiterveräußerung der nicht zu aktivierenden Anteile als Kapitalerhöhung zu behandeln. Es ergeben sich insoweit keine Unterschiede zur steuerlichen Behandlung der Weiterveräußerung eigener Anteile in einem unter das BilMoG fallenden Geschäftsjahr (vgl. Rdnr. 13).

3. Behandlung der Einziehung von aktivierten Anteilen [II. 3. des BMF-Schreibens vom 2. Dezember 1998 (BStBl. I S. 1509)[1]]

28 **29** Es bleibt bei der im BMF-Schreiben vom 2. Dezember 1998 (BStBl. I S. 1509)[1] vorgesehenen steuerrechtlichen Behandlung als Kapitalherabsetzung ohne Auskehrung an die Gesellschafter. Hinsichtlich des Nennbetrags des eingezogenen Anteils gilt § 28 Abs. 2 Satz 1 KStG. Aufgrund der Zahlung des Kaufpreises für die eigenen Anteile ist bei Anwendung des § 28 Abs. 2 Satz 1 KStG von nicht eingezahltem Nennkapital auszugehen. In Höhe des Nennbetrags kommt es weder zu einer Verminderung eines bestehenden Sonderausweises, noch erhöht sich das steuerliche Einlagekonto. In Höhe des über den Nennbetrag hinausgehenden Buchwerts der Anteile kommt es rechnerisch zu einer Verminderung des ausschüttbaren Gewinns. Eine Verminderung des steuerlichen Einlagekontos erfolgt nicht (vgl. insoweit Rdnr. 27).

---

[1] *Beck-Online:* BeckVerw 88029.
[2] *Beck-Online:* BeckVerw 241302.

§ 29 Kapitalveränderungen bei Umwandlungen

KStG

(1) **In Umwandlungsfällen im Sinne des § 1 des Umwandlungsgesetzes gilt das Nennkapital der übertragenden Kapitalgesellschaft und bei Anwendung des Absatzes 2 Satz 3 und des Absatzes 3 Satz 3 zusätzlich das Nennkapital der übernehmenden Kapitalgesellschaft als in vollem Umfang nach § 28 Abs. 2 Satz 1 herabgesetzt.** 1

(2) ① **Geht das Vermögen einer Kapitalgesellschaft durch Verschmelzung nach § 2 des Umwandlungsgesetzes auf eine unbeschränkt steuerpflichtige Körperschaft über, so ist der Bestand des steuerlichen Einlagekontos dem steuerlichen Einlagekonto der übernehmenden Körperschaft hinzuzurechnen.** ② **Eine Hinzurechnung des Bestands des steuerlichen Einlagekontos nach Satz 1 unterbleibt im Verhältnis des Anteils des Übernehmers an dem übertragenden Rechtsträger.** ③ **Der Bestand des Einlagekontos des Übernehmers mindert sich anteilig im Verhältnis des Anteils des übertragenden Rechtsträgers am Übernehmer.** 2

(3) ① **Geht Vermögen einer Kapitalgesellschaft durch Aufspaltung oder Abspaltung im Sinne des § 123 Abs. 1 und 2 des Umwandlungsgesetzes auf eine unbeschränkt steuerpflichtige Körperschaft über, so ist der Bestand des steuerlichen Einlagekontos der übertragenden Kapitalgesellschaft einer übernehmenden Körperschaft im Verhältnis der übergehenden Vermögensteile zu dem bei der übertragenden Kapitalgesellschaft vor dem Übergang bestehenden Vermögen zuzuordnen, wie es in der Regel in den Angaben zum Umtauschverhältnis der Anteile im Spaltungs- und Übernahmevertrag oder im Spaltungsplan (§ 126 Abs. 1 Nr. 3, § 136 des Umwandlungsgesetzes) zum Ausdruck kommt.** ② **Entspricht das Umtauschverhältnis der Anteile nicht dem Verhältnis der übergehenden Vermögensteile zu dem bei der übertragenden Kapitalgesellschaft vor der Spaltung bestehenden Vermögen, ist das Verhältnis der gemeinen Werte der übergehenden Vermögensteile zu dem vor der Spaltung vorhandenen Vermögen maßgebend.** ③ **Für die Entwicklung des steuerlichen Einlagekontos des Übernehmers gilt Absatz 2 Satz 2 und 3 entsprechend.** ④ **Soweit das Vermögen durch Abspaltung auf eine Personengesellschaft übergeht, mindert sich das steuerliche Einlagekonto der übertragenden Kapitalgesellschaft in dem Verhältnis der übergehenden Vermögensteile zu dem vor der Spaltung bestehenden Vermögen.** 3

(4) **Nach Anwendung der Absätze 2 und 3 ist für die Anpassung des Nennkapitals der umwandlungsbeteiligten Kapitalgesellschaften § 28 Abs. 1 und 3 anzuwenden.** 4

(5) **Die vorstehenden Absätze gelten sinngemäß für andere unbeschränkt steuerpflichtige Körperschaften und Personenvereinigungen, die Leistungen im Sinne des § 20 Abs. 1 Nr. 1, 9 und 10 des Einkommensteuergesetzes gewähren können.** 5

(6) ① **War für die übertragende Körperschaft oder Personenvereinigung ein Einlagekonto bisher nicht festzustellen, tritt für die Anwendung der vorstehenden Absätze an die Stelle des Einlagekontos der Bestand der nicht in das Nennkapital geleisteten Einlagen zum Zeitpunkt des Vermögensübergangs.** ② **§ 27 Abs. 8 gilt entsprechend.** 6

H 29

H 29

Auswirkungen von Umwandlungen auf den Bestand des steuerlichen Einlagekontos und den Sonderausweis. → BMF vom 11. 11. 2011, BStBl. I S. 1314, Rn. K.01 ff.[1] 11

[1] Abgedruckt im **Anhang I 2 a.**

KStG

§ 30 Entstehung der Körperschaftsteuer

1 **Die Körperschaftsteuer entsteht**

1. **für Steuerabzugsbeträge in dem Zeitpunkt, in dem die steuerpflichtigen Einkünfte zufließen,**
2. **für Vorauszahlungen mit Beginn des Kalendervierteljahrs, in dem die Vorauszahlungen zu entrichten sind, oder, wenn die Steuerpflicht erst im Laufe des Kalenderjahrs begründet wird, mit Begründung der Steuerpflicht,**
3. **für die veranlagte Steuer mit Ablauf des Veranlagungszeitraums, soweit nicht die Steuer nach Nummer 1 oder 2 schon früher entstanden ist.**

R 30

R 30. Entstehung der Körperschaftsteuer

10 Die Körperschaftsteuer entsteht hinsichtlich der besonderen Körperschaftsteuer nach § 5 Abs. 1 Nr. 5 Satz 4 KStG mit Ablauf des VZ, in dem die Mittelverwendung erfolgt ist, die die besondere Körperschaftsteuer auslöst.

§ 31[1] Steuererklärungspflicht, Veranlagung und Erhebung der Körperschaftsteuer

KStG

(1) ① **Auf die Durchführung der Besteuerung einschließlich der Anrechnung, Entrichtung und Vergütung der Körperschaftsteuer sowie die Festsetzung und Erhebung von Steuern, die nach der veranlagten Körperschaftsteuer bemessen werden (Zuschlagsteuern), sind die Vorschriften des Einkommensteuergesetzes entsprechend anzuwenden, soweit dieses Gesetz nichts anderes bestimmt. ② Die sich im Zuge der Festsetzung ergebenden einzelnen Körperschaftsteuerbeträge sind jeweils zu Gunsten des Steuerpflichtigen auf volle Euro-Beträge zu runden. ③ § 37 b des Einkommensteuergesetzes findet entsprechende Anwendung.** 1

(1 a)[2] ① **Die Körperschaftsteuererklärung und die Erklärung zur gesonderten Feststellung von Besteuerungsgrundlagen sind nach amtlich vorgeschriebenem Datensatz durch Datenfernübertragung zu übermitteln. ② Auf Antrag kann die Finanzbehörde zur Vermeidung unbilliger Härten auf eine elektronische Übermittlung verzichten; in diesem Fall sind die Erklärungen nach amtlich vorgeschriebenem Vordruck abzugeben und vom gesetzlichen Vertreter des Steuerpflichtigen eigenhändig zu unterschreiben.** 2

(2) **Bei einem vom Kalenderjahr abweichenden Wirtschaftsjahr gilt § 37 Abs. 1 des Einkommensteuergesetzes mit der Maßgabe, dass die Vorauszahlungen auf die Körperschaftsteuer bereits während des Wirtschaftsjahrs zu entrichten sind, das im Veranlagungszeitraum endet.** 3

Übersicht

R 31.1 Besteuerung kleiner Körperschaften

R 31.1

(1) ① Nach § 156 Abs. 2 AO kann die Festsetzung von Steuern unterbleiben, wenn feststeht, dass die Kosten der Einziehung einschließlich der Festsetzung außer Verhältnis zu dem festzusetzenden Betrag stehen. ② Diese Voraussetzung kann im Einzelfall bei kleinen Körperschaften erfüllt sein, die einen Freibetrag nach § 24 oder § 25 KStG nicht beanspruchen können, insbesondere bei kleinen Genossenschaften. ③ Bei diesen Körperschaften kann das in Satz 1 bezeichnete Missverhältnis vorliegen, wenn das Einkommen im Einzelfall offensichtlich 500 Euro nicht übersteigt. ④ Dementsprechend kann in diesen Fällen von einer Veranlagung zur Körperschaftsteuer und von den gesonderten Feststellungen nach §§ 27, 28 KStG abgesehen werden. ⑤ Dies gilt nicht im Fall von Komplementär-Kapitalgesellschaften, da der auf sie entfallende Gewinnanteil im Rahmen der gesonderten Gewinnfeststellung zu ermitteln ist. 10

(2) Die Veranlagung und die gesonderten Feststellungen für die in Absatz 1 bezeichneten Körperschaften sind auch durchzuführen, wenn die Körperschaften dies beantragen. 11

(3) Bei der erstmaligen gesonderten Feststellung nach § 27 KStG ist davon auszugehen, dass das in der Steuerbilanz ausgewiesene Eigenkapital ausschließlich aus ausschüttbarem Gewinn (§ 27 Abs. 1 Satz 5 KStG) und gezeichnetem Kapital besteht, soweit die Körperschaft nicht nachweist, dass es aus Einlagen stammt. 12

R 31.2 Steuererklärungspflicht, Veranlagung und Erhebung von Körperschaftsteuer

R 31.2

– *unbesetzt* – 15

H 31.2

H 31.2

Anwendung des EStG. Hinsichtlich der Steuererklärungspflicht sind in entsprechender Anwendung des § 25 Abs. 3 Satz 1 und 4 EStG die ergänzenden Bestimmungen in § 5 b EStG, § 56 Satz 2 und § 60 Abs. 1 bis 4 EStDV zu beachten. Auf nach § 5 Abs. 1 Nr. 9 KStG steuerbefreite Körperschaften, die nur Zweckbetriebe i. S. der §§ 65 bis 68 AO unterhalten oder mit ihren wirtschaftlichen Geschäftsbetrieben die Besteuerungsgrenze des § 64 Abs. 3 AO i. H. von 45 000 € nicht übersteigen, findet § 60 Abs. 4 EStDV keine Anwendung. 17

Nichtanwendung § 37 b EStG auf verdeckte Gewinnausschüttungen. VGA i. S. d. § 8 Abs. 3 Satz 2 KStG sind von der Pauschalierung nach § 37 b EStG ausgenommen (→ BMF vom 19. 5. 2015, BStBl. I S. 468 Rn. 9).

---

[1] Vgl. die Ergänzungsabgabe-Bestimmungen im **Solidaritätszuschlaggesetz,** abgedruckt im „Handbuch zur Einkommensteuerveranlagung" im Anhang I 2.

[2] § 31 neuer Abs. 1 a erstmals anzuwenden für VZ 2011.

H 31.2
noch 17

Verpflichtung zur elektronischen Übermittlung von Steuererklärungen, Bilanzen sowie Gewinn- und Verlustrechnungen. Die Verpflichtung zur elektronischen Übermittlung von Steuererklärungen (§ 31 Abs. 1 a KStG) besteht erstmals für den VZ 2011. Zur Entscheidung über den Antrag zur Anwendung der Härtefallregelung (§ 31 Abs. 1 a Satz 2 KStG) vgl. § 150 Abs. 8 AO.

In entsprechender Anwendung des § 5 b EStG hat die elektronische Übermittlung von Bilanzen sowie Gewinn- und Verlustrechnungen (Anlage zur elektronischen Steuererklärung) im Regelfall erstmals für Wj. zu erfolgen, die nach dem 31. 12. 2011 beginnen. Auf Körperschaften, Personenvereinigungen und Vermögensmassen, die persönlich und vollumfänglich von der Körperschaftsteuer befreit sind, findet § 5 b EStG keine Anwendung.

→ BMF vom 19. 1. 2010, BStBl. I S. 47 (zu den allgemeinen Grundsätzen); → BMF vom 28. 9. 2011, BStBl. I S. 855 (Ausnahmen und Nichtbeanstandungsregelungen); → BMF vom 13. 6. 2014, BStBl. I S. 886 (Datenschema und Umfang der Übermittlungspflichten bei steuerbegünstigten Körperschaften sowie bei jPöR und deren BgA).

KStG

§ 32 Sondervorschriften für den Steuerabzug

(1) **Die Körperschaftsteuer für Einkünfte, die dem Steuerabzug unterliegen, ist durch den Steuerabzug abgegolten,** 1

1. wenn die Einkünfte nach § 5 Abs. 2 Nr. 1 von der Steuerbefreiung ausgenommen sind oder

2. wenn der Bezieher der Einkünfte beschränkt steuerpflichtig ist und die Einkünfte nicht in einem inländischen gewerblichen oder land- oder forstwirtschaftlichen Betrieb angefallen sind.[1]

(2) **Die Körperschaftsteuer ist nicht abgegolten,** 2

1. wenn bei dem Steuerpflichtigen während eines Kalenderjahrs sowohl unbeschränkte Steuerpflicht als auch beschränkte Steuerpflicht im Sinne des § 2 Nr. 1 bestanden hat; in diesen Fällen sind die während der beschränkten Steuerpflicht erzielten Einkünfte in eine Veranlagung zur unbeschränkten Körperschaftsteuerpflicht einzubeziehen;

2. für Einkünfte, die dem Steuerabzug nach § 50 a Abs. 1 Nr. 1, 2 oder Nr. 4 des Einkommensteuergesetzes unterliegen, wenn der Gläubiger der Vergütungen eine Veranlagung zur Körperschaftsteuer beantragt;

3. soweit der Steuerpflichtige wegen der Steuerabzugsbeträge in Anspruch genommen werden kann oder

4. soweit § 38 Abs. 2 anzuwenden ist.

(3) **① Von den inländischen Einkünften im Sinne des § 2 Nr. 2 zweiter Halbsatz ist ein Steuerabzug vorzunehmen; Entsprechendes gilt, wenn die inländischen Einkünfte im Sinne des § 2 Nr. 2 zweiter Halbsatz von einer nach § 5 Abs. 1 oder nach anderen Gesetzen als dem Körperschaftsteuergesetz steuerbefreiten Körperschaft, Personenvereinigung oder Vermögensmasse erzielt werden. ② Der Steuersatz beträgt 15 Prozent des Entgelts. ③ Die für den Steuerabzug von Kapitalerträgen im Sinne des § 43 Abs. 1 Satz 1 Nummer 1 und 1 a geltenden Vorschriften des Einkommensteuergesetzes mit Ausnahme des § 44 Abs. 2 und § 44 a Abs. 8 des Einkommensteuergesetzes sind entsprechend anzuwenden. ④ Der Steuerabzug ist bei Einnahmen oder Bezügen im Sinne des § 2 Nr. 2 zweiter Halbsatz Buchstabe c von der anderen Körperschaft im Sinne des § 8 b Abs. 10 Satz 2 vorzunehmen. ⑤ In Fällen des Satzes 4 hat die überlassende Körperschaft der anderen Körperschaft den zur Deckung der Kapitalertragsteuer notwendigen Betrag zur Verfügung zu stellen; § 44 Absatz 1 Satz 10 und 11 des Einkommensteuergesetzes gilt entsprechend.** 3

(4) **① Absatz 2 Nr. 2 gilt nur für beschränkt steuerpflichtige Körperschaften, Personenvereinigungen oder Vermögensmassen im Sinne des § 2 Nr. 1, die nach den Rechtsvorschriften eines Mitgliedstaats der Europäischen Union oder nach den Rechtsvorschriften eines Staates, auf den das Abkommen über den Europäischen Wirtschaftsraum vom 3. Januar 1994 (ABl. EG Nr. L 1 S. 3), zuletzt geändert durch den Beschluss des Gemeinsamen EWR-Ausschusses Nr. 91/2007 vom 6. Juli 2007 (ABl. EU Nr. L 328 S. 40), in der jeweiligen Fassung Anwendung findet, gegründete Gesellschaften im Sinne des Artikels 54 des Vertrags über die Arbeitsweise der Europäischen Union oder des Artikels 34 des Abkommens über den Europäischen Wirtschaftsraum sind, deren Sitz und Ort der Geschäftsleitung sich innerhalb des Hoheitsgebiets eines dieser Staaten befindet. ② Europäische Gesellschaften sowie Europäische Genossenschaften gelten für die Anwendung des Satzes 1 als nach den Rechtsvorschriften des Staates gegründete Gesellschaften, in dessen Hoheitsgebiet sich der Sitz der Gesellschaften befindet.** 4

(5) **① Ist die Körperschaftsteuer des Gläubigers für Kapitalerträge im Sinne des § 20 Absatz 1 Nummer 1 des Einkommensteuergesetzes nach Absatz 1 abgegolten, wird dem Gläubiger der Kapitalerträge auf Antrag die einbehaltene und abgeführte Kapitalertragsteuer nach Maßgabe des § 36 Absatz 2 Nummer 2 des Einkommensteuergesetzes erstattet, wenn** 5

1. der Gläubiger der Kapitalerträge eine nach § 2 Nummer 1 beschränkt steuerpflichtige Gesellschaft ist, die

a) zugleich eine Gesellschaft im Sinne des Artikels 54 des Vertrags über die Arbeitsweise der Europäischen Union oder des Artikels 34 des Abkommens über den Europäischen Wirtschaftsraum ist,

[1] Zur Frage der steuerlichen Behandlung von Kapitalerträgen i. S. d. § 20 Abs. 1 Nr. 10 EStG, die von einem Betrieb gewerblicher Art geschuldet werden vgl. *BMF-Schrb. v. 28. 1. 2019 IV C 2 – S 2706-a/15/10001, BStBl. 2019 I S. 97,* Rdnr. 38, 42, 44 und 45 neu gefasst und Rdnr. 46 aufgehoben mit *BMF-Schrb. v. 4. 4. 2022 IV C 2 – S 2836/21/10001 :001, BStBl. 2022 I S. 645.*

KStG noch 5

b) ihren Sitz und Ort der Geschäftsleitung innerhalb des Hoheitsgebiets eines Mitgliedstaates der Europäischen Union oder eines Staates, auf den das Abkommen über den Europäischen Wirtschaftsraum Anwendung findet, hat,

c) im Staat des Orts ihrer Geschäftsleitung ohne Wahlmöglichkeit einer mit § 1 vergleichbaren unbeschränkten Steuerpflicht unterliegt, ohne von dieser befreit zu sein, und

2. der Gläubiger unmittelbar am Grund- oder Stammkapital der Schuldnerin der Kapitalerträge beteiligt ist und die Mindestbeteiligungsvoraussetzung des § 43 b Absatz 2 des Einkommensteuergesetzes nicht erfüllt.

② Satz 1 gilt nur, soweit

1. keine Erstattung der betreffenden Kapitalertragsteuer nach anderen Vorschriften vorgesehen ist,

2. die Kapitalerträge nach § 8 b Absatz 1 bei der Einkommensermittlung außer Ansatz bleiben würden,

3. die Kapitalerträge aufgrund ausländischer Vorschriften keiner Person zugerechnet werden, die keinen Anspruch auf Erstattung nach Maßgabe dieses Absatzes hätte, wenn sie die Kapitalerträge unmittelbar erzielte,

4. ein Anspruch auf völlige oder teilweise Erstattung der Kapitalertragsteuer bei entsprechender Anwendung des § 50 d Absatz 3 des Einkommensteuergesetzes nicht ausgeschlossen wäre und

5. die Kapitalertragsteuer nicht beim Gläubiger oder einem unmittelbar oder mittelbar am Gläubiger beteiligten Anteilseigner angerechnet oder als Betriebsausgabe oder als Werbungskosten abgezogen werden kann; die Möglichkeit eines Anrechnungsvortrags steht der Anrechnung gleich.

③ Der Gläubiger der Kapitalerträge hat die Voraussetzungen für die Erstattung nachzuweisen. ④ Er hat insbesondere durch eine Bescheinigung der Steuerbehörden seines Ansässigkeitsstaates nachzuweisen, dass er in diesem Staat als steuerlich ansässig betrachtet wird, dort unbeschränkt körperschaftsteuerpflichtig und nicht von der Körperschaftsteuer befreit sowie der tatsächliche Empfänger der Kapitalerträge ist. ⑤ Aus der Bescheinigung der ausländischen Steuerverwaltung muss hervorgehen, dass die deutsche Kapitalertragsteuer nicht angerechnet, nicht abgezogen oder nicht vorgetragen werden kann und inwieweit eine Anrechnung, ein Abzug oder Vortrag auch tatsächlich nicht erfolgt ist. ⑥ Die Erstattung der Kapitalertragsteuer erfolgt für alle in einem Kalenderjahr bezogenen Kapitalerträge im Sinne des Satzes 1 auf der Grundlage eines Freistellungsbescheids nach § 155 Absatz 1 Satz 3 der Abgabenordnung.

KStG

§ 32 a[1] Erlass, Aufhebung oder Änderung von Steuerbescheiden bei verdeckter Gewinnausschüttung oder verdeckter Einlage

(1) ① Soweit gegenüber einer Körperschaft ein Steuerbescheid hinsichtlich der Berücksichtigung einer verdeckten Gewinnausschüttung erlassen, aufgehoben oder geändert wird, kann ein Steuerbescheid oder ein Feststellungsbescheid gegenüber dem Gesellschafter, dem die verdeckte Gewinnausschüttung zuzurechnen ist, oder einer diesem nahe stehenden Person erlassen, aufgehoben oder geändert werden. ② Die Festsetzungsfrist endet insoweit nicht vor Ablauf eines Jahres nach Unanfechtbarkeit des Steuerbescheides der Körperschaft. ③ Die Sätze 1 und 2 gelten auch für verdeckte Gewinnausschüttungen an Empfänger von Bezügen im Sinne des § 20 Abs. 1 Nr. 9 und 10 Buchstabe a des Einkommensteuergesetzes. 1

(2) ① Soweit gegenüber dem Gesellschafter ein Steuerbescheid oder ein Feststellungsbescheid hinsichtlich der Berücksichtigung einer verdeckten Einlage erlassen, aufgehoben oder geändert wird, kann ein Steuerbescheid gegenüber der Körperschaft, welcher der Vermögensvorteil zugewendet wurde, aufgehoben, erlassen oder geändert werden. ② Absatz 1 Satz 2 gilt entsprechend. 2

H 32 a

H 32 a

Bescheidänderung nach § 32 a Abs. 2 KStG nur bei Berücksichtigung von verdeckten Einlagen. § 32 a Abs. 2 KStG verlangt, dass gegenüber dem Gesellschafter ein Steuer- oder Feststellungsbescheid mit Rücksicht auf das Vorliegen einer verdeckten Einlage ergeht. Die Änderung eines Einkommensteuerbescheids des Gesellschafters wegen der Erfassung von Schwarzeinnahmen und nicht hinsichtlich der Berücksichtigung einer verdeckten Einlage kann folglich die Änderung der an die Gesellschaft gerichteten Körperschaft- bzw. Feststellungsbescheide nach § 32 a Abs. 2 KStG nicht rechtfertigen (→ BFH vom 11. 9. 2018, I R 59/16, BStBl. 2019 II S. 368). 10

Fehlende Bindungswirkung. Der aufgrund der Erfassung einer vGA ergangene Körperschaftsteuerbescheid ist für den die vGA erfassenden Einkommensteuerbescheid eines Anteilseigners kein Grundlagenbescheid (→ BFH vom 18. 9. 2012, VIII R 9/09, BStBl. 2013 II S. 149).

Folgeänderungen und Festsetzungsverjährung. Im Anwendungsbereich des § 32 a KStG ist nach § 32 a Abs. 1 Satz 2 KStG – als lex specialis zu den Korrekturtatbeständen der §§ 171 ff. AO – grundsätzlich von einer Ablaufhemmung für die Festsetzung der Einkommensteuer im Zusammenhang mit der Berücksichtigung einer vGA auszugehen, solange über diese vGA in einem Körperschaftsteuerbescheid nicht bestandskräftig entschieden worden ist (→ BFH vom 16. 12. 2014, VIII R 30/12, BStBl. 2015 II S. 858).

Nachträgliche Beseitigung der Rechtswidrigkeit eines wegen einer vGA geänderten Einkommensteuerbescheids des Anteilseigners. Wird ein Einkommensteuerbescheid des Anteilseigners einer Kapitalgesellschaft wegen einer vGA nach Ablauf der Festsetzungsfrist geändert, bevor wegen derselben vGA ein Körperschaftsteuerbescheid der Gesellschaft geändert oder erlassen wird, ist der geänderte Einkommensteuerbescheid rechtswidrig. Die Rechtswidrigkeit des geänderten Einkommensteuerbescheids wird jedoch nach § 32 a Abs. 1 Satz 1 KStG nachträglich beseitigt, wenn ein erstmaliger oder geänderter Körperschaftsteuerbescheid wegen derselben vGA vor Ablauf der für diesen Bescheid geltenden Festsetzungsfrist erlassen wird (→ BFH 10. 12. 2019, VIII R 2/17, BStBl. 2020 II S. 679).

[1] § 32 a erstmals anzuwenden, wenn nach dem 18. Dezember 2006 ein Steuerbescheid erlassen, aufgehoben oder geändert wird.

KStG

Fünfter Teil. Ermächtigungs- und Schlussvorschriften

§ 33 Ermächtigungen

1 (1) **Die Bundesregierung wird ermächtigt, zur Durchführung dieses Gesetzes mit Zustimmung des Bundesrates durch Rechtsverordnung**

1. zur Wahrung der Gleichmäßigkeit bei der Besteuerung, zur Beseitigung von Unbilligkeiten in Härtefällen und zur Vereinfachung des Besteuerungsverfahrens den Umfang der Steuerbefreiungen nach § 5 Abs. 1 Nr. 3 und 4 näher zu bestimmen. ② Dabei können

a) zur Durchführung des § 5 Abs. 1 Nr. 3 Vorschriften erlassen werden, nach denen die Steuerbefreiung nur eintritt,

aa) wenn die Leistungsempfänger nicht überwiegend aus dem Unternehmer oder seinen Angehörigen, bei Gesellschaften aus den Gesellschaftern und ihren Angehörigen bestehen,

bb) wenn bei Kassen mit Rechtsanspruch der Leistungsempfänger die Rechtsansprüche und bei Kassen ohne Rechtsanspruch der Leistungsempfänger die laufenden Kassenleistungen und das Sterbegeld bestimmte Beträge nicht übersteigen, die dem Wesen der Kasse als soziale Einrichtung entsprechen,

cc) wenn bei Auflösung der Kasse ihr Vermögen satzungsmäßig nur für soziale Zwecke verwendet werden darf,

dd) wenn rechtsfähige Pensions-, Sterbe- und Krankenkassen der Versicherungsaufsicht unterliegen,

ee) wenn bei rechtsfähigen Unterstützungskassen die Leistungsempfänger zu laufenden Beiträgen oder Zuschüssen nicht verpflichtet sind und die Leistungsempfänger oder die Arbeitnehmervertretungen des Betriebs oder der Dienststelle an der Verwaltung der Beträge, die der Kasse zufließen, beratend mitwirken können;

b) zur Durchführung des § 5 Abs. 1 Nr. 4 Vorschriften erlassen werden

aa) über die Höhe der für die Inanspruchnahme der Steuerbefreiung zulässigen Beitragseinnahmen,

bb) nach denen bei Versicherungsvereinen auf Gegenseitigkeit, deren Geschäftsbetrieb sich auf die Sterbegeldversicherung beschränkt, die Steuerbefreiung unabhängig von der Höhe der Beitragseinnahmen auch eintritt, wenn die Höhe des Sterbegeldes insgesamt die Leistung der nach § 5 Abs. 1 Nr. 3 steuerbefreiten Sterbekassen nicht übersteigt und wenn der Verein auch im Übrigen eine soziale Einrichtung darstellt;

2. Vorschriften zu erlassen

a) *(aufgehoben)*[1]

b) über die Herabsetzung oder Erhöhung der Körperschaftsteuer nach § 23 Abs. 2;

c) nach denen bei Anschaffung oder Herstellung von abnutzbaren beweglichen und bei Herstellung von abnutzbaren unbeweglichen Wirtschaftsgütern des Anlagevermögens auf Antrag ein Abzug von der Körperschaftsteuer für den Veranlagungszeitraum der Anschaffung oder Herstellung bis zur Höhe von 7,5 Prozent der Anschaffungs- oder Herstellungskosten dieser Wirtschaftsgüter vorgenommen werden kann. ② § 51 Abs. 1 Nr. 2 Buchstabe s des Einkommensteuergesetzes gilt entsprechend;

d) nach denen Versicherungsvereine auf Gegenseitigkeit von geringerer wirtschaftlicher Bedeutung, die eine Schwankungsrückstellung nach § 20 Abs. 1 nicht gebildet haben, zum Ausgleich des schwankenden Jahresbedarfs zu Lasten des steuerlichen Gewinns Beträge der nach § 193[2] des Versicherungsaufsichtsgesetzes zu bildenden Verlustrücklage zuführen können.

e) *(aufgehoben)*[3]

2 (2) **Das Bundesministerium der Finanzen wird ermächtigt,**

1. im Einvernehmen mit den obersten Finanzbehörden der Länder Muster der in den §§ 27 und 37 vorgeschriebenen Bescheinigungen zu bestimmen;

2. den Wortlaut dieses Gesetzes und der zu diesem Gesetz erlassenen Durchführungsverordnungen in der jeweils geltenden Fassung mit neuem Datum, unter neuer Überschrift und in neuer Paragrafenfolge bekannt zu machen und dabei Unstimmigkeiten des Wortlauts zu beseitigen.

---

[1] § 33 Abs. 1 Nr. 2 Buchst. a aufgehoben mWv VZ 2017.
[2] Zur Anwendung von § 33 Abs. 1 Nr. 2 Buchst. d siehe § 34 Abs. 10 a.
[3] § 33 Abs. 1 Nr. 2 Buchst. e aufgehoben mWv 1. 7. 2021.

§ 34 Schlussvorschriften[1]

(1) **Diese Fassung des Gesetzes gilt, soweit in den folgenden Absätzen nichts anderes bestimmt ist, erstmals für den Veranlagungszeitraum 2022.** 1

(1a) **§ 1a in der Fassung des Artikels 1 des Gesetzes vom 25. Juni 2021 (BGBl. I S. 2050) ist erstmals für den Veranlagungszeitraum 2021 anzuwenden mit der Maßgabe, dass der Antrag erstmals für nach dem 31. Dezember 2021 beginnende Wirtschaftsjahre gestellt werden kann.** 2

(2) ① **Genossenschaften sowie Vereine können bis zum 31. Dezember 1991, in den Fällen des § 54 Absatz 4 in der Fassung des Artikels 9 des Gesetzes vom 18. Dezember 1989 (BGBl. I S. 2212) bis zum 31. Dezember 1992 oder, wenn es sich um Genossenschaften oder Vereine in dem in Artikel 3 des Einigungsvertrages genannten Gebiet handelt, bis zum 31. Dezember 1993 durch schriftliche Erklärung auf die Steuerbefreiung nach § 5 Absatz 1 Nummer 10 und 14 des Körperschaftsteuergesetzes in der Fassung des Artikels 4 des Gesetzes vom 14. Juli 2000 (BGBl. I S. 1034) verzichten, und zwar auch für den Veranlagungszeitraum 1990.** ② **Die Körperschaft ist mindestens für fünf aufeinanderfolgende Kalenderjahre an die Erklärung gebunden.** ③ **Die Erklärung kann nur mit Wirkung vom Beginn eines Kalenderjahrs an widerrufen werden.** ④ **Der Widerruf ist spätestens bis zur Unanfechtbarkeit der Steuerfestsetzung des Kalenderjahrs zu erklären, für das er gelten soll.** 3

(2a) **§ 5 Absatz 1 Nummer 1 in der Fassung des Artikels 6 des Gesetzes vom 12. Dezember 2019 (BGBl. I S. 2451) ist erstmals für den Veranlagungszeitraum 2019 anzuwenden.** 4

(3) ① **§ 5 Absatz 1 Nummer 2 ist für die Hamburgische Investitions- und Förderbank erstmals für den Veranlagungszeitraum 2013 anzuwenden.** ② **Die Steuerbefreiung nach § 5 Absatz 1 Nummer 2 in der bis zum 30. Juli 2014 geltenden Fassung ist für die Hamburgische Wohnungsbaukreditanstalt letztmals für den Veranlagungszeitraum 2013 anzuwenden.** ③ **§ 5 Absatz 1 Nummer 2 ist für die Investitionsbank Sachsen-Anhalt erstmals für den Veranlagungszeitraum 2023 anzuwenden.** ④ **Die Steuerbefreiung nach § 5 Absatz 1 Nummer 2 in der bis zum 20. Dezember 2022 geltenden Fassung ist für die Investitionsbank Sachsen-Anhalt – Anstalt der Norddeutschen Landesbank – Girozentrale – letztmalig für den Veranlagungszeitraum 2023 anzuwenden.** ⑤ **§ 5 Absatz 1 Nummer 16 Satz 1 und 2 in der am 1. Januar 2016 geltenden Fassung ist erstmals für den Veranlagungszeitraum 2015 anzuwenden.** ⑥ **§ 5 Absatz 1 Nummer 24 in der am 31. Dezember 2014 geltenden Fassung ist erstmals für den Veranlagungszeitraum 2014 anzuwenden.** 5

(3a) **§ 5 Absatz 1 Nummer 3 Buchstabe d, Nummer 4 und 16 Satz 3 in der am 1. Januar 2016 geltenden Fassung ist erstmals für den Veranlagungszeitraum 2016 anzuwenden.** 6

(3b) **§ 5 Absatz 1 Nummer 10 in der Fassung des Artikels 2 des Gesetzes vom 4. August 2019 (BGBl. I S. 1122) ist erstmals für den Veranlagungszeitraum 2019 anzuwenden.** 7

(3c) **§ 8 Absatz 1 in der Fassung des Artikels 3 des Gesetzes vom 25. Juni 2021 (BGBl. I S. 2056) ist auch für Veranlagungszeiträume vor 2021 anzuwenden.** 8

(3d) **§ 8 Absatz 8 Satz 6, § 8 Absatz 9 Satz 9, § 8c Absatz 2, § 8d Absatz 1 Satz 9, § 15 Satz 1 Nummer 1 Satz 2 und 3 und § 15 Satz 1 Nummer 1a in der Fassung des Artikels 3 des Gesetzes vom 27. Juni 2017 (BGBl. I S. 2074) sind auch für Veranlagungszeiträume vor 2017 anzuwenden, wenn der Steuerpflichtige einen Antrag nach § 52 Absatz 4a Satz 3 des Einkommensteuergesetzes in der Fassung des Artikels 2 des Gesetzes vom 11. Dezember 2018 (BGBl. I S. 2338) stellt.** 9

(4) **§ 8a Absatz 2 und 3 ist nicht anzuwenden, wenn die Rückgriffsmöglichkeit des Dritten allein auf der Gewährträgerhaftung einer Gebietskörperschaft oder einer anderen Einrichtung des öffentlichen Rechts gegenüber den Gläubigern eines Kreditinstituts für Verbindlichkeiten beruht, die bis zum 18. Juli 2001 vereinbart waren; Gleiches gilt für bis zum 18. Juli 2005 vereinbarte Verbindlichkeiten, wenn deren Laufzeit nicht über den 31. Dezember 2015 hinausgeht.** 10

(5) ① **§ 8b Absatz 1 Satz 3 in der Fassung des Artikels 2 des Gesetzes vom 25. Juni 2021 (BGBl. I S. 2035) ist erstmals für Bezüge anzuwenden, die nach dem 31. Dezember 2019 zufließen.** ② **§ 8b Absatz 3 Satz 6 in der Fassung des Artikels 1 des Gesetzes vom 25. Juni 2021 (BGBl. I S. 2050) ist erstmals für Gewinnminderungen im Sinne des § 8b Absatz 3 Satz 4 und 5 anzuwenden, die nach dem 31. Dezember 2021 eintreten.** ③ **§ 8b Absatz 4 in der am 12. Dezember 2006 geltenden Fassung ist für Anteile weiter anzuwenden, die einbringungsgeboren im Sinne des § 21 des Um-** 11

[1] § 34 i. d. F. des Gesetzes vom 25. 7. 2014 (BGBl. I S. 1266) mit Änderungen.

wandlungssteuergesetzes in der am 12. Dezember 2006 geltenden Fassung[1] sind, und für Anteile im Sinne des § 8 b Absatz 4 Satz 1 Nummer 2, die auf einer Übertragung bis zum 12. Dezember 2006 beruhen. ④ § 8 b Absatz 4 Satz 8 in der Fassung des Artikels 6 des Gesetzes vom 12. Dezember 2019 (BGBl. I S. 2451) ist erstmals für den Veranlagungszeitraum 2018 anzuwenden. ⑤ § 8 b Absatz 7 Satz 1 in der am 1. Januar 2017 geltenden Fassung ist erstmals für den Veranlagungszeitraum 2017 anzuwenden; § 8 b Absatz 7 Satz 2 in der am 1. Januar 2017 geltenden Fassung ist anzuwenden auf Anteile, die nach dem 31. Dezember 2016 dem Betriebsvermögen zugehen.

12 (6) **① § 8 c Absatz 1 Satz 1 bis 3 in der Fassung des Artikels 6 des Gesetzes vom 11. Dezember 2018 (BGBl. I S. 2338) findet erstmals für den Veranlagungszeitraum 2008 und auf Anteilsübertragungen nach dem 31. Dezember 2007 Anwendung. ② § 8 c Absatz 1 Satz 4 bis 8 in der Fassung des Artikels 6 des Gesetzes vom 11. Dezember 2018 (BGBl. I S. 2338) ist erstmals auf schädliche Beteiligungserwerbe nach dem 31. Dezember 2009 anzuwenden. ③ § 8 c Absatz 1 a in der Fassung des Artikels 6 des Gesetzes vom 12. Dezember 2019 (BGBl. I S. 2451) ist erstmals für den Veranlagungszeitraum 2008 und auf Anteilsübertragungen nach dem 31. Dezember 2007 anzuwenden. ④ Erfüllt ein nach dem 31. Dezember 2007 erfolgter Beteiligungserwerb die Voraussetzungen des § 8 c Absatz 1 a, bleibt er bei der Anwendung des § 8 c Absatz 1 Satz 1 unberücksichtigt.**

13 (6 a) **① § 8 d ist erstmals auf schädliche Beteiligungserwerbe im Sinne des § 8 c anzuwenden, die nach dem 31. Dezember 2015 erfolgen, wenn der Geschäftsbetrieb der Körperschaft vor dem 1. Januar 2016 weder eingestellt noch ruhend gestellt war. ② § 8 d Absatz 1 Satz 2 Nummer 1 ist auf Einstellungen oder Ruhendstellungen anzuwenden, die nach dem 31. Dezember 2015 erfolgen.**

14 (6 b) **§ 9 Absatz 1 Satz 8 in der Fassung des Artikels 6 des Gesetzes vom 12. Dezember 2019 (BGBl. I S. 2451) ist erstmals auf Mitgliedsbeiträge anzuwenden, die nach dem 31. Dezember 2019 gezahlt werden.**

15 (6 c) **§ 10 Nummer 3 in der Fassung des Artikels 6 des Gesetzes vom 12. Dezember 2019 (BGBl. I S. 2451) ist erstmals anzuwenden auf nach dem 31. Dezember 2018 festgesetzte Geldstrafen, sonstige Rechtsfolgen vermögensrechtlicher Art, bei denen der Strafcharakter überwiegt, und Leistungen zur Erfüllung von Auflagen oder Weisungen, soweit die Auflagen oder Weisungen nicht lediglich der Wiedergutmachung des durch die Tat verursachten Schadens dienen, sowie auf nach dem 31. Dezember 2018 entstandene damit zusammenhängende Aufwendungen.**

16 (6 d) **① § 12 Absatz 1 und 1 a in der Fassung des Artikels 2 des Gesetzes vom 25. Juni 2021 (BGBl. I S. 2035) ist erstmals für nach dem 31. Dezember 2019 endende Wirtschaftsjahre anzuwenden. ② § 12 Absatz 4 in der am 30. Juni 2021 geltenden Fassung ist letztmals für den Veranlagungszeitraum 2020 anzuwenden. ③ § 12 Absatz 2 in der am 31. Dezember 2021 geltenden Fassung ist letztmals auf Verschmelzungen anwendbar, deren steuerlicher Übertragungsstichtag vor dem 1. Januar 2022 liegt.**

17 (6 e) **① § 14 Absatz 2 in der Fassung des Artikels 6 des Gesetzes vom 11. Dezember 2018 (BGBl. I S. 2338) ist auch für Veranlagungszeiträume vor 2017 anzuwenden. ② Ist im Einzelfall eine vor dem 1. August 2018 bestehende Organschaft unter Berücksichtigung von Ausgleichszahlungen nach anderen Grundsätzen als denen des § 14 Absatz 2 in der Fassung des Artikels 6 des Gesetzes vom 11. Dezember 2018 (BGBl. I S. 2338) anerkannt worden, so sind diese Grundsätze insoweit letztmals für den Veranlagungszeitraum 2021 maßgebend. ③ Wird ein Gewinnabführungsvertrag im Sinne des Satzes 2 vorzeitig nach dem 1. August 2018 durch Kündigung beendet, gilt die Kündigung als durch einen wichtigen Grund im Sinne des § 14 Absatz 1 Satz 1 Nummer 3 Satz 2 gerechtfertigt. ④ Wird ein Gewinnabführungsvertrag im Sinne des Satzes 2 an die Anforderungen des § 14 Absatz 2 in der Fassung des Artikels 6 des Gesetzes vom 11. Dezember 2018 (BGBl. I S. 2338) angepasst, gilt diese Anpassung für die Anwendung des § 14 Absatz 1 Satz 1 Nummer 3 nicht als Neuabschluss. ⑤ § 14 Absatz 4 sowie § 27 Absatz 1 Satz 3 und Absatz 6 in der Fassung des Artikels 1 des Gesetzes vom 25. Juni 2021 (BGBl. I S. 2050) sind erstmals auf Minder- und Mehrabführungen anzuwenden, die nach dem 31. Dezember 2021 erfolgen. ⑥ Hinsichtlich des Zeitpunkts der Minder- und Mehrabführungen ist dabei auf das Ende des Wirtschaftsjahres der Organgesellschaft abzustellen. ⑦ Noch bestehende Ausgleichsposten für organschaftliche Minder- und Mehrabführungen, die nach Maßgabe des § 14 Absatz 4 in der am 31. Dezember 2021 geltenden Fassung in der Steuerbilanz gebildet wurden oder noch zu bilden sind, sind nach den zu berücksichtigenden organschaftlichen Minder- und Mehrabführungen im Sinne von § 14 Absatz 4 in der Fassung des Artikels 1 des Gesetzes vom 25. Juni 2021 (BGBl. I S. 2050) zum Schluss des Wirtschaftsjahres aufzulösen, das nach dem 31. Dezember**

[1] **UmwStG a. F.** in Auszügen letztmals abgedruckt im „Handbuch zur Körperschaftsteuerveranlagung 2019".

KStG

2021 endet. ⑧ Aktive Ausgleichsposten erhöhen, passive Ausgleichsposten mindern dabei den Buchwert der Beteiligung des Organträgers an der Organgesellschaft in der Steuerbilanz. ⑨ Noch bestehende Ausgleichsposten sind für Zwecke der Sätze 7 und 8 zunächst durch Anwendung eines Angleichungsfaktors zu erhöhen, wenn die Beteiligungshöhe des Organträgers zum 31. Dezember 2021 oder, falls die Organschaft zu diesem Zeitpunkt nicht mehr besteht, am Ende des letzten Wirtschaftsjahres der Organschaft, weniger als 100 Prozent am Nennkapital der Organgesellschaft betragen hat. ⑩ Angleichungsfaktor ist der Kehrwert des durchschnittlichen Beteiligungsanteils des Organträgers bezogen auf das Nennkapital der Organgesellschaft an den Bilanzstichtagen der letzten fünf Wirtschaftsjahre. ⑪ Das Produkt aus Angleichungsfaktor und Ausgleichsposten tritt für Zwecke der Sätze 7 und 8 jeweils an die Stelle der noch bestehenden Ausgleichsposten. ⑫ Besteht das Organschaftsverhältnis weniger als fünf Wirtschaftsjahre, ist Satz 11 mit der Maßgabe anzuwenden, dass der entsprechend kürzere Zeitraum zugrunde zu legen ist. ⑬ Soweit ein passiver Ausgleichsposten die Summe aus dem aktiven Ausgleichsposten und dem Buchwert der Beteiligung des Organträgers an der Organgesellschaft in der Steuerbilanz übersteigt, liegt ein Ertrag aus der Beteiligung an der Organgesellschaft vor. ⑭ § 3 Nummer 40 Buchstabe a und § 3 c Absatz 2 des Einkommensteuergesetzes sowie § 8 b Absatz 2, 3, 6, 7 und 8 dieses Gesetzes sind auf diesen Beteiligungsertrag anzuwenden. ⑮ Bis zur Höhe des Beteiligungsertrags nach Satz 13 kann eine den steuerlichen Gewinn mindernde Rücklage gebildet werden. ⑯ Soweit diese Rücklage gebildet wird, sind § 3 Nummer 40 Buchstabe a und § 3 c Absatz 2 des Einkommensteuergesetzes sowie § 8 b Absatz 2, 3, 6, 7 und 8 dieses Gesetzes auf den Beteiligungsertrag nach Satz 13 nicht anzuwenden. ⑰ Die Rücklage nach Satz 15 ist grundsätzlich im Wirtschaftsjahr der Bildung und in den neun folgenden Wirtschaftsjahren zu jeweils einem Zehntel gewinnerhöhend aufzulösen. ⑱ Die Rücklage ist in vollem Umfang gewinnerhöhend aufzulösen, wenn die Beteiligung des Organträgers an der Organgesellschaft oder der vermittelnden Gesellschaft veräußert wird; bei einer teilweisen Veräußerung ist die Rücklage anteilig aufzulösen. ⑲ Der Veräußerung gleichgestellt sind insbesondere die Umwandlung der Organgesellschaft auf eine Personengesellschaft oder eine natürliche Person, die verdeckte Einlage der Beteiligung an der Organgesellschaft und die Auflösung der Organgesellschaft. ⑳ § 3 Nummer 40 Buchstabe a und § 3 c Absatz 2 des Einkommensteuergesetzes sowie § 8 b Absatz 2, 3, 6, 7 und 8 dieses Gesetzes sind bei der Auflösung der Rücklage anzuwenden.

(6 f) **§ 15 in der Fassung des Artikels 6 des Gesetzes vom 11. Dezember 2018 (BGBl. I S. 2338) ist erstmals für den Veranlagungszeitraum 2018 anzuwenden.** 18

(6 g) **§ 15 Satz 1 Nummer 2 Satz 1 und 2 in der Fassung des Artikels 6 des Gesetzes vom 12. Dezember 2019 (BGBl. I S. 2451) ist erstmals auf Umwandlungen anzuwenden, bei denen die Anmeldung zur Eintragung in das für die Wirksamkeit des jeweiligen Vorgangs maßgebende öffentliche Register nach dem 12. Dezember 2019 erfolgt ist.** 19

(7) **§ 19 in der am 31. Juli 2014 geltenden Fassung ist erstmals für den Veranlagungszeitraum 2012 anzuwenden.** 20

(7 a) **① § 20 Absatz 1 in der am 1. Januar 2016 geltenden Fassung ist auch für Veranlagungszeiträume vor 2016 anzuwenden. ② § 20 Absatz 2 in der am 1. Januar 2016 geltenden Fassung ist erstmals für den Verlangungszeitraum 2016 anzuwenden.** 21

(8) **① § 21[1] Absatz 2 Satz 2 Nummer 1 ist für die Veranlagungszeiträume 2016 bis 2018 in der folgenden Fassung anzuwenden:** 22

…[2]

② § 21 in der Fassung des Artikels 7 des Gesetzes vom 11. Dezember 2018 (BGBl. I S. 2338) ist anzuwenden:

1. **erstmals für den Veranlagungszeitraum 2019;**
2. **auf bis zum 30. Juni 2019 zu stellenden, unwiderruflichen Antrag bereits für den Veranlagungszeitraum 2018. ② Der Antrag nach Satz 1 kann nur gestellt werden, wenn es im Veranlagungszeitraum 2018 sonst zu einer Auflösung der Rückstellung für Beitragsrückerstattung nach § 21 Absatz 2 Satz 2 in der zum 31. Dezember 2017 geltenden Fassung kommen würde.**

(8 a) **§ 21 a Absatz 1 in der am 1. Januar 2016 geltenden Fassung ist erstmals für den Veranlagungszeitraum 2016 anzuwenden.** 23

(8 b) **§ 24 in der Fassung des Artikels 6 des Gesetzes vom 12. Dezember 2019 (BGBl. I S. 2451) ist erstmals für den Veranlagungszeitraum 2019 anzuwenden.** 24

(8 c)[3]… 25

[1] **§ 21 a. F.** letztmals abgedruckt im „Handbuch zur Körperschaftsteuerveranlagung 2018".
[2] Siehe Abdruck in der Geschlossenen Wiedergabe bei § 34 Abs. 8.
[3] Fassung neuer Abs. 8 c ab VZ 2025 siehe geschlossene Wiedergabe.

26 (9) ① **§ 26 in der am 31. Dezember 2014 geltenden Fassung ist erstmals auf Einkünfte und Einkunftsteile anzuwenden, die nach dem 31. Dezember 2013 zufließen.** ② **Auf vor dem 1. Januar 2014 zugeflossene Einkünfte und Einkunftsteile ist § 26 Absatz 2 Satz 1 in der am 31. Dezember 2014 geltenden Fassung in allen Fällen anzuwenden, in denen die Körperschaftsteuer noch nicht bestandskräftig festgesetzt ist.**

27 (10)[1] **§ 27 Absatz 1 Satz 6 in der Fassung des Artikels 3 Nummer 10 des Gesetzes vom 7. Dezember 2006 (BGBl. I S. 2782) gilt letztmals für den Veranlagungszeitraum 2005.**

28 (10 a) **§ 33 Absatz 1 Nummer 2 Buchstabe d in der am 1. Januar 2016 geltenden Fassung ist erstmals für den Veranlagungszeitraum 2016 anzuwenden.**

29 (11) **§ 36 ist in allen Fällen, in denen die Endbestände im Sinne des § 36 Absatz 7 noch nicht bestandskräftig festgestellt sind, in der folgenden Fassung anzuwenden:**

[Abdruck bei § 36]

30 (12) **§ 37 Absatz 1 ist in den Fällen des Absatzes 11 in der folgenden Fassung anzuwenden:**

[Abdruck bei § 37]

31 (13) ① **§ 38 Absatz 1 in der am 19. Dezember 2006 geltenden Fassung gilt nur für Genossenschaften, die zum Zeitpunkt der erstmaligen Anwendung dieses Gesetzes in der Fassung des Artikels 3 des Gesetzes vom 23. Oktober 2000 (BGBl. I S. 1433) bereits bestanden haben.** ② **Die Regelung ist auch für Veranlagungszeiträume vor 2007 anzuwenden.** ③ **Ist in den Fällen des § 40 Absatz 5 und 6 in der am 13. Dezember 2006 geltenden Fassung die Körperschaftsteuerfestsetzung unter Anwendung des § 38 in der am 27. Dezember 2007 geltenden Fassung vor dem 28. Dezember 2007 erfolgt, sind die §§ 38 und 40 Absatz 5 und 6 weiter anzuwenden.** ④ **§ 38 Absatz 4 bis 9 in der am 29. Dezember 2007 geltenden Fassung ist insoweit nicht anzuwenden.**

32 (14) ① **Die §§ 38 und 40 in der am 27. Dezember 2007 geltenden Fassung sowie § 10 des Umwandlungssteuergesetzes vom 7. Dezember 2006 (BGBl. I S. 2782, 2791)[2] sind auf Antrag weiter anzuwenden für**

1. Körperschaften oder deren Rechtsnachfolger, an denen unmittelbar oder mittelbar zu mindestens 50 Prozent

a) juristische Personen des öffentlichen Rechts aus Mitgliedstaaten der Europäischen Union oder aus Staaten, auf die das EWR-Abkommen Anwendung findet, oder

b) Körperschaften, Personenvereinigungen oder Vermögensmassen im Sinne des § 5 Absatz 1 Nummer 9

alleine oder gemeinsam beteiligt sind, und

2. Genossenschaften,

die ihre Umsatzerlöse überwiegend durch Verwaltung und Nutzung eigenen zu Wohnzwecken dienenden Grundbesitzes, durch Betreuung von Wohnbauten oder durch die Errichtung und Veräußerung von Eigenheimen, Kleinsiedlungen oder Eigentumswohnungen erzielen, sowie für steuerbefreite Körperschaften. ② **Der Antrag ist unwiderruflich und kann von der Körperschaft bis zum 30. September 2008 bei dem für die Besteuerung zuständigen Finanzamt gestellt werden.** ③ **Die Körperschaften oder deren Rechtsnachfolger müssen die Voraussetzungen nach Satz 1 ab dem 1. Januar 2007 bis zum Ende des Zeitraums im Sinne des § 38 Absatz 2 Satz 3 erfüllen.** ④ **Auf den Schluss des Wirtschaftsjahres, in dem die Voraussetzungen des Satzes 1 nach Antragstellung erstmals nicht mehr vorliegen, wird der Endbetrag nach § 38 Absatz 1 letztmals ermittelt und festgestellt.** ⑤ **Die Festsetzung und Erhebung des Körperschaftsteuererhöhungsbetrags richtet sich nach § 38 Absatz 4 bis 9 in der am 29. Dezember 2007 geltenden Fassung mit der Maßgabe, dass als Zahlungszeitraum im Sinne des § 38 Absatz 6 Satz 1 die verbleibenden Wirtschaftsjahre des Zeitraums im Sinne des § 38 Absatz 2 Satz 3 gelten.** ⑥ **Die Sätze 4 und 5 gelten entsprechend, soweit das Vermögen der Körperschaft oder ihres Rechtsnachfolgers durch Verschmelzung nach § 2 des Umwandlungsgesetzes oder Auf- oder Abspaltung im Sinne des § 123 Absatz 1 und 2 des Umwandlungsgesetzes ganz oder teilweise auf eine andere Körperschaft übergeht und diese keinen Antrag nach Satz 2 gestellt hat.** ⑦ **§ 40 Absatz 6 in der am 27. Dezember 2007 geltenden Fassung ist nicht anzuwenden.**

KStDV

§ 6[3] *Anwendungszeitraum*

40 *Die Körperschaftsteuer-Durchführungsverordnung in der am 1. Januar 2016 geltenden Fassung ist erstmals für den Veranlagungszeitraum 2016 anzuwenden.*

---

[1] Fassung des Abs. 10 ab VZ 2023 siehe geschlossene Wiedergabe.
[2] **UmwStG** abgedruckt im **Anhang I 2.**
[3] Ab VZ 2016 § 6 KStDV geändert durch Gesetz v. 1. 4. 2015 (BGBl. I S. 434).

KStG

§ 35 Sondervorschriften für Körperschaften, Personenvereinigungen oder Vermögensmassen in dem in Artikel 3 des Einigungsvertrages genannten Gebiet

1 **Soweit ein Verlust einer Körperschaft, Personenvereinigung oder Vermögensmasse, die am 31. Dezember 1990 ihre Geschäftsleitung oder ihren Sitz in dem in Artikel 3 des Einigungsvertrages genannten Gebiet und im Jahre 1990 keine Geschäftsleitung und keinen Sitz im bisherigen Geltungsbereich des Körperschaftsteuergesetzes hatte, aus dem Veranlagungszeitraum 1990 auf das Einkommen eines Veranlagungszeitraums für das das Körperschaftsteuergesetz in der Fassung des Artikels 3 des Gesetzes vom 23. Oktober 2000 (BGBl. I S. 1433) erstmals anzuwenden ist oder eines nachfolgenden Veranlagungszeitraums vorgetragen wird, ist das steuerliche Einlagekonto zu erhöhen.**

R 35

R 35. Sondervorschriften für Körperschaften, Personenvereinigungen oder Vermögensmassen in dem in Artikel 3 des Einigungsvertrags genannten Gebiet

10 ① Im Jahr des Verlustabzugs (§ 10 d EStG) erhöht der vom Einkommen abgezogene Verlust das steuerliche Einlagekonto. ② Ist ein Verlustabzug in einem VZ zu berücksichtigen, dessen Einkommen sich aus dem Gewinn von zwei Wj. zusammensetzt, ist er für die Erhöhung des Einlagekontos auf die beiden Wj. aufzuteilen.

KStG

Sechster Teil. Sondervorschriften für den Übergang vom Anrechnungsverfahren[1] zum Halbeinkünfteverfahren

§ 36[2] Endbestände

1 (1) **Auf den Schluss des letzten Wirtschaftsjahrs, das in dem Veranlagungszeitraum endet, für den das Körperschaftsteuergesetz in der Fassung der Bekanntmachung vom 22. April 1999 (BGBl. I S. 817), das durch Artikel 4 des Gesetzes vom 14. Juli 2000 (BGBl. I S. 1034) geändert worden ist, letztmals anzuwenden ist, werden die Endbestände der Teilbeträge des verwendbaren Eigenkapitals ausgehend von den gemäß § 47 Absatz 1 Satz 1 Nummer 1 des Körperschaftsteuergesetzes in der Fassung der Bekanntmachung vom 22. April 1999 (BGBl. I S. 817), das zuletzt durch Artikel 4 des Gesetzes vom 14. Juli 2000 (BGBl. I S. 1034) geändert worden ist, festgestellten Teilbeträgen gemäß den nachfolgenden Absätzen ermittelt.**

2 (2) **①Die Teilbeträge sind um die Gewinnausschüttungen, die auf einem den gesellschaftsrechtlichen Vorschriften entsprechenden Gewinnverteilungsbeschluss für ein abgelaufenes Wirtschaftsjahr beruhen und die in dem in Absatz 1 genannten Wirtschaftsjahr folgenden Wirtschaftsjahr erfolgen, sowie um andere Ausschüttungen und sonstige Leistungen, die in dem in Absatz 1 genannten Wirtschaftsjahr erfolgen, zu verringern. ②Die Regelungen des Vierten Teils des Körperschaftsteuergesetzes in der Fassung der Bekanntmachung vom 22. April 1999 (BGBl. I S. 817), das zuletzt durch Artikel 4 des Gesetzes vom 14. Juli 2000 (BGBl. I S. 1034) geändert worden ist, sind anzuwenden.[1] ③Der Teilbetrag im Sinne des § 54 Absatz 11 Satz 1 des Körperschaftsteuergesetzes in der Fassung der Bekanntmachung vom 22. April 1999 (BGBl. I S. 817), das zuletzt durch Artikel 4 des Gesetzes vom 14. Juli 2000 (BGBl. I S. 1034) geändert worden ist (Teilbetrag, der einer Körperschaftsteuer in Höhe von 45 Prozent unterlegen hat), erhöht sich um die Einkommensteile, die nach § 34 Absatz 12 Satz 2 bis 5 in der am 14. Dezember 2010 geltenden Fassung einer Körperschaftsteuer von 45 Prozent unterlegen haben, und der Teilbetrag, der nach dem 31. Dezember 1998 einer Körperschaftsteuer in Höhe von 40 Prozent ungemildert unterlegen hat, erhöht sich um die Beträge, die nach § 34 Absatz 12 Satz 6 bis 8 in der am 14. Dezember 2010 geltenden Fassung einer Körperschaftsteuer von 40 Prozent unterlegen haben, jeweils nach Abzug der Körperschaftsteuer, der sie unterlegen haben.[3]**

3 (3) *(weggefallen)*

4 (4)[4] ***Ist die Summe der unbelasteten Teilbeträge im Sinne des § 30 Absatz 2 Nummer 1 bis 3 in der Fassung des Artikels 4 des Gesetzes vom 14. Juli 2000 (BGBl. I S. 1034) nach Anwendung des Absatzes 2 negativ, sind diese Teilbeträge zunächst untereinander und danach mit den mit Körperschaftsteuer belasteten Teilbeträgen in der Reihenfolge zu verrechnen, in der ihre Belastung zunimmt.***

5 (5) **①Ist die Summe der unbelasteten Teilbeträge im Sinne des § 30 Absatz 2 Nummer 1 bis 3 in der Fassung des Artikels 4 des Gesetzes vom 14. Juli 2000 (BGBl. I S. 1034) nach Anwendung des Absatzes 2 nicht negativ, sind zunächst die Teilbeträge im Sinne des § 30 Absatz 2 Nummer 1 und 3 in der Fassung des Artikels 4 des Gesetzes vom 14. Juli 2000 (BGBl. I S. 1034) zusammenzufassen. ②Ein sich aus der Zusammenfassung ergebender Negativbetrag ist vorrangig mit einem positiven Teilbetrag im Sinne des § 30 Absatz 2 Nummer 2 in der Fassung des Artikels 4 des Gesetzes vom 14. Juli 2000 (BGBl. I S. 1034) zu verrechnen. ③Ein negativer Teilbetrag im Sinne des § 30 Absatz 2 Nummer 2 in der Fassung des Artikels 4 des Gesetzes vom 14. Juli 2000 (BGBl. I S. 1034) ist vorrangig mit dem positiven zusammengefassten Teilbetrag im Sinne des Satzes 1 zu verrechnen.**

6 (6) **①Ist einer der belasteten Teilbeträge negativ, sind diese Teilbeträge zunächst untereinander in der Reihenfolge zu verrechnen, in der ihre Belastung zunimmt. ②Ein**

[1] Früheres Anrechnungsverfahren (§§ 27 bis 47 a. F.) letztmals abgedruckt in der geschlossenen Wiedergabe des „Handbuchs zur Körperschaftsteuerveranlagung 2006".

[2] **Fassung des § 36 gemäß § 34 Abs. 11; anzuwenden in allen Fällen, in denen die Endbestände i. S. d. § 36 Abs. 7 noch nicht bestandskräftig festgestellt sind.**

Fassung des § 36 i. d. F. des StSenkG siehe letztmals im „Handbuch zur Körperschaftsteuerveranlagung 2009".

[3] Zur Auswirkung von Verlustvorträgen im Rahmen der Umgliederung siehe Rundverfügung der *OFD Frankfurt/Main v. 22. 5. 2006 S 2860 A – 4 – St 52, KSt-Kartei § 36 KStG Karte 1.*

[4] § 36 Abs. 4 idF von § 34 Abs. 11 idF des Gesetzes vom 25. 7. 2014 (BGBl. I S. 1266) ist gem. *Beschluss des BVerfG 2 BvR 1424/15 vom 24. 11. 2022 (BGBl. 2023 I Nr. 44)* unvereinbar mit Art. 14 Abs. 1 iVm Art. 3 Abs. 1 GG, soweit diese Regelungen zu einem Verlust von Körperschaftsteuerminderungspotenzial führen, weil der in § 30 Abs. 2 Nr. 4 idF der Bekanntmachung vom 22. 4. 1999 (BGBl. I S. 817), zuletzt geändert durch Art. 4 des Gesetzes vom 14. 7. 2000 (BGBl. I S. 1034), bezeichnete Teilbetrag des verwendbaren Eigenkapitals bei der Verrechnung der unbelasteten Teilbeträge nicht berücksichtigt wird.

sich danach ergebender Negativbetrag mindert vorrangig den nach Anwendung des Absatzes 5 verbleibenden positiven Teilbetrag im Sinne des § 30 Absatz 2 Nummer 2 in der Fassung des Artikels 4 des Gesetzes vom 14. Juli 2000 (BGBl. I S. 1034); ein darüber hinausgehender Negativbetrag mindert den positiven zusammengefassten Teilbetrag nach Absatz 5 Satz 1.

(6 a)[1] ① ***Ein sich nach Anwendung der Absätze 1 bis 6 ergebender positiver Teilbetrag, der einer Körperschaftsteuer von 45 Prozent unterlegen hat, mindert in Höhe von $^{5}/_{22}$ seines Bestands einen nach Anwendung der Absätze 1 bis 6 verbleibenden positiven Bestand des Teilbetrags im Sinne des § 30 Absatz 2 Nummer 2 in der Fassung des Artikels 4 des Gesetzes vom 14. Juli 2000 (BGBl. I S. 1034) bis zu dessen Verbrauch.*** ② ***Ein sich nach Anwendung der Absätze 1 bis 6 ergebender positiver Teilbetrag, der einer Körperschaftsteuer von 45 Prozent unterlegen hat, erhöht in Höhe von $^{27}/_{5}$ des Minderungsbetrags nach Satz 1 den nach Anwendung der Absätze 1 bis 6 verbleibenden Bestand des Teilbetrags, der nach dem 31. Dezember 1998 einer Körperschaftsteuer von 40 Prozent ungemildert unterlegen hat.*** ③ ***Der nach Satz 1 abgezogene Betrag erhöht und der nach Satz 2 hinzugerechnete Betrag vermindert den nach Anwendung der Absätze 1 bis 6 verbleibenden Bestand des Teilbetrags, der einer Körperschaftsteuer von 45 Prozent unterlegen hat.*** 7

(7) **Die Endbestände sind getrennt auszuweisen und werden gesondert festgestellt; dabei sind die verbleibenden unbelasteten Teilbeträge im Sinne des § 30 Absatz 2 Nummer 1 und 3 des Körperschaftsteuergesetzes in der Fassung der Bekanntmachung vom 22. April 1999 (BGBl. I S. 817), das zuletzt durch Artikel 4 des Gesetzes vom 14. Juli 2000 (BGBl. I S. 1034) geändert worden ist, in einer Summe auszuweisen.** 8

H 36

H 36

– Letztmals abgedruckt im KStH 2015 –[2] 10

[1] § 36 Abs. 6 a idF von § 34 Abs. 11 idF des Gesetzes vom 25. 7. 2014 (BGBl. I S. 1266) ist gem. *Beschluss des BVerfG 2 BvL 29/14 vom 6. 12. 2022 (BGBl. 2023 I Nr. 58)* unvereinbar mit Art. 14 Abs. 1 iVm Art. 3 Abs. 1 GG.

[2] H 36 KStH 2015 letztmals abgedruckt im „Handbuch zur Körperschaftsteuerveranlagung 2021".

KStG

§ 37[1] Körperschaftsteuerguthaben und Körperschaftsteuerminderung

[Abs. 1 a. F.:]

1 *(1) ① Auf den Schluss des Wirtschaftsjahrs, das dem in § 36 Abs. 1 genannten Wirtschaftsjahr folgt, wird ein Körperschaftsteuerguthaben ermittelt. ② Das Körperschaftsteuerguthaben beträgt $^{1}/_{6}$ des Endbestands des mit einer Körperschaftsteuer von 40 Prozent belasteten Teilbetrags.*

[Abs. 1 i. d. F. des § 34 Abs. 12:][2]

(1) ① Auf den Schluss des Wirtschaftsjahrs, das dem in § 36 Abs. 1 genannten Wirtschaftsjahr folgt, wird ein Körperschaftsteuerguthaben ermittelt. ② Das Körperschaftsteuerguthaben beträgt $^{15}/_{55}$ des Endbestands des mit einer Körperschaftsteuer von 45 Prozent belasteten Teilbetrags zuzüglich $^{1}/_{6}$ des Endbestands des mit einer Körperschaftsteuer von 40 Prozent belasteten Teilbetrags.

2 **(2) ① Das Körperschaftsteuerguthaben mindert sich vorbehaltlich des Absatzes 2 a um jeweils $^{1}/_{6}$ der Gewinnausschüttungen, die in den folgenden Wirtschaftsjahren erfolgen und die auf einem den gesellschaftsrechtlichen Vorschriften entsprechenden Gewinnverteilungsbeschluss beruhen. ② Satz 1 gilt für Mehrabführungen im Sinne des § 14 Abs. 3 entsprechend. ③ Die Körperschaftsteuer des Veranlagungszeitraums, in dem das Wirtschaftsjahr endet, in dem die Gewinnausschüttung erfolgt, mindert sich bis zum Verbrauch des Körperschaftsteuerguthabens um diesen Betrag, letztmalig in dem Veranlagungszeitraum, in dem das 18. Wirtschaftsjahr endet, das auf das Wirtschaftsjahr folgt, auf dessen Schluss nach Absatz 1 das Körperschaftsteuerguthaben ermittelt wird. ④ Das verbleibende Körperschaftsteuerguthaben ist auf den Schluss der jeweiligen Wirtschaftsjahre, letztmals auf den Schluss des 17. Wirtschaftsjahrs, das auf das Wirtschaftsjahr folgt, auf dessen Schluss nach Absatz 1 das Körperschaftsteuerguthaben ermittelt wird, fortzuschreiben und gesondert festzustellen. ⑤ § 27 Abs. 2 gilt entsprechend.**

3 (2 a) **Die Minderung ist begrenzt**

1. **für Gewinnausschüttungen, die nach dem 11. April 2003 und vor dem 1. Januar 2006 erfolgen, jeweils auf 0 Euro;**
2. **für Gewinnausschüttungen, die nach dem 31. Dezember 2005 erfolgen auf den Betrag, der auf das Wirtschaftsjahr der Gewinnausschüttung entfällt, wenn das auf den Schluss des vorangegangenen Wirtschaftsjahrs festgestellte Körperschaftsteuerguthaben gleichmäßig auf die einschließlich des Wirtschaftsjahrs der Gewinnausschüttung verbleibenden Wirtschaftsjahre verteilt wird, für die nach Absatz 2 Satz 3 eine Körperschaftsteuerminderung in Betracht kommt.**

4 **(3) ① Erhält eine unbeschränkt steuerpflichtige Körperschaft oder Personenvereinigung, deren Leistungen bei den Empfängern zu den Einnahmen im Sinne des § 20 Abs. 1 Nr. 1 oder 2 des Einkommensteuergesetzes in der Fassung des Artikels 1 des Gesetzes vom 20. Dezember 2001 (BGBl. I S. 3858) gehören, Bezüge, die nach § 8b Abs. 1 bei der Einkommensermittlung außer Ansatz bleiben und die bei der leistenden Körperschaft zu einer Minderung der Körperschaftsteuer geführt haben, erhöht sich bei ihr die Körperschaftsteuer und das Körperschaftsteuerguthaben um den Betrag der Minderung der Körperschaftsteuer bei der leistenden Körperschaft. ② Satz 1 gilt auch, wenn der Körperschaft oder Personenvereinigung die entsprechenden Bezüge einer Organgesellschaft zugerechnet werden, weil sie entweder Organträger ist oder an einer Personengesellschaft beteiligt ist, die Organträger ist. ③ Im Fall des § 4 des Umwandlungssteuergesetzes sind die Sätze 1 und 2 entsprechend anzuwenden. ④ Die leistende Körperschaft hat der Empfängerin die folgenden Angaben nach amtlich vorgeschriebenem Muster zu bescheinigen:**

1. **den Namen und die Anschrift des Anteilseigners,**
2. **die Höhe des in Anspruch genommenen Körperschaftsteuerminderungsbetrags,**
3. **den Zahlungstag.**

⑤ § 27 Abs. 3 Satz 2, Abs. 4 und 5 gilt entsprechend. ⑥ Die Sätze 1 bis 4 gelten nicht für steuerbefreite Körperschaften und Personenvereinigungen im Sinne des § 5 Abs. 1 Nr. 9, soweit die Einnahmen in einem wirtschaftlichen Geschäftsbetrieb anfallen, für den die Steuerbefreiung ausgeschlossen ist.

5 **(4) ① Das Körperschaftsteuerguthaben wird letztmalig auf den 31. Dezember 2006 ermittelt. ② Geht das Vermögen einer unbeschränkt steuerpflichtigen Körperschaft**

[1] **Zur letztmaligen Anwendung der Abs. 1 bis 3** siehe Abs. 4 Satz 4 und 5.
§ 37 Abs. 4 bis 7 i. d. F. des SEStEG, erstmals anzuwenden ab VZ 2006.

[2] **§ 37 Abs. 1 in dieser Fassung anzuwenden in allen Fällen, in denen die Schlussbestände nach § 36 idF des § 34 Abs. 11 zu ermitteln sind (entspr. § 34 Abs. 12).**

durch einen der in § 1 Abs. 1 des Umwandlungssteuergesetzes vom 7. Dezember 2006 (BGBl. I S. 2782, 2791)[1] in der jeweils geltenden Fassung genannten Vorgänge, bei denen die Anmeldung zur Eintragung in ein öffentliches Register nach dem 12. Dezember 2006 erfolgt, ganz oder teilweise auf einen anderen Rechtsträger über, wird das Körperschaftsteuerguthaben bei der übertragenden Körperschaft letztmalig auf den vor dem 31. Dezember 2006 liegenden steuerlichen Übertragungsstichtag ermittelt. ③ Wird das Vermögen einer Körperschaft oder Personenvereinigung im Rahmen einer Liquidation im Sinne des § 11 nach dem 12. Dezember 2006 und vor dem 1. Januar 2007 verteilt, wird das Körperschaftsteuerguthaben letztmalig auf den Stichtag ermittelt, auf den die Liquidationsschlussbilanz erstellt wird. ④ Die Absätze 1 bis 3 sind letztmals auf Gewinnausschüttungen und als ausgeschüttet geltende Beträge anzuwenden, die vor dem 1. Januar 2007 oder bis zu dem nach Satz 2 maßgebenden Zeitpunkt erfolgt sind. ⑤ In Fällen der Liquidation sind die Absätze 1 bis 3 auf Abschlagszahlungen anzuwenden, die bis zum Stichtag erfolgt sind, auf den das Körperschaftsteuerguthaben letztmalig ermittelt wird.

(5)[2] **① Die Körperschaft hat innerhalb eines Auszahlungszeitraums von 2008 bis 2017 einen Anspruch auf Auszahlung des Körperschaftsteuerguthabens in zehn gleichen Jahresbeträgen. ② Der Anspruch entsteht mit Ablauf des 31. Dezember 2006 oder des nach Absatz 4 Satz 2 oder Satz 3 maßgebenden Tages. ③ Der Anspruch wird für den gesamten Auszahlungszeitraum festgesetzt. ④ Der Anspruch ist jeweils am 30. September auszuzahlen. ⑤ Für das Jahr der Bekanntgabe des Bescheids und die vorangegangenen Jahre ist der Anspruch innerhalb eines Monats nach Bekanntgabe des Bescheids auszuzahlen, wenn die Bekanntgabe des Bescheids nach dem 31. August 2008 erfolgt. ⑥ Abweichend von Satz 1 ist der festgesetzte Anspruch in einem Betrag auszuzahlen, wenn das festgesetzte Körperschaftsteuerguthaben nicht mehr als 1000 Euro beträgt. ⑦ Der Anspruch ist nicht verzinslich. ⑧ Die Festsetzungsfrist für die Festsetzung des Anspruchs läuft nicht vor Ablauf des Jahres ab, in dem der letzte Jahresbetrag fällig geworden ist oder ohne Anwendung des Satzes 6 fällig geworden wäre. ⑨ § 10 d Abs. 4 Satz 4 und 5 des Einkommensteuergesetzes gilt sinngemäß. ⑩ Auf die Abtretung oder Verpfändung des Anspruchs ist § 46 Abs. 4 der Abgabenordnung nicht anzuwenden.** 6

(6) **① Wird der Bescheid über die Festsetzung des Anspruchs nach Absatz 5 aufgehoben oder geändert, wird der Betrag, um den der Anspruch, der sich aus dem geänderten Bescheid ergibt, die Summe der Auszahlungen, die bis zur Bekanntgabe des neuen Bescheids geleistet worden sind, übersteigt, auf die verbleibenden Fälligkeitstermine des Auszahlungszeitraums verteilt. ② Abweichend von Satz 1 ist der übersteigende Betrag in einer Summe auszuzahlen, wenn er nicht mehr als 1000 Euro beträgt und auf die vorangegangene Festsetzung Absatz 5 Satz 6 oder dieser Satz angewendet worden ist. ③ Ist die Summe der Auszahlungen, die bis zur Bekanntgabe des neuen Bescheids geleistet worden sind, größer als der Auszahlungsanspruch, der sich aus dem geänderten Bescheid ergibt, ist der Unterschiedsbetrag innerhalb eines Monats nach Bekanntgabe des Bescheids zu entrichten.** 7

(7) **① Erträge und Gewinnminderungen der Körperschaft, die sich aus der Anwendung des Absatzes 5 ergeben, gehören nicht zu den Einkünften im Sinne des Einkommensteuergesetzes. ② Die Auszahlung ist aus den Einnahmen an Körperschaftsteuer zu leisten.** 8

H 37

H 37

– Letztmals abgedruckt im KStH 2015 –[3] 12

---

[1] Abgedruckt im **Anhang I 2.**

[2] *BFH-Beschluss v. 10. 8. 2011 I R 39/10, BStBl. 2012 II S. 603:* Es wird die Entscheidung des BVerfG darüber eingeholt, ob § 3 SolZG 1995 n. F. insoweit mit dem Grundgesetz vereinbar ist, als Auszahlungen des Körperschaftsteuerguthabens gemäß § 37 Abs. 5 KStG 2002 i. d. F. des SEStEG die Bemessungsgrundlage zum Solidaritätszuschlag nicht mindern und § 3 SolZG 1995 n. F. oder eine andere Vorschrift auch nicht die Festsetzung eines Anspruchs auf ein Solidaritätszuschlagguthaben anordnet. *[Das SolZG ist abgedruckt im „Handbuch zur Einkommensteuerveranlagung", Anhang I 2.]*

[3] H 37 KStH 2015 letztmals abgedruckt im „Handbuch zur Körperschaftsteuerveranlagung 2021".

KStG

§ 38[1] Körperschaftsteuererhöhung

1 (1)[2] ① **Ein positiver Endbetrag im Sinne des § 36 Abs. 7 aus dem Teilbetrag im Sinne des § 30 Abs. 2 Nr. 2 in der Fassung des Artikels 4 des Gesetzes vom 14. Juli 2000 (BGBl. I S. 1034) ist auch zum Schluss der folgenden Wirtschaftsjahre fortzuschreiben und gesondert festzustellen.** ② **§ 27 Abs. 2 gilt entsprechend.** ③ **Der Betrag verringert sich jeweils, soweit er als für Leistungen verwendet gilt.** ④ **Er gilt als für Leistungen verwendet, soweit die Summe der Leistungen, die die Gesellschaft im Wirtschaftsjahr erbracht hat, den um den Bestand des Satzes 1 verminderten ausschüttbaren Gewinn (§ 27) übersteigt.** ⑤ **Maßgeblich sind die Bestände zum Schluss des vorangegangenen Wirtschaftsjahrs.** ⑥ **Die Rückzahlung von Geschäftsguthaben an ausscheidende Mitglieder von Genossenschaften stellt, soweit es sich dabei nicht um Nennkapital im Sinne des § 28 Abs. 2 Satz 2 handelt, keine Leistung im Sinne der Sätze 3 und 4 dar.** ⑦ **Satz 6 gilt nicht, soweit der unbelastete Teilbetrag im Sinne des Satzes 1 nach § 40 Abs. 1 oder Abs. 2 infolge der Umwandlung einer Körperschaft, die nicht Genossenschaft im Sinne des § 34 Absatz 13 ist, übergegangen ist.**

2 (2) ① **Die Körperschaftsteuer des Veranlagungszeitraums, in dem das Wirtschaftsjahr endet, in dem die Leistungen erfolgen, erhöht sich um $^3/_7$ des Betrags der Leistungen, für die ein Teilbetrag aus dem Endbetrag im Sinne des Absatzes 1 als verwendet gilt.** ② **Die Körperschaftsteuererhöhung mindert den Endbetrag im Sinne des Absatzes 1 bis zu dessen Verbrauch.** ③ **Satz 1 ist letztmals für den Veranlagungszeitraum anzuwenden, in dem das 18. Wirtschaftsjahr endet, das auf das Wirtschaftsjahr folgt, auf dessen Schluss nach § 37 Abs. 1 Körperschaftsteuerguthaben ermittelt werden.**

3 (3) ① **Die Körperschaftsteuer wird nicht erhöht, soweit eine von der Körperschaftsteuer befreite Körperschaft Leistungen an einen unbeschränkt steuerpflichtigen, von der Körperschaftsteuer befreiten Anteilseigner oder an eine juristische Person des öffentlichen Rechts vornimmt.** ② **Der Anteilseigner ist verpflichtet, der ausschüttenden Körperschaft seine Befreiung durch eine Bescheinigung des Finanzamts nachzuweisen, es sei denn, er ist eine juristische Person des öffentlichen Rechts.** ③ **Das gilt nicht, soweit die Leistung auf Anteile entfällt, die in einem wirtschaftlichen Geschäftsbetrieb gehalten werden, für den die Befreiung von der Körperschaftsteuer ausgeschlossen ist, oder in einem nicht von der Körperschaftsteuer befreiten Betrieb gewerblicher Art.**

[Abs. 4 bis 10 idF des JStG 2008:]

4 (4) ① **Der Endbetrag nach Absatz 1 wird letztmalig auf den 31. Dezember 2006 ermittelt und festgestellt.** ② **Wird das Vermögen einer Körperschaft oder Personenvereinigung im Rahmen einer Liquidation im Sinne des § 11 nach dem 31. Dezember 2006 verteilt, wird der Endbetrag im Sinne des Satzes 1 letztmalig auf den Schluss des letzten vor dem 1. Januar 2007endenden Besteuerungszeitraums festgestellt.** ③ **Bei über den 31. Dezember 2006 hinaus fortdauernden Liquidationen endet der Besteuerungszeitraum nach § 11 auf Antrag der Körperschaft oder Personenvereinigung mit Ablauf des 31. Dezember 2006.** ④ **Die Absätze 1 bis 3 sind letztmals auf Leistungen anzuwenden, die vor dem 1. Januar 2007 oder dem nach Satz 2 maßgebenden Zeitpunkt erfolgt sind.**

5 (5)[3] ① ***Der Körperschaftsteuererhöhungsbetrag beträgt $^3/_{100}$ des nach Absatz 4 Satz 1 festgestellten Endbetrags.*** ② ***Er ist begrenzt auf den Betrag, der sich nach den Absätzen 1 bis 3 als Körperschaftsteuererhöhung ergeben würde, wenn die Körperschaft oder Personenvereinigung ihr am 31. Dezember 2006 oder an dem nach Absatz 4 Satz 2 maßgebenden Zeitpunkt bestehendes Eigenkapital laut Steuerbilanz für eine Ausschüttung verwenden würde.*** ③ ***Ein Körperschaftsteuererhöhungsbetrag ist nur festzusetzen, wenn er 1000 Euro übersteigt.***

6 (6)[3] ① ***Die Körperschaft oder deren Rechtsnachfolger hat den sich nach Absatz 5 ergebenden Körperschaftsteuererhöhungsbetrag innerhalb eines Zeitraums von 2008 bis 2017 in zehn gleichen Jahresbeträgen zu entrichten (Zahlungszeitraum).*** ② ***Satz 1 gilt nicht für Körperschaften oder Personenvereinigungen, die sich am 31. Dezember 2006 bereits in Liquidation befanden.*** ③ ***Der Anspruch entsteht am 1. Januar 2007.*** ④ ***Der Körperschaftsteuererhöhungsbetrag wird für den gesamten Zahlungszeitraum festgesetzt.*** ⑤ ***Der Jahresbetrag ist jeweils am 30. September fällig.*** ⑥ ***Für das Jahr der Bekanntgabe des Bescheids und die vorangegangenen Jahre ist der Jahresbetrag innerhalb eines Monats nach Bekanntgabe des Bescheids fällig, wenn die Bekanntgabe des Bescheids nach dem 31. August 2008 erfolgt.*** ⑦ ***In den Fällen des Satzes 2 ist der gesamte Anspruch innerhalb eines Monats nach Bekanntgabe des Bescheids fällig.*** ⑧ ***Der Anspruch ist nicht verzinslich.*** ⑨ ***Die***

---

[1] **Zur Weiteranwendung von § 38 in der Fassung vor Verkündung des JStG 2008** (= § 38 Abs. 1 bis 3) **siehe § 34 Abs. 14.**

[2] Zur Geltung und Anwendung von Abs. 1 siehe § 34 Abs. 13.

[3] § 38 Abs. 5 und 6 idF des JStG 2008 vom 20. 12. 2007 (BGBl. I S. 3150) iVm § 34 Abs. 16 Satz 1 idF des JStG 2008 vom 20. 12. 2007 (BGBl. I S. 3150) und iVm § 34 Abs. 14 Satz 1 idF des Gesetzes vom 25. 7. 2014 (BGBl. I S. 1266) sind gem. *Beschluss des BVerfG 2 BvR 988/16 vom 7. 12. 2022 (BGBl. 2023 I Nr. 86)* unvereinbar mit Art. 3 Abs. 1 GG.

Festsetzungsfrist für die Festsetzung des Körperschaftsteuererhöhungsbetrags läuft nicht vor Ablauf des Jahres ab, in dem der letzte Jahresbetrag fällig geworden ist.

(7) ① **Auf Antrag kann die Körperschaft oder deren Rechtsnachfolger abweichend von Absatz 6 Satz 1 den Körperschaftsteuererhöhungsbetrag in einer Summe entrichten. ② Der Antrag kann letztmals zum 30. September 2015 gestellt werden. ③ Anstelle des jeweiligen Jahresbetrags ist zu dem Zahlungstermin, der auf den Zeitpunkt der Antragstellung folgt, der zu diesem Termin nach Absatz 6 Satz 4 fällige Jahresbetrag zuzüglich der noch nicht fälligen Jahresbeträge abgezinst mit einem Zinssatz von 5,5 Prozent zu entrichten. ④ Mit der Zahlung erlischt der gesamte Anspruch. ⑤ Die Sätze 3 und 4 sind in den Fällen des Absatzes 6 Satz 7, des Absatzes 8 und des Absatzes 9 Satz 1 und 2 von Amts wegen anzuwenden.** 7

(8) **Bei Liquidationen, die nach dem 31. Dezember 2006 beginnen, werden alle entstandenen und festgesetzten Körperschaftsteuererhöhungsbeträge an dem 30. September fällig, der auf den Zeitpunkt der Erstellung der Liquidationseröffnungsbilanz folgt.** 8

(9) ① **Geht das Vermögen einer unbeschränkt steuerpflichtigen Körperschaft oder Personenvereinigung durch einen der in § 1 Abs. 1 Nr. 1 des Umwandlungssteuergesetzes vom 7. Dezember 2006 (BGBl. I S. 2782, 2791) in der jeweils geltenden Fassung genannten Vorgänge ganz oder teilweise auf eine nicht unbeschränkt steuerpflichtige Körperschaft oder Personenvereinigung über oder verlegt eine unbeschränkt steuerpflichtige Körperschaft oder Personenvereinigung ihren Sitz oder Ort der Geschäftsleitung und endet dadurch ihre unbeschränkte Steuerpflicht, werden alle entstandenen und festgesetzten Körperschaftsteuererhöhungsbeträge an dem 30. September fällig, der auf den Zeitpunkt des Vermögensübergangs oder des Wegzugs folgt. ② Ist eine Festsetzung nach Absatz 6 noch nicht erfolgt, ist der gesamte Anspruch innerhalb eines Monats nach Bekanntgabe des Bescheids fällig. ③ Satz 1 gilt nicht, wenn der übernehmende Rechtsträger in einem anderen Mitgliedstaat der Europäischen Union unbeschränkt steuerpflichtig ist oder die Körperschaft oder Personenvereinigung in den Fällen des Wegzugs in einem anderen Mitgliedstaat der Europäischen Union unbeschränkt steuerpflichtig wird.** 9

(10) **§ 37 Abs. 6 und 7 gilt entsprechend.** 10

H 38

H 38

– Letztmals abgedruckt im KStH 2015 –[1] 15

[1] H 38 KStH 2015 letztmals abgedruckt im „Handbuch zur Körperschaftsteuerveranlagung 2021".

KStG

§ 39 Einlagen der Anteilseigner und Sonderausweis

1 **(1) Ein sich nach § 36 Abs. 7 ergebender positiver Endbetrag des Teilbetrags im Sinne des § 30 Abs. 2 Nr. 4 des Körperschaftsteuergesetzes in der Fassung der Bekanntmachung vom 22. April 1999 (BGBl. I S. 817), das zuletzt durch Artikel 4 des Gesetzes vom 14. Juli 2000 (BGBl. I S. 1034) geändert worden ist, wird als Anfangsbestand des steuerlichen Einlagekontos im Sinne des § 27 erfasst.**

2 **(2) Der nach § 47 Abs. 1 Satz 1 Nr. 2 in der Fassung des Artikels 4 des Gesetzes vom 14. Juli 2000 (BGBl. I S. 1034) zuletzt festgestellte Betrag wird als Anfangsbestand in die Feststellung nach § 28 Abs. 1 Satz 3 einbezogen.**

§ 40 *(aufgehoben)*[1]

[1] § 40 aufgehoben (Abdruck des Gesetzeswortlauts in der geschlossenen Wiedergabe); zur Weiteranwendung siehe § 34 Abs. 13 Satz 3 und Abs. 14.

Anhang I

1. Gesetz über steuerrechtliche Maßnahmen bei Erhöhung des Nennkapitals aus Gesellschaftsmitteln[1]

In der Fassung vom 10. Oktober 1967[2]

(BGBl. I S. 977)

Geändert durch Gesetze vom 23. Dezember 1971 (BGBl. I S. 2134), vom 6. September 1976 (BGBl. I S. 2641), vom 14. Dezember 1976 (BGBl. I S. 3341), vom 22. Dezember 1981 (BGBl. I S. 1523), vom 22. Dezember 1983 (BGBl. I S. 1592), vom 25. März 1998 (BGBl. I S. 590), vom 23. Oktober 2000 (BGBl. I S. 1433), vom 20. Dezember 2001 (BGBl. I S. 3858), vom 7. Dezember 2006 (BGBl. I S. 2782) und vom 16. Dezember 2022 (BGBl. I S. 2294)

BGBl. III/FNA 610-6-4

§ 1[3] Steuern vom Einkommen und Ertrag der Anteilseigner

Erhöht eine Kapitalgesellschaft im Sinne des § 1 Abs. 1 Nr. 1 des Körperschaftsteuergesetzes ihr Nennkapital durch Umwandlung von Rücklagen in Nennkapital, so gehört der Wert der neuen Anteilsrechte bei den Anteilseignern nicht zu den Einkünften im Sinne des § 2 Abs. 1 des Einkommensteuergesetzes. 1

§ 2[4] *(aufgehoben)*

§ 3[5] Anschaffungskosten nach Kapitalerhöhung

Als Anschaffungskosten der vor der Erhöhung des Nennkapitals erworbenen Anteilsrechte und der auf sie entfallenen neuen Anteilsrechte gelten die Beträge, die sich für die einzelnen Anteilsrechte ergeben, wenn die Anschaffungskosten der vor der Erhöhung des Nennkapitals erworbenen Anteilsrechte auf diese und auf die auf sie entfallenen neuen Anteilsrechte nach dem Verhältnis der Anteile am Nennkapital verteilt werden. 2

§ 4[6] Mitteilung der Erhöhung des Nennkapitals an das Finanzamt

Die Kapitalgesellschaft hat die Erhöhung des Nennkapitals innerhalb von zwei Wochen nach der Eintragung des Beschlusses über die Erhöhung des Nennkapitals in das Handelsregister dem Finanzamt mitzuteilen und eine Abschrift des Beschlusses über die Erhöhung des Nennkapitals einzureichen. 3

§ 5[7] *Herabsetzung des Nennkapitals*

(1) ① Gilt für die Erhöhung des Nennkapitals eine Rücklage als verwendet, die aus dem Gewinn eines vor dem 1. Januar 1977 abgelaufenen Wirtschaftsjahrs gebildet worden ist, und setzt die Kapitalgesellschaft das Nennkapital innerhalb von fünf Jahren nach Erhöhung herab, so gilt die Rückzahlung dieses Teils des Nennkapitals als Gewinnanteil. ② § 41 Abs. 2 des Körperschaftsteuergesetzes ist anzuwenden. 4

(2) ① Die auf die Gewinnanteile (Dividenden) im Sinn des Absatzes 1 entfallenden Steuern vom Einkommen der Gesellschafter werden im Wege der Pauschbesteuerung erhoben. ② Die Steuer ist von der Kapitalgesellschaft zu entrichten. ③ Sie beträgt dreißig vom Hundert der Gewinnanteile. ④ Sie ist bei der Ermittlung des Einkommens nicht abziehbar und bei der Ermittlung der Teilbeträge des verwendbaren Eigenkapitals dem Teilbetrag im Sinne des § 30 Abs. 2 Nr. 3 des Körperschaftsteuergesetzes zuzuordnen. ⑤ § 27 des Körperschaftsteuergesetzes und die Vorschriften über die Anrechnung und Vergütung von Körperschaftsteuer sind nicht anzuwenden.

(3) ① § 5[8] gilt entsprechend. ② Die Mitteilung der Herabsetzung des Nennkapitals gilt als Steuererklärung im Sinne des § 150 der Abgabenordnung.

(4) ① Das Finanzamt setzt durch Steuerbescheid die Steuer fest. ② Die Steuer ist innerhalb eines Monats nach Bekanntgabe des Steuerbescheids zu entrichten.

(5) (aufgehoben)

§ 6[9] *Anschaffungskosten nach Kapitalherabsetzung innerhalb von fünf Jahren*

Setzt eine Kapitalgesellschaft innerhalb von fünf Jahren nach Erhöhung des Nennkapitals (§ 1) das Nennkapital herab und zahlt sie die dadurch frei werdenden Mittel ganz oder teilweise an die Gesell- 5

---

[1] Überschrift mit Wirkung ab VZ 1984 geändert durch Gesetz v. 22. 12. 1983 (BGBl. I S. 1592).

[2] **Zur Anwendung vgl. §§ 8 a und 10.**

[3] § 1 neu gefasst mit Wirkung v. 1. 1. 1977 durch Gesetz v. 6. 9. 1976 (BGBl. I S. 2641).

[4] § 2 aufgehoben mit Wirkung ab 1. 1. 1972 durch Gesetz v. 23. 12. 1971 (BGBl. I S. 2134).

[5] Überschrift zu § 3 neu gefasst mit Wirkung v. 1. 1. 1977 durch Gesetz v. 6. 9. 1976 (BGBl. I S. 2641); § 3 geändert durch Gesetz v. 25. 3. 1998 (BGBl. I S. 590).

[6] Bish. § 5 wird § 4 mit Wirkung v. 1. 1. 1977 durch Gesetz v. 6. 9. 1976 (BGBl. I S. 2641).

[7] Bish. § 6 wird § 5, Abs. 1 neu gefasst, Abs. 2 geändert und Abs. 5 aufgehoben mit Wirkung vom 1. 1. 1977 durch Gesetz v. 6. 9. 1976 (BGBl. I S. 2641); Abs. 3 und Abs. 4 geändert mit Wirkung v. 1. 1. 1977 durch Gesetz v. 14. 12. 1976 (BGBl. I S. 3341); § 5 aufgehoben durch Gesetz v. 23. 10. 2000 (BGBl. I S. 1433); zur letztmaligen Anwendung siehe § 8 a Abs. 2.

[8] Müsste „§ 4" lauten.

[9] § 6 eingefügt mit Wirkung v. 1. 1. 1977 durch Gesetz v. 6. 9. 1976 (BGBl. I S. 2641), geändert durch Gesetz v. 25. 3. 1998 (BGBl. I S. 590) und aufgehoben durch Gesetz v. 23. 10. 2000 (BGBl. I S. 1433); zur letztmaligen Anwendung siehe § 8 a Abs. 2.

schafter zurück, so gelten als Anschaffungskosten der nach der Kapitalherabsetzung verbleibenden Anteilsrechte die Beträge, die sich für die einzelnen Anteilsrechte ergeben, wenn die Anschaffungskosten der vor der Kapitalherabsetzung vorhandenen gesamten Anteilsrechte auf die nach der Kapitalherabsetzung verbleibenden Anteilsrechte nach dem Verhältnis ihrer Anteile am Nennkapital verteilt werden.

§ 7[1·2] Anteilsrechte an ausländischen Gesellschaften

6 (1) ① § 1 ist auf den Wert neuer Anteilsrechte an ausländischen Gesellschaften anzuwenden, wenn

1. die ausländische Gesellschaft einer Aktiengesellschaft, einer Kommanditgesellschaft auf Aktien oder einer Gesellschaft mit beschränkter Haftung vergleichbar ist,
2. die neuen Anteilsrechte auf Maßnahmen beruhen, die eine Kapitalerhöhung aus Gesellschaftsmitteln nach den Vorschriften der §§ 207 bis 220 des Aktiengesetzes oder nach den Vorschriften des Gesetzes über die Kapitalerhöhung aus Gesellschaftsmitteln und über die Gewinn- und Verlustrechnung vom 23. Dezember 1959 (Bundesgesetzbl. I S. 789), zuletzt geändert durch das Einführungsgesetz zum Strafgesetzbuch vom 2. März 1974 (Bundesgesetzbl. I S. 469),[3] entsprechen und
3. die neuen Anteilsrechte wirtschaftlich den Anteilsrechten entsprechen, die nach den in Nummer 2 bezeichneten Vorschriften ausgegeben werden.

② Der Erwerber der Anteilsrechte oder die ausländische Gesellschaft haben nachzuweisen, daß die Voraussetzungen der Nummern 1 bis 3 erfüllt sind.[4] ③ Zuständig für die Prüfung nach den Sätzen 1 und 2 ist die Finanzbehörde, die im Zeitpunkt der Antragstellung nach § 20 der Abgabenordnung für die Besteuerung der ausländischen Gesellschaft nach dem Einkommen örtlich zuständig ist. ④ Ist im Zeitpunkt der Antragstellung nach § 20 der Abgabenordnung keine Finanzbehörde zuständig, ist das Bundeszentralamt für Steuern zuständig.

(2) ① Setzt die ausländische Gesellschaft in den Fällen des Absatzes 1 innerhalb von fünf Jahren nach Ausgabe der neuen Anteilsrechte ihr Kapital herab und zahlt sie die dadurch freiwerdenden Mittel ganz oder teilweise zurück, so gelten die zurückgezahlten Beträge bei den Anteilseignern insoweit als Einkünfte aus Kapitalvermögen im Sinne des § 20 Abs. 1 Ziff. 1 des Einkommensteuergesetzes, als sie den Betrag der Erhöhung des Kapitals nicht übersteigen. ② Das gleiche gilt, wenn die ausländische Gesellschaft Maßnahmen trifft, die den in Satz 1 bezeichneten Maßnahmen vergleichbar sind. ③ Die Sätze 1 und 2 sind in den Fällen des § 27 Abs. 8 des Körperschaftsteuergesetzes in der Fassung des Artikels 3 des Gesetzes vom 7. Dezember 2006 (BGBl. I S. 2782) nicht anzuwenden.

§ 8[5] Einkommensteuer (Lohnsteuer) bei Überlassung von eigenen Aktien an Arbeitnehmer zu einem Vorzugskurs

7 *(1) ① Überläßt eine Aktiengesellschaft oder eine Kommanditgesellschaft auf Aktien ihren Arbeitnehmern eigene Aktien zu einem unter dem Börsenkurs liegenden Kurs (Vorzugskurs) und wird hierbei vereinbart, daß die Aktien innerhalb von fünf Jahren nicht veräußert werden dürfen (Sperrfrist), so gehört der Vorteil, der sich aus dem Unterschied zwischen dem am Tag der Beschlußfassung maßgebenden Börsenkurs und dem Vorzugskurs (Kursunterschied) errechnet, außer in den Fällen der Sätze 2 und 3 nicht zu den Einkünften aus nichtselbständiger Arbeit. ② Soweit der Unterschied höher ist als die Hälfte des Börsenkurses, gehört der Vorteil aus dem Kursunterschied in voller Höhe zu den Einkünften aus nichtselbständiger Arbeit. ③ Das gleiche gilt, soweit der Vorteil aus den Kursunterschieden für den einzelnen Arbeitnehmer 300 Deutsche Mark[6] im Kalenderjahr übersteigt. ④ Bei Aktien, die nicht zum Handel an der Börse oder im geregelten Freiverkehr zugelassen sind, tritt an die Stelle des Börsenkurses der gemeine Wert. ⑤ Wird außer im Falle des Todes des Arbeitnehmers oder des Eintritts seiner völligen Erwerbsunfähigkeit die Sperrfrist nicht eingehalten, so wird eine Nachversteuerung durchgeführt.*

(2) (aufgehoben)

§ 8 a[7] Schlußvorschriften

8 (1) ① Dieses Gesetz ist erstmals auf Kapitalerhöhungen anzuwenden, die in einem nach dem 31. Dezember 1976 abgelaufenen Wirtschaftsjahr der Kapitalgesellschaft wirksam werden. ② *Ist eine*

---

[1] § 7 neu gefasst mit Wirkung v. 1. 1. 1977 durch Gesetz v. 6. 9. 1976 (BGBl. I S. 2641); Abs. 1 Satz 2 geändert, Abs. 1 Sätze 3 und 4 angefügt mit Wirkung v. 21. 12. 2022 durch JStG 2022 v. 16. 12. 2022 (BGBl. I S. 2294); Abs. 2 Satz 3 angefügt durch SEStEG v. 7. 12. 2006 (BGBl. I S. 2782); Abs. 2 aufgehoben durch JStG v. 16. 12. 2022 (BGBl. I S. 2294), zur letztmaligen Anwendung siehe § 8 a Abs. 3.

[2] Zum Vorliegen der Voraussetzungen einer Kapitalerhöhung aus Gesellschaftsmitteln gemäß §§ 1, 7 KapErhStG betr. die Kapitalmaßnahme von Air Liquide S. A. (Frankreich) im Juni 2022 siehe *BMF-Schrb. v. 11. 10. 2022 IV C 1 – S 2252/19/10028 :019, BStBl. 2022 I S. 1404.*

[3] KapErhG aufgehoben durch Gesetz v. 28. 10. 1994 (BGBl. I S. 3267); nunmehr geregelt nach den Vorschriften der §§ 57 c bis 57 o des Gesetzes betreffend die Gesellschaften mit beschränkter Haftung (GmbHG).

[4] Zum Nachweis der Begünstigungsvoraussetzungen vgl. *FM Baden-Württemberg v. 10. 6. 1977 S 1979 – 1/67 bzw. FM NRW v. 30. 8. 1990,* abgedruckt im „Handbuch zur Körperschaftsteuerveranlagung 2000" als Anhang I 1 a und 1 b.

Vgl. weiter *Vfg. OFD Frankfurt v. 23. 11. 2018 S 1979 A – 001 – St 54, BeckVerw 444362* zu den Gratisaktien, auf die § 7 KapErhStG anwendbar ist (Befreiung vom Einzelnachweis).

[5] § 8 mit Wirkung ab 1. 1. 1984 aufgehoben durch Gesetz v. 22. 12. 1983 (BGBl. I S. 1592). Auf Aktien, die vor dem 1. 1. 1984 an Arbeitnehmer überlassen worden sind, ist § 8 Abs. 1 in der vor dem 1. 1. 1984 jeweils geltenden Fassung weiter anzuwenden; vgl. § 10 Satz 2.

[6] Mit Wirkung v. 1. 1. 1982 wurde die Zahl „500" durch „300" ersetzt durch Gesetz v. 22. 12. 1981 (BGBl. I S. 1523).

[7] § 8 a eingefügt mit Wirkung vom 1. 1. 1977 durch Gesetz v. 6. 9. 1976 (BGBl. I S. 2641), Abs. 2 angefügt, bish. Wortlaut wird Abs. 1, durch Gesetz v. 23. 10. 2000 (BGBl. I S. 1433); Abs. 2 neu gefasst durch UntStFG v. 20. 12. 2001 (BGBl. I S. 3858); Abs. 3 angefügt mit Wirkung vom 1. 1. 2023 durch JStG v. 16. 12. 2022 (BGBl. I S. 2294).

Kapitalerhöhung in einem früheren Wirtschaftsjahr wirksam geworden, so treten in den Fällen der §§ 6 und 7 Abs. 2 des Gesetzes in der Fassung der Bekanntmachung vom 10. Oktober 1967 (Bundesgesetzbl. I S. 977) die in diesen Vorschriften bezeichneten Rechtsfolgen ein.[1]

(2) Die §§ 5 und 6 sind letztmals auf die Rückzahlung von Nennkapital anzuwenden, wenn das Nennkapital in dem letzten Wirtschaftsjahr erhöht worden ist, in dem bei der Kapitalgesellschaft das Körperschaftsteuergesetz in der Fassung der Bekanntmachung vom 22. April 1999 (BGBl. I S. 817), das zuletzt durch Artikel 4 des Gesetzes vom 14. Juli 2000 (BGBl. I S. 1034) geändert worden ist, anzuwenden ist, soweit dafür eine Rücklage als verwendet gilt, die aus Gewinnen eines vor dem 1. Januar 1977 abgelaufenen Wirtschaftsjahrs gebildet worden ist.

[ab 1. 1. 2023: (3) § 7 Absatz 2 ist letztmals auf die Rückzahlung von Nennkapital anzuwenden, wenn die Rückzahlung vor dem 1. Januar 2023 erfolgt ist.***]***

§ 9[2] Anwendung im Land Berlin

(gegenstandslos) ***[ab 1. 1. 2023:*** *(aufgehoben)****]***

§ 10[3] Anwendungszeitraum

① Die vorstehende Fassung dieses Gesetzes ist erstmals ab 1. Januar 1984 anzuwenden. ② *Auf Aktien, die vor dem 1. Januar 1984 an Arbeitnehmer überlassen worden sind, ist § 8 Abs. 1 dieses Gesetzes in der vor dem 1. Januar 1984 jeweils geltenden Fassung weiter anzuwenden.*[4] 9

§ 11 Inkrafttreten

Dieses Gesetz tritt am Tage nach seiner Verkündung in Kraft.

---

[1] § 8 a Abs. 1 Satz 2 gegenstandslos durch Zeitablauf.

[2] § 9 aufgehoben mit Wirkung vom 1. 1. 2023 durch JStG v. 16. 12. 2022 (BGBl. I S. 2294).

[3] § 10 geändert durch Gesetz v. 22. 12. 1983 (BGBl. I S. 1592); früherer § 10 wurde § 11 durch Gesetz v. 22. 12. 1981 (BGBl. I S. 1523).

[4] § 10 Satz 2 gegenstandslos durch Zeitablauf.

2. Umwandlungssteuergesetz[1·2·3]

Vom 7. Dezember 2006 (BGBl. I S. 2782, 2791)

Geändert durch UnternehmensteuerreformG vom 14. August 2007 (BGBl. I S. 1912, 1931), JahressteuerG 2008 vom 20. Dezember 2007 (BGBl. I S. 3150, 3168), JahressteuerG 2009 vom 19. Dezember 2008 (BGBl. I S. 2794), WachstumsbeschleunigungsG vom 22. Dezember 2009 (BGBl. I S. 3950), G zur Umsetzung des EuGH-Urteils vom 20. Oktober 2011 in der Rechtssache C-284/09 vom 21. März 2013 (BGBl. I S. 561), Amtshilferichtlinie-UmsetzungsG vom 26. Juni 2013 (BGBl. I S. 1809), Kroatien-SteueranpassungsG vom 25. Juli 2014 (BGBl. I S. 1266), Steueränderungsgesetz 2015 vom 2. November 2015 (BGBl. I S. 1834), Brexit-Steuerbegleitgesetz vom 25. März 2019 (BGBl. I S. 357), Corona-Steuerhilfegesetz vom 19. Juni 2020 (BGBl. I S. 1385), Abzugsteuerentlastungsmodernisierungsgesetz vom 2. Juni 2021(BGBl. I S. 1259), Gesetz zur Modernisierung des Körperschaftsteuerrechts vom 25. Juni 2021 (BGBl. I S. 2050) und JahressteuerG 2022 vom 16. Dezember 2022 (BGBl. I S. 2294)

FNA 610-6-16

Inhaltsübersicht

Erster Teil. Allgemeine Vorschriften

§ 1 Anwendungsbereich und Begriffsbestimmungen

1 (1) ① Der Zweite bis Fünfte Teil gilt nur für

1. die Verschmelzung, Aufspaltung und Abspaltung im Sinne der §§ 2, 123 Abs. 1 und 2 des Umwandlungsgesetzes von Körperschaften oder vergleichbare ausländische Vorgänge sowie des Artikels 17 der Verordnung (EG) Nr. 2157/2001 und des Artikels 19 der Verordnung (EG) Nr. 1435/2003;
2. den Formwechsel einer Kapitalgesellschaft in eine Personengesellschaft im Sinne des § 190 Abs. 1 des Umwandlungsgesetzes oder vergleichbare ausländische Vorgänge;

---

[1] Verkündet als Art. 6 des SEStEG v. 7. 12. 2006 (BGBl. I S. 2782); Inkrafttreten gem. Art. 14 dieses Gesetzes am 13. 12. 2006.

[2] **Erstmals anzuwenden** auf Umwandlungen und Einbringungen, bei denen die Anmeldung zur Eintragung in das für die Wirksamkeit des jeweiligen Vorgangs maßgebende öffentliche Register **nach dem 12. Dezember 2006** erfolgt ist. Für Einbringungen, deren Wirksamkeit keine Eintragung in ein öffentliches Register voraussetzt, erstmals anzuwenden, wenn das wirtschaftliche Eigentum an den eingebrachten Wirtschaftsgütern **nach dem 12. Dezember 2006** übergegangen ist (§ 27 Abs. 1).

Zur letztmaligen Anwendung bzw. Weiteranwendung des UmwStG a. F. vgl. § 27 Abs. 2 und 3 der Neufassung.

[3] **Zur Anwendung siehe § 27.**

3. die Umwandlung im Sinne des § 1 Abs. 2 des Umwandlungsgesetzes, soweit sie einer Umwandlung im Sinne des § 1 Abs. 1 des Umwandlungsgesetzes entspricht sowie *noch* **1**
4.[1] die Vermögensübertragung im Sinne des § 174 des Umwandlungsgesetzes.

② Diese Teile gelten nicht für die Ausgliederung im Sinne des § 123 Abs. 3 des Umwandlungsgesetzes.

(2)[2] *(aufgehoben)*

(3) Der Sechste bis Achte Teil gilt nur für

1. die Verschmelzung, Aufspaltung und Abspaltung im Sinne der §§ 2 und 123 Abs. 1 und 2 des Umwandlungsgesetzes von Personenhandelsgesellschaften und Partnerschaftsgesellschaften oder vergleichbare ausländische Vorgänge;
2. die Ausgliederung von Vermögensteilen im Sinne des § 123 Abs. 3 des Umwandlungsgesetzes oder vergleichbare ausländische Vorgänge;
3. den Formwechsel einer Personengesellschaft in eine Kapitalgesellschaft oder Genossenschaft im Sinne des § 190 Abs. 1 des Umwandlungsgesetzes oder vergleichbare ausländische Vorgänge;
4. die Einbringung von Betriebsvermögen durch Einzelrechtsnachfolge in eine Kapitalgesellschaft, eine Genossenschaft oder Personengesellschaft sowie
5. den Austausch von Anteilen.

(4) ① Absatz 3 gilt nur, wenn

1.[3] der übernehmende Rechtsträger eine Europäische Gesellschaft im Sinne der Verordnung (EG) Nr. 2157/2001, eine Europäische Genossenschaft im Sinne der Verordnung (EG) Nr. 1435/2003 oder eine andere Gesellschaft im Sinne des Artikels 54 des Vertrags über die Arbeitsweise der Europäischen Union oder des Artikels 34 des Abkommens über den Europäischen Wirtschaftsraum ist, deren Sitz und Ort der Geschäftsleitung sich innerhalb des Hoheitsgebiets eines dieser Staaten befindet, und
2. in den Fällen des Absatzes 3 Nr. 1 bis 4
   a)[4] beim Formwechsel der umwandelnde Rechtsträger, bei der Einbringung durch Einzelrechtsnachfolge der einbringende Rechtsträger oder bei den anderen Umwandlungen der übertragende Rechtsträger
      aa) eine natürliche Person ist, deren Wohnsitz oder gewöhnlicher Aufenthalt sich innerhalb des Hoheitsgebiets eines der Staaten im Sinne der Nummer 1 befindet und die nicht auf Grund eines Abkommens zur Vermeidung der Doppelbesteuerung mit einem dritten Staat als außerhalb des Hoheitsgebiets dieser Staaten ansässig angesehen wird, oder
      bb) eine Gesellschaft im Sinne der Nummer 1 ist und, wenn es sich um eine Personengesellschaft handelt, soweit an dieser Körperschaften, Personenvereinigungen, Vermögensmassen oder natürliche Personen unmittelbar oder mittelbar über eine oder mehrere Personengesellschaften beteiligt sind, die die Voraussetzungen im Sinne der Nummern 1 und 2 Buchstabe a Doppelbuchstabe aa erfüllen,

   oder
   b) das Recht der Bundesrepublik Deutschland hinsichtlich der Besteuerung des Gewinns aus der Veräußerung der erhaltenen Anteile nicht ausgeschlossen oder beschränkt ist.

② Satz 1 ist in den Fällen der Einbringung eines Betriebs, Teilbetriebs oder Mitunternehmeranteils in eine Personengesellschaft nach § 24 nicht anzuwenden.

(5) Soweit dieses Gesetz nichts anderes bestimmt, ist

1. Richtlinie 2009/133/EG[5]
   die Richtlinie 2009/133/EG des Rates vom 19. Oktober 2009 über das gemeinsame Steuersystem für Fusionen, Spaltungen, Abspaltungen, die Einbringung von Unternehmensteilen und den Austausch von Anteilen, die Gesellschaften verschiedener Mitgliedstaaten betreffen, sowie für die Verlegung des Sitzes einer Europäischen Gesellschaft oder einer Europäischen Genossenschaft von einem Mitgliedstaat in einen anderen Mitgliedstaat (ABl. L 310 vom 25. 11. 2009, S. 34), die zuletzt durch die Richtlinie 2013/13/EU (ABl. L 141 vom 28. 5. 2013, S. 30) geändert worden ist, in der zum Zeitpunkt des steuerlichen Übertragungsstichtags jeweils geltenden Fassung;
2. Verordnung (EG) Nr. 2157/2001
   die Verordnung (EG) Nr. 2157/2001 des Rates vom 8. Oktober 2001 über das Statut der Europäischen Gesellschaft (SE) (ABl. EG Nr. L 294 S. 1), zuletzt geändert durch die Verordnung (EG) Nr. 885/2004 des Rates vom 26. April 2004 (ABl. EU Nr. L 168 S. 1), in der zum Zeitpunkt des steuerlichen Übertragungsstichtags jeweils geltenden Fassung;
3. Verordnung (EG) Nr. 1435/2003
   die Verordnung (EG) Nr. 1435/2003 des Rates vom 22. Juli 2003 über das Statut der Europäischen Genossenschaften (SCE) (ABl. EU Nr. L 207 S. 1) in der zum Zeitpunkt des steuerlichen Übertragungsstichtags jeweils geltenden Fassung;

---

[1] § 1 Abs. 1 Satz 1 Nr. 4 geändert mWv 1. 1. 2022 durch Gesetz vom 25. 6. 2021 (BGBl. I S. 2050); zur Anwendung siehe § 27 Abs. 18.

[2] § 1 Abs. 2 aufgehoben mWv 1. 1. 2022 durch Gesetz vom 25. 6. 2021 (BGBl. I S. 2050); zur Anwendung siehe § 27 Abs. 18.

[3] § 1 Abs. 4 Satz 1 Nr. 1 geändert mWv 1. 1. 2022 durch Gesetz vom 25. 6. 2021 (BGBl. I S. 2050); zur Anwendung siehe § 27 Abs. 18.

[4] § 1 Abs. 4 Satz 1 Nr. 2 Buchst. a Doppelbuchst. aa und bb neu gefasst mWv 1. 1. 2022 durch Gesetz vom 25. 6. 2021 (BGBl. I S. 2050); zur Anwendung siehe § 27 Abs. 18.

[5] § 1 Abs. 5 Nr. 1 neu gefasst durch Gesetz v. 25. 7. 2014 (BGBl. I S. 1266).

4. Buchwert
der Wert, der sich nach den steuerrechtlichen Vorschriften über die Gewinnermittlung in einer für den steuerlichen Übertragungsstichtag aufzustellenden Steuerbilanz ergibt oder ergäbe.

§ 2 Steuerliche Rückwirkung

2 (1) ① Das Einkommen und das Vermögen der übertragenden Körperschaft sowie des übernehmenden Rechtsträgers sind so zu ermitteln, als ob das Vermögen der Körperschaft mit Ablauf des Stichtags der Bilanz, die dem Vermögensübergang zu Grunde liegt (steuerlicher Übertragungsstichtag), ganz oder teilweise auf den übernehmenden Rechtsträger übergegangen wäre. ② Das Gleiche gilt für die Ermittlung der Bemessungsgrundlagen bei der Gewerbesteuer.

(2) Ist die Übernehmerin eine Personengesellschaft, gilt Absatz 1 Satz 1 für das Einkommen und das Vermögen der Gesellschafter.

(3) Die Absätze 1 und 2 sind nicht anzuwenden, soweit Einkünfte auf Grund abweichender Regelungen zur Rückbeziehung eines in § 1 Abs. 1 bezeichneten Vorgangs in einem anderen Staat der Besteuerung entzogen werden.

(4)[1·2] ① Der Ausgleich oder die Verrechnung eines Übertragungsgewinns mit verrechenbaren Verlusten, verbleibenden Verlustvorträgen, nicht ausgeglichenen negativen Einkünften, einem Zinsvortrag nach § 4h Absatz 1 Satz 5 des Einkommensteuergesetzes[3] und einem EBITDA-Vortrag nach § 4h Absatz 1 Satz 3 des Einkommensteuergesetzes[3] (Verlustnutzung) des übertragenden Rechtsträgers ist nur zulässig, wenn dem übertragenden Rechtsträger die Verlustnutzung auch ohne Anwendung der Absätze 1 und 2 möglich gewesen wäre. ② Satz 1 gilt für negative Einkünfte des übertragenden Rechtsträgers im Rückwirkungszeitraum entsprechend. ③ Der Ausgleich oder die Verrechnung von positiven Einkünften des übertragenden Rechtsträgers im Rückwirkungszeitraum mit verrechenbaren Verlusten, verbleibenden Verlustvorträgen, nicht ausgeglichenen negativen Einkünften und einem Zinsvortrag nach § 4h Absatz 1 Satz 5 des Einkommensteuergesetzes[3] des übernehmenden Rechtsträgers ist nicht zulässig. ④ Ist übernehmender Rechtsträger eine Organgesellschaft, gilt Satz 3 auch für einen Ausgleich oder eine Verrechnung beim Organträger entsprechend. ⑤ Ist übernehmender Rechtsträger eine Personengesellschaft, gilt Satz 3 auch für einen Ausgleich oder eine Verrechnung bei den Gesellschaftern entsprechend. ⑥ Die Sätze 3 bis 5 gelten nicht, wenn übertragender Rechtsträger und übernehmender Rechtsträger vor Ablauf des steuerlichen Übertragungsstichtags verbundene Unternehmen im Sinne des § 271 Absatz 2 des Handelsgesetzbuches sind.

(5)[4] ① Unbeschadet anderer Vorschriften ist der Ausgleich oder die sonstige Verrechnung negativer Einkünfte des übernehmenden Rechtsträgers, die von diesem infolge der Anwendung der Absätze 1 und 2 erzielt werden, auch insoweit nicht zulässig, als die negativen Einkünfte auf der Veräußerung oder der Bewertung von Finanzinstrumenten oder Anteilen an einer Körperschaft beruhen. ② Als negative Einkünfte im Sinne des Satzes 1 gelten auch Aufwendungen außerhalb des Rückwirkungszeitraums, die darauf beruhen, dass Finanzinstrumente oder Anteile an einer Körperschaft, die dem übernehmenden Rechtsträger auf Grund der Anwendung der Absätze 1 und 2 zugerechnet werden, bis zu dem in Satz 4 bezeichneten Zeitpunkt veräußert werden oder nach den Sätzen 3 und 4 als veräußert gelten. ③ Als Veräußerung im Sinne der Sätze 1 und 2 gilt auch die Einlösung, Rückzahlung, Abtretung, Entnahme, verdeckte Einlage in eine Kapitalgesellschaft oder ein sonstiger ertragsteuerlich einer Veräußerung gleichgestellter Vorgang. ④ Mit Ablauf des nach der Umwandlung endenden Gewinnermittlungszeitraums nach § 4a des Einkommensteuergesetzes oder in anderen Fällen mit Ablauf des nach der Umwandlung endenden Kalenderjahrs noch nicht veräußerte oder nach Satz 3 als veräußert geltende Wirtschaftsgüter im Sinne des Satzes 2 gelten zu diesem Zeitpunkt als zum gemeinen Wert veräußert und wieder angeschafft. ⑤ Satz 2 findet keine Anwendung, soweit die Finanzinstrumente oder Anteile an einer Körperschaft ohne die Anwendung der Absätze 1 und 2 beim übertragenden Rechtsträger in dessen steuerlicher Schlussbilanz mit einem anderen als dem gemeinen Wert hätten angesetzt werden können. ⑥ Die Sätze 1 bis 5 finden keine Anwendung, wenn der Steuerpflichtige nachweist, dass die Verrechnung negativer Einkünfte im Sinne der Sätze 1 und 2 kein Haupt- oder Nebenzweck der Umwandlung war. ⑦ Ist der übernehmende Rechtsträger an den Finanzinstrumenten oder Anteilen an einer Körperschaft unmittelbar oder mittelbar über eine oder mehrere Personengesellschaften beteiligt, gelten die Sätze 2 bis 6 sinngemäß für Aufwendungen und Einkünfteminderungen infolge der Veräußerung oder eines niedrigeren Wertansatzes der Finanzinstrumente oder Anteile beziehungsweise infolge der Veräußerung von Anteilen an den Personengesellschaften oder deren Auflösung.

Zweiter Teil. Vermögensübergang bei Verschmelzung auf eine Personengesellschaft oder auf eine natürliche Person und Formwechsel einer Kapitalgesellschaft in eine Personengesellschaft

§ 3 Wertansätze in der steuerlichen Schlussbilanz der übertragenden Körperschaft

3 (1) ① Bei einer Verschmelzung auf eine Personengesellschaft oder natürliche Person sind die übergehenden Wirtschaftsgüter, einschließlich nicht entgeltlich erworbener und selbst geschaffener imma-

[1] § 2 Abs. 4 angefügt durch JStG 2009 v. 19. 12. 2008 (BGBl. I S. 2794); **zur erstmaligen Anwendung bzw. Nichtgeltung siehe § 27 Abs. 9;** Abs. 4 Satz 1 neu gefasst durch Gesetz v. 22. 12. 2009 (BGBl. I S. 3950); **zur erstmaligen Anwendung siehe § 27 Abs. 10.**

[2] § 2 Abs. 4 Sätze 3 bis 6 angefügt durch Gesetz vom 26. 6. 2013 (BGBl. I S. 1809); erstmals anzuwenden auf Umwandlungen und Einbringungen, bei denen die Anmeldung zur Eintragung in das für die Wirksamkeit des jeweiligen Vorgangs maßgebende öffentliche Register **nach dem 6. Juni 2013** erfolgt (§ 27 Abs. 12 Satz 1); ohne Registereintragung, wenn das wirtschaftliche Eigentum nach dem 6. Juni 2013 übergegangen ist (§ 27 Abs. 12 Satz 2).

[3] **§ 4 h EStG** abgedruckt im Hauptteil bei § 8 a.

[4] § 2 Abs. 5 angefügt durch Gesetz vom 2. 6. 2021 (BGBl. I S. 1259); zur Anwendung siehe § 27 Abs. 16.

terieller Wirtschaftsgüter, in der steuerlichen Schlussbilanz der übertragenden Körperschaft mit dem gemeinen Wert anzusetzen. ② Für die Bewertung von Pensionsrückstellungen gilt § 6a des Einkommensteuergesetzes.

(2) ① Auf Antrag können die übergehenden Wirtschaftsgüter abweichend von Absatz 1 einheitlich mit dem Buchwert oder einem höheren Wert, höchstens jedoch mit dem Wert nach Absatz 1, angesetzt werden, soweit

1. sie Betriebsvermögen der übernehmenden Personengesellschaft oder natürlichen Person werden und sichergestellt ist, dass sie später der Besteuerung mit Einkommensteuer oder Körperschaftsteuer unterliegen, und
2. das Recht der Bundesrepublik Deutschland hinsichtlich der Besteuerung des Gewinns aus der Veräußerung der übertragenen Wirtschaftsgüter bei den Gesellschaftern der übernehmenden Personengesellschaft oder bei der natürlichen Person nicht ausgeschlossen oder beschränkt wird und
3. eine Gegenleistung nicht gewährt wird oder in Gesellschaftsrechten besteht.

② Der Antrag ist spätestens bis zur erstmaligen Abgabe der steuerlichen Schlussbilanz bei dem für die Besteuerung der übertragenden Körperschaft zuständigen Finanzamt zu stellen.

(3) ① Haben die Mitgliedstaaten der Europäischen Union bei Verschmelzung einer unbeschränkt steuerpflichtigen Körperschaft Artikel 10 der Richtlinie 2009/133/EG[1] anzuwenden, ist die Körperschaftsteuer auf den Übertragungsgewinn gemäß § 26 des Körperschaftsteuergesetzes um den Betrag ausländischer Steuer zu ermäßigen, der nach den Rechtsvorschriften eines anderen Mitgliedstaats der Europäischen Union erhoben worden wäre, wenn die übertragenen Wirtschaftsgüter zum gemeinen Wert veräußert worden wären. ② Satz 1 gilt nur, soweit die übertragenen Wirtschaftsgüter einer Betriebsstätte der übertragenden Körperschaft in einem anderen Mitgliedstaat der Europäischen Union zuzurechnen sind und die Bundesrepublik Deutschland die Doppelbesteuerung bei der übertragenden Körperschaft nicht durch Freistellung vermeidet.

§ 4 Auswirkungen auf den Gewinn des übernehmenden Rechtsträgers

(1) ① Der übernehmende Rechtsträger hat die auf ihn übergegangenen Wirtschaftsgüter mit dem in der steuerlichen Schlussbilanz der übertragenden Körperschaft enthaltenen Wert im Sinne des § 3 zu übernehmen. ② Die Anteile an der übertragenden Körperschaft sind bei dem übernehmenden Rechtsträger zum steuerlichen Übertragungsstichtag mit dem Buchwert, erhöht um Abschreibungen, die in früheren Jahren steuerwirksam vorgenommen worden sind, sowie um Abzüge nach § 6b des Einkommensteuergesetzes und ähnliche Abzüge, höchstens mit dem gemeinen Wert, anzusetzen. ③ Auf einen sich daraus ergebenden Gewinn finden § 8b Abs. 2 Satz 4 und 5 des Körperschaftsteuergesetzes sowie § 3 Nr. 40 Satz 1 Buchstabe a Satz 2 und 3 des Einkommensteuergesetzes Anwendung. 4

(2) ① Der übernehmende Rechtsträger tritt in die steuerliche Rechtsstellung der übertragenden Körperschaft ein, insbesondere bezüglich der Bewertung der übernommenen Wirtschaftsgüter, der Absetzungen für Abnutzung und der den steuerlichen Gewinn mindernden Rücklagen. ② [2]Verrechenbare Verluste, verbleibende Verlustvorträge, vom übertragenden Rechtsträger nicht ausgeglichene negative Einkünfte, ein Zinsvortrag nach § 4h Absatz 1 Satz 5 des Einkommensteuergesetzes[3] und ein EBITDA-Vortrag nach § 4h Absatz 1 Satz 3 des Einkommensteuergesetzes[3] gehen nicht über. ③ Ist die Dauer der Zugehörigkeit eines Wirtschaftsguts zum Betriebsvermögen für die Besteuerung bedeutsam, so ist der Zeitraum seiner Zugehörigkeit zum Betriebsvermögen der übertragenden Körperschaft dem übernehmenden Rechtsträger anzurechnen. ④ Ist die übertragende Körperschaft eine Unterstützungskasse, erhöht sich der laufende Gewinn des übernehmenden Rechtsträgers in dem Wirtschaftsjahr, in das der Umwandlungsstichtag fällt, um die von ihm, seinen Gesellschaftern oder seinen Rechtsvorgängern an die Unterstützungskasse geleisteten Zuwendungen nach § 4d des Einkommensteuergesetzes; § 15 Abs. 1 Satz 1 Nr. 2 Satz 2 des Einkommensteuergesetzes gilt sinngemäß. ⑤ In Höhe der nach Satz 4 hinzugerechneten Zuwendungen erhöht sich der Buchwert der Anteile an der Unterstützungskasse.

(3) Sind die übergegangenen Wirtschaftsgüter in der steuerlichen Schlussbilanz der übertragenden Körperschaft mit einem über dem Buchwert liegenden Wert angesetzt, sind die Absetzungen für Abnutzung bei dem übernehmenden Rechtsträger in den Fällen des § 7 Abs. 4 Satz 1 und Abs. 5 des Einkommensteuergesetzes nach der bisherigen Bemessungsgrundlage, in allen anderen Fällen nach dem Buchwert, jeweils vermehrt um den Unterschiedsbetrag zwischen dem Buchwert der einzelnen Wirtschaftsgüter und dem Wert, mit dem die Körperschaft die Wirtschaftsgüter in der steuerlichen Schlussbilanz angesetzt hat, zu bemessen.

(4) ① Infolge des Vermögensübergangs ergibt sich ein Übernahmegewinn oder Übernahmeverlust in Höhe des Unterschiedsbetrags zwischen dem Wert, mit dem die übergegangenen Wirtschaftsgüter zu übernehmen sind, abzüglich der Kosten für den Vermögensübergang und dem Wert der Anteile an der übertragenden Körperschaft (Absätze 1 und 2, § 5 Abs. 2 und 3). ② Für die Ermittlung des Übernahmegewinns oder Übernahmeverlusts sind abweichend von Satz 1 die übergegangenen Wirtschaftsgüter der übertragenden Körperschaft mit dem Wert nach § 3 Abs. 1 anzusetzen, soweit an ihnen kein Recht der Bundesrepublik Deutschland zur Besteuerung des Gewinns aus einer Veräußerung bestand. ③ Bei der Ermittlung des Übernahmegewinns oder des Übernahmeverlusts bleibt der Wert der übergegangenen Wirtschaftsgüter außer Ansatz, soweit er auf Anteile an der übertragenden Körperschaft

---

[1] Richtlinienbezeichnung angepasst durch Gesetz v. 25. 7. 2014 (BGBl. I S. 1266).

[2] § 4 Abs. 2 Satz 2 geändert durch Gesetz v. 14. 8. 2007 (BGBl. I S. 1912); **zur erstmaligen Anwendung siehe § 27 Abs. 5;** Abs. 2 Satz 2 neu gefasst durch Gesetz v. 22. 12. 2009 (BGBl. I S. 3950); **zur erstmaligen Anwendung siehe § 27 Abs. 10.**

[3] **§ 4 h EStG** abgedruckt im Hauptteil bei § 8 a.

entfällt, die am steuerlichen Übertragungsstichtag nicht zum Betriebsvermögen des übernehmenden Rechtsträgers gehören.

(5)[1] ① *Ein Übernahmegewinn erhöht sich und ein Übernahmeverlust verringert sich um einen Sperrbetrag im Sinne des § 50c des Einkommensteuergesetzes, soweit die Anteile an der übertragenden Körperschaft am steuerlichen Übertragungsstichtag zum Betriebsvermögen des übernehmenden Rechtsträgers gehören.* ② Ein Übernahmegewinn vermindert sich oder ein Übernahmeverlust erhöht sich um die Bezüge, die nach § 7 zu den Einkünften aus Kapitalvermögen im Sinne des § 20 Abs. 1 Nr. 1 des Einkommensteuergesetzes gehören.

(6) ① Ein Übernahmeverlust bleibt außer Ansatz, soweit er auf eine Körperschaft, Personenvereinigung oder Vermögensmasse als Mitunternehmerin der Personengesellschaft entfällt. ② Satz 1 gilt nicht für Anteile an der übertragenden Gesellschaft, die die Voraussetzungen des § 8b Abs. 7 oder des Abs. 8 Satz 1 des Körperschaftsteuergesetzes erfüllen. ③ In den Fällen des Satzes 2 ist der Übernahmeverlust bis zur Höhe der Bezüge im Sinne des § 7 zu berücksichtigen. ④[2] In den übrigen Fällen ist er in Höhe von 60 Prozent, höchstens jedoch in Höhe von 60 Prozent der Bezüge im Sinne des § 7 zu berücksichtigen; ein danach verbleibender Übernahmeverlust bleibt außer Ansatz. ⑤[3] Satz 4 gilt nicht für Anteile an der übertragenden Gesellschaft, die die Voraussetzungen des § 3 Nr. 40 Satz 3 und 4 des Einkommensteuergesetzes erfüllen; in diesen Fällen gilt Satz 3 entsprechend. ⑥[3] Ein Übernahmeverlust bleibt abweichend von den Sätzen 2 bis 5 außer Ansatz, soweit bei Veräußerung der Anteile an der übertragenden Körperschaft ein Veräußerungsverlust nach § 17 Abs. 2 Satz 6 des Einkommensteuergesetzes nicht zu berücksichtigen wäre oder soweit die Anteile an der übertragenden Körperschaft innerhalb der letzten fünf Jahre vor dem steuerlichen Übertragungsstichtag entgeltlich erworben wurden.

(7) ① Soweit der Übernahmegewinn auf eine Körperschaft, Personenvereinigung oder Vermögensmasse als Mitunternehmerin der Personengesellschaft entfällt, ist § 8b des Körperschaftsteuergesetzes anzuwenden. ② In den übrigen Fällen ist § 3 Nr. 40[4] sowie § 3c des Einkommensteuergesetzes anzuwenden.

§ 5 Besteuerung der Anteilseigner der übertragenden Körperschaft

5 (1) Hat der übernehmende Rechtsträger Anteile an der übertragenden Körperschaft nach dem steuerlichen Übertragungsstichtag angeschafft oder findet er einen Anteilseigner ab, so ist sein Gewinn so zu ermitteln, als hätte er die Anteile an diesem Stichtag angeschafft.

(2) Anteile an der übertragenden Körperschaft im Sinne des § 17 des Einkommensteuergesetzes, die an dem steuerlichen Übertragungsstichtag nicht zu einem Betriebsvermögen eines Gesellschafters der übernehmenden Personengesellschaft oder einer natürlichen Person gehören, gelten für die Ermittlung des Gewinns als an diesem Stichtag in das Betriebsvermögen des übernehmenden Rechtsträgers mit den Anschaffungskosten eingelegt.

(3) ① Gehören an dem steuerlichen Übertragungsstichtag Anteile an der übertragenden Körperschaft zum Betriebsvermögen eines Anteilseigners, ist der Gewinn so zu ermitteln, als seien die Anteile an diesem Stichtag zum Buchwert, erhöht um Abschreibungen sowie um Abzüge nach § 6b des Einkommensteuergesetzes und ähnliche Abzüge, die in früheren Jahren steuerwirksam vorgenommen worden sind, höchstens mit dem gemeinen Wert, in das Betriebsvermögen des übernehmenden Rechtsträgers überführt worden. ② § 4 Abs. 1 Satz 3 gilt entsprechend.

§ 6 Gewinnerhöhung durch Vereinigung von Forderungen und Verbindlichkeiten

6 (1) ① Erhöht sich der Gewinn des übernehmenden Rechtsträgers dadurch, dass der Vermögensübergang zum Erlöschen von Forderungen und Verbindlichkeiten zwischen der übertragenden Körperschaft und dem übernehmenden Rechtsträger oder zur Auflösung von Rückstellungen führt, so darf der übernehmende Rechtsträger insoweit eine den steuerlichen Gewinn mindernde Rücklage bilden. ② Die Rücklage ist in den auf ihre Bildung folgenden drei Wirtschaftsjahren mit mindestens je einem Drittel gewinnerhöhend aufzulösen.

(2) ① Absatz 1 gilt entsprechend, wenn sich der Gewinn eines Gesellschafters des übernehmenden Rechtsträgers dadurch erhöht, dass eine Forderung oder Verbindlichkeit der übertragenden Körperschaft auf den übernehmenden Rechtsträger übergeht oder dass infolge des Vermögensübergangs eine Rückstellung aufzulösen ist. ② Satz 1 gilt nur für Gesellschafter, die im Zeitpunkt der Eintragung des Umwandlungsbeschlusses in das öffentliche Register an dem übernehmenden Rechtsträger beteiligt sind.

(3) ① Die Anwendung der Absätze 1 und 2 entfällt rückwirkend, wenn der übernehmende Rechtsträger den auf ihn übergegangenen Betrieb innerhalb von fünf Jahren nach dem steuerlichen Übertragungsstichtag in eine Kapitalgesellschaft einbringt oder ohne triftigen Grund veräußert oder aufgibt. ② Bereits erteilte Steuerbescheide, Steuermessbescheide, Freistellungsbescheide oder Feststellungsbescheide sind zu ändern, soweit sie auf der Anwendung der Absätze 1 und 2 beruhen.

---

[1] § 4 Abs. 5 Satz 1 aufgehoben (§ 50c EStG ist weggefallen) durch Gesetz vom 2. 6. 2021 (BGBl. I S. 1259); zur weiteren Anwendung siehe § 27 Abs. 17.

[2] § 4 Abs. 6 Satz 4 neu gefasst durch JStG 2009 v. 19. 12. 2008 (BGBl. I S. 2794). Erstmals anzuwenden ab VZ 2009, wenn das Teileinkünfteverfahren erstmals gilt (vgl. § 27 Abs. 8). Im bisherigen Satz 5 außerdem Verweise geändert.

[3] § 4 Abs. 6 neuer Satz 5 eingefügt, bisheriger Satz 5 wird Satz 6 durch JStG 2009 v. 19. 12. 2008 (BGBl. I S. 2794). Erstmals anzuwenden ab VZ 2009, wenn das Teileinkünfteverfahren erstmals gilt (vgl. § 27 Abs. 8). Im bisherigen Satz 5 außerdem Verweise geändert.

[4] § 4 Abs. 7 Verweis geändert durch JStG 2009 v. 19. 12. 2008 (BGBl. I S. 2794) mit Wirkung ab VZ 2009 (vgl. § 27 Abs. 8).

§ 7 Besteuerung offener Rücklagen

7 ① Dem Anteilseigner ist der Teil des in der Steuerbilanz ausgewiesenen Eigenkapitals abzüglich des Bestands des steuerlichen Einlagekontos im Sinne des § 27 des Körperschaftsteuergesetzes, der sich nach Anwendung des § 29 Abs. 1 des Körperschaftsteuergesetzes ergibt, in dem Verhältnis der Anteile zum Nennkapital der übertragenden Körperschaft als Einnahmen aus Kapitalvermögen im Sinne des § 20 Abs. 1 Nr. 1 des Einkommensteuergesetzes zuzurechnen. ② Dies gilt unabhängig davon, ob für den Anteilseigner ein Übernahmegewinn oder Übernahmeverlust nach § 4 oder § 5 ermittelt wird.

§ 8 Vermögensübergang auf einen Rechtsträger ohne Betriebsvermögen

8 (1) ① Wird das übertragene Vermögen nicht Betriebsvermögen des übernehmenden Rechtsträgers, sind die infolge des Vermögensübergangs entstehenden Einkünfte bei diesem oder den Gesellschaftern des übernehmenden Rechtsträgers zu ermitteln. ② Die §§ 4, 5 und 7 gelten entsprechend.

(2) In den Fällen des Absatzes 1 sind § 17 Abs. 3 und § 22 Nr. 2 des Einkommensteuergesetzes nicht anzuwenden.

§ 9 Formwechsel in eine Personengesellschaft

9 ① Im Falle des Formwechsels einer Kapitalgesellschaft in eine Personengesellschaft sind die §§ 3 bis 8 und 10 entsprechend anzuwenden. ② Die Kapitalgesellschaft hat für steuerliche Zwecke auf den Zeitpunkt, in dem der Formwechsel wirksam wird, eine Übertragungsbilanz, die Personengesellschaft eine Eröffnungsbilanz aufzustellen. ③ Die Bilanzen nach Satz 2 können auch für einen Stichtag aufgestellt werden, der höchstens acht Monate vor der Anmeldung des Formwechsels zur Eintragung in ein öffentliches Register liegt (Übertragungsstichtag); § 2 Absatz 3 bis 5[1] gilt entsprechend.

§ 10[2] Körperschaftsteuererhöhung

10 *Die Körperschaftsteuerschuld der übertragenden Körperschaft erhöht sich für den Veranlagungszeitraum der Umwandlung um den Betrag, der sich nach § 38 des Körperschaftsteuergesetzes ergeben würde, wenn das in der Steuerbilanz ausgewiesene Eigenkapital abzüglich des Betrags, der nach § 28 Abs. 2 Satz 1 des Körperschaftsteuergesetzes in Verbindung mit § 29 Abs. 1 des Körperschaftsteuergesetzes dem steuerlichen Einlagekonto gutzuschreiben ist, als am Übertragungsstichtag für eine Ausschüttung verwendet gelten würde.*

Dritter Teil. Verschmelzung oder Vermögensübertragung (Vollübertragung) auf eine andere Körperschaft

§ 11 Wertansätze in der steuerlichen Schlussbilanz der übertragenden Körperschaft

11 (1) ① Bei einer Verschmelzung oder Vermögensübertragung (Vollübertragung) auf eine andere Körperschaft sind die übergehenden Wirtschaftsgüter, einschließlich nicht entgeltlich erworbener oder selbst geschaffener immaterieller Wirtschaftsgüter, in der steuerlichen Schlussbilanz der übertragenden Körperschaft mit dem gemeinen Wert anzusetzen. ② Für die Bewertung von Pensionsrückstellungen gilt § 6 a des Einkommensteuergesetzes.

(2) ① Auf Antrag können die übergehenden Wirtschaftsgüter abweichend von Absatz 1 einheitlich mit dem Buchwert oder einem höheren Wert, höchstens jedoch mit dem Wert nach Absatz 1, angesetzt werden, soweit

1. sichergestellt ist, dass sie später bei der übernehmenden Körperschaft der Besteuerung mit Körperschaftsteuer unterliegen und
2. das Recht der Bundesrepublik Deutschland hinsichtlich der Besteuerung des Gewinns aus der Veräußerung der übertragenen Wirtschaftsgüter bei der übernehmenden Körperschaft nicht ausgeschlossen oder beschränkt wird und
3. eine Gegenleistung nicht gewährt wird oder in Gesellschaftsrechten besteht.

② Anteile an der übernehmenden Körperschaft sind mindestens mit dem Buchwert, erhöht um Abschreibungen sowie um Abzüge nach § 6 b des Einkommensteuergesetzes und ähnliche Abzüge, die in früheren Jahren steuerwirksam vorgenommen worden sind, höchstens mit dem gemeinen Wert, anzusetzen. ③ Auf einen sich daraus ergebenden Gewinn findet § 8 b Abs. 2 Satz 4 und 5 des Körperschaftsteuergesetzes Anwendung.

(3) § 3 Abs. 2 Satz 2 und Abs. 3 gilt entsprechend.

§ 12 Auswirkungen auf den Gewinn der übernehmenden Körperschaft

12 (1) ① Die übernehmende Körperschaft hat die auf sie übergegangenen Wirtschaftsgüter mit dem in der steuerlichen Schlussbilanz der übertragenden Körperschaft enthaltenen Wert im Sinne des § 11 zu übernehmen. ② § 4 Abs. 1 Satz 2 und 3 gilt entsprechend.

(2) ① Bei der übernehmenden Körperschaft bleibt ein Gewinn oder ein Verlust in Höhe des Unterschieds zwischen dem Buchwert der Anteile an der übertragenden Körperschaft und dem Wert, mit dem die übergegangenen Wirtschaftsgüter zu übernehmen sind, abzüglich der Kosten für den Vermögensübergang, außer Ansatz. ② § 8 b des Körperschaftsteuergesetzes ist anzuwenden, soweit der Gewinn im Sinne des Satzes 1 abzüglich der anteilig darauf entfallenden Kosten für den Vermögens-

[1] § 9 Satz 3 Verweis geändert durch Gesetz vom 22. 12. 2009 (BGBl. I S. 3950); zur erstmaligen Anwendung siehe § 27 Abs. 10; Satz 3 geändert durch Gesetz vom 2. 6. 2021 (BGBl. I S. 1259); zur Anwendung siehe § 27 Abs. 16.

[2] **§ 10 aufgehoben** durch JStG 2008 v. 20. 12. 2007 (BGBl. I S. 3150). **Zur letztmaligen Anwendung** siehe § 27 Abs. 6 Satz 1; **zur Weiteranwendung auf Antrag** siehe § 27 Abs. 6 Satz 2.

übergang, dem Anteil der übernehmenden Körperschaft an der übertragenden Körperschaft entspricht. ③ § 5 Abs. 1 gilt entsprechend.

(3) Die übernehmende Körperschaft tritt in die steuerliche Rechtsstellung der übertragenden Körperschaft ein; § 4 Abs. 2 und 3 gilt entsprechend.

(4) § 6 gilt sinngemäß für den Teil des Gewinns aus der Vereinigung von Forderungen und Verbindlichkeiten, der der Beteiligung der übernehmenden Körperschaft am Grund- oder Stammkapital der übertragenden Körperschaft entspricht.

(5) Im Falle des Vermögensübergangs in den nicht steuerpflichtigen oder steuerbefreiten Bereich der übernehmenden Körperschaft gilt das in der Steuerbilanz ausgewiesene Eigenkapital abzüglich des Bestands des steuerlichen Einlagekontos im Sinne des § 27 des Körperschaftsteuergesetzes, der sich nach Anwendung des § 29 Abs. 1 des Körperschaftsteuergesetzes ergibt, als Einnahme im Sinne des § 20 Abs. 1 Nr. 1 des Einkommensteuergesetzes.

§ 13 Besteuerung der Anteilseigner der übertragenden Körperschaft

13 (1) Die Anteile an der übertragenden Körperschaft gelten als zum gemeinen Wert veräußert und die an ihre Stelle tretenden Anteile an der übernehmenden Körperschaft gelten als mit diesem Wert angeschafft.

(2) ① Abweichend von Absatz 1 sind auf Antrag die Anteile an der übernehmenden Körperschaft mit dem Buchwert der Anteile an der übertragenden Körperschaft anzusetzen, wenn

1. das Recht der Bundesrepublik Deutschland hinsichtlich der Besteuerung des Gewinns aus der Veräußerung der Anteile an der übernehmenden Körperschaft nicht ausgeschlossen oder beschränkt wird oder
2. die Mitgliedstaaten der Europäischen Union bei einer Verschmelzung Artikel 8 der Richtlinie 2009/133/EG[1] anzuwenden haben; in diesem Fall ist der Gewinn aus einer späteren Veräußerung der erworbenen Anteile ungeachtet der Bestimmungen eines Abkommens zur Vermeidung der Doppelbesteuerung in der gleichen Art und Weise zu besteuern, wie die Veräußerung der Anteile an der übertragenden Körperschaft zu besteuern wäre. § 15 Abs. 1 a Satz 2 des Einkommensteuergesetzes ist entsprechend anzuwenden.

② Die Anteile an der übernehmenden Körperschaft treten steuerlich an die Stelle der Anteile an der übertragenden Körperschaft. ③ Gehören die Anteile an der übertragenden Körperschaft nicht zu einem Betriebsvermögen, treten an die Stelle des Buchwerts die Anschaffungskosten.

14 **§ 14** *(weggefallen)*

Vierter Teil. Aufspaltung, Abspaltung und Vermögensübertragung (Teilübertragung)

§ 15 Aufspaltung, Abspaltung und Teilübertragung auf andere Körperschaften

15 (1) ① Geht Vermögen einer Körperschaft durch Aufspaltung oder Abspaltung oder durch Teilübertragung auf andere Körperschaften über, gelten die §§ 11 bis 13 vorbehaltlich des Satzes 2 und des § 16 entsprechend. ② § 11 Abs. 2 und § 13 Abs. 2 sind nur anzuwenden, wenn auf die Übernehmerinnen ein Teilbetrieb übertragen wird und im Falle der Abspaltung oder Teilübertragung bei der übertragenden Körperschaft ein Teilbetrieb verbleibt. ③ Als Teilbetrieb gilt auch ein Mitunternehmeranteil oder die Beteiligung an einer Kapitalgesellschaft, die das gesamte Nennkapital der Gesellschaft umfasst.

(2) ① § 11 Abs. 2 ist auf Mitunternehmeranteile und Beteiligungen im Sinne des Absatzes 1 nicht anzuwenden, wenn sie innerhalb eines Zeitraums von drei Jahren vor dem steuerlichen Übertragungsstichtag durch Übertragung von Wirtschaftsgütern, die kein Teilbetrieb sind, erworben oder aufgestockt worden sind. ② § 11 Abs. 2 ist ebenfalls nicht anzuwenden, wenn durch die Spaltung die Veräußerung an außenstehende Personen vollzogen wird. ③ Das Gleiche gilt, wenn durch die Spaltung die Voraussetzungen für eine Veräußerung geschaffen werden. ④ Davon ist auszugehen, wenn innerhalb von fünf Jahren nach dem steuerlichen Übertragungsstichtag Anteile an einer an der Spaltung beteiligten Körperschaft, die mehr als 20 Prozent der vor Wirksamwerden der Spaltung an der Körperschaft bestehenden Anteile ausmachen, veräußert werden. ⑤ Bei der Trennung von Gesellschafterstämmen setzt die Anwendung des § 11 Abs. 2 außerdem voraus, dass die Beteiligungen an der übertragenden Körperschaft mindestens fünf Jahre vor dem steuerlichen Übertragungsstichtag bestanden haben.

(3)[2, 3] Bei einer Abspaltung mindern sich verrechenbare Verluste, verbleibende Verlustvorträge, nicht ausgeglichene negative Einkünfte, ein Zinsvortrag nach § 4 h Absatz 1 Satz 5 des Einkommensteuergesetzes[4] und ein EBITDA-Vortrag nach § 4 h Absatz 1 Satz 3 des Einkommensteuergesetzes[4] der übertragenden Körperschaft in dem Verhältnis, in dem bei Zugrundelegung des gemeinen Werts das Vermögen auf eine andere Körperschaft übergeht.

---

[1] Richtlinienbezeichnung angepasst durch Gesetz v. 25. 7. 2014 (BGBl. I S. 1266).

[2] § 15 Abs. 3 neu gefasst durch Gesetz v. 14. 8. 2007 (BGBl. I S. 1912); zur erstmaligen Anwendung siehe § 27 Abs. 5; erneut neu gefasst durch Gesetz v. 22. 12. 2009 (BGBl. I S. 3950); **zur erstmaligen Anwendung siehe § 27 Abs. 10.**

[3] Sofern Abspaltungen im Sinne des § 15 Abs. 1 eine notwendige Vorbereitung von Stabilisierungsmaßnahmen iSd §§ 6 bis 8 FMStFG darstellen, ist § 15 Abs. 3 **nicht anzuwenden.** Verrechenbare Verluste, verbleibende Verlustvorträge, nicht ausgeglichene negative Einkünfte und ein Zinsvortrag nach § 4 h Abs. 1 Satz 2 EStG verbleiben bei der übertragenden Körperschaft (§ 14 Abs. 3 a FMStFG).

[4] **§ 4 h EStG** abgedruckt im Hauptteil bei § 8 a.

§ 16 Aufspaltung oder Abspaltung auf eine Personengesellschaft

① Soweit Vermögen einer Körperschaft durch Aufspaltung oder Abspaltung auf eine Personengesellschaft übergeht, gelten die §§ 3 bis 8, 10 und 15 entsprechend. ② § 10 ist für den in § 40 Abs. 2 Satz 3 des Körperschaftsteuergesetzes bezeichneten Teil des Betrags im Sinne des § 38 des Körperschaftsteuergesetzes anzuwenden. 16

Fünfter Teil. Gewerbesteuer

§ 17 *(weggefallen)* 17

§ 18 Gewerbesteuer bei Vermögensübergang auf eine Personengesellschaft oder auf eine natürliche Person sowie bei Formwechsel in eine Personengesellschaft

(1) ① Die §§ 3 bis 9 und 16 gelten bei Vermögensübergang auf eine Personengesellschaft oder auf eine natürliche Person sowie bei Formwechsel in eine Personengesellschaft auch für die Ermittlung des Gewerbeertrags. ② Der maßgebende Gewerbeertrag der übernehmenden Personengesellschaft oder natürlichen Person kann nicht um Fehlbeträge des laufenden Erhebungszeitraums und die vortragsfähigen Fehlbeträge der übertragenden Körperschaft im Sinne des § 10 a des Gewerbesteuergesetzes gekürzt werden. 18

(2) ① Ein Übernahmegewinn oder Übernahmeverlust ist nicht zu erfassen. ② In Fällen des § 5 Abs. 2 ist ein Gewinn nach § 7 nicht zu erfassen.

(3)[1] ① Wird der Betrieb der Personengesellschaft oder der natürlichen Person innerhalb von fünf Jahren nach der Umwandlung aufgegeben oder veräußert, unterliegt ein Aufgabe- oder Veräußerungsgewinn der Gewerbesteuer auch soweit er auf das Betriebsvermögen entfällt, das bereits vor der Umwandlung im Betrieb der übernehmenden Personengesellschaft oder der natürlichen Person vorhanden war. ② Satz 1 gilt entsprechend, soweit ein Teilbetrieb oder ein Anteil an der Personengesellschaft aufgegeben oder veräußert wird. ③ Der auf den Aufgabe- oder Veräußerungsgewinnen im Sinne der Sätze 1 und 2 beruhende Teil des Gewerbesteuer-Messbetrags ist bei der Ermäßigung der Einkommensteuer nach § 35 des Einkommensteuergesetzes nicht zu berücksichtigen.

§ 19 Gewerbesteuer bei Vermögensübergang auf eine andere Körperschaft

(1) Geht das Vermögen der übertragenden Körperschaft auf eine andere Körperschaft über, gelten die §§ 11 bis 15 auch für die Ermittlung des Gewerbeertrags. 19

(2) Für die vortragsfähigen Fehlbeträge der übertragenden Körperschaft im Sinne des § 10 a des Gewerbesteuergesetzes gelten § 12 Abs. 3 und § 15 Abs. 3 entsprechend.

Sechster Teil. Einbringung von Unternehmensteilen in eine Kapitalgesellschaft oder Genossenschaft und Anteilstausch

§ 20 Einbringung von Unternehmensteilen in eine Kapitalgesellschaft oder Genossenschaft

(1) Wird ein Betrieb oder Teilbetrieb oder ein Mitunternehmeranteil in eine Kapitalgesellschaft oder eine Genossenschaft (übernehmende Gesellschaft) eingebracht und erhält der Einbringende dafür neue Anteile an der Gesellschaft (Sacheinlage), gelten für die Bewertung des eingebrachten Betriebsvermögens und der neuen Gesellschaftsanteile die nachfolgenden Absätze. 20

(2) ① Die übernehmende Gesellschaft hat das eingebrachte Betriebsvermögen mit dem gemeinen Wert anzusetzen; für die Bewertung von Pensionsrückstellungen gilt § 6 a des Einkommensteuergesetzes. ② Abweichend von Satz 1 kann das übernommene Betriebsvermögen auf Antrag einheitlich mit dem Buchwert oder einem höheren Wert, höchstens jedoch mit dem Wert im Sinne des Satzes 1, angesetzt werden, soweit

1. sichergestellt ist, dass es später bei der übernehmenden Körperschaft der Besteuerung mit Körperschaftsteuer unterliegt,
2. die Passivposten des eingebrachten Betriebsvermögens die Aktivposten nicht übersteigen; dabei ist das Eigenkapital nicht zu berücksichtigen,
3. das Recht der Bundesrepublik Deutschland hinsichtlich der Besteuerung des Gewinns aus der Veräußerung des eingebrachten Betriebsvermögens bei der übernehmenden Gesellschaft nicht ausgeschlossen oder beschränkt wird und
4.[2] der gemeine Wert von sonstigen Gegenleistungen, die neben den neuen Gesellschaftsanteilen gewährt werden, nicht mehr beträgt als
   a) 25 Prozent des Buchwerts des eingebrachten Betriebsvermögens oder
   b) 500 000 Euro, höchstens jedoch den Buchwert des eingebrachten Betriebsvermögens.

③ Der Antrag ist spätestens bis zur erstmaligen Abgabe der steuerlichen Schlussbilanz bei dem für die Besteuerung der übernehmenden Gesellschaft zuständigen Finanzamt zu stellen. ④[2] Erhält der Einbringende neben den neuen Gesellschaftsanteilen auch sonstige Gegenleistungen, ist das eingebrachte Betriebsvermögen abweichend von Satz 2 mindestens mit dem gemeinen Wert der sonstigen Gegenleistungen anzusetzen, wenn dieser den sich nach Satz 2 ergebenden Wert übersteigt.

(3) ① Der Wert, mit dem die übernehmende Gesellschaft das eingebrachte Betriebsvermögen ansetzt, gilt für den Einbringenden als Veräußerungspreis und als Anschaffungskosten der Gesellschafts-

[1] § 18 Abs. 3 Satz 1 neu gefasst durch JStG 2008 v. 20. 12. 2007 (BGBl. I S. 3150). Zur erstmaligen Anwendung siehe § 27 Abs. 7.

[2] § 20 Abs. 2 Satz 2 Nr. 4 angefügt und Satz 4 neu gefasst durch StÄndG 2015 v. 2. 11. 2015 (BGBl. I S. 1834).
Zur erstmaligen Anwendung siehe § 27 Abs. 14.

anteile. ② Ist das Recht der Bundesrepublik Deutschland hinsichtlich der Besteuerung des Gewinns aus der Veräußerung des eingebrachten Betriebsvermögens im Zeitpunkt der Einbringung ausgeschlossen und wird dieses auch nicht durch die Einbringung begründet, gilt für den Einbringenden insoweit der gemeine Wert des Betriebsvermögens im Zeitpunkt der Einbringung als Anschaffungskosten der Anteile. ③ Soweit neben den Gesellschaftsanteilen auch andere Wirtschaftsgüter gewährt werden, ist deren gemeiner Wert bei der Bemessung der Anschaffungskosten der Gesellschaftsanteile von dem sich nach den Sätzen 1 und 2 ergebenden Wert abzuziehen. ④ Umfasst das eingebrachte Betriebsvermögen auch einbringungsgeborene Anteile im Sinne von § 21 Abs. 1 in der Fassung der Bekanntmachung vom 15. Oktober 2002 (BGBl. I S. 4133, 2003 I S. 738), geändert durch Artikel 3 des Gesetzes vom 16. Mai 2003 (BGBl. I S. 660), gelten die erhaltenen Anteile insoweit auch als einbringungsgeboren im Sinne von § 21 Abs. 1 in der Fassung der Bekanntmachung vom 15. Oktober 2002 (BGBl. I S. 4133, 2003 I S. 738), geändert durch Artikel 3 des Gesetzes vom 16. Mai 2003 (BGBl. I S. 660).

(4) ① Auf einen bei der Sacheinlage entstehenden Veräußerungsgewinn ist § 16 Abs. 4 des Einkommensteuergesetzes nur anzuwenden, wenn der Einbringende eine natürliche Person ist, es sich nicht um die Einbringung von Teilen eines Mitunternehmeranteils handelt und die übernehmende Gesellschaft das eingebrachte Betriebsvermögen mit dem gemeinen Wert ansetzt. ② In diesen Fällen ist § 34 Abs. 1 und 3 des Einkommensteuergesetzes nur anzuwenden, soweit der Veräußerungsgewinn nicht nach § 3 Nr. 40 Satz 1 in Verbindung mit § 3 c Abs. 2 des Einkommensteuergesetzes teilweise steuerbefreit ist.

(5) ① Das Einkommen und das Vermögen des Einbringenden und der übernehmenden Gesellschaft sind auf Antrag so zu ermitteln, als ob das eingebrachte Betriebsvermögen mit Ablauf des steuerlichen Übertragungsstichtags (Absatz 6) auf die Übernehmerin übergegangen wäre. ② Dies gilt hinsichtlich des Einkommens und des Gewerbeertrags nicht für Entnahmen und Einlagen, die nach dem steuerlichen Übertragungsstichtag erfolgen. ③ Die Anschaffungskosten der Anteile (Absatz 3) sind um den Buchwert der Entnahmen zu vermindern und um den sich nach § 6 Abs. 1 Nr. 5 des Einkommensteuergesetzes ergebenden Wert der Einlagen zu erhöhen.

(6)[1] ① Als steuerlicher Übertragungsstichtag (Einbringungszeitpunkt) darf in den Fällen der Sacheinlage durch Verschmelzung im Sinne des § 2 des Umwandlungsgesetzes der Stichtag angesehen werden, für den die Schlussbilanz jedes der übertragenden Unternehmen im Sinne des § 17 Abs. 2 des Umwandlungsgesetzes aufgestellt ist; dieser Stichtag darf höchstens acht Monate vor der Anmeldung der Verschmelzung zur Eintragung in das Handelsregister liegen. ② Entsprechendes gilt, wenn Vermögen im Wege der Sacheinlage durch Aufspaltung, Abspaltung oder Ausgliederung nach § 123 des Umwandlungsgesetzes auf die übernehmende Gesellschaft übergeht. ③ In anderen Fällen der Sacheinlage darf die Einbringung auf einen Tag zurückbezogen werden, der höchstens acht Monate vor dem Tag des Abschlusses des Einbringungsvertrags liegt und höchstens acht Monate vor dem Zeitpunkt liegt, an dem das eingebrachte Betriebsvermögen auf die übernehmende Gesellschaft übergeht. ④ § 2 Absatz 3 bis 5 gilt entsprechend.

(7) § 3 Abs. 3 ist entsprechend anzuwenden.

(8)[2] Ist eine gebietsfremde einbringende oder erworbene Gesellschaft im Sinne von Artikel 3 der Richtlinie 2009/133/EG als steuerlich transparent anzusehen, ist auf Grund Artikel 11 der Richtlinie 2009/133/EG die ausländische Steuer, die nach den Rechtsvorschriften des anderen Mitgliedstaats der Europäischen Union erhoben worden wäre, wenn die einer in einem anderen Mitgliedstaat belegenen Betriebsstätte zuzurechnenden eingebrachten Wirtschaftsgüter zum gemeinen Wert veräußert worden wären, auf die auf den Einbringungsgewinn entfallende Körperschaftsteuer oder Einkommensteuer unter entsprechender Anwendung von § 26 des Körperschaftsteuergesetzes und von den §§ 34 c und 50 Absatz 3 des Einkommensteuergesetzes anzurechnen.

(9)[3] Ein Zinsvortrag nach § 4 h Absatz 1 Satz 5 des Einkommensteuergesetzes[4] und ein EBITDA-Vortrag nach § 4 h Absatz 1 Satz 3 des Einkommensteuergesetzes[4] des eingebrachten Betriebs gehen nicht auf die übernehmende Gesellschaft über.

§ 21 Bewertung der Anteile beim Anteilstausch

21 (1)[5] ① Werden Anteile an einer Kapitalgesellschaft oder einer Genossenschaft (erworbene Gesellschaft) in eine Kapitalgesellschaft oder Genossenschaft (übernehmende Gesellschaft) gegen Gewährung neuer Anteile an der übernehmenden Gesellschaft eingebracht (Anteilstausch), hat die übernehmende Gesellschaft die eingebrachten Anteile mit dem gemeinen Wert anzusetzen. ② Abweichend von Satz 1 können die eingebrachten Anteile auf Antrag mit dem Buchwert oder einem höheren Wert, höchstens jedoch mit dem gemeinen Wert, angesetzt werden, wenn

1. die übernehmende Gesellschaft nach der Einbringung auf Grund ihrer Beteiligung einschließlich der eingebrachten Anteile nachweisbar unmittelbar die Mehrheit der Stimmrechte an der erworbenen Gesellschaft hat (qualifizierter Anteilstausch) und soweit
2. der gemeine Wert von sonstigen Gegenleistungen, die neben den neuen Anteilen gewährt werden, nicht mehr beträgt als

---

[1] § 20 Abs. 6 Satz 4 neu gefasst durch JStG 2009 v. 19. 12. 2008 (BGBl. I S. 2794). **Zur erstmaligen Anwendung bzw. Nichtanwendung siehe § 27 Abs. 9**; Satz 4 geändert durch Gesetz vom 2. 6. 2021 (BGBl. I S. 1259); zur Anwendung siehe § 27 Abs. 16.

[2] § 20 Abs. 8 geändert durch Gesetz v. 25. 7. 2014 (BGBl I S. 1266) **mit Wirkung ab 1. 1. 2014 (vgl. § 27 Abs. 13).**

[3] § 20 Abs. 9 angefügt durch Gesetz v. 14. 8. 2007 (BGBl. I S. 1912); **zur erstmaligen Anwendung siehe § 27 Abs. 5.** Abs. 9 neu gefasst durch Gesetz v. 22. 12. 2009 (BGBl. I S. 3950); **zur erstmaligen Anwendung siehe § 27 Abs. 10.**

[4] **§ 4 h EStG** abgedruckt im Hauptteil bei § 8 a.

[5] § 21 Abs. 1 Satz 2 und 3 neu gefasst und Satz 4 angefügt durch StÄndG 2015 v. 2. 11. 2015 (BGBl. I S. 1834). **Zur erstmaligen Anwendung siehe § 27 Abs. 14.**

a) 25 Prozent des Buchwerts der eingebrachten Anteile oder

b) 500 000 Euro, höchstens jedoch den Buchwert der eingebrachten Anteile.

③ § 20 Absatz 2 Satz 3 gilt entsprechend. ④ Erhält der Einbringende neben den neuen Gesellschaftsanteilen auch sonstige Gegenleistungen, sind die eingebrachten Anteile abweichend von Satz 2 mindestens mit dem gemeinen Wert der sonstigen Gegenleistungen anzusetzen, wenn dieser den sich nach Satz 2 ergebenden Wert übersteigt.

(2) ① Der Wert, mit dem die übernehmende Gesellschaft die eingebrachten Anteile ansetzt, gilt für den Einbringenden als Veräußerungspreis der eingebrachten Anteile und als Anschaffungskosten der erhaltenen Anteile. ② Abweichend von Satz 1 gilt für den Einbringenden der gemeine Wert der eingebrachten Anteile als Veräußerungspreis und als Anschaffungskosten der erhaltenen Anteile, wenn für die eingebrachten Anteile nach der Einbringung das Recht der Bundesrepublik Deutschland hinsichtlich der Besteuerung des Gewinns aus der Veräußerung dieser Anteile ausgeschlossen oder beschränkt ist; dies gilt auch, wenn das Recht der Bundesrepublik Deutschland hinsichtlich der Besteuerung des Gewinns aus der Veräußerung der erhaltenen Anteile ausgeschlossen oder beschränkt ist. ③ Auf Antrag gilt in den Fällen des Satzes 2 unter den Voraussetzungen des Absatzes 1 Satz 2 der Buchwert oder ein höherer Wert, höchstens der gemeine Wert, als Veräußerungspreis der eingebrachten Anteile und als Anschaffungskosten der erhaltenen Anteile, wenn

1. das Recht der Bundesrepublik Deutschland hinsichtlich der Besteuerung des Gewinns aus der Veräußerung der erhaltenen Anteile nicht ausgeschlossen oder beschränkt ist oder
2. der Gewinn aus dem Anteilstausch auf Grund Artikel 8 der Richtlinie 2009/133/EG[1] nicht besteuert werden darf; in diesem Fall ist der Gewinn aus einer späteren Veräußerung der erhaltenen Anteile ungeachtet der Bestimmungen eines Abkommens zur Vermeidung der Doppelbesteuerung in der gleichen Art und Weise zu besteuern, wie die Veräußerung der Anteile an der erworbenen Gesellschaft zu besteuern gewesen wäre; § 15 Abs. 1 a Satz 2 des Einkommensteuergesetzes ist entsprechend anzuwenden.

④ Der Antrag ist spätestens bis zur erstmaligen Abgabe der Steuererklärung bei dem für die Besteuerung des Einbringenden zuständigen Finanzamt zu stellen. ⑤ Haben die eingebrachten Anteile beim Einbringenden nicht zu einem Betriebsvermögen gehört, treten an die Stelle des Buchwerts die Anschaffungskosten. ⑥ § 20 Abs. 3 Satz 3 und 4 gilt entsprechend.

(3) ① Auf den beim Anteilstausch entstehenden Veräußerungsgewinn ist § 17 Abs. 3 des Einkommensteuergesetzes nur anzuwenden, wenn der Einbringende eine natürliche Person ist und die übernehmende Gesellschaft die eingebrachten Anteile nach Absatz 1 Satz 1 oder in den Fällen des Absatzes 2 Satz 2 der Einbringende mit dem gemeinen Wert ansetzt; dies gilt für die Anwendung von § 16 Abs. 4 des Einkommensteuergesetzes unter der Voraussetzung, dass eine im Betriebsvermögen gehaltene Beteiligung an einer Kapitalgesellschaft eingebracht wird, die das gesamte Nennkapital der Kapitalgesellschaft umfasst. ② § 34 Abs. 1 des Einkommensteuergesetzes findet keine Anwendung.

§ 22[2] Besteuerung des Anteilseigners

(1) ① Soweit in den Fällen einer Sacheinlage unter dem gemeinen Wert (§ 20 Abs. 2 Satz 2) der Einbringende die erhaltenen Anteile innerhalb eines Zeitraums von sieben Jahren nach dem Einbringungszeitpunkt veräußert, ist der Gewinn aus der Einbringung rückwirkend im Wirtschaftsjahr der Einbringung als Gewinn des Einbringenden im Sinne von § 16 des Einkommensteuergesetzes zu versteuern (Einbringungsgewinn I); § 16 Abs. 4 und § 34 des Einkommensteuergesetzes sind nicht anzuwenden. **22**
② Die Veräußerung der erhaltenen Anteile gilt insoweit als rückwirkendes Ereignis im Sinne von § 175 Abs. 1 Satz 1 Nr. 2 der Abgabenordnung. ③ Einbringungsgewinn I ist der Betrag, um den der gemeine Wert des eingebrachten Betriebsvermögens im Einbringungszeitpunkt nach Abzug der Kosten für den Vermögensübergang den Wert, mit dem die übernehmende Gesellschaft dieses eingebrachte Betriebsvermögen angesetzt hat, übersteigt, vermindert um jeweils ein Siebtel für jedes seit dem Einbringungszeitpunkt abgelaufene Zeitjahr. ④ Der Einbringungsgewinn I gilt als nachträgliche Anschaffungskosten der erhaltenen Anteile. ⑤[3] Umfasst das eingebrachte Betriebsvermögen auch Anteile an Kapitalgesellschaften oder Genossenschaften, ist insoweit § 22 Abs. 2 anzuwenden; ist in diesen Fällen das Recht der Bundesrepublik Deutschland hinsichtlich der Besteuerung des Gewinns aus der Veräußerung der erhaltenen Anteile ausgeschlossen oder beschränkt, sind daneben auch die Sätze 1 bis 4 anzuwenden. ⑥ Die Sätze 1 bis 5 gelten entsprechend, wenn

1. der Einbringende die erhaltenen Anteile unmittelbar oder mittelbar unentgeltlich auf eine Kapitalgesellschaft oder eine Genossenschaft überträgt,
2.[4] der Einbringende die erhaltenen Anteile entgeltlich überträgt, es sei denn, er weist nach, dass die Übertragung durch einen Vorgang im Sinne des § 20 Absatz 1 oder § 21 Absatz 1 oder auf Grund vergleichbarer ausländischer Vorgänge zu Buchwerten erfolgte und keine sonstigen Gegenleistun-

---

[1] Richtlinienbezeichnung angepasst durch Gesetz v. 25. 7. 2014 (BGBl. I S. 1266).

[2] **Zur Nichtanwendung siehe § 27 Abs. 4.**

[3] Zu den Auswirkungen des Beschlusses des BVerfG v. 7. 7. 2011 (2 BvR 748/05, 2 BvR 753/05 und 2 BvR 1738/05, BStBl. 2011 II S. 86) betreffend die Verfassungswidrigkeit der Erfassung von Wertsteigerungen, die bis zur Verkündung des StEntlG 1999/2000/2002 entstanden sind und die entweder – bei einer Veräußerung bis zu diesem Zeitpunkt nach der zuvor geltenden Rechtslage steuerfrei realisiert worden sind oder – bei einer Veräußerung nach Verkündung des Gesetzes sowohl zum Zeitpunkt der Verkündung als auch zum Zeitpunkt der Veräußerung nach der zuvor geltenden Rechtslage steuerfrei hätten realisiert werden können, siehe *BMF-Schrb. v. 21. 12. 2011 IV C 6 – S 2178/11/10 001, BStBl. 2012 I S. 42, geändert durch BMF-Schrb. v. 16. 12. 2015, BStBl. 2016 I S. 11.*

[4] § 22 Abs. 1 Satz 6 Nrn. 2, 4 und 5 neu gefasst durch StÄndG 2015 v. 2. 11. 2015 (BGBl. I S. 1834). **Zur erstmaligen Anwendung siehe § 27 Abs. 14.**

noch **22** gen erbracht wurden, die die Grenze des § 20 Absatz 2 Satz 2 Nummer 4 oder die Grenze des § 21 Absatz 1 Satz 2 Nummer 2 übersteigen,

3. die Kapitalgesellschaft, an der die Anteile bestehen, aufgelöst und abgewickelt wird oder das Kapital dieser Gesellschaft herabgesetzt und an die Anteilseigner zurückgezahlt wird oder Beträge aus dem steuerlichen Einlagekonto im Sinne des § 27 des Körperschaftsteuergesetzes ausgeschüttet oder zurückgezahlt werden,

4.[1] der Einbringende die erhaltenen Anteile durch einen Vorgang im Sinne des § 21 Absatz 1 oder einen Vorgang im Sinne des § 20 Absatz 1 oder auf Grund vergleichbarer ausländischer Vorgänge zum Buchwert in eine Kapitalgesellschaft oder eine Genossenschaft eingebracht hat und diese Anteile anschließend unmittelbar oder mittelbar veräußert oder durch einen Vorgang im Sinne der Nummern 1 oder 2 unmittelbar oder mittelbar übertragen werden, es sei denn, er weist nach, dass diese Anteile zu Buchwerten übertragen wurden und keine sonstigen Gegenleistungen erbracht wurden, die die Grenze des § 20 Absatz 2 Satz 2 Nummer 4 oder die Grenze des § 21 Absatz 1 Satz 2 Nummer 2 übersteigen (Ketteneinbringung),

5.[1] der Einbringende die erhaltenen Anteile in eine Kapitalgesellschaft oder eine Genossenschaft durch einen Vorgang im Sinne des § 20 Absatz 1 oder einen Vorgang im Sinne des § 21 Absatz 1 oder auf Grund vergleichbarer ausländischer Vorgänge zu Buchwerten einbringt und die aus dieser Einbringung erhaltenen Anteile anschließend unmittelbar oder mittelbar veräußert oder durch einen Vorgang im Sinne der Nummern 1 oder 2 unmittelbar oder mittelbar übertragen werden, es sei denn, er weist nach, dass die Einbringung zu Buchwerten erfolgte und keine sonstigen Gegenleistungen erbracht wurden, die die Grenze des § 20 Absatz 2 Satz 2 Nummer 4 oder die Grenze des § 21 Absatz 1 Satz 2 Nummer 2 übersteigen, oder

6.[2] für den Einbringenden oder die übernehmende Gesellschaft im Sinne der Nummer 4 die Voraussetzungen im Sinne von § 1 Abs. 4 nicht mehr erfüllt sind.

⑦ Satz 4 gilt in den Fällen des Satzes 6 Nr. 4 und 5 auch hinsichtlich der Anschaffungskosten der auf einer Weitereinbringung dieser Anteile (§ 20 Abs. 1 und § 21 Abs. 1 Satz 2) zum Buchwert beruhenden Anteile.

(2)[3] ① Soweit im Rahmen einer Sacheinlage (§ 20 Abs. 1) oder eines Anteilstauschs (§ 21 Abs. 1) unter dem gemeinen Wert eingebrachte Anteile innerhalb eines Zeitraums von sieben Jahren nach dem Einbringungszeitpunkt durch die übernehmende Gesellschaft unmittelbar oder mittelbar veräußert werden und soweit beim Einbringenden der Gewinn aus der Veräußerung dieser Anteile im Einbringungszeitpunkt nicht nach § 8 b Abs. 2 des Körperschaftsteuergesetzes steuerfrei gewesen wäre, ist der Gewinn aus der Einbringung im Wirtschaftsjahr der Einbringung rückwirkend als Gewinn des Einbringenden aus der Veräußerung von Anteilen zu versteuern (Einbringungsgewinn II); § 16 Abs. 4 und § 34 des Einkommensteuergesetzes sind nicht anzuwenden. ② Absatz 1 Satz 2 gilt entsprechend. ③ Einbringungsgewinn II ist der Betrag, um den der gemeine Wert der eingebrachten Anteile im Einbringungszeitpunkt nach Abzug der Kosten für den Vermögensübergang den Wert, mit dem der Einbringende die erhaltenen Anteile angesetzt hat, übersteigt, vermindert um jeweils ein Siebtel für jedes seit dem Einbringungszeitpunkt abgelaufene Zeitjahr. ④ Der Einbringungsgewinn II gilt als nachträgliche Anschaffungskosten der erhaltenen Anteile. ⑤ Sätze 1 bis 4 sind nicht anzuwenden, soweit der Einbringende die erhaltenen Anteile veräußert hat; dies gilt auch in den Fällen von § 6 des Außensteuergesetzes vom 8. September 1972 (BGBl. I S. 1713), das zuletzt durch Artikel 7 des Gesetzes vom 7. Dezember 2006 (BGBl. I S. 2782) geändert worden ist, in der jeweils geltenden Fassung, wenn und soweit die Steuer nicht gestundet wird. ⑥[2] Sätze 1 bis 5 gelten entsprechend, wenn die übernehmende Gesellschaft die eingebrachten Anteile ihrerseits durch einen Vorgang nach Absatz 1 Satz 6 Nr. 1 bis 5 weiter überträgt oder für diese die Voraussetzungen nach § 1 Abs. 4 nicht mehr erfüllt sind. ⑦ Absatz 1 Satz 7 ist entsprechend anzuwenden.

(3) ① Der Einbringende hat in den dem Einbringungszeitpunkt folgenden sieben Jahren jährlich spätestens bis zum 31. Mai den Nachweis darüber zu erbringen, wem mit Ablauf des Tages, der dem maßgebenden Einbringungszeitpunkt entspricht,

1. in den Fällen des Absatzes 1 die erhaltenen Anteile und die auf diesen Anteilen beruhenden Anteile und
2. in den Fällen des Absatzes 2 die eingebrachten Anteile und die auf diesen Anteilen beruhenden Anteile

zuzurechnen sind. ② Erbringt er den Nachweis nicht, gelten die Anteile im Sinne des Absatzes 1 oder des Absatzes 2 an dem Tag, der dem Einbringungszeitpunkt folgt oder der in den Folgejahren diesem Kalendertag entspricht, als veräußert.

(4) Ist der Veräußerer von Anteilen nach Absatz 1

1. eine juristische Person des öffentlichen Rechts, gilt in den Fällen des Absatzes 1 der Gewinn aus der Veräußerung der erhaltenen Anteile als in einem Betrieb gewerblicher Art dieser Körperschaft entstanden,
2. von der Körperschaftsteuer befreit, gilt in den Fällen des Absatzes 1 der Gewinn aus der Veräußerung der erhaltenen Anteile als in einem wirtschaftlichen Geschäftsbetrieb dieser Körperschaft entstanden.

(5) Das für den Einbringenden zuständige Finanzamt bescheinigt der übernehmenden Gesellschaft auf deren Antrag die Höhe des zu versteuernden Einbringungsgewinns, die darauf entfallende festgesetzte Steuer und den darauf entrichteten Betrag; nachträgliche Minderungen des versteuerten Ein-

---

[1] § 22 Abs. 1 Satz 6 Nrn. 2, 4 und 5 neu gefasst durch StÄndG 2015 v. 2. 11. 2015 (BGBl. I S. 1834). **Zur erstmaligen Anwendung siehe § 27 Abs. 14.**

[2] Für Brexit siehe Abs. 8.

[3] § 22 Abs. 2 Satz 1 neu gefasst durch JStG 2009 v. 19. 12. 2008 (BGBl. I S. 2794).

bringungsgewinns sowie die darauf entfallende festgesetzte Steuer und der darauf entrichtete Betrag sind dem für die übernehmende Gesellschaft zuständigen Finanzamt von Amts wegen mitzuteilen.

(6) In den Fällen der unentgeltlichen Rechtsnachfolge gilt der Rechtsnachfolger des Einbringenden als Einbringender im Sinne der Absätze 1 bis 5 und der Rechtsnachfolger der übernehmenden Gesellschaft als übernehmende Gesellschaft im Sinne des Absatzes 2.

(7) Werden in den Fällen einer Sacheinlage (§ 20 Abs. 1) oder eines Anteilstauschs (§ 21 Abs. 1) unter dem gemeinen Wert stille Reserven auf Grund einer Gesellschaftsgründung oder Kapitalerhöhung von den erhaltenen oder eingebrachten Anteilen oder von auf diesen Anteilen beruhenden Anteilen auf andere Anteile verlagert, gelten diese Anteile insoweit auch als erhaltene oder eingebrachte Anteile oder als auf diesen Anteilen beruhende Anteile im Sinne des Absatzes 1 oder 2 (Mitverstrickung von Anteilen).

(8)[1] ① Absatz 1 Satz 6 Nummer 6 und Absatz 2 Satz 6 sind mit der Maßgabe anzuwenden, dass allein der Austritt des Vereinigten Königreichs Großbritannien und Nordirland aus der Europäischen Union nicht dazu führt, dass die Voraussetzungen des § 1 Absatz 4 nicht mehr erfüllt sind. ② Satz 1 gilt nur für Einbringungen, bei denen in den Fällen der Gesamtrechtsnachfolge der Umwandlungsbeschluss vor dem Zeitpunkt, ab dem das Vereinigte Königreich Großbritannien und Nordirland nicht mehr Mitgliedstaat der Europäischen Union ist und auch nicht wie ein solcher zu behandeln ist, erfolgt oder in den anderen Fällen, in denen die Einbringung nicht im Wege der Gesamtrechtsnachfolge erfolgt, der Einbringungsvertrag vor diesem Zeitpunkt geschlossen worden ist.

§ 23[2] Auswirkungen bei der übernehmenden Gesellschaft

(1) Setzt die übernehmende Gesellschaft das eingebrachte Betriebsvermögen mit einem unter dem gemeinen Wert liegenden Wert (§ 20 Abs. 2 Satz 2, § 21 Abs. 1 Satz 2)[3] an, gelten § 4 Abs. 2 Satz 3 und § 12 Abs. 3 erster Halbsatz entsprechend. 23

(2) ① In den Fällen des § 22 Abs. 1 kann die übernehmende Gesellschaft auf Antrag den versteuerten Einbringungsgewinn im Wirtschaftsjahr der Veräußerung der Anteile oder eines gleichgestellten Ereignisses (§ 22 Abs. 1 Satz 1 und Satz 6 Nr. 1 bis 6) als Erhöhungsbetrag ansetzen, soweit der Einbringende die auf den Einbringungsgewinn entfallende Steuer entrichtet hat und dies durch Vorlage einer Bescheinigung des zuständigen Finanzamts im Sinne von § 22 Abs. 5 nachgewiesen wurde; der Ansatz des Erhöhungsbetrags bleibt ohne Auswirkung auf den Gewinn. ② Satz 1 ist nur anzuwenden, soweit das eingebrachte Betriebsvermögen in den Fällen des § 22 Abs. 1 noch zum Betriebsvermögen der übernehmenden Gesellschaft gehört, es sei denn, dieses wurde zum gemeinen Wert übertragen. ③ Wurden die veräußerten Anteile auf Grund einer Einbringung von Anteilen nach § 20 Abs. 1 oder § 21 Abs. 1 (§ 22 Abs. 2) erworben, erhöhen sich die Anschaffungskosten der eingebrachten Anteile in Höhe des versteuerten Einbringungsgewinns, soweit der Einbringende die auf den Einbringungsgewinn entfallende Steuer entrichtet hat; Satz 1 und § 22 Abs. 1 Satz 7 gelten entsprechend.

(3) ① Setzt die übernehmende Gesellschaft das eingebrachte Betriebsvermögen mit einem über dem Buchwert, aber unter dem gemeinen Wert liegenden Wert an, gilt § 12 Abs. 3 erster Halbsatz entsprechend mit der folgenden Maßgabe:

1. Die Absetzungen für Abnutzung oder Substanzverringerung nach § 7 Abs. 1, 4, 5 und 6 des Einkommensteuergesetzes sind vom Zeitpunkt der Einbringung an nach den Anschaffungs- oder Herstellungskosten des Einbringenden, vermehrt um den Unterschiedsbetrag zwischen dem Buchwert der einzelnen Wirtschaftsgüter und dem Wert, mit dem die Kapitalgesellschaft die Wirtschaftsgüter ansetzt, zu bemessen.
2. Bei den Absetzungen für Abnutzung nach § 7 Abs. 2 des Einkommensteuergesetzes tritt im Zeitpunkt der Einbringung an die Stelle des Buchwerts der einzelnen Wirtschaftsgüter der Wert, mit dem die Kapitalgesellschaft die Wirtschaftsgüter ansetzt.

② Bei einer Erhöhung der Anschaffungskosten oder Herstellungskosten auf Grund rückwirkender Besteuerung des Einbringungsgewinns (Absatz 2) gilt dies mit der Maßgabe, dass an die Stelle des Zeitpunkts der Einbringung der Beginn des Wirtschaftsjahrs tritt, in welches das die Besteuerung des Einbringungsgewinns auslösende Ereignis fällt.

(4) Setzt die übernehmende Gesellschaft das eingebrachte Betriebsvermögen mit dem gemeinen Wert an, gelten die eingebrachten Wirtschaftsgüter als im Zeitpunkt der Einbringung von der Kapitalgesellschaft angeschafft, wenn die Einbringung des Betriebsvermögens im Wege der Einzelrechtsnachfolge erfolgt; erfolgt die Einbringung des Betriebsvermögens im Wege der Gesamtrechtsnachfolge nach den Vorschriften des Umwandlungsgesetzes, gilt Absatz 3 entsprechend.

(5) Der maßgebende Gewerbeertrag der übernehmenden Gesellschaft kann nicht um die vortragsfähigen Fehlbeträge des Einbringenden im Sinne des § 10a des Gewerbesteuergesetzes gekürzt werden.

(6) § 6 Abs. 1 und 3 gilt entsprechend.

Siebter Teil. Einbringung eines Betriebs, Teilbetriebs oder Mitunternehmeranteils in eine Personengesellschaft

§ 24 Einbringung von Betriebsvermögen in eine Personengesellschaft

(1) Wird ein Betrieb oder Teilbetrieb oder ein Mitunternehmeranteil in eine Personengesellschaft eingebracht und wird der Einbringende Mitunternehmer der Gesellschaft, gelten für die Bewertung des eingebrachten Betriebsvermögens die Absätze 2 bis 4. 24

---

[1] § 22 Abs. 8 angefügt durch Brexit-StBG v. 25. 3. 2019 (BGBl. I S. 357).

[2] **Zur Nichtanwendung siehe § 27 Abs. 4.**

[3] § 23 Abs. 1 Klammerzusatz geändert durch JStG 2009 v. 19. 12. 2008 (BGBl. I S. 2794).

(2)[1] ① Die Personengesellschaft hat das eingebrachte Betriebsvermögen in ihrer Bilanz einschließlich der Ergänzungsbilanzen für ihre Gesellschafter mit dem gemeinen Wert anzusetzen; für die Bewertung von Pensionsrückstellungen gilt § 6a des Einkommensteuergesetzes. ② Abweichend von Satz 1 kann das übernommene Betriebsvermögen auf Antrag mit dem Buchwert oder einem höheren Wert, höchstens jedoch mit dem Wert im Sinne des Satzes 1, angesetzt werden, soweit

1. das Recht der Bundesrepublik Deutschland hinsichtlich der Besteuerung des eingebrachten Betriebsvermögens nicht ausgeschlossen oder beschränkt wird und
2. der gemeine Wert von sonstigen Gegenleistungen, die neben den neuen Gesellschaftsanteilen gewährt werden, nicht mehr beträgt als
   a) 25 Prozent des Buchwerts des eingebrachten Betriebsvermögens oder
   b) 500 000 Euro, höchstens jedoch den Buchwert des eingebrachten Betriebsvermögens.

③ § 20 Abs. 2 Satz 3 gilt entsprechend. ④ Erhält der Einbringende neben den neuen Gesellschaftsanteilen auch sonstige Gegenleistungen, ist das eingebrachte Betriebsvermögen abweichend von Satz 2 mindestens mit dem gemeinen Wert der sonstigen Gegenleistungen anzusetzen, wenn dieser den sich nach Satz 2 ergebenden Wert übersteigt.

(3) ① Der Wert, mit dem das eingebrachte Betriebsvermögen in der Bilanz der Personengesellschaft einschließlich der Ergänzungsbilanzen für ihre Gesellschafter angesetzt wird, gilt für den Einbringenden als Veräußerungspreis. ② § 16 Abs. 4 des Einkommensteuergesetzes ist nur anzuwenden, wenn das eingebrachte Betriebsvermögen mit dem gemeinen Wert angesetzt wird und es sich nicht um die Einbringung von Teilen eines Mitunternehmeranteils handelt; in diesen Fällen ist § 34 Abs. 1 und 3 des Einkommensteuergesetzes anzuwenden, soweit der Veräußerungsgewinn nicht nach § 3 Nr. 40 Satz 1 Buchstabe b in Verbindung mit § 3c Abs. 2 des Einkommensteuergesetzes teilweise steuerbefreit ist. ③ In den Fällen des Satzes 2 gilt § 16 Abs. 2 Satz 3 des Einkommensteuergesetzes entsprechend.

(4) § 23 Abs. 1, 3, 4 und 6 gilt entsprechend; in den Fällen der Einbringung in eine Personengesellschaft im Wege der Gesamtrechtsnachfolge gilt auch § 20 Abs. 5 und 6 entsprechend.

(5)[2] Soweit im Rahmen einer Einbringung nach Absatz 1 unter dem gemeinen Wert eingebrachte Anteile an einer Körperschaft, Personenvereinigung oder Vermögensmasse innerhalb eines Zeitraums von sieben Jahren nach dem Einbringungszeitpunkt durch die übernehmende Personengesellschaft veräußert oder durch einen Vorgang nach § 22 Absatz 1 Satz 6 Nummer 1 bis 5 weiter übertragen werden und soweit beim Einbringenden der Gewinn aus der Veräußerung dieser Anteile im Einbringungszeitpunkt nicht nach § 8b Absatz 2 des Körperschaftsteuergesetzes steuerfrei gewesen wäre, ist § 22 Absatz 2, 3 und 5 bis 7 insoweit entsprechend anzuwenden, als der Gewinn aus der Veräußerung der eingebrachten Anteile auf einen Mitunternehmer entfällt, für den insoweit § 8b Absatz 2 des Körperschaftsteuergesetzes Anwendung findet.

(6)[3] § 20 Abs. 9 gilt entsprechend.

Achter Teil. Formwechsel einer Personengesellschaft in eine Kapitalgesellschaft oder Genossenschaft

§ 25 Entsprechende Anwendung des Sechsten Teils

25 ① In den Fällen des Formwechsels einer Personengesellschaft in eine Kapitalgesellschaft oder Genossenschaft im Sinne des § 190 des Umwandlungsgesetzes vom 28. Oktober 1994 (BGBl. I S. 3210, 1995 I S. 428), das zuletzt durch Artikel 10 des Gesetzes vom 9. Dezember 2004 (BGBl. I S. 3214) geändert worden ist, in der jeweils geltenden Fassung oder auf Grund vergleichbarer ausländischer Vorgänge gelten §§ 20 bis 23 entsprechend. ② § 9 Satz 2 und 3 ist entsprechend anzuwenden.

Neunter Teil. Verhinderung von Missbräuchen

26 **§ 26** (weggefallen)

Zehnter Teil. Anwendungsvorschriften und Ermächtigung

§ 27 Anwendungsvorschriften

27 (1) ① Diese Fassung des Gesetzes ist erstmals auf Umwandlungen und Einbringungen anzuwenden, bei denen die Anmeldung zur Eintragung in das für die Wirksamkeit des jeweiligen Vorgangs maßgebende öffentliche Register nach dem 12. Dezember 2006 erfolgt ist. ② Für Einbringungen, deren Wirksamkeit keine Eintragung in ein öffentliches Register voraussetzt, ist diese Fassung des Gesetzes erstmals anzuwenden, wenn das wirtschaftliche Eigentum an den eingebrachten Wirtschaftsgütern nach dem 12. Dezember 2006 übergegangen ist.

(2) ① Das Umwandlungssteuergesetz in der Fassung der Bekanntmachung vom 15. Oktober 2002 (BGBl. I S. 4133, 2003 I S. 738), geändert durch Artikel 3 des Gesetzes vom 16. Mai 2003 (BGBl. I S. 660),[4] ist letztmals auf Umwandlungen und Einbringungen anzuwenden, bei denen die Anmeldung zur Eintragung in das für die Wirksamkeit des jeweiligen Vorgangs maßgebende öffentliche Register bis zum 12. Dezember 2006 erfolgt ist. ② Für Einbringungen, deren Wirksamkeit keine Eintragung in ein

[1] § 24 Abs. 2 Satz 2 neu gefasst und Satz 4 angefügt durch StÄndG 2015 v. 2. 11. 2015 (BGBl. I S. 1834). **Zur erstmaligen Anwendung siehe § 27 Abs. 14.**

[2] § 24 Abs. 5 neu gefasst durch Gesetz v. 21. 3. 2013 (BGBl. I S. 561). Für Bezüge iSv § 8b Abs. 1 KStG aufgrund einer Umwandlung siehe **Anwendungsvorschrift § 27 Abs. 11.**

[3] § 24 Abs. 6 angefügt durch Gesetz v. 14. 8. 2007 (BGBl. I S. 1912). **Zur erstmaligen Anwendung siehe § 27 Abs. 5.**

[4] **UmwStG a. F.** in Auszügen letztmals abgedruckt im „Handbuch zur Körperschaftsteuerveranlagung 2019".

öffentliches Register voraussetzt, ist diese Fassung letztmals anzuwenden, wenn das wirtschaftliche Eigentum an den eingebrachten Wirtschaftsgütern bis zum 12. Dezember 2006 übergegangen ist. *noch* **27**

(3) Abweichend von Absatz 2 ist

1. § 5 Abs. 4 für einbringungsgeborene Anteile im Sinne von § 21 Abs. 1 mit der Maßgabe weiterhin anzuwenden, dass die Anteile zu dem Wert im Sinne von § 5 Abs. 2 oder Abs. 3 in der Fassung des Absatzes 1 als zum steuerlichen Übertragungsstichtag in das Betriebsvermögen des übernehmenden Rechtsträgers überführt gelten,
2. § 20 Abs. 6 in der am 21. Mai 2003 geltenden Fassung für die Fälle des Ausschlusses des Besteuerungsrechts (§ 20 Abs. 3) weiterhin anwendbar, wenn auf die Einbringung Absatz 2 anzuwenden war,
3.[1] ① § 21 in der am 21. Mai 2003 geltenden Fassung für einbringungsgeborene Anteile im Sinne von § 21 Absatz 1, die auf einem Einbringungsvorgang beruhen, auf den Absatz 2 anwendbar war, weiterhin anzuwenden. ② Für § 21 Absatz 2 Satz 1 Nummer 2 in der am 21. Mai 2003 geltenden Fassung gilt dies mit der Maßgabe, dass
   a) eine Stundung der Steuer gemäß § 6 Absatz 5 des Außensteuergesetzes in der Fassung des Gesetzes vom 7. Dezember 2006 (BGBl. I S. 2782) erfolgt, wenn die Einkommensteuer noch nicht bestandskräftig festgesetzt ist und das die Besteuerung auslösende Ereignis vor dem 1. Januar 2022 eingetreten ist; § 6 Absatz 6 und 7 des Außensteuergesetzes in der am 30. Juni 2021 geltenden Fassung ist entsprechend anzuwenden;
   b) eine Stundung oder ein Entfallen der Steuer gemäß § 6 Absatz 3 und 4 des Außensteuergesetzes in der ab dem 1. Juli 2021 geltenden Fassung auf Antrag des Steuerpflichtigen erfolgt, wenn das die Besteuerung auslösende Ereignis nach dem 31. Dezember 2021 eintritt; § 6 Absatz 5 des Außensteuergesetzes ist entsprechend anzuwenden.

(4) Abweichend von Absatz 1 sind §§ 22, 23 und 24 Abs. 5 nicht anzuwenden, soweit hinsichtlich des Gewinns aus der Veräußerung der Anteile oder einem gleichgestellten Ereignis im Sinne von § 22 Abs. 1 die Steuerfreistellung nach § 8 b Abs. 4 des Körperschaftsteuergesetzes in der am 12. Dezember 2006 geltenden Fassung oder nach § 3 Nr. 40 Satz 3 und 4 des Einkommensteuergesetzes in der am 12. Dezember 2006 geltenden Fassung ausgeschlossen ist.

(5)[2] ① § 4 Abs. 2 Satz 2, § 15 Abs. 3, § 20 Abs. 9 und § 24 Abs. 6 in der Fassung des Artikels 5 des Gesetzes vom 14. August 2007 (BGBl. I S. 1912) sind erstmals auf Umwandlungen und Einbringungen anzuwenden, bei denen die Anmeldung zur Eintragung in das für die Wirksamkeit des jeweiligen Vorgangs maßgebende öffentliche Register nach dem 31. Dezember 2007 erfolgt ist. ② Für Einbringungen, deren Wirksamkeit keine Eintragung in ein öffentliches Register voraussetzt, ist diese Fassung des Gesetzes erstmals anzuwenden, wenn das wirtschaftliche Eigentum an den eingebrachten Wirtschaftsgütern nach dem 31. Dezember 2007 übergegangen ist.

(6)[3] ① § 10 ist letztmals auf Umwandlungen anzuwenden, bei denen der steuerliche Übertragungsstichtag vor dem 1. Januar 2007 liegt. ② § 10 ist abweichend von Satz 1 weiter anzuwenden in den Fällen, in denen ein Antrag nach § 34 Abs. 16 des Körperschaftsteuergesetzes in der Fassung des Artikels 3 des Gesetzes vom 20. Dezember 2007 (BGBl. I S. 3150) gestellt wurde.

(7)[4] § 18 Abs. 3 Satz 1 in der Fassung des Artikels 4 des Gesetzes vom 20. Dezember 2007 (BGBl. I S. 3150) ist erstmals auf Umwandlungen anzuwenden, bei denen die Anmeldung zur Eintragung in das für die Wirksamkeit der Umwandlung maßgebende öffentliche Register nach dem 31. Dezember 2007 erfolgt ist.

(8)[5] § 4 Abs. 6 Satz 4 bis 6 sowie § 4 Abs. 7 Satz 2 in der Fassung des Artikels 6 des Gesetzes vom 19. Dezember 2008 (BGBl. I S. 2794) sind erstmals auf Umwandlungen anzuwenden, bei denen § 3 Nr. 40 des Einkommensteuergesetzes in der durch Artikel 1 Nr. 3 des Gesetzes vom 14. August 2007 (BGBl. I S. 1912) geänderten Fassung für die Bezüge im Sinne des § 7 anzuwenden ist.

(9)[6] ① § 2 Abs. 4 und § 20 Abs. 6 Satz 4 in der Fassung des Artikels 6 des Gesetzes vom 19. Dezember 2008 (BGBl. I S. 2794) sind erstmals auf Umwandlungen und Einbringungen anzuwenden, bei denen der schädliche Beteiligungserwerb oder ein anderes die Verlustnutzung ausschließendes Ereignis nach dem 28. November 2008 eintritt. ② § 2 Abs. 4 und § 20 Abs. 6 Satz 4 in der Fassung des Artikels 6 des Gesetzes vom 19. Dezember 2008 (BGBl. I S. 2794) gelten nicht, wenn sich der Veräußerer und der Erwerber am 28. November 2008 über den später vollzogenen schädlichen Beteiligungserwerb oder ein anderes die Verlustnutzung ausschließendes Ereignis einig sind, der übernehmende Rechtsträger dies anhand schriftlicher Unterlagen nachweist und die Anmeldung zur Eintragung in das für die Wirksamkeit des Vorgangs maßgebende öffentliche Register bzw. bei Einbringungen der Übergang des wirtschaftlichen Eigentums bis zum 31. Dezember 2009 erfolgt.

(10)[7] § 2 Absatz 4 Satz 1, § 4 Absatz 2 Satz 2, § 9 Satz 3, § 15 Absatz 3 und § 20 Absatz 9 in der Fassung des Artikels 4 des Gesetzes vom 22. Dezember 2009 (BGBl. I S. 3950) sind erstmals auf Um-

---

[1] § 27 Abs. 3 Nr. 3 neu gefasst mWv 1.1.2022 durch JStG vom 16. 12. 2022 (BGBl. I S. 2294).

[2] § 27 Abs. 5 angefügt durch Gesetz v. 14. 8. 2007 (BGBl. I S. 1912).

[3] § 27 Abs. 6 angefügt (versehentlich als Abs. 5) durch JStG 2008 v. 20. 12. 2007 (BGBl. I S. 3150), wird durch JStG 2009 richtig Abs. 6.

[4] § 27 Abs. 7 angefügt (versehentlich als Abs. 6) durch JStG 2008 v. 20. 12. 2007 (BGBl. I S. 3150), wird durch JStG 2009 richtig Abs. 7.

[5] § 27 Abs. 8 angefügt durch JStG 2009 v. 19. 12. 2008 (BGBl. I S. 2794).

[6] § 27 Abs. 9 angefügt durch JStG 2009 v. 19. 12. 2008 (BGBl. I S. 2794).

[7] § 27 Abs. 10 angefügt durch Gesetz vom 22. 12. 2009 (BGBl. I S. 3950).

wandlungen und Einbringungen anzuwenden, deren steuerlicher Übertragungsstichtag in einem Wirtschaftsjahr liegt, für das § 4h Absatz 1, 4 Satz 1 und Absatz 5 Satz 1 und 2 des Einkommensteuergesetzes in der Fassung des Artikels 1 des Gesetzes vom 22. Dezember 2009 (BGBl. I S. 3950) erstmals anzuwenden ist.[1]

(11)[2] Für Bezüge im Sinne des § 8b Absatz 1 des Körperschaftsteuergesetzes aufgrund einer Umwandlung ist § 8b Absatz 4 des Körperschaftsteuergesetzes in der Fassung des Artikels 1 des Gesetzes vom 21. März 2013 (BGBl. I S. 561) abweichend von § 34 Absatz 7 a Satz 2 des Körperschaftsteuergesetzes bereits erstmals vor dem 1. März 2013 anzuwenden, wenn die Anmeldung zur Eintragung in das für die Wirksamkeit des jeweiligen Vorgangs maßgebende öffentliche Register nach dem 28. Februar 2013 erfolgt.

(12)[3] ① § 2 Absatz 4 Satz 3 bis 6 in der Fassung des Artikels 9 des Gesetzes vom 26. Juni 2013 (BGBl. I S. 1809) ist erstmals auf Umwandlungen und Einbringungen anzuwenden, bei denen die Anmeldung zur Eintragung in das für die Wirksamkeit des jeweiligen Vorgangs maßgebende öffentliche Register nach dem 6. Juni 2013 erfolgt. ② Für Einbringungen, deren Wirksamkeit keine Eintragung in ein öffentliches Register voraussetzt, ist § 2 in der Fassung des Artikels 9 des Gesetzes vom 26. Juni 2013 (BGBl. I S. 1809) erstmals anzuwenden, wenn das wirtschaftliche Eigentum an den eingebrachten Wirtschaftsgütern nach dem 6. Juni 2013 übergegangen ist.

(13)[4] § 20 Absatz 8 in der am 31. Juli 2014 geltenden Fassung ist erstmals bei steuerlichen Übertragungsstichtagen nach dem 31. Dezember 2013 anzuwenden.

(14)[5] § 20 Absatz 2, § 21 Absatz 1, § 22 Absatz 1 Satz 6 Nummer 2, 4 und 5 sowie § 24 Absatz 2 in der am 6. November 2015 geltenden Fassung sind erstmals auf Einbringungen anzuwenden, wenn in den Fällen der Gesamtrechtsnachfolge der Umwandlungsbeschluss nach dem 31. Dezember 2014 erfolgt ist oder in den anderen Fällen der Einbringungsvertrag nach dem 31. Dezember 2014 geschlossen worden ist.

(15)[6] ① § 9 Satz 3 sowie § 20 Abs. 6 Satz 1 und 3 sind mit der Maßgabe anzuwenden, dass an die Stelle des Zeitraums von acht Monaten ein Zeitraum von zwölf Monaten tritt, wenn die Anmeldung zur Eintragung oder der Abschluss des Einbringungsvertrags im Jahr 2020 erfolgt. ② Erlässt das Bundesministerium der Justiz und für Verbraucherschutz eine Rechtsverordnung auf Grundlage des § 8 in Verbindung mit § 4 des Gesetzes über Maßnahmen in Gesellschafts-, Genossenschafts-, Vereins- und Wohneigentumsrecht zur Bekämpfung der Auswirkungen der COVID-19-Pandemie vom 27. März 2020 (BGBl. I S. 569, 570), wird das Bundesministerium der Finanzen ermächtigt, durch Rechtsverordnung[7] mit Zustimmung des Bundesrates die Geltung des Satzes 1 für Anmeldungen zur Eintragung und Einbringungsvertragsabschlüsse zu verlängern, die bis zu dem Tag erfolgen, der in der Rechtsverordnung des Bundesministeriums der Justiz und für Verbraucherschutz festgelegt wurde.

(16)[8] ① § 2 Absatz 5, § 9 Satz 3 zweiter Halbsatz und § 20 Absatz 6 Satz 4 in der Fassung des Artikels 4 des Gesetzes vom 2. Juni 2021 (BGBl. I S. 1259) sind erstmals auf Umwandlungen und Einbringungen anzuwenden, bei denen die Anmeldung zur Eintragung in das für die Wirksamkeit des Vorgangs maßgebende öffentliche Register beziehungsweise bei Einbringungen der Übergang des wirtschaftlichen Eigentums nach dem 20. November 2020 erfolgt. ② Abweichend von Satz 1 sind § 2 Absatz 5, § 9 Satz 3 zweiter Halbsatz und § 20 Absatz 6 Satz 4 in der Fassung des Artikels 4 des Gesetzes vom 2. Juni 2021 (BGBl. I S. 1259) auch in anderen offenen Fällen anzuwenden, in denen die äußeren Umstände darauf schließen lassen, dass die Verrechnung übergehender stiller Lasten wesentlicher Zweck der Umwandlung oder Einbringung war und der Steuerpflichtige dies nicht widerlegen kann.

(17)[9] § 4 Absatz 5 Satz 1 in der am 8. Juni 2021 geltenden Fassung ist weiterhin anzuwenden, soweit die Anteile an der übertragenden Körperschaft am steuerlichen Übertragungsstichtag zum Betriebsvermögen des übernehmenden Rechtsträgers gehören und mit einem Sperrbetrag im Sinne des § 50c des Einkommensteuergesetzes in der Fassung des Gesetzes vom 24. März 1999 (BGBl. I S. 402) behaftet sind.

(18)[10] § 1 in der Fassung des Artikels 3 des Gesetzes vom 25. Juni 2021 (BGBl. I S. 2050) ist erstmals auf Umwandlungen und Einbringungen anzuwenden, deren steuerlicher Übertragungsstichtag nach dem 31. Dezember 2021 liegt.

§ 28 Bekanntmachungserlaubnis

28 Das Bundesministerium der Finanzen wird ermächtigt, den Wortlaut dieses Gesetzes und der zu diesem Gesetz erlassenen Rechtsverordnungen in der jeweils geltenden Fassung satzweise nummeriert mit neuem Datum und in neuer Paragraphenfolge bekannt zu machen und dabei Unstimmigkeiten im Wortlaut zu beseitigen.

---

[1] Entsprechend § 52 Abs. 12 d Satz 4 EStG aF: erstmals für Wj., die nach dem 31. 12. 2009 enden.
[2] § 27 Abs. 11 angefügt durch Gesetz v. 21. 3. 2013 (BGBl. I S. 561).
[3] § 27 Abs. 12 angefügt durch Gesetz v. 26. 6. 2013 (BGBl. I S. 1809) und geändert durch Gesetz v. 25. 7. 2014 (BGBl. I S. 1266).
[4] § 27 Abs. 13 angefügt durch Gesetz v. 25. 7. 2014 (BGBl. I S. 1266).
[5] § 27 Abs. 14 angefügt durch StÄndG 2015 v. 2. 11. 2015 (BGBl. I S. 1834).
[6] § 27 Abs. 15 angefügt durch Gesetz vom 19. 6. 2020 (BGBl. I S. 1385).
[7] Verordnung zu § 27 Abs. 15 des Umwandlungssteuergesetzes vom 18. 12. 2020 (BGBl. I S. 3042).
[8] § 27 Abs. 16 angefügt durch Gesetz vom 2. 6. 2021 (BGBl. I S. 1259).
[9] § 27 Abs. 17 angefügt durch Gesetz vom 2. 6. 2021 (BGBl. I S. 1259).
[10] § 27 Abs. 18 angefügt durch Gesetz vom 25. 6. 2021 (BGBl. I S. 2050).

[alte Fassung des UmwStG:][1]

2 a. Schreiben betr. Anwendung des Umwandlungssteuergesetzes i. d. F. des Gesetzes über steuerliche Begleitmaßnahmen zur Einführung der Europäischen Gesellschaft und zur Änderung weiterer steuerrechtlicher Vorschriften (SEStEG)[2, 3]

Vom 11. November 2011 (BStBl. I S. 1314)

(BMF IV C 2 – S 1978-b/08/10001)

Geändert durch BMF v. 10. 11. 2016 (BStBl. I S. 1252) und BMF v. 23. 2. 2018 (BStBl. I S. 319)

Inhaltsverzeichnis

[1] **UmwStG a. F.** letztmals vollständig abgedruckt im „Handbuch zur Körperschaftsteuerveranlagung 2010"; in Auszügen letztmals abgedruckt im „Handbuch zur Körperschaftsteuerveranlagung 2019".

[2] *Red. Anm.:* Die Abkürzungen Abs. (= Absatz), Art. (= Artikel) und Nr. (= Nummer) sind nicht amtlich.

[3] Vorheriger UmwSt-Erlass v. 25. 3. 1998 (BStBl. I S. 268) letztmals abgedruckt im „Handbuch zur Körperschaftsteuerveranlagung 2010" als Anhang I 2 c.

Unter Bezugnahme auf das Ergebnis der Erörterungen mit den obersten Finanzbehörden der Länder gilt zur Anwendung des Umwandlungssteuergesetzes i. d. F. des Gesetzes über steuerliche Begleitmaßnahmen zur Einführung der Europäischen Gesellschaft und zur Änderung weiterer steuerrechtlicher Vorschriften vom 7. 12. 2006, BGBl. I S. 2782, ber. BGBl. 2007 I S. 68,[1] zuletzt geändert durch das Gesetz zur Beschleunigung des Wirtschaftswachstums vom 22. 12. 2009, BGBl. I S. 3950,[2·3] Folgendes:

[1] **[Amtl. Anm.:]** BStBl. 2007 I S. 4.
[2] **[Amtl. Anm.:]** BStBl. 2010 I S. 2.
[3] **UmwStG** abgedruckt in **Anhang I 2.**

Erstes Kapitel: Anwendungsbereich des UmwStG 2006

A. Verhältnis des UmwStG 2006 zum UmwStG 1995

00.01 Das UmwStG 1995 i. d. F. der Bekanntmachung vom 15. 10. 2002, BGBl. I S. 4133, ber. BGBl. 2003 I S. 738,[1] ist durch das Gesetz über steuerliche Begleitmaßnahmen zur Einführung der Europäischen Gesellschaft und zur Änderung weiterer steuerrechtlicher Vorschriften (SEStEG) vom 7. 12. 2006, BGBl. I S. 2782, ber. BGBl. 2007 I S. 68, nicht aufgehoben worden, sondern gilt fort. Hiervon sind insbesondere die Regelungen zu den einbringungsgeborenen Anteilen (§ 21 UmwStG 1995) und zum rückwirkenden Wegfall von Steuererleichterungen (§ 26 UmwStG 1995) betroffen. Insoweit finden auch das BMF-Schreiben vom 25. 3. 1998, BStBl. I S. 268,[2] geändert durch das BMF-Schreiben vom 21. 8. 2001, BStBl. I S. 543, und das BMF-Schreiben vom 16. 12. 2003, BStBl. I S. 786,[2] weiterhin Anwendung. 1

B. Ertragsteuerliche Beurteilung von Umwandlungen und Einbringungen

00.02 Umwandlungen und Einbringungen stellen auf der Ebene des übertragenden Rechtsträgers sowie des übernehmenden Rechtsträgers Veräußerungs- und Anschaffungsvorgänge hinsichtlich des übertragenen Vermögens dar (BFH vom 15. 10. 1997 I R 22/96, BStBl. 1998 II S. 168, BFH vom 16. 5. 2002 III R 45/98, BStBl. 2003 II S. 10, und BFH vom 17. 9. 2003 I R 97/02, BStBl. 2004 II S. 686). Abweichend von den zivilrechtlichen Wertungen im UmwG gilt dies für ertragsteuerliche Zwecke auch für den Formwechsel einer Kapitalgesellschaft in eine Personengesellschaft und umgekehrt (BFH vom 19. 10. 2005 I R 38/04, BStBl. 2006 II S. 568). 2

00.03 Auf der Ebene der Anteilseigner einer übertragenden Körperschaft ist die Umwandlung zwischen Körperschaften ebenfalls als Veräußerungs- und Anschaffungsvorgang der Anteile zum gemeinen Wert zu beurteilen (BFH vom 19. 8. 2008 IX R 71/07, BStBl. 2009 II S. 13). Dies gilt z. B. auch für die Aufwärtsverschmelzung.

00.04 Die Umwandlung einer Körperschaft in bzw. auf eine Personengesellschaft führt bei Anteilen im Privatvermögen i. S. d. § 17 EStG zu Einkünften i. S. d. § 17 Abs. 4 EStG (BFH vom 22. 2. 1989 I R 11/85, BStBl. II S. 794).

Zweites Kapitel: Steuerliche Folgen von Umwandlungen und Einbringungen nach dem UmwStG

Erster Teil. Allgemeine Vorschriften

A. Anwendungsbereich und Begriffsbestimmungen (§ 1 UmwStG)

01.01 Die Vorschriften des UmwStG regeln ausschließlich die steuerlichen Folgen von Umwandlungen (§§ 3 bis 19 UmwStG) und Einbringungen (§§ 20 bis 25 UmwStG) für die Körperschaft-, Einkommen- und Gewerbesteuer. Steuerliche Folgen für andere Steuerarten (z. B. die Umsatz-, die Grunderwerb- oder die Erbschaftsteuer) regelt das UmwStG nicht. 3

01.02 Voraussetzung für die Anwendung des UmwStG ist zunächst, dass der sachliche Anwendungsbereich (§ 1 Abs. 1, Abs. 3 UmwStG) und der persönliche Anwendungsbereich (§ 1 Abs. 2, Abs. 4 UmwStG) erfüllt sind. Der sachliche und der persönliche Anwendungsbereich des UmwStG werden durch die in den jeweiligen Einzelsteuergesetzen geregelten Steuerpflichten (§ 1 EStG, §§ 1 bis 4 KStG sowie § 2 GewStG) begrenzt. Umwandlungen und Einbringungen nach den Vorschriften des UmwG müssen zudem zivilrechtlich zulässig und wirksam sein (sog. Maßgeblichkeit des Gesellschaftsrechts).

I. Sachlicher Anwendungsbereich

1. Zweiter bis Fünfter Teil (§ 1 Abs. 1 UmwStG)

a) Umwandlungen nach dem UmwG (inländische Umwandlungen)

01.03 Eine inländische Umwandlung liegt vor, wenn auf den oder die übertragenden Rechtsträger und auf den oder die übernehmenden Rechtsträger bzw. beim Formwechsel auf den sich umwandelnden Rechtsträger das UmwG anzuwenden ist. Dies ist der Fall, wenn der oder die übertragende(n) Rechtsträger und der oder die übernehmende(n) Rechtsträger den statutarischen Sitz im Inland hat oder haben. Bei einer Personengesellschaft als übernehmender Rechtsträger ist deren Sitz der Hauptverwaltung und bei einer natürlichen Person als übernehmender Rechtsträger ist deren Wohnsitz (§ 7 BGB) maßgebend. 4

01.04 Der sachliche Anwendungsbereich des UmwStG bestimmt sich bei Umwandlungen von inländischen Rechtsträgern nach den Umwandlungsmöglichkeiten des UmwG vom 28. 10. 1994, BGBl. I S. 3210, ber. BGBl. 1995 I S. 428, zuletzt geändert durch das Dritte Gesetz zur Änderung des Umwandlungsgesetzes vom 11. 7. 2011, BGBl. I S. 1338, in der jeweils geltenden Fassung. Für Rechtsträger mit Sitz im Inland sind in § 1 Abs. 1 UmwG die folgenden Umwandlungsarten vorgesehen:

- die Verschmelzung,
- die Spaltung (Aufspaltung, Abspaltung, Ausgliederung),
- die Vermögensübertragung und
- der Formwechsel.

---

[1] **UmwStG a. F.** in Auszügen letztmals abgedruckt im „Handbuch zur Körperschaftsteuerveranlagung 2019".
[2] Letztmals abgedruckt im „Handbuch zur Körperschaftsteuerveranlagung 2010" im Anhang I 2 c und 2 e.

Diese Aufzählung ist abschließend. Eine Umwandlung außer in den im UmwG genannten Fällen ist nur möglich, wenn sie durch ein anderes Bundes- oder ein Landesgesetz ausdrücklich vorgesehen ist (§ 1 Abs. 2 UmwG; vgl. Randnr. 01.07).

01.05 Die Möglichkeit zur Umwandlung nach dem UmwG ist auf die jeweils im UmwG abschließend bezeichneten Rechtsträger begrenzt. Die Umwandlungsfähigkeit supranationaler Rechtsformen des europäischen Rechts bestimmt sich nach den Vorgaben des sekundären Unionsrechts ggf. i. V. m. den nationalen Ausführungsgesetzen. Die Umwandlungsfähigkeit einer

- Europäischen Gesellschaft (SE) entspricht nach Art. 9 der Verordnung (EG) Nr. 2157/2001 (SE-VO), ABl. EG Nr. L 294 S. 1, der einer AG,
- Europäischen Genossenschaft (SCE) entspricht nach Art. 8 der Verordnung (EG) Nr. 1435/2003 (SCE-VO), ABl. EG Nr. L 207 S. 1, der einer eG und
- Europäischen wirtschaftlichen Interessenvereinigung (EWIV) entspricht nach Art. 2 der Verordnung (EWG) Nr. 2137/85 (EWIV-VO), ABl. EG Nr. L 199 S. 1, i. V. m. § 1 EWIV-Ausführungsgesetz, BGBl. 1988 I S. 514, der einer OHG.

01.06 Der sachliche Anwendungsbereich des Zweiten bis Fünften Teils gilt für

- die Verschmelzung (§ 2 UmwG) von Körperschaften auf Körperschaften, Personengesellschaften oder eine natürliche Person,
- die Auf- und Abspaltung (§ 123 Abs. 1 und 2 UmwG) von Körperschaften auf Körperschaften oder Personengesellschaften,
- den Formwechsel (§ 190 Abs. 1 UmwG) einer Kapitalgesellschaft in eine Personengesellschaft sowie
- die Vermögensübertragung (§ 174 UmwG) von Körperschaften auf Körperschaften.

Bei der Frage, ob eine zivilrechtlich wirksame Umwandlung i. S. dieser Bestimmungen vorliegt, ist regelmäßig von der registerrechtlichen Entscheidung auszugehen. Dies gilt jedoch nicht, wenn die registerrechtliche Entscheidung trotz rechtlich gravierender Mängel erfolgte.

01.07 Für Umwandlungen i. S. d. § 1 Abs. 2 UmwG setzt die Anwendung des Zweiten bis Fünften Teils eine durch eine bundes- oder landesgesetzliche Regelung ausdrücklich zugelassene Umwandlungsmöglichkeit (z. B. § 38 a LwAnpG, § 6 b VermG sowie einzelne Sparkassengesetze der Länder) voraus, die einer Umwandlung i. S. d. § 1 Abs. 1 UmwG entspricht. Die aktive und passive Umwandlungsfähigkeit (vgl. zum Begriff auch Randnr. 01.26) ergibt sich aus dem jeweiligen Bundes- oder Landesgesetz.

Eine Umwandlung aufgrund ausdrücklicher bundes- oder landesgesetzlicher Regelung entspricht einer Umwandlung i. S. d. § 1 Abs. 1 UmwG, wenn sie mit einer der in § 1 Abs. 1 UmwG abschließend aufgezählten Umwandlungsarten vergleichbar ist; zur Prüfung der Vergleichbarkeit vgl. Randnr. 01.24 ff. Insoweit sind die für die jeweils vergleichbare Umwandlungsart einschlägigen Bestimmungen des UmwStG anzuwenden (z. B. § 9 UmwStG für den Formwechsel in eine Personengesellschaft nach § 38 a LwAnpG).

aa) Verschmelzung

5 **01.08** Bei der Verschmelzung handelt es sich um die Übertragung des gesamten Vermögens eines Rechtsträgers auf einen anderen schon bestehenden Rechtsträger (Verschmelzung durch Aufnahme) oder zweier oder mehrerer Rechtsträger auf einen neu gegründeten Rechtsträger (Verschmelzung durch Neugründung) im Wege der Gesamtrechtsnachfolge unter Auflösung ohne Abwicklung. Den Anteilsinhabern des übertragenden Rechtsträgers wird dabei im Wege des Anteilstauschs eine Beteiligung am übernehmenden Rechtsträger gewährt.

01.09 In bestimmten Fällen darf bzw. muss das gezeichnete Kapital des übernehmenden Rechtsträgers nicht erhöht werden (z. B. § 54 Abs. 1 Satz 1 und 2 UmwG). Bei notariell beurkundetem Verzicht aller Anteilsinhaber kann auf die Verpflichtung zur Gewährung von Anteilen gänzlich verzichtet werden (z. B. § 54 Abs. 1 Satz 3 UmwG).

01.10 Das UmwG sieht folgende Möglichkeiten der Verschmelzung vor:

auf / von	PershG/ PartG	GmbH	AG	KGaA	eG	eV/ wirtsch. Verein	gen. Prüfungs verband	VVaG	nat. Person
PershG/ PartG	§§ 2–38 §§ 39–45	§§ 2–38 §§ 39–45 §§ 46–59	§§ 2–38 §§ 39–45 §§ 60–77	§§ 2–38 §§ 39–45 § 78	§§ 2–38 §§ 39–45 §§ 79–98	– (§ 99 Abs. 2)	– (§ 105)	– (§ 109)	– (§ 3 Abs. 2 Nr. 1)
GmbH inkl. UG	§§ 2–38 §§ 39–45 §§ 46–59	§§ 2–38 §§ 46–59	§§ 2–38 §§ 46–59 §§ 60–77	§§ 2–38 §§ 46–59 § 78	§§ 2–38 §§ 46–59 §§ 79–98	– (§ 99 Abs. 2)	– (§ 105)	– (§ 109)	[1]§§ 2–38 §§ 46–59 §§ 120–122
AG	§§ 2–38 §§ 39–45 §§ 60–77	§§ 2–38 §§ 46–59 §§ 60–77	[2]§§ 2–38 §§ 60–77	§§ 2–38 §§ 60–77 § 78	§§ 2–38 §§ 60–77 §§ 79–98	– (§ 99 Abs. 2)	– (§ 105)	– (§ 109)	[1]§§ 2–38 §§ 60–77 §§ 120–122
KGaA	§§ 2–38 §§ 39–45 § 78	§§ 2–38 §§ 46–59 § 78	§§ 2–38 §§ 60–77 § 78	§§ 2–38 § 78	§§ 2–38 § 78 §§ 79–98	– (§ 99 Abs. 2)	– (§ 105)	– (§ 109)	[1]§§ 2–38 § 78 §§ 120–122

[1] **[Amtl. Anm.:]** Natürliche Person muss Alleingesellschafter des übertragenden Rechtsträgers sein.
[2] **[Amtl. Anm.:]** Verschmelzung zur Gründung einer SE nach Art. 2 Abs. 1, Art. 17 bis 31 SE-VO.

auf / von	PershG/ PartG	GmbH	AG	KGaA	eG	eV/ wirtsch. Verein	gen. Prüfungs verband	VVaG	nat. Person
eG	§§ 2–38 §§ 39–45 §§ 79–98	§§ 2–38 §§ 46–59 §§ 79–98	§§ 2–38 §§ 60–77 §§ 79–98	§§ 2–38 § 78 §§ 79–98	§§ 2–38 §§ 79–98	– (§ 99 Abs. 2)	– (§ 105)	– (§ 109)	(§ 3 Abs. 2 Nr. 1)
eV/ wirtsch. Verein	§§ 2–38 §§ 39–45 §§ 99–104 a	§§ 2–38 §§ 46–59 §§ 99–104 a	§§ 2–38 §§ 60–77 §§ 99–104 a	§§ 2–38 § 78 §§ 99–104 a	§§ 2–38 §§ 79–98 §§ 99–104 a	§§ 2–38 §§ 99–104 a	[1]§§ 2–38 §§ 99–104 a §§ 105–108	– (§ 109)	– (§ 3 Abs. 2 Nr. 1)
gen. Prüfungs-verband	– (§ 105)	– (§ 105)	– (§ 105)	– (§ 105)	– (§ 105)	– (§ 105)	[2]§§ 2–38 §§ 105–108	– (§ 105)	– (§ 3 Abs. 2 Nr. 1)
VVaG	– (§ 109)	– (§ 109)	[3]§§ 2–38 §§ 60–77 §§ 109–113	– (§ 109)	– (§ 109)	– (§ 109)	– (§ 109)	§§ 2–38 §§ 109–119	– (§ 3 Abs. 2 Nr. 1)
nat. Person	–	–	–	–	–	–	–	–	–

bb) Formwechsel

01.11 Der Formwechsel beschränkt sich auf die Änderung der Rechtsform eines Rechtsträgers unter Wahrung seiner rechtlichen Identität, und zwar grundsätzlich unter Beibehaltung des Kreises der Anteilsinhaber (zur Aufnahme weiterer Gesellschafter i. R. eines Formwechsels vgl. aber BGH vom 9. 5. 2005 II ZR 29/03, DStR S. 1539). Zivilrechtlich findet beim Formwechsel keine Vermögensübertragung statt. 6

01.12 Handelsrechtlich ist der Formwechsel für folgende Rechtsformen zulässig; der Formwechsel innerhalb der Gesamthand richtet sich dabei nach § 190 Abs. 2, § 1 Abs. 2 UmwG i. V. m. §§ 705 ff. BGB, §§ 105, 161 HGB oder §§ 1 ff. PartGG:

auf / von	GbR	PershG	PartG	GmbH	AG	KGaA	eG
PershG/ PartG	§ 190 Abs. 2, § 191 Abs. 2 Nr. 1 i. V. m. § 1 Abs. 2	§ 190 Abs. 2 i. V. m. § 1 Abs. 2	§ 190 Abs. 2 i. V. m. § 1 Abs. 2	§§ 190–213 §§ 214–225	§§ 190–213 §§ 214–225	§§ 190–213 §§ 214–225	§§ 190–213 §§ 214–225
GmbH inkl. UG	§§ 190–213 § 226 §§ 228–237	§§ 190–213 § 226 §§ 228–237	§§ 190–213 § 226 §§ 228–237	[4]–	§§ 190–213 § 226 §§ 238–250	§§ 190–213 § 226 §§ 238–250	§§ 190–213 § 226 §§ 251–257
AG	§§ 190–213 § 226 §§ 228–237	§§ 190–213 § 226 §§ 228–237	§§ 190–213 § 226 §§ 228–237	§§ 190–213 § 226 §§ 238–250	[5]–	§§ 190–213 § 226 §§ 238–250	§§ 190–213 § 226 §§ 251–257
KGaA	§§ 190–213 §§ 226–237	§§ 190–213 §§ 226–237	§§ 190–213 §§ 226–237	§§ 190–213 §§ 226–227 §§ 238–250	§§ 190–213 §§ 226–227 §§ 238–250	–	§§ 190–213 §§ 226–227 §§ 251–257
eG	–	–	–	§§ 190–213 §§ 258–271	§§ 190–213 §§ 258–271	§§ 190–213 §§ 258–271	–
eV/ wirtsch. Verein	–	–	–	§§ 190–213 §§ 272–282	§§ 190–213 §§ 272–282	§§ 190–213 §§ 272–282	§§ 190–213 § 272 §§ 283–290
VVaG	–	–	–	–	[6]§§ 190–213 §§ 291–300	–	–
Körpersch./ Anstalt des öff. Rechts	–	–	–	§§ 190–213 §§ 301–303	§§ 190–213 §§ 301–303	§§ 190–213 §§ 301–303	–

cc) Spaltung

01.13 Das UmwG sieht drei Formen der Spaltung vor: 7
– die Aufspaltung,

[1] **[Amtl. Anm.:]** Vorgang ist nur unter den Voraussetzungen des § 105 Satz 2 UmwG möglich.
[2] **[Amtl. Anm.:]** Vorgang ist nur zur Aufnahme durch einen übernehmenden Rechtsträger möglich.
[3] **[Amtl. Anm.:]** Vorgang ist nur möglich, wenn der aufnehmende Rechtsträger eine Versicherungs-AG ist.
[4] **[Amtl. Anm.:]** Die „Umwandlung" einer UG in eine GmbH ist ein Firmen- und kein Formwechsel (§ 5 a Abs. 5 GmbHG).
[5] **[Amtl. Anm.:]** Formwechsel einer AG in eine SE nach Art. 2 Abs. 4, 37 SE-VO.
[6] **[Amtl. Anm.:]** Nur große VVaG; zum Vorliegen eines kleinen VVaG siehe § 53 VAG.

noch **7** – die Abspaltung und
– die Ausgliederung.

01.14 Bei der Aufspaltung teilt ein Rechtsträger sein Vermögen unter Auflösung ohne Abwicklung auf und überträgt die Teile jeweils als Gesamtheit im Wege der Sonderrechtsnachfolge auf mindestens zwei andere schon bestehende (Aufspaltung zur Aufnahme) oder neu gegründete Rechtsträger (Aufspaltung zur Neugründung). Die Anteilsinhaber des sich aufspaltenden Rechtsträgers erhalten Anteile an den übernehmenden Rechtsträgern.

01.15 Bei der Abspaltung bleibt der übertragende Rechtsträger bestehen. Er überträgt ebenfalls im Wege der Sonderrechtsnachfolge einen Teil oder mehrere Teile seines Vermögens jeweils als Gesamtheit auf einen oder mehrere andere schon bestehende oder neu gegründete Rechtsträger. Die Anteilsinhaber des abspaltenden Rechtsträgers erhalten Anteile am übernehmenden Rechtsträger.

01.16 Die Ausgliederung entspricht im Wesentlichen der Abspaltung. Die Anteile an den übernehmenden Rechtsträgern fallen jedoch in das Vermögen des ausgliedernden Rechtsträgers.

01.17 Das UmwG sieht folgende Spaltungsmöglichkeiten vor:

auf / von	PershG/ PartG	GmbH	AG/KGaA	eG	eV	gen. Prüfungs-verband	VVaG
PershG/ PartG	§§ 123–137	§§ 123–137 §§ 138–140	§§ 123–137 §§ 141–146	§§ 123–137 §§ 147–148	– (§ 149 Abs. 2)	§§ 123–137	– (§ 151)
GmbH inkl. UG	§§ 123–137 §§ 138–140	§§ 123–137 §§ 138–140	§§ 123–137 §§ 138–140 §§ 141–146	§§ 123–137 §§ 138–140 §§ 147–148	– (§ 149 Abs. 2)	§§ 123–137 §§ 138–140	– (§ 151)
AG/KGaA	§§ 123–137 §§ 141–146	§§ 123–137 §§ 138–140 §§ 141–146	§§ 123–137 §§ 141–146	§§ 123–137 §§ 141–146 §§ 147–148	– (§ 149 Abs. 2)	§§ 123–137	– (§ 151)
eG	§§ 123–137 §§ 147–148	§§ 123–137 §§ 138–140 §§ 147–148	§§ 123–137 §§ 141–146 §§ 147–148	§§ 123–137 §§ 147–148	– (§ 149 Abs. 2)	§§ 123–137	– (§ 151)
eV/ wirtsch. Verein	§§ 123–137 § 149	§§ 123–137 §§ 138–140 § 149 Abs. 1	§§ 123–137 §§ 141–146 § 149 Abs. 1	§§ 123–137 §§ 147–149	[1]§§ 123–137 § 149 Abs. 2	§§ 123–137 §§ 138–140 § 149 Abs. 1	– (§ 151)
gen. Prüfungs-verband	– (§ 150)	nur Ausglie-derung §§ 123–137 §§ 138–140 § 150	nur Ausglie-derung §§ 123–137 §§ 141–146 § 150	– (§ 150)	– (§ 150)	[2]§§ 123–137 § 150	– (§ 150)
VVaG	– (§ 151)	nur Ausglie-derung, wenn keine Über-tragung von Vers.-Verträgen §§ 123–137 §§ 138–140 § 151	Auf-/ Abspaltung nur auf Vers.-AG; Ausglie-derung nur, wenn keine Übertragung von Vers.-Verträgen §§ 123–135 §§ 141–146 § 151	– (§ 151)	– (§ 151)	– (§ 151)	nur Auf-/ Abspaltung §§ 123–135 §§ 141–146 § 151
Einzelkauf-mann	nur Ausglie-derung auf PershG [2] §§ 123–137 §§ 152–160	nur Ausglie-derung §§ 123–137 §§ 138–140 §§ 152–160	nur Ausglie-derung §§ 123–137 §§ 141–146 §§ 152–160	nur Ausglie-derung [2]§§ 123–137 §§ 147–148 §§ 152–160	– (§ 152)	– (§ 152)	– (§ 152)
Stiftungen	nur Ausglie-derung auf PershG [2]§§ 123–137 §§ 161–167	nur Ausglie-derung §§ 123–137 §§ 138–140 §§ 161–167	nur Ausglie-derung §§ 123–137 §§ 141–146 §§ 161–167	– (§ 161)	– (§ 161)	– (§ 161)	– (§ 161)
Gebiets-Körpersch.	nur Ausglie-derung auf PershG [2]§§ 123–137 §§ 168–173	nur Ausglie-derung §§ 123–137 §§ 138–140 §§ 168–173	nur Ausglie-derung §§ 123–137 §§ 141–146 §§ 168–173	nur Ausglie-derung §§ 123–137 §§ 147–148 §§ 168–173	– (§ 168)	– (§ 168)	– (§ 168)

[1] **[Amtl. Anm.:]** Nur e. V. als übertragender Rechtsträger.
[2] **[Amtl. Anm.:]** Vorgang ist nur zur Aufnahme durch einen übernehmenden Rechtsträger möglich.

dd) Vermögensübertragung

01.18 Die Vermögensübertragung ist als Vollübertragung und als Teilübertragung zugelassen. Ihre Ausgestaltung entspricht bei der Vollübertragung der Verschmelzung, bei der Teilübertragung der Spaltung. Der Unterschied zu diesen Umwandlungsarten besteht darin, dass die Gegenleistung für das übertragene Vermögen nicht in Anteilen an den übernehmenden oder neuen Rechtsträgern besteht, sondern in einer Gegenleistung anderer Art, insbesondere in einer Barleistung. 8

01.19 Die Vermögensübertragung ist nach dem UmwG auf folgende Fälle beschränkt:

von \ auf	Öffentliche Hand	VVaG	öffentl.-rechtl. Vers.-Unternehmen	Vers.-AG
GmbH				
Vollübertragung	§ 175 Nr. 1, § 176	–	–	–
Teilübertragung	§ 175 Nr. 1, § 177	–	–	–
AG/KGaA				
Vollübertragung	§ 175 Nr. 1, § 176	–	–	–
Teilübertragung	§ 175 Nr. 1, § 177	–	–	–
Vers.-AG				
Vollübertragung	–	§ 175 Nr. 2 Buchstabe a, § 178	§ 175 Nr. 2 Buchstabe a, § 178	–
Teilübertragung	–	§ 175 Nr. 2 Buchstabe a, § 179	§ 175 Nr. 2 Buchstabe a, § 179	–
VVaG				
Vollübertragung	–	–	§ 175 Nr. 2 Buchstabe b, §§ 180–183, §§ 185–187	§ 175 Nr. 2 Buchstabe b, §§ 180–183, §§ 185–187
Teilübertragung	–	–	§ 175 Nr. 2 Buchstabe b, §§ 184–187	§ 175 Nr. 2 Buchstabe b, §§ 184–187
öffentl.-rechtl. Vers.-Unternehmen				
Vollübertragung	–	§ 175 Nr. 2 Buchstabe c, § 188	–	§ 175 Nr. 2 Buchstabe c, § 188
Teilübertragung	–	§ 175 Nr. 2 Buchstabe c, § 189	–	§ 175 Nr. 2 Buchstabe c, § 189

b) Vergleichbare ausländische Vorgänge

01.20 Der sachliche Anwendungsbereich des Zweiten bis Fünften Teils gilt auch für mit 9
- einer Verschmelzung,
- einer Auf- oder Abspaltung sowie
- einem Formwechsel

vergleichbare ausländische Vorgänge. Auf die Anzeigepflichten, z. B. nach § 137 oder § 138 Abs. 2 AO, wird hingewiesen.

Ausländische Vorgänge i. S. d. § 1 Abs. 1 Satz 1 Nr. 1 und 2 UmwStG sind Umwandlungen, bei denen auf den übertragenden Rechtsträger oder auf den übernehmenden Rechtsträger bzw. beim Formwechsel auf den umwandelnden Rechtsträger das UmwG nach den allgemeinen Grundsätzen kollisionsrechtlich keine Anwendung findet. Das für die Umwandlung maßgebende Recht bestimmt sich regelmäßig nach dem Gesellschaftsstatut des Staats, in dem der jeweilige Rechtsträger in ein öffentliches Register eingetragen ist. Ist er nicht oder noch nicht in ein öffentliches Register eingetragen, ist das Gesellschaftsstatut des Staats maßgebend, nach dem er organisiert ist.

01.21 Ausländische Vorgänge i. S. d. § 1 Abs. 1 UmwStG sind auch grenzüberschreitende Umwandlungsvorgänge unter Beteiligung von Rechtsträgern, die dem deutschen Gesellschaftsstatut unterliegen. Die grenzüberschreitende Verschmelzung i. S. d. § 122 a UmwG ist dabei grundsätzlich ein mit einer Verschmelzung i. S. d. § 2 UmwG vergleichbarer ausländischer Vorgang.

01.22 Ein ausländischer Vorgang kann auch dann gegeben sein, wenn sämtliche beteiligten Rechtsträger im Inland unbeschränkt steuerpflichtig sind.

Beispiel:

Zwei Gesellschaften englischen Rechts (statutarischer Sitz in Großbritannien und effektiver Verwaltungssitz im Inland) sollen zu einer Gesellschaft englischen Rechts mit effektivem Verwaltungssitz im Inland verschmolzen werden. Die Gesellschaften englischen Rechts sind sämtlich im Inland nach § 1 Abs. 1 Nr. 1 KStG unbeschränkt steuerpflichtig.

Lösung:

Es handelt sich um einen ausländischen Vorgang, da für die Umwandlung ausschließlich das englische Gesellschaftsstatut maßgebend ist.

aa) Zivilrechtliche Wirksamkeit nach ausländischem Recht

01.23 Für ausländische Vorgänge gilt wie bei den inländischen Umwandlungen der Grundsatz der Maßgeblichkeit des Gesellschaftsrechts. Der ausländische Vorgang muss nach dem jeweiligen Gesellschaftsstatut der beteiligten Rechtsträger gesellschaftsrechtlich zulässig und wirksam sein. Für die gesellschaftsrechtliche Zulässigkeit und Wirksamkeit einer ausländischen Umwandlung ist regelmäßig 10 von der Entscheidung der ausländischen Registerbehörden auszugehen. Das gilt nicht bei gravierenden Mängeln der Umwandlung.

bb) Prüfung der Vergleichbarkeit

11 **01.24** Die Prüfung, ob ein ausländischer Vorgang mit einer inländischen Umwandlung i. S. d. § 1 Abs. 1 Satz 1 Nr. 1 und 2 UmwStG vergleichbar ist, erfolgt durch die im jeweiligen Einzelfall zuständige inländische Finanzbehörde. Ein ausländischer Umwandlungsvorgang ist vergleichbar, wenn er seinem Wesen nach einer Verschmelzung, Auf-, Abspaltung oder einem Formwechsel i. S. d. UmwG entspricht. Für die Beurteilung des ausländischen Vorgangs sind

- die beteiligten Rechtsträger,
- die Rechtsnatur bzw. Rechtsfolgen des Umwandlungsvorgangs (Strukturmerkmale) und
- sonstige Vergleichskriterien

zu prüfen.

01.25 Der Vergleichbarkeitsprüfung unterliegt grundsätzlich der jeweilige ausländische Umwandlungsvorgang in seiner konkreten rechtlichen Ausgestaltung und nicht das ausländische Umwandlungsrecht als solches. Maßgebend ist, dass der nach ausländischem Umwandlungsrecht abgewickelte konkrete Vorgang ungeachtet des Sitzerfordernisses in § 1 Abs. 1 UmwG auch nach den Regelungen des UmwG wirksam abgewickelt werden könnte.

Beispiel:

Zwei Gesellschaften ausländischer Rechtsform sollen verschmolzen werden. Das ausländische Umwandlungsrecht sieht keine mit § 54 Abs. 4 UmwG vergleichbare Beschränkung barer Zuzahlungen vor. Im Verschmelzungsvertrag wird eine bare Zuzahlung i. H. v. 50 % des Gesamtnennbetrags der gewährten Anteile vereinbart.

Lösung:

Aufgrund der vertraglich vereinbarten baren Zuzahlung von mehr als 10 % des Gesamtnennbetrags der gewährten Anteile ist kein mit einer inländischen Umwandlung vergleichbarer Vorgang gegeben, da der Umwandlungsvorgang ungeachtet des Sitzerfordernisses in § 1 Abs. 1 UmwG nach den Vorschriften des UmwG nicht hätte abgewickelt werden können. Wäre in dem Verschmelzungsvertrag eine bare Zuzahlung i. H. v. max. 10 % des Gesamtnennbetrags der gewährten Anteile vereinbart worden, stünde einer Vergleichbarkeit des ausländischen Umwandlungsvorgangs die fehlende gesetzliche Beschränkung barer Zuzahlungen im ausländischen Umwandlungsrecht nicht entgegen.

cc) Umwandlungsfähigkeit der beteiligten Rechtsträger

12 **01.26** Die Prüfung der Umwandlungsfähigkeit der beteiligten Rechtsträger hat bezogen auf die zu beurteilende Umwandlungsart und bezogen auf das jeweilige Gesellschaftsstatut der an dieser Umwandlung beteiligten Rechtsträger zu erfolgen.

Die Voraussetzungen der Umwandlungsfähigkeit müssen – infolge des auch für ausländische Umwandlungen geltenden Grundsatzes der Maßgeblichkeit des Gesellschaftsrechts (vgl. Randnr. 01.23) – für sämtliche betroffenen Gesellschaftsstatute der beteiligten Rechtsträger geprüft und mit der Umwandlungsfähigkeit nach dem UmwG verglichen werden; dabei ist der Umwandlungsvorgang nach dem jeweiligen Gesellschaftsstatut als Ganzes und nicht nur hinsichtlich eines bestimmten Teilbereichs (z. B. hinsichtlich des übertragenden oder übernehmenden Rechtsträgers) zu prüfen.

01.27 Der ausländische Rechtsträger muss i. R. eines Rechtstypenvergleichs einem vergleichbaren umwandlungsfähigen Rechtsträger inländischen Rechts entsprechen. Allein die steuerliche Einordnung des jeweiligen Rechtsträgers als Körperschaft oder Personengesellschaft ist für die Beurteilung der Umwandlungsfähigkeit nicht ausreichend. Der Rechtstypenvergleich hat grundsätzlich anhand des gesetzlichen Leitbilds der ausländischen Gesellschaft zu erfolgen. Zum Rechtstypenvergleich ausgewählter ausländischer Rechtsformen vgl. Tabellen 1 und 2 des BMF-Schreibens vom 24. 12. 1999, BStBl. I S. 1076. Ist es aufgrund umfassender Dispositionsmöglichkeiten im ausländischen Recht nicht möglich, den jeweils beteiligten Rechtsträger anhand des gesetzlich vorgegebenen Leitbilds abzuleiten, hat der Rechtstypenvergleich anhand der rechtlichen Gegebenheiten des Einzelfalls zu erfolgen. Zu maßgebenden Kriterien für den Rechtstypenvergleich vgl. BMF-Schreiben vom 19. 3. 2004, BStBl. I S. 411.

01.28 Aufgelöste Rechtsträger können sich an ausländischen Umwandlungsvorgängen entsprechend den in § 3 Abs. 3, § 124 Abs. 2 UmwG genannten Voraussetzungen beteiligen.

dd) Strukturmerkmale des Umwandlungsvorgangs

13 **01.29** Neben der Umwandlungsfähigkeit der beteiligten Rechtsträger müssen die Strukturmerkmale einer Verschmelzung, einer Auf- oder Abspaltung oder eines Formwechsels vorliegen.

(1) Verschmelzung

14 **01.30** Strukturmerkmale einer Verschmelzung i. S. d. § 2 UmwG sind:

- die Übertragung des gesamten Aktiv- und Passivvermögens eines übertragenden Rechtsträgers oder mehrerer übertragender Rechtsträger auf einen übernehmenden Rechtsträger,
- aufgrund eines Rechtsgeschäfts,
- kraft Gesetzes,
- gegen Gewährung von Anteilen am übernehmenden Rechtsträger an die Anteilsinhaber des übertragenden Rechtsträgers,
- unter Auflösung ohne Abwicklung des übertragenden Rechtsträgers oder der übertragenden Rechtsträger.

01.31 Rechtsgeschäft i. S. d. Randnr. 01.30 ist der Abschluss eines Verschmelzungsvertrags bzw. die Erstellung eines Verschmelzungsplans. Der notwendige Inhalt des Verschmelzungsvertrags bzw. des Verschmelzungsplans muss bei ausländischen Vorgängen mindestens den Vorgaben der Richtlinie 78/

855/EWG, ABl. EG Nr. L 295 S. 36, entsprechen. Dies gilt auch für die Rechtswirkungen der Verschmelzung.

Diese ergeben sich aus Art. 19 der Richtlinie 78/855/EWG, ABl. EG Nr. L 295 S. 36. Der Übergang des gesamten Vermögens, die Auflösung ohne Abwicklung des übertragenden Rechtsträgers sowie die Beteiligung der Anteilsinhaber des übertragenden Rechtsträgers an dem übernehmenden Rechtsträger müssen nach den ausländischen umwandlungsrechtlichen Bestimmungen kraft Gesetzes und nicht durch Einzelübertragungen erfolgen.

01.32 Bei der Prüfung des Erfordernisses zur Gewährung von Anteilen sind Kapitalerhöhungsverbote und -wahlrechte entsprechend den im UmwG (z. B. § 54 UmwG) enthaltenen vergleichbaren Regelungen zu berücksichtigen, vgl. Randnr. 01.09.

Beispiel:

Eine ausländische Mutter-Kapitalgesellschaft ist alleinige Anteilseignerin zweier ausländischer Tochter-Kapitalgesellschaften. Die eine Tochter-Kapitalgesellschaft wird zur Aufnahme auf die andere Tochter-Kapitalgesellschaft verschmolzen. Auf eine Kapitalerhöhung wird auf Grundlage einer mit § 54 Abs. 1 Satz 3 UmwG vergleichbaren ausländischen Regelung verzichtet.

Lösung:

Bei der Prüfung der Strukturmerkmale des ausländischen Umwandlungsvorgangs ist die Möglichkeit zum Verzicht auf eine Kapitalerhöhung analog § 54 Abs. 1 Satz 3 UmwG zu berücksichtigen.

(2) Aufspaltung

01.33 Strukturmerkmale einer Aufspaltung i. S. d. § 123 Abs. 1 UmwG sind: 15
- die Übertragung des gesamten Aktiv- und Passivvermögens eines Rechtsträgers auf mindestens zwei übernehmende Rechtsträger,
- aufgrund eines Rechtsgeschäfts,
- kraft Gesetzes,
- gegen Gewährung von Anteilen an den übernehmenden Rechtsträgern an die Anteilsinhaber des übertragenden Rechtsträgers,
- unter Auflösung ohne Abwicklung des übertragenden Rechtsträgers.

01.34 Rechtsgeschäft i. S. d. Randnr. 01.33 ist der Abschluss eines Spaltungs- und Übernahmevertrags bzw. die Erstellung eines Spaltungsplans. Der notwendige Inhalt des Spaltungs- und Übernahmevertrags bzw. des Spaltungsplans muss bei ausländischen Umwandlungsvorgängen den Vorgaben der Richtlinie 82/891/EWG, ABl. EG Nr. L 378 S. 47, entsprechen.

Dies gilt auch für die Rechtswirkungen der Aufspaltung. Diese ergeben sich aus Art. 17 der Richtlinie 82/891/EWG, ABl. EG Nr. L 378 S. 47. Der Übergang des gesamten Vermögens, die Auflösung ohne Abwicklung des übertragenden Rechtsträgers sowie die Beteiligung der Anteilsinhaber des übertragenden Rechtsträgers an den übernehmenden Rechtsträgern müssen nach den ausländischen umwandlungsrechtlichen Bestimmungen kraft Gesetzes und nicht durch Einzelübertragungen erfolgen.

01.35 Bei der Prüfung des Erfordernisses zur Gewährung von Anteilen sind Kapitalerhöhungsverbote und -wahlrechte entsprechend den im UmwG enthaltenen vergleichbaren Regelungen zu beachten, vgl. Randnr. 01.32.

(3) Abspaltung

01.36[1] Strukturmerkmale einer Abspaltung i. S. d. § 123 Abs. 2 UmwG sind: 16
- die Übertragung eines Teils oder mehrerer Teile eines Rechtsträgers auf einen oder mehrere übernehmende Rechtsträger,
- aufgrund eines Rechtsgeschäfts,
- kraft Gesetzes,
- gegen Gewährung von Anteilen am übernehmenden Rechtsträger oder an den übernehmenden Rechtsträgern an die Anteilsinhaber des übertragenden Rechtsträgers,
- ohne Auflösung des übertragenden Rechtsträgers.

01.37 Gesellschaftsrechtliche Bestimmungen des sekundären Unionsrechts über die Abspaltung bestehen derzeit nicht. Der notwendige Inhalt des Spaltungs- und Übernahmevertrags bzw. des Spaltungsplans sowie die Rechtswirkungen der Abspaltung müssen daher den Bestimmungen des UmwG entsprechen.

01.38 Die Möglichkeit des übertragenden Rechtsträgers, die aufgrund einer Vermögensübertragung erhaltenen Anteile an die Anteilseigner des übertragenden Rechtsträgers unentgeltlich zeitnah weiter übertragen zu können, führt nicht dazu, dass ein ausländischer Umwandlungsvorgang mit einer Abspaltung i. S. d. § 123 Abs. 2 UmwG vergleichbar ist; z. B. Teileinbringung nach dem französischen Recht (Apport partiel d'actif). Es kann sich jedoch insoweit um einen mit einer Ausgliederung i. S. d. § 123 Abs. 3 UmwG vergleichbaren ausländischen Vorgang handeln.

(4) Formwechsel

01.39 Es bestehen derzeit keine sekundärrechtlichen Bestimmungen des Unionsrechts zum Formwechsel. Für die Abgrenzung zwischen einer Verschmelzung und einem Formwechsel ist auf das ausländische Umwandlungsrecht abzustellen (BFH vom 22. 2. 1989 I R 11/85, BStBl. II S. 794). Nach §§ 190 ff. UmwG ist der Formwechsel auf die Änderung der rechtlichen Organisation des Rechtsträgers beschränkt. Sieht das ausländische Recht keine rechtliche Kontinuität, sondern eine Auflösung 17

[1] Siehe hierzu auch *BMF-Schrb. v. 19. 5. 2022 IV C 2 – S 1978-b/20/10005, BStBl. 2022 I S. 844* zur Anwendung der Urteilsgrundsätze der *BFH-Urteile v. 1. 7. 2021 VIII R 9/19, BStBl. 2022 II S. 359* und *VIII R 15/20, BStBl. 2022 II S. 363* auf Abspaltungen i. S. d. § 15 UmwStG.

ohne Abwicklung vor, ist daher dieser Vorgang nicht mehr mit einem Formwechsel vergleichbar. Es kann insoweit jedoch ein mit einer Verschmelzung i. S. d. § 2 UmwG vergleichbarer ausländischer Vorgang gegeben sein. Der Umstand, dass eine Verschmelzung zur Neugründung mindestens zwei übertragende Rechtsträger erfordert, stellt insoweit kein Strukturmerkmal (vgl. Randnr. 01.30) dar.

Beispiel:

Eine österreichische GesmbH mit inländischen Anteilseignern wird im Wege einer errichtenden Umwandlung in eine österreichische KG umgewandelt.

Lösung:

Eine errichtende Umwandlung ist die ohne Abwicklung erfolgende Übertragung des Vermögens der GesmbH auf die gleichzeitig neu entstehende KG. Die GesmbH erlischt infolge der Umwandlung. Auch wenn es für eine Verschmelzung zur Neugründung i. S. d. § 2 Nr. 2 UmwG an dem Erfordernis mindestens zweier übertragender Rechtsträger fehlt, ist dennoch ein mit einer Verschmelzung i. S. d. § 1 Abs. 1 Satz 1 Nr. 1 UmwStG vergleichbarer ausländischer Vorgang gegeben, da die Strukturmerkmale einer Verschmelzung erfüllt sind. Infolge der Auflösung und der Vermögensübertragung liegt kein mit einem Formwechsel i. S. d. § 1 Abs. 1 Satz 1 Nr. 2 UmwStG vergleichbarer ausländischer Vorgang vor.

ee) Sonstige Vergleichskriterien

18 **01.40** Ein wesentliches sonstiges Vergleichskriterium ist insbesondere die Höhe der vertraglich vereinbarten Zuzahlungen. Diese müssen grundsätzlich mit den Vorgaben des UmwG (z. B. § 54 Abs. 4 UmwG) vergleichbar sein. Werden Zuzahlungen vereinbart, die diesen Rahmen deutlich überschreiten, ist dieses als Indiz für eine fehlende Vergleichbarkeit zu werten (vgl. das Beispiel in Randnr. 01.25).

01.41 Die Dauer einer gesellschaftsrechtlichen Rückbeziehungsmöglichkeit des Umwandlungsvorgangs stellt kein für die Vergleichbarkeit entscheidendes Merkmal dar.

c) Umwandlungen nach der SE-VO bzw. der SCE-VO

19 **01.42** Verschmelzungen i. S. d. Artikels 17 der Verordnung (EG) Nr. 2157/2001 (SE-VO), ABl. EG Nr. L 294 S. 1, zur Gründung einer Europäischen Gesellschaft und i. S. d. Artikels 19 der Verordnung (EG) Nr. 1435/2003 (SCE-VO), ABl. EG Nr. L 207 S. 1, zur Gründung einer Europäischen Genossenschaft unterfallen dem sachlichen Anwendungsbereich des § 1 Abs. 1 Satz 1 Nr. 1 UmwStG. Diese Verordnungen gelten nicht nur in Bezug zu EU-Mitgliedstaaten, sondern auch in Bezug zu EWR-Staaten.

2. Sechster bis Achter Teil (§ 1 Abs. 3 UmwStG)

20 **01.43** Der Anwendungsbereich des Sechsten bis Achten Teils gilt grundsätzlich nur für die in § 1 Abs. 3 Nr. 1 bis 5 UmwStG abschließend aufgezählten Vorgänge; darüber hinaus wird der Anwendungsbereich des § 1 Abs. 3 UmwStG durch die in den § 20 Abs. 1, § 21 Abs. 1 und § 24 Abs. 1 UmwStG enthaltenen Voraussetzungen bezüglich der Rechtsform des übernehmenden Rechtsträgers wie folgt begrenzt:

- die Verschmelzung i. S. d. § 2 UmwG, die Auf- und die Abspaltung i. S. d. § 123 Abs. 1 und 2 UmwG von Personenhandelsgesellschaften und Partnerschaftsgesellschaften auf eine Kapitalgesellschaft oder Genossenschaft (§ 20 UmwStG) oder auf eine Personengesellschaft (§ 24 UmwStG) oder vergleichbare ausländische Vorgänge;
- die Ausgliederung von Vermögensteilen i. S. d. § 123 Abs. 3 UmwG auf eine Kapitalgesellschaft oder Genossenschaft (§ 20 UmwStG) oder auf eine Personengesellschaft (§ 24 UmwStG) oder vergleichbare ausländische Vorgänge;
- der Formwechsel einer Personengesellschaft in eine Kapitalgesellschaft oder Genossenschaft i. S. d. § 190 Abs. 1 UmwG (§ 25 UmwStG) oder vergleichbare ausländische Vorgänge;
- die Einbringung von Betriebsvermögen durch Einzelrechtsnachfolge in eine Kapitalgesellschaft oder Genossenschaft (§ 20 UmwStG) oder in eine Personengesellschaft (§ 24 UmwStG);
- die Einbringung von Anteilen an einer Kapitalgesellschaft oder Genossenschaft in eine Kapitalgesellschaft oder Genossenschaft (§ 21 UmwStG, Anteilstausch).

Die Übertragung des wirtschaftlichen Eigentums wird der Einzelrechtsnachfolge i. S. d. § 1 Abs. 3 Nr. 4 UmwStG gleichgestellt.

a) Einbringung in eine Kapitalgesellschaft oder Genossenschaft gegen Gewährung von Gesellschaftsrechten (§ 20 UmwStG)

21 **01.44** Die Vorschriften über die Einbringung von Betriebsvermögen in eine Kapitalgesellschaft oder Genossenschaft gegen Gewährung von Gesellschaftsrechten gelten insbesondere bei Übertragung:

aa) im Wege der Gesamtrechtsnachfolge
- durch Verschmelzung von Personenhandelsgesellschaften auf eine bereits bestehende oder neu gegründete Kapitalgesellschaft (vgl. §§ 2 und 3 Abs. 1 Satz 1 UmwG);
- durch Auf- und Abspaltung von Vermögensteilen einer Personenhandelsgesellschaft auf eine bereits bestehende oder neu gegründete Kapitalgesellschaft (vgl. § 123 Abs. 1 und 2 UmwG);
- durch Ausgliederung von Vermögensteilen eines Einzelkaufmanns, einer Personenhandelsgesellschaft, einer Kapitalgesellschaft oder eines sonstigen sowohl in § 1 Abs. 1 KStG als auch in § 124 Abs. 1 zweite Alternative i. V. m. § 3 Abs. 1 UmwG genannten Rechtsträgers auf eine bereits bestehende oder neu gegründete Kapitalgesellschaft;

bb) im Wege des Formwechsels einer Personenhandelsgesellschaft in eine Kapitalgesellschaft nach § 190 UmwG. Der Formwechsel wird ertragsteuerlich wie ein Rechtsträgerwechsel behandelt (vgl. § 25 UmwStG);

cc) im Wege der Einzelrechtsnachfolge

- durch Sacheinlage i. S. v. § 5 Abs. 4 GmbHG bzw. § 27 AktG bei der Gründung einer Kapitalgesellschaft oder
- durch Sachkapitalerhöhung aus Gesellschaftermitteln (vgl. § 56 GmbHG, §§ 183, 194, 205 AktG) bei einer bestehenden Kapitalgesellschaft.

Folge einer Einbringung eines Mitunternehmeranteils, u. a. im Wege der Einzelrechtsnachfolge kann auch eine Anwachsung (§ 738 BGB) sein. Bei einer Bargründung oder -kapitalerhöhung kann auch dann eine Sacheinlage vorliegen, wenn der Gesellschafter zusätzlich zu der Bareinlage gleichzeitig eine Verpflichtung übernimmt, als Aufgeld einen Betrieb, Teilbetrieb oder Mitunternehmeranteil in die Kapitalgesellschaft einzubringen (BFH vom 7. 4. 2010 I R 55/09, BStBl. II S. 1094).

01.45 Eine Einbringung i. S. d. § 20 UmwStG liegt auch bei vergleichbaren ausländischen Vorgängen vor (vgl. Randnr. 01.20 ff.).

b) Austausch von Anteilen (§ 21 UmwStG)

01.46 Die Vorschriften über den Austausch von Anteilen an Kapitalgesellschaften oder Genossenschaften gegen Gewährung von Gesellschaftsrechten gelten insbesondere bei Übertragung: 22

aa) im Wege der Gesamtrechtsnachfolge
durch Ausgliederung von Vermögensteilen eines Einzelkaufmanns, einer Personenhandelsgesellschaft, einer Kapitalgesellschaft oder eines sonstigen sowohl in § 1 Abs. 1 KStG als auch in § 124 Abs. 1 zweite Alternative i. V. m. § 3 Abs. 1 UmwG genannten Rechtsträgers auf eine bereits bestehende oder neu gegründete Kapitalgesellschaft;

bb) im Wege der Einzelrechtsnachfolge
- durch Sacheinlage i. S. v. § 5 Abs. 4 GmbHG bzw. § 27 AktG bei der Gründung einer Kapitalgesellschaft oder
- durch Sachkapitalerhöhung aus Gesellschaftermitteln (vgl. § 56 GmbHG, §§ 183, 194, 205 AktG) bei einer bestehenden Kapitalgesellschaft.

Die Ausführungen zur Bargründung oder -kapitalerhöhung bei Einzelrechtsnachfolge gelten entsprechend (vgl. Randnr. 01.44).

c) Einbringung in eine Personengesellschaft (§ 24 UmwStG)

01.47 Die Einbringung eines Betriebs, Teilbetriebs oder Mitunternehmeranteils in eine Personengesellschaft nach § 24 UmwStG ist insbesondere möglich bei Übertragung: 23

aa) im Wege der Einzelrechtsnachfolge
- durch Aufnahme eines Gesellschafters in ein Einzelunternehmen gegen Geldeinlage oder Einlage anderer Wirtschaftsgüter. Aus Sicht des § 24 UmwStG bringt dabei der Einzelunternehmer seinen Betrieb in die neu entstehende Personengesellschaft ein;
- durch Einbringung eines Einzelunternehmens in eine bereits bestehende Personengesellschaft oder durch Zusammenschluss von mehreren Einzelunternehmen zu einer Personengesellschaft;
- durch Eintritt eines weiteren Gesellschafters in eine bestehende Personengesellschaft gegen Geldeinlage oder Einlage anderer Wirtschaftsgüter. Die bisherigen Gesellschafter der Personengesellschaft bringen in diesem Fall ihre Mitunternehmeranteile an der bisherigen Personengesellschaft in eine neue – durch den neu hinzutretenden Gesellschafter vergrößerte – Personengesellschaft ein. Der bloße Gesellschafterwechsel bei einer bestehenden Personengesellschaft – ein Gesellschafter scheidet aus, ein anderer erwirbt seine Anteile und tritt an seine Stelle – fällt nicht unter § 24 UmwStG;
- infolge Aufstockung eines bereits bestehenden Mitunternehmeranteils (Kapitalerhöhung) durch Geldeinlage oder Einlage anderer Wirtschaftsgüter. Die nicht an der Kapitalerhöhung teilnehmenden Gesellschafter der Personengesellschaft bringen in diesem Fall ihre Mitunternehmeranteile an der bisherigen Personengesellschaft in eine neue – durch die Kapitalerhöhung in den Beteiligungsverhältnissen veränderte – Personengesellschaft ein (BFH vom 25. 4. 2006 VIII R 52/04, BStBl. II S. 847);
- indem die Gesellschafter einer Personengesellschaft I ihre Gesellschaftsanteile (Mitunternehmeranteile) in die übernehmende Personengesellschaft II gegen Gewährung von Gesellschaftsanteilen an dieser Gesellschaft einbringen und das Gesellschaftsvermögen der Personengesellschaft I der übernehmenden Personengesellschaft II anwächst (§ 738 BGB);

bb) im Wege der Gesamtrechtsnachfolge
- durch Verschmelzung von Personenhandels- oder Partnerschaftsgesellschaften nach §§ 2, 39 ff. UmwG auf Personenhandels- oder Partnerschaftsgesellschaften;
- durch Auf- oder Abspaltung von Personenhandels- oder Partnerschaftsgesellschaften nach § 123 Abs. 1 und 2 UmwG auf Personenhandels- oder Partnerschaftsgesellschaften;
- durch Ausgliederung aus Körperschaften, Personenhandelsgesellschaften, Partnerschaftsgesellschaften oder Einzelunternehmen auf Personenhandels- oder Partnerschaftsgesellschaften nach § 123 Abs. 3 UmwG.

§ 24 UmwStG ist nicht anzuwenden auf die formwechselnde Umwandlung einer Personenhandelsgesellschaft in eine Personengesellschaft sowie auf den Eintritt einer GmbH in eine bestehende Personengesellschaft ohne vermögensmäßige Beteiligung. In derartigen Fällen fehlt es an einem Übertragungsvorgang, so dass ein Gewinn i. S. d. § 16 EStG nicht entsteht und eine Wertaufstockung nicht möglich ist (BFH vom 21. 6. 1994 VIII R 5/92, BStBl. II S. 856, und BFH vom 20. 9. 2007 IV R 70/05, BStBl. 2008 II S. 265).

In den Fällen der unentgeltlichen Aufnahme einer natürlichen Person in ein Einzelunternehmen ist § 24 UmwStG für beide Mitunternehmer nicht anzuwenden (§ 6 Abs. 3 Satz 1 zweiter Halbsatz EStG).[1]

01.48 Eine Einbringung i. S. d. § 24 UmwStG liegt auch bei vergleichbaren ausländischen Vorgängen vor (vgl. Randnr. 01.20 ff.).

II. Persönlicher Anwendungsbereich

1. Zweiter bis Fünfter Teil (§ 1 Abs. 2 UmwStG)

24 **01.49** Für die Anwendung der §§ 3 bis 19 UmwStG müssen der übertragende Rechtsträger und der übernehmende Rechtsträger nach dem Recht eines EU-Mitgliedstaats oder eines EWR-Staats gegründet sein und ihren Sitz (§ 11 AO) sowie ihren Ort der Geschäftsleitung (§ 10 AO) in einem dieser Staaten haben (§ 1 Abs. 2 Satz 1 Nr. 1 UmwStG). Es ist nicht erforderlich, dass sich der Sitz (§ 11 AO) und der Ort der Geschäftsleitung (§ 10 AO) in ein und demselben EU-Mitgliedstaat oder EWR-Staat befinden. Beim Formwechsel i. S. d. § 1 Abs. 1 Satz 1 Nr. 2 UmwStG müssen die vorgenannten Voraussetzungen vom umwandelnden Rechtsträger erfüllt werden.

01.50 Der Begriff der Gesellschaft i. S. d. Artikels 54 AEUV (zuvor Art. 48 EG) bzw. des Artikels 34 des EWR-Abkommens ist ein Begriff des Unionsrechts; es kommt insoweit nicht auf das nationale Recht an. Gesellschaften i. S. d. Artikels 54 AEUV (zuvor Art. 48 EG) bzw. des Artikels 34 des EWR-Abkommens sind regelmäßig juristische Personen des privaten Rechts (z. B. AG und GmbH) und Personenvereinigungen (z. B. KG und OHG), ausgenommen diejenigen Gesellschaften, die keinen Erwerbszweck verfolgen (Art. 54 Abs. 2 AEUV (zuvor Art. 48 Abs. 2 EG), Art. 34 Abs. 2 EWR-Abkommen). Einen Erwerbszweck in dem vorgenannten Sinne erfüllen regelmäßig die juristischen Personen des öffentlichen Rechts mit ihren Betrieben gewerblicher Art; der jeweilige Betrieb gewerblicher Art ist insofern als Gesellschaft i. S. d. Artikels 54 AEUV (zuvor Art. 48 EG) bzw. des Artikels 34 des EWR-Abkommens anzusehen.

01.51 Ist übernehmender Rechtsträger eine natürliche Person, muss sich deren Wohnsitz (§ 8 AO) oder deren gewöhnlicher Aufenthalt (§ 9 AO) in einem EU-Mitgliedstaat oder EWR-Staat befinden und sie darf nicht aufgrund eines DBA mit einem dritten Staat als außerhalb des Hoheitsgebiets eines EU-Mitgliedstaats oder EWR-Staats ansässig gelten.

01.52 Die persönlichen Anwendungsvoraussetzungen müssen spätestens am steuerlichen Übertragungsstichtag vorliegen. Wurde ein an der Umwandlung beteiligter Rechtsträger im steuerlichen Rückwirkungszeitraum neu gegründet, ist für diesen Rechtsträger auf den Zeitpunkt der zivilrechtlichen Wirksamkeit der Gründung abzustellen. Bei einer Umwandlung zur Neugründung ist der Zeitpunkt der zivilrechtlichen Wirksamkeit der Umwandlung maßgebend. Zum Beginn der Steuerpflicht in diesen Fällen vgl. Randnr. 02.11.

2. Sechster bis Achter Teil (§ 1 Abs. 4 UmwStG)

25 **01.53** Einbringender Rechtsträger bzw. übertragender Rechtsträger i. S. d. § 1 Abs. 4 UmwStG kann jede natürliche Person sein, die im Hoheitsgebiet eines EU-Mitgliedstaats oder EWR-Staats unbeschränkt steuerpflichtig und auch nach den mit Drittstaaten bestehenden DBA als innerhalb dieses Gebiets ansässig anzusehen ist. Darüber hinaus kann jede nach den Rechtsvorschriften eines EU-Mitgliedstaats oder EWR-Staats gegründete in- und ausländische Gesellschaft i. S. d. Artikels 54 AEUV (zuvor Art. 48 EG) oder des Artikels 34 des EWR-Abkommens einbringender Rechtsträger, übertragender Rechtsträger oder umwandelnder Rechtsträger sein, wenn sich deren Sitz und Ort der Geschäftsleitung innerhalb des Hoheitsgebiets eines dieser Staaten befinden (§ 1 Abs. 4 Satz 1 Nr. 2, Abs. 2 Satz 1 Nr. 1 und 2 UmwStG).

Ist einbringender oder umwandelnder Rechtsträger eine Personengesellschaft, müssen die unmittelbaren bzw. mittelbaren Mitunternehmer die Voraussetzungen des § 1 Abs. 2 UmwStG erfüllen (§ 1 Abs. 4 Satz 1 Nr. 2 Buchstabe a Doppelbuchstabe aa UmwStG).

Ungeachtet dessen kann auch jede andere natürliche Person oder Gesellschaft einbringender Rechtsträger, übertragender Rechtsträger oder (bei Gesellschaften auch) umwandelnder Rechtsträger sein, wenn das deutsche Besteuerungsrecht an den erhaltenen Anteilen nicht ausgeschlossen oder beschränkt ist (§ 1 Abs. 4 Satz 1 Nr. 2 Buchstabe b UmwStG).

Beispiel:

Der im Drittstaat ansässige X unterhält eine inländische Betriebsstätte und bringt einen Teilbetrieb davon in die inländische D-GmbH gegen Gewährung von Anteilen ein. Die Anteile an der D-GmbH sind Betriebsvermögen der verbleibenden inländischen Betriebsstätte und dieser auch funktional zuzuordnen.

Lösung:

Der Einbringende X ist zwar nicht im EU-/EWR-Raum ansässig und erfüllt damit nicht die Voraussetzungen des § 1 Abs. 4 Satz 1 Nr. 2 Buchstabe a Doppelbuchstabe bb UmwStG. Da die erhaltenen Anteile aber einem inländischen Betriebsvermögen zugeordnet werden, sind sie im Inland steuerverstrickt. Damit ist der Anwendungsbereich des § 20 UmwStG eröffnet (§ 1 Abs. 4 Satz 1 Nr. 2 Buchstabe b UmwStG).

Bei der Einbringung eines Betriebs gewerblicher Art ist die juristische Person des öffentlichen Rechts Einbringender.

01.54 Übernehmender Rechtsträger i. S. v. §§ 20, 21 UmwStG kann jede Kapitalgesellschaft oder Genossenschaft i. S. d. § 1 Abs. 1 Nr. 1 und 2 KStG sein. Dies gilt unabhängig davon, ob der überneh-

[1] Vgl. aber *BFH-Urteil v. 18. 9. 2013 X R 42/10, BStBl. II S. 639, Ls. 1:* Bringt der Steuerpflichtige einen Betrieb in eine Mitunternehmerschaft ein und wendet er zugleich Dritten unentgeltlich Mitunternehmeranteile zu, sind auf diesen Vorgang die Vorschriften der § 6 Abs. 3 EStG und § 24 UmwStG nebeneinander anwendbar *(gegen BMF-Schrb. v. 11. 11. 2011, BStBl. 2011 I S. 1314, Tz. 01.47 letzter Satz).*

mende Rechtsträger unbeschränkt körperschaftsteuerpflichtig i. S. v. § 1 KStG ist. Voraussetzung für die Anwendbarkeit der §§ 20, 21 UmwStG ist jedoch nach § 1 Abs. 4 Satz 1 Nr. 1 und Abs. 2 Satz 1 Nr. 1 UmwStG, dass es sich um eine nach den Rechtsvorschriften eines EU-Mitgliedstaats oder eines EWR-Staats gegründete Gesellschaft i. S. d. Artikels 54 AEUV (zuvor Art. 48 EG) oder des Artikels 34 des EWR-Abkommens handelt, deren Sitz und Ort der Geschäftsleitung sich innerhalb des Hoheitsgebiets eines dieser Staaten befinden. Dies gilt nicht in den Fällen des § 24 UmwStG (§ 1 Abs. 4 Satz 2 UmwStG).

01.55 Die persönlichen Anwendungsvoraussetzungen müssen spätestens am steuerlichen Übertragungsstichtag vorliegen. Randnr. 01.52 gilt entsprechend. Zum Wegfall der persönlichen Anwendungsvoraussetzungen i. S. v. § 1 Abs. 4 UmwStG vgl. Randnr. 22.27.

III. Begriffsbestimmungen

1. Richtlinien und Verordnungen (§ 1 Abs. 5 Nr. 1 bis 3 UmwStG)

01.56 Für die in § 1 Abs. 5 Nr. 1 bis 3 UmwStG genannten Vorschriften des sekundären Unionsrechts sind die jeweils zum Zeitpunkt des steuerlichen Übertragungsstichtags geltenden Fassungen maßgebend. 26

2. Buchwert (§ 1 Abs. 5 Nr. 4 UmwStG)

01.57 Der Buchwert ermittelt sich nach den am steuerlichen Übertragungsstichtag anwendbaren steuerrechtlichen Regelungen. Unmaßgeblich ist, ob der übernehmende oder übertragende Rechtsträger zu diesem Zeitpunkt eine Bilanz zu erstellen haben. Steuerliche Wahlrechte werden regelmäßig durch die umwandlungssteuergesetzlich vorgegebene Bewertungsobergrenze (gemeiner Wert) eingeschränkt. Der gemeine Wert kann unter dem Buchwert liegen. 27

B. Steuerliche Rückwirkung (§ 2 UmwStG)

I. Steuerlicher Übertragungsstichtag

02.01 Der steuerliche Übertragungsstichtag i. S. d. § 2 Abs. 1 UmwStG und der handelsrechtliche Umwandlungsstichtag sind nicht identisch. 30

1. Inländische Umwandlungen

a) Verschmelzung, Auf-, Abspaltung und Vermögensübertragung

02.02 Der handelsrechtliche Umwandlungsstichtag ist der Zeitpunkt, von dem an die Handlungen des übertragenden Rechtsträgers als für Rechnung des übernehmenden Rechtsträgers vorgenommen gelten (vgl. z. B. bei Verschmelzung § 5 Abs. 1 Nr. 6 UmwG oder bei Auf- und Abspaltung § 126 Abs. 1 Nr. 6 UmwG). Der übertragende Rechtsträger hat auf den Schluss des Tages, der dem Umwandlungsstichtag vorangeht, eine handelsrechtliche Schlussbilanz aufzustellen (§ 17 Abs. 2 UmwG). Steuerlicher Übertragungsstichtag ist der Tag, auf den der übertragende Rechtsträger die handelsrechtliche Schlussbilanz aufzustellen hat. 31

Beispiel:

Stichtag der handelsrechtlichen Schlussbilanz	31. 12. 01
handelsrechtlicher Umwandlungsstichtag	1. 1. 02
steuerlicher Übertragungsstichtag	31. 12. 01

02.03 Nach § 17 Abs. 2 UmwG darf das Registergericht die Verschmelzung nur eintragen, wenn die Bilanz auf einen höchstens acht Monate vor der Anmeldung liegenden Stichtag aufgestellt worden ist. Die Vorschrift gilt für die Auf- und Abspaltung (§ 125 UmwG) sowie die Vermögensübertragung (§§ 176, 177 UmwG) entsprechend.

Steuerlich sind das Einkommen und das Vermögen der übertragenden Körperschaft sowie des übernehmenden Rechtsträgers so zu ermitteln, als ob das Vermögen der übertragenden Körperschaft mit Ablauf des steuerlichen Übertragungsstichtags ganz oder teilweise auf den übernehmenden Rechtsträger übergegangen wäre (§ 2 Abs. 1 UmwStG). Weitergehende Wirkungen entfaltet die steuerliche Rückwirkungsfiktion nicht. Sie gilt insbesondere nicht für den Anteilseigner der übertragenden Körperschaft, sofern dieser nicht gleichzeitig übernehmender Rechtsträger ist (BFH vom 7. 4. 2010 I R 96/08, BStBl. 2011 II S. 467). Sie gilt auch nicht für die Rechtsbeziehungen gegenüber Rechtsträgern, an denen die übertragende Körperschaft beteiligt ist, oder gegenüber sonstigen Dritten.

Anders als für den Rückbezug nach § 20 Abs. 6 UmwStG besteht für die Anwendung des § 2 UmwStG kein Wahlrecht (BFH vom 22. 9. 1999 II R 33/97, BStBl. 2000 II S. 2).

Ist übernehmender Rechtsträger eine Personengesellschaft, gilt die steuerliche Rückwirkungsfiktion auch für das Einkommen und das Vermögen der Gesellschafter (§ 2 Abs. 2 UmwStG).

02.04 Der Übertragungsgewinn oder -verlust entsteht stets mit Ablauf des steuerlichen Übertragungsstichtags. Dies gilt nach § 2 Abs. 1 i. V. m. § 4 Abs. 1, § 5 Abs. 1 bis 3 UmwStG auch für das Übernahmeergebnis i. S. d. § 4 Abs. 4 bis 6 UmwStG sowie nach § 2 Abs. 2 UmwStG für die Einnahmen i. S. d. § 7 UmwStG i. V. m. § 20 Abs. 1 Nr. 1 EStG. Die Besteuerung des Übertragungsgewinns oder -verlusts, des Übernahmeergebnisses i. S. d. § 4 Abs. 4 bis 6 UmwStG sowie der Einnahmen i. S. d. § 20 Abs. 1 Nr. 1 EStG erfolgt in dem Veranlagungszeitraum, in dem das Wirtschaftsjahr endet, in das der steuerliche Übertragungsstichtag fällt.

Beispiel:

Die X-GmbH und die Y-GmbH werden handelsrechtlich zum 1. 10. 01 auf die bereits bestehende XY-OHG verschmolzen. Alle Gesellschaften haben ein vom Kalenderjahr abweichendes Wirtschaftsjahr (1. 7.–30. 6.). Anteilseigner der beiden Gesellschaften sind die jeweils i. S. d. § 17 EStG wesentlich beteiligten Gesellschafter-Geschäftsführer X und Y, die auch Mitunternehmer der XY-OHG sind. Während des gesamten Zeitraums erhalten X und Y Geschäftsführervergütungen von der X-GmbH bzw. Y-GmbH.

Lösung:

X-GmbH und Y-GmbH:

Die X-GmbH und die Y-GmbH haben zum 30. 9. 01 jeweils eine steuerliche Schlussbilanz zu erstellen. Da der steuerliche Übertragungsstichtag nicht auf das Ende des Wirtschaftsjahrs fällt, entsteht jeweils ein zum 30. 9. 01 endendes Rumpfwirtschaftsjahr (vgl. Randnr. 03.01). Das Vermögen gilt nach § 2 Abs. 1 UmwStG steuerlich als mit Ablauf des 30. 9. 01 übergegangen.

Der Übertragungsgewinn/-verlust ist nach § 2 Abs. 1 UmwStG i. V. m. § 4 a Abs. 2 Nr. 2 EStG dem Veranlagungszeitraum 01 zuzurechnen.

XY-OHG:

Die Ermittlung des Übernahmeergebnisses erfolgt nach § 5 Abs. 2 i. V. m. § 4 UmwStG auf der Ebene des übernehmenden Rechtsträgers und führt damit zu Einkünften i. S. d. § 15 Abs. 1 Satz 1 Nr. 2 EStG. Infolge der Einlagefiktion werden Einnahmen i. S. d. § 7 UmwStG i. V. m. § 20 Abs. 1 Nr. 1 EStG i. R. d. gesonderten und einheitlichen Feststellung der XY-OHG erfasst.

Da der steuerliche Übertragungsstichtag im Wirtschaftsjahr 1. 7. 01 bis 30. 6. 02 des übernehmenden Rechtsträgers liegt, sind das Übernahmeergebnis i. S. d. § 4 UmwStG sowie die Einnahmen i. S. d. § 7 UmwStG nach § 2 Abs. 1 UmwStG i. V. m. § 4 a Abs. 2 Nr. 2 EStG dem Veranlagungszeitraum 02 zuzurechnen.

Nach § 2 Abs. 1 UmwStG erhöhen die für den Zeitraum nach dem 30. 9. 01 geleisteten Geschäftsführervergütungen den Gewinn der XY-OHG nach § 15 Abs. 1 Satz 1 Nr. 2 EStG des Veranlagungszeitraums 02.

X und Y:

Infolge des § 2 Abs. 2 UmwStG gilt die Rückwirkungsfiktion auch für die bisher im Veranlagungszeitraum 01 von X und Y nach § 19 EStG für den Zeitraum 1. 10. 01 bis 31. 12. 01 erfassten Geschäftsführervergütungen. Diese sind als Einkünfte nach § 15 Abs. 1 Satz 1 Nr. 2 EStG im Veranlagungszeitraum 02 zu erfassen. Die infolge der Einlagefiktion i. R. d. gesonderten und einheitlichen Feststellung der XY-OHG erfassten Einnahmen i. S. d. § 7 UmwStG i. V. m. § 20 Abs. 1 Nr. 1 EStG werden ebenfalls im Veranlagungszeitraum 02 erfasst.

b) Formwechsel

32 **02.05** Mangels eines handelsrechtlichen Übertragungsvorgangs enthält § 9 UmwStG für den Formwechsel eine eigenständige steuerliche Rückwirkungsregelung.

02.06 Nach § 9 Satz 3 UmwStG können die steuerliche Schlussbilanz sowie die steuerliche Eröffnungsbilanz für einen Stichtag aufgestellt werden, der höchstens acht Monate vor der Anmeldung des Formwechsels zur Eintragung in das zuständige Register liegt. Das Einkommen und das Vermögen der Kapital- bzw. der Personengesellschaft sowie der Gesellschafter der Personengesellschaft sind so zu ermitteln, als ob das Vermögen der Kapitalgesellschaft mit Ablauf dieses Stichtags auf die Personengesellschaft übergegangen wäre. Randnr. 02.03 und 02.04 gelten entsprechend.

2. Vergleichbare ausländische Vorgänge

33 **02.07** Bei ausländischen Umwandlungsvorgängen (vgl. Randnr. 01.20 ff.) gelten Randnr. 02.01–02.06 entsprechend. Der handelsrechtliche Umwandlungsstichtag kann z. B. bei einer Verschmelzung regelmäßig dem Verschmelzungsvertrag oder -plan (vgl. Randnr. 01.31) entnommen werden.

02.08 Für den Formwechsel einer ausländischen Kapitalgesellschaft in eine ausländische Personengesellschaft gilt ebenfalls die steuerliche Rückwirkungsregelung des § 9 UmwStG. Der maßgebende Rückbeziehungszeitraum ergibt sich aus § 9 Satz 3 UmwStG (vgl. Randnr. 09.02).

II. Steuerliche Rückwirkung

1. Rückwirkungsfiktion

a) Grundsatz

34 **02.09** § 2 UmwStG enthält eine Ausnahme von dem allgemeinen Grundsatz, dass Rechtsvorgänge mit steuerlicher Wirkung nicht rückbezogen werden können.

02.10 Der übertragende Rechtsträger besteht zivilrechtlich in der Zeit zwischen dem steuerlichen Übertragungsstichtag und der Eintragung der Umwandlung in das Handelsregister oder das jeweils im Ausland zuständige öffentliche Register (Rückwirkungszeitraum) fort. Steuerlich werden dem übertragenden Rechtsträger jedoch – soweit die Rückwirkungsfiktion vorbehaltlich des § 2 Abs. 3 UmwStG greift – kein Einkommen und kein Vermögen mehr zugerechnet. Zur Behandlung von Gewinnausschüttungen im Rückwirkungszeitraum an Anteilseigner, für die die Rückwirkungsfiktion nicht gilt, vgl. z. B. Randnr. 02.34.

02.11 Die steuerlichen Rückwirkungsfiktionen in § 2 Abs. 1 und § 9 Satz 3 UmwStG setzen nicht voraus, dass der übernehmende Rechtsträger zum steuerlichen Übertragungsstichtag bereits zivilrechtlich besteht. So ist z. B. eine rückwirkende Verschmelzung durch Aufnahme (§§ 4 ff., 39 ff. UmwG) möglich, auch wenn die aufnehmende Gesellschaft am steuerlichen Übertragungsstichtag zivilrechtlich noch nicht besteht. Die Steuerpflicht eines neu gegründeten übernehmenden Rechtsträgers beginnt unabhängig von der zivilrechtlichen Entstehung mit Ablauf des steuerlichen Übertragungsstichtags.

02.12 Bei Übertragung des Vermögens auf eine Personengesellschaft gelten die Rückwirkungsfiktionen in § 2 Abs. 1 und § 9 Satz 3 UmwStG auch für deren Gesellschafter (§ 2 Abs. 2 UmwStG).

Beispiel:

An der XY-GmbH sind die im Ausland ansässigen Gesellschafter-Geschäftsführer A und B zu je 50 % beteiligt. Die XY-GmbH wird in die XY-OHG formwechselnd umgewandelt. Die XY-GmbH erstellt zum 31. 12. 01 eine Schlussbilanz und die XY-OHG eine Eröffnungsbilanz.

Lösung:

Der XY-GmbH werden mit Ablauf des 31. 12. 01 kein Einkommen und kein Vermögen mehr zugerechnet. Zum selben Zeitpunkt werden nach § 2 Abs. 1 UmwStG die Gewerbesteuerpflicht der XY-OHG sowie nach § 2 Abs. 2 UmwStG die beschränkte Einkommensteuerpflicht von A und B als Mitunternehmer der XY-OHG begründet.

Ist der Gesellschafter wiederum eine Personengesellschaft, ist insoweit auf die dahinter stehenden Gesellschafter abzustellen.

02.13 Ab dem handelsrechtlichen Umwandlungsstichtag (vgl. Randnr. 02.02) gelten die Handlungen des übertragenden Rechtsträgers als für Rechnung des übernehmenden Rechtsträgers vorgenommen. Die Geschäftsvorfälle im Rückwirkungszeitraum und das Einkommen werden steuerlich dem übernehmenden Rechtsträger zugerechnet. Die Rückwirkungsfiktion betrifft lediglich die Zuordnung des Einkommens und des Vermögens des übertragenden Rechtsträgers.

In den Fällen der Verschmelzung werden Liefer- und Leistungsbeziehungen zwischen dem übertragenden und dem übernehmenden Rechtsträger im Rückwirkungszeitraum für ertragsteuerliche Zwecke nicht berücksichtigt. Soweit nicht ausdrücklich in § 2 Abs. 2 UmwStG etwas anderes bestimmt ist, bleibt die steuerrechtliche Behandlung Dritter, z. B. der Anteilseigner, mit ihren von der übertragenden Körperschaft bezogenen Einkünften von der Rückwirkungsfiktion unberührt (vgl. Randnr. 02.03).

In den Fällen der Auf-, Abspaltung und Ausgliederung hat die Zuordnung von Aufwendungen und Erträgen im Rückwirkungszeitraum zwischen dem übertragenden Rechtsträger und dem übernehmenden Rechtsträger oder den übernehmenden Rechtsträgern nach wirtschaftlichen Zusammenhängen zu erfolgen. Die Rückwirkungsfiktion führt hierbei jedoch nicht dazu, dass im Verhältnis zwischen dem übertragenden und dem übernehmenden Rechtsträger oder zwischen den übernehmenden Rechtsträgern Liefer- und Leistungsbeziehungen fingiert werden.

02.14 Für das Vorliegen eines Teilbetriebs kommt es auf die Verhältnisse zum steuerlichen Übertragungsstichtag an. Zu den Teilbetriebsvoraussetzungen im Einzelnen vgl. Randnr. 15.02 ff.

02.15 Das Vorliegen eines Besteuerungsrechts kann nicht rückwirkend fingiert werden. Für die Prüfung des Ausschlusses oder der Beschränkung des deutschen Besteuerungsrechts ist auf die tatsächlichen Verhältnisse zum Zeitpunkt des steuerlichen Übertragungsstichtags abzustellen.

02.16 Der Eintritt der Wirksamkeit einer Umwandlung, deren steuerliche Wirkungen nach § 2 UmwStG zurückbezogen werden, stellt ein rückwirkendes Ereignis i. S. d. § 175 Abs. 1 Satz 1 Nr. 2 AO dar. Steuer- und Feststellungsbescheide der übertragenden Körperschaft sowie Feststellungsbescheide von Mitunternehmerschaften, an denen die übertragende Körperschaft unmittelbar oder mittelbar beteiligt ist, sind ggf. dementsprechend zu ändern.

b) Keine Rückwirkungsfiktion für ausscheidende und abgefundene Anteilseigner

02.17 Die Rückwirkungsfiktion des § 2 Abs. 1 UmwStG betrifft grundsätzlich nur den übertragenden **35**
sowie den übernehmenden Rechtsträger und z. B. nicht den Anteilseigner der übertragenden Körperschaft, sofern er nicht auch der übernehmende Rechtsträger ist (vgl. Randnr. 02.03). Bei einer Personengesellschaft als übernehmender Rechtsträger gilt darüber hinaus nach § 2 Abs. 2 UmwStG die Rückwirkungsfiktion auch für die Gesellschafter der übernehmenden Personengesellschaft. Maßgebend ist dabei der Umfang der Beteiligung des Anteilseigners zum Zeitpunkt der Wirksamkeit der Umwandlung (vgl. im Folgenden Randnr. 02.21). Diese Grundsätze gelten für die Rückwirkungsfiktion nach § 9 Satz 3 UmwStG entsprechend (vgl. Randnr. 02.06).

02.18 Von der Rückwirkung nach § 2 Abs. 2 UmwStG sind die Anteilseigner der übertragenden Körperschaft ausgenommen, sofern sie oder im Erbfall deren Gesamtrechtsnachfolger nicht Gesellschafter der übernehmenden Personengesellschaft werden.

Beispiel:

Die XY-GmbH soll zum 1. 1. 02 auf die XY-KG verschmolzen werden. Anteilseigner und Mitunternehmer sind A und B zu je 50 %. Der Umwandlungsbeschluss erfolgte im April 02. Die Anmeldung der Umwandlung zum Handelsregister erfolgte im Mai 02 und die Eintragung im Juli 02.
A verstirbt am 30. 6. 02. Alleinerbin ist seine Ehefrau.

Lösung:

Das Vermögen des Erblassers geht auf die Ehefrau im Wege der Gesamtrechtsnachfolge über. Für ertragsteuerliche Zwecke gilt insoweit auch für die Ehefrau die Rückwirkungsfiktion nach § 2 Abs. 2 UmwStG, da die Ehefrau mit Eintragung der Umwandlung Gesellschafterin des übernehmenden Rechtsträgers, der XY-KG, wird.
Für erbschaftsteuerliche Zwecke gilt die Rückwirkungsfiktion nicht (vgl. Randnr. 01.01).

Die Rückwirkungsfiktion des § 2 Abs. 2 UmwStG gilt nicht für diejenigen Anteilseigner, die in der Zeit zwischen dem steuerlichen Übertragungsstichtag und der Eintragung der Umwandlung in das zuständige Register (Rückwirkungszeitraum) ganz oder teilweise aus der übertragenden Körperschaft (z. B. durch entgeltliche oder unentgeltliche Übertragung) ausscheiden. Soweit sie ausscheiden, sind sie bis zu ihrem Ausscheiden für steuerliche Zwecke als Anteilseigner der übertragenden Körperschaft zu behandeln.

02.19 Die vorstehenden Ausführungen gelten auch für Anteilseigner, die aus dem umgewandelten Rechtsträger gegen Barabfindung ausscheiden. Bei Verschmelzung, Auf-, Abspaltung oder Formwechsel eines Rechtsträgers hat der übernehmende Rechtsträger bzw. umgewandelte Rechtsträger jedem Anteilseigner, der gegen den Umwandlungsbeschluss des übertragenden oder umgewandelten Rechtsträgers Widerspruch eingelegt hat, den Erwerb seiner Anteile gegen eine angemessene Barabfindung anzubieten (§§ 29, 125 und 207 UmwG). Der abgefundene Anteilseigner scheidet handelsrechtlich erst nach der Eintragung in das jeweils zuständige Register und damit aus dem zivilrechtlich bereits bestehenden übernehmenden bzw. umgewandelten Rechtsträger aus. Steuerlich ist er jedoch so zu behandeln, als ob er nicht Gesellschafter des übernehmenden bzw. umgewandelten Rechtsträgers geworden und damit aus dem übertragenden Rechtsträger ausgeschieden ist.

2. Steuerliche Behandlung von im Rückwirkungszeitraum ausscheidenden und neu eintretenden Anteilseignern

a) Vermögensübergang auf eine Personengesellschaft oder natürliche Person

36 **02.20** Veräußert ein Anteilseigner einen Teil seiner Beteiligung an der übertragenden Körperschaft, für den bei ihm die Rückwirkungsfiktion des § 2 Abs. 2 UmwStG insoweit nicht gilt (vgl. Randnr. 02.17 ff.), überträgt er Anteile an einer Körperschaft und keinen Mitunternehmeranteil. Der Veräußerungsgewinn ist beim Anteilseigner nach den für die Veräußerung von Anteilen an Körperschaften geltenden steuerlichen Vorschriften (z. B. § 17 Abs. 1 oder § 20 Abs. 2 Satz 1 Nr. 1 EStG) zu beurteilen. Für die persönliche Zurechnung der Bezüge i. S. d. § 7 UmwStG kommt es auf die Verhältnisse im Zeitpunkt der Wirksamkeit der Umwandlung an, so dass bezogen auf diese Anteile dem Veräußerer keine Bezüge i. S. d. § 7 UmwStG zuzurechnen sind (vgl. Randnr. 07.02).

02.21 Der Erwerber der Anteile wird mit Eintragung der Umwandlung Gesellschafter der übernehmenden Personengesellschaft, so dass für ihn die Rückwirkungsfiktion des § 2 Abs. 2 UmwStG insoweit zur Anwendung kommt. Für ihn ist das Übernahmeergebnis nach § 4 Abs. 4 bis 6 i. V. m. § 5 Abs. 2 und 3 UmwStG zu ermitteln und ihm sind auch insoweit die Bezüge i. S. d. § 7 UmwStG zuzurechnen.

Beispiel:

A ist Alleingesellschafter der X-GmbH und hält seine Anteile im Privatvermögen. Die X-GmbH wird steuerlich rückwirkend zum 31. 12. 00 auf die bereits bestehende Y-OHG verschmolzen. Die Eintragung im Handelsregister erfolgt am 15. 6. 01. A veräußert am 1. 3. 01 die Hälfte seiner Beteiligung an der X-GmbH an B. Beim Erwerber gehört die Beteiligung zum Betriebsvermögen.

A und B sind Geschäftsführer der X-GmbH und erzielen im Rückwirkungszeitraum hierfür bisher Einkünfte i. S. d. § 19 Abs. 1 Satz 1 Nr. 1 EStG.

Lösung:

Soweit A seinen Anteil an der X-GmbH veräußert, findet § 2 Abs. 2 UmwStG keine Anwendung. A veräußert insoweit eine Beteiligung an einer Kapitalgesellschaft.

B erwirbt ungeachtet der Rückwirkungsfiktion einen Anteil an einer Kapitalgesellschaft. Gem. § 5 Abs. 3 UmwStG gilt dieser Anteil als mit den Anschaffungskosten am steuerlichen Übertragungsstichtag (hier: 31. 12. 00) in das Betriebsvermögen der Personengesellschaft überführt. Das Übernahmeergebnis sowie die Bezüge i. S. d. § 7 UmwStG sind insoweit dem Erwerber anteilig zum steuerlichen Übertragungsstichtag zuzurechnen.

Hinsichtlich ihrer Beteiligungen gilt für A und B die Rückwirkungsfiktion nach § 2 Abs. 2 UmwStG mit der Folge, dass die im Rückwirkungszeitraum erzielten Geschäftsführergehälter als Einkünfte i. S. d. § 15 Abs. 1 Satz 1 Nr. 2 zweiter Halbsatz EStG zu erfassen sind.

02.22 Werden die Anteile von der übernehmenden Personengesellschaft oder natürlichen Person erworben, ist das Übernahmeergebnis nach § 4 Abs. 4 bis 6 UmwStG so zu ermitteln, als hätte die übernehmende Personengesellschaft bzw. die natürliche Person die Anteile bereits am steuerlichen Übertragungsstichtag angeschafft (vgl. § 5 Abs. 1 UmwStG). Diese Anteile gelten damit als innerhalb von fünf Jahren vor dem steuerlichen Übertragungsstichtag i. S. d. § 4 Abs. 6 Satz 6 UmwStG erworben.

b) Vermögensübergang auf eine Körperschaft

37 **02.23** Veräußert ein Anteilseigner, für den die Rückwirkungsfiktion des § 2 Abs. 1 UmwStG nicht gilt (vgl. Randnr. 02.03), seine Beteiligung an der übertragenden Körperschaft, ist die Veräußerung steuerlich nach den allgemeinen Grundsätzen zu beurteilen (z. B. § 17 Abs. 1 oder § 20 Abs. 2 Satz 1 Nr. 1 EStG). Die Besteuerungsfolgen beim Veräußerer treten zum Zeitpunkt des Übergangs des wirtschaftlichen Eigentums i. S. d. § 39 AO ein. Für die Besteuerung des Erwerbers gilt grundsätzlich § 13 UmwStG, soweit es sich bei dem Erwerber nicht um den übernehmenden Rechtsträger handelt (vgl. Randnr. 02.24).

02.24 Erwirbt die übernehmende Körperschaft im Rückwirkungszeitraum Anteile an der übertragenden Körperschaft, gelten diese von der übernehmenden Körperschaft als am steuerlichen Übertragungsstichtag erworben (§ 12 Abs. 2 Satz 3 i. V. m. § 5 Abs. 1 UmwStG). Die Besteuerungsfolgen beim Veräußerer treten, da für ihn § 12 Abs. 2 Satz 3 i. V. m. § 5 Abs. 1 UmwStG nicht gilt, zum Zeitpunkt des Übergangs des wirtschaftlichen Eigentums i. S. d. § 39 AO ein. Die Ermittlung und Besteuerung des Übernahmeergebnisses ergibt sich gem. § 12 Abs. 2 Satz 1 und 2 UmwStG mit Wirkung zum steuerlichen Übertragungsstichtag.

3. Steuerliche Behandlung von Gewinnausschüttungen

a) Vermögensübergang auf eine Personengesellschaft oder natürliche Person

aa) Ausschüttungen, die vor dem steuerlichen Übertragungsstichtag abgeflossen sind

38 **• Übertragende Körperschaft**

02.25 Die im letzten Wirtschaftsjahr der übertragenden Körperschaft (= Wirtschaftsjahr der Umwandlung) vorgenommenen Ausschüttungen (u. a. abgeflossene Vorabausschüttungen, abgeflossene verdeckte Gewinnausschüttungen) haben das Betriebsvermögen der übertragenden Körperschaft zum steuerlichen Übertragungsstichtag und damit auch das übergehende Vermögen bereits verringert.

• Zuflusszeitpunkt und Besteuerung beim Anteilseigner

02.26 Die Ausschüttungen sind beim Anteilseigner als Einnahmen i. S. d. § 20 Abs. 1 Nr. 1 EStG zu erfassen und unterliegen der Besteuerung nach den allgemeinen Grundsätzen (z. B. § 3 Nr. 40 oder § 32 d EStG, § 8 b KStG). Für den Zufluss beim Anteilseigner gelten die gemeinen Grundsätze.

bb) Ausschüttungen, die nach dem steuerlichen Übertragungsstichtag abgeflossen sind

(1) Vor dem steuerlichen Übertragungsstichtag begründete Ausschüttungsverbindlichkeiten

• Übertragende Körperschaft

02.27 Am steuerlichen Übertragungsstichtag bereits beschlossene, aber noch nicht vollzogene offene Gewinnausschüttungen sowie noch nicht abgeflossene verdeckte Gewinnausschüttungen sind in der steuerlichen Schlussbilanz als Schuldposten (z. B. als Ausschüttungsverbindlichkeit oder als passivierte Tantieme) zu berücksichtigen. Das gilt sowohl für offene Gewinnausschüttungen als auch für beschlossene Vorabausschüttungen für das letzte oder frühere Wirtschaftsjahre der übertragenden Körperschaft und auch für verdeckte Gewinnausschüttungen, die erst im Rückwirkungszeitraum oder später abfließen. **39**

Ausschüttungen, für die ein Schuldposten gebildet worden ist, gelten unabhängig vom Zuflusszeitpunkt beim Anteilseigner (vgl. Randnr. 02.28 f.) für Zwecke der Anwendung des § 27 KStG als am steuerlichen Übertragungsstichtag abgeflossen.

Die Steuerbescheinigung i. S. d. § 27 Abs. 3 KStG ist von der übertragenden Körperschaft oder dem übernehmenden Rechtsträger als deren steuerlicher Rechtsnachfolger (§ 4 Abs. 2 Satz 1 UmwStG) auszustellen.

• Zuflusszeitpunkt und Besteuerung beim Anteilseigner

02.28 Für die Besteuerung der Ausschüttungen beim Anteilseigner ist für den Besteuerungszeitpunkt der in der steuerlichen Schlussbilanz als Schuldposten passivierten Ausschüttungsverbindlichkeiten (vgl. Randnr. 02.27) grundsätzlich zu unterscheiden, ob sie Anteilseigner betreffen, für die die Rückwirkungsfiktion gilt oder nicht gilt:

- Anteilseigner, die unter die Rückwirkungsfiktion fallen:
  Bei Ausschüttungsverbindlichkeiten gegenüber Anteilseignern, für die die Rückwirkungsfiktion Anwendung findet (vgl. Randnr. 02.03 und 02.17), gelten diese Ausschüttungen dem Anteilseigner nach § 2 Abs. 2 UmwStG bereits als am steuerlichen Übertragungsstichtag zugeflossen; der Ausweis einer Ausschüttungsverbindlichkeit in der steuerlichen Schlussbilanz bleibt hiervon unberührt. Für eine natürliche Person als übernehmender Rechtsträger gilt dies nach § 2 Abs. 1 UmwStG.
  Für Anteilseigner, für die ein Übernahmeergebnis nach § 4 UmwStG ermittelt wird (vgl. § 4 Abs. 4 Satz 3 UmwStG), sind die Ausschüttungen als Einkünfte nach § 15 Abs. 1 Satz 1 Nr. 2 EStG i. V. m. § 20 Abs. 1 Nr. 1, Abs. 8 EStG zu erfassen und nach den allgemeinen Grundsätzen zu besteuern (§ 3 Nr. 40 EStG oder § 8 b KStG). Für Anteilseigner, für die kein Übernahmeergebnis zu ermitteln ist, sind die Ausschüttungen als Einkünfte nach § 20 Abs. 1 Nr. 1 EStG zu erfassen und nach den allgemeinen Grundsätzen zu versteuern (§ 3 Nr. 40 EStG a. F. oder bei Zufluss nach dem 31. 12. 2008 § 32 d, § 43 Abs. 5 EStG).
- Anteilseigner, die nicht unter die Rückwirkungsfiktion fallen:
  Bei Ausschüttungsverbindlichkeiten gegenüber Anteilseignern, für die die Rückwirkungsfiktion nach § 2 Abs. 2 UmwStG nicht gilt (vgl. Randnr. 02.03 und 02.17 ff.), sind die Ausschüttungen nach den allgemeinen Grundsätzen als Einnahmen i. S. d. § 20 Abs. 1 Nr. 1 EStG zu erfassen und zu besteuern (z. B. § 3 Nr. 40 EStG oder § 8 b KStG bzw. bei Zufluss nach dem 31. 12. 2008 auch § 32 d, § 43 Abs. 5 EStG).

02.29 Veräußert ein Anteilseigner nur einen Teil seiner Anteile, sind Gewinnausschüttungen bezogen auf die verbliebenen und veräußerten Anteile entsprechend dem gesamten Beteiligungsverhältnis dieses Anteilseigners aufzuteilen und entsprechend den vorstehenden Grundsätzen zu beurteilen.

• Behandlung beim übernehmenden Rechtsträger

02.30 Beim übernehmenden Rechtsträger stellt der Abfluss der Gewinnausschüttung im Rückwirkungszeitraum grundsätzlich eine erfolgsneutrale Erfüllung einer Ausschüttungsverbindlichkeit dar. Die übernehmende Personengesellschaft oder natürliche Person ist als steuerlicher Rechtsnachfolger des übertragenden Rechtsträgers (§ 4 Abs. 2 Satz 1 UmwStG) zur Einbehaltung und Abführung der Kapitalertragsteuer nach den allgemeinen Grundsätzen verpflichtet (vgl. §§ 43 ff. EStG):

- Anteilseigner, die unter die Rückwirkungsfiktion fallen:
  Bei Ausschüttungsverbindlichkeiten an Anteilseigner, die unter die steuerliche Rückwirkungsfiktion fallen (vgl. Randnr. 02.03 und 02.17), gelten diese Ausschüttungen infolge der Wirksamkeit der Umwandlung als am steuerlichen Übertragungsstichtag zugeflossen. Für die Anwendung des § 44 Abs. 1 Satz 2 EStG gelten sie spätestens mit Eintritt der Wirksamkeit der Umwandlung als zugeflossen.
- Anteilseigner, die nicht unter die Rückwirkungsfiktion fallen:
  Bei in der steuerlichen Schlussbilanz ausgewiesenen Ausschüttungsverbindlichkeiten für nicht an der Rückwirkungsfiktion teilnehmende Anteilseigner (vgl. Randnr. 02.03 und 02.17 ff.) ist die Kapitalertragsteuer in dem Zeitpunkt, zu dem die Einnahmen i. S. d. § 20 Abs. 1 Nr. 1 EStG dem Gläubiger i. S. d. § 44 Abs. 1 Satz 2 EStG zufließen, von dem übernehmenden Rechtsträger als steuerlicher Rechtsnachfolger des übertragenden Rechtsträgers (§ 4 Abs. 2 Satz 1 UmwStG) einzubehalten und abzuführen, soweit dieser die Kapitalertragsteuer nicht bereits nach allgemeinen Grundsätzen einbehalten und abgeführt hat.

(2) Nach dem steuerlichen Übertragungsstichtag beschlossene Gewinnausschüttungen sowie verdeckte Gewinnausschüttungen und andere Ausschüttungen im Rückwirkungszeitraum sowie offene Rücklagen i. S. d. § 7 UmwStG

02.31 Offene oder verdeckte Gewinnausschüttungen der zivilrechtlich noch bestehenden übertragenden Körperschaft im Rückwirkungszeitraum sind steuerlich – trotz der Rückwirkungsfiktion des § 2 **40**

noch **40** Abs. 1 UmwStG – im Grundsatz weiterhin Ausschüttungen des übertragenden Rechtsträgers, da die Rückwirkungsfiktion des § 2 Abs. 1 UmwStG nicht den Anteilseigner und seine von der übertragenden Körperschaft bezogenen Ausschüttungen betrifft (vgl. Randnr. 02.03). Insoweit ist für diese Ausschüttungen ein passiver Korrekturposten in die steuerliche Schlussbilanz einzustellen, der wie eine Ausschüttungsverbindlichkeit (vgl. Randnr. 02.27) wirkt. Der steuerliche Gewinn der übertragenden Körperschaft mindert sich hierdurch nicht. Er ist ggf. außerhalb der steuerlichen Schlussbilanz entsprechend zu korrigieren. Das nach Vornahme dieser Korrektur in der steuerlichen Schlussbilanz verbliebene Eigenkapital stellt die Ausgangsgröße für die Ermittlung der offenen Rücklagen i. S. d. § 7 UmwStG dar (vgl. Randnr. 07.04). Bei der Zurechnung der offenen Rücklagen i. S. d. § 7 UmwStG gegenüber einem im Rückwirkungszeitraum neu eintretenden Gesellschafter sind die Ausschüttungen an Anteilseigner, für die die Rückwirkungsfiktion gilt, vorweg zu berücksichtigen (rückbezogene Ausschüttungen; vgl. Randnr. 02.33 und 07.06).

02.32 Die Bildung eines passiven Korrekturpostens i. S. d. Randnr. 02.31 kommt insoweit nicht für Ausschüttungen an Anteilseigner in Betracht, soweit für sie die Rückwirkungsfiktion gilt. Dies ist der Fall, wenn

- der Anteilseigner i. S. d. § 20 Abs. 5 EStG der übertragenden Körperschaft auch der übernehmende Rechtsträger ist (bei Verschmelzung auf eine natürliche Person) oder
- der Anteilseigner Gesellschafter der übernehmenden Personengesellschaft wird.

Im ersten Fall gilt die steuerliche Rückwirkungsfiktion nach § 2 Abs. 1 UmwStG und im zweiten Fall nach § 2 Abs. 2 UmwStG auch für den Anteilseigner der übertragenden Körperschaft, so dass es sich insoweit steuerlich nicht um Einnahmen i. S. d. § 20 Abs. 1 Nr. 1 EStG, sondern um Entnahmen i. S. d. § 4 Abs. 1 Satz 2 EStG der übernehmenden natürlichen Person oder des jeweiligen Gesellschafters handelt. Davon unberührt bleibt eine Zurechnung von Bezügen i. S. d. § 7 UmwStG i. V. m. § 20 Abs. 1 Nr. 1 EStG.

02.33 Ausschüttungen an Anteilseigner, für die die Rückwirkungsfiktion nicht gilt (vgl. Randnr. 02.03 und 02.17 ff.), sind als Einnahmen nach § 20 Abs. 1 Nr. 1 EStG zu behandeln und nach den allgemeinen Grundsätzen zu besteuern (z. B. § 3 Nr. 40 EStG oder § 8 b KStG bzw. bei Zufluss nach dem 31. 12. 2008 auch § 32 d, § 43 Abs. 5 EStG). Zum Abfluss für Zwecke der Anwendung des § 27 KStG vgl. Randnr. 02.27, zum Einbehalt und zur Abführung der Kapitalertragsteuer vgl. Randnr. 02.30 und zum Zeitpunkt der Besteuerung vgl. Randnr. 02.28.

Beispiel:

An der X-GmbH sind die Gesellschafter A (10 %), B (40 %) und C (50 %) beteiligt. Die X-GmbH wird zum 1. 1. 01 (steuerlicher Übertragungsstichtag 31. 12. 00) zusammen mit der Y-GmbH durch Neugründung auf die XY-OHG verschmolzen. Die Gesellschafterversammlung der X-GmbH beschließt am 30. 4. 01 eine Gewinnausschüttung für 01 i. H. v. 70 000 €. Die Ausschüttung wird am 31. 5. 01 ausgezahlt. Das steuerliche Eigenkapital i. S. d. § 7 UmwStG beträgt – vor Berücksichtigung eines Korrekturpostens – 100 000 €.
A verkauft seine im Privatvermögen gehaltene Beteiligung an der X-GmbH zum 1. 7. 01 an D. Die Eintragung der Verschmelzung im Handelsregister erfolgt am 31. 8. 01.

Lösung:

Für die steuerliche Beurteilung der nach dem steuerlichen Übertragungsstichtag beschlossenen Gewinnausschüttung sowie der Bezüge i. S. d. § 7 UmwStG der Gesellschafter A, B, C und D ist danach zu unterscheiden, welcher Anteilseigner an der Rückwirkungsfiktion nach § 2 Abs. 2 UmwStG teilnimmt:

Anteilseigner A

Da A infolge der Anteilsveräußerung nicht Gesellschafter der übernehmenden Personengesellschaft wird, gilt für ihn zum einen nicht die Rückwirkungsfiktion nach § 2 Abs. 2 UmwStG und zum anderen sind ihm keine Bezüge i. S. d. § 7 UmwStG zuzurechnen (vgl. Randnr. 02.20 und 07.02). In Höhe der dem A zuzurechnenden Gewinnausschüttung ist in der steuerlichen Schlussbilanz ein passiver Korrekturposten i. H. v. 7000 € steuerneutral zu bilden.
Dem ausgeschiedenen Anteilseigner A fließt die Gewinnausschüttung der übertragenden Körperschaft am 31. 5. 01 zu. Er hat diese Ausschüttung im Veranlagungszeitraum 01 als Einkünfte aus Kapitalvermögen zu versteuern (§ 20 Abs. 1 Nr. 1 EStG, § 3 Nr. 40 EStG bzw. bei Zufluss nach dem 31. 12. 2008 auch § 32 d, § 43 Abs. 5 EStG).

Anteilseigner B, C und D

Da die Anteilseigner B, C und D der übertragenden X-GmbH Gesellschafter der übernehmenden XY-OHG werden, findet zum einen die Rückwirkungsfiktion nach § 2 Abs. 2 UmwStG Anwendung und zum anderen sind ihnen die Bezüge i. S. d. § 7 UmwStG zuzurechnen. Die Bildung eines passiven Korrekturpostens kommt insoweit nicht in Betracht. Hinsichtlich der am 31. 5. 01 erfolgten Gewinnausschüttungen handelt es sich um Entnahmen von B und C nach § 4 Abs. 1 Satz 2 EStG.
Für die Zurechnung der Bezüge i. S. d. § 7 UmwStG ergibt sich Folgendes:

Eigenkapital i. S. d. § 7 UmwStG (ohne Korrekturposten)	100 000 €
Passiver Korrekturposten (Ausschüttung an A)	./. 7 000 €
Ausgangsgröße für die Bezüge i. S. d. § 7 UmwStG	93 000 €

Die Bezüge i. S. d. des § 7 UmwStG verteilen sich wie folgt:

	Vorspalte	B	C	D
Bezüge i. S. d. § 7 UmwStG	93 000 €			
Rückbezogene Ausschüttungen an B, C	./. 63 000 €	+ 28 000 €	+ 35 000 €	
Zwischensumme	30 000 €			
Verteilung nach Beteiligung am Nennkapital	./. 30 000 €	+ 12 000 €	+ 15 000 €	+ 3 000 €
Zu versteuernde Bezüge i. S. d. § 7 UmwStG		40 000 €	50 000 €	3 000 €

b) Vermögensübergang auf eine Körperschaft

02.34 Bei Umwandlung auf eine Körperschaft gilt für den Anteilseigner die steuerliche Rückwirkungsfiktion nach § 2 Abs. 1 UmwStG nicht, sofern dieser nicht der übernehmende Rechtsträger ist (vgl. Randnr. 02.03). Ausschüttungen an Anteilseigner, für die die Rückwirkungsfiktion nicht gilt, sind als Ausschüttungen der übertragenden Körperschaft und als Einnahmen nach § 20 Abs. 1 Nr. 1 EStG zu behandeln sowie nach den allgemeinen Grundsätzen zu besteuern (z. B. § 3 Nr. 40 EStG oder § 8 b KStG bzw. bei Zufluss nach dem 31. 12. 2008 auch § 32 d, § 43 Abs. 5 EStG). Zum Einbehalt und zur Abführung der Kapitalertragsteuer vgl. Randnr. 02.30 und zum Zeitpunkt der Besteuerung vgl. Randnr. 02.28. 41

Ausschüttungen der übertragenden Körperschaft, für die entsprechend Randnr. 02.27 ein Schuldposten oder entsprechend Randnr. 02.31 ein passiver Korrekturposten zu bilden ist, gelten für Zwecke der Anwendung des § 27 KStG spätestens im Zeitpunkt der zivilrechtlichen Wirksamkeit der Umwandlung als abgeflossen. Diese Ausschüttungen sind in der gesonderten Feststellung des steuerlichen Einlagekontos zum steuerlichen Übertragungsstichtag zu berücksichtigen.

Aus Vereinfachungsgründen bestehen für im Rückwirkungszeitraum erfolgte Gewinnausschüttungen keine Bedenken, diese so zu behandeln, als hätte der übernehmende Rechtsträger sie vorgenommen, wenn die Verpflichtung zum Einbehalt und zur Abführung der Kapitalertragsteuer nach §§ 43 ff. EStG hierdurch nicht beeinträchtigt wird.

02.35 Bei Verschmelzung einer Tochtergesellschaft auf ihre Muttergesellschaft gilt für Gewinnausschüttungen der Tochtergesellschaft an die Muttergesellschaft im Rückwirkungszeitraum die Rückwirkungsfiktion nach § 2 Abs. 1 UmwStG mit der Folge, dass eine steuerlich unbeachtliche Vorwegübertragung von Vermögen an die Muttergesellschaft vorliegt. Die Kapitalertragsteueranmeldung kann insoweit berichtigt werden.

4. Sondervergütungen bei Umwandlung in eine Personengesellschaft

02.36 Im Rückwirkungszeitraum gezahlte Vergütungen für die Tätigkeit im Dienst der Gesellschaft, für die Hingabe von Darlehen oder für die Überlassung von Wirtschaftsgütern an Anteilseigner, die Mitunternehmer der übernehmenden Personengesellschaft werden, sind dem Gewinnanteil der jeweiligen Mitunternehmer der übernehmenden Personengesellschaft in voller Höhe hinzuzurechnen (§ 15 Abs. 1 Satz 1 Nr. 2 zweiter Halbsatz EStG). Eine Aufteilung der Vergütung entsprechend Randnr. 02.29 findet nicht statt (vgl. hierzu auch das Beispiel in Randnr. 02.21). 42

5. Aufsichtsratsvergütungen und sonstige Fälle des Steuerabzugs nach § 50 a EStG

02.37 Aufsichtsratsvergütungen der übertragenden Körperschaft für den Rückwirkungszeitraum werden steuerlich weiterhin vom übertragenden Rechtsträger geleistet. An Dritte gezahlte Vergütungen stellen im Grundsatz Betriebsausgaben des übertragenden Rechtsträgers dar, die nach § 2 Abs. 1 UmwStG dem übernehmenden Rechtsträger rückwirkend zugerechnet werden. Eine Steuerabzugsverpflichtung nach § 50 a EStG geht z. B. nach § 4 Abs. 2 Satz 1 UmwStG auf den übernehmenden Rechtsträger über. § 10 Nr. 4 KStG ist bei Umwandlung in eine Personengesellschaft nicht anzuwenden. 43

Der Vergütungsgläubiger hat die Einnahmen als Einkünfte i. S. d. § 18 Abs. 1 Nr. 3 EStG zu versteuern. Dies gilt jedoch nicht bei Umwandlung in eine Personengesellschaft, wenn der Vergütungsgläubiger Anteilseigner der übertragenden Körperschaft ist und Gesellschafter der übernehmenden Personengesellschaft wird, insoweit gilt Randnr. 02.36.

Vorstehende Grundsätze gelten für andere steuerabzugspflichtige Vergütungen i. S. d. § 50 a EStG entsprechend.

6. Vermeidung der Nichtbesteuerung (§ 2 Abs. 3 UmwStG)

02.38 § 2 Abs. 3 UmwStG schließt die steuerliche Rückwirkung aus, soweit bei ausländischen Umwandlungen (vgl. Randnr. 01.20 ff.) aufgrund abweichender Regelungen zur steuerlichen Rückbeziehung eines in § 1 Abs. 1 UmwStG bezeichneten Vorgangs Einkünfte der Besteuerung in einem anderen Staat entzogen werden. Die Vorschrift soll die Nichtbesteuerung von Einkünften aufgrund abweichender Rückwirkungsregelungen vermeiden. Abweichende Rückwirkungsregelungen liegen insbesondere bei unterschiedlichen Rückwirkungszeiträumen oder unterschiedlicher Ausgestaltung der Rückwirkungsregelungen vor. 44

7. Beschränkung der Verlustnutzung (§ 2 Abs. 4 UmwStG)[1]

02.39 § 2 Abs. 4 UmwStG enthält eine Verlustnutzungsbeschränkung. Mit dieser Regelung soll verhindert werden, dass aufgrund der steuerlichen Rückwirkungsfiktion in § 2 Abs. 1 und 2 UmwStG gestalterisch eine Verlustnutzung (einschließlich des Erhalts eines Zinsvortrags oder eines EBITDA-Vortrags) erreicht werden kann. Voraussetzung für die Verlustnutzung ist, dass diese auch ohne die steuerliche Rückwirkung nach § 2 Abs. 1 oder 2 UmwStG möglich gewesen wäre. Dabei kommt es nicht darauf an, ob z. B. im Fall des § 8 c KStG ein schädlicher Beteiligungserwerb vor dem Umwandlungsbeschluss oder in dem Zeitraum nach dem Umwandlungsbeschluss bis zur Eintragung der Umwandlung erfolgt. 45

02.40 Nach § 2 Abs. 4 Satz 2 UmwStG gilt die Rechtsfolge in § 2 Abs. 4 Satz 1 UmwStG für Verluste des übertragenden Rechtsträgers im Rückwirkungszeitraum entsprechend. Danach kann z. B. auch ein laufender Verlust des übertragenden Rechtsträgers im Rückwirkungszeitraum insoweit nicht mit den positiven Einkünften des übernehmenden Rechtsträgers ausgeglichen werden.

---

[1] Weitere Ausführungen und Beispiele enthält der *Erlass FM Brandenburg v. 17. 3. 2015 35 – S 1978–2014 #001, KSt-Kartei RP § 4 KStG Karte E 1.*

Zweiter Teil. Vermögensübergang bei Verschmelzung auf eine Personengesellschaft oder auf eine natürliche Person und Formwechsel einer Kapitalgesellschaft in eine Personengesellschaft

A. Wertansätze in der steuerlichen Schlussbilanz der übertragenden Körperschaft (§ 3 UmwStG)

I. Pflicht zur Abgabe einer steuerlichen Schlussbilanz

46 **03.01** Jede übertragende Körperschaft ist nach § 3 Abs. 1 Satz 1 UmwStG zur Erstellung und Abgabe einer steuerlichen Schlussbilanz auf den steuerlichen Übertragungsstichtag verpflichtet. Dies gilt unabhängig davon, ob die übertragende Körperschaft im Inland einer Steuerpflicht unterliegt (§§ 1, 2 KStG), im Inland zur Führung von Büchern verpflichtet ist (§ 5 Abs. 1 EStG, §§ 141 ff. AO) oder überhaupt inländisches Betriebsvermögen besitzt. Für den Formwechsel ergibt sich eine entsprechende Verpflichtung aus § 9 Satz 2 UmwStG. Die steuerliche Schlussbilanz i. S. d. § 3 Abs. 1 Satz 1 UmwStG ist eine eigenständige Bilanz und von der Gewinnermittlung i. S. d. § 4 Abs. 1, § 5 Abs. 1 EStG zu unterscheiden.

Als Abgabe der steuerlichen Schlussbilanz gilt auch die ausdrückliche Erklärung, dass die Steuerbilanz i. S. d. § 4 Abs. 1, § 5 Abs. 1 EStG gleichzeitig die steuerliche Schlussbilanz sein soll, wenn diese Bilanz der steuerlichen Schlussbilanz entspricht; diese Erklärung ist unwiderruflich. In dieser Erklärung ist zugleich ein konkludent gestellter Antrag auf Ansatz des Buchwerts zu sehen (vgl. Randnr. 03.29).

Fällt der steuerliche Übertragungsstichtag nicht auf das Ende des Wirtschaftsjahrs, entsteht insoweit ein Rumpfwirtschaftsjahr (§ 8 b Satz 2 Nr. 1 EStDV).

03.02 Die Vorlage einer steuerlichen Schlussbilanz ist nur dann nicht erforderlich, wenn sie nicht für inländische Besteuerungszwecke benötigt wird. Bei Übergang des Vermögens auf eine Personengesellschaft oder natürliche Person ist die Erstellung einer steuerlichen Schlussbilanz für inländische Besteuerungszwecke insbesondere immer dann von Bedeutung, wenn die übertragende Körperschaft, ein Mitunternehmer der übernehmenden Personengesellschaft oder die übernehmende natürliche Person im Inland steuerpflichtig ist.

03.03 Der Eintritt der Wirksamkeit einer Umwandlung, deren steuerliche Wirkungen nach § 2 UmwStG zurückbezogen werden, stellt ein rückwirkendes Ereignis i. S. d. § 175 Abs. 1 Satz 1 Nr. 2 AO dar (vgl. Randnr. 02.16).

II. Ansatz und Bewertung der übergehenden Wirtschaftsgüter

1. Ansatz der übergehenden Wirtschaftsgüter dem Grunde nach

47 **03.04** § 3 UmwStG ist eine eigenständige steuerliche Ansatz- und Bewertungsvorschrift. In der steuerlichen Schlussbilanz sind sämtliche übergehenden aktiven und passiven Wirtschaftsgüter, einschließlich nicht entgeltlich erworbener und selbst geschaffener immaterieller Wirtschaftsgüter, anzusetzen. Steuerfreie Rücklagen (z. B. § 6 b EStG oder § 7 g EStG a. F.) bzw. ein steuerlicher Ausgleichsposten nach § 4 g EStG sind nach § 4 Abs. 2 Satz 1 UmwStG dem Grunde nach anzusetzen, soweit die Buchwerte fortgeführt bzw. die Zwischenwerte angesetzt werden. § 5 b EStG gilt für die steuerliche Schlussbilanz entsprechend.

03.05 Zu einzelnen Positionen der steuerlichen Schlussbilanz:

- **Ausstehende Einlagen**
  Das gezeichnete Kapital ist um eingeforderte sowie um nicht eingeforderte ausstehende Einlagen zu kürzen, soweit diese nicht vom gezeichneten Kapital entsprechend § 272 Abs. 1 Satz 3 HGB[1] abgesetzt wurden. Zu den Folgen bei der Ermittlung des Übernahmegewinns siehe Randnr. 04.31.
- **Eigene Anteile**
  Eigene Anteile der übertragenden Körperschaft sind nicht in der steuerlichen Schlussbilanz anzusetzen, da sie nicht auf den übernehmenden Rechtsträger übergehen, sondern mit der Wirksamkeit der Umwandlung untergehen. Dieser Vorgang ist gewinnneutral.
- **Geschäfts- oder Firmenwert**
  Nach § 3 Abs. 1 Satz 1 UmwStG ist auch ein originärer Geschäfts- oder Firmenwert der übertragenden Körperschaft anzusetzen.
- **Forderungen und Verbindlichkeiten**
  Forderungen und Verbindlichkeiten gegen den übernehmenden Rechtsträger sind in der steuerlichen Schlussbilanz auch anzusetzen, wenn sie durch die Verschmelzung erlöschen. Zum Entstehen eines Übernahmefolgegewinns oder -verlusts bei Bewertungsunterschieden und dessen steuerlicher Behandlung siehe Randnr. 06.01 ff.
- **Rückstellung für Grunderwerbsteuer**
  Für aufgrund einer Verschmelzung der übertragenden Körperschaft anfallende Grunderwerbsteuer kann keine Rückstellung gebildet werden, soweit sie vom übertragenden Rechtsträger zu tragen ist (BFH vom 15. 10. 1997, I R 22/96, BStBl. 1998 II S. 168, und *BMF-Schreiben vom 18. 1. 2010, BStBl. I S. 70*[2]).

03.06 Die steuerlichen Ansatzverbote des § 5 EStG gelten nicht für die steuerliche Schlussbilanz (vgl. Randnr. 03.04), es sei denn, die Buchwerte werden fortgeführt. Beim übernehmenden Rechtsträger gelten zu den folgenden Bilanzstichtagen die allgemeinen Grundsätze (vgl. Randnr 04.16).

---

[1] **[Amtl. Anm.:]** I. d. F. des Gesetzes zur Modernisierung des Bilanzrechts (Bilanzrechtsmodernisierungsgesetz – BilMoG) vom 25. 5. 2009, BGBl. I S. 1102.

[2] Aufgehoben durch *BMF-Schrb. v. 24. 3. 2014 IV A 2 – O 2000/13/10002, BStBl. I S. 606.*

2. Ansatz der übergehenden Wirtschaftsgüter der Höhe nach

a) Ansatz der übergehenden Wirtschaftsgüter mit dem gemeinen Wert bzw. dem Teilwert nach § 6 a EStG

03.07 Die übergehenden aktiven und passiven Wirtschaftsgüter sind in der steuerlichen Schlussbilanz auf den steuerlichen Übertragungsstichtag mit dem gemeinen Wert bzw. bei Pensionsrückstellungen mit dem Teilwert nach § 6 a EStG anzusetzen. Die Bewertung nach § 3 Abs. 1 Satz 1 UmwStG zum gemeinen Wert hat dabei nicht bezogen auf jedes einzelne übergehende Wirtschaftsgut, sondern bezogen auf die Gesamtheit der übergehenden aktiven und passiven Wirtschaftsgüter zu erfolgen (Bewertung als Sachgesamtheit). 48

Die Ermittlung des gemeinen Werts der Sachgesamtheit kann, sofern der gemeine Wert des übertragenden Rechtsträgers nicht aus Verkäufen abgeleitet werden kann, anhand eines allgemein anerkannten ertragswert- oder zahlungsstromorientierten Verfahrens erfolgen, welches ein gedachter Erwerber des Betriebs der übertragenden Körperschaft bei der Bemessung des Kaufpreises zu Grunde legen würde (vgl. § 109 Abs. 1 Satz 2 i. V. m. § 11 Abs. 2 BewG); der Bewertungsvorbehalt für Pensionsrückstellungen nach § 3 Abs. 1 Satz 2 UmwStG ist zu beachten. Zur Bewertung nach § 11 Abs. 2 BewG gelten die gleich lautenden Erlasse der obersten Finanzbehörden der Länder zur Anwendung der §§ 11, 95 bis 109 und 199 ff. BewG in der Fassung des ErbStRG vom 17. 5. 2011, BStBl. I S. 606, für ertragsteuerliche Zwecke entsprechend (vgl. BMF-Schreiben vom 22. 9. 2011, BStBl. I S. 859).[1]

03.08 Aufgrund der Bewertung von Pensionsrückstellungen mit dem Teilwert i. S. d. § 6 a EStG nach § 3 Abs. 1 Satz 2 UmwStG mindert ein tatsächlich höherer gemeiner Wert der Versorgungsverpflichtung steuerlich nicht den gemeinen Wert des Unternehmens i. S. d. § 3 Abs. 1 UmwStG.

Beispiel:

Die XY-GmbH soll zum 31. 12. 00 auf die XY-KG verschmolzen werden. Die Steuerbilanz i. S. d. § 5 Abs. 1 EStG sowie die Werte i. S. d. § 3 Abs. 1 UmwStG stellen sich vereinfacht wie folgt dar:

	gemeiner Wert	Buchwert		*gemeiner Wert*	Buchwert
Aktiva diverse	*2 000 000 €*	2000 000 €	Eigenkapital		1 000 000 €
Firmenwert	*2 000 000 €*		Pensionsrückstellungen	*2 000 000 €*	1 000 000 €
	(4 000 000 €)	2000 000 €		*(2 000 000 €)*	2 000 000 €

Lösung:

Die steuerliche Schlussbilanz der XY-GmbH zum 31. 12. 00 ergibt sich danach wie folgt:

Aktiva diverse	2 000 000 €	Eigenkapital	3000 000 €
Firmenwert	2 000 000 €	Pensionsrückstellungen	1000 000 €
	4 000 000 €		4 000 000 €

Obwohl der gemeine Wert der Sachgesamtheit nur 2 000 000 € beträgt, ist eine Berücksichtigung der Differenz zwischen dem Wert der Pensionsrückstellung i. S. d. § 6 a EStG und dem gemeinen Wert dieser Verpflichtung nicht zulässig; vgl. § 3 Abs. 1 Satz 2 UmwStG.

03.09 Die Bewertung mit dem gemeinen Wert bzw. mit dem Teilwert i. S. d. § 6 a EStG hat nach den Verhältnissen zum steuerlichen Übertragungsstichtag zu erfolgen. Der gemeine Wert der Sachgesamtheit ist analog § 6 Abs. 1 Nr. 7 EStG im Verhältnis der Teilwerte der übergehenden Wirtschaftsgüter auf die einzelnen Wirtschaftsgüter zu verteilen.

b) Ansatz der übergehenden Wirtschaftsgüter mit dem Buchwert

03.10 Auf Antrag können die übergehenden Wirtschaftsgüter einheitlich mit dem Buchwert angesetzt werden, soweit 49

- sie Betriebsvermögen der übernehmenden Personengesellschaft oder natürlichen Person werden und sichergestellt ist, dass sie später der Besteuerung mit Einkommen- oder Körperschaftsteuer unterliegen (§ 3 Abs. 2 Satz 1 Nr. 1 UmwStG),
- das Recht der Bundesrepublik Deutschland hinsichtlich der Besteuerung des Gewinns aus der Veräußerung der übertragenen Wirtschaftsgüter bei den Gesellschaftern der übernehmenden Personengesellschaft oder bei der übernehmenden natürlichen Person nicht ausgeschlossen oder beschränkt wird (§ 3 Abs. 2 Satz 1 Nr. 2 UmwStG) und
- eine Gegenleistung nicht gewährt wird oder in Gesellschaftsrechten besteht (§ 3 Abs. 2 Satz 1 Nr. 3 UmwStG).

Für den Ansatz des Buchwerts sind die Ansätze in der Handelsbilanz nicht maßgeblich. Wegen des Begriffs Buchwert vgl. Randnr. 01.57.

Gehört zum übergehenden Vermögen der übertragenden Körperschaft ein Mitunternehmeranteil an der übernehmenden oder einer anderen Personengesellschaft, entspricht der Buchwertansatz dem auf die übertragende Körperschaft entfallenden anteiligen Kapitalkonto – unter Berücksichtigung etwaiger Ergänzungs- und Sonderbilanzen – bei der Mitunternehmerschaft.

03.11 Die Prüfung der in Randnr. 03.10 genannten Voraussetzungen erfolgt bezogen auf jeden einzelnen an der steuerlichen Rückwirkungsfiktion beteiligten Anteilseigner der übertragenden Körperschaft – soweit nicht für die Betriebsvermögenseigenschaft i. S. d. § 3 Abs. 2 Satz 1 Nr. 1 UmwStG auf

[1] **Vgl. jetzt** R B 11.1–11.6, 95–109.2, 199.1–203 ErbStR.

den übernehmenden Rechtsträger abgestellt wird – und bezogen auf die Verhältnisse zum steuerlichen Übertragungsstichtag (vgl. Randnr. 02.15).

03.12 Ist der gemeine Wert der Sachgesamtheit geringer als die Summe der Buchwerte der übergehenden Wirtschaftsgüter, ist ein Ansatz zum Buchwert ausgeschlossen.

03.13 Der Antrag auf Fortführung der Buchwerte der übergehenden Wirtschaftsgüter kann nur einheitlich gestellt werden. Einem solchen Antrag steht nicht entgegen, dass zum Teil Wirtschaftsgüter mit dem gemeinen Wert in der steuerlichen Schlussbilanz anzusetzen sind, weil insoweit die Voraussetzungen des § 3 Abs. 2 Satz 1 Nr. 1 oder 2 UmwStG nicht gegeben sind. Bei Gewährung einer Gegenleistung i. S. d. § 3 Abs. 2 Satz 1 Nr. 3 UmwStG ist eine Fortführung der Buchwerte ausgeschlossen (vgl. Randnr. 03.21 ff.).

aa) Übergang in Betriebsvermögen und Sicherstellung der Besteuerung mit Einkommen- oder Körperschaftsteuer (§ 3 Abs. 2 Satz 1 Nr. 1 UmwStG)

50 **03.14** Wird das Vermögen der übertragenden Körperschaft nicht Betriebsvermögen der übernehmenden Personengesellschaft oder natürlichen Person, sind die aktiven und passiven Wirtschaftsgüter in der steuerlichen Schlussbilanz mit dem gemeinen Wert bzw. bei Pensionsrückstellungen mit dem Teilwert i. S. d. § 6 a EStG anzusetzen (vgl. Randnr. 03.07). Der Ansatz eines Geschäfts- oder Firmenwerts erfolgt in diesen Fällen nach § 3 Abs. 1 Satz 1 UmwStG auch dann, wenn der Betrieb der übertragenden Körperschaft nicht fortgeführt wird.

03.15 Für die Zugehörigkeit der übergehenden Wirtschaftsgüter zu einem Betriebsvermögen des übernehmenden Rechtsträgers ist es unbeachtlich, ob das Betriebsvermögen im In- oder im Ausland belegen ist. Die Beurteilung, ob es sich beim übernehmenden Rechtsträger um Betriebsvermögen handelt, ergibt sich nach den allgemeinen steuerlichen Grundsätzen (§§ 13, 15 oder 18 EStG). Bei Vermögensübergang auf eine gewerblich geprägte Personengesellschaft i. S. d. § 15 Abs. 3 Nr. 2 EStG mit Sitz im In- oder Ausland werden die übertragenen Wirtschaftsgüter in der Regel Betriebsvermögen des übernehmenden Rechtsträgers; ausgenommen z. B. bei privater Nutzung.

03.16 Die übertragenen Wirtschaftsgüter müssen Betriebsvermögen der übernehmenden Personengesellschaft oder der natürlichen Person werden. Diese Voraussetzung liegt auch dann nicht vor, wenn die übernehmende Personengesellschaft keine Einkünfte i. S. d. § 15 EStG erzielt und die Beteiligung an dieser Personengesellschaft zu einem in- oder ausländischen Betriebsvermögen gehört (sog. Zebragesellschaft); vgl. auch Randnr. 08.03.

03.17 Die Besteuerung des übertragenen Vermögens mit Einkommen- oder Körperschaftsteuer ist sichergestellt, wenn das übertragene Vermögen hinsichtlich der Wertsteigerungen bei den Mitunternehmern der übernehmenden Personengesellschaft oder der übernehmenden natürlichen Person weiterhin einer Besteuerung mit Einkommen- oder Körperschaftsteuer unterliegt. Eine Besteuerung mit Gewerbesteuer ist hingegen nicht erforderlich.

Die Besteuerung ist z. B. nicht sichergestellt, soweit Mitunternehmer der übernehmenden Personengesellschaft eine steuerbefreite Körperschaft (z. B. § 16 Abs. 1 Satz 1 REITG) oder auch ein steuerbefreites Zweckvermögen (z. B. *§ 11 Abs. 1 Satz 2 InvStG*[1]) ist.

Eine Besteuerung i. S. d. § 3 Abs. 2 Satz 1 Nr. 1 UmwStG ist auch eine mit der inländischen Einkommen- oder Körperschaftsteuer vergleichbare ausländische Steuer.

bb) Kein Ausschluss oder Beschränkung des deutschen Besteuerungsrechts (§ 3 Abs. 2 Satz 1 Nr. 2 UmwStG)

51 **03.18** Ein Ansatz der übergehenden Wirtschaftsgüter in der steuerlichen Schlussbilanz mit dem Buchwert ist nicht zulässig, soweit das Recht der Bundesrepublik Deutschland hinsichtlich der Besteuerung des Gewinns aus der Veräußerung der übertragenen Wirtschaftsgüter bei den Gesellschaftern der übernehmenden Personengesellschaft oder bei der übernehmenden natürlichen Person ausgeschlossen oder beschränkt wird (sog. Entstrickung). Die Voraussetzungen des § 3 Abs. 2 Satz 1 Nr. 2 UmwStG sind bei den Gesellschaftern der übernehmenden Personengesellschaft bzw. bei der übernehmenden natürlichen Person subjekt- und objektbezogen zu prüfen und entsprechen insoweit den gleichlautenden Entstrickungstatbeständen in § 4 Abs. 1 Satz 3 EStG und § 12 Abs. 1 KStG. Danach liegt ein Ausschluss oder eine Beschränkung des Besteuerungsrechts hinsichtlich des Gewinns aus der Veräußerung eines Wirtschaftsguts insbesondere vor, wenn ein bisher einer inländischen Betriebsstätte des Steuerpflichtigen zuzuordnendes Wirtschaftsgut einer ausländischen Betriebsstätte zuzuordnen ist (vgl. § 4 Abs. 1 Satz 4 EStG und § 12 Abs. 1 Satz 2 KStG).

Allein der Ausschluss oder die Beschränkung des deutschen Besteuerungsrechts für Zwecke der Gewerbesteuer stellt keine Beschränkung i. S. d. § 3 Abs. 2 Satz 1 Nr. 2 UmwStG dar.

03.19 Ein Ausschluss des deutschen Besteuerungsrechts hinsichtlich des Gewinns aus der Veräußerung eines Wirtschaftsguts setzt voraus, dass ein – ggf. auch eingeschränktes – deutsches Besteuerungsrecht hinsichtlich des Gewinns aus der Veräußerung des übertragenen Wirtschaftsguts bestanden hat und dies in vollem Umfang entfällt.

Beispiel:

Die XY-GmbH soll in die XY-KG durch Formwechsel umgewandelt werden. Anteilseigner und Mitunternehmer sind A und B zu je 50 %. Die XY-GmbH hat u. a. eine Betriebsstätte in einem ausländischen Staat, mit dem kein DBA besteht. A und B haben ihren Wohnsitz und gewöhnlichen Aufenthalt im Ausland.

---

[1] **InvStG 2004 aufgehoben** durch InvStRefG v. 19. 7. 2016 (BGBl. I S. 1730) **mWv 31. 12. 2017;** ab 1. 1. 2018 siehe InvStG 2018 v. 19. 7. 2016 (BGBl. I S. 1730).

Lösung:

Aufgrund des Formwechsels der XY-GmbH in die XY-KG wird das deutsche Besteuerungsrecht hinsichtlich des Gewinns aus der Veräußerung der der ausländischen Betriebsstätte zuzurechnenden Wirtschaftsgüter zum steuerlichen Übertragungsstichtag ausgeschlossen, da die beiden Mitunternehmer mit den ausländischen Betriebsstätteneinkünften nicht der beschränkten Einkommen- oder Körperschaftsteuerpflicht i. S. d. § 49 EStG unterliegen.

Zur Aufstellung einer Ergänzungsbilanz bei der übernehmenden Personengesellschaft vgl. Randnr. 04.24.

Sofern jedoch vor der Umwandlung z. B. ein uneingeschränktes Besteuerungsrecht bestand und nach der Umwandlung ein der Höhe oder dem Umfang nach begrenztes deutsches Besteuerungsrecht fortbesteht, ist eine Beschränkung des deutschen Besteuerungsrechts gegeben.

03.20 Eine grenzüberschreitende Umwandlung für sich ändert grundsätzlich nicht die abkommensrechtliche Zuordnung von Wirtschaftsgütern zu einer in oder ausländischen Betriebsstätte (vgl. auch die Entstrickungsregelungen in § 4 Abs. 1 Satz 4 EStG, § 12 Abs. 1 Satz 2 KStG). Für die Beurteilung der Frage, ob eine Änderung der Zuordnung vorliegt, sind die Grundsätze des BMF-Schreibens vom 24. 12. 1999, BStBl. I S. 1076, zuletzt geändert durch BMF-Schreiben vom 25. 8. 2009, BStBl. I S. 888, maßgebend. Darüber hinaus kommt eine Entstrickung infolge der Umwandlung, die sich auf das steuerliche Übertragungsergebnis auswirkt, insbesondere im Zusammenhang mit dem Wechsel der Steuerpflicht in Betracht; vgl. das Beispiel in Randnr. 03.19.

cc) Keine Gegenleistung oder Gegenleistung in Form von Gesellschaftsrechten (§ 3 Abs. 2 Satz 1 Nr. 3 UmwStG)

03.21 Ein Ansatz der übergehenden Wirtschaftsgüter in der steuerlichen Schlussbilanz mit dem 52
Buchwert ist nicht zulässig, soweit den verbleibenden Anteilseignern der übertragenden Körperschaft oder diesen nahe stehenden Personen eine Gegenleistung gewährt wird, die nicht in Gesellschaftsrechten besteht. Eine solche Gegenleistung ist insbesondere bei Leistung barer Zuzahlungen (z. B. Spitzenausgleich nach § 54 Abs. 4 oder § 68 Abs. 3 UmwG) oder Gewährung anderer Vermögenswerte (z. B. Darlehensforderungen) durch den übernehmenden Rechtsträger oder eine diesem nahe stehende Personen gegeben. Der Untergang der Beteiligung an der übertragenden Körperschaft (z. B. bei einer Aufwärtsverschmelzung) oder die Berücksichtigung der auf die Einnahmen i. S. d. § 7 UmwStG anfallenden Kapitalertragsteuer, die der übernehmende Rechtsträger als steuerlicher Rechtsnachfolger i. S. d. § 4 Abs. 2 Satz 1 UmwStG zu entrichten hat, als Entnahmen stellen keine Gegenleistung i. S. d. § 3 Abs. 2 Satz 1 Nr. 3 UmwStG dar.

Für die Beurteilung als Gegenleistung i. S. d. § 3 Abs. 2 Satz 1 Nr. 3 UmwStG ist es nicht erforderlich, dass die Leistung aufgrund umwandlungsgesetzlicher Regelungen (z. B. §§ 15, 126 Abs. 1 Nr. 3 UmwG) erfolgt. Im Übrigen gilt Randnr. 24.11 entsprechend.

Nicht in Gesellschaftsrechten bestehende Gegenleistungen stellen beim Anteilseigner einen Veräußerungserlös für seine Anteile dar. Bei einer nur anteiligen Veräußerung (z. B. Spitzenausgleich) sind zur Ermittlung des Veräußerungsgewinns dem Veräußerungserlös nur die anteiligen Anschaffungskosten dieser Anteile an dem übertragenden Rechtsträger gegenüberzustellen (vgl. auch Randnr. 13.02).

03.22 Zahlungen an ausscheidende Anteilseigner aufgrund Barabfindung nach §§ 29, 125 oder 207 UmwG stellen keine Gegenleistungen i. S. d. § 3 Abs. 2 Satz 1 Nr. 3 UmwStG dar. Beim Übergang des Vermögens des übertragenden Rechtsträgers i. S. d. § 20 Abs. 1 Nr. 1 UmwG auf einen Anteilseigner der übertragenden Körperschaft handelt es sich – hinsichtlich des übernommenen Vermögens – ebenfalls um keine Gegenleistung i. S. d. § 3 Abs. 2 Satz 1 Nr. 3 UmwStG.

03.23 Bei Gewährung einer Gegenleistung, die nicht in Gesellschaftsrechten besteht, sind die übergehenden Wirtschaftsgüter in der steuerlichen Schlussbilanz der übertragenden Körperschaft insoweit mindestens mit dem Wert der Gegenleistung anzusetzen.

I. H. der Differenz zwischen dem Wert der Gegenleistung und den auf die Gegenleistung entfallenden (anteiligen) Buchwerten der übergehenden Wirtschaftsgüter ergibt sich ein Übertragungsgewinn. Der Berechnung des anteiligen Buchwerts ist dabei das Verhältnis des Gesamtwerts der Gegenleistung zum Wert der Sachgesamtheit i. S. d. § 3 Abs. 1 UmwStG zu Grunde zu legen.

I. H. des Übertragungsgewinns sind die Wirtschaftsgüter in der steuerlichen Schlussbilanz aufzustocken. Der jeweilige Aufstockungsbetrag ermittelt sich aus dem Verhältnis des Übertragungsgewinns zu den gesamten stillen Reserven und stillen Lasten, mit Ausnahme der stillen Lasten in Pensionsrückstellungen. I. H. dieses Prozentsatzes sind die in den jeweiligen Wirtschaftsgütern enthaltenen stillen Reserven aufzudecken.

Beispiel:

Die XY-GmbH soll auf die XY-KG verschmolzen werden. Die Steuerbilanz i. S. d. § 5 Abs. 1 EStG sowie die Werte i. S. d. § 3 Abs. 1 UmwStG stellen sich vereinfacht wie folgt dar:

	gemeiner Wert	**Buchwert**		**gemeiner Wert**	**Buchwert**
Anlagevermögen	*300 000 €*	200 000 €	Eigenkapital		300 000 €
Umlaufvermögen	*150 000 €*	100 000 €	Drohverlustrückstellung	20 000 €	
Knowhow	*70 000 €*				
Firmenwert	*100 000 €*				
	(620 000 €)	300 000 €			300 000 €

Die Gesellschafter der XY-GmbH erhalten bare Zuzahlungen i. H. v. insgesamt 60 000 €.

Lösung:

Die baren Zuzahlungen stellen nicht in Gesellschaftsrechten bestehende Gegenleistungen dar. Die Voraussetzungen des § 3 Abs. 2 Satz 1 Nr. 3 UmwStG sind insoweit nicht erfüllt. Der Wert i. S. d. § 3 Abs. 1 UmwStG beträgt 600 000 €

noch **52** (= 620 000 € ./. 20 000 €) und der Wert der sonstigen Gegenleistung beträgt insgesamt 60 000 €. Die Gegenleistungen betragen somit 10 % des Werts i. S. d. § 3 Abs. 1 UmwStG. Der Übertragungsgewinn beträgt 60 000 € ./. 30 000 € (entspricht 10 % der Buchwerte) = 30 000 €. In dieser Höhe entsteht ein Aufstockungsbetrag.
Dieser Aufstockungsbetrag i. H. v. 30 000 € ist entsprechend dem Verhältnis des Übertragungsgewinns zu den gesamten stillen Reserven und stillen Lasten zu verteilen:

	Wert i. S. d. § 3 Abs. 1 UmwStG	**Buchwert**	**stille Reserven und stille Lasten**
Anlagevermögen	300 000 €	200 000 €	100 000 €
Umlaufvermögen	150 000 €	100 000 €	50 000 €
Knowhow (originär)	70 000 €	0 €	70 000 €
Firmenwert (originär)	100 000 €	0 €	100 000 €
Drohverlustrückstellung	./. 20 000 €	0 €	./. 20 000 €
Σ	600 000 €	300 000 €	300 000 €

Der Aufstockungsbetrag i. H. v. 30 000 € entspricht bezogen auf die gesamten stillen Reserven und stillen Lasten 10 % (entspricht dem Verhältnis 30 000 €/300 000 €). Die auf die jeweiligen Wirtschaftsgüter entfallenden Aufstockungsbeträge ermitteln sich damit wie folgt:

	Buchwert	**stille Reserven**	**Aufstockung (10 %)**	**Ansatz in der steuerlichen Schlussbilanz**
Anlagevermögen	200 000 €	100 000 €	10 000 €	210 000 €
Umlaufvermögen	100 000 €	50 000 €	5 000 €	105 000 €
Knowhow (originär)	0 €	70 000 €	7 000 €	7 000 €
Firmenwert (originär)	0 €	100 000 €	10 000 €	10 000 €
Drohverlustrückstellung	0 €	./. 20 000 €	./. 2 000 €	./. 2 000 €
Σ	300 000 €	300 000 €	30 000 €	330 000 €

03.24 Aufgrund der Bewertung von Pensionsrückstellungen mit dem Teilwert i. S. d. § 6 a EStG nach § 3 Abs. 1 Satz 2 UmwStG mindert ein tatsächlich höherer gemeiner Wert der Versorgungsverpflichtung steuerlich nicht den gemeinen Wert des Unternehmens i. S. d. § 3 Abs. 1 Satz 1 UmwStG (vgl. Randnr. 03.08). Dies hat auch auf die Wertansätze in der steuerlichen Schlussbilanz bei Gewährung einer nicht in Gesellschaftsrechten bestehenden Gegenleistung Einfluss. Maßgebend für die Wertverhältnisse zur Ermittlung des Aufstockungsbetrags (vgl. Randnr. 03.23) ist insoweit der Wert i. S. d. § 3 Abs. 1 UmwStG.

Beispiel:

Die XY-GmbH soll auf die XY-KG zur Aufnahme verschmolzen werden. Die Steuerbilanz i. S. d. § 5 Abs. 1 EStG sowie die Werte i. S. d. § 3 Abs. 1 UmwStG stellen sich vereinfacht wie folgt dar:

	gemeiner Wert	**Buchwert**		***gemeiner Wert***	**Buchwert**
Anlagevermögen	*500 000 €*	400 000 €	Eigenkapital		300 000 €
Firmenwert	*160 000 €*		Pensionsrückstellung	*160 000 €*	100 000 €
	(660 000 €)	400 000 €			400 000 €

Die Gesellschafter der XY-GmbH erhalten bare Zuzahlungen von der XY-KG i. H. v. insgesamt 28 000 €.

Lösung:

Die baren Zuzahlungen stellen nicht in Gesellschaftsrechten bestehende Gegenleistungen dar. Die Voraussetzungen des § 3 Abs. 2 Satz 1 Nr. 3 UmwStG sind insoweit nicht erfüllt. Der Unternehmenswert beträgt 500 000 € und der Wert der Sachgesamtheit i. S. d. § 3 Abs. 1 UmwStG beträgt 560 000 €. Für die Berechnung des Aufstockungsbetrags ist der Wert i. S. d. § 3 Abs. 1 UmwStG maßgebend. Die Gegenleistungen betragen somit 5 % des Werts i. S. d. § 3 Abs. 1 UmwStG. Der Übertragungsgewinn beträgt folglich 28 000 € ./. 15 000 € (entspricht 5 % der Buchwerte) = 13 000 €. In dieser Höhe entsteht ein Aufstockungsbetrag.
Dieser Aufstockungsbetrag i. H. v. 13 000 € ist entsprechend dem Verhältnis des Übertragungsgewinns zu den gesamten stillen Reserven und stillen Lasten (ohne Berücksichtigung der stillen Lasten bei der Pensionsrückstellung) zu verteilen:

	Wert i. S. d. § 3 Abs. 1 UmwStG	**Buchwert**	**stille Reserven und stille Lasten**
Anlagevermögen	500 000 €	400 000 €	100 000 €
Firmenwert (originär)	160 000 €	0 €	160 000 €
Pensionsrückstellung	./. 100 000 €	./. 100 000 €	0 €
Σ	560 000 €	300 000 €	260 000 €

Der Aufstockungsbetrag i. H. v. 13 000 € entspricht bezogen auf die gesamten stillen Reserven und stillen Lasten 5 % (entspricht dem Verhältnis 13 000 €/260 000 €). Die auf die jeweiligen Wirtschaftsgüter entfallenden Aufstockungsbeträge ermitteln sich damit wie folgt:

	Buchwert	**stille Reserven und stille Lasten**	**Aufstockung (5 %)**	**Ansatz in der steuerlichen Schlussbilanz**
Anlagevermögen	400 000 €	100 000 €	5 000 €	405 000 €
Firmenwert (originär)	0 €	160 000 €	8 000 €	8 000 €
Pensionsrückstellung	./. 100 000 €	0 €	0 €	./. 100 000 €
Σ	300 000 €	260 000 €	13 000 €	313 000 €

c) Ansatz der übergehenden Wirtschaftsgüter mit einem Zwischenwert

03.25 Unter den in Randnr. 03.10 genannten Voraussetzungen können die übergehenden aktiven und passiven Wirtschaftsgüter, einschließlich nicht entgeltlich erworbener und selbst geschaffener immaterieller Wirtschaftsgüter, auf Antrag einheitlich mit einem über dem Buchwert und unter dem gemeinen Wert liegenden Wert angesetzt werden (Zwischenwert). Die in den einzelnen Wirtschaftsgütern ruhenden stillen Reserven und Lasten sind um einen einheitlichen Prozentsatz aufzulösen; zur Bewertung von Pensionsrückstellungen vgl. § 3 Abs. 1 Satz 2 UmwStG. Für den Ansatz eines Zwischenwerts sind die Ansätze in der Handelsbilanz nicht maßgeblich. **53**

03.26 Randnr. 03.11–03.24 gelten entsprechend. Zu der für den Ansatz des Zwischenwerts notwendigen Ermittlung des gemeinen Werts der Sachgesamtheit vgl. Randnr. 03.07–03.09.

d) Ausübung des Wahlrechts auf Ansatz zum Buch- oder Zwischenwert

03.27 Der Antrag auf Ansatz der übergehenden Wirtschaftsgüter mit dem Buch- oder Zwischenwert ist nach § 3 Abs. 2 Satz 2 UmwStG bei dem für die Besteuerung nach §§ 20, 26 AO zuständigen Finanzamt der übertragenden Körperschaft zu stellen. Dies gilt auch, wenn zum übergehenden Vermögen der übertragenden Körperschaft Beteiligungen an in- oder ausländischen Mitunternehmerschaften gehören; zur verfahrensrechtlichen Änderungsmöglichkeit des Feststellungsbescheids der Mitunternehmerschaft vgl. Randnr. 03.03. **54**

Ist bei einer ausländischen Umwandlung (Randnr. 01.20 ff.) kein Finanzamt i. S. d. §§ 20, 26 AO für die Besteuerung der übertragenden Körperschaft zuständig, ist – vorbehaltlich einer anderweitigen Zuständigkeitsvereinbarung nach § 27 AO – bei einer Personengesellschaft als übernehmender Rechtsträger das für die gesonderte und einheitliche Feststellung der Einkünfte der übernehmenden Personengesellschaft zuständige Finanzamt maßgebend; zur örtlichen Zuständigkeit bei ausländischen Personengesellschaften mit inländischen Gesellschaftern siehe *BMF-Schreiben vom 11. 12. 1989, BStBl. I S. 470, und BMF-Schreiben vom 2. 1. 2001, BStBl. I S. 40*[1]. Sonderzuständigkeiten der jeweiligen Landesfinanzbehörden für Beteiligungen an ausländischen Personengesellschaften sind zu beachten. § 25 AO gilt entsprechend.

Unterbleibt eine Feststellung der Einkünfte der übernehmenden Personengesellschaft, weil nur ein Gesellschafter im Inland ansässig ist, oder in den Fällen der Verschmelzung auf eine natürliche Person, ist das Finanzamt i. S. d. § 3 Abs. 2 Satz 2 UmwStG zuständig, das nach §§ 19 oder 20 AO für die Besteuerung dieses Gesellschafters oder dieser natürlichen Person zuständig ist.

03.28 Der Antrag auf Ansatz eines Buch- oder Zwischenwerts ist von der übertragenden Körperschaft bzw. von dem übernehmenden Rechtsträger als steuerlicher Rechtsnachfolger (§ 4 Abs. 2 Satz 1 UmwStG) spätestens bis zur erstmaligen Abgabe der steuerlichen Schlussbilanz (vgl. Randnr. 03.01) zu stellen. Das Wahlrecht kann von der übertragenden Körperschaft bzw. von deren steuerlichem Rechtsnachfolger für alle übergehenden Wirtschaftsgüter nur einheitlich ausgeübt werden (vgl. Randnr. 03.13).

03.29 Der Antrag bedarf keiner besonderen Form, ist bedingungsfeindlich und unwiderruflich. Aus dem Antrag muss sich ergeben, ob das übergehende Vermögen mit dem Buch- oder einem Zwischenwert anzusetzen ist. Für die Auslegung des Antrags gelten die allgemeinen zivilrechtlichen Auslegungsgrundsätze entsprechend (§§ 133, 157 BGB). Bei Zwischenwertansatz muss jedoch ausdrücklich angegeben werden, in welcher Höhe oder zu welchem Prozentsatz die stillen Reserven aufzudecken sind. Wenn die ausdrückliche Erklärung abgegeben wird, dass die Steuerbilanz i. S. d. § 4 Abs. 1, § 5 Abs. 1 EStG gleichzeitig die steuerliche Schlussbilanz sein soll (vgl. Randnr. 03.01), ist in dieser Erklärung gleichzeitig ein konkludenter Antrag auf Ansatz der Buchwerte zu sehen, sofern kein ausdrücklicher gesonderter anderweitiger Antrag gestellt wurde.

03.30 Setzt die übertragende Körperschaft die übergehenden Wirtschaftsgüter in der steuerlichen Schlussbilanz mit dem gemeinen Wert oder dem Buchwert an und ergibt sich z. B. aufgrund einer späteren Betriebsprüfung, dass die gemeinen Werte oder die Buchwerte höher bzw. niedriger als die von der übertragenden Körperschaft angesetzten Werte sind, ist der Wertansatz in der steuerlichen Schlussbilanz dementsprechend zu berichtigen. Der Bilanzberichtigung steht die Unwiderruflichkeit des Antrags nach § 3 Abs. 2 Satz 2 UmwStG nicht entgegen. Liegt der gemeine Wert unter dem Buchwert, ist Randnr. 03.12 zu beachten.

Setzt die übertragende Körperschaft hingegen die übergehenden Wirtschaftsgüter in der steuerlichen Schlussbilanz einheitlich zum Zwischenwert an, bleiben vorrangig diese Wertansätze maßgebend, sofern dieser Wert oberhalb des Buchwerts und unterhalb des gemeinen Werts liegt.

3. Fiktive Körperschaftsteueranrechnung nach § 3 Abs. 3 UmwStG

03.31 § 3 Abs. 3 UmwStG gilt insbesondere bei Verschmelzung einer Körperschaft mit Ort der Geschäftsleitung im Inland auf eine Personengesellschaft ausländischer Rechtsform, die die Voraussetzungen des Artikels 3 Richtlinie 2009/133/EG erfüllt, soweit **55**

- die übertragenen Wirtschaftsgüter einer Betriebsstätte der übertragenden Körperschaft in einem anderen EU-Mitgliedstaat zuzurechnen sind,
- die Bundesrepublik Deutschland die Doppelbesteuerung bei der übertragenden Körperschaft nicht durch Freistellung vermeidet (§ 3 Abs. 3 Satz 2 UmwStG) und
- das Recht der Bundesrepublik Deutschland hinsichtlich der Besteuerung des Gewinns aus der Veräußerung der übertragenen Wirtschaftsgüter bei den Gesellschaftern der übernehmenden Personengesellschaft ausgeschlossen oder beschränkt wird (§ 3 Abs. 2 Satz 1 Nr. 2 UmwStG).

---

[1] Aufgehoben durch *BMF-Schrb. v. 26. 1. 2016 IV A 3 – S 0062/15/10006, BStBl. I S. 155.* **Siehe jetzt** AEAO zu § 18, Nr. 6.

03.32 Zur Ermittlung des Betrags der nach § 3 Abs. 3 UmwStG anrechenbaren ausländischen Körperschaftsteuer ist regelmäßig ein Auskunftsersuchen nach § 117 AO an den ausländischen Betriebsstättenstaat erforderlich.

B. Auswirkungen auf den Gewinn des übernehmenden Rechtsträgers (§ 4 UmwStG)

I. Wertverknüpfung

60 **04.01** Der übernehmende Rechtsträger hat die auf ihn übergehenden Wirtschaftsgüter mit Wirkung zum steuerlichen Übertragungsstichtag (§ 2 UmwStG) mit den Wertansätzen zu übernehmen, die die übertragende Körperschaft in deren steuerlicher Schlussbilanz (§ 3 UmwStG) angesetzt hat. Das gilt auch, wenn übertragender Rechtsträger eine steuerbefreite oder eine ausländische Körperschaft ist. Auch für diejenigen Bilanzansätze, bei denen es an der Wirtschaftsguteigenschaft fehlt (z. B. Rechnungsabgrenzungsposten, Sammelposten nach § 6 Abs. 2 a EStG), sind nach § 4 Abs. 2 Satz 1 UmwStG die Wertansätze aus der steuerlichen Schlussbilanz der übertragenden Körperschaft zu übernehmen (vgl. Randnr. 03.04).

04.02 Ist die übertragende Körperschaft an der übernehmenden Personengesellschaft beteiligt, gehören zum übergehenden Vermögen auch die der übertragenden Körperschaft anteilig zuzurechnenden Wirtschaftsgüter der übernehmenden Personengesellschaft. Auf Randnr. 03.10 wird hingewiesen.

04.03 Bei der Verschmelzung durch Aufnahme auf eine bereits bestehende Personengesellschaft stellt die Übernahme des Betriebsvermögens einen laufenden Geschäftsvorfall dar. Bei der Verschmelzung durch Neugründung ist auf den steuerlichen Übertragungsstichtag eine steuerliche Eröffnungsbilanz zu erstellen.

04.04 Gilt für einen übernommenen Wertansatz i. S. d. Randnr. 04.01 zu den auf den steuerlichen Übertragungsstichtag folgenden Bilanzstichtagen ein steuerliches Wahlrecht (z. B. Rücklage nach § 6 b EStG), kann dieses Wahlrecht auch an den nachfolgenden Bilanzstichtagen unabhängig von der handelsrechtlichen Jahresbilanz ausgeübt werden.

II. Erweiterte Wertaufholung – Beteiligungskorrekturgewinn

61 **04.05** Nach § 4 Abs. 1 Satz 2 UmwStG sind die Anteile des übernehmenden Rechtsträgers an der übertragenden Körperschaft zum steuerlichen Übertragungsstichtag mit dem Buchwert anzusetzen, allerdings erhöht um steuerwirksame Abschreibungen, die in früheren Jahren vorgenommen worden sind, sowie um Abzüge nach § 6 b EStG und ähnliche Abzüge, höchstens jedoch bis zum gemeinen Wert.

04.06 Die Hinzurechnung gem. § 4 Abs. 1 Satz 2 UmwStG betrifft ausschließlich die am steuerlichen Übertragungsstichtag im Betriebsvermögen des übernehmenden Rechtsträgers gehaltenen Anteile, bei denen der Buchwert um entsprechende Abzüge steuerwirksam gemindert wurde und am steuerlichen Übertragungsstichtag unter dem gemeinen Wert liegt. Für Anteile, die am steuerlichen Übertragungsstichtag vor Anwendung des § 5 UmwStG zum Betriebsvermögen eines Anteilseigners gehören, enthält § 5 Abs. 3 UmwStG eine entsprechende Regelung (vgl. Randnr. 05.10).

04.07 Abweichend vom allgemeinen Wertaufholungsgebot gem. § 6 Abs. 1 Nr. 1 Satz 4 und Nr. 2 Satz 3 EStG sind nach § 4 Abs. 1 Satz 2 UmwStG bzw. nach § 5 Abs. 3 UmwStG ausschließlich die dort aufgeführten Wertminderungen vor Ermittlung des Übernahmeergebnisses bis zum gemeinen Wert wieder hinzuzurechnen. Eine Wertaufholung ist jedoch nicht vorzunehmen, soweit bis zum Ablauf des steuerlichen Übertragungsstichtags eine steuerwirksame Wertaufholung (§ 6 Abs. 1 Nr. 2 Satz 3 i. V. m. § 6 Abs. 1 Nr. 1 Satz 4 EStG) stattgefunden hat oder die Rücklage nach § 6 b Abs. 3 EStG gewinnerhöhend aufgelöst worden ist. Steuerwirksame Teilwertabschreibungen sind vor nicht voll steuerwirksamen Teilwertabschreibungen hinzuzurechnen.

04.08 Der Beteiligungskorrekturgewinn gehört nicht zum Übernahmegewinn und ist nach den allgemeinen Grundsätzen zu besteuern. Dies gilt nach § 4 Abs. 1 Satz 2 und 3 UmwStG auch insoweit, als die Anteile in früheren Jahren nur zum Teil steuerwirksam (z. B. anteilig nach § 3 c Abs. 2 EStG) abgeschrieben worden sind. Durch die Erhöhung des Buchwerts mindert sich das Übernahmeergebnis (vgl. Randnr. 04.27).

III. Eintritt in die steuerliche Rechtsstellung (§ 4 Abs. 2 und 3 UmwStG)

1. Absetzungen für Abnutzung

62 **04.09** Der übernehmende Rechtsträger tritt in die steuerliche Rechtsstellung der übertragenden Körperschaft auch hinsichtlich ihrer historischen Anschaffungs- oder Herstellungskosten ein.

04.10 Der Eintritt in die steuerliche Rechtsstellung der übertragenden Körperschaft erfolgt nach § 4 Abs. 3 UmwStG auch dann, wenn die übergegangenen Wirtschaftsgüter in der steuerlichen Schlussbilanz der übertragenden Körperschaft mit dem Zwischenwert oder mit dem gemeinen Wert angesetzt worden sind. Die Absetzungen für Abnutzung bemessen sich dann bei dem übernehmenden Rechtsträger:

- in den Fällen des § 7 Abs. 4 Satz 1 und Abs. 5 EStG nach der bisherigen Bemessungsgrundlage, vermehrt um den Aufstockungsbetrag (= Differenz zwischen dem Buchwert der Gebäude unmittelbar vor Aufstellung der steuerlichen Schlussbilanz und dem Wert, mit dem die Körperschaft die Gebäude in der steuerlichen Schlussbilanz angesetzt hat). Auf diese Bemessungsgrundlage ist der bisherige Prozentsatz weiterhin anzuwenden. Wird in den Fällen des § 7 Abs. 4 Satz 1 EStG die volle Absetzung innerhalb der tatsächlichen Nutzungsdauer nicht erreicht, können die Absetzungen für Abnutzung nach der Restnutzungsdauer des Gebäudes bemessen werden;
- in allen anderen Fällen nach dem Wert, mit dem die Körperschaft die Wirtschaftsgüter in der steuerlichen Schlussbilanz angesetzt hat, und der Restnutzungsdauer dieser Wirtschaftsgüter. Das gilt

auch für übergehende entgeltlich erworbene immaterielle Wirtschaftsgüter mit Ausnahme eines Geschäfts- oder Firmenwerts. Die Restnutzungsdauer ist nach den Verhältnissen am steuerlichen Übertragungsstichtag neu zu schätzen (BFH vom 29. 11. 2007 IV R 73/02, BStBl. 2008 II S. 407);
- für die Absetzungen für Abnutzung eines Geschäfts- oder Firmenwerts gilt § 7 Abs. 1 Satz 3 EStG. Auch wenn zum steuerlichen Übertragungsstichtag bereits ein (derivativer) Geschäfts- oder Firmenwert vorhanden ist, bemessen sich die Absetzungen für Abnutzung wegen § 7 Abs. 1 Satz 3 EStG nicht nach der Restnutzungsdauer. In diesen Fällen ist der Geschäfts- oder Firmenwert nach der bisherigen Bemessungsgrundlage ggf. vermehrt um einen Aufstockungsbetrag einheitlich mit $^1/_{15}$ abzuschreiben.

04.11 Zu späteren Bilanzstichtagen bilden die fortgeführten ursprünglichen Anschaffungs- oder Herstellungskosten (ggf. gemindert um Absetzungen für Abnutzung, Abzüge nach § 6b EStG usw., und erhöht um nachträgliche Anschaffungs- oder Herstellungskosten) oder bei einem am steuerlichen Übertragungsstichtag angesetzten höheren gemeinen Wert oder Zwischenwert dieser fortgeführte Wert die Bewertungsobergrenze i. S. d. § 6 Abs. 1 EStG sowie einer Wertaufholungspflicht i. S. d. § 6 Abs. 1 Nr. 1 Satz 4 oder Nr. 2 Satz 3 EStG.

2. Verlustabzug bei Auslandsbetriebsstätten

04.12 Die entgeltliche oder unentgeltliche Übertragung einer in einem ausländischen Staat belegenen Betriebsstätte führt zur Nachversteuerung von zuvor nach § 2a Abs. 3 EStG a. F. bzw. § 2 Abs. 1 AuslInvG abgezogenen Verlusten (vgl. § 2 Abs. 4 EStG a. F. i. V. m. § 52 Abs. 3 EStG bzw. § 2 Abs. 2 AuslInvG i. V. m. § 8 Abs. 5 Satz 2 AuslInvG) noch bei der übertragenden Körperschaft. Gleiches gilt nach den genannten Vorschriften im Fall der Umwandlung einer im ausländischen Staat belegenen Betriebsstätte in eine Kapitalgesellschaft. 63

3. Besonderheiten bei Unterstützungskassen (§ 4 Abs. 2 Satz 4 UmwStG)

04.13 Ist die übertragende Körperschaft eine Unterstützungskasse, erhöht sich der laufende Gewinn des übernehmenden Rechtsträgers in dem Wirtschaftsjahr, in das der Umwandlungsstichtag fällt, um die von ihm, seinen Gesellschaftern oder seinen Rechtsvorgängern an die Unterstützungskasse geleisteten Zuwendungen nach § 4d EStG; § 15 Abs. 1 Satz 1 Nr. 2 Satz 2 EStG gilt sinngemäß. Damit wird der Betriebsausgabenabzug der Zuwendungen an die Unterstützungskasse in der Rechtsform einer Körperschaft wieder rückgängig gemacht, soweit sie von der übernehmenden Personengesellschaft oder einem Mitunternehmer dieser Personengesellschaft getätigt wurden. 64

4. Sonstige Folgen der Rechtsnachfolge

04.14 Die Vermögensübernahme stellt für Zwecke des § 6b EStG und des § 7g EStG keine begünstigte Anschaffung dar. 65

04.15 Beim übernehmenden Rechtsträger werden Vorbesitzzeiten (z. B. § 6b EStG, § 9 Nr. 2a und 7 GewStG) angerechnet. Behaltefristen (z. B. nach § 7g EStG oder dem InvZulG) werden durch den Übergang des Vermögens nicht unterbrochen.

04.16 Ein in der steuerlichen Schlussbilanz des übertragenden Rechtsträgers entgegen § 5 EStG angesetztes Wirtschaftsgut (vgl. Randnr. 03.06) ist in der Steuerbilanz des übernehmenden Rechtsträgers auszuweisen und in der Folgezeit unter Anwendung des § 5 EStG ertragswirksam aufzulösen. Ein in der steuerlichen Schlussbilanz nach § 3 Abs. 1 Satz 1 UmwStG anzusetzender originärer Geschäfts- oder Firmenwert der übertragenden Körperschaft wird vom übernehmenden Rechtsträger aufgrund der Umwandlung angeschafft (vgl. Randnr. 00.02). Zu Ansatz- und Bewertungsvorbehalten bei der Übernahme von schuldrechtlichen Verpflichtungen vgl. BMF-Schreiben vom 24. 6. 2011, BStBl. I S. 627.

04.17 Ist die übertragende Körperschaft an einer Mitunternehmerschaft beteiligt und wurden in der steuerlichen Schlussbilanz Wirtschaftsgüter mit einem über dem Buchwert liegenden Wert ausgewiesen, ist der Aufstockungsbetrag in einer Ergänzungsbilanz bei dieser Mitunternehmerschaft für den übernehmenden Rechtsträger auszuweisen.

IV. Übernahmeergebnis

1. Zuordnung der Anteile zum Betriebsvermögen des übernehmenden Rechtsträgers

04.18 Ein Übernahmeergebnis ist nur für die Anteile zu ermitteln, die am steuerlichen Übertragungsstichtag zum Betriebsvermögen (einschließlich Sonderbetriebsvermögen) des übernehmenden Rechtsträgers gehören. Hierzu gehören auch die Anteile, die nach § 5 UmwStG dem Betriebsvermögen des übernehmenden Rechtsträgers zuzuordnen sind (vgl. Randnr. 05.01 ff.). 66

2. Personen- sowie ggf. anteilsbezogene Ermittlung

04.19 Geht das Vermögen der Körperschaft auf eine Personengesellschaft über, ist das Übernahmeergebnis grundsätzlich unter Berücksichtigung der individuellen Anschaffungskosten bzw. Buchwerte der Beteiligungen und der jeweiligen Höhe eines möglichen Sperrbetrags nach § 50c EStG personenbezogen zu ermitteln. Dadurch kann z. B. bei einem Gesellschafter ein Übernahmegewinn und bei einem anderen Gesellschafter ein Übernahmeverlust entstehen. 67

04.20 Bei der Ermittlung des Übernahmeergebnisses ist Folgendes zu beachten:
- Für Anteile, die bereits vor dem steuerlichen Übertragungsstichtag zum Gesamthandsvermögen der übernehmenden Personengesellschaft gehört haben oder nach § 5 Abs. 1 UmwStG als zum steuerlichen Übertragungsstichtag dem Gesamthandsvermögen der Personengesellschaft zugeordnet gelten, ist das (anteilige) Übernahmeergebnis zu ermitteln und auf die bisherigen Mitunternehmer i. R. d. gesonderten und einheitlichen Feststellung der Einkünfte entsprechend ihrer Beteiligung zu verteilen.

– Für Anteile, die bereits vor dem steuerlichen Übertragungsstichtag zu dem Sonderbetriebsvermögen des übernehmenden Rechtsträgers gehören oder nach § 5 Abs. 2 und 3 UmwStG dem Betriebsvermögen der Personengesellschaft zugeordnet werden, ist für jeden dieser Anteilseigner der übertragenden Körperschaft das Übernahmeergebnis gesondert zu ermitteln.

04.21 Für die Ermittlung des Übernahmeergebnisses ist grundsätzlich von einer einzigen Beteiligung auszugehen. Ausnahmsweise kann eine anteilsbezogene Betrachtung erforderlich sein, wenn die Anteile unterschiedlichen steuerlichen Bedingungen unterliegen (z. B. einbringungsgeborene Anteile oder Anteile i. S. d. § 4 Abs. 6 Satz 6 UmwStG).

04.22 Über den Beteiligungskorrekturgewinn, die auf die Mitunternehmer der übernehmenden Personengesellschaft entfallenden Anteile am Übernahmegewinn oder -verlust, die anteiligen Erhöhungs- und Minderungsbeträge i. S. d. § 4 Abs. 5 UmwStG sowie die Anwendung des § 4 Abs. 6 und 7 UmwStG entscheidet das für die gesonderte und einheitliche Feststellung der Einkünfte der übernehmenden Personengesellschaft zuständige Finanzamt.

3. Ausländische Anteilseigner

68 **04.23** Ausländische Anteilseigner von Körperschaften, die aufgrund der Umwandlung Mitunternehmer der Personengesellschaft werden, sind in die gesonderte und einheitliche Feststellung nach §§ 180 ff. AO nur insoweit einzubeziehen, als für die Bundesrepublik Deutschland zum steuerlichen Übertragungsstichtag ein Besteuerungsrecht hinsichtlich des Gewinns aus der Veräußerung der Anteile an der Körperschaft oder der Einkünfte i. S. d. § 7 UmwStG bestanden hat (anders bei der Einlagefiktion nach § 5 Abs. 2 und 3 UmwStG: vgl. Randnr. 05.07 und 05.09). Für Anteile i. S. d. § 5 Abs. 2 UmwStG ergibt sich z. B. das abkommensrechtliche Besteuerungsrecht für das Übernahmeergebnis in der Regel aus einer dem Art. 13 Abs. 5 OECD-MA[1] vergleichbaren Vorschrift in einem DBA. Für die Bezüge i. S. d. § 7 UmwStG ergibt sich das deutsche Besteuerungsrecht regelmäßig aus einer dem Art. 10 OECD-MA[1] vergleichbaren Vorschrift in einem DBA.

04.24 Ist an der übertragenden Körperschaft oder an der übernehmenden Personengesellschaft auch ein ausländischer Anteilseigner bzw. Mitunternehmer beteiligt und verfügt die übertragende Körperschaft über Betriebsvermögen in einem ausländischen Staat, mit dem z. B. kein DBA besteht, geht das Besteuerungsrecht der Bundesrepublik Deutschland an diesem Betriebsvermögen in dem Verhältnis verloren, wie der ausländische Anteilseigner bzw. Mitunternehmer am übernehmenden Rechtsträger beteiligt wird oder ist.

In dem Umfang, in dem stille Reserven im Betriebsvermögen der Betriebsstätte in einem ausländischen Staat, mit dem z. B. kein DBA besteht, aufzudecken sind (vgl. Randnr. 03.19), ist für die inländischen Beteiligten der Aufstockungsbetrag anteilig – entsprechend ihrer Beteiligung am übernehmenden Rechtsträger – in einer negativen Ergänzungsbilanz auszuweisen. Für die ausländischen Beteiligten ergibt sich korrespondierend ein anteiliger Ausweis des Aufstockungsbetrags in einer positiven Ergänzungsbilanz.

Beispiel:

Die X-GmbH soll auf die bestehende Y-OHG (bisherige Mitunternehmer sind C und D zu je 50 %) verschmolzen werden. A und B sind jeweils zu 50 % Anteilseigner der X-GmbH und werden nach der Verschmelzung zu jeweils 30 % Mitunternehmer der Y-OHG. Die X-GmbH hat auch eine Betriebsstätte in einem ausländischen Staat, mit dem kein DBA besteht. Der Buchwert der Wirtschaftsgüter der ausländischen Betriebsstätte beträgt 200 000 € und der gemeine Wert beträgt 700 000 €. A, C und D haben ihren Wohnsitz im Inland und B hat seinen Wohnsitz und gewöhnlichen Aufenthalt im Ausland. Die X-GmbH beantragt den Ansatz der Buchwerte nach § 3 Abs. 2 UmwStG.

Lösung:

Die Voraussetzungen für die Buchwertfortführung gem. § 3 Abs. 2 UmwStG liegen in Bezug auf die (künftigen) Betriebsstätteneinkünfte nur für die auf die Inländer A, C und D entfallenden Anteile (zusammen 70 %) vor. Denn insoweit wird das deutsche Besteuerungsrecht nicht ausgeschlossen oder beschränkt. Soweit die ausländischen Wirtschaftsgüter künftig dem B zuzurechnen sind (30 %), wird das deutsche Besteuerungsrecht hinsichtlich des Gewinns aus deren Veräußerung ausgeschlossen und eine Buchwertfortführung ist nach § 3 Abs. 2 Satz 1 Nr. 2 UmwStG nicht zulässig. In der steuerlichen Schlussbilanz der X-GmbH sind die der ausländischen Betriebsstätte zuzuordnenden Wirtschaftsgüter mit 350 000 € (= 200 000 € + 30 % von 500 000 €) anzusetzen. Dieser Aufstockungsbetrag ist anteilig – entsprechend der Beteiligung von A, C und D am übernehmenden Rechtsträger (z. B. A = 30 % von 150 000 € = 45 000 €; insgesamt für A, C und D also 105 000 €) – in negativen Ergänzungsbilanzen bei der übernehmenden Personengesellschaft auszuweisen. Für B ergibt sich ein korrespondierender Ansatz in einer positiven Ergänzungsbilanz i. H. v. 105 000 €.

Wenn in dem Beispiel nicht B, sondern C im Ausland ansässig ist, gilt Entsprechendes.

4. Anteile, die nicht dem Betriebsvermögen des übernehmenden Rechtsträgers zuzurechnen sind

69 **04.25** Für Anteilseigner, deren Anteile an der übertragenden Körperschaft zum steuerlichen Übertragungsstichtag nicht zum Betriebsvermögen des übernehmenden Rechtsträgers gehören und diesem Betriebsvermögen auch nicht nach § 5 UmwStG oder nach § 27 Abs. 3 Nr. 1 UmwStG fiktiv zugerechnet werden, wird ein Übernahmeergebnis nicht ermittelt (vgl. Randnr. 04.18). Die Besteuerung der anteiligen offenen Rücklagen gem. § 7 UmwStG bleibt davon unberührt.

5. Entstehungszeitpunkt

70 **04.26** Das Übernahmeergebnis entsteht mit Ablauf des steuerlichen Übertragungsstichtags (vgl. Randnr. 02.04). Das gilt auch für einen Übernahmefolgegewinn i. S. d. § 6 UmwStG (vgl. Randnr. 06.01 ff.).

---

[1] OECD-MA und alle geltenden DBA siehe beck-online sowie Abdruck in der Beck'schen Textausgabe „Doppelbesteuerungsabkommen".

6. Ermittlung des Übernahmeergebnisses

04.27 Das Übernahmeergebnis ist nach § 4 Abs. 4 und 5 UmwStG wie folgt zu ermitteln: 71

	(Anteiliger) Wert, mit dem die übergegangenen Wirtschaftsgüter i. S. d. § 4 Abs. 1 Satz 1 UmwStG zu übernehmen sind (vgl. Randnr. 04.28)
+	Zuschlag für neutrales Vermögen (§ 4 Abs. 4 Satz 2 UmwStG; vgl. Randnr. 04.29)
./.	Wert der Anteile an der übertragenden Körperschaft (ggf. nach Korrektur gem. § 4 Abs. 1 Satz 2 und Abs. 2 Satz 5 UmwStG; vgl. Randnr. 04.30 und 04.05 ff.)
./.	Kosten des Vermögensübergangs (vgl. Randnr. 04.34 f.)
=	Übernahmeergebnis 1. Stufe (§ 4 Abs. 4 Satz 1 und 2 UmwStG)
+	Sperrbetrag nach § 50 c EStG (§ 4 Abs. 5 Satz 1 UmwStG; vgl. Randnr. 04.37)
./.	Bezüge, die nach § 7 UmwStG zu den Einkünften aus Kapitalvermögen i. S. d. § 20 Abs. 1 Nr. 1 EStG gehören (§ 4 Abs. 5 Satz 2 UmwStG)
=	Übernahmeergebnis 2. Stufe (§ 4 Abs. 4 und 5 UmwStG)
	(Dieser Wert ist Gegenstand der gesonderten und einheitlichen Feststellung)

Beispiel 1:

An einer GmbH sind die natürlichen Personen A mit 50 %, B mit 30 % und C mit 20 % beteiligt. A und B sind im Inland unbeschränkt einkommensteuerpflichtig und abkommensrechtlich ansässig. A hält seinen Anteil (Anschaffungskosten = 400 000 €) an der GmbH im Privatvermögen, der Anteil des B (Buchwert = 100 000 €) wird in dessen Betriebsvermögen gehalten. C ist im Ausland ansässig und hält seinen Anteil (Anschaffungskosten = 100 000 €) im Privatvermögen. Nach dem mit dem Wohnsitzstaat des C abgeschlossenen DBA steht das Besteuerungsrecht für Gewinne aus der Veräußerung von Anteilen an Kapitalgesellschaften nur dem Wohnsitzstaat zu. Für Dividenden sieht das DBA ein Quellensteuerrecht entsprechend dem Art. 10 OECD-MA vor.
Die GmbH wird durch Formwechsel in eine KG umgewandelt. In der steuerlichen Schlussbilanz der GmbH werden die übergehenden Wirtschaftsgüter auf Antrag zulässigerweise (einheitlich) mit dem Buchwert (Buchwerte insgesamt = 2 000 000 €; davon Nennkapital = 1 400 000 € und offene Rücklagen = 600 000 €) angesetzt und von der KG entsprechend übernommen. Von den Umwandlungskosten entfallen 20 000 € auf die KG. Der gemeine Wert des übertragenen Vermögens beträgt 4 000 000 €.
Steuerlicher Übertragungsstichtag ist der 31. 12. 01. Das Wirtschaftsjahr der an der Umwandlung beteiligten Rechtsträger entspricht dem Kalenderjahr.

Lösung:

Die KG hat die steuerlichen Buchwerte zu übernehmen (§ 4 Abs. 1 Satz 1 UmwStG). Die bisherigen Anteile von A und C an der GmbH gelten nach § 5 Abs. 2 UmwStG als zu den Anschaffungskosten in das Betriebsvermögen der KG eingelegt. Der bisherige Anteil des B gilt nach § 5 Abs. 3 UmwStG als zum Buchwert in das Betriebsvermögen der Übernehmerin überführt.
Für die Gesellschafter A, B und C erfolgt eine Ermittlung des Übernahmeergebnisses. Der auf den Gesellschafter C entfallende Anteil an einem Übernahmegewinn bleibt allerdings i. R. d. gesonderten und einheitlichen Feststellung außer Ansatz, weil nur steuerpflichtige Einkünfte festzustellen sind. Für die Bundesrepublik Deutschland hat ein Besteuerungsrecht hinsichtlich des Gewinns aus der Veräußerung dieses Anteils an der GmbH nach dem DBA mit dem Wohnsitzstaat des C insoweit nicht bestanden; Gleiches würde auch für einen Übernahmeverlust gelten. Aufgrund des abkommensrechtlichen Quellensteuerrechts sind die Bezüge i. S. d. § 7 UmwStG jedoch in die Feststellung mit einzubeziehen (vgl. Randnr. 07.02).
Die auf die Gesellschafter entfallenden Anteile am Übernahmeergebnis i. S. d. § 4 UmwStG und den Bezügen i. S. d. § 7 UmwStG sind für den Veranlagungszeitraum 01 wie folgt zu ermitteln:

	A	B	C	Summe
a) Übernahmeergebnis				
Wert des übernommenen Vermögens	1 000 000 €	600 000 €	400 000 €	2 000 000 €
+ Zuschlag für neutrales Vermögen	0 €	0 €	0 €	0 €
./. Wert der Anteile an der GmbH	400 000 €	100 000 €	100 000 €	600 000 €
./. Kosten des Vermögensübergangs	10 000 €	6000 €	4000 €	20 000 €
= Übernahmeergebnis 1. Stufe	590 000 €	494 000 €	296 000 €	1 380 000 €
./. Bezüge nach § 7 UmwStG	300 000 €	180 000 €	120 000 €	600 000 €
= Übernahmeergebnis 2. Stufe	290 000 €	314 000 €	176 000 €	780 000 €
davon stpfl. Übernahmeergebnis (= Gegenstand der gesonderten und einheitlichen Feststellung)	**290 000 €**	**314 000 €**	**0 €**	**604 000 €**
b) Bezüge nach § 7 UmwStG	300 000 €	180 000 €	120 000 €	600 000 €
davon einzubeziehen in das Feststellungsverfahren (vor Anwendung von § 3 Nr. 40 EStG)	300 000 €	180 000 €	120 000 €	600 000 €
anzurechnende Kapitalertragsteuer (25 %)	75 000 €	45 000 €	30 000 €[1]	
Gesonderte und einheitliche Feststellung:				
a) Übernahmeergebnis gem. § 4 UmwStG	290 000 €	314 000 €	0 €	604 000 €
b) Bezüge gem. § 7 UmwStG	300 000 €	180 000 €	120 000 €	600 000 €
= Einkünfte aus Gewerbebetrieb	**590 000 €**	**494 000 €**	**120 000 €**	**1 204 000 €**

Beispiel 2:

Die im EU-Ausland ansässige EU-Kapitalgesellschaft (ohne inländische Betriebsstätte) wird auf eine gewerbliche EU-Personengesellschaft mit Sitz und Geschäftsleitung im EU-Ausland umgewandelt. Gesellschafter der EU-Kapital-

[1] DBA-Quellensteuerrecht.

gesellschaft sind die natürlichen Personen A mit 50 %, B mit 30 % und C mit 20 %. A und B sind im Inland unbeschränkt einkommensteuerpflichtig und abkommensrechtlich ansässig. A hält seinen Anteil (Anschaffungskosten = 400 000 €) an der EU-Kapitalgesellschaft im Privatvermögen, der Anteil des B (Buchwert = 100 000 €) wird in dessen Betriebsvermögen gehalten. C ist im Ausland ansässig und hält seinen Anteil (Anschaffungskosten = 100 000 €) im Privatvermögen.
Nach dem mit dem Sitzstaat der EU-Kapitalgesellschaft abgeschlossenen DBA steht das Besteuerungsrecht für Gewinne aus der Veräußerung von Anteilen an Kapitalgesellschaften nur dem Wohnsitzstaat zu. Für Dividenden steht das Besteuerungsrecht dem Wohnsitzstaat des Gesellschafters zu (vgl. Art. 10 Abs. 1 OECD-MA). Der Sitzstaat der EU-Kapitalgesellschaft hat ein Quellenbesteuerungsrecht (vgl. Art. 10 Abs. 2 OECD-MA).
In der steuerlichen Schlussbilanz der EU-Kapitalgesellschaft werden die übergehenden Wirtschaftsgüter zulässigerweise einheitlich mit dem Buchwert (Buchwerte insgesamt = 2 000 000 €; davon Nennkapital = 1 400 000 € und offene Rücklagen = 600 000 €) angesetzt und von der EU-Personengesellschaft entsprechend übernommen. Von den Umwandlungskosten entfallen 20 000 € auf die EU-Personengesellschaft. Der gemeine Wert des übertragenen Vermögens beträgt 4 000 000 €.
Kapitalertragsteuer wurde im Ausland weder angemeldet noch abgeführt. Steuerlicher Übertragungsstichtag ist der 31. 12. 01. Das Wirtschaftsjahr der an der Umwandlung beteiligten Rechtsträger entspricht dem Kalenderjahr.

Lösung:

Die EU-Personengesellschaft hat die steuerlichen Schlussbilanzwerte der EU-Kapitalgesellschaft zu übernehmen (§ 4 Abs. 1 Satz 1 UmwStG). Die bisherigen Anteile von A und C an der EU-Kapitalgesellschaft gelten nach § 5 Abs. 2 UmwStG als zu den Anschaffungskosten in das Betriebsvermögen der EU-Personengesellschaft eingelegt, der bisherige Anteil des B gilt nach § 5 Abs. 3 UmwStG als zum Buchwert in das Betriebsvermögen der EU-Personengesellschaft überführt.
Für die Gesellschafter A, B und C erfolgt eine Ermittlung des Übernahmeergebnisses. Der auf den Gesellschafter C entfallende Anteil am Übernahmegewinn i. S. d. § 4 UmwStG und den Bezügen i. S. d. § 7 UmwStG bleibt i. R. d. gesonderten und einheitlichen Feststellung außer Ansatz, weil für C im Inland keine (beschränkte) Steuerpflicht besteht; Gleiches würde auch für einen Übernahmeverlust gelten. Für die Bezüge i. S. d. § 7 UmwStG von A und B ist Art. 10 OECD-MA maßgeblich.
Die auf die Gesellschafter entfallenden Anteile am Übernahmeergebnis i. S. d. § 4 UmwStG und den Bezügen i. S. d. § 7 UmwStG sind für den Veranlagungszeitraum 01 wie folgt zu ermitteln:

	A	B	C	Summe
a) Übernahmeergebnis				
Wert des übernommenen Vermögens (Buchwert)	1 000 000 €	600 000 €	400 000 €	2 000 000 €
+ Zuschlag für neutrales (Auslands-)Vermögen	1 000 000 €	600 000 €	400 000 €	2 000 000 €
./. Wert der Anteile an der übertragenden GmbH	400 000 €	100 000 €	100 000 €	600 000 €
./. Kosten des Vermögensübergangs	10 000 €	6 000 €	4 000 €	20 000 €
= Übernahmeergebnis 1. Stufe	1 590 000 €	1 094 000 €	696 000 €	3 380 000 €
./. Bezüge nach § 7 UmwStG	300 000 €	180 000 €	120 000 €	600 000 €
= Übernahmeergebnis 2. Stufe	1 290 000 €	914 000 €	576 000 €	2 780 000 €
davon stpfl. Übernahmeergebnis (= Gegenstand der gesonderten und einheitlichen Feststellung)	**1 290 000 €**	**914 000 €**	**0 €**	**2 204 000 €**
b) Bezüge nach § 7 UmwStG	300 000 €	180 000 €	120 000 €	600 000 €
davon einzubeziehen in das Feststellungsverfahren (vor Anwendung von § 3 Nr. 40 EStG)	300 000 €	180 000 €	0 €	480 000 €
Gesonderte und einheitliche Feststellung:				
a) Übernahmeergebnis gem. § 4 UmwStG	1 290 000 €	914 000 €	0 €	2 204 000 €
b) Bezüge gem. § 7 UmwStG	300 000 €	180 000 €	0 €	480 000 €
= Einkünfte aus Gewerbebetrieb	**1 590 000 €**	**1 094 000 €**	**0 €**	**2 684 000 €**

7. Wert, mit dem die übergegangenen Wirtschaftsgüter zu übernehmen sind

72 **04.28** Die übergegangenen Wirtschaftsgüter sind mit den Werten der steuerlichen Schlussbilanz der übertragenden Körperschaft anzusetzen (vgl. Randnr. 04.01 ff.).

8. Zuschlag für neutrales Vermögen (Auslandsvermögen)

73 **04.29** Gehört zum übernommenen Vermögen auch Betriebsvermögen, für das die Bundesrepublik Deutschland am steuerlichen Übertragungsstichtag kein Besteuerungsrecht hat (z. B. aufgrund eines DBA durch Anwendung der Freistellungsmethode oder weil die übertragende Körperschaft in Deutschland nur beschränkt oder gar nicht steuerpflichtig ist), ist insoweit ausschließlich für Zwecke der Ermittlung des Übernahmeergebnisses der gemeine Wert dieses Vermögens anzusetzen (§ 4 Abs. 4 Satz 2 UmwStG). Der Zuschlag für neutrales Vermögen ist i. H. der Differenz zwischen dem gemeinen Wert des Auslandsvermögens und dessen Wert in der steuerlichen Schlussbilanz des übertragenden Rechtsträgers vorzunehmen.

Beispiel 1:

An der GmbH sind die natürlichen Personen A mit 50 %, B mit 30 % und C mit 20 % beteiligt. A und B sind im Inland unbeschränkt einkommensteuerpflichtig und abkommensrechtlich ansässig. A hält seinen Anteil (Anschaffungskosten = 400 000 €) an der GmbH im Privatvermögen, der Anteil des B (Buchwert = 100 000 €) wird in dessen Betriebsvermögen gehalten. C ist im Ausland ansässig und hält seinen Anteil (Anschaffungskosten = 100 000 €) im Privatvermögen.
Nach dem mit dem Wohnsitzstaat des C abgeschlossenen DBA steht das Besteuerungsrecht für Gewinne aus der Veräußerung von Anteilen an Kapitalgesellschaften nur dem Wohnsitzstaat zu. Die GmbH unterhält eine DBA-Freistellungsbetriebsstätte im Ausland. Für Dividenden sieht das DBA ein Quellensteuerrecht entsprechend dem Art. 10 OECD-MA vor.
Die GmbH wird formwechselnd in eine KG umgewandelt. In der steuerlichen Schlussbilanz der GmbH werden die übergehenden Wirtschaftsgüter zulässigerweise einheitlich mit dem Buchwert (Buchwerte insgesamt = 2 000 000 €; davon Nennkapital = 1 400 000 € und offene Rücklagen = 600 000 €) angesetzt und von der KG entsprechend über-

nommen. Von den Umwandlungskosten entfallen 20 000 € auf die KG. Die Buchwerte des inländischen Vermögens betragen 1 500 000 € (gemeiner Wert = 2 800 000 €) und des ausländischen Vermögens 500 000 € (gemeiner Wert = 1 200 000 €). *noch* **73**

Steuerlicher Übertragungsstichtag ist der 31. 12. 01. Das Wirtschaftsjahr der an der Umwandlung beteiligten Rechtsträger entspricht dem Kalenderjahr.

Lösung:

Die KG hat die steuerlichen Buchwerte zu übernehmen (§ 4 Abs. 1 Satz 1 UmwStG). Die bisherigen Anteile von A und C an der GmbH gelten nach § 5 Abs. 2 UmwStG als zu den Anschaffungskosten in das Betriebsvermögen der KG eingelegt. Der bisherige Anteil des B gilt nach § 5 Abs. 3 UmwStG als zum Buchwert in das Betriebsvermögen der KG überführt.

Für die Gesellschafter A, B und C erfolgt eine Ermittlung des Übernahmeergebnisses. Der auf den Gesellschafter C entfallende Anteil an einem Übernahmegewinn bleibt allerdings i. R. d. gesonderten und einheitlichen Feststellung außer Ansatz, weil nur steuerpflichtige Einkünfte festzustellen sind. Für die Bundesrepublik Deutschland hat ein Besteuerungsrecht hinsichtlich des Gewinns aus der Veräußerung dieses Anteils an der GmbH nach dem DBA mit dem Wohnsitzstaat des C insoweit nicht bestanden; Gleiches würde auch für einen Übernahmeverlust gelten. Aufgrund des abkommensrechtlichen Quellensteuerrechts sind die Bezüge i. S. d. § 7 UmwStG jedoch in die Feststellung mit einzubeziehen (vgl. Randnr. 07.02).

Nach § 4 Abs. 4 Satz 2 UmwStG ist i. R. d. Ermittlung des Übernahmeergebnisses für die Gesellschafter A, B und C ein Zuschlag für neutrales Vermögen (Auslandsvermögen) anzusetzen (1 200 000 € [= gemeiner Wert] ./. 500 000 € [= Buchwert] = 700 000 €; davon Anteil des A = 350 000 €, Anteil des B = 210 000 € und Anteil des C = 140 000 €).

Die auf die Gesellschafter entfallenden Anteile am Übernahmeergebnis i. S. d. § 4 UmwStG und den Bezügen i. S. d. § 7 UmwStG sind für den Veranlagungszeitraum 01 wie folgt zu ermitteln:

	A	B	C	Summe
a) Übernahmeergebnis				
Wert des übernommenen Vermögens (Buchwert)	1 000 000 €	600 000 €	400 000 €	2 000 000 €
+ Zuschlag für neutrales (Auslands-)Vermögen	350 000 €	210 000 €	140 000 €	700 000 €
./. Wert der Anteile an der übertragenden GmbH	400 000 €	100 000 €	100 000 €	600 000 €
./. Kosten des Vermögensübergangs	10 000 €	6 000 €	4 000 €	20 000 €
= Übernahmeergebnis 1. Stufe	940 000 €	704 000 €	436 000 €	2 080 000 €
./. Bezüge nach § 7 UmwStG	300 000 €	180 000 €	120 000 €	600 000 €
= Übernahmeergebnis 2. Stufe	640 000 €	524 000 €	316 000 €	1 480 000 €
davon stpfl. Übernahmeergebnis (= Gegenstand der gesonderten und einheitlichen Feststellung)	**640 000 €**	**524 000 €**	**0 €**	**1 060 000 €**
b) Bezüge nach § 7 UmwStG	300 000 €	180 000 €	120 000 €	600 000 €
davon einzubeziehen in das Feststellungsverfahren (vor Anwendung von § 3 Nr. 40 EStG)	300 000 €	180 000 €	120 000 €	600 000 €
anzurechnende Kapitalertragsteuer (25 %)	75 000 €	45 000 €	30 000 €[1]	
Gesonderte und einheitliche Feststellung:				
a) Übernahmeergebnis gem. § 4 UmwStG	640 000 €	524 000 €	0 €	1 164 000 €
b) Bezüge gem.§ 7 UmwStG	300 000 €	180 000 €	120 000 €	600 000 €
= Einkünfte aus Gewerbebetrieb	**940 000 €**	**704 000 €**	**120 000 €**	**1 764 000 €**

Beispiel 2:

Die im EU-Ausland ansässige EU-Kapitalgesellschaft mit einer im Inland befindlichen gewerblichen Betriebsstätte wird auf eine gewerbliche EU-Personengesellschaft mit Sitz und Geschäftsleitung im EU-Ausland umgewandelt. Gesellschafter der EU-Kapitalgesellschaft sind die natürlichen Personen A mit 50 %, B mit 30 % und C mit 20 %. A und B sind im Inland unbeschränkt einkommensteuerpflichtig und abkommensrechtlich ansässig. A hält seinen Anteil (Anschaffungskosten = 400 000 €) an der EU-Kapitalgesellschaft im Privatvermögen, der Anteil des B (Buchwert = 100 000 €) wird in dessen Betriebsvermögen gehalten. C ist im EU-Ausland ansässig und hält seinen Anteil (Anschaffungskosten = 100 000 €) im Privatvermögen.

Nach dem mit dem Wohnsitzstaat des C abgeschlossenen DBA steht das Besteuerungsrecht für Gewinne aus der Veräußerung von Anteilen an Kapitalgesellschaften nur dem Wohnsitzstaat zu. Für Dividenden steht das Besteuerungsrecht dem Wohnsitzstaat des Gesellschafters zu (vgl. Art. 10 Abs. 1 OECD-MA).

In der steuerlichen Schlussbilanz der EU-Kapitalgesellschaft werden die übergehenden Wirtschaftsgüter auf Antrag zulässigerweise einheitlich mit dem Buchwert angesetzt und von der EU-Personengesellschaft entsprechend übernommen.

Kapitalertragsteuer wurde im Ausland weder angemeldet noch abgeführt. Von den Umwandlungskosten entfallen 20 000 € auf die EU-Personengesellschaft. Die Buchwerte des inländischen Vermögens betragen 500 000 € (gemeiner Wert = 1 200 000 €) und des ausländischen Vermögens 1 500 000 € (gemeiner Wert = 2 800 000 €).

Steuerlicher Übertragungsstichtag ist der 31. 12. 01. Das Wirtschaftsjahr der an der Umwandlung beteiligten Rechtsträger entspricht dem Kalenderjahr.

Lösung:

Die EU-Personengesellschaft hat die steuerlichen Schlussbilanzwerte der EU-Kapitalgesellschaft zu übernehmen (§ 4 Abs. 1 Satz 1 UmwStG). Die bisherigen Anteile von A und C an der EU-Kapitalgesellschaft gelten nach § 5 Abs. 2 UmwStG als zu den Anschaffungskosten in das Betriebsvermögen der EU-Personengesellschaft eingelegt. Der bisherige Anteil des B gilt nach § 5 Abs. 3 UmwStG als zum Buchwert in das Betriebsvermögen der EU-Personengesellschaft überführt.

Für die Gesellschafter A, B und C erfolgt eine Ermittlung des Übernahmeergebnisses. Nach § 4 Abs. 4 Satz 2 UmwStG ist i. R. d. Ermittlung des Übernahmeergebnisses ein Zuschlag für neutrales Vermögen (Auslandsvermögen) anzusetzen

[1] DBA-Quellensteuerrecht.

(2 800 000 € (= gemeiner Wert) ./. 1 500 000 € (= Buchwert) = 1 300 000 €; davon Anteil des A = 650 000 €, Anteil des B = 390 000 € und Anteil des C = 260 000 €).
Der auf C entfallende Anteil am Übernahmeergebnis i. S. d. § 4 UmwStG und den Bezügen i. S. d. § 7 UmwStG bleibt i. R. d. gesonderten und einheitlichen Feststellung außer Ansatz, weil für C im Inland keine (beschränkte) Steuerpflicht besteht. Für die Bezüge i. S. d. § 7 UmwStG von A und B ist Art. 10 OECD-MA maßgeblich.
Die auf die Gesellschafter entfallenden Anteile am Übernahmeergebnis i. S. d. § 4 UmwStG und den Bezügen i. S. d. § 7 UmwStG sind für den Veranlagungszeitraum 01 wie folgt zu ermitteln:

	A	B	C	Summe
a) Übernahmeergebnis				
Wert des übernommenen Vermögens (Buchwert)	1 000 000 €	600 000 €	400 000 €	2 000 000 €
+ Zuschlag für neutrales (Auslands-)Vermögen	650 000 €	390 000 €	260 000 €	1 300 000 €
./. Wert der Anteile an der übertragenden GmbH	400 000 €	100 000 €	100 000 €	600 000 €
./. Kosten des Vermögensübergangs	10 000 €	6 000 €	4 000 €	20 000 €
= Übernahmeergebnis 1. Stufe	1 240 000 €	884 000 €	556 000 €	2 680 000 €
./. Bezüge nach § 7 UmwStG	300 000 €	180 000 €	120 000 €	600 000 €
= Übernahmeergebnis 2. Stufe	940 000 €	704 000 €	436 000 €	2 080 000 €
davon stpfl. Übernahmeergebnis (= Gegenstand der gesonderten und einheitlichen Feststellung)	**940 000 €**	**704 000 €**	**0 €**	**1 644 000 €**
b) Bezüge nach § 7 UmwStG	300 000 €	180 000 €	120 000 €	600 000 €
davon einzubeziehen in das Feststellungsverfahren (vor Anwendung von § 3 Nr. 40 EStG)	300 000 €	180 000 €	0 €	480 000 €
Gesonderte und einheitliche Feststellung:				
a) Übernahmeergebnis gem. § 4 UmwStG	940 000 €	704 000 €	0 €	1 644 000 €
b) Bezüge gem. § 7 UmwStG	300 000 €	180 000 €	0 €	480 000 €
= Einkünfte aus Gewerbebetrieb	**1 240 000 €**	**884 000 €**	**0 €**	**2 124 000 €**

9. Anteile an der übertragenden Körperschaft

a) Zuordnung der Anteile

74 **04.30** Gehören am steuerlichen Übertragungsstichtag unter Berücksichtigung des § 5 UmwStG nicht alle Anteile an der übertragenden Körperschaft zum Betriebsvermögen des übernehmenden Rechtsträgers, bleibt der auf diese Anteile entfallende Wert der übergegangenen Wirtschaftsgüter bei der Ermittlung des Übernahmeergebnisses insoweit außer Ansatz (§ 4 Abs. 4 Satz 3 UmwStG).

Beispiel:

80 % der Anteile an der übertragenden Kapitalgesellschaft gehören am steuerlichen Übertragungsstichtag – unter Berücksichtigung des § 5 UmwStG – zum Betriebsvermögen der übernehmenden Personengesellschaft. 20 % der Anteile gehören zum Privatvermögen von Anteilseignern, die jeweils zu weniger als 1 % an der übertragenden Kapitalgesellschaft beteiligt sind.

Lösung:

In Höhe von 20 % bleibt der Wert der übergegangenen Wirtschaftsgüter bei der Ermittlung des Übernahmegewinns oder -verlusts außer Ansatz. Für die 20 % der Anteile entfällt die Ermittlung eines Übernahmegewinns oder -verlusts.

b) Folgen bei ausstehenden Einlagen

75 **04.31** Ausstehende Einlagen haben die Anschaffungskosten der Beteiligung unabhängig davon, ob sie eingefordert oder nicht eingefordert sind, bereits erhöht. Die Anschaffungskosten sind daher für Zwecke der Ermittlung des Übernahmeergebnisses um diese Beträge zu mindern (vgl. auch Randnr. 03.05).

c) Steuerliche Behandlung eigener Anteile

76 **04.32** Bis zur Geltung des Gesetzes zur Modernisierung des Bilanzrechts (Bilanzrechtsmodernisierungsgesetz – BilMoG) vom 25. 5. 2009, BGBl. I S. 1102, gilt für die Behandlung eigener Anteile bei Umwandlungen Folgendes:

Bei der übertragenden Körperschaft gehen die eigenen Anteile durch die Umwandlung unter und sind in der steuerlichen Schlussbilanz nicht mehr zu erfassen. Diese sind daher entweder gewinnneutral auszubuchen oder der hierdurch entstehende Buchverlust ist außerhalb der Bilanz bei der Einkommensermittlung hinzuzurechnen (vgl. Randnr. 03.05).

04.33 Der Übernahmegewinn ergibt sich in diesem Fall aus dem Unterschiedsbetrag zwischen dem Wert, mit dem die übergegangenen Wirtschaftsgüter nach § 4 Abs. 1 Satz 1 UmwStG zu übernehmen sind, und dem Buchwert der restlichen Anteile an der übertragenden Körperschaft, wenn sie am steuerlichen Übertragungsstichtag zum Betriebsvermögen des übernehmenden Rechtsträgers gehören (§ 4 Abs. 4 Satz 3 UmwStG). Für den Fall, dass auch nach Berücksichtigung des § 5 UmwStG nicht alle übrigen Anteile zum Betriebsvermögen des übernehmenden Rechtsträgers gehören, wird auf Randnr. 04.30 verwiesen.

Beispiel (Rechtslage bis zur Geltung des BilMoG):

A-GmbH

Gesellschafter B	= 30 % (Anschaffungskosten	= 30 000 €)
Gesellschafter C	= 30 % (Anschaffungskosten	= 90 000 €)
Gesellschafter D	= 30 % (Anschaffungskosten	= 100 000 €)
eigene Anteile A-GmbH	= 10 % (Anschaffungskosten	= 50 000 €)

Lösung:

Die steuerliche Schlussbilanz der A-GmbH stellt sich wie folgt dar:

	Buchwert		Buchwert
Eigene Anteile	0 €	Stammkapital	100 000 €
Sonstige Aktiva	1 250 000 €	Rücklagen	200 000 €
		Verbindlichkeiten	950 000 €
	1 250 000 €		1 250 000 €

Die Anteile der Gesellschafter B, C und D sind dem Betriebsvermögen der übernehmenden Personengesellschaft gem. § 5 UmwStG zuzuordnen. Danach ergibt sich folgender Übernahmegewinn:

	Gesamt	B	C	D
Buchwert des übergehenden Vermögens	300 000 €	100 000 €	100 000 €	100 000 €
Buchwert der Anteile (Anschaffungskosten)	220 000 €	30 000 €	90 000 €	100 000 €
Übernahmeergebnis 1. Stufe	**80 000 €**	**70 000 €**	**10 000 €**	**0 €**

Der Buchwert der eigenen Anteile i. H. v. 50 000 € (Anschaffungskosten) ist bei der A-GmbH bei der steuerlichen Gewinnermittlung außerhalb der Bilanz hinzuzurechnen, wenn die Anteile gewinnmindernd ausgebucht worden sind.

10. Kosten des Vermögensübergangs

04.34 Als Kosten des Vermögensübergangs i. S. d. § 4 Abs. 4 Satz 1 UmwStG sind nur die nicht objektbezogenen Kosten des übernehmenden Rechtsträgers – unabhängig vom Zeitpunkt der Entstehung – sowie auch die nicht objektbezogenen Kosten, die dem übertragenden Rechtsträger zuzuordnen und nach dem steuerlichen Übertragungsstichtag entstanden sind, zu berücksichtigen. Sie bewirken eine Minderung des Übernahmegewinns bzw. eine Erhöhung des Übernahmeverlusts. Sofern sie als laufender Aufwand beim übernehmenden Rechtsträger berücksichtigt worden sind, hat eine entsprechende außerbilanzielle Korrektur zu erfolgen. Zur ertragsteuerlichen Behandlung der durch einen Umwandlungsvorgang entstandenen objektbezogenen Kosten des Vermögensübergangs vgl. *BMF-Schreiben vom 18. 1. 2010, BStBl. I S. 70*[1]. Zur ertragsteuerlichen Behandlung von Grunderwerbsteuer bei Anteilsvereinigung (§ 1 Abs. 3 GrEStG) beachte aber auch BFH vom 20. 4. 2011 I R 2/10, BStBl. II S. 761. 77

04.35 Eine verhältnismäßige Zuordnung zum Übernahmeergebnis und zum Dividendenanteil gem. § 7 UmwStG ist nicht vorzunehmen. Ein Gesellschafter, der nicht der Übernahmegewinnbesteuerung, sondern nur der Besteuerung des Dividendenanteils gem. § 7 UmwStG unterliegt, kann seine Übernahmekosten steuerlich nicht geltend machen.

V. Fremdfinanzierte Anteile an der übertragenden Körperschaft

04.36 Wird ein Anteilseigner, der seine Anteile an der übertragenden Körperschaft fremdfinanziert hat, Mitunternehmer der Personengesellschaft, führen Darlehenszinsen künftig zu Sonderbetriebsausgaben dieses Mitunternehmers bei der Personengesellschaft, die i. R. d. gesonderten und einheitlichen Feststellung der Einkünfte nach allgemeinen Grundsätzen zu berücksichtigen sind. Die Verbindlichkeiten haben keinen Einfluss auf das Übernahmeergebnis. 78

VI. Weitere Korrekturen gem. § 4 Abs. 5 UmwStG

1. Sperrbetrag i. S. d. § 50 c EStG

04.37 Der Sperrbetrag i. S. d. § 50 c Abs. 4 EStG (vgl. § 52 Abs. 59 EStG) ist nach § 4 Abs. 5 Satz 1 UmwStG dem Übernahmeergebnis außerhalb der Steuerbilanz hinzuzurechnen, soweit die Anteile an der übertragenden Körperschaft am steuerlichen Übertragungsstichtag zum Betriebsvermögen des übernehmenden Rechtsträgers gehören. 79

2. Abzug der Bezüge i. S. d. § 7 UmwStG vom Übernahmeergebnis 1. Stufe

04.38 Das Übernahmeergebnis 1. Stufe (vgl. Randnr. 04.27) vermindert sich um die Bezüge, die nach § 7 UmwStG zu den Einkünften aus Kapitalvermögen i. S. d. § 20 Abs. 1 Nr. 1 EStG gehören. Der Abzug erfolgt wegen der personenbezogenen Ermittlung (vgl. Randnr. 04.19 ff.) für jeden Anteilseigner gesondert. 80

VII. Ermittlung des Übernahmeergebnisses bei negativem Buchwert des Vermögens der übertragenden Körperschaft (überschuldete Gesellschaft)

04.39 Bei der Ermittlung des Übernahmeergebnisses ist keine Begrenzung des übergehenden Vermögens auf 0 € vorgesehen. Ein Negativvermögen führt daher zu einem entsprechend höheren Übernahmeverlust. 81

VIII. Berücksichtigung eines Übernahmeverlusts (§ 4 Abs. 6 UmwStG)

04.40 Entfällt der Übernahmeverlust auf eine Körperschaft, Personenvereinigung oder Vermögensmasse, bleibt der Übernahmeverlust außer Ansatz. 82

04.41 Das gilt nicht, soweit der Übernahmeverlust auf eine Körperschaft i. S. d. § 8 b Abs. 7 oder Abs. 8 Satz 1 KStG entfällt. Dann ist der Übernahmeverlust bis zur Höhe der Bezüge i. S. d. § 20 Abs. 1 Nr. 1 EStG i. V. m. § 7 UmwStG zu berücksichtigen. Ein danach verbleibender Übernahmeverlust bleibt außer Ansatz.

[1] Aufgehoben durch *BMF-Schrb. v. 24. 3. 2014 IV A 2 – O 2000/13/10002, BStBl. I S. 606.*

04.42 Entfällt der Übernahmeverlust auf eine natürliche Person, ist er zu 60 % (bis 2008: zur Hälfte), höchstens i. H. v. 60 % (bis 2008: der Hälfte) der nach § 7 UmwStG anzusetzenden Bezüge i. S. d. § 20 Abs. 1 Nr. 1 EStG zu berücksichtigen. Ein darüber hinausgehender Übernahmeverlust bleibt außer Ansatz.

04.43 Ein Übernahmeverlust bleibt stets außer Ansatz, soweit bei Veräußerung der Anteile an der übertragenden Körperschaft ein Veräußerungsverlust nach § 17 Abs. 2 Satz 6 EStG nicht zu berücksichtigen wäre oder soweit die Anteile an der übertragenden Körperschaft innerhalb der letzten fünf Jahre vor dem steuerlichen Übertragungsstichtag entgeltlich erworben wurden.

Werden Anteile an dem übertragenden Rechtsträger erst nach dem steuerlichen Übertragungsstichtag entgeltlich erworben, bleibt ein Übernahmeverlust nach § 4 Abs. 6 Satz 6 UmwStG auch insoweit außer Ansatz.

IX. Besteuerung eines Übernahmegewinns (§ 4 Abs. 7 UmwStG)

83 **04.44** Entfällt der Übernahmegewinn auf eine Körperschaft, ist darauf § 8 b KStG in der jeweils am steuerlichen Übertragungsstichtag geltenden Fassung anzuwenden, also ggf. auch § 8 b Abs. 7 und 8 KStG bzw. § 8 b Abs. 4 KStG a. F.

04.45 Entfällt der Übernahmegewinn auf eine natürliche Person, sind für Veranlagungszeiträume ab 2009 darauf § 3 Nr. 40 sowie § 3 c EStG in der jeweils am steuerlichen Übertragungsstichtag geltenden Fassung anzuwenden (§ 27 Abs. 8 UmwStG i. V. m. § 52 a Abs. 3 Satz 1 EStG). Für Veranlagungszeiträume bis 2008 sind auf einen Übernahmegewinn § 3 Nr. 40 Satz 1 und 2 EStG sowie § 3 c EStG in der jeweils am steuerlichen Übertragungsstichtag geltenden Fassung anzuwenden.

C. Besteuerung der Anteilseigner der übertragenden Körperschaft (§ 5 UmwStG)

I. Anschaffung und Barabfindung nach dem steuerlichen Übertragungsstichtag (§ 5 Abs. 1 UmwStG)

84 **05.01** Schafft der übernehmende Rechtsträger Anteile an der übertragenden Körperschaft nach dem steuerlichen Übertragungsstichtag an oder findet er einen Anteilseigner ab, ist das Übernahmeergebnis so zu ermitteln, als hätte er die Anteile an dem Übertragungsstichtag angeschafft. Der unentgeltliche Erwerb wird für Zwecke des § 5 Abs. 1 UmwStG der Anschaffung gleichgestellt.

05.02 § 5 Abs. 1 UmwStG gilt für Anteile, die Betriebsvermögen des übernehmenden Rechtsträgers (einschließlich Sonderbetriebsvermögen) werden.

II. Anteilseignerwechsel im Rückwirkungszeitraum

85 **05.03** Die Rückwirkungsfiktion des § 2 UmwStG gilt nicht bzw. insoweit nicht für Anteilseigner, wenn diese Anteile im Rückwirkungszeitraum ganz bzw. teilweise veräußert haben (vgl. Randnr. 02.17 ff.).

05.04 Veräußert der Anteilseigner Anteile an einen Dritten, erwirbt der Dritte zivilrechtlich Anteile an der übertragenden Körperschaft. Für die Anwendung der §§ 4 bis 10 und 18 UmwStG ist jedoch davon auszugehen, dass er die Anteile am steuerlichen Übertragungsstichtag angeschafft hat. Zur Anwendung des § 10 UmwStG vgl. § 27 Abs. 6 UmwStG i. d. F. des Gesetzes vom 22. 12. 2009, BGBl. I S. 3950, und Randnr. 10.01 f. Die Anteile gelten unter den Voraussetzungen der Einlage- und Übertragungsfiktionen des § 5 Abs. 2 und 3 UmwStG als in das Betriebsvermögen der übernehmenden Personengesellschaft bzw. der übernehmenden natürlichen Person eingelegt oder überführt. Hat der übernehmende Rechtsträger die Anteile erworben, gilt § 5 Abs. 1 UmwStG.

III. Einlage- und Überführungsfiktion (§ 5 Abs. 2 und 3 UmwStG)

1. Einlagefiktion nach § 5 Abs. 2 UmwStG

86 **05.05** Nach § 5 Abs. 2 UmwStG gelten die Anteile an der übertragenden Körperschaft i. S. d. § 17 EStG für die Ermittlung des Übernahmeergebnisses als zum steuerlichen Übertragungsstichtag mit den Anschaffungskosten in das Betriebsvermögen des übernehmenden Rechtsträgers eingelegt. Im Privatvermögen gehaltene Anteile, die nicht unter § 17 EStG fallen, werden von der Einlagefiktion des § 5 Abs. 2 UmwStG nicht erfasst. Die Einlagefiktion gem. § 5 Abs. 2 UmwStG erfasst auch Anteile an der übertragenden Körperschaft, für die ein Veräußerungsverlust nach § 17 Abs. 2 Satz 6 EStG nicht zu berücksichtigen ist. In diesen Fällen bleibt ein Übernahmeverlust außer Ansatz, siehe § 4 Abs. 6 Satz 6 UmwStG. Im Fall einer vorangegangenen Umwandlung (Verschmelzung, Auf- und Abspaltung) auf die übertragende Körperschaft (§§ 11 bis 13, 15 UmwStG) ist für die Anteile an der übertragenden Körperschaft § 13 Abs. 2 Satz 2 UmwStG zu beachten. § 5 Abs. 2 erfasst auch solche Anteile i. S. d. § 17 EStG, die erst nach dem steuerlichen Übertragungsstichtag entgeltlich oder unentgeltlich erworben werden.

05.06 Werden von der Körperschaft eigene Anteile gehalten, ist bei der Ermittlung der Beteiligungsquote auf das Verhältnis zu dem um die eigenen Anteile der Kapitalgesellschaft verminderten Nennkapital abzustellen (BFH vom 24. 9. 1970, IV R 138/69, BStBl. 1971 II S. 89).

Beispiel:

Die übertragende Körperschaft hält am steuerlichen Übertragungsstichtag eigene Anteile i. H. v. 20 %. A hält 40 % in seinem Betriebsvermögen, B hält 20 % in seinem Privatvermögen und 40 weitere Anteilseigner halten jeweils 0,5 % in ihrem Privatvermögen. Der Wert der auf die übernehmende Personengesellschaft übergegangenen Wirtschaftsgüter (ohne die eigenen Anteile) beträgt 800 000 €.

Lösung:

Bei Ermittlung des personenbezogenen Übernahmeergebnisses sind für A und B folgende Werte zugrunde zu legen:
A: $^{40}/_{80}$ von 800 000 € = 400 000 €,
B: $^{20}/_{80}$ von 800 000 € = 200 000 €.
Für die 40 weiteren Anteilseigner ist gem. § 4 Abs. 4 Satz 3 UmwStG kein Übernahmeergebnis zu ermitteln.

05.07 Die Einlagefiktion gilt unabhängig davon, ob eine Veräußerung dieser Anteile bei dem Anteilseigner i. R. d. unbeschränkten oder beschränkten Steuerpflicht zu erfassen bzw. ob ein Besteuerungsrecht der Bundesrepublik Deutschland aufgrund eines DBA ausgeschlossen ist. Die Zuordnung einer Beteiligung zum Betriebs- oder Privatvermögen bestimmt sich nach deutschem Steuerrecht. Die Feststellung, ob und in welchem Umfang sich für den Anteilseigner Auswirkungen auf den in der Bundesrepublik Deutschland zu versteuernden Übernahmegewinn oder den zu berücksichtigenden Übernahmeverlust und die Besteuerung offener Rücklagen ergeben, ist i. R. d. Ermittlung der Besteuerungsgrundlagen nach den §§ 4 und 7 UmwStG zu treffen.

2. Überführungsfiktion nach § 5 Abs. 3 UmwStG

05.08 Nach § 5 Abs. 3 UmwStG gelten die Anteile, die am steuerlichen Übertragungsstichtag zum Betriebsvermögen eines Anteilseigners gehören, für die Ermittlung des Übernahmeergebnisses als an diesem Stichtag in das Betriebsvermögen des übernehmenden Rechtsträgers überführt. Die Überführungsfiktion nach § 5 Abs. 3 UmwStG gilt auch, wenn die Anteile bei dem Anteilseigner am steuerlichen Übertragungsstichtag zu einem Betriebsvermögen gehören, das den Einkünften nach § 13 oder § 18 EStG zuzurechnen ist oder in den Fällen, in denen der Anteilseigner der übertragenden Körperschaft, der seine Beteiligung zum steuerlichen Übertragungsstichtag in einem Betriebsvermögen hält, erst nach dem steuerlichen Übertragungsstichtag Gesellschafter wird. **87**

05.09 Für die Überführungsfiktion gilt Randnr. 05.07 entsprechend.

05.10 Das Übernahmeergebnis ist so zu ermitteln, als seien die Anteile an dem steuerlichen Übertragungsstichtag zum Buchwert, erhöht um Abschreibungen sowie um Abzüge nach § 6b EStG und ähnliche Abzüge, die in früheren Jahren steuerwirksam vorgenommen worden sind, höchstens mit dem gemeinen Wert, in das Betriebsvermögen des übernehmenden Rechtsträgers überführt worden.

05.11 Die Rechtsfolgen einer steuerwirksamen erweiterten Wertaufholung entsprechend der Regelung in § 4 Abs. 1 Satz 2 und 3 UmwStG (vgl. Randnr. 04.05 ff.) ergeben sich am steuerlichen Übertragungsstichtag noch im Betriebsvermögen des Anteilseigners, zu dem die Anteile an der übertragenden Körperschaft gehören.

IV. Übergangsregelung für einbringungsgeborene Anteile nach § 27 Abs. 3 Nr. 1 UmwStG

05.12 Nach § 27 Abs. 3 Nr. 1 UmwStG ist § 5 Abs. 4 UmwStG 1995 für einbringungsgeborene Anteile i. S. d. § 21 Abs. 1 UmwStG 1995 mit der Maßgabe weiterhin anzuwenden, dass die Anteile zum Wert i. S. d. § 5 Abs. 2 oder 3 UmwStG als zum steuerlichen Übertragungsstichtag in das Betriebsvermögen des übernehmenden Rechtsträgers überführt gelten. **88**

D. Gewinnerhöhung durch Vereinigung von Forderungen und Verbindlichkeiten (§ 6 UmwStG)

I. Entstehung des Übernahmefolgegewinns oder -verlust aus dem Vermögensübergang

06.01 Der Übernahmefolgegewinn oder -verlust aus dem Vermögensübergang entsteht bei dem übernehmenden Rechtsträger mit Ablauf des steuerlichen Übertragungsstichtags. Ein solcher entsteht auch, wenn infolge der Umwandlung Gesellschafter des übernehmenden Rechtsträgers einen Anspruch oder eine Verbindlichkeit gegenüber dem übernehmenden Rechtsträger haben (§ 6 Abs. 2 UmwStG). Ist ein in der steuerlichen Schlussbilanz ausgewiesener Schuldposten beim übernehmenden Rechtsträger infolge Konfusion gewinnerhöhend aufzulösen und ist die dem Schuldposten zugrunde liegende Vermögensminderung beim übertragenden Rechtsträger nach § 8 Abs. 3 Satz 2 KStG korrigiert worden, gelten die Grundsätze des BMF-Schreibens vom 28. 5. 2002, BStBl. I S. 603,[1] entsprechend. Insoweit kommt es ggf. zu keinem Übernahmefolgegewinn, wenn eine Hinzurechnung der verdeckten Gewinnausschüttung nach § 8 Abs. 3 Satz 2 KStG erfolgt ist. **89**

§ 6 UmwStG findet keine Anwendung bei Vermögensübergang auf einen Rechtsträger ohne Betriebsvermögen (vgl. § 8 UmwStG).

II. Besteuerung des Übernahmefolgegewinns oder -verlusts

06.02 Der Übernahmefolgegewinn oder -verlust ist ein laufender Gewinn oder Verlust des übernehmenden Rechtsträgers, der auch bei der Gewerbesteuer zu berücksichtigen ist (§ 18 Abs. 1 UmwStG). Er ist nicht Teil des Übernahmeergebnisses i. S. d. § 4 Abs. 4 bis 6 UmwStG. Er ist auch dann in voller Höhe anzusetzen, wenn am steuerlichen Übertragungsstichtag nicht alle Anteile an der übertragenden Körperschaft zum Betriebsvermögen des übernehmenden Rechtsträgers gehören. § 4 Abs. 4 Satz 3 UmwStG gilt für den Übernahmefolgegewinn oder -verlust nicht. Auf den Übernahmefolgegewinn ist § 32 c EStG (nur Veranlagungszeitraum 2007) und § 35 EStG anzuwenden. Entsteht der Übernahmefolgegewinn durch eine Vereinigung von Forderungen und Verbindlichkeiten, ist er auch dann in voller Höhe steuerpflichtig, wenn sich die Forderungsabschreibung ganz oder zum Teil (z. B. wegen § 3 c Abs. 2 EStG oder § 8 b Abs. 3 Satz 4 ff. KStG) nicht ausgewirkt hat. **90**

III. Umgekehrte Maßgeblichkeit

06.03 Die steuerlichen Wahlrechte der Bildung und Auflösung einer Rücklage für den Übernahmefolgegewinn sind nach der Rechtslage bis zum Inkrafttreten des Bilanzrechtsmodernisierungsgesetzes (BilMoG) vom 25. 5. 2009, BGBl. I S. 1102, jeweils in Übereinstimmung mit der handelsrechtlichen Jahresbilanz auszuüben (vgl. § 5 Abs. 1 Satz 2 EStG a. F. und BMF-Schreiben vom 12. 3. 2010, BStBl. I S. 239, Randnr. 24). **91**

---

[1] Abgedruckt im Hauptteil zu § 8 KStG als Anl zu H 8.6.

IV. Pensionsrückstellungen zugunsten eines Gesellschafters der übertragenden Kapitalgesellschaft

92 **06.04** Geht das Vermögen einer Kapitalgesellschaft durch Gesamtrechtsnachfolge auf eine Personengesellschaft über, ist die zugunsten des Gesellschafters durch die Kapitalgesellschaft zulässigerweise gebildete Pensionsrückstellung von der Personengesellschaft nicht aufzulösen (BFH vom 22. 6. 1977 I R 8/75, BStBl. II S. 798; Ausnahme: Anwartschaftsverzicht bis zum steuerlichen Übertragungsstichtag).

06.05 Die Personengesellschaft führt die zulässigerweise von der Kapitalgesellschaft gebildete Pensionsrückstellung in ihrer Gesamthandsbilanz fort und hat diese bei fortbestehendem Dienstverhältnis mit dem Teilwert nach § 6a Abs. 3 Satz 2 Nr. 1 EStG zu bewerten.

06.06 Zuführungen nach dem steuerlichen Übertragungsstichtag, soweit sie ihren Grund in einem fortbestehenden Dienstverhältnis haben, sind Sondervergütungen i. S. d. § 15 Abs. 1 Satz 1 Nr. 2 EStG. Sie mindern den steuerlichen Gewinn der Personengesellschaft nicht. Wegen der bilanzsteuerlichen Behandlung einer Pensionszusage einer Personengesellschaft an einen Gesellschafter vgl. im Übrigen das BMF-Schreiben vom 29. 1. 2008, BStBl. I S. 317. Die Pensionszusage ist daher beim begünstigten Mitunternehmer in einen Teil vor und in einen Teil nach der Umwandlung aufzuteilen. Im Versorgungsfall folgt hieraus eine Aufteilung in Einkünfte nach § 19 EStG und § 15 EStG jeweils i. V. m. § 24 Nr. 2 EStG.

06.07 Im Fall des Vermögensübergangs auf eine natürliche Person ist die Pensionsrückstellung von dieser ertragswirksam aufzulösen. Auf einen sich insgesamt ergebenden Auflösungsgewinn ist § 6 Abs. 1 UmwStG anzuwenden.

06.08 Wird im Fall einer Rückdeckungsversicherung die Versicherung von der übernehmenden natürlichen Person fortgeführt, geht der Versicherungsanspruch (Rückdeckungsanspruch) auf diese über und wird dadurch Privatvermögen. Die Entnahme ist mit dem Teilwert zu bewerten. Wird die Rückdeckungsversicherung von der übertragenden Kapitalgesellschaft gekündigt, ist der Rückkaufswert mit dem Rückdeckungsanspruch zu verrechnen. Ein eventueller Restbetrag ist ergebniswirksam aufzulösen. Auf das Urteil des BFH vom 25. 2. 2004, I R 54/02, BStBl. II S. 654 wird hingewiesen.

V. Missbrauchsklausel

93 **06.09** Betrieb i. S. d. § 6 Abs. 3 UmwStG sind die am steuerlichen Übertragungsstichtag vorhandenen funktional und quantitativ wesentlichen Betriebsgrundlagen des übergegangenen Betriebs. Die Veräußerung, Verschmelzung, Einbringung oder Aufgabe sämtlicher Anteile des übernehmenden Rechtsträgers führt ebenfalls zur Anwendung des § 6 Abs. 3 UmwStG.

Unschädlich ist dagegen die Einbringung, Veräußerung oder Aufgabe nur eines Teilbetriebs des übergegangenen Betriebs. Dasselbe gilt für einen übergegangenen Mitunternehmeranteil, wenn daneben noch (weitere) wesentliche Betriebsgrundlagen zum übergegangenen Betrieb gehören, sowie für die Veräußerung einzelner Anteile des übernehmenden Rechtsträgers.

06.10 Die Fünfjahresfrist beginnt mit Ablauf des steuerlichen Übertragungsstichtags. Für die Fristberechnung ist im Fall der Veräußerung der Übergang des wirtschaftlichen Eigentums und in Einbringungsfällen der steuerliche Übertragungsstichtag i. S. d. § 20 Abs. 5 und 6 UmwStG als Veräußerungs- bzw. Einbringungszeitpunkt maßgebend. Bei einer Betriebsaufgabe ist der Zeitpunkt der ersten Handlung maßgebend, die nach dem Aufgabeentschluss objektiv auf die Auflösung des Betriebs gerichtet ist.

06.11 Die Einbringung in eine Kapitalgesellschaft innerhalb von fünf Jahren nach dem steuerlichen Übertragungsstichtag ist stets unabhängig vom Vorliegen triftiger Gründe sowie unabhängig vom Wertansatz (gemeiner Wert, Zwischen- oder Buchwert) schädlich.

Eine Einbringung in eine andere Körperschaft (z. B. Genossenschaft) oder in eine Mitunternehmerschaft nach § 24 UmwStG ist eine Veräußerung i. S. d. § 6 Abs. 3 UmwStG.

Die Aufgabe oder Veräußerung des übergegangenen Betriebs ist unschädlich, wenn triftige Gründe vorliegen. Dies hängt von den Umständen des Einzelfalls ab. Es muss vom Steuerpflichtigen nachgewiesen werden, dass die nachfolgende Aufgabe oder Veräußerung nicht durch Steuerumgehung (Steuerersparnis, Steuerstundung), sondern durch vernünftige wirtschaftliche Gründe – insbesondere der Umstrukturierung oder der Rationalisierung der beteiligten Gesellschaften – als hauptsächlichen Beweggrund motiviert war.

06.12 § 6 Abs. 3 Satz 2 UmwStG enthält eine eigenständige Änderungsvorschrift. Eine Änderung der entsprechenden Steuer-, Steuermess-, Freistellungs- und Feststellungsbescheide ist auch bei bereits eingetretener Festsetzungs- oder Feststellungsverjährung möglich (§ 175 Abs. 1 Satz 2 AO).

E. Besteuerung offener Rücklagen (§ 7 UmwStG)

I. Sachlicher und persönlicher Anwendungsbereich

94 **07.01** Der Anwendungsbereich des § 7 UmwStG erstreckt sich sachlich auf Umwandlungen und vergleichbare ausländische Vorgänge i. S. d. § 1 Abs. 1 UmwStG.

07.02 Persönlich werden von § 7 UmwStG alle Anteilseigner der übertragenden Körperschaft erfasst, die Gesellschafter der übernehmenden Personengesellschaft werden, und zwar unabhängig davon, ob für diese ein Übernahmeergebnis zu ermitteln ist oder nicht. Auf Bezüge i. S. d. § 7 UmwStG findet in grenzüberschreitenden Sachverhalten in der Regel eine dem Art. 10 OECD-MA entsprechende Vorschrift in einem DBA Anwendung.[1]

[1] OECD-MA und alle geltenden DBA siehe beck-online sowie Abdruck in der Beck'schen Textausgabe „Doppelbesteuerungsabkommen".

II. Anteiliges Eigenkapital

07.03 Nach § 7 Satz 1 UmwStG ist dem Anteilseigner der Teil des in der Steuerbilanz ausgewiesenen Eigenkapitals abzüglich des Bestands des steuerlichen Einlagekontos, der sich nach Anwendung des § 29 Abs. 1 KStG ergibt, als Einkünfte aus Kapitalvermögen (§ 20 Abs. 1 Nr. 1 EStG) zuzurechnen, der seiner Beteiligung am Nennkapital entspricht. 95

07.04 Maßgeblich ist das in der steuerlichen Schlussbilanz ausgewiesene um Ausschüttungsverbindlichkeiten und passive Korrekturposten (vgl. Randnr. 02.25 ff.) geminderte Eigenkapital. Ausstehende Einlagen auf das Nennkapital gehören, unabhängig davon, ob sie eingefordert sind oder nicht, ebenso wie Passivposten, die aufgrund steuerrechtlicher Vorschriften erst bei ihrer Auflösung zu versteuern sind (Sonderposten mit Rücklagenanteil i. S. d. § 247 Abs. 3 HGB vor Inkrafttreten des Bilanzrechtsmodernisierungsgesetzes [BilMoG] vom 25. 5. 2009, BGBl. I S. 1102), nicht zum Eigenkapital. Rückstellungen und Verbindlichkeiten, auch für die nach § 8 Abs. 3 Satz 2 KStG eine außerbilanzielle Einkommenskorrektur erfolgte, bleiben Fremdkapital.

Bei einer ausländischen Körperschaft i. S. d. § 27 Abs. 8 Satz 1 KStG ist der Bestand des steuerlichen Einlagekontos unter sinngemäßer Anwendung der Grundsätze des § 27 Abs. 8 KStG zu ermitteln.

Von dem maßgebenden Eigenkapital laut steuerlicher Schlussbilanz ist der Bestand des steuerlichen Einlagekontos, der sich nach Anwendung des § 29 Abs. 1 und Abs. 6 KStG ergibt, abzuziehen.

III. Zurechnung der Einkünfte

07.05 Ein verbleibender positiver Saldo des maßgebenden Eigenkapitals ist den Anteilseignern nach dem Verhältnis ihrer Anteile zum Nennkapital als Einkünfte i. S. d. § 20 Abs. 1 Nr. 1 EStG zuzurechnen. Hierbei ist auf die Höhe der Beteiligungen im Zeitpunkt des Wirksamwerdens der Umwandlung abzustellen. Eigene Anteile der übertragenden Körperschaft bleiben bei der Ermittlung der Beteiligungsverhältnisse unberücksichtigt. 96

07.06 Erfolgen im Rückwirkungszeitraum Ausschüttungen an Anteilseigner, für die die Rückwirkungsfiktion gilt, sind bei der Zurechnung der Einkünfte gegenüber neu eintretenden Gesellschaftern die Ausschüttungen an Anteilseigner, für die die Rückwirkungsfiktion gilt, diesen vorab zuzurechnen (vgl. Randnr. 02.31 sowie das Beispiel in Randnr. 02.33).

IV. Besteuerung und Zufluss der Einkünfte

07.07 Die Bezüge i. S. d. § 7 UmwStG i. V. m. § 20 Abs. 1 Nr. 1 EStG gelten bereits mit Ablauf des steuerlichen Übertragungsstichtags als zugeflossen (§ 2 Abs. 2 UmwStG). Sie sind in dem Veranlagungszeitraum, in dem das Wirtschaftsjahr endet, in das der steuerliche Übertragungsstichtag fällt, zu besteuern (vgl. Randnr. 02.04). Ist übernehmender Rechtsträger eine Personengesellschaft, sind die Bezüge i. R. d. gesonderten und einheitlichen Feststellung der Einkünfte zu erfassen, wenn für den betreffenden Anteilseigner ein Übernahmeergebnis zu ermitteln ist. 97

Die Einnahmen nach § 7 Satz 1 UmwStG unterliegen ab dem 1. 1. 2009 bei natürlichen Personen als Anteilseigner bei Anteilen im Privatvermögen grundsätzlich der Abgeltungsteuer (§§ 32 d, 43 Abs. 5 EStG) und bei Anteilen im Betriebsvermögen (einschließlich der Anteile, die nach § 5 Abs. 2 oder § 27 Abs. 3 Nr. 1 UmwStG als in das Betriebsvermögen eingelegt gelten) dem Teileinkünfteverfahren (§ 3 Nr. 40 Satz 1 Buchstabe d, § 3 Nr. 40 Satz 2, § 20 Abs. 8 EStG). Handelt es sich bei dem Anteilseigner um eine Körperschaft, gilt § 8 b KStG. Handelt es sich bei dem Anteilseigner um eine Personengesellschaft, ist für die Frage, ob § 3 Nr. 40 Satz 1 Buchstabe d EStG oder § 8 b KStG anzuwenden ist, auf die Gesellschafter dieser Personengesellschaft abzustellen.

Zur gewerbesteuerlichen Behandlung der Ausschüttung nach § 7 UmwStG vgl. Randnr. 18.04.

V. Kapitalertragsteuerabzug

07.08 Die Bezüge i. S. d. § 7 UmwStG unterliegen nach § 43 Abs. 1 Satz 1 Nr. 1 und Nr. 6 EStG dem Kapitalertragsteuerabzug. Die Kapitalertragsteuer hierauf entsteht erst im Zeitpunkt der zivilrechtlichen Wirksamkeit der Umwandlung und ist von dem übernehmenden Rechtsträger bzw. der die Kapitalerträge auszahlenden Stelle bei dem jeweils zuständigen Finanzamt anzumelden und vom übernehmenden Rechtsträger als steuerlichem Rechtsnachfolger (§ 4 Abs. 2 Satz 1 UmwStG) abzuführen. 98

07.09 Ein Absehen von der Erhebung der Kapitalertragsteuer nach § 43 b EStG kommt nicht in Betracht (§ 43 b Abs. 1 Satz 4 EStG).

F. Vermögensübergang auf einen Rechtsträger ohne Betriebsvermögen (§ 8 UmwStG)

08.01 Nach § 8 UmwStG sind Wirtschaftsgüter, die nicht Betriebsvermögen des übernehmenden Rechtsträgers werden, in der steuerlichen Schlussbilanz der übertragenden Körperschaft mit dem gemeinen Wert anzusetzen. 99

08.02 Ob das übertragene Vermögen Betriebsvermögen wird, beurteilt sich nach den Verhältnissen am steuerlichen Übertragungsstichtag. Die bloße Absicht des übernehmenden Rechtsträgers, sich in diesem Zeitpunkt gewerblich zu betätigen, ist nicht ausreichend.

08.03 Bei Vermögensübergang auf eine Zebragesellschaft sind die übergegangenen Wirtschaftsgüter in der steuerlichen Schlussbilanz des übertragenden Rechtsträgers mit dem gemeinen Wert anzusetzen (vgl. Randnr. 03.16).

I. R. d. gesonderten und einheitlichen Feststellung der Einkünfte werden Veräußerungsgewinne nach § 17 EStG und Bezüge i. S. d. § 7 UmwStG i. V. m. § 20 Abs. 1 Nr. 1 EStG festgestellt, dies jedoch ohne Bindungswirkung für die beteiligten Gesellschafter (vgl. GrS des BFH vom 11. 4. 2005, GrS 2/02, BStBl. II S. 679).

08.04 Ein Abzug nach § 7g Abs. 1 EStG ist beim übertragenden Rechtsträger rückgängig zu machen, wenn das übertragene Vermögen nicht Betriebsvermögen des übernehmenden Rechtsträgers wird.

G. Formwechsel in eine Personengesellschaft (§ 9 UmwStG)

100 **09.01** Mangels einer handelsrechtlichen Rückbeziehungsmöglichkeit enthält § 9 UmwStG eine eigenständige steuerliche Rückwirkungsregelung (vgl. Randnr. 02.05); im Übrigen vgl. Randnr. 02.09 ff. Die Übertragungs- bzw. die Eröffnungsbilanz i. S. d. § 9 Satz 2 UmwStG ist grundsätzlich auf den Zeitpunkt der Registereintragung des Formwechsels (§ 202 Abs. 1 Nr. 1 UmwG) aufzustellen.

09.02 Die Achtmonatsfrist nach § 9 Satz 3 UmwStG ist auch dann maßgebend, wenn nach ausländischem Recht eine davon abweichende Regelung besteht. Insoweit ist ggf. § 2 Abs. 3 UmwStG zu beachten. Im Übrigen vgl. auch Randnr. 02.06.

H. Körperschaftsteuererhöhung (§ 10 UmwStG)

101 **10.01** § 10 UmwStG ist grundsätzlich letztmals auf Umwandlungen anzuwenden, deren steuerlicher Übertragungsstichtag vor dem 1. 1. 2007 liegt (§ 27 Abs. 6 Satz 1 UmwStG).

10.02 § 10 UmwStG ist weiter anzuwenden, wenn von der übertragenden Körperschaft ein Antrag nach § 34 Abs. 16 KStG i. d. F. des Artikels 3 des Gesetzes vom 20. 12. 2007, BGBl. I S. 3150, gestellt wurde (§ 27 Abs. 6 Satz 2 UmwStG). Auf die Ausführungen im BMF-Schreiben vom 16. 12. 2003, BStBl. I S. 786, Randnr. 11 ff.,[1] wird verwiesen.

Dritter Teil. Verschmelzung oder Vermögensübertragung (Vollübertragung) auf eine andere Körperschaft

A. Wertansätze in der steuerlichen Schlussbilanz der übertragenden Körperschaft (§ 11 UmwStG)

I. Sachlicher Anwendungsbereich

110 **11.01** Die §§ 11 bis 13 UmwStG sind sowohl auf Auf-, Ab- als auch Seitwärtsverschmelzungen anzuwenden.

II. Pflicht zur Abgabe einer steuerlichen Schlussbilanz

111 **11.02** Jede übertragende Körperschaft ist nach § 11 Abs. 1 Satz 1 UmwStG zur Erstellung und Abgabe einer steuerlichen Schlussbilanz auf den steuerlichen Übertragungsstichtag verpflichtet. Randnr. 03.01–03.03 gelten entsprechend. Insbesondere bei einer grenzüberschreitenden Hereinverschmelzung muss eine ausländische übertragende Körperschaft eine unter Zugrundelegung des deutschen Steuerrechts aufgestellte steuerliche Schlussbilanz i. S. d. § 11 UmwStG auf den steuerlichen Übertragungsstichtag einreichen.

III. Ansatz und Bewertung der übergehenden Wirtschaftsgüter

1. Ansatz der übergehenden Wirtschaftsgüter dem Grunde nach

112 **11.03** Randnr. 03.04–03.06 gelten entsprechend. Der Ansatz eines Geschäfts- oder Firmenwerts erfolgt nach § 11 Abs. 1 UmwStG auch dann, wenn der Betrieb der übertragenden Körperschaft nicht fortgeführt wird.

2. Ansatz der übergehenden Wirtschaftsgüter der Höhe nach

a) Ansatz der übergehenden Wirtschaftsgüter mit dem gemeinen Wert bzw. dem Teilwert nach § 6 a EStG

113 **11.04** Randnr. 03.07–03.09 gelten entsprechend.

b) Ansatz der übergehenden Wirtschaftsgüter mit dem Buchwert

114 **11.05** Auf Antrag können die übergehenden Wirtschaftsgüter einheitlich mit dem Buchwert angesetzt werden, soweit

- sichergestellt ist, dass sie später der Besteuerung mit Körperschaftsteuer unterliegen (§ 11 Abs. 2 Satz 1 Nr. 1 UmwStG),
- das Recht der Bundesrepublik Deutschland hinsichtlich der Besteuerung des Gewinns aus der Veräußerung der übertragenen Wirtschaftsgüter bei der übernehmenden Körperschaft nicht ausgeschlossen oder beschränkt wird (§ 11 Abs. 2 Satz 1 Nr. 2 UmwStG) und
- eine Gegenleistung nicht gewährt wird oder in Gesellschaftsrechten besteht (§ 11 Abs. 2 Satz 1 Nr. 3 UmwStG).

Für den Ansatz des Buchwerts sind die Ansätze in der Handelsbilanz nicht maßgeblich. Wegen des Begriffs Buchwert vgl. Randnr. 01.57. Die Prüfung der Voraussetzungen des § 11 Abs. 2 Satz 1 UmwStG erfolgt bezogen auf die Verhältnisse zum steuerlichen Übertragungsstichtag.

Gehört zum übergehenden Vermögen der übertragenden Körperschaft ein Mitunternehmeranteil, entspricht der Buchwertansatz dem auf die übertragende Körperschaft entfallenden anteiligen Kapitalkonto – unter Berücksichtigung etwaiger Ergänzungs- und Sonderbilanzen – bei der Mitunternehmerschaft.

11.06 Randnr. 03.12 und 03.13 gelten entsprechend.

[1] Letztmals abgedruckt im „Handbuch zur Körperschaftsteuerveranlagung 2010" im Anhang I 2 e.

aa) Sicherstellung der Besteuerung mit Körperschaftsteuer (§ 11 Abs. 2 Satz 1 Nr. 1 UmwStG)

11.07 Bei Verschmelzung auf eine unbeschränkt steuerpflichtige Körperschaft i. S. d. § 1 Abs. 1 KStG ist die Besteuerung mit Körperschaftsteuer grundsätzlich sichergestellt. Die Besteuerung mit Körperschaftsteuer ist z. B. nicht sichergestellt, wenn die übernehmende Körperschaft von der Körperschaftsteuer befreit ist (z. B. nach § 5 KStG) oder wenn das Vermögen in den nicht steuerpflichtigen Bereich einer juristischen Person des öffentlichen Rechts übergeht. Eine Sicherstellung der Besteuerung mit Körperschaftsteuer ist jedoch insoweit gegeben, als das übergehende Vermögen bei der übernehmenden Körperschaft einen steuerpflichtigen wirtschaftlichen Geschäftsbetrieb bildet oder zu einem bereits vorher bestehenden steuerpflichtigen wirtschaftlichen Geschäftsbetrieb gehört. Vgl. im Übrigen auch Randnr. 03.17. 115

11.08 Wird eine Körperschaft auf eine Organgesellschaft i. S. d. §§ 14, 17 KStG verschmolzen, ist infolge der Zurechnung des Einkommens an den Organträger insoweit die Besteuerung mit Körperschaftsteuer bei der übernehmenden Körperschaft nur sichergestellt, soweit das so zugerechnete Einkommen der Besteuerung mit Körperschaftsteuer unterliegt. Entsprechendes gilt, wenn derOrganträger selbst wiederum Organgesellschaft ist. Soweit das so zugerechnete Einkommen der Besteuerung mit Einkommensteuer unterliegt, können aus Billigkeitsgründen die übergehenden Wirtschaftsgüter dennoch einheitlich mit dem Buchwert angesetzt werden, wenn sich alle an der Verschmelzung Beteiligten (übertragender Rechtsträger, übernehmender Rechtsträger und Anteilseigner des übertragenden und übernehmenden Rechtsträgers) übereinstimmend schriftlich damit einverstanden erklären, dass auf die aus der Verschmelzung resultierenden Mehrabführungen § 14 Abs. 3 Satz 1 KStG anzuwenden ist; die Grundsätze der Randnr. Org.33 und Randnr. Org.34 gelten entsprechend.

bb) Kein Ausschluss und keine Einschränkung des deutschen Besteuerungsrechts (§ 11 Abs. 2 Satz 1 Nr. 2 UmwStG)

11.09 Die übergehenden Wirtschaftsgüter dürfen gem. § 11 Abs. 2 Satz 1 Nr. 2 UmwStG nur insoweit mit dem Buchwert angesetzt werden, als das Recht der Bundesrepublik Deutschland hinsichtlich der Besteuerung des Gewinns aus der Veräußerung der übertragenen Wirtschaftsgüter bei der übernehmenden Körperschaft nicht ausgeschlossen oder beschränkt wird. Randnr. 03.18–03.20 gelten entsprechend. 116

cc) Keine Gegenleistung oder Gegenleistung in Form von Gesellschaftsrechten (§ 11 Abs. 2 Satz 1 Nr. 3 UmwStG)

11.10 Randnr. 03.21–03.24 gelten entsprechend. Zur steuerlichen Behandlung der Gegenleistung bei den Anteilseignern vgl. Randnr. 13.02. 117

c) Ansatz der übergehenden Wirtschaftsgüter mit dem Zwischenwert

11.11 Randnr. 03.25 sowie Randnr. 11.05–11.10 gelten entsprechend. 118

d) Ausübung des Wahlrechts auf Ansatz zum Buch- oder Zwischenwert

11.12 Der Antrag auf Ansatz der übergehenden Wirtschaftsgüter mit dem Buch- oder Zwischenwert ist nach § 11 Abs. 3 i. V. m. § 3 Abs. 2 Satz 2 UmwStG bei dem für die Besteuerung nach §§ 20, 26 AO zuständigen Finanzamt der übertragenden Körperschaft spätestens bis zur erstmaligen Abgabe der steuerlichen Schlussbilanz zu stellen. Randnr. 03.27–03.30 gelten entsprechend. 119

3. Fiktive Körperschaftsteueranrechnung nach § 11 Abs. 3 i. V. m. § 3 Abs. 3 UmwStG

11.13 Randnr. 03.31 sowie 03.32 gelten entsprechend. 120

IV. Vermögensübertragung nach §§ 174 ff. UmwG gegen Gewährung einer Gegenleistung an die Anteilsinhaber des übertragenden Rechtsträgers

11.14 Nach § 174 UmwG kann ein Rechtsträger unter Auflösung ohne Abwicklung sein Vermögen ganz oder teilweise auf einen anderen bestehenden Rechtsträger (übernehmender Rechtsträger) gegen Gewährung einer Gegenleistung an die Anteilsinhaber des übertragenden Rechtsträgers, die nicht in Anteilen oder Mitgliedschaften besteht, übertragen. Ein Vermögensübergang unter Ansatz der Buch- oder Zwischenwerte i. S. d. § 11 Abs. 2 UmwStG ist daher grundsätzlich nicht möglich bei: 121

- Vermögensübertragung einer Kapitalgesellschaft auf eine Gebietskörperschaft oder einen Zusammenschluss von Gebietskörperschaften (§ 175 Nr. 1, §§ 176, 177 UmwG),
- Vermögensübertragung einer Versicherungs-AG auf einen VVaG (§ 175 Nr. 2 Buchstabe a, §§ 178, 179 UmwG),
- Vermögensübertragung eines VVaG auf eine Versicherungs-AG oder auf ein öffentlich-rechtliches Versicherungsunternehmen,
- Vermögensübertragung eines öffentlich-rechtlichen Versicherungsunternehmens auf eine Versicherungs-AG oder auf einen VVaG.

Nach § 176 Abs. 2 UmwG tritt in diesen Fällen an die Stelle des Umtauschverhältnisses der Anteile die Art und Höhe der Gegenleistung. Die übergegangenen Wirtschaftsgüter sind daher nach § 11 Abs. 1 UmwStG mit dem gemeinen Wert anzusetzen.

11.15 Ein steuerneutraler Vermögensübergang ist allenfalls möglich, wenn das Vermögen auf den alleinigen Anteilseigner übertragen wird (z. B. von einer Kapitalgesellschaft auf eine Gemeinde, die zu 100 % an der übertragenden Kapitalgesellschaft beteiligt ist) und die übrigen Voraussetzungen des § 11 Abs. 2 UmwStG erfüllt sind, da der Untergang der Beteiligung an der übertragenden Kapitalgesellschaft keine Gegenleistung i. S. d. § 11 Abs. 2 Satz 1 Nr. 3 UmwStG darstellt (vgl. Randnr. 11.10 i. V. m. Randnr. 03.21).

V. Landesrechtliche Vorschriften zur Vereinigung öffentlich-rechtlicher Kreditinstitute oder öffentlich-rechtlicher Versicherungsunternehmen

122 **11.16** Sehen landesrechtliche Vorschriften z. B. die Vereinigung öffentlich-rechtlicher Kreditinstitute oder öffentlich-rechtlicher Versicherungsunternehmen im Wege der Gesamtrechtsnachfolge vor, sind die §§ 11 bis 13 UmwStG bei dieser Vereinigung entsprechend anzuwenden, wenn diese Vereinigung mit einer Verschmelzung i. S. d. § 2 UmwG vergleichbar ist (vgl. Randnr. 01.07).

VI. Beteiligung der übertragenden Kapitalgesellschaft an der übernehmenden Kapitalgesellschaft (Abwärtsverschmelzung)

123 **11.17** Im Fall der Abwärtsverschmelzung einer Mutter- auf ihre Tochtergesellschaft sind gem. § 11 Abs. 2 Satz 2 UmwStG in der steuerlichen Schlussbilanz der übertragenden Muttergesellschaft die Anteile an der übernehmenden Tochtergesellschaft mindestens mit dem Buchwert, erhöht um in früheren Jahren steuerwirksam vorgenommene Abschreibungen auf die Beteiligung sowie erhöht um steuerwirksame Abzüge nach § 6 b EStG und ähnliche Abzüge, höchstens jedoch mit dem gemeinen Wert, anzusetzen. Insoweit erhöht sich der laufende Gewinn der Muttergesellschaft. Steuerwirksame Teilwertabschreibungen sind vor nicht voll steuerwirksamen Teilwertabschreibungen hinzuzurechnen. Eine Wertaufholung ist nach § 11 Abs. 2 Satz 2 UmwStG jedoch nicht vorzunehmen, soweit bis zum Ablauf des steuerlichen Übertragungsstichtags eine steuerwirksame Wertaufholung (§ 6 Abs. 1 Nr. 2 Satz 3 i. V. m. § 6 Abs. 1 Nr. 1 Satz 4 EStG) stattgefunden hat oder die Rücklage nach § 6 b Abs. 3 EStG gewinnerhöhend aufgelöst worden ist.

Wegen der in § 12 Abs. 1 Satz 2 i. V. m. § 4 Abs. 1 Satz 2 und 3 UmwStG enthaltenen vergleichbaren Regelung für den Fall der Aufwärtsverschmelzung einer Tochter- auf ihre Muttergesellschaft vgl. Randnr. 12.03.

11.18 Wird eine Mutter- auf ihre Tochtergesellschaft verschmolzen, führt dies auf der Ebene der Tochtergesellschaft nicht zu einem Durchgangserwerb eigener Anteile (BFH vom 28. 10. 2009, I R 4/09, BStBl. 2011 II S. 315).

11.19 Die Anteile an der Tochtergesellschaft können nach § 11 Abs. 2 Satz 2 UmwStG in der steuerlichen Schlussbilanz der Muttergesellschaft nur dann mit einem Wert unterhalb des gemeinen Werts angesetzt werden, wenn die übrigen Voraussetzungen des § 11 Abs. 2 Satz 1 Nr. 2 und 3 UmwStG vorliegen (vgl. Randnr. 11.09–11.10). Statt auf die übernehmende Körperschaft ist hierbei jedoch auf den die Anteile an der Tochtergesellschaft übernehmenden Anteilseigner der Muttergesellschaft abzustellen.

Auf Ebene des Anteilseigners der Muttergesellschaft findet § 13 UmwStG Anwendung. Eine Verknüpfung mit dem Wert in der steuerlichen Schlussbilanz nach § 12 Abs. 1 UmwStG besteht hingegen nicht.

B. Auswirkungen auf den Gewinn der übernehmenden Körperschaft (§ 12 UmwStG)

I. Wertverknüpfung

124 **12.01** Die übernehmende Körperschaft hat das auf sie übergegangene Vermögen in entsprechender Anwendung des § 4 Abs. 1 Satz 1 UmwStG mit dem in der steuerlichen Schlussbilanz der übertragenden Körperschaft enthaltenen Wert zu übernehmen (§ 12 Abs. 1 Satz 1 UmwStG).

12.02 Randnr. 04.01, 04.03 und 04.04 gelten entsprechend.

II. Erweiterte Wertaufholung – Beteiligungskorrekturgewinn

125 **12.03** Im Fall der Aufwärtsverschmelzung einer Tochter- auf ihre Muttergesellschaft sind gem. § 12 Abs. 1 Satz 2 i. V. m. § 4 Abs. 1 Satz 2 UmwStG in der Bilanz der übernehmenden Muttergesellschaft zum steuerlichen Übertragungsstichtag die Anteile an der übertragenden Tochtergesellschaft mindestens mit dem Buchwert, erhöht um in früheren Jahren steuerwirksam vorgenommene Abschreibungen auf die Beteiligung sowie erhöht um steuerwirksame Abzüge nach § 6 b EStG und ähnliche Abzüge, höchstens jedoch mit dem gemeinen Wert, anzusetzen. Insoweit erhöht sich der laufende Gewinn der Muttergesellschaft. Das gilt nicht, soweit bereits nach den allgemeinen Regeln bis zum Ablauf des steuerlichen Übertragungsstichtags eine Wertaufholung (§ 6 Abs. 1 Nr. 2 Satz 3 i. V. m. § 6 Abs. 1 Nr. 1 Satz 4 EStG) stattgefunden hat oder die Rücklage nach § 6 b Abs. 3 EStG gewinnerhöhend aufgelöst worden ist. Randnr. 04.06–04.08 gelten entsprechend.

III. Eintritt in die steuerliche Rechtsstellung (§ 12 Abs. 3 UmwStG)

126 **12.04** Hinsichtlich des Eintritts der übernehmenden Körperschaft in die Rechtsstellung der übertragenden Körperschaft gelten die Randnr. 04.09–04.17 entsprechend.

IV. Übernahmeergebnis

127 **12.05** Nach § 12 Abs. 2 Satz 1 UmwStG bleibt bei der übernehmenden Körperschaft ein Gewinn oder Verlust i. H. des Unterschieds zwischen dem Buchwert der Anteile an der übertragenden Körperschaft und dem Wert, mit dem die übergegangenen Wirtschaftsgüter zu übernehmen sind, abzüglich der Kosten für den Vermögensübergang (vgl. hierzu Randnr. 04.34), außer Ansatz. Der Gewinn ist außerhalb der Steuerbilanz entsprechend zu korrigieren.

Ein Übernahmeergebnis i. S. d. § 12 Abs. 2 Satz 1 UmwStG ist in allen Fällen der Auf-, Ab- und Seitwärtsverschmelzung – ungeachtet einer Beteiligung an der übertragenden Körperschaft – zu ermitteln. Das Übernahmeergebnis entsteht mit Ablauf des steuerlichen Übertragungsstichtags.

12.06 Gem. § 12 Abs. 2 Satz 2 UmwStG ist bei einer Aufwärtsverschmelzung auf einen Übernahmegewinn i. S. d. § 12 Abs. 2 Satz 1 UmwStG in dem Umfang, in dem die übernehmende Muttergesellschaft unmittelbar an der übertragenden Tochtergesellschaft beteiligt ist, § 8 b KStG anzuwenden. § 12

Abs. 2 Satz 2 UmwStG findet auf einen Übernahmeverlust keine Anwendung. Bei einer Aufwärtsverschmelzung entsprechen die anteiligen Kosten des Vermögensübergangs i. S. d. § 12 Abs. 2 Satz 2 UmwStG den von der übernehmenden Körperschaft getragenen Aufwendungen.

Beispiel:

Die übernehmende M-GmbH ist an der übertragenden T-GmbH zu 40 % beteiligt. Der Buchwert der Anteile beträgt 200 000 € und der Buchwert des übertragenen Vermögens beträgt 800 000 €. Die Kosten des Vermögensübergangs i. S. d. § 12 Abs. 2 Satz 2 UmwStG betragen 20 000 €.

Lösung:

Der Übernahmegewinn i. S. d. § 12 Abs. 2 Satz 1 UmwStG der M-GmbH beträgt (800 000 € ./. 200 000 € ./. 20 000 € =) 580 000 €.
Der Gewinn i. S. d. § 12 Abs. 2 Satz 2 UmwStG beträgt (40 % von 580 000 € =) 232 000 €. Auf diesen Betrag ist § 8 b KStG anzuwenden. Danach sind die 232 000 € nach § 8 b Abs. 2 Satz 1 KStG steuerfrei, es gelten nach § 8 b Abs. 3 Satz 1 KStG 5 % von 232 000 € (= 11 600 €) als nicht abziehbare Betriebsausgaben.

12.07 Bei der Anwendung des § 12 Abs. 2 Satz 2 UmwStG ist bei einer Aufwärtsverschmelzung auf eine Organgesellschaft § 15 Satz 1 Nr. 2 KStG zu beachten. Ist Organträger eine Personengesellschaft, an der natürliche Personen beteiligt sind, sind insoweit gem. § 15 Satz 1 Nr. 2 Satz 2 KStG die § 3 Nr. 40, § 3 c Abs. 2 EStG an Stelle des § 8 b KStG anzuwenden.[1]

C. Besteuerung der Anteilseigner der übertragenden Körperschaft (§ 13 UmwStG)

I. Anwendungsbereich

13.01 § 13 UmwStG ist nur auf Anteile im Betriebsvermögen, Anteile i. S. d. § 17 EStG und einbringungsgeborene Anteile i. S. d. § 21 Abs. 1 UmwStG 1995 anzuwenden. Für alle übrigen Anteile findet bei Verschmelzung einer Körperschaft § 20 Abs. 4 a Satz 1 und 2 EStG Anwendung. In den Fällen der Aufwärtsverschmelzung ist § 13 UmwStG nicht anwendbar, soweit die übernehmende Körperschaft an der übertragenden Körperschaft beteiligt ist; zur Anwendung des § 13 UmwStG bei der Abwärtsverschmelzung vgl. Randnr. 11.19. **128**

13.02 Darüber hinaus findet § 13 UmwStG nur insoweit Anwendung, als dem Anteilseigner der übertragenden Körperschaft keine Gegenleistung oder eine in Gesellschaftsrechten bestehende Gegenleistung gewährt wird. Nicht in Gesellschaftsrechten bestehende Gegenleistungen (vgl. Randnr. 11.10) stellen bei dem Anteilseigner einen Veräußerungserlös für seine Anteile dar. Bei einer nur anteiligen Veräußerung (z. B. Spitzenausgleich) sind dem Veräußerungserlös nur die anteiligen Anschaffungskosten dieser Anteile an dem übertragenden Rechtsträger gegenüberzustellen. In diesen Fällen gilt § 13 UmwStG nur für den übrigen Teil der Anteile.

13.03 § 13 UmwStG gilt auch nicht, soweit es aufgrund der Umwandlung zu einer Wertverschiebung zwischen den Anteilen der beteiligten Anteilseigner kommt. Insoweit handelt es sich um eine Vorteilszuwendung zwischen den Anteilseignern, für deren steuerliche Beurteilung die allgemeinen Grundsätze gelten. Erhält dabei eine an dem übertragenden Rechtsträger beteiligte Kapitalgesellschaft zugunsten eines ihrer Anteilseigner oder einer diesem nahe stehenden Person eine geringerwertige Beteiligung an dem übernehmenden Rechtsträger, kann die Vorteilsgewährung an den Anteilseigner als verdeckte Gewinnausschüttung zu beurteilen sein; im Umkehrfall kann eine verdeckte Einlage durch den Anteilseigner in die Kapitalgesellschaft anzunehmen sein (BFH vom 9. 11. 2010, IX R 24/09, BStBl. 2011 II S. 799). Bei einer nicht-verhältniswahrenden Umwandlung ist zu prüfen, ob die Wertverschiebung zwischen den Anteilseignern eine freigebige Zuwendung darstellt (vgl. auch koordinierter Ländererlass vom 20. 10. 2010, BStBl. I S. 1208 und Randnr. 15.44).

13.04[2] Wird das Vermögen einer nicht unbeschränkt steuerpflichtigen Körperschaft, Personenvereinigung oder Vermögensmasse als Ganzes durch einen Verschmelzungsvorgang i. S. d. § 12 Abs. 2 Satz 1 KStG nach ausländischem Recht auf eine andere Körperschaft übertragen, gilt nach § 12 Abs. 2 Satz 2 KStG für die Besteuerung der Anteilseigner der übertragenden Körperschaft § 13 UmwStG entsprechend.

II. Veräußerungs- und Anschaffungsfiktion zum gemeinen Wert

13.05 § 13 Abs. 1 UmwStG enthält eine Veräußerungs- und Anschaffungsfiktion zum gemeinen Wert, die unabhängig davon gilt, ob i. R. d. Umwandlung neue Anteile an der übernehmenden Körperschaft ausgegeben werden. Bei Anteilen an Genossenschaften richtet sich der gemeine Wert nach dem Entgelt, das bei der Übertragung des Geschäftsguthabens erzielt wird. **129**

13.06 Ein Veräußerungsgewinn oder -verlust entsteht im Zeitpunkt der zivilrechtlichen Wirksamkeit der Umwandlung. § 2 Abs. 1 UmwStG gilt grundsätzlich nicht für den Anteilseigner der übertragenden Körperschaft (vgl. Randnr. 02.03).

---

[1] **A. A.** *BFH v. 26. 9. 2018 I R 16/6 BFHE 263, 131:* Wird eine Kapitalgesellschaft auf ihre Muttergesellschaft verschmolzen, die ihrerseits Organgesellschaft einer körperschaftsteuerrechtlichen Organschaft mit einer Kapitalgesellschaft als Organträgerin ist, ist auf den Verschmelzungsgewinn weder auf der Ebene der Muttergesellschaft noch auf der Ebene der Organträgerin das pauschale Betriebsausgaben-Abzugsverbot nach § 8 b Abs. 3 Satz 1 KStG anzuwenden.

[2] Rn. 13.04 geändert durch *BMF-Schrb. v. 10. 11. 2016 IV C 2 – S 2761/0–01, BStBl. I S. 1252,* anzuwenden in allen offenen Fällen; bisherige Fassung von Rn. 13.04: „Wird das Vermögen einer beschränkt steuerpflichtigen Körperschaft, Personenvereinigung oder Vermögensmasse als Ganzes durch einen Verschmelzungsvorgang i. S. d. § 12 Abs. 2 Satz 1 KStG nach ausländischem Recht auf eine andere Körperschaft übertragen, gilt nach § 12 Abs. 2 Satz 2 KStG für die Besteuerung der Anteilseigner der übertragenden Körperschaft § 13 UmwStG entsprechend."

III. Ansatz der Anteile mit dem Buchwert oder den Anschaffungskosten

130 **13.07** Abweichend von § 13 Abs. 1 UmwStG können auf Antrag die Anteile an der übertragenden Körperschaft mit dem Buchwert oder den Anschaffungskosten angesetzt werden (§ 13 Abs. 2 UmwStG), wenn

- das Recht der Bundesrepublik Deutschland hinsichtlich der Besteuerung des Gewinns aus der Veräußerung der Anteile an der übernehmenden Körperschaft nicht ausgeschlossen oder beschränkt wird oder
- die EU-Mitgliedstaaten Art. 8 Richtlinie 2009/133/EG (zuvor Art. 8 Richtlinie 90/434/EWG) anzuwenden haben.

13.08 § 13 UmwStG ist unabhängig von der Ausübung des Bewertungswahlrechts bei der übertragenden Körperschaft in § 11 UmwStG anzuwenden. Unerheblich ist weiter, ob die übertragende Körperschaft im Inland der Besteuerung unterlegen hat.

13.09 Wird z. B. nach § 54 Abs. 1 Satz 3 UmwG i. R. d. Umwandlung auf die Gewährung neuer Anteile verzichtet, weil der Anteilseigner bereits an der übernehmenden Körperschaft beteiligt ist, sind dem Buchwert bzw. den Anschaffungskosten der Anteile an der übernehmenden Körperschaft der Buchwert bzw. die Anschaffungskosten der Anteile an der übertragenden Körperschaft hinzuzurechnen. Führt die Verschmelzung zu Wertverschiebungen zwischen den Anteilen der beteiligten Anteilseigner, findet § 13 UmwStG insoweit keine Anwendung (vgl. Randnr. 13.03).

13.10 Bei Vorliegen der in § 13 Abs. 2 UmwStG genannten Voraussetzungen ist nur ein Ansatz mit dem Buchwert oder den Anschaffungskosten, nicht jedoch der Ansatz eines Zwischenwerts zulässig. Der Antrag auf Fortführung des Buchwerts oder der Anschaffungskosten bedarf keiner besonderen Form, ist bedingungsfeindlich und unwiderruflich.

13.11 Werden nach § 13 Abs. 2 Satz 1 UmwStG die Anteile an der übernehmenden Körperschaft mit dem Buchwert oder den Anschaffungskosten der Anteile an der übertragenden Körperschaft angesetzt, treten gem. § 13 Abs. 2 Satz 2 UmwStG die Anteile an der übernehmenden Körperschaft steuerlich an die Stelle der Anteile an der übertragenden Körperschaft. Daraus ergeben sich insbesondere folgende Rechtsfolgen:

- Übergang einer Wertaufholungsverpflichtung nach § 6 Abs. 1 Nr. 2 Satz 3 EStG bei im Betriebsvermögen gehaltenen Anteilen;
- Übergang der Einschränkung nach § 8 b Abs. 2 Satz 4 und 5 KStG bzw. § 3 Nr. 40 Satz 1 Buchstabe a Satz 2 und 3 sowie Buchstabe b Satz 3 EStG;
- wenn die Anteile an der übertragenden Körperschaft solche i. S. d. § 17 EStG waren, gelten auch die Anteile an der übernehmenden Körperschaft als Anteile i. S. d. § 17 EStG, selbst wenn die Beteiligungsgrenze nicht erreicht wird (für die Anwendung der 1 %-Grenze ist auf die Beteiligungsquote vor der Verschmelzung abzustellen);
- die Steuerverhaftung nach § 21 UmwStG 1995 verlagert sich auf die Anteile an der übernehmenden Körperschaft;
- ein Sperrbetrag i. S. d. § 50 c EStG a. F. verlagert sich auf die Anteile an der übernehmenden Körperschaft;
- die Eigenschaft „verschmelzungsgeborener Anteil" i. S. d. § 13 Abs. 2 Satz 2 UmwStG 1995 verlagert sich auf die Anteile an der übernehmenden Körperschaft;
- Anrechnung der Besitzzeit an den Anteilen an der übertragenden Körperschaft bei den Anteilen an der übernehmenden Körperschaft (insbesondere bei der Prüfung der gewerbesteuerlichen Kürzung nach § 9 Nr. 2 a und 7 GewStG und hinsichtlich einer Rücklage nach § 6 b Abs. 10 EStG).

IV. Gewährung von Mitgliedschaftsrechten

131 **13.12** § 13 UmwStG ist entsprechend anzuwenden, wenn i. R. d. Umwandlung an die Stelle der Anteile an der übertragenden Körperschaft Mitgliedschaftsrechte an der übernehmenden Körperschaft treten oder umgekehrt (z. B. Vermögensübertragung von einer Versicherungs-AG auf einen VVaG oder umgekehrt). Treten an die Stelle von Mitgliedschaftsrechten Anteile, betragen die Anschaffungskosten der Anteile 0 €.

Vierter Teil. Auf-, Abspaltung und Vermögensübertragung (Teilübertragung)

A. Auf-, Abspaltung und Teilübertragung auf andere Körperschaften (§ 15 UmwStG)

I. Teilbetriebsvoraussetzung des § 15 Abs. 1 UmwStG

135 **15.01** § 11 Abs. 2 und § 13 Abs. 2 UmwStG sind auf die Auf- und Abspaltung sowie die Teilübertragung nur entsprechend anzuwenden, wenn auf die Übernehmerinnen bzw. die Übernehmerin ein Teilbetrieb übertragen wird und im Fall der Abspaltung oder der Teilübertragung bei der übertragenden Körperschaft das zurückbleibende Vermögen ebenfalls zu einem Teilbetrieb gehört. Für eine Auf- oder Abspaltung auf eine Personengesellschaft als übernehmender Rechtsträger ist § 16 UmwStG anwendbar.

1. Begriff des Teilbetriebs

136 **15.02** Teilbetrieb i. S. d. § 15 UmwStG ist die Gesamtheit der in einem Unternehmensteil einer Gesellschaft vorhandenen aktiven und passiven Wirtschaftsgüter, die in organisatorischer Hinsicht einen selbstständigen Betrieb, d. h. eine aus eigenen Mitteln funktionsfähige Einheit, darstellen, vgl. Art. 2 Buchstabe j Richtlinie 2009/133/EG. Zu einem Teilbetrieb gehören alle funktional wesentlichen Betriebsgrundlagen sowie diesem Teilbetrieb nach wirtschaftlichen Zusammenhängen zuordenbaren Wirtschaftsgüter. Die Voraussetzungen eines Teilbetriebs sind nach Maßgabe der einschlägigen Rechtsprechung unter Zugrundelegung der funktionalen Betrachtungsweise aus der Perspektive des über-

tragenden Rechtsträgers zu beurteilen (EuGH vom 15. 1. 2002, C-43/00, EuGHE I S. 379; BFH vom 7. 4. 2010, I R 96/08, BStBl. 2011 II S. 467). Zu den funktional wesentlichen Betriebsgrundlagen sowie den nach wirtschaftlichen Zusammenhängen zuordenbaren Wirtschaftsgütern können auch Anteile an Kapitalgesellschaften gehören (vgl. auch Randnr. 15.06). Darüber hinaus gilt für Zwecke des § 15 UmwStG als Teilbetrieb ein Mitunternehmeranteil (vgl. Randnr. 15.04) sowie eine 100 %-Beteiligung an einer Kapitalgesellschaft (vgl. Randnr. 15.05).

Beispiel:

Aus einem Produktionsbetrieb soll ein wertvolles, aber nicht zu den funktional wesentlichen Betriebsgrundlagen gehörendes Betriebsgrundstück „abgesondert" werden. Um dies zu erreichen, wird der Produktionsbetrieb auf eine neue Gesellschaft abgespalten. In der Ursprungsgesellschaft bleiben das Grundstück und eine 100 %-Beteiligung an einer GmbH oder ein geringfügiger Mitunternehmeranteil zurück.

Lösung:

Das zurückbleibende Vermögen erfüllt nicht die Voraussetzungen des § 15 Abs. 1 Satz 2 UmwStG, da das Grundstück weder der 100 %-Beteiligung an der GmbH noch dem Mitunternehmeranteil zugerechnet werden kann (vgl. auch Randnr. 15.11). Eine steuerneutrale Abspaltung ist damit ausgeschlossen.

15.03 Die Teilbetriebsvoraussetzungen müssen zum steuerlichen Übertragungsstichtag vorliegen (vgl. Randnr. 02.14). Ein sog. Teilbetrieb im Aufbau stellt keinen Teilbetrieb i. S. d. § 15 UmwStG dar (vgl. Art. 2 Buchstabe j Richtlinie 2009/133/EG).

2. Mitunternehmeranteil

15.04 Als Teilbetrieb gelten auch ein Mitunternehmeranteil (§ 15 Abs. 1 Satz 3 UmwStG) sowie der Teil eines Mitunternehmeranteils. Bei der Übertragung eines Teils eines Mitunternehmeranteils muss auch das zu diesem Teilbetrieb gehörende Sonderbetriebsvermögen anteilig mit übertragen werden. Der Mitunternehmeranteil muss zum steuerlichen Übertragungsstichtag vorgelegen haben. **137**

3. 100 %-Beteiligung an einer Kapitalgesellschaft

15.05 Als Teilbetrieb gilt nach § 15 Abs. 1 Satz 3 UmwStG auch die Beteiligung an einer Kapitalgesellschaft, die das gesamte Nennkapital umfasst (100 %-Beteiligung). Die 100 %-Beteiligung an der Kapitalgesellschaft muss zum steuerlichen Übertragungsstichtag vorgelegen haben. **138**

15.06 Eine 100 %-Beteiligung stellt keinen eigenständigen Teilbetrieb i. S. d. § 15 Abs. 1 Satz 3 UmwStG dar, wenn sie einem Teilbetrieb als funktional wesentliche Betriebsgrundlage zuzurechnen ist. Wird in diesem Fall die 100 %-Beteiligung übertragen, stellt das zurückbleibende Vermögen keinen Teilbetrieb mehr dar.

4. Übertragung eines Teilbetriebs

15.07 Sämtliche funktional wesentlichen Betriebsgrundlagen sowie die nach wirtschaftlichen Zusammenhängen zuordenbaren Wirtschaftsgüter (vgl. Randnr. 15.02) müssen i. R. d. Auf- oder Abspaltung gem. § 131 Abs. 1 Nr. 1 UmwG übertragen werden. Ergänzend hierzu ist auch die Begründung des wirtschaftlichen Eigentums ausreichend. Die bloße Nutzungsüberlassung ist nicht ausreichend (BFH vom 7. 4. 2010, I R 96/08, BStBl. 2011 II S. 467). **139**

15.08 Wird eine funktional wesentliche Betriebsgrundlage von mehreren Teilbetrieben eines Unternehmens genutzt, liegen die Voraussetzungen für die Steuerneutralität der Spaltung nicht vor (sog. Spaltungshindernis). Grundstücke müssen zivilrechtlich real bis zum Zeitpunkt des Spaltungsbeschlusses aufgeteilt werden. Ist eine reale Teilung des Grundstücks der übertragenden Körperschaft nicht zumutbar, bestehen aus Billigkeitsgründen im Einzelfall keine Bedenken, eine ideelle Teilung (Bruchteilseigentum) im Verhältnis der tatsächlichen Nutzung unmittelbar nach der Spaltung ausreichen zu lassen.

15.09 Betriebsvermögen der übertragenden Körperschaft, das weder zu den funktional wesentlichen Betriebsgrundlagen noch zu den nach wirtschaftlichen Zusammenhängen zuordenbaren Wirtschaftsgütern gehört, kann jedem der Teilbetriebe zugeordnet werden. Die Zuordnung dieser Wirtschaftsgüter kann bis zum Zeitpunkt des Spaltungsbeschlusses erfolgen. Ändert sich nach dem steuerlichen Übertragungsstichtag bei einem nach wirtschaftlichen Zusammenhängen zuordenbaren Wirtschaftsgut aufgrund dauerhafter Änderung des Nutzungszusammenhangs die Zuordnung zu einem der Teilbetriebe, wird es nicht beanstandet, wenn für die wirtschaftliche Zuordnung dieses Wirtschaftsguts zu einem Teilbetrieb auf die Verhältnisse zum Zeitpunkt des Spaltungsbeschlusses abgestellt wird.

15.10 Pensionsrückstellungen sind dem Teilbetrieb zuzuordnen, mit dem sie wirtschaftlich zusammenhängen. Bei noch bestehenden Arbeitsverhältnissen hat gem. § 249 Abs. 1 Satz 1 HGB i. V. m. § 131 Abs. 1 Nr. 1 Satz 1 UmwG derjenige Rechtsträger die Rückstellung zu bilden, der gem. § 613 a Abs. 1 Satz 1 BGB in die Rechte und Pflichten aus den am Spaltungsstichtag bestehenden Arbeitsverhältnissen eintritt. In den übrigen Fällen hat gem. § 249 Abs. 1 Satz 1 HGB i. V. m. § 131 Abs. 1 Nr. 1 Satz 1 UmwG der Rechtsträger die Rückstellung zu bilden, der die aus den Pensionszusagen sich ergebenden Verpflichtungen übernimmt.

15.11 Einer 100 %-Beteiligung oder einem Mitunternehmeranteil können nur die Wirtschaftsgüter einschließlich der Schulden zugeordnet werden, die in unmittelbarem wirtschaftlichen Zusammenhang mit der Beteiligung oder dem Mitunternehmeranteil stehen. Dazu gehören bei einer 100 %-Beteiligung alle Wirtschaftsgüter, die für die Verwaltung der Beteiligung erforderlich sind (z. B. Erträgniskonten, Einrichtung).

5. Fehlen der Teilbetriebsvoraussetzung

140 **15.12** Liegen die Voraussetzungen des § 15 Abs. 1 Satz 2 UmwStG nicht vor, sind die stillen Reserven des übergehenden Vermögens nach § 11 Abs. 1 UmwStG aufzudecken. Auf der Ebene des Anteilseigners gilt in diesen Fällen bei einer Aufspaltung gem. § 13 Abs. 1 UmwStG der gesamte Anteil an der übertragenden Körperschaft als zum gemeinen Wert veräußert. Bei einer Abspaltung gilt gem. § 13 Abs. 1 UmwStG die Beteiligung zu dem Teil als zum gemeinen Wert veräußert, der bei Zugrundelegung des gemeinen Werts dem übertragenen Teil des Betriebsvermögens entspricht. Etwas anderes gilt für den nicht i. S. d. § 17 EStG beteiligten Anteilseigner mit Anteilen i. S. d. § 20 Abs. 2 Satz 1 Nr. 1 EStG; hier ergeben sich die steuerlichen Rechtsfolgen bei einer Aufspaltung aus § 20 Abs. 4 a Satz 1 EStG und bei einer Abspaltung aus § 20 Abs. 4 a Satz 5 EStG. Zum Anwendungsbereich des § 13 UmwStG vgl. auch Randnr. 13.01.

15.13 Die anderen Vorschriften des UmwStG (insbesondere §§ 2 und 12 UmwStG) bleiben hiervon unberührt.

II. Steuerliche Schlussbilanz und Bewertungswahlrecht

141 **15.14** Die Verpflichtung der übertragenden Körperschaft zur Erstellung und Abgabe einer steuerlichen Schlussbilanz bezieht sich auf das übertragene Vermögen; d. h. bei Abspaltung eines Teilbetriebs ist eine steuerliche Schlussbilanz auf den steuerlichen Übertragungsstichtag isoliert nur für den abgespaltenen Teilbetrieb zu erstellen. Randnr. 11.02–11.04 gelten entsprechend. Für das Wahlrecht auf Ansatz der Buch- oder Zwischenwerte gelten Randnr. 11.05–11.12 entsprechend.

III. Zur Anwendung des § 15 Abs. 2 UmwStG

142 **15.15** Zur Verhinderung von Missbräuchen enthalten die steuerlichen Spaltungsregelungen über die handelsrechtlichen Regelungen des UmwG hinaus weitere Voraussetzungen.

1. Erwerb und Aufstockung i. S. d. § 15 Abs. 2 Satz 1 UmwStG

143 **15.16** Eine steuerneutrale Spaltung ist nach § 15 Abs. 2 Satz 1 UmwStG ausgeschlossen, wenn der als Teilbetrieb geltende Mitunternehmeranteil oder die 100 %-Beteiligung an einer Kapitalgesellschaft innerhalb von drei Jahren vor dem steuerlichen Übertragungsstichtag durch Übertragung von Wirtschaftsgütern, die kein Teilbetrieb sind, erworben oder aufgestockt worden sind. Hierdurch wird die Umgehung der Teilbetriebsvoraussetzung des § 15 Abs. 1 Satz 2 UmwStG verhindert. Eine Aufstockung in diesem Sinne liegt bei Wirtschaftsgütern, die stille Reserven enthalten, regelmäßig nur vor, wenn die in den übergegangenen Wirtschaftsgütern ruhenden stillen Reserven nicht oder nicht in vollem Umfang aufgedeckt wurden.

15.17 § 15 Abs. 2 Satz 1 UmwStG gilt im Fall der Abspaltung sowohl für das abgespaltene Vermögen als auch für den zurückbleibenden Teil des Vermögens. Das bedeutet, dass § 11 Abs. 2 UmwStG auch nicht anzuwenden ist, wenn ein bei der übertragenden Körperschaft zurückbleibender Mitunternehmeranteil oder eine zurückbleibende 100 %-Beteiligung i. S. d. § 15 Abs. 2 Satz 1 UmwStG innerhalb eines Zeitraums von drei Jahren vor dem steuerlichen Übertragungsstichtag durch Übertragung von Wirtschaftsgütern, die kein Teilbetrieb sind, erworben oder aufgestockt worden ist.

15.18 Bei Mitunternehmeranteilen ist im Ergebnis jede Einlage und Überführung von Wirtschaftsgütern, die stille Reserven enthalten, in das Gesamthands- oder Sonderbetriebsvermögen innerhalb von drei Jahren vor dem steuerlichen Übertragungsstichtag schädlich, da sie zu einer Aufstockung der Beteiligung führt.

15.19 § 15 Abs. 2 Satz 1 UmwStG ist nicht anzuwenden, wenn die Aufstockung der Beteiligung nicht durch die übertragende Kapitalgesellschaft erfolgt.

Beispiel:

Eine GmbH 1 ist zu 60 % an der GmbH 2 beteiligt. Weitere 40 % der Anteile an der GmbH 2 werden von einem Anteilseigner der GmbH 1 nach § 21 UmwStG zum Buchwert in die GmbH 1 eingebracht. Danach ist die GmbH 1 zu 100 % an der GmbH 2 beteiligt. Die 100 %-Beteiligung stellt einen Teilbetrieb i. S. d. § 15 Abs. 1 Satz 2 UmwStG dar.

Lösung:

Der Vorgang ist nicht schädlich i. S. d. § 15 Abs. 2 Satz 1 UmwStG, da die Aufstockung nicht auf einer Zuführung eines Wirtschaftsguts durch die GmbH 1 an die GmbH 2, sondern auf der Zuführung durch einen Dritten (dem Anteilseigner der GmbH 1) beruht.

15.20 Bei Mitunternehmeranteilen und bei Anteilen an Kapitalgesellschaften sind der unentgeltliche Erwerb (z. B. Erbfall) und der gewinnrealisierende entgeltliche Erwerb unschädlich. Gleiches gilt für den unentgeltlichen und den gewinnrealisierenden entgeltlichen Hinzuerwerb.

Beispiel:

Die GmbH 1 ist zu 90 % an der GmbH 2 beteiligt. Sie kauft von einem Dritten weitere 10 % der Anteile und ist damit zu 100 % an der GmbH 2 beteiligt.

Lösung:

Der Zukauf ist unschädlich.

15.21 § 15 Abs. 2 UmwStG schließt bei Vorliegen der dort genannten Voraussetzungen eine steuerneutrale Spaltung nach § 11 Abs. 2 UmwStG aus. Diese Rechtsfolge trifft im Fall der Abspaltung nur den abgespaltenen Teil des Betriebsvermögens. Die stillen Reserven in dem bei der übertragenden Körperschaft verbleibenden Betriebsvermögen werden nicht aufgedeckt. Die Anwendung der übrigen Vorschriften des UmwStG (insbesondere der §§ 2, 12 und 13 UmwStG) bleibt hiervon unberührt.

2. Veräußerung und Vorbereitung der Veräußerung (§ 15 Abs. 2 Satz 2 bis 4 UmwStG)

a) Veräußerung i. S. d. § 15 Abs. 2 Satz 2 bis 4 UmwStG

15.22 Die Spaltung eines Rechtsträgers soll die Fortsetzung des bisherigen unternehmerischen Engagements in anderer Rechtsform ermöglichen. Die Steuerneutralität wird nicht gewährt, wenn durch die Spaltung die Veräußerung an außenstehende Personen vollzogen wird oder wenn die Voraussetzungen für eine Veräußerung geschaffen werden (§ 15 Abs. 2 Satz 2 bis 4 UmwStG). **144**

15.23 Eine unentgeltliche Anteilsübertragung (Erbfolge, Erbauseinandersetzung) ist keine schädliche Veräußerung i. S. d. § 15 Abs. 2 Satz 2 bis 4 UmwStG. Dies gilt nicht für Erbauseinandersetzungen mit Ausgleichszahlungen.

15.24 Eine schädliche Veräußerung i. S. d. § 15 Abs. 2 Satz 3 und 4 UmwStG ist jede Übertragung gegen Entgelt. Hierzu gehören insbesondere auch Umwandlungen und Einbringungen; z. B. Verschmelzung, Auf- oder Abspaltung, Formwechsel (vgl. Randnr. 00.02).

15.25 Eine Kapitalerhöhung innerhalb von fünf Jahren nach der Spaltung ist schädlich, wenn der Vorgang wirtschaftlich als Veräußerung von Anteilen durch die Gesellschafter zu werten ist. Die Aufnahme neuer Gesellschafter gegen angemessenes Aufgeld ist wirtschaftlich nicht als Veräußerung von Anteilen durch die Anteilseigner anzusehen, wenn die der Kapitalgesellschaft zugeführten Mittel nicht innerhalb der Fünfjahresfrist an die bisherigen Anteilseigner ausgekehrt werden.

15.26 Die Umstrukturierung innerhalb verbundener Unternehmen i. S. d. § 271 Abs. 2 HGB und juristischer Personen des öffentlichen Rechts einschließlich ihrer Betriebe gewerblicher Art stellt ebenso wie eine Anteilsveräußerung innerhalb des bisherigen Gesellschafterkreises nur dann keine schädliche Veräußerung i. S. d. § 15 Abs. 2 Satz 3 und 4 UmwStG dar, wenn im Anschluss an diesen Vorgang keine unmittelbare oder mittelbare Veräußerung an eine außenstehende Person stattfindet.

Für die Beantwortung der Frage, ob eine Anteilsveräußerung an außenstehende Personen vollzogen wird, ist auf den Gesellschafterbestand zum steuerlichen Übertragungsstichtag abzustellen; dabei sind Veränderungen des Gesellschafterbestands im Rückwirkungszeitraum nicht zurückzubeziehen.

b) Veräußerungssperre des § 15 Abs. 2 Satz 4 UmwStG

15.27 § 11 Abs. 2 UmwStG ist nach § 15 Abs. 2 Satz 4 UmwStG nicht anzuwenden, wenn innerhalb von fünf Jahren nach dem steuerlichen Übertragungsstichtag Anteile an einer an der Spaltung beteiligten Körperschaft, die mehr als 20 % der vor Wirksamwerden der Spaltung an der Körperschaft bestehenden Anteile ausmachen, veräußert werden (unwiderlegliche gesetzliche Vermutung). § 15 Abs. 2 Satz 4 UmwStG erfasst im Fall der Abspaltung sowohl die Veräußerung der Anteile an der übertragenden als auch die an der übernehmenden Körperschaft (BFH vom 3. 8. 2005, I R 62/04, BStBl. 2006 II S. 391). **145**

15.28 Die Rechtsfolgen des § 15 Abs. 2 Satz 2 bis 4 UmwStG knüpfen an die Veräußerung der Anteile durch die Gesellschafter und nicht an die Veräußerung von Betriebsvermögen durch eine der an der Spaltung beteiligten Körperschaften an.

15.29 Die Quote von 20 % bezieht sich auf die Anteile an der übertragenden Körperschaft vor der Spaltung. Die Quote ist entsprechend dem Verhältnis der übergehenden Vermögensteile zu dem bei der übertragenden Körperschaft vor der Spaltung vorhandenen Vermögen aufzuteilen, wie es in der Regel im Umtauschverhältnis der Anteile im Spaltungs- und Übernahmevertrag oder im Spaltungsplan (§ 126 Abs. 1 Nr. 3, § 136 UmwG) zum Ausdruck kommt. Auf die absolute Höhe des Nennkapitals der an der Spaltung beteiligten alten und neuen Gesellschafter sowie auf die Wertentwicklung der Beteiligungen kommt es nicht an.

15.30 Die nachfolgende Tabelle zeigt für ausgewählte Aufteilungsverhältnisse bei Spaltungen zur Neugründung die Quote der Anteile an den aus der Spaltung hervorgegangenen GmbH A und GmbH B, die – alternativ – höchstens veräußert werden dürfen, ohne die Buchwertfortführung bzw. den Zwischenwertansatz bei der Spaltung zu gefährden:

GmbH A						
Anteil des übergegangenen Vermögens in %	1	10	20	30	40	50
zulässige Quote in %	100	100	100	66,6	50	40
GmbH B						
Anteil des übergegangenen Vermögens in %	99	90	80	70	60	50
zulässige Quote in %	20,2	22,2	25	28,6	33,3	40
Bei Veräußerung von Anteilen an der Gesellschaft A i. H. der zulässigen Quote verbleiben für die Gesellschafter der Gesellschaft B	19,2	11,1	0	0	0	0

15.31 Soweit durch einen oder mehrere Gesellschafter zusammen die 20 %-Quote ausgeschöpft wurde, sind weitere Anteilsveräußerungen durch andere Gesellschafter steuerschädlich. Die Rechtsfolgen einer schädlichen Veräußerung treffen steuerrechtlich immer die übertragende Körperschaft und damit mittelbar auch die übrigen Gesellschafter.

15.32 Nach Ablauf der fünfjährigen Veräußerungssperre können die Anteile an den an der Spaltung beteiligten Körperschaften veräußert werden, ohne die Steuerneutralität der vorangegangenen Spaltung zu gefährden.

c) Rechtsfolgen einer steuerschädlichen Anteilsveräußerung

146 **15.33** Werden innerhalb von fünf Jahren nach dem steuerlichen Übertragungsstichtag Anteile an einer an der Spaltung beteiligten Körperschaft in steuerschädlichem Umfang veräußert, führt dies dazu, dass das gesamte auf den bzw. die übernehmenden Rechtsträger übergegangene Vermögen mit dem gemeinen Wert anzusetzen ist. Die Anwendung der übrigen Vorschriften des UmwStG (insbesondere der §§ 2, 12 und 13 UmwStG) bleibt hiervon unberührt.

15.34 Entfallen infolge der Anteilsveräußerung innerhalb von fünf Jahren nach dem steuerlichen Übertragungsstichtag die Voraussetzungen des § 15 UmwStG, sind die Körperschaftsteuerbescheide des Veranlagungszeitraums gem. § 175 Abs. 1 Satz 1 Nr. 2 AO zu ändern, in dem der Spaltungsvorgang steuerlich erfasst wurde (rückwirkendes Ereignis).

15.35 Die Festsetzungsverjährungsfrist beginnt gem. § 175 Abs. 1 Satz 2 AO mit dem Ablauf des Kalenderjahrs, in dem die schädliche Veräußerung erfolgt. Wird der Tatbestand des § 15 Abs. 2 Satz 4 UmwStG durch mehrere zeitlich hintereinander liegende Veräußerungen verwirklicht, beginnt die Verjährung mit dem Ende des Kalenderjahrs, in dem die Veräußerung erfolgt, die letztlich die Rechtsfolge des § 15 Abs. 2 Satz 4 UmwStG auslöst.

3. Trennung von Gesellschafterstämmen (§ 15 Abs. 2 Satz 5 UmwStG)

a) Begriff der Trennung von Gesellschafterstämmen

147 **15.36** Bei der Trennung von Gesellschafterstämmen setzt die Anwendung des § 11 Abs. 2 UmwStG voraus, dass die Beteiligungen an der übertragenden Körperschaft mindestens fünf Jahre bestanden haben (§ 15 Abs. 2 Satz 5 UmwStG). Änderungen in der Beteiligungshöhe innerhalb der Fünfjahresfrist bei Fortdauer der Beteiligung dem Grunde nach sind unschädlich.

15.37 Eine Trennung von Gesellschafterstämmen liegt vor, wenn im Fall der Aufspaltung an den übernehmenden Körperschaften und im Fall der Abspaltung an der übernehmenden und an der übertragenden Körperschaft nicht mehr alle Anteilsinhaber der übertragenden Körperschaft beteiligt sind.

b) Vorbesitzzeit

148 **15.38** Hat die übertragende Körperschaft noch keine fünf Jahre bestanden, ist grundsätzlich eine steuerneutrale Trennung von Gesellschafterstämmen im Wege der Spaltung nicht möglich.

15.39 Auch innerhalb verbundener Unternehmen i. S. d. § 271 Abs. 2 HGB und juristischer Personen des öffentlichen Rechts einschließlich ihrer Betriebe gewerblicher Art findet eine Anrechnung eines Vorbesitzes eines anderen verbundenen Unternehmens auf die fünfjährige Vorbesitzzeit i. S. d. § 15 Abs. 2 Satz 5 UmwStG nicht statt.

15.40 Zeiten, in der eine aus einer Umwandlung hervorgegangene Kapitalgesellschaft als Personengesellschaft mit den gleichen Gesellschafterstämmen bestanden hat, werden auf die Vorbesitzzeit i. S. d. § 15 Abs. 2 Satz 5 UmwStG angerechnet.

IV. Kürzung verrechenbarer Verluste, verbleibender Verlustvorträge, nicht ausgeglichener negativer Einkünfte, eines Zinsvortrags und eines EBITDA-Vortrags (§ 15 Abs. 3 UmwStG)

149 **15.41**[1] In Abspaltungsfällen verringern sich bei der übertragenden Körperschaft verrechenbare Verluste, ein verbleibender Verlustvortrag, nicht ausgeglichene negative Einkünfte, ein Zinsvortrag sowie ein EBITDA-Vortrag. Nach § 15 Abs. 3 UmwStG erfolgt die Kürzung in dem Verhältnis, in dem bei Zugrundelegung des gemeinen Werts das Vermögen auf eine andere Körperschaft übergeht. In der Regel entspricht das Verhältnis der gemeinen Werte dem Spaltungsschlüssel.

Erfolgt die Abspaltung auf einen unterjährigen steuerlichen Übertragungsstichtag, gelten die Grundsätze in dem BMF-Schreiben vom 28. 11. 2017, BStBl. I S. 1645[2], Rn. 33 bis Rn. 38, entsprechend. Rn. 37 des BMF-Schreibens vom 28. 11. 2017, BStBl. I S. 1645[2], ist dabei mit der Maßgabe anzuwenden, dass im Fall einer Abspaltung auf einen unterjährigen steuerlichen Übertragungsstichtag bei einem Organträger das zu diesem Zeitpunkt noch nicht zugerechnete negative Organeinkommen einer Organgesellschaft nicht der Verlustabzugsbeschränkung des § 15 Abs. 3 UmwStG unterliegt.

V. Aufteilung der Buchwerte der Anteile gem. § 13 UmwStG in den Fällen der Spaltung

150 **15.42** Im Fall der Aufspaltung einer Körperschaft können die Anteilseigner der übertragenden Körperschaft Anteile an mehreren übernehmenden Körperschaften, im Fall der Abspaltung neben Anteilen an der übertragenden auch Anteile an der übernehmenden Körperschaft erhalten.

15.43 Die Anwendung des § 15 Abs. 1 i. V. m. § 13 Abs. 1 und 2 UmwStG erfordert eine Aufteilung der Anschaffungskosten bzw. des Buchwerts der Anteile an der übertragenden Körperschaft. Der Aufteilung kann grundsätzlich das Umtauschverhältnis der Anteile im Spaltungs- oder Übernahmevertrag oder im Spaltungsplan zugrunde gelegt werden. Ist dies nicht möglich, ist die Aufteilung nach dem Verhältnis der gemeinen Werte der übergehenden Vermögensteile zu dem vor der Spaltung vorhandenen Vermögen vorzunehmen. Auch nach der Abspaltung eines Teilbetriebs auf die Muttergesellschaft ist der bisherige Buchwert der Beteiligung an der Tochtergesellschaft im Verhältnis des gemeinen Werts des übergegangenen Vermögens zum gesamten Vermögen der Tochtergesellschaft aufzuteilen.

Beispiel:

Die AB-GmbH, an der A und B seit mehr als fünf Jahren als Gründungsgesellschafter zu je 50 % beteiligt sind (Anschaffungskosten der Beteiligung = jeweils 300 000 €), verfügt über zwei Teilbetriebe, wobei der gemeine Wert des Teilbetriebs I = 2 000 000 € und der gemeine Wert des Teilbetriebs II = 1 000 000 € beträgt. Es erfolgt eine Abspaltung

[1] **Tz. 15.41** geändert durch BMF-Schrb. v. 23. 2. 2018 (BStBl. I S. 319); anzuwenden auf alle offenen Fälle.
[2] Abgedruckt im Hauptteil zu § 8 c als **Anl zu H 8 c**.

in der Weise, dass der Teilbetrieb I bei der AB-GmbH zurückbleibt und der Teilbetrieb II auf die neu gegründete B-GmbH übergeht. B wird Alleingesellschafter der B-GmbH. An der AB-GmbH wird A mit 75 % und B mit 25 % beteiligt.

Lösung:

A hält nach der Spaltung unverändert AB-Anteile mit Anschaffungskosten von 300 000 €. Bei B teilen sich die bisherigen Anschaffungskosten im Verhältnis der auf seine Beteiligung entfallenden gemeinen Werte mit 100 000 € auf die AB-Anteile und mit 200 000 € auf die B-Anteile auf.

VI. Umwandlungen mit Wertverschiebungen zwischen den Anteilseignern

15.44 Werden bei einer Auf- oder Abspaltung den Anteilseignern des übertragenden Rechtsträgers oder diesen nahe stehenden Personen Anteile an dem übernehmenden Rechtsträger nicht in dem Verhältnis und/oder nicht mit dem ihrer Beteiligung an dem übertragenden Rechtsträger entsprechenden Wert zugeteilt (vgl. § 128 UmwG), handelt es sich dabei grundsätzlich um eine Vorteilszuwendung zwischen den Anteilseignern. In dem einem Anteilseigner gewährten Mehrwert der Anteile ist keine Gegenleistung i. S. d. § 11 Abs. 2 Satz 1 Nr. 3 UmwStG zu sehen. Auch führt eine solche Quoten- und/oder Wertverschiebung nicht zur Anwendung des § 15 Abs. 2 Satz 2 bis 4 UmwStG, es sei denn, die Beteiligungsquoten verschieben sich zugunsten außenstehender Personen. Zu den steuerlichen Folgen einer nichtverhältniswahrenden Auf- oder Abspaltung vgl. auch Randnr. 13.03. 151

B. Auf- oder Abspaltung auf eine Personengesellschaft (§ 16 UmwStG)

I. Entsprechende Anwendung des § 15 UmwStG

16.01 Für die Auf- und Abspaltung von Vermögen auf eine Personengesellschaft gilt § 15 UmwStG entsprechend. Die §§ 11 bis 13 UmwStG sind jedoch wegen des Vorrangs des Verweises auf die §§ 3 bis 8 und 10 UmwStG in § 16 Satz 1 UmwStG in diesen Fällen grundsätzlich nicht anzuwenden. 152

II. Anwendbarkeit des § 3 Abs. 2 UmwStG

16.02 § 3 Abs. 2 UmwStG ist bei der Übertragung auf eine Personengesellschaft entsprechend anzuwenden, 153
- wenn jeweils ein Teilbetrieb übergeht,
- wenn im Fall der Abspaltung das der übertragenden Körperschaft verbleibende Vermögen ebenfalls zu einem Teilbetrieb gehört (§ 15 Abs. 1 Satz 2 UmwStG) und
- soweit die Missbrauchsregeln des § 15 Abs. 2 UmwStG beachtet werden; dabei ist § 15 Abs. 2 Satz 2 bis 4 UmwStG auch auf die nach der Auf- bzw. Abspaltung entstehenden Anteile an der Personengesellschaft anzuwenden.

Zum Begriff des Teilbetriebs vgl. Randnr. 15.02 ff.

III. Verrechenbare Verluste, verbleibende Verlustvorträge, nicht ausgeglichene negative Einkünfte, Zinsvorträge und EBITDA-Vorträge

16.03 Im Fall der Abspaltung vermindern sich die in § 15 Abs. 3 UmwStG genannten Beträge bei der übertragenden Körperschaft. Bei einer Aufspaltung gehen diese Beträge unter. 154

IV. Investitionsabzugbetrag nach § 7 g EStG

16.04 Im Fall der Auf- bzw. Abspaltung wird ein Investitionsabzugsbetrag von dem übernehmenden Rechtsträger fortgeführt, soweit auf diesen ein Teilbetrieb übergeht und der Investitionsabzugsbetrag für Wirtschaftsgüter gebildet wurde, die im Fall ihrer späteren Anschaffung oder Herstellung dem übergehenden Teilbetrieb zuzurechnen wären. Im Fall des § 7 g Abs. 3 EStG ist hinsichtlich der übernommenen Investitionsabzugsbeträge der Abzug beim übertragenden Rechtsträger rückgängig zu machen (vgl. *BMF-Schreiben vom 8. 5. 2009, BStBl. I S. 633, Randnr. 59*).[1] 155

Fünfter Teil. Gewerbesteuer

A. Gewerbesteuer bei Vermögensübergang auf eine Personengesellschaft oder auf eine natürliche Person sowie bei Formwechsel in eine Personengesellschaft (§ 18 UmwStG)

I. Geltung der §§ 3 bis 9 und 16 UmwStG für die Ermittlung des Gewerbeertrags (§ 18 Abs. 1 UmwStG)

18.01 Die §§ 3 bis 9 und 16 UmwStG gelten auch für die Ermittlung des Gewerbeertrags und betreffen sowohl die Ermittlung des Gewerbeertrags des übertragenden als auch des übernehmenden Rechtsträgers. Die gewerbesteuerliche Erfassung der stillen Reserven (z. B. bei Vermögensübergang von einer GmbH in das Betriebsvermögen eines Freiberuflers i. S. d. § 18 EStG) ist für die Ausübung der Wahlrechte unbeachtlich (vgl. Randnr. 03.17). 160

18.02 Der Übergang von Fehlbeträgen des laufenden Erhebungszeitraums sowie von vortragsfähigen Fehlbeträgen i. S. d. § 10 a GewStG der übertragenden Körperschaft auf den übernehmenden Rechtsträger ist ausgeschlossen (§ 4 Abs. 2 Satz 1, § 18 Abs. 1 Satz 2 UmwStG). Die Beschränkung der Verlustnutzung nach § 2 Abs. 4 UmwStG ist zu beachten.

II. Übernahmegewinn oder -verlust sowie Bezüge i. S. d. § 7 UmwStG (§ 18 Abs. 2 UmwStG)

18.03 Ein Übernahmegewinn oder -verlust ist bei der Gewerbesteuer nicht zu berücksichtigen (§ 18 Abs. 2 Satz 1 UmwStG). Dies gilt nicht für einen Beteiligungskorrekturgewinn sowie einen Übernahmefolgegewinn oder -verlust. 161

---

[1] Letztmals abgedruckt im „Handbuch zur Einkommensteuerveranlagung 2012" zu § 7 g EStG als Anl zu H 7 g.
Jetzt dort ersetzt durch **BMF-Schreiben vom 20. 3. 2017, BStBl. I S. 423,** zuletzt geänd. durch BMF v. 26. 8. 2019 (BStBl. I S. 870), als Anl a zu H 7 g; vgl. zudem **BMF-Schreiben vom 15. 6. 2022, BStBl. I S. 945**.

18.04 Bezüge i. S. d. § 7 UmwStG aus Anteilen i. S. d. § 5 Abs. 2 UmwStG sind bei der Gewerbesteuer nicht zu erfassen (§ 18 Abs. 2 Satz 2 UmwStG). Für die Prüfung der Voraussetzungen des § 9 Nr. 2a oder 7 GewStG sind die Verhältnisse zu Beginn des Erhebungszeitraums beim übernehmenden Rechtsträger maßgebend. Das gilt auch dann, wenn die Voraussetzungen beim Anteilseigner des übertragenden Rechtsträgers erfüllt worden sind.

III. Missbrauchstatbestand des § 18 Abs. 3 UmwStG

162 **18.05** Nach § 18 Abs. 3 UmwStG unterliegt ein Gewinn aus der Auflösung oder Veräußerung des Betriebs der Personengesellschaft der Gewerbesteuer, wenn innerhalb von fünf Jahren nach der Umwandlung eine Betriebsaufgabe oder Veräußerung erfolgt. Das gilt entsprechend, soweit ein Teilbetrieb (vgl. hierzu Randnr. 15.02 f.) oder ein Anteil an der Personengesellschaft aufgegeben oder veräußert wird (§ 18 Abs. 3 Satz 2 UmwStG). § 18 Abs. 3 UmwStG gilt nicht für den Übergang des Betriebsvermögens auf einen Rechtsträger ohne Betriebsvermögen (vgl. § 8 UmwStG sowie Randnr. 03.16). Für die Fristberechnung gilt Randnr. 06.10 entsprechend.

1. Begriff der Veräußerung und Aufgabe

163 **18.06** Das Vorliegen einer Aufgabe oder Veräußerung des Betriebs, Teilbetriebs oder Mitunternehmeranteils ist nach allgemeinen Grundsätzen zu beurteilen. Daher erfasst § 18 Abs. 3 UmwStG auch die Veräußerung gegen wiederkehrende Bezüge. Das Wahlrecht nach R 16 Abs. 11 EStR 2010 besteht für Zwecke des § 18 UmwStG nicht. § 18 Abs. 3 Satz 2 UmwStG erfasst auch die Veräußerung des Teils eines Mitunternehmeranteils.

18.07 Eine Veräußerung des auf den übernehmenden Rechtsträger übergegangenen Betriebs, Teilbetriebs oder Mitunternehmeranteils liegt z. B. auch dann vor, wenn der übergegangene Betrieb in eine Kapital- oder Personengesellschaft gegen Gewährung von Gesellschaftsrechten eingebracht wird (vgl. Randnr. 00.02).

Wird der Betrieb, Teilbetrieb oder Mitunternehmeranteil nach §§ 20, 24 UmwStG zum Buch- oder Zwischenwert eingebracht, tritt die übernehmende Gesellschaft in die Rechtsstellung des übertragenden Rechtsträgers ein und ist daher für den Rest der Fünfjahresfrist der Vorschrift des § 18 Abs. 3 UmwStG unterworfen (vgl. § 23 Abs. 1, § 24 Abs. 4 UmwStG). Kommt es bei Einbringung zum Zwischenwert zu einem Übertragungsgewinn, unterliegt dieser Gewinn ungeachtet des Eintritts in die steuerliche Rechtsstellung insoweit der Anwendung des § 18 Abs. 3 UmwStG.

Wird der Betrieb, Teilbetrieb oder Mitunternehmeranteil nach §§ 20, 24 UmwStG zum gemeinen Wert eingebracht, findet § 18 Abs. 3 UmwStG auf einen Übertragungsgewinn Anwendung. Anders als in den Fällen der Einbringung im Wege der Einzelrechtsnachfolge (vgl. § 23 Abs. 4 erster Halbsatz UmwStG) wird die Fünfjahresfrist in den Fällen der Gesamtrechtsnachfolge auch bei Einbringung zum gemeinen Wert vom übernehmenden Rechtsträger fortgeführt (§ 23 Abs. 4 zweiter Halbsatz UmwStG).

18.08 Soweit der im Wege der Umwandlung übergegangene Betrieb, Teilbetrieb oder Mitunternehmeranteil innerhalb der Fünfjahresfrist unentgeltlich übertragen wird, ist der Rechtsnachfolger für den Rest der Fünfjahresfrist der Vorschrift des § 18 Abs. 3 UmwStG unterworfen; werden die stillen Reserven ganz oder teilweise aufgedeckt, ist § 18 Abs. 3 UmwStG anzuwenden. Findet auf die unentgeltliche Übertragung § 6 Abs. 3 EStG keine Anwendung (z. B. bei verdeckter Einlage in eine Kapitalgesellschaft), liegt eine Betriebsaufgabe vor.

2. Aufgabe- oder Veräußerungsgewinn

164 **18.09** § 18 Abs. 3 UmwStG erfasst sämtliche stillen Reserven des im Zeitpunkt der Aufgabe oder Veräußerung vorhandenen Betriebsvermögens. Der „Nachversteuerung" unterliegen danach auch neu gebildete stille Reserven. Stille Reserven, die bereits vor der Umwandlung in dem Betrieb des aufnehmenden Rechtsträgers vorhanden waren, unterliegen der Gewerbesteuer, wenn die Anmeldung zur Eintragung in das für die Wirksamkeit der Umwandlung maßgebende öffentliche Register nach dem 31. 12. 2007 erfolgt ist. Für Umwandlungen vor diesem Stichtag vgl. BFH vom 20. 11. 2006, VIII R 47/05, BStBl. 2008 II S. 69. Unterliegt ein Gewinn sowohl nach § 7 Satz 1 oder 2 GewStG als auch nach § 18 Abs. 3 UmwStG der Gewerbesteuer, ist § 18 Abs. 3 UmwStG vorrangig anzuwenden.

18.10 Ein Aufgabe- oder Veräußerungsverlust ist gewerbesteuerlich nicht zu berücksichtigen.

3. Übergang auf Rechtsträger, der nicht gewerbesteuerpflichtig ist

165 **18.11** § 18 Abs. 3 UmwStG gilt bei der Umwandlung einer Körperschaft für die übernehmende Personengesellschaft oder die übernehmende natürliche Person. Die Gewerbesteuer ist auch festzusetzen, wenn der übernehmende Rechtsträger nicht gewerbesteuerpflichtig ist. § 18 Abs. 3 UmwStG ist ein Sondertatbestand der Gewerbesteuerpflicht.

B. Gewerbesteuer bei Vermögensübergang auf eine andere Körperschaft (§ 19 UmwStG)

166 **19.01** Die §§ 11 bis 15 UmwStG gelten auch für die Ermittlung des Gewerbeertrags und betreffen sowohl die Ermittlung des Gewerbeertrags des übertragenden als auch des übernehmenden Rechtsträgers sowie der Anteilseigner des übertragenden Rechtsträgers. Die gewerbesteuerliche Erfassung der stillen Reserven (z. B. bei Vermögensübergang von einer unbeschränkt steuerpflichtigen Körperschaft in ein Betriebsvermögen einer beschränkt steuerpflichtigen Kapitalgesellschaft i. S. d. § 49 Abs. 1 Nr. 2 Buchstabe f Satz 2 EStG) ist für die Ausübung der Wahlrechte unbeachtlich (vgl. Randnr. 03.17).

Sechster Teil. Einbringung von Unternehmensteilen in eine Kapitalgesellschaft oder Genossenschaft und Anteilstausch

A. Grundkonzeption der Einbringung nach §§ 20 ff. UmwStG

I. Allgemeines

E 20.01 Die bisherige Methode der Sonderregelungen für die Besteuerung einbringungsgeborener Anteile (§ 21 UmwStG 1995, § 8b Abs. 4 KStG a. F., § 3 Nr. 40 Satz 3 und 4 EStG a. F.) und die bisherige Missbrauchsklausel (§ 26 Abs. 2 Satz 1 und 2 UmwStG 1995) wurden durch das SEStEG abgelöst und durch eine rückwirkende Besteuerung des zugrunde liegenden Einbringungsvorgangs ersetzt. Die bisher geltenden Regelungen des UmwStG 1995 sind für einbringungsgeborene Anteile i. S. d. § 21 UmwStG 1995 nach § 27 Abs. 3 UmwStG weiterhin anzuwenden. 170

II. Grundkonzept

E 20.02 Die Regelungen für die Sacheinlage (§§ 20 und 22 Abs. 1 UmwStG) und den Anteilstausch (§§ 21 und 22 Abs. 2 UmwStG) werden systematisch getrennt. Für i. R. einer Sacheinlage (§ 20 UmwStG) miteingebrachte Anteile gelten die Rechtsfolgen des Anteilstauschs (§ 22 Abs. 2 UmwStG). 171

1. Sacheinlage

E 20.03 Veräußert der Einbringende in den Fällen einer Sacheinlage unter dem gemeinen Wert die erhaltenen Anteile innerhalb eines Zeitraums von sieben Jahren nach der Einbringung oder wird ein der Veräußerung gleichgestellter Ersatzrealisationstatbestand verwirklicht, wird der Einbringungsgewinn I rückwirkend auf den Zeitpunkt der Einbringung besteuert (§ 22 Abs. 1 UmwStG). Zu diesem Zweck ist der gemeine Wert des eingebrachten Betriebsvermögens auf den steuerlichen Übertragungsstichtag (Einbringungszeitpunkt) zu ermitteln. Der zu versteuernde Einbringungsgewinn I verringert sich innerhalb des Siebenjahreszeitraums jährlich um $^1/_7$ (§ 22 Abs. 1 Satz 3 UmwStG). 172

E 20.04 Die schädliche Anteilsveräußerung oder die einer Veräußerung gleichgestellten Ersatzrealisationstatbestände (§ 22 Abs. 1 Satz 6 UmwStG) stellen in Bezug auf die Steuerfestsetzung beim Einbringenden im Einbringungsjahr ein rückwirkendes Ereignis i. S. v. § 175 Abs. 1 Satz 1 Nr. 2 AO dar.

E 20.05 Der zu versteuernde Einbringungsgewinn I erhöht die Anschaffungskosten der erhaltenen Anteile (§ 22 Abs. 1 Satz 4 UmwStG). Dadurch wird erreicht, dass die bis zum Einbringungszeitpunkt entstandenen stillen Reserven der vollen Besteuerung nach § 16 EStG und die nach der Einbringung entstandenen stillen Reserven der Veräußerungsgewinnbesteuerung von Anteilen und damit der vollen bzw. teilweisen Steuerfreistellung nach § 8b KStG oder § 3 Nr. 40 EStG unterliegen. Auf der Ebene der übernehmenden Gesellschaft kommt es auf Antrag zu einer Buchwertaufstockung i. H. des versteuerten Einbringungsgewinns I (§ 23 Abs. 2 UmwStG).

Beispiel:

Die natürliche Person A bringt zum steuerlichen Übertragungsstichtag 31. 12. 01 ihr bisheriges Einzelunternehmen auf Antrag zu Buchwerten in die B-GmbH ausschließlich gegen Gewährung neuer Anteile an der B-GmbH ein. Der Buchwert des übertragenen Betriebsvermögens beträgt 2 000 000 €, der gemeine Wert 9 000 000 €. A hat entsprechende Anschaffungskosten für den Anteil an der B-GmbH i. H. v. 2 000 000 €. Der Anteil an der B-GmbH ist als sperrfristbehaftet i. S. d. § 22 Abs. 1 UmwStG anzusehen. Nunmehr veräußert A den erhaltenen GmbH-Anteil am 30. 6. 07 zum Kaufpreis von 10 000 000 €.

Lösung:

In einem ersten Schritt ist der zu versteuernde Einbringungsgewinn I zu ermitteln. Der Einbringungsgewinn I ergibt sich aus der Differenz zwischen dem gemeinen Wert des eingebrachten Betriebsvermögens zum Zeitpunkt der Einbringung (hier 9 000 000 €) und dem Buchwert des übertragenen Betriebsvermögens bei der B-GmbH (hier 2 000 000 €) und beträgt somit 7 000 000 €. Die schädliche Anteilsveräußerung stellt nach § 22 Abs. 1 Satz 2 UmwStG in Bezug auf die Steuerfestsetzung beim Einbringenden im Einbringungsjahr ein rückwirkendes Ereignis i. S. d. § 175 Abs. 1 Satz 1 Nr. 2 AO dar. Als Bewertungszeitpunkt ist der Einbringungszeitpunkt maßgebend. Dies gilt sowohl für die Bewertung des übertragenen Betriebsvermögens als auch für den Ansatz der Beteiligung an der B-GmbH. Der Betrag von 7 000 000 € ist für jedes seit dem Einbringungszeitpunkt abgelaufene Zeitjahr um $^1/_7$ zu mindern. Vorliegend sind seit dem 31. 12. 01 bis 30. 6. 07 fünf volle Jahre abgelaufen (Jahre 31. 12. 01 bis 31. 12. 06). Daraus ergibt sich ein zu versteuernder Einbringungsgewinn I von 7 000 000 € ./. 5 000 000 € = 2 000 000 €. Der Einbringungsgewinn I gilt als Gewinn des Einbringenden i. S. d. § 16 EStG und unterliegt bei A unabhängig von der späteren Wertentwicklung der Beteiligung an der B-GmbH der Einkommensteuer; § 16 Abs. 4 und § 34 EStG sind nicht anzuwenden (§ 22 Abs. 1 Satz 1 UmwStG). Der Einbringungsgewinn I unterliegt bei A nicht der Gewerbesteuer.
In einem zweiten Schritt erhöhen sich die Anschaffungskosten der Beteiligung an der B-GmbH um den steuerpflichtigen Einbringungsgewinn I. Es ergeben sich für A Anschaffungskosten i. H. v. 2 000 000 € aus der ursprünglichen Buchwerteinbringung + nachträgliche Anschaffungskosten aus dem zu versteuernden Einbringungsgewinn I von 2 000 000 € = 4 000 000 €. A erzielt ferner Einkünfte nach § 17 EStG i. H. v. 6 000 000 € (Veräußerungspreis in 07: 10 000 000 € ./. erhöhte Anschaffungskosten 4 000 000 €). Der Veräußerungsgewinn unterliegt im Veranlagungszeitraum 07 dem Teileinkünfteverfahren gem. § 3 Nr. 40 EStG. Nach § 23 Abs. 2 UmwStG kann außerdem eine Buchwertaufstockung der Wirtschaftsgüter bei der B-GmbH um 2 000 000 € im Veranlagungszeitraum 07 erfolgen, soweit der Einbringende die auf den Einbringungsgewinn I entfallende Steuer entrichtet hat und dies durch eine Bescheinigung des für A zuständigen Finanzamts nachgewiesen wird.

2. Anteilstausch

E 20.06 Veräußert die übernehmende Gesellschaft in den Fällen des Anteilstauschs, bei dem nach § 21 Abs. 1 Satz 2 UmwStG der Buch- oder Zwischenwert angesetzt worden ist, die eingebrachten Anteile innerhalb eines Zeitraums von sieben Jahren nach der Einbringung und wäre die unmittelbare Veräußerung der Anteile durch den Einbringenden nicht nach § 8b Abs. 2 KStG begünstigt gewesen, wird der Einbringungsgewinn II rückwirkend auf den Zeitpunkt der Einbringung versteuert (§ 22 Abs. 2 UmwStG). Zu diesem Zweck ist der gemeine Wert der eingebrachten Anteile auf den Einbringungszeit- 173 punkt zu ermitteln. Der zu versteuernde Einbringungsgewinn II verringert sich innerhalb des Siebenjahreszeitraums jährlich um 1/7 (§ 22 Abs. 2 Satz 3 UmwStG).

E 20.07 Die Anteilsveräußerung innerhalb des Siebenjahreszeitraums oder die einer Veräußerung gleichgestellten Ersatzrealisationstatbestände (§ 22 Abs. 2 Satz 6 i. V. m. Abs. 1 Satz 6 Nr. 1 bis 5 UmwStG) stellen in Bezug auf die Steuerfestsetzung beim Einbringenden im Einbringungsjahr ein rückwirkendes Ereignis i. S. v. § 175 Abs. 1 Satz 1 Nr. 2 AO dar.

E 20.08 Der zu versteuernde Einbringungsgewinn II erhöht die Anschaffungskosten der erhaltenen Anteile (§ 22 Abs. 2 Satz 4 UmwStG). Gleichzeitig kommt es auf Ebene der übernehmenden Gesellschaft auf Antrag zu einer Buchwertaufstockung i. H. des versteuerten Einbringungsgewinns II (§ 23 Abs. 2 Satz 2 UmwStG). Dadurch wird erreicht, dass die bis zum Einbringungszeitpunkt entstandenen stillen Reserven beim Einbringenden im Teileinkünfteverfahren oder in voller Höhe versteuert werden und die nach der Einbringung entstandenen stillen Reserven bei der übernehmenden Gesellschaft nach § 8 b Abs. 2 KStG begünstigt sind.

Beispiel:

Die natürliche Person A hält 80 % der Anteile an der B-GmbH und bringt diese ausschließlich gegen Gewährung eines neuen Anteils an der C-GmbH zum Buchwert (3 000 000 €) in die C-GmbH ein. Die von A eingebrachten Anteile hatten zum Einbringungszeitpunkt einen gemeinen Wert von 10 000 000 €. Im sechsten Jahr nach der Einbringung veräußert die C-GmbH die von A eingebrachten Anteile an der B-GmbH.

Lösung:

Die Einbringung des Anteils an der B-GmbH zum Buchwert ist zulässig, da es sich um eine mehrheitsvermittelnde Beteiligung i. S. v. § 21 Abs. 1 Satz 2 UmwStG handelt (qualifizierter Anteilstausch). Die von A eingebrachten Anteile an der B-GmbH unterliegen der siebenjährigen Sperrfrist, da die unmittelbare Veräußerung der Anteile durch A nicht von § 8 b Abs. 2 KStG begünstigt gewesen wäre.

Die Veräußerung der Anteile an der B-GmbH durch die C-GmbH innerhalb der siebenjährigen Sperrfrist führt somit zu einer nachträglichen Besteuerung des Einbringungsgewinns II bei A nach § 22 Abs. 2 UmwStG im Einbringungszeitpunkt (= Übergang des wirtschaftlichen Eigentums). Die schädliche Anteilsveräußerung durch die C-GmbH stellt nach § 22 Abs. 2 Satz 2 UmwStG in Bezug auf die Steuerfestsetzung beim Einbringenden für das Einbringungsjahr ein rückwirkendes Ereignis i. S. d. § 175 Abs. 1 Satz 1 Nr. 2 AO dar.

Der von A zu versteuernde Einbringungsgewinn II errechnet sich aus dem gemeinen Wert der von A eingebrachten Anteile an der B-GmbH im Zeitpunkt der Einbringung von 10 000 000 € ./. dem Buchwert der Anteile von 3 000 000 € ./. der Minderung des Einbringungsgewinns II für fünf abgelaufene Zeitjahre von 5 000 000 € = 2 000 000 €. Der Einbringungsgewinn II gilt als Gewinn des Einbringenden aus der Veräußerung von Anteilen i. S. d. § 17 EStG. Bei der Versteuerung des Einbringungsgewinns II kommt das Teileinkünfteverfahren nach § 3 Nr. 40 EStG zur Anwendung. I. H. des zu versteuernden Einbringungsgewinns II entstehen nachträgliche Anschaffungskosten des A auf die Beteiligung an der C-GmbH (§ 22 Abs. 2 Satz 4 UmwStG). Gleichzeitig kann auf Antrag der übernehmenden Gesellschaft der Buchwert der Anteile an der B-GmbH bei der C-GmbH um den versteuerten Einbringungsgewinn II aufgestockt werden (§ 23 Abs. 2 Satz 3 UmwStG).

III. Gewährung neuer Anteile, Gewährung anderer Wirtschaftsgüter

174 **E 20.09** Voraussetzung für die Anwendung der §§ 20 bis 23, 25 UmwStG ist, dass die Gegenleistung der übernehmenden Gesellschaft für das eingebrachte Vermögen zumindest zum Teil in neuen Gesellschaftsanteilen besteht, wobei es ausreichend ist, dass die Sacheinlage als Aufgeld erbracht wird (vgl. Randnr. 01.44).

E 20.10 Neue Anteile entstehen nur im Fall der Gesellschaftsgründung oder einer Kapitalerhöhung. Insbesondere folgende Vorgänge fallen mangels Gewährung neuer Anteile nicht in den Anwendungsbereich von § 20 UmwStG:
- die verdeckte Einlage,
- die verschleierte Sachgründung oder die verschleierte Sachkapitalerhöhung (vgl. BFH vom 1. 7. 1992, I R 5/92, BStBl. 1993 II S. 131),
- das Ausscheiden der Kommanditisten aus einer Kapitalgesellschaft & Co. KG unter Anwachsung ihrer Anteile gem. § 738 BGB, ohne dass die Kommanditisten einen Ausgleich in Form neuer Gesellschaftsrechte an der Kapitalgesellschaft erhalten,
- die Fälle des § 54 Abs. 1 und § 68 Abs. 1 und 2 UmwG.

E 20.11 Neben den Gesellschaftsanteilen können in begrenztem Umfang auch andere Wirtschaftsgüter gewährt werden (vgl. § 20 Abs. 2 Satz 4, Abs. 3 Satz 3, § 21 Abs. 1 Satz 3, Abs. 2 Satz 6 UmwStG). Die Möglichkeit, das eingebrachte Betriebsvermögen teilweise statt durch Ausgabe neuer Anteile durch Zuführung zu den offenen Rücklagen zu belegen, bleibt hiervon unberührt (vgl. § 272 Abs. 2 Nr. 4 HGB).

Beispiel:

Die GmbH bilanziert die Sacheinlage mit 20 000 €. Als Gegenleistung gewährt sie neue Gesellschaftsrechte im Nennwert von 15 000 € (vgl. § 5 Abs. 1 zweiter Halbsatz, § 56 GmbHG) und einen Spitzenausgleich in bar von 4000 €. Der Restbetrag von 1000 € wird den Kapitalrücklagen zugewiesen.

B. Einbringung von Unternehmensteilen in eine Kapitalgesellschaft oder Genossenschaft (§ 20 UmwStG)

I. Anwendungsbereich (§ 20 Abs. 1, 5, 6 UmwStG)

175 **20.01** Die Einbringung von Betriebsvermögen in eine Kapitalgesellschaft oder Genossenschaft ist aus ertragsteuerlicher Sicht ein Veräußerungsvorgang, bei dem die übernehmende Gesellschaft als Gegenleistung für das eingebrachte Betriebsvermögen neue Gesellschaftsanteile gewährt (vgl. Randnr. 00.02).

1. Beteiligte der Einbringung

a) Einbringender

20.02 Einbringender Rechtsträger ist der Rechtsträger, dem die Gegenleistung zusteht. Zu den persönlichen Anwendungsvoraussetzungen beim einbringenden Rechtsträger vgl. Randnr. 01.53 ff. **176**

20.03 Wird Betriebsvermögen einer Personengesellschaft eingebracht, ist die Frage, wer Einbringender i. S. d. § 20 UmwStG ist, grundsätzlich danach zu entscheiden, ob die einbringende Personengesellschaft infolge der Einbringung fortbesteht. Wird die Personengesellschaft, deren Betriebsvermögen übertragen wird, infolge der Einbringung aufgelöst und stehen die Anteile am übernehmenden Rechtsträger daher zivilrechtlich den Mitunternehmern zu (z. B. bei einer Verschmelzung i. S. d. § 2 UmwG), sind diese als Einbringende anzusehen (vgl. auch BFH vom 16. 2. 1996, I R 183/94, BStBl. II S. 342).

Handelt es sich in diesem Fall bei der Personengesellschaft, deren Betriebsvermögen übertragen wird, um die Untergesellschaft einer doppelstöckigen Personengesellschaft, sind deren unmittelbare Gesellschafter und nicht die nur mittelbar über die Obergesellschaft beteiligten natürlichen oder juristischen Personen Einbringende i. S. d. § 20 UmwStG. Dies gilt für mehrstöckige Personengesellschaften entsprechend. Besteht die übertragende Personengesellschaft dagegen auch nach der Einbringung als Mitunternehmerschaft fort und werden ihr die Anteile am übernehmenden Rechtsträger gewährt (z. B. bei einer Ausgliederung i. S. d. § 123 Abs. 3 UmwG), ist die übertragende Personengesellschaft selbst als Einbringende anzusehen. Demgegenüber stehen bei einer Abspaltung i. S. d. § 123 Abs. 2 UmwG die Anteile an der übernehmenden Gesellschaft zivilrechtlich den Mitunternehmern der bisherigen Gesellschaft zu, so dass diese selbst als Einbringende anzusehen sind.

Der Einbringungsgegenstand bestimmt sich nach dem zugrunde liegenden Rechtsgeschäft (vgl. Randnr. 20.05).

b) Übernehmende Gesellschaft

20.04 Zu den persönlichen Anwendungsvoraussetzungen beim übernehmenden Rechtsträger vgl. Randnr. 01.54 f. **177**

2. Gegenstand der Einbringung

20.05 Der Gegenstand der Einbringung richtet sich nach dem zugrunde liegenden Rechtsgeschäft. Z. B. ist bei Verschmelzung einer Personengesellschaft Einbringungsgegenstand der Betrieb. **178**

a) Übertragung eines Betriebs oder Teilbetriebs

20.06 Zum Begriff des Teilbetriebs gelten die Randnr. 15.02 f. und zur Übertragung dieses Teilbetriebs gelten die Randnr. 15.07–15.10 entsprechend. Die Einbringung eines Betriebs i. S. v. § 20 UmwStG liegt nur vor, wenn sämtliche Wirtschaftsgüter, die zu den funktional wesentlichen Betriebsgrundlagen des Betriebs gehören, auf die übernehmende Gesellschaft übertragen werden; zum Zeitpunkt des Vorliegens eines Betriebs gilt Randnr. 15.03 und zur Übertragung des Betriebs gilt Randnr. 15.07 entsprechend. Es genügt nicht, der Kapitalgesellschaft diese Wirtschaftsgüter nur zur Nutzung zu überlassen. Dies gilt auch für solche dem Betrieb oder Teilbetrieb dienenden Wirtschaftsgüter, die zum Sonderbetriebsvermögen eines Gesellschafters gehören. Bei der Einbringung eines Betriebs oder Teilbetriebs sind auch die dazugehörenden Anteile an Kapitalgesellschaften miteinzubringen, sofern diese funktional wesentliche Betriebsgrundlagen des Betriebs oder Teilbetriebs sind oder im Fall der Einbringung eines Teilbetriebs zu den nach wirtschaftlichen Zusammenhängen zuordenbaren Wirtschaftsgütern gehören. **179**

20.07 Liegen die Voraussetzungen einer Betriebs- oder Teilbetriebsübertragung nicht vor, sind die im eingebrachten Vermögen ruhenden stillen Reserven aufzudecken und zu versteuern. Werden z. B. funktional wesentliche Betriebsgrundlagen oder nach wirtschaftlichen Zusammenhängen zuordenbare Wirtschaftsgüter im zeitlichen und wirtschaftlichen Zusammenhang mit der Einbringung eines Teilbetriebs in ein anderes Betriebsvermögen überführt oder übertragen, ist die Anwendung der Gesamtplanrechtsprechung zu prüfen (BFH vom 11. 12. 2001, VIII R 23/01, BStBl. 2004 II S. 474, und BFH vom 25. 2. 2010, IV R 49/08, BStBl. II S. 726).

20.08 Bei der Einbringung zurückbehaltene Wirtschaftsgüter sind grundsätzlich als entnommen zu behandeln mit der Folge der Versteuerung der in ihnen enthaltenen stillen Reserven, es sei denn, dass die Wirtschaftsgüter weiterhin Betriebsvermögen sind. Dies gilt z. B. auch für Wirtschaftsgüter, die keine funktional wesentlichen Betriebsgrundlagen des eingebrachten Betriebs oder Teilbetriebs bilden, und für Wirtschaftsgüter, die dem Sonderbetriebsvermögen eines Gesellschafters zuzurechnen sind. Der Entnahmezeitpunkt ist in diesen Fällen der steuerliche Übertragungsstichtag (BFH vom 28. 4. 1988, IV R 52/87, BStBl. II S. 829).

20.09 Gehören zum Betriebsvermögen des eingebrachten Betriebs oder Teilbetriebs Anteile an der übernehmenden Gesellschaft, werden diese Anteile, wenn sie in die Kapitalgesellschaft miteingebracht werden, zu sog. eigenen Anteilen der Kapitalgesellschaft. Der Erwerb eigener Anteile durch eine Kapitalgesellschaft unterliegt handelsrechtlichen Beschränkungen. Soweit die Anteile an der Kapitalgesellschaft miteingebracht werden, würde der Einbringende dafür als Gegenleistung neue Anteile an der Kapitalgesellschaft erhalten.

In diesem Fall ist es nicht zu beanstanden, wenn die Anteile an der Kapitalgesellschaft auf unwiderruflichen Antrag des Einbringenden nicht miteingebracht werden. Der Einbringende muss sich damit einverstanden erklären, dass die zurückbehaltenen Anteile an der übernehmenden Gesellschaft künftig in vollem Umfang als Anteile zu behandeln sind, die durch eine Sacheinlage erworben worden sind (erhaltene Anteile). Es ist dementsprechend auch für diese Anteile § 22 Abs. 1 UmwStG anzuwenden. Besteht in diesen Fällen hinsichtlich des Gewinns aus der Veräußerung der zurückbehaltenen Anteile durch den Einbringenden kein deutsches Besteuerungsrecht, ist § 22 Abs. 1 Satz 5 zweiter Halbsatz UmwStG anzuwenden. Der Antrag ist bei dem Finanzamt zu stellen, bei dem der Antrag nach § 20 Abs. 2 Satz 2 UmwStG zu stellen ist. Als Anschaffungskosten der erhaltenen Anteile (Neu- und Altanteile) gilt der Wertansatz des eingebrachten Vermögens zuzüglich des Buchwerts der zurückbehaltenen Anteile. § 20 Abs. 2 Satz 2 Nr. 2 UmwStG ist im Hinblick auf das eingebrachte (Rest-)Vermögen zu beachten.

Beispiel:

A ist zu 80 % an der X-GmbH (Stammkapital 25 000 €, Buchwert 50 000 €, gemeiner Wert 85 000 €) beteiligt und hält die Beteiligung im Betriebsvermögen seines Einzelunternehmens. Zum 1. 1. 08 bringt er das Einzelunternehmen zu Buchwerten (Buchwert 170 000 €, gemeiner Wert 345 000 €; jeweils einschließlich der Beteiligung) nach § 20 UmwStG in die X-GmbH gegen Gewährung von Anteilen (Kapitalerhöhung 20 000 €) ein. Die Beteiligung an der X-GmbH soll zurückbehalten werden, um das Entstehen eigener Anteile auf Ebene der X-GmbH zu vermeiden. Zum 1. 3. 10 werden sämtliche Anteile des A zum Preis von 400 000 € veräußert.

Lösung:

Stellt die Beteiligung eine funktional wesentliche Betriebsgrundlage des Einzelunternehmens dar, würde der Zurückbehalt der Beteiligung grundsätzlich die Anwendung von § 20 UmwStG ausschließen. Andernfalls kann sie zwar zurückbehalten werden, aber die Beteiligung würde als entnommen gelten. Auf unwiderruflichen Antrag des Einbringenden können diese Anteile zurückbehalten werden und stehen damit einer Einbringung zum Buchwert nicht entgegen, mit der Folge, dass diese als Anteile i. S. d. § 22 Abs. 1 UmwStG zu behandeln sind. Die Veräußerung der Anteile im Jahr 10 löst die rückwirkende Besteuerung des Einbringungsgewinns I zum 1. 1. 08 aus:

gemeiner Wert des eingebrachten Betriebsvermögens (ohne Beteiligung)	260 000 €
./. Buchwert des eingebrachten Betriebsvermögens (ohne Beteiligung)	120 000 €
stille Reserven im Einbringungszeitpunkt	140 000 €
./. $^{2}/_{7}$ Abschmelzungsbetrag	40 000 €
zu versteuernder Einbringungsgewinn I	100 000 €

Darüber hinaus erzielt A zum 1. 3. 10 einen Veräußerungsgewinn nach § 17 EStG:

Veräußerungspreis der Anteile	400 000 €
./. Anschaffungskosten der Anteile (Buchwert eingebrachtes Betriebsvermögen zzgl. Buchwert der zurückbehaltenen Anteile)	170 000 €
./. Einbringungsgewinn I	100 000 €
Veräußerungsgewinn nach § 17 EStG	130 000 €

Alternative:

Wäre der Einbringende A in Frankreich ansässig und damit beschränkt steuerpflichtig, ist der Einbringungsgewinn I unter Anwendung von § 22 Abs. 1 Satz 5 zweiter Halbsatz UmwStG wie folgt zu berechnen:

gemeiner Wert des eingebrachten BV (mit Beteiligung)	345 000 €
./. Buchwert des eingebrachten BV (mit Beteiligung)	170 000 €
stille Reserven im Einbringungszeitpunkt gesamt	175 000 €
./. $^{2}/_{7}$ Abschmelzungsbetrag	50 000 €
zu versteuernder Einbringungsgewinn I	125 000 €

Ein Veräußerungsgewinn nach § 17 EStG kann nach dem DBA mit Frankreich nicht besteuert werden, da Deutschland insoweit kein Besteuerungsrecht hat. Soweit der Einbringungsgewinn I auf die Beteiligung entfällt (35 000 € ./. $^{2}/_{7}$ Abschmelzungsbetrag = 25 000 €), findet § 3 Nr. 40 EStG Anwendung (vgl. Randnr. 22.11).

b) Mitunternehmeranteil

180 **20.10** Die Grundsätze der vorstehenden Randnr. 20.05–20.09 gelten sinngemäß auch für die Einbringung von Mitunternehmeranteilen.

20.11 Die Einbringung eines Mitunternehmeranteils i. S. v. § 20 Abs. 1 UmwStG ist auch dann anzunehmen, wenn ein Mitunternehmer einer Personengesellschaft nicht seinen gesamten Mitunternehmeranteil an der Personengesellschaft, sondern nur einen Teil dieses Anteils überträgt.

20.12 § 20 UmwStG gilt auch für die Einbringung von Mitunternehmeranteilen, die zum Betriebsvermögen eines Betriebs gehören. Werden mehrere zu einem Betriebsvermögen gehörende Mitunternehmeranteile eingebracht, liegt hinsichtlich eines jeden Mitunternehmeranteils ein gesonderter Einbringungsvorgang vor. Wird auch der Betrieb eingebracht, zu dessen Betriebsvermögen der oder die Mitunternehmeranteile gehören, sind die Einbringung des Betriebs und die Einbringung des bzw. der Mitunternehmeranteile jeweils als gesonderte Einbringungsvorgänge zu behandeln; Entsprechendes gilt bei Einbringung eines Teilbetriebs. Wird dagegen ein Anteil an einer Mitunternehmerschaft eingebracht, zu deren Betriebsvermögen die Beteiligung an einer anderen Mitunternehmerschaft gehört (mehrstöckige Personengesellschaft), liegt ein einheitlich zu beurteilender Einbringungsvorgang vor. Die nur mittelbare Übertragung des Anteils an der Untergesellschaft stellt in diesem Fall keinen gesonderten Einbringungsvorgang i. S. d. § 20 UmwStG dar.

3. Zeitpunkt der Einbringung (§ 20 Abs. 5, 6 UmwStG)

181 **20.13** Die Einbringung i. S. v. § 20 UmwStG erfolgt steuerlich grundsätzlich zu dem Zeitpunkt, zu dem das wirtschaftliche Eigentum an dem eingebrachten Vermögen auf die übernehmende Gesellschaft übergeht (steuerlicher Übertragungsstichtag bzw. Einbringungszeitpunkt). Die Übertragung des wirtschaftlichen Eigentums erfolgt in den Fällen der Einzelrechtsnachfolge regelmäßig zu dem im Einbringungsvertrag vorgesehenen Zeitpunkt des Übergangs von Nutzen und Lasten. In Fällen der Gesamt-

rechtsnachfolge geht das wirtschaftliche Eigentum spätestens im Zeitpunkt der Eintragung in das Register über.

20.14 Abweichend von den vorstehenden Grundsätzen darf der steuerliche Übertragungsstichtag gem. § 20 Abs. 5 und 6 UmwStG auf Antrag der übernehmenden Gesellschaft um bis zu acht Monate zurückbezogen werden. Der Zeitpunkt des Übergangs des eingebrachten Betriebsvermögens i. S. v. § 20 Abs. 6 Satz 3 UmwStG ist der Zeitpunkt, zu dem das wirtschaftliche Eigentum übergeht (vgl. Randnr. 20.13). Aus der Bilanz oder der Steuererklärung muss sich eindeutig ergeben, welchen Einbringungszeitpunkt die übernehmende Gesellschaft wählt.

Die Betriebs- oder Teilbetriebsvoraussetzungen müssen bereits am steuerlichen Übertragungsstichtag vorgelegen haben; Randnr. 15.03 gilt entsprechend. Ein Mitunternehmeranteil muss ebenfalls bereits zum steuerlichen Übertragungsstichtag vorgelegen haben; Randnr. 15.04 gilt entsprechend. Die Rückbeziehung nach § 20 Abs. 5 und 6 UmwStG hat zur Folge, dass auch die als Gegenleistung für das eingebrachte Vermögen gewährten Anteile mit Ablauf des steuerlichen Übertragungsstichtags dem Einbringenden zuzurechnen sind.

20.15 Zum steuerlichen Übertragungsstichtag geht die Besteuerung des eingebrachten Betriebs usw. von dem Einbringenden auf die übernehmende Gesellschaft über. Randnr. 02.11 gilt entsprechend.

20.16 Die Rückbeziehung hat nicht zur Folge, dass auch Verträge, die z. B. die übernehmende Gesellschaft mit einem Gesellschafter abschließt, insbesondere Dienst-, Miet-, Pacht- und Darlehensverträge, als bereits im Zeitpunkt der Einbringung abgeschlossen gelten. Ab wann derartige Verträge der Besteuerung zugrunde gelegt werden können, ist nach den allgemeinen Grundsätzen zu entscheiden. Werden die Anteile an einer Personengesellschaft eingebracht und sind Vergütungen der Gesellschaft an einen Mitunternehmer bislang gem. § 15 Abs. 1 Satz 1 Nr. 2 EStG dem Gewinnanteil des Gesellschafters hinzugerechnet worden, führt die steuerliche Rückbeziehung der Einbringung dazu, dass § 15 Abs. 1 Satz 1 Nr. 2 EStG bereits im Rückwirkungszeitraum auf die Vergütungen der Gesellschaft nicht mehr anwendbar ist. Die Vergütungen sind Betriebsausgaben der übernehmenden Gesellschaft, soweit sie als angemessenes Entgelt für die Leistungen des Gesellschafters anzusehen sind; Leistungen der Gesellschaft, die über ein angemessenes Entgelt hinausgehen, sind Entnahmen, für die § 20 Abs. 5 Satz 3 UmwStG gilt.

Die steuerliche Rückwirkungsfiktion gilt nicht für einen Mitunternehmer, der im Rückwirkungszeitraum aus einer Personengesellschaft ausscheidet, da ihm keine Gegenleistung in Form von Anteilen an der übernehmenden Gesellschaft aufgrund der Einbringung zusteht und er somit nicht als Einbringender i. S. d. § 20 UmwStG anzusehen ist (vgl. Randnr. 20.03).

II. Bewertung durch die übernehmende Gesellschaft (§ 20 Abs. 2 UmwStG)

1. Inhalt und Einschränkungen des Bewertungswahlrechts

20.17 Gem. § 20 Abs. 2 Satz 1 UmwStG hat die übernehmende Gesellschaft das eingebrachte Betriebsvermögen mit dem gemeinen Wert anzusetzen. Für die Bewertung von Pensionsrückstellungen gilt § 6 a EStG. Randnr. 03.07–03.09 gelten entsprechend. **182**

20.18 Auf Antrag kann die übernehmende Gesellschaft das eingebrachte Vermögen einheitlich mit dem Buchwert (vgl. Randnr. 01.57) ansetzen. Randnr. 03.12–03.13 gelten entsprechend. Zum Buchwertansatz bei Einbringung eines Mitunternehmeranteils gilt Randnr. 03.10 entsprechend. Auf Antrag kann die übernehmende Gesellschaft das eingebrachte Vermögen auch einheitlich mit einem Zwischenwert ansetzen; Randnr. 03.25 f. gelten entsprechend. Der Ansatz der Pensionsrückstellungen ist auf den Wert nach § 6 a EStG begrenzt.

20.19 Der Buch- oder Zwischenwertansatz setzt voraus, dass bei der übernehmenden Gesellschaft das Recht der Bundesrepublik Deutschland hinsichtlich der Besteuerung des Gewinns aus der Veräußerung des eingebrachten Betriebsvermögens weder ausgeschlossen noch eingeschränkt wird (§ 20 Abs. 2 Satz 2 Nr. 3 UmwStG) und sichergestellt ist, dass es später bei der übernehmenden Körperschaft der Besteuerung mit Körperschaftsteuer unterliegt (§ 20 Abs. 2 Satz 2 Nr. 1 UmwStG). Randnr. 03.18–03.20 gelten entsprechend.

Hinsichtlich der Sicherstellung der Besteuerung mit Körperschaftsteuer bei der übernehmenden Gesellschaft gilt Randnr. 03.17 entsprechend. Handelt es sich bei der übernehmenden Gesellschaft um eine Organgesellschaft i. S. d. §§ 14, 17 KStG, ist eine Besteuerung mit Körperschaftsteuer nur sichergestellt, soweit das dem Organträger zugerechnete Einkommen der Besteuerung mit Körperschaftsteuer unterliegt. Entsprechendes gilt, wenn der Organträger selbst wiederum Organgesellschaft ist. Soweit das so zugerechnete Einkommen der Besteuerung mit Einkommensteuer unterliegt, können aus Billigkeitsgründen die übergehenden Wirtschaftsgüter dennoch einheitlich mit dem Buch- oder Zwischenwert angesetzt werden, wenn sich alle an der Einbringung Beteiligten übereinstimmend schriftlich damit einverstanden erklären, dass auf die aus der Einbringung resultierenden Mehrabführungen § 14 Abs. 3 Satz 1 KStG anzuwenden ist; die Grundsätze der Randnr. Org.33 und Org.34 gelten entsprechend (vgl. auch Randnr. 11.08).

Ein Zwang zum Ansatz von Zwischenwerten kann sich nach § 20 Abs. 2 Satz 2 Nr. 2 oder Satz 4 UmwStG ergeben. Das eingebrachte Betriebsvermögen darf auch durch Entnahmen während des Rückbeziehungszeitraums nicht negativ werden; deshalb ist eine Wertaufstockung nach § 20 Abs. 5 i. V. m. Abs. 2 Satz 2 Nr. 2 UmwStG ggf. auch vorzunehmen, soweit das eingebrachte Betriebsvermögen ohne Aufstockung während des Rückwirkungszeitraums negativ würde.

2. Verhältnis zum Handelsrecht (§ 20 Abs. 2 UmwStG, § 5 Abs. 1 EStG)

20.20 Das steuerliche Bewertungswahlrecht des § 20 Abs. 2 Satz 2 UmwStG kann unabhängig vom Wertansatz in der Handelsbilanz ausgeübt werden. Die steuerlichen Ansatzverbote des § 5 EStG gel- **183**

ten nicht für die übergehenden Wirtschaftsgüter im Einbringungszeitpunkt, es sei denn, die Buchwerte werden fortgeführt; Randnr. 03.04 gilt entsprechend. Für den Ansatz dieser Wirtschaftsgüter in einer steuerlichen Schlussbilanz i. S. d. § 4 Abs. 1, § 5 Abs. 1 EStG zu den dem Einbringungszeitpunkt folgenden Bilanzstichtagen gilt Randnr. 04.16 entsprechend.

Beispiel:

A möchte sein Einzelunternehmen (Buchwert 20 000 €, gemeiner Wert 600 000 €) in der Rechtsform einer GmbH fortführen.

Lösung:

Gem. § 5 Abs. 1 GmbHG muss die GmbH bei der Gründung ein Mindeststammkapital von 25 000 € ausweisen, was dazu führt, dass handelsrechtlich mindestens 5000 € stille Reserven der Sacheinlage aufgedeckt werden müssen. Ungeachtet des handelsrechtlichen Wertansatzes können hier gem. § 20 Abs. 2 Satz 2 UmwStG steuerlich die Buchwerte i. H. v. 20 000 € fortgeführt werden. I. H. v. 5000 € ist in diesem Fall in der Steuerbilanz der GmbH ein Ausgleichsposten auszuweisen.

Die Aktivierung eines Ausgleichspostens ist nur dann erforderlich, wenn der Buchwert des eingebrachten Betriebs, Teilbetriebs oder Mitunternehmeranteils niedriger ist als das in der Handelsbilanz ausgewiesene gezeichnete Kapital. Der Ausgleichsposten, der in den vorgenannten Fällen ausgewiesen werden muss, um den Ausgleich zu dem in der Handelsbilanz ausgewiesenen Eigenkapital herbeizuführen, ist kein Bestandteil des Betriebsvermögens i. S. v. § 4 Abs. 1 Satz 1 EStG; er nimmt am Betriebsvermögensvergleich nicht teil. Er hat infolgedessen auch auf die spätere Auflösung und Versteuerung der im eingebrachten Betriebsvermögen enthaltenen stillen Reserven keinen Einfluss und ist daher nicht aufzulösen oder abzuschreiben. Mindert sich die durch den Ausgleichsposten gedeckte Differenz zwischen der Aktiv- und der Passivseite der Bilanz, insbesondere durch Aufdeckung stiller Reserven, so fällt der Ausgleichsposten in entsprechender Höhe erfolgsneutral weg. Bei der Anwendung des § 20 Abs. 3 Satz 1 UmwStG sind Veräußerungspreis für den Einbringenden und Anschaffungskosten für die Kapitalgesellschaft der Betrag, mit dem das eingebrachte Betriebsvermögen in der Steuerbilanz angesetzt worden ist.

3. Ausübung des Wahlrechts, Bindung, Bilanzberichtigung

184 **20.21** Der Antrag auf Buch- oder Zwischenwertansatz ist von der übernehmenden Gesellschaft spätestens bis zur erstmaligen Abgabe ihrer steuerlichen Schlussbilanz,[1] in der das übernommene Betriebsvermögen erstmals anzusetzen ist, bei dem für sie für die Besteuerung örtlich zuständigen Finanzamt zu stellen (§ 20 Abs. 2 Satz 3 UmwStG). Das Betriebsvermögen ist bei der übernehmenden Gesellschaft erstmals zum steuerlichen Übertragungsstichtag anzusetzen. Nach diesem Zeitpunkt gestellte Anträge sind unbeachtlich. Randnr. 03.29 f. gelten entsprechend.

20.22 Auch bei der Einbringung von Mitunternehmeranteilen ist der Antrag durch die übernehmende Gesellschaft bei dem für sie zuständigen Finanzamt zu stellen. Die Mitunternehmerschaft, deren Anteile eingebracht werden, hat bei einem Wertansatz zum gemeinen Wert oder zum Zwischenwert durch die übernehmende Gesellschaft diese Werte i. R. einer entsprechenden Ergänzungsbilanz für die übernehmende Gesellschaft zu berücksichtigen.

20.23 Für die Besteuerung der übernehmenden Gesellschaft und des Einbringenden ist ausschließlich der sich aus § 20 Abs. 2 UmwStG ergebende Wertansatz bei der übernehmenden Gesellschaft maßgebend. Bereits durchgeführte Veranlagungen des Einbringenden sind ggf. gem. § 175 Abs. 1 Satz 1 Nr. 2 AO zu ändern.

20.24 Eine Änderung oder der Widerruf eines einmal gestellten Antrags ist nicht möglich (vgl. auch Randnr. 03.29 f.).

Setzt die übernehmende Gesellschaft das eingebrachte Betriebsvermögen mit dem gemeinen Wert an und ergibt sich später, z. B. aufgrund einer Betriebsprüfung, dass die gemeinen Werte der eingebrachten Wirtschaftsgüter des Betriebsvermögens höher bzw. niedriger als die von der übernehmenden Gesellschaft angesetzten Werte sind, sind die Bilanzwerte der übernehmenden Gesellschaft dementsprechend i. R. d. allgemeinen Vorschriften zu berichtigen. Der Bilanzberichtigung (§ 4 Abs. 2 Satz 1 EStG) steht das Verbot der anderweitigen Wahlrechtsausübung im Wege der Bilanzänderung nicht entgegen. Denn das Wahlrecht bezieht sich nur auf die Möglichkeit, für alle Wirtschaftsgüter entweder den gemeinen Wert, den Buch- oder einen Zwischenwert anzusetzen. Hat die übernehmende Gesellschaft sich für den Ansatz der gemeinen Werte entschieden, diese jedoch nicht richtig ermittelt, sind die gemeinen Werte i. R. d. allgemeinen Vorschriften zu berichtigen. Veranlagungen des Einbringenden sind ggf. gem. § 175 Abs. 1 Satz 1 Nr. 2 AO zu korrigieren.

Setzt die übernehmende Gesellschaft auf wirksamen Antrag die übergehenden Wirtschaftsgüter in der steuerlichen Schlussbilanz einheitlich zum Zwischenwert an, bleiben vorrangig die Wertansätze maßgebend, sofern diese oberhalb des Buchwerts und unterhalb des gemeinen Werts liegen.

III. Besteuerung des Einbringungsgewinns (§ 20 Abs. 3 bis 5 UmwStG)

185 **20.25** Setzt die übernehmende Gesellschaft die gemeinen Werte oder Zwischenwerte an, ist der beim Einbringenden entstehende Gewinn nach § 20 Abs. 3 bis 5 UmwStG i. V. m. den für die Veräußerung des Einbringungsgegenstandes geltenden allgemeinen Vorschriften (insbesondere §§ 15, 16 Abs. 1 EStG) zu versteuern. Werden i. R. einer Sacheinlage auch Beteiligungen an Kapitalgesellschaften und Genossenschaften miteingebracht, kommt insoweit § 8 b KStG oder § 3 Nr. 40 EStG zur Anwendung.

---

[1] Vgl. auch *Vfg. BayLfSt v. 11. 11. 2014, DStR 2015 S. 429,* betr. Ausübung des Wahlrechts in Fällen der Einbringung nach §§ 20, 21, 24 und 25 UmwStG.

20.26 Auf einen sich hieraus ergebenden Einbringungsgewinn ist auch die Vorschrift des § 6b EStG anzuwenden, soweit der Gewinn auf begünstigte Wirtschaftsgüter i. S. dieser Vorschrift entfällt. Auf § 34 Abs. 1 Satz 4 EStG wird hingewiesen.

20.27 § 34 EStG ist nur in den Fällen des § 20 Abs. 4 Satz 1 UmwStG anzuwenden. Auf einen Einbringungsgewinn sowie ggf. einen Gewinn aus der Entnahme z. B. funktional unwesentlicher Wirtschaftsgüter ist § 34 EStG somit grundsätzlich nicht anwendbar, wenn die Einbringung nicht einheitlich zum gemeinen Wert durch eine natürliche Person erfolgt. Zum nach § 34 EStG begünstigten Veräußerungsgewinn können auch Gewinne gehören, die sich bei der Veräußerung eines Betriebs aus der Auflösung von steuerfreien Rücklagen ergeben (BFH vom 17. 10. 1991, IV R 97/89, BStBl. 1992 II S. 392).

IV. Besonderheiten bei Pensionszusagen zugunsten von einbringenden Mitunternehmern

1. Behandlung bei der übertragenden Personengesellschaft

20.28 Die Behandlung der Pensionszusage an den Mitunternehmer der übertragenden Mitunternehmerschaft richtet sich nach den Grundsätzen des BMF-Schreibens vom 29. 1. 2008, BStBl. I S. 317. Wird von der Übergangsregelung i. S. d. Randnr. 20 des BMF-Schreibens vom 29. 1. 2008, BStBl. I S. 317, kein Gebrauch gemacht oder wird die Übergangsregelung angewendet und eine Aktivierung der Ansprüche in den Sonderbilanzen aller Gesellschafter vorgenommen, steht der in der steuerlichen Schlussbilanz der übertragenden Mitunternehmerschaft nach § 6a EStG gebildeten Pensionsrückstellung eine Forderung in der Sonderbilanz des übertragenden Mitunternehmers bzw. der übertragenden Mitunternehmer gegenüber. Im Zuge der Umwandlung der Personengesellschaft auf eine Kapitalgesellschaft gilt diese Forderung auf Antrag als nicht entnommen, sondern bleibt Restbetriebsvermögen des ehemaligen Mitunternehmers bzw. der ehemaligen Mitunternehmer i. S. v. § 15 EStG (BFH vom 10. 2. 1994, IV R 37/92, BStBl. II S. 564). 186

2. Behandlung bei der übernehmenden Kapitalgesellschaft

20.29 Die Übernahme der in der Gesamthandsbilanz der Mitunternehmerschaft ausgewiesenen Pensionsverpflichtung durch die übernehmende Kapitalgesellschaft stellt keine zusätzliche Gegenleistung i. S. d. § 20 Abs. 2 Satz 4 UmwStG dar. 187

Nach dem BMF-Schreiben vom 29. 1. 2008, BStBl. I S. 317, ist die Pensionszusage der Personengesellschaft zugunsten des Mitunternehmers nicht als Gewinnverteilungsabrede anzusehen.

Die Pensionsverpflichtung geht als unselbstständige Bilanzposition des eingebrachten Betriebs auf die übernehmende Kapitalgesellschaft über. Die übernehmende Körperschaft vollzieht mit der Übernahme der Verpflichtung keine Gewinnverteilungsentscheidung, sondern übernimmt im Zuge der Einbringung eine dem Betrieb der übertragenden Personengesellschaft zuzurechnende betriebliche Verbindlichkeit (sog. Einheitstheorie).

Wenn die übertragende Personengesellschaft unter Berufung auf die Randnr. 20 des BMF-Schreibens vom 29. 1. 2008, BStBl. I S. 317, die Weiteranwendung der alten Rechtsgrundsätze (Übergangsregelung) beantragt und die Pensionszusage als steuerlich unbeachtliche Gewinnverteilungsabrede behandelt hat, gelten die Randnr. 20.41–20.47 des BMF-Schreibens vom 25. 3. 1998, BStBl. I S. 268,[1] weiter fort (Annahme einer sonstigen Gegenleistung).

20.30 Die übernommene Pensionsverpflichtung ist in den Fällen des Formwechsels oder der Verschmelzung bei der Übernehmerin gem. § 6a Abs. 3 Satz 1 Nr. 1 EStG so zu bewerten, als wenn das Dienstverhältnis unverändert fortgeführt worden wäre (§ 20 Abs. 2 Satz 1 zweiter Halbsatz UmwStG). Dies gilt auch für die der Umwandlung nachfolgenden Bilanzstichtage.

20.31 Wird von der Übergangsregelung i. S. d. Randnr. 20 des BMF-Schreibens vom 29. 1. 2008, BStBl. I S. 317, kein Gebrauch gemacht oder wird die Übergangsregelung angewendet und eine Aktivierung der Ansprüche in den Sonderbilanzen aller Gesellschafter vorgenommen, ist bei der übernehmenden Kapitalgesellschaft nicht von einer Neuzusage im Zeitpunkt der Einbringung auszugehen. Für Zwecke der Erdienensdauer können in diesem Fall die Dienstzeiten in der Mitunternehmerschaft mit berücksichtigt werden. Wird die Übergangsregelung beantragt und die Pensionszusage als steuerlich unbeachtliche Gewinnverteilungsabrede behandelt, gelten die Randnr. 20.41–20.47 des BMF-Schreibens vom 25. 3. 1998, BStBl. I S. 268,[1] weiter fort. In diesem Fall beginnt der Erdienenszeitraum am steuerlichen Übertragungsstichtag neu zu laufen.

3. Behandlung beim begünstigten Gesellschafter bzw. den ehemaligen Mitunternehmern

20.32 Unter der Voraussetzung, dass bei der übertragenden Mitunternehmerschaft die Anwendung der Übergangsregelung gem. Randnr. 20 des BMF-Schreibens vom 29. 1. 2008, BStBl. I S. 317, nicht beantragt wird oder die Übergangsregelung angewendet wird und eine Aktivierung der Ansprüche in den Sonderbilanzen aller Gesellschafter erfolgt und ein Antrag i. S. d. Randnr. 20.28 gestellt wird, gilt Folgendes: 188

Wenn der frühere Mitunternehmer Arbeitnehmer der Kapitalgesellschaft wird und er die Pensionsanwartschaft nach der Umwandlung in die Kapitalgesellschaft weiter erdient, muss jede nach Eintritt des Versorgungsfalls an den Gesellschafter-Geschäftsführer geleistete laufende Ruhegehaltzahlung für steuerliche Zwecke aufgeteilt werden.

Soweit die spätere Pensionsleistung rechnerisch auf in der Zeit nach der Umwandlung (Kapitalgesellschaft) erdiente Anwartschaftsteile entfällt, erzielt der pensionierte Gesellschafter-Geschäftsführer steuerpflichtige Versorgungsleistungen i. S. d. §§ 19, 24 Nr. 2 EStG.

[1] Letztmals abgedruckt im „Handbuch zur Körperschaftsteuerveranlagung 2010" im Anhang I 2 c.

Soweit die Pensionsleistung rechnerisch auf in der Zeit vor der Umwandlung (Mitunternehmerschaft) erdiente Anwartschaftsteile entfällt, erzielt der pensionierte Gesellschafter-Geschäftsführer Einkünfte i. S. d. § 15 Abs. 1 Satz 2 i. V. m. Satz 1 Nr. 2 i. V. m. § 24 Nr. 2 EStG. Diese steuerlichen Auswirkungen treten allerdings erst ein, sobald die auf die Zeit vor der Umwandlung entfallenden Pensionszahlungen die als Restbetriebsvermögen zurückbehaltene Pensionsforderung (vgl. Randnr. 20.28) des Gesellschafters übersteigen.

Die Aufteilung der laufenden Pensionszahlungen in nachträgliche Einnahmen aus der ehemaligen Mitunternehmerstellung einerseits und Einnahmen i. S. d. §§ 19, 24 EStG andererseits hat grundsätzlich nach versicherungsmathematischen Grundsätzen zu erfolgen. Soweit die Pensionsanwartschaft nach der Umwandlung unverändert bleibt, ist es nicht zu beanstanden, wenn die Pensionsleistung nach dem Verhältnis der Erdienenszeiträume vor und nach der Umwandlung („pro-rata-temporis") aufgeteilt wird.

Beispiel:

Die Personengesellschaft erteilt einem Mitunternehmer im Jahr 03 im Alter von 35 Jahren eine Pensionszusage (Diensteintritt im Alter von 30 Jahren), wonach ein Altersruhegeld von monatlich 10 000 € ab Vollendung des 65. Lebensjahres zu zahlen ist (Gesamtdienstzeit 35 Jahre). Die Personengesellschaft wird zum 31. 12. 08 in eine GmbH formwechselnd umgewandelt. Der Mitunternehmer ist zu diesem Zeitpunkt 40 Jahre alt (Restdienstzeit 25 Jahre). Die Personengesellschaft passiviert die Pensionsrückstellung in ihrer Steuerbilanz zum 31. 12. 08 mit 150 000 €. Der Mitunternehmer aktiviert einen entsprechenden Anspruch in seiner Sonderbilanz.

Lösung:

Die übernehmende GmbH passiviert die Pensionsrückstellung mit dem bei der Personengesellschaft zuletzt passivierten Betrag. Der Aktivposten in der Sonderbilanz wird entsprechend dem Antrag nicht entnommen, sondern mit dem Wert von 150 000 € „eingefroren" und als Restbetriebsvermögen des ehemaligen Mitunternehmers behandelt. Die späteren Pensionszahlungen an den Gesellschafter-Geschäftsführer sind aufzuteilen. Aus Vereinfachungsgründen ist davon auszugehen, dass von der jeweiligen Jahrespensionsleistung i. H. v. 120 000 € $^{10}/_{35}$ (also 34 285 € p. a.) auf die Zeit der Mitunternehmerschaft und $^{25}/_{35}$ (also 85 715 € p. a.) auf die Zeit der GmbH entfallen.

Da die als Restbetriebsvermögen zurückbehaltene Forderung des ehemaligen Mitunternehmers von 150 000 € nur den in der Personengesellschaft erdienten Anwartschaftsteil betrifft, muss sie mit den jährlich darauf entfallenden Leistungen i. H. v. 34 285 € verrechnet werden und ist damit erst im fünften Jahr „verbraucht". Im ersten bis vierten Jahr nach der Pensionierung versteuert der ehemalige Mitunternehmer/Gesellschafter-Geschäftsführer also ausschließlich je 85 715 € nach §§ 19, 24 Nr. 4 EStG. Im fünften Pensionsjahr (nach Verbrauch der Forderung) erzielt er neben den Einkünften i. S. d. §§ 19, 24 EStG noch nachträgliche Einkünfte i. S. d. § 15 Abs. 1 Satz 2 i. V. m. Satz 1 Nr. 2 i. V. m. § 24 Nr. 2 EStG i. H. v. 34 285 € × 5 ./. 150 000 € = 21 425 €. Hierbei handelt es sich um den die nunmehr verbrauchte Forderung übersteigenden Betrag. Ab dem sechsten Jahr entstehen folglich nachträgliche Einkünfte i. S. d § 15 EStG i. H. v. je 34 285 €.

Falls bei der übertragenden Mitunternehmerschaft die Anwendung der Übergangsregelung gem. Randnr. 20 des BMF-Schreibens vom 29. 1. 2008, BStBl. I S. 317, beantragt und die Pensionszusage als steuerlich unbeachtliche Gewinnverteilungsabrede behandelt wird, gelten dagegen die Randnr. 20.46–20.47 des BMF-Schreibens vom 25. 3. 1998, BStBl. I S. 268, weiter fort.

Falls bei der übertragenden Mitunternehmerschaft die Anwendung der Übergangsregelung gem. Randnr. 20 des BMF-Schreibens vom 29. 1. 2008, BStBl. I S. 317, beantragt und eine Aktivierung der Ansprüche in den Sonderbilanzen aller Gesellschafter vorgenommen wird, gilt die obige Lösung mit der Maßgabe, dass eine anteilige Verrechnung mit den als Restbetriebsvermögen zurückbehaltenen Forderungen der ehemaligen Mitunternehmer vorzunehmen ist. Der begünstigte Gesellschafter erzielt dabei nachträgliche Einkünfte i. S. d. § 15 Abs. 1 Satz 2 i. V. m. Satz 1 Nr. 2 i. V. m. § 24 Nr. 2 EStG, soweit der auf die Zeit der Mitunternehmerschaft entfallende Teil der jährlichen Pensionszahlung die anteilige Auflösung seiner Restforderung übersteigt. Die übrigen ehemaligen Mitunternehmer erzielen i. H. des jeweiligen anteiligen Auflösungsbetrages ihrer Restforderung bis zu deren vollständigen Auflösung nachträgliche Betriebsausgaben.

20.33 Wird kein Antrag i. S. d. Randnr. 20.28 gestellt, ist die Pensionszahlung entsprechend Randnr. 20.32 aufzuteilen und, soweit sie auf die Zeit der Mitunternehmerschaft entfällt, den Einkünften i. S. v. § 22 Satz 1 Nr. 1 EStG des begünstigten Gesellschafters zuzurechnen.

Wird die Übergangsregelung i. S. d. Randnr. 20 des BMF-Schreibens vom 29. 1. 2008, BStBl. I S. 317, angewendet und eine Aktivierung der Ansprüche in den Sonderbilanzen aller Gesellschafter vorgenommen, entsteht im Umwandlungszeitpunkt beim begünstigten Gesellschafter durch die Entnahme seines anteilig aktivierten Anspruchs ein Gewinn i. H. der Summe des bei den übrigen Gesellschaftern aktivierten Anspruchs, da nur ihm die Pensionsleistung im Versorgungsfall zufließt und somit zuzurechnen ist. Entsprechend entsteht bei den übrigen Gesellschaftern ein Verlust, da ihnen die Pensionsleistung nicht zuzurechnen ist. Aus Billigkeitsgründen wird es nicht beanstandet, wenn der begünstigte Gesellschafter entsprechend Randnr. 5 des BMF-Schreibens vom 29. 1. 2008, BStBl. I S. 317, seinen Entnahmegewinn auf 15 Wirtschaftsjahre verteilt.

V. Besonderheiten bei grenzüberschreitenden Einbringungen

1. Anschaffungskosten der erhaltenen Anteile

189 **20.34** Ist das Besteuerungsrecht der Bundesrepublik Deutschland hinsichtlich des Gewinns aus der Veräußerung des eingebrachten Betriebsvermögens sowohl vor als auch nach der Einbringung ausgeschlossen, gelten gem. § 20 Abs. 3 Satz 2 UmwStG die erhaltenen Anteile insoweit als mit dem gemeinen Wert des Betriebsvermögens im Einbringungszeitpunkt angeschafft (Verstrickung mit dem gemeinen Wert). Die Regelung hat nur in den Fällen Bedeutung, in denen die aufnehmende Gesellschaft auf Antrag Buch- oder Zwischenwerte angesetzt hat.

2. Anrechnung ausländischer Steuern

190 **20.35** Der Begriff der Betriebsstätte ist im abkommensrechtlichen Sinne zu verstehen. Auf die Mitteilungspflichten des Steuerpflichtigen nach § 138 Abs. 2 AO wird hingewiesen.

a) Sonderfall der Einbringung einer Betriebsstätte (§ 20 Abs. 7, § 3 Abs. 3 UmwStG)

20.36 Wird i. R. einer grenzüberschreitenden Einbringung eine in einem anderen EU-Mitgliedstaat liegende Betriebsstätte eingebracht, verzichtet der Mitgliedstaat der einbringenden Gesellschaft endgültig auf seine Besteuerungsrechte aus dieser Betriebsstätte (Art. 10 Abs. 1 Satz 1 Richtlinie 2009/133/EG). Wendet er ein System der Welteinkommensbesteuerung an, darf er den auf die Betriebsstätte entfallenden Veräußerungsgewinn besteuern, wenn er die fiktiv im Betriebsstättenstaat auf den Einbringungsgewinn entfallende Steuer anrechnet (Art. 10 Abs. 2 Richtlinie 2009/133/EG). Wird einer Betriebsstätte in einem anderen EU-Mitgliedstaat zuzurechnendes Betriebsvermögen, für die die Bundesrepublik Deutschland die Doppelbesteuerung beim Einbringenden durch Anwendung der Anrechnungsmethode vermeidet, in eine in einem anderen EU-Mitgliedstaat ansässige Gesellschaft eingebracht, wird das Besteuerungsrecht der Bundesrepublik Deutschland im Hinblick auf diese Betriebsstätte ausgeschlossen. Das der ausländischen Betriebsstätte zuzurechnende Betriebsvermögen ist deshalb zwingend mit dem gemeinen Wert anzusetzen (§ 20 Abs. 2 Satz 2 Nr. 3 UmwStG). Es kommt folglich insoweit zu einer Besteuerung des Einbringungsgewinns. Darüber hinaus ist die Steuer, die im Betriebsstättenstaat im Veräußerungsfall anfallen würde, fiktiv auf die auf den Einbringungsgewinn entfallende Steuer anzurechnen (§ 20 Abs. 7, § 3 Abs. 3 UmwStG). 191

Beispiel:

Eine in Deutschland ansässige GmbH mit portugiesischer Betriebsstätte (keine aktiven Einkünfte) bringt diese in eine spanische SA gegen Gewährung von Anteilen ein.

Lösung:

Im Hinblick auf die portugiesische Betriebsstätte steht Deutschland nach dem DBA Portugal ein Besteuerungsrecht mit Anrechnungsverpflichtung (Aktivitätsklausel) zu. Durch die Einbringung der Betriebsstätte in die spanische SA wird das deutsche Besteuerungsrecht an der Betriebsstätte in Portugal ausgeschlossen. Der deutschen GmbH sind nunmehr stattdessen anteilig die i. R. d. Einbringung gewährten Anteile an der spanischen SA zuzurechnen. Da das deutsche Besteuerungsrecht an der Betriebsstätte durch die Einbringung ausgeschlossen wird, kommt es insoweit zu einer Besteuerung des Einbringungsgewinns (§ 20 Abs. 2 Satz 2 Nr. 3 UmwStG). Dies ist nach Art. 10 Abs. 2 Richtlinie 2009/133/EG auch zulässig, da Deutschland ein System der Welteinkommensbesteuerung hat. Allerdings ist die fiktive Steuer, die im Fall der Veräußerung der Wirtschaftsgüter der Betriebsstätte in Portugal anfallen würde, auf die deutsche Steuer anzurechnen (§ 20 Abs. 7, § 3 Abs. 3 UmwStG).

b) Sonderfall steuerlich transparenter Gesellschaften (§ 20 Abs. 8 UmwStG)

20.37 Wird in den Fällen einer grenzüberschreitenden Einbringung eine gebietsfremde einbringende Gesellschaft im Inland als steuerlich transparent angesehen, muss die FusionsRL auf die Veräußerungsgewinne der Gesellschafter dieser Gesellschaft nicht angewendet werden (Art. 11 Abs. 1 Richtlinie 2009/133/EG, zuvor Art. 10a Abs. 1 Richtlinie 90/434/EWG). Allerdings ist die Steuer, die auf die Veräußerungsgewinne der steuerlich transparenten Gesellschaft ohne Anwendung der FusionsRL erhoben worden wäre, fiktiv auf die auf den Einbringungsgewinn der Gesellschafter entfallende Steuer anzurechnen (Art. 11 Abs. 2 Richtlinie 2009/133/EG, zuvor Art. 10a Abs. 2 Richtlinie 90/434/EWG). Der Vorgang ist nach deutschem Recht als Sacheinlage i. S. v. § 20 Abs. 1 UmwStG zu behandeln. Wird einer Betriebsstätte in einem anderen EU-Mitgliedstaat zuzurechnendes Betriebsvermögen, für die die Bundesrepublik Deutschland die Doppelbesteuerung beim Einbringenden durch Anwendung der Anrechnungsmethode vermeidet, in eine in einem anderen EU-Mitgliedstaat ansässige Gesellschaft eingebracht, wird das Besteuerungsrecht der Bundesrepublik Deutschland für im Inland ansässige Gesellschafter der transparenten Gesellschaft im Hinblick auf diese Betriebsstätte ausgeschlossen. Das der ausländischen Betriebsstätte zuzurechnende Betriebsvermögen ist deshalb zwingend mit dem gemeinen Wert anzusetzen (§ 20 Abs. 2 Satz 2 Nr. 3 UmwStG). Es kommt folglich insoweit zu einer Besteuerung des Einbringungsgewinns. Darüber hinaus ist die Steuer, die im Betriebsstättenstaat im Veräußerungsfall anfallen würde, beim Einbringenden fiktiv auf die auf den Einbringungsgewinn entfallende Steuer anzurechnen (§ 20 Abs. 8 UmwStG). Bei der anzurechnenden Steuer kann es sich sowohl um Einkommensteuer als auch um Körperschaftsteuer handeln. 192

Beispiel:

Eine in Deutschland ansässige natürliche Person X ist an einer in Frankreich ansässigen S C mit portugiesischer Betriebsstätte (keine aktiven Einkünfte) beteiligt. Die französische S C wird auf eine spanische SA verschmolzen.

Lösung:

Die französische S C ist eine von der FusionsRL geschützte Gesellschaft (vgl. Anlage zur FusionsRL), die in Frankreich als Kapitalgesellschaft behandelt wird. Nach deutschem Recht ist sie jedoch als transparent anzusehen. X gilt deshalb für deutsche Besteuerungszwecke als Mitunternehmer der französischen S C und damit auch der portugiesischen Betriebsstätte. Im Hinblick auf die Betriebsstätte kommt deshalb das DBA Portugal zur Anwendung, wonach Deutschland ein Besteuerungsrecht mit Anrechnungsverpflichtung (Aktivitätsklausel) zusteht.

Durch die Verschmelzung der S C auf die spanische SA endet die Mitunternehmerstellung des X im Hinblick auf die Betriebsstätte in Portugal. Ihm sind nunmehr stattdessen anteilig die i. R. d. Einbringung gewährten Anteile an der spanischen SA zuzurechnen. Da das deutsche Besteuerungsrecht an der Betriebsstätte in Portugal durch die Einbringung ausgeschlossen wird, kommt es insoweit zu einer Besteuerung des Einbringungsgewinns (§ 20 Abs. 2 Satz 2 Nr. 3 UmwStG). Dies ist nach Art. 11a Abs. 1 Richtlinie 2009/133/EG (zuvor Art. 10a Abs. 1 Richtlinie 90/434/EWG) auch zulässig. Allerdings ist die fiktive Steuer, die im Fall der Veräußerung der Wirtschaftsgüter der portugiesischen Betriebsstätte anfallen würde, auf die deutsche Steuer anzurechnen (§ 20 Abs. 8 UmwStG).

VI. Besonderheiten bei der Einbringung einbringungsgeborener Anteile i. S. v. § 21 Abs. 1 UmwStG 1995

20.38 Nach § 27 Abs. 3 Nr. 3 UmwStG ist § 21 UmwStG 1995 auf einbringungsgeborene Anteile alten Rechts weiterhin anzuwenden. Werden i. R. einer Sacheinlage zum gemeinen Wert oder Zwi- 193 schenwert einbringungsgeborene Anteile alten Rechts miteingebracht, sind bei der Ermittlung des Einbringungsgewinns § 8 b Abs. 4 KStG a. F. oder § 3 Nr. 40 Satz 3 und 4 EStG a. F. anzuwenden. Darüber hinaus sind auch nach Ablauf der Siebenjahresfrist (zeitlich unbegrenzt) die Regelungen des § 21 UmwStG 1995 weiter anzuwenden; vgl. Randnr. 27.01 ff.

20.39 Werden einbringungsgeborene Anteile i. S. d. § 21 UmwStG 1995 i. R. einer Sacheinlage miteingebracht, gelten die erhaltenen Anteile insoweit ebenfalls als einbringungsgeborene Anteile i. S. d. § 21 UmwStG 1995 (§ 20 Abs. 3 Satz 4 UmwStG). Dies bedeutet, dass bei einer Veräußerung der (infizierten) Anteile innerhalb der Siebenjahresfrist die Steuerfreistellung nach § 8 b Abs. 4 KStG a. F. oder § 3 Nr. 40 Satz 3 und 4 EStG a. F. insoweit ausgeschlossen ist. Die Weitereinbringung der einbringungsgeborenen Anteile i. S. d. § 21 UmwStG 1995 im zeitlichen Anwendungsbereich des UmwStG 2006 löst allerdings keine neue Siebenjahresfrist i. S. v. § 8 b Abs. 4 KStG a. F. oder § 3 Nr. 40 Satz 3 und 4 EStG a. F. aus.

20.40 Im Fall der Veräußerung der mit der Einbringungsgeborenheit infizierten erhaltenen Anteile kommt das neue Recht (rückwirkende Einbringungsgewinnbesteuerung) nicht zur Anwendung, soweit die Steuerfreistellung nach § 8 b Abs. 4 KStG a. F. oder § 3 Nr. 40 Satz 3 und 4 EStG a. F. ausgeschlossen ist (§ 27 Abs. 4 UmwStG). Die Anwendung alten Rechts geht somit innerhalb des für den ursprünglichen Einbringungsvorgang (nach altem Recht) geltenden Siebenjahreszeitraums vor. Erfolgt die Veräußerung der Anteile hingegen nach Ablauf der Sperrfrist für die einbringungsgeborenen Anteile i. S. d. § 21 UmwStG 1995, aber noch innerhalb des für die erhaltenen Anteile geltenden Siebenjahreszeitraums, kommt es in vollem Umfang zur rückwirkenden Einbringungsgewinnbesteuerung. Für die Ermittlung des Veräußerungsgewinns aus den erhaltenen Anteilen ist aber insoweit weiterhin § 21 UmwStG 1995 anzuwenden mit der Folge, dass der Veräußerungsgewinn teilweise nach § 16 EStG und teilweise nach § 17 EStG zu ermitteln ist.

20.41 Soweit die Vorschriften des Umwandlungssteuergesetzes in der Fassung der Bekanntmachung vom 15. 10. 2002, BGBl. I S. 2002, zuletzt geändert durch Art. 3 des Gesetzes vom 16. 5. 2003, BGBl. I S. 660, weiterhin anzuwenden sind (§ 27 Abs. 3 UmwStG), ist auch das BMF-Schreiben vom 25. 3. 1998, BStBl. I S. 268,[1] weiterhin anzuwenden (vgl. Randnr. 00.01).

Beispiel:

A ist Inhaber eines Einzelunternehmens, das aus zwei Teilbetrieben (Teilbetrieb 1 und 2) besteht. In 02 bringt A den Teilbetrieb 1 in eine neu gegründete GmbH 1 ein (Buchwert 100 000 €, gemeiner Wert 800 000 €). Die GmbH 1 setzt das übernommene Vermögen mit dem Buchwert an. Die neuen Anteile an der GmbH 1 (einbringungsgeborene Anteile i. S. d. § 21 Abs. 1 UmwStG 1995) befinden sich im Betriebsvermögen des Einzelunternehmens des A. Im Januar 07 bringt A sein verbliebenes Einzelunternehmen (einschließlich der einbringungsgeborenen Anteile an der GmbH 1) in die GmbH 2 gegen Gewährung von neuen Anteilen ein. Die übernehmende GmbH 2 setzt das übernommene Betriebsvermögen mit den Buchwerten (Buchwert 300 000 €, gemeiner Wert 2 400 000 €; davon GmbH 1 Buchwert 100 000 €, gemeiner Wert 800 000 €) an. Im Juni 10 veräußert A die Anteile an der GmbH 2 für 3 000 000 €.

Lösung:

Die Anteile an der GmbH 2 gelten insoweit auch als einbringungsgeborene Anteile nach § 20 Abs. 3 Satz 3 UmwStG, als zu dem eingebrachten Betriebsvermögen einbringungsgeborene Anteile gehört haben (1/3). Insoweit entsteht zwar grundsätzlich ein Gewinn nach § 21 UmwStG 1995 i. V. m. § 16 EStG. Auf diesen ist jedoch das Teileinkünfteverfahren anzuwenden, weil die Veräußerung in 10 außerhalb der Sperrfrist des § 3 Nr. 40 Satz 3 ff. EStG a. F. (abgelaufen in 09) erfolgt. Die Veräußerung erfolgt aber innerhalb der Sperrfrist des § 22 Abs. 1 UmwStG, so dass insoweit rückwirkend die gemeinen Werte zum Zeitpunkt der Einbringung – gekürzt um je 1/7 für die inzwischen verstrichenen Zeitjahre – anzusetzen sind.

Nach § 22 Abs. 1 Satz 5 UmwStG gilt für i. R. einer Sacheinlage miteingebrachte Anteile an einer Kapitalgesellschaft oder Genossenschaft § 22 Abs. 2 UmwStG. Ein Einbringungsgewinn I entsteht insoweit nicht. Auch ein Einbringungsgewinn II entsteht insoweit nicht, da nach dem Sachverhalt die übernehmende GmbH 2 die eingebrachten Anteile an der GmbH 1 (noch) nicht veräußert hat. In dem dargestellten Beispiel entsteht also nur ein zu versteuernder Einbringungsgewinn I i. H. v. 800 000 €, der wie folgt zu ermitteln ist:

gemeiner Wert im Zeitpunkt der Einbringung	2 400 000 €
./. gemeiner Wert der Anteile an der GmbH 1	800 000 €
Zwischensumme	1 600 000 €
./. Buchwert im Zeitpunkt der Einbringung (bereits gekürzt um 100 000 € Buchwert Anteile an der GmbH 1)	200 000 €
Einbringungsgewinn I	1 400 000 €
./. Minderung um 3/7 wegen Ablaufs von drei Zeitjahren	600 000 €
zu versteuernder Einbringungsgewinn I	800 000 €

A muss zunächst rückwirkend für 07 einen Einbringungsgewinn I i. H. v. 800 000 € versteuern. Durch die Veräußerung der erhaltenen Anteile an der GmbH 2 entsteht in 10 außerdem ein Veräußerungsgewinn nach §§ 16 und 17 EStG i. H. v. insgesamt 1 900 000 € (Verkaufspreis 3 000 000 € ./. 300 000 € Anschaffungskosten aus Einbringung ./. 800 000 € Einbringungsgewinn I), der nach § 3 Nr. 40 Satz 1 Buchstabe c EStG zu 40 % steuerfrei ist.

Die Veräußerung der erhaltenen Anteile an der GmbH 2 löst also nicht nur die rückwirkende Einbringungsgewinnbesteuerung, sondern gleichzeitig auch die Besteuerung des Gewinns nach § 17 Abs. 2 EStG (2/3 des Verkaufspreises = 2 000 000 € ./. Anschaffungskosten 200 000 € ./. Einbringungsgewinn I 800 000 € = 1 000 000 €) und nach § 21 UmwStG 1995 i. V. m. § 16 EStG (1/3 des Verkaufspreises = 1 000 000 € ./. Anschaffungskosten 100 000 € = 900 000 €) aus.

C. Bewertung der Anteile beim Anteilstausch (§ 21 UmwStG)

I. Allgemeines

194 **21.01** § 21 UmwStG betrifft den Tausch von Anteilen an einer in- oder ausländischen Kapitalgesellschaft oder Genossenschaft (erworbene Gesellschaft) gegen Gewährung von neuen Anteilen der er-

[1] Letztmals abgedruckt im „Handbuch zur Körperschaftsteuerveranlagung 2010" im Anhang I 2 c.

werbenden in- oder ausländischen Kapitalgesellschaft oder Genossenschaft (übernehmende Gesellschaft). Werden Anteile an einer Kapitalgesellschaft oder Genossenschaft, die zum Betriebsvermögen eines Betriebs, Teilbetriebs oder Mitunternehmeranteils gehören, mit den Wirtschaftsgütern dieses Unternehmensteils in eine Kapitalgesellschaft oder Genossenschaft eingebracht, geht die Regelung des § 20 UmwStG der des § 21 UmwStG vor. Zur Frage der rückwirkenden Einbringungsgewinnbesteuerung bei miteingebrachten Anteilen vgl. Randnr. 22.02.

21.02 § 21 UmwStG ist nur auf Anteile im Betriebsvermögen, Anteile im Privatvermögen i. S. d. § 17 EStG und einbringungsgeborene Anteile i. S. d. § 21 Abs. 1 UmwStG 1995 anzuwenden. Für alle übrigen Anteile gilt § 20 Abs. 4a Satz 1 und 2 EStG.

II. Persönlicher Anwendungsbereich

1. Einbringender

21.03 Hinsichtlich der Person des Einbringenden bestehen keine Beschränkungen (Umkehrschluss aus § 1 Abs. 4 Satz 1 Nr. 2 UmwStG). **195**

2. Übernehmende Gesellschaft (§ 21 Abs. 1 Satz 1 UmwStG)

21.04 Randnr. 20.04 gilt entsprechend. **196**

3. Erworbene Gesellschaft (§ 21 Abs. 1 Satz 1 UmwStG)

21.05 Erworbene Gesellschaft ist die Kapitalgesellschaft oder Genossenschaft, deren Anteile i. R. d. Anteilstauschs in die übernehmende Gesellschaft eingebracht werden. Gesellschaft kann eine in § 1 Abs. 1 Nr. 1 und 2 KStG aufgezählte Kapitalgesellschaft oder Genossenschaft einschließlich der ausländischen Gesellschaften (EU-/EWR- oder Drittstaat) sein, soweit diese nach den Wertungen des deutschen Steuerrechts als Kapitalgesellschaften oder Genossenschaften anzusehen sind (vgl. Randnr. 01.27). **197**

21.06 Die Anteile müssen dem Einbringenden vor Durchführung des Anteilstauschs steuerlich zuzurechnen sein. Maßgebend hierfür ist das wirtschaftliche Eigentum an den Anteilen (§ 39 Abs. 2 Nr. 1 AO).

III. Bewertung der eingebrachten Anteile bei der übernehmenden Gesellschaft

1. Ansatz des gemeinen Werts

21.07 Die eingebrachten Anteile werden durch die übernehmende Gesellschaft i. R. eines Veräußerungs- und Anschaffungsvorgangs erworben. Daher hat – soweit kein Fall des sog. qualifizierten Anteilstauschs vorliegt (vgl. hierzu Randnr. 21.09) – die übernehmende Gesellschaft nach § 21 Abs. 1 Satz 1 UmwStG die eingebrachten Anteile zwingend mit dem gemeinen Wert anzusetzen. Dabei ist der in der Handelsbilanz ausgewiesene Wert für die Steuerbilanz unbeachtlich. **198**

21.08 Der gemeine Wert ist auf den Einbringungszeitpunkt zu ermitteln. Für die Ermittlung des gemeinen Werts gilt § 11 BewG. Zur Bewertung nach § 11 Abs. 2 BewG gelten die gleich lautenden Erlasse der obersten Finanzbehörden der Länder zur Anwendung der §§ 11, 95 bis 109 und 199 ff. BewG in der Fassung des ErbStRG vom 17. 5. 2011, BStBl. I S. 606, auch für ertragsteuerliche Zwecke entsprechend (vgl. BMF-Schreiben vom 22. 9. 2011, BStBl. I S. 859).[1]

2. Bewertungswahlrecht beim qualifizierten Anteilstausch (§ 21 Abs. 1 Satz 2 UmwStG)

a) Begriff des qualifizierten Anteilstauschs

21.09 Ein qualifizierter Anteilstausch liegt vor, wenn die übernehmende Gesellschaft nach der Einbringung nachweisbar unmittelbar die Mehrheit der Stimmrechte an der erworbenen Gesellschaft hält (mehrheitsvermittelnde Beteiligung). In diesem Fall kann die übernehmende Gesellschaft anstatt des gemeinen Werts auf Antrag die eingebrachten Anteile mit dem Buch- oder Zwischenwert ansetzen. Liegt der gemeine Wert unterhalb des Buchwerts der eingebrachten Anteile, ist der gemeine Wert anzusetzen. Gehören die Anteile zum Privatvermögen des Einbringenden, treten an die Stelle des Buchwerts die Anschaffungskosten (§ 21 Abs. 2 Satz 5 UmwStG). **199**

Begünstigt ist sowohl der Fall, dass eine mehrheitsvermittelnde Beteiligung erst durch den Einbringungsvorgang entsteht, als auch der Fall, dass eine zum Übertragungsstichtag bereits bestehende mehrheitsvermittelnde Beteiligung weiter aufgestockt wird. Es genügt, wenn mehrere Personen Anteile einbringen, die nicht einzeln, sondern nur insgesamt die Voraussetzungen des § 21 Abs. 1 Satz 2 UmwStG erfüllen, sofern die Einbringungen auf einem einheitlichen Vorgang beruhen.

Beispiel:

a) die Y-AG erwirbt von A 51 % der Anteile an der X-GmbH, an der die Y-AG bislang noch nicht beteiligt war;
b) die Y-AG erwirbt von B 10 % der Anteile an der X-GmbH, an der die Y-AG bereits 51 % hält;
c) die Y-AG hält bereits 40 % der Anteile an der X-GmbH. I. R. eines einheitlichen Kapitalerhöhungsvorgangs bringen C und D jeweils weitere 6 % der Anteile an der X-GmbH ein.

b) Einschränkungen des Bewertungswahlrechts

21.10 Eine Einschränkung des Bewertungswahlrechtes sieht § 21 Abs. 1 Satz 3 UmwStG für den Fall vor, dass neben den neuen Anteilen auch andere Wirtschaftsgüter, deren gemeiner Wert den Buchwert der eingebrachten Anteile übersteigt, für die eingebrachten Anteile gewährt werden. Insoweit ist bei der übernehmenden Gesellschaft mindestens der gemeine Wert der anderen Wirtschaftsgüter anzusetzen. **200**

---

[1] **Vgl. jetzt** R B 11.1–11.6, 95–109.2, 199.1–203 ErbStR.

c) Verhältnis zum Handelsrecht

201 **21.11** Der Ansatz eines Buch- oder Zwischenwerts in der Steuerbilanz der übernehmenden Gesellschaft ist nicht davon abhängig, dass in der Handelsbilanz der übernehmenden Gesellschaft ein übereinstimmender Wertansatz ausgewiesen wird (kein Maßgeblichkeitsgrundsatz; Randnr. 21.07 und 20.20 gelten entsprechend).

d) Ausübung des Wahlrechts, Bindung, Bilanzberichtigung

202 **21.12** Randnr. 20.21, 20.23 und 20.24 gelten entsprechend.

IV. Ermittlung des Veräußerungspreises der eingebrachten Anteile und des Wertansatzes der erhaltenen Anteile beim Einbringenden

203 **21.13** Gem. § 21 Abs. 2 Satz 1 UmwStG gilt der Wert, mit dem die übernehmende Gesellschaft die Anteile ansetzt, beim Einbringenden als Veräußerungspreis der eingebrachten Anteile und gleichzeitig als Anschaffungskosten der im Gegenzug erhaltenen Anteile. Randnr. 20.23 gilt entsprechend.

21.14 Ist hingegen das Besteuerungsrecht der Bundesrepublik Deutschland hinsichtlich des Gewinns aus der Veräußerung der eingebrachten Anteile ausgeschlossen oder beschränkt, erfolgt die Bewertung der eingebrachten Anteile beim Einbringenden nach § 21 Abs. 2 Satz 2 erster Halbsatz UmwStG mit dem gemeinen Wert. Die gleiche Rechtsfolge tritt im Fall des § 21 Abs. 2 Satz 2 zweiter Halbsatz UmwStG ein, wenn das Besteuerungsrecht der Bundesrepublik Deutschland hinsichtlich des Gewinns aus der Veräußerung der erhaltenen Anteile ausgeschlossen oder beschränkt ist.

21.15 Unter den Voraussetzungen des § 21 Abs. 2 Satz 3 UmwStG ist hingegen eine Rückausnahme von § 21 Abs. 2 Satz 2 UmwStG vorgesehen: Dem Einbringenden wird ein Wahlrecht eingeräumt, als Veräußerungspreis für die eingebrachten Anteile und als Anschaffungskosten der erhaltenen Anteile den Buch- oder Zwischenwert anzusetzen. Voraussetzung hierfür ist ein Antrag des Einbringenden nach § 21 Abs. 2 Satz 4 UmwStG. Zudem
- darf das Besteuerungsrecht der Bundesrepublik Deutschland hinsichtlich des Gewinns aus der Veräußerung der erhaltenen Anteile nicht ausgeschlossen oder beschränkt sein (vgl. Beispiel 1) oder
- ein Einbringungsgewinn wird aufgrund Art. 8 Richtlinie 2009/133/EG nicht besteuert (vgl. Beispiel 2).

Auf den Wertansatz bei der übernehmenden Gesellschaft kommt es in diesen Fällen nicht an (keine doppelte Buchwertverknüpfung).

Beispiel 1:

Kein Ausschluss oder keine Beschränkung des Besteuerungsrechts
Der in Deutschland ansässige Gesellschafter A (natürliche Person) ist alleiniger Gesellschafter der inländischen A-GmbH. Er bringt seine Anteile an der A-GmbH in die in Großbritannien ansässige X-Ltd. ausschließlich gegen Gewährung neuer Gesellschaftsrechte ein.

Lösung:

Die Einbringung fällt nach § 1 Abs. 4 Nr. 1 UmwStG in den Anwendungsbereich des UmwStG, weil die aufnehmende X-Ltd. eine Gesellschaft i. S. v. § 1 Abs. 2 UmwStG ist. Auf die Ansässigkeit des Einbringenden und die Ansässigkeit der Gesellschaft, deren Anteile eingebracht werden, kommt es nicht an.
Nach § 21 Abs. 1 Satz 1 UmwStG sind die i. R. eines Anteilstauschs eingebrachten Anteile bei der übernehmenden Gesellschaft grundsätzlich mit dem gemeinen Wert anzusetzen. Dies gilt nach § 21 Abs. 1 Satz 2 UmwStG allerdings dann nicht, wenn eine mehrheitsvermittelnde Beteiligung eingebracht wird. In diesem Fall können die eingebrachten Anteile auch mit dem Buch- oder Zwischenwert angesetzt werden. Nach § 21 Abs. 2 Satz 1 UmwStG gilt grundsätzlich der Wert, mit dem die aufnehmende Gesellschaft die eingebrachten Anteile ansetzt, beim Einbringenden als Veräußerungspreis und als Anschaffungskosten der neuen Anteile.
In Abweichung hiervon sieht § 21 Abs. 2 Satz 2 erster Halbsatz UmwStG zwingend den Ansatz der eingebrachten Anteile mit dem gemeinen Wert vor, wenn das deutsche Besteuerungsrecht hinsichtlich des Gewinns aus der Veräußerung der eingebrachten Anteile nach der Einbringung ausgeschlossen oder beschränkt ist. In Rückausnahme zu § 21 Abs. 2 Satz 2 UmwStG können allerdings nach § 21 Abs. 2 Satz 3 Nr. 1 UmwStG auf Antrag des Einbringenden die erhaltenen Anteile mit dem Buch- oder Zwischenwert bewertet werden, wenn das Recht Deutschlands hinsichtlich des Gewinns aus der Veräußerung der erhaltenen Anteile nicht ausgeschlossen oder beschränkt ist.
Im Beispielsfall steht Deutschland nach dem DBA Großbritannien das alleinige Besteuerungsrecht für Gewinne aus der Veräußerung der erhaltenen (neuen) Anteile an der britischen X-Ltd., welche auch eine EU-Kapitalgesellschaft ist, zu. Überdies hält die X-Ltd. nach der Einbringung alle Anteile an der inländischen A-GmbH und hat hierfür als Gegenleistung dem A nur neue Anteile gewährt. Der Einbringende A kann somit nach § 21 Abs. 2 Satz 3 Nr. 1 UmwStG die Buchwertfortführung oder den Zwischenwertansatz auch dann wählen, wenn bei der aufnehmenden Gesellschaft (hier: Großbritannien) nicht der Buch- oder Zwischenwert angesetzt wird. Der Buch- oder Zwischenwert gilt dann als Anschaffungskosten der neuen Anteile.

Beispiel 2:

Ausschluss oder Beschränkung des Besteuerungsrechts
Fall wie oben, jedoch wird die Beteiligung an der inländischen A-GmbH durch die in Deutschland ansässige B-GmbH in die tschechische X s. r. o. eingebracht.

Lösung:

In diesem Fall wird zwar das Besteuerungsrecht an den eingebrachten Anteilen weder ausgeschlossen noch beschränkt, da nach dem DBA Tschechien[1] weiterhin dem Sitzstaat der A-GmbH – das ist Deutschland – das Besteuerungsrecht hinsichtlich des Gewinns aus der Veräußerung der eingebrachten Anteile zusteht. Aber eine Beschränkung ergibt sich aus dem DBA Tschechien hinsichtlich des Gewinns aus der Veräußerung der erhaltenen Anteile, da das

---

[1] **[Amtl. Anm.:]** Die DBA Tschechoslowakei (gilt für Tschechien und die Slowakei), Bulgarien und Zypern sehen entsprechende Regelungen vor.

Besteuerungsrecht auch dem Sitzstaat der X s. r. o. – das ist Tschechien – zusteht. Der Buchwertansatz ist somit grundsätzlich nach § 21 Abs. 2 Satz 2 zweiter Halbsatz UmwStG ausgeschlossen.
In Rückausnahme zu § 21 Abs. 2 Satz 2 zweiter Halbsatz UmwStG können allerdings nach § 21 Abs. 2 Satz 3 Nr. 2 UmwStG auf Antrag des Einbringenden die erhaltenen Anteile mit dem Buch- oder Zwischenwert bewertet werden, wenn der Gewinn aufgrund Art. 8 der Richtlinie 2009/133/EG nicht besteuert werden darf. Dies ist dann der Fall, wenn neben der übernehmenden Gesellschaft auch die eingebrachte Gesellschaft in einem Mitgliedstaat der EU/EWR ansässig ist und die Zuzahlung 10 % des Nennwerts der ausgegebenen Anteile nicht überschreitet. Die Einbringung der Anteile an der A-GmbH durch die B-GmbH in die tschechische X s. r. o. im Wege des qualifizierten Anteilstauschs fällt in den Anwendungsbereich der FusionsRL. Die einbringende B-GmbH kann folglich nach § 21 Abs. 2 Satz 3 Nr. 2 UmwStG den Buch- oder Zwischenwertansatz wählen.

V. Besteuerung des aus dem Anteilstausch resultierenden Gewinns beim Einbringenden

21.16 Die steuerliche Behandlung des aus dem Anteilstausch resultierenden Gewinns beim Einbringenden erfolgt nach den allgemeinen Vorschriften über die Veräußerung von Kapitalanteilen (z. B. §§ 13, 15, 16, 17 und 18 i. V. m. § 3 Nr. 40 und §§ 20, 32 d Abs. 1 EStG, § 8 b KStG). **204**

VI. Steuerlicher Übertragungsstichtag (Einbringungszeitpunkt)

21.17 Für die Bestimmung des Zeitpunkts des Anteilstauschs ist auf den Zeitpunkt der Übertragung des wirtschaftlichen Eigentums der eingebrachten Anteile auf die übernehmende Gesellschaft abzustellen. §§ 2 und 20 Abs. 5 und 6 UmwStG sind nicht anzuwenden. **205**

D. Besteuerung des Anteilseigners (§ 22 UmwStG)

I. Allgemeines

22.01 Erfolgt die Sacheinlage oder der Anteilstausch nicht zum gemeinen Wert, ist in den Fällen der Veräußerung der erhaltenen Anteile oder der eingebrachten Anteile innerhalb eines Zeitraums von sieben Jahren nach dem Einbringungszeitpunkt § 22 UmwStG anzuwenden. **206**

22.02 Dabei führt in den Fällen der Sacheinlage die Veräußerung der erhaltenen Anteile zur Anwendung von § 22 Abs. 1 UmwStG (Besteuerung des Einbringungsgewinns I), soweit diese nicht auf miteingebrachte Anteile an Kapitalgesellschaften oder Genossenschaften entfallen (§ 22 Abs. 1 Satz 5 erster Halbsatz UmwStG).

Ist Einbringender eine Personengesellschaft (vgl. Randnr. 20.03), ist wegen des Transparenzprinzips sowohl eine Veräußerung der sperrfristbehafteten Anteile durch die Personengesellschaft selbst als auch die Veräußerung eines Mitunternehmeranteils, zu dessen Betriebsvermögen die sperrfristbehafteten Anteile gehören, durch den Mitunternehmer ein Veräußerungsvorgang i. S. v. § 22 Abs. 1 Satz 1 UmwStG. Dies gilt infolge des Transparenzprinzips auch, wenn bei doppel- oder mehrstöckigen Personengesellschaften eine mittelbare Veräußerung eines Mitunternehmeranteils erfolgt. Die Voraussetzungen des § 1 Abs. 4 und des § 22 UmwStG sind gesellschafterbezogen zu prüfen.

In den Fällen des Anteilstauschs sowie in den Fällen der Sacheinlage unter Miteinbringung von Anteilen an Kapitalgesellschaften oder Genossenschaften führt die Veräußerung der eingebrachten Anteile durch die übernehmende Gesellschaft zur Anwendung von § 22 Abs. 2 UmwStG (Besteuerung des Einbringungsgewinns II), soweit die eingebrachten Anteile im Zeitpunkt der Einbringung nicht nach § 8 b Abs. 2 KStG hätten steuerfrei veräußert werden können.

In den Fällen der Sacheinlage gelten die erhaltenen Anteile als Anteile i. S. d. § 22 Abs. 1 UmwStG und in den Fällen des Anteilstauschs die eingebrachten Anteile als Anteile i. S. d. § 22 Abs. 2 UmwStG (sog. sperrfristbehaftete Anteile).

22.03 Die Veräußerung der sperrfristbehafteten Anteile sowie die nach § 22 Abs. 1 Satz 6 und Abs. 2 Satz 6 UmwStG der Veräußerung gleichgestellten Ersatzrealisationstatbestände lösen die rückwirkende Besteuerung des Einbringungsgewinns I oder II beim Einbringenden im Einbringungszeitpunkt aus (siehe Randnr. 22.18 ff.). Dies gilt auch in den Fällen der unentgeltlichen Rechtsnachfolge (§ 22 Abs. 6 UmwStG; vgl. Randnr. 22.41 f.) und in den Fällen der Mitverstrickung von Anteilen (§ 22 Abs. 7 UmwStG; vgl. Randnr. 22.43–22.46). Die Veräußerung der Anteile und die gleichgestellten Tatbestände gelten dabei im Hinblick auf die Steuerbescheide des Einbringenden für das Einbringungsjahr als rückwirkendes Ereignis i. S. v. § 175 Abs. 1 Satz 1 Nr. 2 AO.

22.04 Wird nur ein Teil der sperrfristbehafteten Anteile veräußert oder ist nur hinsichtlich eines Teils der sperrfristbehafteten Anteile ein der Veräußerung der Anteile gleichgestellter Tatbestand i. S. v. § 22 Abs. 1 Satz 6 und Abs. 2 Satz 6 UmwStG erfüllt, erfolgt auch die rückwirkende Einbringungsgewinnbesteuerung nur anteilig (§ 22 Abs. 1 Satz 1 und Abs. 2 Satz 1 UmwStG).

Beispiel:

X bringt sein Einzelunternehmen (gemeiner Wert 170 000 €) am 1. 1. 08 gegen Gewährung von Anteilen zum Buchwert 100 000 € in die neu gegründete A-GmbH (Stammkapital 50 000 €) ein. Am 1. 7. 09 veräußert X 10 % der Anteile an der A-GmbH für 20 000 €.

Lösung:

Die Veräußerung der sperrfristbehafteten Anteile in 09 führt anteilig (10 %) zu einer rückwirkenden Einbringungsgewinnbesteuerung zum 1. 1. 08 (§ 22 Abs. 1 Satz 1 UmwStG):

anteiliges eingebrachtes Betriebsvermögen: 10 % von 170 000 € =	17 000 €
./. anteiliger Buchwert der Anteile: 10 % von 100 000 € =	10 000 €
anteiliger Einbringungsgewinn I vor Siebtelregelung	7 000 €
./. $^1/_7$ (§ 22 Abs. 1 Satz 3 UmwStG)	1 000 €
zu versteuernder Einbringungsgewinn I	6 000 €

Ermittlung des Veräußerungsgewinns aus den Anteilen an der A-GmbH zum 1. 7. 09:

Veräußerungspreis	20 000 €
./. ursprüngliche Anschaffungskosten	10 000 €
./. nachträgliche Anschaffungskosten aus Einbringungsgewinn I	6 000 €
Veräußerungsgewinn nach § 17 EStG	4 000 €
davon steuerpflichtig (Teileinkünfteverfahren) 60 %	2 400 €

22.05 Die steuerliche Behandlung der Veräußerung der sperrfristbehafteten Anteile erfolgt nach den allgemeinen Vorschriften über die Veräußerung von Kapitalanteilen (z. B. §§ 13, 15, 16, 17 und 18 i. V. m. § 3 Nr. 40 sowie § 20, § 32 d Abs. 1 EStG, § 8 b KStG).

22.06 Hält der Einbringende oder der unentgeltliche Rechtsnachfolger i. R. einer Sacheinlage oder eines Anteilstauschs unter dem gemeinen Wert erhaltene Anteile im Privatvermögen, erzielt er aus der Veräußerung der Anteile auch dann Einkünfte aus Gewerbebetrieb i. S. v. § 17 Abs. 1 EStG, wenn er innerhalb der letzten fünf Jahre am Kapital der Gesellschaft nicht unmittelbar oder mittelbar zu mindestens 1 % beteiligt war (§ 17 Abs. 6 EStG). In den Fällen des Anteilstauschs gilt dies nur, wenn der Einbringende zum Einbringungszeitpunkt innerhalb der letzten fünf Jahre am Kapital der eingebrachten Gesellschaft unmittelbar oder mittelbar zu mindestens 1 % beteiligt war (§ 17 Abs. 6 Nr. 2 erste Alternative EStG). § 17 Abs. 6 EStG ist unabhängig vom Ablauf des in § 22 Abs. 1 und 2 UmwStG geregelten Siebenjahreszeitraums anzuwenden.

II. Rückwirkende Besteuerung des Einbringungsgewinns (§ 22 Abs. 1 und 2 UmwStG)

1. Sacheinlage (§ 22 Abs. 1 UmwStG)

207 **22.07** Im Fall der Veräußerung erhaltener Anteile durch den Einbringenden oder der Verwirklichung eines nach § 22 Abs. 1 Satz 6 UmwStG der Veräußerung gleichgestellten Ersatzrealisationstatbestands innerhalb des Siebenjahreszeitraums ist rückwirkend auf den Einbringungszeitpunkt der Einbringungsgewinn I als Gewinn des Einbringenden i. S. v. § 16 EStG zu versteuern. Dabei sind § 16 Abs. 4 und § 34 EStG nicht anzuwenden. Dies gilt auch beim Eintritt eines schädlichen Ereignisses innerhalb des ersten Zeitjahres nach der Einbringung. Hinsichtlich der Zugehörigkeit des Einbringungsgewinns I zum Gewerbeertrag gelten die allgemeinen Grundsätze (vgl. § 7 Satz 2 GewStG). Werden nicht sämtliche erhaltenen Anteile in einem Vorgang veräußert, ist für Zwecke des § 7 Satz 2 GewStG nicht mehr von der Veräußerung eines Betriebs, Teilbetriebs etc. auszugehen. § 6 b EStG findet auf den Einbringungsgewinn I keine Anwendung. Die sukzessive Veräußerung der erhaltenen Anteile führt deshalb dazu, dass der dadurch jeweils ausgelöste Einbringungsgewinn I zum Gewerbeertrag gehört.[1]

Veräußerung ist jede Übertragung gegen Entgelt. Hierzu gehören insbesondere auch Umwandlungen und Einbringungen; z. B. Verschmelzung, Auf- oder Abspaltung, Formwechsel (vgl. Randnr. 00.02).

22.08 Für Zwecke der Berechnung des Einbringungsgewinns I ist (ggf. nachträglich) der gemeine Wert des eingebrachten Betriebsvermögens (ohne miteingebrachte Anteile an Kapitalgesellschaften und Genossenschaften) auf den Einbringungszeitpunkt zu ermitteln. Der Einbringungsgewinn I vermindert sich für jedes seit dem Einbringungszeitpunkt abgelaufene Zeitjahr um $^1/_7$.

Der Einbringungsgewinn I berechnet sich demnach wie folgt (§ 22 Abs. 1 Satz 3 UmwStG):

Gemeiner Wert des eingebrachten Betriebsvermögens
(ohne miteingebrachte Anteile an Kapitalgesellschaften und Genossenschaften)
./. Kosten des Vermögensübergangs (vgl. Randnr. 22.09)
./. Wertansatz bei der übernehmenden Gesellschaft
= Einbringungsgewinn I vor Siebtelregelung
./. Verringerung um je $^1/_7$ pro abgelaufenes Zeitjahr seit Einbringung
= zu versteuernder Einbringungsgewinn I

22.09 Im Jahr der Einbringung ist der laufende Gewinn um die bei der Ermittlung des rückwirkend zu versteuernden Einbringungsgewinns abgezogenen Kosten des Vermögensübergangs zu erhöhen, soweit diese (zutreffend) den laufenden Gewinn oder den Einbringungsgewinn (wenn die Einbringung z. B. zu Zwischenwerten erfolgte) gemindert haben.

22.10 Der Einbringungsgewinn I gilt nach § 22 Abs. 1 Satz 4 UmwStG als nachträgliche Anschaffungskosten der erhaltenen Anteile im Einbringungszeitpunkt. Wurden die erhaltenen Anteile durch einen Vorgang i. S. v. § 22 Abs. 1 Satz 6 UmwStG zum Buchwert weitereingebracht, erhöhen sich auch die Anschaffungskosten der auf den erhaltenen Anteilen beruhenden Anteile entsprechend (§ 22 Abs. 1 Satz 7 UmwStG). Damit vermindert sich der Gewinn aus der Veräußerung der erhaltenen Anteile ebenso wie der Gewinn aus der Veräußerung der auf den erhaltenen Anteilen beruhenden Anteile nach z. B. §§ 13, 15, 16, 17 und 18 EStG entsprechend.

22.11 Ist das Besteuerungsrecht der Bundesrepublik Deutschland hinsichtlich des Gewinns aus der Veräußerung der erhaltenen Anteile ausgeschlossen oder beschränkt, umfasst der Einbringungsge-

[1] Dem widersprechend aber *BFH-Urteil v. 11. 7. 2019 I R 26/18, BFH/NV 2020 S. 439*: Bringt eine natürliche Person ihren gesamten Anteil an einer gewerblichen Mitunternehmerschaft in eine Kapitalgesellschaft (hier: Aktiengesellschaft) zum Buchwert ein und veräußert der Einbringende oder sein Erbe einen Teil der erhaltenen Anteile (hier: Aktien) innerhalb der Sperrfrist, so unterliegt der hierdurch ausgelöste Einbringungsgewinn I nicht der Gewerbesteuer, wenn auch die Einbringung zum gemeinen Wert nicht gewerbesteuerpflichtig gewesen wäre; ebenso *BFH-Urteil v. 11. 7. 2019 I R 13/18, BFH/NV 2020 S. 437*: Bringt eine natürliche Person ihren gesamten Anteil an einer gewerblichen Mitunternehmerschaft in eine Kapitalgesellschaft zum Buchwert ein und veräußert diese einen miteingebrachten Kapitalgesellschaftsanteil innerhalb der Sperrfrist, so unterliegt der hierdurch ausgelöste Einbringungsgewinn II nicht der Gewerbesteuer, wenn auch die Einbringung zum gemeinen Wert nicht gewerbesteuerpflichtig gewesen wäre.

winn I auch die stillen Reserven der i. R. d. Sacheinlage miteingebrachten Anteile (§ 22 Abs. 1 Satz 5 zweiter Halbsatz UmwStG).

Beispiel:

Der in Frankreich ansässige X bringt seine inländische Betriebsstätte, zu der Anteile an der inländischen Y-GmbH gehören, in 01 in die Z-GmbH ein. In 02 veräußert er die im Privatvermögen gehaltenen Anteile an der Z-GmbH.

Lösung:

Durch die Anteilsveräußerung in 02 entsteht gem. § 22 Abs. 1 Satz 3 UmwStG ein Einbringungsgewinn I i. H. d. stillen Reserven des Betriebsvermögens der inländischen Betriebsstätte. Dabei ist gem. § 22 Abs. 1 erster Halbsatz UmwStG die Beteiligung an der Y-GmbH grundsätzlich auszunehmen. Da durch das DBA Frankreich jedoch das deutsche Besteuerungsrecht hinsichtlich des Gewinns aus der Veräußerung der erhaltenen Anteile ausgeschlossen ist, sind nach § 22 Abs. 1 Satz 5 zweiter Halbsatz UmwStG auch die auf die Anteile an der Y-GmbH entfallenden stillen Reserven in die Besteuerung des Einbringungsgewinns I einzubeziehen; insoweit ist § 3 Nr. 40 EStG anzuwenden.

2. Anteilstausch und Miteinbringung von Anteilen an Kapitalgesellschaften oder Genossenschaften bei Sacheinlage (§ 22 Abs. 2 UmwStG)

22.12 Im Fall der Veräußerung eingebrachter Anteile durch die übernehmende Gesellschaft oder der Verwirklichung eines nach § 22 Abs. 2 Satz 6 i. V. m. Abs. 1 Satz 6 UmwStG der Veräußerung gleichgestellten Ersatzrealisationstatbestands innerhalb des Siebenjahreszeitraums ist beim Einbringenden rückwirkend auf den Einbringungszeitpunkt der Einbringungsgewinn II als Gewinn des Einbringenden aus der Veräußerung von Anteilen (z. B. nach §§ 13, 15, 16, 17 und 18 i. V. m. § 3 Nr. 40 sowie §§ 20, 32 d Abs. 1 EStG, § 8 b KStG) zu versteuern. Dies gilt nur insoweit, als beim Einbringenden der Gewinn aus der Veräußerung dieser Anteile im Einbringungszeitpunkt nicht nach § 8 b Abs. 2 KStG steuerfrei gewesen wäre. Dies ist insbesondere dann der Fall, wenn der Einbringende eine natürliche Person oder ein Kreditinstitut oder ein Lebens- oder Krankenversicherungsunternehmen in der Rechtsform einer Körperschaft ist, bei der die Steuerbefreiung hinsichtlich der eingebrachten Anteile nach § 8 b Abs. 7 oder 8 KStG ausgeschlossen ist, sowie bei Anteilen i. S. v. § 8 b Abs. 4 KStG a. F. (§ 22 Abs. 2 Satz 1 UmwStG, vgl. Randnr. 27.02). 208

22.13 Bei der rückwirkenden Einbringungsgewinnbesteuerung kommt der Freibetrag nach § 16 Abs. 4 EStG nicht zur Anwendung. Dies gilt auch beim Eintritt eines schädlichen Ereignisses innerhalb des ersten Zeitjahres nach der Einbringung. Der Einbringungsgewinn II gehört bei Anteilen im Betriebsvermögen zum Gewerbeertrag. § 6 b EStG findet auf den Einbringungsgewinn II keine Anwendung.

22.14 Für Zwecke der Berechnung des Einbringungsgewinns II ist (ggf. nachträglich) der gemeine Wert der eingebrachten Anteile auf den Einbringungszeitpunkt zu ermitteln. Der Einbringungsgewinn II vermindert sich für jedes seit dem Einbringungszeitpunkt abgelaufene Zeitjahr um $1/7$.

Der Einbringungsgewinn II berechnet sich demnach wie folgt (§ 22 Abs. 2 Satz 3 UmwStG):

Gemeiner Wert der eingebrachten Anteile
./. Kosten des Vermögensübergangs (vgl. Randnr. 22.09)
./. Wertansatz der erhaltenen Anteile beim Einbringenden

= Einbringungsgewinn II vor Siebtelregelung
./. Verringerung um je $1/7$ pro abgelaufenes Zeitjahr seit Einbringung

= zu versteuernder Einbringungsgewinn II

22.15 Bei der Berechnung des Einbringungsgewinns II ist der Wertansatz der erhaltenen Anteile um den gemeinen Wert der sonstigen Gegenleistung (§ 20 Abs. 3 Satz 3 i. V. m. § 21 Abs. 2 Satz 6 UmwStG) zu erhöhen.

22.16 Der Einbringungsgewinn II gilt nach § 22 Abs. 2 Satz 4 UmwStG als nachträgliche Anschaffungskosten der erhaltenen Anteile. Wurden die erhaltenen Anteile durch einen Vorgang i. S. v. § 22 Abs. 1 Satz 6 Nr. 2 UmwStG zum Buchwert weitereingebracht, erhöhen sich auch die Anschaffungskosten der auf den erhaltenen Anteilen beruhenden Anteile beim Einbringenden und der übernehmenden Gesellschaft entsprechend (§ 22 Abs. 2 Satz 7 i. V. m. Abs. 1 Satz 7 UmwStG). Damit vermindert sich der Gewinn aus einer nachfolgenden Veräußerung der erhaltenen Anteile und der auf diesen Anteilen beruhenden Anteile entsprechend.

22.17 Hat der Einbringende die erhaltenen Anteile bereits ganz oder teilweise veräußert, kommt es insoweit nicht zur rückwirkenden Einbringungsgewinnbesteuerung (§ 22 Abs. 2 Satz 5 UmwStG). Dies gilt auch, soweit aufgrund eines Vorgangs i. S. v. § 6 AStG die erhaltenen Anteile der Wegzugsbesteuerung zu unterwerfen sind, wenn und soweit die Steuer nicht gestundet wird (§ 22 Abs. 2 Satz 5 zweiter Halbsatz UmwStG).

III. Die die rückwirkende Einbringungsgewinnbesteuerung auslösenden Ereignisse i. S. d. § 22 Abs. 1 Satz 6 i. V. m. Abs. 2 Satz 6 UmwStG

1. Allgemeines

22.18 Zu einer rückwirkenden Besteuerung des Einbringungsgewinns I kommt es auch, wenn durch den Einbringenden oder dessen Rechtsnachfolger innerhalb des Siebenjahreszeitraums ein Vorgang i. S. v. § 22 Abs. 1 Satz 6 Nr. 1 bis 5 UmwStG verwirklicht wird. Dies gilt auch, wenn beim Einbringenden, bei der übernehmenden Gesellschaft oder bei deren unentgeltlichen Rechtsnachfolgern die Voraussetzungen des § 1 Abs. 4 UmwStG nicht mehr erfüllt sind (§ 22 Abs. 1 Satz 6 Nr. 6 UmwStG). 209

22.19 In den Fällen des Anteilstauschs löst die Verwirklichung eines Vorgangs i. S. v. § 22 Abs. 1 Satz 6 Nr. 1 bis 5 UmwStG innerhalb des Siebenjahreszeitraums durch die übernehmende Gesellschaft oder deren unentgeltlichen Rechtsnachfolger die rückwirkende Besteuerung des Einbringungsgewinns II aus (§ 22 Abs. 2 Satz 6 UmwStG). Dies gilt auch, wenn bei der übernehmenden Gesellschaft oder bei deren unentgeltlichem Rechtsnachfolger die Voraussetzungen des § 1 Abs. 4 UmwStG nicht mehr erfüllt sind (§ 22 Abs. 2 Satz 6 zweiter Halbsatz UmwStG).

2. Unentgeltliche Übertragungen

210 **22.20** Die unmittelbare oder mittelbare unentgeltliche Übertragung der sperrfristbehafteten Anteile (z. B. im Wege der verdeckten Einlage, der verdeckten Gewinnausschüttung, der Realteilung oder die unentgeltliche Übertragung nach § 6 Abs. 3 und 5 EStG) auf eine Kapitalgesellschaft oder Genossenschaft stellt ein die rückwirkende Einbringungsgewinnbesteuerung auslösendes Ereignis dar (§ 22 Abs. 1 Satz 6 Nr. 1 UmwStG).

3. Entgeltliche Übertragungen

211 **22.21** Die entgeltliche Übertragung der sperrfristbehafteten Anteile führt grundsätzlich zur rückwirkenden Einbringungsgewinnbesteuerung nach § 22 Abs. 1 Satz 1 oder Abs. 2 Satz 1 UmwStG beim Einbringenden.

22.22 Umwandlungen und Einbringungen stellen grundsätzlich Veräußerungen i. S. v. § 22 Abs. 1 Satz 1 UmwStG dar (vgl. Randnr. 22.07 und Randnr. 00.02), die die rückwirkende Einbringungsgewinnbesteuerung auslösen. Dies gilt jedoch dann nicht, wenn der Einbringende oder dessen unentgeltlicher Rechtsnachfolger nachweist, dass die sperrfristbehafteten Anteile im Wege der Sacheinlage (§ 20 Abs. 1 UmwStG) oder des Anteilstauschs (§ 21 Abs. 1 UmwStG) bzw. aufgrund mit diesen Vorgängen vergleichbaren ausländischen Vorgängen zum Buchwert übertragen wurden (§ 22 Abs. 1 Satz 6 Nr. 2 UmwStG). Eine Übertragung zum Buchwert liegt vor, wenn beim Einbringenden stille Reserven nicht aufzudecken sind.

Beispiel:

Der in Deutschland ansässige X bringt sein inländisches Einzelunternehmen in 01 zum Buchwert in die österreichische A-GmbH gegen Gewährung von Anteilen ein. In 03 bringt er die sperrfristbehafteten Anteile an der A-GmbH im Wege des Anteilstauschs gegen Gewährung von Anteilen auf Antrag zum Buchwert in die französische F-SA ein.

Lösung:

Die Einbringung des Einzelunternehmens zum Buchwert in die österreichische A-GmbH ist nach § 20 Abs. 2 Satz 2 UmwStG möglich, wenn das Besteuerungsrecht der Bundesrepublik Deutschland hinsichtlich des Gewinns aus der Veräußerung des eingebrachten Betriebsvermögens nicht ausgeschlossen oder beschränkt wird. Die Weitereinbringung der sperrfristbehafteten Anteile an der A-GmbH in 03 im Wege des Anteilstauschs (§ 21 Abs. 1 UmwStG) in die F-SA stellt grundsätzlich einen die rückwirkende Einbringungsgewinnbesteuerung auslösenden Veräußerungsvorgang dar (§ 22 Abs. 1 Satz 1 UmwStG). Da die Weitereinbringung auf Antrag nach § 21 Abs. 2 Satz 3 Nr. 1 UmwStG zum Buchwert erfolgt, ist diese jedoch nach § 22 Abs. 1 Satz 6 Nr. 2 unschädlich. Eine rückwirkende Einbringungsgewinnbesteuerung der Sacheinlage 01 wird somit durch die grenzüberschreitende Weitereinbringung der sperrfristbehafteten Anteile nicht ausgelöst.

22.23[1] Grundsätzlich führt jede der Einbringung in eine Kapitalgesellschaft nachfolgende Umwandlung oder Einbringung sowohl des Einbringenden als auch der übernehmenden Kapitalgesellschaft sowie die umwandlungsbedingte Übertragung der sperrfristbehafteten Anteile zu einer Veräußerung i. S. d. § 22 Abs. 1 Satz 1 oder Abs. 2 Satz 1 UmwStG (vgl. Randnr. 22.07 und Randnr. 00.02), die die Einbringungsgewinnbesteuerung nach § 22 Abs. 1 bzw. Abs. 2 UmwStG auslöst. Nach § 22 Abs. 1 Satz 6 Nr. 2, 4 und 5 jeweils zweiter Halbsatz UmwStG kann jedoch eine Ausnahme von diesem allgemeinen ertragsteuerlichen Grundsatz nur erfolgen, wenn eine nachfolgende Einbringung der sperrfristbehafteten Anteile nach § 20 Abs. 1, § 21 Abs. 1 UmwStG bzw. aufgrund eines mit diesen Vorgängen vergleichbaren ausländischen Vorgangs zum Buchwert erfolgt.

Aus Billigkeitsgründen kann im Einzelfall auch bei Umwandlungen zu Buchwerten auf übereinstimmenden Antrag aller Personen, bei denen ansonsten infolge des Umwandlungsvorgangs ein Einbringungsgewinn rückwirkend zu versteuern wäre, von einer rückwirkenden Einbringungsgewinnbesteuerung abgesehen werden. Dies setzt zumindest voraus, dass

- keine steuerliche Statusverbesserung eintritt (d. h. die Besteuerung eines Einbringungsgewinns I bzw. II nicht verhindert wird),
- sich keine stillen Reserven von den sperrfristbehafteten Anteilen auf Anteile eines Dritten verlagern,
- deutsche Besteuerungsrechte nicht ausgeschlossen oder eingeschränkt werden und
- die Antragsteller sich damit einverstanden erklären, dass auf alle unmittelbaren oder mittelbaren Anteile an einer an der Umwandlung beteiligten Gesellschaft § 22 Abs. 1 und 2 UmwStG entsprechend anzuwenden ist, wobei Anteile am Einbringenden regelmäßig nicht einzubeziehen sind (vgl. zu einer vergleichbaren Problematik die Randnr. 22 des BMF-Schreibens vom 16. 12. 2003, BStBl. I S. 786).[2]

Bei der Prüfung eines solchen Antrags ist die gesetzgeberische Grundentscheidung zu berücksichtigen, dass § 22 UmwStG keine Generalklausel enthält, wonach unter bestimmten allgemeinen Voraus-

[1] *Auszug aus Vfg. OFD Niedersachsen v. 22. 8. 2014 S 1978 c-136-St 243, DStR 2014 S. 2397, BeckVerw 288 800:* Eine Abspaltung i. S. d. § 15 Abs. 1 UmwStG, die u. a. die Übertragung von nach § 22 Abs. 1 oder 2 UmwStG sperrfristbehafteten Anteilen zur Folge hat, unterliegt jedenfalls dann nicht der Billigkeitsregelung in Randnr. 22.23 des UmwSt-Erlasses, und löst innerhalb der Sperrfrist nach Maßgabe des Gesetzes eine Einbringungsgewinnbesteuerung (Einbringungsgewinn I oder II) aus, wenn der ursprünglich Einbringende auch der übertragende Rechtsträger der Abspaltung ist und die Einbringung, die zur Entstehung der sperrfristbehafteten Anteile geführt hat, der Abspaltung vorausgegangen ist.

[2] Letztmals abgedruckt im „Handbuch zur Körperschaftsteuerveranlagung 2010" im Anhang I 2 e.

setzungen bei nachfolgenden Umwandlungen von der Einbringungsgewinnbesteuerung abgesehen werden kann. § 22 Abs. 1 und 2 UmwStG lassen lediglich punktuelle Ausnahmen zu (vgl. § 22 Abs. 1 Satz 6 Nr. 2, 4 und 5 UmwStG). Von der Einbringungsgewinnbesteuerung kann deswegen nur dann aus Billigkeitsgründen abgesehen werden, wenn der konkrete Einzelfall in jeder Hinsicht mit den in § 22 Abs. 1 Satz 6 Nr. 2, 4 und 5 UmwStG enthaltenen Ausnahmetatbeständen vergleichbar ist. Dabei ist auch die gesetzgeberische Grundentscheidung zu berücksichtigen, dass § 22 UmwStG anders als für Einbringungen i. S. d. §§ 20, 21 UmwStG keine Rückausnahme für Einbringungen i. S. d. § 24 UmwStG vorgesehen hat. Nicht vergleichbar sind Umwandlungen z. B. dann, wenn sie ohne Gewährung von Anteilen oder Mitgliedschaften an Kapitalgesellschaften oder Genossenschaften erfolgen (z. B. in den Fällen des § 54 Abs. 1 Satz 3 UmwG). *noch* **211**

Die Billigkeitsregelung kann nicht in Anspruch genommen werden, wenn in einer Gesamtschau die Umwandlung der Veräußerung des eingebrachten Vermögens dient. Hiervon ist auszugehen, wenn der Einbringende nach der Umwandlung an dem ursprünglich eingebrachten Betriebsvermögen nicht mehr unmittelbar oder mittelbar beteiligt ist (z. B. bei der Trennung von Gesellschafterstämmen, auch wenn diese nach § 15 UmwStG steuerneutral erfolgen kann).

Beispiel 1 (Seitwärtsverschmelzung des Einbringenden):

Die GmbH 1 bringt ihren Betrieb zu Buchwerten in die GmbH 2 ein. Anschließend wird die GmbH 1 auf die GmbH 3 innerhalb der Siebenjahresfrist zu Buchwerten verschmolzen.

Lösung:

Die Anteile an der GmbH 2 sind sperrfristbehaftet. Die Übertragung der Anteile an der GmbH 2 i. R. d. Verschmelzung der GmbH 1 stellt einen Veräußerungsvorgang i. S. d. § 22 Abs. 1 Satz 1 UmwStG dar.
Werden i. R. d. Verschmelzung nach § 11 Abs. 2 UmwStG die Buchwerte angesetzt, kann i. R. d. Billigkeitsregelung je nach Lage des Einzelfalls und bei Vorliegen der obigen Voraussetzungen von der Anwendung des § 22 Abs. 1 Satz 1 UmwStG bei der GmbH 1 abgesehen werden.

Alternative:

Sachverhalt wie Beispiel 1. Es erfolgt jedoch eine Verschmelzung der GmbH 1 auf eine Personengesellschaft.

Lösung Alternative:

Bei einer Seitwärtsverschmelzung der GmbH 1 nach §§ 3 ff. UmwStG ist die gesetzgeberische Grundentscheidung zu berücksichtigen, dass eine Weitereinbringung sperrfristbehafteter Anteile nach § 24 UmwStG nicht von den Ausnahmetatbeständen des § 22 Abs. 1 Satz 6 Nr. 2, 4 und 5 UmwStG erfasst wird. Für die Umwandlung des Einbringenden nach §§ 3 ff. UmwStG kommt ein Absehen von der Anwendung des § 22 Abs. 1 Satz 1 UmwStG i. R. d. Billigkeitsregelung deshalb nicht in Betracht.

Beispiel 2 (Seitwärtsverschmelzung der übernehmenden Gesellschaft):

Die GmbH 1 bringt ihren Betrieb zu Buchwerten in die GmbH 2 ein. Anschließend wird die GmbH 2 zu Buchwerten auf die GmbH 3 innerhalb der Siebenjahresfrist gegen Gewährung von Gesellschaftsrechten verschmolzen.

Lösung:

Die Anteile an der GmbH 2 sind sperrfristbehaftet. Die Verschmelzung der GmbH 2 stellt einen Veräußerungsvorgang i. S. d. § 22 Abs. 1 Satz 1 UmwStG dar. Wenn die aufgrund der Verschmelzung erhaltenen Anteile an der übernehmenden GmbH 3 nach § 13 Abs. 2 Satz 2 UmwStG mit dem Buchwert angesetzt werden, kann i. R. d. Billigkeitsregelung je nach Lage des Einzelfalls und bei Vorliegen der obigen Voraussetzungen von der Anwendung des § 22 Abs. 1 Satz 1 UmwStG bei der GmbH 1 abgesehen werden.
Werden von der übernehmenden Gesellschaft im zeitlichen Zusammenhang mit der Umwandlung Gewinnausschüttungen getätigt, kann es jedoch z. B. zu einer Statusverbesserung kommen, wenn infolge der Umwandlung (z. B. aufgrund einer unterjährigen Zuführung eines Bestands des steuerlichen Einlagekontos beim übernehmenden Rechtsträger) das Auslösen eines Ersatzrealisationstatbestands nach § 22 Abs. 1 Satz 6 Nr. 3 UmwStG verhindert werden soll.

Alternative:

Sachverhalt wie Beispiel 2. Es erfolgt jedoch eine Verschmelzung der GmbH 2 auf eine Personengesellschaft.

Lösung Alternative:

Bei einer Seitwärtsverschmelzung der GmbH 2 nach §§ 3 ff. UmwStG liegt infolge des Untergangs der sperrfristbehafteten Anteile insoweit bereits kein mit einer Weitereinbringung i. S. d. § 22 Abs. 1 Satz 6 Nr. 2, 4 und 5 UmwStG vergleichbarer Vorgang vor. Ein Absehen von der Anwendung des § 22 Abs. 1 Satz 1 UmwStG i. R. d. Billigkeitsregelung kommt deshalb nicht in Betracht.

Beispiel 3 („Rückumwandlung"):

Die GmbH 1 bringt ihren Betrieb zu Buchwerten in die GmbH 2 ein. Anschließend wird die GmbH 2 auf die GmbH 1 innerhalb der Siebenjahresfrist zu Buchwerten verschmolzen, wodurch die sperrfristbehafteten Anteile untergehen.

Lösung:

Die Aufwärtsverschmelzung stellt einen Veräußerungsvorgang i. S. d. § 22 Abs. 1 Satz 1 UmwStG dar und löst damit die rückwirkende Einbringungsgewinnbesteuerung i. S. d. § 22 Abs. 1 Satz 1 UmwStG aus.
Aufgrund des Untergangs der sperrfristbehafteten Anteile liegt kein mit einer Weitereinbringung vergleichbarer Vorgang vor. Im Übrigen widerspricht dies der Wertungsentscheidung des Gesetzgebers in § 22 Abs. 1 Satz 6 Nr. 3 UmwStG betreffend die Auflösung und Abwicklung der übernehmenden Gesellschaft. Ein Absehen von der Anwendung des § 22 Abs. 1 Satz 1 UmwStG i. R. d. Billigkeitsregelung kommt deshalb nicht in Betracht.

22.24 Die Auflösung und Abwicklung einer Kapitalgesellschaft, an der die sperrfristbehafteten Anteile bestehen, löst in vollem Umfang die rückwirkende Einbringungsbesteuerung (§ 22 Abs. 1 Satz 6 Nr. 3 und Abs. 2 Satz 6 UmwStG) auf den Zeitpunkt der Schlussverteilung des Vermögens aus. Dies gilt unabhängig davon, wer in diesem Zeitpunkt Gesellschafter der Kapitalgesellschaft ist. Das Insolvenzverfahren löst mangels Abwicklung (§ 11 Abs. 7 KStG) den Ersatztatbestand nicht aus.

noch **211** In den Fällen der Kapitalherabsetzung und der Einlagenrückgewähr (§ 27 KStG), kommt es nur insoweit zu einer rückwirkenden Einbringungsgewinnbesteuerung, als der tatsächlich aus dem steuerlichen Einlagekonto i. S. v. § 27 KStG ausgekehrte Betrag den Buchwert bzw. die Anschaffungskosten der sperrfristbehafteten Anteile im Zeitpunkt der Einlagenrückgewähr übersteigt. Der übersteigende Betrag gilt dabei unter Anwendung der Siebtelregelung als Einbringungsgewinn, wenn dieser den tatsächlichen Einbringungsgewinn (§ 22 Abs. 1 Satz 3 und Abs. 2 Satz 3 UmwStG) nicht übersteigt. Dies gilt auch in den Fällen von Mehrabführungen i. S. d. § 14 Abs. 3 oder 4 KStG, soweit dafür das steuerliche Einlagekonto i. S. v. § 27 KStG als verwendet gilt. In den Fällen organschaftlicher Mehrabführungen ist dabei der Buchwert der sperrfristbehafteten Anteile im Zeitpunkt der Mehrabführung um aktive und passive Ausgleichsposten i. S. v. § 14 Abs. 4 KStG zu korrigieren.

Die vorstehenden Grundsätze gelten auch in den Fällen der Ketteneinbringung.

Beispiel:

A ist seit der Gründung zu 100 % an der A-GmbH beteiligt (Nennkapital 50 000 €, Anschaffungskosten inkl. nachträglicher Anschaffungskosten 500 000 €, gemeiner Wert des Betriebsvermögens 240 000 €). Zum 31. 12. 07 bringt er sein Einzelunternehmen (Buchwert 100 000 €, gemeiner Wert 240 000 €) gegen Gewährung von Gesellschaftsrechten zum Nennwert von 50 000 € in die A-GmbH ein; der übersteigende Betrag wurde der Kapitalrücklage zugeführt. Die A-GmbH führt die Buchwerte fort. Im Juni 09 erhält A eine Ausschüttung der A-GmbH i. H. v. 700 000 €, für die i. H. v. 550 000 € das steuerliche Einlagekonto als verwendet gilt.

Lösung:

Nach § 22 Abs. 1 Satz 6 Nr. 3 UmwStG kommt es im Fall der Einlagenrückgewähr grundsätzlich zu einer rückwirkenden Besteuerung des Einbringungsgewinns I. Dabei entfällt die Ausschüttung aus dem steuerlichen Einlagekonto anteilig (zu 50 %) auf die sperrfristbehafteten Anteile. Zunächst mindern sich aufgrund der (anteiligen) Verwendung des steuerlichen Einlagekontos für die Ausschüttung an A (steuerneutral) die Anschaffungskosten der sperrfristbehafteten Anteile des A i. H. v. 100 000 € bis auf 0 €. Soweit die Hälfte der aus dem steuerlichen Einlagekonto an A ausgekehrten Beträge die Anschaffungskosten des A für die sperrfristbehafteten Anteile übersteigt, entsteht ein Einbringungsgewinn I, der rückwirkend in 07 als Gewinn nach § 16 EStG zu versteuern ist:

Auf die sperrfristbehafteten Anteile entfallende Auskehrung aus dem steuerlichen Einlagekonto (50 % von 550 000 €)	275 000 €
./. Buchwert der sperrfristbehafteten Anteile	100 000 €
= Einbringungsgewinn I vor Siebtelung	175 000 €
davon $^6/_7$	150 000 €

Der zu versteuernde Betrag darf aber den Einbringungsgewinn I i. S. v. § 22 Abs. 1 Satz 3 UmwStG nicht übersteigen (Deckelung):

gemeiner Wert des eingebrachten Betriebsvermögens im Zeitpunkt der Einbringung (31. 12. 07)	240 000 €
./. Buchwert der sperrfristbehafteten Anteile	100 000 €
= Einbringungsgewinn I vor Siebtelung	140 000 €
davon $^6/_7$ = höchstens zu versteuernder Einbringungsgewinn I	120 000 €

Somit kommt es in 07 zu einer rückwirkenden Einbringungsgewinnbesteuerung i. H. v. 120 000 €. In derselben Höhe (120 000 €) entstehen nachträgliche Anschaffungskosten auf die sperrfristbehafteten Anteile des A. Damit ergibt sich in 09 im Hinblick auf die sperrfristbehafteten Anteile i. H. v. 55 000 € (Ausschüttung aus dem steuerlichen Einlagekonto 275 000 € ./. ursprüngliche Anschaffungskosten 100 000 € ./. nachträgliche Anschaffungskosten 120 000 €) ein Gewinn nach § 17 Abs. 4 EStG, auf den § 3 Nr. 40 EStG Anwendung findet.

22.25 Werden die sperrfristbehafteten Anteile mittels Sacheinlage oder Anteilstausch zum Buchwert nach § 22 Abs. 1 Satz 6 Nr. 2 UmwStG steuerunschädlich weiterübertragen (Ketteneinbringung), löst auch die unmittelbare oder mittelbare Veräußerung der sperrfristbehafteten Anteile durch die übernehmende Gesellschaft die rückwirkende Einbringungsgewinnbesteuerung beim Einbringenden aus (§ 22 Abs. 1 Satz 6 Nr. 4 und Abs. 2 Satz 6 und § 23 Abs. 1 UmwStG). Dies gilt nicht, wenn der Einbringende oder dessen unentgeltlicher Rechtsnachfolger nachweist, dass die sperrfristbehafteten Anteile im Wege der Sacheinlage (§ 20 Abs. 1 UmwStG) oder des Anteilstauschs (§ 21 Abs. 1 UmwStG) zum Buchwert oder durch einen vergleichbaren ausländischen Vorgang zum Buchwert übertragen wurden (§ 22 Abs. 1 Satz 6 Nr. 4 UmwStG). Randnr 22.22 Satz 3 gilt entsprechend.

Beispiel:

X bringt sein Einzelunternehmen (gemeiner Wert 170 000 €) am 1. 1. 08 gegen Gewährung von Anteilen zum Buchwert 100 000 € in die neu gegründete A-GmbH (Stammkapital 50 000 €) ein. Am 1. 3. 09 überträgt er die sperrfristbehafteten Anteile an der A-GmbH (gemeiner Wert 220 000 €) i. R. eines qualifizierten Anteilstauschs (§ 21 Abs. 1 UmwStG) gegen Gewährung neuer Anteile zum Buchwert und damit steuerunschädlich (§ 22 Abs. 1 Satz 6 Nr. 2 UmwStG) auf die B-GmbH. Die B-GmbH überträgt ihrerseits zum 1. 10. 09 die sperrfristbehafteten Anteile an der A-GmbH (gemeiner Wert 275 000 €) i. R. eines qualifizierten Anteilstauschs (§ 21 Abs. 1 UmwStG) gegen Gewährung neuer Anteile zum Buchwert und damit steuerunschädlich (§ 22 Abs. 1 Satz 6 Nr. 4 UmwStG) auf die C-GmbH. Die C-GmbH veräußert die sperrfristbehafteten Anteile an der A-GmbH am 1. 7. 10 zum Preis von 300 000 €.

Lösung:

Die Veräußerung der sperrfristbehafteten Anteile an der A-GmbH durch die übernehmende C-GmbH am 1. 7. 10 löst nach § 22 Abs. 1 Satz 1 i. V. m. Satz 6 Nr. 4 UmwStG zum einen die rückwirkende Besteuerung des Einbringungsgewinns I bei X zum 1. 1. 08 aus. Dabei wird der Einbringungsgewinn I i. H. v. $^5/_7$ versteuert. Dieser gilt sowohl als nachträgliche Anschaffungskosten des X für die Anteile an der A-GmbH (§ 22 Abs. 1 Satz 4 UmwStG) als auch für die Anteile an der B-GmbH (§ 22 Abs. 1 Satz 7 i. V. m. Satz 4 UmwStG). Bei der B-GmbH und der C-GmbH liegen insoweit ebenfalls nachträgliche Anschaffungskosten auf die Anteile an der A-GmbH sowie bei der B-GmbH auf die Anteile an der C-GmbH vor. Die A-GmbH kann darüber hinaus nach § 23 Abs. 2 Satz 1 UmwStG auf Antrag beim übernommenen Betriebsvermögen einen Erhöhungsbetrag i. H. des versteuerten Einbringungsgewinns I ansetzen.

gemeiner Wert des eingebrachten Betriebsvermögens im Zeitpunkt der Einbringung (1. 1. 08)	170 000 €
./. Buchwert der sperrfristbehafteten Anteile	100 000 €
= Einbringungsgewinn I vor Siebtelung	70 000 €
davon 5/7 = von X zu versteuernder Einbringungsgewinn I	50 000 €

Zum anderen löst die Veräußerung der sperrfristbehafteten Anteile an der A-GmbH durch die C-GmbH im Hinblick auf den Anteilstausch des X i. H. v. 6/7 auch die Besteuerung des Einbringungsgewinns II (§ 22 Abs. 2 Satz 1 UmwStG) zum 1. 3. 09 aus. Die nachträglichen Anschaffungskosten aus der Besteuerung des Einbringungsgewinns I vermindern dabei den Einbringungsgewinn II. Dieser gilt sowohl als nachträgliche Anschaffungskosten des X für die Anteile an der B-GmbH (§ 22 Abs. 2 Satz 4 UmwStG) als auch als nachträgliche Anschaffungskosten der B-GmbH und der C-GmbH für die Anteile an der A-GmbH (§ 23 Abs. 2 Satz 3 UmwStG) sowie der Anschaffungskosten der B-GmbH für die Anteile an der C-GmbH (§ 23 Abs. 2 Satz 3 i. V. m. § 22 Abs. 1 Satz 7 UmwStG).

gemeiner Wert der eingebrachten Anteile an der A-GmbH im Zeitpunkt des Anteilstauschs (1. 3. 09)	220 000 €
./. ursprünglicher Buchwert der sperrfristbehafteten Anteile	100 000 €
./. nachträgliche Anschaffungskosten aus versteuertem Einbringungsgewinn I	50 000 €
= Einbringungsgewinn II vor Siebtelung	70 000 €
davon 6/7 = von X zu versteuernder Einbringungsgewinn II	60 000 €

Die rückwirkende Einbringungsbesteuerung bei X löst auf der Ebene der B-GmbH im Hinblick auf die steuerliche Behandlung der Einbringung der Anteile an der A-GmbH in die C-GmbH zum Buchwert keine Änderung aus, da sich sowohl die Anschaffungskosten der Anteile an der A-GmbH als auch der Veräußerungspreis der Anteile (§ 21 Abs. 2 Satz 1 UmwStG) um den von X zu versteuernden Einbringungsgewinn I und II erhöhen.
Auf der Ebene der C-GmbH verringern die nachträglichen Anschaffungskosten den zu versteuernden Veräußerungsgewinn aus den Anteilen an der A-GmbH:

Veräußerungspreis Anteile A-GmbH (1. 7. 10)	300 000 €
./. ursprünglicher Buchwert der sperrfristbehafteten Anteile	100 000 €
./. nachträgliche Anschaffungskosten aus versteuertem Einbringungsgewinn I und II	110 000 €
= Veräußerungsgewinn aus Beteiligung A-GmbH	90 000 €
steuerfrei gem. § 8 b Abs. 2 KStG	90 000 €
nichtabziehbare Betriebsausgaben (§ 8 b Abs. 3 Satz 3 KStG)	4 500 €

22.26 Werden die sperrfristbehafteten Anteile mittels Sacheinlage oder Anteilstausch zum Buchwert nach § 22 Abs. 1 Satz 6 Nr. 2 UmwStG steuerneutral weiter übertragen, löst auch die unmittelbare oder mittelbare Veräußerung der auf der Einbringung der sperrfristbehafteten Anteile beruhenden Anteile die rückwirkende Einbringungsgewinnbesteuerung beim Einbringenden aus (§ 22 Abs. 1 Satz 6 Nr. 5 und Abs. 2 Satz 6 UmwStG). Dies gilt bei einem Ereignis i. S. d. § 22 Abs. 1 Satz 6 Nr. 3 UmwStG entsprechend.

Beispiel:

X bringt sein Einzelunternehmen (gemeiner Wert 170 000 €) am 1. 1. 08 gegen Gewährung von Anteilen zum Buchwert 100 000 € in die neu gegründete A-GmbH (Stammkapital 50 000 €) ein. Am 1. 3. 09 überträgt er die sperrfristbehafteten Anteile an der A-GmbH i. R. eines qualifizierten Anteilstauschs gegen Gewährung neuer Anteile zum Buchwert auf die B-GmbH. X veräußert die sperrfristbehafteten Anteile an der B-GmbH am 1. 7. 10.

Lösung:

Die Einbringung der sperrfristbehafteten Anteile an der A-GmbH in die B-GmbH zum Buchwert nach § 21 Abs. 1 Satz 2 UmwStG löst nicht die rückwirkende Besteuerung des Einbringungsgewinns I aus (§ 22 Abs. 1 Satz 6 Nr. 2 UmwStG). Damit gelten auch die Anteile an der B-GmbH als sperrfristbehaftet.
Die Veräußerung der sperrfristbehafteten Anteile an der B-GmbH durch X am 1. 7. 10 löst nach § 22 Abs. 1 Satz 6 Nr. 5 UmwStG die rückwirkende Einbringungsgewinnbesteuerung bei X zum 1. 1. 08 aus. Dabei wird der Einbringungsgewinn I i. H. v. 5/7 versteuert.
Der zu versteuernde Einbringungsgewinn I gilt sowohl als nachträgliche Anschaffungskosten der B-GmbH für die Anteile an der A-GmbH (§ 22 Abs. 1 Satz 4 UmwStG) als auch als nachträgliche Anschaffungskosten des X für die Anteile an der B-GmbH (§ 22 Abs. 1 Satz 7 i. V. m. Satz 4 UmwStG). Die nachträglichen Anschaffungskosten aus der Besteuerung des Einbringungsgewinns I vermindern somit den Gewinn aus der Veräußerung der Anteile an der B-GmbH i. S. v. § 17 EStG zum 1. 7. 10 entsprechend. Die A-GmbH kann darüber hinaus nach § 23 Abs. 2 Satz 1 UmwStG auf Antrag beim übernommenen Betriebsvermögen einen Erhöhungsbetrag i. H. des versteuerten Einbringungsgewinns I ansetzen.

4. Wegfall der Voraussetzungen i. S. v. § 1 Abs. 4 UmwStG

22.27 Erfüllt der Einbringende oder in den Fällen der Ketteneinbringung auch die übernehmende Gesellschaft oder der jeweilige unentgeltliche Rechtsnachfolger in den Fällen der Sacheinlage aufgrund Wegzugs, Sitzverlegung oder Änderung eines DBA die Voraussetzungen von § 1 Abs. 4 UmwStG innerhalb des Siebenjahreszeitraums nicht mehr, führt dies zur rückwirkenden Besteuerung des Einbringungsgewinns I (§ 22 Abs. 1 Satz 6 Nr. 6 UmwStG). Satz 1 gilt in den Fällen des Anteilstauschs im Hinblick auf die übernehmende Gesellschaft entsprechend (§ 22 Abs. 2 Satz 6 zweiter Halbsatz UmwStG). 212

IV. Nachweispflichten (§ 22 Abs. 3 UmwStG)

22.28 Um die Besteuerung des Einbringungsgewinns in den Fällen eines schädlichen Ereignisses sicherzustellen, ist der Einbringende (vgl. Randnr. 20.02 f. und 22.02) nach § 22 Abs. 3 Satz 1 UmwStG verpflichtet, jährlich bis zum 31. 5. nachzuweisen, wem die sperrfristbehafteten Anteile und im Fall der Einbringung durch eine Personengesellschaft als Einbringende auch ihre Mitunternehmeranteile (vgl. Randnr. 22.02) an dem Tag, der dem maßgebenden Einbringungszeitpunkt entspricht, zuzurechnen 213 sind. Dies gilt auch für die auf einer Weitereinbringung der erhaltenen oder eingebrachten Anteile beruhenden Anteile. Im Fall der unentgeltlichen Rechtsnachfolge (§ 22 Abs. 6 UmwStG) ist der Nachweis vom Rechtsnachfolger und im Fall der Mitverstrickung von Anteilen (§ 22 Abs. 7 UmwStG) neben dem Einbringenden auch vom Anteilseigner der mitverstrickten Anteile zu erbringen. Wird der Nachweis nicht erbracht, gelten die Anteile als zu Beginn des jeweiligen jährlichen Überwachungszeitraums innerhalb der siebenjährigen Sperrfrist veräußert.

Beispiel:

A hat seinen Betrieb zum 1. 3. 07 (Einbringungszeitpunkt) zu Buchwerten gegen Gewährung von Anteilen in die X-GmbH eingebracht (§ 20 Abs. 2 UmwStG). Den Nachweis, wem die Anteile an der X-GmbH zum 1. 3. 08 zuzurechnen sind, hat er zum 31. 5. 08 erbracht. Ein Nachweis, wem die Anteile an der X-GmbH zum 1. 3. 09 zuzurechnen sind, wurde bis zum 31. 5. 09 nicht vorgelegt.

Lösung:

Nach § 22 Abs. 3 Satz 1 UmwStG hat A erstmals bis zum 31. 5. 08 nachzuweisen, wem die Anteile an der X-GmbH zum 1. 3. 08 zuzurechnen sind. Dieser Nachweis wurde erbracht (Überwachungszeitraum vom 2. 3. 07 bis zum 1. 3. 08). Da A jedoch den bis zum 31. 5. 09 vorzulegenden Nachweis, wem die Anteile an der X-GmbH zum 1. 3. 09 zuzurechnen sind (Überwachungszeitraum vom 2. 3. 08 bis 1. 3. 09), nicht erbracht hat, gelten die Anteile nach § 22 Abs. 3 Satz 2 UmwStG als am 2. 3. 08 veräußert. Als Folge hiervon ist zum einen eine rückwirkende Besteuerung des Einbringungsgewinns zum 1. 3. 07 (Einbringungszeitpunkt) und zum anderen eine Besteuerung des Gewinns aus der – fiktiven – Veräußerung der Anteile zum 2. 3. 08 durchzuführen.

22.29 Im Fall eines schädlichen Ereignisses treten die Besteuerungsfolgen (rückwirkende Einbringungsgewinnbesteuerung nach § 22 Abs. 1 oder 2 UmwStG) sowohl in den Fällen der Sacheinlage als auch in den Fällen des Anteilstauschs beim Einbringenden ein. Der Einbringende hat deshalb in beiden Fällen den Nachweis (§ 22 Abs. 3 Satz 1 UmwStG) bei dem für ihn zuständigen Finanzamt[1] zu erbringen. Scheidet der Einbringende nach der Einbringung aus der unbeschränkten Steuerpflicht aus, ist der Nachweis bei dem Finanzamt i. S. v. § 6 Abs. 7 Satz 1 AStG zu erbringen. War der Einbringende vor der Einbringung im Inland beschränkt steuerpflichtig, hat er den Nachweis bei dem für den Veranlagungszeitraum der Einbringung zuständigen Finanzamt zu erbringen.

22.30 In den Fällen der Sacheinlage hat der Einbringende eine schriftliche Erklärung darüber abzugeben, wem seit der Einbringung die erhaltenen Anteile als wirtschaftlichem Eigentümer zuzurechnen sind. Sind die Anteile zum maßgebenden Zeitpunkt dem Einbringenden zuzurechnen, hat er darüber hinaus eine Bestätigung der übernehmenden Gesellschaft über seine Gesellschafterstellung vorzulegen. In allen anderen Fällen hat er nachzuweisen, an wen und auf welche Weise die Anteile übertragen worden sind.

In den Fällen des Anteilstauschs ist eine entsprechende Bestätigung der übernehmenden Gesellschaft über das wirtschaftliche Eigentum an den eingebrachten Anteilen und zur Gesellschafterstellung ausreichend; die Gesellschafterstellung kann auch durch Vorlage der Steuerbilanz der übernehmenden Gesellschaft nachgewiesen werden.

Der Nachweis der Gesellschafterstellung kann auch anderweitig, z. B. durch Vorlage eines Auszugs aus dem Aktienregister (§ 67 AktG), einer Gesellschafterliste (§ 40 GmbHG) oder einer Mitgliederliste (§ 30 GenG), zum jeweiligen Stichtag erbracht werden.

22.31 Der Nachweis ist jährlich bis zum 31. 5. zu erbringen. Er ist erstmals zu erbringen, wenn das erste auf den Einbringungszeitpunkt folgende Zeitjahr bereits vor dem 31. 5. abgelaufen ist.

22.32 Erbringt der Einbringende den Nachweis nicht, gelten die sperrfristbehafteten Anteile als veräußert mit der Folge, dass beim Einbringenden auf den Einbringungszeitpunkt eine rückwirkende Einbringungsgewinnbesteuerung durchzuführen ist. Darüber hinaus ist auf den Zeitpunkt i. S. v. § 22 Abs. 3 Satz 2 UmwStG eine Besteuerung des Veräußerungsgewinns für die Anteile durchzuführen. Im Fall der Fristversäumnis ist deshalb der Einbringende aufzufordern, Angaben zum gemeinen Wert des eingebrachten Betriebsvermögens oder der eingebrachten Anteile zum Einbringungszeitpunkt und den Einbringungskosten zu machen. Dasselbe gilt für die als veräußert geltenden Anteile zum Zeitpunkt der Veräußerungsfiktion und die entsprechenden Veräußerungskosten. Macht er keine verwertbaren Angaben, sind der gemeine Wert des eingebrachten Betriebsvermögens oder der eingebrachten Anteile und der als veräußert geltenden Anteile sowie die jeweiligen Kosten zu schätzen (§ 162 AO).

22.33 Die Nachweisfrist kann nicht verlängert werden. Erbringt der Einbringende den Nachweis erst nach Ablauf der Frist, können allerdings die Angaben noch berücksichtigt werden, wenn eine Änderung der betroffenen Bescheide verfahrensrechtlich möglich ist. Dies bedeutet, dass im Fall eines Rechtsbehelfsverfahrens der Nachweis längstens noch bis zum Abschluss des Klageverfahrens erbracht werden kann.

V. Juristische Personen des öffentlichen Rechts und von der Körperschaftsteuer befreite Körperschaften als Einbringende (§ 22 Abs. 4 UmwStG)

214 **22.34** Ist der Einbringende eine juristische Person des öffentlichen Rechts, lösen die Veräußerung der erhaltenen Anteile oder die nach § 22 Abs. 1 Satz 6 UmwStG gleichgestellten Tatbestände die rückwirkende Besteuerung des Einbringungsgewinns I nach § 22 Abs. 1 UmwStG aus. Der Einbringungsgewinn I ist als Gewinn i. S. v. § 16 EStG beim einbringenden Betrieb gewerblicher Art nach den Grundsätzen des § 22 Abs. 1 UmwStG zu versteuern.

[1] Zur Zuständigkeit einer vor Erbringung erfolgten einheitlichen und gesonderten Feststellung der Besteuerungsgrundlagen nach § 180 Abs. 1 Satz 1 Nr. 2 AO für die Einkünfte aus dem eingebrachten Betrieb oder Mitunternehmeranteil siehe *FinMin Schleswig-Holstein Kurzinformation v. 2. 3. 2016 VI 3013 – S 1978 c – 032, DStR S. 917.*

22.35 Daneben gilt nach § 22 Abs. 4 Nr. 1 UmwStG innerhalb des Siebenjahreszeitraums auch der Gewinn aus der Veräußerung der erhaltenen Anteile als in einem Betrieb gewerblicher Art der juristischen Person des öffentlichen Rechts entstanden. Dieser ist nach § 8 b Abs. 2 und 3 KStG von der Körperschaftsteuer freigestellt, unterliegt jedoch unter den Voraussetzungen des § 20 Abs. 1 Nr. 10 Buchstabe b EStG dem Kapitalertragsteuerabzug.

22.36 Ist der Einbringende eine von der Körperschaftsteuer befreite Körperschaft, ist Randnr. 22.34 hinsichtlich des wirtschaftlichen Geschäftsbetriebs entsprechend anzuwenden.

22.37 Daneben gilt nach § 22 Abs. 4 Nr. 2 UmwStG auch der Gewinn aus der Veräußerung der erhaltenen Anteile innerhalb des Siebenjahreszeitraums als in einem wirtschaftlichen Geschäftsbetrieb entstanden. Dieser ist nach § 8 b Abs. 2 und 3 KStG von der Körperschaftsteuer freigestellt, unterliegt jedoch unter den Voraussetzungen des § 20 Abs. 1 Nr. 10 Buchstabe b EStG dem Kapitalertragsteuerabzug (§ 20 Abs. 1 Nr. 10 Buchstabe b Satz 4 EStG).

VI. Bescheinigung des Einbringungsgewinns und der darauf entfallenden Steuer (§ 22 Abs. 5 UmwStG)

22.38 Die übernehmende Gesellschaft kann in den Fällen der Sacheinlage nach § 23 Abs. 2 Satz 1 UmwStG auf Antrag den auf das eingebrachte Betriebsvermögen (ohne Anteile an Kapitalgesellschaften und Genossenschaften) entfallenden Einbringungsgewinn I als Erhöhungsbetrag ansetzen, wenn durch Vorlage einer Bescheinigung des für den Einbringenden zuständigen Finanzamts nachgewiesen ist, dass der Einbringende die auf den Einbringungsgewinn I entfallende Einkommen- oder Körperschaftsteuer auch entrichtet hat (vgl. Randnr. 23.08–23.10). In den Fällen der Einbringung von Anteilen erhöhen sich nach § 23 Abs. 2 Satz 3 UmwStG bei der übernehmenden Gesellschaft auf Antrag die Anschaffungskosten der eingebrachten Anteile, wenn eine entsprechende Bescheinigung hinsichtlich der Versteuerung des Einbringungsgewinns II vorliegt (vgl. Randnr. 23.11). **215**

22.39 Das für den Einbringenden zuständige Finanzamt hat nach § 22 Abs. 5 erster Halbsatz UmwStG auf Antrag der übernehmenden Gesellschaft den zu versteuernden Einbringungsgewinn, die darauf entfallende festgesetzte Steuer und den darauf entrichteten Steuerbetrag zu bescheinigen. Zur Entrichtung der Steuer vgl. Randnr. 23.12 f.

Die Antragstellung kann aus Vereinfachungsgründen auch durch den Einbringenden erfolgen.

22.40 Mindern sich die bescheinigten Beträge – beispielsweise aufgrund eines Rechtsbehelfsverfahrens – nachträglich, hat das die Bescheinigung ausstellende Finanzamt dem für die übernehmende Gesellschaft zuständigen Finanzamt von Amts wegen die Minderungsbeträge mitzuteilen (§ 22 Abs. 5 zweiter Halbsatz UmwStG).

VII. Unentgeltliche Rechtsnachfolge (§ 22 Abs. 6 UmwStG)

22.41 Werden sperrfristbehaftete Anteile beispielsweise durch Schenkung, Erbfall, unentgeltliche vorweggenommene Erbfolge, verdeckte Gewinnausschüttung, unentgeltliche Übertragung oder Überführung nach § 6 Abs. 3 oder § 6 Abs. 5 EStG oder Realteilung unmittelbar oder mittelbar unentgeltlich übertragen, gilt der Erwerber insoweit als unentgeltlicher Rechtsnachfolger i. S. v. § 22 Abs. 6 UmwStG. Dies gilt nicht in den Fällen der unentgeltlichen Übertragung auf eine Kapitalgesellschaft oder Genossenschaft nach § 22 Abs. 1 Satz 6 Nr. 1 UmwStG (vgl. auch Randnr. 22.20). **216**

Beispiel:

A ist zu 100 % an der M-GmbH beteiligt. Die M-GmbH bringt am 1. 1. 07 einen Teilbetrieb nach § 20 Abs. 2 Satz 2 UmwStG zu Buchwerten (Buchwert 100 000 €, gemeiner Wert 450 000 €) in die T-GmbH ein. In 08 überträgt die M-GmbH die Anteile an der T-GmbH (gemeiner Wert 520 000 €) unentgeltlich auf den Alleingesellschafter A. Dieser veräußert am 1. 7. 09 die sperrfristbehafteten Anteile an der T-GmbH für 550 000 €.

Lösung:

Die unentgeltliche Übertragung der sperrfristbehafteten Anteile an der T-GmbH auf den Alleingesellschafter A stellt eine verdeckte Gewinnausschüttung i. S. v. § 8 Abs. 3 Satz 2 KStG dar. Die Einkommenshinzurechnung aus der verdeckten Gewinnausschüttung (gemeiner Wert 520 000 € ./. Buchwert 100 000 € = 420 000 €) ist nach § 8 b Abs. 2 KStG steuerfrei. Gleichzeitig sind nach § 8 b Abs. 3 Satz 1 KStG 5 % des Veräußerungsgewinns als nichtabziehbare Betriebsausgabe außerhalb der Bilanz hinzuzurechnen. Die rückwirkende Besteuerung des Einbringungsgewinns I bei der M-GmbH wird durch die unentgeltliche Übertragung der Anteile auf die natürliche Person A nicht ausgelöst (§ 22 Abs. 1 Satz 6 Nr. 1 UmwStG). A gilt jedoch im Hinblick auf die sperrfristbehafteten Anteile an der T-GmbH als unentgeltlicher Rechtsnachfolger i. S. v. § 22 Abs. 6 UmwStG.

Die Veräußerung der sperrfristbehafteten Anteile an der T-GmbH durch A in 09 löst die rückwirkende Besteuerung des Einbringungsgewinns I bei der M-GmbH in 07 aus (§ 22 Abs. 1 i. V. m. Abs. 6 UmwStG):

gemeiner Wert des eingebrachten Betriebsvermögens im Zeitpunkt der Einbringung (1. 1. 07)	450 000 €
./. Buchwert der sperrfristbehafteten Anteile	100 000 €
= Einbringungsgewinn I vor Siebtelung	350 000 €
davon $5/7$ = von der M-GmbH zu versteuernder Einbringungsgewinn I	250 000 €

Der Einbringungsgewinn I gilt als nachträgliche Anschaffungskosten der sperrfristbehafteten Anteile an der T-GmbH (§ 22 Abs. 1 Satz 4 UmwStG). Die in 08 durch die unentgeltliche Übertragung der sperrfristbehafteten Anteile auf A bei der M-GmbH entstandene (steuerfreie) Einkommenszurechnung vermindert sich entsprechend von 420 000 € auf 170 000 €. Die nichtabziehbaren Betriebsausgaben nach § 8 b Abs. 3 Satz 1 KStG vermindern sich auf 5 % von 170 000 €. Die Höhe der Bezüge i. S. v. § 20 Abs. 1 Nr. 1 Satz 2 EStG aus der verdeckten Gewinnausschüttung bei A ändert sich hierdurch nicht.

Der Einbringungsgewinn I gilt grundsätzlich auch beim unentgeltlichen Rechtsnachfolger A als nachträgliche Anschaffungskosten der sperrfristbehafteten Anteile (§ 22 Abs. 6 i. V. m. Abs. 1 Satz 4 UmwStG). Diese wirken sich jedoch bei A nicht mehr aus, da wegen der Besteuerung der verdeckten Gewinnausschüttung als Beteiligungsertrag bei A die Anteile an der T-GmbH mit dem gemeinen Wert im Zeitpunkt der verdeckten Gewinnausschüttung (520 000 €) zum

Ansatz kommen. Der Veräußerungsgewinn aus den Anteilen an der T-GmbH in 09 ermittelt sich bei A demnach wie folgt:

Veräußerungspreis der sperrfristbehafteten Anteile am 1. 7. 09	550 000 €
./. Anschaffungskosten der sperrfristbehafteten Anteile	520 000 €
= Veräußerungsgewinn nach § 17 Abs. 2 EStG	30 000 €

Der Veräußerungsgewinn ist anteilig steuerfrei (§ 3 Nr. 40 Satz 1 Buchstabe c i. V. m. § 3 c Abs. 2 EStG).

22.42 Sind beim unentgeltlichen Rechtsnachfolger die Voraussetzungen des § 1 Abs. 4 UmwStG nicht erfüllt, löst die unentgeltliche Übertragung die Besteuerung des Einbringungsgewinns nach § 22 Abs. 1 Satz 6 Nr. 6 UmwStG aus (vgl. Randnr. 22.27).

VIII. Verlagerung stiller Reserven auf andere Gesellschaftsanteile (§ 22 Abs. 7 UmwStG, Mitverstrickung von Anteilen)

217 **22.43** Gehen i. R. d. Gesellschaftsgründung oder einer Kapitalerhöhung aus Gesellschaftermitteln stille Reserven aus einer Sacheinlage (§ 20 Abs. 1 UmwStG) oder einem Anteilstausch auf andere Anteile desselben Gesellschafters oder unentgeltlich auf Anteile Dritter über, tritt insoweit zwar weder eine Einbringungsgewinnbesteuerung noch eine Gewinnverwirklichung ein; diese Anteile werden aber nach § 22 Abs. 7 UmwStG ebenfalls von der Steuerverstrickung nach § 22 Abs. 1 und 2 UmwStG erfasst.

Beispiel:

Das Stammkapital der X-GmbH soll in 09 von 50 000 € auf 100 000 € erhöht werden. Der gemeine Wert der GmbH vor Kapitalerhöhung beläuft sich auf 400 000 €. Den neu gebildeten Geschäftsanteil von nominell 50 000 € übernimmt S gegen Bareinlage von 100 000 €. Die Altanteile von ebenfalls nominell 50 000 € werden von V, dem Vater des S, gehalten, der sie in 08 gegen Sacheinlage seines Einzelunternehmens (gemeiner Wert 400 000 €) zum Buchwert erworben hatte. Die Anschaffungskosten des V nach § 20 Abs. 3 UmwStG betragen 40 000 €.

Lösung:

Durch die Einlage steigt der gemeine Wert der GmbH auf 500 000 €. Davon entfallen 50 % = 250 000 € auf den jungen Geschäftsanteil des S, der jedoch nur 100 000 € für seinen Anteil aufgewendet hat. Die Wertverschiebung ist darauf zurückzuführen, dass von den Anteilen des V 150 000 € stille Reserven unentgeltlich auf den Geschäftsanteil des S übergegangen sind. Dementsprechend ist der Anteil des S zu 60 % (150 000 €/250 000 €) gem. § 22 Abs. 1 UmwStG steuerverstrickt. Da ein (teilweise) unentgeltlicher Vorgang vorliegt, sind S anteilig die Anschaffungskosten seines Rechtsvorgängers V zuzurechnen i. H. v. 15 000 € (40 000 € × 150 000 €/400 000 €), so dass sich die bei V zu berücksichtigenden Anschaffungskosten entsprechend auf 25 000 € mindern.
Veräußern V und S ihre Anteile für jeweils 250 000 €, löst dies bei V in 08 eine rückwirkende Einbringungsgewinnbesteuerung nach § 22 Abs. 1 UmwStG i. H. v. 400 000 € ./. 40 000 € = 360 000 € aus. I. H. des versteuerten Einbringungsgewinns erhöhen sich nachträglich die Anschaffungskosten der Anteile von S und V:
Bei V erhöhen sich die Anschaffungskosten von 25 000 € um 360 000 € × 250 000 €/400 000 € = 225 000 € auf 250 000 € und bei S von 115 000 € um 360 000 € × 150 000 €/400 000 € = 135 000 € auf 250 000 €. Damit ergibt sich bei S und V in 09 ein Veräußerungsgewinn aus den Anteilen nach § 17 EStG von jeweils 0 €.

22.44 Randnr. 22.42 gilt entsprechend.

22.45 Die entgeltliche Veräußerung von Bezugsrechten führt zu einer Anwendung von § 22 Abs. 1 Satz 1 und Abs. 2 Satz 1 UmwStG (BFH vom 8. 4. 1992, I R 128/88, BStBl. II S. 761, und BFH vom 13. 10. 1992, VIII R 3/89, BStBl. 1993 II S. 477).

22.46 Wird eine Kapitalerhöhung aus Gesellschaftsmitteln vorgenommen, gelten die jungen Anteile als sperrfristbehaftete Anteile, soweit sie ihrerseits auf sperrfristbehaftete Altanteile entfallen.

E. Auswirkungen bei der übernehmenden Gesellschaft (§ 23 UmwStG)

I. Allgemeines

218 **23.01** Objektbezogene Kosten – hierzu gehört grundsätzlich auch eine bei der Einbringung anfallende Grunderwerbsteuer – können auch nicht aus Vereinfachungsgründen sofort als Betriebsausgaben abgezogen werden, sondern sind als zusätzliche Anschaffungskosten der Wirtschaftsgüter zu aktivieren, bei deren Erwerb (Einbringung) sie angefallen sind. Zur Behandlung von Grunderwerbsteuer bei Anteilsvereinigung (§ 1 Abs. 3 GrEStG) beachte aber auch BFH vom 20. 4. 2011, I R 2/10, BStBl. II S. 761.

23.02 Bei Einbringungsvorgängen geht ein verbleibender Verlustabzug i. S. d. § 10 d Abs. 4 Satz 2 EStG nicht auf die übernehmende Gesellschaft über, sondern verbleibt beim Einbringenden. Denn der Verlustabzug bezieht sich auf den Einbringenden persönlich und kann deshalb nicht Bestandteil des Einbringungsgegenstands sein.

Gem. § 23 Abs. 5 UmwStG geht ein vortragsfähiger Gewerbeverlust (Fehlbetrag nach § 10 a GewStG) nicht auf die übernehmende Gesellschaft über. Dies gilt entsprechend für den Zinsvortrag und einen EBITDA-Vortrag des eingebrachten Betriebs (§ 20 Abs. 9 UmwStG).

23.03[1] Wegen der Anwendung von § 8 c KStG auf nicht genutzte Verluste und den Zinsvortrag der übernehmenden Gesellschaft vgl. BMF-Schreiben vom 28. 11. 2017, BStBl. I S. 1645[2], und vom 4. 7. 2008, BStBl. I S. 718.[3]

23.04 Bei Begünstigung des Einbringungsfolgegewinns gem. § 23 Abs. 6 i. V. m. § 6 Abs. 1 UmwStG ist die fünfjährige Sperrfrist des § 6 Abs. 3 UmwStG zu beachten.

[1] **Tz. 23.03** geändert durch BMF-Schrb. v. 23. 2. 2018 (BStBl. I S. 319); anzuwenden auf alle offenen Fälle.
[2] Abgedruckt im Hauptteil zu § 8 c als **Anl zu H 8 c**.
[3] Abgedruckt im Hauptteil zu § 8 a als **Anl zu H 8 a**.

II. Buchwert- oder Zwischenwertansatz (§ 23 Abs. 1 UmwStG)

23.05 Zum Begriff Buchwert vgl. Randnr. 01.57. Bei der Einbringung von Anteilen an einer Kapitalgesellschaft oder einer Genossenschaft (Anteilstausch) aus einem Privatvermögen treten an die Stelle des Buchwerts die Anschaffungskosten der Anteile. **219**

23.06 In den Fällen der Sacheinlage und des Anteilstauschs zu Buch- oder Zwischenwerten tritt die übernehmende Gesellschaft in die steuerliche Rechtsstellung des Einbringenden ein. In den Fällen der Gesamtrechtsnachfolge nach den Vorschriften des UmwG gilt dies auch bei Ansatz des gemeinen Werts (vgl. § 23 Abs. 4 zweiter Halbsatz UmwStG). In den Fällen der Sacheinlage ist die übernehmende Gesellschaft beispielsweise an die bisherige Abschreibungsbemessungsgrundlage der übertragenen Wirtschaftsgüter, die bisherige Abschreibungs-Methode und die vom Einbringenden angenommene Nutzungsdauer gebunden. Steuerfreie Rücklagen können bei Buchwertansatz von der übernehmenden Gesellschaft fortgeführt werden. Die Regelung des § 12 Abs. 3 erster Halbsatz UmwStG gilt auch für das Nachholverbot des § 6 a Abs. 4 EStG. Zur Besitzzeitanrechnung nach § 23 Abs. 1 i. V. m. § 4 Abs. 2 Satz 3 UmwStG vgl. Randnr. 04.15.

III. Besonderheiten in den Fällen der rückwirkenden Besteuerung des Einbringungsgewinns (§ 23 Abs. 2 UmwStG)

1. Sacheinlage ohne miteingebrachte Anteile

23.07 Kommt es in den Fällen der Sacheinlage zu einer rückwirkenden Besteuerung des Einbringungsgewinns I (§ 22 Abs. 1 UmwStG), kann die übernehmende Gesellschaft auf Antrag in der Steuerbilanz des Wirtschaftsjahres, in das das schädliche Ereignis i. S. v. § 22 Abs. 1 UmwStG fällt, eine Buchwertaufstockung i. H. des versteuerten Einbringungsgewinns vornehmen. Aus dem Antrag müssen die Höhe und die Zuordnung des Aufstockungsbetrags eindeutig erkennbar sein. Die Buchwertaufstockung ist zunächst mit dem Ausgleichsposten i. S. d. Randnr. 20.20 zu verrechnen. Ein übersteigender Betrag führt zu einer Erhöhung des Steuerbilanzgewinns, der durch eine Kürzung außerhalb der Bilanz zu neutralisieren ist. Gleichzeitig ergibt sich ein Zugang beim steuerlichen Einlagekonto nach § 27 Abs. 1 KStG i. H. des Aufstockungsbetrags, soweit dieser nicht Korrekturbetrag zum Stammkapital ist. **220**

Beispiel:

Sacheinlage in 01 zum Buchwert von 15 000 €. Stammkapitalerhöhung um 22 000 €. I. H. d. Differenz (7000 €) ist in der Steuerbilanz 01 ein aktiver Ausgleichsposten anzusetzen. In 03 wird eine rückwirkende Einbringungsgewinnbesteuerung in 01 i. H. v. 10 000 € ausgelöst.

Lösung:

Unter den Voraussetzungen des § 23 Abs. 2 UmwStG kann die übernehmende GmbH eine Aufstockung i. H. v insgesamt 10 000 € vornehmen. I. H. v. 7000 € erfolgt eine Verrechnung mit dem steuerlichen Ausgleichsposten. Darüber hinaus kommt es zu einer Erhöhung des Steuerbilanzgewinns i. H. v. 3000 €, der durch eine Kürzung außerhalb der Bilanz zu neutralisieren ist. Das steuerliche Einlagekonto i. S. v. § 27 KStG erhöht sich um 3000 €.

23.08 Eine Buchwertaufstockung ist nur zulässig, soweit der Einbringende die auf den Einbringungsgewinn entfallende Steuer entrichtet hat und dies durch Vorlage einer Bescheinigung des zuständigen Finanzamts i S. v. § 22 Abs. 5 UmwStG (vgl. Randnr. 22.39) nachgewiesen wurde (§ 23 Abs. 2 Satz 1 UmwStG). Die Buchwertaufstockung ist einheitlich nach dem Verhältnis der stillen Reserven und stillen Lasten im Einbringungszeitpunkt bei den einzelnen Wirtschaftsgütern vorzunehmen.

23.09 Eine Buchwertaufstockung kommt nur in Betracht, wenn das jeweilige Wirtschaftsgut im Zeitpunkt des schädlichen Ereignisses noch zum Betriebsvermögen der übernehmenden Gesellschaft gehört. Etwas anderes gilt nur, wenn dieses zwischenzeitlich zum gemeinen Wert übertragen wurde (§ 23 Abs. 2 Satz 2 UmwStG) oder untergegangen ist. In diesen Fällen stellt der auf das zum gemeinen Wert übertragene Wirtschaftsgut entfallende Aufstockungsbetrag im Zeitpunkt des schädlichen Ereignisses eine sofort abziehbare Betriebsausgabe dar. Wurde das jeweilige Wirtschaftsgut nicht zum gemeinen Wert übertragen, ist ein Abzug des Aufstockungsbetrags als sofort abziehbarer Aufwand ausgeschlossen. Im Fall der unentgeltlichen Übertragung (z. B. im Wege einer verdeckten Gewinnausschüttung oder einer verdeckten Einlage) ist eine Aufstockung möglich, wenn für steuerliche Zwecke der gemeine Wert bzw. der Teilwert angesetzt wurde. Im Fall der Weitereinbringung der Wirtschaftsgüter zum Buch- oder Zwischenwert scheidet eine Buchwertaufstockung aus.

23.10 Die Bescheinigung nach § 22 Abs. 5 UmwStG stellt einen Grundlagenbescheid i. S. d. § 175 Abs. 1 Satz 1 Nr. 1 AO dar.

2. Anteilstausch und Miteinbringung von Anteilen i. R. einer Sacheinlage

23.11 Kommt es in den Fällen einer (Mit-)Einbringung von Anteilen (§ 20 Abs. 1 oder § 21 Abs. 1 UmwStG) zu einer rückwirkenden Besteuerung des Einbringungsgewinns II (§ 22 Abs. 2 UmwStG), erhöhen sich auf Antrag der übernehmenden Gesellschaft bei dieser die Anschaffungskosten der eingebrachten Anteile (§ 23 Abs. 2 Satz 3 UmwStG). Dadurch verringert sich bei der übernehmenden Gesellschaft der Gewinn aus der Veräußerung der eingebrachten Anteile entsprechend. Dies gilt in den Fällen der Weitereinbringung der eingebrachten Anteile zum Buchwert auch im Hinblick auf die auf der Weitereinbringung beruhenden Anteile (§ 23 Abs. 2 Satz 3, § 22 Abs. 1 Satz 7 UmwStG). Die Ausführungen zu Randnr. 23.07–23.10 gelten entsprechend. **221**

Beispiel:

X bringt am 1. 1. 01 Anteile an der A-GmbH (Anschaffungskosten 55 000 €, gemeiner Wert 90 000 €) nach § 21 Abs. 1 Satz 2 UmwStG zum Buchwert gegen Gewährung von Anteilen in die B-GmbH ein. Diese wiederum bringt in 03 die sperrfristbehafteten Anteile an der A-GmbH nach § 21 Abs. 1 Satz 2 UmwStG zum Buchwert gegen Gewährung von Anteilen in die C-GmbH ein. Die C-GmbH veräußert die Anteile an der A-GmbH am 1. 7. 04 für 100 000 €.

Lösung:

Die Weitereinbringung der sperrfristbehafteten Anteile an der A-GmbH in 03 durch die B-GmbH zum Buchwert löst keine rückwirkende Einbringungsgewinnbesteuerung bei A in 01 aus, da sie zum Buchwert erfolgt ist (§ 22 Abs. 2 Satz 6 i. V. m. Abs. 1 Satz 6 Nr. 2 UmwStG). Die Veräußerung der sperrfristbehafteten Anteile an der A-GmbH in 04 führt nach § 22 Abs. 2 Satz 1 UmwStG zu einer rückwirkenden Besteuerung des Einbringungsgewinns II i. H. v. 20 000 € ($^4/_7$ × [gemeiner Wert 90 000 € ./. Anschaffungskosten 55 000 €]) zum 1. 1. 01. Der Einbringungsgewinn II gilt bei X nach § 22 Abs. 2 Satz 4 UmwStG als nachträgliche Anschaffungskosten der Anteile an der B-GmbH.

Darüber hinaus erhöhen sich auf Antrag sowohl die Anschaffungskosten der C-GmbH für die Anteile an der A-GmbH (§ 23 Abs. 2 Satz 3 UmwStG) sowie die Anschaffungskosten der B-GmbH für die Anteile an der C-GmbH (§ 23 Abs. 2 Satz 3 i. V. m. § 22 Abs. 1 Satz 7 UmwStG). Bei der C-GmbH vermindert sich damit der nach § 8 b Abs. 2 KStG begünstigte Veräußerungsgewinn aus den Anteilen an der A-GmbH entsprechend. Gleichzeitig sind nur noch 5 % des verminderten Veräußerungsgewinns nach § 8 b Abs. 3 Satz 1 KStG als nichtabziehbare Betriebsausgabe außerhalb der Bilanz hinzuzurechnen. Bei der B-GmbH vermindert sich ein künftiger nach § 8 b Abs. 2 KStG begünstigter Veräußerungsgewinn aus den Anteilen an der C-GmbH entsprechend.

3. Entrichtung der Steuer

222 **23.12** Eine Buchwertaufstockung ist nur zulässig, soweit der Einbringende die auf den Einbringungsgewinn entfallende Steuer entrichtet hat. Ergibt sich im Wirtschaftsjahr der Einbringung für den Einbringenden auch nach Einbeziehung des Einbringungsgewinns I oder II ein Verlust, gilt die Steuer grundsätzlich mit Bekanntgabe des (geänderten) Verlustfeststellungsbescheids als entrichtet. Ist das Einkommen in dem für die Einbringung maßgeblichen Veranlagungszeitraum zwar positiv, ergibt sich jedoch aufgrund eines Verlustvor- oder -rücktrags keine festzusetzende Steuer, gilt die Steuer ebenfalls mit Bekanntgabe des (geänderten) Verlustfeststellungsbescheids als entrichtet. Auf die Entrichtung der sich aufgrund der Verringerung des rück- oder vortragsfähigen Verlusts im Verlustrück- oder -vortragsjahr beim Einbringenden ergebenden Steuer kommt es nicht an. Entsprechendes gilt auch bei der Verrechnung des Einbringungsgewinns mit Verlusten aus anderen Einkunftsarten, soweit nicht ein Verlustverrechnungsverbot besteht.

Ist oder wird die Steuer aus der Steuerfestsetzung, die den Einbringungsgewinn beinhaltet, nur teilweise getilgt, entfällt die Tilgung anteilig auch auf den Einbringungsgewinn.

23.13 Ist der Einbringende eine Organgesellschaft, ist Voraussetzung für die Buchwertaufstockung die Entrichtung der Steuer durch den Organträger; in Verlustfällen kommt es auf die Berücksichtigung des Einbringungsgewinns im jeweiligen Verlustfeststellungsbescheid des Organträgers an.

IV. Besonderheiten beim Zwischenwertansatz (§ 23 Abs. 3 UmwStG)

223 **23.14** Bei Ansatz von Zwischenwerten sind die in den Wirtschaftsgütern, Schulden und steuerfreien Rücklagen ruhenden stillen Reserven um einen einheitlichen Prozentsatz aufzulösen; vgl. Randnr. 03.25 f.

23.15 Für die Absetzungen für Abnutzung der zu einem Zwischenwert eingebrachten Wirtschaftsgüter gilt Folgendes:

a) In den Fällen des § 23 Abs. 3 Satz 1 Nr. 1 UmwStG erhöht sich die bisherige AfA-Bemessungsgrundlage um den Aufstockungsbetrag. Der bisher geltende Abschreibungssatz ist weiter anzuwenden. Absetzungen für Abnutzung (AfA) können nur bis zur Höhe des Zwischenwerts abgezogen werden.

Beispiel:

Für eine Maschine mit Anschaffungskosten von 100 000 € und einer Nutzungsdauer von 10 Jahren wird AfA nach § 7 Abs. 1 EStG von jährlich 10 000 € vorgenommen. Bei Einbringung nach drei Jahren beträgt der Restbuchwert 70 000 €, die Restnutzungsdauer sieben Jahre. Die übernehmende Gesellschaft setzt die Maschine mit 90 000 € an.

Lösung:

Ab dem Zeitpunkt der Einbringung ist für die Maschine jährlich AfA von 10 % von (100 000 € + 20 000 € =) 120 000 € = 12 000 € vorzunehmen (7 × 12 000 € = 84 000 €). Im letzten Jahr der Nutzungsdauer ist zusätzlich zu der linearen AfA i. H. v. 12 000 € auch der Restwert i. H. v. 6000 € (= 90 000 € ./. 84 000 €) abzuziehen.

In den Fällen, in denen das AfA-Volumen vor dem Ablauf der Nutzungsdauer verbraucht ist, kann in dem verbleibenden Nutzungszeitraum keine AfA mehr abgezogen werden.

Wird in den Fällen des § 7 Abs. 4 Satz 1 EStG auf diese Weise die volle Absetzung innerhalb der tatsächlichen Nutzungsdauer nicht erreicht, kann die AfA nach der Restnutzungsdauer des Gebäudes bemessen werden (BFH vom 7. 6. 1977, VIII R 105/73, BStBl. II S. 606).

b) In den Fällen des § 23 Abs. 3 Satz 1 Nr. 2 UmwStG ist der Zwischenwert die Bemessungsgrundlage der weiteren Absetzungen für Abnutzung (AfA). Der Abschreibungssatz richtet sich nach der neu zu schätzenden Restnutzungsdauer im Zeitpunkt der Einbringung.

Beispiel:

Für eine Maschine mit einer Nutzungsdauer von 12 Jahren wird AfA nach § 7 Abs. 2 EStG von jährlich 20,83 % vorgenommen. Der Restbuchwert bei Einbringung beträgt 70 000 €. Die übernehmende Gesellschaft setzt die Maschine mit 90 000 € an und schätzt die Restnutzungsdauer auf acht Jahre.

Lösung:

Ab dem Zeitpunkt der Einbringung ist für die Maschine jährlich AfA von 25 % vom jeweiligen Buchwert vorzunehmen.

23.16 Bei Erhöhung der Anschaffungs- oder Herstellungskosten aufgrund rückwirkender Besteuerung des Einbringungsgewinns (§ 23 Abs. 2 UmwStG) ist § 23 Abs. 3 Satz 1 UmwStG entsprechend anzuwenden. Die Buchwertaufstockung erfolgt in diesen Fällen zu Beginn des Wirtschaftsjahrs, in welches das die Besteuerung des Einbringungsgewinns auslösende Ereignis fällt (§ 23 Abs. 3 Satz 2 UmwStG).

V. Ansatz des gemeinen Werts (§ 23 Abs. 4 UmwStG)

23.17 Gemeiner Wert des Betriebsvermögens ist der Saldo der gemeinen Werte der aktiven und passiven Wirtschaftsgüter. Beim Ansatz des gemeinen Werts sind alle stillen Reserven aufzudecken, insbesondere auch steuerfreie Rücklagen aufzulösen und selbst geschaffene immaterielle Wirtschaftsgüter, einschließlich des Firmen- oder Geschäftswerts, anzusetzen. Dies gilt auch für die Fälle der Einbringung im Wege der Gesamtrechtsnachfolge; § 23 Abs. 4 zweite Alternative UmwStG begründet insoweit keine Besonderheiten, sondern setzt den durch § 20 Abs. 2 Satz 1 UmwStG vorgegebenen Begriff des gemeinen Werts voraus. Vgl. hierzu Randnr. 20.17 sowie Randnr. 03.07 f. **224**

23.18 Als Wert einer Pensionsverpflichtung ist anzusetzen (in den Fällen der Einzelrechtsnachfolge und der Gesamtrechtsnachfolge)
- bei Pensionsanwartschaften vor Beendigung des Dienstverhältnisses des Pensionsberechtigten der nach § 6 a Abs. 3 Satz 2 Nr. 1 EStG zu berechnende Wert; dabei ist als Beginn des Dienstverhältnisses des Pensionsberechtigten der Eintritt in den Betrieb des Einbringenden maßgebend,
- bei aufrechterhaltenen Pensionsanwartschaften nach Beendigung des Dienstverhältnisses des Pensionsberechtigten oder bei bereits laufenden Pensionszahlungen der Barwert der künftigen Pensionsleistungen (§ 6 a Abs. 3 Satz 2 Nr. 2 EStG).

23.19 Die Rechtsfolgen bei Ansatz des gemeinen Werts unterscheiden sich für die übernehmende Gesellschaft danach, ob die Einbringung im Wege der Einzelrechtsnachfolge (§ 23 Abs. 4 erste Alternative UmwStG) oder der Gesamtrechtsnachfolge (§ 23 Abs. 4 zweite Alternative UmwStG) erfolgt. Bei Gesamtrechtsnachfolge gilt § 23 Abs. 3 UmwStG entsprechend.

23.20 Erfolgt eine Einbringung sowohl im Wege der Gesamtrechtsnachfolge als auch im Wege der Einzelrechtsnachfolge (z. B. bei Verschmelzung einer KG auf eine GmbH mit gleichzeitigem Übergang des Sonderbetriebsvermögens im Wege der Einzelrechtsnachfolge), ist der Vorgang für Zwecke des § 23 Abs. 4 UmwStG einheitlich als Gesamtrechtsnachfolge zu beurteilen.

23.21 Im Fall der Einzelrechtsnachfolge wird der Einbringungsvorgang für die übernehmende Gesellschaft als Anschaffung zum gemeinen Wert behandelt. Dies hat u. a. zur Folge, dass für die Absetzungen für Abnutzung der eingebrachten Wirtschaftsgüter ausschließlich die Verhältnisse der übernehmenden Gesellschaft maßgebend sind. Zu den Auswirkungen auf die Investitionszulage vgl. Randnr. 10 des BMF-Schreibens vom 8. 5. 2008, BStBl. I S. 590.

VI. Verlustabzug bei Auslandsbetriebsstätten

23.22 Für die Nachversteuerung von Verlusten gem. § 2 a Abs. 4 EStG a. F. bzw. 2 Abs. 2 AuslInvG gilt Randnr. 04.12 entsprechend. **225**

Siebter Teil. Einbringung eines Betriebs, Teilbetriebs oder Mitunternehmeranteils in eine Personengesellschaft (§ 24 UmwStG)

A. Allgemeines

I. Persönlicher und sachlicher Anwendungsbereich

24.01 Zu den zivilrechtlichen Formen der Einbringung eines Betriebs, Teilbetriebs oder Mitunternehmeranteils in eine Personengesellschaft siehe Randnr. 01.47 f. **230**

24.02 Für Zwecke des § 24 UmwStG gilt auch eine zu einem Betriebsvermögen gehörende, das gesamte Nennkapital umfassende Beteiligung an einer Kapitalgesellschaft als Teilbetrieb. Randnr. 15.05 f. gelten entsprechend.

II. Entsprechende Anwendung der Regelungen zu §§ 20, 22, 23 UmwStG

24.03 Die vorstehenden Ausführungen zu §§ 20, 22, 23 UmwStG gelten für Einbringungen in eine Personengesellschaft nach § 24 UmwStG, soweit im Folgenden nichts anderes bestimmt ist, entsprechend. Insbesondere gelten folgende Randnr. entsprechend: **231**
- Randnr. 20.03 betreffend die Person des Einbringenden,
- Randnr. 20.05–20.08 und Randnr. 20.10 ff. betreffend die Einbringung von Betrieben, Teilbetrieben und Mitunternehmeranteilen,
- Randnr. 20.17 ff. betreffend die Bewertung des eingebrachten Betriebsvermögens,
- Randnr. 20.25 ff. betreffend die Besteuerung des Einbringungsgewinns,
- Randnr. 23.01 ff., 23.05 f., 23.14 f., 23.17 ff. betreffend die Auswirkungen bei der übernehmenden Gesellschaft und
- Randnr. 23.22 betreffend die Nachversteuerung von Verlusten.

Hat die übernehmende Personengesellschaft für das Wirtschaftsjahr, in dem die Einbringung erfolgt ist, keine steuerliche Schlussbilanz zu erstellen, weil sie nach der Einbringung zulässigerweise zur Gewinnermittlung nach § 4 Abs. 3 EStG zurückkehrt, muss der Antrag i. S. d. § 24 Abs. 2 Satz 2 UmwStG in entsprechender Anwendung des § 20 Abs. 2 Satz 3 UmwStG spätestens bis zur erstmaligen Abgabe der entsprechend R 4.5 (6) EStR zu erstellenden Bilanz i. S. d. § 24 Abs. 2 UmwStG bei dem für die Besteuerung der übernehmenden Personengesellschaft zuständigen Finanzamt gestellt werden.[1]

---

[1] Siehe aber *Vfg. OFD Frankfurt v. 24. 10. 2014 S 1978 d A – 4 – St 510, DStR 2015 S. 1312, BeckVerw 291272*, betr. Bilanzierungspflicht aufgrund der Anwendung des § 24 UmwStG bei Steuerpflichtigen, die ihren Gewinn nach § 4 Abs. 3 EStG ermitteln.

24.04 Die Einbringung in eine Personengesellschaft nach § 24 UmwStG ist – im Gegensatz zur Einbringung in eine Kapitalgesellschaft nach § 20 UmwStG – auch dann zum Buchwert möglich, wenn das eingebrachte Betriebsvermögen negativ ist. Denn in § 24 UmwStG fehlt eine § 20 Abs. 2 Satz 2 Nr. 2 UmwStG entsprechende Regelung.

24.05 I. R. d. § 24 UmwStG ist es ausreichend, wenn das eingebrachte Betriebsvermögen teilweise Sonderbetriebsvermögen des Einbringenden bei der übernehmenden Mitunternehmerschaft wird.

III. Rückbeziehung nach § 24 Abs. 4 UmwStG

232 **24.06** § 24 Abs. 4 zweiter Halbsatz UmwStG eröffnet die Möglichkeit einer Rückbeziehung der Einbringung für den Fall der Gesamtrechtsnachfolge nach den Vorschriften des UmwG oder vergleichbarer ausländischer Vorgänge, also nicht für den Fall der Anwachsung. Stellt sich die Einbringung als Kombination von Gesamtrechtsnachfolge und Einzelrechtsnachfolge dar, nimmt auch die Einzelrechtsnachfolge an der Rückbeziehung teil. Bei Vorgängen im Wege der Einzelrechtsnachfolge ist eine Rückbeziehung nicht möglich. Randnr. 20.13–20.16 gelten entsprechend.

B. Einbringung gegen Gewährung von Gesellschaftsrechten

I. Allgemeines

233 **24.07** § 24 UmwStG ist nur anwendbar, soweit der Einbringende als Gegenleistung für die Einbringung Gesellschaftsrechte erwirbt, d. h. soweit er durch die Einbringung die Rechtsstellung eines Mitunternehmers erlangt oder seine bisherige Mitunternehmerstellung erweitert (BFH vom 16. 12. 2004, III R 38/00, BStBl. 2005 II S. 554 und BFH vom 25. 4. 2006, VIII R 52/04, BStBl. II S. 847). Das erfordert als Gegenleistung die Erhöhung des die Beteiligung widerspiegelnden Kapitalkontos oder die Einräumung weiterer Gesellschaftsrechte (BFH vom 25. 4. 2006, VIII R 52/04, BStBl. II S. 847 und BFH vom 15. 6. 1976, I R 17/74, BStBl. II S. 748). Ist ein Mitunternehmer bereits zu 100 % an einer Personengesellschaft beteiligt (Ein-Personen-GmbH & Co. KG), muss sein Kapitalkonto bei einer weiteren Einbringung eines Betriebs, Teilbetriebs oder Mitunternehmeranteils erhöht werden. *Die teilweise Buchung auf einem Kapitalkonto und auf einem gesamthänderisch gebundenen Rücklagenkonto ist für die Anwendung des § 24 UmwStG ebenso unschädlich wie die ausschließliche Buchung auf einem variablen Kapitalkonto (z. B. Kapitalkonto II).*[1] Die Buchung auf einem bloßen Darlehenskonto reicht dagegen nicht aus (vgl. hierzu im Einzelnen BMF-Schreiben vom 11. 7. 2011, BStBl. I S. 713). Zur Abgrenzung zwischen Darlehens- und Kapitalkonto vgl. das BMF-Schreiben vom 30. 5. 1997, BStBl. I S. 627.

Erfolgt die Einbringung gegen ein Mischentgelt, d. h. gegen Gewährung von Gesellschaftsrechten und sonstige Ausgleichsleistungen, kann die Einbringung auf Antrag (§ 24 Abs. 2 Satz 2 UmwStG) entsprechend dem Verhältnis der jeweiligen Teilleistungen (Wert der erlangten Gesellschaftsrechte einerseits und Wert der sonstigen Gegenleistungen andererseits) zum gemeinen Wert des eingebrachten Betriebsvermögens teilweise zu Buchwerten und teilweise zum gemeinen Wert vollzogen werden (BFH vom 11. 12. 2001, VIII R 58/98, BStBl. 2002 II S. 420).

Stellt sich der Einbringungsvorgang bei wirtschaftlicher Betrachtung als Veräußerung gegen ein nicht in Gesellschaftsrechten bestehendes Entgelt dar, ist § 24 UmwStG nicht anzuwenden.

Beispiel:

A betreibt (u. a.) den Teilbetrieb I, dessen Wirtschaftsgüter erhebliche stille Reserven aufweisen. Der Teilbetrieb I soll an B veräußert werden. Um die dabei eintretende Gewinnverwirklichung zu vermeiden, bringt A seinen gesamten Betrieb nach § 24 UmwStG zu Buchwerten in eine KG mit B ein, der eine Geldeinlage leistet. Kurze Zeit später kommt es zur Realteilung, bei der B den Teilbetrieb erhält, um ihn auf eigene Rechnung fortzuführen.

Lösung:

Der Vorgang ist nicht steuerneutral. Es handelt sich um die verdeckte Veräußerung des Teilbetriebs I nach § 16 Abs. 1 Satz 1 Nr. 1 i. V. m. § 34 EStG (vgl. auch BFH vom 11. 12. 2001, VIII R 23/01, BStBl. 2004 II S. 474).

II. Einbringung mit Zuzahlung zu Buchwerten

234 **24.08** Erhält der Einbringende neben dem Mitunternehmeranteil an der Personengesellschaft eine Zuzahlung, die nicht Betriebsvermögen der Personengesellschaft wird, ist davon auszugehen, dass

- der Einbringende Eigentumsanteile an den Wirtschaftsgütern des Betriebs veräußert und
- die ihm verbliebenen Eigentumsanteile für eigene Rechnung, sowie die veräußerten Eigentumsanteile für Rechnung des zuzahlenden Gesellschafters in das Betriebsvermögen der Personengesellschaft einlegt (vgl. BFH vom 18. 10. 1999, GrS 2/98, BStBl. 2000 II S. 123).

24.09 Der Gewinn, der durch eine Zuzahlung in das Privatvermögen des Einbringenden entsteht, kann nicht durch Erstellung einer negativen Ergänzungsbilanz vermieden werden (BFH vom 8. 12. 1994, IV R 82/92, BStBl. 1995 II S. 599 und BFH vom 16. 12. 2004, III R 38/00, BStBl. 2005 II S. 554). Eine Zuzahlung liegt auch vor, wenn mit ihr eine zugunsten des Einbringenden begründete Verbindlich-

---

[1] Überholt durch *BMF-Schrb. v. 26. 7. 2016 IV C 6 – S 2178/09/10001, BStBl. 2016 I S. 684* zur Anwendung der BFH-Urteile v. 29. 7. 2015 IV R 15/14 (BStBl. 2016 II S. 593) und v. 4. 2. 2016 IV R 46/12 (BStBl. II S. 607): (…) Nach Auffassung des BFH sind Einbringungen in Personengesellschaften gegen Buchung auf einem Gesellschafterkonto nur dann entgeltliche Vorgänge und führen nur dann zur Gewährung von Gesellschaftsrechten, wenn ein Kapitalkonto angesprochen wird, nach dem sich die maßgebenden Gesellschaftsrechte, insbesondere das Gewinnbezugsrecht, richten (das ist in der Regel das Kapitalkonto I). Danach führt jedenfalls die ausschließliche Buchung auf dem Kapitalkonto II nicht zu einem entgeltlichen Vorgang und damit nicht zur Gewährung von Gesellschaftsrechten, sondern ist als Einlage zu behandeln. (. . .) Auf gemeinsamen Antrag des Übertragenden oder des Einbringenden und der übernehmenden Personengesellschaft kann in noch offenen Fällen die bisherige Verwaltungsauffassung in den BMF-Schreiben vom 11. Juli 2011 (BStBl. I S. 713) und vom 11. November 2011 (BStBl. I S. 1314), wonach auch eine Buchung auf dem Kapitalkonto II zu einer Gewährung von Gesellschaftsrechten führt, für Übertragungen und Einbringungen bis zum 31. Dezember 2016 weiterhin angewendet werden.

keit der Gesellschaft getilgt wird (BFH vom 8. 12. 1994, IV R 82/92, BStBl. 1995 II S. 599) oder durch die Einbringung private Verbindlichkeiten (z. B. Pflichtteilsansprüche) abgegolten werden (BFH vom 16. 12. 2004, III R 38/00, BStBl. 2005 II S. 554).

24.10 Die Veräußerung der Anteile an den Wirtschaftsgütern ist ein Geschäftsvorfall des einzubringenden Betriebs. Der hierbei erzielte Veräußerungserlös wird vor der Einbringung aus dem Betriebsvermögen entnommen. Anschließend wird der Betrieb so eingebracht, wie er sich nach der Entnahme des Veräußerungserlöses darstellt.

Beispiel:

A und B gründen eine OHG, die das Einzelunternehmen des A zu Buchwerten fortführen soll. Das Einzelunternehmen hat einen Buchwert von 100 000 € und einen gemeinen Wert von 300 000 €. A und B sollen an der OHG zu je 50 % beteiligt sein. A erhält von B eine Zuzahlung i. H. v. 150 000 €, die nicht Betriebsvermögen der OHG wird.

Lösung:

Die Zahlung der 150 000 € durch B an A ist die Gegenleistung für den Verkauf von je $\frac{1}{2}$ Miteigentumsanteilen an den Wirtschaftsgütern des Einzelunternehmens. Infolge dieser Vereinbarungen bringt A sein Einzelunternehmen sowohl für eigene Rechnung als auch für Rechnung des B in die OHG ein.
Der bei der Veräußerung der Anteile an den Wirtschaftsgütern erzielte Gewinn ist als laufender, nicht nach §§ 16, 34 EStG begünstigter Gewinn zu versteuern. Die Veräußerung eines Betriebs (§ 16 Abs. 1 Satz 1 Nr. 1 EStG) liegt nicht vor, weil nur Miteigentumsanteile an den Wirtschaftsgütern des Betriebs veräußert werden; die Veräußerung eines Mitunternehmeranteils (§ 16 Abs. 1 Satz 1 Nr. 2 EStG) liegt nicht vor, weil eine Mitunternehmerschaft im Zeitpunkt der Veräußerung der Miteigentumsanteile noch nicht bestand, sondern durch den Vorgang erst begründet wurde (BFH vom 18. 10. 1999, GrS 2/98, BStBl. 2000 II S. 123).

24.11 Unter Berücksichtigung der Umstände des Einzelfalls kann es geboten sein, nach den vorstehenden Grundsätzen auch dann zu verfahren, wenn die Zuzahlung zunächst Betriebsvermögen der Personengesellschaft wird und erst später entnommen wird. Bei wirtschaftlicher Betrachtungsweise kann die Zuführung der Zuzahlung zum Betriebsvermögen der Personengesellschaft und die Entnahme der Zuzahlung durch den Einbringenden nach den Vereinbarungen der Parteien den gleichen wirtschaftlichen Gehalt haben, wie eine Zuzahlung, die unmittelbar an den Einbringenden erfolgt (so auch BFH vom 8. 12. 1994, IV R 82/92, BStBl. 1995 II S. 599). Insbesondere wenn der Einbringende im Anschluss an die Einbringung größere Entnahmen tätigen darf und bei der Bemessung seines Gewinnanteils auf seinen ihm dann noch verbleibenden Kapitalanteil abgestellt wird, kann es erforderlich sein, den Zuzahlungsbetrag als unmittelbar in das Privatvermögen des Einbringenden geflossen anzusehen.

III. Einbringung mit Zuzahlung zu gemeinen Werten

24.12 Für den Fall der Aufnahme eines Gesellschafters in ein bestehendes Einzelunternehmen sind 235
bei einer Einbringung zu gemeinen Werten – vorbehaltlich der Regelung des § 24 Abs. 3 Satz 3 UmwStG – die Begünstigungen des § 24 Abs. 3 Satz 2 UmwStG i. V. m. § 16 Abs. 4, § 34 EStG auch insoweit anzuwenden, als eine Zuzahlung in das Privatvermögen des Einbringenden erfolgt (BFH vom 21. 9. 2000, IV R 54/99, BStBl. 2001 II S. 178). Entsprechendes gilt im Fall der Aufnahme eines weiteren Gesellschafters in eine bestehende Personengesellschaft.

C. Ergänzungsbilanzen

24.13 Nach § 24 Abs. 2 Satz 2 UmwStG kann die Personengesellschaft das eingebrachte Betriebs- 236
vermögen in ihrer Bilanz einschließlich der Ergänzungsbilanzen für ihre Gesellschafter abweichend vom Grundsatz des § 24 Abs. 2 Satz 1 UmwStG auf Antrag mit seinem Buch- oder Zwischenwert ansetzen. Werden die Buchwerte des eingebrachten Betriebsvermögens aufgestockt, gilt Randnr. 03.25 f. entsprechend. Der Wert, mit dem das eingebrachte Betriebsvermögen in der Bilanz der Personengesellschaft einschließlich der Ergänzungsbilanzen für ihre Gesellschafter angesetzt wird, gilt nach § 24 Abs. 3 Satz 1 UmwStG für den Einbringenden als Veräußerungspreis.

24.14 Bei der Einbringung eines Betriebs, Teilbetriebs oder Mitunternehmeranteils in eine Personengesellschaft werden in der Praxis die Buchwerte des eingebrachten Betriebsvermögens in der Bilanz der Personengesellschaft aufgestockt, um die Kapitalkonten der Gesellschafter im richtigen Verhältnis zueinander auszuweisen (Bruttomethode). Es kommt auch vor, dass ein Gesellschafter als Gesellschaftseinlage einen höheren Beitrag leisten muss, als ihm in der Bilanz der Personengesellschaft als Kapitalkonto gutgeschrieben wird (Nettomethode). In diesen Fällen haben die Gesellschafter der Personengesellschaft Ergänzungsbilanzen zu bilden, soweit ein Antrag nach § 24 Abs. 2 Satz 2 UmwStG gestellt wird und dadurch die sofortige Versteuerung eines Veräußerungsgewinns für den Einbringenden vermieden werden soll.

Beispiel:

A unterhält ein Einzelunternehmen mit einem buchmäßigen Eigenkapital von 100 000 €. In den Wirtschaftsgütern des Einzelunternehmens sind stille Reserven von 200 000 € enthalten. Der gemeine Wert des Unternehmens beträgt 300 000 €. Die Schlussbilanz des A im Zeitpunkt der Einbringung sieht wie folgt aus:

	Gemeiner Wert	Buchwert		*Gemeiner Wert*	Buchwert
Aktiva diverse	*300 000 €*	100 000 €	Kapital		100 000 €
	(300 000 €)	100 000 €			100 000 €

In das Einzelunternehmen des A tritt B als Gesellschafter ein; A bringt also sein Einzelunternehmen in die neue von ihm und B gebildete Personengesellschaft ein. A und B sollen an der neuen Personengesellschaft zu je 50 % beteiligt sein.

B leistet deshalb eine Bareinlage von 300 000 €. Die Kapitalkonten von A und B sollen in der Bilanz der Personengesellschaft gleich hoch sein. Die Personengesellschaft stellt den Antrag auf Ansatz der Buchwerte nach § 24 Abs. 2 Satz 2 UmwStG.
Die Eröffnungsbilanz der Personengesellschaft lautet wie folgt:

	Buchwert		**Buchwert**
Aktiva diverse (A)	100 000 €	Kapital A	200 000 €
Bank (Bareinlage B)	300 000 €	Kapital B	200 000 €
	400 000 €		400 000 €

Lösung:
Da B eine Einlage von 300 000 € geleistet hat, hat er 100 000 € mehr gezahlt, als sein buchmäßiges Kapital in der Bilanz der neuen Personengesellschaft beträgt (B hat mit diesen 100 000 € praktisch dem A die Hälfte der stillen Reserven „abgekauft"). Er muss in diesem Fall sein in der Bilanz der Personengesellschaft nicht ausgewiesenes Mehrkapital von 100 000 € in einer Ergänzungsbilanz ausweisen. Auf diese Weise wird sichergestellt, dass die aktivierungspflichtigen Anschaffungskosten des B (300 000 € × $1/2$ = 150 000 €) für die erlangten Anteile an den Wirtschaftsgütern des bisherigen Einzelunternehmens i. R. d. Gewinnverteilung berücksichtigt werden (BFH vom 25. 4. 2006, VIII R 52/04, BStBl. II S. 847).
Die positive Ergänzungsbilanz des B hat den folgenden Inhalt:

	Buchwert		**Buchwert**
Aktiva diverse	100 000 €	Mehrkapital B	100 000 €
	100 000 €		100 000 €

Das von A in die Personengesellschaft eingebrachte Betriebsvermögen ist danach in der Bilanz der Personengesellschaft einschließlich der Ergänzungsbilanz des Gesellschafters B mit insgesamt 200 000 € ausgewiesen (mit 100 000 € in der Gesamthandsbilanz der Personengesellschaft und mit 100 000 € in der Ergänzungsbilanz des B). Es war bisher bei A nur mit 100 000 € angesetzt. Es würde sich danach für A ein Veräußerungsgewinn von 100 000 € ergeben.
A muss diesen Veräußerungsgewinn dadurch neutralisieren, dass er seinerseits eine Ergänzungsbilanz aufstellt und in dieser dem in der Ergänzungsbilanz des B ausgewiesenen Mehrwert für die Aktiva von 100 000 € einen entsprechenden Minderwert gegenüberstellt, sog. negative Ergänzungsbilanz.
Diese negative Ergänzungsbilanz des A sieht wie folgt aus:

	Buchwert		**Buchwert**
Minderkapital A	100 000 €	Aktiva diverse	100 000 €
	100 000 €		100 000 €

Das eingebrachte Betriebsvermögen ist nunmehr in der Bilanz der Personengesellschaft und den Ergänzungsbilanzen ihrer Gesellschafter insgesamt wie folgt ausgewiesen: mit 100 000 € in der Bilanz der Personengesellschaft zuzüglich 100 000 € in der Ergänzungsbilanz des B abzüglich 100 000 € in der Ergänzungsbilanz des A, insgesamt also mit 100 000 €. Dieser Wert ist nach § 24 Abs. 3 UmwStG für die Ermittlung des Veräußerungsgewinns des A bei der Einbringung maßgebend.
Da der Buchwert des eingebrachten Betriebsvermögens in der Schlussbilanz des A ebenfalls 100 000 € betragen hat, entsteht für A kein Veräußerungsgewinn.
Die Ergänzungsbilanzen für A und B sind auch bei der künftigen Gewinnermittlung zu berücksichtigen und korrespondierend weiterzuentwickeln. Dabei ergibt sich z. B. gegenüber der Bilanz der Personengesellschaft für den Gesellschafter B aus seiner (positiven) Ergänzungsbilanz ein zusätzliches AfA-Volumen und für den Gesellschafter A aus seiner (negativen) Ergänzungsbilanz eine Minderung seines AfA-Volumens (vgl. hierzu auch BFH vom 28. 9. 1995, IV R 57/94, BStBl. 1996 II S. 68). Die aus der korrespondierend zur positiven Ergänzungsbilanz des einbringenden Mitunternehmers spiegelbildlich fortlaufend jährlich vorzunehmende Auflösung der negativen Ergänzungsbilanz ist als laufender Gewinn zu erfassen (BFH vom 25. 4. 2006, VIII R 52/04, BStBl. II S. 847).
Würde das von A eingebrachte Betriebsvermögen in der Eröffnungsbilanz der Personengesellschaft nicht mit seinem Buchwert von 100 000 €, sondern mit seinem wahren Wert von 300 000 € angesetzt werden und würden demgemäß die Kapitalkonten von A und B mit je 300 000 € ausgewiesen werden (Bruttomethode), müsste A bei Beantragung der Buchwertfortführung durch die übernehmende Personengesellschaft eine negative Ergänzungsbilanz mit einem Minderkapital von 200 000 € aufstellen; für B entfiele in diesem Fall eine Ergänzungsbilanz.

D. Anwendung der §§ 16, 34 EStG bei Einbringung zum gemeinen Wert

237 **24.15** Auf einen bei der Einbringung eines Betriebs, Teilbetriebs oder gesamten Mitunternehmeranteils in eine Personengesellschaft entstehenden Veräußerungsgewinn sind § 16 Abs. 4 und § 34 EStG nur anzuwenden, wenn das eingebrachte Betriebsvermögen in der Bilanz der Personengesellschaft einschließlich der Sonder- und Ergänzungsbilanzen der Gesellschafter mit dem gemeinen Wert angesetzt wird; dabei ist auch ein vorhandener Firmen- oder Geschäftswert mit auszuweisen (vgl. Randnr. 23.17).

24.16 Durch die Verweisung auf § 16 Abs. 2 Satz 3 EStG in § 24 Abs. 3 Satz 3 UmwStG ist klargestellt, dass der Einbringungsgewinn stets als laufender, nicht nach §§ 16, 34 EStG begünstigter Gewinn anzusehen ist, soweit der Einbringende wirtschaftlich gesehen „an sich selbst" veräußert.

§ 24 Abs. 3 Satz 3 UmwStG stellt bei der Betrachtung, ob eine Veräußerung an sich selbst vorliegt, nicht auf den einzelnen Gesellschafter, sondern auf die einbringenden Gesellschafter in ihrer gesamthänderischen Verbundenheit ab.

Beispiel:

An einer OHG sind vier Gesellschafter zu je $1/4$ beteiligt. Es soll gegen Bareinlage in das Betriebsvermögen ein fünfter Gesellschafter so aufgenommen werden, dass alle Gesellschafter anschließend zu je $1/5$ beteiligt sind.

Lösung:

Wirtschaftlich gesehen gibt jeder der Altgesellschafter 1/5 an den Neuen ab; er veräußert also zu 4/5 „an sich selbst". Ein bei Ansatz der gemeinen Werte entstehender Gewinn ist nach der Regelung in § 24 Abs. 3 Satz 3 UmwStG i. V. m. § 16 Abs. 2 Satz 3 EStG daher zu 4/5 nicht begünstigt.

24.17 Gewinne, die i. R. einer Betriebsveräußerung oder Betriebseinbringung nach § 16 Abs. 2 Satz 3 EStG bzw. § 24 Abs. 3 Satz 3 UmwStG kraft gesetzlicher Anordnung als laufende Gewinne behandelt werden, sind gewerbesteuerpflichtig. Die gesetzliche Fiktion der Behandlung als laufender Gewinn erstreckt sich in diesen Fällen auch auf die Gewerbesteuer (BFH vom 15. 6. 2004, VIII R 7/01, BStBl. II S. 754).

E. Besonderheiten bei der Einbringung von Anteilen an Körperschaften, Personenvereinigungen und Vermögensmassen (§ 24 Abs. 5 UmwStG)

I. Allgemeines

24.18 Werden Anteile an Körperschaften, Personenvereinigungen oder Vermögensmassen von einem Einbringenden, bei dem der Gewinn aus der Veräußerung der Anteile im Einbringungszeitpunkt nicht nach § 8 b Abs. 2 KStG steuerfrei gewesen wäre, gem. § 24 Abs. 1 UmwStG unter dem gemeinen Wert in eine Personengesellschaft eingebracht und werden die eingebrachten Anteile innerhalb eines Zeitraums von sieben Jahren nach dem Einbringungszeitpunkt veräußert, ist § 24 Abs. 5 UmwStG anzuwenden. Die eingebrachten Anteile gelten insoweit als sperrfristbehaftete Anteile. Der Veräußerung der sperrfristbehafteten Anteile ist deren Weiterübertragung durch die in § 22 Abs. 1 Satz 6 Nr. 1 bis 5 UmwStG genannten Vorgänge gleichgestellt. 238

24.19 Die Veräußerung der sperrfristbehafteten Anteile oder deren Weiterübertragung durch einen Vorgang i. S. d. § 22 Abs. 1 Satz 6 Nr. 1 bis 5 UmwStG lösen grundsätzlich die rückwirkende Besteuerung eines Einbringungsgewinns beim Einbringenden im Einbringungszeitpunkt durch Ansatz der eingebrachten Anteile mit dem gemeinen Wert aus. Die Veräußerung der Anteile und die gleichgestellten Vorgänge gelten dabei im Hinblick auf die Steuerfestsetzung des Einbringenden im Einbringungsjahr als rückwirkendes Ereignis i. S. d. § 175 Abs. 1 Satz 1 Nr. 2 AO.

24.20 Wird nur ein Teil der sperrfristbehafteten Anteile veräußert oder durch einen der Veräußerung gleichgestellten Vorgang weiterübertragen, erfolgt auch die rückwirkende Einbringungsgewinnbesteuerung nur anteilig.

24.21 Ein rückwirkender Einbringungsgewinn ist nur zu ermitteln, soweit beim Einbringenden der Gewinn aus der Veräußerung der sperrfristbehafteten Anteile im Einbringungszeitpunkt nicht nach § 8 b Abs. 2 KStG steuerfrei gewesen wäre und die bis zum Einbringungszeitpunkt entstandenen stillen Reserven infolge der Veräußerung der Anteile oder der Weiterübertragung der Anteile durch einen gleichgestellten Vorgang i. S. d. § 22 Abs. 1 Satz 6 Nr. 1 bis 5 UmwStG der Steuerbefreiung nach § 8 b Abs. 2 KStG unterliegen (= Statusverbesserung). Wird Betriebsvermögen einer Personengesellschaft eingebracht oder ist Mitunternehmer der aufnehmenden Personengesellschaft eine Personengesellschaft, ist für die Anwendung des § 8 b Abs. 2 KStG auf Ebene der Personengesellschaft und die Zurechnung der stillen Reserven auf die dahinter stehenden Steuersubjekte abzustellen (Transparenzprinzip).

24.22 Die steuerliche Behandlung der Veräußerung oder Weiterübertragung der sperrfristbehafteten Anteile bei der Personengesellschaft erfolgt nach den allgemeinen ertragsteuerlichen Vorschriften (insbesondere §§ 13, 15, 16, 18 i. V. m. § 3 Nr. 40 EStG oder § 8 b Abs. 2 und 3 KStG).

II. Anteile an Körperschaften, Personenvereinigungen und Vermögensmassen

24.23 Der Anwendungsbereich des § 24 Abs. 5 UmwStG umfasst Anteile an Körperschaften, Personenvereinigungen oder Vermögensmassen, deren Leistungen beim Empfänger zu Einnahmen i. S. d. § 20 Abs. 1 Nr. 1, 2, 9 oder 10 Buchstabe a EStG führen. 239

§ 24 Abs. 5 UmwStG ist bei einbringungsgeborenen Anteilen i. S. d. § 21 Abs. 1 UmwStG 1995 nicht anzuwenden, wenn der Gewinn aus der Veräußerung oder einem gleichgestellten Ereignis i. S. d. § 22 Abs. 1 Satz 6 Nr. 1 bis 5 UmwStG nicht der Steuerbefreiung nach § 3 Nr. 40 Satz 1 Buchstabe a oder b EStG oder § 8 b Abs. 2 KStG unterliegt, weil § 3 Nr. 40 Satz 3 und 4 EStG a. F. bzw. § 8 b Abs. 4 KStG a. F. weiter anzuwenden sind (§ 27 Abs. 4 UmwStG i. V. m. § 52 Abs. 4 b Satz 2 EStG bzw. § 34 Abs. 7 a KStG).

Sind die Fristen der § 3 Nr. 40 Satz 4 EStG a. F. bzw. § 8 b Abs. 4 Satz 2 KStG a. F. im Zeitpunkt der Veräußerung bzw. des gleichgestellten Ereignisses abgelaufen, findet § 24 Abs. 5 UmwStG Anwendung. Ist im Zeitpunkt der Einbringung nach § 24 UmwStG die ursprüngliche Siebenjahresfrist noch nicht abgelaufen, gilt Randnr. 20.39 entsprechend.

III. Einbringung durch nicht nach § 8 b Abs. 2 KStG begünstigte Personen

24.24 Die rückwirkende Besteuerung eines Einbringungsgewinns setzt voraus, dass der Einbringende keine durch § 8 b Abs. 2 KStG begünstigte Person ist (vgl. Randnr. 22.12). 240

Zum Umfang der Anwendung des § 8 b Abs. 2 KStG bei der Miteinbringung von Anteilen durch eine Personengesellschaft vgl. Randnr. 24.21.

IV. Veräußerung und gleichgestellte Ereignisse der Weiterübertragung

24.25 Die übernehmende Personengesellschaft oder deren Rechtsnachfolger bzw. die Personen, bei denen sich die Zurechnung der stillen Reserven mittelbar auf den Gewinn auswirkt, können durch Veräußerung oder Weiterübertragung der eingebrachten Anteile innerhalb des Siebenjahreszeitraums die rückwirkende Besteuerung eines Einbringungsgewinns auslösen. Als Veräußerung gilt auch die Aufgabe des Betriebs der Personengesellschaft (§ 16 Abs. 3 Satz 1 EStG). 241

24.26 Im Hinblick auf die Frage der Auslösung der rückwirkenden Einbringungsgewinnbesteuerung durch der Veräußerung gleichgestellte Ersatzrealisationstatbestände gelten die vorstehenden Ausführungen zu § 22 UmwStG (vgl. insbesondere Randnr. 22.20, 22.21 ff., 22.28 ff., 22.38 ff., 22.41 f. und 22.43 ff.) entsprechend.

24.27 Werden die im Zuge der (Mit-)Einbringung von Anteilen erhaltenen Mitunternehmeranteile nach § 24 Abs. 1 UmwStG mit einem Wert unterhalb des gemeinen Werts in eine Personengesellschaft eingebracht und wird die übernehmende Personengesellschaft dadurch Mitunternehmerin der Personengesellschaft, deren Anteile eingebracht worden sind, liegt eine Einbringung i. S. d. § 24 Abs. 5 UmwStG vor, die einen neuen Siebenjahreszeitraum auslöst. Auch die (mittelbare) Veräußerung oder Weiterübertragung der (mit-)eingebrachten Anteile durch eine Untergesellschaft löst innerhalb dieses Siebenjahreszeitraums die rückwirkende Einbringungsgewinnbesteuerung aus.

V. Ermittlung und ertragsteuerliche Behandlung des Einbringungsgewinns

242 **24.28** In entsprechender Anwendung des § 22 Abs. 2 Satz 3 UmwStG ist durch (anteiligen) Ansatz des gemeinen Werts abweichend von § 24 Abs. 2 Satz 2 UmwStG für die sperrfristbehafteten Anteile rückwirkend ein Einbringungsgewinn zu ermitteln, der vermindert um jeweils ein Siebtel für jedes seit dem Einbringungszeitpunkt abgelaufene Zeitjahr im Wirtschaftsjahr der Einbringung beim Einbringenden der Besteuerung zu Grunde zu legen ist. Die Steuerfestsetzung bzw. Feststellung des Gewinns ist insoweit gem. § 175 Abs. 1 Satz 1 Nr. 2 AO zu ändern (§ 22 Abs. 2 Satz 2 UmwStG). Der Einbringungsgewinn ermittelt sich nach § 24 Abs. 5 i. V. m. § 22 Abs. 2 Satz 3 UmwStG wie folgt:

Anteiliger gemeiner Wert der Anteile
./. anteilige Kosten für Vermögensübergang
./. anteiliger Einbringungswert (§ 24 Abs. 2 Satz 2 UmwStG)
= Einbringungsgewinn vor Siebtelregelung
./. je $1/7$ für seit dem Einbringungszeitpunkt abgelaufene Zeitjahre
= Einbringungsgewinn

Soweit der Einbringungsgewinn einer natürlichen Person zuzurechnen ist, führt er zu einem laufenden Gewinn i. S. d. § 3 Nr. 40 Satz 1 Buchstabe b EStG. § 16 Abs. 4 EStG und § 34 EStG sind nicht anzuwenden (§ 22 Abs. 2 Satz 1 zweiter Halbsatz UmwStG). Hinsichtlich der Zugehörigkeit des Einbringungsgewinns zum Gewerbeertrag gelten die allgemeinen Grundsätze (vgl. § 7 Satz 2 GewStG; R 7 Abs. 3 GewStR). D. h., soweit er auf eine natürliche Person als Einzelunternehmer oder als unmittelbar beteiligter Mitunternehmer entfällt, gehört er nur anteilig zum Gewerbeertrag (§ 24 Abs. 3 Satz 3 UmwStG). Der Einbringungsgewinn erhöht unter den Voraussetzungen des § 23 Abs. 2 UmwStG die Anschaffungskosten der von § 8 b Abs. 2 KStG begünstigten Person. Der Einbringungsgewinn erhöht das Kapitalkonto des Einbringenden i. S. d. § 16 EStG (§ 22 Abs. 2 Satz 4 UmwStG).

Die Randnr. 22.09 f. und 22.13 gelten entsprechend.

VI. Nachweispflichten

243 **24.29** In entsprechender Anwendung des § 22 Abs. 3 Satz 1 Nr. 2 UmwStG hat der Einbringende in den dem Einbringungszeitpunkt folgenden sieben Jahren jährlich spätestens bis zum 31. 5. den Nachweis darüber zu erbringen, wem mit Ablauf des Tages, der dem maßgebenden Einbringungszeitpunkt entspricht, die eingebrachten Anteile und die auf diesen Anteilen beruhenden Anteile zuzurechnen sind.

In den Fällen des Eintritts eines weiteren Gesellschafters in eine bestehende Personengesellschaft gegen Einlage in das Gesamthandsvermögen sowie der Kapitalerhöhung kann auch die Personengesellschaft den Nachweis gegenüber dem für sie zuständigen Finanzamt mit befreiender Wirkung für die Einbringenden erbringen. Im Übrigen gelten die Randnr. 22.28 ff. entsprechend.

VII. Bescheinigungsverfahren

244 **24.30** Randnr. 22.38 ff. gelten entsprechend.

VIII. Unentgeltliche Rechtsnachfolge

245 **24.31** Randnr. 22.41 gilt entsprechend.

IX. Mitverstrickung von Anteilen

246 **24.32** Gehen i. R. einer Kapitalerhöhung aus Gesellschaftermitteln bei der Gesellschaft, deren Anteile eingebracht worden sind, stille Reserven auf andere (neue) Anteile der übernehmenden Personengesellschaft über, gelten insoweit auch diese anderen Anteile als sperrfristbehaftet (§ 22 Abs. 7 UmwStG). Randnr. 22.46 gilt entsprechend.

X. Auswirkungen bei der übernehmenden Gesellschaft

247 **24.33** Randnr. 23.12 f. gelten entsprechend.

Achter Teil. Formwechsel einer Personengesellschaft in eine Kapitalgesellschaft oder Genossenschaft (§ 25 UmwStG)

250 **25.01** Im UmwStG wird der Formwechsel gem. § 25 UmwStG durch den Verweis auf die entsprechende Anwendung der §§ 20 bis 23 UmwStG wie eine übertragende Umwandlung behandelt. Die Ausführungen zu den Randnr. 20.01–23.21 sind daher in den Fällen des Formwechsels gem. § 25 UmwStG entsprechend anzuwenden.

Neunter Teil. Verhinderung von Missbräuchen (§ 26 UmwStG)

26.01 [unbesetzt] 255

Zehnter Teil. Anwendungsvorschriften und Ermächtigung

A. Allgemeines

27.01 Zu Besonderheiten bei der Behandlung einbringungsgeborener Anteile i. S. d. § 21 UmwStG 1995 siehe auch die Randnr. 20.38 ff. 260

27.02 Nach § 27 Abs. 3 UmwStG ist auf die einbringungsgeborenen Anteile i. S. d. § 21 UmwStG 1995 weiterhin das alte Recht anzuwenden. Dies gilt sowohl in den Fällen der Sacheinlage als auch in den Fällen des Anteilstauschs. Bei einer Veräußerung von sperrfristbehafteten Anteilen ist deshalb auch zu prüfen, ob einbringungsgeborene Anteile i. S. d. § 21 UmwStG 1995 vorliegen. Ist dies der Fall, kommt es zu einem Nebeneinander der alten und der neuen Steuerverhaftungsvorschriften. Beruhen die veräußerten Anteile auf einer Sacheinlage oder einem Anteilstausch vor dem Stichtag 13. 12. 2006 und liegen deshalb einbringungsgeborene Anteile i. S. d. § 21 UmwStG 1995 vor, sind zusätzlich die alten Steuerverhaftungsregelungen zu beachten. Diese sehen – genauso wie das neue Recht – eine siebenjährige Sperrfrist vor. Nach § 52 Abs. 4 d Satz 2 EStG und § 34 Abs. 7 a KStG gelten § 3 Nr. 40 Satz 3 und 4 EStG a. F. und § 8 b Abs. 4 KStG a. F. auch weiterhin für einbringungsgeborene Anteile i. S. d. § 21 UmwStG 1995. Werden also einbringungsgeborene Anteile innerhalb der siebenjährigen Sperrfrist veräußert, ist z. B. bei natürlichen Personen das Halb- bzw. Teileinkünfteverfahren nicht anwendbar.

B. Veräußerung der auf einer Sacheinlage beruhenden Anteile

I. Grundfall

27.03 Veräußert eine natürliche Person einbringungsgeborene Anteile i. S. d. § 21 UmwStG 1995, die sie für die Einbringung eines Betriebs, Teilbetriebs oder Mitunternehmeranteils erhalten hat, dann richten sich die steuerlichen Folgen gem. § 3 Nr. 40 Satz 3 und 4 EStG a. F. i. V. m. § 52 Abs. 4 d Satz 2 EStG weiterhin nach dem alten Recht. Sofern die siebenjährige Sperrfrist des alten Rechts im Veräußerungszeitpunkt noch nicht abgelaufen ist, ist der Veräußerungsgewinn in voller Höhe zu versteuern. Nach Ablauf der siebenjährigen Sperrfrist alten Rechts sind gem. § 3 Nr. 40 Satz 1 Buchstabe b EStG i. V. m. § 3 Nr. 40 Satz 3 und 4 Buchstabe a EStG 50 % bzw. 60 % des Veräußerungsgewinns zu versteuern. Bei der Berechnung der Sperrfrist ist auf den steuerlichen Übertragungsstichtag (§ 20 Abs. 7 und 8 UmwStG 1995) abzustellen. Es kommt nicht zusätzlich zu einer Einbringungsgewinnbesteuerung, auch wenn der Veräußerungsgewinn i. S. d. § 3 Nr. 40 Satz 3 und 4 EStG a. F. bzw. § 8 b Abs. 4 KStG a. F. niedriger als ein Einbringungsgewinn ist (vgl. Randnr. 27.07). 261

II. Weitereinbringungsfall

27.04 Die siebenjährige Sperrfrist alten Rechts ist auch dann anwendbar, wenn einbringungsgeborene Anteile i. S. d. § 21 UmwStG 1995 nach dem 12. 12. 2006 – also im zeitlichen Anwendungsbereich des neuen Rechts – in eine Kapitalgesellschaft eingebracht werden und anschließend die auf dieser Weitereinbringung beruhenden Anteile veräußert werden. Zwar ist die Weitereinbringung in diesem Fall grundsätzlich nach neuem Recht zu beurteilen. Nach § 21 Abs. 2 Satz 6 i. V. m. § 20 Abs. 3 Satz 4 UmwStG gelten allerdings die als Gegenleistung für die Einbringung von einbringungsgeborenen Anteilen erhaltenen Anteile ebenfalls als einbringungsgeborene Anteile i. S. d. § 21 UmwStG 1995. Infolgedessen sind sowohl die für die Weitereinbringung erhaltenen Anteile als auch die zuvor eingebrachten Anteile einbringungsgeborene Anteile i. S. d. § 21 UmwStG 1995, auf welche jeweils die Sperrfristregelungen des alten Rechts anzuwenden sind. 262

27.05 Der Gewinn aus der Veräußerung der erhaltenen und ebenfalls als einbringungsgeboren geltenden Anteile innerhalb der siebenjährigen Sperrfrist des alten Rechts ist deshalb sowohl bei einer natürlichen Person als Einbringendem (§ 3 Nr. 40 Satz 3 und 4 a. F. i. V. m. § 52 Abs. 4 d Satz 2 EStG) als auch bei einer Körperschaft als Einbringendem (§ 8 b Abs. 4 Satz 1 Nr. 1, Satz 2 Nr. 1 KStG a. F. i. V. m. § 34 Abs. 7 a KStG) in voller Höhe zu versteuern. Dabei beginnt für die aufgrund der Weitereinbringung erhaltenen und aufgrund der Gesetzesfiktion ebenfalls als einbringungsgeboren geltenden Anteile keine neue siebenjährige Sperrfrist nach altem Recht zu laufen, sondern diese Anteile treten in die bereits laufende Sperrfrist der zuvor eingebrachten Anteile ein (vgl. Randnr. 20.39). Erst nach Ablauf der siebenjährigen Sperrfrist bezüglich der eingebrachten Anteile kommt für den Gewinn aus der Veräußerung der durch die Weitereinbringung erhaltenen Anteile bei natürlichen Personen die hälftige bzw. 40 %ige und bei Kapitalgesellschaften die volle Steuerbefreiung (§ 3 Nr. 40 Satz 1 EStG, § 8 b Abs. 2 KStG) zur Anwendung. Die grundsätzliche Steuerverhaftung der als einbringungsgeboren geltenden Anteile bleibt unabhängig von der Höhe der Beteiligung zeitlich unbegrenzt bestehen (vgl. Randnr. 20.38).

27.06 Die Kapitalgesellschaft, in die die einbringungsgeborenen Anteile eingebracht wurden, tritt insoweit in die Rechtsstellung der einbringenden natürlichen Person ein und muss nach § 8 b Abs. 4 Satz 1 Nr. 1, Satz 2 Nr. 1 KStG a. F. i. V. m. § 34 Abs. 7 a KStG den Gewinn aus der Veräußerung dieser Anteile innerhalb der siebenjährigen Sperrfrist alten Rechts ebenfalls in voller Höhe versteuern. Erst nach Ablauf der siebenjährigen Sperrfrist ist der Gewinn aus der Veräußerung der eingebrachten Anteile nach § 8 b Abs. 2, Abs. 3 Satz 1 KStG bei der Kapitalgesellschaft steuerfrei.

27.07 Die Weitereinbringung der einbringungsgeborenen Anteile beinhaltet zwar gleichzeitig auch einen dem neuen Recht unterliegenden Anteilstausch gem. § 21 UmwStG. Nach § 27 Abs. 4 UmwStG kommt aber die für den Anteilstausch geltende Sperrfristregelung des neuen Rechts gem. § 22 Abs. 2 UmwStG gleichwohl nicht zur Anwendung, weil für diesen Fall in § 27 Abs. 4 UmwStG ausdrücklich ein Vorrang der Sperrfristregelungen nach altem Recht festgelegt wurde. Die innerhalb der siebenjährigen Frist des alten Rechts in voller Höhe steuerpflichtige Veräußerung der eingebrachten Anteile durch die aufnehmende Kapitalgesellschaft oder Genossenschaft führt daher nicht zur zusätzlichen Entstehung eines Einbringungsgewinns II i. S. d. § 22 Abs. 2 UmwStG.

C. Veräußerung der auf einem Anteilstausch beruhenden Anteile

I. Grundfall

263 **27.08** Veräußert eine natürliche Person oder eine Körperschaft Anteile, die sie i. R. eines Anteilstauschs (§ 21 UmwStG 1995) erhalten hat und die ebenfalls als einbringungsgeboren i. S. d. § 21 UmwStG 1995 gelten (siehe § 21 Abs. 2 Satz 6 i. V. m. § 20 Abs. 3 Satz 4 UmwStG), richtet sich die Behandlung dieses Vorgangs auch hier weiterhin nach altem Recht. Wenn die i. R. d. Anteilstauschs hingegebenen Anteile nicht mittelbar auf eine Sacheinlage innerhalb der siebenjährigen Sperrfrist zurückzuführen sind, sind die Beschränkungen der § 3 Nr. 40 Satz 3 und 4 EStG a. F. und § 8 b Abs. 4 KStG a. F. nicht anwendbar.

27.09 Bei der Veräußerung der durch den Anteilstausch in die Kapitalgesellschaft eingebrachten Anteile muss die Kapitalgesellschaft den Gewinn aus der Veräußerung der eingebrachten Anteile innerhalb der siebenjährigen Sperrfrist des alten Rechts in voller Höhe versteuern, wenn die Anteile von einer natürlichen Person eingebracht wurden. Denn es handelt sich um eingebrachte Anteile i. S. d. § 8 b Abs. 4 Satz 1 Nr. 2 KStG a. F., die gem. § 8 b Abs. 4 Satz 1 Nr. 2, Satz 2 Nr. 1 KStG a. F. i. V. m. § 34 Abs. 7 a KStG auf einer Übertragung bis zum 12. 12. 2006 beruhen.

II. Weitereinbringungsfälle beim Anteilstausch

1. Weitereinbringung durch die natürliche Person

264 **27.10** Werden die nach altem Recht von einer natürlichen Person im Wege des Anteilstauschs erhaltenen einbringungsgeborenen Anteile i. S. d. § 21 UmwStG 1995 von der natürlichen Person nach dem 12. 12. 2006 – also im zeitlichen Anwendungsbereich des neuen Rechts – in eine zweite Kapitalgesellschaft eingebracht, unterliegt die Veräußerung der aus dieser Weitereinbringung erhaltenen sperrfristbehafteten Anteile durch die natürliche Person innerhalb der siebenjährigen Sperrfrist des alten Rechts dem Halb- bzw. Teileinkünfteverfahren.

Beispiel:

Die natürliche Person A hält 100 % der Anteile an der A-GmbH, die sie durch eine Bargründung erworben hat. Zum 31. 12. 2005 hat A die Anteile an der A-GmbH steuerneutral in die B-GmbH eingebracht und als Gegenleistung hierfür neue Anteile an der B-GmbH erhalten (Anteilstausch in Inland). Zum 31. 12. 2007 bringt A die Anteile an der B-GmbH steuerneutral gem. § 21 UmwStG in die C-GmbH ein. Am 30. 9. 2008 veräußert A die Anteile an der C-GmbH.

Lösung:

A veräußert im Jahre 2008 einbringungsgeborene Anteile, da die Anteile an der C-GmbH gem. § 21 Abs. 2 Satz 6 i. V. m. § 20 Abs. 3 Satz 4 UmwStG n. F. zu 100 % als einbringungsgeborene Anteile i. S. d. § 21 UmwStG 1995 gelten. Nach § 3 Nr. 40 Satz 3 EStG a. F., der noch anzuwenden ist, wäre der Veräußerungsgewinn im Jahre 2008 in voller Höhe steuerpflichtig, da die siebenjährige Sperrfrist des § 3 Nr. 40 Satz 4 Buchstabe a erster Halbsatz EStG a. F. im Zeitpunkt der Veräußerung noch nicht abgelaufen ist. Fraglich ist, ob die Rückausnahme des § 3 Nr. 40 Satz 4 Buchstabe b erster Halbsatz EStG a. F. eingreift, denn die Anteile wurden nicht aufgrund eines Anteilstauschs nach § 20 Abs. 1 Satz 2 UmwStG 1995, sondern aufgrund eines Anteilstauschs nach § 21 UmwStG n. F. erworben. § 21 UmwStG n. F. nennt § 3 Nr. 40 Satz 4 Buchstabe b erster Halbsatz EStG a. F. aber nicht, so dass nach dem Wortlaut der Vorschrift der Veräußerungsgewinn innerhalb der siebenjährigen Sperrfrist in voller Höhe steuerpflichtig wäre. Aus Billigkeitsgründen kommt aber in diesem Fall die 40 %ige Steuerbefreiung gem. dem Teileinkünfteverfahren zur Anwendung.

2. Weitereinbringung durch die aufnehmende (erste) Kapitalgesellschaft

265 **27.11** Werden die nach altem Recht von einer natürlichen Person im Wege des Anteilstauschs in eine Kapitalgesellschaft eingebrachten Anteile anschließend von dieser Kapitalgesellschaft nach dem 12. 12. 2006 – also im zeitlichen Anwendungsbereich des neuen Rechts – in eine zweite Kapitalgesellschaft weiter eingebracht und anschließend von der zweiten Kapitalgesellschaft veräußert, ist die alte Sperrfrist des § 8 b Abs. 4 Satz 1 Nr. 2 KStG a. F. für Anteile, die auf einer Einbringung durch eine natürliche Person innerhalb der letzten sieben Jahre beruhen, gem. § 34 Abs. 7 a KStG auch weiterhin anzuwenden, weil es sich um eingebrachte Anteile i. S. v. § 8 b Abs. 4 Satz 1 Nr. 2 KStG a. F. handelt, die auf einer Übertragung bis zum 12. 12. 2006 beruhen. Dabei ist nicht auf die Übertragung i. R. d. Weitereinbringung, sondern auf die Übertragung i. R. d. (ursprünglichen) Anteilstauschs abzustellen.

D. Wechselwirkung zwischen altem und neuem Recht

266 **27.12** Ein Einbringungsgewinn II, der auf die Einbringung von einbringungeborenen Anteilen i. S. d. § 21 UmwStG 1995 entfällt, die erst nach Ablauf der siebenjährigen Sperrfrist des alten Rechts veräußert werden, ist voll steuerpflichtig und nicht nach den Regelungen des Halb- bzw. Teileinkünfteverfahrens voll oder teilweise steuerfrei, wenn der Einbringungszeitpunkt innerhalb der für die einbringungsgeborenen Anteile alten Rechts geltenden siebenjährigen Sperrfrist liegt.

Beispiel:

A ist Inhaber eines Einzelunternehmens, das er in 2002 in eine neu gegründete GmbH 1 (Buchwert 100 000 €, gemeiner Wert 800 000 €) einbringt. Die GmbH 1 setzt das übernommene Vermögen mit dem Buchwert an. Die neuen Anteile an der GmbH 1 sind einbringungsgeborene Anteile i. S. d. § 21 Abs. 1 UmwStG 1995. Im Januar 2007 bringt A die Anteile an der GmbH 1 in die GmbH 2 gegen Gewährung von neuen Anteilen ein. Die übernehmende GmbH 2 setzt die eingebrachten Anteile an der GmbH 1 mit dem bisherigen Buchwert an (Buchwert 100 000 €, gemeiner Wert 900 000 €). Im Juni 2010 veräußert die GmbH 2 die eingebrachten einbringungsgeborenen Anteile an der GmbH 1 für 1 100 000 €.

Lösung:

Die von der GmbH 2 veräußerten Anteile an der GmbH 1 sind zwar gem. § 23 Abs. 1 UmwStG Anteile i. S. v. § 21 UmwStG 1995 Der erzielte Veräußerungsgewinn ist jedoch nach § 8 b Abs. 2 KStG steuerfrei, da die siebenjährige Sperrfrist nach § 8 b Abs. 4 KStG a. F. zum Zeitpunkt der Veräußerung in 2010 abgelaufen ist. Da somit kein Anwendungsfall von § 8 b Abs. 4 KStG a. F. vorliegt, kommen nach § 27 Abs. 4 UmwStG die §§ 22 und 23 UmwStG zur Anwendung. Im Beispielsfall muss A gem. § 22 Abs. 2 UmwStG im Veranlagungszeitraum 2007 rückwirkend einen Einbringungsgewinn II nach § 16 EStG i. V. m. § 21 UmwStG a. F. versteuern. Dieser Gewinn unterliegt nicht der teilweisen Steuerbefreiung nach § 3 Nr. 40 EStG, da die Weitereinbringung der einbringungsgeborenen Anteile innerhalb der siebenjährigen Sperrfrist alten Rechts erfolgt ist.
Die Einbringung im Januar 2007 ist ein entgeltlicher Vorgang, der aufgrund der Buchwertfortführung zunächst nicht zum Entstehen eines Einbringungsgewinns führt. Aufgrund der Veräußerung der eingebrachten Anteile durch die GmbH 2 in 2010 entsteht rückwirkend im Jahr 2007, d. h. innerhalb von sieben Jahren nach der ersten Einbringung, ein Einbringungsgewinn II aufgrund der nunmehr rückwirkend vorzunehmenden höheren Bewertung. Damit ergibt sich hinsichtlich der vollen Steuerpflicht des Einbringungsgewinns das gleiche Ergebnis, wie wenn die Einbringung in 2007 von vornherein zum gemeinen Wert oder Zwischenwert erfolgt wäre. Die nachträgliche Besteuerung der im Zeitpunkt der Einbringung vorhandenen stillen Reserven soll durch die Systemumstellung des Einbringungsteils nicht verloren gehen. Die nachträgliche Besteuerung umfasst daher auch die Nichtgewährung der 40 %igen Steuerbefreiung nach § 3 Nr. 40 Satz 3 und 4 EStG a. F.

E. Spezialregelung für die Veräußerung einbringungsgeborener Anteile gem. § 21 Abs. 2 Satz 1 Nr. 2 UmwStG 1995

27.13 Nach § 27 Abs. 3 Nr. 3 UmwStG erfolgt bei Ausschluss des deutschen Besteuerungsrechts gem. § 21 Abs. 2 Satz 1 Nr. 2 UmwStG a. F. von Amts wegen eine zinslose Stundung der festgesetzten Steuer ohne Sicherheitsleistung gem. § 6 Abs. 5 AStG i. d. F. des Gesetzes vom 7. 12. 2006, BGBl. I S. 2782, wenn die Einkommensteuer insoweit noch nicht bestandskräftig festgesetzt ist. Eine Stundung der Steuer ist danach in allen noch offenen Fällen und unabhängig von dem konkreten Veräußerungszeitpunkt von Amts wegen auszusprechen. 267

Beispiel:

Die natürliche Person A ist Inhaber einbringungsgeborener Anteile i. S. d. § 21 UmwStG 1995, die sie im Jahre 2005 durch eine Sacheinlage in eine inländische Kapitalgesellschaft erworben hatte. Am 30. 9. 2009 verlegt A seinen Wohnsitz nach Frankreich, ohne dass es bis zu diesem Zeitpunkt zu einer Veräußerung der einbringungsgeborenen Anteile gekommen ist.

Lösung:

Zwar richtet sich grundsätzlich die Veräußerung einbringungsgeborener Anteile i. S. d. § 21 UmwStG 1995 weiterhin nach dem alten Recht. Der Wegzug nach Frankreich führt aber gleichwohl – entgegen dem Wortlaut des § 21 Abs. 2 Satz 1 Nr. 2 UmwStG 1995 – nicht zu einer Besteuerung eines Gewinns aus einer fiktiven Veräußerung der einbringungeborenen Anteile. Vielmehr wird die auf den fiktiven Veräußerungsgewinn gem. § 21 Abs. 2 Satz 1 Nr. 2 UmwStG 1995 entfallende Einkommensteuer von dem zuständigen Finanzamt lediglich festgesetzt und zunächst von Amts wegen zinslos und ohne Sicherheitsleistung gestundet. Zu einer tatsächlichen Erhebung der entsprechenden Einkommensteuer kommt es erst dann, wenn A die Anteile zu einem späteren Zeitpunkt tatsächlich veräußert bzw. ein Veräußerungsersatztatbestand vorliegt.

F. Sonstige Anwendungsbestimmungen

S. 01 Die Grundsätze dieses Schreibens gelten für alle noch nicht bestandskräftigen Fälle, auf die das Umwandlungssteuergesetz i. d. F. des Gesetzes über steuerliche Begleitmaßnahmen zur Einführung der Europäischen Gesellschaft und zur Änderung weiterer steuerlicher Vorschriften (SEStEG) vom 7. 12. 2006, BGBl. I S. 2782, mit seinen weiteren Änderungen anzuwenden ist. 268

Die Randnr. 21.01–21.16 des BMF-Schreibens vom 25. 3. 1998, BStBl. I S. 268,[1] sind für einbringungsgeborene Anteile i. S. v. § 21 Abs. 1 UmwStG 1995 und für Anteile, die aufgrund eines Einbringungsvorgangs nach dem 12. 12. 2006 nach § 20 Abs. 3 Satz 4, § 21 Abs. 2 Satz 6 UmwStG als einbringungsgeborene Anteile i. S. v. § 21 Abs. 1 UmwStG 1995 gelten, weiterhin anzuwenden.

S. 02 Ergibt sich aus den Gesamtumständen des Einzelfalls, dass bis zum 31. 12. 2011 ein unwiderruflicher Antrag zum Ansatz der Buchwerte gemäß § 3 Abs. 2, § 9 Satz 1 i. V. m. § 3 Abs. 2, § 11 Abs. 2, § 15 Abs. 1 i. V. m. § 11 Abs. 2, § 16 Satz 1 i. V. m. § 3 Abs. 2 UmwStG (vgl. z. B. Randnr. 03.27 ff.) gestellt worden ist, kann auf die gesonderte Abgabe einer steuerlichen Schlussbilanz (vgl. z. B. § 3 Abs. 1 UmwStG, Randnr. 03.01) verzichtet werden, wenn eine Bilanz i. S. d. § 4 Abs. 1, § 5 Abs. 1 EStG auf den steuerlichen Übertragungsstichtag bis zum 31. 12. 2011 eingereicht worden ist und diese der steuerlichen Schlussbilanz entspricht.

S. 03 Bei Umwandlungen und Einbringungen, die nicht zum gemeinen Wert erfolgen, kann eine Aufstockung (vgl. z. B. Randnr. 03.23) abweichend von den gesetzlichen Regelungen des UmwStG in einer ersten Stufe bei bereits bilanzierten Wirtschaftsgütern erfolgen und erst in einer zweiten Stufe auch bei bisher in der Steuerbilanz nicht anzusetzenden selbst geschaffenen immateriellen Wirtschaftsgütern, wenn das gesamte übertragene bzw. eingebrachte Vermögen im Inland belegen ist. Dies gilt nur, wenn in den Fällen der Gesamtrechtsnachfolge der Umwandlungsbeschluss bis zum 31. 12. 2011 erfolgt ist oder in den anderen Fällen der Einbringungsvertrag bis zum 31. 12. 2011 geschlossen worden ist.

S. 04 Bei Umwandlungen und Einbringungen ist es, abweichend von z. B. Randnr. 02.14, ausreichend, wenn die Teilbetriebsvoraussetzungen spätestens bis zum Zeitpunkt des Umwandlungsbe-

[1] Letztmals abgedruckt im „Handbuch zur Körperschaftsteuerveranlagung 2010" im Anhang I 2 c.

schlusses oder des Abschlusses des Einbringungsvertrags vorliegen. Dies gilt nur, wenn in den Fällen der Gesamtrechtsnachfolge der Umwandlungsbeschluss bis zum 31. 12. 2011 erfolgt ist oder in den anderen Fällen der Einbringungsvertrag bis zum 31. 12. 2011 geschlossen worden ist.

S. 05 Bei Umwandlungen und Einbringungen ist es hinsichtlich des Vorliegens der Teilbetriebsvoraussetzungen, abweichend von Randnr. 15.02 f., ausreichend, wenn die Anforderungen an den Begriff des Teilbetriebs i. S. d. *BMF-Schreibens vom 16. 8. 2000, BStBl. I S. 1253,*[1] sowie der Randnr. 15.10 einschließlich der Randnr. 15.07–15.09 des BMF-Schreibens vom 25. 3. 1998, BStBl. I S. 268,[2] erfüllt werden. Dies gilt nur, wenn in den Fällen der Gesamtrechtsnachfolge der Umwandlungsbeschluss bis zum 31. 12. 2011 erfolgt ist oder in den anderen Fällen der Einbringungsvertrag bis zum 31. 12. 2011 geschlossen worden ist. Vorstehende Sätze gelten nicht für die Anwendung von §§ 15, 16 i. V. m. § 3 Abs. 3, § 15 i. V. m. § 13 Abs. 2 Satz 1 Nr. 2 und § 20 Abs. 8 UmwStG.

S. 06 Abweichend von Randnr. 11.08 und 20.19 gilt die Besteuerung mit Körperschaftsteuer bei Umwandlung auf bzw. Einbringung in eine unbeschränkt körperschaftsteuerpflichtige, nicht nach § 5 KStG steuerbefreite Organgesellschaft i. S. d. § 1 Abs. 1, §§ 14, 17 KStG als sichergestellt. Dies gilt nur, wenn in den Fällen der Gesamtrechtsnachfolge der Umwandlungsbeschluss bis zum 31. 12. 2011 erfolgt ist oder in den anderen Fällen der Einbringungsvertrag bis zum 31. 12. 2011 geschlossen worden ist.

S. 07 Abweichend von Randnr. 15.26 ist Randnr. 15.26 des BMF-Schreibens vom 25. 3. 1998, BStBl. I S. 268,[2] anzuwenden, wenn die unmittelbare oder mittelbare Veräußerung der Anteile einer an der Spaltung beteiligten Körperschaften bis zum 31. 12. 2011 erfolgt ist.

S. 08 Die BMF-Schreiben vom 4. 9. 2007, BStBl. I S. 698,[3] und vom 20. 5. 2009, BStBl. I S. 671, werden mit Wirkung der Veröffentlichung dieses Schreibens aufgehoben.

Besonderer Teil zum UmwStG

A. Auswirkungen der Umwandlung auf eine Organschaft

I. Organträger als übertragender bzw. umzuwandelnder Rechtsträger

1. Verschmelzung des Organträgers

270 **Org.01** Geht das Vermögen des Organträgers und damit auch die Beteiligung an der Organgesellschaft durch Verschmelzung auf ein anderes gewerbliches Unternehmen i. S. d. § 14 Abs. 1 Satz 1 Nr. 2 KStG über, tritt der übernehmende Rechtsträger grundsätzlich in den Gewinnabführungsvertrag ein.

a) Fortsetzung einer bestehenden Organschaft im Verhältnis zum übernehmenden Rechtsträger

271 **Org.02** Infolge des in § 12 Abs. 3 Satz 1 UmwStG angeordneten Eintritts des übernehmenden Rechtsträgers in die steuerliche Rechtsstellung des übertragenden Rechtsträgers ist dem übernehmenden Rechtsträger mit Wirkung ab dem steuerlichen Übertragungsstichtag eine im Verhältnis zwischen dem übertragenden Rechtsträger und der Organgesellschaft bestehende finanzielle Eingliederung zuzurechnen (BFH vom 28. 7. 2010, I R 89/09, BStBl. 2011 II S. 528). Die Voraussetzungen einer Organschaft sind danach vom Beginn des Wirtschaftsjahres der Organgesellschaft an erfüllt, wenn dem übernehmenden Rechtsträger z. B. nach §§ 2, 20 Abs. 5 und 6 oder § 24 Abs. 4 UmwStG auch die Beteiligung an der Organgesellschaft steuerlich rückwirkend zum Beginn des Wirtschaftsjahrs der Organgesellschaft zuzurechnen ist (vgl. z. B. Randnr. 02.03).

b) Erstmalige Begründung einer Organschaft zum übernehmenden Rechtsträger

272 **Org.03** Eine noch gegenüber dem übertragenden Rechtsträger bestehende finanzielle Eingliederung zum steuerlichen Übertragungsstichtag ist dem übernehmenden Rechtsträger infolge des in § 12 Abs. 3 Satz 1 UmwStG angeordneten Eintritts in die steuerliche Rechtsstellung mit Wirkung ab dem steuerlichen Übertragungsstichtag zuzurechnen (vgl. Randnr. Org.02). Eine Organschaft kann durch den übernehmenden Rechtsträger mit steuerlicher Rückwirkung nur begründet werden, wenn diesem auch die Anteile an der künftigen Organgesellschaft steuerlich rückwirkend (z. B. nach §§ 2, 20 Abs. 5 und 6 oder § 24 Abs. 4 UmwStG) zum Beginn des Wirtschaftsjahrs der Organgesellschaft zuzurechnen sind. Werden die Voraussetzungen der finanziellen Eingliederung erst infolge der Umwandlung geschaffen (z. B. übertragender Rechtsträger und übernehmender Rechtsträger besitzen vor der Umwandlung eine Beteiligung von jeweils unter 50 %), ist die rückwirkende erstmalige Begründung einer Organschaft mangels Eintritt in die steuerliche Rechtsstellung hinsichtlich einer beim übertragenden Rechtsträger zum steuerlichen Übertragungsstichtag bestehenden finanziellen Eingliederung somit nicht möglich.

c) Beendigung der Organschaft bei Abwärtsverschmelzung

273 **Org.04** Wird der Organträger auf die Organgesellschaft verschmolzen, endet die Organschaft mit Wirkung zum steuerlichen Übertragungsstichtag. Bei Beendigung des Gewinnabführungsvertrags vor Ablauf von fünf Jahren ist in diesen Fällen ein wichtiger Grund i. S. d. § 14 Abs. 1 Satz 1 Nr. 3 Satz 2 KStG anzunehmen.

---

[1] Letztmals abgedruckt im „Handbuch zur Körperschaftsteuerveranlagung 2010" im Anhang I 2 d. Aufgehoben durch *BMF-Schrb. v. 24. 3. 2014 IV A 2 – O 2000/13/10002, BStBl. I S. 606.*

[2] Letztmals abgedruckt im „Handbuch zur Körperschaftsteuerveranlagung 2010" im Anhang I 2 c.

[3] Letztmals abgedruckt im „Handbuch zur Körperschaftsteuerveranlagung 2011" im Anhang I 2 a.

d) Organschaftliche Ausgleichsposten

Org.05 Die Verschmelzung des Organträgers stellt einen Veräußerungsvorgang i. S. d. § 14 Abs. 4 KStG hinsichtlich der Beteiligung an der Organgesellschaft dar (vgl. Randnr. 00.02). Auf dieses Organschaftsverhältnis entfallende organschaftliche Ausgleichsposten sind nach § 14 Abs. 4 Satz 2 KStG zum steuerlichen Übertragungsstichtag aufzulösen. 274

Wird die Organschaft vom übernehmenden Rechtsträger zulässigerweise fortgeführt, sind die organschaftlichen Ausgleichsposten abweichend davon nicht aufzulösen, wenn die Verschmelzung zum Buchwert erfolgt. Der übernehmende Rechtsträger hat die organschaftlichen Ausgleichsposten fortzuführen. Erfolgt die Verschmelzung zum gemeinen Wert, sind die organschaftlichen Ausgleichsposten in voller Höhe, bei Verschmelzung zum Zwischenwert anteilig aufzulösen.

In den Fällen der Abwärtsverschmelzung sind die organschaftlichen Ausgleichsposten stets in voller Höhe aufzulösen, da eine Fortführung der Organschaft ausscheidet (vgl. Randnr. Org.04).

2. Auf- und Abspaltung, Ausgliederung

Org.06 Geht das Vermögen des Organträgers durch Aufspaltung auf ein anderes gewerbliches Unternehmen i. S. d. § 14 Abs. 1 Satz 1 Nr. 2 KStG über, tritt der übernehmende Rechtsträger nach Maßgabe des Spaltungsvertrags oder -plans (§ 131 Abs. 1 Nr. 1 UmwG) in den bestehenden Gewinnabführungsvertrag ein. Dem die Beteiligung an der Organgesellschaft übernehmenden Rechtsträger ist eine gegenüber dem übertragenden Rechtsträger zum steuerlichen Übertragungsstichtag bestehende finanzielle Eingliederung zuzurechnen; Randnr. Org.02 f. gelten entsprechend. 275

Organschaftliche Ausgleichsposten sind nach § 14 Abs. 4 Satz 2 KStG aufzulösen. Randnr. Org.05 gilt entsprechend. Bleiben die organschaftlichen Ausgleichsposten danach ganz oder teilweise bestehen, sind sie vom übernehmenden Rechtsträger fortzuführen, auf den die Organbeteiligung übergeht.

Org.07 Geht die Beteiligung an der Organgesellschaft im Wege der Abspaltung auf ein anderes gewerbliches Unternehmen i. S. d. § 14 Abs. 1 Satz 1 Nr. 2 KStG über, wird dem übernehmenden Rechtsträger eine gegenüber dem übertragenden Rechtsträger zum steuerlichen Übertragungsstichtag bestehende finanzielle Eingliederung zugerechnet. Randnr. Org.02 f. gelten entsprechend.

Auf dieses Organschaftsverhältnis entfallende organschaftliche Ausgleichsposten sind nach § 14 Abs. 4 Satz 2 KStG aufzulösen. Randnr. Org.05 gilt entsprechend. Bleiben die organschaftlichen Ausgleichsposten danach ganz oder teilweise bestehen, sind sie vom übernehmenden Rechtsträger fortzuführen, auf den die Organbeteiligung übergeht.

Org.08 Geht die Beteiligung an der Organgesellschaft im Wege der Ausgliederung auf ein anderes gewerbliches Unternehmen i. S. d. § 14 Abs. 1 Satz 1 Nr. 2 KStG über, wird dem übernehmenden Rechtsträger eine gegenüber dem übertragenden Rechtsträger bestehende finanzielle Eingliederung mit Wirkung ab dem steuerlichen Übertragungsstichtag zugerechnet. Steuerlicher Übertragungsstichtag ist in den Fällen des Anteilstauschs i. S. d. § 21 UmwStG der Zeitpunkt, zu dem das wirtschaftliche Eigentum an den Anteilen an der Organgesellschaft übergeht (vgl. Randnr. 21.17). In den Fällen der Einbringung von Anteilen i. S. d. § 21 UmwStG an der Organgesellschaft ist eine Fortsetzung der Organschaft deshalb nur möglich, wenn das betreffende Wirtschaftsjahr der Organgesellschaft nach dem steuerlichen Übertragungsstichtag beginnt.

Auf dieses Organschaftsverhältnis entfallende organschaftliche Ausgleichsposten sind nach § 14 Abs. 4 Satz 2 KStG aufzulösen. Randnr. Org.05 gilt entsprechend. Bleiben die organschaftlichen Ausgleichsposten danach ganz oder teilweise bestehen, sind sie vom übernehmenden Rechtsträger fortzuführen, auf den die Organbeteiligung übergeht.

Org.09 Verbleibt bei einer Abspaltung oder Ausgliederung eine die Mehrheit der Stimmrechte vermittelnde Beteiligung an der Organgesellschaft beim bisherigen Organträger, wird das bestehende Organschaftsverhältnis durch die Umwandlung nicht berührt.

3. Formwechsel des Organträgers

Org.10 Der Formwechsel des Organträgers hat auf den Fortbestand eines Gewinnabführungsvertrags keinen Einfluss und berührt daher das Organschaftsverhältnis nicht, wenn beim Organträger neuer Rechtsform die Voraussetzungen des § 14 Abs. 1 Satz 1 Nr. 2 KStG vorliegen. Beim Formwechsel i. S. d. § 1 Abs. 1 Satz 1 Nr. 2 und Abs. 3 Nr. 3 UmwStG gelten Randnr. Org.02 und Org.05 entsprechend. Im Fall der erstmaligen Begründung der Organschaft im Anschluss an einen Formwechsel i. S. d. § 1 Abs. 1 Satz 1 Nr. 2 und Abs. 3 Nr. 3 UmwStG gilt Randnr. Org.03 entsprechend. 276

4. Mindestlaufzeit und vorzeitige Beendigung des Gewinnabführungsvertrags

Org.11 Für die Prüfung der Mindestlaufzeit des Gewinnabführungsvertrags nach § 14 Abs. 1 Satz 1 Nr. 3 KStG ist die Laufzeit bei dem bisherigen und dem künftigen Organträger (übernehmender Rechtsträger bzw. Organträger neuer Rechtsform) zusammenzurechnen, wenn der übernehmende Rechtsträger aufgrund der Umwandlung in den bestehenden Gewinnabführungsvertrag eintritt. 277

Org.12 Die Umwandlung des Unternehmens des Organträgers ist ein wichtiger Grund, einen noch nicht fünf aufeinander folgende Jahre durchgeführten Gewinnabführungsvertrag zu kündigen oder im gegenseitigen Einvernehmen zu beenden. Das gilt nicht für den Formwechsel i. S. d. § 190 UmwG (vgl. R 60 Abs. 6 Satz 2 KStR 2004).

5. Begründung einer Organschaft nach Einbringung i. S. d. § 20 UmwStG

Org.13 Die im Zuge einer Einbringung i. S. d. § 20 UmwStG erhaltenen Anteile an einer Kapitalgesellschaft (übernehmender Rechtsträger) sind dem Einbringenden (übertragender Rechtsträger) steuerlich mit Ablauf des steuerlichen Übertragungsstichtags zuzurechnen (vgl. Randnr. 20.14). Eine Organschaft 278 zwischen dem übertragenden Rechtsträger und dem übernehmenden Rechtsträger kann daher grundsätzlich bereits ab diesem Zeitpunkt begründet werden. Weitere Voraussetzung hierfür ist jedoch, dass das eingebrachte Vermögen dem übertragenden Rechtsträger zum Einbringungszeitpunkt auch steuerlich zuzurechnen war (vgl. Randnr. 20.14 sowie BFH vom 28. 7. 2010, I R 89/09, BStBl. 2011 II S. 528). Die steuerliche Anerkennung der Organschaft erfordert zudem, dass der Gewinnabführungsvertrag bis zum Ende des betreffenden Wirtschaftsjahrs der Organgesellschaft wirksam wird. Fällt der steuerliche Übertragungsstichtag zugleich auf das Ende des Wirtschaftsjahrs des übernehmenden Rechtsträgers, kann die Organschaft daher frühestens für das Wirtschaftsjahr des übernehmenden Rechtsträgers begründet werden, das nach dem steuerlichen Übertragungsstichtag beginnt.

Org.14 Wird mit steuerlicher Rückwirkung z. B. ein Teilbetrieb, zu dessen funktional wesentlichen Betriebsgrundlagen eine Mehrheitsbeteiligung gehört, in eine Kapitalgesellschaft (übernehmender Rechtsträger) eingebracht, ist wegen des in § 23 Abs. 1 i. V. m. § 12 Abs. 3 erster Halbsatz UmwStG geregelten Eintritts in die steuerliche Rechtsstellung eine zum steuerlichen Übertragungsstichtag noch gegenüber dem übertragenden Rechtsträger bestehende finanzielle Eingliederung mit Wirkung ab dem steuerlichen Übertragungsstichtag dem übernehmenden Rechtsträger zuzurechnen.

6. Begründung einer Organschaft nach Anteilstausch i. S. d. § 21 UmwStG

279 **Org.15** Wird eine die Mehrheit der Stimmrechte vermittelnde Beteiligung an einer Kapitalgesellschaft (erworbene Gesellschaft) in eine andere Kapitalgesellschaft (übernehmende Gesellschaft) nach § 21 UmwStG eingebracht, kann die Einbringung steuerlich nicht rückwirkend erfolgen (vgl. Randnr. 21.17). Eine Organschaft zwischen der übernehmenden Gesellschaft und der erworbenen Gesellschaft kann daher frühestens ab dem Beginn des auf die Einbringung folgenden Wirtschaftsjahrs der erworbenen Gesellschaft begründet werden.

Org.16 Bestand bei einem Anteilstausch i. S. d. § 21 UmwStG bisher zwischen dem Einbringenden und der erworbenen Gesellschaft eine Organschaft, kann bei Vorliegen der in § 14 Abs. 1 Satz 1 Nr. 1 Satz 2 KStG genannten Voraussetzungen das bestehende Organschaftsverhältnis in Form einer mittelbaren Organschaft fortgeführt werden.

Die auf das bisherige unmittelbare Organschaftsverhältnis entfallenden organschaftlichen Ausgleichsposten sind nach § 14 Abs. 4 Satz 2 KStG aufzulösen. Randnr. Org.05 gilt entsprechend. Bleiben die organschaftlichen Ausgleichsposten danach ganz oder teilweise bestehen, sind sie vom Organträger fortzuführen.

Org.17 Bringt bei einer zweistufigen Organschaft, bei der die Tochter-Kapitalgesellschaft Organträgerin im Verhältnis zur Enkel-Kapitalgesellschaft und Organgesellschaft im Verhältnis zur Muttergesellschaft ist, die Tochter-Kapitalgesellschaft ihre Beteiligung an der Enkel-Kapitalgesellschaft in die Muttergesellschaft ein, ist eine sich unmittelbar anschließende Begründung der Organschaft zwischen der Enkel-Kapitalgesellschaft und der Muttergesellschaft möglich, denn die Enkel-Kapitalgesellschaft war durchgängig in die Muttergesellschaft finanziell eingegliedert (zunächst mittelbar und anschließend unmittelbar).

Die auf das bisherige Organschaftsverhältnis entfallenden organschaftlichen Ausgleichsposten in der Steuerbilanz der Tochter-Kapitalgesellschaft sind nach § 14 Abs. 4 Satz 2 KStG stets in voller Höhe aufzulösen.

7. Anwachsung bei einer Organträger-Personengesellschaft

280 **Org.18** Erfolgt bei einer Organträger-Personengesellschaft wegen des Ausscheidens des vorletzten Gesellschafters eine Anwachsung des Vermögens auf den verbleibenden Gesellschafter, ist für die Beurteilung des Vorliegens der finanziellen Eingliederung – sofern die Organgesellschaft beim verbleibenden Gesellschafter nicht bereits mittelbar finanziell eingegliedert war – wie folgt zu unterscheiden:

- Ist die Anwachsung Folge einer übertragenden Umwandlung mit steuerlicher Rückwirkung, ist dem verbleibenden Gesellschafter die Beteiligung an der Organgesellschaft auch mit steuerlicher Rückwirkung zuzurechnen.
- Ist die Anwachsung Folge einer Übertragung, für die die steuerliche Rückwirkung nach dem UmwStG nicht gilt (z. B. Veräußerung der Mitunternehmerbeteiligung), ist die Beteiligung an der Organgesellschaft dem verbleibenden Gesellschafter erst mit Übergang des wirtschaftlichen Eigentums zuzurechnen.

Die organschaftlichen Ausgleichsposten sind von dem verbleibenden Gesellschafter in unveränderter Höhe fortzuführen.

8. Zurechnung des Organeinkommens bei Umwandlung des Organträgers

281 **Org.19** Das Einkommen der Organgesellschaft ist dem Organträger für das Kalenderjahr (Veranlagungszeitraum) zuzurechnen, in dem die Organgesellschaft das Einkommen bezogen hat (BFH vom 29. 10. 1974, I R 240/72, BStBl. 1975 II S. 126). Bei Fortsetzung einer bestehenden Organschaft (vgl. z. B. Randnr. Org.02) ist das Organeinkommen demjenigen Rechtsträger zuzurechnen, der zum Schluss des Wirtschaftsjahrs der Organgesellschaft als Organträger anzusehen ist.

II. Organträger als übernehmender Rechtsträger

282 **Org.20** Eine Umwandlung auf den Organträger als übernehmender Rechtsträger hat auf den Fortbestand eines Gewinnabführungsvertrags keinen Einfluss und berührt daher das Organschaftsverhältnis nicht.

III. Organgesellschaft als übertragender bzw. umzuwandelnder Rechtsträger

1. Verschmelzung auf eine andere Gesellschaft

Org.21 Wird die Organgesellschaft auf einen anderen Rechtsträger verschmolzen, wird ein bestehender Gewinnabführungsvertrag beendet. Die Verschmelzung stellt auf der Ebene des Organträgers eine Veräußerung der Beteiligung an der Organgesellschaft (vgl. Randnr. 00.03f.) im Zeitpunkt der Wirksamkeit der Verschmelzung bzw. bei Aufwärtsverschmelzung mit Ablauf des steuerlichen Übertragungsstichtags dar. Eine finanzielle Eingliederung zwischen dem bisherigen Organträger und dem übernehmenden Rechtsträger kann frühestens ab dem Zeitpunkt der Wirksamkeit der Verschmelzung bestehen (vgl. Randnr. 13.06). **283**

Auf dieses Organschaftsverhältnis entfallende organschaftliche Ausgleichsposten sind nach § 14 Abs. 4 Satz 2 KStG stets in voller Höhe aufzulösen.

2. Auf- und Abspaltung, Ausgliederung

Org.22 Die Organgesellschaft bleibt bei der Abspaltung und bei der Ausgliederung bestehen und die Organschaft kann unverändert fortgeführt werden. Der Gewinnabführungsvertrag wird dadurch nicht berührt. **284**

Die Abspaltung stellt auf der Ebene des Organträgers eine anteilige Veräußerung der Beteiligung an der Organgesellschaft (vgl. § 15 i. V. m. § 13 UmwStG) im Zeitpunkt der Wirksamkeit der Abspaltung dar. Auf dieses Organschaftsverhältnis entfallende organschaftliche Ausgleichsposten sind nach § 14 Abs. 4 Satz 2 KStG nach Maßgabe des Wertverhältnisses in § 15 Abs. 3 UmwStG anteilig aufzulösen. Randnr. Org.05 gilt entsprechend. Bleiben die organschaftlichen Ausgleichsposten danach ganz oder teilweise bestehen, sind sie vom Organträger fortzuführen.

Org.23 Wird die Organgesellschaft aufgespaltet, endet der Gewinnabführungsvertrag. Randnr. Org.21 gilt entsprechend.

3. Formwechsel

Org.24 Der Formwechsel einer Organgesellschaft in eine Kapitalgesellschaft anderer Rechtsform berührt die steuerliche Anerkennung der Organschaft nicht. **285**

Beim Formwechsel in eine Personengesellschaft endet das Organschaftsverhältnis. Auf dieses Organschaftsverhältnis entfallende organschaftliche Ausgleichsposten sind nach § 14 Abs. 4 Satz 5 KStG stets in voller Höhe aufzulösen.

Org.25 Wird eine Tochter-Personengesellschaft mit steuerlicher Rückwirkung formwechselnd in eine Tochter-Kapitalgesellschaft umgewandelt, ist dem Einbringenden die Beteiligung an der Tochter-Kapitalgesellschaft mit Ablauf des steuerlichen Übertragungsstichtags zuzurechnen; Randnr. Org.13 gilt entsprechend. Zum rückwirkenden Formwechsel vgl. auch BFH vom 17. 9. 2003, I R 55/02, BStBl. 2004 II S. 534.

4. Vorzeitige Beendigung des Gewinnabführungsvertrags

Org.26 Die Beendigung eines Gewinnabführungsvertrags infolge der Umwandlung der Organgesellschaft ist ein wichtiger Grund i. S. d. § 14 Abs. 1 Satz 1 Nr. 3 Satz 2 KStG, es sei denn, es handelt sich um einen Formwechsel einer Kapitalgesellschaft in eine Kapitalgesellschaft anderer Rechtsform (vgl. R 60 Abs. 6 Satz 2 KStR 2004). **286**

5. Zurechnung eines Übertragungsgewinns bzw. -verlusts

Org.27 Bei Verschmelzung oder Aufspaltung ist ein steuerlicher Übertragungsgewinn von der Organgesellschaft selbst zu versteuern.[1] Bei Abspaltung oder Ausgliederung ist ein steuerlicher Übertragungsgewinn bei weiter bestehender Organgesellschaft dem Organträger zuzurechnen. **287**

6. Mehr- und Minderabführungen

Org.28 Wenn bei einer Sach- oder Anteilseinbringung durch die Organgesellschaft in eine andere Kapitalgesellschaft oder Genossenschaft das eingebrachte Vermögen steuerlich mit dem Buchwert, in der Handelsbilanz jedoch mit dem Verkehrswert angesetzt wird, ist auf die sich daraus ergebende Mehrabführung § 14 Abs. 4 KStG anzuwenden. **288**

IV. Organgesellschaft als übernehmender Rechtsträger

1. Fortgeltung der Organschaft

Org.29 Ein bestehendes Organschaftsverhältnis wird durch die Umwandlung einer anderen Gesellschaft auf die Organgesellschaft nicht berührt, wenn die finanzielle Eingliederung auch nach der Umwandlung fortbesteht. **289**

2. Übernahmegewinn bzw. -verlust und Gewinnabführung

Org.30 Entsteht bei der Organgesellschaft i. R. d. Umwandlung ein handelsrechtlicher Übernahmegewinn, ist hinsichtlich der handelsrechtlichen Abführungsverpflichtung wie folgt zu unterscheiden: **290**

1. Bei der Aufwärtsverschmelzung einer der Organgesellschaft nachgeordneten Gesellschaft auf die Organgesellschaft erstreckt sich die Gewinnabführungsverpflichtung der Organgesellschaft auch auf einen handelsrechtlichen Übernahmegewinn.

---

[1] Dem widersprechend aber *BFH-Urteil v. 11. 8. 2021 I R 27/18, DStR 2021 S. 2783*: Ein durch die Aufspaltung der Organgesellschaft ggf. angefallener Übertragungsgewinn ist Teil des der Organträgerin nach § 14 Abs. 1 Satz 1 KStG zuzurechnenden Einkommens.

2. Bei der Seitwärtsverschmelzung einer Schwestergesellschaft auf die Organgesellschaft unterliegt ein handelsrechtlicher Übernahmegewinn insoweit nicht der Pflicht zur Gewinnabführung, als er zur Aufstockung des Nennkapitals verwendet oder in die Kapitalrücklage eingestellt wird.

Org.31 Gewährt die übernehmende Organgesellschaft als Gegenleistung nach der Rechtslage in § 272 HGB i. d. F. vor Inkrafttreten des Bilanzrechtsmodernisierungsgesetzes (BilMoG) vom 25. 5. 2009, BGBl. I S. 1102, bilanzierte eigene Anteile, ist der handelsrechtliche Übernahmegewinn in dem Betrag, der nach § 301 AktG an den Organträger abzuführen ist, enthalten.

Org.32 Entsteht bei der Organgesellschaft ein handelsrechtlicher Übernahmeverlust, unterliegt dieser der Verlustübernahme nach § 302 AktG bzw. mindert den Betrag, der nach § 301 AktG an den Organträger abzuführen ist.

3. Mehr- und Minderabführungen

291 **Org.33**[1] Geht das Vermögen einer anderen Gesellschaft durch Umwandlung oder Einbringung auf eine Organgesellschaft über und setzt die übernehmende Organgesellschaft das auf sie übergehende Vermögen in der Steuerbilanz mit den Buchwerten, handelsrechtlich jedoch mit den Verkehrswerten an, ist auf die sich daraus ergebende Mehrabführung § 14 Abs. 3 Satz 1 KStG anzuwenden.

Org.34 Bestanden bereits bei dem übertragenden Rechtsträger Bewertungsunterschiede zwischen Handels- und Steuerbilanz, führen sowohl der Unterschiedsbetrag zwischen dem handelsrechtlichen und dem steuerlichen Übernahmegewinn als auch die spätere Auflösung der Bewertungsunterschiede bei der Organgesellschaft zu Mehr- bzw. Minderabführungen i. S. d. § 14 Abs. 3 KStG.

B. Auswirkungen auf das steuerliche Einlagekonto und den Sonderausweis

I. Übersicht

292 **K.01** Eine Verschmelzung sowie eine Auf- und Abspaltung führt zu folgenden Kapitalveränderungen bei der übertragenden und bei der übernehmenden Körperschaft; dies gilt für die übertragende Körperschaft auch bei Umwandlung auf ein Personenunternehmen:

	Übertragende Körperschaft	**Übernehmende Körperschaft**
Verschmelzung und Aufspaltung	Fiktive Herabsetzung des Nennkapitals und damit Auflösung eines eventuell bestehenden Sonderausweises i. S. d. § 28 Abs. 1 Satz 3 KStG (§ 29 Abs. 1, § 28 Abs. 2 KStG). Erhöhung des steuerlichen Einlagekontos um den Betrag des Nennkapitals abzüglich des Sonderausweises.	Bei einer Abwärtsverschmelzung bzw. -spaltung gilt Nebenstehendes gem. § 29 Abs. 1 i. V. m. Abs. 2 Satz 3 bzw. Abs. 3 Satz 3 KStG auch für die übernehmende Körperschaft.
		Zurechnung der – in den Fällen der Aufwärtsverschmelzung bzw. -spaltung nach § 29 Abs. 2 Satz 2 ggf. i. V. m. Abs. 3 Satz 3 KStG anteilig gekürzten – Bestände des steuerlichen Einlagekontos (§ 29 Abs. 2 bzw. 3 KStG).
		Anpassung des Nennkapitals und ggf. Neubildung oder Anpassung eines Sonderausweises (§ 29 Abs. 4, § 28 Abs. 1 und 3 KStG). Bei Abwärtsverschmelzung bzw. -spaltung: Erhöhung des fiktiv auf 0 € herabgesetzten Nennkapitals und ggf. Neubildung eines Sonderausweises (§ 29 Abs. 4, § 28 Abs. 1 KStG).
Abspaltung	Fiktive Herabsetzung des Nennkapitals und Auflösung eines eventuell bestehenden Sonderausweises i. S. d. § 28 Abs. 1 Satz 3 KStG (§ 29 Abs. 1, § 28 Abs. 2 KStG). Erhöhung des steuerlichen Einlagekontos um den Betrag des Nennkapitals abzüglich des Sonderausweises.	Bei einer Abwärtsabspaltung gilt Nebenstehendes gemäß § 29 Abs. 1 i. V. m. Abs. 2 Satz 3 i. V. m. Abs. 3 Satz 3 KStG auch für die übernehmende Körperschaft.
	Anteilige Verringerung des steuerlichen Einlagekontos (§ 29 Abs. 3 KStG).	Anteilige Hinzurechnung des – in den Fällen der Aufwärtsabspaltung nach § 29 Abs. 1 i. V. m. Abs. 2 Satz 2 i. V. m. Abs. 3 Satz 3 KStG anteilig gekürzten – steuerlichen Einlagekontos (§ 29 Abs. 3 KStG).

[1] Vgl. aber *BFH-Urteil v. 21. 2. 2022 I R 51/19, BFH/NV 2022, 866*: Das Tatbestandsmerkmal „vororganschaftlich" in § 14 Abs. 3 Satz 1 KStG ist nur in zeitlicher, nicht auch in sachlicher Hinsicht zu verstehen; außerorganschaftlich verursachte Mehrabführungen in organschaftlicher Zeit sind nicht erfasst (entgegen Rz Org.33 des sog. Umwandlungssteuererlasses 2011, *BMF-Schrb. v. 11. 11. 2011, BStBl. 2011 I S. 1314*).

	Übertragende Körperschaft	Übernehmende Körperschaft
	Erhöhung des fiktiv auf 0 € herabgesetzten Nennkapitals und ggf. Neubildung eines Sonderausweises (§ 29 Abs. 4, § 28 Abs. 1 KStG).	Anpassung des Nennkapitals und ggf. Neubildung bzw. Anpassung eines Sonderausweises (§ 29 Abs. 4, § 28 Abs. 1 und 3 KStG). Bei Abwärtsabspaltung: Erhöhung des fiktiv auf 0 € herabgesetzten Nennkapitals und ggf. Neubildung eines Sonderausweises (§ 29 Abs. 4, § 28 Abs. 1 KStG).

II. Anwendung des § 29 KStG

1. Sachlicher Anwendungsbereich

K.02 § 29 KStG gilt für Umwandlungen i. S. d. § 1 UmwG. Wegen fehlender betragsmäßiger Auswirkung kommt § 29 KStG für Fälle der Ausgliederung i. S. d. § 123 Abs. 3 UmwG nicht zur Anwendung. 293

2. Behandlung bei der übertragenden Körperschaft

a) Fiktive Herabsetzung des Nennkapitals

K.03 Bei der übertragenden Körperschaft gilt im ersten Schritt das Nennkapital zum steuerlichen Übertragungsstichtag als in vollem Umfang herabgesetzt. Auf die fiktive Kapitalherabsetzung ist § 28 Abs. 2 Satz 1 KStG entsprechend anzuwenden. Danach verringert sich zunächst ein bestehender Sonderausweis auf 0 €. Der den Sonderausweis übersteigende Betrag erhöht den Bestand des steuerlichen Einlagekontos. Maßgebend ist der Bestand des Sonderausweises, der sich am steuerlichen Übertragungsstichtag ergibt. Die fiktive Herabsetzung des Nennkapitals gilt auch für den Fall der Abspaltung i. S. d. § 123 Abs. 1 und 2 UmwG. 294

b) Verringerung der Bestände beim steuerlichen Einlagekonto

K.04 Bei einer Verschmelzung nach § 2 UmwG sowie bei einer Aufspaltung nach § 123 Abs. 1 UmwG verringert sich das steuerliche Einlagekonto der übertragenden Körperschaft in vollem Umfang (§ 29 Abs. 2 Satz 1, Abs. 3 Satz 1 und 2 KStG). In der letzten gesonderten Feststellung auf den steuerlichen Übertragungsstichtag ist der Bestand nach Berücksichtigung von Zu- und Abgängen (z. B. bei Gewinnausschüttungen im Rückwirkungszeitraum, vgl. z. B. Randnr. 02.34) und vor dem Vermögensübergang anzusetzen. 295

K.05 Bei einer Abspaltung nach § 123 Abs. 2 UmwG verringert sich der Bestand des steuerlichen Einlagekontos anteilig in dem in § 29 Abs. 3 Satz 1, 2 und 4 KStG genannten Umfang. Maßgebend für die Verringerung ist der nach Berücksichtigung von Zu- und Abgängen ermittelte (ggf. fiktive) Bestand des steuerlichen Einlagekontos zum steuerlichen Übertragungsstichtag; dies gilt auch dann, wenn der steuerliche Übertragungsstichtag nicht auf den Schluss des Wirtschaftsjahrs des übertragenden Rechtsträgers fällt. Für nach dem steuerlichen Übertragungsstichtag erfolgende Leistungen ist der um den Verringerungsbetrag geminderte (ggf. fiktive) Bestand des steuerlichen Einlagekontos zum steuerlichen Übertragungsstichtag maßgebend.

K.06 Die Verringerung des Bestands erfolgt unabhängig von der Rechtsform des übernehmenden Rechtsträgers. Sie ist auch vorzunehmen, soweit eine Hinzurechnung des steuerlichen Einlagekontos bei der übernehmenden Körperschaft nach § 29 Abs. 2 Satz 2 KStG unterbleibt.

c) Anpassung des Nennkapitals bei Abspaltung

K.07 Bei einer Abspaltung gilt das nach § 29 Abs. 1 KStG als auf 0 € herabgesetzt geltende Nennkapital des übertragenden Rechtsträgers (vgl. Randnr. K.03) als auf den Stand unmittelbar nach der Übertragung erhöht. Für die fiktive Kapitalerhöhung gilt § 28 Abs. 1 KStG entsprechend. Das Nennkapital verringert damit vorrangig das steuerliche Einlagekonto bis zu dessen Verbrauch, ein übersteigender Betrag ist als Sonderausweis zu erfassen. Maßgeblich ist dabei der Bestand des steuerlichen Einlagekontos, der sich nach Anwendung des § 29 Abs. 1 bis 3 KStG ergeben hat. 296

d) Zusammenfassendes Beispiel

K.08 **Beispiel:** 297

Die X-GmbH (voll eingezahltes Nennkapital 300 000 €, davon Sonderausweis 100 000 €) wird hälftig abgespalten. Das Nennkapital nach Abspaltung soll 50 000 € betragen. Das steuerliche Einlagekonto beträgt 0 €.

Lösung:

	Vorspalte	Einlagekonto	Sonderausweis
Anfangsbestand		0 €	100 000 €
Betrag der fiktiven Kapitalherabsetzung	300 000 €		
Verringerung des Sonderausweises	./. 100 000 €		./. 100 000 €
Rest, Zugang beim steuerlichen Einlagekonto	200 000 €	+ 200 000 €	
Zwischenergebnis		200 000 €	0 €
Abgang vom steuerlichen Einlagekonto (= 50 %)		./. 100 000 €	
Zwischenergebnis		100 000 €	0 €
Betrag der fiktiven Kapitalerhöhung	50 000 €		
Verringerung des steuerlichen Einlagekontos	./. 50 000 €	./. 50 000 €	
Schlussbestände		50 000 €	0 €

3. Behandlung bei der übernehmenden Körperschaft

a) Hinzurechnung des Bestands des steuerlichen Einlagekontos bei der übernehmenden Körperschaft

298 **K.09** Soweit das Vermögen einer Körperschaft auf eine andere unbeschränkt steuerpflichtige Körperschaft übergeht, erhöht sich der Bestand des steuerlichen Einlagekontos der übernehmenden Körperschaft nach Maßgabe des § 29 Abs. 2 bzw. 3 KStG zum Schluss des Wirtschaftsjahrs, in das der steuerliche Übertragungsstichtag fällt. Bei Verschmelzungen sowie bei Auf- und Abspaltungen kann sich das steuerliche Einlagekonto der übernehmenden Körperschaft nur in dem in § 29 Abs. 2 und 3 KStG geregelten Umfang erhöhen. § 29 KStG ist insoweit gegenüber § 27 KStG die speziellere Vorschrift.

b) Beteiligung der übernehmenden Körperschaft an der übertragenden Körperschaft (Aufwärtsverschmelzung)

299 **K.10** Ist die übernehmende Körperschaft (Muttergesellschaft) an der übertragenden Körperschaft (Tochtergesellschaft) beteiligt, unterbleibt bei der übernehmenden Muttergesellschaft eine Hinzurechnung des Bestands des steuerlichen Einlagekontos der übertragenden Tochtergesellschaft in dem Verhältnis der Beteiligung der Muttergesellschaft an der Tochtergesellschaft (§ 29 Abs. 2 Satz 2 und Abs. 3 Satz 3 KStG).

Beispiel:

Die Muttergesellschaft hält 80 % der Anteile an einer Tochtergesellschaft. Das steuerliche Einlagekonto der Tochtergesellschaft beträgt nach Anwendung des § 29 Abs. 1 KStG 100 000 €. Die Tochtergesellschaft wird auf die Muttergesellschaft verschmolzen.

Lösung:

Nach § 29 Abs. 2 Satz 2 KStG erhöht sich das steuerliche Einlagekonto der Muttergesellschaft nur um 20 000 € (= 20 % von 100 000 €).

Alternative:

Die Tochtergesellschaft wird hälftig auf die Muttergesellschaft abgespalten.

Lösung:

Nach § 29 Abs. 3 Satz 3 i. V. m. Abs. 2 Satz 2 KStG erhöht sich das steuerliche Einlagekonto der Muttergesellschaft um 10 000 € (= 50 % × 20 % von 100 000 €).

K.11 Die Regelung gilt entsprechend, wenn die übernehmende Körperschaft (Muttergesellschaft) mittelbar, z. B. über eine andere Körperschaft (Tochtergesellschaft), an der übertragenden Körperschaft (Enkelgesellschaft) beteiligt ist.

c) Beteiligung der übertragenden Körperschaft an der übernehmenden Körperschaft (Abwärtsverschmelzung)

300 **K.12** Bei Beteiligung der übertragenden Körperschaft (Muttergesellschaft) an der übernehmenden Körperschaft (Tochtergesellschaft) verringert sich nach § 29 Abs. 2 Satz 3 bzw. Abs. 3 Satz 3 KStG das steuerliche Einlagekonto der Tochtergesellschaft in dem Verhältnis der Beteiligung der übertragenden Muttergesellschaft an der übernehmenden Tochtergesellschaft.

K.13 Bei einer Abwärtsverschmelzung finden die Regelungen des § 29 Abs. 1 und Abs. 2 Satz 1 KStG Anwendung. Bei der Ermittlung des steuerlichen Einlagekontos der übernehmenden Tochtergesellschaft auf den Schluss des Umwandlungsjahrs ist daher wie folgt vorzugehen:

1. fiktive Herabsetzung des Nennkapitals der Tochtergesellschaft auf 0 € (§ 29 Abs. 1 KStG),
2. Verringerung des nach 1. erhöhten steuerlichen Einlagekontos im Verhältnis der Beteiligung der Muttergesellschaft an der Tochtergesellschaft (§ 29 Abs. 2 Satz 3 KStG),
3. fiktive Herabsetzung des Nennkapitals der Muttergesellschaft auf 0 € (§ 29 Abs. 1 KStG),
4. Hinzurechnung des nach 3. erhöhten steuerlichen Einlagekontos der Muttergesellschaft (§ 29 Abs. 2 Satz 1 KStG) sowie
5. fiktive Erhöhung des nach 1. auf 0 € herabgesetzten Nennkapitals der Tochtergesellschaft auf den Stand unmittelbar nach der Übertragung (§ 29 Abs. 4 KStG; Randnr. K.15).

Beispiel:

Die Muttergesellschaft M (Nennkapital 120 000 €, steuerliches Einlagekonto 80 000 € und Sonderausweis 0 €) wird auf ihre 100 %ige Tochtergesellschaft T (Nennkapital 120 000 €, steuerliches Einlagekonto 0 € und Sonderausweis 50 000 €) verschmolzen. Das Nennkapital der T nach Verschmelzung beträgt 240 000 €.

Lösung:

Für das steuerliche Einlagekonto und den Sonderausweis der T ergibt sich danach folgende Entwicklung:

	Vorspalte	Einlagekonto	Sonderausweis
Bestand vor der Verschmelzung		0 €	50 000 €
Fiktive Kapitalherabsetzung auf Null	120 000 €		
Verringerung des Sonderausweises	./. 50 000 €		./. 50 000 €
Rest, Zugang beim steuerlichen Einlagekonto	70 000 €	+ 70 000 €	
Zwischenergebnis		70 000 €	0 €
Verringerung i. H. des prozentualen Umfangs der Beteiligung M an T		./. 70 000 €	
Zwischenergebnis		0 €	0 €

	Vorspalte	Einlagekonto	Sonderausweis
Zugang des steuerlichen Einlagekontos der M (nach Anwendung des § 29 Abs. 1 KStG)		+ 200 000 €	
Zwischenergebnis		200 000 €	0 €
Betrag der fiktiven Kapitalerhöhung	240 000 €		
Verringerung des steuerlichen Einlagekontos	./. 200 000 €	./. 200 000 €	
Rest, Zugang beim Sonderausweis	40 000 €	0 €	40 000 €
Bestände nach der Verschmelzung		0 €	40 000 €

K.14 Die Regelung gilt entsprechend, wenn die übertragende Körperschaft (Muttergesellschaft) mittelbar, z. B. über eine andere Körperschaft (Tochtergesellschaft), an der übernehmenden Körperschaft (Enkelgesellschaft) beteiligt ist.

d) Erhöhung des Nennkapitals

K.15 Erhöht die übernehmende Körperschaft i. R. d. Umwandlung ihr Nennkapital, finden darauf die Regelungen des § 28 Abs. 1 KStG entsprechend Anwendung (§ 29 Abs. 4 KStG). Das gilt nicht, soweit die Kapitalerhöhung auf baren Zuzahlungen bzw. Sacheinlagen beruht. **301**

e) Zusammenfassendes Beispiel

K.16 Beispiel: **302**

Auf die M-GmbH wird die T-GmbH, an der sie zu 50 % beteiligt ist, verschmolzen. Das nach § 29 Abs. 2 Satz 1 KStG zuzurechnende steuerliche Einlagekonto der T-GmbH beträgt 400 000 €. Der Sonderausweis der M-GmbH beträgt 100 000 €, der Bestand des steuerlichen Einlagekontos 0 €. I. R. d. Umwandlung wird das Nennkapital um 120 000 € erhöht, wovon 70 000 € auf bare Zuzahlungen entfallen. Nach der Verschmelzung wird das Nennkapital der M-GmbH durch Umwandlung von Rücklagen um weitere 100 000 € erhöht.

Lösung:

	Vorspalte	Einlagekonto	Sonderausweis
Bestand vor Umwandlung		0 €	100 000 €
Zugang steuerliches Einlagekonto der T-GmbH	400 000 €		
Kürzung nach § 29 Abs. 2 Satz 2 KStG (= 50 %)	./. 200 000 €		
Rest, Zugang steuerliches Einlagekonto	200 000 €	+ 200 000 €	
Zwischenergebnis		200 000 €	100 000 €
Anpassung des Nennkapitals (Erhöhung um insgesamt 220 000 € abzgl. bare Zuzahlungen i. H. v. 70 000 €)	150 000 €		
Vorrangige Verwendung des steuerlichen Einlagekontos	./. 150 000 €	./. 150 000 €	
Zwischenergebnis		50 000 €	100 000 €
Verrechnung des Sonderausweises mit dem positiven steuerlichen Einlagekonto zum Schluss des Wirtschaftsjahrs (§ 28 Abs. 3 KStG)		./. 50 000 €	./. 50 000 €
Schlussbestände		0 €	50 000 €

4. Aufteilungsschlüssel bei Auf- und Abspaltung

K.17 Das steuerliche Einlagekonto, das sich nach der Anwendung des § 29 Abs. 1 KStG ergibt, ist in dem Verhältnis der gemeinen Werte der übergehenden Vermögensteile zu dem vor der Auf- oder Abspaltung bestehenden Vermögen auf die übernehmenden Körperschaften, im Fall der Abspaltung auch auf die übertragende Körperschaft aufzuteilen. Dieses Verhältnis (Aufteilungsschlüssel) ergibt sich in der Regel aus den Angaben zum Umtauschverhältnis der Anteile im Spaltungs- und Übernahmevertrag oder im Spaltungsplan. Die Ermittlung der gemeinen Werte ist deshalb nur erforderlich, wenn der Spaltungs- und Übernahmevertrag oder der Spaltungsplan keine Angaben zum Umtauschverhältnis der Anteile enthält oder dieses nicht dem Verhältnis der übergehenden Vermögensteile zu dem vor der Spaltung bestehenden Vermögen entspricht. **303**

5. § 29 Abs. 5 und 6 KStG

K.18 Die Randnr. K.01 bis K.17 gelten in den Fällen des § 29 Abs. 5 und 6 KStG entsprechend. **304**

K.19 In den Fällen des § 29 Abs. 6 KStG ist das Finanzamt der übernehmenden Körperschaft örtlich zuständig. Die Ermittlung der nicht in das Nennkapital geleisteten Einlagen hat in Abstimmung mit dem Bundeszentralamt für Steuern zu erfolgen.

Anhang II

Formblattmuster

Steuerbescheinigung einer leistenden Körperschaft, Personenvereinigung oder Vermögensmasse oder eines Personenunternehmens oder eines Spezial-Investmentfonds

Anlage
Muster II

zum BMF-Schreiben v. 23. Mai 2022 (BStBl. 2022 I S. 860)
(BMF IV C 1 – S 2401/08/10001: 018)
[Text des Schreibens hier nicht abgedruckt]

Anlage

Muster II

....
....
....
(Bezeichnung des Schuldners der Kapitalerträge)

Adressfeld
....
....
....

Steuerbescheinigung
einer leistenden Körperschaft, Personenvereinigung oder Vermögensmasse oder eines Personenunternehmens oder eines Spezial-Investmentfonds

☐ Einzelsteuerbescheinigung

☐ Zusammengefasste Bescheinigung für den Zeitraum ......
Wir versichern, dass Einzelsteuerbescheinigungen insoweit nicht ausgestellt worden sind.

[Alternative 1]

An
....
(Name und Anschrift der Gläubigerin/des Gläubigers/der Gläubiger der Kapitalerträge)

wurden lt. Beschluss vom .... am ....für ....
(Zahlungstag) (Zeitraum)

folgende Kapitalerträge gezahlt/als ausgeschüttete oder ausschüttungsgleiche Erträge zugerechnet:

[Alternative 2]

Am ...... [Angabe des Handelstags] wurden von
....
(Name und Anschrift der Gläubigerin/des Gläubigers/der Gläubiger der Kapitalerträge)
... [Angabe der Anzahl] Spezial-Investmentanteile veräußert und folgende Kapitalerträge erzielt:

Kapitalerträge im Sinne des § 43 Abs. 1 Satz 1 Nr. 1 EStG	....
Kapitalerträge im Sinne des § 43 Abs. 1 Satz 1 Nr. 2 und 3 EStG	....
Kapitalerträge im Sinne des § 43 Abs. 1 Satz 1 Nr. 7 a EStG	....
Darin enthaltene Kapitalerträge, von denen der Steuerabzug in Höhe von drei Fünfteln vorgenommen wurde (§ 44 a Abs. 8 EStG)	....
Summe der darauf entfallenden Kapitalertragsteuer	....
Kapitalerträge im Sinne des § 43 Abs. 1 Satz 1 Nr. 4 EStG[1, 2] nach Berücksichtigung der teilweisen Steuerfreistellung im Sinne des § 20 Abs. 1 Nr. 6 Satz 9 EStG (ohne Kapitalerträge aus Lebensversicherungen im Sinne des § 20 Abs. 1 Nr. 6 Satz 2 EStG)	....
Kapitalerträge aus Lebensversicherungen im Sinne des § 20 Abs. 1 Nr. 6 Satz 2 EStG[3, 4] nach Berücksichtigung der teilweisen Steuerfreistellung im Sinne des § 20 Abs. 1 Nr. 6 Satz 9 EStG	....
einbehaltene Kapitalertragsteuer Zeile 43 Anlage KAP	....
Solidaritätszuschlag Zeile 44 Anlage KAP	....
Kirchensteuer zur Kapitalertragsteuer Zeile 45 Anlage KAP	....
kirchensteuererhebende Religionsgemeinschaft	....
Sonstige Kapitalerträge	....
Summe Kapitalertragsteuer in Höhe von 25 %	....
oder wegen einbehaltener Kirchensteuer entsprechend geminderter Kapitalertragsteuerbetrag	....
Kapitalerträge im Sinne des § 43 Abs. 1 Satz 1 Nr. 7 b EStG	....
Kapitalerträge im Sinne des § 43 Abs. 1 Satz 1 Nr. 7 c EStG	....

[1] Bei Verwendung der Anlage KAP: Eintragung in Zeile 7.
[2] In diesen Fällen ist keine gesonderte Verlustbescheinigung nach § 43 a Absatz 3 Satz 4 EStG auszustellen, vgl. Rn. 50 des BMF-Schreibens vom 23. Mai 2022 (BStBl. I S. 860).
[3] Bei Verwendung der Anlage KAP: Eintragung in Zeile 30.
[4] In diesen Fällen ist keine gesonderte Verlustbescheinigung nach § 43 a Absatz 3 Satz 4 EStG auszustellen, vgl. Rn. 50 des BMF-Schreibens vom 23. Mai 2022 (BStBl. I S. 860).

Kapitalerträge im Sinne des § 50 Abs. 1 Satz 2 InvStG	....
davon: Kapitalerträge im Sinne des § 43 Abs. 1 Satz 1 Nr. 6 und 8 bis 12 EStG, bei denen nach § 50 Abs. 3 InvStG kein Steuerabzug vorgenommen wurde	....
(Bei beschränkt Steuerpflichtigen) davon: Erträge im Sinne des § 33 Abs. 3 und 4 InvStG	....
Summe Kapitalertragsteuer in Höhe von 15 %	....
Summe Solidaritätszuschlag	....
Summe Kirchensteuer zur Kapitalertragsteuer	....
kirchensteuererhebende Religionsgemeinschaft	....
Höhe des in Anspruch genommenen Sparer-Pauschbetrages[1] Zeile 16 oder 17 Anlage KAP	....
Summe der angerechneten ausländischen Steuer	....
Summe der anrechenbaren noch nicht angerechneten ausländischen Steuer	....
Leistungen aus dem steuerlichen Einlagekonto (§ 27 Abs. 1 bis 7 KStG)	....

<u>nur nachrichtlich:</u>

Die Kapitalerträge im Sinne des § 50 Abs. 1 Satz 2 InvStG gliedern sich wie folgt auf (weitere Zeilen ergänzbar):

Art der Erträge (ausgeschüttete Erträge; ausschüttungsgleiche Erträge; Gewinne aus der Veräußerung von Spezial-Investmentanteilen)	Höhe der Erträge[2]

(nur bei beschränkt Steuerpflichtigen)
Summe der auf inländische Immobilienerträge im Sinne des § 33 Abs. 3 InvStG entfallenden Kapitalertragsteuer ....

(nur bei beschränkt Steuerpflichtigen)
Summe der auf sonstige inländische Einkünfte im Sinne des § 33 Abs. 4 InvStG entfallenden Kapitalertragsteuer ....

<u>nur nachrichtlich:</u>

☐ Alt-Anteile im Sinne des § 56 Abs. 2 Satz 1 InvStG, die keine bestandsgeschützten Alt-Anteile im Sinne des § 56 Abs. 6 InvStG sind, wurden veräußert und ein Gewinn/Verlust nach § 56 Abs. 3 Satz 1 InvStG erzielt (ohne Fälle der Ersatzbemessungsgrundlage nach § 56 Abs. 3 Satz 4 InvStG):

Bezeichnung	ISIN	Anzahl der Anteile	Gewinn/Verlust[3] nach § 56 Abs. 3 Satz 1 InvStG

<u>nur nachrichtlich:</u>

☐ Alt-Anteile im Sinne des § 56 Abs. 2 Satz 1 InvStG, die keine bestandsgeschützten Alt-Anteile im Sinne des § 56 Abs. 6 InvStG sind, wurden veräußert und für die Ermittlung des Gewinns nach § 56 Abs. 3 InvStG ist nach § 56 Abs. 3 Satz 4 InvStG folgende Ersatzbemessungsgrundlage[4] anwendbar.

Bezeichnung	ISIN	Anzahl der Anteile	Ersatzbemessungsgrundlage

[1] Beachte Rn. 129 des BMF-Schreibens vom 19. Mai 2022 (BStBl. I S. 742).

[2] Die auf Spezial-Investmenterträge entfallende Kapitalertragsteuer hat keine abgeltende Wirkung. Die Spezial-Investmenterträge unterliegen der tariflichen Einkommensteuer und sind daher in der Einkommensteuererklärung anzugeben (§ 34 Abs. 2 Satz 1 InvStG).

[3] Bei Verlusten wurde ein negatives Vorzeichen (Minuszeichen) verwendet.

[4] Eine Ersatzbemessungsgrundlage ist anwendbar, wenn der zum Steuerabzug verpflichteten Stelle relevante Informationen insbesondere zu der Höhe der Anschaffungskosten fehlen. Bei Ansatz einer Ersatzbemessungsgrundlage sind Sie verpflichtet, den tatsächlichen Veräußerungsgewinn gegenüber dem Finanzamt durch geeignete Unterlagen (z. B. Beleg über die Anschaffung der Investmentanteile) nachzuweisen. Wenn die Ersatzbemessungsgrundlage aufgrund fehlender Informationen über den Rücknahme-, Markt- oder Börsenpreis zum 31.Dezember 2017 nicht ermittelt werden konnte, ist in der Spalte „Ersatzbemessungsgrundlage" die Angabe „nicht ermittelbar" auszuweisen.

☐ Der Spezial-Investmentfonds (Name und Anschrift des Spezial-Investmentfonds) hat die Transparenzoption nach § 30 Abs. 1 Satz 1 InvStG ausgeübt. Am ...... (Zurechnungszeitpunkt; bei Kapitalerträgen im Sinne des § 43 Abs. 1 Satz 1 Nr. 1, 1 a EStG = Tag des Gewinnverteilungsbeschlusses) wurde/n dem Spezial-Investmentfonds eine inländische Beteiligungseinnahme/sonstige inländische Einkünfte mit Steuerabzug [Nichtzutreffendes streichen] in Höhe von (Brutto-Betrag der Beteiligungseinnahme/sonstigen inländischen Einkünfte in Euro) zugerechnet, die von der (Bezeichnung und WKN der ausschüttenden Gesellschaft oder in den Fällen des § 6 Abs. 3 Satz 1 Nr. 2 InvStG in Verbindung mit § 2 Nr. 2 Buchstabe a bis c KStG und bei sonstigen inländischen Einkünften der Name und Anschrift des Schuldners der Entgelte, Einnahmen oder Bezüge) stammt. Zum Zurechnungszeitpunkt hat der Spezial-Investmentfonds (Gesamtzahl) Spezial-Investmentanteile begeben.

An dem Spezial-Investmentfonds waren die nachfolgend angegebenen Anleger in dem nachfolgend angegebenen Umfang beteiligt und gegenüber diesen Anlegern wurde in dem nachfolgend angegebenen Umfang Kapitalertragsteuer und Solidaritätszuschlag erhoben:

Name und Anschrift des Anlegers	Anzahl der Anteile zum Zurechnungszeitpunkt	Höhe der gegenüber dem Anleger erhobenen Kapitalertragsteuer	Höhe des gegenüber dem Anleger erhobenen Solidaritätszuschlags

☐ Der Dach-Spezial-Investmentfonds (Name und Anschrift des Dach-Spezial-Investmentfonds) hat die Immobilien-Transparenzoption nach § 33 Abs. 2 Satz 3 InvStG ausgeübt. Am ...... (Zurechnungszeitpunkt) wurden inländische Immobilienerträge oder sonstige inländische Einkünfte in Höhe von (Betrag der ausgeschütteten oder ausschüttungsgleichen inländischen Immobilienerträge oder sonstigen inländischen Einkünfte) an den Dach-Spezial-Investmentfonds ausgeschüttet oder gelten diesem als ausschüttungsgleiche Erträge zugeflossen. Zum Zurechnungszeitpunkt hat der Dach-Spezial-Investmentfonds (Gesamtzahl) Spezial-Investmentanteile begeben.

An dem Dach-Spezial-Investmentfonds waren die nachfolgend angegebenen Anleger in dem nachfolgend angegebenen Umfang beteiligt und gegenüber diesen Anlegern wurden in dem nachfolgend angegebenen Umfang Kapitalertragsteuer und Solidaritätszuschlag erhoben:

Name und Anschrift des Anlegers	Anzahl der Anteile zum Zurechnungszeitpunkt	Höhe der gegenüber dem Anleger erhobenen Kapitalertragsteuer	Höhe des gegenüber dem Anleger erhobenen Solidaritätszuschlags

☐ Es handelt sich um eine geänderte Steuerbescheinigung für einen Investmentfonds aufgrund von Erstattungen nach § 7 Abs. 5 Satz 1 und/oder Satz 2 InvStG.
Kumulierte Erstattungsbeträge nach § 7 Abs. 5 InvStG und der Beträge, in deren Höhe vom Steuerabzug Abstand genommen wurde: ....

Stichwortregister

Fette Zahlen verweisen auf den jeweiligen Paragraphen des KStG, magere Zahlen auf die Randziffern. Die mit einem „F" versehenen Zahlen verweisen auf eine Fußnote der angegebenen Randziffer.

F

G

N

O

P

Q

R

Z

Gewerbesteuer-
veranlagung
2022

Inhaltsverzeichnis

Abschnitt IV. Steuermessbetrag

Abschnitt V. Entstehung, Festsetzung und Erhebung der Steuer

Abschnitt VI. Zerlegung

Abschnitt VII. Gewerbesteuer der Reisegewerbebetriebe

Abschnitt VIII. Änderung des Gewerbesteuermessbescheids von Amts wegen

Abschnitt IX. Durchführung

Abschnitt X. Schlussvorschriften

Abkürzungsverzeichnis

a. a. O. .... am angegebenen Ort
ABl. .... Amtsblatt
a. E. .... am Ende
AEAO .... Anwendungserlass zur Abgabenordnung
AEUV .... Vertrag über die Arbeitsweise der Europäischen Union
a. F. .... alte(r) Fassung
AfA................. Absetzung für Abnutzung
AG .... Aktiengesellschaft
AIFM-StAnpG ...... AIFM-Steuer-Anpassungsgesetz
AIG .... Auslandsinvestitionsgesetz
AmtshilfeRL-UmsG .... Amtshilferichtlinie-Umsetzungsgesetz
AO .... Abgabenordnung
AStG .... Außensteuergesetz
ATAD-UmsG ATAD-Umsetzungsgesetz

BAnz. .... Bundesanzeiger
BauGB .... Baugesetzbuch
BeitrRLUmsG Beitreibungsrichtlinie-Umsetzungsgesetz
BewG .... Bewertungsgesetz
BFH .... Bundesfinanzhof
BFHE .... Sammlung der Entscheidungen des Bundesfinanzhofs
BFH/NV .... Sammlung amtlich nicht veröffentlichter Entscheidungen des Bundesfinanzhofs (Zeitschrift)
BGBl. I/II ...... Bundesgesetzblatt Teil I/Teil II
BGBl. III .... Bereinigte Sammlung des Bundesrechts, abgeschlossen am 31. 12. 1968 (in Nachweisform fortgeführt durch FNA)
BGH .... Bundesgerichtshof
BMF .... Bundesminister(ium) der Finanzen
BStBl. I/II/III Bundessteuerblatt Teil I/Teil II/(Teil III – erschienen bis 1967)
BVerfG .... Bundesverfassungsgericht
BVerfGE .... Sammlung der Entscheidungen des Bundesverfassungsgerichts
BVerwG .... Bundesverwaltungsgericht
BVerwGE .... Sammlung der Entscheidungen des Bundesverwaltungsgerichts

DB .... Der Betrieb (Zeitschrift)
DDR .... Deutsche Demokratische Republik
DDR-IG .... DDR-Investitionsgesetz
DIHK .... Deutscher Industrie- und Handelskammertag
DStR .... Deutsches Steuerrecht (Zeitschrift)
DStRE .... DStR-Entscheidungsdienst (Zeitschrift)

EEG .... Erneuerbare-Energien-Gesetz
EFG .... Entscheidungen der Finanzgerichte (Zeitschrift)
EG .... Europäische Gemeinschaft
EntwLStG ...... Entwicklungsländer-Steuergesetz
ErbStG .... Erbschaftsteuer- und Schenkungsteuergesetz
ErbStH .... Erbschaftsteuer-Hinweise
ErbStR .... Erbschaftsteuer-Richtlinien
ErWW .... Ersatzwirtschaftswert
ESt .... Einkommensteuer
EStDV .... Einkommensteuer-Durchführungsverordnung
EStG .... Einkommensteuergesetz
EStH .... Einkommensteuer-Hinweise
EStR .... Einkommensteuer-Richtlinien
EU .... Europäische Union
EUAHiG .... EU-Amtshilfegesetz
EUBeitrG ...... EU-Beitreibungsgesetz
EuGH .... Europäischer Gerichtshof
EUR .... Euro
EURLUmsG EU-Richtlinien-Umsetzungsgesetz
EZ .... Erhebungszeitraum

FA	Finanzamt
FG	Finanzgericht
FGO	Finanzgerichtsordnung
FKPG	Gesetz zur Umsetzung des Föderalen Konsolidierungsprogramms
FM	Finanzministerium, Finanzminister
FNA	Bundesgesetzblatt Teil I, Fundstellennachweis A (Bundesrecht ohne völkerrechtliche Vereinbarungen)
FSen	Finanzsenat
FVG	Finanzverwaltungsgesetz
GbR	Gesellschaft des bürgerlichen Rechts
GemV	Gemeinnützigkeitsverordnung
GewO	Gewerbeordnung
GewStDV	Gewerbesteuer-Durchführungsverordnung
GewStG	Gewerbesteuergesetz
GewStH	Gewerbesteuer-Hinweise
GewStR	Gewerbesteuer-Richtlinien
GG	Grundgesetz für die Bundesrepublik Deutschland
GrEStG	Grunderwerbsteuergesetz
GrStG	Grundsteuergesetz
GVBl./GVOBl.	Gesetz- und Verordnungsblatt
H	Hinweis (der Einkommensteuer-, Erbschaftsteuer-, Gewerbesteuer-, Körperschaftsteuer-, Lohnsteuer-Hinweise)
HFR	Höchstrichterliche Finanzrechtsprechung (Zeitschrift)
HGB	Handelsgesetzbuch
Hs.	Halbsatz
i. d. F.	in der Fassung
i. d. R.	in der Regel
i. S. d./v.	im Sinne des/von
i. V. m.	in Verbindung mit
JStErgG	Jahressteuer-Ergänzungsgesetz
JStG	Jahressteuergesetz
KG	Kommanditgesellschaft
KGaA	Kommanditgesellschaft auf Aktien
KHG	Krankenhausfinanzierungsgesetz
KroatienAnpG	Gesetz zur Anpassung des nationalen Steuerrechts an den Beitritt Kroatiens zur EU und zur Änderung weiterer steuerlicher Vorschriften
KStDV	Körperschaftsteuer-Durchführungsverordnung
KStG	Körperschaftsteuergesetz
KStH	Körperschaftsteuer-Hinweise
KStR	Körperschaftsteuer-Richtlinien
KWG	Kreditwesengesetz
LAG	Lastenausgleichsgesetz
LPG	Landwirtschaftliche Produktionsgenossenschaft
Ls.	Leitsatz
LStDV	Lohnsteuer-Durchführungsverordnung
LStH	Lohnsteuer-Hinweise
LStR	Lohnsteuer-Richtlinien
M	Mark der DDR
MinBlFin.	Ministerialblatt des Bundesministers der Finanzen
MoRaKG	Gesetz zur Modernisierung der Rahmenbedingungen für Kapitalbeteiligungen
mWv	mit Wirkung vom
n. F.	neue(r) Fassung
NJW	Neue Juristische Wochenschrift
OFD	Oberfinanzdirektion
OHG	Offene Handelsgesellschaft
OVG	Oberverwaltungsgericht

R .... Richtlinie (der Einkommensteuer-, Erbschaftsteuer-, Gewerbesteuer-, Körperschaftsteuer-, Lohnsteuer-Richtlinien)
RdF .... Reichsminister der Finanzen
RFH .... Reichsfinanzhof
RG .... Reichsgericht
RGBl. .... Reichsgesetzblatt
RL .... Richtlinien
Rspr. .... Rechtsprechung
RStBl. .... Reichssteuerblatt
RVO .... Reichsversicherungsordnung
RVOrgG .... Rentenversicherungs-Organisationsreformgesetz

SCE .... Europäische Genossenschaft (Societas Cooperativa Europaea)
SEStEG .... Gesetz über steuerliche Begleitmaßnahmen zur Einführung der Europäischen Gesellschaft und zur Änderung weiterer steuerrechtlicher Vorschriften
SGB I .... Sozialgesetzbuch, Erstes Buch, Allgemeiner Teil
SGB V .... Sozialgesetzbuch, Fünftes Buch, Gesetzliche Krankenversicherung
SGB VI .... Sozialgesetzbuch, Sechstes Buch, Gesetzliche Rentenversicherung
SGB IX .... Sozialgesetzbuch, Neuntes Buch, Rehabilitation und Teilhabe behinderter Menschen
SGB XI .... Sozialgesetzbuch, Elftes Buch, Soziale Pflegeversicherung
SGB XII .... Sozialgesetzbuch, Zwölftes Buch, Sozialhilfe
StÄndG .... Steueränderungsgesetz
StandOG .... Standortsicherungsgesetz
StAnpG .... Steueranpassungsgesetz
StBereinG ...... Steuerbereinigungsgesetz
StBerG .... Steuerberatungsgesetz
StEK .... Steuererlasse in Karteiform (Steuererlass-Kartei)
StEntlG .... Steuerentlastungsgesetz
StEuglG .... Steuer-Euroglättungsgesetz
StMBG .... Mißbrauchsbekämpfungs- und Steuerbereinigungsgesetz
StRefG .... Steuerreformgesetz
st. Rspr. .... ständige Rechtsprechung
StSenkG .... Steuersenkungsgesetz
StVergAbG ..... Steuervergünstigungsabbaugesetz

UBGG .... Gesetz über Unternehmensbeteiligungsgesellschaften
UmwStG .... Umwandlungssteuergesetz
UntStFG .... Unternehmenssteuerfortentwicklungsgesetz
UStAE .... Umsatzsteuer-Anwendungserlass
UStDV .... Umsatzsteuer-Durchführungsverordnung
UStG .... Umsatzsteuergesetz
UStR .... Umsatzsteuer-Richtlinien (bis 30. 10. 2010)

VA .... Verwaltungsakt
Vb. .... Verfassungsbeschwerde
VermBG .... Vermögensbildungsgesetz
Vfg. .... Verfügung
VG .... Verwaltungsgericht
VGH .... Verwaltungsgerichtshof
VIZ .... Zeitschrift für Vermögens- und Investitionsrecht
VO .... Verordnung
VSt. .... Vermögensteuer
VStG .... Vermögensteuergesetz
VStR .... Vermögensteuer-Richtlinien
VZ .... Veranlagungszeitraum

WGG .... Wohnungsgemeinnützigkeitsgesetz
WGGDV .... Durchführungsverordnung zum Wohnungsgemeinnützigkeitsgesetz
WiGBl. .... Gesetzblatt der Verwaltung des Vereinigten Wirtschaftsgebietes
WPO .... Wirtschaftsprüferordnung

Zollkodex-AnpG .... Gesetz zur Anpassung der Abgabenordnung an den Zollkodex der Union und zur Änderung weiterer steuerlicher Vorschriften

Geschlossene Wiedergabe des Gewerbesteuergesetzes (GewStG)[1]

In der Fassung der Bekanntmachung vom 15. Oktober 2002
(BGBl. I S. 4167, BStBl. I S. 1192)

BGBl. III/FNA 611-5

Änderungen des Gesetzes

Lfd. Nr.	Änderndes Gesetz	Datum	BGBl. I (BStBl. I) Seite	Geänderte Paragraphen	Art der Änderung
1.	Steuervergünstigungs-abbaugesetz [Art. 4]	16. 5. 2003	660 (321)	Überschrift, § 9 Nr. 2, § 36 Abs. 1 § 8 a, § 28 Abs. 2 Satz 1 Nr. 4 § 2 Abs. 2 Satz 3	geändert eingefügt aufgehoben
2.	Kleinunternehmer-förderungsgesetz [Art. 3]	31. 7. 2003	1550 (398)	§ 35 c Abs. 1 Nr. 2	geändert
3.	Förderbankenneustruk-turierungsgesetz [Art. 7]	15. 8. 2003	1657 (426)	§ 3 Nr. 2	geändert
4.	Steueränderungsgesetz 2003 [Art. 4]	15. 12. 2003	2645 (710)	§ 3 Nr. 2 u. 24, § 36 Abs. 3 u. 4 § 3 Nr. 30, § 36 Abs. 4 a	geändert eingefügt
5.	Gesetz zur Umsetzung der Protokollerklärung der Bundesregierung zur Vermittlungs-empfehlung zum Steuerver-günstigungsabbaugesetz [Art. 4]	22. 12. 2003	2840 (2004, 14)	§ 8 Nr. 5 Satz 1, § 36 Abs. 1 § 9 Nr. 2 Satz 2, Nr. 2 a Satz 3, Nr. 7 Satz 6, Nr. 8 Satz 2, § 36 Abs. 7	geändert eingefügt
6.	Gesetz zur Änderung des Ge-werbesteuergesetzes und ande-rer Gesetze [Art. 2]	23. 12. 2003	2922 (2004, 20)	§ 1, § 9 Nr. 2 Satz 1, § 10 a Satz 1, § 35 b Abs. 2 Satz 1 § 10 a Sätze 2 u. 3, § 16 Abs. 4 Satz 2 § 8 a, § 9 Nr. 10, § 28 Abs. 2 Satz 1 Nr. 4	geändert eingefügt aufgehoben
7.	Gesetz zur Einordnung des Sozialhilferechts in das Sozial-gesetzbuch [Art. 50]	27. 12. 2003	3022 (2004, 118)	§ 3 Nr. 20 Buchst. c	geändert
8.	Haushaltsbegleitgesetz 2004 [Art. 12]	29. 12. 2003	3076 (2004, 120)	§ 11 Abs. 3 Satz 1 § 36 Abs. 7 a	geändert eingefügt
9.	Gesetz zur Organisationsre-form in der gesetzlichen Ren-tenversicherung [Art. 32]	9. 12. 2004	3242 (1156)	§ 3 Nr. 11 § 36 Abs. 3 a	geändert eingefügt
10.	EU-Richtlinien-Umsetzungsgesetz [Art. 4]	9. 12. 2004	3310 (1158)	§ 3 Nr. 2, § 9 Nr. 1 Satz 5, Nr. 5 Satz 5, § 11 Abs. 1 Satz 2, § 36 Abs. 3 § 7 Satz 4, § 9 Nr. 1 Satz 6, § 36 Abs. 3 a, Abs. 6 Satz 2 § 36 Abs. 7 a	geändert eingefügt aufgehoben
11.	Gesetz zum 3. Zusatzprotokoll zum DBA Deutschland-Niederlande	15. 12. 2004	BGBl. II, 1653 (2005, 364)	§ 2 Abs. 7 § 4 Abs. 3	geändert eingefügt
12.	SEStEG [Art. 4]	7. 12. 2006	2782 (2007, 4)	§ 2 Abs. 2 Satz 1, § 36 Abs. 1	geändert
13.	JStG 2007 [Art. 5]	13. 12. 2006	2878 (2007, 28)	§ 2 Abs. 2 Satz 1, § 3 Nr. 2, Nr. 20 Buchst. b und c, § 9 Nr. 1 Sätze 1 u. 3, Nr. 3 Sätze 2 und 3, Nr. 5 Sätze 1, 2 u. 10, Nr. 7 Sätze 5, 6 u. 8, § 10 a Satz 2, § 11 Abs. 1 Satz 2, Abs. 2 Nr. 1 u. 2, Abs. 3 Satz 1, § 16 Abs. 1, Abs. 4 Satz 2, § 36 Abs. 1, 3, 3 a, 3 b u. 7	geändert

[1] Neufassung des Gewerbesteuergesetzes auf Grund des § 35 c Abs. 2 GewStG i. d. F. der Bek. vom 19. 5. 1999 (BGBl. I S. 1010, 1491) in der ab 27. 7. 2002 geltenden Fassung. Die Neufassung berücksichtigt: *(1)* die Fassung vom 19. 5. 1999 (BGBl. I S. 1010, 1491), *(2)* den am 1. 1. 2000 in Kraft getretenen Art. 6 des Gesetzes vom 22. 12. 1999 (BGBl. I S. 2601), *(3)* den am 26. 7. 2000 in Kraft getretenen Art. 5 des Gesetzes vom 14. 7. 2000 (BGBl. I S. 1034), *(4)* den am 1. 1. 2001 in Kraft getretenen Art. 6 des Gesetzes vom 23. 10. 2000 (BGBl. I S. 1433), *(5)* den am 1. 1. 2002 in Kraft getretenen Art. 7 des Gesetzes vom 19. 12. 2000 (BGBl. I S. 1790), der vor seinem Inkrafttreten durch Art. 35 Nr. 6 des Gesetzes vom 20. 12. 2001 (BGBl. I S. 3794) und durch Art. 10 des Gesetzes vom 20. 12. 2001 (BGBl. I S. 3858) geändert worden ist, *(6)* den am 23. 12. 2001 in Kraft getretenen Art. 7 des Gesetzes vom 20. 12. 2001 (BGBl. I S. 3794), *(7)* den am 25. 12. 2001 in Kraft getretenen Art. 4 des Gesetzes vom 20. 12. 2001 (BGBl. I S. 3858), *(8)* den am 1. 1. 2002 in Kraft getretenen Art. 11 des Gesetzes vom 20. 12. 2001 (BGBl. I S. 3955), *(9)* den am 27. 7. 2002 in Kraft getretenen Art. 5 des Gesetzes vom 23. 7. 2002 (BGBl. I S. 2715).

Lfd. Nr.	Änderndes Gesetz	Datum	BGBl. I (BStBl. I) Seite	Geänderte Paragraphen	Art der Änderung
				§ 9 Nr. 2 a Sätze 3 u. 4, Nr. 7 Sätze 2 u. 3, Nr. 8 Sätze 2 u. 3, § 10 a Sätze 4 u. 5, § 35 b Satz 4, § 36 Abs. 2 Satz 1, Abs. 8 bis 10	eingefügt
14.	Unternehmensteuerreformgesetz 2008 [Art. 3]	14. 8. 2007	1912 (630)	§ 8 Nr. 1, Nr. 5 Satz 1, § 9 Nr. 1 Satz 1, Nr. 2 a Satz 1, Nr. 7 Satz 1, Nr. 8 Satz 1, § 10 a Satz 8, § 11 Abs. 2, § 35 c Abs. 1 Nr. 2 Buchst. e § 19 Abs. 3 Satz 5, § 36 Abs. 5 a, 6 a, Abs. 8 Satz 6, Abs. 8 a, Abs. 9 Sätze 2 u. 3, Abs. 9 a, 9 b u. 10 a § 8 Nr. 2, 3 u. 7, § 9 Nr. 4	geändert eingefügt aufgehoben
15.	Gesetz zur weiteren Stärkung des bürgerschaftlichen Engagements [Art. 4]	10. 10. 2007	2332 (815)	§ 9 Nr. 5 § 36 Abs. 8 a	geändert eingefügt
16.	Jahressteuergesetz 2008 [Art. 5]	20. 12. 2007	3150 (2008, 218)	§ 2 Abs. 7 Nr. 1, § 8 Nr. 1 Buchst. e, § 9 Nr. 7 Satz 1, § 35 b Abs. 2 Satz 1, § 36 Abs. 6 § 10 a Satz 7, § 36 Abs. 2 Satz 5, Abs. 5 b, Abs. 8 a u. 9 Satz 4	geändert eingefügt
17.	Gesetz zur Modernisierung der Rahmenbedingungen für Kapitalbeteiligungen (MoRaKG) [Art. 5]	12. 8. 2008	1672 (854)	§ 3 Nr. 23, § 36 Abs. 9 Sätze 2 u. 3 § 36 Abs. 3 c, Abs. 9 Sätze 4 bis 6	geändert eingefügt
18.	Jahressteuergesetz 2009 [Art. 4]	19. 12. 2008	2794 (2009, 74)	§ 3 Nr. 2 u. Nr. 17, § 7 Satz 3, § 9 Nr. 2 a Satz 1, Nr. 5 Satz 7, § 10 a Satz 10, § 29 Abs. 1, § 36 Abs. 1, Abs. 3, Abs. 3 a, Abs. 5, Abs. 9 Sätze 2, 3 u. 6 § 7 Sätze 5 u. 6, § 9 Nr. 1 a, Nr. 5 Satz 8, § 10 a Satz 9, § 16 Abs. 4 Satz 4, § 35 c Abs. 1 Nr. 2 Buchst. f, § 36 Abs. 6 a Satz 2, Abs. 8 Satz 7, Abs. 9 Sätze 8 bis 10, Abs. 10 a Satz 2	geändert eingefügt
19.	Steuerbürokratieabbaugesetz [Art. 7]	20. 12. 2008	2850 (2009, 124)	§ 14 a § 36 Abs. 9 b	geändert eingefügt
20.	3. Mittelstandsentlastungsgesetz [Art. 6 a]	17. 3. 2009	550 (470)	§ 11 Abs. 1 Satz 3 Nr. 2	geändert
21.	Wachstumsbeschleunigungsgesetz [Art. 3]	22. 12. 2009	3950 (2010, 2)	§ 8 Nr. 1 Buchst. e, § 36 Abs. 1	geändert
22.	Gesetz zur Umsetzung steuerlicher EU-Vorgaben sowie zur Änderung steuerlicher Vorschriften [Art. 3]	8. 4. 2010	386 (334)	§ 9 Nr. 5 Sätze 1, 9 bis 11 u. 14, § 35 c Abs. 1 Satz 1 Nr. 2 Buchst. f, § 36 Abs. 10 a Satz 2 § 9 Nr. 5 Sätze 2 bis 7, § 36 Abs. 8 b Sätze 3 bis 5	geändert eingefügt
23.	Jahressteuergesetz 2010 [Art. 3]	8. 12. 2010	1768 (1394)	§ 3 Nr. 2, § 5 Abs. 1 Satz 4, § 10 a Satz 9, § 11 Abs. 3 Satz 1, § 35 a Abs. 2 Satz 1, § 35 b Abs. 2 Sätze 2 u. 3, § 36 Abs. 9 Satz 8 § 36 Abs. 3 Sätze 2 u. 4, Abs. 10 Satz 1	geändert eingefügt
24.	Beitreibungsrichtlinie-Umsetzungsgesetz [Art. 5]	7. 12. 2011	2592 (1171)	§ 9 Nr. 5 Satz 5 § 36 Abs. 8 b Satz 4 § 36 Abs. 8 b bish. Sätze 4 u. 5 werden 5. u. 6	geändert eingefügt
25.	Gesetz zur Änderung und Vereinfachung der Unternehmensbesteuerung und des steuerlichen Reisekostenrechts [Art. 4]	20. 2. 2013	285 (188)	§ 2 Abs. 2 Satz 2 § 36 Abs. 2 Satz 5, bish. Satz 5 wird 6	geändert eingefügt
26.	Ehrenamtsstärkungsgesetz [Art. 5]	21. 3. 2013	556 (339)	§ 9 Nr. 5 Sätze 9, 13 u. 14 § 9 Nr. 5 Satz 10, bish. Sätze 11 bis 17 werden 12 bis 18 § 36 Abs. 8 b Satz 8	geändert eingefügt
27.	Amtshilferichtlinie-Umsetzungsgesetz [Art. 4]	26. 6. 2013	1809 (802)	§ 9 Nr. 5 Satz 4, Nr. 7 Satz 1, § 29 Abs. 1 Nr. 2, § 35 c Abs. 1 Nr. 2 Buchst. f, § 36 Abs. 10 a Satz 4 § 36 Abs. 8 b Satz 4, Abs. 9 d, Abs. 10 a Satz 3	geändert eingefügt

Lfd. Nr.	Änderndes Gesetz	Datum	BGBl. I (BStBl. I) Seite	Geänderte Paragraphen	Art der Änderung
28.	Gesetz zur Anpassung des nationalen Steuerrechts an den Beitritt Kroatiens zur EU und zur Änderung weiterer steuerlicher Vorschriften [Art. 5]	25. 7. 2014	1266 (1126)	§ 2 Abs. 7 Nr. 1, § 3 Nr. 2 u. 20 vor Buchst. a u. d, § 9 Nr. 1 Satz 5 Nr. 1 a, § 29 Abs. 1 Nr. 2, § 36 § 3 Nr. 20 Buchst. e, § 4 Abs. 2 Sätze 2 u. 3 § 19 Abs. 3 Satz 5	geändert eingefügt aufgehoben
29.	Gesetz zur Anpassung der Abgabenordnung an den Zollkodex der Union und zur Änderung weiterer steuerlicher Vorschriften [Art. 7]	22. 12. 2014	2417 (2015, 58)	§ 3 Nr. 30 § 3 Nr. 31, § 36 Abs. 2 Satz 3	geändert eingefügt
30.	Gesetz zur Modernisierung der Finanzaufsicht über Versicherungen [Art. 2]	1. 4. 2015	434	§ 35 c Abs. 1 Nr. 2 Buchst. d § 36 Abs. 3	geändert eingefügt
31.	Steueränderungsgesetz 2015 [Art. 5]	2. 11. 2015	1834 (846)	§ 2 Abs. 7 § 4 Abs. 3 Satz 1 § 36 Abs. 1	geändert geändert geändert
32.	Gesetz zur Weiterentwicklung der steuerlichen Verlustverrechnung bei Körperschaften [Art. 2]	20. 12. 2016	2998 (2017, 3)	§ 10 a Satz 10 § 36 Abs. 2 c	geändert eingefügt
33.	Gesetz zur Umsetzung der Änderungen der EU-Amtshilferichtlinie und von weiteren Maßnahmen gegen Gewinnkürzungen und -verlagerungen [Art. 16]	20. 12. 2016	3000 (2017, 5)	§ 4 Abs. 2 Satz 2, § 9 Nr. 2 Satz 2, § 9 Nr. 3 Satz 1 § 7 Sätze 7–9, § 7 a, § 36 Abs. 2 a, § 36 Abs. 2 b	geändert eingefügt
34.	Drittes Gesetz zur Stärkung der pflegerischen Versorgung und zur Änderung weiterer Vorschriften (Drittes Pflegestärkungsgesetz – PSG III) [Art. 10]	23. 12. 2016	3191	§ 3 Nr. 20 Buchst. c	geändert
35.	Gesetz gegen schädliche Steuerpraktiken im Zusammenhang mit Rechteüberlassungen [Art. 4]	27. 6. 2017	2074 (1202)	§ 7 b § 36 Abs. 2 c (a. F.) § 36 Abs. 2 c (n. F.)	eingefügt geändert eingefügt
36.	Gesetz zur Vermeidung von Umsatzsteuerausfällen beim Handel mit Waren im Internet und zur Änderung weiterer steuerlicher Vorschriften [Art. 8]	11. 12. 2018	2338 (2345)	§ 3 Nr. 20 Buchst. c § 3 Nr. 24 § 36 Abs. 2 Sätze 3 u. 4 § 36 Abs. 2 c Satz 3	geändert geändert eingefügt eingefügt
37.	Gesetz zur Reform des Grundsteuer- und Bewertungsrechts [Art. 10]	26. 11. 2019	1794 (1319)	§ 9 Nr. 1 Satz 1	geändert
38.	Gesetz zur weiteren steuerlichen Förderung der Elektromobilität und zur Änderung weiterer steuerlicher Vorschriften [Art. 8, 9]	12. 12. 2019	2451 (2020,17)	§ 3 Nr. 1 § 3 Nr. 8, Nr. 12, Nr. 14, Nr. 15 § 3 Nr. 13 § 3 Nr. 24 § 3 Nr. 31 § 3 Nr. 32 § 7 Satz 3 § 8 Nr. 1 Buchst. d § 9 Nr. 2 a, Nr. 5, Nr. 7 § 35 c Abs. 1 Nr. 2 Buchst. f § 36	geändert geändert geändert geändert geändert eingefügt geändert geändert geändert geändert neu gefasst
39.	Zweites Gesetz zur Umsetzung steuerlicher Hilfsmaßnahmen zur Bewältigung der Corona-Krise (Zweites Corona-Steuerhilfgesetz) [Art. 5]	29. 6. 2020	1512	§ 8 Nr. 1	geändert
40.	Gesetz zur Förderung der Elektromobilität und zur Modernisierung des Wohneigentumsgesetzes und zur Änderung von kosten- und grundbuchrechtlichen Vorschriften (Wohnungseigentumsmodernisierungsgesetz – WEMoG) [Art. 14]	16. 10. 2020	2187	§ 9 Nr. 1 Satz 2	geändert

Lfd. Nr.	Änderndes Gesetz	Datum	BGBl. I (BStBl. I) Seite	Geänderte Paragraphen	Art der Änderung
41.	Jahressteuergesetz 2020 (JStG 2020) [Art. 9]	21. 12. 2020	3096	§ 8 Nr. 8 Satz 2 § 9 Nr. 5 Satz 7 § 10 a Satz 10 bis 12 § 36 Abs. 3 Satz 3 § 36 Abs. 5 Satz 1 § 36 Abs. 5a	eingefügt geändert eingefügt eingefügt eingefügt eingefügt
42.	Gesetz zur Umsetzung der Richtlinie (EU) 2019/2034 über die Beaufsichtigung von Wertpapierinstituten [Art. 7]	12. 5. 2021	990	§ 35 c Abs. 1 Nr. 2 Buchst. f Satz 1 Doppelbuchst. cc § 35 c Abs. 1 Nr. 2 Buchst. f Satz 2	eingefügt geändert
43.	Gesetz zur Stärkung des Fondsstandorts Deutschland und zur Umsetzung der Richtlinie (EU) 2019/1160 zur Änderung der Richtlinien 2009/65/EG und 2011/61/EU im Hinblick auf den grenzüberschreitenden Vertrieb von Organismen für gemeinsame Anlagen (Fondsstandortgesetz – FoStoG) [Art. 9]	3. 6. 2021	1498	§ 9 Nr. 1 Satz 3 § 9 Nr. 1 Satz 4 § 29 Abs. 1 Nr. 2 § 36 Abs. 1	neu gefasst geändert neu gefasst geändert
44.	Gesetz zur Umsetzung der Anti-Steuervermeidungsrichtlinie (ATAD-Umsetzungsgesetz – ATADUmsG) [Art. 3]	25. 6. 2021	2035	§ 7 Satz 9 § 8 Nr. 5 Satz 2 § 9 Nr. 2 Satz 2 § 9 Nr. 2 Sätze 3 bis 5 § 9 Nr. 3 Satz 1 § 36 Abs. 3 Satz 4 § 36 Abs. 4 a § 36 Abs. 5 b	geändert aufgehoben geändert eingefügt geändert eingefügt eingefügt eingefügt
45.	Gesetz zur Modernisierung des Körperschaftsteuerrechts [Art. 2]	25. 6. 2021	2050	§ 2 Abs. 8	eingefügt
46.	Viertes Gesetz zur Umsetzung steuerlicher Hilfsmaßnahmen zur Bewältigung der Corona-Krise (Viertes Corona-Steuerhilfegesetz) [Art. 5]	19. 6. 2022	911	§ 36 Abs. 5 b	neu gefasst
47.	Jahressteuergesetz 2022 (JStG 2022) [Art. 10]	16. 12. 2022	2294	§ 3 Nr. 2 § 3 Nr. 32 § 7 b Abs. 2 Satz 4 § 36 Abs. 2 Sätze 2 und 3 § 36 Abs. 2 Satz 8 § 36 Abs. 3 a	geändert geändert geändert eingefügt eingefügt eingefügt

Abschnitt I. Allgemeines

§ 1[1] Steuerberechtigte

Die Gemeinden erheben eine Gewerbesteuer als Gemeindesteuer.

§ 2 Steuergegenstand

(1) ① Der Gewerbesteuer unterliegt jeder stehende Gewerbebetrieb, soweit er im Inland betrieben wird. ② Unter Gewerbebetrieb ist ein gewerbliches Unternehmen im Sinne des Einkommensteuergesetzes zu verstehen. ③ Im Inland betrieben wird ein Gewerbebetrieb, soweit für ihn im Inland oder auf einem in einem inländischen Schiffsregister eingetragenen Kauffahrteischiff eine Betriebsstätte unterhalten wird.

(2)[2·3·4] ① Als Gewerbebetrieb gilt stets und in vollem Umfang die Tätigkeit der Kapitalgesellschaften (insbesondere Europäische Gesellschaften, Aktiengesellschaften, Kommanditgesellschaften auf Aktien, Gesellschaften mit beschränkter Haftung), Genossenschaften einschließlich Europäischer Genossenschaften sowie der Versicherungs- und Pensionsfondsvereine auf Gegenseitigkeit. ② Ist eine Kapitalgesellschaft Organgesellschaft im Sinne der § 14 oder § 17 des Körperschaftsteuergesetzes, so gilt sie als Betriebsstätte des Organträgers.

(3) Als Gewerbebetrieb gilt auch die Tätigkeit der sonstigen juristischen Personen des privaten Rechts und der nichtrechtsfähigen Vereine, soweit sie einen wirtschaftlichen Geschäftsbetrieb (ausgenommen Land- und Forstwirtschaft) unterhalten.

---

[1] § 1 neu gefasst durch Gesetz vom 23. 12. 2003 (BGBl. I S. 2922) mWv EZ 2004.
[2] § 2 Abs. 2 Satz 1 neu gefasst durch SEStEG vom 7. 12. 2006 (BGBl. I S. 2782) mWv EZ 2006, Satz 1 geändert durch JStG 2007 vom 13. 12. 2006 (BGBl. I S. 2878) mWv EZ 2006.
[3] § 2 Abs. 2 Satz 2 geändert durch Gesetz vom 20. 2. 2013 (BGBl. I S. 285) mWv EZ 2012.
[4] § 2 Abs. 2 Satz 3 aufgehoben durch Gesetz vom 16. 5. 2003 (BGBl. I S. 660) mWv EZ 2003.

(4) Vorübergehende Unterbrechungen im Betrieb eines Gewerbes, die durch die Art des Betriebs veranlasst sind, heben die Steuerpflicht für die Zeit bis zur Wiederaufnahme des Betriebs nicht auf.

(5) ① Geht ein Gewerbebetrieb im Ganzen auf einen anderen Unternehmer über, so gilt der Gewerbebetrieb als durch den bisherigen Unternehmer eingestellt. ② Der Gewerbebetrieb gilt als durch den anderen Unternehmer neu gegründet, wenn er nicht mit einem bereits bestehenden Gewerbebetrieb vereinigt wird.

(6) Inländische Betriebsstätten von Unternehmen, deren Geschäftsleitung sich in einem ausländischen Staat befindet, mit dem kein Abkommen zur Vermeidung der Doppelbesteuerung besteht, unterliegen nicht der Gewerbesteuer, wenn und soweit

1. die Einkünfte aus diesen Betriebsstätten im Rahmen der beschränkten Einkommensteuerpflicht steuerfrei sind und
2. der ausländische Staat Unternehmen, deren Geschäftsleitung sich im Inland befindet, eine entsprechende Befreiung von den der Gewerbesteuer ähnlichen oder ihr entsprechenden Steuern gewährt, oder in dem ausländischen Staat keine der Gewerbesteuer ähnlichen oder ihr entsprechenden Steuern bestehen.

(7)[1] Zum Inland im Sinne dieses Gesetzes gehört auch der der Bundesrepublik Deutschland zustehende Anteil

1.[2] an der ausschließlichen Wirtschaftszone, soweit dort
   a) die lebenden und nicht lebenden natürlichen Ressourcen der Gewässer über dem Meeresboden, des Meeresbodens und seines Untergrunds erforscht, ausgebeutet, erhalten oder bewirtschaftet werden,
   b) andere Tätigkeiten zur wirtschaftlichen Erforschung oder Ausbeutung der ausschließlichen Wirtschaftszone ausgeübt werden, wie beispielsweise die Energieerzeugung aus Wasser, Strömung und Wind oder
   c) künstliche Inseln errichtet oder genutzt werden und Anlagen und Bauwerke für die in den Buchstaben a und b genannten Zwecke errichtet oder genutzt werden, und
2. am Festlandsockel, soweit dort
   a) dessen natürliche Ressourcen erforscht oder ausgebeutet werden; natürliche Ressourcen in diesem Sinne sind die mineralischen und sonstigen nicht lebenden Ressourcen des Meeresbodens und seines Untergrunds sowie die zu den sesshaften Arten gehörenden Lebewesen, die im nutzbaren Stadium entweder unbeweglich auf oder unter dem Meeresboden verbleiben oder sich nur in ständigem körperlichen Kontakt mit dem Meeresboden oder seinem Untergrund fortbewegen können; oder
   b) künstliche Inseln errichtet oder genutzt werden und Anlagen und Bauwerke für die in Buchstabe a genannten Zwecke errichtet oder genutzt werden, und
3. der nicht zur Bundesrepublik Deutschland gehörende Teil eines grenzüberschreitenden Gewerbegebiets, das nach den Vorschriften eines Abkommens zur Vermeidung der Doppelbesteuerung als solches bestimmt ist.

(8)[3] Für die Anwendung dieses Gesetzes sind eine optierende Gesellschaft im Sinne des § 1a des Körperschaftsteuergesetzes als Kapitalgesellschaft und ihre Gesellschafter wie die nicht persönlich haftenden Gesellschafter einer Kapitalgesellschaft zu behandeln.

§ 2a Arbeitsgemeinschaften

① Als Gewerbebetrieb gilt nicht die Tätigkeit der Arbeitsgemeinschaften, deren alleiniger Zweck in der Erfüllung eines einzigen Werkvertrags oder Werklieferungsvertrags besteht. ② Die Betriebsstätten der Arbeitsgemeinschaften gelten insoweit anteilig als Betriebsstätten der Beteiligten.

§ 3 Befreiungen

Von der Gewerbesteuer sind befreit

1. das Bundeseisenbahnvermögen, die staatlichen Lotterieunternehmen, die zugelassenen öffentlichen Spielbanken mit ihren der Spielbankabgabe unterliegenden Tätigkeiten und der Erdölbevorratungsverband nach § 2 Absatz 1 des Erdölbevorratungsgesetzes vom 16. Januar 2012 (BGBl. I S. 74) in der jeweils geltenden Fassung;[4]
2.[5] die Deutsche Bundesbank, die Kreditanstalt für Wiederaufbau, die Landwirtschaftliche Rentenbank, die Bayerische Landesanstalt für Aufbaufinanzierung, die Niedersächsische Gesell-

---

[1] § 2 Abs. 7 neu gefasst durch Gesetz vom 15. 12. 2004 (BGBl. II S. 1653) mWv EZ 2004 und durch Gesetz vom 2. 11. 2015 (BGBl. I S. 1834) mWv EZ 2016.

[2] § 2 Abs. 7 Nr. 1 neu gefasst durch Gesetz vom 20. 12. 2007 (BGBl. I S. 3150) mWv EZ 2008 und durch Gesetz vom 25. 7. 2014 (BGBl. I S. 1266) mWv EZ 2015.

[3] § 2 Abs. 8 angefügt durch Gesetz vom 25. 6. 2021 (BGBl. I S. 2050).

[4] § 3 Nr. 1 geändert durch Gesetz vom 12. 12. 2019 (BGBl. I S. 2451) mWv EZ 2019 (§ 36 Abs. 2 Satz 1).

[5] § 3 Nr. 2 geändert durch Gesetz vom 15. 8. 2003 (BGBl. I S. 1657), vom 15. 12. 2003 (BGBl. I S. 2645), vom 9. 12. 2004 (BGBl. I S. 3310), vom 13. 12. 2006 (BGBl. I S. 2878), vom 19. 12. 2008 (BGBl. I S. 2794), vom 8. 12. 2010 (BGBl. I S. 1768), vom 25. 7. 2014 (BGBl. I S. 1266) und vom 16. 12. 2022 (BGBl. I S. 2294); zur Anwendung vgl. § 36 Abs. 2 Sätze 2 und 3.

schaft für öffentliche Finanzierungen mit beschränkter Haftung, die Bremer Aufbau-Bank GmbH, die Landeskreditbank Baden-Württemberg – Förderbank, die Bayerische Landesbodenkreditanstalt, die Investitionsbank Berlin, die Hamburgische Investitions- und Förderbank, die NRW.Bank, die Investitions- und Förderbank Niedersachsen, die Saarländische Investitionskreditbank Aktiengesellschaft, die Investitionsbank Schleswig-Holstein, die Investitionsbank des Landes Brandenburg, die Sächsische Aufbaubank – Förderbank –, die Thüringer Aufbaubank, ***[bis EZ 2023:** die Investitionsbank Sachsen-Anhalt – Anstalt der Norddeutschen Landesbank – Girozentrale –**]*** ***[ab EZ 2023:*** die Investitionsbank Sachsen-Anhalt***]***, die Investitions- und Strukturbank Rheinland-Pfalz, das Landesförderinstitut Mecklenburg-Vorpommern – Geschäftsbereich der Norddeutschen Landesbank Girozentrale –, die Wirtschafts- und Infrastrukturbank Hessen – rechtlich unselbständige Anstalt in der Landesbank Hessen-Thüringen Girozentrale und die Liquiditäts-Konsortialbank Gesellschaft mit beschränkter Haftung;

3. die Bundesanstalt für vereinigungsbedingte Sonderaufgaben;
4. *(weggefallen)*
5. Hauberg-, Wald-, Forst- und Laubgenossenschaften und ähnliche Realgemeinden. ② Unterhalten sie einen Gewerbebetrieb, der über den Rahmen eines Nebenbetriebs hinausgeht, so sind sie insoweit steuerpflichtig;
6. Körperschaften, Personenvereinigungen und Vermögensmassen, die nach der Satzung, dem Stiftungsgeschäft oder der sonstigen Verfassung und nach der tatsächlichen Geschäftsführung ausschließlich und unmittelbar gemeinnützigen, mildtätigen oder kirchlichen Zwecken dienen (§§ 51 bis 68 der Abgabenordnung). ② Wird ein wirtschaftlicher Geschäftsbetrieb – ausgenommen Land- und Forstwirtschaft – unterhalten, ist die Steuerfreiheit insoweit ausgeschlossen;
7. Hochsee- und Küstenfischerei, wenn sie mit weniger als sieben im Jahresdurchschnitt beschäftigten Arbeitnehmern oder mit Schiffen betrieben wird, die eine eigene Triebkraft von weniger als 100 Pferdekräften haben;
8. Genossenschaften[1] sowie Vereine im Sinne des § 5 Abs. 1 Nr. 14 des Körperschaftsteuergesetzes, soweit sie von der Körperschaftsteuer befreit sind;
9. rechtsfähige Pensions-, Sterbe-, Kranken- und Unterstützungskassen im Sinne des § 5 Abs. 1 Nr. 3 des Körperschaftsteuergesetzes, soweit sie die für eine Befreiung von der Körperschaftsteuer erforderlichen Voraussetzungen erfüllen;
10. Körperschaften oder Personenvereinigungen, deren Hauptzweck die Verwaltung des Vermögens für einen nichtrechtsfähigen Berufsverband im Sinne des § 5 Abs. 1 Nr. 5 des Körperschaftsteuergesetzes ist, wenn ihre Erträge im Wesentlichen aus dieser Vermögensverwaltung herrühren und ausschließlich dem Berufsverband zufließen;
11. öffentlich-rechtliche Versicherungs- und Versorgungseinrichtungen von Berufsgruppen, deren Angehörige auf Grund einer durch Gesetz angeordneten oder auf Gesetz beruhenden Verpflichtung Mitglieder dieser Einrichtungen sind, wenn die Satzung der Einrichtung die Zahlung keiner höheren jährlichen Beiträge zulässt als das Zwölffache der Beiträge, die sich bei einer Beitragsbemessungsgrundlage in Höhe der doppelten monatlichen Beitragsbemessungsgrenze in der allgemeinen Rentenversicherung[2] ergeben würden. ② Sind nach der Satzung der Einrichtung nur Pflichtmitgliedschaften sowie freiwillige Mitgliedschaften, die unmittelbar an eine Pflichtmitgliedschaft anschließen, möglich, so steht dies der Steuerbefreiung nicht entgegen, wenn die Satzung die Zahlung keiner höheren jährlichen Beiträge zulässt als das Fünfzehnfache der Beiträge, die sich bei einer Beitragsbemessungsgrundlage in Höhe der doppelten monatlichen Beitragsbemessungsgrenze in der allgemeinen Rentenversicherung ergeben würden;
12. Gesellschaften, bei denen die Gesellschafter als Unternehmer (Mitunternehmer) anzusehen sind, sowie Genossenschaften,[3] soweit die Gesellschaften und die Genossenschaften eine gemeinschaftliche Tierhaltung im Sinne des *§ 51 a des Bewertungsgesetzes* ***[ab EZ 2025:*** § 13 b des Einkommensteuergesetzes***]***[4] betreiben;
13. private Schulen und andere allgemeinbildende oder berufsbildende Einrichtungen, soweit unmittelbar dem Schul- und Bildungszweck dienende Leistungen erbracht werden, wenn sie
    a) als Ersatzschulen gemäß Artikel 7 Absatz 4 des Grundgesetzes staatlich genehmigt oder nach Landesrecht erlaubt sind oder
    b) auf einen Beruf oder eine vor einer juristischen Person des öffentlichen Rechts abzulegende Prüfung ordnungsgemäß vorbereiten;[5]

---

[1] § 3 Nr. 8 geändert durch Gesetz vom 12. 12. 2019 (BGBl. I S. 2451) mWv EZ 2020.
[2] § 3 Nr. 11 geändert durch Gesetz vom 9. 12. 2004 (BGBl. I S. 3242) mWv EZ 2005.
[3] § 3 Nr. 12 geändert durch Gesetz vom 12. 12. 2019 (BGBl. I S. 2451) mWv EZ 2020.
[4] § 3 Nr. 12 geändert durch Gesetz vom 12. 12. 2019 (BGBl. I S. 2451) **mWv EZ 2025** (§ 36 Abs. 2 Satz 4).
[5] § 3 Nr. 13 geändert durch Gesetz vom 12. 12. 2019 (BGBl. I S. 2451) mWv EZ 2015 (§ 36 Abs. 2 Satz 5).

14. Genossenschaften[1] sowie Vereine, deren Tätigkeit sich auf den Betrieb der Land- und Forstwirtschaft beschränkt, wenn die Mitglieder der Genossenschaft oder dem Verein Flächen zur Nutzung oder für die Bewirtschaftung der Flächen erforderliche Gebäude überlassen und
   a) bei Genossenschaften das Verhältnis der Summe der Werte der Geschäftsanteile des einzelnen Mitglieds zu der Summe der Werte aller Geschäftsanteile,
   b) bei Vereinen das Verhältnis des Werts des Anteils an dem Vereinsvermögen, der im Fall der Auflösung des Vereins an das einzelne Mitglied fallen würde, zu dem Wert des Vereinsvermögens

   nicht wesentlich von dem Verhältnis abweicht, in dem der Wert der von dem einzelnen Mitglied zur Nutzung überlassenen Flächen und Gebäude zu dem Wert der insgesamt zur Nutzung überlassenen Flächen und Gebäude steht;
15. Genossenschaften[1] sowie Vereine im Sinne des § 5 Abs. 1 Nr. 10 des Körperschaftsteuergesetzes, soweit sie von der Körperschaftsteuer befreit sind;
16. *(weggefallen)*
17.[2] die von den zuständigen Landesbehörden begründeten oder anerkannten gemeinnützigen Siedlungsunternehmen im Sinne des Reichssiedlungsgesetzes in der jeweils aktuellen Fassung oder entsprechender Landesgesetze, soweit diese Landesgesetze nicht wesentlich von den Bestimmungen des Reichssiedlungsgesetzes abweichen, und im Sinne der Bodenreformgesetze der Länder, soweit die Unternehmen im ländlichen Raum Siedlungs-, Agrarstrukturverbesserungs- und Landentwicklungsmaßnahmen mit Ausnahme des Wohnungsbaus durchführen. ② Die Steuerbefreiung ist ausgeschlossen, wenn die Einnahmen des Unternehmens aus den in Satz 1 nicht bezeichneten Tätigkeiten die Einnahmen aus den in Satz 1 bezeichneten Tätigkeiten übersteigen;
18. *(weggefallen)*
19. der Pensions-Sicherungs-Verein Versicherungsverein auf Gegenseitigkeit, wenn er die für eine Befreiung von der Körperschaftsteuer erforderlichen Voraussetzungen erfüllt;
20.[3] Krankenhäuser, Altenheime, Altenwohnheime, Pflegeheime, Einrichtungen zur vorübergehenden Aufnahme pflegebedürftiger Personen und Einrichtungen zur ambulanten Pflege kranker und pflegebedürftiger Personen sowie Einrichtungen zur ambulanten oder stationären Rehabilitation, wenn
   a) diese Einrichtungen von juristischen Personen des öffentlichen Rechts betrieben werden oder
   b) bei Krankenhäusern im Erhebungszeitraum die in § 67 Abs. 1 oder 2 der Abgabenordnung bezeichneten Voraussetzungen erfüllt worden sind oder
   c) bei Altenheimen, Altenwohnheimen und Pflegeheimen im Erhebungszeitraum mindestens 40 Prozent der Leistungen den in § 61 a des Zwölften Buches Sozialgesetzbuch[4] oder den in § 53 Nr. 2 der Abgabenordnung genannten Personen zugute gekommen sind oder
   d)[5] bei Einrichtungen zur vorübergehenden Aufnahme pflegebedürftiger Personen und bei Einrichtungen zur ambulanten Pflege kranker und pflegebedürftiger Personen im Erhebungszeitraum die Pflegekosten in mindestens 40 Prozent der Fälle von den gesetzlichen Trägern der Sozialversicherung oder Sozialhilfe ganz oder zum überwiegenden Teil getragen worden sind oder
   e)[6] bei Einrichtungen zur ambulanten oder stationären Rehabilitation die Behandlungskosten in mindestens 40 Prozent der Fälle von den gesetzlichen Trägern der Sozialversicherung oder Sozialhilfe ganz oder zum überwiegenden Teil getragen worden sind. ② Satz 1 ist nur anzuwenden, soweit die Einrichtung Leistungen im Rahmen der verordneten ambulanten oder stationären Rehabilitation im Sinne des Sozialrechts einschließlich der Beihilfevorschriften des Bundes und der Länder erbringt;
21. Entschädigungs- und Sicherungseinrichtungen im Sinne des § 5 Abs. 1 Nr. 16 des Körperschaftsteuergesetzes, soweit sie von der Körperschaftsteuer befreit sind;
22. Bürgschaftsbanken (Kreditgarantiegemeinschaften), wenn sie von der Körperschaftsteuer befreit sind;
23. Unternehmensbeteiligungsgesellschaften, die nach dem Gesetz über Unternehmensbeteiligungsgesellschaften anerkannt sind. ② Für Unternehmensbeteiligungsgesellschaften im Sinne des § 25 Abs. 1 des Gesetzes über Unternehmensbeteiligungsgesellschaften haben der Widerruf der Anerkennung und der Verzicht auf die Anerkennung Wirkung für die Vergangenheit,

---

[1] § 3 Nr. 14 und 15 geändert durch Gesetz vom 12. 12. 2019 (BGBl. I S. 2451) mWv EZ 2020.
[2] § 3 Nr. 17 Angabe geändert durch Gesetz vom 19. 12. 2008 (BGBl. I S. 2794) mWv EZ 2008.
[3] § 3 Nr. 20 geändert durch Gesetz vom 25. 7. 2014 (BGBl. I S. 1266) mWv EZ 2015.
[4] § 3 Nr. 20 Buchst. c geändert durch Gesetz vom 27.12. 2003 (BGBl.I S.3022) mWv EZ 2005; geändert durch Gesetz vom 23.12. 2016 (BGBl.I S.3191) mWv EZ 2017, geändert durch Gesetz vom 11. 12. 2018 (BGBl. I S.2338) mWv EZ 2017.
[5] § 3 Nr. 20 Buchst. d geändert durch Gesetz vom 25. 7. 2014 (BGBl. I S. 1266) mWv EZ 2015.
[6] § 3 Nr. 20 Buchst. e eingefügt durch Gesetz vom 25. 7. 2014 (BGBl. I S. 1266) mWv EZ 2015.

wenn nicht Aktien der Unternehmensbeteiligungsgesellschaft öffentlich angeboten worden sind; Entsprechendes gilt, wenn eine solche Gesellschaft nach § 25 Abs. 3 des Gesetzes über Unternehmensbeteiligungsgesellschaften die Anerkennung als Unternehmensbeteiligungsgesellschaft verliert. ③ Für offene Unternehmensbeteiligungsgesellschaften im Sinne des § 1a Abs. 2 Satz 1[1] des Gesetzes über Unternehmensbeteiligungsgesellschaften haben der Widerruf der Anerkennung und der Verzicht auf die Anerkennung innerhalb der in § 7 Abs. 1 Satz 1 des Gesetzes über Unternehmensbeteiligungsgesellschaften genannten Frist Wirkung für die Vergangenheit. ④ Bescheide über die Anerkennung, die Rücknahme oder den Widerruf der Anerkennung und über die Feststellung, ob Aktien der Unternehmensbeteiligungsgesellschaft im Sinne des § 25 Abs. 1 des Gesetzes über Unternehmensbeteiligungsgesellschaften öffentlich angeboten worden sind, sind Grundlagenbescheide im Sinne der Abgabenordnung; die Bekanntmachung der Aberkennung der Eigenschaft als Unternehmensbeteiligungsgesellschaft nach § 25 Abs. 3 des Gesetzes über Unternehmensbeteiligungsgesellschaften steht einem Grundlagenbescheid gleich;

24. die folgenden Kapitalbeteiligungsgesellschaften für die mittelständische Wirtschaft, soweit sich deren Geschäftsbetrieb darauf beschränkt, im öffentlichen Interesse mit Eigenmitteln oder mit staatlicher Hilfe Beteiligungen zu erwerben, wenn der von ihnen erzielte Gewinn ausschließlich und unmittelbar für die satzungsmäßigen Zwecke der Beteiligungsfinanzierung verwendet wird: Mittelständische Beteiligungsgesellschaft Baden-Württemberg GmbH, Mittelständische Beteiligungsgesellschaft Bremen mbH,[2] BTG Beteiligungsgesellschaft Hamburg mbH,[3] MBG Mittelständische Beteiligungsgesellschaft Hessen GmbH, Mittelständische Beteiligungsgesellschaft Niedersachsen (MBG) mbH, Kapitalbeteiligungsgesellschaft für die mittelständische Wirtschaft in Nordrhein-Westfalen mbH, MBG Mittelständische Beteiligungsgesellschaft Rheinland-Pfalz mbH, Wagnisfinanzierungsgesellschaft für Technologieförderung in Rheinland-Pfalz mbH (WFT), Saarländische Kapitalbeteiligungsgesellschaft mbH, Gesellschaft für Wagniskapital Mittelständische Beteiligungsgesellschaft Schleswig-Holstein Gesellschaft mit beschränkter Haftung – MBG, Technologie-Beteiligungs-Gesellschaft mbH der Deutschen Ausgleichsbank, bgb Beteiligungsgesellschaft Berlin mbH für kleine und mittlere Betriebe, Mittelständische Beteiligungsgesellschaft Berlin-Brandenburg mbH, Mittelständische Beteiligungsgesellschaft Mecklenburg-Vorpommern mbH, Mittelständische Beteiligungsgesellschaft Sachsen mbH, Mittelständische Beteiligungsgesellschaft Sachsen-Anhalt mbH, Wagnisbeteiligungsgesellschaft Sachsen-Anhalt mbH, IBG Beteiligungsgesellschaft Sachsen-Anhalt mbH,[4] Mittelständische Beteiligungsgesellschaft Thüringen (MBG) mbH;
25. Wirtschaftsförderungsgesellschaften, wenn sie von der Körperschaftsteuer befreit sind;
26. Gesamthafenbetriebe im Sinne des § 1 des Gesetzes über die Schaffung eines besonderen Arbeitgebers für Hafenarbeiter vom 3. August 1950 (BGBl. S. 352), soweit sie von der Körperschaftsteuer befreit sind;
27. Zusammenschlüsse im Sinne des § 5 Abs. 1 Nr. 20 des Körperschaftsteuergesetzes, soweit sie von der Körperschaftsteuer befreit sind;
28. die Arbeitsgemeinschaften Medizinischer Dienst der Krankenversicherung im Sinne des § 278 des Fünften Buches Sozialgesetzbuch und der Medizinische Dienst der Spitzenverbände der Krankenkassen im Sinne des § 282 des Fünften Buches Sozialgesetzbuch, soweit sie von der Körperschaftsteuer befreit sind;
29. gemeinsame Einrichtungen im Sinne des § 5 Abs. 1 Nr. 22 des Körperschaftsteuergesetzes, soweit sie von der Körperschaftsteuer befreit sind;
30.[5] die Auftragsforschung im Sinne des § 5 Abs. 1 Nr. 23 des Körperschaftsteuergesetzes, soweit sie von der Körperschaftsteuer befreit ist;
31.[6] die Global Legal Entity Identifier Stiftung, soweit sie von der Körperschaftsteuer befreit ist;
32.[7] stehende Gewerbebetriebe von Anlagenbetreibern im Sinne des § 3 Nummer 2 des Erneuerbare-Energien-Gesetzes, wenn sich deren Tätigkeit ausschließlich auf die Erzeugung und Vermarktung von Strom aus einer auf, an oder in einem Gebäude angebrachten Solaranlage bis zu einer installierten Leistung von 30 Kilowatt beschränkt.

§ 4 Hebeberechtigte Gemeinde

(1) ① Die stehenden Gewerbebetriebe unterliegen der Gewerbesteuer in der Gemeinde, in der eine Betriebsstätte zur Ausübung des stehenden Gewerbes unterhalten wird. ② Befinden sich

---

[1] § 3 Nr. 23 geändert durch MoRaKG vom 12. 8. 2008 (BGBl. I S. 1672) mWv EZ 2008.
[2] § 3 Nr. 24 geändert durch Gesetz vom 12. 12. 2019 (BGBl. I S. 2451) mWv EZ 2019 (§ 36 Abs. 2 Satz 6).
[3] § 3 Nr. 24 geändert durch Gesetz vom 11. 12. 2018 (BGBl. I S. 2338) mWv EZ 2019.
[4] Eingefügt durch Gesetz vom 15. 12. 2003 (BGBl. I S. 2645) mWv EZ 2000.
[5] § 3 Nr. 30 angefügt durch Gesetz vom 15. 12. 2003 (BGBl. I S. 2645) mWv EZ 2003 und früher; geändert durch Gesetz vom 22. 12. 2014 (BGBl. I S. 2417).
[6] § 3 Nr. 31 angefügt durch Gesetz vom 22. 12. 2014 (BGBl. I S. 2417) mWv EZ 2014 (§ 36 Abs. 2 Satz 3 aF).
[7] § 3 Nr. 32 angefügt durch Gesetz vom 12. 12. 2019 (BGBl. I S. 2451) mWv EZ 2019 (§ 36 Abs. 2 Satz 7); geändert durch Gesetz vom 16. 12. 2022 (BGBl. I S. 2294) mWv EZ 2022; zur Anwendung siehe § 36 Abs. 2 Satz 8.

Betriebsstätten desselben Gewerbebetriebs in mehreren Gemeinden oder erstreckt sich eine Betriebsstätte über mehrere Gemeinden, so wird die Gewerbesteuer in jeder Gemeinde nach dem Teil des Steuermessbetrags erhoben, der auf sie entfällt.

(2)[1] ① Für Betriebsstätten in gemeindefreien Gebieten bestimmt die Landesregierung durch Rechtsverordnung, wer die nach diesem Gesetz den Gemeinden zustehenden Befugnisse ausübt. ② Der in § 2 Absatz 7 Nummer 1 und 2 bezeichnete Anteil am Festlandsockel und an der ausschließlichen Wirtschaftszone ist gemeindefreies Gebiet. ③ In Fällen von Satz 2 bestimmt sich die zuständige Landesregierung im Sinne des Satzes 1 unter entsprechender Anwendung des § 22a der Abgabenordnung.

(3)[2] ① Für Betriebsstätten im nicht zur Bundesrepublik Deutschland gehörenden Teil eines grenzüberschreitenden Gewerbegebiets im Sinne des § 2 Absatz 7 Nummer 3 ist die Gemeinde hebeberechtigt, in der der zur Bundesrepublik Deutschland gehörende Teil des grenzüberschreitenden Gewerbegebiets liegt. ② Liegt der zur Bundesrepublik Deutschland gehörende Teil in mehreren Gemeinden, gilt Absatz 2 entsprechend.

§ 5 Steuerschuldner

(1) ① Steuerschuldner ist der Unternehmer. ② Als Unternehmer gilt der, für dessen Rechnung das Gewerbe betrieben wird. ③ Ist die Tätigkeit einer Personengesellschaft Gewerbebetrieb, so ist Steuerschuldner die Gesellschaft. ④ Wird das Gewerbe in der Rechtsform einer Europäischen wirtschaftlichen Interessenvereinigung mit Sitz im Geltungsbereich der Verordnung (EWG) Nr. 2137/85 des Rates vom 25. Juli 1985 über die Schaffung einer Europäischen wirtschaftlichen Interessenvereinigung (EWIV) (ABl. L 199 vom 31. 7. 1985, S. 1)[3] betrieben, sind abweichend von Satz 3 die Mitglieder Gesamtschuldner.

(2) ① Geht ein Gewerbebetrieb im Ganzen auf einen anderen Unternehmer über (§ 2 Abs. 5), so ist der bisherige Unternehmer bis zum Zeitpunkt des Übergangs Steuerschuldner. ② Der andere Unternehmer ist von diesem Zeitpunkt an Steuerschuldner.

§ 6 Besteuerungsgrundlage

Besteuerungsgrundlage für die Gewerbesteuer ist der Gewerbeertrag.

Abschnitt II. Bemessung der Gewerbesteuer

§ 7[4] Gewerbeertrag

① Gewerbeertrag ist der nach den Vorschriften des Einkommensteuergesetzes oder des Körperschaftsteuergesetzes zu ermittelnde Gewinn aus dem Gewerbebetrieb, der bei der Ermittlung des Einkommens für den dem Erhebungszeitraum (§ 14) entsprechenden Veranlagungszeitraum zu berücksichtigen ist, vermehrt und vermindert um die in den §§ 8 und 9 bezeichneten Beträge. ② Zum Gewerbeertrag gehört auch der Gewinn aus der Veräußerung oder Aufgabe

1. des Betriebs oder eines Teilbetriebs einer Mitunternehmerschaft,
2. des Anteils eines Gesellschafters, der als Unternehmer (Mitunternehmer) des Betriebs einer Mitunternehmerschaft anzusehen ist,
3. des Anteils eines persönlich haftenden Gesellschafters einer Kommanditgesellschaft auf Aktien,

soweit er nicht auf eine natürliche Person als unmittelbar beteiligter Mitunternehmer entfällt.

[Fassung EZ 2008:[5]]

③ Der nach § 5a des Einkommensteuergesetzes ermittelte Gewinn einschließlich der Hinzurechnungen nach § 5a Absatz 4 und 4a des Einkommensteuergesetzes und das nach § 8 Abs. 1 Satz 2 des Körperschaftsteuergesetzes ermittelte Einkommen gelten als Gewerbeertrag nach Satz 1.

[Fassung ab EZ 2009:[6]]

③ Der nach § 5a des Einkommensteuergesetzes ermittelte Gewinn einschließlich der Hinzurechnungen nach § 5a Absatz 4 und 4a des Einkommensteuergesetzes und das nach § 8 Absatz 1 Satz 3 des Körperschaftsteuergesetzes ermittelte Einkommen gelten als Gewerbeertrag nach Satz 1.

④ § 3 Nr. 40 und § 3c Abs. 2 des Einkommensteuergesetzes sind bei der Ermittlung des Gewerbeertrags einer Mitunternehmerschaft anzuwenden, soweit an der Mitunternehmerschaft natürliche Personen unmittelbar oder mittelbar über eine oder mehrere Personengesellschaften betei-

[1] § 4 Abs. 2 Sätze 2 und 3 angefügt durch Gesetz vom 25. 7. 2014 (BGBl. I S. 1266) mWv EZ 2015; Satz 2 geändert durch Gesetz vom 20. 12. 2016 (BGBl. I S. 3000) mWv EZ 2016 (§ 36 Abs. 1 aF).

[2] § 4 Abs. 3 angefügt durch Gesetz vom 15. 12. 2004 (BGBl. II S. 1653); Satz 1 Verweis geändert durch Gesetz vom 2. 11. 2015 (BGBl. I S. 1834) mWv EZ 2016.

[3] § 5 Abs. 1 Satz 4 Angabe formal geändert durch Gesetz vom 8. 12. 2010 (BGBl. I S. 1768).

[4] § 7 Satz 4 angefügt durch Gesetz vom 9. 12. 2004 (BGBl. I S. 3310) mWv EZ 2004; Satz 3 geändert, Sätze 5 und 6 angefügt durch Gesetz vom 19. 12. 2008 (BGBl. I S. 2794); Sätze 7 bis 9 angefügt durch Gesetz vom 20. 12. 2016 (BGBl. I S. 3000), Satz 7 mWv EZ 2016 (§ 36 Abs. 1), Sätze 8 und 9 mWv EZ 2017.

[5] § 7 Satz 3 idF des Gesetzes vom 12. 12. 2019 (BGBl. I S. 2451), zur Anwendung siehe § 36 Abs. 3 nF.

[6] § 7 Satz 3 geändert durch Gesetz vom 12. 12. 2019 (BGBl. I S. 2451) mWv EZ 2009 (§ 36 Abs. 3 nF).

ligt sind; im Übrigen ist § 8 b des Körperschaftsteuergesetzes anzuwenden. ⑤ Bei der Ermittlung des Gewerbeertrags einer Kapitalgesellschaft, auf die § 8 Abs. 7 Satz 1 Nr. 2 des Körperschaftsteuergesetzes anzuwenden ist, ist § 8 Abs. 9 Satz 1 bis 3 des Körperschaftsteuergesetzes entsprechend anzuwenden; ein sich danach bei der jeweiligen Sparte im Sinne des § 8 Abs. 9 Satz 1 des Körperschaftsteuergesetzes ergebender negativer Gewerbeertrag darf nicht mit einem positiven Gewerbeertrag aus einer anderen Sparte im Sinne des § 8 Abs. 9 Satz 1 des Körperschaftsteuergesetzes ausgeglichen werden. ⑥ § 50 d Abs. 10 des Einkommensteuergesetzes ist bei der Ermittlung des Gewerbeertrags entsprechend anzuwenden. ⑦ Hinzurechnungsbeträge im Sinne des § 10 Absatz 1 des Außensteuergesetzes sind Einkünfte, die in einer inländischen Betriebsstätte anfallen. ⑧ Einkünfte im Sinne des § 20 Absatz 2 Satz 1 des Außensteuergesetzes gelten als in einer inländischen Betriebsstätte erzielt; das gilt auch, wenn sie nicht von einem Abkommen zur Vermeidung der Doppelbesteuerung erfasst werden oder das Abkommen zur Vermeidung der Doppelbesteuerung selbst die Steueranrechnung anordnet. ⑨[1] Satz 8 ist nicht anzuwenden, soweit auf die Einkünfte, würden sie in einer Zwischengesellschaft im Sinne des § 8 des Außensteuergesetzes erzielt, § 8 Absatz 2 bis 4 des Außensteuergesetzes zur Anwendung käme.

§ 7 a[2] Sonderregelung bei der Ermittlung des Gewerbeertrags einer Organgesellschaft

(1) ① Bei der Ermittlung des Gewerbeertrags einer Organgesellschaft ist § 9 Nummer 2 a, 7 und 8 nicht anzuwenden. ② In den Fällen des Satzes 1 ist § 8 Nummer 1 bei Aufwendungen, die im unmittelbaren Zusammenhang mit Gewinnen aus Anteilen im Sinne des § 9 Nummer 2 a, 7 oder 8 stehen, nicht anzuwenden.

(2) ① Sind im Gewinn einer Organgesellschaft

1. Gewinne aus Anteilen im Sinne des § 9 Nummer 2 a, 7 oder 8 oder
2. in den Fällen der Nummer 1 auch Aufwendungen, die im unmittelbaren Zusammenhang mit diesen Gewinnen aus Anteilen stehen,

enthalten, sind § 15 Satz 1 Nummer 2 Satz 2 bis 4 des Körperschaftsteuergesetzes und § 8 Nummer 1 und 5 sowie § 9 Nummer 2 a, 7 und 8 bei der Ermittlung des Gewerbeertrags der Organgesellschaft entsprechend anzuwenden. ② Der bei der Ermittlung des Gewerbeertrags der Organgesellschaft berücksichtigte Betrag der Hinzurechnungen nach § 8 Nummer 1 ist dabei unter Berücksichtigung der Korrekturbeträge nach Absatz 1 und 2 Satz 1 zu berechnen.

(3) Die Absätze 1 und 2 gelten in den Fällen des § 15 Satz 2 des Körperschaftsteuergesetzes entsprechend.

§ 7 b[3] Sonderregelung bei der Ermittlung des Gewerbeertrags bei unternehmensbezogener Sanierung

(1) Die §§ 3 a und 3 c Absatz 4 des Einkommensteuergesetzes sind vorbehaltlich der nachfolgenden Absätze bei der Ermittlung des Gewerbeertrags entsprechend anzuwenden.

(2)[4] ① Der nach Anwendung des § 3 a Absatz 3 Satz 2 Nummer 1 des Einkommensteuergesetzes verbleibende geminderte Sanierungsertrag im Sinne des § 3 a Absatz 3 Satz 1 des Einkommensteuergesetzes mindert nacheinander

1. den negativen Gewerbeertrag des Sanierungsjahrs des zu sanierenden Unternehmens,
2. Fehlbeträge im Sinne des § 10 a Satz 3 und
3. im Sanierungsjahr ungeachtet des § 10 a Satz 2 die nach § 10 a Satz 6 zum Ende des vorangegangenen Erhebungszeitraums gesondert festgestellten Fehlbeträge; die in § 10 a Satz 1 und 2 genannten Beträge werden der Minderung entsprechend aufgebraucht.

② Ein nach Satz 1 verbleibender Sanierungsertrag mindert die Beträge nach Satz 1 Nummer 1 bis 3 eines anderen Unternehmens, wenn dieses die erlassenen Schulden innerhalb eines Zeitraums von fünf Jahren vor dem Schuldenerlass auf das zu sanierende Unternehmen übertragen hat und soweit die entsprechenden Beträge zum Ablauf des Wirtschaftsjahrs der Übertragung bereits entstanden waren. ③ Der verbleibende Sanierungsertrag nach Satz 2 ist zunächst um den Minderungsbetrag nach § 3 a Absatz 3 Satz 2 Nummer 13 des Einkommensteuergesetzes zu kürzen. ④ Bei der Minderung nach Satz 1 ist § 10 a Satz 4 und 5 entsprechend anzuwenden ***[ab EZ 2023:*** ; dies gilt für Zwecke der Minderung nach Satz 1 Nummer 3 mit der Maßgabe, dass der sich für die Mitunternehmerschaft insgesamt ergebende Sanierungsertrag im Verhältnis der den Mitunternehmern zum Ende des vorangegangenen Erhebungszeitraums zugerechneten Fehlbeträge den Mitunternehmern zuzurechnen ist***]***. ⑤ In Fällen des § 10 a Satz 9 ist § 8 Absatz 9 Satz 9 des Körperschaftsteuergesetzes entsprechend anzuwenden. ⑥ An den Feststellungen der

[1] § 7 Satz 9 geändert durch Gesetz vom 25. 6. 2021 (BGBl. I S. 2035) mWv EZ 2022 (§ 36 Abs. 3 Satz 4 nF).
[2] § 7 a eingefügt durch Gesetz vom 20. 12. 2016 (BGBl. I S. 3000) mWv EZ 2017 (§ 36 Abs. 2 b aF).
[3] § 7 b eingefügt durch Gesetz vom 27. 6. 2017 (BGBl. I S. 2074); zur Anwendung siehe § 36 Abs. 2 c aF.
[4] § 7 b Abs. 2 Satz 4 Hs. 2 angefügt durch Gesetz vom 16. 12. 2022 (BGBl. I S. 2294) **mWv EZ 2023**; zur Anwendung siehe § 36 Abs. 3 a.

vortragsfähigen Fehlbeträge nehmen nur die nach Anwendung der Sätze 1 und 2 verbleibenden Beträge teil.

(3) ① In den Fällen des § 2 Absatz 2 Satz 2 ist § 15 Satz 1 Nummer 1 a des Körperschaftsteuergesetzes entsprechend anzuwenden. ② Absatz 2 Satz 3 gilt entsprechend.

§ 8 Hinzurechnungen

Dem Gewinn aus Gewerbebetrieb (§ 7) werden folgende Beträge wieder hinzugerechnet, soweit sie bei der Ermittlung des Gewinns abgesetzt worden sind:

1.[1] Ein Viertel der Summe aus

a) Entgelten für Schulden. ② Als Entgelt gelten auch der Aufwand aus nicht dem gewöhnlichen Geschäftsverkehr entsprechenden gewährten Skonti oder wirtschaftlich vergleichbaren Vorteilen im Zusammenhang mit der Erfüllung von Forderungen aus Lieferungen und Leistungen vor Fälligkeit sowie die Diskontbeträge bei der Veräußerung von Wechsel- und anderen Geldforderungen. ③ Soweit Gegenstand der Veräußerung eine Forderung aus einem schwebenden Vertragsverhältnis ist, gilt die Differenz zwischen dem Wert der Forderung aus dem schwebenden Vertragsverhältnis, wie ihn die Vertragsparteien im Zeitpunkt des Vertragsschlusses der Veräußerung zugrunde gelegt haben, und dem vereinbarten Veräußerungserlös als bei der Ermittlung des Gewinns abgesetzt,

b) Renten und dauernden Lasten. ② Pensionszahlungen auf Grund einer unmittelbar vom Arbeitgeber erteilten Versorgungszusage gelten nicht als dauernde Last im Sinne des Satzes 1,

c) Gewinnanteilen des stillen Gesellschafters,

d) einem Fünftel der Miet- und Pachtzinsen (einschließlich Leasingraten) für die Benutzung von beweglichen Wirtschaftsgütern des Anlagevermögens, die im Eigentum eines anderen stehen. ② Eine Hinzurechnung nach Satz 1 ist nur zur Hälfte vorzunehmen bei

aa) Fahrzeugen mit Antrieb ausschließlich durch Elektromotoren, die ganz oder überwiegend aus mechanischen oder elektrochemischen Energiespeichern oder aus emissionsfrei betriebenen Energiewandlern gespeist werden (Elektrofahrzeuge),

bb) extern aufladbaren Hybridelektrofahrzeugen, für die sich aus der Übereinstimmungsbescheinigung nach Anhang IX der Richtlinie 2007/46/EG oder aus der Übereinstimmungsbescheinigung nach Artikel 38 der Verordnung (EU) Nr. 168/2013 ergibt, dass das Fahrzeug eine Kohlendioxidemission von höchstens 50 Gramm je gefahrenen Kilometer hat oder die Reichweite des Fahrzeugs unter ausschließlicher Nutzung der elektrischen Antriebsmaschine mindestens 80 Kilometer beträgt, und

cc) Fahrrädern, die keine Kraftfahrzeuge sind,[2]

e)[3] der Hälfte der Miet- und Pachtzinsen (einschließlich Leasingraten) für die Benutzung der unbeweglichen Wirtschaftsgüter des Anlagevermögens, die im Eigentum eines anderen stehen, und

f) einem Viertel der Aufwendungen für die zeitlich befristete Überlassung von Rechten (insbesondere Konzessionen und Lizenzen, mit Ausnahme von Lizenzen, die ausschließlich dazu berechtigen, daraus abgeleitete Rechte Dritten zu überlassen). ② Eine Hinzurechnung nach Satz 1 ist nicht vorzunehmen auf Aufwendungen, die nach § 25 des Künstlersozialversicherungsgesetzes Bemessungsgrundlage für die Künstlersozialabgabe sind,

soweit die Summe den Betrag von 200 000 Euro übersteigt;

2., 3.[4] *(aufgehoben)*

4. die Gewinnanteile, die an persönlich haftende Gesellschafter einer Kommanditgesellschaft auf Aktien auf ihre nicht auf das Grundkapital gemachten Einlagen oder als Vergütung (Tantieme) für die Geschäftsführung verteilt worden sind;

5. die nach § 3 Nr. 40 des Einkommensteuergesetzes oder § 8 b Abs. 1 des Körperschaftsteuergesetzes außer Ansatz bleibenden Gewinnanteile (Dividenden) und die diesen gleichgestellten Bezüge und erhaltenen Leistungen aus Anteilen an einer Körperschaft, Personenvereinigung oder Vermögensmasse im Sinne des Körperschaftsteuergesetzes, soweit sie nicht die Voraussetzungen des § 9 Nr. 2 a oder 7 erfüllen, nach Abzug der mit diesen Einnahmen, Bezügen und erhaltenen Leistungen in wirtschaftlichem Zusammenhang stehenden Betriebsausgaben, soweit sie nach § 3 c Abs. 2 des Einkommensteuergesetzes[5] und § 8 b Abs. 5 und 10 des Körperschaftsteuergesetzes[5] unberücksichtigt bleiben.[6]

6. *(weggefallen)*

---

[1] § 8 Nr. 1 neu gefasst durch Gesetz vom 14. 8. 2007 (BGBl. I S. 1912) mWv EZ 2008; abschl. Satzteil geändert mWv EZ 2020 durch Gesetz vom 29. 6. 2020 (BGBl. I S. 1512).

[2] § 8 Nr. 1 Buchst. d geändert durch Gesetz vom 12. 12. 2019 (BGBl. I S. 2451); zur Anwendung siehe § 36 Abs. 4 nF.

[3] § 8 Nr. 1 Buchst. e geändert durch Gesetz vom 20. 12. 2007 (BGBl. I S. 3150) mWv EZ 2008 und durch Gesetz vom 22. 12. 2009 (BGBl. I S. 3950) mWv EZ 2010.

[4] § 8 Nrn. 2 u. 3 aufgehoben durch Gesetz vom 14. 8. 2007 (BGBl. I S. 1912) mWv EZ 2008.

[5] § 8 Nr. 5 Satz 1 EStG-Zitat geändert durch Gesetz vom 22. 12. 2003 (BGBl. I S. 2840) mWv EZ 2004, KStG-Zitat geändert durch Gesetz vom 14. 8. 2007 (BGBl. I S. 1912) mWv EZ 2007.

[6] § 8 Nr. 5 Satz 2 aufgehoben durch Gesetz vom 25. 6. 2021 (BGBl. I S. 2035) mWv EZ 2022 (§ 36 Abs. 4 a).

7.[1] *(aufgehoben)*

8. die Anteile am Verlust einer in- oder ausländischen offenen Handelsgesellschaft, einer Kommanditgesellschaft oder einer anderen Gesellschaft, bei der die Gesellschafter als Unternehmer (Mitunternehmer) des Gewerbebetriebs anzusehen sind. ② Satz 1 ist bei Lebens- und Krankenversicherungsunternehmen nicht anzuwenden; für Pensionsfonds gilt Entsprechendes;[2]

9. die Ausgaben im Sinne des § 9 Abs. 1 Nr. 2 des Körperschaftsteuergesetzes;

10. Gewinnminderungen, die
    a) durch Ansatz des niedrigeren Teilwerts des Anteils an einer Körperschaft oder
    b) durch Veräußerung oder Entnahme des Anteils an einer Körperschaft oder bei Auflösung oder Herabsetzung des Kapitals der Körperschaft

    entstanden sind, soweit der Ansatz des niedrigeren Teilwerts oder die sonstige Gewinnminderung auf Gewinnausschüttungen der Körperschaft, um die der Gewerbeertrag nach § 9 Nr. 2a, 7 oder 8 zu kürzen ist, oder organschaftliche Gewinnabführungen der Körperschaft zurückzuführen ist;

11. *(weggefallen)*

12. ausländische Steuern, die nach § 34c des Einkommensteuergesetzes oder nach einer Bestimmung, die § 34c des Einkommensteuergesetzes für entsprechend anwendbar erklärt, bei der Ermittlung der Einkünfte abgezogen werden, soweit sie auf Gewinne oder Gewinnanteile entfallen, die bei der Ermittlung des Gewerbeertrags außer Ansatz gelassen oder nach § 9 gekürzt werden.

§ 8a[3] *(aufgehoben)*

§ 9 Kürzungen

Die Summe des Gewinns und der Hinzurechnungen wird gekürzt um

1.[4, 5] *1,2 Prozent des Einheitswerts* ***[ab EZ 2025:*** 0,11 Prozent des Grundsteuerwerts***]*** des zum Betriebsvermögen des Unternehmers gehörenden und nicht von der Grundsteuer befreiten Grundbesitzes; maßgebend ist der Einheitswert, der auf den letzten Feststellungszeitpunkt (Hauptfeststellungs-, Fortschreibungs- oder Nachfeststellungszeitpunkt) vor dem Ende des Erhebungszeitraums (§ 14) lautet. ② An Stelle der Kürzung nach Satz 1 tritt auf Antrag bei Unternehmen, die ausschließlich eigenen Grundbesitz oder neben eigenem Grundbesitz eigenes Kapitalvermögen verwalten und nutzen oder daneben Wohnungsbauten betreuen oder Einfamilienhäuser, Zweifamilienhäuser oder Eigentumswohnungen im Sinne des Wohnungseigentumsgesetzes in der jeweils geltenden Fassung, errichten und veräußern, die Kürzung um den Teil des Gewerbeertrags, der auf die Verwaltung und Nutzung des eigenen Grundbesitzes entfällt. ③ Satz 2 gilt entsprechend, wenn
   a) in Verbindung mit der Errichtung und Veräußerung von Eigentumswohnungen Teileigentum im Sinne des Wohnungseigentumsgesetzes errichtet und veräußert wird und das Gebäude zu mehr als 66 $^2/_3$ Prozent Wohnzwecken dient,
   b) in Verbindung mit der Verwaltung und Nutzung des eigenen Grundbesitzes Einnahmen aus der Lieferung von Strom
      aa) im Zusammenhang mit dem Betrieb von Anlagen zur Stromerzeugung aus erneuerbaren Energien im Sinne des § 3 Nummer 21 des Erneuerbare-Energien-Gesetzes oder
      bb) aus dem Betrieb von Ladestationen für Elektrofahrzeuge oder Elektrofahrräder,

      erzielt werden und diese Einnahmen im Wirtschaftsjahr nicht höher als 10 Prozent der Einnahmen aus der Gebrauchsüberlassung des Grundbesitzes sind; die Einnahmen im Sinne von Doppelbuchstabe aa dürfen nicht aus der Lieferung an Letztverbraucher stammen, es sei denn, diese sind Mieter des Anlagenbetreibers, oder
   c) Einnahmen aus unmittelbaren Vertragsbeziehungen mit den Mietern des Grundbesitzes aus anderen als den in den Buchstaben a und b bezeichneten Tätigkeiten erzielt werden und diese Einnahmen im Wirtschaftsjahr nicht höher als 5 Prozent der Einnahmen aus der Gebrauchsüberlassung des Grundbesitzes sind.

---

[1] § 8 Nr. 7 aufgehoben durch Gesetz vom 14. 8. 2007 (BGBl. I S. 1912) mWv EZ 2008.

[2] § 8 Nr. 8 Satz 2 angefügt durch Gesetz vom 21. 12. 2020 (BGBl. I S. 3096) mWv EZ 2020.

[3] § 8a eingefügt durch Gesetz vom 16. 5. 2003 (BGBl. I S. 660) mWv EZ 2003 und aufgehoben durch Gesetz vom 23. 12. 2003 (BGBl. I S. 2922) mWv EZ 2004.

[4] § 9 Nr. 1 bish. Satz 5 wird Satz 5 Nr. 1, Nr. 2 und Satz 6 angefügt durch Gesetz vom 9. 12. 2004 (BGBl. I S. 3310) mWv EZ 2004; Nr. 1 Satz 1 neu gefasst durch Gesetz vom 14. 8. 2007 (BGBl. I S. 1912) mWv EZ 2008.

[5] § 9 Nr. 1 Satz 1 geändert durch Gesetz vom 26. 11. 2019 (BGBl. I S. 1794) **mWv EZ 2025;** Satz 2 geändert mWv 1. 12. 2020 durch Gesetz vom 16. 10. 2020 (BGBl. I S. 2187); Satz 3 neu gefasst, Satz 4 geändert durch Gesetz vom 3. 6. 2021 (BGBl. I S. 1498) mWv EZ 2021.

④ Betreut ein Unternehmen auch Wohnungsbauten oder veräußert es auch Einfamilienhäuser, Zweifamilienhäuser oder Eigentumswohnungen oder übt es auch Tätigkeiten im Sinne von Satz 3 Buchstabe b und c aus, so ist Voraussetzung für die Anwendung des Satzes 2, dass der Gewinn aus der Verwaltung und Nutzung des eigenen Grundbesitzes gesondert ermittelt wird. ⑤ Die Sätze 2 und 3 gelten nicht,

1. wenn der Grundbesitz ganz oder zum Teil dem Gewerbebetrieb eines Gesellschafters oder Genossen dient,

1 a.[1] soweit der Gewerbeertrag Vergütungen im Sinne des § 15 Absatz 1 Satz 1 Nummer 2 Satz 1 des Einkommensteuergesetzes enthält, die der Gesellschafter von der Gesellschaft für seine Tätigkeit im Dienst der Gesellschaft oder für die Hingabe von Darlehen oder für die Überlassung von Wirtschaftsgütern, mit Ausnahme der Überlassung von Grundbesitz, bezogen hat. ② Satz 1 ist auch auf Vergütungen anzuwenden, die vor dem 19. Juni 2008 erstmals vereinbart worden sind, wenn die Vereinbarung nach diesem Zeitpunkt wesentlich geändert wird, oder

2. soweit der Gewerbeertrag Gewinne aus der Aufdeckung stiller Reserven aus dem Grundbesitz enthält, der innerhalb von drei Jahren vor der Aufdeckung der stillen Reserven zu einem unter dem Teilwert liegenden Wert in das Betriebsvermögen des aufdeckenden Gewerbebetriebs überführt oder übertragen worden ist, und soweit diese Gewinne auf bis zur Überführung oder Übertragung entstandenen stillen Reserven entfallen.

⑥ Eine Kürzung nach den Sätzen 2 und 3 ist ausgeschlossen für den Teil des Gewerbeertrags, der auf Veräußerungs- oder Aufgabegewinne im Sinne des § 7 Satz 2 Nr. 2 und 3 entfällt;

2.[2] die Anteile am Gewinn einer in- oder ausländischen offenen Handelsgesellschaft, einer Kommanditgesellschaft oder einer anderen Gesellschaft, bei der die Gesellschafter als Unternehmer (Mitunternehmer) des Gewerbebetriebs anzusehen sind, wenn die Gewinnanteile bei der Ermittlung des Gewinns angesetzt worden sind. ② Satz 1 ist nicht anzuwenden, soweit im Gewinnanteil Einkünfte im Sinne des § 7 Satz 7 und 8 enthalten sind. ③ Bei Lebens- und Krankenversicherungsunternehmen und Pensionsfonds ist Satz 1 auch auf den übrigen Gewinnanteil nicht anzuwenden. ④ Satz 2 ist nicht anzuwenden, soweit diese Einkünfte bereits bei einer den Anteil am Gewinn vermittelnden inländischen offenen Handelsgesellschaft, Kommanditgesellschaft oder anderen Gesellschaft, bei der die Gesellschafter als Unternehmer (Mitunternehmer) des Gewerbebetriebs anzusehen sind, Bestandteil des Gewerbeertrags waren. ⑤ Bei Lebens- und Krankenversicherungsunternehmen und Pensionsfonds ist Satz 4 auf Einkünfte im Sinne des § 7 Satz 8 nicht anzuwenden;

2 a.[3] die Gewinne aus Anteilen an einer nicht steuerbefreiten inländischen Kapitalgesellschaft im Sinne des § 2 Abs. 2, einer Kredit- oder Versicherungsanstalt[4] des öffentlichen Rechts, einer *Erwerbs- und Wirtschaftsgenossenschaft*[5] oder einer Unternehmensbeteiligungsgesellschaft im Sinne des § 3 Nr. 23, wenn die Beteiligung zu Beginn des Erhebungszeitraums mindestens 15 Prozent[6] des Grund- oder Stammkapitals beträgt und die Gewinnanteile bei Ermittlung des Gewinns (§ 7) angesetzt worden sind. ② Ist ein Grund- oder Stammkapital nicht vorhanden, so ist die Beteiligung an dem Vermögen, bei Genossenschaften die Beteiligung an der Summe der Geschäftsguthaben, maßgebend. ③ Im unmittelbaren Zusammenhang mit Gewinnanteilen stehende Aufwendungen mindern den Kürzungsbetrag, soweit entsprechende Beteiligungserträge zu berücksichtigen sind; insoweit findet § 8 Nr. 1 keine Anwendung. ④ Nach § 8b Abs. 5 des Körperschaftsteuergesetzes nicht abziehbare Betriebsausgaben sind keine Gewinne aus Anteilen im Sinne des Satzes 1. ⑤ Satz 1 ist bei Lebens- und Krankenversicherungsunternehmen auf Gewinne aus Anteilen, die den Kapitalanlagen zuzurechnen sind, nicht anzuwenden; für Pensionsfonds gilt Entsprechendes;

2 b. die nach § 8 Nr. 4 dem Gewerbeertrag einer Kommanditgesellschaft auf Aktien hinzugerechneten Gewinnanteile, wenn sie bei der Ermittlung des Gewinns (§ 7) angesetzt worden sind;

3.[7] den Teil des Gewerbeertrags eines inländischen Unternehmens, der auf eine nicht im Inland belegene Betriebsstätte dieses Unternehmens entfällt; dies gilt nicht für Einkünfte im Sinne des § 7 Satz 7 und 8. ② Bei Unternehmen, die ausschließlich den Betrieb von eigenen oder

---

[1] § 9 Nr. 1 Satz 5 Nr. 1 a eingefügt durch Gesetz vom 19. 12. 2008 (BGBl. I S. 2794); geändert durch Gesetz vom 25. 7. 2014 (BGBl. I S. 1266) mWv EZ 2015.

[2] § 9 Nr. 2 Satz 1 geändert durch Gesetz vom 16. 5. 2003 (BGBl. I S. 660) mWv EZ 2003 und durch Gesetz vom 23. 12. 2003 (BGBl. I S. 2922) mWv EZ 2004; Satz 2 angefügt durch Gesetz vom 22. 12. 2003 (BGBl. I S. 2840); Satz 2 geändert durch Gesetz vom 20. 12. 2016 (BGBl. I S. 3000) mWv EZ 2017; Satz 2 neu gefasst, Sätze 3 bis 5 angefügt durch Gesetz vom 25. 6. 2021 (BGBl. I S. 2035) mWv EZ 2021.

[3] § 9 Nr. 2 a früherer Satz 3 angefügt durch Gesetz vom 22. 12. 2003 (BGBl. I S. 2840) auch für EZ vor 2004; neue Sätze 3 und 4 eingefügt, bish. Satz 3 wird 5 durch JStG 2007 vom 13. 12. 2006 (BGBl. I S. 2878) mWv EZ 2006 bzw. (Satz 4) vor EZ 2006; Satz 2 geändert durch Gesetz vom 12. 12. 2019 (BGBl. I S. 2451) mWv EZ 2020.

[4] § 9 Nr. 2 a Satz 1 geändert durch Gesetz vom 19. 12. 2008 (BGBl. I S. 2794) mWv EZ 2008.

[5] Richtig wohl: „Genossenschaft".

[6] § 9 Nr. 2 a Satz 1 geändert durch Gesetz vom 14. 8. 2007 (BGBl. I S. 1912) mWv EZ 2008.

[7] § 9 Nr. 3 Satz 1 neu gefasst durch Gesetz vom 20. 12. 2016 (BGBl. I S. 3000) mWv EZ 2017; Satz 1 geändert durch Gesetz vom 25. 6. 2021 (BGBl. I S. 2035) mWv EZ 2021.

gecharterten Handelsschiffen im internationalen Verkehr zum Gegenstand haben, gelten 80 Prozent des Gewerbeertrags als auf eine nicht im Inland belegene Betriebsstätte entfallend. ③ Ist Gegenstand eines Betriebs nicht ausschließlich der Betrieb von Handelsschiffen im internationalen Verkehr, so gelten 80 Prozent des Teils des Gewerbeertrags, der auf den Betrieb von Handelsschiffen im internationalen Verkehr entfällt, als auf eine nicht im Inland belegene Betriebsstätte entfallend; in diesem Fall ist Voraussetzung, dass dieser Teil gesondert ermittelt wird. ④ Handelsschiffe werden im internationalen Verkehr betrieben, wenn eigene oder gecharterte Handelsschiffe im Wirtschaftsjahr überwiegend zur Beförderung von Personen und Gütern im Verkehr mit oder zwischen ausländischen Häfen, innerhalb eines ausländischen Hafens oder zwischen einem ausländischen Hafen und der freien See eingesetzt werden. ⑤ Für die Anwendung der Sätze 2 bis 4 gilt § 5a Abs. 2 Satz 2 des Einkommensteuergesetzes entsprechend;

4.[1] *(aufgehoben)*

5.[2] die aus den Mitteln des Gewerbebetriebs geleisteten Zuwendungen (Spenden und Mitgliedsbeiträge) zur Förderung steuerbegünstigter Zwecke im Sinne der §§ 52 bis 54 der Abgabenordnung bis zur Höhe von insgesamt 20 Prozent des um die Hinzurechnungen nach § 8 Nummer 9 erhöhten Gewinns aus Gewerbebetrieb (§ 7) oder 4 Promille der Summe der gesamten Umsätze und der im Wirtschaftsjahr aufgewendeten Löhne und Gehälter. ② Voraussetzung für die Kürzung ist, dass diese Zuwendungen

a) an eine juristische Person des öffentlichen Rechts oder an eine öffentliche Dienststelle, die in einem Mitgliedstaat der Europäischen Union oder in einem Staat belegen ist, auf den das Abkommen über den Europäischen Wirtschaftsraum (EWR-Abkommen) Anwendung findet, oder

b) an eine nach § 5 Absatz 1 Nummer 9 des Körperschaftsteuergesetzes steuerbefreite Körperschaft, Personenvereinigung oder Vermögensmasse oder

c) an eine Körperschaft, Personenvereinigung oder Vermögensmasse, die in einem Mitgliedstaat der Europäischen Union oder in einem Staat belegen ist, auf den das Abkommen über den Europäischen Wirtschaftsraum (EWR-Abkommen) Anwendung findet, und die nach § 5 Absatz 1 Nummer 9 des Körperschaftsteuergesetzes in Verbindung mit § 5 Absatz 2 Nummer 2 zweiter Halbsatz des Körperschaftsteuergesetzes steuerbefreit wäre, wenn sie inländische Einkünfte erzielen würde,

geleistet werden (Zuwendungsempfänger). ③ Für nicht im Inland ansässige Zuwendungsempfänger nach Satz 2 ist weitere Voraussetzung, dass durch diese Staaten Amtshilfe und Unterstützung bei der Beitreibung geleistet werden. ④ Amtshilfe ist der Auskunftsaustausch im Sinne oder entsprechend der Amtshilferichtlinie gemäß § 2 Absatz 2 des EU-Amtshilfegesetzes. ⑤ Beitreibung ist die gegenseitige Unterstützung bei der Beitreibung von Forderungen im Sinne oder entsprechend der Beitreibungsrichtlinie einschließlich der in diesem Zusammenhang anzuwendenden Durchführungsbestimmungen in den für den jeweiligen Veranlagungszeitraum geltenden Fassungen oder eines entsprechenden Nachfolgerechtsaktes. ⑥ Werden die steuerbegünstigten Zwecke des Zuwendungsempfängers im Sinne von Satz 2 Buchstabe a nur im Ausland verwirklicht, ist für eine Kürzung nach Satz 1 Voraussetzung, dass natürliche Personen, die ihren Wohnsitz oder ihren gewöhnlichen Aufenthalt im Geltungsbereich dieses Gesetzes haben, gefördert werden oder dass die Tätigkeit dieses Zuwendungsempfängers neben der Verwirklichung der steuerbegünstigten Zwecke auch zum Ansehen der Bundesrepublik Deutschland beitragen kann. ⑦ In die Kürzung nach Satz 1 sind auch Mitgliedsbeiträge an Körperschaften einzubeziehen, die Kunst und Kultur gemäß § 52 Absatz 2 Nummer 5 der Abgabenordnung fördern, soweit es sich nicht um Mitgliedsbeiträge nach Satz 12 Buchstabe b handelt, auch wenn den Mitgliedern Vergünstigungen gewährt werden. ⑧ Überschreiten die geleisteten Zuwendungen die Höchstsätze nach Satz 1, kann die Kürzung im Rahmen der Höchstsätze nach Satz 1 in den folgenden Erhebungszeiträumen vorgenommen werden. ⑨ Einzelunternehmen und Personengesellschaften können auf Antrag neben der Kürzung nach Satz 1 eine Kürzung um die im Erhebungszeitraum in das zu erhaltende Vermögen (Vermögensstock) einer Stiftung, die die Voraussetzungen der Sätze 2 bis 6 erfüllt, geleisteten Spenden in diesem und in den folgenden neun Erhebungszeiträumen bis zu einem Betrag von 1 Million Euro vornehmen. ⑩ Nicht abzugsfähig nach Satz 9 sind Spenden in das verbrauchbare Vermögen einer Stiftung. ⑪ Der besondere Kürzungsbetrag nach Satz 9 kann der Höhe nach innerhalb des Zehnjahreszeitraums nur einmal in Anspruch genommen werden. ⑫ Eine Kürzung nach den Sätzen 1 bis 10 ist ausgeschlossen, soweit auf die geleisteten Zuwendungen § 8 Absatz 3 des Körper-

[1] § 9 Nr. 4 aufgehoben durch Gesetz vom 14. 8. 2007 (BGBl. I S. 1912) mWv EZ 2007.

[2] § 9 Nr. 5 neu gefasst durch Gesetz vom 10. 10. 2007 (BGBl. I S. 2332) grds. mWv EZ 2007; Satz 7 geändert, neuer Satz 8 eingefügt, bish. Sätze 8 bis 10 werden 9 bis 11 durch Gesetz vom 19. 12. 2008 (BGBl. I S. 2794) mWv EZ 2009; Satz 1 neu gefasst, Sätze 2 bis 7 eingefügt, bish. Sätze 2 bis 11 werden 8 bis 17 durch Gesetz vom 8. 4. 2010 (BGBl. I S. 386); Satz 5 geändert durch Gesetz vom 7. 12. 2011 (BGBl. I S. 2592) mWv EZ 2012; Satz 9 geändert, neuer Satz 10 eingefügt, bish. Sätze 11 bis 17 werden 12 bis 18, neue Sätze 13 und 14 geändert durch Gesetz vom 21. 3. 2013 (BGBl. I S. 556) mWv EZ 2013; Satz 4 geändert durch Gesetz vom 26. 6. 2013 (BGBl. I S. 1809) mWv EZ 2013; Satz 7 geändert durch Gesetz vom 12. 12. 2019 (BGBl. I S. 2451) und durch Gesetz vom 21. 12. 2020 (BGBl. I S. 3096) mWv EZ 2020.

schaftsteuergesetzes anzuwenden ist oder soweit Mitgliedsbeiträge an Körperschaften geleistet werden,
a) die den Sport (§ 52 Absatz 2 Satz 1 Nummer 21 der Abgabenordnung),
b) die kulturelle Betätigungen, die in erster Linie der Freizeitgestaltung dienen,
c) die Heimatpflege und Heimatkunde (§ 52 Absatz 2 Satz 1 Nummer 22 der Abgabenordnung),
d) die Zwecke im Sinne des § 52 Absatz 2 Satz 1 Nummer 23 der Abgabenordnung fördern oder
e)[1] deren Zweck nach § 52 Absatz 2 Satz 2 der Abgabenordnung für gemeinnützig erklärt worden ist, weil deren Zweck die Allgemeinheit auf materiellem, geistigem oder sittlichem Gebiet entsprechend einem Zweck nach den Buchstaben a bis d fördert.
⑬ § 10b Absatz 3 und 4 Satz 1 sowie § 10d Absatz 4 des Einkommensteuergesetzes und § 9 Absatz 2 Satz 2 bis 5 und Absatz 3 Satz 1 des Körperschaftsteuergesetzes, sowie die einkommensteuerrechtlichen Vorschriften zur Abziehbarkeit von Zuwendungen gelten entsprechend. ⑭ Wer vorsätzlich oder grob fahrlässig eine unrichtige Bestätigung über Spenden und Mitgliedsbeiträge ausstellt oder veranlasst, dass entsprechende Zuwendungen nicht zu den in der Bestätigung angegebenen steuerbegünstigten Zwecken verwendet werden (Veranlasserhaftung), haftet für die entgangene Gewerbesteuer. ⑮ In den Fällen der Veranlasserhaftung ist vorrangig der Zuwendungsempfänger in Anspruch zu nehmen; die natürlichen Personen, die in diesen Fällen für den Zuwendungsempfänger handeln, sind nur in Anspruch zu nehmen, wenn die entgangene Steuer nicht nach § 47 der Abgabenordnung erloschen ist und Vollstreckungsmaßnahmen gegen den Zuwendungsempfänger nicht erfolgreich sind; § 10b Absatz 4 Satz 5 des Einkommensteuergesetzes gilt entsprechend. ⑯ Der Haftungsbetrag ist mit 15 Prozent der Zuwendungen anzusetzen und fließt der für den Spendenempfänger zuständigen Gemeinde zu, die durch sinngemäße Anwendung des § 20 der Abgabenordnung bestimmt wird. ⑰ Der Haftungsbetrag wird durch Haftungsbescheid des Finanzamts festgesetzt; die Befugnis der Gemeinde zur Erhebung der entgangenen Gewerbesteuer bleibt unberührt. ⑱ § 184 Abs. 3 der Abgabenordnung gilt sinngemäß.

6. *(weggefallen)*
7.[2] die Gewinne aus Anteilen an einer Kapitalgesellschaft mit Geschäftsleitung und Sitz außerhalb des Geltungsbereichs dieses Gesetzes, wenn die Beteiligung zu Beginn des Erhebungszeitraums mindestens 15 Prozent des Nennkapitals beträgt und die Gewinnanteile bei der Ermittlung des Gewinns (§ 7) angesetzt worden sind. ② § 9 Nummer 2a Satz 3 bis 5 gilt entsprechend;
8.[3] die Gewinne aus Anteilen an einer ausländischen Gesellschaft, die nach einem Abkommen zur Vermeidung der Doppelbesteuerung unter der Voraussetzung einer Mindestbeteiligung von der Gewerbesteuer befreit sind, wenn die Beteiligung mindestens 15 Prozent beträgt und die Gewinnanteile bei der Ermittlung des Gewinns (§ 7) angesetzt worden sind; ist in einem Abkommen zur Vermeidung der Doppelbesteuerung eine niedrigere Mindestbeteiligungsgrenze vereinbart, ist diese maßgebend. ② § 9 Nr. 2a Satz 3 gilt entsprechend. ③ § 9 Nr. 2a Satz 4 gilt entsprechend. ④ Satz 1 ist bei Lebens- und Krankenversicherungsunternehmen auf Gewinne aus Anteilen, die den Kapitalanlagen zuzurechnen sind, nicht anzuwenden; für Pensionsfonds gilt Entsprechendes.
9. *(weggefallen)*
10.[4] *(aufgehoben)*

§ 10 Maßgebender Gewerbeertrag

(1) Maßgebend ist der Gewerbeertrag, der in dem Erhebungszeitraum bezogen worden ist, für den der Steuermessbetrag (§ 14) festgesetzt wird.

(2) Weicht bei Unternehmen, die Bücher nach den Vorschriften des Handelsgesetzbuchs zu führen verpflichtet sind, das Wirtschaftsjahr, für das sie regelmäßig Abschlüsse machen, vom Kalenderjahr ab, so gilt der Gewerbeertrag als in dem Erhebungszeitraum bezogen, in dem das Wirtschaftsjahr endet.

§ 10a[5] Gewerbeverlust

① Der maßgebende Gewerbeertrag wird bis zu einem Betrag in Höhe von 1 Million Euro um die Fehlbeträge gekürzt, die sich bei der Ermittlung des maßgebenden Gewerbeertrags für die

[1] § 9 Nr. 5 Satz 12 neu gefasst durch Gesetz vom 12. 12. 2019 (BGBl. I S. 2451) mWv 2020; zur Anwendung siehe § 36 Absatz 5 Satz 2 nF.
[2] § 9 Nr. 7 neu gefasst durch Gesetz vom 12. 12. 2019 (BGBl. I S. 2451) mWv EZ 2020.
[3] § 9 Nr. 8 bish. Satz 2 angefügt durch Gesetz vom 22. 12. 2003 (BGBl. I S. 2840) auch für EZ vor 2004; neue Sätze 2 und 3 eingefügt, bish. Satz 2 wird 4 durch JStG 2007 vom 13. 12. 2006 (BGBl. I S. 2878) mWv EZ 2006 bzw. (Satz 3) auch vor EZ 2006; Satz 1 neu gefasst durch Gesetz vom 14. 8. 2007 (BGBl. I S. 1912) mWv EZ 2008.
[4] § 9 Nr. 10 aufgehoben durch Gesetz vom 23. 12. 2003 (BGBl. I S. 2922) mWv EZ 2004.
[5] § 10a Satz 1 neu gefasst, neue Sätze 2 und 3 eingefügt, frühere Sätze 2 und 3 werden 4 und 5 durch Gesetz vom 23. 12. 2003 (BGBl. I S. 2922) mWv EZ 2004; neue Sätze 4 und 5 eingefügt, bish. Sätze 4 bis 6 werden 6 bis 8 durch JStG 2007

vorangegangenen Erhebungszeiträume nach den Vorschriften der §§ 7 bis 10 ergeben haben, soweit die Fehlbeträge nicht bei der Ermittlung des Gewerbeertrags für die vorangegangenen Erhebungszeiträume berücksichtigt worden sind. ② Der 1 Million Euro übersteigende maßgebende Gewerbeertrag ist bis zu 60 Prozent um nach Satz 1 nicht berücksichtigte Fehlbeträge der vorangegangenen Erhebungszeiträume zu kürzen. ③ Im Fall des § 2 Abs. 2 Satz 2 kann die Organgesellschaft den maßgebenden Gewerbeertrag nicht um Fehlbeträge kürzen, die sich vor dem rechtswirksamen Abschluss des Gewinnabführungsvertrags ergeben haben. ④ Bei einer Mitunternehmerschaft ist der sich für die Mitunternehmerschaft insgesamt ergebende Fehlbetrag den Mitunternehmern entsprechend dem sich aus dem Gesellschaftsvertrag ergebenden allgemeinen Gewinnverteilungsschlüssel zuzurechnen; Vorabgewinnanteile sind nicht zu berücksichtigen. ⑤ Für den Abzug der den Mitunternehmern zugerechneten Fehlbeträge nach Maßgabe der Sätze 1 und 2 ist der sich für die Mitunternehmerschaft insgesamt ergebende maßgebende Gewerbeertrag sowie der Höchstbetrag nach Satz 1 den Mitunternehmern entsprechend dem sich aus dem Gesellschaftsvertrag für das Abzugsjahr ergebenden allgemeinen Gewinnverteilungsschlüssel zuzurechnen; Vorabgewinnanteile sind nicht zu berücksichtigen. ⑥ Die Höhe der vortragsfähigen Fehlbeträge ist gesondert festzustellen. ⑦ Vortragsfähige Fehlbeträge sind die nach der Kürzung des maßgebenden Gewerbeertrags nach Satz 1 und 2 zum Schluss des Erhebungszeitraums verbleibenden Fehlbeträge. ⑧ Im Fall des § 2 Abs. 5 kann der andere Unternehmer den maßgebenden Gewerbeertrag nicht um die Fehlbeträge kürzen, die sich bei der Ermittlung des maßgebenden Gewerbeertrags des übergegangenen Unternehmens ergeben haben. ⑨ § 8 Abs. 8 und 9 Satz 5 bis 8 des Körperschaftsteuergesetzes ist entsprechend anzuwenden. ⑩[1] Auf die Fehlbeträge ist § 8 c des Körperschaftsteuergesetzes entsprechend anzuwenden; dies gilt auch für den Fehlbetrag einer Mitunternehmerschaft, soweit dieser

1. einer Körperschaft unmittelbar oder
2. einer Mitunternehmerschaft, soweit an dieser eine Körperschaft unmittelbar oder mittelbar über eine oder mehrere Personengesellschaften beteiligt ist,

zuzurechnen ist. ⑪ Auf die Fehlbeträge ist § 8 d des Körperschaftsteuergesetzes entsprechend anzuwenden, wenn ein fortführungsgebundener Verlustvortrag nach § 8 d des Körperschaftsteuergesetzes gesondert festgestellt worden ist. ⑫ Unterbleibt eine Feststellung nach § 8 d Absatz 1 Satz 8 des Körperschaftsteuergesetzes, weil keine nicht genutzten Verluste nach § 8 c Absatz 1 Satz 1 des Körperschaftsteuergesetzes vorliegen, ist auf Antrag auf die Fehlbeträge § 8 d des Körperschaftsteuergesetzes entsprechend anzuwenden; für die Form und die Frist dieses Antrags gilt § 8 d Absatz 1 Satz 5 des Körperschaftsteuergesetzes entsprechend.

§ 11 Steuermesszahl und Steuermessbetrag

(1) ① Bei der Berechnung der Gewerbesteuer ist von einem Steuermessbetrag auszugehen. ② Dieser ist durch Anwendung eines Prozentsatzes (Steuermesszahl) auf den Gewerbeertrag zu ermitteln.[2] ③ Der Gewerbeertrag ist auf volle 100 Euro nach unten abzurunden und

1. bei natürlichen Personen sowie bei Personengesellschaften um einen Freibetrag in Höhe von 24 500 Euro,
2. bei Unternehmen im Sinne des § 2 Abs. 3 und des § 3 Nr. 5, 6, 8, 9, 15, 17, 21, 26, 27, 28 und 29 sowie bei Unternehmen von juristischen Personen des öffentlichen Rechts um einen Freibetrag in Höhe von 5000[3] Euro,

höchstens jedoch in Höhe des abgerundeten Gewerbeertrags, zu kürzen.

(2)[4] Die Steuermesszahl für den Gewerbeertrag beträgt 3,5 Prozent.

(3)[5] ① Die Steuermesszahl ermäßigt sich auf 56 Prozent bei Hausgewerbetreibenden und ihnen nach § 1 Abs. 2 Buchstabe b und d des Heimarbeitsgesetzes in der im Bundesgesetzblatt Teil III, Gliederungsnummer 804-1, veröffentlichten bereinigten Fassung, zuletzt geändert durch Artikel 4 des Gesetzes vom 13. Juli 1988 (BGBl. I S. 1034), gleichgestellten Personen. ② Das Gleiche gilt für die nach § 1 Abs. 2 Buchstabe c des Heimarbeitsgesetzes gleichgestellten Personen, deren Entgelte (§ 10 Abs. 1 des Umsatzsteuergesetzes) aus der Tätigkeit unmittelbar für den Absatzmarkt im Erhebungszeitraum 25 000 Euro nicht übersteigen.

---

vom 13. 12. 2006 (BGBl. I S. 2878) mWv EZ auch vor 2007; bish. Satz 8 Zitat geändert durch Gesetz vom 14. 8. 2007 (BGBl. I S. 1912); neuer Satz 7 eingefügt, bish. Sätze 7 und 8 werden 8 und 9 durch Gesetz vom 20. 12. 2007 (BGBl. I S. 3150); neuer Satz 9 eingefügt, bish. Satz 9 wird 10 und neu gefasst durch Gesetz vom 19. 12. 2008 (BGBl. I S. 2794); Satz 9 geändert durch Gesetz vom 8. 12. 2010 (BGBl. I S. 1768); Satz 10 Satzteil vor Nr. 1 neu gefasst durch Gesetz vom 20. 12. 2016 (BGBl. I S. 2998) mWv EZ 2016.

[1] § 10 a Sätze 10 bis 12 neu gefasst bzw. eingefügt durch Gesetz vom 21. 12. 2020 (BGBl. I S. 3096), zur Anwendung siehe § 36 Abs. 5 a GewStG.

[2] § 11 Abs. 1 Satz 2 bereinigt durch Gesetz vom 9. 12. 2004 (BGBl. I S. 3310).

[3] § 11 Abs. 1 Satz 3 Nr. 2 Freibetrag geändert durch 3. Mittelstandsentlastungsgesetz vom 17. 3. 2009 (BGBl. I S. 550) mWv EZ 2009.

[4] § 11 Abs. 2 neu gefasst durch Gesetz vom 14. 8. 2007 (BGBl. I S. 1912) mWv EZ 2008.

[5] § 11 Abs. 3 Satz 1 geändert durch Gesetz vom 29. 12. 2003 (BGBl. I S. 3076) mWv EZ 2004; Satz 1 redaktionell angepasst und bestätigt durch Gesetz vom 8. 12. 2010 (BGBl. I S. 1768).

Abschnitt III.

§§ 12 und 13 *(weggefallen)*

Abschnitt IV. Steuermessbetrag

§ 14 Festsetzung des Steuermessbetrags

① Der Steuermessbetrag wird für den Erhebungszeitraum nach dessen Ablauf festgesetzt. ② Erhebungszeitraum ist das Kalenderjahr. ③ Besteht die Gewerbesteuerpflicht nicht während eines ganzen Kalenderjahrs, so tritt an die Stelle des Kalenderjahrs der Zeitraum der Steuerpflicht (abgekürzter Erhebungszeitraum).

§ 14 a[1] Steuererklärungspflicht

① Der Steuerschuldner (§ 5) hat für steuerpflichtige Gewerbebetriebe eine Erklärung zur Festsetzung des Steuermessbetrags und in den Fällen des § 28 au eine Zerlegungserklärung nach amtlich vorgeschriebenem Datensatz durch Datenfernübertragung zu übermitteln. ② Auf Antrag kann die Finanzbehörde zur Vermeidung unbilliger Härten auf eine elektronische Übermittlung verzichten; in diesem Fall ist die Erklärung nach amtlich vorgeschriebenem Vordruck abzugeben und vom Steuerschuldner oder von den in § 34 der Abgabenordnung bezeichneten Personen eigenhändig zu unterschreiben.

§ 14 b Verspätungszuschlag

① Ein nach § 152 der Abgabenordnung zu entrichtender Verspätungszuschlag fließt der Gemeinde zu. ② Sind mehrere Gemeinden an der Gewerbesteuer beteiligt, so fließt der Verspätungszuschlag der Gemeinde zu, in der sich die Geschäftsleitung am Ende des Erhebungszeitraums befindet. ③ Befindet sich die Geschäftsleitung im Ausland, so fließt der Verspätungszuschlag der Gemeinde zu, in der sich die wirtschaftlich bedeutendste Betriebsstätte befindet. ④ Auf den Verspätungszuschlag ist der Hebesatz der Gemeinde nicht anzuwenden.

§ 15 Pauschfestsetzung

Wird die Einkommensteuer oder die Körperschaftsteuer in einem Pauschbetrag festgesetzt, so kann die für die Festsetzung zuständige Behörde im Einvernehmen mit der Landesregierung oder der von ihr bestimmten Behörde auch den Steuermessbetrag in einem Pauschbetrag festsetzen.

Abschnitt V. Entstehung, Festsetzung und Erhebung der Steuer

§ 16 Hebesatz

(1) Die Steuer wird auf Grund des Steuermessbetrags (§ 14) mit einem Prozentsatz (Hebesatz) festgesetzt und erhoben, der von der hebeberechtigten Gemeinde (§§ 4, 35 a) zu bestimmen ist.

(2) Der Hebesatz kann für ein Kalenderjahr oder mehrere Kalenderjahre festgesetzt werden.

(3) ① Der Beschluss über die Festsetzung oder Änderung des Hebesatzes ist bis zum 30. Juni eines Kalenderjahrs mit Wirkung vom Beginn dieses Kalenderjahrs zu fassen. ② Nach diesem Zeitpunkt kann der Beschluss über die Festsetzung des Hebesatzes gefasst werden, wenn der Hebesatz die Höhe der letzten Festsetzung nicht überschreitet.

(4)[2] ① Der Hebesatz muss für alle in der Gemeinde vorhandenen Unternehmen der gleiche sein. ② Er beträgt 200 Prozent, wenn die Gemeinde nicht einen höheren Hebesatz bestimmt hat. ③ Wird das Gebiet von Gemeinden geändert, so kann die Landesregierung oder die von ihr bestimmte Stelle für die von der Änderung betroffenen Gebietsteile auf eine bestimmte Zeit verschiedene Hebesätze zulassen. ④ In den Fällen des Satzes 3 sind die §§ 28 bis 34 mit der Maßgabe anzuwenden, dass an die Stelle mehrerer Gemeinden die Gebietsteile der Gemeinde mit verschiedenen Hebesätzen treten.

(5) In welchem Verhältnis die Hebesätze für die Grundsteuer der Betriebe der Land- und Forstwirtschaft, für die Grundsteuer der Grundstücke und für die Gewerbesteuer zueinander stehen müssen, welche Höchstsätze nicht überschritten werden dürfen und inwieweit mit Ge-

---

[1] § 14 a neu gefasst durch Gesetz v. 20. 12. 2008 (BGBl. I S. 2850) mWv EZ 2011.
[2] § 16 Abs. 4 neuer Satz 2 eingefügt, bish. Satz 2 wird 3 durch Gesetz vom 23. 12. 2003 (BGBl. I S. 2922) mWv EZ 2004; Satz 4 angefügt durch Gesetz vom 19. 12. 2008 (BGBl. I S. 2794) mWv EZ 2009.

nehmigung der Gemeindeaufsichtsbehörde Ausnahmen zugelassen werden können, bleibt einer landesrechtlichen Regelung vorbehalten.

§ 17 *(weggefallen)*

§ 18 Entstehung der Steuer

Die Gewerbesteuer entsteht, soweit es sich nicht um Vorauszahlungen (§ 21) handelt, mit Ablauf des Erhebungszeitraums, für den die Festsetzung vorgenommen wird.

§ 19 Vorauszahlungen

(1) ① Der Steuerschuldner hat am 15. Februar, 15. Mai, 15. August und 15. November Vorauszahlungen zu entrichten. ② Gewerbetreibende, deren Wirtschaftsjahr vom Kalenderjahr abweicht, haben die Vorauszahlungen während des Wirtschaftsjahrs zu entrichten, das im Erhebungszeitraum endet. ③ Satz 2 gilt nur, wenn der Gewerbebetrieb nach dem 31. Dezember 1985 gegründet worden oder infolge Wegfalls eines Befreiungsgrundes in die Steuerpflicht eingetreten ist oder das Wirtschaftsjahr nach diesem Zeitpunkt auf einen vom Kalenderjahr abweichenden Zeitraum umgestellt worden ist.

(2) Jede Vorauszahlung beträgt grundsätzlich ein Viertel der Steuer, die sich bei der letzten Veranlagung ergeben hat.

(3)[1] ① Die Gemeinde kann die Vorauszahlungen der Steuer anpassen, die sich für den Erhebungszeitraum (§ 14) voraussichtlich ergeben wird. ② Die Anpassung kann bis zum Ende des 15. auf den Erhebungszeitraum folgenden Kalendermonats vorgenommen werden; bei einer nachträglichen Erhöhung der Vorauszahlungen ist der Erhöhungsbetrag innerhalb eines Monats nach Bekanntgabe des Vorauszahlungsbescheids zu entrichten. ③ Das Finanzamt kann bis zum Ende des 15. auf den Erhebungszeitraum folgenden Kalendermonats für Zwecke der Gewerbesteuer-Vorauszahlungen den Steuermessbetrag festsetzen, der sich voraussichtlich ergeben wird. ④ An diese Festsetzung ist die Gemeinde bei der Anpassung der Vorauszahlungen nach den Sätzen 1 und 2 gebunden.

(4) Wird im Laufe des Erhebungszeitraums ein Gewerbebetrieb neu gegründet oder tritt ein bereits bestehender Gewerbebetrieb infolge Wegfalls des Befreiungsgrundes in die Steuerpflicht ein, so gilt für die erstmalige Festsetzung der Vorauszahlungen Absatz 3 entsprechend.

(5) ① Die einzelne Vorauszahlung ist auf den nächsten vollen Betrag in Euro nach unten abzurunden. ② Sie wird nur festgesetzt, wenn sie mindestens 50 Euro beträgt.

§ 20 Abrechnung über die Vorauszahlungen

(1) Die für einen Erhebungszeitraum (§ 14) entrichteten Vorauszahlungen werden auf die Steuerschuld für diesen Erhebungszeitraum angerechnet.

(2) Ist die Steuerschuld größer als die Summe der anzurechnenden Vorauszahlungen, so ist der Unterschiedsbetrag, soweit er den im Erhebungszeitraum und nach § 19 Abs. 3 Satz 2 nach Ablauf des Erhebungszeitraums fällig gewordenen, aber nicht entrichteten Vorauszahlungen entspricht, sofort, im Übrigen innerhalb eines Monats nach Bekanntgabe des Steuerbescheids zu entrichten (Abschlusszahlung).

(3) Ist die Steuerschuld kleiner als die Summe der anzurechnenden Vorauszahlungen, so wird der Unterschiedsbetrag nach Bekanntgabe des Steuerbescheids durch Aufrechnung oder Zurückzahlung ausgeglichen.

§ 21 Entstehung der Vorauszahlungen

Die Vorauszahlungen auf die Gewerbesteuer entstehen mit Beginn des Kalendervierteljahrs, in dem die Vorauszahlungen zu entrichten sind, oder, wenn die Steuerpflicht erst im Laufe des Kalendervierteljahrs begründet wird, mit Begründung der Steuerpflicht.

§§ 22 bis 27 *(weggefallen)*

Abschnitt VI. Zerlegung

§ 28 Allgemeines

(1) ① Sind im Erhebungszeitraum Betriebsstätten zur Ausübung des Gewerbes in mehreren Gemeinden unterhalten worden, so ist der Steuermessbetrag in die auf die einzelnen Gemeinden entfallenden Anteile (Zerlegungsanteile) zu zerlegen. ② Das gilt auch in den Fällen, in denen eine

[1] Zur Anwendung von § 19 Abs. 3 Satz 2 und Satz 3 in den **EZ 2019 bis EZ 2024** siehe § 36 Abs. 5 b; § 19 Abs. 3 Satz 5 angefügt durch Gesetz vom 14. 8. 2007 (BGBl. I S. 1912) mWv EZ 2008; aufgehoben durch Gesetz vom 25. 7. 2014 (BGBl. I S. 1266) mWv EZ 2015.

Betriebsstätte sich über mehrere Gemeinden erstreckt hat oder eine Betriebsstätte innerhalb eines Erhebungszeitraums von einer Gemeinde in eine andere Gemeinde verlegt worden ist.

(2) ① Bei der Zerlegung sind die Gemeinden nicht zu berücksichtigen, in denen

1. Verkehrsunternehmen lediglich Gleisanlagen unterhalten,
2. sich nur Anlagen befinden, die der Weiterleitung fester, flüssiger oder gasförmiger Stoffe sowie elektrischer Energie dienen, ohne dass diese dort abgegeben werden,
3. Bergbauunternehmen keine oberirdischen Anlagen haben, in welchen eine gewerbliche Tätigkeit entfaltet wird.
4.[1] *(aufgehoben)*

② Dies gilt nicht, wenn dadurch auf keine Gemeinde ein Zerlegungsanteil oder der Steuermessbetrag entfallen würde.

§ 29 Zerlegungsmaßstab

(1)[2] Zerlegungsmaßstab ist

1. vorbehaltlich der Nummer 2 das Verhältnis, in dem die Summe der Arbeitslöhne, die an die bei allen Betriebsstätten (§ 28) beschäftigten Arbeitnehmer gezahlt worden sind, zu den Arbeitslöhnen steht, die an die bei den Betriebsstätten der einzelnen Gemeinden beschäftigten Arbeitnehmer gezahlt worden sind;
2.[3] bei Betrieben, die ausschließlich Anlagen zur Erzeugung von Strom und anderen Energieträgern sowie Wärme aus Windenergie und solarer Strahlungsenergie betreiben,
   a) vorbehaltlich des Buchstabens b zu einem Zehntel das in Nummer 1 bezeichnete Verhältnis und zu neun Zehnteln das Verhältnis, in dem die Summe der installierten Leistung im Sinne von § 3 Nummer 31 des Erneuerbare-Energien-Gesetzes in allen Betriebsstätten (§ 28) zur installierten Leistung in den einzelnen Betriebsstätten steht,
   b) für die Erhebungszeiträume 2021 bis 2023 bei Betrieben, die ausschließlich Anlagen zur Erzeugung von Strom und anderen Energieträgern sowie Wärme aus solarer Strahlungsenergie betreiben,
      aa) für den auf Neuanlagen im Sinne von Satz 3 entfallenden Anteil am Steuermessbetrag zu einem Zehntel das in Nummer 1 bezeichnete Verhältnis und zu neun Zehnteln das Verhältnis, in dem die Summe der installierten Leistung im Sinne von § 3 Nummer 31 des Erneuerbare-Energien-Gesetzes in allen Betriebsstätten (§ 28) zur installierten Leistung in den einzelnen Betriebsstätten steht, und
      bb) für den auf die übrigen Anlagen im Sinne von Satz 4 entfallenden Anteil am Steuermessbetrag das in Nummer 1 bezeichnete Verhältnis.

   ② Der auf Neuanlagen und auf übrige Anlagen jeweils entfallende Anteil am Steuermessbetrag wird ermittelt aus dem Verhältnis, in dem
      aa) die Summe der installierten Leistung im Sinne von § 3 Nummer 31 des Erneuerbare-Energien-Gesetzes für Neuanlagen und
      bb) die Summe der installierten Leistung im Sinne von § 3 Nummer 31 des Erneuerbare-Energien-Gesetzes für die übrigen Anlagen

   zur gesamten installierten Leistung im Sinne von § 3 Nummer 31 des Erneuerbare-Energien-Gesetzes des Betriebs steht. ③ Neuanlagen sind Anlagen, die nach dem 30. Juni 2013 zur Erzeugung von Strom und anderen Energieträgern sowie Wärme aus solarer Strahlungsenergie genehmigt wurden. ④ Die übrigen Anlagen sind Anlagen, die nicht unter Satz 3 fallen.

(2) Bei der Zerlegung nach Absatz 1 sind die Arbeitslöhne anzusetzen, die in den Betriebsstätten der beteiligten Gemeinden (§ 28) während des Erhebungszeitraums (§ 14) erzielt oder gezahlt worden sind.

(3) Bei Ermittlung der Verhältniszahlen sind die Arbeitslöhne auf volle 1000 Euro abzurunden.

§ 30 Zerlegung bei mehrgemeindlichen Betriebsstätten

Erstreckt sich die Betriebsstätte auf mehrere Gemeinden, so ist der Steuermessbetrag oder Zerlegungsanteil auf die Gemeinden zu zerlegen, auf die sich die Betriebsstätte erstreckt, und zwar nach der Lage der örtlichen Verhältnisse unter Berücksichtigung der durch das Vorhandensein der Betriebsstätte erwachsenden Gemeindelasten.

§ 31 Begriff der Arbeitslöhne für die Zerlegung

(1) ① Arbeitslöhne sind vorbehaltlich der Absätze 2 bis 5 die Vergütungen im Sinne des § 19 Abs. 1 Nr. 1 des Einkommensteuergesetzes, soweit sie nicht durch andere Rechtsvorschriften

---

[1] § 28 Abs. 2 Satz 1 Nr. 4 angefügt durch Gesetz vom 16. 5. 2003 (BGBl. I S. 660) mWv EZ 2003 und wieder aufgehoben durch Gesetz vom 23. 12. 2003 (BGBl. I S. 2922) mWv EZ 2004.

[2] § 29 Abs. 1 neu gefasst durch Gesetz vom 19. 12. 2008 (BGBl. I S. 2794) mWv EZ 2009.

[3] § 29 Abs. 1 Nr. 2 neu gefasst durch Gesetz vom 26. 6. 2013 (BGBl. I S. 1809) mWv EZ 2014, durch Gesetz vom 25. 7. 2014 (BGBl. I S. 1266) mWv EZ 2015 und durch Gesetz vom 3. 6. 2021 (BGBl. I S. 1498) mWv EZ 2021.

von der Einkommensteuer befreit sind. ② Zuschläge für Mehrarbeit und für Sonntags-, Feiertags- und Nachtarbeit gehören unbeschadet der einkommensteuerlichen Behandlung zu den Arbeitslöhnen.

(2) Zu den Arbeitslöhnen gehören nicht Vergütungen, die an Personen gezahlt worden sind, die zu ihrer Berufsausbildung beschäftigt werden.

(3) In den Fällen des § 3 Nr. 5, 6, 8, 9, 12, 13, 15, 17, 21, 26, 27, 28 und 29 bleiben die Vergütungen an solche Arbeitnehmer außer Ansatz, die nicht ausschließlich oder überwiegend in dem steuerpflichtigen Betrieb oder Teil des Betriebs tätig sind.

(4) ① Nach dem Gewinn berechnete einmalige Vergütungen (z. B. Tantiemen, Gratifikationen) sind nicht anzusetzen. ② Das Gleiche gilt für sonstige Vergütungen, soweit sie bei dem einzelnen Arbeitnehmer 50 000 Euro übersteigen.

(5) Bei Unternehmen, die nicht von einer juristischen Person betrieben werden, sind für die im Betrieb tätigen Unternehmer (Mitunternehmer) insgesamt 25 000 Euro jährlich anzusetzen.

§ 32 *(weggefallen)*

§ 33 Zerlegung in besonderen Fällen

(1) ① Führt die Zerlegung nach den §§ 28 bis 31 zu einem offenbar unbilligen Ergebnis, so ist nach einem Maßstab zu zerlegen, der die tatsächlichen Verhältnisse besser berücksichtigt. ② In dem Zerlegungsbescheid hat das Finanzamt darauf hinzuweisen, dass bei der Zerlegung Satz 1 angewendet worden ist.

(2) Einigen sich die Gemeinden mit dem Steuerschuldner über die Zerlegung, so ist der Steuermessbetrag nach Maßgabe der Einigung zu zerlegen.

§ 34 Kleinbeträge

(1) ① Übersteigt der Steuermessbetrag nicht den Betrag von 10 Euro, so ist er in voller Höhe der Gemeinde zuzuweisen, in der sich die Geschäftsleitung befindet. ② Befindet sich die Geschäftsleitung im Ausland, so ist der Steuermessbetrag der Gemeinde zuzuweisen, in der sich die wirtschaftlich bedeutendste der zu berücksichtigenden Betriebsstätten befindet.

(2) ① Übersteigt der Steuermessbetrag zwar den Betrag von 10 Euro, würde aber nach den Zerlegungsvorschriften einer Gemeinde ein Zerlegungsanteil von nicht mehr als 10 Euro zuzuweisen sein, so ist dieser Anteil der Gemeinde zuzuweisen, in der sich die Geschäftsleitung befindet. ② Absatz 1 Satz 2 ist entsprechend anzuwenden.

(3) ① Wird der Zerlegungsbescheid geändert oder berichtigt, würde sich dabei aber der Zerlegungsanteil einer Gemeinde um nicht mehr als 10 Euro erhöhen oder ermäßigen, so ist der Betrag der Erhöhung oder Ermäßigung bei dem Zerlegungsanteil der Gemeinde zu berücksichtigen, in der sich die Geschäftsleitung befindet. ② Absatz 1 Satz 2 ist entsprechend anzuwenden.

§ 35 *(weggefallen)*

Abschnitt VII. Gewerbesteuer der Reisegewerbebetriebe

§ 35 a Gewerbesteuer der Reisegewerbebetriebe

(1) Der Gewerbesteuer unterliegen auch die Reisegewerbebetriebe, soweit sie im Inland betrieben werden.

(2)[1] ① Reisegewerbebetrieb im Sinne dieses Gesetzes ist ein Gewerbebetrieb, dessen Inhaber nach den Vorschriften der Gewerbeordnung und den dazugehörigen Ausführungsbestimmungen einer Reisegewerbekarte bedarf. ② Wird im Rahmen eines einheitlichen Gewerbebetriebs sowohl ein stehendes Gewerbe als auch ein Reisegewerbe betrieben, so ist der Betrieb in vollem Umfang als stehendes Gewerbe zu behandeln.

(3) Hebeberechtigt ist die Gemeinde, in der sich der Mittelpunkt der gewerblichen Tätigkeit befindet.

(4) Ist im Laufe des Erhebungszeitraums der Mittelpunkt der gewerblichen Tätigkeit von einer Gemeinde in eine andere Gemeinde verlegt worden, so hat das Finanzamt den Steuermessbetrag nach den zeitlichen Anteilen (Kalendermonaten) auf die beteiligten Gemeinden zu zerlegen.

---

[1] § 35 a Abs. 2 Satz 1 neu gefasst durch Gesetz vom 8. 12. 2010 (BGBl. I S. 1768).

Abschnitt VIII. Änderung des Gewerbesteuermessbescheids von Amts wegen

§ 35b Änderung des Gewerbesteuermessbescheids von Amts wegen

(1) ① Der Gewerbesteuermessbescheid oder Verlustfeststellungsbescheid ist von Amts wegen aufzuheben oder zu ändern, wenn der Einkommensteuerbescheid, der Körperschaftsteuerbescheid oder ein Feststellungsbescheid aufgehoben oder geändert wird und die Aufhebung oder Änderung den Gewinn aus Gewerbebetrieb berührt. ② Die Änderung des Gewinns aus Gewerbebetrieb ist insoweit zu berücksichtigen, als sie die Höhe des Gewerbeertrags oder des vortragsfähigen Gewerbeverlustes beeinflusst. ③ § 171 Abs. 10 der Abgabenordnung gilt sinngemäß.

(2)[1] ① Zuständig für die Feststellung des vortragsfähigen Gewerbeverlustes ist das für den Erlass des Gewerbesteuermessbescheids zuständige Finanzamt. ② Bei der Feststellung des vortragsfähigen Gewerbeverlustes sind die Besteuerungsgrundlagen so zu berücksichtigen, wie sie der Festsetzung des Steuermessbetrags für den Erhebungszeitraum, auf dessen Schluss der vortragsfähige Gewerbeverlust festgestellt wird, zu Grunde gelegt worden sind; § 171 Absatz 10, § 175 Absatz 1 Satz 1 Nummer 1 und § 351 Absatz 2 der Abgabenordnung sowie § 42 der Finanzgerichtsordnung gelten entsprechend. ③ Die Besteuerungsgrundlagen dürfen bei der Feststellung nur insoweit abweichend von Satz 2 berücksichtigt werden, wie die Aufhebung, Änderung oder Berichtigung des Gewerbesteuermessbescheids ausschließlich mangels Auswirkung auf die Höhe des festzusetzenden Steuermessbetrags unterbleibt. ④ Die Feststellungsfrist endet nicht, bevor die Festsetzungsfrist für den Erhebungszeitraum abgelaufen ist, auf dessen Schluss der vortragsfähige Gewerbeverlust gesondert festzustellen ist; § 181 Abs. 5 der Abgabenordnung ist nur anzuwenden, wenn die zuständige Finanzbehörde die Feststellung des vortragsfähigen Gewerbeverlustes pflichtwidrig unterlassen hat.

Abschnitt IX. Durchführung

§ 35c Ermächtigung

(1) Die Bundesregierung wird ermächtigt, mit Zustimmung des Bundesrates

1. zur Durchführung des Gewerbesteuergesetzes Rechtsverordnungen zu erlassen
   a) über die Abgrenzung der Steuerpflicht,
   b) über die Ermittlung des Gewerbeertrags,
   c) über die Festsetzung der Steuermessbeträge, soweit dies zur Wahrung der Gleichmäßigkeit der Besteuerung und zur Vermeidung von Unbilligkeiten in Härtefällen erforderlich ist,
   d) über die Zerlegung des Steuermessbetrags,
   e) über die Abgabe von Steuererklärungen unter Berücksichtigung von Freibeträgen und Freigrenzen;
2. Vorschriften durch Rechtsverordnung zu erlassen
   a) über die sich aus der Aufhebung oder Änderung von Vorschriften dieses Gesetzes ergebenden Rechtsfolgen, soweit dies zur Wahrung der Gleichmäßigkeit bei der Besteuerung oder zur Beseitigung von Unbilligkeiten in Härtefällen erforderlich ist,
   b) *(weggefallen)*
   c) über die Steuerbefreiung der Einnehmer einer staatlichen Lotterie,
   d)[2] über die Steuerbefreiung bei bestimmten kleineren Versicherungsvereinen auf Gegenseitigkeit im Sinne des § 210 des Versicherungsaufsichtsgesetzes, wenn sie von der Körperschaftsteuer befreit sind,
   e)[3] über die Beschränkung der Hinzurechnung von Entgelten für Schulden und ihnen gleichgestellte Beträge (§ 8 Nr. 1 Buchstabe a) bei Kreditinstituten nach dem Verhältnis des Eigenkapitals zu Teilen der Aktivposten und bei Gewerbebetrieben, die nachweislich ausschließlich unmittelbar oder mittelbar Kredite oder Kreditrisiken, die einem Kreditinstitut oder einem in § 3 Nr. 2 genannten Gewerbebetrieb aus Bankgeschäften entstanden sind, erwerben und Schuldtitel zur Refinanzierung des Kaufpreises für den Erwerb solcher Kredite oder zur Refinanzierung von für die Risikoübernahmen zu stellenden Sicherheiten ausgeben,

---

[1] § 35b Abs. 2 Satz 1 Zitat geändert durch Gesetz vom 23. 12. 2003 (BGBl. I S. 2922) mWv EZ 2004; neuer Satz 4 angefügt durch JStG 2007 vom 13. 12. 2006 (BGBl. I S. 2878); Abs. 2 Sätze 2 u. 3 neu gefasst durch Gesetz vom 8. 12. 2010 (BGBl. I S. 1768) mW für Verluste, für die nach dem 13. 12. 2010 eine Erklärung zur Feststellung des vortragsfähigen Gewerbeverlustes abgegeben wird.

[2] § 35c Abs. 1 Nr. 2 Buchst. d Verweis geändert durch Gesetz vom 1. 4. 2015 (BGBl. I S. 434) mWv EZ 2016 (§ 36 Abs. 3 aF).

[3] § 35c Abs. 1 Nr. 2 Buchst. e erweitert durch Gesetz vom 31. 7. 2003 (BGBl. I S. 1550) mWv EZ 2003 und geändert durch Gesetz vom 14. 8. 2007 (BGBl. I S. 1912) mWv EZ 2008.

f)[1] über die Beschränkung der Hinzurechnung von Entgelten für Schulden und ihnen gleichgestellte Beträge (§ 8 Nummer 1 Buchstabe a) bei
aa) Finanzdienstleistungsinstituten, soweit sie Finanzdienstleistungen im Sinne des § 1 Absatz 1 a Satz 2 des Kreditwesengesetzes tätigen,
bb) Zahlungsinstituten, soweit sie Zahlungsdienste im Sinne des § 1 Absatz 1 Satz 2 Nummer 3 Buchstabe b und Nummer 6 des Zahlungsdiensteaufsichtsgesetzes erbringen,
cc) Wertpapierinstituten, soweit sie Wertpapierdienstleistungen, Wertpapiernebendienstleistungen und Nebengeschäfte im Sinne des § 2 Absatz 2 bis 4 des Wertpapierinstitutsgesetzes erbringen.

② Voraussetzung für die Umsetzung von Satz 1 ist, dass die Umsätze des Finanzdienstleistungsinstituts zu mindestens 50 Prozent auf Finanzdienstleistungen, die Umsätze der Wertpapierinstitute zu mindestens 50 Prozent auf Wertpapierdienstleistungen, Wertpapiernebendienstleistungen und Nebengeschäfte und die Umsätze des Zahlungsinstituts zu mindestens 50 Prozent auf Zahlungsdienste entfallen,

g) über die Festsetzung abweichender Vorauszahlungstermine.

(2) Das Bundesministerium der Finanzen wird ermächtigt, den Wortlaut dieses Gesetzes und der zu diesem Gesetz erlassenen Rechtsverordnungen in der jeweils geltenden Fassung satzweise nummeriert mit neuem Datum und in neuer Paragrafenfolge bekannt zu machen und dabei Unstimmigkeiten im Wortlaut zu beseitigen.

Abschnitt X. Schlussvorschriften

§ 36[2] Zeitlicher Anwendungsbereich

(1)[3] Die vorstehende Fassung dieses Gesetzes ist, soweit in den folgenden Absätzen nichts anderes bestimmt ist, erstmals für den Erhebungszeitraum 2021 anzuwenden.

(2) ① § 3 Nummer 1 in der Fassung des Artikels 8 des Gesetzes vom 12. Dezember 2019 (BGBl. I S. 2451) ist erstmals für den Erhebungszeitraum 2019 anzuwenden. ②[4] § 3 Nummer 2 ist für die Investitionsbank Sachsen-Anhalt erstmals für den Erhebungszeitraum 2023 anzuwenden. ③ Die Steuerbefreiung nach § 3 Nummer 2 in der bis zum 20. Dezember 2022 geltenden Fassung ist für die Investitionsbank Sachsen-Anhalt – Anstalt der Norddeutschen Landesbank – Girozentrale – letztmalig für den Erhebungszeitraum 2023 anzuwenden. ④ § 3 Nummer 12 in der Fassung des Artikels 9 des Gesetzes vom 12. Dezember 2019 (BGBl. I S. 2451) ist erstmals für den Erhebungszeitraum 2025 anzuwenden. ⑤ § 3 Nummer 13 in der Fassung des Artikels 8 des Gesetzes vom 12. Dezember 2019 (BGBl. I S. 2451) ist erstmals für den Erhebungszeitraum 2015 anzuwenden. ⑥ § 3 Nummer 24 in der Fassung des Artikels 8 des Gesetzes vom 12. Dezember 2019 (BGBl. I S. 2451) ist erstmals für den Erhebungszeitraum 2019 anzuwenden. ⑦ § 3 Nummer 32 in der Fassung des Artikels 8 des Gesetzes vom 12. Dezember 2019 (BGBl. I S. 2451) ist erstmals für den Erhebungszeitraum 2019 anzuwenden. ⑧[5] § 3 Nummer 32 in der Fassung des Artikels 10 des Gesetzes vom 16. Dezember 2022 (BGBl. I S. 2294) ist erstmals für den Erhebungszeitraum 2022 anzuwenden.

(3) ① § 7 Satz 3 in der durch Artikel 8 des Gesetzes vom 12. Dezember 2019 (BGBl. I S. 2451) geänderten Fassung ist erstmals für den Erhebungszeitraum 2009 anzuwenden. ② Für den Erhebungszeitraum 2008 ist § 7 Satz 3 in folgender Fassung anzuwenden: *[dort abgedruckt]*. ③[6] § 7 Satz 7 in der Fassung des Artikels 16 des Gesetzes vom 20. Dezember 2016 (BGBl. I S. 3000) ist erstmals für den Erhebungszeitraum 2017 anzuwenden. ④ § 7 Satz 9 in der Fassung des Artikels 3 des Gesetzes vom 25. Juni 2021 (BGBl. I S. 2035) ist erstmals für den Erhebungszeitraum 2022 anzuwenden.

(3 a)[7] § 7b Absatz 2 Satz 4 in der Fassung des Artikels 10 des Gesetzes vom 16. Dezember 2022 (BGBl. I S. 2294) ist erstmals für den Erhebungszeitraum 2023 anzuwenden.

(4) ① § 8 Nummer 1 Buchstabe d Satz 2 ist nur auf Entgelte anzuwenden, die auf Verträgen beruhen, die nach dem 31. Dezember 2019 abgeschlossen worden sind. ② Dabei ist bei Verträgen, die vor dem 1. Januar 2025 abgeschlossen werden, statt einer Reichweite von 80 Kilometern eine Reichweite von 60 Kilometern ausreichend. ③ § 8 Nummer 1 Buchstabe d Satz 2 ist letztmals für den Erhebungszeitraum 2030 anzuwenden.

---

[1] § 35 c Abs. 1 Nr. 2 Buchst. f neu gefasst durch Gesetz vom 26. 6. 2013 (BGBl. I S. 1809) mWv EZ 2009 (Satz 1) bzw. EZ 2011 (Satz 2); Buchst. f Satz 1 Doppelbuchst. bb geändert durch Gesetz vom 12. 12. 2019 (BGBl. I S. 2451) mWv EZ 2018 (§ 36 Abs. 6 nF); Buchst. f Satz 1 Doppelbuchst. cc angefügt und Satz 2 geändert durch Gesetz vom 12. 5. 2021 (BGBl. I S. 990) mWv 26. 6. 2021.

[2] § 36 neu gefasst durch Gesetz vom 12. 12. 2019 (BGBl. I S. 2451).

[3] § 36 Abs. 1 geändert durch Gesetz vom 3. 6. 2021 (BGBl. I S. 1498).

[4] § 36 Abs. 2 Sätze 2 und 3 eingefügt durch Gesetz vom 16. 12. 2022 (BGBl. I S. 2294), bisherige Sätze 2 bis 5 werden Sätze 4 bis 7.

[5] § 36 Abs. 2 Satz 8 angefügt durch Gesetz vom 16. 12. 2022 (BGBl. I S. 2294).

[6] § 36 Abs. 3 Satz 3 eingefügt durch Gesetz vom 21. 12. 2020 (BGBl. I S. 3096); Satz 4 angefügt durch Gesetz vom 25. 6. 2021 (BGBl. I S. 2035).

[7] § 36 Abs. 3 a eingefügt durch Gesetz vom 16. 12. 2022 (BGBl. I S. 2294).

(4a)[1] § 8 Nummer 5 in der Fassung des Artikels 3 des Gesetzes vom 25. Juni 2021 (BGBl. I S. 2035) ist erstmals für den Erhebungszeitraum 2022 anzuwenden.

(5)[2] ① § 9 Nummer 3 Satz 1 erster Halbsatz in der Fassung des Artikels 16 des Gesetzes vom 20. Dezember 2016 (BGBl. I S. 3000) ist erstmals für den Erhebungszeitraum 2017 anzuwenden. ② § 9 Nummer 5 Satz 12 in der Fassung des Artikels 8 des Gesetzes vom 12. Dezember 2019 (BGBl. I S. 2451) ist erstmals für Zuwendungen anzuwenden, die nach dem 31. Dezember 2019 geleistet werden.

(5a)[3] § 10a in der Fassung des Artikels 9 des Gesetzes vom 21. Dezember 2020 (BGBl. I S. 3096) ist auch für Erhebungszeiträume vor 2020 anzuwenden.

(5b)[4] § 19 Absatz 3 Satz 2 und 3 ist auf Antrag des Steuerpflichtigen mit der Maßgabe anzuwenden, dass für die Erhebungszeiträume 2019 bis 2021 der 21. Kalendermonat, für den Erhebungszeitraum 2022 der 20. Kalendermonat, für den Erhebungszeitraum 2023 der 18. Kalendermonat und für den Erhebungszeitraum 2024 der 17. Kalendermonat an die Stelle des 15. Kalendermonats tritt.

(6) § 35c Absatz 1 Nummer 2 Buchstabe f Satz 1 Doppelbuchstabe bb in der Fassung des Artikels 8 des Gesetzes vom 12. Dezember 2019 (BGBl. I S. 2451) ist erstmals für den Erhebungszeitraum 2018 anzuwenden.

§ 37 *(weggefallen)*

---

[1] § 36 Abs. 4a eingefügt durch Gesetz vom 25. 6. 2021 (BGBl. I S. 2035).
[2] § 36 Abs. 5 Satz 1 eingefügt durch Gesetz vom 21. 12. 2020 (BGBl. I S. 3096); bisheriger Satz 1 wird Satz 2.
[3] § 36 Abs. 5a eingefügt durch Gesetz vom 21. 12. 2020 (BGBl. I S. 3096).
[4] § 36 Abs. 5b neu gefasst durch Gesetz vom 19. 6. 2022 (BGBl. I S. 911).

Hauptteil
Gewerbesteuergesetz,[1] Durchführungsverordnung,[2] Richtlinien/Hinweise[3]

Abschnitt I. Allgemeines

GewStG

§ 1 Steuerberechtigte

Die Gemeinden erheben eine Gewerbesteuer als Gemeindesteuer. 1

Übersicht

R 1.1 Steuerberechtigung

R 1.1

2 ① Die Berechtigung zur Erhebung der Gewerbesteuer steht nach dem Gewerbesteuergesetz den Gemeinden zu. ② Die Gemeinden sind verpflichtet eine Gewerbesteuer zu erheben und hierbei an die Vorschriften des Gewerbesteuergesetzes gebunden. ③ Durch die Abführung einer Umlage aus dem Gewerbesteueraufkommen an den Bund und das jeweils berechtigte Land auf Grund des § 6 des Gemeindefinanzreformgesetzes wird der Charakter als Gemeindesteuer nicht berührt.

---

[1] **GewStG** – i. d. F. der Bek. vom 15. 10. 2002 (BGBl. I S. 4167; BStBl. I S. 1192), zuletzt geändert durch das Jahressteuergesetz 2022 (JStG 2022) vom 16. 12. 2022 (BGBl. I S. 2294), siehe im Einzelnen die zu Beginn der geschlossenen Wiedergabe abgedruckte Änderungsübersicht.

[2] **GewStDV** – i. d. F. der Bek. vom 15. 10. 2002 (BGBl. I S. 4180; BStBl. I S. 1205), geändert durch Gesetz vom 16. 5. 2003 (BGBl. I S. 660), vom 31. 7. 2003 (BGBl. I S. 1550), vom 7. 12. 2006 (BGBl. I S. 2782, ber. I 2007 S. 68), vom 13. 12. 2006 (BGBl. I S. 2878), vom 14. 8. 2007 (BGBl. I S. 1912), vom 20. 12. 2007 (BGBl. I S. 3150), vom 19. 12. 2008 (BGBl. I S. 2794), vom 17. 3. 2009 (BGBl. I S. 550), vom 8. 4. 2010 (BGBl. I S. 386), VO vom 17. 11. 2010 (BGBl. I S. 1544), Gesetz vom 26. 6. 2013 (BGBl. I S. 1809), vom 1. 4. 2015 (BGBl. I S. 434), vom 26. 11. 2019 (BGBl. I S. 1794), vom 12. 12. 2019 (BGBl. I S. 2451), VO vom 25. 6. 2020 (BGBl. I S. 1495) und Gesetz vom 12. 5. 2021 (BGBl. I S. 990).

[3] **Gewerbesteuer-Richtlinien (GewStR) 2009** vom 28. 4. 2010 (BStBl. I Sondernummer 1 S. 2) mit den amtlichen **Gewerbesteuer-Hinweisen (GewStH) 2016** (hierzu **Amtl. Anm.**: Redaktionsschluss für den Hinweisteil: 8. Februar 2017) mit folgenden **Anwendungsregelungen:**

Zu den GewStR:

Einführung

(1) Die Gewerbesteuer-Richtlinien 2009 sind verbindliche Vorgaben an die Finanzbehörden zur einheitlichen Anwendung des Gewerbesteuergesetzes und der Gewerbesteuer-Durchführungsverordnung zur Vermeidung unbilliger Härten und zur Verwaltungsvereinfachung.

(2) Die Gewerbesteuer-Richtlinien 2009 treten an die Stelle der Gewerbesteuer-Richtlinien 1998 vom 21. Dezember 1998 (BStBl. I Sondernummer 2/1998 S. 91). Sie gelten, soweit sich aus ihnen nicht anderes ergibt, vom Erhebungszeitraum 2009 an.

(3) Anordnungen, die mit den nachstehenden Richtlinien im Widerspruch stehen, sind nicht mehr anzuwenden.

(4) Diese Allgemeine Verwaltungsvorschrift tritt am Tag nach ihrer Veröffentlichung in Kraft.

Zu den GewStH:

Die ab dem EZ 2016 geltenden Hinweise sind von den obersten Finanzbehörden des Bundes und der Länder beschlossen worden. Sie machen den Rechtsanwender aufmerksam auf höchstrichterliche Rechtsprechung, BMF-Schreiben, gleich lautende Erlasse der obersten Finanzbehörden der Länder und Rechtsquellen außerhalb des Gewerbesteuerrechts, die in das Gewerbesteuerrecht hineinwirken. Sie enthalten den ausgewählten aktuellen Stand

– der höchstrichterlichen Rechtsprechung,
– der im Bundessteuerblatt veröffentlichten BMF-Schreiben.

H 1.1

H 1.1

3 **Hebeberechtigung.**
- Begriff → R 4.1;
- Grundsatz der Betriebsstättengemeinde → § 4 Abs. 1 GewStG;
- bei gemeindefreien Gebieten (einschließlich Anteil am Festlandsockel und an der ausschließlichen Wirtschaftszone) → § 4 Abs. 2 GewStG;
- bei Reisegewerbebetrieben → § 35 a Abs. 3 GewStG, § 35 GewStDV;
- bei Gewerbebetrieben auf Schiffen und bei Binnen- und Küstenschifffahrtsbetrieben → § 15 GewStDV.

Mindesthebesatz. → § 16 Abs. 4 Satz 2 GewStG.

R 1.2

R 1.2 Verwaltung der Gewerbesteuer[1]

R 1.2 (1)

R 1.2 (1)

Übertragung eines Teils der Verwaltung auf die Gemeinden

4 (1) ① Ist die Festsetzung und Erhebung der Gewerbesteuer auf die Gemeinden übertragen, sind für die Ermittlung der Besteuerungsgrundlagen und für die Festsetzung und ggf. die Zerlegung der Steuermessbeträge die Finanzämter zuständig[2] (→ §§ 22 und 184 bis 190 AO). ② Die Festsetzung und Erhebung der Gewerbesteuer einschließlich Stundung, Niederschlagung und Erlass obliegen den hebeberechtigten Gemeinden.

H1.2 (1)

H 1.2 (1)

5 **Grundsatz der Verwaltungszuständigkeit.** Die Verwaltung der Gewerbesteuer steht grundsätzlich den Landesfinanzbehörden zu (→ Artikel 108 Abs. 2 Satz 1 GG). Sie kann von einem Land ganz oder zum Teil auf die Gemeinden übertragen werden (→ Artikel 108 Abs. 4 Satz 2 GG).

Übertragung der Verwaltung.
- → R 1.6 Abs. 1 und BVerfG vom 8. 11. 1983 – BStBl. 1984 II S. 249.
- Zur Übertragungsmöglichkeit der Verwaltung der Gewerbesteuer auf die Gemeinden (→ BVerwG vom 29. 9. 1982 – BStBl. 1984 II S. 236).

R 1.2 (2)

R 1.2 (2)

Ausschließliche Verwaltung durch die Finanzämter

6 (2) Ist die Festsetzung und Erhebung der Gewerbesteuer nicht auf die Gemeinden übertragen worden, sind die Finanzämter auch für diese Aufgaben zuständig.

H 1.2 (2)

H 1.2 (2)

7 **Umfang der Zuständigkeit.** Zur Zuständigkeit bei Stundung, Erlass und Niederschlagung der Gewerbesteuer (→ R 1.6 Abs. 2).

R 1.2 (3)

R 1.2 (3)

Teilnahmerecht der Gemeinden bei einer Außenprüfung

8 (3) ① Die Gemeinden sind gemäß § 21 FVG[3] berechtigt, hinsichtlich der Gewerbesteuer durch einen Gemeindebediensteten an einer Außenprüfung bei einem Steuerpflichtigen teilzunehmen, wenn dieser in der Gemeinde eine Betriebsstätte unterhält und die Außenprüfung im Gemeindebezirk erfolgt. ② § 21 Abs. 3 FVG berechtigt die Gemeinden nicht selbst zum Erlass einer Teilnahmeanordnung gegenüber dem Steuerpflichtigen.

H 1.2 (3)

H 1.2 (3)

9 **Auskunfts- und Teilnahmerechte der Gemeinden.**[4]
- Ist die Festsetzung und Erhebung der Gewerbesteuer auf die Gemeinden übertragen, hat die hebeberechtigte Gemeinde nach § 21 Abs. 3 Satz 1 FVG[3] das Recht, sich über die für die Gewerbesteuer erheblichen Vorgänge bei dem örtlich zuständigen Finanzamt zu unterrich-

[1] Zur Verfassungsmäßigkeit der GewSt vgl. *BVerfG vom 15. 1. 2008 1 BvL 2/04, DStRE S. 1003, BGBl. I S. 1006.*
[2] Vgl. *BFH-Urteil vom 13. 1. 1965 I 419/62, HFR S. 320:* Messbetragsfestsetzung und Zerlegungsverfahren sind voneinander unabhängige Verfahren, so dass auch zwei getrennte Rechtsbehelfsverfahren gegeben sind.
[3] Abgedruckt im „AO-Handbuch" im Anhang II Nr. 2.
[4] Zur Auskunft an Gemeinden in Haftungs-, Stundungs-, und Erlasssachen, für Zwecke der Zerlegung, Vollstreckung sowie in Rechtsbehelfsverfahren vgl. weiterhin *Vfg. des LfSt Bayern vom 19. 1. 2012 S 0130.2.1-76/1 St 42, DStR 2012, 524,* letztmals abgedruckt als Anl zu R 1.2 im „Handbuch zur Gewerbesteuerveranlagung 2021".

ten. Dieses Recht erstreckt sich auf Akteneinsicht sowie auf mündliche und schriftliche Auskunft.

– Das Recht der gemeindlichen Teilnahme an Außenprüfungen der Finanzbehörden (→ § 21 Abs. 3 Satz 2 FVG), stellt ausschließlich eine interne Befugnis im Verhältnis der Gemeinden zur Finanzverwaltung dar. Das Teilnahmerecht ist im Rahmen der Prüfungsanordnung des Finanzamtes entsprechend § 197 AO durch Mitteilung von Namen und Zeit gegenüber dem Steuerpflichtigen zu verwirklichen. Die Finanzverwaltung hat der Gemeinde die Teilnahme zu ermöglichen und muss ihr die damit verbundene Informationsbefugnis sichern. Das Teilnahmerecht beschränkt sich auf die Anwesenheit eines Gemeindebediensteten, der – abgesehen von einem ihm zustehenden Betretungsrecht und möglichen freiwilligen Mitwirkungsakten des Steuerpflichtigen – hinsichtlich gewerbesteuerlicher Sachverhalte lediglich Informations- und Auskunftsrechte gegenüber dem Prüfer der Finanzverwaltung besitzt. Der Gemeindebedienstete darf nicht selbst als Prüfer auftreten und keine Prüfungshandlungen und Ermittlungen der in § 200 AO genannten Art vornehmen. Einwendungen gegen die Person des Gemeindebediensteten oder gegen dessen Teilnahme an sich hat der Steuerpflichtige gegenüber dem für die Außenprüfung verantwortlichen Finanzamt auf dem hierfür vorgesehenen Rechtsweg vorzubringen (→ BVerwG vom 27. 1. 1995 – BStBl. II S. 522).

Anl zu R 1.2

Verfügung betr. Auskunft an die Gemeinden in Realsteuerangelegenheiten

Vom 19. Januar 2012 (DStR S. 524)

(BayLfSt S 0130.2.1-76/1 St 42)

(letztmals abgedruckt im Handbuch zur Gewerbesteuerveranlagung 2021)[1]

R 1.3

R 1.3 Örtliche Zuständigkeit für die Festsetzung und Zerlegung des Steuermessbetrags

Geschäftsleitung innerhalb des Geltungsbereichs des Gesetzes, Reisegewerbebetriebe

(1) ① Für die Festsetzung und ggf. auch für die Zerlegung des Steuermessbetrags ist nach § 22 Abs. 1 AO das Betriebsfinanzamt zuständig. ② Das ist nach § 18 Abs. 1 Nr. 2 AO das Finanzamt, in dessen Bezirk sich die Geschäftsleitung – bei reinen Reisegewerbebetrieben der Mittelpunkt der gewerblichen Tätigkeit – befindet. ③ Wird die Geschäftsleitung verlegt, geht die Zuständigkeit auf das Finanzamt über, in dessen Bezirk die Geschäftsleitung verlegt worden ist. ④ Wegen der Bearbeitung anhängiger Einsprüche in Fällen eines Zuständigkeitswechsels wird auf § 367 Abs. 1 i. V. m. § 26 AO hingewiesen.[2] ⑤ Die Festsetzung und ggf. auch die Zerlegung des Steuermessbetrags erstreckt sich auf alle im Geltungsbereich des Gesetzes gelegenen Betriebsstätten (→ R 2.9). 13

Geschäftsleitung außerhalb des Geltungsbereichs des Gesetzes

(2) ① Befindet sich die Geschäftsleitung eines Unternehmens nicht im Geltungsbereich des Gesetzes, ist für die Festsetzung und ggf. auch für die Zerlegung des Steuermessbetrags das Finanzamt zuständig, in dessen Bezirk eine Betriebsstätte, bei mehreren Betriebsstätten die wirtschaftlich bedeutendste Betriebsstätte unterhalten wird (→ § 22 Abs. 1 AO i. V. m. § 18 Abs. 1 Nr. 2 AO). ② Bei Verlegung der wirtschaftlich bedeutendsten Betriebsstätte gilt Absatz 1 Satz 3 und 4 entsprechend. 14

Vom Wohnsitz abweichender Ort der Geschäftsleitung

(3) ① Die Ermittlung des gewerblichen Gewinns sowie die Festsetzung und ggf. auch die Zerlegung des Steuermessbetrags sind grundsätzlich bei einem Finanzamt vereinigt. ② Das gilt auch für den Fall, dass ein Einzelunternehmer seinen Wohnsitz und die Geschäftsleitung seines Betriebs in den Bezirken verschiedener Finanzämter und verschiedener Gemeinden hat. ③ In diesem Fall sind nach § 180 Abs. 1 Nr. 2 Buchstabe b AO die Einkünfte aus Gewerbebetrieb durch das Betriebsfinanzamt gesondert festzustellen. 15

R 1.4

R 1.4 Gewerbesteuermessbescheid

Fertigung von Gewerbesteuermessbescheiden

(1) ① Die Finanzämter können sich bei der Fertigung der Gewerbesteuermessbescheide der Hilfe der Gemeinden bedienen. ② Werden den Gemeinden auf Grund gesetzlicher Vorschriften die Daten der Gewerbesteuermessbescheide ganz oder teilweise auf maschinell verwertbaren 16

---

[1] **Weiterhin abrufbar im Online-Modul über das Inhaltsverzeichnis.**

[2] Zum Wechsel der örtlichen Zuständigkeit bei Wohnsitzverlegung und gleichzeitiger Betriebsaufgabe vgl. AEAO Nr. 3 zu § 26, abgedruckt im „AO-Handbuch".

Datenträgern oder durch Datenfernübertragung übermittelt, können die hebeberechtigten Gemeinden auch die Messbescheide fertigen.

Bekanntgabe und Mitteilung an die Gemeinden

17 (2) ① Wegen der Bekanntgabe der Bescheide an die Steuerpflichtigen und der Mitteilung an die Gemeinden → §§ 122, 184 und 188 AO. ② Die Finanzämter können sich bei der Übersendung der Gewerbesteuermessbescheide der Hilfe der Gemeinden bedienen.[1] ③ In diesen Fällen beginnt die Einspruchsfrist (→ § 355 AO) mit der Bekanntgabe der Bescheide durch die Gemeinde. ④ Im Hinblick auf die Wahrung der Festsetzungsfrist (→ § 169 AO) ist zu beachten, dass die Gemeinden die fristgerechte Absendung sicherzustellen haben.

H 1.4

H 1.4

18 **Allgemeines.** Der Gewerbesteuermessbescheid ist Steuerbescheid im Sinne der AO (→ § 184 Abs. 1 Satz 3 i. V. m. § 155 Abs. 1 AO). Die Vorschriften der AO, insbesondere zu Form und Inhalt, Bestimmtheit sowie Bekanntgabe und Bestandskraft von Steuerbescheiden, sind somit zu beachten.

R 1.5

R 1.5 Billigkeitsmaßnahmen bei der Festsetzung des Gewerbesteuermessbetrags

R 1.5 (1)

R 1.5 (1)

Erfordernis einer allgemeinen Verwaltungsvorschrift

19 (1) ① Die Finanzämter sind nach *§ 184 Abs. 2 AO*[2] auch ohne Mitwirkung der hebeberechtigten Gemeinden berechtigt, bei der Festsetzung des Gewerbesteuermessbetrags Billigkeitsmaßnahmen nach *§ 163 Satz 1 AO*[3] zu gewähren, soweit für solche Maßnahmen in einer allgemeinen Verwaltungsvorschrift der Bundesregierung oder einer obersten Landesbehörde Richtlinien aufgestellt worden sind. ② Die Billigkeitsmaßnahmen können darin bestehen, dass zur Vermeidung unbilliger Härten bei bestimmten Gruppen gleich gelagerter Fälle entweder der Gewerbesteuermessbetrag niedriger festgesetzt wird oder dass einzelne Besteuerungsgrundlagen, die den Gewerbesteuermessbetrag erhöhen, außer Betracht gelassen werden.

H 1.5 (1)

H 1.5 (1)

20 **Allgemeines.** Ist eine allgemeine Verwaltungsvorschrift i. S. d. R 1.5 Abs. 1 nicht ergangen, gilt für die Zulässigkeit von Billigkeitsmaßnahmen nach *§ 163 Satz 1 AO*[3] Folgendes:
Sind für die Festsetzung und Erhebung der Gewerbesteuer die Gemeinden zuständig, sind die Finanzämter grundsätzlich nicht befugt, den Steuermessbetrag dadurch niedriger festzusetzen, dass nach *§ 163 Satz 1 AO*[3] einzelne Besteuerungsgrundlagen, die die Steuer erhöhen, außer Betracht gelassen werden. Verfahrensrechtlich bestehen jedoch keine Bedenken, wenn das Finanzamt den Steuermessbetrag in der bezeichneten Weise niedriger festsetzt, nachdem die zur Festsetzung und Erhebung der Gewerbesteuer befugte Gemeinde dieser Maßnahme zugestimmt hat (→ BFH vom 9. 1. 1962 – BStBl. III S. 238, vom 8. 11. 1962 – BStBl. 1963 III S. 143 und vom 24. 10. 1972 – BStBl. 1973 II S. 233).[4]

Billigkeitsregelungen in BMF-Schreiben. BMF-Schreiben auf dem Gebiet der Einkommen- oder Körperschaftsteuer insbesondere zur Festlegung des Steuergegenstands oder zur Gewinnermittlung können auch Billigkeitsregelungen im Sinne des *§ 163 Satz 1 AO*[3] aus sachlichen Gründen enthalten. Diese Billigkeitsregelungen in einer Verwaltungsvorschrift der obersten Bundesfinanzbehörde finden auch bei der Festsetzung des Gewerbesteuer-Messbetrags Eingang, soweit dies nicht ausdrücklich ausgeschlossen ist (→ § 184 Abs. 2 Satz 1 AO).

Folgen aus Hinzurechnung bei Weitervermietung oder Weiterverpachtung. Die Besteuerungsfolgen, die aus der Hinzurechnung der Mieten und Pachten für weitervermietete oder -verpachtete Immobilien zum Gewinn aus Gewerbebetrieb gemäß § 8 Nr. 1 Buchst. e GewStG 2002 i. d. F. des UntStRefG 2008 resultieren, entsprechen im Regelfall den gesetzgeberischen Wertungen und rechtfertigen daher grundsätzlich keinen Erlass der Gewerbesteuer wegen sachlicher Unbilligkeit (→ BFH vom 4. 6. 2014 – BStBl. 2015 II S. 293).

[1] *BFH-Beschluß vom 12. 11. 1992 XI B 69/92, BStBl. 1993 II S. 263:* Es ist bei summarischer Prüfung der Erfolgsaussichten zwar ernstlich zweifelhaft, ob ein Gewerbesteuermeßbescheid des FA ohne landesgesetzliche Ermächtigung auch durch die Gemeinde, der die Festsetzung des Gewerbesteuerbescheides obliegt, bekanntgegeben werden darf. Eine fehlerhafte Bekanntgabe des Gewerbesteuermeßbescheides wäre aber jedenfalls dann geheilt, wenn die Einspruchsentscheidung fehlerfrei zugestellt worden ist.

[2] § 184 Abs. 2 AO geändert durch Gesetz vom 22. 12. 2014 (BGBl. I S. 2417); zur Anwendung vgl. Art. 97 § 10 c EGAO.

[3] § 163 AO neu gefasst durch Gesetz vom 18. 7. 2016 (BGBl. I S. 1679); zur Anwendung vgl. Art. 97 § 29 EGAO.

[4] *BVerwG-Urteil vom 19. 2. 2015 9 C 10/14, DStR 2016, 1022:* Kein Billigkeitserlass wegen Folgen der Mindestbesteuerung (§ 10 a GewStG).

Sanierungsgewinn. Zur ertragsteuerlichen Behandlung von Sanierungsgewinnen; Steuerstundung und Steuererlass aus sachlichen Billigkeitsgründen (→ BMF vom 27. 3. 2003 – BStBl. I S. 240).[1]

R 1.5 (2) R 1.5 (2)

Wirkung von Billigkeitsmaßnahmen bei Steuern vom Einkommen

(2) ① Nach *§ 163 Satz 2 AO*[2] kann mit Zustimmung des Steuerpflichtigen bei Steuern vom Einkommen zugelassen werden, dass einzelne Besteuerungsgrundlagen, soweit sie die Steuer erhöhen, bei der Steuerfestsetzung erst zu einer späteren Zeit, und, soweit sie die Steuern mindern, schon zu einer früheren Zeit berücksichtigt werden (zeitliche Verlagerung der Besteuerung). ② Eine solche Billigkeitsmaßnahme bei der Einkommensteuer oder Körperschaftsteuer wirkt, soweit sie die gewerblichen Einkünfte beeinflusst, nach § 184 Abs. 2 Satz 2 AO auch für die Gewinnermittlung bei der Gewerbesteuer.[3] 21

R 1.5 (3) R 1.5 (3)

Mitteilungspflicht der Finanzämter

(3) ① Die Finanzämter sind nach § 184 Abs. 3 AO verpflichtet, den Gemeinden außer dem Inhalt des Gewerbesteuermessbescheids auch die nach *§ 163 Satz 1 und 2 AO*[2] getroffenen Billigkeitsmaßnahmen mitzuteilen. ② Dabei sind Art, Umfang und Zeitraum dieser Maßnahmen sowie ihre Auswirkung auf den festgesetzten Steuermessbetrag anzugeben. 22

R 1.6 Stundung, Niederschlagung und Erlass der Gewerbesteuer R 1.6

R 1.6 (1, 2) R 1.6 (1, 2)

Zuständigkeit der Gemeinden

(1) ① Ist die Festsetzung und Erhebung der Gewerbesteuer der Gemeinde übertragen (→ R 1.2), hat sie über Stundung, Niederschlagung und Erlass der Gewerbesteuer zu entscheiden. ② Für die Stundung und den Erlass von Gewerbesteuer gelten nach § 1 Abs. 2 Nr. 5 AO die Vorschriften der §§ 222 und 227 AO entsprechend; die Niederschlagung richtet sich nach den landesrechtlichen Vorschriften. 23

Zuständigkeit der Finanzämter

(2) ① Wird die Gewerbesteuer vom Finanzamt festgesetzt und erhoben, obliegt ihm auch die Entscheidung über Stundung, Niederschlagung und Erlass, wenn nicht wegen der Höhe der Steuerrückstände eine übergeordnete Dienststelle zu entscheiden hat. ② Eine Mitwirkung der Gemeinde bei der Entscheidung kommt nicht in Betracht. ③ Billigkeitsmaßnahmen kommen bei der Gewerbesteuer wegen ihres Charakters als Objektsteuer nur in ganz besonders gelagerten Ausnahmefällen in Betracht. ④ Liegt ein solcher Fall vor und schuldet ein Steuerpflichtiger sowohl Gewerbesteuer als auch andere Steuern, sind bei der Entscheidung über Stundung und Erlass die Belange der verschiedenen Steuergläubiger in gleicher Weise zu berücksichtigen. ⑤ Der Erlass oder die Stundung ist grundsätzlich im Verhältnis der Gewerbesteuerrückstände zu den anderen Steuerrückständen auf die Gewerbesteuer und die anderen Steuern zu verteilen, wenn nicht besondere, in der Eigenart der betreffenden Steuer liegende Gründe nur den Erlass oder die Stundung einer bestimmten Steuer rechtfertigen. 24

H 1.6 (2) H 1.6 (2)

Zuständigkeitsregelung der Landesfinanzbehörden. Zur Zuständigkeit für Stundungen nach § 222 AO, Erlasse nach § 227 AO, Billigkeitsmaßnahmen nach § 163, § 234 Abs. 2, § 237 Abs. 4 AO, Absehen von Festsetzungen nach § 156 Abs. 2 AO und Niederschlagungen nach § 261 AO von Landessteuern und der sonstigen durch Landesfinanzbehörden verwalteten Steuern und Abgaben (→ Gleich lautende Ländererlasse vom 17. 12. 2015 – BStBl. I S. 1079). 25

[1] Zur Behandlung von Sanierungsgewinnen sowie zur Steuerstundung und zum Steuererlass aus sachlichen Billigkeitsgründen vgl. § 7 b GewStG, *Vfg. LfSt Bayern vom 11. 2. 2019 G 1413.1.1–2/8 St 32, DStR 2019, 627* (letztmals abgedruckt als Anl zu R 1.6 im „Handbuch zur Gewerbesteuerveranlagung 2021") sowie *BMF-Schrb. vom 27. 4. 2017 IV C 6 – S 2140/13/10 003, BStBl. I S. 741* (letztmals abgedruckt als Anl b zu R 1.6 im „Handbuch zur Gewerbesteuerveranlagung 2020").

[2] § 163 AO neu gefasst durch Gesetz vom 18. 7. 2016 (BGBl. I S. 1679); zur Anwendung vgl. Art. 97 § 29 EGAO.

[3] *BFH-Urteil vom 14. 9. 2017 IV R 51/14, BStBl. 2018 II S. 78:* Die im Rahmen der Gewinnfeststellung getroffene Billigkeitsmaßnahme, von der Aktivierung des Feldinventars abzusehen, wirkt auch für die Ermittlung des Gewerbeertrags als Grundlage für die Festsetzung des Gewerbesteuermessbetrags.

Anl zu R 1.6

Verfügung betr. gewerbesteuerliche Behandlung von Sanierungsgewinnen; hier: Steuerstundung und Steuererlass aus sachlichen Billigkeitsgründen durch die Gemeinde

Vom 11. Februar 2019 (DStR S. 627)
(LfSt Bayern G 1413.1.1–2/8 St 32)

(letztmals abgedruckt im Handbuch zur Gewerbesteuerveranlagung 2021)[1]

R 1.7

R 1.7 Aussetzung der Vollziehung von Gewerbesteuermessbescheiden

Zuständigkeiten

34 (1) ① Ist gegen den Gewerbesteuermessbescheid ein Rechtsbehelf eingelegt worden, ist das Finanzamt und unter den Voraussetzungen des § 69 Abs. 3 und 4 FGO das Finanzgericht für die Entscheidung über einen Antrag auf Aussetzung der Vollziehung des Gewerbesteuermessbescheids zuständig. ② Die Anträge auf Aussetzung der Vollziehung sind als Eilsachen zu behandeln.

Folgebescheide

35 (2) ① Eine Folgeaussetzung gemäß § 361 Abs. 3 AO kommt nicht nur im Verhältnis Gewerbesteuermessbescheid zu Gewerbesteuerbescheid, sondern – wegen § 35b GewStG – auch im Verhältnis Einkommensteuer-/Körperschaftsteuer-/Gewinnfeststellungsbescheid zu Gewerbesteuermessbescheid in Betracht. ② Die Bindung im Anwendungsbereich des § 35b GewStG bedeutet aber nicht, dass ein angefochtener Gewerbesteuermessbescheid nicht selbständig ausgesetzt werden kann.

H 1.7

H 1.7

36 **Allgemeines.**

– Sofern über den Antrag auf Aussetzung der Vollziehung nicht in angemessener Frist entschieden werden kann, soll die Gemeinde vom Vorliegen des Antrags unterrichtet werden (→ AEAO zu § 361, Nr. 5.4.1).[2] Von der Entscheidung über den Antrag auf Aussetzung der Vollziehung des Gewerbesteuermessbescheids ist die hebeberechtigte Gemeinde – in Zerlegungsfällen jede der hebeberechtigten Gemeinden – zu unterrichten (→ AEAO zu § 361, Nr. 5.4.3). Über die Sicherheitsleistung entscheiden die Gemeinden, soweit diese für die Festsetzung der Gewerbesteuer zuständig sind.
Das Finanzamt darf jedoch anordnen, dass die Aussetzung der Vollziehung des Gewerbesteuermessbescheids von keiner Sicherheitsleistung abhängig zu machen ist. Das kann zum Beispiel der Fall sein, wenn der Rechtsbehelf wahrscheinlich erfolgreich sein wird (→ AEAO zu § 361, Nr. 9.2.4). Der Antrag auf Aussetzung der Vollziehung eines Gewerbesteuermessbescheids ist auch dann zulässig, wenn er mit Zweifeln an der Rechtmäßigkeit eines Feststellungsbescheids begründet wird, dessen Änderung gemäß § 35b GewStG zu einer Änderung des Gewerbesteuermessbescheids führen würde (→ BFH vom 21. 12. 1993 – BStBl. 1994 II S. 300).
– Zur Möglichkeit der Aussetzung der Vollziehung trotz „freiwilliger" Zahlung des Steuerpflichtigen (→ BFH vom 22. 7. 1977 – BStBl. II S. 838).

Bestandskräftiger Gewerbesteuermessbescheid. Wegen der Erstreckung der Aussetzung der Vollziehung auf einen bestandskräftigen Gewerbesteuermessbescheid in Fällen, in denen der Einkommensteuer- oder Körperschaftsteuerbescheid oder ein Feststellungsbescheid angefochten ist (→ BFH vom 23. 8. 1966 – BStBl. III S. 651, vom 31. 1. 1968 – BStBl. II S. 350, vom 6. 7. 1972 – BStBl. II S. 955, vom 8. 8. 1974 – BStBl. II S. 639, vom 27. 1. 1977 – BStBl. II S. 367 und vom 24. 10. 1979 – BStBl. 1980 II S. 104).

Unanfechtbarer Gewerbesteuerbescheid. Das Finanzamt kann über einen Antrag auf Aussetzung der Vollziehung des Gewerbesteuermessbescheids auch dann entscheiden, wenn die Gemeinde auf Grund des Gewerbesteuermessbescheids bereits einen Gewerbesteuerbescheid erlassen hat und dieser rechtskräftig ist (→ BFH vom 19. 7. 1960 – BStBl. III S. 393).

R 1.8

R 1.8 Zinsen

37 ① Die Zinsen werden von der hebeberechtigten Gemeinde berechnet, festgesetzt und erhoben, wenn sie die Gewerbesteuer festsetzt und erhebt. ② Das Finanzamt teilt der Gemeinde die für die Berechnung und Festsetzung der Zinsen notwendigen Daten mit.

[1] **Weiterhin abrufbar im Online-Modul über das Inhaltsverzeichnis.**
[2] Abgedruckt im „AO-Handbuch".

H 1.8

H 1.8

Verzinsung der Gewerbesteuer. → §§ 233 ff. AO.[1] 38

R 1.9 Anzeigepflichten

R 1.9

Eröffnung, Aufgabe oder Verlegung von Betrieben oder Betriebsstätten

(1) ① Nach § 138 Abs. 1 und 3 AO und § 14 GewO hat derjenige, der einen gewerblichen Betrieb oder eine Betriebsstätte eröffnet, dies innerhalb eines Monats auf amtlich vorgeschriebenem Vordruck der Gemeinde mitzuteilen, in der der Betrieb oder die Betriebsstätte eröffnet wird. ② Die Gemeinde hat unverzüglich das nach § 22 Abs. 1 AO zuständige Finanzamt zu unterrichten. ③ Irrtümlich dem Finanzamt erstattete Anzeigen nach § 138 Abs. 1 Satz 1 und 4 AO sind an die zuständige Gemeinde weiterzuleiten. ④ Wird der Betrieb oder die Betriebsstätte in einer Gemeinde eröffnet, der die Festsetzung und Erhebung der Gewerbesteuer nicht übertragen worden ist (→ R 1.2 Abs. 2), ist die Anzeige dem zuständigen Betriebsfinanzamt (→ § 22 Abs. 2 AO) zu erstatten. ⑤ Unter „Eröffnung" ist auch die Fortführung eines Betriebs oder einer Betriebsstätte durch den Rechtsnachfolger oder Erwerber zu verstehen. ⑥ Gleiche Anzeigepflicht besteht, wenn ein Betrieb oder eine Betriebsstätte aufgegeben oder verlegt wird. 39

Folgen der Unterlassung

(2) ① Wird die Eröffnung, Aufgabe oder Verlegung eines Betriebs oder einer Betriebsstätte nicht ordnungsmäßig angezeigt, kann das Finanzamt nach § 328 AO Zwangsmittel anwenden. ② Die Anwendung von Zwangsmitteln durch die Gemeinden richtet sich nach den jeweiligen landesrechtlichen Vorschriften. 40

---

[1] Vgl. auch AEAO zu § 233 a AO, abgedruckt im „AO-Handbuch".

GewStG

§ 2 Steuergegenstand

1 (1) ① **Der Gewerbesteuer unterliegt jeder stehende Gewerbebetrieb, soweit er im Inland betrieben wird. ② Unter Gewerbebetrieb ist ein gewerbliches Unternehmen im Sinne des Einkommensteuergesetzes zu verstehen.**[1] ③ **Im Inland betrieben wird ein Gewerbebetrieb, soweit für ihn im Inland oder auf einem in einem inländischen Schiffsregister eingetragenen Kauffahrteischiff eine Betriebsstätte unterhalten wird.**

2 (2) ① **Als Gewerbebetrieb gilt stets und in vollem Umfang die Tätigkeit der Kapitalgesellschaften (insbesondere Europäische Gesellschaften, Aktiengesellschaften, Kommanditgesellschaften auf Aktien, Gesellschaften mit beschränkter Haftung), Genossenschaften einschließlich Europäischer Genossenschaften sowie der Versicherungs- und Pensionsfondsvereine auf Gegenseitigkeit. ② Ist eine Kapitalgesellschaft Organgesellschaft im Sinne der § 14 oder § 17 des Körperschaftsteuergesetzes, so gilt sie als Betriebsstätte des Organträgers.**

3 (3) **Als Gewerbebetrieb gilt auch die Tätigkeit der sonstigen juristischen Personen des privaten Rechts und der nichtrechtsfähigen Vereine, soweit sie einen wirtschaftlichen Geschäftsbetrieb (ausgenommen Land- und Forstwirtschaft) unterhalten.**

4 (4) **Vorübergehende Unterbrechungen im Betrieb eines Gewerbes, die durch die Art des Betriebs veranlasst sind, heben die Steuerpflicht für die Zeit bis zur Wiederaufnahme des Betriebs nicht auf.**

5 (5)[2] ① **Geht ein Gewerbebetrieb im Ganzen auf einen anderen Unternehmer über, so gilt der Gewerbebetrieb als durch den bisherigen Unternehmer eingestellt. ② Der Gewerbebetrieb gilt als durch den anderen Unternehmer neu gegründet, wenn er nicht mit einem bereits bestehenden Gewerbebetrieb vereinigt wird.**

6 (6) **Inländische Betriebsstätten von Unternehmen, deren Geschäftsleitung sich in einem ausländischen Staat befindet, mit dem kein Abkommen zur Vermeidung der Doppelbesteuerung besteht, unterliegen nicht der Gewerbesteuer, wenn und soweit**

1. die Einkünfte aus diesen Betriebsstätten im Rahmen der beschränkten Einkommensteuerpflicht steuerfrei sind und

2. der ausländische Staat Unternehmen, deren Geschäftsleitung sich im Inland befindet, eine entsprechende Befreiung von den der Gewerbesteuer ähnlichen oder ihr entsprechenden Steuern gewährt, oder in dem ausländischen Staat keine der Gewerbesteuer ähnlichen oder ihr entsprechenden Steuern bestehen.

7 (7)[3] **Zum Inland im Sinne dieses Gesetzes gehört auch der der Bundesrepublik Deutschland zustehende Anteil**

1. an der ausschließlichen Wirtschaftszone, soweit dort
   a) die lebenden und nicht lebenden natürlichen Ressourcen der Gewässer über dem Meeresboden, des Meeresbodens und seines Untergrunds erforscht, ausgebeutet, erhalten oder bewirtschaftet werden,
   b) andere Tätigkeiten zur wirtschaftlichen Erforschung oder Ausbeutung der ausschließlichen Wirtschaftszone ausgeübt werden, wie beispielsweise die Energieerzeugung aus Wasser, Strömung und Wind oder
   c) künstliche Inseln errichtet oder genutzt werden und Anlagen und Bauwerke für die in den Buchstaben a und b genannten Zwecke errichtet oder genutzt werden, und

2. am Festlandsockel, soweit dort
   a) dessen natürliche Ressourcen erforscht oder ausgebeutet werden; natürliche Ressourcen in diesem Sinne sind die mineralischen und sonstigen nicht lebenden Ressourcen des Meeresbodens und seines Untergrunds sowie die zu den sesshaften Arten gehörenden Lebewesen, die im nutzbaren Stadium entweder unbeweglich auf oder unter dem Meeresboden verbleiben oder sich nur in ständigem körperlichen Kontakt mit dem Meeresboden oder seinem Untergrund fortbewegen können; oder
   b) künstliche Inseln errichtet oder genutzt werden und Anlagen und Bauwerke für die in Buchstabe a genannten Zwecke errichtet oder genutzt werden, und

3. der nicht zur Bundesrepublik Deutschland gehörende Teil eines grenzüberschreitenden Gewerbegebiets, das nach den Vorschriften eines Abkommens zur Vermeidung der Doppelbesteuerung als solches bestimmt ist.

---

[1] Die früher in § 2 Abs. 2 Nr. 1 enthaltene Steuerpflicht von Personengesellschaften ist nunmehr in § 15 Abs. 3 EStG geregelt. Die Verweise in einigen Anlagen auf den früheren § 2 Abs. 2 Nr. 1 sind daher kursiv gesetzt.

[2] *BFH-Urteil vom 19. 12. 2019 IV R 8/17, BStBl. 2020 II, S. 401:* Ob der bisherige Gewerbebetrieb eingestellt und (ggf.) ein neuer Gewerbebetrieb in Gang gesetzt wird, bestimmt sich danach, ob der „bisherige" und der „neue" Betrieb bei wirtschaftlicher Betrachtung und nach der Verkehrsauffassung identisch sind. Dies richtet sich nach den gleichen Kriterien, die für die Bestimmung der Unternehmensidentität im Rahmen des § 10 a GewStG entwickelt wurden.

Dabei steht die Überführung wesentlicher Betriebsgrundlagen, insbesondere von Wirtschaftsgütern mit erheblichen stillen Reserven, der Einstellung des „bisherigen" Betriebs nicht entgegen.

[3] § 2 Abs. 7 n. F. anzuwenden mWv EZ 2016.

(8) **Für die Anwendung dieses Gesetzes sind eine optierende Gesellschaft im Sinne des § 1 a des Körperschaftsteuergesetzes als Kapitalgesellschaft und ihre Gesellschafter wie die nicht persönlich haftenden Gesellschafter einer Kapitalgesellschaft zu behandeln.** GewStG 8

Übersicht

GewStDV

§ 1 *Stehender Gewerbebetrieb*

11 *Stehender Gewerbebetrieb ist jeder Gewerbebetrieb, der kein Reisegewerbebetrieb im Sinne des § 35a Abs. 2 des Gesetzes ist.*

§ 2 *Betriebe der öffentlichen Hand*

12 *(1) ① Unternehmen von juristischen Personen des öffentlichen Rechts sind gewerbesteuerpflichtig, wenn sie als stehende Gewerbebetriebe anzusehen sind; für den Umfang des Unternehmens ist § 4 Abs. 6 Satz 1 des Körperschaftsteuergesetzes entsprechend anzuwenden. ② Das gilt auch für Unternehmen, die der Versorgung der Bevölkerung mit Wasser, Gas, Elektrizität oder Wärme, dem öffentlichen Verkehr oder dem Hafenbetrieb dienen.*

13 *(2) ① Unternehmen von juristischen Personen des öffentlichen Rechts, die überwiegend der Ausübung der öffentlichen Gewalt dienen (Hoheitsbetriebe), gehören unbeschadet der Vorschrift des Absatzes 1 Satz 2 nicht zu den Gewerbebetrieben. ② Für die Annahme eines Hoheitsbetriebs reichen Zwangs- oder Monopolrechte nicht aus.*

§ 3 *(weggefallen)*

§ 4 *Aufgabe, Auflösung und Insolvenz*

14 *(1) Ein Gewerbebetrieb, der aufgegeben oder aufgelöst wird, bleibt Steuergegenstand bis zur Beendigung der Aufgabe oder Abwicklung.*

(2) Die Gewerbesteuerpflicht wird durch die Eröffnung des Insolvenzverfahrens über das Vermögen des Unternehmers nicht berührt.

§ 5 *Betriebsstätten auf Schiffen*

15 *Ein Gewerbebetrieb wird gewerbesteuerlich insoweit nicht im Inland betrieben, als für ihn eine Betriebsstätte auf einem Kauffahrteischiff unterhalten wird, das im sogenannten regelmäßigen Liniendienst ausschließlich zwischen ausländischen Häfen verkehrt, auch wenn es in einem inländischen Schiffsregister eingetragen ist.*

§ 6 *Binnen- und Küstenschifffahrtsbetriebe*

16 *Bei Binnen- und Küstenschifffahrtsbetrieben, die feste örtliche Anlagen oder Einrichtungen zur Ausübung des Gewerbes nicht unterhalten, gilt eine Betriebsstätte in dem Ort als vorhanden, der als Heimathafen (Heimatort) im Schiffsregister eingetragen ist.*

§ 7 *(weggefallen)*

§ 8 *Zusammenfassung mehrerer wirtschaftlicher Geschäftsbetriebe*

17 *Werden von einer sonstigen juristischen Person des privaten Rechts oder einem nichtrechtsfähigen Verein (§ 2 Abs. 3 des Gesetzes) mehrere wirtschaftliche Geschäftsbetriebe unterhalten, so gelten sie als ein einheitlicher Gewerbebetrieb.*

§ 9 *(weggefallen)*

R 2.1

R 2.1 Gewerbebetrieb

R 2.1 (1)

R 2.1 (1)

Begriff des Gewerbebetriebs

21 (1) ① Unter Gewerbebetrieb ist ein gewerbliches Unternehmen im Sinne des Einkommensteuergesetzes zu verstehen (→ § 2 Abs. 1 GewStG). ② Für die Begriffsbestimmung des Gewerbebetriebs gilt somit § 15 Abs. 2 EStG. ③ Die Annahme eines Gewerbebetriebs setzt neben der persönlichen Selbständigkeit des Unternehmens auch die sachliche Selbständigkeit des Betriebs voraus. ④ Sachlich selbständig ist ein Unternehmen, wenn es für sich eine wirtschaftliche Einheit bildet, also nicht ein unselbständiger Teil eines anderen Unternehmens oder eines Gesamtunternehmens ist.

H 2.1 (1)

H 2.1 (1)

22 **Begriffsmerkmale.** Ein Gewerbebetrieb liegt vor, wenn folgende Begriffsmerkmale gegeben sind:

1. Selbständigkeit (→ R 15.1 EStR und H 15.1 EStH); → sachliche Selbständigkeit des Betriebs
2. Nachhaltigkeit der Betätigung (→ H 15.2 EStH)
3. Gewinnerzielungsabsicht (→ H 15.3 EStH, H 15.8 (5) EStH)

4. Beteiligung am allgemeinen wirtschaftlichen Verkehr (→ H 15.4 EStH) i.S. einer werbenden Tätigkeit.[1]

Diese Voraussetzungen müssen sämtlich erfüllt sein, um die Gewerbesteuerpflicht zu begründen. Weiterhin darf es sich nicht um Land- und Forstwirtschaft (→ R 13.2 und 15.5 EStR, H 13.2 und 15.5 EStH), um selbständige Arbeit (→ H 15.6 EStH) oder um Vermögensverwaltung (→ R 2.2, R 15.7 EStR und H 15.7 EStH) handeln.

Sachliche Selbständigkeit des Betriebs.
- Organschaft → R 2.3
- Zur Frage ob ein einheitlicher Gewerbebetrieb oder mehrere selbständige Gewerbebetriebe vorliegen → R 2.4.

Stehender Gewerbebetrieb. → § 1 GewStDV.

Zu Beginn und Ende der Steuerpflicht. → R 2.5 bzw. R 2.6.

R 2.1 (2) R 2.1 (2)

Personengesellschaften

(2) Offene Handelsgesellschaften, Kommanditgesellschaften oder andere Personengesellschaften, die eine Tätigkeit im Sinne des § 15 Abs. 1 Satz 1 Nr. 1 EStG ausüben und deren Gesellschafter als Mitunternehmer anzusehen sind, sind Gewerbebetriebe nach § 2 Abs. 1 GewStG. 23

H 2.1 (2) H 2.1 (2)

Allgemeines 24
- Sowohl eine gewerblich tätige als auch eine gewerblich geprägte Personengesellschaft kann nur einen einzigen Gewerbebetrieb haben, der ihre gesamte Tätigkeit umfasst; → Umfassender Gewerbebetrieb einer Personengesellschaft.
- Personengesellschaften, an denen nur ein Gesellschafter mitunternehmerschaftlich beteiligt ist (hier: sog. Treuhandmodell), unterliegen nicht der Gewerbesteuer (→ BFH vom 3. 2. 2010 – BStBl. II S. 751).

Gewerbesteuerbefreiung. Übt eine Personengesellschaft neben einer freiberuflichen auch eine gewerbliche Tätigkeit aus, so ist die Tätigkeit auch dann infolge der „Abfärberegelung" des § 15 Abs. 3 Nr. 1 EStG insgesamt als gewerblich anzusehen, wenn die gewerbliche Tätigkeit von der Gewerbesteuer befreit ist. Die Gewerbesteuerbefreiung erstreckt sich in solchen Fällen jedoch auch auf die Tätigkeit, die ohne die „Abfärbung" freiberuflich wäre (→ BFH vom 30. 8. 2001 – BStBl. 2002 II S. 152).

Mitunternehmerschaft. → H 15.8 (1) EStH.

Treuhandmodell. → Allgemeines.

Umfassender Gewerbebetrieb einer Personengesellschaft.[2]
- Personengesellschaften gelten auch dann in vollem Umfang als Gewerbebetrieb, wenn sie nur teilweise eine Tätigkeit im Sinne des § 15 Abs. 1 Satz 1 Nr. 1 EStG ausüben **(Abfärberegelung)** → § 15 Abs. 3 Nr. 1 EStG, R 15.8 Abs. 5 EStR und H 15.8 (5) EStH.
- Die Tätigkeit einer gewerblich geprägten Personengesellschaft gemäß § 15 Abs. 3 Nr. 2 EStG gilt als Gewerbebetrieb **(Geprägeregelung).** Demnach gilt auch die vermögensverwaltende Tätigkeit einer gewerblich geprägten Personengesellschaft als Gewerbebetrieb → § 15 Abs. 3 Nr. 2 EStG, R 15.8 Abs. 6 EStR und H 15.8 (6) EStH.

Umqualifizierung der Einkünfte einer vermögensverwaltenden Personengesellschaft. Zur Anwendung des BFH-Urteils vom 6. 10. 2004 – BStBl. 2005 II S. 383 → *BMF vom 18. 5. 2005 – BStBl. I S. 698.*[3]

Zur Frage der „Abfärbung" gem. § 15 Abs. 3 Nr. 1 EStG bei gewerblichen Einkünften eines Gesellschafters in dessen Sonderbereich. → H 15.8 (5) EStH.

Zur Prägung durch andere Personengesellschaften. → H 15.8 (6) EStH.

Zur Prägung durch ausländische Kapitalgesellschaften. → H 15.8 (6) EStH.

---

[1] *BFH-Urteil vom 9. 7. 1986 I R 85/83, BStBl. II S. 851:* Ein ausschließlich für ein Touristikunternehmen tätiger Fremdenführer, der sich selbständig betätigt, nimmt am allgemeinen wirtschaftlichen Verkehr teil.

[2] *BFH-Urteil vom 6. 6. 2019 IV R 30/16, BStBl. 2020 II S. 649:* § 15 Abs. 3 Nr. 1 Alt. 2 EStG ist in einkommensteuerrechtlicher Hinsicht auch ohne Berücksichtigung einer Geringfügigkeitsgrenze, bis zu deren Erreichen die gewerblichen Beteiligungseinkünfte nicht auf die übrigen Einkünfte abfärben, verfassungsgemäß. Nach *GLE v. 1. 10. 2020, BStBl. 2020 I, 1032,* sind die im Urteil zum Ausdruck kommenden gewerbesteuerlichen Grundsätze nicht allgemein anzuwenden.

[3] **[Amtl. Anm.:]** Aufhebung unter dem Aspekt der Normenflut durch BMF-Schreiben zur Anwendung von BMF-Schreiben vom 27. 3. 2012 – BStBl. I S. 370 für Steuertatbestände, die nach dem 31. 12. 2010 verwirklicht werden.

Anl a zu R 2.1 (2)

a) Schreiben betr. ertragsteuerliche Beurteilung von ärztlichen Laborleistungen

Vom 12. Februar 2009 (BStBl. I S. 398)

(BMF IV C 6 – S 2246/08/10 001; DOK 2009/80 376)

(letztmals abgedruckt im Handbuch zur Gewerbesteuerveranlagung 2021)[1]

Anl b zu R 2.1 (2)

b) Schreiben betr. steuerrechtliche Behandlung des Verkaufs von Kontaktlinsen nebst Pflegemitteln, von Mundhygieneartikeln sowie von Tierarzneimitteln durch ärztliche Gemeinschaftspraxen

Vom 14. Mai 1997 (BStBl. I S. 566)

(BMF IV B 4 – S 2246 – 23/97)

Die selbständig ausgeübte Tätigkeit als Arzt ist eine freiberufliche Tätigkeit im Sinne des § 18 Abs. 1 Nr. 1 EStG. Zu der Frage, ob Einnahmen einer ärztlichen Gemeinschaftspraxis aus der Anpassung und dem Verkauf von Kontaktlinsen, aus dem Verkauf von Pflegemitteln bei Augenärzten, Artikeln zur Mundhygiene bzw. Mundpflege bei Zahnärzten oder Tierarzneimitteln bei Tierärzten zu den Einnahmen aus der freiberuflichen Tätigkeit gehören, wird unter Bezugnahme auf das Ergebnis der Erörterungen mit den obersten Finanzbehörden der Länder wie folgt Stellung genommen:

29 1. Die Honorare, die ein Augenarzt für das Anpassen von Kontaktlinsen nach einer augenärztlichen Untersuchung erhält, sind den Einnahmen aus der freiberuflichen Tätigkeit zuzuordnen.

30 2. Der Verkauf von Kontaktlinsen, Pflegemitteln durch Augenärzte, Artikeln zur Mundhygiene bzw. Mundpflege durch Zahnärzte oder Tierarzneimitteln durch Tierärzte ist keine Ausübung der Heilkunde. Die Einnahmen des Arztes hieraus sind deshalb als Einnahmen aus Gewerbebetrieb (§ 15 EStG) zu behandeln.

31 3. Erzielt eine ärztliche Gemeinschaftspraxis auch Einnahmen aus einer gewerblichen Tätigkeit, gelten die Einkünfte der ärztlichen Gemeinschaftspraxis in vollem Umfang als Einkünfte aus Gewerbebetrieb (sog. Abfärberegelung: § 15 Abs. 3 Nr. 1 EStG). Der Verkauf der in Nr. 2 bezeichneten Gegenstände durch eine ärztliche Gemeinschaftspraxis führt also dazu, daß auch die Einnahmen aus der ärztlichen Tätigkeit als Einnahmen aus Gewerbebetrieb zu behandeln sind.

32 4.[2] Wird die Beschaffung und der Verkauf der in Nr. 2 bezeichneten Gegenstände jedoch durch eine andere Gesellschaft des bürgerlichen Rechts vorgenommen, tritt die Folge einer Abfärbung nicht ein, und zwar selbst dann nicht, wenn ganz oder teilweise die gleichen Personen an der ärztlichen Gemeinschaftspraxis und der Gesellschaft bürgerlichen Rechts beteiligt sind (BFH vom 8. Dezember 1994 – BStBl. 1996 II S. 264). Die Abfärberegelung ist nämlich auf die ansonsten freiberuflich tätige ärztliche Gemeinschaftspraxis dann nicht anzuwenden, wenn die Beteiligung an der gewerblich tätigen Gesellschaft von einem, mehreren oder allen Gesellschaftern der ärztlichen Gemeinschaftspraxis persönlich oder von einer Schwestergesellschaft der ärztlichen Gemeinschaftspraxis gehalten wird (vgl. BMF vom 13. Mai 1996 – BStBl. I S. 621).

Die Tätigkeit der gewerblichen Gesellschaft bürgerlichen Rechts muß sich eindeutig von der Tätigkeit der ärztlichen Gemeinschaftspraxis abgrenzen lassen. Dies setzt voraus:

a) Der Gesellschaftsvertrag muß so gestaltet sein, daß die Gesellschaft wirtschaftlich, organisatorisch und finanziell von der ärztlichen Gemeinschaftspraxis unabhängig ist.
b) Es sind getrennte Aufzeichnungen oder Bücher zu führen, besondere Bank- und Kassenkonten einzurichten sowie eigene Rechnungsformulare zu verwenden.
c) Die in Nr. 2 bezeichneten Gegenstände sind getrennt vom Betriebsvermögen der ärztlichen Gemeinschaftspraxis zu lagern. Überwiegend im Zusammenhang mit der Abgabe der in Nr. 2 bezeichneten Gegenstände genutzte Wirtschaftsgüter gehören zum Betriebsvermögen der gewerblichen Gesellschaft bürgerlichen Rechts.

33 5. Überläßt die ärztliche Gemeinschaftspraxis der gewerblichen Gesellschaft bürgerlichen Rechts für deren Zwecke Personal, Räume oder Einrichtungen usw. gegen Aufwendungsersatz, führt dies bei der ärztlichen Gemeinschaftspraxis mangels Gewinnerzielungsabsicht nicht zu Einkünften aus Gewerbebetrieb. Kann die Höhe dieser Aufwendungen nicht nach dem Verursacherprinzip ermittelt werden, ist es nicht zu beanstanden, wenn sie entsprechend dem Verhältnis der Umsätze beider Gesellschaften zueinander oder nach einem entsprechenden Schlüssel geschätzt werden und der geschätzte Betrag der ärztlichen Gemeinschaftspraxis erstattet wird. Die ärztliche Gemeinschaftspraxis hat einen Aufwendungsersatz durch die Gesellschaft bürgerlichen Rechts im Rahmen ihrer Einkünfte aus selbständiger Arbeit zu erfassen.

Dieses Schreiben tritt an die Stelle des BMF-Schreibens vom 19. Oktober 1984 (BStBl. I S. 588).

---

[1] **Weiterhin abrufbar im Online-Modul über das Inhaltsverzeichnis.** Zudem abgedruckt als Anl b zu H 15.6 im „Handbuch zur Einkommensteuerveranlagung".

[2] *BFH-Urteil vom 1. 2. 1979 IV R 113/76, BStBl. II S. 574:* Ein Tierarzt, der aus seiner tierärztlichen Hausapotheke gegen Entgelt Medikamente oder Impfstoffe an die Halter der von ihm behandelten Tiere abgibt, wird grundsätzlich nicht in Ausübung freiberuflicher tierärztlicher Tätigkeit i. S. des § 18 Abs. 1 Nr. 1 EStG, sondern gewerblich tätig. Betreiben Tierärzte eine Praxisgemeinschaft in Form einer Gesellschaft bürgerlichen Rechts, so ist die gesamte Tätigkeit der Gesellschaft als gewerblich zu beurteilen, wenn die in ihr zusammengeschlossenen Gesellschafter teilweise gewerblich tätig sind. – *Anm. d. Red.:* Vgl. aber *BFH-Urteil vom 11. 8. 1999 XI R 12/98, BStBl. 2000 II S. 229* sowie H 15.8 Abs. 5 EStH, wonach die Abfärbetheorie nicht bei äußerst geringfügigen gewerblichen Einkünften greift (im entschiedenen Fall: Anteil von 1,25% gewerblicher an freiberuflicher Tätigkeit).

R 2.1 (3) R 2.1 (3)

Reisegewerbebetrieb

(3) ① Beim Zusammentreffen von Reisegewerbe mit stehendem Gewerbe ist für die gewerbesteuerliche Behandlung wesentlich, ob ein einheitlicher Gewerbebetrieb oder zwei selbständige Betriebe bestehen. ② Ist ein einheitlicher Betrieb gegeben, ist dieser in vollem Umfang als stehendes Gewerbe zu behandeln (→ § 35 a Abs. 2 Satz 2 GewStG). 34

H 2.1 (3) H 2.1 (3)

Allgemeines. Wird im Rahmen eines einheitlichen Gewerbebetriebs sowohl ein stehendes Gewerbe als auch ein Reisegewerbe betrieben und ist der Betrieb somit in vollem Umfang als stehendes Gewerbe zu behandeln, kommen die besonderen Bestimmungen zu Reisegewerbebetrieben (→ § 35 a GewStG) nicht zur Anwendung. 35

Begriff des Reisegewerbebetriebs. → § 2 Abs. 1 Satz 2 i. V. m. § 35 a Abs. 2 GewStG, R 35 a.1.

Einheitlicher Gewerbebetrieb. Die Beurteilung, ob ein einheitlicher Gewerbebetrieb oder mehrere selbständige Gewerbebetriebe vorliegen, richtet sich nach den allgemeinen Grundsätzen; → R 2.4.

Hebeberechtigung. → § 35 a Abs. 3 GewStG.

R 2.1 (4) R 2.1 (4)

Gewerbebetrieb kraft Rechtsform

(4) ① Nach § 2 Abs. 2 GewStG gilt die Tätigkeit der Kapitalgesellschaften (insbesondere Europäische Gesellschaften, Aktiengesellschaften, Kommanditgesellschaften auf Aktien, Gesellschaften mit beschränkter Haftung), der Genossenschaften einschließlich Europäischer Genossenschaften und der Versicherungs- und Pensionsfondsvereine auf Gegenseitigkeit stets und in vollem Umfang als Gewerbebetrieb. ② Bei Unternehmen mit Sitz (→ § 11 AO) und Geschäftsleitung (→ § 10 AO) im Ausland bestimmt sich die Rechtsfähigkeit im Inland ausschließlich nach dem Recht des jeweiligen ausländischen Staates. ③ Befindet sich die Geschäftsleitung im Inland, erlangt das ausländische Unternehmen die → Rechtsfähigkeit im Inland erst mit Eintragung in das jeweilige deutsche Register. ④ Abweichend hiervon sind die nach dem Recht eines anderen EU-Staates gegründeten Gesellschaften mit Geschäftsleitung im Inland sog. → doppelt ansässige Gesellschaften auch ohne Eintragung in ein deutsches Register im Inland voll rechtsfähig. ⑤ Ist das Unternehmen im Inland nicht rechtsfähig, ist ein Gewerbebetrieb unter den Voraussetzungen des § 2 Abs. 1 Satz 2 GewStG oder § 2 Abs. 3 GewStG gegeben. 36

H 2.1 (4) H 2.1 (4)

Allgemeines. Bei den in § 2 Abs. 2 GewStG genannten Unternehmen ist die Gewerbesteuerpflicht nur an die Rechtsform geknüpft mit der Folge, dass nicht nur eine gewerbliche Tätigkeit, sondern jegliche Tätigkeit überhaupt die Gewerbesteuerpflicht auslöst (→ RFH vom 13. 12. 1938 – RStBl. 1939 S. 543 und BFH vom 13. 12. 1960 – BStBl. 1961 III S. 66, vom 13. 11. 1962 – BStBl. 1963 III S. 69, vom 20. 10. 1976 – BStBl. 1977 II S. 10, vom 8. 6. 1977 – BStBl. II S. 668 und vom 22. 8. 1990 – BStBl. 1991 II S. 250).[1] 37

Gewerbesteuerpflicht ausländischer Kapitalgesellschaften. Die Vorschrift in § 2 Abs. 2 GewStG gilt auch für ausländische Unternehmen, die im Inland eine Betriebsstätte unterhalten, in ihrer Rechtsform einem inländischen Unternehmen der in § 2 Abs. 2 GewStG bezeichneten Art entsprechen und im Inland rechtsfähig sind (→ RFH vom 4. 4. 1939 – RStBl. S. 854 und BFH vom 28. 3. 1979 – BStBl. II S. 447 und vom 28. 7. 1982 – BStBl. 1983 II S. 77).

Gewerbesteuerpflicht kraft Rechtsform.

- **Doppelt ansässige Gesellschaften in EU-Staaten.** → Gleich lautende Erlasse der obersten Finanzbehörden der Länder vom 20. 5. 2005 – BStBl. I S. 727 mit Übergangsregelung und R 2.1 Abs. 4 Satz 4.
- **Rechtsfähigkeit bei in Drittstaaten gegründeten Gesellschaften mit inländischer Geschäftsleitung.** Eine nach dem Recht eines Drittstaates gegründete ausländische Gesellschaft mit inländischer Geschäftsleitung erlangt im Inland erst mit der Eintragung ins Handelsregister die Rechtsfähigkeit (→ BFH vom 23. 6. 1992 – BStBl. II S. 972).
- **Verfassungsmäßigkeit.**[2] An der Verfassungsmäßigkeit der Gewerbesteuerpflicht kraft Rechtsform gemäß § 2 Abs. 2 Satz 1 GewStG bestehen keine ernstlichen Zweifel. Dies gilt

---

[1] Zur GewSt-Pflicht der Partnerschaftsgesellschaft mbH vgl. *OFD NRW vom 12. 12. 2013, DB 2014 S. 214,* abgedruckt als Anl a zu R 2.1 (4).

[2] Zur GewSt-Pflicht einer Wirtschaftsprüfungsgesellschaft *vgl. BFH-Urteil vom 27. 4. 2009 I R 76/03, BFH/NV 2010 S. 1118;* die dagegen eingelegte Vb. hat das *BVerfG mit Beschluss vom 24. 3. 2010 1 BvR 2130/09, NJW S. 2116,* nicht zur Entscheidung angenommen.

auch für die Gewerbesteuerpflicht einer Mitunternehmerschaft, an der neben freiberuflich tätigen Mitunternehmern eine Kapitalgesellschaft beteiligt ist, deren Gesellschafter und (hier) Geschäftsführer wiederum sämtlich freiberuflich tätig sind (→ BFH vom 3. 12. 2003 – BStBl. 2004 II S. 303).

Zum Begriff der Betriebsstätte. → R 2.9.

Anl a zu R 2.1 (4)

a) Verfügung betr. Partnerschaftsgesellschaft mit beschränkter Berufshaftung

Vom 12. Dezember 2013 (DStR 2014 S. 703)

(OFD NRW Kurzinformation ESt Nr. 30/2013)

38 Durch das Gesetz zur Einführung einer Partnerschaftsgesellschaft mit beschränkter Berufshaftung und zur Änderung des Berufsrechts der Rechtsanwälte, Patentanwälte, Steuerberater und Wirtschaftsprüfer vom 15. 7. 2013 (vgl. BGBl. I 2013 S. 2386 sowie Beschlussempfehlung und Bericht – BT-Drucks. 17/13 944 zum Gesetzesentwurf BT-Drucks. 17/10 487) wurde geregelt, dass sich bisher nach PartGG geregelte Zusammenschlüsse von Freiberuflern zwecks gemeinsamer Berufsausübung (§ 1 Abs. 1 PartGG) nunmehr in eine Partnerschaftsgesellschaft mbB (PartGmbH) umbenennen bzw. diese neu gründen können. Fraglich war in diesem Zusammenhang, ob durch die Haftungsbeschränkung die beruflichen Zusammenschlüsse gewerblich tätig werden und somit eine GewSt-Pflicht besteht.

39 Nach dem Beschluss der obersten Finanzbehörden des Bundes und der Länder führt die Beschränkung der Berufshaftung nicht dazu, dass die Partnerschaftsgesellschaft (§ 1 Abs. 1 PartGG) kraft Rechtsform der GewSt-Pflicht unterliegt. Die Partnerschaftsgesellschaft mbB ist eine PersGes., auf die nach § 1 Abs. 4 PartGG grds. die Regelungen über die Gesellschaft bürgerlichen Rechts (§§ 705 ff. BGB) Anwendung finden. Als PersGes. ist die Partnerschaftsgesellschaft selbst nicht Steuerrechtssubjekt. Vielmehr erzielen die Gesellschafter in ihrer mitunternehmerischen Verbundenheit gemeinschaftlich Einkünfte, die ihnen nach dem sog. Transparenzprinzip als originäre eigene Einkünfte unmittelbar zuzurechnen sind (§ 18 Abs. 4 Satz 2 i. V. mit § 15 Abs. 1 Satz 1 Nr. 2 EStG).

40 Die Annahme einer Gewerblichkeit nach § 15 Abs. 3 EStG bleibt jedoch unberührt. So führen im Rahmen der Gesellschaft auch geringfügig ausgeübte gewerbliche Tätigkeiten zu einer Infizierung der freiberuflichen Tätigkeit nach § 15 Abs. 3 Nr. 1 EStG (vgl. BFH-Urteil vom 11. 8. 1999 – XI R 12/98, BStBl. II 2000 S. 229). Beteiligen sich berufsfremde Personen an der Gesellschaft oder erfüllennicht sämtliche Gesellschafter der Partnerschaftsgesellschaft die erforderlichen Merkmale der Freiberuflichkeit, erzielt die Gesellschaft ebenfalls keine Einkünfte aus freiberuflicher Tätigkeit. Als berufsfremde wird z. B. in der Freiberufler-GmbH & Co. KG auch die mitunternehmerische Beteiligung der Komplementär-GmbH angesehen (BFH-Urteile vom 3. 12. 2003 – IV B 192/03, BStBl. II 2004 S. 303 und vom 10. 10. 2012 – VIII R 42/10, BStBl. II 2013 S. 79).

Inwieweit die Verlustausgleichs- und -abzugsbeschränkung nach § 15 a EStG auch auf die PartGmbB anzuwenden ist, wird derzeit geprüft.

Anl b zu R 2.1 (4)

b) Erlass betr. Gewerbesteuerpflicht bei doppelt ansässigen Gesellschaften (§ 2 Abs. 2 GewStG); Auswirkungen der Rechtsprechung des EuGH zur Niederlassungsfreiheit vom 9. März 1999 – Rs. C-212/97 (NJW 1999 S. 2027) – und vom 5. November 2002 – Rs. C-208/00 (NJW 2002 S. 3614) – auf *Abschn. 13 Abs. 2 Satz 4 GewStR*

Vom 20. Mai 2005 (BStBl. I S. 727)

(Gleich lautender Ländererlass)

(letztmals abgedruckt im Handbuch zur Gewerbesteuerveranlagung 2016)

R 2.1 (5)

R 2.1 (5)

Gewerbebetrieb kraft wirtschaftlichen Geschäftsbetriebs

42 (5) ① Die juristischen Personen des privaten Rechts, die nicht bereits in § 2 Abs. 2 Satz 1 GewStG aufgeführt sind, und die nichtrechtsfähigen Vereine unterliegen der Gewerbesteuer, soweit sie einen wirtschaftlichen Geschäftsbetrieb unterhalten. ② Durch § 2 Abs. 3 GewStG wird die Gewerbesteuerpflicht erweitert und auf wirtschaftliche Geschäftsbetriebe ausgedehnt, die keinen Gewerbebetrieb im Sinne des § 2 Abs. 1 GewStG bilden. ③ Soweit keine Einschränkung besteht, umfasst der Begriff des wirtschaftlichen Geschäftsbetriebs ohne Unterscheidung den Gewerbebetrieb, den land- und forstwirtschaftlichen Betrieb und den sonstigen wirtschaftlichen Geschäftsbetrieb. ④ Durch § 2 Abs. 3 und § 3 Nr. 6 GewStG wird die Land- und Forstwirtschaft im Rahmen eines wirtschaftlichen Geschäftsbetriebs ausdrücklich von der Gewerbesteuerpflicht ausgenommen. ⑤ Bewirtschaftet z. B. eine rechtsfähige Stiftung landwirtschaftlichen Grundbesitz oder Forstbesitz, ist dieser Betrieb nicht gewerbesteuerpflichtig. ⑥ Im Gegensatz zum Begriff des Gewerbebetriebs gehören weder die Gewinnerzielungsabsicht noch die Teilnahme am allgemeinen wirtschaftlichen Verkehr zu den Voraussetzungen des wirtschaftlichen Geschäftsbetriebs. ⑦ Betätigungen, wie z. B. der Betrieb einer Kantine, eines Kasinos, einer Druckerei, eines Kreditinstituts, eines Versicherungsunternehmens, die Herausgabe einer Zeitschrift oder die Erhebung

von Eintrittsgeld bei Veranstaltung einer Festlichkeit, gehen über den Rahmen einer Vermögensverwaltung hinaus und gelten demgemäß stets als Gewerbebetrieb im Sinne des § 2 Abs. 3 GewStG, wenn sie nicht bereits einen Gewerbebetrieb im Sinne des § 2 Abs. 1 GewStG bilden. ⑧ Dagegen geht die Betätigung von Unterstützungskassen, die den Leistungsempfängern keinen Rechtsanspruch gewähren, im Regelfall nicht über den Rahmen einer Vermögensverwaltung hinaus.

H 2.1 (5)

H 2.1 (5)

Begriff des wirtschaftlichen Geschäftsbetriebs. → § 14 AO. 43

Beschränkung der Gewerbesteuerpflicht auf den wirtschaftlichen Geschäftsbetrieb. Im Gegensatz zu den Gewerbebetrieben kraft Rechtsform (→ R 2.1 Abs. 4) beschränkt sich die Gewerbesteuerpflicht bei den in § 2 Abs. 3 GewStG bezeichneten Steuerpflichtigen auf den wirtschaftlichen Geschäftsbetrieb. Unterhält z. B. ein Verein einen wirtschaftlichen Geschäftsbetrieb und verwaltet er daneben noch Vermögen, das mit dem wirtschaftlichen Geschäftsbetrieb nicht im Zusammenhang steht, kann die Gewerbesteuerpflicht auch dann nicht auf die Vermögensverwaltung erstreckt werden, wenn sie gleich dem wirtschaftlichen Geschäftsbetrieb der Erfüllung des Satzungszwecks des Vereins dient (→ RFH vom 13. 12. 1938 – RStBl. 1939 S. 330).

Gewerbesteuerpflicht nichtrechtsfähiger Stiftungen und nichtrechtsfähiger Zweckvermögen. Die Gewerbesteuerpflicht nach § 2 Abs. 3 GewStG besteht nur für juristische Personen des privaten Rechts und nichtrechtsfähige Vereine. Nichtrechtsfähige Stiftungen und nichtrechtsfähige Zweckvermögen des Privatrechts begründen daher nur unter den Voraussetzungen des § 2 Abs. 1 Satz 2 GewStG i. V. m. § 15 Abs. 2 EStG einen Gewerbebetrieb (→ RFH vom 9. 11. 1943 – RStBl. 1944 S. 131).

Umfang des Gewerbebetriebs. Die nach § 2 Abs. 3 GewStG steuerpflichtigen Tätigkeiten bilden stets einen einheitlichen Gewerbebetrieb. Dies gilt auch, wenn mehrere wirtschaftliche Geschäftsbetriebe unterhalten werden (→ § 8 GewStDV).

Verpachtung eines wirtschaftlichen Geschäftsbetriebs. Die Grundsätze der Betriebsverpachtung (→ R 2.2) gelten auf Grund der Fiktion des Gewerbebetriebs nach § 2 Abs. 3 GewStG nur eingeschränkt. So bedarf es zur Annahme eines Gewerbebetriebs durch Unterhaltung eines wirtschaftlichen Geschäftsbetriebs insbesondere keiner Teilnahme am allgemeinen wirtschaftlichen Verkehr i. S. einer werbenden Tätigkeit. Verpachtet eine gemeinnützige Körperschaft einen zuvor von ihr selbst betriebenen wirtschaftlichen Geschäftsbetrieb, unterliegt sie mit den Pachteinnahmen solange der Körperschaft- und Gewerbesteuer, bis sie die Betriebsaufgabe erklärt. Überschreiten die Pachteinnahmen die Besteuerungsgrenze des § 64 Abs. 3 AO nicht, sind bei ihr die Pachtentgelte allerdings nicht zur Gewerbesteuer heranzuziehen (→ BFH vom 4. 4. 2007 – BStBl. II S. 725).

Zur Anwendung der Besteuerungsgrenze des § 64 Abs. 3 AO. → AEAO zu § 64 Abs. 3 AO, Nr. 15 bis 24.

R 2.1 (6)

R 2.1 (6)

Betriebe der öffentlichen Hand

(6) ① Betriebe der öffentlichen Hand sind gewerbesteuerpflichtig, wenn sie die Voraussetzungen eines Betriebs gewerblicher Art (→ § 4 KStG und *R 6 KStR*[1]) und eines Gewerbebetriebs (→ § 15 Abs. 2 EStG) erfüllen. ② Mit Kantinen, die nur für die Angehörigen eines Betriebs eingerichtet und zugänglich sind, wird mangels einer Beteiligung am allgemeinen wirtschaftlichen Verkehr kein Gewerbebetrieb unterhalten. ③ Sind nach Maßgabe des § 4 Abs. 6 Satz 1 KStG mehrere Betriebe zusammengefasst worden, kommt es für die Annahme eines Gewerbebetriebs darauf an, dass das zusammengefasste Unternehmen insgesamt mit Gewinnerzielungsabsicht betrieben wird. 44

H 2.1 (6)

H 2.1 (6)

Anwendungsfragen zu den Regelungen im Jahressteuergesetz 2009 zur Besteuerung von Betrieben gewerblicher Art und Eigengesellschaften von juristischen Personen des öffentlichen Rechts. → BMF vom 12. 11. 2009 – BStBl. I S. 1303 (Rdnr. 95 ff.).[2] 45

Beteiligung am allgemeinen wirtschaftlichen Verkehr.

- → H 2.1 (1).
- Betriebe der öffentlichen Hand, die überwiegend der Ausübung der öffentlichen Gewalt dienen **(Hoheitsbetriebe),** gehören mit Ausnahme der Versorgungsbetriebe mangels einer

[1] Jetzt **R 4.1** KStR.
[2] Abgedruckt als Anl a zu H 4.1 KStH.

Beteiligung am allgemeinen wirtschaftlichen Verkehr nicht zu den Gewerbebetrieben (→ § 2 Abs. 2 GewStDV und H 2.1 (1)).

Gewinnerzielungsabsicht. Ob Gewinnerzielungsabsicht (→ H 15.3 EStH) vorliegt, muss bei ständig mit Verlusten arbeitenden Eigenbetrieben von juristischen Personen des öffentlichen Rechts im Einzelfall unter Abwägung aller Umstände geprüft werden (→ BFH vom 28. 10. 1970 – BStBl. 1971 II S. 247, vom 15. 12. 1976 – BStBl. 1977 II S. 250 und vom 22. 8. 1984 – BStBl. 1985 II S. 61).

Steuerbefreiung von Krankenhäusern, Altenheimen, Altenwohnheimen und Pflegeheimen. → R 3.20.

Verpachtung von Gewerbebetrieben der öffentlichen Hand. → R 2.2.

R 2.2

R 2.2 Betriebsverpachtung

48 ① Die Verpachtung eines Gewerbebetriebs im Ganzen oder eines Teilbetriebs ist grundsätzlich nicht als Gewerbebetrieb anzusehen und unterliegt daher regelmäßig nicht der Gewerbesteuer. ② Die Pachteinnahmen gehören zwar, solange der Verpächter nicht die Betriebsaufgabe erklärt, einkommensteuerlich zu den Einkünften aus Gewerbebetrieb, sie unterliegen jedoch nicht mehr der Gewerbesteuer. ③ Deshalb muss für das Wirtschaftsjahr, in dem die Verpachtung beginnt, der auf die Zeit bis zum Pachtbeginn entfallende Gewinn für die Gewerbesteuer besonders ermittelt werden. ④ Für diese Gewinnermittlung gelten die allgemeinen Grundsätze. ⑤ Aus Vereinfachungsgründen ist es jedoch nicht zu beanstanden, wenn der Gewinn des Wirtschaftsjahrs, in dem die Verpachtung beginnt, durch Schätzung auf die Zeiträume vor und nach Pachtbeginn aufgeteilt wird. ⑥ Dabei kann z.B. der Gewinn des Wirtschaftsjahrs im Verhältnis des in der Zeit bis zum Pachtbeginn erzielten Bruttogewinns (Warenrohgewinn) zur Pachteinnahme aufgeteilt werden. ⑦ Entsprechendes gilt für die Hinzurechnungen und Kürzungen. ⑧ Ist der Gewinn vor der Verpachtung nach § 4 Abs. 3 EStG ermittelt worden, ist für die Ermittlung des Gewerbeertrags bis zum Pachtbeginn für diesen Zeitpunkt der Übergang zum Vermögensvergleich zu unterstellen.

H 2.2

H 2.2

49 **Allgemeines.**

- Entgegen den Regeln der Einkommensteuer wird der Gewerbebetrieb gewerbesteuerrechtlich bereits mit seiner Verpachtung (Einstellung einer werbenden Tätigkeit) beendet. Die Ausübung des Verpächterwahlrechts (→ H 16 Abs. 5 EStH) hat demnach hierauf keinen Einfluss.
- **Zum Erlöschen der Gewerbesteuerpflicht.** → R 2.6.
- **Steuerpflichtiger Aufgabegewinn.** → § 7 Satz 2 GewStG.

Verpachtung eines Betriebs im Ganzen oder eines Teilbetriebs als Gewerbebetrieb. Die Verpachtung eines Betriebs im Ganzen oder eines Teilbetriebs erfolgt dann im Rahmen eines der Gewerbesteuer unterliegenden Gewerbebetriebs, wenn die Verpachtung selbst nicht als bloße Vermögensverwaltung anzusehen ist. Danach ist die Verpachtung in folgenden Fällen als Gewerbebetrieb anzusehen:

- **Betriebsaufspaltung** → H 15.7 (4) EStH;
- **mitunternehmerische Betriebsverpachtung** → § 15 Abs. 1 Satz 1 Nr. 2 EStG;
- **Einheitliche Behandlung einer nur teilweise gewerblich tätigen Personengesellschaft** → § 15 Abs. 3 Nr. 1 EStG;
- **gewerblich geprägte Personengesellschaft** → § 15 Abs. 3 Nr. 2 EStG.

Wechsel der Gewinnermittlungsart.

- Die aufgrund des Wechsels der Gewinnermittlungsart erforderlichen Hinzu- und Abrechnungen (→ R 4.6 Abs. 1 EStR) gehören zum laufenden Gewinn und sind deshalb bei der Ermittlung des Gewerbeertrags zu berücksichtigen (→ BFH vom 23. 11. 1961 – BStBl. 1962 III S. 199 und vom 24. 10. 1972 – BStBl. 1973 II S. 233).
- → R 7.1 Abs. 3 Satz 6.

R 2.3

R 2.3 Organschaft

R 2.3 (1)

R 2.3 (1)

Allgemeines

50 (1) ① Die Voraussetzungen für das Vorliegen einer Organschaft im Gewerbesteuerrecht stimmen mit den Voraussetzungen der körperschaftsteuerlichen Organschaft überein. ② Die Organgesellschaft gilt im Gewerbesteuerrecht als Betriebsstätte des Organträgers (→ § 2 Abs. 2 Satz 2 GewStG). ③ Diese Betriebsstättenfiktion führt jedoch nicht dazu, dass Organträger und Organgesellschaft als einheitliches Unternehmen anzusehen sind. ④ Es liegen vielmehr weiterhin selb-

ständige Gewerbebetriebe vor, deren Gewerbeerträge getrennt zu ermitteln sind. ⑤ Die Begründung eines Organschaftsverhältnisses bewirkt nicht die Beendigung der sachlichen Steuerpflicht der jetzigen Organgesellschaft; durch die Beendigung eines Organschaftsverhältnisses wird die sachliche Steuerpflicht der bisherigen Organgesellschaft nicht neu begründet. ⑥ Für die Anerkennung einer Organschaft ist es nicht erforderlich, dass die eingegliederte Kapitalgesellschaft gewerblich tätig ist.

H 2.3 (1)

H 2.3 (1)

51

Allgemeine Grundsätze.

- Körperschaftsteuerliche und gewerbesteuerliche Organschaft unter Berücksichtigung der Änderungen durch das Steuersenkungsgesetz (StSenkG) und das Unternehmenssteuerfortentwicklungsgesetz (UntStFG); → BMF vom 26. 8. 2003 – BStBl. I S. 437[1]; → R 14.1 bis 14.5 KStR und H 14.1 bis 14.5 KStH.
- Änderungen bei der Besteuerung steuerlicher Organschaften durch das Steuervergünstigungsabbaugesetz (StVergAbG); → BMF vom 10. 11. 2005 – BStBl. I S. 1038[2].

Ausländische Kapitalgesellschaft als Organgesellschaft. Eine ausländische Kapitalgesellschaft kann nicht Organgesellschaft sein, selbst wenn sie im Inland einen Gewerbebetrieb unterhält.

Ermittlung des Gewerbeertrags von Organträger und Organgesellschaft.

- Der Gewerbeertrag der Organgesellschaft ist getrennt zu ermitteln und dem Organträger zur Berechnung seines Gerwerbesteuermessbetrags zuzurechnen (→ BFH vom 6. 10. 1953 – BStBl. III S. 329, vom 29. 5. 1968 – BStBl. II S. 807, vom 30. 7. 1969 – BStBl. II S. 629, vom 5. 5. 1977 – BStBl. II S. 701, vom 2. 3. 1983 – BStBl. II S. 427, vom 6. 11. 1985 – BStBl. 1986 II S. 73, vom 27. 6. 1990 – BStBl. II S. 916, vom 23. 1. 1992 – BStBl. II S. 630, vom 17. 2. 1993 – BStBl. II S. 679, vom 2. 2. 1994 – BStBl. II S. 768, vom 18. 9. 1996 BStBl. 1997 II S. 181, vom 29. 1. 2003 – BStBl. II S. 768 und vom 17. 12. 2014 – BStBl. 2015 II S. 1052).
- → R 7.1 Abs. 5.

GmbH & atypisch stille Gesellschaft. Bei einer GmbH, an deren Handelsgewerbe sich ein atypischer stiller Gesellschafter beteiligt, ist der Gewerbeertrag bei der atypischen stillen Gesellschaft zu erfassen und kann deshalb nicht einem Organträger zugerechnet werden (→ BFH vom 25. 7. 1995 – BStBl. II S. 794).

GmbH & Co. KG. Eine GmbH & Co. KG kann nicht Organgesellschaft sein (→ BFH vom 17. 1. 1973 – BStBl. II S. 269 und vom 7. 3. 1973 – BStBl. II S. 562).

Steuerbefreiung des Organträgers. Die Gewerbesteuerbefreiung einer Organträger-GmbH nach § 3 Nr. 20 GewStG steht der Annahme einer gewerbesteuerlichen Organschaft nicht entgegen (→ BFH vom 10. 3. 2010 – BStBl. 2011 II S. 181).[3]

Steuerbefreiung im Organkreis.

- Die Voraussetzungen einer Steuerbefreiung nach § 3 GewStG müssen in der Person des Organträgers bzw. der Organgesellschaft erfüllt sein. Die Steuerbefreiung beschränkt sich in ihrer Wirkung auf das Unternehmen, das die Voraussetzungen des § 3 GewStG erfüllt.
- Die Befreiung einer Organgesellschaft von der Gewerbesteuer gem. § 3 Nr. 20 GewStG erstreckt sich auch dann nicht auf eine andere Organgesellschaft desselben Organkreises, die die Befreiungsvoraussetzungen ihrerseits nicht erfüllt, wenn die Tätigkeiten der Gesellschaften sich gegenseitig ergänzen. Die tatbestandlichen Voraussetzungen einer gesetzlichen Steuerbefreiung müssen von der jeweiligen Organgesellschaft selbst erfüllt werden (→ BFH vom 4. 6. 2003 – BStBl. 2004 II S. 244).

Verlustverrechnung im Organkreis. → H 10 a.4.

Wechsel des Organträgers. Der Wechsel des Organträgers hat keinen Einfluss auf die sachliche Steuerpflicht der Organgesellschaft (→ BFH vom 16. 2. 1977 – BStBl. II S. 560).

R 2.3 (2, 3)

R 2.3 (2, 3)

52

Beginn und Beendigung der Organschaft

(2) ① Liegen die Voraussetzungen für ein Organschaftsverhältnis nicht während des ganzen Wirtschaftsjahres der Organgesellschaft vor, treten die steuerlichen Wirkungen des § 2 Abs. 2

---

[1] Abgedruckt als Anl a zu H 14.1 KStH.

[2] Abgedruckt als Anl b zu H 14.1 KStH.

[3] *BFH-Beschluss vom 10. 3. 2010 I R 41/09, BStBl. 2011 II S. 181:* **1.** Eine GmbH, die ein Alten- und Pflegeheim betreibt, das gemäß § 3 Nr. 20 Buchst. c GewStG 2002 von der Gewerbesteuer befreit ist, kann Organträgerin einer gewerbesteuerlichen Organschaft mit einer Tochtergesellschaft sein, die im Auftrag der GmbH Dienstleistungen (hier: Zubereitung von Speisen und Reinigungsarbeiten) für das Heim erbringt. **2.** Der der Organträgerin in diesem Fall zuzurechnende Gewerbeertrag der Organgesellschaft wird nicht von der Gewerbesteuerbefreiung umfasst.

Satz 2 GewStG für dieses Wirtschaftsjahr nicht ein. ② Das bedeutet, dass die Organgesellschaft insoweit selbst zur Gewerbesteuer herangezogen wird. ③ Wird die Liquidation einer Organgesellschaft beschlossen und besteht z. B. wegen Beendigung des Gewinnabführungsvertrages das Organschaftsverhältnis nicht während des gesamten Wirtschaftsjahres, kann die Organgesellschaft für die Zeit vom Schluss des vorangegangenen Wirtschaftsjahres bis zum Beginn der Abwicklung ein Rumpfwirtschaftsjahr bilden (→ R 7.1 Abs. 1 Satz 2 und 3). ④ Für das Rumpfwirtschaftsjahr sind die Voraussetzungen des § 2 Abs. 2 Satz 2 GewStG gesondert zu prüfen.

Personengesellschaften als Organträger

53 (3) ① Nach § 2 Abs. 2 Satz 2 GewStG ist eine gewerbesteuerrechtliche Organschaft, wie bei der Körperschaftsteuer, nur gegenüber einem anderen gewerblichen Unternehmen möglich. ② Bei einer Organträger-Personengesellschaft muss eine eigene gewerbliche Tätigkeit im Sinne des § 15 Abs. 1 Satz 1 Nr. 1 EStG vorliegen. ③ Gewerblich geprägte Personengesellschaften im Sinne des § 15 Abs. 3 Nr. 2 EStG können damit nicht Organträger sein. ④ Eine Besitzpersonengesellschaft im Rahmen einer Betriebsaufspaltung kommt als Organträger in Betracht. ⑤ Ihr wird die gewerbliche Tätigkeit im Sinne des § 15 Abs. 1 Satz 1 Nr. 1 EStG der Betriebsgesellschaft zugerechnet.

H 2.3 (3)

H 2.3 (3)

54 **Allgemeine Grundsätze der Organträger-Personengesellschaft.** → BMF vom 26. 8. 2003 – BStBl. I S. 437[1]; → BMF vom 10. 11. 2005 – BStBl. I S. 1038[2].

R 2.4

R 2.4 Mehrheit von Betrieben

R 2.4 (1)

R 2.4 (1)

Mehrere Betriebe verschiedener Art

84 (1) ① Hat ein Gewerbetreibender mehrere Betriebe verschiedener Art (z. B. eine Maschinenfabrik und eine Spinnerei), ist jeder Betrieb als Steuergegenstand i. S. d. § 2 Abs. 1 GewStG anzusehen und somit für sich zu besteuern. ② Das gilt auch dann, wenn die mehreren Betriebe in derselben Gemeinde liegen. ③ Es ist aber ein einheitlicher Gewerbebetrieb anzunehmen, wenn ein Gewerbetreibender in derselben Gemeinde verschiedene gewerbliche Tätigkeiten ausübt und die verschiedenen Betriebszweige nach der Verkehrsauffassung und nach den Betriebsverhältnissen als Teil eines Gewerbebetriebs anzusehen sind (beispielsweise Gastwirtschaft und Bäckerei, Fleischerei und Speisewirtschaft). ④ Es gelten dabei die gleichen Grundsätze wie für die Bewertung (→ § 2 BewG).[3]

H 2.4 (1)

H 2.4 (1)

85 **Abgrenzung bei gleichzeitig ausgeübter land- und forstwirtschaftlicher sowie gewerblicher Tätigkeit.** → BFH vom 23. 1. 1992 – BStBl. II S. 651.

Tabakwareneinzelhandel und Toto-/Lottoannahmestelle. Bei enger finanzieller, wirtschaftlicher und organisatorischer Verflechtung können auch verschiedenartige Tätigkeiten wie Tabakwareneinzelhandel und Toto- und Lotto-Annahmestelle einen einheitlichen Gewerbebetrieb bilden (→ BFH vom 19. 11. 1985 – BStBl. 1986 II S. 719).

Zusammentreffen stehender Gewerbebetrieb und Reisegewerbe. → § 35 a.

R 2.4 (2)

R 2.4 (2)

Mehrere Betriebe gleicher Art

86 (2) ① Hat ein Gewerbetreibender mehrere Betriebe der gleichen Art, ist zu prüfen, ob die mehreren Betriebe eine wirtschaftliche Einheit darstellen. ② Die Vermutung spricht bei der Vereinigung mehrerer gleichartiger Betriebe in der Hand eines Unternehmers, insbesondere, wenn sie sich in derselben Gemeinde befinden, für das Vorliegen eines einheitlichen Gewerbebetriebs. ③ Auch wenn die Betriebe sich in verschiedenen Gemeinden befinden, kann ein einheitlicher Gewerbebetrieb vorliegen, wenn die wirtschaftlichen Beziehungen sich über die Grenzen der politischen Gemeinden hinaus erstrecken. ④ Betriebe sind als gleichartig anzusehen, wenn sie sachlich, insbesondere wirtschaftlich, finanziell oder organisatorisch innerlich zusammenhängen.

H 2.4 (2)

H 2.4 (2)

87 **Gleichartigkeit von Betrieben.** Kriterien für die Gleichartigkeit von Betrieben sind die Art der gewerblichen Betätigung, der Kunden- und Lieferantenkreis, die Geschäftsleitung, die Arbeitnehmerschaft, die Betriebsstätte, die Zusammensetzung und Finanzierung des Aktivver-

---

[1] Abgedruckt als Anl a zu H 14.1 KStH.
[2] Abgedruckt als Anl b zu H 14.1 KStH.
[3] Abgedruckt im „Handbuch Erbschaftsteuer und Bewertung".

mögens sowie die Gleichartigkeit/Ungleichartigkeit der Betätigungen und die Nähe/Entfernung, in der sie ausgeübt werden (→ RFH vom 28. 9. 1938 – RStBl. S. 1117 und vom 21. 12. 1938 – RStBl. 1939 S. 372 sowie BFH vom 14. 9. 1965 – BStBl. III S. 656, vom 12. 1. 1983 – BStBl. II S. 425, vom 9. 8. 1989 – BStBl. II S. 901 und vom 18. 12. 1996 – BStBl. 1997 II S. 573).

R 2.4 (3)

R 2.4 (3)

Personengesellschaften

(3) ①Die Tätigkeit einer Personengesellschaft bildet auch bei verschiedenartigen Tätigkeiten einen einheitlichen Gewerbebetrieb. ②Eine Kapitalgesellschaft und eine GmbH & Co. KG einerseits oder eine aus natürlichen Personen bestehende Personengesellschaft und ein Einzelunternehmen andererseits können gewerbesteuerrechtlich auf Grund von Unternehmeridentität nicht als ein einheitliches Unternehmen behandelt werden. 88

H 2.4 (3)

H 2.4 (3)

Betriebsaufspaltung. Im Fall der Betriebsaufspaltung können das Besitz- und Betriebsunternehmen nicht als einheitliches Unternehmen behandelt werden (→ BFH vom 7.3. 1961 – BStBl. III S. 211, vom 9. 3. 1962 – BStBl. III S. 199, vom 26. 4. 1966 – BStBl. III S. 426, vom 26. 4. 1972 – BStBl. II S. 794 und vom 7. 3. 1973 – BStBl. II S. 562). 89

Einheitlicher Gewerbebetrieb. Abweichend vom Einheitlichkeitsgrundsatz ist zu prüfen, ob die verschiedenen Betätigungen in getrennten Personengesellschaften ausgeübt werden (→ BFH vom 10. 11. 1983 – BStBl. 1984 II S. 152).

Zusammenfassung. Die Unternehmen mehrerer Personengesellschaften können auch dann nicht zu einem einheitlichen Unternehmen zusammengefasst werden, wenn sie wirtschaftlich und organisatorisch miteinander verflochten sind und bei den Gesellschaften die gleichen Gesellschafter im gleichen Verhältnis (Gesellschafter- und Beteiligungsidentität) beteiligt sind (→ BFH vom 21. 2. 1980 – BStBl. II S. 465 und vom 26. 1. 1995 – BStBl. II S. 589).

R 2.4 (4, 5)

R 2.4 (4, 5)

Einheitlicher Gewerbebetrieb kraft Rechtsform

(4) ①Die Tätigkeit der Unternehmen im Sinne des § 2 Abs. 2 GewStG gilt stets und in vollem Umfang als einheitlicher Gewerbebetrieb. ②Auch die gewerbesteuerpflichtige Tätigkeit der unter § 2 Abs. 3 GewStG fallenden sonstigen juristischen Personen des privaten Rechts und der nichtrechtsfähigen Vereine bildet stets einen einheitlichen Gewerbebetrieb. ③Das gilt auch, wenn von ihnen mehrere wirtschaftliche Geschäftsbetriebe unterhalten werden (→ § 8 GewStDV). 90

Atypisch stille Gesellschaften[1]

(5) ①Sind eine oder mehrere Personen oder Personengruppen als atypische stille Gesellschafter am Handelsgewerbe einer anderen Person beteiligt, liegt gewerbesteuerrechtlich ein einziger Gewerbebetrieb vor, wenn der Zweck der atypischen stillen Gesellschaften jeweils darauf gerichtet ist, die gesamten unter der Firma des Inhabers des Handelsgeschäftes ausgeübten gewerblichen Tätigkeiten gemeinsam und zusammen mit dem Inhaber des Handelsgeschäfts auszuüben. ②Dagegen liegen getrennt zu beurteilende gewerbliche Tätigkeiten vor, wenn die den einzelnen atypischen stillen Gesellschaften und dem Inhaber des Handelsgeschäftes steuerrechtlich zuzuordnenden gewerblichen Tätigkeiten nicht identisch sind. 91

H 2.4 (5)

H 2.4 (5)

Selbständige Gewerbebetriebe. Eine getrennt zu beurteilende gewerbliche Tätigkeit liegt vor, wenn die atypisch stillen Gesellschafter nur an bestimmten Geschäften oder jeweils nur an einem bestimmten Geschäftsbereich des Handelsgewerbes beteiligt sind (→ BFH vom 6. 12. 1995 – BStBl. 1998 II S. 685). 92

R 2.5 Beginn der Steuerpflicht

R 2.5

R 2.5 (1)

R 2.5 (1)

Einzelgewerbetreibende und Personengesellschaften

(1) ①Bei Einzelgewerbetreibenden und bei Personengesellschaften beginnt die Gewerbesteuerpflicht in dem Zeitpunkt, in dem erstmals alle Voraussetzungen erfüllt sind, die zur Annahme 93

[1] Zu gewerbesteuerrechtlichen Folgen der atypisch stillen Beteiligung am Handelsgewerbe einer Personengesellschaft vgl. *BFH-Urteil vom 8. 12. 2016 IV R 8/14, BStBl. 2017 II S. 538.*

eines Gewerbebetriebs erforderlich sind. ② Bloße Vorbereitungshandlungen[1], z. B. die Anmietung eines Geschäftslokals, das erst hergerichtet werden muss, oder die Errichtung eines Fabrikgebäudes, in dem die Warenherstellung aufgenommen werden soll, sowie der kurzzeitige Probelauf von Betriebsanlagen[2], wenn dieser (z. B. anhand der verwendeten Rohstoffe) noch nicht dem Gesamtkonzept des eigentlichen regelmäßigen Betriebs entspricht, begründen die Gewerbesteuerpflicht noch nicht. ③ Bei Unternehmen, die im Handelsregister einzutragen sind, ist der Zeitpunkt der Eintragung im Handelsregister ohne Bedeutung für den Beginn der Gewerbesteuerpflicht. ④ Bei gewerblich geprägten Personengesellschaften im Sinne des § 15 Abs. 3 Nr. 2 EStG beginnt die Steuerpflicht erst, wenn der Gewerbebetrieb in Gang gesetzt ist.

H 2.5 (1)

H 2.5 (1)

94 **Beginn der Gewerbesteuerpflicht eines Personenunternehmens.**

– **Beispiel:**

Die A-GmbH & Co. KG (Unternehmensgegenstand: Herstellung von Sonnenkollektoren), wurde am 6. 3. 01 gegründet und am 27. 4. 01 im Handelsregister eingetragen. Erste Lieferverträge wurden am 1. 7. 01 unterzeichnet. Die Entwicklung der Sonnenkollektoren begann am 30. 3. 02. Nach Behebung diverser technischer Schwierigkeiten war die KG am 1. 1. 03 lieferfähig, woraufhin die erste Lieferung am 15. 1. 03 erfolgte.

Lösung:

Weder die Gründung noch die Eintragung im Handelsregister führen bereits zur Begründung der sachlichen Gewerbesteuerpflicht. Auch der Abschluss der Lieferverträge reicht noch nicht aus, um eine Teilnahme am allgemeinen wirtschaftlichen Verkehr zu begründen. Denn hierzu gehört, dass sich die A-GmbH & Co. KG mit eigenen gewerblichen Leistungen am allgemeinen wirtschaftlichen Verkehr beteiligen kann. Gleiches gilt für die Entwicklung der Sonnenkollektoren. Somit beginnt die sachliche Gewerbesteuerpflicht mit der Lieferfähigkeit am 1. 1. 03.

– Die sachliche Gewerbesteuerpflicht der unter § 2 Abs. 1 GewStG fallenden Gewerbebetriebe beginnt erst, wenn alle tatbestandlichen Voraussetzungen eines Gewerbebetriebes erfüllt sind. Dies gilt für Personengesellschaften unabhängig von der Rechtsform ihrer Gesellschafter. § 7 Satz 2 GewStG enthält keinen die sachliche Steuerpflicht betreffenden Regelungsumfang (→ BFH vom 30. 8. 2012 – BStBl. II S. 927).

Beginn der Gewerbesteuerpflicht eines Besitzunternehmens im Rahmen einer Betriebsaufspaltung. → BFH vom 15. 1. 1998 – BStBl. II S. 478.

Beginn der Gewerbesteuerpflicht einer gewerblich geprägten Personengesellschaft. Die vermögensverwaltende Tätigkeit einer gewerblich geprägten Personengesellschaft unterliegt der Gewerbesteuer. Die sachliche Gewerbesteuerpflicht einer gewerblich geprägten Personengesellschaft beginnt mit Aufnahme ihrer vermögensverwaltenden Tätigkeit. Die Gewerbesteuerpflicht einer gewerblich geprägten Personengesellschaft ist nicht von der Teilnahme am allgemeinen wirtschaftlichen Verkehr abhängig (→ BFH vom 20. 11. 2003 – BStBl. 2004 II S. 464).

Beginn der Gewerbesteuerpflicht eines Windparks. → BFH vom 14. 4. 2011 – BStBl. II S. 929.

Beginn der werbenden Tätigkeit bei Leasingunternehmen. Die sachliche Gewerbesteuerpflicht beginnt bei einem Leasingunternehmen nicht bereits mit der Beschaffung des Leasinggegenstandes. Das gilt auch dann, wenn der Leasinggeber den Leasinggegenstand vom Leasingnehmer erwirbt, sofern es sich bei dem Leasingvertrag nicht um einen verdeckten Ratenkauf handelt (→ BFH vom 5. 3. 1998 – BStBl. II S. 745).

Veräußerung des Schiffs einer Einschiffsgesellschaft vor seiner Indienststellung. Beabsichtigt die Einschiffsgesellschaft bei Abschluss des Bauvertrags noch den Betrieb des Schiffs, gibt sie die Eigenbetriebsabsicht jedoch später auf und veräußert das Schiff bzw. die Rechte aus dem Bauvertrag noch vor Indienststellung des Schiffs, so ist anhand der Umstände des Einzelfalls zu ermitteln, ob sie damit übergangslos von der (noch) nicht gewerbesteuerbaren Vorbereitungs- in die Abwicklungsphase tritt, oder ob – und ggf. durch welche weiteren Maßnahmen – sie eine andere werbende Tätigkeit beginnt und damit der Gewerbesteuer unterliegt (→ BFH vom 3. 4. 2014 – BStBl. II S. 1000).

Voraussetzungen für Gewerbebetrieb.
– Einzelunternehmen → H 2.1 (1);
– Personengesellschaften → H 2.1 (2).

Zur Anzeigepflicht bei Betriebseröffnung. → R 1.9.

---

[1] *BFH-Urteil vom 13. 4. 2017 IV R 49/15, BFH/NV S. 1129, Ls. 1:* Mit Einkünfteerzielungsabsicht unternommene vermögensverwaltende Tätigkeiten einer gewerblich geprägten Personengesellschaft stellen keine bloßen Vorbereitungshandlungen einer werbenden originär gewerblichen Tätigkeit, sondern eine eigenständige werbende Tätigkeit dar, wenn sie das Maß dessen überschreiten, was zur Aufnahme der originär gewerblichen Tätigkeit erforderlich und üblich ist.

[2] Vgl. *OFD Rheinland vom 13. 12. 2007, StEK GewStG § 2 Abs. 1 Nr. 182* zu bei Biogasanlagen im Probelauf entstandenen Gewerbeverlusten.

Verfügung betr. Beginn der Gewerbesteuerpflicht; hier: bei Biogasanlagen im Probelauf entstandene Gewerbeverluste Anl zu R 2.5 (1)

Vom 13. Dezember 2007

(OFD Münster G 1400 – 69 – St 12–33; OFD Rheinland G 1400 – St 157)

(letztmals abgedruckt im Handbuch zur Gewerbesteuerveranlagung 2016)

R 2.5 (2) R 2.5 (2)

Steuerpflicht kraft Rechtsform

(2) ① Die Steuerpflicht kraft Rechtsform beginnt bei Kapitalgesellschaften mit der Eintragung in das Handelsregister, bei Erwerbs- und Wirtschaftsgenossenschaften mit der Eintragung in das Genossenschaftsregister und bei Versicherungsvereinen auf Gegenseitigkeit mit der aufsichtsbehördlichen Erlaubnis zum Geschäftsbetrieb. ② Von diesem Zeitpunkt an kommt es auf Art und Umfang der Tätigkeit nicht mehr an. ③ Die Steuerpflicht wird vor dem bezeichneten Zeitpunkt durch die Aufnahme einer nach außen in Erscheinung tretenden Geschäftstätigkeit ausgelöst. **96**

H 2.5 (2) H 2.5 (2)

Beginn der Steuerpflicht kraft Rechtsform. **97**

- **Kapitalgesellschaft, die zum Zwecke der Übernahme eines Gewerbebetriebs gegründet wird.** Bei einer Kapitalgesellschaft, die zum Zwecke der Übernahme eines Gewerbebetriebs gegründet wird, beginnt die Gewerbesteuerpflicht nicht erst mit dem Zeitpunkt der Fortführung des übernommenen Betriebs, sondern mit der Eintragung in das Handelsregister (→ BFH vom 16. 2. 1977 – BStBl. II S. 561).
- **Verwaltung eingezahlter Teile des Stammkapitals.** Die Verwaltung eingezahlter Teile des Stammkapitals sowie ein bestehender Anspruch auf Einzahlung von Teilen des Stammkapitals lösen die Gewerbesteuerpflicht noch nicht aus (→ BFH vom 18. 7. 1990 – BStBl. II S. 1073).
- **Vorgesellschaft.**[1] Die nach außen tätig gewordene Vorgesellschaft bildet zusammen mit der später eingetragenen Kapitalgesellschaft oder einem anderen Unternehmen im Sinne des § 2 Abs. 2 GewStG einen einheitlichen Steuergegenstand (→ BFH vom 8. 4. 1960 – BStBl. III S. 319).

Organschaft. Das Bestehen oder Nichtbestehen einer Organschaft hat auf die sachliche Steuerpflicht der Organgesellschaft keine Auswirkung. → R 2.3 Abs. 1.

R 2.5 (3) R 2.5 (3)

Sonstige juristische Personen des privaten Rechts und nichtrechtsfähige Vereine

(3) Bei den sonstigen juristischen Personen des privaten Rechts und den nichtrechtsfähigen Vereinen (→ § 2 Abs. 3 GewStG) beginnt die Steuerpflicht bei Vorliegen aller anderen Voraussetzungen mit der Aufnahme eines wirtschaftlichen Geschäftsbetriebs. **98**

H 2.5 (3) H 2.5 (3)

Allgemeines. → R 2.1 Abs. 5. **99**

R 2.5 (4) R 2.5 (4)

Wegfall einer Befreiung

(4) Die Gewerbesteuerpflicht beginnt bei Unternehmen, für die der Grund für die Befreiung von der Gewerbesteuer wegfällt, im Zeitpunkt des Wegfalls des Befreiungsgrundes. **100**

R 2.6 Erlöschen der Steuerpflicht R 2.6

R 2.6 (1) R 2.6 (1)

Einzelgewerbetreibende und Personengesellschaften

(1) ① Die Gewerbesteuerpflicht erlischt bei Einzelgewerbetreibenden und bei Personengesellschaften mit der tatsächlichen Einstellung des Betriebs. ② Die Einstellung liegt nicht erst dann vor, wenn der Betrieb für alle Zeiten, sondern schon dann, wenn er für eine gewisse Dauer aufgegeben wird. ③ Die Einstellung darf aber nicht von vornherein nur als vorübergehend gedacht sein. ④ Bei sogenannten Saisonbetrieben, insbesondere beim Bauhandwerk, den Bauindustrien, **101**

[1] Zur Gewerbesteuerpflicht einer vermögensverwaltenden Kapitalgesellschaft vor ihrer Eintragung ins Handelsregister vgl. *BFH-Urteil vom 24. 1. 2017 I R 81/15, BStBl. II S. 1071.*

den Kurortbetrieben aller Art oder den Zuckerfabriken, bedeutet die Einstellung des Betriebs während der toten Zeit nicht eine Einstellung in dem eben behandelten Sinn, sondern nur eine vorübergehende Unterbrechung (Ruhen) des Gewerbebetriebs, durch die die Gewerbesteuerpflicht nicht berührt wird (→ § 2 Abs. 4 GewStG). ⑤ Die tatsächliche Einstellung des Betriebs ist anzunehmen mit der völligen Aufgabe jeder werbenden Tätigkeit. ⑥ Die Aufgabe eines Handelsbetriebs liegt erst in der tatsächlichen Einstellung jedes Verkaufs. ⑦ Die Frage der Beendigung der Gewerbesteuerpflicht darf jedoch nicht allein nach äußeren Merkmalen beurteilt werden. ⑧ Die Einstellung der werbenden Tätigkeit oder andere nach außen in Erscheinung tretende Umstände (z. B. Entlassung der Betriebszugehörigen, Einstellung des Einkaufs) bedeuten nicht immer die tatsächliche Einstellung des Betriebs. ⑨ Es müssen auch die inneren Vorgänge berücksichtigt werden.

H 2.6 (1)

H 2.6 (1)

102 **Betriebsverpachtung im Ganzen.** Mit der Verpachtung eines Gewerbebetriebs im Ganzen erlischt regelmäßig die Gewerbesteuerpflicht des Verpächters (→ R 2.2). Das gilt jedoch in der Regel nicht bei einer **Betriebsaufspaltung** (→ H 15.7 (4) bis (8) EStH).

Bedeutung eines einheitlichen Geschäftskonzepts.

- Der Gewinn aus der Veräußerung von Wirtschaftsgütern des Anlagevermögens gehört zum gewerbesteuerbaren (laufenden) Gewinn, wenn die Veräußerung Bestandteil eines einheitlichen Geschäftskonzepts der unternehmerischen Tätigkeit ist (→ BFH vom 26. 6. 2007 – BStBl. 2009 II S. 289).
- Zu Veräußerungs- und Aufgabegewinnen → H 7.1 (3).

Eintritt einer Gewerbesteuerbefreiung. Die Gewerbesteuerpflicht erlischt nicht nur mit dem Aufhören des Gewerbebetriebs (→ R 2.6 Abs. 1 bis 3), sondern auch mit dem Eintritt eines Befreiungsgrundes (→ RFH vom 23. 2. 1943 – RStBl. S. 801). Allerdings führt der Wechsel in der Steuerpflicht eines Gewerbesteuersubjekts infolge eines persönlichen Befreiungsgrundes (hier: § 3 Nr. 14 Buchstabe a GewStG) nicht zum Wegfall des Gewerbesteuersubjekts.

Bleibt dieses bei Beendigung und nachfolgendem erneuten Beginn der Steuerpflicht weiterhin bestehen, ist sowohl die Unternehmens- als auch die Unternehmeridentität gewahrt. Gewerbeverluste aus vorangegangenen, nicht steuerbefreiten Erhebungszeiträumen sind deshalb nach Wiedereintritt in die Steuerpflicht abzugsfähig (→ BFH vom 9. 6. 1999 – BStBl. II S. 733).

Kriterien zur Beurteilung der Betriebseinstellung.

- Auch wenn ein Unternehmen wesentlichen Einschränkungen unterliegt oder bei einer nur äußerlichen Betrachtung als eingestellt erscheint, kann doch gewerbesteuerlich eine Betriebseinstellung nicht anerkannt werden, wenn sich das Unternehmen in der erkennbaren Absicht, nachhaltige Erträge zu erzielen, weiter betätigt (→ RFH vom 19. 3. 1941 – RStBl. S. 386, vom 14. 5. 1941 – RStBl. S. 698 und vom 19. 5. 1943 – RStBl. S. 605).
- Zur Unterscheidung zwischen der Vorbereitung einer künftigen Betriebsaufgabe und dem Beginn dieser Betriebsaufgabe (→ BFH vom 5. 7. 1984 – BStBl. II S. 711).

Zeitpunkt der Einstellung des Betriebs.

- **Abwicklungstätigkeiten.** Die Versilberung der vorhandenen Betriebsgegenstände und die Einziehung einzelner rückständiger Forderungen aus der Zeit vor der Betriebseinstellung können nicht als Fortsetzung einer aufgegebenen Betriebstätigkeit angesehen werden (→ RFH vom 29. 6. 1938 – RStBl. S. 910, vom 24. 8. 1938 – RStBl. S. 911 und vom 14. 9. 1938 – RStBl. 1939 S. 5).
- **Ladengeschäft, Veräußerung des Warenlagers.** Ein in Form eines Ladengeschäfts ausgeübter Gewerbebetrieb wird nicht bereits dann eingestellt, wenn kein Zukauf mehr erfolgt, sondern erst dann, wenn das vorhandene Warenlager „im Ladengeschäft" veräußert ist (→ BFH vom 26. 9. 1961 – BStBl. III S. 517).

Zum Erlöschen der Steuerpflicht bei Unternehmerwechsel. → R 2.7.

R 2.6 (2–4)

R 2.6 (2–4)

Kapitalgesellschaften und andere Unternehmen im Sinne des § 2 Abs. 2 GewStG

103 (2) ① Bei den Kapitalgesellschaften und den anderen Unternehmen im Sinne des § 2 Abs. 2 GewStG erlischt die Gewerbesteuerpflicht – anders als bei Einzelkaufleuten und Personengesellschaften – nicht schon mit dem Aufhören der gewerblichen Betätigung, sondern mit dem Aufhören jeglicher Tätigkeit überhaupt. ② Das ist grundsätzlich der Zeitpunkt, in dem das Vermögen an die Gesellschafter verteilt worden ist.

Wirtschaftlicher Geschäftsbetrieb

104 (3) ① Bei den sonstigen juristischen Personen des privaten Rechts und den nichtrechtsfähigen Vereinen (→ § 2 Abs. 3 GewStG) erlischt die Steuerpflicht mit der tatsächlichen Einstellung des

wirtschaftlichen Geschäftsbetriebs. ② Besteht der wirtschaftliche Geschäftsbetrieb in jährlich wiederkehrenden Tätigkeiten (Veranstaltungen) von jeweils kurzer Dauer, z. B. Bier-, Wein-, Schützenfeste usw., dann ist bei erkennbarer Wiederholungsabsicht von einem fortbestehenden Gewerbebetrieb auszugehen, bei dem nicht jeweils die Steuerpflicht nach Abwicklung der Veranstaltung erlischt und im Folgejahr neu eintritt.

Betriebsaufgabe, Auflösung und Insolvenz

(4) ① Die Aufgabe des Betriebs bei Einzelgewerbetreibenden, die Auflösung und die Abwicklung bei Personengesellschaften und Unternehmen im Sinne des § 2 Abs. 2 GewStG und die Eröffnung des Insolvenzverfahrens bei Unternehmen aller Art ändern nach § 4 GewStDV an der Gewerbesteuerpflicht nichts. ② Das Erlöschen der Gewerbesteuerpflicht beurteilt sich auch in diesen Fällen ausschließlich nach den Grundsätzen der R 2.6 Abs. 1 bis 3. ③ Die Beendigung der Abwicklung und damit das Aufhören der Gewerbesteuerpflicht eines aufgelösten Unternehmens im Sinne des Absatzes 2 fallen regelmäßig mit dem Zeitpunkt zusammen, in dem das Vermögen an die Gesellschafter verteilt wird. ④ Werden jedoch bei dieser Verteilung Vermögensbeträge zur Begleichung von Schulden zurückbehalten, bleibt das Unternehmen gewerbesteuerpflichtig, bis die Schulden beglichen sind. **105**

H 2.6 (4)

H 2.6 (4)

Beendigung der Abwicklung. Der Grundsatz, dass die Gewerbesteuerpflicht noch nicht endet, wenn bei der Vermögensverteilung Beträge zur Begleichung von Schulden zurückbehalten werden, gilt nicht, wenn es sich bei den Schulden um Steuern handelt, die erst nach der Beendigung der Abwicklung festgesetzt werden können (→ RFH vom 12. 12. 1939 – RStBl. 1940 S. 435). Entsprechend ist der Abwicklungszeitraum einer im Insolvenzverfahren befindlichen Kapitalgesellschaft als abgeschlossen anzusehen, wenn die förmliche Beendigung des Insolvenzverfahrens nur dadurch gehindert wird, dass die Höhe der Steuern, die erst nach dem Ablauf des Abwicklungszeitraums festgesetzt werden können, noch nicht bekannt ist (→ RFH vom 5. 3. 1940 – RStBl. S. 476). **106**

R 2.7 Steuerpflicht bei Unternehmerwechsel

R 2.7

Übergang eines Betriebs im Ganzen

(1) ① Ein Gewerbebetrieb, der im Ganzen auf einen anderen Unternehmer übergeht, gilt als durch den bisherigen Unternehmer eingestellt. ② Er gilt als durch den anderen Unternehmer neu gegründet, wenn er nicht mit einem bereits bestehenden Gewerbebetrieb vereinigt wird. ③ Der Zeitpunkt des Übergangs (Unternehmerwechsel) wird als Zeitpunkt der Einstellung und als Zeitpunkt der Neugründung angesehen. ④ In diesem Zeitpunkt erlischt die sachliche Steuerpflicht des übergegangenen Betriebs. ⑤ Der übernommene Betrieb tritt in die sachliche Steuerpflicht neu ein, wenn er nicht mit einem bestehenden Gewerbebetrieb vereinigt wird. **107**

Änderungen im Gesellschafterbestand einer Personengesellschaft

(2) ① Scheiden aus einer Personengesellschaft im Sinne des § 15 Abs. 3 EStG einzelne Gesellschafter oder alle bis auf einen aus oder treten neue hinzu oder wird ein Einzelunternehmen durch Aufnahme eines oder mehrerer Gesellschafter in eine Personengesellschaft umgewandelt, geht der Gewerbebetrieb nicht im Ganzen auf einen anderen Unternehmer über, solange ihn mindestens einer der bisherigen Unternehmer unverändert fortführt. ② § 2 Abs. 5 GewStG findet demnach in diesen Fällen keine Anwendung und die sachliche Steuerpflicht des Unternehmens besteht fort. **108**

Übergang eines Teilbetriebs

(3) ① Geht ein Teilbetrieb eines Unternehmens auf einen anderen Unternehmer über, liegt beim bisherigen Unternehmer die Einstellung eines Gewerbebetriebs nicht vor. ② In diesem Fall kommt für den Unternehmer, der den Betrieb abgibt, zunächst nur eine Anpassung der Vorauszahlungen in Betracht. ③ Die Abgabe eines Teilbetriebs wird bei der Veranlagung dadurch berücksichtigt, dass der Festsetzung des Steuermessbetrags der Gewerbeertrag des verkleinerten Unternehmens zugrunde gelegt wird. ④ Für den neuen Unternehmer kommt, wenn der übernommene Betrieb nicht mit einem bestehenden Betrieb vereinigt wird, die erstmalige Festsetzung der Vorauszahlungen, sonst die Anpassung der bisherigen Vorauszahlungen in Betracht. **109**

H 2.7

H 2.7

Partieller Unternehmerwechsel bei Personengesellschaften. In Fällen des partiellen Unternehmerwechsels bei Personengesellschaften kommt es grundsätzlich nicht darauf an, auf welche Weise, z. B. Anwachsung, Übertragung, Gesamtrechtsnachfolge, die Eigentumsanteile ausscheidender Unternehmer an dem fortgeführten Gewerbebetrieb auf den verbleibenden oder auf neu hinzutretende Unternehmer übergehen (→ BFH vom 18. 5. 1972 – BStBl. II S. 775). **110**

Soweit das BFH-Urteil vom 24. 10. 1972 – BStBl. 1973 II S. 233 dem entgegensteht, ist es nicht anzuwenden.

Persönliche Steuerpflicht. Wegen der Auswirkungen auf die persönliche Steuerpflicht und damit der Steuerschuldnerschaft des jeweiligen Unternehmers → § 5 Abs. 2 GewStG, R 5.1 Abs. 1.

Verfahren bei der Anpassung oder erstmaligen Festsetzung von Vorauszahlungen. → R 19.2.

Zur Verrechnung von im übergegangenen Unternehmen entstandenen Verlusten. → § 10 a Satz 8 GewStG.

R 2.8

R 2.8 Inland, gebietsmäßige Abgrenzung der Besteuerung

111 ① Gewerbesteuerpflichtig sind nur Unternehmen, die im Inland betrieben werden. ② Erstreckt sich der Gewerbebetrieb auch auf das Ausland, werden nur die im Inland befindlichen Betriebsstätten der Besteuerung unterworfen. ③ Zum Inland im Sinne des Gewerbesteuerrechts gehört auch der an die Bundesrepublik Deutschland grenzende deutsche Festlandsockel, soweit es sich um die Erforschung und Ausbeutung der Naturschätze des Meeresgrundes und des Meeresuntergrundes handelt (→ Proklamation der Bundesregierung vom 22. 1. 1964 – BGBl. II S. 104).

H 2.8

H 2.8

112 **Betriebsstätten im Ausland.** Wegen der Berücksichtigung der gebietsmäßigen Abgrenzung bei der Ermittlung des Gewerbeertrags → H 7.1 (1).

Festlandsockel. Zur Abgrenzung des Festlandsockels in der Nordsee zwischen der Bundesrepublik, den Niederlanden, England und Dänemark (→ Gesetz vom 23. 8. 1972 – BGBl. II S. 881 und S. 1616).

Grenzüberschreitende Gewerbegebiete. Der nicht zur Bundesrepublik Deutschland gehörende Teil eines grenzüberschreitenden Gewerbegebiets, das nach den Vorschriften eines Abkommens zur Vermeidung der Doppelbesteuerung als solches bestimmt ist, gehört ab Erhebungszeitraum 2004 nach § 2 Abs. 7 Nr. 2 i. d. F. des Art. 4 des Gesetzes vom 4. 6. 2004 (BGBl. II S. 1653) zum Inland.

Inländische Betriebsstätte auf einem Schiff, das im inländischen Schiffsregister eingetragen ist. Ein Gewerbebetrieb wird auch dann im Inland betrieben, wenn für ihn eine Betriebsstätte auf einem unter deutscher Flagge fahrenden See-(Kauffahrtei-)Schiff unterhalten wird, das in einem inländischen Schiffsregister eingetragen ist (→ BFH vom 13. 2. 1974 – BStBl. II S. 361). Dies gilt gemäß § 5 GewStDV nicht für Kauffahrteischiffe, die im regelmäßigen Linienverkehr ausschließlich zwischen ausländischen Häfen verkehren.

Vereinbarkeit der Beschränkung der Gewerbesteuer mit dem Gemeinschaftsrecht. Die Erhebung der Gewerbesteuer führt weder zu einem übermäßigen Eingriff in Freiheitsrechte des Gewerbetreibenden noch stellt sie eine Verletzung des Gleichheitssatzes dar. Die Erhebung der Gewerbesteuer verstößt auch nicht gegen eine der Grundfreiheiten des EG-Vertrages. Insbesondere stellt die Beschränkung der Erhebung der Gewerbesteuer auf Gewerbebetriebe, soweit sie im Inland betrieben werden, keine Diskriminierung im Sinne des Gemeinschaftsrechts dar (→ BFH vom 18. 9. 2003 – BStBl. 2004 II S. 17).

R 2.9

R 2.9 Betriebsstätte

R 2.9 (1)

R 2.9 (1)

Allgemeines

113 (1) ① Der Begriff der Betriebsstätte ergibt sich aus § 12 AO.[1] ② Für Zwecke der Zerlegung des Steuermessbetrags enthält § 28 Abs. 2 GewStG ergänzende Regelungen. ③ Betriebsstätte ist nach § 12 AO jede feste Geschäftseinrichtung oder Anlage, die der Tätigkeit eines Unternehmens dient.[2] ④ Es gehören dazu auch bewegliche Geschäftseinrichtungen mit vorübergehend festem

---

[1] Vgl. auch den *„Betriebsstättenerlass" BMF vom 24. 12. 1999, BStBl. I S. 1076* mit nachfolgenden Änderungen.

[2] Zum Begriff der Betriebsstätte vgl. ferner:

a) Kohlenzechen als Betriebsstätte eines Elektrizitätswerkes *(BFH-Beschluss vom 2. 11. 1960 I B 31/59 U, BStBl. 1961 III S. 8)*

b) Betriebsstätte bei stillgelegten Betriebsteilen *(BFH-Beschluss vom 30. 8. 1960 I B 148/59 U, BStBl. III S. 468)*

c) Betriebsstätte bei Automatenbetrieben *(BFH-Beschluss vom 16. 9. 1964 IV B 164/64 U, BStBl. 1965 III S. 69 und vom 5. 10. 1965 I B 387/62 U, BStBl. III S. 668)*

d) Keine Betriebsstätte des Verpächters eines Gewerbebetriebs *(BFH-Beschluss vom 18. 3. 1965 IV B 411/62 U, BStBl. III S. 324)*

e) Betriebsstätte bei Berufssportlern *(BFH-Urteil vom 17. 2. 1955 IV 77/53 S, BStBl. III S. 100).*

Standort, z. B. fahrbare Verkaufsstätten mit wechselndem Standplatz. ⑤ Der Begriff der festen Geschäftseinrichtung oder Anlage erfordert keine besonderen Räume oder gewerblichen Vorrichtungen. ⑥ Ferienwohnungen stellen eine Betriebsstätte dar, wenn ihre Vermietung als gewerbliche Tätigkeit anzusehen ist. ⑦ Hat in diesen Fällen der Eigentümer seinen Wohnsitz nicht in der Gemeinde der Belegenheit der Ferienwohnung, wird außer in der Wohnsitzgemeinde auch in der Gemeinde der Belegenheit der Ferienwohnung eine Betriebsstätte unterhalten. ⑧ Wegen des in diesen Fällen anzuwendenden Zerlegungsmaßstabs → R 33.1.

H 2.9 (1)

H 2.9 (1)

Binnen- und Küstenschifffahrtsbetriebe. 114

- Wegen der Annahme einer Betriebsstätte **(Betriebsstättenfiktion)** bei Binnen- und Küstenschifffahrtsbetrieben, die keine der Tätigkeit des Unternehmens dienenden festen Geschäftseinrichtungen oder Anlagen unterhalten; → § 6 GewStDV.
- **Mittelpunkt der geschäftlichen Oberleitung bei Schifffahrtsunternehmen.** Bei einem Schifffahrtsunternehmen befindet sich der Mittelpunkt der geschäftlichen Oberleitung in den Geschäftsräumen eines ausländischen Managers oder Korrespondentreeders, wenn von dort aus die laufenden Geschäfte maßgeblich beeinflusst werden. Entscheidend sind die Umstände des Einzelfalles (→ BFH vom 3. 7. 1997 – BStBl. 1998 II S. 86).
- **Wohnung eines Unternehmers eines Binnen- oder Küstenschifffahrtsbetriebs.** Hat der Unternehmer eines Binnen- oder Küstenschifffahrtsbetriebs an Land eine Wohnung, begründet er am Wohnort nur dann eine Betriebsstätte, wenn sich dort von einer festen Geschäftseinrichtung oder Anlage aus dauernd betriebliche Handlungen vollziehen. Telefongespräche von der Wohnung aus und Fahrten mit dem Kraftwagen, durch die lediglich die Verbindung zwischen dem privaten und dem betrieblichen Bereich hergestellt wird, genügen dazu nicht, ebenso wenig ein Bankkonto, das nur die betrieblichen Überschüsse zur privaten Verwendung aufnimmt und bereithält (→ BFH vom 7. 6. 1966 – BStBl. III S. 548).

Feste Geschäftseinrichtung oder Anlage.

- **Allgemein.** Eine Verkaufsstelle (→ § 12 Satz 2 Nr. 6 AO) ist nur dann eine Betriebsstätte, wenn sie eine i. S. des § 12 Satz 1 AO feste Geschäftseinrichtung oder Anlage ist (→ BFH vom 17. 9. 2003 – BStBl. 2004 II S. 396).
- **Begründung einer Betriebsstätte in den Fällen der Betriebsaufspaltung.** Zu der Frage, in welchen Fällen der Betriebsaufspaltung (→ H 15.7 (4) bis (8) EStH) das Unternehmen der Betriebsgesellschaft eine Betriebsstätte für die Besitzgesellschaft begründet (→ BFH vom 28. 7. 1982 – BStBl. 1983 II S. 77).
- **Kehrbezirk eines Bezirkschornsteinfegers.** Der Kehrbezirk eines Bezirksschornsteinfegermeisters ist gewerbesteuerrechtlich nicht dessen Betriebsstätte i. S. des § 12 Satz 1 AO. Diese Vorschrift ist maßgebend für den Begriff der Betriebsstätte im GewStG; die hiervon abweichende einkommensteuerrechtliche Auslegung des Begriffs der Betriebsstätte in § 4 Abs. 5 Satz 1 Nr. 6 EStG durch die BFH-Rechtsprechung gilt nicht für den Anwendungsbereich des GewStG (→ BFH vom 13. 9. 2000 – BStBl. 2001 II S. 734).
- **Standplätze auf Märkten.** Wochenmarkthändler begründen auf dem Markt auch dann eine Betriebsstätte, wenn sie zwar keinen Rechtsanspruch auf einen festen Standplatz haben, aber den Platz ständig benutzen. Ein Verkaufsstand, den ein Unternehmen einmal im Jahr vier Wochen lang auf dem Weihnachtsmarkt unterhält, begründet keine Betriebsstätte (→ BFH vom 17. 9. 2003 – BStBl. 2004 II S. 396).
- **Standplätze von Straßenhändlern.** Für das Vorliegen einer festen Geschäftseinrichtung genügt es, wenn der Unternehmer über die Räumlichkeiten oder eine bestimmte Fläche eine gewisse, nicht nur vorübergehende Verfügungsmacht besitzt (→ BFH vom 17. 3. 1982 – BStBl. II S. 624 und vom 11. 10. 1989 – BStBl. 1990 II S. 166). Demgemäß sind z. B. fest zugewiesene Standplätze von Straßenhändlern als Betriebsstätten anzusehen (→ RFH vom 15. 4. 1942 – RStBl. S. 469).
- **Unentgeltliche Nutzung überlassener Räume.** Unentgeltlich zur Nutzung überlassene Räume begründen eine Betriebsstätte, wenn dem Nutzenden mit der Überlassung eine Rechtsposition eingeräumt wird, die ihm ohne seine Mitwirkung nicht mehr ohne weiteres entzogen oder die ohne seine Mitwirkung nicht ohne weiteres verändert werden kann (→ BFH vom 17. 3. 1982 – BStBl. II S. 624). Dabei genügt auch eine nur allgemeine rechtliche Absicherung, wenn aus tatsächlichen Gründen anzunehmen ist, dass zumindest ein bestimmter Raum zur ständigen Nutzung zur Verfügung gestellt und die Verfügungsmacht darüber nicht bestritten wird (→ BFH vom 3. 2. 1993 – BStBl. II S. 462).

R 2.9 (2)

R 2.9 (2)

Bauausführungen oder Montagen

(2) ① Nach § 12 Nr. 8 AO gelten als Betriebsstätte auch Bauausführungen oder Montagen. 115
② Das gilt auch dann, wenn es sich nicht um feste Baustellen handelt, sondern diese fortschreiten (z. B. im Straßenbau) oder schwimmen. ③ Weitere Voraussetzung ist, dass die Dauer der einzelnen

Bauausführung oder Montage oder mehrerer ohne Unterbrechung aufeinanderfolgender Bauausführungen oder Montagen sechs Monate überstiegen hat. ④ Bestehen mehrere Bauausführungen oder Montagen zeitlich nebeneinander, reicht es für die Annahme einer Betriebsstätte für alle Bauausführungen oder Montagen aus, wenn nur eine davon länger als sechs Monate besteht. ⑤ Die Sechsmonatsfrist braucht nicht innerhalb eines Erhebungszeitraums erfüllt zu sein. ⑥ Für die steuerliche Zusammenfassung mehrerer Bauausführungen kommt es nicht auf deren wirtschaftlichen Zusammenhang, sondern nur darauf an, ob die einzelnen Bauausführungen in einer Gemeinde ohne zeitliche Unterbrechung aufeinanderfolgen. ⑦ Werden bei einer Bauausführung die Bauarbeiten unterbrochen, so wird die Zeit der Unterbrechung nicht in die Sechsmonatsfrist einbezogen. ⑧ Zu den Bauausführungen gehört nicht nur die Errichtung, sondern auch der Abbruch von Baulichkeiten. ⑨ Stätten der Erkundung von Bodenschätzen, z. B. Versuchsbohrungen, sind als Betriebsstätten anzusehen, wenn die Voraussetzungen des § 12 Nr. 8 AO erfüllt sind.

H 2.9 (2)

H 2.9 (2)

Bauausführungen.

116 – **Begriff.** → RFH vom 2. 7. 1940 – RStBl. S. 668, RFH vom 21. 1. 1942 – RStBl. S. 66 und BFH vom 21. 10. 1981 – BStBl. 1982 II S. 241.

– **Einbeziehung von Subunternehmern.** Bei einem einheitlichen Bauauftrag ist auch die Zeit der Bauausführungen zu berücksichtigen, in der an der Baustelle selbständige Subunternehmer tätig waren, deren Tätigkeit der Steuerpflichtige lediglich überwacht hat (→ BFH vom 13. 11. 1962 – BStBl. 1963 III S. 71).

– **Sechsmonatsfrist.** Betriebsstätten i. S. von § 8 Nr. 7 Satz 2 GewStG i. V. m. § 12 AO sind auch bei mehreren Bauausführungen anzunehmen, die sich zeitlich überschneidend insgesamt über einen Zeitraum von mehr als sechs Monaten hinziehen (→ BFH vom 16. 12. 1998 – BStBl. 1999 II S. 365).

– **Unterbrechung der Sechsmonatsfrist.** Werden bei einer Bauausführung die Bauarbeiten unterbrochen, z. B. durch ungünstige Witterungsverhältnisse, Streik, Materialmangel oder aus bautechnischen Gründen, wird die Frist von sechs Monaten gehemmt. Kurze Unterbrechungen bis zu zwei Wochen hemmen die Frist jedoch nicht (→ BFH vom 8. 2. 1979 – BStBl. II S. 479).

Montage.

– **Begriff.** → BFH vom 16. 5. 1990 – BStBl. II S. 983.

– **Feste Geschäftseinrichtungen oder Anlagen im Zusammenhang mit Bauausführungen und Montagen.** Werden im Zusammenhang mit Bauausführungen oder Montagen feste Geschäftseinrichtungen oder Anlagen errichtet, wie Baubuden, Baukantinen, Geräteschuppen, Unterkunftsbaracken usw., begründen auch diese eine Betriebsstätte nur dann, wenn die Bauausführungen oder Montagen länger als sechs Monate bestanden haben (→ RFH vom 22. 1. 1941 – RStBl. S. 90).
Die Frist von sechs Monaten (→ § 12 Nr. 8 AO) bietet auch einen Anhalt für die Beurteilung der Frage, ob nach § 12 Nr. 8 AO eine Betriebsstätte bei festen Geschäftseinrichtungen oder Anlagen anzunehmen ist, die im Zusammenhang mit Arbeiten errichtet werden, die nicht zu den eigentlichen Bauausführungen oder Montagen gehören (→ BFH vom 27. 4. 1954 – BStBl. III S. 179).

R 2.9 (3)

R 2.9 (3)

Geschäftseinrichtungen oder Anlagen, die dem Gewerbebetrieb unmittelbar dienen

117 (3) ① Eine Betriebsstätte bilden nur solche festen Geschäftseinrichtungen oder Anlagen, in denen sich dauernd Tätigkeiten, wenn auch bloße Hilfs- oder Nebenhandlungen vollziehen, die dem Gewerbebetrieb unmittelbar dienen. ② Ob die Tätigkeiten im Einzelnen kaufmännischer, buchhalterischer, technischer oder handwerklicher Art sind, ist unerheblich. ③ Es ist nicht erforderlich, dass in der Betriebsstätte Verhandlungen mit Dritten geführt oder Geschäftsabschlüsse getätigt werden. ④ Betriebsstätten können auch rein mechanische Anlagen sein (z. B. Verkaufsautomaten). ⑤ Es fehlt aber an einer Betätigung für Zwecke eines gewerblichen Unternehmens, wenn die örtlichen Anlagen oder Einrichtungen ausschließlich Wohnzwecken, Erholungszwecken, Sportzwecken oder ähnlichen Zwecken dienen.

H 2.9 (3)

H 2.9 (3)

118 **Betriebsstätte mit Land- und Forstwirtschaft.** Kapitalgesellschaften und andere Unternehmen im Sinne des § 2 Abs. 2 GewStG, die wegen ihrer Rechtsform steuerpflichtig sind, unterhalten Betriebsstätten auch in solchen Gemeinden, in denen sie nur eine Landwirtschaft betreiben (→ BFH vom 29. 11. 1960 – BStBl. 1961 III S. 52).

Keine Betriebsstätte wegen fehlender Betätigung für das Unternehmen.

– Genesungsheime und Kinderheime → BFH vom 29. 11. 1960 – BStBl. 1961 III S. 52.

– Auch die unentbehrlichen hygienischen Einrichtungen zur Benutzung durch die Arbeitnehmer begründen keine Betriebsstätte (→ BFH vom 16. 6. 1959 – BStBl. III S. 349).
– Der bloße Besitz von Grundvermögen begründet auch bei einer Kapitalgesellschaft noch keine Betriebsstätte (→ RFH vom 27. 5. 1941 – RStBl. S. 393). Bei Kapitalgesellschaften ist eine mehrgemeindliche Betriebsstätte jedoch auch dann gegeben, wenn sich in einer Gemeinde lediglich Grundstücke der Betriebsstätte befinden, die zurzeit betrieblich nicht benutzt werden (→ BFH vom 18. 4. 1951 – BStBl. III S. 124 und vom 26. 11. 1957 – BStBl. 1958 III S. 261).

R 2.9 (4) R 2.9 (4)

Betriebsstätte eines Vertretenen

(4) ① Die Betriebsstätte setzt nach § 12 AO eine feste Geschäftseinrichtung oder Anlage voraus, die der Tätigkeit des Unternehmens dient. ② Die Tätigkeit des Unternehmens braucht nicht von dem Unternehmer selbst oder in seinem Namen von seinen Arbeitnehmern, sondern sie kann auch von einem ständigen Vertreter ausgeübt werden. ③ Ein persönliches Abhängigkeitsverhältnis ist nur insoweit erforderlich, als der ständige Vertreter lediglich an die geschäftlichen Weisungen des vertretenen Unternehmens gebunden sein muss. ④ Diese Voraussetzung ist ohne weiteres beim Vorliegen eines Arbeitnehmerverhältnisses auf Grund eines Dienstvertrags erfüllt. ⑤ Die Weisungsgebundenheit kann aber auch ohne Vorliegen eines Arbeitnehmerverhältnisses auf anderer Rechtsgrundlage (z. B. auf einem Auftrags- oder Geschäftsbesorgungsverhältnis im Sinne der §§ 662 und 675 BGB) beruhen. 119

H 2.9 (4) H 2.9 (4)

Ständiger Vertreter.

– **Allgemein.** Ständiger Vertreter ist eine Person, die nachhaltig die Geschäfte eines Unternehmens besorgt und dabei dessen Sachweisungen unterliegt, insbesondere für ein Unternehmen nachhaltig Verträge abschließt oder vermittelt oder Aufträge einholt oder einen Bestand von Gütern oder Waren unterhält und davon Auslieferungen vornimmt – § 13 AO (→ BFH vom 28. 6. 1972 – BStBl. II S. 785). 120
– **Betriebsaufspaltung.** Bei einer Betriebsaufspaltung (→ H 15.7 (4) bis (8) EStH) übt das Besitzunternehmen in den dem Betriebsunternehmen pachtweise überlassenen Betriebsstätten in der Regel keinen eigenen Gewerbebetrieb mehr aus. Das Betriebsunternehmen ist mit den gepachteten Betriebsstätten auch nicht ständiger Vertreter des Besitzunternehmens im Sinne des § 13 AO (→ BFH vom 10. 6. 1966 – BStBl. III S. 598).
– **Kapitalgesellschaft.** Ständiger Vertreter kann nicht nur eine natürliche Person, sondern auch eine juristische Person, insbesondere eine Kapitalgesellschaft sein (→ RFH vom 19. 12. 1939 – RStBl. 1940 S. 25).
– **Räumlichkeiten des Vertreters als Betriebsstätte des vertretenen Unternehmens.** Ist nach den Grundsätzen der R 2.9 (4) eine Person als ständiger Vertreter des Unternehmens anzusehen, so hängt die Annahme einer Betriebsstätte des Vertretenen von der weiteren Voraussetzung ab, dass die feste Geschäftseinrichtung oder Anlage, in der der ständige Vertreter seine Tätigkeit für das Unternehmen ausübt, einer gewissen, nicht nur vorübergehenden Verfügungsgewalt des Unternehmens unterliegt (→ BFH vom 28. 6. 1972 – BStBl. II S. 785). Dem Vertreter müssen die Einrichtungen in der Weise überlassen worden sein, dass bei Beendigung seiner Tätigkeit für den Vertretenen das Gebrauchsrecht des Vertreters an ihnen entfällt (→ BFH vom 14. 7. 1971 – BStBl. II S. 776). Das ist nicht der Fall, wenn der ständige Vertreter seine Tätigkeit in Räumlichkeiten ausübt, die dem vertretenen Unternehmer weder als Eigentümer noch als Mieter gehören. Demgemäß ist die Betriebsstätte, die einem ständigen Vertreter gehört, der selbständiger Gewerbetreibender (z. B. Handelsvertreter i. S. d. § 84 HGB) ist, nur eine Betriebsstätte des Vertreters und nicht auch eine Betriebsstätte des vertretenen Unternehmers. Das Gleiche gilt in der Regel für Werbelokale einer Bausparkasse, die diese ihren Vertretern zur Verfügung stellt (→ BFH vom 12. 10. 1965 – BStBl. III S. 690). Auch der Versicherungsvertreter, der in vollem Umfang selbständiger Gewerbetreibender ist, begründet durch seinen Gewerbebetrieb in der Regel jedenfalls dann keine Betriebsstätte des Versicherungsunternehmens, wenn er die Büroräume gemietet hat und nur eigene Angestellte beschäftigt. Das Recht des Versicherungsunternehmens, die Räume des Versicherungsvertreters zur Überprüfung von Geschäftsvorfällen und zur Kontrolle des Geldverkehrs zu betreten, begründet auch dann keine Betriebsstätte des Versicherungsunternehmens, wenn das Versicherungsunternehmen von seinem Recht tatsächlich Gebrauch macht (→ BFH vom 9. 3. 1962 – BStBl. III S. 227). Bei einer Geschäftseinrichtung (z. B. einem Warenlager) einer Mineralölfirma am Ort der Betriebsstätte eines selbständigen Tankstellenwarts ist Voraussetzung für eine Betriebsstätte der Mineralölfirma, dass die Mineralölfirma die Verfügungsgewalt im Sinne des oben bezeichneten BFH-Beschlusses vom 9. 3. 1962 – BStBl. III S. 227 über die Geschäftseinrichtung besitzt. Die Verfügungsgewalt ist zu verneinen, wenn die Geschäftseinrichtung von der Mineralölfirma an den Tankstellenwart verpachtet worden ist (→ BFH vom 16. 8. 1962 – BStBl. III S. 477). Auch die

Wohnung des unselbständigen Handlungsgehilfen, der ständiger Vertreter ist, ist im Allgemeinen keine Betriebsstätte des vertretenen Geschäftsherrn. Die Räumlichkeiten, in denen der ständige Vertreter seine geschäftliche Tätigkeit ausübt, sind jedoch, ohne dass sie dem Vertretenen als Eigentümer oder Mieter zu gehören brauchen, als dessen Betriebsstätte anzusehen, wenn dem Vertretenen über diese Räumlichkeiten eine gewisse, nicht nur vorübergehende Verfügungsgewalt zusteht (→ RFH vom 26. 9. 1939 – RStBl. S. 1227, vom 19. 12. 1939 – RStBl. 1940 S. 25 und S. 26 und vom 11. 3. 1942 – RStBl. S. 801). Eine inländische Betriebsstätte eines ausländischen Unternehmens liegt auch dann vor, wenn der Betrieb in Räumen ausgeübt wird, die ein leitender Angestellter des Unternehmens unter seinem Namen gemietet und dem Unternehmen zur Verfügung gestellt hat (→ BFH vom 30. 1. 1974 – BStBl. II S. 327).

– **Vertretung im Rahmen eines Gewerbebetriebs des Vertreters.** Die Vertretung kann auch im Rahmen eines Gewerbebetriebs des Vertreters ausgeübt werden. So kann z. B. ein Handelsvertreter (§ 84 HGB) ständiger Vertreter in diesem Sinne sein (→ RFH vom 23. 4. 1941 – RStBl. S. 355).

Anl zu R 2.9

Abgabenordnung

121 **§ 10 Geschäftsleitung**

Geschäftsleitung ist der Mittelpunkt der geschäftlichen Oberleitung.

122 **§ 11 Sitz**

Den Sitz hat eine Körperschaft, Personenvereinigung oder Vermögensmasse an dem Ort, der durch Gesetz, Gesellschaftsvertrag, Satzung, Stiftungsgeschäft oder dergleichen bestimmt ist.

123 **§ 12 Betriebstätte**

① Betriebstätte ist jede feste Geschäftseinrichtung oder Anlage, die der Tätigkeit eines Unternehmens dient. ② Als Betriebstätten sind insbesondere anzusehen:

1. die Stätte der Geschäftsleitung,
2. Zweigniederlassungen,
3. Geschäftsstellen,
4. Fabrikations- oder Werkstätten,
5. Warenlager,
6. Ein- oder Verkaufsstellen,
7. Bergwerke, Steinbrüche oder andere stehende, örtlich fortschreitende oder schwimmende Stätten der Gewinnung von Bodenschätzen,
8. Bauausführungen oder Montagen, auch örtlich fortschreitende oder schwimmende, wenn
   a) die einzelne Bauausführung oder Montage oder
   b) eine von mehreren zeitlich nebeneinander bestehenden Bauausführungen oder Montagen oder
   c) mehrere ohne Unterbrechung aufeinander folgende Bauausführungen oder Montagen

länger als sechs Monate dauern.

124 **§ 13 Ständiger Vertreter**

① Ständiger Vertreter ist eine Person, die nachhaltig die Geschäfte eines Unternehmens besorgt und dabei dessen Sachweisungen unterliegt. ② Ständiger Vertreter ist insbesondere eine Person, die für ein Unternehmen nachhaltig

1. Verträge abschließt oder vermittelt oder Aufträge einholt oder
2. einen Bestand von Gütern oder Waren unterhält und davon Auslieferungen vornimmt.

125 **§ 14 Wirtschaftlicher Geschäftsbetrieb**

① Ein wirtschaftlicher Geschäftsbetrieb ist eine selbständige nachhaltige Tätigkeit, durch die Einnahmen oder andere wirtschaftliche Vorteile erzielt werden und die über den Rahmen einer Vermögensverwaltung hinausgeht. ② Die Absicht, Gewinn zu erzielen, ist nicht erforderlich. ③ Eine Vermögensverwaltung liegt in der Regel vor, wenn Vermögen genutzt, zum Beispiel Kapitalvermögen verzinslich angelegt oder unbewegliches Vermögen vermietet oder verpachtet wird.

§ 2 a Arbeitsgemeinschaften GewStG

① Als Gewerbebetrieb gilt nicht die Tätigkeit der Arbeitsgemeinschaften, deren alleiniger Zweck in der Erfüllung eines einzigen Werkvertrags oder Werklieferungsvertrags besteht. ② Die Betriebsstätten der Arbeitsgemeinschaften gelten insoweit anteilig als Betriebsstätten der Beteiligten. 1

R 2 a Arbeitsgemeinschaften R 2a

① Die Vorschrift des § 2 a GewStG gilt nur für Arbeitsgemeinschaften, die auf Grund eines Werkvertrags oder Werklieferungsvertrags tätig werden. ② Dagegen unterliegen Gemeinschaften, die einen gemeinsamen Ein- oder Verkauf betreiben, sofern dieser sich nicht auf die Erfüllung des Werk- oder Werklieferungsvertrags beschränkt, selbständig der Gewerbesteuer. 2

H 2 a H 2a

Auslegung des Gesellschaftsvertrags. Ob eine Arbeitsgemeinschaft den alleinigen Zweck hat, sich auf die Erfüllung eines einzigen Werk- oder Werklieferungsvertrags zu beschränken, ist durch Auslegung des Gesellschaftsvertrags zu ermitteln (→ BFH vom 2. 12. 1992 – BStBl. 1993 II S. 577). 3

R 3.0

R 3.0 Steuerbefreiungen nach anderen Gesetzen und Verordnungen

1 Sehen andere Gesetze oder Verordnungen die Befreiung von der Gewerbesteuer vor, sind diese auch ohne eine entsprechende Regelung im Gewerbesteuergesetz anzuwenden.

H 3.0

H 3.0

Steuerbefreiungen außerhalb des Gewerbesteuergesetzes.[1] Von der Gewerbesteuer sind auf Grund anderer Gesetze und Verordnungen u. a. befreit:

1. Kleinere Versicherungsvereine auf Gegenseitigkeit nach § 12 a GewStDV vom 15. 10. 2002 (BGBl. I S. 4180), zuletzt geändert durch Artikel 2 des Gesetzes zur Modernisierung der Finanzaufsicht über Versicherungen vom 1. 4. 2015 (BGBl. I S. 434).
2. Einnehmer staatlicher Lotterien nach § 13 GewStDV vom 15. 10. 2002 (BGBl. I S. 4180), zuletzt geändert durch Artikel 2 des Gesetzes zur Modernisierung der Finanzaufsicht über Versicherungen vom 1. 4. 2015 (BGBl. I S. 434).
3. Sondervermögen und Investmentaktiengesellschaften nach § 11 Abs. 1 Satz 2 des Investmentsteuergesetzes vom 15. 12. 2003 (BGBl. I S. 2724), zuletzt geändert durch Art. 11 des Investmentsteuerreformgesetzes vom 19. 7. 2016 (BGBl. I S. 1730).
4. Ausgleichkassen und gemeinsame Einrichtungen der Tarifvertragsparteien nach § 12 Abs. 3 des Vorruhestandsgesetzes vom 13. 4. 1984 (BGBl. I S. 601, BStBl. I S. 332), zuletzt geändert durch Artikel 2 des Gesetzes vom 22. 12. 2005 (BGBl. I S. 3686).

GewStDV

§§ 10 bis 12 *(weggefallen)*

§ 12 a[2] *Kleinere Versicherungsvereine*

2 *Kleinere Versicherungsvereine auf Gegenseitigkeit im Sinne des § 210 des Versicherungsaufsichtsgesetzes[3] sind von der Gewerbesteuer befreit, wenn sie nach § 5 Abs. 1 Nr. 4 des Körperschaftsteuergesetzes von der Körperschaftsteuer befreit sind.*

GewStG

§ 3 Befreiungen

Von der Gewerbesteuer sind befreit

3 **1.[4] das Bundeseisenbahnvermögen, die staatlichen Lotterieunternehmen, die zugelassenen öffentlichen Spielbanken mit ihren der Spielbankabgabe unterliegenden Tätigkeiten und der Erdölbevorratungsverband nach § 2 Abs. 1 des Erdölbevorratungsgesetzes vom 16. Januar 2012 (BGBl. I S. 74) in der jeweils geltenden Fassung;**

...

GewStDV

§ 13 *Einnehmer einer staatlichen Lotterie*

4 *Die Tätigkeit der Einnehmer einer staatlichen Lotterie unterliegt auch dann nicht der Gewerbesteuer, wenn sie im Rahmen eines Gewerbebetriebs ausgeübt wird.[5]*

H 3.1

H 3.1 Zu § 3 Nr. 1 GewStG

5 **Betrieb einer Bar in Spielbanken.** Weder der Betrieb einer Bar noch die Einnahmen aus der Verpachtung von Flächen zum Betrieb einer Bar in den Räumen einer Spielbank sind mit der Spielbankabgabe abgegolten und unterliegen somit der Gewerbesteuer (→ BFH vom 30. 10. 2014 – BStBl. II 2015 S. 565).

Lotterieunternehmen.

– Die Befreiungsvorschrift des § 3 Nr. 1 GewStG ist auf Lotterieunternehmen, die in der Rechtsform einer Kapitalgesellschaft betrieben werden, auch dann nicht anwendbar, wenn sich die Anteile in der Hand des Staates befinden (→ BFH vom 14. 3. 1961 – BStBl. III S. 212 und vom 13. 11. 1963 – BStBl. 1964 III S. 190).

– Demgegenüber ist § 3 Nr. 1 GewStG auf ein Lotterieunternehmen, das als rechtsfähige Anstalt des öffentlichen Rechts der Staatsaufsicht unterliegt, anzuwenden (→ BFH vom 24. 10. 1984 – BStBl. 1985 II S. 223).

Privater (nicht staatlicher) Lotterieveranstalter. Der private Veranstalter einer nicht genehmigten Lotterie kann weder die Gewerbesteuerfreiheit nach § 3 Nr. 1 GewStG in An-

[1] Steuerbefreit sind auch Unterstützungskassen nach § 15 Abs. 2 PostpersonalrechtsG v. 14. 9. 1994 (BGBl. I S. 2325, 2353), zuletzt geändert durch Gesetz v. 28. 6. 2021 (BGBl. I S. 2250) sowie REIT-Aktiengesellschaften nach § 16 REITG v. 28. 5. 2007 (BGBl. I S. 914), zuletzt geändert durch Gesetz v. 10. 8. 2021 (BGBl. I S. 3436).

[2] § 12 a GewStDV VAG-Verweis geändert durch Gesetz vom 1. 4. 2015 (BGBl. I S. 434) mWv EZ 2016.

[3] Versicherungsaufsichtsgesetz i. d. F. der Bek. vom 1. 4. 2015 (BGBl. 2015 I S. 434), zuletzt geändert durch Gesetz vom 22. 2. 2023 (BGBl. I Nr. 51).

[4] § 3 Nr. 1 geändert durch Gesetz vom 12. 12. 2019 (BGBl. I S. 2451) mWv EZ 2019 (§ 36 Abs. 2 Satz 1 GewStG).

[5] Ab 1. 1. 2008 werden die staatlichen Lotterien in **Hamburg** von der Lotto Hamburg GmbH veranstaltet, die Einnehmer sind deswegen seit dem 1. 1. 2008 mit dieser Tätigkeit gewerbesteuerpflichtig; vgl. Erlass *FinBeh Hamburg vom 7. 1. 2009 – 53 – G 1410 – 001/09, StEK GewStG § 2 Abs. 1 Nr. 192.*

spruch nehmen noch ist er Einnehmer einer staatlichen Lotterie i. S. des § 13 GewStDV. Gegen die hieraus folgende Doppelbelastung mit Lotterie- und Gewerbesteuer bestehen keine verfassungsrechtlichen Bedenken (→ BFH vom 2. 12. 2010[1] – BStBl. 2011 II S. 368).

Staatliche Lotterie. Zum Begriff der staatlichen Lotterie (→ BFH vom 14. 3. 1961 – BStBl. III S. 212, vom 13. 11. 1963 – BStBl. 1964 III S. 190 und vom 24. 10. 1984 – BStBl. 1985 II S. 223).

Zur Behandlung der Einnehmer einer staatlichen Lotterie.

- → § 13 GewStDV.
- Die Befreiungsvorschrift des § 13 GewStDV ist auf Einnehmer von Lotterieunternehmen, die in der Rechtsform einer Kapitalgesellschaft betrieben werden, auch dann nicht anwendbar, wenn sich die Anteile in der Hand des Staates befinden (→ BFH vom 14. 3. 1961 – BStBl. III S. 212 und vom 13. 11. 1963 – BStBl. 1964 III S. 190).
- Zur steuerbefreiten Tätigkeit des Einnehmers eines staatlichen Lotterieunternehmens kann es auch gehören, dass der Lotterieeinnehmer so genannte Lagerlose vorrätig hält und hierdurch selbst an den einzelnen Losziehungen der Lotterie teilnimmt (→ BFH-Urteil vom 25. 3. 1976 – BStBl. II S. 576).
- Der Bezirksstellenleiter einer staatlichen Lotterie, der keine Lotteriegeschäfte mit Kunden abschließt, ist kein von der Gewerbesteuer befreiter Lotterieeinnehmer i. S. d. § 13 GewStDV (→ BFH vom 10. 8. 1972 – BStBl. II S. 801).

Anl zu H 3.1

Verfügung betr. gewerbesteuerrechtliche Behandlung der Einnehmer einer staatlichen Lotterie (§ 3 Nr. 1 GewStG i. V. m. § 13 GewStDV); hier: Lotto- und Toto-Annahmestellen

Vom 11. Mai 2016 (StEd S. 398)

(OFD Frankfurt G 1410 A – 1 – St 57)

In der Praxis haben sich zur gewerbesteuerlichen Behandlung von Lotto- und Toto-Annahmestellen aufgrund des BFH-Urteils vom 19. 11. 1985 (BStBl. 1986 II S. 719) Unsicherheiten ergeben. Nach dieser Entscheidung liegt bei enger finanzieller, wirtschaftlicher und organisatorischer Verflechtung zwischen einem Tabakwareneinzelhandel sowie einer Lotto- und Toto-Annahmestelle ein einheitlicher Gewerbebetrieb vor. Folglich können die Inhaber solcher Annahmestellen den Freibetrag nach § 11 Abs. 1 GewStG in Höhe von *36 000,– DM*[2] nicht doppelt in Anspruch nehmen. 6

Die Entscheidung des BFH ist für hessische Lotto- und Toto-Annahmestellen weitgehend bedeutungslos, weil im Streitfall aufgrund der in Bremen gegebenen Verhältnisse nicht von einer staatlichen Lotterie i. S. des § 3 Nr. 1 GewStG auszugehen und insoweit auch die Befreiungsvorschrift des § 13 GewStDV nicht anzuwenden war. Als staatliche Lotterieunternehmen können nur diejenigen Unternehmen angesehen werden, die der Staat unmittelbar selbst betreibt (Regiebetriebe) oder die in Form einer rechtsfähigen, der Staatsaufsicht unterliegenden Anstalt des öffentlichen Rechts organisiert sind (BFH-Urteil vom 24. 10. 1984, BStBl. 1985 II S. 223). Eine Gewerbesteuerbefreiung gemäß § 3 Nr. 1 GewStG, § 13 GewStDV greift hingegen nicht ein, wenn das Lotterieunternehmen in der Rechtsform einer Kapitalgesellschaft betrieben wird, wobei unmaßgeblich ist, ob sich die Anteile des Unternehmens ganz oder teilweise in der Hand des Staates befinden (Urteil des Großen Senats des BFH vom 13. 11. 1963, BStBl. 1964 III S. 190; *Abschn. 35 Abs. 1 S. 2 GewStR 1984*).[3]

In Hessen wird das Lotto- und Toto-Gewinnspiel unmittelbar vom Land Hessen selbst betrieben und von der Hessischen Lotterieverwaltung als Staatslotterie veranstaltet; diese ist auch Vertragspartner der Lotterieeinnehmer. Demgegenüber hat die Lotterie-Treuhandgesellschaft mbH Hessen lediglich die Aufgabe, für die technische Durchführung der Lotterie zu sorgen. Dies steht dem Charakter der Veranstaltung als Staatslotterie nicht entgegen. Die entsprechenden Provisionseinkünfte sind daher gemäß § 13 GewStDV von der Gewerbesteuer befreit.[4]

Etwas anderes gilt hinsichtlich der Behandlung von Provisionseinnahmen aus der Glücksspirale. Diese Lotterie wird von der Lotterie-Treuhandgesellschaft mbH als Privatlotterie betrieben. Die entsprechenden Provisionseinkünfte unterliegen der Gewerbesteuer.

§ 3 Befreiungen

GewStG

Von der Gewerbesteuer sind befreit

...

2.[5] die Deutsche Bundesbank, die Kreditanstalt für Wiederaufbau, die Landwirtschaftliche Rentenbank, die Bayerische Landesanstalt für Aufbaufinanzierung, die Niedersächsische Gesellschaft für öffentliche Finanzierungen mit beschränkter Haftung, die Bremer Aufbau-Bank GmbH, die Landeskreditbank Baden-Württemberg – Förderbank, die Bayerische Landesbodenkreditanstalt, die Investi- 7

[1] *Anm. d. Red.:* Gemeint ist wohl 1. 12. 2010.
[2] Jetzt: 24 500 EUR.
[3] Jetzt: **H 3.1** GewStH.
[4] Die Regelung gilt sinngemäß auch für das Land **Bayern.** Veranstalter und Verwalter des Toto- und Lottogeschäfts ist hier die Staatl. Lotterieverwaltung, eine dem Bayer. Staatsministerium der Finanzen unterstellte Behörde.
[5] Fassung des § 3 Nr. 2 ab EZ 2023 siehe geschlossene Wiedergabe.

tionsbank Berlin, die Hamburgische Investitions- und Förderbank, die NRW.Bank, die Investitions- und Förderbank Niedersachsen, die Saarländische Investitionskreditbank Aktiengesellschaft, die Investitionsbank Schleswig-Holstein, die Investitionsbank des Landes Brandenburg, die Sächsische Aufbaubank – Förderbank –, die Thüringer Aufbaubank, die Investitionsbank Sachsen-Anhalt – Anstalt der Norddeutschen Landesbank – Girozentrale –, die Investitions- und Strukturbank Rheinland-Pfalz, das Landesförderinstitut Mecklenburg-Vorpommern – Geschäftsbereich der Norddeutschen Landesbank Girozentrale –, die Wirtschafts- und Infrastrukturbank Hessen – rechtlich unselbständige Anstalt in der Landesbank Hessen-Thüringen Girozentrale und die Liquiditäts-Konsortialbank Gesellschaft mit beschränkter Haftung;

8 **3. die Bundesanstalt für vereinigungsbedingte Sonderaufgaben;**

4. *(weggefallen)*

10 **5. Hauberg-, Wald-, Forst- und Laubgenossenschaften und ähnliche Realgemeinden. ② Unterhalten sie einen Gewerbebetrieb, der über den Rahmen eines Nebenbetriebs hinausgeht, so sind sie insoweit steuerpflichtig;**

11 **6. Körperschaften, Personenvereinigungen und Vermögensmassen, die nach der Satzung, dem Stiftungsgeschäft oder der sonstigen Verfassung und nach der tatsächlichen Geschäftsführung ausschließlich und unmittelbar gemeinnützigen, mildtätigen oder kirchlichen Zwecken dienen (§§ 51 bis 68 der Abgabenordnung).**[1] **② Wird ein wirtschaftlicher Geschäftsbetrieb – ausgenommen Land- und Forstwirtschaft – unterhalten, ist die Steuerfreiheit insoweit ausgeschlossen;**

...

H 3.6

H 3.6 Zu § 3 Nr. 6 GewStG

12 **Gemeinnützige, mildtätige und kirchliche Körperschaften.** → AEAO zu §§ 51 bis 68 AO.[2]

Gemeinnützige kommunale Eigengesellschaft (Rettungsdienst). Die Eigengesellschaft einer juristischen Person des öffentlichen Rechts kann nach § 5 Abs. 1 Nr. 9 KStG 2002 und § 3 Nr. 6 Satz 1 GewStG 2002 steuerbegünstigt sein. Das gilt auch, soweit sie in die Erfüllung hoheitlicher Pflichtaufgaben der Trägerkörperschaft eingebunden ist (→ BFH vom 27. 11. 2013 – BStBl. 2016 II S. 68).

Rückwirkende Aberkennung der Gemeinnützigkeit. Ist die tatsächliche Geschäftsführung einer gemeinnützigen GmbH nicht während des gesamten Besteuerungszeitraums auf die ausschließliche und unmittelbare Erfüllung der steuerbegünstigten Zwecke gerichtet, führt dies grundsätzlich nur zu einer Versagung der Steuerbefreiung für diesen Besteuerungszeitraum. Schüttet eine gemeinnützige GmbH jedoch die aus der gemeinnützigen Tätigkeit erzielten Gewinne überwiegend verdeckt an ihre steuerpflichtigen Gesellschafter aus, liegt ein schwer wiegender Verstoß gegen § 55 Abs. 1 Nr. 1 bis 3 AO vor, der in Anwendung des § 61 Abs. 3 AO auch zum rückwirkenden Verlust der Gewerbesteuerbefreiung nach § 3 Nr. 6 GewStG führt (→ BFH vom 12. 10. 2010 – BStBl. 2012 II S. 226).

Wirtschaftliche Geschäftsbetriebe. Unterhält ein in § 3 Nr. 6 Satz 1 GewStG[3·4] genanntes Unternehmen einen oder mehrere wirtschaftliche Geschäftsbetriebe, die keine Zweckbetriebe sind und übersteigen die Einnahmen insgesamt, einschließlich der Umsatzsteuer, im Jahr 35 000 Euro, tritt insoweit partielle Gewerbesteuerpflicht ein; → § 64 AO; → R 2.1 Abs. 5, H 2.1 (5).

GewStG

§ 3 Befreiungen

Von der Gewerbesteuer sind befreit

...

13 **7. Hochsee- und Küstenfischerei, wenn sie mit weniger als sieben im Jahresdurchschnitt beschäftigten Arbeitnehmern oder mit Schiffen betrieben wird, die eine eigene Triebkraft von weniger als 100 Pferdekräften haben;**

...

R 3.7

R 3.7 Hochsee- und Küstenfischerei

14 Küstenfischerei im Sinne dieser Vorschrift ist auch die Fischerei auf dem Unterlauf der Weser und der Elbe und die Hafffischerei.

[1] Für Fälle der Betriebsaufspaltung vgl. *Vfg. BayLfSt vom 21. 10. 2010* (Anlage a zu R 3.20).
[2] Abgedruckt im „AO-Handbuch".
[3] Die GewSt-Befreiung der Betriebskapitalgesellschaft nach § 3 Nr. 6 GewStG erstreckt sich auch auf das Besitzunternehmen; vgl. *BFH-Urteil vom 19. 10. 2006 IV R 22/02, DStR S. 2207.* – Vb. nicht zur Entscheidung angenommen, vgl. *BVerfG-Beschluss vom 14. 2. 2008 1 BvR 19/07.*
[4] Vgl. auch § 3 Nr. 20 GewStG mit den dort abgedruckten Urteilen und Verwaltungsanweisungen.

H 3.7

H 3.7 Zu § 3 Nr. 7 GewStG

Allgemeines.
- Für die Anwendung der Befreiungsvorschrift in § 3 Nr. 7 GewStG genügt es, dass eine der dort bezeichneten Voraussetzungen erfüllt ist (→ RFH vom 14. 12. 1937 – RStBl. 1938 S. 428). 15
- Die Binnenfischerei (Fischerei auf Binnengewässern einschließlich der Teichwirtschaft) gehört zur Landwirtschaft und unterliegt somit grundsätzlich nicht der Gewerbesteuer, § 13 Abs. 1 Nr. 2 EStG i. V. m. § 62 BewG. Dies gilt jedoch nicht, wenn ein Gewerbebetrieb kraft Rechtsform (Kapitalgesellschaft → R 2.1 Abs. 4) vorliegt. Für diesen Fall ist zu prüfen, ob die Voraussetzungen des § 3 Nr. 7 GewStG erfüllt sind.

Nebentätigkeit. Eine Nebentätigkeit, z. B. so genannte Angelfahrten, beeinträchtigt die Steuerbefreiung für die begünstigten Tätigkeiten nicht, solange der Betrieb als solcher seinen Charakter als Hochsee- und Küstenfischereibetrieb nicht einbüßt (→ BFH vom 19. 7. 1978 – BStBl. 1979 II S. 49).

GewStG

§ 3 Befreiungen

Von der Gewerbesteuer sind befreit

...

8.[1] **Genossenschaften sowie Vereine im Sinne des § 5 Abs. 1 Nr. 14 des Körperschaftsteuergesetzes, soweit sie von der Körperschaftsteuer befreit sind;** 16

...

H 3.8

H 3.8 Zu § 3 Nr. 8 GewStG

Erwerbs- und Wirtschaftsgenossenschaften und Vereine im Bereich der Land- und Forstwirtschaft. 17
- Mit der Bezugnahme auf § 5 Abs. 1 Nr. 14 KStG sind die Grundsätze der R 5.11 bis 5.16 KStR zu beachten.
- Zu dem steuerbefreiten Tätigkeitsbereich gehört auch die Vermittlung von Leistungen im Bereich der Land- und Forstwirtschaft im Sinne des Bewertungsgesetzes, z. B. von Mietverträgen für Maschinenringe einschließlich der Gestellung von Personal. Der Begriff „Verwertung" umfasst auch die Vermarktung und den Absatz, soweit die Tätigkeit im Bereich der Land- und Forstwirtschaft liegt. Nicht unter die Steuerbefreiung fällt dagegen die Rechts- und Steuerberatung (→ R 5.11 Abs. 4 Satz 2 bis 4 KStR).
- Werden landwirtschaftliche Nutzungs- und Verwertungsgenossenschaften sowie Vereine auf Grund gesetzlicher Vorschriften oder behördlicher Anordnungen gezwungen, Geschäfte mit Nichtmitgliedern zu machen, bleiben die Gewinne aus den Mitgliedergeschäften körperschaftsteuerfrei. Die Gewinne aus dem erzwungenen Nichtmitgliedergeschäft können, sofern eine Ermittlung im Einzelnen nur schwer oder nur mit erheblichem Arbeitsaufwand möglich wäre, für die Zwecke der Körperschaftsteuer im Schätzungswege ermittelt werden (→ R 5.11 Abs. 8 KStR). Der so ermittelte Gewinn aus Gewerbebetrieb ist auch bei der Ermittlung des Gewerbeertrags zugrunde zu legen.

GewStG

§ 3 Befreiungen

Von der Gewerbesteuer sind befreit

...

9. rechtsfähige Pensions-, Sterbe-, Kranken- und Unterstützungskassen im Sinne des § 5 Abs. 1 Nr. 3 des Körperschaftsteuergesetzes, soweit sie die für eine Befreiung von der Körperschaftsteuer erforderlichen Voraussetzungen erfüllen; 18

...

H 3.9

H 3.9 Zu § 3 Nr. 9 GewStG

Pensions-, Sterbe-, Kranken- und Unterstützungskassen. Mit der Bezugnahme auf § 5 Abs. 1 Nr. 3 KStG sind die Grundsätze der → R 5.2 und 6 KStR zu beachten. 19

GewStG

§ 3 Befreiungen

Von der Gewerbesteuer sind befreit

...

10. Körperschaften oder Personenvereinigungen, deren Hauptzweck die Verwaltung des Vermögens für einen nichtrechtsfähigen Berufsverband im Sinne des § 5 Abs. 1 Nr. 5 des Körperschaftsteuergesetzes ist, wenn ihre Erträge im Wesentlichen aus dieser Vermögensverwaltung herrühren und ausschließlich dem Berufsverband zufließen; 20

[1] § 3 Nr. 8 geändert durch Gesetz vom 12. 12. 2019 (BGBl. I S. 2451) mWv EZ 2020.

21 **11. öffentlich-rechtliche Versicherungs- und Versorgungseinrichtungen von Berufsgruppen, deren Angehörige auf Grund einer durch Gesetz angeordneten oder auf Gesetz beruhenden Verpflichtung Mitglieder dieser Einrichtungen sind, wenn die Satzung der Einrichtung die Zahlung keiner höheren jährlichen Beiträge zulässt als das Zwölffache der Beiträge, die sich bei einer Beitragsbemessungsgrundlage in Höhe der doppelten monatlichen Beitragsbemessungsgrenze in der allgemeinen Rentenversicherung ergeben würden. ② Sind nach der Satzung der Einrichtung nur Pflichtmitgliedschaften sowie freiwillige Mitgliedschaften, die unmittelbar an eine Pflichtmitgliedschaft anschließen, möglich, so steht dies der Steuerbefreiung nicht entgegen, wenn die Satzung die Zahlung keiner höheren jährlichen Beiträge zulässt als das Fünfzehnfache der Beiträge, die sich bei einer Beitragsbemessungsgrundlage in Höhe der doppelten monatlichen Beitragsbemessungsgrenze in der allgemeinen Rentenversicherung ergeben würden;**

...

H 3.11

H 3.11 Zu § 3 Nr. 11 GewStG

22 **Steuerbefreiung öffentlich-rechtlicher Versicherungs- und Versorgungseinrichtungen von Berufsgruppen.** Für die Steuerbefreiung der berufsständischen Versicherungs- und Versorgungseinrichtungen ist es entsprechend § 187a SGB VI unschädlich, wenn aus einer vom Arbeitgeber gezahlten Entlassungsentschädigung wegen Altersteilzeit neben den in § 5 Abs. 1 Nr. 8 KStG, § 3 Nr. 11 GewStG festgelegten Höchstbeträgen zur Reduzierung des versicherungsmathematischen Abschlags beim vorgezogenen Altersruhegeld Leistungen in die berufsständische Versorgungseinrichtung entrichtet werden (→ BMF vom 20. 10. 2003 – BStBl. I S. 558).

Umfang der Gewerbesteuerbefreiung. Die Steuerbefreiung für öffentlich-rechtliche Versorgungseinrichtungen erstreckt sich auch auf Einkünfte, die sie aus der ihr gesetzlich erlaubten Anlage ihres Vermögens erzielen (→ BFH vom 9. 2. 2011 – BStBl. 2012 II S. 601).

GewStG

§ 3 Befreiungen

Von der Gewerbesteuer sind befreit

...

23 **12.[1] Gesellschaften, bei denen die Gesellschafter als Unternehmer (Mitunternehmer) anzusehen sind, sowie Genossenschaften, soweit die Gesellschaften und die Genossenschaften eine gemeinschaftliche Tierhaltung im Sinne des § 51a des Bewertungsgesetzes betreiben;**

24 **13.[2] private Schulen und andere allgemeinbildende oder berufsbildende Einrichtungen, soweit unmittelbar dem Schul- und Bildungszweck dienende Leistungen erbracht werden, wenn sie**

a) als Ersatzschulen gemäß Artikel 7 Absatz 4 des Grundgesetzes staatlich genehmigt oder nach Landesrecht erlaubt sind oder

b) auf einen Beruf oder eine vor einer juristischen Person des öffentlichen Rechts abzulegende Prüfung ordnungsgemäß vorbereiten;

...

H 3.13

H 3.13 Zu § 3 Nr. 13 GewStG

25 **Allgemeines.** → Abschnitte 4.21.1 bis 4.21.5 UStAE.

Betrieb einer Unterrichtsanstalt als Ausübung eines freien Berufs. Ist der Betrieb einer Unterrichtsanstalt als Ausübung eines freien Berufs anzusehen, unterliegt dieser bereits aus diesem Grunde schon nicht der Gewerbesteuer. → H 15.6 (Erzieherische Tätigkeit) EStH; → H 15.6 (Unterrichtende Tätigkeit) EStH.

Anl zu H 3.13

Erlaß betr. Befreiung privater Schulen von der Gewerbesteuer gemäß § 3 Nr. 13 GewStG

Vom 29. November 1996 (DStR 1997 S. 618)

(FM Mecklenburg-Vorpommern IV 320 – G 1412 – 1/92; koord. Ländererlaß)

26 Im Einvernehmen mit den obersten Finanzbehörden des Bundes und der anderen Länder ist das Urteil des BFH vom 27. 3. 1996 I R 182/94 (BStBl. 1997 II S. 449)[3] auf alle vergleichbaren Fälle anzu-

---

[1] § 3 Nr. 12 geändert durch Gesetz vom 12. 12. 2019 (BGBl. I S. 2451) mWv EZ 2020; Fassung des § 3 Nr. 12 ab EZ 2025 (§ 36 Abs. 2 Satz 4 GewStG) siehe geschlossene Wiedergabe.

[2] § 3 Nr. 13 geändert durch Gesetz vom 12. 12. 2019 (BGBl. I S. 2451) mWv EZ 2015 (§ 36 Abs. 2 Satz 5 GewStG).

[3] *BFH-Urteil vom 27. 3. 1996 I R 182/94, BStBl. 1997 II S. 449:* Ist eine allgemein- oder berufsbildende Einrichtung als Ersatzschule anerkannt, so ist der Träger der Einrichtung insoweit auch dann von der Gewerbesteuer befreit, wenn er daneben noch einen anderen Gewerbebetrieb hat.

wenden. Danach gilt die Steuerbefreiung nach § 3 Nr. 13 GewStG auch für Gewerbebetriebe, die Träger berufsbildender Einrichtungen sind, sofern diese Einrichtungen im Rahmen des Gesamtgewerbebetriebes organisatorisch und im wesentlichen auch wirtschaftlich verselbständigt und von der zuständigen Behörde als Ersatzschulen bzw. Ausbildungsstätten genehmigt sind. Die Steuerbefreiung gilt nur für den konkreten Tätigkeitsbereich einer solchen Bildungseinrichtung, der durch die staatliche Genehmigung abgedeckt wird.

§ 3 Befreiungen GewStG

Von der Gewerbesteuer sind befreit

. . .

14.[1] **Genossenschaften sowie Vereine, deren Tätigkeit sich auf den Betrieb der Land- und Forstwirtschaft beschränkt, wenn die Mitglieder der Genossenschaft oder dem Verein Flächen zur Nutzung oder für die Bewirtschaftung der Flächen erforderliche Gebäude überlassen und** 27

a) bei Genossenschaften das Verhältnis der Summe der Werte der Geschäftsanteile des einzelnen Mitglieds zu der Summe der Werte aller Geschäftsanteile,

b) bei Vereinen das Verhältnis des Werts des Anteils an dem Vereinsvermögen, der im Fall der Auflösung des Vereins an das einzelne Mitglied fallen würde, zu dem Wert des Vereinsvermögens

nicht wesentlich von dem Verhältnis abweicht, in dem der Wert der von dem einzelnen Mitglied zur Nutzung überlassenen Flächen und Gebäude zu dem Wert der insgesamt zur Nutzung überlassenen Flächen und Gebäude steht;

. . .

H 3.14 Zu § 3 Nr. 14 GewStG H 3.14

Landwirtschaftliche Produktionsgenossenschaften: Verlustvortrag. Der Wechsel in der Steuerpflicht eines Gewerbesteuersubjekts aufgrund einer persönlichen Steuerbefreiung (hier § 3 Nr. 14a[2] GewStG) führt nicht zum Wegfall des Gewerbesteuersubjekts. Bleibt das Steuersubjekt bei Beendigung und nachfolgendem erneuten Beginn der Gewerbesteuerpflicht bestehen, ist sowohl die Unternehmens- als auch die Unternehmeridentität gewahrt. Gewerbeverluste aus vorangegangenen, nicht steuerbefreiten Erhebungszeiträumen sind deshalb nach Wiedereintritt in die Steuerpflicht abzugsfähig (→ BFH vom 9. 6. 1999 – BStBl. II S. 733). 28

§ 3 Befreiungen GewStG

Von der Gewerbesteuer sind befreit

. . .

15.[3] **Genossenschaften sowie Vereine im Sinne des § 5 Abs. 1 Nr. 10 des Körperschaftsteuergesetzes, soweit sie von der Körperschaftsteuer befreit sind;** 29

16. *(weggefallen)*

17. die von den zuständigen Landesbehörden begründeten oder anerkannten gemeinnützigen Siedlungsunternehmen im Sinne des Reichssiedlungsgesetzes in der jeweils aktuellen Fassung oder entsprechender Landesgesetze, soweit diese Landesgesetze nicht wesentlich von den Bestimmungen des Reichssiedlungsgesetzes abweichen, und im Sinne der Bodenreformgesetze der Länder, soweit die Unternehmen im ländlichen Raum Siedlungs-, Agrarstrukturverbesserungs- und Landentwicklungsmaßnahmen mit Ausnahme des Wohnungsbaus durchführen. ② Die Steuerbefreiung ist ausgeschlossen, wenn die Einnahmen des Unternehmens aus den in Satz 1 nicht bezeichneten Tätigkeiten die Einnahmen aus den in Satz 1 bezeichneten Tätigkeiten übersteigen; 31

18. *(weggefallen)*

19. der Pensions-Sicherungs-Verein Versicherungsverein auf Gegenseitigkeit, wenn er die für eine Befreiung von der Körperschaftsteuer erforderlichen Voraussetzungen erfüllt; 33

20. Krankenhäuser, Altenheime, Altenwohnheime, Pflegeheime, Einrichtungen zur vorübergehenden Aufnahme pflegebedürftiger Personen und Einrichtungen zur ambulanten Pflege kranker und pflegebedürftiger Personen sowie Einrichtungen zur ambulanten oder stationären Rehabilitation, wenn 34

---

[1] § 3 Nr. 14 geändert durch Gesetz vom 12. 12. 2019 (BGBl. I S. 2451) mWv EZ 2020.

[2] *Anm. d. Red.:* Gemeint ist wohl § 3 Nr. 14 Buchst. a GewStG.

[3] § 3 Nr. 15 geändert durch Gesetz vom 12. 12. 2019 (BGBl. I S. 2451) mWv EZ 2020. Die Einnahmen aus Einspeisevergütungen nach dem EEG für die von einer Photovoltaikanlage erzeugte Energie gehören bei Wohnungsunternehmen, Vermietungsgenossenschaften usw. nicht zu den begünstigten Tätigkeiten; vgl. *OFD Frankfurt/M. vom 29. 8. 2006 – G 1425 A – 20 – St 56, DB S. 2374.*

a) diese Einrichtungen von juristischen Personen des öffentlichen Rechts betrieben werden oder

b) bei Krankenhäusern im Erhebungszeitraum die in § 67 Abs. 1 oder 2 der Abgabenordnung bezeichneten Voraussetzungen erfüllt worden sind oder

c)[1] bei Altenheimen, Altenwohnheimen und Pflegeheimen im Erhebungszeitraum mindestens 40 Prozent der Leistungen den in § 61a des Zwölften Buches Sozialgesetzbuch oder den in § 53 Nr. 2 der Abgabenordnung genannten Personen zugute gekommen sind oder

d) bei Einrichtungen zur vorübergehenden Aufnahme pflegebedürftiger Personen und bei Einrichtungen zur ambulanten Pflege kranker und pflegebedürftiger Personen im Erhebungszeitraum die Pflegekosten in mindestens 40 Prozent der Fälle von den gesetzlichen Trägern der Sozialversicherung oder Sozialhilfe ganz oder zum überwiegenden Teil getragen worden sind oder

e) bei Einrichtungen zur ambulanten oder stationären Rehabilitation die Behandlungskosten in mindestens 40 Prozent der Fälle von den gesetzlichen Trägern der Sozialversicherung oder Sozialhilfe ganz oder zum überwiegenden Teil getragen worden sind. ② Satz 1 ist nur anzuwenden, soweit die Einrichtung Leistungen im Rahmen der verordneten ambulanten oder stationären Rehabilitation im Sinne des Sozialrechts einschließlich der Beihilfevorschriften des Bundes und der Länder erbringt;

...

R 3.20

R 3.20 Krankenhäuser, Altenheime, Altenwohnheime, Pflegeheime und Pflegeeinrichtungen

35 (1) Krankenhäuser, Altenheime, Altenwohnheime, Pflegeheime, Einrichtungen zur vorübergehenden Aufnahme pflegebedürftiger Personen und Einrichtungen zur ambulanten Pflege kranker und pflegebedürftiger Personen sind nach § 3 Nr. 20 Buchstabe a GewStG ohne weitere Voraussetzungen von der Gewerbesteuer befreit, wenn diese Einrichtungen von juristischen Personen des öffentlichen Rechts betrieben werden.

(2) ① Andere Einrichtungen sind unbeschadet des § 3 Nr. 6 GewStG jeweils unter den in § 3 Nr. 20 Buchstabe b bis d GewStG bezeichneten Voraussetzungen von der Gewerbesteuer befreit. ② Bei diesen Einrichtungen ist es einerlei, ob sie von einer Körperschaft, einer natürlichen Person oder einer Personengesellschaft betrieben werden. ③ Die Befreiung gilt auch für einen Teil der Einrichtung, wenn dieser Teil räumlich oder nach seiner Versorgungsaufgabe als Einheit, z. B. als Abteilung oder besondere Einrichtung, abgrenzbar ist.

(3) Krankenhäuser, Altenheime, Altenwohnheime und Pflegeheime, die nach § 3 Nr. 20 GewStG von der Gewerbesteuer befreit sind, werden nicht dadurch gewerbesteuerpflichtig, dass sie, ohne ihr Wesen als Krankenhaus, Altenheim, Altenwohnheim oder Pflegeheim zu ändern, noch an einem anderen gewerblichen Betrieb beteiligt sind.

(4) ① Teilstationäre Vorsorge- und Rehabilitationseinrichtungen sind von der Gewerbesteuer befreit, soweit sie die Voraussetzungen der §§ 107, 111 SGB V[2] erfüllen. ② Ambulante Vorsorgeeinrichtungen erfüllen dagegen nicht die Voraussetzungen für die Steuerbefreiung nach § 3 Nr. 20 Buchstabe d GewStG.

H 3.20

H 3.20 Zu § 3 Nr. 20 GewStG

36 **Ambulantes Rehabilitationszentrum.**
- Ein ambulantes Rehabilitationszentrum ist weder ein Krankenhaus gemäß § 3 Nr. 20 Buchst. b GewStG (→ BFH vom 22. 10. 2003 – BStBl. 2004 II S. 300 und vom 9. 9. 2015 – BStBl. 2016 II S. 286), noch eine Einrichtung zur vorübergehenden Aufnahme pflegebedürftiger Personen im Sinne des § 3 Nr. 20 Buchst. d GewStG.
- Zur Steuerbefreiung für EZ ab 2015 → § 3 Nr. 20 Buchst. e GewStG.

Ärztliche Wahlleistungen. Der Gewinn aus dem Klinikbetrieb als solchem ist nicht von der Gewerbesteuer befreit, wenn die Patienten einer Privatklinik ausschließlich auch ärztliche Wahlleistungen gemäß § 7 BPflV 1985 [jetzt BPflV vom 26. 9. 1994 – BGBl. I S. 2750, zuletzt geändert durch Artikel 4 des Gesetzes vom 17. 3. 2009 – BGBl. I S. 534][3] in Anspruch nehmen (→ BFH vom 2. 10. 2003 – BStBl. 2004 II S. 363).

Beteiligung an einem gewerblichen Betrieb. Ein Krankenhaus, das nach § 3 Nr. 20 GewStG von der Gewerbesteuer befreit ist, wird nicht dadurch gewerbesteuerpflichtig, dass es, ohne sein Wesen als Krankenhaus zu ändern, noch an einem anderen gewerblichen Betrieb beteiligt ist (→ RFH vom 25. 11. 1942 – RStBl. 1943 S. 43).

[1] § 3 Nr. 20 Buchst. c idF des Gesetzes vom 11.12.2018 (BGBl. I S. 2338) anzuwenden ab EZ 2017 (§ 36 Abs. 2 Satz 3 a. F.).
[2] Loseblattsammlung **Aichberger SGB** Nr. 5.
[3] Loseblattsammlung **Aichberger SGB** Nr. 5/30.

Betrieb eines Krankenhauses als Ausübung eines freien Berufs.
– → H 15.6 (Heil- und Heilhilfsberufe) EStH.
– Ein Arzt, der eine Privatklinik betreibt, erzielt jedenfalls dann gewerbliche Einkünfte aus dem Betrieb der Klinik und freiberufliche Einkünfte aus den von ihm erbrachten stationären ärztlichen Leistungen, wenn die Leistungen der Klinik einerseits und die ärztlichen Leistungen andererseits gesondert abgerechnet werden (→ BFH vom 2. 10. 2003 – BStBl. 2004 II S. 363).

Krankenhäuser.
– Zum Begriff → R 7 f EStR 2005.

Merkmalserstreckung bei Betriebsaufspaltung. Die Befreiung der Betriebskapitalgesellschaft von der Gewerbesteuer nach § 3 Nr. 20 Buchst. c GewStG erstreckt sich bei einer Betriebsaufspaltung auch auf die Vermietungs- oder Verpachtungstätigkeit des Besitzpersonenunternehmens (→ BFH vom 29. 3. 2006 – BStBl. II S. 661).[1] Ebenso im Falle einer nach § 3 Nr. 20 Buchst. b GewStG von der Gewerbesteuer befreiten Betriebskapitalgesellschaft (→ BFH vom 20. 8. 2015 – BStBl. 2016 II S. 408).

Organschaft.
– Die Befreiung einer Organgesellschaft von der Gewerbesteuer gemäß § 3 Nr. 20 GewStG 1984 erstreckt sich auch dann nicht auf eine andere Organgesellschaft desselben Organkreises, die die Befreiungsvoraussetzungen ihrerseits nicht erfüllt, wenn die Tätigkeiten der Gesellschaften sich gegenseitig ergänzen. Die tatbestandlichen Voraussetzungen einer gesetzlichen Steuerbefreiung müssen von der jeweiligen Organgesellschaft selbst erfüllt werden (→ BFH vom 4. 6. 2003 – BStBl. 2004 II S. 244).
– Die Befreiung einer Organträgerin von der Gewerbesteuer gem. § 3 Nr. 20 GewStG erstreckt sich nicht auf den ihr von der Organgesellschaft zuzurechnenden Gewerbeertrag, wenn die Organgesellschaft ihrerseits die Befreiungsvoraussetzungen nicht erfüllt (→ BFH vom 10. 3. 2010 – BStBl. 2011 II S. 181).

Rettungsdienste und Krankentransporte. Der Rettungsdienst und der Krankentransport sind nicht von der Gewerbesteuer befreit (→ BFH vom 18. 9. 2007 – BStBl. 2009 II S. 126).[2]

Umfang der Gewerbesteuerbefreiung. Die Gewerbesteuerbefreiung des § 3 Nr. 20 Buchst. c und d GewStG umfasst nur Tätigkeiten, die für den Betrieb einer der dort aufgeführten Altenheime, Altenwohnheime und Pflegeeinrichtungen notwendig sind. Nicht erfasst von der Steuerbefreiung werden daher Überschüsse aus Tätigkeiten, die bei einer von der Körperschaftsteuer befreiten Körperschaft als steuerpflichtige wirtschaftliche Geschäftsbetriebe zu behandeln sind (→ BFH vom 22. 6. 2011 – BStBl. II S. 892).

Anl a zu R 3.20

a) Verfügung betr. Anwendungsfragen zum Umfang der Befreiungen nach § 3 Nr. 6 und 20 GewStG bei einer Betriebsaufspaltung; hier: Merkmalsübertragung vom Betriebsunternehmen auf das Besitzunternehmen; BFH-Urteile vom 29. 3. 2006 X R 59/00 und vom 19. 10. 2006 IV R 22/02

Vom 21. Oktober 2010

(BayLfSt G 1412.2.1–2/8 St 31)

Nach Beschluss der obersten Finanzbehörden des Bundes und der Länder gilt zur Anwendung der o. g. BFH-Urteile Folgendes: **37**

Der BFH hat – in Abweichung von der bisherigen Rechtsprechung – im Urteil vom 29. 3. 2006 X R 59/00 (BStBl. II 2006 S. 661) entschieden, dass sich die Befreiung der Betriebskapitalgesellschaft von der Gewerbesteuer nach § 3 Nr. 20 Buchst. c GewStG bei einer Betriebsaufspaltung auch auf die Vermietungs- oder Verpachtungstätigkeit des Besitzunternehmens erstreckt. Diese Entscheidung ist allgemein für die Befreiungen nach § 3 Nr. 20 GewStG anzuwenden.

Die Befreiung nach § 3 Nr. 20 GewStG gilt allerdings nicht für das Unternehmen insgesamt, sondern nur für die in der Vorschrift genannten Einrichtungen: Krankenhäuser, Altenheime, Altenwohnheime, Pflegeheime, Einrichtungen zur vorübergehenden Aufnahme pflegebedürftiger Personen und Einrichtungen zur ambulanten Pflege Kranker und pflegebedürftiger Personen. Übt das Unternehmen neben diesen Einrichtungen noch davon abgrenzbare andere wirtschaftliche Tätigkeiten aus (z. B. eine Cafeteria, ein Parkplatz oder Parkhaus, Sponsoring, Blutentnahme für fremde Dritte, Telefongestellung, Aufbewahrung von Verstorbenen, die Erstellung von Gutachten, eine Wäscherei, die nicht nur für den eigenen Betrieb tätig ist), unterliegt es insoweit der Gewerbesteuer.

Die Einschränkung der Befreiung nach § 3 Nr. 20 GewStG auf die dort genannten Einrichtungen ist ggf. entsprechend den Verhältnissen im Einzelfall auch bei einer Betriebsaufspaltung hinsichtlich des Umfangs der Merkmalsübertragung von der Betriebskapitalgesellschaft auf das Besitzunternehmen zu berücksichtigen.

Der BFH hat – im Anschluss an das Urteil vom 29. 3. 2006 X R 59/00 mit Urteil vom 19. 10. 2006 IV R 22/02 entschieden, dass sich auch die Gewerbesteuerbefreiung der Betriebskapitalgesellschaft nach

[1] Ebenso zu § 3 Nr. 6 GewStG *BFH-Urteil vom 19. 10. 2006 IV R 22/02, DStR S. 2207,* dagegen eingelegte Vb. vom *BVerfG (Beschl. vom 14. 2. 2008 1 BvR 19/07)* nicht zur Entscheidung angenommen.
[2] Vgl. *Teil-Nichtanwendungserlass BMF vom 20. 1. 2009, BStBl. I S. 339,* nicht in der Positivliste des *BMF vom 24. 3. 2014, BStBl. I S. 606* enthalten.

§ 3 Nr. 6 GewStG auf das Besitzunternehmen erstreckt. Diese Entscheidung begegnet Bedenken, sie ist nicht über den entschiedenen Einzelfall hinaus anzuwenden.

Nach § 3 Nr. 6 GewStG sind von der Gewerbesteuer befreit Körperschaften, Personenvereinigungen und Vermögensmassen (Körperschaften), die nach der Satzung und nach der tatsächlichen Geschäftsführung ausschließlich und unmittelbar gemeinnützigen, mildtätigen oder kirchlichen Zwecken dienen (§§ 51 bis 68 AO). Diese gesetzlichen Tatbestandsvoraussetzungen würden unterlaufen, wenn man auch im Fall der Befreiung nach § 3 Nr. 6 GewStG ohne Weiteres von einer Merkmalsübertragung von der Betriebskapitalgesellschaft auf ein beliebiges Besitzunternehmen ausgehen wollte.

Dem BFH soll Gelegenheit gegeben werden, in einem weiteren Verfahren seine Entscheidung im Verfahren IV R 22/02 noch einmal zu überdenken.

Zu beachten ist, dass die Vorschrift des § 3 Nr. 6 GewStG nicht anzuwenden ist, wenn eine hiernach begünstigte Körperschaft bereits aufgrund anderer Vorschriften, z. B. § 3 Nr. 20 GewStG, von der Gewerbesteuer befreit ist. Bei einer Betriebsaufspaltung ist daher immer zu prüfen, ob sich die Befreiung der Betriebskapitalgesellschaft ggf. nach § 3 Nr. 20 GewStG ergibt. Bejahendenfalls sind die vorstehend dargestellten Folgen der Merkmalsübertragung von der Betriebskapitalgesellschaft auf das Besitzunternehmen zu ziehen.

Anl b zu R 3.20

b) Erlaß betr. Gewerbesteuerbefreiung von Einrichtungen[1] zur ambulanten Pflege kranker und pflegebedürftiger Personen[2]

Vom 26. Juli 1999 (DStR S. 1739)

(FM Hessen G 1412 A – 12 – II A 11; koord. Ländererlaß)[3]

38 Nach § 3 Nr. 20 Buchst. d GewStG sind Einrichtungen zur vorübergehenden Aufnahme pflegebedürftiger Personen und Einrichtungen zur ambulanten Pflege kranker und pflegebedürftiger Personen von der Gewerbesteuer befreit, wenn im Erhebungszeitraum die Pflegekosten in mindestens 40 v. H. der Fälle von den gesetzlichen Trägern der Sozialversicherung oder Sozialhilfe ganz oder zum überwiegenden Teil getragen worden sind. Diese Befreiungsregelung ist einer entsprechenden umsatzsteuerlichen Befreiung (§ 4 Nr. 16 Buchst. e UStG) nachgebildet worden.

Es ist die Frage erörtert worden, ob unter die Steuerbefreiung auch Einrichtungen fallen, in denen gesunde Kinder und Säuglinge gepflegt werden, deren Eltern/Sorgeberechtigte wegen einer eigenen Erkrankung ihrer Sorgepflicht nicht nachkommen können.

Nach der Gesetzesbegründung soll die Steuerbefreiung dazu beitragen, im Hinblick auf das sich verändernde Altersgefüge der Bevölkerung die bestehenden Versorgungsstrukturen bei der Pflege kranker und pflegebedürftiger Personen zu verbessern. Dementsprechend ist die Steuerbefreiung insbesondere für Einrichtungen konzipiert, die der Pflege und Betreuung kranker und älterer Menschen dienen.

Im Einvernehmen mit den obersten Finanzbehörden des Bundes und der anderen Länder wird zur Anwendung des § 3 Nr. 20 Buchst. d GewStG folgende Auffassung vertreten:

Einrichtungen, in denen gesunde Kinder und Säuglinge gepflegt werden, deren Eltern/Sorgeberechtigte wegen einer eigenen Erkrankung ihrer Sorgepflicht nicht nachkommen können, erfüllen nicht die Voraussetzungen der Steuerbefreiung nach § 3 Nr. 20 Buchst. d GewStG. Diese Auffassung stimmt auch mit der Auslegung der entsprechenden umsatzsteuerlichen Vorschrift des § 4 Nr. 16 Buchst. e UStG überein. Danach sind zu betreuende gesunde Kinder keine pflegebedürftigen Personen i. S. dieser Vorschrift.

Anl c zu R 3.20

c) Verfügung betr. Anwendung der Steuerbefreiung nach § 3 Nr. 20 Buchst. d GewStG auf ein ambulantes Dialysezentrum

Vom 2. September 2013 (DStR 2014 S. 954)

(OFD Nordrhein-Westfalen G 1410–2011/0004)

39 Ambulante Dialysezentren, die in der Rechtsform einer GmbH oder gewerblich geprägten Personengesellschaft betrieben werden, sind Einrichtungen, in denen Dialysepatienten mehrmals pro Woche über einen Zeitraum von mehreren Stunden (ca. vier bis fünf) eine Nierenersatztherapie erhalten. Diese Einrichtungen sind grds. gewerbesteuerpflichtig.[4]

Im Zusammenhang mit dem Urteil des FG Münster vom 27. 4. 2010 (9 K 5258/07 G, EFG 2011 S. 70; Revisionsverfahren erledigt durch BFH-Beschluss vom 8. 9. 2011 I R 78/10, BFH/NV 2012 S. 44), in dem das FG die GewSt-Befreiung nach § 3 Nr. 20 Buchst. d GewStG nicht auf eine Schadensersatzzahlung angewendet hat, die als Ersatz für entgangene Einnahmen im Zusammenhang mit einer fehlgeschlagenen Errichtung einer solchen Einrichtung geleistet wurde, ist die Frage gestellt worden, ob der Betrieb eines solchen Dialysezentrums dem Grunde nach unter die Steuerbefreiung des § 3 Nr. 20 Buchst. d GewStG fällt.

---

[1] Vgl. § 3 Nr. 20 Buchst. e GewStG.

[2] *BFH-Urteil v. 29. 9. 2020 VIII R 10/17, BStBl. 2021 II S. 387:* Eine Diplomsozialarbeiterin, die im Rahmen der ambulanten Eingliederungshilfe behinderte und kranke Menschen bei einer selbstbestimmten Lebensführung unterstützt, erfüllt nicht die Voraussetzungen für die Annahme einer ambulanten Pflegeeinrichtung gemäß § 3 Nr. 20 Buchst. d GewStG.

[3] Ebenso *Vfg. OFD Magdeburg vom 13. 10. 2011, DStR 2012 S. 465.*

[4] *BFH-Urteil vom 25. 1. 2017 I R 74/14, BStBl. II S. 650:* Ein Dialysezentrum, in welchem die Dialysepatienten ambulant behandelt werden, ist weder ein Krankenhaus i. S. d. § 3 Nr. 20 Buchst. b GewStG a. F. noch eine Einrichtung zur vorübergehenden Aufnahme pflegebedürftiger Personen noch eine Einrichtung zur ambulanten Pflege kranker und pflegebedürftiger Personen i. S. d. § 3 Nr. 20 Buchst. d GewStG a. F.

Die Referatsleiter des Bundes und der Länder sind der Auffassung, dass die im Zusammenhang mit der Dialysebehandlung erbrachten Leistungen nicht als Leistungen einer Einrichtung der ambulanten Pflege eingestuft werden können und somit der Befreiungstatbestand für ambulante Pflegeeinrichtungen kranker und pflegebedürftiger Personen i. S. des § 3 Nr. 20 Buchst. d GewStG nicht erfüllt ist.

Für die Auslegung des § 3 Nr. 20 Buchst. d GewStG ist auf die Begriffsbestimmungen des SGB zurückzugreifen (BFH-Beschluss vom 18. 9. 2007 I R 30/06, BStBl. II 2009 S. 126).

Der Begriff der Pflegebedürftigkeit wird in § 14 SGB XI definiert. Pflegebedürftig sind hiernach Personen, die wegen einer körperlichen, geistigen oder seelischen Krankheit oder Behinderung für die gewöhnlichen und regelmäßig wiederkehrenden Verrichtungen im Ablauf des täglichen Lebens auf Dauer in erheblichem oder höherem Maße der Hilfe bedürfen.

Nach der Rspr. des BSG (Urteil vom 12. 11. 2003 – B 3 P 5/02 R) kompensiert die Dialyse lediglich die ausgefallene Nierenfunktion und begründet damit keine Pflegebedürftigkeit i. S. des § 14 SGB XI.

Ein Dialysezentrum kann danach nicht als Einrichtung zur vorübergehenden Aufnahme pflegebedürftiger Personen angesehen werden.

Diese Auffassung ist nunmehr Gegenstand eines Klageverfahrens (FG Münster: 9 K 106/12).

Einspruchsverfahren, in denen sich die Einspruchsführer auf das anhängige Klageverfahren beziehen, können ruhen (§ 363 Abs. 2 Satz 1 AO). AdV ist nicht zu gewähren.

§ 3 Befreiungen

GewStG

Von der Gewerbesteuer sind befreit

...

21. Entschädigungs- und Sicherungseinrichtungen im Sinne des § 5 Abs. 1 Nr. 16 des Körperschaftsteuergesetzes, soweit sie von der Körperschaftsteuer befreit sind; 40

22. Bürgschaftsbanken (Kreditgarantiegemeinschaften), wenn sie von der Körperschaftsteuer befreit sind; 41

23. Unternehmensbeteiligungsgesellschaften, die nach dem Gesetz über Unternehmensbeteiligungsgesellschaften anerkannt sind. ② Für Unternehmensbeteiligungsgesellschaften im Sinne des § 25 Abs. 1 des Gesetzes über Unternehmensbeteiligungsgesellschaften haben der Widerruf der Anerkennung und der Verzicht auf die Anerkennung Wirkung für die Vergangenheit, wenn nicht Aktien der Unternehmensbeteiligungsgesellschaft öffentlich angeboten worden sind; Entsprechendes gilt, wenn eine solche Gesellschaft nach § 25 Abs. 3 des Gesetzes über Unternehmensbeteiligungsgesellschaften die Anerkennung als Unternehmensbeteiligungsgesellschaft verliert. ③ Für offene Unternehmensbeteiligungsgesellschaften im Sinne des § 1a Abs. 2 Satz 1 des Gesetzes über Unternehmensbeteiligungsgesellschaften haben der Widerruf der Anerkennung und der Verzicht auf die Anerkennung innerhalb der in § 7 Abs. 1 Satz 1 des Gesetzes über Unternehmensbeteiligungsgesellschaften genannten Frist Wirkung für die Vergangenheit. ④ Bescheide über die Anerkennung, die Rücknahme oder den Widerruf der Anerkennung und über die Feststellung, ob Aktien der Unternehmensbeteiligungsgesellschaft im Sinne des § 25 Abs. 1 des Gesetzes über Unternehmensbeteiligungsgesellschaften öffentlich angeboten worden sind, sind Grundlagenbescheide im Sinne der Abgabenordnung; die Bekanntmachung der Aberkennung der Eigenschaft als Unternehmensbeteiligungsgesellschaft nach § 25 Abs. 3 des Gesetzes über Unternehmensbeteiligungsgesellschaften steht einem Grundlagenbescheid gleich; 42

24. die folgenden Kapitalbeteiligungsgesellschaften für die mittelständische Wirtschaft, soweit sich deren Geschäftsbetrieb darauf beschränkt, im öffentlichen Interesse mit Eigenmitteln oder mit staatlicher Hilfe Beteiligungen zu erwerben, wenn der von ihnen erzielte Gewinn ausschließlich und unmittelbar für die satzungsmäßigen Zwecke der Beteiligungsfinanzierung verwendet wird: Mittelständische Beteiligungsgesellschaft Baden-Württemberg GmbH, Mittelständische Beteiligungsgesellschaft Bremen mbH,[1] BTG Beteiligungsgesellschaft Hamburg mbH,[2] MBG Mittelständische Beteiligungsgesellschaft Hessen GmbH, Mittelständische Beteiligungsgesellschaft Niedersachsen (MBG) mbH, Kapitalbeteiligungsgesellschaft für die mittelständische Wirtschaft in Nordrhein-Westfalen mbH, MBG Mittelständische Beteiligungsgesellschaft Rheinland-Pfalz mbH, Wagnisfinanzierungsgesellschaft für Technologieförderung in Rheinland-Pfalz mbH (WFT), Saarländische Kapitalbeteiligungsgesellschaft mbH, Gesellschaft für Wagniskapital Mittelständische Beteiligungsgesellschaft Schleswig-Holstein Gesellschaft mit beschränkter Haftung – MBG, Technologie-Beteiligungs-Gesellschaft mbH der Deutschen Ausgleichsbank, bgb Beteiligungsgesellschaft Berlin mbH für kleine und mittlere Betriebe, Mittelständische Beteiligungsgesellschaft Berlin-Brandenburg mbH, Mittelständische Beteiligungsgesellschaft Mecklenburg-Vorpommern mbH, Mittelständische Beteiligungsgesellschaft Sachsen mbH, Mittel- 43

[1] Eingefügt durch Gesetz vom 12. 12. 2019 (BGBl. I S. 2451) mWv EZ 2019 (§ 36 Abs. 2 Satz 6 GewStG).
[2] Eingefügt durch Gesetz vom 11. 12. 2018 (BGBl. I S. 2338) mWv EZ 2019.

ständische Beteiligungsgesellschaft Sachsen-Anhalt mbH, Wagnisbeteiligungsgesellschaft Sachsen-Anhalt mbH, IBG Beteiligungsgesellschaft Sachsen-Anhalt mbH, Mittelständische Beteiligungsgesellschaft Thüringen (MBG) mbH;

44 **25. Wirtschaftsförderungsgesellschaften, wenn sie von der Körperschaftsteuer befreit sind;**

. . .

H 3.25

H 3.25 Zu § 3 Nr. 25 GewStG

45 **Allgemeines.**

- Wirtschaftsförderung i. S. des § 5 Abs. 1 Nr. 18 KStG setzt eine ausschließliche und unmittelbare Förderung von Unternehmen voraus (→ BFH vom 26. 2. 2003 – BStBl. II S. 723).
- Eine Wirtschaftsförderungsgesellschaft, deren hauptsächliche Tätigkeit sich darauf erstreckt, Grundstücke zu erwerben, hierauf Gebäude nach den Wünschen und Vorstellungen ansiedlungswilliger Unternehmen zu errichten und an diese zu verleasen, ist nicht nach § 5 Abs. 1 Nr. 18 KStG steuerbefreit (→ BFH vom 3. 8. 2005 – BStBl. 2006 II S. 141).

GewStG

§ 3 Befreiungen

Von der Gewerbesteuer sind befreit

. . .

46 **26. Gesamthafenbetriebe im Sinne des § 1 des Gesetzes über die Schaffung eines besonderen Arbeitgebers für Hafenarbeiter vom 3. August 1950 (BGBl. S. 352), soweit sie von der Körperschaftsteuer befreit sind;**

47 **27. Zusammenschlüsse im Sinne des § 5 Abs. 1 Nr. 20 des Körperschaftsteuergesetzes, soweit sie von der Körperschaftsteuer befreit sind;**

48 **28. die Arbeitsgemeinschaften Medizinischer Dienst der Krankenversicherung im Sinne des § 278 des Fünften Buches Sozialgesetzbuch und der Medizinische Dienst der Spitzenverbände der Krankenkassen im Sinne des § 282 des Fünften Buches Sozialgesetzbuch, soweit sie von der Körperschaftsteuer befreit sind;**

49 **29. gemeinsame Einrichtungen im Sinne des § 5 Abs. 1 Nr. 22 des Körperschaftsteuergesetzes, soweit sie von der Körperschaftsteuer befreit sind;**

50 **30. die Auftragsforschung im Sinne des § 5 Abs. 1 Nr. 23 des Körperschaftsteuergesetzes, soweit sie von der Körperschaftsteuer befreit ist;**

51 **31. die Global Legal Entity Identifier Stiftung, soweit sie von der Körperschaftsteuer befreit ist;[1]**

52 **32.[2] stehende Gewerbebetriebe von Anlagenbetreibern im Sinne des § 3 Nummer 2 des Erneuerbare-Energien-Gesetzes, wenn sich deren Tätigkeit ausschließlich auf die Erzeugung und Vermarktung von Strom aus einer auf, an oder in einem Gebäude angebrachten Solaranlage bis zu einer installierten Leistung von 30 Kilowatt beschränkt.**

[1] § 3 Nr. 31 anzuwenden ab EZ 2014.

[2] § 3 Nr. 32 eingefügt durch Gesetz vom 12. 12. 2019 (BGBl. I S. 2451), anzuwenden ab EZ 2019 (§ 36 Abs. 2 Satz 7 GewStG); geändert durch Gesetz vom 16. 12. 2022 (BGBl. I S. 2294) mWv EZ 2022 (§ 36 Abs. 2 Satz 8 GewStG).

GewStG

§ 4 Hebeberechtigte Gemeinde

(1) ① Die stehenden Gewerbebetriebe unterliegen der Gewerbesteuer in der Gemeinde, in der eine Betriebsstätte zur Ausübung des stehenden Gewerbes unterhalten wird. ② Befinden sich Betriebsstätten desselben Gewerbebetriebs in mehreren Gemeinden oder erstreckt sich eine Betriebsstätte über mehrere Gemeinden, so wird die Gewerbesteuer in jeder Gemeinde nach dem Teil des Steuermessbetrags erhoben, der auf sie entfällt. 1

(2)[1] ① Für Betriebsstätten in gemeindefreien Gebieten bestimmt die Landesregierung durch Rechtsverordnung, wer die nach diesem Gesetz den Gemeinden zustehenden Befugnisse ausübt. ② Der in § 2 Absatz 7 Nummer 1 und 2 bezeichnete Anteil am Festlandsockel und an der ausschließlichen Wirtschaftszone ist gemeindefreies Gebiet. ③ In Fällen von Satz 2 bestimmt sich die zuständige Landesregierung im Sinne des Satzes 1 unter entsprechender Anwendung des § 22 a der Abgabenordnung. 2

(3)[2] ① Für Betriebsstätten im nicht zur Bundesrepublik Deutschland gehörenden Teil eines grenzüberschreitenden Gewerbegebiets im Sinne des § 2 Absatz 7 Nummer 3 ist die Gemeinde hebeberechtigt, in der der zur Bundesrepublik Deutschland gehörende Teil des grenzüberschreitenden Gewerbegebiets liegt. ② Liegt der zur Bundesrepublik Deutschland gehörende Teil in mehreren Gemeinden, gilt Absatz 2 entsprechend. 3

GewStDV

§ 14 *(weggefallen)*

§ 15 *Hebeberechtigte Gemeinde bei Gewerbebetrieben auf Schiffen und bei Binnen- und Küstenschifffahrtsbetrieben*

Hebeberechtigte Gemeinde für die Betriebsstätten auf Kauffahrteischiffen, die in einem inländischen Schiffsregister eingetragen sind und nicht im sogenannten regelmäßigen Liniendienst ausschließlich zwischen ausländischen Häfen verkehren, und für die in § 6 bezeichneten Binnen- und Küstenschifffahrtsbetriebe ist die Gemeinde, in der der inländische Heimathafen (Heimatort) des Schiffes liegt. 4

R 4.1

R 4.1 Hebeberechtigung

Allgemeines

(1)[3] ① Die Hebeberechtigung ist das Recht einer Gemeinde, den Gewerbesteueranspruch unmittelbar dem Steuerpflichtigen gegenüber geltend zu machen, wenn ihr die Festsetzung und Erhebung der Gewerbesteuer durch ein Landesgesetz übertragen ist. ② Hebeberechtigte Gemeinde für den stehenden Gewerbebetrieb ist diejenige Gemeinde, in der der Gewerbebetrieb seine Betriebsstätte hat. ③ Befinden sich Betriebsstätten desselben Gewerbebetriebs in mehreren Gemeinden oder erstreckt sich eine Betriebsstätte über mehrere Gemeinden, so ist jede dieser Gemeinden nach dem Teil des Steuermessbetrags hebeberechtigt, der auf sie entfällt. ④ Dieser Teil wird im Wege der Zerlegung des Steuermessbetrags (→ §§ 28 bis 34 GewStG) ermittelt. 5

Bindungswirkung

(2) ① Für den Erlass des Gewerbesteuerbescheids ist der zugrunde liegende Gewerbesteuermessbescheid bindend (→ § 184 Abs. 1 Satz 2 i. V. m. § 182 Abs. 1 AO). ② Nach § 184 Abs. 3 AO teilen deshalb die Finanzämter den Inhalt des Gewerbesteuermessbescheids den Gemeinden mit, denen die Steuerfestsetzung obliegt. 6

H 4.1

H 4.1

Betriebsstätte. → R 2.9. 7

Reisegewerbebetrieb. → § 35 a Abs. 3 GewStG.

Verletzung der Vorschriften über die örtliche Zuständigkeit. Die Aufhebung eines Gewerbesteuermessbescheides kann regelmäßig nicht allein deswegen beansprucht werden, weil er von einem örtlich unzuständigen Finanzamt erlassen worden ist (→ BFH vom 19. 11. 2003 – BStBl. 2004 II S. 751).

Verwaltung der Gewerbesteuer. → R 1.2.

---

[1] § 4 Abs. 2 Sätze 2 und 3 anzuwenden ab EZ 2015; Satz 2 idF des Gesetzes vom 20. 12. 2016 (BGBl. I S. 3000) anzuwenden ab EZ 2016.

[2] § 4 Abs. 3 n. F. anzuwenden ab EZ 2016.

[3] *BFH-Beschluss vom 18. 8. 2004 I B 87/04, BStBl. 2005 II S. 143, Ls. 2:* **2.** Es ist nicht ernstlich zweifelhaft, dass der Gewerbesteuerpflichtige durch einen möglichen gesetzlichen Verstoß gegen die verfassungsrechtlich gewährleistete kommunale Selbstverwaltung und das gemeindliche Hebesatzrecht nicht beschwert ist. Ihm fehlt das Rechtsschutzbedürfnis, um die Rechte der betroffenen Gemeinde durchzusetzen.

GewStG

§ 5 Steuerschuldner

1 (1) ① **Steuerschuldner ist der Unternehmer.** ② **Als Unternehmer gilt der, für dessen Rechnung das Gewerbe betrieben wird.** ③ **Ist die Tätigkeit einer Personengesellschaft Gewerbebetrieb, so ist Steuerschuldner die Gesellschaft.**[1·2] ④ **Wird das Gewerbe in der Rechtsform einer Europäischen wirtschaftlichen Interessenvereinigung mit Sitz im Geltungsbereich der Verordnung (EWG) Nr. 2137/85 des Rates vom 25. Juli 1985 über die Schaffung einer Europäischen wirtschaftlichen Interessenvereinigung (EWIV) (ABl. L 199 vom 31. 7. 1985, S. 1) betrieben, sind abweichend von Satz 3 die Mitglieder Gesamtschuldner.**

2 (2) ① **Geht ein Gewerbebetrieb im Ganzen auf einen anderen Unternehmer über (§ 2 Abs. 5), so ist der bisherige Unternehmer bis zum Zeitpunkt des Übergangs Steuerschuldner.** ② **Der andere Unternehmer ist von diesem Zeitpunkt an Steuerschuldner.**

Übersicht

R 5.1

R 5.1 Steuerschuldnerschaft

R 5.1 (1)

R 5.1 (1)

Allgemeines

3 (1) ① § 5 GewStG regelt die persönliche Steuerpflicht. ② Wird ein Einzelunternehmen durch Aufnahme eines oder mehrerer Gesellschafter in eine Personengesellschaft umgewandelt oder scheiden aus einer Personengesellschaft alle Gesellschafter bis auf einen aus und findet dieser Rechtsformwechsel während des Kalenderjahrs statt, endet oder beginnt die Steuerschuldnerschaft und damit die persönliche Steuerpflicht des Einzelunternehmers und der Personengesellschaft im Zeitpunkt des Rechtsformwechsels. ③ Der Wechsel des Steuerschuldners ist bereits im Rahmen der Festsetzung des Steuermessbetrags (→ § 14 GewStG) zu berücksichtigen.

H 5.1 (1)

H 5.1 (1)

4 **Formwechsel.** Geht das Vermögen einer zweigliedrigen Personengesellschaft beim Ausscheiden eines der beiden Gesellschafter auf den verbleibenden Gesellschafter über, so sind für das Jahr des Formwechsels zwei Gewerbesteuermessbescheide, jeweils für die Zeit vor und nach dem Wechsel zu erlassen (→ BFH vom 13. 10. 2005 – BStBl. 2006 II S. 404).[3]

Unternehmerwechsel.
- Zur sachlichen Steuerpflicht → R 2.7.
- Zur Ermittlung des Steuermessbetrags → R 11.1.

Verdecktes Gesellschaftsverhältnis. Bei einem verdeckten Gesellschaftsverhältnis zwischen einer Personenhandelsgesellschaft und einer natürlichen Person ist der Gewerbesteuer- oder Gewerbesteuermessbescheid unter der Geltung des § 5 Abs. 1 GewStG 1977 nicht an die Innengesellschaft, sondern an die Personenhandelsgesellschaft als Steuerschuldnerin zu adressieren (→ BFH vom 16. 12. 1997 – BStBl. 1998 II S. 480 – Abgrenzung zum BFH vom 7. 4. 1987 – BStBl. II S. 768).

R 5.1 (2)

R 5.1 (2)

Atypische stille Gesellschaft

5 (2) ① Bei einer atypischen stillen Gesellschaft ist Steuerschuldner der Gewerbesteuer nach § 5 Abs. 1 Satz 1 GewStG der Inhaber des Handelsgeschäfts. ② Der Gewerbesteuermessbescheid und

[1] Zur Verwirkung des Anspruchs des FA auf Erlass eines Gewerbesteuermessbescheids – Auswirkung des Grundsatzes von Treu und Glauben siehe *BFH-Urteil vom 7. 6. 1984 IV R 180/81, BStBl. II S. 780.*

[2] *BFH-Urteil vom 28. 2. 2013 IV R 33/09, DStR S. 1324:* Eine Personengesellschaft ist nach § 5 Abs. 1 Satz 3 GewStG Steuerschuldner der Gewerbesteuer auch insoweit, als nach § 18 Abs. 4 Satz 2 UmwStG 1995 i. d. F. des JStG 1997 (BGBl. I 1996, 2049) ein Gewinn aus der Veräußerung eines Anteils an einer Personengesellschaft der Gewerbesteuer unterliegt.

[3] *BFH-Urteil vom 25. 4. 2018 IV R 8/16, BStBl. II S. 484:*

1. Scheiden während des Erhebungszeitraums bis auf einen Gesellschafter alle anderen Gesellschafter aus einer Personengesellschaft aus, wechselt ab diesem Zeitpunkt die Steuerschuldnerschaft der Personengesellschaft auf den verbleibenden Gesellschafter als Einzelunternehmer. Dessen ungeachtet ist der Gewerbesteuermessbetrag für den gesamten Erhebungszeitraum einheitlich unter Berücksichtigung des vollen Gewerbesteuerfreibetrags zu berechnen.

2. Für den Erhebungszeitraum des Rechtsformwechsels ist für jeden Steuerschuldner ein Gewerbesteuermessbescheid zu erlassen. In den Bescheiden ist der einheitlich ermittelte Gewerbesteuermessbetrag im prozentualen Verhältnis der von den beiden Steuerschuldnern erzielten Gewerbeerträge nebst den auf sie entfallenden Hinzurechnungen und Kürzungen zu berücksichtigen.

der Gewerbesteuerbescheid für die atypische stille Gesellschaft richten sich demzufolge an den Inhaber des Handelsgeschäfts und sind diesem als Steuerschuldner bekannt zu geben. ③ Sind die dem Inhaber des Handelsgeschäftes und den einzelnen atypisch stillen Gesellschaften zuzuordnenden Tätigkeiten als ein einziger Gewerbebetrieb zu beurteilen, sind an den Inhaber des Handelsgeschäftes nur ein Gewerbesteuermessbescheid und ein Gewerbesteuerbescheid zu richten. ④ Handelt es sich bei den Tätigkeiten dagegen um jeweils getrennte Gewerbebetriebe, ist an den Inhaber des Handelsgeschäftes für jeden getrennt zu beurteilenden Gewerbebetrieb ein gesonderter Gewerbesteuermessbescheid und ein Gewerbesteuerbescheid zu richten. ⑤ Absatz 1 gilt nicht im Fall der atypischen stillen Gesellschaft, weil hier durch Beginn und Beendigung des Gesellschaftsverhältnisses ein Wechsel in der Person des Steuerschuldners nicht stattfindet.

H 5.1 (2)

H 5.1 (2)

Mehrheit von Betrieben. → R 2.4 Abs. 5. 6

Steuerschuldnerschaft. Als Steuerschuldner kommen weder die atypische stille Gesellschaft selbst noch die an ihr beteiligten Personen in ihrer gesellschaftsrechtlichen Verbundenheit noch der stille Gesellschafter in Betracht (→ BFH vom 12. 11. 1985 – BStBl. 1986 II S. 311).

R 5.2 Europäische wirtschaftliche Interessenvereinigung (EWIV)

R 5.2

① Nach Art. 40 der Verordnung (EWG) Nr. 2137/85 des Rates vom 25. 7. 1985 über die Schaffung einer Europäischen wirtschaftlichen Interessenvereinigung (EWIV) – ABl. EG Nr. L 199 S. 1[1] – darf der Gewerbeertrag als Ergebnis der Tätigkeit der EWIV nur bei ihren Mitgliedern besteuert werden. ② Gegen die Gesamtschuldner kann nach § 155 Abs. 3 AO ein zusammengefasster Gewerbesteuermessbescheid ergehen, in dem die Mitglieder der EWIV als Schuldner der Gewerbesteuer aufzuführen sind. ③ Die Bekanntgabe richtet sich nach § 122 AO. ④ Der Gewerbesteuerbescheid ist ebenfalls nur gegen die Mitglieder zu erlassen. ⑤ Welcher Gesamtschuldner in Anspruch genommen wird, ist in das Ermessen der Gemeinde gestellt (→ § 44 AO). 7

R 5.3 Haftung

R 5.3

① Für die Haftung gelten die Vorschriften des bürgerlichen Rechts und der Abgabenordnung. 8
② Es ist Sache der Gemeinde, den Anspruch aus der Haftung geltend zu machen, wenn ihr die Festsetzung und Erhebung der Gewerbesteuer durch ein Landesgesetz übertragen ist. ③ Wird die Gewerbesteuer vom Finanzamt festgesetzt und erhoben, obliegt ihm auch die Geltendmachung eines Haftungsanspruchs.

H 5.3

H 5.3

Allgemeines. Wer kraft Gesetzes haftet, kann durch Haftungsbescheid in Anspruch genommen werden. Der Bescheid ist schriftlich zu erteilen (→ § 191 AO) und zu begründen. Gegen Haftungsbescheide der Gemeinde sind der Widerspruch und der Verwaltungsrechtsweg gegeben (→ §§ 68 bis 73 und § 40 Verwaltungsgerichtsordnung).[2] Wegen der Heranziehung bei vertraglicher Haftung → § 192 AO. Gegen Haftungsbescheide des Finanzamts sind der Einspruch und der Finanzrechtsweg gegeben (→ § 347 Abs. 1 Nr. 1 AO, § 33 FGO). 9

Haftung. Es kommen insbesondere die folgenden Haftungstatbestände in Betracht:

1. § 69 AO (Haftung der Vertreter),
2. § 71 AO (Haftung des Steuerhinterziehers und des Steuerhehlers),
3. § 73 AO (Haftung bei Organschaft),
4. § 74 AO (Haftung des Eigentümers von Gegenständen),
5. § 75 AO (Haftung des Betriebsübernehmers),
6. § 25 Abs. 1 HGB (Haftung des Erwerbers eines Handelsgeschäfts),
7. § 128 HGB (Haftung des Gesellschafters einer OHG),
8. §§ 161 und 171 HGB (Haftung des Komplementärs und der Kommanditisten einer KG),
9. § 427 BGB (Haftung des Gesellschafters einer GbR).

§ 6 Besteuerungsgrundlage

GewStG

Besteuerungsgrundlage für die Gewerbesteuer ist der Gewerbeertrag.

---

[1] Loseblattsammlung **Wirtschaftsgesetze** Nr. **42.** Vgl. auch das EWIV-AusführungsG (**Wirtschaftsgesetze** Nr. **42 a**).
[2] Vgl. Darstellung in **Anhang 1**.

GewStG

Abschnitt II. Bemessung der Gewerbesteuer

§ 7 Gewerbeertrag

1 **① Gewerbeertrag ist der nach den Vorschriften des Einkommensteuergesetzes oder des Körperschaftsteuergesetzes zu ermittelnde Gewinn aus dem Gewerbebetrieb, der bei der Ermittlung des Einkommens für den dem Erhebungszeitraum (§ 14) entsprechenden Veranlagungszeitraum zu berücksichtigen ist, vermehrt und vermindert um die in den §§ 8 und 9 bezeichneten Beträge. ② Zum Gewerbeertrag gehört auch der Gewinn aus der Veräußerung oder Aufgabe**

1. des Betriebs oder eines Teilbetriebs einer Mitunternehmerschaft,

2. des Anteils eines Gesellschafters, der als Unternehmer (Mitunternehmer) des Betriebs einer Mitunternehmerschaft anzusehen ist,

3. des Anteils eines persönlich haftenden Gesellschafters einer Kommanditgesellschaft auf Aktien,

soweit er nicht auf eine natürliche Person als unmittelbar beteiligter Mitunternehmer entfällt.[1] ③ Der nach § 5 a des Einkommensteuergesetzes ermittelte Gewinn einschließlich der Hinzurechnungen nach § 5 a Absatz 4 und 4 a des Einkommensteuergesetzes und das nach § 8 Absatz 1 Satz 3 des Körperschaftsteuergesetzes ermittelte Einkommen gelten als Gewerbeertrag nach Satz 1.[2] ④ § 3 Nr. 40 und § 3 c Abs. 2 des Einkommensteuergesetzes sind bei der Ermittlung des Gewerbeertrags einer Mitunternehmerschaft anzuwenden, soweit an der Mitunternehmerschaft natürliche Personen unmittelbar oder mittelbar über eine oder mehrere Personengesellschaften beteiligt sind; im Übrigen ist § 8 b des Körperschaftsteuergesetzes anzuwenden.[3] ⑤ Bei der Ermittlung des Gewerbeertrags einer Kapitalgesellschaft, auf die § 8 Abs. 7 Satz 1 Nr. 2 des Körperschaftsteuergesetzes anzuwenden ist, ist § 8 Abs. 9 Satz 1 bis 3 des Körperschaftsteuergesetzes entsprechend anzuwenden; ein sich danach bei der jeweiligen Sparte im Sinne des § 8 Abs. 9 Satz 1 des Körperschaftsteuergesetzes ergebender negativer Gewerbeertrag darf nicht mit einem positiven Gewerbeertrag aus einer anderen Sparte im Sinne des § 8 Abs. 9 Satz 1 des Körperschaftsteuergesetzes ausgeglichen werden. ⑥ § 50 d Abs. 10 des Einkommensteuergesetzes ist bei der Ermittlung des Gewerbeertrags entsprechend anzuwenden. ⑦[4] Hinzurechnungsbeträge im Sinne des § 10 Absatz 1 des Außensteuergesetzes sind Einkünfte, die in einer inländischen Betriebsstätte anfallen. ⑧[5] Einkünfte im Sinne des § 20 Absatz 2 Satz 1 des Außensteuergesetzes gelten als in einer inländischen Betriebsstätte erzielt; das gilt auch, wenn sie nicht von einem Abkommen zur Vermeidung der Doppelbesteuerung erfasst werden oder das Abkommen zur Vermeidung der Doppelbesteuerung selbst die Steueranrechnung anordnet. ⑨ Satz 8 ist nicht anzuwenden, soweit auf die Einkünfte, würden sie in einer Zwischengesellschaft im Sinne des § 8 des Außensteuergesetzes erzielt, § 8 Absatz 2 bis 4 des Außensteuergesetzes zur Anwendung käme.[6]

Übersicht

[1] *BFH-Urteil vom 22. 7. 2010 IV R 29/07, BStBl. 2011 II S. 511:* § 7 Satz 2 GewStG ist mit dem allgemeinen Gleichheitssatz vereinbar. – Die Vorschrift ist nicht verfassungswidrig *(BVerfG 1 BvR 1236/11, DStR 2018, 731).*

[2] § 7 Satz 3 neu gefasst durch Gesetz vom 12. 12. 2019 (BGBl. I S. 2451) mWv EZ 2009; § 36 Abs. 3 Satz 1 nF GewStG.

[3] Vgl. hierzu *BMF-Schreiben vom 21. 3. 2007, BStBl. I S. 302* (Anlage b zu R 7.1 Abs. 1 GewStR).

[4] § 7 Satz 7 anzuwenden ab EZ 2017 (§ 36 Abs. 3 Satz 3 nF GewStG).

[5] § 7 Satz 8 anzuwenden ab EZ 2017 (§ 36 Abs. 2 a aF GewStG).

[6] § 7 Satz 9 geändert durch Gesetz vom 25. 6. 2021 (BGBl. I S. 2035) mWv EZ 2022; § 36 Abs. 3 Satz 4 GewStG.

R 7.1 Gewerbeertrag

R 7.1

R 7.1 (1)

R 7.1 (1)

Allgemeines zur Ermittlung des Gewerbeertrags

(1) ① Erträge, die dadurch anfallen, dass zu Lasten des Gewinns gebildete Rückstellungen aufgelöst oder entrichtete Beträge erstattet werden, bilden einen Bestandteil des der Ermittlung des Gewerbeertrags nach § 7 GewStG zugrunde zu legenden Gewinns aus Gewerbebetrieb. ② Zur Vermeidung einer doppelten Besteuerung ist daher bei der Ermittlung des Gewerbeertrags der Gewinn um jene Erträge zu mindern, welche bereits mit Bildung der Rückstellung oder bei ihrer Entrichtung nach § 8 GewStG dem Gewinn aus Gewerbebetrieb hinzugerechnet worden sind. ③ Der Umfang der Minderung richtet sich dabei nach der Höhe der tatsächlichen Hinzurechnung. ④ Sind Hinzurechnungen nach § 8 Nr. 1 Buchstaben a) bis f) GewStG erfolgt, sind zur Ermittlung der Minderung die als Bestandteil des Gewinns anzusehenden Erträge i. S. des Satzes 1 im Erhebungszeitraum der ursprünglichen Hinzurechnung, von den bei der Ermittlung der Hinzurechnung berücksichtigten Beträgen abzuziehen. ⑤ Die Differenz zwischen dem sich hiernach rechnerisch ergebenden Hinzurechnungsbetrag und dem seinerzeit tatsächlich hinzugerechneten Betrag ist der maßgebende Minderungsbetrag. ⑥ Liegt der rechnerische Hinzurechnungsbetrag unter dem Freibetrag, ist der ursprünglich tatsächliche Hinzurechnungsbetrag als Minderungsbetrag zu berücksichtigen. 5

H 7.1 (1)

H 7.1 (1)

Ausländische Betriebsstättenergebnisse. Nach § 2 Abs. 1 GewStG unterliegt der Gewerbesteuer jeder stehende Gewerbebetrieb, soweit er im Inland betrieben (soweit für ihn im Inland eine Betriebsstätte unterhalten) wird. 6
Soweit bei der Einkommensteuer (Körperschaftsteuer) Gewinne (Verluste) aus Betriebsstätten im Ausland erfasst sind, sind sie infolgedessen bei der Gewerbesteuer auszuscheiden (positive oder negative Kürzung gemäß § 9 Nr. 3 GewStG, → H 9.4).

Bewertungswahlrechte. Bilanzsteuerrechtliche Bewertungswahlrechte dürfen für die einkommen- und gewerbesteuerliche Gewinnermittlung nur einheitlich ausgeübt werden (→ BFH vom 25. 4. 1985 – BStBl. 1986 II S. 350, vom 28. 6. 1989 – BStBl. 1990 II S. 76, vom 9. 8. 1989 – BStBl. 1990 II S. 195 und vom 21. 1. 1992 – BStBl. II S. 958).

Billigkeitsmaßnahmen.
- Billigkeitsmaßnahmen nach *§ 163 Satz 2 AO*[1] (zeitliche Verlagerung der Besteuerung) wirken auch für die Gewinnermittlung bei der Gewerbesteuer (→ R 1.5 Abs. 2).
- Dagegen sind Billigkeitsmaßnahmen nach *§ 163 Satz 1 AO*[1] bei der Gewerbesteuer nur dann zulässig, wenn die Festsetzung und Erhebung der Gewerbesteuer dem Finanzamt obliegt, es sei denn, dass die hebeberechtigte Gemeinde der Billigkeitsmaßnahme zugestimmt hat (→ H 1.5 (1)) oder dafür durch eine allgemeine Verwaltungsvorschrift der Bundesregierung, der obersten Bundesfinanzbehörde oder einer obersten Landesbehörde Richtlinien aufgestellt worden sind (→ R 1.5 Abs. 1, H 1.5 Abs. 1, *§ 184 Abs. 2 Satz 1 AO*[2]).

Eigenständige Ermittlung des Gewerbeertrags.
- Für gewerbesteuerliche Zwecke ist der Gewinn verfahrensrechtlich selbständig zu ermitteln. Dabei sind die Regelungen des Einkommensteuer- und Körperschaftsteuerrechts über die Ermittlung des Gewinns anzuwenden (→ BFH vom 25. 10. 1984 – BStBl. 1985 II S. 212 und vom 4. 10. 1988 – BStBl. 1989 II S. 299). Dies gilt auch für die anzuwendende Gewinn-

[1] § 163 AO neu gefasst durch Gesetz vom 18. 7. 2016 (BGBl. I S. 1679); zur Anwendung vgl. Art. 97 § 29 EGAO.
[2] § 184 Abs. 2 AO geändert durch Gesetz vom 22. 12. 2014 (BGBl. I S. 2417); zur Anwendung vgl. Art. 97 § 10 c EGAO; nochmals geändert mWv 1.1.2017 durch Gesetz vom 18. 7. 2016 (BGBl. I S. 1679).

H 7.1 (1)
noch **6**

ermittlungsart, so dass die einkommensteuerrechtlich gewählte Gewinnermittlungsart auch für die Ermittlung des Gewerbeertrags bindend ist (→ BFH vom 5. 11. 2015 – BStBl. 2016 II S. 420). Sie sind nur insoweit nicht anzuwenden, als sie ausdrücklich auf die Einkommensteuer (Körperschaftsteuer) beschränkt sind (→ R 7.1 Abs. 3) oder ihre Nichtanwendung sich unmittelbar aus dem GewStG oder aus dem Wesen der Gewerbesteuer ergibt (→ BFH vom 11. 12. 1956 – BStBl. 1957 III S. 105 und vom 29. 11. 1960 – BStBl. 1961 III S. 51). Es ist unerheblich, ob sich die Gewinnermittlungsmaßnahme innerhalb oder außerhalb der Bilanz auswirkt. In der Regel wird danach der für die Einkommensteuer (Körperschaftsteuer) maßgebende Gewinn mit dem für die Ermittlung des Gewerbeertrags festzustellenden Gewinn übereinstimmen. Eine rechtliche Bindung besteht aber nicht (→ BFH vom 22. 11. 1955 – BStBl. 1956 III S. 4, vom 27. 4. 1961 – BStBl. III S. 281, vom 11. 12. 1997 – BStBl. 1999 II S. 401 und vom 18. 4. 2012 – BStBl. II S. 647). Das gilt auch für die Fälle, in denen der Gewinn aus Gewerbebetrieb auf Grund des § 180 Abs. 1 Nr. 2 AO gesondert festgestellt wird (→ BFH vom 17. 12. 2003 – BStBl. 2004 II S. 699).

– Zu beachten sind ferner die Vorschriften

1. der §§ 18 und 19 des UmwStG 2006, zuletzt geändert durch Artikel 6 des Gesetzes vom 2. 11. 2015 (BGBl. I S. 1834);
2. der §§ 7 bis 14 des AStG vom 8. 9. 1972 (BStBl. I S. 450), zuletzt geändert durch Artikel 6 des Gesetzes vom 19. 7. 2016 (BGBl. I S. 1730)[1];
3. des § 7 Abs. 1 des Entwicklungsländer-Steuergesetzes in der Fassung der Bekanntmachung vom 21. 5. 1979 (BStBl. I S. 294), zuletzt geändert durch Artikel 81 der Verordnung vom 25. 11. 2003 (BGBl. I S. 2304), und
4. des § 6 des Gesetzes über steuerliche Maßnahmen bei Auslandsinvestitionen der deutschen Wirtschaft vom 18. 8. 1969 (BStBl. I S. 477), zuletzt geändert durch Artikel 268 der Verordnung vom 31. 8. 2015 (BGBl. I S. 1474);

die die Anwendung dieser Gesetze für die Ermittlung des Gewerbeertrags vorschreiben.

Bilanzenzusammenhang. Bei der Ermittlung des als Gewerbeertrag anzusetzenden Gewinns sind im Falle einer Bilanzberichtigung auch die Grundsätze des Bilanzenzusammenhangs zu beachten (→ BFH vom 13. 1. 1977 – BStBl. II S. 472). Die Bilanzberichtigung für Zwecke der Festsetzung der Gewerbesteuer hindert nicht die entsprechende einkommensteuerliche Korrektur in einem späteren Veranlagungszeitraum (→ BFH vom 6. 9. 2000 – BStBl. 2001 II S. 106).

Einbringungsgewinn. Werden in Fällen einer Sacheinlage unter dem gemeinen Wert (→ § 20 Abs. 2 Satz 2 UmwStG) die erhaltenen Anteile durch den Einbringenden innerhalb von sieben Jahren nach dem Einbringungszeitpunkt veräußert, gilt die Veräußerung als rückwirkendes Ereignis i. S. d. § 175 Abs. 1 Satz 1 Nr. 2 AO (→ § 22 Abs. 1 UmwStG). Ob der nach Maßgabe des § 16 EStG zu ermittelnde Einbringungsgewinn beim Einbringenden als laufender Gewerbeertrag der Gewerbesteuer unterliegt, richtet sich dabei nach den allgemeinen Grundsätzen zur Behandlung von Veräußerungs- oder Aufgabegewinnen. → § 7 Satz 2 GewStG; → H 7.1 (3).

Gewerblicher Grundstückshandel.

– Bei der Beurteilung der Frage, ob ein Steuerpflichtiger als gewerblicher Grundstückshändler anzusehen ist, sind diesem ebenfalls die Grundstücksgeschäfte zuzurechnen, die von einer Personengesellschaft, an der er beteiligt ist, getätigt wurden (→ BFH vom 22. 8. 2012 – BStBl. II S. 865). Auch die Einbringung von Grundstücken in diese Personengesellschaft ist als Veräußerung durch den Steuerpflichtigen anzusehen (→ BFH vom 28. 10. 2015 – BStBl. 2016 II S. 95).
– Die persönlichen oder finanziellen Beweggründe für die Veräußerung von Immobilien sind für die Zuordnung zum gewerblichen Grundstückshandel oder zur Vermögensverwaltung unerheblich. Dies gilt auch für wirtschaftliche Zwänge, wie z. B. die Ankündigung von Zwangsmaßnahmen durch einen Grundpfandgläubiger (→ BFH vom 27. 9. 2012 – BStBl. 2013 II S. 433).
– In den Fällen von Grundstücksverkäufen, die zu einer gewerblichen Tätigkeit führen (→ H 15.5 (Grundstückskäufe) EStH, R 15.7 Abs. 1 EStR), betreffen die mit dem Verkauf der Grundstücke zusammenhängenden Geschäftsvorfälle wirtschaftlich regelmäßig den laufenden Gewinn des Gewerbebetriebs; sie beeinflussen nicht einen etwaigen Veräußerungs- bzw. Betriebsaufgabegewinn (→ BFH vom 15. 12. 1971 – BStBl. 1972 II S. 291, vom 9. 9. 1993 – BStBl. 1994 II S. 105 und vom 25. 1. 1995 – BStBl. II S. 388).
– Zum Vorliegen eines Gewerbebetriebs (H 2.1) in Fällen der Veräußerung mehrerer Objekte an einen einzigen oder mehrere Erwerber → BFH vom 22. 4. 2015 – BStBl. II S. 897.

[1] Zuletzt geändert durch Art. 6 des Gesetzes vom 25. 6. 2021 (BGBl. I S. 2050).

Kürzung um Hinzurechnungsbetrag nach § 10 Absatz 1 Satz 1 AStG.[1] → *Gleich lautende Erlasse der obersten Finanzbehörden der Länder vom 14. 12. 2015 – BStBl. I S. 1090 zu den Folgen aus dem BFH-Urteil vom 11. 3. 2015 – BStBl. II S. 1049.*[2] *noch* **6**

Korrektur nach erfolgter Hinzurechnung. → RFH 7. 12. 1943 – RStBl. 1944 S. 148; → BFH vom 27. 3. 1961 – BStBl. III S. 280 und vom 13. 12. 1966 – BStBl. 1967 III S. 187.

Beispiel:
A ist Inhaber eines Einzelunternehmens. Der nach den Vorschriften des Einkommensteuergesetzes ermittelte Gewinn beträgt in den EZ 01 und 02 jeweils 100 000 €. Als Betriebsausgaben wurden jeweils Entgelte für Schulden in Höhe von 300 000 € berücksichtigt. Ein Teilbetrag in Höhe von 100 000 € der im EZ 01 gezahlten Entgelte für Schulden wurde im EZ 02 erstattet. Der Erstattungsbetrag ist im EZ 02 als Betriebseinnahme erfasst worden.

Lösung:
In den EZ 01 und 02 ist jeweils ein Hinzurechnungsbetrag nach § 8 Nr. 1 GewStG i. H. v. 50 000 € anzusetzen (Entgelte für Schulden i. H. v. 300 000 € abzüglich des Freibetrags nach § 8 Nr. 1 GewStG i. H. v. 100 000 €; davon ein Viertel). Die Erstattung im EZ 02 beeinflusst die in den EZ 01 und 02 zu berücksichtigenden Hinzurechnungsbeträge nicht. Zur Vermeidung einer doppelten Besteuerung ist der bei der Ermittlung des Gewerbeertrags nach § 7 GewStG im EZ 02 zugrunde zu legende Gewinn um den auf den Erstattungsbetrag entfallenden Hinzurechnungsbetrag des EZ 01 zu mindern.

Der Minderungsbetrag ist wie folgt zu bestimmen:

Entgelte für Schulden des EZ 01:	300 000 €
abzüglich Erstattungsbetrag:	100 000 €
abzüglich Freibetrag nach § 8 Nr. 1 GewStG:	100 000 €
verbleiben:	100 000 €
Fiktiver Hinzurechnungsbetrag im EZ 01:[3]	25 000 €
Tatsächlicher Hinzurechnungsbetrag im EZ 01:	50 000 €
Differenz (= Minderungsbetrag):	25 000 €

Im EZ 02 ist bei der Ermittlung des Gewerbeertrags ein Gewinn in Höhe von 75 000 € zugrunde zu legen (tatsächlicher Gewinn in Höhe von 100 000 € abzüglich des Minderungsbetrags in Höhe von 25 000 €).

Ermittlung des Gewerbeertrags:

	EZ 01	**EZ 02**
Ausgangsgröße i. S. d. § 7 GewStG:	100 000 €	75 000 €
Hinzurechnung nach § 8 Nr. 1 GewStG:	50 000 €	50 000 €
Gewerbeertrag i. S. d. § 7 GewStG:	150 000 €	125 000 €

Tonnagebesteuerung. Die Auflösung des Unterschiedsbetrags nach § 5 a Abs. 4 EStG gehört zum Gewerbeertrag nach § 7 Satz 3 GewStG (→ BMF vom 12. 6. 2002 – BStBl. I S. 614[4] unter Berücksichtigung der Änderungen durch BMF vom 31. 10. 2008 – BStBl. I S. 956 und BFH vom 13. 12. 2007 – BStBl. 2008 II S. 583 und vom 26. 6. 2014 – BStBl. 2015 II S. 300).

Überführung von Einzelwirtschaftsgütern. Wenn die Überführung eines Wirtschaftsguts aus einem gewerblichen Betriebsvermögen in das Betriebsvermögen eines land- und forstwirtschaftlichen Betriebs, eines der Ausübung eines freien Berufs dienenden Betriebs oder in eine ausländische Betriebsstätte nach einkommensteuerrechtlichen Gewinnermittlungsgrundsätzen keine Entnahme darstellt, weil deren spätere Besteuerung durch den Verbleib in einem Betriebsvermögen sichergestellt ist, kann die Besteuerung der in dem Wirtschaftsgut ruhenden stillen Reserven allein für Zwecke der Gewerbesteuer nicht ausgelöst werden (→ BFH vom 14. 6. 1988 – BStBl. 1989 II S. 187).

Unentgeltliche Betriebs- oder Teilbetriebsübertragung. → § 6 Abs. 3 EStG.

Zur Behandlung einer Gewinnerhöhung auf Grund einer Wertaufholung nach ausschüttungsbedingter Teilwertabschreibung. → R 8.6.

Anl a zu R 7.1 (1)

a) Verfügung betr. Auswirkungen des Halbeinkünfteverfahrens auf die Gewerbesteuer

Vom 11. September 2003
(OFD Koblenz G 1422/G 1425 A – St 33 2)

(letztmals abgedruckt im Handbuch zur Gewerbesteuerveranlagung 2010)

[1] **[Amtl. Anm.:]** Hinweis auf § 7 Satz 7 GewStG in der Fassung des Gesetzes zur Umsetzung der Änderungen der EU-Amtshilferichtlinie und von weiteren Maßnahmen gegen Gewinnkürzungen und -verlagerungen.

[2] Aufgehoben durch *gleich lautende Erlasse der obersten Finanzbehörden der Länder vom 4. 2. 2021, BStBl. I S. 248.* Die Grundsätze des *BFH-Urteils v. 11. 3. 2015 I R 10/14, BStBl. II S. 1049* sind damit in allen offenen Fällen über den entschiedenen Einzelfall hinaus für Erhebungszeiträume bis einschließlich 2016 allgemein anzuwenden.

[3] (300 000 € ./. Erstattung in 02: 100 000 € ./. Freibetrag 100 000 € = 100 000 € × $^1/_4$).

[4] Abgedruckt als Anlage zu § 5 a EStG im „Handbuch zur Einkommensteuerveranlagung".

Anl b zu R 7.1 (1)

b) Schreiben betr. Rechtsfolgen aus der Veröffentlichung des BFH-Urteils I R 95/05 vom 9. August 2006 im Bundessteuerblatt (BStBl. 2007 II S. 279)

Vom 21. März 2007 (BStBl. I S. 302)
(BMF IV B 7 – G 1421/0, DOK 2007/0100766)

(letztmals abgedruckt im Handbuch zur Gewerbesteuerveranlagung 2021)[1]

Anl c zu R 7.1 (1)

c) Erlass betr. Ermittlung des Gewerbeertrags (§ 7 GewStG) bei der gewinnerhöhenden Hinzurechnung eines Investitionsabzugsbetrags gemäß § 7 g EStG nach Eintritt der Gewerbesteuerpflicht

Vom 26. Januar 2011 (BStBl. I S. 152)
(Gleich lautender Ländererlass)

11 Nach § 7 g Absatz 1 Satz 1 EStG können Steuerpflichtige unter den Voraussetzungen des § 7 g Absatz 1 Satz 2 und 4 EStG für die künftige Anschaffung oder Herstellung eines abnutzbaren beweglichen Wirtschaftsguts des Anlagevermögens bis zu 40 Prozent der voraussichtlichen Anschaffungs- oder Herstellungskosten gewinnmindernd abziehen (Investitionsabzugsbetrag). Im Wirtschaftsjahr der Anschaffung oder Herstellung des begünstigten Wirtschaftsguts ist der für dieses Wirtschaftsgut in Anspruch genommene Investitionsabzugsbetrag in Höhe von 40 Prozent der Anschaffungs- und Herstellungskosten gewinnerhöhend hinzuzurechnen; die Hinzurechnung darf den nach § 7 g Absatz 1 EStG abgezogenen Betrag nicht übersteigen (§ 7 g Absatz 2 Satz 1 EStG). Die Anschaffungs- oder Herstellungskosten des Wirtschaftsguts können im Jahr der Investition um bis zu 40 Prozent, höchstens jedoch um die vorgenommene Hinzurechnung nach § 7 g Absatz 2 Satz 1 EStG, gewinnmindernd herabgesetzt werden; die Bemessungsgrundlage für die Absetzung für Abnutzung, erhöhte Absetzung und Sonderabschreibung sowie die Anschaffungs- oder Herstellungskosten im Sinne von § 6 Absatz 2 und 2 a EStG verringern sich entsprechend. Zu dieser Regelung gilt gewerbesteuerlich Folgendes:

Ein bereits vor der Betriebseröffnung (= Beginn der Gewerbesteuerpflicht) gewinnmindernd in Anspruch genommener Investitionsabzugsbetrag wirkt sich gewerbesteuerlich nicht aus. Die gewinnerhöhende Hinzurechnung eines Investitionsabzugsbetrags nach der Betriebseröffnung unterliegt jedoch der Gewerbesteuer. Im Hinblick auf den Sinn und Zweck des § 7 g EStG wird zur Vermeidung von Härten die gewinnerhöhende Hinzurechnung eines Investitionsabzugsbetrags auf Antrag aus Billigkeitsgründen nach § 163 AO nicht in den Gewerbeertrag einbezogen, soweit die Inanspruchnahme des Investitionsabzugsbetrags den Gewerbeertrag nicht gemindert hat.

Diese Erlasse sind in allen noch nicht bestandskräftigen Fällen anzuwenden. Sie ergehen im Einvernehmen mit dem Bundesministerium der Finanzen.

R 7.1 (2)

R 7.1 (2)

Rechtsbehelfe

12 (2) Der Steuerpflichtige kann im Gewerbesteuermessbetragsverfahren Einwendungen gegen die Ermittlung des Gewinns aus Gewerbebetrieb unabhängig von dem Gang der Veranlagung bei der Einkommensteuer oder Körperschaftsteuer vorbringen.[2]

H 7.1 (2)

H 7.1 (2)

13 **Allgemeines.** Zur Änderung des Gewerbesteuermessbescheids nach § 35 b GewStG → R 35 b.1.

R 7.1 (3)

R 7.1 (3)

Gewinn bei natürlichen Personen und bei Personengesellschaften

14 (3) ① Bei der Ermittlung des Gewinns sind für Zwecke der Gewerbesteuer insbesondere die folgenden Vorschriften nicht anzuwenden:

1. § 16 Abs. 1 Satz 1 Nr. 1 Satz 1, Nr. 2, Nr. 3 und Abs. 3 Satz 1 EStG (Veräußerung oder Aufgabe des Betriebs), und zwar auch in Fällen der Veräußerung eines Teilbetriebs oder des Anteils eines Gesellschafters;
2. § 17 EStG (Veräußerung von Beteiligungen im Privatvermögen);
3. § 24 EStG (Entschädigungen usw.);
4. § 15 Abs. 4 EStG;
5. § 15 a EStG (Verluste bei beschränkter Haftung);
6. § 15 b EStG (Verluste aus Steuerstundungsmodellen).

[1] **Weiterhin abrufbar im Online-Modul über das Inhaltsverzeichnis.**

[2] *BFH-Urteil vom 10. 6. 1987 I R 301/83, BStBl. II S. 816:* Erlässt ein FA sowohl den Gewerbesteuermess- als auch den Gewerbesteuerbescheid, so muss der Steuerpflichtige den Gewerbesteuermessbescheid anfechten, wenn er Einwendungen zur Höhe des Gewerbeertrags geltend machen will.

② Für die Ermittlung des Gewerbeertrags sind Betriebseinnahmen und Betriebsausgaben auszuscheiden, welche nicht mit der Unterhaltung eines laufenden Gewerbebetriebs zusammenhängen. ③ Gewinne (Verluste) aus der Veräußerung der Beteiligung an einer Mitunternehmerschaft gehören auch dann nicht zum Gewerbeertrag, wenn die Beteiligung zum Betriebsvermögen gehört. ④ Der von einer Mitunternehmerschaft erzielte Gewinn aus der Veräußerung oder Aufgabe eines Betriebs oder Teilbetriebs, eines Mitunternehmeranteils oder des Komplementäranteils an einer KGaA ist jedoch nur insoweit gewerbesteuerfrei, als er auf eine natürliche Person als unmittelbar beteiligten Mitunternehmer entfällt. ⑤ Die Veräußerung eines Mitunternehmeranteils an einer Mitunternehmerschaft, zu deren Betriebsvermögen die Beteiligung an einer Mitunternehmerschaft gehört (sog. doppelstöckige Personengesellschaft), ist als einheitlicher Veräußerungsvorgang zu behandeln. ⑥ Gewinne (Verluste) aus der Veräußerung eines Teils eines Mitunternehmeranteils sind nach § 16 Abs. 1 Satz 2 EStG laufende Gewinne und somit gewerbesteuerpflichtig. ⑦ Durch den Wechsel der Gewinnermittlungsart bedingte Hinzu- und Abrechnungen unterliegen ebenfalls als laufender Gewinn der Gewerbesteuer. ⑧ Die Verteilung nach R 4.6 Abs. 1 *Satz 4 und 5 EStR*[1] gilt auch für die Gewerbesteuer, es sei denn, die Änderung der Gewinnermittlungsart steht in einem zeitlichen Zusammenhang mit einem Unternehmerwechsel im Sinne der R 2.7.

H 7.1 (3)

H 7.1 (3)

Anwendung einkommensteuerrechtlicher Vorschriften und Verwaltungsanordnungen. 15
Während die Einkommensteuer als Personensteuer beim gewerblichen Gewinn alle betrieblichen Vorgänge von den ersten Vorbereitungshandlungen zur Betriebseröffnung bis zur Veräußerung oder Entnahme des letzten betrieblichen Wirtschaftsgutes berücksichtigt, ist Gegenstand der Gewerbesteuer nur der durch den laufenden Betrieb anfallende Gewinn (→ BFH vom 13. 11. 1963 – BStBl. 1964 III S. 124).

Betriebsaufgabe.

– Im Fall der Betriebsaufgabe ist für diesen Zeitpunkt der Übergang zum Vermögensvergleich zu unterstellen. Die dabei erforderlichen Zu- und Abrechnungen gehören zum laufenden Gewinn und sind deshalb bei der Ermittlung des Gewerbeertrags zu berücksichtigen (→ BFH vom 23. 11. 1961 – BStBl. 1962 III S. 199 und vom 24. 10. 1972 – BStBl. 1973 II S. 233).
– Nach § 16 Abs. 3 Satz 5 EStG gilt der Gewinn aus der Aufgabe des Gewerbebetriebs als laufender Gewinn, soweit einzelne dem Betrieb gewidmete Wirtschaftsgüter im Rahmen der Aufgabe des Betriebs veräußert werden und soweit auf der Seite des Veräußerers und auf der Seite des Erwerbers dieselben Personen Unternehmer oder Mitunternehmer sind. Zur Anwendbarkeit des § 16 Abs. 3 Satz 5 EStG auch für die Gewerbesteuer (→ BFH vom 3. 12. 2015 – BStBl. 2016 II S. 544).

Entnahmevorgänge bei Umwandlung in eine Personengesellschaft. Entsteht bei einer Betriebsveräußerung oder der Einbringung eines Betriebs zu Buch- oder Zwischenwerten ein Gewinn aus der Überführung von nicht zu den wesentlichen Betriebsgrundlagen gehörenden Wirtschaftsgütern in das Privatvermögen, unterliegt dieser Gewinn auch dann nicht der Gewerbesteuer, wenn er bei der Einkommensteuer nach dem Tarif zu versteuern ist (→ BFH vom 29. 10. 1987 – BStBl. 1988 II S. 374).

Entschädigungen, nachträgliche Betriebseinnahmen.

– Eine Unfallentschädigung, die ein Gewerbetreibender wegen Erwerbsminderung aus der Haftpflichtversicherung des Schädigers erhält, gehört nicht zum Gewerbeertrag (→ BFH vom 20. 8. 1965 – BStBl. 1966 III S. 94 und vom 28. 8. 1968 – BStBl. 1969 II S. 8).
– Ausgleichsansprüche und Ausgleichszahlungen im Sinne des § 89 b HGB bei Handelsvertretern sowie Entschädigungen für entgangenen Gewinn bei behördlich veranlasster Geschäftsraumverlegung gehören zum laufenden gewerblichen Gewinn und damit zum Gewerbeertrag i. S. d. § 7 GewStG (→ BFH vom 21. 1. 1965 – BStBl. III S. 172, vom 5. 12. 1968 – BStBl. 1969 II S. 196, vom 26. 5. 1971 – BStBl. II S. 717, vom 31. 3. 1977 – BStBl. II S. 618 und vom 18. 12. 1996 – BStBl. 1997 II S. 573). Ausgleichszahlungen i. S. d. § 89 b HGB gehören auch dann zum laufenden Gewinn, wenn die Beendigung des Vertragsverhältnisses mit der Aufgabe des Betriebs zusammenfällt oder der Anspruch auf Ausgleichszahlung durch den Tod des Handelsvertreters entstanden ist und der Erbe den Betrieb aufgibt (→ BFH vom 24. 11. 1982 – BStBl. 1983 II S. 243, vom 9. 2. 1983 – BStBl. II S. 271, vom 19. 2. 1987 – BStBl. II S. 570 und vom 25. 7. 1990 – BStBl. 1991 II S. 218).
  Eine Ausgleichszahlung im Sinne von § 89 b HGB, die ihren Grund in der Beendigung des Vertragsverhältnisses durch den Tod des Handelsvertreters hat und an dessen allein erbende Witwe geleistet wird, gehört aber dann nicht zum Gewerbeertrag des mit dem Tode eingestellten Gewerbebetriebs, wenn der Handelsvertreter seinen Gewinn nach § 4 Abs. 3 EStG ermittelte und diese Gewinnermittlungsart beibehalten wurde (→ BFH vom 10. 7. 1973 – BStBl. II S. 786).

---

[1] Jetzt **R 4.6** Abs. 1 Satz 2 und 3 EStR.

H 7.1 (3)
noch **15**

– Wird die Entschädigung im Rahmen der Aufgabe eines Gewerbebetriebs gezahlt, so bleibt sie beim Gewerbeertrag außer Ansatz, wenn sie einkommensteuerrechtlich dem begünstigten Veräußerungs- oder Aufgabegewinn i. S. d. § 16 EStG zuzurechnen ist (→ BFH vom 17. 12. 1975 – BStBl. 1976 II S. 224).
– Eine nach § 3 Nr. 8 EStG steuerfreie Entschädigung gehört nicht zum Gewerbeertrag (→ BFH vom 12. 1. 1978 – BStBl. II S. 267).

Ermittlung des Gewerbeertrags bei Mitunternehmerschaften.
– Zum Gewerbeertrag einer Personengesellschaft gehören auch die Vergütungen an ihre Mitunternehmer i. S. v. § 15 Abs. 1 Satz 1 Nr. 2 EStG (→ BFH vom 6. 7. 1978 – BStBl. II S. 647, vom 6. 11. 1980 – BStBl. 1981 II S. 220, vom 24. 11. 1983 – BStBl. 1984 II S. 431, vom 25. 10. 1984 – BStBl. 1985 II S. 212 und vom 10. 6. 1987 – BStBl. II S. 816). Das gilt auch für die Gehälter der Geschäftsführer einer GmbH, die die Geschäfte einer GmbH & Co. KG führt, wenn die Empfänger zugleich Gesellschafter (Kommanditisten) der GmbH & Co. KG sind (→ BFH vom 26. 1. 1968 – BStBl. II S. 369 und vom 14. 12. 1978 – BStBl. 1979 II S. 284). Sie gehören ausnahmsweise nicht zum Gewinn (Gewerbeertrag), wenn der Empfänger zwar formal Gesellschafter, aber wirtschaftlich kein Mitunternehmer ist (→ BFH vom 26. 6. 1964 – BStBl. III S. 501). In den Gewerbeertrag einer Personengesellschaft ist auch der Gewinn einzubeziehen, den ein Gesellschafter aus der Veräußerung von Sonderbetriebsvermögen erzielt, das der Betätigung der Gesellschaft dient (→ BFH vom 6. 11. 1980 – BStBl. 1981 II S. 220 und zu Sonderbetriebsvermögen II → BFH vom 3. 4. 2008 – BStBl. II S. 742). Dagegen gehört der Veräußerungsgewinn eines von den Gesellschaftern einer Personengesellschaft von Anfang an privat genutzten Grundstücks nicht zum Gewerbeertrag, auch wenn es sich dabei um Gesamthandsvermögen handelt (→ BFH vom 3. 10. 1989 – BStBl. 1990 II S. 319). Zinsen, die ein Mitunternehmer für ein Darlehen aufwendet, das er zum Erwerb eines Mitunternehmeranteils aufgenommen hat, mindern den Gewinn der Personengesellschaft. Sie sind jedoch nach § 8 Nr. 1 GewStG dem Gewerbeertrag wieder hinzuzurechnen (→ BFH vom 9. 4. 1981 – BStBl. II S. 621).
– Wegen der Nutzungsüberlassung von Wirtschaftsgütern einer Personengesellschaft an eine andere ganz oder teilweise gesellschafteridentische Personengesellschaft (→ BMF vom 28. 4. 1998 – BStBl. I S. 583).[1]
– Zur Anwendung der Regelungen des § 8b Abs. 1 bis 5 KStG sowie des § 3 Nr. 40 EStG bei der Ermittlung des Gewerbeertrags einer Mitunternehmerschaft (→ BMF vom 21. 3. 2007 – BStBl. I S. 302[2] = Rechtsfolgen aus der Veröffentlichung des BFH-Urteils I R 95/05 vom 9. 8. 2006 im BStBl. 2007 II S. 279).

Gewinn aus der Veräußerung einer 100 %igen Beteiligung an einer Kapitalgesellschaft. Der Gewinn aus der Veräußerung einer zum Betriebsvermögen gehörenden Beteiligung an einer Kapitalgesellschaft i. S. d. § 2 Abs. 2 GewStG ist auch dann Gewerbeertrag, wenn die Beteiligung das gesamte Nennkapital umfasst (→ § 16 Abs. 1 Satz 1 Nr. 1 Satz 2 EStG), es sei denn, die Veräußerung erfolgt im engen Zusammenhang mit der Aufgabe des Gewerbebetriebs (→ BFH vom 2. 2. 1972 – BStBl. II S. 470). Dies gilt unabhängig davon, ob es sich um Anteile an einer inländischen oder ausländischen Kapitalgesellschaft handelt (→ BFH vom 29. 8. 1984 – BStBl. 1985 II S. 160).

Gewinnanteile stiller Gesellschafter.
– Wird die anteils- und beteiligungsidentische Schwesterpersonengesellschaft einer Kommanditistin als typische stille Gesellschafterin an der KG beteiligt und werden die Interessen anderer KG-Gesellschafter durch eine „Gewinnverschiebung" zwischen den Schwestergesellschaften nicht berührt, mindert der Gewinnanteil der stillen Gesellschafterin nur in angemessener Höhe den Gewerbeertrag der KG.
– Soweit der der stillen Gesellschafterin eingeräumte Gewinnanteil eine angemessene Höhe übersteigt, ist er der Kommanditistin zuzurechnen. Insoweit handelt es sich um eine verdeckte Entnahme der Gesellschafter aus der Kommanditistin verbunden mit einer verdeckten Einlage in deren Schwestergesellschaft.
– Soweit ein angemessener Gewinnanteil der stillen Gesellschafterin nicht durch einen konkreten Fremdvergleich ermittelt werden kann, ist – entsprechend den von der Rechtsprechung zu Familienpersonengesellschaften entwickelten Grundsätzen – im Allgemeinen eine Gewinnverteilung nicht zu beanstanden, die eine durchschnittliche Rendite der an Gewinn und Verlust beteiligten stillen Gesellschafterin bis zu 35% ihrer Einlage erwarten lässt. (→ BFH vom 21. 9. 2000 – BStBl. 2001 II S. 299).

Mehrheit von Betrieben. → R 2.4.

Sondererbfolge. Bei einer Sonderrechtsnachfolge in den Mitunternehmeranteil (qualifizierte Nachfolgeklausel) handelt es sich um eine Sondererbfolge; deshalb unterliegt der beim Erblasser entstehende Gewinn aus der Entnahme des Sonderbetriebsvermögens nicht der GewSt (→ BFH vom 15. 3. 2000 – BStBl. II S. 316).

---

[1] Abgedruckt als Anl a zu R 15.8 EStR im „Handbuch zur Einkommensteuerveranlagung".
[2] Letztmals abgedruckt als Anl b zu R 7.1 Abs. 1 GewStR im „Handbuch zur Gewerbesteuerveranlagung 2021".

Veräußerungs- und Aufgabegewinne.[1]
- Gewinne aus der Veräußerung oder Aufgabe eines Gewerbebetriebs oder eines Teilbetriebs im Sinne von § 16 Abs. 1 Satz 1 Nr. 1 Halbsatz 1 und Abs. 3 EStG gehören vorbehaltlich der Anwendung des § 7 Satz 2 GewStG bei einer Personengesellschaft nicht zum Gewerbeertrag (→ BFH vom 11. 3. 1982 – BStBl. II S. 707).
- Veräußerungs- oder Aufgabegewinne unterliegen als laufender Gewinn der Gewerbesteuer, soweit auf der Seite des Veräußerers und auf der Seite des Erwerbers dieselben Personen Unternehmer oder Mitunternehmer sind (→ § 16 Abs. 2 Satz 3, Abs. 3 Satz 2 EStG und BFH vom 15. 6. 2004 – BStBl. II S. 754).[2]
- Zur Frage der Einbeziehung des Gewinns aus der Veräußerung eines Mitunternehmeranteils im Sinne des § 7 Satz 2 Nr. 2 GewStG in die erweiterte Kürzung gemäß § 9 Nr. 1 Satz 2 GewStG → H 9.2 (1).
- Eine GmbH & Co. KG, die ihren Geschäftsbereich veräußert und lediglich eine wesentliche Betriebsgrundlage zurückbehält, die sie fortan vermietet, bleibt gewerbesteuerpflichtig; der Veräußerungsgewinn ist in den Gewerbeertrag einzubeziehen (→ BFH vom 17. 3. 2010 – BStBl. II S. 977).[3]
- Der Gewinn aus der Veräußerung eines zum Anlagevermögen zählenden Flugzeugs gehört zum gewerbesteuerbaren (laufenden) Gewinn, wenn die Veräußerung Bestandteil eines einheitlichen Geschäftskonzepts der unternehmerischen Tätigkeit ist (→ BFH vom 20. 9. 2012 – BStBl. 2013 II S. 498). Zu einheitlichem Geschäftskonzept → H 2.6 (1).

Vermögensübergang auf eine Personengesellschaft.
- → BMF vom 11. 11. 2011[4] – BStBl. I S. 1314 – Tz. 18.05 ff. → Anlage 16 KStH 2015.
- → § 18 UmwStG.[5]
- Veräußerung einer aus der Umwandlung einer Kapitalgesellschaft hervorgegangenen Personengesellschaft gegen Leibrente → BFH vom 17. 7. 2013 – BStBl. II S. 883.

Wechsel der Gewinnermittlungsart. → R 4.6 EStR und Anlage zu R 4.6 EStH.

Zwischengeschaltete Personengesellschaft. Anwendung der §§ 3 Nr. 40 und 3c Abs. 2 EStG sowie § 8b KStG → § 7 Satz 4 GewStG.

R 7.1 (4)

R 7.1 (4)

Gewinn bei Körperschaften, Personenvereinigungen und Vermögensmassen

(4) ① Bei unbeschränkt Steuerpflichtigen i. S. d. § 1 Abs. 1 Nr. 1 bis 3 KStG sind alle Einkünfte als Einkünfte aus Gewerbebetrieb zu behandeln. ② Den als Ausgangspunkt für die Ermittlung des Gewerbeertrags zugrunde zu legenden Gewinn im Sinne des § 7 GewStG dürfen aber insbesondere folgende Beträge nicht mindern:[6] 18

1. der Verlustabzug nach § 10d EStG;
2. die Freibeträge nach §§ 24 und 25 KStG.

③ Die in R 7.1 Abs. 3 Nr. 4 dargelegten Grundsätze sind anzuwenden. ④ Liegen bei einer Kapitalgesellschaft die Voraussetzungen des § 8 Abs. 7 KStG vor, ist die Spartentrennung nach § 8 Abs. 9 KStG auch für die Gewerbesteuer vorzunehmen. ⑤ Demnach ist für jede der sich nach Maßgabe des § 8 Abs. 9 KStG ergebenden Sparten zunächst ein gesonderter Gewerbeertrag zu ermitteln. ⑥ Der Gewerbeertrag der Kapitalgesellschaft ist in diesen Fällen die Summe der positiven Gewerbeerträge der jeweiligen Sparten.

H 7.1 (4)

H 7.1 (4)

Erwerb und Veräußerung eigener Anteile. → BMF vom 27. 11. 2013 – BStBl. I S. 1615[7]. 19

---

[1] *BFH v. 19. 9. 2019 IV R 50/16, BStBl. 2020 II S. 57:* Zum Gewerbeertrag einer Personengesellschaft gehört nach § 7 Satz 2 Nr. 2 GewStG auch der Gewinn eines Fiskalerben aus der Aufgabe des von einer verstorbenen natürlichen Person ererbten Mitunternehmeranteils.

[2] Ebenso *BFH-Urteil vom 3. 12. 2015 IV R 4/13, BStBl. 2016 II S. 544* zu § 16 Abs. 3 Satz 5 EStG: **1.** § 16 Abs. 3 S. 5 EStG ist als typisierende Missbrauchsverhinderungsvorschrift über § 7 S. 1 GewStG auch gewerbesteuerlich anzuwenden. **2.** Eine teleologische Reduktion des § 7 S. 1 GewStG kommt nicht in Betracht, soweit ein Mitunternehmer zunächst eine in seinem Sonderbetriebsvermögen gehaltene GmbH-Beteiligung an seine Mitunternehmerschaft veräußert, um sodann seinen gesamten Mitunternehmeranteil an einen Dritten zu veräußern.

[3] Rechtsprechung überholt, vgl. *BFH vom 10. 2. 2022 IV R 6/19, BFH/NV 2022, 991:* Die Überführung einer wesentlichen Betriebsgrundlage in den „neuen" Betrieb steht der Einstellung des „bisherigen" Betriebs nicht entgegen. Der Gewinn aus der Veräußerung des bisher originär gewerblichen Geschäftsbereichs einer GmbH & Co. KG ist daher nicht bereits dann dem Gewerbeertrag zuzuordnen, wenn eine wesentliche Betriebsgrundlage in dem neuen vermögensverwaltenden Geschäftsbereich der nunmehr gewerblich geprägten Personengesellschaft fortgeführt wird.

[4] Abgedruckt im **Anhang I 2 a** im „Handbuch zur Körperschaftsteuerveranlagung".

[5] Abgedruckt im **Anhang I 2** im „Handbuch zur Körperschaftsteuerveranlagung".

[6] *BFH-Beschluss vom 19. 7. 2010 I R 36/09, BStBl. II S. 1020:* Der fiktive Gewinnanteil i. S. des § 5 Abs. 1 KapErhStG a. F. (Rückzahlung von Nennkapital bei dessen Herabsetzung) ist dem Gewinn aus Gewerbebetrieb bei der Ermittlung des Gewerbeertrags gemäß § 7 GewStG 1991 nicht hinzuzurechnen.

[7] Abgedruckt als Anl zu H 28 KStH im „Handbuch zur Körperschaftsteuerveranlagung".

Übertragungsgewinn bei Umwandlung einer Kapitalgesellschaft auf eine Personengesellschaft als Alleingesellschafterin. Wird eine Kapitalgesellschaft auf eine Personengesellschaft als Alleingesellschafterin umgewandelt, ist der Übertragungsgewinn aus der Aufdeckung stiller Reserven in einer Beteiligung der umgewandelten Kapitalgesellschaft an einer Personengesellschaft nicht Bestandteil des Gewerbeertrags der umgewandelten Kapitalgesellschaft (→ BFH vom 28. 2. 1990 – BStBl. II S. 699).

Veräußerung eines Betriebs, Teilbetriebs oder einer betrieblichen Beteiligung bei Kapitalgesellschaften. Der Gewinn aus der Veräußerung eines Betriebs, eines Teilbetriebs oder einer betrieblichen Beteiligung gehört nach ständiger Rechtsprechung bei Kapitalgesellschaften zum Gewerbeertrag (→ BFH vom 5. 9. 2001 – BStBl. 2002 II S. 155).

Anl zu R 7.1 (4)

Kurzinformation betr. Einzelfragen zu § 7 GewStG und § 18 Abs. 4 UmwStG

Vom 27. Dezember 2004 (DStR 2005 S. 194)

(OFD Koblenz G 1421 A – Nr. 79/04)

Die KSt- und GewSt-Referatsleiter von Bund und Ländern haben Einzelfragen zu der Anwendung des § 18 Abs. 4 UmwStG bzw. des § 7 GewStG erörtert. Nach dem Ergebnis der Erörterungen gilt Folgendes:

1. Veräußerung von durch Einbringung von Mitunternehmeranteilen entstandenen einbringungsgeborenen Anteilen durch eine Kapitalgesellschaft (§ 7 GewStG)

20 Die Veräußerung eines Mitunternehmeranteils durch eine Kapitalgesellschaft war **bis zum Erhebungszeitraum 2001** nicht gewerbesteuerpflichtig. Wurden Mitunternehmeranteile nach § 20 UmwStG zu Buch- oder Zwischenwerten in eine andere Kapitalgesellschaft eingebracht, konnte die einbringende Kapitalgesellschaft die als Gegenleistung für die Einbringung gewährten sog. einbringungsgeborenen Anteile ebenfalls gewerbesteuerfrei veräußern (R 40 Abs. 2 S. 7 GewStR 1998 i. V. m. Tz. 21.13 des BMF-Schreibens vom 25. 3. 1998, BStBl. I 1998 S. 268).

Ab dem Erhebungszeitraum 2002 ist die Veräußerung eines Mitunternehmeranteils durch eine Kapitalgesellschaft nach § 7 S. 2 Nr. 2 GewStG gewerbesteuerpflichtig. Entsprechend unterliegt die Veräußerung von einbringungsgeborenen Anteilen durch eine Kapitalgesellschaft, die durch die Einbringung eines Mitunternehmeranteils entstanden sind, dann der Gewerbesteuer, wenn der für die Einbringung erforderliche Rechtsakt (nicht der steuerliche Übertragungsstichtag) nach dem 31. 12. 2001 wirksam geworden ist.

2. Anwendung des § 18 Abs. 4 UmwStG und des § 7 S. 2 Nr. 2 GewStG bei doppelstöckigen Personengesellschaften

21 Sind bei einer doppelstöckigen Personengesellschaft die Anteile an der **Unter**gesellschaft durch eine Umwandlung nach den §§ 3–10, 14 bzw. 16 UmwStG entstanden und werden die Anteile an der **Ober**gesellschaft veräußert, ist auf die Veräußerung der Anteile an der Obergesellschaft § 18 Abs. 4 UmwStG **nicht** anwendbar.

Sind bei einer doppelstöckigen Personengesellschaft Gesellschafter der Obergesellschaft unmittelbar natürliche Personen und werden die Anteile an der **Ober**gesellschaft veräußert, unterliegt der dadurch entstehende Gewinn nicht der GewSt nach § 7 S. 2 Nr. 2 GewStG.

3. Steuerschuldnerschaft, Gewährung des Freibetrags und des Staffeltarifs in Fällen des § 18 Abs. 4 UmwStG

22 Schuldner der GewSt nach § 18 Abs. 4 UmwStG ist die (aus der Umwandlung entstandene) Personengesellschaft (§ 5 Abs. 1 S. 3 GewStG). Das gilt auch in den Fällen, in denen ein Anteil an der (umgewandelten) Personengesellschaft veräußert wird, d. h. die GewSt entsteht auf der Ebene der Personengesellschaft und nicht auf der Ebene des veräußernden Mitunternehmers.

Für den Veräußerungsgewinn sind der Freibetrag und der Staffeltarif zu gewähren.

R 7.1 (5)

R 7.1 (5)

Ermittlung des Gewerbeertrags im Fall der Organschaft

23 (5) ① Organträger und Organgesellschaft bilden trotz der Betriebsstättenfiktion des § 2 Abs. 2 Satz 2 GewStG kein einheitliches Unternehmen. ② Demnach ist für jedes der sachlich selbständigen Unternehmen im Organkreis der Gewerbeertrag unter Berücksichtigung der in den §§ 8 und 9 GewStG bezeichneten Beträge getrennt zu ermitteln. ③ Es unterbleiben aber Hinzurechnungen nach § 8 GewStG, soweit die Hinzurechnungen zu einer doppelten steuerlichen Belastung führen. ④ Eine doppelte Belastung kann eintreten, wenn die für die Hinzurechnung in Betracht kommenden Beträge bereits in einem der zusammenzurechnenden Gewerbeerträge enthalten sind. ⑤ Um eine Doppelbelastung zu vermeiden, sind ferner bei der Veräußerung einer Organbeteiligung durch den Organträger die von der Organgesellschaft während der Dauer des Organschaftsverhältnisses erwirtschafteten, aber nicht ausgeschütteten Gewinne, soweit sie in den Vorjahren im Organkreis der Gewerbesteuer unterlegen haben, bei der Ermittlung des Gewer-

beertrags des Wirtschaftsjahrs des Organträgers abzuziehen, in dem die Beteiligung veräußert worden ist. ⑥ Auch eine verlustbedingte Wertminderung der Organbeteiligung muss gewerbesteuerlich unberücksichtigt bleiben, andernfalls würde sich der Verlust der Organgesellschaft doppelt auswirken. ⑦ Ist auf Grund des Verlusts der Organgesellschaft die Organbeteiligung auf den niedrigeren Teilwert abgeschrieben worden, kann die Teilwertabschreibung sich auf den Gewerbeertrag nicht mindernd auswirken, auch wenn sie bilanzsteuerrechtlich anzuerkennen ist. ⑧ Es wird vermutet, dass eine Identität der Verluste der Organgesellschaft mit den Verlusten des Organträgers besteht. ⑨ Wird eine Teilwertabschreibung nicht vorgenommen, die Organbeteiligung später aber zu einem entsprechend geringeren Verkaufspreis veräußert, ist bei der Ermittlung des Gewerbeertrags ein Betrag in Höhe des bei der Zusammenrechnung der Gewerbeerträge berücksichtigten Verlusts der Organgesellschaft hinzuzurechnen. ⑩ Der volle Gewerbeertrag – also vor Berücksichtigung der Gewinnabführungsvereinbarung und ggf. einschließlich des nur bei der Körperschaftsteuer vorhandenen eigenen Einkommens der Organgesellschaft in Höhe der geleisteten Ausgleichszahlungen – ist mit dem vom Organträger selbst erzielten Gewerbeertrag zusammenzurechnen. ⑪ Es sind die Gewerbeerträge derjenigen Wirtschaftsjahre des Organträgers und der Organgesellschaft zusammenzurechnen, die in demselben Erhebungszeitraum enden.

H 7.1 (5)

H 7.1 (5)

24

Allgemeine Grundsätze zur Organschaft. → R 2.3.

Dividendeneinnahmen einer Organgesellschaft.[1] Die im gewerbesteuerrechtlichen Organkreis für die Ermittlung der Gewerbeerträge der Organgesellschaft und des Organträgers nach § 7 Satz 1 (i. V. m. § 2 Abs. 2 Satz 2) GewStG 2002 maßgebenden Vorschriften des Körperschaftsteuergesetzes zur Ermittlung des Gewinns aus Gewerbebetrieb umfassen auch die in § 15 Satz 1 Nr. 2 Satz 1 und 2 (i. V. m. § 8b Abs. 1 bis 6) KStG 2002 (i. d. F. des SEStEG) angeordnete sog. Bruttomethode. Deswegen ist – zum einen – bei der Organgesellschaft ein von dieser vereinnahmter Gewinn aus Anteilen an einer ausländischen Kapitalgesellschaft bei der Berechnung des Kürzungsbetrags im Rahmen des sog. gewerbesteuerrechtlichen Schachtelprivilegs nach § 9 Nr. 7 Satz 1 GewStG 2002 nicht nach § 9 Nr. 7 Satz 3 i. V. m. § 9 Nr. 2a Satz 4 GewStG 2002 (i.d.F. des JStG 2007) um fiktive nichtabziehbare Betriebsausgaben nach § 8b Abs. 5 KStG 2002 zu vermindern, und beim Organträger ist der Gewinn aus den Kapitalanteilen – zum anderen – infolge des der Organgesellschaft gewährten sog. Schachtelprivilegs in dem ihm (nach § 2 Abs. 2 Satz 2 GewStG 2002) zugerechneten Gewerbeertrag nicht i. S. von § 15 Satz 1 Nr. 2 Satz 2 KStG 2002 (i.d.F. des SEStEG) enthalten, weshalb auch bei ihm keine Hinzurechnung von fiktiven nichtabziehbaren Betriebsausgaben nach § 8b Abs. 5 KStG 2002 vorzunehmen ist (→ BFH vom 17. 12. 2014 – BStBl. 2015 II S. 1052).

Teilwertabschreibungen bei Organschaft. Besteht gewerbesteuerrechtlich ein Organschaftsverhältnis, ist der beim Organträger zusammenzufassende Gewerbeertrag des Organkreises um Teilwertabschreibungen des Organträgers auf Beteiligungen an Organgesellschaften zu erhöhen, soweit die Teilwertabschreibungen betragsmäßig den erlittenen Verlusten der Organgesellschaft entsprechen (→ BFH vom 6. 11. 1985 – BStBl. 1986 II S. 73). Teilwertabschreibungen aufgrund einer Gewinnabführung mindern ebenso wie aufgrund einer Gewinnausschüttung den Gewerbeertrag im Organkreis nicht (→ BFH vom 19. 11. 2003 – BStBl. 2004 II S. 751). Teilwertabschreibungen mindern den Gewerbeertrag des Organkreises, wenn sie sich auf Ausschüttungen der Organgesellschaft bzgl. Gewinne aus vororganschaftlicher Zeit beziehen (→ BFH vom 30. 1. 2002 – BStBl. 2003 II S. 354).

Übernahmegewinn bei Umwandlung in Organschaftsfällen.
- Besteht eine gewerbesteuerrechtliche Organschaft und wird die Organgesellschaft in eine Personengesellschaft umgewandelt, unterliegt ein Umwandlungsgewinn, der beim herrschenden Unternehmen entsteht, insoweit nicht der Gewerbesteuer, als er aus aufgespeicherten Gewinnen der Organgesellschaft herrührt, die auf Grund der Organschaft bereits durch Zurechnung zum Gewerbeertrag des herrschenden Unternehmens versteuert wurden (→ BFH vom 26. 1. 1972 – BStBl. II S. 358).
- Entsteht bei der Umwandlung eines Organs auf den Organträger dadurch ein Übernahmegewinn, dass der Buchwert des Vermögens des Organs infolge der Nichtausschüttung von nachorganschaftlichen Gewinnen den Buchwert des Anteils des Organträgers an dem Organ übersteigt, unterliegt dieser Gewinn bei dem Organträger nicht der Gewerbesteuer (→ BFH vom 17. 2. 1972 – BStBl. II S. 582).

Zur Berücksichtigung von Gewerbeverlusten innerhalb des Organkreises. → H 10a.4.

Zur Berücksichtigung von Gewerbesteuerbefreiungen innerhalb des Organkreises. → H 3.20.

[1] **[Amtl. Anm.:]** Für EZ ab 2017 → § 7a GewStG in der ab 2017 geltenden Fassung.

R 7.1 (6)

R 7.1 (6)

Ermittlung des Gewerbeertrags bei Genossenschaften

(6) – *unbesetzt* –

H 7.1 (6)

H 7.1 (6)

Allgemeines.

25 – Wegen der Besonderheiten bei der Ermittlung des Gewinns → § 22 KStG und R 22 KStR.

– Wegen der steuerlichen Behandlung von landwirtschaftlichen Nutzungs- und Verwertungsgenossenschaften, bei denen nur bestimmte Nichtmitgliedergeschäfte besteuert werden, → H 3.8.

– Wegen der steuerlichen Behandlung von Veräußerungsgewinnen → R 7.1 Abs. 4.

R 7.1 (7)

R 7.1 (7)

Besteuerung kleiner Körperschaften

26 (7) ① Nach *§ 156 Abs. 2 AO*[1] kann die Festsetzung von Steuern unterbleiben, wenn feststeht, dass die Kosten der Einziehung einschließlich der Festsetzung außer Verhältnis zu dem festzusetzenden Betrag stehen. ② Diese Voraussetzung kann im Einzelfall bei kleinen Körperschaften, insbesondere bei Vereinen, Stiftungen und Genossenschaften und bei juristischen Personen des öffentlichen Rechts, erfüllt sein. ③ Bei diesen Körperschaften kann das in Satz 1 bezeichnete Missverhältnis insbesondere vorliegen, wenn der Gewinn im Einzelfall offensichtlich 500 Euro nicht übersteigt. ④ Dem entsprechend kann in diesen Fällen von der Festsetzung eines Gewerbesteuermessbetrags abgesehen werden.

GewStDV

§ 16 *Gewerbeertrag bei Abwicklung und Insolvenz*

27 *(1) Der Gewerbeertrag, der bei einem in der Abwicklung befindlichen Gewerbebetrieb im Sinne des § 2 Abs. 2 des Gesetzes im Zeitraum der Abwicklung entstanden ist, ist auf die Jahre des Abwicklungszeitraums zu verteilen.*

(2) Das gilt entsprechend für Gewerbebetriebe, wenn über das Vermögen des Unternehmens ein Insolvenzverfahren eröffnet worden ist.

R 7.1 (8)

R 7.1 (8)

Ermittlung des Gewerbeertrags bei Abwicklung und Insolvenz

28 (8) ① Bei einem in der Abwicklung befindlichen Unternehmen i. S. d. § 2 Abs. 2 GewStG ist nach § 16 GewStDV der Gewerbeertrag, der im Zeitraum der Abwicklung entstanden ist, auf die Jahre des Abwicklungszeitraums zu verteilen. ② Abwicklungszeitraum ist der Zeitraum vom Beginn bis zum Ende der Abwicklung. ③ Wird jedoch von der Bildung eines Rumpfwirtschaftsjahrs abgesehen, beginnt der Abwicklungszeitraum am Schluss des vorangegangenen Wirtschaftsjahrs. ④ Die Verteilung des in diesem Zeitraum erzielten Gewerbeertrags auf die einzelnen Jahre geschieht nach dem Verhältnis, in dem die Zahl der Kalendermonate, in denen im einzelnen Jahr die Steuerpflicht bestanden hat, zu der Gesamtzahl der Kalendermonate des Abwicklungszeitraums steht. ⑤ Dabei ist der angefangene Monat voll zu rechnen. ⑥ Ist über das Vermögen des Unternehmens das Insolvenzverfahren eröffnet worden, ist der in dem Zeitraum vom Tag der Insolvenzeröffnung bis zur Beendigung des Insolvenzverfahrens erzielte Gewerbeertrag entsprechend den vorstehenden Ausführungen zur Abwicklung auf die einzelnen Jahre zu verteilen. ⑦ Das gilt nicht nur für Unternehmen i. S. d. § 2 Abs. 2 GewStG, sondern für Unternehmen aller Art (→ § 16 Abs. 2 GewStDV). ⑧ Wird der Betrieb einer Kapitalgesellschaft, über deren Vermögen das Insolvenzverfahren eröffnet ist, zunächst weitergeführt und wird erst später mit der Insolvenzabwicklung begonnen, ist das Wirtschaftsjahr, auf dessen Anfang oder in dessen Lauf der Beginn der Insolvenzabwicklung fällt, das erste Jahr des Abwicklungszeitraums, für den die in § 16 Abs. 2 GewStDV vorgesehene Verteilung des Gewerbeertrags in Betracht kommt.

H 7.1 (8)

H 7.1 (8)

29 **Beginn der Abwicklung.** Beginnt die Abwicklung im Laufe eines Wirtschaftsjahrs, ist grundsätzlich für die Zeit vom Schluss des vorangegangenen Wirtschaftsjahrs bis zum Beginn der Abwicklung ein Rumpfwirtschaftsjahr zu bilden, das nicht in den Abwicklungszeitraum einzubeziehen ist (→ BFH vom 17. 7. 1974 – BStBl. II S. 692).

Besteuerungszeitraum. → BMF vom 4. 4. 2008 – BStBl. I S. 542.

---

[1] § 156 AO neu gefasst durch Gesetz vom 18. 7. 2016 (BGBl. I S. 1679).

Anl zu R 7.1 (8)

Schreiben betr. Liquidation; Besteuerungszeitraum bei der Gewerbesteuer (Anwendung des BFH-Urteils vom 18. September 2007 I R 44/06, BStBl. 2008 II S. 319)

Vom 4. April 2008 (BStBl. I S. 542)

(BMF IV B 7 – S 2760/0)

(letztmals abgedruckt im Handbuch zur Gewerbesteuerveranlagung 2016)

GewStG

§ 7 a[1] Sonderregelung bei der Ermittlung des Gewerbeertrags einer Organgesellschaft

1 (1) ① **Bei der Ermittlung des Gewerbeertrags einer Organgesellschaft ist § 9 Nummer 2 a, 7 und 8 nicht anzuwenden.** ② **In den Fällen des Satzes 1 ist § 8 Nummer 1 bei Aufwendungen, die im unmittelbaren Zusammenhang mit Gewinnen aus Anteilen im Sinne des § 9 Nummer 2 a, 7 oder 8 stehen, nicht anzuwenden.**

2 (2) ① **Sind im Gewinn einer Organgesellschaft**

1. **Gewinne aus Anteilen im Sinne des § 9 Nummer 2 a, 7 oder 8 oder**
2. **in den Fällen der Nummer 1 auch Aufwendungen, die im unmittelbaren Zusammenhang mit diesen Gewinnen aus Anteilen stehen,**

enthalten, sind § 15 Satz 1 Nummer 2 Satz 2 bis 4 des Körperschaftsteuergesetzes und § 8 Nummer 1 und 5 sowie § 9 Nummer 2 a, 7 und 8 bei der Ermittlung des Gewerbeertrags der Organgesellschaft entsprechend anzuwenden. ② **Der bei der Ermittlung des Gewerbeertrags der Organgesellschaft berücksichtigte Betrag der Hinzurechnungen nach § 8 Nummer 1 ist dabei unter Berücksichtigung der Korrekturbeträge nach Absatz 1 und 2 Satz 1 zu berechnen.**

3 (3) **Die Absätze 1 und 2 gelten in den Fällen des § 15 Satz 2 des Körperschaftsteuergesetzes entsprechend.**

[1] § 7 a eingefügt mWv EZ 2017 durch Gesetz vom 20. 12. 2016 (BGBl. I S. 3000).

GewStG

§ 7 b[1] Sonderregelung bei der Ermittlung des Gewerbeertrags bei unternehmensbezogener Sanierung

1 (1) **Die §§ 3 a und 3 c Absatz 4 des Einkommensteuergesetzes sind vorbehaltlich der nachfolgenden Absätze bei der Ermittlung des Gewerbeertrags entsprechend anzuwenden.**

2 (2)[2] ① **Der nach Anwendung des § 3 a Absatz 3 Satz 2 Nummer 1 des Einkommensteuergesetzes verbleibende geminderte Sanierungsertrag im Sinne des § 3 a Absatz 3 Satz 1 des Einkommensteuergesetzes mindert nacheinander**

1. **den negativen Gewerbeertrag des Sanierungsjahrs des zu sanierenden Unternehmens,**
2. **Fehlbeträge im Sinne des § 10 a Satz 3 und**
3. **im Sanierungsjahr ungeachtet des § 10 a Satz 2 die nach § 10 a Satz 6 zum Ende des vorangegangenen Erhebungszeitraums gesondert festgestellten Fehlbeträge; die in § 10 a Satz 1 und 2 genannten Beträge werden der Minderung entsprechend aufgebraucht.**

② **Ein nach Satz 1 verbleibender Sanierungsertrag mindert die Beträge nach Satz 1 Nummer 1 bis 3 eines anderen Unternehmens, wenn dieses die erlassenen Schulden innerhalb eines Zeitraums von fünf Jahren vor dem Schuldenerlass auf das zu sanierende Unternehmen übertragen hat und soweit die entsprechenden Beträge zum Ablauf des Wirtschaftsjahrs der Übertragung bereits entstanden waren.** ③ **Der verbleibende Sanierungsertrag nach Satz 2 ist zunächst um den Minderungsbetrag nach § 3 a Absatz 3 Satz 2 Nummer 13 des Einkommensteuergesetzes zu kürzen.** ④ **Bei der Minderung nach Satz 1 ist § 10 a Satz 4 und 5 entsprechend anzuwenden.** ⑤ **In Fällen des § 10 a Satz 9 ist § 8 Absatz 9 Satz 9 des Körperschaftsteuergesetzes entsprechend anzuwenden.** ⑥ **An den Feststellungen der vortragsfähigen Fehlbeträge nehmen nur die nach Anwendung der Sätze 1 und 2 verbleibenden Beträge teil.**

3 (3) ① **In den Fällen des § 2 Absatz 2 Satz 2 ist § 15 Satz 1 Nummer 1 a des Körperschaftsteuergesetzes entsprechend anzuwenden.** ② **Absatz 2 Satz 3 gilt entsprechend.**

---

[1] § 7 b eingefügt durch Gesetz vom 27. 6. 2017 (BGBl. I S. 2074).

[2] Fassung des § 7 b Abs. 2 Satz 4 ab EZ 2023 siehe geschlossene Wiedergabe.

GewStG

§ 8 Hinzurechnungen

1 **Dem Gewinn aus Gewerbebetrieb (§ 7) werden folgende Beträge wieder hinzugerechnet, soweit sie bei der Ermittlung des Gewinns abgesetzt worden sind:**

1.[1] Ein Viertel der Summe aus:

1a **a) Entgelten für Schulden. ② Als Entgelt gelten auch der Aufwand aus nicht dem gewöhnlichen Geschäftsverkehr entsprechenden gewährten Skonti oder wirtschaftlich vergleichbaren Vorteilen im Zusammenhang mit der Erfüllung von Forderungen aus Lieferungen und Leistungen vor Fälligkeit sowie die Diskontbeträge bei der Veräußerung von Wechsel- und anderen Geldforderungen. ③ Soweit Gegenstand der Veräußerung eine Forderung aus einem schwebenden Vertragsverhältnis ist, gilt die Differenz zwischen dem Wert der Forderung aus dem schwebenden Vertragsverhältnis, wie ihn die Vertragsparteien im Zeitpunkt des Vertragsschlusses der Veräußerung zugrunde gelegt haben, und dem vereinbarten Veräußerungserlös als bei der Ermittlung des Gewinns abgesetzt,**

1b **b) Renten und dauernden Lasten. ② Pensionszahlungen auf Grund einer unmittelbar vom Arbeitgeber erteilten Versorgungszusage gelten nicht als dauernde Last im Sinne des Satzes 1,**

1c **c) Gewinnanteilen des stillen Gesellschafters,**

1d **d) einem Fünftel der Miet- und Pachtzinsen (einschließlich Leasingraten) für die Benutzung von beweglichen Wirtschaftsgütern des Anlagevermögens, die im Eigentum eines anderen stehen. ② Eine Hinzurechnung nach Satz 1 ist nur zur Hälfte vorzunehmen bei**

aa) Fahrzeugen mit Antrieb ausschließlich durch Elektromotoren, die ganz oder überwiegend aus mechanischen oder elektrochemischen Energiespeichern oder aus emissionsfrei betriebenen Energiewandlern gespeist werden (Elektrofahrzeuge),

bb) extern aufladbaren Hybridelektrofahrzeugen, für die sich aus der Übereinstimmungsbescheinigung nach Anhang IX der Richtlinie 2007/46/EG oder aus der Übereinstimmungsbescheinigung nach Artikel 38 der Verordnung (EU) Nr. 168/2013 ergibt, dass das Fahrzeug eine Kohlendioxidemission von höchstens 50 Gramm je gefahrenen Kilometer hat oder die Reichweite des Fahrzeugs unter ausschließlicher Nutzung der elektrischen Antriebsmaschine mindestens 80 Kilometer beträgt, und

cc) Fahrrädern, die keine Kraftfahrzeuge sind,[2]

1e **e) der Hälfte der Miet- und Pachtzinsen[3] (einschließlich Leasingraten) für die Benutzung der unbeweglichen Wirtschaftsgüter des Anlagevermögens, die im Eigentum eines anderen stehen, und**

1f **f)[4] einem Viertel der Aufwendungen für die zeitlich befristete Überlassung von Rechten (insbesondere Konzessionen und Lizenzen, mit Ausnahme von Lizenzen, die ausschließlich dazu berechtigen, daraus abgeleitete Rechte Dritten zu überlassen).[5] ② Eine Hinzurechnung nach Satz 1 ist nicht vorzunehmen auf Aufwendungen, die nach § 25 des Künstlersozialversicherungsgesetzes Bemessungsgrundlage für die Künstlersozialabgabe sind,**

soweit die Summe den Betrag von 200 000 Euro[6] übersteigt;

2., 3. *(aufgehoben)*

4 **4. die Gewinnanteile, die an persönlich haftende Gesellschafter einer Kommanditgesellschaft auf Aktien auf ihre nicht auf das Grundkapital gemachten Einlagen oder als Vergütung (Tantieme) für die Geschäftsführung verteilt worden sind;**

---

[1] Die Hinzurechnungsvorschriften des § 8 Nr. 1 Buchst. a), d), e) und f) stehen weder hinsichtlich der Höhe ihres jeweiligen Hinzurechnungsbetrags noch hinsichtlich ihres Verhältnisses zueinander im Widerspruch zur Verfassung; vgl. *BFH-Urteil vom 14. 6. 2018 III R 35/15, BStBl. II S. 662* sowie *BFH-Urteil v. 18. 12. 2019 III R 33/17, BFH/NV 2020 S. 781.* Siehe weiterhin *BFH-Urteil v. 12. 11. 2020 III R 38/17, BFH/NV 2021 S. 1152*: Es verstößt nicht gegen Art. 3 Abs. 1 GG, dass Miet- oder Pachtaufwendungen, die ohne das Aktivierungsverbot des § 5 Abs. 2 EStG nach § 255 Abs. 2 und 2 a HGB Herstellungskosten immaterieller Wirtschaftsgüter wären, die bereits im Jahr der Herstellung aus dem Anlagevermögen ausscheiden, nach § 8 Nr. 1 Buchst. d) und e) GewStG hinzugerechnet werden, obwohl eine Hinzurechnung bei der Herstellung materieller Wirtschaftsgüter unterbleiben würde.

[2] § 8 Nr. 1 Buchstabe d Satz 2 angefügt durch Gesetz vom 12. 12. 2019 (BGBl. I S. 2451); zur Anwendung siehe § 36 Abs. 4 GewStG.

[3] *BFH-Urteil vom 8. 12. 2016 IV R 55/10, BStBl. 2017 II S. 722, LS. 1:* **1.** Die Hinzurechnung verausgabter Miet- und Pachtzinsen nach § 8 Nr. 1 Buchst. e GewStG findet auch in Zwischenvermietungsfällen statt.

[4] Das Sortenschutzrecht ist ein Recht i. S. d. § 8 Nr. 1 Buchst. f Satz 1 GewStG, vgl. hierzu *BFH-Urteil v. 19. 12. 2019 III R 39/17, BStBl. 2020 II S. 397.*

[5] *BFH-Urteil vom 29. 6. 2022 III R 2/21, BFH/NV 2022, 1386:* Räumt der Produzent eines Spielfilmes (Lizenzgeber) dem Filmverleiher (Lizenznehmer) auch das Recht ein, den lizenzierten Film in einer anderen Sprache zu synchronisieren oder zu untertiteln und diese Filmversion zu verwerten, handelt es sich nicht i. S. d. Rückausnahme des § 8 Nr. 1 Buchst. f GewStG um eine Lizenz, die ausschließlich dazu berechtigt, daraus abgeleitete Rechte Dritten zu überlassen (sog. Vertriebslizenzen oder Durchleitungsrechte).

[6] § 8 Nr. 1 abschließender Satzteil geändert mWv EZ 2020 durch Gesetz vom 29. 6. 2020 (BGBl. I S. 1512).

GewStG

5.[1] **die nach § 3 Nr. 40 des Einkommensteuergesetzes oder § 8b Abs. 1 des Körperschaftsteuergesetzes außer Ansatz bleibenden Gewinnanteile (Dividenden) und die diesen gleichgestellten Bezüge und erhaltenen Leistungen aus Anteilen an einer Körperschaft, Personenvereinigung oder Vermögensmasse im Sinne des Körperschaftsteuergesetzes, soweit sie nicht die Voraussetzungen des § 9 Nr. 2a oder 7 erfüllen, nach Abzug der mit diesen Einnahmen, Bezügen und erhaltenen Leistungen in wirtschaftlichem Zusammenhang stehenden Betriebsausgaben, soweit sie nach § 3c Abs. 2 des Einkommensteuergesetzes und § 8b Abs. 5 und 10 des Körperschaftsteuergesetzes unberücksichtigt bleiben.** 5

6. *(weggefallen)*

7. *(aufgehoben)*

8. die Anteile am Verlust einer in- oder ausländischen offenen Handelsgesellschaft, einer Kommanditgesellschaft oder einer anderen Gesellschaft, bei der die Gesellschafter als Unternehmer (Mitunternehmer) des Gewerbebetriebs anzusehen sind. ② Satz 1 ist bei Lebens- und Krankenversicherungsunternehmen nicht anzuwenden; für Pensionsfonds gilt Entsprechendes;[2] 8

9. die Ausgaben im Sinne des § 9 Abs. 1 Nr. 2 des Körperschaftsteuergesetzes; 9

10. Gewinnminderungen, die 10

a) durch Ansatz des niedrigeren Teilwerts des Anteils an einer Körperschaft oder

b) durch Veräußerung oder Entnahme des Anteils an einer Körperschaft oder bei Auflösung oder Herabsetzung des Kapitals der Körperschaft

entstanden sind, soweit der Ansatz des niedrigeren Teilwerts oder die sonstige Gewinnminderung auf Gewinnausschüttungen der Körperschaft, um die der Gewerbeertrag nach § 9 Nr. 2a, 7 oder 8 zu kürzen ist, oder organschaftliche Gewinnabführungen der Körperschaft zurückzuführen ist;

11. *(weggefallen)*

12. ausländische Steuern, die nach § 34c des Einkommensteuergesetzes oder nach einer Bestimmung, die § 34c des Einkommensteuergesetzes für entsprechend anwendbar erklärt, bei der Ermittlung der Einkünfte abgezogen werden, soweit sie auf Gewinne oder Gewinnanteile entfallen, die bei der Ermittlung des Gewerbeertrags außer Ansatz gelassen oder nach § 9 gekürzt werden. 12

Übersicht

[1] § 8 Nr. 5 Satz 2 aufgehoben durch Gesetz vom 25. 6. 2021 (BGBl. I S. 2035) mWv EZ 2022 (§ 36 Abs. 4 a GewStG).

[2] § 8 Nr. 8 Satz 2 angefügt mWv EZ 2020 durch Gesetz vom 21. 12. 2020 (BGBl. I S. 3096).

Rz.

Anlage:

GewStDV

§ 16 *[abgedruckt bei § 7 GewStG]*

§§ 17, 18 *(weggefallen)*

R 8.1

R 8.1 Hinzurechnung von Finanzierungsanteilen

R 8.1 (1)

R 8.1 (1)

Entgelte für Schulden

13 (1) ① Entgelte für Schulden sind die Gegenleistung für die eigentliche Nutzung von Fremdkapital und die vorzeitige Zurverfügungstellung von Kapital. ② Hierbei ist für die Frage, ob hinzuzurechnende Entgelte vorliegen, nicht die Bezeichnung, sondern der wirtschaftliche Gehalt der Leistung entscheidend.[1] ③ Zu den Entgelten für Schulden gehören sowohl Zinsen zu einem festen oder variablen Zinssatz als auch Vergütungen für partiarische Darlehen, Genussrechte und Gewinnobligationen. ④ Das gleiche gilt für Leistungen, die zwar nicht als Zinsen bezeichnet werden, aber wie diese Entgeltscharakter haben, wie zum Beispiel das Damnum, das bei der Ausgabe von Hypotheken und anderen Darlehen vereinbart wird, sowie das Disagio, das bei der Ausgabe von Schuldverschreibungen einer Kapitalgesellschaft gewährt wird. ⑤ Bei Bankkrediten sind die laufenden Sondervergütungen (z. B. Provisionen, Garantieentgelte), die neben den Zinsen vereinbart sind, in der Regel den Entgelten für Schulden zuzurechnen. ⑥ Soweit die von den Banken angesetzten Provisionen mit nicht in Anspruch genommenen Krediten zusammenhängen, fallen sie nicht unter die Vorschrift des § 8 Nr. 1 Buchstabe a GewStG. ⑦ Bereitstellungs- und Zusageprovisionen stellen keine Gegenleistung für die eigentliche Nutzung von Fremdkapital dar und unterliegen somit nicht der Hinzurechnung nach § 8 Nr. 1 Buchstabe a GewStG. ⑧ Die Umsatzprovision fällt insoweit nicht unter die hinzuzurechnenden Entgelte, als sie das Entgelt für Leistungen der Bank bildet, die nicht in der Überlassung des Kapitals bestehen, sondern darüber hinausgehende weitere Leistungen darstellen. ⑨ Auch die mit Schulden zusammenhängenden Geldbeschaffungskosten, laufenden Verwaltungskosten, Depotgebühren, Währungsverluste, Bereitstellungszinsen usw. sind keine hinzurechnungspflichtigen Entgelte. ⑩ Die Deckungsrückstellung (Deckungsrücklage) der Lebensversicherungsunternehmen ist keine Schuld im Sinne des Gewerbesteuergesetzes.

H 8.1 (1)

H 8.1 (1)

14 **Allgemeines.**[2] Auf die Dauer des Schuldverhältnisses kommt es nicht an. Auch ist es nicht von Bedeutung, ob die Schulden mit oder ohne Willen des Schuldners oder des Gläubigers entstanden sind, ob sie das Betriebsvermögen erhöht oder nur dessen Verminderung verhindert haben, ob die Gegenwerte am Stichtag noch vorhanden und ob die Schulden verzinslich sind (→ BFH vom 28. 6. 1957 – BStBl. III S. 287).

ABC der als Entgelt für Schulden anzusehenden Leistungen.

- **Diskontbeträge,** soweit sich diese auf den Finanzierungsanteil beziehen. Demnach sind enthaltene Nebenkosten – Verwaltungsgebühren, Risikoprämien, Wertermittlungskosten und vergleichbare Kosten – nicht in die Hinzurechnung einzubeziehen, zu Zeitpunkt und Umfang der Hinzurechnung (→ Rdnr. 21 und 23 Gleich lautende Erlasse der obersten Finanzbehörden der Länder vom 2. 7. 2012 – BStBl. I S. 654).[3]
- **Skonti/wirtschaftlich vergleichbare Vorteile,** wenn diese nicht dem gewöhnlichen Geschäftsverkehr entsprechen und somit der Finanzierungseffekt im Vordergrund steht (→ Rdnr. 16 Gleich lautende Erlasse der obersten Finanzbehörden der Länder vom 2. 7. 2012 – BStBl. I S. 654).[3]

---

[1] Vgl. aber *BFH-Urteil vom 7. 10. 2021 III R 15/18, BStBl. 2022 II S. 625*: Für die Bestimmung der hinzuzurechnenden „Entgelte für Schulden" i. S. d. § 8 Nr. 1 GewStG 2002 ist der Gesetzeswortlaut und grundsätzlich nicht eine davon abweichende wirtschaftliche Betrachtungsweise maßgeblich. Erhält ein Unternehmen ein Sachdarlehen über festverzinsliche Anleihen, die es nach Empfang veräußert und später zwecks Rückgabe zurückerwirbt, so sind weder die beim Rückerwerb dem Veräußerer zu vergütenden Stückzinsen noch die im Zeitraum zwischen der Überlassung der Anleihen und deren Rückgabe an den Darlehensgeber aufgelaufenen Stückzinsen als Entgelte für Schulden hinzuzurechnen.

[2] Zinsen, die aufgrund von § 4 Abs. 4 a EStG nicht als Betriebsausgaben abzugsfähig sind, werden nicht nach § 8 Nr. 1 GewStG als Dauerschuldentgelte hinzugerechnet; vgl. *Vfg. OFD Frankfurt vom 14. 12. 2000* (abgedruckt im „Handbuch zur Gewerbesteuerveranlagung 2009" und früher). Entsprechendes gilt für negative Einlagezinsen nach § 8 Nr. 1 Buchst. a GewStG, vgl. *gleich lautender Ländererlass vom 17. 11. 2015, BStBl. I S. 896.*

[3] Nachstehend abgedruckt als Anl a zu R 8.1 GewStR.

H 8.1 (1)
noch **14**

– **Verwaltungskosten,** wenn sie ihrer Höhe nach prozentual an dem Darlehensbetrag bemessen und bezogen auf die gesamte Laufzeit des Darlehens zu zahlen und nicht für besondere, über die Kapitalüberlassung hinausgehende Leistungen des Kreditgebers zu erbringen sind (→ BFH vom 9. 8. 2000 – BStBl. 2001 II S. 609).
– **Vorfälligkeitsentschädigungen,** die für die vorzeitige Rückzahlung eines Darlehens bei Verkürzung einer ursprünglich vereinbarten Mindestlaufzeit entrichtet werden, weil sie wie die vereinbarten Zinsen Entgelt für die Kreditgewährung sind (→ BFH vom 20. 3. 1980 – BStBl. II S. 538 und BFH vom 25. 2. 1999 – BStBl. II S. 473).

ABC der nicht als Entgelt für Schulden anzusehenden Leistungen.
– **Avalprovisionen/Avalgebühren.** → BFH vom 29. 3. 2007 – BStBl. II S. 655.
– **Bauzeitzinsen,** die als Herstellungskosten aktiviert sind; dies gilt sowohl für den Erhebungszeitraum der Aktivierung, als auch in Erhebungszeiträumen, in denen sie sich über Abschreibungen auf den Gewinn ausgewirkt haben (→ BFH vom 30. 4. 2003 – BStBl. 2004 II S. 192 und Rdnr. 13 Gleich lautende Erlasse der obersten Finanzbehörden der Länder vom 2. 7. 2012 – BStBl. I S. 654).[1]
– **Bereitstellungszinsen.** → BFH vom 10. 7. 1996 – BStBl. 1997 II S. 253.
– **Erbbauzinsen,**[2] soweit diese Entgelt für die Überlassung des Grund und Bodens darstellen (→ BFH vom 7. 3. 2007 – BStBl. II S. 654), zur Behandlung von als Anschaffungskosten oder Herstellungskosten aktivierten Erbbauzinsen → Bauzeitzinsen.
– **Negative Einlagezinsen.** → Gleich lautende Erlasse der obersten Finanzbehörden der Länder vom 17. 11. 2015 – BStBl. I S. 896.
– **Teilwertabschreibungen,** die steuerlich zulässig als Aufwand abgesetzt wurden; dies gilt auch, wenn das Unternehmen die abgeschriebene Forderung im Folgenden zum abgeschriebenen Wert veräußert (→ Rdnr. 18 Gleich lautende Erlasse der obersten Finanzbehörden der Länder vom 2. 7. 2012 – BStBl. I S. 654).[1]
– **Zins-Swap-Geschäfte,** die im Zusammenhang mit einem Swap-Geschäft gezahlten Vergütungen werden nicht für die Überlassung von Kapital, sondern für die Absicherung eines Zinsrisikos gezahlt (→ BFH vom 4. 6. 2003 – BStBl. 2004 II S. 517 und Rdnr. 14 und 15 Gleich lautende Erlasse der obersten Finanzbehörden der Länder vom 2. 7. 2012 – BStBl. I S. 654).[1]

Anwendungsfragen zur Hinzurechnung von Finanzierungsanteilen nach § 8 Nr. 1 GewStG. → Gleich lautende Erlasse der obersten Finanzbehörden der Länder vom 2. 7. 2012 – BStBl. I S. 654.[1]

Aufzinsungsbeträge. Aus dem Abzinsungsvorgang nach § 6 Abs. 1 Nr. 3 EStG und der nachfolgenden Aufzinsung ergeben sich keine Entgelte im Sinne von § 8 Nr. 1 Buchst. a GewStG (→ Rdnr. 39 des BMF-Schreibens vom 26. 5. 2005 – BStBl. I S. 699[3] und → H 6.10 (Abzinsung) und Anhang 9 V EStH sowie Rdnr. 12 Gleich lautende Erlasse der obersten Finanzbehörden der Länder vom 2. 7. 2012 – BStBl. I S. 654).[1]

Beteiligung an einer nicht gewerblichen Grundstücksgemeinschaft. Ist ein Gewerbebetrieb an einer nicht gewerblichen Grundstücksgemeinschaft (Gesamthands- oder Bruchteilsgemeinschaft) beteiligt, gehören auch die im Rahmen der Grundstücksgemeinschaft aufgenommenen Schulden anteilig zu den Schulden des Gewerbebetriebs (→ BFH vom 28. 1. 1975 – BStBl. II S. 516).

Durchlaufende Kredite.[4] Bei einem Unternehmen, das einen Kredit aufgenommen und weitergeleitet hat, liegt ein hinzurechnungspflichtiger Zinsaufwand vor (→ Rdnr. 11 Gleich lautende Erlasse der obersten Finanzbehörden der Länder vom 2. 7. 2012 – BStBl. I S. 654).[1]

Forfaitierung. Zur Forfaitierung von Ansprüchen aus schwebenden Verträgen → Rdnr. 19 ff. Gleich lautende Erlasse der obersten Finanzbehörden der Länder vom 2. 7. 2012 – BStBl. I S. 654.[1]

Saldierung mit Guthaben. Das Vorhandensein von flüssigen Mitteln, die zur Tilgung ausreichen, steht der Annahme von Schulden in der Regel nicht entgegen (→ RFH vom 7. 12. 1938 – RStBl. 1939 S. 330 und BFH vom 6. 11. 1985 – BStBl. 1986 II S. 415). Das gilt auch dann, wenn die flüssigen Mittel in einem Guthaben auf einem anderen Konto bei demselben Kreditgeber bestehen und die Konten zu dem Zweck geführt werden, verschiedene Ge-

[1] Nachstehend abgedruckt als Anl a zu R 8.1 GewStR.
[2] *Anm. d. Red.:* Sie können aber Schuldzinsenanteil enthalten; vgl. *BFH-Urteil vom 18. 3. 2009 I R 9/08, BStBl. 2010 II S. 560.* – Vgl. auch *Rz. 32 a Ländererlass vom 2. 7. 2012* (Anl a zu R 8.1 GewStR).
[3] Abgedruckt im „Handbuch zur Einkommensteuerveranlagung" als Anl zu R 6.10 EStR.
[4] *BFH-Urteil vom 16. 12. 2008 I R 82/07, BFH/NV 2009 S. 1143:* Ein sog. durchlaufender Kredit ist von einer Hinzurechnung als sog. Dauerschulden bei der Ermittlung des Gewerbekapitals ausgeschlossen. Um einen solchen Kredit handelt es sich, wenn der Kreditnehmer aus der Kreditaufnahme und der Weitergabe des Kredits an einen Dritten keinen über einen Kostenersatz hinausgehenden Nutzen erzielt und die Kreditaufnahme im fremden Interesse erfolgt.
BFH-Urteil vom 17. 7. 2019 III R 24/16, BStBl. 2020 II S. 48: Besteht der Geschäftszweck eines Unternehmens darin, Darlehen aufzunehmen und an eine Tochtergesellschaft weiterzureichen, handelt es sich auch dann nicht um durchlaufende Kredite, wenn die Kredite ohne Gewinnaufschlag an die Tochtergesellschaft weitergegeben werden.

schäftsbeziehungen dauernd getrennt voneinander zu behandeln (→ RFH vom 11. 3. 1942 – RStBl. S. 716). Eine Saldierung einer Schuld mit einem Guthaben bei demselben Kreditgeber kann nur im Ausnahmefall bei Einheitlichkeit, Regelmäßigkeit oder gleichbleibender Zweckbestimmung der Kreditgeschäfte, bei regelmäßiger Verrechnung der Konten oder dann in Betracht kommen, wenn der über ein Konto gewährte Kredit jeweils zur Abdeckung der aus dem anderen Konto ausgewiesenen Schuld verwendet wird (→ BFH vom 10. 11. 1976 – BStBl. 1977 II S. 165).[1]

Substanzerhaltungspflicht. Die im Rahmen einer Unternehmenspacht von dem Pächter übernommene Verpflichtung, für die bei Pachtbeginn erhaltenen Rohstoffe, Halb- und Fertigfabrikate bei Aufhebung des Pachtverhältnisses dieselbe Vorratsmenge in gleicher Art und Güte zurückzugeben, stellt eine Schuld dar (→ BFH vom 30. 11. 1965 – BStBl. 1966 III S. 51).

Unionsrechtmäßigkeit der Hinzurechnung von Zinsen. Die gewerbesteuerliche Hinzurechnung von Schuldzinsen verstößt nicht gegen das geltende Unionsrecht (→ EuGH vom 21. 7. 2011 – BStBl. 2012 II S. 528 und BFH vom 7. 12. 2011 – BStBl. 2012 II S. 507).

Verfassungsmäßigkeit der Hinzurechnungen nach § 8 Nr. 1 GewStG.
- Es ist nicht ernstlich zweifelhaft, dass § 8 Nr. 1 GewStG in aktueller Fassung mit dem Grundgesetz vereinbar ist (→ BFH vom 16. 10. 2012 – BStBl. 2013 II S. 30).
- → BVerfG vom 15. 2. 2016 – BStBl. II S. 557.

Verrechnung von Entgelten für Schulden mit erhaltenen Erstattungen. Eine Verrechnung von Aufwendungen, die als Entgelte für Schulden anzusehen sind, mit erhaltenen Erstattungen oder Zuschüssen ist ausnahmsweise nur dann zulässig, wenn ein ursächlicher Zusammenhang zwischen dem tatsächlich für einen bestimmten Kredit entstandenen Aufwand und dem Zufluss besteht (→ BFH vom 4. 2. 1976 – BStBl. II S. 551 und vom 23. 11. 1983 – BStBl. 1984 II S. 217). In diesem Zusammenhang mindern Zinsverbilligungszuschüsse von dritter Seite die hinzuzurechnenden Entgelte für Schulden (→ BFH vom 4. 5. 1965 – BStBl. III S. 417), weiterhin → Saldierung mit Guthaben.

Versicherungsunternehmen. Wie die Deckungsrückstellung (Deckungsrücklage) der Lebensversicherungsunternehmen sind auch die verzinslich angesammelten Gewinnanteile der Versicherungsnehmer keine Schulden, wenn die Gegenwerte ähnlichen Verfügungsbeschränkungen wie die Bestände des Deckungsstocks unterliegen (→ Gutachten des RFH vom 26. 11. 1943 – RStBl. 1944 S. 171). Die Rückstellung für Beitragsrückerstattung ist als Schuld zu behandeln, soweit die Gegenwerte nicht ähnlichen Verfügungsbeschränkungen unterliegen wie die Bestände des Deckungsstocks (→ BFH vom 26. 4. 1960 – BStBl. III S. 311, vom 4. 4. 1963 – BStBl. III S. 264 und vom 11. 4. 1984 – BStBl. II S. 598). Der Grundsatz, dass die Deckungsrückstellung keine Schuld im Sinne des Gewerbesteuergesetzes ist, schließt nicht aus, dass Hypothekenschulden, die auf einem zum Deckungsstock gehörenden Grundstück lasten, Schulden sein können (→ BFH-Urteil vom 21. 7. 1966 – BStBl. III S. 630); weiterhin → Rdnr. 24 ff. Gleich lautende Erlasse der obersten Finanzbehörden der Länder vom 2. 7. 2012 – BStBl. I S. 654).[2]

Zahlung von Überpreisen. Die Zahlung von Überpreisen führt beim Lieferanten zu einer Schuld, wenn der Mehrbetrag dem Kunden auf einem besonderen Konto gutgeschrieben und bankküblich verzinst wird (→ BFH vom 21. 2. 1991 – BStBl. II S. 474).

R 8.1 (2)

R 8.1 (2)

Renten und dauernde Lasten

15 (2) ① Die Hinzurechnung nach § 8 Nr. 1 Buchstabe b GewStG ist auf betriebliche Renten und dauernde Lasten beschränkt. ② Bei passivierten Renten und dauernden Lasten ergibt sich die Höhe des unter § 8 Nr. 1 Buchstabe b GewStG fallenden Finanzierungsanteils aus dem Unterschied zwischen der laufenden Zahlung (Aufwand) und der Verminderung des Passivpostens für die Verpflichtung (Ertrag). ③ Der durch den Wegfall der Verpflichtung entstehende außerordentliche Ertrag berührt den hinzuzurechnenden Betrag nicht.

H 8.1 (2)

H 8.1 (2)

16 **Abgrenzung zu privaten Versorgungsrenten.** Die bei Vermögensübertragungen von Eltern auf Kinder bestehende Vermutung für das Vorliegen einer privaten Versorgungsrente ist jeden-

[1] *BFH-Urteil vom 11. 10. 2018 III R 37/17, BStBl. 2019 II S. 275:* **1.** Die Grundsätze einer ausnahmsweise zulässigen Saldierung von Zinsaufwendungen bei wechselseitig gewährten Darlehen gelten bei der Ermittlung des Gewerbesteuermessbetrags auch für Darlehen innerhalb eines Cash-Pools. **2.** Die vielfältigen wechselseitigen Schuldverhältnisse innerhalb eines Cash-Pools sind im Falle der Saldierung bankarbeitstäglich zusammenzufassen und fortzuschreiben. Nur der für einen dann gegebenenfalls verbleibenden Schuldsaldo entstehende Zins ist hinzurechnungsfähiges Entgelt i. S. d. § 8 Nr. 1 Buchst. a S. 1 GewStG. Dieses hinzurechnungsfähige Entgelt ist nicht mit danach entstandenen Guthabenzinsen zu verrechnen.

[2] Nachstehend abgedruckt als Anl a zu R 8.1 GewStR.

falls dann entkräftet, wenn die Vertragsparteien Leistung und Gegenleistung wie unter Fremden nach kaufmännischen Gesichtspunkten gegeneinander abgewogen haben und subjektiv davon ausgegangen sind, dass die Leistungen im maßgeblichen Zeitpunkt des Vertragsschlusses in etwa wertgleich sind (→ BFH vom 30. 7. 2003 – BStBl. 2004 II S. 211).

Aufwendungen für Zusagen auf Leistungen der betrieblichen Altersversorgung. → Rdnr. 27 Gleich lautende Erlasse der obersten Finanzbehörden der Länder vom 2. 7. 2012 – BStBl. I S. 654.[1]

Erbbauzinsen gelten nicht als dauernde Last (→ BFH vom 7. 3. 2007 – BStBl. II S. 654).

Wertsicherungsklausel. Erhöht sich die Verpflichtung infolge einer Wertsicherungsklausel, sind auch die durch Wirksamwerden der Wertsicherungsklausel erhöhten Rentenbeträge hinzuzurechnen, soweit sie den Gewinn gemindert haben; ausgenommen ist aber der Aufwand, der durch die Erhöhung des Passivpostens für die Verpflichtung entsteht (→ BFH vom 12. 11. 1975 – BStBl. 1976 II S. 297).

R 8.1 (3) R 8.1 (3)

Gewinnanteile des stillen Gesellschafters

(3) ① Der Begriff des stillen Gesellschafters im Sinne des § 8 Nr. 1 Buchstabe c GewStG geht insofern über den handelsrechtlichen (und den einkommensteuerrechtlichen) Begriff hinaus, als nicht die Beteiligung an einem Handelsgewerbe erforderlich ist, sondern die Beteiligung an einem Gewerbe schlechthin genügt, für die laut Vereinbarung der Vertragspartner die Vorschriften der §§ 230 bis 237 HGB gelten sollen. ② Bei der Ermittlung der Summe der nach § 8 Nr. 1 GewStG hinzuzurechnenden Finanzierungsanteile ist auch ein Verlustanteil des stillen Gesellschafters zu berücksichtigen, soweit dieser Verlustanteil den Verlust aus Gewerbebetrieb gemindert hat. ③ *Wird die Summe hierdurch negativ, kommt eine „negative Hinzurechnung" nicht in Betracht.*[2, 3] **17**

H 8.1 (3) H 8.1 (3)

Abgrenzung des stillen Gesellschaftsverhältnisses vom partiarischen Darlehen. → BFH vom 8. 3. 1984 – BStBl. II S. 623 und vom 19. 10. 2005 – BStBl. 2006 II S. 334. **18**

Atypisch stille Gesellschaften. Im Gegensatz zur typischen stillen Gesellschaft sind atypische stille Gesellschaften, auch wenn die stille Beteiligung an einer GmbH besteht, nach den Grundsätzen der Mitunternehmerschaft zu behandeln (→ BFH vom 15. 12. 1992 – BStBl. 1994 II S. 702). Die Gewinnanteile des atypischen stillen Gesellschafters sind Teil des gewerblichen Gewinns der Mitunternehmerschaft und dürfen diesen nicht mindern (→ BFH vom 12. 11. 1985 – BStBl. 1986 II S. 311).

Begriff des stillen Gesellschafters. → BFH vom 5. 6. 1964 – BStBl. 1965 III S. 49, vom 8. 7. 1965 – BStBl. III S. 558, vom 11. 11. 1965 – BStBl. 1966 III S. 95, vom 7. 2. 1968 – BStBl. II S. 356, vom 28. 7. 1971 – BStBl. II S. 815, vom 6. 10. 1971 – BStBl. 1972 II S. 187, vom 27. 2. 1975 – BStBl. II S. 611, vom 1. 6. 1978 – BStBl. II S. 570, vom 16. 8. 1978 – BStBl. 1979 II S. 51, vom 7. 12. 1983 – BStBl. 1984 II S. 373 und vom 8. 4. 2008 – BStBl. II S. 852.

Gewinnabhängige Bezüge nach Beendigung des stillen Gesellschaftsverhältnisses. Zu den Gewinnanteilen des stillen Gesellschafters im Sinne des § 8 Nr. 1 Buchst. c GewStG gehören auch gewinnabhängige Bezüge, die nach Beendigung des stillen Gesellschaftsverhältnisses für die von dem stillen Gesellschafter während des Bestehens des Gesellschaftsverhältnisses erbrachten Leistungen gewährt werden (→ BFH vom 17. 2. 1972 – BStBl. II S. 586).

Stille Beteiligung an einem Mitunternehmeranteil. Auch die Gewinnanteile des stillen Gesellschafters eines Mitunternehmers (Unterbeteiligten) fallen unter die Hinzurechnungsvorschrift des § 8 Nr. 1 Buchst. c GewStG (→ BFH vom 8. 10. 1970 – BStBl. 1971 II S. 59).

Verlustanteile des stillen Gesellschafters.
- Bei der Ermittlung der Summe der nach § 8 Nr. 1 GewStG 2002 (i. d. F. des UntStRefG 2008) hinzuzurechnenden Finanzierungsanteile ist auch ein Verlustanteil des stillen Gesellschafters zu berücksichtigen, soweit dieser Verlustanteil den Verlust aus Gewerbebetrieb gemindert hat (→ R 8.1 Abs. 3 Satz 2 GewStR 2009). Wird durch die Berücksichtigung des

---

[1] Nachstehend abgedruckt als Anl a zu R 8.1 GewStR.

[2] **[Amtl. Anm.:]** R 8.1 Abs. 3 Satz 3 ist durch *BFH vom 1. 10. 2015, I R 4/14, BStBl. 2017 II S. 59* und *vom 28. 1. 2016, I R 15/15, BStBl. 2017 II S. 62* überholt. Vgl. dazu H 8.1 (3) „Verlustanteile des stillen Gesellschafters".

[3] BFH-Urteil vom 21. 5. 2014 I R 41/13, BFH/NV S. 1908: **1.** Der Begriff „Gewinnanteile des stillen Gesellschafters" setzt nicht notwendig einen tatsächlich erwirtschafteten Gewinn voraus, sondern erfasst auch Mindestbeträge, die in Höhe eines bestimmten Prozentsatzes der Vermögenseinlage in Verlustjahren an den stillen Gesellschafter zu zahlen sind. **2.** An den stillen Gesellschafter geleistete Einmalzahlungen, wie z. B. eine Bearbeitungsgebühr oder eine Risikoprämie, unterliegen nur dann der Hinzurechnung, wenn sie als Gegenleistung für die Kapitalüberlassung zu qualifizieren sind. Dies hängt maßgeblich davon ab, inwiefern die Zahlung im Falle einer vorzeitigen Beendigung des Vertragsverhältnisses vom Kapitalempfänger anteilig zurückgefordert werden kann.

Verlustanteils die Summe der hinzuzurechnenden Finanzierungsanteile negativ, dann ist diese Summe grundsätzlich – entgegen R 8.1 Abs. 3 Satz 3 GewStR 2009 – negativ hinzuzurechnen (→ BFH vom 1. 10. 2015 – BStBl. 2017 II S. 59).
– Die Betragsgrenze für die Hinzurechnung (§ 8 Nr. 1 GewStG 2002 i. d. F. des UntStRefG 2008) von 100 000 € ist im Fall einer negativen Summe der hinzuzurechnenden Finanzierungsanteile nicht spiegelbildlich anzuwenden. Lautet daher die Summe der Einzelhinzurechnungsbeträge auf einen Betrag zwischen ./. 1 € und ./. 100 000 €, dann ist ein Viertel dieser Summe dem Gewinn aus Gewerbebetrieb (negativ) hinzuzurechnen (→ BFH vom 28. 1. 2016 – BStBl. 2017 II S. 62).

R 8.1 (4)

R 8.1 (4)

Miet- und Pachtzinsen für bewegliche und unbewegliche Wirtschaftsgüter

19 (4) ① Unter Miet- und Pachtzinsen sind nicht nur Barleistungen, sondern alle Entgelte zu verstehen, die der Mieter oder der Pächter für den Gebrauch oder die Nutzung des Gegenstandes an den Vermieter oder den Verpächter zu zahlen hat. ② Für die Abgrenzung der Wirtschaftsgüter im Sinne des § 8 Nr. 1 Buchstabe d und e GewStG ist von dem Begriff des Wirtschaftsguts im Sinne des § 4 EStG auszugehen.

H 8.1 (4)

H 8.1 (4)

20 **Antizipiertes Besitzkonstitut.** Ein Mietvertrag und kein Lizenzvertrag liegt vor, wenn jemand mit Genehmigung und unter Ausnutzung von Lizenzen eines anderen Gegenstände selbst herstellt und nutzt, die mit der Herstellung nach dem Willen der Vertragspartner in das Eigentum des anderen Vertragsteils übergehen (→ BFH vom 2. 11. 1965 – BStBl. 1966 III S. 70).

Bare-boat-Charterverträge. Bare-boat-Charterverträge fallen unter § 8 Nr. 1 Buchst. d GewStG (→ BFH vom 27. 11. 1975 – BStBl. 1976 II S. 220).

Begriff des Miet- oder Pachtvertrags. Bei der Beurteilung, ob ein Miet- oder Pachtvertrag vorliegt, kommt es darauf an, ob die Verträge ihrem wesentlichen rechtlichen Gehalt nach Miet- oder Pachtverträge im Sinne des bürgerlichen Rechts sind (→ BFH vom 31. 7. 1985 – BStBl. 1986 II S. 304). Es ist unerheblich, ob die Mietverträge nur für kurze Zeit abgeschlossen werden, die Miet- oder Pachtzinsen angemessen sind oder der Abschluss des Miet- oder Pachtvertrages wirtschaftlich sinnvoll ist (→ BFH vom 30. 3. 1994 – BStBl. II S. 810).

Begriff des Wirtschaftsguts. → H 4.2 (1) Wirtschaftsgut EStH.

Benutzung einer Kaianlage.
– Wird einem Schifffahrtsunternehmen von der Hafenverwaltung in einem besonderen Vertrag gestattet, den Güter- und Personenverkehr von einem näher gekennzeichneten Teil einer Kaianlage mit Vorrang vor anderen Hafenbenutzern abzuwickeln, erfolgt mangels eines Mietvertrags keine Hinzurechnung nach § 8 Nr. 1 Buchst. d GewStG für die Benutzung der Kaianlage (→ BFH vom 9. 11. 1983 – BStBl. 1984 II S. 149). Zur Überlassung von Rechten (→ § 8 Nr. 1 Buchst. f GewStG und R 8.1 Abs. 6).
– Überlässt eine Stadt eine in ihrem Hafen belegene Kaje (Kai) einem Dritten zur ständigen Nutzung, ist das dafür zu zahlende Entgelt dann Mietzins im Sinne des § 8 Nr. 1 Buchst. d GewStG, wenn die Stadt verpflichtet ist, die Kaje herzurichten und für eine bestimmte Wassertiefe zu sorgen. Die Kaje ist eine Betriebsvorrichtung (→ BFH vom 31. 7. 1985 – BStBl. 1986 II S. 304).

Betrieb einer Deponie. Räumt ein Grundstückseigentümer einem Unternehmen zum Betrieb einer Deponie gegen Entgelt das Recht ein, das betreffende Grundstück mit Abfall zu verfüllen, wird das Grundstück und nicht ein vom Grund und Boden verselbständigtes Wirtschaftsgut „Auffüllrecht" vermietet oder verpachtet (→ BFH vom 17. 12. 2003 – BStBl. 2004 II S. 519), zu Rechten (→ § 8 Nr. 1 Buchst. f GewStG).

Betriebsvorrichtungen als bewegliche Wirtschaftsgüter des Anlagevermögens. → R 7.1 Abs. 3 EStR und BFH vom 20. 6. 1990 – BStBl. II S. 913.

Bildung einer Erneuerungsrückstellung. Ist der Pächter einer gewerblichen Betriebseinrichtung dem Verpächter gegenüber verpflichtet, zur Abgeltung der Abnutzung eine Erneuerungsrückstellung zu bilden, sind die dieser Rückstellung zugeführten Beträge als Teil der Pachtzinsen im Sinne des § 8 Nr. 1 Buchst. d oder e GewStG anzusehen (→ RFH vom 11. 2. 1941 – RStBl. S. 292).

Eigentum. Der Begriff „Eigentum" in § 8 Nr. 1 Buchst. d und e GewStG ist weit auszulegen, er umfasst auch den Eigenbesitz (wirtschaftliches Eigentum) im Sinne des § 39 Abs. 2 Nr. 1 AO (→ BFH vom 6. 7. 1966 – BStBl. III S. 599 und vom 6. 3. 1968 – BStBl. II S. 478).

Gemischte Verträge.
– → Rdnr. 6 und 7 Gleich lautende Erlasse der obersten Finanzbehörden der Länder vom 2. 7. 2012 – BStBl. I S. 654.[1]

[1] Nachstehend abgedruckt als Anl a zu R 8.1 GewStR.

– Ist bei einem gemischten Vertrag die Vermietung eine von den übrigen Leistungen trennbare Hauptleistung, z. B. Überlassung von Know-how und Vermietung von Spezialmaschinen, so ist das Entgelt, soweit es auf die Vermietung entfällt, dem Gewerbeertrag hinzuzurechnen (→ BFH vom 15. 6. 1983 – BStBl. 1984 II S. 17). *noch* **20**

– Zeitcharterverträge, d. h. Verträge mit Mannschaftsgestellung, sind keine Miet- oder Pachtverträge im Sinne des § 8 Nr. 1 Buchst. d und e GewStG, da die Beförderungsleistung unter Einsatz des gestellten Personals im Vordergrund steht. Eine weitergehende Aufteilung des Entgelts scheidet aus, da es sich hierbei um eine Leistung handelt, die das Wesen des ganzen Vertrages entscheidend beeinflusst (→ BFH vom 23. 7. 1957 – BStBl. III S. 306 und Rdnr. 7 Gleich lautende Erlasse der obersten Finanzbehörden der Länder vom 2. 7. 2012 – BStBl. I S. 654).[1]

Miet- und Pachtzinsen.

– Der Wert eines vom Mieter oder vom Pächter erstellten Gebäudes stellt Entgelt für die Nutzung dar, wenn das Gebäude entschädigungslos in das Eigentum des zur Grundstücksüberlassung Verpflichteten übergeht und der Vermögenszuwachs seine Grundlage in dem Miet- oder Pachtvertrag hat (→ BFH vom 26. 7. 1983 – BStBl. II S. 755).

– Zu den Miet-[2] und Pachtzinsen gehören die Aufwendungen des Mieters oder Pächters für die Instandsetzung, Instandhaltung und Versicherung des Miet- oder Pachtgegenstandes, die er über seine gesetzliche Verpflichtung nach bürgerlichem Recht hinaus (§§ 582 ff. BGB) auf Grund vertraglicher Verpflichtungen übernommen hat (→ BFH vom 27. 11. 1975 – BStBl. 1976 II S. 220 und Rdnr. 29 Gleich lautende Erlasse der obersten Finanzbehörden der Länder vom 2. 7. 2012 – BStBl. I S. 654).[1]

Monopolabgaben der Versorgungsunternehmen. → RFH vom 9. 2. 1943 – RStBl. S. 508.

Netzentgelte. → Rdnr. 29 c, 29 d und 29 e Gleich lautende Erlasse der obersten Finanzbehörden der Länder vom 2. 7. 2012 – BStBl. I S. 654.[1]

Verträge zwischen Gesellschaftern und ihren Personengesellschaften. Überlässt der Gesellschafter einer Personengesellschaft dieser ein Wirtschaftsgut zur Nutzung, das er im Rahmen seines Gewerbebetriebs von einem Dritten (Vermieter) gemietet hat, und verpflichtet sich die Personengesellschaft gegenüber ihrem Gesellschafter, das zwischen diesem und dem Vermieter vereinbarte Nutzungsentgelt unmittelbar an den Vermieter zu zahlen, sind die an den Vermieter gezahlten Mietzinsen dem Gewerbeertrag der Personengesellschaft hinzuzurechnen (→ BFH vom 31. 7. 1985 – BStBl. 1986 II S. 304).

Weitervermietung oder Weiterverpachtung

– Auch die Mieten und Pachten für weitervermietete oder -verpachtete Immobilien sind dem Gewinn aus Gewerbebetrieb gemäß § 8 Nr. 1 Buchst. e GewStG 2002 hinzurechnen (→ BFH vom 4. 6. 2014 – BStBl. 2015 II S. 289). Die Besteuerungsfolgen, die aus der Hinzurechnung der Mieten und Pachten für weitervermietete oder -verpachtete Immobilien zum Gewinn aus Gewerbebetrieb gemäß § 8 Nr. 1 Buchst. e GewStG 2002 i. d. F. des UntStRefG 2008 resultieren, entsprechen im Regelfall den gesetzgeberischen Wertungen und rechtfertigen daher grundsätzlich keinen Erlass der Gewerbesteuer wegen sachlicher Unbilligkeit (→ BFH vom 4. 6. 2014 – BStBl. 2015 II S. 293).

– → Rdnr. 29 a Gleich lautende Erlasse der obersten Finanzbehörden der Länder vom 2. 7. 2012 – BStBl. I S. 654.[1]

Wirtschaftsgüter des Anlagevermögens. Miet- und Pachtzinsen werden dann für die Benutzung von Wirtschaftsgütern des Anlagevermögens gezahlt, wenn die Wirtschaftsgüter für den Fall, dass sie im Eigentum des Mieters oder Pächters stünden, dessen Anlagevermögen zuzurechnen wären (→ BFH vom 29. 11. 1972 – BStBl. 1973 II S. 148).

Zuführungen zur Rekultivierungsrückstellung. Die im Zusammenhang mit der behördlichen Genehmigung zum Abbau von Bodenschätzen durch den Grundstückspächter vorzunehmenden Zuführungen zu einer Rekultivierungsrückstellung stellen keinen Bestandteil der Pachtzinsen im Sinne des § 8 Nr. 1 Buchst. e GewStG dar, wenn diese auch der zumindest teilweisen Erfüllung einer eigenen Verpflichtung des Grundstückspächters dienen (→ BFH vom 21. 6. 2012 – BStBl. II S. 692).

R 8.1 (5) R 8.1 (5)

Aufwendungen für die zeitlich befristete Überlassung von Rechten[3]

(5) *– unbesetzt –*

---

[1] Nachstehend abgedruckt als Anl a zu R 8.1 GewStR.

[2] Zur gewerbesteuerrechtlichen Hinzurechnung von Mietzinsen bzgl. eines Entgelts für die Überlassung von Ausstellungsflächen in Messehallen vgl. *BFH-Urteil vom 25. 10. 2016 I R 57/15, BStBl. 2022 II S. 273.*

[3] Keine Hinzurechnung von transaktionsbezogenen Zahlungen bei computerisierten Reiseinformations- und -vertriebssystemen (keine Rechteüberlassung, Provision); vgl. *BFH-Urteil vom 26. 4. 2018 III R 25/16, DStR 2018 S. 1860.*

H 8.1 (5)

H 8.1 (5)

21 **Allgemeines.** → Rdnr. 33 ff. Gleich lautende Erlasse der obersten Finanzbehörden der Länder vom 2. 7. 2012 – BStBl. I S. 654.[1]

Durchleitungsrechte. → Rdnr. 40 Gleich lautende Erlasse der obersten Finanzbehörden der Länder vom 2. 7. 2012 – BStBl. I S. 654.[1]

Fährgerechtigkeit. → BFH vom 26. 11. 1964 – BStBl. 1965 III S. 293.

Gemischte Verträge. → Rdnr. 6 und 7 Gleich lautende Erlasse der obersten Finanzbehörden der Länder vom 2. 7. 2012 – BStBl. I S. 654.[1]

Verträge über die Ausbeutung von Bodenschätzen. Bei Verträgen über die Ausbeutung von Mineralvorkommen ist die Überlassung der Grundstücke zur Ausbeutung der Vorkommen gewerbesteuerrechtlich nicht als Verpachtung von in Grundbesitz bestehenden Wirtschaftsgütern des Anlagevermögens, sondern als entgeltliche Überlassung des Rechts des Grundstückseigentümers auf Ausbeutung des Vorkommens anzusehen (→ BFH vom 7. 10. 1958 – BStBl. 1959 III S. 5, vom 12. 5. 1960 – BStBl. III S. 466 und vom 8. 11. 1989 – BStBl. 1990 II S. 388).
Das gilt nicht nur für Bodenschätze, bei denen das Recht zur Gewinnung von dem Eigentum am Grundstück getrennt und als selbständiges Recht (Gerechtigkeit) behandelt wird (insbesondere Mineralgewinnungsrecht), sondern auch für solche Bodenbestandteile, deren Abbau dem unbeschränkten Verfügungs- und Ausbeuterecht des Eigentümers unterliegt (z. B. Kies, Sand, Basalt und Ton) (→ BFH vom 12. 1. 1972 – BStBl. II S. 433 und vom 26. 5. 1976 – BStBl. II S. 721). Bei einem Betrieb, der auf Grund von Verträgen mit Grundstückseigentümern durch Nassbaggerei Sand und Kies an Flussufern abbaut, entfallen regelmäßig die Vergütungen in voller Höhe auf die Kies- und Sandausbeute, so dass ein Betrag für die Verpachtung der Bodenoberfläche nicht auszusondern ist (→ BFH vom 21. 8. 1964 – BStBl. III S. 557).

R 8.1 (6)

R 8.1 (6)

Freibetrag nach § 8 Nr. 1 GewStG

22 (6) ① Der Freibetrag nach § 8 Nr. 1 GewStG ist betriebsbezogen zu gewähren. ② Wechselt lediglich die Steuerschuldnerschaft zwischen Einzelunternehmen und Personengesellschaften oder umgekehrt, gelten die Grundsätze in R 11.1 Satz 2 ff. ③ Demnach ist der Freibetrag bei der Ermittlung des maßgeblichen Hinzurechnungsbetrages nach § 8 Nr. 1 GewStG jedem der Steuerschuldner entsprechend der Dauer seiner persönlichen Steuerpflicht zeitanteilig zu gewähren.

H 8.1 (6)

H 8.1 (6)

23 **Anwendungsfragen.** → Rdnr. 44 ff. Gleich lautende Erlasse der obersten Finanzbehörden der Länder vom 2. 7. 2012 – BStBl. I S. 654:[1]
– Abwicklung und Insolvenz
– Bemessungsgrundlage
– Organschaft
– Umstellung des Wirtschaftsjahres.
→ Rdnr. 95 ff. BMF vom 12. 11. 2009 – BStBl. I S. 1303 Anwendungsfragen zu den Regelungen im Jahressteuergesetz 2009 zur Besteuerung von Betrieben gewerblicher Art und Eigengesellschaften von juristischen Personen des öffentlichen Rechts.[2]

Anl a zu R 8.1

a) Erlass betr. Anwendungsfragen zur Hinzurechnung von Finanzierungsanteilen nach § 8 Nr. 1 GewStG in der Fassung des Unternehmensteuerreformgesetzes 2008 vom 14. August 2007 (BGBl. I S. 1912, BStBl. I S. 630)[3, 4]

Vom 2. Juli 2012 (BStBl. I S. 654)

(Gleich lautender Ländererlass)

Übersicht

[1] Nachstehend abgedruckt als Anl a zu R 8.1 GewStR.
[2] Abgedruckt als Anl a zu H 4.1 KStH im „Handbuch zur Körperschaftsteuerveranlagung".
[3] **[Amtl. Anm.:]** Ersetzt die gleichlautenden Erlasse der obersten Finanzbehörden der Länder vom 4. Juli 2008, BStBl. I S. 730.
[4] Rdnr. 2, 13 und 29 b geändert durch *gleich lautende Erlasse der obersten Finanzbehörden der Länder vom 6. 4. 2022, BStBl. I S. 638.* Die Grundsätze sind auf alle offenen Fälle anzuwenden.

Anl a zu R 8.1

Durch das Unternehmensteuerreformgesetz 2008 wurden u. a. die bisherigen Regelungen in § 8 Nr. 1 bis 3 und 7 GewStG a. F. zur Hinzurechnung von Entgelten für die Nutzung von Betriebskapital durch die Regelung des § 8 Nr. 1 GewStG ersetzt. Die Änderungen sind erstmals für den Erhebungszeitraum 2008 anzuwenden (§ 36 Abs. 5 a GewStG). Nach dem Ergebnis der Erörterung der obersten Finanzbehörden der Länder sind bei der Anwendung des § 8 Nr. 1 GewStG auch nachfolgende Grundsätze zu beachten:

I. Allgemeine Hinweise

1. Allgemeine Grundsätze zur Anwendung bestehender Richtlinien zu § 8 GewStG

1 Die Grundsätze der Gewerbesteuer-Richtlinien 1998 (GewStR 1998)[1] und der Rechtsprechung zu § 8 Nr. 1 bis 3 und 7 GewStG a. F. sind bei der Auslegung des § 8 Nr. 1 GewStG unter Berücksichtigung der Neuregelungen sinngemäß weiter anzuwenden. So sind beispielsweise die Grundsätze des Abschnitts 46 GewStR 1998[2] bei der Frage, ob ein Entgelt für eine Schuld vorliegt, weiter zu berücksichtigen. Musste bisher z. B. eine Hinzurechnung nach § 8 Nr. 1 GewStG a. F. nur deshalb unterbleiben, weil eine Verbindlichkeit des laufenden Geschäftsverkehrs vorlag, so kommt es ab dem Erhebungszeitraum 2008 zu einer Hinzurechnung, da dieses Ausschlusskriterium für die Hinzurechnung weggefallen ist. Entsprechendes gilt, wenn nach den Richtlinien bzw. der BFH-Rechtsprechung eine Hinzurechnung von Mieten und Pachten unterblieben ist, weil es sich um Mieten oder Pachten von Grundbesitz handelte und solche Aufwendungen – im Gegensatz zu § 8 Nr. 1 Buchst. e GewStG – nach § 8 Nr. 7 GewStG a. F. nicht hinzurechnungsrelevant waren. **25**

2. Hinzurechnung von gewinnmindernden Aufwendungen

2 Hinzugerechnet werden nach § 8 Nr. 1 GewStG vorbehaltlich des § 8 Nr. 1 Buchst. a Satz 3 GewStG nur die Beträge, die bei der Ermittlung des Gewinns abgesetzt worden sind. Demnach unterbleibt eine Hinzurechnung von Aufwendungen, die am Bilanzstichtag als Anschaffungs- oder Herstellungskosten des Anlage- oder Umlaufvermögens aktiviert wurden. Losgelöst hiervon unterbleibt in Fällen bereits unterjährig ausgeschiedener Wirtschaftsgüter eine Hinzurechnung für solche Aufwendungen, die als Anschaffungs- oder Herstellungskosten aktiviert worden wären, wenn sich das Wirtschaftsgut am Bilanzstichtag noch im Betriebsvermögen befunden hätte (vgl. BFH-Urteil vom 30. Juli 2020, III R 24/18, BStBl. 2022 II S. 279, und BFH-Urteil vom 12. November 2020, III R 38/17, BStBl. 2022 II S. 283); zu Bauzeit- und Erbbauzinsen vgl. Rdnr. 13. Aufwendungen, die im Zusammenhang mit der Herstellung eines selbst geschaffenen immateriellen Wirtschaftsguts des Anlagevermögens stehen, sind aufgrund des Aktivierungsverbots in § 5 Abs. 2 EStG stets hinzuzurechnen (vgl. BFH-Urteil vom 12. November 2020 III R 38/17, a. a. O.). Sofern eine auf einen Hinzurechnungstatbestand gerichtete Rückstellung zulässigerweise gebildet worden ist, ist diese hinzuzurechnen. Für die Auflö- **26**

[1] Jetzt GewStR 2009.
[2] Jetzt **R 8.1 Abs. 1** GewStR.

Anl a zu R 8.1

sung einer Rückstellung bei nicht erfolgter Inanspruchnahme gilt R 7.1 (1) GewStR 2009. Maßgebend ist die Gewinnermittlung des Steuergegenstands (des Unternehmens) im Sinne des § 2 Abs. 1 bis 3 GewStG. Deshalb unterliegen Sondervergütungen eines Mitunternehmers im Sinne des § 15 Abs. 1 Satz 1 Nr. 2 EStG weiterhin nicht der Hinzurechnung. Dies gilt auch für Gewinnanteile eines atypisch stillen Gesellschafters (vgl. Abschnitt 50 Abs. 3 GewStR 1998).[1] Wurde der den einzelnen Partnern einer Arbeitsgemeinschaft (Arge) im Sinne des § 2 a GewStG zuzurechnende Gewinn um Aufwendungen gemindert, die auf Ebene der Arge der Hinzurechnung unterlägen, so sind die gewerbesteuerlichen Folgen der Hinzurechnung bei den einzelnen Partnern zu ziehen.[2]

3 Aufwendungen, die bei der Ermittlung des Gewinns abgesetzt wurden und Bestandteil von vertraglichen Gestaltungen sind, z. B. von Umlageverträgen bei verbundenen Unternehmen, sind unabhängig von dieser rechtlichen Gestaltung hinzuzurechnen, wenn sie ihrem wirtschaftlichen Gehalt nach die einzelnen Tatbestände des § 8 Nr. 1 GewStG erfüllen.

4 Für die Unternehmen in einem Organkreis wird der Gewerbeertrag weiterhin jeweils gesondert ermittelt. Zur Vermeidung einer doppelten Belastung aus einer Hinzurechnung sind auch künftig die Grundsätze des Abschnitts 41 GewStR 1998[3] zu beachten.

3. Hinzurechnung unabhängig von der gewerbesteuerlichen Behandlung beim Überlasser des Betriebskapitals

27 **5** Die Hinzurechnung der Nutzungsentgelte für das dem Betrieb überlassene Geld- und Sachkapital (Betriebskapital) nach § 8 Nr. 1 GewStG ist unabhängig davon vorzunehmen, ob die Beträge beim Überlasser des Betriebskapitals der Gewerbesteuer unterliegen oder nicht. Damit unterliegen insbesondere auch die bei einer Betriebsaufspaltung vom Betriebsunternehmen an das Besitzunternehmen gezahlten Nutzungsentgelte für überlassenes Betriebskapital beim Betriebsunternehmen nach den Grundsätzen des § 8 Nr. 1 GewStG der Hinzurechnung.

4. Aufteilung gemischter Verträge

28 **6** Entgelte für die Nutzung des dem Betrieb überlassenen Betriebskapitals werden nur hinzugerechnet, wenn einer der Tatbestände des § 8 Nr. 1 Buchst. a bis f GewStG erfüllt ist. Enthält ein Vertrag Vereinbarungen über mehrere Leistungskomponenten (gemischter Vertrag) und sind diese trennbar, so ist jede Komponente für sich nach Maßgabe des § 8 Nr. 1 Buchst. a bis f GewStG zu beurteilen (vgl. Abschnitt 53 Abs. 1 Satz 14 und 15 GewStR 1998).[4] Dies gilt insbesondere auch für sog. Franchise-Verträge.[5] Das Entgelt ist – erforderlichenfalls durch Schätzung – auf die verschiedenen Leistungskomponenten aufzuteilen.

7 Stellt bei einem gemischten Vertrag das Vertragsverhältnis ein einheitliches und unteilbares Ganzes dar, scheidet eine Aufteilung des Vertrages aus. Steht dabei im Einzelfall eine Leistung, die keinen Tatbestand des § 8 Nr. 1 GewStG erfüllt, im Vergleich zu einer Leistung, die den Tatbestand erfüllt, derart im Vordergrund, dass sie dem Gesamtvertrag das Gepräge gibt, so fällt der Gesamtvertrag regelmäßig nicht unter § 8 Nr. 1 GewStG. Demnach scheidet z. B. bei Vereinbarungen zur fortlaufenden Reinigung bzw. zum fortlaufenden Austausch beschädigter Teile bei einem Mietservice von Berufskleidung oder Fußmatten regelmäßig eine Hinzurechnung aus. Bei Zeit-Charterverträgen steht die Beförderungsleistung unter Einsatz des gestellten Personals im Vordergrund; ein Herausrechnen des Entgelts für die Überlassung des Schiffs scheidet aus (vgl. Abschnitt 53 Abs. 1 Satz 5 GewStR 1998).[4] Gibt demgegenüber eine Leistung, die einen Tatbestand des § 8 Nr. 1 GewStG erfüllt, dem Gesamtvertrag das Gepräge, unterfällt der Gesamtvertrag der Hinzurechnung.

5. Folgen der Einordnung der Nutzungsüberlassung als Übergang des wirtschaftlichen Eigentums

29 **8** Eine Hinzurechnung von Mieten, Pachten oder Aufwendungen für die Überlassung von Rechten nach § 8 Nr. 1 Buchst. d bis f GewStG setzt eine Überlassung voraus. Ist die Nutzungsvereinbarung als Übergang des wirtschaftlichen Eigentums an dem genutzten Wirtschaftsgut anzusehen, so liegt ein Ratenkauf vor. Dieser ist nach allgemeinen bilanzsteuerlichen Grundsätzen zu behandeln. Soweit für einen Kaufpreis eine Verbindlichkeit zu passivieren ist, ist der in der Rate enthaltene Zinsanteil nach den Grundsätzen des § 8 Nr. 1 Buchst. a GewStG hinzuzurechnen.

9 Zum Übergang des wirtschaftlichen Eigentums auf den Leasingnehmer vgl. die in den BMF-Schreiben vom 19. April 1971 (BStBl. I S. 264), vom 21. März 1972 (BStBl. I S. 188), vom 22. Dezember 1975 (DB 1976 S. 12) und vom 23. Dezember 1991 (BStBl. 1992 I S. 13) niedergelegten Grundsätze.

II. Einzeltatbestände des § 8 Nr. 1 GewStG

1. Hinzurechnung von Entgelten für Schulden nach § 8 Nr. 1 Buchst. a GewStG

a) Allgemein

30 **10** Auf die Dauerhaftigkeit der Schulden kommt es im Rahmen der Neuregelung nicht mehr an (insbesondere auch Verbindlichkeiten des laufenden Geschäftsverkehrs fallen unter die Neuregelung). Für

[1] Jetzt **H 8.1 Abs. 3** GewStH „Atypisch stille Gesellschaften".

[2] Rdnr. 2 geändert durch *gleich lautende Erlasse der obersten Finanzbehörden der Länder vom 6. 4. 2022, BStBl. I S. 638.* Die Grundsätze sind auf alle offenen Fälle anzuwenden.

[3] Jetzt **R 7.1 Abs. 5** GewStR.

[4] Jetzt **H 8.1 Abs. 4** GewStH „Gemischte Verträge".

[5] Zur Hinzurechnung nach § 8 Abs. 1 Buchst. f GewStG bei Franchiseverträgen vgl. *BFH-Urteil vom 12. 1. 2017 IV R 55/11, BStBl. II S. 725.*

die Frage, ob ein Entgelt für eine Schuld vorliegt, sind die Grundsätze des Abschnitts 46 GewStR 1998[1] weiter anzuwenden. Ein hinzuzurechnender Finanzierungsanteil liegt nicht vor, wenn ein Versicherungsnehmer an Stelle des fälligen Jahresbetrags die Versicherungsprämie z. B. in betragsmäßig höheren monatlichen Teilbeträgen entrichtet. Anl a zu R 8.1

b) Durchlaufende Kredite

11 Bei einem Unternehmen, das einen Kredit aufgenommen und weitergeleitet hat, liegt ein hinzurechnungspflichtiger Zinsaufwand nach § 8 Nr. 1 Buchst. a GewStG vor. Dem steht das BFH-Urteil vom 7. Juli 2004 (BStBl. 2005 II S. 102) nicht entgegen, da es auf das Tatbestandsmerkmal „nicht nur der vorübergehenden Verstärkung des Betriebskapitals" nicht mehr ankommt. Eine Saldierung von Zinsaufwendungen und Zinserträgen im Zusammenhang mit durchgeleiteten Krediten kommt nicht in Betracht. 31

c) Aufzinsungsbeträge nach § 6 Abs. 1 Nr. 3, 3 a und § 6 a Abs. 3 EStG

12 Die Regelung des § 8 Nr. 1 Buchst. a Satz 1 GewStG lässt die bisherige Rechtslage unberührt, nach der sich aus der Abzinsung und der nachfolgenden Aufzinsung von unverzinslichen Verbindlichkeiten nach § 6 Abs. 1 Nr. 3 EStG und von Rückstellungen nach § 6 Abs. 1 Nr. 3 a EStG keine Entgelte im Sinne des § 8 Nr. 1 GewStG ergeben (vgl. Rdnr. 39 des BMF-Schreibens vom 26. Mai 2005, BStBl. I S. 699).[2] Dementsprechend unterliegen auch Aufzinsungsbeträge nach § 6 a Abs. 3 EStG nicht der Hinzurechnung. 32

d) Aktivierung von Bauzeit- und Erbbauzinsen als Anschaffungs- oder Herstellungskosten

13 Als Herstellungskosten aktivierte Bauzeitzinsen sind dem Gewinn weder in dem Erhebungszeitraum der Aktivierung noch in den Erhebungszeiträumen, in denen sie sich über Abschreibungen auf den Gewinn auswirken, als Entgelte für Schulden nach § 8 Nr. 1 Buchst. a GewStG hinzuzurechnen (vgl. BFH-Urteil vom 30. April 2003, BStBl. 2004 II S. 192). Wegen bereits unterjährig ausgeschiedener Wirtschaftsgüter vgl. Rdnr. 2. Entsprechendes gilt für aktivierte Erbbauzinsen. Zur weiteren Behandlung von Erbbauzinsen (Einräumung eines Erbbaurechts an einem bebauten oder unbebauten Grundstück) vgl. Rdnr. 32 und 32 a.[3] 33

e) Zins-Swap-Geschäfte

14 Grundsätzlich tauschen bei einem Zins-Swap-Geschäft zwei Parteien ihre Zinszahlungen auf einen nominellen Kapitalbetrag – üblicherweise Festsatz gegen variablen Satz –, ohne dabei den Kapitalbetrag auszutauschen. Im Regelfall dient der Zins-Swap-Vertrag der Absicherung des Zinsrisikos eines oder mehrerer anderer Darlehens- oder Kreditverträge. Der Zins-Swap-Vertrag kann aber auch ohne den Hintergrund eines anderen Vertrages zur Erzielung von Spekulationsgewinnen abgeschlossen werden. 34

15 Nach den Grundsätzen des BFH-Urteils vom 4. Juni 2003 (BStBl. 2004 II S. 517) ist der Zins-Swap, der nicht mit dem kreditgebenden Institut, sondern mit einem Dritten abgeschlossen wird, grundsätzlich eine Maßnahme, durch welche – ähnlich einem Devisentermingeschäft bezogen auf das Währungsrisiko oder auch bei Abschluss einer Risikoversicherung – ein Teil der mit einer Kreditaufnahme verbundenen Risiken der auftretenden Zinsschwankungen abgedeckt wird. Aufwendungen für ein derartiges Geschäft unterfallen nicht der Hinzurechnung. Soweit mit anderen Swap-Verträgen andere Finanzierungsmethoden und Gestaltungsformen kombiniert werden, ist auf Grundlage der vorstehenden Grundsätze zu prüfen, ob die Aufwendungen als Entgelt für Schulden zu beurteilen sind.

f) Skonti und ähnliche Abzüge bei Forderungen aus Lieferungen und Leistungen

16 Den Entgelten für Schulden nach § 8 Nr. 1 Buchst. a Satz 1 GewStG wirtschaftlich gleich steht der Aufwand nach § 8 Nr. 1 Buchst. a Satz 2 GewStG, der dem Betrieb dadurch entsteht, dass Forderungen aus Lieferungen und Leistungen vorzeitig erfüllt werden und hierbei ein Abschlag gewährt wird. Geschäftsübliche Skonti und Abschläge aus anderen Gründen (z. B. Treuerabatte und Mengenrabatte) werden von der Hinzurechnungsfiktion nicht erfasst. Dagegen liegt z. B. kein geschäftsüblicher Skonto vor, wenn ein Skonto trotz unüblich langem Zahlungsziel vereinbart wird; in diesen Fällen ist der volle Abschlag in die Hinzurechnung einzubeziehen. Kein Fall des Skontos liegt vor, wenn ein Versicherungsnehmer z. B. an Stelle von Monatsraten einen betragsmäßig geringeren Jahresbetrag entrichtet; es findet keine Hinzurechnung statt. 35

g) Verkauf von anderen Geldforderungen (echtes Factoring)

17 Nach § 8 Nr. 1 Buchst. a Satz 2 GewStG unterliegen auch Diskontbeträge bei der Veräußerung von Wechsel- und anderen Geldforderungen der Hinzurechnung. Hierunter fallen insbesondere die Abschläge aus dem Verkauf von aktivierten Forderungen (vgl. aber Rdnr. 23). 36

h) Teilwertabschreibung

18 Der Aufwand, der dem Unternehmen aus einer steuerlich zulässigen Abschreibung der Forderung auf den niedrigeren Teilwert entsteht, fällt nicht unter die Hinzurechnung nach § 8 Nr. 1 GewStG. Dies gilt auch dann, wenn das Unternehmen die abgeschriebene Forderung im Folgenden zu diesem abgeschriebenen Wert verkauft. 37

---

[1] Jetzt **R 8.1 Abs. 1** GewStR.

[2] Abgedruckt im „Handbuch zur Einkommensteuerveranlagung" als Anlage zu R 6.10 EStR.

[3] Rdnr. 13 geändert durch *gleich lautende Erlasse der obersten Finanzbehörden der Länder vom 6. 4. 2022, BStBl. I S. 638.* Die Grundsätze sind auf alle offenen Fälle anzuwenden.

Anl a zu R 8.1

i) Forfaitierung von Ansprüchen aus schwebenden Verträgen

– Allgemein

38 **19** Nach § 8 Nr. 1 Buchst. a Satz 3 GewStG fällt auch der rechnerische Aufwand im Zuge der Forfaitierung von Ansprüchen aus schwebenden Verträgen unter die Hinzurechnung. Der hinzuzurechnende Aufwand ergibt sich aus der Differenz zwischen der Summe der zu erwartenden Raten (jeweils zum Nominalwert), die der aus dem Vertrag Verpflichtete über die Laufzeit zu entrichten hat, und des vom Verkäufer an den Käufer zu entrichtenden Entgelts.

20 Bei der Ermittlung der Summe der zu erwartenden Raten sind die Werte maßgebend, die die Vertragsparteien bei der Forfaitierungsvereinbarung zu Grunde legen. Bei Entgeltanpassungsklauseln kommt es nicht darauf an, ob und in welchem Umfang diese künftig wirksam werden.

– Zeitpunkt der Hinzurechnung

21 Der Erlös aus der Forfaitierung wird nach allgemeinen Grundsätzen nicht im Zeitpunkt der Vereinnahmung, sondern verteilt über die Restlaufzeit des schwebenden Vertragsverhältnisses berücksichtigt (vgl. BMF-Schreiben vom 9. Januar 1996, BStBl. I S. 9). Entsprechend diesen Grundsätzen ist der Aufwand im Sinne des § 8 Nr. 1 Buchst. a Satz 3 GewStG linear verteilt über die Restlaufzeit des schwebenden Vertrags hinzuzurechnen.

– Altfälle

22 Eine Hinzurechnung nach den vorstehenden Grundsätzen unterbleibt in den Fällen, in denen die Forfaitierung von Ansprüchen aus schwebenden Geschäften vor dem 1. Januar 2008 erfolgt ist.

j) Nebenkosten beim Factoring und bei der Forfaitierung

39 **23** In den Abschlägen enthaltene angemessene Wertermittlungskosten oder vergleichbare Gebühren (z. B. Risikoprämien) unterfallen nicht der Hinzurechnung.

Beispiel 1 (echte Forfaitierung):

Die V-GmbH überlässt der S-GmbH am 1. Januar 2001 ein Grundstück zur Miete. Der Mietvertrag ist bis zum 31. Dezember 2010 befristet. Der jährlich auf den 1. Januar im Voraus zu entrichtende Mietzins beträgt 1 Mio. €. Die V-GmbH verkauft sämtliche Mietzinsansprüche aus dem Vertragsverhältnis am 30. Dezember 2001 an die K-GmbH und tritt sie mit sofortiger Wirkung ab. Das Ausfallrisiko geht auf die K-GmbH über. Der Kaufpreis für die Forderung beträgt 7,5 Mio. €. Von dem Differenzbetrag zum Nennwert der Forderung (9 Mio. € abzgl. 7,5 Mio. € = 1,5 Mio. €) entfallen nachweislich 10 000 € auf Wertermittlungskosten und 300 000 € auf die Risikoübernahme.

Lösung:

Es handelt sich um eine echte Forfaitierung. Bei der V-GmbH ist der Forfaitierungserlös mittels eines passiven Rechnungsabgrenzungspostens auf die Jahre 2002–2010 linear zu verteilen (vgl. BMF-Schreiben vom 9. Januar 1996, BStBl. I S. 9). Ein gewinnmindernder Zinsaufwand in Höhe der Differenz zwischen dem Nennwert der abgetretenen Forderung und dem erzielten Verkaufserlös ist bei der V-GmbH bilanzsteuerrechtlich nicht zu erfassen. Gleichwohl ist der Differenzbetrag abzgl. der Wertermittlungsgebühren und der Risikoprämie in Höhe von 1,19 Mio. € (1,5 Mio. € abzgl. 10 000 € und abzgl. 300 000 €) nach § 8 Nr. 1 Buchst. a Satz 3 GewStG bei der Ermittlung des Hinzurechnungsbetrages zu erfassen, und zwar linear verteilt auf die Restlaufzeit des schwebenden Vertrags (hier auf die Jahre 2002–2010, vgl. auch Rdnr. 21).

Beispiel 2 (unechte Forfaitierung):

Die V-GmbH überlässt der S-GmbH am 1. Januar 2001 ein Grundstück zur Miete. Der Mietvertrag ist bis zum 31. Dezember 2010 befristet. Der jährlich auf den 1. Januar im Voraus zu entrichtende Mietzins beträgt 1 Mio. €. Die V-GmbH verkauft sämtliche Mietzinsansprüche aus dem Vertragsverhältnis am 30. Dezember 2001 an die K-GmbH und tritt sie mit sofortiger Wirkung ab. Das Ausfallrisiko verbleibt bei der V-GmbH. Der Kaufpreis für die Forderung beträgt 7,8 Mio. €. In dem Differenzbetrag zum Nennwert (9 Mio. € abzgl. 7,8 Mio. € = 1,2 Mio. €) sind Wertermittlungskosten in Höhe von 10 000 € enthalten.

Lösung:

Bilanzsteuerrechtlich handelt es sich um eine Darlehensaufnahme durch die V-GmbH (Buchungssatz: Bank 7,8 Mio. € und aktive RAP 1,2 Mio. € an Verbindlichkeiten 9 Mio. €). Gewerbesteuerlich kommt es zu einer Hinzurechnung nach § 8 Nr. 1 Buchst. a Satz 1 GewStG. Der aus der Auflösung des aktiven RAP resultierende jährliche Aufwand ist bei der Ermittlung des Hinzurechnungsbetrages anzusetzen, soweit er nicht auf die Wertermittlungskosten entfällt.

k) Hinzurechnung bei Versicherungsunternehmen

40 **24** Versicherungsunternehmen unterlagen bisher mit ihren versicherungstechnischen Rückstellungen sowie ihren aus Versicherungsverhältnissen entstandenen Verbindlichkeiten gegenüber Versicherungsnehmern auf Grund der vom RFH und BFH entwickelten Grundsätze regelmäßig in der Anwartschaftsphase und der gesamten Leistungsphase der Versicherungsverträge nicht der Hinzurechnung nach § 8 Nr. 1 GewStG a. F. (vgl. Abschnitt 45 Abs. 9 GewStR 1998).[1] Diese Grundsätze finden auch künftig Anwendung, soweit die Rückstellungen und Verbindlichkeiten von Vermögenswerten des gebundenen Vermögens im Sinne des § 54 Abs. 1 Satz 1 VAG gedeckt werden. Das den Depotverbindlichkeiten aus dem in Rückdeckung gegebene Versicherungsgeschäft entsprechende Aktivvermögen rechnet nach den in § 54 Abs. 1 Satz 1 i. V. m. § 66 Abs. 1 a Satz 2 VAG genannten Vorgaben zu dem gebundenen Vermögen der Versicherung, womit die vorstehenden Grundsätze auch auf diese Depotverbindlichkeiten anzuwenden sind. Das gilt auch für Pensionskassen bzw. -fonds, soweit sie nicht steuerbefreit sind. Für die versicherungstechnischen Rückstellungen für Beitragsrückerstattungen in der Pflegeversicherung gilt Entsprechendes.

---

[1] Vgl. jetzt **H 8.1 Abs. 1** GewStH „Versicherungsunternehmen".

Anl a zu R 8.1

l) Zinsen für betriebliche Steuerschulden nach §§ 233 ff. AO

40a **24 a** Sind Zinsen für betriebliche Steuerschulden nach §§ 233 ff. AO bei der Ermittlung des Gewinns abgesetzt worden, unterliegen diese der Hinzurechnung nach § 8 Nr. 1 Buchst. a GewStG.

2. Hinzurechnung für Renten und dauernde Lasten nach § 8 Nr. 1 Buchst. b GewStG

a) Renten und dauernde Lasten

25 Auf einen Zusammenhang der Renten und dauernden Lasten mit der Gründung oder dem Erwerb des Betriebes kommt es im Rahmen der Neuregelung nicht mehr an. Ebenso wenig ist entscheidend, wie die Beträge beim Empfänger gewerbesteuerlich behandelt werden. 41

26 Erbbauzinsen gelten nicht als dauernde Last im Sinne des § 8 Nr. 1 Buchst. b GewStG (vgl. BFH-Urteil vom 7. März 2007, BStBl. II S. 654); zu Erbbauzinsen vgl. auch Rdnr. 32 und 32 a.

b) Aufwendungen für Zusagen auf Leistungen der betrieblichen Altersversorgung

27 Nach § 8 Nr. 1 Buchst. b Satz 2 GewStG sind Pensionszahlungen auf Grund einer unmittelbar vom Arbeitgeber erteilten Versorgungszusage nicht als dauernde Last anzusehen. Das Gleiche gilt für Aufwendungen des Arbeitgebers oder eines nach § 17 Abs. 1 Satz 2 BetrAVG Verpflichteten für Zusagen über eine Direktversicherung, eine Pensionskasse, einen Pensionsfonds oder eine Unterstützungskasse. 42

3. Hinzurechnung von Gewinnanteilen des stillen Gesellschafters nach § 8 Nr. 1 Buchst. c GewStG

28 Die Gewinnanteile des stillen Gesellschafters sind unabhängig von der gewerbesteuerlichen Behandlung beim Empfänger hinzuzurechnen. Für die begriffliche Abgrenzung des Gewinnanteils des stillen Gesellschafters vgl. Abschnitt 50 Abs. 1 Satz 1 und 2 GewStR 1998.[1] 43

4. Hinzurechnung von Miet- und Pachtzinsen für bewegliche und unbewegliche Wirtschaftsgüter nach § 8 Nr. 1 Buchst. d und e GewStG

a) Allgemein

29 Die Miet- und Pachtzinsen sind unabhängig von der gewerbesteuerlichen Behandlung beim Empfänger hinzuzurechnen. Die Laufzeit von Miet- und Pachtverträgen alleine ist grundsätzlich für die Beurteilung, ob eine Hinzurechnung vorzunehmen ist, ohne Bedeutung. Zu den Miet- und Pachtzinsen gehören auch die Aufwendungen des Mieters oder Pächters für die Instandsetzung, Instandhaltung und Versicherung des Miet- oder Pachtgegenstandes, die er über seine gesetzliche Verpflichtung nach bürgerlichem Recht hinaus (§§ 582 ff. BGB) auf Grund vertraglicher Verpflichtungen übernommen hat; nicht hinzuzurechnen sind reine Betriebskosten wie Wasser, Strom, Heizung. Ist die Umlage der Grundsteuer vereinbart, stellen die diesbezüglichen Aufwendungen gleichermaßen hinzuzurechnende Miet- und Pachtzinsen dar. Die vorstehenden Grundsätze gelten auch bei Leasingverträgen mit der Folge, dass sich der Umfang der Hinzurechnung auf die den Gewinn mindernde Leasingrate erstreckt.[2] Die im Zusammenhang mit der Anmietung von Fahrzeugflächen (z. B. Taxi- oder Busflächen für Werbezwecke) entrichteten Entgelte stellen Mietaufwendungen dar und unterliegen als solche der Hinzurechnung des § 8 Nr. 1 Buchst. d GewStG. 44

29 a Im Fall der Weitervermietung von Wirtschaftsgütern liegt auf jeder Stufe der Überlassung eine Benutzung im Sinne des § 8 Nr. 1 Buchst. d bzw. e GewStG vor. Eine Saldierung von Mietaufwendungen und Mieterträgen kommt nicht in Betracht.[3]

29 b Miet- und Pachtzinsen werden dann für die Benutzung von Wirtschaftsgütern des Anlagevermögens gezahlt, wenn die Wirtschaftsgüter für den Fall, dass sie im Eigentum des Mieters oder Pächters stünden, dessen Anlagevermögen zuzurechnen wären. Diese Fiktion muss sich jedoch soweit wie möglich an den betrieblichen Verhältnissen des Steuerpflichtigen orientieren (vgl. BFH vom 29. November 1972, BStBl. 1973 II S. 148) und richtet sich nach dem jeweiligen konkreten Geschäftsgegenstand im betreffenden Einzelfall (vgl. BFH-Urteil vom 8. Dezember 2016 IV R 24/11, BStBl. 2022 II S. 276). So unterliegen – vorbehaltlich der Rdnr. 2 – beispielsweise auch die von einem Bauunternehmer für die einmalige Anmietung von Baumaschinen geleisteten Mietaufwendungen grundsätzlich der Hinzurechnung. Dies gilt selbst dann, wenn die Anmietung lediglich stunden- oder tageweise erfolgt. Mietaufwendungen des Unternehmers für die Anmietung von Unterkünften, die unmittelbar der originären Tätigkeit zuzuordnen sind (z.B. Baumontage, Reisedienstleistungen), sind grundsätzlich hinzuzurechnen (vgl. aber Rdnr. 2). Aus Vereinfachungsgründen unterbleibt bei Verträgen über kurzfristige Hotelnutzungen oder bei kurzfristigen Pkw-Mietverträgen eine Hinzurechnung.

Einzelfälle aus der Rechtsprechung:

Filmhersteller

Gehen angemietete Wirtschaftsgüter wie Filmlocations oder Ausstattungsgegenstände gewissermaßen in das „Produkt" Film ein, weil sie nur in einem einzelnen Film verwendet werden können, so liegt kein Anlagevermögen vor. Kann das angemietete Wirtschaftsgut demgegenüber jedoch gleich einem Werkzeug für die Herstellung von verschiedenen Filmen verwendet werden, handelt es sich hierbei um fiktives Anlagevermögen (vgl. BFH-Urteil vom 12. November 2020 III R 38/17, a. a. O.).

---

[1] Jetzt **R 8.1 Abs. 3** GewStR.
[2] Vgl. *OFD NRW vom 2. 9. 2013 (DB S. 2057),* nachstehend abgedruckt als Anl b zu R 8.1 GewStR.
[3] Für Immobilien vgl. *BFH-Urteile vom 4. 6. 2014 I R 70/12,* BStBl. II 2015 S. 289 sowie *vom 4. 6. 2014 I R 21/13, BStBl. II 2015 S. 293.*

Anl a zu R 8.1

Konzertveranstalter

Die von einem Konzertveranstalter angemieteten Veranstaltungsimmobilien sind seinem fiktiven Anlagevermögen zuzuordnen, da diese Wirtschaftsgüter nach dem Geschäftsgegenstand ständig für den Gebrauch vorzuhalten sind. Hierbei ist es unerheblich, ob mehrmals derselbe oder aber verschiedene mehr oder weniger vergleichbare Gegenstände angemietet werden und ob ein potenzieller Erwerb dieser Mietobjekte wirtschaftlich sinnvoll ist (vgl. BFH-Urteil vom 8. Dezember 2016 IV R 24/11, a. a. O.).

Messedurchführungsgesellschaft

Wird eine sog. Messedurchführungsgesellschaft entsprechend ihrem Geschäftszweck nur aufgrund auftragsbezogener Weisungen ihres Auftraggebers nach den konkreten vertraglichen Abreden wie ein Mittler zwischen Messeveranstalter und Auftraggeber tätig, liegt kein fiktives Anlagevermögen hinsichtlich der für den jeweiligen Auftrag angemieteten Wirtschaftsgüter vor. Angesichts der Zufälligkeit der Auswahlentscheidung des Auftraggebers kann nicht davon ausgegangen werden, dass die Messedurchführungsgesellschaft entsprechende Wirtschaftsgüter ständig für den Gebrauch in ihrem Betrieb vorgehalten hätte (vgl. BFH-Urteil vom 25. Oktober 2016, I R 57/15, BStBl. 2022 II S. 273).

Pauschalreiseveranstalter

Die von einem Pauschalreiseveranstalter angemieteten Hotelzimmer und Hoteleinrichtungen stellen nach dessen Geschäftsgegenstand kein fiktives Anlagevermögen dar. Die angemieteten Wirtschaftsgüter werden nicht wie bei einem Hotelier zur dauerhaften Herstellung neuer Produkte (Übernachtung, Verpflegung, Veranstaltung) benötigt, sondern fließen als Teilprodukt in das jeweilige Kundenprodukt „Pauschalreise" ein und verbrauchen sich mit der Durchführung der Reise (vgl. BFH-Urteil vom 25. Juli 2019, III R 22/16, BStBl. 2020 II S. 51).[1]

29 c Das Entgelt für die pachtweise Überlassung eines gesamten Netzes oder von Teilen eines Netzes (insbesondere im Bereich Telekommunikation, Energie und Eisenbahn), das der Netzbetreiber an den Netzeigentümer zu entrichten hat, unterliegt der Hinzurechnung nach § 8 Nr. 1 Buchst. d GewStG. Soweit sich das Entgelt auf unbewegliche Wirtschaftsgüter bezieht, ist eine Hinzurechnung nach § 8 Nr. 1 Buchst. e GewStG vorzunehmen. In Fällen der Weiterverpachtung ist Rdnr. 29 a entsprechend anzuwenden.

29 d Das Entgelt, das ein Eisenbahnverkehrsunternehmen für die Nutzung von Eisenbahninfrastruktur an das Eisenbahninfrastrukturunternehmen zu entrichten hat, unterliegt nicht der Hinzurechnung nach § 8 Nr. 1 Buchst. d und e GewStG. Dies gilt im Bereich der Telekommunikation für das an den Netzbetreiber vom Anbieter von Telekommunikationsdienstleistungen für einen entbündelten Netzzugang (so genannte Teilnehmeranschlussleitung bzw. „letzte Meile") oder vergleichbare Netzzugänge entrichtete Entgelte gleichermaßen. Zur Frage einer möglichen Hinzurechnung nach § 8 Nr. 1 Buchst. f GewStG vgl. Rdnr. 34 a.

29 e Die an Betreiber von anderen Versorgungsnetzen (z. B. Strom- und Gasversorgungsnetze) zu entrichtenden Netzentgelte unterliegen nicht der Hinzurechnung nach § 8 Nr. 1 Buchst. d GewStG. Soweit sich das Entgelt auf unbewegliche Wirtschaftsgüter bezieht, ist eine Hinzurechnung nach § 8 Nr. 1 Buchst. e GewStG nicht vorzunehmen. Zur Frage einer möglichen Hinzurechnung nach § 8 Nr. 1 Buchst. f GewStG vgl. Rdnr. 34 a.

b) Abgrenzung der Mietverträge über unbewegliche Wirtschaftsgüter zu Mietverträgen über bewegliche Wirtschaftsgüter

45 **30** Bei einem einheitlichen Vertrag über unbewegliche Wirtschaftsgüter, insbesondere von Ladenlokalen, ist zu prüfen, ob Vertragsbestandteil auch die Überlassung von Wirtschaftsgütern ist, die, hätte der Mieter hierfür Herstellungskosten aufgewendet, nach den Grundsätzen von H 4.2 (3) EStH 2011 Mietereinbauten wären. Soweit die Mietaufwendungen auf bewegliche Wirtschaftsgüter entfallen, ist § 8 Nr. 1 Buchst. d GewStG maßgebend.

31 Schiffe und Flugzeuge sind bewegliche Wirtschaftsgüter im Sinne des § 8 Nr. 1 Buchst. d GewStG.

c) Abgrenzung der Miete und Pacht zu übrigen Überlassungsverhältnissen

46 **32** Für die Abgrenzung des Miet- und Pachtvertrags zu anderen Vertragstypen gelten die bisherigen Grundsätze weiter (vgl. BFH-Urteil vom 15. Juni 1983, BStBl. 1984 II S. 17).[2] Untermietverträge gelten als Miet- und Pachtverträge im Sinne von § 8 Nr. 1 Buchst. d und e GewStG; sie sind nicht als Überlassung von Rechten im Sinne des § 8 Nr. 1 Buchst. f GewStG zu beurteilen. Erbbauzinsen für die Überlassung unbebauter Grundstücke sind rechtlich und wirtschaftlich ein Entgelt für die Überlassung des Grundstücks zur Nutzung. Sie sind gewerbesteuerrechtlich wie Miet- und Pachtentgelte zu behandeln und unterliegen der Hinzurechnung nach § 8 Nr. 1 Buchst. e GewStG.

32 a Wird ein Erbbaurecht an einem bebauten Grundstück bestellt, sind die gezahlten Erbbauzinsen in einen Tilgungs- und Zinsanteil für die Übertragung des Bauwerks einerseits und ein Entgelt für die Nutzung des Grund und Bodens andererseits aufzuteilen (BFH-Urteil vom 18. März 2009, BStBl. 2010 II S. 560). Der auf das Bauwerk entfallende Zinsanteil unterliegt der Hinzurechnung nach § 8 Nr. 1 Buchst. a GewStG, soweit die diesbezüglichen Erbbauzinsen nicht aktiviert wurden (vgl. Rdnr. 13).

[1] Rdnr. 29 b neu gefasst durch *gleich lautende Erlasse der obersten Finanzbehörden der Länder vom 6. 4. 2022, BStBl. I S. 638.* Die Grundsätze sind auf alle offenen Fälle anzuwenden.

[2] Lagergebühren aufgrund eines Lagervertrags i. S. d. § 467 HGB sind keine Pachtzinsen i. S. d. § 8 Nr. 1 Buchst. e GewStG; vgl. *FM Sachsen-Anhalt vom 11. 4. 2016* (nachstehend abgedruckt Anl c zu R 8.1 GewStR).

Anl a zu R 8.1

5. Hinzurechnung von Aufwendungen für die zeitlich befristete Überlassung von Rechten nach § 8 Nr. 1 Buchst. f GewStG

a) Allgemein

33 Als Rechte im Sinne des § 8 Nr. 1 Buchst. f GewStG gelten subjektive Rechte an immateriellen Wirtschaftsgütern, denen bereits unabhängig vom jeweiligen Überlassungsverhältnis ein eigenständiger Vermögenswert beizumessen ist und an denen eine geschützte Rechtsposition besteht. Demnach gehören insbesondere Konzessionen, gewerbliche Schutzrechte, Urheberrechte, Lizenzrechte und Namensrechte zu den Rechten im Sinne des § 8 Nr. 1 Buchst. f GewStG.[1] Aufwendungen für die zeitlich befristete Überlassung von Software unterliegen regelmäßig der Hinzurechnung nach § 8 Nr. 1 Buchst. f GewStG, wenn mit der zeitlich befristeten Überlassung das Recht auf Nutzung eingeräumt wird und auf Seiten des Überlassenden eine geschützte Rechtsposition an diesem Recht (z. B. Urheberrecht) besteht.[2] Dem entgegen unterliegen Aufwendungen für die Überlassung ungeschützter Erfindungen, Know-how, Firmenwert, Kundenstamm und sonstiger ungeschützter geistiger Werte nach vorstehenden Grundsätzen nicht der Hinzurechnung. Eine Hinzurechnung kann nicht allein dadurch vermieden werden, dass einzelne Rechte nur für kurze Zeit überlassen werden. 47

34 Entgelte, die für die Nutzung des sog. Grünen Punktes an die Duale System Deutschland GmbH (DSD) entrichtet werden, erfüllen nicht den Tatbestand einer zeitlich befristeten Überlassung von Rechten nach § 8 Nr. 1 Buchst. f GewStG. Entsprechendes gilt für die Nutzung vergleichbarer Systeme zur Erfüllung der Verpflichtungen nach der Verpackungsverordnung. Auch die nach dem Bundesfernstraßenmautgesetz vom 12. Juli 2011 (BGBl. I S. 1378) entrichtete Maut und die nach dem Rundfunkgebührenstaatsvertrag zu entrichtende Rundfunkgebühr erfüllt nicht den Tatbestand einer zeitlich befristeten Überlassung für ein Recht nach § 8 Nr. 1 Buchst. f GewStG.

34 a Die in Rdnrn. 29 d und 29 e erwähnten Entgelte unterliegen nicht der Hinzurechnung nach § 8 Nr. 1 Buchst. f GewStG.

b) Zahlungen an juristische Personen des öffentlichen Rechts für überlassene Rechte

35 Aufwendungen für die zeitlich befristete Überlassung von Rechten nach § 8 Nr. 1 Buchst. f Satz 1 GewStG können auch vorliegen, wenn das Recht durch die öffentliche Hand überlassen wird (z. B. Glückspiellizenzen an Spielbanken oder Konzessionen für die Nutzung öffentlicher Verkehrsflächen an Energieversorger). 48

36 Soweit in der Vergangenheit z. B. Konzessionsabgaben für die Nutzung öffentlicher Verkehrsflächen in eine Grundstücksüberlassung und in eine Überlassung von beweglichen Wirtschaftsgütern aufgeteilt worden sind (vgl. Abschnitt 53 Abs. 5 Satz 8 GewStR 1998[3] unter Verweis auf das RFH-Urteil vom 9. Februar 1943, RStBl. S. 509), fällt künftig die Gesamtvergütung unter den Hinzurechnungstatbestand des § 8 Nr. 1 Buchst. f GewStG.

c) Zeitlich befristete Überlassung von Rechten

37 Die Hinzurechnung nach § 8 Nr. 1 Buchst. f GewStG setzt u. a. voraus, dass die Überlassung des Rechts zeitlich befristet ist. Eine zeitlich befristete Überlassung liegt auch dann vor, wenn bei Abschluss des Vertrages noch ungewiss ist, ob und wann die Überlassung endet (vgl. BFH-Urteil vom 7. Dezember 1977, BStBl. 1978 II S. 355). Eine Überlassung liegt nicht mehr vor, wenn bei wirtschaftlicher Betrachtungsweise ein Übergang des wirtschaftlichen Eigentums anzunehmen ist. Dies gilt auch für Lizenzen im Bereich von Forschung und Entwicklung. Maßgebend sind die Verhältnisse im Einzelfall. Nach diesen Grundsätzen ergibt sich beispielsweise für: 49

– Verlagsverträge

38 Mit einem Verlagsvertrag erhält der Verleger vom Werkinhaber (Autor) das Recht eingeräumt, das vom Autor verfasste Werk zu verlegen; der Autor erhält hierfür eine Vergütung. Der Verlagsvertrag ist nicht als zeitlich befristete Überlassung des Werks anzusehen, wenn die Überlassung die gesamte Schutzfrist des Rechts umfasst (z. B. Zeitspanne des § 64 UrhG – 70 Jahre nach Tod des Urhebers). Entsprechendes gilt bei zeitlich kürzerer Überlassung, wenn bei Vertragsabschluss zu erwarten ist, dass sich das Recht bei wirtschaftlicher Betrachtungsweise während der Dauer der Überlassung verbraucht.

– Lizenzverträge

39 Im Verlagswesen kommt es durch den Lizenzvertrag regelmäßig zur Abspaltung von Nebenrechten aus dem Verlagsvertrag (z. B. Abspaltung von Unterlizenzen zum Verlegen von Taschenbüchern an einen Taschenbuchverlag). Die Behandlung der Aufwendungen des Unterlizenznehmers richtet sich nach den für Lizenzverträge geltenden Grundsätzen.

d) Voraussetzungen für das Vorliegen von „Durchleitungsrechten"

40 Nach § 8 Nr. 1 Buchst. f Satz 1 GewStG kommt es zu keiner Hinzurechnung, wenn die dem Unternehmen überlassenen Lizenzen ausschließlich dazu berechtigen, daraus abgeleitete Rechte Dritten zu überlassen. Die Ausnahmeregelung findet deshalb auf der letzten Stufe der „Überlassungskette" 50

---

[1] *BFH-Beschluss vom 31. 1. 2012 I R 105/10, BFH/NV S. 996:* Glücksspielabgaben nach § 13 NGlüSpG, die eine GmbH für die Überlassung des Rechts auf Veranstaltung und Durchführung von Glücksspielen an das Land zu zahlen hat, sind Aufwendungen für die zeitlich befristete Überlassung von Rechten i. S. d. § 8 Nr. 1 f S. 1 GewStG und als solche dem Gewinn aus Gewerbebetrieb zur Ermittlung des Gewerbeertrages anteilig hinzuzurechnen.

[2] Zu Pauschalvergütungen nach § 54 UrhG vgl. *LfSt Bayern vom 23. 2. 2015* (nachstehend abgedruckt als Anl d zu R 8.1 GewStR).

[3] Jetzt **H 8.1. Abs. 4** GewStH „Monopolabgaben der Versorgungsunternehmen".

keine Anwendung. Deshalb kommt es beispielsweise bei Buchverlagen, die auf der Grundlage eines mit einem Rechteverwerter abgeschlossenen Lizenzvertrags über ein Werk Bücher oder vergleichbare Sachen produzieren und verkaufen, zu einer Hinzurechnung der Lizenzgebühren; Rdnr. 37 bleibt unberührt. Erstreckt sich der mit einem Rechteverwerter abgeschlossene Lizenzvertrag über ein Werk dagegen ausschließlich auf das Vortragen, Aufführen oder Vorführen (z. B. in einem Kino, Radiosender, Konzert) im Sinne des § 19 UrhG, gilt dieses nicht als in der letzten Stufe der „Überlassungskette" erbracht.

41 Die Ausnahmeregelung ist über ihren Wortlaut hinaus nicht nur bei überlassenen Lizenzen, sondern auch bei jedem anderen überlassenen Recht im Sinne des § 8 Nr. 1 Buchst. f GewStG zu prüfen. Auch bei dem an Dritte überlassenen Recht muss es sich nicht um eine Lizenz im Rechtssinne handeln.

42 Dagegen erfordert das Ausschließlichkeitsgebot, dass zur Weiterüberlassung vorgesehene Rechte ihrerseits wieder nur zur Weiterüberlassung verwendet und dabei grundsätzlich nicht „verändert" oder bearbeitet werden dürfen. Räumt beispielsweise ein Theaterverlag, dem ein Autor sein Manuskript über ein Theaterstück überlassen hat, verschiedenen Theatern das Recht ein, dieses Stück aufzuführen, und übermittelt er diesen Theatern hierzu auch eine Druckversion des Stücks, so ist dieses Drucken nicht schädlich im Sinne des Ausschließlichkeitsgebots.

e) Ausnahmeregelung des § 8 Nr. 1 Buchst. f Satz 2 GewStG

51 **43** Aufwendungen, die nach § 25 des Künstlersozialversicherungsgesetzes Bemessungsgrundlage für die Künstlersozialabgabe sind, sind nicht hinzuzurechnen. Es ist grundsätzlich nicht zu beanstanden, wenn die Bemessungsgrundlage für die Ausnahmeregelung auf der Grundlage eines zur Abwicklung der Vorgaben des Künstlersozialversicherungsgesetzes eingesetzten und von den maßgebenden Gremien dieser Sozialkasse nicht beanstandeten Verfahrens ermittelt wird. Die Künstlersozialabgabe selbst unterliegt nicht der Hinzurechnung.

6. Freibetrag nach § 8 Nr. 1 GewStG

a) Bemessungsgrundlage

52 **44** Die Bemessungsgrundlage für den Freibetrag nach § 8 Nr. 1 GewStG ist die Summe der sich aus § 8 Nr. 1 Buchst. a bis f GewStG ergebenden Finanzierungsanteile. Diese Summe, vermindert um den Freibetrag von 100 000 €, ist Ausgangsgröße für die Anwendung des Faktors von 25 %.

b) Organschaft

53 **45** Für die Unternehmen in einem Organkreis wird der Gewerbeertrag weiterhin jeweils gesondert ermittelt. Der Freibetrag nach § 8 Nr. 1 GewStG ist bei jeder Ermittlung jeweils gesondert zu berücksichtigen.

c) Umstellung des Wirtschaftsjahrs

54 **46** Nach § 10 Abs. 2 GewStG ist bei vom Kalenderjahr abweichendem Wirtschaftsjahr der Gewerbeertrag maßgebend, der auf das im Erhebungszeitraum endende Wirtschaftsjahr entfällt. Nach § 7 Satz 1 GewStG ermittelt sich der Gewerbeertrag auf der Grundlage des im Wirtschaftsjahr bezogenen Gewinns unter Berücksichtigung der Hinzurechnungen nach § 8 GewStG. Diese Hinzurechnungen ermitteln sich unter Berücksichtigung des Freibetrags nach § 8 Nr. 1 GewStG.

47 Enden bei Umstellung des Wirtschaftsjahrs im Erhebungszeitraum zwei Wirtschaftsjahre, ist für jedes dieser Wirtschaftsjahre ein Gewinn zu ermitteln, der sich jeweils um Hinzurechnungen des § 8 GewStG erhöht. Der Freibetrag von 100 000 € ist für jedes Wirtschaftsjahr zu gewähren.

d) Abwicklung und Insolvenz

55 **48** Nach § 16 GewStDV ist für den gesamten Abwicklungs- und Insolvenzzeitraum ein Gewerbeertrag zu ermitteln. Dies hat zur Folge, dass der Freibetrag nur einmal gewährt wird.

Anl b zu R 8.1

b) Verfügung betr. Umfang der Hinzurechnung bei Leasingunternehmen nach § 8 Nr. 1 Buchst. d und e GewStG

Vom 2. September 2013 (DB S. 2057)

(OFD Nordrhein-Westfalen G 1422–2013/0022)

56 Nach § 8 Nr. 1 Buchst. d und e GewStG i. d. F. des Unternehmensteuerreformgesetzes 2008 sind Miet- und Pachtzinsen unabhängig von ihrer gewerbesteuerlichen Behandlung beim Empfänger dem Gewerbeertrag des Mieters/Pächters hinzuzurechnen. Zu den Miet- und Pachtzinsen gehören auch die Aufwendungen des Mieters oder Pächters für die Instandsetzung, Instandhaltung und Versicherung des Miet- oder Pachtgegenstandes, die er über seine gesetzliche Verpflichtung nach bürgerlichem Recht hinaus (§§ 582 ff. BGB) aufgrund vertraglicher Verpflichtungen übernommen hat (gleich lautender Ländererlass vom 2. 7. 2012, BStBl. I S. 654, Rdnr. 29 Satz 3).

Die vorstehenden Grundsätze gelten nach Verwaltungsauffassung auch bei Leasingverträgen mit der Folge, dass „sich der Umfang der Hinzurechnung auf die den Gewinn mindernde Leasingrate erstreckt" (gleich lautender Ländererlass vom 2. 7. 2012, BStBl. I S. 654, Rdnr. 29 Satz 5).

Die Leasingbranche interpretiert diese Aussage im Ländererlass dahingehend, dass ausschließlich die den Gewinn mindernde Leasingrate der Hinzurechnung unterläge. Die Pflicht der Hinzurechnung übriger vom Leasingnehmer getragener Aufwendungen wird bestritten.

Nach den Erörterungen der KSt-Referatsleiter des Bundes und der Länder erstreckt sich der Umfang der Hinzurechnung sowohl auf die den Gewinn mindernde Leasingrate als auch auf sonstige Aufwendungen des Leasingnehmers wie z. B. für Instandhaltung, Instandsetzung und Versicherung des Leasinggegenstandes, soweit er vertraglich eine Verpflichtung übernimmt, die über die gesetzliche Verpflichtung nach bürgerlichem Recht (§§ 582 ff. BGB) hinausgeht.

c) Erlass betr. keine Hinzurechnung von Lagergebühren für unbewegliche Wirtschaftsgüter nach § 8 Nr. 1 Buchst. e GewStG

Anl c zu R 8.1

Vom 11. April 2016 (GewSt-Kartei ST § 8 GewStG Karte 19)

(FM Sachsen-Anhalt 46-G 1422-83)

Es ist die Frage gestellt worden, ob für Aufwendungen für „Lagergebühren" der § 8 Nr. 1 Buchst. e GewStG uneingeschränkt anzuwenden ist und sie dem Gewerbeertrag hinzuzurechnen sind. 57

Sachverhalt

Ein Unternehmen handelt mit Obst und Gemüse, welches bei diversen Firmen eingelagert wird. Für die Einlagerungen wird ein Lagervertrag i. S. der §§ 467 bis § 475 h HGB abgeschlossen. Gegenstand der Lagerung ist die Lagerung selbst und die Aufbewahrung von Gütern. Die „Aufbewahrung" umfasst neben der Lagerortgestellung auch die Übernahme von Obhutspflichten (z. B. ordnungsgemäße Unterbringung, Ein- und Ausgangskontrolle sowie regelmäßige Überprüfung und Beobachtung des Lagergutes, Schutz vor rechtswidrigem Zugriff Dritter u. a.). Die Obhutspflichten stellen das Hauptmerkmal des Lagervertrags dar.

Die Lagerkosten werden gemeinsam mit evt. gesondert abgerechneten Nebenkosten für die Ein- und Auslagerung etc. in der Buchführung erfasst, da in den Rechnungen lediglich ein Betrag für „Lagerung" ausgewiesen wird.

Nach Auffassung des Finanzamts sind Entgelte aus Lagerverträgen i. S. des §§ 467 ff. HGB nach § 8 Nr. 1 Buchst. e GewStG nicht hinzuzurechnen, da diese Lagerverträge nicht mit Mietverträgen (§§ 535 ff. BGB) und Pachtverträgen (§§ 581 ff. BGB) vergleichbar sind.

Rechtliche Würdigung

Von der „Lagerung und Aufbewahrung" ist die bloße „Miete" zu unterscheiden. Letztere liegt dann vor, wenn der Einlagerer selbst für die Obhut über das eingelagerte Gut zu sorgen hat und sein Vertragspartner ihm in erster Linie lediglich die zur Lagerung erforderlichen Räume/Flächen zur Verfügung gestellt hat. Bei einem Lagervertrag handelt es sich um ein spezialrechtlich geregeltes unternehmerisches Verwahrgeschäft. Es ist abzugrenzen vom Mietvertrag (§§ 535 ff. BGB), von der Verwahrung (§§ 688 ff. BGB) und von der transportbedingten Zwischenlagerung.

Der BFH hat in seinem Urteil vom 14. 11. 1968 V 191/65, BStBl. 1969 II S. 120, dargelegt, wann ein Mietvertrag oder ein Lagervertrag vorliegt, und die o. g. Ausführungen bestätigt.

Allerdings hat der BFH mit seinem Urteil vom 23. 4. 1969 I R 159/66, BStBl. II S. 439, entschieden, dass Mietzinsen für die Benutzung der Kühlanlage in einem städtischen Schlachthof durch einen Metzgermeister der Hinzurechnung nach § 8 Nr. 7 GewStG a. F. unterliegen. Der Kühlhausvertrag ist Miete mit der Verpflichtung zur Lieferung von Kaltluft. In dem Entscheidungsfall wurde ein Mietvertrag abgeschlossen, der aber keine weiteren Obhutspflichten (wie oben) enthielt.

Auch das Urteil des FG Niedersachsen vom 25. 4. 1955, VI 545/69, n. v., ist hier nicht einschlägig, da auch hier nur über einen Nutzungsvertrag ähnlich einem Mietvertrag und eben nicht über einen Lagervertrag zu entscheiden war. In diesem Fall fehlte es ebenfalls an der Übernahme weiterer o. g. Obhutspflichten.

Im Ergebnis sind Gebühren aufgrund eines Lagervertrags, der nicht nur auf das bloße Einstellen von Waren abstellt, nicht wie Miet- oder Pachtzins nach § 8 Nr. 1 Buchst. e GewStG hinzuzurechnen.

d) Verfügung betr. keine gewerbesteuerliche Hinzurechnung von gezahlten Pauschalvergütungen nach § 54 UrhG beim Hersteller von Kopierern oder Speichermedien

Anl d zu R 8.1

Vom 23. Februar 2015 (BeckVerw 295964)

(LfSt Bayern G 1422.1.1–21/7 St 31)

Die Verfügung richtet sich an alle Bearbeiterinnen und Bearbeiter, die mit der GewSt-Veranlagung befasst sind. 58

Zu der Frage, ob Entgelte, die die Hersteller von Kopierern oder Speichermedien nach § 54 UrhG zu entrichten haben, nach § 8 Nr. 1 Buchst. f GewStG hinzuzurechnen sind, ist folgende Auffassung zu vertreten: 59

Das Urheberrecht verschafft dem Inhaber des Rechts (z. B. einem Buchautor) einen Anspruch, von einem Nutzer seines Rechts (z. B. Unternehmer verwendet Buchpassagen für Werbezwecke) ein Nutzungsentgelt zu verlangen. Geltend gemacht wird dieses Recht entweder unmittelbar oder mittelbar über Verwertungsgesellschaften (z. B. GEMA). Das im Beispielsfall vom Unternehmer zu entrichtende Entgelt würde unter § 8 Nr. 1 Buchst. f GewStG fallen. 60

Eine urheberrechtlich geschützte Nutzung würde auch vorliegen, wenn eine Privatperson von Buchseiten mit einem Kopierer für Privatzwecke Kopien zieht. Der Rechteinhaber, der Buchautor, hätte auch in diesem Fall nach allgemeinen Urheberechtsgrundsätzen das Recht, von der Privatperson Nut- 61 zungsentgelte zu verlangen. Entsprechendes gilt, wenn eine Privatperson die Kopien auf Speichermedien zieht. §§ 53 ff. UrhG schränken dieses Recht auf Nutzungsvergütung ausdrücklich ein. Der Rechteinhaber muss die Privatkopien bzw. das Privatspeichern dulden. § 54 UrhG verschafft dem Rechteinhaber aber einen Ersatzanspruch. Hersteller von Kopiergeräten und Speichermedien werden verpflichtet, Pauschalvergütungen zu entrichten, weil sie mit ihren Geräten die Möglichkeit schaffen, dass Privatkopien gezogen werden und damit dem Rechteinhaber Vergütungsansprüche entgehen. Die Pauschalvergütungen werden von der Zentralstelle für private Überspielungsrechte (ZPÜ), einem Zusammenschluss von deutschen Verwertungsgesellschaften, festgelegt, vereinnahmt und an die Rechteinhaber ausbezahlt. Es stellt sich die Frage, ob die Pauschalvergütungen den Tatbestand des § 8 Nr. 1 Buchst. f GewStG erfüllen.

62 Dies ist nicht der Fall, denn der Zahlungsverpflichtete ist gerade nicht derjenige, der ein überlassenes Recht nutzt und hierfür ein Entgelt zu entrichten hat. Rdnr. 33 des gleich lautenden Ländererlasses v. 2. 7. 2012 zu Anwendungsfragen zu § 8 Nr. 1 GewStG (BStBl. 2012 I S. 654) ist nicht einschlägig. Die Zahlungsverpflichtung beruht auf einem anderen Rechtsgrund und hat auch eine andere Zielrichtung (vgl. auch BVerfG vom 7. Juli 1971 1 BvR 775/66). Der Umstand, dass die Zahlung mittelbar im Zusammenhang mit nach UrhG geschützten Rechten steht, ist nicht ausreichend, den Tatbestand des § 8 Nr. 1 Buchst. f GewStG zu erfüllen.

Anl e zu R 8.1

e) Erlass betr.
vorläufige Festsetzung (§ 165 Absatz 1 AO) des Gewerbesteuermessbetrags; Verfassungsmäßigkeit der Nichtabziehbarkeit der Gewerbesteuer als Betriebsausgaben und der Hinzurechnungen nach § 8 Nummer 1 Buchstaben a, d, e und f GewStG

Vom 28. Oktober 2016 (BStBl. I S. 1114)

(Gleich lautende Erlasse der obersten Finanzbehörden der Länder)

(letztmals abgedruckt im Handbuch zur Gewerbesteuerveranlagung 2021)[1]

R 8.2

R 8.2 Vergütungen an persönlich haftende Gesellschafter einer Kommanditgesellschaft auf Aktien

64 ① Nach § 8 Nr. 4 GewStG werden Vergütungen (Tantiemen), die für die Geschäftsführung eines persönlich haftenden Gesellschafters einer Kommanditgesellschaft auf Aktien gewährt werden, dem Gewinn aus Gewerbebetrieb wieder hinzugerechnet. ② Die Hinzurechnung nach § 8 Nr. 4 GewStG ist auch dann vorzunehmen, wenn Komplementär eine GmbH ist. ③ Zuweisungen an eine Pensionsrückstellung gehören ebenfalls zu den Vergütungen im Sinne der Vorschrift. ④ Die Hinzurechnung umfasst nicht die nach § 15 Abs. 1 Satz 1 Nr. 3 EStG im Gewinn des persönlich haftenden Gesellschafters enthaltenen Vergütungen für die Hingabe von Darlehen oder die Überlassung von Wirtschaftsgütern; diese Beträge sind aber nach § 8 Nr. 1 GewStG hinzuzurechnen, soweit die Voraussetzungen dafür erfüllt sind.

H 8.2

H 8.2

65 **Allgemeines.** Die Hinzurechnung setzt nicht voraus, dass die persönlich haftenden Gesellschafter einer Kommanditgesellschaft auf Aktien Mitunternehmer sind (→ BFH vom 8. 2. 1984 – BStBl. II S. 381). Vergütungen im Sinne dieser Vorschrift sind alle Arten von Vergütungen, die die persönlich haftenden Gesellschafter als Gegenleistung für ihre gegenwärtige oder frühere Geschäftsführertätigkeit erhalten. Dazu gehören auch feste Vergütungen, Ruhegehälter und ähnliche Bezüge (→ BFH vom 4. 5. 1965 – BStBl. III S. 418 und vom 31. 10. 1990 – BStBl. 1991 II S. 253). Die Auflösung einer gewerbesteuerpflichtig gebildeten Pensionsrückstellung erhöht nicht den Gewinn (→ BFH vom 27. 3. 1961 – BStBl. III S. 280). Aufwendungen, die einem persönlich haftenden Gesellschafter durch die Übertragung der Geschäftsführungsaufgaben auf andere Personen entstehen, mindern die Hinzurechnung nach § 8 Nr. 4 GewStG nicht (→ BFH vom 31. 10. 1990 – BStBl. 1991 II S. 253).

R 8.3

R 8.3 Nicht im gewerblichen Gewinn enthaltene Gewinnanteile (Dividenden)[2, 3]

– unbesetzt –

H 8.3

H 8.3

66 **Hinzurechnung von Gewinnanteilen aus Auslandsbeteiligungen im Erhebungszeitraum 2001.** → Gleich lautende Erlasse der obersten Finanzbehörden der Länder vom 30. 3.

---

[1] **Weiterhin abrufbar im Online-Modul über das Inhaltsverzeichnis.**

[2] *BFH-Beschluss vom 24. 1. 2012 I B 34/11, BFH/NV S. 1175:* Gewinnausschüttungen sind bei der Ermittlung des Gewerbeertrags auf der Grundlage des § 8 Nr. 5 GewStG 2002 auch dann hinzuzurechnen, wenn die ausschüttenden Gesellschaften wegen ihrer Tätigkeit (hier: Betrieb von Altenheimen nach § 3 Nr. 20 Buchst. c GewStG) steuerbefreit sind.

[3] *BFH-Urteil vom 11. 7. 2017 I R 88/15, DStR 2018 S. 20:* Die gewerbesteuerrechtliche Hinzurechnung nach § 8 Nr. 5 GewStG für von der Körperschaftsteuer befreite Dividenden wird nicht um Teilwertabschreibungen auf Aktien im Streubesitz, die dem Abzugsverbot des § 8 b Abs. 3 KStG unterfallen, gemindert.

2015 – BStBl. I S. 260 zu den Folgen aus dem BFH-Urteil vom 6. 3. 2013 – BStBl. 2015 II S. 349.

Hinzurechnung bei abkommensrechtlicher Freistellung (DBA). Gewinnanteile aus Anteilen an einer ausländischen Kapitalgesellschaft, die nach § 8b Abs. 1 KStG 2002 bei der Ermittlung des Einkommens außer Ansatz bleiben, zugleich aber auch nach Maßgabe eines sog. abkommensrechtlichen Schachtelprivilegs (DBA) von der Bemessungsgrundlage ausgenommen werden, sind nicht nach § 8 Nr. 5 GewStG 2002 dem Gewinn aus Gewerbebetrieb hinzuzurechnen (→ BFH vom 23. 6. 2010 – BStBl. 2011 II S. 129).

Steuerfreie Erträge aus Investmentanteilen. Erträge aus Investmentanteilen, die nach § 2 Abs. 2 Satz 1 InvStG a. F. i. V. m. § 8b Abs. 1 KStG 2002 bei der Ermittlung des Gewerbeertrages außer Ansatz geblieben sind, unterfallen der Hinzurechnung gemäß § 8 Nr. 5 GewStG (→ BFH vom 14. 12. 2011 – BStBl. 2013 II S. 486).

R 8.4 Anteile am Verlust einer Personengesellschaft R 8.4

①Maßgebend für die Hinzurechnung nach § 8 Nr. 8 GewStG ist der sich aus § 15 Abs. 1 Satz 1 Nr. 2 EStG ergebende Verlustanteil. ②Sie ist daher auch vorzunehmen, wenn das Beteiligungsunternehmen (Personengesellschaft) – wie etwa in der Vorbereitungs- oder Abwicklungsphase – noch nicht oder nicht mehr gewerbesteuerpflichtig ist. **67**

H 8.4 H 8.4

Partenreederei. Verlustanteile aus einer Partenreederei, die vor Indienststellung des Schiffes als so genannte Baureederei noch keinen Gewerbebetrieb im Sinne des Gewerbesteuergesetzes unterhält, sind zur Ermittlung des Gewerbeertrags dem Gewinn des Beteiligten hinzuzurechnen (→ BFH vom 23. 10. 1986 – BStBl. 1987 II S. 64). **68**

R 8.5 Spenden bei Körperschaften R 8.5

①Spenden zur Förderung steuerbegünstigter Zwecke im Sinne der §§ 52 bis 54 der Abgabenordnung gehören bei Körperschaften zu den Ausgaben im Sinne des § 9 Abs. 1 Nr. 2 KStG, die bei der Ermittlung des Gewinns aus Gewerbebetrieb mit bestimmten Höchstbeträgen abzugsfähig sind. ②Diese Spenden sind nach § 8 Nr. 9 GewStG bei der Ermittlung des Gewerbeertrags hinzuzurechnen und nach § 9 Nr. 5 GewStG im Rahmen der Höchstbeträge zu kürzen.[1] ③Die Hinzurechnung ist mit dem Betrag vorzunehmen, mit dem die Spenden bei der Ermittlung des körperschaftlichen Einkommens abgezogen worden sind. **69**

R 8.6 Gewinnminderungen durch Teilwertabschreibungen und Veräußerungsverluste R 8.6

①Hinzuzurechnen sind Gewinnminderungen, die durch eine Teilwertabschreibung auf Anteile an einer Körperschaft, eine Veräußerung oder Entnahme solcher Anteile oder eine Auflösung oder Herabsetzung des Kapitals einer Körperschaft entstanden sind, soweit sie auf nach § 9 Nr. 2a, 7 oder 8 GewStG zu kürzende Gewinnausschüttungen oder organschaftliche Gewinnabführungen zurückzuführen sind. ②Die Gewinnminderung kann sowohl auf offenen als auch auf verdeckten Gewinnausschüttungen beruhen.[2] ③Soweit die Gewinnminderung auf andere Umstände zurückzuführen ist (z. B. Verluste der Körperschaft), kommt eine Hinzurechnung nicht in Betracht. ④Ist eine Gewinnminderung sowohl durch Gewinnausschüttungen oder organschaftliche Gewinnabführungen im oben genannten Sinne als auch durch andere Umstände veranlasst, so ist bei Anwendung des § 8 Nr. 10 GewStG davon auszugehen, dass die Gewinnminderung vorrangig durch andere Umstände veranlasst worden ist. ⑤Bei einer gewerbesteuerlichen Organschaft ist § 8 Nr. 10 GewStG nur hinsichtlich der durch die Ausschüttung von Gewinnen aus vororganschaftlichen Zeit entstandenen Gewinnminderungen anzuwenden. ⑥Darüber hinaus ist § 8 Nr. 10 GewStG nicht anzuwenden. ⑦Die spätere Gewinnerhöhung aus der Wertaufholung der Anteile an Kapitalgesellschaften ist bei der Ermittlung des Gewerbeertrags auch dann zu berücksichtigen, wenn die zuvor vorgenommene Teilwertabschreibung für diese Anteile auf einer Gewinnausschüttung beruht und die Teilwertabschreibung nach § 8 Nr. 10 GewStG – aber auch die Gewinnausschüttung gemäß § 9 Nr. 2a GewStG – für Zwecke der Festsetzung des Gewerbesteuermessbetrags außer Ansatz geblieben ist. **70**

H 8.6 H 8.6

Liquidationsraten. Der Gewinn aus Gewerbebetrieb ist nach § 8 Nr. 10 Buchst. b GewStG zu erhöhen, soweit aufgrund der ausgekehrten Liquidationsrate, die zu einer Kürzung nach § 9 **71**

---

[1] Zur Erweiterung des Kreises der begünstigten Spendenempfänger siehe § 9 Nr. 5 GewStG i. d. F. des G v. 8. 4. 2010, BGBl. I S. 386 mWv 1. 1. 2010 (Übergangsregelung für noch nicht bestandskräftige Festsetzungen).

[2] *BFH-Urteil vom 23. 9. 2008 I R 19/08, BStBl. 2010 II S. 301:* Teilwertzuschreibungen nach einer ausschüttungsbedingten Teilwertabschreibung sind auch dann im Gewerbeertrag zu erfassen, wenn die Teilwertabschreibung gemäß § 8 Nr. 10 Buchst. a GewStG 1991/1999 dem Gewinn aus Gewerbebetrieb hinzugerechnet worden war.

Nr. 2a GewStG geführt hat, der Buchwert der Anteile an der Untergesellschaft beim Anteilseigner auszubuchen ist. Die Hinzurechnung ist nicht auf die Fälle beschränkt, in denen der auf den Anteil entfallende Liquidationserlös geringer ist als der auszubuchende Buchwert des Anteils (→ BFH vom 8. 5. 2003 – BStBl. 2004 II S. 461).

R 8.7

R 8.7 Gebietsmäßige Abgrenzung bei Hinzurechnungen nach § 8 GewStG

72 ① Bei den Hinzurechnungen nach § 8 GewStG sind nur Betriebsstätten im Geltungsbereich des Gesetzes einzubeziehen. ② Dieser Grundsatz ist bezüglich der Hinzurechnungen schon durch den Einleitungssatz des § 8 GewStG zum Ausdruck gebracht, wonach die bezeichneten Beträge hinzugerechnet werden, soweit sie bei der Ermittlung des Gewinns abgesetzt worden sind.

H 8.7

H 8.7

73 **Behandlung von Betriebsstätten im Ausland.** → H 7.1 (1) Allgemeines.

Gebietsmäßige Abgrenzung der Besteuerung. → R 2.8.

GewStDV

§ 19[1] *Schulden bestimmter Unternehmen*

74 *(1) ① Bei Kreditinstituten im Sinne des § 1 Absatz 1 in Verbindung mit § 2 Absatz 1 des Kreditwesengesetzes[2] sind nur Entgelte für Schulden und den Entgelten gleichgestellte Beträge anzusetzen, die dem Betrag der Schulden entsprechen, um den der Ansatz der zum Anlagevermögen gehörenden Grundstücke, Gebäude, Betriebs- und Geschäftsausstattung, Schiffe, Anteile an Kreditinstituten und sonstigen Unternehmen sowie der Forderungen aus Vermögenseinlagen als stiller Gesellschafter und aus Genussrechten das Eigenkapital überschreitet; hierunter fallen nicht Gegenstände, über die Leasingverträge abgeschlossen worden sind. ② Dem Anlagevermögen nach Satz 1 sind Forderungen gegen ein Unternehmen hinzuzurechnen, mit dem eine organschaftliche Verbindung nach § 2 Abs. 2 Satz 2 des Gesetzes besteht und das nicht zu den Kreditinstituten oder Unternehmen gehört, auf die Satz 1 und die Absätze 2 bis 4 anzuwenden sind.*

(2) ① Voraussetzung für die Anwendung des Absatzes 1 ist, dass im Durchschnitt aller Monatsausweise des Wirtschaftsjahrs des Kreditinstituts nach § 25 des Kreditwesengesetzes oder entsprechender Statistiken die Aktivposten aus Bankgeschäften und dem Erwerb von Geldforderungen die Aktivposten aus anderen Geschäften überwiegen. ② In den Vergleich sind Aktivposten aus Anlagen nach Absatz 1 nicht einzubeziehen.

(3) Die vorstehenden Bestimmungen gelten entsprechend

75 *1. für Pfandleiher im Sinne der Pfandleiherverordnung in der Fassung der Bekanntmachung vom 1. Juni 1976 (BGBl. I S. 1334) in der jeweils geltenden Fassung;*

76 *2. für Gewerbebetriebe, die nachweislich ausschließlich unmittelbar oder mittelbar Kredite oder Kreditrisiken aus Bankgeschäften im Sinne des § 1 Abs. 1 Satz 2 Nr. 2, 3 und 8 des Kreditwesengesetzes in der Fassung des Artikels 27 des Gesetzes vom 19. Dezember 2008 (BGBl. I S. 2794) von Kreditinstituten im Sinne des § 1 des Kreditwesengesetzes oder von in § 3 Nr. 2 des Gesetzes genannten Gewerbebetrieben erwerben und Schuldtitel zur Refinanzierung des Kaufpreises für den Erwerb solcher Kredite oder zur Refinanzierung von für die Risikoübernahmen zu stellenden Sicherheiten ausgeben; die Refinanzierung durch Aufnahme von Darlehen von Gewerbebetrieben im Sinne der Nummer 3 an der Stelle der Ausgabe von Schuldtiteln ist unschädlich, und*

77 *3. für Gewerbebetriebe, die nachweislich ausschließlich Schuldtitel bezogen auf die in Nummer 2 bezeichneten Kredite oder Kreditrisiken ausgeben und an Gewerbebetriebe im Sinne der Nummer 2 Darlehen gewähren.*

4. (aufgehoben)

78 *(4)[3] ① Bei Finanzdienstleistungsinstituten im Sinne des § 1 Absatz 1a des Kreditwesengesetzes, die mit Ausnahme der Unternehmen im Sinne des § 2 Absatz 6 Nummer 17 des Kreditwesengesetzes nicht der Ausnahmeregelung des § 2 Absatz 6 des Kreditwesengesetzes unterliegen, bei Wertpapierinstituten im Sinne des § 2 Absatz 1 des Wertpapierinstitutsgesetzes sowie bei Zahlungsinstituten im Sinne des § 1 Absatz 1 Satz 1 Nummer 1 des Zahlungsdiensteaufsichtsgesetzes unterbleibt eine Hinzurechnung von Entgelten für Schulden und ihnen gleichgestellten Beträgen nach § 8 Nummer 1 Buchstabe a des Gesetzes, soweit die Entgelte und ihnen gleichgestellten Beträge unmittelbar auf Finanzdienstleistungen im Sinne des*

[1] § 19 GewStDV neu gefasst durch JStG 2009 vom 19.12.2008 (BGBl. I S.2794), Abs.3 Nr.4 aufgehoben, Abs.4 angefügt durch Gesetz vom 8.4. 2010 (BGBl. I S.386), Abs.1 Satz 1 und 2, Abs.2 Satz 1 und Abs.4 Satz 1 geändert durch VO vom 17.11. 2010 (BGBl. I S.1544); Abs.4 neu gefasst durch Gesetz vom 26.6. 2013 (BGBl. I S.1809); Abs. 4 Satz 1 geändert durch Gesetz vom 12. 12. 2019 (BGBl. I S. 2451); Abs. 1 Satz 1 geändert durch VO vom 25. 6. 2020 (BGBl. I S. 1495); Abs. 4 Sätze 1 und 2 geändert durch Gesetz vom 12. 5. 2021 (BGBl. I S. 990); zur Anwendung vgl. § 36 GewStDV.

[2] KWG i. d. F. der Bek. vom 9.9. 1998 (BGBl. I S. 2776), zuletzt geändert durch Gesetz vom 22. 2. 2023 (BGBl. I Nr. 51).

[3] *BFH-Urteil v. 16. 7. 2020 IV R 30/18, BFH/NV 2021 S. 497*: Schuldzinsen, die im Zusammenhang mit dem Erwerb einer mitunternehmerischen Beteiligung an einem Finanzdienstleistungsinstitut, das ausschließlich staatlich nach dem Kreditwesengesetz beaufsichtigte Finanzdienstleistungen erbringt, vom Mitunternehmer geleistet werden, sind nach § 19 Abs. 4 GewStDV von der Hinzurechnung nach § 8 Nr. 1 Buchst. a) GewStG ausgenommen.

§ 1 Absatz 1 a Satz 2 des Kreditwesengesetzes, Wertpapierdienstleistungen im Sinne des § 2 Absatz 2 des Wertpapierinstitutsgesetzes oder Zahlungsdienste im Sinne des § 1 Absatz 1 Satz 2 Nummer 3 Buchstabe b und Nummer 6 des Zahlungsdiensteaufsichtsgesetzes entfallen. ② Satz 1 ist nur anzuwenden, wenn die Umsätze des Finanzdienstleistungsinstituts zu mindestens 50 Prozent auf Finanzdienstleistungen, des Wertpapierinstituts zu mindestens 50 Prozent auf Wertpapierdienstleistungen, Wertpapiernebendienstleistungen und Nebengeschäfte im Sinne des § 2 Absatz 2 bis 4 des Wertpapierinstitutsgesetzes und die Umsätze des Zahlungsinstituts zu mindestens 50 Prozent auf Zahlungsdienste entfallen.

Anl zu § 19 GewStDV

Erlass betr. Abgrenzung von Hilfs- und Nebengeschäften zu Finanzdienstleistungsgeschäften zu anderen Geschäften bei Leasing- und Factoringunternehmen bei der Anwendung des § 19 Absatz 3 Nummer 4 GewStDV

Vom 27. November 2009 (BStBl. I S. 1595)

(Gleich lautender Ländererlass)

(letztmals abgedruckt im Handbuch zur Gewerbesteuerveranlagung 2021)[1]

R 8.8 Schulden der in § 19 GewStDV genannten Unternehmen

R 8.8

Allgemeines

(1) ① Zum Eigenkapital im Sinne des § 19 GewStDV gehört auch der in der Bilanz auf den maßgebenden Stichtag ausgewiesene Gewinn, und zwar auch insoweit, als er nach gesetzlichen oder satzungsmäßigen Bestimmungen oder nach den Beschlüssen der zuständigen Organe einer Rücklage zuzuführen ist. ② Ist dagegen der Gewinn den Mitgliedern oder der beherrschenden Körperschaft zuzuführen oder soll er zu bestimmten Ausgaben oder zu echten Rückstellungen verwendet werden, gehört er insoweit nicht zum Eigenkapital, auch wenn die Verwendung in der Bilanz noch nicht zum Ausdruck kommt. ③ Nicht zum Eigenkapital gehören ferner Sonderposten mit Rücklageanteil gemäß § 281 HGB sowie andere Sonderposten mit Rücklageanteil, die auf Grund steuerlicher Vorschriften gebildet werden. ④ Die Sonderposten mit Rücklageanteil nach § 281 HGB sind vom Buchwert der Wirtschaftsgüter abzuziehen, zu deren Wertberichtigung sie gebildet sind. ⑤ Ist ein Betriebsgrundstück in der Zwangsversteigerung zur Rettung einer Forderung erworben worden und dient es betriebsfremden Zwecken, bestehen keine Bedenken, das Grundstück in den ersten drei Jahren nach dem Erwerb nicht dem Anlagevermögen, sondern dem Umlaufvermögen zuzurechnen. ⑥ Die dreijährige Frist beginnt mit dem Tag des Erwerbs des Grundstücks. ⑦ Die Vergünstigung tritt ein, wenn die für die Gewerbesteuerveranlagung maßgebenden Bilanzstichtage in die dreijährige Frist fallen. ⑧ Der Betrag, der als grundsätzlich hinzurechnungspflichtiges Entgelt zu behandeln ist, ist nach dem gewogenen Durchschnitt der Entgelte für hereingenommene Gelder, Darlehen und Anleihen zu ermitteln. ⑨ Maßgebend für die Berechnung der Entgelte für Schulden nach § 19 GewStDV sind nicht allein die Verhältnisse am Beginn oder am Ende des Ermittlungszeitraums. ⑩ Im Falle organschaftlich verbundener Unternehmen kann § 19 GewStDV nur von demjenigen Unternehmen in Anspruch genommen werden, das selbst die Voraussetzungen des § 19 GewStDV erfüllt. ⑪ Die Ausgabe von Schuldscheindarlehen ist als „Schuldtitel" i. S. des § 19 Abs. 3 Nr. 2 GewStDV zu behandeln, wenn die Schuldscheindarlehen handelbar sind. 84

Bankfremde Geschäfte

(2) ① Voraussetzung für die Anwendung des § 19 Abs. 1 GewStDV ist, dass im Durchschnitt aller Monatsausweise des Wirtschaftsjahrs des Kreditinstituts nach § 25 KWG oder entsprechender Statistiken die Aktivposten aus Bankgeschäften und dem Erwerb von Geldforderungen die Aktivposten aus anderen Geschäften überwiegen. ② Damit können auch solche Kreditinstitute im Sinne des § 1 Abs. 1 KWG unter diese Regelung fallen, die überwiegend den Ankauf von Geldforderungen (echtes Factoring und Forfaitierung von Leasingforderungen) betreiben. ③ Der Umstand, dass der entgeltliche Erwerb von Geldforderungen nicht zu den Bankgeschäften im Sinne des § 1 Abs. 1 KWG gehört, ist dabei ohne Bedeutung. ④ In den Vergleich sind die Durchschnitts-Aktivposten der in § 19 Abs. 1 GewStDV genannten Anlagen nicht einzubeziehen. ⑤ Die Geschäftsbeziehungen mit ausländischen Niederlassungen des Kreditinstituts sind in die Durchschnittsberechnungen mit dem jeweiligen Verrechnungssaldo einzubeziehen. ⑥ Bei inländischen Zweigniederlassungen ausländischer Kreditinstitute ist entsprechend zu verfahren. 85

H 8.8

H 8.8

Abgrenzung von Hilfs- und Nebengeschäften zu Finanzdienstleistungsgeschäften zu anderen Geschäften bei Leasing- und Factoringunternehmen bei der Anwendung des § 19 Abs. 3 Nr. 4 GewStDV. → Gleich lautende Erlasse der obersten Finanzbehörden der Länder vom 27. 11. 2009 – BStBl. I S. 1595.[2] 86

---

[1] **Weiterhin abrufbar im Online-Modul über das Inhaltsverzeichnis.**

[2] Letztmals abgedruckt als Anl zu § 19 GewStDV im „Handbuch zur Gewerbesteuerveranlagung 2021".

Bestandsveränderungen im Ermittlungszeitraum. Haben sich die für den Ansatz der Schulden maßgebenden Verhältnisse (die Wertansätze der für die Begrenzung der Schulden maßgebenden Aktivposten der Bilanz, die Höhe der Schulden, das Eigenkapital) im Laufe des Ermittlungszeitraums verändert, müssen die Schuldzinsen regelmäßig geschätzt werden (→ BFH vom 19. 7. 1967 – BStBl. III S. 732).

Beteiligungen. Dauernder Aktienbesitz eines Kreditinstituts ist auch dann als Beteiligung im Sinne des § 19 GewStDV anzusehen, wenn die Voraussetzungen des Begriffs Beteiligungen im Sinne des Handelsrechts nicht vorliegen (→ BFH vom 16. 3. 1989 – BStBl. II S. 737).

Dotationskapital inländischer Kreditinstitute mit ausländischen Mitunternehmern. Der inländischen Betriebsstätte eines ausländischen Unternehmens kann höchstens derjenige Betrag als „Dotationskapital" zugerechnet werden, der dem Gesamtunternehmen als Eigenkapital zur Verfügung steht (→ BFH vom 23. 8. 2000 – BStBl. 2002 II S. 207).

Eigenkapital. Als Eigenkapital im Sinne des § 19 GewStDV kommt nur ein positiver Betrag in Betracht (→ BFH vom 30. 7. 1969 – BStBl. II S. 667).

Refinanzierung eines Mitunternehmeranteils an einem Kreditinstitut. Es entspricht dem Sinn und Zweck des § 19 GewStDV, in den Regelungsbereich der Vorschrift auch diejenigen Schulden einzubeziehen, die zum Erwerb eines Anteils an einem von Mitunternehmern betriebenen Kreditinstitut oder zur Refinanzierung von Einlagen der Mitunternehmer aufgenommen werden (→ BFH vom 23. 8. 2000 – BStBl. 2002 II S. 207).

R 8.9

R 8.9 Schulden bei Spar- und Darlehnskassen

87 ① Spareinlagen bei Spar- und Darlehnskassen mit überwiegendem Warengeschäft sind insoweit nicht als Schulden zu behandeln, als sie in Kapital- und Geldmarktpapieren (insbesondere in Anleihen des Bundes, der Länder und der Gebietskörperschaften, Teilschuldverschreibungen, Pfandbriefen und Privatdiskonten) oder in Guthaben bei Zentralkassen oder in Hypotheken, Grundschulden oder Ausgleichsforderungen angelegt sind. ② Diese Regelung ist auch dann anzuwenden, wenn die durch Grundschulden gesicherten Forderungen eine geringere Laufzeit als vier Jahre haben und deshalb nach dem Kontenrahmen für Kreditgenossenschaften als Kontokorrentforderungen ausgewiesen sind. ③ Voraussetzung ist aber der Nachweis, dass die Ausleihungen nicht mit dem bankfremden Geschäft im Zusammenhang stehen. ④ Das gilt nicht für Darlehen und Abwicklungsforderungen. ⑤ Spar- und Darlehnskassen in diesem Sinne sind alle Genossenschaften, in deren Firma zum Ausdruck kommt, dass sie Geschäfte der in § 1 des Gesetzes über das Kreditwesen bezeichneten Art ausführen (z. B. Spar- und Darlehnsvereine, Spar- und Wirtschaftsgenossenschaften). ⑥ Bei der Ermittlung des Gewerbeertrags von Spar- und Darlehnskassen ist grundsätzlich jeweils der niedrigste Jahresbestand der Summe der in Satz 1 bezeichneten Anlagewerte im Geschäftsjahr maßgebend. ⑦ Der niedrigste Jahresbestand kann aber um den Hundertsatz erhöht werden, um den sich der Spareinlagenbestand am Schluss des Geschäftsjahrs gegenüber dem Bestand am Beginn des Geschäftsjahrs erhöht hat.

H 8.9

H 8.9

88 **Beispiel:**

Der niedrigste Bestand an Anlagewerten im Sinne der R 8.9 Satz 1 beträgt 40 000 €. Der niedrigste Bestand an Spareinlagen, der an sich für die Behandlung als Schuld maßgebend ist, beträgt 90 000 €. Der Spareinlagenbestand hat am Beginn des Geschäftsjahrs 100 000 € betragen und ist bis zum Schluss des Geschäftsjahrs auf 150 000 € gestiegen. Die Steigerung beträgt 50 %. Entsprechend dieser Steigerung kann der niedrigste Bestand an Anlagewerten auf 60 000 € erhöht werden, vorausgesetzt, dass am Schluss des Geschäftsjahrs Anlagewerte mindestens in dieser Höhe vorhanden waren. Es ist demgemäß von den Spareinlagen nur ein Betrag von (90 000 € – 60 000 € =) 30 000 € als Schuld zu behandeln.

Genossenschaft mit überwiegendem Warengeschäft.

– Eine Genossenschaft, bei der das Warengeschäft das Kreditgeschäft überwiegt, ist kein Kreditinstitut im Sinne des § 19 GewStDV. Die Behandlung ihrer Verbindlichkeiten als Schulden im Sinne des § 8 Nr. 1 Buchst. a GewStG richtet sich nach den allgemeinen für Warengenossenschaften geltenden Vorschriften (BFH vom 2. 8. 1960 – BStBl. III S. 390).
– → R 8.8 Abs. 2.

GewStG

§ 8a *(aufgehoben)*

GewStG

§ 9 Kürzungen

Die Summe des Gewinns und der Hinzurechnungen wird gekürzt um

1.[1,2] **1,2 Prozent des Einheitswerts des zum Betriebsvermögen des Unternehmers gehörenden und nicht von der Grundsteuer befreiten Grundbesitzes; maßgebend ist der Einheitswert, der auf den letzten Feststellungszeitpunkt (Hauptfeststellungs-, Fortschreibungs- oder Nachfeststellungszeitpunkt) vor dem Ende des Erhebungszeitraums (§ 14) lautet. ②**[3]**An Stelle der Kürzung nach Satz 1 tritt auf Antrag bei Unternehmen, die ausschließlich eigenen Grundbesitz oder neben eigenem Grundbesitz eigenes Kapitalvermögen verwalten und nutzen oder daneben Wohnungsbauten betreuen oder Einfamilienhäuser, Zweifamilienhäuser oder Eigentumswohnungen im Sinne des Wohnungseigentumsgesetzes in der jeweils geltenden Fassung, errichten und veräußern, die Kürzung um den Teil des Gewerbeertrags, der auf die Verwaltung und Nutzung des eigenen Grundbesitzes entfällt. ③ Satz 2 gilt entsprechend, wenn** 1

a) in Verbindung mit der Errichtung und Veräußerung von Eigentumswohnungen Teileigentum im Sinne des Wohnungseigentumsgesetzes errichtet und veräußert wird und das Gebäude zu mehr als 66 2/3 Prozent Wohnzwecken dient,

b) in Verbindung mit der Verwaltung und Nutzung des eigenen Grundbesitzes Einnahmen aus der Lieferung von Strom

aa) im Zusammenhang mit dem Betrieb von Anlagen zur Stromerzeugung aus erneuerbaren Energien im Sinne des § 3 Nummer 21 des Erneuerbare-Energien-Gesetzes oder

bb) aus dem Betrieb von Ladestationen für Elektrofahrzeuge oder Elektrofahrräder,

erzielt werden und diese Einnahmen im Wirtschaftsjahr nicht höher als 10 Prozent der Einnahmen aus der Gebrauchsüberlassung des Grundbesitzes sind; die Einnahmen im Sinne von Doppelbuchstabe aa dürfen nicht aus der Lieferung an Letztverbraucher stammen, es sei denn, diese sind Mieter des Anlagenbetreibers, oder

c) Einnahmen aus unmittelbaren Vertragsbeziehungen mit den Mietern des Grundbesitzes aus anderen als den in den Buchstaben a und b bezeichneten Tätigkeiten erzielt werden und diese Einnahmen im Wirtschaftsjahr nicht höher als 5 Prozent der Einnahmen aus der Gebrauchsüberlassung des Grundbesitzes sind.

④ Betreut ein Unternehmen auch Wohnungsbauten oder veräußert es auch Einfamilienhäuser, Zweifamilienhäuser oder Eigentumswohnungen oder übt es auch Tätigkeiten im Sinne von Satz 3 Buchstabe b und c aus, so ist Voraussetzung für die Anwendung des Satzes 2, dass der Gewinn aus der Verwaltung und Nutzung des eigenen Grundbesitzes gesondert ermittelt wird. ⑤ Die Sätze 2 und 3 gelten nicht,

1. wenn der Grundbesitz ganz oder zum Teil dem Gewerbebetrieb eines Gesellschafters oder Genossen dient,

1 a. soweit der Gewerbeertrag Vergütungen im Sinne des § 15 Absatz 1 Satz 1 Nummer 2 Satz 1 des Einkommensteuergesetzes enthält, die der Gesellschafter von der Gesellschaft für seine Tätigkeit im Dienst der Gesellschaft oder für die Hingabe von Darlehen oder für die Überlassung von Wirtschaftsgütern, mit Ausnahme der Überlassung von Grundbesitz, bezogen hat. ② Satz 1 ist auch auf Vergütungen anzuwenden, die vor dem 19. Juni 2008 erstmals vereinbart worden sind, wenn die Vereinbarung nach diesem Zeitpunkt wesentlich geändert wird, oder

2. soweit der Gewerbeertrag Gewinne aus der Aufdeckung stiller Reserven aus dem Grundbesitz enthält, der innerhalb von drei Jahren vor der Aufdeckung der stillen Reserven zu einem unter dem Teilwert liegenden Wert in das Betriebsvermögen des aufdeckenden Gewerbebetriebs überführt oder übertragen worden ist, und soweit diese Gewinne auf bis zur Überführung oder Übertragung[4] **entstandenen stillen Reserven entfallen.**

---

[1] *BFH-Urteil vom 8. 12. 2016 IV R 55/10, BStBl. 2017 II S. 722, LS. 2:* Der Zwischenvermieter kann die Kürzung nach § 9 Nr. 1 GewStG nicht in Anspruch nehmen.

[2] Fassung des § 9 Nr. 1 Satz 1 ab EZ 2025 siehe geschlossene Wiedergabe; § 9 Nr. 1 Satz 2 geändert mWv 1. 12. 2020 durch Gesetz vom 16. 10. 2020 (BGBl. I S. 2187); Satz 3 neu gefasst, Satz 4 geändert durch Gesetz vom 3. 6. 2021 (BGBl. I S. 1498) anzuwenden ab EZ 2021.

[3] Zu Billigkeitsmaßnahmen bei der Anwendung der erweiterten Kürzung nach § 9 Nr. 1 Satz 2 ff. im Zusammenhang mit der Unterbringung von Kriegsflüchtlingen aus der Ukraine vgl. *gleich lautende Erlasse der obersten Finanzbehörden der Länder vom 11. 11. 2022, BStBl. I S. 1527.*

[4] *BFH-Urteil vom 27. 10. 2021 I R 39/19, BStBl. 2022 II S. 683*: Liegen die Voraussetzungen des § 4 Abs. 2 Satz 3 UmwStG 2006 vor, ist für die Frage, wann der betreffende Grundbesitz i. S. d. § 9 Nr. 1 Satz 5 Nr. 2 Hs. 2 GewStG in das Betriebsvermögen des aufdeckenden Gewerbebetriebs (als übernehmende Gesellschaft) „überführt" oder „übertragen" worden ist, auf den Zeitpunkt abzustellen, zu dem er in das Betriebsvermögen der übertragenden Gesellschaft gelangt ist.

GewStG

⑥ Eine Kürzung nach den Sätzen 2 und 3 ist ausgeschlossen für den Teil des Gewerbeertrags, der auf Veräußerungs- oder Aufgabegewinne im Sinne des § 7 Satz 2 Nr. 2 und 3 entfällt;

2 **2.[1] die Anteile am Gewinn einer in- oder ausländischen offenen Handelsgesellschaft, einer Kommanditgesellschaft oder einer anderen Gesellschaft, bei der die Gesellschafter als Unternehmer (Mitunternehmer) des Gewerbebetriebs anzusehen sind, wenn die Gewinnanteile bei der Ermittlung des Gewinns angesetzt worden sind. ② Satz 1 ist nicht anzuwenden, soweit im Gewinnanteil Einkünfte im Sinne des § 7 Satz 7 und 8 enthalten sind. ③ Bei Lebens- und Krankenversicherungsunternehmen und Pensionsfonds ist Satz 1 auch auf den übrigen Gewinnanteil nicht anzuwenden. ④ Satz 2 ist nicht anzuwenden, soweit diese Einkünfte bereits bei einer den Anteil am Gewinn vermittelnden inländischen offenen Handelsgesellschaft, Kommanditgesellschaft oder anderen Gesellschaft, bei der die Gesellschafter als Unternehmer (Mitunternehmer) des Gewerbebetriebs anzusehen sind, Bestandteil des Gewerbeertrags waren. ⑤ Bei Lebens- und Krankenversicherungsunternehmen und Pensionsfonds ist Satz 4 auf Einkünfte im Sinne des § 7 Satz 8 nicht anzuwenden;**

2a **2 a.[2, 3] die Gewinne aus Anteilen an einer nicht steuerbefreiten inländischen Kapitalgesellschaft[4] im Sinne des § 2 Abs. 2, einer Kredit- oder Versicherungsanstalt des öffentlichen Rechts, einer *Erwerbs- und Wirtschaftsgenossenschaft*[5] oder einer Unternehmensbeteiligungsgesellschaft im Sinne des § 3 Nr. 23, wenn die Beteiligung zu Beginn des Erhebungszeitraums mindestens 15 Prozent des Grund- oder Stammkapitals beträgt und die Gewinnanteile bei Ermittlung des Gewinns (§ 7) angesetzt worden sind. ② Ist ein Grund- oder Stammkapital nicht vorhanden, so ist die Beteiligung an dem Vermögen, bei Genossenschaften die Beteiligung an der Summe der Geschäftsguthaben, maßgebend. ③ Im unmittelbaren Zusammenhang mit Gewinnanteilen stehende Aufwendungen mindern den Kürzungsbetrag, soweit entsprechende Beteiligungserträge zu berücksichtigen sind; insoweit findet § 8 Nr. 1 keine Anwendung. ④ Nach § 8 b Abs. 5 des Körperschaftsteuergesetzes nicht abziehbare Betriebsausgaben sind keine Gewinne aus Anteilen im Sinne des Satzes 1. ⑤ Satz 1 ist bei Lebens- und Krankenversicherungsunternehmen auf Gewinne aus Anteilen, die den Kapitalanlagen zuzurechnen sind, nicht anzuwenden; für Pensionsfonds gilt Entsprechendes;**

2b **2 b. die nach § 8 Nr. 4 dem Gewerbeertrag einer Kommanditgesellschaft auf Aktien hinzugerechneten Gewinnanteile, wenn sie bei der Ermittlung des Gewinns (§ 7) angesetzt worden sind;**

3 **3.[6] den Teil des Gewerbeertrags eines inländischen Unternehmens, der auf eine nicht im Inland belegene Betriebsstätte dieses Unternehmens entfällt; dies gilt nicht für Einkünfte im Sinne des § 7 Satz 7 und 8. ② Bei Unternehmen, die ausschließlich den Betrieb von eigenen oder gecharterten Handelsschiffen im internationalen Verkehr zum Gegenstand haben, gelten 80 Prozent des Gewerbeertrags als auf eine nicht im Inland belegene Betriebsstätte entfallend. ③ Ist Gegenstand eines Betriebs nicht ausschließlich der Betrieb von Handelsschiffen im internationalen Verkehr, so gelten 80 Prozent des Teils des Gewerbeertrags, der auf den Betrieb von Handelsschiffen im internationalen Verkehr entfällt, als auf eine nicht im Inland belegene Betriebsstätte entfallend; in diesem Fall ist Voraussetzung, dass dieser Teil gesondert ermittelt wird. ④ Handelsschiffe werden im internationalen Verkehr betrieben, wenn eigene oder gecharterte Handelsschiffe im Wirtschaftsjahr überwiegend zur Beförderung von Personen und Gütern im Verkehr mit oder zwischen ausländischen Häfen, innerhalb eines ausländischen Hafens oder zwischen einem ausländischen Hafen und der freien See eingesetzt werden.[7] ⑤ Für die Anwendung der Sätze 2 bis 4 gilt § 5 a Abs. 2 Satz 2 des Einkommensteuergesetzes entsprechend;**

4. *(aufgehoben)*

---

[1] § 9 Nr. 2 Satz 2 i. d. F. des Gesetzes vom 20. 12. 2016 (BGBl. I S. 3000) anzuwenden ab EZ 2017; Satz 2 neu gefasst, Sätze 3 bis 5 angefügt durch Gesetz vom 25. 6. 2021 (BGBl. I S. 2035) anzuwenden ab EZ 2021.

[2] § 9 Nr. 2 a geändert mWv EZ 2020 durch Gesetz vom 12. 12. 2019 (BGBl. I S. 2451).

[3] *BFH-Urteil vom 18. 12. 2019 I R 29/17, BStBl. 2020 II S. 690:* § 9 Nr. 2 a GewStG i. d. F. des UntStRefG 2008 vom 14. 8. 2007 (BGBl. I 2007, 1912, BStBl. I 2007, 630) ist mit Art. 3 GG vereinbar.

[4] *BFH-Urteil vom 28. 6. 2022 I R 43/18, BFH/NV 2022, 1383*: Zu den inländischen Kapitalgesellschaften i. S. d. § 9 Nr. 2 a GewStG gehören auch Kapitalgesellschaften, die ihren statutarischen Sitz im Ausland und ihren Ort der Geschäftsleitung im Inland haben.

[5] Richtig wohl: „Genossenschaft".

[6] § 9 Nr. 3 Satz 1 i. d. F. des Gesetzes vom 20. 12. 2016 (BGBl. I S. 3000) anzuwenden ab EZ 2017; Satz 1 geändert durch Gesetz vom 25. 6. 2021 (BGBl. I S. 2035) anzuwenden ab EZ 2021.

[7] *BFH-Urteil vom 10. 8. 2016 I R 60/14, BStBl. 2017 II S. 534:* **1.** Die gewerbesteuerliche Kürzung für den Betrieb von Handelsschiffen im internationalen Verkehr gemäß § 9 Nr. 3 Satz 2 bis 5 GewStG 2002 (i. d. F. des JStG 2007) greift auch, wenn mit den Schiffen ausschließlich Güter transportiert werden. **2.** Die Kürzung gilt nur für die Seeschifffahrt. Binnenschifffahrtsunternehmen können die Begünstigung des § 9 Nr. 3 Satz 2 bis 5 GewStG 2002 (i. d. F. des JStG 2007) nicht in Anspruch nehmen.

5 GewStG

5. die aus den Mitteln des Gewerbebetriebs geleisteten Zuwendungen (Spenden und Mitgliedsbeiträge) zur Förderung steuerbegünstigter Zwecke im Sinne der §§ 52 bis 54 der Abgabenordnung bis zur Höhe von insgesamt 20 Prozent des um die Hinzurechnungen nach § 8 Nummer 9 erhöhten Gewinns aus Gewerbebetrieb (§ 7) oder 4 Promille der Summe der gesamten Umsätze und der im Wirtschaftsjahr aufgewendeten Löhne und Gehälter. ② Voraussetzung für die Kürzung ist, dass diese Zuwendungen
   a) an eine juristische Person des öffentlichen Rechts oder an eine öffentliche Dienststelle, die in einem Mitgliedstaat der Europäischen Union oder in einem Staat belegen ist, auf den das Abkommen über den Europäischen Wirtschaftsraum (EWR-Abkommen) Anwendung findet, oder
   b) an eine nach § 5 Absatz 1 Nummer 9 des Körperschaftsteuergesetzes steuerbefreite Körperschaft, Personenvereinigung oder Vermögensmasse oder
   c) an eine Körperschaft, Personenvereinigung oder Vermögensmasse, die in einem Mitgliedstaat der Europäischen Union oder in einem Staat belegen ist, auf den das Abkommen über den Europäischen Wirtschaftsraum (EWR-Abkommen) Anwendung findet, und die nach § 5 Absatz 1 Nummer 9 des Körperschaftsteuergesetzes in Verbindung mit § 5 Absatz 2 Nummer 2 zweiter Halbsatz des Körperschaftsteuergesetzes steuerbefreit wäre, wenn sie inländische Einkünfte erzielen würde,

   geleistet werden (Zuwendungsempfänger). ③ Für nicht im Inland ansässige Zuwendungsempfänger nach Satz 2 ist weitere Voraussetzung, dass durch diese Staaten Amtshilfe und Unterstützung bei der Beitreibung geleistet werden. ④ Amtshilfe ist der Auskunftsaustausch im Sinne oder entsprechend der Amtshilferichtlinie gemäß § 2 Absatz 2 des EU-Amtshilfegesetzes. ⑤ Beitreibung ist die gegenseitige Unterstützung bei der Beitreibung von Forderungen im Sinne oder entsprechend der Beitreibungsrichtlinie einschließlich der in diesem Zusammenhang anzuwendenden Durchführungsbestimmungen in den für den jeweiligen Veranlagungszeitraum geltenden Fassungen oder eines entsprechenden Nachfolgerechtsaktes. ⑥ Werden die steuerbegünstigten Zwecke des Zuwendungsempfängers im Sinne von Satz 2 Buchstabe a nur im Ausland verwirklicht, ist für eine Kürzung nach Satz 1 Voraussetzung, dass natürliche Personen, die ihren Wohnsitz oder ihren gewöhnlichen Aufenthalt im Geltungsbereich dieses Gesetzes haben, gefördert werden oder dass die Tätigkeit dieses Zuwendungsempfängers neben der Verwirklichung der steuerbegünstigten Zwecke auch zum Ansehen der Bundesrepublik Deutschland beitragen kann. ⑦ In die Kürzung nach Satz 1 sind auch Mitgliedsbeiträge an Körperschaften einzubeziehen, die Kunst und Kultur gemäß § 52 Absatz 2 Nummer 5 der Abgabenordnung fördern, soweit es sich nicht um Mitgliedsbeiträge nach Satz 12 Buchstabe b[1] handelt, auch wenn den Mitgliedern Vergünstigungen gewährt werden. ⑧ Überschreiten die geleisteten Zuwendungen die Höchstsätze nach Satz 1, kann die Kürzung im Rahmen der Höchstsätze nach Satz 1 in den folgenden Erhebungszeiträumen vorgenommen werden. ⑨ Einzelunternehmen und Personengesellschaften können auf Antrag neben der Kürzung nach Satz 1 eine Kürzung um die im Erhebungszeitraum in das zu erhaltende Vermögen (Vermögensstock) einer Stiftung, die die Voraussetzungen der Sätze 2 bis 6 erfüllt, geleisteten Spenden in diesem und in den folgenden neun Erhebungszeiträumen bis zu einem Betrag von 1 Million Euro vornehmen. ⑩ Nicht abzugsfähig nach Satz 9 sind Spenden in das verbrauchbare Vermögen einer Stiftung. ⑪ Der besondere Kürzungsbetrag nach Satz 9 kann der Höhe nach innerhalb des Zehnjahreszeitraums nur einmal in Anspruch genommen werden. ⑫ Eine Kürzung nach den Sätzen 1 bis 10 ist ausgeschlossen, soweit auf die geleisteten Zuwendungen § 8 Absatz 3 des Körperschaftsteuergesetzes anzuwenden ist oder soweit Mitgliedsbeiträge an Körperschaften geleistet werden,
   a) die den Sport (§ 52 Absatz 2 Satz 1 Nummer 21 der Abgabenordnung),
   b) die kulturelle Betätigungen, die in erster Linie der Freizeitgestaltung dienen,
   c) die Heimatpflege und Heimatkunde (§ 52 Absatz 2 Satz 1 Nummer 22 der Abgabenordnung),
   d) die Zwecke im Sinne des § 52 Absatz 2 Satz 1 Nummer 23 der Abgabenordnung

   fördern oder
   e) deren Zweck nach § 52 Absatz 2 Satz 2 der Abgabenordnung für gemeinnützig erklärt worden ist, weil deren Zweck die Allgemeinheit auf materiellem, geistigem oder sittlichem Gebiet entsprechend einem Zweck nach den Buchstaben a bis d fördert.[2]

---

[1] § 9 Nr. 5 Satz 7 geändert durch Gesetz vom 12. 12. 2019 (BGBl. I S. 2451) und durch Gesetz vom 21. 12. 2020 (BGBl. I S. 3096).

[2] § 9 Nr. 5 Satz 12 neu gefasst durch Gesetz vom 12. 12. 2019 (BGBl. I S. 2451). Zur Anwendung siehe § 36 Abs. 5 Satz 2 GewStG.

GewStG

⑬ § 10 b Absatz 3 und 4 Satz 1 sowie § 10 d Absatz 4 des Einkommensteuergesetzes und § 9 Absatz 2 Satz 2 bis 5 und Absatz 3 Satz 1 des Körperschaftsteuergesetzes, sowie die einkommensteuerrechtlichen Vorschriften zur Abziehbarkeit von Zuwendungen gelten entsprechend. ⑭ Wer vorsätzlich oder grob fahrlässig eine unrichtige Bestätigung über Spenden und Mitgliedsbeiträge ausstellt oder veranlasst, dass entsprechende Zuwendungen nicht zu den in der Bestätigung angegebenen steuerbegünstigten Zwecken verwendet werden (Veranlasserhaftung), haftet für die entgangene Gewerbesteuer. ⑮ In den Fällen der Veranlasserhaftung ist vorrangig der Zuwendungsempfänger in Anspruch zu nehmen; die natürlichen Personen, die in diesen Fällen für den Zuwendungsempfänger handeln, sind nur in Anspruch zu nehmen, wenn die entgangene Steuer nicht nach § 47 der Abgabenordnung erloschen ist und Vollstreckungsmaßnahmen gegen den Zuwendungsempfänger nicht erfolgreich sind; § 10 b Absatz 4 Satz 5 des Einkommensteuergesetzes gilt entsprechend. ⑯ Der Haftungsbetrag ist mit 15 Prozent der Zuwendungen anzusetzen und fließt der für den Spendenempfänger zuständigen Gemeinde zu, die durch sinngemäße Anwendung des § 20 der Abgabenordnung bestimmt wird. ⑰ Der Haftungsbetrag wird durch Haftungsbescheid des Finanzamts festgesetzt; die Befugnis der Gemeinde zur Erhebung der entgangenen Gewerbesteuer bleibt unberührt. ⑱ § 184 Abs. 3 der Abgabenordnung gilt sinngemäß.

6. *(weggefallen)*

7 **7.**[1] **die Gewinne aus Anteilen an einer Kapitalgesellschaft mit Geschäftsleitung und Sitz außerhalb des Geltungsbereichs dieses Gesetzes, wenn die Beteiligung zu Beginn des Erhebungszeitraums mindestens 15 Prozent des Nennkapitals beträgt und die Gewinnanteile bei der Ermittlung des Gewinns (§ 7) angesetzt worden sind. ② § 9 Nummer 2 a Satz 3 bis 5 gilt entsprechend.**

8 **8. die Gewinne aus Anteilen an einer ausländischen Gesellschaft, die nach einem Abkommen zur Vermeidung der Doppelbesteuerung unter der Voraussetzung einer Mindestbeteiligung von der Gewerbesteuer befreit sind, wenn die Beteiligung mindestens 15 Prozent beträgt und die Gewinnanteile bei der Ermittlung des Gewinns (§ 7) angesetzt worden sind; ist in einem Abkommen zur Vermeidung der Doppelbesteuerung eine niedrigere Mindestbeteiligungsgrenze vereinbart, ist diese maßgebend. ② § 9 Nr. 2 a Satz 3 gilt entsprechend. ③ § 9 Nr. 2 a Satz 4 gilt entsprechend. ④ Satz 1 ist bei Lebens- und Krankenversicherungsunternehmen auf Gewinne aus Anteilen, die den Kapitalanlagen zuzurechnen sind, nicht anzuwenden; für Pensionsfonds gilt Entsprechendes.**

9. *(weggefallen)*

10. *(aufgehoben)*

Übersicht

[1] § 9 Nr. 7 neu gefasst mWv EZ 2020 durch Gesetz vom 12. 12. 2019 (BGBl. I S. 2451).

GewStDV

§ 16 *[abgedruckt bei § 7 GewStG]*

§ 20[1] ***Grundbesitz***

11 *(1) ① Die Frage, ob und inwieweit im Sinne des § 9 Nr. 1 des Gesetzes Grundbesitz zum Betriebsvermögen des Unternehmers gehört, ist nach den Vorschriften des Einkommensteuergesetzes oder des Körperschaftsteuergesetzes zu entscheiden. ② Maßgebend ist dabei der Stand zu Beginn des Kalenderjahrs.*

(2) Gehört der Grundbesitz nur zum Teil zum Betriebsvermögen im Sinne des Absatzes 1, so ist der Kürzung nach § 9 Nr. 1 des Gesetzes nur der entsprechende Teil des Einheitswerts ***[ab 1. 1. 2025:*** *Grundsteuerwerts]* *zugrunde zu legen.*

§ 21 *(weggefallen)*

R 9.1

R 9.1 Kürzung für den zum Betriebsvermögen gehörenden Grundbesitz[2]

Allgemeines

12 (1) ① Nach § 9 Nr. 1 Satz 1 GewStG ist die Summe des Gewinns und der Hinzurechnungen um 1,2% des Einheitswerts des nicht von der Grundsteuer befreiten Grundbesitzes zu kürzen, der zum Betriebsvermögen des Unternehmens gehört. ② Die Einschränkung des § 9 Nr. 1 Satz 1 GewStG auf Grundbesitz, der nicht von der Grundsteuer befreit ist, beschränkt sich ausschließlich auf Befreiungstatbestände des Grundsteuergesetzes. ③ Wird die Grundsteuer aus anderen Gründen (z. B. Billigkeitsmaßnahmen, Erlass, Verjährung) tatsächlich nicht erhoben, steht dies der Anwendung der Kürzungsnorm auf den betreffenden Grundbesitz nicht entgegen. ④ Wird ein eigenbetrieblich genutzter Grundstücksteil nach § 8 EStDV nicht als Betriebsvermögen behandelt, ist die Kürzung nach § 9 Nr. 1 Satz 1 GewStG trotzdem vorzunehmen, weil sonst der Zweck der Vorschrift, die Doppelbesteuerung des Grundbesitzes durch die Grundsteuer und die Gewerbesteuer zu vermeiden, nicht erreicht werden würde. ⑤ Die Kürzung bemisst sich stets nach dem Einheitswert des Grundbesitzes, auch wenn im Betriebsvermögen im Anschluss an die DM-Bilanz ein höherer Grundstückswert enthalten ist. ⑥ Zum Grundbesitz im Sinne des § 9 Nr. 1 Satz 1 GewStG gehören auch Gebäude oder Gebäudeteile auf fremdem Grund und Boden, wenn der Unternehmer nach einkommensteuerrechtlichen Grundsätzen als wirtschaftlicher Eigentümer des Gebäudes oder des Gebäudeteils anzusehen ist. ⑦ Ist nur ein Teil eines Grundstücks einkommensteuerlich zum Betriebsvermögen des Unternehmers zu rechnen, ist für die Berechnung der Kürzung nach § 9 Nr. 1 Satz 1 GewStG von dem Teil des Einheitswerts auszugehen, der auf den dem gewerblichen Betrieb dienenden Teil des Grundstücks entfällt (→ § 20 Abs. 2 GewStDV). ⑧ Dieser Teil des Einheitswerts ist grundsätzlich nach dem Verhältnis der Jahresrohmiete (→ § 79 BewG) zu ermitteln. ⑨ Ein anderer Aufteilungsmaßstab, insbesondere das Verhältnis der Nutzfläche oder des Rauminhalts, ist anzuwenden, wenn dieses Ergebnis den tatsächlichen Verhältnissen des einzelnen Falls besser entspricht. ⑩ Für die Frage danach, ob und inwieweit Grundbesitz der zum Betriebsvermögen gehört, bei der Kürzung nach § 9 Nr. 1 Satz 1 GewStG zu berücksichtigen ist, sind allein die Verhältnisse zu Beginn eines jeden Jahres entscheidend. ⑪ Beginnt die Steuerpflicht eines Gewerbebetriebs im Laufe eines Kalenderjahrs, kommt für den in diesem Kalenderjahr endenden Erhebungszeitraum eine Kürzung nach § 9 Nr. 1 Satz 1 GewStG somit nicht in Betracht (→ § 20 Abs. 1 Satz 2 GewStDV).

Bemessungsgrundlage

13 (2) ① Maßgebend für die Kürzung ist der Einheitswert, der auf den letzten Feststellungszeitpunkt (Hauptfeststellungs-, Fortschreibungs- oder Nachfeststellungszeitpunkt) vor dem Ende des Erhebungszeitraums lautet. ② Als Bemessungsgrundlage sind bei Grundstücken (→ § 70 BewG) sowie bei Betriebsgrundstücken im Sinne des § 99 Abs. 1 Nr. 1 BewG, die wie Grundvermögen bewertet werden, 140% des auf den Wertverhältnissen vom 1. Januar 1964 beruhenden Einheitswerts anzusetzen (→ § 121 a BewG). ③ Bei Betriebsgrundstücken im Beitrittsgebiet sind die Einheitswerte 1935 mit den in § 133 BewG genannten Prozentsätzen anzusetzen. ④ Bei Betriebsgrundstücken im Sinne des § 99 Abs. 1 Nr. 2 BewG, die wie land- und forstwirtschaftliches Vermögen bewertet werden, sind dagegen nur 100% des Einheitswerts zugrunde zu legen. ⑤ Werden für Betriebe der Land- und Forstwirtschaft gemäß § 125 Abs. 2 BewG Ersatzwirtschaftswerte ermittelt, ist für die Kürzung nach § 9 Nr. 1 Satz 1 GewStG nur der Anteil am Ersatzwirtschaftswert maßgebend, der auf den im Eigentum des Gewerbesteuerpflichtigen stehenden und somit zu seinem Betriebsvermögen gehörenden Grundbesitz entfällt.

Einheitswertbescheid als Grundlagenbescheid

14 (3) ① Der Gewerbesteuermessbescheid beruht hinsichtlich der Kürzung nach § 9 Nr. 1 Satz 1 GewStG auf dem Einheitswertbescheid. ② Der Gewerbesteuermessbescheid ist deshalb nach § 175 Abs. 1 Satz 1 Nr. 1 AO zu ändern, wenn der maßgebende Einheitswert durch Rechtsbehelfsentscheidung, Änderung der Feststellung oder Fortschreibung geändert worden ist.

---

[1] § 20 Abs. 2 GewStDV geändert mWv 1. 1. 2025 durch Gesetz vom 26. 11. 2019 (BGBl. I S. 1794).

[2] Grundsteuergesetz und Bewertungsgesetz abgedruckt im „Handbuch Erbschaftsteuer und Bewertung".

H 9.1

H 9.1

15 **Grundbesitz als Betriebsvermögen.**
– → § 20 GewStDV
– → R 4.2 Abs. 7 EStR.

Erbbaurecht. Gehört zum Grundbesitz im Sinne des § 9 Nr. 1 Satz 1 GewStG ein Erbbaurecht, ist der Kürzung nur der im Betriebsvermögen enthaltene Wert des Erbbaurechts und der aufstehenden Gebäude, nicht auch der Wert des Erbbaugrundstücks, zugrunde zu legen (→ RFH vom 12. 1. 1943 – RStBl. S. 283 und BFH vom 17. 1. 1968 – BStBl. II S. 353).

Gebäude(-teile) auf fremdem Grund und Boden. Zur Zurechnung des wirtschaftlichen Eigentums (→ H 4.7 (Eigenaufwand für ein fremdes Wirtschaftsgut EStH) und § 39 Abs. 2 Nr. 1 AO).

Verpachtung eines landwirtschaftlichen Grundstücks. Bei einem im Betriebsvermögen enthaltenen landwirtschaftlichen Grundstück, das verpachtet ist und dessen Einheitswert Betriebsmittel des Pächters mit umfasst, ist der Kürzungsbetrag vom vollen (Gesamt-)Einheitswert zu berechnen (→ BFH vom 27. 3. 1968 – BStBl. II S. 479).

Versicherungsunternehmen. Die Kürzung nach § 9 Nr. 1 Satz 1 GewStG ist auch bei Grundbesitz, der zum Deckungsstock eines Versicherungsunternehmens gehört, anzuwenden (→ BFH vom 19. 1. 1972 – BStBl. II S. 390 und vom 26. 10. 1995 – BStBl. 1996 II S. 76).

R 9.2

R 9.2 Kürzung bei Grundstücksunternehmen

R 9.2 (1)

R 9.2 (1)

Allgemeines

16 (1) ① Die Kürzung nach § 9 Nr. 1 Satz 2 und 3 GewStG (erweiterte Kürzung) kann von allen Unternehmensformen (Einzelunternehmen, Personengesellschaften, Kapitalgesellschaften und anderen Körperschaften) in Anspruch genommen werden. ② Grundstücksunternehmen, die die in § 9 Nr. 1 Satz 2 bis 4 GewStG genannten Voraussetzungen nicht erfüllen, können die Kürzung nach § 9 Nr. 1 Satz 1 GewStG in Anspruch nehmen. ③ Die Voraussetzungen für die erweiterte Kürzung bei Grundstücksunternehmen müssen während des gesamten Erhebungszeitraums oder während des gesamten abgekürzten Erhebungszeitraums (→ § 14 Satz 3 GewStG) vorliegen. ④ Für die Anwendung der Kürzung nach § 9 Nr. 1 Satz 2 und 3 GewStG kommt es hinsichtlich der Beurteilung der Frage, ob Grundbesitz zum Betriebsvermögen des Unternehmens gehört, nicht auf den Stand an einem bestimmten Stichtag an.

H 9.2 (1)

H 9.2 (1)

17 **Veräußerung des Grundbesitzes.** Der während des Erhebungszeitraums vorgenommene Verkauf des einzigen und letzten Grundstücks einer bis zu diesem Zeitpunkt als Grundstücksverwaltungsgesellschaft tätigen GmbH schließt die erhöhte Kürzung des Gewerbeertrags nach § 9 Nr. 1 Satz 2 GewStG für den Erhebungszeitraum aus (→ BFH vom 20. 1. 1982 – BStBl. II S. 478). Einem grundstücksverwaltenden Unternehmen ist die erweiterte Kürzung des Gewerbeertrages gemäß § 9 Nr. 1 Satz 2 GewStG unbeschadet des darin bestimmten Ausschließlichkeitsgebots jedoch zu gewähren, wenn das Unternehmen sein einziges Grundstück zum 31. Dezember, 23.59 Uhr, des Erhebungszeitraumes veräußert (→ BFH vom 11. 8. 2004 – BStBl. II S. 1080).

Veräußerung eines Mitunternehmeranteils. Der Gewinn aus der Veräußerung eines Mitunternehmeranteils i.S. des § 7 Satz 2 Nr. 2 GewStG ist nicht in die erweiterte Kürzung gemäß § 9 Nr. 1 Satz 2 GewStG einzubeziehen.[1] Der ab EZ 2004 erstmals anzuwendende § 9 Nr. 1 Satz 6 GewStG hat diesbezüglich lediglich klarstellende Bedeutung (→ BFH vom 18. 12. 2014 – BStBl. 2015 II S. 606).

Zeitweise Ausübung einer steuerschädlichen Tätigkeit. Eine steuerschädliche Tätigkeit, die zum Ausschluss der erweiterten Kürzung für den gesamten Erhebungszeitraum führt, liegt auch dann vor, wenn sie nicht während des ganzen Erhebungszeitraumes ausgeübt wird. Die erweiterte Kürzung kommt danach z. B. nicht in Betracht, wenn das Unternehmen erst im Laufe des Erhebungszeitraums von der gewerblichen zur vermögensverwaltenden Tätigkeit übergegangen ist (→ BFH vom 29. 3. 1973 – BStBl. II S. 563).

R 9.2 (2)

R 9.2 (2)

Begünstigte Tätigkeiten

18 (2) ① Die neben der Vermögensverwaltung des Grundbesitzes erlaubten Tätigkeiten sind in § 9 Nr. 1 Satz 2 und 3 GewStG abschließend aufgezählt. ② Darüber hinaus ausgeübte Tätigkeiten

[1] Keine erweiterte Kürzung nach § 9 Nr. 1 Satz 2 GewStG bei Veräußerung eines Teils eines Mitunternehmeranteils, vgl. *BFH-Urteil vom 8. 12. 2016 IV R 14/13, BStBl. 2017 II S. 494* – *Anm. d. Red.*: Hier erfolgte kein Rückgriff auf § 7 Satz 2 GewStG.

verstoßen auch dann gegen das Ausschließlichkeitsgebot, wenn sie von untergeordneter Bedeutung sind. ③ Die erweiterte Kürzung wird jedoch durch solche vermögensverwaltenden Tätigkeiten ausnahmsweise nicht ausgeschlossen, die der Verwaltung und Nutzung des Grundbesitzes im engeren Sinne dienen und als zwingend notwendiger Teil einer wirtschaftlich sinnvoll gestalteten eigenen Grundstücksverwaltung und Grundstücksnutzung angesehen werden können (→ Nebentätigkeiten).[1] ④ Unternehmen, die auf Grund von Leasingverträgen anderen Personen Grundbesitz zum Gebrauch überlassen, können die erweiterte Kürzung in Anspruch nehmen, wenn ihre Betätigung für sich betrachtet ihrer Natur nach keinen Gewerbebetrieb darstellt, sondern als Vermögensverwaltung anzusehen ist.

H 9.2 (2) H 9.2 (2)

Beteiligungen 19

– Eine grundstücksverwaltende GmbH, die als Komplementärin an einer ihrerseits vermögensverwaltenden KG beteiligt ist, kann nicht die erweiterte Kürzung nach § 9 Nr. 1 Satz 2 GewStG in Anspruch nehmen. Das Halten der Komplementärbeteiligung zählt nicht zum abschließenden Katalog der prinzipiell kürzungsunschädlichen Tätigkeiten des § 9 Nr. 1 Satz 2 GewStG (→ BFH vom 19. 10. 2010 – BStBl. 2011 II S. 367).[2]
– Das Halten einer Beteiligung an einer Mitunternehmerschaft schließt die erweiterte Kürzung des Gewerbeertrags nach § 9 Nr. 1 Satz 2 GewStG unabhängig vom Umfang der Beteiligung und der daraus erzielten Einkünfte aus. Das gilt auch bei einer Beteiligung an einer grundstücksverwaltenden Mitunternehmerschaft (→ BFH vom 17. 10. 2002 – BStBl. 2003 II S. 355).

Betreuung von Wohnungsbauten. Die Betreuung von Wohnungsbauten im Sinne des § 9 Nr. 1 Satz 2 GewStG umfasst sowohl die Baubetreuung bei der Errichtung von Wohngebäuden als auch die Bewirtschaftungsbetreuung bei bereits fertig gestellten Wohngebäuden. Die Verwaltung bereits fertig gestellter fremder Gebäude ist auch dann als Betreuung von Wohnungsbauten anzusehen, wenn diese Gebäude vom Grundstücksunternehmer nicht selbst errichtet worden sind (→ BFH vom 17. 9. 2003 – BStBl. 2004 II S. 243).

Betriebsaufspaltung. Im Falle der Betriebsaufspaltung kann die Besitzgesellschaft die nur für die bloße Vermögensverwaltung von Grundbesitz geltende erweiterte Kürzung des § 9 Nr. 1 Satz 2 GewStG nicht in Anspruch nehmen (→ BFH vom 28. 6. 1973 – BStBl. II S. 688).[3]

Betriebsverpachtung. Bei einer gewerbesteuerpflichtigen Betriebsverpachtung, z. B. durch eine gewerblich geprägte Personengesellschaft, ist die erweiterte Kürzung des Gewerbeertrags nach § 9 Nr. 1 Satz 2 GewStG grundsätzlich nicht anzuwenden (→ BFH vom 14. 6. 2005 – BStBl. II S. 778).

Betriebsvorrichtungen. Auch eine geringfügige Mitvermietung von Betriebsvorrichtungen, die sich weder auf dem vermieteten Grundstück befinden noch einen funktionalen Zusammenhang mit diesem aufweisen, steht einer ausschließlichen Grundstücksverwaltung i. S. von § 9 Nr. 1 Satz 2 GewStG entgegen (→ BFH vom 17. 5. 2006 – BStBl. II S. 659).

Eigener Grundbesitz. Der Begriff des Grundbesitzes richtet sich nach den Vorschriften des Bewertungsgesetzes. Zum Grundbesitz im Sinne des § 9 Nr. 1 Satz 2 GewStG gehören grundsätzlich nicht Mineralgewinnungsrechte und Betriebsvorrichtungen, auch wenn sie wesentliche Bestandteile des Grundstücks sind (→ BFH vom 26. 2. 1992 – BStBl. II S. 738).[4] Zum Grundbesitz gehören jedoch Grundstücksteile, die nur wegen der Eigenart ihrer Nutzung durch den Mieter Betriebsvorrichtungen sind (→ BFH vom 22. 6. 1977 – BStBl. II S. 778). Eigener Grundbesitz ist nur der zum Betriebsvermögen des Unternehmens gehörende Grundbesitz. Die erweiterte Kürzung nach § 9 Nr. 1 Satz 2 GewStG kann daher nicht in

---

[1] Bei Beteiligung einer grundstücksverwaltenden, nur Kraft ihrer Rechtsform der Gewerbesteuer unterliegenden Gesellschaft an einer grundstücksverwaltenden, gewerblich geprägten Personengesellschaft wird nach ständiger Rechtsprechung (vgl. z. B. *BFH-Urteil vom 27. 6. 2019 IV R 44/16, BStBl. 2020 II S. 24;* Verfassungsbeschwerde eingelegt, 1 BvR 2331/19), keine erweiterte Kürzung gewährt, da ein Verstoß gegen das Ausschließlichkeitsgebot des § 9 Nr. 1 Satz 2 GewStG vorliegt.

[2] Vgl. aber *BFH-Urteil vom 25. 9. 2018 GrS 2/16, BStBl. 2019 II S. 262:* Einer grundstücksverwaltenden, nur Kraft ihrer Rechtsform der Gewerbesteuer unterliegenden Gesellschaft ist die sog. erweiterte Kürzung nach § 9 Nr. 1 S. 2 GewStG nicht deshalb zu verwehren, weil sie an einer rein grundstücksverwaltenden, nicht gewerblich geprägten Personengesellschaft beteiligt ist.

[3] Dies gilt auch im Fall der kapitalistischen Betriebsaufspaltung; vgl. *BFH-Beschluss vom 24. 1. 2012 I B 136/11, BFH/NV S. 1176;* keine erweiterte Kürzung für Grundbesitz, der im Rahmen einer Betriebsaufspaltung überlassen wird, vgl. *BFH-Urteil vom 22. 6. 2016 X R 54/14, BStBl. 2017 II S. 529.* Auch eine Beteiligung der an der Betriebsgesellschaft beteiligten Gesellschafter an einer Besitz-Personengesellschaft, die lediglich mittelbar über eine Kapitalgesellschaft besteht, ist bei der Beurteilung einer personellen Verflechtung als eine der Voraussetzungen einer Betriebsaufspaltung zu berücksichtigen, vgl. *BFH-Urteil vom 16. 9. 2021 IV R 7/18, BStBl. 2022 II S. 767* (Änderung der Rechtsprechung; Anwendung aus Vertrauensschutzgründen erst ab dem EZ 2024, vgl. *gleich lautende Erlasse der obersten Finanzbehörden der Länder vom 22. 11. 2022, BStBl. I S. 1528*).

[4] Ebenso *BFH-Urteil vom 11. 4. 2019 III R 36/15, BStBl. II S. 705:* Eine erweiterte Kürzung des Gewerbeertrags nach § 9 Nr. 1 S. 2 GewStG scheidet aus, wenn eine grundbesitzverwaltende GmbH neben einem Hotelgebäude auch Ausstattungsgegenstände (Bierkellerkühlanlage, Kühlräume, Kühlmöbel für Theken- und Buffetanlagen) mitvermietet, die als Betriebsvorrichtungen zu qualifizieren sind.

H 9.2 (2)

noch 19

Anspruch genommen werden, wenn das Unternehmen neben der eigenen Grundstücksverwaltung als Mitunternehmer an einer nur grundstücksverwaltenden, gewerblich geprägten Personengesellschaft beteiligt ist (→ BFH vom 22. 1. 1992 – BStBl. II S. 628). Zum eigenen Grundbesitz im Sinne des § 9 Nr. 1 Satz 2 und 3 GewStG gehören auch das Erbbaurecht und die auf Grund eines solchen Rechts errichteten Gebäude (→ BFH vom 15. 4. 1999 – BStBl. II S. 532).

Gewerblicher Grundstückshandel. Die erweiterte Kürzung nach § 9 Nr. 1 Satz 2 GewStG kommt nicht in Betracht, wenn ein Grundstücksverwaltungsunternehmen in einem Umfang Grundstücke erwirbt und veräußert, der diesem Tätigkeitsbereich gewerblichen Charakter verleiht. Ob eine solche Tätigkeit vorliegt, ist nicht nach den Verhältnissen eines einzigen Erhebungszeitraums, sondern nach dem Gesamtbild der Verhältnisse eines mehrjährigen Zeitraums zu beurteilen (→ BFH vom 9. 10. 1974 – BStBl. 1975 II S. 44). Ein gelegentlicher Grundstücksverkauf stellt dagegen die ausschließliche Tätigkeit als Grundstücksverwaltungsgesellschaft nicht in Frage (→ BFH vom 24. 2. 1971 – BStBl. II S. 338).

Gewerbliche Grundstücksverwaltung. Die erweiterte Kürzung nach § 9 Nr. 1 Satz 2 GewStG ist nicht anzuwenden auf solche Unternehmen, bei denen die Grundstücksverwaltung über den Rahmen einer Vermögensverwaltung hinausgeht und gewerblichen Charakter annimmt (→ BFH vom 29. 3. 1973 – BStBl. II S. 686, vom 28. 6. 1973 – BStBl. II S. 688 und vom 31. 7. 1990 – BStBl. II S. 1075).

Gewerbliche Tätigkeit. Eine gewerbliche Betätigung, die nicht zu den in § 9 Nr. 1 Satz 2 GewStG genannten unschädlichen Nebentätigkeiten gehört, schließt grundsätzlich selbst dann die erweiterte Kürzung des Gewerbeertrags aus, wenn sie von untergeordneter Bedeutung ist (→ BFH vom 17. 5. 2006 – BStBl. II S. 659).[1]

Kapitalvermögen. Neben der Verwaltung eigenen Grundbesitzes kann eigenes Kapitalvermögen verwaltet und genutzt werden. Die Verwaltung und Nutzung eigenen Kapitalvermögens darf jedoch für sich betrachtet keine ihrer Natur nach gewerbliche Tätigkeit darstellen. Zum „eigenen" Kapitalvermögen können von dritter Seite beschaffte Gelder gehören (→ BFH vom 3. 8. 1972 – BStBl. II S. 799).

Nebentätigkeiten. Eine für die erweiterte Kürzung unschädliche Nebentätigkeit liegt z. B. vor, wenn sie erforderlich ist, um für die Grundstücksverwaltung und -nutzung benötigte Kredite zu beschaffen (→ BFH vom 23. 7. 1969 – BStBl. II S. 664).
Entsprechendes gilt, wenn durch einen Brennstoffeinkauf im Großen zugleich für andere gleichartige Unternehmen die eigene Grundstücksverwaltung verbilligt werden soll, es sei denn, der Brennstoffhandel stellt für sich gesehen eine gewerbliche Tätigkeit dar (→ BFH vom 27. 4. 1977 – BStBl. II S. 776). Der Anwendung der erweiterten Kürzung steht nicht entgegen, dass die Gesellschaft sich an der gemeinschaftlichen Verwaltung eines Grundstücks beteiligt, dessen Miteigentümerin sie zu $^2/_3$ Anteilen ist (→ BFH vom 9. 2. 1966 – BStBl. III S. 253).

Organschaft

- Im Falle der Organschaft sind die Voraussetzungen für die Anwendung der Kürzungsvorschrift des § 9 Nr. 1 Satz 2 und 3 GewStG mit Wirkung auf den im Organkreis erzielten und beim Organträger zusammenzurechnenden Gewerbeertrag für die zum Organkreis gehörenden Unternehmen gesondert zu prüfen. Ob die erweiterte Kürzung bei dem einzelnen Unternehmen des Organkreises zu berücksichtigen ist, richtet sich jeweils allein nach den bei diesem Unternehmen gegebenen Verhältnissen (→ BFH vom 30. 7. 1969 – BStBl. II S. 629).
- Die erweiterte Kürzung für Grundstücksunternehmen ist zu versagen, wenn es sich bei dem Grundstücksunternehmen um eine Organgesellschaft handelt, die alle ihre Grundstücke an eine andere Organgesellschaft desselben Organkreises vermietet (→ BFH vom 18. 5. 2011 – BStBl. II S. 887).

Sicherheitenbestellung. Die auf Grundstücke bezogene entgeltliche oder unentgeltliche Bestellung von Sicherheiten (z. B. Bestellung einer Grundschuld) für Kredite Dritter ist als Verwaltung und Nutzung eigenen Grundbesitzes i. S. des § 9 Nr. 1 Satz 2 GewStG zu beurteilen, sofern sie nicht den Umfang einer gewerblichen Tätigkeit annimmt (→ BFH vom 13. 8. 1997 – BStBl. 1998 II S. 270 und vom 17. 1. 2006 – BStBl. II S. 434).

Veräußerung von Grundbesitz. Die erweiterte Kürzung nach § 9 Nr. 1 Satz 2 GewStG ist nicht anzuwenden, wenn ein Unternehmen aufgrund der Veräußerung von Grundbesitz eine gewerbliche Tätigkeit ausübt, die nicht ausschließlich in der Errichtung und Veräußerung von Kaufeigenheimen, Kleinsiedlungen und Eigentumswohnungen im Sinne des § 9 Nr. 1 Satz 2 und 3 GewStG besteht (→ BFH vom 31. 7. 1990 – BStBl. II S. 1075).

---

[1] Zu Auswirkungen des Betriebs von Blockheizkraftwerken durch Wohnungsunternehmer auf die Kürzung nach § 9 Nr. 1 Satz 2 ff. GewStG vgl. *LfSt Bayern vom 14. 10. 2015* (nachstehend abgedruckt als Anl b zu R 9.2 GewStR).

R 9.2 (3) R 9.2 (3)

Umfang der Kürzung

(3) Die Kürzung nach § 9 Nr. 1 Satz 2 GewStG umfasst nur den Teil des Gewerbeertrags des Grundstücksunternehmens, der auf die Verwaltung und Nutzung des eigenen Grundbesitzes, einschließlich der in R 9.2 Abs. 2 Satz 3 genannten ausnahmsweise zugelassenen Nebentätigkeiten, entfällt. 20

H 9.2 (3) H 9.2 (3)

Kapitalerträge. Zinserträge werden auch dann nicht von der erweiterten Kürzung gemäß § 9 Nr. 1 Satz 2 GewStG umfasst, wenn sie aus der Anlage vereinnahmter Mietüberschüsse resultieren und wenn diese Anlage vorgenommen worden ist, um Grundstücksdarlehen tilgen zu können (→ BFH vom 15. 3. 2000 – BStBl. II S. 355). 21

Reinvestitionsrücklage § 6 b EStG. Die erweiterte Kürzung gemäß § 9 Nr. 1 Satz 2 GewStG erfasst den Gewinn aus der Auflösung einer gemäß § 6 b Abs. 3 EStG gebildeten Rücklage, wenn der ohne Bildung der Rücklage entstandene Veräußerungsgewinn nach § 9 Nr. 1 Satz 2 GewStG gewerbesteuerfrei gewesen wäre und wenn auch bei der Auflösung der Rücklage die Voraussetzungen des § 9 Nr. 1 Satz 2 GewStG vorliegen. Daran fehlt es nicht deshalb, weil der veräußerte Grundbesitz im Zeitpunkt der Auflösung der Rücklage nicht mehr zum Betriebsvermögen gehört. Die erweiterte Kürzung erfasst jedoch nicht den Gewinnzuschlag gemäß § 6 b Abs. 7 EStG (→ BFH vom 15. 3. 2000 – BStBl. 2001 II S. 251).

Veräußerungsgewinne. Veräußert ein Unternehmen, das die Voraussetzungen des § 9 Nr. 1 Satz 2 GewStG erfüllt, Grundbesitz, ist – vorbehaltlich des § 9 Nr. 1 Satz 5 Nr. 2 und Satz 6 GewStG – auch der bei der Veräußerung erzielte Gewinn gemäß § 9 Nr. 1 Satz 2 GewStG bei der Ermittlung des Gewerbeertrags zu kürzen (→ BFH vom 29. 4. 1987 – BStBl. II S. 603).

R 9.2 (4) R 9.2 (4)

Ausschluss der erweiterten Kürzung nach § 9 Nr. 1 Satz 5 Nr. 1 GewStG

(4) – *unbesetzt* –

H 9.2 (4) H 9.2 (4)

Beteiligungshöhe. Die erweiterte Kürzung des Gewerbeertrags ist gemäß § 9 Nr. 1 Satz 5 Nr. 1 GewStG auch dann ausgeschlossen, wenn der Gesellschafter an der überlassenden Grundstücksgesellschaft nur geringfügig beteiligt ist. Eine in diesen Fällen zum Ausschluss der erweiterten Kürzung des Gewerbeertrags führende Beteiligung liegt jedenfalls dann vor, wenn sie mindestens 1 Prozent beträgt (→ BFH vom 7. 4. 2005 – BStBl. II S. 576). 23

Geringfügigkeit des überlassenen Grundbesitzes. Die erweiterte Kürzung nach § 9 Nr. 1 Satz 2 und 3 GewStG ist nach § 9 Nr. 1 Satz 5 Nr. 1 GewStG auch dann nicht zulässig, wenn nur ein ganz unwesentlicher Teil des Grundbesitzes dem Gewerbebetrieb des Gesellschafters oder Genossen dient (→ BFH vom 26. 6. 2007 – BStBl. II S. 893).

Gewerbebetrieb eines Gesellschafters bei Beteiligung an einer Mitunternehmerschaft.[1] Unter Gewerbebetrieb eines Gesellschafters im Sinne des § 9 Nr. 1 Satz 5 Nr. 1 GewStG ist auch ein Gewerbebetrieb zu verstehen, an dem der Gesellschafter als Mitunternehmer beteiligt ist. Der Grundbesitz dient dem Gewerbebetrieb eines Gesellschafters oder Genossen somit auch dann, wenn der Grundbesitz von einer Personengesellschaft im Sinne des § 15 Abs. 3 EStG genutzt wird, an der Gesellschafter oder Genossen des Grundstücksunternehmens als Mitunternehmer beteiligt sind (→ BFH vom 24. 9. 1969 – BStBl. II S. 738, vom 18. 12. 1974 – BStBl. 1975 II S. 268 und vom 15. 12. 1998 – BStBl. 1999 II S. 168).

Gewerbesteuerbefreiung des Betriebs des Gesellschafters. § 9 Nr. 1 Satz 5 Nr. 1 GewStG ist im Wege der teleologischen Reduktion in der Weise einzuschränken, dass dem Grundstücksunternehmen die erweiterte Kürzung des Gewerbeertrags nach § 9 Nr. 1 Satz 2 GewStG auch dann zu gewähren ist, wenn das überlassene Grundstück zwar dem Gewerbebetrieb eines Gesellschafters oder Genossen dient, dieses den Grundbesitz nutzende Unternehmen jedoch mit allen seinen (positiven wie negativen) Einkünften von der Gewerbesteuer befreit ist (→ BFH vom 26. 6. 2007 – BStBl. II S. 893).

Kurzfristige Überlassung des Grundbesitzes. Die erweiterte Kürzung des Gewerbeertrags nach § 9 Nr. 1 Satz 2 GewStG tritt nach § 9 Nr. 1 Satz 5 Nr. 1 GewStG auch dann nicht ein, wenn der vermietete Grundbesitz des grundstücksverwaltenden Unternehmens nur für kurze

[1] *BFH-Urteil vom 7. 8. 2008 IV R 36/07, BStBl. 2010 II S. 988:* Die erweiterte Kürzung des Gewerbeertrags gemäß § 9 Nr. 1 Satz 2 GewStG kann grundstücksverwaltenden Personengesellschaften bei Verpachtung von Grundbesitz an einen gewerblich tätigen persönlich haftenden Gesellschafter nicht gewährt werden, auch wenn dieser Gesellschafter weder am Vermögen noch am Gewinn und Verlust der Personengesellschaft beteiligt ist.

Zeit (zwei bis drei Tage) dem Gewerbebetrieb eines Gesellschafters dient (→ BFH vom 8. 6. 1978 – BStBl. II S. 505).

Lebensversicherungsunternehmen. Grundbesitz (Miteigentumsanteile), der zum Deckungsstock eines die Lebensversicherung betreibenden Unternehmens gehört, dient dessen Gewerbebetrieb, wenn er im Rahmen einer gewerblich geprägten Personengesellschaft mit den Eigentumsanteilen anderer Versicherungsunternehmen verwaltet wird (→ BFH vom 26. 10. 1995 – BStBl. 1996 II S. 6). Grundbesitz einer gewerblich geprägten Personengesellschaft dient i. S. d. § 9 Nr. 1 Satz 5 Nr. 1 GewStG dem Gewerbebetrieb des an der Gesellschaft beteiligten Lebensversicherungsunternehmens, wenn er zugunsten des Deckungsstock-Treuhänders im Grundbuch gesperrt ist und die Anteile an der Personengesellschaft in das Deckungsstockverzeichnis aufgenommen worden sind (→ BFH vom 17. 1. 2002 – BStBl. II S. 873). Der Grundbesitz einer gewerblich geprägten Personengesellschaft dient dem Gewerbebetrieb des an der Gesellschaft beteiligten Lebensversicherungsunternehmen nach § 9 Nr. 1 Satz 5 GewStG, wenn die Anteile an der Personengesellschaft in einen Vermögensstock eingestellt sind, der die Bedeckung der noch nicht garantierten Rückstellungen für Beitragsrückerstattungen sicherstellen soll (→ BFH vom 18. 12. 2014 – BStBl. 2015 II S. 597).

Mittelbare Beteiligung. Der mittelbar über eine Personengesellschaft an einer vermögensverwaltenden Kapitalgesellschaft Beteiligte ist Gesellschafter im Sinne des § 9 Nr. 1 Satz 5 Nr. 1 GewStG (→ BFH vom 15. 12. 1998 – BStBl. 1999 II S. 168). Der mittelbar über eine Kapitalgesellschaft an einer vermögensverwaltenden Kapitalgesellschaft Beteiligte ist nicht Gesellschafter i. S. d. § 9 Nr. 1 Satz 5 Nr. 1 GewStG (→ BFH vom 15. 4. 1999 – BStBl. II S. 532).

Rechtsfolgen des Ausschlusses der erweiterten Kürzung nach § 9 Nr. 1 Satz 5 Nr. 1 GewStG. Dient der Grundbesitz ganz oder zum Teil dem Gewerbebetrieb eines Gesellschafters oder Genossen, so bleibt es bei der Kürzung nach § 9 Nr. 1 Satz 1 GewStG (→ BFH vom 8. 6. 1978 – BStBl. II S. 505).

Untervermietung. Grundbesitz dient dem Gewerbebetrieb eines Gesellschafters auch dann, wenn er von diesem oder von einer Mitunternehmerschaft, an der der Gesellschafter beteiligt [ist], weitervermietet wird und der Grundbesitz ohne die Zwischenschaltung der Grundstücksgesellschaft zum Betriebsvermögen des Gesellschafters oder der Mitunternehmerschaft gehören würde (→ BFH vom 15. 12. 1998 – BStBl. 1999 II S. 168). Der Grundbesitz einer Wohnungs-GmbH dient danach z. B. dem Gewerbebetrieb einer anderen Gesellschaft, an der die Gesellschafter der Wohnungs-GmbH beteiligt sind, wenn die Wohnungen fast ausschließlich an aktive und ehemalige Arbeitnehmer dieser Gesellschaft vermietet werden (→ BFH vom 18. 12. 1974 – BStBl. 1975 II S. 268 und vom 28. 7. 1993 – BStBl. 1994 II S. 46).

Anl a zu R 9.2

a) Schreiben betr. gewerbesteuerliche Behandlung von Leasing-Verträgen über unbewegliche Wirtschaftsgüter (Immobilienleasing); hier: Erweiterte Kürzung nach § 9 Nr. 1 Satz 2 GewStG

Vom 9. März 1981 (BeckVerw 027022)

(FM Bayern G 1422 – 18/108/8413; koord. Ländererlaß)

24 Unternehmen, die aufgrund von Leasing-Verträgen anderen Personen unbewegliche Wirtschaftsgüter zum Gebrauch überlassen, können die erweiterte Kürzung nach § 9 Nr. 1 Satz 2 GewStG in Anspruch nehmen, wenn ihre Betätigung für sich betrachtet ihrer Natur nach keinen Gewerbebetrieb darstellt, sondern als Vermögensverwaltung anzusehen ist.

Bei der Beurteilung von sog. Aufspaltungsfällen, in denen sich eine Besitzgesellschaft lediglich mit der Gebrauchsüberlassung des Objekts befaßt (Objektgesellschaft), während die für das Immobilienleasing erforderlichen sonstigen Tätigkeiten von anderen beteiligungsmäßig verbundenen Betriebsgesellschaften vorgenommen werden, bitte ich folgende Auffassung zu vertreten:

Die Aufspaltung bestimmter Tätigkeiten auf Dienstleistungsgesellschaften einerseits und Objektgesellschaften andererseits, bei der sich die Objektgesellschaft der Mithilfe anderer, rechtlich selbständiger Gesellschaften desselben Konzernkreises bedient, macht die an sich vermögensverwaltende Tätigkeit der Objektgesellschaft nicht zu einer gewerblichen Tätigkeit.

Dieser Rechtsbeurteilung liegt die Annahme zugrunde, daß die Verträge zwischen der Leasinggesellschaft (Objektgesellschaft) und dem Leasingnehmer so gestaltet sind, daß die Objektgesellschaft wirtschaftliche Eigentümerin ist und es sich bei dem Vertrag zwischen Objektgesellschaft und Leasingnehmer um einen Mietvertrag handelt. Die dadurch begründete vermögensverwaltende Tätigkeit der Objektgesellschaft wird durch die Inanspruchnahme Dritter zur Grundstücksbeschaffung, Suche eines Mieters, Bauplanung, Finanzierung und Bauüberwachung nicht zu einer gewerblichen Tätigkeit. Dies gilt im Hinblick auf das BFH-Urteil vom 30. 7. 1969, BStBl. II S. 629 auch dann, wenn die Objektgesellschaft und die Unternehmen, deren Leistung sie in Anspruch nimmt, konzernmäßig verbunden sind.

Bei den in der Praxis offenbar seltenen Fällen, daß Leasing-Gesellschaften die gesamte für das Immobilienleasing charakteristische Tätigkeit ohne Aufspaltung in einer Hand selbst betreiben, bitte ich weiterhin nach dem Bezugsschreiben vom 4. 11. 1977[1] zu verfahren.

[1] Inhaltsgleich mit *Erlaß FM NRW vom 23. 11. 1977 G 1422 – 20 – V B 4, StEK GewStG § 9 Nr. 14.*

Dieses Schreiben ergeht im Einvernehmen mit dem Bundesminister der Finanzen und den obersten Finanzbehörden der anderen Länder.

Anl b zu R 9.2

b) Gleich lautende Erlasse zu Anwendungsfragen zur erweiterten Kürzung des Gewerbeertrags nach § 9 Nr. 1 Satz 3 und 4 GewStG i. d. F. des Fondsstandortgesetzes vom 3. Juni 2021, BGBl. I S. 1498

Vom 17. Juni 2022 (BStBl. I S. 958)

(Oberste Finanzbehörden der Länder)

Inhaltsübersicht

Durch das Fondsstandortgesetz (FoStoG)[1] wurde § 9 Nr. 1 Satz 3 und 4 des Gewerbesteuergesetzes (GewStG) neugefasst. Um Anreize zu setzen für den Ausbau der Stromerzeugung aus erneuerbaren Energiequellen i. S. d. § 3 Nr. 21 des Erneuerbare-Energien-Gesetzes (EEG) und den Betrieb von Ladestationen für Elektrofahrzeuge oder Elektrofahrräder, sieht die Änderung u. a. vor, dass Grundstücks- bzw. Wohnungsunternehmen im Hinblick auf die in § 9 Nr. 1 Satz 2 GewStG genannten Tätigkeiten die erweiterte Kürzung ihres Gewerbeertrags unter bestimmten Voraussetzungen weiterhin in Anspruch nehmen können. Die Neuregelung erweitert die für die Anwendbarkeit der erweiterten Kürzung der Gewerbeerträge unschädlichen Tätigkeiten (kürzungsunschädliche Tätigkeiten). 25

Nach dem Ergebnis der Erörterungen der obersten Finanzbehörden der Länder sind bei der Anwendung des § 9 Nr. 1 Satz 3 und 4 GewStG ergänzend zu R 9.2 GewStR und H 9.2 GewStH nachfolgende Grundsätze zu beachten:

I. Allgemeine Hinweise

1 Nach Maßgabe des § 9 Nr. 1 Satz 2 GewStG können Grundstücks- bzw. Wohnungsunternehmen – unabhängig von ihrer Rechtsform – auf Antrag bei der Ermittlung des Gewerbeertrags den auf die Grundstücksüberlassung entfallenden Gewerbeertrag kürzen (sog. erweiterte Kürzung; § 9 Nr. 1 Satz 2 GewStG). Dieser Gewerbeertrag unterliegt insoweit nicht der Gewerbesteuer. Voraussetzung für die Kürzung ist, dass sich das Unternehmen ausschließlich auf den Tätigkeitsbereich der Verwaltung und Nutzung des eigenen Grundbesitzes beschränkt. Daneben sind nur die nach § 9 Nr. 1 Satz 2 bis 4 GewStG ausdrücklich genannten Tätigkeiten für die Inanspruchnahme der erweiterten Kürzung des Gewerbeertrags unschädlich. 26

2 Bei den Tätigkeiten von Grundstücks- bzw. Wohnungsunternehmen lassen sich drei Tätigkeitsgruppen differenzieren. Zur ersten Gruppe gehört ausschließlich die Verwaltung und Nutzung des eigenen Grundbesitzes. Aus dieser Tätigkeit resultierende Gewerbeerträge unterliegen dem Grunde nach der erweiterten Kürzung nach § 9 Nr. 1 Satz 2 GewStG. Gewerbeerträge aus Tätigkeiten, die Bestandteil der Wohn- oder Gewerberaumüberlassung sind (bspw. Lieferung von Wärme an Mieter/Pächter), unterliegen ebenfalls dem Grunde nach der erweiterten Kürzung nach § 9 Nr. 1 Satz 2 GewStG.

3 Von der ersten Gruppe abzugrenzen sind als zweite Gruppe kürzungsunschädliche Tätigkeiten i. S. d. § 9 Nr. 1 Satz 2 bis 4 GewStG. Durch die Änderung des § 9 Nr. 1 Satz 3 und 4 GewStG durch das FoStoG wurde der Katalog der für die Inanspruchnahme der erweiterten Kürzung unschädlichen Tätigkeiten ergänzt. Auch nach dieser Gesetzesänderung unterliegen Grundstücks- bzw. Wohnungsunternehmen mit Gewerbeerträgen aus diesen kürzungsunschädlichen Tätigkeiten weiterhin der Gewerbesteuer.

4 Gewerbeerträge, die aus einer kürzungsschädlichen Tätigkeit resultieren, gehören hingegen zur dritten Gruppe. Kürzungsschädlich sind grundsätzlich Einnahmen aus der Verwaltung und Nutzung angemieteten Grundbesitzes, soweit die An- und Weitervermietung fremden Grundbesitzes nicht ausnahmsweise zwingend notwendiger Teil der wirtschaftlich sinnvoll gestalteten Überlassung des eigenen Grundbesitzes ist und nur einen geringfügigen Umfang hat (BFH-Urteil vom 22. Oktober 2020 IV R 4/19, BStBl. 2022 II S. 87) oder die Einnahmen kürzungsunschädlich gemäß § 9 Nr. 1 Satz 3 Buchst. c GewStG sind (vgl. Rn. 23). Kürzungsschädlich sind darüber hinaus auch Einnahmen aus der Lieferung von Strom (§ 9 Nr. 1 Satz 3 Buchst. b GewStG) sowie aus unmittelbaren Vertragsbeziehungen mit den 27

[1] **[Amtl. Anm.:]** BStBl. I S. 803.

Anl b zu R 9.2

Mietern/Pächtern des Grundstücks (§ 9 Nr. 1 Satz 3 Buchst. c GewStG), sobald die Unschädlichkeitsgrenze von 10 Prozent bzw. 5 Prozent überschritten wird (vgl. Rn. 6) und diese Einnahmen nicht der ersten Gruppe zuzuordnen sind.

5 Erwirtschaftet ein Grundstücks- bzw. Wohnungsunternehmen kürzungsschädliche Einnahmen, so führt dies insgesamt, d.h. für sämtliche Erträge des Unternehmens, zum Verlust des Rechts auf Inanspruchnahme der erweiterten Kürzung.

II. Allgemeines zu § 9 Nr. 1 Satz 3 Buchst. b und c GewStG

28 **6** Voraussetzung für die Anwendung des § 9 Nr. 1 Satz 3 Buchst. b und c GewStG ist, dass die aus diesen kürzungsunschädlichen Tätigkeiten erzielten Einnahmen des Grundstücks- bzw. Wohnungsunternehmens in dem für den Erhebungszeitraum maßgeblichen Wirtschaftsjahr nachweislich nicht höher als 10 Prozent (§ 9 Nr. 1 Satz 3 Buchst. b Doppelbuchst. aa und bb GewStG) bzw. 5 Prozent (§ 9 Nr. 1 Satz 3 Buchst. c GewStG) der Einnahmen aus der Gebrauchsüberlassung des Grundbesitzes sind. Ausgangsgröße für die Berechnung der prozentualen Grenzen sind die Einnahmen aus der Gebrauchsüberlassung des gesamten eigenen Grundbesitzes des Grundstücks- bzw. Wohnungsunternehmens (s. auch unter IV.).

7 Zum Begriff des Grundbesitzes vgl. H 9.2 Abs. 2 „Eigener Grundbesitz“ GewStH.

8 Ob kürzungsunschädliche, aber dennoch gewerbesteuerpflichtige Einnahmen nach § 9 Nr. 1 Satz 3 Buchst. b oder c GewStG vorliegen, ist dem Finanzamt in geeigneter und nachvollziehbarer Weise nachzuweisen. Die gesonderte Gewinnermittlung nach § 9 Nr. 1 Satz 4 GewStG bleibt hiervon unberührt.

29 **9** Im Falle einer ertragsteuerlichen Organschaft sind die Voraussetzungen des § 9 Nr. 1 Satz 2 ff. GewStG für alle zum Organkreis gehörenden Unternehmen getrennt zu prüfen. Ob die erweiterte Kürzung bei dem einzelnen Unternehmen des Organkreises zu berücksichtigen ist, richtet sich jeweils allein nach den bei diesem Unternehmen gegebenen Verhältnissen (vgl. H 9.2 Abs. 2 „Organschaft“ GewStH). Damit sind auch die prozentualen Unschädlichkeitsgrenzen des § 9 Nr. 1 Satz 3 Buchst. b und c GewStG für jedes zum Organkreis gehörende Unternehmen gesondert zu prüfen.

10 Einnahmen aus der Veräußerung oder der Demontage der in § 9 Nr. 1 Satz 3 Buchst. b und c GewStG genannten Anlagen bzw. die Aufgabe eines insoweit bestehenden Teilbetriebs gelten als letzter Akt der Stromlieferung bzw. der unmittelbaren Vertragsbeziehungen zwischen Grundstücks- bzw. Wohnungsunternehmen und Mietern/Pächtern und sind bei der Prüfung der 10-Prozent-Grenze (§ 9 Nr. 1 Satz 3 Buchst. b GewStG) bzw. bei der 5-Prozent-Grenze (§ 9 Nr. 1 Satz 3 Buchst. c GewStG) einzubeziehen (s. auch unter IV.).

1. Einnahmen aus der Lieferung von Strom im Zusammenhang mit dem Betrieb von Anlagen zur Stromerzeugung aus erneuerbaren Energien i. S. d. § 3 Nr. 21 EEG (§ 9 Nr. 1 Satz 3 Buchst. b Doppelbuchst. aa GewStG)

30 **11** Erneuerbare Energien i. S. d. § 3 Nr. 21 EEG sind Wasserkraft, Windenergie, solare Strahlungsenergie, Geothermie und Energie aus Biomassen. Ein Blockheizkraftwerk stellt wegen des ausdrücklichen Bezugs auf § 3 Nr. 21 EEG hingegen grundsätzlich keine Anlage i. S. d. § 9 Nr. 1 Satz 3 Buchst. b Doppelbuchst. aa GewStG dar. Blockheizkraftwerke können jedoch ausnahmsweise eine Anlage i. S. d. § 9 Nr. 1 Satz 3 Buchst. b Doppelbuchst. aa GewStG darstellen, soweit das Blockheizkraftwerk ausschließlich mit Biomasse i. S. d. § 3 Nr. 21 EEG betrieben wird.

12 Einnahmen aus der Lieferung von Strom aus den Energieerzeugungsanlagen an Letztverbraucher sind grundsätzlich als kürzungsschädlich anzusehen. Letztverbraucher in diesem Sinne ist nach § 3 Nr. 33 EEG jede natürliche oder juristische Person, die Strom verbraucht. Unschädlich ist hingegen die Stromlieferung an solche Letztverbraucher, die Mieter des Grundstücks- bzw. Wohnungsunternehmens sind (sog. Mieterstromanlagen). Dies gilt auch für Lieferungen an solche Mieter desselben Grundstücks- bzw. Wohnungsunternehmens, deren Mieteinheiten sich auf anderen Grundstücken desselben Unternehmens befinden.

13 Keine Lieferung an Letztverbraucher stellt hiernach bspw. die Veräußerung von Strom im Wege der Direktvermarktung dar, auch wenn die Direktvermarkter (z. B. Stadtwerke) den Strom an ihre Kunden weiterliefern.

31 **14** Zu den kürzungsunschädlichen Einnahmen, die im Zusammenhang mit dem Betrieb von Anlagen zur Stromerzeugung aus erneuerbaren Energien i. S. d. § 3 Nr. 21 EEG erzielt werden, rechnen auch die Einnahmen aus zusätzlichen Stromlieferungen i. S. d. § 42 a Abs. 2 Satz 6 des Energiewirtschaftsgesetzes (EnWG) bei Mieterstromanlagen. Zusätzliche Stromlieferungen sind danach solche, die für Zeiträume geleistet werden, in denen keine Versorgung mit Mieterstrom sichergestellt werden kann. Einnahmen des Grundstücks- bzw. Wohnungsunternehmens aus sonstigen Stromlieferungen an Mieter können ausschließlich gem. § 9 Nr. 1 Satz 3 Buchst. c GewStG kürzungsunschädlich sein (s. Rn. 28).

15 Es ist nicht notwendig, dass die Anlagen zur Stromerzeugung aus erneuerbaren Energien i. S. d. § 3 Nr. 21 EEG im Eigentum des Grundstücks- bzw. Wohnungsunternehmens stehen. Es ist z. B. auch ausreichend, wenn diese vom Grundstücks- bzw. Wohnungsunternehmen geleast sind.

16 Der Selbstverbrauch von erzeugtem Strom durch das Grundstücks- bzw. Wohnungsunternehmen steht der erweiterten Kürzung des Gewerbeertrags grundsätzlich nicht entgegen. Wird selbst produzierter Strom jedoch zunächst in das Netz eines Netzbetreibers eingespeist und sodann wieder bezogen, so liegt kein Selbstverbrauch vor.

2. Einnahmen aus der Lieferung von Strom aus dem Betrieb von Ladestationen für Elektrofahrzeuge oder Elektrofahrräder (§ 9 Nr. 1 Satz 3 Buchst. b Doppelbuchst. bb GewStG)

17 Unschädlich für die erweiterte Kürzung des Gewerbeertrags sind Einnahmen aus der Lieferung von Strom aus dem Betrieb von Ladestationen für Elektrofahrzeuge einschließlich Elektrofahrräder, die keine Kraftfahrzeuge i. S. d. § 1 Abs. 3 des Straßenverkehrsgesetzes (StVG) sind, wenn die Unschädlichkeitsgrenze nicht überschritten wird. Die Tatbestandsvoraussetzungen des § 9 Nr. 1 Satz 3 Buchst. b Doppelbuchst. bb GewStG sind allerdings nur dann erfüllt, wenn neben der Überlassung der Ladestation auch die Stromlieferung durch das Grundstücks- bzw. Wohnungsunternehmen erfolgt (Lieferung von Strom aus dem Betrieb von Ladestationen). Die Lieferung von Strom aus dem Betrieb von Ladestationen für Elektrofahrzeuge einschließlich Elektrofahrräder ist auch dann unschädlich für die erweiterte Kürzung des Gewerbeertrags, wenn sie nicht (ausschließlich) an Mieter erfolgt. 32

18 Hierbei können verschiedene Fallgestaltungen unterschieden werden, die nachfolgend beispielhaft erläutert werden:

Beispiel 1:

Ein Grundstücks- bzw. Wohnungsunternehmen vermietet auf seinem Grundbesitz Stellflächen, auf denen die Stadtwerke Ladestationen für Elektrofahrzeuge errichten und betreiben.

Die Einnahmen aus der Vermietung der Stellflächen sind Teil des auf die Verwaltung und Nutzung des eigenen Grundbesitzes entfallenden Gewerbeertrags und damit in die erweiterte Kürzung des Gewerbeertrags nach § 9 Nr. 1 Satz 2 GewStG einzubeziehen.

Beispiel 2 a: 33

19 Das Grundstücks- bzw. Wohnungsunternehmen errichtet und betreibt Ladestationen für Elektrofahrzeuge auf seinem Grundbesitz (sog. Ladepunktbetreiber). Das Unternehmen liefert hierbei Strom an seine Mieter zum Laden ihrer Elektrofahrzeuge. Das Grundstücks- bzw. Wohnungsunternehmen verwendet hierzu selbst erzeugten oder zugekauften Strom. Ein gesondertes Entgelt für die Bereitstellung der Ladestationen wird den Mietern nicht berechnet.

Die Einnahmen des Grundstücks- bzw. Wohnungsunternehmens aus der Lieferung von Strom aus dem Betrieb der Ladestationen fallen in den Anwendungsbereich des § 9 Nr. 1 Satz 3 Buchst. b Doppelbuchst. bb GewStG.

Beispiel 2 b:

20 Wie 2 a, nur nutzen auch Personen oder Unternehmen, die nicht Mieter des Grundstücks- bzw. Wohnungsunternehmens sind, die Ladestationen zum Laden ihrer Elektrofahrzeuge.

Einnahmen aus der Lieferung von Strom aus dem Betrieb von Ladestationen fallen bei Grundstücks- bzw. Wohnungsunternehmen in den Anwendungsbereich des § 9 Nr. 1 Satz 3 Buchst. b Doppelbuchst. bb GewStG. Hierfür ist nicht erforderlich, dass der Stromabnehmer auch Mieter des Grundstücks- bzw. Wohnungsunternehmens ist. Der Ausschluss der Begünstigung der Einnahmen aus der Lieferung von Strom an Letztverbraucher gilt nach § 9 Nr. 1 Satz 3 Buchst. b Halbsatz 2 GewStG nicht für Einnahmen aus der Lieferung von Strom aus dem Betrieb von Ladestationen i. S. d. § 9 Nr. 1 Satz 3 Buchst. b Doppelbuchst. bb GewStG.

Beispiel 3:

21 Ein Grundstücks- bzw. Wohnungsunternehmen betreibt ein Blockheizkraftwerk, das Wärme an die Mieter des Grundstücks liefert. Darüber hinaus wird der durch das Blockheizkraftwerk gewonnene Strom für den Betrieb der auf dem Grundstück befindlichen Ladestationen für Elektrofahrzeuge oder Elektrofahrräder genutzt. Einnahmen aus der Lieferung von Strom für den Betrieb von Ladestationen fallen bei Grundstücks- bzw. Wohnungsunternehmen in den Anwendungsbereich des § 9 Nr. 1 Satz 3 Buchst. b Doppelbuchst. bb GewStG.

3. Einnahmen aus unmittelbaren Vertragsbeziehungen zwischen Grundstücks- bzw. Wohnungsunternehmen und ihren Mietern/Pächtern aus anderen als den in § 9 Nr. 1 Satz 3 Buchst. a und b GewStG bezeichneten Tätigkeiten (§ 9 Nr. 1 Satz 3 Buchst. c GewStG)

22 Mit der Regelung des § 9 Nr. 1 Satz 3 Buchst. c GewStG bleibt Grundstücks- bzw. Wohnungsunternehmen die erweiterte Kürzung ihres Gewerbeertrags erhalten, wenn die zu berücksichtigenden Einnahmen aus unmittelbaren Vertragsbeziehungen zwischen ihnen und ihren Mietern/Pächtern aus anderen als den in § 9 Nr. 1 Satz 3 Buchst. a und b GewStG bezeichneten Tätigkeiten erzielt werden und diese Einnahmen in dem für den Erhebungszeitraum maßgeblichen Wirtschaftsjahr nicht höher als 5 Prozent der Einnahmen aus der Gebrauchsüberlassung des Grundbesitzes sind. Mieter i. S. d. § 9 Nr. 1 Satz 3 Buchst. c GewStG sind auch Personen, die dauerhaft in den Haushalt des Hauptmieters aufgenommen sind (bspw. Kinder und Lebenspartner). 34

23 Hierunter erfasst werden z. B. Mieteinnahmen aus der Überlassung von Betriebsvorrichtungen an Mieter/Pächter, die keinen funktionalen Zusammenhang mit dem vermieteten Grundstück aufweisen. Hierunter fallen ferner Einnahmen aus Zahlungen von Mietern/Pächtern für Veranstaltungen (bspw. Weihnachtsmärkte), zu denen nur Mieter/Pächter zugelassen sind, sowie Einnahmen für Sonderleistungen des Grundstücks- bzw. Wohnungsunternehmens an Mieter (bspw. Betrieb eines Schwimmbads, das ausschließlich von Mietern genutzt werden darf oder Zurverfügungstellung von mieterspezifischen Bewachungsdienstleistungen). Auch Einnahmen aus der Verwaltung und Nutzung angemieteten Grundbesitzes können unter den Voraussetzungen des § 9 Nr. 1 Satz 3 Buchst. c GewStG unschädlich für die erweiterte Kürzung des Gewerbeertrags sein.

24 Nicht von § 9 Nr. 1 Satz 3 Buchst. c GewStG erfasst werden hingegen Einnahmen aus Vertragsbeziehungen des Grundstücks- bzw. Wohnungsunternehmens zu Personen, die nicht Mieter/Pächter des Grundstücks- bzw. Wohnungsunternehmens sind (bspw. Betrieb eines Schwimmbades, das auch von außenstehenden Personen genutzt werden kann). Entsprechende Einnahmen sind schädlich und führen zur Versagung der erweiterten Kürzung des Gewerbeertrags.

III. Behandlung von Einnahmen aus dem Betrieb von Blockheizkraftwerken

25 Einnahmen aus dem Betrieb von Blockheizkraftwerken fallen grundsätzlich nicht in den Anwendungsbereich des § 9 Nr. 1 Satz 3 Buchst. b Doppelbuchst. aa GewStG (s. auch Rn. 11). 35

Anl b zu R 9.2

26 Liefern Grundstücks- bzw. Wohnungsunternehmen mittels eines Blockheizkraftwerks Wärme an ihre Mieter, so handelt es sich bei der Wärmelieferung um einen Bestandteil der Gebrauchsüberlassung. Einnahmen aus der Wärmelieferung an Mieter sind somit Einnahmen aus der Verwaltung und Nutzung eigenen Grundbesitzes i. S. d. § 9 Nr. 1 Satz 2 GewStG und unterliegen damit der erweiterten Kürzung des Gewerbeertrags (s. auch Rn. 2).

Beispiel 1:

27 Mittels eines Blockheizkraftwerks des Grundstücks- bzw. Wohnungsunternehmens wird Wärme oder Strom an Personen oder Unternehmen (Letztverbraucher) geliefert, die nicht Mieter des Grundstücks- bzw. Wohnungsunternehmens sind.
Die Einnahmen sind kürzungsschädlich, weil eine unschädliche Nebentätigkeit i. S. d. § 9 Nr. 1 Satz 2 ff. GewStG grundsätzlich im Zusammenhang mit einem Rechtsverhältnis zu einem Mieter/Pächter des Grundstücks- bzw. Wohnungsunternehmens stehen muss oder bei Einnahmen i. S. d. § 9 Nr. 1 Satz 2 Buchst. b Doppelbuchst. aa GewStG die Lieferung von Strom nicht an Letztverbraucher (die keine Mieter sind) erfolgen darf.

36 **Beispiel 2:**

28 Mittels eines Blockheizkraftwerks des Grundstücks- bzw. Wohnungsunternehmens, das nicht ausschließlich mit Biomasse i. S. d. § 3 Nr. 21 EEG betrieben wird, wird Strom an die Mieter des Grundstücks geliefert.
Die Einnahmen aus der Stromlieferung fallen in den Anwendungsbereich des § 9 Nr. 1 Satz 3 Buchst. c GewStG.

Beispiel 3:

29 Mittels eines auf Grundstück A befindlichen Blockheizkraftwerks des Grundstücks- bzw. Wohnungsunternehmens, das nicht ausschließlich mit Biomasse i. S. d. § 3 Nr. 21 EEG betrieben wird, wird Strom an Mieter/Pächter geliefert, deren Wohnungen sich auf Grundstück B des Unternehmens befinden.
Die Einnahmen aus der Stromlieferung fallen in den Anwendungsbereich des § 9 Nr. 1 Satz 3 Buchst. c GewStG. Die Tatbestandsvoraussetzungen des § 9 Nr. 1 Satz 3 Buchst. c GewStG sind auch dann erfüllt, wenn unmittelbare Vertragsbeziehungen zwischen dem Grundstücks- bzw. Wohnungsunternehmen und solchen Mietern/Pächtern bestehen, die nicht auf demselben Grundbesitz wohnen, auf dem auch das Blockheizkraftwerk betrieben wird.

IV. Berechnung der prozentualen Unschädlichkeitsgrenzen i. S. d. § 9 Nr. 1 Satz 3 Buchst. b und c GewStG

37 **30** Für die Berechnung der prozentualen Unschädlichkeitsgrenzen i. S. d. § 9 Nr. 1 Satz 3 Buchst. b und c GewStG sind die Einnahmen aus der Gebrauchsüberlassung des gesamten Grundbesitzes zu bestimmen. Hierzu gehören insbesondere die vereinbarten Miet- und Pachteinnahmen inklusive sämtlicher umlagefähiger Betriebskosten. Die Umsatzsteuer bleibt bei der Ermittlung der Einnahmen außer Ansatz (Nettobetrachtung). Bei einer temporären Mietfreistellung durch den Vermieter (beispielsweise bei Vertragsbeginn oder in Krisensituationen) ist grundsätzlich von einer vereinbarten Miete von null Euro auszugehen.

31 Bei Genossenschaften und Vereinen, die die Steuerbefreiung nach § 5 Abs. 1 Nr. 10 KStG und § 3 Nr. 15 GewStG in Anspruch nehmen, ist für den partiell steuerpflichtigen Bereich bei der Berechnung der prozentualen Unschädlichkeitsgrenze i. S. v. § 9 Nr. 1 Satz 3 Buchst. b und c GewStG auf den gesamten Grundbesitz der Genossenschaft bzw. des Vereins (steuerfreier und steuerpflichtiger Bereich) abzustellen.

Beispiel:

32 Das Grundstücks- und Wohnungsunternehmen vermietet im Jahr 01 Wohnraum für Kaltmieten i. H. v. insgesamt 500 000 €. Darüber hinaus stellt das Unternehmen seinen Mietern/Pächtern umlagefähige Betriebskosten i. H. v. insgesamt 80 000 € in Rechnung, darin enthalten sind 50 000 € für die Lieferung von Wärme, die mittels eines vom Grundstücks- und Wohnungsunternehmen betriebenen Blockheizkraftwerks produziert wurde. Der ebenfalls durch das Blockheizkraftwerk, das nicht ausschließlich mit Biomasse i. S. d. § 3 Nr. 21 EEG betrieben wird, gewonnene Strom wird den Mietern gesondert mit insgesamt 26 000 € berechnet.
Im Jahr 01 erzielt das Grundstücks- und Wohnungsunternehmen Einnahmen i. H. v. 580 000 € aus der Gebrauchsüberlassung seines Grundbesitzes. Die Einnahmen aus der Lieferung von Strom i. H. v. 26 000 € sind gemäß § 9 Nr. 1 Satz 3 Buchst. c GewStG kürzungsunschädlich, da sie nicht höher als 5 Prozent der Einnahmen aus der Gebrauchsüberlassung des Grundbesitzes sind (hier: 4,48 Prozent).

38 **33** Für die Ermittlung der Einnahmen aus der Gebrauchsüberlassung des Grundbesitzes sind grundsätzlich die vereinbarten fremdüblichen Mieten (Soll-Mieten) maßgeblich. Bei Leerstandszeiten in einem Erhebungszeitraum liegen keine vereinbarten Mieten vor, so dass sich die verminderten Einnahmen unmittelbar auf die prozentualen Unschädlichkeitsgrenzen auswirken.

34 Sofern als Forderung bilanzierte Miet- oder Pachtansprüche der Vorjahre als uneinbringlich ausgebucht werden, hat dies keine Auswirkung auf die Höhe der Einnahmen aus der Gebrauchsüberlassung des Grundbesitzes im Erhebungszeitraum der Ausbuchung.

35 Die Einnahmen aus der Veräußerung von eigenem Grundbesitz stellen keine Einnahmen aus der Gebrauchsüberlassung des Grundbesitzes dar. Davon unbenommen erfasst der Begriff der Verwaltung und Nutzung des eigenen Grundbesitzes i. S. d. § 9 Nr. 1 Satz 2 GewStG grundsätzlich auch die Veräußerung von bisher vermietetem bzw. verpachtetem Grundbesitz.

39 **36** Einnahmen aus der Veräußerung oder der Demontage der in § 9 Nr. 1 Satz 3 Buchst. b und c GewStG genannten Anlagen bzw. die Aufgabe eines insoweit bestehenden Teilbetriebs stellen keine Einnahmen aus der Gebrauchsüberlassung des Grundbesitzes dar (s. Rn. 10).

Beispiel:

37 Das Grundstücks- und Wohnungsunternehmen erzielt im Jahr 01 Mieten inklusive umlagefähiger Betriebskosten i. H. v. 2 Mio. €. Im selben Zeitraum werden Einnahmen aus der Überlassung von Betriebsvorrichtungen, die keinen funktionalen Zusammenhang mit dem vermieteten Grundstück aufweisen, i. H. v. 60 000 € erzielt. Aus Solaranlagen,

die auf Grundvermögen des Unternehmens betrieben werden, werden ferner Einnahmen aus der Lieferung von Strom an Mieter i. H. v. 20 000 € erzielt. Zum 31.12.01 verkauft das Unternehmen ein Grundstück aus seinem Portfolio für 10 Mio. €. Der Kaufpreis entfällt zu 300 000 € auf Betriebsvorrichtungen und zu 40 000 € auf eine Solaranlage.
Im Jahr 01 erzielt das Grundstücks- und Wohnungsunternehmen somit Einnahmen i. H. v. 2 Mio. € aus der Gebrauchsüberlassung des eigenen Grundbesitzes. Die Einnahmen aus der Lieferung von Strom und der Veräußerung der Solaranlage (insgesamt 60 000 €) wären isoliert betrachtet gemäß § 9 Nr. 1 Satz 3 Buchst. b Doppelbuchst. aa GewStG kürzungsunschädlich, da sie nicht höher als 10 Prozent der Einnahmen aus der Gebrauchsüberlassung des Grundbesitzes sind (hier: 3 Prozent). Allerdings liegen die Einnahmen aus der Überlassung und Veräußerung der Betriebsvorrichtungen (insgesamt 360 000 €) über der Unschädlichkeitsgrenze i. S. d. § 9 Nr. 1 Satz 3 Buchst. c GewStG, da sie mehr als 5 Prozent der Einnahmen aus der Gebrauchsüberlassung des Grundbesitzes betragen (hier: 18 Prozent). Das Grundstücks- und Wohnungsunternehmen kann daher im Jahr 01 die erweiterte Kürzung seines Gewerbeertrags nicht in Anspruch nehmen.

38 Für die Prüfung der prozentualen Unschädlichkeitsgrenzen sind die vereinbarten, fremdüblichen Einnahmen des Grundstücks- bzw. Wohnungsunternehmens aus der Lieferung von Strom (§ 9 Nr. 1 Satz 3 Buchst. b GewStG) bzw. aus unmittelbaren Vertragsbeziehungen des Grundstücks- bzw. Wohnungsunternehmens zu seinen Mietern (§ 9 Nr. 1 Satz 3 Buchst. c GewStG) maßgeblich. Bei der Überlassung von Betriebsvorrichtungen gehören auch umlagefähige Betriebskosten zu diesen Einnahmen. **40**

Beispiel:

39 Das Grundstücks- und Wohnungsunternehmen erzielt im Jahr 01 Einnahmen aus der Gebrauchsüberlassung seines Grundbesitzes i. H. v. insgesamt 2 Mio. €. Darüber hinaus hat das Unternehmen ein jährliches Entgelt für die Überlassung von Betriebsvorrichtungen, die keinen funktionalen Zusammenhang mit dem vermieteten Grundstück aufweisen, i. H. v. 99 000 € vereinbart. Zusätzlich werden 5000 € für Betriebskosten der überlassenen Betriebsvorrichtungen berechnet. Die Betriebskosten wurden in voller Höhe beglichen. Aufgrund finanzieller Schwierigkeiten von Mietern wurde das Entgelt für die Überlassung der Betriebsvorrichtungen nur i. H. v. 82 500 € geleistet.
Die Einnahmen aus der Überlassung der Betriebsvorrichtungen betragen 104 000 € im Jahr 01 und übersteigen folglich 5 Prozent der Einnahmen aus der Gebrauchsüberlassung seines Grundbesitzes (hier: 5,2 Prozent). Das Grundstücks- und Wohnungsunternehmen kann die erweiterte Kürzung seines Gewerbeertrags im Jahr 01 nicht in Anspruch nehmen.

40 Die prozentualen Unschädlichkeitsgrenzen des § 9 Nr. 1 Satz 3 Buchst. b und c GewStG sind getrennt voneinander zu prüfen. Nicht genutzte Prozentpunkte können nicht auf die jeweils andere Grenze übertragen werden.

Diese Erlasse ergehen im Einvernehmen mit dem Bundesministerium der Finanzen.

R 9.3 Kürzung um Gewinne aus Anteilen an bestimmten Körperschaften[1]

R 9.3

41 ① Die Kürzung nach § 9 Nr. 2a GewStG kommt für unmittelbare und mittelbare Beteiligungen an einer nicht steuerbefreiten inländischen Kapitalgesellschaft im Sinne des § 2 Abs. 2 GewStG, einer Kredit- oder Versicherungsanstalt des öffentlichen Rechts, einer Erwerbs- und Wirtschaftsgenossenschaft oder an einer Unternehmensbeteiligungsgesellschaft im Sinne des § 3 Nr. 23 GewStG in Betracht. ② Weitere Voraussetzung für die Kürzung nach § 9 Nr. 2a GewStG ist, dass die Beteiligung zu Beginn des Erhebungszeitraums mindestens 15 Prozent des Grund- oder Stammkapitals beträgt. ③ Ist ein Grund- oder Stammkapital nicht vorhanden, tritt an seine Stelle das Vermögen; bei Erwerbs- und Wirtschaftsgenossenschaften ist die Beteiligung an der Summe der Geschäftsguthaben maßgebend. ④ Für die Ermittlung der erforderlichen Beteiligungshöhe einer Personengesellschaft sind die im Gesamthands- und Sonderbetriebsvermögen gehaltenen Anteile zusammenzurechnen. ⑤ Beginnt die Steuerpflicht des beteiligten Unternehmens im Laufe eines Kalenderjahrs, kommt es für den ersten Erhebungszeitraum auf die Höhe der Beteiligung zu Beginn der Steuerpflicht (Beginn des abgekürzten Erhebungszeitraums) an. ⑥ Ist die ausschüttende Körperschaft teilweise von der Gewerbesteuer befreit und übt sie teilweise eine gewerbesteuerpflichtige Tätigkeit aus, z. B. in den Fällen des § 3 Nr. 5, 8, 9, 12, 13, 15, 17 und 20 GewStG, ist die Kürzung nach dem Verhältnis der steuerpflichtigen Gewinnanteile zum Gesamtgewinn der Körperschaft vorzunehmen. ⑦ Erforderlichenfalls kann der begünstigte Teil der Gewinnausschüttung im Schätzungswege ermittelt werden. ⑧ Der bei der Ermittlung des Gewerbeertrags anzusetzende Gewinn aus einer Wertaufholung nach § 6 Abs. 1 Nr. 2 Satz 3 EStG unterliegt auch dann nicht der Kürzung nach § 9 Nr. 2a GewStG, wenn sich die vorangegangene ausschüttungsbedingte Teilwertabschreibung aufgrund der Regelung in § 8 Nr. 10 GewStG gewerbesteuerlich nicht ausgewirkt hat.

H 9.3

H 9.3

Ausschüttungen, für die Beträge des steuerlichen Einlagekontos als verwendet gelten, gehören nicht zu den Gewinnen aus Anteilen i. S. d. § 9 Nr. 2a GewStG (→ BFH vom 15. 9. 2004 – BStBl. 2005 II S. 297). **42**

Besitzzeitanrechnungen nach dem UmwStG. Die zeitraumbezogene Besitzzeitanrechnung nach § 4 Abs. 2 Satz 3 UmwStG (bei einem sog. qualifizierten Anteilstausch ist unter der Voraussetzung des Ansatzes des eingebrachten Betriebsvermögens mit einem unter dem gemeinen Wert liegenden Wert durch die übernehmende Gesellschaft der Zeitraum der Zugehörigkeit

[1] Das Schachtelprivileg findet auf Genussrechte, die eine Beteiligung am Gewinn und Liquidationserlös i. S. d. § 20 Abs. 1 Nr. 1 EStG und § 8 Abs. 3 Satz 2 KStG vermitteln, Anwendung (vgl. *Vfg. OFD Frankfurt a. M. vom 16. 10. 2002 G 1425 A – 8 – St II 22, DStR 2003, 251,* letztmals abgedruckt als Anl zu R 9.3 im „Handbuch zur Gewerbesteuerveranlagung 2021").

eines Wirtschaftsguts zum Betriebsvermögen der übertragenden Körperschaft dem übernehmenden Rechtsträger anzurechnen, wenn die Dauer der Zugehörigkeit des Wirtschaftsguts zum Betriebsvermögen für die Besteuerung bedeutsam ist) entfaltet für das zeitpunktbezogene Tatbestandsmerkmal des § 9 Nr. 2a GewStG keine Wirkung (→ BFH vom 16. 4. 2014 – BStBl. 2015 II S. 303).

Dividendeneinnahmen einer Organgesellschaft.[1]

Mittelbare Beteiligung. Die Kürzung nach § 9 Nr. 2a GewStG kommt auch bei mittelbarer Beteiligung in dem gesetzlich bestimmten Umfang in Betracht (→ BFH vom 17. 5. 2000 – BStBl. 2001 II S. 685).

Liquidation der Kapitalgesellschaft. Gewinne aus Anteilen i. S. d. § 9 Nr. 2a GewStG sind sowohl die während der Liquidation der Kapitalgesellschaft erzielten Gewinne als auch die Liquidationsrate, mit der das nach Abschluss der Liquidation verbliebene Reinvermögen an die Anteilseigner ausgekehrt wird, soweit nicht Beträge aus dem steuerlichen Einlagekonto i. S. d. § 27 KStG als verwendet gelten. Soweit im Rahmen der Gewinnermittlung die Anteile an der Untergesellschaft infolge des Untergangs des Wirtschaftsguts „Beteiligung" aus der Bilanz eines Anteilseigners auszubuchen sind, mindert dies nicht den Kürzungsbetrag i. S. des § 9 Nr. 2a GewStG (→ BFH vom 2. 4. 1997 – BStBl. 1998 II S. 25 und vom 8. 5. 2003 – BStBl. 2004 II S. 460).

Veräußerungsgewinne. Der Gewinn aus der Veräußerung einer Beteiligung an einer Kapitalgesellschaft ist kein von der Kapitalgesellschaft ausgeschütteter Gewinn i. S. von § 9 Nr. 2a GewStG (→ BFH vom 7. 12. 1971 – BStBl. 1972 II S. 468).

Anl zu R 9.3

Verfügung betr. Anwendung des Schachtelprivilegs nach § 9 Nr. 2 a GewStG auf Genussrechte

Vom 16. Oktober 2002 (DStR 2003 S. 251)

(OFD Frankfurt a. M. G 1425 A – 8 – St II 22)

(letztmals abgedruckt im Handbuch zur Gewerbesteuerveranlagung 2021)[2]

R 9.4

R 9.4 Kürzung um den auf eine ausländische Betriebsstätte entfallenden Teil des Gewerbeertrags – *unbesetzt* –

H 9.4

H 9.4

43 **Aufteilung des Gewerbeertrags.** Der Teil des Gewerbeertrags, der auf die ausländische Betriebsstätte entfällt, ist grundsätzlich nach der sog. direkten Methode zu ermitteln. Wird der Betriebsstättengewinn nicht gesondert ermittelt, muss eine Aufteilung im Wege der Schätzung erfolgen. Die Zerlegungsvorschrift des § 29 GewStG kann ggf. sinngemäß angewendet werden, sofern die im In- und Ausland ausgeübten Tätigkeiten gleichwertig sind (→ BFH vom 28. 3. 1985 – BStBl. II S. 405).

Kürzung um Hinzurechnungsbetrag nach § 10 Absatz 1 Satz 1 AStG.[3] → *Gleich lautende Erlasse der obersten Finanzbehörden der Länder vom 14. 12. 2015 – BStBl. I S. 1090 zu den Folgen aus dem BFH-Urteil vom 11. 3. 2015 – BStBl. II S. 1049.*[4]

Tonnagebesteuerung. Soweit der Gewinn nach § 5a EStG ermittelt worden ist, kommen Hinzurechnungen und Kürzungen nicht in Betracht. Die Auflösung des Unterschiedsbetrages nach § 5a Abs. 4 EStG gehört zum Gewerbeertrag (→ BMF vom 12. 6. 2002 – BStBl. I S. 614[5] unter Berücksichtigung der Änderungen durch BMF vom 31. 10. 2008 – BStBl. I S. 956, Rdnr. 37 und 38 und BFH vom 26. 6. 2014 – BStBl. 2015 II S. 300).

Veräußerung des Schiffs einer Einschiffsgesellschaft. Der auf den Einsatz eines Schiffs als Handelsschiff im internationalen Verkehr entfallende Teil des Gewerbeertrags einer Einschiffsgesellschaft unterliegt unter der Voraussetzung, dass der Gewerbeertrag nicht nach § 7 Satz 3 GewStG i.V. m. § 5a EStG, sondern nach § 7 Satz 1 GewStG i.V. m. § 4, § 5 EStG zu ermitteln ist, auch dann der Kürzung nach § 9 Nr. 3 GewStG, wenn die Gesellschaft vorrangig die Veräußerung des Schiffs beabsichtigt (→ BFH vom 26. 9. 2013 – BStBl. 2015 II S. 296). Zu Gewerbesteuerpflicht → H 2.5 (1).

Verluste einer ausländischen Betriebsstätte. Der auf eine ausländische Betriebsstätte entfallende Teil des Gewerbeertrags i. S. d. § 9 Nr. 3 GewStG kann auch ein Verlust sein mit der

---

[1] **[Amtl. Anm.:]** Für EZ ab 2017 → § 7a GewStG in der ab 2017 geltenden Fassung.

[2] **Weiterhin abrufbar im Online-Modul über das Inhaltsverzeichnis.**

[3] **[Amtl. Anm.:]** Hinweis auf § 7 Satz 7 und § 9 Nr. 3 Satz 1 GewStG in der Fassung des Gesetzes zur Umsetzung der Änderungen der EU-Amtshilferichtlinie und von weiteren Maßnahmen gegen Gewinnkürzungen und -verlagerungen.

[4] Aufgehoben durch *gleich lautende Erlasse der obersten Finanzbehörden der Länder vom 4. 2. 2021, BStBl. I S. 248.*

[5] Abgedruckt im „Handbuch zur Einkommensteuerveranlagung" als Anlage zu § 5a EStG.

Folge, dass die Kürzung nach § 9 Nr. 3 GewStG die Erhöhung eines positiven oder die Minderung eines negativen Gewerbeertrags bewirkt (→ BFH vom 21. 4. 1971 – BStBl. II S. 743 und vom 10. 7. 1974 – BStBl. II S. 752).

Weiterverscharterung von Handelsschiffen. Die Weitervercharterung von Handelsschiffen führt beim Zweitvercharterer nur dann zur Fiktion einer ausländischen Betriebsstätte i.S. des § 9 Nr. 3 Satz 2 GewStG 2002, wenn dieser die Schiffe selbst ausgerüstet hat (→ BFH vom 22. 12. 2015 – BStBl. II 2016 S. 537).

R 9.5 Kürzung um Gewinne aus Anteilen an einer ausländischen Kapitalgesellschaft

R 9.5

44

① Nach § 9 Nr. 7 Satz 1 erster Halbsatz GewStG wird die Summe des Gewinns und der Hinzurechnungen um die Gewinne aus Anteilen an einer aktiv tätigen ausländischen Kapitalgesellschaft bei einer mindestens 15 Prozent des Nennkapitals betragenden Beteiligung gekürzt. ② Dies entspricht hinsichtlich der Höhe der Beteiligungsgrenze der Regelung bei innerstaatlichen Beteiligungen (→ § 9 Nr. 2a GewStG). ③ Zu den Gewinnen gehören auch verdeckte Gewinnausschüttungen. ④ [1] Nach § 9 Nr. 7 Satz 1 zweiter Halbsatz GewStG gilt die Kürzung auch für Gewinne aus Anteilen an einer Gesellschaft, die die in der Anlage 2 zu § 43b EStG genannten Voraussetzungen des Art. 2 der Richtlinie Nr. 90/435/EWG des Rates vom 23. 7. 1990 (ABl. EG Nr. L 225 S. 6, Nr. L 266 S. 20, 1997 Nr. L S. 98 – sog. Mutter-Tochter-Richtlinie),[2] zuletzt geändert durch Richtlinie 2006/98/EG des Rates vom 20. 11. 2006 (ABl. EU Nr. L 363 S. 129) erfüllt und das Unternehmen zu mindestens einem Zehntel am Nennkapital der Gesellschaft zu Beginn des Erhebungszeitraums beteiligt ist (→ § 43b EStG). ⑤ Die Vorschrift des § 9 Nr. 7 GewStG ist auch anzuwenden, wenn die Tochtergesellschaft in einem Staat ansässig ist, mit dem ein Doppelbesteuerungsabkommen besteht. ⑥ Die gewerbesteuerrechtliche Schachtelvergünstigung nach einem Doppelbesteuerungsabkommen kann jedoch weitere oder engere Voraussetzungen als § 9 Nr. 7 GewStG haben. ⑦ Anzuwenden ist jeweils die für den Steuerpflichtigen günstigere Regelung. ⑧ Zu beachten ist, dass die nach den Doppelbesteuerungsabkommen eingeräumten Schachtelvergünstigungen nach § 9 Nr. 8 GewStG bereits ab einer Beteiligungsgrenze von 15 Prozent gewährt werden. ⑨ Die in den Doppelbesteuerungsabkommen festgelegten weiteren sachlichen und persönlichen Voraussetzungen bleiben hiervon unberührt. ⑩ Die Schachtelvergünstigung steht jedem gewerblichen Unternehmen, also auch Einzelunternehmen und Personengesellschaften, zu. ⑪ Dies gilt auch, wenn die Schachtelvergünstigung wegen mittelbarer Beteiligung an einer aktiv tätigen Enkelgesellschaft zu gewähren ist. ⑫ Die Gewährung der Schachtelvergünstigung nach § 9 Nr. 7 Satz 1 GewStG setzt keinen Antrag voraus. ⑬ Die ausländische Kapitalgesellschaft muss in dem Wirtschaftsjahr, für das sie ihre Ausschüttungen vorgenommen hat, ihre Bruttoerträge ausschließlich oder fast ausschließlich aus unter § 8 Abs. 1 Nr. 1 bis 6 AStG fallenden aktiven Tätigkeiten und/oder aus den in § 9 Nr. 7 Satz 1 GewStG benannten Beteiligungen bezogen haben. ⑭ Die Anwendung des § 9 Nr. 7 GewStG setzt voraus, dass das Unternehmen alle Nachweise erbringt.

H 9.5

H 9.5

45

Brasilianische Eigenkapitalverzinsung als Dividende nach § 9 Nr. 7 Satz 2 GewStG. Zinsen auf das Eigenkapital („juro sobre o capital próprio") nach Maßgabe der brasilianischen Gesetze Nr. 9.249/95 und Nr. 9.430/96 sind Gewinnanteile i.S.d. § 9 Nr. 7 Satz 2 GewStG (→ BFH vom 6. 6. 2012 – BStBl. 2013 II S. 111).

Mindestbeteiligung für die Kürzung nach § 9 Nr. 7 Satz 1 GewStG. Die Beteiligung eines inländischen Unternehmens an einer ausländischen Kapitalgesellschaft gemäß § 9 Nr. 7 Satz 1 GewStG muss keine unmittelbare sein (→ BFH vom 17. 5. 2000 – BStBl. 2001 II S. 685).

Mindestbeteiligung für die Kürzung nach § 9 Nr. 7 Satz 4 GewStG. Die Kürzung gemäß § 9 Nr. 7 Satz 4 GewStG ist nicht zu gewähren, wenn die hiernach erforderliche Mindestbeteiligungsquote an der Enkelgesellschaft von 15 Prozent nur durch Zusammenrechnung einer unmittelbaren Beteiligung der Muttergesellschaft an der betreffenden Gesellschaft (§ 9 Nr. 7 Satz 1 GewStG) und einer mittelbaren Beteiligung an dieser Gesellschaft über eine zwischengeschaltete Tochtergesellschaft (§ 9 Nr. 7 Satz 4 GewStG) erreicht wird. Die Mindestbeteiligung muss allein über die Tochtergesellschaft bestehen (→ BFH vom 21. 8. 1996 – BStBl. 1997 II S. 434).

---

[1] Zur unionsrechtskonformen Auslegung des § 9 Nr. 7 GewStG siehe *gleich lautende Erlasse der obersten Finanzbehörden der Länder vom 25. 1. 2019, BStBl. 2019 I, S. 91* sowie Neufassung des § 9 Nr. 7 durch Gesetz vom 12. 12. 2019 (BGBl. I S. 2451) mWv EZ 2020.

[2] Jetzt RL 2011/96/EU, ABl. EU 2011 Nr. L S. 8.

GewStG

§ 10 Maßgebender Gewerbeertrag

1 (1) **Maßgebend ist der Gewerbeertrag, der in dem Erhebungszeitraum bezogen worden ist, für den der Steuermessbetrag (§ 14) festgesetzt wird.**

2 (2) **Weicht bei Unternehmen, die Bücher nach den Vorschriften des Handelsgesetzbuchs zu führen verpflichtet sind, das Wirtschaftsjahr, für das sie regelmäßig Abschlüsse machen, vom Kalenderjahr ab, so gilt der Gewerbeertrag als in dem Erhebungszeitraum bezogen, in dem das Wirtschaftsjahr endet.**

§ 10 a Gewerbeverlust

1 ① **Der maßgebende Gewerbeertrag wird bis zu einem Betrag in Höhe von 1 Million Euro um die Fehlbeträge gekürzt, die sich bei der Ermittlung des maßgebenden Gewerbeertrags für die vorangegangenen Erhebungszeiträume nach den Vorschriften der §§ 7 bis 10 ergeben haben, soweit die Fehlbeträge nicht bei der Ermittlung des Gewerbeertrags für die vorangegangenen Erhebungszeiträume berücksichtigt worden sind.** ② **Der 1 Million Euro übersteigende maßgebende Gewerbeertrag ist bis zu 60 Prozent um nach Satz 1 nicht berücksichtigte Fehlbeträge der vorangegangenen Erhebungszeiträume zu kürzen.**[1] ③ **Im Fall des § 2 Abs. 2 Satz 2 kann die Organgesellschaft den maßgebenden Gewerbeertrag nicht um Fehlbeträge kürzen, die sich vor dem rechtswirksamen Abschluss des Gewinnabführungsvertrags ergeben haben.** ④ **Bei einer Mitunternehmerschaft ist der sich für die Mitunternehmerschaft insgesamt ergebende Fehlbetrag den Mitunternehmern entsprechend dem sich aus dem Gesellschaftsvertrag ergebenden allgemeinen Gewinnverteilungsschlüssel zuzurechnen; Vorabgewinnanteile sind nicht zu berücksichtigen.**[2] ⑤ **Für den Abzug der den Mitunternehmern zugerechneten Fehlbeträge nach Maßgabe der Sätze 1 und 2 ist der sich für die Mitunternehmerschaft insgesamt ergebende maßgebende Gewerbeertrag sowie der Höchstbetrag nach Satz 1 den Mitunternehmern entsprechend dem sich aus dem Gesellschaftsvertrag für das Abzugsjahr ergebenden allgemeinen Gewinnverteilungsschlüssel zuzurechnen; Vorabgewinnanteile sind nicht zu berücksichtigen.** ⑥ **Die Höhe der vortragsfähigen Fehlbeträge ist gesondert festzustellen.** ⑦ **Vortragsfähige Fehlbeträge sind die nach der Kürzung des maßgebenden Gewerbeertrags nach Satz 1 und 2 zum Schluss des Erhebungszeitraums verbleibenden Fehlbeträge.** ⑧ **Im Fall des § 2 Abs. 5 kann der andere Unternehmer den maßgebenden Gewerbeertrag nicht um die Fehlbeträge kürzen, die sich bei der Ermittlung des maßgebenden Gewerbeertrags des übergegangenen Unternehmens ergeben haben.** ⑨ **§ 8 Abs. 8 und 9 Satz 5 bis 8 des Körperschaftsteuergesetzes ist entsprechend anzuwenden.** ⑩ [3]**Auf die Fehlbeträge ist § 8 c des Körperschaftsteuergesetzes entsprechend anzuwenden; dies gilt auch für den Fehlbetrag einer Mitunternehmerschaft, soweit dieser**

1. **einer Körperschaft unmittelbar oder**
2. **einer Mitunternehmerschaft, soweit an dieser eine Körperschaft unmittelbar oder mittelbar über eine oder mehrere Personengesellschaften beteiligt ist,**

zuzurechnen ist. ⑪ [4]**Auf die Fehlbeträge ist § 8 d des Körperschaftsteuergesetzes entsprechend anzuwenden, wenn ein fortführungsgebundener Verlustvortrag nach § 8 d des Körperschaftsteuergesetzes gesondert festgestellt worden ist.** ⑫ **Unterbleibt eine Feststellung nach § 8 d Absatz 1 Satz 8 des Körperschaftsteuergesetztes, weil keine nicht genutzten Verluste nach § 8 c Absatz 1 Satz 1 des Körperschaftsteuergesetzes vorliegen, ist auf Antrag auf die Fehlbeträge § 8 d des Körperschaftsteuergesetzes entsprechend anzuwenden; für die Form und die Frist dieses Antrags gilt § 8 d Absatz 1 Satz 5 des Körperschaftsteuergesetzes entsprechend.**

---

[1] *BVerwG-Urteil vom 19. 2. 2015 9 C 10/14, DStR 2016, 1022:* **1., 2. … 3.** Im Zusammenhang mit den Regelungen zur Mindestbesteuerung (§ 10 a S. 1 und 2 GewStG) scheiden Billigkeitsmaßnahmen nach § 163 AO zur generellen Vermeidung sog. Devolutiveffekte aus, weil darin eine strukturelle Gesetzeskorrektur läge (im Anschluss an BFH-Vorlagebeschluss v. 26. 2. 2014 – I R 59/12 – BFHE 246, 27 = DStR 2014, 1761 Rn. 38).

[2] *BFH-Beschluss vom 19. 4. 2007 IV R 4/06, BStBl. 2008 II S. 140:* **1.** Scheidet ein Mitunternehmer aus einer Personengesellschaft aus, so ist der für den letzten Stichtag vor dem Ausscheiden des Mitunternehmers festgestellte vortragsfähige Gewerbeverlust der Gesellschaft um den anteilig auf ihn entfallenden Verlustanteil zu kürzen. Dieser Anteil ist für Erhebungszeiträume vor 2007 nicht nur anhand des Gewinnverteilungsschlüssels, sondern unter Einbeziehung der in den Jahren des Bestehens der Mitunternehmerschaft angefallenen Sonderbetriebseinnahmen und -ausgaben zu berechnen (Anschluss an BFH-Urteil vom 17. Januar 2006 VIII R 96/04, BFHE 213, 12). **2. …** *(Anm. d. Red.:* Der BFH hat die Vorlage an das BVerfG (1 BvL 5/07) zurückgezogen, nachdem das FA die Kläger klaglos gestellt hat).

[3] § 10 a Satz 10 geändert, Sätze 11 und 12 eingefügt durch Gesetz vom 21. 12. 2020 (BGBl. I S. 3096); zur Anwendung siehe § 36 Abs. 5 a.

[4] Die Grundsätze des *BMF-Schrb. v. 18. 3. 2021 IV C 2 – S 2745-b/19/10 002 :002, BStBl. I S. 363* zur Anwendung des § 8 d KStG sind bei der Gewerbesteuer entsprechend anzuwenden (vgl. *gleich lautende Erlasse der obersten Finanzbehörden der Länder vom 19. 3. 2021, BStBl. I S. 359*).

Übersicht Rz.

R 10 a.1 Gewerbeverlust

R 10 a.1

Ermittlung

(1) ① Für die Ermittlung des Gewerbeverlustes ist im Entstehungsjahr von dem Gewinn (Verlust) aus Gewerbebetrieb auszugehen, der nach den Vorschriften des Einkommensteuerrechts oder des Körperschaftsteuerrechts zu ermitteln ist. ② Danach mindern steuerfreie Einnahmen den nach § 10 a GewStG abziehbaren Verlust nicht. ③ Ebenso dürfen nicht zum steuerpflichtigen Gewerbeertrag gehörende Veräußerungsgewinne den Gewerbeverlust nicht mindern. ④ Der nach den einkommensteuerrechtlichen (körperschaftsteuerrechtlichen) Vorschriften ermittelte Gewinn oder Verlust aus Gewerbebetrieb ist um die in §§ 8 und 9 GewStG bezeichneten Beträge zu erhöhen bzw. zu vermindern. ⑤ Dadurch kann sich ein Gewerbeverlust ergeben, obwohl einkommensteuerrechtlich oder körperschaftsteuerrechtlich ein Gewinn aus Gewerbebetrieb vorliegt. 2

Gesonderte Feststellung

(2) ① Die Höhe des vortragsfähigen Gewerbeverlustes ist gesondert festzustellen. ② Bei der gesonderten Feststellung des vortragsfähigen Gewerbeverlustes ist u. a. auch der Verlustverbrauch durch das Ausscheiden von Gesellschaftern einer Personengesellschaft zu berücksichtigen. ③ Entsprechendes gilt bei einem Wegfall des vortragsfähigen Gewerbeverlustes nach § 10 a Satz 10 GewStG i. V. m. § 8 c KStG. 3

Verlustabzug

(3) ① Ein Gewerbeverlust ist von Amts wegen erstmals in dem auf das Entstehungsjahr unmittelbar folgenden Erhebungszeitraum nach Maßgabe des § 10 a GewStG zu berücksichtigen.[1] ② Der Gewerbeverlust ist vom maßgebenden Gewerbeertrag, also nach Berücksichtigung der Hinzurechnungen nach § 8 GewStG und der Kürzungen nach § 9 GewStG und vor dem Ansatz des Freibetrags nach § 11 Abs. 1 Satz 3 GewStG abzuziehen. ③ Bei Einzelunternehmen und Personengesellschaften ist Voraussetzung für den Verlustabzug nach § 10 a GewStG sowohl die Unternehmensidentität (→ R 10 a.2) als auch die Unternehmeridentität (→ R 10 a.3). ④ Bei Körperschaften und Mitunternehmerschaften, an denen Körperschaften beteiligt sind, gelten unter den Voraussetzungen des § 10 a Satz 10 GewStG die Regelungen des § 8 c KStG (Verlustabzug bei Körperschaften) für die Gewerbesteuer entsprechend. ⑤ Die Frage danach, ob und in welchem Umfang § 8 c KStG Anwendung findet, entscheidet sich dabei zunächst allein nach den Verhältnissen auf Ebene der Körperschaft. ⑥ Liegt sodann ein Fall des § 8 c KStG auf Ebene der Körperschaft vor, wirkt die Verlustabzugsbeschränkung ausgehend von der Körperschaft unter Berücksichtigung der jeweiligen Beteiligungsverhältnisse in der Beteiligungskette nach unten fort. ⑦ *Tritt das die Rechtsfolgen des § 8 c KStG auslösende Ereignis unterjährig ein und ist der maßgebende Gewerbeertrag des der Verlustabzugsbeschränkung unterliegenden Gewerbebetriebs in diesem Erhebungszeitraum insgesamt negativ, ist der negative Gewerbeertrag des gesamten Erhebungszeitraums zeitanteilig aufzuteilen.* ⑧ *Die Verlustabzugsbeschränkung des § 8 c KStG erfasst somit neben den Fehlbeträgen* 4

[1] *BFH-Urteil vom 19. 8. 1977 IV R 107/74, BStBl. 1978 II S. 23:* Der Begriff des Gewerbeverlustes (§ 10 a GewStG) setzt voraus, daß der Verlust während des Bestehens eines Gewerbebetriebs i. S. des *§ 1 Abs. 1 GewStDV* [§ 15 Abs. 2, 3 EStG] verursacht worden ist. Aufwendungen, die vor der Eröffnung eines Gewerbebetriebs entstanden sind, sind nicht als Gewerbeverluste gemäß § 10 a GewStG zu berücksichtigen.

aus vorangegangenen Erhebungszeiträumen nur den auf den Zeitraum bis zum schädlichen Ereignis entfallenden negativen Gewerbeertrag.[1]

Anl zu R 10 a.1

Gleich lautende Erlasse zur Anwendung des § 8 c KStG auf gewerbesteuerliche Fehlbeträge; § 10 a Satz 10 GewStG

Vom 29. November 2017 (BStBl. I S. 1643)

(Oberste Finanzbehörden der Länder)

5 Gemäß § 10 a Satz 10 GewStG ist auf gewerbesteuerliche Fehlbeträge von Körperschaften sowie von Mitunternehmerschaften, soweit an ihnen Körperschaften unmittelbar oder über eine oder mehrere Personengesellschaften beteiligt sind, § 8 c des Körperschaftsteuergesetzes entsprechend anzuwenden.

Nach dem Ergebnis der Erörterung der obersten Finanzbehörden der Länder sind die im BMF-Schreiben vom 28. November 2017 (BStBl. I S. 1645)[2] zur Anwendung des § 8 c KStG enthaltenen Grundsätze auch bei der Gewerbesteuer uneingeschränkt anzuwenden.

Im Hinblick auf bestehende gewerbesteuerliche Besonderheiten gilt zudem Folgendes:

Soweit ein vortragsfähiger Gewerbeverlust einer Organgesellschaft nach Maßgabe der R 10 a.4 Satz 5 GewStR 2009 auf Ebene der Organgesellschaft abgezogen werden kann, ist Rn. 33 Satz 2 des BMF-Schreibens anzuwenden, die Einschränkung der Rn. 38 des BMF-Schreibens gilt insoweit nicht.

Der Grundsatz, dass für jede Verlustgesellschaft gesondert zu prüfen ist, in welcher Höhe stille Reserven vorhanden sind (Rn. 58 des BMF-Schreibens), ist auch zu beachten, wenn eine Körperschaft unmittelbar oder mittelbar an einer Mitunternehmerschaft beteiligt ist.

Eine Mitunternehmerschaft ist gewerbesteuerlich ein eigenständiges Besteuerungssubjekt, so dass stille Reserven auf Ebene der Mitunternehmerschaft bei der Anwendung des § 10 a Satz 10 GewStG i. V. m. § 8 c KStG auf Ebene der Körperschaft nicht berücksichtigt werden können.

Die in R 10 a.1 Abs. 3 Satz 7 und 8 GewStR 2009 zur gewerbesteuerlichen Verfahrensweise bei unterjährigen schädlichen Beteiligungserwerben enthaltenen Aussagen sind mit Veröffentlichung des BFH-Urteils vom 30. November 2011 I R 14/11, BStBl. 2012 II S. 360, überholt. Es gelten Rn. 33 ff. des vorstehenden BMF-Schreibens.

Diese Erlasse ergehen im Einvernehmen mit dem Bundesministerium der Finanzen.

H 10 a.1

H 10 a.1

6 **Allgemeines**

– Die sog. Mindestbesteuerung verstößt in ihrer Grundkonzeption einer zeitlichen Streckung des Verlustvortrags nicht gegen Verfassungsrecht (→ BFH vom 22. 8. 2012 – BStBl. 2013 II S. 512).
– Die Beschränkung der Verrechnung von vortragsfähigen Gewerbeverlusten durch Einführung einer jährlichen Höchstgrenze mit Wirkung ab 2004 (§ 10 a Satz 1 und 2 GewStG) ist verfassungsgemäß. Das gilt auch, soweit es wegen der Begrenzung zu einem endgültig nicht mehr verrechenbaren Verlust kommt, bspw. wenn es bei einer Objektgesellschaft konzeptgemäß erst in späteren Jahren zu Gewinnen kommt (→ BFH vom 20. 9. 2012 – BStBl. 2013 II S. 498).
– Die sog. Mindestgewinnbesteuerung ist nicht unbillig, wenn der Messbetrag auf vom Steuerpflichtigen veranlassten Forderungsverzicht beruht (→ BFH vom 20. 9. 2012 – BStBl. 2013 II S. 505).
– Zur Verfassungsmäßigkeit der sog. Mindestbesteuerung bei Definitiveffekten wird eine Entscheidung des BVerfG eingeholt (→ BFH vom 26. 2. 2014 – BStBl. II S. 1016).[3]

Feststellungsfrist für Feststellung des vortragsfähigen Gewerbeverlustes. Die Feststellungsfrist für die Feststellung des vortragsfähigen Gewerbeverlusts nach § 10 a Satz 6 GewStG 2002 endet nicht vor der Festsetzungsfrist für den Erhebungszeitraum, auf dessen Schluss der vortragsfähige Gewerbeverlust festzustellen ist (§ 35 b Abs. 2 Satz 4 Halbs. 1 GewStG 2002 n. F.). Eine Feststellung nach dem Ablauf der Feststellungsfrist ist rechtswidrig. Abweichendes gilt (unter Anwendung von § 181 Abs. 5 AO), wenn die zuständige Finanzbehörde die Feststellung pflichtwidrig unterlassen hat (§ 35 b Abs. 2 Satz 4 Halbs. 2 GewStG 2002 n. F.). Diese Voraussetzung ist nur dann erfüllt, wenn eine Verlustfeststellung bisher gänzlich fehlt; die Änderung einer bereits fristgerecht ergangenen Feststellung fällt nicht darunter (→ BFH vom 11. 2. 2015 – BStBl. 2016 II S. 353).

Gesellschafterwechsel bei einer Personengesellschaft. Tritt bei einer Personengesellschaft innerhalb des Erhebungszeitraumes ein partieller Gesellschafterwechsel ein, der nicht zur Beendigung der sachlichen Steuerpflicht der Gesellschaft führt, so ist ein nach dem Gesellschafterwechsel entstandener Verlust kein gesondert vortragsfähiger Fehlbetrag im Sinne des § 10 a

---

[1] Überholt, siehe *gleich lautender Ländererlass vom 29. 11. 2017, BStBl. I 2017, 1643* (nachstehend abgedruckt als Anl zu R 10 a.1 GewStR).
[2] *Beck-Online:* BeckVerw 349265.
[3] Az. BVerfG 2 BvL 19/14.

GewStG, sondern Teil des für den gesamten Erhebungszeitraum zu ermittelnden Gewerbeertrags (→ BFH vom 26. 6. 1996 – BStBl. 1997 II S. 179).

Grundlagenbescheid. Bei der Feststellung des vortragsfähigen Gewerbeverlustes nach § 10 a Satz 6 GewStG handelt es sich um einen Grundlagenbescheid für den Gewerbesteuermessbescheid des Folgejahres (→ BFH vom 9. 6. 1999 – BStBl. II S. 733).

Verlustausgleich bei Verschmelzung von Personengesellschaften. Der Gewerbeertrag einer Personengesellschaft, die den Betrieb einer anderen Personengesellschaft im Wege der Verschmelzung aufnimmt, kann um den Gewerbeverlust gekürzt werden, den diese Personengesellschaft im selben Erhebungszeitraum bis zur Verschmelzung erlitten hat, wenn alle Gesellschafter auch an der aufnehmenden Gesellschaft beteiligt sind und die Identität des Unternehmens der umgewandelten Gesellschaft im Rahmen der aufnehmenden Gesellschaft gewahrt bleibt (→ BFH vom 14. 9. 1993 – BStBl. 1994 II S. 764).

Verlustausgleich und Freibetrag. Der Grundsatz, dass ein Gewerbeverlust insoweit verbraucht ist, als er durch positive Erträge gedeckt ist, gilt auch dann, wenn der Gewerbeertrag durch den Verlustabzug unter den Freibetrag von 24 500 Euro für Einzelunternehmen und Personengesellschaften sinkt (→ BFH vom 9. 1. 1958 – BStBl. III S. 134).

R 10 a.2 Unternehmensidentität R 10a.2

①Unternehmensidentität bedeutet, dass der im Anrechnungsjahr bestehende Gewerbebetrieb identisch ist mit dem Gewerbebetrieb, der im Jahr der Entstehung des Verlustes bestanden hat. 7 ②Dabei ist unter Gewerbebetrieb die ausgeübte gewerbliche Betätigung zu verstehen. ③Ob diese die gleiche geblieben ist, ist nach dem Gesamtbild zu beurteilen, das sich aus ihren wesentlichen Merkmalen ergibt, wie insbesondere der Art der Betätigung, dem Kunden- und Lieferantenkreis, der Arbeitnehmerschaft, der Geschäftsleitung, den Betriebsstätten sowie dem Umfang und der Zusammensetzung des Aktivvermögens. ④Unter Berücksichtigung dieser Merkmale muss ein wirtschaftlicher, organisatorischer und finanzieller Zusammenhang zwischen den Betätigungen bestehen. ⑤Betriebsbedingte – auch strukturelle – Anpassungen der gewerblichen Betätigung an veränderte wirtschaftliche Verhältnisse stehen der Annahme einer identischen Tätigkeit jedoch nicht entgegen.

H 10 a.2 H 10a.2

Abgrenzungsmerkmale. → BFH vom 12. 1. 1983 – BStBl. II S. 425, vom 19. 12. 1984 – 8 BStBl. 1985 II S. 403, vom 14. 9. 1993 – BStBl. 1994 II S. 764 und vom 27. 1. 1994 – BStBl. II S. 477.[1]

Betriebsaufspaltung.

– Bei der Rückumwandlung einer aus einer Betriebsaufspaltung hervorgegangenen Betriebs-GmbH auf die Besitz-Personengesellschaft, bleibt ein bei der Personengesellschaft entstandener Gewerbeverlust abzugsfähig (→ BFH vom 28. 5. 1968 – BStBl. II S. 688).
– Bringen die Gesellschafter einer GbR, die Verpachtungsgesellschaft im Rahmen einer Betriebsaufspaltung ist, ihre Anteile an der GbR in eine KG ein, die in den Pachtvertrag eintritt, kann die Unternehmensidentität auch dann gegeben sein, wenn die KG bereits Besitzgesellschaft im Rahmen einer weiteren Betriebsaufspaltung ist (→ BFH vom 27. 1. 1994 – BStBl. II S. 477).

Realteilung.

– Bei der Realteilung von Personengesellschaften besteht zwischen dem Gewerbebetrieb der Personengesellschaft und den hieraus im Wege der Realteilung hervorgegangenen Betrieben nur dann Unternehmensidentität, wenn das auf einen Gesellschafter übergehende Vermögen bei der Personengesellschaft einen Teilbetrieb gebildet hat und der diesem Teilbetrieb sachlich zuzuordnende Verlust sich ohne weiteres aus dem Rechenwerk der Personengesellschaft ergibt (→ BFH vom 5. 9. 1990 – BStBl. 1991 II S. 25).
– → R 10 a.3 Abs. 3.

Teilbetriebsveräußerung. Liegt eine Teilbetriebsveräußerung vor, stehen die Verluste, soweit sie auf den veräußerten Teilbetrieb entfallen, mangels (Teil-)Unternehmensidentität nicht für eine Kürzung von Gewerbeerträgen in späteren Erhebungszeiträumen zur Verfügung (→ BFH vom 7. 8. 2008 – BStBl. 2012 II S. 145).

Vereinigung bestehender Betriebe.

– Wird ein Betrieb oder Teilbetrieb mit einem bereits bestehenden Betrieb vereinigt (z. B. Einbringung in eine Personengesellschaft oder Verschmelzung von zwei Personengesell-

---

[1] *BFH-Urteil vom 7. 11. 2006 VIII R 30/05, BStBl. 2007 II S. 723:* Schließt ein Franchisenehmer sein bisheriges Einzelhandelsgeschäft und eröffnet er an einem anderen Ort ein neues Einzelhandelsgeschäft, so führt allein der Umstand, dass das neue Geschäft zur gleichen Unternehmensgruppe gehört und der neue Franchisevertrag weitgehend dem bisherigen entspricht, noch nicht zur Unternehmensidentität i. S. von § 10 a GewStG.

Die Unternehmensidentität ist auch bei einer gewerblich geprägten Personengesellschaft Voraussetzung für den Abzug des Gewerbeverlustes nach § 10 a GewStG, vgl. *BFH-Urteil vom 4. 5. 2017 IV R 2/14, BStBl. II S. 1138.*

schaften), ist es für die Annahme der Unternehmensidentität nicht entscheidend, ob der übertragene Betrieb bei der aufnehmenden Gesellschaft einen Teilbetrieb darstellt oder dem neuen Gesamtbetrieb das Gepräge gibt. Es ist ausreichend, wenn die Identität des eingebrachten Betriebs innerhalb der Gesamttätigkeit des aufnehmenden Betriebs gewahrt bleibt, d. h. die Geschäftstätigkeit im Rahmen des aufnehmenden Betriebs in wirtschaftlicher, organisatorischer und finanzieller Hinsicht fortgesetzt wird (→ BFH vom 14. 9. 1993 – BStBl. 1994 II S. 764).

– Wird die an einer GmbH & atypisch still beteiligte GmbH auf die still beteiligte Personengesellschaft verschmolzen und ist für die atypische stille Gesellschaft ein Verlustvortrag festgestellt, um den die aufnehmende Personengesellschaft ihren Gewerbeertrag kürzen will, muss die für die Kürzung nach § 10 a GewStG erforderliche Unternehmensidentität zwischen dem Gewerbebetrieb bestehen, den die GmbH – als Inhaberin des Handelsgeschäfts – vor ihrer Verschmelzung auf die Personengesellschaft geführt hat, und dem Gewerbebetrieb, den die Personengesellschaft nach der Verschmelzung (fort-)führt. Der für die GmbH & atypisch still festgestellte Gewerbeverlust geht mangels Unternehmeridentität in dem Umfang unter, in dem er nach der gesellschaftsinternen Verteilung auf die verschmelzungsbedingt erloschene GmbH entfiel (→ BFH vom 11. 10. 2012 – BStBl. 2013 II S. 958).

Anl zu R 10 a.2

Verfügung betr. Wegfall des Verlustvortrags bei Teilbetriebsveräußerung; Anwendung des BFH-Urteils vom 7. 8. 2008 IV R 86/05

Vom 27. Juni 2012 (DStR S. 2019)

(OFD Münster G 1427 – 159 – St 11–33)

9 Der BFH hat in seinem Urteil vom 7. 8. 2008 IV R 86/05 (BStBl. II 2012, 145) entschieden, dass Verluste bei Personengesellschaften, die auf einen veräußerten Teilbetrieb entfallen, nicht mehr zur Verrechnung mit zukünftigen Gewerbeerträgen zur Verfügung stehen.

In dem entschiedenen Fall setzte sich der Gewerbebetrieb einer GmbH & Co. KG aus zwei selbstständigen Teilbetrieben zusammen. Aufgrund hoher Verluste in der Vergangenheit entschloss sich die KG dazu, den Teilbetrieb zu veräußern, auf den der Großteil der Verluste entfiel. Streitig war nunmehr die Frage, ob diese anteiligen Verluste des veräußerten Teilbetriebs wegen des Wegfalls der (Teil-)Unternehmensidentität mit der Veräußerung verloren gehen oder ob sie der KG weiterhin zur Verlustverrechnung zur Verfügung stehen.

Der BFH führte in diesem Zusammenhang aus, dass die Unternehmensidentität teilbetriebsbezogen zu prüfen sei. Werde der Teilbetrieb, auf den der Verlust entfiel, veräußert, dann gehe die Teilunternehmensidentität verloren und die Verluste schieden aus. Unabhängig hiervon bestehe allerdings die Möglichkeit des Verlustausgleichs zwischen verschiedenen Teilbetrieben, soweit und solange sie demselben Unternehmer zuzuordnen seien.

Das Urteil ist auf Einzelunternehmen und Mitunternehmerschaften uneingeschränkt anzuwenden. Eine Anwendung auf Kapitalgesellschaften ist nach Erörterung auf Bundesebene ausgeschlossen, da bei Kapitalgesellschaften die gesamte Betätigung immer als einheitlicher Gewerbebetrieb gilt.

R 10 a.3

R 10a.3 Unternehmeridentität

R 10 a.3 (1)

R 10a.3 (1)

Allgemeines

10 (1) ① Unternehmeridentität bedeutet, dass der Gewerbetreibende, der den Verlustabzug in Anspruch nehmen will, den Gewerbeverlust zuvor in eigener Person erlitten haben muss. ② Ein Unternehmerwechsel bewirkt somit, dass der Abzug des im übergegangenen Unternehmen entstandenen Verlustes entfällt, auch wenn das Unternehmen als solches von dem neuen Inhaber unverändert fortgeführt wird. ③ Der erwerbende Unternehmer kann den vom übertragenden Unternehmer erzielten Gewerbeverlust auch dann nicht nach § 10 a GewStG abziehen, wenn er den erworbenen Betrieb mit einem bereits bestehenden Betrieb vereinigt.

H 10 a.3 (1)

H 10a.3 (1)

11 **Unternehmerwechsel.** Ein den Verlustabzug nach § 10 a GewStG ausschließender Unternehmerwechsel liegt unabhängig davon vor, ob dieser auf entgeltlicher oder unentgeltlicher Übertragung, auf Gesamtrechtsnachfolge (z. B. Erbfolge) oder auf Einzelrechtsnachfolge (z. B. vorweggenommene Erbfolge) beruht (→ BFH vom 3. 5. 1993 – BStBl. II S. 616 und vom 7. 12. 1993 – BStBl. 1994 II S. 331).

R 10 a.3 (2)

R 10a.3 (2)

Einzelunternehmen

(2) – *unbesetzt* –

H 10a.3 (2)

H 10a.3 (2)

Einzelunternehmen. Wird ein Einzelunternehmen nach Eintritt einer oder mehrerer Personen als Personengesellschaft fortgeführt, kann der in dem Einzelunternehmen entstandene 12 Fehlbetrag auch weiterhin insgesamt, jedoch nur von dem Betrag abgezogen werden, der von dem gesamten Gewerbeertrag der Personengesellschaft entsprechend dem sich aus dem Gesellschaftsvertrag ergebenden Gewinnverteilungsschlüssel auf den früheren Einzelunternehmer entfällt. Entsprechendes gilt, wenn ein Einzelunternehmen gemäß § 24 UmwStG in eine Personengesellschaft eingebracht wird. Der Abzug eines in einem Einzelunternehmen entstandenen Gewerbeverlustes entfällt jedoch insgesamt, wenn das Unternehmen auf eine Kapitalgesellschaft oder auf eine Personengesellschaft, an der der bisherige Einzelunternehmer nicht beteiligt ist, übertragen wird (→ BFH vom 3. 5. 1993 – BStBl. II S. 616).

R 10a.3 (3)

R 10a.3 (3)

Mitunternehmerschaften

(3) ① Bei Personengesellschaften und anderen Mitunternehmerschaften sind Träger des Rechts 13 auf den Verlustabzug die einzelnen Mitunternehmer. ② Die Berücksichtigung eines Gewerbeverlustes bei Mitunternehmerschaften setzt voraus, dass bei der Gesellschaft im Entstehungsjahr ein negativer und im Abzugsjahr ein positiver Gewerbeertrag vorliegt; in die Ermittlung dieser Beträge sind Sonderbetriebsausgaben und Sonderbetriebseinnahmen einzubeziehen. ③ Ein sich für die Mitunternehmerschaft insgesamt ergebender Fehlbetrag ist den Mitunternehmern gemäß § 10 a Satz 4 GewStG entsprechend dem allgemeinen Gewinnverteilungsschlüssel ohne Berücksichtigung von Vorabgewinnanteilen zuzurechnen. ④ Kommt es in einem folgenden Erhebungszeitraum mit positivem Gewerbeertrag zu einer Minderung des Fehlbetrages, so vermindern sich die den einzelnen Mitunternehmern zuzurechnenden Anteile entsprechend ihrem nach dem allgemeinen Gewinnverteilungsschlüssel im Abzugsjahr (§ 10 a Satz 5 GewStG) zu bemessenden Anteil am Gewerbeertrag. ⑤ Dabei ist der Höchstbetrag nach § 10 a Satz 1 GewStG entsprechend dem allgemeinen Gewinnverteilungsschlüssel im Abzugsjahr anteilig bei den einzelnen Gesellschaftern zu berücksichtigen. ⑥ Bei gleichem Gesellschafterbestand und gleicher Beteiligungsquote bleibt das Gesamtergebnis im Verlustentstehungsjahr und im Abzugsjahr maßgebend; eine gesellschafterbezogene Berechnung kann unterbleiben. ⑦ Aufgrund der Personenbezogenheit des Verlustabzugs nach § 10 a GewStG können sich jedoch Auswirkungen in den Fällen des Wechsels im Gesellschafterbestand und bei Änderung der Beteiligungsquote ergeben. ⑧ Bei einer Änderung der Beteiligungsquote ist der den Mitunternehmern im Verlustentstehungsjahr nach § 10 a Satz 4 GewStG zugerechnete Anteil am Fehlbetrag insgesamt, jedoch gemäß § 10 a Satz 5 GewStG nur von dem jeweiligen Anteil am gesamten Gewerbeertrag abziehbar, der entsprechend dem sich aus dem Gesellschaftsvertrag ergebenden Gewinnverteilungsschlüssel des Abzugsjahres auf den jeweiligen Mitunternehmer entfällt. ⑨ Für den Wechsel im Gesellschafterbestand gilt z. B. Folgendes:

1. Beim Ausscheiden eines Gesellschafters aus einer Personengesellschaft entfällt der Verlustabzug 14 gemäß § 10 a GewStG anteilig in der Höhe, in der der Fehlbetrag dem ausscheidenden Gesellschafter nach § 10 a Satz 4 und 5 GewStG zuzurechnen ist.[1]
2. Tritt ein Gesellschafter in eine bestehende Personengesellschaft ein, ist der vor dem Eintritt 15 des neuen Gesellschafters entstandene Fehlbetrag im Sinne des § 10 a GewStG weiterhin insgesamt, jedoch nur von dem Betrag abziehbar, der von dem gesamten Gewerbeertrag entsprechend dem sich aus dem Gesellschaftsvertrag ergebenden Gewinnverteilungsschlüssel (→ § 10 a Satz 5 GewStG) auf die bereits vorher beteiligten Gesellschafter entfällt.

---

[1] *BFH-Urteil vom 16. 6. 2011 IV R 11/08, BStBl. II S. 903:* Ist in einem an eine Personengesellschaft gerichteten bestandskräftigen Verlustfeststellungsbescheid i. S. von § 10 a GewStG der Fehlbetrag nicht um den Anteil eines ausgeschiedenen Mitunternehmers gekürzt worden, steht der anteilige Fehlbetrag den zum Feststellungszeitpunkt tatsächlich beteiligten Mitunternehmern entsprechend ihrer Beteiligungsquote zur Verrechnung mit deren künftigen Erträgen zur Verfügung.

BFH-Urteil vom 29. 8. 2000 VIII R 1/00, BStBl. 2001 II S. 114: Bei einer Personengesellschaft geht die Möglichkeit zum Verlustabzug nach § 10 a GewStG insoweit verloren, als der Fehlbetrag aus vorangegangenen Erhebungszeiträumen anteilig auf den ausgeschiedenen Gesellschafter entfällt. Dies gilt auch dann, wenn der ausgeschiedene Gesellschafter über eine Organgesellschaft (GmbH) mittelbar an der Personengesellschaft (KG) beteiligt bleibt.

BFH-Urteil vom 6. 9. 2000 IV R 69/99, BStBl. 2001 II S. 731: Bleibt ein ausgeschiedener Gesellschafter an der Gesellschaft mittelbar über eine Obergesellschaft beteiligt (§ 15 Abs. 1 Nr. 2 Satz 2 EStG), so beschränkt sich der gewerbesteuerliche Verlustvortrag auf diejenigen Verluste der vorangegangenen Erhebungszeiträume, die im Sonderbetriebsvermögensbereich des ausgeschiedenen Gesellschafters entstanden sind.

BFH-Urteil vom 22. 1. 2009 IV R 90/05, DStR S. 683: **1.** Mit dem Ausscheiden des stillen Gesellschafters aus einer atypischen stillen Gesellschaft geht der Verlustvortrag verloren, soweit der Fehlbetrag auf den ausscheidenden Gesellschafter entfällt. Dies gilt auch denn, wenn der ausscheidende stille Gesellschafter über eine andere Personengesellschaft (Obergesellschaft) mittelbar weiterhin an der atypischen stillen Gesellschaft (Untergesellschaft) beteiligt ist (Anschluss an Senatsurteil vom 6. 9. 2000 IV R 69/99, BFHE 193, 151, BStBl. II 2001, 731). **2.** Scheidet der stille Gesellschafter während des Erhebungszeitraums aus der atypischen stillen Gesellschaft aus, können bis zu diesem Zeitpunkt angefallene positive Gewerbeerträge der Gesellschaft noch um Verluste früherer Jahre gekürzt werden, soweit sie nicht zuvor mit etwaigen Verlusten, die nach dem Ausscheiden des Gesellschafters im Erhebungszeitraum entstanden sind, zu verrechnen sind. – *Anm. d. Red.:* Die hiergegen eingelegte Vb. wurde vom *BVerfG mit Beschluss vom 22. 3. 2010 1 BvR 977/09* nicht zur Entscheidung angenommen.

R 10a.3 (3) 3. Veräußert ein Gesellschafter seinen Mitunternehmeranteil an einen Dritten, sind die Grundsätze der Nummern 1 und 2 entsprechend anzuwenden.

16 4. ① Wird nach dem Ausscheiden von Gesellschaftern aus einer Personengesellschaft der Gewer-
17 bebetrieb von dem einen Gesellschafter fortgeführt, kann dieser vom Gewerbeertrag des Einzelunternehmens einen verbleibenden Fehlbetrag der Gesellschaft insoweit abziehen, als dieser Betrag gemäß § 10a Satz 4 und 5 GewStG auf ihn entfällt. ② Dies gilt auch, wenn der den Gewerbebetrieb fortführende Gesellschafter eine Kapitalgesellschaft ist, sowie in den Fällen der Verschmelzung einer Personengesellschaft auf einen Gesellschafter.

18 5. ① Bei der Einbringung des Betriebes einer Personengesellschaft in eine andere Personengesellschaft besteht die für den Verlustabzug erforderliche Unternehmeridentität, soweit die Gesellschafter der eingebrachten Gesellschaft auch Gesellschafter der aufnehmenden Gesellschaft sind. ② Entsprechendes gilt bei der Verschmelzung zweier Personengesellschaften. ③ Die Unternehmeridentität bleibt auch erhalten bei der formwechselnden Umwandlung (z. B. OHG in KG) einer Personengesellschaft in eine andere Personengesellschaft. ④ Wird eine Personengesellschaft im Wege der Verschmelzung (Ausnahme siehe Nummer 4 Satz 2) oder des Formwechsels (§ 25 UmwStG) in eine Kapitalgesellschaft umgewandelt, besteht keine Unternehmeridentität mit der Folge, dass die Kapitalgesellschaft den bei der Personengesellschaft entstandenen Gewerbeverlust nicht abziehen kann (→ § 23 Abs. 5 UmwStG).

19 6. ① Wird eine Kapitalgesellschaft, die Mitunternehmerin einer Personengesellschaft ist, auf eine andere Kapitalgesellschaft verschmolzen, mindert sich der Verlustabzug nach § 10a GewStG bei der Personengesellschaft um den nach § 10a Satz 4 und 5 GewStG auf die Kapitalgesellschaft entfallenden Betrag (→ § 19 Abs. 2 i. V. m. § 12 Abs. 3 i. V. m. § 4 Abs. 2 Satz 2 UmwStG entsprechend). ② Entsprechendes gilt, wenn eine Kapitalgesellschaft ihren Mitunternehmeranteil vollständig in eine Tochterkapitalgesellschaft gegen Gewährung von Gesellschaftsrechten einbringt.

20 7. ① Liegen bei der Realteilung einer Personengesellschaft die Voraussetzungen der Unternehmensidentität vor, kann jeder Inhaber eines aus der Realteilung hervorgegangenen Teilbetriebs vom Gewerbeertrag dieses Unternehmens den vortragsfähigen Fehlbetrag der Personengesellschaft nur insoweit abziehen, als ihm dieser nach § 10a Satz 4 und 5 GewStG zuzurechnen war. ② Es kann jedoch höchstens nur der Teil des Fehlbetrages abgezogen werden, der dem übernommenen Teilbetrieb tatsächlich zugeordnet werden kann.

21 8. ① Bei der Beteiligung einer Personengesellschaft (Obergesellschaft) an einer anderen Personengesellschaft (Untergesellschaft) sind nicht die Gesellschafter der Obergesellschaft, sondern ist die Obergesellschaft als solche Gesellschafterin der Untergesellschaft.[1] ② Ein Gesellschafterwechsel bei der Obergesellschaft hat daher ungeachtet des § 15 Abs. 1 Satz 1 Nr. 2 Satz 2 EStG keinen Einfluss auf einen vortragsfähigen Gewerbeverlust bei der Untergesellschaft. ③ Wird die Obergesellschaft auf eine andere Personengesellschaft verschmolzen, ist der Verlustabzug nach § 10a GewStG bei der Untergesellschaft um den Betrag zu kürzen, der nach § 10a Satz 4 und 5 GewStG auf die Obergesellschaft entfällt; dies gilt auch, wenn an beiden Gesellschaften dieselben Gesellschafter beteiligt sind. ④ Entsprechendes gilt, wenn die Obergesellschaft nach dem Ausscheiden des vorletzten Gesellschafters auf den verbleibenden Gesellschafter anwächst. ⑤ Dagegen bleibt der Verlustabzug nach § 10a GewStG bei der Untergesellschaft unberührt, wenn die Obergesellschaft formwechselnd in eine Kapitalgesellschaft umgewandelt wird. ⑥ Im Fall der Anwachsung auf die Mutterpersonengesellschaft, kann diese vom Gewerbeertrag einen verbleibenden Fehlbetrag der Tochterpersonengesellschaft insoweit kürzen, als dieser Betrag gemäß § 10a Satz 4 und 5 GewStG auf die Mutterpersonengesellschaft entfällt.

22 9. ① Bei einem unterjährigen Gesellschafterwechsel ist der Gewerbeertrag der Mitunternehmerschaft für den gesamten Erhebungszeitraum einheitlich zu ermitteln, sodass nach dem Gesellschafterwechsel entstandene Verluste mit vor dem Gesellschafterwechsel entstandenen Gewinnen und umgekehrt zu verrechnen sind. ② Die Rechtsfolgen des § 10a GewStG treten bei unterjährigen Änderungen der Unternehmeridentität auf den jeweiligen Zeitraum vor und nach dem Gesellschafterwechsel ein. ③ Die für diese Zwecke erforderliche Aufteilung des einheitlich ermittelten positiven oder negativen Gewerbeertrags hat zeitanteilig zu erfolgen, sofern dies nicht zu offensichtlich unzutreffenden Ergebnissen führt.

---

[1] *BFH-Beschluß vom 31. 8. 1999 VIII B 74/99, BStBl. II S. 794:* Es ist nicht ernstlich zweifelhaft, daß eine Verlustverrechnung gemäß § 10a Satz 1 GewStG bei einem nur mittelbar an einer Personengesellschaft (Untergesellschaft) beteiligten Gesellschafter nach Änderung des § 15 Abs. 1 Nr. 2 EStG durch das StÄndG 1992 nicht uneingeschränkt, sondern nur im Rahmen seines Sonderbetriebsbereichs zulässig ist.

H 10a.3 (3) 23

H 10a.3 (3)

Anwendung des § 8c KStG auf Fehlbeträge einer Mitunternehmerschaft, soweit an dieser eine Körperschaft unmittelbar oder mittelbar beteiligt ist. → R 10a.1 Abs. 3 Satz 4f.

Beispiel:

Ausgangsfall

A ist Alleingesellschafter der A-GmbH, die im EZ 01 zu 80% an der X-OHG (Obergesellschaft) beteiligt ist. Die X-OHG ist ihrerseits zu 60% an der Y-OHG (Untergesellschaft) beteiligt. Die zum 31. 12. 01 vortragsfähigen Gewerbeverluste betragen für die X-OHG 450 000 € und für die Y-OHG 250 000 €. Im EZ 02 erwirbt B von A 30% der Anteile an der A-GmbH.

Abwandlung

Wie Ausgangsfall, jedoch erwirbt B von A im EZ 02 60% der Anteile an der A-GmbH.

Lösung Ausgangsfall:

Auf Ebene der A-GmbH erfolgt in EZ 02 ein schädlicher Beteiligungserwerb im Sinne des § 8c KStG. Unter Berücksichtigung der Beteiligungshöhe von 80% der A-GmbH an der X-OHG folgt, dass vom vortragsfähigen Gewerbeverlust der X-OHG in EZ 02 nunmehr 30% von 80% (= 24% v. 450 000 €) nicht mehr abziehbar sind. Weiterhin ist der vortragsfähige Gewerbeverlust der Y-OHG aufgrund der mittelbaren Beteiligung der A-GmbH an der Y-OHG von 48% (80% von 60%) in EZ 02 ebenfalls zu 30% (= 14,4% v. 250 000 €) nicht mehr abziehbar.

Lösung Abwandlung:

Unter Berücksichtigung der Beteiligungshöhe von 80% der A-GmbH an der X-OHG folgt, dass vom vortragsfähigen Gewerbeverlust der X-OHG in EZ 02 nunmehr der vollständige, auf die A-GmbH entfallende Verlustvortrag in Höhe von 80% v. 450 000 € nicht mehr abziehbar ist. Die Anwendung des § 8c KStG auf Ebene der Y-OHG führt im EZ 02 dazu, dass der vortragsfähige Gewerbeverlust der Y-OHG aufgrund der mittelbaren Beteiligung der A-GmbH an der Y-OHG von 48% (80% von 60%) im Umfang der mittelbaren Beteiligung (48% v. 250 000 €) nicht mehr abziehbar ist.

Ausscheiden von Gesellschaftern einer Mitunternehmerschaft.

- → R 10a.3 Abs. 3 Satz 9 Nr. 1, 2, 4 und 9.
- → Beschluss des Großen Senats des BFH vom 3. 5. 1993 – BStBl. II S. 616 und BFH vom 14. 12. 1989 – BStBl. 1990 II S. 436, vom 2. 3. 1983 – BStBl. II S. 427.
- Die Inanspruchnahme des gewerbesteuerlichen Verlustabzugs setzt die ununterbrochene Unternehmeridentität voraus, so dass auch kurzfristige Unterbrechungen – selbst für eine logische Sekunde – zum Wegfall des Verlustabzugs führen (→ BFH vom 11. 10. 2012 – BStBl. 2013 II S. 176).

Änderung der Beteiligungsquote.

Beispiel:

An der Y-OHG sind im EZ 01 A und B zu je 50% beteiligt. Zum 1. 1. 02 hat A 60% seines Anteils (= 30%) auf B übertragen.
Die gewerbesteuerlichen Ergebnisse (einschl. Hinzurechnungen und Kürzungen) betragen:
EZ 01: ./. 100 000 €
EZ 02: + 100 000 €

Lösung:

Der im EZ 01 entstandene Fehlbetrag ist A und B gemäß § 10a Satz 4 GewStG in Höhe von jeweils 50 000 € zuzurechnen (jeweiliges Verlustkonto für A und B).
Der Gewerbeertrag des EZ 02 ist gemäß § 10a Satz 5 GewStG A in Höhe von 20 000 € und B in Höhe von 80 000 € zuzurechnen. Für die Verrechnung des Fehlbetrages ergibt sich Folgendes:
A: ./. 50 000 € + 20 000 € = 0; verbleibender Verlustabzugsbetrag 30 000 € (Verlustkonto für A)
B: ./. 50 000 € + 80 000 € = 30 000 €; verbleibender Verlustabzugsbetrag 0.
Im EZ 02 ergibt sich ein Gewerbesteuermessbetrag von 30 000 €. Die Feststellung eines verbleibenden Verlustabzugsbetrages zum 31. 12. 02 nach § 10a Satz 6 GewStG beläuft sich auf 30 000 €. Ab dem EZ 03 ist dieser Betrag nur von dem nach § 10a Satz 5 GewStG auf A entfallenden Anteil am Gewerbeertrag abziehbar.

Änderung des Gesellschafterbestandes.

Beispiel 1 (Ausscheiden):

An der A-KG sind die Gesellschafter A, B und C zu je einem Drittel beteiligt. Der vortragsfähige Gewerbeverlust der KG zum 31. 12. 02 beträgt 900 000 €. Zum 31. 12. 03 scheidet C aus der Personengesellschaft aus und veräußert seinen Anteil an D. Die KG erzielt in 03 einen Gewerbeertrag von 600 000 €. In 04 erzielt die KG einen Gewerbeertrag in Höhe von 150 000 €.

Lösung:

	Ergebnis					Verluste (§ 10 a)			
	A	B	C	D	Summe	A	B	C	Summe
EZ 02 § 10 a Satz 4	./. 300	./. 300	./. 300	–	./. 900	300	300	300	900
EZ 03 § 10 a Satz 5	200 ./. 200	200 ./. 200	200 ./. 200	–	600 ./. 600	./. 200	./. 200	./. 200	./. 600
Gewerbe- ertrag 03	0	0	0	–	0				

H 10 a.3 (3)

noch **23**

	Ergebnis				Verluste (§ 10 a)			
	A	B	D	Summe	A	B	C	Summe
Ausscheiden C							./. 100	./. 100
Verlustfeststellung § 10 a Satz 6					100	100	0	200
EZ 04 § 10 a Satz 5	50 ./. 50	50 ./. 50	50 –	150 ./. 100	./. 50	./. 50	–	./. 100
Gewerbeertrag 04	0	0	50	50				
Verlustfeststellung § 10 a Satz 6					50	50		100

Abwandlung zu Beispiel 1 (unterjähriges Ausscheiden)

Wie Beispiel 1 jedoch scheidet der Gesellschafter C zum 30. 6. 03 aus der Personengesellschaft aus und veräußert seinen Anteil zu diesem Zeitpunkt an D. Ein bis zum Ausscheiden des C tatsächlich erzielter Gewerbeertrag ist nicht bekannt.

Lösung:

Der positive Gewerbeertrag bis zum Ausscheiden des C ist nach Maßgabe des § 10 a GewStG um Verluste früherer Jahre zu kürzen. Entsprechend R 10 a.3 Abs. 3 Satz 9 Nr. 9 ist für diese Zwecke der einheitliche Gewerbeertrag des EZ 03 zeitanteilig auf den Zeitraum vor und nach dem Ausscheiden des C zu verteilen.

	Ergebnis					Verluste (§ 10 a)			
	A	B	C	D	Summe	A	B	C	Summe
EZ 02 § 10 a Satz 4	./. 300	./. 300	./. 300	–	./. 900	300	300	300	900
EZ 03 Bis 30. 6. = 6/12 v. 600 000 § 10 a Satz 5	100 ./. 100	100 ./. 100	100 ./. 100		300 ./. 300	./. 100	./. 100	./. 100	./. 300
Ab 1. 7. = 6/12 v. 600 000 § 10 a Satz 5	100 ./. 100	100 ./. 100	– –	100 –	300 ./. 200	./. 100	./. 100	–	./. 200
Gewerbeertrag 03	0	0	0	100	100				
Ausscheiden C								./. 200	./. 200
Verlustfeststellung § 10 a Satz 6						100	100	0	200
EZ 04 § 10 a Satz 5	50 ./. 50	50 ./. 50	– –	50 –	150 ./. 100	./. 50	./. 50	–	./. 100
Gewerbeertrag 04	0	0		50	50				
Verlustfeststellung § 10 a Satz 6						50	50		100

Beispiel 2 (Ausscheiden unter Berücksichtigung Sonderbetriebsvermögen):

An der Y-OHG sind A und B zu je 50 % beteiligt. Die gewerbesteuerlichen Ergebnisse (einschl. Hinzurechnungen und Kürzungen) betragen:

EZ 01	A	B
Gesamthandsbilanz ./. 100 (verteilt nach § 10 a Satz 4 GewStG)	./. 50	./. 50
Sonderbetriebsvermögen + 20	+ 20	–
Gewerbeertrag/Fehlbetrag ./. 80	./. 30	./. 50

EZ 02	A	B
Gesamthandsbilanz ./. 60 (verteilt nach § 10 a Satz 4 GewStG)	./. 30	./. 30
Sonderbetriebsvermögen + 70	+ 70	–
Gewerbeertrag + 10	+ 40	./. 30

EZ 03

Gesamthandsbilanz und Sonderbetriebsvermögen: + 0

A scheidet zum 31. 12. 03 aus. Der zum 31. 12. 03 festzustellende vortragsfähige Fehlbetrag ermittelt sich wie folgt:

Lösung:

	Ergebnis			Verluste (§ 10 a)		
	A	B	Summe	A	B	Summe
EZ 01 (Sonder BE)	./. 50 20	./. 50	./. 80	40	40	80
Gesonderte Feststellung § 10 a Satz 6 GewStG						80
EZ 02 (Sonder BE) Verlustabzug	./. 30 70	./. 30	+ 10 ./. 10	./. 5	./. 5	./. 10
31. 12. 02 § 10 a Satz 6 GewStG				35	35	70
EZ 03 Ausscheiden des A	0	0	0	./. 35	–	70 ./. 35
31. 12. 03 § 10 a Satz 6 GewStG				0	35	35

Beispiel 3 (Eintritt/Mindestbesteuerung):

An der Z-OHG sind im EZ 01 A und B zu je 50 % beteiligt. Nach Eintritt des C zum 1. 1. 02 sind A, B und C zu je $^1/_3$ beteiligt. Gewerbesteuerliche Ergebnisse:

EZ 01:	Verlust aus Gesamthandsbilanz:	./.	4,0 Mio. €	(= Gewerbeverlust)
EZ 02:	Verlust aus Gesamthandsbilanz:	./.	1,5 Mio. €	
	Sonderbetriebseinnahmen des C:	+	4,5 Mio. €	
=	Gewerbeertrag 02:	+	3,0 Mio. €	

Lösung (Beträge in Mio. €):

	Ergebnis				Verluste (§ 10 a)			
	A	B	C	Summe	A	B	C	Summe
EZ 01 § 10 a Satz 6 GewStG:	./. 2	./. 2	–	./. 4 4	+ 2	+ 2	–	4
EZ 02: SBE	./. 0,5	./. 0,5 –	./. 0,5 4,5	3				
Verlustabzug: Für den Verlustabzug stehen nach Gewinnverteilungsschlüssel (§ 10 a Satz 5 GewStG) zur Verfügung	1	1	–[1)]					
./. § 10 a Satz 1 GewStG hier: je $^1/_3$ v. 1 Mio.	./. 0,33	./. 0,33		./. 0,66	./. 0,33	./. 0,33	–	./. 0,66
./. § 10 a Satz 2 GewStG hier: je $^1/_3$ v. 60 % v. 2 Mio.	./. 0,40	./. 0,40		./. 0,80	./. 0,40	./. 0,40	–	./. 0,80
Gewerbeertrag 02	0,27	0,27	1	**1,54**				
verbleibender Verlustabzug 31. 12. 02					1,27	1,27	–	**2,54**

[1)] Der auf C nach allgemeinem Gewinnverteilungsschlüssel entfallende Gewinnanteil (1 Mio. €) steht nicht für Verlustabzug zur Verfügung, da auf C kein Teil des Fehlbetrags entfällt.

Atypisch stille Gesellschaft.

– → R 2.4 (5).

– Wird die an einer GmbH & atypisch still beteiligte GmbH auf die still beteiligte Personengesellschaft verschmolzen und ist für die atypische stille Gesellschaft ein Verlustvortrag festgestellt, um den die aufnehmende Personengesellschaft ihren Gewerbeertrag kürzen will, muss die für die Kürzung nach § 10 a GewStG erforderliche Unternehmensidentität zwischen dem Gewerbebetrieb bestehen, den die GmbH – als Inhaberin des Handelsgeschäfts – vor ihrer Verschmelzung auf die Personengesellschaft geführt hat, und dem Gewerbebetrieb, den die Personengesellschaft nach der Verschmelzung (fort-)führt. Der für die GmbH & atypisch still festgestellte Gewerbeverlust geht mangels Unternehmeridentität in dem Umfang unter, in dem er nach der gesellschaftsinternen Verteilung auf die verschmelzungsbedingt erloschene GmbH entfiel (→ BFH vom 11. 10. 2012 – BStBl. 2013 II S. 958).

Doppelstöckige Personengesellschaft. → R 10 a.3 Abs. 3 Satz 9 Nr. 8; → Beschluss des Großen Senats des BFH vom 3. 5. 1993 – BStBl. II S. 616 und BFH vom 11. 10. 2012 – BStBl. 2013 II S. 176.

Beispiel:

An der X-OHG (Untergesellschaft) sind je zur Hälfte A und die Y-OHG (Obergesellschaft) beteiligt. Gesellschafter der Y-OHG sind zu gleichen Teilen B und C. B veräußert zum 31. 12. 01 seine Beteiligung an der Y-OHG an D. Die Untergesellschaft (X-OHG) erwirtschaftete in 01 einen negativen Gewerbeertrag in Höhe von – 50 000 €, in 02 einen positiven Gewerbeertrag von 60 000 €.

Lösung:

Der negative Gewerbeertrag 01 (– 50 000 €) kann in voller Höhe von dem positiven Gewerbeertrag 02 (60 000 €) abgezogen werden, da der Gesellschafterwechsel bei der Y-OHG keinen Einfluss auf den Gesellschafterbestand bei der X-OHG hat.

Einbringung und Verschmelzung bei Personengesellschaften. → R 10 a.3 Abs. 3 Satz 9 Nr. 5; → BFH vom 17. 1. 1994 – BStBl. II S. 477 und vom 14. 9. 1993 – BStBl. 1994 II S. 764.

Realteilung. → R 10 a.3 Abs. 3 Nr. 7.

Beispiel 1:

Die AB-OHG, an der A und B zu gleichen Teilen beteiligt sind, besteht aus zwei Teilbetrieben. Die AB-OHG wird zum 1. 1. 02 real geteilt, wobei A den Teilbetrieb 1 und B den Teilbetrieb 2 übernimmt. Der vortragsfähige Gewerbeverlust zum 31. 12. 01 beträgt 400 000 €. Aus der Buchführung lässt sich nachvollziehen, dass der Gewerbeverlust in Höhe von 250 000 € auf den Teilbetrieb 1 und in Höhe von 150 000 € auf den Teilbetrieb 2 entfällt.

Lösung:

Das Recht auf den Abzug des bei der AB-OHG entstandenen Gewerbeverlustes steht A und B entsprechend ihrem Anteil an der AB-OHG jeweils zur Hälfte zu. Daher können A und B aufgrund des Erfordernisses der Unternehmeridentität nur ihren Anteil des Gesamtfehlbetrages von je 200 000 € (50 % von 400 000 €) bei der Ermittlung des Gewerbeertrages ihrer Einzelunternehmen abziehen.
Die Voraussetzung der Unternehmensidentität ist grundsätzlich gegeben, weil die beiden Teilbetriebe über gesonderte Buchführungen verfügt haben. Bei B ist jedoch zu beachten, dass dem von ihm übernommenen Teilbetrieb nur ein Gewerbeverlust von 150 000 € zugeordnet werden kann. Er kann daher nur einen Betrag von 150 000 € von den zukünftigen positiven Gewerbeerträgen abziehen. Im Ergebnis geht also ein Verlustabzug i. H. v. 50 000 € verloren.

Beispiel 2:

Wie vorstehend, nur wird die AB-OHG in Personengesellschaften AB1 (Teilbetrieb 1) und AB2 (Teilbetrieb 2) aufgespalten. Gesellschafter der beiden Personengesellschaften sind weiterhin A und B zu je 50 %.

Lösung:

Bei der AB1-OHG kann der dem Teilbetrieb 1 zuzuordnende Gewerbeverlust i. H. v. 250 000 € abgezogen werden. Der restliche Gewerbeverlust i. H. v. 150 000 € kann von der AB2-OHG in Anspruch genommen werden.

Anl zu R 10 a.3 (3)

Gleich lautende Erlasse zum Gesellschafterwechsel in doppelt- und mehrstöckigen Personengesellschaftsstrukturen und deren Auswirkungen auf Fehlbeträge nach § 10 a GewStG

Vom 11. August 2021 (BStBl. I S. 1074)

(Oberste Finanzbehörden der Länder)

24 Der BFH hat mit Urteil vom 24. April 2014, BStBl. 2017 II S. 233, entschieden, dass im Fall der Einbringung des Betriebs einer Kommanditgesellschaft (Obergesellschaft) in eine atypisch stille Gesellschaft (Untergesellschaft) eine doppelstöckige Mitunternehmerschaft entsteht, ohne hierbei ausdrücklich zur Frage des möglichen Vorliegens zweier – getrennt voneinander bestehender – Gewerbebetriebe Stellung zu nehmen (hierzu nachgehend bejahend BFH vom 8. Dezember 2016, BStBl. 2017 II S. 538). Darüber hinaus hat der BFH im Urteil vom 24. April 2014, BStBl. 2017 II S. 233, auch zur Unternehmeridentität Stellung genommen. Er hat in diesem Zusammenhang zur Frage, ob und inwieweit gewerbesteuerliche Fehlbeträge nach § 10 a GewStG, die bis zur Begründung der atypisch stillen Beteiligung am Betrieb der Obergesellschaft entstanden sind, auf Ebene der Untergesellschaft für eine Verrechnung zur Verfügung stehen, auf eine mittelbare Gesellschafterstellung der Gesellschafter der Obergesellschaft an der Untergesellschaft abgestellt.

Nach dem Ergebnis der Erörterung der obersten Finanzbehörden der Länder sind die Grundsätze des Urteils zur mittelbaren Gesellschafterstellung über den entschiedenen Einzelfall hinaus nicht anzuwenden. An der bisherigen Verwaltungsauffassung, nach der es zur Frage des Vorliegens der Unternehmeridentität stets und ausschließlich auf eine unmittelbare Gesellschafterstellung ankommt, wird uneingeschränkt festgehalten.

Im Fall der Begründung einer atypisch stillen Beteiligung am Handelsgewerbe einer Personengesellschaft sowie auch in anderen Fällen der Einbringung des Betriebs einer Personengesellschaft in eine andere Personengesellschaft (doppelt- und mehrstöckige Personengesellschaftsstrukturen) gilt somit Folgendes:

Die Kürzung des Gewerbeertrags um gewerbesteuerliche Fehlbeträge nach § 10a GewStG setzt sowohl Unternehmensidentität als auch Unternehmeridentität voraus. Dies gilt auch bei der Nutzung von Fehlbeträgen einer Personengesellschaft (Mitunternehmerschaft). Damit gelten die allgemeinen Grundsätze von R 10a.2 „Unternehmensidentität" und R 10a.3 „Unternehmeridentität" GewStR auch bei Mitunternehmerschaften. Träger des Verlustabzugs sind nach R 10a.3 Abs. 3 Satz 1 GewStR die jeweiligen Gesellschafter (Mitunternehmer) der Personengesellschaft. Bei der Beteiligung einer Obergesellschaft an einer Untergesellschaft sind nicht die Gesellschafter der Obergesellschaft, sondern ist die Obergesellschaft Gesellschafterin und damit Träger des Verlustabzugs der Untergesellschaft.

Dies hat zur Folge, dass ein Wechsel im Gesellschafterbestand der Obergesellschaft keinen Einfluss auf Fehlbeträge bei der Untergesellschaft hat, da die Unternehmeridentität bezüglich der Untergesellschaft letztlich unberührt bleibt (vgl. R 10a.3 Abs. 3 Satz 9 Nr. 8 Sätze 1 und 2 GewStR).

Für Fälle, wie sie dem BFH mit Urteil vom 24. April 2014, BStBl. 2017 II S. 233, zugrunde lagen, folgt daraus, dass gewerbesteuerliche Fehlbeträge der Obergesellschaft, die bis zur Begründung der atypisch stillen Gesellschaft (Untergesellschaft) entstanden sind, auf Ebene der Untergesellschaft mangels Unternehmeridentität nicht zur Verrechnung zur Verfügung stehen. Träger der fraglichen Fehlbeträge sind weiterhin die Mitunternehmer der Obergesellschaft (Unternehmeridentität). Diese sind aber nicht Mitunternehmer der Untergesellschaft, denn Mitunternehmer der Untergesellschaft ist allein die Obergesellschaft selbst.

Diese Erlasse ergehen im Einvernehmen mit dem Bundesministerium der Finanzen.

R 10a.3 (4)

R 10a.3 (4)

Kapitalgesellschaften

(4) ① Wird eine Kapitalgesellschaft formwechselnd in eine andere Kapitalgesellschaft umgewandelt, bleibt die Unternehmeridentität gewahrt. ② Bei der Verschmelzung zweier Kapitalgesellschaften kann die aufnehmende Kapitalgesellschaft den Gewerbeverlust der verschmolzenen Kapitalgesellschaft nicht abziehen (→ § 19 Abs. 2 i. V. m. § 12 Abs. 3 i. V. m. § 4 Abs. 2 Satz 2 UmwStG).[1] ③ Auch im Fall der Aufspaltung einer Körperschaft geht deren Gewerbeverlust nicht auf die übernehmenden Gesellschaften über. ④ Entsprechendes gilt bei der Abspaltung von Vermögen einer Körperschaft auf eine andere Körperschaft; der Gewerbeverlust der fortbestehenden übertragenden Körperschaft mindert sich gem. § 19 Abs. 2 i. V. m. § 15 Abs. 3 UmwStG. ⑤ Bei der Umwandlung einer Körperschaft auf eine Personengesellschaft oder eine natürliche Person im Wege der Verschmelzung, der Spaltung oder des Formwechsels kann die übernehmende Personengesellschaft oder natürliche Person den Gewerbeverlust der übertragenden Körperschaft ebenfalls nicht abziehen (→ § 18 Abs. 1 Satz 2 UmwStG); bei der Abspaltung von Vermögen einer Körperschaft auf eine Personengesellschaft mindert sich der Gewerbeverlust der fortbestehenden übertragenden Körperschaft nach Maßgabe von § 16 i. V. m. § 15 Abs. 3 und § 18 Abs. 1 Satz 1 UmwStG. ⑥ Im Fall der Ausgliederung auf eine Kapitalgesellschaft nach § 123 Abs. 3 UmwG bleibt der volle Gewerbeverlust grundsätzlich bei dem ausgliedernden Unternehmen. 25

Erlass betr. Übergang des Gewerbeverlustes nach § 10a GewStG einer Kapitalgesellschaft auf eine Personengesellschaft infolge einer Einbringung

Anl zu R 10a.3 (4)

Vom 27. Januar 2012 (DStR S. 908)

(FM NRW G 1427 – 26 – V B 4)

Nach den bis einschließlich zum Erhebungszeitraum 2008 gültigen Gewerbesteuer-Richtlinien 1998 ging im Fall der Einbringung eines Betriebes durch eine Kapitalgesellschaft in eine Personengesellschaft der vortragsfähige Gewerbeverlust auf die Personengesellschaft über (Abschn. 68 Abs. 4 Satz 6 i. V. m. Abs. 2 GewStR 1998). Dieser konnte insoweit vom Gewerbeertrag der Personengesellschaft abgezogen werden, als er nach dem sich aus dem Gesellschaftsvertrag ergebenden Gewinnverteilungsschlüssel auf die Kapitalgesellschaft entfiel. In die Gewerbesteuerrichtlinien 2009 ist eine mit Abschn. 68 Abs. 4 Satz 6 GewStR 1998 vergleichbare Regelung nicht aufgenommen worden. 26

Nach dem Erlass FinMin. Nordrhein-Westfalen vom 11. 6. 2010 (G 1310 – 10 – V B 4, DStR 2010, 1573) bestanden keine Bedenken, Abschn. 68 Abs. 4 Satz 6 GewStR 1998 ab dem Erhebungszeitraum 2009 vorerst weiterhin anzuwenden. Hieran wird nicht mehr festgehalten.

Es wird gebeten, in entsprechenden Sachverhalten ab dem Erhebungszeitraum 2009 davon auszugehen, dass ein Übergang des Gewerbeverlustes auf die Personengesellschaft nicht in Betracht kommt.

Die Tätigkeit einer Kapitalgesellschaft gilt nach § 2 Abs. 2 Satz 1 GewStG stets und in vollem Umfang als Gewerbebetrieb. Bei der Beurteilung der sachlichen Gewerbesteuerpflicht kommt es daher nicht darauf an, ob die ausgeübte Tätigkeit ihrer Art nach gewerblich ist. Im Fall der Einbringung des Betriebes einer Kapitalgesellschaft in eine Personengesellschaft hat dies zur Folge, dass die sachliche

[1] *Umwandlungssteuererlass (BMF v. 11. 11. 2011, BStBl. I S. 1314)* abgedruckt im „Handbuch zur Körperschaftsteuerveranlagung" im **Anhang I 2 a**.

Gewerbesteuerpflicht der Kapitalgesellschaft auch dann bestehen bleibt, wenn sich deren Tätigkeit zukünftig auf das Halten des Mitunternehmeranteils beschränkt.[1]

Voraussetzung für den Verlustabzug nach § 10 a GewStG ist bei Personenunternehmen (Einzelunternehmen und Mitunternehmerschaften) die Unternehmens- und Unternehmeridentität. Bei Kapitalgesellschaften kommt es dagegen auf das Merkmal der Unternehmensidentität nicht an, weil diese allein aufgrund ihrer Rechtsform sachlich gewerbesteuerpflichtig sind (BFH v. 29. 10. 1986 I R 318–319/83, BStBl. II 1987, 310).

Wird der Betrieb eines Einzelunternehmers oder einer Personengesellschaft in eine (andere) Personengesellschaft eingebracht, hat dies zur Folge, dass der vortragsfähige Gewerbeverlust auf die Personengesellschaft übergeht. Auf Ebene des bisherigen Einzelunternehmens bzw. der bisherigen Personengesellschaft kommt ein Verlustabzug nach § 10 a GewStG aufgrund fehlender Unternehmensidentität nicht mehr in Betracht. Anders verhält es sich im Fall einer Betriebseinbringung durch eine Kapitalgesellschaft. Hier kann der Gewerbeverlust auf Ebene der Kapitalgesellschaft weiterhin vorgetragen werden und – zumindest dem Grunde nach – mit positiven Gewerbeerträgen aus der künftigen Tätigkeit verrechnet werden. Ein Übergang auf die Personengesellschaft kommt daher nicht in Betracht.

R 10a.4

R 10 a.4 Organschaft

27 ① Gehen im Zuge einer Anwachsung Verluste einer Personengesellschaft auf eine Organgesellschaft über, können diese Verluste in Zeiträumen vor als auch nach dem Abschluss des Gewinnabführungsvertrages zwischen Organgesellschaft und Organträger entstanden sein. ② Verluste, die vor Abschluss des Gewinnabführungsvertrages bei der Personengesellschaft entstanden sind, stellen vororganschaftliche Verluste dar, welche während des Bestehens der Organschaft nicht mit dem maßgebenden Gewerbeertrag der Organgesellschaft zu verrechnen sind (→ § 10 a Satz 3 GewStG). ③ Die nach Abschluss des Gewinnabführungsvertrages auf Ebene der Personengesellschaft entstandenen und der Organgesellschaft angewachsenen Verluste stellen Verluste dar, die während der Organschaft auf Ebene der Organgesellschaft entstanden sind. ④ Die Voraussetzungen des § 10 a Satz 3 GewStG sind insoweit nicht erfüllt. ⑤ Daraus folgt, dass Verluste im Sinne des Satzes 3 auf Ebene der Organgesellschaft nach Maßgabe des § 10 a Sätze 1 und 2 GewStG jeweils höchstens bis auf Null mit positiven Gewerbeerträgen der Organgesellschaft ausgeglichen werden können.

H 10a.4

H 10 a.4

28 **Änderungen bei der Besteuerung steuerlicher Organschaften durch das Steuervergünstigungsabbaugesetz – StVergAbG –.** → BMF vom 10. 11. 2005 – BStBl. I S. 1038.[2]

Organschaftliche Verluste. Verluste einer Organgesellschaft, die während der Dauer einer Organschaft entstanden sind, können auch nach Beendigung der Organschaft nur vom maßgebenden Gewerbeertrag des Organträgers abgezogen werden (→ BFH vom 27. 6. 1990 – BStBl. II S. 916).

[1] Bestätigt durch *BFH-Urteil vom 17. 1. 2019 III R 35/17, BStBl. II S. 407:* Überträgt eine AG ihr operatives Geschäft im Wege der Ausgliederung nach § 123 Abs. 3 Nr. 1 UmwG auf eine KG, so geht ein gewerbesteuerlicher Verlustvortrag der AG jedenfalls dann nicht auf die KG über, wenn sich die AG fortan nicht nur auf die Verwaltung der Mitunternehmerstellung bei der KG beschränkt.

[2] Abgedruckt als Anl b zu H 14.1 im „Handbuch zur Körperschaftsteuerveranlagung".

§ 11 Steuermesszahl und Steuermessbetrag

GewStG

(1) ① Bei der Berechnung der Gewerbesteuer ist von einem Steuermessbetrag auszugehen. ② Dieser ist durch Anwendung eines Prozentsatzes (Steuermesszahl) auf den Gewerbeertrag zu ermitteln. ③ Der Gewerbeertrag ist auf volle 100 Euro nach unten abzurunden und 1

1. bei natürlichen Personen sowie bei Personengesellschaften um einen Freibetrag in Höhe von 24 500 Euro,

2. bei Unternehmen im Sinne des § 2 Abs. 3 und des § 3 Nr. 5, 6, 8, 9, 15, 17, 21, 26, 27, 28 und 29 sowie bei Unternehmen von juristischen Personen des öffentlichen Rechts um einen Freibetrag in Höhe von 5000 Euro, 2

höchstens jedoch in Höhe des abgerundeten Gewerbeertrags, zu kürzen.

(2) Die Steuermesszahl für den Gewerbeertrag beträgt 3,5 Prozent. 3

(3) ① Die Steuermesszahl ermäßigt sich auf 56 Prozent bei Hausgewerbetreibenden und ihnen nach § 1 Abs. 2 Buchstabe b und d des Heimarbeitsgesetzes in der im Bundesgesetzblatt Teil III, Gliederungsnummer 804-1, veröffentlichten bereinigten Fassung, zuletzt geändert durch Artikel 4 des Gesetzes vom 13. Juli 1988 (BGBl. I S. 1034), gleichgestellten Personen. ② Das Gleiche gilt für die nach § 1 Abs. 2 Buchstabe c des Heimarbeitsgesetzes gleichgestellten Personen, deren Entgelte (§ 10 Abs. 1 des Umsatzsteuergesetzes) aus der Tätigkeit unmittelbar für den Absatzmarkt im Erhebungszeitraum 25 000 Euro nicht übersteigen. 4

Übersicht

R 11.1 Freibetrag bei natürlichen Personen und Personengesellschaften

R 11.1

① Der Freibetrag im Sinne des § 11 Absatz 1 Satz 3 Nr. 1 GewStG ist für Gewerbebetriebe natürlicher Personen und Personengesellschaften betriebsbezogen zu gewähren. ② Der Freibetrag ist auch dann in voller Höhe zu gewähren, wenn die Betriebseröffnung oder Betriebsschließung im Laufe des Kalenderjahres erfolgt. ③ Wechselt lediglich die Steuerschuldnerschaft zwischen Einzelunternehmen und Personengesellschaften oder umgekehrt, ist der für den Erhebungszeitraum ermittelte einheitliche Steuermessbetrag den Steuerschuldnern anteilig zuzurechnen und getrennt festzusetzen. ④ Diese zeitliche Abgrenzung und zeitraumbezogene Erfassung des Besteuerungsguts bedeutet, dass jedem der Steuerschuldner nur der Teil des Steuermessbetrags zugerechnet werden darf, der auf die Dauer seiner persönlichen Steuerpflicht entfällt. ⑤ Dieses Ergebnis wird dadurch erreicht, dass für jeden der Steuerschuldner eine Steuermessbetragsfestsetzung auf Grund des von ihm erzielten Gewerbeertrags durchgeführt wird und dabei der Freibetrag nach § 11 Abs. 1 Satz 3 Nr. 1 GewStG in Höhe von 24 500 EUR auf jeden von ihnen entsprechend der Dauer seiner persönlichen Steuerpflicht aufgeteilt wird. ⑥ Aus Vereinfachungsgründen kann bei jedem der Steuerschuldner für jeden angefangenen Monat der Steuerpflicht ein Freibetrag von 2042 EUR berücksichtigt werden. ⑦ Die Steuermesszahl nach § 11 Absatz 2 GewStG wird nach Abzug des anteiligen Freibetrages auf den verbleibenden Gewerbeertrag des jeweiligen Steuerschuldners angewendet. 5

H 11.1

H 11.1

Atypisch stille Gesellschaft.[1] Der Freibetrag im Sinne des § 11 Abs. 1 Satz 3 Nr. 1 GewStG ist auch Kapitalgesellschaften zu gewähren, an deren gewerblichen Unternehmen 6

– natürliche Personen als atypisch stille Gesellschafter beteiligt sind (→ BFH vom 10. 11. 1993 – BStBl. 1994 II S. 27). In diesen Fällen ist er grundsätzlich auch dann nur einmal zu gewähren, wenn an dem gewerblichen Unternehmen mehrere natürliche Personen aufgrund mehrerer Gesellschaftsverträge als atypisch stille Gesellschafter beteiligt sind (→ BFH vom 8. 2. 1995 – BStBl. II S. 764). Sind jedoch die der atypisch stillen Gesellschaft und die dem Inhaber des Handelsgeschäftes allein zuzuordnenden gewerblichen Tätigkeiten als jeweils getrennte Gewerbebetriebe zu beurteilen, ist der Freibetrag für jeden Gewerbebetrieb zu gewähren (→ BFH vom 6. 12. 1995 – BStBl. 1998 II S. 685) und R 2.4 Abs. 5,

– nur eine andere Kapitalgesellschaft als atypischer stiller Gesellschafter beteiligt ist (→ BFH vom 30. 8. 2007 – BStBl. 2008 II S. 200).

[1] *BFH-Urteil v. 15. 7. 2020 III R 68/18, BStBl. 2021 II S. 869*: Nimmt eine GmbH im laufenden Jahr eine natürliche Person als atypisch stillen Gesellschafter auf, so ist der für Einzelunternehmen und Personengesellschaften geltende Freibetrag von 24.500 € in dem an die GmbH als Geschäftsherrn zu adressierenden, die GmbH & atypisch Still betreffenden Gewerbesteuermessbescheid zu berücksichtigen. Der GmbH selbst steht der Freibetrag nicht zu; der aufgrund des von ihr vor der Aufnahme des stillen Gesellschafters erzielten Gewinns ermittelte Gewerbeertrag ist daher nicht zu kürzen.

Wechsel des Steuerschuldners. → BFH vom 17. 2. 1989 – BStBl. II S. 664; → BFH vom 26. 8. 1993 – BStBl. 1995 II S. 791; → R 5.1 Abs. 1.

GewStDV

§ 22 ***Hausgewerbetreibende und ihnen gleichgestellte Personen***

7 *① Betreibt ein Hausgewerbetreibender oder eine ihm gleichgestellte Person noch eine andere gewerbliche Tätigkeit und sind beide Tätigkeiten als eine Einheit anzusehen, so ist § 11 Abs. 3 des Gesetzes nur anzuwenden, wenn die andere Tätigkeit nicht überwiegt. ② Die Vergünstigung gilt in diesem Fall für den gesamten Gewerbeertrag.*

R 11.2

R 11.2 Steuermesszahlen bei Hausgewerbetreibenden und bei ihnen gleichgestellten Personen

8 ① Die auf 56 Prozent ermäßigte Steuermesszahl (= 1,96 Prozent) gilt nach § 11 Abs. 3 GewStG bei Hausgewerbetreibenden und ihnen nach § 1 Abs. 2 Buchstaben b bis d des Heimarbeitsgesetzes gleichgestellten Personen, bei den nach Buchstabe c gleichgestellten Personen aber nur unter der Voraussetzung, dass ihre Entgelte (→ § 10 Abs. 1 UStG) aus der Tätigkeit unmittelbar für den Absatzmarkt im Erhebungszeitraum 25 000 EUR nicht übersteigen. ② § 11 Abs. 3 Satz 1 GewStG knüpft unmittelbar an das Heimarbeitsgesetz an. ③ Ob jemand die Steuerermäßigung des § 11 Abs. 3 Satz 1 GewStG beanspruchen kann, richtet sich demzufolge allein danach, ob er Hausgewerbetreibender i. S. des § 2 Abs. 2 Heimarbeitsgesetz oder einem solchen Unternehmer nach § 1 Abs. 2 Buchstaben b bis d Heimarbeitsgesetz gleichgestellt ist. ④ Den Hausgewerbetreibenden gleichgestellte Personen sind nach § 1 Abs. 2 Buchstaben b bis d des Heimarbeitsgesetzes:

„b) Hausgewerbetreibende, die mit mehr als 2 fremden Hilfskräften (→ § 2 Abs. 6) oder Heimarbeitern (→ § 2 Abs. 1) arbeiten;

c) andere im Lohnauftrag arbeitende Gewerbetreibende, die infolge ihrer wirtschaftlichen Abhängigkeit eine ähnliche Stellung wie Hausgewerbetreibende einnehmen;

d) Zwischenmeister (→ § 2 Abs. 3)";
Zwischenmeister ist nach § 2 Abs. 3 des Heimarbeitsgesetzes „wer, ohne Arbeitnehmer zu sein, die ihm von Gewerbetreibenden übertragene Arbeit an Heimarbeiter oder Hausgewerbetreibende weitergibt".

⑤ Personen, die auf Grund des § 1 Abs. 2 Buchstaben b bis d des Heimarbeitsgesetzes wegen ihrer Schutzbedürftigkeit den Hausgewerbetreibenden gleichgestellt sind, sind die für Hausgewerbetreibende vorgesehenen gewerbesteuerrechtlichen Vergünstigungen ohne weitere Prüfung zu gewähren. ⑥ Die Finanzämter sind daher nicht befugt, im Einzelfall die Schutzbedürftigkeit noch besonders nachzuprüfen. ⑦ Nach § 2 Abs. 2 des Heimarbeitsgesetzes wird die Eigenschaft als Hausgewerbetreibender nicht dadurch beeinträchtigt, dass der Hausgewerbetreibende vorübergehend unmittelbar für den Absatzmarkt arbeitet. ⑧ Vorübergehend in diesem Sinne ist eine Tätigkeit, die nur gelegentlich oder – wenn auch ständig – nebenbei ausgeübt wird und deshalb für die Gesamtleistung unwesentlich ist. ⑨ Einen Anhalt für die Feststellung einer vorübergehenden Tätigkeit bilden die Stückzahlen der hergestellten Erzeugnisse. ⑩ Betreibt ein Hausgewerbetreibender oder eine ihm gleichgestellte Person noch eine andere gewerbliche Tätigkeit, z. B. als selbständiger Schneidermeister, und sind beide Tätigkeiten als Einheit zu behandeln (→ R 2.4), ist die Vergünstigung des § 11 Abs. 3 GewStG für den Gesamtertrag zu gewähren, wenn die andere Tätigkeit nicht überwiegt (→ § 22 GewStDV). ⑪ Das gleiche gilt, wenn die bezeichneten Personen die Voraussetzungen des Heimarbeitsgesetzes im Erhebungszeitraum vorübergehend nicht erfüllen, z. B. bei gelegentlicher Überschreitung der zugelassenen Höchstzahl fremder Arbeitskräfte, die begünstigte Tätigkeit im Erhebungszeitraum insgesamt aber überwiegt (→ Vorübergehende Tätigkeit).

H 11.2

H 11.2

9 **Allgemeines.** → R 15.1 Abs. 2 EStR; → H 15.1 EStH.

Fremde Hilfskraft. Als „fremde Hilfskraft" bezeichnet § 2 Abs. 6 Heimarbeitsgesetz denjenigen, der als Arbeitnehmer eines Hausgewerbetreibenden oder nach § 1 Abs. 2 Buchst. b und c Gleichgestellten in deren Arbeitsstätte beschäftigt ist. Fremde Hilfskräfte des Hausgewerbetreibenden sind alle aufgrund von Arbeitsverträgen – auch aushilfsweise – bei ihm beschäftigten Arbeitnehmer einschließlich solcher, die nahe Angehörige i. S. von § 2 Abs. 5 Buchst. a bis c Heimarbeitsgesetz sind und mit ihm in häuslicher Gemeinschaft leben (→ BFH vom 26. 2. 2002 – BStBl. 2003 II S. 31).

Hausgewerbetreibende gleichgestellte Personen. Wegen der Gleichstellung nach § 1 Abs. 2 Buchst. b bis d des Heimarbeitsgesetzes (→ BFH vom 4. 10. 1962 – BStBl. 1963 III S. 66 und vom 4. 12. 1962 – BStBl. 1963 III S. 144).[1] Sind Personen in einer Doppelfunktion tätig, kön-

[1] Vgl. hierzu auch *BFH-Urteil vom 7. 2. 1963 IV 154/61 U, BStBl. III S. 146.*

nen sie nach § 1 Abs. 2 Buchst. b und d gleichgestellt sein. Ein Gewerbetreibender, der nur Teilarbeiten in Heimarbeit verrichten lässt, ist kein Zwischenmeister (→ BFH vom 8. 7. 1971 – BStBl. 1972 II S. 385). Ein Gewerbetreibender ist nicht Hausgewerbetreibender, wenn er fortgesetzt mit mehr als zwei fremden Hilfskräften oder Heimarbeitern arbeitet; dies gilt auch, wenn die zeitliche Arbeitsleistung dieser Personen insgesamt möglicherweise nicht über die zeitliche Arbeitsleistung zweier vollzeitbeschäftigter Arbeitnehmer hinausgeht (→ BFH vom 26. 6. 1987 – BStBl. II S. 719). Ein Hausgewerbetreibender verliert diese Eigenschaft nicht, wenn er gelegentlich aus besonderem Anlass mehr als zwei fremde Hilfskräfte beschäftigt, auf Dauer aber das Gewerbe mit nur zwei fremden Hilfskräften betrieben werden kann (→ BFH vom 8. 3. 1984 – BStBl. II S. 534). H 11.2 noch 9

Personenzusammenschlüsse. Als Hausgewerbetreibende und ihnen gleichgestellte Personen sind auch Zusammenschlüsse dieser Personen zu behandeln (→ BFH vom 8. 3. 1960 – BStBl. III S. 160 und vom 8. 7. 1971 – BStBl. 1972 II S. 385).

Vorübergehende Tätigkeit. Die unmittelbare Arbeit für den Absatzmarkt darf in der Regel 10% nicht wesentlich übersteigen (→ BFH vom 4. 10. 1962 – BStBl. 1963 III S. 66).[1]

---

[1] *BFH-Urteil vom 10. 12. 1974 VIII R 11/69, BStBl. 1975 II S. 265:* Beträgt die Arbeitszeit der im Betrieb einer Hausgewerbetreibenden Beschäftigten für die unmittelbar auf dem Absatzmarkt zu veräußernde Ware 13,1 v. H. der Gesamtarbeitszeit, so entfällt die Vergünstigung des § 11 Abs. 3 GewStG 1961.

GewStG

Abschnitt III.

§§ 12, 13 *(weggefallen)*

GewStDV

§§ 23, 24 *(weggefallen)*

GewStG

Abschnitt IV. Steuermessbetrag

§ 14[1] Festsetzung des Steuermessbetrags

1 **① Der Steuermessbetrag wird für den Erhebungszeitraum nach dessen Ablauf festgesetzt. ② Erhebungszeitraum ist das Kalenderjahr. ③ Besteht die Gewerbesteuerpflicht nicht während eines ganzen Kalenderjahrs, so tritt an die Stelle des Kalenderjahrs der Zeitraum der Steuerpflicht (abgekürzter Erhebungszeitraum).**

R 14.1

R 14.1 Festsetzung des Steuermessbetrags

2 ① Erhebungszeitraum ist das Kalenderjahr oder die Dauer der Steuerpflicht im Kalenderjahr, wenn die Steuerpflicht nicht während des ganzen Kalenderjahrs besteht. ② Der Steuermessbetrag wird jeweils für den Erhebungszeitraum nach dessen Ablauf festgesetzt. ③ Der Steuermessbetrag ist erforderlichenfalls auf volle Euro nach unten abzurunden. ④ Fällt die Steuerpflicht im Laufe des Kalenderjahrs weg, braucht mit der Festsetzung des Steuermessbetrags nicht bis zum Ablauf des Kalenderjahrs gewartet zu werden. ⑤ In diesem Fall kann der Steuermessbetrag sofort nach Wegfall der Steuerpflicht festgesetzt werden.

H 14.1

H 14.1

3 **Gewerbliche Einkünfte – Keine Bindung an den Einkommensteuerbescheid.** Sind im Einkommensteuerbescheid Einkünfte des Steuerpflichtigen nicht als solche aus Gewerbebetrieb, sondern aus anderen Einkunftsarten, z. B. aus selbständiger Arbeit, behandelt, ist in dem Einkommensteuerbescheid hinsichtlich der Gewerbesteuer weder ein Freistellungsbescheid noch eine rechtsverbindliche Zusage der Gewerbesteuerfreiheit zu erblicken. Die nachträgliche Heranziehung des Steuerpflichtigen zur Gewerbesteuer ist daher ohne die Einschränkung des § 173 AO zulässig. Es ist darin auch grundsätzlich kein Verstoß gegen Treu und Glauben zu erblicken (→ BFH vom 27. 4. 1961 – BStBl. III S. 281). Wegen der Verwirkung des Anspruchs auf Erlass eines Gewerbesteuermess- oder Gewerbesteuerbescheids (→ BFH vom 5. 3. 1970 – BStBl. II S. 793 und vom 14. 3. 1991 – BStBl. II S. 769).

Festsetzung des Gewerbesteuermessbetrags gegenüber einer Personengesellschaft. Die Festsetzung des Gewerbesteuermessbetrags gegenüber einer Personengesellschaft kann unter keinem denkbaren Gesichtspunkt zu einer verfassungswidrigen Überbesteuerung im Sinne des sog. Halbteilungsgrundsatzes führen (→ BFH vom 15. 3. 2005 – BStBl. II S. 647).

Anl zu § 14

Kleinbetragsverordnung (KBV)[2]

– Auszug –

5 **§ 2 Änderung oder Berichtigung der Festsetzung eines Gewerbesteuermessbetrages**

Die Festsetzung eines Gewerbesteuermessbetrages wird nur geändert oder berichtigt, wenn die Abweichung von der bisherigen Festsetzung bei einer Änderung oder Berichtigung zugunsten des Steuerpflichtigen mindestens 2 Euro und bei einer Änderung oder Berichtigung zuungunsten des Steuerpflichtigen mindestens 5 Euro beträgt.

---

[1] Zur vorläufigen Festsetzung (§ 165 Absatz 1 AO) des Gewerbesteuermessbetrags, Verfassungsmäßigkeit der Nichtabziehbarkeit der Gewerbesteuer als Betriebsausgaben und der Hinzurechnungen nach § 8 Nummer 1 Buchstaben a, d, e und f GewStG vgl. *gleich lautende Erlasse der obersten Finanzbehörden der Länder vom 28. Oktober 2016, BStBl. I S. 1114,* letztmals abgedruckt als Anl e zu R 8.1 GewStR im „Handbuch zur Gewerbesteuerveranlagung 2021".

[2] Neu gefasst durch Art. 26 StEuglG vom 19. 12. 2000 (BGBl. I S. 1790, 1805) mWv 1. 1. 2002; neu gefasst durch Art. 3 ModBesteuerungG vom 18. 7. 2016 (BGBl. I S. 1679).

Die KBV ist vollständig abgedruckt im „AO-Handbuch" als Anlage 1 zu § 156 AO.

§ 14a Steuererklärungspflicht

GewStG

① Der Steuerschuldner (§ 5) hat für steuerpflichtige Gewerbebetriebe eine Erklärung zur Festsetzung des Steuermessbetrags und in den Fällen des § 28a eine Zerlegungserklärung nach amtlich vorgeschriebenem Datensatz durch Datenfernübertragung zu übermitteln. ② Auf Antrag kann die Finanzbehörde zur Vermeidung unbilliger Härten auf eine elektronische Übermittlung verzichten; in diesem Fall ist die Erklärung nach amtlich vorgeschriebenem Vordruck abzugeben und vom Steuerschuldner oder von den in § 34 der Abgabenordnung bezeichneten Personen eigenhändig zu unterschreiben. 1

§ 25 *Gewerbesteuererklärung*

GewStDV

(1) Eine Gewerbesteuererklärung ist abzugeben

1. für alle gewerbesteuerpflichtigen Unternehmen, deren Gewerbeertrag im Erhebungszeitraum den Betrag von 24 500 Euro überstiegen hat; 2

2. für Kapitalgesellschaften (Aktiengesellschaften, Kommanditgesellschaften auf Aktien, Gesellschaften mit beschränkter Haftung), wenn sie nicht von der Gewerbesteuer befreit sind; 3

3.[1, 2] *① für Genossenschaften einschließlich Europäischer Genossenschaften und für Versicherungsvereine auf Gegenseitigkeit, wenn sie nicht von der Gewerbesteuer befreit sind. ② Für sonstige juristische Personen des privaten Rechts und für nichtrechtsfähige Vereine ist eine Gewerbesteuererklärung nur abzugeben, soweit diese Unternehmen einen wirtschaftlichen Geschäftsbetrieb – ausgenommen Land- und Forstwirtschaft – unterhalten, dessen Gewerbeertrag im Erhebungszeitraum den Betrag von 5000 Euro überstiegen hat;* 4

4.[3] *für Unternehmen von juristischen Personen des öffentlichen Rechts, wenn sie als stehende Gewerbebetriebe anzusehen sind und ihr Gewerbeertrag im Erhebungszeitraum den Betrag von 5000 Euro überstiegen hat;* 5

5.[3] *für Unternehmen im Sinne des § 3 Nr. 5, 6, 8, 9, 15, 17, 21, 26, 27, 28 und 29 des Gesetzes nur, wenn sie neben der von der Gewerbesteuer befreiten Tätigkeit auch eine der Gewerbesteuer unterliegende Tätigkeit ausgeübt haben und ihr steuerpflichtiger Gewerbeertrag im Erhebungszeitraum den Betrag von 5000 Euro überstiegen hat;* 6

6. für Unternehmen, für die zum Schluss des vorangegangenen Erhebungszeitraums vortragsfähige Fehlbeträge gesondert festgestellt worden sind; 7

7. für alle gewerbesteuerpflichtigen Unternehmen, für die vom Finanzamt eine Gewerbesteuererklärung besonders verlangt wird. 8

(2)[3] *① Die Steuererklärung ist spätestens an dem von den obersten Finanzbehörden der Länder bestimmten Zeitpunkt abzugeben. ② Das Recht des Finanzamts, schon vor diesem Zeitpunkt Angaben zu verlangen, die für die Besteuerung von Bedeutung sind, bleibt unberührt.* 9

§ 14b Verspätungszuschlag

GewStG

① Ein nach § 152 der Abgabenordnung zu entrichtender Verspätungszuschlag fließt der Gemeinde zu. ② Sind mehrere Gemeinden an der Gewerbesteuer beteiligt, so fließt der Verspätungszuschlag der Gemeinde zu, in der sich die Geschäftsleitung am Ende des Erhebungszeitraums befindet. ③ Befindet sich die Geschäftsleitung im Ausland, so fließt der Verspätungszuschlag der Gemeinde zu, in der sich die wirtschaftlich bedeutendste Betriebsstätte befindet. ④ Auf den Verspätungszuschlag ist der Hebesatz der Gemeinde nicht anzuwenden.

§ 26 *(weggefallen)*

GewStDV

---

[1] § 25 Abs. 1 Nr. 3 Satz 1 GewStDV geändert durch SEStEG vom 7. 12. 2006 (BGBl. I S. 2782) mWv EZ 2006.
[2] Freibetrag erhöht durch 3. Mittelstandsentlastungsgesetz vom 17. 3. 2009 (BGBl. I S. 550) mWv EZ 2009.
[3] § 25 Abs. 2 Satz 2 GewStDV aufgehoben, bisheriger Satz 3 wird Satz 2 mWv EZ 2021 durch VO vom 25. 6. 2020 (BGBl. I S. 1495).

GewStG

§ 15 Pauschfestsetzung

1 **Wird die Einkommensteuer oder die Körperschaftsteuer in einem Pauschbetrag festgesetzt, so kann die für die Festsetzung zuständige Behörde im Einvernehmen mit der Landesregierung oder der von ihr bestimmten Behörde auch den Steuermessbetrag in einem Pauschbetrag festsetzen.**

R 15.1

R 15.1 Pauschfestsetzung

2 ① Die Festsetzung der Einkommensteuer (Körperschaftsteuer) in einem Pauschbetrag kommt in Betracht

1. nach § 34 c Abs. 5 EStG bei unbeschränkt Steuerpflichtigen mit ausländischen Einkünften,
2. nach § 50 Abs. 7 EStG bei beschränkt Steuerpflichtigen,
3. nach der Verordnung zur Vereinfachung des Verfahrens bei Steuernachforderungen vom 28. 7. 1941 (RGBl. I S. 489), soweit diese Verordnung nicht durch Landesrecht aufgehoben worden ist.

② Wird die Einkommensteuer (Körperschaftsteuer) in einem Pauschbetrag festgesetzt, so kann im Einvernehmen mit der dafür nach § 15 GewStG zuständigen Behörde auch der Steuermessbetrag in einem Pauschbetrag festgesetzt werden. ③ Ist Gewerbesteuer für mehrere Jahre nachzuholen, müssen für die einzelnen Jahre getrennte Gewerbesteuermessbeträge (Pauschbeträge) festgesetzt werden.

GewStG

Abschnitt V. Entstehung, Festsetzung und Erhebung der Steuer

§ 16 Hebesatz

(1)[1, 2] **Die Steuer wird auf Grund des Steuermessbetrags (§ 14) mit einem Prozentsatz (Hebesatz) festgesetzt und erhoben, der von der hebeberechtigten Gemeinde (§§ 4, 35 a) zu bestimmen ist.** 1

(2) **Der Hebesatz kann für ein Kalenderjahr oder mehrere Kalenderjahre festgesetzt werden.** 2

(3) ①**Der Beschluss über die Festsetzung oder Änderung des Hebesatzes ist bis zum 30. Juni eines Kalenderjahrs mit Wirkung vom Beginn dieses Kalenderjahrs zu fassen.** ②**Nach diesem Zeitpunkt kann der Beschluss über die Festsetzung des Hebesatzes gefasst werden, wenn der Hebesatz die Höhe der letzten Festsetzung nicht überschreitet.** 3

(4) ①**Der Hebesatz muss für alle in der Gemeinde vorhandenen Unternehmen der gleiche sein.** ②**Er beträgt 200 Prozent, wenn die Gemeinde nicht einen höheren Hebesatz bestimmt hat.**[3] ③**Wird das Gebiet von Gemeinden geändert, so kann die Landesregierung oder die von ihr bestimmte Stelle für die von der Änderung betroffenen Gebietsteile auf eine bestimmte Zeit verschiedene Hebesätze zulassen.** ④**In den Fällen des Satzes 3 sind die §§ 28 bis 34 mit der Maßgabe anzuwenden, dass an die Stelle mehrerer Gemeinden die Gebietsteile der Gemeinde mit verschiedenen Hebesätzen treten.** 4

(5) **In welchem Verhältnis die Hebesätze für die Grundsteuer der Betriebe der Land- und Forstwirtschaft, für die Grundsteuer der Grundstücke und für die Gewerbesteuer zueinander stehen müssen, welche Höchstsätze nicht überschritten werden dürfen und inwieweit mit Genehmigung der Gemeindeaufsichtsbehörde Ausnahmen zugelassen werden können, bleibt einer landesrechtlichen Regelung vorbehalten.** 5

R 16.1 Hebesatz *– unbesetzt –*

R 16.1

H 16.1

H 16.1

Mindesthebesatz. Es bestehen keine ernstlichen Zweifel daran, dass der Gesetzgeber berechtigt ist, im Laufe des Erhebungszeitraumes bis zum Entstehen des Steueranspruchs die gesetzlichen Grundlagen zu verändern. Der Gesetzgeber konnte deshalb rückwirkend für das Kalenderjahr 2003 den Zerlegungsmaßstab des § 28 GewStG 2002 zu Lasten solcher Gemeinden verändern, deren Hebesatz 200% unterschreitet (→ BFH vom 18. 8. 2004 – BStBl. 2005 II S. 143). 6

§ 17 *(weggefallen)*

GewStG

§§ 27, 28 *(weggefallen)*

GewStDV

§ 18 Entstehung der Steuer

GewStG

Die Gewerbesteuer entsteht, soweit es sich nicht um Vorauszahlungen (§ 21) handelt, mit Ablauf des Erhebungszeitraums, für den die Festsetzung vorgenommen wird.

---

[1] Gewerbesteuerhebesätze 2021, abgedruckt im **Anhang 2.**

[2] *BVerwG-Beschluss vom 12. 8. 2014 9 B 23/14, NVwZ-RR 2014 S. 897:* Für die Anrechnung ausländischer Quellensteuer auf die deutsche Gewerbesteuer auf Grund eines Doppelbesteuerungsabkommens ist das Finanzamt und nicht die Gemeinde zuständig.

[3] *BVerfG-Beschluss vom 27. 1. 2010 2 BvR 2185/04, 2 BvR 2189/04, JuS S. 755:* **1.** Der Bundesgesetzgeber war gem. Art. 105 Abs. 2 i. V. m. Art. 72 Abs. 2 GG befugt, die Gemeinden zur Erhebung der Gewerbesteuer zu verpflichten und einen Mindesthebesatz festzulegen (§§ 1, 16 Abs. 4 Satz 2 GewStG). Die Regelung ist zur Wahrung der Rechts- und Wirtschaftseinheit im gesamtstaatlichen Interesse erforderlich. **2.** Die Festlegung eines Mindesthebesatzes von 200 v. H. (§ 16 Abs. 4 Satz 2 GewStG) verstößt nicht gegen die als Bestandteil der Selbstverwaltungsgarantie (Art. 28 Abs. 2 GG) gewährleistete kommunale Finanzhoheit gem. Art. 28 Abs. 2 Satz 1 und 3 i. V. m. Art. 106 Abs. 6 Satz 2 GG. *(Leitsätze nicht amtlich).*

GewStG

§ 19 Vorauszahlungen

1 **(1) ① Der Steuerschuldner hat am 15. Februar, 15. Mai, 15. August und 15. November Vorauszahlungen zu entrichten. ② Gewerbetreibende, deren Wirtschaftsjahr vom Kalenderjahr abweicht, haben die Vorauszahlungen während des Wirtschaftsjahrs zu entrichten, das im Erhebungszeitraum endet. ③ Satz 2 gilt nur, wenn der Gewerbebetrieb nach dem 31. Dezember 1985 gegründet worden oder infolge Wegfalls eines Befreiungsgrundes in die Steuerpflicht eingetreten ist oder das Wirtschaftsjahr nach diesem Zeitpunkt auf einen vom Kalenderjahr abweichenden Zeitraum umgestellt worden ist.**

2 **(2) Jede Vorauszahlung beträgt grundsätzlich ein Viertel der Steuer, die sich bei der letzten Veranlagung ergeben hat.**

3 **(3)[1] ① Die Gemeinde kann die Vorauszahlungen der Steuer anpassen, die sich für den Erhebungszeitraum (§ 14) voraussichtlich ergeben wird. ② Die Anpassung kann bis zum Ende des *15. auf den Erhebungszeitraum folgenden Kalendermonats*[2] vorgenommen werden; bei einer nachträglichen Erhöhung der Vorauszahlungen ist der Erhöhungsbetrag innerhalb eines Monats nach Bekanntgabe des Vorauszahlungsbescheids zu entrichten. ③ Das Finanzamt kann bis zum Ende des *15. auf den Erhebungszeitraum folgenden Kalendermonats*[2] für Zwecke der Gewerbesteuer-Vorauszahlungen den Steuermessbetrag festsetzen, der sich voraussichtlich ergeben wird.[3] ④ An diese Festsetzung ist die Gemeinde bei der Anpassung der Vorauszahlungen nach den Sätzen 1 und 2 gebunden.**

4 **(4) Wird im Laufe des Erhebungszeitraums ein Gewerbebetrieb neu gegründet oder tritt ein bereits bestehender Gewerbebetrieb infolge Wegfalls des Befreiungsgrundes in die Steuerpflicht ein, so gilt für die erstmalige Festsetzung der Vorauszahlungen Absatz 3 entsprechend.**

5 **(5) ① Die einzelne Vorauszahlung ist auf den nächsten vollen Betrag in Euro nach unten abzurunden. ② Sie wird nur festgesetzt, wenn sie mindestens 50 Euro beträgt.**

Übersicht

		Rz.
§ 29	*GewStDV. Anpassung und erstmalige Festsetzung der Vorauszahlungen*	6, 7
§ 30	*GewStDV. Verlegung von Betriebsstätten*	8
19.1	GewStR. Vorauszahlungen; H 19.1	9, 10
19.2	GewStR. Anpassung und erstmalige Festsetzung der Vorauszahlungen; H 19.2	11–16

Anlage:
Schreiben vom 19. 10. 1992 betr. Berücksichtigung von Anträgen auf Anpassung der Gewerbesteuer-Vorauszahlungen *(nicht abgedruckt)*

GewStDV

§ 29 *Anpassung und erstmalige Festsetzung der Vorauszahlungen*

6 *(1) ① Setzt das Finanzamt nach § 19 Abs. 3 Satz 3 des Gesetzes einen Steuermessbetrag für Zwecke der Gewerbesteuer-Vorauszahlungen fest, so braucht ein Zerlegungsbescheid nicht erteilt zu werden. ② Die hebeberechtigten Gemeinden können an dem Steuermessbetrag in demselben Verhältnis beteiligt werden, nach dem die Zerlegungsanteile in dem unmittelbar vorangegangenen Zerlegungsbescheid festgesetzt sind. ③ Das Finanzamt hat in diesem Fall gleichzeitig mit der Festsetzung des Steuermessbetrags den hebeberechtigten Gemeinden mitzuteilen*

1.[4] den Prozentsatz, um den sich der Steuermessbetrag gegenüber dem in der Mitteilung über die Zerlegung (§ 188 Abs. 1 der Abgabenordnung) angegebenen Steuermessbetrag erhöht oder ermäßigt, oder den Zerlegungsanteil,

2. den Erhebungszeitraum, für den die Änderung erstmals gilt.

7 *(2) ① In den Fällen des § 19 Abs. 4 des Gesetzes hat das Finanzamt erforderlichenfalls den Steuermessbetrag für Zwecke der Gewerbesteuer-Vorauszahlungen zu zerlegen. ② Das Gleiche gilt in den Fällen des § 19 Abs. 3 des Gesetzes, wenn an den Vorauszahlungen nicht dieselben Gemeinden beteiligt sind, die nach dem unmittelbar vorangegangenen Zerlegungsbescheid beteiligt waren. ③ Bei der Zerlegung sind die mutmaßlichen Arbeitslöhne des Erhebungszeitraums anzusetzen, für den die Festsetzung der Vorauszahlungen erstmals gilt.*

§ 30 *Verlegung von Betriebsstätten*

8 *① Wird eine Betriebsstätte in eine andere Gemeinde verlegt, so sind die Vorauszahlungen in dieser Gemeinde von dem auf die Verlegung folgenden Fälligkeitstag ab zu entrichten. ② Das gilt nicht, wenn in der*

---

[1] § 19 Abs. 3 Satz 5 aufgehoben durch Gesetz vom 25. 7. 2014 (BGBl. I S. 1266) mWv EZ 2015.

[2] Auf Antrag des Steuerpflichtigen für **EZ 2022:** 20. auf den Erhebungszeitraum folgender Kalendermonat; siehe § 36 Abs. 5 b.

[3] Zur angemessenen Berücksichtigung der gestiegenen Energiekosten bei der Festsetzung des Gewerbesteuermessbetrages für Zwecke der Vorauszahlungen vgl. *gleich lautende Erlasse der obersten Finanzbehörden der Länder vom 20. 10. 2022, BStBl. I S. 1450.*

[4] § 29 Abs. 1 Satz 3 Nr. 1 und Abs. 2 Satz 3 GewStDV geändert durch JStG 2007 vom 13. 12. 2006 (BGBl. I S. 2878) mWv EZ 2006.

Gemeinde, aus der die Betriebsstätte verlegt wird, mindestens eine Betriebsstätte des Unternehmens bestehen bleibt.

§§ 31, 32 *(weggefallen)*

R 19.1 Vorauszahlungen

R 19.1

9 ①Die Bemessung der Vorauszahlungen entspricht dem Vorauszahlungssystem bei der Einkommensteuer und Körperschaftsteuer. ②Wie bei der Körperschaftsteuer sind bei einem vom Kalenderjahr abweichenden Wirtschaftsjahr die Gewerbesteuer-Vorauszahlungen bereits während des Wirtschaftsjahrs zu entrichten, das im Erhebungszeitraum endet. ③Durch die Entrichtung der Vorauszahlungen bei einem vom Kalenderjahr abweichenden Wirtschaftsjahr in dem jeweiligen Wirtschaftsjahr wird vermieden, dass bei Neugründungen mit vom Kalenderjahr abweichendem Wirtschaftsjahr oder bei der Umstellung auf ein vom Kalenderjahr abweichendes Wirtschaftsjahr eine Steuerpause eintritt. ④Auf die Jahressteuerschuld für den Erhebungszeitraum sind die im abweichenden Wirtschaftsjahr, das im maßgebenden Erhebungszeitraum endet, festgesetzten und entrichteten Vorauszahlungen anzurechnen. ⑤§ 19 Abs. 1 Satz 2 GewStG gilt nicht für Gewerbebetriebe, die bereits vor dem 1. 1. 1986 ein vom Kalenderjahr abweichendes Wirtschaftsjahr hatten, es sei denn, sie sind nach dem 31. 12. 1985 infolge Wegfalls eines Befreiungsgrunds in die Steuerpflicht eingetreten oder sie haben nach diesem Zeitpunkt das Wirtschaftsjahr auf einen anderen vom 31.12. abweichenden Abschlusszeitpunkt umgestellt. ⑥Jede Vorauszahlung beträgt grundsätzlich ein Viertel der Steuer, die sich bei der letzten Veranlagung ergeben hat (→ § 19 Abs. 2 GewStG). ⑦Sie ist auf den nächsten vollen Betrag in € nach unten abzurunden und wird nur festgesetzt, wenn sie mindestens 50 € beträgt (→ § 19 Abs. 5 GewStG). ⑧Letzte Veranlagung ist von allen bisher durchgeführten Veranlagungen diejenige, die sich auf den Erhebungszeitraum bezieht, der dem Vorauszahlungsjahr zeitlich am nächsten liegt.

H 19.1

H 19.1

Abweichendes Wirtschaftsjahr. 10

Beispiel:

Die voraussichtliche Gewerbesteuer im EZ 02, in dem das Wirtschaftsjahr 1. 7. 01 bis 30. 6. 02 endet, beträgt 120 000 €. Die Vorauszahlungen sind zu entrichten am 15. 8. 01, 15. 11. 01, 15. 2. 02 und 15. 5. 02. Die mit je 30 000 € im abweichenden Wirtschaftsjahr 1. 7. 01 bis 30. 6. 02 geleisteten Vorauszahlungen sind auf die endgültige Steuerschuld des EZ 02 anzurechnen.

Höhe der zu entrichtenden Vorauszahlungen. → BVerwG vom 22. 5. 1987 – BStBl. II S. 698.

R 19.2 Anpassung und erstmalige Festsetzung der Vorauszahlungen

R 19.2

(1) ①Die Vorauszahlungen können der Steuer angepasst werden, die sich für den laufenden oder vorausgegangenen Erhebungszeitraum voraussichtlich ergeben wird. ②Die Anpassung obliegt der Gemeinde, wenn ihr die Festsetzung und Erhebung der Gewerbesteuer übertragen ist (→ R 1.2). ③§ 19 Abs. 3 GewStG stellt die Entscheidung der Frage, ob bei der Anpassung festgesetzter Gewerbesteuer-Vorauszahlungen die im Zeitpunkt der Anpassung bereits fällig gewesenen und entrichteten Vorauszahlungen auf jeweils ein Viertel der voraussichtlichen Jahressteuer herabgesetzt werden, in das Ermessen der Gemeinde. ④Aber auch das Finanzamt kann bei Kenntnis veränderter Verhältnisse hinsichtlich des Gewerbeertrags für den laufenden oder vorangegangenen Erhebungszeitraum die Anpassung der Vorauszahlungen veranlassen. ⑤Das gilt insbesondere für die Fälle, in denen das Finanzamt Einkommensteuer- und Körperschaftsteuervorauszahlungen anpasst. ⑥Es setzt in diesem Fall für Zwecke der Gewerbesteuer-Vorauszahlungen den voraussichtlichen Steuermessbetrag fest, an den die Gemeinden bei der Anpassung der Vorauszahlungen gebunden sind (→ § 19 Abs. 3 GewStG). ⑦Dieser Festsetzung bedarf es nur, wenn sich danach der Steuermessbetrag entweder um mehr als ein Fünftel, mindestens aber um 10 € oder um mehr als 500 € ändert. ⑧Werden nach Ablauf des letzten Vorauszahlungszeitpunkts für den Erhebungszeitraum die Gewerbesteuer-Vorauszahlungen angepasst, ist bei einer Erhöhung der Vorauszahlungen der nachgeforderte Betrag innerhalb eines Monats nach Bekanntgabe des Vorauszahlungsbescheids zu entrichten. 11

(2) ①In den Fällen der Anpassung der Vorauszahlungen nach § 19 Abs. 3 Satz 3 GewStG findet eine Zerlegung nur dann statt, wenn an den Vorauszahlungen nicht dieselben Gemeinden beteiligt sind, die nach dem unmittelbar vorangegangenen Zerlegungsbescheid beteiligt waren (→ § 29 Abs. 2 GewStDV). ②In den anderen Anpassungsfällen braucht ein Zerlegungsbescheid nicht erteilt zu werden (Ermessen des Finanzamtes). ③Die hebeberechtigten Gemeinden können an dem Steuermessbetrag in demselben Verhältnis beteiligt werden, nach dem die Zerlegungsanteile in dem unmittelbar vorangegangenen Zerlegungsbescheid festgesetzt sind. ④In diesen Fällen teilt das Finanzamt den beteiligten Gemeinden nur den Hundertsatz mit, um den sich der Steuermessbetrag gegenüber dem in der Mitteilung über die Zerlegung (→ § 188 Abs. 1 AO) 12

angegebenen Steuermessbetrag erhöht oder ermäßigt, und den Erhebungszeitraum, für den die Änderung erstmals gilt (→ § 29 Abs. 1 GewStDV). ⑤ Als Hundertsatz können durch 5 teilbare Beträge verwendet werden, sofern dies eine Vereinfachung darstellt. ⑥ Anstelle des Hundertsatzes kann auch der Zerlegungsanteil mitgeteilt werden, sofern dies ohne besonderen Arbeitsaufwand, z. B. im maschinellen Verfahren, möglich ist.

13 (3) ① Das Finanzamt kann einen Steuermessbetrag für Zwecke der Gewerbesteuer-Vorauszahlungen auch dann festsetzen, wenn es Vorauszahlungen auf die Einkommensteuer oder Körperschaftsteuer festsetzt, weil ein Gewerbebetrieb neu gegründet ist oder ein bereits bestehender Gewerbebetrieb infolge Wegfalls des Befreiungsgrunds in die Steuerpflicht eingetreten ist. ② Der Steuermessbetrag ist zu zerlegen, wenn an ihm mehrere Gemeinden beteiligt sind (→ § 29 Abs. 2 Satz 1 GewStDV).

14 (4) ① Die Aufgabenteilung zwischen Finanzamt und Gemeinde bei der Anpassung und erstmaligen Festsetzung der Vorauszahlungen erfordert eine Zusammenarbeit der beiden Dienststellen, um den Zweck des Vorauszahlungssystems – die laufende Anpassung der Vorauszahlungen an die voraussichtliche Jahressteuer entsprechend dem Wirtschaftsablauf – zu erreichen. ② Die Tätigkeit des Finanzamts auf dem Gebiet der Gewerbesteuer-Vorauszahlungen wird regelmäßig durch entsprechende Maßnahmen für die Einkommensteuer (Körperschaftsteuer) ausgelöst. ③ Die Gemeinde teilt deshalb zweckmäßig eigene Wahrnehmungen über die Entwicklung des Betriebs und ggf. entsprechende Vorschläge dem Finanzamt mit. ④ Sie hat sich zur Vermeidung von Doppelarbeit insbesondere mit dem Finanzamt in Verbindung zu setzen, ehe sie von sich aus, d. h. ohne dass ein Gewerbesteuermessbetrag für Zwecke der Gewerbesteuervorauszahlungen festgesetzt ist (→ Absatz 1 Satz 4), die Vorauszahlungen anpasst. ⑤ Gewerbesteuerliche Prüfungen und Feststellungen in den Gewerbebetrieben sind auch in Bezug auf die Vorauszahlungen ausschließlich Aufgaben des Finanzamts.

15 (5) Gegen die Festsetzung des Steuermessbetrags für Zwecke der Gewerbesteuer-Vorauszahlungen kann der Steuerpflichtige und gegen die Zerlegung des Steuermessbetrags für Zwecke der Gewerbesteuer-Vorauszahlungen nach § 29 Abs. 2 GewStDV können der Steuerpflichtige und die beteiligten Gemeinden Einspruch einlegen (→ § 347 Abs. 1 AO).

H 19.2

H 19.2

16 **Anpassung der Vorauszahlungen.** Die Entscheidung über die nachträgliche Anpassung von festgesetzten Vorauszahlungen auf die Gewerbesteuer steht grundsätzlich im Ermessen der Gemeinde (→ BVerwG vom 22. 5. 1987 – BStBl. II S. 698).

Zerlegung. Ein Zerlegungsbescheid für Zwecke der Gewerbesteuer-Vorauszahlungen steht gemäß § 164 Abs. 1 Satz 2 i. V. m. § 184 Abs. 1 Satz 3, § 185 AO kraft Gesetzes unter dem Vorbehalt der Nachprüfung (→ BFH vom 18. 8. 2004 – BStBl. 2005 II S. 143).

Anl zu R 19.2

Schreiben betr. Verzinsung von Steuernachforderungen und Steuererstattungen nach § 233 a AO; hier: Berücksichtigung von Anträgen auf Anpassung der Gewerbesteuer-Vorauszahlungen

Vom 19. Oktober 1992

(BMF IV A 5 – S 0460 a – 33/92 an die Kommunalen Spitzenverbände)

(letztmals abgedruckt im Handbuch zur Gewerbesteuerveranlagung 2021)[1]

[1] **Weiterhin abrufbar im Online-Modul über das Inhaltsverzeichnis.**

GewStG

§ 20 Abrechnung über die Vorauszahlungen

(1) **Die für einen Erhebungszeitraum (§ 14) entrichteten Vorauszahlungen werden auf die Steuerschuld für diesen Erhebungszeitraum angerechnet.** 1

(2) **Ist die Steuerschuld größer als die Summe der anzurechnenden Vorauszahlungen, so ist der Unterschiedsbetrag, soweit er den im Erhebungszeitraum und nach § 19 Abs. 3 Satz 2 nach Ablauf des Erhebungszeitraums fällig gewordenen, aber nicht entrichteten Vorauszahlungen entspricht, sofort, im Übrigen innerhalb eines Monats nach Bekanntgabe des Steuerbescheids zu entrichten (Abschlusszahlung).** 2

(3)[1] **Ist die Steuerschuld kleiner als die Summe der anzurechnenden Vorauszahlungen, so wird der Unterschiedsbetrag nach Bekanntgabe des Steuerbescheids durch Aufrechnung oder Zurückzahlung ausgeglichen.** 3

§ 21 Entstehung der Vorauszahlungen

Die Vorauszahlungen auf die Gewerbesteuer entstehen mit Beginn des Kalendervierteljahrs, in dem die Vorauszahlungen zu entrichten sind, oder, wenn die Steuerpflicht erst im Laufe des Kalendervierteljahrs begründet wird, mit Begründung der Steuerpflicht.

§§ 22 bis 27 *(weggefallen)*

[1] Gewerbesteuererstattungsansprüche aufgrund überhöhter Vorauszahlungen sind unverzüglich auszuzahlen; vgl. *Erlaß InnenMin Sachsen vom 3. 4. 1996 – 23 – 2273.20/21, StEK GewStG § 20 Nr. 1.*

GewStG

Abschnitt VI. Zerlegung[1]

§ 28 Allgemeines

1 (1) ① **Sind im Erhebungszeitraum Betriebsstätten zur Ausübung des Gewerbes in mehreren Gemeinden unterhalten worden, so ist der Steuermessbetrag in die auf die einzelnen Gemeinden entfallenden Anteile (Zerlegungsanteile) zu zerlegen.** ② **Das gilt auch in den Fällen, in denen eine Betriebsstätte sich über mehrere Gemeinden erstreckt hat oder eine Betriebsstätte innerhalb eines Erhebungszeitraums von einer Gemeinde in eine andere Gemeinde verlegt worden ist.**

2 (2) ① **Bei der Zerlegung sind die Gemeinden nicht zu berücksichtigen, in denen**

1. **Verkehrsunternehmen lediglich Gleisanlagen unterhalten,**
2. **sich nur Anlagen befinden, die der Weiterleitung fester, flüssiger oder gasförmiger Stoffe sowie elektrischer Energie dienen, ohne dass diese dort abgegeben werden,**
3. **Bergbauunternehmen keine oberirdischen Anlagen haben, in welchen eine gewerbliche Tätigkeit entfaltet wird.**
4. *(aufgehoben)*

② **Dies gilt nicht, wenn dadurch auf keine Gemeinde ein Zerlegungsanteil oder der Steuermessbetrag entfallen würde.**

R 28.1

R 28.1 Zerlegung des Steuermessbetrags

3 (1) ① Der Steuermessbetrag ist auf alle Gemeinden zu zerlegen, in denen im Erhebungszeitraum Betriebsstätten unterhalten worden sind. ② Im Fall der Verpachtung oder Stilllegung eines Teilbetriebs unterhält der Unternehmer im Allgemeinen keine Betriebsstätte in der Gemeinde, in der sich die Anlagen befinden. ③ Die Belegenheitsgemeinde hat deshalb keinen Anspruch auf einen Zerlegungsanteil. ④ Vorübergehend ruhende Betriebsstätten, auch mehrfach in einem Erhebungszeitraum ruhende Betriebsstätten (z. B. bei Saisonbetrieben), sind in die Zerlegung einzubeziehen. ⑤ Für Zwecke der Zerlegung gelten Bauausführungen oder Montagen nur dann als Betriebsstätte, wenn die Voraussetzungen des § 12 Nr. 8 AO (→ R 2.9 Abs. 2) in den Grenzen der einzelnen Gemeinde erfüllt sind. ⑥ Dies gilt nicht, wenn dadurch auf keine Gemeinde ein Zerlegungsanteil oder der Steuermessbetrag entfallen würde.

4 (2) ① Für die Zerlegung gelten die Vorschriften der §§ 185 bis 189 AO. ② Danach sind Zerlegungsbescheide für die Gewerbesteuer gemäß § 173 Abs. 1 in Verbindung mit §§ 185, 184 Abs. 1 Satz 3 AO änderbar. ③ Ist der Gewerbesteuermessbescheid nach Vornahme der Zerlegung geändert worden, ist der Zerlegungsbescheid ebenfalls zu ändern (→ § 185, § 184 Abs. 1 Satz 3, § 175 Abs. 1 Satz 1 Nr. 1 AO). ④ Die Zerlegung wird ferner nach § 189 AO geändert oder nachgeholt, wenn der Anspruch einer Gemeinde auf einen Anteil am Steuermessbetrag nicht berücksichtigt und auch nicht zurückgewiesen worden ist. ⑤ Eine Änderung des ursprünglichen Gewerbesteuermessbescheids, z. B. nach § 172 Abs. 1 Nr. 2, § 173, § 175 AO oder § 35 b GewStG, setzt demnach für die Gemeinde eine neue Frist im Sinne des § 189 Satz 3 AO in Lauf.

5 (3) Betriebsstätten, die außerhalb des Geltungsbereichs des Gesetzes belegen sind, werden bei der Ermittlung des Gewerbeertrags nicht berücksichtigt und scheiden deshalb auch für die Zerlegung des Steuermessbetrags aus.

6 (4) Gegen einen Zerlegungsbescheid des Finanzamts und gegen einen Bescheid, durch den ein Antrag auf Zerlegung abgelehnt wird, können der Steuerpflichtige und die beteiligten Gemeinden Einspruch einlegen (→ § 347 Abs. 1 AO).[2, 3]

H 28.1

H 28.1

7 **Auslieferungslager.** Auslieferungslager, in denen der Unternehmer keine Arbeitnehmer beschäftigt, begründen in der Regel keinen Anspruch der Gemeinde auf einen Zerlegungsanteil. Dies rechtfertigt bei der Zerlegung des Gewerbesteuermessbetrags in der Regel auch nicht

[1] Siehe dazu Beck'sches Steuerberater-Handbuch 2021/2022, Teil G IV, Verfahrensweg der Gewerbesteuerfestsetzung.

[2] Zu Rechtsbehelfen bei der Gewerbesteuer siehe auch **Anhang 1**.

[3] *BFH-Urteil vom 27. 3. 1996 I R 83/94, BStBl. II S. 509:* **1.** Der Vorbehalt der Nachprüfung ist als Nebenbestimmung eines Zerlegungsbescheides allen am Zerlegungsverfahren Beteiligten bekanntzugeben. **2.** Der Änderungsbefugnis (§ 164 Abs. 2 AO 1977) steht eine gegenüber den Steuerberechtigten unterbliebene Vorbehaltskennzeichnung nicht entgegen, wenn sie gemäß § 129 AO 1977 nachgeholt werden kann.

die Anwendung des § 33 GewStG. Eine offenbare Unbilligkeit ist nur dann gegeben, wenn der Gemeinde durch die Betriebsstätte wesentliche Lasten erwachsen (→ BFH vom 12. 7. 1960 – BStBl. III S. 386).[1]

Auswirkungen der Änderung eines Gewerbesteuermessbescheids auf einen bereits bestandskräftigen Zerlegungsbescheid, wenn die beteiligten Gemeinden um den Zerlegungsmaßstab streiten. Soweit der Gewerbesteuermessbescheid geändert wird, ist auch der Zerlegungsbescheid als Folgebescheid gemäß § 175 Abs. 1 Satz 1 Nr. 1 i. V. m. §§ 185, 184 Abs. 1 Satz 3 AO zu ändern. Im Rahmen des aus dem Gewerbesteuermessbescheid zu übernehmenden Erhöhungsbetrages kann eine zerlegungsberechtigte Gemeinde gegen den Zerlegungs-Änderungsbescheid alle Einwendungen erheben, die sich aus den materiell-rechtlichen Zerlegungsvorschriften ergeben. Insbesondere umfasst die Bestandskraft des ursprünglichen Zerlegungsbescheids nicht den in diesem Bescheid angewandten Zerlegungsmaßstab (→ BFH vom 20. 4. 1999 – BStBl. II S. 542).

Änderung der Zerlegung. § 189 AO trifft allein für den Fall der Nichtberücksichtigung von Gemeinden bei der Zerlegung eine abschließende Regelung (→ BFH vom 24. 3. 1992 – BStBl. II S. 869). Die in § 189 Satz 3 AO bezeichnete Frist gilt auch für den Fall der erstmaligen Zerlegung (→ BFH vom 7. 3. 1957 – BStBl. III S. 178). Maßgebend für den Beginn der Frist ist der Zeitpunkt, an dem der letzte endgültige Gewerbesteuermessbescheid unanfechtbar geworden ist (→ BFH vom 13. 1. 1959 – BStBl. III S. 106).

Bauausführungen oder Montagen. Für eine Zerlegung des einheitlichen Gewerbesteuermessbetrages nach § 28 GewStG sind Bauausführungen nur dann als Betriebstätte anzusehen, wenn sie im Gebiet der einzelnen Gemeinde länger als sechs Monate dauern (§ 12 Satz 2 Nr. 8 AO). Witterungsbedingte oder bautechnisch bedingte Unterbrechungen von kürzerer Dauer berühren den Fortgang der Sechsmonatsfrist nicht (→ BFH vom 8. 2. 1979 – BStBl. II S. 479).[2]

Gewerbesteuermessbescheid als Grundlagenbescheid für den Zerlegungsbescheid. Als Folgebescheid des Gewerbesteuermessbescheides ist der Zerlegungsbescheid zugleich Grundlagenbescheid des Gewerbesteuerbescheides. Damit unterliegt er der Festsetzungsverjährung nach § 171 Abs. 4 AO, wenn er aufgrund einer Außenprüfung ergangen ist (→ BFH vom 13. 5. 1993 – BStBl. II S. 828).

Maßgebliche Verhältnisse im Erhebungszeitraum. Sowohl für die Frage, ob ein Gewerbesteuermessbetrag gemäß § 28 Abs. 1 Satz 1 GewStG zu zerlegen ist, als auch für den Zerlegungsmaßstab gemäß § 29 GewStG kommt es auf die Verhältnisse im Erhebungszeitraum an. Dies gilt auch dann, wenn das Wirtschaftsjahr vom Erhebungszeitraum abweicht (→ BFH vom 17. 2. 1993 – BStBl. II S. 679).

Mehrere Geschäftsleitungsbetriebsstätten. Werden gleichwertige Geschäftsführungsaufgaben von an verschiedenen Orten ansässigen Personen ausgeübt, begründet dies mehrere Geschäftsleitungsbetriebsstätten (→ BFH vom 5. 11. 2014 – BStBl. II 2015 S. 601).

Sinngemäße Anwendung des § 173 Abs. 1 AO bei Änderungen der Zerlegungsbescheide. Zerlegungsbescheide für die Gewerbesteuer sind gemäß § 173 Abs. 1 in Verbindung mit §§ 185, 184 Abs. 1 Satz 3 AO änderbar. Dabei ist auf den einzelnen Zerlegungsanteil abzustellen und von der Unterscheidung zwischen einer Änderung zuungunsten bzw. zugunsten des Steuerpflichtigen abzusehen (→ BFH vom 24. 3. 1992 – BStBl. II S. 869).

Zerlegungssperre nach § 189 Abs. 3 AO. Gewerbesteuerzerlegungsverfahren und Zuteilungsverfahren nach § 190 AO sind zwei selbständige Verfahren. Der Eintritt der sog. Zerlegungssperre gemäß § 189 Satz 3 AO lässt sich nur durch den eigenen Antrag des übergangenen Steuerberechtigten auf Änderung oder Nachholung der Zerlegung vermeiden. Ein Antrag des Steuerpflichtigen genügt nicht. Ein solcher kann auch nicht über die Grundsätze der öffentlich-rechtlichen Geschäftsführung ohne Auftrag als für den Steuerberechtigten gestellt behandelt werden (→ BFH vom 8. 11. 2000 – BStBl. 2001 II S. 769).

---

[1] *BFH-Urteil vom 17. 3. 1982 I R 189/79, BStBl. II S. 624:* Stellt ein Unternehmen, das von einem anderen Unternehmen eine technische Anlage gemietet hat, diesem anderen Unternehmen unentgeltlich Aufenthalts-, Arbeits- und Lagerräume zur Verfügung, damit dessen Mitarbeiter darin ständig Wartungs- und Reparaturarbeiten verrichten können, so können die Räume eine Betriebsstätte des anderen Unternehmens bilden. Voraussetzung dafür ist aber, daß dem anderen Unternehmen mit der Überlassung bestimmter Räume eine Rechtsposition eingeräumt worden ist, die ihm ohne seine Mitwirkung nicht mehr ohne weiteres entzogen oder die ohne seine Mitwirkung nicht ohne weiteres verändert werden kann.

[2] *BFH-Urteil vom 21. 10. 1981 I R 21/78, BStBl. 1982 II S. 241:* Eine Betriebsstätte i. S. des § 16 Abs. 2 Nr. 3 StAnpG (Bauausführungen) kann auch durch das Einfügen von Fenstern und Türen in einen Neubau begründet werden.

Anl zu R 28.1

Verfügung betr. Anträge von Gemeinden auf Zuweisung eines Anteils am einheitlichen Gewerbesteuermessbetrag

Vom 14. Juni 2011

(OFD Niedersachsen G 1450-1-St 254)

8 Nach dem nicht veröffentlichen BFH-Beschluss vom 25. 2. 1958 I B 96/57 ist über die Zerlegung des einheitlichen Steuermessbetrags nur im ordentlichen Zerlegungsverfahren für den einzelnen Erhebungszeitraum zu entscheiden. Eine von dem Festsetzungs- und Zerlegungsverfahren für die einzelnen Zerlegungszeiträume losgelöste Entscheidung des Finanzamts hat nur die Bedeutung einer unverbindlichen Auskunft, für die weder ein Rechtsschutzbedürfnis noch ein Rechtsschutz gegeben ist.

Beantragt eine Gemeinde, der bisher ein Anteil am einheitlichen Gewerbesteuermessbetrag nicht zugewiesen worden ist, von einem bestimmten Erhebungszeitraum an, an der Zerlegung beteiligt zu werden, so ist nach folgenden Grundsätzen zu verfahren:

1. Eine Zerlegung für den betreffenden Zerlegungszeitraum ist noch nicht durchgeführt.

a) Ist der Zerlegungsantrag der Gemeinde gerechtfertigt, so ist ihr mitzuteilen, dass über den Antrag erst nach Festsetzung des einheitlichen Gewerbesteuermessbetrags, und zwar durch einen formellen Zerlegungsbescheid entschieden werden könne, die Gemeinde aber voraussichtlich bei der Zerlegung berücksichtigt werde. Wenn die Voraussetzungen des § 29 Abs. 2 GewStDV vorliegen, ist der Gemeinde ein Antrag an dem einheitlichen Gewerbesteuermessbetrag für Zwecke der Vorauszahlungen durch Zerlegungsbescheid zuzuweisen.

b) Kommt die Zuweisung eines Zerlegungsanteils nicht in Betracht, so ist der Gemeinde mitzuteilen, dass über den Antrag erst im Zerlegungsverfahren für den Erhebungszeitraum, für den die Gemeinde erstmals eine Beteiligung anstrebt, entschieden werden könne. Bei Durchführung der Zerlegung erhält diese Gemeinde dann eine Zerlegungsmitteilung über 0 Euro. Dabei ist der Gemeinde unter Darlegung der Gründe mitzuteilen, dass dem Antrag auf Zuweisung eines Zerlegungsanteils nicht entsprochen werden kann. Gegen diese Entscheidung steht der Gemeinde nach § 347 Abs. 1 Nr. 1 AO der Einspruch zu.

c) Beantragt eine Gemeinde neben der Beteiligung am Zerlegungsverfahren von einem bestimmten Erhebungszeitraum an auch die Festsetzung eines Anteils am einheitlichen Gewerbesteuermessbetrag für Zwecke der Gewerbesteuer-Vorauszahlungen und ist der Antrag nicht gerechtfertigt, so ist der Gemeinde entsprechend b) ein auf 0 Euro lautender Bescheid über die Zerlegung des einheitlichen Gewerbesteuermessbetrags für Zwecke der Vorauszahlungen zu erteilen.

d) Gegen den Gewerbesteuermessbescheid und gegen den Gewerbsteuermessbescheid für Zwecke der Vorauszahlung selbst steht den Gemeinden ein förmlicher Rechtsbehelf nicht zu. Eine Ausnahme besteht nur für die Fälle, in denen die Gewerbesteuer vom Bund oder einem Land unmittelbar oder mittelbar geschuldet wird (§ 40 Abs. 3 FGO).

2. Eine Zerlegung für den betreffenden Erhebungszeitraum ist bereits durchgeführt.

a) Ist die Frist des § 189 Satz 3 AO noch nicht abgelaufen und ist der Antrag der Gemeinde sachlich gerechtfertigt, so ist die bisherige Zerlegung zu ändern. Dabei ist die Vorschrift des § 189 Satz 2 AO zu beachten.

b) Ist die im § 189 Satz 3 AO genannte Frist bereits abgelaufen oder kommt die Zuweisung eines Zerlegungsantrags aus sachlichen Gründen nicht in Betracht, so ist der Gemeinde ein Bescheid zu übersenden, aus dem die Gründe für die Ablehnung des Antrags hervorgehen. Gegen diesen Bescheid steht der Gemeinde nach § 347 Abs. 1 Nr. 1 AO der Einspruch zu.

3. Ist eine Zerlegung überhaupt nicht vorgenommen worden und stellt eine Gemeinde erst nach Ablauf der im § 189 Satz 3 AO gesetzten Frist einen Antrag auf Zuweisung eines Zerlegungsanteils, so findet eine Zerlegung nicht mehr statt, auch wenn das Begehren der Gemeinde sachlich begründet ist.

4. Für die Berechnung der im § 189 Satz 3 AO bezeichneten Frist ist der Zeitpunkt maßgebend, an dem der letzte endgültige Gewerbesteuermessbescheid unanfechtbar geworden ist (BFH-Beschluss vom 13. Januar 1959 I B 7/58 U, BStBl. III S. 106). Wird ein vorläufiger Steuermessbescheid für endgültig erklärt, bei einem unter dem Vorbehalt der Nachprüfung festgesetzten Steuermessbetrag der Vorbehalt aufgehoben oder wird ein endgültiger Gewerbesteuermessbescheid geändert, so beginnt die Jahresfrist des § 189 Satz 3 AO erneut zu laufen.

5. Ist ein einheitlicher Gewerbesteuermessbetrag geändert worden, nachdem das Finanzamt eine Zerlegung vorgenommen hat, so hat das Finanzamt den Zerlegungsbescheid nach §§ 185 und 184 Abs. 1 Satz 3 AO i. V. m. § 175 Nr. 1 AO zu ändern. Es handelt sich hierbei lediglich um eine Folgeänderung. Das Finanzamt kann jedoch im Zusammenhang mit der Änderung gem. § 189 AO von Amts wegen Ansprüche von Gemeinden, die bisher zu Unrecht keinen Zerlegungsanteil erhalten haben, berücksichtigen. Der bei der vorangegangenen Zerlegung angewendete Zerlegungsmaßstab kann bei diesen Änderungen nicht berichtigt werden.

§ 29 Zerlegungsmaßstab

GewStG

(1) **Zerlegungsmaßstab ist** 1

1. vorbehaltlich der Nummer 2 das Verhältnis, in dem die Summe der Arbeitslöhne, die an die bei allen Betriebsstätten (§ 28) beschäftigten Arbeitnehmer gezahlt worden sind, zu den Arbeitslöhnen steht, die an die bei den Betriebsstätten der einzelnen Gemeinden beschäftigten Arbeitnehmer gezahlt worden sind;

2.[1, 2] **bei Betrieben, die ausschließlich Anlagen zur Erzeugung von Strom und anderen Energieträgern sowie Wärme aus Windenergie und solarer Strahlungsenergie betreiben,**

a) vorbehaltlich des Buchstabens b zu einem Zehntel das in Nummer 1 bezeichnete Verhältnis und zu neun Zehnteln das Verhältnis, in dem die Summe der installierten Leistung im Sinne von § 3 Nummer 31 des Erneuerbare-Energien-Gesetzes in allen Betriebsstätten (§ 28) zur installierten Leistung in den einzelnen Betriebsstätten steht,

b) für die Erhebungszeiträume 2021 bis 2023 bei Betrieben, die ausschließlich Anlagen zur Erzeugung von Strom und anderen Energieträgern sowie Wärme aus solarer Strahlungsenergie betreiben,

aa) für den auf Neuanlagen im Sinne von Satz 3 entfallenden Anteil am Steuermessbetrag zu einem Zehntel das in Nummer 1 bezeichnete Verhältnis und zu neun Zehnteln das Verhältnis, in dem die Summe der installierten Leistung im Sinne von § 3 Nummer 31 des Erneuerbare-Energien-Gesetzes in allen Betriebsstätten (§ 28) zur installierten Leistung in den einzelnen Betriebsstätten steht, und

bb) für den auf die übrigen Anlagen im Sinne von Satz 4 entfallenden Anteil am Steuermessbetrag das in Nummer 1 bezeichnete Verhältnis.

②**Der auf Neuanlagen und auf übrige Anlagen jeweils entfallende Anteil am Steuermessbetrag wird ermittelt aus dem Verhältnis, in dem**

aa) die Summe der installierten Leistung im Sinne von § 3 Nummer 31 des Erneuerbare-Energien-Gesetzes für Neuanlagen und

bb) die Summe der installierten Leistung im Sinne von § 3 Nummer 31 des Erneuerbare-Energien-Gesetzes für die übrigen Anlagen

zur gesamten installierten Leistung im Sinne von § 3 Nummer 31 des Erneuerbare-Energien-Gesetzes des Betriebs steht. ③ **Neuanlagen sind Anlagen, die nach dem 30. Juni 2013 zur Erzeugung von Strom und anderen Energieträgern sowie Wärme aus solarer Strahlungsenergie genehmigt wurden.** ④**Die übrigen Anlagen sind Anlagen, die nicht unter Satz 3 fallen.**

(2) **Bei der Zerlegung nach Absatz 1 sind die Arbeitslöhne anzusetzen, die in den Betriebsstätten der beteiligten Gemeinden (§ 28) während des Erhebungszeitraums (§ 14) erzielt oder gezahlt worden sind.**[3, 4] 2

(3) **Bei Ermittlung der Verhältniszahlen sind die Arbeitslöhne auf volle 1000 Euro abzurunden.** 3

§ 33 *(weggefallen)*

GewStDV

R 29.1 Zerlegungsmaßstab

R 29.1

①Arbeitslöhne im Sinne des § 29 Abs. 1 GewStG sind nur die Arbeitslöhne, die das steuerpflichtige Unternehmen an die eigenen Arbeitnehmer, d. h. an solche zahlt, die in einem Arbeits- 4

---

[1] Neue Fassung des § 29 Abs. 1 Nr. 2 erstmals anzuwenden für EZ 2021.

[2] *BFH-Urteil vom 4. 7. 2007 I R 23/06, BStBl. II S. 836:* **1.** Macht eine Gemeinde, auf deren Gebiet ein andernorts ansässiger Betreiber eine Windkraftanlage unterhält, ohne dort Arbeitnehmer zu beschäftigen, im Verfahren der Zerlegung des Gewerbesteuermessbetrags des Betreibers geltend, eine Zerlegung nach dem allgemeinen Maßstab des § 29 GewStG führe wegen mit Errichtung und Betrieb der Anlage regelmäßig verbundener Schwertransporte und dadurch ausgelöster Schäden am gemeindlichen Straßen- und Wegenetz zu einem offenbar unbilligen Ergebnis i. S. von § 33 Abs. 1 GewStG, obliegt ihr eine konkrete Darlegung des Umfangs und der Intensität der Schwertransporte und der daraus im Erhebungszeitraum resultierenden Schäden. **2.** Negative Auswirkungen der Windkraftanlage auf das Orts- und Landschaftsbild, auf den Wert von Wohngrundstücken und auf den Tourismus in der Standortgemeinde begründen keinen von § 29 GewStG abweichenden Zerlegungsmaßstab.

[3] *BFH-Urteil vom 17. 2. 1993 I R 19/92, BStBl. II S. 679:* **1.** *(vgl. H 28.1 GewStH „Maßgebliche Verhältnisse").* **2.** Auch dann, wenn eine gewerbesteuerrechtliche Organschaft während eines im folgenden Erhebungszeitraum endenden Wirtschaftsjahrs des Organträgers begründet wird und der für den Erhebungszeitraum der Begründung der Organschaft für den Betrieb des Organträgers festgesetzte einheitliche Gewerbesteuermeßbetrag somit ausschließlich auf vororganschaftlichen Besteuerungsgrundlagen beruht, müssen bei der Zerlegung dieses Meßbetrags die Betriebsstätten und Lohnzahlungen *(bei Wareneinzelhandelsunternehmen: auch die Betriebseinnahmen)* der Organgesellschaft(en) berücksichtigt werden. **3.** Ein fristgerecht gestellter Antrag auf Nachholung der Zerlegung (§ 189 Satz 3 letzter Halbs. AO 1977) wirkt nur für den Steuerberechtigten, der den Antrag gestellt hat.

[4] *BFH-Urteil vom 5. 10. 2017 IV B 59/16, BFH/NV 2018, 229:* Die Zerlegung des Gewerbesteuermessbetrages auf verschiedene Gemeinden ist auch dann nach dem fiktiven (Mit-)Unternehmerlohn vorzunehmen, wenn in keiner der Betriebsstätten Arbeitslöhne an Arbeitnehmer gezahlt werden.

verhältnis zu ihm stehen. ② Vergütungen, die an andere Unternehmer für die Gestellung von fremden Arbeitskräften gezahlt werden, scheiden daher aus.

H 29.1

H 29.1

Arbeitnehmer im Sinne des § 29 Abs. 1 GewStG.

5 – Der Begriff der Arbeitslöhne für die Zerlegung des Gewerbesteuermessbetrages bestimmt sich nach wirtschaftlichen Gesichtspunkten (→ BFH vom 12. 2. 2004 – BStBl. II S. 602).
– → § 1 LStDV.

Anl a zu R 29.1

a) Verfügung betr. Betriebsstätteneigenschaft bei vermietetem Betriebsvermögen am Beispiel sog. Objektgesellschaften; Auswirkungen auf die Gewerbesteuerzerlegung des vermieteten Unternehmens

Vom 25. Januar 2010 (DStR S. 554)

(OFD Niedersachsen G 1450 – 30 – St 252)

1. Sachverhalt

6 Gegenstand einer Erörterung auf Bund-/Länder-Ebene war die Frage, ob ein Unternehmen, das neben seiner Geschäftsleitung in der Gemeinde A in verschiedenen anderen Gemeinden vermietete Objekte (Immobilien) unterhält, in diesen Belegenheitsgemeinden jeweils eine Betriebsstätte unterhält, die im Rahmen der Zerlegung des Gewerbesteuer-Messbetrags zu berücksichtigen sind.

Die Frage wurde diskutiert anhand eines Konzerns, der aus 250 gewerblich geprägten Kommanditgesellschaften besteht. Jede Gesellschaft ist Eigentümerin eines einzigen Gebäudes, das als Kaufhaus, Verbrauchermarkt, Baumarkt usw. von einer konzernzugehörigen Vertriebslinie als Pächterin genutzt wird. Die jeweilige Objektgesellschaft beschäftigt weder am Belegenheitsort des Objektes noch an ihrem Verwaltungssitz eigenes Personal. Stattdessen übernehmen innerhalb eines Konzerns selbständige Managementgesellschaften im Rahmen einer Geschäftsbesorgung für die jeweilige Objektgesellschaft die Verwaltung des Objektes sowie die kaufmännische Organisation (Buchhaltung, Rechnungswesen) wahr.

Die Objektgesellschaft selbst hat sich allerdings dazu verpflichtet, Reparaturen zur Substanzerhaltung durchzuführen, bei Erweiterungsbauten mitzuwirken und die Mietverträge mit den Haupt- und Drittmietern abzuschließen. Außerdem ist sie berechtigt, die Einhaltung vereinbarter Instandhaltungszyklen und die Auslastung der Verkehrsflächen zu überwachen.

2. Rechtsprechung

7 Nach dem BFH-Urteil vom 30. 8. 1960 I B 148/50, BStBl. III S. 468, begründet eine verpachtete Betriebsanlage (hier: Immobilie am Belegenheitsort) grundsätzlich keine Betriebsstätte des Verpächters. Eine Betriebsstätte liegt dagegen vor, wenn die Immobilie durch Personal des Überlassenden unterhalten (d. h. erhalten, erneuert oder erweitert) wird und diese Tätigkeit der Verpachtung dient.

Dabei ist es nach der Entscheidung ausreichend, wenn nicht eigenes Personal, sondern beauftragtes Personal (z. B. des Pächters) eingesetzt wird. Der tatsächlich Tätige erfüllt dann regelmäßig den Tatbestand des ständigen Vertreters.

Letzterem steht allerdings das BFH-Urteil vom 13. 6. 2006 I R 84/05 (BStBl. 2007 II S. 94) entgegen. Danach liegt eine betriebsstättenbegründende Tätigkeit des Verpächters bei Einsatz von Fremdpersonal bei der Unterhaltung der Immobilie nur vor, wenn der Verpächter – vor Ort – eigene betriebliche Handlungen vornimmt, die auch in der Überwachung des Fremdpersonals bestehen kann. Diese Überwachungstätigkeit vor Ort muss zusätzlich eine gewisse Nachhaltigkeit aufweisen.

3. Lösung

8 Nach Auffassung der Sitzungsteilnehmer ist für das Vorliegen einer Betriebsstätte am Belegenheitsort der verpachteten Immobilie damit Voraussetzung, dass

- der gewerbliche Verpächter am Belegenheitsort die Immobilie durch eigenes Personal unterhält oder
- die Unterhaltung durch Fremdpersonal vorgenommen wird, das aber vor Ort nachhaltig überwacht wird.

Sollte im Einzelfall hiernach am Belegenheitsort eine Betriebsstätte begründet sein, ist sie in die Zerlegung einzubeziehen. Maßstab für die Zerlegung ist das Verhältnis der Arbeitslöhne, die in den einzelnen Betriebsstätten (Geschäftsleitungs- und Belegenheitsbetriebsstätten) gezahlt werden.

Entgelte, die an Dritte (Leiharbeiter bzw. Personal des Pächters) entrichtet werden, werden grundsätzlich nicht berücksichtigt. Eine Berücksichtigung kann ausnahmsweise unter Beachtung der Grundsätze des BFH-Urteils vom 12. 2. 2004 IV R 29/02 (BStBl. II S. 602) in Betracht kommen (hier: Ausschließliches Tätigwerden für den Verpächter, Unterstehen der alleinigen Weisungsbefugnis des Verpächters, Inrechnungstellung der reinen AN-Kosten ohne Verwaltungskosten- und Gewinnaufschlag durch Leiharbeitgeber bzw. Pächter und Fehlen eines eigenen wirtschaftlichen Interesses des Leiharbeitgebers bzw. des Pächters).

Ist dies nicht der Fall, ist der Betriebsstättengemeinde ein Zerlegungsanteil von Null zuzurechnen.

Anl b zu R 29.1

b) Verfügung betr. Zerlegung des Gewerbesteuermessbetrags, wenn keine Arbeitslöhne i. S. d. § 29 GewStG gezahlt werden

Vom 25. August 2014 (DStR S. 2294)

(OFD Magdeburg G 1450 – 29 – St 216)

Es wurde angefragt, wie eine Zerlegung vorzunehmen sei, wenn keine Arbeitslöhne gezahlt werden. 9
Dies betrifft überwiegend die von Unternehmen in unterschiedlichen Rechtsformen betriebenen Windkraft-, Solarkraft- bzw. Photovoltaikanlagen (WEA/SKA).

Die nachfolgenden Ausführungen sind mit dem Ministerium der Finanzen des Landes Sachsen-Anhalt abgestimmt. Sie sind nicht nur für die o. g. Unternehmen, sondern auch für jede andere Branche anzuwenden. Voraussetzung ist, dass keine Arbeitslöhne i. S. d. §§ 29 und 31 GewStG gezahlt werden.

1. Grundsatz

Sind im Erhebungszeitraum Betriebsstätten zur Ausübung des Gewerbes in mehreren Gemeinden 10
unterhalten worden, so ist der Gewerbesteuermessbetrag in die auf die einzelnen Gemeinden entfallenden Anteile (Zerlegungsanteile) zu zerlegen. Für die nachfolgende Rechtsausführung ist es Voraussetzung, dass die gewerblichen Unternehmen jeweils eine Betriebsstätte in mehreren Gemeinden unterhalten.

§ 29 Abs. 1 GewStG a. F. oder § 29 Abs. 1 Nr. 1 GewStG i. d. F. des JStG 2009 regeln, dass als Zerlegungsmaßstab grundsätzlich das Verhältnis der Arbeitslöhne der bei allen Betriebsstätten beschäftigten Arbeitnehmer zugrunde zu legen ist.

Bei Unternehmen, die nicht von juristischen Personen betrieben werden, sind für die im Betrieb tätigen (Einzel-)Unternehmer bzw. Mitunternehmer insgesamt 25 000 € jährlich anzusetzen (§ 31 Abs. 5 GewStG). Die Unternehmervergütungen sind insgesamt also nur einmal für alle (Mit-)Unternehmer anzusetzen.

Führt die Zerlegung nach § 28 GewStG bis § 31 GewStG jedoch zu einem offenbar unbilligen Ergebnis, so regelt § 33 GewStG, dass nach einem Maßstab zu zerlegen ist, der die tatsächlichen Verhältnisse besser berücksichtigt.

Einigen sich die Gemeinden mit dem Steuerschuldner über die Zerlegung, ist nach § 33 Abs. 2 GewStG der Steuermessbetrag nach Maßgabe der Einigung zu zerlegen.

WEA/SKA von Betreibergesellschaften sind als Betriebsstätte i. S. d. § 28 GewStG anzusehen, sodass grundsätzlich eine Zerlegung des Steuermessbetrages nach Arbeitslöhnen zu erfolgen hat. Da Betreibergesellschaften aber zum Teil keine Arbeitnehmer beschäftigen, sondern Betriebsführungsverträge hinsichtlich der technischen Durchführung abschließen, würde es bei einer Zerlegung des Messbetrages nach Arbeitslöhnen zu einem unbilligen Ergebnis kommen.

Der BFH hat mit Urteil vom 4. 4. 2007 I R 23/06, BStBl. II S. 836, entschieden, dass § 33 GewStG eng auszulegen ist. Die Voraussetzungen des § 33 GewStG sind nicht schon dann gegeben, wenn bei der Anwendung des Zerlegungsmaßstabs des § 29 GewStG eine Gemeinde unberücksichtigt bleibt (R 33.1 Abs. 1 Satz 2 GewStR 2009). Sachverhalte, wie in dem o. a. BFH-Urteil vom 4. 4. 2007 (BStBl. II S. 836) führen zu keinem unbilligen Ergebnis i. S. d. *H 33.1 „offenbare Unbilligkeit" GewStH 2009.*[1] In derartigen Fällen würden die Standortgemeinden der WEA/SKA keinen Anteil am GewSt-Messbetrag erhalten.

Lediglich bei der Gemeinde des Geschäftsleitungssitzes nach § 31 Abs. 5 GewStG sind pauschal 25 000 € Arbeitslohn für die im Betrieb tätigen Einzelunternehmer bzw. Mitunternehmer anzusetzen und damit ist ihr der gesamte Gewerbeertrag zuzuweisen.

Haben die Betreibergesellschaften ohne Arbeitnehmer die Rechtsform einer Kapitalgesellschaft, findet § 31 Abs. 5 GewStG keine Anwendung mit dem Ergebnis, dass mangels Arbeitslöhne keine Zerlegung nach Arbeitslöhnen möglich ist und daher eine besondere Zerlegung nach § 33 GewStG durchzuführen wäre.

2. Anwendung des § 33 Abs. 1 GewStG, wenn keine Arbeitslöhne gezahlt werden

Nach Sarrazin in Lenski/Steinberg in § 33 GewStG Anm. 12 ist der Zerlegungsmaßstab des § 29 11
Abs. 1 GewStG offenbar unbillig, wenn das Unternehmen, dessen GewSt-Messbetrag zu zerlegen ist, zwar mehrere Betriebsstätten unterhält, aber überhaupt keine Arbeitslöhne zahlt, weil z. B. die Arbeitslöhne von einem anderen Unternehmen des Konzerns übernommen werden.

Die in § 29 Abs. 1 GewStG vorgeschriebene Zerlegung nach den Arbeitslöhnen ist dann undurchführbar. Es muss folglich gem. § 33 Abs. 1 GewStG ein Ersatzmaßstab für die Zerlegung gefunden werden. Dies wird durch BFH-Urteil vom 7. 12. 1994 I K 1/93, BStBl. 1995 II S. 175, und nachfolgend durch Beschluss des BVerfG vom 12. 3. 1998 1 BvR 409/95 bestätigt.

Das v. g. BFH-Urteil vom 7. 12. 1994 (BStBl. 1995 II S. 175) erging zwar zur Körperschaftsteuerzerlegung, verweist aber über § 2 Abs. 1 Satz 2 ZerlG wegen des Zerlegungsmaßstabes auf § 29 GewStG bis § 31 GewStG und 33 GewStG. Zwar ist gemäß § 29 Abs. 1 Nr. 1 GewStG die Zerlegung nach der Summe der Arbeitslöhne durchzuführen, die an die bei den verschiedenen Betriebsstätten beschäftigten Arbeitnehmer gezahlt worden sind. Im Streitfall zahlte die Kapitalgesellschaft jedoch keinerlei Arbeitslöhne an Arbeitnehmer, weshalb der an sich vorgeschriebene Zerlegungsmaßstab undurchführbar ist. Rechtsfolgemäßig führt dies nicht zu einem Absehen von der Zerlegung. Letzteres wäre nur möglich, wenn Arbeitslöhne nur in einer Betriebsstätte gezahlt worden wären. Tatsächlich wurden sie aber in keiner Betriebsstätte gezahlt. Die Undurchführbarkeit des an sich vorgeschriebenen Maßstabes

[1] Vgl. jetzt **H 33.1** „offenbare Unbilligkeit" GewStH 2016.

Anl b zu R 29.1

zwingt zur Anwendung des § 33 GewStG. Die Anwendung des § 29 GewStG ist unbillig i. S. d. § 33 GewStG, weil die an sich zwingend vorgeschriebene Zerlegung nur wegen des Fehlens jeglicher Arbeitslöhne nicht vorgenommen werden kann. Die Unbilligkeit betrifft damit die Anwendung des an sich vorgesehenen Zerlegungsmaßstabes und nicht irgendein Zerlegungsergebnis (vgl. *Blümich/Hofmeister,* § 33 GewStG, Rdnrn. 3 ff., m. w. N.).

Im Ergebnis kann in den Fällen, in denen keine Arbeitslöhne gezahlt werden, kein Zerlegungsmaßstab unter Verwendung von Arbeitslöhnen zur Anwendung gelangen.

12 **3. Ansatz eines praktisch sinnvollen Zerlegungsmaßstabs**

Führt die Zerlegung, wie in Tz. 2 dargestellt, zu einem offenbar unbilligen Ergebnis, so ist gem. § 33 Abs. 1 Satz 1 GewStG nach einem Maßstab zu suchen, der die tatsächlichen Verhältnisse besser berücksichtigt.

Welcher Ersatzmaßstab im Einzelfall zu wählen ist, wird jedoch im § 33 Abs. 1 Satz 1 GewStG nicht eindeutig bestimmt. Diese Frage entscheidet sich nach den jeweiligen Umständen. Der von dem Regelmaßstab abweichende andere Zerlegungsmaßstab muss auf die tatsächlichen Gegebenheiten angemessen Rücksicht nehmen. Er muss der tatsächlichen Lage besser entsprechen als der Regelmaßstab der Zerlegung nach den Arbeitslöhnen.

Mögliche Ersatzmaßstäbe können z. B. das Verhältnis der Umsätze bzw. der Betriebseinnahmen aus den Betriebsstätten sein (vgl. *Sarrazin* in *Lenski/Steinberg* in § 33 GewStG Anm. 14). Auch das Verhältnis der übrigen Aufwendungen kann als Zerlegungsmaßstab herangezogen werden.

Weitere Zerlegungsmaßstäbe wie z. B. Stromeinnahmen, Abgabemenge Strom, Anlagenwerte, Grundstücksflächen, Arbeitsstunden, Miete für Anlagegüter usw. sind auch möglich.

Da die Begebenheiten vor Ort und die Art des Unternehmens durch den Steuerpflichtigen besser beurteilt werden können, hat der Steuerpflichtige die Art des Zerlegungsmaßstabes im o. g. Sinne selbst zu bestimmen.

13 **4. Anwendung des § 33 Abs. 2 GewStG**

Die Zerlegung nach § 33 Abs. 2 GewStG erfordert nicht, dass nach einer entsprechenden Einigung von Steuerschuldner und -gläubiger zusätzlich der Tatbestand des § 33 Abs. 1 GewStG („Führt die Zerlegung nach den §§ 28 bis 31 zu einem offenbar unrichtigen Ergebnis …") oder des § 30 GewStG („Erstreckt sich die Betriebsstätte auf mehrere Gemeinden, …") erfüllt ist. Die Regelung des § 33 Abs. 2 GewStG hat eine Befriedungsfunktion und ist allein nach Maßgabe einer entsprechenden Einigung von Steuerschuldner und -gläubiger durchzuführen (vgl. GewSt-Kartei ST § 33 GewStG Karte 1).

Es bleibt also unabhängig von § 33 Abs. 1 GewStG immer noch die Möglichkeit der Einigung i. S. d. § 33 Abs. 2 GewStG.

§ 30 Zerlegung bei mehrgemeindlichen Betriebsstätten

GewStG

1 **Erstreckt sich die Betriebsstätte auf mehrere Gemeinden, so ist der Steuermessbetrag oder Zerlegungsanteil auf die Gemeinden zu zerlegen, auf die sich die Betriebsstätte erstreckt, und zwar nach der Lage der örtlichen Verhältnisse unter Berücksichtigung der durch das Vorhandensein der Betriebsstätte erwachsenden Gemeindelasten.**

R 30.1 Zerlegung bei mehrgemeindlichen Betriebsstätten

R 30.1

2 ① Eine einheitliche mehrgemeindliche Betriebsstätte liegt vor, wenn zwischen den einzelnen Teilen der Betriebsstätte ein derartiger räumlicher, organisatorischer, technischer und wirtschaftlicher Zusammenhang besteht, dass die Betriebsstätte als einheitliches Ganzes anzusehen ist. ② Basisstationen von Mobilfunkunternehmen, bestehend aus einer Antennenanlage, der Energieversorgung, Funkschrank und Klimagerät, begründen keine Betriebsstätte im Sinne von § 28 Abs. 1 Satz 1 GewStG i. V. m. § 12 AO, so dass auch eine Zerlegung nach § 30 AO ausscheidet.

H 30.1

H 30.1

3 **Allgemeines.**

- Zum Begriff der mehrgemeindlichen Betriebsstätte → BFH vom 28. 10. 1964 – BStBl. 1965 III S. 113, vom 25. 9. 1968 – BStBl. II S. 827, vom 20. 2. 1974 – BStBl. II S. 427, vom 10. 7. 1974 – BStBl. 1975 II S. 42 und vom 12. 10. 1977 – BStBl. 1978 II S. 160. Unter bestimmten Voraussetzungen kann der räumliche Zusammenhang gegenüber einer besonders engen wirtschaftlichen, technischen und organisatorischen Verbindung in den Hintergrund treten, so etwa für Unternehmen der Elektrizitätsversorgung (→ BFH vom 12. 10. 1977 – BStBl. 1978 II S. 160, vom 16. 11. 1965 – BStBl. 1966 II S. 40 und vom 18. 10. 1967 – BStBl. 1968 II S. 40) und der Mineralölwirtschaft (→ BFH vom 20. 2. 1974 – BStBl. II S. 427 und vom 10. 7. 1974 – BStBl. 1975 II S. 42).
- Einrichtungen zur Messung von Lärmemissionen stellen eine Betriebsstätte eines Verkehrsflughafens dar. Es liegt aber wegen eines fehlenden räumlichen Zusammenhangs keine mehrgemeindliche Betriebsstätte vor, wenn eine Verbindung mit den Lärmmessstationen (Datenübertragung) nur über allgemeine Kommunikationsleitungen besteht (→ BFH vom 16. 12. 2009 – BStBl. 2010 II S. 492).
- Die Möglichkeit, dass die Anwendung des Zerlegungsmaßstabes nach § 29 GewStG zu einem unbilligen Ergebnis führen könnte, ist für sich nicht geeignet, die Voraussetzungen für eine mehrgemeindliche Betriebstätte zu begründen (→ BFH vom 12. 10. 1977 – BStBl. 1978 II S. 160).
- Eine mehrgemeindliche Betriebstätte ist bei Kapitalgesellschaften auch dann gegeben, wenn sich in einer Gemeinde lediglich Grundstücke der Betriebstätte befinden, die zurzeit betrieblich nicht unmittelbar genutzt werden (→ BFH vom 18. 4. 1951 – BStBl. III S. 124).
- Bei einer mehrgemeindlichen Betriebsstätte nach § 30 GewStG sind Bauausführungen nur dann als Betriebsstätte anzusehen, wenn sie im Gebiet der einzelnen Gemeinde länger als sechs Monate dauern (→ § 12 Satz 2 Nr. 8 AO). Witterungsbedingte oder bautechnisch bedingte Unterbrechungen von kürzerer Dauer berühren den Fortgang der Sechsmonatsfrist nicht (→ BFH vom 8. 2. 1979 – BStBl. II S. 479).

Elektrizitätsunternehmen.

- Ein Elektrizitätsunternehmen, dessen einzelne Elektrizitätswerke in verschiedenen Gemeinden liegen, bildet eine mehrgemeindliche Betriebsstätte (→ BFH vom 16. 11. 1965 – BStBl. 1966 III S. 40 und vom 18. 10. 1967 – BStBl. 1968 II S. 40), wenn die Elektrizitätswerke durch **Kabelleitungen** untereinander verbunden sind. Dabei kommt es nicht darauf an, ob die Leitungen dem Elektrizitätsunternehmen gehören oder nicht, vielmehr reicht die Inanspruchnahme des verbundwirtschaftlichen Stromnetzes aus.
- Bei einem Elektrizitätswerk, das als Wasserkraftwerk betrieben wird, stellen **Stau- und Wehranlagen,** die nicht zum Betriebsvermögen des Unternehmens gehören, sondern öffentlich sind, keine ausreichende räumliche Verbindung her (→ BFH vom 4. 12. 1962 – BStBl. 1963 III S. 156).
- Eine **Kohlenzeche,** die einem Elektrizitätsunternehmen gehört, bildet eine selbständige Betriebsstätte; die Verbindung der Zeche durch Kabelleitungen mit dem Versorgungsnetz des Elektrizitätsunternehmens reicht für einen räumlichen Zusammenhang zwischen Zeche und Elektrizitätsunternehmen nicht aus (→ BFH vom 2. 11. 1960 – BStBl. 1961 III S. 8).

Hauptzerlegung und Unterzerlegung. Unterhält ein Unternehmen mehrere selbständige Betriebsstätten in verschiedenen Gemeinden und ist darunter auch eine Betriebsstätte, die sich auf mehrere Gemeinden erstreckt (mehrgemeindliche Betriebsstätte), so ist in dem Zerlegungsbescheid eine Zerlegung in zwei Stufen durchzuführen: Zunächst ist der Gewerbesteuermessbetrag nach dem Maßstab des § 29 GewStG auf die Betriebstätten in den verschiedenen Gemeinden zu zerlegen (Hauptzerlegung). Anschließend ist der Zerlegungsanteil, der auf die mehrgemeindliche Betriebsstätte entfällt, nach § 30 GewStG auf diejenigen Gemeinden

H 30.1
noch **3**

weiter zu zerlegen, auf die sich die mehrgemeindliche Betriebsstätte erstreckt (Unterzerlegung). Die Zerlegung des einheitlichen Gewerbesteuermessbetrages ist somit nicht in zwei getrennten Zerlegungsbescheiden vorzunehmen (→ BFH vom 12. 10. 1977 – BStBl. 1978 II S. 160).

Omnibuslinienbetrieb. Ein Omnibusbetrieb, dessen Linien mehrere Gemeinden verbinden, ist keine mehrgemeindliche Betriebsstätte, da die von den Omnibussen befahrenen **öffentlichen Straßen** (nicht betriebseigenen Verkehrswege) den notwendigen räumlichen Zusammenhang nicht herstellen (→ BFH vom 25. 9. 1968 – BStBl. II S. 827).

Unternehmen der Mineralölwirtschaft.

– Der für die Annahme einer mehrgemeindlichen Betriebsstätte nach § 30 GewStG unter anderem geforderte räumliche Zusammenhang zwischen mehreren Betriebsteilen kann bei einem Unternehmen der Mineralölwirtschaft auch dadurch begründet werden, dass eine Raffinerie mit einem Tanklager durch unterirdische Rohrleitungen verbunden ist (→ BFH vom 20. 2. 1974 – BStBl. II S. 427 und vom 10. 7. 1974 – BStBl. 1975 II S. 42). Die Betriebsstätte der Hauptverwaltung (Sitz des Vorstandes) einer Mineralöl-AG ist nicht in die mehrgemeindliche Betriebsstätte der AG einzubeziehen, wenn zwar dem Vorstand die über den laufenden Betrieb hinausgehenden technischen Entscheidungen vorbehalten sind, nicht aber die zentrale Steuerung, die Wartung, die Überwachung und die Reparatur der Pipeline (→ BFH vom 12. 10. 1977 – BStBl. 1978 II S. 160).
– Das bloße Durchführen von Rohrleitungen eines Unternehmens der Ölwirtschaft durch eine Gemeinde ist noch nicht als Ausübung des Betriebs eines stehenden Gewerbes anzusehen. Die Verteilung des Transportgutes, die in einer festen örtlichen Anlage vorgenommen wird, geht über das Durchführen einer Rohrleitung hinaus, wobei es unschädlich ist, wenn die vorgenommenen betrieblichen Handlungen nicht durch am Ort tätige Arbeitnehmer vorgenommen werden, sondern durch ferngesteuerte Maschinen (wirtschaftliche Betrachtungsweise → BFH vom 12. 10. 1977 – BStBl. 1978 II S. 160).

Verkehrsunternehmen des Schienenverkehrs. Ein Straßenbahnbetrieb, der sich über mehrere Gemeinden erstreckt, stellt eine mehrgemeindliche Betriebsstätte dar, da die räumliche Verbindung zwischen den einzelnen Betriebsteilen durch die **Gleisanlagen** gegeben ist (→ BFH vom 25. 9. 1968 – BStBl. II S. 827).

Zu berücksichtigende Faktoren von Gemeindelasten.

– Eine Zerlegung nach § 30 GewStG setzt nicht voraus, dass der Gemeinde durch die mehrgemeindliche Betriebsstätte feststellbare Lasten erwachsen. Durch die Betriebsstätte erwachsende Gemeindelasten sind lediglich beim Maßstab der Zerlegung zu berücksichtigen. Eine Zerlegung nach § 30 GewStG muss stets dann erfolgen, wenn eine mehrgemeindliche Betriebsstätte vorliegt. Davon unabhängig ist über den Zerlegungsmaßstab zu entscheiden (→ BFH vom 28. 10. 1987 – BStBl. 1988 II S. 292).
– Wohnen in den Gemeinden einer mehrgemeindlichen Betriebsstätte keine Arbeitnehmer dieser Betriebsstätte, so entfällt der Faktor Arbeitnehmer bei der Zerlegung. Die Zerlegung für die mehrgemeindliche Betriebsstätte ist dann nur nach den übrigen Faktoren (Betriebsanlagen evtl. Stromabgabe bzw. Elektrizitätsunternehmen) vorzunehmen. Der Anteil der Betriebsstättengemeinde an der Unterzerlegung verringert sich entsprechend (→ BFH vom 28. 10. 1987 – BStBl. 1988 II S. 292).
– Bei einer mehrgemeindlichen Betriebsstätte ist der einheitliche Steuermessbetrag unter Berücksichtigung der gesamten Lasten zu zerlegen, die sich für die einzelnen Gemeinden aus der Betriebsstätte ergeben, nicht lediglich unter Berücksichtigung der Lasten, die mit den Teilen der Betriebsstätte verbunden sind, die sich in den einzelnen Gemeinden befinden (→ BFH vom 18. 4. 1951 – BStBl. III S. 124). Im Zerlegungsmaßstab bei mehrgemeindlichen Betriebsstätten ist deshalb auch angemessen die Belastung zu berücksichtigen, die den beteiligten Gemeinden durch die im Gemeindegebiet wohnhaften Arbeitnehmer entsteht (→ BFH vom 26. 11. 1957 – BStBl. 1958 III S. 261).

§ 31 Begriff der Arbeitslöhne für die Zerlegung

GewStG

(1) ① **Arbeitslöhne sind vorbehaltlich der Absätze 2 bis 5 die Vergütungen im Sinne des § 19 Abs. 1 Nr. 1 des Einkommensteuergesetzes, soweit sie nicht durch andere Rechtsvorschriften von der Einkommensteuer befreit sind.** ② **Zuschläge für Mehrarbeit und für Sonntags-, Feiertags- und Nachtarbeit gehören unbeschadet der einkommensteuerlichen Behandlung zu den Arbeitslöhnen.** 1

(2) **Zu den Arbeitslöhnen gehören nicht Vergütungen, die an Personen gezahlt worden sind, die zu ihrer Berufsausbildung beschäftigt werden.** 2

(3) **In den Fällen des § 3 Nr. 5, 6, 8, 9, 12, 13, 15, 17, 21, 26, 27, 28 und 29 bleiben die Vergütungen an solche Arbeitnehmer außer Ansatz, die nicht ausschließlich oder überwiegend in dem steuerpflichtigen Betrieb oder Teil des Betriebs tätig sind.** 3

(4) ① **Nach dem Gewinn berechnete einmalige Vergütungen (z. B. Tantiemen, Gratifikationen) sind nicht anzusetzen.** ② **Das Gleiche gilt für sonstige Vergütungen, soweit sie bei dem einzelnen Arbeitnehmer 50 000 Euro übersteigen.** 4

(5) **Bei Unternehmen, die nicht von einer juristischen Person betrieben werden, sind für die im Betrieb tätigen Unternehmer (Mitunternehmer) insgesamt 25 000 Euro jährlich anzusetzen.** 5

Übersicht

R 31.1 Begriff der Arbeitslöhne für die Zerlegung

R 31.1

(1) ① Zu den anderen Rechtsvorschriften im Sinne des § 31 Abs. 1 GewStG gehören auch die in Verwaltungsanordnungen (Lohnsteuer-Richtlinien)[1] und in Doppelbesteuerungsabkommen[2] enthaltenen Befreiungen von der Lohnsteuer. ② Arbeitslöhne im Sinne der Zerlegungsvorschriften sind deshalb grundsätzlich die lohnsteuerpflichtigen Vergütungen im Sinne des § 19 Abs. 1 Nr. 1 EStG. ③ § 31 GewStG enthält Ausnahmen von diesem Grundsatz. ④ So gehören z. B. die nach § 3b EStG lohnsteuerfreien Zuschläge für Sonntags-, Feiertags- oder Nachtarbeit ebenso wie die Zuschläge für Mehrarbeit stets zum Arbeitslohn (→ § 31 Abs. 1 Satz 2 GewStG). 6

(2) ① Sonstige Vergütungen im Sinne des § 31 Abs. 4 Satz 2 GewStG sind vor allem Arbeitslöhne. ② Vergütungen an Personen, die zu ihrer Berufsausbildung beschäftigt sind, sind zwar lohnsteuerpflichtig, gehören jedoch nicht zu den Arbeitslöhnen (→ § 31 Abs. 2 GewStG). ③ Zu diesem Personenkreis gehören neben den Auszubildenden u. a. auch Praktikanten sowie Junggrade der Seeschifffahrt und Neubergleute. ④ Zu den Arbeitslöhnen gehören auch nicht die Leistungen, die von Unternehmen der Bauwirtschaft an die Zusatzversorgungskasse des Baugewerbes (Einzugsstelle) in einem Vomhundertsatz der Bruttolohnsumme zu erbringen sind, soweit sie sich aus Beiträgen zusammensetzen 7

1. für das Urlaubsgeld,
2. für den Lohnausgleich zwischen Weihnachten und Neujahr.

⑤ Die Beiträge für die Zusatzversorgung gehören zu den Arbeitslöhnen. ⑥ Die an die Arbeitnehmer des Baugewerbes geleisteten Lohnausgleichszahlungen und Urlaubsgeldzahlungen sind gezahlte Arbeitslöhne des Arbeitgebers, der die Auszahlung vornimmt.

(3) ① Vermögenswirksame Leistungen nach dem Fünften Vermögensbildungsgesetz (5. VermBG)[1] sind steuerpflichtige Einnahmen im Sinne des Einkommensteuergesetzes (→ § 2 Abs. 6 des 5. VermBG und § 19 Abs. 1 Nr. 1 EStG) und gehören somit zu den Arbeitslöhnen. ② Die Vorschrift des § 31 Abs. 2 GewStG bleibt unberührt. ③ Nicht zu den steuerpflichtigen Einnahmen und somit nicht zu den Arbeitslöhnen gehören die Arbeitnehmer-Sparzulagen (→ § 13 Abs. 3 des 5. VermBG). 8

(4) Bei der Berücksichtigung von Arbeitgeberleistungen und Ausgleichsansprüchen bei Altersteilzeitbeschäftigten ist im Rahmen der Gewerbesteuerzerlegung zu beachten, dass 9

- Aufstockungszahlungen des Arbeitgebers i. S. des § 3 Abs. 1 Nr. 1 Altersteilzeitgesetz nicht als Arbeitslohn i. S. des § 31 GewStG berücksichtigt werden können;
- der Ausgleichsanspruch des Arbeitgebers nach § 4 Altersteilzeitgesetz nicht die zu berücksichtigenden Arbeitslöhne mindert;
- die Zuführungen zu den Rückstellungen für Arbeitslöhne, die für die Freistellungsphase vorgenommen werden, nicht als Arbeitslöhne bei der Zerlegung nach § 29 GewStG zu berücksichtigen sind und

[1] Abgedruckt im „Handbuch zur Lohnsteuer“.
[2] Alle DBA abgedruckt in der Loseblattsammlung „Doppelbesteuerungsabkommen“.

– die Vergütungen, die in der Freistellungsphase geleistet werden, als Arbeitslöhne i. S. des § 31 GewStG zu berücksichtigen sind.

10 (5) Gewinn im Sinne des § 31 Abs. 4 Satz 1 GewStG ist der Gewinn des Unternehmens und nicht der in einer Betriebsstätte erzielte Gewinn.

11 (6) ① Es kommt vor, dass in der einen Gemeinde der Unternehmer allein tätig ist, während in einer anderen Betriebsstätte des Unternehmens in einer anderen Gemeinde nur Angestellte beschäftigt werden. ② In diesen Fällen würde nach § 29 GewStG die zuerst bezeichnete Gemeinde keinen Zerlegungsanteil erhalten, weil in der dort belegenen Betriebsstätte keine Arbeitslöhne gezahlt worden sind. ③ Dieses unbillige Ergebnis ist für Unternehmen, die nicht von einer juristischen Person betrieben werden, durch § 31 Abs. 5 GewStG beseitigt. ④ Der Betrag von 25 000 € ist nach dem Anteil der Tätigkeit der Unternehmer (Mitunternehmer) in den einzelnen Betriebsstätten zu verteilen. ⑤ Das gilt auch bei der Verlegung von Betriebsstätten in andere Gemeinden; in diesem Fall sind für die Verteilung die zeitlichen Anteile maßgebend. ⑥ Die Zerlegung des fiktiven Unternehmerlohns setzt voraus, dass der Unternehmer in mehr als einer Betriebsstätte geschäftsleitend tätig geworden ist.

H 31.1

H 31.1

12 **Zerlegung des fiktiven Unternehmerlohns.** Die Zerlegung des fiktiven Unternehmerlohns setzt voraus, dass der Unternehmer in mehr als einer Betriebsstätte geschäftsleitend tätig geworden ist (→ BFH vom 16. 9. 1964 – BStBl. 1965 III S. 69).

Anl a zu R 31.1

a) Erlaß betr. Kappung der Arbeitslöhne im Zerlegungsverfahren nach § 31 *Nr. 1*[1] GewStG bei Wechsel der Arbeitsstelle

Vom 19. November 1979

(FM Baden-Württemberg G 1450 – 6/79; koord. Ländererlaß)

13 Bei der Zerlegung des *einheitlichen* Steuermeßbetrags sind nach § 31 *Nr. 1*[1] GewStG neben den nach dem Gewinn berechneten einmaligen Vergütungen auch sonstige Vergütungen nicht als Arbeitslohn anzusetzen, soweit sie bei dem einzelnen Arbeitnehmer *40 000 DM*[2] übersteigen. Die Frage, wie diese Vorschrift auszulegen ist, hat besondere Bedeutung in den Fällen, in denen ein Arbeitnehmer während des Erhebungszeitraums

a) von einem Unternehmen zu einem anderen nicht durch Organschaft verbundenen Unternehmen,
b) von einem Unternehmen zu einem dem Organkreis zugehörigen Unternehmen,
c) innerhalb eines Unternehmens zu verschiedenen Betriebsstätten

gewechselt hat.

Hierzu weise ich auf folgendes hin:

Nach dem Sinn und Zweck der genannten Vorschrift soll eine zutreffende Zerlegung des einheitlichen Steuermeßbetrags eines Unternehmens ermöglicht werden. Daraus ergibt sich, daß die Kappungsvorschrift jeweils für die Zerlegung des einheitlichen Steuermeßbetrags bei einem zur Gewerbesteuer heranzuziehenden Unternehmen anzuwenden ist. Für die dargestellten Fälle gilt daher folgendes:

Zu a): Bei jedem der beiden Unternehmen darf für denselben Arbeitnehmer der jeweils tatsächlich gezahlte Arbeitslohn – maximal jedoch nur bis zu jeweils *40 000 DM*[2] – angesetzt werden.

Zu b): In Organschaftsfällen werden die Gewerbeerträge *und Gewerbekapitalien* aller Organgesellschaften dem Organträger zugerechnet und nur für diesen wird ein einheitlicher Steuermeßbetrag festgesetzt. Bei der Zerlegung darf für einen Arbeitnehmer als Jahresarbeitslohn höchstens ein Betrag von *40 000 DM*[2] berücksichtigt werden. Ist er in einem Erhebungszeitraum in mehreren dem Organkreis zugehörigen Unternehmen, die als Betriebsstätten gelten, tätig gewesen, so sind die *40 000 DM*[2] zeitanteilig aufzuteilen.

Zu c): Auch in diesem Fall darf für einen Arbeitnehmer für Zwecke der Zerlegung höchstens ein Jahresarbeitslohn von *40 000 DM*[2] berücksichtigt werden. Ist der Arbeitnehmer in einem Erhebungszeitraum in mehreren Betriebsstätten tätig gewesen, so sind die *40 000 DM*[2] zeitanteilig aufzuteilen.

Vorstehender Erlaß ergeht im Einvernehmen mit dem BMF und den obersten Finanzbehörden der anderen Länder.

Anl b zu R 31.1

b) Verfügung betr. Begriff der Arbeitslöhne für die Zerlegung

Vom 9. September 1994 (DStR S. 1692)

(OFD Berlin St 412 – G 1450 – 1/94)

14 Es ist die Frage gestellt worden, ob die mit einem Pauschsteuersatz nach §§ 40, 40 a oder 40 b EStG erhobene Lohnsteuer zu den Arbeitslöhnen für die Zerlegung (§ 31 Abs. 1 Satz 1 GewStG) gehört.

Nach § 31 Abs. 1 Satz 1 GewStG sind Arbeitslöhne die lohnsteuerpflichtigen Vergütungen i. S. d. § 19 Abs. 1 Nr. 1 EStG. Abgesehen von den in § 31 GewStG selbst geregelten Ausnahmen von diesem

[1] Jetzt § 31 Abs. 4 GewStG.
[2] Jetzt 50 000 € (100 000 DM).

Grundsatz ist der Begriff der Arbeitslöhne für Zwecke der Zerlegung durch die Bezugnahme auf § 19 Abs. 1 Nr. 1 EStG nach ertragsteuerrechtlichen Grundsätzen auszulegen.

Danach gehören zu den Einkünften i. S. d. § 19 Abs. 1 Nr. 1 EStG sämtliche Bezüge und Vorteile, die dem Arbeitnehmer für eine Beschäftigung gewährt werden.

Nach der Rechtsprechung (BFH-Urteile vom 11. Oktober 1979, BStBl. 1980 II S. 127 und vom 29. Oktober 1993 VI R 4/87, BStBl. 1994 II S. 194) kann die pauschale Lohnsteuer begrifflich nicht als Vorteil i. S. d. § 19 Abs. 1 Nr. 1 EStG angesehen werden, weil der Arbeitgeber mit ihrer Entrichtung lediglich seine originäre eigene Verbindlichkeit erfüllt. Ein Vorteil des Arbeitnehmers besteht zwar darin, daß ihm aufgrund der Entscheidung des Arbeitgebers zur Pauschalierung die Lohnsteuer nicht mehr vom Arbeitslohn einbehalten werden darf. Durch diese endgültige Befreiung von der individuellen Lohnsteuerschuld ist der Arbeitnehmer auch bereichert. Dieser Vorteil unterliegt jedoch nicht der Einkommen- oder Lohnsteuer, weil ihm insbesondere kein Entlohnungscharakter zukommt.

Der Auffassung, daß die Pauschsteuer nicht zum Arbeitslohn gehört, steht auch nicht § 40 Abs. 1 Satz 2 EStG entgegen. Diese Vorschrift hat lediglich Bedeutung für die Höhe des Pauschsteuersatzes und führt nicht zu einer Erhöhung des zugeflossenen Arbeitslohns.

Demnach sind zwar die pauschal versteuerten Arbeitslöhne, nicht aber die Pauschalsteuer bei der Zerlegung zu berücksichtigen.

§ 32 *(weggefallen)*

GewStG

§ 33 Zerlegung in besonderen Fällen

(1) ① **Führt die Zerlegung nach den §§ 28 bis 31 zu einem offenbar unbilligen Ergebnis, so ist nach einem Maßstab zu zerlegen, der die tatsächlichen Verhältnisse besser berücksichtigt.** ② **In dem Zerlegungsbescheid hat das Finanzamt darauf hinzuweisen, dass bei der Zerlegung Satz 1 angewendet worden ist.** 1

(2) **Einigen sich die Gemeinden mit dem Steuerschuldner über die Zerlegung, so ist der Steuermessbetrag nach Maßgabe der Einigung zu zerlegen.** 2

R 33.1 Zerlegung in besonderen Fällen

R 33.1

(1) ① § 33 GewStG ist eng auszulegen und nur in Ausnahmefällen anzuwenden. ② Die Voraussetzungen des § 33 GewStG sind nicht schon dann gegeben, wenn bei Anwendung des Zerlegungsmaßstabs des § 29 GewStG eine Gemeinde unberücksichtigt bleibt. ③ Ein offenbar unbilliges Ergebnis im Sinn des § 33 GewStG ist nur dann gegeben, wenn der Gemeinde durch die Betriebsstätte wesentliche Lasten erwachsen. ④ Als wesentliche Lasten sind regelmäßig die sogenannten Arbeitnehmerfolgekosten anzusehen, d. h. die Aufwendungen einer Gemeinde für den Bau von Straßen, Schulen, Krankenhäusern, Altersheimen u. a. m. für die dort wohnenden Arbeitnehmer der Betriebsstätte. ⑤ Entgehende Einnahmen der Gemeinde, die durch die eingeschränkte Möglichkeit der gemeindlichen Weiterentwicklung (z. B. aufgrund des Ausweises von Siedlungsbeschränkungs- oder Bauschutzbereichen) entstehen, können demgegenüber nicht mit effektiven Belastungen der gemeindlichen Haushalte gleichgesetzt werden. ⑥ „Weiche" Belastungen (Umweltbelastung, Lärm, Schadstoffausstoß, Werteverluste an Grundstücken) stellen keine berücksichtigungsfähigen Lasten dar, da sie nicht quantifizierbar sind. ⑦ Lasten anderer Art, die durch das Vorhandensein einer Betriebsstätte der Gemeinde entstehen, führen nur dann zu einer Unbilligkeit im Sinne des § 33 Abs. 1 GewStG, wenn sie einerseits ins Gewicht fallen und andererseits atypisch sind. ⑧ Eine solche Unbilligkeit liegt nur dann vor, wenn aufgrund der atypischen Umstände des Einzelfalles die sich aus dem groben Maßstab des § 29 GewStG allgemein ergebende Unbilligkeit offensichtlich übertroffen wird. ⑨ Ein offenbar unbilliges Ergebnis liegt zum Beispiel vor, wenn bei gewerblicher Vermietung von Ferienwohnungen der Eigentümer seinen Wohnsitz nicht in der Belegenheitsgemeinde hat und dort auch nicht oder nur teilweise tätig ist. ⑩ Hier würde die Belegenheitsgemeinde, der allein durch die gewerblich vermieteten Ferienwohnungen Lasten entstehen, auf Grund der Verteilung des sogenannten Unternehmerlohns im Sinne des § 31 Abs. 5 GewStG, wie sie in R 31.1 Absatz 5 vorgesehen ist, keine oder nur einen Teil der Gewerbesteuer erhalten. ⑪ Bei der Zerlegung ist daher in diesen Fällen § 33 Abs. 1 GewStG mit der Maßgabe anzuwenden, dass als Zerlegungsmaßstab die Betriebseinnahmen zugrunde gelegt werden. ⑫ Dagegen liegt kein unbilliges Ergebnis vor, wenn so genannte Einobjektgesellschaften ihre gewerblichen Anlagen nicht selbst betreiben, sondern die Aufgabenerledigung durch den Abschluss von Betriebsführungsverträgen sicherstellen und infolgedessen an den Anlagestandorten keine eigenen Arbeitnehmer beschäftigen. ⑬ Die Gemeinde der Betriebsstätte erhält in diesem Fall im Rahmen der Gewerbesteuermessbetragsfestsetzung des Betriebsführers einen Anteil an dem Gewerbesteuermessbetrag. ⑭ Dass ggf. Pacht- oder Lizenzzahlungen des Betriebsführers an den Betreiber den Gewerbesteuermessbetrag des Betriebsführers mindern, rechtfertigt für sich allein die Anwendung der besonderen Zerlegung nach § 33 GewStG nicht. ⑮ Im Rahmen der Billigkeitsprüfung nach § 33 GewStG können ferner solche Lasten nicht berücksichtigt werden, für die der Gemeinde ein Gebührenerhebungsrecht oder zivilrechtliche Schadensersatzansprüche zustehen. 3

(2) ① Eine Einigung im Sinne des § 33 Abs. 2 GewStG ist ein Fall der „Zerlegung in besonderen Fällen". ② Einer Prüfung durch das Finanzamt, ob die Voraussetzungen des § 33 Abs. 1 4

GewStG vorliegen, bedarf es nicht. ③ Die Zerlegung nach § 33 Abs. 2 GewStG ist, mit Bindungswirkung für die Finanzverwaltung, allein nach Maßgabe der entsprechenden Einigung durchzuführen.

H 33.1

H 33.1

5 **Anspruch auf Beteiligung an der Zerlegung.** §§ 4, 28 GewStG geben den Gemeinden, in deren Bereich sich Betriebstätten befinden, keinen unbedingten Anspruch auf Beteiligung an dem Gewerbesteuermessbetrag. Die Anwendung der im § 29 GewStG vorgesehenen Zerlegungsmaßstäbe führt nicht schon dann zu einem im Sinne des § 33 GewStG offenbar unbilligen Ergebnis, wenn dabei eine Gemeinde unberücksichtigt bleibt (→ BFH vom 13. 5. 1958 – BStBl. III S. 379).

Auslieferungslager. Beschäftigt ein Unternehmer in seinem Auslieferungslager keine Arbeitnehmer, rechtfertigt dies bei der Zerlegung des Steuermessbetrags in der Regel nicht die Anwendung des § 33 GewStG (→ BFH vom 12. 7. 1960 – BStBl. III S. 386).

Auswirkungen der Änderung eines Gewerbesteuermessbescheids auf einen bereits bestandskräftigen Zerlegungsbescheid. Die Bestandskraft des Zerlegungs-Erstbescheids erstreckt sich nicht auf den in diesem Bescheid angewendeten Zerlegungsmaßstab; sie umfasst den in diesem Bescheid festgestellten Zerlegungsanteil nur nach seinem Betrag. Hinsichtlich des Erhöhungsbetrags können auch bei einer Änderung des Gewerbesteuermessbetrags nach § 175 Abs. 1 Nr. 1 AO alle materiell-rechtlichen Fehler des Bescheids zugunsten wie zuungunsten der Gemeinden berichtigt werden (→ BFH vom 20. 4. 1999 – BStBl. II S. 542, Fortführung des Senatsurteils vom 24. 3. 1992 – BStBl. II S. 869).

Offenbare Unbilligkeit.
- Eine offenbare Unbilligkeit ist nur gegeben, wenn der Gemeinde durch die Betriebsstätte wesentliche Lasten erwachsen (→ BFH vom 12. 7. 1960 – BStBl. III S. 386 und vom 5. 10. 1965 – BStBl. III S. 668).
- Eine Zerlegung kann i. S. d. § 33 Abs. 1 GewStG dann unbillig sein, wenn eine Gemeinde, in der sich eine Betriebsstätte befindet, in erheblichem Umfang die sog. Folgekosten für die Arbeitnehmer der Betriebsstätte zu tragen hat, ohne dass dies im Zerlegungsmaßstab zugunsten der Gemeinde Berücksichtigung findet (→ BFH vom 26. 8. 1987 – BStBl. 1988 II S. 201).
- Zu Lasten anderer Art → BFH vom 26. 8. 1987 – BStBl. 1988 II S. 201.
- Nicht jede offenbare Unbilligkeit, die sich aus dem Zerlegungsmaßstab gemäß § 29 GewStG ergibt, rechtfertigt eine Zerlegung nach einem abweichenden Maßstab. Die Unbilligkeit muss vielmehr erhebliches Gewicht haben und eindeutig und augenfällig sein. Verlagerungen des Gewerbesteueraufkommens infolge einer Organschaft rechtfertigen grundsätzlich kein Abweichen von dem Maßstab des § 29 GewStG (→ BFH vom 17. 2. 1993 – BStBl. II S. 679 und vom 16. 12. 2009 – BStBl. 2010 II S. 492).
- Der Zerlegung nach § 29 Abs. 1 Nr. 2 GewStG steht nicht entgegen, dass die wirtschaftliche Struktur einer Gemeinde von einem Großunternehmen bestimmt wird und der Auf- und Ausbau eines Großunternehmens zu einer starken Vermehrung der Einwohnerzahl und der Aufwendungen für kommunale Einrichtungen führt. Das gilt auch, wenn die Ansiedlung des Großunternehmens den Zusammenschluss einer Anzahl bisher ländlicher Gemeinden und ihre rasche Entwicklung zu einer Industriestadt nach sich zieht und dadurch eine starke Zusammenballung von Kosten verursacht (→ BFH vom 1. 3. 1967 – BStBl. III S. 324). Eine Zerlegung nach Maßstab der Arbeitslöhne erscheint in diesen Fällen sachgerecht, da der mit dem Bevölkerungszuwachs einhergehende Zuwachs an Beschäftigten auch eine entsprechende Steigerung der Lohnsumme nach sich zieht.
- Die Vorschrift des § 33 Abs. 1 GewStG dient dazu, offenbaren Unbilligkeiten in einzelnen Ausnahmefällen abzuhelfen. Sie greift nicht ein, wenn die Anwendung des Regelmaßstabs allgemein zu unbilligen Ergebnissen führt (→ BFH vom 24. 1. 1968 – BStBl. II S. 185).
- Der Umstand, dass eine Betriebsstätte mit einer verhältnismäßig geringen Zahl von Arbeitnehmern wegen einer betrieblich bedingten Sicherheitszone ein verhältnismäßig großes Gemeindegebiet beansprucht, rechtfertigt nicht eine vom Regelmaßstab abweichende Zerlegung nach § 33 GewStG (→ BFH vom 9. 10. 1975 – BStBl. 1976 II S. 123).
- Dem gewerbesteuerrechtlichen Zerlegungsverfahren kommt nicht die Funktion eines kommunalen Finanzausgleichs zu. Es dient allein der Gegenleistung für die Lasten, die sich über die Ausgaben direkt auf die gemeindlichen Haushalte auswirken (→ BFH vom 9. 10. 1975 – BStBl. 1976 II S. 123 und vom 4. 4. 2007 – BStBl. II S. 836).

Vereinbarter Zerlegungsmaßstab – Einigung aller beteiligten Gemeinden mit dem Steuerschuldner.
- Für die Anwendung des § 33 Abs. 2 GewStG genügt es, wenn sich die Gemeinden mit dem Steuerschuldner über den anzuwendenden Zerlegungsmaßstab einigen. Eine Einigung der Gemeinden mit dem Steuerschuldner gem. § 33 Abs. 2 GewStG schließt nicht aus, dass die Beteiligten die Zerlegung mit der Behauptung anfechten, der vereinbarte Zerlegungsmaßstab sei unrichtig angewendet worden (→ BFH vom 25. 9. 1968 – BStBl. II S. 827).

– Eine Einigung der Gemeinden mit dem Steuerschuldner über die Zerlegung des Gewerbesteuermessbetrages nach § 33 Abs. 2 GewStG gilt im Zweifel nur für den jeweiligen Erhebungszeitraum (→ BFH vom 20. 4. 1999 – BStBl. II S. 542).

§ 34 Kleinbeträge

GewStG

(1) ① **Übersteigt der Steuermessbetrag nicht den Betrag von 10 Euro, so ist er in voller Höhe der Gemeinde zuzuweisen, in der sich die Geschäftsleitung befindet.** ② **Befindet sich die Geschäftsleitung im Ausland, so ist der Steuermessbetrag der Gemeinde zuzuweisen, in der sich die wirtschaftlich bedeutendste der zu berücksichtigenden Betriebsstätten befindet.** 1

(2) ① **Übersteigt der Steuermessbetrag zwar den Betrag von 10 Euro, würde aber nach den Zerlegungsvorschriften einer Gemeinde ein Zerlegungsanteil von nicht mehr als 10 Euro zuzuweisen sein, so ist dieser Anteil der Gemeinde zuzuweisen, in der sich die Geschäftsleitung befindet.** ② **Absatz 1 Satz 2 ist entsprechend anzuwenden.** 2

(3) ① **Wird der Zerlegungsbescheid geändert oder berichtigt, würde sich dabei aber der Zerlegungsanteil einer Gemeinde um nicht mehr als 10 Euro erhöhen oder ermäßigen, so ist der Betrag der Erhöhung oder Ermäßigung bei dem Zerlegungsanteil der Gemeinde zu berücksichtigen, in der sich die Geschäftsleitung befindet.** ② **Absatz 1 Satz 2 ist entsprechend anzuwenden.** 3

§ 34 *Kleinbeträge bei Verlegung der Geschäftsleitung*

GewStDV

Hat das Unternehmen die Geschäftsleitung im Laufe des Erhebungszeitraums in eine andere Gemeinde verlegt, so ist der Kleinbetrag der Gemeinde zuzuweisen, in der sich die Geschäftsleitung am Ende des Erhebungszeitraums befindet. 4

R 34.1 Negativer Zerlegungsanteil bei Änderung oder Berichtigung des Zerlegungsbescheids

R 34.1

§ 34 Abs. 3 GewStG ist nicht anzuwenden, wenn sich für die Gemeinde der Geschäftsleitung ein negativer Zerlegungsanteil ergeben würde. 5

Verfügung betr. Kleinbeträge bei der Gewerbesteuer-Zerlegung – Zusammentreffen der Regelungen nach § 34 Abs. 2 und 3 GewStG

Anl zu R 34.1

Vom 21. Juli 1994 (DB S. 1901)

(OFD Frankfurt a. M. G 1450 A – 9 – St II 22)

Die Kleinbetragsregelungen nach Abs. 2 und Abs. 3 des § 34 GewStG sind unabhängig voneinander anzuwenden. Dies bedeutet, daß bei der Anwendung der Regelung in Abs. 3 die auf die jeweilige Gemeinde entfallenden Zerlegungsanteile und nicht die der jeweiligen Gemeinde nach Abs. 2 zugewiesenen Zerlegungsanteile zugrunde zu legen sind. 6

Beispiel 1:

Bei der erstmaligen Zerlegung entfällt auf eine Gemeinde ein Zerlegungsanteil von 19,00 DM. Dieser Anteil wird zwar nach § 34 Abs. 2 GewStG der Geschäftsleitungsgemeinde zugewiesen. Bei der Frage, ob für Zwecke der Änderung oder Berichtigung des Zerlegungsbescheids die Wertgrenze des § 34 Abs. 3 GewStG von mehr als 20,00 DM erreicht wird, ist dieser Zerlegungsanteil maßgebend. Eine Erhöhung des Zerlegungsanteils dieser Gemeinde kommt nur in Betracht, wenn der erhöhte Zerlegungsanteil dieser Gemeinde mehr als 39,00 DM beträgt.

Beispiel 2:

Bei der erstmaligen Zerlegung entfällt auf eine Gemeinde ein Zerlegungsanteil von 39,00 DM. Bei Änderung oder Berichtigung des Zerlegungsbescheids entfällt auf diese Gemeinde ein Zerlegungsanteil von 19,00 DM. Eine Ermäßigung des Zerlegungsanteils ist nicht vorzunehmen, weil der Unterschiedsbetrag nicht mehr als 20,00 DM beträgt. Entfällt auf diese Gemeinde ein berichtigter oder geänderter Zerlegungsanteil von weniger als 19,00 DM, sind die Voraussetzungen des § 34 Abs. 3 GewStG für eine Ermäßigung gegeben. Nach § 34 Abs. 2 GewStG ist dieser ermäßigte Zerlegungsanteil jedoch der Geschäftsleitungsgemeinde zuzuweisen.

§ 35 *(weggefallen)*

GewStG

GewStG

Abschnitt VII. Gewerbesteuer der Reisegewerbebetriebe

§ 35 a Gewerbesteuer der Reisegewerbebetriebe

1 **(1) Der Gewerbesteuer unterliegen auch die Reisegewerbebetriebe, soweit sie im Inland betrieben werden.**

2 **(2) ① Reisegewerbebetrieb im Sinne dieses Gesetzes ist ein Gewerbebetrieb, dessen Inhaber nach den Vorschriften der Gewerbeordnung und den dazugehörigen Ausführungsbestimmungen einer Reisegewerbekarte bedarf. ② Wird im Rahmen eines einheitlichen Gewerbebetriebs sowohl ein stehendes Gewerbe als auch ein Reisegewerbe betrieben, so ist der Betrieb in vollem Umfang als stehendes Gewerbe zu behandeln.**

3 **(3) Hebeberechtigt ist die Gemeinde, in der sich der Mittelpunkt der gewerblichen Tätigkeit befindet.**

4 **(4) Ist im Laufe des Erhebungszeitraums der Mittelpunkt der gewerblichen Tätigkeit von einer Gemeinde in eine andere Gemeinde verlegt worden, so hat das Finanzamt den Steuermessbetrag nach den zeitlichen Anteilen (Kalendermonaten) auf die beteiligten Gemeinden zu zerlegen.**

Übersicht

GewStDV

§ 35 *Reisegewerbebetriebe*

5 *(1) ① Der Mittelpunkt der gewerblichen Tätigkeit befindet sich in der Gemeinde, von der aus die gewerbliche Tätigkeit vorwiegend ausgeübt wird. ② Das ist in der Regel die Gemeinde, in der sich der Wohnsitz des Reisegewerbetreibenden befindet. ③ In Ausnahmefällen ist Mittelpunkt eine auswärtige Gemeinde, wenn die gewerbliche Tätigkeit von dieser Gemeinde (z. B. von einem Büro oder Warenlager) aus vorwiegend ausgeübt wird. ④ Ist der Mittelpunkt der gewerblichen Tätigkeit nicht feststellbar, so ist die Gemeinde hebeberechtigt, in der der Unternehmer polizeilich gemeldet oder meldepflichtig ist.*

6 *(2) Eine Zerlegung des Steuermessbetrags auf die Gemeinden, in denen das Gewerbe ausgeübt worden ist, unterbleibt.*

7 *(3) ① Der Steuermessbetrag ist im Fall des § 35 a Abs. 4 des Gesetzes nach dem Anteil der Kalendermonate auf die hebeberechtigten Gemeinden zu zerlegen. ② Kalendermonate, in denen die Steuerpflicht nur während eines Teils bestanden hat, sind voll zu rechnen. ③ Der Anteil für den Kalendermonat, in dem der Mittelpunkt der gewerblichen Tätigkeit verlegt worden ist, ist der Gemeinde zuzuteilen, in der sich der Mittelpunkt in diesem Kalendermonat die längste Zeit befunden hat.*

R 35 a.1

R 35 a.1 Reisegewerbebetriebe

8 ① Einen Reisegewerbebetrieb unterhält, wer als Inhaber nach den Vorschriften der Gewerbeordnung (GewO)[1] und den Ausführungsbestimmungen dazu entweder einer Reisegewerbekarte bedarf *oder von der Reisegewerbekarte lediglich deshalb befreit ist, weil er einen Blindenwaren-Vertriebsausweis (→ § 55 a Abs. 1 Nr. 4 GewO) besitzt.*[2] ② Gemäß § 55 Abs. 2 GewO bedarf derjenige einer Reisegewerbekarte, der ein Reisegewerbe betreiben will. ③ Ein Reisegewerbe betreibt, wer gewerbsmäßig ohne vorhergehende Bestellung außerhalb seiner gewerblichen Niederlassung oder ohne eine solche zu haben,

1.[2] *selbständig oder unselbständig in eigener Person* Waren feilbietet oder Bestellungen aufsucht (vertreibt) oder ankauft, Leistungen anbietet oder Bestellungen auf Leistungen aufsucht oder

2.[2] *selbständig* unterhaltende Tätigkeiten als Schausteller oder nach Schaustellerart ausübt (→ § 55 Abs. 1 GewO).

④ Demgemäß gelten zum Beispiel Angestellte, die für ihren Arbeitgeber im Umherziehen Waren feilbieten und dazu eine Reisegewerbekarte brauchen, nicht als Reisegewerbetreibende im Sinne des Gewerbesteuergesetzes. ⑤ Liegt ein gewerbliches Unternehmen im Sinne des Gewerbesteuergesetzes vor, ist auf Grund der Vorschriften der Gewerbeordnung, insbesondere auf Grund des § 55 GewO zu prüfen, ob der Inhaber zur Ausübung des Unternehmens einer Reisegewerbekarte bedarf. ⑥ Es kann dabei grundsätzlich darauf abgestellt werden, ob der Steuerpflichtige

[1] Loseblattsammlung **Sartorius** Nr. **800**. – Vgl. auch Titel III (§§ 55–61 a) GewO mit den Vorschriften zum Reisegewerbe insgesamt.

[2] § 55 GewO Abs. 1 Nr. 1 und 2 geänd., § 55 a GewO Abs. 1 Nr. 4 aufgeh. durch Gesetz v. 7. 9. 2007 (BGBl. I S. 2246) mWv 14. 9. 2007. – Vgl. jetzt § 35 a Abs. 2 GewStG.

für den Erhebungszeitraum oder einen Teil des Erhebungszeitraums eine Reisegewerbekarte erworben hat *oder ob er einen Blindenwaren-Vertriebsausweis besitzt.* ⑦ *Abgesehen von der gesetzlichen Ausnahme des § 55 a Abs. 1 Nr. 4 GewO*[1] liegt daher kein Reisegewerbebetrieb vor, soweit die Gewerbeordnung eine Reisegewerbekarte nicht vorschreibt. ⑧ Nach § 55 a Abs. 1 Nr. 3 GewO bedarf derjenige, der ein Reisegewerbe im Sinne von § 55 Abs. 1 Nr. 1 und 2 GewO in der Gemeinde seines Wohnsitzes oder seiner gewerblichen Niederlassung ausübt, keiner Reisegewerbekarte, sofern die Gemeinde nicht mehr als 10 000 Einwohner zählt.

H 35 a.1

H 35 a.1

Zur Unterscheidung zwischen Reisegewerbebetrieb und stehendem Gewerbe. → R 2.1 Abs. 3. 9

Gewerbeordnung[2]

– Auszug –

Anl zu R 35 a.1

§ 55 Reisegewerbekarte 11

(1)[3] Ein Reisegewerbe betreibt, wer gewerbsmäßig ohne vorhergehende Bestellung außerhalb seiner gewerblichen Niederlassung (§ 4 Absatz 3) oder ohne eine solche zu haben

1.[4] Waren feilbietet oder Bestellungen aufsucht (vertreibt) oder ankauft, Leistungen anbietet oder Bestellungen auf Leistungen aufsucht oder

2.[4] unterhaltende Tätigkeiten als Schausteller oder nach Schaustellerart ausübt.

(2) Wer ein Reisegewerbe betreiben will, bedarf der Erlaubnis (Reisegewerbekarte).

(3) Die Reisegewerbekarte kann inhaltlich beschränkt, mit einer Befristung erteilt und mit Auflagen verbunden werden, soweit dies zum Schutze der Allgemeinheit oder der Verbraucher erforderlich ist; unter denselben Voraussetzungen ist auch die nachträgliche Aufnahme, Änderung und Ergänzung von Auflagen zulässig.

§ 55 a Reisegewerbekartenfreie Tätigkeiten 12

(1) Einer Reisegewerbekarte bedarf nicht, wer

1. gelegentlich der Veranstaltung von Messen, Ausstellungen, öffentlichen Festen oder aus besonderem Anlaß mit Erlaubnis der zuständigen Behörde Waren feilbietet;

2.[5] selbstgewonnene Erzeugnisse der Land- und Forstwirtschaft, des Gemüse-, Obst- und Gartenbaues, der Geflügelzucht und Imkerei sowie der Jagd und Fischerei vertreibt;

3. Tätigkeiten der in § 55 Abs. 1 Nr. 1 genannten Art in der Gemeinde seines Wohnsitzes oder seiner gewerblichen Niederlassung ausübt, sofern die Gemeinde nicht mehr als 10 000 Einwohner zählt;

4.[5] (aufgehoben)

5.[5] auf Grund einer Erlaubnis nach § 4 des Milch- und Margarinegesetzes Milch oder bei dieser Tätigkeit auch Milcherzeugnisse abgibt;

6.[5] Versicherungsverträge als Versicherungsvermittler im Sinne des § 34 d Absatz 6 oder Absatz 7 Nummer 1 und 2 oder Bausparverträge vermittelt oder abschließt oder im Sinne des § 34 d Absatz 2 Satz 1 in Verbindung mit § 34 d Absatz 7 Satz 2 als Versicherungsberater über Versicherungen berät; das Gleiche gilt für die in dem Gewerbebetrieb beschäftigten Personen;

7.[5] ein nach Bundes- oder Landesrecht erlaubnispflichtiges Gewerbe ausübt, für dessen Ausübung die Zuverlässigkeit erforderlich ist, und über die erforderliche Erlaubnis verfügt;

8.[5] im Sinne des § 34 f Absatz 3 Nummer 4, auch in Verbindung mit § 34 h Absatz 1 Satz 4, Finanzanlagen als Finanzanlagenvermittler vermittelt und Dritte über Finanzanlagen berät; das Gleiche gilt für die in dem Gewerbebetrieb beschäftigten Personen;

8 a.[5] Im Sinne des § 34 i Absatz 4, auch in Verbindung mit § 34 i Absatz 5, Immobiliardarlehensverträge vermittelt und Dritte zu solchen Verträgen berät;

9. von einer nicht ortsfesten Verkaufsstelle oder einer anderen Einrichtung in regelmäßigen, kürzeren Zeitabständen an derselben Stelle Lebensmittel oder andere Waren des täglichen Bedarfs vertreibt; das Verbot des § 56 Abs. 1 Nr. 3 Buchstabe b findet keine Anwendung;

10. Druckwerke auf öffentlichen Wegen, Straßen, Plätzen oder an anderen öffentlichen Orten feilbietet.

---

[1] § 55 a GewO Abs. 1 Nr. 4 aufgeh. durch Gesetz v. 7. 9. 2007 (BGBl. I S. 2246) mWv 14. 9. 2007. – Vgl. jetzt § 35 a Abs. 2 GewStG.

[2] I. d. F. der Bek. vom 22. 2. 1999 (BGBl. I S. 202), zuletzt geändert durch Gesetz vom 19. 12. 2022 (BGBl. I S. 2606).

[3] § 55 GewO Einleitungssatz geändert durch Gesetz vom 17. 7. 2009 (BGBl. I S. 2091).

[4] § 55 GewO Abs. 1 Nr. 1 u. Nr. 2 geändert durch Gesetz vom 7. 9. 2007 (BGBl. I S. 2246) mWv 14. 9. 2007.

[5] § 55 a GewO Abs. 1 Nr. 2 u. Nr. 5 geändert, Nr. 7 neu gefasst, Nr. 4 und Nr. 8 aufgehoben durch Gesetz vom 7. 9. 2007 (BGBl. I S. 2246) mWv 14. 9. 2007; Abs. 1 Nr. 8 eingefügt durch Gesetz vom 6. 12. 2011 (BGBl. I S. 2481) mWv 1. 1. 2013; Abs. 1 Nr. 8 geändert durch Gesetz vom 15. 7. 2013 (BGBl. I S. 2390) mWv 1. 8. 2014; Abs. 1 Nr. 8 a eingefügt durch Gesetz vom 11. 3. 2016 (BGBl. I S. 396) mWv 21. 3. 2016; Abs. 1 Nr. 6 neu gefasst durch Gesetz vom 20. 7. 2017 (BGBl. I S. 2789) mWv 23. 2. 2018.

Anl zu R 35a.1

(2) Die zuständige Behörde kann für besondere Verkaufsveranstaltungen Ausnahmen von dem Erfordernis der Reisegewerbekarte zulassen.

13 **§ 55 b Weitere reisegewerbekartenfreie Tätigkeiten, Gewerbelegitimationskarte**

(1)[1] Eine Reisegewerbekarte ist nicht erforderlich, soweit der Gewerbetreibende andere Personen im Rahmen ihres Geschäftsbetriebes aufsucht.

(2) ① Personen, die für ein Unternehmen mit Sitz im Geltungsbereich dieses Gesetzes geschäftlich tätig sind, ist auf Antrag von der zuständigen Behörde eine Gewerbelegitimationskarte nach dem in den zwischenstaatlichen Verträgen vorgesehenen Muster für Zwecke des Gewerbebetriebes in anderen Staaten auszustellen. ② Für die Erteilung und die Versagung der Gewerbelegitimationskarte gelten § 55 Abs. 3 und § 57 entsprechend, soweit nicht in zwischenstaatlichen Verträgen oder durch Rechtsetzung dazu befugter überstaatlicher Gemeinschaften etwas anderes bestimmt ist.

---

[1] § 55 b Abs. 1 Satz 2 GewO aufgehoben durch Gesetz vom 7. 9. 2007 (BGBl. I S. 2246) mWv 14. 9. 2007.

GewStG

Abschnitt VIII. Änderung des Gewerbesteuermessbescheids von Amts wegen

§ 35b Änderung des Gewerbesteuermessbescheids von Amts wegen

(1) ① Der Gewerbesteuermessbescheid oder Verlustfeststellungsbescheid ist von Amts wegen aufzuheben oder zu ändern, wenn der Einkommensteuerbescheid, der Körperschaftsteuerbescheid oder ein Feststellungsbescheid aufgehoben oder geändert wird und die Aufhebung oder Änderung den Gewinn aus Gewerbebetrieb berührt. ② Die Änderung des Gewinns aus Gewerbebetrieb ist insoweit zu berücksichtigen, als sie die Höhe des Gewerbeertrags oder des vortragsfähigen Gewerbeverlustes beeinflusst. ③ § 171 Abs. 10 der Abgabenordnung gilt sinngemäß. 1

(2)[1] ① Zuständig für die Feststellung des vortragsfähigen Gewerbeverlustes ist das für den Erlass des Gewerbesteuermessbescheids zuständige Finanzamt. ② Bei der Feststellung des vortragsfähigen Gewerbeverlustes sind die Besteuerungsgrundlagen so zu berücksichtigen, wie sie der Festsetzung des Steuermessbetrags für den Erhebungszeitraum, auf dessen Schluss der vortragsfähige Gewerbeverlust festgestellt wird, zu Grunde gelegt worden sind; § 171 Absatz 10[2], § 175 Absatz 1 Satz 1 Nummer 1 und § 351 Absatz 2 der Abgabenordnung sowie § 42 der Finanzgerichtsordnung gelten entsprechend. ③ Die Besteuerungsgrundlagen dürfen bei der Feststellung nur insoweit abweichend von Satz 2 berücksichtigt werden, wie die Aufhebung, Änderung oder Berichtigung des Gewerbesteuermessbescheids ausschließlich mangels Auswirkung auf die Höhe des festzusetzenden Steuermessbetrags unterbleibt. ④ Die Feststellungsfrist endet nicht, bevor die Festsetzungsfrist für den Erhebungszeitraum abgelaufen ist, auf dessen Schluss der vortragsfähige Gewerbeverlust gesondert festzustellen ist; § 181 Abs. 5 der Abgabenordnung ist nur anzuwenden, wenn die zuständige Finanzbehörde die Feststellung des vortragsfähigen Gewerbeverlustes pflichtwidrig unterlassen hat.[3] 2

Übersicht Rz.

R 35 b.1 Aufhebung oder Änderung des Gewerbesteuermessbescheids von Amts wegen

R 35 b.1

(1) ① Die Vorschrift des § 35 b GewStG enthält eine selbständige Rechtsgrundlage für die Aufhebung oder Änderung von Gewerbesteuermessbescheiden und Verlustfeststellungsbescheiden. ② Ihre Anwendung setzt nicht voraus, dass sich die Änderungsbefugnis aus anderen Vorschriften, z. B. aus § 173 Abs. 1 oder § 164 Abs. 2 AO, ergibt. ③ Sind jedoch zugleich die Voraussetzungen des § 164 Abs. 2 AO gegeben, geht diese Änderungsvorschrift dem § 35 b GewStG vor. ④ Die Vorschrift des § 35 b GewStG kommt hiernach zur Anwendung, wenn 3

1. der Einkommensteuerbescheid, der Körperschaftsteuerbescheid oder der Feststellungsbescheid aufgehoben oder geändert wird,
2. die Aufhebung oder Änderung des bezeichneten Bescheids die Höhe des Gewinns aus Gewerbebetrieb berührt und
3. diese Aufhebung oder Änderung die Höhe des Gewerbeertrags beeinflusst.

⑤ Eine Aufhebung oder Änderung des Einkommensteuerbescheids, des Körperschaftsteuerbescheids oder des Feststellungsbescheids ist eine unerlässliche Voraussetzung für die Anwendung des § 35 b Abs. 1 GewStG.[4] ⑥ Dabei ist es einerlei, aus welchen Gründen der Bescheid aufgehoben oder geändert wird (Rechtsbehelfsentscheidung, Berichtigung nach § 129 AO, Aufhebung oder Änderung nach §§ 164 Abs. 2, 172 und 173 AO).

---

[1] Zur örtlichen Zuständigkeit und zum Ort der Geschäftsleitung in **Organschaftsfällen** *vgl. FM-Schreiben Bayern vom 20. 10. 1993* (nachstehend abgedruckt als Anl zu R 35 b.1 GewStR).

[2] *BFH-Urteil vom 7. 9. 2016 IV R 31/13, BStBl. 2017 II S. 482:* Der Gewerbesteuermessbescheid des Erhebungszeitraums, auf dessen Ende der vortragsfähige Fehlbetrag nach § 10 a GewStG gesondert festzustellen ist, ist für den Verlustfeststellungsbescheid dieses Erhebungszeitraums kein Grundlagenbescheid iSd § 171 Abs. 10 AO, soweit das Merkmal der sachlichen Steuerpflicht für die Beurteilung des Merkmals der Unternehmensidentität von Bedeutung ist.

[3] Zur Anwendung von § 35 b Abs. 2 Sätze 2, 3 und 4 vgl. letztmals im „Handbuch zur Gewerbesteuerveranlagung 2014".

[4] *BFH-Urteil vom 31. 7. 1990 I R 28/88, BStBl. 1991 II S. 244:* Ergeht ein erstmaliger Körperschaftsteuerbescheid zeitlich nach dem Gewerbesteuer-Meßbescheid, so kann dieser nicht gemäß § 35 b GewStG geändert werden. Eine Änderung gemäß § 35 b GewStG setzt einen aufgehobenen oder geänderten Körperschaftsteuer-(Einkommensteuer-, Feststellungs-) Bescheid voraus.

4 (2) ①Sind die in Absatz 1 Satz 4 bezeichneten drei Voraussetzungen erfüllt, wird die Änderung des Gewinns aus Gewerbebetrieb in dem neuen Gewerbesteuermessbescheid oder Verlustfeststellungsbescheid von Amts wegen insoweit berücksichtigt, als sie die Höhe des Gewerbeertrags beeinflusst (→ § 35 b Abs. 1 Satz 2 GewStG). ②Der bestandskräftige Verlustfeststellungsbescheid kann nur nach § 35 b Abs. 2 Satz 2 und 3 GewStG geändert werden, wenn der Gewerbesteuermessbescheid für denselben Erhebungszeitraum nach den Änderungsvorschriften der Abgabenordnung oder nach § 35 b Abs. 1 GewStG zumindest dem Grunde nach geändert werden könnte. ③Nach § 35 b Abs. 2 Satz 2 GewStG ist nicht nur ein geänderter Gewinn, sondern sind auch geänderte Hinzurechnungs- und Kürzungsbeträge zu berücksichtigen. ④Gegen Bescheide, durch die ein Antrag auf Aufhebung oder Änderung des Gewerbesteuermessbescheids oder des Verlustfeststellungsbescheides nach § 35 b GewStG abgelehnt wird, ist der Einspruch nach § 347 Abs. 1 Nr. 1 AO gegeben.

H 35 b.1

H 35 b.1

5 **Allgemeines.**[1] Die Änderung gemäß § 35 b Abs. 1 GewStG setzt eine Änderung der Höhe des Gewinns aus Gewerbebetrieb voraus (→ BFH vom 10. 3. 1999 – BStBl. II S. 475). Der Gewerbesteuermessbescheid ist auch dann von Amts wegen zu ändern, wenn ein bisher als laufender Gewinn bezeichneter Teil des Gewinns in einem geänderten Bescheid als Veräußerungsgewinn behandelt wird, es sei denn, dass es sich um eine Kapitalgesellschaft handelt, bei der der Veräußerungsgewinn zum Gewerbeertrag gehört (→ BFH vom 30. 6. 1964 – BStBl. III S. 581).

Ändert das Finanzamt den Einkommensteuerbescheid in der Weise, dass ein bisher als Veräußerungsgewinn behandelter Gewinn aus Gewerbebetrieb nunmehr als laufender Gewinn beurteilt wird, so darf der Gewerbesteuermessbescheid nach § 35 b GewStG geändert werden (→ BFH vom 16. 12. 2004 – BStBl. 2005 II S. 184).

Der Gewerbesteuermessbescheid ist nach § 35 b Abs. 1 Satz 1 GewStG auch dann aufzuheben oder zu ändern, wenn die vorausgegangene Aufhebung oder Änderung des Einkommensteuerbescheids darauf beruht, dass die Tätigkeit des Steuerpflichtigen nicht mehr wie bisher als gewerbliche qualifiziert, sondern einer anderen Einkunftsart zugeordnet wird (→ BFH vom 23. 6. 2004 – BStBl. II S. 901).

Keine Änderung nach § 35 b GewStG.[2, 3]

- Wird ein Gewerbesteuermessbescheid selbständig angefochten, darf das Finanzamt diesen Bescheid nicht nach § 35 b Abs. 1 GewStG aufheben oder ändern (→ BFH vom 9. 9. 1965 – BStBl. III S. 667).
- Eine bloße Änderung des gewerblichen Gewinns, die nicht auch eine Änderung des Einkommensteuerbescheids oder des Körperschaftsteuerbescheids zur Folge hat, führt nicht zu einer Änderung nach § 35 b Abs. 1 GewStG (→ BFH vom 2. 3. 1966 – BStBl. III S. 317).
- Eine Berichtigung des Gewerbesteuermessbescheids nach § 35 b Abs. 1 GewStG entfällt, wenn in der Gewerbesteuersache bereits ein rechtskräftiges Urteil vorliegt (→ BFH vom 24. 10. 1979 – BStBl. 1980 II S. 104).
- Die nach Maßgabe des § 35 b Abs. 1 Satz 2 GewStG zu berücksichtigende Gewinnänderung beeinflusst dann nicht die Höhe des Gewerbeertrags, wenn sie auf verfahrens- oder materiell-rechtlichen Regelungen beruht, die allein für die Festsetzung der Einkommensteuer von Bedeutung sind (→ BFH vom 13. 11. 1991 – BStBl. 1992 II S. 351).

Kleinbetragsverordnung. Festgesetzte Gewerbesteuermessbeträge werden zum Nachteil des Steuerpflichtigen nur geändert oder berichtigt, wenn die Abweichung zur bisherigen Festsetzung mindestens 2 EUR beträgt (→ § 2 der Kleinbetragsverordnung vom 19. 12. 2000 – BGBl. I S. 1790).[4]

Verfahrensvorschriften.

- Wird ein unanfechtbarer Gewerbesteuermessbescheid oder ein unanfechtbarer Verlustfeststellungsbescheid nach § 35 b GewStG geändert, gilt für den geänderten Bescheid § 351 Abs. 1 AO (→ BFH vom 1. 3. 1966 – BStBl. III S. 331).

---

[1] *BFH-Urteil vom 21. 10. 2009 I R 29/09, BStBl. 2010 II S. 644:* § 35 b GewStG ermöglicht in Organschaftsfällen auch bei einer Gewinnänderung auf der Ebene der Organgesellschaft eine Änderung des bestandskräftigen Gewerbesteuermessbescheids.

[2] *BFH-Urteil vom 5. 11. 2009 IV R 99/06, BStBl. 2010 II S. 593:* **1.** Die auf § 174 Abs. 3 AO gestützte Änderung eines Gewinnfeststellungsbescheides knüpft hinsichtlich der Erkennbarkeit der fehlerhaften Nichtberücksichtigung eines Sachverhalts an die Person des Feststellungsbeteiligten an. **2.** Der erstmalige Erlass eines Gewerbesteuermessbescheides kann nach Ablauf der Festsetzungsfrist nicht auf § 35 b Abs. 1 GewStG gestützt werden.

[3] *BVerwG-Beschluss vom 4. 5. 2016 9 B 72.15, BFH/NV 2016, 1423, LS. 1:* **1.** Die Aufhebung oder Änderung des Gewerbesteuermessbescheids nach Änderung oder Aufhebung des Einkommensteuerbescheids, wenn die Änderung oder Aufhebung den Gewinn aus Gewerbebetrieb berührt (§ 35 b Abs. 1 Satz 1 GewStG), ist ausgeschlossen, soweit über die Rechtmäßigkeit des Gewerbesteuermessbescheids rechtskräftig entschieden worden ist (wie BFH, Beschluss vom 24. Oktober 1979 – I S 8/79 – BFHE 129, 11 ff.).

[4] Abgedruckt als Anl zu § 14 GewStG; ab 1. 1. 2017 muss die Abweichung bei einer Änderung oder Berichtigung zuungunsten des Steuerpflichtigen mindestens 5 Euro betragen (§ 2 KBV i. d. F. des Art. 3 Gesetzes vom 18. 7. 2016, BGBl. I S. 1679).

– Ergeht ein Einkommensteuerbescheid innerhalb der Frist des § 171 Abs. 9 AO, kann das Finanzamt einen Gewerbesteuermessbescheid, soweit § 35 GewStG greift, auch nach Ablauf der Frist des § 171 Abs. 9 AO ändern (§ 171 Abs. 10 AO) (→ BFH vom 21. 4. 2010 – BStBl. II S. 771).

Wirkungsweise der Änderung. Die auf einer Änderung des Gewinns im Einkommensteuerbescheid, Körperschaftsteuerbescheid oder Feststellungsbescheid beruhende Änderung des Gewerbesteuermessbescheids gemäß § 35 b GewStG führt nicht schlechthin zu einer Wiederaufrollung des gesamten Falles (→ BFH vom 11. 10. 1966 – BStBl. 1967 III S. 131). Die bei der früheren Festsetzung des Gewerbesteuermessbetrags vorgenommenen Hinzurechnungen und Kürzungen bleiben deshalb unverändert, es sei denn, dass diese nach Grund und Höhe von der Gewinnänderung unmittelbar berührt werden (→ BFH-Urteil vom 20. 1. 1965 – BStBl. III S. 228).

Anl zu R 35 b.1

Schreiben betr. Zuständigkeit für die Verlustfeststellung nach § 10 a GewStG in Organschaftsfällen

Vom 20. Oktober 1993 (DB S. 2262)

(FM Bayern 33 – G 1427 – 10/6–64861; koord. Ländererlaß)

– Auszug –

§ 35 b Abs. 2 GewStG i. V. m. § 22, § 18 Abs. 1 Nr. 2 AO regelt die örtliche Zuständigkeit für gesonderte Feststellungen des vortragsfähigen Gewerbeverlustes. Anknüpfungsmerkmal ist der Ort der Geschäftsleitung. 6

In Organschaftsfällen ist der Ort der Geschäftsleitung des Organs nur dann nach besonderen Grundsätzen zu bestimmen, wenn die Geschäftsleitung der Organgesellschaft durch den Organträger in der Weise maßgebend beeinflußt wird, daß dieser den laufenden Geschäftsbetrieb der Organgesellschaft nicht nur beaufsichtigt, sondern ständig in die Tagespolitik eingreift und dadurch die im gewöhnlichen Geschäftsverkehr erforderlichen Entscheidungen von einigem Gewicht selbst trifft. Nur in diesem Fall ist der Ort der Geschäftsleitung der Organgesellschaft an dem Ort, von dem aus der Organträger die Geschäfte leitet. In allen anderen Fällen werden die Geschäfte der Organgesellschaft von dem Ort aus geleitet, an dem die gesetzlichen Vertreter der Organgesellschaft tätig werden.

Die örtliche Zuständigkeit für gesonderte Feststellungen des vororganschaftlichen Verlusts während des Bestehens der Organschaft ist entsprechend zu bestimmen. Zuständig ist danach im Regelfall das FA der Organgesellschaft, d. h. das FA, das nach der Verwaltungspraxis den Gewerbeertrag und das Gewerbekapital der Organgesellschaft ermittelt.

Dieses Schreiben ist im Einvernehmen mit den obersten Finanzbehörden des Bundes und der anderen Länder ergangen.

GewStG

Abschnitt IX. Durchführung

§ 35c Ermächtigung

1 (1) Die Bundesregierung wird ermächtigt, mit Zustimmung des Bundesrates

1. zur Durchführung des Gewerbesteuergesetzes Rechtsverordnungen zu erlassen
   a) über die Abgrenzung der Steuerpflicht,
   b) über die Ermittlung des Gewerbeertrags,
   c) über die Festsetzung der Steuermessbeträge, soweit dies zur Wahrung der Gleichmäßigkeit der Besteuerung und zur Vermeidung von Unbilligkeiten in Härtefällen erforderlich ist,
   d) über die Zerlegung des Steuermessbetrags,
   e) über die Abgabe von Steuererklärungen unter Berücksichtigung von Freibeträgen und Freigrenzen;
2. Vorschriften durch Rechtsverordnung zu erlassen
   a) über die sich aus der Aufhebung oder Änderung von Vorschriften dieses Gesetzes ergebenden Rechtsfolgen, soweit dies zur Wahrung der Gleichmäßigkeit bei der Besteuerung oder zur Beseitigung von Unbilligkeiten in Härtefällen erforderlich ist,
   b) *(weggefallen)*
   c) über die Steuerbefreiung der Einnehmer einer staatlichen Lotterie,
   d)[1] über die Steuerbefreiung bei bestimmten kleineren Versicherungsvereinen auf Gegenseitigkeit im Sinne des § 210 des Versicherungsaufsichtsgesetzes, wenn sie von der Körperschaftsteuer befreit sind,
   e) über die Beschränkung der Hinzurechnung von Entgelten für Schulden und ihnen gleichgestellte Beträge (§ 8 Nr. 1 Buchstabe a) bei Kreditinstituten nach dem Verhältnis des Eigenkapitals zu Teilen der Aktivposten und bei Gewerbebetrieben, die nachweislich ausschließlich unmittelbar oder mittelbar Kredite oder Kreditrisiken, die einem Kreditinstitut oder einem in § 3 Nr. 2 genannten Gewerbebetrieb aus Bankgeschäften entstanden sind, erwerben und Schuldtitel zur Refinanzierung des Kaufpreises für den Erwerb solcher Kredite oder zur Refinanzierung von für die Risikoübernahmen zu stellenden Sicherheiten ausgeben,
   f)[2] über die Beschränkung der Hinzurechnung von Entgelten für Schulden und ihnen gleichgestellte Beträge (§ 8 Nummer 1 Buchstabe a) bei
      aa) Finanzdienstleistungsinstituten, soweit sie Finanzdienstleistungen im Sinne des § 1 Absatz 1a Satz 2 des Kreditwesengesetzes tätigen,
      bb) Zahlungsinstituten, soweit sie Zahlungsdienste im Sinne des § 1 Absatz 1 Satz 2 Nummer 3 Buchstabe b und Nummer 6 des Zahlungsdiensteaufsichtsgesetzes erbringen,
      cc) Wertpapierinstituten, soweit sie Wertpapierdienstleistungen, Wertpapiernebendienstleistungen und Nebengeschäfte im Sinne des § 2 Absatz 2 bis 4 des Wertpapierinstitutsgesetzes erbringen.

      ② Voraussetzung für die Umsetzung von Satz 1 ist, dass die Umsätze des Finanzdienstleistungsinstituts zu mindestens 50 Prozent auf Finanzdienstleistungen, die Umsätze der Wertpapierinstitute zu mindestens 50 Prozent auf Wertpapierdienstleistungen, Wertpapiernebendienstleistungen und Nebengeschäfte und die Umsätze des Zahlungsinstituts zu mindestens 50 Prozent auf Zahlungsdienste entfallen,
   g) über die Festsetzung abweichender Vorauszahlungstermine.

(2) Das Bundesministerium der Finanzen wird ermächtigt, den Wortlaut dieses Gesetzes und der zu diesem Gesetz erlassenen Rechtsverordnungen in der jeweils geltenden Fassung satzweise nummeriert mit neuem Datum und in neuer Paragrafenfolge bekannt zu machen und dabei Unstimmigkeiten im Wortlaut zu beseitigen.

---

[1] § 35 c Abs. 1 Nr. 2 Buchst. d n. F. anzuwenden ab EZ 2016.

[2] § 35 c Abs. 1 Nr. 2 Buchst. f Satz 1 Doppelbuchst. bb n. F. anzuwenden ab EZ 2018 (§ 36 Abs. 6 GewStG); Buchst. f Satz 1 Doppelbuchst. cc angefügt und Satz 2 geändert durch Gesetz vom 12. 5. 2021 (BGBl. I S. 990) mWv 26. 6. 2021.

Abschnitt X. Schlussvorschriften

§ 36[1] Zeitlicher Anwendungsbereich

(1)[2] Die vorstehende Fassung dieses Gesetzes ist, soweit in den folgenden Absätzen 1
nichts anderes bestimmt ist, erstmals für den Erhebungszeitraum 2021 anzuwenden.

(2)[3] ① § 3 Nummer 1 in der Fassung des Artikels 8 des Gesetzes vom 12. Dezem- 2
ber 2019 (BGBl. I S. 2451) ist erstmals für den Erhebungszeitraum 2019 anzuwenden. ② § 3 Nummer 2 ist für die Investitionsbank Sachsen-Anhalt erstmals für den Erhebungszeitraum 2023 anzuwenden. ③ Die Steuerbefreiung nach § 3 Nummer 2 in der bis zum 20. Dezember 2022 geltenden Fassung ist für die Investitionsbank Sachsen-Anhalt – Anstalt der Norddeutschen Landesbank – Girozentrale – letztmalig für den Erhebungszeitraum 2023 anzuwenden. ④ § 3 Nummer 12 in der Fassung des Artikels 9 des Gesetzes vom 12. Dezember 2019 (BGBl. I S. 2451) ist erstmals für den Erhebungszeitraum 2025 anzuwenden. ⑤ § 3 Nummer 13 in der Fassung des Artikels 8 des Gesetzes vom 12. Dezember 2019 (BGBl. I S. 2451) ist erstmals für den Erhebungszeitraum 2015 anzuwenden. ⑥ § 3 Nummer 24 in der Fassung des Artikels 8 des Gesetzes vom 12. Dezember 2019 (BGBl. I S. 2451) ist erstmals für den Erhebungszeitraum 2019 anzuwenden. ⑦ § 3 Nummer 32 in der Fassung des Artikels 8 des Gesetzes vom 12. Dezember 2019 (BGBl. I S. 2451) ist erstmals für den Erhebungszeitraum 2019 anzuwenden. ⑧ § 3 Nummer 32 in der Fassung des Artikels 10 des Gesetzes vom 16. Dezember 2022 (BGBl. I S. 2294) ist erstmals für den Erhebungszeitraum 2022 anzuwenden.

(3)[4] ① § 7 Satz 3 in der durch Artikel 8 des Gesetzes vom 12. Dezember 2019 3
(BGBl. I S. 2451) geänderten Fassung ist erstmals für den Erhebungszeitraum 2009 anzuwenden. ② Für den Erhebungszeitraum 2008 ist § 7 Satz 3 in folgender Fassung anzuwenden: ***[siehe Abdruck in der geschlossenen Wiedergabe].*** **③ § 7 Satz 7 in der Fassung des Artikels 16 des Gesetzes vom 20. Dezember 2016 (BGBl. I S. 3000) ist erstmals für den Erhebungszeitraum 2017 anzuwenden. ④ § 7 Satz 9 in der Fassung des Artikels 3 des Gesetzes vom 25. Juni 2021 (BGBl. I S. 2035) ist erstmals für den Erhebungszeitraum 2022 anzuwenden.**

(3 a)[5] § 7b Absatz 2 Satz 4 in der Fassung des Artikels 10 des Gesetzes vom 16. De- 4
zember 2022 (BGBl. I S. 2294) ist erstmals für den Erhebungszeitraum 2023 anzuwenden.

(4) ① § 8 Nummer 1 Buchstabe d Satz 2 ist nur auf Entgelte anzuwenden, die auf 5
Verträgen beruhen, die nach dem 31. Dezember 2019 abgeschlossen worden sind. ② Dabei ist bei Verträgen, die vor dem 1. Januar 2025 abgeschlossen werden, statt einer Reichweite von 80 Kilometern eine Reichweite von 60 Kilometern ausreichend. ③ § 8 Nummer 1 Buchstabe d Satz 2 ist letztmals für den Erhebungszeitraum 2030 anzuwenden.

(4 a)[6] § 8 Nummer 5 in der Fassung des Artikels 3 des Gesetzes vom 25. Juni 2021 6
(BGBl. I S. 2035) ist erstmals für den Erhebungszeitraum 2022 anzuwenden.

(5)[7] ① § 9 Nummer 3 Satz 1 erster Halbsatz in der Fassung des Artikels 16 des Ge- 7
setzes vom 20. Dezember 2016 (BGBl. I S. 3000) ist erstmals für den Erhebungszeitraum 2017 anzuwenden. ② § 9 Nummer 5 Satz 12 in der Fassung des Artikels 8 des Gesetzes vom 12. Dezember 2019 (BGBl. I S. 2451) ist erstmals für Zuwendungen anzuwenden, die nach dem 31. Dezember 2019 geleistet werden.

(5 a)[8] § 10 a in der Fassung des Artikels 9 des Gesetzes vom 21. Dezember 2020 8
(BGBl. I S. 3096) ist auch für Erhebungszeiträume vor 2020 anzuwenden.

(5 b)[9] § 19 Absatz 3 Satz 2 und 3 ist auf Antrag des Steuerpflichtigen mit der Maß- 9
gabe anzuwenden, dass für die Erhebungszeiträume 2019 bis 2021 der 21. Kalendermonat, für den Erhebungszeitraum 2022 der 20. Kalendermonat, für den Erhebungszeitraum 2023 der 18. Kalendermonat und für den Erhebungszeitraum 2024 der 17. Kalendermonat an die Stelle des 15. Kalendermonats tritt.

---

[1] § 36 neu gefasst durch Gesetz vom 12. 12. 2019 (BGBl. I S. 2451).

[2] § 36 Abs. 1 geändert durch Gesetz vom 3. 6. 2021 (BGBl. I S. 1498).

[3] § 36 Abs. 2 Sätze 2 und 3 eingefügt durch Gesetz vom 16. 12. 2022 (BGBl. I S. 2294), bish. Sätze 2 bis 5 werden Sätze 4 bis 7; § 36 Abs. 2 Satz 8 angefügt durch Gesetz vom 16. 12. 2022 (BGBl. I S. 2294).

[4] § 36 Abs. 3 Satz 3 angefügt durch Gesetz vom 21. 12. 2020 (BGBl. I S. 3096); Satz 4 angefügt durch Gesetz vom 25. 6. 2021 (BGBl. I S. 2035).

[5] § 36 Abs. 3 a eingefügt durch Gesetz vom 16. 12. 2022 (BGBl. I S. 2294).

[6] § 36 Abs. 4 a eingefügt durch Gesetz vom 25. 6. 2021 (BGBl. I S. 2035).

[7] § 36 Abs. 5 Satz 1 eingefügt durch Gesetz vom 21. 12. 2020 (BGBl. I S. 3096).

[8] § 36 Abs. 5 a eingefügt durch Gesetz vom 21. 12. 2020 (BGBl. I S. 3096).

[9] § 36 Abs. 5 b neu gefasst durch Gesetz vom 19. 6. 2022 (BGBl. I S. 911).

10 (6) **§ 35 c Absatz 1 Nummer 2 Buchstabe f Satz 1 Doppelbuchstabe bb in der Fassung des Artikels 8 des Gesetzes vom 12. Dezember 2019 (BGBl. I S. 2451) ist erstmals für den Erhebungszeitraum 2018 anzuwenden.**

GewStDV

§ 36[1] ***Zeitlicher Anwendungsbereich***

Die vorstehende Fassung dieser Verordnung ist erstmals für den Erhebungszeitraum 2021 anzuwenden.

GewStG

§ 37 *(weggefallen)*

[1] § 36 GewStDV neu gefasst durch VO vom 25. 6. 2020 (BGBl. I S. 1495).

Anhang

1. Rechtsbehelfe bei der Gewerbesteuer[1,2,3]

1. Rechtsbehelfe gegen den Gewerbesteuermessbescheid 1

Einspruch gem. § 347 AO binnen eines Monats nach Bekanntgabe (§ 355 AO) an das Finanzamt; über ihn entscheidet das Finanzamt.

Von der Einlegung des Einspruchs kann abgesehen werden, wenn sich die Einwendungen nur gegen die Höhe des zugrunde gelegten Gewinns aus Gewerbebetrieb richten und diese bereits im Einspruch gegen den Einkommensteuerbescheid, den Feststellungsbescheid oder den Körperschaftsteuerbescheid geltend gemacht worden sind. Änderungen des Gewinns in diesen Bescheiden haben eine Berichtigung des Gewerbesteuermessbescheids von Amts wegen zur Folge (§ 35 b GewStG).

Wegen unverschuldeter Fristversäumnis kann binnen eines Monats nach Wegfall des Hindernisses Wiedereinsetzung in den vorigen Stand gem. § 110 AO gewährt werden. Nach einem Jahr seit dem Ende der versäumten Frist kann die Wiedereinsetzung nicht mehr beantragt oder die versäumte Handlung nicht mehr nachgeholt werden, außer wenn dies vor Ablauf der Jahresfrist infolge höherer Gewalt unmöglich war.

Anfechtungsklage gem. § 40 FGO binnen eines Monats nach Bekanntgabe (§ 47 FGO) an das Finanzgericht; über sie entscheidet das Finanzgericht im ersten Rechtszug.

Anfechtungsklage gem. § 45 FGO ohne Vorverfahren zulässig (Sprungklage), wenn das Finanzamt, das über den Einspruch zu entscheiden hätte, zustimmt.

Klage gem. § 46 FGO ohne vorherigen Abschluss des Vorverfahrens zulässig. Die Klage kann nicht vor Ablauf von 6 Monaten seit Einlegung des außergerichtlichen Rechtsbehelfs erhoben werden, es sei denn, dass wegen besonderer Umstände des Falles eine kürzere Frist geboten ist. Im Falle unverschuldeter Versäumnis einer gesetzlichen Frist beim Finanzgericht kann auf Antrag binnen zwei Wochen nach Wegfall des Hindernisses gem. § 56 FGO Wiedereinsetzung in den vorigen Stand gewährt werden.

Revision gem. § 115 FGO binnen eines Monats (§ 120 FGO) nach Zustellung des vollständigen Urteils, sofern diese vom Finanzgericht nach Maßgabe des § 115 Abs. 2 FGO zugelassen worden ist; die Revision muss innerhalb von zwei Monaten nach Zustellung des vollständigen Urteils begründet werden. Ansonsten innerhalb eines Monats Beschwerde gegen die Nichtzulassung der Revision beim BFH (Begründungsfrist wie Revision), über die dieser durch Beschluss entscheidet (§ 116 FGO). Bei Stattgabe wird das Beschwerdeverfahren als Revisionsverfahren fortgesetzt (Beginn der Revisionsbegründungsfrist), im Fall der Ablehnung wird das Urteil rechtskräftig. Bei einem Verfahrensmangel kann der BFH im stattgebenden Beschluss die Streitsache an das Finanzgericht zurückverweisen (§ 116 Abs. 6 FGO).

2. Rechtsbehelfe gegen Haftungsbescheide des Finanzamts 2

Soweit nach § 5 Abs. 2 des Gesetzes zur Änderung des Gewerbesteuerrechts vom 27. 12. 1951 (BStBl. 1952 I S. 2) die Erhebung der Gewerbesteuer dem Finanzamt übertragen ist, obliegt ihm auch die Geltendmachung eines Haftungsanspruchs. Gegen Haftungsbescheide des Finanzamts sind der Einspruch und der Finanzrechtsweg gegeben (§ 347 Abs. 1 Nr. 1 AO, § 33 FGO). Vgl. ergänzend R 5.3 GewStR/H 5.3 GewStH.

3. Rechtsbehelfe gegen den Gewerbesteuerbescheid[4] 3

Widerspruch gemäß §§ 68 Abs. 1, 70 VwGO i. V. m. landesrechtlichen Bestimmungen (z. B. Art. 12 Abs. 1 Satz 1 Nr. 1 BayAGVwGO) oft lediglich fakultativ binnen eines Monats an die Gemeindebehörde zulässig. Über den Widerspruch entscheidet die Gemeindebehörde.

Anfechtungsklage gemäß § 74 Abs. 1 Satz 1 VwGO binnen eines Monats nach Zustellung des Widerspruchsbescheids beim zuständigen Verwaltungsgericht. Wird ein Widerspruchsbescheid binnen drei Monaten nicht erteilt, so kann die Anfechtungsklage beim Verwaltungsgericht gemäß § 75 VwGO erhoben werden, wohl aber nur bis zum Ablauf eines Jahres seit der Einlegung des Widerspruchs. Für den Fall der sofortigen Klageerhebung muss die Klage gemäß § 74 Abs. 1 Satz 2 VwGO innerhalb eines Monats nach Bekanntgabe des Gewerbesteuerbescheids erhoben werden.

Berufung gemäß §§ 124, 124 a VwGO binnen eines Monats an das OVG (den VGH) des betreffenden Landes (unter Umständen auch gleich Sprungrevision an das Bundesverwaltungsgericht, § 134 VwGO).

Revision gemäß § 132 VwGO an das Bundesverwaltungsgericht, wenn das OVG (der VGH) oder bei Nichtzulassungsbeschwerde das BVerwG diese zugelassen hat (§ 132 VwGO). Gegen die Nichtzulassung der Revision ist binnen eines Monats die selbständige Beschwerde bei dem Gericht, gegen des-

---

[1] AO i. d. F. der Bek. vom 1. 10. 2002 (BGBl. I S. 3866, ber. I 2003 S. 61), zuletzt geändert durch Gesetz vom 20. 12. 2022 (BGBl. I S. 2730).

[2] FGO i. d. F. der Bek. vom 28. 3. 2001 (BGBl. I S. 442, ber. S. 2262, 2002 I S. 679), zuletzt geändert durch Gesetz vom 10. 3. 2023 (BGBl. I Nr. 64).

[3] VwGO i. d. F. der Bek. vom 19. 3. 1991 (BGBl. I S. 686), zuletzt geändert durch Gesetz vom 14. 3. 2023 (BGBl. I Nr. 71).

[4] *BFH-Urteil vom 10. 6. 1987 I R 301/83, BStBl. II S. 816:* Einwendungen gegen die Höhe des Gewerbeertrags oder Gewerbekapitals sind nur gegen den Gewerbesteuermessbescheid zulässig.

sen Urteil Revision eingelegt werden soll, zulässig. Hilft das Gericht der Beschwerde nicht ab, entscheidet das BVerwG durch Beschluss (§ 133 VwGO).

4 **4. Rechtsbehelfe gegen den Zerlegungsbescheid**

Gegen einen Zerlegungsbescheid (§ 188 AO) des Finanzamts und gegen einen Bescheid, durch den ein Antrag auf Zerlegung abgelehnt wird, können der Steuerpflichtige und die beteiligten Gemeinden Einspruch einlegen (§ 347 AO). Vgl. 1.

5 **5. Rechtsbehelfe gegen Haftungsbescheide der Gemeinde**

Es ist Sache der Gemeinde, den Anspruch aus der Haftung geltend zu machen. Wer kraft Gesetz haftet, kann durch Haftungsbescheid in Anspruch genommen werden. Wegen der gesetzlichen Haftungstatbestände siehe R 5.3 GewStR/H 5.3 GewStH.

Der Bescheid ist schriftlich zu erteilen (§ 191 AO) und zu begründen. Gegen Haftungsbescheide der Gemeinde ist (in einigen Fällen lediglich fakultativ) der Widerspruch und der Verwaltungsrechtsweg gegeben (§§ 68 bis 73 u. § 40 VwGO). Wegen der Heranziehung bei vertraglicher Haftung vgl. § 192 AO.

6 **6. Rechtsbehelfe gegen den Zuteilungsbescheid**

Gegen einen gemäß § 190 AO ergehenden Zuteilungsbescheid ist als Rechtsbehelf der Einspruch gegeben (§ 347 AO). Vgl. 1.

7 **7. Rechtsbehelfe gegen den Vorauszahlungsbescheid**

Gegen Steuermessbescheide, die ausschließlich für Zwecke der Gewerbesteuervorauszahlungen erteilt werden, ist gemäß § 347 AO der Einspruch gegeben. Vgl. 1.

Gegen Vorauszahlungsbescheide der Gemeindesteuerbehörden richten sich die Rechtsbehelfe nach der VwGO. Vgl. 3.

Gegen die Zerlegung des einheitlichen Steuermessbetrages für die Zwecke der Gewerbesteuer-Vorauszahlungen nach § 29 Abs. 2 GewStDV können der Steuerpflichtige und die beteiligten Gemeinden Einspruch einlegen (§ 347 AO).

8 **8. Rechtsbehelfe gegen Aufforderung zur Steuererklärung**

Die Abgabe einer Steuererklärung kann nach § 328 AO mit Zwangsmitteln durchgesetzt werden. Gegen diese Aufforderung des Finanzamts zur Abgabe der Erklärung ist der Einspruch gemäß § 347 AO binnen Monatsfrist gegeben. Vgl. 1. Gegen denjenigen, der seiner Verpflichtung zur Abgabe einer Steuererklärung nicht oder nicht fristgemäß nachkommt, kann ein Verspätungszuschlag festgesetzt werden (§ 152 Abs. 1 AO). Zur Höhe des Verspätungszuschlages vgl. § 152 Abs. 5 ff. AO. Gegen einen solchen Verspätungszuschlag ist der Einspruch (§ 347 AO) binnen Monatsfrist gegeben. Vgl. 1.

9 **9. Rechtsmittel gegen Ablehnung von Erstattungs- und Billigkeitsanträgen**

Wird ein Antrag auf Erstattung zu Unrecht bezahlter Steuerbeträge abgelehnt, so sind die gleichen landesrechtlichen Rechtsmittel wie gegen den Realsteuerbescheid gegeben.

Wird der Antrag eines Steuerpflichtigen auf Gewährung einer Billigkeitsmaßnahme gemäß § 163 AO abgelehnt, so ist zu unterscheiden, ob es sich um eine Billigkeitsmaßnahme im Gewerbesteuermessbetragsverfahren handelt, über die das Finanzamt zu entscheiden hat, oder um einen Antrag auf Erlass der auf Grund des ergangenen Gewerbesteuermessbescheides im Realsteuerbescheid festgesetzten Gewerbesteuer, über den die Gemeindebehörde zu entscheiden hat.

a) Entscheidung durch das Finanzamt

Die Befugnis, Realsteuermessbeträge festzusetzen, schließt auch die Befugnis zu Maßnahmen nach § 163 Abs. 1 Satz 1 AO (abweichende Festsetzung von Steuern aus Billigkeitsgründen) ein, soweit für solche Maßnahmen in einer allgemeinen Verwaltungsvorschrift der Bundesregierung oder einer obersten Landesfinanzbehörde Richtlinien aufgestellt worden sind (§ 184 Abs. 2 AO).

Eine Entscheidung des Finanzamts über eine Ablehnung eines Billigkeitsantrages eines Steuerpflichtigen kann durch einen Ablehnungsbescheid oder auch dadurch erfolgen, dass der Gewerbesteuermessbetrag ohne Berücksichtigung des gestellten Billigkeitsantrages festgesetzt wird.

Im ersteren Fall ist der Einspruch gemäß § 347 AO gegeben, an den sich ein finanzgerichtliches Verfahren anschließen kann unter der Voraussetzung, dass der diesbezügliche Verwaltungsakt mit der Behauptung eines Ermessensmissbrauchs angegriffen wird.

b) Entscheidung der Gemeindebehörde

Lehnt die Gemeindebehörde einen Billigkeitsantrag ab, oder verweigert sie ihre Zustimmung zu einer vom Finanzamt auf Antrag des Steuerpflichtigen beabsichtigten Billigkeitsmaßnahme, so sind die gleichen Rechtsbehelfe wie gegen den Realsteuerbescheid gegeben; vgl. 3.

Hat das Finanzamt den Gewerbesteuermessbetrag aus Billigkeitsgründen nach § 163 AO ohne Zustimmung der Gemeinde niedriger festgesetzt, so ist es auf Verlangen der Gemeinde unabhängig von der Rechtskraft des Bescheides verpflichtet, diesen Bescheid durch einen neuen, die Billigkeitsmaßnahmen nicht berücksichtigenden Bescheid zu ersetzen; die Gemeinde kann ihren der Verpflichtung des Finanzamts entsprechenden Anspruch nicht in einem Verfahren vor den Finanzgerichten durchsetzen (BFH v. 25. 5. 1962 I 129/59 S, BStBl. III S. 497).

2. Gewerbesteuerhebesätze 2022 mit Veränderungen gegenüber 2021 in Gemeinden mit mehr als 50 000 Einwohnern[1]

Gemeinden	Bundesland	GewSt.-Hebe-satz in v. H.	Veränd. geg. Vorjahr in Prozentpunkten
Aachen	NRW	475	0
Aalen	Ba-Wü	380	0
Ahlen	NRW	445	0
Arnsberg	NRW	459	0
Aschaffenburg	Bay	400	0
Augsburg	Bay	470	0
Bad Homburg v. d. H.	He	385	0
Bad Kreuznach	Rh-Pf	420	15
Bad Salzuflen	NRW	445	0
Baden-Baden	Ba-Wü	390	0
Bamberg	Bay	390	0
Bayreuth	Bay	370	0
Bergheim	NRW	500	0
Bergisch-Gladbach	NRW	460	0
Berlin	Berl	410	0
Bielefeld	NRW	480	0
Böblingen	Ba-Wü	380	0
Bocholt	NRW	458	0
Bochum	NRW	495	0
Bonn	NRW	490	0
Bottrop	NRW	490	0
Brandenburg	Bbg	450	0
Braunschweig	Nds	450	0
Bremen	Bre	460	0
Bremerhaven	Bre	460	0
Castrop-Rauxel	NRW	500	0
Celle	Nds	440	0
Chemnitz	Sn	450	0
Cottbus	Bbg	400	0
Darmstadt	He	454	0
Delmenhorst	Nds	435	0
Dessau-Roßlau	S-Anh	450	0
Detmold	NRW	446	0
Dinslaken	NRW	460	0
Dormagen	NRW	450	0
Dorsten	NRW	495	0
Dortmund	NRW	485	0
Dresden	Sn	450	0
Duisburg	NRW	520	0
Düren	NRW	450	0
Düsseldorf	NRW	440	0
Erftstadt	NRW	565	0
Erfurt	Th	470	0
Erlangen	Bay	440	0
Eschweiler	NRW	490	0
Essen	NRW	480	0
Esslingen a. N.	Ba-Wü	400	0
Euskirchen	NRW	475	0
Flensburg	SH	410	0
Frankfurt a. M.	He	460	0
Frankfurt/O.	Bbg	400	0
Frechen	NRW	490	0
Freiburg i. Br.	Ba-Wü	430	0
Friedrichshafen	Ba-Wü	350	0
Fulda	He	380	0
Fürth	Bay	440	0
Garbsen	Nds	450	0
Gelsenkirchen	NRW	480	0
Gera	Th	464	0
Gießen	He	420	0
Gladbeck	NRW	495	0
Göppingen	Ba-Wü	365	0
Görlitz	Sn	430	10
Göttingen	Nds	430	0
Goslar	Nds	420	0
Greifswald	M-V	425	0
Grevenbroich	NRW	450	0
Gummersbach	NRW	475	0
Gütersloh	NRW	414	3
Hagen	NRW	520	0
Halle/Saale	S-Anh	450	0
Hamburg	Hbg	470	0
Hameln	Nds	455	0
Hamm	NRW	465	0
Hanau	He	430	0
Hannover	Nds	480	0
Hattingen	NRW	515	0
Heidelberg	Ba-Wü	400	0
Heilbronn	Ba-Wü	420	0
Herford	NRW	430	0
Herne	NRW	500	0
Herten	NRW	480	0
Hilden	NRW	400	0
Hildesheim	Nds	440	0
Hürth	NRW	480	0
Ibbenbüren	NRW	438	0
Ingolstadt	Bay	400	0
Iserlohn	NRW	480	0
Jena	Th	450	0
Kaiserslautern	Rh-Pf	415	5

[1] Stand Dezember 2022; Quelle: DIHK.

Gemeinden	Bundesland	GewSt.-Hebe-satz in v. H.	Veränd. geg. Vorjahr in Prozentpunkten
Karlsruhe	Ba-Wü	450	20
Kassel	He	440	0
Kempten	Bay	387	0
Kerpen	NRW	500	0
Kiel	SH	450	0
Kleve	NRW	417	0
Koblenz	Rh-Pf	420	0
Köln	NRW	475	0
Konstanz	Ba-Wü	390	0
Krefeld	NRW	480	0
Landshut	Bay	420	0
Langenfeld	NRW	299	0
Langenhagen	Nds	450	0
Leipzig	Sn	460	0
Leverkusen	NRW	250	0
Lingen/Ems	Nds	395	0
Lippstadt	NRW	440	0
Lübeck	SH	450	0
Lüdenscheid	NRW	499	0
Ludwigsburg	Ba-Wü	395	0
Ludwigshafen	Rh-Pf	425	0
Lüneburg	Nds	420	0
Lünen	NRW	490	0
Magdeburg	S-Anh	450	0
Mainz	Rh-Pf	310	– 130
Mannheim	Ba-Wü	430	0
Marburg/Lahn	He	357	– 43
Marl	NRW	530	0
Meerbusch	NRW	450	0
Menden/Sauerl.	NRW	460	0
Minden	NRW	447	0
Moers	NRW	480	0
Mönchengladbach	NRW	490	0
Mülheim a. d. Ruhr	NRW	580	0
München	Bay	490	0
Münster	NRW	460	0
Neubrandenburg	M-V	440	0
Neumünster	SH	410	0
Neuss	NRW	455	0
Neustadt/Weinstr.	Rh-Pf	400	0
Neu-Ulm	Bay	360	0
Neuwied	Rh-Pf	405	0
Norderstedt	SH	440	0
Nordhorn	Nds	375	0
Nürnberg	Bay	467	0
Oberhausen	NRW	580	0
Offenbach	He	440	0
Offenburg	Ba-Wü	380	0
Oldenburg	Nds	439	0
Osnabrück	Nds	440	0
Paderborn	NRW	418	0
Passau	Bay	400	0

Gemeinden	Bundesland	GewSt.-Hebe-satz in v. H.	Veränd. geg. Vorjahr in Prozentpunkten
Peine	Nds	430	5
Pforzheim	Ba-Wü	445	0
Plauen	Sn	450	0
Potsdam	Bbg	455	0
Pulheim	NRW	475	0
Rastatt	Ba-Wü	390	0
Ratingen	NRW	400	0
Ravensburg	Ba-Wü	390	0
Recklinghausen	NRW	520	0
Regensburg	Bay	425	0
Remscheid	NRW	490	0
Reutlingen	Ba-Wü	410	30
Rheine	NRW	430	0
Rosenheim	Bay	400	0
Rostock	M-V	465	0
Rüsselsheim	He	420	0
Saarbrücken	Saarl	490	0
Salzgitter	Nds	440	0
Sankt Augustin	NRW	490	0
Schwäbisch Gmünd	Ba-Wü	380	0
Schweinfurt	Bay	370	0
Schwerin	M-V	450	0
Siegen	NRW	495	10
Sindelfingen	Ba-Wü	380	10
Solingen	NRW	475	0
Speyer	Rh-Pf	415	0
Stolberg	NRW	495	0
Stralsund	M-V	445	0
Stuttgart	Ba-Wü	420	0
Trier	Rh-Pf	430	0
Troisdorf	NRW	500	0
Tübingen	Ba-Wü	390	0
Ulm	Ba-Wü	360	0
Unna	NRW	481	0
Velbert	NRW	440	0
Viersen	NRW	460	0
Villingen-Schwenn.	Ba-Wü	370	– 5
Waiblingen	Ba-Wü	360	0
Weimar	Th	430	0
Wesel	NRW	448	0
Wetzlar	He	390	0
Wiesbaden	He	454	0
Wilhelmshaven	Nds	405	– 5
Willich	NRW	434	0
Witten	NRW	520	0
Wolfenbüttel	Nds	430	0
Wolfsburg	Nds	360	0
Worms	Rh-Pf	420	0
Wuppertal	NRW	490	0
Würzburg	Bay	420	0
Zwickau	Sn	450	0

Stichwortregister

Fette Zahlen verweisen auf den jeweiligen Paragraphen des GewStG, magere Zahlen auf die Randziffern; der Buchstabe „F“ verweist auf eine Fußnote zur Randziffer, „Anh.“ auf den Anhang

A

B

C

D

E

F

H

I

J

N

O

P

Umsatzsteuer
2022

Inhaltsverzeichnis

Zweiter Abschnitt. Steuerbefreiungen und Steuervergütungen

Fünfter Abschnitt. Besteuerung

Sechster Abschnitt. Sonderregelungen

Anhang

Abkürzungsverzeichnis

A	Abschnitt
AA	Auswärtiges Amt
a. a. O.	am angegebenen Ort
ABD	Ausfuhrbegleitdokument
ABl. EG	Amtsblatt der Europäischen Gemeinschaft
ABl. EU	Amtsblatt der Europäischen Union
ABMG	Autobahnmautgesetz – siehe jetzt BFStrMG
AdV	Aussetzung der Vollziehung
AEAO	Anwendungserlass zur Abgabenordnung
AES	Automated Export System
a. F.	alte Fassung
AfA	Absetzungen für Abnutzung
AfZSt	Ausfuhrzollstelle
AG	Aktiengesellschaft
AgZSt	Ausgangszollstelle
AIF	Alternative Investmentfonds
AktG	Aktiengesetz
ÄndGes.	Änderungsgesetz
ÄndVO	Änderungsverordnung
Anh.	Anhang
Anl	Anlage
ALG	Gesetz über die Alterssicherung der Landwirte
Anm.	Anmerkung
AO	Abgabenordnung
ASiG	Arbeitssicherheitsgesetz
ATLAS	Automatisiertes Tarif- und Lokales Zollabwicklungssystem
AusglMechV	Ausgleichsmechanismusverordnung
AWG	Außenwirtschaftsgesetz
AWV	Außenwirtschaftsverordnung
Az.	Aktenzeichen
B2B	Business to Business (Leistungen an Unternehmer/jur. Person mit besonderer USt-IdNr.)
B2C	Business to Consumer (Leistungen an Nichtunternehmer)
BA	Bundesagentur für Arbeit
BAnz.	Bundesanzeiger
BauGB	Baugesetzbuch
BB	Betriebs-Berater
BdF	Bundesminister der Finanzen
ber.	berichtigt
betr.	betreffend
BewG	Bewertungsgesetz
BFH	Bundesfinanzhof
BFHE	Sammlung der Entscheidungen des Bundesfinanzhofs
BFH/NV	Sammlung amtlich nicht veröffentlichter Entscheidungen des Bundesfinanzhofs (Zeitschrift)
BFStrMG	Bundesfernstraßenmautgesetz
BgA	Betrieb gewerblicher Art
BGB	Bürgerliches Gesetzbuch
BGBl. I/II	Bundesgesetzblatt Teil I/Teil II
BGBl. III	Bereinigte Sammlung des Bundesrechts, abgeschlossen am 28. 12. 1968 (in Nachweisform fortgeführt durch FNA)
BGH	Bundesgerichtshof
BGHZ	Sammlung der Entscheidungen des Bundesgerichtshofs in Zivilsachen
BHKW	Blockheizkraftwerk
BHO	Bundeshaushaltsordnung
BIC	Bank Identification Codes (internationale Bankleitzahl)
BKrFQG	Bundeskraftfahrer-Qualifikationsgesetz
BliWaG	Blindenwarenvertriebsgesetz
BMF	Bundesministerium der Finanzen
BMFT	Bundesministerium für Forschung und Technologie
BMG	Bemessungsgrundlage

BMWF	Bundesministerium für Wirtschaft und Finanzen
BNotO	Bundesnotarordnung
BOStB	Berufsordnung der Steuerberaterkammer
Bsp.	Beispiel
BStBl. I/II/III	Bundessteuerblatt Teil I/Teil II/(Teil III – bis 1967)
BVerfG	Bundesverfassungsgericht
BVerfGE	Sammlung der Entscheidungen des Bundesverfassungsgerichts
BVerwG	Bundesverwaltungsgericht
BVerwGE	Sammlung der Entscheidungen des Bundesverwaltungsgerichts
BZ	Besteuerungszeitraum
BZSt	Bundeszentralamt für Steuern
CEREC	Ceramic Reconstruction (Keramische Rekonstruktion)
CPU	Central Processing Unit
DA	Dienstanweisung
DB	Der Betrieb (Zeitschrift)
DEGT	Deutscher Eisenbahngütertarif
DLG	Drittlandsgebiet
DStR	Deutsches Steuerrecht, Zeitschrift für Praxis und Wissenschaft des gesamten Steuerrechts
DStRE	DStR-Entscheidungsdienst (Zeitschrift)
DV	Durchführungsverordnung
EBKrG	Eisenbahnkreuzungsgesetz
E-Commerce	elektronische Dienstleistungen; Online-Umsätze
ECS	Export Control System
EDIFACT	Electronic Data Interchange For Administration, Commerce and Transport (Branchenübergreifender internationaler Standard für das Format elektronischer Daten im Geschäftsverkehr)
EDV	Elektronische Datenverarbeitung
EE	Einführungserlass(-schreiben)
EEG	Gesetz über den Vorrang erneuerbarer Energien
EEX	European Energy Exchange
EFG	Entscheidungen der Finanzgerichte (Zeitschrift)
EFTA	European Free Trade Association (Europäische Freihandelsassoziation)
EF-VO	Einreise-Freimengen-Verordnung
EG	Europäische Gemeinschaft
EGBGB	Einführungsgesetz zum Bürgerlichen Gesetzbuch
EG-RL	Richtlinie der EG (EWG)
EnergieStG	Energiesteuergesetz
EnEV	Energieeinsparverordnung
Erl.	Erlass
EStDV	Einkommensteuer-Durchführungsverordnung
EStG	Einkommensteuergesetz
EStR	Einkommensteuer-Richtlinien
EU	Europäische Union
EU-BeitrG	EU-Beitreibungsgesetz
EuGH	Europäischer Gerichtshof
EuGHE	Amtliche Sammlung der Entscheidungen des EuGH
EU-RL	Richtlinie der EU
EUSt	Einfuhrumsatzsteuer
EUStBV	Einfuhrumsatzsteuer-Befreiungsverordnung
EVerbrStBV	Einfuhr-Verbrauchsteuerbefreiungsverordnung
EVO	Eisenbahnverkehrsordnung
EWG	Europäische Wirtschaftsgemeinschaft
EWR	Europäischer Wirtschaftsraum
FA	Finanzamt
FahrlG	Fahrlehrergesetz
FG	Finanzgericht
FGO	Finanzgerichtsordnung
FinBeh	Finanzbehörde
FlurbG	Flurbereinigungsgesetz
FMin	Finanzminister(-ministerium)
FN	Fußnote
FNA	Bundesgesetzblatt Teil I, Fundstellennachweis A (Bundesrecht ohne völkerrechtliche Vereinbarungen)

FSen	Senator für Finanzen
FVG	Finanzverwaltungsgesetz
FzgLiefgMeldV	Fahrzeuglieferungs-Meldepflichtverordnung
FZV	Fahrzeugzulassungsverordnung
GasNZV	Verordnung über den Zugang zu Gasversorgungsnetzen (Gasnetzzugangsverordnung)
GbR	Gesellschaft des bürgerlichen Rechts
GDPdU	Grundsätze zum Datenzugriff und zur Prüfbarkeit digitaler Unterlagen
GenG	Genossenschaftsgesetz
GewStDV	Gewerbesteuer-Durchführungsverordnung
GewStG	Gewerbesteuergesetz
GewStR	Gewerbesteuer-Richtlinien
GG	Grundgesetz; Gemeinschaftsgebiet
GmbH	Gesellschaft mit beschränkter Haftung
GNotKG	Gerichts- und Notarkostengesetz (freiwillige Gerichtsbarkeit)
GoBD	Grundsätze zur ordnungsgemäßen Führung und Aufbewahrung von Büchern, Aufzeichnungen und Unterlagen in elektronischer Form sowie zum Datenzugriff
GoBS	Grundsätze ordnungsmäßiger DV-gestützter Buchführungssysteme
GOZ	Gebührenordnung für Zahnärzte
GrEStG	Grunderwerbsteuergesetz
GSVP	Gemeinsame Sicherheits- und Verteidigungspolitik
GVBl.	Gesetz- und Verordnungsblatt
GVG	Gerichtsverfassungsgesetz
gVV	Gemeinsames Versandverfahren
GwG	Geldwäschegesetz
HeimG	Heimgesetz
HFR	Höchstrichterliche Finanzrechtsprechung
HGB	Handelsgesetzbuch
HOAI	Honorarordnung für Architekten und Ingenieure
Hs.	Halbsatz
HS	Harmonisiertes System für die Bezeichnung und Kodierung von Waren des internationalen Handels
HwO	Gesetz zur Ordnung des Handwerks (Handwerksordnung)
i. A.	im Auftrag
IATA	International Air Transport Association (Internationale Flug-Transport-Vereinigung)
IBAN	International Bank Account Number (Internationale Girokonto-Nummer)
i. d. F.	in der Fassung
i. d. R.	in der Regel
i. e. S.	im engeren Sinne
IfSG	Infektionsschutzgesetz
ig.	innergemeinschaftlich
i. Inl.	im Inland
insb.	insbesondere
InsO	Insolvenzordnung
IntV	Integrationskursverordnung
InvG	Investmentgesetz
InvStG	Investmentsteuergesetz
i. R. d. (v.)	im Rahmen des (von)
i. S. d. (v.)	im Sinne des (von)
i. V. m.	in Verbindung mit
i. W.	im Wesentlichen
i. Z. m.	in Zusammenhang mit
JÖSchG	Gesetz zum Schutze der Jugend in der Öffentlichkeit
jPöR	juristische Person des öffentlichen Rechts
JuSchG	Jugendschutzgesetz
JVEG	Justizvergütungs- und -entschädigungsgesetz
KAGB	Kapitalanlagegesetzbuch
KBV	Kleinbetragsverordnung
KF-VO	Kleinsendungs-Einfuhrfreimengen-Verordnung
KG	Kommanditgesellschaft

KGaA	Kommanditgesellschaft auf Aktien
KHG	Krankenhausfinanzierungsgesetz
Kj.	Kalenderjahr
KN	Kombinierte Nomenklatur
KO	Konkursordnung
KostO	Kostenordnung (freiwillige Gerichtsbarkeit) – siehe jetzt GNotKG
KraftStG	Kraftfahrzeugsteuergesetz
KStDV	Körperschaftsteuer-Durchführungsverordnung
KStG	Körperschaftsteuergesetz
KStR	Körperschaftsteuer-Richtlinien
KV	Krankenversicherung
KVLG 1989	Zweites Gesetz über die Krankenversicherung der Landwirte
KWG	Gesetz über das Kreditwesen
kWh	Kilowattstunde
KWK	Kraft-Wärme-Kopplung
KWKG	Kraft-Wärme-Kopplungs-Gesetz
Leits./LS	Leitsätze zu einem Abschnitt des UStAE
LfSt	Landesamt für Steuern
LStDV	Lohnsteuer-Durchführungsverordnung
LStH	Lohnsteuer-Hinweise
LStR	Lohnsteuer-Richtlinien
LuF	Land- und Forstwirtschaft
LuftVG	Luftverkehrsgesetz
MOSS	Mini-One-Stop-Shop
MRN	Master Reference Number
MwSt.	Mehrwertsteuer
MwStR	Zeitschrift für das gesamte Mehrwertsteuerrecht
MwStSystRL	Richtlinie 2006/112/EG des Rates vom 28. 11. 2006 über das gemeinsame Mehrwertsteuersystem (Mehrwertsteuer-Systemrichtlinie; ABl. EU Nr. L 347 S. 1)
MwStVO	Durchführungsverordnung (EU) 282/2011, ABl. EU 2011 Nr. L 77 S. 1 (Mehrwertsteuer-Durchführungsverordnung)
mWv	mit Wirkung vom
NATO	North Atlantic Treaty Organization (Organisation für den Nord-Atlantik-Vertrag)
NATO-HQ	NATO-Hauptquartier
NATO-TS	NATO-Truppenstatut
NATO-ZAbk	Zusatzabkommen zum NATO-Truppenstatut
n. F.	neue Fassung
NJW	Neue Juristische Wochenschrift
nv	nicht (im Druck) veröffentlicht
NWB	Neue Wirtschaftsbriefe
NZB	Nichtzulassungsbeschwerde
OGAW	Organismen für gemeinsame Anlagen in Wertpapieren
OffshStG	Gesetz zum Offshore-Steuerabkommen
OHG	Offene Handelsgesellschaft
OSS	One-Stop-Shop
PBefG	Personenbeförderungsgesetz
PDF	Portable Document Format („Plattformunabhängiges Dokumentenformat")
PflegeVG	Pflegeversicherungsgesetz
PostG	Postgesetz
PUDLV	Post-Univeraldienstleistungsverordnung
R/RL	Richtlinie
Randnr.	Randnummer
RdF	Reichsminister der Finanzen
RennwLottG	Rennwett- und Lotteriegesetz
RFH	Reichsfinanzhof
RGBl.	Reichsgesetzblatt
rkr.	rechtskräftig
RStBl.	Reichssteuerblatt
RVG	Rechtsanwaltsvergütungsgesetz
Rz.	Randziffer

ScheckG	Scheckgesetz
SEPA	Single Euro Payments Area (Europäischer Zahlungsverkehrsraum)
SGB	Sozialgesetzbuch
SigG	Signaturgesetz
SortSchG	Sortenschutzgesetz
Sp.	Spalte
Stbg	Die Steuerberatung (Zeitschrift)
StBVV	Gebührenverordnung für Steuerberater, Steuerbevollmächtigte und Steuerberatungsgesellschaften
StDAV	Steuerdaten-Abrufverordnung
StDÜV	Steuerdaten-Übermittlungsverordnung
StEK	Steuererlasse in Karteiform (Steuererlass-Kartei), Nachschlagewerk der Erlasse und Verfügungen der Finanzverwaltungen mit kritischen Anmerkungen
StGB	Strafgesetzbuch
StNr.	Steuernummer
StromNZV	Verordnung über den Zugang zu Elektrizitätsversorgungsnetzen (Stromnetzzugangsverordnung)
StVollzG	Strafvollzugsgesetz
SvEV	Sozialversicherungsentgeltverordnung
SVLFGG	Gesetz zur Errichtung der Sozialversicherung für Landwirtschaft, Forsten und Gartenbau
TEHG	Treibhausgas-Emissionshandelsgesetz
TierZG	Tierzuchtgesetz
TIR	Transports Internationaux Routiers („Internationaler Straßentransport“)
Tz.	Textziffer
UA/UAbs.	Unterabsatz
U-K(artei)	Umsatzsteuerkartei des Bundesministers der Finanzen
UmwG	Umwandlungsgesetz
UR	Umsatzsteuer-Rundschau
UrhG	Urheberrechtsgesetz
USt	Umsatzsteuer
UStAE	Umsatzsteuer-Anwendungserlass (ab 1. 11. 2010)
USt-BMF/BFH	Systematische Darstellung wesentlicher BMF-Schreiben und BFH-Entscheidungen (vormals U-Kartei/Umsatzsteuerkartei)
UStDV	Umsatzsteuer-Durchführungsverordnung
UStErstV	Umsatzsteuererstattungsverordnung
UStG	Umsatzsteuergesetz
USt-IdNr.	Umsatzsteuer-Identifikationsnummer
UStR	Umsatzsteuer-Richtlinien (bis 30. 10. 2010)
UStZustV	Umsatzsteuerzuständigkeitsverordnung
UVR	Umsatzsteuer- und Verkehrsteuer-Recht (Zeitschrift)
uvZTA	unverbindliche Zolltarifauskunft
UZK	Unionszollkodex, VO (EU) 952/2013
UZK-DA	Delegierte Verordnung (EU) 2015/2446 zur Ergänzung des UZK mit Einzelheiten zur Präzisierung von Bestimmungen des UZK
UZK-IA	Durchführungsverordnung (EU) 2015/2447 mit Einzelheiten zur Umsetzung von Bestimmungen des UZK
VAG	Versicherungsaufsichtsgesetz
VerglO	Vergleichsordnung
VermG	Vermögensgesetz
VersStG	Versicherungsteuergesetz
Vfg.	Verfügung
VO	Verordnung
VOB	Vergabe- und Vertragsordnung für Bauleistungen
VOBl.	Verordnungsblatt
VSF-Z	Vorschriftensammlung Bundesfinanzverwaltung – Zoll
VwV	Verwaltungsvorschrift
vZTA	verbindliche Zolltarifauskunft
WG	Wechselgesetz
WoEigG	Wohnungseigentumsgesetz
WpHG	Wertpapierhandelsgesetz

Abkürzungen

ZDG .... Zivildienstgesetz
ZK .... Zollkodex, VO (EWG) 2913/92
ZK-DVO .... Zollkodex-Durchführungsverordnung, VO (EWG) 2454/93
ZM .... Zusammenfassende Meldung
ZollV .... Zollverordnung
ZollVG .... Zollverwaltungsgesetz
ZPLA .... Zolltechnische Prüfungs- und Lehranstalt
ZPO .... Zivilprozessordnung
ZT .... Zolltarif
ZVG .... Gesetz über die Zwangsversteigerung und die Zwangsverwaltung

Geschlossene Wiedergabe des Umsatzsteuergesetzes (UStG)[1, 2]

In der Fassung der Bekanntmachung vom 21. Februar 2005

(BGBl. I S. 386)

BGBl. III/FNA 611-10-4

Änderungen des Gesetzes[3]

Lfd. Nr.	Änderndes Gesetz	Datum	Fundstelle BGBl. I Seite	Geänderte Paragraphen	Art der Änderung
50.	Art. 3 3. Corona-Steuerhilfegesetz	10. 3. 2021	330	§ 12 Abs. 3 Nr. 15	geändert
51.	Art. 15 Abs. 28 Gesetz zur Reform des Vormundschafts- und Betreuungsrechts	4. 5. 2021	882	§ 4 Nrn. 16 u. 25	geändert
52.	Art. 11 Abzugsteuerentlastungsmodernisierungsgesetz	2. 6. 2021	1259	§ 27 Abs. 32 Satz 1, § 27 a Abs. 2 Satz 2	geändert neugefasst
53.	Art. 13 Digitale-Versorgung-und-Pflege-Modernisierungs-Gesetz (DVPMG)	3. 6. 2021	1309	§ 27 Abs. 27	geändert
54.	Art. 4 Fondsstandortgesetz (FoStoG)	3. 6. 2021	1498	§ 4 Nr. 8	geändert
55.	Art. 28 u. 29 Gesetz über die Entschädigung der Soldatinnen und Soldaten und zur Neuordnung des Soldatenversorgungsrechts	20. 8. 2021	3932	§ 4 Nrn. 15 u. 16 § 27 Abs. 25a	geändert aufgehoben
56.	Art. 1 Gesetz zur Umsetzung unionsrechtlicher Vorgaben im Umsatzsteuerrecht	21. 12. 2021	5250	§ 4 a, § 24 Abs. 1 Satz 1 Nr. 3 u. Satz 3 § 4 c, § 5 Abs. 1 Nr. 8 u. 9, § 24 Abs. 5, § 27 Abs. 35	geändert eingefügt
57.	Art. 1 Gesetz zur temporären Senkung des Umsatzsteuersatzes auf Gaslieferungen über das Erdgasnetz	19. 10. 2022	1743	§ 28 Abs. 5 und 6	eingefügt
58.	Art. 12 Achtes Gesetz zur Änderung von Verbrauchsteuergesetzen	24. 10. 2022	1838	§ 12 Abs. 2 Nr. 15, § 24 Abs. 1 Satz 1 Nr. 3 und Satz 3 § 13b Abs. 2 Nr. 6	geändert neugefasst
59.	Art. 15, 16 und 17 Jahressteuergesetz 2022 (JStG 2022)	16. 12. 2022	2294	§ 4 Nr. 20 Buchst. a Satz 1, § 15a Abs. 7, § 17 Abs. 3 Satz 2, § 18 Abs. 4f Satz 6, Abs. 8 Sätze 8 und 9, § 23a Abs. 2, § 26 Abs. 1 Satz 1, § 26a Abs. 4 § 2 Abs. 1 Satz 1, § 4a Abs. 1 Satz 2, § 18 Abs. 5a Sätze 1–3 § 12 Abs. 3, § 18 Abs. 9 Satz 3, § 18g Sätze 4 und 5, § 20 Satz 1 Nr. 4, § 22g, § 26a Nrn. 8–10, § 27 Abs. 36 und 37 § 4 Nr. 1 Buchst. b Satz 2, § 23	geändert neugefasst eingefügt aufgehoben

Erster Abschnitt. Steuergegenstand und Geltungsbereich

§ 1 Steuerbare Umsätze

(1) Der Umsatzsteuer unterliegen die folgenden Umsätze:

1. die Lieferungen und sonstigen Leistungen, die ein Unternehmer im Inland gegen Entgelt im Rahmen seines Unternehmens ausführt. ② Die Steuerbarkeit entfällt nicht, wenn der Umsatz auf Grund gesetzlicher oder behördlicher Anordnung ausgeführt wird oder nach gesetzlicher Vorschrift als ausgeführt gilt;

2., 3. *(weggefallen)*

---

[1] Überschrift neugefasst (Wegfall der Jahreszahl „2005") durch G v. 22. 9. 2005 (BGBl. I S. 2809/2812) mWv 1. 1. 2006.

[2] Die Neufassung des UStG geht zurück auf das Umsatzsteuergesetz 1999 v. 9. 6. 1999 (BGBl. I S. 1270) und die danach ergangenen Änderungsgesetze, zuletzt Richtlinien-Umsetzungsgesetz – EURLUmsG – v. 9. 12. 2004 (BGBl. I S. 3310/3318, ber. 3843).

[3] Die Änderungen mit den lfd. Nrn. 1 bis 49 aus den Jahren 2005 bis 2020 sind letztmals abgedruckt im USt-Handbuch 2020 in der geschlossenen Wiedergabe.

4. die Einfuhr von Gegenständen im Inland oder in den österreichischen Gebieten Jungholz und Mittelberg (Einfuhrumsatzsteuer);
5. der innergemeinschaftliche Erwerb im Inland gegen Entgelt.

(1 a) ① Die Umsätze im Rahmen einer Geschäftsveräußerung an einen anderen Unternehmer für dessen Unternehmen unterliegen nicht der Umsatzsteuer. ② Eine Geschäftsveräußerung liegt vor, wenn ein Unternehmen oder ein in der Gliederung eines Unternehmens gesondert geführter Betrieb im Ganzen entgeltlich oder unentgeltlich übereignet oder in eine Gesellschaft eingebracht wird. ③ Der erwerbende Unternehmer tritt an die Stelle des Veräußerers.

(2)[1] ① Inland im Sinne dieses Gesetzes ist das Gebiet der Bundesrepublik Deutschland mit Ausnahme des Gebiets von Büsingen, der Insel Helgoland, der Freizonen im Sinne des Artikels 243 des Zollkodex der Union (Freihäfen), der Gewässer und Watten zwischen der Hoheitsgrenze und der jeweiligen Strandlinie sowie der deutschen Schiffe und der deutschen Luftfahrzeuge in Gebieten, die zu keinem Zollgebiet gehören. ② Ausland im Sinne dieses Gesetzes ist das Gebiet, das danach nicht Inland ist. ③ Wird ein Umsatz im Inland ausgeführt, so kommt es für die Besteuerung nicht darauf an, ob der Unternehmer deutscher Staatsangehöriger ist, seinen Wohnsitz oder Sitz im Inland hat, im Inland eine Betriebsstätte unterhält, die Rechnung erteilt oder die Zahlung empfängt. ④ Zollkodex der Union bezeichnet die Verordnung (EU) Nr. 952/2013 des Europäischen Parlaments und des Rates vom 9. Oktober 2013 zur Festlegung des Zollkodex der Union (ABl. L 269 vom 10. 10. 2013, S. 1; L 287 vom 20. 10. 2013, S. 90) in der jeweils geltenden Fassung.

(2 a) ① Das Gemeinschaftsgebiet im Sinne dieses Gesetzes umfasst das Inland im Sinne des Absatzes 2 Satz 1 und die Gebiete der übrigen Mitgliedstaaten der Europäischen Union,[2] die nach dem Gemeinschaftsrecht als Inland dieser Mitgliedstaaten gelten (übriges Gemeinschaftsgebiet). ② Das Fürstentum Monaco gilt als Gebiet der Französischen Republik; die Insel Man gilt als Gebiet des Vereinigten Königreichs Großbritannien und Nordirland. ③ Drittlandsgebiet im Sinne dieses Gesetzes ist das Gebiet, das nicht Gemeinschaftsgebiet ist.

(3) ① Folgende Umsätze, die in den Freihäfen und in den Gewässern und Watten zwischen der Hoheitsgrenze und der jeweiligen Strandlinie bewirkt werden, sind wie Umsätze im Inland zu behandeln:

1.[3] die Lieferungen und die innergemeinschaftlichen Erwerbe von Gegenständen, die zum Gebrauch oder Verbrauch in den bezeichneten Gebieten oder zur Ausrüstung oder Versorgung eines Beförderungsmittels bestimmt sind, wenn die Gegenstände
   a) nicht für das Unternehmen des Abnehmers erworben werden, oder
   b) vom Abnehmer ausschließlich oder zum Teil für eine nach § 4 Nummer 8 bis 27 und 29 steuerfreie Tätigkeit verwendet werden;
2.[3] die sonstigen Leistungen, die
   a) nicht für das Unternehmen des Leistungsempfängers ausgeführt werden, oder
   b) vom Leistungsempfänger ausschließlich oder zum Teil für eine nach § 4 Nummer 8 bis 27 und 29 steuerfreie Tätigkeit verwendet werden;
3. die Lieferungen im Sinne des § 3 Abs. 1 b und die sonstigen Leistungen im Sinne des § 3 Abs. 9 a;
4. die Lieferungen von Gegenständen, die sich im Zeitpunkt der Lieferung
   a) in einem zollamtlich bewilligten Freihafen-Veredelungsverkehr oder in einer zollamtlich besonders zugelassenen Freihafenlagerung oder
   b) einfuhrumsatzsteuerrechtlich im freien Verkehr befinden;
5. die sonstigen Leistungen, die im Rahmen eines Veredelungsverkehrs oder einer Lagerung im Sinne der Nummer 4 Buchstabe a ausgeführt werden;
6.[4] *(aufgehoben)*
7. der innergemeinschaftliche Erwerb eines neuen Fahrzeugs durch die in § 1 a Abs. 3 und § 1 b Abs. 1 genannten Erwerber.

② Lieferungen und sonstige Leistungen an juristische Personen des öffentlichen Rechts sowie deren innergemeinschaftlicher Erwerb in den bezeichneten Gebieten sind als Umsätze im Sinne der Nummern 1 und 2 anzusehen, soweit der Unternehmer nicht anhand von Aufzeichnungen und Belegen das Gegenteil glaubhaft macht.[5]

§ 1 a Innergemeinschaftlicher Erwerb

(1) Ein innergemeinschaftlicher Erwerb gegen Entgelt liegt vor, wenn die folgenden Voraussetzungen erfüllt sind:

1. Ein Gegenstand gelangt bei einer Lieferung an den Abnehmer (Erwerber) aus dem Gebiet eines Mitgliedstaates in das Gebiet eines anderen Mitgliedstaates oder aus dem übrigen Ge-

---

[1] § 1 Abs. 2 Satz 1 geändert, Satz 4 angefügt durch Art. 12 JStG 2020 (BGBl. I S. 3096) mWv 1. 1. 2021.
[2] § 1 Abs. 2 a Satz 1 Bezeichnung geändert durch G v. 26. 6. 2013 (BGBl. I S. 1809).
[3] § 1 Abs. 3 Satz 1 Nrn. 1 u. 2 neugefasst durch JStG 2007 v. 13. 12. 2006 (BGBl. I S. 2878) mWv 19. 12. 2006; Satz 1 Nr. 1 Buchst. b u. Nr. 2 Buchst. b jeweils Angabe geändert mWv 1. 1. 2010 durch „JStG 2019" v. 12. 12. 2019 (BGBl. I S. 2451).
[4] § 1 Abs. 3 Satz 1 Nr. 6 aufgehoben durch JStG 2007 v. 13. 12. 2006 (BGBl. I S. 2878) mWv 19. 12. 2006.
[5] § 1 Abs. 3 Satz 2 redaktionell geändert durch JStG 2008 v. 20. 12. 2007 (BGBl. I S. 3150).

meinschaftsgebiet in die in § 1 Abs. 3 bezeichneten Gebiete, auch wenn der Lieferer den Gegenstand in das Gemeinschaftsgebiet eingeführt hat,
2. der Erwerber ist
   a) ein Unternehmer, der den Gegenstand für sein Unternehmen erwirbt, oder
   b) eine juristische Person, die nicht Unternehmer ist oder die den Gegenstand nicht für ihr Unternehmen erwirbt,

   und
3. die Lieferung an den Erwerber
   a) wird durch einen Unternehmer gegen Entgelt im Rahmen seines Unternehmens ausgeführt und
   b) ist nach dem Recht des Mitgliedstaates, der für die Besteuerung des Lieferers zuständig ist, nicht auf Grund der Sonderregelung für Kleinunternehmer steuerfrei.

(2) ① Als innergemeinschaftlicher Erwerb gegen Entgelt gilt das Verbringen eines Gegenstands des Unternehmens aus dem übrigen Gemeinschaftsgebiet in das Inland durch einen Unternehmer zu seiner Verfügung, ausgenommen zu einer nur vorübergehenden Verwendung, auch wenn der Unternehmer den Gegenstand in das Gemeinschaftsgebiet eingeführt hat. ② Der Unternehmer gilt als Erwerber.

(2a)[1] Ein innergemeinschaftlicher Erwerb im Sinne des Absatzes 2 liegt nicht vor in den Fällen des § 6b.

(3) Ein innergemeinschaftlicher Erwerb im Sinne der Absätze 1 und 2 liegt nicht vor, wenn die folgenden Voraussetzungen erfüllt sind:
1. Der Erwerber ist
   a) ein Unternehmer, der nur steuerfreie Umsätze ausführt, die zum Ausschluss vom Vorsteuerabzug führen,
   b) ein Unternehmer, für dessen Umsätze Umsatzsteuer nach § 19 Abs. 1 nicht erhoben wird,
   c) ein Unternehmer, der den Gegenstand zur Ausführung von Umsätzen verwendet, für die die Steuer nach den Durchschnittssätzen des § 24 festgesetzt ist, oder
   d) eine juristische Person, die nicht Unternehmer ist oder die den Gegenstand nicht für ihr Unternehmen erwirbt,

   und
2. der Gesamtbetrag der Entgelte für Erwerbe im Sinne des Absatzes 1 Nr. 1 und des Absatzes 2 hat den Betrag von 12 500 Euro im vorangegangenen Kalenderjahr nicht überstiegen und wird diesen Betrag im laufenden Kalenderjahr voraussichtlich nicht übersteigen (Erwerbsschwelle).

(4)[2] ① Der Erwerber kann auf die Anwendung des Absatzes 3 verzichten. ② Als Verzicht gilt die Verwendung einer dem Erwerber erteilten Umsatzsteuer-Identifikationsnummer gegenüber dem Lieferer. ③ Der Verzicht bindet den Erwerber mindestens für zwei Kalenderjahre.

(5) ① Absatz 3 gilt nicht für den Erwerb neuer Fahrzeuge und verbrauchsteuerpflichtiger Waren. ② Verbrauchsteuerpflichtige Waren im Sinne dieses Gesetzes sind Mineralöle, Alkohol und alkoholische Getränke sowie Tabakwaren.

§ 1b Innergemeinschaftlicher Erwerb neuer Fahrzeuge

(1) Der Erwerb eines neuen Fahrzeugs durch einen Erwerber, der nicht zu den in § 1a Abs. 1 Nr. 2 genannten Personen gehört, ist unter den Voraussetzungen des § 1a Abs. 1 Nr. 1 innergemeinschaftlicher Erwerb.

(2) ① Fahrzeuge im Sinne dieses Gesetzes sind
1. motorbetriebene Landfahrzeuge mit einem Hubraum von mehr als 48 Kubikzentimetern oder einer Leistung von mehr als 7,2 Kilowatt;
2. Wasserfahrzeuge mit einer Länge von mehr als 7,5 Metern;
3. Luftfahrzeuge, deren Starthöchstmasse mehr als 1550 Kilogramm beträgt.

② Satz 1 gilt nicht für die in § 4 Nr. 12 Satz 2 und Nr. 17 Buchstabe b bezeichneten Fahrzeuge.

(3) Ein Fahrzeug gilt als neu, wenn das
1. Landfahrzeug nicht mehr als 6000 Kilometer zurückgelegt hat oder wenn seine erste Inbetriebnahme im Zeitpunkt des Erwerbs nicht mehr als sechs Monate zurückliegt;
2. Wasserfahrzeug nicht mehr als 100 Betriebsstunden auf dem Wasser zurückgelegt hat oder wenn seine erste Inbetriebnahme im Zeitpunkt des Erwerbs nicht mehr als drei Monate zurückliegt;
3. Luftfahrzeug nicht länger als 40 Betriebsstunden genutzt worden ist oder wenn seine erste Inbetriebnahme im Zeitpunkt des Erwerbs nicht mehr als drei Monate zurückliegt.

---

[1] § 1a Abs. 2a eingefügt mWv 1. 1. 2020 durch „JStG 2019" v. 12. 12. 2019 (BGBl. I S. 2451).
[2] § 1a Abs. 4 neugefasst durch JStG 2010 v. 8. 12. 2010 (BGBl. I S. 1768) mWv 1. 1. 2011.

§ 1c Innergemeinschaftlicher Erwerb durch diplomatische Missionen, zwischenstaatliche Einrichtungen und Streitkräfte der Vertragsparteien des Nordatlantikvertrags

(1)[1] ① Ein innergemeinschaftlicher Erwerb im Sinne des § 1a liegt nicht vor, wenn ein Gegenstand bei einer Lieferung aus dem Gebiet eines anderen Mitgliedstaates in das Inland gelangt und die Erwerber folgende Einrichtungen sind, soweit sie nicht Unternehmer sind oder den Gegenstand nicht für ihr Unternehmen erwerben:

1. im Inland ansässige ständige diplomatische Missionen und berufskonsularische Vertretungen,
2. im Inland ansässige zwischenstaatliche Einrichtungen,
3. im Inland stationierte Streitkräfte anderer Vertragsparteien des Nordatlantikvertrags oder

[*ab 1. 7. 2022:* 4. im Inland stationierte Streitkräfte anderer Mitgliedstaaten, die an einer Verteidigungsanstrengung teilnehmen, die zur Durchführung einer Tätigkeit der Union im Rahmen der Gemeinsamen Sicherheits- und Verteidigungspolitik unternommen wird.]

② Diese Einrichtungen gelten nicht als Erwerber im Sinne des § 1a Abs. 1 Nr. 2. ③ § 1b bleibt unberührt.

(2) Als innergemeinschaftlicher Erwerb gegen Entgelt im Sinne des § 1a Abs. 2 gilt das Verbringen eines Gegenstands durch die deutschen Streitkräfte aus dem übrigen Gemeinschaftsgebiet in das Inland für den Gebrauch oder Verbrauch dieser Streitkräfte oder ihres zivilen Begleitpersonals, wenn die Lieferung des Gegenstands an die deutschen Streitkräfte im übrigen Gemeinschaftsgebiet oder die Einfuhr durch diese Streitkräfte nicht der Besteuerung unterlegen hat.

§ 2 Unternehmer, Unternehmen

(1)[2] ① Unternehmer ist, wer eine gewerbliche oder berufliche Tätigkeit selbständig ausübt [*ab 1.1.2023:* , unabhängig davon, ob er nach anderen Vorschriften rechtsfähig ist]. ② Das Unternehmen umfasst die gesamte gewerbliche oder berufliche Tätigkeit des Unternehmers. ③ Gewerblich oder beruflich ist jede nachhaltige Tätigkeit zur Erzielung von Einnahmen, auch wenn die Absicht, Gewinn zu erzielen, fehlt oder eine Personenvereinigung nur gegenüber ihren Mitgliedern tätig wird.

(2) Die gewerbliche oder berufliche Tätigkeit wird nicht selbständig ausgeübt,

1. soweit natürliche Personen, einzeln oder zusammengeschlossen, einem Unternehmen so eingegliedert sind, dass sie den Weisungen des Unternehmers zu folgen verpflichtet sind;
2. wenn eine juristische Person nach dem Gesamtbild der tatsächlichen Verhältnisse finanziell, wirtschaftlich und organisatorisch in das Unternehmen des Organträgers eingegliedert ist (Organschaft). ② Die Wirkungen der Organschaft sind auf Innenleistungen zwischen den im Inland gelegenen Unternehmensteilen beschränkt. ③ Diese Unternehmensteile sind als ein Unternehmen zu behandeln. ④ Hat der Organträger seine Geschäftsleitung im Ausland, gilt der wirtschaftlich bedeutendste Unternehmensteil im Inland als der Unternehmer.

(3)[3] *① Die juristischen Personen des öffentlichen Rechts sind nur im Rahmen ihrer Betriebe gewerblicher Art (§ 1 Abs. 1 Nr. 6, § 4 des Körperschaftsteuergesetzes) und ihrer land- oder forstwirtschaftlichen Betriebe gewerblich oder beruflich tätig. ② Auch wenn die Voraussetzungen des Satzes 1 nicht gegeben sind, gelten als gewerbliche oder berufliche Tätigkeit im Sinne dieses Gesetzes*

1. *(weggefallen)*
2. *die Tätigkeit der Notare im Landesdienst und der Ratschreiber im Land Baden-Württemberg, soweit Leistungen ausgeführt werden, für die nach der Bundesnotarordnung die Notare zuständig sind;*
3. *die Abgabe von Brillen und Brillenteilen einschließlich der Reparaturarbeiten durch Selbstabgabestellen der gesetzlichen Träger der Sozialversicherung;*
4. *die Leistungen der Vermessungs- und Katasterbehörden bei der Wahrnehmung von Aufgaben der Landesvermessung und des Liegenschaftskatasters mit Ausnahme der Amtshilfe;*
5. *die Tätigkeit der Bundesanstalt für Landwirtschaft und Ernährung, soweit Aufgaben der Marktordnung, der Vorratshaltung und der Nahrungsmittelhilfe wahrgenommen werden.*

§ 2a Fahrzeuglieferer

① Wer im Inland ein neues Fahrzeug liefert, das bei der Lieferung in das übrige Gemeinschaftsgebiet gelangt, wird, wenn er nicht Unternehmer im Sinne des § 2 ist, für diese Lieferung wie ein Unternehmer behandelt. ② Dasselbe gilt, wenn der Lieferer eines neuen Fahrzeugs Unternehmer im Sinne des § 2 ist und die Lieferung nicht im Rahmen des Unternehmens ausführt.

---

[1] § 1c Abs. 1 Satz 1 Nr. 4 angefügt mWv 1. 7. 2022 durch Art. 15 JStG 2020 (BGBl. I S. 3096).

[2] § 2 Abs. 1 Satz 1 neugefasst mWv 1. 1. 2023 durch JStG 2022 v. 16. 12. 2022 (BGBl. I S. 2294).

[3] § 2 Abs. 3 aufgehoben durch G v. 2. 11. 2015 (BGBl. I S. 1834); zur (Weiter-)Anwendung siehe § 27 Abs. 22 und 22a UStG.

§ 2b[1] Juristische Personen des öffentlichen Rechts

(1) ① Vorbehaltlich des Absatzes 4 gelten juristische Personen des öffentlichen Rechts nicht als Unternehmer im Sinne des § 2, soweit sie Tätigkeiten ausüben, die ihnen im Rahmen der öffentlichen Gewalt obliegen, auch wenn sie im Zusammenhang mit diesen Tätigkeiten Zölle, Gebühren, Beiträge oder sonstige Abgaben erheben. ② Satz 1 gilt nicht, sofern eine Behandlung als Nichtunternehmer zu größeren Wettbewerbsverzerrungen führen würde.

(2) Größere Wettbewerbsverzerrungen liegen insbesondere nicht vor, wenn

1. der von einer juristischen Person des öffentlichen Rechts im Kalenderjahr aus gleichartigen Tätigkeiten erzielte Umsatz voraussichtlich 17 500 Euro jeweils nicht übersteigen wird oder
2. vergleichbare, auf privatrechtlicher Grundlage erbrachte Leistungen ohne Recht auf Verzicht (§ 9) einer Steuerbefreiung unterliegen.

(3) Sofern eine Leistung an eine andere juristischen Person des öffentlichen Rechts ausgeführt wird, liegen größere Wettbewerbsverzerrungen insbesondere nicht vor, wenn

1. die Leistungen aufgrund gesetzlicher Bestimmungen nur von juristischen Personen des öffentlichen Rechts erbracht werden dürfen oder
2. die Zusammenarbeit durch gemeinsame spezifische öffentliche Interessen bestimmt wird. ② Dies ist regelmäßig der Fall, wenn
   a) die Leistungen auf langfristigen öffentlich-rechtlichen Vereinbarungen beruhen,
   b) die Leistungen dem Erhalt der öffentlichen Infrastruktur und der Wahrnehmung einer allen Beteiligten obliegenden öffentlichen Aufgabe dienen,
   c) die Leistungen ausschließlich gegen Kostenerstattung erbracht werden und
   d) der Leistende gleichartige Leistungen im Wesentlichen an andere juristische Personen des öffentlichen Rechts erbringt.

(4)[2] Auch wenn die Voraussetzungen des Absatzes 1 Satz 1 gegeben sind, gelten juristische Personen des öffentlichen Rechts bei Vorliegen der übrigen Voraussetzungen des § 2 Absatz 1 mit der Ausübung folgender Tätigkeiten stets als Unternehmer:

1., 2. *(aufgehoben)*

3. die Leistungen der Vermessungs- und Katasterbehörden bei der Wahrnehmung von Aufgaben der Landesvermessung und des Liegenschaftskatasters mit Ausnahme der Amtshilfe;
4. die Tätigkeit der Bundesanstalt für Landwirtschaft und Ernährung, soweit Aufgaben der Marktordnung, der Vorratshaltung und der Nahrungsmittelhilfe wahrgenommen werden;
5. Tätigkeiten, die in Anhang I der Richtlinie 2006/112/EG des Rates vom 28. November 2006 über das gemeinsame Mehrwertsteuersystem (ABl. L 347 von 11. 12. 2006, S. 1) in der jeweils gültigen Fassung genannt sind, sofern der Umfang dieser Tätigkeiten nicht unbedeutend ist.

§ 3 Lieferung, sonstige Leistung

(1) Lieferungen eines Unternehmers sind Leistungen, durch die er oder in seinem Auftrag ein Dritter den Abnehmer oder in dessen Auftrag einen Dritten befähigt, im eigenen Namen über einen Gegenstand zu verfügen (Verschaffung der Verfügungsmacht).

(1 a)[3] ① Als Lieferung gegen Entgelt gilt das Verbringen eines Gegenstands des Unternehmens aus dem Inland in das übrige Gemeinschaftsgebiet durch einen Unternehmer zu seiner Verfügung, ausgenommen zu einer nur vorübergehenden Verwendung, auch wenn der Unternehmer den Gegenstand in das Inland eingeführt hat. ② Der Unternehmer gilt als Lieferer. ③ Die Sätze 1 und 2 gelten nicht in den Fällen des § 6b.

(1 b) ① Einer Lieferung gegen Entgelt werden gleichgestellt

1. die Entnahme eines Gegenstands durch einen Unternehmer aus seinem Unternehmen für Zwecke, die außerhalb des Unternehmens liegen;
2. die unentgeltliche Zuwendung eines Gegenstands durch einen Unternehmer an sein Personal für dessen privaten Bedarf, sofern keine Aufmerksamkeiten vorliegen;
3. jede andere unentgeltliche Zuwendung eines Gegenstands, ausgenommen Geschenke von geringem Wert und Warenmuster für Zwecke des Unternehmens.

② Voraussetzung ist, dass der Gegenstand oder seine Bestandteile zum vollen oder teilweisen Vorsteuerabzug berechtigt haben.

(2) *(weggefallen)*

(3) ① Beim Kommissionsgeschäft (§ 383 des Handelsgesetzbuchs) liegt zwischen dem Kommittenten und dem Kommissionär eine Lieferung vor. ② Bei der Verkaufskommission gilt der Kommissionär, bei der Einkaufskommission der Kommittent als Abnehmer.

---

[1] § 2b eingefügt durch G v. 2. 11. 2015 (BGBl. I S. 1834), anzuwenden auf nach dem 31. 12. 2016 ausgeführte Umsätze; zur Weiteranwendung von § 2 Abs. 3 a. F. siehe § 27 Abs. 22 und 22 a UStG.
[2] § 2b Abs. 4 Nr. 1 und 2 aufgehoben mWv 18. 12. 2019 durch „JStG 2019" v. 12. 12. 2019 (BGBl. I S. 2451).
[3] § 3 Abs. 1 a Satz 3 angefügt mWv 1. 1. 2020 durch „JStG 2019" v. 12. 12. 2019 (BGBl. I S. 2451).

(3a)[1] ① Ein Unternehmer, der mittels seiner elektronischen Schnittstelle die Lieferung eines Gegenstands, dessen Beförderung oder Versendung im Gemeinschaftsgebiet beginnt und endet, durch einen nicht im Gemeinschaftsgebiet ansässigen Unternehmer an einen Empfänger nach § 3a Absatz 5 Satz 1 unterstützt, wird behandelt, als ob er diesen Gegenstand für sein Unternehmen selbst erhalten und geliefert hätte. ② Dies gilt auch in den Fällen, in denen der Unternehmer mittels seiner elektronischen Schnittstelle den Fernverkauf von aus dem Drittlandsgebiet eingeführten Gegenständen in Sendungen mit einem Sachwert von höchstens 150 Euro unterstützt. ③ Eine elektronische Schnittstelle im Sinne der Sätze 1 und 2 ist ein elektronischer Marktplatz, eine elektronische Plattform, ein elektronisches Portal oder Ähnliches. ④ Ein Fernverkauf im Sinne des Satzes 2 ist die Lieferung eines Gegenstands, der durch den Lieferer oder für dessen Rechnung aus dem Drittlandsgebiet an einen Erwerber in einem Mitgliedstaat befördert oder versendet wird, einschließlich jener Lieferung, an deren Beförderung oder Versendung der Lieferer indirekt beteiligt ist. ⑤ Erwerber im Sinne des Satzes 4 ist ein in § 3a Absatz 5 Satz 1 bezeichneter Empfänger oder eine in § 1a Absatz 3 Nummer 1 genannte Person, die weder die maßgebende Erwerbsschwelle überschreitet noch auf ihre Anwendung verzichtet; im Fall der Beendigung der Beförderung oder Versendung im Gebiet eines anderen Mitgliedstaates ist die von diesem Mitgliedstaat festgesetzte Erwerbsschwelle maßgebend. ⑥ Satz 2 gilt nicht für die Lieferung neuer Fahrzeuge und eines Gegenstandes, der mit oder ohne probeweise Inbetriebnahme durch den Lieferer oder für dessen Rechnung montiert oder installiert geliefert wird.

(4) ① Hat der Unternehmer die Bearbeitung oder Verarbeitung eines Gegenstands übernommen und verwendet er hierbei Stoffe, die er selbst beschafft, so ist die Leistung als Lieferung anzusehen (Werklieferung), wenn es sich bei den Stoffen nicht nur um Zutaten oder sonstige Nebensachen handelt. ② Das gilt auch dann, wenn die Gegenstände mit dem Grund und Boden fest verbunden werden.

(5) ① Hat ein Abnehmer dem Lieferer die Nebenerzeugnisse oder Abfälle, die bei der Bearbeitung oder Verarbeitung des ihm übergebenen Gegenstands entstehen, zurückzugeben, so beschränkt sich die Lieferung auf den Gehalt des Gegenstands an den Bestandteilen, die dem Abnehmer verbleiben. ② Das gilt auch dann, wenn der Abnehmer an Stelle der bei der Bearbeitung oder Verarbeitung entstehenden Nebenerzeugnisse oder Abfälle Gegenstände gleicher Art zurückgibt, wie sie in seinem Unternehmen regelmäßig anfallen.

(5a)[2] Der Ort der Lieferung richtet sich vorbehaltlich der §§ 3c, 3e und 3g nach den Absätzen 6 bis 8.

(6)[3] ① Wird der Gegenstand der Lieferung durch den Lieferer, den Abnehmer oder einen vom Lieferer oder vom Abnehmer beauftragten Dritten befördert oder versendet, gilt die Lieferung dort als ausgeführt, wo die Beförderung oder Versendung an den Abnehmer oder in dessen Auftrag an einen Dritten beginnt. ② Befördern ist jede Fortbewegung eines Gegenstands. ③ Versenden liegt vor, wenn jemand die Beförderung durch einen selbständigen Beauftragten ausführen oder besorgen lässt. ④ Die Versendung beginnt mit der Übergabe des Gegenstands an den Beauftragten.

(6a)[3] ① Schließen mehrere Unternehmer über denselben Gegenstand Liefergeschäfte ab und gelangt dieser Gegenstand bei der Beförderung oder Versendung unmittelbar vom ersten Unternehmer an den letzten Abnehmer (Reihengeschäft), so ist die Beförderung oder Versendung des Gegenstands nur einer der Lieferungen zuzuordnen. ② Wird der Gegenstand der Lieferung dabei durch den ersten Unternehmer in der Reihe befördert oder versendet, ist die Beförderung oder Versendung seiner Lieferung zuzuordnen. ③ Wird der Gegenstand der Lieferung durch den letzten Abnehmer befördert oder versendet, ist die Beförderung oder Versendung der Lieferung an ihn zuzuordnen. ④ Wird der Gegenstand der Lieferung durch einen Abnehmer befördert oder versendet, der zugleich Lieferer ist (Zwischenhändler), ist die Beförderung oder Versendung der Lieferung an ihn zuzuordnen, es sei denn, er weist nach, dass er den Gegenstand als Lieferer befördert oder versendet hat. ⑤ Gelangt der Gegenstand der Lieferung aus dem Gebiet eines Mitgliedstaates in das Gebiet eines anderen Mitgliedstaates und verwendet der Zwischenhändler gegenüber dem leistenden Unternehmer bis zum Beginn der Beförderung oder Versendung eine Umsatzsteuer-Identifikationsnummer, die ihm vom Mitgliedstaat des Beginns der Beförderung oder Versendung erteilt wurde, ist die Beförderung oder Versendung seiner Lieferung zuzuordnen. ⑥ Gelangt der Gegenstand der Lieferung in das Drittlandsgebiet, ist von einem ausreichenden Nachweis nach Satz 4 auszugehen, wenn der Zwischenhändler gegenüber dem leistenden Unternehmer bis zum Beginn der Beförderung oder Versendung eine Umsatzsteuer-Identifikationsnummer oder Steuernummer verwendet, die ihm vom Mitgliedstaat des Beginns der Beförderung oder Versendung erteilt wurde. ⑦ Gelangt der Gegenstand der Lieferung vom Drittlandsgebiet in das Gemeinschaftsgebiet, ist von einem ausreichenden Nachweis nach Satz 4 auszugehen, wenn der Gegenstand der Lieferung im Namen des Zwischenhändlers oder im Rahmen der indirekten Stellvertretung (Artikel 18 der Verordnung (EU) Nr. 952/2013 des Eu-

---

[1] § 3 Abs. 3a eingef. mWv 1. 7. 2021 durch Art. 14 JStG 2020 (BGBl. I S. 3096), vgl. § 27 Abs. 34 Satz 1 UStG.

[2] § 3 Abs. 5a Angabe geändert mWv 18. 12. 2019 durch „JStG 2019" v. 12. 12. 2019 (BGBl. I S. 2451).

[3] § 3 Abs. 6 Satz 5 und 6 aufgehoben, Abs. 6a eingefügt mWv 1. 1. 2020 durch „JStG 2019" v. 12. 12. 2019 (BGBl. I S. 2451).

ropäischen Parlaments und des Rates vom 9. Oktober 2013 zur Festlegung des Zollkodex der Union, ABl. L 269 vom 10. 10. 2013, S. 1) für seine Rechnung zum zoll- und steuerrechtlich freien Verkehr angemeldet wird.

(6 b)[1] Wird ein Unternehmer gemäß Absatz 3 a behandelt, als ob er einen Gegenstand selbst erhalten und geliefert hätte, wird die Beförderung oder Versendung des Gegenstands der Lieferung durch diesen Unternehmer zugeschrieben.

(7)[1·2] ① Wird der Gegenstand der Lieferung nicht befördert oder versendet, wird die Lieferung dort ausgeführt, wo sich der Gegenstand zur Zeit der Verschaffung der Verfügungsmacht befindet. ② In den Fällen der Absätze 6 a und 6 b gilt Folgendes:

1. Lieferungen, die der Beförderungs- oder Versendungslieferung vorangehen, gelten dort als ausgeführt, wo die Beförderung oder Versendung des Gegenstands beginnt.
2. Lieferungen, die der Beförderungs- oder Versendungslieferung folgen, gelten dort als ausgeführt, wo die Beförderung oder Versendung des Gegenstands endet.

(8) Gelangt der Gegenstand der Lieferung bei der Beförderung oder Versendung aus dem Drittlandsgebiet in das Inland, gilt der Ort der Lieferung dieses Gegenstands als im Inland gelegen, wenn der Lieferer oder sein Beauftragter Schuldner der Einfuhrumsatzsteuer ist.

(8 a) *(weggefallen)*

(9)[3] ① Sonstige Leistungen sind Leistungen, die keine Lieferungen sind. ② Sie können auch in einem Unterlassen oder im Dulden einer Handlung oder eines Zustands bestehen.

(9 a) Einer sonstigen Leistung gegen Entgelt werden gleichgestellt

1.[4] die Verwendung eines dem Unternehmen zugeordneten Gegenstands, der zum vollen oder teilweisen Vorsteuerabzug berechtigt hat, durch einen Unternehmer für Zwecke, die außerhalb des Unternehmens liegen, oder für den privaten Bedarf seines Personals, sofern keine Aufmerksamkeiten vorliegen; dies gilt nicht, wenn der Vorsteuerabzug nach § 15 Absatz 1 b ausgeschlossen oder wenn eine Vorsteuerberichtigung nach § 15 a Absatz 6 a durchzuführen ist;
2. die unentgeltliche Erbringung einer anderen sonstigen Leistung durch den Unternehmer für Zwecke, die außerhalb des Unternehmens liegen, oder für den privaten Bedarf seines Personals, sofern keine Aufmerksamkeiten vorliegen.

(10) Überlässt ein Unternehmer einem Auftraggeber, der ihm einen Stoff zur Herstellung eines Gegenstands übergeben hat, an Stelle des herzustellenden Gegenstands einen gleichartigen Gegenstand, wie er ihn in seinem Unternehmen aus solchem Stoff herzustellen pflegt, so gilt die Leistung des Unternehmers als Werkleistung, wenn das Entgelt für die Leistung nach Art eines Werklohns unabhängig vom Unterschied zwischen dem Marktpreis des empfangenen Stoffs und dem des überlassenen Gegenstands berechnet wird.

(11) Wird ein Unternehmer in die Erbringung einer sonstigen Leistung eingeschaltet und handelt er dabei im eigenen Namen, jedoch für fremde Rechnung, gilt diese Leistung als an ihn und von ihm erbracht.

(11 a)[5] ① Wird ein Unternehmer in die Erbringung einer sonstigen Leistung, die über ein Telekommunikationsnetz, eine Schnittstelle oder ein Portal erbracht wird, eingeschaltet, gilt er im Sinne von Absatz 11 als im eigenen Namen und für fremde Rechnung handelnd. ② Dies gilt nicht, wenn der Anbieter dieser sonstigen Leistung von dem Unternehmer als Leistungserbringer ausdrücklich benannt wird und dies in den vertraglichen Vereinbarungen zwischen den Parteien zum Ausdruck kommt. ③ Diese Bedingung ist erfüllt, wenn

1. in den von jedem an der Erbringung beteiligten Unternehmer ausgestellten oder verfügbar gemachten Rechnungen die sonstige Leistung im Sinne des Satzes 2 und der Erbringer dieser Leistung angegeben sind;
2. in den dem Leistungsempfänger ausgestellten oder verfügbar gemachten Rechnungen die sonstige Leistung im Sinne des Satzes 2 und der Erbringer dieser Leistung angegeben sind.

④ Die Sätze 2 und 3 finden keine Anwendung, wenn der Unternehmer hinsichtlich der Erbringung der sonstigen Leistung im Sinne des Satzes 2

1. die Abrechnung gegenüber dem Leistungsempfänger autorisiert,
2. die Erbringung der sonstigen Leistung genehmigt oder
3. die allgemeinen Bedingungen der Leistungserbringung festlegt.

⑤ Die Sätze 1 bis 4 gelten nicht, wenn der Unternehmer lediglich Zahlungen in Bezug auf die erbrachte sonstige Leistung im Sinne des Satzes 2 abwickelt und nicht an der Erbringung dieser sonstigen Leistung beteiligt ist.

---

[1] § 3 Abs. 6 b eingefügt, Abs. 7 Satz 2 Angabe geändert mWv 1. 7. 2021 durch Art. 14 JStG 2020 (BGBl. I S. 3096); vgl. § 27 Abs. 34 Satz 1 UStG.

[2] § 3 Abs. 7 Satz 2 Angabe geändert mWv 1. 1. 2020 durch „JStG 2019“ v. 12. 12. 2019 (BGBl. I S. 2451).

[3] § 3 Abs. 9 Sätze 4 u. 5 aufgehoben mWv 29. 12. 2007 durch JStG 2008 v. 20. 12. 2007 (BGBl. I S. 3150); Abs. 9 Satz 3 aufgehoben mWv 1. 1. 2019 durch G v. 11. 12. 2018 (BGBl. I S. 2338).

[4] § 3 Abs. 9 a Nr. 1 Hs. 2 eingefügt mWv 1. 1. 2011 (vgl. § 27 Abs. 16 UStG) durch JStG 2010 v. 8. 12. 2010 (BGBl. I S. 1768).

[5] § 3 Abs. 11 a eingefügt mWv 1. 1. 2015 durch G v. 25. 7. 2014 (BGBl. I S. 1266).

(12) ① Ein Tausch liegt vor, wenn das Entgelt für eine Lieferung in einer Lieferung besteht. ② Ein tauschähnlicher Umsatz liegt vor, wenn das Entgelt für eine sonstige Leistung in einer Lieferung oder sonstigen Leistung besteht.

(13)[1] ① Ein Gutschein (Einzweck- oder Mehrzweck-Gutschein) ist ein Instrument, bei dem

1. die Verpflichtung besteht, es als vollständige oder teilweise Gegenleistung für eine Lieferung oder sonstige Leistung anzunehmen und
2. der Liefergegenstand oder die sonstige Leistung oder die Identität des leistenden Unternehmers entweder auf dem Instrument selbst oder in damit zusammenhängenden Unterlagen, einschließlich der Bedingungen für die Nutzung dieses Instruments, angegeben sind.

② Instrumente, die lediglich zu einem Preisnachlass berechtigen, sind keine Gutscheine im Sinne des Satzes 1.

(14)[1] ① Ein Gutschein im Sinne des Absatzes 13, bei dem der Ort der Lieferung oder der sonstigen Leistung, auf die sich der Gutschein bezieht, und die für diese Umsätze geschuldete Steuer zum Zeitpunkt der Ausstellung des Gutscheins feststehen, ist ein Einzweck-Gutschein. ② Überträgt ein Unternehmer einen Einzweck-Gutschein im eigenen Namen, gilt die Übertragung des Gutscheins als die Lieferung des Gegenstands oder die Erbringung der sonstigen Leistung, auf die sich der Gutschein bezieht. ③ Überträgt ein Unternehmer einen Einzweck-Gutschein im Namen eines anderen Unternehmers, gilt diese Übertragung als Lieferung des Gegenstands oder Erbringung der sonstigen Leistung, auf die sich der Gutschein bezieht, durch den Unternehmer, in dessen Namen die Übertragung des Gutscheins erfolgt. ④ Wird die im Einzweck-Gutschein bezeichnete Leistung von einem anderen Unternehmer erbracht als dem, der den Gutschein im eigenen Namen ausgestellt hat, wird der leistende Unternehmer so behandelt, als habe er die im Gutschein bezeichnete Leistung an den Aussteller erbracht. ⑤ Die tatsächliche Lieferung oder die tatsächliche Erbringung der sonstigen Leistung, für die ein Einzweck-Gutschein als Gegenleistung angenommen wird, gilt in den Fällen der Sätze 2 bis 4 nicht als unabhängiger Umsatz.

(15)[2] ① Ein Gutschein im Sinne des Absatzes 13, bei dem es sich nicht um einen Einzweck-Gutschein handelt, ist ein Mehrzweck-Gutschein. ② Die tatsächliche Lieferung oder die tatsächliche Erbringung der sonstigen Leistung, für die der leistende Unternehmer einen Mehrzweck-Gutschein als vollständige oder teilweise Gegenleistung annimmt, unterliegt der Umsatzsteuer nach § 1 Absatz 1, wohingegen jede vorangegangene Übertragung dieses Mehrzweck-Gutscheins nicht der Umsatzsteuer unterliegt.

§ 3a Ort der sonstigen Leistung[3]

(1)[4] ① Eine sonstige Leistung wird vorbehaltlich der Absätze 2 bis 8 und der §§ 3b und 3e an dem Ort ausgeführt, von dem aus der Unternehmer sein Unternehmen betreibt. ② Wird die sonstige Leistung von einer Betriebsstätte ausgeführt, gilt die Betriebsstätte als der Ort der sonstigen Leistung.

(2)[4, 5] ① Eine sonstige Leistung, die an einen Unternehmer für dessen Unternehmen ausgeführt wird, wird vorbehaltlich der Absätze 3 bis 8 und der §§ 3b und 3e an dem Ort ausgeführt, von dem aus der Empfänger sein Unternehmen betreibt. ② Wird die sonstige Leistung an die Betriebsstätte eines Unternehmers ausgeführt, ist stattdessen der Ort der Betriebsstätte maßgebend. ③ Die Sätze 1 und 2 gelten entsprechend bei einer sonstigen Leistung an eine ausschließlich nicht unternehmerisch tätige juristische Person, der eine Umsatzsteuer-Identifikationsnummer erteilt worden ist, und bei einer sonstigen Leistung an eine juristische Person, die sowohl unternehmerisch als auch nicht unternehmerisch tätig ist; dies gilt nicht für sonstige Leistungen, die ausschließlich für den privaten Bedarf des Personals oder eines Gesellschafters bestimmt sind.

(3) Abweichend von den Absätzen 1 und 2 gilt:

1. ① Eine sonstige Leistung im Zusammenhang mit einem Grundstück wird dort ausgeführt, wo das Grundstück liegt. ② Als sonstige Leistungen im Zusammenhang mit einem Grundstück sind insbesondere anzusehen:
   a) sonstige Leistungen der in § 4 Nr. 12 bezeichneten Art,
   b) sonstige Leistungen im Zusammenhang mit der Veräußerung oder dem Erwerb von Grundstücken,
   c) sonstige Leistungen, die der Erschließung von Grundstücken oder der Vorbereitung, Koordinierung oder Ausführung von Bauleistungen dienen.
2.[6] ① Die kurzfristige Vermietung eines Beförderungsmittels wird an dem Ort ausgeführt, an dem dieses Beförderungsmittel dem Empfänger tatsächlich zur Verfügung gestellt wird. ② Als kurzfristig im Sinne des Satzes 1 gilt eine Vermietung über einen ununterbrochenen Zeitraum

---

[1] § 3 Abs. 13 und 14 angefügt mWv 1. 1. 2019 durch G v. 11. 12. 2018 (BGBl. I S. 2338), vgl. § 27 Abs. 23 UStG.
[2] § 3 Abs. 15 angefügt mWv 1. 1. 2019 durch G v. 11. 12. 2018 (BGBl. I S. 2338), vgl. § 27 Abs. 23 UStG.
[3] § 3a neugefasst mWv 1. 1. 2010 durch JStG 2009 v. 19. 12. 2008 (BGBl. I S. 2794).
[4] § 3a Abs. 1 Satz 1, Abs. 2 Satz 1, Abs. 3 Nr. 2 Satz 2 redaktionell geändert, Abs. 3 Nr. 3 Buchst. a letzter Satzteil eingefügt mWv 1. 1. 2011 durch JStG 2010 v. 8. 12. 2010 (BGBl. I S. 1768); Abs. 1 Satz 1 und Abs. 2 Satz 1 jeweils Angabe geändert mWv 18. 12. 2019 durch „JStG 2019" v. 12. 12. 2019 (BGBl. I S. 2451).
[5] § 3a Abs. 2 Satz 3 geändert mWv 30. 6. 2013 durch G v. 26. 6. 2013 (BGBl. I S. 1809).
[6] § 3a Abs. 3 Nr. 2 Sätze 3 und 4 angefügt mWv 30. 6. 2013 durch G v. 26. 6. 2013 (BGBl. I S. 1809).

a) von nicht mehr als 90 Tagen bei Wasserfahrzeugen,
b) von nicht mehr als 30 Tagen bei anderen Beförderungsmitteln.

③ Die Vermietung eines Beförderungsmittels, die nicht als kurzfristig im Sinne des Satzes 2 anzusehen ist, an einen Empfänger, der weder ein Unternehmer ist, für dessen Unternehmen die Leistung bezogen wird, noch eine nicht unternehmerisch tätige juristische Person, der eine Umsatzsteuer-Identifikationsnummer erteilt worden ist, wird an dem Ort erbracht, an dem der Empfänger seinen Wohnsitz oder Sitz hat. ④ Handelt es sich bei dem Beförderungsmittel um ein Sportboot, wird abweichend von Satz 3 die Vermietungsleistung an dem Ort ausgeführt, an dem das Sportboot dem Empfänger tatsächlich zur Verfügung gestellt wird, wenn sich auch der Sitz, die Geschäftsleitung oder eine Betriebsstätte des Unternehmers, von wo aus diese Leistung tatsächlich erbracht wird, an diesem Ort befindet.

3. Die folgenden sonstigen Leistungen werden dort ausgeführt, wo sie vom Unternehmer tatsächlich erbracht werden:
a)[1] kulturelle, künstlerische, wissenschaftliche, unterrichtende, sportliche, unterhaltende oder ähnliche Leistungen, wie Leistungen im Zusammenhang mit Messen und Ausstellungen, einschließlich der Leistungen der jeweiligen Veranstalter sowie die damit zusammenhängenden Tätigkeiten, die für die Ausübung der Leistungen unerlässlich sind, an einen Empfänger, der weder ein Unternehmer ist, für dessen Unternehmen die Leistung bezogen wird, noch eine nicht unternehmerisch tätige juristische Person, der eine Umsatzsteuer-Identifikationsnummer erteilt worden ist,
b) die Abgabe von Speisen und Getränken zum Verzehr an Ort und Stelle (Restaurationsleistung), wenn diese Abgabe nicht an Bord eines Schiffs, in einem Luftfahrzeug oder in einer Eisenbahn während einer Beförderung innerhalb des Gemeinschaftsgebiets erfolgt,
c) Arbeiten an beweglichen körperlichen Gegenständen und die Begutachtung dieser Gegenstände für einen Empfänger, der weder ein Unternehmer ist, für dessen Unternehmen die Leistung ausgeführt wird, noch eine nicht unternehmerisch tätige juristische Person, der eine Umsatzsteuer-Identifikationsnummer erteilt worden ist.

4. Eine Vermittlungsleistung an einen Empfänger, der weder ein Unternehmer ist, für dessen Unternehmen die Leistung bezogen wird, noch eine nicht unternehmerisch tätige juristische Person, der eine Umsatzsteuer-Identifikationsnummer erteilt worden ist, wird an dem Ort erbracht, an dem der vermittelte Umsatz als ausgeführt gilt.

5.[2] Die Einräumung der Eintrittsberechtigung zu kulturellen, künstlerischen, wissenschaftlichen, unterrichtenden, sportlichen, unterhaltenden oder ähnlichen Veranstaltungen, wie Messen und Ausstellungen, sowie die damit zusammenhängenden sonstigen Leistungen an einen Unternehmer für dessen Unternehmen oder an eine nicht unternehmerisch tätige juristische Person, der eine Umsatzsteuer-Identifikationsnummer erteilt worden ist, wird an dem Ort erbracht, an dem die Veranstaltung tatsächlich durchgeführt wird.

(4) ① Ist der Empfänger einer der in Satz 2 bezeichneten sonstigen Leistungen weder ein Unternehmer, für dessen Unternehmen die Leistung bezogen wird, noch eine nicht unternehmerisch tätige juristische Person, der eine Umsatzsteuer-Identifikationsnummer erteilt worden ist, und hat er seinen Wohnsitz oder Sitz im Drittlandsgebiet, wird die sonstige Leistung an seinem Wohnsitz oder Sitz ausgeführt. ② Sonstige Leistungen im Sinne des Satzes 1 sind:

1. die Einräumung, Übertragung und Wahrnehmung von Patenten, Urheberrechten, Markenrechten und ähnlichen Rechten;
2. die sonstigen Leistungen, die der Werbung oder der Öffentlichkeitsarbeit dienen, einschließlich der Leistungen der Werbungsmittler und der Werbeagenturen;
3. die sonstigen Leistungen aus der Tätigkeit als Rechtsanwalt, Patentanwalt, Steuerberater, Steuerbevollmächtigter, Wirtschaftsprüfer, vereidigter Buchprüfer, Sachverständiger, Ingenieur, Aufsichtsratsmitglied, Dolmetscher und Übersetzer sowie ähnliche Leistungen anderer Unternehmer, insbesondere die rechtliche, wirtschaftliche und technische Beratung;
4. die Datenverarbeitung;
5. die Überlassung von Informationen einschließlich gewerblicher Verfahren und Erfahrungen;
6. a)[3] Bank- und Finanzumsätze, insbesondere der in § 4 Nummer 8 Buchstabe a bis h bezeichneten Art und die Verwaltung von Krediten und Kreditsicherheiten, sowie Versicherungsumsätze der in § 4 Nummer 10 bezeichneten Art,
   b) die sonstigen Leistungen im Geschäft mit Gold, Silber und Platin. ② Das gilt nicht für Münzen und Medaillen aus diesen Edelmetallen;
7. die Gestellung von Personal;
8. der Verzicht auf Ausübung eines der in Nummer 1 bezeichneten Rechte;
9. der Verzicht, ganz oder teilweise eine gewerbliche oder berufliche Tätigkeit auszuüben;
10. die Vermietung beweglicher körperlicher Gegenstände, ausgenommen Beförderungsmittel;

---

[1] § 3 a Abs. 3 Nr. 3 Buchst. a letzter Satzteil eingefügt mWv 1. 1. 2011 durch JStG 2010 v. 8. 12. 2010 (BGBl. I S. 1768).
[2] § 3 a Abs. 3 Nr. 5 angefügt mWv 1. 1. 2011 durch JStG 2010 v. 8. 12. 2010 (BGBl. I S. 1768).
[3] § 3 a Abs. 4 Satz 2 Nr. 6 Buchst. a neugefasst mWv 31. 12. 2014 durch G v. 22. 12. 2014 (BGBl. I S. 2417).

11.–13.[1] *(aufgehoben)*

14.[2] die Gewährung des Zugangs zum Erdgasnetz, zum Elektrizitätsnetz oder zu Wärme- oder Kältenetzen und die Fernleitung, die Übertragung oder Verteilung über diese Netze sowie die Erbringung anderer damit unmittelbar zusammenhängender sonstiger Leistungen.

(5)[3] ① Ist der Empfänger einer der in Satz 2 bezeichneten sonstigen Leistungen

1. kein Unternehmer, für dessen Unternehmen die Leistung bezogen wird,
2. keine ausschließlich nicht unternehmerisch tätige juristische Person, der eine Umsatzsteuer-Identifikationsnummer erteilt worden ist,
3. keine juristische Person, die sowohl unternehmerisch als auch nicht unternehmerisch tätig ist, bei der die Leistung nicht ausschließlich für den privaten Bedarf des Personals oder eines Gesellschafters bestimmt ist,

wird die sonstige Leistung an dem Ort ausgeführt, an dem der Leistungsempfänger seinen Wohnsitz, seinen gewöhnlichen Aufenthaltsort oder seinen Sitz hat. ② Sonstige Leistungen im Sinne des Satzes 1 sind:

1. die sonstigen Leistungen auf dem Gebiet der Telekommunikation;
2. die Rundfunk- und Fernsehdienstleistungen;
3. die auf elektronischem Weg erbrachten sonstigen Leistungen.

③ Satz 1 ist nicht anzuwenden, wenn der leistende Unternehmer seinen Sitz, seine Geschäftsleitung, eine Betriebsstätte oder in Ermangelung eines Sitzes, einer Geschäftsleitung oder einer Betriebsstätte seinen Wohnsitz oder gewöhnlichen Aufenthalt in nur einem Mitgliedstaat hat und der Gesamtbetrag der Entgelte der in Satz 2 bezeichneten sonstigen Leistungen an in Satz 1 bezeichnete Empfänger mit Wohnsitz, gewöhnlichem Aufenthalt oder Sitz in anderen Mitgliedstaaten sowie der innergemeinschaftlichen Fernverkäufe nach § 3c Absatz 1 Satz 2 und 3 insgesamt 10 000 Euro im vorangegangenen Kalenderjahr nicht überschritten hat und im laufenden Kalenderjahr nicht überschreitet. ④ Der leistende Unternehmer kann dem Finanzamt erklären, dass er auf die Anwendung des Satzes 3 verzichtet. ⑤ Die Erklärung bindet den Unternehmer mindestens für zwei Kalenderjahre.

(6)[4] ① Erbringt ein Unternehmer, der sein Unternehmen von einem im Drittlandsgebiet liegenden Ort aus betreibt,

1. eine in Absatz 3 Nr. 2 bezeichnete Leistung oder die langfristige Vermietung eines Beförderungsmittels,
2. eine in Absatz 4 Satz 2 Nummer 1 bis 10 bezeichnete sonstige Leistung an eine im Inland ansässige juristische Person des öffentlichen Rechts oder
3. eine in Absatz 5 Satz 2 Nummer 1 und 2 bezeichnete Leistung,

ist diese Leistung abweichend von Absatz 1, Absatz 3 Nummer 2, Absatz 4 Satz 1 oder Absatz 5 als im Inland ausgeführt zu behandeln, wenn sie dort genutzt oder ausgewertet wird. ② Wird die Leistung von einer Betriebsstätte eines Unternehmers ausgeführt, gilt Satz 1 entsprechend, wenn die Betriebsstätte im Drittlandsgebiet liegt.

(7) ① Vermietet ein Unternehmer, der sein Unternehmen vom Inland aus betreibt, kurzfristig ein Schienenfahrzeug, einen Kraftomnibus oder ein ausschließlich zur Beförderung von Gegenständen bestimmtes Straßenfahrzeug, ist diese Leistung abweichend von Absatz 3 Nr. 2 als im Drittlandsgebiet ausgeführt zu behandeln, wenn die Leistung an einen im Drittlandsgebiet ansässigen Unternehmer erbracht wird, das Fahrzeug für dessen Unternehmen bestimmt ist und im Drittlandsgebiet genutzt wird. ② Wird die Vermietung des Fahrzeugs von einer Betriebsstätte eines Unternehmers ausgeführt, gilt Satz 1 entsprechend, wenn die Betriebsstätte im Inland liegt.

(8)[5] ① Erbringt ein Unternehmer eine Güterbeförderungsleistung, ein Beladen, Entladen, Umschlagen oder ähnliche mit der Beförderung eines Gegenstandes im Zusammenhang stehende Leistungen im Sinne des § 3b Absatz 2, eine Arbeit an beweglichen körperlichen Gegenständen oder eine Begutachtung dieser Gegenstände, eine Reisevorleistung im Sinne des § 25 Absatz 1 Satz 5 oder eine Veranstaltungsleistung im Zusammenhang mit Messen und Ausstellungen, ist diese Leistung abweichend von Absatz 2 als im Drittlandsgebiet ausgeführt zu behandeln, wenn die Leistung dort genutzt oder ausgewertet wird. ② Satz 1 gilt nicht, wenn die dort genannten Leistungen in einem der in § 1 Absatz 3 genannten Gebiete tatsächlich ausgeführt werden.

---

[1] § 3a Abs. 4 Satz 2 Nrn. 11 bis 13 aufgehoben mWv 1. 1. 2015 durch G v. 25. 7. 2014 (BGBl. I S. 1266).

[2] § 3a Abs. 4 Satz 2 Nr. 14 und Abs. 6 Satz 1 Nr. 2 neugefasst mWv 1. 1. 2011 durch JStG 2010 v. 8. 12. 2010 (BGBl. I S. 1768).

[3] § 3a Abs. 5 neugefasst mWv 1. 1. 2015 durch G v. 25. 7. 2014 (BGBl. I S. 1266); Abs. 5 Sätze 3 bis 5 angefügt mWv 1. 1. 2019 durch G v. 11. 12. 2018 (BGBl. I S. 2338), vgl. § 27 Abs. 24 Satz 1 UStG; Abs. 5 Satz 3 neugefasst mWv 1. 7. 2021 durch Art. 14 JStG 2020 (BGBl. I S. 3096), vgl. § 27 Abs. 34 Satz 1 UStG.

[4] § 3a Abs. 6 Satz 1 und Satz 1 Nr. 3 Verweise geändert mWv 1. 1. 2015 durch G v. 25. 7. 2014 (BGBl. I S. 1266) und durch G v. 22. 12. 2014 (BGBl. I S. 2417).

[5] § 3a Abs. 8 angefügt mWv 1. 1. 2011 durch JStG 2010 v. 8. 12. 2010 (BGBl. I S. 1768); Abs. 8 Satz 1 neugefasst mWv 1. 7. 2011 durch BeitrRLUmsG v. 7. 12. 2011 (BGBl. I S. 2592); Abs. 8 Satz 2 aufgehoben, bish. Satz 3 wird Satz 2 und neugefasst mWv 1. 1. 2015 durch G v. 25. 7. 2014 (BGBl. I S. 1266).

§ 3b Ort der Beförderungsleistungen und der damit zusammenhängenden sonstigen Leistungen[1]

(1) ① Eine Beförderung einer Person wird dort ausgeführt, wo die Beförderung bewirkt wird. ② Erstreckt sich eine solche Beförderung nicht nur auf das Inland, fällt nur der Teil der Leistung unter dieses Gesetz, der auf das Inland entfällt. ③ Die Sätze 1 und 2 gelten entsprechend für die Beförderung von Gegenständen, die keine innergemeinschaftliche Beförderung eines Gegenstands im Sinne des Absatzes 3 ist, wenn der Empfänger weder ein Unternehmer, für dessen Unternehmen die Leistung bezogen wird, noch eine nicht unternehmerisch tätige juristische Person ist, der eine Umsatzsteuer-Identifikationsnummer erteilt worden ist. ④ Die Bundesregierung kann mit Zustimmung des Bundesrates durch Rechtsverordnung zur Vereinfachung des Besteuerungsverfahrens bestimmen, dass bei Beförderungen, die sich sowohl auf das Inland als auch auf das Ausland erstrecken (grenzüberschreitende Beförderungen),

1. kurze inländische Beförderungsstrecken als ausländische und kurze ausländische Beförderungsstrecken als inländische angesehen werden;
2. Beförderungen über kurze Beförderungsstrecken in den in § 1 Abs. 3 bezeichneten Gebieten nicht wie Umsätze im Inland behandelt werden.

(2) Das Beladen, Entladen, Umschlagen und ähnliche mit der Beförderung eines Gegenstands im Zusammenhang stehende Leistungen an einen Empfänger, der weder ein Unternehmer ist, für dessen Unternehmen die Leistung bezogen wird, noch eine nicht unternehmerisch tätige juristische Person ist, der eine Umsatzsteuer-Identifikationsnummer erteilt worden ist, werden dort ausgeführt, wo sie vom Unternehmer tatsächlich erbracht werden.

(3) Die Beförderung eines Gegenstands, die in dem Gebiet eines Mitgliedstaates beginnt und in dem Gebiet eines anderen Mitgliedstaates endet (innergemeinschaftliche Beförderung eines Gegenstands), an einen Empfänger, der weder ein Unternehmer ist, für dessen Unternehmen die Leistung bezogen wird, noch eine nicht unternehmerisch tätige juristische Person, der eine Umsatzsteuer-Identifikationsnummer erteilt worden ist, wird an dem Ort ausgeführt, an dem die Beförderung des Gegenstands beginnt.

§ 3c[2] Ort der Lieferung beim Fernverkauf

(1) ① Als Ort der Lieferung eines innergemeinschaftlichen Fernverkaufs gilt der Ort, an dem sich der Gegenstand bei Beendigung der Beförderung oder Versendung an den Erwerber befindet. ② Ein innergemeinschaftlicher Fernverkauf ist die Lieferung eines Gegenstands, der durch den Lieferer oder für dessen Rechnung aus dem Gebiet eines Mitgliedstaates in das Gebiet eines anderen Mitgliedstaates oder aus dem übrigen Gemeinschaftsgebiet in die in § 1 Absatz 3 bezeichneten Gebiete an den Erwerber befördert oder versandt wird, einschließlich jener Lieferung, an deren Beförderung oder Versendung der Lieferer indirekt beteiligt ist. ③ Erwerber im Sinne des Satzes 2 ist ein in § 3a Absatz 5 Satz 1 bezeichneter Empfänger oder eine in § 1a Absatz 3 Nummer 1 genannte Person, die weder die maßgebende Erwerbsschwelle überschreitet noch auf ihre Anwendung verzichtet; im Fall der Beendigung der Beförderung oder Versendung im Gebiet eines anderen Mitgliedstaates ist die von diesem Mitgliedstaat festgesetzte Erwerbsschwelle maßgebend.

(2) ① Als Ort der Lieferung eines Fernverkaufs eines Gegenstands, der aus dem Drittlandsgebiet in einen anderen Mitgliedstaat als den, in dem die Beförderung oder Versendung des Gegenstands an den Erwerber endet, eingeführt wird, gilt der Ort, an dem sich der Gegenstand bei Beendigung der Beförderung oder Versendung an den Erwerber befindet. ② § 3 Absatz 3a Satz 4 und 5 gilt entsprechend.

(3) ① Der Ort der Lieferung beim Fernverkauf eines Gegenstands, der aus dem Drittlandsgebiet in den Mitgliedstaat, in dem die Beförderung oder Versendung der Gegenstände an den Erwerber endet, eingeführt wird, gilt als in diesem Mitgliedstaat gelegen, sofern die Steuer auf diesen Gegenstand gemäß dem besonderen Besteuerungsverfahren nach § 18k zu erklären ist. ② § 3 Absatz 3a Satz 4 und 5 gilt entsprechend. ③ Bei einem Fernverkauf nach § 3 Absatz 3a Satz 2 gilt Satz 1 für die Lieferung, der die Beförderung oder Versendung des Gegenstandes gemäß § 3 Absatz 6b zugeschrieben wird, entsprechend, auch wenn die Steuer auf diesen Gegenstand nicht gemäß dem besonderen Besteuerungsverfahren nach § 18k zu erklären ist und ein Unternehmer oder dessen Beauftragter Schuldner der Einfuhrumsatzsteuer für die Einfuhr des Gegenstands ist.

(4) ① Absatz 1 ist nicht anzuwenden, wenn der leistende Unternehmer seinen Sitz, seine Geschäftsleitung, eine Betriebsstätte oder in Ermangelung eines Sitzes, einer Geschäftsleitung oder einer Betriebsstätte seinen Wohnsitz oder gewöhnlichen Aufenthalt in nur einem Mitgliedstaat hat und der Gesamtbetrag der Entgelte der in § 3a Absatz 5 Satz 2 bezeichneten sonstigen Leistungen an in § 3a Absatz 5 Satz 1 bezeichnete Empfänger mit Wohnsitz, gewöhnlichem Aufenthalt oder Sitz in anderen Mitgliedstaaten sowie der innergemeinschaftlichen Fernverkäufe nach Absatz 1 Satz 2 und 3 insgesamt 10 000 Euro im vorangegangenen Kalenderjahr nicht überschritten hat und im laufenden Kalenderjahr nicht überschreitet. ② Der leistende Unternehmer

[1] § 3b neugefasst mWv 1. 1. 2010 durch JStG 2009 v. 19. 12. 2008 (BStBl. I S. 2794).
[2] § 3c neugefasst mWv 1. 7. 2021 durch Art. 14 JStG 2020 (BGBl. I S. 3096), vgl. § 27 Abs. 34 Satz 1 UStG.

kann dem Finanzamt erklären, dass er auf die Anwendung des Satzes 1 verzichtet. ③ Die Erklärung bindet den Unternehmer mindestens für zwei Kalenderjahre.

(5) ① Die Absätze 1 bis 3 gelten nicht für

1. die Lieferung neuer Fahrzeuge,
2. die Lieferung eines Gegenstands, der mit oder ohne probeweise Inbetriebnahme durch den Lieferer oder für dessen Rechnung montiert oder installiert geliefert wird, und für
3. die Lieferung eines Gegenstands, auf die die Differenzbesteuerung nach § 25 a Absatz 1 oder 2 angewendet wird.

② Bei verbrauchsteuerpflichtigen Waren gelten die Absätze 1 bis 3 nicht für Lieferungen an eine in § 1 a Absatz 3 Nummer 1 genannte Person.

§ 3 d[1] Ort des innergemeinschaftlichen Erwerbs

① Der innergemeinschaftliche Erwerb wird in dem Gebiet des Mitgliedstaates bewirkt, in dem sich der Gegenstand am Ende der Beförderung oder Versendung befindet. ② Verwendet der Erwerber gegenüber dem Lieferer eine ihm von einem anderen Mitgliedstaat erteilte Umsatzsteuer-Identifikationsnummer, gilt der Erwerb so lange in dem Gebiet dieses Mitgliedstaates als bewirkt, bis der Erwerber nachweist, dass der Erwerb durch den in Satz 1 bezeichneten Mitgliedstaat besteuert worden ist oder nach § 25 b Abs. 3 als besteuert gilt, sofern der erste Abnehmer seiner Erklärungspflicht nach § 18 a Absatz 7 Satz 1 Nummer 4 nachgekommen ist.[2]

§ 3 e[3] Ort der Lieferungen und Restaurationsleistungen während einer Beförderung an Bord eines Schiffs, in einem Luftfahrzeug oder in einer Eisenbahn

(1) Wird ein Gegenstand an Bord eines Schiffs, in einem Luftfahrzeug oder in einer Eisenbahn während einer Beförderung innerhalb des Gemeinschaftsgebiets geliefert oder dort eine sonstige Leistung ausgeführt, die in der Abgabe von Speisen und Getränken zum Verzehr an Ort und Stelle (Restaurationsleistung) besteht, gilt der Abgangsort des jeweiligen Beförderungsmittels im Gemeinschaftsgebiet als Ort der Lieferung oder der sonstigen Leistung.

(2) ① Als Beförderung innerhalb des Gemeinschaftsgebiets im Sinne des Absatzes 1 gilt die Beförderung oder der Teil der Beförderung zwischen dem Abgangsort und dem Ankunftsort des Beförderungsmittels im Gemeinschaftsgebiet ohne Zwischenaufenthalt außerhalb des Gemeinschaftsgebiets. ② Abgangsort im Sinne des Satzes 1 ist der erste Ort innerhalb des Gemeinschaftsgebiets, an dem Reisende in das Beförderungsmittel einsteigen können. ③ Ankunftsort im Sinne des Satzes 1 ist der letzte Ort innerhalb des Gemeinschaftsgebiets, an dem Reisende das Beförderungsmittel verlassen können. ④ Hin- und Rückfahrt gelten als gesonderte Beförderungen.

§ 3 f[4] *(aufgehoben)*

§ 3 g[5] Ort der Lieferung von Gas, Elektrizität, Wärme oder Kälte

(1) ① Bei einer Lieferung von Gas über das Erdgasnetz, von Elektrizität oder von Wärme oder Kälte über Wärme- oder Kältenetze an einen Unternehmer, dessen Haupttätigkeit in Bezug auf den Erwerb dieser Gegenstände in deren Lieferung besteht und dessen eigener Verbrauch dieser Gegenstände von untergeordneter Bedeutung ist, gilt als Ort dieser Lieferung der Ort, an dem der Abnehmer sein Unternehmen betreibt. ② Wird die Lieferung an die Betriebsstätte eines Unternehmers im Sinne des Satzes 1 ausgeführt, so ist stattdessen der Ort der Betriebsstätte maßgebend.

(2) ① Bei einer Lieferung von Gas über das Erdgasnetz, von Elektrizität oder von Wärme oder Kälte über Wärme- oder Kältenetze an andere als die in Absatz 1 bezeichneten Abnehmer gilt als Ort der Lieferung der Ort, an dem der Abnehmer die Gegenstände tatsächlich nutzt oder verbraucht. ② Soweit die Gegenstände von diesem Abnehmer nicht tatsächlich genutzt oder verbraucht werden, gelten sie als an dem Ort genutzt oder verbraucht, an dem der Abnehmer seinen Sitz, eine Betriebsstätte, an die die Gegenstände geliefert werden, oder seinen Wohnsitz hat.

(3) Auf Gegenstände, deren Lieferungsort sich nach Absatz 1 oder Absatz 2 bestimmt, sind die Vorschriften des § 1 a Abs. 2 und § 3 Abs. 1 a nicht anzuwenden.

Zweiter Abschnitt. Steuerbefreiungen und Steuervergütungen

§ 4 Steuerbefreiungen bei Lieferungen und sonstigen Leistungen

Von den unter § 1 Abs. 1 Nr. 1 fallenden Umsätzen sind steuerfrei:

1.[6] a) die Ausfuhrlieferungen (§ 6) und die Lohnveredelungen an Gegenständen der Ausfuhr (§ 7),

---

[1] § 3 d Satz 2 Verweis geändert mWv 1. 7. 2010 durch EU-VorgG v. 8. 4. 2010 (BGBl. I S. 386).
[2] Berichtigung bei Nachweis des Erwerbs i. S. d. § 3 d Satz 2 vgl. § 17 Abs. 2 Nr. 4 UStG.
[3] § 3 e neugefasst mWv 1. 1. 2010 durch JStG 2009 v. 19. 12. 2008 (BGBl. I S. 2794).
[4] § 3 f aufgehoben mWv 18. 12. 2019 durch „JStG 2019" v. 12. 12. 2019 (BGBl. I S. 2451).
[5] § 3 g Überschrift, Abs. 1 Satz 1 u. Abs. 2 Satz 1 neugefasst, Abs. 2 Satz 2 redaktionell geändert mWv 1. 1. 2011 durch JStG 2010 v. 8. 12. 2010 (BGBl. I S. 1768).
[6] § 4 Nr. 1 Buchst. b neugefasst mWv 1. 1. 2020 durch „JStG 2019" v. 12. 12. 2019 (BGBl. I S. 2451), Buchst. b Satz 2 aufgehoben mWv 1. 1. 2023 durch JStG 2022 v. 16. 12. 2022 (BGBl. I S. 2294).

b) die innergemeinschaftlichen Lieferungen (§ 6a); dies gilt nicht, wenn der Unternehmer seiner Pflicht zur Abgabe der Zusammenfassenden Meldung (§ 18a) nicht nachgekommen ist oder soweit er diese im Hinblick auf die jeweilige Lieferung unrichtig oder unvollständig abgegeben hat. ② *§ 18a Absatz 10 bleibt unberührt*;

2. die Umsätze für die Seeschifffahrt und für die Luftfahrt (§ 8);
3. die folgenden sonstigen Leistungen:
   a) die grenzüberschreitenden Beförderungen von Gegenständen, die Beförderungen im internationalen Eisenbahnfrachtverkehr und andere sonstige Leistungen, wenn sich die Leistungen
      aa) unmittelbar auf Gegenstände der Ausfuhr beziehen oder auf eingeführte Gegenstände beziehen, die im externen Versandverfahren in das Drittlandsgebiet befördert werden, oder
      bb) auf Gegenstände der Einfuhr in das Gebiet eines Mitgliedstaates der Europäischen Union[1] beziehen und die Kosten für die Leistungen in der Bemessungsgrundlage für diese Einfuhr enthalten sind. ② Nicht befreit sind die Beförderungen der in § 1 Abs. 3 Nr. 4 Buchstabe a bezeichneten Gegenstände aus einem Freihafen in das Inland,
   b) die Beförderungen von Gegenständen nach und von den Inseln, die die autonomen Regionen Azoren und Madeira bilden,
   c) sonstige Leistungen, die sich unmittelbar auf eingeführte Gegenstände beziehen, für die zollamtlich eine vorübergehende Verwendung in den in § 1 Abs. 1 Nr. 4 bezeichneten Gebieten bewilligt worden ist, wenn der Leistungsempfänger ein ausländischer Auftraggeber (§ 7 Abs. 2) ist. ② Dies gilt nicht für sonstige Leistungen, die sich auf Beförderungsmittel, Paletten und Container beziehen.

   ② Die Vorschrift gilt nicht für die in den Nummern 8, 10 und 11 bezeichneten Umsätze und für die Bearbeitung oder Verarbeitung eines Gegenstands einschließlich der Werkleistung im Sinne des § 3 Abs. 10. ③ Die Voraussetzungen der Steuerbefreiung müssen vom Unternehmer nachgewiesen sein. ④ Das Bundesministerium der Finanzen kann mit Zustimmung des Bundesrates durch Rechtsverordnung bestimmen, wie der Unternehmer den Nachweis zu führen hat;
4. die Lieferungen von Gold an Zentralbanken;

4a. die folgenden Umsätze:
   a) die Lieferungen der in der Anlage 1[2] bezeichneten Gegenstände an einen Unternehmer für sein Unternehmen, wenn der Gegenstand der Lieferung im Zusammenhang mit der Lieferung in ein Umsatzsteuerlager eingelagert wird oder sich in einem Umsatzsteuerlager befindet. ② Mit der Auslagerung eines Gegenstands aus einem Umsatzsteuerlager entfällt die Steuerbefreiung für die der Auslagerung vorangegangene Lieferung, den der Auslagerung vorangegangenen innergemeinschaftlichen Erwerb oder die der Auslagerung vorangegangene Einfuhr; dies gilt nicht, wenn der Gegenstand im Zusammenhang mit der Auslagerung in ein anderes Umsatzsteuerlager im Inland eingelagert wird. ③ Eine Auslagerung ist die endgültige Herausnahme eines Gegenstands aus einem Umsatzsteuerlager. ④ Der endgültigen Herausnahme steht gleich der sonstige Wegfall der Voraussetzungen für die Steuerbefreiung sowie die Erbringung einer nicht nach Buchstabe b begünstigten Leistung an den eingelagerten Gegenständen,
   b) die Leistungen, die mit der Lagerung, der Erhaltung, der Verbesserung der Aufmachung und Handelsgüte oder der Vorbereitung des Vertriebs oder Weiterverkaufs der eingelagerten Gegenstände unmittelbar zusammenhängen. ② Dies gilt nicht, wenn durch die Leistungen die Gegenstände so aufbereitet werden, dass sie zur Lieferung auf der Einzelhandelsstufe geeignet sind.

   ② Die Steuerbefreiung gilt nicht für Leistungen an Unternehmer, die diese zur Ausführung von Umsätzen verwenden, für die die Steuer nach den Durchschnittssätzen des § 24 festgesetzt ist. ③ Die Voraussetzungen der Steuerbefreiung müssen vom Unternehmer eindeutig und leicht nachprüfbar nachgewiesen sein. ④ Umsatzsteuerlager kann jedes Grundstück oder Grundstücksteil im Inland sein, das zur Lagerung der in Anlage 1 genannten Gegenstände dienen soll und von einem Lagerhalter betrieben wird. ⑤ Es kann mehrere Lagerorte umfassen. ⑥ Das Umsatzsteuerlager bedarf der Bewilligung des für den Lagerhalter zuständigen Finanzamts. ⑦ Der Antrag ist schriftlich zu stellen. ⑧ Die Bewilligung ist zu erteilen, wenn ein wirtschaftliches Bedürfnis für den Betrieb des Umsatzsteuerlagers besteht und der Lagerhalter die Gewähr für dessen ordnungsgemäße Verwaltung bietet;

4b. die einer Einfuhr vorangehende Lieferung von Gegenständen, wenn der Abnehmer oder dessen Beauftragter den Gegenstand der Lieferung einführt. ② Dies gilt entsprechend für Lieferungen, die den in Satz 1 genannten Lieferungen vorausgegangen sind. ③ Die Voraussetzungen der Steuerbefreiung müssen vom Unternehmer eindeutig und leicht nachprüfbar nachgewiesen sein;

4c.[3] die Lieferung von Gegenständen an einen Unternehmer für sein Unternehmen, die dieser nach § 3 Absatz 3a Satz 1 im Gemeinschaftsgebiet weiterliefert;

---

[1] § 4 Nr. 3 Buchst. a Doppelbuchst. bb Bezeichnung geändert durch G v. 26. 6. 2013 (BGBl. I S. 1809).
[2] Anlage 1 abgedruckt im Anschluss an dieses Gesetz.
[3] § 4 Nr. 4c eingefügt mWv 1. 7. 2021 durch Art. 14 JStG 2020 (BGBl. I S. 3096), vgl. § 27 Abs. 34 Satz 1 UStG.

5. die Vermittlung
   a) der unter die Nummer 1 Buchstabe a, Nummern 2 bis 4b und Nummern 6 und 7 fallenden Umsätze,
   b) der grenzüberschreitenden Beförderungen von Personen mit Luftfahrzeugen oder Seeschiffen,
   c) der Umsätze, die ausschließlich im Drittlandsgebiet bewirkt werden,
   d) der Lieferungen, die nach § 3 Abs. 8 als im Inland ausgeführt zu behandeln sind.

   ② Nicht befreit ist die Vermittlung von Umsätzen durch Reisebüros für Reisende. ③ Die Voraussetzungen der Steuerbefreiung müssen vom Unternehmer nachgewiesen sein. ④ Das Bundesministerium der Finanzen kann mit Zustimmung des Bundesrates durch Rechtsverordnung bestimmen, wie der Unternehmer den Nachweis zu führen hat;

6. a) die Lieferungen und sonstigen Leistungen der Eisenbahnen des Bundes auf Gemeinschaftsbahnhöfen, Betriebswechselbahnhöfen, Grenzbetriebsstrecken und Durchgangsstrecken an Eisenbahnverwaltungen mit Sitz im Ausland,
   b) *(weggefallen)*
   c) die Lieferungen von eingeführten Gegenständen an im Drittlandsgebiet, ausgenommen Gebiete nach § 1 Abs. 3, ansässige Abnehmer, soweit für die Gegenstände zollamtlich eine vorübergehende Verwendung in den in § 1 Abs. 1 Nr. 4 bezeichneten Gebieten bewilligt worden ist und diese Bewilligung auch nach der Lieferung gilt. ② Nicht befreit sind die Lieferungen von Beförderungsmitteln, Paletten und Containern,
   d) Personenbeförderungen im Passagier- und Fährverkehr mit Wasserfahrzeugen für die Seeschifffahrt, wenn die Personenbeförderungen zwischen inländischen Seehäfen und der Insel Helgoland durchgeführt werden,
   e)[1] die Abgabe von Speisen und Getränken zum Verzehr an Ort und Stelle im Verkehr mit Wasserfahrzeugen für die Seeschifffahrt zwischen einem inländischen und ausländischen Seehafen und zwischen zwei ausländischen Seehäfen. ② Inländische Seehäfen im Sinne des Satzes 1 sind auch die Freihäfen und Häfen auf der Insel Helgoland;

7.[2] die Lieferungen, ausgenommen Lieferungen neuer Fahrzeuge im Sinne des § 1b Abs. 2 und 3, und die sonstigen Leistungen
   a) an andere Vertragsparteien des Nordatlantikvertrags, die nicht unter die in § 26 Abs. 5 bezeichneten Steuerbefreiungen fallen, wenn die Umsätze für den Gebrauch oder Verbrauch durch die Streitkräfte dieser Vertragsparteien, ihr ziviles Begleitpersonal oder für die Versorgung ihrer Kasinos oder Kantinen bestimmt sind und die Streitkräfte der gemeinsamen Verteidigungsanstrengung dienen,
   b) an die in dem Gebiet eines anderen Mitgliedstaates stationierten Streitkräfte der Vertragsparteien des Nordatlantikvertrags, soweit sie nicht an die Streitkräfte dieses Mitgliedstaates ausgeführt werden,
   c) an die in dem Gebiet eines anderen Mitgliedstaates ansässigen ständigen diplomatischen Missionen und berufskonsularischen Vertretungen sowie deren Mitglieder,
   d) an die in dem Gebiet eines anderen Mitgliedstaates ansässigen zwischenstaatlichen Einrichtungen sowie deren Mitglieder,

   [*ab 1. 7. 2022:* e) an Streitkräfte eines anderen Mitgliedstaates, wenn die Umsätze für den Gebrauch oder Verbrauch durch die Streitkräfte, ihres zivilen Begleitpersonals oder für die Versorgung ihrer Kasinos oder Kantinen bestimmt sind und die Streitkräfte an einer Verteidigungsanstrengung teilnehmen, die zur Durchführung einer Tätigkeit der Union im Rahmen der Gemeinsamen Sicherheits- und Verteidigungspolitik unternommen wird und
   f) an die in dem Gebiet eines anderen Mitgliedstaates stationierten Streitkräfte eines Mitgliedstaates, wenn die Umsätze nicht an die Streitkräfte des anderen Mitgliedstaates ausgeführt werden, die Umsätze für den Gebrauch oder Verbrauch durch die Streitkräfte, ihres zivilen Begleitpersonals oder für die Versorgung ihrer Kasinos oder Kantinen bestimmt sind und die Streitkräfte an einer Verteidigungsanstrengung teilnehmen, die zur Durchführung einer Tätigkeit der Union im Rahmen der Gemeinsamen Sicherheits- und Verteidigungspolitik unternommen wird.]

   ② Der Gegenstand der Lieferung muss in den Fällen des Satzes 1 Buchstabe b bis d [***ab 1. 7. 2022:*** und f] in das Gebiet des anderen Mitgliedstaates befördert oder versendet werden. ③ Für die Steuerbefreiungen nach Satz 1 Buchstabe b bis d [***ab 1. 7. 2022:*** und f] sind die in dem anderen Mitgliedstaat geltenden Voraussetzungen maßgebend. ④ Die Voraussetzungen der Steuerbefreiungen müssen vom Unternehmer nachgewiesen sein. ⑤ Bei den Steuerbefreiungen nach Satz 1 Buchstabe b bis d [***ab 1. 7. 2022:*** und f] hat der Unternehmer die in dem anderen Mitgliedstaat geltenden Voraussetzungen dadurch nachzuweisen, dass ihm der Abnehmer eine von der zuständigen Behörde des anderen Mitgliedstaates oder, wenn er hierzu ermächtigt ist, eine selbst ausgestellte Bescheinigung nach amtlich vorgeschriebenem

---

[1] § 4 Nr. 6 Buchst. e Satz 1 geändert mWv 29. 12. 2007 durch JStG 2008 v. 20. 12. 2007 (BGBl. I S. 3150).

[2] § 4 Nr. 7 Buchst. e und f angefügt, Sätze 2, 3 u. 5 redaktionell geändert mWv 1. 7. 2022 durch Art. 15 JStG 2020 (BGBl. I S. 3096).

Muster aushändigt. ⑥ Das Bundesministerium der Finanzen kann mit Zustimmung des Bundesrates durch Rechtsverordnung bestimmen, wie der Unternehmer die übrigen Voraussetzungen nachzuweisen hat;

8. a) die Gewährung und die Vermittlung von Krediten,
   b) die Umsätze und die Vermittlung der Umsätze von gesetzlichen Zahlungsmitteln. ② Das gilt nicht, wenn die Zahlungsmittel wegen ihres Metallgehalts oder ihres Sammlerwerts umgesetzt werden,
   c) die Umsätze im Geschäft mit Forderungen, Schecks und anderen Handelspapieren sowie die Vermittlung dieser Umsätze, ausgenommen die Einziehung von Forderungen,
   d) die Umsätze und die Vermittlung der Umsätze im Einlagengeschäft, im Kontokorrentverkehr, im Zahlungs- und Überweisungsverkehr und das Inkasso von Handelspapieren,
   e) die Umsätze im Geschäft mit Wertpapieren und die Vermittlung dieser Umsätze, ausgenommen die Verwahrung und die Verwaltung von Wertpapieren,
   f) die Umsätze und die Vermittlung der Umsätze von Anteilen an Gesellschaften und anderen Vereinigungen,
   g) die Übernahme von Verbindlichkeiten, von Bürgschaften und anderen Sicherheiten sowie die Vermittlung dieser Umsätze,
   h)[1] die Verwaltung von Organismen für gemeinsame Anlagen in Wertpapieren im Sinne des § 1 Absatz 2 des Kapitalanlagegesetzbuchs, die Verwaltung von mit diesen vergleichbaren alternativen Investmentfonds im Sinne des § 1 Absatz 3 des Kapitalanlagegesetzbuchs, die Verwaltung von Wagniskapitalfonds und die Verwaltung von Versorgungseinrichtungen im Sinne des Versicherungsaufsichtsgesetzes,
   i) die Umsätze der im Inland gültigen amtlichen Wertzeichen zum aufgedruckten Wert;
   j), k) *(weggefallen)*

9. a) die Umsätze, die unter das Grunderwerbsteuergesetz fallen,
   b)[2] die Umsätze, die unter das Rennwett- und Lotteriegesetz fallen. ② Nicht befreit sind die unter das Rennwett- und Lotteriegesetz fallenden Umsätze, die von der Rennwett- und Lotteriesteuer befreit sind oder von denen diese Steuer allgemein nicht erhoben wird;

10. a) die Leistungen auf Grund eines Versicherungsverhältnisses im Sinne des Versicherungssteuergesetzes. ② Das gilt auch, wenn die Zahlung des Versicherungsentgelts nicht der Versicherungsteuer unterliegt,
    b) die Leistungen, die darin bestehen, dass anderen Personen Versicherungsschutz verschafft wird;

11. die Umsätze aus der Tätigkeit als Bausparkassenvertreter, Versicherungsvertreter und Versicherungsmakler;

11a. die folgenden vom 1. Januar 1993 bis zum 31. Dezember 1995 ausgeführten Umsätze der Deutschen Bundespost TELEKOM und der Deutsche Telekom AG:
   a) die Überlassung von Anschlüssen des Telefonnetzes und des diensteintegrierenden digitalen Fernmeldenetzes sowie die Bereitstellung der von diesen Anschlüssen ausgehenden Verbindungen innerhalb dieser Netze und zu Mobilfunkendeinrichtungen,
   b) die Überlassung von Übertragungswegen im Netzmonopol des Bundes,
   c) die Ausstrahlung und Übertragung von Rundfunksignalen einschließlich der Überlassung der dazu erforderlichen Sendeanlagen und sonstigen Einrichtungen sowie das Empfangen und Verteilen von Rundfunksignalen in Breitbandverteilnetzen einschließlich der Überlassung von Kabelanschlüssen;

11b.[3] Universaldienstleistungen nach Artikel 3 Absatz 4 der Richtlinie 97/67/EG des Europäischen Parlaments und des Rates vom 15. Dezember 1997 über gemeinsame Vorschriften für die Entwicklung des Binnenmarktes der Postdienste der Gemeinschaft und die Verbesserung der Dienstequalität (ABl. L 15 vom 21. 1. 1998, S. 14, L 23 vom 30. 1. 1998, S. 39), die zuletzt durch die Richtlinie 2008/6/EG (ABl. L 52 vom 27. 2. 2008, S. 3) geändert worden ist, in der jeweils geltenden Fassung. ② Die Steuerbefreiung setzt voraus, dass der Unternehmer sich entsprechend einer Bescheinigung des Bundeszentralamtes für Steuern gegenüber dieser Behörde verpflichtet hat, flächendeckend im gesamten Gebiet der Bundesrepublik Deutschland die Gesamtheit der Universaldienstleistungen oder einen Teilbereich dieser Leistungen nach Satz 1 anzubieten. ③ Die Steuerbefreiung gilt nicht für Leistungen, die der Unternehmer erbringt
   a) auf Grund individuell ausgehandelter Vereinbarungen oder
   b) auf Grund allgemeiner Geschäftsbedingungen zu abweichenden Qualitätsbedingungen oder zu günstigeren Preisen als den nach den allgemein für jedermann zugänglichen Tarifen oder als den nach § 19 des Postgesetzes vom 22. Dezember 1997 (BGBl. I S. 3294), das zuletzt durch Artikel 272 der Verordnung vom 31. Oktober 2006 (BGBl. I S. 2407) geändert worden ist, in der jeweils geltenden Fassung, genehmigten Entgelten;

---

[1] § 4 Nr. 8 Buchst. h neugefasst mWv 1. 1. 2018 durch G v. 19. 7. 2016 (BGBl. I S. 1730), geändert mWv 1. 7. 2021 durch G v. 3. 6. 2021 (BGBl. I S. 1498).
[2] § 4 Nr. 9 Buchst. b Satz 1 geändert mWv 6. 5. 2006 durch G v. 28. 4. 2006 (BGBl. I S. 1095).
[3] § 4 Nr. 11 b neugefasst mWv 1. 7. 2010 durch EU-VorgG v. 8. 4. 2010 (BGBl. I S. 386).

12. a)[1] die Vermietung und die Verpachtung von Grundstücken, von Berechtigungen, für die die Vorschriften des bürgerlichen Rechts über Grundstücke gelten, und von staatlichen Hoheitsrechten, die Nutzungen von Grund und Boden betreffen,
 b) die Überlassung von Grundstücken und Grundstücksteilen zur Nutzung auf Grund eines auf Übertragung des Eigentums gerichteten Vertrags oder Vorvertrags,
 c) die Bestellung, die Übertragung und die Überlassung der Ausübung von dinglichen Nutzungsrechten an Grundstücken.

 ② Nicht befreit sind die Vermietung von Wohn- und Schlafräumen, die ein Unternehmer zur kurzfristigen Beherbergung von Fremden bereithält,[2] die Vermietung von Plätzen für das Abstellen von Fahrzeugen, die kurzfristige Vermietung auf Campingplätzen und die Vermietung und die Verpachtung von Maschinen und sonstigen Vorrichtungen aller Art, die zu einer Betriebsanlage gehören (Betriebsvorrichtungen), auch wenn sie wesentliche Bestandteile eines Grundstücks sind;

13. die Leistungen, die die Gemeinschaften der Wohnungseigentümer im Sinne des Wohnungseigentumsgesetzes in der im Bundesgesetzblatt Teil III, Gliederungsnummer 403-1, veröffentlichten bereinigten Fassung, in der jeweils geltenden Fassung an die Wohnungseigentümer und Teileigentümer erbringen, soweit die Leistungen in der Überlassung des gemeinschaftlichen Eigentums zum Gebrauch, seiner Instandhaltung, Instandsetzung und sonstigen Verwaltung sowie der Lieferung von Wärme und ähnlichen Gegenständen bestehen;

14. a)[3·4] Heilbehandlungen im Bereich der Humanmedizin, die im Rahmen der Ausübung der Tätigkeit als Arzt, Zahnarzt, Heilpraktiker, Physiotherapeut, Hebamme oder einer ähnlichen heilberuflichen Tätigkeit durchgeführt werden. ② Satz 1 gilt nicht für die Lieferung oder Wiederherstellung von Zahnprothesen (aus Unterpositionen 9021 21 und 9021 29 00 des Zolltarifs) und kieferorthopädischen Apparaten (aus Unterposition 9021 10 des Zolltarifs), soweit sie der Unternehmer in seinem Unternehmen hergestellt oder wiederhergestellt hat;
 b)[5] Krankenhausbehandlungen und ärztliche Heilbehandlungen einschließlich der Diagnostik, Befunderhebung, Vorsorge, Rehabilitation, Geburtshilfe und Hospizleistungen sowie damit engverbundene Umsätze, die von Einrichtungen des öffentlichen Rechts erbracht werden. ② Die in Satz 1 bezeichneten Leistungen sind auch steuerfrei, wenn sie von
 aa) zugelassenen Krankenhäusern nach § 108 des Fünften Buches Sozialgesetzbuch oder anderen Krankenhäusern, die ihre Leistungen in sozialer Hinsicht unter vergleichbaren Bedingungen wie die Krankenhäuser erbringen, die in öffentlich-rechtlicher Trägerschaft stehen oder nach § 108 des Fünften Buches Sozialgesetzbuch zugelassen sind; in sozialer Hinsicht vergleichbare Bedingungen liegen vor, wenn das Leistungsangebot des Krankenhauses den von Krankenhäusern in öffentlich-rechtlicher Trägerschaft oder nach § 108 des Fünften Buches Sozialgesetzbuch zugelassenen Krankenhäusern erbrachten Leistungen entspricht und die Kosten voraussichtlich in mindestens 40 Prozent der jährlichen Belegungs- oder Berechnungstage auf Patienten entfallen, bei denen für die Krankenhausleistungen kein höheres Entgelt als für allgemeine Krankenhausleistungen nach dem Krankenhausentgeltgesetz oder der Bundespflegesatzverordnung berechnet wurde oder voraussichtlich mindestens 40 Prozent der Leistungen den in § 4 Nummer 15 Buchstabe b genannten Personen zugutekommen, dabei ist grundsätzlich auf die Verhältnisse im vorangegangenen Kalenderjahr abzustellen,
 bb) Zentren für ärztliche Heilbehandlung und Diagnostik oder Befunderhebung, die an der vertragsärztlichen Versorgung nach § 95 des Fünften Buches Sozialgesetzbuch teilnehmen oder für die Regelungen nach § 115 des Fünften Buches Sozialgesetzbuch gelten,
 cc) Einrichtungen, die von den Trägern der gesetzlichen Unfallversicherung nach § 34 des Siebten Buches Sozialgesetzbuch an der Versorgung beteiligt worden sind,
 dd) Einrichtungen, mit denen Versorgungsverträge nach den §§ 111 und 111 a des Fünften Buches Sozialgesetzbuch bestehen,
 ee) Rehabilitationseinrichtungen, mit denen Verträge nach § 38 des Neunten Buches Sozialgesetzbuch bestehen,
 ff) Einrichtungen zur Geburtshilfe, für die Verträge nach § 134 a des Fünften Buches Sozialgesetzbuch gelten,
 gg) Hospizen, mit denen Verträge nach § 39 a Abs. 1 des Fünften Buches Sozialgesetzbuch bestehen, oder
 hh) Einrichtungen, mit denen Verträge nach § 127 in Verbindung mit § 126 Absatz 3 des Fünften Buches Sozialgesetzbuch über die Erbringung nichtärztlicher Dialyseleistungen bestehen,

[1] Übergangsregelung für die Nutzung von Sportanlagen bis 31. 12. 2004 vgl. § 27 Abs. 6 UStG.
[2] Ab 1. 1. 2010 ermäßigter Steuersatz für Beherbergungsumsätze vgl. § 12 Abs. 2 Nr. 11 UStG u. A 12.16 UStAE.
[3] Übergangsregelung für Sprachheilpädagogen vgl. § 27 Abs. 1 a UStG.
[4] § 4 Nr. 14 neugefasst mWv 1. 1. 2009 durch JStG 2009 v. 19. 12. 2008 (BGBl. I S. 2794).
[5] § 4 Nr. 14 Buchst. b Satz 2 neuer Doppelbuchst. hh eingefügt, bish. Doppelbuchst. hh wird ii mWv 1. 1. 2015 durch G v. 22. 12. 2014 (BGBl. I S. 24 17); Buchst. b Satz 2 Doppelbuchst. ee Angabe geändert mWv 1. 1. 2018 durch G v. 23. 12. 2016 (BGBl. I S. 3234); Buchst. b Satz 2 Doppelbuchst. aa geändert mWv 1. 1. 2020 durch „JStG 2019" v. 12. 12. 2019 (BGBl. I S. 2451).

erbracht werden und es sich ihrer Art nach um Leistungen handelt, auf die sich die Zulassung, der Vertrag oder die Regelung nach dem Sozialgesetzbuch jeweils bezieht, oder

ii) von Einrichtungen nach § 138 Abs. 1 Satz 1 des Strafvollzugsgesetzes erbracht werden;

c)[1] Leistungen nach den Buchstaben a und b, die im Rahmen der hausarztzentrierten Versorgung nach § 73b des Fünften Buches Sozialgesetzbuch oder der besonderen Versorgung nach § 140a des Fünften Buches Sozialgesetzbuch von Einrichtungen erbracht werden, mit denen entsprechende Verträge bestehen, sowie Leistungen zur Sicherstellung der ambulanten Versorgung in stationären Pflegeeinrichtungen die durch Einrichtungen erbracht werden, mit denen Verträge nach § 119 b des Fünften Buches Sozialgesetzbuch bestehen;

d)[2] *(aufgehoben)*

e)[2] die zur Verhütung von nosokomialen Infektionen und zur Vermeidung der Weiterverbreitung von Krankheitserregern, insbesondere solcher mit Resistenzen, erbrachten Leistungen eines Arztes oder einer Hygienefachkraft, an in den Buchstaben a und b genannte Einrichtungen, die diesen dazu dienen, ihre Heilbehandlungsleistungen ordnungsgemäß unter Beachtung der nach dem Infektionsschutzgesetz und den Rechtsverordnungen der Länder nach § 23 Absatz 8 des Infektionsschutzgesetzes bestehenden Verpflichtungen zu erbringen;

f)[3] die eng mit der Förderung des öffentlichen Gesundheitswesens verbundenen Leistungen, die erbracht werden von

aa) juristischen Personen des öffentlichen Rechts,

bb) Sanitäts- und Rettungsdiensten, die die landesrechtlichen Voraussetzungen erfüllen, oder

cc) Einrichtungen, die nach § 75 des Fünften Buches Sozialgesetzbuch die Durchführung des ärztlichen Notdienstes sicherstellen;

15.[4] die Umsätze der gesetzlichen Träger der Sozialversicherung, der gesetzlichen Träger der Grundsicherung für Arbeitsuchende nach dem Zweiten Buch Sozialgesetzbuch sowie der gemeinsamen Einrichtungen nach § 44b Abs. 1 des Zweiten Buches Sozialgesetzbuch, der örtlichen und überörtlichen Träger der Sozialhilfe sowie der *Verwaltungsbehörden und sonstigen Stellen der Kriegsopferversorgung einschließlich der Träger der Kriegsopferfürsorge* [***ab 1. 1. 2024:*** nach Bundes- oder Landesrecht zur Durchführung des Vierzehnten Buches Sozialgesetzbuch [***ab 1. 1. 2025:*** oder des Soldatenentschädigungsgesetzes] zuständigen Verwaltungsbehörden]

a) untereinander,

b) an die Versicherten, die Bezieher von Leistungen nach dem Zweiten Buch Sozialgesetzbuch, die Empfänger von Sozialhilfe oder die *Versorgungsberechtigten* [***ab 1. 1. 2024:*** *Berechtigten der Sozialen Entschädigung*] [***ab 1. 1. 2025:*** , die Berechtigten der Sozialen Entschädigung oder die Berechtigten der Soldatenentschädigung];

15a.[5] die auf Gesetz beruhenden Leistungen der Medizinischen Dienste (§ 278 SGB V) und des Medizinischen Dienstes Bund (§ 281 SGB V) untereinander und für die gesetzlichen Träger der Sozialversicherung und deren Verbände und für die Träger der Grundsicherung für Arbeitssuchende nach dem Zweiten Buch Sozialgesetzbuch sowie die gemeinsamen Einrichtungen nach § 44b des Zweiten Buches Sozialgesetzbuch;

15b.[6] Eingliederungsleistungen nach dem Zweiten Buch Sozialgesetzbuch, Leistungen der aktiven Arbeitsförderung nach dem Dritten Buch Sozialgesetzbuch und vergleichbare Leistungen, die von Einrichtungen des öffentlichen Rechts oder anderen Einrichtungen mit sozialem Charakter erbracht werden. ② Andere Einrichtungen mit sozialem Charakter im Sinne dieser Vorschrift sind Einrichtungen,

a) die nach § 178 des Dritten Buches Sozialgesetzbuch zugelassen sind,

b) die für ihre Leistungen nach Satz 1 Verträge mit den gesetzlichen Trägern der Grundsicherung für Arbeitsuchende nach dem Zweiten Buch Sozialgesetzbuch geschlossen haben oder

c) die für Leistungen, die denen nach Satz 1 vergleichbar sind, Verträge mit juristischen Personen des öffentlichen Rechts, die diese Leistungen mit dem Ziel der Eingliederung in den Arbeitsmarkt durchführen, geschlossen haben;

---

[1] § 4 Nr. 14 Buchst. c neugefasst mWv 1. 1. 2020 durch „JStG 2019" v. 12. 12. 2019 (BGBl. I S. 2451).

[2] § 4 Nr. 14 Buchst. e angefügt mWv 1. 7. 2013 durch G v. 26. 6. 2013 (BGBl. I S. 1809); Nr. 14 Buchst. d aufgehoben, Buchst. e geändert mWv 1. 1. 2020 durch „JStG 2019" v. 12. 12. 2019 (BGBl. I S. 2451).

[3] § 4 Nr. 14 Buchst. f angefügt mWv 1. 1. 2021 durch Art. 12 JStG 2020 (BGBl. I S. 3096).

[4] § 4 Nr. 15 geändert mWv 1. 1. 2011 durch G v. 3. 8. 2010 (BGBl. I S. 1112); Nr. 15 Einleitungstext und Buchst. b geändert mWv 1. 1. 2024 durch G v. 12. 12. 2019 (BGBl. I S. 2652); Buchst. b Satz 2 aufgehoben mWv 18. 12. 2019 durch „JStG 2019" v. 12. 12. 2019 (BGBl. I S. 2451); Einleitungstext und Buchst. b geändert mWv 1. 1. 2025 durch G 20. 8. 2021 (BGBl. I S. 3932).

[5] § 4 Nr. 15a geändert mWv 1. 1. 2011 durch G v. 24. 3. 2011 (BGBl. I S. 453) und geändert mWv 1. 1. 2020 durch „JStG 2019" v. 12. 12. 2019 (BGBl. I S. 2451); zur Anwendung siehe § 27 Abs. 27 UStG.

[6] § 4 Nr. 15b eingefügt mWv 1. 1. 2015 durch G v. 25. 7. 2014 (BGBl. I S. 1266).

15 c.[1] Leistungen zur Teilhabe am Arbeitsleben nach § 49 des Neunten Buches Sozialgesetzbuch, die von Einrichtungen des öffentlichen Rechts oder anderen Einrichtungen mit sozialem Charakter erbracht werden. ② Andere Einrichtungen mit sozialem Charakter im Sinne dieser Vorschrift sind Rehabilitationsdienste und -einrichtungen nach den §§ 36 und 51 des Neunten Buches Sozialgesetzbuch, mit denen Verträge nach § 38 des Neunten Buches Sozialgesetzbuch abgeschlossen worden sind;

16.[2] die eng mit der Betreuung oder Pflege körperlich, kognitiv oder psychisch hilfsbedürftiger Personen verbundenen Leistungen, die erbracht werden von

a) juristischen Personen des öffentlichen Rechts,

b) Einrichtungen, mit denen ein Vertrag nach § 132 des Fünften Buches Sozialgesetzbuch besteht,

c) Einrichtungen, mit denen ein Vertrag nach § 132a des Fünften Buches Sozialgesetzbuch, § 72 oder § 77 des Elften Buches Sozialgesetzbuch besteht oder die Leistungen zur häuslichen Pflege oder zur Heimpflege erbringen und die hierzu nach § 26 Abs. 5 in Verbindung mit § 44 des Siebten Buches Sozialgesetzbuch bestimmt sind,

d) Einrichtungen, die Leistungen der häuslichen Krankenpflege oder Haushaltshilfe erbringen und die hierzu nach § 26 Abs. 5 in Verbindung mit den §§ 32 und 42 des Siebten Buches Sozialgesetzbuch bestimmt sind,

e)[3] Einrichtungen, mit denen eine Vereinbarung nach § 194 des Neunten Buches Sozialgesetzbuch besteht,

f)[3] Einrichtungen, die nach § 225 des Neunten Buches Sozialgesetzbuch anerkannt sind,

g)[4] Einrichtungen, soweit sie Leistungen erbringen, die landesrechtlich als Angebote zur Unterstützung im Alltag nach § 45a des Elften Buches Sozialgesetzbuch anerkannt sind,

h)[5] Einrichtungen, mit denen eine Vereinbarung nach § 123 des Neunten Buches Sozialgesetzbuch oder nach § 76 des Zwölften Buches Sozialgesetzbuch besteht,

i)[6] Einrichtungen, mit denen ein Vertrag nach § 8 Absatz 3 des Gesetzes zur Errichtung der Sozialversicherung für Landwirtschaft, Forsten und Gartenbau über die Gewährung von häuslicher Krankenpflege oder Haushaltshilfe nach den §§ 10 und 11 des Zweiten Gesetzes über die Krankenversicherung der Landwirte, § 10 des Gesetzes über die Alterssicherung der Landwirte oder nach § 54 Absatz 2 des Siebten Buches Sozialgesetzbuch besteht,

j)[7] Einrichtungen, die aufgrund einer Landesrahmenempfehlung nach § 2 der Frühförderungsverordnung als fachlich geeignete interdisziplinäre Frühförderstellen anerkannt sind,

k)[8] Einrichtungen, die als Betreuer nach *§ 1896 Absatz 1* [***ab 1. 1. 2023:*** § 1814 Absatz 1] des Bürgerlichen Gesetzbuchs bestellt worden sind, sofern es sich nicht um Leistungen handelt, die nach *§ 1908i Absatz 1 in Verbindung mit § 1835 Absatz 3* [***ab 1. 1. 2023:*** § 1877 Absatz 3] des Bürgerlichen Gesetzbuchs vergütet werden,

l)[9] Einrichtungen, mit denen eine Vereinbarung zur Pflegeberatung nach § 7a des Elften Buches Sozialgesetzbuch besteht, oder

m)[10] Einrichtungen, bei denen die Betreuungs- oder Pflegekosten oder die Kosten für eng mit der Betreuung oder Pflege verbundene Leistungen in mindestens 25 Prozent der Fälle von den gesetzlichen Trägern der Sozialversicherung, den Trägern der Sozialhilfe, den Trägern der Eingliederungshilfe nach § 94 des Neunten Buches Sozialgesetzbuch [***ab 1. 1. 2025:*** , dem Träger der Soldatenentschädigung] oder *der für die Durchführung der Kriegsopferversorgung zuständigen Versorgungsverwaltung einschließlich der Träger der Kriegsopferfürsorge* [***ab 1. 1. 2024:*** den für die Durchführung des Vierzehnten Buches Sozialgesetzbuch zuständigen Stellen] ganz oder zum überwiegenden Teil vergütet werden.

② Leistungen im Sinne des Satzes 1, die von Einrichtungen nach den Buchstaben b bis m erbracht werden, sind befreit, soweit es sich ihrer Art nach um Leistungen handelt, auf die sich die Anerkennung, der Vertrag oder die Vereinbarung nach Sozialrecht oder die Vergütung jeweils bezieht;

17. a) die Lieferungen von menschlichen Organen, menschlichem Blut und Frauenmilch,

b) die Beförderungen von kranken und verletzten Personen mit Fahrzeugen, die hierfür besonders eingerichtet sind;

---

[1] § 4 Nr. 15c eingefügt mWv 1. 1. 2017 durch Art. 16 und geändert mWv 1. 1. 2018 durch Art. 17 G v. 23. 12. 2016 (BGBl. I S. 3234).

[2] § 4 Nr. 16 neugefasst mWv 1. 1. 2009 durch JStG 2009 v. 19. 12. 2008 (BGBl. I S. 2794); Satz 1 kursiver Satzteil neugefasst und Satz 2 geändert mWv 1. 1. 2021 durch Art. 12 JStG 2020 (BGBl. I S. 3096).

[3] § 4 Nr. 16 Satz 1 Buchst. e und f geändert mWv 1. 1. 2018 durch G v. 23. 12. 2016 (BGBl. I S. 3234).

[4] § 4 Nr. 16 Satz 1 Buchst. g geändert mWv 1. 1. 2016 durch G v. 2. 11. 2015 (BGBl. I S. 1834); Buchst. g neugefasst mWv 1. 1. 2017 durch G v. 23. 12. 2016 (BGBl. I S. 3191).

[5] § 4 Nr. 16 Satz 1 Buchst. h neugefasst mWv 1. 1. 2018 durch G v. 23. 12. 2016 (BGBl. I S. 3234).

[6] § 4 Nr. 16 Satz 1 Buchst. i neugefasst mWv 30. 6. 2013 durch G v. 26. 6. 2013 (BGBl. I S. 1809).

[7] § 4 Nr. 16 Satz 1 Buchst. j geändert mWv 1. 7. 2013 durch G v. 26. 6. 2013 (BGBl. I S. 1809).

[8] § 4 Nr. 16 Satz 1 Buchst. k eingefügt, bish. Buchst. k wird Buchst. l und geändert mWv 1. 7. 2013 durch G v. 26. 6. 2013 (BGBl. I S. 1809); Buchst. k geändert mWv 1. 1. 2023 durch G v. 4. 5. 2021 (BGBl. I S. 882).

[9] § 4 Nr. 16 Satz 1 neuer Buchst. l eingefügt mWv 1. 1. 2021 durch Art. 12 JStG 2020 (BGBl. I S. 3096).

[10] § 4 Nr. 16 Satz 1 Buchst. m geändert mWv 1. 1. 2024 durch G v. 20. 8. 2021 (BGBl. I S. 3932); geändert mWv 1. 1. 2025 durch G v. 20. 8. 2021 (BGBl. I S. 3932).

18.[1] eng mit der Sozialfürsorge und der sozialen Sicherheit verbundene Leistungen, wenn diese Leistungen von Einrichtungen des öffentlichen Rechts oder anderen Einrichtungen, die keine systematische Gewinnerzielung anstreben, erbracht werden. ② Etwaige Gewinne, die trotzdem anfallen, dürfen nicht verteilt, sondern müssen zur Erhaltung oder Verbesserung der durch die Einrichtung erbrachten Leistungen verwendet werden. ③ Für in anderen Nummern des § 4 bezeichnete Leistungen kommt die Steuerbefreiung nur unter den dort genannten Voraussetzungen in Betracht;

18 a.[2] die Leistungen zwischen den selbständigen Gliederungen einer politischen Partei, soweit diese Leistungen im Rahmen der satzungsgemäßen Aufgaben gegen Kostenerstattung ausgeführt werden, und sofern die jeweilige Partei nicht gemäß § 18 Absatz 7 des Parteiengesetzes von der staatlichen Teilfinanzierung ausgeschlossen ist;

19. a)[3] die Umsätze der Blinden, die nicht mehr als zwei Arbeitnehmer beschäftigen. ② Nicht als Arbeitnehmer gelten der Ehegatte, der eingetragene Lebenspartner, die minderjährigen Abkömmlinge, die Eltern des Blinden und die Lehrlinge. ③ Die Blindheit ist nach den für die Besteuerung des Einkommens maßgebenden Vorschriften nachzuweisen. ④ Die Steuerfreiheit gilt nicht für die Lieferungen von Energieerzeugnissen im Sinne des § 1 Abs. 2 und 3 des Energiesteuergesetzes und von Alkoholerzeugnissen im Sinne des Alkoholsteuergesetzes, wenn der Blinde für diese Erzeugnisse Energiesteuer oder Alkoholsteuer zu entrichten hat, und für Lieferungen im Sinne der Nummer 4a Satz 1 Buchstabe a Satz 2,

b)[4] die folgenden Umsätze der nicht unter Buchstabe a fallenden Inhaber von anerkannten Blindenwerkstätten und der anerkannten Zusammenschlüsse von Blindenwerkstätten im Sinne des § 226 des Neunten Buches Sozialgesetzbuch:

aa) die Lieferungen von Blindenwaren und Zusatzwaren,

bb) die sonstigen Leistungen, soweit bei ihrer Ausführung ausschließlich Blinde mitgewirkt haben;

20. a)[5] die Umsätze folgender Einrichtungen *des Bundes, der Länder, der Gemeinden oder der Gemeindeverbände* [***ab 1.1.2023:*** juristischer Personen des öffentlichen Rechts]: Theater, Orchester, Kammermusikensembles, Chöre, Museen, botanische Gärten, zoologische Gärten, Tierparks, Archive, Büchereien sowie Denkmäler der Bau- und Gartenbaukunst. ② Das Gleiche gilt für die Umsätze gleichartiger Einrichtungen anderer Unternehmer, wenn die zuständige Landesbehörde bescheinigt, dass sie die gleichen kulturellen Aufgaben wie die in Satz 1 bezeichneten Einrichtungen erfüllen. ③ Steuerfrei sind auch die Umsätze von Bühnenregisseuren und Bühnenchoreographen an Einrichtungen im Sinne der Sätze 1 und 2, wenn die zuständige Landesbehörde bescheinigt, dass deren künstlerische Leistungen diesen Einrichtungen unmittelbar dienen. ④ Museen im Sinne dieser Vorschrift sind wissenschaftliche Sammlungen und Kunstsammlungen,

b) die Veranstaltung von Theatervorführungen und Konzerten durch andere Unternehmer, wenn die Darbietungen von den unter Buchstabe a bezeichneten Theatern, Orchestern, Kammermusikensembles oder Chören erbracht werden;

21. a) die unmittelbar dem Schul- und Bildungszweck dienenden Leistungen privater Schulen und anderer allgemein bildender oder berufsbildender Einrichtungen,

aa) wenn sie als Ersatzschulen gemäß Artikel 7 Abs. 4 des Grundgesetzes staatlich genehmigt oder nach Landesrecht erlaubt sind oder

bb) wenn die zuständige Landesbehörde bescheinigt, dass sie auf einen Beruf oder eine vor einer juristischen Person des öffentlichen Rechts abzulegende Prüfung ordnungsgemäß vorbereiten,

b) die unmittelbar dem Schul- und Bildungszweck dienenden Unterrichtsleistungen selbständiger Lehrer

aa) an Hochschulen im Sinne der §§ 1 und 70 des Hochschulrahmengesetzes und öffentlichen allgemein bildenden oder berufsbildenden Schulen oder

bb) an privaten Schulen und anderen allgemein bildenden oder berufsbildenden Einrichtungen, soweit diese die Voraussetzungen des Buchstabens a erfüllen;

21 a.[6] *(weggefallen)*

22. a) die Vorträge, Kurse und anderen Veranstaltungen wissenschaftlicher oder belehrender Art, die von juristischen Personen des öffentlichen Rechts, von Verwaltungs- und Wirtschafts-

---

[1] § 4 Nr. 18 neugefasst mWv 1. 1. 2020 durch „JStG 2019" v. 12. 12. 2019 (BGBl. I S. 2451).

[2] § 4 Nr. 18 a geändert mWv 29. 7. 2017 durch G v. 18. 7. 2017 (BGBl. I S. 2730).

[3] § 4 Nr. 19 Buchst. a Satz 4 neugefasst mWv 19. 12. 2006 durch JStG 2007 v. 13. 12. 2006 (BGBl. I S. 2878); Satz 2 geändert mWv 30. 6. 2013 durch G v. 26. 6. 2013 (BGBl. I S. 1809); Satz 4 geänd. mWv 1. 1. 2018 durch G v. 10. 3. 2017 (BGBl. I S. 420) und mWv 18. 12. 2019 durch „JStG 2019" v. 12. 12. 2019 (BGBl. I S. 2451).

[4] § 4 Nr. 19 Buchst. b neugefasst mWv 14. 9. 2007 durch 2. MittelstandsentlastungsG v. 7. 9. 2007 (BGBl. I S. 2246), zum gleichen Zeitpunkt wurden das BlindenwarenvertriebsG und die VO-BliWaG aufgehoben; Buchst. b geänd. mWv 1. 1. 2018 durch G v. 23. 12. 2016 (BGBl. I S. 3234).

[5] § 4 Nr. 20 Buchst. a Satz 3 eingefügt mWv 1. 1. 2011 durch JStG 2010 v. 8. 12. 2010 (BGBl. I S. 1768); Satz 3 eingefügt, bish. Sätze 3 und 4 werden Sätze 4 und 5 mWv 1. 7. 2013 durch G v. 26. 6. 2013 (BGBl. I S. 1809); Satz 4 aufgehoben, bish. Satz 5 wird Satz 4 mWv 1. 1. 2015 durch G v. 22. 12. 2014 (BGBl. I S. 2417); Satz 1 geändert mWv 1. 1. 2023 durch JStG 2022 v. 16. 12. 2022 (BGBl. I S. 2294).

[6] Übergangsregelung für Forschungstätigkeit an staatlichen Hochschulen bis 31. 12. 2004 vgl. § 27 Abs. 10 UStG.

akademien, von Volkshochschulen oder von Einrichtungen, die gemeinnützigen Zwecken oder dem Zweck eines Berufsverbandes dienen, durchgeführt werden, wenn die Einnahmen überwiegend zur Deckung der Kosten verwendet werden,

b) andere kulturelle und sportliche Veranstaltungen, die von den in Buchstabe a genannten Unternehmern durchgeführt werden, soweit das Entgelt in Teilnehmergebühren besteht;

23.[1] a) die Erziehung von Kindern und Jugendlichen und damit eng verbundene Lieferungen und sonstige Leistungen, die durch Einrichtungen des öffentlichen Rechts, die mit solchen Aufgaben betraut sind, oder durch andere Einrichtungen erbracht werden, deren Zielsetzung mit der einer Einrichtung des öffentlichen Rechts vergleichbar ist und die keine systematische Gewinnerzielung anstreben; etwaige Gewinne, die trotzdem anfallen, dürfen nicht verteilt, sondern müssen zur Erhaltung oder Verbesserung der durch die Einrichtung erbrachten Leistungen verwendet werden,

b) eng mit der Betreuung von Kindern und Jugendlichen verbundene Lieferungen und sonstige Leistungen, die durch Einrichtungen des öffentlichen Rechts oder durch andere als Einrichtungen mit sozialem Charakter anerkannte Einrichtungen erbracht werden. ② Andere Einrichtungen mit sozialem Charakter im Sinne dieser Vorschrift sind Einrichtungen, soweit sie

aa) auf Grund gesetzlicher Regelungen im Bereich der sozialen Sicherheit tätig werden oder

bb) Leistungen erbringen, die im vorangegangenen Kalenderjahr ganz oder zum überwiegenden Teil durch Einrichtungen des öffentlichen Rechts vergütet wurden,

c) Verpflegungsdienstleistungen und Beherbergungsleistungen gegenüber Kindern in Kindertageseinrichtungen, Studierenden und Schülern an Hochschulen im Sinne der Hochschulgesetze der Länder, an einer staatlichen oder staatlich anerkannten Berufsakademie, an öffentlichen Schulen und an Ersatzschulen, die gemäß Artikel 7 Absatz 4 des Grundgesetzes staatlich genehmigt oder nach Landesrecht erlaubt sind, sowie an staatlich anerkannten Ergänzungsschulen und an Berufsschulheimen durch Einrichtungen des öffentlichen Rechts oder durch andere Einrichtungen, die keine systematische Gewinnerzielung anstreben; etwaige Gewinne, die trotzdem anfallen, dürfen nicht verteilt, sondern müssen zur Erhaltung oder Verbesserung der durch die Einrichtung erbrachten Leistungen verwendet werden.

② Steuerfrei sind auch die Beherbergung, Beköstigung und die üblichen Naturalleistungen, die die Unternehmer den Personen, die bei der Erbringung der Leistungen nach Satz 1 Buchstabe a und b beteiligt sind, als Vergütung für die geleisteten Dienste gewähren. ③ Kinder und Jugendliche im Sinne von Satz 1 Buchstabe a und b sind alle Personen, die noch nicht 27 Jahre alt sind. ④ Für die in den Nummern 15 b, 15 c, 21, 24 und 25 bezeichneten Leistungen kommt die Steuerbefreiung nur unter den dort genannten Voraussetzungen in Betracht;

24. die Leistungen des Deutschen Jugendherbergswerkes, Hauptverband für Jugendwandern und Jugendherbergen e. V., einschließlich der diesem Verband angeschlossenen Untergliederungen, Einrichtungen und Jugendherbergen, soweit die Leistungen den Satzungszwecken unmittelbar dienen oder Personen, die bei diesen Leistungen tätig sind, Beherbergung, Beköstigung und die üblichen Naturalleistungen als Vergütung für die geleisteten Dienste gewährt werden. ② Das Gleiche gilt für die Leistungen anderer Vereinigungen, die gleiche Aufgaben unter denselben Voraussetzungen erfüllen;

25.[2] Leistungen der Jugendhilfe nach § 2 Absatz 2 des Achten Buches Sozialgesetzbuch, die Inobhutnahme nach § 42 des Achten Buches Sozialgesetzbuch und Leistungen der Adoptionsvermittlung nach dem Adoptionsvermittlungsgesetz, wenn diese Leistungen von Trägern der öffentlichen Jugendhilfe oder anderen Einrichtungen mit sozialem Charakter erbracht werden. ② Andere Einrichtungen mit sozialem Charakter im Sinne dieser Vorschrift sind

a) von der zuständigen Jugendbehörde anerkannte Träger der freien Jugendhilfe, die Kirchen und Religionsgemeinschaften des öffentlichen Rechts,

b) Einrichtungen, soweit sie

aa) für ihre Leistungen eine im Achten Buch Sozialgesetzbuch geforderte Erlaubnis besitzen oder nach § 44 oder § 45 Abs. 1 Nr. 1 und 2 des Achten Buches Sozialgesetzbuch einer Erlaubnis nicht bedürfen,

bb) Leistungen erbringen, die im vorangegangenen Kalenderjahr ganz oder zum überwiegenden Teil durch Träger der öffentlichen Jugendhilfe oder Einrichtungen nach Buchstabe a vergütet wurden,

cc) Leistungen der Kindertagespflege erbringen, für die sie nach § 23 Absatz 3 des Achten Buches Sozialgesetzbuch geeignet sind, oder

---

[1] § 4 Nr. 23 neugefasst mWv 1. 1. 2020 durch „JStG 2019" v. 12. 12. 2019 (BGBl. I S. 2451); Satz 1 Buchst. c neugefasst mWv 1. 1. 2021 durch Art. 12 JStG 2020 (BGBl. I S. 3096).

[2] § 4 Nr. 25 Satz 2 Buchst. b Doppelbuchst. cc geändert mWv 31. 7. 2014 durch G v. 25. 7. 2014 (BGBl. I S. 1266); Nr. 25 Satz 3 Buchst. c angefügt mWv 1. 7. 2013 durch G v. 26. 6. 2013 (BGBl. I S. 1809); Nr. 25 Satz 1 neugefasst, Satz 2 Buchst. a sowie Buchst. b Doppelbuchst. bb und cc geändert, Doppelbuchst. dd angefügt mWv 1. 1. 2020 durch „JStG 2019" v. 12. 12. 2019 (BGBl. I S. 2451); Nr. 25 Satz 3 Buchst. d angefügt mWv 1. 1. 2021 durch Art. 12 JStG 2020 (BGBl. I S. 3096); Nr. 25 Satz 3 Buchst. c geändert mWv 1. 1. 2023 durch G v. 4. 5. 2021 (BGBl. I S. 882).

dd) Leistungen der Adoptionsvermittlung erbringen, für die sie nach § 4 Absatz 1 des Adoptionsvermittlungsgesetzes anerkannt oder nach § 4 Absatz 2 des Adoptionsvermittlungsgesetzes zugelassen sind.

③ Steuerfrei sind auch

a) die Durchführung von kulturellen und sportlichen Veranstaltungen, wenn die Darbietungen von den von der Jugendhilfe begünstigten Personen selbst erbracht oder die Einnahmen überwiegend zur Deckung der Kosten verwendet werden und diese Leistungen in engem Zusammenhang mit den in Satz 1 bezeichneten Leistungen stehen,

b) die Beherbergung, Beköstigung und die üblichen Naturalleistungen, die diese Einrichtungen den Empfängern der Jugendhilfeleistungen und Mitarbeitern in der Jugendhilfe sowie den bei den Leistungen nach Satz 1 tätigen Personen als Vergütung für die geleisteten Dienste gewähren,

c) Leistungen, die von Einrichtungen erbracht werden, die als Vormünder nach § 1773 des Bürgerlichen Gesetzbuchs oder als Ergänzungspfleger nach *§ 1909* [***ab 1. 1. 2023:*** § 1809] des Bürgerlichen Gesetzbuchs bestellt worden sind, sofern es sich nicht um Leistungen handelt, die nach *§ 1835 Absatz 3* [***ab 1. 1. 2023:*** § 1877 Absatz 3] des Bürgerlichen Gesetzbuchs vergütet werden,

d) Einrichtungen, die als Verfahrensbeistand nach den §§ 158, 174 oder 191 des Gesetzes über das Verfahren in Familiensachen und in den Angelegenheiten der freiwilligen Gerichtsbarkeit bestellt worden sind, wenn die Preise, die diese Einrichtungen verlangen, von den zuständigen Behörden genehmigt sind oder die genehmigten Preise nicht übersteigen; bei Umsätzen, für die eine Preisgenehmigung nicht vorgesehen ist, müssen die verlangten Preise unter den Preisen liegen, die der Mehrwertsteuer unterliegende gewerbliche Unternehmen für entsprechende Umsätze fordern;

26. die ehrenamtliche Tätigkeit,
 a) wenn sie für juristische Personen des öffentlichen Rechts ausgeübt wird oder
 b) wenn das Entgelt für diese Tätigkeit nur in Auslagenersatz und einer angemessenen Entschädigung für Zeitversäumnis besteht;

27.[1] a) die Gestellung von Personal durch religiöse und weltanschauliche Einrichtungen für die in Nummer 14 Buchstabe b, in den Nummern 16, 18, 21, 22 Buchstabe a sowie in den Nummern 23 und 25 genannten Tätigkeiten und für Zwecke geistlichen Beistands,
 b) die Gestellung von land- und forstwirtschaftlichen Arbeitskräften durch juristische Personen des privaten oder des öffentlichen Rechts für land- und forstwirtschaftliche Betriebe (§ 24 Abs. 2) mit höchstens drei Vollarbeitskräften zur Überbrückung des Ausfalls des Betriebsinhabers oder dessen voll mitarbeitenden Familienangehörigen wegen Krankheit, Unfalls, Schwangerschaft, eingeschränkter Erwerbsfähigkeit oder Todes sowie die Gestellung von Betriebshelfern an die gesetzlichen Träger der Sozialversicherung;

28.[2] die Lieferungen von Gegenständen, für die der Vorsteuerabzug nach § 15 Abs. 1a ausgeschlossen ist oder wenn der Unternehmer die gelieferten Gegenstände ausschließlich für eine nach den Nummern 8 bis 27 und 29 steuerfreie Tätigkeit verwendet hat;

29.[3] sonstige Leistungen von selbständigen, im Inland ansässigen Zusammenschlüssen von Personen, deren Mitglieder eine dem Gemeinwohl dienende nichtunternehmerische Tätigkeit oder eine dem Gemeinwohl dienende Tätigkeit ausüben, die nach den Nummern 11b, 14 bis 18, 20 bis 25 oder 27 von der Steuer befreit ist, gegenüber ihren im Inland ansässigen Mitgliedern, soweit diese Leistungen für unmittelbare Zwecke der Ausübung dieser Tätigkeiten verwendet werden und der Zusammenschluss von seinen Mitgliedern lediglich die genaue Erstattung des jeweiligen Anteils an den gemeinsamen Kosten fordert, vorausgesetzt, dass diese Befreiung nicht zu einer Wettbewerbsverzerrung führt.

§ 4a Steuervergütung für Leistungsbezüge zur Verwendung zu humanitären, karitativen oder erzieherischen Zwecken im Drittlandsgebiet[4]

(1)[5] ① Körperschaften, die ausschließlich und unmittelbar gemeinnützige, mildtätige oder kirchliche Zwecke verfolgen (§§ 51 bis 68 der Abgabenordnung), und juristischen Personen des öffentlichen Rechts wird auf Antrag eine Steuervergütung zum Ausgleich der Steuer gewährt, die auf der an sie bewirkten Lieferung eines Gegenstands, seiner Einfuhr oder seinem innergemeinschaftlichen Erwerb lastet, wenn die folgenden Voraussetzungen erfüllt sind:

1. Die Lieferung, die Einfuhr oder der innergemeinschaftliche Erwerb des Gegenstands muss steuerpflichtig gewesen sein.

---

[1] § 4 Nr. 27 Buchst. a neugefasst mWv 1. 1. 2015 durch G v. 25. 7. 2014 (BGBl. I S. 1266) und geändert mWv 18. 12. 2019 durch „JStG 2019" v. 12. 12. 2019 (BGBl. I S. 2451); Nr. 27 Buchst. b geändert mWv 1. 1. 2009 durch JStG 2009 v. 19. 12. 2008 (BGBl. I S. 2794).

[2] § 4 Nr. 28 geändert durch JStG 2008 v. 20. 12. 2007 (BGBl. I S. 3150) und mWv 1. 1. 2020 durch „JStG 2019" v. 12. 12. 2019 (BGBl. I S. 2451).

[3] § 4 Nr. 29 angefügt mWv 1. 1. 2020 durch „JStG 2019" v. 12. 12. 2019 (BGBl. I S. 2451).

[4] § 4a Überschrift geändert mWv 1. 1. 2022 durch G v. 21. 12. 2021 (BGBl. I S. 5250).

[5] § 4a Abs. 1 Satz 2 neugefasst mWv 1. 1. 2023 durch JStG 2022 v. 16. 12. 2022 (BGBl. I S. 2294).

2. Die auf die Lieferung des Gegenstands entfallende Steuer muss in einer nach § 14 ausgestellten Rechnung gesondert ausgewiesen und mit dem Kaufpreis bezahlt worden sein.
3. Die für die Einfuhr oder den innergemeinschaftlichen Erwerb des Gegenstands geschuldete Steuer muss entrichtet worden sein.
4. Der Gegenstand muss in das Drittlandsgebiet gelangt sein.
5. Der Gegenstand muss im Drittlandsgebiet zu humanitären, karitativen oder erzieherischen Zwecken verwendet werden.
6.[1] Der Erwerb oder die Einfuhr des Gegenstands und seine Ausfuhr dürfen von einer Körperschaft, die steuerbegünstigte Zwecke verfolgt, nicht im Rahmen eines wirtschaftlichen Geschäftsbetriebs und von einer juristischen Person des öffentlichen Rechts nicht im Rahmen ihres Unternehmens vorgenommen worden sein.
7. Die vorstehenden Voraussetzungen müssen nachgewiesen sein.

② *Der Antrag ist nach amtlich vorgeschriebenem Vordruck zu stellen, in dem der Antragsteller die zu gewährende Vergütung selbst zu berechnen hat.* [***Ab 1. 1. 2023:*** ② Der Antrag, in dem der Antragsteller die zu gewährende Vergütung selbst zu berechnen hat, ist nach amtlich vorgeschriebenem Vordruck oder amtlich vorgeschriebenem Datensatz durch Datenfernübertragung zu stellen.]

(2) Das Bundesministerium der Finanzen kann mit Zustimmung des Bundesrates durch Rechtsverordnung näher bestimmen,
1. wie die Voraussetzungen für den Vergütungsanspruch nach Absatz 1 Satz 1 nachzuweisen sind und
2. in welcher Frist die Vergütung zu beantragen ist.

§ 4b Steuerbefreiung beim innergemeinschaftlichen Erwerb von Gegenständen

Steuerfrei ist der innergemeinschaftliche Erwerb
1. der in § 4 Nr. 8 Buchstabe e und Nr. 17 Buchstabe a sowie der in § 8 Abs. 1 Nr. 1 und 2 bezeichneten Gegenstände;
2. der in § 4 Nr. 4 bis 4b und Nr. 8 Buchstabe b und i sowie der in § 8 Abs. 2 Nr. 1 und 2 bezeichneten Gegenstände unter den in diesen Vorschriften bezeichneten Voraussetzungen;
3. der Gegenstände, deren Einfuhr (§ 1 Abs. 1 Nr. 4) nach den für die Einfuhrumsatzsteuer geltenden Vorschriften steuerfrei wäre;
4. der Gegenstände, die zur Ausführung von Umsätzen verwendet werden, für die der Ausschluss vom Vorsteuerabzug nach § 15 Abs. 3 nicht eintritt.

§ 4c[2] Steuervergütung für Leistungsbezüge europäischer Einrichtungen

(1) Europäischen Einrichtungen wird
1. die von dem Unternehmer für eine Leistung gesetzlich geschuldete und von der Einrichtung gezahlte Steuer sowie
2. die von der Einrichtung nach § 13b Absatz 5 geschuldete und von ihr entrichtete Steuer auf Antrag vergütet, sofern die Leistung nicht von der Steuer befreit werden kann.

(2) Europäische Einrichtungen im Sinne des Absatzes 1 sind
1. die Europäische Union, die Europäische Atomgemeinschaft, die Europäische Zentralbank und die Europäische Investitionsbank sowie die von der Europäischen Union geschaffenen Einrichtungen, auf die das dem Vertrag über die Europäische Union und dem Vertrag über die Arbeitsweise der Europäischen Union beigefügte Protokoll (Nr. 7) über die Vorrechte und Befreiungen der Europäischen Union (ABl. C 202 vom 7. 6. 2016, S. 266) anwendbar ist, und
2. die Europäische Kommission sowie nach dem Unionsrecht geschaffene Agenturen und Einrichtungen.

(3) Die Vergütung an eine in Absatz 2 Nummer 1 bezeichnete Einrichtung erfolgt in den Grenzen und zu den Bedingungen, die in dem dem Vertrag über die Europäische Union und dem Vertrag über die Arbeitsweise der Europäischen Union beigefügten Protokoll (Nr. 7) über die Vorrechte und Befreiungen der Europäischen Union und den Übereinkünften zu seiner Umsetzung oder in den Abkommen über den Sitz der Einrichtung festgelegt sind.

(4) Die Vergütung an eine in Absatz 2 Nummer 2 bezeichnete Einrichtung setzt voraus, dass die Leistung
1. in Wahrnehmung der der Einrichtung durch das Unionsrecht übertragenen Aufgaben bezogen wurde, um auf die COVID-19-Pandemie zu reagieren, und
2. nicht zur Ausführung einer eigenen entgeltlichen Leistung verwendet wird.

② Soweit die Voraussetzungen nach Antragstellung wegfallen, ist die Einrichtung verpflichtet, dies dem Bundeszentralamt für Steuern innerhalb eines Monats anzuzeigen.

§ 5 Steuerbefreiungen bei der Einfuhr

(1) Steuerfrei ist die Einfuhr

[1] § 4 a Abs. 1 Satz 1 Nr. 6 geändert mWv 1. 1. 2016 durch G v. 2. 11. 2015 (BGBl. I S. 1834).
[2] § 4 c eingefügt mWv 1.1.2021 durch G v. 21.12.2021 (BGBl. I S. 5250), zur Anwendung vgl. § 27 Abs. 35 Satz 1 UStG.

1. der in § 4 Nr. 8 Buchstabe e und Nr. 17 Buchstabe a sowie der in § 8 Abs. 1 Nr. 1, 2 und 3 bezeichneten Gegenstände;
2. der in § 4 Nr. 4 und Nr. 8 Buchstabe b und i sowie der in § 8 Abs. 2 Nr. 1, 2 und 3 bezeichneten Gegenstände unter den in diesen Vorschriften bezeichneten Voraussetzungen;
3.[1] der Gegenstände, die von einem Schuldner der Einfuhrumsatzsteuer im Anschluss an die Einfuhr unmittelbar zur Ausführung von innergemeinschaftlichen Lieferungen (§ 4 Nummer 1 Buchstabe b, § 6 a) verwendet werden; der Schuldner der Einfuhrumsatzsteuer hat zum Zeitpunkt der Einfuhr
   a) seine im Geltungsbereich dieses Gesetzes erteilte Umsatzsteuer-Identifikationsnummer oder die im Geltungsbereich dieses Gesetzes erteilte Umsatzsteuer-Identifikationsnummer seines Fiskalvertreters und
   b) die im anderen Mitgliedstaat erteilte Umsatzsteuer-Identifikationsnummer des Abnehmers mitzuteilen sowie
   c) nachzuweisen, dass die Gegenstände zur Beförderung oder Versendung in das übrige Gemeinschaftsgebiet bestimmt sind;
4. der in der Anlage 1 bezeichneten Gegenstände, die im Anschluss an die Einfuhr zur Ausführung von steuerfreien Umsätzen nach § 4 Nr. 4 a Satz 1 Buchstabe a Satz 1 verwendet werden sollen; der Schuldner der Einfuhrumsatzsteuer hat die Voraussetzungen der Steuerbefreiung nachzuweisen;
5. der in der Anlage 1 bezeichneten Gegenstände, wenn die Einfuhr im Zusammenhang mit einer Lieferung steht, die zu einer Auslagerung im Sinne des § 4 Nr. 4 a Satz 1 Buchstabe a Satz 2 führt, und der Lieferer oder sein Beauftragter Schuldner der Einfuhrumsatzsteuer ist; der Schuldner der Einfuhrumsatzsteuer hat die Voraussetzungen der Steuerbefreiung nachzuweisen;
6.[2] von Erdgas über das Erdgasnetz oder von Erdgas, das von einem Gastanker aus in das Erdgasnetz oder ein vorgelagertes Gasleitungsnetz eingespeist wird, von Elektrizität oder von Wärme oder Kälte über Wärme- oder Kältenetze;
7.[3] von aus dem Drittlandsgebiet eingeführten Gegenständen in Sendungen mit einem Sachwert von höchstens 150 Euro, für die die Steuer im Rahmen des besonderen Besteuerungsverfahrens nach § 18 k zu erklären ist und für die in der Anmeldung zur Überlassung in den freien Verkehr die nach Artikel 369 q der Richtlinie 2006/112/EG des Rates vom 28. November 2006 über das gemeinsame Mehrwertsteuersystem (ABl. L 347 vom 11. 12. 2006, S. 1) in der jeweils geltenden Fassung von einem Mitgliedstaat der Europäischen Union erteilte individuelle Identifikationsnummer des Lieferers oder die dem in seinem Auftrag handelnden Vertreter für diesen Lieferer erteilte individuelle Identifikationsnummer angegeben wird;
8.[4] von Gegenständen durch die Europäische Union, die Europäische Atomgemeinschaft, die Europäische Zentralbank und die Europäische Investitionsbank sowie die von der Europäischen Union geschaffenen Einrichtungen, auf die das dem Vertrag über die Europäische Union und dem Vertrag über die Arbeitsweise der Europäischen Union beigefügte Protokoll (Nr. 7) über die Vorrechte und Befreiungen der Europäischen Union (ABl. C 202 vom 7. 6. 2016, S. 266) anwendbar ist, und zwar in den Grenzen und zu den Bedingungen, die in diesem Protokoll und den Übereinkünften zu seiner Umsetzung oder in den Abkommen über den Sitz festgelegt sind;
9. von Gegenständen durch die Europäische Kommission sowie nach dem Unionsrecht geschaffene Agenturen und Einrichtungen, sofern die Gegenstände in Wahrnehmung der ihnen durch das Unionsrecht übertragenen Aufgaben eingeführt werden, um auf die COVID-19-Pandemie zu reagieren. Dies gilt nicht für Gegenstände, die von der Europäischen Kommission oder der nach dem Unionsrecht geschaffenen Agentur oder Einrichtung zur Ausführung von eigenen entgeltlichen Lieferungen verwendet werden. Soweit die Voraussetzungen für die Steuerbefreiung nach der Einfuhr wegfallen, ist die Europäische Kommission oder die nach dem Unionsrecht geschaffene Agentur oder Einrichtung verpflichtet, dies dem für die Besteuerung dieser Einfuhr zuständigen Hauptzollamt innerhalb eines Monats anzuzeigen. In diesem Fall wird die Einfuhrumsatzsteuer nach den im Zeitpunkt des Wegfalls geltenden Bestimmungen festgesetzt;

[*ab 1. 7. 2022:* 10.[5] von Gegenständen durch die Streitkräfte anderer Mitgliedstaaten für den eigenen Gebrauch oder Verbrauch oder für den ihres zivilen Begleitpersonals oder für die Versorgung ihrer Kasinos oder Kantinen, wenn diese Streitkräfte an einer Verteidigungsanstrengung teilnehmen, die zur Durchführung einer Tätigkeit der Union im Rahmen der Gemeinsamen Sicherheits- und Verteidigungspolitik unternommen wird.]

(2) Das Bundesministerium der Finanzen kann durch Rechtsverordnung, die nicht der Zustimmung des Bundesrates bedarf, zur Erleichterung des Warenverkehrs über die Grenze und zur Vereinfachung der Verwaltung Steuerfreiheit oder Steuerermäßigung anordnen

---

[1] § 5 Abs. 1 Nr. 3 neugefasst mWv 1. 1. 2011 durch JStG 2010 v. 8. 12. 2010 (BGBl. I S. 1768).
[2] § 5 Abs. 1 Nr. 6 neugefasst mWv 1. 1. 2011 durch JStG 2010 v. 8. 12. 2010 (BGBl. I S. 1768).
[3] § 5 Abs. 1 Nr. 7 angefügt mWv 1. 7. 2021 durch Art. 14 JStG 2020 (BGBl. I S. 3096), vgl. § 27 Abs. 34 Satz 1 UStG.
[4] § 5 Abs. 1 Nr. 8 und 9 angefügt mWv 1. 1. 2021 durch G v. 21. 12. 2021 (BGBl. I S. 5250); zur Anwendung vgl. § 27 Abs. 35 Satz 2 UStG.
[5] § 5 Abs. 1 Nr. 10 angefügt mWv 1. 7. 2022 durch Art. 15 JStG 2020 (BGBl. I S. 3096), geändert durch G v. 21. 12. 2021 (BGBl. I S. 5250).

1. für Gegenstände, die nicht oder nicht mehr am Güterumsatz und an der Preisbildung teilnehmen;
2. für Gegenstände in kleinen Mengen oder von geringem Wert;
3. für Gegenstände, die nur vorübergehend ausgeführt worden waren, ohne ihre Zugehörigkeit oder enge Beziehung zur inländischen Wirtschaft verloren zu haben;
4. für Gegenstände, die nach zollamtlich bewilligter Veredelung in Freihäfen eingeführt werden;
5. für Gegenstände, die nur vorübergehend eingeführt und danach unter zollamtlicher Überwachung wieder ausgeführt werden;
6. für Gegenstände, für die nach zwischenstaatlichem Brauch keine Einfuhrumsatzsteuer erhoben wird;
7. für Gegenstände, die an Bord von Verkehrsmitteln als Mundvorrat, als Brenn-, Treib- oder Schmierstoffe, als technische Öle oder als Betriebsmittel eingeführt werden;
8. für Gegenstände, die weder zum Handel noch zur gewerblichen Verwendung bestimmt und insgesamt nicht mehr wert sind, als in Rechtsakten des Rates der Europäischen Union oder der Europäischen Kommission über die Verzollung zum Pauschalsatz festgelegt ist, soweit dadurch schutzwürdige Interessen der inländischen Wirtschaft nicht verletzt werden und keine unangemessenen Steuervorteile entstehen. ② Es hat dabei Rechtsakte des Rates der Europäischen Union oder der Europäischen Kommission zu berücksichtigen.

(3) Das Bundesministerium der Finanzen kann durch Rechtsverordnung, die nicht der Zustimmung des Bundesrates bedarf, anordnen, dass unter den sinngemäß anzuwendenden Voraussetzungen von Rechtsakten des Rates der Europäischen Union oder der Europäischen Kommission über die Erstattung oder den Erlass von Einfuhrabgaben die Einfuhrumsatzsteuer ganz oder teilweise erstattet oder erlassen wird.

§ 6 Ausfuhrlieferung

(1) ① Eine Ausfuhrlieferung (§ 4 Nr. 1 Buchstabe a) liegt vor, wenn bei einer Lieferung

1. der Unternehmer den Gegenstand der Lieferung in das Drittlandsgebiet, ausgenommen Gebiete nach § 1 Abs. 3, befördert oder versendet hat oder
2. der Abnehmer den Gegenstand der Lieferung in das Drittlandsgebiet, ausgenommen Gebiete nach § 1 Abs. 3, befördert oder versendet hat und ein ausländischer Abnehmer ist oder
3. der Unternehmer oder der Abnehmer den Gegenstand der Lieferung in die in § 1 Abs. 3 bezeichneten Gebiete befördert oder versendet hat und der Abnehmer
   a)[1] ein Unternehmer ist, der den Gegenstand für sein Unternehmen erworben hat und dieser nicht ausschließlich oder nicht zum Teil für eine nach § 4 Nummer 8 bis 27 und 29 steuerfreie Tätigkeit verwendet werden soll, oder
   b) ein ausländischer Abnehmer, aber kein Unternehmer ist und der Gegenstand in das übrige Drittlandsgebiet gelangt.

② Der Gegenstand der Lieferung kann durch Beauftragte vor der Ausfuhr bearbeitet oder verarbeitet worden sein.

(2) ① Ausländischer Abnehmer im Sinne des Absatzes 1 Satz 1 Nr. 2 und 3 ist

1. ein Abnehmer, der seinen Wohnort oder Sitz im Ausland, ausgenommen die in § 1 Abs. 3 bezeichneten Gebiete, hat, oder
2. eine Zweigniederlassung eines im Inland oder in den in § 1 Abs. 3 bezeichneten Gebieten ansässigen Unternehmers, die ihren Sitz im Ausland, ausgenommen die bezeichneten Gebiete, hat, wenn sie das Umsatzgeschäft im eigenen Namen abgeschlossen hat.

② Eine Zweigniederlassung im Inland oder in den in § 1 Abs. 3 bezeichneten Gebieten ist kein ausländischer Abnehmer.

(3) Ist in den Fällen des Absatzes 1 Satz 1 Nr. 2 und 3 der Gegenstand der Lieferung zur Ausrüstung oder Versorgung eines Beförderungsmittels bestimmt, so liegt eine Ausfuhrlieferung nur vor, wenn

1. der Abnehmer ein ausländischer Unternehmer ist und
2. das Beförderungsmittel den Zwecken des Unternehmens des Abnehmers dient.

(3 a)[2] ① Wird in den Fällen des Absatzes 1 Satz 1 Nr. 2 und 3 der Gegenstand der Lieferung nicht für unternehmerische Zwecke erworben und durch den Abnehmer im persönlichen Reisegepäck ausgeführt, liegt eine Ausfuhrlieferung nur vor, wenn

1. der Abnehmer seinen Wohnort oder Sitz im Drittlandsgebiet, ausgenommen Gebiete nach § 1 Abs. 3, hat,

---

[1] § 6 Abs. 1 Satz 1 Nr. 3 Buchst. a neugefasst mWv 25. 12. 2008 durch JStG 2009 v. 19. 12. 2008 (BGBl. I S. 2794) und geändert mWv 1. 1. 2020 durch „JStG 2019" v. 12. 12. 2019 (BGBl. I S. 2451).

[2] § 6 Abs. 3 a Satz 1 Nr. 1 u. 2 geändert, Nr. 3 und Satz 2 angefügt mWv 1. 1. 2020 durch „JStG 2019" v. 12. 12. 2019 (BGBl. I S. 2451).

2. der Gegenstand der Lieferung vor Ablauf des dritten Kalendermonats, der auf den Monat der Lieferung folgt, ausgeführt wird und
3. der Gesamtwert der Lieferung einschließlich Umsatzsteuer 50 Euro übersteigt.

② Nummer 3 tritt zum Ende des Jahres außer Kraft, in dem die Ausfuhr- und Abnehmernachweise in Deutschland erstmals elektronisch erteilt werden.

(4) ① Die Voraussetzungen der Absätze 1, 3 und 3a sowie die Bearbeitung oder Verarbeitung im Sinne des Absatzes 1 Satz 2 müssen vom Unternehmer nachgewiesen sein. ② Das Bundesministerium der Finanzen kann mit Zustimmung des Bundesrates durch Rechtsverordnung bestimmen, wie der Unternehmer die Nachweise zu führen hat.

(5) Die Absätze 1 bis 4 gelten nicht für die Lieferungen im Sinne des § 3 Abs. 1b.

§ 6a Innergemeinschaftliche Lieferung

(1)[1] ① Eine innergemeinschaftliche Lieferung (§ 4 Nummer 1 Buchstabe b) liegt vor, wenn bei einer Lieferung die folgenden Voraussetzungen erfüllt sind:

1. der Unternehmer oder der Abnehmer hat den Gegenstand der Lieferung in das übrige Gemeinschaftsgebiet befördert oder versendet,
2. der Abnehmer ist
   a) ein in einem anderen Mitgliedstaat für Zwecke der Umsatzsteuer erfasster Unternehmer, der den Gegenstand der Lieferung für sein Unternehmen erworben hat,
   b) eine in einem anderen Mitgliedstaat für Zwecke der Umsatzsteuer erfasste juristische Person, die nicht Unternehmer ist oder die den Gegenstand der Lieferung nicht für ihr Unternehmen erworben hat, oder
   c) bei der Lieferung eines neuen Fahrzeugs auch jeder andere Erwerber,
3. der Erwerb des Gegenstands der Lieferung unterliegt beim Abnehmer in einem anderen Mitgliedstaat den Vorschriften der Umsatzbesteuerung
   und
4. der Abnehmer im Sinne der Nummer 2 Buchstabe a oder b hat gegenüber dem Unternehmer eine ihm von einem anderen Mitgliedstaat erteilte gültige Umsatzsteuer-Identifikationsnummer verwendet.

② Der Gegenstand der Lieferung kann durch Beauftragte vor der Beförderung oder Versendung in das übrige Gemeinschaftsgebiet bearbeitet oder verarbeitet worden sein.

(2) Als innergemeinschaftliche Lieferung gilt auch das einer Lieferung gleichgestellte Verbringen eines Gegenstands (§ 3 Abs. 1a).

(3) ① Die Voraussetzungen der Absätze 1 und 2 müssen vom Unternehmer nachgewiesen sein. ② Das Bundesministerium der Finanzen kann mit Zustimmung des Bundesrates durch Rechtsverordnung bestimmen, wie der Unternehmer den Nachweis zu führen hat.

(4) ① Hat der Unternehmer eine Lieferung als steuerfrei behandelt, obwohl die Voraussetzungen nach Absatz 1 nicht vorliegen, so ist die Lieferung gleichwohl als steuerfrei anzusehen, wenn die Inanspruchnahme der Steuerbefreiung auf unrichtigen Angaben des Abnehmers beruht und der Unternehmer die Unrichtigkeit dieser Angaben auch bei Beachtung der Sorgfalt eines ordentlichen Kaufmanns nicht erkennen konnte. ② In diesem Fall schuldet der Abnehmer die entgangene Steuer.

§ 6b[2] Konsignationslagerregelung

(1) Für die Beförderung oder Versendung eines Gegenstandes aus dem Gebiet eines Mitgliedstaates in das Gebiet eines anderen Mitgliedstaates für Zwecke einer Lieferung des Gegenstandes nach dem Ende dieser Beförderung oder Versendung an einen Erwerber gilt eine Besteuerung nach Maßgabe der nachfolgenden Vorschriften, wenn folgende Voraussetzungen erfüllt sind:

1. Der Unternehmer oder ein vom Unternehmer beauftragter Dritter befördert oder versendet einen Gegenstand des Unternehmens aus dem Gebiet eines Mitgliedstaates (Abgangsmitgliedstaat) in das Gebiet eines anderen Mitgliedstaates (Bestimmungsmitgliedstaat) zu dem Zweck, dass nach dem Ende dieser Beförderung oder Versendung die Lieferung (§ 3 Absatz 1) gemäß einer bestehenden Vereinbarung an einen Erwerber bewirkt werden soll, dessen vollständiger Name und dessen vollständige Anschrift dem Unternehmer zum Zeitpunkt des Beginns der Beförderung oder Versendung des Gegenstands bekannt ist und der Gegenstand im Bestimmungsland verbleibt.
2. Der Unternehmer hat in dem Bestimmungsmitgliedstaat weder seinen Sitz noch seine Geschäftsleitung oder eine Betriebsstätte oder in Ermangelung eines Sitzes, einer Geschäftsleitung oder einer Betriebsstätte seinen Wohnsitz oder gewöhnlichen Aufenthalt.
3. Der Erwerber im Sinne der Nummer 1, an den die Lieferung bewirkt werden soll, hat gegenüber dem Unternehmer bis zum Beginn der Beförderung oder Versendung die ihm vom Bestimmungsmitgliedstaat erteilte Umsatzsteuer-Identifikationsnummer verwendet.

---

[1] § 6a Abs. 1 Satz 1 neugefasst mWv 1. 1. 2020 durch „JStG 2019" v. 12. 12. 2019 (BGBl. I S. 2451).
[2] § 6b eingefügt mWv 1. 1. 2020 durch „JStG 2019" v. 12. 12. 2019 (BGBl. I S. 2451).

4. Der Unternehmer zeichnet die Beförderung oder Versendung des Gegenstandes im Sinne der Nummer 1 nach Maßgabe des § 22 Absatz 4f gesondert auf und kommt seiner Pflicht nach § 18a Absatz 1 in Verbindung mit Absatz 6 Nummer 3 und Absatz 7 Nummer 2a rechtzeitig, richtig und vollständig nach.

(2) Wenn die Voraussetzungen nach Absatz 1 erfüllt sind, gilt zum Zeitpunkt der Lieferung des Gegenstandes an den Erwerber, sofern diese Lieferung innerhalb der Frist nach Absatz 3 bewirkt wird, Folgendes:

1. Die Lieferung an den Erwerber wird einer im Abgangsmitgliedstaat steuerbaren und steuerfreien innergemeinschaftlichen Lieferung (§ 6a) gleichgestellt.
2. Die Lieferung an den Erwerber wird einem im Bestimmungsmitgliedstaat steuerbaren innergemeinschaftlichen Erwerb (§ 1a Absatz 1) gleichgestellt.

(3)[1] Wird die Lieferung an den Erwerber nicht innerhalb von zwölf Monaten nach dem Ende der Beförderung oder Versendung des Gegenstandes im Sinne des Absatzes 1 Nummer 1 bewirkt und ist keine der Voraussetzungen des Absatzes 6 erfüllt, so gilt am Tag nach Ablauf des Zeitraums von zwölf Monaten die Beförderung oder Versendung des Gegenstandes als das einer innergemeinschaftlichen Lieferung gleichgestellte Verbringen (§ 6a Absatz 2 in Verbindung mit § 3 Absatz 1a).

(4) Absatz 3 ist nicht anzuwenden, wenn folgende Voraussetzungen vorliegen:

1. Die nach Absatz 1 Nummer 1 beabsichtigte Lieferung wird nicht bewirkt und der Gegenstand gelangt innerhalb von zwölf Monaten nach dem Ende der Beförderung oder Versendung aus dem Bestimmungsmitgliedstaat in den Abgangsmitgliedstaat zurück.
2. Der Unternehmer zeichnet das Zurückgelangen des Gegenstandes nach Maßgabe des § 22 Absatz 4f gesondert auf.

(5) Tritt innerhalb von zwölf Monaten nach dem Ende der Beförderung oder Versendung des Gegenstandes im Sinne des Absatzes 1 Nummer 1 und vor dem Zeitpunkt der Lieferung ein anderer Unternehmer an die Stelle des Erwerbers im Sinne des Absatzes 1 Nummer 1, gilt in dem Zeitpunkt, in dem der andere Unternehmer an die Stelle des Erwerbers tritt, Absatz 4 sinngemäß, wenn folgende Voraussetzungen vorliegen:

1. Der andere Unternehmer hat gegenüber dem Unternehmer die ihm vom Bestimmungsmitgliedstaat erteilte Umsatzsteuer-Identifikationsnummer verwendet.
2. Der vollständige Name und die vollständige Anschrift des anderen Unternehmers sind dem Unternehmer bekannt.
3. Der Unternehmer zeichnet den Erwerberwechsel nach Maßgabe des § 22 Absatz 4f gesondert auf.

(6)[2] ① Fällt eine der Voraussetzungen nach den Absätzen 1 und 5 innerhalb von zwölf Monaten nach dem Ende der Beförderung oder Versendung des Gegenstandes im Sinne des Absatzes 1 Nummer 1 und vor dem Zeitpunkt der Lieferung weg, so gilt am Tag des Wegfalls der Voraussetzung die Beförderung oder Versendung des Gegenstandes als das einer innergemeinschaftlichen Lieferung gleichgestellte Verbringen (§ 6a Absatz 2 in Verbindung mit § 3 Absatz 1a). ② Wird die Lieferung an einen anderen Erwerber als einen Erwerber nach Absatz 1 Nummer 1 oder Absatz 5 bewirkt, gelten die Voraussetzungen nach den Absätzen 1 und 5 an dem Tag vor der Lieferung als nicht mehr erfüllt. ③ Satz 2 gilt sinngemäß, wenn der Gegenstand vor der Lieferung oder bei der Lieferung in einen anderen Mitgliedstaat als den Abgangsmitgliedstaat oder in das Drittlandsgebiet befördert oder versendet wird. ④ Im Fall der Zerstörung, des Verlustes oder des Diebstahls des Gegenstandes nach dem Ende der Beförderung oder Versendung des Gegenstandes im Sinne des Absatzes 1 Nummer 1 und vor dem Zeitpunkt der Lieferung gelten die Voraussetzungen nach den Absätzen 1 und 5 an dem Tag, an dem die Zerstörung, der Verlust oder der Diebstahl festgestellt wird, als nicht mehr erfüllt.

§ 7 Lohnveredelung an Gegenständen der Ausfuhr

(1) ① Eine Lohnveredelung an einem Gegenstand der Ausfuhr (§ 4 Nr. 1 Buchstabe a) liegt vor, wenn bei einer Bearbeitung oder Verarbeitung eines Gegenstands der Auftraggeber den Gegenstand zum Zweck der Bearbeitung oder Verarbeitung in das Gemeinschaftsgebiet eingeführt oder zu diesem Zweck in diesem Gebiet erworben hat und

1. der Unternehmer den bearbeiteten oder verarbeiteten Gegenstand in das Drittlandsgebiet, ausgenommen Gebiete nach § 1 Abs. 3, befördert oder versendet hat oder
2. der Auftraggeber den bearbeiteten oder verarbeiteten Gegenstand in das Drittlandsgebiet befördert oder versendet hat und ein ausländischer Auftraggeber ist oder
3. der Unternehmer den bearbeiteten oder verarbeiteten Gegenstand in die in § 1 Abs. 3 bezeichneten Gebiete befördert oder versendet hat und der Auftraggeber
   a) ein ausländischer Auftraggeber ist oder

[1] § 6b Abs. 3 Klammerzusatz geändert durch Art. 11 JStG 2020 (BGBl. I S. 3096).
[2] § 6b Abs. 6 Satz 1 Klammerzusatz geändert durch Art. 11 JStG 2020 (BGBl. I S. 3096).

b) ein Unternehmer ist, der im Inland oder in den bezeichneten Gebieten ansässig ist und den bearbeiteten oder verarbeiteten Gegenstand für Zwecke seines Unternehmens verwendet.

② Der bearbeitete oder verarbeitete Gegenstand kann durch weitere Beauftragte vor der Ausfuhr bearbeitet oder verarbeitet worden sein.

(2) Ausländischer Auftraggeber im Sinne des Absatzes 1 Satz 1 Nr. 2 und 3 ist ein Auftraggeber, der die für den ausländischen Abnehmer geforderten Voraussetzungen (§ 6 Abs. 2) erfüllt.

(3) Bei Werkleistungen im Sinne des § 3 Abs. 10 gilt Absatz 1 entsprechend.

(4) ① Die Voraussetzungen des Absatzes 1 sowie die Bearbeitung oder Verarbeitung im Sinne des Absatzes 1 Satz 2 müssen vom Unternehmer nachgewiesen sein. ② Das Bundesministerium der Finanzen kann mit Zustimmung des Bundesrates durch Rechtsverordnung bestimmen, wie der Unternehmer die Nachweise zu führen hat.

(5) Die Absätze 1 bis 4 gelten nicht für die sonstigen Leistungen im Sinne des § 3 Abs. 9 a Nr. 2.

§ 8 Umsätze für die Seeschifffahrt und für die Luftfahrt

(1)[1] Umsätze für die Seeschifffahrt (§ 4 Nr. 2) sind:

1. die Lieferungen, Umbauten, Instandsetzungen, Wartungen, Vercharterungen und Vermietungen von Wasserfahrzeugen für die Seeschifffahrt, die dem Erwerb durch die Seeschifffahrt oder der Rettung Schiffbrüchiger zu dienen bestimmt sind (aus Positionen 8901 und 8902 00, aus Unterposition 8903 92 10, aus Position 8904 00 und aus Unterposition 8906 90 10 des Zolltarifs);
2. die Lieferungen, Instandsetzungen, Wartungen und Vermietungen von Gegenständen, die zur Ausrüstung der in Nummer 1 bezeichneten Wasserfahrzeuge bestimmt sind;
3. die Lieferungen von Gegenständen, die zur Versorgung der in Nummer 1 bezeichneten Wasserfahrzeuge bestimmt sind. ② Nicht befreit sind die Lieferungen von Bordproviant zur Versorgung von Wasserfahrzeugen der Küstenfischerei;
4. die Lieferungen von Gegenständen, die zur Versorgung von Kriegsschiffen (Unterposition 8906 10 00 des Zolltarifs) auf Fahrten bestimmt sind, bei denen ein Hafen oder ein Ankerplatz im Ausland und außerhalb des Küstengebiets im Sinne des Zollrechts angelaufen werden soll;
5. andere als die in den Nummern 1 und 2 bezeichneten sonstigen Leistungen, die für den unmittelbaren Bedarf der in Nummer 1 bezeichneten Wasserfahrzeuge, einschließlich ihrer Ausrüstungsgegenstände und ihrer Ladungen, bestimmt sind.

(2) Umsätze für die Luftfahrt (§ 4 Nr. 2) sind:

1.[2] die Lieferungen, Umbauten, Instandsetzungen, Wartungen, Vercharterungen und Vermietungen von Luftfahrzeugen, die zur Verwendung durch Unternehmer bestimmt sind, die im entgeltlichen Luftverkehr überwiegend grenzüberschreitende Beförderungen oder Beförderungen auf ausschließlich im Ausland gelegenen Strecken und nur in unbedeutendem Umfang nach § 4 Nummer 17 Buchstabe b steuerfreie, auf das Inland beschränkte Beförderungen durchführen;
2. die Lieferungen, Instandsetzungen, Wartungen und Vermietungen von Gegenständen, die zur Ausrüstung der in Nummer 1 bezeichneten Luftfahrzeuge bestimmt sind;
3. die Lieferungen von Gegenständen, die zur Versorgung der in Nummer 1 bezeichneten Luftfahrzeuge bestimmt sind;
4. andere als die in den Nummern 1 und 2 bezeichneten sonstigen Leistungen, die für den unmittelbaren Bedarf der in Nummer 1 bezeichneten Luftfahrzeuge, einschließlich ihrer Ausrüstungsgegenstände und ihrer Ladungen, bestimmt sind.

(3) ① Die in den Absätzen 1 und 2 bezeichneten Voraussetzungen müssen vom Unternehmer nachgewiesen sein. ② Das Bundesministerium der Finanzen kann mit Zustimmung des Bundesrates durch Rechtsverordnung bestimmen, wie der Unternehmer den Nachweis zu führen hat.

§ 9 Verzicht auf Steuerbefreiungen

(1) Der Unternehmer kann einen Umsatz, der nach § 4 Nr. 8 Buchstabe a bis g, Nr. 9 Buchstabe a, Nr. 12, 13 oder 19 steuerfrei ist, als steuerpflichtig behandeln, wenn der Umsatz an einen anderen Unternehmer für dessen Unternehmen ausgeführt wird.

(2)[3] ① Der Verzicht auf Steuerbefreiung nach Absatz 1 ist bei der Bestellung und Übertragung von Erbbaurechten (§ 4 Nr. 9 Buchstabe a), bei der Vermietung oder Verpachtung von Grundstücken (§ 4 Nr. 12 Satz 1 Buchstabe a) und bei den in § 4 Nr. 12 Satz 1 Buchstabe b und c bezeichneten Umsätzen nur zulässig, soweit der Leistungsempfänger das Grundstück ausschließlich für Umsätze verwendet oder zu verwenden beabsichtigt, die den Vorsteuerabzug nicht ausschließen. ② Der Unternehmer hat die Voraussetzungen nachzuweisen.

---

[1] § 8 Abs. 1 Nr. 1 und Nr. 4 geändert mWv 19. 12. 2006 durch JStG 2007 v. 13. 12. 2006 (BGBl. I S. 2878).
[2] § 8 Abs. 2 Nr. 1 geändert mWv 1. 7. 2013 durch G v. 26. 6. 2013 (BGBl. I S. 1809).
[3] Anwendungszeitraum vgl. § 27 Abs. 2 UStG.

(3)[1] ① Der Verzicht auf Steuerbefreiung nach Absatz 1 ist bei Lieferungen von Grundstücken (§ 4 Nr. 9 Buchstabe a) im Zwangsversteigerungsverfahren durch den Vollstreckungsschuldner an den Ersteher bis zur Aufforderung zur Abgabe von Geboten im Versteigerungstermin zulässig. ② Bei anderen Umsätzen im Sinne von § 4 Nummer 9 Buchstabe a kann der Verzicht auf Steuerbefreiung nach Absatz 1 nur in dem gemäß § 311 b Absatz 1 des Bürgerlichen Gesetzbuchs notariell zu beurkundenden Vertrag erklärt werden.

Dritter Abschnitt. Bemessungsgrundlagen

§ 10 Bemessungsgrundlage für Lieferungen, sonstige Leistungen und innergemeinschaftliche Erwerbe

(1)[2] ① Der Umsatz wird bei Lieferungen und sonstigen Leistungen (§ 1 Abs. 1 Nr. 1 Satz 1) und bei dem innergemeinschaftlichen Erwerb (§ 1 Abs. 1 Nr. 5) nach dem Entgelt bemessen. ② Entgelt ist alles, was den Wert der Gegenleistung bildet, die der leistende Unternehmer vom Leistungsempfänger oder von einem anderen als dem Leistungsempfänger für die Leistung erhält oder erhalten soll, einschließlich der unmittelbar mit dem Preis dieser Umsätze zusammenhängenden Subventionen, jedoch abzüglich der für diese Leistung gesetzlich geschuldeten Umsatzsteuer. ③ Bei dem innergemeinschaftlichen Erwerb sind Verbrauchsteuern, die vom Erwerber geschuldet oder entrichtet werden, in die Bemessungsgrundlage einzubeziehen. ④ Bei Lieferungen und dem innergemeinschaftlichen Erwerb im Sinne des § 4 Nr. 4 a Satz 1 Buchstabe a Satz 2 sind die Kosten für die Leistungen im Sinne des § 4 Nr. 4 a Satz 1 Buchstabe b und die vom Auslagerer geschuldeten oder entrichteten Verbrauchsteuern in die Bemessungsgrundlage einzubeziehen. ⑤ Die Beträge, die der Unternehmer im Namen und für Rechnung eines anderen vereinnahmt und verausgabt (durchlaufende Posten), gehören nicht zum Entgelt. ⑥ Liegen bei der Entgegennahme eines Mehrzweck-Gutscheins (§ 3 Absatz 15) keine Angaben über die Höhe der für den Gutschein erhaltenen Gegenleistung nach Satz 2 vor, so wird das Entgelt nach dem Gutscheinwert selbst oder nach dem in den damit zusammenhängenden Unterlagen angegebenen Geldwert bemessen, abzüglich der Umsatzsteuer, die danach auf die gelieferten Gegenstände oder die erbrachten Dienstleistungen entfällt.

(2) ① Werden Rechte übertragen, die mit dem Besitz eines Pfandscheins verbunden sind, so gilt als vereinbartes Entgelt der Preis des Pfandscheins zuzüglich der Pfandsumme. ② Beim Tausch (§ 3 Abs. 12 Satz 1), bei tauschähnlichen Umsätzen (§ 3 Abs. 12 Satz 2) und bei Hingabe an Zahlungs statt gilt der Wert jedes Umsatzes als Entgelt für den anderen Umsatz. ③ Die Umsatzsteuer gehört nicht zum Entgelt.

(3) *(weggefallen)*

(4) ① Der Umsatz wird bemessen

1. bei dem Verbringen eines Gegenstands im Sinne des § 1 a Abs. 2 und des § 3 Abs. 1 a sowie bei Lieferungen im Sinne des § 3 Abs. 1 b nach dem Einkaufspreis zuzüglich der Nebenkosten für den Gegenstand oder für einen gleichartigen Gegenstand oder mangels eines Einkaufspreises nach den Selbstkosten, jeweils zum Zeitpunkt des Umsatzes;
2. bei sonstigen Leistungen im Sinne des § 3 Abs. 9 a Nr. 1 nach den bei der Ausführung dieser Umsätze entstandenen Ausgaben, soweit sie zum vollen oder teilweisen Vorsteuerabzug berechtigt haben. ② Zu diesen Ausgaben gehören auch die Anschaffungs- oder Herstellungskosten eines Wirtschaftsguts, soweit das Wirtschaftsgut dem Unternehmen zugeordnet ist und für die Erbringung der sonstigen Leistung verwendet wird. ③ Betragen die Anschaffungs- oder Herstellungskosten mindestens 500 Euro, sind sie gleichmäßig auf einen Zeitraum zu verteilen, der dem für das Wirtschaftsgut maßgeblichen Berichtigungszeitraum nach § 15 a entspricht;
3. bei sonstigen Leistungen im Sinne des § 3 Abs. 9 a Nr. 2 nach den bei der Ausführung dieser Umsätze entstandenen Ausgaben. ② Satz 1 Nr. 2 Sätze 2 und 3 gilt entsprechend.

② Die Umsatzsteuer gehört nicht zur Bemessungsgrundlage.

(5)[3] Absatz 4 gilt entsprechend für

1. Lieferungen und sonstige Leistungen, die Körperschaften und Personenvereinigungen im Sinne des § 1 Abs. 1 Nr. 1 bis 5 des Körperschaftsteuergesetzes, nichtrechtsfähige Personenvereinigungen sowie Gemeinschaften im Rahmen ihres Unternehmens an ihre Anteilseigner, Gesellschafter, Mitglieder, Teilhaber oder diesen nahe stehende Personen sowie Einzelunternehmer an ihnen nahe stehende Personen ausführen,
2. Lieferungen und sonstige Leistungen, die ein Unternehmer an sein Personal oder dessen Angehörige auf Grund des Dienstverhältnisses ausführt,

wenn die Bemessungsgrundlage nach Absatz 4 das Entgelt nach Absatz 1 übersteigt; der Umsatz ist jedoch höchstens nach dem marktüblichen Entgelt zu bemessen. ② Übersteigt das Entgelt nach Absatz 1 das marktübliche Entgelt, gilt Absatz 1.

---

[1] § 9 Abs. 3 Satz 2 neugefasst durch G v. 5. 4. 2011 (BGBl. I S. 554).

[2] § 10 Abs. 1 Satz 2 neugefasst, Satz 3 aufgehoben, bish. Sätze 4 bis 6 werden Sätze 3 bis 5, neuer Satz 6 angefügt mWv 1. 1. 2019 durch G v. 11. 12. 2018 (BGBl. I S. 2338), vgl. § 27 Abs. 23 UStG.

[3] § 10 Abs. 5 Satz 1 Hs. 2 und Satz 2 angefügt mWv 31. 7. 2014 durch G v. 25. 7. 2014 (BGBl. I S. 1266).

(6) ① Bei Beförderungen von Personen im Gelegenheitsverkehr mit Kraftomnibussen, die nicht im Inland zugelassen sind, tritt in den Fällen der Beförderungseinzelbesteuerung (§ 16 Abs. 5) an die Stelle des vereinbarten Entgelts ein Durchschnittsbeförderungsentgelt. ② Das Durchschnittsbeförderungsentgelt ist nach der Zahl der beförderten Personen und der Zahl der Kilometer der Beförderungsstrecke im Inland (Personenkilometer) zu berechnen. ③ Das Bundesministerium der Finanzen kann mit Zustimmung des Bundesrates durch Rechtsverordnung das Durchschnittsbeförderungsentgelt je Personenkilometer festsetzen. ④ Das Durchschnittsbeförderungsentgelt muss zu einer Steuer führen, die nicht wesentlich von dem Betrag abweicht, der sich nach diesem Gesetz ohne Anwendung des Durchschnittsbeförderungsentgelts ergeben würde.

§ 11 Bemessungsgrundlage für die Einfuhr

(1) Der Umsatz wird bei der Einfuhr (§ 1 Abs. 1 Nr. 4) nach dem Wert des eingeführten Gegenstands nach den jeweiligen Vorschriften über den Zollwert bemessen.

(2) ① Ist ein Gegenstand ausgeführt, in einem Drittlandsgebiet für Rechnung des Ausführers veredelt und von diesem oder für ihn wieder eingeführt worden, so wird abweichend von Absatz 1 der Umsatz bei der Einfuhr nach dem für die Veredelung zu zahlenden Entgelt oder, falls ein solches Entgelt nicht gezahlt wird, nach der durch die Veredelung eingetretenen Wertsteigerung bemessen. ② Das gilt auch, wenn die Veredelung in einer Ausbesserung besteht und an Stelle eines ausgebesserten Gegenstands ein Gegenstand eingeführt wird, der ihm nach Menge und Beschaffenheit nachweislich entspricht. ③ Ist der eingeführte Gegenstand vor der Einfuhr geliefert worden und hat diese Lieferung nicht der Umsatzsteuer unterlegen, so gilt Absatz 1.

(3) Dem Betrag nach Absatz 1 oder 2 sind hinzuzurechnen, soweit sie darin nicht enthalten sind:

1. die im Ausland für den eingeführten Gegenstand geschuldeten Beträge an Einfuhrabgaben, Steuern und sonstigen Abgaben;
2.[1] die auf Grund der Einfuhr im Zeitpunkt des Entstehens der Einfuhrumsatzsteuer auf den Gegenstand entfallenden Beträge an Einfuhrabgaben *im Sinne des Artikels 4 Nr. 10 der Verordnung (EWG) Nr. 2913/92 des Rates zur Festlegung des Zollkodex der Gemeinschaften vom 12. Oktober 1992 (ABl. EG Nr. L 302 S. 1) in der jeweils geltenden Fassung* und an Verbrauchsteuern außer der Einfuhrumsatzsteuer, soweit die Steuern unbedingt entstanden sind;
3. die auf den Gegenstand entfallenden Kosten für die Vermittlung der Lieferung und die Kosten der Beförderung sowie für andere sonstige Leistungen bis zum ersten Bestimmungsort im Gemeinschaftsgebiet;
4. die in Nummer 3 bezeichneten Kosten bis zu einem weiteren Bestimmungsort im Gemeinschaftsgebiet, sofern dieser im Zeitpunkt des Entstehens der Einfuhrumsatzsteuer bereits feststeht.

(4) Zur Bemessungsgrundlage gehören nicht Preisermäßigungen und Vergütungen, die sich auf den eingeführten Gegenstand beziehen und die im Zeitpunkt des Entstehens der Einfuhrumsatzsteuer feststehen.

(5) Für die Umrechnung von Werten in fremder Währung gelten die entsprechenden Vorschriften über den Zollwert der Waren, die in Rechtsakten des Rates der Europäischen Union oder der Europäischen Kommission festgelegt sind.

Vierter Abschnitt. Steuer und Vorsteuer

§ 12 Steuersätze

(1)[2] Die Steuer beträgt für jeden steuerpflichtigen Umsatz 19 Prozent der Bemessungsgrundlage (§§ 10, 11, 25 Abs. 3 und § 25 a Abs. 3 und 4).

(2)[3, 4] Die Steuer ermäßigt sich auf 7 Prozent für die folgenden Umsätze:

1.[5] die Lieferungen, die Einfuhr und der innergemeinschaftliche Erwerb der in Anlage 2[6] bezeichneten Gegenstände mit Ausnahme der in der Nummer 49 Buchstabe f, den Nummern 53 und 54 bezeichneten Gegenstände;
2.[5] die Vermietung der in Anlage 2[6] bezeichneten Gegenstände mit Ausnahme der in der Nummer 49 Buchstabe f, den Nummern 53 und 54 bezeichneten Gegenstände;
3. die Aufzucht und das Halten von Vieh, die Anzucht von Pflanzen und die Teilnahme an Leistungsprüfungen für Tiere;

---

[1] § 11 Abs. 3 Nr. 2 geändert mWv 1. 1. 2021 durch Art. 12 JStG 2020 (BGBl. I S. 3096).
[2] Zur geänderten vom 1. 7. bis 31. 12. 2020 befristeten Anwendung siehe § 28 Abs. 1 UStG.
[3] Zur geänderten vom 1. 7. bis 31. 12. 2020 befristeten Anwendung siehe § 28 Abs. 2 UStG.
[4] Zur Anwendung des ermäßigten Steuersatzes für Gas- und Wärmelieferungen **ab 1. 10. 2022 bis 31. 3. 2024** siehe § 28 Abs. 5 und Abs. 6 UStG.
[5] § 12 Abs. 2 Nr. 1 und Nr. 2 neugefasst mWv 1. 1. 2014 durch G v. 26. 6. 2013 (BGBl. I S. 1809).
[6] Anlage 2 abgedruckt im Hauptteil nach § 29 UStG/A 29.2 UStAE.

4. die Leistungen, die unmittelbar der Vatertierhaltung, der Förderung der Tierzucht, der künstlichen Tierbesamung oder der Leistungs- und Qualitätsprüfung in der Tierzucht und in der Milchwirtschaft dienen;
5. *(weggefallen)*
6.[1] die Leistungen aus der Tätigkeit als Zahntechniker sowie die in § 4 Nr. 14 Buchstabe a Satz 2 bezeichneten Leistungen der Zahnärzte;
7. a) die Eintrittsberechtigung für Theater, Konzerte und Museen sowie die den Theatervorführungen und Konzerten vergleichbaren Darbietungen ausübender Künstler,
   b) die Überlassung von Filmen zur Auswertung und Vorführung sowie die Filmvorführungen, soweit die Filme nach § 6 Abs. 3 Nr. 1 bis 5 des Gesetzes zum Schutze der Jugend in der Öffentlichkeit oder nach § 14 Abs. 2 Nr. 1 bis 5 des Jugendschutzgesetzes vom 23. Juli 2002 (BGBl. I S. 2730, 2003 I S. 476) in der jeweils geltenden Fassung gekennzeichnet sind oder vor dem 1. Januar 1970 erstaufgeführt wurden,
   c) die Einräumung, Übertragung und Wahrnehmung von Rechten, die sich aus dem Urheberrechtsgesetz ergeben,
   d) die Zirkusvorführungen, die Leistungen aus der Tätigkeit als Schausteller sowie die unmittelbar mit dem Betrieb der zoologischen Gärten verbundenen Umsätze;
8. a)[2] die Leistungen der Körperschaften, die ausschließlich und unmittelbar gemeinnützige, mildtätige oder kirchliche Zwecke verfolgen (§§ 51 bis 68 der Abgabenordnung). ② Das gilt nicht für Leistungen, die im Rahmen eines wirtschaftlichen Geschäftsbetriebs ausgeführt werden. ③ Für Leistungen, die im Rahmen eines Zweckbetriebs ausgeführt werden, gilt Satz 1 nur, wenn der Zweckbetrieb nicht in erster Linie der Erzielung zusätzlicher Einnahmen durch die Ausführung von Umsätzen dient, die in unmittelbarem Wettbewerb mit dem allgemeinen Steuersatz unterliegenden Leistungen anderer Unternehmer ausgeführt werden, oder wenn die Körperschaft mit diesen Leistungen ihrer in den §§ 66 bis 68 der Abgabenordnung bezeichneten Zweckbetriebe ihre steuerbegünstigten satzungsgemäßen Zwecke selbst verwirklicht,
   b) die Leistungen der nichtrechtsfähigen Personenvereinigungen und Gemeinschaften der in Buchstabe a Satz 1 bezeichneten Körperschaften, wenn diese Leistungen, falls die Körperschaften sie anteilig selbst ausführten, insgesamt nach Buchstabe a ermäßigt besteuert würden;
9. die unmittelbar mit dem Betrieb der Schwimmbäder verbundenen Umsätze sowie die Verabreichung von Heilbädern. ② Das Gleiche gilt für die Bereitstellung von Kureinrichtungen, soweit als Entgelt eine Kurtaxe zu entrichten ist;
10.[3] die Beförderungen von Personen
   a) im Schienenbahnverkehr,
   b) im Verkehr mit Oberleitungsomnibussen, im genehmigten Linienverkehr mit Kraftfahrzeugen, im Verkehr mit Taxen, mit Drahtseilbahnen und sonstigen mechanischen Aufstiegshilfen aller Art und im genehmigten Linienverkehr mit Schiffen sowie die Beförderungen im Fährverkehr
      aa) innerhalb einer Gemeinde oder
      bb) wenn die Beförderungsstrecke nicht mehr als 50 Kilometer beträgt;
11.[4] die Vermietung von Wohn- und Schlafräumen, die ein Unternehmer zur kurzfristigen Beherbergung von Fremden bereithält, sowie die kurzfristige Vermietung von Campingflächen. ② Satz 1 gilt nicht für Leistungen, die nicht unmittelbar der Vermietung dienen, auch wenn diese Leistungen mit dem Entgelt für die Vermietung abgegolten sind;
12.[5] die Einfuhr der in Nummer 49 Buchstabe f, den Nummern 53 und 54 der Anlage 2 bezeichneten Gegenstände;
13.[5] die Lieferungen und der innergemeinschaftliche Erwerb der in Nummer 53 der Anlage 2 bezeichneten Gegenstände, wenn die Lieferungen
   a) vom Urheber der Gegenstände oder dessen Rechtsnachfolger bewirkt werden oder
   b) von einem Unternehmer bewirkt werden, der kein Wiederverkäufer (§ 25 a Absatz 1 Nummer 1 Satz 2) ist, und die Gegenstände
      aa) vom Unternehmer in das Gemeinschaftsgebiet eingeführt wurden,
      bb) von ihrem Urheber oder dessen Rechtsnachfolger an den Unternehmer geliefert wurden oder
      cc) den Unternehmer zum vollen Vorsteuerabzug berechtigt haben;
14.[6] die Überlassung der in Nummer 49 Buchstabe a bis e und Nummer 50 der Anlage 2 bezeichneten Erzeugnisse in elektronischer Form, unabhängig davon, ob das Erzeugnis auch

[1] § 12 Abs. 2 Nr. 6 Verweis geändert mWv 1. 1. 2009 durch JStG 2009 v. 19. 12. 2008 (BGBl. I S. 2794).
[2] § 12 Abs. 2 Nr. 8 Buchst. a Satz 3 angefügt mWv 19. 12. 2006 durch JStG 2007 v. 13. 12. 2006 (BGBl. I S. 2878).
[3] § 12 Abs. 2 Nr. 10 neugefasst mWv 1. 1. 2012 durch JStG 2008 v. 20. 12. 2007 (BGBl. I S. 3150) und mWv 1. 1. 2020 durch G v. 21. 12. 2019 (BGBl. I S. 2886).
[4] § 12 Abs. 2 Nr. 11 angefügt mWv 1. 1. 2010 durch WachstumsbeschleunigungsG v. 22. 12. 2009 (BGBl. I S. 3950).
[5] § 12 Abs. 2 Nrn. 12 und 13 angefügt mWv 1. 1. 2014 durch G v. 26. 6. 2013 (BGBl. I S. 1809).
[6] § 12 Abs. 2 Nr. 14 angefügt mWv 18. 12. 2019 durch „JStG 2019" v. 12. 12. 2019 (BGBl. I S. 2451).

auf einem physischen Träger angeboten wird, mit Ausnahme der Veröffentlichungen, die vollständig oder im Wesentlichen aus Videoinhalten oder hörbarer Musik bestehen. ② Ebenfalls ausgenommen sind Erzeugnisse, für die Beschränkungen als jugendgefährdende Trägermedien oder Hinweispflichten nach § 15 Absatz 1 bis 3 und 6 des Jugendschutzgesetzes in der jeweils geltenden Fassung bestehen, sowie Veröffentlichungen, die vollständig oder im Wesentlichen Werbezwecken, einschließlich Reisewerbung, dienen. ③ Begünstigt ist auch die Bereitstellung eines Zugangs zu Datenbanken, die eine Vielzahl von elektronischen Büchern, Zeitungen oder Zeitschriften oder Teile von diesen enthalten;

15.[1] die nach dem 30. Juni 2020 und vor dem 1. Januar 2024 erbrachten Restaurant- und Verpflegungsdienstleistungen, mit Ausnahme der Abgabe von Getränken.

[*Ab 1. 1. 2023:*] (3)[2] Die Steuer ermäßigt sich auf 0 Prozent für die folgenden Umsätze:

1. die Lieferungen von Solarmodulen an den Betreiber einer Photovoltaikanlage, einschließlich der für den Betrieb einer Photovoltaikanlage wesentlichen Komponenten und der Speicher, die dazu dienen, den mit Solarmodulen erzeugten Strom zu speichern, wenn die Photovoltaikanlage auf oder in der Nähe von Privatwohnungen, Wohnungen sowie öffentlichen und anderen Gebäuden, die für dem Gemeinwohl dienende Tätigkeiten genutzt werden, installiert wird. ② Die Voraussetzungen des Satzes 1 gelten als erfüllt, wenn die installierte Bruttoleistung der Photovoltaikanlage laut Marktstammdatenregister nicht mehr als 30 Kilowatt (peak) beträgt oder betragen wird;
2. den innergemeinschaftlichen Erwerb der in Nummer 1 bezeichneten Gegenstände, die die Voraussetzungen der Nummer 1 erfüllen;
3. die Einfuhr der in Nummer 1 bezeichneten Gegenstände, die die Voraussetzungen der Nummer 1 erfüllen;
4. die Installation von Photovoltaikanlagen sowie der Speicher, die dazu dienen, den mit Solarmodulen erzeugten Strom zu speichern, wenn die Lieferung der installierten Komponenten die Voraussetzungen der Nummer 1 erfüllt.

§ 13 Entstehung der Steuer

(1)[3] Die Steuer entsteht

1. für Lieferungen und sonstige Leistungen
   a) bei der Berechnung der Steuer nach vereinbarten Entgelten (§ 16 Abs. 1 Satz 1) mit Ablauf des Voranmeldungszeitraums, in dem die Leistungen ausgeführt worden sind. ② Das gilt auch für Teilleistungen. ③ Sie liegen vor, wenn für bestimmte Teile einer wirtschaftlich teilbaren Leistung das Entgelt gesondert vereinbart wird. ④ Wird das Entgelt oder ein Teil des Entgelts vereinnahmt, bevor die Leistung oder die Teilleistung ausgeführt worden ist, so entsteht insoweit die Steuer mit Ablauf des Voranmeldungszeitraums, in dem das Entgelt oder das Teilentgelt vereinnahmt worden ist,
   b) bei der Berechnung der Steuer nach vereinnahmten Entgelten (§ 20) mit Ablauf des Voranmeldungszeitraums, in dem die Entgelte vereinnahmt worden sind,
   c) in den Fällen der Beförderungseinzelbesteuerung nach § 16 Abs. 5 in dem Zeitpunkt, in dem der Kraftomnibus in das Inland gelangt,
   d) in den Fällen des § 18 Abs. 4c mit Ablauf des Besteuerungszeitraums nach § 16 Abs. 1a Satz 1, in dem die Leistungen ausgeführt worden sind,
   e) in den Fällen des § 18 Absatz 4e mit Ablauf des Besteuerungszeitraums nach § 16 Absatz 1b Satz 1, in dem die Leistungen ausgeführt worden sind,
   f) in den Fällen des § 18i mit Ablauf des Besteuerungszeitraums nach § 16 Absatz 1c Satz 1, in dem die Leistungen ausgeführt worden sind,
   g) in den Fällen des § 18j vorbehaltlich des Buchstabens i mit Ablauf des Besteuerungszeitraums nach § 16 Absatz 1d Satz 1, in dem die Leistungen ausgeführt worden sind,
   h) in den Fällen des § 18k mit Ablauf des Besteuerungszeitraums nach § 16 Absatz 1e Satz 1, in dem die Lieferungen ausgeführt worden sind; die Gegenstände gelten als zu dem Zeitpunkt geliefert, zu dem die Zahlung angenommen wurde,
   i) in den Fällen des § 3 Absatz 3a zu dem Zeitpunkt, zu dem die Zahlung angenommen wurde;
2. für Leistungen im Sinne des § 3 Abs. 1b und 9a mit Ablauf des Voranmeldungszeitraums, in dem diese Leistungen ausgeführt worden sind;

3.[4] in den Fällen des § 14c im Zeitpunkt der Ausgabe der Rechnung;

4.[5] *(aufgehoben)*

---

[1] § 12 Abs. 2 Nr. 15 angefügt mWv 30. 6. 2020 durch G v. 19. 6. 2020 (BGBl. I S. 1385), Frist verlängert durch G v. 10. 3. 2021 (BGBl. I S. 330), erneut verlängert durch G v. 24. 10. 2022 (BGBl. I S. 1838).

[2] § 12 Abs. 3 angefügt mWv 1. 1. 2023 durch JStG 2022 v. 16. 12. 2022 (BGBl. I S. 2294). Siehe hierzu BMF-Schreiben v. 27. 2. 2023 (BStBl. I S. 351).

[3] § 13 Abs. 1 Nr. 1 Buchst. d und e letztmals anzuwenden auf vor dem 1. 7. 2021 ausgeführte Umsätze, vgl. § 27 Abs. 34 Satz 2 UStG.

[4] § 13 Abs. 1 Nr. 3 neugefasst mWv 6. 11. 2015 durch G v. 2. 11. 2015 (BGBl. I S. 1834).

[5] § 13 Abs. 1 Nr. 4 aufgehoben mWv 6. 11. 2015 durch G v. 2. 11. 2015 (BGBl. I S. 1834).

5. im Fall des § 17 Abs. 1 Satz 6 mit Ablauf des Voranmeldungszeitraums, in dem die Änderung der Bemessungsgrundlage eingetreten ist;
6. für den innergemeinschaftlichen Erwerb im Sinne des § 1a mit Ausstellung der Rechnung, spätestens jedoch mit Ablauf des dem Erwerb folgenden Kalendermonats;
7. für den innergemeinschaftlichen Erwerb von neuen Fahrzeugen im Sinne des § 1b am Tag des Erwerbs;
8. im Fall des § 6a Abs. 4 Satz 2 in dem Zeitpunkt, in dem die Lieferung ausgeführt wird;
9. im Fall des § 4 Nr. 4a Satz 1 Buchstabe a Satz 2 mit Ablauf des Voranmeldungszeitraums, in dem der Gegenstand aus einem Umsatzsteuerlager ausgelagert wird.

(2) Für die Einfuhrumsatzsteuer gilt § 21 Abs. 2.

(3) *(weggefallen)*

§ 13a Steuerschuldner

(1) Steuerschuldner ist in den Fällen
1. des § 1 Abs. 1 Nr. 1 und des § 14c Abs. 1 der Unternehmer;
2. des § 1 Abs. 1 Nr. 5 der Erwerber;
3. des § 6a Abs. 4 der Abnehmer;
4. des § 14c Abs. 2 der Aussteller der Rechnung;
5. des § 25b Abs. 2 der letzte Abnehmer;
6. des § 4 Nr. 4a Satz 1 Buchstabe a Satz 2 der Unternehmer, dem die Auslagerung zuzurechnen ist (Auslagerer); daneben auch der Lagerhalter als Gesamtschuldner, wenn er entgegen § 22 Abs. 4c Satz 2 die inländische Umsatzsteuer-Identifikationsnummer des Auslagerers oder dessen Fiskalvertreters nicht oder nicht zutreffend aufzeichnet,
7.[1] des § 18k neben dem Unternehmer der im Gemeinschaftsgebiet ansässige Vertreter, sofern ein solcher vom Unternehmer vertraglich bestellt und dies der Finanzbehörde nach § 18k Absatz 1 Satz 2 angezeigt wurde. ② Der Vertreter ist gleichzeitig Empfangsbevollmächtigter für den Unternehmer und dadurch ermächtigt, alle Verwaltungsakte und Mitteilungen der Finanzbehörde in Empfang zu nehmen, die mit dem Besteuerungsverfahren nach § 18k und einem außergerichtlichen Rechtsbehelfsverfahren nach dem Siebenten Teil der Abgabenordnung zusammenhängen. ③ Bei der Bekanntgabe an den Vertreter ist darauf hinzuweisen, dass sie auch mit Wirkung für und gegen den Unternehmer erfolgt. ④ Die Empfangsbevollmächtigung des Vertreters kann nur nach Beendigung des Vertragsverhältnisses und mit Wirkung für die Zukunft widerrufen werden. ⑤ Der Widerruf wird gegenüber der Finanzbehörde erst wirksam, wenn er ihr zugegangen ist.

(2) Für die Einfuhrumsatzsteuer gilt § 21 Abs. 2.

§ 13b[2] Leistungsempfänger als Steuerschuldner

(1) Für nach § 3a Absatz 2 im Inland steuerpflichtige sonstige Leistungen eines im übrigen Gemeinschaftsgebiet ansässigen Unternehmers entsteht die Steuer mit Ablauf des Voranmeldungzeitraums, in dem die Leistungen ausgeführt worden sind.

(2) Für folgende steuerpflichtige Umsätze entsteht die Steuer mit Ausstellung der Rechnung, spätestens jedoch mit Ablauf des der Ausführung der Leistung folgenden Kalendermonats:
1. Werklieferungen und nicht unter Absatz 1 fallende sonstige Leistungen eines im Ausland ansässigen Unternehmers;
2. Lieferungen sicherungsübereigneter Gegenstände durch den Sicherungsgeber an den Sicherungsnehmer außerhalb des Insolvenzverfahrens;
3. Umsätze, die unter das Grunderwerbsteuergesetz fallen;
4.[3] ① Bauleistungen, einschließlich Werklieferungen und sonstigen Leistungen im Zusammenhang mit Grundstücken, die der Herstellung, Instandsetzung, Instandhaltung, Änderung oder Beseitigung von Bauwerken dienen, mit Ausnahme von Planungs- und Überwachungsleistungen. ② Als Grundstücke gelten insbesondere auch Sachen, Ausstattungsgegenstände und Maschinen, die auf Dauer in einem Gebäude oder Bauwerk installiert sind und die nicht bewegt werden können, ohne das Gebäude oder Bauwerk zu zerstören oder zu verändern. ③ Nummer 1 bleibt unberührt;
5.[4] Lieferungen
   a) der in § 3g Absatz 1 Satz 1 genannten Gegenstände eines im Ausland ansässigen Unternehmers unter den Bedingungen des § 3g und
   b) von Gas über das Erdgasnetz und von Elektrizität, die nicht unter Buchstabe a fallen;

---

[1] § 13a Abs. 1 Nr. 7 angefügt mWv 1. 7. 2021 durch Art. 14 JStG 2020 (BGBl. I S. 3096).
[2] § 13b neugefasst mWv 1. 7. 2010 durch EU-VorgG v. 8. 4. 2010 (BGBl. I S. 386).
[3] § 13b Abs. 2 Nr. 4 neugefasst mWv 6. 11. 2015 durch G v. 2. 11. 2015 (BGBl. I S. 1834).
[4] § 13b Abs. 2 Nr. 5 neugefasst mWv 1. 9. 2013 durch G v. 26. 6. 2013 (BGBl. I S. 1809) iVm Bek. v. 26. 7. 2013 (BGBl. II S. 1120).

6.[1] Übertragung von Berechtigungen nach § 3 Nummer 3 des Treibhausgas-Emissionshandelsgesetzes, Emissionsreduktionseinheiten nach § 2 Nummer 20 des Projekt-Mechanismen-Gesetzes, zertifizierten Emissionsreduktionen nach § 2 Nummer 21 des Projekt-Mechanismen-Gesetzes *sowie* [***ab 1. 1. 2023:*** , Emissionszertifikaten nach § 3 Nummer 2 des Brennstoffemissionshandelsgesetzes sowie von] Gas- und Elektrizitätszertifikaten;

7.[2] Lieferungen der in der Anlage 3 bezeichneten Gegenstände;

8.[2] Reinigen von Gebäuden und Gebäudeteilen. ② Nummer 1 bleibt unberührt;

9.[2] Lieferungen von Gold mit einem Feingehalt von mindestens 325 Tausendstel, in Rohform oder als Halbzeug (aus Position 7108 des Zolltarifs) und von Goldplattierungen mit einem Goldfeingehalt von mindestens 325 Tausendstel (aus Position 7109);

10.[3] Lieferungen von Mobilfunkgeräten, Tablet-Computern und Spielekonsolen sowie von integrierten Schaltkreisen vor Einbau in einen zur Lieferung auf der Einzelhandelsstufe geeigneten Gegenstand, wenn die Summe der für sie in Rechnung zu stellenden Entgelte im Rahmen eines wirtschaftlichen Vorgangs mindestens 5000 Euro beträgt; nachträgliche Minderungen des Entgelts bleiben dabei unberücksichtigt;

11.[4] Lieferungen der in der Anlage 4 bezeichneten Gegenstände, wenn die Summe der für sie in Rechnung zu stellenden Entgelte im Rahmen eines wirtschaftlichen Vorgangs mindestens 5000 Euro beträgt; nachträgliche Minderungen des Entgelts bleiben dabei unberücksichtigt;

12.[5] sonstige Leistungen auf dem Gebiet der Telekommunikation. ② Nummer 1 bleibt unberührt.

(3) Abweichend von den *Absatz*[6] 1 und 2 Nummer 1 entsteht die Steuer für sonstige Leistungen, die dauerhaft über einen Zeitraum von mehr als einem Jahr erbracht werden, spätestens mit Ablauf eines jeden Kalenderjahres, in dem sie tatsächlich erbracht werden.

(4) ① Bei der Anwendung der Absätze 1 bis 3 gilt § 13 Absatz 1 Nummer 1 Buchstabe a Satz 2 und 3 entsprechend. ② Wird in den in den Absätzen 1 bis 3 sowie in den in Satz 1 genannten Fällen das Entgelt oder ein Teil des Entgelts vereinnahmt, bevor die Leistung oder die Teilleistung ausgeführt worden ist, entsteht insoweit die Steuer mit Ablauf des Voranmeldungszeitraums, in dem das Entgelt oder das Teilentgelt vereinnahmt worden ist.

(5)[7] ① In den in den Absätzen 1 und 2 Nummer 1 bis 3 genannten Fällen schuldet der Leistungsempfänger die Steuer, wenn er ein Unternehmer oder eine juristische Person ist; in den in Absatz 2 Nummer 5 Buchstabe a, Nummer 6, 7, 9 bis 11 genannten Fällen schuldet der Leistungsempfänger die Steuer, wenn er ein Unternehmer ist. ② In den in Absatz 2 Nummer 4 Satz 1 genannten Fällen schuldet der Leistungsempfänger die Steuer unabhängig davon, ob er sie für eine von ihm erbrachte Leistung im Sinne des Absatzes 2 Nummer 4 Satz 1 verwendet, wenn er ein Unternehmer ist, der nachhaltig entsprechende Leistungen erbringt; davon ist auszugehen, wenn ihm das zuständige Finanzamt eine im Zeitpunkt der Ausführung des Umsatzes gültige auf längstens drei Jahre befristete Bescheinigung, die nur mit Wirkung für die Zukunft widerrufen oder zurückgenommen werden kann, darüber erteilt hat, dass er ein Unternehmer ist, der entsprechende Leistungen erbringt. ③ Bei den in Absatz 2 Nummer 5 Buchstabe b genannten Lieferungen von Erdgas schuldet der Leistungsempfänger die Steuer, wenn er ein Wiederverkäufer von Erdgas im Sinne des § 3g ist. ④ Bei den in Absatz 2 Nummer 5 Buchstabe b genannten Lieferungen von Elektrizität schuldet der Leistungsempfänger in den Fällen die Steuer, in denen der liefernde Unternehmer und der Leistungsempfänger Wiederverkäufer von Elektrizität im Sinne des § 3g sind. ⑤ In den in Absatz 2 Nummer 8 Satz 1 genannten Fällen schuldet der Leistungsempfänger die Steuer unabhängig davon, ob er sie für eine von ihm erbrachte Leistung im Sinne des Absatzes 2 Nummer 8 Satz 1 verwendet, wenn er ein Unternehmer ist, der nachhaltig entsprechende Leistungen erbringt; davon ist auszugehen, wenn ihm das zuständige Finanzamt eine im Zeitpunkt der Ausführung des Umsatzes gültige auf längstens drei Jahre befristete Bescheinigung, die nur mit Wirkung für die Zukunft widerrufen oder zurückgenommen werden kann, darüber erteilt hat, dass er ein Unternehmer ist, der entsprechende Leistungen erbringt. ⑥ Bei den in Absatz 2 Nummer 12 Satz 1 genannten Leistungen schuldet der Leistungsempfänger die Steuer, wenn er ein Unternehmer ist, dessen Haupttätigkeit in Bezug auf den Erwerb dieser Leistungen in deren Erbringung besteht und dessen eigener Verbrauch dieser Leistungen von untergeordneter Bedeutung ist; davon ist auszugehen, wenn ihm das zuständige Finanzamt eine im Zeitpunkt der Ausführung des Umsatzes gültige auf längstens drei Jahre befristete Bescheini-

---

[1] § 13b Abs. 2 Nr. 6 neugefasst mWv 1. 1. 2020 durch „JStG 2019" v. 12. 12. 2019 (BGBl. I S. 2451) und mWv 1. 1. 2023 durch G v. 24. 10. 2022 (BGBl. I S. 1838).

[2] § 13b Abs. 2 Nrn. 7, 8, 9 angefügt mWv 1. 1. 2011 durch G v. 8. 12. 2010 (BGBl. I S. 1768); Anlage 3 abgedruckt im Anschluss an dieses Gesetz.

[3] § 13b Abs. 2 Nr. 10 neugefasst mWv 1. 10. 2014 durch G v. 25. 7. 2014 (BGBl. I S. 1266).

[4] § 13b Abs. 2 Nr. 11 angefügt mWv 1. 10. 2014 durch G v. 25. 7. 2014 (BGBl. I S. 1266) und geändert mWv 1. 1. 2015 durch G v. 22. 12. 2014 (BGBl. I S. 2417).

[5] § 13b Abs. 2 Nr. 12 angefügt mWv 1. 1. 2021 durch Art. 12 JStG 2020 (BGBl. I S. 3096).

[6] Redaktionsversehen; muss wohl lauten „Absätzen".

[7] § 13b Abs. 5 Satz 1 geändert, Sätze 2 und 5 neugefasst, Satz 7 eingefügt, bisheriger Satz 7 wird Satz 8, Satz 9 angefügt mWv 1. 10. 2014 durch G v. 25. 7. 2014 (BGBl. I S. 1266); Satz 3 neugefasst mWv 31. 12. 2014 durch G v. 22. 12. 2014 (BGBl. I S. 2417); Satz 6 neugefasst und Satz 10 angefügt mWv 6. 11. 2015 durch G v. 2. 11. 2015 (BGBl. I S. 1834); neuer Satz 6 eingefügt, bish. Sätze 6–10 werden Sätze 7–11 und geändert mWv 1. 1. 2021 durch Art. 12 JStG 2020 (BGBl. I S. 3096).

gung, die nur mit Wirkung für die Zukunft widerrufen oder zurückgenommen werden kann, darüber erteilt hat, dass er ein Unternehmer ist, der entsprechende Leistungen erbringt. ⑦ Die Sätze 1 bis 6 gelten vorbehaltlich des Satzes 10 auch, wenn die Leistung für den nichtunternehmerischen Bereich bezogen wird. ⑧ Sind Leistungsempfänger und leistender Unternehmer in Zweifelsfällen übereinstimmend vom Vorliegen der Voraussetzungen des Absatzes 2 Nummer 4, 5 Buchstabe b, Nummer 7 bis 12 ausgegangen, obwohl dies nach der Art der Umsätze unter Anlegung objektiver Kriterien nicht zutreffend war, gilt der Leistungsempfänger dennoch als Steuerschuldner, sofern dadurch keine Steuerausfälle entstehen. ⑨ Die Sätze 1 bis 7 gelten nicht, wenn bei dem Unternehmer, der die Umsätze ausführt, die Steuer nach § 19 Absatz 1 nicht erhoben wird. ⑩ Die Sätze 1 bis 9 gelten nicht, wenn ein in Absatz 2 Nummer 2, 7 oder 9 bis 11 genannter Gegenstand von dem Unternehmer, der die Lieferung bewirkt, unter den Voraussetzungen des § 25 a geliefert wird. ⑪ In den in Absatz 2 Nummer 4, Nummer 5 Buchstabe b und Nummer 7 bis 12 genannten Fällen schulden juristische Personen des öffentlichen Rechts die Steuer nicht, wenn sie die Leistung für den nichtunternehmerischen Bereich beziehen.

(6) Die Absätze 1 bis 5 finden keine Anwendung, wenn die Leistung des im Ausland ansässigen Unternehmers besteht

1. in einer Personenbeförderung, die der Beförderungseinzelbesteuerung (§ 16 Absatz 5) unterlegen hat,
2.[1] in einer Personenbeförderung, die mit einem Fahrzeug im Sinne des § 1 b Absatz 2 Satz 1 Nummer 1 durchgeführt worden ist,
3. in einer grenzüberschreitenden Personenbeförderung im Luftverkehr,
4. in der Einräumung der Eintrittsberechtigung für Messen, Ausstellungen und Kongresse im Inland,
5. in einer sonstigen Leistung einer Durchführungsgesellschaft an im Ausland ansässige Unternehmer, soweit diese Leistung im Zusammenhang mit der Veranstaltung von Messen und Ausstellungen im Inland steht oder
6.[2] in der Abgabe von Speisen und Getränken zum Verzehr an Ort und Stelle (Restaurationsleistung), wenn diese Abgabe an Bord eines Schiffs, in einem Luftfahrzeug oder in einer Eisenbahn erfolgt.

(7)[3] ① Ein im Ausland ansässiger Unternehmer im Sinne des Absatzes 2 Nummer 1 und 5 ist ein Unternehmer, der im Inland, auf der Insel Helgoland und in einem der in § 1 Absatz 3 bezeichneten Gebiete weder einen Wohnsitz, seinen gewöhnlichen Aufenthalt, seinen Sitz, seine Geschäftsleitung noch eine Betriebsstätte hat; dies gilt auch, wenn der Unternehmer ausschließlich einen Wohnsitz oder einen gewöhnlichen Aufenthaltsort im Inland, aber seinen Sitz, den Ort der Geschäftsleitung oder eine Betriebsstätte im Ausland hat. ② Ein im übrigen Gemeinschaftsgebiet ansässiger Unternehmer ist ein Unternehmer, der in den Gebieten der übrigen Mitgliedstaaten der Europäischen Union, die nach dem Gemeinschaftsrecht als Inland dieser Mitgliedstaaten gelten, einen Wohnsitz, seinen gewöhnlichen Aufenthalt, seinen Sitz, seine Geschäftsleitung oder eine Betriebsstätte hat; dies gilt nicht, wenn der Unternehmer ausschließlich einen Wohnsitz oder einen gewöhnlichen Aufenthaltsort in den Gebieten der übrigen Mitgliedstaaten der Europäischen Union, die nach dem Gemeinschaftsrecht als Inland dieser Mitgliedstaaten gelten, aber seinen Sitz, den Ort der Geschäftsleitung oder eine Betriebsstätte im Drittlandsgebiet hat. ③ Hat der Unternehmer im Inland eine Betriebsstätte und führt er einen Umsatz nach Absatz 1 oder Absatz 2 Nummer 1 oder Nummer 5 aus, gilt er hinsichtlich dieses Umsatzes als im Ausland oder im übrigen Gemeinschaftsgebiet ansässig, wenn die Betriebsstätte an diesem Umsatz nicht beteiligt ist. ④ Maßgebend ist der Zeitpunkt, in dem die Leistung ausgeführt wird. ⑤ Ist es zweifelhaft, ob der Unternehmer diese Voraussetzungen erfüllt, schuldet der Leistungsempfänger die Steuer nur dann nicht, wenn ihm der Unternehmer durch eine Bescheinigung des nach den abgabenrechtlichen Vorschriften für die Besteuerung seiner Umsätze zuständigen Finanzamts nachweist, dass er kein Unternehmer im Sinne der Sätze 1 und 2 ist.

(8) Bei der Berechnung der Steuer sind die §§ 19 und 24 nicht anzuwenden.

(9) Das Bundesministerium der Finanzen kann mit Zustimmung des Bundesrates durch Rechtsverordnung bestimmen, unter welchen Voraussetzungen zur Vereinfachung des Besteuerungsverfahrens in den Fällen, in denen ein anderer als der Leistungsempfänger ein Entgelt gewährt (§ 10 Absatz 1 Satz 3), der andere an Stelle des Leistungsempfängers Steuerschuldner nach Absatz 5 ist.

(10)[4] ① Das Bundesministerium der Finanzen kann mit Zustimmung des Bundesrates durch Rechtsverordnung den Anwendungsbereich der Steuerschuldnerschaft des Leistungsempfängers nach den Absätzen 2 und 5 auf weitere Umsätze erweitern, wenn im Zusammenhang mit diesen Umsätzen in vielen Fällen der Verdacht auf Steuerhinterziehung in einem besonders schweren Fall aufgetreten ist, die voraussichtlich zu erheblichen und unwiederbringlichen Steuermindereinnahmen führen. ② Voraussetzungen für eine solche Erweiterung sind, dass

---

[1] § 13 b Abs. 6 Nr. 2 geändert mWv 1. 10. 2013 durch G v. 26. 6. 2013 (BGBl. I S. 1809).

[2] § 13 b Abs. 6 Nr. 6 angefügt mWv 14. 12. 2010 durch JStG 2010 v. 8. 12. 2010 (BGBl. I S. 1768).

[3] § 13 b Abs. 7 Sätze 1 und 2 neugefasst, Satz 3 eingefügt, bish. Sätze 3 und 4 werden Sätze 4 und 5 mWv 30. 6. 2013 durch G v. 26. 6. 2013 (BGBl. I S. 1809); Satz 5 geänd. mWv 31. 7. 2014 durch G v. 25. 7. 2014 (BGBl. I S. 1266).

[4] § 13 b Abs. 10 angefügt mWv 1. 1. 2015 durch G v. 22. 12. 2014 (BGBl. I S. 2417).

1. die Erweiterung frühestens zu dem Zeitpunkt in Kraft treten darf, zu dem die Europäische Kommission entsprechend Artikel 199b Absatz 3 der Richtlinie 2006/112/EG des Rates vom 28. November 2006 über das gemeinsame Mehrwertsteuersystem (ABl. L 347 vom 11. 12. 2006, S. 1) in der Fassung von Artikel 1 Nummer 1 der Richtlinie 2013/42/EU (ABl. L 201 vom 26. 7. 2013, S. 1) mitgeteilt hat, dass sie keine Einwände gegen die Erweiterung erhebt;
2. die Bundesregierung einen Antrag auf eine Ermächtigung durch den Rat entsprechend Artikel 395 der Richtlinie 2006/112/EG in der Fassung von Artikel 1 Nummer 2 der Richtlinie 2013/42/EG (ABl. L 201 vom 26.7. 2013, S.1) gestellt hat, durch die die Bundesrepublik Deutschland ermächtigt werden soll, in Abweichung von Artikel 193 der Richtlinie 2006/112/EG, die zuletzt durch die Richtlinie 2013/61/EU (ABl. L 353 vom 28.12. 2013, S.5) geändert worden ist, die Steuerschuldnerschaft des Leistungsempfängers für die von der Erweiterung nach Nummer 1 erfassten Umsätze zur Vermeidung von Steuerhinterziehungen einführen zu dürfen;
3. die Verordnung nach neun Monaten außer Kraft tritt, wenn die Ermächtigung nach Nummer 2 nicht erteilt worden ist; wurde die Ermächtigung nach Nummer 2 erteilt, tritt die Verordnung außer Kraft, sobald die gesetzliche Regelung, mit der die Ermächtigung in nationales Recht umgesetzt wird, in Kraft tritt.

§ 13c[1] Haftung bei Abtretung, Verpfändung oder Pfändung von Forderungen

(1)[2] ① Soweit der leistende Unternehmer den Anspruch auf die Gegenleistung für einen steuerpflichtigen Umsatz im Sinne des § 1 Abs. 1 Nr. 1 an einen anderen Unternehmer abgetreten und die festgesetzte Steuer, bei deren Berechnung dieser Umsatz berücksichtigt worden ist, bei Fälligkeit nicht oder nicht vollständig entrichtet hat, haftet der Abtretungsempfänger nach Maßgabe des Absatzes 2 für die in der Forderung enthaltene Umsatzsteuer, soweit sie im vereinnahmten Betrag enthalten ist. ② Ist die Vollziehung der Steuerfestsetzung in Bezug auf die in der abgetretenen Forderung enthaltene Umsatzsteuer gegenüber dem leistenden Unternehmer ausgesetzt, gilt die Steuer insoweit als nicht fällig. ③ Soweit der Abtretungsempfänger die Forderung an einen Dritten abgetreten hat, gilt sie in voller Höhe als vereinnahmt. ④ Die Forderung gilt durch den Abtretungsempfänger nicht als vereinnahmt, soweit der leistende Unternehmer für die Abtretung der Forderung eine Gegenleistung in Geld vereinnahmt. ⑤ Voraussetzung ist, dass dieser Geldbetrag tatsächlich in den Verfügungsbereich des leistenden Unternehmers gelangt; davon ist nicht auszugehen, soweit dieser Geldbetrag auf ein Konto gezahlt wird, auf das der Abtretungsempfänger die Möglichkeit des Zugriffs hat.

(2) ① Der Abtretungsempfänger ist ab dem Zeitpunkt in Anspruch zu nehmen, in dem die festgesetzte Steuer fällig wird, frühestens ab dem Zeitpunkt der Vereinnahmung der abgetretenen Forderung. ② Bei der Inanspruchnahme nach Satz 1 besteht abweichend von § 191 der Abgabenordnung kein Ermessen. ③ Die Haftung ist der Höhe nach begrenzt auf die im Zeitpunkt der Fälligkeit nicht entrichtete Steuer. ④ Soweit der Abtretungsempfänger auf die nach Absatz 1 Satz 1 festgesetzte Steuer Zahlungen im Sinne des § 48 der Abgabenordnung geleistet hat, haftet er nicht.

(3) ① Die Absätze 1 und 2 gelten bei der Verpfändung oder der Pfändung von Forderungen entsprechend. ② An die Stelle des Abtretungsempfängers tritt im Fall der Verpfändung der Pfandgläubiger und im Fall der Pfändung der Vollstreckungsgläubiger.

§ 13d[3] *(aufgehoben)*

§ 14 Ausstellung von Rechnungen

(1)[4] ① Rechnung ist jedes Dokument, mit dem über eine Lieferung oder sonstige Leistung abgerechnet wird, gleichgültig, wie dieses Dokument im Geschäftsverkehr bezeichnet wird. ② Die Echtheit der Herkunft der Rechnung, die Unversehrtheit ihres Inhalts und ihre Lesbarkeit müssen gewährleistet werden. ③ Echtheit der Herkunft bedeutet die Sicherheit der Identität des Rechnungsausstellers. ④ Unversehrtheit des Inhalts bedeutet, dass die nach diesem Gesetz erforderlichen Angaben nicht geändert wurden. ⑤ Jeder Unternehmer legt fest, in welcher Weise die Echtheit der Herkunft, die Unversehrtheit des Inhalts und die Lesbarkeit der Rechnung gewährleistet werden. ⑥ Dies kann durch jegliche innerbetriebliche Kontrollverfahren erreicht werden, die einen verlässlichen Prüfpfad zwischen Rechnung und Leistung schaffen können. ⑦ Rechnungen sind auf Papier oder vorbehaltlich der Zustimmung des Empfängers elektronisch zu übermitteln. ⑧ Eine elektronische Rechnung ist eine Rechnung, die in einem elektronischen Format ausgestellt und empfangen wird.

(2) ① Führt der Unternehmer eine Lieferung oder eine sonstige Leistung nach § 1 Abs. 1 Nr. 1 aus, gilt Folgendes:
1. führt der Unternehmer eine steuerpflichtige Werklieferung (§ 3 Abs. 4 Satz 1) oder sonstige Leistung im Zusammenhang mit einem Grundstück aus, ist er verpflichtet, innerhalb von sechs Monaten nach Ausführung der Leistung eine Rechnung auszustellen;

---

[1] Zum Anwendungszeitpunkt von § 13c vgl. § 27 Abs. 7 Satz 1 UStG.
[2] § 13c Abs. 1 Sätze 4 und 5 angefügt mWv 1. 1. 2017 durch G v. 30. 6. 2017 (BGBl. I S. 2143).
[3] § 13d aufgehoben mWv 1. 1. 2008 durch JStG 2008 v. 20. 12. 2007 (BStBl. I S. 3150).
[4] § 14 Abs. 1 neugefasst mWv 1. 7. 2011 (vgl. § 27 Abs. 18) durch StVereinfG 2011 v. 1. 11. 2011 (BGBl. I S. 2131).

2.[1] führt der Unternehmer eine andere als die in Nummer 1 genannte Leistung aus, ist er berechtigt, eine Rechnung auszustellen. ② Soweit er einen Umsatz an einen anderen Unternehmer für dessen Unternehmen oder an eine juristische Person, die nicht Unternehmer ist, ausführt, ist er verpflichtet, innerhalb von sechs Monaten nach Ausführung der Leistung eine Rechnung auszustellen. ③ Eine Verpflichtung zur Ausstellung einer Rechnung besteht nicht, wenn der Umsatz nach § 4 Nr. 8 bis 29 steuerfrei ist. ④ § 14 a bleibt unberührt.

② Unbeschadet der Verpflichtungen nach Satz 1 Nr. 1 und 2 Satz 2 kann eine Rechnung von einem in Satz 1 Nr. 2 bezeichneten Leistungsempfänger für eine Lieferung oder sonstige Leistung des Unternehmers ausgestellt werden, sofern dies vorher vereinbart wurde (Gutschrift). ③ Die Gutschrift verliert die Wirkung einer Rechnung, sobald der Empfänger der Gutschrift dem ihm übermittelten Dokument widerspricht. ④ Eine Rechnung kann im Namen und für Rechnung des Unternehmers oder eines in Satz 1 Nr. 2 bezeichneten Leistungsempfängers von einem Dritten ausgestellt werden.

(3)[2] Unbeschadet anderer nach Absatz 1 zulässiger Verfahren gelten bei einer elektronischen Rechnung die Echtheit der Herkunft und die Unversehrtheit des Inhalts als gewährleistet durch

1. eine qualifizierte elektronische Signatur oder
2. elektronischen Datenaustausch (EDI) nach Artikel 2 der Empfehlung 94/820/EG der Kommission vom 19. Oktober 1994 über die rechtlichen Aspekte des elektronischen Datenaustausches (ABl. L 338 vom 28. 12. 1994 S. 98), wenn in der Vereinbarung über diesen Datenaustausch der Einsatz von Verfahren vorgesehen ist, die die Echtheit der Herkunft und die Unversehrtheit der Daten gewährleisten.

(4) ① Eine Rechnung muss folgende Angaben enthalten:

1. den vollständigen Namen und die vollständige Anschrift des leistenden Unternehmers und des Leistungsempfängers,
2.[3] die dem leistenden Unternehmer vom Finanzamt erteilte Steuernummer oder die ihm vom Bundeszentralamt für Steuern erteilte Umsatzsteuer-Identifikationsnummer,
3. das Ausstellungsdatum,
4. eine fortlaufende Nummer mit einer oder mehreren Zahlenreihen, die zur Identifizierung der Rechnung vom Rechnungsaussteller einmalig vergeben wird (Rechnungsnummer),
5. die Menge und die Art (handelsübliche Bezeichnung) der gelieferten Gegenstände oder den Umfang und die Art der sonstigen Leistung,
6.[4] den Zeitpunkt der Lieferung oder sonstigen Leistung; in den Fällen des Absatzes 5 Satz 1 den Zeitpunkt der Vereinnahmung des Entgelts oder eines Teils des Entgelts, sofern der Zeitpunkt der Vereinnahmung feststeht und nicht mit dem Ausstellungsdatum der Rechnung übereinstimmt,
7. das nach Steuersätzen und einzelnen Steuerbefreiungen aufgeschlüsselte Entgelt für die Lieferung oder sonstige Leistung (§ 10) sowie jede im Voraus vereinbarte Minderung des Entgelts, sofern sie nicht bereits im Entgelt berücksichtigt ist,
8. den anzuwendenden Steuersatz sowie den auf das Entgelt entfallenden Steuerbetrag oder im Fall einer Steuerbefreiung einen Hinweis darauf, dass für die Lieferung oder sonstige Leistung eine Steuerbefreiung gilt,
9. in den Fällen des § 14 b Abs. 1 Satz 5 einen Hinweis auf die Aufbewahrungspflicht des Leistungsempfängers, und
10.[5] in den Fällen der Ausstellung der Rechnung durch den Leistungsempfänger oder durch einen von ihm beauftragten Dritten gemäß Absatz 2 Satz 2 die Angabe „Gutschrift".

② In den Fällen des § 10 Abs. 5 sind die Nummern 7 und 8 mit der Maßgabe anzuwenden, dass die Bemessungsgrundlage für die Leistung (§ 10 Abs. 4) und der darauf entfallende Steuerbetrag anzugeben sind. ③ Unternehmer, die § 24 Abs. 1 bis 3 anwenden, sind jedoch auch in diesen Fällen nur zur Angabe des Entgelts und des darauf entfallenden Steuerbetrags berechtigt. ④ Die Berichtigung einer Rechnung um fehlende oder unzutreffende Angaben ist kein rückwirkendes Ereignis im Sinne von § 175 Absatz 1 Satz 1 Nummer 2 und § 233 a Absatz 2 a der Abgabenordnung.[6]

(5) ① Vereinnahmt der Unternehmer das Entgelt oder einen Teil des Entgelts für eine noch nicht ausgeführte Lieferung oder sonstige Leistung, gelten die Absätze 1 bis 4 sinngemäß. ② Wird eine Endrechnung erteilt, sind in ihr die vor Ausführung der Lieferung oder sonstigen Leistung

---

[1] § 14 Abs. 2 Satz 1 Nr. 2 Satz 2 geändert, Sätze 3 und 4 angefügt mWv 1. 1. 2009 durch SteuerbürokratieabbauG v. 20. 12. 2008 (BGBl. I S. 2850); zur Anwendung siehe § 27 Abs. 15 UStG; Abs. 2 Satz 2 Nr. 2 Satz 3 Angabe geändert mWv 1. 1. 2020 durch „JStG 2019" v. 12. 12. 2019 (BGBl. I S. 2451).

[2] § 14 Abs. 3 neugefasst mWv 1. 7. 2011 (vgl. § 27 Abs. 18) durch StVereinfG 2011 v. 1. 11. 2011 (BGBl. I S. 2131); Abs. 3 Nr. 1 geändert mWv 29. 7. 2017 durch G v. 18. 7. 2017 (BGBl. I S. 2745).

[3] § 14 Abs. 4 Satz 1 Nr. 2 Bezeichnung geändert mWv 1. 1. 2006 durch G v. 22. 9. 2005 (BGBl. I S. 2809/2812).

[4] § 14 Abs. 4 Satz 1 Nr. 6 neugefasst mWv 19. 12. 2006 durch JStG 2007 v. 13. 12. 2006 (BGBl. I S. 2878).

[5] § 14 Abs. 4 Satz 1 Nr. 10 angefügt mWv 30. 6. 2013 durch G v. 26. 6. 2013 (BGBl. I S. 1809).

[6] § 14 Abs. 4 Satz 4 angefügt mWv 29. 12. 2020 durch JStG 2020 (BGBl. I S. 3096).

vereinnahmten Teilentgelte und die auf sie entfallenden Steuerbeträge abzusetzen, wenn über die Teilentgelte Rechnungen im Sinne der Absätze 1 bis 4 ausgestellt worden sind.

(6) Das Bundesministerium der Finanzen kann mit Zustimmung des Bundesrates zur Vereinfachung des Besteuerungsverfahrens durch Rechtsverordnung bestimmen, in welchen Fällen und unter welchen Voraussetzungen

1. Dokumente als Rechnungen anerkannt werden können,
2. die nach Absatz 4 erforderlichen Angaben in mehreren Dokumenten enthalten sein können,
3. Rechnungen bestimmte Angaben nach Absatz 4 nicht enthalten müssen,
4. eine Verpflichtung des Unternehmers zur Ausstellung von Rechnungen mit gesondertem Steuerausweis (Absatz 4) entfällt oder
5. Rechnungen berichtigt werden können.

(7)[1] ① Führt der Unternehmer einen Umsatz im Inland aus, für den der Leistungsempfänger die Steuer nach § 13b schuldet, und hat der Unternehmer im Inland weder seinen Sitz noch seine Geschäftsleitung, eine Betriebsstätte, von der aus der Umsatz ausgeführt wird oder die an der Erbringung dieses Umsatzes beteiligt ist, oder in Ermangelung eines Sitzes seinen Wohnsitz oder gewöhnlichen Aufenthalt im Inland, so gelten abweichend von den Absätzen 1 bis 6 für die Rechnungserteilung die Vorschriften des Mitgliedstaats, in dem der Unternehmer seinen Sitz, seine Geschäftsleitung, eine Betriebsstätte, von der aus der Umsatz ausgeführt wird, oder in Ermangelung eines Sitzes seinen Wohnsitz oder gewöhnlichen Aufenthalt hat. ② Satz 1 gilt nicht, wenn eine Gutschrift gemäß Absatz 2 Satz 2 vereinbart worden ist. ③ Nimmt der Unternehmer in einem anderen Mitgliedstaat an einem der besonderen Besteuerungsverfahren entsprechend Titel XII Kapitel 6 der Richtlinie 2006/112/EG des Rates vom 28. November 2006 über das gemeinsame Mehrwertsteuersystem (ABl. L 347 vom 11. 12. 2006, S. 1) in der jeweils gültigen Fassung teil, so gelten für die in den besonderen Besteuerungsverfahren zu erklärenden Umsätze abweichend von den Absätzen 1 bis 6 für die Rechnungserteilung die Vorschriften des Mitgliedstaates, in dem der Unternehmer seine Teilnahme anzeigt.

§ 14a Zusätzliche Pflichten bei der Ausstellung von Rechnungen in besonderen Fällen

(1)[2] ① Hat der Unternehmer seinen Sitz, seine Geschäftsleitung, eine Betriebsstätte, von der aus der Umsatz ausgeführt wird, oder in Ermangelung eines Sitzes seinen Wohnsitz oder gewöhnlichen Aufenthalt im Inland und führt er einen Umsatz in einem anderen Mitgliedstaat aus, an dem eine Betriebsstätte in diesem Mitgliedstaat nicht beteiligt ist, so ist er zur Ausstellung einer Rechnung mit der Angabe „Steuerschuldnerschaft des Leistungsempfängers" verpflichtet, wenn die Steuer in dem anderen Mitgliedstaat von dem Leistungsempfänger geschuldet wird und keine Gutschrift gemäß § 14 Absatz 2 Satz 2 vereinbart worden ist. ② Führt der Unternehmer eine sonstige Leistung im Sinne des § 3a Absatz 2 in einem anderen Mitgliedstaat aus, so ist die Rechnung bis zum fünfzehnten Tag des Monats, der auf den Monat folgt, in dem der Umsatz ausgeführt worden ist, auszustellen. ③ In dieser Rechnung sind die Umsatzsteuer-Identifikationsnummer des Unternehmers und die des Leistungsempfängers anzugeben. ④ Wird eine Abrechnung durch Gutschrift gemäß § 14 Absatz 2 Satz 2 über eine sonstige Leistung im Sinne des § 3a Absatz 2 vereinbart, die im Inland ausgeführt wird und für die der Leistungsempfänger die Steuer nach § 13b Absatz 1 und 5 schuldet, sind die Sätze 2 und 3 und Absatz 5 entsprechend anzuwenden.

(2)[3] ① Führt der Unternehmer eine Lieferung im Sinne des § 3c Absatz 1 im Inland aus, ist er zur Ausstellung einer Rechnung verpflichtet. ② Satz 1 gilt nicht, wenn der Unternehmer an dem besonderen Besteuerungsverfahren nach § 18j teilnimmt.

(3)[4] ① Führt der Unternehmer eine innergemeinschaftliche Lieferung aus, ist er zur Ausstellung einer Rechnung bis zum fünfzehnten Tag des Monats, der auf den Monat folgt, in dem der Umsatz ausgeführt worden ist, verpflichtet. ② In der Rechnung sind auch die Umsatzsteuer-Identifikationsnummer des Unternehmers und die des Leistungsempfängers anzugeben. ③ Satz 1 gilt auch für Fahrzeuglieferer (§ 2a). ④ Satz 2 gilt nicht in den Fällen der §§ 1b und 2a.

(4) ① Eine Rechnung über die innergemeinschaftliche Lieferung eines neuen Fahrzeugs muss auch die in § 1b Abs. 2 und 3 bezeichneten Merkmale enthalten. ② Das gilt auch in den Fällen des § 2a.

---

[1] § 14 Abs. 7 angefügt mWv 30. 6. 2013 durch G v. 26. 6. 2013 (BGBl. I S. 1809); Satz 3 angefügt mWv 1. 1. 2019 durch G v. 11. 12. 2018 (BGBl. I S. 2338), vgl. § 27 Abs. 24 Satz 1 UStG.

[2] § 14a Abs. 1 neugefasst mWv 30. 6. 2013 durch G v. 26. 6. 2013 (BGBl. I S. 1809); Satz 4 geändert mWv 31. 7. 2014 durch G v. 25. 7. 2014 (BGBl. I S. 1266).

[3] § 14a Abs. 2 neugefasst mWv 1. 7. 2021 durch Art. 14 JStG 2020 (BGBl. I S. 3096), vgl. § 27 Abs. 34 Satz 1 UStG.

[4] § 14a Abs. 3 Sätze 1 und 2 geändert mWv 30. 6. 2013 durch G v. 26. 6. 2013 (BGBl. I S. 1809).

(5)[1] ① Führt der Unternehmer eine Leistung im Sinne des § 13b Absatz 2 aus, für die der Leistungsempfänger nach § 13b Absatz 5 die Steuer schuldet, ist er zur Ausstellung einer Rechnung mit der Angabe „Steuerschuldnerschaft des Leistungsempfängers" verpflichtet; Absatz 1 bleibt unberührt. ② Die Vorschrift über den gesonderten Steuerausweis in einer Rechnung nach § 14 Absatz 4 Satz 1 Nummer 8 wird nicht angewendet.

(6)[2] ① In den Fällen der Besteuerung von Reiseleistungen nach § 25 hat die Rechnung die Angabe „Sonderregelung für Reisebüros" und in den Fällen der Differenzbesteuerung nach § 25a die Angabe „Gebrauchtgegenstände/Sonderregelung", „Kunstgegenstände/Sonderregelung" oder „Sammlungsstücke und Antiquitäten/Sonderregelung" zu enthalten. ② In den Fällen des § 25 Abs. 3 und des § 25a Abs. 3 und 4 findet die Vorschrift über den gesonderten Steuerausweis in einer Rechnung (§ 14 Abs. 4 Satz 1 Nr. 8) keine Anwendung.

(7) ① Wird in einer Rechnung über eine Lieferung im Sinne des § 25b Abs. 2 abgerechnet, ist auch auf das Vorliegen eines innergemeinschaftlichen Dreiecksgeschäfts und die Steuerschuldnerschaft des letzten Abnehmers hinzuweisen. ② Dabei sind die Umsatzsteuer-Identifikationsnummer des Unternehmers und die des Leistungsempfängers anzugeben. ③ Die Vorschrift über den gesonderten Steuerausweis in einer Rechnung (§ 14 Abs. 4 Satz 1 Nr. 8) findet keine Anwendung.

§ 14b Aufbewahrung von Rechnungen

(1)[3] ① Der Unternehmer hat ein Doppel der Rechnung, die er selbst oder ein Dritter in seinem Namen und für seine Rechnung ausgestellt hat, sowie alle Rechnungen, die er erhalten oder die ein Leistungsempfänger oder in dessen Namen und für dessen Rechnung ein Dritter ausgestellt hat, zehn Jahre aufzubewahren. ② Die Rechnungen müssen für den gesamten Zeitraum die Anforderungen des § 14 Absatz 1 Satz 2 erfüllen. ③ Die Aufbewahrungsfrist beginnt mit dem Schluss des Kalenderjahres, in dem die Rechnung ausgestellt worden ist; § 147 Abs. 3 der Abgabenordnung bleibt unberührt. ④ Die Sätze 1 bis 3 gelten auch

1. für Fahrzeuglieferer (§ 2a);
2. in den Fällen, in denen der letzte Abnehmer die Steuer nach § 13a Abs. 1 Nr. 5 schuldet, für den letzten Abnehmer;
3.[3] in den Fällen, in denen der Leistungsempfänger die Steuer nach § 13b Absatz 5 schuldet, für den Leistungsempfänger.

⑤ In den Fällen des § 14 Abs. 2 Satz 1 Nr. 1 hat der Leistungsempfänger die Rechnung, einen Zahlungsbeleg oder eine andere beweiskräftige Unterlage zwei Jahre gemäß den Sätzen 2 und 3 aufzubewahren, soweit er

1. nicht Unternehmer ist oder
2. Unternehmer ist, aber die Leistung für seinen nichtunternehmerischen Bereich verwendet.

(2) ① Der im Inland oder in einem der in § 1 Abs. 3 bezeichneten Gebiete ansässige Unternehmer hat alle Rechnungen im Inland oder in einem der in § 1 Abs. 3 bezeichneten Gebiete aufzubewahren. ② Handelt es sich um eine elektronische Aufbewahrung, die eine vollständige Fernabfrage (Online-Zugriff) der betreffenden Daten und deren Herunterladen und Verwendung gewährleistet, darf der Unternehmer die Rechnungen auch im übrigen Gemeinschaftsgebiet, in einem der in § 1 Abs. 3 bezeichneten Gebiete, im Gebiet von Büsingen oder auf der Insel Helgoland aufbewahren. ③ Der Unternehmer hat dem Finanzamt den Aufbewahrungsort mitzuteilen, wenn er die Rechnungen nicht im Inland oder in einem der in § 1 Abs. 3 bezeichneten Gebiete aufbewahrt. ④ Der nicht im Inland oder in einem der in § 1 Abs. 3 bezeichneten Gebiete ansässige Unternehmer hat den Aufbewahrungsort der nach Absatz 1 aufzubewahrenden Rechnungen im Gemeinschaftsgebiet, in den in § 1 Abs. 3 bezeichneten Gebieten, im Gebiet von Büsingen oder auf der Insel Helgoland zu bestimmen. ⑤ In diesem Fall ist er verpflichtet, dem Finanzamt auf dessen Verlangen alle aufzubewahrenden Rechnungen und Daten oder die an deren Stelle tretenden Bild- und Datenträger unverzüglich zur Verfügung zu stellen. ⑥ Kommt er dieser Verpflichtung nicht oder nicht rechtzeitig nach, kann das Finanzamt verlangen, dass er die Rechnungen im Inland oder in einem der in § 1 Abs. 3 bezeichneten Gebiete aufbewahrt.

(3) Ein im Inland oder in einem der in § 1 Abs. 3 bezeichneten Gebiete ansässiger Unternehmer ist ein Unternehmer, der in einem dieser Gebiete einen Wohnsitz, seinen Sitz, seine Geschäftsleitung oder eine Zweigniederlassung hat.

(4) ① Bewahrt ein Unternehmer die Rechnungen im übrigen Gemeinschaftsgebiet elektronisch auf, können die zuständigen Finanzbehörden die Rechnungen für Zwecke der Umsatzsteuerkontrolle über Online-Zugriff einsehen, herunterladen und verwenden. ② Es muss sicher-

[1] § 14a Abs. 5 Satz 1 geändert mWv 1. 7. 2010 durch EU-VorgG v. 8. 4. 2010 (BGBl. I S. 386); Abs. 5 neugefasst mWv 30. 6. 2013 durch G v. 26. 6. 2013 (BGBl. I S. 1809).

[2] § 14a Abs. 6 Satz 1 neugefasst mWv 30. 6. 2013 durch G v. 26. 6. 2013 (BGBl. I S. 1809).

[3] § 14b Abs. 1 Satz 2 neugefasst mWv 1. 7. 2011 durch StVereinfG 2011 v. 1. 11. 2011 (BGBl. I S. 2131); Abs. 1 Satz 4 Nr. 3 geändert mWv 1. 7. 2010 durch G v. 8. 4. 2010 (BGBl. I S. 386).

gestellt sein, dass die zuständigen Finanzbehörden die Rechnungen unverzüglich über Online-Zugriff einsehen, herunterladen und verwenden können.

(5)[1] Will der Unternehmer die Rechnungen außerhalb des Gemeinschaftsgebiets elektronisch aufbewahren, gilt § 146 Abs. 2b der Abgabenordnung.

§ 14c Unrichtiger oder unberechtigter Steuerausweis

(1) ① Hat der Unternehmer in einer Rechnung für eine Lieferung oder sonstige Leistung einen höheren Steuerbetrag, als er nach diesem Gesetz für den Umsatz schuldet, gesondert ausgewiesen (unrichtiger Steuerausweis), schuldet er auch den Mehrbetrag. ② Berichtigt er den Steuerbetrag gegenüber dem Leistungsempfänger, ist § 17 Abs. 1 entsprechend anzuwenden. ③ In den Fällen des § 1 Abs. 1a und in den Fällen der Rückgängigmachung des Verzichts auf die Steuerbefreiung nach § 9 gilt Absatz 2 Satz 3 bis 5 entsprechend.

(2) ① Wer in einer Rechnung einen Steuerbetrag gesondert ausweist, obwohl er zum gesonderten Ausweis der Steuer nicht berechtigt ist (unberechtigter Steuerausweis), schuldet den ausgewiesenen Betrag. ② Das Gleiche gilt, wenn jemand wie ein leistender Unternehmer abrechnet und einen Steuerbetrag gesondert ausweist, obwohl er nicht Unternehmer ist oder eine Lieferung oder sonstige Leistung nicht ausführt. ③ Der nach den Sätzen 1 und 2 geschuldete Steuerbetrag kann berichtigt werden, soweit die Gefährdung des Steueraufkommens beseitigt worden ist. ④ Die Gefährdung des Steueraufkommens ist beseitigt, wenn ein Vorsteuerabzug beim Empfänger der Rechnung nicht durchgeführt oder die geltend gemachte Vorsteuer an die Finanzbehörde zurückgezahlt worden ist. ⑤ Die Berichtigung des geschuldeten Steuerbetrags ist beim Finanzamt gesondert schriftlich zu beantragen und nach dessen Zustimmung in entsprechender Anwendung des § 17 Abs. 1 für den Besteuerungszeitraum vorzunehmen, in dem die Voraussetzungen des Satzes 4 eingetreten sind.

§ 15 Vorsteuerabzug

(1) ① Der Unternehmer kann die folgenden Vorsteuerbeträge abziehen:

1. die gesetzlich geschuldete Steuer für Lieferungen und sonstige Leistungen, die von einem anderen Unternehmer für sein Unternehmen ausgeführt worden sind. ② Die Ausübung des Vorsteuerabzugs setzt voraus, dass der Unternehmer eine nach den §§ 14, 14a ausgestellte Rechnung besitzt. ③ Soweit der gesondert ausgewiesene Steuerbetrag auf eine Zahlung vor Ausführung dieser Umsätze entfällt, ist er bereits abziehbar, wenn die Rechnung vorliegt und die Zahlung geleistet worden ist;
2.[2] die entstandene Einfuhrumsatzsteuer für Gegenstände, die für sein Unternehmen nach § 1 Absatz 1 Nummer 4 eingeführt worden sind;
3.[2] die Steuer für den innergemeinschaftlichen Erwerb von Gegenständen für sein Unternehmen, wenn der innergemeinschaftliche Erwerb nach § 3d Satz 1 im Inland bewirkt wird;
4.[3] die Steuer für Leistungen im Sinne des § 13b Absatz 1 und 2, die für sein Unternehmen ausgeführt worden sind. ② Soweit die Steuer auf eine Zahlung vor Ausführung dieser Leistungen entfällt, ist sie abziehbar, wenn die Zahlung geleistet worden ist;
5. die nach § 13a Abs. 1 Nr. 6 geschuldete Steuer für Umsätze, die für sein Unternehmen ausgeführt worden sind.

② Nicht als für das Unternehmen ausgeführt gilt die Lieferung, die Einfuhr oder der innergemeinschaftliche Erwerb eines Gegenstands, den der Unternehmer zu weniger als 10 Prozent für sein Unternehmen nutzt.

(1a)[4] ① Nicht abziehbar sind Vorsteuerbeträge, die auf Aufwendungen, für die das Abzugsverbot des § 4 Abs. 5 Satz 1 Nr. 1 bis 4, 7 oder des § 12 Nr. 1 des Einkommensteuergesetzes gilt, entfallen. ② Dies gilt nicht für Bewirtungsaufwendungen, soweit § 4 Abs. 5 Satz 1 Nr. 2 des Einkommensteuergesetzes einen Abzug angemessener und nachgewiesener Aufwendungen ausschließt.

(1b)[5] ① Verwendet der Unternehmer ein Grundstück sowohl für Zwecke seines Unternehmens als auch für Zwecke, die außerhalb des Unternehmens liegen, oder für den privaten Bedarf seines Personals, ist die Steuer für die Lieferungen, die Einfuhr und den innergemeinschaftlichen Erwerb sowie für die sonstigen Leistungen im Zusammenhang mit diesem Grundstück vom Vorsteuerabzug ausgeschlossen, soweit sie nicht auf die Verwendung des Grundstücks für Zwecke des Unternehmens entfällt. ② Bei Berechtigungen, für die die Vorschriften des bürgerlichen Rechts über Grundstücke gelten, und bei Gebäuden auf fremdem Grund und Boden ist Satz 1 entsprechend anzuwenden.

---

[1] § 14b Abs. 5 angefügt mWv 25. 12. 2008 durch JStG 2009 v. 19. 12. 2008 (BGBl. I S. 2794); Abs. 5 Zitatangabe geändert mWv 29. 12. 2020 durch JStG 2020 (BGBl. I S. 3096).
[2] § 15 Abs. 1 Satz 1 Nrn. 2 und 3 geändert mWv 30. 6. 2013 durch G v. 26. 6. 2013 (BGBl. I S. 1809).
[3] § 15 Abs. 1 Satz 1 Nr. 4 Satz 1 neugefasst mWv 1. 7. 2010 durch EU-VorgG v. 8. 4. 2010 (BGBl. I S. 386).
[4] § 15 Abs. 1a neugefasst mWv 19. 12. 2006 durch JStG 2007 v. 13. 12. 2006 (BGBl. I S. 2878).
[5] § 15 Abs. 1b eingefügt mWv 1. 1. 2011 (vgl. § 27 Abs. 16 UStG) durch JStG 2010 v. 8. 12. 2010 (BGBl. I S. 1768); vgl. A 15.6a UStAE.

(2) ① Vom Vorsteuerabzug ausgeschlossen ist die Steuer für die Lieferungen, die Einfuhr und den innergemeinschaftlichen Erwerb von Gegenständen sowie für die sonstigen Leistungen, die der Unternehmer zur Ausführung folgender Umsätze verwendet:

1. steuerfreie Umsätze;
2. Umsätze im Ausland, die steuerfrei wären, wenn sie im Inland ausgeführt würden.
3.[1] *(aufgehoben)*

② Gegenstände oder sonstige Leistungen, die der Unternehmer zur Ausführung einer Einfuhr oder eines innergemeinschaftlichen Erwerbs verwendet, sind den Umsätzen zuzurechnen, für die der eingeführte oder innergemeinschaftlich erworbene Gegenstand verwendet wird.

(3) Der Ausschluss vom Vorsteuerabzug nach Absatz 2 tritt nicht ein, wenn die Umsätze

1. in den Fällen des Absatzes 2 Satz 1 Nr. 1
   a) nach § 4 Nr. 1 bis 7, § 25 Abs. 2 oder nach den in § 26 Abs. 5 bezeichneten Vorschriften steuerfrei sind oder
   b)[2] nach § 4 Nummer 8 Buchstabe a bis g, Nummer 10 oder Nummer 11 steuerfrei sind und sich unmittelbar auf Gegenstände beziehen, die in das Drittlandsgebiet ausgeführt werden;
2.[3] in den Fällen des Absatzes 2 Satz 1 Nr. 2
   a) nach § 4 Nr. 1 bis 7, § 25 Abs. 2 oder nach den in § 26 Abs. 5 bezeichneten Vorschriften steuerfrei wären oder
   b)[4] nach § 4 Nummer 8 Buchstabe a bis g, Nummer 10 oder Nummer 11 steuerfrei wären und der Leistungsempfänger im Drittlandsgebiet ansässig ist oder diese Umsätze sich unmittelbar auf Gegenstände beziehen, die in das Drittlandsgebiet ausgeführt werden.

(4)[5] ① Verwendet der Unternehmer einen für sein Unternehmen gelieferten, eingeführten oder innergemeinschaftlich erworbenen Gegenstand oder eine von ihm in Anspruch genommene sonstige Leistung nur zum Teil zur Ausführung von Umsätzen, die den Vorsteuerabzug ausschließen, so ist der Teil der jeweiligen Vorsteuerbeträge nicht abziehbar, der den zum Ausschluss vom Vorsteuerabzug führenden Umsätzen wirtschaftlich zuzurechnen ist. ② Der Unternehmer kann die nicht abziehbaren Teilbeträge im Wege einer sachgerechten Schätzung ermitteln. ③ Eine Ermittlung des nicht abziehbaren Teils der Vorsteuerbeträge nach dem Verhältnis der Umsätze, die den Vorsteuerabzug ausschließen, zu den Umsätzen, die zum Vorsteuerabzug berechtigen, ist nur zulässig, wenn keine andere wirtschaftliche Zurechnung möglich ist. ④ In den Fällen des Absatzes 1 b gelten die Sätze 1 bis 3 entsprechend.

(4 a) Für Fahrzeuglieferer (§ 2 a) gelten folgende Einschränkungen des Vorsteuerabzugs:

1. Abziehbar ist nur die auf die Lieferung, die Einfuhr oder den innergemeinschaftlichen Erwerb des neuen Fahrzeugs entfallende Steuer.
2. Die Steuer kann nur bis zu dem Betrag abgezogen werden, der für die Lieferung des neuen Fahrzeugs geschuldet würde, wenn die Lieferung nicht steuerfrei wäre.
3. Die Steuer kann erst in dem Zeitpunkt abgezogen werden, in dem der Fahrzeuglieferer die innergemeinschaftliche Lieferung des neuen Fahrzeugs ausführt.

(4 b)[6] Für Unternehmer, die nicht im Gemeinschaftsgebiet ansässig sind und die nur Steuer nach § 13 b Absatz 5, nur Steuer nach § 13 b Absatz 5 und § 13 a Absatz 1 Nummer 1 in Verbindung mit § 14 c Absatz 1 oder nur Steuer nach § 13 b Absatz 5 und § 13 a Absatz 1 Nummer 4 schulden, gelten die Einschränkungen des § 18 Absatz 9 Satz 5 und 6 entsprechend.

(5) Das Bundesministerium der Finanzen kann mit Zustimmung des Bundesrates durch Rechtsverordnung nähere Bestimmungen darüber treffen,

1. in welchen Fällen und unter welchen Voraussetzungen zur Vereinfachung des Besteuerungsverfahrens für den Vorsteuerabzug auf eine Rechnung im Sinne des § 14 oder auf einzelne Angaben in der Rechnung verzichtet werden kann,
2. unter welchen Voraussetzungen, für welchen Besteuerungszeitraum und in welchem Umfang zur Vereinfachung oder zur Vermeidung von Härten in den Fällen, in denen ein anderer als der Leistungsempfänger ein Entgelt gewährt (§ 10 Abs. 1 Satz 3), der andere den Vorsteuerabzug in Anspruch nehmen kann, und
3. wann in Fällen von geringer steuerlicher Bedeutung zur Vereinfachung oder zur Vermeidung von Härten bei der Aufteilung der Vorsteuerbeträge (Absatz 4) Umsätze, die den Vorsteuerabzug ausschließen, unberücksichtigt bleiben können oder von der Zurechnung von Vorsteuerbeträgen zu diesen Umsätzen abgesehen werden kann.

---

[1] § 15 Abs. 2 Satz 1 Nr. 3 aufgehoben mWv 19. 12. 2006 durch JStG 2007 v. 13. 12. 2006 (BGBl. I S. 2878).

[2] § 15 Abs. 3 Nr. 1 Buchst. b neugefasst mWv 30. 6. 2013 durch G v. 26. 6. 2013 (BGBl. I S. 1809).

[3] § 15 Abs. 3 Nr. 2 einl. Satzteil geändert durch G v. 13. 12. 2006 (BGBl. I S. 2878).

[4] § 15 Abs. 3 Nr. 2 Buchst. b neugefasst mWv 30. 6. 2013 durch G v. 26. 6. 2013 (BGBl. I S. 1809).

[5] § 15 Abs. 4 Satz 4 angefügt mWv 1. 1. 2011 durch JStG 2010 v. 8. 12. 2010 (BGBl. I S. 1768).

[6] § 15 Abs. 4 b Verweis geändert mWv 1. 1. 2010 durch JStG 2009 v. 19. 12. 2008 (BGBl. I S. 2794) und mWv 1. 7. 2010 durch EU-VorgG v. 8. 4. 2010 (BGBl. I S. 386); Abs. 4 b neugefasst mWv 1. 1. 2020 durch „JStG 2019" v. 12. 12. 2019 (BGBl. I S. 2451), anzuwenden auf nach dem 31. 12. 2019 endende Voranmeldungs-, Besteuerungs- und Vergütungszeiträume (§ 27 Abs. 28 UStG).

§ 15a Berichtigung des Vorsteuerabzugs[1]

(1) ① Ändern sich bei einem Wirtschaftsgut, das nicht nur einmalig zur Ausführung von Umsätzen verwendet wird, innerhalb von fünf Jahren ab dem Zeitpunkt der erstmaligen Verwendung die für den ursprünglichen Vorsteuerabzug maßgebenden Verhältnisse, ist für jedes Kalenderjahr der Änderung ein Ausgleich durch eine Berichtigung des Abzugs der auf die Anschaffungs- oder Herstellungskosten entfallenden Vorsteuerbeträge vorzunehmen. ② Bei Grundstücken einschließlich ihrer wesentlichen Bestandteile, bei Berechtigungen, für die die Vorschriften des bürgerlichen Rechts über Grundstücke gelten, und bei Gebäuden auf fremdem Grund und Boden tritt an die Stelle des Zeitraums von fünf Jahren ein Zeitraum von zehn Jahren.

(2) ① Ändern sich bei einem Wirtschaftsgut, das nur einmalig zur Ausführung eines Umsatzes verwendet wird, die für den ursprünglichen Vorsteuerabzug maßgebenden Verhältnisse, ist eine Berichtigung des Vorsteuerabzugs vorzunehmen. ② Die Berichtigung ist für den Besteuerungszeitraum vorzunehmen, in dem das Wirtschaftsgut verwendet wird.

(3)[2] ① Geht in ein Wirtschaftsgut nachträglich ein anderer Gegenstand ein und verliert dieser Gegenstand dabei seine körperliche und wirtschaftliche Eigenart endgültig oder wird an einem Wirtschaftsgut eine sonstige Leistung ausgeführt, gelten im Fall der Änderung der für den ursprünglichen Vorsteuerabzug maßgebenden Verhältnisse die Absätze 1 und 2 entsprechend. ② Soweit im Rahmen einer Maßnahme in ein Wirtschaftsgut mehrere Gegenstände eingehen oder an einem Wirtschaftsgut mehrere sonstige Leistungen ausgeführt werden, sind diese zu einem Berichtigungsobjekt zusammenzufassen. ③ Eine Änderung der Verhältnisse liegt dabei auch vor, wenn das Wirtschaftsgut für Zwecke, die außerhalb des Unternehmens liegen, aus dem Unternehmen entnommen wird, ohne dass dabei nach § 3 Abs. 1 b eine unentgeltliche Wertabgabe zu besteuern ist.

(4)[3] ① Die Absätze 1 und 2 sind auf sonstige Leistungen, die nicht unter Absatz 3 Satz 1 fallen, entsprechend anzuwenden. ② Die Berichtigung ist auf solche sonstigen Leistungen zu beschränken, für die in der Steuerbilanz ein Aktivierungsgebot bestünde. ③ Dies gilt jedoch nicht, soweit es sich um sonstige Leistungen handelt, für die der Leistungsempfänger bereits für einen Zeitraum vor Ausführung der sonstigen Leistung den Vorsteuerabzug vornehmen konnte. ④ Unerheblich ist, ob der Unternehmer nach den §§ 140, 141 der Abgabenordnung tatsächlich zur Buchführung verpflichtet ist.

(5) ① Bei der Berichtigung nach Absatz 1 ist für jedes Kalenderjahr der Änderung in den Fällen des Satzes 1 von einem Fünftel und in den Fällen des Satzes 2 von einem Zehntel der auf das Wirtschaftsgut entfallenden Vorsteuerbeträge auszugehen. ② Eine kürzere Verwendungsdauer ist entsprechend zu berücksichtigen. ③ Die Verwendungsdauer wird nicht dadurch verkürzt, dass das Wirtschaftsgut in ein anderes einbezogen wird.

(6) Die Absätze 1 bis 5 sind auf Vorsteuerbeträge, die auf nachträgliche Anschaffungs- oder Herstellungskosten entfallen, sinngemäß anzuwenden.

(6 a)[4] Eine Änderung der Verhältnisse liegt auch bei einer Änderung der Verwendung im Sinne des § 15 Absatz 1 b vor.

(7)[5] Eine Änderung der Verhältnisse im Sinne der Absätze 1 bis 3 ist auch beim Übergang von der allgemeinen Besteuerung zur Nichterhebung der Steuer nach § 19 Abs. 1 und umgekehrt und beim Übergang von der allgemeinen Besteuerung zur Durchschnittssatzbesteuerung nach den *§§ 23, 23 a oder 24* [***ab 1. 1. 2023:*** §§ 23a oder 24] und umgekehrt gegeben.

(8)[6] ① Eine Änderung der Verhältnisse liegt auch vor, wenn das noch verwendungsfähige Wirtschaftsgut, das nicht nur einmalig zur Ausführung eines Umsatzes verwendet wird, vor Ablauf des nach den Absätzen 1 und 5 maßgeblichen Berichtigungszeitraums veräußert oder nach § 3 Abs. 1 b geliefert wird und dieser Umsatz anders zu beurteilen ist als die für den ursprünglichen Vorsteuerabzug maßgebliche Verwendung. ② Dies gilt auch für Wirtschaftsgüter, für die der Vorsteuerabzug nach § 15 Absatz 1 b teilweise ausgeschlossen war.

(9) Die Berichtigung nach Absatz 8 ist so vorzunehmen, als wäre das Wirtschaftsgut in der Zeit von der Veräußerung oder Lieferung im Sinne des § 3 Abs. 1 b bis zum Ablauf des maßgeblichen Berichtigungszeitraums unter entsprechend geänderten Verhältnissen weiterhin für das Unternehmen verwendet worden.

(10) ① Bei einer Geschäftsveräußerung (§ 1 Abs. 1 a) wird der nach den Absätzen 1 und 5 maßgebliche Berichtigungszeitraum nicht unterbrochen. ② Der Veräußerer ist verpflichtet, dem Erwerber die für die Durchführung der Berichtigung erforderlichen Angaben zu machen.

---

[1] § 15 a Anwendung ab 1. 1. 2005 vgl. § 27 Abs. 11 UStG u. A 27.1 UStAE.

[2] § 15 a Abs. 3 neuer Satz 2 eingefügt, bish. Satz 2 wird Satz 3 mWv 1. 1. 2007 durch 1. MittelstandsentlastungsG v. 22. 8. 2006 (BGBl. I S. 1970); Anwendungszeitraum vgl. § 27 Abs. 12 UStG.

[3] § 15 a Abs. 4 Sätze 2 bis 4 angefügt mWv 1. 1. 2007 durch 1. MittelstandsentlastungsG v. 22. 8. 2006 (BGBl. I S. 1970), vgl. § 27 Abs. 12 UStG.

[4] § 15 a Abs. 6 a eingefügt u. Abs. 8 Satz 2 angefügt mWv 1. 1. 2011 (vgl. § 27 Abs. 16 UStG) durch JStG 2010 v. 8. 12. 2010 (BGBl. I S. 1768).

[5] § 15a Abs. 7 geändert mWv 1. 1. 2023 durch JStG 2022 v. 16. 12. 2022 (BGBl. I S. 2294).

[6] § 15 a Abs. 8 Satz 2 angefügt durch G v. 8. 12. 2010 (BGBl. I S. 1768), vgl. § 27 Abs. 16 UStG.

(11) Das Bundesministerium der Finanzen kann mit Zustimmung des Bundesrates durch Rechtsverordnung nähere Bestimmungen darüber treffen,

1. wie der Ausgleich nach den Absätzen 1 bis 9 durchzuführen ist und in welchen Fällen er zur Vereinfachung des Besteuerungsverfahrens, zur Vermeidung von Härten oder nicht gerechtfertigten Steuervorteilen zu unterbleiben hat;
2. dass zur Vermeidung von Härten oder eines nicht gerechtfertigten Steuervorteils bei einer unentgeltlichen Veräußerung oder Überlassung eines Wirtschaftsguts
   a) eine Berichtigung des Vorsteuerabzugs in entsprechender Anwendung der Absätze 1 bis 9 auch dann durchzuführen ist, wenn eine Änderung der Verhältnisse nicht vorliegt,
   b) der Teil des Vorsteuerbetrags, der bei einer gleichmäßigen Verteilung auf den in Absatz 9 bezeichneten Restzeitraum entfällt, vom Unternehmer geschuldet wird,
   c) der Unternehmer den nach den Absätzen 1 bis 9 oder Buchstabe b geschuldeten Betrag dem Leistungsempfänger wie eine Steuer in Rechnung stellen und dieser den Betrag als Vorsteuer abziehen kann.

Fünfter Abschnitt. Besteuerung

§ 16 Steuerberechnung, Besteuerungszeitraum und Einzelbesteuerung

(1) ① Die Steuer ist, soweit nicht § 20 gilt, nach vereinbarten Entgelten zu berechnen. ② Besteuerungszeitraum ist das Kalenderjahr. ③ Bei der Berechnung der Steuer ist von der Summe der Umsätze nach § 1 Abs. 1 Nr. 1 und 5 auszugehen, soweit für sie die Steuer in dem Besteuerungszeitraum entstanden und die Steuerschuldnerschaft gegeben ist. ④ Der Steuer sind die nach § 6a Abs. 4 Satz 2, nach § 14c sowie nach § 17 Abs. 1 Satz 6 geschuldeten Steuerbeträge hinzuzurechnen.

(1 a)[1] *① Macht ein nicht im Gemeinschaftsgebiet ansässiger Unternehmer von § 18 Abs. 4c Gebrauch, ist Besteuerungszeitraum das Kalendervierteljahr. ② Bei der Berechnung der Steuer ist von der Summe der Umsätze nach § 3a Abs. 5 auszugehen, die im Gemeinschaftsgebiet steuerbar sind, soweit für sie in dem Besteuerungszeitraum die Steuer entstanden und die Steuerschuldnerschaft gegeben ist. ③ Absatz 2 ist nicht anzuwenden.*

(1 b)[1] *① Macht ein im übrigen Gemeinschaftsgebiet ansässiger Unternehmer (§ 13b Absatz 7 Satz 2) von § 18 Absatz 4e Gebrauch, ist Besteuerungszeitraum das Kalendervierteljahr. ② Bei der Berechnung der Steuer ist von der Summe der Umsätze nach § 3a Absatz 5 auszugehen, die im Inland steuerbar sind, soweit für sie in dem Besteuerungszeitraum die Steuer entstanden und die Steuerschuldnerschaft gegeben ist. ③ Absatz 2 ist nicht anzuwenden.*

(1 c)[2] ① Macht ein nicht im Gemeinschaftsgebiet ansässiger Unternehmer von § 18i Gebrauch, ist Besteuerungszeitraum das Kalendervierteljahr. ② Sofern die Teilnahme an dem Verfahren nach § 18i im Inland angezeigt wurde, ist bei der Berechnung der Steuer von der Summe der sonstigen Leistungen an Empfänger nach § 3a Absatz 5 Satz 1 auszugehen, die im Gemeinschaftsgebiet steuerbar sind, soweit für sie in dem Besteuerungszeitraum die Steuer entstanden und die Steuerschuldnerschaft gegeben ist. ③ Sofern die Teilnahme an dem Verfahren nach § 18i in einem anderen Mitgliedstaat der Europäischen Union angezeigt wurde, ist bei der Berechnung der Steuer von der Summe der sonstigen Leistungen an Empfänger nach § 3a Absatz 5 Satz 1 auszugehen, die im Inland steuerbar sind, soweit für sie in dem Besteuerungszeitraum die Steuer entstanden und die Steuerschuldnerschaft gegeben ist. ④ Absatz 2 ist nicht anzuwenden.

(1 d)[2] ① Macht ein Unternehmer von § 18j Gebrauch, ist Besteuerungszeitraum das Kalendervierteljahr. ② Sofern die Teilnahme an dem Verfahren nach § 18j im Inland angezeigt wurde, ist bei der Berechnung der Steuer von der Summe der Lieferungen nach § 3 Absatz 3a Satz 1 innerhalb eines Mitgliedstaates und der innergemeinschaftlichen Fernverkäufe nach § 3c Absatz 1 Satz 2 und 3, die im Gemeinschaftsgebiet steuerbar sind, sowie der sonstigen Leistungen an Empfänger nach § 3a Absatz 5 Satz 1, die in einem anderen Mitgliedstaat der Europäischen Union steuerbar sind, auszugehen, soweit für sie in dem Besteuerungszeitraum die Steuer entstanden und die Steuerschuldnerschaft gegeben ist. ③ Sofern die Teilnahme an dem Verfahren nach § 18j in einem anderen Mitgliedstaat der Europäischen Union angezeigt wurde, ist bei der Berechnung der Steuer von der Summe der Lieferungen nach § 3 Absatz 3a Satz 1 innerhalb eines Mitgliedstaates, der innergemeinschaftlichen Fernverkäufe nach § 3c Absatz 1 Satz 2 und 3 und der sonstigen Leistungen an Empfänger nach § 3a Absatz 5 Satz 1 auszugehen, die im Inland steuerbar sind, soweit für sie in dem Besteuerungszeitraum die Steuer entstanden und die Steuerschuldnerschaft gegeben ist. ④ Absatz 2 ist nicht anzuwenden.

(1 e)[2] ① Macht ein Unternehmer oder ein in seinem Auftrag handelnder Vertreter von § 18k Gebrauch, ist Besteuerungszeitraum der Kalendermonat. ② Sofern die Teilnahme an dem Verfahren nach § 18k im Inland angezeigt wurde, ist bei der Berechnung der Steuer von der Summe der Fernverkäufe nach § 3 Absatz 3a Satz 2 und § 3c Absatz 2 und 3, die im Gemeinschaftsge-

---

[1] § 16 Abs. 1a und 1b letztmals anzuwenden auf vor dem 1. 7. 2021 ausgeführte Umsätze, vgl. § 27 Abs. 34 Satz 2 UStG.

[2] § 16 Abs. 1c bis 1e eingefügt. mWv 1. 7. 2021 durch Art. 14 JStG 2020 (BGBl. I S. 3096), vgl. § 27 Abs. 34 Satz 1 UStG.

biet steuerbar sind, auszugehen, soweit für sie in dem Besteuerungszeitraum die Steuer entstanden und die Steuerschuldnerschaft gegeben ist. ③ Sofern die Teilnahme an dem Verfahren nach § 18k in einem anderen Mitgliedstaat der Europäischen Union angezeigt wurde, ist bei der Berechnung der Steuer von der Summe der Fernverkäufe nach § 3 Absatz 3a Satz 2 und § 3c Absatz 2 und 3 auszugehen, die im Inland steuerbar sind, soweit für sie in dem Besteuerungszeitraum die Steuer entstanden und die Steuerschuldnerschaft gegeben ist. ④ Absatz 2 ist nicht anzuwenden.

(2)[1] ① Von der nach Absatz 1 berechneten Steuer sind vorbehaltlich des § 18 Absatz 9 Satz 3 die in den Besteuerungszeitraum fallenden, nach § 15 abziehbaren Vorsteuerbeträge abzusetzen. ② § 15a ist zu berücksichtigen.

(3) Hat der Unternehmer seine gewerbliche oder berufliche Tätigkeit nur in einem Teil des Kalenderjahres ausgeübt, so tritt dieser Teil an die Stelle des Kalenderjahres.

(4) Abweichend von den Absätzen 1, 2 und 3 kann das Finanzamt einen kürzeren Besteuerungszeitraum bestimmen, wenn der Eingang der Steuer gefährdet erscheint oder der Unternehmer damit einverstanden ist.

(5) ① Bei Beförderungen von Personen im Gelegenheitsverkehr mit Kraftomnibussen, die nicht im Inland zugelassen sind, wird die Steuer, abweichend von Absatz 1, für jeden einzelnen steuerpflichtigen Umsatz durch die zuständige Zolldienststelle berechnet (Beförderungseinzelbesteuerung), wenn eine Grenze zum Drittlandsgebiet überschritten wird. ② Zuständige Zolldienststelle ist die Eingangszollstelle oder Ausgangszollstelle, bei der der Kraftomnibus in das Inland gelangt oder das Inland verlässt. ③ Die zuständige Zolldienststelle handelt bei der Beförderungseinzelbesteuerung für das Finanzamt, in dessen Bezirk sie liegt (zuständiges Finanzamt). ④ Absatz 2 und § 19 Abs. 1 sind bei der Beförderungseinzelbesteuerung nicht anzuwenden.

(5a) Beim innergemeinschaftlichen Erwerb neuer Fahrzeuge durch andere Erwerber als die in § 1a Abs. 1 Nr. 2 genannten Personen ist die Steuer abweichend von Absatz 1 für jeden einzelnen steuerpflichtigen Erwerb zu berechnen (Fahrzeugeinzelbesteuerung).

(5b) ① Auf Antrag des Unternehmers ist nach Ablauf des Besteuerungszeitraums an Stelle der Beförderungseinzelbesteuerung (Absatz 5) die Steuer nach den Absätzen 1 und 2 zu berechnen. ② Die Absätze 3 und 4 gelten entsprechend.

(6)[2] ① Werte in fremder Währung sind zur Berechnung der Steuer und der abziehbaren Vorsteuerbeträge auf Euro nach den Durchschnittskursen umzurechnen, die das Bundesministerium der Finanzen für den Monat öffentlich bekannt gibt, in dem die Leistung ausgeführt oder das Entgelt oder ein Teil des Entgelts vor Ausführung der Leistung (§ 13 Abs. 1 Nr. 1 Buchstabe a Satz 4) vereinnahmt wird. ② Ist dem leistenden Unternehmer die Berechnung der Steuer nach vereinnahmten Entgelten gestattet (§ 20), so sind die Entgelte nach den Durchschnittskursen des Monats umzurechnen, in dem sie vereinnahmt werden. ③ Das Finanzamt kann die Umrechnung nach dem Tageskurs, der durch Bankmitteilung oder Kurszettel nachzuweisen ist, gestatten. ④ Macht ein Unternehmer von § 18 Absatz 4c oder 4e oder den §§ 18i, 18j oder 18k Gebrauch, hat er zur Berechnung der Steuer Werte in fremder Währung nach den Kursen umzurechnen, die für den letzten Tag des Besteuerungszeitraums nach Absatz 1a Satz 1, Absatz 1b Satz 1, Absatz 1c Satz 1, Absatz 1d Satz 1 oder Absatz 1e Satz 1 von der Europäischen Zentralbank festgestellt worden sind. ⑤ Sind für die in Satz 4 genannten Tage keine Umrechnungskurse festgestellt worden, hat der Unternehmer die Steuer nach den für den nächsten Tag nach Ablauf des Besteuerungszeitraums nach Absatz 1a Satz 1, Absatz 1b Satz 1, Absatz 1c Satz 1, Absatz 1d Satz 1 oder Absatz 1e Satz 1 von der Europäischen Zentralbank festgestellten Umrechnungskursen umzurechnen.

(7) Für die Einfuhrumsatzsteuer gelten § 11 Abs. 5 und § 21 Abs. 2.

§ 17 Änderung der Bemessungsgrundlage

(1)[3] ① Hat sich die Bemessungsgrundlage für einen steuerpflichtigen Umsatz im Sinne des § 1 Abs. 1 Nr. 1 geändert, hat der Unternehmer, der diesen Umsatz ausgeführt hat, den dafür geschuldeten Steuerbetrag zu berichtigen. ② Ebenfalls ist der Vorsteuerabzug bei dem Unternehmer, an den dieser Umsatz ausgeführt wurde, zu berichtigen. ③ Dies gilt nicht, soweit er durch die Änderung der Bemessungsgrundlage wirtschaftlich nicht begünstigt wird. ④ Wird in diesen Fällen ein anderer Unternehmer durch die Änderung der Bemessungsgrundlage wirtschaftlich begünstigt, hat dieser Unternehmer seinen Vorsteuerabzug zu berichtigen. ⑤ Die Sätze 1 bis 4 gelten in den Fällen des § 1 Abs. 1 Nr. 5 und des § 13b sinngemäß. ⑥ Bei Preisnachlässen und Preiserstattungen eines Unternehmers in einer Leistungskette an einen in dieser Leistungskette

[1] § 16 Abs. 2 Sätze 3 und 4 aufgehoben mWv 30. 6. 2013 durch G v. 26. 6. 2013 (BGBl. I S. 1809); Abs. 2 Satz 1 neugefasst mWv 1. 1. 2020 durch „JStG 2019" v. 12. 12. 2019 (BGBl. I S. 2451), anzuwenden auf nach dem 31. 12. 2019 endende Voranmeldungs-, Besteuerungs- und Vergütungszeiträume (§ 27 Abs. 28 UStG).

[2] § 16 Abs. 6 Sätze 4 und 5 neugefasst mWv 1. 1. 2015 durch G v. 25. 7. 2014 (BGBl. I S. 1266), erneut neugefasst mWv 1. 7. 2021 durch Art. 14 JStG 2020 (BGBl. I S. 3096).

[3] § 17 Abs. 1 neuer Satz 6 eingefügt, bish. Sätze 6 bis 8 werden Sätze 7 bis 9 mWv 29. 12. 2020 durch Art. 11 JStG 2020 (BGBl. I S. 3096).

nicht unmittelbar nachfolgenden Abnehmer liegt eine Minderung der Bemessungsgrundlage nach Satz 1 nur vor, wenn der Leistungsbezug dieses Abnehmers im Rahmen der Leistungskette im Inland steuerpflichtig ist. ⑦ Die Berichtigung des Vorsteuerabzugs kann unterbleiben, soweit ein dritter Unternehmer den auf die Minderung des Entgelts entfallenden Steuerbetrag an das Finanzamt entrichtet; in diesem Fall ist der dritte Unternehmer Schuldner der Steuer. ⑧ Die Berichtigungen nach den Sätzen 1 und 2 sind für den Besteuerungszeitraum vorzunehmen, in dem die Änderung der Bemessungsgrundlage eingetreten ist. ⑨ Die Berichtigung nach Satz 4 ist für den Besteuerungszeitraum vorzunehmen, in dem der andere Unternehmer wirtschaftlich begünstigt wird.

(2) Absatz 1 gilt sinngemäß, wenn

1. das vereinbarte Entgelt für eine steuerpflichtige Lieferung, sonstige Leistung oder einen steuerpflichtigen innergemeinschaftlichen Erwerb uneinbringlich geworden ist. ② Wird das Entgelt nachträglich vereinnahmt, sind Steuerbetrag und Vorsteuerabzug erneut zu berichtigen;
2. für eine vereinbarte Lieferung oder sonstige Leistung ein Entgelt entrichtet, die Lieferung oder sonstige Leistung jedoch nicht ausgeführt worden ist;
3. eine steuerpflichtige Lieferung, sonstige Leistung oder ein steuerpflichtiger innergemeinschaftlicher Erwerb rückgängig gemacht worden ist;
4. der Erwerber den Nachweis im Sinne des § 3 d Satz 2 führt;
5. Aufwendungen im Sinne des § 15 Abs. 1 a getätigt werden.

(3)[1] ① Ist Einfuhrumsatzsteuer, die als Vorsteuer abgezogen worden ist, herabgesetzt, erlassen oder erstattet worden, so hat der Unternehmer den Vorsteuerabzug entsprechend zu berichtigen. ② Absatz 1 Satz 8 gilt sinngemäß.

(4) Werden die Entgelte für unterschiedlich besteuerte Lieferungen oder sonstige Leistungen eines bestimmten Zeitabschnitts gemeinsam geändert (z. B. Jahresboni, Jahresrückvergütungen), so hat der Unternehmer dem Leistungsempfänger einen Beleg zu erteilen, aus dem zu ersehen ist, wie sich die Änderung der Entgelte auf die unterschiedlich besteuerten Umsätze verteilt.

§ 18 Besteuerungsverfahren

(1)[2] ① Der Unternehmer hat vorbehaltlich des § 18 i Absatz 3, des § 18 j Absatz 4 und des § 18 k Absatz 4 bis zum zehnten Tag nach Ablauf jedes Voranmeldungszeitraums eine Voranmeldung nach amtlich vorgeschriebenem Datensatz durch Datenfernübertragung zu übermitteln, in der er die Steuer für den Voranmeldungszeitraum (Vorauszahlung) selbst zu berechnen hat. ② Auf Antrag kann das Finanzamt zur Vermeidung von unbilligen Härten auf eine elektronische Übermittlung verzichten; in diesem Fall hat der Unternehmer eine Voranmeldung nach amtlich vorgeschriebenem Vordruck abzugeben. ③ § 16 Abs. 1 und 2 und § 17 sind entsprechend anzuwenden. ④ Die Vorauszahlung ist am zehnten Tag nach Ablauf des Voranmeldungszeitraums fällig und bis dahin vom Unternehmer zu entrichten.

(2)[3] ① Voranmeldungszeitraum ist das Kalendervierteljahr. ② Beträgt die Steuer für das vorangegangene Kalenderjahr mehr als 7500 Euro, ist der Kalendermonat Voranmeldungszeitraum. ③ Beträgt die Steuer für das vorangegangene Kalenderjahr nicht mehr als 1000 Euro, kann das Finanzamt den Unternehmer von der Verpflichtung zur Abgabe der Voranmeldungen und Entrichtung der Vorauszahlungen befreien. ④ Nimmt der Unternehmer seine berufliche oder gewerbliche Tätigkeit auf, ist im laufenden und folgenden Kalenderjahr Voranmeldungszeitraum der Kalendermonat. ⑤ Daneben ist im laufenden und folgenden Kalenderjahr in folgenden Fällen Voranmeldungszeitraum der Kalendermonat:

1. bei im Handelsregister eingetragenen, noch nicht gewerblich oder beruflich tätig gewesenen juristischen Personen oder Personengesellschaften, die objektiv belegbar die Absicht haben, eine gewerbliche oder berufliche Tätigkeit selbständig auszuüben (Vorratsgesellschaften), und zwar ab dem Zeitpunkt des Beginns der tatsächlichen Ausübung dieser Tätigkeit, und
2. bei der Übernahme von juristischen Personen oder Personengesellschaften, die bereits gewerblich oder beruflich tätig gewesen sind und zum Zeitpunkt der Übernahme ruhen oder nur geringfügig gewerblich oder beruflich tätig sind (Firmenmantel), und zwar ab dem Zeitpunkt der Übernahme.

⑥ Für die Besteuerungszeiträume 2021 bis 2026 ist abweichend von Satz 4 in den Fällen, in denen der Unternehmer seine gewerbliche oder berufliche Tätigkeit nur in einem Teil des vorangegangenen Kalenderjahres ausgeübt hat, die tatsächliche Steuer in eine Jahressteuer umzurechnen und in den Fällen, in denen der Unternehmer seine gewerbliche oder berufliche Tätigkeit

[1] § 17 Abs. 3 Satz 2 Verweis berichtigt durch JStG 2022 v. 16. 12. 2022 (BGBl. I S. 2294).

[2] § 18 Abs. 1 neugefasst, Abs. 2 Satz 2, 3 u. Abs. 2 a Satz 1 geändert mWv 1. 1. 2009 durch SteuerbürokratieabbauG v. 20. 12. 2008 (BGBl. I S. 2850); Abs. 1 Satz 1 und Satz 4 neugefasst mWv 1. 7. 2021 durch Art. 14 JStG 2020 (BGBl. I S. 3096), vgl. § 27 Abs. 34 Satz 1 UStG.

[3] § 18 Abs. 2 Sätze 2 und 3 Beträge geändert mWv 1. 1. 2009 durch SteuerbürokratieabbauG v. 20. 12. 2008 (BGBl. I S. 2850); Satz 5 angefügt durch G v. 22. 12. 2014 (BGBl. I S. 2417), anzuwenden auf nach dem 31. 12. 2014 endende Voranmeldungszeiträume (§ 27 Abs. 21 UStG); Satz 5 Einleitungsworte neugefasst, Satz 6 angefügt mWv 1. 1. 2021 durch G v. 22. 11. 2019 (BGBl. I S. 1746).

im laufenden Kalenderjahr aufnimmt, die voraussichtliche Steuer des laufenden Kalenderjahres maßgebend.

(2a)[1] ①Der Unternehmer kann an Stelle des Kalendervierteljahres den Kalendermonat als Voranmeldungszeitraum wählen, wenn sich für das vorangegangene Kalenderjahr ein Überschuss zu seinen Gunsten von mehr als 7500 Euro ergibt. ②In diesem Fall hat der Unternehmer bis zum 10. Februar des laufenden Kalenderjahres eine Voranmeldung für den ersten Kalendermonat abzugeben. ③Die Ausübung des Wahlrechts bindet den Unternehmer für dieses Kalenderjahr. ④Absatz 2 Satz 6 gilt entsprechend.

(3)[2] ①Der Unternehmer hat vorbehaltlich des § 18i Absatz 3, des § 18j Absatz 4 und des § 18k Absatz 4 für das Kalenderjahr oder für den kürzeren Besteuerungszeitraum eine Steuererklärung nach amtlich vorgeschriebenem Datensatz durch Datenfernübertragung zu übermitteln, in der er die zu entrichtende Steuer oder den Überschuss, der sich zu seinen Gunsten ergibt, nach § 16 Absatz 1 bis 4 und § 17 selbst zu berechnen hat (Steueranmeldung). ②In den Fällen des § 16 Absatz 3 und 4 ist die Steueranmeldung binnen einem Monat nach Ablauf des kürzeren Besteuerungszeitraums zu übermitteln. ③Auf Antrag kann das Finanzamt zur Vermeidung von unbilligen Härten auf eine elektronische Übermittlung verzichten; in diesem Fall hat der Unternehmer eine Steueranmeldung nach amtlich vorgeschriebenem Vordruck abzugeben und eigenhändig zu unterschreiben.

(4)[2] ①Berechnet der Unternehmer die zu entrichtende Steuer oder den Überschuss in der Steueranmeldung für das Kalenderjahr abweichend von der Summe der Vorauszahlungen, so ist der Unterschiedsbetrag zugunsten des Finanzamts einen Monat nach dem Eingang der Steueranmeldung fällig und bis dahin vom Unternehmer zu entrichten. ②Setzt das Finanzamt die zu entrichtende Steuer oder den Überschuss abweichend von der Steueranmeldung für den Voranmeldungszeitraum oder für das Kalenderjahr oder auf Grund unterbliebener Abgabe der Steueranmeldung fest, so ist der Unterschiedsbetrag zugunsten des Finanzamts einen Monat nach der Bekanntgabe des Steuerbescheids fällig und bis dahin vom Unternehmer zu entrichten. ③Die Fälligkeit rückständiger Vorauszahlungen (Absatz 1) bleibt von den Sätzen 1 und 2 unberührt.

(4a)[3] ①Voranmeldungen (Absätze 1 und 2) und eine Steuererklärung (Absätze 3 und 4) haben auch die Unternehmer und juristischen Personen abzugeben, die ausschließlich Steuer für Umsätze nach § 1 Abs. 1 Nr. 5, § 13b Absatz 5 oder § 25b Abs. 2 zu entrichten haben, sowie Fahrzeuglieferer (§ 2a). ②Voranmeldungen sind nur für die Voranmeldungszeiträume abzugeben, in denen die Steuer für diese Umsätze zu erklären ist. ③Die Anwendung des Absatzes 2a ist ausgeschlossen.

(4b) Für Personen, die keine Unternehmer sind und Steuerbeträge nach § 6a Abs. 4 Satz 2 oder nach § 14c Abs. 2 schulden, gilt Absatz 4a entsprechend.

(4c)[4] ①Ein nicht im Gemeinschaftsgebiet ansässiger Unternehmer, der vor dem 1. Juli 2021 als Steuerschuldner Umsätze nach § 3a Absatz 5 im Gemeinschaftsgebiet erbringt, kann abweichend von den Absätzen 1 bis 4 für jeden Besteuerungszeitraum (§ 16 Absatz 1a Satz 1) eine Steuererklärung nach amtlich vorgeschriebenem Datensatz durch Datenfernübertragung bis zum 20. Tag nach Ablauf jedes Besteuerungszeitraums dem Bundeszentralamt für Steuern übermitteln, in der er die Steuer für die vorgenannten Umsätze selbst zu berechnen hat (Steueranmeldung). ②Die Steuer ist am 20. Tag nach Ablauf des Besteuerungszeitraums fällig und bis dahin vom Unternehmer zu entrichten. ③Die Ausübung des Wahlrechts hat der Unternehmer auf dem amtlich vorgeschriebenen, elektronisch zu übermittelnden Dokument dem Bundeszentralamt für Steuern anzuzeigen, bevor er Umsätze nach § 3a Abs. 5 im Gemeinschaftsgebiet erbringt. ④Das Wahlrecht kann nur mit Wirkung vom Beginn eines Besteuerungszeitraums an widerrufen werden. ⑤Der Widerruf ist vor Beginn des Besteuerungszeitraums, für den er gelten soll, gegenüber dem Bundeszentralamt für Steuern auf elektronischem Weg zu erklären. ⑥Kommt der Unternehmer seinen Verpflichtungen nach den Sätzen 1 bis 3 oder § 22 Abs. 1 wiederholt nicht oder nicht rechtzeitig nach, schließt ihn das Bundeszentralamt für Steuern von dem Besteuerungsverfahren nach Satz 1 aus. ⑦Der Ausschluss gilt ab dem Besteuerungszeitraum, der nach dem Zeitpunkt der Bekanntgabe des Ausschlusses gegenüber dem Unternehmer beginnt.

(4d)[5] Für nicht im Gemeinschaftsgebiet ansässige Unternehmer, die vor dem 1. Juli 2021 im Inland im Besteuerungszeitraum (§ 16 Absatz 1 Satz 2) als Steuerschuldner Umsätze nach § 3a Absatz 5 erbringen und diese Umsätze in einem anderen Mitgliedstaat erklären sowie die darauf entfallende Steuer entrichten, gelten insoweit die Absätze 1 bis 4 nicht.

(4e)[5] ①Ein im übrigen Gemeinschaftsgebiet ansässiger Unternehmer (§ 13b Absatz 7 Satz 2), der vor dem 1. Juli 2021 als Steuerschuldner Umsätze nach § 3a Absatz 5 im Inland erbringt, kann abweichend von den Absätzen 1 bis 4 für jeden Besteuerungszeitraum (§ 16 Absatz 1b Satz 1) eine Steuererklärung nach amtlich vorgeschriebenem Datensatz durch Datenfernübertragung bis zum 20. Tag nach Ablauf jedes

---

[1] § 18 Abs. 2a Satz 1 geändert mWv 1. 1. 2009 durch SteuerbürokratieabbauG v. 20. 12. 2008 (BGBl. I S. 2850); Abs. 2a Satz 4 angefügt mWv 1. 1. 2021 durch G v. 22. 11. 2019 (BGBl. I S. 1746).

[2] § 18 Abs. 3 neugefasst mWv 1. 1. 2011 (vgl. § 27 Abs. 17 UStG) durch JStG 2010 v. 8. 12. 2010 (BGBl. I S. 1768); Satz 1 und Abs. 4 Sätze 1 und 2 neugefasst mWv 1. 7. 2021 durch Art. 14 JStG 2020 (BGBl. I S. 3096), vgl. § 27 Abs. 34 Satz 1 UStG.

[3] § 18 Abs. 4a Satz 1 Verweis geändert mWv 1. 7. 2010 durch EU-VorgG v. 8. 4. 2010 (BGBl. I S. 386).

[4] § 18 Abs. 4c letztmals anzuwenden auf vor dem 1. 7. 2021 ausgeführte Umsätze (§ 27 Abs. 34 Satz 2 UStG).

[5] § 18 Abs. 4d und 4e letztmals anzuwenden auf vor dem 1. 7. 2021 ausgeführte Umsätze (§ 27 Abs. 34 Satz 2 UStG).

Besteuerungszeitraums übermitteln, in der er die Steuer für die vorgenannten Umsätze selbst zu berechnen hat; dies gilt nur, wenn der Unternehmer im Inland, auf der Insel Helgoland und in einem der in § 1 Absatz 3 bezeichneten Gebiete weder seinen Sitz, seine Geschäftsleitung noch eine Betriebsstätte hat. ② Die Steuererklärung ist der zuständigen Steuerbehörde des Mitgliedstaates der Europäischen Union zu übermitteln, in dem der Unternehmer ansässig ist; diese Steuererklärung ist ab dem Zeitpunkt eine Steueranmeldung im Sinne des § 150 Absatz 1 Satz 3 und des § 168 der Abgabenordnung, zu dem die in ihr enthaltenen Daten von der zuständigen Steuerbehörde des Mitgliedstaates der Europäischen Union, an die der Unternehmer die Steuererklärung übermittelt hat, dem Bundeszentralamt für Steuern übermittelt und dort in bearbeitbarer Weise aufgezeichnet wurden. ③ Satz 2 gilt für die Berichtigung einer Steuererklärung entsprechend. ④ Die Steuer ist am 20. Tag nach Ablauf des Besteuerungszeitraums fällig und bis dahin vom Unternehmer zu entrichten. ⑤ Die Ausübung des Wahlrechts nach Satz 1 hat der Unternehmer in dem amtlich vorgeschriebenen, elektronisch zu übermittelnden Dokument der Steuerbehörde des Mitgliedstaates der Europäischen Union, in dem der Unternehmer ansässig ist, vor Beginn des Besteuerungszeitraums anzuzeigen, ab dessen Beginn er von dem Wahlrecht Gebrauch macht. ⑥ Das Wahlrecht kann nur mit Wirkung vom Beginn eines Besteuerungszeitraums an widerrufen werden. ⑦ Der Widerruf ist vor Beginn des Besteuerungszeitraums, für den er gelten soll, gegenüber der Steuerbehörde des Mitgliedstaates der Europäischen Union, in dem der Unternehmer ansässig ist, auf elektronischem Weg zu erklären. ⑧ Kommt der Unternehmer seinen Verpflichtungen nach den Sätzen 1 bis 5 oder § 22 Absatz 1 wiederholt nicht oder nicht rechtzeitig nach, schließt ihn die zuständige Steuerbehörde des Mitgliedstaates der Europäischen Union, in dem der Unternehmer ansässig ist, von dem Besteuerungsverfahren nach Satz 1 aus. ⑨ Der Ausschluss gilt ab dem Besteuerungszeitraum, der nach dem Zeitpunkt der Bekanntgabe des Ausschlusses gegenüber dem Unternehmer beginnt. ⑩ Die Steuererklärung nach Satz 1 gilt als fristgemäß übermittelt, wenn sie bis zum 20. Tag nach Ablauf des Besteuerungszeitraums (§ 16 Absatz 1b Satz 1) der zuständigen Steuerbehörde des Mitgliedstaates der Europäischen Union übermittelt worden ist, in dem der Unternehmer ansässig ist, und dort in bearbeitbarer Weise aufgezeichnet wurde. ⑪ Die Entrichtung der Steuer erfolgt entsprechend Satz 4 fristgemäß, wenn die Zahlung bis zum 20. Tag nach Ablauf des Besteuerungszeitraums (§ 16 Absatz 1b Satz 1) bei der zuständigen Steuerbehörde des Mitgliedstaates der Europäischen Union, in dem der Unternehmer ansässig ist, eingegangen ist. ⑫ § 240 der Abgabenordnung ist mit der Maßgabe anzuwenden, dass eine Säumnis frühestens mit Ablauf des 10. Tages nach Ablauf des auf den Besteuerungszeitraum (§ 16 Absatz 1b Satz 1) folgenden übernächsten Monats eintritt.

(4f)[1] ① Soweit Organisationseinheiten der Gebietskörperschaften Bund und Länder durch ihr Handeln eine Erklärungspflicht begründen, obliegen der jeweiligen Organisationseinheit für die Umsatzbesteuerung alle steuerlichen Rechte und Pflichten. ② In den in § 30 Absatz 2 Nummer 1 Buchstabe a und b der Abgabenordnung genannten Verfahren tritt die Organisationseinheit insoweit an die Stelle der Gebietskörperschaft. ③ § 2 Absatz 1 Satz 2 bleibt unberührt. ④ Die Organisationseinheiten können jeweils für ihren Geschäftsbereich durch Organisationsentscheidungen weitere untergeordnete Organisationseinheiten mit Wirkung für die Zukunft bilden. ⑤ Einer Organisationseinheit übergeordnete Organisationseinheiten können durch Organisationsentscheidungen mit Wirkung für die Zukunft die in Satz 1 genannten Rechte und Pflichten der untergeordneten Organisationseinheit wahrnehmen oder mehrere Organisationseinheiten zu einer Organisationseinheit zusammenschließen. ⑥ Die in § 1a Absatz 3 Nummer 2, § 2b Absatz 2 Nummer 1, § 3a Absatz 5 Satz 3, § 3c Absatz 4 Satz 1, § 18 Absatz 2 Satz 2, § 18a Absatz 1 Satz 2, § 19 Absatz 1, § 20 Satz 1 Nummer 1 und § 24 Absatz 1 Satz 1 genannten Betragsgrenzen gelten für Organisationseinheiten stets als überschritten. ⑦ Wahlrechte, deren Rechtsfolgen das gesamte Unternehmen der Gebietskörperschaft erfassen, können nur einheitlich ausgeübt werden. ⑧ Die Gebietskörperschaft kann gegenüber dem für sie zuständigen Finanzamt mit Wirkung für die Zukunft erklären, dass die Sätze 1 bis 5 nicht zur Anwendung kommen sollen; ein Widerruf ist nur mit Wirkung für die Zukunft möglich.

(4g)[2] ① Die oberste Landesfinanzbehörde oder die von ihr beauftragte Landesfinanzbehörde kann anordnen, dass eine andere als die nach § 21 Absatz 1 der Abgabenordnung örtlich zuständige Finanzbehörde die Besteuerung einer Organisationseinheit des jeweiligen Landes übernimmt. ② Die oberste Landesfinanzbehörde oder die von ihr beauftragte Landesfinanzbehörde kann mit der obersten Finanzbehörde eines anderen Landes oder einer von dieser beauftragten Landesfinanzbehörde vereinbaren, dass eine andere als die nach § 21 Absatz 1 der Abgabenordnung zuständige Finanzbehörde die Besteuerung einer Organisationseinheit des Landes der zuständigen Finanzbehörde übernimmt. ③ Die Senatsverwaltung für Finanzen von Berlin oder eine von ihr beauftragte Landesfinanzbehörde kann mit der obersten Finanzbehörde eines anderen Landes oder mit einer von dieser beauftragten Landesfinanzbehörde vereinbaren, dass eine andere als die nach § 21 Absatz 1 der Abgabenordnung zuständige Finanzbehörde die Besteuerung für eine Organisationseinheit der Gebietskörperschaft Bund übernimmt.

(5) In den Fällen der Beförderungseinzelbesteuerung (§ 16 Abs. 5) ist abweichend von den Absätzen 1 bis 4 wie folgt zu verfahren:

1. Der Beförderer hat für jede einzelne Fahrt eine Steuererklärung nach amtlich vorgeschriebenem Vordruck in zwei Stücken bei der zuständigen Zolldienststelle abzugeben.

---

[1] § 18 Abs. 4f eingefügt mWv 1. 1. 2021 durch Art. 12, Abs. 4f Satz 6 neugefasst mWv 1. 7. 2021 durch Art. 14 JStG 2020 (BGBl. I S. 3096) und geändert durch JStG 2022 v. 16. 12. 2022 (BGBl. I S. 2294).

[2] § 18 Abs. 4g eingefügt mWv 1. 1. 2021 durch Art. 12 JStG 2020 (BGBl. I S. 3096).

2. ① Die zuständige Zolldienststelle setzt für das zuständige Finanzamt die Steuer auf beiden Stücken der Steuererklärung fest und gibt ein Stück dem Beförderer zurück, der die Steuer gleichzeitig zu entrichten hat. ② Der Beförderer hat dieses Stück mit der Steuerquittung während der Fahrt mit sich zu führen.

3. ① Der Beförderer hat bei der zuständigen Zolldienststelle, bei der er die Grenze zum Drittlandsgebiet überschreitet, eine weitere Steuererklärung in zwei Stücken abzugeben, wenn sich die Zahl der Personenkilometer (§ 10 Abs. 6 Satz 2), von der bei der Steuerfestsetzung nach Nummer 2 ausgegangen worden ist, geändert hat. ② Die Zolldienststelle setzt die Steuer neu fest. ③ Gleichzeitig ist ein Unterschiedsbetrag zugunsten des Finanzamts zu entrichten oder ein Unterschiedsbetrag zugunsten des Beförderers zu erstatten. ④ Die Sätze 2 und 3 sind nicht anzuwenden, wenn der Unterschiedsbetrag weniger als 2,50 Euro beträgt. ⑤ Die Zolldienststelle kann in diesen Fällen auf eine schriftliche Steuererklärung verzichten.

(5 a)[1] *① In den Fällen der Fahrzeugeinzelbesteuerung (§ 16 Abs. 5 a) hat der Erwerber, abweichend von den Absätzen 1 bis 4, spätestens bis zum 10. Tag nach Ablauf des Tages, an dem die Steuer entstanden ist, eine Steuererklärung nach amtlich vorgeschriebenem Vordruck abzugeben, in der er die zu entrichtende Steuer selbst zu berechnen hat (Steueranmeldung). ② Die Steueranmeldung muss vom Erwerber eigenhändig unterschrieben sein. ③ Gibt der Erwerber die Steueranmeldung nicht ab oder hat er die Steuer nicht richtig berechnet, so kann das Finanzamt die Steuer festsetzen.* [***Ab 1. 1. 2023:*** ① In den Fällen der Fahrzeugeinzelbesteuerung (§ 16 Absatz 5a) hat der Erwerber, abweichend von den Absätzen 1 bis 4, spätestens bis zum 10. Tag nach Ablauf des Tages, an dem die Steuer entstanden ist, eine Steuererklärung, in der er die zu entrichtende Steuer selbst zu berechnen hat, nach amtlich vorgeschriebenem Datensatz durch Datenfernübertragung zu übermitteln oder nach amtlich vorgeschriebenem Vordruck abzugeben (Steueranmeldung). ② Bei Verwendung des Vordrucks muss dieser vom Erwerber eigenhändig unterschrieben sein. ③ Gibt der Erwerber die Steueranmeldung nicht ab oder hat er die Steuer nicht richtig berechnet, so kann die Finanzbehörde die Steuer festsetzen.] ④ Die Steuer ist am zehnten Tag nach Ablauf des Tages fällig, an dem sie entstanden ist, und ist bis dahin vom Erwerber zu entrichten.

(5 b) ① In den Fällen des § 16 Abs. 5 b ist das Besteuerungsverfahren nach den Absätzen 3 und 4 durchzuführen. ② Die bei der Beförderungseinzelbesteuerung (§ 16 Abs. 5) entrichtete Steuer ist auf die nach Absatz 3 Satz 1 zu entrichtende Steuer anzurechnen.

(6) ① Zur Vermeidung von Härten kann das Bundesministerium der Finanzen mit Zustimmung des Bundesrates durch Rechtsverordnung die Fristen für die Voranmeldungen und Vorauszahlungen um einen Monat verlängern und das Verfahren näher bestimmen. ② Dabei kann angeordnet werden, dass der Unternehmer eine Sondervorauszahlung auf die Steuer für das Kalenderjahr zu entrichten hat.

(7) ① Zur Vereinfachung des Besteuerungsverfahrens kann das Bundesministerium der Finanzen mit Zustimmung des Bundesrates durch Rechtsverordnung bestimmen, dass und unter welchen Voraussetzungen auf die Erhebung der Steuer für Lieferungen von Gold, Silber und Platin sowie sonstige Leistungen im Geschäft mit diesen Edelmetallen zwischen Unternehmern, die an einer Wertpapierbörse im Inland mit dem Recht zur Teilnahme am Handel zugelassen sind, verzichtet werden kann. ② Das gilt nicht für Münzen und Medaillen aus diesen Edelmetallen.

(8) *(weggefallen)*

(9)[2] ① Zur Vereinfachung des Besteuerungsverfahrens kann das Bundesministerium der Finanzen mit Zustimmung des Bundesrates durch Rechtsverordnung die Vergütung der Vorsteuerbeträge (§ 15) an im Ausland ansässige Unternehmer, abweichend von § 16 und von den Absätzen 1 bis 4, in einem besonderen Verfahren regeln. ② Dabei kann auch angeordnet werden,

1. dass die Vergütung nur erfolgt, wenn sie eine bestimmte Mindesthöhe erreicht,
2. innerhalb welcher Frist der Vergütungsantrag zu stellen ist,
3. in welchen Fällen der Unternehmer den Antrag eigenhändig zu unterschreiben hat,
4. wie und in welchem Umfang Vorsteuerbeträge durch Vorlage von Rechnungen und Einfuhrbelegen nachzuweisen sind,
5. dass der Bescheid über die Vergütung der Vorsteuerbeträge elektronisch erteilt wird,
6. wie und in welchem Umfang der zu vergütende Betrag zu verzinsen ist.

③ Von der Vergütung ausgeschlossen sind in Rechnung gestellte Steuerbeträge für Ausfuhrlieferungen, bei denen die Gegenstände vom Abnehmer oder von einem von ihm beauftragten Drit-

---

[1] § 18 Abs. 5 a Satz 4 neugefasst mWv 1. 7. 2021 durch Art. 14 JStG 2020 (BGBl. I S. 3096); Abs. 5 a Sätze 1 bis 3 neugefasst durch JStG 2022 v. 16. 12. 2022 (BGBl. I S. 2294), anzuwenden auf nach dem 31. 12. 2022 endende Besteuerungszeiträume (§ 27 Abs. 36 UStG).

[2] § 18 Abs. 9 neugefasst mWv 1. 1. 2010 durch JStG 2009 v. 19. 12. 2008 (BGBl. I S. 2794), vgl. § 27 Abs. 14 UStG; Abs. 9 neuer Satz 3 eingefügt, bish. Sätze 3 bis 6 werden Sätze 4 bis 7, Satz 7 neugefasst mWv 1. 1. 2020 durch „JStG 2019" v. 12. 12. 2019 (BGBl. I S. 2451), anzuwenden auf nach dem 31. 12. 2019 endende Voranmeldungs-, Besteuerungs- und Vergütungszeiträume (§ 27 Abs. 28 UStG); Abs. 9 Satz 7 ersetzt durch neue Sätze 7 und 8 mWv 1. 7. 2021 durch Art. 14 JStG 2020 (BGBl. I S. 3096), vgl. § 27 Abs. 34 Satz 1 UStG; Abs. 9 neuer Satz 3 eingefügt, bish. Sätze 3 bis 8 werden Sätze 4 bis 9, neue Sätze 8 und 9 geändert durch JStG 2022 v. 16. 12. 2022 (BStBl. I S. 2294).

ten befördert oder versendet wurden, die nach § 4 Nummer 1 Buchstabe a in Verbindung mit § 6 steuerfrei sind, oder für innergemeinschaftliche Lieferungen, die nach § 4 Nummer 1 Buchstabe b in Verbindung mit § 6a steuerfrei sind oder in Bezug auf § 6a Absatz 1 Satz 1 Nummer 4 steuerfrei sein können. ④ Sind die durch die Rechtsverordnung nach den Sätzen 1 und 2 geregelten Voraussetzungen des besonderen Verfahrens erfüllt und schuldet der im Ausland ansässige Unternehmer ausschließlich Steuer nach § 13a Absatz 1 Nummer 1 in Verbindung mit § 14c Absatz 1 oder § 13a Absatz 1 Nummer 4, kann die Vergütung der Vorsteuerbeträge nur in dem besonderen Verfahren durchgeführt werden. ⑤ Einem Unternehmer, der im Gemeinschaftsgebiet ansässig ist und Umsätze ausführt, die zum Teil den Vorsteuerabzug ausschließen, wird die Vorsteuer höchstens in der Höhe vergütet, in der er in dem Mitgliedstaat, in dem er ansässig ist, bei Anwendung eines Pro-rata-Satzes zum Vorsteuerabzug berechtigt wäre. ⑥ Einem Unternehmer, der nicht im Gemeinschaftsgebiet ansässig ist, wird die Vorsteuer nur vergütet, wenn in dem Land, in dem der Unternehmer seinen Sitz hat, keine Umsatzsteuer oder ähnliche Steuer erhoben oder im Fall der Erhebung im Inland ansässigen Unternehmern vergütet wird. ⑦ Von der Vergütung ausgeschlossen sind bei Unternehmern, die nicht im Gemeinschaftsgebiet ansässig sind, die Vorsteuerbeträge, die auf den Bezug von Kraftstoffen entfallen. ⑧ Die Sätze 6 und 7 gelten nicht für Unternehmer, die nicht im Gemeinschaftsgebiet ansässig sind, soweit sie im Besteuerungszeitraum (§ 16 Absatz 1 Satz 2) vor dem 1. Juli 2021 als Steuerschuldner Umsätze nach § 3a Absatz 5 im Gemeinschaftsgebiet erbracht und für diese Umsätze von § 18 Absatz 4c Gebrauch gemacht haben oder diese Umsätze in einem anderen Mitgliedstaat erklärt sowie die darauf entfallende Steuer entrichtet haben; Voraussetzung ist, dass die Vorsteuerbeträge im Zusammenhang mit Umsätzen nach § 3a Absatz 5 stehen. ⑨ Die Sätze 6 und 7 gelten auch nicht für Unternehmer, die nicht im Gemeinschaftsgebiet ansässig sind, soweit sie im Besteuerungszeitraum (§ 16 Absatz 1 Satz 2) nach dem 30. Juni 2021 als Steuerschuldner Lieferungen nach § 3 Absatz 3a Satz 1 innerhalb eines Mitgliedstaates, Fernverkäufe nach § 3 Absatz 3a Satz 2, innergemeinschaftliche Fernverkäufe nach § 3c Absatz 1 Satz 2 und 3, Fernverkäufe nach § 3c Absatz 2 oder 3 oder sonstige Leistungen an Empfänger nach § 3a Absatz 5 Satz 1 im Gemeinschaftsgebiet erbracht und für diese Umsätze von den §§ 18i, 18j oder 18k Gebrauch gemacht haben; Voraussetzung ist, dass die Vorsteuerbeträge mit Lieferungen nach § 3 Absatz 3a Satz 1 innerhalb eines Mitgliedstaates, Fernverkäufen nach § 3 Absatz 3a Satz 2, innergemeinschaftlichen Fernverkäufen nach § 3c Absatz 1 Satz 2 und 3, Fernverkäufen nach § 3c Absatz 2 oder 3 oder sonstigen Leistungen an Empfänger nach § 3a Absatz 5 Satz 1 im Zusammenhang stehen.

(10) Zur Sicherung des Steueranspruchs in Fällen des innergemeinschaftlichen Erwerbs neuer motorbetriebener Landfahrzeuge und neuer Luftfahrzeuge (§ 1b Abs. 2 und 3) gilt Folgendes:

1. Die für die Zulassung oder die Registrierung von Fahrzeugen zuständigen Behörden sind verpflichtet, den für die Besteuerung des innergemeinschaftlichen Erwerbs neuer Fahrzeuge zuständigen Finanzbehörden ohne Ersuchen Folgendes mitzuteilen:
   a)[1] bei neuen motorbetriebenen Landfahrzeugen die erstmalige Ausgabe von Zulassungsbescheinigungen Teil II oder die erstmalige Zuteilung eines amtlichen Kennzeichens bei zulassungsfreien Fahrzeugen. ② Gleichzeitig sind die in Nummer 2 Buchstabe a bezeichneten Daten und das zugeteilte amtliche Kennzeichen oder, wenn dieses noch nicht zugeteilt worden ist, die Nummer der Zulassungsbescheinigung Teil II zu übermitteln,
   b) bei neuen Luftfahrzeugen die erstmalige Registrierung dieser Luftfahrzeuge. ② Gleichzeitig sind die in Nummer 3 Buchstabe a bezeichneten Daten und das zugeteilte amtliche Kennzeichen zu übermitteln. ③ Als Registrierung im Sinne dieser Vorschrift gilt nicht die Eintragung eines Luftfahrzeugs in das Register für Pfandrechte an Luftfahrzeugen.
2.[2] In den Fällen des innergemeinschaftlichen Erwerbs neuer motorbetriebener Landfahrzeuge (§ 1b Absatz 2 Satz 1 Nummer 1 und Absatz 3 Nummer 1) gilt Folgendes:
   a) ① Bei der erstmaligen Ausgabe einer Zulassungsbescheinigung Teil II im Inland oder bei der erstmaligen Zuteilung eines amtlichen Kennzeichens für zulassungsfreie Fahrzeuge im Inland hat der Antragsteller die folgenden Angaben zur Übermittlung an die Finanzbehörden zu machen:
      aa) den Namen und die Anschrift des Antragstellers sowie das für ihn zuständige Finanzamt (§ 21 der Abgabenordnung),
      bb) den Namen und die Anschrift des Lieferers,
      cc) den Tag der Lieferung,
      dd) den Tag der ersten Inbetriebnahme,
      ee) den Kilometerstand am Tag der Lieferung,
      ff) die Fahrzeugart, den Fahrzeughersteller, den Fahrzeugtyp und die Fahrzeug-Identifizierungsnummer,
      gg) den Verwendungszweck.

[1] § 18 Abs. 10 Nr. 1 Buchst. a neugefasst mWv 14. 12. 2010 durch JStG 2010 v. 8. 12. 2010 (BGBl. I S. 1768).
[2] § 18 Abs. 10 Nr. 2 neugefasst mWv 14. 12. 2010 durch JStG 2010 v. 8. 12. 2010 (BGBl. I S. 1768).

② Der Antragsteller ist zu den Angaben nach den Doppelbuchstaben aa und bb auch dann verpflichtet, wenn er nicht zu den in § 1a Absatz 1 Nummer 2 und § 1b Absatz 1 genannten Personen gehört oder wenn Zweifel daran bestehen, dass die Eigenschaften als neues Fahrzeug im Sinne des § 1b Absatz 3 Nummer 1 vorliegen. ③ Die Zulassungsbehörde darf die Zulassungsbescheinigung Teil II oder bei zulassungsfreien Fahrzeugen, die nach § 4 Absatz 2 und 3 der Fahrzeug-Zulassungsverordnung ein amtliches Kennzeichen führen, die Zulassungsbescheinigung Teil I erst aushändigen, wenn der Antragsteller die vorstehenden Angaben gemacht hat.

b) ① Ist die Steuer für den innergemeinschaftlichen Erwerb nicht entrichtet worden, hat die Zulassungsbehörde auf Antrag des Finanzamts die Zulassungsbescheinigung Teil I für ungültig zu erklären und das amtliche Kennzeichen zu entstempeln. ② Die Zulassungsbehörde trifft die hierzu erforderlichen Anordnungen durch schriftlichen Verwaltungsakt (Abmeldungsbescheid). ③ Das Finanzamt kann die Abmeldung von Amts wegen auch selbst durchführen, wenn die Zulassungsbehörde das Verfahren noch nicht eingeleitet hat. ④ Satz 2 gilt entsprechend. ⑤ Das Finanzamt teilt die durchgeführte Abmeldung unverzüglich der Zulassungsbehörde mit und händigt dem Fahrzeughalter die vorgeschriebene Bescheinigung über die Abmeldung aus. ⑥ Die Durchführung der Abmeldung von Amts wegen richtet sich nach dem Verwaltungsverfahrensgesetz. ⑦ Für Streitigkeiten über Abmeldungen von Amts wegen ist der Verwaltungsrechtsweg gegeben.

3. In den Fällen des innergemeinschaftlichen Erwerbs neuer Luftfahrzeuge (§ 1b Abs. 2 Satz 1 Nr. 3 und Abs. 3 Nr. 3) gilt Folgendes:

a)[1] ① Bei der erstmaligen Registrierung in der Luftfahrzeugrolle hat der Antragsteller die folgenden Angaben zur Übermittlung an die Finanzbehörden zu machen:

aa) den Namen und die Anschrift des Antragstellers sowie das für ihn zuständige Finanzamt (§ 21 der Abgabenordnung),

bb) den Namen und die Anschrift des Lieferers,

cc) den Tag der Lieferung,

dd) das Entgelt (Kaufpreis),

ee) den Tag der ersten Inbetriebnahme,

ff) die Starthöchstmasse,

gg) die Zahl der bisherigen Betriebsstunden am Tag der Lieferung,

hh) den Flugzeughersteller und den Flugzeugtyp,

ii) den Verwendungszweck.

② Der Antragsteller ist zu den Angaben nach Satz 1 Doppelbuchstabe aa und bb auch dann verpflichtet, wenn er nicht zu den in § 1a Abs. 1 Nr. 2 und § 1b Abs. 1 genannten Personen gehört oder wenn Zweifel daran bestehen, ob die Eigenschaften als neues Fahrzeug im Sinne des § 1b Abs. 3 Nr. 3 vorliegen. ③ Das Luftfahrt-Bundesamt darf die Eintragung in der Luftfahrzeugrolle erst vornehmen, wenn der Antragsteller die vorstehenden Angaben gemacht hat.

b) ① Ist die Steuer für den innergemeinschaftlichen Erwerb nicht entrichtet worden, so hat das Luftfahrt-Bundesamt auf Antrag des Finanzamts die Betriebserlaubnis zu widerrufen. ② Es trifft die hierzu erforderlichen Anordnungen durch schriftlichen Verwaltungsakt (Abmeldungsbescheid). ③ Die Durchführung der Abmeldung von Amts wegen richtet sich nach dem Verwaltungsverfahrensgesetz. ④ Für Streitigkeiten über Abmeldungen von Amts wegen ist der Verwaltungsrechtsweg gegeben.

(11) ① Die für die Steueraufsicht zuständigen Zolldienststellen wirken an der umsatzsteuerlichen Erfassung von Personenbeförderungen mit nicht im Inland zugelassenen Kraftomnibussen mit. ② Sie sind berechtigt, im Rahmen von zeitlich und örtlich begrenzten Kontrollen die nach ihrer äußeren Erscheinung nicht im Inland zugelassenen Kraftomnibusse anzuhalten und die tatsächlichen und rechtlichen Verhältnisse festzustellen, die für die Umsatzsteuer maßgebend sind, und die festgestellten Daten den zuständigen Finanzbehörden zu übermitteln.

(12)[2] ① Im Ausland ansässige Unternehmer (§ 13b Absatz 7), die grenzüberschreitende Personenbeförderungen mit nicht im Inland zugelassenen Kraftomnibussen durchführen, haben dies vor der erstmaligen Ausführung derartiger auf das Inland entfallender Umsätze (§ 3b Abs. 1 Satz 2) bei dem für die Umsatzbesteuerung zuständigen Finanzamt anzuzeigen, soweit diese Umsätze nicht der Beförderungseinzelbesteuerung (§ 16 Abs. 5) unterliegen. ② Das Finanzamt erteilt hierüber eine Bescheinigung. ③ Die Bescheinigung ist während jeder Fahrt mitzuführen und auf Verlangen den für die Steueraufsicht zuständigen Zolldienststellen vorzulegen. ④ Bei Nichtvorlage der Bescheinigung können diese Zolldienststellen eine Sicherheitsleistung nach den abgabenrechtlichen Vorschriften in Höhe der für die einzelne Beförderungsleistung voraussichtlich zu entrichtenden Steuer verlangen. ⑤ Die entrichtete Sicherheitsleistung ist auf die nach Absatz 3 Satz 1 zu entrichtende Steuer anzurechnen.

---

[1] § 18 Abs. 10 Nr. 3 Buchst. a Satz 2 redaktionell geändert mWv 25. 12. 2008 durch JStG 2009 v. 19. 12. 2008 (BGBl. I S. 2794).

[2] § 18 Abs. 12 Satz 1 Verweise geändert mWv 1. 7. 2010 durch EU-VorgG v. 8. 4. 2010 (BGBl. I S. 386); § 18 Abs. 12 Satz 1 Satzteil aufgehoben mWv 31. 7. 2014 durch G v. 25. 7. 2014 (BGBl. I S. 1266).

§ 18a[1] Zusammenfassende Meldung

(1)[2] ① Der Unternehmer im Sinne des § 2 hat bis zum 25. Tag nach Ablauf jedes Kalendermonats (Meldezeitraum), in dem er innergemeinschaftliche Warenlieferungen oder Lieferungen im Sinne des § 25b Absatz 2 ausgeführt hat, dem Bundeszentralamt für Steuern eine Meldung (Zusammenfassende Meldung) nach amtlich vorgeschriebenem Datensatz durch Datenfernübertragung zu übermitteln, in der er die Angaben nach Absatz 7 Satz 1 Nummer 1, 2, 2a und 4 zu machen hat. ② Soweit die Summe der Bemessungsgrundlagen für innergemeinschaftliche Warenlieferungen und für Lieferungen im Sinne des § 25b Absatz 2 weder für das laufende Kalendervierteljahr noch für eines der vier vorangegangenen Kalendervierteljahre jeweils mehr als 50 000 Euro beträgt, kann die Zusammenfassende Meldung bis zum 25. Tag nach Ablauf des Kalendervierteljahres übermittelt werden. ③ Übersteigt die Summe der Bemessungsgrundlage für innergemeinschaftliche Warenlieferungen und für Lieferungen im Sinne des § 25b Absatz 2 im Laufe eines Kalendervierteljahres 50 000 Euro, hat der Unternehmer bis zum 25. Tag nach Ablauf des Kalendermonats, in dem dieser Betrag überschritten wird, eine Zusammenfassende Meldung für diesen Kalendermonat und die bereits abgelaufenen Kalendermonate dieses Kalendervierteljahres zu übermitteln. ④ Nimmt der Unternehmer die in Satz 2 enthaltene Regelung nicht in Anspruch, hat er dies gegenüber dem Bundeszentralamt für Steuern anzuzeigen. ⑤ Vom 1. Juli 2010 bis zum 31. Dezember 2011 gelten die Sätze 2 und 3 mit der Maßgabe, dass an die Stelle des Betrages von 50 000 Euro der Betrag von 100 000 Euro tritt.

(2)[2] ① Der Unternehmer im Sinne des § 2 hat bis zum 25. Tag nach Ablauf jedes Kalendervierteljahres (Meldezeitraum), in dem er im übrigen Gemeinschaftsgebiet steuerpflichtige sonstige Leistungen im Sinne des § 3a Absatz 2, für die der in einem anderen Mitgliedstaat ansässige Leistungsempfänger die Steuer dort schuldet, ausgeführt hat, dem Bundeszentralamt für Steuern eine Zusammenfassende Meldung nach amtlich vorgeschriebenem Datensatz durch Datenfernübertragung zu übermitteln, in der er die Angaben nach Absatz 7 Satz 1 Nummer 3 zu machen hat. ② Soweit der Unternehmer bereits nach Absatz 1 zur monatlichen Übermittlung einer Zusammenfassenden Meldung verpflichtet ist, hat er die Angaben im Sinne von Satz 1 in der Zusammenfassenden Meldung für den letzten Monat des Kalendervierteljahres zu machen.

(3) ① Soweit der Unternehmer im Sinne des § 2 die Zusammenfassende Meldung entsprechend Absatz 1 bis zum 25. Tag nach Ablauf jedes Kalendermonats übermittelt, kann er die nach Absatz 2 vorgesehenen Angaben in die Meldung für den jeweiligen Meldezeitraum aufnehmen. ② Nimmt der Unternehmer die in Satz 1 enthaltene Regelung in Anspruch, hat er dies gegenüber dem Bundeszentralamt für Steuern anzuzeigen.

(4) Die Absätze 1 bis 3 gelten nicht für Unternehmer, die § 19 Absatz 1 anwenden.

(5)[3] ① Auf Antrag kann das Finanzamt zur Vermeidung unbilliger Härten auf eine elektronische Übermittlung verzichten; in diesem Fall hat der Unternehmer eine Meldung nach amtlich vorgeschriebenem Vordruck abzugeben. ② § 150 Absatz 8 der Abgabenordnung gilt entsprechend. ③ Soweit das Finanzamt nach § 18 Absatz 1 Satz 2 auf eine elektronische Übermittlung der Voranmeldung verzichtet hat, gilt dies auch für die Zusammenfassende Meldung. ④ Für die Anwendung dieser Vorschrift gelten auch nichtselbständige juristische Personen im Sinne des § 2 Absatz 2 Nummer 2 als Unternehmer. ⑤ § 18 Absatz 4f ist entsprechend anzuwenden. ⑥ Die Landesfinanzbehörden übermitteln dem Bundeszentralamt für Steuern die erforderlichen Angaben zur Bestimmung der Unternehmer, die nach den Absätzen 1 und 2 zur Abgabe der Zusammenfassenden Meldung verpflichtet sind. ⑦ Diese Angaben dürfen nur zur Sicherstellung der Abgabe der Zusammenfassenden Meldung verarbeitet werden. ⑧ Das Bundeszentralamt für Steuern übermittelt den Landesfinanzbehörden die Angaben aus den Zusammenfassenden Meldungen, soweit diese für steuerliche Kontrollen benötigt werden.

(6)[4] Eine innergemeinschaftliche Warenlieferung im Sinne dieser Vorschrift ist

1. eine innergemeinschaftliche Lieferung im Sinne des § 6a Absatz 1 mit Ausnahme der Lieferungen neuer Fahrzeuge an Abnehmer ohne Umsatzsteuer-Identifikationsnummer;
2. eine innergemeinschaftliche Lieferung im Sinne des § 6a Absatz 2;
3. eine Beförderung oder Versendung im Sinne des § 6b Absatz 1 oder 4 oder ein Erwerberwechsel nach § 6b Absatz 5.

(7)[5] ① Die Zusammenfassende Meldung muss folgende Angaben enthalten:

1. für innergemeinschaftliche Warenlieferungen im Sinne des Absatzes 6 Nummer 1:

---

[1] § 18a neugefasst mWv 1. 7. 2010 durch EU-VorgG v. 8. 4. 2010 (BGBl. I S. 386).

[2] § 18a Abs. 1 Satz 1, Abs. 2 Satz 1 geändert mWv 1. 1. 2017 durch G v. 18. 7. 2016 (BGBl. I S. 1679); Abs. 1 Satz 1 Angabe geändert mWv 1. 1. 2020 durch „JStG 2019" v. 12. 12. 2019 (BGBl. I S. 2451).

[3] § 18a Abs. 5 Satz 6 geändert mWv 26. 11. 2019 durch G v. 20. 11. 2019 (BGBl. I S. 1626); neuer Satz 5 eingefügt, bish. Sätze 5 bis 7 werden Sätze 6 bis 8 mWv 1. 1. 2021 durch Art. 12 JStG 2020 (BGBl. I S. 3096).

[4] § 18a Abs. 6 Nr. 3, Abs. 7 Nr. 2a eingefügt mWv 1. 1. 2020 durch „JStG 2019" v. 12. 12. 2019 (BGBl. I S. 2451); Abs. 6 Nr. 3 ergänzt mWv 29. 12. 2020 durch Art. 11 JStG 2020 (BGBl. I S. 3096).

[5] § 18a Abs. 7 Satz 1 Nr. 2a neugefasst mWv 29. 12. 2020 durch Art. 11 JStG 2020 (BGBl. I S. 3096).

a) die Umsatzsteuer-Identifikationsnummer jedes Erwerbers, die ihm in einem anderen Mitgliedstaat erteilt worden ist und unter der die innergemeinschaftlichen Warenlieferungen an ihn ausgeführt worden sind, und
b) für jeden Erwerber die Summe der Bemessungsgrundlagen der an ihn ausgeführten innergemeinschaftlichen Warenlieferungen;

2. für innergemeinschaftliche Warenlieferungen im Sinne des Absatzes 6 Nummer 2:
a) die Umsatzsteuer-Identifikationsnummer des Unternehmers in den Mitgliedstaaten, in die er Gegenstände verbracht hat, und
b) die darauf entfallende Summe der Bemessungsgrundlagen;

2a. für Beförderungen oder Versendungen oder einen Erwerberwechsel im Sinne des Absatzes 6 Nummer 3:
a) in den Fällen des § 6b Absatz 1 die Umsatzsteuer-Identifikationsnummer des Erwerbers im Sinne des § 6b Absatz 1 Nummer 1 und 3,
b) in den Fällen des § 6b Absatz 4 die Umsatzsteuer-Identifikationsnummer des ursprünglich vorgesehenen Erwerbers im Sinne des § 6b Absatz 1 Nummer 1 und 3 oder
c) in den Fällen des § 6b Absatz 5 die Umsatzsteuer-Identifikationsnummer des ursprünglich vorgesehenen Erwerbers im Sinne des § 6b Absatz 1 Nummer 1 und 3 sowie die des neuen Erwerbers;

3. für im übrigen Gemeinschaftsgebiet ausgeführte steuerpflichtige sonstige Leistungen im Sinne des § 3a Absatz 2, für die der in einem anderen Mitgliedstaat ansässige Leistungsempfänger die Steuer dort schuldet:
a) die Umsatzsteuer-Identifikationsnummer jedes Leistungsempfängers, die ihm in einem anderen Mitgliedstaat erteilt worden ist und unter der die steuerpflichtigen sonstigen Leistungen an ihn erbracht wurden,
b) für jeden Leistungsempfänger die Summe der Bemessungsgrundlagen der an ihn erbrachten steuerpflichtigen sonstigen Leistungen und
c) einen Hinweis auf das Vorliegen einer im übrigen Gemeinschaftsgebiet ausgeführten steuerpflichtigen sonstigen Leistung im Sinne des § 3a Absatz 2, für die der in einem anderen Mitgliedstaat ansässige Leistungsempfänger die Steuer dort schuldet;

4. für Lieferungen im Sinne des § 25b Absatz 2:
a) die Umsatzsteuer-Identifikationsnummer eines jeden letzten Abnehmers, die diesem in dem Mitgliedstaat erteilt worden ist, in dem die Versendung oder Beförderung beendet worden ist,
b) für jeden letzten Abnehmer die Summe der Bemessungsgrundlagen der an ihn ausgeführten Lieferungen und
c) einen Hinweis auf das Vorliegen eines innergemeinschaftlichen Dreiecksgeschäfts.

② § 16 Absatz 6 und § 17 sind sinngemäß anzuwenden.

(8) ① Die Angaben nach Absatz 7 Satz 1 Nummer 1 und 2 sind für den Meldezeitraum zu machen, in dem die Rechnung für die innergemeinschaftliche Warenlieferung ausgestellt wird, spätestens jedoch für den Meldezeitraum, in dem der auf die Ausführung der innergemeinschaftlichen Warenlieferung folgende Monat endet. ② Die Angaben nach Absatz 7 Satz 1 Nummer 3 und 4 sind für den Meldezeitraum zu machen, in dem die im übrigen Gemeinschaftsgebiet steuerpflichtige sonstige Leistung im Sinne des § 3a Absatz 2, für die der in einem anderen Mitgliedstaat ansässige Leistungsempfänger die Steuer dort schuldet, und die Lieferungen nach § 25b Absatz 2 ausgeführt worden sind.

(9) ① Hat das Finanzamt den Unternehmer von der Verpflichtung zur Abgabe der Voranmeldungen und Entrichtung der Vorauszahlungen befreit (§ 18 Absatz 2 Satz 3), kann er die Zusammenfassende Meldung abweichend von den Absätzen 1 und 2 bis zum 25. Tag nach Ablauf jedes Kalenderjahres abgeben, in dem er innergemeinschaftliche Warenlieferungen ausgeführt hat oder im übrigen Gemeinschaftsgebiet steuerpflichtige sonstige Leistungen im Sinne des § 3a Absatz 2 ausgeführt hat, für die der in einem anderen Mitgliedstaat ansässige Leistungsempfänger die Steuer dort schuldet, wenn

1. die Summe seiner Lieferungen und sonstigen Leistungen im vorangegangenen Kalenderjahr 200 000 Euro nicht überstiegen hat und im laufenden Kalenderjahr voraussichtlich nicht übersteigen wird,

2. die Summe seiner innergemeinschaftlichen Warenlieferungen oder im übrigen Gemeinschaftsgebiet ausgeführten steuerpflichtigen Leistungen im Sinne des § 3a Absatz 2, für die der in einem anderen Mitgliedstaat ansässige Leistungsempfänger die Steuer dort schuldet, im vorangegangenen Kalenderjahr 15 000 Euro nicht überstiegen hat und im laufenden Kalenderjahr voraussichtlich nicht übersteigen wird und

3. es sich bei den in Nummer 2 bezeichneten Warenlieferungen nicht um Lieferungen neuer Fahrzeuge an Abnehmer mit Umsatzsteuer-Identifikationsnummer handelt.

② Absatz 8 gilt entsprechend.

(10) Erkennt der Unternehmer nachträglich, dass eine von ihm abgegebene Zusammenfassende Meldung unrichtig oder unvollständig ist, so ist er verpflichtet, die ursprüngliche Zusammenfassende Meldung innerhalb eines Monats zu berichtigen.

(11)[1] Auf die Zusammenfassende Meldung sind mit Ausnahme von § 152 der Abgabenordnung ergänzend die für Steuererklärungen geltenden Vorschriften der Abgabenordnung anzuwenden.

(12)[2] ① Zur Erleichterung und Vereinfachung der Abgabe und Verarbeitung der Zusammenfassenden Meldung kann das Bundesministerium der Finanzen durch Rechtsverordnung mit Zustimmung des Bundesrates bestimmen, dass die Zusammenfassende Meldung auf maschinell verwertbaren Datenträgern oder durch Datenfernübertragung übermittelt werden kann. ② Dabei können insbesondere geregelt werden:

1. die Voraussetzungen für die Anwendung des Verfahrens;
2. das Nähere über Form, Inhalt, Verarbeitung und Sicherung der zu übermittelnden Daten;
3. die Art und Weise der Übermittlung der Daten;
4. die Zuständigkeit für die Entgegennahme der zu übermittelnden Daten;
5. die Mitwirkungspflichten Dritter bei der Verarbeitung der Daten;
6. der Umfang und die Form der für dieses Verfahren erforderlichen besonderen Erklärungspflichten des Unternehmers.

③ Zur Regelung der Datenübermittlung kann in der Rechtsverordnung auf Veröffentlichungen sachverständiger Stellen verwiesen werden; hierbei sind das Datum der Veröffentlichung, die Bezugsquelle und eine Stelle zu bezeichnen, bei der die Veröffentlichung archivmäßig gesichert niedergelegt ist.

§ 18b[3] Gesonderte Erklärung innergemeinschaftlicher Lieferungen und bestimmter sonstiger Leistungen im Besteuerungsverfahren

① Der Unternehmer im Sinne des § 2 hat für jeden Voranmeldungs- und Besteuerungszeitraum in den amtlich vorgeschriebenen Vordrucken (§ 18 Abs. 1 bis 4) die Bemessungsgrundlagen folgender Umsätze gesondert zu erklären:

1. seiner innergemeinschaftlichen Lieferungen,
2. seiner im übrigen Gemeinschaftsgebiet ausgeführten steuerpflichtigen sonstigen Leistungen im Sinne des § 3a Absatz 2, für die der in einem anderen Mitgliedstaat ansässige Leistungsempfänger die Steuer dort schuldet, und
3. seiner Lieferungen im Sinne des § 25b Abs. 2.

② Die Angaben für einen in Satz 1 Nummer 1 genannten Umsatz sind in dem Voranmeldungszeitraum zu machen, in dem die Rechnung für diesen Umsatz ausgestellt wird, spätestens jedoch in dem Voranmeldungszeitraum, in dem der auf die Ausführung dieses Umsatzes folgende Monat endet. ③ Die Angaben für Umsätze im Sinne des Satzes 1 Nummer 2 und 3 sind in dem Voranmeldungszeitraum zu machen, in dem diese Umsätze ausgeführt worden sind. ④ § 16 Abs. 6 und § 17 sind sinngemäß anzuwenden. ⑤ Erkennt der Unternehmer nachträglich vor Ablauf der Festsetzungsfrist, dass in einer von ihm abgegebenen Voranmeldung (§ 18 Abs. 1) die Angaben zu Umsätzen im Sinne des Satzes 1 unrichtig oder unvollständig sind, ist er verpflichtet, die ursprüngliche Voranmeldung unverzüglich zu berichtigen. ⑥ Die Sätze 2 bis 5 gelten für die Steuererklärung (§ 18 Abs. 3 und 4) entsprechend.

§ 18c Meldepflicht bei der Lieferung neuer Fahrzeuge[4]

① Zur Sicherung des Steueraufkommens durch einen Austausch von Auskünften mit anderen Mitgliedstaaten kann das Bundesministerium der Finanzen mit Zustimmung des Bundesrates durch Rechtsverordnung bestimmen, dass Unternehmer (§ 2) und Fahrzeuglieferer (§ 2a) der Finanzbehörde ihre innergemeinschaftlichen Lieferungen neuer Fahrzeuge an Abnehmer ohne Umsatzsteuer-Identifikationsnummer melden müssen. ② Dabei können insbesondere geregelt werden:

1. die Art und Weise der Meldung;
2. der Inhalt der Meldung;
3. die Zuständigkeit der Finanzbehörden;
4. der Abgabezeitpunkt der Meldung.
5. *(weggefallen)*

---

[1] § 18a Abs. 11 neugefasst mWv 1. 1. 2017 durch G v. 18. 7. 2016 (BGBl. I S. 1679).

[2] § 18a Abs. 12 Satz 2 Nr. 5 geändert mWv 26. 11. 2019 durch G v. 20. 11. 2019 (BGBl. I S. 1626).

[3] § 18b neugefasst mWv 1. 1. 2010 durch JStG 2009 v. 19. 12. 2008 (BGBl. I S. 2794); Satz 1 Nr. 2 ergänzt, Sätze 2 u. 3 neugefasst mWv 1. 7. 2010 durch EU-VorgG v. 8. 4. 2010 (BGBl. I S. 386).

[4] Ab 1. 7. 2010 vgl. Fahrzeuglieferungs-MeldepflichtV v. 18. 3. 2009 (BGBl. I S. 630), abgedruckt im Hauptteil zu § 18c UStG.

§ 18d[1] Vorlage von Urkunden

① Die Finanzbehörden sind zur Erfüllung der Auskunftsverpflichtung nach der Verordnung (EU) Nr. 904/2010 des Rates vom 7. Oktober 2010 über die Zusammenarbeit der Verwaltungsbehörden und die Betrugsbekämpfung auf dem Gebiet der Mehrwertsteuer (ABl. L 268 vom 12. 10. 2010, S. 1) berechtigt, von Unternehmern die Vorlage der jeweils erforderlichen Bücher, Aufzeichnungen, Geschäftspapiere und anderen Urkunden zur Einsicht und Prüfung zu verlangen. ② § 97 Absatz 2 der Abgabenordnung gilt entsprechend. ③ Der Unternehmer hat auf Verlangen der Finanzbehörde die in Satz 1 bezeichneten Unterlagen vorzulegen.

§ 18e[2] Bestätigungsverfahren

Das Bundeszentralamt für Steuern bestätigt auf Anfrage

1. dem Unternehmer im Sinne des § 2 die Gültigkeit einer Umsatzsteuer-Identifikationsnummer sowie den Namen und die Anschrift der Person, der die Umsatzsteuer-Identifikationsnummer von einem anderen Mitgliedstaat erteilt wurde;
2. dem Lagerhalter im Sinne des § 4 Nr. 4a die Gültigkeit der inländischen Umsatzsteuer-Identifikationsnummer sowie den Namen und die Anschrift des Auslagerers oder dessen Fiskalvertreters;
3. dem Betreiber im Sinne des § 25e Absatz 1 die Gültigkeit einer inländischen Umsatzsteuer-Identifikationsnummer sowie den Namen und die Anschrift des liefernden Unternehmers im Sinne des § 25e Absatz 2 Satz 1.

§ 18f Sicherheitsleistung

① Bei Steueranmeldungen im Sinne von § 18 Abs. 1 und 3 kann die Zustimmung nach § 168 Satz 2 der Abgabenordnung im Einvernehmen mit dem Unternehmer von einer Sicherheitsleistung abhängig gemacht werden. ② Satz 1 gilt entsprechend für die Festsetzung nach § 167 Abs. 1 Satz 1 der Abgabenordnung, wenn sie zu einer Erstattung führt.

§ 18g[3] Abgabe des Antrags auf Vergütung von Vorsteuerbeträgen in einem anderen Mitgliedstaat

① Ein im Inland ansässiger Unternehmer, der Anträge auf Vergütung von Vorsteuerbeträgen entsprechend der Richtlinie 2008/9/EG des Rates vom 12. Februar 2008 zur Regelung der Erstattung der Mehrwertsteuer gemäß der Richtlinie 2006/112/EG an nicht im Mitgliedstaat der Erstattung, sondern in einem anderen Mitgliedstaat ansässige Steuerpflichtige (ABl. EU Nr. L 44 S. 23) in einem anderen Mitgliedstaat stellen kann, hat diesen Antrag nach amtlich vorgeschriebenem Datensatz durch Datenfernübertragung dem Bundeszentralamt für Steuern zu übermitteln. ② In diesem hat er die Steuer für den Vergütungszeitraum selbst zu berechnen. ③ § 18 Absatz 4f ist entsprechend anzuwenden. [***Ab 1. 1. 2023:*** ④ Leitet das Bundeszentralamt für Steuern den Antrag nicht an den Mitgliedstaat der Erstattung weiter, ist der Bescheid über die Ablehnung dem Antragsteller durch Bereitstellung zum Datenabruf nach § 122a in Verbindung mit § 87a Absatz 8 der Abgabenordnung bekannt zu geben. ⑤ Hat der Empfänger des Bescheids der Bekanntgabe durch Bereitstellung zum Datenabruf nach Satz 4 nicht zugestimmt, ist der Bescheid schriftlich zu erteilen.]

§ 18h[4] Verfahren der Abgabe der Umsatzsteuererklärung für einen anderen Mitgliedstaat

(1) ① Ein im Inland ansässiger Unternehmer, der vor dem 1. Juli 2021 in einem anderen Mitgliedstaat der Europäischen Union Umsätze nach § 3a Absatz 5 erbringt, für die er dort die Steuer schuldet und Umsatzsteuererklärungen abzugeben hat, hat gegenüber dem Bundeszentralamt für Steuern nach amtlich vorgeschriebenem Datensatz durch Datenfernübertragung anzuzeigen, wenn er an dem besonderen Besteuerungsverfahren entsprechend Titel XII Kapitel 6 Abschnitt 3 der Richtlinie 2006/112/EG des Rates in der Fassung von Artikel 5 Nummer 15 der Richtlinie 2008/8/EG des Rates vom 12. Februar 2008 zur Änderung der Richtlinie 2006/112/EG bezüglich des Ortes der Dienstleistung (ABl. L 44 vom 20. 2. 2008, S. 23)[5] teilnimmt. ② Eine Teilnahme im Sinne des Satzes 1 ist dem Unternehmer nur einheitlich für alle Mitgliedstaaten der Europäischen Union möglich, in denen er weder einen Sitz noch eine Betriebsstätte hat. ③ Die Anzeige nach Satz 1 hat vor Beginn des Besteuerungszeitraums zu erfolgen, ab dessen Beginn der Unternehmer von dem besonderen Besteuerungsverfahren Gebrauch macht. ④ Die Anwendung des besonderen Besteuerungsverfahrens kann nur mit Wirkung vom Beginn eines Besteuerungszeitraums an widerrufen wer-

---

[1] § 18d Sätze 1 und 2 geändert mWv 30. 6. 2013 durch G v. 26. 6. 2013 (BGBl. I S. 1809).

[2] § 18e Eingangssatz geändert mWv 1. 1. 2006 durch G v. 22. 9. 2005 (BGBl. I S. 2809); Nr. 3 angefügt mWv 1. 7. 2021 durch Art. 14 JStG 2020 (BGBl. I S. 3096).

[3] § 18g eingefügt mWv 1. 1. 2010 durch JStG 2009 v. 19. 12. 2008 (BGBl. I S. 2794), vgl. § 27 Abs. 14 UStG; Satz 1 geändert mWv 1. 1. 2017 durch G v. 18. 7. 2016 (BGBl. I S. 1679); Satz 3 angefügt mWv 1. 1. 2021 durch Art. 12 JStG 2020 (BGBl. I S. 3096); Sätze 4 und 5 angefügt mWv 1. 1. 2023 durch JStG 2022 v. 16. 12. 2022 (BGBl. I S. 2294), vgl. § 27 Abs. 37 UStG.

[4] § 18h letztmals anzuwenden auf vor dem 1. 7. 2021 ausgeführte Umsätze, vgl. § 27 Abs. 34 Satz 2 UStG.

[5] *Redaktionsversehen,* richtig: S. 11.

den. ⑤Der Widerruf ist vor Beginn des Besteuerungszeitraums, für den er gelten soll, gegenüber dem Bundeszentralamt für Steuern nach amtlich vorgeschriebenem Datensatz auf elektronischem Weg zu erklären.

(2) Erfüllt der Unternehmer die Voraussetzungen für die Teilnahme an dem besonderen Besteuerungsverfahren nach Absatz 1 nicht, stellt das Bundeszentralamt für Steuern dies durch Verwaltungsakt gegenüber dem Unternehmer fest.

(3) ①Ein Unternehmer, der das in Absatz 1 genannte besondere Besteuerungsverfahren anwendet, hat seine hierfür abzugebenden Umsatzsteuererklärungen bis zum 20. Tag nach Ablauf jedes Besteuerungszeitraums nach amtlich vorgeschriebenem Datensatz durch Datenfernübertragung dem Bundeszentralamt für Steuern zu übermitteln. ②In dieser Erklärung hat er die Steuer für den Besteuerungszeitraum selbst zu berechnen. ③Die berechnete Steuer ist an das Bundeszentralamt für Steuern zu entrichten.

(4) ①Kommt der Unternehmer seinen Verpflichtungen nach Absatz 3 oder den von ihm in einem anderen Mitgliedstaat der Europäischen Union zu erfüllenden Aufzeichnungspflichten entsprechend Artikel 369k der Richtlinie 2006/112/EG des Rates in der Fassung des Artikels 5 Nummer 15 der Richtlinie 2008/8/EG des Rates vom 12. Februar 2008 zur Änderung der Richtlinie 2006/112/EG bezüglich des Ortes der Dienstleistung (ABl. L 44 vom 20. 2. 2008, S. 11) wiederholt nicht oder nicht rechtzeitig nach, schließt ihn das Bundeszentralamt für Steuern von dem besonderen Besteuerungsverfahren nach Absatz 1 durch Verwaltungsakt aus. ②Der Ausschluss gilt ab dem Besteuerungszeitraum, der nach dem Zeitpunkt der Bekanntgabe des Ausschlusses gegenüber dem Unternehmer beginnt.

(5) Ein Unternehmer ist im Inland im Sinne des Absatzes 1 Satz 1 ansässig, wenn er im Inland seinen Sitz oder seine Geschäftsleitung hat oder, für den Fall, dass er im Drittlandsgebiet ansässig ist, im Inland eine Betriebsstätte hat.

(6) Auf das Verfahren sind, soweit es vom Bundeszentralamt für Steuern durchgeführt wird, die §§ 30, 80 und 87a und der Zweite Abschnitt des Dritten Teils und der Siebente Teil der Abgabenordnung sowie die Finanzgerichtsordnung anzuwenden.

(7) § 18 Absatz 4f ist entsprechend anzuwenden.

§ 18i[1] Besonderes Besteuerungsverfahren für von nicht im Gemeinschaftsgebiet ansässigen Unternehmern erbrachte sonstige Leistungen

(1) ①Ein nicht im Gemeinschaftsgebiet ansässiger Unternehmer, der nach dem 30. Juni 2021 als Steuerschuldner sonstige Leistungen an Empfänger nach § 3a Absatz 5 Satz 1 im Gemeinschaftsgebiet erbringt, für die er dort die Steuer schuldet und Umsatzsteuererklärungen abzugeben hat, hat anzuzeigen, wenn er an dem besonderen Besteuerungsverfahren entsprechend Titel XII Kapitel 6 Abschnitt 2 der Richtlinie 2006/112/EG des Rates in der Fassung von Artikel 2 Nummer 14 bis 20 der Richtlinie (EU) 2017/2455 des Rates vom 5. Dezember 2017 zur Änderung der Richtlinie 2006/112/EG und der Richtlinie 2009/132/EG in Bezug auf bestimmte mehrwertsteuerliche Pflichten für die Erbringung von Dienstleistungen und für Fernverkäufe von Gegenständen (ABl. L 348 vom 29. 12. 2017, S. 7) teilnimmt. ②Die Anzeige ist der zuständigen Finanzbehörde eines Mitgliedstaates der Europäischen Union nach amtlich vorgeschriebenem Datensatz durch Datenfernübertragung zu übermitteln; zuständige Finanzbehörde im Inland ist insoweit das Bundeszentralamt für Steuern. ③Die Anzeige hat vor Beginn des Besteuerungszeitraums (§ 16 Absatz 1c Satz 1) zu erfolgen, ab dessen Beginn der Unternehmer von dem besonderen Besteuerungsverfahren Gebrauch macht. ④Eine Teilnahme an dem besonderen Besteuerungsverfahren ist dem Unternehmer nur einheitlich für alle Mitgliedstaaten der Europäischen Union und alle sonstigen Leistungen an Empfänger nach § 3a Absatz 5 Satz 1 im Gemeinschaftsgebiet möglich. ⑤Die Anwendung des besonderen Besteuerungsverfahrens kann nur mit Wirkung vom Beginn eines Besteuerungszeitraums an widerrufen werden. ⑥Der Widerruf ist vor Beginn des Besteuerungszeitraums, für den er gelten soll, gegenüber der Finanzbehörde nach Satz 2 nach amtlich vorgeschriebenem Datensatz durch Datenfernübertragung zu erklären.

(2) Erfolgt die Anzeige nach Absatz 1 Satz 1 im Inland und erfüllt der Unternehmer die Voraussetzungen für die Teilnahme an dem besonderen Besteuerungsverfahren nicht, stellt das Bundeszentralamt für Steuern dies gegenüber dem Unternehmer fest und lehnt dessen Teilnahme an dem besonderen Besteuerungsverfahren ab.

(3)[2] ①Ein Unternehmer, der das in Absatz 1 genannte besondere Besteuerungsverfahren anwendet, hat der Finanzbehörde, bei der er die Teilnahme an dem besonderen Besteuerungsverfahren angezeigt hat, eine Steuererklärung innerhalb eines Monats nach Ablauf jedes Besteuerungszeitraums (§ 16 Absatz 1c Satz 1) nach amtlich vorgeschriebenem Datensatz durch Datenfernübertragung zu übermitteln. ②In der Steuererklärung hat er die Steuer für den Besteuerungszeitraum selbst zu berechnen. ③Die berechnete Steuer ist am letzten Tag des auf den Besteuerungszeitraum folgenden Monats fällig und bis dahin vom Unternehmer an die Finanzbehörde zu entrichten, bei der der Unternehmer die Teilnahme an dem besonderen Besteuerungsverfahren angezeigt hat. ④Soweit der Unternehmer im Inland Leistungen nach Absatz 1 Satz 1 erbringt, ist § 18 Absatz 1 bis 4 nicht anzuwenden. ⑤Berichtigungen einer Steuererklä-

[1] § 18i eingefügt mWv 1. 4. 2021 durch Art. 13 JStG 2020 (BGBl. I S. 3096).
[2] § 18i Abs. 3 erstmals anzuwenden auf nach dem 30. 6. 2021 ausgeführte Umsätze (§ 27 Abs. 33 Satz 1 UStG).

rung, die innerhalb von drei Jahren nach dem letzten Tag des Zeitraums nach Satz 1 vorgenommen werden, sind mit einer späteren Steuererklärung unter Angabe des zu berichtigenden Besteuerungszeitraums anzuzeigen.

(4) ① Die Steuererklärung nach Absatz 3 Satz 1 und 2, die der Unternehmer der zuständigen Finanzbehörde eines anderen Mitgliedstaates der Europäischen Union übermittelt hat, ist ab dem Zeitpunkt eine Steueranmeldung im Sinne des § 150 Absatz 1 Satz 3 und des § 168 der Abgabenordnung, zu dem die in ihr enthaltenen Daten von der zuständigen Finanzbehörde des anderen Mitgliedstaates der Europäischen Union dem Bundeszentralamt für Steuern übermittelt und dort in bearbeitbarer Weise aufgezeichnet wurden. ② Dies gilt für die Berichtigung einer Steuererklärung entsprechend. ③ Die Steuererklärung nach Satz 1 gilt als fristgemäß übermittelt, wenn sie bis zum letzten Tag der Frist nach Absatz 3 Satz 1 der zuständigen Finanzbehörde des anderen Mitgliedstaates der Europäischen Union übermittelt worden ist und dort in bearbeitbarer Weise aufgezeichnet wurde. ④ Die Entrichtung der Steuer erfolgt im Falle der Steuererklärung nach Satz 1 fristgemäß, wenn die Zahlung bis zum letzten Tag der Frist nach Absatz 3 Satz 3 bei der zuständigen Finanzbehörde des anderen Mitgliedstaates der Europäischen Union eingegangen ist. ⑤ § 240 der Abgabenordnung ist in diesen Fällen mit der Maßgabe anzuwenden, dass eine Säumnis frühestens mit Ablauf des zehnten Tages nach Ablauf des zweiten auf den Besteuerungszeitraum folgenden Monats eintritt.

(5) ① Kommt der Unternehmer seinen Verpflichtungen nach Absatz 3 oder § 22 Absatz 1 oder den von ihm in einem anderen Mitgliedstaat der Europäischen Union zu erfüllenden Aufzeichnungspflichten entsprechend Artikel 369 der Richtlinie 2006/112/EG wiederholt nicht oder nicht rechtzeitig nach, schließt ihn die Finanzbehörde, bei der der Unternehmer die Teilnahme an dem Verfahren nach Absatz 1 Satz 2 angezeigt hat, von dem besonderen Besteuerungsverfahren nach Absatz 1 aus. ② Der Ausschluss gilt ab dem Besteuerungszeitraum, der nach dem Zeitpunkt der Bekanntgabe des Ausschlusses gegenüber dem Unternehmer beginnt; ist der Ausschluss jedoch auf eine Änderung des Ortes des Sitzes oder der Betriebsstätte zurückzuführen, ist der Ausschluss ab dem Tag dieser Änderung wirksam. ③ Der Ausschluss wegen eines wiederholten Verstoßes gegen die in Satz 1 genannten Verpflichtungen hat auch den Ausschluss von den besonderen Besteuerungsverfahren nach den §§ 18j und 18k zur Folge.

(6)[1] Auf das besondere Besteuerungsverfahren sind, soweit die Anzeige nach Absatz 1 Satz 1 gegenüber dem Bundeszentralamt für Steuern erfolgt und dieses die Steuererklärungen den zuständigen Finanzbehörden der anderen Mitgliedstaaten der Europäischen Union übermittelt, die §§ 2a, 29b bis 30, 32a bis 32j, 80, 87a, 87b und der Zweite Abschnitt des Dritten Teils und der Siebente Teil der Abgabenordnung sowie die Finanzgerichtsordnung anzuwenden.

§ 18j[2] Besonderes Besteuerungsverfahren für den innergemeinschaftlichen Fernverkauf, für Lieferungen innerhalb eines Mitgliedstaates über eine elektronische Schnittstelle und für von im Gemeinschaftsgebiet, nicht aber im Mitgliedstaat des Verbrauchs ansässigen Unternehmern erbrachte sonstige Leistungen

(1) ① Ein Unternehmer, der

1. nach dem 30. Juni 2021 Lieferungen nach § 3 Absatz 3a Satz 1 innerhalb eines Mitgliedstaates oder innergemeinschaftliche Fernverkäufe nach § 3c Absatz 1 Satz 2 und 3 im Gemeinschaftsgebiet erbringt oder
2. im Gemeinschaftsgebiet ansässig ist und nach dem 30. Juni 2021 in einem anderen Mitgliedstaat der Europäischen Union sonstige Leistungen an Empfänger nach § 3a Absatz 5 Satz 1 ausführt,

für die er dort die Steuer schuldet und Umsatzsteuererklärungen abzugeben hat, hat anzuzeigen, wenn er an dem besonderen Besteuerungsverfahren entsprechend Titel XII Kapitel 6 Abschnitt 3 der Richtlinie 2006/112/EG des Rates in der Fassung von Artikel 1 Nummer 8 bis 13 der Richtlinie (EU) 2019/1995 des Rates vom 21. November 2019 zur Änderung der Richtlinie 2006/112/EG des Rates vom 28. November 2006 in Bezug auf Vorschriften für Fernverkäufe von Gegenständen und bestimmte inländische Lieferungen von Gegenständen (ABl. L 310 vom 2. 12. 2019, S. 1) teilnimmt. ② Die Anzeige ist der zuständigen Finanzbehörde des nach Artikel 369a Nummer 2 der Richtlinie 2006/112/EG des Rates in der Fassung von Artikel 1 Nummer 9 der Richtlinie (EU) 2019/1995 zuständigen Mitgliedstaates der Europäischen Union nach amtlich vorgeschriebenem Datensatz durch Datenfernübertragung zu übermitteln; zuständige Finanzbehörde im Inland ist insoweit das Bundeszentralamt für Steuern. ③ Die Anzeige hat vor Beginn des Besteuerungszeitraums (§ 16 Absatz 1d Satz 1) zu erfolgen, ab dessen Beginn der Unternehmer von dem besonderen Besteuerungsverfahren Gebrauch macht. ④ Eine Teilnahme an dem besonderen Besteuerungsverfahren ist dem Unternehmer nur einheitlich für alle Mitgliedstaaten der Europäischen Union und alle Umsätze nach Satz 1 möglich; dies gilt hinsichtlich sonstiger Leistungen an Empfänger nach § 3a Absatz 5 Satz 1 nur für die Mitgliedstaaten der Europäischen Union, in denen der Unternehmer weder einen Sitz noch eine Betriebsstätte hat. ⑤ Die Anwendung des besonderen Besteuerungsverfahrens kann nur mit Wirkung vom Be-

[1] § 18i Abs. 6 erstmals anzuwenden auf nach dem 30. 6. 2021 ausgeführte Umsätze (§ 27 Abs. 33 Satz 1 UStG).
[2] § 18j eingefügt mWv 1. 4. 2021 durch Art. 13 JStG 2020 (BGBl. I S. 3096).

ginn eines Besteuerungszeitraums an widerrufen werden. ⑥ Der Widerruf ist vor Beginn des Besteuerungszeitraums, für den er gelten soll, gegenüber der Finanzbehörde nach Satz 2 nach amtlich vorgeschriebenem Datensatz durch Datenfernübertragung zu erklären.

(2) ① Im übrigen Gemeinschaftsgebiet ansässige Unternehmer (§ 13b Absatz 7 Satz 2) können die Teilnahme an dem besonderen Besteuerungsverfahren nur in dem Mitgliedstaat der Europäischen Union, in dem sie ansässig sind, anzeigen; hinsichtlich sonstiger Leistungen an Empfänger nach § 3a Absatz 5 Satz 1 im Inland ist eine Teilnahme jedoch nur zulässig, soweit der Unternehmer im Inland, auf der Insel Helgoland und in einem der in § 1 Absatz 3 bezeichneten Gebiete weder seinen Sitz, seine Geschäftsleitung noch eine Betriebsstätte hat. ② Im Inland ansässige Unternehmer können die Teilnahme an dem besonderen Besteuerungsverfahren nur im Inland anzeigen; dies gilt nicht in Fällen des Satzes 4. ③ Ein Unternehmer ist im Inland ansässig, wenn er im Inland seinen Sitz oder seine Geschäftsleitung hat oder, für den Fall, dass er im Drittlandsgebiet ansässig ist, im Inland eine Betriebsstätte hat. ④ Hat ein im Drittlandsgebiet ansässiger Unternehmer neben der Betriebsstätte im Inland noch mindestens eine weitere Betriebsstätte im übrigen Gemeinschaftsgebiet, kann er sich für die Anzeige der Teilnahme an dem besonderen Besteuerungsverfahren im Inland entscheiden. ⑤ Hat ein im Drittlandsgebiet ansässiger Unternehmer keine Betriebsstätte im Gemeinschaftsgebiet, hat er die Teilnahme an dem besonderen Besteuerungsverfahren im Inland anzuzeigen, wenn die Beförderung oder Versendung der Gegenstände im Inland beginnt. ⑥ Beginnt die Beförderung oder Versendung der Gegenstände teilweise im Inland und teilweise im übrigen Gemeinschaftsgebiet, kann sich der im Drittlandsgebiet ansässige Unternehmer, der keine Betriebsstätte im Gemeinschaftsgebiet hat, für die Anzeige der Teilnahme an dem besonderen Besteuerungsverfahren im Inland entscheiden. ⑦ Der im Drittlandsgebiet ansässige Unternehmer ist an seine Entscheidung nach Satz 4 oder 6 für das betreffende Kalenderjahr und die beiden darauffolgenden Kalenderjahre gebunden.

(3) Erfolgt die Anzeige nach Absatz 1 Satz 1 im Inland und erfüllt der Unternehmer die Voraussetzungen für die Teilnahme an dem besonderen Besteuerungsverfahren nicht, stellt das Bundeszentralamt für Steuern dies gegenüber dem Unternehmer fest und lehnt dessen Teilnahme an dem besonderen Besteuerungsverfahren ab.

(4)[1] ① Ein Unternehmer, der das in Absatz 1 genannte besondere Besteuerungsverfahren anwendet, hat der Finanzbehörde nach Absatz 1 Satz 2 in Verbindung mit Absatz 2 eine Steuererklärung innerhalb eines Monats nach Ablauf jedes Besteuerungszeitraums (§ 16 Absatz 1d Satz 1) nach amtlich vorgeschriebenem Datensatz durch Datenfernübertragung zu übermitteln. ② In der Steuererklärung hat er die Steuer für den Besteuerungszeitraum selbst zu berechnen. ③ Die berechnete Steuer ist am letzten Tag des auf den Besteuerungszeitraum folgenden Monats fällig und bis dahin vom Unternehmer an die Finanzbehörde nach Absatz 1 Satz 2 zu entrichten. ④ Soweit der Unternehmer im Inland Leistungen nach Absatz 1 Satz 1 erbringt, ist § 18 Absatz 1 bis 4 nicht anzuwenden. ⑤ Berichtigungen einer Steuererklärung, die innerhalb von drei Jahren nach dem letzten Tag des Zeitraums nach Satz 1 vorgenommen werden, sind mit einer späteren Steuererklärung unter Angabe des zu berichtigenden Besteuerungszeitraums anzuzeigen.

(5) ① Die Steuererklärung nach Absatz 4 Satz 1 und 2, die der Unternehmer der zuständigen Finanzbehörde eines anderen Mitgliedstaates der Europäischen Union übermittelt hat, ist ab dem Zeitpunkt eine Steueranmeldung im Sinne des § 150 Absatz 1 Satz 3 und des § 168 der Abgabenordnung, zu dem die in ihr enthaltenen Daten von der zuständigen Finanzbehörde des anderen Mitgliedstaates der Europäischen Union dem Bundeszentralamt für Steuern übermittelt und dort in bearbeitbarer Weise aufgezeichnet wurden. ② Dies gilt für die Berichtigung einer Steuererklärung entsprechend. ③ Die Steuererklärung nach Satz 1 gilt als fristgemäß übermittelt, wenn sie bis zum letzten Tag der Frist nach Absatz 4 Satz 1 der zuständigen Finanzbehörde des anderen Mitgliedstaates der Europäischen Union übermittelt worden ist und dort in bearbeitbarer Weise aufgezeichnet wurde. ④ Die Entrichtung der Steuer erfolgt im Falle der Steuererklärung nach Satz 1 fristgemäß, wenn die Zahlung bis zum letzten Tag der Frist nach Absatz 4 Satz 3 bei der zuständigen Finanzbehörde des anderen Mitgliedstaates der Europäischen Union eingegangen ist. ⑤ § 240 der Abgabenordnung ist in diesen Fällen mit der Maßgabe anzuwenden, dass eine Säumnis frühestens mit Ablauf des zehnten Tages nach Ablauf des zweiten auf den Besteuerungszeitraum folgenden Monats eintritt.

(6) ① Kommt der Unternehmer seinen Verpflichtungen nach Absatz 4 oder § 22 Absatz 1 oder den von ihm in einem anderen Mitgliedstaat der Europäischen Union zu erfüllenden Aufzeichnungspflichten entsprechend Artikel 369k der Richtlinie 2006/112/EG wiederholt nicht oder nicht rechtzeitig nach, schließt ihn die Finanzbehörde nach Absatz 1 Satz 2 von dem besonderen Besteuerungsverfahren nach Absatz 1 aus. ② Der Ausschluss gilt ab dem Besteuerungszeitraum, der nach dem Zeitpunkt der Bekanntgabe des Ausschlusses gegenüber dem Unternehmer beginnt; ist der Ausschluss jedoch auf eine Änderung des Ortes des Sitzes oder der Betriebsstätte oder des Ortes zurückzuführen, von dem aus die Beförderung oder Versendung von Gegenständen ausgeht, ist der Ausschluss ab dem Tag dieser Änderung wirksam. ③ Der Ausschluss wegen

[1] § 18j Abs. 4 erstmals anzuwenden auf nach dem 30. 6. 2021 ausgeführte Umsätze (§ 27 Abs. 33 Satz 1 UStG).

eines wiederholten Verstoßes gegen die in Satz 1 genannten Verpflichtungen hat auch den Ausschluss von den besonderen Besteuerungsverfahren nach den §§ 18i und 18k zur Folge.

(7)[1] Auf das besondere Besteuerungsverfahren sind, soweit die Anzeige nach Absatz 1 Satz 1 gegenüber dem Bundeszentralamt für Steuern erfolgt und dieses die Steuererklärungen der zuständigen Finanzbehörde eines anderen Mitgliedstaates der Europäischen Union übermittelt, die §§ 2a, 29b bis 30, 32a bis 32j, 80, 87a, 87b und der Zweite Abschnitt des Dritten Teils und der Siebente Teil der Abgabenordnung sowie die Finanzgerichtsordnung anzuwenden.

(8) § 18 Absatz 4f ist entsprechend anzuwenden.

§ 18k[2] Besonderes Besteuerungsverfahren für Fernverkäufe von aus dem Drittlandsgebiet eingeführten Gegenständen in Sendungen mit einem Sachwert von höchstens 150 Euro

(1) ① Ein Unternehmer, der nach dem 30. Juni 2021 als Steuerschuldner Fernverkäufe nach § 3 Absatz 3a Satz 2 oder § 3c Absatz 2 oder 3 in Sendungen mit einem Sachwert von höchstens 150 Euro im Gemeinschaftsgebiet erbringt, für die er dort die Steuer schuldet und Umsatzsteuererklärungen abzugeben hat, oder ein in seinem Auftrag handelnder im Gemeinschaftsgebiet ansässiger Vertreter hat anzuzeigen, wenn er an dem besonderen Besteuerungsverfahren entsprechend Titel XII Kapitel 6 Abschnitt 4 der Richtlinie 2006/112/EG des Rates in der Fassung von Artikel 2 Nummer 30 der Richtlinie (EU) 2017/2455 des Rates vom 5. Dezember 2017 zur Änderung der Richtlinie 2006/112/EG und der Richtlinie 2009/132/EG in Bezug auf bestimmte mehrwertsteuerliche Pflichten für die Erbringung von Dienstleistungen und für Fernverkäufe von Gegenständen (ABl. L 348 vom 29. 12. 2017, S. 7) teilnimmt. ② Die Anzeige ist der zuständigen Finanzbehörde des unter den Voraussetzungen des Artikels 369l Unterabsatz 2 Nummer 3 der Richtlinie 2006/112/EG zuständigen Mitgliedstaates der Europäischen Union vor Beginn des Besteuerungszeitraums (§ 16 Absatz 1e Satz 1) nach amtlich vorgeschriebenem Datensatz durch Datenfernübertragung zu übermitteln; zuständige Finanzbehörde im Inland ist insoweit das Bundeszentralamt für Steuern. ③ Eine Teilnahme an dem besonderen Besteuerungsverfahren ist für nicht im Gemeinschaftsgebiet ansässige Unternehmer nur zulässig, wenn das Drittland, in dem sie ansässig sind, in der Durchführungsverordnung entsprechend Artikel 369m Absatz 3 der Richtlinie 2006/112/EG aufgeführt ist, oder wenn sie einen im Gemeinschaftsgebiet ansässigen Vertreter vertraglich bestellt und dies der Finanzbehörde nach Satz 2 angezeigt haben. ④ Satz 1 gilt nicht für Sendungen, die verbrauchsteuerpflichtige Waren enthalten. ⑤ Eine Teilnahme an dem besonderen Besteuerungsverfahren ist nur einheitlich für alle Mitgliedstaaten der Europäischen Union und für alle Fernverkäufe im Sinne des Satzes 1 möglich; sie gilt ab dem Tag, an dem dem Unternehmer oder dem im Auftrag handelnden Vertreter die nach Artikel 369q Absatz 1 oder 3 der Richtlinie 2006/112/EG erteilte individuelle Identifikationsnummer des Unternehmers bekannt gegeben wurde. ⑥ Die Anwendung des besonderen Besteuerungsverfahrens kann nur mit Wirkung vom Beginn eines Besteuerungszeitraums an widerrufen werden. ⑦ Der Widerruf ist vor Beginn des Besteuerungszeitraums, für den er gelten soll, gegenüber der Finanzbehörde nach Satz 2 nach amtlich vorgeschriebenem Datensatz durch Datenfernübertragung zu erklären.

(2) ① Im übrigen Gemeinschaftsgebiet ansässige Unternehmer (§ 13b Absatz 7 Satz 2) oder im Auftrag handelnde Vertreter können die Teilnahme an dem besonderen Besteuerungsverfahren nur in dem Mitgliedstaat der Europäischen Union, in dem sie ansässig sind, anzeigen. ② Im Inland ansässige Unternehmer oder im Auftrag handelnde Vertreter können die Teilnahme an dem besonderen Besteuerungsverfahren nur im Inland anzeigen; dies gilt nicht in Fällen des Satzes 4. ③ Ein Unternehmer oder ein im Auftrag handelnder Vertreter ist im Inland ansässig, wenn er im Inland seinen Sitz oder seine Geschäftsleitung hat oder, für den Fall, dass er im Drittlandsgebiet ansässig ist, im Inland eine Betriebsstätte hat. ④ Hat der im Drittlandsgebiet ansässige Unternehmer oder im Auftrag handelnde Vertreter neben der Betriebsstätte im Inland noch mindestens eine weitere Betriebsstätte im übrigen Gemeinschaftsgebiet, kann er sich für die Anzeige der Teilnahme an dem besonderen Besteuerungsverfahren im Inland entscheiden. ⑤ Der Unternehmer oder im Auftrag handelnde Vertreter ist an seine Entscheidung nach Satz 4 für das betreffende Kalenderjahr und die beiden darauffolgenden Kalenderjahre gebunden.

(3) Erfolgt die Anzeige nach Absatz 1 Satz 1 im Inland und erfüllt der Unternehmer die Voraussetzungen für die Teilnahme an dem besonderen Besteuerungsverfahren nicht, stellt das Bundeszentralamt für Steuern dies gegenüber dem Unternehmer fest und lehnt dessen Teilnahme an dem besonderen Besteuerungsverfahren ab.

(4)[3] ① Ein Unternehmer oder im Auftrag handelnder Vertreter, der das in Absatz 1 genannte besondere Besteuerungsverfahren anwendet, hat der Finanzbehörde nach Absatz 1 Satz 2 in Verbindung mit Absatz 2 eine Steuererklärung innerhalb eines Monats nach Ablauf jedes Besteuerungszeitraums (§ 16 Absatz 1e Satz 1) nach amtlich vorgeschriebenem Datensatz durch Datenfernübertragung zu übermitteln. ② In der Steuererklärung hat er die Steuer für den Be-

[1] § 18j Abs. 7 erstmals anzuwenden auf nach dem 30. 6. 2021 ausgeführte Umsätze (§ 27 Abs. 33 Satz 1 UStG).
[2] § 18k eingefügt mWv 1. 4. 2021 durch Art. 13 JStG 2020 (BGBl. I S. 3096).
[3] § 18k Abs. 4 erstmals anzuwenden auf nach dem 30. 6. 2021 ausgeführte Umsätze (§ 27 Abs. 33 Satz 1 UStG).

steuerungszeitraum selbst zu berechnen. ③ Die berechnete Steuer ist am letzten Tag des auf den Besteuerungszeitraum folgenden Monats fällig und bis dahin vom Unternehmer oder vom im Auftrag handelnden Vertreter an die Finanzbehörde nach Absatz 1 Satz 2 zu entrichten. ④ Soweit der Unternehmer im Inland Lieferungen nach Absatz 1 Satz 1 erbringt, ist § 18 Absatz 1 bis 4 nicht anzuwenden. ⑤ Berichtigungen einer Steuererklärung, die innerhalb von drei Jahren nach dem letzten Tag des Zeitraums nach Satz 1 vorgenommen werden, sind mit einer späteren Steuererklärung unter Angabe des zu berichtigenden Besteuerungszeitraums anzuzeigen.

(5) ① Die Steuererklärung nach Absatz 4 Satz 1 und 2, die der Unternehmer der zuständigen Finanzbehörde eines anderen Mitgliedstaates der Europäischen Union übermittelt hat, ist ab dem Zeitpunkt eine Steueranmeldung im Sinne des § 150 Absatz 1 Satz 3 und des § 168 der Abgabenordnung, zu dem die in ihr enthaltenen Daten von der zuständigen Finanzbehörde des anderen Mitgliedstaates der Europäischen Union dem Bundeszentralamt für Steuern übermittelt und dort in bearbeitbarer Weise aufgezeichnet wurden. ② Dies gilt für die Berichtigung einer Steuererklärung entsprechend. ③ Die Steuererklärung nach Satz 1 gilt als fristgemäß übermittelt, wenn sie bis zum letzten Tag der Frist nach Absatz 4 Satz 1 der zuständigen Finanzbehörde des anderen Mitgliedstaates der Europäischen Union übermittelt worden ist und dort in bearbeitbarer Weise aufgezeichnet wurde. ④ Die Entrichtung der Steuer erfolgt im Falle der Steuererklärung nach Satz 1 fristgemäß, wenn die Zahlung bis zum letzten Tag der Frist nach Absatz 4 Satz 3 bei der zuständigen Finanzbehörde des anderen Mitgliedstaates der Europäischen Union eingegangen ist. ⑤ § 240 der Abgabenordnung ist in diesen Fällen mit der Maßgabe anzuwenden, dass eine Säumnis frühestens mit Ablauf des zehnten Tages nach Ablauf des zweiten auf den Besteuerungszeitraum folgenden Monats eintritt.

(6) ① Kommt der Unternehmer oder der im Auftrag handelnde Vertreter seinen Verpflichtungen nach Absatz 4 oder § 22 Absatz 1 oder den von ihm in einem anderen Mitgliedstaat der Europäischen Union zu erfüllenden Aufzeichnungspflichten entsprechend Artikel 369x der Richtlinie 2006/112/EG wiederholt nicht oder nicht rechtzeitig nach, schließt ihn die Finanzbehörde nach Absatz 1 Satz 2 von dem besonderen Besteuerungsverfahren nach Absatz 1 aus. ② Ein Ausschluss des im Auftrag handelnden Vertreters bewirkt auch den Ausschluss des von ihm vertretenen Unternehmers. ③ Der Ausschluss wegen eines wiederholten Verstoßes gegen die in Satz 1 genannten Verpflichtungen gilt ab dem Tag, der auf den Zeitpunkt der Bekanntgabe des Ausschlusses gegenüber dem Unternehmer oder dem im Auftrag handelnden Vertreter folgt; ist der Ausschluss jedoch auf eine Änderung des Ortes des Sitzes oder der Betriebsstätte zurückzuführen, ist der Ausschluss ab dem Tag dieser Änderung wirksam; erfolgt der Ausschluss aus anderen Gründen, gilt er ab dem Besteuerungszeitraum, der nach dem Zeitpunkt der Bekanntgabe des Ausschlusses gegenüber dem Unternehmer oder dem im Auftrag handelnden Vertreter beginnt. ④ Der Ausschluss wegen eines wiederholten Verstoßes gegen die in Satz 1 genannten Verpflichtungen hat auch den Ausschluss von den besonderen Besteuerungsverfahren nach den §§ 18i und 18j zur Folge; es sei denn, der Ausschluss des Unternehmers war bedingt durch einen wiederholten Verstoß gegen die in Satz 1 genannten Verpflichtungen durch den im Auftrag handelnden Vertreter.

(7)[1] Auf das besondere Besteuerungsverfahren sind, soweit die Anzeige nach Absatz 1 Satz 1 gegenüber dem Bundeszentralamt für Steuern erfolgt und dieses die Steuererklärungen der zuständigen Finanzbehörde eines anderen Mitgliedstaates der Europäischen Union übermittelt, die §§ 2a, 29b bis 30, 32a bis 32j, 80, 87a, 87b und der Zweite Abschnitt des Dritten Teils und der Siebente Teil der Abgabenordnung sowie die Finanzgerichtsordnung anzuwenden.

(8) § 18 Absatz 4f ist entsprechend anzuwenden.

§ 19 Besteuerung der Kleinunternehmer

(1)[2] ① Die für Umsätze im Sinne des § 1 Abs. 1 Nr. 1 geschuldete Umsatzsteuer wird von Unternehmern, die im Inland oder in den in § 1 Abs. 3 bezeichneten Gebieten ansässig sind, nicht erhoben, wenn der in Satz 2 bezeichnete Umsatz zuzüglich der darauf entfallenden Steuer im vorangegangenen Kalenderjahr 22 000 Euro nicht überstiegen hat und im laufenden Kalenderjahr 50 000 Euro voraussichtlich nicht übersteigen wird. ② Umsatz im Sinne des Satzes 1 ist der nach vereinnahmten Entgelten bemessene Gesamtumsatz, gekürzt um die darin enthaltenen Umsätze von Wirtschaftsgütern des Anlagevermögens. ③ Satz 1 gilt nicht für die nach § 13a Abs. 1 Nr. 6, § 13b Absatz 5, § 14c Abs. 2 und § 25b Abs. 2 geschuldete Steuer. ④ In den Fällen des Satzes 1 finden die Vorschriften über die Steuerbefreiung innergemeinschaftlicher Lieferungen (§ 4 Nr. 1 Buchstabe b, § 6a), über den Verzicht auf Steuerbefreiungen (§ 9), über den gesonderten Ausweis der Steuer in einer Rechnung (§ 14 Abs. 4), über die Angabe der Umsatzsteuer-Identifikationsnummern in einer Rechnung (§ 14a Abs. 1, 3 und 7) und über den Vorsteuerabzug (§ 15) keine Anwendung.

(2) ① Der Unternehmer kann dem Finanzamt bis zur Unanfechtbarkeit der Steuerfestsetzung (§ 18 Abs. 3 und 4) erklären, dass er auf die Anwendung des Absatzes 1 verzichtet. ② Nach Ein-

[1] § 18k Abs. 7 erstmals anzuwenden auf nach dem 30. 6. 2021 ausgeführte Umsätze (§ 27 Abs. 33 Satz 1 UStG).

[2] § 19 Abs. 1 Satz 3 Verweis geändert mWv 1. 7. 2010 durch EU-VorgG v. 8. 4. 2010 (BGBl. I S. 386); Abs. 1 Satz 1 Betrag erhöht mWv 1. 1. 2020 durch G v. 22. 11. 2019 (BGBl. I S. 1746).

tritt der Unanfechtbarkeit der Steuerfestsetzung bindet die Erklärung den Unternehmer mindestens für fünf Kalenderjahre. ③ Sie kann nur mit Wirkung von Beginn eines Kalenderjahres an widerrufen werden. ④ Der Widerruf ist spätestens bis zur Unanfechtbarkeit der Steuerfestsetzung des Kalenderjahres, für das er gelten soll, zu erklären.

(3)[1] ① Gesamtumsatz ist die Summe der vom Unternehmer ausgeführten steuerbaren Umsätze im Sinne des § 1 Abs. 1 Nr. 1 abzüglich folgender Umsätze:

1. der Umsätze, die nach § 4 Nr. 8 Buchstabe i, Nr. 9 Buchstabe b und Nr. 11 bis 29 steuerfrei sind;
2. der Umsätze, die nach § 4 Nr. 8 Buchstabe a bis h, Nr. 9 Buchstabe a und Nr. 10 steuerfrei sind, wenn sie Hilfsumsätze sind.

② Soweit der Unternehmer die Steuer nach vereinnahmten Entgelten berechnet (§ 13 Abs. 1 Nr. 1 Buchstabe a Satz 4 oder § 20), ist auch der Gesamtumsatz nach diesen Entgelten zu berechnen. ③ Hat der Unternehmer seine gewerbliche oder berufliche Tätigkeit nur in einem Teil des Kalenderjahres ausgeübt, so ist der tatsächliche Gesamtumsatz in einen Jahresgesamtumsatz umzurechnen. ④ Angefangene Kalendermonate sind bei der Umrechnung als volle Kalendermonate zu behandeln, es sei denn, dass die Umrechnung nach Tagen zu einem niedrigeren Jahresgesamtumsatz führt.

(4) ① Absatz 1 gilt nicht für die innergemeinschaftlichen Lieferungen neuer Fahrzeuge. ② § 15 Abs. 4 a ist entsprechend anzuwenden.

§ 20[2] Berechnung der Steuer nach vereinnahmten Entgelten

① Das Finanzamt kann auf Antrag gestatten, dass ein Unternehmer,

1. dessen Gesamtumsatz (§ 19 Abs. 3) im vorangegangenen Kalenderjahr nicht mehr als 600 000 Euro betragen hat, oder
2. der von der Verpflichtung, Bücher zu führen und auf Grund jährlicher Bestandsaufnahmen regelmäßig Abschlüsse zu machen, nach § 148 der Abgabenordnung befreit ist, oder
3. soweit er Umsätze aus einer Tätigkeit als Angehöriger eines freien Berufs im Sinne des § 18 Abs. 1 Nr. 1 des Einkommensteuergesetzes ausführt, [***ab 1. 1. 2023:*** oder
4. der eine juristische Person des öffentlichen Rechts ist, soweit er nicht freiwillig Bücher führt und auf Grund jährlicher Bestandsaufnahmen regelmäßig Abschlüsse macht oder hierzu gesetzlich verpflichtet ist,]

die Steuer nicht nach den vereinbarten Entgelten (§ 16 Abs. 1 Satz 1), sondern nach den vereinnahmten Entgelten berechnet. ② Erstreckt sich die Befreiung nach Satz 1 Nr. 2 nur auf einzelne Betriebe des Unternehmers und liegt die Voraussetzung nach Satz 1 Nr. 1 nicht vor, so ist die Erlaubnis zur Berechnung der Steuer nach den vereinnahmten Entgelten auf diese Betriebe zu beschränken. ③ Wechselt der Unternehmer die Art der Steuerberechnung, so dürfen Umsätze nicht doppelt erfasst werden oder unversteuert bleiben.

§ 21 Besondere Vorschriften für die Einfuhrumsatzsteuer

(1) Die Einfuhrumsatzsteuer ist eine Verbrauchsteuer im Sinne der Abgabenordnung.

(2)[3] Für die Einfuhrumsatzsteuer gelten die Vorschriften für Zölle sinngemäß; ausgenommen sind die Vorschriften *über den aktiven Veredelungsverkehr nach dem Verfahren der Zollrückvergütung und* über den passiven Veredelungsverkehr.

(2 a) ① Abfertigungsplätze im Ausland, auf denen dazu befugte deutsche Zollbedienstete Amtshandlungen nach Absatz 2 vornehmen, gehören insoweit zum Inland. ② Das Gleiche gilt für ihre Verbindungswege mit dem Inland, soweit auf ihnen einzuführende Gegenstände befördert werden.

(3) Die Zahlung der Einfuhrumsatzsteuer kann ohne Sicherheitsleistung aufgeschoben werden, wenn die zu entrichtende Steuer nach § 15 Abs. 1 Satz 1 Nr. 2 in voller Höhe als Vorsteuer abgezogen werden kann.

(3 a)[4] Einfuhrumsatzsteuer, für die ein Zahlungsaufschub gemäß Artikel 110 Buchstabe b oder c der Verordnung (EU) Nr. 952/2013 des Europäischen Parlaments und des Rates vom 9. Oktober 2013 zur Festlegung des Zollkodex der Union (Unionszollkodex) bewilligt ist, ist abweichend von den zollrechtlichen Vorschriften am 26. des zweiten auf den betreffenden Monat folgenden Kalendermonats fällig.

---

[1] § 19 Abs. 3 Satz 1 Nr. 1 Angabe geändert mWv 1. 1. 2020 durch „JStG 2019" v. 12. 12. 2019 (BGBl. I S. 2451).

[2] § 20 früherer Abs. 1 Satz 1 Nr. 1 geändert mWv 1. 7. 2006 durch G v. 26. 4. 2006 (BGBl. I S. 1091); durch 3. UStÄndG v. 6. 12. 2011 (BGBl. I S. 2562) wurde die Absatzbezeichnung (1) gestrichen sowie Abs. 2 aufgehoben und der Betrag in Satz 1 Nr. 1 geändert mWv 1. 1. 2012; Satz 1 Nr. 1 Betrag erhöht mWv 1. 1. 2020 durch G v. 21. 12. 2019 (BGBl. I S. 2875); Satz 1 Nr. 4 angefügt mWv 1. 1. 2023 durch JStG 2022 v. 16. 12. 2022 (BGBl. I S. 2294).

[3] § 21 Abs. 2 geändert mWv 1. 1. 2021 durch Art. 12 JStG 2020 (BGBl. I S. 3096).

[4] § 21 Abs. 3 a eingefügt mWv 1. 12. 2020 durch G v. 29. 6. 2020 (BGBl. I S. 1512) i. V. m. BMF-Schreiben v. 6. 10. 2020 (BStBl. I S. 984).

(4) ① Entsteht für den eingeführten Gegenstand nach dem Zeitpunkt des Entstehens der Einfuhrumsatzsteuer eine Zollschuld oder eine Verbrauchsteuer oder wird für den eingeführten Gegenstand nach diesem Zeitpunkt eine Verbrauchsteuer unbedingt, so entsteht gleichzeitig eine weitere Einfuhrumsatzsteuer. ② Das gilt auch, wenn der Gegenstand nach dem in Satz 1 bezeichneten Zeitpunkt bearbeitet oder verarbeitet worden ist. ③ Bemessungsgrundlage ist die entstandene Zollschuld oder die entstandene oder unbedingt gewordene Verbrauchsteuer. ④ Steuerschuldner ist, wer den Zoll oder die Verbrauchsteuer zu entrichten hat. ⑤ Die Sätze 1 bis 4 gelten nicht, wenn derjenige, der den Zoll oder die Verbrauchsteuer zu entrichten hat, hinsichtlich des eingeführten Gegenstands nach § 15 Abs. 1 Satz 1 Nr. 2 zum Vorsteuerabzug berechtigt ist.

(5) Die Absätze 2 bis 4 gelten entsprechend für Gegenstände, die nicht Waren im Sinne des Zollrechts sind und für die keine Zollvorschriften bestehen.

§ 21 a[1] Sonderregelungen bei der Einfuhr von Sendungen mit einem Sachwert von höchstens 150 Euro

(1) ① Bei der Einfuhr von Gegenständen in Sendungen mit einem Sachwert von höchstens 150 Euro aus dem Drittlandsgebiet, für die eine Steuerbefreiung nach § 5 Absatz 1 Nummer 7 nicht in Anspruch genommen wird, kann die Person, die die Gegenstände im Inland für Rechnung der Person, für die die Gegenstände bestimmt sind (Sendungsempfänger), bei einer Zollstelle gestellt (gestellende Person), auf Antrag die Sonderregelung nach den Absätzen 2 bis 6 in Anspruch nehmen, sofern

1. die Voraussetzungen für die Bewilligung eines Zahlungsaufschubs gemäß Artikel 110 Buchstabe b des Zollkodex der Union erfüllt sind,
2. die Beförderung oder Versendung im Inland endet und
3. die Sendung keine verbrauchsteuerpflichtigen Waren enthält.

② Der Antrag ist zusammen mit der Anmeldung zur Überlassung in den freien Verkehr zu stellen.

(2) ① Die gestellende Person hat die Waren nach Maßgabe des Artikels 63 d Unterabsatz 2 der Verordnung (EU) Nr. 282/2011 zur Festlegung von Durchführungsvorschriften zur Richtlinie 2006/112/EG über das gemeinsame Mehrwertsteuersystem (ABl. L 77 vom 23. 3. 2011, S. 1) in der jeweils geltenden Fassung für Rechnung des Sendungsempfängers, zur Überlassung in den zollrechtlich freien Verkehr anzumelden. ② Für die Anmeldung ist entweder eine Standard-Zollanmeldung zu verwenden oder, soweit zulässig, eine Zollanmeldung für Sendungen von geringem Wert gemäß Artikel 143 a der Delegierten Verordnung (EU) 2015/2446 der Kommission vom 28. Juli 2015 zur Ergänzung der Verordnung (EU) Nr. 952/2013 des Europäischen Parlaments und des Rates mit Einzelheiten zur Präzisierung von Bestimmungen des Zollkodex der Union (ABl. L 343 vom 29. 12. 2015, S. 1) in der jeweils geltenden Fassung.

(3) ① Die entstandene Einfuhrumsatzsteuer wird in entsprechender Anwendung von Artikel 110 Buchstabe b des Zollkodex der Union aufgeschoben und dem Aufschubkonto der gestellenden Person belastet. ② Eine Sicherheitsleistung ist nicht erforderlich, wenn die gestellende Person Zugelassener Wirtschaftsbeteiligter für zollrechtliche Vereinfachungen gemäß Artikel 38 Absatz 2 Buchstabe a des Zollkodex der Union ist oder die Voraussetzungen erfüllt für die Reduzierung einer Gesamtsicherheit gemäß Artikel 95 Absatz 2 des Zollkodex der Union in Verbindung mit Artikel 84 Absatz 1 der Delegierten Verordnung (EU) 2015/2446 der Kommission vom 28. Juli 2015 zur Ergänzung der Verordnung (EU) Nr. 952/2013 des Europäischen Parlaments und des Rates mit Einzelheiten zur Präzisierung von Bestimmungen des Zollkodex der Union.

(4) ① Bei der Auslieferung hat der Sendungsempfänger die Einfuhrumsatzsteuer an die gestellende Person zu entrichten. ② Die gestellende Person, sofern sie nicht bereits Steuerschuldner ist, haftet für die Einfuhrumsatzsteuer, die auf Sendungen lastet, die ausgeliefert werden, ohne dass die Einfuhrumsatzsteuer vom Sendungsempfänger erhoben wurde. ③ Dies gilt entsprechend für die Einfuhrumsatzsteuer auf Sendungen, deren Verbleib die gestellende Person nicht nachweisen kann (abhandengekommene Sendungen).

(5) ① Bis zum zehnten Tag des auf die Einfuhr folgenden Monats teilt die gestellende Person der zuständigen Zollstelle nach amtlich vorgeschriebenem Datensatz auf elektronischem Weg und unter Angabe der Registriernummern der jeweiligen Zollanmeldungen mit,

1. welche Sendungen im abgelaufenen Kalendermonat an die jeweiligen Sendungsempfänger ausgeliefert wurden (ausgelieferte Sendungen),
2. die je Sendung vereinnahmten Beträge an Einfuhrumsatzsteuer,
3. den Gesamtbetrag der vereinnahmten Einfuhrumsatzsteuer,
4. welche Sendungen, die im abgelaufenen Kalendermonat und gegebenenfalls davor eingeführt wurden, bis zum Ende des abgelaufenen Kalendermonats nicht ausgeliefert werden konnten

[1] § 21 a eingefügt mWv 1. 7. 2021 durch Art. 14 JStG 2020 (BGBl. I S. 3096), vgl. § 27 Abs. 34 Satz 1 UStG.

und sich noch in der Verfügungsgewalt der gestellenden Person befinden (noch nicht zugestellte Sendungen),

5. welche Sendungen, bei denen es nicht möglich war, sie dem Sendungsempfänger zu übergeben, im abgelaufenen Kalendermonat wiederausgeführt oder unter zollamtlicher Überwachung zerstört oder anderweitig verwertet wurden (nicht zustellbare Sendungen), sowie
6. welche Sendungen abhandengekommen sind und die darauf lastende Einfuhrumsatzsteuer.

② Auf Verlangen der zuständigen Zollbehörden hat die gestellende Person den Verbleib der Sendungen nachzuweisen. ③ Die Mitteilung nach Satz 1 hat die Wirkung einer Steueranmeldung nach § 168 der Abgabenordnung, wobei die gestellende Person hinsichtlich des Gesamtbetrages nach Satz 1 Nummer 3 als Steuerschuldner gilt. ④ Dieser ist zu dem für den Zahlungsaufschub gemäß Artikel 110 Buchstabe b des Zollkodex der Union geltenden Termin fällig und durch die gestellende Person an die Zollverwaltung zu entrichten.

(6) ① Einfuhrumsatzsteuer für noch nicht zugestellte Sendungen bleibt dem Aufschubkonto belastet und wird in den folgenden Aufschubzeitraum vorgetragen. ② Einfuhrumsatzsteuer für nicht zustellbare Sendungen gilt als nicht entstanden und wird aus dem Aufschubkonto ausgebucht, wenn ausgeschlossen ist, dass die Waren im Inland in den Wirtschaftskreislauf eingehen. ③ Einfuhrumsatzsteuer, die auf abhandengekommenen Sendungen lastet, wird ebenfalls aus dem Aufschubkonto ausgebucht und vom zuständigen Hauptzollamt per Haftungsbescheid gegenüber der gestellenden Person geltend gemacht. ④ Für Einfuhrumsatzsteuer, die auf ausgelieferten Sendungen lastet, ohne dass Einfuhrumsatzsteuer vom Sendungsempfänger der Sendung erhoben wurde, gilt Satz 3 entsprechend.

§ 22 Aufzeichnungspflichten

(1)[1] ① Der Unternehmer ist verpflichtet, zur Feststellung der Steuer und der Grundlagen ihrer Berechnung Aufzeichnungen zu machen. ② Diese Verpflichtung gilt in den Fällen des § 13a Absatz 1 Nummer 2 und 5, des § 13b Absatz 5 und des § 14c Absatz 2 auch für Personen, die nicht Unternehmer sind, in den Fällen des § 18k auch für den im Auftrag handelnden Vertreter und in den Fällen des § 21a für die gestellende Person. ③ Ist ein land- und forstwirtschaftlicher Betrieb nach § 24 Absatz 3 als gesondert geführter Betrieb zu behandeln, hat der Unternehmer Aufzeichnungspflichten für diesen Betrieb gesondert zu erfüllen. ④ In den Fällen des § 18 Absatz 4c und 4d sind die erforderlichen Aufzeichnungen vom Ende des Jahres an, in dem der Umsatz bewirkt wurde, zehn Jahre lang aufzubewahren und auf Anfrage des Bundeszentralamtes für Steuern auf elektronischem Weg zur Verfügung zu stellen; in den Fällen des § 18 Absatz 4e sind die erforderlichen Aufzeichnungen vom Ende des Jahres an, in dem der Umsatz bewirkt wurde, zehn Jahre lang aufzubewahren und auf Anfrage der für das Besteuerungsverfahren zuständigen Finanzbehörde auf elektronischem Weg zur Verfügung zu stellen; in den Fällen der §§ 18i, 18j, 18k und 21a sind die erforderlichen Aufzeichnungen vom Ende des Jahres an, in dem der Umsatz oder Geschäftsvorgang bewirkt wurde, zehn Jahre lang aufzubewahren und auf Anfrage der im Inland oder im übrigen Gemeinschaftsgebiet für das besondere Besteuerungsverfahren oder für die Sonderregelung zuständigen Finanzbehörde auf elektronischem Weg zur Verfügung zu stellen.

(2) Aus den Aufzeichnungen müssen zu ersehen sein:

1. die vereinbarten Entgelte für die vom Unternehmer ausgeführten Lieferungen und sonstigen Leistungen. ② Dabei ist ersichtlich zu machen, wie sich die Entgelte auf die steuerpflichtigen Umsätze, getrennt nach Steuersätzen, und auf die steuerfreien Umsätze verteilen. ③ Dies gilt entsprechend für die Bemessungsgrundlagen nach § 10 Abs. 4, wenn Lieferungen im Sinne des § 3 Abs. 1b, sonstige Leistungen im Sinne des § 3 Abs. 9a sowie des § 10 Abs. 5 ausgeführt werden. ④ Aus den Aufzeichnungen muss außerdem hervorgehen, welche Umsätze der Unternehmer nach § 9 als steuerpflichtig behandelt. ⑤ Bei der Berechnung der Steuer nach vereinnahmten Entgelten (§ 20) treten an die Stelle der vereinbarten Entgelte die vereinnahmten Entgelte. ⑥ Im Fall des § 17 Abs. 1 Satz 6 hat der Unternehmer, der die auf die Minderung des Entgelts entfallende Steuer an das Finanzamt entrichtet, den Betrag der Entgeltsminderung gesondert aufzuzeichnen;
2. die vereinnahmten Entgelte und Teilentgelte für noch nicht ausgeführte Lieferungen und sonstige Leistungen. ② Dabei ist ersichtlich zu machen, wie sich die Entgelte und Teilentgelte auf die steuerpflichtigen Umsätze, getrennt nach Steuersätzen, und auf die steuerfreien Umsätze verteilen. ③ Nummer 1 Satz 4 gilt entsprechend;
3. die Bemessungsgrundlage für Lieferungen im Sinne des § 3 Abs. 1b und für sonstige Leistungen im Sinne des § 3 Abs. 9a Nr. 1. ② Nummer 1 Satz 2 gilt entsprechend;
4. die wegen unrichtigen Steuerausweises nach § 14c Abs. 1 und wegen unberechtigten Steuerausweises nach § 14c Abs. 2 geschuldeten Steuerbeträge;
5. die Entgelte für steuerpflichtige Lieferungen und sonstige Leistungen, die an den Unternehmer für sein Unternehmen ausgeführt worden sind, und die vor Ausführung dieser Um-

[1] § 22 Abs. 1 neugefasst mWv 1. 7. 2021 durch Art. 14 JStG 2020 (BGBl. I S. 3096), vgl. § 27 Abs. 34 Satz 1 UStG.

sätze gezahlten Entgelte und Teilentgelte, soweit für diese Umsätze nach § 13 Abs. 1 Nr. 1 Buchstabe a Satz 4 die Steuer entsteht, sowie die auf die Entgelte und Teilentgelte entfallenden Steuerbeträge;

6.[1] die Bemessungsgrundlagen für die Einfuhr von Gegenständen (§ 11), die für das Unternehmen des Unternehmers eingeführt worden sind, sowie die dafür entstandene Einfuhrumsatzsteuer;

7. die Bemessungsgrundlagen für den innergemeinschaftlichen Erwerb von Gegenständen sowie die hierauf entfallenden Steuerbeträge;

8.[2] in den Fällen des § 13b Absatz 1 bis 5 beim Leistungsempfänger die Angaben entsprechend den Nummern 1 und 2. ② Der Leistende hat die Angaben nach den Nummern 1 und 2 gesondert aufzuzeichnen;

9. die Bemessungsgrundlage für Umsätze im Sinne des § 4 Nr. 4a Satz 1 Buchstabe a Satz 2 sowie die hierauf entfallenden Steuerbeträge;

10.[3] in den Fällen des § 21a Namen und Anschriften der Versender und der Sendungsempfänger, die Bemessungsgrundlagen für die Einfuhr von Gegenständen (§ 11), die hierzu von den Versendern, Sendungsempfängern und Dritten erhaltenen Informationen, sowie die Sendungen, die im abgelaufenen Kalendermonat an die jeweiligen Sendungsempfänger ausgeliefert wurden, die je Sendung vereinnahmten Beträge an Einfuhrumsatzsteuer, die Sendungen, die noch nicht ausgeliefert werden konnten und sich noch in der Verfügungsgewalt der gestellenden Person befinden, sowie die Sendungen, die wiederausgeführt oder unter zollamtlicher Überwachung zerstört oder anderweitig verwertet wurden.

(3) ① Die Aufzeichnungspflichten nach Absatz 2 Nr. 5 und 6 entfallen, wenn der Vorsteuerabzug ausgeschlossen ist (§ 15 Abs. 2 und 3). ② Ist der Unternehmer nur teilweise zum Vorsteuerabzug berechtigt, so müssen aus den Aufzeichnungen die Vorsteuerbeträge eindeutig und leicht nachprüfbar zu ersehen sein, die den zum Vorsteuerabzug berechtigenden Umsätzen ganz oder teilweise zuzurechnen sind. ③ Außerdem hat der Unternehmer in diesen Fällen die Bemessungsgrundlagen für die Umsätze, die nach § 15 Abs. 2 und 3 den Vorsteuerabzug ausschließen, getrennt von den Bemessungsgrundlagen der übrigen Umsätze, ausgenommen die Einfuhren und die innergemeinschaftlichen Erwerbe, aufzuzeichnen. ④ Die Verpflichtung zur Trennung der Bemessungsgrundlagen nach Absatz 2 Nr. 1 Satz 2, Nr. 2 Satz 2 und Nr. 3 Satz 2 bleibt unberührt.

(4) In den Fällen des § 15a hat der Unternehmer die Berechnungsgrundlagen für den Ausgleich aufzuzeichnen, der von ihm in den in Betracht kommenden Kalenderjahren vorzunehmen ist.

(4a) Gegenstände, die der Unternehmer zu seiner Verfügung vom Inland in das übrige Gemeinschaftsgebiet verbringt, müssen aufgezeichnet werden, wenn

1. an den Gegenständen im übrigen Gemeinschaftsgebiet Arbeiten ausgeführt werden,
2. es sich um eine vorübergehende Verwendung handelt, mit den Gegenständen im übrigen Gemeinschaftsgebiet sonstige Leistungen ausgeführt werden und der Unternehmer in dem betreffenden Mitgliedstaat keine Zweigniederlassung hat oder
3. es sich um eine vorübergehende Verwendung im übrigen Gemeinschaftsgebiet handelt und in entsprechenden Fällen die Einfuhr der Gegenstände aus dem Drittlandsgebiet vollständig steuerfrei wäre.

(4b)[4] Gegenstände, die der Unternehmer von einem im übrigen Gemeinschaftsgebiet ansässigen Unternehmer mit Umsatzsteuer-Identifikationsnummer zur Ausführung einer sonstigen Leistung im Sinne des § 3a Abs. 3 Nr. 3 Buchstabe c erhält, müssen aufgezeichnet werden.

(4c) ① Der Lagerhalter, der ein Umsatzsteuerlager im Sinne des § 4 Nr. 4a betreibt, hat Bestandsaufzeichnungen über die eingelagerten Gegenstände und Aufzeichnungen über Leistungen im Sinne des § 4 Nr. 4a Satz 1 Buchstabe b Satz 1 zu führen. ② Bei der Auslagerung eines Gegenstands aus dem Umsatzsteuerlager muss der Lagerhalter Name, Anschrift und die inländische Umsatzsteuer-Identifikationsnummer des Auslagerers oder dessen Fiskalvertreters aufzeichnen.

(4d) ① Im Fall der Abtretung eines Anspruchs auf die Gegenleistung für einen steuerpflichtigen Umsatz an einen anderen Unternehmer (§ 13c) hat

1. der leistende Unternehmer den Namen und die Anschrift des Abtretungsempfängers sowie die Höhe des abgetretenen Anspruchs auf die Gegenleistung aufzuzeichnen;
2. der Abtretungsempfänger den Namen und die Anschrift des leistenden Unternehmers, die Höhe des abgetretenen Anspruchs auf die Gegenleistung sowie die Höhe der auf den abgetretenen Anspruch vereinnahmten Beträge aufzuzeichnen. ② Sofern der Abtretungsempfänger die Forderung oder einen Teil der Forderung an einen Dritten abtritt, hat er zusätzlich den Namen und die Anschrift des Dritten aufzuzeichnen.

[1] § 22 Abs. 2 Nr. 6 neugefasst mWv 31. 7. 2014 durch G v. 25. 7. 2014 (BGBl. I S. 1266).
[2] § 22 Abs. 2 Nr. 8 Verweis geändert mWv 1. 7. 2010 durch EU-VorgG v. 8. 4. 2010 (BGBl. I S. 386).
[3] § 22 Abs. 2 Nr. 10 angefügt mWv 1. 7. 2021 durch Art. 14 JStG 2020 (BGBl. I S. 3096), vgl. § 27 Abs. 34 Satz 1 UStG.
[4] § 22 Abs. 4b Satz 1 Verweis geändert mWv 1. 1. 2010 durch JStG 2009 v. 19. 12. 2008 (BGBl. I S. 2794).

② Satz 1 gilt entsprechend bei der Verpfändung oder der Pfändung von Forderungen. ③ An die Stelle des Abtretungsempfängers tritt im Fall der Verpfändung der Pfandgläubiger und im Fall der Pfändung der Vollstreckungsgläubiger.

(4 e)[1] ① Wer in den Fällen des § 13 c Zahlungen nach § 48 der Abgabenordnung leistet, hat Aufzeichnungen über die entrichteten Beträge zu führen. ② Dabei sind auch Name, Anschrift und die Steuernummer des Schuldners der Umsatzsteuer aufzuzeichnen.

(4 f)[2] ① Der Unternehmer, der nach Maßgabe des § 6 b einen Gegenstand aus dem Gebiet eines Mitgliedstaates in das Gebiet eines anderen Mitgliedstaates befördert oder versendet, hat über diese Beförderung oder Versendung gesondert Aufzeichnungen zu führen. ② Diese Aufzeichnungen müssen folgende Angaben enthalten:

1. den vollständigen Namen und die vollständige Anschrift des Erwerbers im Sinne des § 6 b Absatz 1 Nummer 1 oder des § 6 b Absatz 5;
2. den Abgangsmitgliedstaat;
3. den Bestimmungsmitgliedstaat;
4. den Tag des Beginns der Beförderung oder Versendung im Abgangsmitgliedstaat;
5. die von dem Erwerber im Sinne des § 6 b Absatz 1 oder des § 6 b Absatz 5 verwendete Umsatzsteuer-Identifikationsnummer;
6. den vollständigen Namen und die vollständige Anschrift des Lagers, in das der Gegenstand im Rahmen der Beförderung oder Versendung in den Bestimmungsmitgliedstaat gelangt;
7. den Tag des Endes der Beförderung oder Versendung im Bestimmungsmitgliedstaat;
8. die Umsatzsteuer-Identifikationsnummer eines Dritten als Lagerhalter;
9. die Bemessungsgrundlage nach § 10 Absatz 4 Satz 1 Nummer 1, die handelsübliche Bezeichnung und Menge der im Rahmen der Beförderung oder Versendung in das Lager gelangten Gegenstände;
10. den Tag der Lieferung im Sinne des § 6 b Absatz 2;
11. das Entgelt für die Lieferung nach Nummer 10 sowie die handelsübliche Bezeichnung und Menge der gelieferten Gegenstände;
12. die von dem Erwerber für die Lieferung nach Nummer 10 verwendete Umsatzsteuer-Identifikationsnummer;
13. das Entgelt sowie die handelsübliche Bezeichnung und Menge der Gegenstände im Fall des einer innergemeinschaftlichen Lieferung gleichgestellten Verbringens im Sinne des § 6 b Absatz 3;
14. die Bemessungsgrundlage der nach § 6 b Absatz 4 Nummer 1 in den Abgangsmitgliedstaat zurückgelangten Gegenstände und den Tag des Beginns dieser Beförderung oder Versendung.

(4 g)[2] ① Der Unternehmer, an den der Gegenstand nach Maßgabe des § 6 b geliefert werden soll, hat über diese Lieferung gesondert Aufzeichnungen zu führen. ② Diese Aufzeichnungen müssen folgende Angaben enthalten:

1. die von dem Unternehmer im Sinne des § 6 b Absatz 1 Nummer 1 verwendete Umsatzsteuer-Identifikationsnummer;
2. die handelsübliche Bezeichnung und Menge der für den Unternehmer als Erwerber im Sinne des § 6 b Absatz 1 oder des § 6 b Absatz 5 bestimmten Gegenstände;
3. den Tag des Endes der Beförderung oder Versendung der für den Unternehmer als Erwerber im Sinne des § 6 b Absatz 1 oder des § 6 b Absatz 5 bestimmten Gegenstände im Bestimmungsmitgliedstaat;
4. das Entgelt für die Lieferung an den Unternehmer sowie die handelsübliche Bezeichnung und Menge der gelieferten Gegenstände;
5. den Tag des innergemeinschaftlichen Erwerbs im Sinne des § 6 b Absatz 2 Nummer 2;
6. die handelsübliche Bezeichnung und Menge der auf Veranlassung des Unternehmers im Sinne des § 6 b Absatz 1 Nummer 1 aus dem Lager entnommenen Gegenstände;
7. die handelsübliche Bezeichnung der im Sinne des § 6 b Absatz 6 Satz 4 zerstörten oder fehlenden Gegenstände und den Tag der Zerstörung, des Verlusts oder des Diebstahls der zuvor in das Lager gelangten Gegenstände oder den Tag, an dem die Zerstörung oder das Fehlen der Gegenstände festgestellt wurde.

③ Wenn der Inhaber des Lagers, in das der Gegenstand im Sinne des § 6 b Absatz 1 Nummer 1 befördert oder versendet wird, nicht mit dem Erwerber im Sinne des § 6 b Absatz 1 Nummer 1

---

[1] § 22 Abs. 4 e Satz 1 redaktionell geändert mWv 1. 1. 2008 durch JStG 2008 v. 20. 12. 2007 (BGBl. I S. 3150).
[2] § 22 Abs. 4 f u. 4 g eingefügt mWv 1. 1. 2020 durch „JStG 2019" v. 12. 12. 2019 (BGBl. I S. 2451).

oder des § 6b Absatz 5 identisch ist, ist der Unternehmer von den Aufzeichnungen nach Satz 1 Nummer 3, 6 und 7 entbunden.

(5) Ein Unternehmer, der ohne Begründung einer gewerblichen Niederlassung oder außerhalb einer solchen von Haus zu Haus oder auf öffentlichen Straßen oder an anderen öffentlichen Orten Umsätze ausführt oder Gegenstände erwirbt, hat ein Steuerheft nach amtlich vorgeschriebenem Vordruck zu führen.

(6) Das Bundesministerium der Finanzen kann mit Zustimmung des Bundesrates durch Rechtsverordnung

1. nähere Bestimmungen darüber treffen, wie die Aufzeichnungspflichten zu erfüllen sind und in welchen Fällen Erleichterungen bei der Erfüllung dieser Pflichten gewährt werden können, sowie
2. Unternehmer im Sinne des Absatzes 5 von der Führung des Steuerhefts befreien, sofern sich die Grundlagen der Besteuerung aus anderen Unterlagen ergeben, und diese Befreiung an Auflagen knüpfen.

§ 22a Fiskalvertretung

(1) Ein Unternehmer, der weder im Inland noch in einem der in § 1 Abs. 3 genannten Gebiete seinen Wohnsitz, seinen Sitz, seine Geschäftsleitung oder eine Zweigniederlassung hat und im Inland ausschließlich steuerfreie Umsätze ausführt und keine Vorsteuerbeträge abziehen kann, kann sich im Inland durch einen Fiskalvertreter vertreten lassen.

(2) Zur Fiskalvertretung sind die in § 3 Nr. 1 bis 3 und § 4 Nr. 9 Buchstabe c des Steuerberatungsgesetzes genannten Personen befugt.

(3) Der Fiskalvertreter bedarf der Vollmacht des im Ausland ansässigen Unternehmers.

§ 22b Rechte und Pflichten des Fiskalvertreters

(1) ① Der Fiskalvertreter hat die Pflichten des im Ausland ansässigen Unternehmers nach diesem Gesetz als eigene zu erfüllen. ② Er hat die gleichen Rechte wie der Vertretene.

(2)[1] ① Der Fiskalvertreter hat unter der ihm nach § 22d Absatz 1 erteilten Steuernummer vierteljährlich Voranmeldungen (§ 18 Absatz 1) sowie eine Steuererklärung (§ 18 Absatz 3 und 4) abzugeben, in der er die Besteuerungsgrundlagen für jeden von ihm vertretenen Unternehmer zusammenfasst. ② Der Steuererklärung hat der Fiskalvertreter als Anlage eine Aufstellung beizufügen, die die von ihm vertretenen Unternehmer mit deren jeweiligen Besteuerungsgrundlagen enthält.

(2a)[1] Der Fiskalvertreter hat unter der ihm nach § 22d Absatz 1 erteilten Umsatzsteuer-Identifikationsnummer nach § 27a eine Zusammenfassende Meldung nach Maßgabe des § 18a abzugeben.

(3) ① Der Fiskalvertreter hat die Aufzeichnungen im Sinne des § 22 für jeden von ihm vertretenen Unternehmer gesondert zu führen. ② Die Aufzeichnungen müssen Namen und Anschrift der von ihm vertretenen Unternehmer enthalten.

§ 22c Ausstellung von Rechnungen im Fall der Fiskalvertretung

Die Rechnung hat folgende Angaben zu enthalten:

1. den Hinweis auf die Fiskalvertretung;
2. den Namen und die Anschrift des Fiskalvertreters;
3. die dem Fiskalvertreter nach § 22d Abs. 1 erteilte Umsatzsteuer-Identifikationsnummer.

§ 22d Steuernummer und zuständiges Finanzamt

(1) Der Fiskalvertreter erhält für seine Tätigkeit eine gesonderte Steuernummer und eine gesonderte Umsatzsteuer-Identifikationsnummer nach § 27a, unter der er für alle von ihm vertretenen im Ausland ansässigen Unternehmen auftritt.

(2) Der Fiskalvertreter wird bei dem Finanzamt geführt, das für seine Umsatzbesteuerung zuständig ist.

§ 22e Untersagung der Fiskalvertretung

(1) Die zuständige Finanzbehörde kann die Fiskalvertretung der in § 22a Abs. 2 mit Ausnahme der in § 3 des Steuerberatungsgesetzes genannten Person untersagen, wenn der Fiskalvertreter wiederholt gegen die ihm auferlegten Pflichten nach § 22b verstößt oder ordnungswidrig im Sinne des § 26a handelt.

(2) Für den vorläufigen Rechtsschutz gegen die Untersagung gelten § 361 Abs. 4 der Abgabenordnung und § 69 Abs. 5 der Finanzgerichtsordnung.

---

[1] § 22b Abs. 2 ersetzt durch Abs. 2 u. 2a mWv 1. 1. 2020 durch „JStG 2019" v. 12. 12. 2019 (BGBl. I S. 2451), anzuwenden auf nach dem 31. 12. 2019 endende Voranmeldungs-, Besteuerungs- und Meldezeiträume (§ 27 Abs. 29 UStG).

§ 22f[1] Besondere Pflichten für Betreiber einer elektronischen Schnittstelle

(1) ① In den Fällen des § 25e Absatz 1 hat der Betreiber für Lieferungen eines Unternehmers, bei denen die Beförderung oder Versendung im Inland beginnt oder endet, Folgendes aufzuzeichnen:
1. den vollständigen Namen und die vollständige Anschrift des liefernden Unternehmers,
2. die elektronische Adresse oder Website des liefernden Unternehmers,
3. die dem liefernden Unternehmer vom Bundeszentralamt für Steuern nach § 27a erteilte Umsatzsteuer-Identifikationsnummer,
4. soweit bekannt, die dem liefernden Unternehmer von dem nach § 21 der Abgabenordnung zuständigen Finanzamt erteilte Steuernummer,
5. soweit bekannt, die Bankverbindung oder Nummer des virtuellen Kontos des Lieferers,
6. den Ort des Beginns der Beförderung oder Versendung sowie den Bestimmungsort,
7. den Zeitpunkt und die Höhe des Umsatzes,
8. eine Beschreibung der Gegenstände und
9. soweit bekannt, die Bestellnummer oder die eindeutige Transaktionsnummer.

② Unternehmer ohne Wohnsitz oder gewöhnlichen Aufenthalt, Sitz oder Geschäftsleitung im Inland, in einem anderen Mitgliedstaat der Europäischen Union oder in einem Staat, auf den das Abkommen über den Europäischen Wirtschaftsraum anwendbar ist, haben mit der Antragstellung auf steuerliche Erfassung einen Empfangsbevollmächtigten im Inland zu benennen. ③ § 123 Satz 2 und 3 der Abgabenordnung bleibt unberührt.

(2) ① Erfolgt die Registrierung auf der elektronischen Schnittstelle nicht als Unternehmer, gilt Absatz 1 Satz 1 Nummer 1 und 6 bis 9 entsprechend. ② Zusätzlich ist das Geburtsdatum aufzuzeichnen.

(3) ① Wer mittels einer elektronischen Schnittstelle die Erbringung einer sonstigen Leistung an einen Empfänger nach § 3a Absatz 5 Satz 1 unterstützt, hat Aufzeichnungen nach Artikel 54c der Durchführungsverordnung (EU) Nr. 282/2011 des Rates vom 15. März 2011 (ABl. L 77 vom 23. 3. 2011, S. 1) zu führen. ② Das Gleiche gilt in den Fällen des § 3 Absatz 3a.

(4) ① Die nach den Absätzen 1 bis 3 vorzuhaltenden Aufzeichnungen sind vom Ende des Jahres an, in dem der Umsatz bewirkt wurde, zehn Jahre lang aufzubewahren und auf Anforderung des Finanzamtes elektronisch zu übermitteln. ② Stellt die Finanzbehörde ein Sammelauskunftsersuchen (§ 93 Absatz 1a Satz 1 der Abgabenordnung), findet § 93 Absatz 1a Satz 2 der Abgabenordnung keine Anwendung.

(5) Das Bundesministerium der Finanzen wird ermächtigt, durch Rechtsverordnung mit Zustimmung des Bundesrates Vorschriften zum Datenübermittlungsverfahren nach Absatz 4 Satz 1 zu erlassen.

[*Ab 1. 1. 2024:*

§ 22g[2] Besondere Pflichten für Zahlungsdienstleister, Verordnungsermächtigung

(1) ① Zahlungsdienstleister haben bei grenzüberschreitenden Zahlungen Folgendes aufzuzeichnen:
1. zum Zahlungsempfänger von den ihnen vorliegenden Informationen
   a) Name oder die Bezeichnung des Unternehmens des Zahlungsempfängers,
   b) jede Umsatzsteuer-Identifikationsnummer,
   c) jede sonstige Steuernummer,
   d) Adresse des Zahlungsempfängers und
   e) IBAN des Zahlungskontos des Zahlungsempfängers oder, falls die IBAN nicht vorhanden ist, jedes andere Kennzeichen, das den Zahlungsempfänger eindeutig identifiziert und seinen Ort angibt,
2. die BIC oder jedes andere Geschäftskennzeichen, das eindeutig den Zahlungsdienstleister, der im Namen des Zahlungsempfängers handelt, identifiziert und seinen Ort angibt, wenn der Zahlungsempfänger Geldmittel erhält, jedoch bei diesem kein Zahlungskonto innehat, sowie
3. genaue Angaben zu allen im jeweiligen Kalendervierteljahr erbrachten grenzüberschreitenden Zahlungen und in diesem Zusammenhang stehenden, erkannten Zahlungserstattungen:
   a) Datum und Uhrzeit der Zahlung oder der Zahlungserstattung,
   b) Betrag und Währung der Zahlung oder der Zahlungserstattung,
   c) den Mitgliedstaat der Europäischen Union, aus dem die Zahlung stammt, oder den Mitgliedstaat der Europäischen Union, in dem die Zahlungserstattung erfolgt, sowie die In-

[1] § 22f eingefügt mWv 1. 1. 2019 durch G v. 11. 12. 2018 (BGBl. I S. 2338), zur Anwendung im Einzelnen vgl. § 27 Abs. 25 UStG; Abs. 1 Satz 7 berichtigt mWv 18. 12. 2019 durch „JStG 2019" (BGBl. I S. 2451); Überschrift und Abs. 1 neugefasst, Abs. 2 Satz 1 geändert, neuer Abs. 3 eingefügt, bish. Abs. 3 u. 4 werden Abs. 4 u. 5, Abs. 4 Satz 1 und Abs. 5 neugefasst mWv 1. 7. 2021 durch Art. 14 JStG 2020 (BGBl. I S. 3096), vgl. § 27 Abs. 34 Satz 1 UStG.

[2] § 22g eingefügt mWv 1. 1. 2024 durch JStG 2022 v. 16. 12. 2022 (BGBl. I S. 2294).

formationen, die für die Ermittlung des Ursprungs der Zahlung oder für die Ermittlung der Bestimmung der Erstattung genutzt worden sind,
d) jede Bezugnahme, die die Zahlung oder Zahlungserstattung eindeutig ausweist, und
e) gegebenenfalls die Angabe, dass die Zahlung in den Räumlichkeiten des leistenden Unternehmers eingeleitet wird.

② Zur Führung der Aufzeichnungen im Sinne des Satzes 1 sind Zahlungsdienstleister verpflichtet, wenn sie je Kalendervierteljahr im Rahmen ihrer jeweiligen Zahlungsdienste mehr als 25 grenzüberschreitende Zahlungen an denselben Zahlungsempfänger tätigen. ③ Bei der Berechnung sind alle Kennzeichen des Zahlungsempfängers im Sinne des Satzes 1 Nummer 1 Buchstabe e und Geschäftskennzeichen des Zahlungsdienstleisters im Sinne des Satzes 1 Nummer 2 einzubeziehen. ④ Die Anzahl der grenzüberschreitenden Zahlungen wird unter Zugrundelegung der Zahlungsdienste berechnet, die der Zahlungsdienstleister je Mitgliedstaat der Europäischen Union und je Kennzeichen eines Zahlungsempfängers erbringt. ⑤ Wenn der Zahlungsdienstleister über die Information verfügt, dass der Zahlungsempfänger mehrere Kennzeichen hat, erfolgt die Berechnung je Zahlungsempfänger.

(2) ① Grenzüberschreitende Zahlungen im Sinne des Absatzes 1 Satz 1 sind Zahlungen, die von einem Zahler, der sich in einem Mitgliedstaat der Europäischen Union mit Ausnahme der in Artikel 6 der Richtlinie 2006/112/EG in der jeweils gültigen Fassung genannten Gebiete befindet, erbracht werden an einen Zahlungsempfänger, der sich in einem anderen Mitgliedstaat der Europäischen Union oder im Drittlandsgebiet befindet. ② Zur Bestimmung des Ortes des Zahlers und des Zahlungsempfängers ist die Kennung der IBAN des Zahlungskontos des Zahlers und des Zahlungsempfängers oder ein anderes Kennzeichen, das eindeutig den Zahler oder den Zahlungsempfänger identifiziert und seinen Ort angibt, heranzuziehen. ③ Sofern eine Zuordnung nach Satz 2 mangels vorliegender entsprechender Kennzeichen ausscheidet, ist der Ort des Zahlungsdienstleisters maßgeblich, der im Namen des Zahlers oder des Zahlungsempfängers handelt, anhand der BIC oder eines anderen Geschäftskennzeichens, das eindeutig den Zahlungsdienstleister identifiziert und seinen Ort angibt.

(3) ① Die Anforderung nach Absatz 1 Satz 1 gilt nicht für Zahlungsdienste, die von den Zahlungsdienstleistern des Zahlers in Bezug auf jegliche Zahlung erbracht werden, bei der mindestens einer der Zahlungsdienstleister des Zahlungsempfängers gemäß seiner BIC oder einem anderen Geschäftskennzeichen, die oder das den Zahlungsdienstleister und dessen Ort eindeutig identifiziert, in einem Mitgliedstaat der Europäischen Union ansässig ist. ② Die Zahlungsdienstleister des Zahlers müssen diese Zahlungsdienste jedoch in die Berechnung nach Absatz 1 Satz 2 aufnehmen.

(4) ① Der Zahlungsdienstleister hat die Aufzeichnungen im Sinne des Absatzes 1 Satz 1 jeweils für das Kalendervierteljahr sowie die eigene BIC oder sonstige Geschäftskennzeichen zur eindeutigen Identifizierung des Zahlungsdienstleisters bis zum Ende des auf den Ablauf des Kalendervierteljahres folgenden Kalendermonats (Meldezeitraum) vollständig und richtig dem Bundeszentralamt für Steuern zu übermitteln. ② Die Übermittlung hat nach dem amtlich vorgeschriebenen Datensatz und Datenformat über die amtlich bestimmte Schnittstelle zu erfolgen.

(5) Erkennt der Zahlungsdienstleister nachträglich, dass die übermittelten Zahlungsinformationen unrichtig oder unvollständig sind, so ist er verpflichtet, die fehlerhaften Angaben innerhalb eines Monats nach Erkenntnis zu berichtigen oder zu vervollständigen.

(6) Der Zahlungsdienstleister hat die Aufzeichnungen im Sinne des Absatzes 1 Satz 1 in elektronischer Form für einen Zeitraum von drei Kalenderjahren nach Ablauf des Kalenderjahres, in dem die Zahlung ausgeführt wurde, aufzubewahren.

(7) Im Sinne dieses Gesetzes bezeichnet der Begriff

1. „Zahlungsdienstleister" die in § 1 Absatz 1 Satz 1 Nummer 1 bis 3 des Zahlungsdiensteaufsichtsgesetzes aufgeführten Zahlungsdienstleister oder natürliche oder juristische Personen, für die eine Ausnahme gemäß Artikel 32 der Richtlinie (EU) 2015/2366 des Europäischen Parlaments und des Rates vom 25. November 2015 über Zahlungsdienste im Binnenmarkt, zur Änderung der Richtlinien 2002/65/EG, 2009/110/EG und 2013/36/EU und der Verordnung (EU) Nr. 1093/2010 sowie zur Aufhebung der Richtlinie 2007/64/EG (ABl. L 337 vom 23. 12. 2015, S. 35; L 169 vom 28. 6. 2016, S. 18; L 102 vom 23. 4. 2018, S. 97; L 126 vom 23. 5. 2018, S. 10) gilt, die im Inland ihren Sitz, ihre Hauptverwaltung oder eine Zweigniederlassung im Sinne des § 1 Absatz 5 des Zahlungsdiensteaufsichtsgesetzes haben und von dort Zahlungsdienste erbringen oder Zahlungsdienstleister, die im Sinne von Artikel 243b Absatz 4 Buchstabe b der Richtlinie (EU) 2020/284 des Rates vom 18. Februar 2020 zur Änderung der Richtlinie 2006/112/EG im Hinblick auf die Einführung bestimmter Anforderungen für Zahlungsdienstleister (ABl. L 62 vom 2. 3. 2020, S. 7) in Verbindung mit § 1 Absatz 4 Satz 2 des Zahlungsdiensteaufsichtsgesetzes im Inland im Wege des grenzüberschreitenden Dienstleistungsverkehrs Zahlungsdienste erbringen oder durch einen Agenten im Sinne des § 1 Absatz 9 des Zahlungsdiensteaufsichtsgesetzes ausführen lassen, ohne im Inland ansässig zu sein;

2. „Zahlungsdienst" eine der in § 1 Absatz 1 Satz 2 Nummer 3 bis 6 des Zahlungsdiensteaufsichtsgesetzes genannten gewerblichen Tätigkeiten;
3. „Zahlung" vorbehaltlich der in § 2 Absatz 1 des Zahlungsdiensteaufsichtsgesetzes vorgesehenen Ausnahmen einen Zahlungsvorgang gemäß der Definition in § 675 f Absatz 4 Satz 1 des Bürgerlichen Gesetzbuches oder ein Finanztransfergeschäft gemäß § 1 Absatz 1 Satz 2 Nummer 6 des Zahlungsdiensteaufsichtsgesetzes;
4. „Zahler" eine Person gemäß der Definition in § 1 Absatz 15 des Zahlungsdiensteaufsichtsgesetzes;
5. „Zahlungsempfänger" eine Person gemäß der Definition in § 1 Absatz 16 des Zahlungsdiensteaufsichtsgesetzes;
6. „Zahlungskonto" ein Konto gemäß der Definition in § 1 Absatz 17 des Zahlungsdiensteaufsichtsgesetzes;
7. „IBAN" eine internationale Nummer gemäß der Definition in Artikel 2 Nummer 15 der Verordnung (EU) Nr. 260/2012 des Europäischen Parlaments und des Rates vom 14. März 2012 zur Festlegung der technischen Vorschriften und der Geschäftsanforderungen für Überweisungen und Lastschriften in Euro und zur Änderung der Verordnung (EG) Nr. 924/2009 (ABl. L 94 vom 30. 3. 2012, S. 22), geändert durch die Verordnung (EU) Nr. 248/2014 (ABl. L 84 vom 20. 3. 2014, S. 1);
8. „BIC" eine internationale Bankleitzahl gemäß der Definition in Artikel 2 Nummer 16 der Verordnung (EU) Nr. 260/2012.

(8) ① Das Bundeszentralamt für Steuern nimmt die nach Absatz 4 übermittelten Zahlungsinformationen entgegen und führt eine ausschließlich automatisierte Prüfung der ihm übermittelten Daten daraufhin durch, ob diese Daten vollständig und schlüssig sind und ob der amtlich vorgeschriebene Datensatz verwendet worden ist. ② Das Bundeszentralamt für Steuern speichert diese Daten in einem elektronischen System nur für Zwecke dieser Prüfung bis zur Übermittlung an das zentrale elektronische Zahlungsinformationssystem. ③ Das Bundeszentralamt für Steuern speichert und analysiert die Informationen, die ihm gemäß Artikel 24 d in Verbindung mit Artikel 24 c der Verordnung (EU) 2020/283 des Rates vom 18. Februar 2020 zur Änderung der Verordnung (EU) Nr. 904/2010 im Hinblick auf die Stärkung der Zusammenarbeit der Verwaltungsbehörden bei der Betrugsbekämpfung (ABl. L 62 vom 2. 3. 2020, S. 1) zugänglich sind, und stellt diese Daten den zuständigen Landesfinanzbehörden zur Verfügung. ④ Das Bundeszentralamt für Steuern ist für die Prüfung der Einhaltung der Pflichten, die sich für Zahlungsdienstleister aus dieser Vorschrift ergeben, zuständig.

(9) Die Verarbeitung personenbezogener Daten auf Grund der übermittelten Zahlungsinformationen der Zahlungsdienstleister durch Finanzbehörden ist ein Verwaltungsverfahren in Steuersachen im Sinne der Abgabenordnung.

(10) Das Bundesministerium der Finanzen wird ermächtigt, durch Rechtsverordnung mit Zustimmung des Bundesrates Vorschriften zur Verarbeitung und Weiterverarbeitung der nach Absatz 8 Satz 3 erhobenen Daten zu erlassen.]

Sechster Abschnitt. Sonderregelungen

§ 23[1] *Allgemeine Durchschnittssätze*

(1) Das Bundesministerium der Finanzen kann mit Zustimmung des Bundesrates zur Vereinfachung des Besteuerungsverfahrens für Gruppen von Unternehmern, bei denen hinsichtlich der Besteuerungsgrundlagen annähernd gleiche Verhältnisse vorliegen und die nicht verpflichtet sind, Bücher zu führen und auf Grund jährlicher Bestandsaufnahmen regelmäßig Abschlüsse zu machen, durch Rechtsverordnung Durchschnittssätze festsetzen für

1. die nach § 15 abziehbaren Vorsteuerbeträge oder die Grundlagen ihrer Berechnung oder

2. die zu entrichtende Steuer oder die Grundlagen ihrer Berechnung.

(2) Die Durchschnittssätze müssen zu einer Steuer führen, die nicht wesentlich von dem Betrag abweicht, der sich nach diesem Gesetz ohne Anwendung der Durchschnittssätze ergeben würde.

(3) ① Der Unternehmer, bei dem die Voraussetzungen für eine Besteuerung nach Durchschnittssätzen im Sinne des Absatzes 1 gegeben sind, kann beim Finanzamt bis zur Unanfechtbarkeit der Steuerfestsetzung (§ 18 Abs. 3 und 4) beantragen, nach den festgesetzten Durchschnittssätzen besteuert zu werden. ② Der Antrag kann nur mit Wirkung vom Beginn eines Kalenderjahres an widerrufen werden. ③ Der Widerruf ist spätestens bis zur Unanfechtbarkeit der Steuerfestsetzung des Kalenderjahres, für das er gelten soll, zu erklären. ④ Eine erneute Besteuerung nach Durchschnittssätzen ist frühestens nach Ablauf von fünf Kalenderjahren zulässig.

[1] § 23 aufgehoben mWv 1. 1. 2023 durch JStG 2022 v. 16. 12. 2022 (BGBl. I S. 2294).

§ 23a Durchschnittssatz für Körperschaften, Personenvereinigungen und Vermögensmassen im Sinne des § 5 Abs. 1 Nr. 9 des Körperschaftsteuergesetzes

(1) ① Zur Berechnung der abziehbaren Vorsteuerbeträge (§ 15) wird für Körperschaften, Personenvereinigungen und Vermögensmassen im Sinne des § 5 Abs. 1 Nr. 9 des Körperschaftsteuergesetzes, die nicht verpflichtet sind, Bücher zu führen und auf Grund jährlicher Bestandsaufnahmen regelmäßig Abschlüsse zu machen, ein Durchschnittssatz von 7 Prozent des steuerpflichtigen Umsatzes, mit Ausnahme der Einfuhr und des innergemeinschaftlichen Erwerbs, festgesetzt. ② Ein weiterer Vorsteuerabzug ist ausgeschlossen.

(2)[1] Der Unternehmer, dessen steuerpflichtiger Umsatz, mit Ausnahme der Einfuhr und des innergemeinschaftlichen Erwerbs, im vorangegangenen Kalenderjahr *35 000* [***ab 1. 1. 2023:*** 45 000] Euro überstiegen hat, kann den Durchschnittssatz nicht in Anspruch nehmen.

(3) ① Der Unternehmer, bei dem die Voraussetzungen für die Anwendung des Durchschnittssatzes gegeben sind, kann dem Finanzamt spätestens bis zum 10. Tag nach Ablauf des ersten Voranmeldungszeitraums eines Kalenderjahres erklären, dass er den Durchschnittssatz in Anspruch nehmen will. ② Die Erklärung bindet den Unternehmer mindestens für fünf Kalenderjahre. ③ Sie kann nur mit Wirkung vom Beginn eines Kalenderjahres an widerrufen werden. ④ Der Widerruf ist spätestens bis zum 10. Tag nach Ablauf des ersten Voranmeldungszeitraums dieses Kalenderjahres zu erklären. ⑤ Eine erneute Anwendung des Durchschnittssatzes ist frühestens nach Ablauf von fünf Kalenderjahren zulässig.

§ 24 Durchschnittssätze für land- und forstwirtschaftliche Betriebe

(1)[2] ① Hat der Gesamtumsatz des Unternehmers (§ 19 Absatz 3) im vorangegangenen Kalenderjahr nicht mehr als 600 000 Euro betragen, wird die Steuer für die im Rahmen eines land- und forstwirtschaftlichen Betriebs ausgeführten Umsätze vorbehaltlich der Sätze 2 bis 4 wie folgt festgesetzt:

1. für die Lieferungen von forstwirtschaftlichen Erzeugnissen, ausgenommen Sägewerkserzeugnisse, auf 5,5 Prozent,
2. für die Lieferungen der in der Anlage 2[3] nicht aufgeführten Sägewerkserzeugnisse und Getränke sowie von alkoholischen Flüssigkeiten, ausgenommen die Lieferungen in das Ausland und die im Ausland bewirkten Umsätze, und für sonstige Leistungen, soweit in der Anlage 2[3] nicht aufgeführte Getränke abgegeben werden, auf 19 Prozent,[4]
3. für die übrigen Umsätze im Sinne des § 1 Absatz 1 Nummer 1 auf *9,5* [***ab 1. 1. 2023:*** 9,0] Prozent[5] der Bemessungsgrundlage.

② Die Befreiungen nach § 4 mit Ausnahme der Nummern 1 bis 7 bleiben unberührt; § 9 findet keine Anwendung. ③ Die Vorsteuerbeträge werden, soweit sie den in Satz 1 Nr. 1 bezeichneten Umsätzen zuzurechnen sind, auf 5,5 Prozent, in den übrigen Fällen des Satzes 1 auf *9,5* [***ab 1. 1. 2023:*** 9,0] Prozent[5] der Bemessungsgrundlage für diese Umsätze festgesetzt. ④ Ein weiterer Vorsteuerabzug entfällt. ⑤ § 14 ist mit der Maßgabe anzuwenden, dass der für den Umsatz maßgebliche Durchschnittssatz in der Rechnung zusätzlich anzugeben ist.

(2)[6] ① Als land- und forstwirtschaftlicher Betrieb gelten

1. die Landwirtschaft, die Forstwirtschaft, der Wein-, Garten-, Obst- und Gemüsebau, die Baumschulen, alle Betriebe, die Pflanzen und Pflanzenteile mit Hilfe der Naturkräfte gewinnen, die Binnenfischerei, die Teichwirtschaft, die Fischzucht für die Binnenfischerei und Teichwirtschaft, die Imkerei, die Wanderschäferei sowie die Saatzucht,

[Bis 31. 12. 2024]

2.[7] Tierzucht- und Tierhaltungsbetriebe, soweit ihre Tierbestände nach den §§ 51 und 51a des Bewertungsgesetzes zur landwirtschaftlichen Nutzung gehören.

[Ab 1. 1. 2025]

2.[7] Tierzucht- und Tierhaltungsbetriebe, soweit ihre Tierbestände nach § 241 des Bewertungsgesetzes zur landwirtschaftlichen Nutzung gehören oder diese die Voraussetzungen des § 13 Absatz 1 Nummer 1 Satz 2 des Einkommensteuergesetzes in Verbindung mit § 13b des Einkommensteuergesetzes erfüllen.

---

[1] § 23a Abs. 2 geändert mWv 1. 1. 2008 durch G v. 10. 10. 2007 (BGBl. I S. 2332); geändert mWv 1. 1. 2023 durch JStG 2022 v. 16. 12. 2022 (BGBl. I S. 2294).

[2] § 24 Abs. 1 Satz 1 Nrn. 1–3 u. Satz 3 geändert mWv 1. 1. 2007 durch HBeglG 2006 v. 29. 6. 2006 (BGBl. I S. 1402); Abs. 1 Satz 1 Nr. 2 geändert mWv 29. 12. 2007 durch G v. 20. 12. 2007 (BGBl. I S. 3150); Abs. 1 Satz 1 neugefasst mWv 1. 1. 2022 durch Art. 11 JStG 2020 (BGBl. I S. 3096), vgl. § 27 Abs. 32 UStG.

[3] Anlage 2 abgedruckt im Hauptteil nach § 29 UStG/A 29.2 UStAE.

[4] Siehe § 28 Abs. 3 UStG.

[5] § 24 Abs. 1 Satz 1 Nr. 3 und Satz 3 geändert durch G v. 21. 12. 2021 (BGBl. I S. 5250) und mWv 1. 1. 2023 durch G v. 24. 10. 2022 (BGBl. I S. 1838).

[6] § 24 Abs. 2 Satz 3 aufgehoben mWv 29. 12. 2020 durch JStG 2020 (BGBl. I S. 3096).

[7] § 24 Abs. 2 Satz 1 Nr. 2 geändert mWv 1. 1. 2025 durch GrStRefG v. 26. 11. 2019 (BGBl. I S. 1794) und neugefasst mWv 1. 1. 2025 durch „JStG 2019" v. 12. 12. 2019 (BGBl. I S. 2451).

② Zum land- und forstwirtschaftlichen Betrieb gehören auch die Nebenbetriebe, die dem land- und forstwirtschaftlichen Betrieb zu dienen bestimmt sind.

(3) Führt der Unternehmer neben den in Absatz 1 bezeichneten Umsätzen auch andere Umsätze aus, so ist der land- und forstwirtschaftliche Betrieb als ein in der Gliederung des Unternehmens gesondert geführter Betrieb zu behandeln.

(4) ① Der Unternehmer kann spätestens bis zum 10. Tag eines Kalenderjahres gegenüber dem Finanzamt erklären, dass seine Umsätze vom Beginn des vorangegangenen Kalenderjahres an nicht nach den Absätzen 1 bis 3, sondern nach den allgemeinen Vorschriften dieses Gesetzes besteuert werden sollen. ② Die Erklärung bindet den Unternehmer mindestens für fünf Kalenderjahre; im Fall der Geschäftsveräußerung ist der Erwerber an diese Frist gebunden. ③ Sie kann mit Wirkung vom Beginn eines Kalenderjahres an widerrufen werden. ④ Der Widerruf ist spätestens bis zum 10. Tag nach Beginn dieses Kalenderjahres zu erklären. ⑤ Die Frist nach Satz 4 kann verlängert werden. ⑥ Ist die Frist bereits abgelaufen, so kann sie rückwirkend verlängert werden, wenn es unbillig wäre, die durch den Fristablauf eingetretenen Rechtsfolgen bestehen zu lassen.

(5)[1] ① Das Bundesministerium der Finanzen überprüft jährlich die Höhe des Durchschnittssatzes im Sinne des Absatzes 1 Satz 1 Nummer 3 und Satz 3 und berichtet dem Deutschen Bundestag über das Ergebnis der Überprüfung. ② Der Durchschnittssatz wird ermittelt aus dem Verhältnis der Summe der Vorsteuern zu der Summe der Umsätze aller Unternehmer, die ihre Umsätze nach Absatz 1 Satz 1 Nummer 2 und 3 versteuern, in einem Zeitraum von drei Jahren. ③ Der ermittelte Durchschnittssatz wird auf eine Nachkommastelle kaufmännisch gerundet. ④ Soweit nach der Überprüfung eine Anpassung des Durchschnittssatzes in Absatz 1 Satz 1 Nummer 3 und Satz 3 erforderlich ist, legt die Bundesregierung kurzfristig einen entsprechenden Gesetzentwurf vor.

§ 25 Besteuerung von Reiseleistungen

(1)[2] ① Die nachfolgenden Vorschriften gelten für Reiseleistungen eines Unternehmers, soweit der Unternehmer dabei gegenüber dem Leistungsempfänger im eigenen Namen auftritt und Reisevorleistungen in Anspruch nimmt. ② Die Leistung des Unternehmers ist als sonstige Leistung anzusehen. ③ Erbringt der Unternehmer an einen Leistungsempfänger im Rahmen einer Reise mehrere Leistungen dieser Art, so gelten sie als eine einheitliche sonstige Leistung. ④ Der Ort der sonstigen Leistung bestimmt sich nach § 3a Abs. 1. ⑤ Reisevorleistungen sind Lieferungen und sonstige Leistungen Dritter, die den Reisenden unmittelbar zugute kommen.

(2) ① Die sonstige Leistung ist steuerfrei, soweit die ihr zuzurechnenden Reisevorleistungen im Drittlandsgebiet bewirkt werden. ② Die Voraussetzung der Steuerbefreiung muss vom Unternehmer nachgewiesen sein. ③ Das Bundesministerium der Finanzen kann mit Zustimmung des Bundesrates durch Rechtsverordnung bestimmen, wie der Unternehmer den Nachweis zu führen hat.

(3)[2] ① Die sonstige Leistung bemisst sich nach dem Unterschied zwischen dem Betrag, den der Leistungsempfänger aufwendet, um die Leistung zu erhalten, und dem Betrag, den der Unternehmer für die Reisevorleistungen aufwendet. ② Die Umsatzsteuer gehört nicht zur Bemessungsgrundlage. ③ *Der Unternehmer kann die Bemessungsgrundlage statt für jede einzelne Leistung entweder für Gruppen von Leistungen oder für die gesamten innerhalb des Besteuerungszeitraums erbrachten Leistungen ermitteln.*

(4) ① Abweichend von § 15 Abs. 1 ist der Unternehmer nicht berechtigt, die ihm für die Reisevorleistungen gesondert in Rechnung gestellten sowie die nach § 13b geschuldeten Steuerbeträge als Vorsteuer abzuziehen. ② Im Übrigen bleibt § 15 unberührt.

(5) Für die sonstigen Leistungen gilt § 22 mit der Maßgabe, dass aus den Aufzeichnungen des Unternehmers zu ersehen sein müssen:

1. der Betrag, den der Leistungsempfänger für die Leistung aufwendet,
2. die Beträge, die der Unternehmer für die Reisevorleistungen aufwendet,
3. die Bemessungsgrundlage nach Absatz 3 und
4. wie sich die in den Nummern 1 und 2 bezeichneten Beträge und die Bemessungsgrundlage nach Absatz 3 auf steuerpflichtige und steuerfreie Leistungen verteilen.

[1] § 24 Abs. 5 eingefügt mWv 1. 1. 2022 durch G v. 21. 12. 2021 (BGBl. I S. 5250).

[2] § 25 Abs. 1 Satz 1 geändert mWv 18. 12. 2019 und Abs. 3 Satz 3 aufgehoben durch „JStG 2019" v. 12. 12. 2019 (BGBl. I S. 2451); die Aufhebung des Abs. 3 Satz 3 ist anzuwenden auf nach dem 31. 12. 2021 bewirkte Umsätze (§ 27 Abs. 26 UStG).

§ 25a Differenzbesteuerung

(1) Für die Lieferungen im Sinne des § 1 Abs. 1 Nr. 1 von beweglichen körperlichen Gegenständen gilt eine Besteuerung nach Maßgabe der nachfolgenden Vorschriften (Differenzbesteuerung), wenn folgende Voraussetzungen erfüllt sind:

1. ① Der Unternehmer ist ein Wiederverkäufer. ② Als Wiederverkäufer gilt, wer gewerbsmäßig mit beweglichen körperlichen Gegenständen handelt oder solche Gegenstände im eigenen Namen öffentlich versteigert.
2. ① Die Gegenstände wurden an den Wiederverkäufer im Gemeinschaftsgebiet geliefert. ② Für diese Lieferung wurde
   a) Umsatzsteuer nicht geschuldet oder nach § 19 Abs. 1 nicht erhoben oder
   b) die Differenzbesteuerung vorgenommen.
3. Die Gegenstände sind keine Edelsteine (aus Positionen 7102 und 7103 des Zolltarifs) oder Edelmetalle (aus Positionen 7106, 7108, 7110 und 7112 des Zolltarifs).

(2) ① Der Wiederverkäufer kann spätestens bei Abgabe der ersten Voranmeldung eines Kalenderjahres gegenüber dem Finanzamt erklären, dass er die Differenzbesteuerung von Beginn dieses Kalenderjahres an auch auf folgende Gegenstände anwendet:

1.[1] Kunstgegenstände (Nummer 53 der Anlage 2[2]), Sammlungsstücke (Nummer 49 Buchstabe f und Nummer 54 der Anlage 2[2]) oder Antiquitäten (Position 9706 00 00 des Zolltarifs), die er selbst eingeführt hat, oder
2. Kunstgegenstände, wenn die Lieferung an ihn steuerpflichtig war und nicht von einem Wiederverkäufer ausgeführt wurde.

② Die Erklärung bindet den Wiederverkäufer für mindestens zwei Kalenderjahre.

(3)[3] ① Der Umsatz wird nach dem Betrag bemessen, um den der Verkaufspreis den Einkaufspreis für den Gegenstand übersteigt; bei Lieferungen im Sinne des § 3 Abs. 1b und in den Fällen des § 10 Abs. 5 tritt an die Stelle des Verkaufspreises der Wert nach § 10 Abs. 4 Satz 1 Nr. 1. ② Lässt sich der Einkaufspreis eines Kunstgegenstandes (Nummer 53 der Anlage 2) nicht ermitteln oder ist der Einkaufspreis unbedeutend, wird der Betrag, nach dem sich der Umsatz bemisst, mit 30 Prozent des Verkaufspreises angesetzt. ③ Die Umsatzsteuer gehört nicht zur Bemessungsgrundlage. ④ Im Fall des Absatzes 2 Satz 1 Nr. 1 gilt als Einkaufspreis der Wert im Sinne des § 11 Abs. 1 zuzüglich der Einfuhrumsatzsteuer. ⑤ Im Fall des Absatzes 2 Satz 1 Nr. 2 schließt der Einkaufspreis die Umsatzsteuer des Lieferers ein.

(4) ① Der Wiederverkäufer kann die gesamten innerhalb eines Besteuerungszeitraums ausgeführten Umsätze nach dem Gesamtbetrag bemessen, um den die Summe der Verkaufspreise und der Werte nach § 10 Abs. 4 Satz 1 Nr. 1 die Summe der Einkaufspreise dieses Zeitraums übersteigt (Gesamtdifferenz). ② Die Besteuerung nach der Gesamtdifferenz ist nur bei solchen Gegenständen zulässig, deren Einkaufspreis 500 Euro nicht übersteigt. ③ Im Übrigen gilt Absatz 3 entsprechend.

(5)[4] ① Die Steuer ist mit dem allgemeinen Steuersatz nach § 12 Abs. 1 zu berechnen. ② Die Steuerbefreiungen, ausgenommen die Steuerbefreiung für innergemeinschaftliche Lieferungen (§ 4 Nr. 1 Buchstabe b, § 6a), bleiben unberührt. ③ Abweichend von § 15 Abs. 1 ist der Wiederverkäufer in den Fällen des Absatzes 2 nicht berechtigt, die entstandene Einfuhrumsatzsteuer, die gesondert ausgewiesene Steuer oder die nach § 13b Absatz 5 geschuldete Steuer für die an ihn ausgeführte Lieferung als Vorsteuer abzuziehen.

(6) ① § 22 gilt mit der Maßgabe, dass aus den Aufzeichnungen des Wiederverkäufers zu ersehen sein müssen

1. die Verkaufspreise oder die Werte nach § 10 Abs. 4 Satz 1 Nr. 1,
2. die Einkaufspreise und
3. die Bemessungsgrundlagen nach den Absätzen 3 und 4.

② Wendet der Wiederverkäufer neben der Differenzbesteuerung die Besteuerung nach den allgemeinen Vorschriften an, hat er getrennte Aufzeichnungen zu führen.

(7) Es gelten folgende Besonderheiten:

1. Die Differenzbesteuerung findet keine Anwendung
   a) auf die Lieferungen eines Gegenstands, den der Wiederverkäufer innergemeinschaftlich erworben hat, wenn auf die Lieferung des Gegenstands an den Wiederverkäufer die Steuer-

---

[1] § 25a Abs. 2 Satz 1 Nr. 1 geändert mWv 19. 12. 2006 durch JStG 2007 v. 13. 12. 2006 (BGBl. I S. 2878).
[2] Anlage 2 abgedruckt im Hauptteil nach § 29 UStG/A 29.2 UStAE.
[3] § 25a Abs. 3 Satz 2 eingefügt, bish. Sätze 2 bis 4 werden Sätze 3 bis 5 mWv 1. 1. 2014 durch G v. 26. 6. 2013 (BGBl. I S. 1809).
[4] § 25a Abs. 5 Satz 3 Verweisung geändert mWv 1. 7. 2010 durch EU-VorgG v. 8. 4. 2010 (BGBl. I S. 386); Satz 3 geändert mWv 31. 7. 2014 durch G v. 25. 7. 2014 (BGBl. I S. 1266).

befreiung für innergemeinschaftliche Lieferungen im übrigen Gemeinschaftsgebiet angewendet worden ist,

b) auf die innergemeinschaftliche Lieferung eines neuen Fahrzeugs im Sinne des § 1b Abs. 2 und 3.

2. Der innergemeinschaftliche Erwerb unterliegt nicht der Umsatzsteuer, wenn auf die Lieferung der Gegenstände an den Erwerber im Sinne des § 1a Abs. 1 die Differenzbesteuerung im übrigen Gemeinschaftsgebiet angewendet worden ist.

3. Die Anwendung des § 3c und die Steuerbefreiung für innergemeinschaftliche Lieferungen (§ 4 Nr. 1 Buchstabe b, § 6a) sind bei der Differenzbesteuerung ausgeschlossen.

(8) ① Der Wiederverkäufer kann bei jeder Lieferung auf die Differenzbesteuerung verzichten, soweit er Absatz 4 nicht anwendet. ② Bezieht sich der Verzicht auf die in Absatz 2 bezeichneten Gegenstände, ist der Vorsteuerabzug frühestens in dem Voranmeldungszeitraum möglich, in dem die Steuer für die Lieferung entsteht.

§ 25b Innergemeinschaftliche Dreiecksgeschäfte

(1) ① Ein innergemeinschaftliches Dreiecksgeschäft liegt vor, wenn

1. drei Unternehmer über denselben Gegenstand Umsatzgeschäfte abschließen und dieser Gegenstand unmittelbar vom ersten Lieferer an den letzten Abnehmer gelangt,
2. die Unternehmer in jeweils verschiedenen Mitgliedstaaten für Zwecke der Umsatzsteuer erfasst sind,
3. der Gegenstand der Lieferungen aus dem Gebiet eines Mitgliedstaates in das Gebiet eines anderen Mitgliedstaates gelangt und
4. der Gegenstand der Lieferungen durch den ersten Lieferer oder den ersten Abnehmer befördert oder versendet wird.

② Satz 1 gilt entsprechend, wenn der letzte Abnehmer eine juristische Person ist, die nicht Unternehmer ist oder den Gegenstand nicht für ihr Unternehmen erwirbt und die in dem Mitgliedstaat für Zwecke der Umsatzsteuer erfasst ist, in dem sich der Gegenstand am Ende der Beförderung oder Versendung befindet.

(2) Im Fall des Absatzes 1 wird die Steuer für die Lieferung an den letzten Abnehmer von diesem geschuldet, wenn folgende Voraussetzungen erfüllt sind:

1. Der Lieferung ist ein innergemeinschaftlicher Erwerb vorausgegangen,
2. der erste Abnehmer ist in dem Mitgliedstaat, in dem die Beförderung oder Versendung endet, nicht ansässig. ② Er verwendet gegenüber dem ersten Lieferer und dem letzten Abnehmer dieselbe Umsatzsteuer-Identifikationsnummer, die ihm von einem anderen Mitgliedstaat erteilt worden ist als dem, in dem die Beförderung oder Versendung beginnt oder endet,
3. der erste Abnehmer erteilt dem letzten Abnehmer eine Rechnung im Sinne des § 14a Abs. 7, in der die Steuer nicht gesondert ausgewiesen ist, und
4. der letzte Abnehmer verwendet eine Umsatzsteuer-Identifikationsnummer des Mitgliedstaates, in dem die Beförderung oder Versendung endet.

(3) Im Fall des Absatzes 2 gilt der innergemeinschaftliche Erwerb des ersten Abnehmers als besteuert.

(4) Für die Berechnung der nach Absatz 2 geschuldeten Steuer gilt die Gegenleistung als Entgelt.

(5) Der letzte Abnehmer ist unter den übrigen Voraussetzungen des § 15 berechtigt, die nach Absatz 2 geschuldete Steuer als Vorsteuer abzuziehen.

(6) ① § 22 gilt mit der Maßgabe, dass aus den Aufzeichnungen zu ersehen sein müssen

1. beim ersten Abnehmer, der eine inländische Umsatzsteuer-Identifikationsnummer verwendet, das vereinbarte Entgelt für die Lieferung im Sinne des Absatzes 2 sowie der Name und die Anschrift des letzten Abnehmers;
2. beim letzten Abnehmer, der eine inländische Umsatzsteuer-Identifikationsnummer verwendet:
   a) die Bemessungsgrundlage der an ihn ausgeführten Lieferung im Sinne des Absatzes 2 sowie die hierauf entfallenden Steuerbeträge,
   b) der Name und die Anschrift des ersten Abnehmers.

② Beim ersten Abnehmer, der eine Umsatzsteuer-Identifikationsnummer eines anderen Mitgliedstaates verwendet, entfallen die Aufzeichnungspflichten nach § 22, wenn die Beförderung oder Versendung im Inland endet.

§ 25c Besteuerung von Umsätzen mit Anlagegold

(1) ① Die Lieferung, die Einfuhr und der innergemeinschaftliche Erwerb von Anlagegold, einschließlich Anlagegold in Form von Zertifikaten über sammel- oder einzelverwahrtes Gold und

über Goldkonten gehandeltes Gold, insbesondere auch Golddarlehen und Goldswaps, durch die ein Eigentumsrecht an Anlagegold oder ein schuldrechtlicher Anspruch auf Anlagegold begründet wird, sowie Terminkontrakte und im Freiverkehr getätigte Terminabschlüsse mit Anlagegold, die zur Übertragung eines Eigentumsrechts an Anlagegold oder eines schuldrechtlichen Anspruchs auf Anlagegold führen, sind steuerfrei. ② Satz 1 gilt entsprechend für die Vermittlung der Lieferung von Anlagegold.

(2) Anlagegold im Sinne dieses Gesetzes sind:

1. Gold in Barren- oder Plättchenform mit einem von den Goldmärkten akzeptierten Gewicht und einem Feingehalt von mindestens 995 Tausendstel;
2. Goldmünzen, die einen Feingehalt von mindestens 900 Tausendstel aufweisen, nach dem Jahr 1800 geprägt wurden, in ihrem Ursprungsland gesetzliches Zahlungsmittel sind oder waren und üblicherweise zu einem Preis verkauft werden, der den Offenmarktwert ihres Goldgehalts um nicht mehr als 80 Prozent übersteigt.

(3) ① Der Unternehmer, der Anlagegold herstellt oder Gold in Anlagegold umwandelt, kann eine Lieferung, die nach Absatz 1 Satz 1 steuerfrei ist, als steuerpflichtig behandeln, wenn sie an einen anderen Unternehmer für dessen Unternehmen ausgeführt wird. ② Der Unternehmer, der üblicherweise Gold zu gewerblichen Zwecken liefert, kann eine Lieferung von Anlagegold im Sinne des Absatzes 2 Nr. 1, die nach Absatz 1 Satz 1 steuerfrei ist, als steuerpflichtig behandeln, wenn sie an einen anderen Unternehmer für dessen Unternehmen ausgeführt wird. ③ Ist eine Lieferung nach den Sätzen 1 oder 2 als steuerpflichtig behandelt worden, kann der Unternehmer, der diesen Umsatz vermittelt hat, die Vermittlungsleistung ebenfalls als steuerpflichtig behandeln.

(4) Bei einem Unternehmer, der steuerfreie Umsätze nach Absatz 1 ausführt, ist die Steuer für folgende an ihn ausgeführte Umsätze abweichend von § 15 Abs. 2 nicht vom Vorsteuerabzug ausgeschlossen:

1. die Lieferungen von Anlagegold durch einen anderen Unternehmer, der diese Lieferungen nach Absatz 3 Satz 1 oder 2 als steuerpflichtig behandelt;
2. die Lieferungen, die Einfuhr und der innergemeinschaftliche Erwerb von Gold, das anschließend von ihm oder für ihn in Anlagegold umgewandelt wird;
3. die sonstigen Leistungen, die in der Veränderung der Form, des Gewichts oder des Feingehalts von Gold, einschließlich Anlagegold, bestehen.

(5) Bei einem Unternehmer, der Anlagegold herstellt oder Gold in Anlagegold umwandelt und anschließend nach Absatz 1 Satz 1 steuerfrei liefert, ist die Steuer für an ihn ausgeführte Umsätze, die in unmittelbarem Zusammenhang mit der Herstellung oder Umwandlung des Goldes stehen, abweichend von § 15 Abs. 2 nicht vom Vorsteuerabzug ausgeschlossen.

(6)[1] Bei Umsätzen mit Anlagegold gelten zusätzlich zu den Aufzeichnungspflichten nach § 22 die Identifizierungs-, Aufzeichnungs- und Aufbewahrungspflichten des Geldwäschegesetzes entsprechend.

§ 25d[2] *(aufgehoben)*

§ 25e[3] Haftung beim Handel über eine elektronische Schnittstelle

(1) Wer mittels einer elektronischen Schnittstelle die Lieferung eines Gegenstandes unterstützt (Betreiber), haftet für die nicht entrichtete Steuer aus dieser Lieferung; dies gilt nicht in den Fällen des § 3 Absatz 3a.

(2) ① Der Betreiber haftet nicht nach Absatz 1, wenn der liefernde Unternehmer im Sinne von § 22f Absatz 1 Satz 1 Nummer 3 im Zeitpunkt der Lieferung über eine gültige, ihm vom Bundeszentralamt für Steuern nach § 27a erteilte Umsatzsteuer-Identifikationsnummer verfügt. ② Dies gilt nicht, wenn er Kenntnis davon hatte oder nach der Sorgfalt eines ordentlichen Kaufmanns hätte haben müssen, dass der liefernde Unternehmer seinen steuerlichen Verpflichtungen nicht oder nicht im vollen Umfang nachkommt.

(3) ① Der Betreiber haftet des Weiteren nicht nach Absatz 1, wenn die Registrierung auf der elektronischen Schnittstelle des Betreibers nicht als Unternehmer erfolgt ist und der Betreiber die Anforderungen nach § 22f Absatz 2 erfüllt. ② Dies gilt nicht, wenn nach Art, Menge oder Höhe der erzielten Umsätze davon auszugehen ist, dass der Betreiber Kenntnis davon hatte oder nach der Sorgfalt eines ordentlichen Kaufmanns hätte haben müssen, dass die Umsätze im Rahmen eines Unternehmens erbracht werden.

(4) ① Kommt der liefernde Unternehmer seinen steuerlichen Pflichten nicht oder nicht in wesentlichem Umfang nach, ist das für den liefernden Unternehmer zuständige Finanzamt be-

---

[1] § 25c Abs. 6 geändert durch G v. 23. 6. 2017 (BGBl. I S. 1822) mWv 26. 6. 2017.

[2] § 25d aufgehoben mWv 1. 1. 2020 durch „JStG 2019" v. 12. 12. 2019 (BGBl. I S. 2451).

[3] § 25e eingefügt mWv 1. 1. 2019 durch G v. 11. 12. 2018 (BGBl. I S. 2338); vgl. § 27 Abs. 25 UStG; § 25e Überschrift, Abs. 1, Abs. 2 Satz 1, Abs. 5 u. 6 neugefasst, Abs. 3 Satz 1 und Abs. 4 Satz 1 geändert mWv 1. 7. 2021 durch Art. 14 JStG 2020 (BGBl. I S. 3096), vgl. § 27 Abs. 34 Satz 1 UStG.

rechtigt, dies dem Betreiber mitzuteilen, wenn andere Maßnahmen keinen unmittelbaren Erfolg versprechen. ② Nach Zugang der Mitteilung haftet der Betreiber in den Fällen des Absatzes 2 für die Steuer auf Umsätze im Sinne des Absatzes 1, soweit das dem Umsatz zugrunde liegende Rechtsgeschäft nach dem Zugang der Mitteilung abgeschlossen worden ist. ③ Eine Inanspruchnahme des Betreibers nach Satz 2 erfolgt nicht, wenn der Betreiber innerhalb einer vom Finanzamt im Rahmen der Mitteilung nach Satz 1 gesetzten Frist nachweist, dass der liefernde Unternehmer über seine elektronische Schnittstelle keine Waren mehr anbieten kann. ④ Die Sätze 1 bis 3 sind in den Fällen des Absatzes 3 entsprechend anzuwenden.

(5) Eine elektronische Schnittstelle im Sinne dieser Vorschrift ist ein elektronischer Marktplatz, eine elektronische Plattform, ein elektronisches Portal oder Ähnliches.

(6) ① Unterstützen im Sinne dieser Vorschrift bezeichnet die Nutzung einer elektronischen Schnittstelle, um es einem Leistungsempfänger und einem liefernden Unternehmer, der über eine elektronische Schnittstelle Gegenstände zum Verkauf anbietet, zu ermöglichen, in Kontakt zu treten, woraus eine Lieferung von Gegenständen an diesen Leistungsempfänger resultiert. ② Der Betreiber einer elektronischen Schnittstelle unterstützt die Lieferung von Gegenständen jedoch dann nicht im Sinne dieser Vorschrift, wenn er weder unmittelbar noch mittelbar

1. irgendeine der Bedingungen für die Lieferung der Gegenstände festlegt,
2. an der Autorisierung der Abrechnung mit dem Leistungsempfänger bezüglich der getätigten Zahlungen beteiligt ist und
3. an der Bestellung oder Lieferung der Gegenstände beteiligt ist.

③ Ein Unterstützen im Sinne dieser Vorschrift liegt auch dann nicht vor, wenn der Betreiber der elektronischen Schnittstelle lediglich eine der folgenden Leistungen anbietet:

1. die Verarbeitung von Zahlungen im Zusammenhang mit der Lieferung von Gegenständen,
2. die Auflistung von Gegenständen oder die Werbung für diese, oder
3. die Weiterleitung oder Vermittlung von Leistungsempfängern an andere elektronische Schnittstellen, über die Gegenstände zum Verkauf angeboten werden, ohne dass eine weitere Einbindung in die Lieferung besteht.

(7) Örtlich zuständig für den Erlass des Haftungsbescheides ist das Finanzamt, das für die Besteuerung des liefernden Unternehmers zuständig ist.

(8) Hat der liefernde Unternehmer keinen Wohnsitz oder gewöhnlichen Aufenthalt, Sitz oder Geschäftsleitung im Inland, einem anderen Mitgliedstaat der Europäischen Union oder in einem Staat, auf den das Abkommen über den europäischen Wirtschaftsraum anzuwenden ist, ist § 219 der Abgabenordnung nicht anzuwenden.

§ 25f[1] Versagung des Vorsteuerabzugs und der Steuerbefreiung bei Beteiligung an einer Steuerhinterziehung

(1) Sofern der Unternehmer wusste oder hätte wissen müssen, dass er sich mit der von ihm erbrachten Leistung oder seinem Leistungsbezug an einem Umsatz beteiligt, bei dem der Leistende oder ein anderer Beteiligter auf einer vorhergehenden oder nachfolgenden Umsatzstufe in eine begangene Hinterziehung von Umsatzsteuer oder Erlangung eines nicht gerechtfertigten Vorsteuerabzugs im Sinne des § 370 der Abgabenordnung oder in eine Schädigung des Umsatzsteueraufkommens im Sinne der §§ 26a, 26c einbezogen war, ist Folgendes zu versagen:

1. die Steuerbefreiung nach § 4 Nummer 1 Buchstabe b in Verbindung mit § 6a,
2. der Vorsteuerabzug nach § 15 Absatz 1 Satz 1 Nummer 1,
3. der Vorsteuerabzug nach § 15 Absatz 1 Satz 1 Nummer 3 sowie
4. der Vorsteuerabzug nach § 15 Absatz 1 Satz 1 Nummer 4.

(2) § 25b Absatz 3 und 5 ist in den Fällen des Absatzes 1 nicht anzuwenden.

Siebenter Abschnitt. Durchführung, Bußgeld-, Straf-, Verfahrens-, Übergangs- und Schlussvorschriften

§ 26 Durchführung, Erstattung in Sonderfällen[2]

(1)[3] ① Die Bundesregierung kann mit Zustimmung des Bundesrates durch Rechtsverordnung zur Wahrung der Gleichmäßigkeit bei der Besteuerung, zur Beseitigung von Unbilligkeiten in Härtefällen oder zur Vereinfachung des Besteuerungsverfahrens den Umfang der in diesem Ge-

[1] § 25f eingefügt mWv 1. 1. 2020 durch „JStG 2019" v. 12. 12. 2019 (BGBl. I S. 2451), anzuwenden auf nach dem 31. 12. 2019 endende Voranmeldungs- und Besteuerungszeiträume (§ 27 Abs. 30 UStG); Satz 1 Zitatangabe geändert mWv 1. 7. 2021 durch Art. 14 JStG 2020 (BGBl. I S. 3096).

[2] § 26 Überschrift geändert mWv 30. 6. 2013 durch G v. 26. 6. 2013 (BGBl. I S. 1809).

[3] § 26 Abs. 1 Satz 1 geändert mWv 1. 1. 2023 durch JStG 2022 v. 16. 12. 2022 (BGBl. I S. 2294).

setz enthaltenen Steuerbefreiungen, Steuerermäßigungen und des Vorsteuerabzugs näher bestimmen sowie die zeitlichen Bindungen nach § 19 Abs. 2, *§ 23 Abs. 3* und § 24 Abs. 4 verkürzen. ② Bei der näheren Bestimmung des Umfangs der Steuerermäßigung nach § 12 Abs. 2 Nr. 1 kann von der zolltariflichen Abgrenzung abgewichen werden.

(2) Das Bundesministerium der Finanzen kann mit Zustimmung des Bundesrates durch Rechtsverordnung den Wortlaut derjenigen Vorschriften des Gesetzes und der auf Grund dieses Gesetzes erlassenen Rechtsverordnungen, in denen auf den Zolltarif hingewiesen wird, dem Wortlaut des Zolltarifs in der jeweils geltenden Fassung anpassen.

(3) ① Das Bundesministerium der Finanzen kann unbeschadet der Vorschriften der §§ 163 und 227 der Abgabenordnung anordnen, dass die Steuer für grenzüberschreitende Beförderungen von Personen im Luftverkehr niedriger festgesetzt oder ganz oder zum Teil erlassen wird, soweit der Unternehmer keine Rechnungen mit gesondertem Ausweis der Steuer (§ 14 Abs. 4) erteilt hat. ② Bei Beförderungen durch ausländische Unternehmer kann die Anordnung davon abhängig gemacht werden, dass in dem Land, in dem der ausländische Unternehmer seinen Sitz hat, für grenzüberschreitende Beförderungen im Luftverkehr, die von Unternehmern mit Sitz in der Bundesrepublik Deutschland durchgeführt werden, eine Umsatzsteuer oder ähnliche Steuer nicht erhoben wird.

(4)[1] ① Die Umsatzsteuer wird einem Konsortium, das auf der Grundlage der Verordnung (EG) Nr. 723/2009 des Rates vom 25. Juni 2009 über den gemeinschaftlichen Rechtsrahmen für ein Konsortium für eine europäische Forschungsinfrastruktur (ABl. L 206 vom 8. 8. 2009, S. 1) durch einen Beschluss der Kommission gegründet wurde, vom Bundeszentralamt für Steuern vergütet, wenn

1. das Konsortium seinen satzungsgemäßen Sitz im Inland hat,
2. es sich um die gesetzlich geschuldete Umsatzsteuer handelt, die in Rechnung gestellt und gesondert ausgewiesen wurde,
3. es sich um Umsatzsteuer für Lieferungen und sonstige Leistungen handelt, die das Konsortium für seine satzungsgemäße und nichtunternehmerische Tätigkeit in Anspruch genommen hat,
4. der Steuerbetrag je Rechnung insgesamt 25 Euro übersteigt und
5. die Steuer gezahlt wurde.

② Satz 1 gilt entsprechend für die von einem Konsortium nach § 13b Absatz 5 geschuldete und von ihm entrichtete Umsatzsteuer, wenn diese je Rechnung insgesamt 25 Euro übersteigt. ③ Die Sätze 1 und 2 sind auf ein Konsortium mit satzungsgemäßem Sitz in einem anderen Mitgliedstaat sinngemäß anzuwenden, wenn die Voraussetzungen für die Vergütung durch die in § 4 Nummer 7 Satz 5 genannte Bescheinigung nachgewiesen wird. ④ Mindert sich die Bemessungsgrundlage nachträglich, hat das Konsortium das Bundeszentralamt für Steuern davon zu unterrichten und den zu viel vergüteten Steuerbetrag zurückzuzahlen. ⑤ Wird ein Gegenstand, den ein Konsortium für seine satzungsgemäße Tätigkeit erworben hat und für dessen Erwerb eine Vergütung der Umsatzsteuer gewährt worden ist, entgeltlich oder unentgeltlich abgegeben, vermietet oder übertragen, ist der Teil der vergüteten Umsatzsteuer, der dem Veräußerungspreis oder bei unentgeltlicher Abgabe oder Übertragung dem Zeitwert des Gegenstands entspricht, an das Bundeszentralamt für Steuern zu entrichten. ⑥ Der zu entrichtende Steuerbetrag kann aus Vereinfachungsgründen durch Anwendung des im Zeitpunkt der Abgabe oder Übertragung des Gegenstands geltenden Steuersatzes ermittelt werden.

(5) Das Bundesministerium der Finanzen kann mit Zustimmung des Bundesrates durch Rechtsverordnung näher bestimmen, wie der Nachweis bei den folgenden Steuerbefreiungen zu führen ist:

1. Artikel III Nr. 1 des Abkommens zwischen der Bundesrepublik Deutschland und den Vereinigten Staaten von Amerika über die von der Bundesrepublik zu gewährenden Abgabenvergünstigungen für die von den Vereinigten Staaten im Interesse der gemeinsamen Verteidigung geleisteten Ausgaben (BGBl. 1955 II S. 823);
2. Artikel 67 Abs. 3 des Zusatzabkommens zu dem Abkommen zwischen den Parteien des Nordatlantikvertrags über die Rechtsstellung ihrer Truppen hinsichtlich der in der Bundesrepublik Deutschland stationierten ausländischen Truppen (BGBl. 1961 II S. 1183, 1218);
3. Artikel 14 Abs. 2 Buchstabe b und d des Abkommens zwischen der Bundesrepublik Deutschland und dem Obersten Hauptquartier der Alliierten Mächte, Europa, über die besonderen Bedingungen für die Einrichtung und den Betrieb internationaler militärischer Hauptquartiere in der Bundesrepublik Deutschland (BGBl. 1969 II S. 1997, 2009).

(6) Das Bundesministerium der Finanzen kann dieses Gesetz und die auf Grund dieses Gesetzes erlassenen Rechtsverordnungen in der jeweils geltenden Fassung mit neuem Datum und unter neuer Überschrift im Bundesgesetzblatt bekannt machen.

[1] § 26 Abs. 4 neugefasst mWv 30. 6. 2013 durch G v. 26. 6. 2013 (BGBl. I S. 1809).

§ 26a[1] Bußgeldvorschriften

(1) Ordnungswidrig handelt, wer entgegen § 18 Absatz 1 Satz 4, Absatz 4 Satz 1 oder 2, Absatz 4c Satz 2, Absatz 4e Satz 4 oder Absatz 5a Satz 4, § 18i Absatz 3 Satz 3, § 18j Absatz 4 Satz 3 oder § 18k Absatz 4 Satz 3 eine Vorauszahlung, einen Unterschiedsbetrag oder eine festgesetzte Steuer nicht, nicht vollständig oder nicht rechtzeitig entrichtet.

(2) Ordnungswidrig handelt, wer vorsätzlich oder leichtfertig

1. entgegen § 14 Abs. 2 Satz 1 Nr. 1 oder 2 Satz 2 eine Rechnung nicht oder nicht rechtzeitig ausstellt,
2. entgegen § 14b Abs. 1 Satz 1, auch in Verbindung mit Satz 4, ein dort bezeichnetes Doppel oder eine dort bezeichnete Rechnung nicht oder nicht mindestens zehn Jahre aufbewahrt,
3. entgegen § 14b Abs. 1 Satz 5 eine dort bezeichnete Rechnung, einen Zahlungsbeleg oder eine andere beweiskräftige Unterlage nicht oder nicht mindestens zwei Jahre aufbewahrt,
4. entgegen § 18 Abs. 12 Satz 3 die dort bezeichnete Bescheinigung nicht oder nicht rechtzeitig vorlegt,
5. entgegen § 18a Absatz 1 bis 3 in Verbindung mit Absatz 7 Satz 1, Absatz 8 oder Absatz 9 eine Zusammenfassende Meldung nicht, nicht richtig, nicht vollständig oder nicht rechtzeitig abgibt oder entgegen § 18a Absatz 10 eine Zusammenfassende Meldung nicht oder nicht rechtzeitig berichtigt,
6. einer Rechtsverordnung nach § 18c zuwiderhandelt, soweit sie für einen bestimmten Tatbestand auf die Bußgeldvorschrift verweist, *oder*
7. entgegen § 18d Satz 3 die dort bezeichneten Unterlagen nicht, nicht vollständig oder nicht rechtzeitig vorlegt,

[***ab 1. 1. 2024:***

8. entgegen § 22g Absatz 4 Satz 1 eine Information nicht, nicht richtig, nicht vollständig oder nicht rechtzeitig übermittelt,
9. entgegen § 22g Absatz 5 eine Angabe nicht oder nicht rechtzeitig berichtigt und nicht oder nicht rechtzeitig vervollständigt oder
10. entgegen § 22g Absatz 6 eine Aufzeichnung nicht oder nicht mindestens drei Kalenderjahre aufbewahrt.]

(3) Die Ordnungswidrigkeit kann in den Fällen des Absatzes 1 mit einer Geldbuße bis zu dreißigtausend Euro, in den Fällen des Absatzes 2 Nummer 3 mit einer Geldbuße bis zu tausend Euro, in den übrigen Fällen des Absatzes 2 mit einer Geldbuße bis zu fünftausend Euro geahndet werden.

(4) Verwaltungsbehörde im Sinne des § 36 Absatz 1 Nummer 1 des Gesetzes über Ordnungswidrigkeiten ist in den Fällen des Absatzes 2 *Nummer 5 und 6* [***ab 1. 1. 2024:*** Nummer 5, 6 und 8 bis 10] das Bundeszentralamt für Steuern.

§ 26b[2] *(aufgehoben)*

§ 26c[3] Strafvorschriften

Mit Freiheitsstrafe bis zu fünf Jahren oder mit Geldstrafe wird bestraft, wer in den Fällen des § 26a Absatz 1 gewerbsmäßig oder als Mitglied einer Bande, die sich zur fortgesetzten Begehung solcher Handlungen verbunden hat, handelt.

§ 27 Allgemeine Übergangsvorschriften

(1)[4] ① Änderungen dieses Gesetzes sind, soweit nichts anderes bestimmt ist, auf Umsätze im Sinne des § 1 Abs. 1 Nr. 1 und 5 anzuwenden, die ab dem Inkrafttreten der maßgeblichen Änderungsvorschrift ausgeführt werden. ② Das gilt für Lieferungen und sonstige Leistungen auch insoweit, als die Steuer dafür nach § 13 Abs. 1 Nr. 1 Buchstabe a Satz 4, Buchstabe b oder § 13b Absatz 4 Satz 2 vor dem Inkrafttreten der Änderungsvorschrift entstanden ist. ③ Die Berechnung dieser Steuer ist für den Voranmeldungszeitraum zu berichtigen, in dem die Lieferung oder sonstige Leistung ausgeführt wird.

(1a) ① § 4 Nr. 14 ist auf Antrag auf vor dem 1. Januar 2000 erbrachte Umsätze aus der Tätigkeit als Sprachheilpädagoge entsprechend anzuwenden, soweit der Sprachheilpädagoge gemäß § 124 Abs. 2 des Fünften Buches Sozialgesetzbuch von den zuständigen Stellen der gesetzlichen Krankenkassen umfassend oder für bestimmte Teilgebiete der Sprachtherapie zur Abgabe von

---

[1] § 26a Abs. 1 Nr. 5 neugefasst mWv 1. 7. 2010 durch EU-VorgG v. 8. 4. 2010 (BGBl. I S. 386); Abs. 3 angefügt mWv 31. 7. 2014 durch G v. 25. 7. 2014 (BGBl. I S. 1266); neuer Abs. 1 eingefügt, bish. Abs. 1 bis 3 werden 2 bis 4, Abs. 3 neugefasst, Abs. 4 geändert mWv 1. 7. 2021 durch Art. 14 JStG 2020 (BGBl. I S. 3096); Abs. 2 Nr. 6 geändert, Nrn. 8 bis 10 angefügt, Abs. 4 geändert mWv 1. 1. 2024 durch G v. 16. 12. 2024 (BGBl. I S. 2294).

[2] § 26b aufgehoben mWv 1. 7. 2021 durch Art. 14 JStG 2020 (BGBl. I S. 3096).

[3] § 26c Überschrift neugefasst und Verweis geändert mWv 1. 7. 2021 durch Art. 14 JStG 2020 (BGBl. I S. 3096).

[4] § 27 Abs. 1 Satz 2 neugefasst mWv 1. 7. 2006 durch HBeglG 2006 v. 29. 6. 2006 (BGBl. I S. 1402); Abs. 1 Satz 2 Verweis geändert mWv 1. 7. 2010 durch EU-VorgG v. 8. 4. 2010 (BGBl. I S. 386).

sprachtherapeutischen Heilmitteln zugelassen ist und die Voraussetzungen des § 4 Nr. 14 spätestens zum 1. Januar 2000 erfüllt. ② Bestandskräftige Steuerfestsetzungen können insoweit aufgehoben oder geändert werden.

(2) § 9 Abs. 2 ist nicht anzuwenden, wenn das auf dem Grundstück errichtete Gebäude

1. Wohnzwecken dient oder zu dienen bestimmt ist und vor dem 1. April 1985 fertig gestellt worden ist,
2. anderen nichtunternehmerischen Zwecken dient oder zu dienen bestimmt ist und vor dem 1. Januar 1986 fertig gestellt worden ist,
3. anderen als in den Nummern 1 und 2 bezeichneten Zwecken dient oder zu dienen bestimmt ist und vor dem 1. Januar 1998 fertig gestellt worden ist,

und wenn mit der Errichtung des Gebäudes in den Fällen der Nummern 1 und 2 vor dem 1. Juni 1984 und in den Fällen der Nummer 3 vor dem 11. November 1993 begonnen worden ist.

(3) § 14 Abs. 1 a in der bis zum 31. Dezember 2003 geltenden Fassung ist auf Rechnungen anzuwenden, die nach dem 30. Juni 2002 ausgestellt werden, sofern die zugrunde liegenden Umsätze bis zum 31. Dezember 2003 ausgeführt wurden.

(4) ① Die §§ 13 b, 14 Abs. 1, § 14 a Abs. 4 und 5 Satz 3 Nr. 3, § 15 Abs. 1 Satz 1 Nr. 4 und Abs. 4 b, § 17 Abs. 1 Satz 1, § 18 Abs. 4 a Satz 1, § 19 Abs. 1 Satz 3, § 22 Abs. 1 Satz 2 und Abs. 2 Nr. 8, § 25 a Abs. 5 Satz 3 in der jeweils bis zum 31. Dezember 2003 geltenden Fassung sind auch auf Umsätze anzuwenden, die vor dem 1. Januar 2002 ausgeführt worden sind, soweit das Entgelt für diese Umsätze erst nach dem 31. Dezember 2001 gezahlt worden ist. ② Soweit auf das Entgelt oder Teile des Entgelts für nach dem 31. Dezember 2001 ausgeführte Umsätze vor dem 1. Januar 2002 das Abzugsverfahren nach § 18 Abs. 8 in der bis zum 31. Dezember 2001 geltenden Fassung angewandt worden ist, mindert sich die vom Leistungsempfänger nach § 13 b geschuldete Steuer um die bisher im Abzugsverfahren vom leistenden Unternehmer geschuldete Steuer.

(5) ① § 3 Abs. 9 a Satz 2, § 15 Abs. 1 b, § 15 a Abs. 3 Nr. 2 und § 15 a Abs. 4 Satz 2 in der jeweils bis 31. Dezember 2003 geltenden Fassung sind auf Fahrzeuge anzuwenden, die nach dem 31. März 1999 und vor dem 1. Januar 2004 angeschafft oder hergestellt, eingeführt, innergemeinschaftlich erworben oder gemietet worden sind und für die der Vorsteuerabzug nach § 15 Abs. 1 b vorgenommen worden ist. ② Dies gilt nicht für nach dem 1. Januar 2004 anfallende Vorsteuerbeträge, die auf die Miete oder den Betrieb dieser Fahrzeuge entfallen.

(6) Umsätze aus der Nutzungsüberlassung von Sportanlagen können bis zum 31. Dezember 2004 in eine steuerfreie Grundstücksüberlassung und in eine steuerpflichtige Überlassung von Betriebsvorrichtungen aufgeteilt werden.

(7)[1] § 13 c ist anzuwenden auf Forderungen, die nach dem 7. November 2003 abgetreten, verpfändet oder gepfändet worden sind.

(8) § 15 a Abs. 1 Satz 1 und Abs. 4 Satz 1 in der Fassung des Gesetzes vom 20. Dezember 2001 (BGBl. I S. 3794) ist auch für Zeiträume vor dem 1. Januar 2002 anzuwenden, wenn der Unternehmer den Vorsteuerabzug im Zeitpunkt des Leistungsbezugs auf Grund der von ihm erklärten Verwendungsabsicht in Anspruch genommen hat und die Nutzung ab dem Zeitpunkt der erstmaligen Verwendung mit den für den Vorsteuerabzug maßgebenden Verhältnissen nicht übereinstimmt.

(9) § 18 Abs. 1 Satz 1 ist erstmals auf Voranmeldungszeiträume anzuwenden, die nach dem 31. Dezember 2004 enden.

(10) § 4 Nr. 21 a in der bis 31. Dezember 2003 geltenden Fassung ist auf Antrag auf vor dem 1. Januar 2005 erbrachte Umsätze der staatlichen Hochschulen aus Forschungstätigkeit anzuwenden, wenn die Leistungen auf einem Vertrag beruhen, der vor dem 3. September 2003 abgeschlossen worden ist.

(11) § 15 a in der Fassung des Artikels 5 des Gesetzes vom 9. Dezember 2004 (BGBl. I S. 3310) ist auf Vorsteuerbeträge anzuwenden, deren zugrunde liegende Umsätze im Sinne des § 1 Abs. 1 nach dem 31. Dezember 2004 ausgeführt werden.

(12)[2] Auf Vorsteuerbeträge, deren zugrunde liegende Umsätze im Sinne des § 1 Abs. 1 nach dem 31. Dezember 2006 ausgeführt werden, ist § 15 a Abs. 3 und 4 in der am 1. Januar 2007 geltenden Fassung anzuwenden.

(13)[3] § 18 a Abs. 1 Satz 1, 4 und 5 in der Fassung des Artikels 7 des Gesetzes vom 13. Dezember 2006 (BGBl. I S. 2878) ist erstmals auf Meldezeiträume anzuwenden, die nach dem 31. Dezember 2006 enden.

(14)[4] § 18 Abs. 9 in der Fassung des Artikels 7 des Gesetzes vom 19. Dezember 2008 (BGBl. I S. 2794) und § 18 g sind auf Anträge auf Vergütung von Vorsteuerbeträgen anzuwenden, die nach dem 31. Dezember 2009 gestellt werden.

---

[1] § 27 Abs. 7 Satz 2 aufgehoben mWv 1. 1. 2008 durch JStG 2008 v. 20. 12. 2007 (BGBl. I S. 3150).
[2] § 27 Abs. 12 angefügt mWv 1. 1. 2007 durch 1. MittelstandsentlastungsG v. 22. 8. 2006 (BGBl. I S. 1970).
[3] § 27 Abs. 13 angefügt mWv 1. 1. 2007 durch JStG 2007 v. 13. 12. 2006 (BGBl. I S. 2878).
[4] § 27 Abs. 14 angefügt mWv 1. 1. 2010 durch JStG 2009 v. 19. 12. 2008 (BGBl. I S. 2794).

(15)[1] § 14 Abs. 2 Satz 1 Nr. 2 und § 14 Abs. 3 Nr. 2 in der jeweils ab 1. Januar 2009 geltenden Fassung sind auf alle Rechnungen über Umsätze anzuwenden, die nach dem 31. Dezember 2008 ausgeführt werden.

(16)[2] ① § 3 Absatz 9a Nummer 1, § 15 Absatz 1b, § 15a Absatz 6a und 8 Satz 2 in der Fassung des Artikels 4 des Gesetzes vom 8. Dezember 2010 (BGBl. I S. 1768) sind nicht anzuwenden auf Wirtschaftsgüter im Sinne des § 15 Absatz 1b, die auf Grund eines vor dem 1. Januar 2011 rechtswirksam abgeschlossenen obligatorischen Vertrags oder gleichstehenden Rechtsakts angeschafft worden sind oder mit deren Herstellung vor dem 1. Januar 2011 begonnen worden ist. ② Als Beginn der Herstellung gilt bei Gebäuden, für die eine Baugenehmigung erforderlich ist, der Zeitpunkt, in dem der Bauantrag gestellt wird; bei baugenehmigungsfreien Gebäuden, für die Bauunterlagen einzureichen sind, der Zeitpunkt, in dem die Bauunterlagen eingereicht werden.

(17)[3] § 18 Absatz 3 in der Fassung des Artikels 4 des Gesetzes vom 8. Dezember 2010 (BGBl. I S. 1768) ist erstmals auf Besteuerungszeiträume anzuwenden, die nach dem 31. Dezember 2010 enden.

(18)[4] § 14 Absatz 1 und 3 ist in der ab 1. Juli 2011 geltenden Fassung auf alle Rechnungen über Umsätze anzuwenden, die nach dem 30. Juni 2011 ausgeführt werden.

(19)[5] ① Sind Unternehmer und Leistungsempfänger davon ausgegangen, dass der Leistungsempfänger die Steuer nach § 13b auf eine vor dem 15. Februar 2014 erbrachte steuerpflichtige Leistung schuldet, und stellt sich diese Annahme als unrichtig heraus, ist die gegen den leistenden Unternehmer wirkende Steuerfestsetzung zu ändern, soweit der Leistungsempfänger die Erstattung der Steuer fordert, die er in der Annahme entrichtet hatte, Steuerschuldner zu sein. ② § 176 der Abgabenordnung steht der Änderung nach Satz 1 nicht entgegen. ③ Das für den leistenden Unternehmer zuständige Finanzamt kann auf Antrag zulassen, dass der leistende Unternehmer dem Finanzamt den ihm gegen den Leistungsempfänger zustehenden Anspruch auf Zahlung der gesetzlich entstandenen Umsatzsteuer abtritt, wenn die Annahme der Steuerschuld des Leistungsempfängers im Vertrauen auf eine Verwaltungsanweisung beruhte und der leistende Unternehmer bei der Durchsetzung des abgetretenen Anspruchs mitwirkt. ④ Die Abtretung wirkt an Zahlungs statt, wenn

1. der leistende Unternehmer dem Leistungsempfänger eine erstmalige oder geänderte Rechnung mit offen ausgewiesener Umsatzsteuer ausstellt,
2. die Abtretung an das Finanzamt wirksam bleibt,
3. dem Leistungsempfänger diese Abtretung unverzüglich mit dem Hinweis angezeigt wird, dass eine Zahlung an den leistenden Unternehmer keine schuldbefreiende Wirkung mehr hat, und
4. der leistende Unternehmer seiner Mitwirkungspflicht nachkommt.

(20)[5] § 18h Absatz 3 und 4 in der Fassung des Artikels 8 des Gesetzes vom 25. Juli 2014 (BGBl. I S. 1266) ist erstmals auf Besteuerungszeiträume anzuwenden, die nach dem 31. Dezember 2014 enden.

(21)[6] § 18 Absatz 2 in der am 1. Januar 2015 geltenden Fassung ist erstmals auf Voranmeldungszeiträume anzuwenden, die nach dem 31. Dezember 2014 enden.

(22)[7] ① § 2 Absatz 3 in der am 31. Dezember 2015 geltenden Fassung ist auf Umsätze, die nach dem 31. Dezember 2015 und vor dem 1. Januar 2017 ausgeführt werden, weiterhin anzuwenden. ② § 2b in der am 1. Januar 2016 geltenden Fassung ist auf Umsätze anzuwenden, die nach dem 31. Dezember 2016 ausgeführt werden. ③ Die juristische Person des öffentlichen Rechts kann dem Finanzamt gegenüber einmalig erklären, dass sie § 2 Absatz 3 in der am 31. Dezember 2015 geltenden Fassung für sämtliche nach dem 31. Dezember 2016 und vor dem 1. Januar 2021 ausgeführte Leistungen weiterhin anwendet. ④ Eine Beschränkung der Erklärung auf einzelne Tätigkeitsbereiche oder Leistungen ist nicht zulässig. ⑤ Die Erklärung ist bis zum 31. Dezember 2016 abzugeben. ⑥ Sie kann nur mit Wirkung vom Beginn eines auf die Abgabe folgenden Kalenderjahres an widerrufen werden. ⑦ § 18 Absatz 4f und 4g ist erstmals auf Besteuerungszeiträume anzuwenden, die nicht der Erklärung nach Satz 3 unterliegen.

(22a)[8] *① Hat eine juristische Person des öffentlichen Rechts gegenüber dem Finanzamt gemäß Absatz 22 Satz 3 erklärt, dass sie § 2 Absatz 3 in der am 31. Dezember 2015 geltenden Fassung für sämtliche nach dem 31. Dezember 2016 und vor dem 1. Januar 2021 ausgeführte Leistungen weiterhin anwendet und die Erklärung für vor dem 1. Januar 2021 endende Zeiträume nicht widerrufen, gilt die Erklärung auch für sämtliche Leistungen, die nach dem 31. Dezember 2020 und vor dem 1. Januar 2023 ausgeführt werden.* [***Ab 1. 1. 2023:*** ① Hat eine juristische Person des öffentlichen Rechts gegen-

[1] § 27 Abs. 15 angefügt mWv 1. 1. 2009 durch SteuerbürokratieabbauG v. 20. 12. 2008 (BGBl. I S. 2850).
[2] § 27 Abs. 16 angefügt mWv 1. 1. 2011 durch JStG 2010 v. 8. 12. 2010 (BGBl. I S. 1768).
[3] § 27 Abs. 17 angefügt mWv 1. 1. 2011 durch JStG 2010 v. 8. 12. 2010 (BGBl. I S. 1768).
[4] § 27 Abs. 18 angefügt mWv 1. 7. 2011 durch StVereinfG 2011 v. 1. 1. 2011 (BGBl. I S. 2131).
[5] § 27 Abs. 19 und 20 angefügt durch G v. 25. 7. 2014 (BGBl. I S. 1266).
[6] § 27 Abs. 21 angefügt mWv 1. 1. 2015 durch G v. 22. 12. 2014 (BGBl. I S. 2417).
[7] § 27 Abs. 22 angefügt mWv 1. 1. 2016 durch G v. 2. 11. 2015 (BGBl. I S. 1834); Satz 7 angefügt mWv 1. 1. 2021 durch Art. 12 JStG 2020 (BGBl. I S. 3096).
[8] § 27 Abs. 22a eingefügt mWv 30. 6. 2020 durch G v. 19. 6. 2020 (BGBl. I S. 1385); Satz 1 neugefasst mWv 1. 1. 2023 durch JStG 2022 v. 16. 12. 2022 (BGBl. I S. 2294).

über dem Finanzamt gemäß Absatz 22 Satz 3 erklärt, dass sie § 2 Absatz 3 in der am 31. Dezember 2015 geltenden Fassung für sämtliche nach dem 31. Dezember 2016 und vor dem 1. Januar 2021 ausgeführte Leistungen weiterhin anwendet und die Erklärung für vor dem 1. Januar 2023 endende Zeiträume nicht widerrufen, gilt die Erklärung auch für sämtliche Leistungen, die nach dem 31. Dezember 2020 und vor dem 1. Januar 2025 ausgeführt werden.] ② Die Erklärung nach Satz 1 kann auch für Zeiträume nach dem 31. Dezember 2020 nur mit Wirkung vom Beginn eines auf die Abgabe folgenden Kalenderjahres an widerrufen werden. ③ Es ist nicht zulässig, den Widerruf auf einzelne Tätigkeitsbereiche oder Leistungen zu beschränken.

(23)[1] § 3 Absatz 13 bis 15 sowie § 10 Absatz 1 Satz 6 in der Fassung des Artikels 9 des Gesetzes vom 11. Dezember 2018 (BGBl. I S. 2338) sind erstmals auf Gutscheine anzuwenden, die nach dem 31. Dezember 2018 ausgestellt werden.

(24)[1] ① § 3a Absatz 5 Satz 3 bis 5 und § 14 Absatz 7 Satz 3 in der Fassung des Artikels 9 des Gesetzes vom 11. Dezember 2018 (BGBl. I S. 2338) sind auf Umsätze anzuwenden, die nach dem 31. Dezember 2018 ausgeführt werden. ② § 18 Absatz 4c Satz 1 und Absatz 4d in der Fassung des Artikels 9 des Gesetzes vom 11. Dezember 2018 (BGBl. I S. 2338) ist auf Besteuerungszeiträume anzuwenden, die nach dem 31. Dezember 2018 enden.

(25)[1] Das Bundesministerium der Finanzen teilt den Beginn, ab dem Daten nach § 22f Absatz 5 auf Anforderung zu übermitteln sind, durch ein im Bundessteuerblatt zu veröffentlichendes Schreiben mit. ② Gleiches gilt für die Festlegung des Kalenderjahres, ab dem Daten nach § 22f Absatz 3 auf Anforderung zu übermitteln sind. ③ § 25e Absatz 1 bis Absatz 4 in der Fassung des Artikels 9 des Gesetzes vom 11. Dezember 2018 (BGBl. I S. 2338) ist für die in § 22f Absatz 1 Satz 4 in der am 1. Januar 2019 geltenden Fassung genannten Unternehmer ab 1. März 2019 und für andere als die in § 22f Absatz 1 Satz 4 in der am 1. Januar 2019 geltenden Fassung genannten Unternehmer ab 1. Oktober 2019 anzuwenden.

(25a)[2] Für Personen, die Leistungen nach dem Soldatenversorgungsgesetz in der Fassung der Bekanntmachung vom 16. September 2009 (BGBl. I S. 3054), das zuletzt durch Artikel 19 des Gesetzes vom 4. August 2019 (BGBl. I S. 1147) geändert worden ist, in Verbindung mit dem Bundesversorgungsgesetz in der Fassung der Bekanntmachung vom 22. Januar 1982 (BGBl. I S. 21), das zuletzt durch Artikel 1 der Verordnung vom 13. Juni 2019 (BGBl. I S. 793) geändert worden ist, erhalten, gelten die Vorschriften des § 4 Nummer 15 Buchstabe b Satz 1 und Nummer 16 Buchstabe l[3] in der am 31. Dezember 2023 geltenden Fassung weiter.

(26)[4] § 25 Absatz 3 in der Fassung des Artikels 11 des Gesetzes vom 12. Dezember 2019 (BGBl. I S. 2451) ist erstmals auf Umsätze anzuwenden, die nach dem 31. Dezember 2021 bewirkt werden.

(27)[4, 5] § 4 Nummer 15a in der bis zum 31. Dezember 2019 geltenden Fassung gilt bis zu den Zeitpunkten nach § 412 Absatz 1 Satz 4 des Fünften Buches Sozialgesetzbuch sowie § 412 Absatz 5 Satz 9 in Verbindung mit § 412 Absatz 1 Satz 4 des Fünften Buches Sozialgesetzbuch fort.

(28)[4] § 15 Absatz 4b, § 16 Absatz 2 Satz 1 und § 18 Absatz 9 in der Fassung des Artikels 12 des Gesetzes vom 12. Dezember 2019 (BGBl. I S. 2451) sind erstmals auf Voranmeldungs-, Besteuerungs- und Vergütungszeiträume anzuwenden, die nach dem 31. Dezember 2019 enden.

(29)[4] § 22b Absatz 2 und 2a in der Fassung des Artikels 12 des Gesetzes vom 12. Dezember 2019 (BGBl. I S. 2451) ist erstmals auf Voranmeldungs-, Besteuerungs- und Meldezeiträume anzuwenden, die nach dem 31. Dezember 2019 enden.

(30)[4] § 25f in der Fassung des Artikels 12 des Gesetzes vom 12. Dezember 2019 (BGBl. I S. 2451) ist erstmals auf Voranmeldungs- und Besteuerungszeiträume anzuwenden, die nach dem 31. Dezember 2019 enden.

(31)[6] Der Termin, ab dem § 21 Absatz 3a in der Fassung des Artikels 3 des Gesetzes vom 29. Juni 2020 (BGBl. I S. 1512) erstmals anzuwenden ist, wird mit einem Schreiben des Bundesministeriums der Finanzen bekanntgegeben.

(32)[7] § 24 Absatz 1 in der Fassung des Artikels 11 des Gesetzes vom 21. Dezember 2020 (BGBl. I S. 3096) ist erstmals auf Umsätze anzuwenden, die nach dem 31. Dezember 2021 bewirkt werden.

(33)[8] ① § 18i Absatz 3 und 6, § 18j Absatz 4 und 7, § 18k Absatz 4 und 7 in der Fassung des Artikels 13 des Gesetzes vom 21. Dezember 2020 (BGBl. I S. 3096) sind erstmals auf Umsätze

[1] § 27 Abs. 23 bis 25 angefügt mWv 1. 1. 2019 durch G v. 11. 12. 2018 (BGBl. I S. 2338); Abs. 25 Satz 1 neugefasst, Satz 3 aufgehoben mWv 1. 7. 2021 durch Art. 14 JStG 2020 (BGBl. I S. 3096).

[2] § 27 Abs. 25a eingefügt durch G v. 12. 12. 2019 (BGBl. I S. 2652, geänd. durch G v. 21. 12. 2020, BGBl. I S. 3096, und G v. 20. 8. 2021, BGBl. I S. 3932), aufgeh. **mWv 1. 1. 2025** durch G v. 20. 8. 2021.

[3] Redaktionsversehen, richtig wohl: Buchstabe m.

[4] § 27 Abs. 26 angefügt mWv 18. 12. 2019, Abs. 27 bis 30 angefügt mWv 1. 1. 2020 durch „JStG 2019" v. 12. 12. 2019 (BGBl. I S. 2451).

[5] § 27 Abs. 27 geändert mWv 9. 6. 2021 durch G v. 3. 6. 2021 (BGBl. I S. 1309).

[6] § 27 Abs. 31 angefügt mWv 1. 7. 2020 durch G v. 29. 6. 2020 (BGBl. I S. 1512).

[7] § 27 Abs. 32 angefügt durch Art. 11 JStG 2020 (BGBl. I S. 3096); geändert mWv 9. 6. 2021 durch G v. 2. 6. 2021 (BGBl. I S. 1259).

[8] § 27 Abs. 33 angefügt durch Art. 13, Abs. 34 angefügt durch Art. 14 JStG 2020 (BGBl. I S. 3096).

anzuwenden, die nach dem 30. Juni 2021 ausgeführt werden. ② Die in den §§ 18i, 18j und 18k enthaltenen Verweise auf die §§ 3, 3a, 3c, 16, 18i, 18j, 18k und 22 beziehen sich auf die jeweilige Fassung der Artikel 13 und 14 des vorgenannten Gesetzes.

(34)[1] ① Die §§ 3 und 3a Absatz 5, die §§ 3c, 4, 5, 11, 13 Absatz 1 Nummer 1 Buchstabe f bis i, § 14a Absatz 2, § 16 Absatz 1c bis 1e, § 18 Absatz 1, 3 und 9, die §§ 21a, 22, 22f und 25e in der Fassung des Artikels 14 des Gesetzes vom 21. Dezember 2020 (BGBl. I S. 3096) sind erstmals auf Umsätze und Einfuhren anzuwenden, die nach dem 30. Juni 2021 ausgeführt werden. ② § 13 Absatz 1 Nummer 1 Buchstabe d und e, § 16 Absatz 1a und 1b, § 18 Absatz 4c bis 4e und § 18h sind letztmalig auf Umsätze anzuwenden, die vor dem 1. Juli 2021 ausgeführt werden.

(35)[2] ① § 4c in der Fassung des Artikels 1 des Gesetzes vom 21. Dezember 2021 (BGBl. I S. 5250) ist auf Leistungen anzuwenden, die nach dem 31. Dezember 2020 bezogen werden. ② § 5 Absatz 1 Nummer 8 und 9 in der Fassung des Artikels 1 des Gesetzes vom 21. Dezember 2021 (BGBl. I S. 5250) ist auf Einfuhren nach dem 31. Dezember 2020 anzuwenden.

(36)[3] § 18 Absatz 5a in der Fassung des Artikels 16 des Gesetzes vom 16. Dezember 2022 (BGBl. I S. 2294) ist erstmals auf die Besteuerungszeiträume anzuwenden, die nach dem 31. Dezember 2022 enden.

(37)[4] § 18g in der Fassung des Artikels 16 des Gesetzes vom 16. Dezember 2022 (BGBl. I S. 2294) ist erstmals auf die Übermittlung von Daten nach dem 31. Dezember 2022 anzuwenden.

§ 27a Umsatzsteuer-Identifikationsnummer

(1)[5] ① Das Bundeszentralamt für Steuern erteilt Unternehmern im Sinne des § 2 auf Antrag eine Umsatzsteuer-Identifikationsnummer. ② Das Bundeszentralamt für Steuern erteilt auch juristischen Personen, die nicht Unternehmer sind oder die Gegenstände nicht für ihr Unternehmen erwerben, eine Umsatzsteuer-Identifikationsnummer, wenn sie diese für innergemeinschaftliche Erwerbe benötigen. ③ Im Fall der Organschaft wird auf Antrag für jede juristische Person eine eigene Umsatzsteuer-Identifikationsnummer erteilt. ④ Der Antrag auf Erteilung einer Umsatzsteuer-Identifikationsnummer nach den Sätzen 1 bis 3 ist schriftlich zu stellen. ⑤ In dem Antrag sind Name, Anschrift und Steuernummer, unter der der Antragsteller umsatzsteuerlich geführt wird, anzugeben.

(1a)[5] ① Das nach § 21 der Abgabenordnung für die Umsatzbesteuerung des Unternehmers zuständige Finanzamt kann die nach Absatz 1 Satz 1 bis 3 erteilte Umsatzsteuer-Identifikationsnummer begrenzen, wenn ernsthafte Anzeichen vorliegen oder nachgewiesen ist, dass die Umsatzsteuer-Identifikationsnummer zur Gefährdung des Umsatzsteueraufkommens verwendet wird. ② Dies gilt auch, soweit das Umsatzsteueraufkommen anderer Mitgliedstaaten gefährdet wird.

(2)[5, 6] ① Die Landesfinanzbehörden übermitteln dem Bundeszentralamt für Steuern die für die Erteilung der Umsatzsteuer-Identifikationsnummer nach Absatz 1 erforderlichen Angaben über die bei ihnen umsatzsteuerlich geführten natürlichen und juristischen Personen und Personenvereinigungen. ② Diese Angaben dürfen nur für die Erteilung einer Umsatzsteuer-Identifikationsnummer, für Zwecke der Verordnung (EU) Nr. 904/2010 des Rates vom 7. Oktober 2010 über die Zusammenarbeit der Verwaltungsbehörden und die Betrugsbekämpfung auf dem Gebiet der Mehrwertsteuer (ABl. L 268 vom 12. 10. 2010, S. 1), für die Umsatzsteuerkontrolle, für Zwecke der Amtshilfe zwischen den zuständigen Behörden anderer Staaten in Umsatzsteuersachen sowie für Übermittlungen an das Statistische Bundesamt nach § 2a des Statistikregistergesetzes und an das Bundeskartellamt zur Überprüfung und Vervollständigung der Daten nach § 3 Absatz 1 Nummer 4 des Wettbewerbsregistergesetzes verarbeitet werden. ③ Außerdem übermitteln die Landesfinanzbehörden dem Bundeszentralamt für Steuern die nach Absatz 1a erforderlichen Daten. ④ Das Bundeszentralamt für Steuern übermittelt den Landesfinanzbehörden die erteilten Umsatzsteuer-Identifikationsnummern und die Daten, die sie für die Umsatzsteuerkontrolle benötigen.

§ 27b Umsatzsteuer-Nachschau

(1) ① Zur Sicherstellung einer gleichmäßigen Festsetzung und Erhebung der Umsatzsteuer können die damit betrauten Amtsträger der Finanzbehörde ohne vorherige Ankündigung und außerhalb einer Außenprüfung Grundstücke und Räume von Personen, die eine gewerbliche oder berufliche Tätigkeit selbständig ausüben, während der Geschäfts- und Arbeitszeiten betreten, um Sachverhalte festzustellen, die für die Besteuerung erheblich sein können (Umsatzsteuer-

[1] § 27 Abs. 34 angefügt durch Art. 14 JStG 2020 (BGBl. I S. 3096).
[2] § 27 Abs. 35 angefügt durch G v. 21. 12. 2021 (BGBl. I S. 5250).
[3] § 27 Abs. 36 angefügt durch JStG 2022 v. 16. 12. 2022 (BGBl. I S. 2294).
[4] § 27 Abs. 37 angefügt durch JStG 2022 v. 16. 12. 2022 (BGBl. I S. 2294).
[5] § 27a Abs. 1 Sätze 1 und 2, Abs. 2 Sätze 1 und 3 geändert mWv 1. 1. 2006 durch G v. 22. 9. 2005 (BGBl. I S. 2809); Abs. 1 Sätze 2 u. 3 ersetzt durch neuen Satz 2, Sätze 4 bis 6 werden Sätze 3 bis 5 und Satz 4 Verweis geändert mWv 1. 1. 2010 durch EU-VorgG v. 8. 4. 2010 (BGBl. I S. 386); Abs. 1a eingefügt mWv 1. 1. 2021 durch Art. 12 JStG 2020 (BGBl. I S. 3096).
[6] § 27a Abs. 2 Satz 2 geändert mWv 30. 6. 2013 durch G v. 26. 6. 2013 (BGBl. I S. 1809) und mWv 26. 11. 2019 durch G v. 20. 11. 2019 (BGBl. I S. 1626); Satz 3 eingefügt, bish. Satz 3 wird Satz 4 mWv 1. 1. 2021 durch Art. 12 JStG 2020 (BGBl. I S. 3096); Satz 2 neugefasst mWv 9. 6. 2021 durch G v. 2. 6. 2021 (BGBl. I S. 1259).

Nachschau). ② Wohnräume dürfen gegen den Willen des Inhabers nur zur Verhütung dringender Gefahren für die öffentliche Sicherheit und Ordnung betreten werden.

(2)[1] ① Soweit dies zur Feststellung einer steuerlichen Erheblichkeit zweckdienlich ist, haben die von der Umsatzsteuer-Nachschau betroffenen Personen den damit betrauten Amtsträgern auf Verlangen Aufzeichnungen, Bücher, Geschäftspapiere und andere Urkunden über die der Umsatzsteuer-Nachschau unterliegenden Sachverhalte vorzulegen und Auskünfte zu erteilen. ② Wurden die in Satz 1 genannten Unterlagen mit Hilfe eines Datenverarbeitungssystems erstellt, können die mit der Umsatzsteuer-Nachschau betrauten Amtsträger auf Verlangen die gespeicherten Daten über die der Umsatzsteuer-Nachschau unterliegenden Sachverhalte einsehen und soweit erforderlich hierfür das Datenverarbeitungssystem nutzen. ③ Dies gilt auch für elektronische Rechnungen nach § 14 Absatz 1 Satz 8.

(3) ① Wenn die bei der Umsatzsteuer-Nachschau getroffenen Feststellungen hierzu Anlass geben, kann ohne vorherige Prüfungsanordnung (§ 196 der Abgabenordnung) zu einer Außenprüfung nach § 193 der Abgabenordnung übergegangen werden. ② Auf den Übergang zur Außenprüfung wird schriftlich hingewiesen.

(4) Werden anlässlich der Umsatzsteuer-Nachschau Verhältnisse festgestellt, die für die Festsetzung und Erhebung anderer Steuern als der Umsatzsteuer erheblich sein können, so ist die Auswertung der Feststellungen insoweit zulässig, als ihre Kenntnis für die Besteuerung der in Absatz 1 genannten Personen oder anderer Personen von Bedeutung sein kann.

§ 28 Zeitlich begrenzte Fassungen einzelner Gesetzesvorschriften

(1)[2] § 12 Absatz 1 ist vom 1. Juli 2020 bis 31. Dezember 2020 mit der Maßgabe anzuwenden, dass die Steuer für jeden steuerpflichtigen Umsatz 16 Prozent der Bemessungsgrundlage (§§ 10, 11, 25 Absatz 3 und § 25 a Absatz 3 und 4) beträgt.

(2)[2] § 12 Absatz 2 ist vom 1. Juli 2020 bis 31. Dezember 2020 mit der Maßgabe anzuwenden, dass sich die Steuer für die in den Nummern 1 bis 15 genannten Umsätze auf 5 Prozent ermäßigt.

(3)[2] § 24 Absatz 1 Satz 1 Nummer 2 ist vom 1. Juli 2020 bis 31. Dezember 2020 mit der Maßgabe anzuwenden, dass die Steuer für die Lieferungen der in der Anlage 2 nicht aufgeführten Sägewerkserzeugnisse und Getränke sowie von alkoholischen Flüssigkeiten, ausgenommen die Lieferungen in das Ausland und die im Ausland bewirkten Umsätze, und für sonstige Leistungen, soweit in der Anlage 2 nicht aufgeführte Getränke abgegeben werden, 16 Prozent beträgt.

(4)[3] § 12 Abs. 2 Nr. 10 gilt bis zum 31. Dezember 2011 in folgender Fassung:

10. a) Die Beförderungen von Personen mit Schiffen,
    b) Die Beförderungen von Personen im Schienenbahnverkehr, im Verkehr mit Oberleitungsomnibussen, im genehmigten Linienverkehr mit Kraftfahrzeugen, im Verkehr mit Taxen, mit Drahtseilbahnen und sonstigen mechanischen Aufstiegshilfen aller Art und die Beförderungen im Fährverkehr
       aa) innerhalb einer Gemeinde oder
       bb) wenn die Beförderungsstrecke nicht mehr als 50 Kilometer beträgt.

(5)[4] § 12 Absatz 2 ist vom 1. Oktober 2022 bis 31. März 2024 mit der Maßgabe anzuwenden, dass der dort genannte Steuersatz auch für die Lieferung von Gas über das Ergasnetz gilt.

(6)[4] § 12 Absatz 2 ist vom 1. Oktober 2022 bis 31. März 2024 mit der Maßgabe anzuwenden, dass der dort genannte Steuersatz auch für die Lieferung von Wärme über ein Wärmenetz gilt.

§ 29 Umstellung langfristiger Verträge

(1) ① Beruht die Leistung auf einem Vertrag, der nicht später als vier Kalendermonate vor dem Inkrafttreten dieses Gesetzes abgeschlossen worden ist, so kann, falls nach diesem Gesetz ein anderer Steuersatz anzuwenden ist, der Umsatz steuerpflichtig, steuerfrei oder nicht steuerbar wird, der eine Vertragsteil von dem anderen einen angemessenen Ausgleich der umsatzsteuerlichen Mehr- oder Minderbelastung verlangen. ② Satz 1 gilt nicht, soweit die Parteien etwas anderes vereinbart haben. ③ Ist die Höhe der Mehr- oder Minderbelastung streitig, so ist § 287 Abs. 1 der Zivilprozessordnung entsprechend anzuwenden.

(2) Absatz 1 gilt sinngemäß bei einer Änderung dieses Gesetzes.

---

[1] § 27 b Abs. 2 Sätze 2 u. 3 angefügt mWv 1. 7. 2011 durch StVereinfG 2011 v. 1. 11. 2011 (BGBl. I S. 2131).
[2] § 28 Abs. 1 bis 3 neugefasst mWv 1. 7. 2020 durch G v. 29. 6. 2020 (BGBl. I S. 1512).
[3] § 28 Abs. 4 neugefasst und Geltung verlängert bis 31. 12. 2011 durch JStG 2008 v. 20. 12. 2007 (BGBl. I S. 3150).
[4] § 28 Abs. 5 und 6 angefügt mWv 1. 10. 2022 durch G v. 19. 10. 2022 (BGBl. I S. 1743).

Anlage 1
(zu § 4 Nr. 4 a)[1]

Liste der Gegenstände, die der Umsatzsteuerlagerregelung unterliegen können

Lfd. Nr.	Warenbezeichnung	Zolltarif (Kapitel, Position, Unterposition)
1	Kartoffeln, frisch oder gekühlt	Position 0701
2	Oliven, vorläufig haltbar gemacht (z. B. durch Schwefeldioxid oder in Wasser, dem Salz, Schwefeldioxid oder andere vorläufig konservierend wirkende Stoffe zugesetzt sind), zum unmittelbaren Genuss nicht geeignet	Unterposition 0711 20
3	Schalenfrüchte, frisch oder getrocknet, auch ohne Schalen oder enthäutet	Positionen 0801 und 0802
4	Kaffee, nicht geröstet, nicht entkoffeiniert, entkoffeiniert	Unterpositionen 0901 11 00 und 0901 12 00
5	Tee, auch aromatisiert	Position 0902
6	Getreide	Positionen 1001 bis 1005, 1007 00 und 1008
7	Rohreis (Paddy-Reis)	Unterposition 1006 10
8	Ölsamen und ölhaltige Früchte	Positionen 1201 00 bis 1207
9	Pflanzliche Fette und Öle und deren Fraktionen, roh, auch raffiniert, jedoch nicht chemisch modifiziert	Positionen 1507 bis 1515
10	Rohzucker	Unterpositionen 1701 11 und 1701 12
11	Kakaobohnen und Kakaobohnenbruch, roh oder geröstet	Position 1801 00 00
12	Mineralöle (einschließlich Propan und Butan sowie Rohöle aus Erdöl)	Positionen 2709 00, 2710, Unterpositionen 2711 12 und 2711 13
13	Erzeugnisse der chemischen Industrie	Kapitel 28 und 29
14	Kautschuk, in Primärformen oder in Platten, Blättern oder Streifen	Positionen 4001 und 4002
15	Chemische Halbstoffe aus Holz, ausgenommen solche zum Auflösen; Halbstoffe aus Holz, durch Kombination aus mechanischem und chemischem Aufbereitungsverfahren hergestellt	Positionen 4703 bis 4705 00 00
16	Wolle, weder gekrempelt noch gekämmt	Position 5101
17	Silber, in Rohform oder Pulver	aus Position 7106
18	Gold, in Rohform oder als Pulver, zu nicht monetären Zwecken	Unterpositionen 7108 11 00 und 7108 12 00
19	Platin, in Rohform oder als Pulver	aus Position 7110
20	Eisen- und Stahlerzeugnisse	Positionen 7207 bis 7212, 7216, 7219, 7220, 7225 und 7226
21	Nicht raffiniertes Kupfer und Kupferanoden zum elektrolytischen Raffinieren; raffiniertes Kupfer und Kupferlegierungen, in Rohform; Kupfervorlegierungen; Draht aus Kupfer	Positionen 7402 00 00, 7403, 7405 00 00 und 7408
22	Nickel in Rohform	Position 7502
23	Aluminium in Rohform	Position 7601
24	Blei in Rohform	Position 7801
25	Zink in Rohform	Position 7901
26	Zinn in Rohform	Position 8001
27	Andere unedle Metalle, ausgenommen Waren daraus und Abfälle und Schrott	aus Positionen 8101 bis 8112

Die Gegenstände dürfen nicht für die Lieferung auf der Einzelhandelsstufe aufgemacht sein.

[1] Anlage 1 neugefasst durch JStG 2007 v. 13. 12. 2006 (BGBl. I S. 2878).

Anlage 2[1]
(zu § 12 Absatz 2 Nummer 1, 2, 12, 13 und 14)

Liste der dem ermäßigten Steuersatz unterliegenden Gegenstände

[abgedruckt im Hauptteil als Anlage nach § 29 UStG]

Anlage 3
(zu § 13b Absatz 2 Nummer 7)[2·3]

Liste der Gegenstände im Sinne des § 13b Absatz 2 Nummer 7

Lfd. Nr.	Warenbezeichnung	Zolltarif (Kapitel, Position, Unterposition)
1	Granulierte Schlacke (Schlackensand) aus der Eisen- und Stahlherstellung	Unterposition 2618 00 00
2	Schlacken (ausgenommen granulierte Schlacke), Zunder und andere Abfälle der Eisen- und Stahlherstellung	Unterposition 2619 00
3	Schlacken, Aschen und Rückstände (ausgenommen solche der Eisen- und Stahlherstellung), die Metalle, Arsen oder deren Verbindungen enthalten	Position 2620
4	Abfälle, Schnitzel und Bruch von Kunststoffen	Position 3915
5	Abfälle, Bruch und Schnitzel von Weichkautschuk, auch zu Pulver oder Granulat zerkleinert	Unterposition 4004 00 00
6	Bruchglas und andere Abfälle und Scherben von Glas	Unterposition 7001 00 10
7	Abfälle und Schrott von Edelmetallen oder Edelmetallplattierungen; andere Abfälle und Schrott, Edelmetalle oder Edelmetallverbindungen enthaltend, von der hauptsächlich zur Wiedergewinnung von Edelmetallen verwendeten Art	Position 7112
8	Abfälle und Schrott, aus Eisen oder Stahl; Abfallblöcke aus Eisen oder Stahl	Position 7204
9	Abfälle und Schrott, aus Kupfer	Position 7404
10	Abfälle und Schrott, aus Nickel	Position 7503
11	Abfälle und Schrott, aus Aluminium	Position 7602
12	Abfälle und Schrott, aus Blei	Position 7802
13	Abfälle und Schrott, aus Zink	Position 7902
14	Abfälle und Schrott, aus Zinn	Position 8002
15	Abfälle und Schrott, aus anderen unedlen Metallen	aus Positionen 8101 bis 8113
16	Abfälle und Schrott, von elektrischen Primärelementen, Primärbatterien und Akkumulatoren; ausgebrauchte elektrische Primärelemente, Primärbatterien und Akkumulatoren	Unterposition 8548 10

[1] Anlage 2 Klammerzusatz neugefasst mWv 18. 12. 2019 durch „JStG 2019" v. 12. 12. 2019 (BGBl. I S. 2451).
[2] Anlage 3 angefügt mWv 1. 1. 2011 durch JStG 2010 v. 8. 12. 2010 (BGBl. I S. 1768).
[3] Erläuterungen zur Anlage 3 vgl. A 13 b.4 UStAE.

Anlage 4[1]
(zu § 13b Absatz 2 Nummer 11)

Liste der Gegenstände, für deren Lieferung der Leistungsempfänger die Steuer schuldet

Lfd. Nr.	Warenbezeichnung	Zolltarif (Kapitel, Position, Unterposition)
1	Silber, in Rohform oder als Halbzeug oder Pulver; Silberplattierungen auf unedlen Metallen, in Rohform oder als Halbzeug	Positionen 7106 und 7107
2	Platin, in Rohform oder als Halbzeug oder Pulver; Platinplattierungen auf unedlen Metallen, auf Silber oder auf Gold, in Rohform oder als Halbzeug	Position 7110 und Unterposition 7111 00 00
3	Roheisen oder Spiegeleisen, in Masseln, Blöcken oder anderen Rohformen; Körner und Pulver aus Roheisen, Spiegeleisen, Eisen oder Stahl; Rohblöcke und andere Rohformen aus Eisen oder Stahl; Halbzeug aus Eisen oder Stahl	Positionen 7201, 7205 bis 7207, 7218 und 7224
4	Nicht raffiniertes Kupfer und Kupferanoden zum elektrolytischen Raffinieren; raffiniertes Kupfer und Kupferlegierungen, in Rohform; Kupfervorlegierungen; Pulver und Flitter aus Kupfer	Positionen 7402, 7403, 7405 und 7406
5	Nickelmatte, Nickeloxidsinter und andere Zwischenerzeugnisse der Nickelmetallurgie; Nickel in Rohform; Pulver und Flitter, aus Nickel	Positionen 7501, 7502 und 7504
6	Aluminium in Rohform; Pulver und Flitter, aus Aluminium	Positionen 7601 und 7603
7	Blei in Rohform; Pulver und Flitter, aus Blei	Position 7801; aus Position 7804
8	Zink in Rohform; Staub, Pulver und Flitter, aus Zink	Positionen 7901 und 7903
9	Zinn in Rohform	Position 8001
10	Andere unedle Metalle in Rohform oder als Pulver	aus Positionen 8101 bis 8112
11	Cermets in Rohform	Unterposition 8113 00 20

[1] Anlage 4 neugefasst mWv 1. 1. 2015 durch G v. 22. 12. 2014 (BGBl. I S. 2417); Nr. 3 neugefasst durch G v. 2. 11. 2015 (BGBl. I S. 1834) mWv 6. 11. 2015.

Hauptteil

Umsatzsteuergesetz,[1] Durchführungsverordnung,[2] EUStBV,[3] Fahrzeuglieferungs-Meldepflichtverordnung,[4] Umsatzsteuer-Anwendungserlass (UStAE)[5]

---

[1] **UStG** vom 21. Februar 2005 (BGBl. I S. 386) unter Berücksichtigung der seither eingetretenen Änderungen, zuletzt durch das Jahressteuergesetz 2022 v. 19. 12. 2022 (BGBl. I S. 2294), vgl. Änderungsübersicht zur geschlossenen Wiedergabe des UStG.

[2] **UStDV** vom 21. Februar 2005 (BGBl. I S. 434), geändert durch Gesetz zur Neuorganisation der Bundesfinanzverwaltung und zur Schaffung eines Refinanzierungsregisters vom 22. 9. 2005 (BGBl. I S. 2809/2812), Erstes Gesetz zum Abbau bürokratischer Hemmnisse insbesondere in der mittelständischen Wirtschaft vom 22. 8. 2006 (BGBl. I S. 1970/1972), Jahressteuergesetz 2007 (JStG 2007) vom 13. 12. 2006 (BGBl. I S. 2878/2901), Jahressteuergesetz 2008 (JStG 2008) vom 20. 12. 2007 (BGBl. I S. 3150/3169), Jahressteuergesetz 2009 (JStG 2009) vom 19. 12. 2008 (BGBl. I S. 2794/2824), Gesetz zur Modernisierung und Entbürokratisierung des Steuerverfahrens (Steuerbürokratieabbaugesetz) vom 20. 12. 2008 (BGBl. I S. 2850/2856), Drittes Gesetz zum Abbau bürokratischer Hemmnisse insbesondere in der mittelständischen Wirtschaft [3. Mittelstandsentlastungsgesetz] vom 17. 3. 2009 (BGBl. I S. 550/551), Gesetz zur Umsetzung steuerlicher EU-Vorgaben sowie zur Änderung steuerlicher Vorschriften vom 8. 4. 2010 (BGBl. I S. 386/396), VO zur Änderung steuerlicher Vorschriften vom 17. 11. 2010 (BGBl. I S. 1544/1547), Zweite Verordnung zur Änderung steuerlicher Vorschriften vom 2. 12. 2011 (BGBl. I S. 2416), Verordnung zum Erlass und zur Änderung steuerlicher Verordnungen vom 11. 12. 2012 (BGBl. I S. 2637/2638), Elfte Verordnung zur Änderung der UStDV vom 25. 3. 2013 (BGBl. I S. 602), durch Art. 10 und 11 des Gesetzes zur Anpassung des nationalen Steuerrechts an den Beitritt Kroatiens zur EU und zur Änderung weiterer steuerlicher Vorschriften v. 25. 7. 2014 (BGBl. I S. 1266), VO zur Änderung steuerl. Verordnungen v. 22. 12. 2014 (BGBl. I S. 2392), Gesetz zur Modernisierung des Besteuerungsverfahrens v. 18. 7. 2016 (BGBl. I S. 1679), Dritte VO zur Änderung steuerlicher Verordnungen v. 18. 7. 2016 (BGBl. I S. 1722), Zweites Bürokratieentlastungsgesetz v. 30. 6. 2017 (BGBl. I S. 2143), Vierte VO zur Änderung steuerlicher Verordnungen v. 12. 7. 2017 (BGBl. I S. 2360), Gesetz zur weiteren steuerlichen Förderung der Elektromobilität und zur Änderung weiterer steuerlicher Vorschriften („JStG 2019") v. 12. 12. 2019 (BGBl. I S. 2451), Gesetz zur Umsetzung des Klimaschutzprogramms 2030 im Steuerrecht v. 21. 12. 2019 (BGBl. I S. 2886), Fünfte VO zur Änderung steuerlicher Verordnungen v. 25. 6. 2020 (BGBl. I S. 1495), Art. 16 Jahressteuergesetz 2020 v. 21. 12. 2020 (BGBl. I S. 3096), Art. 18 Jahressteuergesetz 2022 v. 19. 12. 2022 (BGBl. I S. 2294), Sechste VO zur Änderung steuerlicher Verordnungen v. 19. 12. 2022 (BGBl. I S. 2432).

[3] **EUStBV 1993** vom 11. August 1992 (BGBl. I S. 1526), geändert durch 1. ÄndVO vom 9. Februar 1994 (BGBl. I S. 302, ber. S. 523), Verordnung zur Änderung der Zollverordnung und anderer Verordnungen vom 22. 12. 2003 (BGBl. 2004 I S. 21/26), Verordnung zur Änderung der Zollverordnung und der Einfuhrumsatzsteuer-Befreiungsverordnung 1993 vom 24. 11. 2008 (BGBl. I S. 2232/2233), Gesetz zur Neuorganisation der Zollverwaltung vom 3. 12. 2015 (BGBl. I S. 2178/2183), Art. 25 Jahressteuergesetz 2020 v. 21. 12. 2020 (BGBl. I S. 3096).

[4] **Fahrzeuglieferungs-Meldepflichtverordnung** vom 18. März 2009 (BGBl. I S. 630), geändert durch Art. 21 Gesetz zur Modernisierung des Besteuerungsverfahrens v. 18. 7. 2016 (BGBl. I S. 1679).

[5] **UStAE** vom 1. 10. 2010 (BStBl. I S. 846), unter Berücksichtigung der BMF-Schreiben v. 21. 10. 2010 (BStBl. I S. 1192) und 26. 10. 2010 (BStBl. I S. 1197), geändert durch BMF v. 27. 10. 2010 (BStBl. I S. 1273), 1. 12. 2010 (BStBl. I S. 1375), 6. 12. 2010 (BStBl. I S. 1501), 15. 12. 2010 (BStBl. I S. 1502), 17. 12. 2010 (BStBl. I S. 1512), 21. 12. 2010 (BStBl. 2011 I S. 46), 4. 2. 2011 (BStBl. I S. 156), 4. 2. 2011 (BStBl. I S. 162), 2. 3. 2011 (BStBl. I S. 232), 3. 3. 2011 (BStBl. I S. 233), 14. 3. 2011 (BStBl. I S. 254), 25. 3. 2011 (BStBl. I S. 304), 7. 4. 2011 (BStBl. I S. 306), 8. 4. 2011 (BStBl. I S. 307), 11. 4. 2011 (BStBl. I S. 459), 15. 4. 2011 (BStBl. I S. 489), 2. 5. 2011 (BStBl. I S. 490), 12. 5. 2011 (BStBl. I S. 535), 7. 6. 2011 (BStBl. I S. 581), 8. 6. 2011 (BStBl. I S. 582), 10. 6. 2011 (BStBl. I S. 583/A 12.5), 10. 6. 2011 (BStBl. I S. 583/A. 3 a.1–27 a.1), 22. 6. 2011 (BStBl. I S. 597), 23. 6. 2011 (BStBl. I S. 677), 24. 6. 2011 (BStBl. I S. 687), 29. 6. 2011 (BStBl. I S. 702), 5. 7. 2011 (BStBl. I S. 703), 6. 7. 2011 (BStBl. I S. 738), 7. 7. 2011 (BStBl. I S. 739), 27. 7. 2011 (BStBl. I S. 752), 2. 8. 2011 (BStBl. I S. 754), 8. 8. 2011 (BStBl. I S. 755/zu BMF v. 3. 3. 2011), 31. 8. 2011 (BStBl. I S. 825), 22. 9. 2011 (BStBl. I S. 910), 26. 9. 2011 (BStBl. I S. 980), 30. 9. 2011 (BStBl. I S. 981), 8. 10. 2011 (BStBl. I S. 982), 11. 10. 2011 (BStBl. I S. 983), 14. 11. 2011 (BStBl. I S. 1158), 9. 12. 2011 (BStBl. I S. 1272), 9. 12. 2011 (BStBl. I S. 1273), 9. 12. 2011 (BStBl. I S. 1288), 12. 12. 2011 (BStBl. I S. 1289), 2. 1. 2012 (BStBl. I S. 59), 2. 1. 2012 (BStBl. I S. 60), 3. 1. 2012 (BStBl. I S. 76), 18. 1. 2012 (BStBl. I S. 139), 19. 1. 2012 (BStBl. I S. 209), 6. 2. 2012 (BStBl. I S. 212), 21. 3. 2012 (BStBl. I S. 343, 344), 28. 3. 2012 (BStBl. I S. 481), 28. 3. 2012 (BStBl. I S. 482), 29. 3. 2012 (BStBl. I S. 483), 2. 4. 2012 (BStBl. I S. 484), 3. 4. 2012 (BStBl. I S. 486), 24. 4. 2012 (BStBl. I S. 533), 19. 6. 2012 (BStBl. I S. 682), 2. 7. 2012 (BStBl. I S. 726), 25. 7. 2012 (BStBl. I S. 876), 20. 8. 2012 (BStBl. I S. 877), 31. 8. 2012 (BStBl. I S. 923), 24. 10. 2012 (BStBl. I S. 1086), 13. 11. 2012 (BStBl. I S. 1169), 14. 11. 2012 (BStBl. I S. 1170), 21. 11. 2012 (BStBl. I S. 1229), 30. 11. 2012 (BStBl. I S. 1230), 12. 12. 2012 (BStBl. I S. 1259), 17. 12. 2012 (BStBl. I S. 1260), 18. 12. 2012 (BStBl. I S. 1272), 22. 1. 2013 (BStBl. I S. 178), 22. 2. 2013 (BStBl. I S. 268), 7. 3. 2013 (BStBl. I S. 333), 20. 3. 2013 (BStBl. I S. 335 und 444), 25. 3. 2013 (BStBl. I S. 449), 26. 3. 2013 (BStBl. I S. 450), 27. 3. 2013 (BStBl. I S. 452), 2. 4. 2013 (BStBl. I S. 454), 9. 4. 2013 (BStBl. I S. 517), 12. 4. 2013 (BStBl. I S. 518), 26. 4. 2013 (BStBl. I S. 714), 10. 6. 2013 (BStBl. I S. 780), 28. 6. 2013 (BStBl. I S. 852), 8. 7. 2013 (BStBl. I S. 860), 12. 7. 2013 (BStBl. I S. 923), 31. 7. 2013 (BStBl. I S. 964), 26. 8. 2013 (BStBl. I S. 1018), 12. 9. 2013 (BStBl. I S. 1176), 13. 9. 2013 (BStBl. I S. 1179), 16. 9. 2013 (BStBl. I S. 1192), 19. 9. 2013 (BStBl. I S. 1212), 24. 9. 2013 (BStBl. I S. 1219), 23. 10. 2013 (BStBl. I S. 1303 und 1304), 25. 10. 2013 (BStBl. I S. 1305), 28. 10. 2013 (BStBl. I S. 1382), 31. 10. 2013 (BStBl. I S. 1383 und 1384), 4. 11. 2013 (BStBl. I S. 1385), 5. 11. 2013 (BStBl. I S. 1386), 8. 11. 2013 (BStBl. I S. 1389), 15. 11. 2013 (BStBl. I S. 1475 und 1477), 20. 11. 2013 (BStBl. I S. 1581), 21. 11. 2013 (BStBl. I S. 1583 und 1584), 22. 11. 2013 (BStBl. I S. 1590), 28. 11. 2013 (BStBl. I S. 1594), 29. 11. 2013 (BStBl. I S. 1596), 9. 12. 2013 (BStBl. I S. 1620), 10. 12. 2013 (BStBl. I S. 1621 und 1623), 11. 12. 2013 (BStBl. I S. 1625 und 1625), 12. 12. 2013 (BStBl. I S. 1627), 16. 12. 2013 (BStBl. I S. 1638), v. 2. 1. 2014 (BStBl. I S. 119), 6. 1. 2014 (BStBl. I S. 152), 20. 1. 2014 (BStBl. I S. 154), 31. 1. 2014 (BStBl. I S. 217), 4. 2. 2014 (BStBl. I S. 229), 5. 2. 2014 (BStBl. I S. 233), 6. 2. 2014 (BStBl. I S. 267 und 269), 7. 2. 2014 (BStBl. I S. 271), 28. 2. 2014 (BStBl. I S. 79), 20. 3. 2014 (BStBl. I S. 603), 4. 4. 2014 (BStBl. I S. 801), 10. 4. 2014 (BStBl. I S. 802), 29. 4. 2014 (BStBl. I S. 814), 30. 4. 2014 (BStBl. I S. 816), 5. 5. 2014 (BStBl. I S. 820), 8. 5. 2014 (BStBl. I S. 823), 5. 6. 2014 (BStBl. I S. 896), 12. 6. 2014 (BStBl. I S. 909), 1. 7. 2014 (BStBl. I S. 1111), 22. 7. 2014 (BStBl. I S. 1113), 25. 7. 2014 (BStBl. I S. 1114), 26. 8. 2014 (BStBl. I S. 1216), 27. 8. 2014 (BStBl. I S. 1218), 19. 9. 2014 (BStBl. I S. 1287), 26. 9. 2014 (BStBl. I S. 1297), 1. 10. 2014 (BStBl. I S. 1322), 17. 10. 2014 (BStBl. I S. 1369), 20. 10. 2014 (BStBl. I S. 1372), 28. 10. 2014 (BStBl. I S. 1439), 4. 12. 2014 (BStBl. I S. 1617), 5. 12. 2014 (BStBl. I S. 1618), 8. 12. 2014 (BStBl. I S. 1619), 9. 12. 2014 (BStBl. I S. 1620), 10. 12. 2014 (BStBl. I S. 1622), 18. 12. 2014 (BStBl. I 2015 S. 44), 23. 1. 2015 (BStBl. I S. 144), 27. 1. 2015 (BStBl. I S. 164), 19. 2. 2015 (BStBl. I S. 217), 27. 2. 2015 (BStBl. I S. 232), 13. 3. 2015 (BStBl. I S. 234), 2. 4. 2015 (BStBl. I S. 272), 24. 4. 2015 (BStBl. I

(Fortsetzung nächste Seite)

Erster Abschnitt. Steuergegenstand und Geltungsbereich

UStG

§ 1 Steuerbare Umsätze

1 (1) **Der Umsatzsteuer unterliegen die folgenden Umsätze:**

1. die Lieferungen und sonstigen Leistungen, die ein Unternehmer im Inland gegen Entgelt im Rahmen seines Unternehmens ausführt. ② Die Steuerbarkeit entfällt nicht, wenn der Umsatz auf Grund gesetzlicher oder behördlicher Anordnung ausgeführt wird oder nach gesetzlicher Vorschrift als ausgeführt gilt;

2 **2.** *(weggefallen)*

3 **3.** *(weggefallen)*

4 **4. die Einfuhr von Gegenständen im Inland oder in den österreichischen Gebieten Jungholz und Mittelberg (Einfuhrumsatzsteuer);**

5 **5. der innergemeinschaftliche Erwerb im Inland gegen Entgelt.**

6 (1 a) **① Die Umsätze im Rahmen einer Geschäftsveräußerung an einen anderen Unternehmer für dessen Unternehmen unterliegen nicht der Umsatzsteuer. ② Eine Geschäftsveräußerung liegt vor, wenn ein Unternehmen oder ein in der Gliederung eines Unternehmens gesondert geführter Betrieb im Ganzen entgeltlich oder unentgeltlich übereignet oder in eine Gesellschaft eingebracht wird. ③ Der erwerbende Unternehmer tritt an die Stelle des Veräußerers.**

7 (2)[1] **① Inland im Sinne dieses Gesetzes ist das Gebiet der Bundesrepublik Deutschland mit Ausnahme des Gebiets von Büsingen, der Insel Helgoland, der Freizonen des Kontrolltyps I nach § 1 Abs. 1 Satz 1 des Zollverwaltungsgesetzes (Freihäfen), der Gewässer und Watten zwischen der Hoheitsgrenze und der jeweiligen Strandlinie sowie der deutschen Schiffe und der deutschen Luftfahrzeuge in Gebieten, die zu keinem**

(Fortsetzung der Fußnote)

S. 456), 5. 5. 2015 (BStBl. I S. 458), 21. 5. 2015 (BStBl. I S. 491), 17. 6. 2015 (BStBl. I S. 513), 19. 6. 2015 (BStBl. I S. 559), 7. 7. 2015 (BStBl. I S. 562), 3. 8. 2015 (BStBl. I S. 624), 27. 8. 2015 (BStBl. I S. 656), 31. 8. 2015 (BStBl. I S. 737), 4. 9. 2015 (BStBl. I S. 738), 7. 10. 2015 (BStBl. I S. 782), 14. 10. 2015 (BStBl. I S. 832), 21. 10. 2015 (BStBl. I S. 835), 4. 11. 2015 (BStBl. I S. 886), 12. 11. 2015 (BStBl. I S. 887), 2. 12. 2015 (BStBl. I S. 1012), 7. 12. 2015 (BStBl. I S. 1014), 8. 12. 2015 (BStBl. I S. 1066), 15. 12. 2015 (BStBl. I S. 1067), 21. 1. 2016 (BStBl. I S. 150), 16. 2. 2016 (BStBl. I S. 239), 23. 2. 2016 (BStBl. I S. 240), 2. 3. 2016 (BStBl. I S. 287), 25. 4. 2016 (BStBl. I S. 484), 18. 5. 2016 (BStBl. I S. 506), 2. 6. 2016 (BStBl. I S. 531), 10. 8. 2016 (BStBl. I S. 820), 28. 9. 2016 (BStBl. I S. 1043), 4. 10. 2016 (BStBl. I S. 1059, 1074), 24. 11. 2016 (BStBl. I S. 1328), 2. 12. 2016 (BStBl. I S. 1450), 16. 12. 2016 (BStBl. I S. 1451), 19. 12. 2016 (BStBl. I S. 1459), 17. 1. 2017 (BStBl. I S. 104), 23. 1. 2017 (BStBl. I S. 108), 26. 1. 2017 (BStBl. I S. 175), 3. 2. 2017 (BStBl. I S. 180), 10. 2. 2017 (BStBl. I S. 350), 21. 3. 2017 (BStBl. I S. 482), 12. 4. 2017 (BStBl. I S. 710), 8. 5. 2017 (BStBl. I S. 745), 9. 5. 2017 (BStBl. I S. 780), 26. 5. 2017 (BStBl. I S. 790), 2. 6. 2017 (BStBl. I S. 850), 6. 6. 2017 (BStBl. I S. 853), 8. 6. 2017 (BStBl. I S. 858), 3. 7. 2017 (BStBl. I S. 885), 10. 7. 2017 (BStBl. I S. 888), 13. 7. 2017 (BStBl. I S. 992), 14. 7. 2017 (BStBl. I S. 997), 26. 7. 2017 (BStBl. I S. 1001), 2. 8. 2017 (BStBl. I S. 1240), 22. 9. 2017 (BStBl. I S. 1299), 6. 10. 2017 (BStBl. I S. 1349), 10. 10. 2017 (BStBl. I S. 1442), 8. 11. 2017 (BStBl. I S. 1517), 15. 11. 2017 (BStBl. I S. 1518), 30. 11. 2017 (BStBl. I S. 1599), 5. 12. 2017 (BStBl. I S. 1658), 6. 12. 2017 (BStBl. I S. 1660), 7. 12. 2017 (BStBl. I S. 1662 und 1663), 8. 12. 2017 (BStBl. I S. 1664 und 1665), 13. 12. 2017 (BStBl. I S. 1667 und BStBl. 2018 I S. 72), 14. 12. 2017 (BStBl. I S. 1673), 7. 2. 2018 (BStBl. I S. 302), 13. 2. 2018 (BStBl. I S. 304), 27. 2. 2018 (BStBl. I S. 316), 23. 4. 2018 (BStBl. I S. 638), 18. 5. 2018 (BStBl. I S. 695), 17. 7. 2018 (BStBl. I S. 820), 5. 9. 2018 (BStBl. I S. 1012), 4. 10. 2018 (BStBl. I S. 1090), 27. 11. 2018 (BStBl. I S. 1363), 3. 12. 2018 (BStBl. I S. 1365), 7. 12. 2018 (BStBl. I S. 1401), 14. 12. 2018 (BStBl. I S. 1402), 14. 12. 2018 (BStBl. I S. 1429), 2. 1. 2019 (BStBl. I S. 17), 23. 5. 2019 (BStBl. I S. 510), 23. 5. 2019 (BStBl. I S. 511), 27. 5. 2019 (BStBl. I S. 512), 18. 6. 2019 (BStBl. I S. 591), 17. 7. 2019 (BStBl. I S. 835), 18. 12. 2019 (BStBl. I S. 1396), 19. 12. 2019 (BStBl. I S. 1399), 10. 1. 2020 (BStBl. I S. 184), 14. 1. 2020 (BStBl. I S. 196), 6. 2. 2020 (BStBl. I S. 235), 18. 3. 2020 (BStBl. I S. 286), 23. 3. 2020 (BStBl. I S. 288), 24. 3. 2020 (BStBl. I S. 291), 7. 5. 2020 (BStBl. I S. 530), 3. 6. 2020 (BStBl. I S. 546), 15. 6. 2020 (BStBl. I S. 580), 17. 6. 2020 (BStBl. I S. 581), 25. 6. 2020 (BStBl. I S. 582), 2. 7. 2020 (BStBl. I S. 610), 7. 7. 2020 (BStBl. I S. 642), 9. 7. 2020 (BStBl. I S. 643), 13. 7. 2020 (BStBl. I S. 644), 16. 7. 2020 (BStBl. I S. 645), 3. 8. 2020 (BStBl. I S. 646), 5. 8. 2020 (BStBl. I S. 669), 20. 8. 2020 (BStBl. I S. 671), 28. 8. 2020 (BStBl. I S. 928), 3. 9. 2020 (BStBl. I S. 940), 18. 9. 2020 (BStBl. I S. 976), 30. 9. 2020 (BStBl. I S. 982), 1. 10. 2020 (BStBl. I S. 983), 9. 10. 2020 (BStBl. I S. 1038), 14. 10. 2020 (BStBl. I S. 1043), 28. 10. 2020 (BStBl. I S. 1120), 2. 11. 2020 (BStBl. I S. 1121), 6. 11. 2020 (BStBl. I S. 1202), 12. 11. 2020 (BStBl. I S. 1265), 16. 11. 2020 (BStBl. I S. 1267), 23. 11. 2020 (BStBl. I S. 1335), 15. 12. 2020 (BStBl. I S. 1374), 16. 12. 2020 (BStBl. I S. 1379), 18. 12. 2020 (BStBl. I 2021 S. 64), 23. 12. 2020 (BStBl. I S. 92), 11. 1. 2021 (BStBl. I S. 120), 18. 1. 2021 (BStBl. I S. 121), 29. 1. 2021 (BStBl. I S. 250), 4. 2. 2021 (BStBl. I S. 312), 10. 2. 2021 (BStBl. I S. 314), 4. 3. 2021 (BStBl. I S. 316), 12. 3. 2021 (BStBl. I S. 380), 15. 3. 2021 (BStBl. I S. 381), 18. 3. 2021 (BStBl. I S. 384), 26. 3. 2021 (BStBl. I S. 385), 1. 4. 2021 (BStBl. I S. 629), 20. 4. 2021 (BStBl. I S. 705), 22. 4. 2021 (BStBl. I S. 712), 11. 5. 2021 (BStBl. I S. 781), 9. 6. 2021 (BStBl. I S. 778), 9. 6. 2021 (BStBl. I S. 780), 22. 6. 2021 (BStBl. I S. 856), 24. 6. 2021 (BStBl. I S. 857), 28. 6. 2021 (BStBl. I S. 868), 2. 7. 2021 (BStBl. I S. 918), 8. 7. 2021 (BStBl. I S. 919), 22. 7. 2021 (BStBl. I S. 1023), 7. 9. 2021 (BStBl. I S. 1591), 9. 9. 2021 (BStBl. I S. 1593), 27. 9. 2021 (BStBl. I S. 1810), 27. 9. 2021 (BStBl. I S. 1812 und 1856), 28. 9. 2021 (BStBl. I S. 1858), 1. 10. 2021 (BStBl. I S. 1859), 4. 10. 2021 (BStBl. I S. 1861), 18. 10. 2021 (BStBl. I S. 2142), 27. 10. 2021 (BStBl. I S. 2137 und 2139), 16. 11. 2021 (BStBl. I S. 2329), 1. 12. 2021 (BStBl. I S. 2486 und 2488), 10. 12. 2021 (BStBl. I S. 2492), 17. 12. 2021 (BStBl. I S. 2502 und 2504), 17. 1. 2022 (BStBl. I S. 161), 7. 2. 2022 (BStBl. I S. 197), 15. 3. 2022 (BStBl. I S. 351), 29. 3. 2022 (BStBl. I S. 567), 30. 3. 2022 (BStBl. I S. 568), 12. 4. 2022 (BStBl. I S. 650 und 652), 26. 4. 2022 (BStBl. I S. 655), 2. 5. 2022 (BStBl. I S. 736), 20. 5. 2022 (BStBl. I S. 738), 2. 6. 2022 (BStBl. I S. 926), 15. 6. 2022 (BStBl. I S. 1001), 16. 6. 2022 (BStBl. I S. 1003), 22. 6. 2022 (BStBl. I S. 1004), 24. 6. 2022 (BStBl. I S. 1006), 1. 9. 2022 (BStBl. I S. 1399), 20. 10. 2022 (BStBl. I S. 1497), 9. 11. 2022 (BStBl. I S. 1585), 11. 11. 2022 (BStBl. I S. 1588), 18. 11. 2022 (BStBl. I S. 1590 und 1592), 22. 11. 2022 (BStBl. I S. 1595), 13. 12. 2022 (BStBl. I S. 1683), 14. 12. 2022 (BStBl. I S. 1688), 20. 12. 2022 (BStBl. I S. 1694).

[1] Vereinbarung über die Einbeziehung der Gemeinde **Büsingen** in das schweizerische Zollgebiet vgl. Bekanntmachung vom 24. 1. 1995 (BStBl. I S. 202).

Zollgebiet gehören. ② Ausland im Sinne dieses Gesetzes ist das Gebiet, das danach nicht Inland ist. ③ Wird ein Umsatz im Inland ausgeführt, so kommt es für die Besteuerung nicht darauf an, ob der Unternehmer deutscher Staatsangehöriger ist, seinen Wohnsitz oder Sitz im Inland hat, im Inland eine Betriebsstätte unterhält, die Rechnung erteilt oder die Zahlung empfängt. ④ Zollkodex der Union bezeichnet die Verordnung (EU) Nr. 952/2013 des Europäischen Parlaments und des Rates vom 9. Oktober 2013 zur Festlegung des Zollkodex der Union (ABl. L 269 vom 10. 10. 2013, S. 1; L 287 vom 20. 10. 2013, S. 90) in der jeweils geltenden Fassung.

(2a) ① **Das Gemeinschaftsgebiet im Sinne dieses Gesetzes umfasst das Inland im Sinne des Absatzes 2 Satz 1 und die Gebiete der übrigen Mitgliedstaaten der Europäischen Union, die nach dem Gemeinschaftsrecht als Inland dieser Mitgliedstaaten gelten (übriges Gemeinschaftsgebiet). ② Das Fürstentum Monaco gilt als Gebiet der Französischen Republik; die Insel Man gilt als Gebiet des Vereinigten Königreichs Großbritannien und Nordirland. ③ Drittlandsgebiet im Sinne dieses Gesetzes ist das Gebiet, das nicht Gemeinschaftsgebiet ist.** 8

(3) ① **Folgende Umsätze, die in den Freihäfen und in den Gewässern und Watten zwischen der Hoheitsgrenze und der jeweiligen Strandlinie bewirkt werden, sind wie Umsätze im Inland zu behandeln:** 9

1. die Lieferungen und die innergemeinschaftlichen Erwerbe von Gegenständen, die zum Gebrauch oder Verbrauch in den bezeichneten Gebieten oder zur Ausrüstung oder Versorgung eines Beförderungsmittels bestimmt sind, wenn die Gegenstände
   a) nicht für das Unternehmen des Abnehmers erworben werden, oder
   b) vom Abnehmer ausschließlich oder zum Teil für eine nach § 4 Nr. 8 bis 27 steuerfreie Tätigkeit verwendet werden;
2. die sonstigen Leistungen, die
   a) nicht für das Unternehmen des Leistungsempfängers ausgeführt werden, oder
   b) vom Leistungsempfänger ausschließlich oder zum Teil für eine nach § 4 Nr. 8 bis 27 steuerfreie Tätigkeit verwendet werden;
3. die Lieferungen im Sinne des § 3 Abs. 1 b und die sonstigen Leistungen im Sinne des § 3 Abs. 9 a;
4. die Lieferungen von Gegenständen, die sich im Zeitpunkt der Lieferung
   a) in einem zollamtlich bewilligten Freihafen-Veredelungsverkehr oder in einer zollamtlich besonders zugelassenen Freihafenlagerung oder
   b) einfuhrumsatzsteuerrechtlich im freien Verkehr befinden;
5. die sonstigen Leistungen, die im Rahmen eines Veredelungsverkehrs oder einer Lagerung im Sinne der Nummer 4 Buchstabe a ausgeführt werden;
6. *(aufgehoben)*
7. der innergemeinschaftliche Erwerb eines neuen Fahrzeugs durch die in § 1 a Abs. 3 und § 1 b Abs. 1 genannten Erwerber.

② Lieferungen und sonstige Leistungen an juristische Personen des öffentlichen Rechts sowie deren innergemeinschaftlicher Erwerb in den bezeichneten Gebieten sind als Umsätze im Sinne der Nummern 1 und 2 anzusehen, soweit der Unternehmer nicht anhand von Aufzeichnungen und Belegen das Gegenteil glaubhaft macht.

Hinweis auf EU-Vorschriften:[1]

UStG:	§ 1 Abs. 1 Nr. 1 S. 1	**MwStSystRL:**	Art. 2 Abs. 1 (a), (c)
	§ 1 Abs. 1 Nr. 1 S. 2		Art. 14 Abs. 2 (a), 25 (c)
	§ 1 Abs. 1 Nr. 4		Art. 2 Abs. 1 (d), 30

[1] Ein Unternehmer kann sich **unmittelbar auf eine EU-Richtlinie berufen,** wenn diese nicht fristgerecht oder nicht korrekt in nationales Recht umgesetzt worden und hinreichend klar ist. – Vorabentscheidungen des EuGH sind für die Verwaltung nur bindend, wenn dazu ein BMF-Schreiben ergeht oder das Urteil oder die Folgeentscheidung des BFH im BStBl. II veröffentlicht wird. Bis dahin ist weiterhin die Verwaltungsauffassung zu vertreten, AdV kann jedoch gewährt werden, Einspruchsverfahren ruhen. *Verfügung OFD Hannover S 7056 b – 3 – StO 351/S 7056 b – 1 – StH 441 v. 28. 7. 2004 (DStR S. 1654).*

Zum Umgang mit den **Leitlinien** des gem. Art. 398 MwStRL eingerichteten **Mehrwertsteuerausschusses** siehe *BMF v. 3. 1. 2014 (BStBl. I S. 67):* Die Leitlinien des Mehrwertsteuerausschusses haben keine rechtliche Bindungswirkung. Maßgeblich für die Rechtsanwendung sind das Umsatzsteuergesetz, die Umsatzsteuer-Durchführungsverordnung sowie die Regelungen im Umsatzsteuer-Anwendungserlass und anderen Verwaltungsanweisungen.

Zum Umgang mit **Veröffentlichungen der EU-Kommission** zur Anwendung des EU-Rechts auf dem Gebeit der Mehrwertsteuer siehe *BMF v. 17. 12. 2014 (BStBl. 2015 I S. 43):* Veröffentlichungen der EU-Kommission zur praktischen Anwendung des EU-Rechts auf dem Gebiet der Mehrwertsteuer haben keine rechtliche Bindungswirkung. Dies gilt sowohl für bereits vorliegende Veröffentlichungen als auch für künftige Veröffentlichungen der EU-Kommission. Maßgeblich für die Rechtsanwendung sind das Umsatzsteuergesetz, die Umsatzsteuer-Durchführungsverordnung sowie die Regelungen im Umsatzsteuer-Anwendungserlass und anderen Verwaltungsanweisungen.

Die unterlassene Vorlage des BFH für eine Vorabentscheidung des EuGH zur **Bestandskraft gemeinschaftsrechtswidriger belastender Verwaltungsakte** stellt keinen Entzug des gesetzlichen Richters i. S. von Art. 101 Abs. 1 Satz 2 GG dar. *BVerfG-Beschl. v. 4. 9. 2008, 2 BvR 1321/07 (DStRE 2009 S. 60).*

Keine Durchbrechung der Bestandskraft bei nachträglich erkanntem Verstoß gegen das Unionsrecht. *BFH-Urt. v. 16. 9. 2010, V R 57/09 (BStBl. 2011 II S. 151).*

§ 1 Abs. 1 Nr. 5	Art. 2 Abs. 1 (b), (i)
§ 1 Abs. 1 a	Art. 19, 29
§ 1 Abs. 2, Abs. 2 a	Art. 5–7
§ 1 Abs. 3	Art. 155–162

Übersicht Rz.

Zu § 1 UStG

UStAE 1.1

1.1 Leistungsaustausch

Allgemeines

11 (1) ① Ein Leistungsaustausch setzt voraus, dass Leistender und Leistungsempfänger vorhanden sind und der Leistung eine Gegenleistung (Entgelt) gegenübersteht. ② Für die Annahme eines Leistungsaustauschs müssen Leistung und Gegenleistung in einem wechselseitigen Zusammenhang stehen. ③ § 1 Abs. 1 Nr. 1 UStG setzt für den Leistungsaustausch einen unmittelbaren, nicht aber einen inneren (synallagmatischen) Zusammenhang zwischen Leistung und Entgelt voraus (BFH-Urteil vom 15. 4. 2010, V R 10/08, BStBl. II S. 879). ④ Bei Leistungen, zu deren Ausführung sich die Vertragsparteien in einem gegenseitigen Vertrag verpflichtet haben, liegt grundsätzlich ein Leistungsaustausch vor (BFH-Urteil vom 8. 11. 2007, V R 20/05, BStBl. 2009 II S. 483). ⑤ Auch wenn die Gegenleistung für die Leistung des Unternehmers nur im nichtunternehmerischen Bereich verwendbar ist (z. B. eine zugewendete Reise), kann sie Entgelt sein. ⑥ Der Annahme eines Leistungsaustauschs steht nicht entgegen, dass sich die Entgelterwartung nicht erfüllt, dass das Entgelt uneinbringlich wird oder dass es sich nachträglich mindert (vgl. BFH-Urteil vom 22.6. 1989, V R 37/84, BStBl. II S. 913). ⑦ Dies gilt regelmäßig auch bei – vorübergehenden – Liquiditätsschwierigkeiten des Entgeltschuldners (vgl. BFH-Urteil vom 16.3. 1993, XI R 52/90, BStBl. II S. 562). ⑧ Auch wenn eine Gegenleistung freiwillig erbracht wird, kann ein Leistungsaustausch vorliegen (vgl. BFH-Urteil vom 17. 2. 1972, V R 118/71, BStBl. II S. 405). ⑨ Leistung und Gegenleistung brauchen sich nicht gleichwertig gegenüberzustehen (vgl. BFH-Urteil vom 22.6. 1989, a. a. O.). ⑩ An einem Leistungsaustausch fehlt es in der Regel, wenn eine Gesellschaft Geldmittel nur erhält, damit sie in die Lage versetzt wird, sich in Erfüllung ihres Gesellschaftszwecks zu betätigen (vgl. BFH-Urteil vom 20. 4. 1988, X R 3/82, BStBl. II S. 792; vgl. auch Abschnitt 1.6).

12 (2) ① Zur Prüfung der Leistungsbeziehungen zwischen nahen Angehörigen, wenn der Leistungsempfänger die Leistung für Umsätze in Anspruch nimmt, die den Vorsteuerabzug nicht ausschließen, vgl. BFH-Urteil vom 15. 3. 1993, V R 109/89, BStBl. II S. 728. ② Zur rechtsmiss-

bräuchlichen Gestaltung nach § 42 AO bei „Vorschaltung" von Minderjährigen in den Erwerb und die Vermietung von Gegenständen vgl. BFH-Urteile vom 21. 11. 1991, V R 20/87, BStBl. 1992 II S. 446, und vom 4. 5. 1994, XI R 67/93, BStBl. II S. 829. ③ Ist der Leistungsempfänger ganz oder teilweise nicht zum Vorsteuerabzug berechtigt, ist der Missbrauch von rechtlichen Gestaltungsmöglichkeiten sowohl bei der „Vorschaltung" von Ehegatten als auch bei der „Vorschaltung" von Gesellschaften nach den Grundsätzen der BFH-Urteile vom 22. 10. 1992, V R 33/90, BStBl. 1993 II S. 210, vom 4. 5. 1994, a. a. O., und vom 18. 12. 1996, XI R 12/96, BStBl. 1997 II S. 374, zu prüfen. UStAE 1.1

(3) ① Der Leistungsaustausch umfasst alles, was Gegenstand eines Rechtsverkehrs sein kann. ② Leistungen im Rechtssinne unterliegen aber nur insoweit der Umsatzsteuer, als sie auch Leistungen im wirtschaftlichen Sinne sind, d.h. Leistungen, bei denen ein über die reine Entgeltentrichtung hinausgehendes eigenes wirtschaftliches Interesse des Entrichtenden verfolgt wird (vgl. BFH-Urteil vom 31. 7. 1969, V 94/65, BStBl. II S. 637). ③ Die bloße Entgeltentrichtung, insbesondere die Geldzahlung oder Überweisung, ist keine Leistung im wirtschaftlichen Sinne. ④ Das Anbieten von Leistungen (Leistungsbereitschaft) kann eine steuerbare Leistung sein, wenn dafür ein Entgelt gezahlt wird (vgl. BFH-Urteil vom 27. 8. 1970, V R 159/66, BStBl. 1971 II S. 6). ⑤ Unter welchen Voraussetzungen bei der Schuldübernahme eine Leistung im wirtschaftlichen Sinne anzunehmen ist vgl. die BFH-Urteile vom 18. 4. 1962, V 246/59 S, BStBl. III S. 292, und vom 31. 7. 1969, a. a. O. 13

(4) ① Ein Leistungsaustausch liegt nicht vor, wenn eine Lieferung rückgängig gemacht wird (Rückgabe). ② Ob eine nicht steuerbare Rückgabe oder eine steuerbare Rücklieferung vorliegt, ist aus der Sicht des ursprünglichen Lieferungsempfängers und nicht aus der Sicht des ursprünglichen Lieferers zu beurteilen (vgl. BFH-Urteile vom 27. 6. 1995, V R 27/94, BStBl. II S. 756, und vom 12. 11. 2008, XI R 46/07, BStBl. 2009 II S. 558). 14

(5) Zur Errichtung von Gebäuden auf fremdem Boden vgl. BMF-Schreiben vom 23. 7. 1986, BStBl. I S. 432,[1] zur umsatzsteuerrechtlichen Behandlung von Erschließungsmaßnahmen vgl. BMF-Schreiben vom 7. 6. 2012, BStBl. I S. 621,[1] und zu Kraftstofflieferungen im Kfz-Leasingbereich vgl. BMF-Schreiben vom 15. 6. 2004, BStBl. I S. 605. 14a

(5 a) Zur umsatzsteuerrechtlichen Behandlung von Bitcoin und anderen sog. virtuellen Währungen vgl. BMF-Schreiben vom 27. 2. 2018, BStBl. I S. 316.

(5 b) Zur umsatzsteuerrechtlichen Beurteilung des Verlegeranteils an den Einnahmen aus gesetzlichen Vergütungsansprüchen nach § 27 sowie §§ 54, 54 a und 54 c UrhG sowie aus urheberrechtlichen Nutzungsrechten vgl. BMF-Schreiben vom 14. 10. 2021, BStBl. I S. 2133. 14b

Beistellungen

(6) ① Bei der Abgrenzung zwischen steuerbarer Leistung und nicht steuerbarer Beistellung von Personal des Auftraggebers ist unter entsprechender Anwendung der Grundsätze der sog. Materialbeistellung (vgl. Abschnitt 3.8 Abs. 2 bis 4) darauf abzustellen, ob der Auftraggeber an den Auftragnehmer selbst eine Leistung (als Gegenleistung) bewirken oder nur zur Erbringung der Leistung durch den Auftragnehmer beitragen will. ② Soweit der Auftraggeber mit der Beistellung seines Personals an der Erbringung der bestellten Leistung mitwirkt, wird dadurch zugleich auch der Inhalt der gewollten Leistung näher bestimmt. ③ Ohne entsprechende Beistellung ist es Aufgabe des Auftragnehmers, sämtliche Mittel für die Leistungserbringung selbst zu beschaffen. ④ Daher sind Beistellungen nicht Bestandteil des Leistungsaustauschs, wenn sie nicht im Austausch für die gewollte Leistung aufgewendet werden (vgl. BFH-Urteil vom 15. 4. 2010, V R 10/08, BStBl. II S. 879). 15

(7) ① Eine nicht steuerbare Beistellung von Personal des Auftraggebers setzt voraus, dass das Personal nur im Rahmen der Leistung des Auftragnehmers für den Auftraggeber eingesetzt wird (vgl. BFH-Urteil vom 6. 12. 2007, V R 42/06, BStBl. 2009 II S. 493). ② Der Einsatz von Personal des Auftraggebers für Umsätze des Auftragnehmers an Drittkunden muss vertraglich und tatsächlich ausgeschlossen sein. ③ Der Auftragnehmer hat dies sicherzustellen und trägt hierfür die objektive Beweislast. ④ Die Entlohnung des überlassenen Personals muss weiterhin ausschließlich durch den Auftraggeber erfolgen. ⑤ Ihm allein muss auch grundsätzlich das Weisungsrecht obliegen. ⑥ Dies kann nur in dem Umfang eingeschränkt und auf den Auftragnehmer übertragen werden, soweit es zur Erbringung der Leistung erforderlich ist. 16

Beispiele für einen Leistungsaustausch

(8) ① Die Übernahme einer Baulast gegen ein Darlehen zu marktunüblich niedrigen Zinsen kann einen steuerbaren Umsatz darstellen (vgl. BFH-Beschluss vom 12. 11. 1987, V B 52/86, BStBl. 1988 II S. 156). ② Vereinbart der Bauherr einer Tiefgarage mit einer Gemeinde den Bau und die Zurverfügungstellung von Stellplätzen für die Allgemeinheit und erhält er dafür einen Geldbetrag, ist in der Durchführung dieses Vertrags ein Leistungsaustausch mit der Gemeinde zu sehen (vgl. BFH-Urteil vom 13. 11. 1997, V R 11/97, BStBl. 1998 II S. 169). 17

(8 a) Die Zustimmung zur vorzeitigen Auflösung eines Beratervertrages gegen „Schadensersatz" kann eine sonstige Leistung sein (BFH-Urteil vom 7. 7. 2005, V R 34/03, BStBl. 2007 II S. 66). 17a

---

[1] Anlage a und b zu A 1.1 UStAE.

UStAE 1.1

18 (9) ① Die geschäftsmäßige Ausgabe nicht börsengängiger sog. Optionen (Privatoptionen) auf Warenterminkontrakte gegen Zahlung einer Prämie ist eine steuerbare Leistung (BFH-Urteil vom 28. 11. 1985, V R 169/82, BStBl. 1986 II S. 160). ② Die entgeltliche Anlage und Verwaltung von Vermögenswerten ist grundsätzlich steuerbar. ③ Dies gilt auch dann, wenn sich der Unternehmer im Auftrag der Geldgeber treuhänderisch an einer Anlagegesellschaft beteiligt und deren Geschäfte führt (BFH-Urteil vom 29. 1. 1998, V R 67/96, BStBl. II S. 413).

19 (10) Zahlt ein Apotheker einem Hauseigentümer dafür etwas, dass dieser Praxisräume einem Arzt (mietweise oder unentgeltlich) überlässt, kann zwischen dem Apotheker und dem Hauseigentümer ein eigener Leistungsaustausch vorliegen (BFH-Urteile vom 20. 2. 1992, V R 107/87, BStBl. II S. 705, und vom 15. 10. 2009, XI R 82/07, BStBl. 2010 II S. 247).

20 (11) ① Die Freigabe eines Fußballvertragsspielers oder Lizenzspielers gegen Zahlung einer Ablöseentschädigung vollzieht sich im Rahmen eines Leistungsaustauschs zwischen abgebendem und aufnehmendem Verein (vgl. BFH-Urteil vom 31. 8. 1955, V 108/55 U, BStBl. III S. 333). ② Das gilt auch, wenn die Ablöseentschädigung für die Abwanderung eines Fußballspielers in das Ausland von dem ausländischen Verein gezahlt wird; zum Ort der Leistung in derartigen Fällen vgl. Abschnitt 3a.9 Abs. 2 Satz 4.

21 (12) ① Für die Frage, ob im Verhältnis zwischen Gesellschaft und Gesellschafter entgeltliche Leistungen vorliegen, gelten keine Besonderheiten, so dass es nur darauf ankommt, ob zwischen Leistenden und Leistungsempfänger ein Rechtsverhältnis besteht, das einen unmittelbaren Zusammenhang zwischen der Leistung und einem erhaltenen Gegenwert begründet (vgl. BFH-Urteile vom 6. 6. 2002, V R 43/01, BStBl. 2003 II S. 36, und vom 5. 12. 2007, V R 60/05, BStBl. 2009 II S. 486, und Abschnitt 1.6). ② Entgeltliche Geschäftsführungs- und Vertretungsleistungen sind unabhängig von der Rechtsform des Leistungsempfängers auch dann steuerbar, wenn es sich beim Leistenden um ein Organ des Leistungsempfängers handelt. ③ Geschäftsführungs- und Vertretungsleistungen, die ein Mitglied des Vereinsvorstands gegenüber dem Verein gegen Gewährung von Aufwendungsersatz erbringt, sind deshalb ebenso steuerbar wie die entgeltliche Tätigkeit eines Kassenarztes als Vorstandsmitglied einer kassenärztlichen Vereinigung (vgl. BFH-Urteil vom 14. 5. 2008, XI R 70/07, BStBl. II S. 912).

21a (13) ① Werden auf Grund des BauGB Betriebsverlagerungen vorgenommen, handelt es sich dabei um umsatzsteuerbare Leistungen des betreffenden Unternehmers an die Gemeinde oder den Sanierungsträger; das Entgelt für diese Leistungen besteht in den Entschädigungsleistungen. ② Reichen die normalen Entschädigungsleistungen nach dem BauGB nicht aus und werden zur anderweitigen Unterbringung eines von der städtebaulichen Sanierungsmaßnahme betroffenen gewerblichen Betriebs zusätzliche Sanierungsfördermittel in Form von Zuschüssen eingesetzt, sind sie als Teil des Entgelts für die oben bezeichnete Leistung des Unternehmers anzusehen.

21b (13a) Zur umsatzsteuerrechtlichen Behandlung des Staatsdrittels bei Maßnahmen nach §§ 3, 13 des EBKrG vgl. BMF-Schreiben vom 1. 2. 2013, BStBl. I S. 182.

21c (13b) Ein Unternehmer, der die Verpflichtung eines kommunalen Zweckverbands zur Versorgung der Bevölkerung mit Trinkwasser übernimmt und dafür einen vertraglichen Anspruch gegen den Zweckverband auf Weiterleistung von Fördermitteln erlangt, die dieser erhält, erbringt grundsätzlich eine steuerbare Leistung gegen Entgelt (vgl. BFH-Urteil vom 10. 8. 2016, XI R 41/14, BStBl. 2017 II S. 590).

Kein Leistungsaustausch

22 (14) Die Unterhaltung von Giro-, Bauspar- und Sparkonten stellt für sich allein keine Leistung im wirtschaftlichen Sinne dar (vgl. BFH-Urteil vom 1. 2. 1973, V R 2/70, BStBl. II S. 172).

23 (15) ① Eine Personengesellschaft erbringt bei der Aufnahme eines Gesellschafters gegen Bar- oder Sacheinlage an diesen keinen steuerbaren Umsatz (vgl. BFH-Urteil vom 1. 7. 2004, V R 32/00, BStBl. II S. 1022). ② Nicht steuerbar sind auch die Ausgabe von neuen Aktien zur Aufbringung von Kapital, die Aufnahme von atypisch stillen Gesellschaftern und die Ausgabe von nichtverbrieften Genussrechten, die ein Recht am Gewinn eines Unternehmens begründen.

23a (15a) Die Gewährung einer Mitgliedschaft in einem Verein, die eine Beitragspflicht auslöst, stellt keinen Umsatz dar (vgl. BFH-Urteil vom 12. 12. 2012, XI R 30/10, BStBl. 2013 II S. 348).

24 (16) ① Personalgestellungen und -überlassungen gegen Entgelt, auch gegen Aufwendungsersatz, erfolgen grundsätzlich im Rahmen eines Leistungsaustauschs. ② Jedoch liegt u. a in den folgenden Beispielsfällen bei der Freistellung von Arbeitnehmern durch den Unternehmer gegen Erstattung der Aufwendungen wie Lohnkosten, Sozialversicherungsbeiträge und dgl. mangels eines konkretisierbaren Leistungsempfängers kein Leistungsaustausch vor:

Freistellung

1. für Luftschutz- und Katastrophenschutzübungen;
2. für Sitzungen des Gemeinderats oder seiner Ausschüsse;
3. an das Deutsche Rote Kreuz, das Technische Hilfswerk, den Malteser Hilfsdienst, die Johanniter Unfallhilfe oder den Arbeiter Samariter Bund;
4. an die Feuerwehr für Zwecke der Ausbildung, zu Übungen und zu Einsätzen;

UStAE 1.1

5. für Wehrübungen;
6. zur Teilnahme an der Vollversammlung einer Handwerkskammer, an Konferenzen, Lehrgängen und dgl. einer Industriegewerkschaft, für eine Tätigkeit im Vorstand des Zentralverbands Deutscher Schornsteinfeger e. V., für die Durchführung der Gesellenprüfung im Schornsteinfegerhandwerk, zur Mitwirkung im Gesellenausschuss nach § 69 Abs. 4 HwO;
7. für Sitzungen der Vertreterversammlung und des Vorstands der Verwaltungsstellen der Bundesknappschaft;
8. für die ehrenamtliche Tätigkeit in den Selbstverwaltungsorganen der Allgemeinen Ortskrankenkassen, bei Innungskrankenkassen und ihren Verbänden;
9. als Heimleiter in Jugenderholungsheimen einer Industriegewerkschaft;
10. von Bergleuten für Untersuchungen durch das Berufsgenossenschaftliche Forschungsinstitut für Arbeitsmedizin;
11. für Kurse der Berufsgenossenschaft zur Unfallverhütung;
12. von Personal durch den Arbeitgeber an eine Betriebskrankenkasse gegen Personalkostenerstattung nach § 147 Abs. 2a SGB V;
13. für die Entsendung von Mitgliedern in die Arbeitsrechtliche Kommission des Diakonischen Werks und des Deutschen Caritasverbandes.

③ Dies gilt entsprechend für Fälle, in denen der Unternehmer zur Freistellung eines Arbeitnehmers für öffentliche oder gemeinnützige Zwecke nach einem Gesetz verpflichtet ist, soweit dieses Gesetz den Ersatz der insoweit entstandenen Lohn- und Lohnnebenkosten vorschreibt.

(17) ① Das Bestehen einer Gewinngemeinschaft (Gewinnpoolung) beinhaltet für sich allein noch keinen Leistungsaustausch zwischen den Beteiligten (vgl. BFH-Urteil vom 26. 7. 1973, V R 42/70, BStBl. II S. 766). ② Bei einer Innengesellschaft ist kein Leistungsaustausch zwischen Gesellschaftern und Innengesellschaft, sondern nur unter den Gesellschaftern denkbar (vgl. BFH-Urteil vom 27. 5. 1982, V R 110 und 111/81, BStBl. II S. 678). **25**

(18) ① Nach § 181 BauGB soll die Gemeinde bei der Durchführung des BauGB zur Vermeidung oder zum Ausgleich wirtschaftlicher Nachteile, die für den Betroffenen in seinen persönlichen Lebensumständen eine besondere Härte bedeuten, auf Antrag einen Geldausgleich im Billigkeitswege gewähren. ② Ein solcher Härteausgleich ist, wenn er einem Unternehmer gezahlt wird, nicht als Entgelt für eine steuerbare Leistung des Unternehmers gegenüber der Gemeinde anzusehen; es handelt sich vielmehr um eine nicht steuerbare Zuwendung. ③ Das Gleiche gilt, wenn dem Eigentümer eines Gebäudes ein Zuschuss gewährt wird **26**

1. für Modernisierungs- und Instandsetzungsmaßnahmen nach § 177 BauGB;
2. für Modernisierungs- und Instandsetzungsmaßnahmen im Sinne des § 177 BauGB, zu deren Durchführung sich der Eigentümer gegenüber der Gemeinde vertraglich verpflichtet hat;
3. für andere der Erhaltung, Erneuerung und funktionsgerechten Verwendung dienende Maßnahmen an einem Gebäude, das wegen seiner geschichtlichen, künstlerischen oder städtebaulichen Bedeutung erhalten bleiben soll, zu deren Durchführung sich der Eigentümer gegenüber der Gemeinde vertraglich verpflichtet hat;
4. ① für die Durchführung einer Ordnungsmaßnahme nach § 146 Abs. 3 BauGB, soweit der Zuschuss dem Grundstückseigentümer als Gebäude-Restwertentschädigung gezahlt wird. ② Werden im Rahmen der Maßnahme die beim Grundstückseigentümer anfallenden Abbruchkosten gesondert vergütet, sind diese Beträge Entgelt für eine steuerbare und steuerpflichtige Leistung des Grundstückseigentümers an die Gemeinde.

④ Voraussetzung ist, dass in den Fällen der Nummern 2 und 3 der Zuschuss aus Sanierungsförderungsmitteln zur Deckung der Kosten der Modernisierung und Instandsetzung nur insoweit gewährt wird, als diese Kosten nicht vom Eigentümer zu tragen sind.

(19) ① Der Übergang eines Grundstücks im Flurbereinigungsverfahren nach dem FlurbG und im Umlegungsverfahren nach dem BauGB unterliegt grundsätzlich nicht der Umsatzsteuer. ② In den Fällen der Unternehmensflurbereinigung (§§ 87 bis 89 FlurbG) ist die Bereitstellung von Flächen insoweit umsatzsteuerbar, als dafür eine Geldentschädigung gezahlt wird. ③ Ggf. kommt die Steuerbefreiung nach § 4 Nr. 9 Buchstabe a UStG in Betracht. **27**

(20) ① Die Teilnahme eines Händlers an einem Verkaufswettbewerb seines Lieferanten, dessen Gegenstand die vertriebenen Produkte sind, begründet regelmäßig keinen Leistungsaustausch (BFH-Urteil vom 9. 11. 1994, XI R 81/92, BStBl. 1995 II S. 277). ② Zur umsatzsteuerlichen Behandlung von Verkaufswettbewerben vgl. auch Abschnitte 10.1 und 10.3. **28**

(21) In den Fällen des Folgerechts beim Weiterverkauf des Originals eines Werks der bildenden Künste (vgl. § 26 UrhG) besteht zwischen dem Anspruchsberechtigten (Urheber bzw. Rechtsnachfolger) und dem Zahlungsverpflichteten (Veräußerer) auf Grund mangelnder vertraglicher Beziehungen kein Leistungsaustauschverhältnis. **29**

(22) ① Das Rechtsinstitut der „Fautfracht" (§ 415 Abs. 2 HGB) versteht sich als eine gesetzlich festgelegte, pauschale Kündigungsentschädigung, die weder Leistungsentgelt noch Schadensersatz ist. ② Entsprechendes gilt für andere vergleichbare pauschale Kündigungsentschädigungen wie **29a**

z. B. sog. Bereitstellungsentgelte, die ein Speditionsunternehmen erhält, wenn eine Zwangsräumung kurzfristig von dem Gerichtsvollzieher abgesagt wird (vgl. BFH-Urteil vom 30. 6. 2010, XI R 22/08, BStBl. II S. 1084).

30 (23) ① Weist der Empfänger von Zuwendungen aus einem Sponsoringvertrag auf Plakaten, in Veranstaltungshinweisen, in Ausstellungskatalogen, auf seiner Internetseite oder in anderer Weise auf die Unterstützung durch den Sponsor lediglich hin, erbringt er insoweit keine Leistung im Rahmen eines Leistungsaustausches. ② Dieser Hinweis kann unter Verwendung des Namens, Emblems oder Logos des Sponsors, jedoch ohne besondere Hervorhebung oder Verlinkung zu dessen Internetseiten, erfolgen. ③ Dies gilt auch, wenn der Sponsor auf seine Unterstützung in gleicher Art und Weise lediglich hinweist. ④ Dagegen ist von einer Leistung des Zuwendungsempfängers an den Sponsor auszugehen, wenn dem Sponsor das ausdrückliche Recht eingeräumt wird, die Sponsoringmaßnahme im Rahmen eigener Werbung zu vermarkten.

31 (24) ① Die Teilnahme an einem Wettbewerb (Pferderennen, Pokerturnieren, sportlichen Wettbewerben, Schönheitskonkurrenzen, Ausscheidungsspielen und Ähnlichem) stellt nur dann eine gegen Entgelt erbrachte Dienstleistung dar, wenn der Veranstalter für sie eine von der Platzierung unabhängige Vergütung zahlt (z. B. Antrittsgelder oder platzierungsunabhängige Preisgelder). ② Eine Staffelung der Vergütung ist insoweit unschädlich. ③ Platzierungsabhängige Preisgelder des Veranstalters stellen kein Entgelt für die Teilnahme an einem Wettbewerb dar, da sie nicht für die Teilnahme gezahlt werden, sondern für die Erzielung eines bestimmten Wettbewerbsergebnisses (vgl. EuGH-Urteil vom 10. 11. 2016, C-432/15, Batová, sowie BFH-Urteile vom 30. 8. 2017, XI R 37/14, BStBl. 2019 II S. 336, und vom 2. 8. 2018, V R 21/16, BStBl. 2019 II S. 339).

32 (25) Die sonstige Leistung der Veranstalter von Glücksspielen (Automatenaufsteller, Spielbankbetreiber etc.) besteht in der Zulassung zum Spiel gegen Gewinnchance; der Einsatz der Spieler steht im unmittelbaren Zusammenhang mit der Durchführung des Spiels und ist daher entgeltliche Gegenleistung für die Teilnahme.

LS zu 1.1

Abgrenzung **Rückgabe/Rücklieferung** vgl. A 1.1 Abs. 4, 17.1 Abs. 8 UStAE u. **LS zu 17.1** (Rz. 29).

Übernimmt die Deutsche Bundesbahn Baumaßnahmen im Sinne des **Eisenbahnkreuzungsgesetzes (EBKrG),** so sind die von anderen Bauträgern gezahlten Entgelte steuerbar. *Schreiben des BdF IV A/2 – S 7100 – 56/70 v. 1. 3. 71; StEK UStG aF § 1*
35 *Abs. 1 Ziff. 1 Nr. 4.* Beim sog. **Staatsdrittel** nach § 13 Abs. 1 EBKrG handelt es sich um kein Entgelt für eine Leistung an den Träger des Staatsdrittels (vgl. BFH vom 16.12. 2010 V R 16/10, BFH/NV 2011, 1028), sondern um einen echten, nicht steuerbaren Zuschuss. Dies gilt nach dem BMF-Schreiben vom 1. 2. 2013 (BStBl. I S. 182) für alle offenen Fälle.

Die kraft Gesetzes und gegen Zahlung einer Entschädigung erfolgte Übertragung des Eigentums an einer Immobilie eines Unternehmers auf den Fiskus eines Mitgliedstaats ist auch dann ein steuerbarer Umsatz, wenn die Leistung der Entschädigung nur in einer **internen Umbuchung** im Rahmen des Gemeindehaushalts besteht. ***EuGH-Urteil*** *v. 13. 6. 2018 C-665/16, Gemeinde Wrocław (MwStR S. 749).*

36 Die Lieferung von Waren (wie zB illegalen Drogen), deren Einführung in den Wirtschafts- und Handelskreislauf der Gemeinschaft bereits dem Grunde nach völlig ausgeschlossen ist und die nur Anlass zu Strafverfolgungsmaßnahmen geben kann, unterliegt nicht der Umsatzbesteuerung. Dies gilt nicht für die Vermittlung von Lieferungen illegaler Waren, bei denen der Handel in allen Mitgliedsstaaten einem vollständigen Verkehrsverbot unterliegt. *FM Mecklenburg-Vorpommern v. 9. 3. 2021 – S 7100-00000-2019/013 (DStR S. 992).*

37 Der **Verkauf von Ökopunkten** ist eine sonstige Leistung des Verkäufers an den Eingriffsverursacher. *OFD Frankfurt S 7100 A – 266 – St 110 v. 24. 4. 2013 (MwStR S. 354).*

38 **Gestellung von Personal** erfasst auch die Gestellung von selbständigem Personal. ***EuGH-Urteil.*** *v. 26. 1. 2012, C-218/10, ADV Allround-VermittlungsAG (DStRE S. 500).*

39 **Startpakete und Guthabenkarten im Mobilfunkbereich** vgl. *BMF-Schreiben vom 3. 12. 2001 (BStBl. I S. 1010).*

Bei der Abgabe von **Einzweckguthabenkarten (Monofunktionskarten)** handelt es sich um die Erbringung von Telekommunikationsdienstleistungen, die bereits mit der Abgabe der Telefonkarten ausgeführt werden (BMF vom 24. 9. 2012, BStBl. I S. 947). Für vor dem 1. 1. 2013 entgeltlich abgegebene Einzweckguthabenkarten wird es nicht beanstandet, wenn die Regelung des BMF-Schreibens vom 3. 12. 2001 (BStBl. I S. 1010) angewendet wird (vgl. § 13 Rz. 79).

40 Umsatzsteuerliche Beurteilung des **Emissionshandelssystems für Treibhausgase** (Treibhausgasemissionshandelsgesetz – TEHG). *BMF-Schreiben v. 2. 2. 2005 – IV A 5 – S 7100 – 16/05 (BStBl. I S. 494).*

Bei Pensionsgeschäften i. S. d. § 340 b HGB mit **Emissionsberechtigung** nach dem Treibhausgas-Emissionshandelsgesetz handelt es sich um eine sonstige Leistung i. S. d. § 3 Abs. 9 UStG – Verkauf und Rückkauf von Berechtigungen. *OFD Frankfurt S 7100 A – 257 – St 11 v. 19. 10. 2006.*

41 **Public-Private-Partnerships** (PPP) im **Bundesfernstraßenbau** (Fernstraßenbauprivatfinanzierungsgesetz; Errichtung/Erhalt von Strecken nach dem **ABMG;**[1] **Mauterhebung** nach dem ABMG[1]). *BMF-Schreiben v. 3. 2. 2005 – IV A 5 – S 7100 – 15/05 (BStBl. I S. 414).*

42 **Verkaufswettbewerbe** für Händler mit Preisvergabe. *OFD Frankfurt S 7109 A – 14 – St 110 v. 2. 9. 2015 (MwStR S. 880).*

Gibt ein Unternehmer einen **Gutschein** in Umlauf, der dessen Besitzer berechtigt, eine Leistung des Unternehmers kostenlos in Anspruch zu nehmen, liegt in der Regel kein entgeltlicher Leistungsaustausch vor. *BFH-Urteil v. 19. 11. 2014 V R 55/13 (BStBl. II S. 944). – Anm. d. Red.:* Ab 2019 siehe § 3 Abs. 13 bis 15 und A 3.17.

43 Führt ein Verein ua für Langzeitarbeitslose **Arbeitsförderungs-, Qualifizierungs- und Weiterbildungsmaßnahmen** durch, die durch Zahlungen eines Landkreises, eines Bundeslandes bzw. der Bundesagentur für Arbeit finanziert werden, handelt es sich um umsatzsteuerbare Leistungen des Vereins, wenn dessen Leistungen derart mit den Zahlungen verknüpft sind, dass sie sich auf die Erlangung der Zahlungen richten. *BFH-Urteil v. 22. 4. 2015 XI R 10/14 (BStBl. II S. 862).*

44 Zur umsatzsteuerlichen Behandlung von Warentermingeschäften, insb. Beurteilung der **Warenterminbörse für den Agrarhandel** in Hannover vgl. *OFD Frankfurt/M. v. 28. 1. 2015 S 7100 A – 141 – St 110 (MwStR S. 910).*

45 Bei Zahlungen an **Verkehrsunternehmen** trotz Schulschließungen während der **Corona-Krise** liegt kein steuerbarer Leistungsaustausch vor. *FM Schleswig-Holstein v. 27. 4. 2020 VI 3510 – S 7100 – 754 (MwStR S. 512).*

46 Bei einem sog. **echten Erlöspool** liegt kein steuerbarer Leistungsaustausch vor. *FG Niedersachsen v. 1. 10. 2020 11 K 185/19, rkr. (MwStR 2021 S. 166).*

---

[1] ABMG aufgehoben mWv 19. 7. 2011 durch Art. 6 Nr. 1 G v. 12. 7. 2011 (BGBl. I S. 1378); vgl. jetzt BFStrMG.

Der *BFH (Beschl. vom 27. 7. 2021 V R 40/20, DStR S. 2731)* hat dem EuGH eine Frage zur Bedeutung von Art. 2 Abs. 1 Buchst. c MwStSystRL in der Auslegung durch das EuGH-Urteil Bastová zur Vorabentscheidung vorgelegt: Ob der Inhaber eines Ausbildungsstalls für Turnierpferde an den Pferdeeigentümer eine einheitliche Leistung, die aus Unterbringung, Training und Turnierteilnahme von Pferden besteht, auch insoweit gegen Entgelt erbringt, als der Pferdeeigentümer diese Leistung durch hälftige Abtretung des ihm bei einer erfolgreichen **Turnierteilnahme** zustehenden Anspruchs auf Preisgeld vergütet. – Der ***EuGH*** hat dies mit ***Urteil vom 9. 2. 2023*** C-713/21 A/FAX (DStR S. 401) bejaht. **47**

Anl a zu 1.1

a) Schreiben betr. umsatzsteuerliche Fragen bei der Errichtung von Gebäuden auf fremdem Boden

Vom 23. Juli 1986 (BStBl. I S. 432)

(BMF IV A 2 – S 7100 – 76/86)

Inhaltsverzeichnis

Unter Bezugnahme auf das Ergebnis der Erörterungen mit den obersten Finanzbehörden der Länder gilt beim Bauen auf fremdem Boden folgendes:

A. Vorbemerkung

Bauen auf fremdem Boden liegt vor, wenn der Besteller einer Baumaßnahme auf dem nicht in seinem oder nicht in seinem alleinigen Eigentum stehenden Grundstück ein Bauwerk errichtet. **50** Unter Bauwerk sind Gebäude, Gebäudeteile und Baumaßnahmen wie Um-, Aus- oder Einbauten an einem bestehenden Gebäude zu verstehen. Voraussetzung ist, daß der Besteller nicht Vermittler im umsatzsteuerlichen Sinne ist. Für die Frage des Leistungsaustausches, der Steuerbefreiung und des Vorsteuerabzugs ist zu prüfen, ob eine Leistung des bauausführenden Unternehmers an den Besteller, gegebenenfalls eine weitere Leistung des Bestellers an den Grundstückseigentümer oder eine unmittelbare Leistung des bauausführenden Unternehmers an den Grundstückseigentümer vorliegt.

B. Umsätze an den Besteller

Wird auf einem Grundstück ein Bauwerk errichtet, so ist Leistungsempfänger einer Werklieferung **51** (§ 3 Abs. 4 UStG) derjenige, dem die Verfügungsmacht daran verschafft worden ist. Dabei kommt es nicht darauf an, wer bürgerlich-rechtlicher oder wirtschaftlicher Eigentümer des Grundstücks ist. Eine Lieferung an den Grundstückseigentümer liegt nicht schon deshalb vor, weil er das Eigentum am Gebäude oder an dem sonstigen Gegenstand der Werklieferung kraft der zivilrechtlichen Vorschriften (§§ 946, 94 BGB) erlangt hat (BFH-Urteil vom 6. Dezember 1979, BStBl. 1980 II S. 279). Leistungsempfänger im Sinne von § 3 Abs. 1 UStG ist vielmehr der Besteller, der die den Leistungen zugrundeliegenden Aufträge im eigenen Namen erteilt hat und auch zivilrechtlich Vertragspartner geworden ist (BFH-Beschluß vom 13. September 1984, BStBl. 1985 II S. 21). Ein Anhaltspunkt hierfür kann sein, daß die Rechnung auf ihn ausgestellt ist. Dies gilt grundsätzlich auch dann, wenn der Besteller Miteigen-

Anl a zu 1.1

tümer am Grundstück ist. Der Besteller erlangt die Verfügungsmacht mit der Übergabe des fertiggestellten Bauwerks (vgl. BFH-Urteil vom 26. Februar 1976, BStBl. 1976 II S. 309).

C. Lieferung durch den Besteller an den Grundstückseigentümer

52 Ist dem Besteller die Verfügungsmacht an dem auf fremdem Boden errichteten Bauwerk verschafft worden, so ist zu prüfen, ob und gegebenenfalls wann er es an den Grundstückseigentümer (oder an die Gemeinschaft der Eigentümer) weiterliefert und ob die Weiterlieferung unter das Grunderwerbsteuergesetz fällt.

I. Voraussetzungen für die Lieferung im einzelnen

1. Verschaffung der Verfügungsmacht

53 Voraussetzung für eine Lieferung ist, daß der Besteller der Baumaßnahme dem Grundstückseigentümer die Verfügungsmacht daran verschafft (§ 3 Abs. 1 UStG). Hierzu ist erforderlich, daß nach dem Willen der Beteiligten der Besteller die Verfügungsmacht verliert und er zugleich dem Grundstückseigentümer Substanz, Wert und Ertrag des Bauwerks zuwendet. Das bedeutet, daß der Eigentümer die volle körperliche und wirtschaftliche Sachherrschaft über das Bauwerk erhält, die zu einer uneingeschränkten Verfügungsberechtigung über diese wirtschaftliche Substanz führt (vgl. BGH-Urteil vom 6. Dezember 1979 a. a. O.). Dies ist regelmäßig der Fall, wenn der Grundstückseigentümer als Vermieter mit dem Besteller als Mieter auch für die hinzugekommenen Teile, nicht nur für die Überlassung des Bodens, eine Miete vereinbart hat (s. Beispiel 1).

2. Gesetzlicher Eigentumsübergang

54 Wächst dem Grundstückseigentümer das Eigentum am Bauwerk nach §§ 946 und 94 BGB zu, so ist darin nicht zwangsläufig eine Lieferung durch den Besteller an den Grundstückseigentümer zu sehen (vgl. BFH-Urteil vom 26. Februar 1976 a. a. O., entgegen BFH-Urteil vom 24. Juli 1969, BStBl. 1970 II S. 71).

3. Scheinbestandteile

55 Eine Lieferung durch den Besteller an den Grundstückseigentümer scheidet aus, wenn der Besteller zivilrechtlicher Eigentümer des errichteten Bauwerks bleibt, weil es nur zu einem vorübergehenden Zweck mit dem Grundstück verbunden wird (§ 95 Abs. 1 BGB), der Besteller also nicht die Absicht hat, dem Grundstückseigentümer das Bauwerk nach Beendigung des Mietvertrags zu überlassen (BFH-Urteil vom 15. September 1977, BStBl. 1977 II S. 886; s. Beispiel 2).

4. Wirtschaftliches Eigentum

56 Ein Übergang der Verfügungsmacht ist auch dann nicht anzunehmen, wenn der Besteller wirtschaftlicher Eigentümer (§ 39 Abs. 2 AO) des Bauwerks ist, d. h. wenn er auf Dauer die wirtschaftliche Verfügungsmacht und die Sachherrschaft unter Ausschluß des Eigentümers hat (vgl. BFH-Urteil vom 26. Januar 1978, BStBl. 1978 II S. 280, s. Beispiel 3). Allein aus dem Einverständnis des Grundstückseigentümers mit der Baumaßnahme kann eine Weiterlieferung an ihn nicht hergeleitet werden. Wird der Grundstückseigentümer durch die Baumaßnahme nicht nur zivilrechtlicher, sondern auch wirtschaftlicher Eigentümer des Bauwerks, so kann die Verfügungsmacht gleichwohl zunächst beim Besteller verbleiben. Das ist der Fall, wenn der Besteller wirtschaftliches Eigentum nur deshalb nicht erwirbt, weil seine volle körperliche und wirtschaftliche Sachherrschaft über das Bauwerk nicht auf Dauer, sondern zeitlich beschränkt besteht (s. Beispiel 4).

II. Zeitpunkt der Lieferung

1. Sofortige Weiterlieferung

57 Eine Lieferung des Bauwerks durch den Besteller an den Grundstückseigentümer liegt erst dann und zu dem Zeitpunkt vor, in dem von den Beteiligten gewollt Substanz, Wert und Ertrag des Bauwerks auf den Grundstückseigentümer übergehen. Wenn der Grundstückseigentümer dem Besteller die Herstellungskosten des Bauwerks ersetzt und ihm mit Fertigstellung und Ingebrauchnahme hierfür eine Miete berechnet, so liegt unmittelbar mit der Lieferung des Bauwerks an den Besteller eine Weiterlieferung des Bauwerks durch den Besteller an den Grundstückseigentümer vor (s. Beispiel 1).

2. Weiterlieferung nach Ablauf des Miet- oder Pachtvertrages

58 Nutzt dagegen der Besteller der Baumaßnahme das auf eigene Kosten errichtete Bauwerk für sein Unternehmen, ohne hierfür eine Miete oder Pacht zu bezahlen, so wird die Übertragung in ihrem wirtschaftlichen Gehalt regelmäßig erst nach Ablauf des Miet- oder Pachtvertrages für den Boden erfolgen (s. Beispiele 4 und 5). Während dessen Dauer jedenfalls ist der zivilrechtliche Eigentümer davon ausgeschlossen, das Bauwerk zu nutzen und dessen Früchte zu ziehen. Die rechtliche Möglichkeit, den Boden samt aufstehenden Gebäuden zu jeder Zeit zu veräußern, ändert hieran nichts (BFH-Urteil vom 6. Dezember 1979 a. a. O.).

3. Anzahlungen für eine spätere Weiterlieferung

59 Verbleibt die Verfügungsmacht an dem Bauwerk zunächst beim Besteller, übernimmt jedoch der Grundstückseigentümer gegenüber dem Besteller des Bauwerks teilweise die Kosten für dessen Errichtung (z. B. durch Barzahlung, Schuldübernahme oder durch Mietverzicht für den Boden), so handelt es sich um eine Anzahlung für die spätere Weiterlieferung des Bauwerks an den Grundstückseigentümer. Die

Weiterlieferung erfolgt dann zum Zeitpunkt der tatsächlichen Beendigung des Mietverhältnisses (s. Beispiel 6).

III. Teile eines Bauwerks

(1) Eine Lieferung kann umsatzsteuerrechtlich auch dann vorliegen, wenn der an den Eigentümer übertragene Bestandteil eines Bauwerks zivilrechtlich nicht Gegenstand besonderer Rechte sein kann (vgl. BFH-Urteil vom 26. Februar 1976 a. a. O.). Diese Verfügungsmacht kann deshalb – unabhängig von der zivilrechtlichen Beurteilung – an wirtschaftlich abgrenzbaren Teilen eines Bauwerks übertragen werden. Dazu gehören räumlich abgegrenzte Teile eines Bauwerks (Stockwerk oder Wohnung eines Gebäudes). Dagegen sind wirtschaftlich nicht abgrenzbare Teile eines Bauwerks (z. B. die einzelnen Heizkörper einer einheitlichen Heizungsanlage) nicht selbständig lieferungsfähig. Ob die Heizungsanlage **insgesamt** in der Verfügungsmacht des Bestellers verbleibt oder an den Eigentümer weitergeliefert wird, richtet sich nach Abschnitt C I Nr. 1. **60**

(2) Daraus ergibt sich, daß die Verfügungsmacht lediglich an einem Teil des Bauwerks vom Besteller auf den Grundstückseigentümer weiter übertragen werden kann, während der übrige Teil des Bauwerks in der Verfügungsmacht des Bestellers verbleibt (s. Beispiel 7).

D. Bauen auf Grundstücken von Gesellschaftern oder Gesellschaften

Die vorstehend dargestellten Grundsätze gelten auch, wenn **61**
- eine Gesellschaft auf einem Grundstück, das im Eigentum eines oder mehrerer ihrer Gesellschafter steht,

  oder
- ein Gesellschafter auf einem Grundstück, das im Eigentum der Gesellschaft steht,

ein Bauwerk errichtet. Wird ein Bauwerk ganz oder teilweise vom Besteller an den Grundstückseigentümer weitergeliefert und hierfür kein Entgelt aufgewendet, so ist *§ 1 Abs. 1 Nr. 2 Buchst. a und Nr. 3* UStG zu beachten (s. Beispiel 8).

E. Bauen auf Grundstücken von Ehegatten

I. Allgemeines

(1) Die vorstehend dargestellten Grundsätze gelten auch für den Fall, daß ein unternehmerisch tätiger Ehegatte auf einem Grundstück, das im Eigentum des anderen Ehegatten oder im Miteigentum beider Ehegatten steht, ein Bauwerk errichtet. Haben die Ehegatten keine Vereinbarungen getroffen, die die Rechtsbeziehungen hinsichtlich der Nutzung des Bodens und des Gebäudes zivilrechtlich eindeutig klarstellen, ist auf die mutmaßlichen Vorstellungen der Ehegatten abzustellen, wie sie in den tatsächlichen Verhältnissen zum Ausdruck kommen. Leistungsempfänger der Werklieferung des Bauunternehmers ist derjenige, der gegenüber dem Bauunternehmer im eigenen Namen als Besteller des Bauwerks aufgetreten ist (vgl. Abschnitt B). **62**

(2) Ist nach den tatsächlichen Verhältnissen der Ehegatte, der nicht alleiniger Grundstückseigentümer ist, als Besteller anzusehen, so stellt sich die Frage, ob er das Bauwerk an den anderen Ehegatten oder die Ehegattengemeinschaft weitergeliefert hat.

II. Weiterlieferung bei Zahlungen des Eigentümers

(1) Leistet der Grundstückseigentümer an den bestellenden Ehegatten im Zusammenhang mit der Baumaßnahme eine Zahlung, so kann eine Weiterlieferung vorliegen. Eine sofortige Weiterlieferung ist anzunehmen, wenn der zahlende Grundstückseigentümer das Bauwerk ganz oder teilweise im Anschluß an die Errichtung für eigene Zwecke nutzt (z. B. durch Vermietung an einen Ehegatten oder einen Dritten oder für private Wohnzwecke). Ist nicht nachweisbar, daß die Zahlung durch den Grundstückseigentümer geleistet wurde, um hierfür das Bauwerk als Gegenleistung zu erhalten, so ist eine steuerbare Weiterlieferung nicht anzunehmen; es handelt sich vielmehr um eine Zahlung aus nichtunternehmerischen (familiären) Gründen (s. Beispiele 9 und 10).

(2) In den Fällen, in denen der Grundstückseigentümer an den bestellenden Ehegatten eine Zahlung für die Lieferung leistet, ist die Mindestbemessungsgrundlage des § 10 Abs. 5 UStG zu beachten.

III. Keine steuerbare Weiterlieferung, wenn Eigentümer keine Zahlung leistet

(1) Nutzt der Grundstückseigentümer das Bauwerk ganz oder teilweise für eigene Zwecke (z. B. durch Vermietung an Dritte oder für eigene Wohnzwecke), ohne daß er eine Zahlung an den bestellenden Ehegatten leistet, so liegt keine steuerbare Weiterlieferung durch den Besteller an den Grundstückseigentümer vor. In diesen Fällen ist davon auszugehen, daß die Werklieferung der Bauhandwerker insoweit unmittelbar in den nichtunternehmerischen Bereich des bestellenden Ehegatten eingegangen und von dort an den Grundstückseigentümer weitergeliefert worden ist (s. Beispiel 11). Daher kommt es auch nicht zu einem *Eigenverbrauch gem. § 1 Abs. 1 Nr. 2 Buchst. a* UStG.

(2) Leistet der Grundstückseigentümer an den bestellenden Ehegatten keine Zahlung, so liegt eine steuerbare Weiterlieferung auch dann nicht vor, wenn der Grundstückseigentümer mit dem bestellenden Ehegatten einen Mietvertrag über das Bauwerk abschließt. Ein *Eigenverbrauch nach § 1 Abs. 1 Nr. 2 Buchst. a* UStG kommt in diesem Fall nicht in Betracht, weil das Bauwerk den unternehmerischen Bereich des bestellenden Ehegatten nicht verlassen hat (vgl. BFH-Urteil vom 26. Februar 1976 a. a. O.).

Anl a zu 1.1

F. Steuerfreiheit

I. Keine Steuerfreiheit bei sofortiger Weiterlieferung

63 Die Weiterlieferung des Bauwerks gegen Entgelt ist als Werklieferung steuerpflichtig, wenn sie unmittelbar nach seiner Erstellung erfolgt. Es handelt sich nicht um einen Erwerbsvorgang im Sinne des Grunderwerbsteuergesetzes; die Steuerbefreiung nach § 4 Nr. 9 Buchst. a UStG greift deshalb nicht ein (s. Beispiele 1 und 7).

II. Steuerbefreiung der Weiterlieferung nach Ablauf der Miet- oder Pachtzeit

Wird dem Grundstückseigentümer die Verfügungsmacht an dem Bauwerk erst später verschafft (z. B. bei Beendigung des Mietverhältnisses), so ist diese Lieferung steuerfrei nach § 4 Nr. 9 Buchst. a UStG, sofern sie als Übertragung eines Gebäudes auf fremdem Boden nach § 2 Abs. 2 Nr. 2 in Verbindung mit § 1 Abs. 1 oder 2 GrEStG der Grunderwerbsteuer unterliegt (s. dazu Beispiele 4 und 6).

G. Vorsteuerabzug

I. Vorsteuerabzug beim Besteller

1. Allgemeines

64 Dem Besteller der Baumaßnahme steht unter den Voraussetzungen des § 15 UStG der Abzug der ihm für die Baumaßnahme in Rechnung gestellten Umsatzsteuer als Vorsteuer zu,

a) wenn er das Bauwerk sofort weiterliefert und damit eine steuerpflichtige Werklieferung bewirkt (vgl. Abschnitt F I)
oder

b) wenn er die Verfügungsmacht an dem Bauwerk behält und das Bauwerk in seinem Unternehmen zur Ausführung von Umsätzen verwendet, die den Vorsteuerabzug nicht ausschließen. Dient das Bauwerk auch zur Ausführung von Umsätzen, die den Vorsteuerabzug ausschließen (§ 15 Abs. 2 und 3 UStG), so kommt nur ein anteiliger Vorsteuerabzug in Betracht (§ 15 Abs. 4 und 5 UStG).

Liefert der Besteller das Bauwerk später an den Grundstückseigentümer weiter (vgl. Abschnitt C II), so ist § 15 a UStG zu beachten. Der Vorsteuerabzug ist z. B. nach § 15 a UStG zu berichtigen, wenn die Weiterlieferung gemäß § 4 Nr. 9 Buchst. a UStG steuerfrei ist (vgl. Abschnitt F II) und das Bauwerk vorher vom Besteller ganz oder teilweise zur Ausführung von Umsätzen verwendet wurde, die zum Vorsteuerabzug berechtigen.

2. Vorsteuerabzug bei der Weiterlieferung von Teilen eines Bauwerks

65 Liefert der Besteller eines Bauwerks einen wirtschaftlich abgrenzbaren Teil des Gebäudes sofort an den Grundstückseigentümer weiter, während das Bauwerk im übrigen in seinem Unternehmen verbleibt, so ist die dem Besteller für das an ihn gelieferte Bauwerk insgesamt in Rechnung gestellte Umsatzsteuer aufzuteilen und dem jeweiligen Gebäudeteil als selbständigem Gegenstand zuzuordnen. Als Vorsteuer abziehbar ist nur die Steuer, die auf den sofort weitergelieferten Gebäudeteil entfällt, sowie die Steuer, die auf den im Unternehmen des Bestellers verbleibenden Gebäudeteil entfällt, soweit er nicht zur Ausführung von Umsätzen verwendet wird, die den Vorsteuerabzug ausschließen (§ 15 Abs. 2 und 3 UStG).

II. Vorsteuerabzug des Grundstückseigentümers

66 Wird die Verfügungsmacht an dem Bauwerk oder einem Teil des Bauwerks vom Besteller im Rahmen seines Unternehmens auf den Grundstückseigentümer übertragen, so ist der Grundstückseigentümer unter den Voraussetzungen des § 15 UStG insoweit zum Abzug der ihm in Rechnung gestellten Umsatzsteuer als Vorsteuer berechtigt, als er das Bauwerk oder den Teil des Bauwerks im Rahmen seines Unternehmens für Umsätze verwendet, die den Vorsteuerabzug nicht ausschließen (§ 15 Abs. 2 und 3 UStG). Wegen der Rechnungserteilung vgl. Abschnitte [14.1 Abs. 5, 14 c.2 und 15.2 Abs. 18 UStAE].

III. Spätere Überführung in den Unternehmensbereich

67 Soweit der Besteller oder der Grundstückseigentümer einen Teil des Bauwerks zunächst für nichtunternehmerische Zwecke verwendet, kann ein Vorsteuerabzug nicht in Anspruch genommen werden. Wird dieser Teil später einer unternehmerischen Nutzung zugeführt, ist eine Berichtigung des Vorsteuerabzugs nach § 15 a UStG nicht möglich.

H. Beispiele

68 **Beispiel – Übergang des zivilrechtlichen Eigentums und sofortige Verschaffung der Verfügungsmacht –**

(1) E (Grundstückeigentümer) vermietet ein Grundstück für 15 Jahre an den Unternehmer B (Besteller). B läßt auf dem Grundstück durch den Unternehmer U eine Lagerhalle für Zwecke seines Unternehmens errichten. Die betriebsgewöhnliche Nutzungsdauer der Lagerhalle beträgt 30 Jahre. Nach den Vereinbarungen **ersetzt E dem B die Kosten** für das von B im eigenen Namen errichtete Gebäude. Für die Nutzung des Gebäudes zahlt B an E eine angemessene Miete.

(2) B ist Empfänger der Werklieferung des U. B ist unter den Voraussetzungen des § 15 UStG zum Abzug der ihm in Rechnung gestellten Umsatzsteuer als Vorsteuer berechtigt.

(3) B liefert die Lagerhalle im Zeitpunkt der Fertigstellung an E weiter. E wird nicht nur nach §§ 946, 94 BGB Eigentümer, sondern erlangt nach dem Willen der Beteiligten auch die Verfügungsmacht an der Lagerhalle. Es liegt daher

eine entgeltliche Lieferung der Lagerhalle vor. Gegenleistung des E für die Lieferung der Lagerhalle ist die Übernahme der Baukosten. Die Lieferung ist steuerpflichtig, da der Vorgang nicht unter das Grunderwerbsteuergesetz fällt.

Anl a zu 1.1

noch **68**

(4) E kann die ihm von B für die Weiterlieferung in Rechnung gestellte Umsatzsteuer unter den Voraussetzungen des § 15 UStG als Vorsteuer abziehen. Hierzu ist u. a. erforderlich, daß er für die Vermietung der Lagerhalle an B nach § 9 UStG auf die Steuerbefreiung des § 4 Nr. 12 Buchst. a UStG verzichtet.

Beispiel 2 – Verbindung zu einem vorübergehenden Zweck (Scheinbestandteile) –

(1) E vermietet ein unbebautes Grundstück an den Unternehmer B. Der Mietvertrag ist auf 10 Jahre abgeschlossen. Es wird eine angemessene Miete gezahlt. B läßt auf dem Grundstück vom Bauunternehmer U auf eigene Kosten eine Lagerhalle für Zwecke seines Unternehmens errichten. Die betriebsgewöhnliche Nutzungsdauer der Lagerhalle beträgt 15 Jahre. B hat sich gegenüber E verpflichtet, nach Beendigung des Mietvertrages **die Lagerhalle abzubrechen.** Zweifel an der Ernsthaftigkeit der Abbruchsverpflichtung bestehen nicht.

(2) B ist Empfänger der Werklieferung des U. Er ist unter den Voraussetzungen des § 15 UStG zum Abzug der ihm in Rechnung gestellten Umsatzsteuer als Vorsteuer berechtigt.

(3) Eine Lieferung der Lagerhalle von B an E liegt nicht vor. B ist bürgerlich-rechtlich Eigentümer der Lagerhalle (§ 95 BGB), weil die Lagerhalle nach dem Willen der Parteien nur zu einem vorübergehenden Zweck mit dem Grundstück verbunden worden ist.

Beispiel 3 – Auseinanderfallen von zivilrechtlichem und wirtschaftlichem Eigentum –

(1) E vermietet ein unbebautes Grundstück an den Unternehmer B. Der Mietvertrag ist auf 30 Jahre abgeschlossen. Es wird eine angemessene Miete gezahlt. B läßt auf dem Grundstück durch den Bauunternehmer U auf eigene Kosten eine Lagerhalle für Zwecke seines Unternehmens errichten. Die **betriebsgewöhnliche Nutzungsdauer des Gebäudes entspricht der Dauer des Mietvertrages.** Nach Ablauf des Mietvertrages fällt die Lagerhalle vereinbarungsgemäß entschädigungslos E zu.

(2) B ist Empfänger der Werklieferung des U. Er ist unter den Voraussetzungen des § 15 UStG zum Abzug der ihm in Rechnung gestellten Umsatzsteuer als Vorsteuer berechtigt.

(3) E ist zivilrechtlich Eigentümer der Lagerhalle geworden (§§ 946, 94 BGB). Die Lagerhalle ist nach dem Willen der Parteien nicht nur zu einem vorübergehenden Zweck (§ 95 BGB) mit dem Grundstück verbunden worden.

(4) B kann jedoch nach wirtschaftlicher Betrachtungsweise den E, obwohl dieser bürgerlich-rechtlich Eigentümer geworden ist, auf Dauer von der Einwirkung auf das Gebäude ausschließen. B ist wirtschaftlicher Eigentümer (§ 39 Abs. 2 Nr. 1 AO) der Lagerhalle. Der entschädigungslose Übergang der Verfügungsmacht an der Lagerhalle nach Ablauf des Mietvertrages ist nicht umsatzsteuerbar, unterliegt jedoch der Grunderwerbsteuer (§ 8 Abs. 2 Nr. 1 in Verbindung mit § 10 GrEStG). Hiermit zusammenhängende Vorsteuern sind gemäß § 15 Abs. 2 Nr. 3 UStG vom Vorsteuerabzug ausgeschlossen.

Beispiel 4 – Übergang des zivilrechtlichen einschließlich des wirtschaftlichen Eigentums und spätere Verschaffung der Verfügungsmacht –

(1) E vermietet ein unbebautes Grundstück an den Unternehmer B. Der Mietvertrag ist auf 10 Jahre abgeschlossen. Es wird eine angemessene Miete gezahlt. Unmittelbar nach der Anmietung läßt B auf dem Grundstück durch den Bauunternehmer U auf eigene Kosten für Zwecke seines Unternehmens eine Lagerhalle errichten, deren betriebsgewöhnliche Nutzungsdauer 30 Jahre beträgt. E beteiligt sich nicht an den Baukosten. Nach den Vereinbarungen kann E nach Ablauf der Mietzeit wählen, ob er gegen Entschädigung die Lagerhalle übernimmt oder ob er deren Beseitigung verlangt. Die Beteiligten heben nach acht Jahren das Mietverhältnis auf. **E übernimmt die Lagerhalle und entschädigt B.**

(2) B ist Empfänger der Werklieferung des U. B ist unter den Voraussetzungen des § 15 UStG zum Abzug der ihm in Rechnung gestellten Umsatzsteuer als Vorsteuer berechtigt. Eine Weiterlieferung der Lagerhalle findet zunächst nicht statt.

(3) Die Lagerhalle ist nicht nur zu vorübergehenden Zwecken (§ 95 BGB) mit dem Grundstück verbunden worden, weil das Interesse des B von vornherein darauf gerichtet sein mußte, daß E die Lagerhalle nach Ablauf des Mietvertrages gegen Zahlung einer Entschädigung übernimmt. Die entsprechende Vereinbarung steht wegen des noch vorhandenen Restwertes der Halle im Zeitpunkt der ursprünglich vorgesehenen Beendigung des Mietvertrages auch mit den tatsächlichen Umständen im Einklang. E hat demnach bereits mit der Errichtung nach §§ 946, 94 BGB bürgerlichrechtlich das Eigentum an der Lagerhalle erlangt.

(4) E ist auch wirtschaftlicher Eigentümer der Lagerhalle, da B ihn nicht auf Dauer von der Einwirkung auf das Gebäude ausschließen kann, sondern nur für die Dauer des Mietvertrages, nach dessen Ablauf – ursprünglich nach 10 Jahren – der Herausgabeanspruch des E noch einen wirtschaftlichen Wert hat.

(5) Trotzdem wird E die Verfügungsmacht erst nach acht Jahren verschafft, wenn die Beteiligten die Lagerhalle zum Gegenstand einer Leistungsvereinbarung machen und sie damit dem E zugewendet wird. Erst von da an ist E auch in der Lage, die volle Sachherrschaft über die Halle auszuüben. Während der Mietzeit bleibt der wirtschaftliche Gehalt des Gebäudes ausschließlich bei B. Ihm stehen solange Nutzung und Ertrag zu. Die Lieferung nach acht Jahren unterliegt der Grunderwerbsteuer und ist daher nach § 4 Nr. 9 Buchst. a UStG von der Umsatzsteuer befreit. Da die Veräußerung innerhalb des Berichtigungszeitraums von 10 Jahren erfolgt, ist § 15a UStG zu beachten. Gegebenenfalls ist ein Verzicht auf die Steuerbefreiung des § 4 Nr. 9 Buchst. a UStG nach § 9 UStG möglich.

Beispiel 5 – Übergang des zivilrechtlichen Eigentums und spätere nichtsteuerbare Lieferung –

(1) E vermietet ein unbebautes Grundstück an den Unternehmer B. Der Mietvertrag ist auf 30 Jahre abgeschlossen. Es wird eine angemessene Miete gezahlt. Unmittelbar nach der Anmietung läßt B auf dem Grundstück durch den Bauunternehmer U auf eigene Kosten eine Lagerhalle für Zwecke seines Unternehmens errichten. Die betriebsgewöhnliche Nutzungsdauer der Lagerhalle beträgt 50 Jahre. Der Mietvertrag sieht vor, daß das Gebäude nach Ablauf der Mietzeit **entschädigungslos** auf E übergeht, weil B davon ausgeht, daß die Halle dann für seinen Betrieb wertlos sein wird.

(2) B ist Empfänger der Werklieferung des U. B ist unter den Voraussetzungen des § 15 UStG zum Abzug der ihm in Rechnung gestellten Umsatzsteuer als Vorsteuer berechtigt. Eine Weiterlieferung der Lagerhalle findet zunächst nicht statt.

(3) Da die Lagerhalle mit Ende des Mietverhältnisses voraussichtlich nicht verbraucht sein und E zu dessen Verfügung stehen wird, dient sie nicht vorübergehenden Zwecken (vgl. § 95 BGB). E erlangt damit sofort nach §§ 946, 94 BGB Eigentum an dem Bauwerk. Dennoch behält B für die Dauer des Mietverhältnisses die Verfügungsmacht über die Lagerhalle. Die Verfügungsmacht geht erst mit Ablauf der Mietzeit auf E über. Die Lieferung nach Ablauf der Mietzeit ist mangels Entgelt nicht steuerbar, unterliegt jedoch der Grunderwerbsteuer (§ 8 Abs. 2 Nr. 1 in Verbindung mit § 10 GrEStG). Da die Lieferung im Falle eines Entgelts nach § 4 Nr. 9 Buchst. a UStG von der Umsatzsteuer befreit wäre, eine Option nach § 9 UStG aber nicht möglich ist (Abschnitt 206 Abs. 3 UStR), liegt zwar grundsätzlich eine Änderung

Anl a zu 1.1

noch **68**

der Verhältnisse im Sinne des § 15 a UStG vor. § 15 a UStG kommt nicht zur Anwendung, weil der Berichtigungszeitraum von 10 Jahren überschritten ist.

Beispiel 6 – Übergang des zivilrechtlichen Eigentums und spätere Weiterlieferung –

(1) E vermietet ein unbebautes Grundstück an den Unternehmer B. Der Mietvertrag ist auf 15 Jahre abgeschlossen. Unmittelbar nach der Anmietung läßt B durch den Bauunternehmer U auf eigene Kosten eine Lagerhalle für Zwecke seines Unternehmens errichten. Die Vereinbarungen zwischen E und B sehen vor, daß die Lagerhalle nach Ablauf der Mietzeit von 15 Jahren „entschädigungslos" auf E übergeht. Als Ausgleich hierfür zahlt B für den Grund und Boden während dieser Zeit nur eine **ermäßigte Miete.** Der kapitalisierte Wert der Mietermäßigung (bezogen auf die Mietdauer von 15 Jahren) soll nach den Vorstellungen der Mietvertragspartner dem voraussichtlichen Restwert der Lagerhalle bei Ablauf des Mietverhältnisses entsprechen.

(2) B ist Empfänger der Werklieferung des U. Er ist unter den Voraussetzungen des § 15 UStG zum Abzug der ihm in Rechnung gestellten Umsatzsteuer als Vorsteuer berechtigt.

(3) Eine Weiterlieferung der Lagerhalle an E findet zunächst nicht statt. B behält für die Dauer des Mietverhältnisses die Verfügungsmacht über die Lagerhalle. Die uneingeschränkte Nutzungs- und Verwertungsbefugnis geht auf E vereinbarungsgemäß erst nach 15 Jahren mit Ablauf des Mietvertrages über. Die Lieferung der Lagerhalle ist entgeltlich. Das Entgelt besteht in der Differenz zwischen angemessener und tatsächlich gezahlter Miete für den Grund und Boden. Aus Vereinfachungsgründen kann das Entgelt auch nach dem Restwert der Lagerhalle bestimmt werden.

(4) Die Lieferung der Lagerhalle nach 15 Jahren unterliegt nicht der Grunderwerbsteuer und ist deshalb umsatzsteuerpflichtig.

(5) Die von B in Form der verbilligten Überlassung des Grundstücks vereinnahmten Teilentgelte sind Anzahlungen für die spätere Lieferung der Lagerhalle. Sie führen nur dann zur Entstehung der Steuer, wenn das jeweils vereinnahmte Teilentgelt mindestens 10 000 DM beträgt (§ 13 Abs. 1 Nr. 1 a Satz 4 UStG), oder wenn eine Rechnung mit gesondertem Steuerausweis erteilt wird.

Beispiel 7 – Übergang des zivilrechtlichen Eigentums und sofortige Weiterlieferung eines Gebäudeteils –

(1) E vermietet ein unbebautes Grundstück an die Bank B. Es wird ein angemessener Mietzins gezahlt. B läßt durch den Bauunternehmer U auf dem Grundstück auf eigene Kosten ein Gebäude errichten. Einen Teil des Gebäudes nutzt sie für eigene unternehmerische Zwecke, und zwar ausschließlich für steuerfreie Umsätze, die nach § 15 Abs. 2 und 3 UStG den Vorsteuerabzug ausschließen; einen anderen **Teil des Gebäudes überläßt sie E gegen Vergütung der anteiligen Baukosten.** Die Dauer des Mietverhältnisses über das Grundstück stimmt mit der betriebsgewöhnlichen Nutzungsdauer des Gebäudes überein. Für den von ihr genutzten Teil des Gebäudes zahlt B keine Miete.

(2) B ist Empfänger der Werklieferung des Bauunternehmers U. E erlangt nach §§ 946, 94 BGB zivilrechtlich Eigentum an dem gesamten Gebäude. B liefert an E jedoch lediglich den von ihm genutzten Teil des Gebäudes sofort weiter. Auf Grund der getroffenen Vereinbarungen wird E an den von ihm genutzten Räumen die Verfügungsmacht übertragen. Diese Lieferung der B ist als Werklieferung steuerpflichtig, weil der Vorgang nicht unter das Grunderwerbsteuergesetz fällt.

(3) Für den Vorsteuerabzug durch B gilt folgendes: Die von U in Rechnung gestellte Umsatzsteuer ist aufzuteilen. B kann den Vorsteuerabzug nur insoweit vornehmen, als die Vorsteuer der steuerpflichtigen Lieferung an E zuzuordnen ist. Die Vorsteuern, die auf den Gebäudeteil entfallen, den die Bank zur Ausführung steuerfreier Umsätze verwendet, sind vom Vorsteuerabzug ausgeschlossen.

Beispiel 8 – Bebauung eines Gesellschafter-Grundstücks durch die Gesellschaft –

(1) An der B-KG sind E mit 40 v. H. und seine beiden Söhne mit je 30 v. H. beteiligt. E überläßt der B-KG ein ihm gehörendes unbebautes Grundstück. Vereinbarungen hierüber werden weder im Gesellschaftsvertrag noch in einem Mietvertrag getroffen. Die B-KG läßt durch den Bauunternehmer U auf dem Grundstück auf eigene Kosten ein Gebäude errichten. Das Gebäude wird zur Hälfte zu unternehmerischen Zwecken der B-KG genutzt; zur anderen Hälfte wird es E zu eigenen Wohnzwecken überlassen.

(2) Die B-KG ist Empfänger der Werklieferung des U. Sie ist unter den Voraussetzungen des § 15 UStG zum Abzug der ihr in Rechnung gestellten Umsatzsteuer als Vorsteuer berechtigt.

(3) E wird nach §§ 946, 94 BGB Eigentümer des gesamten Gebäudes. E erlangt aber nach dem Willen der Beteiligten im Zeitpunkt der Fertigstellung die Verfügungsmacht nur an dem Wohnteil des Gebäudes. Da ein Entgelt nicht gezahlt wird, ist insoweit der Tatbestand des *§ 1 Abs. 1 Nr. 2 Buchst. a* UStG erfüllt, wenn für die Überlassung nichtunternehmerische Gründe maßgebend sind (vgl. BFH-Urteil vom 3. November 1983, BStBl. 1984 II S. 169). Liegen unternehmerische Gründe vor, z. B. weil ein betriebliches Interesse daran besteht, daß E in dem Gebäude wohnt, handelt es sich um eine Lieferung im Sinne des *§ 1 Abs. 1 Nr. 3* UStG.

Beispiel 9 – Frage der Weiterlieferung des Bauwerks an den Ehegatten-Grundstückseigentümer bei Baukostenübernahme –

(1) Unternehmer M betreibt auf einem Grundstück, das seiner Ehefrau E gehört, ein Unternehmen. M läßt durch den Bauunternehmer U an dem Gebäude Ein- und Umbaumaßnahmen vornehmen, die allein im Zusammenhang mit seinem Unternehmen stehen. **E übernimmt ganz oder teilweise die Kosten der Baumaßnahmen.**

(2) M ist Empfänger der Werklieferung des U. Er ist unter den Voraussetzungen des § 15 UStG zum Abzug der ihm in Rechnung gestellten Umsatzsteuer als Vorsteuer berechtigt.

(3) Ob eine Weiterlieferung durch M an E vorliegt, beurteilt sich nach der Absicht, mit der E sich an den Baukosten beteiligt hat. Die Vorstellungen sind darauf zu untersuchen, ob E die Zuwendungen geleistet hat, um das Bauwerk von M zu erhalten. Für diese Beurteilung kann die Wertrelation ein Anhaltspunkt sein. Steht der von E erbrachte finanzielle Beitrag in keinem Verhältnis zu dem von ihr erlangten Vorteil, so spricht das gegen die Annahme einer Weiterlieferung. Die Bezahlung der Kosten durch die Ehefrau beruht dann auf außerunternehmerischen Gründen. Ein Unternehmer würde ohne vertragliche Vereinbarungen die Kosten nicht übernehmen.

Beispiel 10 – Frage der Weiterlieferung eines Bauwerkteils an den Ehegatten-Grundstückseigentümer im Rahmen des Unternehmens oder im nichtunternehmerischen Bereich –

(1) Unternehmer M läßt auf dem Grundstück seiner Ehefrau E durch den Bauunternehmer U auf eigene Kosten ein Gebäude errichten. M nutzt einen Teil des Gebäudes für das eigene Unternehmen. Den anderen **Teil des Gebäudes nutzt E durch Vermietung an Dritte.** Vertragliche Vereinbarungen wurden zwischen den Eheleuten nicht getroffen. M *zahlt E für die unternehmerisch genutzten Räume kein Entgelt.* E hat sich an den Baukosten mit einem eigenen Sparguthaben beteiligt.

(2) M ist Empfänger der Werklieferung des U. E hat zwar nach §§ 946, 94 BGB zivilrechtlich das Eigentum an dem Gebäude insgesamt erlangt. Die Verfügungsmacht an den von M selbst unternehmerisch genutzten Räumen erhält

E jedoch nicht. Insoweit ist M unter den Voraussetzungen des § 15 UStG zum Abzug der ihm für die Errichtung dieses Gebäudeteils in Rechnung gestellten Umsatzsteuer berechtigt. Hinsichtlich der von E fremdvermieteten Räume ist davon auszugehen, daß M an E diesen Gebäudeteil weiterliefert, um E den wirtschaftlichen Gehalt der Werklieferung des U insoweit zuzuwenden. Ob die Weiterlieferung durch M seinem nichtunternehmerischen Bereich zuzuordnen oder als steuerbarer Leistungsaustausch anzusehen ist, beurteilt sich nach der Absicht, mit der sich E an den Baukosten beteiligt hat. Die Vorstellungen der Beteiligten sind darauf zu untersuchen, ob die Lieferung des M und die Zuwendung der E im Sinne eines Austauschverhältnisses miteinander verknüpft sein sollten. Für diese Beurteilung kann die Wertrelation ein Anhaltspunkt sein. Steht der von E erbrachte finanzielle Beitrag in keinem Verhältnis zu dem von ihr erlangten Vorteil, so spricht das gegen die Annahme eines entgeltlichen Vorgangs und für eine nicht steuerbare Lieferung durch M außerhalb seines Unternehmens. In diesem Fall ist M nicht berechtigt, die ihm für die Errichtung dieses Gebäudeteils in Rechnung gestellte Umsatzsteuer als Vorsteuer abzuziehen.

Beispiel 11 – Nichtsteuerbare Weiterlieferung eines Teils des errichteten Bauwerks an den Ehegatten-Grundstückseigentümer –

(1) Unternehmer M läßt auf dem Grundstück seiner Ehefrau E durch den Bauunternehmer U auf eigene Kosten ein Gebäude errichten. M nutzt das Gebäude zum Teil für das eigene Unternehmen, **zum Teil verwenden es die Eheleute für eigene Wohnzwecke.** Vertragliche Vereinbarungen wurden zwischen den Eheleuten nicht getroffen. M zahlt an E für die unternehmerisch genutzten Räume kein Entgelt.

(2) M ist Empfänger der Werklieferung des U. E hat zwar nach §§ 946, 94 BGB zivilrechtlich das Eigentum an dem Gebäude erlangt. Die Verfügungsmacht an den von M unternehmerisch genutzten Räumen erhält sie jedoch nicht. Bei den für Wohnzwecke genutzten Räumen ist davon auszugehen, daß M diese Gebäudeteile an E weiterliefert und E damit auch daran die Verfügungsmacht erlangt. M hat diesen Teil der Werklieferung im nichtunternehmerischen Bereich empfangen und auch die Weiterlieferung an E geschieht im nichtunternehmerischen Bereich. Ein steuerbarer Tatbestand ist insoweit nicht gegeben.

(3) Für den Vorsteuerabzug gilt folgendes: Die von U in Rechnung gestellte Steuer ist aufzuteilen. Hinsichtlich der unternehmerisch genutzten Räume ist M unter den Voraussetzungen des § 15 UStG zum Vorsteuerabzug berechtigt. Hinsichtlich der für Wohnzwecke genutzten Räume kommt ein Vorsteuerabzug nicht in Betracht.

b) Schreiben betr. umsatzsteuerrechtliche Behandlung von Erschließungsmaßnahmen

Anl b zu 1.1

Vom 7. Juni 2012 (BStBl. I S. 621)

(BMF IV D 2 – S 7300/07/10 001 :001; DOK 2012/0479016)

Mit Urteilen vom 20. Dezember 2005 V R 14/04, BStBl. 2012 II S. 424, vom 9. November 2006 V R 9/04, BStBl. 2007 II S. 285, vom 22. Juli 2010 V R 14/09, BStBl. 2012 II S. 428, und vom 13. Januar 2011 V R 12/08, BStBl. 2012 II S. 61, hat der BFH über Sachverhalte mit Erschließungsmaßnahmen entschieden. Unter Berücksichtigung dieser Urteile gilt für die umsatzsteuerrechtliche Behandlung von Erschließungsmaßnahmen durch Gemeinden oder eingeschaltete Erschließungsträger nach dem Ergebnis der Erörterung mit den obersten Finanzbehörden der Länder Folgendes:

I. Erschließung durch die Gemeinde nach § 123 BauGB

Die Erschließung ist grundsätzlich Aufgabe der Gemeinden (§ 123 BauGB). Die Erschließung von Grundstücken dient u. a. dazu, diese an das öffentliche Verkehrs- und Versorgungsnetz anzuschließen. Sie umfasst die Herstellung von technischen, verkehrsmäßigen und sozialen Erschließungsanlagen auf den hierfür vorgesehenen öffentlichen Erschließungsflächen, insbesondere die Herstellung der öffentlichen Ver- und Entsorgungsnetze, der Entwässerungs- und Verkehrsanlagen (z. B. die dem öffentlichen Gemeingebrauch gewidmeten Straßen, Wege und Plätze), der Grünanlagen, Parkflächen und Kinderspielplätze sowie die Errichtung der Kommunikationsanlagen (z. B. für Telefon und Kabelfernsehen) und Anlagen zum Schutz vor schädlichen Umwelteinwirkungen (z. B. Lärmschutzwände). Nicht zur Erschließung gehören die auf den zu erschließenden Grundstücken selbst notwendigen (Einzel-)Anschlüsse, weil die gemeindliche Erschließungsaufgabe an der Grundstücksgrenze endet. 70

Führt die Gemeinde die Erschließungsmaßnahmen selbst im eigenen Namen und für eigene Rechnung durch oder bedient sie sich hierfür eines Unternehmers als Erfüllungsgehilfen (z. B. Bauunternehmer durch Werkvertrag), wird die Gemeinde hoheitlich und damit nichtwirtschaftlich im engeren Sinne tätig (vgl. Abschnitt 2.3 Abs. 1 a Satz 4 UStAE). Eingangsleistungen, die im direkten und unmittelbaren Zusammenhang mit diesen Erschließungsmaßnahmen stehen, berechtigen folglich nicht zum Vorsteuerabzug (vgl. Abschnitt 15.2 Abs. 15 a UStAE). Zur Deckung des Aufwands von der Gemeinde erhobene öffentlich-rechtliche Erschließungsbeiträge nach §§ 127 ff. BauGB stellen keine steuerbaren Entgelte dar.

Soweit allerdings die Gemeinde einen Betrieb gewerblicher Art (BgA) unterhält (z. B. Elektrizitäts-, Gas-, Wärme- oder Wasserversorgung), sind die hierauf entfallenden Anschluss- und Baukostenbeiträge, die die Grundstückseigentümer für die Herstellung des betreffenden öffentlichen Versorgungsnetzes entrichten, Entgelte für die steuerpflichtige Leistung „Verschaffung der Möglichkeit zum Anschluss des Grundstücks an das Versorgungsnetz" (vgl. BMF-Schreiben vom 7. April 2009, BStBl. I S. 531). Insoweit steht dem BgA aus den Erschließungsaufwendungen für die allgemeinen Elektrizitäts-, Gas-, Wärme- oder Wasserversorgungsanlagen unter den sonstigen Voraussetzungen des § 15 UStG der Vorsteuerabzug zu.

II. Übertragung der Erschließungsaufgaben auf einen Erschließungsträger durch öffentlich-rechtlichen Vertrag nach § 124 BauGB

Die Gemeinde kann die ihr obliegenden Erschließungsaufgaben förmlich durch öffentlich-rechtlichen Vertrag nach § 124 Abs. 1 BauGB auf einen Erschließungsträger (z. B. private Erschließungsgesellschaft, Bauträger, einzelne Bauwillige) übertragen. Dabei sind zwei Fallkonstellationen denkbar:

1. (Rück-)Übertragung öffentlicher Flächen mit Erschließungsanlagen

Der Erschließungsträger ist oder wird Eigentümer der Grundstücke. Die Erschließung wird von ihm im eigenen Namen und für eigene Rechnung durchgeführt. Er nutzt die erschlossenen Grundstücke ent- 71

Anl b zu 1.1

weder für eigene Zwecke oder veräußert sie an Bauwillige unter ggf. Einkalkulierung der ihm entstandenen Erschließungsaufwendungen. Die öffentlichen Flächen mit Erschließungsanlagen werden vom Erschließungsträger nach Erschließung der Grundstücke auf die Gemeinde (zurück)übertragen oder durch Zustimmung zur öffentlich-rechtlichen Widmung für den Gemeingebrauch zugewendet. Auch wenn der Gemeinde im Fall der öffentlich-rechtlichen Widmung kein Eigentum übertragen wird, gelten die öffentlichen Flächen mit Erschließungsanlagen als geliefert, da diese durch die öffentlich-rechtliche Widmung für den Gemeingebrauch der privatrechtlichen Verfügungsmacht entzogen sind (vgl. BFH-Urteil vom 13. Januar 2011 V R 12/08, BStBl. 2012 II S. 61).

Die Erschließungsanlagen gehen als Baumaßnahmen an den übertragenen Grundstücken dinglich in diese ein und stehen deshalb in einem direkten und unmittelbaren Zusammenhang mit der Lieferung dieser Grundstücke an die Gemeinde. Diese Grundstückslieferungen unterliegen der Steuerbefreiung nach § 4 Nr. 9 Buchst. a UStG – ausgenommen Erschließungsanlagen, die Betriebsvorrichtungen sind –, auf die nach § 9 Abs. 1 UStG nicht verzichtet werden kann, wenn die Gemeinde die Grundstücke für den öffentlichen Bereich (zurück)erhält.

2. Durchführung von Erschließungsmaßnahmen

72 Die Gemeinde bleibt Eigentümer der öffentlichen Erschließungsflächen. Der Erschließungsträger verpflichtet sich gegenüber der Gemeinde lediglich zur Herstellung und Übertragung der Erschließungsanlagen. Er führt die Erschließung im eigenen Namen und für eigene Rechnung durch. Die öffentlichen Erschließungsanlagen werden vom Erschließungsträger nach Erschließung der Grundstücke auf die Gemeinde übertragen oder durch Zustimmung zur öffentlich-rechtlichen Widmung für den Gemeingebrauch zugewendet (vgl. Nr. 1).

Sofern der Erschließungsträger auf den dafür vorgesehenen öffentlichen Erschließungsflächen zur Herstellung der Erschließungsanlagen selbstbeschaffte Hauptstoffe verwendet, handelt es sich um eine Werklieferung nach § 3 Abs. 4 UStG (vgl. BFH-Urteil vom 22. Juli 2010 V R 14/09, BStBl. 2012 II S. 428).

III. Besondere Sachverhaltsgestaltungen im Zusammenhang mit Erschließungsmaßnahmen

73 Hat sich der Erschließungsträger nicht nur gegenüber der Gemeinde, sondern zusätzlich auch gegenüber den Grundstückseigentümern im Erschließungsgebiet privatrechtlich zur Herstellung der Erschließungsanlagen auf den öffentlichen Erschließungsflächen verpflichtet, erbringt der Erschließungsträger gegenüber dem jeweiligen Eigentümer mit der Erschließung der öffentlichen Flächen keine weitere sonstige Leistung, da insoweit nur die Gemeinde Leistungsempfängerin ist. Die Zahlungen der Grundstückseigentümer an den Erschließungsträger sind in diesem Fall Entgelte von dritter Seite im Sinne des § 10 Abs. 1 Satz 3 UStG für die Erschließungsleistung an die Gemeinde (vgl. BFH-Urteil vom 22. Juli 2010 V R 14/09, BStBl. 2012 II S. 428). Hieraus folgt, dass der Erschließungsträger in seinen Abrechnungen gegenüber den bauwilligen Eigentümern keine Umsatzsteuer gesondert ausweisen darf. Geschieht dies dennoch, wird die ausgewiesene Umsatzsteuer gemäß § 14c Abs. 2 UStG geschuldet. Die Bauwilligen sind insoweit nicht zum Vorsteuerabzug berechtigt.

Ein Entgelt von dritter Seite liegt demgegenüber nicht vor, wenn ein Grundstückserwerber aufgrund eines Grundstückskaufvertrages für ein erschlossenes Grundstück einen höheren Kaufpreis zu zahlen hat; dieser ist nur Entgelt für die Übertragung des Grundstücks (vgl. BFH-Urteil vom 13. Januar 2011 V R 12/08, BStBl. 2012 II S. 61). Der Veräußerer kann unter den Voraussetzungen des § 9 Abs. 1 UStG auf die Steuerbefreiung nach § 4 Nr. 9 Buchstabe a UStG verzichten. Der Grundstückserwerber ist unter den Voraussetzungen des § 15 UStG zum Vorsteuerabzug berechtigt.

Von der Gemeinde als Zuschüsse oder Förderungsmittel bezeichnete Zahlungen können Entgelte sein, wenn sie im unmittelbaren Zusammenhang mit der nach § 124 BauGB geschuldeten Erschließungsleistung gewährt werden (vgl. BFH-Urteil vom 9. November 2006 V R 9/04, BStBl. 2007 II S. 285, und Abschnitt 10.2 UStAE).

Verzichtet die Gemeinde im Erschließungsvertrag auf die Erhebung von Erschließungsbeiträgen, da ihr durch die Übernahme der Kosten für die Herstellung der Erschließungsanlagen durch den Erschließungsträger kein Aufwand entsteht, der einen Anspruch auf Erschließungsbeiträge nach § 127 BauGB begründet, stellt dieser Verzicht kein Entgelt – in der Form eines Verzichts auf eine Forderung – für eine Leistung des Erschließungsträgers dar (vgl. BFH-Urteil vom 13. Januar 2011 V R 12/08, BStBl. 2012 II S. 61).

IV. Vorsteuerabzug des Erschließungsträgers

74 Der Erschließungsträger ist zum Vorsteuerabzug berechtigt, soweit er Leistungen für sein Unternehmen im Sinne des § 2 Abs. 1 UStG und damit für seine unternehmerischen Tätigkeiten zur Erbringung entgeltlicher Leistungen zu verwenden beabsichtigt. Sofern eine direkte und unmittelbare Zurechnung zu einem beabsichtigten entgeltlichen Ausgangsumsatz möglich ist, entscheidet allein dessen umsatzsteuerrechtliche Behandlung über den Vorsteuerabzug der bezogenen Eingangsleistung. Beabsichtigt der Unternehmer bereits bei Leistungsbezug, die bezogene Leistung nicht für seine unternehmerische Tätigkeit, sondern ausschließlich und unmittelbar für eine unentgeltliche Entnahme im Sinne des § 3 Abs. 1b oder 9a UStG zu verwenden, ist er nicht zum Vorsteuerabzug berechtigt. Nur mittelbar verfolgte Zwecke sind unerheblich (BMF-Schreiben vom 2. Januar 2012, BStBl. I S. 60; Abschnitt 15.2 Abs. 15a UStAE).

Demnach ist für die Frage des Vorsteuerabzugs aus Eingangsleistungen für die Übertragung öffentlicher Flächen mit Erschließungsanlagen (vgl. II. Nr. 1) oder für Erschließungsmaßnahmen auf öffentlichen Grundstücken (vgl. II. Nr. 2) die umsatzsteuerrechtliche Behandlung der Veräußerung der anderen erschlossenen Grundstücke an Privatpersonen oder andere Unternehmer als mittelbarer Zweck grundsätzlich ohne Bedeutung (vgl. BFH-Urteile vom 20. Dezember 2005 V R 14/04, BStBl. 2012 II S. 424, vom 9. November 2006 V R 9/04, BStBl. 2007 II S. 285, und vom 13. Januar 2011 V R 12/08, BStBl.

2012 II S. 61). Etwas anderes gilt nur in den Fällen, in denen der Vorsteuerabzug nach der Gesamttätigkeit zu beurteilen ist (vgl. Nr. 2, unentgeltliche Werkleistung).

1. Entgeltliche Erschließung

Erbringt der Erschließungsträger seine Erschließungsleistungen gegenüber der Gemeinde gegen Entgelt im Leistungsaustausch, ist er unter den weiteren Voraussetzungen des § 15 Abs. 1 UStG dem Grunde nach zum Vorsteuerabzug aus seinen Eingangsleistungen berechtigt. Nach § 15 Abs. 2 UStG ist der Vorsteuerabzug jedoch der Höhe nach ausgeschlossen, soweit der Erschließungsträger die Erschließungsanlagen im Rahmen einer steuerfreien Grundstückslieferung im Sinne von § 4 Nr. 9 Buchst. a UStG zusammen mit den dazugehörenden öffentlichen Erschließungsflächen (vgl. II. Nr. 1) auf die Gemeinde überträgt. Ein Verzicht auf die Steuerfreiheit ist nur unter den Bedingungen des § 9 UStG zulässig. Soweit es sich bei den Erschließungsanlagen um Betriebsvorrichtungen im Sinne von § 2 Abs. 1 Satz 2 Nr. 1 GrEStG handelt, ist die Übertragung auf die Gemeinde steuerpflichtig und schließt den Vorsteuerabzug aus den in diesem Zusammenhang bezogenen Eingangsleistungen beim Erschließungsträger nicht aus. Zu den Betriebsvorrichtungen in diesem Sinne zählen insbesondere die öffentlichen Ver- und Entsorgungsleitungen für Trinkwasser, Strom, Wärme, Gas und Abwasser, weil sie zur Betriebsanlage des betreffenden Versorgungs- bzw. Entsorgungsbetriebes gehören. 75

Stehen die öffentlichen Erschließungsflächen nicht im Eigentum des Erschließungsträgers und beschränkt sich seine Leistung dementsprechend auf die entgeltliche Herstellung und Übertragung der Erschließungsanlagen (vgl. II. Nr. 2), ist dieser Umsatz steuerpflichtig und berechtigt unter den weiteren Voraussetzungen des § 15 UStG zum Vorsteuerabzug aus den Eingangsleistungen, die im unmittelbaren und direkten Zusammenhang stehen.

2. Unentgeltliche Erschließung

Überträgt der Erschließungsträger die öffentlichen Flächen mit Erschließungsanlagen (vgl. II. Nr. 1) unentgeltlich auf die Gemeinde (zurück), oder erbringt er eine unentgeltliche Werklieferung der Erschließungsanlagen an die Gemeinde, liegt tatbestandlich eine Wertabgabe nach § 3 Abs. 1b Satz 1 Nr. 3 UStG vor. Die unentgeltliche Übertragung der erschlossenen öffentlichen Grundstücke oder der Erschließungsanlagen erfolgt in der Regel aus unternehmerischen Gründen, da diese Erschließung die Veräußerung der anliegenden Grundstücke an Privatpersonen oder andere Unternehmer begünstigt bzw. erst ermöglicht. 76

Sofern der Erschließungsträger Eingangsleistungen bezieht, die im unmittelbaren und direkten Zusammenhang mit der beabsichtigten unentgeltlichen Übertragung der öffentlichen Flächen mit Erschließungsanlagen oder der unentgeltlichen Werklieferung der Erschließungsanlagen stehen, ist der Vorsteuerabzug nach § 15 Abs. 1 UStG ausgeschlossen (vgl. BFH-Urteil vom 13. Januar 2011 V R 12/08, BStBl. 2012 II S. 61, und Abschnitt 15.15 UStAE). Eine Wertabgabenbesteuerung nach § 3 Abs. 1b Satz 1 Nr. 3 UStG erfolgt aufgrund des fehlenden Vorsteuerabzugs in diesem Fall nicht (§ 3 Abs. 1b Satz 2 UStG).

Ist die unentgeltliche Erschließung als Werkleistung zu qualifizieren, unterliegt diese unentgeltliche Dienstleistungsabgabe nicht der Wertabgabenbesteuerung nach § 3 Abs. 9a Nr. 2 UStG, wenn sie aus unternehmerischen Gründen erfolgt. Da in diesem Fall ein unmittelbarer und direkter Zusammenhang zu einem besteuerten Ausgangsumsatz fehlt, ist für den Vorsteuerabzug des Erschließungsträgers die Gesamttätigkeit im betreffenden Erschließungsgebiet entscheidend, wenn die Kosten für die Eingangsleistungen zu seinen allgemeinen Aufwendungen gehören und – als solche – Bestandteil des Preises der von ihm erbrachten Leistungen sind. Tätigt der Erschließungsträger keine entgeltlichen zum Vorsteuerabzug berechtigenden Umsätze, ist auch der Vorsteuerabzug aus Leistungsbezügen, die in die unentgeltliche Werkleistung der Erschließung der öffentlichen Flächen eingehen, ausgeschlossen. Erbringt der Erschließungsträger sowohl steuerpflichtige als auch steuerfreie Umsätze, sind die Vorsteuerbeträge nach den Grundsätzen des § 15 Abs. 4 UStG entsprechend aufzuteilen.

Beispiel:

Die Gemeinde G überträgt die Erschließung eines Gebietes durch öffentlich-rechtlichen Vertrag nach § 124 Abs. 1 BauGB auf den Erschließungsträger E. Die öffentlichen Flächen bleiben im Eigentum von G. E wird nur Eigentümer der zu diesem Gebiet gehörenden Baugrundstücke. E erschließt die öffentlichen Flächen aus unternehmerischen Gründen unentgeltlich – Voraussetzung für die Veräußerung der anliegenden Baugrundstücke – und bezieht hierfür Eingangsleistungen (Tiefbauarbeiten) in Höhe von 10 000 € zzgl. 1900 € Umsatzsteuer. Die Hauptstoffe für die Erschließung werden von G beigestellt. E verkauft 50% der Fläche der erschlossenen Baugrundstücke steuerfrei an private Bauwillige (§ 4 Nr. 9 Buchst. a UStG). Die verbleibenden 50% veräußert E nach zulässiger Option (§ 9 UStG) steuerpflichtig an andere Unternehmer.

Die Erschließung der öffentlichen Flächen ist als Werkleistung zu qualifizieren, da die Hauptstoffe von G gestellt werden. Die unentgeltliche Erschließung dieser Flächen erfolgt aus unternehmerischen Gründen und unterliegt deshalb nicht der Wertabgabenbesteuerung nach § 3 Nr. 9a Nr. 2 UStG. Der Vorsteuerabzug aus Eingangsleistungen, die im unmittelbaren und direkten Zusammenhang mit dieser unentgeltlichen Erschließung stehen, ist nach der Gesamttätigkeit des E zu entscheiden. Da E sowohl steuerpflichtige als steuerfreie (Veräußerungs-)Umsätze ausführt, sind angefallene Vorsteuerbeträge nach den Grundsätzen des § 15 Abs. 4 UStG entsprechend aufzuteilen. Der Vorsteuerabzug des E beträgt somit 950 €.

V. Anwendung

Dieses Schreiben tritt an die Stelle des BMF-Schreibens vom 31. Mai 2002 IV B 7 – S 7100 – 167/02 (BStBl. I S. 631) und ist in allen offenen Fällen anzuwenden.

1.2 Verwertung von Sachen

UStAE 1.2

(1) ① Bei der Sicherungsübereignung erlangt der Sicherungsnehmer zu dem Zeitpunkt, in dem er von seinem Verwertungsrecht Gebrauch macht, auch die Verfügungsmacht über das Sicherungs- 91

gut. ② Die Verwertung der zur Sicherheit übereigneten Gegenstände durch den Sicherungsnehmer außerhalb des Insolvenzverfahrens führt zu zwei Umsätzen (sog. Doppelumsatz), und zwar zu einer Lieferung des Sicherungsgebers an den Sicherungsnehmer und zu einer Lieferung des Sicherungsnehmers an den Erwerber (vgl. BFH-Urteil vom 4. 6. 1987, V R 57/79, BStBl. II S. 741, und BFH-Beschluss vom 19. 7. 2007, V B 222/06, BStBl. 2008 II S. 163). ③ Entsprechendes gilt bei der Versteigerung verfallener Pfandsachen durch den Pfandleiher (vgl. BFH-Urteil vom 16. 4. 1997, XI R 87/96, BStBl. II S. 585). ④ Zwei Umsätze liegen vor, wenn die Verwertung vereinbarungsgemäß vom Sicherungsgeber im Namen des Sicherungsnehmers vorgenommen wird oder die Verwertung zwar durch den Sicherungsnehmer, aber im Auftrag und für Rechnung des Sicherungsgebers in dessen Namen stattfindet.

92 (1 a) ① Veräußert der Sicherungsgeber das Sicherungsgut im eigenen Namen auf Rechnung des Sicherungsnehmers, erstarkt die ursprüngliche Sicherungsübereignung hingegen zu einer Lieferung des Sicherungsgebers an den Sicherungsnehmer, während zugleich zwischen dem Sicherungsnehmer (Kommittent) und dem Sicherungsgeber (Kommissionär) eine Lieferung nach § 3 Abs. 3 UStG vorliegt, bei der der Sicherungsgeber (Verkäufer, Kommissionär) als Abnehmer gilt; die entgeltliche Lieferung gegenüber dem Dritten wird in der Folge vom Sicherungsgeber ausgeführt (Dreifachumsatz, vgl. BFH-Urteile vom 6. 10. 2005, V R 20/04, BStBl. 2006 II S. 931, und vom 30. 3. 2006, V R 9/03, BStBl. II S. 933). ② Voraussetzung für die Annahme eines Dreifachumsatzes ist, dass das Sicherungsgut erst nach Eintritt der Verwertungsreife durch den Sicherungsgeber veräußert wird und es sich hierbei nach den Vereinbarungen zwischen Sicherungsgeber und Sicherungsnehmer um ein Verwertungsgeschäft handelt, um die vom Sicherungsnehmer gewährten Darlehen zurückzuführen. ③ Nicht ausreichend ist eine Veräußerung, die der Sicherungsgeber im Rahmen seiner ordentlichen Geschäftstätigkeit vornimmt und bei der er berechtigt ist, den Verwertungserlös anstelle zur Rückführung des Kredits anderweitig, z. B. für den Erwerb neuer Waren, zu verwenden (BFH-Urteil vom 23. 7. 2009, V R 27/07, BStBl. 2010 II S. 859), oder wenn die Veräußerung zum Zwecke der Auswechslung des Sicherungsgebers unter Fortführung des Sicherungseigentums durch den Erwerber erfolgt (vgl. BFH-Urteil vom 9. 3. 1995, V R 102/89, BStBl. II S. 564). ④ In diesen Fällen liegt eine bloße Lieferung des Sicherungsgebers an den Erwerber vor.

93 (2) Wird im Rahmen der Zwangsvollstreckung eine Sache durch den Gerichtsvollzieher oder ein anderes staatliches Vollstreckungsorgan öffentlich versteigert oder freihändig verkauft, liegt darin keine Lieferung des Vollstreckungsschuldners an das jeweilige Bundesland, dem die Vollstreckungsorgane angehören, und keine Lieferung durch dieses an den Erwerber, sondern es handelt sich um eine Lieferung des Vollstreckungsschuldners unmittelbar an den Erwerber (vgl. BFH-Urteile vom 19. 12. 1985, V R 139/76, BStBl. 1986 II S. 500, und vom 16. 4. 1997, XI R 87/96, BStBl. II S. 585).

94 (3) Zur Steuerschuldnerschaft des Leistungsempfängers bei der Lieferung sicherungsübereigneter Gegenstände durch den Sicherungsgeber an den Sicherungsnehmer außerhalb des Insolvenzverfahrens vgl. § 13 b Abs. 2 Nr. 2 UStG und Abschnitt 13 b.1 Abs. 2 Satz 1 Nr. 4.

Verwertung von Sicherungsgut im Insolvenzverfahren

95 (4) ① Die Grundsätze zum Doppel- und Dreifachumsatz finden auch bei der Verwertung von sicherungsübereigneten Gegenständen im Insolvenzverfahren Anwendung. ② Veräußert hingegen ein Insolvenzverwalter ein mit einem Grundpfandrecht belastetes Grundstück freihändig auf Grund einer mit dem Grundpfandgläubiger getroffenen Vereinbarung, liegt neben der Lieferung des Grundstücks durch die Masse an den Erwerber auch eine steuerpflichtige entgeltliche Geschäftsbesorgungsleistung der Masse an den Grundpfandgläubiger vor, wenn der Insolvenzverwalter vom Veräußerungserlös einen bestimmten Betrag zugunsten der Masse einbehalten darf. ③ Der für die Masse einbehaltene Betrag ist Entgelt für diese Leistung. ④ Vergleichbares gilt für die freihändige Verwaltung grundpfandrechtsbelasteter Grundstücke durch den Insolvenzverwalter (BFH-Urteil vom 28. 7. 2011, V R 28/09, BStBl. 2014 II S. 406). ⑤ Zur umsatzsteuerrechtlichen Behandlung der Verwertung von Sicherungsgut vgl. BMF-Schreiben vom 30. 4. 2014, BStBl. I S. 816.

UStAE 1.3

1.3 Schadensersatz

Allgemeines

101 (1) ① Im Falle einer echten Schadensersatzleistung fehlt es an einem Leistungsaustausch. ② Der Schadensersatz wird nicht geleistet, weil der Leistende eine Lieferung oder sonstige Leistung erhalten hat, sondern weil er nach Gesetz oder Vertrag für den Schaden und seine Folgen einzustehen hat. ③ Echter Schadensersatz ist insbesondere gegeben bei Schadensbeseitigung durch den Schädiger oder durch einen von ihm beauftragten selbständigen Erfüllungsgehilfen, bei Zahlung einer Geldentschädigung durch den Schädiger, bei Schadensbeseitigung durch den Geschädigten oder in dessen Auftrag durch einen Dritten ohne einen besonderen Auftrag des Ersatzverpflichteten; in Leasingfällen vgl. Absatz 17. ④ Ein Schadensersatz ist dagegen dann nicht anzunehmen, wenn die Ersatzleistung tatsächlich die – wenn auch nur teilweise – Gegenleistung für eine Lieferung oder

sonstige Leistung darstellt (vgl. BFH-Urteile vom 22. 11. 1962, V 192/60 U, BStBl. 1963 III S. 106, und vom 19. 10. 2001, V R 48/00, BStBl. 2003 II S. 210, sowie Abschnitt 10.2 Abs. 3 Satz 6). ⑤ Von echtem Schadensersatz ist ebenfalls nicht auszugehen, wenn der Besteller eines Werks, das sich als mangelhaft erweist, vom Auftragnehmer Schadensersatz wegen Nichterfüllung verlangt; in der Zahlung des Auftragnehmers liegt vielmehr eine Minderung des Entgelts i. S. von § 17 Abs. 1 UStG (vgl. BFH-Urteil vom 16. 1. 2003, V R 72/01, BStBl. II S. 620).

(2) ① Wegen der Einzelheiten bei der umsatzsteuerrechtlichen Beurteilung von Garantieleistungen und Freiinspektionen in der Kraftfahrzeugwirtschaft vgl. BMF-Schreiben vom 3. 12. 1975, BStBl. I S. 1132. ② Zur umsatzsteuerlichen Behandlung von Garantieleistungen in der Reifenindustrie vgl. BMF-Schreiben vom 21. 11. 1974, BStBl. I S. 1021.

Echter Schadensersatz

(3) ① Vertragsstrafen, die wegen Nichterfüllung oder wegen nicht gehöriger Erfüllung (§§ 340, 341 BGB) geleistet werden, haben Schadensersatzcharakter (vgl. auch BFH-Urteil vom 10. 7. 1997, V R 94/96, BStBl. II S. 707). ② Hat der Leistungsempfänger die Vertragsstrafe an den leistenden Unternehmer zu zahlen, ist sie deshalb nicht Teil des Entgelts für die Leistung. ③ Zahlt der leistende Unternehmer die Vertragsstrafe an den Leistungsempfänger, liegt darin keine Entgeltminderung (vgl. BFH-Urteil vom 4. 5. 1994, XI R 58/93, BStBl. II S. 589). ④ Die Entschädigung, die ein Verkäufer nach den Geschäftsbedingungen vom Käufer verlangen kann, wenn dieser innerhalb bestimmter Fristen seinen Verpflichtungen aus dem Kaufvertrag nicht nachkommt (Schadensersatz wegen Nichterfüllung), ist nicht Entgelt, sondern Schadensersatz (vgl. BFH-Urteil vom 27. 4. 1961, V 263/58 U, BStBl. III S. 300). **102**

(4) ① Eine Willenserklärung, durch die der Unternehmer seinem zur Übertragung eines Vertragsgegenstands unfähig gewordenen Schuldner eine Ersatzleistung in Geld gestattet, kann nicht als sonstige Leistung (Rechtsverzicht) beurteilt werden. ② Die Ersatzleistung ist echter Schadensersatz (vgl. BFH-Urteil vom 12. 11. 1970, V R 52/67, BStBl. 1971 II S. 38).

(5) ① Die Vergütung, die der Unternehmer nach Kündigung oder vertraglicher Auflösung eines Werklieferungsvertrags vereinnahmt, ohne an den Besteller die bereitgestellten Werkstoffe oder das teilweise vollendete Werk geliefert zu haben, ist kein Entgelt (vgl. BFH-Urteil vom 27. 8. 1970, V R 159/66, BStBl. 1971 II S. 6). ② Zum Leistungsgegenstand bei noch nicht abgeschlossenen Werklieferungen vgl. Abschnitt 3.9.

(6) ① Erhält ein Unternehmer die Kosten eines gerichtlichen Mahnverfahrens erstattet, handelt es sich dabei nicht um einen Teil des Entgelts für eine steuerbare Leistung, sondern um Schadensersatz. ② Die Mahngebühren oder Mahnkosten, die ein Unternehmer von säumigen Zahlern erhebt und auf Grund seiner Geschäftsbedingungen oder anderer Unterlagen – z. B. Mahnschreiben – als solche nachweist, sind ebenfalls nicht das Entgelt für eine besondere Leistung. ③ Verzugszinsen, Fälligkeitszinsen und Prozesszinsen (vgl. z. B. §§ 288, 291 BGB; § 353 HGB) sind als Schadensersatz zu behandeln. ④ Das Gleiche gilt für Nutzungszinsen, die z. B. nach § 641 Abs. 4 BGB von der Abnahme des Werkes an erhoben werden. ⑤ Als Schadensersatz sind auch die nach den Artikeln 48 und 49 WG sowie den Artikeln 45 und 46 ScheckG im Falle des Rückgriffs zu zahlenden Zinsen, Kosten des Protestes und Vergütungen zu behandeln. **103**

(7) ① Die Ersatzleistung auf Grund einer Warenkreditversicherung stellt nicht die Gegenleistung für eine Lieferung oder sonstige Leistung dar, sondern Schadensersatz. ② Zur Frage des Leistungsaustauschs bei Zahlungen von Fautfrachten wegen Nichterfüllung eines Chartervertrags vgl. BFH-Urteil vom 30. 6. 2010, XI R 22/08, BStBl. II S. 1084, und Abschnitt 1.1. Abs. 22. **104**

(8) ① In Gewährleistungsfällen ist die Erstattung der Material- und Lohnkosten, die ein Vertragshändler auf Grund vertraglicher Vereinbarungen für die Beseitigung von Mängeln an den bei ihm gekauften Gegenständen vom Hersteller ersetzt bekommt, echter Schadensersatz, wenn sich der Gewährleistungsanspruch des Kunden nicht gegen den Hersteller, sondern gegen den Vertragshändler richtet (vgl. BFH-Urteil vom 16. 7. 1964, V 23/60 U, BStBl. III S. 516). ② In diesen Fällen erfüllt der Händler mit der Garantieleistung unentgeltlich eine eigene Verpflichtung gegenüber dem Kunden aus dem Kaufvertrag und erhält auf Grund seiner Vereinbarung mit dem Herstellerwerk von diesem den durch den Materialfehler erlittenen, vom Werk zu vertretenden Schaden ersetzt (BFH-Urteil vom 17. 2. 1966, V 58/63, BStBl. III S. 261). **105**

(9) Weitere Einzelfälle des echten Schadensersatzes sind: **105a**

1. die Entschädigung der Zeugen (vgl. Absatz 15) und der ehrenamtlichen Richter nach dem JVEG;
2. Stornogebühren bei Reiseleistungen (vgl. Abschnitt 25.1 Abs. 14);
3. Zahlungen zum Ersatz des entstandenen Schadens bei Leistungsstörungen in Transporthilfsmittel-Tauschsystemen (z. B. Euro-Flachpaletten und Euro-Gitterboxpaletten; vgl. BMF-Schreiben vom 5. 11. 2013, BStBl. I S. 1386).

(10) *(aufgehoben)*

UStAE 1.3

Kein Schadensersatz

106 (11) ① Beseitigt der Geschädigte im Auftrag des Schädigers einen ihm zugefügten Schaden selbst, ist die Schadensersatzleistung als Entgelt im Rahmen eines Leistungsaustauschs anzusehen (vgl. BFH-Urteil vom 11. 3. 1965, V 37/62 S, BStBl. III S. 303). ② Zur Abgrenzung zur sonstigen Leistung vgl. auch Abschnitt 3.1.

107 (12) ① Die Ausgleichszahlung für Handelsvertreter nach § 89 b HGB ist kein Schadensersatz, sondern eine Gegenleistung des Geschäftsherrn für erlangte Vorteile aus der Tätigkeit als Handelsvertreter. ② Dies gilt auch dann, wenn der Ausgleichsanspruch durch den Tod des Handelsvertreters fällig wird (BFH-Urteile vom 26. 9. 1968, V 196/65, BStBl. 1969 II S. 210, und vom 25. 6. 1998, V R 57/97, BStBl. 1999 II S. 102).

108 (13) ① Entschädigungen an den Mieter oder Vermieter für die vorzeitige Räumung der Mieträume und die Aufgabe des noch laufenden Mietvertrags sind nicht Schadensersatz, sondern Leistungsentgelt (vgl. BFH-Urteil vom 27. 2. 1969, V 102/65, BStBl. II S. 386 und Abschnitt 4.12.1). ② Das gilt auch dann, wenn der Unternehmer zur Vermeidung einer Enteignung auf die vertragliche Regelung eingegangen ist. ③ Ob die Vertragsparteien die Zahlung als Schadensersatz bezeichnen oder vereinbaren, nur die durch die Freimachung entstandenen tatsächlichen Aufwendungen zu erstatten, ist unbeachtlich (vgl. BFH-Urteile vom 27. 2. 1969, V 144/65, BStBl. II S. 387, und vom 7. 8. 1969, V 177/65, BStBl. II S. 696).

109 (14) Entschädigungen, die als Folgewirkung einer Enteignung nach § 96 BauGB gezahlt werden, sind kein Schadensersatz und daher steuerbar (BFH-Urteil vom 10. 2. 1972, V R 119/68, BStBl. II S. 403; vgl. auch BFH-Urteil vom 24. 6. 1992, V R 60/88, BStBl. II S. 986).

110 (15) ① Die Vergütung von Sachverständigen, Dolmetschern und Übersetzern nach Abschnitt 3 JVEG ist Entgelt für eine Leistung. ② Ob jemand als Zeuge, sachverständiger Zeuge oder Sachverständiger anzusehen ist, richtet sich nach der tatsächlich erbrachten Tätigkeit. ③ Für die Einordnung ist ausschlaggebend, ob er als Zeuge „unersetzlich" oder als Sachverständiger „auswechselbar" ist. ④ Bei ärztlichen Befundberichten kann regelmäßig auf die Abrechnung nach dem JVEG abgestellt werden.

Beispiel 1:

① Der behandelnde Arzt erteilt einem Gericht einen Bericht über den bei seinem Patienten festgestellten Befund und erhält eine Vergütung nach § 10 Abs. 1 JVEG in Verbindung mit Anlage 2 Nr. 200 bzw. Nr. 201 des JVEG.

② Der Arzt handelt als „unersetzlicher" sachverständiger Zeuge. ③ Die Vergütung ist echter Schadensersatz (vgl. Absatz 9).

Beispiel 2:

① Ein hinzugezogener Arzt erstellt für ein Gericht ein Gutachten über den Gesundheitszustand einer Person und erhält eine Vergütung nach § 10 Abs. 1 JVEG in Verbindung mit Anlage 2 Nr. 202 bzw. Nr. 203 des JVEG.

② Der Arzt handelt als „auswechselbarer" Sachverständiger. ③ Die Vergütung ist Leistungsentgelt.

110a (16) Die Ausgleichszahlung für beim Bau einer Überlandleitung entstehende Flurschäden durch deren Betreiber an den Grundstückseigentümer ist kein Schadensersatz, sondern Entgelt für die Duldung der Flurschäden durch den Eigentümer (vgl. BFH-Urteil vom 11. 11. 2004, V R 30/04, BStBl. 2005 II S. 802).

110b (16 a) ① Zahlungen, die an einen Unternehmer als Aufwendungsersatz aufgrund von urheberrechtlichen Abmahnungen zur Durchsetzung seines Unterlassungsanspruchs geleistet werden, und Zahlungen, die an einen Unternehmer von dessen Wettbewerbern als Aufwendungsersatz aufgrund von wettbewerbsrechtlichen Abmahnungen geleistet werden, sind umsatzsteuerrechtlich als Entgelt im Rahmen eines umsatzsteuerbaren Leistungsaustauschs zwischen dem Unternehmer und dem von ihm abgemahnten Rechtsverletzer zu qualifizieren (vgl. BFH-Urteile vom 21. 12. 2016, XI R 27/14, BStBl. 2021 II S. 779, und vom 13. 2. 2019, XI R 1/17, BStBl. 2021 II S. 785). ② Im Fall einer unberechtigten Abmahnung schuldet der Abmahnende die Steuer nach § 14c Abs. 2 UStG, wenn und solange er diese in einer Rechnung ausgewiesen hat.

Leasing

111 (17) ① Für die Beurteilung von Ausgleichszahlungen im Zusammenhang mit der Beendigung von Leasingverträgen ist entscheidend, ob der Zahlung für den jeweiligen „Schadensfall" eine mit ihr eng verknüpfte Leistung gegenübersteht. ② Verpflichtet sich der Leasingnehmer im Leasingvertrag, für am Leasinggegenstand durch eine nicht vertragsgemäße Nutzung eingetretene Schäden nachträglich einen Minderwertausgleich zu zahlen, ist diese Zahlung beim Leasinggeber als Schadensersatz nicht der Umsatzsteuer zu unterwerfen (vgl. BFH-Urteil vom 20. 3. 2013, XI R 6/11, BStBl. 2014 II S. 206). ③ Ausgleichszahlungen, die darauf gerichtet sind, Ansprüche aus dem Leasingverhältnis an die tatsächliche Nutzung des Leasinggegenstandes durch den Leasingnehmer anzupassen (z. B. Mehr- und Minderkilometervereinbarungen bei Fahrzeugleasingverhältnissen) stellen hingegen je nach Zahlungsrichtung zusätzliches Entgelt oder aber eine Entgeltminderung für die Nutzungsüberlassung dar. ④ Dies gilt entsprechend für Vergütungen zum Ausgleich von Restwertdifferenzen in Leasingverträgen mit Restwertausgleich. ⑤ Nutzungsentschädigungen wegen verspäteter Rückgabe des Leasinggegenstandes stellen ebenfalls keinen Schadensersatz dar, sondern sind Entgelt für die Nutzungsüberlassung zwischen vereinbarter und

tatsächlicher Rückgabe des Leasinggegenstandes. ⑥ Soweit bei Kündigung des Leasingverhältnisses Ausgleichszahlungen für künftige Leasingraten geleistet werden, handelt es sich um echten Schadensersatz, da durch die Kündigung die vertragliche Hauptleistungspflicht des Leasinggebers beendet und deren Erbringung tatsächlich nicht mehr möglich ist. ⑦ Dies gilt nicht für die Fälle des Finanzierungsleasings, bei denen eine Lieferung an den Leasingnehmer vorliegt, vgl. Abschnitt 3.5 Abs. 5.

LS zu 1.3

Entschädigung für die Übertragung eines vom Erwerber rechtswidrig angemaßten dinglichen Rechts ist nicht Schadensersatz, sondern Entgelt. *BFH v. 24. 2. 1972 V R 2/68 (BStBl. II S. 509).*

Verfallene Festkostenvorauszahlungen an **landwirtschaftliche Trocknungsgenossenschaften** unterliegen als echter Schadensersatz nicht der Umsatzsteuer, wenn der Landwirt überhaupt kein Trocknungsgut angeliefert hat. Wurde weniger Trocknungsgut als vereinbart geliefert, so liegt Entgeltsminderung vor, die auf seiten der Genossenschaft eine Kürzung der abzugsfähigen Vorsteuern zur Folge hat. *Verfügung OFD Nürnberg S 7410 – 56/St 43 v. 29. 8. 1983.* **112**

Schadensersatzzahlungen nach § 6 Nr. 6 VOB/B wegen **Baustellenstillstands** sind nicht steuerbar. *Verfügung OFD Berlin St 137 – S 7100 – 4/00 v. 21. 8. 2000.* **113**

Erhält der Unternehmer bei Untergang der gelieferten Waren Zahlungen von einer **Transportversicherung,** die zugunsten des Abnehmers der Ware abgeschlossen war, so vereinnahmt er das Entgelt für seine Lieferung. *Verfügung OFD Bremen S 7100 – St 2100 v. 5. 4. 1984.*

Stornokosten sind echter Schadensersatz, wenn der Vertragspartner wirksam vom Vertrag zurückgetreten ist. *Verfügung OFD Frankfurt S 7100 A – 199 – St 110 v. 5. 8. 2008 (DStR 2008 S. 1833).* **114**

Beträge, die ein Wirtschaftsteilnehmer erhält, falls ein **Dienstleistungsvertrag,** der als Gegenleistung für die Gewährung vorteilhafter Konditionen an einen Kunden die Einhaltung einer Mindestbindungsfrist vorsieht, aus bei diesem Kunden liegenden Gründen **vorzeitig beendet** wird, sind als Vergütung für die Erbringung einer entgeltlichen Dienstleistung anzusehen. ***EuGH-Urteil** v. 11. 6. 2020, C-43/19, Vodafone Portugal (MwStR S. 658).*

Abgrenzung von Leistungsaustausch und Entschädigungs- bzw. Schadensersatzleistung bei verfallenen **Flugtickets („unflown revenue")** *BFH-Urteil v. 15. 9. 2011, V R 36/09 (BStBl. 2012 II S. 365).*

Eine auf **Nichterfüllung gestützte Schadenersatzforderung** nach § 326 BGB[1] ist, soweit mit ihr als Schaden die infolge des Schadenersatzverlangens untergegangene Vergütungsforderung für tatsächlich erbrachte Leistungen verfolgt wird, umsatzsteuerrechtlich der auf die steuerbare Leistung zu stützenden Vergütungsforderung gleich zu erachten und stellt damit selbst steuerbaren Umsatz dar. *BGH-Urt. v. 17. 7. 2001, X ZR 71/99 (DStR 2002 S. 129).*

1. Der gem. **§ 642 BGB** zu zahlenden **Entschädigung** liegt eine steuerbare Leistung des Unternehmers zugrunde. Diese Entschädigung ist Entgelt i. S. v. § 10 Abs. 1 UStG und damit Bemessungsgrundlage für den Umsatz. – 2. Die gem. § 2 Nr. 5 **VOB/B** zu zahlende geänderte Vergütung ist Entgelt i. S. v. § 10 Abs. 1 UStG für die geänderte Leistung des Auftragnehmers und damit Bemessungsgrundlage für den Umsatz. – 3. § 6 Nr. 6 **VOB/B** gewährt dem Auftragnehmer einen Schadensersatzanspruch, dem keine steuerbare Leistung zugrunde liegt, so dass hierfür eine Umsatzsteuerpflicht ausscheidet. *BGH-Urt. v. 24. 1. 2008 – VII ZR 280/05 (NJW S. 1523).*

Die nach **Kündigung eines Architektenvertrages** zu zahlende Vergütung ist nur insoweit Entgelt im Sinne von § 10 Abs. 1 UStG, als sie auf schon erbrachte Leistungsteile entfällt. *BFH-Urteil vom 26. 8. 2021 V R 13/19 (BStBl. 2022 II S. 197).*

1. Ob die Voraussetzungen für einen Leistungsaustausch vorliegen, ist nicht nach zivilrechtlichen, sondern ausschließlich nach den **vom Unionsrecht geprägten umsatzsteuerrechtlichen Maßstäben** zu beurteilen. – 2. **Entschädigungen** oder **Schadensersatzzahlungen** sind grundsätzlich kein Entgelt im Sinne des Umsatzsteuerrechts, wenn die Zahlung nicht für eine Lieferung oder sonstige Leistung an den Zahlenden erfolgt, sondern weil der Zahlende nach Gesetz oder Vertrag für einen Schaden einzustehen hat. – 3. Ob eine Leistung des Unternehmers vorliegt, die derart mit der Zahlung verknüpft ist, dass sie sich auf die Erlangung einer Gegenleistung richtet, bestimmt sich in erster Linie nach dem der **Leistung zugrunde liegenden Rechtsverhältnis.** Deshalb sind bei Leistungen aufgrund eines gegenseitigen Vertrages die Voraussetzungen eines Leistungsaustausches regelmäßig erfüllt. – 4. Die Voraussetzungen für einen entgeltlichen Leistungsaustausch liegen vor, wenn ein Steuerpflichtiger auf eine ihm, sei es auf gesetzlicher Grundlage oder vertraglicher Grundlage, zustehende Rechtsposition **gegen Entgelt verzichtet.** *BFH-Urteil v. 16. 1. 2014 V R 22/13 (MwStR S. 333).* **115**

Abgrenzung von Schadensersatz und Leistungsentgelt: Entschädigung von **Zeugen** und ehrenamtlichen Richtern sowie Vergütung von **Sachverständigen,** Dolmetschern und Übersetzern nach dem JVEG; **Ärztliche Gutachten** im Auftrag von Sozialbehörden. *Verfügung OFD Frankfurt/M. v. 14. 7. 2014 – S 7100 A-234-St 110 (DStR S. 1924).* **116**

Zahlt die zuständige Behörde wegen der Reparatur einer Schutzplanke der Bundesautobahn Umsatzsteuer an eine Fachfirma, steht ihr ein **Schadensersatzanspruch** auch in Höhe des der Bundesrepublik Deutschland zufallenden **Umsatzsteueranteils** zu. *BGH-Urt. v. 14. 9. 2004 – VI ZR 97/04 (NJW S. 3557).* **117**

a) Schreiben betr. Umsatzsteuer bei Garantieleistungen und Freiinspektionen in der Kraftfahrzeugwirtschaft

Anl a zu 1.3

Vom 3. Dezember 1975 (BStBl. I S. 1132)

(BMF IV A 2 – S 7100 – 25/75)

Anlg.: – 1 –

A. Allgemeines

Bei dem Verkauf von Kraftfahrzeugen ist es üblich, innerhalb einer bestimmten Frist und/oder Fahrleistung für eine Fehlerfreiheit des Kraftfahrzeuges Gewähr zu leisten, die dem jeweiligen Stand der Technik entspricht. Die Schäden werden regelmäßig nicht von den Herstellern der Kraftfahrzeuge, sondern von Vertriebsfirmen beseitigt, die als Lieferer oder Vermittler in die Absatzkette eingeschal- **120**

---

[1] Gemeint ist § 326 BGB a. F.

tet waren. Zur Durchführung der Reparaturen sind die Vertriebsfirmen allgemein nach einem mit dem Hersteller abgeschlossenen sogenannten Händlervertrag verpflichtet. Die Verpflichtung schließt auch Reparaturen an solchen Fahrzeugen ein, die von anderen Vertriebsfirmen abgesetzt worden sind.

Die Geschäftsabwicklung bei den erforderlichen Reparaturen ist nicht einheitlich. Im Regelfall baut die Vertriebsfirma das schadhafte Teil aus und ersetzt es durch ein fabrikneues Ersatzteil. Das schadhafte Teil wird dem Hersteller zugesandt, der es daraufhin untersucht, ob ein Gewährleistungsfall vorliegt. Wird ein solcher Fall anerkannt, so ersetzt der Hersteller der Vertriebsfirma die aufgewendeten Lohn- und Materialkosten nach festgelegten Sätzen. Manche Vertriebsfirmen erhalten an Stelle der Materialgutschrift ein entsprechendes neues Ersatzteil.

Bei der umsatzsteuerrechtlichen Beurteilung der Gewährleistungsfälle haben sich die Fragen ergeben,

1. wie die vom Hersteller gewährten Gutschriften über die Lohn- und Materialkosten bei der Vertriebsfirma zu behandeln sind und
2. ob hinsichtlich dieser Gutschriften beim Hersteller eine Entgeltminderung anzunehmen ist.

B. Umsatzsteuerrechtliche Beurteilung

Unter Bezugnahme auf das Ergebnis der Erörterungen mit den obersten Finanzbehörden der Länder gilt folgendes:

I. Träger der Gewährleistungspflicht

121 Die umsatzsteuerrechtliche Beurteilung hängt wesentlich davon ab, ob die Vertriebsfirma mit der Reparatur eine Leistung an das Herstellerwerk oder an den Fahrzeugkäufer bewirkt. Dies richtet sich nach den bestehenden Vertragsverhältnissen. Dabei ist darauf abzustellen, ob der Hersteller gegenüber dem Fahrzeugkäufer zur Gewährleistung verpflichtet ist und sich der Vertriebsfirma als Erfüllungsgehilfe bedient oder ob die Vertriebsfirma selbst die Gewährleistungspflicht gegenüber dem Fahrzeugkäufer trägt (vgl. BFH-Urteil vom 17. Februar 1966 – V 58/63, BStBl. III S. 261).

Wer Träger der Gewährleistungspflicht ist, entscheidet sich nach bürgerlichem Recht. Bei der Prüfung dieser Frage sind die Grundsätze des BFH-Urteils vom 16. Juli 1964 – V 23/60 (BStBl. III S. 516) zu beachten.

II. Die Gewährleistungspflicht gegenüber dem Fahrzeugkäufer obliegt dem Hersteller

122 Ist der Hersteller dem Fahrzeugkäufer zur Gewährleistung verpflichtet, so stellt die Durchführung der Reparatur eine Leistung des Herstellers an den Fahrzeugkäufer dar. Diese Leistung ist nicht umsatzsteuerbar, weil ihr kein Entgelt gegenübersteht. Der Hersteller bedient sich bei der Reparatur der Vertriebsfirma als seines Erfüllungsgehilfen. Die Vertriebsfirma bewirkt eine Leistung an den Hersteller. Soweit hierfür ein Entgelt gezahlt wird, unterliegt diese Leistung der Umsatzsteuer. Bei der Beurteilung sind folgende Fälle zu unterscheiden:

1. Die Vertriebsfirma repariert das Kraftfahrzeug unter Verwendung eines Ersatzteils aus eigenem Lagerbestand. Das Ersatzteil ist vom Hersteller bezogen worden. Der Hersteller gewährt der Vertriebsfirma eine Gutschrift über die Lohn- und Materialkosten.
   a) Zwischen der Vertriebsfirma und dem Hersteller findet ein Leistungsaustausch statt. Der Umsatz der Vertriebsfirma umfaßt die Arbeitsleistung und den Materialverbrauch, es sei denn, daß eine klare Vereinbarung besteht, wonach die Ersatzteillieferung des Herstellers an die Vertriebsfirma oder die hierfür geleistete Entgeltzahlung rückgängig gemacht werden soll, wenn das Ersatzteil in Gewährleistungsfällen verwendet wird. Fehlt es an solcher Vereinbarung, so unterliegt die Vertriebsfirma mit den Gutschriften für die Lohn- und Materialkosten der Umsatzsteuer (BFH-Urteil vom 17. Februar 1966 a. a. O.).
   Beim Hersteller liegt eine Entgeltsminderung nicht vor, weil die Gutschriften nicht wegen der ursprünglichen Lieferungen, sondern als Entgelt für eine besondere Leistung der Vertriebsfirma (Reparatur) gewährt werden (vgl. BFH-Urteil vom 12. November 1959 – V 21/58 U, BStBl. 1960 III S. 13).
   Der Hersteller kann den in der Gutschrift ausgewiesenen Steuerbetrag als Vorsteuer von seiner Steuerschuld abziehen.
   b) Ist dagegen zwischen dem Hersteller und der Vertriebsfirma von vornherein vereinbart, daß
   – die Lieferung eines Ersatzteils vom Hersteller an die Vertriebsfirma rückgängig gemacht wird oder
   – der Vertriebsfirma das beim Bezug des Ersatzteils entrichtete Entgelt gutgeschrieben wird,
   wenn das Ersatzteil im Gewährleistungsfalle bei einer Reparatur verwendet wird, so beschränkt sich der Umsatz der Vertriebsfirma an das Herstellerwerk auf die Arbeitsleistung. Der Wert des verwendeten Ersatzteils scheidet aus dem Leistungsaustausch aus (BFH-Urteile vom 8. Februar 1962 – V 217/59, U, BStBl. III S. 168, und vom 25. November 1965 – V 130/63 S, BStBl. III S. 160). Der Umsatz der Vertriebsfirma bemißt sich nach dem Gutschriftsbetrag für die Lohnkosten. Beim Hersteller liegt insoweit eine Entgeltsminderung nicht vor, weil die Gutschriften für die Lohnkosten nicht wegen der ursprünglichen Lieferungen, sondern als Entgelt für eine besondere Leistung der Vertriebsfirma (Reparatur) gewährt werden (BFH-Urteil vom 12. November 1959 a. a. O.).

Der Hersteller kann den in der Gutschrift ausgewiesenen Steuerbetrag als Vorsteuer von seiner Steuerschuld abziehen. Anl a zu 1.3

Hinsichtlich der Materialkosten gilt folgendes:

Beim Hersteller stellt der Gutschriftsbetrag für den Wert der verwendeten Ersatzteile in diesen Fällen eine Entgeltsminderung für die ursprüngliche Ersatzteillieferung dar.

Nach § 17 Abs. 1 UStG haben

der Hersteller den für die ursprüngliche Ersatzteillieferung geschuldeten Steuerbetrag,

die Vertriebsfirma den dafür in Anspruch genommenen Vorsteuerbetrag

zu berichtigen.

2. Die Vertriebsfirma repariert das Kraftfahrzeug unter Verwendung eines Ersatzteils aus eigenem Lagerbestand, das sie vom Hersteller bezogen hat. Der Hersteller gewährt der Vertriebsfirma jedoch nur eine Gutschrift über die Lohnkosten. An Stelle des bei der Reparatur verwendeten Ersatzteils überläßt er der Vertriebsfirma kostenlos ein entsprechendes Ersatzteil.
Die Entnahme des Ersatzteils aus dem Lager der Vertriebsfirma und die Rückgewähr eines entsprechenden Teils durch den Hersteller sind als nichtsteuerbare Hingabe und Rückgabe eines unentgeltlichen Sachdarlehens zu beurteilen. Eine zusätzliche Lieferung des Herstellers, die als Gegenleistung für die Leistung der Vertriebsfirma zu werten wäre, liegt nicht vor (BFH-Urteil vom 14. Juli 1966 – V 16/64, BStBl. III S. 615). Der Umsatz der Vertriebsfirma erschöpft sich in der Arbeitsleistung, er bemißt sich nach dem Gutschriftsbetrag für die Lohnkosten.
Der Hersteller kann den in der Gutschrift über die Lohnkosten ausgewiesenen Steuerbetrag als Vorsteuer von seiner Steuerschuld abziehen. Durch die kostenlose Überlassung des Ersatzteils ergeben sich beim Hersteller keine umsatzsteuerlichen Auswirkungen. Da der Vorgang keine entgeltliche Lieferung darstellt, löst er eine zusätzliche Umsatzsteuerpflicht nicht aus (BFH-Urteil vom 14. Juli 1966 a. a. O.). Andererseits liegt keine Entgeltsminderung vor.

3. Die Vertriebsfirma fordert das benötigte Ersatzteil vom Hersteller an, weil sie es entweder nicht in ihrem Lager vorrätig hat oder ihren Lagerbestand nicht angreifen will. Der Hersteller überläßt ihr das gewünschte Ersatzteil kostenlos zur Durchführung der Reparatur und erteilt eine Gutschrift über die Lohnkosten.
Die Überlassung des Ersatzteils durch den Hersteller zur Durchführung der Reparatur ist als nichtsteuerbarer Umtausch eines fehlerhaften Teils des Kaufgegenstandes gegen ein fehlerfreies bzw. als Materialgestellung anzusehen. Die Vertriebsfirma bewirkt dem Hersteller gegenüber eine Werkleistung unter Verwendung eines von ihm zur Verfügung gestellten Ersatzteils (vgl. BFH-Urteil vom 14. Juli 1966 a. a. O.).
Für die umsatzsteuerrechtliche Behandlung bei der Vertriebsfirma und beim Hersteller gilt das gleiche wie unter 2.

III. Die Gewährleistungspflicht gegenüber dem Fahrzeugkäufer obliegt der Vertriebsfirma

Ist die Vertriebsfirma dem Fahrzeugkäufer zur Gewährleistung verpflichtet, so stellt die Durchführung der Reparatur in der Regel eine Leistung der Vertriebsfirma an den Fahrzeugkäufer dar. Die umsatzsteuerrechtliche Beurteilung hängt davon ab, ob dieser Leistung eine Gegenleistung gegenübersteht. Dabei sind folgende Fälle zu unterscheiden: 123

1. Die Vertriebsfirma führt eine Gewährleistungsreparatur an einem Fahrzeug aus, das sie selbst verkauft hat. Sie verwendet dazu ein Ersatzteil aus eigenem Lagerbestand und erhält vom Hersteller eine Gutschrift über die Lohn- und Materialkosten.
Mit der Beseitigung der Mängel erfüllt die Vertriebsfirma eine Gewährleistungsverpflichtung, die sie nach dem Kaufvertrag gegenüber dem Fahrzeugkäufer übernommen hat. Sie erhält hierfür vom Fahrzeugkäufer kein Entgelt, sondern macht ihrerseits Gewährleistungsansprüche gegenüber dem Hersteller geltend, die ihr nach dessen Verkaufsbedingungen zustehen. Die Erfüllung der Gewährleistungsansprüche durch den Hersteller stellt einen echten Schadenersatz dar. Die Vertriebsfirma unterliegt daher mit den ihr gewährten Gutschriften nicht der Umsatzsteuer (BFH-Urteil vom 16. Juli 1964 a. a. O.). Die vom Hersteller für die Lieferung des Kraftfahrzeuges ursprünglich berechnete Umsatzsteuer bleibt unberührt.

2. Die Vertriebsfirma führt eine Gewährleistungsreparatur an einem Fahrzeug aus, das sie nicht selbst verkauft hat. Sie verwendet dazu ein Ersatzteil aus eigenem Lagerbestand und erhält vom Hersteller eine Gutschrift über die Lohn- und Materialkosten.
Mit der Beseitigung der Mängel bewirkt die Vertriebsfirma eine Leistung an den Fahrzeugkäufer, die mangels Entgelts nicht steuerbar ist. Zugleich bewirkt sie je nach der vertraglichen Gestaltung damit auch eine Leistung an den Hersteller, der das Fahrzeug geliefert hat. Der Anspruch auf Kostenersatz ergibt sich im allgemeinen aus dem zwischen Hersteller und Vertriebsfirma abgeschlossenen Händlervertrag. Die Voraussetzungen für die Annahme eines Schadensersatzes sind in diesem Falle nicht gegeben (vgl. BFH-Urteil vom 10. Dezember 1964 – V 126/60, StRK UStG § 1 Ziff. 1, R 364). Die Vertriebsfirma unterliegt mit dem Gutschriftsbetrag für die Lohn- und Materialkosten der Umsatzsteuer. Der Hersteller kann den Wert der Gutschrift nicht als Entgeltsminderung behandeln, weil der Kostenersatz als Gegenleistung für eine besondere steuerbare Leistung der Vertriebsfirma gewährt wird. Er kann jedoch den in der Gutschrift ausgewiesenen Steuerbetrag als Vorsteuer von seiner Steuerschuld abziehen.

Anl a zu 1.3

3. Der Hersteller gewährt der Vertriebsfirma nur eine Gutschrift über die Lohnkosten. An Stelle des bei der Gewährleistungsreparatur verwendeten Ersatzteils überläßt er der Vertriebsfirma kostenlos ein entsprechendes Ersatzteil.
Die Rechtslage ist entsprechend den Ausführungen unter Abschn. III Nr. 1 und 2 zu beurteilen. Hat die Vertriebsfirma Mängel an einem selbstverkauften Fahrzeug beseitigt, so stellen die Gutschrift über die Lohnkosten und die kostenlose Überlassung eines neuen Ersatzteils nichtsteuerbaren Schadensersatz dar. Bei der Vertriebsfirma tritt eine Umsatzsteuerpflicht nicht ein. Da es an einem Leistungsaustausch fehlt, löst die Überlassung des Ersatzteils auch beim Hersteller keine Steuerpflicht aus. Hinsichtlich des Gutschriftsbetrages über die Lohnkosten ist beim Hersteller keine Entgeltsminderung anzunehmen.
Hat die Vertriebsfirma Mängel an einem Fahrzeug beseitigt, das sie nicht selbst verkauft hat, so bewirkt sie eine Leistung an den Fahrzeugkäufer, die jedoch mangels Entgelts nicht steuerbar ist. Zugleich bewirkt sie damit auch eine Leistung an den Hersteller. Der Anspruch des Herstellers auf Beseitigung der Mängel durch die Vertriebsfirma ergibt sich aus dem zwischen Hersteller und Vertriebsfirma abgeschlossenen Händlervertrag. Für die umsatzsteuerliche Behandlung bei der Vertriebsfirma und beim Hersteller gilt das gleiche wie unter Abschn. II Nr. 2.
4. Die Vertriebsfirma fordert das benötigte Ersatzteil vom Hersteller an, weil sie es entweder nicht in ihrem Lager vorrätig hat oder ihren Lagerbestand nicht angreifen will. Der Hersteller überläßt ihr das gewünschte Ersatzteil kostenlos und erteilt eine Gutschrift über die Lohnkosten.
Die Rechtslage ist die gleiche wie unter Nr. 3.

IV. Verlängerte Gewährleistung

124 Für Kulanzleistungen (Schadensbeseitigung auf freiwilliger Basis) gelten die für Gewährleistungsfälle entwickelten Grundsätze entsprechend.

V. Garantieleistungen für Aggregate, Zubehör und dergleichen

125 Hinsichtlich der umsatzsteuerrechtlichen Beurteilung der Gewährleistung für Austauschaggregate, Zubehör und dgl. gelten die für die Gewährleistung in der Kraftfahrzeugwirtschaft entwickelten Grundsätze entsprechend.

VI. Behandlung von Freiinspektionen

126 Die Geschäftsabwicklung bei Freiinspektionen ist – ähnlich wie bei Garantieleistungen in der Kraftfahrzeugwirtschaft – nicht einheitlich. Die umsatzsteuerliche Beurteilung hängt wesentlich davon ab, ob die Vertriebsfirma mit der Freiinspektion eine Leistung an das Herstellerwerk, an den Fahrzeugkäufer oder an einen Dritthändler bewirkt.

Folgende Abwicklungsfälle sind zu unterscheiden:

1. Freiinspektionen bei Herstellerverpflichtung
Verpflichtet sich der Hersteller gegenüber dem Fahrzeugkäufer, die Freiinspektion vorzunehmen, und bedient er sich dabei der Vertriebsfirma als Erfüllungsgehilfen, so ist der Hersteller Empfänger der Leistung der Vertriebsfirma. Die Leistung der Vertriebsfirma gegenüber dem Hersteller unterliegt der Umsatzsteuer. Der Hersteller kann die ihm von der Vertriebsfirma für die erbrachte Leistung in Rechnung gestellte Steuer als Vorsteuer abziehen.
Da der Fahrzeugkäufer für die Freiinspektion ein Entgelt nicht zu entrichten hat, ist die Leistung des Herstellers an den Fahrzeugkäufer nicht steuerbar. Ein Leistungsaustausch ist jedoch zwischen Vertriebsfirma und Fahrzeugkäufer in Höhe des berechneten Materials (z. B. verbrauchte Schmiermittel) gegeben.
2. Freiinspektionen bei Händlerverpflichtung
   a) Die Vertriebsfirma führt die Freiinspektion an einem Fahrzeug durch, das sie selbst verkauft hat.
   Verpflichtet sich die Vertriebsfirma gegenüber dem Fahrzeugkäufer, die Freiinspektion durchzuführen, so erbringt sie mit der Durchführung der Inspektion eine Leistung an den Fahrzeugkäufer. Die Leistung ist nicht steuerbar, da ihr insoweit ein Entgelt nicht gegenübersteht. Ein Leistungsaustausch zwischen Vertriebsfirma und Fahrzeugkäufer ist nur in Höhe des berechneten Materials (z. B. verbrauchte Schmiermittel) gegeben.
   Die für die Freiinspektion vom Hersteller an die Vertriebsfirma gewährten Vergütungen sind kein Entgelt für eine Leistung der Vertriebsfirma an den Hersteller, sie sind als zusätzliche Rabatte anzusehen, die das Entgelt des Herstellers für die Lieferung des Fahrzeugs mindern. Die Vertriebsfirma hat ihren Vorsteuerabzug entsprechend zu mindern (§ 17 Abs. 1 Nr. 2 UStG).
   b) Die Vertriebsfirma führt die Freiinspektion an einem Fahrzeug durch, das sie nicht selbst verkauft hat.
   Aufgrund des mit dem Herstellerwerk abgeschlossenen Händlervertrags ist die Vertriebsfirma verpflichtet, Freiinspektionen auch dann vorzunehmen, wenn sie das Fahrzeug nicht selbst geliefert hat. In diesen Fällen leistet die Vertriebsfirma je nach der vertraglichen Gestaltung entweder an den Hersteller oder an den Händler, der das Fahrzeug geliefert hat. Die hierfür gezahlten Vergütungen unterliegen bei der Vertriebsfirma der Umsatzsteuer. Der Leistungsempfänger ist insoweit zum Vorsteuerabzug berechtigt. Kommt als Leistungsempfänger der Händler in Betracht, der das Fahrzeug geliefert hat, so sind die Vergütungen, die der Hersteller dem Händler gewährt, als Entgeltsminderungen zu behandeln (vgl. Nr. 2 Buchst. a).

Anl a zu 1.3

noch **126**

c) Gewährung eines Pauschalrabattes in den Fällen 2 a) und 2 b).
Wird die Freiinspektion durch den Hersteller bei Lieferung des Fahrzeugs durch einen erhöhten Rabatt abgegolten, der alle Verkaufskosten (einschließlich der Kosten für Freiinspektionen) und einen angemessenen Gewinn enthält, so ist der Rabatt beim Hersteller in vollem Umfang als Entgeltsminderung anzusehen.
Führt die Vertriebsfirma bei dieser Vertragsgestaltung die Freiinspektion für einen Händler, der das Fahrzeug verkauft hat (Dritthändler), durch und berechnet sie ihm die Kosten der Freiinspektion, so erbringt sie eine steuerpflichtige Leistung an den Dritthändler. Der Dritthändler ist in diesem Fall auch Empfänger der Leistungen der Vertriebsfirma, weil diese für ihn als Erfüllungsgehilfe tätig geworden ist. Er ist bei Vorliegen der übrigen Voraussetzungen zum Vorsteuerabzug berechtigt.

Der BdF-Erlaß vom 8. August 1967 – IV A 2 – S 4100 – 37/67 – (USt-Kartei S 4100 Karte 57) ist nur auf Umsätze anzuwenden, die vor dem 1. Januar 1968 ausgeführt worden sind.

Anl a zu 1.3

Anlage zum BdF-Schreiben vom 3. Dezember 1975 betreffend Umsatzsteuer bei Garantieleistungen und Freiinspektionen in der Kraftfahrzeugwirtschaft

Sachverhalt	Arbeit wird geleistet durch	Behandlung der Gutschriften bei Vertriebsfirma	Hersteller
B II. Herstellergarantie			
1 a) Ersatzteil aus Lagerbestand	Vertriebsfirma	Steuerschuld	Vorsteuerabzug
1 b) Ersatzteillieferung wird rückgängig gemacht	Vertriebsfirma	Steuerschuld für Lohnkosten Vorsteuerberichtigung für Ersatzteilgutschrift	Vorsteuerabzug für Lohnkosten Berichtigung der Steuerschuld für Ersatzteilgutschrift
2 + 3) Ersatz des Materials	Vertriebsfirma	Steuerschuld für Lohnkosten	Vorsteuerabzug
B III. Händlergarantie			
1 (3 + 4) selbstverkauftes Fahrzeug	Vertriebsfirma	Schadensersatz	ohne Auswirkungen
2 (3 + 4) durch anderen Händler verkauftes Fahrzeug	Vertriebsfirma	Steuerschuld	Vorsteuerabzug
VI. Freiinspektion			
1. Herstellerverpflichtung	Vertriebsfirma	Steuerschuld	Vorsteuerabzug
2. Händlerverpflichtung a) selbstverkauftes Fahrzeug	Vertriebsfirma	Vorsteuerminderung	Minderung der Steuerschuld
b) durch anderen verkauftes Fahrzeug	Vertriebsfirma	Steuerschuld	Vorsteuerabzug (ggf. beim Dritthändler)
c) Pauschalrabatt (selbstverkauftes Fahrzeug) (durch anderen verkauftes Fahrzeug)	 Vertriebsfirma Vertriebsfirma	 geringere Vorsteuer Steuerschuld bei Berechnung an Dritthändler	 Minderung des Fahrzeugentgelts Minderung des Fahrzeugentgelts (ggf. Vorsteuerabzug beim Dritthändler)

b) Schreiben betr. Umsatzsteuer bei Garantieleistungen in der Reifenindustrie

Anl b zu 1.3

Vom 21. November 1974 (BStBl. I S. 1021)

(BMF IV A 2 – S 7100 – 35/74)

I. Allgemeines

1. Nach ihren Geschäftsbedingungen übernehmen die Reifenhersteller bei der Lieferung von Reifen eine sogenannte Werksgarantie. Danach richten sich die Garantieansprüche der Endabnehmer unmittelbar gegen den Hersteller. Zur Befriedigung dieser Ansprüche haben sich die Hersteller in ihren Haftungsbedingungen verpflichtet, mangelhafte Reifen zu ersetzen. Ob für den Ersatzreifen ein Entgelt zu berechnen ist, richtet sich nach dem Abnutzungsgrad des beanstandeten Reifens. Dem Hersteller steht jedoch auch das Recht zu, den Schaden in bar oder durch Gutschrift in laufender Rechnung auszugleichen. Ab 1. Januar 1972 (oder in Ausnahmefällen zu einem späteren Zeitpunkt) haben die Hersteller ihre Gewährleistungsbedingungen durch eine sogenannte Rückgängigkeitsklausel ergänzt, die wie folgt lautet: 130
„Alle Lieferungen von Reifen erfolgen unter der auflösenden Bedingung, daß bei Verwendung eines solchen Reifens für Garantiezwecke der Liefervertrag bezüglich dieses Reifens aufgehoben wird. Mit Eintritt dieser Bedingung, d. h. sobald der Händler einen Ersatzreifen seinem Lager entnimmt, um ihn für Garantiezwecke zu verwenden, wird der Liefervertrag hinsichtlich dieses Reifens rückgängig gemacht. In Einzelfällen, in denen das Herstellerwerk das Vorliegen einer Garantie verneint, gilt die auflösende Bedingung hinsichtlich des in diesem Einzelfall verwendeten Reifens als von Anfang an nicht eingetreten."
2. Die Gewährleistungsansprüche werden wie folgt abgewickelt: 131
Der Reifenendabnehmer macht Gewährleistungsansprüche wegen eines schadhaften Reifens bei dem Reifenhändler, bei dem er den Reifen gekauft hat oder bei einem anderen Händler geltend. Der Reifenhändler sendet den beanstandeten Reifen zur Schadensfeststellung an den Reifenhersteller. Erkennt der Reifenhersteller den Schaden an, so wird der Schaden je nach Abnutzungsgrad des Reifens bis zu 100% vergütet. Dies geschieht in folgender Weise:
Mit dem Garantiefall ist die in der Rückgängigkeitsklausel enthaltene Bedingung für die Rückgängigmachung des Kaufvertrages über denjenigen Reifen eingetreten, den der Händler aus seinem Lager entnommen und für Garantiezwecke verwendet hat. Die Entnahme des Reifens stellt sich dabei als Rückgabe an den Hersteller und die Gutschrift als Aufhebung der für den zurückgenommenen Reifen erteilten Rechnung dar. Gleichzeitig wird der zurückgenommene Reifen vom Hersteller dem Händler für die Beseitigung des Garantieschadens wieder zur Verfügung gestellt. Beträgt die Wertminderung 100 v. H., wird für die Lieferung kein Entgelt in Rechnung gestellt. Ist für die erneute Lieferung des Reifens ein Entgelt zu berechnen, weil wegen des Abnutzungsgrades des beanstandeten Reifens eine unentgeltliche Lieferung nicht in Betracht kommt, wird aus Vereinfachungsgründen keine besondere Rechnung erteilt, sondern die Gutschrift um den Rechnungsbetrag vermindert. Der Abrechnung liegen die zur Zeit der Ersatzlieferung gültigen Preise zugrunde. Den Saldo aus der Rücknahmegutschrift und der Entgeltsberechnung setzt der Hersteller von seinen Umsatzerlösen ab.
Für den Reifenendabnehmer wickelt sich der Gewährleistungsanspruch in der Weise ab, daß er vom Händler einen Ersatzreifen des gleichen Fabrikats erhält. Je nach Schadenshöhe stellt der Händler den Reifen unentgeltlich zur Verfügung, oder er berechnet den Reifen mit dem vom Hersteller anerkannten prozentualen Nachlaß.
3. Folgende Sonderfälle sind möglich:
   a) Die Vereinbarung, daß die Gutschrift des Herstellers nach dem am Tage der Ersatzlieferung gültigen Preis bemessen wird, kann bei zwischenzeitlichen Preiserhöhungen und Anerkennung eines Schadens von 100% (oder wenig darunter) dazu führen, daß der Hersteller dem Händler eine Gutschrift erteilt, die das ursprüngliche Lieferungsentgelt übersteigt. Ein solcher Fall kann aber nur eintreten, wenn der Händler für Garantiezwecke nachweisbar einen Reifen verwendet, den er vor der Preiserhöhung eingekauft hat. 132
   b) Da etwaige Reifenschäden in der Regel unverzüglich durch Ersatzreifenlieferungen beseitigt werden müssen, ist der Händler mangels entsprechender Vorräte oder aus anderen Gründen gezwungen, den schadhaften Reifen durch ein anderes Fabrikat zu ersetzen. Der Hersteller wird hiervon nicht unterrichtet. Die Abrechnung zwischen Hersteller und Händler erfolgt nach den unter 2. erläuterten Grundsätzen.
   c) Der Reifenendabnehmer verzichtet auf die Lieferung eines Ersatzreifens und verlangt vom Händler nach Anerkennung des Garantieschadens eine Barentschädigung. Die Barentschädigung setzt sich aus der Gutschrift des Herstellers und einer Zuzahlung des Händlers zusammen. Der Händler muß sich an der Aufbringung der Entschädigung beteiligen, weil die Entschädigung nach dem Verbraucherpreis, in dem die Handelsspanne des Händlers enthalten ist, bemessen wird.
   Auch in diesem Fall erhält der Händler vom Hersteller eine Rücknahmegutschrift, von der gegebenenfalls ein Entgelt für den Ersatzreifen abgezogen ist.

II. Umsatzsteuerliche Beurteilung beim Reifenhersteller und beim regelversteuernden Händler

Unter Bezugnahme auf das Ergebnis der Erörterungen mit den obersten Finanzbehörden der Länder wird zur umsatzsteuerlichen Behandlung der oben bezeichneten Sachverhalte wie folgt Stellung genommen: 133

1. Anwendung der Rückgängigkeitsklausel im Regelfall
Um systemwidrige Folgen im Leistungsverkehr zwischen Unternehmern zu vermeiden, haben die Hersteller die Rückgängigkeitsklausel (vgl. BFH-Urteil vom 8. Februar 1962 – V 217/59 U – BStBl. 1962 III S. 168) in ihre Gewährleistungsbedingungen aufgenommen. *Dies beruht darauf, daß Vergütungen des Herstellers, die unter Überspringen von Zwischenstufen an ein späteres Glied der Abnehmerkette gezahlt werden, beim Hersteller seit dem 1. Januar 1968 nicht mehr als Minderung der Bemessungsgrundlage anzusehen sind ([Abschn. 10.3 Abs. 2 UStAE]).* Es bestehen keine Bedenken, die Rückgängigkeitsklausel auch bei Garantieleistungen der Reifenindustrie mit umsatzsteuerlicher Wirkung anzuwenden.
Die Aufnahme der Rückgängigkeitsklausel führt bei dem unter I 2. aufgeführten Sachverhalt zu folgender Beurteilung:
Die auf Grund der Rückgängigkeitsklausel zu erteilenden Gutschriften sind als Belege anzusehen, mit denen vorhergehende Rechnungen über die in Betracht kommenden Reifenlieferungen aufgehoben werden und die berechneten Entgelte zurückgewährt werden. Nach § 17 Abs. 1 UStG haben
a) der Hersteller, den für den Umsatz geschuldeten Steuerbetrag,
b) der Händler, den dafür in Anspruch genommenen Vorsteuerbetrag
zu berichtigen.
Hat der Händler für den ihm nach der Rückgabe für Garantiezwecke erneut gelieferten Reifen ein Entgelt zu zahlen – weil wegen des Abnutzungsgrades des beanstandeten Reifens eine unentgeltliche Lieferung nicht in Betracht kommt –, so genügt es, wenn der Hersteller das zusätzliche Entgelt in dem Gutschriftsbeleg berücksichtigt. Aus dem Beleg, der gleichzeitig als Rechnung anzusehen ist, müssen die nach § 14 Abs. 1 UStG erforderlichen Angaben hervorgehen.
Der Händler hat die Lieferung des Ersatzreifens an den Endabnehmer unter Zugrundelegung des Entgelts zu versteuern, das er dem Endabnehmer gegebenenfalls berechnet.
2. Gewährung von Gutschriften, die infolge zwischenzeitlicher Preiserhöhungen das ursprüngliche Lieferungsentgelt übersteigen
Der zu I 3 a) bezeichnete Sachverhalt ist umsatzsteuerlich in folgender Weise zu behandeln:
Wegen der Umschlagshäufigkeit der Lagerbestände beim Händler und der geringen Zahl der Preiserhöhungen sind nur in wenigen Ausnahmefällen Gutschriften denkbar, die über das ursprüngliche Lieferentgelt hinausgehen. Aus Vereinfachungsgründen und zur Vermeidung praktischer Schwierigkeiten kann auf die Erfassung dieser Spitzen verzichtet werden.
a) Das führt beim Hersteller dazu, daß er seine Steuerschuld in Höhe des Steuerbetrages kürzen darf, der auf das in der Gutschrift ausgewiesene gesamte Entgelt entfällt.
b) Der Händler hat seinen Vorsteuerbetrag entsprechend dem in der Gutschrift ausgewiesenen Entgelt zu berichtigen.

135 3. Beurteilung der Rückgängigkeitsklausel bei Lieferung fremder Fabrikate und bei Gewährung von Barentschädigungen.
Die Sachverhalte I 3 b) und c) sind folgendermaßen zu beurteilen:
a) Die Rückgängigkeitsklausel greift in diesen Fällen nicht ein, da der Händler keinen Reifen des Herstellers entnimmt, der zur Garantieleistung verpflichtet ist. Der Endabnehmer erhält vom Hersteller des schadhaften Reifens keinen Naturalersatz, sondern eine Geldforderung. Die dem Endabnehmer zustehende Gutschrift des Herstellers behält der Händler ein und verrechnet sie mit seinen Leistungen an den Endabnehmer. *Beim Hersteller kann die Gutschrift, die er dem Endabnehmer unmittelbar schuldet, nicht als Rückgewähr von Entgelten oder Entgeltsminderung angesehen werden, weil er zum Endabnehmer keine Lieferbeziehungen unterhält.*
b) Beim Händler ist die einbehaltene Gutschrift und gegebenenfalls die Zuzahlung des Endabnehmers das Entgelt für die Lieferung des Fremdfabrikats. Hat der Händler dem Endabnehmer den in der ihm erteilten Gutschrift ausgewiesenen Betrag bar ausgezahlt, so ist bei ihm die Gutschrift des Herstellers wie ein durchlaufender Posten zu behandeln, d. h. sowohl sein Vorsteuerabzug als auch die Steuer für seine Lieferung bleiben hiervon unberührt. Der vom Händler aus seiner Handelsspanne zusätzlich auszuzahlende Betrag ist bei ihm bis zur Höhe des ursprünglich berechneten Aufschlags als Entgeltsminderung zu beurteilen, wenn er den mangelhaften Reifen selbst geliefert hat. Anderenfalls handelt es sich um eine Entgeltsverwendung, die bei der Ermittlung der Bemessungsgrundlage nicht berücksichtigt werden kann.

Anl c zu 1.3

c) Schreiben betr. Abmahnungen bei Urheberrechtsverletzungen und bei unlauteren Wettbewerbshandlungen

Vom 1. Oktober 2021 (BStBl. I S. 1859)

[abgedruckt im USt-Handbuch 2021 als Anlage c zu A 1.3]

UStAE 1.4

1.4 Mitgliederbeiträge[1]

141 (1) ① Soweit eine Vereinigung zur Erfüllung ihrer den Gesamtbelangen sämtlicher Mitglieder dienenden satzungsgemäßen Gemeinschaftszwecke tätig wird und dafür echte Mitgliederbeiträge

[1] Siehe auch *BMF v. 4. 2. 2019 (BStBl. I S. 115)* zu abweichend von A 1.4 UStAE als steuerbar behandelten Mitgliederbeiträgen.

erhebt, die dazu bestimmt sind, ihr die Erfüllung dieser Aufgaben zu ermöglichen, fehlt es an einem Leistungsaustausch mit dem einzelnen Mitglied. ② Erbringt die Vereinigung dagegen Leistungen, die den Sonderbelangen der einzelnen Mitglieder dienen, und erhebt sie dafür Beiträge entsprechend der tatsächlichen oder vermuteten Inanspruchnahme ihrer Tätigkeit, liegt ein Leistungsaustausch vor (vgl. BFH-Urteile vom 4. 7. 1985, V R 107/76, BStBl. 1986 II S. 153, und vom 7. 11. 1996, V R 34/96, BStBl. 1997 II S. 366).

(2) ① Voraussetzung für die Annahme echter Mitgliederbeiträge ist, dass die Beiträge gleich hoch sind oder nach einem für alle Mitglieder verbindlichen Bemessungsmaßstab gleichmäßig errechnet werden. ② Die Gleichheit ist auch dann gewahrt, wenn die Beiträge nach einer für alle Mitglieder einheitlichen Staffel erhoben werden oder die Höhe der Beiträge nach persönlichen Merkmalen der Mitglieder, z. B. Lebensalter, Stand, Vermögen, Einkommen, Umsatz, abgestuft wird (vgl. BFH-Urteil vom 8. 9. 1994, V R 46/92, BStBl. II S. 957). ③ Allein aus der Gleichheit oder aus einem gleichen Bemessungsmaßstab kann auf die Eigenschaft der Zahlungen als echte Mitgliederbeiträge nicht geschlossen werden (vgl. BFH-Urteil vom 8. 9. 1994, a. a. O.). 142

(3) ① Beitragszahlungen, die Mitglieder einer Interessenvereinigung der Lohnsteuerzahler, z. B. Lohnsteuerhilfeverein, erbringen, um deren in der Satzung vorgesehene Hilfe in Lohnsteuersachen in Anspruch nehmen zu können, sind Entgelte für steuerbare Sonderleistungen dieser Vereinigung. ② Dies gilt auch dann, wenn ein Mitglied im Einzelfall trotz Beitragszahlung auf die Dienste der Interessenvereinigung verzichtet, weil die Bereitschaft der Interessenvereinigung, für dieses Mitglied tätig zu werden, eine Sonderleistung ist (vgl. BFH-Urteil vom 9. 5. 1974, V R 128/71, BStBl. II S. 530). 143

(4) Umlagen, die ein Wasserversorgungszweckverband satzungsgemäß zur Finanzierung der gemeinsamen Anlagen, der betriebsnotwendigen Vorratshaltung und der Darlehenstilgung entsprechend der Wasserabnahme durch die Mitgliedsgemeinden erhebt, sind Leistungsentgelte (BFH-Urteil vom 4. 7. 1985, V R 35/78, BStBl. II S. 559). 144

(5) ① Eine aus Mietern und Grundstückseigentümern eines Einkaufszentrums bestehende Werbegemeinschaft erbringt gegenüber ihren Gesellschaftern steuerbare Leistungen, wenn sie Werbemaßnahmen für das Einkaufszentrum vermittelt oder ausführt und zur Deckung der dabei entstehenden Kosten entsprechend den Laden- bzw. Verkaufsflächen gestaffelte Umlagen von ihren Gesellschaftern erhebt (BFH-Urteil vom 4. 7. 1985, V R 107/76, BStBl. 1986 II S. 153). ② Allein die unterschiedliche Höhe der von Mitgliedern erhobenen Umlagen führt nicht zur Annahme eines Leistungsaustauschs zwischen der Gemeinschaft und ihren Mitgliedern (vgl. BFH-Urteil vom 18. 4. 1996, V R 123/93, BStBl. II S. 387). 145

(6) ① Die Abgabe von Druckerzeugnissen an die Mitglieder ist nicht als steuerbare Leistung der Vereinigung anzusehen, wenn es sich um Informationen und Nachrichten aus dem Leben der Vereinigung handelt. ② Steuerbare Sonderleistungen liegen jedoch vor, wenn es sich um Fachzeitschriften handelt, die das Mitglied andernfalls gegen Entgelt im freien Handel beziehen müsste. 146

(7) ① Bewirkt eine Vereinigung Leistungen, die zum Teil den Einzelbelangen, zum Teil den Gesamtbelangen der Mitglieder dienen, sind die Beitragszahlungen in Entgelte für steuerbare Leistungen und in echte Mitgliederbeiträge aufzuteilen (vgl. BFH-Urteil vom 22. 11. 1963, V 47/61 U, BStBl. 1964 III S. 147). ② Der auf die steuerbaren Leistungen entfallende Anteil der Beiträge entspricht der Bemessungsgrundlage, die nach § 10 Abs. 5 Nr. 1 i. V. m. § 10 Abs. 4 UStG anzusetzen ist (vgl. Abschnitt 10.7 Abs. 1). 147

Mitgliedsbeiträge an landwirtschaftliche Maschinen- und Betriebshilfsringe sind keine echten Mitgliedsbeiträge, wenn die Leistung nur in der Vermittlung von Maschinen und Personal besteht. *Erlass FM Rheinland-Pfalz S 7100 A – 445 v. 17. 4. 1980.* LS zu 1.4

Mindestens 50 v. H. der Grundbeiträge, Sonderbeiträge und Vermittlungsprovisionen der **Maschinen- und Betriebshilfsringe** sind steuerbares Entgelt. Eintrittsgelder, öffentliche Zuschüsse und Beiträge berufsfremder fördernder Mitglieder sind nicht steuerbar. *Erlass FM Niedersachsen S 7104 – 52 – St 172 v. 6. 3. 2014.* 150

Zur umsatzsteuerlichen Behandlung von Leistungsbeziehungen zwischen **Forstbetriebsgemeinschaften, Waldbesitzern** und **Holzkäufern** sowie dem Formerfordernis des § 14 Abs. 4 Satz 1 Nr. 2 UStG. *Erlass FM Brandenburg 31 – S 7280 – 2/05 v. 9. 1. 2009.* 151

Zu Unternehmensumfang, Leistungsaustausch, Zuschuss, Entgelt, Mindest-Bemessungsgrundlage und Vorsteuerabzug von **forstwirtschaftlichen Zusammenschlüssen** vgl. *Verfügung LfSt Niedersachsen S 7100-St 172-1287/2022 v. 3. 8. 2022 (MwStR S. 787).*

Zum unternehmerischen Bereich einer **Forstbetriebsgemeinschaft** in der Rechtsform eines wirtschaftlichen Vereins. *BFH-Urt. v. 18. 6. 2009, V R 77/07 (DStRE S. 1321).*

Mitgliederbeiträge zu **Haus- und Grundeigentümervereinen** sowie zu Mietervereinen sind in Höhe von 20 v. H. (als Bruttowert) der Umsatzsteuer zu unterwerfen. *Schreiben des BdF IV A/3 – S 7236 – 3/69 v. 6. 5. 1969.*

Art. 2 Nr. 1 der Sechsten Richtlinie 77/388 ist dahin auszulegen, dass die **Jahresbeiträge der Mitglieder eines Sportvereins** die Gegenleistung für die von diesem Verein erbrachten Dienstleistungen darstellen können, auch wenn diejenigen Mitglieder, die die Einrichtungen des Vereins nicht oder nicht regelmäßig nutzen, verpflichtet sind, ihren Jahresbeitrag zu zahlen. ***EuGH-Urt. v. 21. 3. 2002**, C-174/00, Kennemer Golf & Country Club (DStRE S. 642).* 152

1. Ein **Golf-Club,** der seinen Mitgliedern die vereinseigenen Golfanlagen zur Nutzung überlässt, führt damit keine „sportliche Veranstaltung" i. S. von § 4 Nr. 22 Buchst. b UStG 1999 durch. – 2. **Mitgliedsbeiträge** und **Aufnahmegebüh-**

ren können Entgelt für die Leistungen eines Sportvereins an seine Mitglieder sein. *BFH-Urt. v. 11. 10. 2007, V R 69/06 (DStRE 2008 S. 303).*

Ein **Berufsverband** i. S. von § 5 Abs. 1 Nr. 5 KStG kann entgeltliche Leistungen an seine Mitglieder oder Dritte im Rahmen eines wirtschaftlichen Geschäftsbetriebs nur erbringen, wenn sein Verbandszweck nicht hierauf gerichtet ist, sondern es sich hierbei um eine Nebentätigkeit handelt. *BFH-Urteil v. 13. 12. 2018 V R 45/17 (BStBl. II S. 460).*

Zur **unternehmerischen Tätigkeit eines Vereins** zur Förderung gemeinschaftlicher wirtschaftlicher Interessen *BFH-Urteil v. 29. 10. 2008, XI R 59/07 (DStRE 2009 S. 292) und FG München, Urt. v. 26. 11. 2009, 14 K 4217/06 (DStRE 2011 S. 625).*

Die entgeltliche Einräumung des Rechts zum betragsmäßig nicht begrenzten **verbilligten Warenbezug** in Form einer **„Mitgliedschaft"** stellt eine selbständig steuerbare Leistung und nicht eine Nebenleistung oder einen Zwischenschritt zum Warenkauf dar. *BFH-Urteil v. 18. 12. 2019 XI R 21/18 (BStBl. 2020 II S. 723).*

Leistungsaustausch zwischen Gesellschaft **(GmbH für Film- u. Medienförderung)** und Gesellschaftern (staatliche Rundfunkanstalten). *BFH-Urteil v. 29. 10. 2008, XI R 76/07 (BFH/NV 2009 S. 795).*

Die Wahrnehmung der allgemeinen Interessen (hier **Medienarbeit**) der Gesellschafter (hier: christliche Kirche und kirchennaher Verein) durch eine gemeinnützige GmbH ist keine der Mehrwertsteuer unterliegende Tätigkeit, wenn die Tätigkeit der GmbH einer bestimmten Personengruppe (hier: allen christlichen Kirchen) zugutekommt und sich eine Wirkung zugunsten der einzelnen Gesellschafter nur mittelbar aus diesen Vorteilen ableitet. *BFH-Urteil v. 23. 9. 2020 XI R 35/18 (BStBl. 2022 II S. 344).*

153 25 v. H. der Mitgliederbeiträge an **Fremdenverkehrsvereine** und **Landesfremdenverkehrsverbände** in der Rechtsform des Vereins können – anstelle der Regelung im BdF-Erlaß v. 12. 3. 1953 – auf Antrag einheitlich als steuerpflichtige Entgelte behandelt werden. *Verfügung OFD Koblenz S 7200 A – St 51 2 v. 29. 6. 1988.*

Zahlungen Dritter für die steuerbare Tätigkeit eines Vereins können Drittentgelt i. S. von § 10 Abs. 1 Satz 3 UStG sein, wenn der Verein die Mitgliedsbeiträge z. B. nicht kostendeckend festsetzt. *BFH-Urteil v. 20. 3. 2014 V R 4/13 (DStR S. 1539).*

Zur umsatzsteuerlichen Behandlung von **Regionen-Cards** und **Städte-Cards.** *Verfügung OFD Düsseldorf S 7200 v. 30. 8. 2005 und OFD Hannover S 7110 – 56 – StO v. 22. 12. 2009.*

Zu § 1 Abs. 1 a UStG

UStAE 1.5

1.5 Geschäftsveräußerung

Geschäftsveräußerung im Ganzen

161 (1) ① Eine Geschäftsveräußerung im Sinne des § 1 Abs. 1 a UStG liegt vor, wenn die wesentlichen Grundlagen eines Unternehmens oder eines gesondert geführten Betriebs an einen Unternehmer für dessen Unternehmen übertragen werden, wobei die unternehmerische Tätigkeit des Erwerbers auch erst mit dem Erwerb des Unternehmens oder des gesondert geführten Betriebs beginnen kann (vgl. Abschnitt 2.6 Abs. 1). ② Entscheidend ist, dass die übertragenen Vermögensgegenstände ein hinreichendes Ganzes bilden, um dem Erwerber die Fortsetzung einer bisher durch den Veräußerer ausgeübten unternehmerischen Tätigkeit zu ermöglichen, und der Erwerber dies auch tatsächlich tut (vgl. BFH-Urteil vom 18. 9. 2008, V R 21/07, BStBl. 2009 II S. 254). ③ Dabei sind im Rahmen einer Gesamtwürdigung die Art der übertragenen Vermögensgegenstände und der Grad der Übereinstimmung oder Ähnlichkeit zwischen den vor und nach der Übertragung ausgeübten Tätigkeiten zu berücksichtigen (BFH-Urteil vom 23. 8. 2007, V R 14/05, BStBl. 2008 II S. 165). ④ Für die Geschäftsveräußerung ist es unerheblich, dass der Erwerber nicht den Namen des übernommenen Unternehmens weiter führt; entscheidend ist, dass der Erwerber die Tätigkeit des Veräußerers nunmehr im Rahmen seiner bisherigen eigenen Geschäftstätigkeit fortführt (vgl. BFH-Urteil vom 29. 8. 2012, XI R 1/11, BStBl. 2013 II S. 301). ⑤ Die für die Geschäftsveräußerung notwendige Fortführung der Geschäftstätigkeit muss bei einer im engen zeitlichen und sachlichen Zusammenhang stehenden mehrstufigen Übertragung nur dem Grunde nach, nicht aber auch höchstpersönlich beim jeweiligen Erwerber vorliegen (vgl. BFH-Urteil vom 25. 11. 2015, V R 66/14, BStBl. 2020 II S. 793). ⑥ Für das Vorliegen der Rechtsfolgen einer Geschäftsveräußerung auf jeder Stufe ist erforderlich, dass auf jeder Stufe der Übertragung der jeweilige Erwerber Unternehmer im Sinne des § 2 UStG ist.

161a (1 a) ① Der Fortsetzung der bisher durch den Veräußerer ausgeübten Tätigkeit steht es nicht entgegen, wenn der Erwerber den von ihm erworbenen Geschäftsbetrieb in seinem Zuschnitt ändert oder modernisiert (vgl. BFH-Urteil vom 23. 8. 2007, V R 14/05, BStBl. 2008 II S. 165). ② Die sofortige Abwicklung der übernommenen Geschäftstätigkeit schließt jedoch eine Geschäftsveräußerung aus (vgl. EuGH-Urteil vom 27. 11. 2003, C-497/01, Zita Modes). ③ Das Vorliegen der Voraussetzungen für eine nicht steuerbare Geschäftsveräußerung kann nicht mit der Begründung verneint werden, es werde noch kein „lebendes Unternehmen" übertragen, da der tatsächliche Betrieb des Unternehmens noch nicht aufgenommen worden sei (vgl. BFH-Urteil vom 8. 3. 2001, V R 24/98, BStBl. 2003 II S. 430). ④ Eine Geschäftsveräußerung setzt keine Beendigung der unternehmerischen Betätigung des Veräußerers voraus (BFH-Urteil vom 29. 8. 2012, XI R 10/12, BStBl. 2013 II S. 221).

161b (2) ① Die Übertragung eines vermieteten Grundstücks führt zu einer nicht umsatzsteuerbaren Geschäftsveräußerung im Ganzen, wenn der Erwerber durch den mit dem Grundstückserwerb verbundenen Eintritt in bestehende Mietverträge vom Veräußerer ein Vermietungsunternehmen übernimmt oder die Vermietungstätigkeit des Veräußerers durch eigene abgeschlossene Mietverträge fortführt (vgl. BFH-Urteil vom 24. 2. 2021 – XI R 8/19, BStBl. II 2022 S. 34). ② Das ist auch dann der Fall, wenn der Veräußerer ein Bauträger ist, der ein Gebäude erworben, saniert, weitgehend vermietet und sodann veräußert hat, falls im Zeitpunkt der Veräußerung infolge einer nachhaltigen Vermietungstätigkeit beim Veräußerer ein Vermietungsunternehmen vorliegt, das vom Erwerber fortgeführt wird (vgl. BFH-Urteil vom 12. 8. 2015, XI R 16/14, BStBl. 2020 II S. 790). ③ Eine anfängliche, weiter bestehende und dem Unternehmenszweck entsprechende Absicht eines Bauträgers, das Objekt wieder zu verkaufen, steht einer nachhaltigen Vermietungstätigkeit im Sinne des § 2 Abs. 1 Satz 3 UStG nicht zwingend entgegen (vgl. BFH-Urteil vom 12. 8. 2015, XI R 16/14, a. a. O.). ④ Eine nachhaltige Vermietungstätigkeit ist widerlegbar anzunehmen, wenn die Vermietungsdauer mindestens 6 Monate betragen hat. ⑤ Keine Geschäftsveräußerung im Ganzen liegt hinsichtlich eines Bauträgers als Veräußerer vor, wenn die unternehmerische Tätigkeit des veräußernden Bauträgers im Wesentlichen darin besteht, ein Gebäude zu errichten und Mieter/Pächter für die einzelnen Einheiten zu finden, um es im Anschluss an die Fertigstellung aufgrund bereits erfolgter Vermietung ertragssteigernd zu veräußern (vgl. BFH-Urteil vom 12. 8. 2015, XI R 16/14, a. a. O.). ⑥ Für die umsatzsteuerrechtliche Behandlung nicht entscheidend ist, ob das Objekt bilanzsteuerrechtlich dem Umlaufvermögen oder Anlagevermögen zuzuordnen ist (vgl. BFH-Urteil vom 12. 8. 2015, XI R 16/14, a. a. O.). ⑦ Die vorgenannten Grundsätze gelten z. B. auch für einen in eine mehrstufige Übertragung eingebundenen Grundstückshändler.

(2 a) ① Die Lieferung eines weder vermieteten noch verpachteten Grundstücks ist im Regelfall keine Geschäftsveräußerung (BFH-Urteil vom 11. 10. 2007, V R 57/06, BStBl. 2008 II S. 447). ② Ist der Gegenstand der Geschäftsveräußerung ein Vermietungsunternehmen, muss der Erwerber umsatzsteuerrechtlich die Fortsetzung der Vermietungstätigkeit beabsichtigen (vgl. BFH-Urteil vom 6. 5. 2010, V R 26/09, BStBl. II S. 1114). ③ Bei der Veräußerung eines vermieteten Objekts an den bisherigen Mieter zu dessen eigenen wirtschaftlichen Zwecken ohne Fortführung des Vermietungsunternehmens liegt daher keine Geschäftsveräußerung vor (vgl. BFH-Urteil vom 24. 9. 2009, V R 6/08, BStBl. 2010 II S. 315). ④ Ebenso führt die Übertragung eines an eine Organgesellschaft vermieteten Grundstücks auf den Organträger nicht zu einer Geschäftsveräußerung, da der Organträger umsatzsteuerrechtlich keine Vermietungstätigkeit fortsetzt, sondern das Grundstück im Rahmen seines Unternehmens selbst nutzt (vgl. BFH-Urteil vom 6. 5. 2010, V R 26/09, BStBl. II S. 1114). ⑤ Überträgt ein Veräußerer ein verpachtetes Geschäftshaus und setzt der Erwerber die Verpachtung nur hinsichtlich eines Teils des Gebäudes fort, liegt hinsichtlich dieses Grundstücksteils eine Geschäftsveräußerung im Sinne des § 1 Abs. 1 a UStG vor. ⑥ Dies gilt unabhängig davon, ob der verpachtete Gebäudeteil „zivilrechtlich selbständig" ist oder nicht (vgl. BFH-Urteil vom 6. 7. 2016, XI R 1/15, BStBl. II S. 909). **161c**

(2 b) ① Bei der Übertragung von nur teilweise vermieteten oder verpachteten Grundstücken liegt eine Geschäftsveräußerung vor, wenn die nicht genutzten Flächen zur Vermietung oder Verpachtung bereitstehen und die Vermietungstätigkeit vom Erwerber für eine nicht unwesentliche Fläche fortgesetzt wird (vgl. BFH-Urteil vom 30. 4. 2009, V R 4/07, BStBl. II S. 863). ② Entsteht eine Bruchteilsgemeinschaft durch Einräumung eines Miteigentumsanteils an einem durch den bisherigen Alleineigentümer in vollem Umfang vermieteten Grundstück, liegt eine Geschäftsveräußerung vor (vgl. BFH-Urteil vom 6. 9. 2007, V R 41/05, BStBl. 2008 II S. 65). ③ Zum Vorliegen einer Geschäftsveräußerung, wenn das Grundstück, an dem der Miteigentumsanteil eingeräumt wird, nur teilweise vermietet ist und im Übrigen vom vormaligen Alleineigentümer weiterhin für eigene unternehmerische Zwecke genutzt wird, vgl. BFH-Urteil vom 22. 11. 2007, V R 5/06, BStBl. 2008 II S. 448. **161d**

Wesentliche Grundlagen

(3) ① Bei entgeltlicher oder unentgeltlicher Übereignung eines Unternehmens oder eines gesondert geführten Betriebs im Ganzen ist eine nicht steuerbare Geschäftsveräußerung auch dann anzunehmen, wenn einzelne unwesentliche Wirtschaftsgüter davon ausgenommen werden (vgl. BFH-Urteil vom 1. 8. 2002, V R 17/01, BStBl. 2004 II S. 626). ② Eine nicht steuerbare Geschäftsveräußerung im Ganzen liegt z. B. bei einer Einbringung eines Betriebs in eine Gesellschaft auch dann vor, wenn einzelne wesentliche Wirtschaftsgüter, insbesondere auch die dem Unternehmen dienenden Grundstücke, nicht mit dinglicher Wirkung übertragen, sondern an den Erwerber vermietet oder verpachtet werden und eine dauerhafte Fortführung des Unternehmens oder des gesondert geführten Betriebs durch den Erwerber gewährleistet ist (vgl. BFH-Urteile vom 15. 10. 1998, V R 69/97, BStBl. 1999 II S. 41, und vom 4. 7. 2002, V R 10/01, BStBl. 2004 II S. 662). ③ Hierfür reicht eine langfristige Vermietung oder Verpachtung für z. B. acht Jahre aus (vgl. BFH-Urteil vom 23. 8. 2007, V R 14/05, BStBl. 2008 II S. 165). ④ Ebenfalls ausreichend ist eine Vermietung oder Verpachtung auf unbestimmte Zeit (vgl. EuGH-Urteil vom 10. 11. 2011, C-444/10, Schriever, BStBl. 2012 II, S. 848, und BFH-Urteil vom 18. 1. 2012, XI R 27/08, BStBl. II S. 842); die Möglichkeit, den Miet- oder Pachtvertrag kurzfristig zu kündigen, ist hierbei unschädlich. ⑤ Überträgt ein Veräußerer sein Unternehmensvermögen mit Ausnahme des Anlagevermögens auf einen Erwerber, der die bisherige Unternehmenstätigkeit fortsetzt, und das Anlagevermögen auf einen Dritten, der das Anlagevermögen dem Erwerber unentgeltlich zur Verfügung stellt, liegt nur im Verhältnis zum Erwerber, nicht aber auch zu dem **162**

UStAE 1.5

Dritten eine nicht steuerbare Geschäftsveräußerung vor (vgl. BFH-Urteil vom 3. 12. 2015, V R 36/13, BStBl. 2017 II S. 563).

162a (4) ① Die Übertragung aller wesentlichen Betriebsgrundlagen und die Möglichkeit zur Unternehmensfortführung ohne großen finanziellen Aufwand ist im Rahmen der Gesamtwürdigung zu berücksichtigen, aus der sich ergibt, ob das übertragene Unternehmensvermögen als hinreichendes Ganzes die Ausübung einer wirtschaftlichen Tätigkeit ermöglicht (vgl. BFH-Urteil vom 23.8. 2007, V R 14/05, BStBl. 2008 II S. 165). ② Welches die wesentlichen Grundlagen sind, richtet sich nach den tatsächlichen Verhältnissen im Zeitpunkt der Übereignung (BFH-Urteil vom 25. 11. 1965, V 173/63 U, BStBl. 1966 III S. 333). ③ Auch ein einzelnes Grundstück kann wesentliche Betriebsgrundlage sein. ④ Bei einem Herstellungsunternehmer bilden die Betriebsgrundstücke mit den Maschinen und sonstigen der Fertigung dienenden Anlagen regelmäßig die wesentlichen Grundlagen des Unternehmens (vgl. BFH-Urteil vom 5. 2. 1970, V R 161/66, BStBl. II S. 365). ⑤ Gehören zu den wesentlichen Grundlagen des Unternehmens bzw. des Betriebs nicht eigentumsfähige Güter, z. B. Gebrauchs- und Nutzungsrechte an Sachen, Forderungen, Dienstverträge, Geschäftsbeziehungen, muss der Unternehmer diese Rechte auf den Erwerber übertragen, soweit sie für die Fortführung des Unternehmens erforderlich sind. ⑥ Wird das Unternehmen bzw. der Betrieb in gepachteten Räumen und mit gepachteten Maschinen unterhalten, gehört das Pachtrecht zu den wesentlichen Grundlagen. ⑦ Dieses Pachtrecht muss der Veräußerer auf den Erwerber übertragen, indem er ihm die Möglichkeit verschafft, mit dem Verpächter einen Pachtvertrag abzuschließen, so dass der Erwerber die dem bisherigen Betrieb dienenden Räume usw. unverändert nutzen kann (vgl. BFH-Urteil vom 19. 12. 1968, V 225/65, BStBl. 1969 II S. 303). ⑧ Das in einem Unternehmenskaufvertrag vereinbarte Wettbewerbsverbot kann als Umsatz im Rahmen einer Geschäftsveräußerung nicht steuerbar sein (vgl. BFH-Urteil vom 29. 8. 2012, XI R 1/11, BStBl. 2013 II S. 301).

162b (5) ① Eine nicht steuerbare Geschäftsveräußerung kann auf mehreren zeitlich versetzten Kausalgeschäften beruhen, wenn diese in einem engen sachlichen und zeitlichen Zusammenhang stehen und die Übertragung des ganzen Vermögens auf einen Erwerber zur Beendigung der bisherigen gewerblichen Tätigkeit – insbesondere auch für den Erwerber – offensichtlich ist (BFH-Urteil vom 1. 8. 2002, V R 17/01, BStBl. 2004 II S. 626). ② Eine nicht steuerbare Geschäftsveräußerung eines Unternehmens kann auch vorliegen, wenn im Zeitpunkt der Veräußerung eines verpachteten Grundstücks oder später aus unternehmerischen Gründen vorübergehend auf die Pachtzinszahlungen verzichtet wird (vgl. BFH-Urteil vom 7. 7. 2005, V R 78/03, BStBl. II S. 849). ③ Eine Übereignung in mehreren Akten ist dann als eine Geschäftsveräußerung anzusehen, wenn die einzelnen Teilakte in wirtschaftlichem Zusammenhang stehen und der Wille auf Erwerb des Unternehmens gerichtet ist (vgl. BFH-Urteil vom 16. 3. 1982, VII R 105/79, BStBl. II S. 483). ④ Eine Übereignung ist auch anzunehmen, wenn der Erwerber beim Übergang des Unternehmens Einrichtungsgegenstände, die ihm bereits vorher zur Sicherung übereignet worden sind, und Waren, die er früher unter Eigentumsvorbehalt geliefert hat, übernimmt (vgl. BFH-Urteil vom 20. 7. 1967, V 240/64, BStBl. III S. 684).

In der Gliederung des Unternehmens gesondert geführte Betriebe

163 (6) ① Ein in der Gliederung eines Unternehmens gesondert geführter Betrieb liegt vor, wenn der veräußerte Teil des Unternehmens vom Erwerber als selbständiges wirtschaftliches Unternehmen fortgeführt werden kann (vgl. BFH-Urteil vom 19. 12. 2012, XI R 38/10, BStBl. 2013 II S. 1053). ② Nicht entscheidend ist, dass bereits im Unternehmen, das eine Übertragung vornimmt, ein (organisatorisch) selbständiger Unternehmensteil bestand. ③ Es ist nicht Voraussetzung, dass mit dem Unternehmen oder mit dem in der Gliederung des Unternehmens gesondert geführten Teil in der Vergangenheit bereits Umsätze erzielt wurden; die Absicht, Umsätze erzielen zu wollen, muss jedoch anhand objektiver, vom Unternehmer nachzuweisender Anhaltspunkte spätestens im Zeitpunkt der Übergabe bestanden haben (vgl. BFH-Urteil vom 8. 3. 2001, V R 24/98, BStBl. 2003 II S. 430). ④ Soweit einkommensteuerrechtlich eine Teilbetriebsveräußerung angenommen wird (vgl. R 16 Abs. 3 EStR), kann vorbehaltlich des Absatzes 9 umsatzsteuerrechtlich von der Veräußerung eines gesondert geführten Betriebs ausgegangen werden.

164 (7) ① Eine nicht steuerbare Geschäftsveräußerung ist kein Verwendungsumsatz im Sinne des § 15 Abs. 2 UStG (BFH-Urteil vom 8. 3. 2001, V R 24/98, BStBl. 2003 II S. 430). ② Zur Vorsteuerberichtigung des Erwerbers vgl. Abschnitt 15a.4 ff.

165 (8) Liegen bei einer unentgeltlichen Übertragung die Voraussetzungen für eine Geschäftsveräußerung nicht vor, kann eine steuerbare unentgeltliche Wertabgabe (vgl. Abschnitt 3.2) in Betracht kommen.

Gesellschaftsrechtliche Beteiligungen

166 (9) ① Die Übertragung eines Gesellschaftsanteils kann – unabhängig von dessen Höhe – nur dann einer nicht steuerbaren Geschäftsveräußerung gleichgestellt werden, wenn der Gesellschaftsanteil Teil einer eigenständigen Einheit ist, die eine selbständige wirtschaftliche Betätigung ermöglicht, und diese Tätigkeit vom Erwerber fortgeführt wird. ② Eine bloße Veräußerung von

Anteilen ohne gleichzeitige Übertragung von Vermögenswerten versetzt den Erwerber nicht in die Lage, eine selbständige wirtschaftliche Tätigkeit als Rechtsnachfolger des Veräußerers fortzuführen (vgl. EuGH-Urteil vom 30. 5. 2013, C-651/11, X).

1. Aus einer Geschäftsveräußerung i. S. des § 1 Abs. 1 a UStG ergibt sich **keine Gesamtrechtsnachfolge.** – 2. Die umsatzsteuerrechtliche Einzelrechtsnachfolge betrifft die im Rahmen einer Geschäftsveräußerung übertragenen Gegenstände. *BFH-Beschluss v. 7. 12. 2021, XI B 11/21 (BFH/NV 2022 S. 935).* LS zu 1.5

Die Veräußerung eines mit Hallen bebauten Grundstücks, das (im Rahmen einer umsatzsteuerrechtlichen Organschaft) vom **Besitzunternehmen** an das **Betriebsunternehmen** vermietet war und durch ein **anderes Betriebsgrundstück ersetzt** wurde, ist Veräußerung eines einzelnen Anlagegegenstands und keine nicht steuerbare Geschäftsveräußerung. Das Hallengrundstück für sich ist kein fortführbarer Betrieb. *BFH-Urt. v. 18. 1. 2005, V R 53/02 (BStBl. 2007 II S. 730).* 167

Keine Geschäftsveräußerung liegt vor, wenn die unternehmerische Tätigkeit des Veräußerers im Wesentlichen darin besteht, ein Gebäude zu errichten und Mieter für die einzelnen Mieteinheiten zu finden, um es im Anschluss an die Fertigstellung aufgrund der bereits erfolgten Vermietung besser veräußern zu können. *BFH-Urteil v. 28. 10. 2010, V R 22/09 (BFH/NV 2011 S. 854).*

Einbringung einer vermieteten Gewerbeimmobilie in KG gegen Gewährung von Gesellschaftsrechten als nicht steuerbare Geschäftsveräußerung; Voraussetzungen eines unrichtigen Steuerausweises. *FG München, Urt. v. 16. 7. 2009, 14 K 4469/06, rkr. (DStRE S. 743).*

Ist Gegenstand der Übertragung **ein zu bebauendes Grundstück,** das der Veräußerer unter der Bedingung der Fertigstellung des Bauvorhabens vermietet hat, liegt keine Geschäftsveräußerung nach § 1 Abs. 1 a UStG 1999 vor. *BFH-Urteil v. 18. 9. 2008 V R 21/07 (BStBl. 2009 II S. 254).*

Die Veräußerung der einzigen **Taxikonzession** an einen Unternehmer fällt unter § 1 Abs. 1 a UStG. – Bei der Veräußerung einer oder mehrerer Taxikonzessionen ist entscheidend, ob die verkaufte Konzession das gesamte Unternehmen bzw. einen in der Gliederung des Unternehmens gesondert geführten Betrieb oder nur einen unselbständigen Teil des Unternehmens bildet. *Verfügung BayLfSt S 7100 b. 1. 1 – 2/7 St 33 v. 19. 8. 2016 (DStR S. 2289).*

Hat das FA nach einer Geschäftsveräußerung im Ganzen die zunächst gewährte Vorsteuer nicht im Veranlagungszeitraum des Erwerbszeitpunktes (hier: 1995) **rückgängig** gemacht und ist der Umsatzsteuerbescheid (hier: 1997), in dem der Vorsteuerabzug zu Unrecht rückgängig gemacht worden war, durch rechtskräftiges Urteil aufgehoben worden, kann das FA nach **§ 174 Abs. 4 AO** die Folgen im „richtigen" Umsatzsteuerbescheid (hier: 1995) ziehen. Es handelt sich dabei um keine Ermessensentscheidung. *BFH-Urteil v. 14. 3. 2012 XI R 2/10 (BStBl. II S. 653).* 168

Vollverzinsung bei rechtswidriger Inanspruchnahme von Vorsteuerabzug bei Geschäftsveräußerung mit gesondertem Steuerausweis nicht klärungsbedürftig. *BFH-Beschl. v. 29. 10. 2010, V B 48/10 (DStR S. 514).*

Keine Rückwirkung einer Rechnungskorrektur bei Geschäftsveräußerung im Ganzen. *BFH-Beschl. v. 28. 7. 2011, V B 115/10 (BFH/NV S. 1931).*

Berichtigung des Vorsteuerabzugs vgl. § 15 a Abs. 10 UStG/A 15 a.2 Abs. 3 und 15 a.10 Nr. 1 UStAE.

Erteilt ein der Durchschnittsatzbesteuerung unterliegender **Landwirt** über Umsätze, die er im Rahmen der Veräußerung seines Betriebs ausgeführt hat, eine Rechnung mit gesondertem Umsatzsteuerausweis, so steht dem **Leistungsempfänger daraus kein Vorsteuerabzug** zu. *BFH-Urteil v. 15. 10. 1998 – V R 69/97 (BStBl. 1999 II S. 41).*

Vorsteuerabzug aus Veräußerungskosten bei einer Geschäftsveräußerung vgl. *OFD Frankfurt S 7300 A – 116 – St 128 v. 17. 8. 2011 (BeckVerw 255 552).*

1. Der Begriff der **Geschäftsveräußerung im Ganzen** i. S. von § 1 Abs. 1 a UStG ist ein autonomer Begriff und einheitlich im Sinne der Sechsten Richtlinie 77/388/EWG auszulegen; ertragsteuerliche Überlegungen sind nicht maßgeblich. Zu berücksichtigen sind aber Gesichtspunkte der Neutralität der Mehrwertsteuer und der Vereinfachung gewichtiger Übertragungsvorgänge bei Unternehmensveräußerungen. 2. Eine nichtsteuerbare **Teilbetriebsveräußerung** liegt vor, wenn ein Unternehmer, der einen Brennstoffhandel betreibt, den Teilbetrieb „Flüssigbrennstoffe" verkauft und neben dem Kundenstamm als werthaltigstem Vermögensgegenstand auch die zur Fortführung des Unternehmensteils erforderlichen Geschäftsunterlagen, den eingeführten Firmennamen und solche Investitionsgüter (Tanklastwagen und Tankanhänger) überträgt, mit denen der Käufer ohne weiteren größeren finanziellen Aufwand den Handel mit Flüssigbrennstoffen fortsetzen kann. *FG Nürnberg, Urteil v. 1. 3. 2010, 2 K 1592/2009, rkr. (DStRE 2011 S. 496).*

Eine Geschäftsveräußerung i. S. des § 1 Abs. 1 a UStG liegt auch dann vor, wenn der **Vollzug der Unternehmensübertragung** zum Zwecke der Klärung einer damit zusammenhängenden steuerrechtlichen Frage vorübergehend ausgesetzt wird. *BFH-Urteil v. 30. 1. 2014 V R 33/13 (BFH/NV S. 1238).*

1. Überlässt ein Steuerpflichtiger einen bislang seinem **Einzelunternehmen** zugeordneten Gegenstand einer sein Unternehmen **fortführenden Personengesellschaft,** an der er beteiligt ist, unentgeltlich zur Nutzung, so muss er die Entnahme dieses Gegenstands aus seinem Unternehmen nach § 3 Abs. 1 b UStG versteuern. – 2. Die Entnahme ist mit dem **Einkaufspreis** zu bemessen; die **Wertentwicklung** des entnommenen Gegenstands ist dabei zu berücksichtigen. *BFH-Urteil v. 21. 5. 2014 V R 20/13 (BStBl. II S. 1029).*

Die Veräußerung einer **Ferienwohnung,** die an ständig wechselnde Feriengäste vermietet wird, kann eine Geschäftsveräußerung im Ganzen nach § 1 Abs. 1 a UStG darstellen. Dem steht nicht entgegen, dass die Ferienwohnung im Zeitpunkt der Übertragung nicht vermietet war. *BFH-Urteil v. 5. 6. 2014 V R 10/13 (DStR S. 1823).*

Keine Geschäftsveräußerung im Ganzen, wenn der (bisherige) Pächter einer Gaststätte lediglich ihm gehörende **Teile des Inventars** einer Gaststätte – hier Kücheneinrichtung nebst Geschirr und Küchenartikeln – veräußert und der Erwerber den Gaststättenbetrieb sowie das übrige Inventar durch einen weiteren Vertrag von einem Dritten pachtet. *BFH-Urteil v. 4. 2. 2015 XI R 42/13 (BStBl. II S. 616).*

Keine Geschäftsveräußerung im Ganzen beim Verkauf **einzelner Unternehmensteile** durch mehrere Veräußerer **an verschiedene Erwerber.** *BFH-Urteil v. 4. 2. 2015 XI R 14/14 (BStBl. II S. 908).*

Überträgt ein Veräußerer ein verpachtetes Geschäftshaus und setzt der Erwerber die **Verpachtung** nur hinsichtlich eines **Teils des Gebäudes** fort, liegt hinsichtlich dieses Grundstücksteils eine **Geschäftsveräußerung** iSd § 1 Abs. 1 a UStG vor. Dies gilt unabhängig davon, ob der verpachtete Gebäudeteil „zivilrechtlich selbständig" ist oder nicht. *BFH-Urteil v. 6. 7. 2016 XI R 1/15 (BStBl. II S. 909).*

Zur Behandlung der **entgeltlichen** und **unentgeltlichen** Geschäftsveräußerung vgl. *OFD Niedersachsen S 7100 b – 1 – St 171 v. 19. 9. 2017 (DStR S. 2285):* Überträgt ein Einzelunternehmer sein Unternehmensvermögen mit Ausnahme des Anlagevermögens auf eine KG, die seine bisherige Unternehmenstätigkeit fortsetzt, und das Anlagevermögen auf eine GbR, die das Anlagevermögen ihrem Gesellschaftszweck entsprechend der KG unentgeltlich zur Verfügung stellt, liegt nur in Verhältnis zur KG, nicht aber auch zur GbR eine nichtsteuerbare Geschäftsveräußerung vor.

Die Übertragung des **Inventars** einer Gaststätte ist auch dann eine nicht der Umsatzsteuer unterliegende Geschäftsveräußerung, wenn der Erwerber mit dem übertragenen Inventar die Gaststätte **dauerhaft fortführen** kann und selbst über die zur Fortführung der Tätigkeit erforderliche Immobilie verfügt, weil er diese von einem Dritten gepachtet hat. *BFH-Urteil v. 29. 8. 2018 XI R 37/17 (BStBl. 2019 II S. 378).*

169 1. Überträgt die frühere Organträgerin ein ihr gehörendes **Grundstück** im Rahmen der **Beendigung der Organschaft** auf die frühere Organgesellschaft als Erwerberin, liegt eine nicht steuerbare Geschäftsveräußerung vor, wenn die Erwerberin die unternehmerische Tätigkeit des Organkreises fortführt und das übertragene Grundstück ein Teilvermögen i. S. des Art. 5 Abs. 8 der Richtlinie 77/388/EWG (nunmehr Art. 19 Abs. 1 MwStSystRL) ist. – 2. Unschädlich ist, dass die Organschaft einen oder mehrere Tage vor der Übertragung des Grundstücks geendet hat und daher die Fortführung der unternehmerischen Tätigkeit durch die Erwerberin vor der Übertragung des Grundstücks auf die Erwerberin erfolgt ist. *BFH-Urteil v. 26. 6. 2019 XI R 3/17 (BStBl. 2021 II S. 953).*

1. Der Begriff „Übertragung eines Gesamtvermögens oder eines Teilvermögens" iSv Art. 19 MwStSystRL ist dahin auszulegen, dass er einen Umsatz **nicht** erfasst, mit dem eine **Immobilie**, die einem Geschäftsbetrieb diente, einschließlich aller Sachanlagen und Inventargegenstände **verpachtet** wird, selbst wenn der Pächter diesen Betrieb unter demselben Namen wie der Verpächter fortführt. – 2. Art. 135 Abs. 1 Buchst. l MwStSystRL ist dahin auszulegen, dass ein Pachtvertrag, der eine Immobilie, die einem Geschäftsbetrieb diente, sowie sämtliche für diesen Betrieb erforderlichen Sachanlagen und Inventargegenstände zum Gegenstand hat, eine einheitliche Leistung darstellt, bei der die Verpachtung der Immobilie die Hauptleistung ist. *EuGH-Urteil v. 19. 12. 2018 C-17/18 (MwStR 2019 S. 317).*

Die Inhaberschaft von **Anteilen an einer GmbH** reicht (im Gegensatz zur Inhaberschaft von Vermögenswerten dieser GmbH) für sich genommen nicht hin, um eine selbständige wirtschaftliche Tätigkeit der Veräußerin fortführen zu können. Anders kann es sein, wenn die bisherige Organträgerin die Anteile an der GmbH an die neue Organträgerin überträgt. *BFH-Urteil v. 18. 9. 2019 XI R 33/18 (BStBl. 2021 II S. 243).*

UStAE 1.6

1.6 Leistungsaustausch bei Gesellschaftsverhältnissen

171 (1) ① Zwischen Personen- und Kapitalgesellschaften und ihren Gesellschaftern ist ein Leistungsaustausch möglich (vgl. BFH-Urteile vom 23. 7. 1959, V 6/58 U, BStBl. III S. 379, und vom 5. 12. 2007, V R 60/05, BStBl. 2009 II S. 486). ② Unentgeltliche Leistungen von Gesellschaften an ihre Gesellschafter werden durch § 3 Abs. 1b und Abs. 9a UStG erfasst (vgl. Abschnitte 3.2 bis 3.4). ③ An einem Leistungsaustausch fehlt es in der Regel, wenn eine Gesellschaft Geldmittel nur erhält, damit sie in die Lage versetzt wird, sich in Erfüllung ihres Gesellschaftszwecks zu betätigen (vgl. BFH-Urteil vom 20. 4. 1988, X R 3/82, BStBl. II S. 792). ④ Das ist z. B. der Fall, wenn ein Gesellschafter aus Gründen, die im Gesellschaftsverhältnis begründet sind, die Verluste seiner Gesellschaft übernimmt, um ihr die weitere Tätigkeit zu ermöglichen (vgl. BFH-Urteil vom 11. 4. 2002, V R 65/00, BStBl. II S. 782).

Gründung von Gesellschaften, Eintritt neuer Gesellschafter

172 (2) ① Eine Personengesellschaft erbringt bei der Aufnahme eines Gesellschafters an diesen keinen steuerbaren Umsatz (vgl. BFH-Urteil vom 1. 7. 2004, V R 32/00, BStBl. II S. 1022). ② Dies gilt auch für Kapitalgesellschaften bei der erstmaligen Ausgabe von Anteilen (vgl. EuGH-Urteil vom 26. 5. 2005, C-465/03, Kretztechnik). ③ Zur Übertragung von Gesellschaftsanteilen vgl. Abschnitt 3.5 Abs. 8. ④ Dagegen sind Sacheinlagen eines Gesellschafters umsatzsteuerbar, wenn es sich um Lieferungen und sonstige Leistungen im Rahmen seines Unternehmens handelt und keine Geschäftsveräußerung im Sinne des § 1 Abs. 1a UStG vorliegt. ⑤ Die Einbringung von Wirtschaftsgütern durch den bisherigen Einzelunternehmer in die neu gegründete Gesellschaft ist auf die Übertragung der Gesellschaftsrechte gerichtet (vgl. BFH-Urteile vom 8. 11. 1995, XI R 63/94, BStBl. 1996 II S. 114, und vom 15. 5. 1997, V R 67/94, BStBl. II S. 705). ⑥ Als Entgelt für die Einbringung von Wirtschaftsgütern in eine Gesellschaft kommt neben der Verschaffung der Beteiligung an der Gesellschaft auch die Übernahme von Schulden des Gesellschafters durch die Gesellschaft in Betracht, wenn der einbringende Gesellschafter dadurch wirtschaftlich entlastet wird (vgl. BFH-Urteil vom 15. 5. 1997, V R 67/94, a. a. O.). ⑦ Zum Nachweis der Voraussetzung, dass der Leistungsaustausch zwischen Gesellschafter und Gesellschaft tatsächlich vollzogen worden ist, vgl. BFH-Urteil vom 8. 11. 1995, XI R 63/94, a. a. O.

Leistungsaustausch oder nicht steuerbarer Gesellschafterbeitrag

173 (3) ① Ein Gesellschafter kann an die Gesellschaft sowohl Leistungen erbringen, die ihren Grund in einem gesellschaftsrechtlichen Beitragsverhältnis haben, als auch Leistungen, die auf einem gesonderten schuldrechtlichen Austauschverhältnis beruhen. ② Die umsatzsteuerrechtliche Behandlung dieser Leistungen richtet sich danach, ob es sich um Leistungen handelt, die als Gesellschafterbeitrag durch die Beteiligung am Gewinn oder Verlust der Gesellschaft abgegolten werden, oder um Leistungen, die gegen Sonderentgelt ausgeführt werden und damit auf einen Leistungsaustausch gerichtet sind. ③ Entscheidend ist die tatsächliche Ausführung des Leistungsaustauschs und nicht allein die gesellschaftsrechtliche Verpflichtung. ④ Dabei ist es unerheblich, dass der Gesellschafter zugleich seine Mitgliedschaftsrechte ausübt. ⑤ Umsatzsteuerrechtlich maßgebend für das Vorliegen eines Leistungsaustauschs ist, dass ein Leistender und ein Leistungsempfänger vorhanden sind und der Leistung eine Gegenleistung gegenübersteht. ⑥ Die Steuerbarkeit der Geschäftsführungs- und Vertretungsleistungen eines Gesellschafters an die Gesellschaft setzt das Bestehen eines unmittelbaren Zusammenhangs zwischen der erbrachten Leistung und dem empfangenen Sonderentgelt voraus (vgl. BFH-Urteile vom 6. 6. 2002, V R 43/01, BStBl. 2003 II S. 36, und vom 16. 1. 2003, V R 92/01, BStBl. II S. 732). ⑦ Für die Annahme eines

UStAE 1.6

unmittelbaren Zusammenhangs im Sinne eines Austauschs von Leistung und Gegenleistung genügt es nicht schon, dass die Mitglieder der Personenvereinigung lediglich gemeinschaftlich die Kosten für den Erwerb und die Unterhaltung eines Wirtschaftsguts tragen, das sie gemeinsam nutzen wollen oder nutzen (vgl. BFH-Urteil vom 28. 11. 2002, V R 18/01, BStBl. 2003 II S. 443). ⑧ Der Gesellschafter einer Personengesellschaft kann grundsätzlich frei entscheiden, in welcher Eigenschaft er für die Gesellschaft tätig wird. ⑨ Der Gesellschafter kann wählen, ob er einen Gegenstand verkauft, vermietet oder ihn selbst bzw. seine Nutzung als Einlage einbringt (vgl. BFH-Urteil vom 18. 12. 1996, XI R 12/96, BStBl. 1997 II S. 374). ⑩ Eine sonstige Leistung durch Überlassung der Nutzung eines Gegenstands muss beim Leistungsempfänger die Möglichkeit begründen, den Gegenstand für seine Zwecke zu verwenden. ⑪ Soweit die Verwendung durch den Leistungsempfänger in der Rücküberlassung der Nutzung an den Leistenden besteht, muss deutlich erkennbar sein, dass dieser nunmehr sein Recht zur Nutzung aus dem Nutzungsrecht des Leistungsempfängers ableitet (BFH-Urteil vom 9. 9. 1993, V R 88/88, BStBl. 1994 II S. 56).

(4) ① Auf die Bezeichnung der Gegenleistung z. B. als Gewinnvorab/Vorabgewinn, als Vorwegvergütung, als Aufwendungsersatz, als Umsatzbeteiligung oder als Kostenerstattung kommt es nicht an. **174**

Beispiel 1:

① Den Gesellschaftern einer OHG obliegt die Führung der Geschäfte und die Vertretung der OHG. ② Diese Leistungen werden mit dem nach der Anzahl der beteiligten Gesellschafter und ihrem Kapitaleinsatz bemessenen Anteil am Ergebnis (Gewinn und Verlust) der OHG abgegolten.

③ Die Ergebnisanteile sind kein Sonderentgelt; die Geschäftsführungs- und Vertretungsleistungen werden nicht im Rahmen eines Leistungsaustauschs ausgeführt, sondern als Gesellschafterbeitrag erbracht.

② Dies gilt auch, wenn nicht alle Gesellschafter tatsächlich die Führung der Geschäfte und die Vertretung der Gesellschaft übernehmen bzw. die Geschäftsführungs- und Vertretungsleistungen mit einem erhöhten Anteil am Ergebnis (Gewinn und Verlust) oder am Gewinn der Gesellschaft abgegolten werden.

Beispiel 2:

① Die Führung der Geschäfte und die Vertretung der aus den Gesellschaftern A, B und C bestehenden OHG obliegt nach den gesellschaftsrechtlichen Vereinbarungen ausschließlich dem C.

a) Die Leistung des C ist mit seinem nach der Anzahl der beteiligten Gesellschafter und ihrem Kapitaleinsatz bemessenen Anteil am Ergebnis (Gewinn und Verlust) der OHG abgegolten; A, B und C sind zu gleichen Teilen daran beteiligt.

b) C ist mit 40%, A und B mit jeweils 30% am Ergebnis (Gewinn und Verlust) der OHG beteiligt.

c) C erhält im Gewinnfall 25% des Gewinns vorab, im Übrigen wird der Gewinn nach der Anzahl der Gesellschafter und ihrem Kapitaleinsatz verteilt; ein Verlust wird ausschließlich nach der Anzahl der Gesellschafter und ihrem Kapitaleinsatz verteilt.

② Die ergebnisabhängigen Gewinn- bzw. Verlustanteile des C sind kein Sonderentgelt; C führt seine Geschäftsführungs- und Vertretungsleistungen nicht im Rahmen eines Leistungsaustauschs aus, sondern erbringt jeweils Gesellschafterbeiträge.

Beispiel 3:

① Eine Beratungsgesellschaft betreibt verschiedene Beratungsstellen, an denen ortsansässige Berater jeweils atypisch still beteiligt sind. ② Diese sind neben ihrer Kapitalbeteiligung zur Erbringung ihrer Arbeitskraft als Einlage verpflichtet. ③ Sie erhalten für ihre Tätigkeit einen Vorabgewinn. ④ Die auf den Vorabgewinn getätigten Entnahmen werden nicht als Aufwand behandelt. ⑤ Die Zuweisung des Vorabgewinns und die Verteilung des verbleibenden Gewinns erfolgen im Rahmen der Gewinnverteilung.

⑥ Der Vorabgewinn ist kein Sonderentgelt; die Gesellschafter führen ihre Tätigkeiten im Rahmen eines gesellschaftsrechtlichen Beitragsverhältnisses aus.

③ Bei Leistungen auf Grund eines gegenseitigen Vertrags (vgl. §§ 320 ff. BGB), durch den sich der Gesellschafter zu einem Tun, Dulden oder Unterlassen und die Gesellschaft sich hierfür zur Zahlung einer Gegenleistung verpflichtet, sind die Voraussetzungen des § 1 Abs. 1 Nr. 1 Satz 1 UStG für einen steuerbaren Leistungsaustausch hingegen regelmäßig erfüllt, falls der Gesellschafter Unternehmer ist; dies gilt auch, wenn Austausch- und Gesellschaftsvertrag miteinander verbunden sind. ④ Ein Leistungsaustausch zwischen Gesellschafter und Gesellschaft liegt vor, wenn der Gesellschafter z. B. für seine Geschäftsführungs- und Vertretungsleistung an die Gesellschaft eine Vergütung erhält (auch wenn diese als Gewinnvorab bezeichnet wird), die im Rahmen der Ergebnisermittlung als Aufwand behandelt wird. ⑤ Die Vergütung ist in diesem Fall Gegenleistung für die erbrachte Leistung. **174a**

Beispiel 4:

① Der Gesellschafter einer OHG erhält neben seinem nach der Anzahl der Gesellschafter und ihrem Kapitaleinsatz bemessenen Gewinnanteil für die Führung der Geschäfte und die Vertretung der OHG eine zu Lasten des Geschäftsergebnisses verbuchte Vorwegvergütung von jährlich 120 000 € als Festbetrag.

② Die Vorwegvergütung ist Sonderentgelt; der Gesellschafter führt seine Geschäftsführungs- und Vertretungsleistungen im Rahmen eines Leistungsaustauschs aus.

Beispiel 5:

① Wie Beispiel 3, jedoch erhält ein atypisch stiller Gesellschafter im Rahmen seines Niederlassungsleiter-Anstellungsvertrags eine Vergütung, die handelsrechtlich als Aufwand behandelt werden muss.

② Die Vergütung ist Sonderentgelt; die Geschäftsführungs- und Vertretungsleistungen werden im Rahmen eines Leistungsaustauschverhältnisses ausgeführt. ③ Zur Frage der unabhängig von der ertragsteuerrechtlichen Beurteilung als Einkünfte aus Gewerbebetrieb nach § 15 Abs. 1 Nr. 2 EStG zu beurteilenden Frage nach der umsatzsteuerrechtlichen Selbständigkeit vgl.

UStAE 1.6 Abschnitt 2.2. ④ Im Rahmen von Niederlassungsleiter-Anstellungsverträgen tätige Personen sind danach im Allgemeinen selbständig tätig.

174b ⑥ Ist die Vergütung für die Leistungen des Gesellschafters im Gesellschaftsvertrag als Teil der Ergebnisverwendung geregelt, liegt ein Leistungsaustausch vor, wenn sich aus den geschlossenen Vereinbarungen und deren tatsächlicher Durchführung ergibt, dass die Leistungen nicht lediglich durch eine Beteiligung am Gewinn und Verlust der Gesellschaft abgegolten, sondern gegen Sonderentgelt ausgeführt werden. ⑦ Ein Leistungsaustausch zwischen Gesellschaft und Gesellschafter liegt demnach auch vor, wenn die Vergütung des Gesellschafters zwar nicht im Rahmen der Ergebnisermittlung als Aufwand behandelt wird, sich jedoch gleichwohl ergebnismindernd auswirkt oder es sich aus den Gesamtumständen des Einzelfalls ergibt, dass sie nach den Vorstellungen der Gesellschafter als umsatzsteuerrechtliches Sonderentgelt gewährt werden soll.

Beispiel 6:

① Eine GmbH betreut als alleinige Komplementärin einer Fonds-KG ohne eigenen Vermögensanteil die Geschäfte der Fonds-KG, deren Kommanditanteile von Investoren (Firmen und Privatpersonen) gehalten werden. ② Nach den Regelungen im Gesellschaftsvertrag zur Ergebnisverteilung, zum Gewinnvorab und zu den Entnahmen erhält die GmbH

a) ① eine jährliche Management-Fee. ② Bei der Fonds-KG handelt es sich um eine vermögensverwaltende Gesellschaft, bei der grundsätzlich nur eine Ermittlung von Kapitaleinkünften durch die Gegenüberstellung von Einnahmen und Werbungskosten vorgesehen ist. ③ Sie verbucht die Zahlung der Management-Fee in der Ergebnisermittlung nicht als Aufwand, sondern ordnet sie bei der Ermittlung der Einnahmen aus Kapitalvermögen und Werbungskosten für die Anleger, die ihre Anteile im Privatvermögen halten, in voller Höhe den Werbungskosten der Anleger zu;

b) ① eine als gewinnabhängig bezeichnete Management-Fee. ② Da die erwirtschafteten Jahresüberschüsse jedoch zur Finanzierung der Management-Fee nicht ausreichen, wird ein Bilanzgewinn durch die Auflösung von eigens dafür gebildeten Kapitalrücklagen ausgewiesen;

c) ① eine als gewinnabhängig bezeichnete Jahresvergütung. ② Der für die Zahlung der Vergütung bereitzustellende Bilanzgewinn wird aus einer Gewinnrücklage gebildet, welche aus Verwaltungskostenvorauszahlungen der Kommanditisten gespeist wurde. ③ Die Verwaltungskosten stellen Werbungskosten der Kommanditisten dar;

d) ① eine einmalige Gebühr („Konzeptions-Fee"). ② Die Fonds-KG hat die Zahlung in der Ergebnisermittlung nicht als Aufwand verbucht. ③ Die Gebühr wird neben dem Agio in dem Beteiligungsangebot zur Fonds-KG als Kosten für die Investoren ausgewiesen. ④ Gebühr/Konzeptions-Fee sowie Aufwendungen und Kosten der Fonds-KG werden auf die zum letzten Zeichnungsschluss vorhandenen Gesellschafter umgelegt.

③ Die Vergütungen sind jeweils Sonderentgelt; die GmbH führt die Leistungen jeweils im Rahmen eines Leistungsaustauschs aus.

Beispiel 7:

① Der Gesellschafter einer OHG erhält neben seinem nach der Anzahl der Gesellschafter und ihrem Kapitaleinsatz bemessenen Gewinnanteil für die Führung der Geschäfte und die Vertretung der OHG im Rahmen der Gewinnverteilung auch im Verlustfall einen festen Betrag von 120 000 € vorab zugewiesen (Vorabvergütung).

② Der vorab zugewiesene Gewinn ist Sonderentgelt; der Gesellschafter führt seine Geschäftsführungs- und Vertretungsleistungen im Rahmen eines Leistungsaustauschs aus.

174c ⑧ Gewinnabhängige Vergütungen können auch ein zur Steuerbarkeit führendes Sonderentgelt darstellen, wenn sie sich nicht nach den vermuteten, sondern nach den tatsächlich erbrachten Gesellschafterleistungen bemessen. ⑨ Verteilt eine Gesellschaft bürgerlichen Rechts nach dem Gesellschaftsvertrag den gesamten festgestellten Gewinn je Geschäftsjahr an ihre Gesellschafter nach der Menge der jeweils gelieferten Gegenstände, handelt es sich – unabhängig von der Bezeichnung als Gewinnverteilung – umsatzsteuerrechtlich um Entgelt für die Lieferungen der Gesellschafter an die Gesellschaft (vgl. BFH-Urteil vom 10. 5. 1990, V R 47/86, BStBl. II S. 757). ⑩ Zur Überlassung von Gegenständen gegen jährliche Pauschalvergütung vgl. BFH-Urteil vom 16. 3. 1993, XI R 44/90, BStBl. II S. 529, und gegen Gutschriften auf dem Eigenkapitalkonto vgl. BFH-Urteil vom 16. 3. 1993, XI R 52/90, BStBl. II S. 562. ⑪ Ohne Bedeutung ist, ob der Gesellschafter zunächst nur Abschlagszahlungen erhält und der ihm zustehende Betrag erst im Rahmen der Überschussermittlung verrechnet wird. ⑫ Entnahmen, zu denen der Gesellschafter nach Art eines Abschlags auf den nach der Anzahl der Gesellschafter und ihrem Kapitaleinsatz bemessenen Anteil am Gewinn der Gesellschaft berechtigt ist, begründen grundsätzlich kein Leistungsaustauschverhältnis. ⑬ Ein gesellschaftsvertraglich vereinbartes garantiertes Entnahmerecht, nach dem die den Gewinnanteil übersteigenden Entnahmen nicht zu einer Rückzahlungsverpflichtung führen, führt wie die Vereinbarung einer Vorwegvergütung zu einem Leistungsaustausch (vgl. Beispiele 4 und 7). ⑭ Die Tätigkeit eines Kommanditisten als Beiratsmitglied, dem vor allem Zustimmungs- und Kontrollrechte übertragen sind, kann eine Sonderleistung sein (vgl. BFH-Urteil vom 24. 8. 1994, XI R 74/93, BStBl. 1995 II S. 150). ⑮ Ein zwischen Gesellschafter und Gesellschaft vorliegender Leistungsaustausch hat keinen Einfluss auf die Beurteilung der Leistungen der Gesellschaft Dritten gegenüber. ⑯ Insbesondere sind in der Person des Gesellschafters vorliegende oder an seine Person geknüpfte Tatbestandsmerkmale, wie z. B. die Zugehörigkeit zu einer bestimmten Berufsgruppe (z. B. Land- und Forstwirt) oder die Erlaubnis zur Führung bestimmter Geschäfte (z. B. Bankgeschäfte) hinsichtlich der Beurteilung der Leistungen der Gesellschaft unbeachtlich. ⑰ Da der Gesellschafter bei der Geschäftsführung und Vertretung im Namen der Gesellschaft tätig wird und somit nicht im eigenen Namen gegenüber den Kunden der Gesellschaft auftritt liegt auch kein Fall der Dienstleistungskommission (§ 3 Abs. 11 UStG) vor.

Beispiel 8:

① Bei einem in der Rechtsform der KGaA geführten Kreditinstitut ist ausschließlich dem persönlich haftenden Gesellschafter-Geschäftsführer die Erlaubnis zur Führung der Bankgeschäfte erteilt worden.

② Die für die Leistungen des Kreditinstituts geltende Steuerbefreiung des § 4 Nr. 8 UStG ist nicht auf die Geschäftsführungs- und Vertretungsleistung des Gesellschafters anwendbar.

(5) ① Wird für Leistungen des Gesellschafters an die Gesellschaft neben einem Sonderentgelt auch eine gewinnabhängige Vergütung (vgl. Absatz 4 Satz 2 Beispiele 1 und 2) gezahlt (sog. Mischentgelt), sind das Sonderentgelt und die gewinnabhängige Vergütung umsatzsteuerrechtlich getrennt zu beurteilen. ② Das Sonderentgelt ist als Entgelt einzuordnen, da es einer bestimmten Leistung zugeordnet werden kann. ③ Diese gewinnabhängige Vergütung ist dagegen kein Entgelt. 175

Beispiel:

① Der Gesellschafter einer OHG erhält für die Führung der Geschäfte und die Vertretung der OHG im Rahmen der Gewinnverteilung 25% des Gewinns, mindestens jedoch 60 000 € vorab zugewiesen.

② Der Festbetrag von 60 000 € ist Sonderentgelt und wird im Rahmen eines Leistungsaustauschs gezahlt; im Übrigen wird der Gesellschafter auf Grund eines gesellschaftsrechtlichen Beitragsverhältnisses tätig.

(6) ① Auch andere gesellschaftsrechtlich zu erbringende Leistungen der Gesellschafter an die Gesellschaft können bei Zahlung eines Sonderentgelts als Gegenleistung für diese Leistung einen umsatzsteuerbaren Leistungsaustausch begründen. ② Sowohl die Haftungsübernahme als auch die Geschäftsführung und Vertretung besitzen ihrer Art nach Leistungscharakter und können daher auch im Fall der isolierten Erbringung Gegenstand eines umsatzsteuerbaren Leistungsaustausches sein. 175a

Beispiel:

① Der geschäftsführungs- und vertretungsberechtigte Komplementär einer KG erhält für die Geschäftsführung, Vertretung und Haftung eine Festvergütung.

② Die Festvergütung ist als Entgelt für die einheitliche Leistung, die Geschäftsführung, Vertretung und Haftung umfasst, umsatzsteuerbar und umsatzsteuerpflichtig (vgl. BFH-Urteil vom 3. 3. 2011, V R 24/10, BStBl. II S. 950). ③ Weder die Geschäftsführung und Vertretung noch die Haftung nach §§ 161, 128 HGB haben den Charakter eines Finanzgeschäfts im Sinne des § 4 Nr. 8 Buchst. g UStG.

(6 a) ① Erbringt eine Gesellschaft auf schuldrechtlicher Grundlage an ihre Gesellschafter Leistungen gegen Entgelt und stellen ihr die Gesellschafter in unmittelbarem Zusammenhang hiermit auf gesellschaftsrechtlicher Grundlage Personal zur Verfügung, liegt ein tauschähnlicher Umsatz vor. ② Um eine Beistellung anstelle eines tauschähnlichen Umsatzes handelt es sich nur dann, wenn das vom jeweiligen Gesellschafter überlassene Personal ausschließlich für Zwecke der Leistungserbringung an den jeweiligen Gesellschafter verwendet wird (vgl. BFH-Urteil vom 15. 4. 2010, V R 10/08, BStBl. II S. 879). 175b

Einzelfälle

(7) Ein Gesellschafter kann seine Verhältnisse so gestalten, dass sie zu einer möglichst geringen steuerlichen Belastung führen (BFH-Urteil vom 16. 3. 1993, XI R 45/90, BStBl. II S. 530). 176

1. ① Der Gesellschafter erwirbt einen Gegenstand, den er der Gesellschaft zur Nutzung überlässt. ② Der Gesellschafter ist nur als Gesellschafter tätig.

   a) Der Gesellschafter überlässt den Gegenstand zur Nutzung gegen Sonderentgelt.

   Beispiel 1:

   ① Der Gesellschafter erwirbt für eigene Rechnung einen Pkw, den er in vollem Umfang seinem Unternehmen zuordnet, auf seinen Namen zulässt und den er in vollem Umfang der Gesellschaft zur Nutzung überlässt. ② Die Gesellschaft zahlt dem Gesellschafter für die Nutzung des Pkw eine besondere Vergütung, z. B. einen feststehenden Mietzins oder eine nach der tatsächlichen Fahrleistung bemessene Vergütung.

   ③ Nach den Grundsätzen der BFH-Urteile vom 7. 11. 1991, V R 116/86, BStBl. 1992 II S. 269, und vom 16. 3. 1993, XI R 52/90, BStBl. II S. 562, ist die Unternehmereigenschaft des Gesellschafters zu bejahen. ④ Er bewirkt mit der Überlassung des Pkw eine steuerbare Leistung an die Gesellschaft. ⑤ Das Entgelt dafür besteht in der von der Gesellschaft gezahlten besonderen Vergütung. ⑥ Die Mindestbemessungsgrundlage ist zu beachten. ⑦ Ein Leistungsaustausch kann auch dann vorliegen, wenn der Gesellschafter den Pkw ausschließlich selbst nutzt (vgl. BFH-Urteil vom 16. 3. 1993, XI R 45/90, BStBl. II S. 530).

   ⑧ Der Gesellschafter, nicht die Gesellschaft, ist zum Vorsteuerabzug aus dem Erwerb des Pkw berechtigt (vgl. Abschnitt 15.20 Abs. 1).

   Beispiel 2:

   ① Sachverhalt wie Beispiel 1, jedoch mit der Abweichung, dass der Pkw nur zu 70% der Gesellschaft überlassen und zu 30% für eigene unternehmensfremde (private) Zwecke des Gesellschafters genutzt wird.

   ② Ein Leistungsaustausch zwischen Gesellschafter und Gesellschaft findet nur insoweit statt, als der Gegenstand für Zwecke der Gesellschaft überlassen wird. ③ Das Entgelt dafür besteht in der von der Gesellschaft gezahlten besonderen Vergütung. ④ Die Mindestbemessungsgrundlage ist zu beachten. ⑤ Insoweit als der Gesellschafter den Gegenstand für eigene unternehmensfremde (private) Zwecke verwendet, liegt bei ihm eine nach § 3 Abs. 9 a Nr. 1 UStG steuerbare unentgeltliche Wertabgabe vor.

   b) Der Gesellschafter überlässt den Gegenstand zur Nutzung gegen eine Beteiligung am Gewinn oder Verlust der Gesellschaft.

Beispiel 3:

① Der Gesellschafter erwirbt für eigene Rechnung einen Pkw, den er auf seinen Namen zulässt und den er in vollem Umfang der Gesellschaft zur Nutzung überlässt. ② Der Gesellschafter erhält hierfür jedoch keine besondere Vergütung; ihm steht lediglich der im Gesellschaftsvertrag bestimmte Gewinnanteil zu.

③ Überlässt der Gesellschafter der Gesellschaft den Gegenstand gegen eine Beteiligung am Gewinn oder Verlust der Gesellschaft zur Nutzung, handelt er insoweit nicht als Unternehmer. ④ Weder der Gesellschafter noch die Gesellschaft sind berechtigt, die dem Gesellschafter beim Erwerb des Gegenstands in Rechnung gestellte Umsatzsteuer als Vorsteuer abzuziehen (vgl. Abschnitt 15.20 Abs. 1 Satz 7). ⑤ Eine Zuordnung zum Unternehmen kommt daher nicht in Betracht.

177 2. ① Der Gesellschafter ist selbst als Unternehmer tätig. ② Er überlässt der Gesellschaft einen Gegenstand seines dem Unternehmen dienenden Vermögens zur Nutzung.

a) ① Der Gesellschafter überlässt den Gegenstand zur Nutzung gegen Sonderentgelt.

② Bei der Nutzungsüberlassung gegen Sonderentgelt handelt es sich um einen steuerbaren Umsatz im Rahmen des Unternehmens. ③ Das Entgelt besteht in der von der Gesellschaft gezahlten besonderen Vergütung. ④ Die Mindestbemessungsgrundlage ist zu beachten. ⑤ Zum Vorsteuerabzug des Gesellschafters und der Gesellschaft vgl. Abschnitt 15.20 Abs. 2 und 3.

b) Der Gesellschafter überlässt den Gegenstand zur Nutzung gegen eine Beteiligung am Gewinn oder Verlust der Gesellschaft.

Beispiel 4:

① Ein Bauunternehmer ist Mitglied einer Arbeitsgemeinschaft und stellt dieser gegen eine Beteiligung am Gewinn oder Verlust der Gesellschaft Baumaschinen zur Verfügung.

② Die Überlassung des Gegenstands an die Gesellschaft gegen eine Beteiligung am Gewinn oder Verlust der Gesellschaft ist beim Gesellschafter keine unentgeltliche Wertabgabe, wenn dafür unternehmerische Gründe ausschlaggebend waren. ③ Es handelt sich mangels Sonderentgelt um eine nicht steuerbare sonstige Leistung im Rahmen des Unternehmens (vgl. auch Absatz 8).

④ Wird der Gegenstand aus unternehmensfremden Gründen überlassen, liegt beim Gesellschafter unter den Voraussetzungen des § 3 Abs. 9 a UStG eine unentgeltliche Wertabgabe vor. ⑤ Das kann beispielsweise im Einzelfall bei der Überlassung von Gegenständen an Familiengesellschaften der Fall sein. ⑥ Unternehmensfremde Gründe liegen nicht allein deshalb vor, weil der Gesellschafter die Anteile an der Gesellschaft nicht in seinem Betriebsvermögen hält (vgl. BFH-Urteil vom 20. 12. 1962, V 111/61 U, BStBl. 1963 III S. 169).

⑦ Zum Vorsteuerabzug des Gesellschafters und der Gesellschaft vgl. Abschnitt 15.20 Abs. 2 und 3.

178 3. ① Der Gesellschafter ist selbst als Unternehmer tätig. ② Er liefert der Gesellschaft einen Gegenstand aus seinem Unternehmen unentgeltlich. ③ Er ist nur am Gewinn oder Verlust der Gesellschaft beteiligt.

a) ① Der Gesellschafter ist zum Vorsteuerabzug aus dem Erwerb des Gegenstands berechtigt, weil bei Leistungsbezug die Absicht bestand, den Gegenstand weiterzuverkaufen. ② Es liegt eine unentgeltliche Wertabgabe nach § 3 Abs. 1 b Satz 1 Nr. 1 oder 3 UStG vor.

b) ① Der Gesellschafter ist nicht zum Vorsteuerabzug aus dem Erwerb des Gegenstands berechtigt, weil die unentgeltliche Weitergabe an die Gesellschaft bereits bei Leistungsbezug beabsichtigt war (vgl. Abschnitt 15.15).

② Es liegt nach § 3 Abs. 1 b Satz 2 UStG keine einer entgeltlichen Lieferung gleichgestellte unentgeltliche Wertabgabe vor.

Leistungsaustausch bei Arbeitsgemeinschaften des Baugewerbes[1]

179 (8) ① Überlassen die Gesellschafter einer Arbeitsgemeinschaft des Baugewerbes dieser für die Ausführung des Bauauftrags Baugeräte (Gerätevorhaltung), kann sich die Überlassung im Rahmen eines Leistungsaustauschs vollziehen. ② Vereinbaren die Gesellschafter, dass die Baugeräte von den Partnern der Arbeitsgemeinschaft kostenlos zur Verfügung zu stellen sind, ist die Überlassung der Baugeräte keine steuerbare Leistung, wenn der die Geräte beistellende Gesellschafter die Überlassung der Geräte der Arbeitsgemeinschaft nicht berechnet und sich mit dem ihm zustehenden Gewinnanteil begnügt. ③ Wird die Überlassung der Baugeräte seitens des Bauunternehmers an die Arbeitsgemeinschaft vor der Verteilung des Gewinns entsprechend dem Geräteeinsatz ausgeglichen oder wird der Gewinn entsprechend der Gerätevorhaltung aufgeteilt, obwohl sie nach dem Vertrag „kostenlos“ zu erbringen ist, handelt es sich im wirtschaftlichen Ergebnis um besonders berechnete sonstige Leistungen (vgl. BFH-Urteil vom 18. 3. 1988, V R 178/83, BStBl. II S. 646, zur unentgeltlichen Gegenstandsüberlassung vgl. Absatz 7 Nr. 2 Buchstabe b Beispiel 4). ④ Das gilt auch dann, wenn die Differenz zwischen vereinbarter und tatsächlicher Geräteüberlassung unmittelbar zwischen den Arbeitsgemeinschaftspartnern abgegolten (Spitzenausgleich) und der Gewinn formell von Ausgleichszahlungen unbeeinflusst verteilt wird (BFH-Urteile vom 21. 3. 1968, V R 43/65, BStBl. II S. 449, und vom 11. 12. 1969, V R 91/68, BStBl. 1970 II S. 356). ⑤ In den Fällen, in denen im Arbeitsgemeinschaftsvertrag ein Spitzenausgleich der Mehr- und Minderleistungen und der darauf entfallenden Entgelte außerhalb der Arbeitsgemeinschaft zwischen den Partnern unmittelbar vereinbart und auch tatsächlich dementsprechend durchgeführt wird, ist ein Leistungsaustausch zwischen den Arbeitsgemeinschaftsmitgliedern und der Arbeitsgemeinschaft

[1] Arbeitsgemeinschaften vgl. A 1.6 Abs. 8, 2.1 Abs. 4 Satz 2–4 u. 13 b.3 Abs. 6 UStAE.

nicht feststellbar. ⑥ Die Leistungen (Gerätevorhaltungen) der Partner an die Arbeitsgemeinschaft sind in diesen Fällen nicht steuerbar (BFH-Urteil vom 11. 12. 1969, V R 129/68, BStBl. 1970 II S. 358). ⑦ Die Anwendung der in den Sätzen 1 bis 6 genannten Grundsätze ist nicht auf Gerätevorhaltungen im Rahmen von Arbeitsgemeinschaften des Baugewerbes beschränkt, sondern allgemein anwendbar, z. B. auf im Rahmen eines Konsortialvertrags erbrachte Arbeitsanteile (vgl. EuGH-Urteil vom 29. 4. 2004, C-77/01, EDM).

LS zu 1.6

180

1. Die **Überlassung von Appartements an eine Vermietergemeinschaft** zum Zwecke der gemeinschaftlichen Vermietung begründet die Unternehmereigenschaft der Appartementeigentümer nur bei besonderen Vereinbarungen über die Entgeltlichkeit der Überlassung. – 2. Haben die Eigentümer lediglich Anspruch auf einen ihrem Miteigentumsanteil entsprechenden Teil am Jahresergebnis der Vermietungsgemeinschaft, wird dadurch eine Unternehmereigenschaft nicht begründet. *BFH-Urt. v. 16. 5. 2002 V R 4/01 (DStRE S. 1254).*

Leistungskommission bei Vermietung von Ferienhäusern vgl. A 3.15 UStAE.

Zur Behandlung der **Geschäftsführungs- und Vertretungsleistungen** von Gesellschaftern an die Gesellschaft. *OFD Karlsruhe S 7100 K.2 v. 15. 8. 2018 (MwStR S. 948).*

Die Überlassung von **Vieheinheiten** durch einen Gesellschafter an eine Personengesellschaft unter gesellschaftsvertraglicher Vereinbarung eines Vorabgewinns erfolgt gegen Entgelt, wenn der Gesellschafter mit der Zahlung rechnen kann. *BFH-Beschl. v. 12. 11. 2020 V R 22/19 (BStBl. 2021 II S. 544).*

1.7 Lieferung von Gas, Elektrizität oder Wärme/Kälte

UStAE 1.7

182

(1) ① Die Abgabe von Energie durch einen Übertragungsnetzbetreiber im Rahmen des sog. Bilanzkreis- oder Regelzonenausgleichs vollzieht sich nicht als eigenständige Lieferung, sondern im Rahmen einer sonstigen Leistung und bleibt dementsprechend bei der Beurteilung der Wiederverkäufereigenschaft unberücksichtigt (vgl. Abschnitt 3g.1 Abs. 2). ② Das gilt entsprechend für Bilanzkreisabrechnungen beim Betrieb von Gasleitungsnetzen zwischen dem Marktgebietsverantwortlichen und dem Bilanzkreisverantwortlichen, wobei es sich ausschließlich um sonstige Leistungen des Marktgebietsverantwortlichen an den Bilanzkreisverantwortlichen unter Leistungsbeistellung durch den Bilanzkreisverantwortlichen handelt. ③ Die zwischen den Netzbetreibern zum Ausgleich der unterschiedlichen Kosten für die unentgeltliche Durchleitung der Energie gezahlten Beträge (sog. Differenzausgleich) sind kein Entgelt für eine steuerbare Leistung des Netzbetreibers. ④ Gibt ein Energieversorger seine am Markt nicht mehr zu einem positiven Kaufpreis veräußerbaren überschüssigen Kapazitäten in Verbindung mit einer Zuzahlung ab, um sich eigene Aufwendungen für das Zurückfahren der eigenen Produktionsanlagen zu ersparen, liegt keine Lieferung von z. B. Elektrizität vor, sondern eine sonstige Leistung des Abnehmers.

183

(2) ① Der nach § 9 KWKG zwischen den Netzbetreibern vorzunehmende Belastungsausgleich vollzieht sich nicht im Rahmen eines Leistungsaustauschs. ② Gleiches gilt für den ab dem 1. Januar 2010 vorzunehmenden Belastungsausgleich nach der Verordnung zur Weiterentwicklung des bundesweiten Ausgleichsmechanismus vom 17. Juli 2009 (AusglMechV, BGBl. I S. 2101) bezüglich des Ausgleichs zwischen Übertragungsnetzbetreibern und Elektrizitätsversorgungsunternehmen (Zahlung der EEG-Umlage nach § 3 AusglMechV). ③ Bei diesen Umlagen zum Ausgleich der den Unternehmen entstehenden unterschiedlichen Kosten im Zusammenhang mit der Abnahme von Strom aus KWK- bzw. EEG-Anlagen handelt es sich nicht um Entgelte für steuerbare Leistungen.

184

(3) ① Soweit der Netzbetreiber nach § 5a KWKG verpflichtet ist, dem Wärme- oder Kältenetzbetreiber für den Neu- oder Ausbau des Wärme- oder Kältenetzes einen Zuschlag zu zahlen, handelt es sich grundsätzlich um einen echten Zuschuss. ② Die Zuschläge werden aus einem überwiegenden öffentlichen Interesse heraus, nämlich zur Förderung des Ausbaus der Nutzung der Kraft-Wärme-Kopplung bzw. Kraft-Wärme-Kälte-Kopplung im Interesse von Energieeinsparung und Klimaschutz, gewährt. ③ Dies gilt jedoch nicht, soweit die Zuschläge nach § 5a KWKG die Verbindung des Verteilungsnetzes mit dem Verbraucherabgang (Hausanschluss), der an der Abzweigstelle des Verteilungsnetzes beginnt und mit der Übergabestelle endet, betreffen. ④ Hier ist der entsprechende Anteil des Zuschlags durch den Netzbetreiber nach § 7a Abs. 3 KWKG mit der Rechnungstellung des Wärme- oder Kältenetzbetreibers an den Verbraucher wirtschaftlich und rechtlich verknüpft. ⑤ Der Anteil des Zuschlags, der auf die Verbindung des Verteilungsnetzes mit dem Verbraucherabgang entfällt, ist von dem Betrag, der dem Verbraucher für die Anschlusskosten in Rechnung gestellt wird, in Abzug zu bringen. ⑥ Der Zuschlag des Netzbetreibers hängt insoweit unmittelbar mit dem Preis einer steuerbaren Leistung (Anschluss an das Verteilungsnetz) zusammen und hat preisauffüllenden Charakter. ⑦ Das gilt auch dann, wenn der Verbraucher wegen des Abzugs nach § 7a Abs. 3 KWKG für den Anschluss an das Verteilungsnetz selbst nichts bezahlen muss. ⑧ Der vom Netzbetreiber an den Wärme- oder Kältenetzbetreiber gezahlte Zuschlag ist entsprechend aufzuteilen. ⑨ Werden bei der Verbindung zwischen Verteilungsnetz und Verbraucherabgang entgeltlich die betreffenden Leitungen vom Wärme- oder Kältenetzbetreiber auf den Verbraucher übertragen, liegt eine Lieferung der entsprechenden Anlagen durch den Wärme- oder Kältenetzbetreiber an den Wärme- oder Kälteabnehmer vor. ⑩ Soweit der Netzbetreiber nach § 5b KWKG verpflichtet ist, dem Betreiber eines Wärme- bzw. Kältespeichers für den Neu- oder Ausbau von Wärme- bzw. Kältespeichern einen Zuschlag zu zahlen, handelt es sich um einen echten Zuschuss.

Ausgleich von Mehr- bzw. Mindermengen Gas

184a (4) ① Zahlungen des Übertragungsnetzbetreibers an den (Verteil-)Netzbetreiber nach § 35 Abs. 1 EEG stellen Entgeltzahlungen dar, da diesen Beträgen tatsächliche Stromlieferungen gegenüberstehen. ② Ausgleichszahlungen des Übertragungsnetzbetreibers nach § 35 Abs. 1a EEG für die vom (Verteil-)Netzbetreiber nach §§ 33g und 33i EEG gezahlten Prämien vollziehen sich hingegen nicht im Rahmen eines Leistungsaustausches. ③ Hat der Netzbetreiber nach § 35 Abs. 2 EEG einen Ausgleich an den Übertragungsnetzbetreiber für vermiedene Netzentgelte zu leisten, da die Stromeinspeisung nach § 16 EEG vergütet oder in den Formen des § 33b Nr. 1 oder Nr. 2 EEG direkt vermarktet wird (Marktprämienmodell oder Grünstromprivileg), handelt es sich bei diesen Ausgleichszahlungen nicht um Entgelte für steuerbare Leistungen.

184b (5) ① Soweit Ausspeisenetzbetreiber und Transportkunde nach § 25 GasNZV Mehr- bzw. Mindermengen an Gas ausgleichen, handelt es sich um eine Lieferung entweder vom Ausspeisenetzbetreiber an den Transportkunden (Mindermenge) oder vom Transportkunden an den Ausspeisenetzbetreiber (Mehrmenge), weil jeweils Verfügungsmacht an dem zum Ausgleich zur Verfügung gestellten Gas verschafft wird. ② Gleiches gilt für das Verhältnis zwischen Marktgebietsverantwortlichem und Ausspeisenetzbetreiber. ③ Der Marktgebietsverantwortliche beschafft die für die Mehr- bzw. Mindermengen benötigten Gasmengen von Händlern am Regelenergiemarkt und stellt diese den Ausspeisenetzbetreibern in seinem Marktgebiet als Mehr- bzw. Mindermenge zur Verfügung bzw. nimmt sie entgegen.

Ausgleich von Mehr- bzw. Mindermengen Strom

184c (6) ① Soweit Verteilnetzbetreiber und Lieferant bzw. Kunde nach § 13 Strom-NZV Mehr- oder Mindermengen an Strom ausgleichen, handelt es sich um eine Lieferung entweder vom Verteilnetzbetreiber an den Lieferanten bzw. Kunden (Mindermenge) oder vom Lieferanten bzw. Kunden an den Verteilnetzbetreiber (Mehrmenge). ② Die Verfügungsmacht an dem zum Ausgleich zur Verfügung gestellten Strom wird verschafft.

Anl zu 1.7

Schreiben betr. umsatzsteuerliche Behandlung der Abrechnung von Mehr- bzw. Mindermengen Gas (Leistungsbeziehungen)

Vom 20. August 2020 (BStBl. I S. 671)

(BMF III C 2 – S 7124/20/10001 :001; DOK 2020/0822163)

– Auszug –[1]

Übersicht über die Abrechnungen zwischen den Marktakteuren:

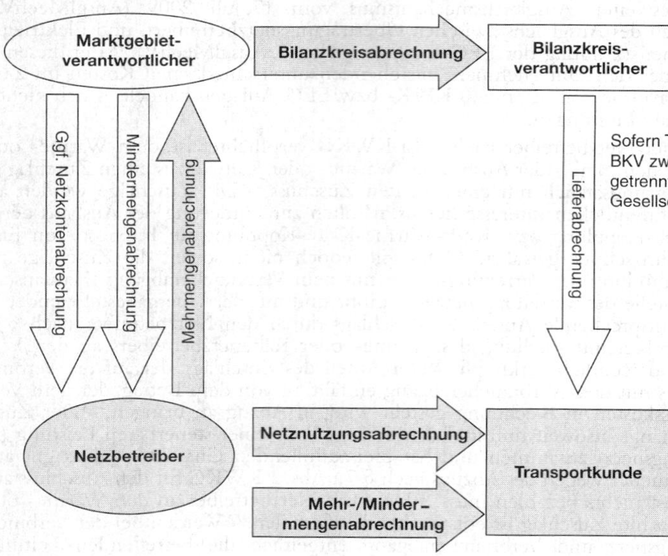

[1] Vollständig abgedruckt im USt-Handbuch 2021.

1.8 Sachzuwendungen und sonstige Leistungen an das Personal

StAE 1.8

Allgemeines

(1) ① Wendet der Unternehmer (Arbeitgeber) seinem Personal (seinen Arbeitnehmern) als Vergütung für geleistete Dienste neben dem Barlohn auch einen Sachlohn zu, bewirkt der Unternehmer mit dieser Sachzuwendung eine entgeltliche Leistung im Sinne des § 1 Abs. 1 Nr. 1 Satz 1 UStG, für die der Arbeitnehmer einen Teil seiner Arbeitsleistung als Gegenleistung aufwendet. ② Wegen des Begriffs der Vergütung für geleistete Dienste vgl. Abschnitt 4.18.1 Abs. 7. ③ Ebenfalls nach § 1 Abs. 1 Nr. 1 Satz 1 UStG steuerbar sind Lieferungen oder sonstige Leistungen, die der Unternehmer an seine Arbeitnehmer oder deren Angehörige auf Grund des Dienstverhältnisses gegen besonders berechnetes Entgelt, aber verbilligt, ausführt. ④ Von einer entgeltlichen Leistung in diesem Sinne ist auszugehen, wenn der Unternehmer für die Leistung gegenüber dem einzelnen Arbeitnehmer einen unmittelbaren Anspruch auf eine Geldzahlung oder eine andere – nicht in der Arbeitsleistung bestehende – Gegenleistung in Geldeswert hat. ⑤ Für die Steuerbarkeit kommt es nicht darauf an, ob der Arbeitnehmer das Entgelt gesondert an den Unternehmer entrichtet oder ob der Unternehmer den entsprechenden Betrag vom Barlohn einbehält. ⑥ Die Gewährung von Personalrabatt durch den Unternehmer beim Einkauf von Waren durch seine Mitarbeiter ist keine Leistung gegen Entgelt, sondern Preisnachlass (BFH-Beschluss vom 17. 9. 1981,V B 43/80, BStBl. II S. 775). **191**

(2) ① Zuwendungen von Gegenständen (Sachzuwendungen) und sonstige Leistungen an das Personal für dessen privaten Bedarf sind nach § 3 Abs. 1b Satz 1 Nr. 2 und § 3 Abs. 9a UStG auch dann steuerbar, wenn sie unentgeltlich sind (vgl. Abschnitt 3.3 Abs. 9). ② Die Steuerbarkeit setzt voraus, dass Leistungen aus unternehmerischen (betrieblichen) Gründen für den privaten, außerhalb des Dienstverhältnisses liegenden Bedarf des Arbeitnehmers ausgeführt werden (vgl. BFH-Urteile vom 11. 3. 1988, V R 30/84, BStBl. II S. 643, und V R 114/83, BStBl. II S. 651). ③ Der Arbeitnehmer erhält Sachzuwendungen und sonstige Leistungen unentgeltlich, wenn er seine Arbeit lediglich für den vereinbarten Barlohn und unabhängig von dem an alle Arbeitnehmer gerichteten Angebot (vgl. BFH-Urteil vom 10. 6. 1999, V R 104/98, BStBl. II S. 582) oder unabhängig von dem Umfang der gewährten Zuwendungen leistet. ④ Hieran ändert der Umstand nichts, dass der Unternehmer die Zuwendungen zur Ablösung tarifvertraglicher Verpflichtungen erbringt (vgl. BFH-Urteil vom 11. 5. 2000, V R 73/99, BStBl. II S. 505). ⑤ Steuerbar sind auch Leistungen an ausgeschiedene Arbeitnehmer auf Grund eines früheren Dienstverhältnisses sowie Leistungen an Auszubildende. ⑥ Bei unentgeltlichen Zuwendungen eines Gegenstands an das Personal oder der Verwendung eines dem Unternehmen zugeordneten Gegenstands für den privaten Bedarf des Personals setzt die Steuerbarkeit voraus, dass der Gegenstand oder seine Bestandteile zumindest zu einem teilweisen Vorsteuerabzug berechtigt haben (vgl. Abschnitte 3.3 und 3.4). ⑦ Keine steuerbaren Umsätze sind Aufmerksamkeiten (vgl. Absatz 3) und Leistungen, die überwiegend durch das betriebliche Interesse des Arbeitgebers veranlasst sind (vgl. Absatz 4 und BFH-Urteil vom 9. 7. 1998,V R 105/92, BStBl. II S. 635). **192**

(3) ① Aufmerksamkeiten sind Zuwendungen des Arbeitgebers, die nach ihrer Art und nach ihrem Wert Geschenken entsprechen, die im gesellschaftlichen Verkehr üblicherweise ausgetauscht werden und zu keiner ins Gewicht fallenden Bereicherung des Arbeitnehmers führen (vgl. BFH-Urteil vom 22. 3. 1985, VI R 26/82, BStBl. II S. 641, R 19.6 LStR). ② Zu den Aufmerksamkeiten rechnen danach gelegentliche Sachzuwendungen bis zu einem Wert von 60 €, z. B. Blumen, Genussmittel, ein Buch oder ein Tonträger, die dem Arbeitnehmer oder seinen Angehörigen aus Anlass eines besonderen persönlichen Ereignisses zugewendet werden. ③ Gleiches gilt für Getränke und Genussmittel, die der Arbeitgeber den Arbeitnehmern zum Verzehr im Betrieb unentgeltlich überlässt. **193**

(4) ① Nicht steuerbare Leistungen, die überwiegend durch das betriebliche Interesse des Arbeitgebers veranlasst sind, liegen vor, wenn betrieblich veranlasste Maßnahmen zwar auch die Befriedigung eines privaten Bedarfs der Arbeitnehmer zur Folge haben, diese Folge aber durch die mit den Maßnahmen angestrebten betrieblichen Zwecke überlagert wird (vgl. EuGH-Urteil vom 11. 12. 2008, C-371/07, Danfoss und AstraZeneca). ② Dies ist regelmäßig anzunehmen, wenn die Maßnahme die dem Arbeitgeber obliegende Gestaltung der Dienstausübung betrifft (vgl. BFH-Urteil vom 9. 7. 1998,V R 105/92, BStBl. II S. 635). ③ Hierzu gehören insbesondere: **194**

1. ① Leistungen zur Verbesserung der Arbeitsbedingungen, z. B. die Bereitstellung von Aufenthalts- und Erholungsräumen sowie von betriebseigenen Duschanlagen, die grundsätzlich von allen Betriebsangehörigen in Anspruch genommen werden können. ② Auch die Bereitstellung von Bade- und Sportanlagen kann überwiegend betrieblich veranlasst sein, wenn in der Zurverfügungstellung der Anlagen nach der Verkehrsauffassung kein geldwerter Vorteil zu sehen ist. ③ Z. B. ist die Bereitstellung von Fußball- oder Handballsportplätzen kein geldwerter Vorteil, wohl aber die Bereitstellung von Tennis- oder Golfplätzen (vgl. auch BFH-Urteil vom 27. 9. 1996,VI R 44/96, BStBl. 1997 II S. 146);
2. die betriebsärztliche Betreuung sowie die Vorsorgeuntersuchung des Arbeitnehmers, wenn sie im ganz überwiegenden betrieblichen Interesse des Arbeitgebers liegt (vgl. BFH-Urteil vom 17. 9. 1982,VI R 75/79, BStBl. 1983 II S. 39);

UStAE 1.8

3. betriebliche Fort- und Weiterbildungsleistungen;
4. die Überlassung von Arbeitsmitteln zur beruflichen Nutzung einschließlich der Arbeitskleidung, wenn es sich um typische Berufskleidung, insbesondere um Arbeitsschutzkleidung, handelt, deren private Nutzung so gut wie ausgeschlossen ist;
5. das Zurverfügungstellen von Parkplätzen auf dem Betriebsgelände;
6. ① Zuwendungen im Rahmen von Betriebsveranstaltungen, soweit sie sich im üblichen Rahmen halten. ② Die Üblichkeit der Zuwendungen ist bis zu einer Höhe von 110 € einschließlich Umsatzsteuer je Arbeitnehmer und Betriebsveranstaltung nicht zu prüfen. ③ Satz 2 gilt nicht bei mehr als zwei Betriebsveranstaltungen im Jahr. ④ Die lohnsteuerrechtliche Beurteilung gilt entsprechend;
7. das Zurverfügungstellen von Betriebskindergärten;
8. das Zurverfügungstellen von Übernachtungsmöglichkeiten in gemieteten Zimmern, wenn der Arbeitnehmer an weit von seinem Heimatort entfernten Tätigkeitsstellen eingesetzt wird (vgl. BFH-Urteil vom 21. 7. 1994, V R 21/92, BStBl. II S. 881);
9. Schaffung und Förderung der Rahmenbedingungen für die Teilnahme an einem Verkaufswettbewerb (vgl. BFH-Urteil vom 16. 3. 1995, V R 128/92, BStBl. II S. 651);
10. die Sammelbeförderung unter den in Absatz 15 Satz 2 bezeichneten Voraussetzungen;
11. die unentgeltliche Abgabe von Speisen anlässlich und während eines außergewöhnlichen Arbeitseinsatzes, z. B. während einer außergewöhnlichen betrieblichen Besprechung oder Sitzung (vgl. EuGH-Urteil vom 11. 12. 2008, a. a. O.);
12. die Übernahme von Umzugskosten durch den Arbeitgeber für die hiervon begünstigten Arbeitnehmer, wenn die Kostenübernahme im ganz überwiegenden betrieblichen Interesse des Arbeitgebers liegt (vgl. BFH-Urteil vom 6. 6. 2019, V R 18/18, BStBl. 2020 II S. 293).

194a (4a) ① Zum Vorsteuerabzug bei Aufmerksamkeiten, die die Grenze in Absatz 3 überschreiten, und bei Leistungen, die nicht durch das betriebliche Interesse (Absatz 4) veranlasst sind, vgl. Abschnitt 3.3 Abs. 1 Satz 7 und Abschnitt 15.15. ② Eine Wertabgabe an Arbeitnehmer unterliegt in diesen Fällen nicht der Umsatzsteuer.

195 (5) ① Nach § 1 Abs. 1 Nr. 1 Satz 1, § 3 Abs. 1b oder § 3 Abs. 9a UStG steuerbare Umsätze an Arbeitnehmer können steuerfrei, z. B. nach § 4 Nr. 10 Buchstabe b, Nr. 12 Satz 1, 18, 23 bis 25 UStG, sein. ② Die Überlassung von Werkdienstwohnungen durch Arbeitgeber an Arbeitnehmer ist nach § 4 Nr. 12 Satz 1 Buchstabe a UStG steuerfrei (vgl. BFH-Urteile vom 30. 7. 1986, V R 99/76, BStBl. II S. 877, und vom 7. 10. 1987, V R 2/79, BStBl. 1988 II S. 88), wenn sie mehr als sechs Monate dauert. ③ Überlässt ein Unternehmer in seiner Pension Räume an eigene Saison-Arbeitnehmer, ist diese Leistung nach § 4 Nr. 12 Satz 2 UStG steuerpflichtig, wenn diese Räume wahlweise zur vorübergehenden Beherbergung von Gästen oder zur Unterbringung des Saisonpersonals bereitgehalten werden (vgl. BFH-Urteil vom 13. 9. 1988, V R 46/83, BStBl. II S. 1021); vgl. auch Abschnitt 4.12.9 Abs. 2.

Bemessungsgrundlage

196 (6) ① Bei der Ermittlung der Bemessungsgrundlage für die entgeltlichen Lieferungen und sonstigen Leistungen an Arbeitnehmer (Absatz 1) ist die Vorschrift über die Mindestbemessungsgrundlage in § 10 Abs. 5 Nr. 2 UStG zu beachten. ② Danach ist als Bemessungsgrundlage mindestens der in § 10 Abs. 4 UStG bezeichnete Wert (Einkaufspreis, Selbstkosten, Ausgaben, vgl. Absatz 7) abzüglich der Umsatzsteuer anzusetzen, wenn dieser den vom Arbeitnehmer tatsächlich aufgewendeten (gezahlten) Betrag abzüglich der Umsatzsteuer übersteigt. ③ Der Umsatz ist jedoch höchstens nach dem marktüblichen Entgelt zu bemessen (vgl. Abschnitt 10.7 Abs. 1). ④ Beruht die Verbilligung auf einem Belegschaftsrabatt, z. B. bei der Lieferung von sog. Jahreswagen an Werksangehörige in der Automobilindustrie, liegen die Voraussetzungen für die Anwendung der Vorschrift des § 10 Abs. 5 Nr. 2 UStG regelmäßig nicht vor; Bemessungsgrundlage ist dann der tatsächlich aufgewendete Betrag abzüglich Umsatzsteuer. ⑤ Zuwendungen, die der Unternehmer in Form eines Sachlohns als Vergütung für geleistete Dienste gewährt, sind nach den Werten des § 10 Abs. 4 UStG zu bemessen; dabei sind auch die nicht zum Vorsteuerabzug berechtigenden Ausgaben in die Bemessungsgrundlage einzubeziehen. ⑥ Eine Leistung unterliegt nur dann der Mindestbemessungsgrundlage nach § 10 Abs. 5 Nr. 2 UStG, wenn sie ohne Entgeltvereinbarung als unentgeltliche Leistung steuerbar wäre (vgl. BFH-Urteile vom 15. 11. 2007, V R 15/06, BStBl. 2009 II S. 423, vom 27. 2. 2008, XI R 50/07, BStBl. 2009 II S. 426, und vom 29. 5. 2008, V R 12/07, BStBl. 2009 II S. 428 sowie Abschnitt 10.7).

197 (7) ① Die Bemessungsgrundlage für die unentgeltlichen Lieferungen und sonstigen Leistungen an Arbeitnehmer (Absatz 2) ist in § 10 Abs. 4 UStG geregelt. ② Bei der Ermittlung der Bemessungsgrundlage für unentgeltliche Lieferungen (§ 10 Abs. 4 Satz 1 Nr. 1 UStG) ist vom Einkaufspreis zuzüglich der Nebenkosten für den Gegenstand oder für einen gleichartigen Gegenstand oder mangels eines Einkaufspreises von den Selbstkosten, jeweils zum Zeitpunkt des Umsatzes, auszugehen. ③ Der Einkaufspreis entspricht in der Regel dem Wiederbeschaffungspreis des Unternehmers. ④ Die Selbstkosten umfassen alle durch den betrieblichen Leistungsprozess entstehenden Ausgaben. ⑤ Bei der Ermittlung der Bemessungsgrundlage für unentgeltliche sonstige Leistungen (§ 10 Abs. 4 Satz 1 Nr. 2 und 3 UStG) ist von den bei der Ausführung dieser Leistungen entstandenen Ausgaben auszugehen. ⑥ Hierzu gehören auch die anteiligen Gemeinkosten. ⑦ In den Fällen des § 10 Abs. 4 Satz 1 Nr. 2 UStG sind aus der Bemessungsgrundlage solche Ausgaben auszuscheiden, die nicht zum vollen oder teilweisen Vorsteuerabzug berechtigt haben. UStAE 1.8

(8) ① Die in § 10 Abs. 4 UStG vorgeschriebenen Werte weichen grundsätzlich von den für Lohnsteuerzwecke anzusetzenden Werten (§ 8 Abs. 2 und 3 EStG, R 8.1 und R 8.2 LStR) ab. ② In bestimmten Fällen (vgl. Absätze 9, 11, 14, 18) ist es jedoch aus Vereinfachungsgründen nicht zu beanstanden, wenn für die umsatzsteuerrechtliche Bemessungsgrundlage von den lohnsteuerrechtlichen Werten ausgegangen wird. ③ Diese Werte sind dann als Bruttowerte anzusehen, aus denen zur Ermittlung der Bemessungsgrundlage die Umsatzsteuer herauszurechnen ist. ④ Der Freibetrag nach § 8 Abs. 3 Satz 2 EStG von 1080 € bleibt bei der umsatzsteuerrechtlichen Bemessungsgrundlage unberücksichtigt. 198

Einzelfälle

(9) ① Erhalten Arbeitnehmer von ihrem Arbeitgeber freie Verpflegung, freie Unterkunft oder freie Wohnung, ist von den Werten auszugehen, die in der SvEV[1] in der jeweils geltenden Fassung festgesetzt sind. ② Für die Gewährung von Unterkunft und Wohnung kann unter den Voraussetzungen des § 4 Nr. 12 Satz 1 Buchstabe a UStG Steuerfreiheit in Betracht kommen (vgl. Absatz 5). ③ Die Gewährung der Verpflegung unterliegt dem allgemeinen Steuersatz (vgl. BFH-Urteil vom 24. 11. 1988, V R 30/83, BStBl. 1989 II S. 210; Abschnitt 3.6). 199

(10) ① Bei der Abgabe von Mahlzeiten an die Arbeitnehmer ist hinsichtlich der Ermittlung der Bemessungsgrundlage zu unterscheiden, ob es sich um eine unternehmenseigene Kantine oder um eine vom Unternehmer (Arbeitgeber) nicht selbst betriebene Kantine handelt. ② Eine unternehmenseigene Kantine ist nur anzunehmen, wenn der Unternehmer die Mahlzeiten entweder selbst herstellt oder die Mahlzeiten vor der Abgabe an die Arbeitnehmer mehr als nur geringfügig be- oder verarbeitet bzw. aufbereitet oder ergänzt. ③ Von einer nicht selbst betriebenen Kantine ist auszugehen, wenn die Mahlzeiten nicht vom Arbeitgeber/Unternehmer selbst (d. h. durch eigenes Personal) zubereitet und an die Arbeitnehmer abgegeben werden. ④ Überlässt der Unternehmer (Arbeitgeber) im Rahmen der Fremdbewirtschaftung Küchen- und Kantinenräume, Einrichtungs- und Ausstattungsgegenstände sowie Koch- und Küchengeräte u. ä., ist der Wert dieser Gebrauchsüberlassung bei der Ermittlung der Bemessungsgrundlage für die Mahlzeiten nicht zu berücksichtigen. 200

(11) ① Bei der unentgeltlichen Abgabe von Mahlzeiten an die Arbeitnehmer durch **unternehmenseigene Kantinen** ist aus Vereinfachungsgründen bei der Ermittlung der Bemessungsgrundlage von dem Wert auszugehen, der dem amtlichen Sachbezugswert nach der SvEV[1] entspricht (vgl. R 8.1 Abs. 7 LStR). ② Werden die Mahlzeiten in unternehmenseigenen Kantinen entgeltlich abgegeben, ist der vom Arbeitnehmer gezahlte Essenspreis, mindestens jedoch der Wert der Besteuerung zu Grunde zu legen, der dem amtlichen Sachbezugswert nach der SvEV entspricht (vgl. R 8.1 Abs. 7 LStR). ③ Abschläge für Jugendliche, Auszubildende und Angehörige der Arbeitnehmer sind nicht zulässig. 201

Beispiel 1:

Wert der Mahlzeit	3,57 €
Zahlung des Arbeitnehmers	1,00 €
maßgeblicher Wert	3,57 €
darin enthalten $^{19}/_{119}$ Umsatzsteuer (Steuersatz 19%)	./. 0,57 €
Bemessungsgrundlage	3,00 €

Beispiel 2:

Wert der Mahlzeit	3,57 €
Zahlung des Arbeitnehmers	3,80 €
maßgeblicher Wert	3,80 €
darin enthalten $^{19}/_{119}$ Umsatzsteuer (Steuersatz 19%)	./. 0,61 €
Bemessungsgrundlage	3,19 €

④ In den Beispielen 1 und 2 wird von den Sachbezugswerten 2022 ausgegangen (vgl. BMF-Schreiben vom 20. 12. 2021, BStBl. 2022 I S. 60).[2] ⑤ Soweit unterschiedliche Mahlzeiten zu unterschiedlichen Preisen verbilligt an die Arbeitnehmer abgegeben werden, kann bei der umsatzsteuerrechtlichen Bemessungsgrundlage von dem für Lohnsteuerzwecke gebildeten Durchschnittswert ausgegangen werden.

(12) Bei der Abgabe von Mahlzeiten durch eine **vom Unternehmer (Arbeitgeber) nicht selbstbetriebene Kantine oder Gaststätte** gilt Folgendes: 202

[1] SvEV v. 21. 12. 2006 (BGBl. I S. 3385), zuletzt geändert durch VO v. 16. 12. 2022 (BGBl. I S. 2431), vgl. „Handbuch zur Lohnsteuer", Anlage zu § 8 EStG.

[2] **Sachbezugswerte 2023** siehe BMF v. 23. 12. 2022 (BStBl. 2023 I S. 71): Mittag-/Abendessen 3,57 €, Frühstück 1,87 €.

UStAE 1.8

1. ① Vereinbart der Arbeitgeber mit dem Kantinenbetreiber bzw. Gastwirt die Zubereitung und die Abgabe von Essen an die Arbeitnehmer zum Verzehr an Ort und Stelle und hat der Kantinenbetreiber bzw. Gastwirt einen Zahlungsanspruch gegen den Arbeitgeber, liegt einerseits ein Leistungsaustausch zwischen Kantinenbetreiber bzw. Gastwirt und Arbeitgeber und andererseits ein Leistungsaustausch des Arbeitgebers gegenüber dem Arbeitnehmer vor. ② Der Arbeitgeber bedient sich in diesen Fällen des Kantinenbetreibers bzw. Gastwirts zur Beköstigung seiner Arbeitnehmer. ③ Sowohl in dem Verhältnis Kantinenbetreiber bzw. Gastwirt – Arbeitgeber als auch im Verhältnis Arbeitgeber – Arbeitnehmer liegt eine sonstige Leistung vor.

Beispiel 1:

① Der Arbeitgeber vereinbart mit einem Gastwirt die Abgabe von Essen an seine Arbeitnehmer zu einem Preis von 5,00 € je Essen. ② Der Gastwirt rechnet über die ausgegebenen Essen mit dem Arbeitgeber auf der Grundlage dieses Preises ab. ③ Die Arbeitnehmer haben einen Anteil am Essenspreis von 2,00 € zu entrichten, den der Arbeitgeber von den Arbeitslöhnen einbehält.

④ Nach § 3 Abs. 9 UStG erbringen der Gastwirt an den Arbeitgeber und der Arbeitgeber an den Arbeitnehmer je eine sonstige Leistung. ⑤ Der Preis je Essen beträgt für den Arbeitgeber 5,00 €. ⑥ Als Bemessungsgrundlage für die Abgabe der Mahlzeiten des Arbeitgebers an den Arbeitnehmer ist der Betrag von 4,20 € (5,00 € abzüglich $^{19}/_{119}$ Umsatzsteuer) anzusetzen. ⑦ Der Arbeitgeber kann die ihm vom Gastwirt für die Beköstigungsleistungen gesondert in Rechnung gestellte Umsatzsteuer unter den Voraussetzungen des § 15 UStG als Vorsteuer abziehen.

2. ① Bestellt der Arbeitnehmer in einer Gaststätte selbst sein gewünschtes Essen nach der Speisekarte und bezahlt dem Gastwirt den – ggf. um einen Arbeitgeberzuschuss geminderten – Essenspreis, liegt eine sonstige Leistung des Gastwirts an den Arbeitnehmer vor. ② Ein Umsatzgeschäft zwischen Arbeitgeber und Gastwirt besteht nicht. ③ Im Verhältnis des Arbeitgebers zum Arbeitnehmer ist die Zahlung des Essenszuschusses ein nicht umsatzsteuerbarer Vorgang. ④ Bemessungsgrundlage der sonstigen Leistung des Gastwirts an den Arbeitnehmer ist der von dem Arbeitnehmer an den Gastwirt gezahlte Essenspreis zuzüglich des ggf. gezahlten Arbeitgeberzuschusses (Entgelt von dritter Seite).

Beispiel 2:

① Der Arbeitnehmer kauft in einer Gaststätte ein Mittagessen, welches mit einem Preis von 4 € ausgezeichnet ist. ② Er übergibt dem Gastwirt eine Essensmarke des Arbeitgebers im Wert von 1 € und zahlt die Differenz i. H. v. 3 €. ③ Der Gastwirt lässt sich den Wert der Essensmarken wöchentlich vom Arbeitgeber erstatten.

④ Bemessungsgrundlage beim Gastwirt ist der Betrag von 4 € abzüglich Umsatzsteuer. ⑤ Die Erstattung der Essensmarke (Arbeitgeberzuschuss) führt nicht zu einer steuerbaren Sachzuwendung an den Arbeitnehmer. ⑥ Der Arbeitgeber kann aus der Abrechnung des Gastwirts keinen Vorsteuerabzug geltend machen.

3. Vereinbart der Arbeitgeber mit einem selbständigen Kantinenpächter (z. B. Caterer), dass dieser die Kantine in den Räumen des Arbeitgebers betreibt und die Verpflegungsleistungen an die Arbeitnehmer im eigenen Namen und für eigene Rechnung erbringt, liegt ein Leistungsaustausch zwischen Caterer und Arbeitnehmer vor (vgl. BFH-Beschluss vom 18. 7. 2002, V B 112/01, BStBl. 2003 II S. 675).

Beispiel 3:

① Der Arbeitgeber und der Caterer vereinbaren, dass der Caterer die Preise für die Mittagsverpflegung mit dem Arbeitgeber abzustimmen hat. ② Der Arbeitgeber zahlt dem Caterer einen jährlichen (pauschalen) Zuschuss (Arbeitgeberzuschuss). ③ Der Zuschuss wird anhand der Zahl der durchschnittlich ausgegebenen Essen je Kalenderjahr ermittelt oder basiert auf einem prognostizierten „Verlust" (Differenz zwischen den voraussichtlichen Zahlungen der Arbeitnehmer und Kosten der Mittagsverpflegung).

④ Ein Leistungsaustausch zwischen Arbeitgeber und Caterer sowie zwischen Arbeitgeber und Arbeitnehmer besteht nicht. ⑤ Bemessungsgrundlage der sonstigen Leistung des Caterers an den Arbeitnehmer ist der von dem Arbeitnehmer an den Caterer gezahlte Essenspreis zuzüglich des ggf. gezahlten Arbeitgeberzuschusses. ⑥ Diese vom Arbeitgeber in pauschalierter Form gezahlten Beträge sind Entgelt von dritter Seite (vgl. Abschnitt 10.2 Abs. 5 Satz 5). ⑦ Da der Arbeitgeber keine Leistung vom Caterer erhält, ist er nicht zum Vorsteuerabzug aus der Zahlung des Zuschusses an den Caterer berechtigt.

203 (13) ① In den Fällen, in denen Verpflegungsleistungen anlässlich einer unternehmerisch bedingten Auswärtstätigkeit des Arbeitnehmers vom Arbeitgeber empfangen und in voller Höhe getragen werden, kann der Arbeitgeber den Vorsteuerabzug aus den entstandenen Verpflegungskosten in Anspruch nehmen, wenn die Aufwendungen durch Rechnungen mit gesondertem Ausweis der Umsatzsteuer auf den Namen des Unternehmers oder durch Kleinbetragsrechnungen im Sinne des § 33 UStDV belegt sind. ② Es liegt keine einer entgeltlichen Leistung gleichgestellte unentgeltliche Wertabgabe vor. ③ Übernimmt der Arbeitgeber die Kosten des Arbeitnehmers für eine dienstlich veranlasste Hotelübernachtung einschließlich Frühstück und kürzt der Arbeitgeber wegen des Frühstücks dem Arbeitnehmer den ihm zustehenden Reisekostenzuschuss auch um einen höheren Betrag als den maßgeblichen Sachbezugswert, liegt keine entgeltliche Frühstücksgestellung des Arbeitgebers an den Arbeitnehmer vor.

204 (14) ① Zu den unentgeltlichen Wertabgaben rechnen auch unentgeltliche Deputate, z. B. im Bergbau und in der Land- und Forstwirtschaft, und die unentgeltliche Abgabe von **Getränken und Genussmitteln** zum häuslichen Verzehr, z. B. Haustrunk im Brauereigewerbe, Freitabakwaren in der Tabakwarenindustrie. ② Das Gleiche gilt für Sachgeschenke, Jubiläumsgeschenke und ähnliche Zuwendungen aus Anlass von Betriebsveranstaltungen, soweit diese Zuwendungen weder Aufmerksamkeiten (vgl. Absatz 3) noch Leistungen im überwiegenden betrieblichen Interesse des Arbeitgebers (vgl. Absatz 4) sind. ③ Als Bemessungsgrundlage sind in diesen Fällen grundsätzlich die in § 10 Abs. 4 Satz 1 Nr. 1 UStG bezeichneten Werte anzusetzen. ④ Aus Vereinfachungsgründen kann von den nach den lohnsteuerrechtlichen Regelungen (vgl. R 8.1 Abs. 2, R 8.2 Abs. 2 LStR) ermittelten Werten ausgegangen werden.

(15) ① Unentgeltliche **Beförderungen der Arbeitnehmer** von ihrem Wohnsitz, gewöhnlichen Aufenthaltsort oder von einer Sammelhaltestelle, z. B. einem Bahnhof, zum Arbeitsplatz durch betriebseigene Kraftfahrzeuge oder durch vom Arbeitgeber beauftragte Beförderungsunternehmer sind nach § 3 Abs. 9 a Nr. 2 UStG steuerbar, sofern sie nicht im überwiegenden betrieblichen Interesse des Arbeitgebers liegen. ② Nicht steuerbare Leistungen im überwiegenden betrieblichen Interesse sind z. B. in den Fällen anzunehmen, in denen **205**

1. die Beförderung mit öffentlichen Verkehrsmitteln nicht oder nur mit unverhältnismäßig hohem Zeitaufwand durchgeführt werden könnte (vgl. BFH-Urteil vom 15. 11. 2007, V R 15/06, BStBl. 2009 II S. 423),
2. die Arbeitnehmer an ständig wechselnden Tätigkeitsstätten oder an verschiedenen Stellen eines weiträumigen Arbeitsgebiets eingesetzt werden, oder
3. im Einzelfall die Beförderungsleistungen wegen eines außergewöhnlichen Arbeitseinsatzes erforderlich werden oder wenn sie hauptsächlich dem Materialtransport an die Arbeitsstelle dienen und der Arbeitgeber dabei einige Arbeitnehmer unentgeltlich mitnimmt (vgl. BFH-Urteil vom 9. 7. 1998, V R 105/92, BStBl. II S. 635).

③ Ergänzend wird auf das BFH-Urteil vom 11. 5. 2000, V R 73/99, BStBl. II S. 505, verwiesen. ④ Danach ist das Gesamtbild der Verhältnisse entscheidend. ⑤ Die Entfernung zwischen Wohnung und Arbeitsstätte ist nur ein Umstand, der neben anderen in die tatsächliche Würdigung einfließt.

(16) ① Die Bemessungsgrundlage für die unentgeltlichen Beförderungsleistungen des Arbeitgebers richtet sich nach den bei der Ausführung der Umsätze entstandenen Ausgaben (§ 10 Abs. 4 Satz 1 Nr. 3 UStG). ② Es ist nicht zu beanstanden, wenn der Arbeitgeber die entstandenen Ausgaben schätzt, soweit er die Beförderung mit betriebseigenen Fahrzeugen durchführt. ③ Die Bemessungsgrundlage für die Beförderungsleistungen eines Monats kann z. B. pauschal aus der Zahl der durchschnittlich beförderten Arbeitnehmer und aus dem Preis für eine Monatskarte für die kürzeste und weiteste gefahrene Strecke (Durchschnitt) abgeleitet werden. **206**

Beispiel:

① Ein Unternehmer hat in einem Monat durchschnittlich 6 Arbeitnehmer mit einem betriebseigenen Fahrzeug unentgeltlich von ihrer Wohnung zur Arbeitsstätte befördert. ② Die kürzeste Strecke von der Wohnung eines Arbeitnehmers zur Arbeitsstätte beträgt 10 km, die weiteste 30 km (Durchschnitt 20 km).

③ Die Bemessungsgrundlage für die Beförderungsleistungen in diesem Monat berechnet sich wie folgt:
6 Arbeitnehmer × 76 € (Monatskarte für 20 km) = 456 € abzüglich 29,83 € Umsatzsteuer (Steuersatz 7%) = 426,17 €.

④ Zur Anwendung der Steuerermäßigung des § 12 Abs. 2 Nr. 10 Buchstabe b UStG vgl. Abschnitt 12.15.

(17) ① Werden von Verkehrsbetrieben die **Freifahrten** aus betrieblichen Gründen für den privaten, außerhalb des Dienstverhältnisses liegenden Bedarf der Arbeitnehmer, ihrer Angehörigen und der Pensionäre gewährt, sind die Freifahrten nach § 3 Abs. 9 a Nr. 2 UStG steuerbar. ② Die als Bemessungsgrundlage anzusetzenden Ausgaben sind nach den jeweiligen örtlichen Verhältnissen zu ermitteln und können im Allgemeinen mit 25% des normalen Preises für den überlassenen Fahrausweis oder eines der Fahrberechtigung entsprechenden Fahrausweises angenommen werden. ③ Die Umsatzsteuer ist herauszurechnen. **207**

(18) ① Zur umsatzsteuerrechtlichen Behandlung der Überlassung von Fahrzeugen an Arbeitnehmer zu deren privater Nutzung vgl. Abschnitt 15.23 Abs. 8 bis 12. ② Leistet der Arbeitnehmer in diesen Fällen Zuzahlungen, vgl. BMF-Schreiben vom 30. 12. 1997, BStBl. 1998 I S. 110. **208**

(19) ① Zur umsatzsteuerrechtlichen Behandlung unentgeltlicher oder verbilligter Reisen für Betriebsangehörige vgl. Abschnitt 25.3 Abs. 4. ② Wendet ein Hersteller bei einem Verkaufswettbewerb ausgelobte Reiseleistungen seinen Vertragshändlern unter der Auflage zu, die Reisen bestimmten Arbeitnehmern zu gewähren, kann der Händler steuerbare Reiseleistungen an seine Arbeitnehmer ausführen. ③ Wendet der Hersteller Reiseleistungen unmittelbar Arbeitnehmern seiner Vertragshändler zu, erbringt der Vertragshändler insoweit keine steuerbaren Leistungen an seine Arbeitnehmer (vgl. BFH-Urteil vom 16. 3. 1995, V R 128/92, BStBl. II S. 651). **209**

LS zu 1.8

Die Art. 2, Art. 5 Abs. 6 und Art. 6 Abs. 2 Buchst. b der Sechsten Richtlinie 77/388/EWG sind dahin auszulegen, dass sie einer nationalen Regelung entgegenstehen, nach der Umsätze, für die eine tatsächliche Gegenleistung gezahlt wird, als Entnahme eines Gegenstands oder Erbringung einer Dienstleistung für den privaten Bedarf angesehen werden, auch wenn diese Gegenleistung unter dem Selbstkostenpreis für den gelieferten Gegenstand oder die erbrachte Dienstleistung liegt. **[Kantinenmahlzeiten]. *EuGH-Urt. v. 20. 1. 2005,*** *C-412/03, Hotel Scandic Gåsabäck AB (DStRE S. 409).* **210**

Für die Abgabe von Mahlzeiten an **Arbeitnehmer eines Konzerns durch einen Konzern-Caterer,** der die Voraussetzungen einer Organgesellschaft erfüllt, können als Bemessungsgrundlage die Sachbezugswerte angesetzt werden. *Schreiben des BMF IV C 3 – S 7100 – 6/96 v. 3. 4. 1996 (DStR S. 921).*

Abgrenzung betriebliche bzw. Arbeitnehmerinteressen bei **Betriebsveranstaltungen.** *BFH-Beschl. v. 31. 3. 2010 – V B 112/09 (UR S. 584).*

Bemessungsgrundlage für die kostenlose Abgabe von Abonnements an Mitarbeiter ist der **Abonnementpreis** (vgl. *BFH-Urteil v. 19. 6. 2011 XI R 8/09, BStBl. 2016 II S. 185).* – Die kostenlose Abgabe von Kennziffern-Zeitschriften fällt regelmäßig nicht unter § 3 Abs. 1 b UStG. *Verfügung OFD Frankfurt S 7109 A – 2 – St I 1.10 v. 29. 9. 2004.*

211 Art. 2 Nr. 1 der Sechsten Richtlinie 77/388/EWG ist dahin auszulegen, dass die Aushändigung eines **Einkaufsgutscheins** durch ein Unternehmen, das diesen Gutschein zu einem Preis einschließlich Mehrwertsteuer erworben hat, an seine Bediensteten gegen deren Verzicht auf einen Teil ihrer Barvergütung eine **Dienstleistung gegen Entgelt** im Sinne dieser Bestimmung darstellt. ***EuGH-Urt. v. 29. 7. 2010,*** *C-40/09, Astra Zeneca UK Ltd (DStR S. 1623).*

212 Die entgeltliche Privatnutzung von **Telekommunikationsgeräten und PCs** durch Arbeitnehmer ist eine steuerpflichtige sonstige Leistung, – Die unentgeltliche Nutzung fällt unter § 3 Abs. 9 a UStG, bleibt jedoch nach *Abschnitt 12 Abs. 4 UStR* (nun: Abschn. 1.8 Abs. 4 UStAE) nicht steuerbar. *Schreiben des BMF IV B 7 – S 7109–14/01 v. 11. 4. 2001 (DB S. 1117).*

Der **Verzicht des Arbeitgebers** auf die Abtretung von Bonusmeilen aus dem Lufthansa-Bonusmeilen-Programm **„Miles & More"** ist ein nicht umsatzsteuerbarer Vorgang. *Verfügung OFD Düsseldorf S 7109 v. 28. 11. 2003.*

1. Überlässt ein **Unternehmer** nur seinen **Angestellten gegen Kostenbeteiligung Parkraum,** erbringt er damit eine entgeltliche Leistung. – 2. Die Besteuerung unentgeltlicher Leistungen erlaubt keinen Rückschluss auf die Besteuerung von Dienstleistungen, die der Unternehmer gegen verbilligtes Entgelt erbringt. *BFH-Urteil v. 14. 1. 2016 V R 63/14 (BStBl. II S. 360).*

Zu § 1 Abs. 2 UStG

UStAE 1.9

1.9 Inland – Ausland

221 (1) ①Das Inland umfasst das Hoheitsgebiet der Bundesrepublik Deutschland mit Ausnahme der in § 1 Abs. 2 Satz 1 UStG bezeichneten Gebiete, zu denen unter anderem die Freizonen im Sinne des Artikels 243 UZK gehören. ②Es handelt sich dabei um die Freihäfen Bremerhaven und Cuxhaven, die vom übrigen deutschen Teil des Zollgebiets der Union getrennt sind. ③Botschaften, Gesandtschaften und Konsulate anderer Staaten gehören selbst bei bestehender Exterritorialität zum Inland. ④Das Gleiche gilt für Einrichtungen, die von Truppen anderer Staaten im Inland unterhalten werden. ⑤Zum Inland gehört auch der Transitbereich deutscher Flughäfen (vgl. BFH-Urteil vom 3. 11. 2005, V R 63/02, BStBl. 2006 II S. 337).

222 (2) ①Zum Ausland gehören das Drittlandsgebiet (einschließlich der Gebiete, die nach § 1 Abs. 2 Satz 1 UStG vom Inland ausgenommen sind) und das übrige Gemeinschaftsgebiet (vgl. Abschnitt 1.10). ②Die österreichischen Gemeinden Mittelberg (Kleines Walsertal) und Jungholz in Tirol gehören zum Ausland im Sinne des § 1 Abs. 2 Satz 2 UStG; die Einfuhr in diesen Gebieten unterliegt jedoch der deutschen Einfuhrumsatzsteuer (§ 1 Abs. 1 Nr. 4 UStG).

223 (3) Als Strandlinie im Sinne des § 1 Abs. 2 Satz 1 UStG gelten die normalen und geraden Basislinien im Sinne der Artikel 5 und 7 des Seerechtsübereinkommens der Vereinten Nationen vom 10. 12. 1982, das für Deutschland am 16. 11. 1994 in Kraft getreten ist (BGBl. 1994 II S. 1798, BGBl. 1995 II S. 602).

(VSF) Z 8101 Nr. I

Z 8101. Entstehung der Einfuhrumsatzsteuerschuld
– Dienstvorschrift EUSt –

Vorschriftensammlung Bundesfinanzverwaltung
(VSF) Z 8101 – Nr. I, 1.

224

UStAE 1.10

1.10 Gemeinschaftsgebiet – Drittlandsgebiet

225 (1) ①Das Gemeinschaftsgebiet umfasst das Inland der Bundesrepublik Deutschland im Sinne des § 1 Abs. 2 Satz 1 UStG sowie die unionsrechtlichen Inlandsgebiete der übrigen EU-Mitgliedstaaten (übriges Gemeinschaftsgebiet). ②Zum übrigen Gemeinschaftsgebiet gehören:
– Belgien,
– Bulgarien,
– Dänemark (ohne Grönland und die Färöer),
– Estland,
– Finnland (ohne die Åland-Inseln),
– Frankreich (ohne Guadeloupe, Französisch-Guayana, Martinique, Mayotte, Réunion, Saint-Barthélemy und Saint-Martin) zuzüglich des Fürstentums Monaco,
– Griechenland (ohne Berg Athos),
– Irland,
– Italien (ohne Livigno, Campione d'Italia und den zum italienischen Hoheitsgebiet gehörenden Teil des Luganer Sees),
– Kroatien,
– Lettland,
– Litauen,

- Luxemburg,
- Malta,
- Niederlande (ohne das überseeische Gebiet Aruba und ohne die Inseln Curaçao, Sint Maarten, Bonaire, Saba und Sint Eustatius),
- Österreich,
- Polen,
- Portugal (einschließlich Madeira und der Azoren),
- Rumänien,
- Schweden,
- Slowakei,
- Slowenien,
- Spanien (einschließlich Balearen, ohne Kanarische Inseln, Ceuta und Melilla),
- Tschechien,
- Ungarn,
- bis zum 21. 12. 2020: Vereinigtes Königreich Großbritannien und Nordirland (ohne die überseeischen Länder und Gebiete und die Selbstverwaltungsgebiete der Kanalinseln Jersey und Guernsey) zuzüglich der Insel Man; zum umsatzsteuerrechtlichen Status von Nordirland ab dem 1. 1. 2021 vgl. Absatz 3;[1]
- Zypern (ohne die Landesteile, in denen die Regierung der Republik Zypern keine tatsächliche Kontrolle ausübt) einschließlich der Hoheitszonen des Vereinigten Königreichs Großbritannien und Nordirland (Akrotiri und Dhekalia) auf Zypern; zu den ab dem 1. 1. 2021 geltenden Sonderregelungen hinsichtlich der Hoheitszonen vgl. Absatz 3.

(2) ① Das Drittlandsgebiet umfasst die Gebiete, die nicht zum Gemeinschaftsgebiet gehören, u. a. auch Andorra, Gibraltar, San Marino und den Vatikan. ② Das Drittlandsgebiet umfasst nach dem 31. 12. 2020 grundsätzlich auch das Vereinigte Königreich Großbritannien und Nordirland. ③ Zu den ab dem 1. 1. 2021 geltenden Sonderregelungen vgl. Absatz 3. **226**

(3) ① Für die Umsatzbesteuerung des Warenverkehrs wird Nordirland auch nach dem 31. 12. 2020 als zum Gemeinschaftsgebiet zugehörig behandelt. ② Im Warenverkehr mit Nordirland finden daher auch nach diesem Zeitpunkt die für den innergemeinschaftlichen Handel geltenden Vorschriften zur Umsatzsteuer Anwendung (vgl. BMF-Schreiben vom 10. 12. 2020, BStBl. I S. 1370). ③ Nach dem 31. 12. 2020 ausgeführte Umsätze mit Ursprungs- oder Bestimmungsort in den britischen Hoheitszonen Akrotiri und Dhekelia auf Zypern gelten als Umsätze mit Ursprungs – oder Bestimmungsort in der Republik Zypern. **227**

1.11 Umsätze in Freihäfen usw. (§ 1 Abs. 3 Satz 1 Nr. 1 bis 3 UStG)

UStAE 1.11

(1) Unter § 1 Abs. 3 Satz 1 Nr. 1 UStG fallen z. B. der Verkauf von Tabakwaren aus Automaten in Freizonen im Sinne des Artikels 243 UZK (Freihäfen) sowie Lieferungen und innergemeinschaftliche Erwerbe von Schiffsausrüstungsgegenständen, Treibstoff und Proviant an private Schiffseigentümer zur Ausrüstung und Versorgung von Wassersportfahrzeugen. **231**

(2) Unter § 1 Abs. 3 Satz 1 Nr. 2 UStG fallen z. B. die Abgabe von Speisen und Getränken zum Verzehr an Ort und Stelle, Beförderungen für private Zwecke, Reparaturen an Wassersportfahrzeugen, die Veranstaltung von Wassersport-Lehrgängen und die Vermietung eines Röntgengerätes an einen Arzt. **232**

(3) ① Bei Lieferungen und sonstigen Leistungen an juristische Personen des öffentlichen Rechts sowie bei deren innergemeinschaftlichem Erwerb in den bezeichneten Gebieten enthält § 1 Abs. 3 Satz 2 UStG eine Vermutung, dass die Umsätze an diese Personen für ihren hoheitlichen und nicht für ihren unternehmerischen Bereich ausgeführt werden. ② Der Unternehmer kann jedoch anhand von Aufzeichnungen und Belegen, z. B. durch eine Bescheinigung des Abnehmers, das Gegenteil glaubhaft machen. **233**

1.12 Freihafen-Veredelungsverkehr, Freihafenlagerung und einfuhrumsatzsteuerrechtlich freier Verkehr (§ 1 Abs. 3 Satz 1 Nr. 4 und 5 UStG)

UStAE 1.12

(1) ① Der Freihafen-Veredelungsverkehr im Sinne von § 12b EUStBV[2] dient der Veredelung von Unionswaren (Artikel 5 Nr. 23 UZK), die in einer Freizone im Sinne des Artikels 243 UZK (Freihafen) bearbeitet oder verarbeitet und anschließend im Inland oder in den österreichischen Gebieten Jungholz und Mittelberg eingeführt werden. ② Die vorübergehende Lagerung von Unionswaren kann nach § 12a EUStBV im Freihafen zugelassen werden, wenn dort für den Außenhandel geschaffene Anlagen sonst nicht wirtschaftlich ausgenutzt werden können und der Freihafen durch die Lagerung seinem Zweck nicht entfremdet wird. ③ Bei der Einfuhr der veredelten oder vorübergehend gelagerten Gegenstände im Inland oder in den österreichischen Gebieten Jungholz und Mittelberg wird keine Einfuhrumsatzsteuer erhoben. **241**

---

[1] Zu den Konsequenzen des Austritts des Vereinigten Königreichs aus der EU in Bezug auf die Umsatzsteuer siehe *BMF-Schreiben v. 10. 12. 2020 (BStBl. I S. 1370)*, in Bezug auf die Verwaltungszusammenarbeit siehe *BMF-Schreiben vom 21. 10. 2021 (BStBl. I S. 2136)*.

[2] Die **EUStBV** ist abgedruckt zu § 5 UStG.

UStAE 1.12

242 (2) Steuerbare Lieferungen liegen nach § 1 Abs. 3 Satz 1 Nr. 4 Buchstabe a UStG vor, wenn sich der Lieferungsgegenstand im Zeitpunkt der jeweiligen Lieferung in einem zollamtlich bewilligten Freihafen-Veredelungsverkehr oder in einer zollamtlich besonders zugelassenen Freihafenlagerung befindet.

Beispiel:

① Der Unternehmer A in Hannover übersendet dem Freihafen-Unternehmer B Rohlinge. ② Er beauftragt ihn, daraus Zahnräder herzustellen. ③ B versendet die von ihm im Rahmen eines bewilligten Freihafen-Veredelungsverkehrs gefertigten Zahnräder auf Weisung des A an dessen Abnehmer C in Lübeck. ④ Für die Einfuhr wird keine Einfuhrumsatzsteuer erhoben.

⑤ Die nach § 3 Abs. 6 UStG im Freihafen bewirkte Lieferung des A an C ist nach § 1 Abs. 3 Satz 1 Nr. 4 Buchstabe a UStG wie eine Lieferung im Inland zu behandeln.

243 (3) Steuerbare Lieferungen nach § 1 Abs. 3 Satz 1 Nr. 4 Buchstabe a UStG liegen nicht vor, wenn der Lieferungsgegenstand nicht in das Inland gelangt oder wenn die Befreiung von der Einfuhrumsatzsteuer auf anderen Vorschriften als den §§ 12a oder 12b EUStBV beruht.

244 (4) Durch die Regelung des § 1 Abs. 3 Satz 1 Nr. 4 Buchstabe b UStG werden insbesondere in Abholfällen technische Schwierigkeiten beim Abzug der Einfuhrumsatzsteuer als Vorsteuer vermieden.

Beispiel:

① Ein Importeur lässt einen im Freihafen lagernden, aus dem Drittlandsgebiet stammenden Gegenstand bei einer vorgeschobenen Zollstelle (§ 21 Abs. 2a UStG) in den freien Verkehr überführen (Artikel 201 UZK). ② Anschließend veräußert er den Gegenstand. ③ Der Abnehmer holt den Gegenstand im Freihafen ab und verbringt ihn in das Inland.

④ Die Lieferung des Importeurs unterliegt nach § 1 Abs. 3 Satz 1 Nr. 4 Buchstabe b UStG der Umsatzsteuer. ⑤ Er kann die entstandene Einfuhrumsatzsteuer nach § 15 Abs. 1 Satz 1 Nr. 2 UStG als Vorsteuer abziehen. ⑥ Der Abnehmer ist unter den Voraussetzungen des § 15 UStG zum Vorsteuerabzug berechtigt.

245 (5) ① Unter § 1 Abs. 3 Satz 1 Nr. 5 UStG fallen insbesondere die sonstigen Leistungen des Veredelers, des Lagerhalters und des Beförderungsunternehmers im Rahmen eines zollamtlich bewilligten Freihafen-Veredelungsverkehrs oder einer zollamtlich besonders zugelassenen Freihafenlagerung. ② Beförderungen der veredelten Gegenstände aus dem Freihafen in das Inland sind deshalb insgesamt steuerbar und auf Grund des § 4 Nr. 3 Satz 1 Buchstabe a Doppelbuchstabe bb Satz 2 UStG auch insgesamt steuerpflichtig.

UStG

§ 1a Innergemeinschaftlicher Erwerb

(1) Ein innergemeinschaftlicher Erwerb gegen Entgelt liegt vor, wenn die folgenden Voraussetzungen erfüllt sind: 1

1. Ein Gegenstand gelangt bei einer Lieferung an den Abnehmer (Erwerber) aus dem Gebiet eines Mitgliedstaates in das Gebiet eines anderen Mitgliedstaates oder aus dem übrigen Gemeinschaftsgebiet in die in § 1 Abs. 3 bezeichneten Gebiete, auch wenn der Lieferer den Gegenstand in das Gemeinschaftsgebiet eingeführt hat,

2. der Erwerber ist
a) ein Unternehmer, der den Gegenstand für sein Unternehmen erwirbt, oder
b) eine juristische Person, die nicht Unternehmer ist oder die den Gegenstand nicht für ihr Unternehmen erwirbt,
und

3. die Lieferung an den Erwerber
a) wird durch einen Unternehmer gegen Entgelt im Rahmen seines Unternehmens ausgeführt und
b) ist nach dem Recht des Mitgliedstaates, der für die Besteuerung des Lieferers zuständig ist, nicht auf Grund der Sonderregelung für Kleinunternehmer steuerfrei.

(2) ① **Als innergemeinschaftlicher Erwerb gegen Entgelt gilt das Verbringen eines Gegenstands des Unternehmens aus dem übrigen Gemeinschaftsgebiet in das Inland durch einen Unternehmer zu seiner Verfügung, ausgenommen zu einer nur vorübergehenden Verwendung, auch wenn der Unternehmer den Gegenstand in das Gemeinschaftsgebiet eingeführt hat.** ② **Der Unternehmer gilt als Erwerber.** 2

(2a) **Ein innergemeinschaftlicher Erwerb im Sinne des Absatzes 2 liegt nicht vor in den Fällen des § 6 b.** 2a

(3) **Ein innergemeinschaftlicher Erwerb im Sinne der Absätze 1 und 2 liegt nicht vor, wenn die folgenden Voraussetzungen erfüllt sind:** 3

1. Der Erwerber ist
a) ein Unternehmer, der nur steuerfreie Umsätze ausführt, die zum Ausschluss vom Vorsteuerabzug führen,
b) ein Unternehmer, für dessen Umsätze Umsatzsteuer nach § 19 Abs. 1 nicht erhoben wird,
c) ein Unternehmer, der den Gegenstand zur Ausführung von Umsätzen verwendet, für die die Steuer nach den Durchschnittssätzen des § 24 festgesetzt ist, oder
d) eine juristische Person, die nicht Unternehmer ist oder die den Gegenstand nicht für ihr Unternehmen erwirbt,

und

2. der Gesamtbetrag der Entgelte für Erwerbe im Sinne des Absatzes 1 Nr. 1 und des Absatzes 2 hat den Betrag von 12 500 Euro im vorangegangenen Kalenderjahr nicht überstiegen und wird diesen Betrag im laufenden Kalenderjahr voraussichtlich nicht übersteigen (Erwerbsschwelle).

(4) ① **Der Erwerber kann auf die Anwendung des Absatzes 3 verzichten.** ② **Als Verzicht gilt die Verwendung einer dem Erwerber erteilten Umsatzsteuer-Identifikationsnummer gegenüber dem Lieferer.** ③ **Der Verzicht bindet den Erwerber mindestens für zwei Kalenderjahre.** 4

(5) ① **Absatz 3 gilt nicht für den Erwerb neuer Fahrzeuge und verbrauchsteuerpflichtiger Waren.** ② **Verbrauchsteuerpflichtige Waren im Sinne dieses Gesetzes sind Mineralöle, Alkohol und alkoholische Getränke sowie Tabakwaren.** 5

Hinweis auf EU-Vorschriften:

UStG:	§ 1 a Abs. 1	**MwStSystRL:**	Art. 2 Abs. 1 (b), i), 20/**MwStVO:** Art. 4
	§ 1 a Abs. 2		Art. 17, 21, 23
	§ 1 a Abs. 3		Art. 3 Abs. 1, 2, 272 Abs. 1
	§ 1 a Abs. 4		Art. 3 Abs. 3
	§ 1 a Abs. 5		Art. 2 Abs. 1 (b) ii), iii)

Übersicht

Zu § 1 a UStG

UStAE 1 a.1

1 a.1 Innergemeinschaftlicher Erwerb

11 (1) ① Ein innergemeinschaftlicher Erwerb setzt insbesondere voraus, dass an den Erwerber eine Lieferung ausgeführt wird und der Gegenstand dieser Lieferung aus dem Gebiet eines EU-Mitgliedstaates in das Gebiet eines anderen EU-Mitgliedstaates oder aus dem übrigen Gemeinschaftsgebiet in die in § 1 Abs. 3 UStG bezeichneten Gebiete gelangt. ② Zum Begriff Gegenstand vgl. Abschnitt 3.1 Abs. 1. ③ Ein Gegenstand gelangt aus dem Gebiet eines EU-Mitgliedstaates in das Gebiet eines anderen EU-Mitgliedstaates, wenn die Beförderung oder Versendung durch den Lieferer oder durch den Abnehmer im Gebiet des einen EU-Mitgliedstaates beginnt und im Gebiet des anderen EU-Mitgliedstaates endet. ④ Dies gilt auch dann, wenn die Beförderung oder Versendung im Drittlandsgebiet beginnt und der Gegenstand im Gebiet eines EU-Mitgliedstaates der Einfuhrumsatzsteuer unterworfen wird, bevor er in das Gebiet des anderen EU-Mitgliedstaates gelangt. ⑤ Kein Fall des innergemeinschaftlichen Erwerbs liegt demnach vor, wenn die Ware aus einem Drittland im Wege der Durchfuhr durch das Gebiet eines anderen EU-Mitgliedstaates in das Inland gelangt und erst hier einfuhrumsatzsteuerrechtlich zur Überlassung zum freien Verkehr abgefertigt wird. ⑥ Als innergemeinschaftlicher Erwerb gegen Entgelt gilt auch das innergemeinschaftliche Verbringen eines Gegenstands in das Inland (vgl. Abschnitt 1 a.2). ⑦ Bei der Lieferung von Gas über das Erdgasnetz und von Elektrizität liegt kein innergemeinschaftlicher Erwerb und kein innergemeinschaftliches Verbringen vor (vgl. Abschnitt 3g.1 Abs. 6). ⑧ Zur Bemessungsgrundlage eines innergemeinschaftlichen Erwerbs von werthaltigen Abfällen vgl. Abschnitt 10.5 Abs. 2.

12 (2) ① Ein innergemeinschaftlicher Erwerb ist bei einem Unternehmer, der ganz oder zum Teil zum Vorsteuerabzug berechtigt ist, unabhängig von einer Erwerbsschwelle steuerbar. ② Bei

a) einem Unternehmer, der nur steuerfreie Umsätze ausführt, die zum Ausschluss vom Vorsteuerabzug führen,
b) einem Unternehmer, für dessen Umsätze Umsatzsteuer nach § 19 Abs. 1 UStG nicht erhoben wird,
c) einem Unternehmer, der den Gegenstand zur Ausführung von Umsätzen verwendet, für die die Steuer nach den Durchschnittssätzen des § 24 UStG festgesetzt ist, oder
d) einer juristischen Person des öffentlichen oder privaten Rechts, die nicht Unternehmer ist oder den Gegenstand nicht für ihr Unternehmen erwirbt,

liegt ein steuerbarer innergemeinschaftlicher Erwerb nur vor, wenn der Gesamtbetrag der innergemeinschaftlichen Erwerbe nach § 1a Abs. 1 Nr. 1 und Abs. 2 UStG aus allen EU-Mitgliedstaaten mit Ausnahme der Erwerbe neuer Fahrzeuge und verbrauchsteuerpflichtiger Waren über der Erwerbsschwelle von 12 500 € liegt oder wenn nach § 1 a Abs. 4 UStG zur Erwerbsbesteuerung optiert wird. ③ Bei dem in Satz 2 genannten Personenkreis unterliegt der innergemeinschaftliche Erwerb neuer Fahrzeuge und verbrauchsteuerpflichtiger Waren unabhängig von der Erwerbsschwelle stets der Erwerbsbesteuerung. ④ Liegen die Voraussetzungen der Sätze 2 und 3 nicht vor, ist die Besteuerung des Lieferers zu prüfen (vgl. Abschnitt 3 c.1). ⑤ Wurde die Erwerbsschwelle im vorangegangenen Kalenderjahr nicht überschritten und ist zu erwarten, dass sie auch im laufenden Kalenderjahr nicht überschritten wird, kann die Erwerbsbesteuerung unterbleiben, auch wenn die tatsächlichen innergemeinschaftlichen Erwerbe im Laufe des Kalenderjahres die Grenze von 12 500 € überschreiten. ⑥ Der Erwerber kann auf die Anwendung der Erwerbsschwelle verzichten; als Verzicht gilt auch die Verwendung einer dem Erwerber erteilten USt-IdNr. gegenüber dem Lieferer. ⑦ Der Verzicht bindet den Erwerber mindestens für zwei Kalenderjahre. ⑧ Bei einem Verzicht auf die Anwendung der Erwerbsschwelle unterliegt der Erwerb in jedem Fall der Erwerbsbesteuerung nach § 1 a Abs. 1 und 2 UStG.

13 (3) ① Juristische Personen des öffentlichen Rechts haben grundsätzlich alle in ihrem Bereich vorgenommenen innergemeinschaftlichen Erwerbe zusammenzufassen. ② Bei den Gebietskörperschaften Bund und Länder können auch einzelne Organisationseinheiten (z. B. Ressorts, Behörden, Ämter) für ihre innergemeinschaftlichen Erwerbe als Steuerpflichtige behandelt werden. ③ Dabei wird aus Vereinfachungsgründen davon ausgegangen, dass die Erwerbsschwelle überschritten ist. ④ In diesem Fall können die einzelnen Organisationseinheiten eine eigene USt-IdNr. erhalten (vgl. Abschnitt 27 a.1 Abs. 3).

UStAE 1 a.2

1 a.2 Innergemeinschaftliches Verbringen

Allgemeines

21 (1) ① Das innergemeinschaftliche Verbringen eines Gegenstands gilt unter den Voraussetzungen des § 3 Abs. 1 a UStG als Lieferung und unter den entsprechenden Voraussetzungen des § 1 a Abs. 2 UStG als innergemeinschaftlicher Erwerb gegen Entgelt. ② Satz 1 gilt nicht in den Fällen des § 6 b Abs. 1 UStG. ③ Ein innergemeinschaftliches Verbringen liegt vor, wenn ein Unternehmer

UStAE 1 a.2

– einen Gegenstand seines Unternehmens aus dem Gebiet eines EU-Mitgliedstaates (Ausgangsmitgliedstaat) zu seiner Verfügung in das Gebiet eines anderen EU-Mitgliedstaates (Bestimmungsmitgliedstaat) befördert oder versendet und
– den Gegenstand im Bestimmungsmitgliedstaat nicht nur vorübergehend verwendet.

④ Der Unternehmer gilt im Ausgangsmitgliedstaat als Lieferer, im Bestimmungsmitgliedstaat als Erwerber.

(2) ① Ein innergemeinschaftliches Verbringen, bei dem der Gegenstand vom Inland in das Gebiet eines anderen EU-Mitgliedstaates gelangt, ist nach § 3 Abs. 1 a UStG einer Lieferung gegen Entgelt gleichgestellt. ② Diese Lieferung gilt nach § 6 a Abs. 2 UStG als innergemeinschaftliche Lieferung, die unter den weiteren Voraussetzungen des § 6 a UStG nach § 4 Nr. 1 Buchstabe b UStG steuerfrei ist. ③ Ein innergemeinschaftliches Verbringen, bei dem der Gegenstand aus dem übrigen Gemeinschaftsgebiet in das Inland gelangt, gilt nach § 1 a Abs. 2 UStG als innergemeinschaftlicher Erwerb gegen Entgelt. ④ Lieferung und innergemeinschaftlicher Erwerb sind nach dem Einkaufspreis zuzüglich der Nebenkosten für den Gegenstand oder mangels eines Einkaufspreises nach den Selbstkosten, jeweils zum Zeitpunkt des Umsatzes und ohne Umsatzsteuer, zu bemessen (§ 10 Abs. 4 Satz 1 Nr. 1 UStG). ⑤ § 3 c UStG ist bei einem innergemeinschaftlichen Verbringen nicht anzuwenden. 22

Voraussetzungen

(3) ① Ein Verbringen ist innergemeinschaftlich, wenn der Gegenstand auf Veranlassung des Unternehmers vom Ausgangsmitgliedstaat in den Bestimmungsmitgliedstaat gelangt. ② Es ist unerheblich, ob der Unternehmer den Gegenstand selbst befördert oder ob er die Beförderung durch einen selbständigen Beauftragten ausführen oder besorgen lässt. 23

(4) ① Ein innergemeinschaftliches Verbringen setzt voraus, dass der Gegenstand im Ausgangsmitgliedstaat bereits dem Unternehmen zugeordnet war und sich bei Beendigung der Beförderung oder Versendung im Bestimmungsmitgliedstaat weiterhin in der Verfügungsmacht des Unternehmers befindet. ② Diese Voraussetzung ist insbesondere dann erfüllt, wenn der Gegenstand von dem im Ausgangsmitgliedstaat gelegenen Unternehmensteil erworben, hergestellt oder in diesen EU-Mitgliedstaat eingeführt, zur Verfügung des Unternehmers in den Bestimmungsmitgliedstaat verbracht und anschließend von dem dort gelegenen Unternehmensteil auf Dauer verwendet oder verbraucht wird. 24

Beispiel:

① Der französische Unternehmer F verbringt eine Maschine aus seinem Unternehmen in Frankreich in seinen Zweigbetrieb nach Deutschland, um sie dort auf Dauer einzusetzen. ② Der deutsche Zweigbetrieb kauft in Deutschland Heizöl und verbringt es in die französische Zentrale, um damit das Bürogebäude zu beheizen.

③ F bewirkt mit dem Verbringen der Maschine nach § 1 a Abs. 2 UStG einen innergemeinschaftlichen Erwerb in Deutschland. ④ Das Verbringen des Heizöls ist in Deutschland eine innergemeinschaftliche Lieferung im Sinne des § 3 Abs. 1 a i. V. m. § 6 a Abs. 2 UStG.

(5) ① Weitere Voraussetzung ist, dass der Gegenstand zu einer nicht nur vorübergehenden Verwendung durch den Unternehmer in den Bestimmungsmitgliedstaat gelangt. ② Diese Voraussetzung ist immer dann erfüllt, wenn der Gegenstand in dem dort gelegenen Unternehmensteil entweder dem Anlagevermögen zugeführt oder als Roh-, Hilfs- oder Betriebsstoff verarbeitet oder verbraucht wird. 25

(6)[1] ① Eine nicht nur vorübergehende Verwendung liegt auch dann vor, wenn der Unternehmer den Gegenstand mit der konkreten Absicht in den Bestimmungsmitgliedstaat verbringt, ihn dort (unverändert) an einen noch nicht feststehenden Abnehmer weiterzuliefern. ② In den vorgenannten Fällen ist es nicht erforderlich, dass der Unternehmensteil im Bestimmungsmitgliedstaat die abgabenrechtlichen Voraussetzungen einer Betriebsstätte (vgl. Abschnitt 3 a.1 Abs. 3) erfüllt. ③ Verbringt der Unternehmer Gegenstände zum Zweck des Verkaufs außerhalb einer Betriebsstätte in den Bestimmungsmitgliedstaat und gelangen die nicht verkauften Waren unmittelbar anschließend wieder in den Ausgangsmitgliedstaat zurück, kann das innergemeinschaftliche Verbringen aus Vereinfachungsgründen auf die tatsächlich verkaufte Warenmenge beschränkt werden. 26

Beispiel:

① Der niederländische Blumenhändler N befördert im eigenen LKW Blumen nach Köln, um sie dort auf dem Wochenmarkt zu verkaufen. ② Die nicht verkauften Blumen nimmt er am selben Tag wieder mit zurück in die Niederlande.

③ N bewirkt in Bezug auf die verkauften Blumen einen innergemeinschaftlichen Erwerb nach § 1 a Abs. 2 UStG in Deutschland. ④ Er hat den Verkauf der Blumen als Inlandslieferung zu versteuern. ⑤ Das Verbringen der nicht verkauften Blumen ins Inland muss nicht als innergemeinschaftlicher Erwerb im Sinne des § 1 a Abs. 2 UStG, das Zurückverbringen der nicht verkauften Blumen nicht als innergemeinschaftliche Lieferung im Sinne des § 3 Abs. 1 a in Verbindung mit § 6 a Abs. 2 UStG behandelt werden.

④ Steht der Abnehmer bei der im übrigen Gemeinschaftsgebiet beginnenden Beförderung oder Versendung bereits fest, liegt kein innergemeinschaftliches Verbringen, sondern eine Beförderungs- oder Versendungslieferung vor, die grundsätzlich mit Beginn der Beförderung oder Versendung im übrigen Gemeinschaftsgebiet als ausgeführt gilt (§ 3 Abs. 6 Satz 1 UStG). ⑤ Hiervon ist auszugehen, wenn der Abnehmer die Ware bei Beginn der Beförderung oder Versendung

UStAE 1a.2

bereits verbindlich bestellt oder bezahlt hat (vgl. BFH-Urteil vom 16. 11. 2016, V R 1/16, BStBl. 2017 II S. 1079) und § 6b UStG bereits dem Grunde nach keine Anwendung findet bzw. von Seiten des liefernden Unternehmers und späteren Erwerbers § 6b UStG keine Anwendung finden soll. ⑥ In diesem Fall steht es der Annahme einer Beförderungs- oder Versendungslieferung nicht entgegen, wenn

– die Ware von dem mit der Versendung Beauftragten zunächst in ein inländisches Lager des Lieferanten gebracht und erst nach Eingang der Zahlung durch eine Freigabeerklärung des Lieferanten an den Abnehmer („shipment on hold") herausgegeben wird (vgl. BFH-Urteil vom 30. 7. 2008, XI R 67/07, BStBl. 2009 II S. 552), oder
– ① die Ware kurzzeitig (für einige Tage oder Wochen) in einem auf Initiative des Abnehers eingerichteten Auslieferungs- oder Konsignationslager im Inland, welches nicht in den Anwendungsbereich der Konsignationslagerregelung nach § 6b UStG fällt, zwischengelagert wird und der Abnehmer vertraglich ein uneingeschränktes Zugriffsrecht auf die Ware hat (vgl. BFH-Urteil vom 20. 10. 2016, V R 31/15, BStBl. 2017 II S. 1076). ② Es liegt dann nur eine kurze Unterbrechung, aber kein Abbruch der begonnenen Beförderung oder Versendung vor.

⑦ Ein im Zeitpunkt des Beginns der Beförderung oder Versendung nur wahrscheinlicher Abnehmer ohne tatsächliche Abnahmeverpflichtung ist nicht einem zu diesem Zeitpunkt bereits feststehenden Abnehmer gleichzustellen (vgl. BFH-Urteil vom 20. 10. 2016, V R 31/15, BStBl. 2017 II S. 1076). ⑧ In derartigen Fällen stellt die Einlagerung von Ware aus dem übrigen Gemeinschaftsgebiet in ein inländisches Auslieferungs- oder Konsignationslager ein innergemeinschaftliches Verbringen durch den liefernden Unternehmer im Sinne des § 1a Abs. 2 UStG dar. ⑨ Die Lieferung an den Abnehmer findet in derartigen Fällen erst mit der Entnahme der Ware aus dem Lager statt und ist folglich im Inland steuerbar. ⑩ Die Sätze 4, 5, 7 und 8 finden bei Anwendung der Konsignationslagerregelung nach § 6b UStG keine Anwendung.

27 (7) ① Bei der Verkaufskommission liegt zwar eine Lieferung des Kommittenten an den Kommissionär erst im Zeitpunkt der Lieferung des Kommissionsguts an den Abnehmer vor (vgl. BFH-Urteil vom 25. 11. 1986, V R 102/78, BStBl. 1987 II S. 278). ② Gelangt das Kommissionsgut bei der Zurverfügungstellung an den Kommissionär vom Ausgangs- in den Bestimmungsmitgliedstaat, kann die Lieferung des Kommittenten an den Kommissionär jedoch nach dem Sinn und Zweck der Regelung bereits zu diesem Zeitpunkt als erbracht angesehen werden. ③ Gleichzeitig ist demnach der innergemeinschaftliche Erwerb beim Kommissionär der Besteuerung zu unterwerfen. ④ Die Sätze 1 bis 3 gelten nicht in den Fällen des § 6b UStG.

28 (8) Bei einer grenzüberschreitenden Organschaft (vgl. Abschnitt 2.9) sind Warenbewegungen zwischen den im Inland und den im übrigen Gemeinschaftsgebiet gelegenen Unternehmensteilen Lieferungen, die beim liefernden inländischen Unternehmensteil nach § 3 Abs. 1 i. V. m. § 6a Abs. 1 UStG, beim erwerbenden inländischen Unternehmensteil nach § 1a Abs. 1 Nr. 1 UStG zu beurteilen sind.

Ausnahmen

29 (9) ① Nach dem Wortlaut der gesetzlichen Vorschriften ist das Verbringen zu einer nur vorübergehenden Verwendung von der Lieferungs- und Erwerbsfiktion ausgenommen. ② Diese Ausnahmeregelung ist unter Beachtung von Artikel 17 und 23 MwStSystRL auszulegen. ③ Danach liegt kein innergemeinschaftliches Verbringen vor, wenn die Verwendung des Gegenstands im Bestimmungsmitgliedstaat

– ihrer Art nach nur vorübergehend ist (vgl. Absätze 10 und 11) oder
– befristet ist (vgl. Absätze 12 und 13).

Der Art nach vorübergehende Verwendung

30 (10) Eine ihrer Art nach vorübergehende Verwendung liegt in folgenden Fällen vor:

1. ① Der Unternehmer verwendet den Gegenstand bei einer Werklieferung, die im Bestimmungsmitgliedstaat steuerbar ist. ② Es ist gleichgültig, ob der Gegenstand Bestandteil der Lieferung wird und im Bestimmungsmitgliedstaat verbleibt oder ob er als Hilfsmittel verwendet wird und später wieder in den Ausgangsmitgliedstaat zurückgelangt.

   Beispiel 1:

   ① Der deutsche Bauunternehmer D errichtet in Frankreich ein Hotel. ② Er verbringt zu diesem Zweck Baumaterial und einen Baukran an die Baustelle. ③ Der Baukran gelangt nach Fertigstellung des Hotels nach Deutschland zurück.

   ④ Das Verbringen des Baumaterials und des Baukrans ist keine innergemeinschaftliche Lieferung im Sinne des § 3 Abs. 1a und § 6a Abs. 2 UStG. ⑤ Beim Zurückgelangen des Baukrans in das Inland liegt ein innergemeinschaftlicher Erwerb im Sinne des § 1a Abs. 2 UStG nicht vor.

2. Der Unternehmer verbringt den Gegenstand im Rahmen oder in unmittelbarem Zusammenhang mit einer sonstigen Leistung in den Bestimmungsmitgliedstaat.

   Beispiel 2:

   a) Der deutsche Unternehmer D vermietet eine Baumaschine an den niederländischen Bauunternehmer N und verbringt die Maschine zu diesem Zweck in die Niederlande.

   b) Der französische Gärtner F führt im Inland Baumschneidearbeiten aus und verbringt zu diesem Zweck Arbeitsmaterial und Leitern in das Inland.

In beiden Fällen ist ein innergemeinschaftliches Verbringen nicht anzunehmen (vgl. zu Buchstabe a BFH-Urteil vom 21. 5. 2014, V R 34/13, BStBl. II S. 914). UStAE 1 a.2

3. Der Unternehmer lässt an dem Gegenstand im Bestimmungsmitgliedstaat eine sonstige Leistung (z. B. Reparatur) ausführen und der reparierte Gegenstand gelangt wieder in den Ausgangsstaat zurück (vgl. EuGH-Urteil vom 6. 3. 2014, C-606/12 und C-607/12, Dresser-Rand).
4. Der Unternehmer überlässt einen Gegenstand an eine Arbeitsgemeinschaft als Gesellschafterbeitrag und verbringt den Gegenstand dazu in den Bestimmungsmitgliedstaat.

(11) ① Bei einer ihrer Art nach vorübergehenden Verwendung kommt es auf die Dauer der tatsächlichen Verwendung des Gegenstands im Bestimmungsmitgliedstaat nicht an. ② Geht der Gegenstand unter, nachdem er in den Bestimmungsmitgliedstaat gelangt ist, gilt er in diesem Zeitpunkt als geliefert. ③ Das Gleiche gilt, wenn zunächst eine ihrer Art nach vorübergehende Verwendung vorlag, der Gegenstand aber dann im Bestimmungsmitgliedstaat veräußert wird (z. B. wenn ein Gegenstand zunächst vermietet und dann verkauft wird; vgl. BFH-Urteil vom 21. 5. 2014, V R 34/13, BStBl. II S. 914). **31**

Befristete Verwendung

(12) ① Von einer befristeten Verwendung ist auszugehen, wenn der Unternehmer einen Gegenstand in den Bestimmungsmitgliedstaat im Rahmen eines Vorgangs verbringt, für den bei einer entsprechenden Einfuhr im Inland wegen vorübergehender Verwendung eine vollständige Befreiung von den Einfuhrabgaben bestehen würde. ② Die zu der zoll- und einfuhrumsatzsteuerrechtlichen Abgabenbefreiung erlassenen Rechts- und Verwaltungsvorschriften sind entsprechend anzuwenden. ③ Dies gilt insbesondere für **32**
- Artikel 250 bis 253 UZK und
- Artikel 161 bis 183 und 204 bis 238 UZK-DA sowie Artikel 258 bis 271, 322 und 323 UZK-IA.

④ Die Höchstdauer der Verwendung (Verwendungsfrist) ist danach grundsätzlich auf 24 Monate festgelegt (Artikel 251 Abs. 2 UZK); für bestimmte Gegenstände gelten kürzere Verwendungsfristen. ⑤ Fälle der vorübergehenden Verwendung mit einer Verwendungsfrist von 24 Monaten sind z. B. die Verwendung von
- Paletten (Artikel 208 und 209 UZK-DA sowie Artikel 322 Abs. 2 UZK-IA);
- Container (Artikel 210 und 211 UZK-DA sowie Artikel 322 Abs. 3 UZK-IA);
- persönlichen Gebrauchsgegenständen und zu Sportzwecken verwendeter Waren (Artikel 219 UZK-DA);
- Betreuungsgut für Seeleute (Artikel 220 UZK-DA);
- Material für Katastropheneinsätze (Artikel 221 UZK-DA);
- medizinisch-chirurgischer und labortechnischer Ausrüstung (Artikel 222 UZK-DA);
- lebenden Tieren (Artikel 223 UZK-DA);
- in Grenzzonen verwendeten Waren im Sinne des Artikels 224 UZK-DA;
- Waren, die als Träger von Ton, Bild oder Informationen der Datenverarbeitung dienen oder ausschließlich zur Werbung verwendet werden (Artikel 225 UZK-DA);
- Berufsausrüstung (Artikel 226 UZK-DA);
- pädagogischem Material und wissenschaftlichem Gerät (Artikel 227 UZK-DA);
- Umschließungen (Artikel 228 UZK-DA);
- Formen, Matrizen, Klischees, Zeichnungen, Modellen, Geräten zum Messen, Überprüfen oder Überwachen und ähnlicher Gegenstände (Artikel 229 UZK-DA);
- Spezialwerkzeugen und -instrumenten (Artikel 230 UZK-DA);
- Waren, die Gegenstand von Tests, Experimenten oder Vorführungen sind (Artikel 231 Buchstabe a UZK-DA) sowie Waren, die im Rahmen eines Kaufvertrags einer Erprobung unterzogen werden (Artikel 231 Buchstabe b UZK-DA);
- Mustern in angemessenen Mengen, die ausschließlich zu Vorführ- und Ausstellungszwecken verwendet werden (Artikel 232 UZK-DA);
- Waren, die im Rahmen einer öffentlich zugänglichen Veranstaltung ausgestellt oder verwendet oder auf einer solchen Veranstaltung aus in das Verfahren der vorübergehenden Verwendung übergeführten Waren gewonnen werden (Artikel 234 Abs. 1 UZK-DA);
- Kunstgegenständen, Sammlungsstücken und Antiquitäten, die ausgestellt und gegebenenfalls verkauft werden, sowie anderer als neu hergestellter Waren, die im Hinblick auf ihre Versteigerung eingeführt wurden (Artikel 234 Abs. 3 UZK-DA);
- Ersatzteilen, Zubehör und Ausrüstungen, die für Zwecke der Ausbesserung, Wartungsarbeiten und Maßnahmen zum Erhalt für in das Verfahren der vorübergehenden Verwendung übergeführte Waren verwendet werden (Artikel 235 UZK-DA).

⑥ Eine Verwendungsfrist von 18 Monaten gilt für zum eigenen Gebrauch verwendete Beförderungsmittel der See- und Binnenschifffahrt (Artikel 217 Buchstabe e UZK-DA).

⑦ Eine Verwendungsfrist von 12 Monaten gilt für Schienenbeförderungsmittel (Artikel 217 Buchstabe a UZK-DA) sowie für Container, deren Ausrüstung und Zubehör (Artikel 217 Buchstabe f UZK-DA).

⑧ Eine Verwendungsfrist von 6 Monaten gilt u. a. für
- Straßenbeförderungsmittel und Beförderungsmittel des Luftverkehrs, die jeweils zum eigenen Gebrauch verwendet werden (Artikel 217 Buchstaben c und d UZK-DA);

– Waren, die zur Durchführung von Tests, Experimenten oder Vorführungen ohne Gewinnabsicht verwendet werden (Artikel 231 Buchstabe c UZK-DA);
– Austauschproduktionsmittel, die einem Kunden vom Lieferanten oder Ausbesserer bis zur Lieferung oder Reparatur gleichartiger Waren vorübergehend zur Verfügung gestellt werden (Artikel 233 UZK-DA);
– Waren, die einer Person in der Union vom Eigentümer der Waren zur Ansicht geliefert werden, wobei diese Person das Recht hat, die Waren nach Ansicht zu erwerben (Artikel 234 Abs. 2 UZK-DA).

33 (13) ① Werden die in Absatz 12 bezeichneten Verwendungsfristen überschritten, ist im Zeitpunkt des Überschreitens ein innergemeinschaftliches Verbringen mit den sich aus § 1 a Abs. 2 und § 3 Abs. 1 a UStG ergebenden Wirkungen anzunehmen. ② Entsprechendes gilt, wenn der Gegenstand innerhalb der Verwendungsfrist untergeht oder veräußert (geliefert) wird. ③ Das Zurückgelangen des Gegenstands in den Ausgangsmitgliedstaat nach einer befristeten Verwendung ist umsatzsteuerrechtlich unbeachtlich.

34 (14) *(aufgehoben)*

Belegaustausch und Aufzeichnungspflichten

35 (15) Wegen des Belegaustauschs und der Aufzeichnungspflichten in Fällen des innergemeinschaftlichen Verbringens vgl. Abschnitte 14 a.1 Abs. 5 und 22.3 Abs. 1.

LS zu 1 a.2

Zur umsatzsteuerlichen Behandlung der **innergemeinschaftlichen Verkaufskommission** (Vereinfachungsregelung). *Verfügung OFD Frankfurt S 7103 a A – 8 – St 110 v. 4. 4. 2014 (DStR S. 1340).*

38 Zur Besteuerung innergemeinschaftlicher Erwerbe bei den in § 1 a Abs. 3 UStG genannten Personen [sog. **Exoten**]. *Verfügung OFD Frankfurt S 7103 a A – 6 – St 110 v. 28. 6. 2011; USt-Kartei HE § 1 a Fach S 7103 a Karte 3.*

Für die Lieferortbestimmung nach § 3 Abs. 6 UStG muss der Abnehmer bereits bei Beginn der Versendung feststehen. Eine Versendungslieferung kann dann auch vorliegen, wenn der Liefergegenstand nach dem Beginn der Versendung für kurze Zeit in einem **Auslieferungs- oder Konsignationslager** gelagert wird, vgl. *BFH-Urteil v. 16. 11. 2016 V R 1/16, BStBl. 2017 II S. 1079).*

Ein im Zeitpunkt des Beginns der Beförderung oder Versendung **nur wahrscheinlicher Abnehmer** ohne tatsächliche Abnahmeverpflichtung steht nicht einem zu diesem Zeitpunkt bereits feststehenden Abnehmer gleich (vgl. *BFH-Urteil v. 20. 10. 2016 V R 31/15, BStBl. 2017 II S. 1076).*

Übersicht über die zu **§§ 1 a und 1 b UStG** ergangenen BMF-Schreiben. *Verfügung LfSt Niedersachsen S 7102 a – 2 – St 187 v. 11. 6. 2018 (MwStR S. 628).*

UStG

§ 1 b Innergemeinschaftlicher Erwerb neuer Fahrzeuge

1 (1) **Der Erwerb eines neuen Fahrzeugs durch einen Erwerber, der nicht zu den in § 1 a Abs. 1 Nr. 2 genannten Personen gehört, ist unter den Voraussetzungen des § 1 a Abs. 1 Nr. 1 innergemeinschaftlicher Erwerb.**

2 (2) ① **Fahrzeuge im Sinne dieses Gesetzes sind**

1. **motorbetriebene Landfahrzeuge mit einem Hubraum von mehr als 48 Kubikzentimetern oder einer Leistung von mehr als 7,2 Kilowatt;**
2. **Wasserfahrzeuge mit einer Länge von mehr als 7,5 Metern;**
3. **Luftfahrzeuge, deren Starthöchstmasse mehr als 1550 Kilogramm beträgt.**

② **Satz 1 gilt nicht für die in § 4 Nr. 12 Satz 2 und Nr. 17 Buchstabe b bezeichneten Fahrzeuge.**

3 (3) **Ein Fahrzeug gilt als neu, wenn das**

1. **Landfahrzeug nicht mehr als 6000 Kilometer zurückgelegt hat oder wenn seine erste Inbetriebnahme im Zeitpunkt des Erwerbs nicht mehr als sechs Monate zurückliegt;**
2. **Wasserfahrzeug nicht mehr als 100 Betriebsstunden auf dem Wasser zurückgelegt hat oder wenn seine erste Inbetriebnahme im Zeitpunkt des Erwerbs nicht mehr als drei Monate zurückliegt;**
3. **Luftfahrzeug nicht länger als 40 Betriebsstunden genutzt worden ist oder wenn seine erste Inbetriebnahme im Zeitpunkt des Erwerbs nicht mehr als drei Monate zurückliegt.**

Hinweis auf EU-Vorschriften:

UStG:	§ 1 b Abs. 1	**MwStSystRL:**	Art. 2 Abs. 1 (b) ii)/**MwStVO:** Art. 2
	§ 1 b Abs. 2		Art. 2 Abs. 2 (a)
	§ 1 b Abs. 3		Art. 2 Abs. 2 (b), (c)

Zu § 1 b UStG

UStAE 1 b.1

1 b.1 Innergemeinschaftlicher Erwerb neuer Fahrzeuge

5 ① Der entgeltliche innergemeinschaftliche Erwerb eines neuen Fahrzeugs unterliegt auch bei Privatpersonen, nichtunternehmerisch tätigen Personenvereinigungen und Unternehmern, die das Fahrzeug für ihren nichtunternehmerischen Bereich beziehen, der Besteuerung. ② Fahrzeuge im Sinne des § 1 b UStG sind zur Personen- oder Güterbeförderung bestimmte Wasserfahrzeuge, Luftfahrzeuge und motorbetriebene Landfahrzeuge, die die in § 1 b Abs. 2 UStG bezeichneten Merkmale aufweisen. ③ Zu den Landfahrzeugen gehören insbesondere Personenkraftwagen, Lastkraftwagen, Motorräder, Motorroller, Mopeds, sog. Pocket-Bikes (vgl. BFH-Urteil vom 27. 2. 2014, V R 21/11, BStBl. II S. 501), motorbetriebene Wohnmobile und Caravans sowie landwirtschaftliche Zugmaschinen. ④ Die straßenverkehrsrechtliche Zulassung ist nicht erforderlich. ⑤ Keine Landfahrzeuge sind dagegen Wohnwagen, Packwagen und andere Anhänger ohne eigenen Motor, die nur von Kraftfahrzeugen mitgeführt werden können, sowie selbstfahrende Arbeitsmaschinen, die nach ihrer Bauart oder ihren besonderen, mit dem Fahrzeug fest verbundenen Einrichtungen nicht zur Beförderung von Personen oder Gütern bestimmt und geeignet sind. ⑥ Ein Fahrzeug im Sinne des § 1 b Abs. 2 UStG ist neu, wenn ein Merkmal des § 1 b Abs. 3 UStG erfüllt ist. ⑦ Der maßgebende Beurteilungszeitpunkt ist der Zeitpunkt der Lieferung im übrigen Gemeinschaftsgebiet und nicht der Zeitpunkt des Erwerbs im Inland (vgl. EuGH-Urteil vom 18. 11. 2010, C-84/09, X). ⑧ Als erste Inbetriebnahme eines Fahrzeugs ist die erste Nutzung zur Personen- oder Güterbeförderung zu verstehen; bei Fahrzeugen, die einer Zulassung bedürfen ist grundsätzlich davon auszugehen, dass der Zeitpunkt der Zulassung mit dem Zeitpunkt der ersten Inbetriebnahme identisch ist.

LS zu 1 b.1

Der innergemeinschaftliche Erwerb eines Kraftfahrzeugs kann **nicht dadurch vermieden werden,** daß das im EU-Mitgliedstaat erworbene Fahrzeug zwar eingeführt, dessen Zulassung jedoch erst nach Ablauf eines halben Jahres beantragt wird. *Verfügung OFD Kiel S 7103 b A – St 252 v. 15. 1. 1999 (DStR S. 675).*

8 Das Verbringen eines neuen Fahrzeugs im Sinne des § 1 b Abs. 2 UStG von einem EU-Staat in einen anderen EU-Staat im Zusammenhang mit dem **Wohnortwechsel einer Privatperson** ist ein nicht steuerbarer Umsatz. *Verfügung OFD München S 7103 b – St 435 v. 22. 8. 2001.*

Innergemeinschaftlicher Erwerb **neuer Fahrzeuge**/Zeitpunkt der Lieferung bei Segelboot. ***EuGH-Urt. v. 18. 11. 2010,*** *C-84/09 (IStR S. 910).*

UStG

§ 1c Innergemeinschaftlicher Erwerb durch diplomatische Missionen, zwischenstaatliche Einrichtungen und Streitkräfte der Vertragsparteien des Nordatlantikvertrags[1]

1 (1) ① **Ein innergemeinschaftlicher Erwerb im Sinne des § 1a liegt nicht vor, wenn ein Gegenstand bei einer Lieferung aus dem Gebiet eines anderen Mitgliedstaates in das Inland gelangt und die Erwerber folgende Einrichtungen sind, soweit sie nicht Unternehmer sind oder den Gegenstand nicht für ihr Unternehmen erwerben:**

1. im Inland ansässige ständige diplomatische Missionen und berufskonsularische Vertretungen,

2. im Inland ansässige zwischenstaatliche Einrichtungen,

3. im Inland stationierte Streitkräfte anderer Vertragsparteien des Nordatlantikvertrags oder

[ab 1. 7. 2022:] **4. im Inland stationierte Streitkräfte anderer Mitgliedstaaten, die an einer Verteidigungsanstrengung teilnehmen, die zur Durchführung einer Tätigkeit der Union im Rahmen der Gemeinsamen Sicherheits- und Verteidigungspolitik unternommen wird.**

② **Diese Einrichtungen gelten nicht als Erwerber im Sinne des § 1a Abs. 1 Nr. 2.** ③ **§ 1b bleibt unberührt.**

2 (2) **Als innergemeinschaftlicher Erwerb gegen Entgelt im Sinne des § 1a Abs. 2 gilt das Verbringen eines Gegenstands durch die deutschen Streitkräfte aus dem übrigen Gemeinschaftsgebiet in das Inland für den Gebrauch oder Verbrauch dieser Streitkräfte oder ihres zivilen Begleitpersonals, wenn die Lieferung des Gegenstands an die deutschen Streitkräfte im übrigen Gemeinschaftsgebiet oder die Einfuhr durch diese Streitkräfte nicht der Besteuerung unterlegen hat.**

Hinweis auf EU-Vorschriften:

UStG:	§ 1c Abs. 1	**MwStSystRL:**	Art. 3 Abs. 1 (a), 151
	§ 1c Abs. 2		Art. 22

Zu § 1c UStG

UStAE 1c.1

1c.1[2] **Ausnahme vom innergemeinschaftlichen Erwerb bei diplomatischen Missionen usw. (§ 1c Abs. 1 UStG)**

5 ① Ständige diplomatische Missionen und berufskonsularische Vertretungen, zwischenstaatliche Einrichtungen, Streitkräfte anderer Vertragsparteien des Nordatlantikvertrags und im Inland stationierte Streitkräfte anderer Mitgliedstaaten, die an einer Verteidigungsanstrengung teilnehmen, die zur Durchführung einer Tätigkeit der Union im Rahmen der Gemeinsamen Sicherheits- und Verteidigungspolitik unternommen wird, sind nach Maßgabe des § 1c Abs. 1 UStG vom innergemeinschaftlichen Erwerb nach § 1a UStG ausgenommen. ② Diese Einrichtungen werden nicht dem in § 1a Abs. 1 Nr. 2 UStG genannten Personenkreis zugeordnet. ③ Dies hat zur Folge, dass

- diesen Einrichtungen grundsätzlich keine USt-IdNr. zu erteilen ist,
- bei Lieferungen aus anderen EU-Mitgliedstaaten an diese Einrichtungen der Ort der Lieferung unter den Voraussetzungen des § 3c UStG in das Inland verlagert wird und
- diese Einrichtungen nur beim innergemeinschaftlichen Erwerb eines neuen Fahrzeugs der Erwerbsbesteuerung nach § 1b UStG unterliegen.[1]

④ Soweit die genannten Einrichtungen Unternehmer im Sinne des § 2 UStG sind und den Gegenstand für ihr Unternehmen erwerben, ist die Ausnahmeregelung des § 1c Abs. 1 UStG nicht anzuwenden.

[1] Hinweis auf die **UStErstV,** abgedruckt im Anhang Nr. **2.**

[2] A 1c.1 UStAE Satz 1 neugefast durch BMF v. 11. 11. 2022 (BStBl. I S. 1588), anzuwenden auf nach dem 30. 6. 2022 bewirkte Umsätze.

§ 2 Unternehmer, Unternehmen

UStG

(1)[1] ① **Unternehmer ist, wer eine gewerbliche oder berufliche Tätigkeit selbständig ausübt.** ② **Das Unternehmen umfasst die gesamte gewerbliche oder berufliche Tätigkeit des Unternehmers.** ③ **Gewerblich oder beruflich ist jede nachhaltige Tätigkeit zur Erzielung von Einnahmen, auch wenn die Absicht, Gewinn zu erzielen, fehlt oder eine Personenvereinigung nur gegenüber ihren Mitgliedern tätig wird.** 1

(2) **Die gewerbliche oder berufliche Tätigkeit wird nicht selbständig ausgeübt,** 2

1. **soweit natürliche Personen, einzeln oder zusammengeschlossen, einem Unternehmen so eingegliedert sind, dass sie den Weisungen des Unternehmers zu folgen verpflichtet sind;**
2. **wenn eine juristische Person nach dem Gesamtbild der tatsächlichen Verhältnisse finanziell, wirtschaftlich und organisatorisch in das Unternehmen des Organträgers eingegliedert ist (Organschaft).** ② **Die Wirkungen der Organschaft sind auf Innenleistungen zwischen den im Inland gelegenen Unternehmensteilen beschränkt.** ③ **Diese Unternehmensteile sind als ein Unternehmen zu behandeln.** ④ **Hat der Organträger seine Geschäftsleitung im Ausland, gilt der wirtschaftlich bedeutendste Unternehmensteil im Inland als der Unternehmer.**

(3)[2] ① ***Die juristischen Personen des öffentlichen Rechts sind nur im Rahmen ihrer Betriebe gewerblicher Art (§ 1 Abs. 1 Nr. 6, § 4 des Körperschaftsteuergesetzes) und ihrer land- oder forstwirtschaftlichen Betriebe gewerblich oder beruflich tätig.*** ② ***Auch wenn die Voraussetzungen des Satzes 1 nicht gegeben sind, gelten als gewerbliche oder berufliche Tätigkeit im Sinne dieses Gesetzes*** 3

1. *(weggefallen)*
2. [3] ***die Tätigkeit der Notare im Landesdienst und der Ratschreiber im Land Baden-Württemberg, soweit Leistungen ausgeführt werden, für die nach der Bundesnotarordnung die Notare zuständig sind;***
3. ***die Abgabe von Brillen und Brillenteilen einschließlich der Reparaturarbeiten durch Selbstabgabestellen der gesetzlichen Träger der Sozialversicherung;***
4. ***die Leistungen der Vermessungs- und Katasterbehörden bei der Wahrnehmung von Aufgaben der Landesvermessung und des Liegenschaftskatasters mit Ausnahme der Amtshilfe;***
5. [4] ***die Tätigkeit der Bundesanstalt für Landwirtschaft und Ernährung, soweit Aufgaben der Marktordnung, der Vorratshaltung und der Nahrungsmittelhilfe wahrgenommen werden.***

Hinweis auf EU-Vorschriften:

UStG:	§ 2 Abs. 1	**MwStSystRL:**	Art. 9 Abs. 1/**MwStVO:** Art. 5
	§ 2 Abs. 2 Nr. 1		Art. 10
	§ 2 Abs. 2 Nr. 2		Art. 11
	§ 2 Abs. 3		Art. 13, 132 Abs. 1 (q), Anh. I, X A 2

Übersicht

[1] Zur Fassung von § 2 Abs. 1 Satz 1 **ab 1. 1. 2023** siehe in der geschlosssenen Wiedergabe.

[2] Zur **Aufhebung von § 2 Abs. 3** und zur **Neuregelung** der Besteuerung der wirtschaftlichen Tätigkeit der jPöR **in § 2 b ab 1. 1. 2016** sowie zur **Weiteranwendung von § 2 Abs. 3** siehe § 27 Abs. 22 und 22 a UStG.

[3] Die **Notare im Landesdienst von Baden-Württemberg** sind mit der gesamten Beurkundungstätigkeit, ausgenommen Fälle des § 10 Abs. 2 Satz 2 LJKG, ab 1. 1. 2006 Unternehmer i. S. d. § 2 Abs. 1 UStG. *Verfügung OFD Karlsruhe S 7104 Karte 5 v. 28. 2. 2012, USt-Kartei BW § 2 Abs. 1 UStG S 7104 Karte 5, BeckVerw 258523.*

[4] 1., 2. ... 3. Die **Bundesanstalt für Landwirtschaft und Ernährung** gilt nur insoweit nach § 2 Abs. 3 Satz 2 Nr. 5 UStG 1993 als Unternehmerin, als sie selbst Umsätze ausführt. – 4. Die Bundesanstalt für Landwirtschaft und Ernährung ist aus der Übernahme von Schweinen im Rahmen von Sondermaßnahmen nach Ausbruch der **Schweinepest** nicht zum Vorsteuerabzug berechtigt, wenn sie die Schweine nicht durch Umsätze für ihr Unternehmen verwendete, sondern lediglich in Tierkörperbeseitigungsanstalten entsorgen ließ. *BFH-Urteil vom 3. 7. 2008 – V R 51/06 (BStBl. 2009 II S. 214).*

Zu § 2 UStG

UStAE 2.1

2.1 Unternehmer

Allgemeines

11 (1) ① Natürliche und juristische Personen sowie Personenzusammenschlüsse können Unternehmer sein. ② Unternehmer ist jedes selbständig tätige Wirtschaftsgebilde, das nachhaltig Leistungen gegen Entgelt ausführt (vgl. BFH-Urteil vom 4. 7. 1956, V 56/55 U, BStBl. III S. 275) oder die durch objektive Anhaltspunkte belegte Absicht hat, eine unternehmerische Tätigkeit gegen Entgelt und selbständig auszuüben und erste Investitionsausgaben für diesen Zweck tätigt (vgl. BFH-Urteile vom 22. 2. 2001, V R 77/96, BStBl. 2003 II S. 426, und vom 8. 3. 2001, V R 24/98, BStBl. 2003 II S. 430). ③ Dabei kommt es weder auf die Rechtsform noch auf die Rechtsfähigkeit des Leistenden an (vgl. BFH-Urteil vom 21. 4. 1994, V R 105/91, BStBl. II S. 671). ④ Auch eine Personenvereinigung, die nur gegenüber ihren Mitgliedern tätig wird, kann z. B. mit der entgeltlichen Überlassung von Gemeinschaftsanlagen unternehmerisch tätig sein (vgl. BFH-Urteil vom 28. 11. 2002, V R 18/01, BStBl. 2003 II S. 443).

Gesellschaften und Gemeinschaften

12 (2) ① Für die Unternehmereigenschaft einer Personengesellschaft ist es unerheblich, ob ihre Gesellschafter Mitunternehmer im Sinne des § 15 Abs. 1 Nr. 2 EStG sind (vgl. BFH-Urteil vom 18. 12. 1980, V R 142/73, BStBl. 1981 II S. 408). ② Unternehmer kann auch eine Bruchteilsgemeinschaft sein. ③ Vermieten Ehegatten mehrere in ihrem Bruchteilseigentum stehende Grundstücke, ist die jeweilige Bruchteilsgemeinschaft ein gesonderter Unternehmer, wenn auf Grund unterschiedlicher Beteiligungsverhältnisse im Vergleich mit den anderen Bruchteilsgemeinschaften eine einheitliche Willensbildung nicht gewährleistet ist (vgl. BFH-Urteile vom 25. 3. 1993, V R 42/89, BStBl. II S. 729, und vom 29. 4. 1993, V R 38/89, BStBl. II S. 734). ④ Ob der Erwerber eines Miteigentumsanteils eines vermieteten Grundstücks Unternehmer ist oder nicht, hängt von der Art der Überlassung seines Miteigentumsanteils an die Gemeinschaft ab. ⑤ Die zivilrechtliche Stellung als Mitvermieter ist für die Unternehmereigenschaft allein nicht ausreichend (vgl. BFH-Urteil vom 27. 6. 1995, V R 36/94, BStBl. II S. 915). ⑥ Überträgt ein Vermietungsunternehmer das Eigentum an dem vermieteten Grundstück zur Hälfte auf seinen Ehegatten, ist nunmehr allein die neu entstandene Bruchteilsgemeinschaft Unternehmer (vgl. BFH-Urteil vom 6. 9. 2007, V R 41/05, BStBl. 2008 II S. 65).

Leistender

13 (3) ① Wem eine Leistung als Unternehmer zuzurechnen ist, richtet sich danach, wer dem Leistungsempfänger gegenüber als Schuldner der Leistung auftritt. ② Dies ergibt sich regelmäßig aus den abgeschlossenen zivilrechtlichen Vereinbarungen. ③ Leistender ist in der Regel derjenige, der die Lieferungen oder sonstigen Leistungen im eigenen Namen gegenüber einem anderen selbst oder durch einen Beauftragten ausführt. ④ Ob eine Leistung dem Handelnden oder einem anderen zuzurechnen ist, hängt grundsätzlich davon ab, ob der Handelnde gegenüber Dritten im eigenen Namen oder berechtigterweise im Namen eines anderen bei Ausführung entgeltlicher Leistungen aufgetreten ist. ⑤ Somit ist ein sog. Strohmann, der im eigenen Namen Gegenstände verkauft und dem Abnehmer die Verfügungsmacht einräumt, umsatzsteuerrechtlich Leistender (vgl. BFH-Urteil vom 28. 1. 1999, V R 4/98, BStBl. II S. 628, und BFH-Beschluss

vom 31. 1. 2002, V B 108/01, BStBl. 2004 II S. 622). ⑥ Bei Schein- oder Strohmanngeschäften können die Leistungen jedoch auch einer anderen als der nach außen auftretenden Person (Strohmann) zuzurechnen sein. ⑦ Das ist jedenfalls dann der Fall, wenn das Rechtsgeschäft zwischen dem Leistungsempfänger und dem Strohmann nur zum Schein abgeschlossen worden ist und der Leistungsempfänger wusste oder davon ausgehen musste, dass der als Leistender Auftretende (Strohmann) keine eigene Verpflichtung aus dem Rechtsgeschäft eingehen und dementsprechend auch keine eigenen Leistungen versteuern wollte (BFH-Beschluss vom 31. 1. 2002, a. a. O.). ⑧ Zur Frage des Vorsteuerabzugs aus Rechnungen über Strohmanngeschäfte vgl. Abschnitt 15.2 a Abs. 2.

Einzelfälle

(4) ① Schließt eine Arbeitsgemeinschaft des Baugewerbes allein die Bauverträge mit dem Auftraggeber ab, entstehen unmittelbare Rechtsbeziehungen nur zwischen dem Auftraggeber und der Arbeitsgemeinschaft, nicht aber zwischen dem Auftraggeber und den einzelnen Mitgliedern der Gemeinschaft. ② In diesem Fall ist die Arbeitsgemeinschaft Unternehmer (vgl. BFH-Urteil vom 21. 5. 1971, V R 117/67, BStBl. II S. 540). ③ Zur Frage des Leistungsaustauschs zwischen einer Arbeitsgemeinschaft des Baugewerbes und ihren Mitgliedern vgl. Abschnitt 1.6 Abs. 8. ④ Nach außen auftretende Rechtsanwaltsgemeinschaften können auch mit den Notariatsgeschäften ihrer Mitglieder Unternehmer sein (vgl. BFH-Urteile vom 5. 9. 1963, V 117/60 U, BStBl. III S. 520, vom 17. 12. 1964, V 228/62 U, BStBl. 1965 III S. 155, und vom 27. 8. 1970, V R 72/66, BStBl. II S. 833). ⑤ Zur Bestimmung des Leistenden, wenn in einer Sozietät zusammengeschlossene Rechtsanwälte Testamentsvollstreckungen ausführen, vgl. BFH-Urteil vom 13. 3. 1987, V R 33/79, BStBl. II S. 524. ⑥ Zur Frage, wer bei einem Sechs-Tage-Rennen Werbeleistungen an die Prämienzahler bewirkt, vgl. BFH-Urteil vom 28. 11. 1990, V R 31/85, BStBl. 1991 II S. 381. ⑦ Zur Frage, wer bei der Durchführung von Gastspielen (z. B. Gastspiel eines Theaterensembles) als Veranstalter anzusehen ist, vgl. BFH-Urteil vom 11. 8. 1960, V 188/58 U, BStBl. III S. 476. ⑧ Zur steuerlichen Behandlung einer aus Mietern und Grundstückseigentümern bestehenden Werbegemeinschaft vgl. Abschnitt 1.4 Abs. 5. ⑨ Zur steuerlichen Behandlung der Teilnahme an einem Wettbewerb zur Erzielung von Preisgeldern oder anderen Vergütungen vgl. Abschnitt 1.1 Abs. 24. ⑩ Zur Frage des Leistungsaustausches bei der Veranstaltung von Glücksspielen vgl. Abschnitt 1.1 Abs. 25. 14

Innengesellschaften

(5) ① Innengesellschaften, die ohne eigenes Vermögen, ohne Betrieb, ohne Rechtsfähigkeit und ohne Firma bestehen, sind umsatzsteuerrechtlich unbeachtlich, weil ihnen mangels Auftretens nach außen die Unternehmereigenschaft fehlt. ② Unternehmer sind – beim Vorliegen der sonstigen Voraussetzungen – nur die an der Innengesellschaft beteiligten Personen oder Personenzusammenschlüsse (BFH-Urteil vom 11. 11. 1965, V 146/63 S, BStBl. 1966 III S. 28). ③ Zu den Innengesellschaften gehört auch die – typische oder atypische – stille Gesellschaft. ④ Eine besondere Art der Innengesellschaft ist die Meta-Verbindung (vgl. BFH-Urteil vom 21. 12. 1955, V 161/55 U, BStBl. 1956 III S. 58). ⑤ Bei einer Gewinnpoolung sind Unternehmer nur die beteiligten Personen, die ihre Geschäfte ebenfalls nach außen in eigenem Namen betreiben, im Gegensatz zur Meta-Verbindung aber nicht in einem Leistungsaustauschverhältnis miteinander stehen (vgl. BFH-Urteil vom 12. 2. 1970, V R 50/66, BStBl. II S. 477). 15

Sportveranstaltungen

(6) ① Bei Sportveranstaltungen auf eigenem Sportplatz ist der Platzverein als Unternehmer anzusehen und mit den gesamten Einnahmen zur Umsatzsteuer heranzuziehen. ② Der Gastverein hat die ihm aus dieser Veranstaltung zufließenden Beträge nicht zu versteuern. ③ Bei Sportveranstaltungen auf fremdem Platz hat der mit der Durchführung der Veranstaltung und insbesondere mit der Erledigung der Kassengeschäfte und der Abrechnung beauftragte Verein als Unternehmer die gesamten Einnahmen der Umsatzsteuer zu unterwerfen, während der andere Verein die ihm zufließenden Beträge nicht zu versteuern hat. ④ Tritt bei einer Sportveranstaltung nicht einer der beteiligten Vereine, sondern der jeweilige Verband als Veranstalter auf, hat der veranstaltende Verband die Gesamteinnahmen aus der jeweiligen Veranstaltung zu versteuern, während die Einnahmeanteile der beteiligten Vereine nicht der Umsatzsteuer unterworfen werden. 16

Insolvenzverwalter, Testamentsvollstrecker

(7) ① Wird ein Unternehmen von einem Zwangsverwalter im Rahmen seiner Verwaltungstätigkeit nach § 152 Abs. 1 ZVG, einem vorläufigen Insolvenzverwalter oder einem Insolvenzverwalter geführt, ist nicht dieser der Unternehmer, sondern der Inhaber der Vermögensmasse, für die er tätig wird (vgl. BFH-Urteil vom 23. 6. 1988, V R 203/83, BStBl. II S. 920, für den Zwangsverwalter und BFH-Urteile vom 20. 2. 1986, V R 16/81, BStBl. II S. 579, und vom 16. 7. 1987, V R 80/82, BStBl. II S. 691, für den Konkursverwalter nach der KO). ② Dieselben Grundsätze gelten auch dann, wenn ein zum Nachlass gehörendes Unternehmen vom Testamentsvollstrecker als solchem für den Erben fortgeführt wird. ③ Führt ein Testamentsvollstrecker jedoch ein Handelsgeschäft als Treuhänder der Erben im eigenen Namen weiter, ist er der Unternehmer und Steuerschuldner (vgl. BFH-Urteil 17

vom 11.10.1990, V R 75/85, BStBl. 1991 II S. 191). ④ Zur verfahrensrechtlichen Besonderheit bei der Zwangsverwaltung von mehreren Grundstücken vgl. Abschnitt 18.6 Abs. 4.

LS zu 2.1

Errichtet ein Vermieter im Zuge einer Baumaßnahme neben den seinem Vermietungsunternehmen dienenden Räumen auch für einen anderen Bauinteressenten Räume als **Bauträger** gegen Entgelt, gehört die (einmalige) Bauträgerleistung ebenfalls zum Rahmen seines Unternehmens. *BFH-Urteil v. 20. 9. 1990 – V R 92/85 (BStBl. 1991 II S. 35).*

18 1. Eine **Steuerhinterziehung** nach § 370 Abs. 1 Nr. 1 AO begeht, wer in Steuerverkürzungsabsicht Vorsteuer aus Rechnungen geltend macht, die von Personen gestellt werden, die nicht Unternehmer i. S. d. § 2 Abs. 1 UStG sind. – 2. Keine Unternehmer im umsatzsteuerlichen Sinne sind Personen, die von ihnen ausgewiesene Umsatzsteuer nicht gegenüber dem Finanzamt anmelden sollen und die lediglich zu diesem Zweck in der **Lieferkette** vorgeschaltet wurden. *BGH-Urteil v. 22. 5. 2003 – 5 StR 520/02 (NJW S. 2924).*

1. Grundsätzlich kann auch ein **Strohmann** umsatzsteuerlicher Unternehmer sein, sofern dieser gegenüber dem Dritten als Leistender auftritt und keine stillschweigende und einvernehmliche Vereinbarung darüber besteht, dass das Rechtsgeschäft zwischen dem Dritten und dem sog. „Hintermann" abgeschlossen wird. – 2. Die für die umsatzsteuerliche Unternehmereigenschaft erforderliche Selbstständigkeit ist auch dann gegeben, wenn der Leistende mangels eigener Fachkenntnisse und Erfahrungen auf den Sachverstand eines Dritten angewiesen ist. *BFH-Urteil v. 26. 6. 2003, V R 22/02 (DStRE 2004, S. 153).* – Vgl. auch *BFH-Urt. v. 12. 8. 2009, XI R 48/07 (BFH/NV 2010 S. 259).*

Weist jemand in einer Rechnung oder in einer anderen Urkunde, mit der er wie ein leistender Unternehmer abrechnet, einen Umsatzsteuerbetrag aus, obwohl er eine Lieferung oder sonstige Leistung nicht ausführt, schuldet er den ausgewiesenen Betrag auch dann, wenn er nur als **Strohmann** tätig geworden ist [§ 14 c Abs. 2 Satz 2 UStG]. *FG München, Beschl. v. 13. 1. 2009, 14 S 4536/06, rkr. (DStRE 2010 S. 297).*

Wer in betrügerischer Absicht ein **Schneeballsystem** errichtet, um daraus Einnahmen zu erzielen, ist Unternehmer im umsatzsteuerrechtlichen Sinne. *FG Baden-Württemberg, Gerichtsbescheid v. 30. 1. 2020 1 K 2617/19, rkr. (DStRE S. 1306).*

1. Für die Leistungen des **Kommittenten oder „Hintermannes"** und dessen Beurteilung als Unternehmer (§ 2 Abs. 1 UStG) gelten die für die Beurteilung der Leistungen des Kommissionärs oder **„Strohmannes"** im Auftrag und für Rechnung des „Hintermannes" gegenüber Dritten maßgeblichen Kriterien. – 2. Ist die für den Auftraggeber (Kommittent oder „Hintermann") gegenüber Dritten ausgeführte Tätigkeit des Kommissionärs oder „Strohmannes" nachhaltig i. S. des § 2 Abs. 1 UStG, hat auch der Kommittent oder „Hintermann" die ihm nach § 3 Abs. 3 UStG oder § 3 Abs. 11 UStG zuzurechnenden Leistungen als Unternehmer erbracht. – 3. Dies gilt auch, wenn der „Hintermann" als tatsächlich Handelnder die Leistungen gegenüber Dritten im Namen des „Strohmannes" ausgeführt hat, z. B. gegenüber dem Leistungsempfänger als Angestellter des Vertragspartners (des „Strohmannes" oder Treuhänders) oder als dessen Subunternehmer aufgetreten ist, und dies dem Leistungsempfänger nicht bekannt war. – 4. *[betr. Änderungsbescheid, § 119 Abs. 1 AO] BFH-Urt. v. 12. 5. 2011, V R 25/10 (DStRE S. 1326).*

19 1. Saniert ein Treuhänder ein Gebäude für Zwecke einer umsatzsteuerpflichtigen Vermietung, ist der **Treuhänder** und nicht der Treugeber aufgrund der im Namen des Treuhänders bezogenen Bauleistungen zum Vorsteuerabzug berechtigt. – 2. Die Hinzuziehung eines Dritten nach § 174 Abs. 4 und 5 AO muss vor Ablauf der für den Dritten geltenden Festsetzungsfrist erfolgen. *BFH-Urt. v. 18. 2. 2009, V R 82/07 (BStBl. II S. 876).* – **Hinzuziehung** eines Dritten vgl. auch *BFH-Urt. v. 18. 2. 2009, V R 81/07 (BStBl. 2010 II S. 109).*

1. Wenn jemand im Namen oder unter dem Namen einer von ihm beherrschten nicht rechtsfähigen **Domizilgesellschaft** (Sitzgesellschaft) **liechtensteinischen Rechts** in der Bundesrepublik Lieferungen oder sonstige Leistungen ausführt, sind ihm diese Leistungen umsatzsteuerrechtlich als eigene zuzurechnen. – 2. In diesem Fall kann ihm (auch) der Vorsteuerabzug aus den an die Domizilgesellschaft adressierten Rechnungen zustehen. *BFH-Urt. v. 26. 4. 2001, V R 50/99 (DStRE S. 990).*

1., 2. ... 3. **Zwangsverwalter, Konkursverwalter und Schuldner** betreiben dasselbe Unternehmen, auch wenn sie umsatzsteuerrechtlich getrennt zu erfassen sind; der von ihnen einzuhaltende Voranmeldungszeitraum bestimmt sich nach den Umsätzen dieses (Gesamt-)Unternehmens. – 4. Die Lieferung eines unter Zwangsverwaltung stehenden Grundstücks setzt die vorherige Aufhebung der Zwangsverwaltung nicht voraus. *BFH-Urteil v. 15. 6. 1999 – VII R 3/97 (BStBl. 2000 II S. 47).* – Vgl. auch *BFH-Urteil v. 28. 6. 2000 – V R 87/99 (BStBl. II S. 639).*

Ein Unternehmer, der über seine Internetseite den Nutzern die Möglichkeit verschafft, kostenpflichtige erotische oder pornografische Bilder und Videos zu beziehen, ist auch dann umsatzsteuerrechtlich Leistender, wenn der Nutzer hierzu **auf Internetseiten anderer Unternehmer weitergeleitet** wird, ohne dass dies in eindeutiger Weise kenntlich gemacht wird. *BFH-Urteil v. 15. 5. 2012 XI R 16/10 (BStBl. I S. 49).*

Der Verkauf von Grundstücken, die in das **Privatvermögen** einer als selbständiger **Unternehmer** tätigen natürlichen Person aufgenommen werden, unterliegt der Umsatzsteuer. ***EuGH-Urteil v. 9. 7. 2015*** *C – 331/14, Petar Kezić (MwStR S. 723).*

Umsätze einer **Gaststätte** sind grundsätzlich demjenigen zuzurechnen, der Inhaber der Gaststättenerlaubnis ist und gegenüber dem Finanzamt als Inhaber auftritt. *BFH-Beschluss v. 2. 1. 2018 XI B 81/17, NV (MwStR S. 402).*

Für die Zurechnung von **in einem Bordell oder FKK-Club erbrachten Prostitutionsumsätzen** gelten die allgemeinen Grundsätze, nach denen zu beurteilen ist, ob eine Leistung dem unmittelbar Handelnden oder dem Unternehmer, in dessen Unternehmen er eingegliedert ist, zuzurechnen ist. *BFH-Urteil v. 27. 9. 2018 V R 9/17, NV (BFH/NV 2019 S. 127).*

Eine **Innengesellschaft** ist kein Steuerpflichtiger i. S. d. Art. 9 MwStSystRL. ***EuGH-Urteil v. 16. 9. 2020*** *C-312/19, XT (DStR S. 2122).*

Eine in Deutschland zivilrechtlich nicht rechtsfähige „private company limited by shares" **(Limited)** kann Unternehmer i. S. d. § 2 UStG sein. *Kurzinfo FM Schleswig-Holstein v. 10. 3. 2022 – VI 36510 – S 7104-167 (MwStR S. 676).*

UStAE 2.2

2.2 Selbständigkeit

Allgemeines

21 (1) ① Eine selbständige Tätigkeit liegt vor, wenn sie auf eigene Rechnung und auf eigene Verantwortung ausgeübt wird. ② Ob Selbständigkeit oder Unselbständigkeit anzunehmen ist, richtet sich grundsätzlich nach dem Innenverhältnis zum Auftraggeber. ③ Aus dem Außenverhältnis zur Kundschaft lassen sich im Allgemeinen nur Beweisanzeichen herleiten (vgl. BFH-Urteil vom 6. 12. 1956, V 137/55 U, BStBl. 1957 III S. 42). ④ Dabei kommt es nicht allein auf die vertragliche Bezeichnung, die Art der Tätigkeit oder die Form der Entlohnung an. ⑤ Entscheidend ist das Gesamtbild der Verhältnisse. ⑥ Es müssen die für und gegen die Selbständigkeit sprechenden Umstände gegeneinander abgewogen werden; die gewichtigeren Merkmale sind dann für die Gesamtbeurteilung maßgebend (vgl. BFH-Urteile vom 24. 11. 1961, VI 208/61 U, BStBl. 1962 III S. 125, und vom 30. 5. 1996, V R 2/95, BStBl. II S. 493). ⑦ Arbeitnehmer und damit nicht selbständig tätig kann auch sein, wer

nach außen wie ein Kaufmann auftritt (vgl. BFH-Urteil vom 15.7. 1987, X R 19/80, BStBl. II S. 746). ⑧ Unternehmerstellung und Beitragspflicht zur gesetzlichen Sozialversicherung schließen sich im Regelfall aus (vgl. BFH-Urteil vom 25. 6. 2009, V R 37/08, BStBl. II S. 873).

Natürliche Personen

(2)[1] ① Die Frage der Selbständigkeit natürlicher Personen ist für die Umsatzsteuer, Einkommensteuer und Gewerbesteuer nach denselben Grundsätzen zu beurteilen (vgl. BFH-Urteile vom 2. 12. 1998, X R 83/96, BStBl. 1999 II S. 534, und vom 11. 10. 2007, V R 77/05, BStBl. 2008 II S. 443, sowie H 19.0 (Allgemeines) LStH). ② Dies gilt jedoch nicht, wenn Vergütungen für die Ausübung einer bei Anwendung dieser Grundsätze nicht selbständig ausgeübten Tätigkeit ertragsteuerrechtlich auf Grund der Sonderregelung des § 15 Abs. 1 Satz 1 Nr. 2 EStG zu Gewinneinkünften umqualifiziert werden, sowie bei der Beurteilung der Selbständigkeit von Aufsichtsratsmitgliedern, deren Tätigkeit nach § 18 Abs. 1 Nr. 3 EStG als selbständig qualifiziert wird. ③ Zur Nichtselbständigkeit des Gesellschafters einer Personengesellschaft bei der Wahrnehmung von Geschäftsführungs- und Vertretungsleistungen vgl. BFH-Urteil vom 14. 4. 2010, XI R 14/09, BStBl. 2011 II S. 433. ④ Geschäftsführungsleistungen eines GmbH-Geschäftsführers können als selbständig im Sinne des § 2 Abs. 2 Nr. 1 UStG zu beurteilen sein. ⑤ Die Organstellung des GmbH-Geschäftsführers steht dem nicht entgegen (BFH-Urteil vom 10.3. 2005, V R 29/03, BStBl. II S. 730). ⑥ Auch ein Mitglied eines Vereinsvorstands kann im Rahmen seiner Geschäftsführungstätigkeit gegenüber dem Verein selbständig tätig werden (vgl. BFH-Urteil vom 14. 5. 2008, XI R 70/07, BStBl. II S. 912). 22

Beispiel 1:

① Der Aktionär einer AG erhält von dieser eine Tätigkeitsvergütung für seine Geschäftsführungsleistung gegenüber der AG. ② Zwischen den Parteien ist ein Arbeitsvertrag geschlossen, der u. a. Urlaubsanspruch, feste Arbeitszeiten, Lohnfortzahlung im Krankheitsfall und Weisungsgebundenheit regelt und bei Anwendung der für das Ertrag- und Umsatzsteuerrecht einheitlichen Abgrenzungskriterien zu Einkünften aus nichtselbständiger Arbeit führt.

③ Der Aktionär ist auch umsatzsteuerrechtlich nicht selbständig tätig.

Beispiel 2:

① Der Kommanditist einer KG erhält von dieser eine Tätigkeitsvergütung für seine Geschäftsführungsleistung gegenüber der KG. ② Zwischen den Parteien ist ein Arbeitsvertrag geschlossen, der u. a. Urlaubsanspruch, feste Arbeitszeiten, Lohnfortzahlung im Krankheitsfall und Weisungsgebundenheit regelt und bei Anwendung der für das Ertrag- und Umsatzsteuerrecht einheitlichen Abgrenzungskriterien zu Einkünften aus nichtselbständiger Arbeit führen würde.

③ Einkommensteuerrechtlich erzielt der Kommanditist aus der Tätigkeit Einkünfte aus Gewerbebetrieb nach § 15 Abs. 1 Satz 1 Nr. 2 EStG; umsatzsteuerrechtlich ist er dagegen nicht selbständig tätig.

Beispiel 3:

① Ein bei einer Komplementär-GmbH angestellter Geschäftsführer, der gleichzeitig Kommanditist der GmbH & Co. KG ist, erbringt Geschäftsführungs- und Vertretungsleistungen gegenüber der GmbH.

② Aus ertragsteuerrechtlicher Sicht wird unterstellt, dass die Tätigkeit selbständig ausgeübt wird; die Vergütung für die Geschäftsführungs- und Vertretungsleistung gegenüber der Komplementär-GmbH gehört zu den Einkünften als (selbständiger) Mitunternehmer der KG und wird zu gewerblichen Einkünften im Sinne des § 15 Abs. 1 Satz 1 Nr. 2 EStG umqualifiziert. ③ In umsatzsteuerrechtlicher Hinsicht ist die Frage der Selbständigkeit jedoch weiterhin unter Anwendung der allgemeinen Grundsätze zu klären.

(3) ① Fahrlehrer, denen keine Fahrschulerlaubnis erteilt ist, können im Verhältnis zu dem Inhaber der Fahrschule selbständig sein (vgl. BFH-Urteil vom 17. 10. 1996, V R 63/94, BStBl. 1997 II S. 188). ② Ein Rundfunksprecher, der einer Rundfunkanstalt auf Dauer zur Verfügung steht, kann auch dann nicht als Unternehmer beurteilt werden, wenn er von der Rundfunkanstalt für jeden Einzelfall seiner Mitwirkung durch besonderen Vertrag verpflichtet wird (BFH-Urteil vom 14. 10. 1976, V R 137/73, BStBl. 1977 II S. 50). ③ Wegen der Behandlung der Versicherungsvertreter, Hausgewerbetreibenden und Heimarbeiter vgl. R 15.1 Abs. 1 und 2 EStR. ④ Eine natürliche Person ist mit ihrer Tätigkeit im Rahmen eines Arbeitnehmer-Überlassungsvertrages Arbeitnehmer und nicht Unternehmer im Rahmen eines Werk- oder Dienstvertrages (vgl. BFH-Urteil vom 20. 4. 1988, X R 40/81, BStBl. II S. 804). ⑤ Ein Rechtsanwalt, der für eine Rechtsanwaltskanzlei als Insolvenzverwalter tätig wird, ist insoweit nicht als Unternehmer zu beurteilen. ⑥ Dies gilt sowohl für einen angestellten als auch für einen an der Kanzlei als Gesellschafter beteiligten Rechtsanwalt, selbst wenn dieser ausschließlich als Insolvenzverwalter tätig ist und im eigenen Namen handelt. 23

(3 a)[2] ① Trägt das Mitglied eines Aufsichtsrats aufgrund einer nicht variablen Festvergütung kein Vergütungsrisiko, ist es nicht selbständig tätig. ② Die Vergütung kann sowohl in Geldzahlungen als auch in Sachzuwendungen bestehen. ③ Eine Festvergütung im Sinne des Satzes 1 liegt insbesondere im Fall einer pauschalen Aufwandsentschädigung vor, die für die Dauer der Mitgliedschaft im Aufsichtsrat gezahlt wird. ④ Sitzungsgelder, die das Mitglied des Aufsichtsrats nur erhält, wenn es tatsächlich an der Sitzung teilnimmt, sowie nach dem tatsächlichen Aufwand bemessene Aufwandsentschädigungen sind keine Festvergütung im Sinne des Satzes 1. ⑤ Besteht die Vergütung des Aufsichtsratsmitglieds sowohl aus festen als auch variablen Bestandteilen, ist es grundsätzlich selbständig tätig, wenn die variablen Bestandteile im Geschäftsjahr der Gesellschaft 23a

[1] A 2.2 UStAE Abs. 3 a Satz 5 geändert, Sätze 7 bis 11 eingefügt, bish. Sätze 7 bis 13 werden Sätze 12 bis 18, neue Sätze 12, 17 und 18 geändert durch BMF v. 29. 3. 2022 (BStBl. I S. 567).

UStAE 2.2

mindestens 10% der gesamten Vergütung, einschließlich erhaltener Aufwandsentschädigungen, betragen. ⑥ Reisekostenerstattungen sind keine Vergütungsbestandteile und demzufolge bei der Ermittlung der 10%-Grenze nicht zu berücksichtigen. ⑦ Bei der Prüfung, ob die variablen Bestandteile im Geschäftsjahr der Gesellschaft mindestens 10% der gesamten Vergütung, einschließlich erhaltener Aufwandsentschädigungen betragen, sind nur die Vergütungsbestandteile zu berücksichtigen, die für Leistungen gezahlt werden, die in dem betreffenden Geschäftsjahr der Gesellschaft ausgeführt werden. ⑧ Maßgeblicher Leistungszeitpunkt für die allgemeine Tätigkeit des Aufsichtsratsmitglieds ist der Ablauf des Geschäftsjahrs der Gesellschaft. ⑨ Erhält ein Aufsichtsratsmitglied für die tatsächliche Teilnahme an einer Aufsichtsratssitzung Auslagenersatz und Sitzungsgeld, ist der maßgebliche Leistungszeitpunkt der Tag der Aufsichtsratssitzung. ⑩ In die Prüfung der 10%-Grenze sind als variable Vergütungsbestandteile die Sitzungsgelder im Sinne des Satzes 4 aller geplanten Sitzungen eines Geschäftsjahrs der Gesellschaft, unabhängig von der tatsächlichen Teilnahme des Aufsichtsratsmitglieds, mit einzubeziehen. ⑪ Maßgeblicher Zeitpunkt für die Prüfung der 10%-Grenze ist der Beginn des Geschäftsjahrs der Gesellschaft; nachträgliche Änderungen bleiben unberücksichtigt. ⑫ Die Sätze 1 bis 11 sind für jedes Mandat eines Aufsichtsrates separat zu prüfen. ⑬ Ausnahmen von der Festlegung in Satz 5 sind in begründeten Fällen möglich. ⑭ Das Mitglied eines Aufsichtsrats trägt nicht schon deshalb ein Vergütungsrisiko, weil seine Vergütung nachträglich für mehrere Jahre ausgezahlt wird. ⑮ Trägt das Mitglied des Aufsichtsrats kein Vergütungsrisiko, ist es nicht deshalb selbständig tätig, weil es unter den Voraussetzungen des § 116 AktG für pflichtwidriges Verhalten haftet. ⑯ Bei Beamten und anderen Bediensteten einer Gebietskörperschaft, die die Tätigkeit als Aufsichtsratsmitglied auf Verlangen, Vorschlag oder Veranlassung ihres Arbeitgebers oder Dienstherren übernommen haben und nach beamten- oder dienstrechtlichen Vorschriften verpflichtet sind, die Vergütung bis auf einen festgelegten Betrag an den Arbeitgeber bzw. Dienstherren abzuführen, ist es bei einem bestehenden Vergütungsrisiko nicht zu beanstanden, wenn diese allein auf Grund dieser Tätigkeit ebenfalls als nicht selbständig tätig behandelt werden. ⑰ Für Mitglieder der Bundes- oder einer Landesregierung gilt Satz 16 entsprechend, soweit sie im Zusammenhang mit ihrer Zugehörigkeit zur Regierung einem Aufsichtsrat angehören und einer zumindest teilweisen öffentlich-rechtlichen Abführungspflicht unterliegen. ⑱ Die Sätze 1 bis 17 gelten auch für Mitglieder von Ausschüssen, die der Aufsichtsrat nach § 107 Abs. 3 AktG bestellt hat und für Mitglieder von anderen Gremien, die nicht der Ausübung, sondern der Kontrolle der Geschäftsführung einer juristischen Person oder Personenvereinigung dienen.

24 (4) ① Natürliche Personen können zum Teil selbständig, zum Teil unselbständig sein. ② In Krankenhäusern angestellte Ärzte sind nur insoweit selbständig tätig, als ihnen für die Behandlung von Patienten ein von dem Krankenhaus unabhängiges Liquidationsrecht zusteht (vgl. BFH-Urteil vom 5. 10. 2005, VI R 152/01, BStBl. 2006 II S. 94). ③ Auch die Tätigkeit der Honorarprofessoren ohne Lehrauftrag wird selbständig ausgeübt. ④ Ein Arbeitnehmer kann mit der Vermietung seines Pkw an den Arbeitgeber selbständig tätig werden (vgl. BFH-Urteil vom 11. 10. 2007, V R 77/05, BStBl. 2008 II S. 443). ⑤ Zur Frage, ob eine Neben- und Aushilfstätigkeit selbständig oder unselbständig ausgeübt wird, vgl. H 19.2 LStH.

Personengesellschaften

25 (5) ① Eine Personengesellschaft ist selbständig, wenn sie nicht ausnahmsweise nach § 2 Abs. 2 UStG in das Unternehmen eines Organträgers eingegliedert ist (vgl. Abschnitt 2.8 Abs. 2 Satz 5). ② Nicht rechtsfähige Personenvereinigungen können als kollektive Zusammenschlüsse von Arbeitnehmern zwecks Anbietung der Arbeitskraft gegenüber einem gemeinsamen Arbeitgeber unselbständig sein (vgl. BFH-Urteil vom 8. 2. 1979, V R 101/78, BStBl. II S. 362).

Juristische Personen

26 (6) ① Eine Kapitalgesellschaft ist stets selbständig, wenn sie nicht nach § 2 Abs. 2 UStG in das Unternehmen eines Organträgers eingegliedert ist; dies gilt insbesondere hinsichtlich ihrer gegen Entgelt ausgeübten Geschäftsführungs- und Vertretungsleistungen gegenüber einer Personengesellschaft (BFH-Urteil vom 6. 6. 2002, V R 43/01, BStBl. 2003 II S. 36). ② Auch das Weisungsrecht der Gesellschafterversammlung gegenüber der juristischen Person als Geschäftsführerin führt nicht zur Unselbständigkeit. ③ Ist eine KG mehrheitlich an ihrer Komplementär-GmbH beteiligt, kann die Komplementär-GmbH ihre Tätigkeit jedoch nicht selbständig ausüben, vgl. Abschnitt 2.8 Abs. 2 Satz 8.

Beispiel 1:

① Die Komplementär-GmbH erbringt Geschäftsführungs- und Vertretungsleistungen gegen Sonderentgelt an die KG. ② Der Kommanditist dieser KG ist gleichzeitig Geschäftsführer der Komplementär-GmbH.

③ Die Komplementär-GmbH ist mit ihren Geschäftsführungs- und Vertretungsleistungen selbständig tätig. ④ Diese werden von der Komplementär-GmbH an die KG im Rahmen eines umsatzsteuerbaren Leistungsaustausches erbracht, auch wenn z. B. die Vergütung unmittelbar an den Geschäftsführer der Komplementär-GmbH gezahlt wird.

Beispiel 2:

① Die Komplementär-GmbH einer GmbH & Co. KG erbringt Geschäftsführungs- und Vertretungsleistungen gegen Sonderentgelt an die KG, die gleichzeitig Alleingesellschafterin ihrer Komplementär-GmbH ist, wodurch die Mehrheit der Stimmrechte in der Gesellschafterversammlung der Komplementär-GmbH gewährleistet ist. ② Die Komplementär-GmbH ist finanziell in das Unternehmen der KG eingegliedert.

③ Bei Vorliegen der übrigen Eingliederungsvoraussetzungen übt sie ihre Geschäftsführungs- und Vertretungsleistungen gegenüber der KG nicht selbständig (§ 2 Abs. 2 Nr. 2 UStG) aus.

(7) ① Regionale Untergliederungen (Landes-, Bezirks-, Ortsverbände) von Großvereinen sind neben dem Hauptverein selbständige Unternehmer, wenn sie über eigene satzungsgemäße Organe (Vorstand, Mitgliederversammlung) verfügen und über diese auf Dauer nach außen im eigenen Namen auftreten sowie eine eigene Kassenführung haben. ② Es ist nicht erforderlich, dass die regionalen Untergliederungen – neben der Satzung des Hauptvereins – noch eine eigene Satzung haben. ③ Zweck, Aufgabe und Organisation der Untergliederungen können sich aus der Satzung des Hauptvereins ergeben. 27

LS zu 2.2

GmbH-Geschäftsführer können Selbständige sein, wenn sie zugleich Gesellschafter sind und mindestens 50% des Stammkapitals innehaben (im Anschluss an BFH v. 2. 12. 2005, VI R 16/03, DStR 2006, 365). *BFH-Urt. v. 20. 10. 2010, VIII R 34/08 (DStR 2011 S. 911).*

Ob eine **Musikkapelle** als Gesellschaft bürgerlichen Rechts oder der Kapellenleiter Unternehmer ist oder die einzelnen Mitglieder der Kapelle, entscheidet sich nach dem Auftreten nach außen hin, insbesondere gegenüber den Auftraggebern. *Verfügung OFD Koblenz S 7104 A – St 51 2 v. 9. 10. 1985.* 28

Ein **Zusammenschluss natürlicher Personen** (hier: Tankreinigungstrupp) erbringt regelmäßig nur dann als selbständiger Unternehmer Leistungen gegen Entgelt, wenn dem Leistungsempfänger diese Personenmehrheit als Schuldner der vereinbarten Leistung und Gläubiger des vereinbarten Entgelts gegenübersteht. Grundsätzlich ist auf die zivilrechtlichen Vereinbarungen abzustellen. *BFH-Urt. v. 16. 8. 2001 – V R 67/00 (BFH/NV 2002 S. 223).*

Ob bei **Eheleuten** der Ehemann, die Ehefrau oder eine aus den Eheleuten bestehende Gemeinschaft als Unternehmer eine Leistung ausführt oder bezieht, richtet sich danach, wer nach außen auftritt. *BFH-Urt. v. 20. 10. 2021 XI R 24/20 (DStR 2022 S. 876).*

Eine **natürliche Person,** die aufgrund eines **Arbeitsvertrags** mit einer steuerpflichtigen Gesellschaft, deren einziger Gesellschafter, Geschäftsführer und Mitarbeiter sie im Übrigen ist, alle Arbeiten im Namen und auf Rechnung dieser Gesellschaft ausführt, gilt für die Zwecke von Art. 4 Abs. 4 Unterabs. 2 der Sechsten Richtlinie 77/388/EWG selbst nicht als Steuerpflichtiger i. S. von Art. 4 Abs. 1 der Sechsten Richtlinie. ***EuGH-Urt. v. 18. 10. 2007,*** *C-355/06, J. A. van der Steen (DStR S. 1958).*

Ein **Aufsichtsratsmitglied** einer Stiftung ist kein Unternehmer, wenn er zwar hinsichtlich der Ausübung seiner Tätigkeit als Aufsichtsratsmitglied weder dem Vorstand noch dem Aufsichtsrat dieser Stiftung hierarchisch untergeordnet ist, jedoch nicht in eigenem Namen, für eigene Rechnung und in eigener Verantwortung, sondern für Rechnung und unter Verantwortung des Aufsichtsrats handelt und auch nicht das wirtschaftliche Risiko seiner Tätigkeit trägt, da er eine feste Vergütung erhält, die weder von der Teilnahme an Sitzungen noch von seinen tatsächlich geleisteten Arbeitsstunden abhängt. *EuGH-Urteil v. 13. 6. 2019 C-420/18, IO (DStR S. 1396).* – Anschlussentscheidung des *BFH v. 27. 11. 2019 V R 23/19 (BStBl. 2021 II S. 542):* Zumindest bei Festvergütung ist ein Aufsichtsratsmitglied kein Unternehmer **(Rspr.-Änderung).** – Auch das **Vorstandsmitglied** einer öffentlich-rechtlich organisierten Berufskammer ist nicht selbstständig iSv § 2 Abs. 1 S. 1 UStG, Art. 9 Abs. 1 MwStSystRL für die Kammer tätig und damit kein Unternehmer, wenn er nicht im eigenen Namen und auf eigene Rechnung tätig wird und kein Vergütungsrisiko trägt *(FG Hamburg v. 8. 9. 2020, 6 K 131/18, MwStR 2021 S. 87).* 29

Zu Fragen bzgl. der umsatzsteuerlichen Behandlung von **Aufsichtsratsvergütungen** (insb. von **Beamten** und sonstigen Bediensteten von Gebietskörperschaften, Ministern und Staatssekretären) vgl. *Verfügung OFD Frankfurt a. M. v. 11. 5. 2022 – S 7100A – 287 (MwStR S. 723).* – Mit den Konsequenzen für die entsendende Stelle vgl. *Kurzinfo FM Schleswig-Holstein v. 20. 9. 2022 – S 7104-124 (DStR S. 2376):* Danach ist bei der umsatzsteuerlichen Würdigung der Entsendung von Aufsichtsratsmitgliedern grundsätzlich nicht danach zu differenzieren, ob diese durch die öffentliche Hand oder die Privatwirtschaft entsandt werden.

Der **Rat von Sachverständigen** für Umweltfragen ist nicht Unternehmer im Sinne des § 2 Abs. 1 UStG. Die Mitglieder dieses Rates sind Unternehmer. *Schreiben des BMF IV C 3 – S 7240 – 4/95 v. 14. 8. 1995.*

Die Honorare der **Sachverständigen** der Kommission zur Ermittlung des Finanzbedarfs der Rundfunkanstalten fallen als selbständige Beratungsleistungen unter § 1 Abs. 1 Nr. 1 Satz 1 UStG. *Verfügung OFD Magdeburg S 2245 – 5 – St 214 V v. 3. 6. 1998.*

Ein Steuerpflichtiger, der sich an einem **Gewinnspiel** beteiligt, das auf dem **Schneeballprinzip** beruht, und der im Bewusstsein, dass das Spiel nur zeitlich begrenzt gewinnträchtig sein wird, weitere Mitspieler anwirbt, handelt nachhaltig und selbstständig. Seine Umsätze unterliegen deshalb der Umsatzsteuer. *Niedersächsisches FG, Urt. v. 3. 1. 2008, 16 K 356/07, rkr. (DStRE 2009 S. 1388).*

1. Die Beurteilung einer Tätigkeit nach **sozialversicherungs- oder arbeitsrechtlichen Grundsätzen** in sozial- oder arbeitsrechtlichen Entscheidungen entfaltet keine Bindungswirkung für die Beurteilung der in § 2 UStG geregelten umsatzsteuerrechtlichen Unternehmereigenschaft. – 2. Daher können in Urteilen der Arbeits- und Sozialgerichtsbarkeit keine Grundsätze zur umsatzsteuerrechtlichen Unternehmereigenschaft aufgestellt werden, von denen das Finanzgericht im finanzgerichtlichen Verfahren mit der Folge einer Divergenz im Sinn des § 115 Abs. 2 Nr. 2 2. Alternative FGO abweichen könnte. *BFH-Beschluss v. 11. 3. 2014 V B 30/13 (BFH/NV S. 920).*

a) Schreiben betr. Unternehmereigenschaft von Aufsichtsratsmitgliedern

Vom 8. Juli 2021 (BStBl. I S. 919)

(BMF III C 2 – S 7104/19/10001:003; DOK 2021/0761949)

Anl a zu 2.2

[abgedruckt im USt-Handbuch 2021 als Anlage zu A 2.2]

Anl b zu 2.2

b) Schreiben betr. Unternehmereigenschaft von Aufsichtsratsmitgliedern; Klärung weiterer Fragen zum BMF-Schreiben vom 8. Juli 2021, BStBl. I S. 919

Vom 29. März 2022 (BStBl. I S. 567)

(BMF III C 2 – S 7104/19/10001 :005; DOK 2022/0096963)

I.

29a Mit BMF-Schreiben vom 8. Juli 2021, BStBl. I S. 919, haben die obersten Finanzbehörden des Bundes und der Länder geregelt, wann die Tätigkeit eines Aufsichtsratsmitglieds als unternehmerisch bzw. nichtunternehmerisch zu beurteilen ist. Aus der Praxis sind zu diesem Themenkomplex weitere Fragen an die Finanzverwaltung herangetragen worden.

II.

[Änderungen des Umsatzsteuer-Anwendungserlasses in A 2.2 UStAE berücksichtigt]

III.

29b Die Regelungen dieses Schreibens sind in allen offenen Fällen anzuwenden.

Zur Vermeidung von Übergangsschwierigkeiten wird es – auch für Zwecke des Vorsteuerabzugs – nicht beanstandet, wenn die bis zur Aufhebung durch das BMF-Schreiben vom 8. Juli 2021 (BStBl. I S. 919) geltenden Regelungen in Abschn. 2.2 Abs. 2 Satz 7 und Abs. 3 Satz 1 UStAE auf Leistungen angewendet werden, die in einem Geschäftsjahr der Gesellschaft ausgeführt worden sind, das vor dem 1. Januar 2022 begonnen hat.

Es wird ebenfalls nicht beanstandet, wenn ein Beamter oder ein politischer Mandatsträger, der eine Tätigkeit als Mitglied eines Aufsichts- oder Verwaltungsrats nicht lediglich aufgrund seiner gesellschaftlichen oder politischen Stellung, sondern aufgrund unmittelbarer Verknüpfung mit seinem Amt ausübt, trotz eines vorliegenden Vergütungsrisikos insoweit für Umsätze, die in einem Geschäftsjahr der Gesellschaft ausgeführt worden sind, das vor dem 1. Januar 2022 begonnen hat, als nicht selbstständig i. S. d. § 2 Abs. 1 Satz 1 UStG tätig beurteilt wird.

Die Rechtsauffassung aus dem BMF-Schreiben vom 15. September 1980 IV A 2 – S 7270 – 6/80 wird nicht weiter aufrechterhalten. Für Geschäftsjahre der Gesellschaft, die vor dem 1. Januar 2022 enden, wird es nicht beanstandet, wenn als Leistungszeitpunkt für die allgemeine Tätigkeit als Mitglied eines Aufsichtsrats die Teilnahme an der Hauptversammlung mit dem Ziel der Entlastung zu Grunde gelegt wird.

IV.

Die Anwendungsregelungen dieses BMF-Schreibens ersetzen die Anwendungsregelungen des BMF-Schreibens vom 8. Juli 2021, BStBl. I S. 919.

UStAE 2.3

2.3 Gewerbliche oder berufliche Tätigkeit

30 (1) ① Der Begriff der gewerblichen oder beruflichen Tätigkeit im Sinne des UStG geht über den Begriff des Gewerbebetriebes nach dem EStG und dem GewStG hinaus (vgl. BFH-Urteil vom 5. 9. 1963, V 117/60 U, BStBl. III S. 520). ② Eine gewerbliche oder berufliche Tätigkeit setzt voraus, dass Leistungen im wirtschaftlichen Sinn ausgeführt werden. ③ Betätigungen, die sich nur als Leistungen im Rechtssinn, nicht aber zugleich auch als Leistungen im wirtschaftlichen Sinne darstellen, werden von der Umsatzsteuer nicht erfasst. ④ Leistungen, bei denen ein über die reine Entgeltentrichtung hinausgehendes eigenes wirtschaftliches Interesse des Entrichtenden nicht verfolgt wird, sind zwar Leistungen im Rechtssinn, aber keine Leistungen im wirtschaftlichen Sinn (vgl. BFH-Urteil vom 31. 7. 1969, V 94/65, BStBl. II S. 637). ⑤ Die Unterhaltung von Giro-, Bauspar- und Sparkonten sowie das Eigentum an Wertpapieren begründen für sich allein noch nicht die Unternehmereigenschaft einer natürlichen Person (vgl. BFH-Urteile vom 1. 2. 1973, V R 2/70, BStBl. II S. 172, und vom 11. 10. 1973, V R 14/73, BStBl. 1974 II S. 47).

31 (1 a) ① Von der gewerblichen oder beruflichen Tätigkeit sind die nichtunternehmerischen Tätigkeiten zu unterscheiden. ② Diese Tätigkeiten umfassen die nichtwirtschaftlichen Tätigkeiten i. e. S. und die unternehmensfremden Tätigkeiten. ③ Als unternehmensfremde Tätigkeiten gelten Entnahmen für den privaten Bedarf des Unternehmers als natürliche Person, für den privaten Bedarf seines Personals oder für private Zwecke des Gesellschafters (vgl. BFH-Urteile vom 3. 3. 2011, V R 23/10, BStBl. 2012 II S. 74 und vom 12. 1. 2011, XI R 9/08, BStBl. 2012 II S. 58). ④ Nichtwirtschaftliche Tätigkeiten i. e. S. sind alle nichtunternehmerischen Tätigkeiten, die nicht unternehmensfremd (privat) sind, z. B.:

- unentgeltliche Tätigkeiten eines Vereins, die aus ideellen Vereinszwecken verfolgt werden (vgl. BFH-Urteil vom 6. 5. 2010, V R 29/09, BStBl. II S. 885),
- hoheitliche Tätigkeiten juristischer Personen des öffentlichen Rechts (vgl. BFH-Urteil vom 3. 3. 2011, V R 23/10, BStBl. 2012 II S. 74),
- bloßes Erwerben, Halten und Veräußern von gesellschaftsrechtlichen Beteiligungen (vgl. Abs. 2 bis 4),
- Leerstand eines Gebäudes verbunden mit dauerhafter Nichtnutzung (vgl. BFH-Urteil vom 19. 7. 2011, XI R 29/09, BStBl. 2012 II S. 430; vgl. Abschnitt 15.2 c Abs. 8 Beispiel 1).

Gesellschaftsrechtliche Beteiligungen

(2) ①Das bloße Erwerben, Halten und Veräußern von gesellschaftsrechtlichen Beteiligungen ist keine unternehmerische Tätigkeit (vgl. EuGH-Urteile vom 14. 11. 2000, C-142/99, Floridienne und Berginvest, vom 27. 9. 2001, C-16/00, Cibo Participations und vom 29. 4. 2004, C-77/01, EDM). ②Wer sich an einer Personen- oder Kapitalgesellschaft beteiligt, übt zwar eine „Tätigkeit zur Erzielung von Einnahmen" aus. ③Gleichwohl ist er im Regelfall nicht Unternehmer im Sinne des UStG, weil Dividenden und andere Gewinnbeteiligungen aus Gesellschaftsverhältnissen nicht als umsatzsteuerrechtliches Entgelt im Rahmen eines Leistungsaustauschs anzusehen sind (vgl. EuGH-Urteil vom 21. 10. 2004, C-8/03, BBL). ④Soweit daneben eine weitergehende Geschäftstätigkeit ausgeübt wird, die für sich die Unternehmereigenschaft begründet, ist diese vom nichtunternehmerischen Bereich zu trennen. ⑤Unternehmer, die neben ihrer unternehmerischen Betätigung auch Beteiligungen an anderen Gesellschaften halten, können diese Beteiligungen grundsätzlich nicht dem Unternehmen zuordnen. ⑥Bei diesen Unternehmern ist deshalb eine Trennung des unternehmerischen Bereichs vom nichtunternehmerischen Bereich geboten. ⑦Dieser Grundsatz gilt für alle Unternehmer gleich welcher Rechtsform (vgl. BFH-Urteil vom 20. 12. 1984, V R 25/76, BStBl. II 1985 S. 176). **31a**

(3) ①Auch Erwerbsgesellschaften können gesellschaftsrechtliche Beteiligungen im nichtunternehmerischen Bereich halten. ②Dies bedeutet, dass eine Holding, deren Zweck sich auf das Halten und Verwalten gesellschaftsrechtlicher Beteiligungen beschränkt und die keine Leistungen gegen Entgelt erbringt (sog. Finanzholding), nicht Unternehmer im Sinne des § 2 UStG ist. ③Demgegenüber ist eine Holding, die im Sinne einer einheitlichen Leitung aktiv in das laufende Tagesgeschäft ihrer Tochtergesellschaften eingreift (sog. Führungs- oder Funktionsholding), unternehmerisch tätig. ④Wird eine Holding nur gegenüber einigen Tochtergesellschaften geschäftsleitend tätig, während sie Beteiligungen an anderen Tochtergesellschaften lediglich hält und verwaltet (sog. gemischte Holding), hat sie sowohl einen unternehmerischen als auch einen nichtunternehmerischen Bereich. ⑤Das Erwerben, Halten und Veräußern einer gesellschaftsrechtlichen Beteiligung stellt nur dann eine unternehmerische Tätigkeit dar (vgl. EuGH-Urteil vom 6. 2. 1997, C-80/95, Harnas & Helm), **31b**

1. soweit Beteiligungen im Sinne eines gewerblichen Wertpapierhandels gewerbsmäßig erworben und veräußert werden und dadurch eine nachhaltige, auf Einnahmeerzielungsabsicht gerichtete Tätigkeit entfaltet wird (vgl. BFH-Urteil vom 15. 1. 1987, V R 3/77, BStBl. II S. 512 und EuGH-Urteil vom 29. 4. 2004, C-77/01, EDM) oder
2. wenn die Beteiligung nicht um ihrer selbst willen (bloßer Wille, Dividenden zu erhalten) gehalten wird, sondern der Förderung einer bestehenden oder beabsichtigten unternehmerischen Tätigkeit (z. B. Sicherung günstiger Einkaufskonditionen, Verschaffung von Einfluss bei potenziellen Konkurrenten, Sicherung günstiger Absatzkonditionen) dient (vgl. EuGH-Urteil vom 11. 7. 1996, C-306/94, Régie dauphinoise), oder
3. wenn, abgesehen von der Ausübung der Rechte als Gesellschafter oder Aktionär, unmittelbar in die Verwaltung der Gesellschaften, an denen die Beteiligung besteht, eingegriffen wird (vgl. EuGH-Urteil vom 20. 6. 1991, C-60/90, Polysar Investments Netherlands). ②Die Eingriffe müssen dabei zwingend durch unternehmerische Leistungen im Sinne der § 1 Abs. 1 Nr. 1 und § 2 Abs. 1 UStG erfolgen. ③Hierbei kann es sich z. B. um administrative, finanzielle, kaufmännische oder technische Dienstleistungen an die jeweilige Beteiligungsgesellschaft handeln (vgl. EuGH-Urteile vom 27. 9. 2001, C-16/00, Cibo Participations, und vom 12. 7. 2001, C-102/00, Welthgrove, und vom 16. 7. 2015, C-108/14, Larentia + Minerva, und C-109/14, Marenave, BStBl. 2017 II S. 604).

(4) ①Das Innehaben einer gesellschaftsrechtlichen Beteiligung fällt, abgesehen von den Fällen des gewerblichen Wertpapierhandels, nur dann in den Rahmen des Unternehmens, wenn die gesellschaftsrechtliche Beteiligung im Zusammenhang mit einer unternehmerischen Tätigkeit erworben, gehalten und veräußert wird. ②Dabei reicht jedoch nicht jeder beliebige Zusammenhang zwischen dem Erwerb und Halten der gesellschaftsrechtlichen Beteiligung und der unternehmerischen Tätigkeit aus. ③Vielmehr muss zwischen der gesellschaftsrechtlichen Beteiligung und der unternehmerischen Tätigkeit ein erkennbarer und objektiver wirtschaftlicher Zusammenhang bestehen (vgl. Abschnitt 15.2b Abs. 3). ④Das ist der Fall, wenn die Aufwendungen für die gesellschaftsrechtliche Beteiligung zu den Kostenelementen der steuerbaren Ausgangsumsätze gehören (vgl. EuGH-Urteile vom 26. 5. 2005, C-465/03, Kretztechnik, und vom 16. 7. 2015, C-108/14, Larentia + Minerva, und C-109/14, Marenave, BStBl. 2017 II S. 604, sowie BFH-Urteile vom 10. 4. 1997, V R 26/96, BStBl. II S. 552, und vom 6. 4. 2016, V R 6/14, BStBl. 2017 II S. 577). ⑤Zum Vorsteuerabzug beim Halten und Veräußern von gesellschaftsrechtlichen Beteiligungen siehe Abschnitt 15.22. **31c**

Nachhaltigkeit

(5) ①Die gewerbliche oder berufliche Tätigkeit wird nachhaltig ausgeübt, wenn sie auf Dauer zur Erzielung von Entgelten angelegt ist (vgl. BFH-Urteile vom 30. 7. 1986, V R 41/76, BStBl. II S. 874, und vom 18. 7. 1991, V R 86/87, BStBl. II S. 776). ②Ob dies der Fall ist, richtet sich nach dem Gesamtbild der Verhältnisse im Einzelfall. ③Die für und gegen die Nachhaltigkeit **32**

UStAE 2.3

sprechenden Merkmale müssen gegeneinander abgewogen werden. ④ Als Kriterien für die Nachhaltigkeit einer Tätigkeit kommen nach dem BFH-Urteil vom 18. 7. 1991, a. a. O., insbesondere in Betracht:
- mehrjährige Tätigkeit,
- planmäßiges Handeln,
- auf Wiederholung angelegte Tätigkeit,
- die Ausführung mehr als nur eines Umsatzes,
- Vornahme mehrerer gleichartiger Handlungen unter Ausnutzung derselben Gelegenheit oder desselben dauernden Verhältnisses,
- langfristige Duldung eines Eingriffs in den eigenen Rechtskreis,
- Intensität des Tätigwerdens,
- Beteiligung am Markt,
- Auftreten wie ein Händler,
- Unterhalten eines Geschäftslokals,
- Auftreten nach außen, z. B. gegenüber Behörden.

33 (6) ① Nachhaltig ist in der Regel:
- eine Verwaltungs- oder eine Auseinandersetzungs-Testamentsvollstreckung, die sich über mehrere Jahre erstreckt, auch wenn sie aus privatem Anlass vorgenommen wird (vgl. BFH-Urteile vom 7. 8. 1975, V R 43/71, BStBl. 1976 II S. 57, vom 26. 9. 1991, V R 1/87, vom 30. 5. 1996, V R 26/93, und vom 7. 9. 2006, V R 6/05, BStBl. 2007 II S. 148),
- die einmalige Bestellung eines Nießbrauchs an seinem Grundstück – Duldungsleistung – (vgl. BFH-Urteil vom 16. 12. 1971, V R 41/68, BStBl. 1972 II S. 238),
- die Vermietung allein eines Gegenstands durch den Gesellschafter einer Gesellschaft des bürgerlichen Rechts an die Gesellschaft (vgl. BFH-Urteil vom 7. 11. 1991, V R 116/86, BStBl. 1992 II S. 269),
- der An- und Verkauf mehrerer neuer Kfz, auch wenn es sich um „private Gefälligkeiten" gehandelt habe (vgl. BFH-Urteil vom 7. 9. 1995, V R 25/94, BStBl. 1996 II S. 109);
- die entgeltliche Unterlassung von Wettbewerb über einen längeren Zeitraum von z. B. fünf Jahren, wobei die vereinbarte Vergütung bereits ein Indiz für das wirtschaftliche Gewicht der Tätigkeit darstellt (vgl. BFH-Urteil vom 13. 11. 2003, V R 59/02, BStBl. 2004 II S. 472); nicht erforderlich ist ein enger Zusammenhang mit einer anderen Tätigkeit des Steuerpflichtigen oder die Absicht, in weiteren Fällen gegen Vergütung ein Wettbewerbsverbot einzugehen;
- der nicht nur vorübergehende, sondern auf Dauer angelegte Verkauf einer Vielzahl von Gegenständen über eine Internet-Plattform; die Beurteilung der Nachhaltigkeit hängt nicht von einer bereits beim Einkauf vorhandenen Wiederverkaufsabsicht ab (vgl. BFH-Urteil vom 26. 4. 2012, V R 2/11, BStBl. II S. 634);
- der planmäßige, wiederholte und mit erheblichem Organisationsaufwand verbundene Verkauf einer Vielzahl fremder Gebrauchsgegenstände über eine elektronische Handelsplattform; dieser Einstufung steht nicht entgegen, dass die Tätigkeit nur für kurze Dauer und ohne Gewinn ausgeübt wird und ein Wareneinkauf nicht festgestellt werden kann (vgl. BFH-Urteil vom 12. 8. 2015, XI R 43/13, BStBl. II S. 919).

34 ② Nicht nachhaltig als Unternehmer wird dagegen tätig:
- ein Angehöriger einer Automobilfabrik, der von dieser unter Inanspruchnahme des Werksangehörigenrabatts fabrikneue Automobile erwirbt und diese nach einer Behaltefrist von mehr als einem Jahr wieder verkauft (vgl. BFH-Urteil vom 18. 7. 1991, V R 86/87, BStBl. II S. 776),
- ein Briefmarken- oder Münzsammler, der aus privaten Neigungen sammelt, soweit er Einzelstücke veräußert (wegtauscht), die Sammlung teilweise umschichtet oder die Sammlung ganz oder teilweise veräußert (vgl. BFH-Urteile vom 29. 6. 1987, X R 23/82, BStBl. II S. 744, und vom 16. 7. 1987, X R 48/82, BStBl. II S. 752) und
- wer ein Einzelunternehmen zu dem Zweck erwirbt, es unmittelbar in eine Personengesellschaft einzubringen, begründet keine unternehmerische Betätigung, weil damit regelmäßig keine auf gewisse Dauer angelegte geschäftliche Tätigkeit entfaltet wird (vgl. BFH-Urteil vom 15. 1. 1987, V R 3/77, BStBl. II S. 512).

35 (7) ① Bei der Vermietung von Gegenständen, die ihrer Art nach sowohl für unternehmerische als auch für nichtunternehmerische Zwecke verwendet werden können (z. B. sog. Freizeitgegenstände), sind alle Umstände ihrer Nutzung zu prüfen, um festzustellen, ob sie tatsächlich zur nachhaltigen Erzielung von Einnahmen verwendet werden (vgl. EuGH-Urteil vom 26. 9. 1996, C-230/94, Enkler). ② Die nur gelegentliche Vermietung eines derartigen, im Übrigen privat genutzten Gegenstands (z. B. Wohnmobil, Segelboot) durch den Eigentümer ist keine unternehmerische Tätigkeit. ③ Bei der Beurteilung, ob zur nachhaltigen Erzielung von Einnahmen vermietet wird, kann ins Gewicht fallen, dass
- nur ein einziger, seiner Art nach für die Freizeitgestaltung geeigneter Gegenstand angeschafft wurde,
- dieser überwiegend für private eigene Zwecke oder für nichtunternehmerische Zwecke des Ehegatten genutzt worden ist,
- der Gegenstand nur mit Verlusten eingesetzt und weitestgehend von dem Ehegatten finanziert und unterhalten wurde,

– er nur für die Zeit der tatsächlichen Vermietung versichert worden war und
– weder ein Büro noch besondere Einrichtungen (z. B. zur Unterbringung und Pflege des Gegenstands) vorhanden waren

(vgl. BFH-Urteil vom 12. 12. 1996, V R 23/93, BStBl. 1997 II S. 368).

Tätigkeit zur Erzielung von Einnahmen

(8) ① Die Tätigkeit muss auf die Erzielung von Einnahmen gerichtet sein. ② Die Absicht, Gewinn zu erzielen, ist nicht erforderlich. ③ Eine Tätigkeit zur Erzielung von Einnahmen liegt vor, wenn diese im Rahmen eines Leistungsaustauschs ausgeübt wird. ④ Die Unternehmereigenschaft setzt grundsätzlich voraus, dass Lieferungen oder sonstige Leistungen gegen Entgelt bewirkt werden. ⑤ Bei einem vorübergehenden Verzicht auf Einnahmen kann in der Regel nicht bereits eine unentgeltliche nichtunternehmerische Tätigkeit angenommen werden (vgl. BFH-Urteil vom 7. 7. 2005, V R 78/03, BStBl. II S. 849). ⑥ Zur Unternehmereigenschaft bei Vorbereitungshandlungen für eine beabsichtigte unternehmerische Tätigkeit, die nicht zu Umsätzen führt, vgl. Abschnitt 2.6 Abs. 1 bis 4. 36

(9) ① Die entgeltliche Tätigkeit eines Kommanditisten als Mitglied eines Beirats, dem vor allem Zustimmungs- und Kontrollrechte übertragen sind, ist als unternehmerisch zu beurteilen (vgl. BFH-Urteil vom 24. 8. 1994, XI R 74/93, BStBl. 1995 II S. 150). ② Dies gilt auch für die Tätigkeit einer GmbH als Liquidator einer GmbH & Co. KG, deren Geschäfte sie als alleiniger persönlich haftender Gesellschafter geführt hatte, wenn hierfür ein Sonderentgelt vereinbart wurde (vgl. BFH-Urteil vom 8. 11. 1995, V R 8/94, BStBl. 1996 II S. 176). 37

LS zu 2.3

– Gewerbliche oder berufliche Tätigkeit –

Eine auf die Erlangung eines wirtschaftlichen Vorteils gerichtete Tätigkeit, die darin besteht, **„Eintragungsofferten"**, die Kostenrechnungen für die Eintragung in das Handelsregister nachempfunden sind, an Adressaten mit dem Ziel von deren Irreführung zu versenden, ist keine unternehmerische Tätigkeit i. S. des § 2 UStG. *BFH-Urt. v. 18. 6. 2009, V R 30/07 (DStR S. 2422).* 38

Unternehmereigenschaft bei unentgeltlicher Überlassung eines Hotel-Appartements an eine **Hotel-Betriebsgesellschaft** ist zweifelhaft. *BFH-Urt. v. 20. 1. 2010 – XI R 13/08 (BFH/NV S. 1137).*

Keine Unternehmereigenschaft bei Beteiligung an einem **Solarpark.** *Erlass FinBeh Hamburg v. 21. 8. 2015 – S 7104 – 2012/005–51 (MwStR S. 912).*

– Nachhaltigkeit –

Ob Leistungen **dem Unternehmen oder der Privatsphäre des Leistungsempfängers** (hier: eines **Motorsportlers** mit Werbeeinnahmen) zuzuordnen sind, bestimmt sich nach wirtschaftlichen Gesichtspunkten; nicht entscheidend ist, ob sie notwendige Voraussetzung für die unternehmerische Betätigung sind. *BFH-Urteil v. 15. 7. 1993 – V R 61/89 (BStBl. II S. 810).* 39

Eine zum Vorsteuerabzug berechtigende unternehmerisch wirtschaftliche Tätigkeit setzt gegenüber einer privaten **Sammlertätigkeit** (hier: beim Aufbau einer Fahrzeugsammlung und ihrer museumsartigen Einlagerung in einer Tiefgarage) voraus, dass sich der Sammler bereits während des Aufbaus der Sammlung wie ein Händler verhält (Bestätigung der BFH-Urteile vom 29. Juni 1987 X R 23/82, BFHE 150, 218, BStBl. II 1987, 744, und vom 16. Juli 1987 X R 48/82, BFHE 150, 224, BStBl. II 1987, 752). *BFH-Urteil v. 27. 1. 2011 – V R 21/09 (BStBl. II S. 524).*

Der Verkauf einer Vielzahl von Gegenständen über die Internet-Plattform „ebay" kann eine der USt unterliegende (nachhaltige) unternehmerische Tätigkeit sein; die Beurteilung als nachhaltig hängt nicht von einer bereits beim Einkauf vorhandenen Wiederverkaufsabsicht ab **(Ebay-Händler).** Bei der laufenden Veräußerung von Gegenständen in erheblichem Umfang liegt keine nur private Vermögensverwaltung vor, wenn der Verkäufer aktive Schritte zum Vertrieb der Gegenstände unternimmt, indem er sich ähnlicher Mittel bedient wie ein Händler i. S. v. Art. 9 MwStSystRL. *BFH-Urteil v. 26. 4. 2012 V R 2/11 (BStBl. II S. 634).* – Veräußert ein Verkäufer auf jährlich mehreren hundert Auktionen Waren über „ebay", liegt eine nachhaltige und damit umsatzsteuerrechtlich unternehmerische Tätigkeit i. S. des § 2 Abs. 1 UStG vor. *BFH-Urt. v. 12. 5. 2022 V R 19/20 (DStR S. 2306).*

Die bloße Jagdtätigkeit von in GbR zusammengeschlossenen **Jagdpächtern** ist nichtunternehmerisch. Daneben kann die Gesellschaft einen unternehmerischen Bereich haben, soweit nicht selbst benötigtes Wildbret verkauft wird. *BFH-Urteil v. 21. 5. 1987 – V R 109/77 (BStBl. II S. 735).*

Zur Unternehmereigenschaft einer **Prostituierten.** *BFH-Urteil v. 4. 6. 1987 – V 129/79 (BStBl. II S. 653).*

Ein **Karnevalsprinz,** der aus Anlaß dieser Tätigkeit eine sog. Prinzenbroschüre herausgibt und in dieser gegen Entgelt Werbeanzeigen veröffentlicht, kann Unternehmer sein. Seinem Unternehmen können auch Lieferungen und Leistungen für seine Tätigkeit als Karnevalsprinz wirtschaftlich zuzuordnen sein. – Der tatsächliche Gesamtumsatz ist in einen Jahresgesamtumsatz umzurechnen, wenn die gewerbliche oder berufliche Tätigkeit von vornherein auf einen Teil des Jahres begrenzt war. *BFH-Urteil v. 27. 10. 1993 XI R 86/90 (BStBl. 1994 II S. 274).*

Um die Unternehmenseigenschaft einer **Holdinggesellschaft** zu begründen, müssen ihre steuerbaren Ausgangsleistungen an ihre Tochtergesellschaften grundsätzlich keine besondere „Eingriffsqualität" aufweisen. Es reicht außerdem aus, wenn solche Leistungen in Zukunft beabsichtigt sind. *BFH-Urteil v. 12. 2. 2020 XI R 24/18 (BStBl. 2022 II S. 191).*

Ob **Vermögensverwaltung** oder eine unternehmerische Betätigung vorliegt, ist unter Würdigung der Umstände des jeweiligen Einzelfalls zu beurteilen. Auch der Satz in einem Ebay-Versteigerungsangebot, dass es sich um einen Privatverkauf handelt, steht einer Wertung als umsatzsteuerlich relevante gewerbliche Tätigkeit nicht entgegen. *Urteil FG Münster v. 26. 11. 2020 – 5 K 2113/18 U, rkr. (DStRE 2021 S. 1256).*

2.4 Forderungskauf und Forderungseinzug

UStAE 2.4

(1) ① Infolge des Urteils des EuGH vom 26.6. 2003, C-305/01, MKG-Kraftfahrzeuge-Factoring BStBl. 2004 II S. 688, ist der Forderungskauf, bei dem der Forderungseinzug durch den Forderungskäufer in eigenem Namen und für eigene Rechnung erfolgt, wie folgt zu beurteilen: ② Im Falle des echten Factoring liegt eine unternehmerische Tätigkeit des Forderungskäufers (Factor) vor, wenn seine Dienstleistung im Wesentlichen darin besteht, dass der Forderungsverkäufer 41

UStAE 2.4

(Anschlusskunde) von der Einziehung der Forderung und dem Risiko ihrer Nichterfüllung entlastet wird (vgl. Rn. 49 und 52 des EuGH-Urteils vom 26. 6. 2003, C-305/01, a. a. O.). ③ Im Falle des unechten Factoring (der Anschlusskunde wird auf Grund eines dem Factor zustehenden Rückgriffsrechts bei Ausfall der Forderung nicht vom Ausfallrisiko der abgetretenen Forderung entlastet) gilt das Gleiche, wenn der Factor den Forderungseinzug übernimmt (vgl. Rn. 52 und 54 des EuGH-Urteils vom 26. 6. 2003, C-305/01, a. a. O.). ④ Zur Übertragung zahlungsgestörter Forderungen mit Übernahme des Ausfallrisikos durch den Erwerber vgl. jedoch Absatz 8.

(2) ① Im Falle des Forderungskaufs ohne Übernahme des tatsächlichen Forderungseinzugs durch den Forderungskäufer (Forderungseinzug durch den Forderungsverkäufer in eigenem Namen und für fremde Rechnung) übt der Forderungskäufer unabhängig davon, ob ihm ein Rückgriffsrecht gegen den Forderungsverkäufer zusteht oder nicht, zwar unter den weiteren Voraussetzungen des § 2 Abs. 1 UStG eine unternehmerische Tätigkeit aus; diese ist jedoch keine Factoringleistung im Sinne des o. g. EuGH-Urteils. ② Dies gilt insbesondere für die Abtretung von Forderungen in den Fällen der stillen Zession, z. B. zur Sicherung im Zusammenhang mit einer Kreditgewährung, oder für den entsprechend gestalteten Erwerb von Forderungen „a forfait", z. B. bei Transaktionen im Rahmen sog. „Asset-Backed-Securities (ABS)"-Modelle. ③ Der Einzug einer Forderung durch einen Dritten in fremdem Namen und für fremde Rechnung (Inkasso) fällt ebenfalls nicht unter den Anwendungsbereich des EuGH-Urteils vom 26. 6. 2003, C-305/01, MKG-Kraftfahrzeuge-Factoring, BStBl. 2004 II S. 688; es liegt gleichwohl eine unternehmerische Tätigkeit vor.

Forderungsverkäufer

41a (3) ① Beim Forderungskauf mit Übernahme des tatsächlichen Einzugs und ggf. des Ausfallrisikos durch den Forderungskäufer (Absatz 1 Sätze 2 und 3) erbringt der Forderungsverkäufer (Anschlusskunde) mit der Abtretung seiner Forderung keine Leistung an den Factor (BFH-Urteil vom 4. 9. 2003, V R 34/99, BStBl. 2004 II S. 667). ② Vielmehr ist der Anschlusskunde Empfänger einer Leistung des Factors. ③ Die Abtretung seiner Forderung vollzieht sich im Rahmen einer nicht steuerbaren Leistungsbeistellung. ④ Dies gilt nicht in den Fällen des Forderungskaufs ohne Übernahme des tatsächlichen Einzugs der Forderung durch den Forderungskäufer (Absatz 2 Sätze 1 und 2). ⑤ Die Abtretung einer solchen Forderung stellt einen nach § 4 Nr. 8 Buchstabe c UStG steuerfreien Umsatz im Geschäft mit Forderungen dar. ⑥ Mit dem Einzug der abgetretenen Forderung (Servicing) erbringt der Forderungsverkäufer dann keine weitere Leistung an den Forderungskäufer, wenn er auf Grund eines eigenen, vorbehaltenen Rechts mit dem Einzug der Forderung im eigenen Interesse tätig wird. ⑦ Beruht seine Tätigkeit dagegen auf einer gesonderten Vereinbarung, ist sie regelmäßig als Nebenleistung zu dem nach § 4 Nr. 8 Buchstabe c UStG steuerfreien Umsatz im Geschäft mit Forderungen anzusehen.

Forderungskäufer

41b (4) ① Der wirtschaftliche Gehalt der Leistung des Factors (Absatz 1 Sätze 2 und 3, Absatz 3 Sätze 1 bis 3) besteht im Wesentlichen im Einzug von Forderungen. ② Die Factoringleistung fällt in den Katalog der Leistungsbeschreibungen des § 3 a Abs. 4 Satz 2 Nr. 6 Buchstabe a UStG (vgl. Abschnitt 3 a.9 Abs. 17). ③ Die Leistung ist von der Steuerbefreiung nach § 4 Nr. 8 Buchstabe c UStG ausgenommen und damit grundsätzlich steuerpflichtig. ④ Eine ggf. mit der Factoringleistung einhergehende Kreditgewährung des Factors an den Anschlusskunden ist regelmäßig von untergeordneter Bedeutung und teilt daher als unselbständige Nebenleistung das Schicksal der Hauptleistung (vgl. BFH-Urteil vom 15. 5. 2012, XI R 28/10, BStBl. 2015 II S. 966). ⑤ Abweichend davon kann die Kreditgewährung jedoch dann als eigenständige Hauptleistung zu beurteilen sein, wenn sie eine eigene wirtschaftliche Bedeutung hat. ⑥ Hiervon ist insbesondere auszugehen, wenn die Forderung in mehreren Raten oder insgesamt nicht vor Ablauf eines Jahres nach der Übertragung fällig ist oder die Voraussetzungen des Abschnitts 3.11 Abs. 1 erfüllt sind.

(5) ① Beim Forderungskauf ohne Übernahme des tatsächlichen Forderungseinzugs erbringt der Forderungskäufer keine Factoringleistung (vgl. Absatz 2 Sätze 1 und 2). ② Der Forderungskauf stellt sich in diesen Fällen, sofern nicht lediglich eine Sicherungsabtretung vorliegt, umsatzsteuerrechtlich damit insgesamt als Rechtsgeschäft dar, bei dem der Forderungskäufer neben der Zahlung des Kaufpreises einen Kredit gewährt und der Forderungsverkäufer als Gegenleistung seine Forderung abtritt, auch wenn der Forderungskauf zivilrechtlich, handels- und steuerbilanziell nicht als Kreditgewährung, sondern als echter Verkauf („true sale") zu betrachten ist. ③ Damit liegt ein tauschähnlicher Umsatz mit Baraufgabe vor (vgl. § 3 Abs. 12 Satz 2 UStG). ④ Umsatzsteuerrechtlich ist es ohne Bedeutung, ob die Forderungen nach Handels- und Ertragsteuerrecht beim Verkäufer oder beim Käufer zu bilanzieren sind. ⑤ Die Kreditgewährung in den Fällen der Sätze 1 bis 4 und des Absatzes 4 Sätze 5 und 6 ist nach § 4 Nr. 8 Buchstabe a UStG steuerfrei; sie kann unter den Voraussetzungen des § 9 Abs. 1 UStG als steuerpflichtig behandelt werden. ⑥ Zur Ermittlung der Bemessungsgrundlage vgl. Abschnitt 10.5 Abs. 6.

Bemessungsgrundlage Factoringleistung/Vorsteuerabzug

42 (6) ① Bemessungsgrundlage für die Factoringleistung (Absatz 1 Sätze 2 und 3, Absatz 3 Sätze 1 bis 3) ist grundsätzlich die Differenz zwischen dem Nennwert der dem Factor abgetretenen Forderungen und dem Betrag, den der Factor seinem Anschlusskunden als Preis für diese Forde-

rungen zahlt, abzüglich der in dem Differenzbetrag enthaltenen Umsatzsteuer (§ 10 UStG). ② Wird für diese Leistung zusätzlich oder ausschließlich eine Gebühr gesondert vereinbart, gehört diese zur Bemessungsgrundlage. ③ Bei Portfolioverkäufen ist es nicht zu beanstanden, wenn eine nach Durchschnittswerten bemessene Gebühr in Ansatz gebracht wird. ④ Der Umsatz unterliegt dem allgemeinen Steuersatz, § 12 Abs. 1 UStG. ⑤ Ist beim Factoring unter den in Absatz 4 Sätze 5 und 6 genannten Voraussetzungen eine Kreditgewährung als eigenständige Hauptleistung anzunehmen, gehört der Teil der Differenz, der als Entgelt für die Kreditgewährung gesondert vereinbart wurde, nicht zur Bemessungsgrundlage der Factoringleistung. ⑥ Der Verkäufer der Forderung kann unter den Voraussetzungen des § 15 UStG den Vorsteuerabzug aus der Leistung des Käufers der Forderung in Anspruch nehmen, soweit die verkaufte Forderung durch einen Umsatz des Verkäufers der Forderung begründet wurde, der bei diesem den Vorsteuerabzug nicht ausschließt.

Übertragung zahlungsgestörter Forderungen

(7) ① Eine Forderung (bestehend aus Rückzahlungs- und Zinsanspruch) ist insgesamt zahlungsgestört, wenn sie, soweit sie fällig ist, ganz oder zu einem nicht nur geringfügigen Teil seit mehr als 90 Tagen nicht ausgeglichen wurde. ② Eine Forderung ist auch zahlungsgestört, wenn die Kündigung erfolgt ist oder die Voraussetzungen für eine Kündigung vorliegen. **42a**

(8) ① Bei der Übertragung einer zahlungsgestörten Forderung unter Übernahme des Ausfallrisikos durch den Erwerber besteht der wirtschaftliche Gehalt in der Entlastung des Verkäufers vom wirtschaftlichen Risiko und nicht in der Einziehung der Forderung. ② Da die Differenz zwischen dem Nennwert der übertragenen Forderung und deren Kaufpreis vorrangig auf der Beurteilung der Werthaltigkeit der Forderung beruht, stellt diese keine Vergütung dar, mit der unmittelbar eine vom Käufer erbrachte Dienstleistung entgolten werden soll. ③ Der Forderungserwerber erbringt daher keine wirtschaftliche Tätigkeit (EuGH-Urteil vom 27. 10. 2011, C-93/10, GFKL, BStBl. 2015 II S. 978). ④ Dies gilt selbst dann, wenn der Erwerber den Verkäufer von der weiteren Verwaltung und Vollstreckung der Forderung entlastet (BFH-Urteil vom 4. 7. 2013, V R 8/10, BStBl. 2015 II S. 969) oder die Beteiligten dem Forderungseinzug bei der Bemessung des Abschlages auf den Kaufpreis oder durch Vereinbarung einer gesonderten Vergütung eine nicht untergeordnete Bedeutung beimessen. ⑤ Der Forderungserwerber ist nicht zum Vorsteuerabzug aus den Eingangsrechnungen für den Forderungserwerb und den Forderungseinzug berechtigt (BFH-Urteil vom 26. 1. 2012, V R 18/08, BStBl. 2015 II S. 962). ⑥ Werden sowohl zahlungsgestörte als auch nicht zahlungsgestörte Forderungen in einem Portfolio übertragen, ist das Gesamtpaket für Zwecke des Vorsteuerabzuges entsprechend aufzuteilen; auf die Abschnitte 15.2b ff. wird hingewiesen. ⑦ Der Verkäufer erbringt mit der Abtretung oder Übertragung einer zahlungsgestörten Forderung unter Übernahme des Ausfallrisikos durch den Erwerber eine nach § 4 Nr. 8 Buchstabe c UStG steuerfreie Leistung im Geschäft mit Forderungen an den Erwerber. ⑧ Soweit wegen Rückbeziehung der übertragenen Forderung auf einen zurückliegenden Stichtag der Forderungsverkäufer noch die Forderung verwaltet, liegt hierin eine unselbständige Nebenleistung zum steuerfreien Forderungsverkauf, die das rechtliche Schicksal der Hauptleistung teilt (BFH-Urteil vom 4. 7. 2013, a. a. O.). ⑨ Im Falle der Übertragung einer zahlungsgestörten Forderung ohne Übernahme des Ausfallrisikos durch den Erwerber liegt eine wirtschaftliche Tätigkeit des Erwerbers vor, wenn dieser den Forderungseinzug übernimmt (vgl. Absatz 1 Satz 3; zur Bemessungsgrundlage vgl. Absatz 6). **42b**

1. Tritt ein Unternehmer eine Forderung aus einem Umsatzgeschäft gegen einen unter dem **Nennwert der Forderung** liegenden Forderungskaufpreis ab, mindert sich hierdurch nicht die Bemessungsgrundlage für die an den Schuldner des Entgelts ausgeführte Leistung. – 2. Das Entgelt bestimmt sich nach den Zahlungen der Kunden des Unternehmers an den Forderungserwerber. *BFH-Urt. v. 6. 5. 2010, V R 15/09 (BStBl. 2011 II S. 142).* LS zu 2.4 **43**

Art. 2 Nr. 1 und Art. 4 der Sechsten Richtlinie 77/388/EWG sind dahin auszulegen, dass ein Wirtschaftsteilnehmer, der auf eigenes Risiko **zahlungsgestörte Forderungen** (sog. **Non-Performing-Loans**) zu einem unter ihrem Nennwert liegenden Preis kauft, keine entgeltliche Dienstleistung i. S. von Art. 2 Nr. 1 dieser Richtlinie erbringt und keine in ihren Geltungsbereich fallende wirtschaftliche Tätigkeit ausübt, wenn die Differenz zwischen dem Nennwert dieser Forderungen und deren Kaufpreis den tatsächlichen wirtschaftlichen Wert der betreffenden Forderungen zum Zeitpunkt ihrer Übertragung widerspiegelt. ***EuGH-Urt. v. 27. 10. 2011,** C-93/10, GFKL Financial Services AG (BStBl. 2015 II S. 978).*

Bei der im Rahmen des unechten Factorings optional angebotenen **Vorfinanzierung** von Arzthonoraren gegen die Erhebung einer gesonderten Gebühr handelt es sich um eine gegenüber dem Forderungseinzug selbständige steuerfreie Leistung der Kreditgewährung. *Urteil FG Düsseldorf v. 26. 4. 2021 – 5 K 382/19 U, rkr. (MwStR S. 943).*

2.5 Betrieb von Anlagen zur Energieerzeugung

UStAE 2.5

(1) ① Soweit der Betreiber einer unter § 3 EEG fallenden Anlage oder einer unter § 5 KWKG fallenden Anlage zur Stromgewinnung den erzeugten Strom ganz oder teilweise, regelmäßig und nicht nur gelegentlich in das allgemeine Stromnetz einspeist, dient diese Anlage ausschließlich der nachhaltigen Erzielung von Einnahmen aus der Stromerzeugung (vgl. BFH-Urteil vom 18. 12. 2008, V R 80/07, BStBl. 2011 II S. 292). ② Eine solche Tätigkeit begründet daher – unabhängig von der Höhe der erzielten Einnahmen und unabhängig von der leistungsmäßigen Auslegung der Anlage – die Unternehmereigenschaft des Betreibers, sofern dieser nicht bereits anderweitig unternehmerisch tätig ist. ③ Ist eine solche Anlage – unmittelbar oder mittelbar – mit dem allgemeinen Stromnetz verbunden, kann davon ausgegangen werden, dass der Anlagenbetreiber eine unternehmerische Tätigkeit im Sinne der Sätze 1 und 2 ausübt. ④ Eine Unter- **44**

UStAE 2.5

nehmereigenschaft des Betreibers der Anlage ist grundsätzlich nicht gegeben, wenn eine physische Einspeisung des erzeugten Stroms nicht möglich ist (z. B. auf Grund unterschiedlicher Netzspannungen), weil hierbei kein Leistungsaustausch zwischen dem Betreiber der Anlage und dem des allgemeinen Stromnetzes vorliegt.

Kaufmännisch-bilanzielle Einspeisung nach § 8 Abs. 2 EEG

45 (2) Die bei der sog. kaufmännisch-bilanziellen Einspeisung nach § 8 Abs. 2 EEG in ein Netz nach § 3 Nr. 7 EEG angebotene und nach § 16 Abs. 1 EEG vergütete Elektrizität wird umsatzsteuerrechtlich auch dann vom EEG-Anlagenbetreiber an den vergütungspflichtigen Netzbetreiber im Sinne von § 3 Nr. 8 EEG geliefert, wenn der Verbrauch tatsächlich innerhalb eines Netzes erfolgt, das kein Netz für die allgemeine Versorgung nach § 3 Nr. 7 EEG ist und das vom Anlagenbetreiber selbst oder einem Dritten, der kein Netzbetreiber im Sinne von § 3 Nr. 8 EEG ist, betrieben wird.

Wiederverkäufereigenschaft des Anlagenbetreibers

46 (3) ① Betreiber von dezentralen Stromgewinnungsanlagen (z. B. Photovoltaik- bzw. Windkraftanlagen, Biogas-Blockheizkraftwerke) sind regelmäßig keine Wiederverkäufer von Elektrizität (Strom) im Sinne des § 3g UStG (vgl. Abschnitt 13b.3a Abs. 2 Sätze 3 und 4). ② Zum Begriff des Wiederverkäufers von Elektrizität im Sinne des § 3g Abs. 1 UStG vgl. Abschnitt 3g.1 Abs. 2 und 3. ③ Besteht die Tätigkeit des Anlagenbetreibers sowohl im Erwerb als auch in der Herstellung von Strom zur anschließenden Veräußerung, ist bei der Beurteilung der Wiederverkäufereigenschaft ausschließlich das Verhältnis zwischen erworbenen und veräußerten Energiemengen maßgeblich. ④ Werden daher mehr als die Hälfte der zuvor erworbenen Strommengen weiterveräußert, erfüllt der Unternehmer die Wiederverkäufereigenschaft im Sinne des § 3g UStG. ⑤ Ist er danach Wiederverkäufer von Strom, fallen auch die Lieferungen der selbsterzeugten Strommengen an einen anderen Wiederverkäufer unter die Regelung des § 13b Abs. 2 Nr. 5 Buchstabe b UStG.

Beispiel:

① A produziert als Betreiber einer dezentralen Stromgewinnungsanlage 50 Einheiten Strom und veräußert diese 50 Einheiten insgesamt an einen anderen Anlagenbetreiber W. ② W produziert ebenfalls 50 Einheiten Strom. ③ Die darüber hinaus erworbenen 50 Einheiten des A werden zusammen mit den selbsterzeugten 50 Einheiten (= 100 Einheiten) von W an einen Direktvermarkter (= Wiederverkäufer) veräußert.

④ Da A ausschließlich die selbst erzeugten Strommengen veräußert und darüber hinaus keine weiteren Strommengen mit dem Ziel der Veräußerung erworben hat, ist dieser kein Wiederverkäufer im Sinne des § 3g UStG. ⑤ W hingegen ist Wiederverkäufer im Sinne des § 3g UStG, da er mehr als die Hälfte der zuvor erworbenen Stromeinheiten (hier: 50, mithin 100%) weiterveräußert. ⑥ Die gesamte Stromlieferung des W an den Direktvermarkter unterliegt daher den Regelungen des § 13b UStG. ⑦ Dass in der veräußerten Strommenge auch selbst produzierte Stromeinheiten enthalten sind, ist unerheblich.

Photovoltaikanlagen (Anwendung des EEG in der bis zum 31. 3. 2012 geltenden Fassung)

47 (4) ① Für Photovoltaikanlagen, die vor dem 1. 4. 2012 in Betrieb genommen wurden (§ 66 Abs. 18 EEG) oder unter die Übergangsvorschrift nach § 66 Abs. 18a EEG fallen, gelten die Regelungen des EEG in der bis zum 31. 3. 2012 geltenden Fassung. ② Bei der umsatzsteuerrechtlichen Behandlung dieser Photovoltaikanlagen sind die nachfolgenden Absätze 5 bis 8 zu beachten.

Direktverbrauch nach § 33 Abs. 2 EEG (Photovoltaikanlagen)

48 (5) ① Nach §§ 8, 16 und 18 ff. EEG ist ein Netzbetreiber zur Abnahme, Weiterleitung und Verteilung sowie Vergütung der gesamten vom Betreiber einer Anlage im Sinne des § 33 Abs. 2 EEG (installierte Leistung nicht mehr als 500 kW) erzeugten Elektrizität verpflichtet. ② Soweit die erzeugte Energie vom Anlagenbetreiber nachweislich dezentral verbraucht wird (sog. Direktverbrauch), kann sie mit dem nach § 33 Abs. 2 EEG geltenden Betrag vergütet werden. ③ Nach § 18 Abs. 3 EEG ist die Umsatzsteuer in den im EEG genannten Vergütungsbeträgen nicht enthalten.

49 (6) ① Umsatzsteuerrechtlich wird die gesamte vom Anlagenbetreiber aus solarer Strahlungsenergie erzeugte Elektrizität an den Netzbetreiber geliefert. ② Dies gilt – entsprechend der Regelung zur sog. kaufmännisch-bilanziellen Einspeisung in Absatz 2 – unabhängig davon, wo die Elektrizität tatsächlich verbraucht wird und ob sich der Vergütungsanspruch des Anlagenbetreibers nach § 33 Abs. 1 EEG oder nach § 33 Abs. 2 EEG richtet. ③ Die Einspeisevergütung ist in jedem Fall Entgelt für Lieferungen des Anlagenbetreibers und kein Zuschuss. ④ Soweit der Anlagenbetreiber bei Inanspruchnahme der Vergütung nach § 33 Abs. 2 EEG Elektrizität dezentral verbraucht, liegt umsatzsteuerrechtlich eine (Rück-)Lieferung des Netzbetreibers an ihn vor.

50 (7) ① Entgelt für die (Rück-)Lieferung des Netzbetreibers ist alles, was der Anlagenbetreiber für diese (Rück-)Lieferung aufwendet, abzüglich der Umsatzsteuer. ② Entgelt für die Lieferung des Anlagenbetreibers ist alles, was der Netzbetreiber hierfür aufwendet, abzüglich der Umsatzsteuer.

Beispiel:

① Die Einspeisevergütung nach § 33 Abs. 1 Nr. 1 EEG beträgt für eine Anlage mit einer Leistung bis einschließlich 30 KW, die nach dem 31. 12. 2010 und vor dem 1. 1. 2012 in Betrieb genommen wurde, 28,74 Cent/kWh. ② Nach § 33 Abs. 2 Satz 2 Nr. 1 EEG verringert sich diese Vergütung um 16,38 Cent/kWh für den Anteil des direkt verbrauchten Stroms, der 30% der im selben Jahr durch die Anlage erzeugten Strommenge nicht übersteigt, und um 12 Cent/kWh für den darüber hinausgehenden Anteil dieses Stroms.

③ Die Bemessungsgrundlage für die (Rück-)Lieferung des Netzbetreibers entspricht der Differenz zwischen der Einspeisevergütung nach § 33 Abs. 1 Nr. 1 EEG und der Vergütung nach § 33 Abs. 2 Satz 2 EEG; da es sich bei diesen Beträgen um Nettobeträge handelt, ist die Umsatzsteuer zur Ermittlung der Bemessungsgrundlage nicht herauszurechnen. ④ Die Vergütung nach § 33 Abs. 2 EEG beträgt im Fall eines Anteils des direkt verbrauchten Stroms von bis zu 30% an der gesamten erzeugten Strommenge 28,74 Cent/kWh, verringert um 16,38 Cent/kWh, also 12,36 Cent/kWh. ⑤ Die Bemessungsgrundlage für die (Rück-)Lieferung des Netzbetreibers beträgt somit 28,74 Cent/kWh, verringert um 12,36 Cent/kWh, also 16,38 Cent/kWh.

⑥ Die Bemessungsgrundlage für die Lieferung des Anlagenbetreibers umfasst neben der für den vom Anlagenbetreiber selbst erzeugten (und umsatzsteuerrechtlich gelieferten) Strom geschuldeten Vergütung von 12,36 Cent/kWh auch die Vergütung für die (Rück-)Lieferung des Netzbetreibers an den Anlagenbetreiber von 16,38 Cent/kWh (vgl. Satz 5). ⑦ Die Bemessungsgrundlage ergibt sich entsprechend den o. g. Grundsätzen aus der Summe dieser beiden Werte und beträgt somit 28,74 Cent/kWh.

③ Die Lieferung des Anlagenbetreibers kann nicht – auch nicht im Wege der Vereinfachung unter Außerachtlassung der Rücklieferung des Netzbetreibers – lediglich mit der reduzierten Vergütung nach § 33 Abs. 2 EEG bemessen werden, weil der Umfang der nicht zum Vorsteuerabzug berechtigenden Nutzung der Anlage letztendlich über den Vorsteuerabzug aus der Rücklieferung abgebildet wird.

(8) ① Der Anlagenbetreiber hat die Photovoltaikanlage unter den in Absatz 1 Sätze 1 bis 3 genannten Voraussetzungen vollständig seinem Unternehmen zuzuordnen. ② Aus der Errichtung und dem Betrieb der Anlage steht ihm unter den allgemeinen Voraussetzungen des § 15 UStG der Vorsteuerabzug zu. ③ Der Anlagenbetreiber kann die auf die Rücklieferung entfallende Umsatzsteuer unter den allgemeinen Voraussetzungen des § 15 UStG als Vorsteuer abziehen. ④ Der Vorsteuerabzug ist somit insbesondere ausgeschlossen bei Verwendung des Stroms für nichtunternehmerische Zwecke oder zur Ausführung von Umsätzen, die unter die Durchschnittssatzbesteuerung des § 24 UStG fallen. ⑤ Eine unentgeltliche Wertabgabe liegt insoweit hinsichtlich des dezentral verbrauchten Stroms nicht vor. ⑥ Zum Vorsteuerabzug aus Baumaßnahmen, die der Unternehmer im Zusammenhang mit der Installation einer Photovoltaikanlage in Auftrag gibt, vgl. Abschnitt 15.2c Abs. 8 Beispiele 1 und 2. 51

Photovoltaikanlagen (Anwendung des EEG in der ab 1. 4. 2012 geltenden Fassung)

(9) ① Für Photovoltaikanlagen, die nach dem 31. 3. 2012 in Betrieb genommen wurden und nicht unter die Übergangsvorschrift nach § 66 Abs. 18a EEG fallen, gilt das EEG in der ab 1. 4. 2012 geltenden Fassung. ② Bei der umsatzsteuerrechtlichen Behandlung dieser Photovoltaikanlagen sind die nachfolgenden Absätze 10 bis 16 zu beachten. 52

(10) ① Die Stromlieferung des Betreibers einer Photovoltaikanlage an den Netzbetreiber umfasst umsatzsteuerrechtlich den physisch eingespeisten und den kaufmännisch-bilanziell weitergegebenen Strom. ② Der dezentral verbrauchte Strom wird nach EEG nicht vergütet und ist nicht Gegenstand der Lieferung an den Netzbetreiber. 53

(11) ① Der Betreiber einer Photovoltaikanlage ist unter den Voraussetzungen des § 15 UStG zum Vorsteuerabzug berechtigt. ② Wird der erzeugte Strom nur zum Teil unternehmerisch (z. B. zur entgeltlichen Einspeisung) und im Übrigen im Rahmen des dezentralen Verbrauchs nichtunternehmerisch verwendet, liegt eine teilunternehmerische Verwendung vor, die grundsätzlich nur im Umfang der unternehmerischen Verwendung zum Vorsteuerabzug berechtigt (vgl. Abschnitt 15.2b Abs. 2), sofern die unternehmerische Nutzung mindestens 10% beträgt (§ 15 Abs. 1 Satz 2 UStG). ③ Zum Vorsteuerabzug aus Baumaßnahmen, die der Unternehmer im Zusammenhang mit der Installation einer Photovoltaikanlage in Auftrag gibt, vgl. Abschnitt 15.2c Abs. 8 Beispiele 1 und 2. 54

(12) ① Soweit eine Photovoltaikanlage für nichtwirtschaftliche Tätigkeiten i. e. S. verwendet wird (vgl. Abschnitt 2.3 Abs. 1a), ist eine Zuordnung der Anlage zum Unternehmen nicht möglich. ② Der Vorsteuerabzug aus der Anschaffung der Photovoltaikanlage ist insoweit ausgeschlossen. ③ Die erforderliche Vorsteueraufteilung ist nach dem Verhältnis der betreffenden Strommengen vorzunehmen; zur Ermittlung der dezentral verbrauchten Strommenge vgl. Absatz 16. ④ Erhöht sich die Nutzung des dezentralen Stromverbrauchs für nichtwirtschaftliche Tätigkeiten i. e. S., unterliegt die Erhöhung der Wertabgabenbesteuerung nach § 3 Abs. 1b Satz 1 Nr. 1 UStG. ⑤ Bei Erhöhung der unternehmerischen Verwendung des erzeugten Stroms, kommt eine Berichtigung des Vorsteuerabzugs nach § 15a UStG aus Billigkeitsgründen in Betracht (vgl. Abschnitt 15a.1 Abs. 7). ⑥ Zum Berichtigungszeitraum vgl. Abschnitt 15a.3 Abs. 2. 55

(13) ① Besteht die nichtunternehmerische Verwendung der Photovoltaikanlage in einer unternehmensfremden (privaten) Nutzung, hat der Unternehmer ein Zuordnungswahlrecht und kann den vollen Vorsteuerabzug aus der Anschaffung der Photovoltaikanlage geltend machen, wenn die unternehmerische Nutzung mindestens 10% beträgt (§ 15 Abs. 1 Satz 2 UStG). ② Zum Ausgleich unterliegt der dezentral (privat) verbrauchte Strom der Wertabgabenbesteuerung nach § 3 Abs. 1b Satz 1 Nr. 1 UStG. 56

(14) Stellt eine Batterie zur Speicherung des Stroms im Einzelfall umsatzsteuerrechtlich ein eigenständiges Zuordnungsobjekt dar (vgl. Abschnitt 15.2c Abs. 9), ist ein Vorsteuerabzug aus der Anschaffung oder Herstellung der Batterie nicht zulässig, wenn der gespeicherte Strom zu weniger als 10% für unternehmerische Zwecke des Anlagenbetreibers verbraucht wird (§ 15 Abs. 1 Satz 2 UStG). 57

UStAE 2.5

58 (15) ① Führt der dezentral verbrauchte Strom zu einer steuerpflichtigen unentgeltlichen Wertabgabenbesteuerung nach § 3 Abs. 1b Satz 1 Nr. 1 UStG, ist für die Bemessungsgrundlage nach § 10 Abs. 4 Satz 1 Nr. 1 UStG der fiktive Einkaufspreis im Zeitpunkt des Umsatzes maßgebend (vgl. BFH-Urteil vom 12. 12. 2012, XI R 3/10, BStBl. 2014 II S. 809). ② Bezieht der Photovoltaikanlagenbetreiber von einem Energieversorgungsunternehmen zusätzlich Strom, liegt ein dem selbstproduzierten Strom gleichartiger Gegenstand vor, dessen Einkaufspreis als (fiktiver) Einkaufspreis anzusetzen ist. ③ Sofern der Betreiber seinen Strombedarf allein durch den dezentralen Verbrauch deckt, ist als fiktiver Einkaufspreis der Strompreis des Stromgrundversorgers anzusetzen. ④ Bei der Ermittlung des fiktiven Einkaufspreises ist ein ggf. zu zahlender Grundpreis anteilig mit zu berücksichtigen. ⑤ Die Beweis- und Feststellungslast für die Ermittlung und die Höhe des fiktiven Einkaufspreises obliegt dem Photovoltaikanlagenbetreiber.

59 (16) ① Die Höhe des dezentral verbrauchten Stroms wird durch Abzug der an den Netzbetreiber gelieferten Strommenge von der insgesamt erzeugten Strommenge ermittelt. ② Photovoltaikanlagen mit einer installierten Leistung von mehr als 10 kW bis einschließlich 1000 kW müssen nach dem EEG über eine entsprechende Messeinrichtung verfügen (z. B. Stromzähler), die die erzeugte Strommenge erfasst. ③ Bei Photovoltaikanlagen, für die diese Verpflichtung nach dem EEG nicht gilt (z. B. Photovoltaikanlagen mit einer installierten Leistung bis 10 kW), kann die erzeugte Strommenge aus Vereinfachungsgründen unter Berücksichtigung einer durchschnittlichen Volllaststundenzahl von 1000 kWh/kWp (jährlich erzeugte Kilowattstunden pro Kilowatt installierter Leistung) geschätzt werden. ④ Im Falle einer unterjährigen Nutzung (z. B. Defekt, Ausfall) ist die Volllaststundenzahl entsprechend zeitanteilig anzupassen. ⑤ Sofern der Anlagenbetreiber die tatsächlich erzeugte Strommenge nachweist (z. B. durch einen Stromzähler), ist dieser Wert maßgebend.

Beispiel:

① Photovoltaikanlagenbetreiber P lässt zum 1. 1. 01 auf dem Dach seines Einfamilienhauses eine Photovoltaikanlage mit einer Leistung von 5 kW installieren (Inbetriebnahme nach dem 31. 3. 2012, keine Anwendung des § 66 Abs. 18 a EEG). ② Die Anschaffungskosten betragen 10 000 € zzgl. 1 900 € Umsatzsteuer. ③ P beabsichtigt bei Anschaffung ca. 20% des erzeugten Stroms privat zu verbrauchen. ④ Im Jahr 01 speist P Strom in Höhe von 3 900 kWh ein. ⑤ P kann die insgesamt erzeugte Strommenge nicht nachweisen. ⑥ Zur Deckung des eigenen Strombedarfs von 4 000 kWh bezieht P zusätzlich Strom von einem Energieversorgungsunternehmen zu einem Preis von 25 Cent pro kWh (Bruttopreis) zzgl. eines monatlichen Grundpreises von 6,55 € (Bruttopreis), demnach 22,66 Cent (Nettopreis) pro kWh (4 000 KWh × 25 Cent + 6,55 € × 12 Monate = 1 078,60 €/[4 000 kWh × 1,19]).

⑦ P erbringt mit der Einspeisung des Stroms eine Lieferung an den Netzbetreiber. ⑧ Der dezentral (selbst) verbrauchte Strom wird nach EEG nicht vergütet und ist nicht Gegenstand der Lieferung an den Netzbetreiber. ⑨ Die Photovoltaikanlage wird teilunternehmerisch genutzt. ⑩ Da die nichtunternehmerische Verwendung in einer unternehmensfremden (privaten) Nutzung besteht, hat P das Wahlrecht, die Photovoltaikanlage vollständig seinem Unternehmen zuzuordnen und den vollen Vorsteuerbetrag in Höhe von 1 900 € aus der Anschaffung geltend zu machen. ⑪ In diesem Fall führt der dezentrale Verbrauch zu einer unentgeltlichen Wertabgabe nach § 3 Abs. 1b Satz 1 Nr. 1 UStG, die wie folgt zu berechnen ist:

⑫ Da P die insgesamt erzeugte Strommenge nicht nachweisen kann, ist diese anhand einer Volllaststundenzahl von 1 000 kWh/kWp mit 5 000 kWh (5 kW installierte Leistung × 1 000 kWh) zu schätzen. ⑬ Hiervon hat P 3 900 kWh eingespeist, sodass der dezentrale Verbrauch im Jahr 01 1 100 kWh beträgt. ⑭ Als Bemessungsgrundlage ist nach § 10 Abs. 4 Satz 1 Nr. 1 UStG der fiktive Einkaufspreis maßgebend. ⑮ Als fiktiver Einkaufspreis ist der Netto-Strompreis in Höhe von 22,66 Cent anzusetzen. ⑯ Die Bemessungsgrundlage der unentgeltlichen Wertabgaben nach § 3 Abs. 1b Satz 1 Nr. 1 UStG beträgt im Jahr 01 somit rund 249 € (1 100 kWh × 22,66 Cent); es entsteht Umsatzsteuer in Höhe von 47,31 € (249 € × 19%).

Kraft-Wärme-Kopplungsanlagen (KWK-Anlagen)

60 (17) ① Nach § 4 Abs. 3a KWKG wird auch der sog. Direktverbrauch (dezentraler Verbrauch von Strom durch den Anlagenbetreiber oder einen Dritten) gefördert. ② Hinsichtlich der Beurteilung des Direktverbrauchs bei KWK-Anlagen sind die Grundsätze der Absätze 6 und 7 für die Beurteilung des Direktverbrauchs bei Photovoltaikanlagen (Anwendung des EEG in der bis zum 31. 3. 2012 geltenden Fassung) entsprechend anzuwenden. ③ Umsatzsteuerrechtlich wird demnach auch der gesamte selbst erzeugte und dezentral verbrauchte Strom an den Netzbetreiber geliefert und von diesem an den Anlagenbetreiber zurückgeliefert. ④ Die Hin- und Rücklieferungen beim dezentralen Verbrauch von Strom liegen nur vor, wenn der Anlagenbetreiber für den dezentral verbrauchten Strom eine Vergütung nach dem EEG oder einen Zuschlag nach dem KWKG in Anspruch genommen hat. ⑤ Sie sind nur für Zwecke der Umsatzsteuer anzunehmen.

Bemessungsgrundlage bei dezentralem Verbrauch von Strom

61 (18) ① Wird der vom Anlagenbetreiber oder von einem Dritten dezentral verbrauchte Strom nach dem KWKG vergütet, entspricht die Bemessungsgrundlage für die Lieferung des Anlagenbetreibers dem üblichen Preis zuzüglich der nach dem KWKG vom Netzbetreiber zu zahlenden Zuschläge und ggf. der sog. vermiedenen Netznutzungsentgelte (Vergütung für den Teil der Netznutzungsentgelte, der durch die dezentrale Einspeisung durch die KWK-Anlage vermieden wird, vgl. § 4 Abs. 3 Satz 2 KWKG), abzüglich einer eventuell enthaltenen Umsatzsteuer. ② Als üblicher Preis gilt bei KWK-Anlagen mit einer elektrischen Leistung von bis zu 2 Megawatt der durchschnittliche Preis für Grundlaststrom an der Strombörse EEX in Leipzig im jeweils vorangegangenen Quartal (§ 4 Abs. 3 KWKG); für umsatzsteuerrechtliche Zwecke bestehen keine Bedenken, diesen Wert als üblichen Preis auch bei allen KWK-Anlagen zu übernehmen. ③ Die

Bemessungsgrundlage für die Rücklieferung des Netzbetreibers entspricht der Bemessungsgrundlage für die Hinlieferung ohne Berücksichtigung der nach dem KWKG vom Netzbetreiber zu zahlenden Zuschläge. UStAE 2.5

Beispiel: (Anlage mit Einspeisung ins Niederspannungsnetz des Netzbetreibers)

1. Bemessungsgrundlage der Lieferung des Anlagenbetreibers:	
EEX-Referenzpreis	4,152 Cent/kWh
Vermiedene Netznutzungsentgelte	0,12 Cent/kWh
Zuschlag nach § 7 Abs. 6 KWKG	5,11 Cent/kWh
Summe	9,382 Cent/kWh.
2. Bemessungsgrundlage für die Rücklieferung des Netzbetreibers:	
EEX-Referenzpreis	4,152 Cent/kWh
Vermiedene Netznutzungsentgelte	0,12 Cent/kWh
Summe	4,272 Cent/kWh.

④ Bei der Abgabe von elektrischer Energie bestehen hinsichtlich der Anwendung der Bemessungsgrundlagen nach § 10 Abs. 4 und Abs. 5 UStG keine Bedenken dagegen, den Marktpreis unter Berücksichtigung von Mengenrabatten zu bestimmen; Abschnitt 10.7 Abs. 1 Satz 5 bleibt unberührt. ⑤ Ungeachtet der umsatzsteuerlichen Bemessungsgrundlage für die Hinlieferung des Anlagenbetreibers an den Netzbetreiber hat dieser keinen höheren Betrag zu entrichten als den nach dem KWKG geschuldeten Zuschlag bzw. die Vergütung nach dem EEG.

KWK-Bonus

(19) Erhält der Betreiber eines Blockheizkraftwerkes, welches unter die Übergangsvorschrift 62
des § 66 EEG fällt, vom Netzbetreiber eine erhöhte Vergütung für den von ihm gelieferten Strom, soweit die im Blockheizkraftwerk erzeugte Wärme nach Maßgabe der Anlage 3 zum EEG in der bis zum ab 31. 12. 2011 geltenden Fassung genutzt wird (sog. KWK-Bonus), handelt es sich bei dem Bonus um ein zusätzliches gesetzlich vorgeschriebenes Entgelt für die Stromlieferung des Anlagenbetreibers an den Netzbetreiber und damit nicht um ein Entgelt von dritter Seite für die Lieferung von selbst erzeugter Wärme (vgl. BFH-Urteil vom 31. 5. 2017, XI R 2/14, BStBl. II S. 1024).

Entnahme von Wärme

(20)[1] ① Verwendet der KWK-Anlagenbetreiber selbst erzeugte Wärme für nichtunternehmeri- 63
sche Zwecke (unternehmensfremde und/oder nichtwirtschaftliche Tätigkeiten i. e. S.), gelten grundsätzlich die Absätze 11 bis 13 entsprechend. ② Wird jedoch bei einer Strom und Wärme produzierenden KWK-Anlage die erzeugte Wärme entnommen bzw. zu den Vorsteuerabzug ausschließenden Zwecken (z. B. Verwendung in einem der Durchschnittssatzbesteuerung nach § 24 UStG unterliegenden Betrieb des Unternehmers) verwendet und der durch die KWK-Anlage erzeugte Strom in das allgemeine Stromnetz eingespeist, richtet sich die Vorsteueraufteilung nach Abschnitt 15.17 Abs. 3 (keine Aufteilung nach Menge bei nicht miteinander vergleichbaren Produkten). ③ Sofern die nichtunternehmerische Verwendung der Wärme zu einer steuerpflichtigen unentgeltlichen Wertabgabe nach § 3 Abs. 1b Satz 1 Nr. 1 UStG führt, ist für die Bemessungsgrundlage grundsätzlich der (fiktive) Einkaufspreis für einen gleichartigen Gegenstand im Zeitpunkt des Umsatzes maßgebend (§ 10 Abs. 4 Satz 1 Nr. 1 UStG). ④ Von einem gleichartigen Gegenstand in diesem Sinne ist auszugehen, wenn die Wärme im Zeitpunkt der Entnahme für den KWK-Anlagenbetreiber ebenso erreichbar und einsetzbar ist wie die selbst erzeugte Wärme (vgl. BFH-Urteil vom 12. 12. 2012, XI R 3/10, BStBl 2014 II S. 809). ⑤ Kann danach die selbsterzeugte Wärme im Zeitpunkt des Bedarfs ohne erheblichen Aufwand unter Berücksichtigung der individuellen Umstände am Ort des Verbrauches durch eine gleichartige, einzukaufende Wärme ersetzt und der (fiktive) Einkaufspreis ermittelt werden, ist dieser Wert anzusetzen. ⑥ Der Ansatz eines Fernwärmepreises setzt daher den tatsächlichen Anschluss an das Fernwärmenetz eines Energieversorgungsunternehmens voraus.

(21) ① Einkaufspreise für andere Energieträger (z. B. Elektrizität, Heizöl oder Gas) kommen als Bemessungsgrundlage nach § 10 Abs. 4 Satz 1 Nr. 1 UStG nur dann in Betracht, wenn eine Wärmeerzeugung auf deren Basis keine aufwändigen Investitionen voraussetzt, die Inbetriebnahme der anderen Wärmeerzeugungsanlage (z. B. Heizöl-Wärmetherme) jederzeit möglich ist und der Bezug des anderen Energieträgers (z. B. Heizöl) ohne weiteres bewerkstelligt werden kann. ② Die Einbeziehung von Wärmenutzungskonzepten (z. B. Biomasse-Container, Contracting-Vereinbarungen oder mobile Wärmespeicher) scheidet regelmäßig aus, da diese Heizmethoden aufwändige Investitionen voraussetzen und damit die so erzeugte Wärme für den KWK-Anlagenbetreiber im Zeitpunkt des Bezugs der selbsterzeugten Wärme nicht ebenso erreichbar und einsetzbar ist wie die selbsterzeugte Wärme.

(22) ① Ist ein (fiktiver) Einkaufspreis nicht feststellbar, sind die Selbstkosten als Bemessungsgrundlage nach § 10 Abs. 4 Satz 1 Nr. 1 UStG anzusetzen (vgl. BFH-Urteil vom 12. 12. 2012, XI R 3/10, BStBl 2014 II S. 809). ② Die Selbstkosten umfassen alle vorsteuerbelasteten und nicht-

[1] A 2.5 UStAE Abs. 20 Satz 1 neugefasst, Satz 2 eingefügt, bish. Sätze 2 bis 5 werden Sätze 3 bis 6 durch BMF v. 18. 11. 2022 (BStBl. I S. 1590), anzuwenden in allen offenen Fällen; der Steuerpflichtige kann sich bis 31. 12. 2022 auf A 2.5 Abs. 20 a. F. UStAE berufen.

vorsteuerbelasteten Kosten, die für die Herstellung der jeweiligen Wärmemenge im Zeitpunkt der Entnahme unter Berücksichtigung der tatsächlichen Verhältnisse vor Ort anfallen würden. ③ Hierzu gehören neben den Anschaffungs- oder Herstellungskosten der Anlage auch die laufenden Aufwendungen, wie z. B. die Energieträgerkosten zur Befeuerung der Anlage (Erdgas etc.) oder die Aufwendungen zur Finanzierung der Anlage. ④ Wird die KWK-Anlage mit Gas aus einer eigenen Biogasanlage des Unternehmers betrieben, sind die Produktionskosten des Biogases ebenfalls in die Selbstkosten einzubeziehen. ⑤ Bei der Ermittlung der Selbstkosten sind die Anschaffungs- oder Herstellungskosten der Anlage auf die betriebsgewöhnliche Nutzungsdauer, die nach den ertragsteuerrechtlichen Grundsätzen anzusetzen ist, zu verteilen. ⑥ Die Selbstkosten sind grundsätzlich im Verhältnis der erzeugten Mengen an elektrischer und thermischer Energien in der einheitlichen Messgröße kWh aufzuteilen (sog. energetische Aufteilungsmethode). ⑦ Andere Aufteilungsmethoden, z. B. exergetische Allokations- oder Marktwertmethode, kommen nicht in Betracht. ⑧ Aus Vereinfachungsgründen ist es jedoch nicht zu beanstanden, wenn der Unternehmer die unentgeltliche Wärmeabgabe nach dem bundesweit einheitlichen durchschnittlichen Fernwärmepreis des jeweiligen Vorjahres auf Basis der jährlichen Veröffentlichungen des Bundesministeriums für Wirtschaft und Energie (sog. Energiedaten) bemisst.

Mindestbemessungsgrundlage bei der Abgabe von Wärme

64 (23) ① Wird die mittels Kraft-Wärme-Kopplung erzeugte Wärme an einen Dritten geliefert, ist Bemessungsgrundlage für diese Lieferung grundsätzlich das vereinbarte Entgelt (§ 10 Abs. 1 UStG). ② Handelt es sich bei dem Dritten um eine nahestehende Person, ist die Mindestbemessungsgrundlage des § 10 Abs. 5 UStG zu prüfen (vgl. Abschnitt 10.7). ③ Die Bemessungsgrundlage wird nach § 10 Abs. 5 in Verbindung mit Abs. 4 Satz 1 Nr. 1 UStG bestimmt, wenn das tatsächliche Entgelt niedriger als die Kosten nach § 10 Abs. 4 Satz 1 Nr. 1 UStG ist. ④ Der Umsatz bemisst sich jedoch höchstens nach dem marktüblichen Entgelt. ⑤ Marktübliches Entgelt ist der gesamte Betrag, den ein Leistungsempfänger an einen Unternehmer unter Berücksichtigung der Handelsstufe zahlen müsste, um die betreffende Leistung zu diesem Zeitpunkt unter den Bedingungen des freien Wettbewerbs zu erhalten. ⑥ Daher sind für die Ermittlung des marktüblichen Entgelts (Marktpreis) die konkreten Verhältnisse am Standort des Energieverbrauches, also im Regelfall des Betriebs des Leistungsempfängers, entscheidend. ⑦ Die Ausführungen in Absatz 15 zum fiktiven Einkaufspreis gelten sinngemäß. ⑧ Ist danach ein marktübliches Entgelt nicht feststellbar, sind die Kosten nach § 10 Abs. 4 Satz 1 Nr. 1 UStG maßgeblich. ⑨ Auf die Anwendung der Vereinfachungsregelung nach Absatz 22 Satz 8 wird hingewiesen.

Prämien für die Direktvermarktung

65 (24) ① Anstelle der Inanspruchnahme der gesetzlichen Einspeisevergütung nach dem EEG können Betreiber von Anlagen zur Produktion von Strom aus erneuerbaren Energien den erzeugten Strom auch direkt vermarkten (durch Lieferung an einen Stromhändler oder -versorger bzw. an einen Letztverbraucher oder durch Vermarktung an der Strombörse). ② Da der erzielbare Marktpreis für den direkt vermarkteten Strom in der Regel unter der Einspeisevergütung nach dem EEG liegt, erhält der Anlagenbetreiber als Anreiz für die Direktvermarktung ab dem 1. 1. 2012 von dem jeweiligen Einspeisenetzbetreiber unter den Voraussetzungen des § 33g EEG in Verbindung mit Anlage 4 zum EEG eine Marktprämie einschließlich einer Managementprämie und des § 33i EEG in Verbindung mit Anlage 5 zum EEG eine Flexibilitätsprämie. ③ Die Managementprämie wird zur Abgeltung des mit der Direktvermarktung verbundenen Vermarktungsaufwandes gewährt. ④ Bei den Prämien handelt es sich jeweils um echte, nichtsteuerbare Zuschüsse. ⑤ Dies gilt auch, wenn der Anlagenbetreiber einen Dritten mit der Vermarktung des Stroms beauftragt, dieser Dritte neben der eigentlichen Vermarktung auch die Beantragung sowie Zahlungsabwicklung der von dem Netzbetreiber zu zahlenden Prämien übernimmt und die Prämien an den Anlagenbetreiber einschließlich des Entgelts für die Stromlieferung weiterreicht. ⑥ Behält der Dritte einen Teil der dem Anlagenbetreiber zustehenden Prämien für seine Tätigkeit ein, handelt es sich dabei regelmäßig um Entgeltzahlungen für eine selbständige steuerbare Leistung des Dritten.

LS zu 2.5

68 1. Der Betreiber einer **Photovoltaikanlage** kann den **Vorsteuerabzug** aus den Herstellungskosten eines Schuppens, auf dessen Dach die Anlage installiert wird und der anderweitig nicht genutzt wird, nur im Umfang der unternehmerischen Nutzung des gesamten Gebäudes beanspruchen, vorausgesetzt, diese Nutzung beträgt mindestens 10%. – 2. Zur Ermittlung des unternehmerischen Nutzungsanteils im Wege einer sachgerechten Schätzung kommt ein Umsatzschlüssel in Betracht, bei dem ein fiktiver Vermietungsumsatz für den nichtunternehmerisch genutzten inneren Teil des Schuppens einem fiktiven Umsatz für die Vermietung der Dachfläche an einen Dritten zum Betrieb einer Photovoltaikanlage gegenübergestellt wird. *BFH-Urt. v. 19. 7. 2011, XI R 29/09 (BStBl. 2012 II S. 430).* Vgl. auch *BFH-Urt. v. 19. 7. 2011, XI R 29/10 (BStBl. 2012 II S. 438).*

1. Der Betreiber einer **Photovoltaikanlage** kann einen **Carport,** auf dessen Dach die Anlage installiert wird und der zum Unterstellen eines privat genutzten PKW verwendet wird, insgesamt seinem Unternehmen zuordnen und dann aufgrund der Unternehmenszuordnung in vollem Umfang zum **Vorsteuerabzug** aus den Herstellungskosten des Carports berechtigt sein; er hat dann aber die private Verwendung des Carports als unentgeltliche Wertabgabe zu versteuern. – 2. Voraussetzung dafür ist, dass die unternehmerische Nutzung des gesamten Carports mindestens 10 Prozent beträgt. – 3. Zur Ermittlung des unternehmerischen Nutzungsanteils im Wege einer sachgerechten Schätzung kommt ein Umsatzschlüssel in Betracht, bei dem ein fiktiver Vermietungsumsatz für den nichtunternehmerisch genutzten inneren Teil des Carports einem fiktiven Umsatz für die Vermietung der Dachfläche an einen Dritten zum Betrieb einer Photovoltaikanlage gegenübergestellt wird. – *4. [LS zu 18.1 – Rz. 35] – BFH-Urt. v. 19. 7. 2011, XI R 21/10 (BStBl. 2012 II S. 434).*

1. Erzeugt der Betreiber eines **Blockheizkraftwerks** in einem Einfamilienhaus neben Wärme auch **Strom,** den er teilweise, regelmäßig und nicht nur gelegentlich gegen Entgelt in das allgemeine **Stromnetz einspeist,** ist er umsatzsteuerrechtlich Unternehmer. – 2. Hat der Betreiber den Vorsteuerabzug aus der Anschaffung des Blockheizkraftwerks geltend gemacht, liegt in der Verwendung von Strom und Wärme für den **Eigenbedarf** eine der Umsatzbesteuerung unterliegende Entnahme. Dies gilt nicht für die aus technischen Gründen nicht zur Heizung nutzbare Abwärme. – 3. Bemessungsgrundlage der Entnahme von Strom und Wärme für den Eigenbedarf sind die für die Strom- und Wärmeerzeugung mit dem Blockheizkraftwerk angefallenen sog. Selbstkosten nur dann, soweit ein Einkaufspreis für Strom und Wärme nicht zu ermitteln ist. *BFH-Urteil v. 12. 12. 2012, XI R 3/10 (BStBl. 2014 II S. 809).*

1. Unterhält der Unternehmer einen der **Vorsteuerpauschalierung** unterliegenden landwirtschaftlichen Betrieb und einen weiteren der Regelbesteuerung unterliegenden Gewerbebetrieb, richtet sich die Aufteilung der Vorsteuerbeträge für gemischt genutzte Eingangsleistungen (hier: BHKW) nach § 15 Abs. 4 UStG. – 2. Sachgerecht iSv § 15 Abs. 4 S. 2 UStG ist dabei – entgegen der Ansicht der Finanzverwaltung in Abschn. 2.5 Abs. 20 S. 1 iVm Abs. 12 S. 3 UStAE – die Aufteilung der Vorsteuerbeträge nach dem Verhältnis der Marktpreise der produzierten Strom- und Wärmemenge (objektbezogener Umsatzschlüssel). *BFH-Urteil v. 16. 11. 2016 V R 1/15 (DStR 2017 S. 101).*

1. Entstehen Selbstkosten i. S. von § 10 Abs. 4 Satz 1 Nr. 1 UStG für entgeltliche Lieferungen wie auch für unentgeltliche Wertabgaben nach § 3 Abs. 1 b UStG, sind diese entsprechend § 15 Abs. 4 UStG aufzuteilen. – 2. Müssen aufgrund einer unentgeltlichen Abgabe von **Wärme** aus einem **Blockheizkraftwerk** die Selbstkosten auf den **Strom** und die Wärme aufgeteilt werden, hat die Aufteilung im Regelfall nicht nach der erzeugten Menge an elektrischer und thermischer Energie (in kWh), sondern nach tatsächlichen oder ggf. fiktiven Umsätzen (Marktwerten) zu erfolgen (entgegen Abschn. 2.5 Abs. 22 Satz 6 UStAE). *BFH-Urt. v. 15. 3. 2022 V R 34/20 (DStR S. 1493).*

Unternehmereigenschaft, Vorsteuerabzug und Bemessungsgrundlage bei Blockheizkraftwerken **(Kraft-Wärme-Kopplung).** *OFD Karlsruhe v. 3. 3. 2021 S 7104 Karte 6 (BeckVerw 513311).*

Der sog. **KWK-Bonus** nach § 8 Abs. 3 EEG 2004, den der Betreiber einer Biogasanlage mit Blockheizkraftwerk von seinem Stromnetzbetreiber (zusätzlich) erhält, ist (ebenfalls) Entgelt für die Lieferung von Strom an den Stromnetzbetreiber. Er ist kein Entgelt des Stromnetzbetreibers für die (kostenlose) Lieferung von Wärme des Stromerzeugers an Dritte. *BFH-Urteil v. 31. 5. 2017 XI R 2/14 (BStBl. II S. 1024).*

Ein **Stromspeicher** dient nicht der Produktion von Solarstrom und gehört daher nicht zu den (wesentlichen) Komponenten einer Photovoltaik-Anlage. Der Stromspeicher kann damit ein gesondertes Zuordnungsobjekt sein. Vgl. *BFH-Beschluss v. 7. 2. 2018 V B 105/17 (MwStR S. 446).*

2.6 Beginn und Ende der Unternehmereigenschaft

UStAE 2.6

(1) ① Die Unternehmereigenschaft beginnt mit dem ersten nach außen erkennbaren, auf eine Unternehmertätigkeit gerichteten Tätigwerden, wenn die spätere Ausführung entgeltlicher Leistungen beabsichtigt ist (Verwendungsabsicht) und die Ernsthaftigkeit dieser Absicht durch objektive Merkmale nachgewiesen oder glaubhaft gemacht wird. ② In diesem Fall entfällt die Unternehmereigenschaft – außer in den Fällen von Betrug und Missbrauch – nicht rückwirkend, wenn es später nicht oder nicht nachhaltig zur Ausführung entgeltlicher Leistungen kommt. ③ Vorsteuerbeträge, die den beabsichtigten Umsätzen, bei denen der Vorsteuerabzug – auch auf Grund von Option – nicht ausgeschlossen wäre, zuzurechnen sind, können dann auch auf Grund von Gesetzesänderungen nicht zurückgefordert werden (vgl. EuGH-Urteile vom 29. 2. 1996, C-110/94, Inzo, BStBl. II S. 655, und vom 8. 6. 2000, C-400/98, Breitsohl, BStBl. 2003 II S. 452, und BFH-Urteile vom 22. 2. 2001, V R 77/96, BStBl. 2003 II S. 426, und vom 8. 3. 2001,V R 24/98, BStBl. 2003 II S. 430). 71

(2) ① Als Nachweis für die Ernsthaftigkeit sind Vorbereitungshandlungen anzusehen, wenn bezogene Gegenstände oder in Anspruch genommene sonstige Leistungen (Eingangsleistungen) ihrer Art nach nur zur unternehmerischen Verwendung oder Nutzung bestimmt sind oder in einem objektiven und zweifelsfrei erkennbaren Zusammenhang mit der beabsichtigten unternehmerischen Tätigkeit stehen (unternehmensbezogene Vorbereitungshandlungen). ② Solche Vorbereitungshandlungen können insbesondere sein: 72
- der Erwerb umfangreichen Inventars, z. B. Maschinen oder Fuhrpark;
- der Wareneinkauf vor Betriebseröffnung;
- die Anmietung oder die Errichtung von Büro- oder Lagerräumen;
- der Erwerb eines Grundstücks;
- die Anforderung einer Rentabilitätsstudie;
- die Beauftragung eines Architekten;
- die Durchführung einer größeren Anzeigenaktion;
- die Abgabe eines Angebots für eine Lieferung oder eine sonstige Leistung gegen Entgelt.

③ Maßgebend ist stets das Gesamtbild der Verhältnisse im Einzelfall. ④ Die in Abschnitt 15.12 Abs. 1 bis 3 und 5 dargelegten Grundsätze gelten dabei sinngemäß.

(3) ① Insbesondere bei Vorbereitungshandlungen, die ihrer Art nach sowohl zur unternehmerischen als auch zur nichtunternehmerischen Verwendung bestimmt sein können (z. B. Erwerb eines Computers oder Kraftfahrzeugs), ist vor der ersten Steuerfestsetzung zu prüfen, ob die Verwendungsabsicht durch objektive Anhaltspunkte nachgewiesen ist. ② Soweit Vorbereitungshandlungen ihrer Art nach typischerweise zur nichtunternehmerischen Verwendung oder Nutzung bestimmt sind (z. B. der Erwerb eines Wohnmobils, Segelschiffs oder sonstigen Freizeitgegenstands), ist bei dieser Prüfung ein besonders hoher Maßstab anzulegen. ③ Lassen sich diese objektiven Anhaltspunkte nicht an Amtsstelle ermitteln, ist zunächst grundsätzlich nicht von der Unternehmereigenschaft auszugehen. ④ Eine zunächst angenommene Unternehmereigenschaft ist nur dann nach § 164 Abs. 2, § 165 Abs. 2 oder § 173 Abs. 1 AO durch Änderung der ursprünglichen Steuerfestsetzung rückgängig zu machen, wenn später festgestellt wird, dass objektive Anhaltspunkte für die 73

Verwendungsabsicht im Zeitpunkt des Leistungsbezugs nicht vorlagen, die Verwendungsabsicht nicht in gutem Glauben erklärt wurde oder ein Fall von Betrug oder Missbrauch vorliegt. ⑤ Zur Vermeidung der Inanspruchnahme erheblicher ungerechtfertigter Steuervorteile oder zur Beschleunigung des Verfahrens kann die Einnahme des Augenscheins (§ 98 AO) oder die Durchführung einer Umsatzsteuer-Nachschau (§ 27b UStG) angebracht sein.

74 (4) ① Die Absätze 1 bis 3 gelten entsprechend bei der Aufnahme einer neuen Tätigkeit im Rahmen eines bereits bestehenden Unternehmens, wenn die Vorbereitungshandlungen nicht in einem sachlichen Zusammenhang mit der bisherigen unternehmerischen Tätigkeit stehen. ② Besteht dagegen ein sachlicher Zusammenhang, sind erfolglose Vorbereitungshandlungen der unternehmerischen Sphäre zuzurechnen (vgl. BFH-Urteil vom 16. 12. 1993, V R 103/88, BStBl. 1994 II S. 278).

75 (5) ① Die Unternehmereigenschaft kann nicht im Erbgang übergehen (vgl. BFH-Urteil vom 19. 11. 1970, V R 14/67, BStBl. 1971 II S. 121). ② Der Erbe wird nur dann zum Unternehmer, wenn in seiner Person die Voraussetzungen verwirklicht werden, an die das Umsatzsteuerrecht die Unternehmereigenschaft knüpft. ③ Zur Unternehmereigenschaft des Erben einer Kunstsammlung vgl. BFH-Urteil vom 24. 11. 1992, V R 8/89, BStBl. 1993 II S. 379, und zur Unternehmereigenschaft bei der Veräußerung von Gegenständen eines ererbten Unternehmensvermögens vgl. BFH-Urteil vom 13. 1. 2010, V R 24/07, BStBl. 2011 II S. 241.

76 (6) ① Die Unternehmereigenschaft endet mit dem letzten Tätigwerden. ② Der Zeitpunkt der Einstellung oder Abmeldung eines Gewerbebetriebs ist unbeachtlich. ③ Unternehmen und Unternehmereigenschaft erlöschen erst, wenn der Unternehmer alle Rechtsbeziehungen abgewickelt hat, die mit dem (aufgegebenen) Betrieb in Zusammenhang stehen (BFH-Urteil vom 21. 4. 1993, XI R 50/90, BStBl. II S. 696; vgl. auch BFH-Urteil vom 19. 11. 2009, V R 16/08, BStBl. 2010 II S. 319). ④ Die spätere Veräußerung von Gegenständen des Betriebsvermögens oder die nachträgliche Vereinnahmung von Entgelten gehören noch zur Unternehmertätigkeit. ⑤ Eine Einstellung der gewerblichen oder beruflichen Tätigkeit liegt nicht vor, wenn den Umständen zu entnehmen ist, dass der Unternehmer die Absicht hat, das Unternehmen weiterzuführen oder in absehbarer Zeit wiederaufleben zu lassen; es ist nicht erforderlich, dass laufend Umsätze bewirkt werden (vgl. BFH-Urteile vom 13. 12. 1963, V 77/61 U, BStBl. 1964 III S. 90, und vom 15. 3. 1993, V R 18/89, BStBl. II S. 561). ⑥ Eine Gesellschaft besteht als Unternehmer so lange fort, bis alle Rechtsbeziehungen, zu denen auch das Rechtsverhältnis zwischen der Gesellschaft und dem Finanzamt gehört, beseitigt sind (vgl. BFH-Urteile vom 21. 5. 1971, V R 117/67, BStBl. II S. 540, und vom 18. 11. 1999, V R 22/99, BStBl. 2000 II S. 241). ⑦ Die Unternehmereigenschaft einer GmbH ist weder von ihrem Vermögensstand noch von ihrer Eintragung im Handelsregister abhängig. ⑧ Eine aufgelöste GmbH kann auch noch nach ihrer Löschung im Handelsregister Umsätze im Rahmen ihres Unternehmens ausführen (vgl. BFH-Urteil vom 9. 12. 1993, V R 108/91, BStBl. 1994 II S. 483). ⑨ Zum Sonderfall des Ausscheidens eines Gesellschafters aus einer zweigliedrigen Personengesellschaft (Anwachsen) vgl. BFH-Urteil vom 18. 9. 1980, V R 175/74, BStBl. 1981 II S. 293.

LS zu 2.6

Das **erste (Rumpf-)Wirtschaftsjahr** einer GmbH beginnt bereits mit der Aufnahme der Geschäftstätigkeit der Vor-GmbH. *BFH-Urteil v. 3. 9. 2009, IV R 38/07 (BStBl. 2010 I S. 60).*

77 Beginn und Ende der **Unternehmenseigenschaft einer Kapitalgesellschaft.** *Verfügung OFD Frankfurt S 7104 A – 47 – St 11 v. 31. 10. 2007 (DStR S. 2329).*

Vereinbaren die Gesellschafter einer **zweigliedrigen Personengesellschaft,** daß der eine Gesellschafter aus der Gesellschaft ausscheidet und der andere das Gesamthandsvermögen der Gesellschaft (Aktiven und Passiven) ohne Liquidation übernimmt **[Anwachsen],** tritt die **Vollbeendigung der Gesellschaft** mit der Übernahme des Gesellschaftsvermögens ein. Ab diesem Zeitpunkt kann der Personengesellschaft ein Umsatzsteuerbescheid nicht mehr rechtswirksam bekanntgegeben werden (Anschluß an BFH-Urteil vom 21. Mai 1971 V R 117/67, BFHE 102, 174, BStBl. II 1971, 540). *BFH-Urteil v. 18. 9. 1980 – V R 175/74 (BStBl. 1981 II S. 293).*

Vorsteuerabzug bei Ausgabe von Gesellschaftsanteilen vgl. A 15.21 UStAE.

Die Unternehmereigenschaft kann mit dem erfolgreich abgeschlossenen Meisterkurs beginnen, wenn die Meisterprüfung Voraussetzung für die selbständige Tätigkeit ist. Der **Besuch des Meisterkurses** ist als vorbereitende Tätigkeit i. S. des *A 19 UStR* [R 2.6 Abs. 3 UStAE] zu betrachten. *Verfügung OFD Koblenz S 7527 A – St 51 1/2/3 v. 30. 12. 1987.*

Eine Schulung (hier: **Umschulungsmaßnahme** zum Steuerfachgehilfen), die der Gründung eines Unternehmens vorausgeht, ist grundsätzlich noch keine berufliche oder gewerbliche Tätigkeit i. S. d. § 2 Abs. 1 Satz 3 UStG 1993 und berechtigt nicht zum Vorsteuerabzug aus den für die Schulung bezogenen Leistungen. Anderes gilt für Leistungsbezüge im Zusammenhang mit einer **Schulung,** die unmittelbar auf einen bestimmten selbständigen Beruf vorbereitet. *BFH-Beschl. v. 19. 12. 2002 – V B 164/01 (BFH/NV 2003 S. 521).*

Art. 4 Abs. 1 bis 3 der Sechsten Richtlinie 77/388/EWG ist dahin auszulegen, dass derjenige, der seine wirtschaftliche Tätigkeit eingestellt hat, aber für die Räume, die er für diese Tätigkeit genutzt hatte, wegen einer Unkündbarkeitsklausel im Mietvertrag weiterhin Miete und Nebenkosten zahlt, als Steuerpflichtiger im Sinne dieser Vorschrift anzusehen ist **und die Vorsteuer** auf die entsprechenden Beträge **abziehen kann, soweit** zwischen den geleisteten Zahlungen und der wirtschaftlichen Tätigkeit ein direkter und unmittelbarer Zusammenhang besteht und feststeht, dass keine betrügerische oder missbräuchliche Absicht vorliegt. ***EuGH-Urt. v. 3. 3. 2005,*** *C-32/03, I/S Fini H (DStRE S. 596).*

Zur Umsatzbesteuerung bei **Erbfällen** vgl. *Verfügung OFD Karlsruhe v. 12. 12. 2013 – S 7104 K.7 (DStR 2014 S. 534).*

Die Unternehmereigenschaft **endet,** wenn Anhaltspunkte für die Aufgabe der unternehmerischen Tätigkeit vorliegen und der Unternehmer **alle Rechtsbeziehungen abgewickelt** hat, die mit dem aufgegebenen Betrieb zusammenhängen. *BFH-Beschluss v. 12. 2. 2014 V B 81/13 (BFH/NV S. 740).*

2.7 Unternehmen

UStAE 2.7

81 (1) ① Zum Unternehmen gehören sämtliche Betriebe oder berufliche Tätigkeiten desselben Unternehmers. ② Organgesellschaften sind – unter Berücksichtigung der Einschränkungen in § 2 Abs. 2 Nr. 2 Sätze 2 bis 4 UStG (vgl. Abschnitt 2.9) – Teile des einheitlichen Unternehmens eines Unternehmers. ③ Innerhalb des einheitlichen Unternehmens sind steuerbare Umsätze grundsätzlich nicht möglich; zu den Besonderheiten beim innergemeinschaftlichen Verbringen vgl. Abschnitt 1 a.2.

82 (2) ① In den Rahmen des Unternehmens fallen nicht nur die Grundgeschäfte, die den eigentlichen Gegenstand der geschäftlichen Betätigung bilden, sondern auch die Hilfsgeschäfte (vgl. BFH-Urteil vom 24. 2. 1988, X R 67/82, BStBl. II S. 622). ② Zu den Hilfsgeschäften gehört jede Tätigkeit, die die Haupttätigkeit mit sich bringt (vgl. BFH-Urteil vom 28. 10. 1964, V 227/62 U, BStBl. 1965 III S. 34). ③ Auf die Nachhaltigkeit der Hilfsgeschäfte kommt es nicht an (vgl. BFH-Urteil vom 20. 9. 1990, V R 92/85, BStBl. 1991 II S. 35). ④ Ein Verkauf von Vermögensgegenständen fällt somit ohne Rücksicht auf die Nachhaltigkeit in den Rahmen des Unternehmens, wenn der Gegenstand zum unternehmerischen Bereich des Veräußerers gehörte. ⑤ Bei einem gemeinnützigen Verein fallen Veräußerungen von Gegenständen, die von Todes wegen erworben sind, nur dann in den Rahmen des Unternehmens, wenn sie für sich nachhaltig sind (vgl. BFH-Urteil vom 9. 9. 1993, V R 24/89, BStBl. 1994 II S. 57).

2.8 Organschaft

UStAE 2.8

Allgemeines

85 (1) ① Organschaft nach § 2 Abs. 2 Nr. 2 UStG liegt vor, wenn eine juristische Person nach dem Gesamtbild der tatsächlichen Verhältnisse finanziell, wirtschaftlich und organisatorisch in ein Unternehmen eingegliedert ist. ② Es ist nicht erforderlich, dass alle drei Eingliederungsmerkmale gleichermaßen ausgeprägt sind. ③ Organschaft kann deshalb auch gegeben sein, wenn die Eingliederung auf einem dieser drei Gebiete nicht vollständig, dafür aber auf den anderen Gebieten um so eindeutiger ist, so dass sich die Eingliederung aus dem Gesamtbild der tatsächlichen Verhältnisse ergibt (vgl. BFH-Urteil vom 23. 4. 1964, V 184/61 U, BStBl. III S. 346, und vom 22. 6. 1967, V R 89/66, BStBl. III S. 715). ④ Von der finanziellen Eingliederung kann weder auf die wirtschaftliche noch auf die organisatorische Eingliederung geschlossen werden (vgl. BFH-Urteile vom 5. 12. 2007, V R 26/06, BStBl. 2008 II S. 451, und vom 3. 4. 2008, V R 76/05, BStBl. II S. 905). ⑤ Die Organschaft umfasst nur den unternehmerischen Bereich der Organgesellschaft. ⑥ Liegt Organschaft vor, sind die eingegliederten Organgesellschaften (Tochtergesellschaften) ähnlich wie Angestellte des Organträgers (Muttergesellschaft) als unselbständig anzusehen; Unternehmer ist der Organträger. ⑦ Eine Gesellschaft kann bereits zu einem Zeitpunkt in das Unternehmen des Organträgers eingegliedert sein, zu dem sie selbst noch keine Umsätze ausführt, dies gilt insbesondere für eine Auffanggesellschaft im Rahmen des Konzepts einer „übertragenden Sanierung" (vgl. BFH-Urteil vom 17. 1. 2002, V R 37/00, BStBl. II S. 373). ⑧ War die seit dem Abschluss eines Gesellschaftsvertrags bestehende Gründergesellschaft einer später in das Handelsregister eingetragenen GmbH nach dem Gesamtbild der tatsächlichen Verhältnisse finanziell, wirtschaftlich und organisatorisch in ein Unternehmen eingegliedert, besteht die Organschaft zwischen der GmbH und dem Unternehmen bereits für die Zeit vor der Eintragung der GmbH in das Handelsregister (vgl. BFH-Urteil vom 9. 3. 1978, V R 90/74, BStBl. II S. 486).

86 (2) ① Organträger kann jeder Unternehmer sein. ② Auch eine juristische Person des öffentlichen Rechts kann Organträger sein, wenn und soweit sie unternehmerisch tätig ist (vgl. BFH-Urteil vom 2. 12. 2015, V R 67/14, BStBl. 2017 II S. 560, und Abschnitt 2.11 Abs. 20). ③ Die die Unternehmereigenschaft begründenden entgeltlichen Leistungen können auch gegenüber einer Gesellschaft erbracht werden, mit der als Folge dieser Leistungstätigkeit eine organschaftliche Verbindung besteht (vgl. BFH-Urteil vom 9. 10. 2002, V R 64/99, BStBl. 2003 II S. 375; vgl. aber Absatz 6 Sätze 5 und 6). ④ Als Organgesellschaften kommen regelmäßig nur juristische Personen des Zivil- und Handelsrechts in Betracht (vgl. BFH-Urteil vom 20. 12. 1973, V R 87/70, BStBl. 1974 II S. 311). ⑤ Eine Personengesellschaft kann ausnahmsweise wie eine juristische Person als eingegliedert im Sinne des § 2 Abs. 2 Nr. 2 UStG anzusehen sein, wenn die finanzielle Eingliederung wie bei einer juristischen Person zu bejahen ist (siehe dazu Absatz 5 a). ⑥ Eine GmbH, die an einer KG als persönlich haftende Gesellschafterin beteiligt ist, kann grundsätzlich nicht als Organgesellschaft in das Unternehmen dieser KG eingegliedert sein (BFH-Urteil vom 14. 12. 1978, V R 85/74, BStBl. 1979 II S. 288). ⑦ Dies gilt auch in den Fällen, in denen die übrigen Kommanditisten der KG sämtliche Gesellschaftsanteile der GmbH halten (vgl. BFH-Urteil vom 19. 5. 2005, V R 31/03, BStBl. II S. 671). ⑧ Ist jedoch die KG mehrheitlich an der Komplementär-GmbH beteiligt, kann die GmbH als Organgesellschaft in die KG eingegliedert sein, da die KG auf Grund ihrer Gesellschafterstellung sicherstellen kann, dass ihr Wille auch in der GmbH durchgesetzt wird (vgl. auch Abschnitt 2.2 Abs. 6 Beispiel 2). ⑨ Personen, die keine Unternehmer im Sinne des § 2 Abs. 1 UStG sind, können weder Organträger noch Organgesellschaft sein (vgl. BFH-Urteile vom 2. 12. 2015, V R 67/14, a. a. O., und vom 10. 8. 2016, XI R 41/14, BStBl. 2017 II S. 590).

UStAE 2.8

87 (3) ① Die Voraussetzungen für die umsatzsteuerliche Organschaft sind nicht identisch mit den Voraussetzungen der körperschaftsteuerlichen und gewerbesteuerlichen Organschaft. ② Eine gleichzeitige Eingliederung einer Organgesellschaft in die Unternehmen mehrerer Organträger (sog. Mehrmütterorganschaft) ist nicht möglich (vgl. BFH-Urteile vom 30. 4. 2009, V R 3/08, BStBl. 2013 II S. 873, und vom 3. 12. 2015, V R 36/13, BStBl. 2017 II S. 563).

(4) Weder das Umsatzsteuergesetz noch das Unionsrecht sehen ein Wahlrecht für den Eintritt der Rechtsfolgen einer Organschaft vor (vgl. BFH-Urteil vom 29. 10. 2008, XI R 74/07, BStBl. 2009 II S. 256).

Finanzielle Eingliederung

88 (5) ① Unter der finanziellen Eingliederung einer juristischen Person ist der Besitz der entscheidenden Anteilsmehrheit an der Organgesellschaft zu verstehen, die es dem Organträger ermöglicht, durch Mehrheitsbeschlüsse seinen Willen in der Organgesellschaft durchzusetzen (Eingliederung mit Durchgriffsrechten, vgl. BFH-Urteil vom 2. 12. 2015, V R 15/14, BStBl. 2017 II S. 553). ② Entsprechen die Beteiligungsverhältnisse den Stimmrechtsverhältnissen, ist die finanzielle Eingliederung gegeben, wenn die Beteiligung mehr als 50% beträgt, sofern keine höhere qualifizierte Mehrheit für die Beschlussfassung in der Organgesellschaft erforderlich ist (vgl. BFH-Urteil vom 1. 12. 2010, XI R 43/08, BStBl. 2011 II S. 600). ③ Im Interesse der Rechtsklarheit sind Stimmbindungsvereinbarungen oder Stimmrechtsvollmachten grundsätzlich ohne Bedeutung. ④ Stimmbindungsvereinbarungen und Stimmrechtsvollmachten können bei der Prüfung der finanziellen Eingliederung nur zu berücksichtigen sein, wenn sie sich ausschließlich aus Regelungen der Satzung wie etwa bei einer Einräumung von Mehrfachstimmrechten („Geschäftsanteil mit Mehrstimmrecht") ergeben (BFH-Urteil vom 2. 12. 2015, V R 25/13, BStBl. 2017 II S. 547).

88a (5 a) ① Die finanzielle Eingliederung einer Personengesellschaft setzt voraus, dass Gesellschafter der Personengesellschaft neben dem Organträger nur Personen sind, die nach § 2 Abs. 2 Nr. 2 UStG in das Unternehmen des Organträgers finanziell eingegliedert sind, so dass die erforderliche Durchgriffsmöglichkeit selbst bei der stets möglichen Anwendung des Einstimmigkeitsprinzips gewährleistet ist (vgl. BFH-Urteile vom 2. 12. 2015, V R 25/13, BStBl. 2017 II S. 547, und vom 3. 12. 2015, V R 36/13, BStBl. 2017 II S. 563). ② Für die nach Satz 1 notwendige Beteiligung des Organträgers sind mittelbare Beteiligungen ausreichend. ③ Absatz 5 b gilt entsprechend.

Beispiel 1:

① Gesellschafter einer GmbH & Co. KG sind die Komplementär-GmbH und eine weitere GmbH als Kommanditistin. ② Die A-AG hält an beiden GmbHs jeweils einen Anteil von mehr als 50%.

③ Alle Gesellschafter der GmbH & Co. KG sind finanziell in das Unternehmen der A-AG eingegliedert. ④ Damit ist auch die GmbH & Co. KG in das Unternehmen der A-AG finanziell eingegliedert.

Beispiel 2:

① Gesellschafter einer GmbH & Co. KG sind die Komplementär-GmbH K1 sowie die GmbH K2 und eine weitere Person P (Beteiligungsquote 0,1%) als Kommanditisten. ② Die A-AG hält an K1 und K2 jeweils einen Anteil von mehr als 50%. ③ An P ist die A-AG nicht beteiligt.

④ Da nicht alle Gesellschafter der GmbH & Co. KG finanziell in das Unternehmen der A-AG eingegliedert sind, ist auch die GmbH & Co. KG nicht finanziell in das Unternehmen der A-AG eingegliedert.

88b (5 b) ① Eine finanzielle Eingliederung setzt eine unmittelbare oder mittelbare Beteiligung des Organträgers an der Organgesellschaft voraus. ② Es ist ausreichend, wenn die finanzielle Eingliederung mittelbar über eine unternehmerisch oder nicht unternehmerisch tätige Tochtergesellschaft des Organträgers erfolgt. ③ Eine nichtunternehmerisch tätige Tochtergesellschaft wird dadurch jedoch nicht Bestandteil des Organkreises. ④ Ist eine Kapital- oder Personengesellschaft nicht selbst an der Organgesellschaft beteiligt, reicht es für die finanzielle Eingliederung nicht aus, dass nur ein oder mehrere Gesellschafter auch mit Stimmenmehrheit an der Organgesellschaft beteiligt sind (vgl. BFH-Urteile vom 22. 4. 2010, V R 9/09, BStBl. 2011 II S. 597, vom 1. 12. 2010, XI R 43/08, BStBl. 2011 II S. 600, und vom 24. 8. 2016, V R 36/15, BStBl. 2017 II S. 595). ⑤ In diesem Fall ist keine der beiden Gesellschaften in das Gefüge des anderen Unternehmens eingeordnet, sondern es handelt sich vielmehr um gleich geordnete Schwestergesellschaften. ⑥ Dies gilt auch dann, wenn die Beteiligung eines Gesellschafters an einer Kapitalgesellschaft ertragsteuerlich zu dessen Sonderbetriebsvermögen bei einer Personengesellschaft gehört. ⑦ Das Fehlen einer eigenen unmittelbaren oder mittelbaren Beteiligung der Gesellschaft kann nicht durch einen Beherrschungsvertrag und Gewinnabführungsvertrag ersetzt werden (BFH-Urteil vom 1. 12. 2010, XI R 43/08, a. a. O.).

Wirtschaftliche Eingliederung

89 (6) ① Wirtschaftliche Eingliederung bedeutet, dass die Organgesellschaft nach dem Willen des Unternehmers im Rahmen des Gesamtunternehmens, und zwar in engem wirtschaftlichen Zusammenhang mit diesem, wirtschaftlich tätig ist (vgl. BFH-Urteil vom 22. 6. 1967, V R 89/66, BStBl. III S. 715). ② Voraussetzung für eine wirtschaftliche Eingliederung ist, dass die Beteiligung an der Kapitalgesellschaft dem unternehmerischen Bereich des Anteileigners zugeordnet werden kann (vgl. Abschnitt 2.3 Abs. 2). ③ Sie kann bei entsprechend deutlicher Ausprägung der finanziellen und organisatorischen Eingliederung bereits dann vorliegen, wenn zwischen dem

Organträger und der Organgesellschaft auf Grund gegenseitiger Förderung und Ergänzung mehr als nur unerhebliche wirtschaftliche Beziehungen bestehen (vgl. BFH-Urteil vom 29. 10. 2008, XI R 74/07, BStBl. 2009 II S. 256), insbesondere braucht dann die Organgesellschaft nicht vom Organträger abhängig zu sein (vgl. BFH-Urteil vom 3. 4. 2003, V R 63/01, BStBl. 2004 II S. 434). ④ Die wirtschaftliche Eingliederung kann sich auch aus einer Verflechtung zwischen den Unternehmensbereichen verschiedener Organgesellschaften ergeben (vgl. BFH-Urteil vom 20. 8. 2009, V R 30/06, BStBl. 2010 II S. 863). ⑤ Beruht die wirtschaftliche Eingliederung auf Leistungen des Organträgers gegenüber seiner Organgesellschaft, müssen jedoch entgeltliche Leistungen vorliegen, denen für das Unternehmen der Organgesellschaft mehr als nur unwesentliche Bedeutung zukommt (vgl. BFH-Urteile vom 18. 6. 2009, V R 4/08, BStBl. 2010 II S. 310, und vom 6. 5. 2010, V R 26/09, BStBl. II S. 1114). ⑥ Stellt der Organträger für eine von der Organgesellschaft bezogene Leistung unentgeltlich Material bei, reicht dies zur Begründung der wirtschaftlichen Eingliederung nicht aus (vgl. BFH-Urteil vom 20. 8. 2009, V R 30/06, a. a. O.). ⑦ Zu einer wirtschaftlichen Eingliederung durch Darlehen kann es nur kommen, wenn diese im Rahmen eines Unternehmens gewährt werden (vgl. BFH-Beschluss vom 13. 11. 2019, V R 30/18, BStBl 2021 II S. 248).

90 (6 a) ① Für die Frage der wirtschaftlichen Verflechtung kommt der Entstehungsgeschichte der Tochtergesellschaft eine wesentliche Bedeutung zu. ② Die Unselbständigkeit einer hauptsächlich im Interesse einer anderen Firma ins Leben gerufenen Produktionsfirma braucht nicht daran zu scheitern, dass sie einen Teil ihrer Erzeugnisse auf dem freien Markt absetzt. ③ Ist dagegen eine Produktionsgesellschaft zur Versorgung eines bestimmten Markts gegründet worden, kann ihre wirtschaftliche Eingliederung als Organgesellschaft auch dann gegeben sein, wenn zwischen ihr und der Muttergesellschaft Warenlieferungen nur in geringem Umfange oder überhaupt nicht vorkommen (vgl. BFH-Urteil vom 15. 6. 1972,V R 15/69, BStBl. II S. 840).

91 (6 b) ① Bei einer Betriebsaufspaltung in ein Besitzunternehmen (z. B. Personengesellschaft) und eine Betriebsgesellschaft (i. d. R. Kapitalgesellschaft) und Verpachtung des Betriebsvermögens durch das Besitzunternehmen an die Betriebsgesellschaft steht die durch die Betriebsaufspaltung entstandene Betriebsgesellschaft im Allgemeinen in einem Abhängigkeitsverhältnis zum Besitzunternehmen (vgl. BFH-Urteile vom 28. 1. 1965, V 126/62 U, BStBl. III S. 243 und vom 17. 11. 1966, V 113/65, BStBl. 1967 III S. 103). ② Auch wenn bei einer Betriebsaufspaltung nur das Betriebsgrundstück ohne andere Anlagegegenstände verpachtet wird, kann eine wirtschaftliche Eingliederung vorliegen (BFH-Urteil vom 9. 9. 1993,V R 124/89, BStBl. 1994 II S. 129).

92 (6 c) ① Die wirtschaftliche Eingliederung wird jedoch nicht auf Grund von Liquiditätsproblemen der Organtochter beendet (vgl. BFH-Urteil vom 19. 10. 1995, V R 128/93). ② Die wirtschaftliche Eingliederung auf Grund der Vermietung eines Grundstücks, das die räumliche und funktionale Geschäftstätigkeit der Organgesellschaft bildet, entfällt nicht bereits dadurch, dass für das betreffende Grundstück Zwangsverwaltung und Zwangsversteigerung angeordnet wird (vgl. BMF-Schreiben vom 1. 12. 2009, BStBl. I S. 1609). ③ Eine Entflechtung vollzieht sich erst im Zeitpunkt der tatsächlichen Beendigung des Nutzungsverhältnisses zwischen dem Organträger und der Organgesellschaft.

Organisatorische Eingliederung

93 (7) ① Die organisatorische Eingliederung setzt voraus, dass die mit der finanziellen Eingliederung verbundene Möglichkeit der Beherrschung der Tochtergesellschaft durch die Muttergesellschaft in der laufenden Geschäftsführung tatsächlich wahrgenommen wird (BFH-Urteil vom 28. 1. 1999, V R 32/98, BStBl. II S. 258). ② Es kommt darauf an, dass der Organträger die Organgesellschaft durch die Art und Weise der Geschäftsführung beherrscht und seinen Willen in der Organgesellschaft durchsetzen kann. ③ Nicht ausreichend ist, dass eine vom Organträger abweichende Willensbildung in der Organgesellschaft ausgeschlossen ist (BFH-Urteile vom 8. 8. 2013, V R 18/13, BStBl. 2017 II S. 543, und vom 2. 12. 2015, V R 15/14, BStBl. 2017 II S. 543). ④ Der aktienrechtlichen Abhängigkeitsvermutung aus § 17 AktG kommt keine Bedeutung im Hinblick auf die organisatorische Eingliederung zu (vgl. BFH-Urteil vom 3. 4. 2008, V R 76/05, BStBl. II S. 905). ⑤ Nicht ausschlaggebend ist, dass die Organgesellschaft in eigenen Räumen arbeitet, eine eigene Buchhaltung und eigene Einkaufs- und Verkaufsabteilungen hat, da dies dem Willen des Organträgers entsprechen kann (vgl. BFH-Urteil vom 23. 7. 1959, V 176/55 U, BStBl. III S. 376). ⑥ Zum Wegfall der organisatorischen Eingliederung bei Anordnung der Zwangsverwaltung und Zwangsversteigerung für ein Grundstück vgl. BMF-Schreiben vom 1. 12. 2009, BStBl. I S. 1609.

94 (8) ① Die organisatorische Eingliederung setzt in aller Regel die personelle Verflechtung der Geschäftsführungen des Organträgers und der Organgesellschaft voraus (BFH-Urteile vom 3. 4. 2008, V R 76/05, BStBl. II S. 905, vom 28. 10. 2010, V R 7/10, BStBl. 2011 II S. 391 und vom 2. 12. 2015, V R 15/14, BStBl. 2017 II S. 553). ② Dies ist z. B. bei einer Personenidentität in den Leitungsgremien beider Gesellschaften gegeben (vgl. BFH-Urteile vom 17. 1. 2002, V R 37/00, BStBl. II S. 373, und vom 5. 12. 2007, V R 26/06, BStBl. II S. 451). ③ Für das Vorliegen einer organisatorischen Eingliederung ist es jedoch nicht in jedem Fall erforderlich, dass die Geschäftsführung der Muttergesellschaft mit derjenigen der Tochtergesellschaft vollständig personenidentisch ist. ④ So kann eine organisatorische Eingliederung z. B. auch dann vorliegen, wenn nur einzelne Ge-

UStAE 2.8

schäftsführer des Organträgers Geschäftsführer der Organgesellschaft sind (vgl. BFH-Urteil vom 28. 1. 1999, V R 32/98, BStBl. II S. 258). ⑤ Ob dagegen eine organisatorische Eingliederung vorliegt, wenn die Tochtergesellschaft über mehrere Geschäftsführer verfügt, die nur zum Teil auch in dem Leitungsgremium der Muttergesellschaft vertreten sind, hängt von der Ausgestaltung der Geschäftsführungsbefugnis in der Tochtergesellschaft ab. ⑥ Ist in der Organgesellschaft eine Gesamtgeschäftsführungsbefugnis vereinbart und werden die Entscheidungen durch Mehrheitsbeschluss getroffen, kann eine organisatorische Eingliederung nur vorliegen, wenn die personenidentischen Geschäftsführer über die Stimmenmehrheit verfügen. ⑦ Bei einer Stimmenminderheit der personenidentischen Geschäftsführer oder bei Einzelgeschäftsführungsbefugnis der fremden Geschäftsführer sind zusätzliche institutionell abgesicherte Maßnahmen erforderlich, um eine Beherrschung der Organgesellschaft durch den Organträger sicherzustellen. ⑧ Eine organisatorische Eingliederung kann z. B. in Fällen der Geschäftsführung in der Organgesellschaft mittels Geschäftsführungsbefugnis vorliegen, wenn zumindest einer der Geschäftsführer auch Geschäftsführer des Organträgers ist und der Organträger über ein umfassendes Weisungsrecht gegenüber der Geschäftsführung der Organgesellschaft verfügt sowie zur Bestellung und Abberufung aller Geschäftsführer der Organgesellschaft berechtigt ist (vgl. BFH-Urteil vom 7. 7. 2011, V R 53/10, BStBl. 2013 II S. 218). ⑨ Alternativ kann auch bei Einzelgeschäftsführungsbefugnis des fremden Geschäftsführers ein bei Meinungsverschiedenheiten eingreifendes, aus Gründen des Nachweises und der Inhaftungnahme schriftlich vereinbartes Letztentscheidungsrecht des personenidentischen Geschäftsführers eine Beherrschung der Organgesellschaft durch den Organträger sicherstellen. ⑩ Hingegen kann durch die personelle Verflechtung von Aufsichtsratsmitgliedern keine organisatorische Eingliederung hergestellt werden.

95 (9) ① Neben dem Regelfall der personellen Verflechtung der Geschäftsführungen des Organträgers und der Organgesellschaft kann sich die organisatorische Eingliederung aber auch daraus ergeben, dass Mitarbeiter des Organträgers als Geschäftsführer der Organgesellschaft tätig sind (vgl. BFH-Urteil vom 20. 8. 2009, V R 30/06, BStBl. 2010 II S. 863). ② Die Berücksichtigung von Mitarbeitern des Organträgers bei der organisatorischen Eingliederung beruht auf der Annahme, dass ein Mitarbeiter des Organträgers dessen Weisungen bei der Geschäftsführung der Organgesellschaft auf Grund eines zum Organträger bestehenden Anstellungsverhältnisses und einer sich hieraus ergebenden persönlichen Abhängigkeit befolgen wird und er bei weisungswidrigem Verhalten vom Organträger als Geschäftsführer der Organgesellschaft uneingeschränkt abberufen werden kann (vgl. BFH-Urteil vom 7. 7. 2011, V R 53/10, BStBl. 2013 II S. 218). ③ Demgegenüber reicht es nicht aus, dass ein Mitarbeiter des Mehrheitsgesellschafters nur Prokurist bei der vermeintlichen Organgesellschaft ist, während es sich beim einzigen Geschäftsführer der vermeintlichen Organgesellschaft um eine Person handelt, die weder Mitglied der Geschäftsführung noch Mitarbeiter des Mehrheitsgesellschafters ist (vgl. BFH-Urteil vom 28. 10. 2010, V R 7/10, BStBl. 2011 II S. 391).

96 (10) ① In Ausnahmefällen kann eine organisatorische Eingliederung auch ohne personelle Verflechtung in den Leitungsgremien des Organträgers und der Organgesellschaft vorliegen. ② Voraussetzung für diese schwächste Form der organisatorischen Eingliederung ist jedoch, dass institutionell abgesicherte unmittelbare Eingriffsmöglichkeiten in den Kernbereich der laufenden Geschäftsführung der Organgesellschaft gegeben sind (BFH-Urteil vom 3. 4. 2008, V R 76/05, BStBl. II S. 905). ③ Der Organträger muss durch schriftlich fixierte Vereinbarungen (z. B. Geschäftsführerordnung, Konzernrichtlinie, Anstellungsvertrag) in der Lage sein, gegenüber Dritten seine Entscheidungsbefugnis nachzuweisen und den Geschäftsführer der Organgesellschaft bei Verstößen gegen seine Anweisungen haftbar zu machen (BFH-Urteile vom 5. 12. 2007, V R 26/06, BStBl. 2008 II S. 451, und vom 12. 10. 2016, XI R 30/14, BStBl. 2017 II S. 597). ④ Hat die Organgesellschaft mit dem Organträger einen Beherrschungsvertrag nach § 291 AktG abgeschlossen oder ist die Organgesellschaft nach §§ 319, 320 AktG in die Gesellschaft des Organträgers eingegliedert, ist von dem Vorliegen einer organisatorischen Eingliederung auszugehen, da der Organträger in diesen Fällen berechtigt ist, dem Vorstand der Organgesellschaft nach Maßgabe der §§ 308 bzw. 323 Abs. 1 AktG Weisungen zu erteilen. ⑤ Soweit rechtlich zulässig, muss sich dieses Weisungsrecht jedoch grundsätzlich auf die gesamte unternehmerische Sphäre der Organgesellschaft erstrecken. ⑥ Aufsichtsrechtliche Beschränkungen stehen der Annahme einer organisatorischen Eingliederung nicht entgegen. ⑦ Eine organisatorische Eingliederung durch Beherrschungsvertrag wird jedoch erst ab dem Zeitpunkt seiner Eintragung in das Handelsregister begründet, da dieser konstitutive Wirkung zukommt (vgl. BFH-Urteil vom 10. 5. 2017, V R 7/16, BStBl. II S. 1261). ⑧ In diesen Fällen ist der Organträger berechtigt, dem Vorstand der Organgesellschaft nach Maßgabe der §§ 308 bzw. 323 Abs. 1 AktG Weisungen zu erteilen. ⑨ Soweit rechtlich zulässig muss sich dieses Weisungsrecht jedoch grundsätzlich auf die gesamte unternehmerische Sphäre der Organgesellschaft erstrecken. ⑩ Aufsichtsrechtliche Beschränkungen stehen der Annahme einer organisatorischen Eingliederung nicht entgegen.

97 (10a) ① Die organisatorische Eingliederung kann auch über eine Beteiligungskette zum Organträger vermittelt werden. ② Die in den Absätzen 7 bis 10 enthaltenen Regelungen kommen grundsätzlich auch in diesen Fällen zur Anwendung. ③ Sofern sichergestellt ist, dass der Organträger die Organgesellschaften durch die Art und Weise der Geschäftsführung beherrscht, ist es jedoch ausreichend, wenn die der organisatorischen Eingliederung dienenden Maßnahmen zwi-

schen zwei Organgesellschaften ergriffen werden. ④ Dies gilt auch dann, wenn diese Maßnahmen nicht der Struktur der finanziellen Eingliederung folgen (z. B. bei Schwestergesellschaften). ⑤ Es ist zudem ausreichend, wenn die organisatorische Eingliederung mittelbar über eine unternehmerisch oder nichtunternehmerisch tätige Tochtergesellschaft des Organträgers erfolgt. ⑥ Eine nichtunternehmerisch tätige Tochtergesellschaft wird dadurch jedoch nicht zum Bestandteil des Organkreises. UStAE 2.8

Beispiel 1:

① Der Organträger O ist zu 100% an der Tochtergesellschaft T 1 beteiligt. ② Die Geschäftsführungen von O und T 1 sind personenidentisch. ③ T 1 ist zu 100% an der Enkelgesellschaft E beteiligt. ④ Einziger Geschäftsführer der E ist ein bei der Tochtergesellschaft T 1 angestellter Mitarbeiter.

⑤ Die Tochtergesellschaft T 1 ist aufgrund der personenidentischen Geschäftsführungen organisatorisch in das Unternehmen des Organträgers O eingegliedert. ⑥ Dies gilt auch für die Enkelgesellschaft E, da durch das Anstellungsverhältnis des Geschäftsführers bei T 1 sichergestellt ist, dass der Organträger O die Enkelgesellschaft E beherrscht.

Beispiel 2:

① Der Organträger O ist zu 100% an der Tochtergesellschaft T 1 beteiligt, die als Finanzholding kein Unternehmer i. S. d. § 2 UStG ist. ② Die Geschäftsführungen von O und T 1 sind personenidentisch. ③ T 1 ist zu 100% an der grundsätzlich unternehmerisch tätigen Enkelgesellschaft E beteiligt. ④ Aufgrund eines abgeschlossenen Beherrschungsvertrages i. S. d. § 291 AktG beherrscht T 1 die E.

⑤ Die Enkelgesellschaft E ist organisatorisch in das Unternehmen des Organträgers O eingegliedert. ⑥ Aufgrund der personenidentischen Geschäftsführungen von O und T 1 sowie des zwischen T 1 und E abgeschlossenen Beherrschungsvertrags ist sichergestellt, dass der Organträger O die Enkelgesellschaft E beherrscht. ⑦ Die nichtunternehmerisch tätige Tochtergesellschaft T 1 wird hierdurch jedoch nicht zum Bestandteil des Organkreises.

Beispiel 3:

① Der Organträger O ist zu 100% an den Tochtergesellschaften T 1 und T 2 beteiligt. ② Die Geschäftsführungen von O und T 1 sind personenidentisch. ③ Einziger Geschäftsführer der T 2 ist ein bei der Tochtergesellschaft T 1 angestellter Mitarbeiter.

④ Die Tochtergesellschaft T 1 ist aufgrund der personenidentischen Geschäftsführungen organisatorisch in das Unternehmen des Organträgers O eingegliedert. ⑤ Dies gilt auch für die Tochtergesellschaft T 2, da durch das Anstellungsverhältnis des Geschäftsführers bei T 1 sichergestellt ist, dass der Organträger O die Tochtergesellschaft T 2 beherrscht.

Beispiel 4:

① Der im Ausland ansässige Organträger O unterhält im Inland eine Zweigniederlassung. ② Daneben ist er zu 100% an der im Inland ansässigen Tochtergesellschaft T 1 beteiligt. ③ Einziger Geschäftsführer der T 1 ist der bei O angestellte Leiter der inländischen Zweigniederlassung.

④ Die Tochtergesellschaft T 1 ist organisatorisch in das Unternehmen des Organträgers O eingegliedert. ⑤ Durch das Anstellungsverhältnis des Geschäftsführers bei O ist sichergestellt, dass der Organträger O die Tochtergesellschaft T 1 beherrscht. ⑥ Die Wirkungen der Organschaft sind jedoch auf Innenleistungen zwischen den im Inland gelegenen Unternehmensteilen beschränkt.

(11) ① Weder das mit der finanziellen Eingliederung einhergehende Weisungsrecht durch Gesellschafterbeschluss noch eine vertragliche Pflicht zur regelmäßigen Berichterstattung über die Geschäftsführung stellen eine institutionell abgesicherte unmittelbare Eingriffsmöglichkeit in den Kernbereich der laufenden Geschäftsführung der Organgesellschaft im Sinne des Absatzes 10 dar und reichen daher nicht zur Begründung einer organisatorischen Eingliederung aus (vgl. BFH-Urteil vom 2. 12. 2015, V R 15/14, BStBl. 2017 II S. 553). ② Auch Zustimmungsvorbehalte zugunsten der Gesellschafterversammlung z. B. auf Grund einer Geschäftsführungsordnung können für sich betrachtet keine organisatorische Eingliederung begründen (vgl. BFH-Urteil vom 7. 7. 2011, V R 53/10, BStBl. 2013 II S. 218). ③ Dasselbe gilt für Zustimmungserfordernisse bei außergewöhnlichen Geschäften (vgl. BFH-Urteil vom 3. 4. 2008, V R 76/05, BStBl. II S. 905) oder das bloße Recht zur Bestellung oder Abberufung von Geschäftsführern ohne weiter gehende personelle Verflechtungen über das Geschäftsführungsorgan (vgl. BFH-Urteil vom 7. 7. 2011, V R 53/10, a. a. O.). ④ Ebenso kann sich eine organisatorische Eingliederung nicht allein daraus ergeben, dass eine nicht geschäftsführende Gesellschafterversammlung und ein gleichfalls nicht geschäftsführender Beirat ausschließlich mit Mitgliedern des Mehrheitsgesellschafters besetzt sind, vertragliche Bedingungen dem Mehrheitsgesellschafter „umfangreiche Beherrschungsmöglichkeiten" sichern und darüber hinaus dieselben Büroräume benutzt und das komplette Rechnungswesen durch gemeinsames Personal erledigt werden (vgl. BFH-Urteil vom 28. 10. 2010,V R 7/10, BStBl. 2011 II S. 391). 98

Insolvenzverfahren

(12) ① Mit der Insolvenzeröffnung über das Vermögen des Organträgers oder der Organgesellschaft endet die Organschaft (vgl. BFH-Urteil vom 15. 12. 2016, V R 14/16, BStBl. 2017 II S. 600). ② Dies gilt jeweils auch bei Bestellung eines Sachwalters im Rahmen der Eigenverwaltung nach §§ 270 ff. InsO. ③ Wird im Rahmen der Anordnung von Sicherungsmaßnahmen über das Vermögen des Organträgers oder der Organgesellschaft ein vorläufiger Insolvenzverwalter bestellt, endet die Organschaft mit dessen Bestellung bereits vor Eröffnung des Insolvenzverfahrens, wenn der vorläufige Insolvenzverwalter den maßgeblichen Einfluss auf den Schuldner erhält und eine Beherrschung der Organgesellschaft durch den Organträger nicht mehr möglich ist. ④ Dies ist insbesondere der Fall, wenn der vorläufige Insolvenzverwalter wirksame rechtsgeschäftliche Verfügungen des Schuldners aufgrund eines Zustimmungsvorbehalts nach § 21 Abs. 2 Nr. 2 Alt. 2 InsO verhindern kann (vgl. BFH-Urteile vom 8. 8. 2013, V R 18/13, BStBl. 2017 II 99

S. 543, vom 3. 7. 2014, V R 32/13, BStBl. 2017 II S. 666, und vom 24. 8. 2016, V R 36/15, BStBl. 2017 II S. 595). ⑤ Die Sätze 1 bis 4 gelten auch in den Fällen, in denen für den Organträger und die Organgesellschaft ein personenidentischer Sachwalter, vorläufiger Insolvenzverwalter oder Insolvenzverwalter bestellt wird. ⑥ Hingegen beenden weder die Anordnung der vorläufigen Eigenverwaltung beim Organträger noch die Anordnung der vorläufigen Eigenverwaltung bei der Organgellschaft eine Organschaft, wenn das Insolvenzgericht lediglich bestimmt, dass ein vorläufiger Sachwalter bestellt wird sowie eine Anordnung gemäß § 21 Abs. 2 Satz 1 Nr. 3 InsO erlässt (vgl. BFH-Urteil vom 27. 11. 2019, XI R 35/17, BStBl. 2021 II S. 252). ⑦ Satz 6 gilt nicht für vorläufige Eigenverwaltungsverfahren, die nach dem 31. 12. 2020 angeordnet wurden, es sei denn, diese fallen unter die Anwendung des § 5 Abs. 1 COVID19-Insolvenzaussetzungsgesetz (COVInsAG).

LS zu 2.8

Aus dem Wortlaut des Art. 11 MwStSystRL geht nicht hervor, dass **nichtsteuerpflichtige Personen** nicht in eine **Mehrwertsteuergruppe** einbezogen werden können. Vgl. ***EuGH-Urteil v. 9. 4. 2013,*** *C-85/11, Kommission/Irland (MwStR S. 238).*

100 Der BFH hat dem EuGH u. a. die Frage vorgelegt, ob bei einer Organschaft Steuerpflichtiger ein Mitglied der **Mehrwertsteuergruppe** (der Organträger) ist oder die Mitglieder der Organschaft als Gruppe. *BFH-Beschlüsse v. 11. 12. 2019 XI R 16/18 (DStR 2020 S. 645) und v. 7. 5. 2020 V R 40/19 (MwStR S. 668) – Verfahren EuGH C-141/20 u. C-269/20.*

Der **Organträger** hat auch nach Aufhebung der gegenüber einer vermeintlichen Organgesellschaft ergangenen Umsatzsteuerbescheide **keinen unmittelbaren Anspruch auf Erstattung der Umsatzsteuer,** welche die Organgesellschaft zugunsten ihres eigenen Umsatzsteuerkontos gezahlt hat. *BFH-Urteil v. 23. 8. 2001 VII R 94/99 (BStBl. 2002 II S. 330).*

1. Hat das für die Besteuerung der Organgesellschaft zuständige FA den **Umsatzsteuererstattungsbetrag** nicht an die Organgesellschaft, sondern an das für die Organträgerin zuständige FA – zugunsten des Steuerkontos der Organträgerin – überwiesen, und ist dieser Betrag dort mit Umsatzsteuerschulden der Organträgerin verrechnet worden, so stellt die Überweisung des Erstattungsbetrags keine Leistung des für die Organgesellschaft zuständigen FA an die Organträgerin dar und löst folglich auch keinen Rückforderungsanspruch dieses FA gegenüber der Organträgerin aus. – 2. Die Überweisung eines Geldbetrags von einem FA an ein anderes FA – zugunsten des Steuerkontos eines dort veranlagten Steuerpflichtigen – kann nicht wie die Zahlung eines Dritten auf eine fremde Schuld behandelt werden, hat also keine unmittelbare Tilgungswirkung. *BFH-Urt. v. 16. 12. 2008 – VII R 7/08 (BStBl. 2009 II S. 514).*

Dritter i. S. von § 174 Abs. 4 i. V. m. Abs. 5 AO ist im Verfahren der Organträgerin auch die **Organgesellschaft.** *BFH-Urteil v. 19. 12. 2013 V R 5/12 (BStBl. 2016 II S. 585).*

1. Beantragt der Organträger die Änderung der Umsatzsteuerfestsetzungen dahingehend, dass bei seiner Besteuerung die Umsätze und Leistungsbezüge der Organgesellschaft außer Ansatz bleiben, da die Voraussetzungen einer umsatzsteuerrechtlichen Organschaft nicht erfüllt seien, kann die **Organgesellschaft** im finanzgerichtlichen Verfahren **beigeladen** werden. – 2. Eine Beiladung kommt nur dann nicht in Betracht, wenn die Interessen der Organgesellschaft durch den Ausgang des anhängigen Rechtsstreits eindeutig nicht berührt sein können. *BFH-Beschluss v. 25. 3. 2014 XI B 127/13 (BFH/NV S. 1012).*

Unterstellt eine juristische Person gemäß oder entsprechend § 291 AktG die Leitung ihrer Gesellschaft einem anderen Unternehmen, führen die auf diesem **Beherrschungsvertrag** beruhenden umfassenden Weisungsrechte anders als die sich aus der Stellung als Mehrheitsgesellschafter gem. § 46 Nr. 6 GmbHG ergebenden Weisungsrechte zur organisatorischen Eingliederung. *BFH-Urteil v. 10. 5. 2017 V R 7/16 (BStBl. II S. 1261).*

1. Zu einer wirtschaftlichen Eingliederung durch **Darlehen** kann es nur kommen, wenn diese im Rahmen eines Unternehmens gewährt werden. Darlehen durch entgeltliches Stehenlassen von Ansprüchen reichen nicht. – 2. Hat der Mehrheitsgesellschafter die Umsätze der Tochtergesellschaft für das FA erkennbar in seiner **Steueranmeldung** erfasst, obwohl die Voraussetzungen für eine Organschaft nicht gegeben sind, beginnt die Festsetzungsfrist bei der Tochtergesellschaft gemäß § 170 Abs. 2 Satz 1 Nr. 1 AO mit Ablauf des Kalenderjahrs, in dem der Mehrheitsgesellschafter die Steueranmeldung abgegeben hat. *BFH-Beschluss v. 13. 11. 2019 V R 30/18 (BStBl. 2021 II S. 248).*

Die für die wirtschaftliche Eingliederung erforderliche Verflechtung der Unternehmensbereiche von Organträger und Organgesellschaft kann auf entgeltlichen Leistungen des Mehrheitsgesellschafters (Organträger) gegenüber seiner Tochtergesellschaft (Organgesellschaft) beruhen, wenn diesen für das Unternehmen der Organgesellschaft mehr als nur unwesentliche (geringfügige) Bedeutung zukommt. Diese Voraussetzung ist erfüllt, wenn eine **Rechtsanwalts-GmbH** Rechtsanwaltsdienstleistungen von ihrem Alleingesellschafter-Geschäftsführer, einem Rechtsanwalt, bezieht. *BFH-Urteil v. 18. 9. 2019 XI R 39/17 (MwStR 2020 S. 576).*

1. Für die wirtschaftliche Eingliederung i. S. von § 2 Abs. 2 Nr. 2 UStG müssen die Unternehmensbereiche von Organträger und Organgesellschaft miteinander verflochten sein. Dabei kann die wirtschaftliche Eingliederung auch auf der Verflechtung zwischen den Unternehmensbereichen zweier Organgesellschaften beruhen. Es müssen aber mehr als nur unerhebliche Beziehungen zwischen den Unternehmensbereichen bestehen. Hieran fehlt es bei der Vermietung von ohne weiteres austauschbaren **Büroräumen.** – 2. … *BFH-Urt. v. 1. 2. 2022 V R 23/21 (DStR S. 1952).*

1. Eine juristische Person ist iSv § 2 Abs. 2 Nr. 2 UStG finanziell eingegliedert, wenn der Organträger über eine **eigene Mehrheitsbeteiligung** verfügt. – 2. Für die organisatorische Eingliederung muss der Organträger im Regelfall mit der juristischen Person über deren Geschäftsführung **personell verflochten** sein. *BFH-Urteil v. 2. 12. 2015 V R 15/14 (BStBl. 2017 II S. 553).*

Die Organschaft setzt nach § 2 Abs. 2 Nr. 2 UStG die **Eingliederung** in das Unternehmen des Organträgers voraus. *BFH-Urteil v. 2. 12. 2015 V R 67/14 (BStBl. 2017 II S. 560).*

Überträgt ein Einzelunternehmer sein Unternehmensvermögen mit Ausnahme des Anlagevermögens auf eine KG, die seine bisherige Unternehmenstätigkeit fortsetzt und das Anlagevermögen auf eine GbR, die das Anlagevermögen ihrem Gesellschaftszweck entsprechend der KG unentgeltlich zur Verfügung stellt, liegt nur im Verhältnis zur KG, nicht aber auch zur GbR eine nichtsteuerbare Geschäftsveräußerung (§ 1 Abs. 1 a UStG) vor. *BFH-Urteil v. 3. 12. 2015 V R 36/13 (BStBl. 2017 II S. 563).*

Neben einer juristischen Person kann auch eine **Personengesellschaft** in das Unternehmen des Organträgers **eingegliedert** sein, wenn Gesellschafter der Personengesellschaft neben dem Organträger nur Personen sind, die nach § 2 Abs. 2 Nr. 2 UStG in das Unternehmen des Organträgers finanziell eingegliedert sind (Änderung der Rechtsprechung). *BFH-Urteil v. 2. 12. 2015 V R 25/13 (BStBl. 2017 II S. 547).*

Das *FG Berlin-Brandenburg* hat dem EuGH mit *Beschluss v. 21. 11. 2019 5 K 5044/19 (DStR 2020 S. 281)* u. a. die Frage vorgelegt, ob eine **Personengesellschaft** (hier: eine GmbH & Co. KG) auch dann Organgesellschaft sein kann, wenn an ihr auch nicht finanziell in das Unternehmen des Organträgers eingegliederte Personen beteiligt sind. Der *EuGH* hat daraufhin mit *Urteil vom 15. 4. 2021, C-868/19 M-GmbH (DStR S. 915)* entschieden, dass Art. 11 MwStSystRL einer nationalen Regelung entgegensteht, die die Möglichkeit für eine Personengesellschaft, zusammen mit dem Unternehmen des Organträgers eine als ein Mehrwertsteuerpflichtiger zu behandelnde Personengruppe zu bilden, davon abhängig macht, dass Gesellschafter der Personengesellschaft neben dem Organträger nur Personen sind, die in dieses Unternehmen **finanziell eingegliedert** sind. LS zu 2.8

1. Einer **geschäftsleitenden Holding,** die an der Verwaltung einer Tochtergesellschaft teilnimmt und insoweit eine wirtschaftliche Tätigkeit ausübt, steht für Vorsteuerbeträge, die im Zusammenhang mit dem Erwerb von Beteiligungen an dieser Tochtergesellschaft stehen, grundsätzlich der volle **Vorsteuerabzug** zu. – 2. Steuerfreie Einlagen bei Kreditinstituten, die zur Haupttätigkeit des Unternehmers gehören, sind keine „Hilfsumsätze" i. S. des § 43 Nr. 3 UStDV. – 3. § 2 Abs. 2 Nr. 2 Satz 1 UStG kann in einer mit Art. 4 Abs. 4 Unterabs. 2 der Richtlinie 77/388/EWG zu vereinbarenden Weise richtlinienkonform dahingehend ausgelegt werden, dass der Begriff „juristische Person" auch eine **GmbH & Co. KG** umfasst. *BFH-Urteil v. 19. 1. 2016 XI R 38/12 (BStBl. 2017 II S. 567).* – Ebenso *BFH-Urteil v. 1. 6. 2016 XI R 17/11 (BStBl. 2017 II S. 581).*

1. Kosten, die einer **Holdinggesellschaft** im Zusammenhang mit dem **Erwerb von Beteiligungen** an Tochtergesellschaften entstehen, in deren Verwaltung sie durch das Erbringen von administrativen, finanziellen, kaufmännischen oder technischen Dienstleistungen Eingriffe vornimmt, eröffnen ihr hinsichtlich der für diese Kosten bezahlten Mehrwertsteuer grundsätzlich ein Recht auf vollständigen Vorsteuerabzug. – 2. An dem erforderlichen Zusammenhang mit dem Beteiligungserwerb fehlt es, wenn das eingeworbene Kapital in keinem Verhältnis zu dem Beteiligungserwerb steht. – 3. Werden Leistungsbezüge sowohl für eine wirtschaftliche als auch für eine nichtwirtschaftliche Tätigkeit verwendet, ist eine **Vorsteueraufteilung** analog § 15 Abs. 4 UStG vorzunehmen. *BFH-Urteil v. 6. 4. 2016 V R 6/14 (BStBl. 2017 II S. 577).*

Eine organisatorische Eingliederung ist auch **ohne Personenidentität** in den Leitungsgremien des Organträgers und der Organgesellschaft möglich, wenn der Organträger institutionell abgesichert die laufende Geschäftsführung der Organgesellschaft beherrscht. *BFH-Urteil v. 12. 10. 2016 XI R 30/14 (BStBl. 2017 II S. 597).*

Zwischen **Schwestergesellschaften** besteht auch unter Berücksichtigung des Unionsrechts keine Organschaft nach § 2 Abs. 2 Nr. 2 UStG. *BFH-Urteil v. 24. 8. 2016 V R 36/15 (BStBl. 2017 II S. 595).*

1. … – 2. Nach § 2 Abs. 2 Nr. 2 UStG kann im Verhältnis zwischen zwei Schwestergesellschaften nicht bestimmt werden, welche Schwestergesellschaft Organträger und welche Organgesellschaft ist, so dass ohne Einbeziehung des gemeinsamen Gesellschafters keine Organschaft zwischen den beiden Schwestergesellschaften besteht (Festhalten an BFH-Urteil vom 1. 12. 2010 XI R 43/08, BStBl. II 2011 S. 600). *BFH-Urt. v. 1. 2. 2022 V R 23/21 (BStBl. 2023 II S. 148).*

Die Organgesellschaft setzt die Eingliederung in das Unternehmen des Organträgers voraus (keine Organschaft mit **Nichtunternehmer**). *BFH-Urteile v. 2. 12. 2015 V R 67/14 (BStBl. 2017 II S. 560) und v. 10. 8. 2016 XI R 41/14 (BStBl. 2017 II S. 590).*

Bei einer Organschaft bezieht der Organträger die Eingangsleistung, so dass es für **§ 13 b Abs. 5 Satz 2** i. V. m. Abs. 2 Nr. 4 UStG auf die Außenumsätze des Organkreises ankommt. *BFH-Urteil v. 23. 7. 2020 V R 32/19 (BStBl. 2021 II S. 793).*

1. Ist für eine **Organgesellschaft** entgegen § 2 Abs. 2 Nr. 2 UStG eine **Steuerfestsetzung** ergangen, ergibt sich hieraus eine **Drittwirkung** iSv § 166 AO. Der Organträger kann dann keinen Vorsteuerabzug aus Eingangsleistungen geltend machen, die von Dritten über die Organgesellschaft bezogen wurden. Das Recht des Organträgers, die Nichtbesteuerung von Innenleistungen geltend zu machen, die er an die Organgesellschaft erbracht hat, bleibt unberührt. – 2. Bei einer Rechtsprechungsänderung können Organträger und Organgesellschaften nicht beanspruchen, im selben Besteuerungszeitraum für den einen Unternehmensteil (hier: Organgesellschaft) auf der Grundlage der bisherigen Rechtsprechung und für den anderen Unternehmensteil (hier: Organträger) nach der geänderten Rechtsprechung besteuert zu werden. *BFH-Urteil v. 26. 8. 2021 V R 13/20 (DStR S. 2345).*

– Insolvenz –

Durch die **Anordnung der Sequestration** endet die umsatzsteuerliche Organschaft nur dann, wenn der Sequester den maßgeblichen Einfluss auf die Organgesellschaft erhält und ihm eine vom Willen des Organträgers abweichende Willensbildung in der Organgesellschaft möglich ist. *BFH-Urt. v. 16. 8. 2001 – V R 34/01 (BFH/NV 2002 S. 233).* **101**

Weder die **Anordnung der vorläufigen Eigenverwaltung** beim Organträger noch die Anordnung der vorläufigen Eigenverwaltung bei der Organgesellschaft beenden eine Organschaft, wenn das Insolvenzgericht lediglich bestimmt, dass ein vorläufiger Sachwalter bestellt wird, sowie eine Anordnung gemäß § 21 Abs. 2 Satz 1 Nr. 3 InsO erlässt. *BFH-Urteil v. 27. 11. 2019 XI R 35/17 (BStBl. 2022 II S. 252).*

1. Der Umsatzsteuer unterliegende Entgeltforderungen aus Lieferungen und sonstigen Leistungen an den späteren Gemeinschuldner [Organgesellschaft] werden spätestens im Augenblick der **Insolvenzeröffnung** unbeschadet einer möglichen Insolvenzquote in voller Höhe uneinbringlich. – 2. Wird das uneinbringlich gewordene Entgelt nachträglich vereinnahmt, ist der Umsatzsteuerbetrag erneut zu **berichtigen** (§ 17 Abs. 2 Nr. 1 Satz 2 UStG). Das gilt auch für den Fall, dass der Insolvenzverwalter die durch die Eröffnung uneinbringlich gewordene Forderung erfüllt (Änderung der Rechtsprechung). *BFH-Urt. v. 22. 10. 2009, V R 14/08 (BStBl. 2011 II S. 988).*

1. Der **Vorsteuerrückforderungsanspruch,** der infolge der Uneinbringlichkeit der Leistungsentgelte bei der Organgesellschaft entstanden ist, richtet sich gegen den Organträger, wenn die Organschaft noch bis zur Uneinbringlichkeit des Leistungsentgelts bestanden hat. – 2. *[LS zu 17.1 (Rz. 31)]. FG München, Urt. v. 26. 2. 2010, 14 K 1705/07, rkr. (DStRE 2011 S. 558).*

Es ist ernstlich zweifelhaft, ob die **Zusammenfassung mehrerer Personen** zu einem Unternehmen durch die umsatzsteuerrechtliche Organschaft **nach der Eröffnung des Insolvenzverfahrens** fortbesteht. Dies gilt gleichermaßen für die Insolvenzeröffnung beim Organträger wie auch bei der Organgesellschaft. *BFH-Beschluss v. 19. 3. 2014 V B 14/14 (DStR S. 793).*

Rechtsfolgen bei **Beendigung** der Organschaft vgl. *OFD Niedersachsen S 7105 – 49 – St 186 v. 27. 7. 2017 (DStR S. 1826).* Insbesondere in Fällen der Insolvenz, *OFD Frankfurt S 7105 A – 21 – St 110.2 v. 28. 7. 2021 (DStR 2022 S. 205).*

1. Mit der Insolvenzeröffnung über das Vermögen des **Organträgers** endet die Organschaft. 2. Unabhängig von den Verhältnissen beim Organträger endet die Organschaft jedenfalls mit der Insolvenzeröffnung bei der **Organgesellschaft.** *BFH-Urteil v. 15. 12. 2016 V R 14/16 (BStBl. 2017 II S. 600).*

– Juristische Personen d. öff. R. –

1. Bei richtlinienkonformer Auslegung nach Art. 4 Abs. 5 der Sechsten MwSt-Richtlinie 77/388/EWG ist eine **juristische Person des öffentlichen Rechts** Unternehmer i. S. von § 2 Abs. 3 UStG i. V. m. § 4 KStG, wenn sie Leistungen gegen Entgelt auf privatrechtlicher Grundlage unter den gleichen rechtlichen Bedingungen wie ein privater Wirtschaftsteilnehmer erbringt. – 2. Die **organisatorische Eingliederung** i. S. von § 2 Abs. 2 Nr. 2 UStG kann sich daraus ergeben, dass die Geschäftsführer der Organgesellschaft leitende Mitarbeiter des Organträgers sind. – 3. Für die **wirtschaftliche Eingliederung** i. S. von § 2 Abs. 2 Nr. 2 UStG muss eine Verflechtung zwischen den Unternehmensbereichen des Organträgers **102**

und der Organgesellschaft bestehen. Stellt der Organträger für eine von der Organgesellschaft bezogene Leistung unentgeltlich Material bei, reicht dies zur Begründung der wirtschaftlichen Eingliederung nicht aus. – 4. Die wirtschaftliche Eingliederung kann sich auch aus einer Verflechtung zwischen den Unternehmensbereichen verschiedener Organgesellschaften ergeben. Ist die wirtschaftliche Eingliederung zu bejahen, sind Leistungen der Organgesellschaft an den Organträger auch dann als sog. Innenleistung nichtsteuerbar, wenn der Organträger die Leistungen für nichtunternehmerische Zwecke verwendet. *BFH-Urt. v. 20. 8. 2009, V R 30/06 (BStBl. 2010 II S. 863).*

Anl a zu 2.8

a) Schreiben betr. Auswirkungen der Anordnungen der vorläufigen Eigenverwaltung unter Bestellung eines vorläufigen Sachwalters und Erlass einer Anordnung iSv § 21 Abs. 2 S. 1 Nr. 3 InsO auf eine umsatzsteuerliche Organschaft

Vom 4. März 2021 (BStBl. I S. 316)

(BMF III C 2 – S 7105/20/10001 :001; DOK 2021/0174033)

[abgedruckt im USt-Handbuch 2021 als Anlage a zu A 2.8]

Anl b zu 2.8

b) Schreiben betr. Auswirkungen der Anordnungen der vorläufigen Eigenverwaltung unter Bestellung eines vorläufigen Sachwalters und Erlass einer Anordnung iSv § 21 Abs. 2 S. 1 Nr. 3 InsO auf eine umsatzsteuerliche Organschaft

Anwendungsregelung zum BMF-Schreiben vom 4. März 2021, siehe Anl. a zu 2.8

Vom 22. Juni 2021 (BStBl. I S. 856)

(BMF III C 2 – S 7105/20/10 001:001; DOK 2021/0458682)

[abgedruckt im USt-Handbuch 2021 als Anlage b zu A 2.8]

UStAE 2.9

2.9 Beschränkung der Organschaft auf das Inland

Allgemeines

111 (1) ① Die Wirkungen der Organschaft sind nach § 2 Abs. 2 Nr. 2 Satz 2 UStG auf Innenleistungen zwischen den im Inland gelegenen Unternehmensteilen beschränkt. ② Sie bestehen nicht im Verhältnis zu den im Ausland gelegenen Unternehmensteilen sowie zwischen diesen Unternehmensteilen. ③ Die im Inland gelegenen Unternehmensteile sind nach § 2 Abs. 2 Nr. 2 Satz 3 UStG als ein Unternehmen zu behandeln.

112 (2) ① Der Begriff des Unternehmens in § 2 Abs. 1 Satz 2 UStG bleibt von der Beschränkung der Organschaft auf das Inland unberührt. ② Daher sind grenzüberschreitende Leistungen innerhalb des Unternehmens, insbesondere zwischen dem Unternehmer, z. B. Organträger oder Organgesellschaft, und seinen Betriebsstätten (Abschnitt 3 a.1 Abs. 3) oder umgekehrt – mit Ausnahme von Warenbewegungen auf Grund eines innergemeinschaftlichen Verbringens (vgl. Abschnitt 1 a.2) – nicht steuerbare Innenumsätze.

Im Inland gelegene Unternehmensteile

113 (3) Im Inland gelegene Unternehmensteile im Sinne der Vorschrift sind

1. der Organträger, sofern er im Inland ansässig ist,
2. die im Inland ansässigen Organgesellschaften des in Nummer 1 bezeichneten Organträgers,
3. die im Inland gelegenen Betriebsstätten, z. B. Zweigniederlassungen, des in Nummer 1 bezeichneten Organträgers und seiner im Inland und Ausland ansässigen Organgesellschaften,
4. die im Inland ansässigen Organgesellschaften eines Organträgers, der im Ausland ansässig ist,
5. die im Inland gelegenen Betriebsstätten, z. B. Zweigniederlassungen, des im Ausland ansässigen Organträgers und seiner im Inland und Ausland ansässigen Organgesellschaften.

114 (4)[1] ① Die Ansässigkeit des Organträgers und der Organgesellschaften beurteilt sich danach, wo sie ihre Geschäftsleitung haben. ② Im Inland gelegene und vermietete Grundstücke sind wie Betriebsstätten zu behandeln. ③ § 1 Abs. 3 Satz 1 Nr. 2 Buchstabe b UStG bewirkt nicht, dass ein im Freihafen ansässiger Unternehmensteil als im Inland ansässig gilt (vgl. BFH-Urteil vom 22. 2. 2017 – XI R 13/15, BStBl. II 2021 S. 782).

115 (5) ① Die im Inland gelegenen Unternehmensteile sind auch dann als ein Unternehmen zu behandeln, wenn zwischen ihnen keine Innenleistungen ausgeführt werden. ② Das gilt aber nicht, soweit im Ausland Betriebsstätten unterhalten werden (vgl. Absätze 6 und 8).

[1] A 2.9 UStAE Abs. 4 Satz 3 angefügt durch BMF v. 20. 12. 2022 (BStBl. I S. 1694).

Organträger im Inland

UStAE 2.9

(6) ① Ist der Organträger im Inland ansässig, umfasst das Unternehmen die in Absatz 3 Nr. 1 bis 3 bezeichneten Unternehmensteile. ② Es umfasst nach Absatz 2 auch die im Ausland gelegenen Betriebsstätten des Organträgers. ③ Unternehmer und damit Steuerschuldner im Sinne des § 13 a Abs. 1 Satz 1 UStG ist der Organträger. ④ Hat der Organträger Organgesellschaften im Ausland, gehören diese umsatzsteuerrechtlich nicht zum Unternehmen des Organträgers. ⑤ Die Organgesellschaften im Ausland können somit im Verhältnis zum Unternehmen des Organträgers und zu Dritten sowohl Umsätze ausführen als auch Leistungsempfänger sein. ⑥ Bei der Erfassung von steuerbaren Umsätzen im Inland sowie bei Anwendung der Steuerschuldnerschaft des Leistungsempfängers (vgl. Abschnitte 13 b.1 und 13 b.11) und des Vorsteuer-Vergütungsverfahrens sind sie jeweils für sich als im Ausland ansässige Unternehmer anzusehen. ⑦ Im Ausland gelegene Betriebsstätten von Organgesellschaften im Inland sind zwar den jeweiligen Organgesellschaften zuzurechnen, gehören aber nicht zum Unternehmen des Organträgers (vgl. Absatz 2). ⑧ Leistungen zwischen den Betriebsstätten und dem Organträger oder anderen Organgesellschaften sind daher keine Innenumsätze. 116

Beispiel 1:

① Der im Inland ansässige Organträger O hat im Inland eine Organgesellschaft T 1, in Frankreich eine Organgesellschaft T 2 und in der Schweiz eine Betriebsstätte B. ② O versendet Waren an T 1, T 2 und B.

③ Zum Unternehmen des O (Unternehmer) gehören T 1 und B. ④ Zwischen O und T 1 sowie zwischen O und B liegen nicht steuerbare Innenleistungen vor. ⑤ O bewirkt an T 2 steuerbare Lieferungen, die unter den Voraussetzungen der § 4 Nr. 1 Buchstabe b, § 6 a UStG als innergemeinschaftliche Lieferungen steuerfrei sind.

Beispiel 2:

① Sachverhalt wie Beispiel 1. ② T 2 errichtet im Auftrag von T 1 eine Anlage im Inland. ③ Sie befördert dazu Gegenstände aus Frankreich zu ihrer Verfügung in das Inland.

④ T 2 bewirkt eine steuerbare und steuerpflichtige Werklieferung (§ 13 b Abs. 2 Nr. 1 UStG) an O. ⑤ O schuldet die Steuer für diese Lieferung nach § 13 b Abs. 5 Satz 1 UStG. ⑥ Die Beförderung der Gegenstände in das Inland ist kein innergemeinschaftliches Verbringen (vgl. Abschnitt 1 a.2 Abs. 10 Nr. 1).

Beispiel 3:

① Sachverhalt wie in Beispiel 1, aber mit der Abweichung, dass B die (schweizerische) Betriebsstätte der im Inland ansässigen Organgesellschaft T 1 ist. ② O versendet Waren an B und an T 1. ③ T 1 versendet die ihr von O zugesandten Waren an B.

④ O bewirkt an B steuerbare Lieferungen, die unter den Voraussetzungen der § 4 Nr. 1 Buchstabe a, § 6 UStG als Ausfuhrlieferungen steuerfrei sind. ⑤ Zwischen O und T 1 sowie T 1 und B werden durch das Versenden von Waren nicht steuerbare Innenleistungen bewirkt.

Organträger im Ausland

(7) ① Ist der Organträger im Ausland ansässig, ist die Gesamtheit der in Absatz 3 Nr. 4 und 5 bezeichneten Unternehmensteile als ein Unternehmen zu behandeln. ② In diesem Fall gilt nach § 2 Abs. 2 Nr. 2 Satz 4 UStG der wirtschaftlich bedeutendste Unternehmensteil im Inland als der Unternehmer und damit als der Steuerschuldner im Sinne des § 13 a Abs. 1 Nr. 1 UStG. ③ Wirtschaftlich bedeutendster Unternehmensteil im Sinne des § 2 Abs. 2 Nr. 2 Satz 4 UStG kann grundsätzlich nur eine im Inland ansässige Organgesellschaft sein. ④ Hat der Organträger mehrere Organgesellschaften im Inland, kann der wirtschaftlich bedeutendste Unternehmensteil nach der Höhe des Umsatzes bestimmt werden, sofern sich die in Betracht kommenden Finanzämter nicht auf Antrag der Organgesellschaften über einen anderen Maßstab verständigen. ⑤ Diese Grundsätze gelten entsprechend, wenn die im Inland gelegenen Unternehmensteile nur aus rechtlich unselbständigen Betriebsstätten bestehen. ⑥ Bereitet die Feststellung des wirtschaftlich bedeutendsten Unternehmensteils Schwierigkeiten oder erscheint es aus anderen Gründen geboten, kann zugelassen werden, dass der im Ausland ansässige Organträger als Bevollmächtigter für den wirtschaftlich bedeutendsten Unternehmensteil dessen steuerliche Pflichten erfüllt. ⑦ Ist der Organträger ein ausländisches Versicherungsunternehmen im Sinne des VAG, gilt als wirtschaftlich bedeutendster Unternehmensteil im Inland die Niederlassung, für die nach § 68 Abs. 2 VAG ein Hauptbevollmächtigter bestellt ist; bestehen mehrere derartige Niederlassungen, gilt Satz 4 entsprechend. 117

(8) ① Unterhalten die im Inland ansässigen Organgesellschaften Betriebsstätten im Ausland, sind diese der jeweiligen Organgesellschaft zuzurechnen, gehören aber nicht zur Gesamtheit der im Inland gelegenen Unternehmensteile. ② Leistungen zwischen den Betriebsstätten und den anderen Unternehmensteilen sind daher keine Innenumsätze. 118

(9) ① Der Organträger und seine im Ausland ansässigen Organgesellschaften bilden jeweils gesonderte Unternehmen. ② Sie können somit an die im Inland ansässigen Organgesellschaften Umsätze ausführen und Empfänger von Leistungen dieser Organgesellschaften sein. ③ Auch für die Erfassung der im Inland bewirkten steuerbaren Umsätze sowie für die Anwendung des Vorsteuer-Vergütungsverfahrens gelten sie einzeln als im Ausland ansässige Unternehmer. ④ Die im Inland gelegenen Organgesellschaften und Betriebsstätten sind als ein gesondertes Unternehmen zu behandeln. 119

Beispiel 1:

① Der in Frankreich ansässige Organträger O hat im Inland die Organgesellschaften T 1 (Jahresumsatz 2 Mio. €) und T 2 (Jahresumsatz 1 Mio. €) sowie die Betriebsstätte B (Jahresumsatz 2 Mio. €). ② In Belgien hat O noch eine weitere Organgesellschaft T 3. ③ Zwischen T 1, T 2 und B finden Warenlieferungen statt. ④ O und T 3 versenden Waren an B (§ 3 Abs. 6 UStG).

⑤ T 1, T 2 und B bilden das Unternehmen im Sinne von § 2 Abs. 2 Nr. 2 Satz 3 UStG. ⑥ T 1 ist als wirtschaftlich bedeutendster Unternehmensteil der Unternehmer. ⑦ Die Warenlieferungen zwischen T 1, T 2 und B sind als Innenleistungen nicht steuerbar. ⑧ T 1 hat die von O und T 3 an B versandten Waren als innergemeinschaftlichen Erwerb zu versteuern.

Beispiel 2:

① Sachverhalt wie Beispiel 1. ② T 3 führt im Auftrag von T 2 eine sonstige Leistung im Sinne des § 3 a Abs. 2 UStG aus.

③ Es liegt eine Leistung an einen Unternehmer vor, der sein Unternehmen im Inland betreibt. ④ Die Leistung ist daher nach § 3 a Abs. 2 UStG steuerbar und steuerpflichtig. ⑤ T 1 als Unternehmer und umsatzsteuerrechtlicher Leistungsempfänger schuldet die Steuer nach § 13 b Abs. 5 UStG.

Beispiel 3:

① Der Organträger O in Frankreich hat die Organgesellschaften T 1 in Belgien und T 2 in den Niederlanden. ② Im Inland hat er keine Organgesellschaft. ③ T 1 hat im Inland die Betriebsstätte B 1 (Jahresumsatz 500 000 €), T 2 die Betriebsstätte B 2 (Jahresumsatz 300 000 €). ④ O hat abziehbare Vorsteuerbeträge aus der Anmietung einer Lagerhalle im Inland.

⑤ B 1 und B 2 bilden das Unternehmen im Sinne von § 2 Abs. 2 Nr. 2 Satz 3 UStG. ⑥ B 1 ist als wirtschaftlich bedeutendster Unternehmensteil der Unternehmer. ⑦ O kann die abziehbaren Vorsteuerbeträge im Vorsteuer-Vergütungsverfahren geltend machen.

Beispiel 4:

① Der in Japan ansässige Organträger O hat in der Schweiz die Organgesellschaft T und im Inland die Betriebsstätte B. ② O und T versenden Waren an B und umgekehrt. ③ Außerdem hat O abziehbare Vorsteuerbeträge aus der Anmietung einer Lagerhalle im Inland.

④ B gehört einerseits zum Unternehmen des O (§ 2 Abs. 1 Satz 2 UStG) und ist andererseits nach § 2 Abs. 2 Nr. 2 Satz 3 UStG ein Unternehmen im Inland. ⑤ Die bei der Einfuhr der an B versandten Waren anfallende Einfuhrumsatzsteuer ist unter den Voraussetzungen des § 15 UStG bei B als Vorsteuer abziehbar. ⑥ Soweit B an O Waren versendet, werden Innenleistungen bewirkt, die deshalb nicht steuerbar sind. ⑦ Die Lieferungen von B an T sind steuerbar und unter den Voraussetzungen der § 4 Nr. 1 Buchstabe a und § 6 UStG als Ausfuhrlieferungen steuerfrei. ⑧ O kann die abziehbaren Vorsteuerbeträge im Vorsteuer-Vergütungsverfahren geltend machen, da mit Japan Gegenseitigkeit besteht und somit eine Vergütung nach § 18 Abs. 9 Satz 4 UStG nicht ausgeschlossen ist (vgl. Abschnitt 18.11 Abs. 4).

UStAE 2.10

2.10 Unternehmereigenschaft und Vorsteuerabzug bei Vereinen, Forschungsbetrieben und ähnlichen Einrichtungen[1]

Unternehmereigenschaft

125 (1) ① Soweit Vereine Mitgliederbeiträge vereinnahmen, um in Erfüllung ihres satzungsmäßigen Gemeinschaftszwecks die Gesamtbelange ihrer Mitglieder wahrzunehmen, ist ein Leistungsaustausch nicht gegeben (vgl. BFH-Urteil vom 12. 4. 1962, V 134/59 U, BStBl. III S. 260, und Abschnitt 1.4 Abs. 1). ② In Wahrnehmung dieser Aufgaben sind die Vereine daher nicht Unternehmer (vgl. BFH-Urteile vom 28. 11. 1963, II 181/61 U, BStBl. 1964 III S. 114, und vom 30. 9. 1965, V 176/63 U, BStBl. III S. 682, und Abschnitt 2.3 Abs. 1 a). ③ Das Gleiche gilt für Einrichtungen, deren Aufgaben ausschließlich durch Zuschüsse finanziert werden, die nicht das Entgelt für eine Leistung darstellen, z. B. Forschungsbetriebe. ④ Vereinnahmen Vereine, Forschungsbetriebe oder ähnliche Einrichtungen neben echten Mitgliederbeiträgen und Zuschüssen auch Entgelte für Lieferungen oder sonstige Leistungen, sind sie nur insoweit Unternehmer, als ihre Tätigkeit darauf gerichtet ist, nachhaltig entgeltliche Lieferungen oder sonstige Leistungen zu bewirken. ⑤ Daher ist eine nach der Verordnung (EWG) Nr. 2137/85 vom 25. 7. 1985 (ABl. EG Nr. L 199 S. 1) gegründete Europäische wirtschaftliche Interessenvereinigung (EWIV), die gegen Entgelt Lieferungen von Gegenständen oder Dienstleistungen an ihre Mitglieder oder an Dritte bewirkt, Unternehmer (vgl. Artikel 5 MwStVO). ⑥ Der unternehmerische Bereich umfasst die gesamte zur Ausführung der entgeltlichen Leistungen entfaltete Tätigkeit einschließlich aller unmittelbar hierfür dienenden Vorbereitungen. ⑦ Diese Beurteilung gilt ohne Rücksicht auf die Rechtsform, in der die Tätigkeit ausgeübt wird. ⑧ Der umsatzsteuerrechtliche Unternehmerbegriff stellt nicht auf die Rechtsform ab (vgl. Abschnitt 2.1 Abs. 1). ⑨ Außer Vereinen, Stiftungen, Genossenschaften können auch z. B. Kapitalgesellschaften oder Personengesellschaften einen nichtunternehmerischen Bereich besitzen (vgl. BFH-Urteil vom 20. 12. 1984, V R 25/76, BStBl. 1985 II S. 176). ⑩ Sog. Hilfsgeschäfte, die der Betrieb des nichtunternehmerischen Bereichs bei Vereinen und Erwerbsgesellschaften mit sich bringt, sind auch dann als nicht steuerbar zu behandeln, wenn sie wiederholt oder mit einer gewissen Regelmäßigkeit ausgeführt werden. ⑪ Als Hilfsgeschäfte in diesem Sinne sind z. B. anzusehen:

1. Veräußerungen von Gegenständen, die im nichtunternehmerischen Bereich eingesetzt waren, z. B. der Verkauf von gebrauchten Kraftfahrzeugen, Einrichtungsgegenständen und Altpapier,
2. Überlassung des Telefons an im nichtunternehmerischen Bereich tätige Arbeitnehmer zur privaten Nutzung,
3. Überlassung von im nichtunternehmerischen Bereich eingesetzten Kraftfahrzeugen an Arbeitnehmer zur privaten Nutzung.

[1] Auf Hinweis des Bundesrechnungshofs wurde der UStAE zum einheitlichen Vollzug des UStG durch das BMF-Schreiben v. 27. 1. 2023 (BStBl. I S. 314) um spezielle Regelungen betr. die Unternehmereigenschaft von Forschungseinrichtungen ergänzt.

USt AE 2.10

Gesonderter Steuerausweis und Vorsteuerabzug

(2) ① Einrichtungen im Sinne des Absatzes 1, die außerhalb des unternehmerischen Bereichs tätig werden, sind insoweit nicht berechtigt, Rechnungen mit gesondertem Steuerausweis auszustellen. ② Ein trotzdem ausgewiesener Steuerbetrag wird nach § 14c Abs. 2 UStG geschuldet. ③ Der Leistungsempfänger ist nicht berechtigt, diesen Steuerbetrag als Vorsteuer abzuziehen. ④ Zur Möglichkeit einer Rechnungsberichtigung vgl. Abschnitt 14c.2 Abs. 3 und 5. 126

(3) ① Unter den Voraussetzungen des § 15 UStG können die Einrichtungen die Steuerbeträge abziehen, die auf Lieferungen, sonstige Leistungen, den innergemeinschaftlichen Erwerb oder die Einfuhr von Gegenständen für den unternehmerischen Bereich entfallen (vgl. Abschnitt 15.2b Abs. 2). ② Abziehbar sind danach z. B. auch Steuerbeträge für Umsätze, die nur dazu dienen, den unternehmerischen Bereich in Ordnung zu halten oder eine Leistungssteigerung in diesem Bereich herbeizuführen. ③ Maßgebend sind die Verhältnisse im Zeitpunkt des Umsatzes an die Einrichtung. 127

(4) ① Für Gegenstände, die zunächst nur im unternehmerischen Bereich verwendet worden sind, später aber zeitweise dem nichtunternehmerischen Bereich überlassen werden, bleibt der Vorsteuerabzug erhalten. ② Die nichtunternehmerische Verwendung unterliegt aber nach § 3 Abs. 9a Nr. 1 UStG der Umsatzsteuer. ③ Auch eine spätere Überführung in den nichtunternehmerischen Bereich beeinflusst den ursprünglichen Vorsteuerabzug nicht; sie ist eine steuerbare Wertabgabe nach § 3 Abs. 1b Nr. 1 UStG. 128

(5) ① Ist ein Gegenstand oder eine sonstige Leistung sowohl für die unternehmerischen als auch für die nichtunternehmerischen Tätigkeiten der Einrichtung bestimmt, kann der Vorsteuerabzug grundsätzlich nur insoweit in Anspruch genommen werden, als die Aufwendungen hierfür der unternehmerischen Tätigkeit zuzurechnen sind (vgl. BFH-Urteil vom 3. 3. 2011, V R 23/10, BStBl. 2012 II S. 74, Abschnitt 15.2b Abs. 2). ② Hinsichtlich der Änderung des Nutzungsumfangs vgl. Abschnitte 3.3, 3.4 und 15a.1 Abs. 7. 129

Erleichterungen beim Vorsteuerabzug

(6) ① Wegen der Schwierigkeiten bei der sachgerechten Zuordnung der Vorsteuern und bei der Versteuerung der unentgeltlichen Wertabgaben kann das Finanzamt auf Antrag folgende Erleichterungen gewähren: 130

② Die Vorsteuern, die teilweise dem unternehmerischen und teilweise dem nichtunternehmerischen Bereich zuzurechnen sind, werden auf diese Bereiche nach dem Verhältnis aufgeteilt, das sich aus folgender Gegenüberstellung ergibt:

1. Einnahmen aus dem unternehmerischen Bereich abzüglich der Einnahmen aus Hilfsgeschäften dieses Bereichs

   und
2. Einnahmen aus dem nichtunternehmerischen Bereich abzüglich der Einnahmen aus Hilfsgeschäften dieses Bereichs.

③ Hierzu gehören alle Einnahmen, die der betreffenden Einrichtung zufließen, insbesondere die Einnahmen aus Umsätzen, z. B. Veranstaltungen, Gutachten, Lizenzüberlassungen, sowie die Mitgliederbeiträge, Zuschüsse, Spenden usw. ④ Das Finanzamt kann hierbei anordnen, dass bei der Gegenüberstellung das Verhältnis des laufenden, eines früheren oder mehrerer Kalenderjahre zu Grunde gelegt wird. ⑤ Falls erforderlich, z. B. bei Zugrundelegung des laufenden Kalenderjahres, kann für die Voranmeldungszeiträume die Aufteilung zunächst nach dem Verhältnis eines anderen Zeitraums zugelassen werden. ⑥ Außerdem können alle Vorsteuerbeträge, die sich auf die sog. Verwaltungsgemeinkosten beziehen, z. B. die Vorsteuern für die Beschaffung des Büromaterials, einheitlich in den Aufteilungsschlüssel einbezogen werden, auch wenn einzelne dieser Vorsteuerbeträge an sich dem unternehmerischen oder dem nichtunternehmerischen Bereich ausschließlich zuzurechnen wären. ⑦ Werden in diese Aufteilung Vorsteuerbeträge einbezogen, die durch die Anschaffung, die Herstellung, den innergemeinschaftlichen Erwerb oder die Einfuhr einheitlicher Gegenstände, ausgenommen Fahrzeuge im Sinne des § 1b Abs. 2 UStG, angefallen sind, z. B. durch den Ankauf eines für den unternehmerischen und den nichtunternehmerischen Bereich bestimmten Computers, braucht der Anteil der nichtunternehmerischen Verwendung des Gegenstands nicht als unentgeltliche Wertabgabe im Sinne des § 3 Abs. 9a Nr. 1 UStG versteuert zu werden. ⑧ Dafür sind jedoch alle durch die Verwendung oder Nutzung dieses Gegenstands anfallenden Vorsteuerbeträge in die Aufteilung einzubeziehen. ⑨ Bei einer nachträglichen Erhöhung des Anteils der nichtunternehmerischen Verwendung des Gegenstands ist nur der entsprechende Erhöhungsanteil als unentgeltliche Wertabgabe zu versteuern (vgl. Abschnitt 3.4 Abs. 2 Satz 4). ⑩ Die Versteuerung der Überführung eines solchen Gegenstands in den nichtunternehmerischen Bereich als unentgeltliche Wertabgabe (§ 3 Abs. 1b Satz 1 Nr. 1 UStG) bleibt unberührt.

(7) ① Das Finanzamt kann im Einzelfall ein anderes Aufteilungsverfahren zulassen. ② Zum Beispiel kann es gestatten, dass die teilweise dem unternehmerischen Bereich zuzurechnenden Vorsteuern, die auf die Anschaffung, Herstellung und Unterhaltung eines Gebäudes entfallen, insoweit als das Gebäude dauernd zu einem feststehenden Anteil für Unternehmenszwecke 131

UStAE 2.10

verwendet wird, entsprechend der beabsichtigten bzw. tatsächlichen Verwendung und im Übrigen nach dem in Absatz 6 bezeichneten Verfahren aufgeteilt werden.

Beispiel:

① Bei einem Vereinsgebäude, das nach seiner Beschaffenheit dauernd zu 75% als Gastwirtschaft und im Übrigen mit wechselndem Anteil für unternehmerische und nichtunternehmerische Vereinszwecke verwendet wird, können die nicht ausschließlich zurechenbaren Vorsteuern von vornherein zu 75% als abziehbar behandelt werden. ② Der restliche Teil von 25% kann entsprechend dem jeweiligen Einnahmeverhältnis (vgl. Absatz 6) in einen abziehbaren und einen nichtabziehbaren Teil aufgeteilt werden.

132 (8) ① Ein vereinfachtes Aufteilungsverfahren ist nur unter dem Vorbehalt des jederzeitigen Widerrufs zu genehmigen und kann mit Auflagen verbunden werden. ② Es darf nicht zu einem offensichtlich unzutreffenden Ergebnis führen. ③ Außerdem muss sich die Einrichtung verpflichten, das Verfahren mindestens für fünf Kalenderjahre anzuwenden. ④ Ein Wechsel des Verfahrens ist jeweils nur zu Beginn eines Besteuerungszeitraums zu gestatten.

133 (9) Beispiele zur Unternehmereigenschaft und zum Vorsteuerabzug:

Beispiel 1:

① Ein Verein hat die Aufgabe, die allgemeinen ideellen und wirtschaftlichen Interessen eines Berufsstands wahrzunehmen (Berufsverband). ② Er dient nur den Gesamtbelangen aller Mitglieder. ③ Die Einnahmen des Berufsverbands setzen sich ausschließlich aus Mitgliederbeiträgen zusammen.

④ Der Berufsverband wird nicht im Rahmen eines Leistungsaustauschs tätig. ⑤ Er ist nicht Unternehmer. ⑥ Ein Vorsteuerabzug kommt nicht in Betracht.

Beispiel 2:

① Der in Beispiel 1 bezeichnete Berufsverband übt seine Tätigkeit in gemieteten Räumen aus. ② Im Laufe des Jahres hat er seine Geschäftsräume gewechselt, weil die bisher genutzten Räume vom Vermieter selbst beansprucht wurden. ③ Für die vorzeitige Freigabe der Räume hat der Verein vom Vermieter eine Abstandszahlung erhalten. ④ Die übrigen Einnahmen des Vereins bestehen ausschließlich aus Mitgliederbeiträgen.

⑤ Hinsichtlich seiner Verbandstätigkeit, die außerhalb eines Leistungsaustauschs ausgeübt wird, ist der Verein nicht Unternehmer. ⑥ Bei der Freigabe der Geschäftsräume gegen Entgelt liegt zwar ein Leistungsaustausch vor. ⑦ Die Leistung des Vereins ist aber nicht steuerbar, weil die Geschäftsräume nicht im Rahmen eines Unternehmens genutzt worden sind. ⑧ Der Verein ist nicht berechtigt, für die Leistung eine Rechnung mit gesondertem Ausweis der Steuer zu erteilen. ⑨ Ein Vorsteuerabzug kommt nicht in Betracht.

Beispiel 3:

① Der in Beispiel 1 bezeichnete Berufsverband betreibt neben seiner nicht steuerbaren Verbandstätigkeit eine Kantine, in der seine Angestellten gegen Entgelt beköstigt werden. ② Für die Verbandstätigkeit und die Kantine besteht eine gemeinsame Verwaltungsstelle. ③ Der Kantinenbetrieb war in gemieteten Räumen untergebracht. ④ Der Verein löst das bisherige Mietverhältnis und mietet neue Kantinenräume. ⑤ Vom bisherigen Vermieter erhält er für die Freigabe der Räume eine Abstandszahlung. ⑥ Die Einnahmen des Vereins bestehen aus Mitgliederbeiträgen, Kantinenentgelten und der vom Vermieter gezahlten Abstandszahlung.

⑦ Der Verein ist hinsichtlich seiner nicht steuerbaren Verbandstätigkeit nicht Unternehmer. ⑧ Nur im Rahmen des Kantinenbetriebs übt er eine unternehmerische Tätigkeit aus. ⑨ In den unternehmerischen Bereich fällt auch die entgeltliche Freigabe der Kantinenräume. ⑩ Diese Leistung ist daher steuerbar, aber als eine der Vermietung eines Grundstücks gleichzusetzende Leistung nach § 4 Nr. 12 Satz 1 Buchstabe a UStG steuerfrei (vgl. EuGH-Urteil vom 15. 12. 1993, C-63/92, Lubbock Fine, BStBl. 1995 II S. 480). ⑪ Die Vorsteuerbeträge, die dieser Leistung zuzurechnen sind, sind nicht abziehbar. ⑫ Lediglich die den Kantinenumsätzen zuzurechnenden Vorsteuern können abgezogen werden.

⑬ Wendet der Verein eine Vereinfachungsregelung an, kann er die Vorsteuern, die den Kantinenumsätzen ausschließlich zuzurechnen sind, z. B. den Einkauf der Kantinenwaren und des Kantineninventars, voll abziehen. ⑭ Die für die gemeinsame Verwaltungsstelle angefallenen Vorsteuern, z. B. für Büromöbel und Büromaterial, sind nach dem Verhältnis der Einnahmen aus Mitgliederbeiträgen und der Freigabe der Kantinenräume zu den Einnahmen aus dem Kantinenbetrieb aufzuteilen. ⑮ Die Verwendung der Büromöbel der gemeinsamen Verwaltungsstelle für den nichtunternehmerischen Bereich braucht in diesem Fall nicht als unentgeltliche Wertabgabe nach § 3 Abs. 9 a Nr. 1 UStG versteuert zu werden.

Beispiel 4:

① Ein Verein, der ausschließlich satzungsmäßige Gemeinschaftsaufgaben wahrnimmt, erzielt außer echten Mitgliederbeiträgen Einnahmen aus gelegentlichen Verkäufen von im Verein angefallenem Altmaterial und aus der Erstattung von Fernsprechkosten für private Ferngespräche seiner Angestellten.

② Die Altmaterialverkäufe und die Überlassung des Telefons an die Angestellten unterliegen als Hilfsgeschäfte zur nichtunternehmerischen Tätigkeit nicht der Umsatzsteuer. ③ Der Verein ist nicht Unternehmer. ④ Ein Vorsteuerabzug kommt nicht in Betracht.

Beispiel 5:

① Mehrere juristische Personen des öffentlichen Rechts gründen eine GmbH zu dem Zweck, die Möglichkeiten einer Verwaltungsvereinfachung zu untersuchen. ② Die Ergebnisse der Untersuchungen sollen in einem Bericht zusammengefasst werden, der allen interessierten Verwaltungsstellen auf Anforderung kostenlos zu überlassen ist. ③ Die Tätigkeit der GmbH wird ausschließlich durch echte Zuschüsse der öffentlichen Hand finanziert. ④ Weitere Einnahmen erzielt die GmbH nicht.

⑤ Die Tätigkeit der GmbH vollzieht sich außerhalb eines Leistungsaustauschs. ⑥ Die GmbH ist nicht Unternehmer und daher nicht zum Vorsteuerabzug berechtigt.

Beispiel 6:

① Die im Beispiel 5 bezeichnete GmbH verwendet für ihre Aufgabe eine Datenverarbeitungsanlage. ② Die Kapazität der Anlage ist mit den eigenen Arbeiten nur zu 80% ausgelastet. ③ Um die Kapazität der Anlage voll auszunutzen, überlässt die GmbH die Anlage einem Unternehmer gegen Entgelt zur Benutzung. ④ Die Einnahmen der GmbH bestehen außer dem Benutzungsentgelt nur in Zuschüssen der öffentlichen Hand.

⑤ Die entgeltliche Überlassung der Datenverarbeitungsanlage ist eine nachhaltige Tätigkeit zur Erzielung von Einnahmen. ⑥ Insoweit ist die GmbH Unternehmer. ⑦ Die Leistung unterliegt der Umsatzsteuer. ⑧ Die Unternehmereigenschaft erstreckt sich nicht auf die unentgeltliche Forschungstätigkeit der GmbH.

⑨ Für die Überlassung der Datenverarbeitungsanlage sind von der GmbH Rechnungen mit gesondertem Ausweis der Steuer zu erteilen. ⑩ Die Vorsteuern für die Anschaffung und Nutzung der Datenverarbeitungsanlage sind nur im Umfang der Verwendung für die unternehmerische Tätigkeit abzugsfähig (vgl. Abschnitt 15.2b Abs. 2). ⑪ Außerdem können die der entgeltlichen Überlassung der Datenverarbeitungsanlage zuzurechnenden Vorsteuerbeträge, insbesondere in dem Bereich der Verwaltungsgemeinkosten, abgezogen werden.

⑫ Bei Anwendung einer Vereinfachungsregelung kann die GmbH die Vorsteuern für die Verwaltungsgemeinkosten sowie die durch die Anschaffung und Nutzung der Datenverarbeitungsanlage angefallenen Vorsteuerbeträge nach dem Verhältnis der Einnahmen aus der Überlassung der Anlage an den Unternehmer zu den öffentlichen Zuschüssen auf den unternehmerischen und den nichtunternehmerischen Bereich aufteilen.

Beispiel 7:

① Mehrere Industriefirmen oder juristische Personen des öffentlichen Rechts gründen gemeinsam eine GmbH zum Zwecke der Forschung. ② Die Forschungstätigkeit wird vorwiegend durch echte Zuschüsse der Gesellschafter finanziert. ③ Außerdem erzielt die GmbH Einnahmen aus der Verwertung der Ergebnisse ihrer Forschungstätigkeit, z. B. aus der Vergabe von Lizenzen an ihren Erfindungen.

④ Die Vergabe von Lizenzen gegen Entgelt ist eine nachhaltige Tätigkeit zur Erzielung von Einnahmen. ⑤ Mit dieser Tätigkeit erfüllt die GmbH die Voraussetzungen für die Unternehmereigenschaft. ⑥ Die vorausgegangene Forschungstätigkeit steht mit der Lizenzvergabe in unmittelbarem Zusammenhang. ⑦ Sie stellt die Vorbereitungshandlung für die unternehmerische Verwertung der Erfindungen dar und kann daher nicht aus dem unternehmerischen Bereich der GmbH ausgeschieden werden (vgl. auch BFH-Urteil vom 30. 9. 1965, V 176/63 U, BStBl. III S. 682). ⑧ Auf das Verhältnis der echten Zuschüsse zu den Lizenzeinnahmen kommt es bei dieser Beurteilung nicht an. ⑨ Unter den Voraussetzungen des § 15 UStG ist die GmbH in vollem Umfange zum Vorsteuerabzug berechtigt. ⑩ Außerdem hat sie für ihre Leistungen Rechnungen mit gesondertem Steuerausweis zu erteilen.

⑪ Dies gilt nicht, soweit die GmbH in einem abgrenzbaren Teilbereich die Forschung ohne die Absicht betreibt, Einnahmen zu erzielen.

Beispiel 8:

① Einige Wirtschaftsverbände haben eine GmbH zur Untersuchung wirtschafts- und steuerrechtlicher Grundsatzfragen gegründet. ② Zu den Aufgaben der GmbH gehört auch die Erstellung von Gutachten auf diesem Gebiet gegen Entgelt. ③ Die Einnahmen der GmbH setzen sich zusammen aus echten Zuschüssen der beteiligten Verbände und aus Vergütungen, die für die Gutachten von den Auftraggebern gezahlt worden sind.

④ Die Erstellung von Gutachten ist eine nachhaltige Tätigkeit zur Erzielung von Einnahmen. ⑤ Die GmbH übt diese Tätigkeit als Unternehmer aus. ⑥ In der Regel wird davon auszugehen sein, dass die Auftraggeber Gutachten bei der GmbH bestellen, weil sie annehmen, dass die GmbH auf Grund ihrer Forschungstätigkeit über besondere Kenntnisse und Erfahrungen auf dem betreffenden Gebiet verfügt. ⑦ Die Auftraggeber erwarten, dass die von der GmbH gewonnenen Erkenntnisse in dem Gutachten verwertet werden. ⑧ Die Forschungstätigkeit steht hiernach mit der Tätigkeit als Gutachter in engem Zusammenhang. ⑨ Sie ist daher in den unternehmerischen Bereich einzubeziehen. ⑩ Vorsteuerabzug und gesonderter Steuerausweis wie im Beispiel 7.

Beispiel 9:

① Eine Industriefirma unterhält ein eigenes Forschungslabor. ② Darin werden die im Unternehmen hergestellten Erzeugnisse auf Beschaffenheit und Einsatzfähigkeit untersucht und neue Stoffe entwickelt. ③ Die Entwicklungsarbeiten setzen eine gewisse Grundlagenforschung voraus, die durch echte Zuschüsse der öffentlichen Hand gefördert wird. ④ Die Firma ist verpflichtet, die Erkenntnisse, die sie im Rahmen des durch öffentliche Mittel geförderten Forschungsvorhabens gewinnt, der Allgemeinheit zugänglich zu machen.

⑤ Die Firma übt mit ihren Lieferungen und sonstigen Leistungen eine unternehmerische Tätigkeit aus. ⑥ Auch die Grundlagenforschung soll dazu dienen, die Verkaufstätigkeit zu steigern und die Marktposition zu festigen. ⑦ Obwohl es insoweit an einem Leistungsaustausch fehlt, steht die Grundlagenforschung in unmittelbarem Zusammenhang mit der unternehmerischen Tätigkeit. ⑧ Die Grundlagenforschung wird daher im Rahmen des Unternehmens ausgeübt. ⑨ Vorsteuerabzug und gesonderter Steuerausweis wie im Beispiel 7.

Die in § 13 Abs. 2 Nr. 2 und 3 UWG genannten Verbände **[Abmahnvereine],** die die dort genannten Unterlassungsansprüche geltend machen, haben gegen die abgemahnten Unternehmen grundsätzlich einen Anspruch auf Ersatz ihrer Aufwendungen gemäß § 683 BGB. Insoweit erbringen sie an die abgemahnten Unternehmer eine Leistung gegen Entgelt i. S. des § 1 Abs. 1 Nr. 1 UStG. *BFH-Beschluss vom 16. 1. 2003 – V R 92/01 (BStBl. II S. 732).* LS zu 2.10 **134**

Art. 4 Abs. 1 und 2 der 6. EG-Richtlinie 77/388/EWG ist dahin auszulegen, dass Tätigkeiten der Außenwerbung der Unterorganisation einer **politischen Partei** eines Mitgliedstaats nicht als wirtschaftliche Tätigkeit anzusehen sind. ***EuGH-Urt. v. 6. 10. 2009*** *C-267/08 – SPÖ Landesorganisation Kärnten (BFH/NV S. 2095).*

1. Leistungen eines Vereins, die dem **konkreten Individualinteresse** der Vereinsmitglieder dienen, sind steuerbar. Die **Werbung** für ein von den Mitgliedern verkauftes Produkt dient dem konkreten Individualinteresse der Vereinsmitglieder. – 2. Leistungen eines Vereins erfolgen auch dann gegen Entgelt, wenn nicht für alle Mitglieder ein einheitlicher Beitragsbemessungsmaßstab besteht. *BFH-Urt. v. 29. 10. 2008, XI R 59/07 (DStRE 2009 S. 292).*

1. Nach der Rechtsprechung des BFH kann eine **gemeinnützige Körperschaft** einen unternehmerischen und einen nichtunternehmerischen Bereich haben. Aus welchen Gründen eine erneute höchstrichterliche Entscheidung notwendig ist, ist nicht ersichtlich. – 2. Die einer gemeinnützigen auch unternehmerisch tätigen Körperschaft in Rechnung gestellte **Vorsteuer** ist abziehbar, soweit sie Eingangsleistungen betrifft, die ihrer unternehmerischen Tätigkeit zuzurechnen sind. Aus der Tatsache, dass die Körperschaft echte Zuschüsse der öffentlichen Hand erhalten hat, folgt keine ausschließliche Zuordnung der Vorsteuern zum unternehmerischen Bereich. *BFH-Beschl. vom 14. 4. 2008 – XI B 171/07 (BFH/NV S. 1215).*

Werden an einen Verein, der ausschließlich und unmittelbar **steuerbegünstigte Zwecke** (hier: Förderung des Sports) verfolgt, im Rahmen des Sponsoring Fahrzeuge überlassen, steht dem Verein das Recht auf **Vorsteuerabzug** aus Rechnungen für die Gestellung der Fahrzeuge selbst dann nicht zu, wenn er sich im Rahmen eines wirtschaftlichen Geschäftsbetriebs verpflichtet hat, an den **Sponsor** konkrete Leistungen (z. B. Banden- oder Trikotwerbung, Anzeigen, Vorhalten von Werbedrucken usw.) zu erbringen. *FG Baden-Württemberg, Urt. v. 29. 3. 2010, 9 K 115/06, rkr. (DStRE S. 1325).*

1. Ein auch unternehmerisch tätiger **gemeinnütziger Verein** kann die **Vorsteuer** aus den Kosten für die Herstellung eines **Vereinshefts** abziehen, soweit ein direkter und unmittelbarer Zusammenhang der Ausgangsumsätze (hier: im Bereich

Werbung) mit den Herstellungskosten des Vereinshefts besteht. Eine anteilige Beschränkung des Vorsteuerabzugs auf den Werbeteil der Zeitschrift ist jedenfalls dann nicht geboten, wenn die Werbeeinnahmen die Herstellungskosten der Zeitschrift übersteigen. – 2. Ein Vorsteuerabzug aus den Kosten der **Jugendarbeit** ist nicht zulässig, wenn der Verein weder einen direkten und unmittelbaren Zusammenhang zwischen diesen Eingangsumsätzen und seinen Ausgangsumsätzen im Bereich Werbung, Veranstaltungen und Vereinsheimsverpachtung nachweist noch hinreichend belegt, dass diese Kosten zu seinen allgemeinen Aufwendungen gehören und – als solche – Bestandteile des Preises der von ihm gelieferten Gegenstände oder erbrachten Dienstleistungen sind. *FG München, Urt. v. 21. 4. 2010, 3 K 2780/07, rkr. (DStRE 2011 S. 1339).*

1. Auch **juristische Personen** können neben ihrem Unternehmen i. S. des Umsatzsteuerrechts einen nichtunternehmerischen Bereich haben, in dem sie keine Lieferungen oder sonstige Leistungen gegen Entgelt erbringen, z. B. wenn eine Personenvereinigung zur Erreichung des Gemeinschaftszwecks tätig wird, ohne Sonderbelange eines Mitglieds gegen Sonderentgelt wahrzunehmen. – 2. Hat ein eingetragener Verein entsprechend seiner Umsatzsteuererklärung und den Feststellungen des Finanzamts bei einer Außenprüfung einen nichtunternehmerischen **„ideellen Bereich"**, kommt nach § 15 Abs. 1 Satz 1 Nr. 1 UStG ein Abzug der Umsatzsteuer für Lieferungen und sonstige Leistungen, die von einem anderen Unternehmen für diesen Bereich ausgeführt worden sind, als Vorsteuer nicht in Betracht. – 3. Bezogene Lieferungen, die sowohl im unternehmerischen als auch im nichtunternehmerischen Bereich verwendet werden, können mit der Folge des vollen **Vorsteuerabzugs** und einer anschließenden Besteuerung nach **§ 3 Abs. 9 a UStG** insgesamt dem Unternehmen zugeordnet werden, wenn die Verwendung im unternehmerischen Bereich mindestens 10% beträgt. Dies setzt aber eine eindeutige Zuordnungsentscheidung des Unternehmers voraus. *Sächsisches FG, Urt. v. 21. 10. 2009, 8 K 1174/08, rkr. (DStRE 2011 S. 447).*

UStAE 2.11

2.11 Juristische Personen des öffentlichen Rechts (§ 2 Abs. 3 UStG)

Allgemeines

141 (1) ① Juristische Personen des öffentlichen Rechts im Sinne von § 2 Abs. 3 UStG sind insbesondere die Gebietskörperschaften (Bund, Länder, Gemeinden, Gemeindeverbände, Zweckverbände), die öffentlich-rechtlichen Religionsgemeinschaften, die Innungen, Handwerkskammern, Industrie- und Handelskammern und sonstige Gebilde, die auf Grund öffentlichen Rechts eigene Rechtspersönlichkeit besitzen. ② Dazu gehören neben Körperschaften auch Anstalten und Stiftungen des öffentlichen Rechts, z. B. Rundfunkanstalten des öffentlichen Rechts. ③ Zur Frage, unter welchen Voraussetzungen kirchliche Orden juristische Personen des öffentlichen Rechts sind, vgl. das BFH-Urteil vom 8. 7. 1971, V R 1/68, BStBl. 1972 II S. 70. ④ Auf ausländische juristische Personen des öffentlichen Rechts ist die Vorschrift des § 2 Abs. 3 UStG analog anzuwenden. ⑤ Ob eine solche Einrichtung eine juristische Person des öffentlichen Rechts ist, ist grundsätzlich nach deutschem Recht zu beurteilen. ⑥ Das schließt jedoch nicht aus, dass für die Bestimmung öffentlich-rechtlicher Begriffe die ausländischen Rechtssätze mit herangezogen werden.

142 (2) ① Die Gesamtheit aller Betriebe gewerblicher Art im Sinne von § 1 Abs. 1 Nr. 6, § 4 KStG und aller land- und forstwirtschaftlichen Betriebe stellt das Unternehmen der juristischen Person des öffentlichen Rechts dar (vgl. BFH-Urteil vom 18. 8. 1988, V R 194/83, BStBl. II S. 932). ② Das Unternehmen erstreckt sich auch auf die Tätigkeitsbereiche, die nach § 2 Abs. 3 Satz 2 UStG als unternehmerische Tätigkeiten gelten. ③ Nur die in diesen Betrieben und Tätigkeitsbereichen ausgeführten Umsätze unterliegen der Umsatzsteuer. ④ Andere Leistungen sind nicht steuerbar, auch wenn sie nicht in Ausübung öffentlicher Gewalt bewirkt werden, es sei denn, die Behandlung als nichtsteuerbar würde zu größeren Wettbewerbsverzerrungen führen (vgl. BFH-Urteil vom 11. 6. 1997, XI R 33/94, BStBl. 1999 II S. 418).

143 (3) ① Eine Tätigkeit, die der Erfüllung von Hoheitsaufgaben dient, ist steuerbar, wenn sie nicht von einer juristischen Person des öffentlichen Rechts, sondern von Unternehmern des privaten Rechts (z. B. von sog. beliehenen Unternehmern) ausgeübt wird (vgl. BFH-Urteile vom 10. 11. 1977, V R 115/74, BStBl. 1978 II S. 80, und vom 18. 1. 1995, XI R 71/93, BStBl. II S. 559). ② Ein mit der Durchführung einer hoheitlichen Pflichtaufgabe betrauter Unternehmer ist als Leistender an den Dritten anzusehen, wenn er bei der Ausführung der Leistung diesem gegenüber – unabhängig von der öffentlich-rechtlichen Berechtigung – im eigenem Namen und für eigene Rechnung auftritt, leistet und abrechnet (BFH-Urteil vom 28. 2. 2002, V R 19/01, BStBl. 2003 II S. 950). ③ Durch den Leistungsaustausch zwischen dem beauftragten Unternehmer und dem Dritten wird das weiterhin bestehende Leistungsverhältnis zwischen dem Unternehmer und dem Hoheitsträger sowie die hoheitliche Ausübung der Tätigkeit durch den Hoheitsträger nicht berührt. ④ Zur umsatzsteuerrechtlichen Beurteilung, wenn der Hoheitsträger dagegen zulässigerweise nur die tatsächliche Durchführung seiner gesetzlichen Pflichtaufgabe auf den eingeschalteten Unternehmer überträgt und dieser entsprechend den öffentlich-rechtlichen Vorgaben als Erfüllungsgehilfe des Hoheitsträgers auftritt, vgl. BMF-Schreiben vom 27. 12. 1990, BStBl. 1991 I S. 81.

144 (4) ① Für die Frage, ob ein Betrieb gewerblicher Art vorliegt, ist auf § 1 Abs. 1 Nr. 6 und § 4 KStG in der jeweils geltenden Fassung abzustellen. ② Die zu diesen Vorschriften von Rechtsprechung und Verwaltung für das Gebiet der Körperschaftsteuer entwickelten Grundsätze sind anzuwenden (vgl. insbesondere R 4.1 KStR). ③ Über die Anwendung der Umsatzgrenzen von 130 000 € (R 4.1 Abs. 4 KStR) und 35 000 € (R 4.1 Abs. 5 KStR) ist bei der Umsatzsteuer und bei der Körperschaftsteuer einheitlich zu entscheiden.

(5) Die Frage, ob ein land- und forstwirtschaftlicher Betrieb vorliegt, ist unabhängig von einer Umsatzgrenze nach den gleichen Merkmalen zu beurteilen, die grundsätzlich auch bei der Durchschnittssatzbesteuerung nach § 24 UStG maßgebend sind (vgl. § 24 Abs. 2 UStG, Abschnitt 24.1 Abs. 2). 145

(6) Auch wenn die Voraussetzungen eines Betriebs gewerblicher Art oder eines land- und forstwirtschaftlichen Betriebs nicht gegeben sind, gelten die in § 2 Abs. 3 Satz 2 Nr. 2 bis 5 UStG bezeichneten Tätigkeitsbereiche als unternehmerische Tätigkeiten (zu § 2 Abs. 3 Satz 2 Nr. 4 UStG vgl. Absätze 7 bis 11). 146

Vermessungs- und Katasterbehörden

(7) ① Bei den Vermessungs- und Katasterbehörden unterliegen nach Sinn und Zweck des § 2 Abs. 3 Satz 2 Nr. 4 UStG solche Tätigkeiten der Umsatzsteuer, die ihrer Art nach auch von den in fast allen Bundesländern zugelassenen öffentlich bestellten Vermessungsingenieuren ausgeführt werden. ② Die Vorschrift beschränkt sich auf hoheitliche Vermessungen, deren Ergebnisse zur Fortführung des Liegenschaftskatasters bestimmt sind (Teilungsvermessungen, Grenzfeststellungen und Gebäudeeinmessungen). ③ Nicht dazu gehören hoheitliche Leistungen, wie z. B. die Führung und Neueinrichtung des Liegenschaftskatasters. ④ Die entgeltliche Erteilung von Auszügen aus dem Liegenschaftskataster durch Vermessungs- und Katasterbehörden gilt nach § 2 Abs. 3 Satz 2 Nr. 4 UStG als unternehmerische Tätigkeit, soweit in dem betreffenden Bundesland nach den jeweiligen landesrechtlichen Gegebenheiten eine entgeltliche Erteilung von Auszügen aus dem Liegenschaftskataster auch durch öffentlich bestellte Vermessungsingenieure rechtlich und technisch möglich ist. ⑤ Dies gilt jedoch nicht, soweit öffentlich bestellte Vermessungsingenieure nach den jeweiligen landesrechtlichen Bestimmungen lediglich als Erfüllungsgehilfen der Vermessungs- und Katasterbehörden tätig werden. ⑥ Soweit Gemeinden entgeltlich Auszüge aus dem Liegenschaftskataster erteilen, gelten sie als Vermessungs- und Katasterbehörden i. S. v. § 2 Abs. 3 Satz 2 Nr. 4 UStG. ⑦ Der Umsatzsteuer unterliegen nur Leistungen an Dritte, dagegen nicht unentgeltliche Wertabgaben, z. B. Vermessungsleistungen für den Hoheitsbereich der eigenen Trägerkörperschaft. 147

(8) ① Die Unternehmereigenschaft erstreckt sich nicht auf die Amtshilfe, z. B. Überlassung von Unterlagen an die Grundbuchämter und Finanzämter. ② Keine Amtshilfe liegt vor, wenn Leistungen an juristische Personen des öffentlichen Rechts ausgeführt werden, denen nach Landesgesetzen keine Vermessungsaufgaben als eigene Aufgaben obliegen. 148

(9) ① Wirtschaftliche Tätigkeiten der Kataster- und Vermessungsbehörden fallen nicht unter § 2 Abs. 3 Satz 2 Nr. 4 UStG. ② Sie sind – ebenso wie Vermessungsleistungen anderer Behörden – nach § 2 Abs. 3 Satz 1 UStG steuerbar, sofern die körperschaftsteuerlichen Voraussetzungen eines Betriebs gewerblicher Art vorliegen. ③ Wirtschaftliche Tätigkeiten sind z. B. der Verkauf von Landkarten, Leistungen auf dem Gebiet der Planung wie Anfertigung von Bebauungsplänen, und ingenieurtechnische Vermessungsleistungen. 149

(10) ① Die Vorsteuerbeträge, die dem unternehmerischen Bereich zuzuordnen sind, können unter den Voraussetzungen des § 15 UStG abgezogen werden. ② Für Vorsteuerbeträge, die sowohl dem unternehmerischen als auch dem nichtunternehmerischen Bereich zuzuordnen sind, beurteilt sich der Vorsteuerabzug nach Abschnitt 15.19 Abs. 3. 150

(11) ① Aus Vereinfachungsgründen bestehen keine Bedenken, wenn die insgesamt abziehbaren Vorsteuerbeträge mit 1,9% der Bemessungsgrundlage für die steuerpflichtigen Vermessungsumsätze ermittelt werden. ② Die Verwendung der Anlagegegenstände für nichtunternehmerische Zwecke ist dann nicht als Wertabgabe nach § 3 Abs. 9a Nr. 1 UStG zu versteuern. ③ Bei einer Änderung der Anteile an der Verwendung der Anlagegegenstände für unternehmerische und nichtunternehmerische Tätigkeiten (vgl. Abschnitt 2.3 Abs. 1a) kommt auch keine Vorsteuerberichtigung nach § 15a UStG aus Billigkeitsgründen in Betracht (vgl. Abschnitt 15a.1 Abs. 7). ④ Dagegen ist die Veräußerung von Gegenständen, die ganz oder teilweise für den unternehmerischen Bereich bezogen wurden, der Umsatzsteuer zu unterwerfen. ⑤ An die Vereinfachungsregelung ist die jeweilige Vermessungs- und Katasterbehörde für mindestens fünf Kalenderjahre gebunden. ⑥ Ein Wechsel ist nur zum Beginn eines Kalenderjahres zulässig. 151

Einzelfälle

(12) ① Betreibt eine Gemeinde ein Parkhaus, kann ein Betrieb gewerblicher Art auch dann anzunehmen sein, wenn sie sich mit einer Benutzungssatzung der Handlungsformen des öffentlichen Rechts bedient (BFH-Urteil vom 10. 12. 1992, V R 3/88, BStBl. 1993 II S. 380). ② Überlässt sie hingegen auf Grund der Straßenverkehrsordnung Parkplätze durch Aufstellung von Parkscheinautomaten gegen Parkgebühren, handelt sie insoweit nicht als Unternehmer im Sinne des Umsatzsteuerrechts (BFH-Urteil vom 27. 2. 2003, V R 78/07, BStBl. 2004 II S. 431; zur Rechtslage nach § 2b UStG vgl. Abschnitt 2b.1 Absatz 5). 152

(13) ① Gemeindliche Kurverwaltungen, die Kurtaxen und Kurförderungsabgaben erheben, sind in der Regel Betriebe gewerblicher Art (vgl. BFH-Urteil vom 15. 10. 1962, I 53/61 U, BStBl. III S. 542). ② Sofern die Voraussetzungen von R 4.1 Abs. 4 und 5 KStR gegeben sind, 153

unterliegen die Gemeinden mit den durch die Kurtaxe abgegoltenen Leistungen der Umsatzsteuer. ③ Die Kurförderungsabgaben (Fremdenverkehrsbeiträge A) sind dagegen nicht als Entgelte für Leistungen der Gemeinden zu betrachten und nicht der Steuer zu unterwerfen.

154 (14) ① Die staatlichen Materialprüfungsanstalten oder Materialprüfungsämter üben neben ihrer hoheitlichen Tätigkeit vielfach auch Tätigkeiten wirtschaftlicher Natur, z. B. entgeltliche Untersuchungs-, Beratungs- und Begutachtungsleistungen für private Auftraggeber, aus. ② Unter den Voraussetzungen von R 4.1 Abs. 4 und 5 KStR sind in diesen Fällen Betriebe gewerblicher Art anzunehmen.

155 (15) ① Die Gestellung von Personal durch juristische Personen des öffentlichen Rechts gegen Erstattung der Kosten stellt grundsätzlich einen Leistungsaustausch dar, sofern die gestellende juristische Person Arbeitgeber bleibt. ② Ob dieser Leistungsaustausch der Umsatzsteuer unterliegt, hängt nach § 2 Abs. 3 UStG davon ab, ob die Personalgestellung im Rahmen eines Betriebs gewerblicher Art im Sinne von § 1 Abs. 1 Nr. 6, § 4 KStG vorgenommen wird.

Beispiel 1:

① Eine juristische Person des öffentlichen Rechts setzt Bedienstete ihres Hoheitsbereichs in eigenen Betrieben gewerblicher Art ein.

② Es handelt sich um einen nicht steuerbaren Vorgang (Innenleistung).

Beispiel 2:

① Eine juristische Person des öffentlichen Rechts stellt Bedienstete aus ihrem Hoheitsbereich an den Hoheitsbereich einer anderen juristischen Person des öffentlichen Rechts ab.

② Es handelt sich um einen nicht steuerbaren Vorgang.

Beispiel 3:

① Eine juristische Person des öffentlichen Rechts stellt Bedienstete aus ihrem Hoheitsbereich an Betriebe gewerblicher Art anderer juristischer Personen des öffentlichen Rechts ab.

② Die Personalgestellung ist nicht durch hoheitliche Zwecke veranlasst, sondern dient wirtschaftlichen Zielen. ③ Sie ist insgesamt als Betrieb gewerblicher Art zu beurteilen, sofern die Voraussetzungen von R 4.1 Abs. 4 und 5 KStR gegeben sind. ④ Es liegen in diesem Fall steuerbare Leistungen vor.

Beispiel 4:

① Eine juristische Person des öffentlichen Rechts stellt Bedienstete aus ihrem Hoheitsbereich an privatrechtliche Unternehmer ab.

② Beurteilung wie zu Beispiel 3.

Beispiel 5:

① Eine juristische Person des öffentlichen Rechts stellt Bedienstete aus ihrem Hoheitsbereich an einen als gemeinnützig anerkannten eingetragenen Verein ab, der nicht unternehmerisch tätig ist. ② Mitglieder des Vereins sind neben der gestellenden Person des öffentlichen Rechts weitere juristische Personen des öffentlichen Rechts, Verbände und sonstige Einrichtungen.

③ Beurteilung wie zu Beispiel 3.

Beispiel 6:

① Eine juristische Person des öffentlichen Rechts stellt Bedienstete aus einem ihrer Betriebe gewerblicher Art an den Hoheitsbereich einer anderen juristischen Person des öffentlichen Rechts ab.

② Es ist eine steuerbare Leistung im Rahmen des Betriebs gewerblicher Art anzunehmen, wenn die Personalkostenerstattung unmittelbar dem Betrieb gewerblicher Art zufließt. ③ Die Personalgestellung kann jedoch dem hoheitlichen Bereich zugerechnet werden, sofern der Bedienstete zunächst in den Hoheitsbereich zurückberufen und von dort abgestellt wird und der Erstattungsbetrag dem Hoheitsbereich zufließt.

Beispiel 7:

① Eine juristische Person des öffentlichen Rechts stellt Bedienstete aus einem ihrer Betriebe gewerblicher Art an einen Betrieb gewerblicher Art einer anderen juristischen Person des öffentlichen Rechts oder an einen privatrechtlichen Unternehmer ab.

② Es liegt eine steuerbare Leistung im Rahmen des Betriebs gewerblicher Art vor.

Beispiel 8:

① Eine juristische Person des öffentlichen Rechts stellt Bedienstete aus einem ihrer Betriebe gewerblicher Art an den eigenen Hoheitsbereich ab.

② Die Überlassung des Personals ist dann nicht als steuerbare Wertabgabe im Sinne von § 3 Abs. 9 a Nr. 2 UStG anzusehen, wenn beim Personaleinsatz eine eindeutige und leicht nachvollziehbare Trennung zwischen dem unternehmerischen Bereich (Betrieb gewerblicher Art) und dem Hoheitsbereich vorgenommen wird.

156 (16) Betriebe von juristischen Personen des öffentlichen Rechts, die vorwiegend zum Zwecke der Versorgung des Hoheitsbereichs der juristischen Person des öffentlichen Rechts errichtet worden sind (Selbstversorgungsbetriebe), sind nur dann Betriebe gewerblicher Art, wenn bezüglich der Umsätze an Dritte die Voraussetzung von R 4.1 Abs. 5 KStR erfüllt ist.

157 (17) Eine von einem Bundesland eingerichtete sog. „Milchquoten-Verkaufsstelle", die Anlieferungs-Referenzmengen an Milcherzeuger überträgt, handelt bei dieser Tätigkeit nicht als Unternehmer (vgl. BFH-Urteil vom 3. 7. 2008, V R 40/04, BStBl. 2009 II S. 208).

Gemeindliche Schwimmbäder

158 (18) ① Wird ein gemeindliches Schwimmbad sowohl für das Schulschwimmen (nichtwirtschaftliche Tätigkeit i. e. S.) als auch für den öffentlichen Badebetrieb genutzt, ist unabhängig davon, welche Nutzung überwiegt, die Nutzung für den öffentlichen Badebetrieb grundsätzlich

als wirtschaftlich selbständige Tätigkeit im Sinne des § 4 Abs. 1 KStG anzusehen. ② Die wirtschaftliche Tätigkeit ist unter der Voraussetzung von R 4.1 Abs. 5 KStR ein Betrieb gewerblicher Art. ③ Vorsteuerbeträge, die durch den Erwerb, die Herstellung sowie die Verwendung des Schwimmbades anfallen, sind nach § 15 UStG nur abziehbar, soweit sie auf die Verwendung für den öffentlichen Badebetrieb entfallen (vgl. Abschnitt 15.2b Abs. 2). ④ Ist der öffentliche Badebetrieb nicht als Betrieb gewerblicher Art zu behandeln, weil die Voraussetzungen von R 4.1 Abs. 5 KStR nicht erfüllt sind, rechnet die Gesamttätigkeit des gemeindlichen Schwimmbades zum nichtunternehmerischen Hoheitsbereich mit der Folge, dass ein Vorsteuerabzug nicht in Betracht kommt. ⑤ In den Fällen, die der Übergangsregelung nach § 27 Abs. 16 UStG unterliegen, ist die Verwendung des Gegenstands für hoheitliche Zwecke (Schulschwimmen) unabhängig davon, ob den Schulen das Schwimmbad zeitweise ganz überlassen wird (vgl. BFH-Urteil vom 31. 5. 2001, V R 97/98, BStBl. II S. 658, Abschnitt 4. 12. 11) oder das Schulschwimmen während des öffentlichen Badebetriebs stattfindet (vgl. BFH-Urteil vom 10. 2. 1994, V R 33/92, BStBl. II S. 668, Abschnitt 4.12.6 Abs. 2 Nr. 10), nach § 3 Abs. 9a Nr. 1 UStG als steuerbare und steuerpflichtige Wertabgabe zu behandeln, sofern der Erwerb oder die Herstellung des Schwimmbades auch insoweit zum Vorsteuerabzug berechtigt hat. ⑥ Bemessungsgrundlage für die unentgeltliche Wertabgabe sind nach § 10 Abs. 4 Satz 1 Nr. 2 UStG die durch die Überlassung des Schwimmbades für das Schulschwimmen entstandenen Ausgaben des Unternehmers für die Erbringung der sonstigen Leistung; vgl. Abschnitt 10.6 Abs. 3. ⑦ Die Wertabgabe kann nach den im öffentlichen Badebetrieb erhobenen Eintrittsgeldern bemessen werden (vgl. Abschnitt 10.7 Abs. 1 Sätze 4 bis 7).

Eigenjagdverpachtung

(19) ① Eine juristische Person des öffentlichen Rechts wird mit der Verpachtung ihrer Eigenjagd im Rahmen ihres bestehenden land- und forstwirtschaftlichen Betriebs nach § 2 Abs. 3 UStG gewerblich oder beruflich tätig. ② Dies gilt unabhängig davon, dass die Umsätze aus der Jagdverpachtung nicht der Durchschnittssatzbesteuerung nach § 24 UStG unterliegen (vgl. BFH-Urteil vom 22. 9. 2005, V R 28/03, BStBl. 2006 II S. 280). 159

Betriebe in privatrechtlicher Form

(20) ① Von den Betrieben gewerblicher Art einer juristischen Person des öffentlichen Rechts sind die Betriebe zu unterscheiden, die in eine privatrechtliche Form (z. B. AG, GmbH) gekleidet sind. ② Solche Eigengesellschaften sind grundsätzlich selbständige Unternehmer. ③ Sie können jedoch nach den umsatzsteuerrechtlichen Vorschriften über die Organschaft unselbständig sein, und zwar auch gegenüber der juristischen Person des öffentlichen Rechts. ④ Da Organschaft die Eingliederung in ein Unternehmen voraussetzt, kann eine Gesellschaft nur dann Organgesellschaft einer juristischen Person des öffentlichen Rechts sein, wenn sie in den Unternehmensbereich dieser juristischen Person des öffentlichen Rechts eingegliedert ist. ⑤ Die finanzielle Eingliederung wird in diesen Fällen nicht dadurch ausgeschlossen, dass die Beteiligung an der Organgesellschaft nicht im Unternehmensbereich, sondern im nichtunternehmerischen Bereich der juristischen Person des öffentlichen Rechts verwaltet wird. ⑥ Eine wirtschaftliche Eingliederung in den Unternehmensbereich ist gegeben, wenn die Organgesellschaft Betrieben gewerblicher Art oder land- und forstwirtschaftlichen Betrieben der juristischen Person des öffentlichen Rechts wirtschaftlich untergeordnet ist. ⑦ Zur Organträgerschaft einer juristischen Person des öffentlichen Rechts vgl. Abschnitt 2.8 Abs. 2 Satz 2. ⑧ Tätigkeiten, die der Erfüllung öffentlich-rechtlicher Aufgaben dienen, können grundsätzlich eine wirtschaftliche Eingliederung in den Unternehmensbereich nicht begründen. 160

Artikel 4 Absatz 5 Unterabsatz 4 der Sechsten Richtlinie des Rates (77/388/EWG) ist so auszulegen, daß er es den Mitgliedstaaten erlaubt, die in Artikel 13 dieser Richtlinie aufgezählten Tätigkeiten bei Einrichtungen des öffentlichen Rechts **als Tätigkeiten zu behandeln, die diesen im Rahmen der öffentlichen Gewalt obliegen,** obwohl sie sie in gleicher Weise ausüben wie private Wirtschaftsteilnehmer. ***EuGH-Urt. v. 6. 2. 1997*** *C-247/95 (BStBl. 1999 II S. 426).* LS zu 2.11

161

Ein Einzelner, der mit einer Einrichtung des öffentlichen Rechts **im Wettbewerb steht** und der geltend macht, diese Einrichtung werde für die Tätigkeiten, die sie im Rahmen der öffentlichen Gewalt ausübe, nicht oder zu niedrig zur Mehrwertsteuer herangezogen, kann sich im Rahmen eines Rechtsstreits gegen die nationale Steuerverwaltung wie des Ausgangsrechtsstreits auf Art. 4 Abs. 5 Unterabs. 2 der Sechsten Richtlinie 77/388/EWG berufen. ***EuGH-Urt. v. 8. 6. 2006,*** *C-430/04, Feuerbestattungsverein Halle e. V. (DStR S. 1082).* – Vgl. Nachfolgeentscheidung *BFH-Urt. v. 5. 10. 2006, VII R 24/03 (BStBl. 2007 II S. 243).*

Wettbewerbsverzerrungen bei der Bewirtschaftung gebührenpflichtiger Parkeinrichtungen durch Einrichtungen des öffentlichen Rechts vgl. ***EuGH-Urt. v. 16. 9. 2008,*** *C-288/07, Isle of Wight Counceil u. a. (DStRE S. 1455).* – Vgl. auch ***EuGH-Urt. v. 4. 6. 2009,*** *C-102/08, SALIX (BStBl. 2017 II S. 873).*

Abgrenzung hoheitliche u. wirtschaftliche Tätigkeit vgl. *BMF v. 11. 12. 2009 (BStBl. I S. 1597).*

Die Gebühr wegen Erteilung einer **verbindlichen Auskunft** nach § 89 Abs. 2 AO unterliegt nicht der Umsatzsteuer. *FG München, Urt. v. 17. 3. 2010, 3 K 3055/07 (DStRE S. 1014).*

Eine Körperschaft des öffentlichen Rechts kann sich auch insoweit **unternehmerisch** i. S. von § 2 Abs. 3 UStG 1973 betätigen, als sie gesetzlich zugewiesene Aufgaben erfüllt und **konkurrierende private Unternehmer nicht vorhanden** sind. Entscheidend ist, ob die Körperschaft des öffentlichen Rechts Tätigkeiten ausführt, wie sie auch von einem privaten Unternehmer ausgeführt werden können. *BFH-Urteil v. 30. 6. 1988 – V R 79/84 (BStBl. II S. 910).*

1. Übernimmt ein **anderer Unternehmer die Erfüllung der Aufgaben** einer juristischen Person des öffentlichen Rechts und erhält er im Zusammenhang damit Geldzahlungen, so bestimmt sich in erster Linie nach den Vereinbarungen des Leistenden mit dem Zahlenden, ob die Leistung des Unternehmers derart mit der Zahlung verknüpft ist, dass sie sich auf

LS zu 2.11

die Erlangung einer Gegenleistung richtet. – 2. Bei Leistungen, zu deren Ausführung sich die Vertragsparteien in einem gegenseitigen Vertrag verpflichteten, liegt grundsätzlich ein Leistungsaustausch vor. – 3., 4. ... *BFH-Urteil v. 8. 11. 2007 V R 20/05 (BStBl. 2009 II S. 483).*

1. Bei juristischen Personen des öffentlichen Rechts ist zwischen der umsatzsteuerrechtlich relevanten Betätigung im Unternehmen und der nicht unternehmerischen – vorzugsweise hoheitlichen – Tätigkeit zu unterscheiden. – 2. Eine juristische Person des öffentlichen Rechts führt **unternehmerische Tätigkeiten** aus, wenn sie – auf privatrechtlicher Grundlage – im eigenen Namen gegen Entgelt Lieferungen oder sonstige Leistungen erbringt. – 3., 4. ... *BFH-Urteil v. 3. 7. 2008 – V R 51/06 (BStBl. 2009 II S. 214).*

1. Eine juristische Person des öffentlichen Rechts ist Unternehmer, wenn sie eine wirtschaftliche Tätigkeit ausübt, die sich aus ihrer Gesamtbetätigung heraushebt (richtlinienkonforme Auslegung des § 2 Abs. 3 Satz 1 UStG 1999 i. V. m. § 4 KStG entsprechend Art. 4 Abs. 5 der Richtlinie 77/388/EWG). – 2. Handelt sie dabei auf privatrechtlicher Grundlage durch Vertrag, kommt es für ihre Unternehmereigenschaft auf weitere Voraussetzungen nicht an. Übt sie ihre Tätigkeit auf öffentlich-rechtlicher Grundlage z. B. durch Verwaltungsakt aus, ist sie Unternehmer, wenn eine Behandlung als Nichtunternehmer zu **größeren Wettbewerbsverzerrungen** führen würde. – 3. Eine Gemeinde, die einen **Marktplatz** sowohl für eine steuerpflichtige wirtschaftliche Tätigkeit als auch als Straßenbaulastträger für hoheitliche Zwecke verwendet, ist aus den von ihr bezogenen Leistung für die Sanierung des Marktplatzes zum anteiligen Vorsteuerabzug berechtigt. – 4. Auf die Vorsteueraufteilung für Leistungsbezüge, die einer wirtschaftlichen und einer nichtwirtschaftlichen Tätigkeit des Unternehmers dienen, ist § 15 Abs. 4 UStG 1999 analog anzuwenden. *BFH-Urt. v. 3. 3. 2011, V R 23/10 (BStBl. 2012 II S. 74).*

Art. 4 Abs. 2 der 6. EG-Richtlinie 77/388/EWG ist dahin auszulegen, dass die Zuteilung von Rechten wie Nutzungsrechten für Frequenzen des elektromagnetischen Spektrums zur Erbringung öffentlicher Mobilfunkdienste **[UMTS-Lizenzen]** durch die für die Frequenzzuteilung zuständige nationale Regulierungsbehörde im Wege der Versteigerung keine wirtschaftliche Tätigkeit im Sinne der betreffenden Bestimmung ist und folglich nicht in den Anwendungsbereich der 6. EG-Richtlinie fällt. ***EuGH-Urt. v. 26. 6. 2007** – C-284/04 – T-Mobile Austria GmbH u. a. (BFH/NV S. 380). – Vgl. auch **EuGH-Urt. v. 26. 6. 2007** – C-369/04 – Hutchison 3G UK Ltd. u. a. (UR S. 613).*

Die **Vermietung** von Klein- und Kleinsträumen **durch Universitäten** begründet regelmäßig keinen Betrieb gewerblicher Art. *Verfügung BayLfSt S 7100 – 60 St 34 M v. 13. 2. 2008 (DStR S. 619).*

Verpachtung einer Gaststätte als Betrieb gewerblicher Art vgl. *BFH-Urteil v. 25. 10. 1989 – V R 111/85 (BStBl. 1990 II S. 868).*

Der **Finanzmarktstabilisationsfonds** (FMS) ist kein Unternehmer (§ 14 FMStG).

162 Die **Kulturförderabgabe** („Bettensteuer") kann beim Beherbergungsbetrieb Entgelt oder durchlaufender Posten sein. *Verfügung LFD Thüringen S 7200 A – 75 – A 5.14 v. 13. 12. 2011 (DStR 2012 S. 297).*

Kurtaxen, die Gemeinden nach dem KAG der Länder oder vergleichbarer Regelungen erheben, können aus Vereinfachungsgründen als Gegenleistung für eine in jedem Fall nach § 12 Abs. 2 Nr. 9 UStG ermäßigt zu besteuernde Leistung angesehen werden. *Verfügung OFD Niedersachsen S 7243 – 24 – St 184 v. 13. 7. 2011.*

Ein Kurort kann **Spazier- und Wanderwege,** die durch Widmung die Eigenschaft einer öffentlichen Straße erhalten haben, nicht seinem unternehmerischen Bereich zuordnen, der im Bereitstellen von „Einrichtungen des Fremdenverkehrs" gegen Kurbeitrag besteht. Die Gemeinde kann die ihr bei Errichtung solcher Wege in Rechnung gestellte Umsatzsteuer nicht als Vorsteuer abziehen. *BFH-Urteil v. 26. 4. 1990 – V R 166/84 (BStBl. II S. 799).*

Der *BFH (Beschluss v. 15. 12. 2021 XI R 30/19, BStBl. 2022 II S. 577)* hat dem EuGH zum Vorsteuerabzug bei Kureinrichtungen die Fragen zur Vorabentscheidung vorgelegt, ob 1. eine Gemeinde, die aufgrund einer kommunalen Satzung von Besuchern, die sich in der Gemeinde aufhalten (Kurgäste), für die Bereitstellung von Kureinrichtungen (z. B. Kurpark, Kurhaus, Wege) eine **„Kurtaxe"** (in Höhe eines bestimmten Betrages pro Aufenthaltstag) erhebt, mit der Bereitstellung der Kureinrichtungen an die Kurgäste gegen Kurtaxe auch dann eine wirtschaftliche Tätigkeit i. S. des Art. 2 Abs. 1 Buchst. c MwStSystRL ausübt, wenn die Kureinrichtungen ohnehin für jedermann (und daher z. B. auch für nicht kurtaxepflichtige Einwohner oder andere nicht kurtaxepflichtige Personen) frei zugänglich sind und ob 2. – falls Frage 1 bejaht wird – bei der Prüfung, ob die Behandlung der Gemeinde als Nicht-Steuerpflichtige zu „größeren Wettbewerbsverzerrungen" i. S. des Art. 13 Abs. 1 Unterabs. 2 MwStSystRL führen würde, der räumlich relevante Markt nur das Gemeindegebiet ist. – *Az. EuGH C-344/22.*

Eine dem öffentlichen Verkehr gewidmete **Strandpromenade** kann auch dann nicht dem Gewerbebetrieb einer Gemeinde „Verpachtung von Strandhäusern" zugeordnet werden, wenn die Gemeinde ihren Pächtern an Teilflächen der Promenade ein Sondernutzungsrecht einräumt. *BFH-Urteil v. 11. 6. 1997 – XI R 65/95 (BStBl. 1999 II S. 420).*

Zahlungen von Bauherren an Gemeinden zur Ablösung von **Garagen- und Stellplatzbauverpflichtungen** sind nicht umsatzsteuerbar. *Erlass Rheinland-Pfalz S 7106 A – 445 v. 6. 3. 1987, Beck Verw 232 892.*

Fälle fehlenden Leistungsaustauschs bei der **Personalgestellung** gegen Kostenerstattung durch juristische Personen des öffentlichen Rechts bei Zuweisungen im Sinne des § 123 a Abs. 2 BRRG. *Verfügung OFD Karlsruhe S 7106 K.1 v. 13. 8. 2019 (DStR S. 2206).*

163 Die **Erhebung der Wasserentnahmegebühr** durch das Land Niedersachsen ist keine wirtschaftliche Tätigkeit. Die weiterberechnete Gebühr ist zusätzliches Entgelt. *Verfügung OFD Hannover S 7106 – 182 – StH 551/S 7106 – 176 – StO 332 v. 13. 8. 1993.*

Blutalkoholuntersuchungen und toxikologische Untersuchungen eines chemischen Untersuchungsamts einer Gemeinde im Auftrag von Polizeibehörden sind unternehmerische Tätigkeiten. – Unternehmerische Tätigkeit wird nicht bei Ausführung „als Amtshilfe" (unabhängig von deren Begriffsbestimmung) zu nichtunternehmerischer „Ausübung öffentlicher Gewalt". *BFH-Urteil v. 21. 9. 1989 – V R 89/85 (BStBl. 1990 II S. 95). Vgl. auch Erlass FM Nordrhein-Westfalen S 7106 – 8 – VC 4 v. 28. 12. 1989.*

Die selbständige und nachhaltige Wahrnehmung öffentlicher Aufgaben (hier: Betrieb einer Rettungswache gemäß § 7 Abs. 1 RettG vom 26. November 1974, GVBl. NW 1974, 1481) durch **(beliehene) Unternehmer des privaten Rechts** mit Hilfe entgeltlicher Leistungen ist steuerbar und keine Ausübung öffentlicher Gewalt. – ... *BFH-Urteil v. 18. 1. 1995 – XI R 71/93 (BStBl. II S. 559).*

164 Die **Bauabfallentsorgung** ist im Land Brandenburg keine hoheitliche Aufgabe. – Im Land Berlin ist die Bauabfallentsorgung hoheitliche Tätigkeit. Die privatwirtschaftlichen Entsorger sind Drittbeauftragte, die ihre Leistungen nur der Senatsverwaltung in Rechnung stellen dürfen. *Verfügung OFD Cottbus S 7300 – 15 – St 132 v. 9. 9. 1996.*

Von Körperschaften des öffentlichen Rechts eingeschaltete private Unternehmer zum Einsammeln und Verwerten **wertstoffhaltiger** Abfälle erbringen als Erfüllungsgehilfen Dienstleistungen gegenüber diesen Körperschaften. Dies gilt nicht, wenn sie im eigenen Namen auftreten. – Die Entsorgung ist regelmäßig eine sonstige Leistung im Sinne des § 3 Abs. 9 UStG. – § 12 Abs. 2 Nr. 8 Buchst. a UStG ist nicht anwendbar. *Verfügung OFD Frankfurt S 7106 A – 1/80 – St 110 v. 24. 3. 2009.*

Von Körperschaften des öffentlichen Rechts **eingeschaltete private Unternehmer** zum Einsammeln und Verwerten wertstoffhaltiger Abfälle erbringen Dienstleistungen an die Körperschaften. Entsprechendes gilt bei der **Einschaltung von Vereinen.** *Verfügung OFD Karlsruhe S 7100 K.23 v. 11. 4. 2006.*

LS zu 2.11

Ein **Wasser- und Abwasserzweckverband** handelt – jedenfalls nach den im Jahr 1993 maßgebenden Voraussetzungen im Land Brandenburg – bei der Abwasserbeseitigung und Abwasserbehandlung hoheitlich und nicht im Rahmen eines Betriebs gewerblicher Art. *BFH-Urteil v. 8. 1. 1998 – V R 32/97 (BStBl. II S. 410).*

Die **Abwasserbeseitigung** durch juristische Personen des öffentlichen Rechts ist hoheitliche Tätigkeit. *Verfügung OFD Cottbus S 7100 – 19 – St 132 v. 10. 6. 1998.*

1. Erfolgt die gebührenpflichtige Abwasserentsorgung eines **öffentlich-rechtlichen Abwasserverbands** im Rahmen hoheitlicher Tätigkeit, so stehen der Behandlung des Abwasserverbands als Nichtsteuerpflichtiger nicht allein deshalb größere **Wettbewerbsverzerrungen** entgegen, weil die Möglichkeit der Einschaltung eines umsatzsteuerpflichtigen Erfüllungsgehilfen besteht. 2. … *BFH-Beschl. v. 10. 1. 2002 – V B 127/01 (BFH/NV S. 683).*

1. Übernimmt ein anderer Unternehmer die Erfüllung der Aufgaben einer juristischen Person des öffentlichen Rechts **[Abwasserentsorgung]** und erhält er im Zusammenhang damit Geldzahlungen, so bestimmt sich in erster Linie nach den Vereinbarungen des Leistenden mit dem Zahlenden, ob die Leistung des Unternehmers derart mit der Zahlung verknüpft ist, dass sie sich auf die Erlangung einer Gegenleistung richtet. – 2. Bei Leistungen, zu deren Ausführung sich die Vertragsparteien in einem gegenseitigen Vertrag verpflichteten, liegt grundsätzlich ein Leistungsaustausch vor. – 3. Das Recht der ehemaligen DDR gilt als Bundesrecht i. S. des § 118 Abs. 1 Satz 1 FGO nur, soweit es als (partielles) Bundesrecht befristet fort gilt. – 4. Das trifft für die Regelungen des Rechts der ehemaligen DDR über die Zuständigkeiten für die Abwasserbeseitigung nicht zu. *BFH-Urt. v. 8. 11. 2007, V R 20/05 (BStBl. 2009 II S. 483).*

1. Der als **Fachbetrieb für die Abwasserabfuhr** zugelassene Unternehmer handelt bei der Abwassereinleitung auch dann im Namen der Grubenbesitzer, wenn die Stadtentwässerung (Anstalt des öffentlichen Rechts) nicht sogleich von den Ursprungsbelegen Kenntnis nimmt, sondern es bei deren Mitführung, Aufbewahrung und jährlichen Zusammenstellung durch den Fuhrunternehmer bewenden lässt. – 2. Der Fuhrunternehmer handelt für Rechnung der benutzungspflichtigen Grubenbesitzer, die mangels anderslautender Regelung neben ihm Schuldner des für die Abwassereinleitung zu entrichtenden Entgelts werden; der Begriff „Entgelt" lässt nicht erkennen, ob es sich um eine öffentlich-rechtliche Abgabe oder eine privatrechtliche Forderung handelt. – 3. Die durch den Fachbetrieb für die Abwasserabfuhr von den Grundstückseigentümern vereinnahmten **„Kipp-Entgelte" für die Stadtentwässerung** (Anstalt des öffentlichen Rechts) gehören als durchlaufende Posten nicht zum Entgelt und sind daher nicht in die Bemessungsgrundlage für die Umsatzsteuer einzubeziehen. *FG Hamburg, Urt. v. 30. 12. 2009, 3 K 5/09, rkr. (DStRE S. 1004).*

Die **Wasserversorgung in Brandenburg** ist hoheitliche Tätigkeit, die im Rahmen eines Betriebes gewerblicher Art ausgeübt wird und damit umsatzsteuerpflichtig ist. *Verfügung OFD Cottbus S 7100 – 48 – St 132 v. 8. 12. 1998.*

Kommunale Wasserunternehmen erbringen unabhängig von ihrer Rechtsform steuerbare und steuerpflichtige Leistungen. *Verfügung OFD Niedersachsen S 7100 – 174 – St 171 v. 20. 4. 2011, StEd S. 412.*

Erschließungsmaßnahmen durch Gemeinden vgl. *BMF-Schreiben v. 7. 6. 2012, BStBl. I S. 621* – Anlage b zu A 1.1 UStAE.

Die entgeltliche Abgabe von Abfällen oder der **aus Abfällen gewonnenen Energie** durch zur Abfallentsorgung verpflichtete Körperschaften des öffentlichen Rechts ist hoheitliche Tätigkeit. *Verfügung OFD Saarbrücken S 7106 A – 36 – St 241 v. 22. 5. 1987.*

Leistungen von **Gutachterausschüssen nach dem BauGB** für private Auftraggeber sind nur dann umsatzsteuerpflichtig, wenn ein Betrieb gewerblicher Art vorliegt und die Betragsgrenze des Abschnitts 5 KStR überschritten wird. *Verfügung OFD Erfurt S 7106 A – 09 – St 342 v. 2. 5. 1996 (DStR S. 1365).* Vgl. auch *LfSt Niedersachsen S 7106 – 182 – St 172 v. 5. 3. 2018 (MwStR S. 456, DStR S. 1369)* zu den Gutachterausschüssen für Grundstückswerte. 165

Bürgerhäuser und **Gemeinschaftshäuser** von Gemeinden beteiligen sich in der Regel am allgemeinen wirtschaftlichen Verkehr. *Verfügung OFD Frankfurt S 7106 A – 55 – St I 10 v. 25. 6. 2003.*

Übernimmt ein Unternehmer aufgrund eines gegenseitigen Vertrages Leistungen zur Erfüllung der von ihm übernommenen Aufgaben einer jur. Person des öffentl. Rechts (jPöR) gegen Entgelt (**Betrieb eines Freibades** aufgrund eines Pacht- und Betriebsführungsvertrages), ist grundsätzlich von einem steuerlichen Leistungsentgelt auszugehen. Die **jPöR** wird unternehmerisch tätig. *BFH-Beschluss v. 19. 3. 2014 XI B 126/13 (BeckRS 2014, 95 592).*

Zur Steuerbarkeit der Leistungen der bevollmächtigten **Bezirksschornsteinfeger** vgl. *Verfügung OFD Frankfurt/M. v. 9. 4. 2014 – S 7100 A – 319 – St 110 (DStR S. 1774).*

Zur umsatzsteuerlichen Beurteilung der **Verpachtung dauerdefizitärer Einrichtungen** jur. Personen des öffentl. Rechts vgl. *Verfügung OFD Niedersachsen v. 1. 10. 2014 – S 7106 – 296 – St 171 (DStR S. 2572).*

Die Bundesrepublik Deutschland kann Tätigkeiten von juristischen Personen des öffentlichen Rechts, die nach **§ 4 Nr. 12 Buchst. a UStG** von der Steuer befreit sind (Vermietung und Verpachtung von Grundstücken), nur durch eine ausdrückliche gesetzliche Regelung gemäß Art. 4 Abs. 5 Unterabs. 4 der Richtlinie 77/388/EWG als Tätigkeiten „behandeln", die diesen juristischen Personen des öffentlichen Rechts im Rahmen der **öffentlichen Gewalt** obliegen. *BFH-Urteil v. 20. 8. 2009 V R 70/05 (BStBl. 2017 II S. 825)* (Nachfolgeentscheidung zum EuGH-Urteil v. 4. 6. 2009 C-102/08, Salix, BStBl. 2017 II S. 873).

Eine Gemeinde, die sich als Gegenleistung für die Übereignung eines mit Werbeaufdrucken versehenen Fahrzeugs **(Werbemobil)** verpflichtet, dieses für die Dauer von fünf Jahren in der Öffentlichkeit zu bewegen, ist Unternehmerin. Dies gilt auch dann, wenn die in Abschn. 23 Abs. 4 UStR 2005 genannte Umsatzgrenze von 30 678 € nicht erreicht wird. *BFH-Urteil v. 17. 3. 2010 XI R 17/08 (BStBl. 2017 II S. 828).*

1. Dem Begriff der **„Vermögensverwaltung"** kommt umsatzsteuerrechtlich für die Unternehmerstellung einer juristischen Person des öffentlichen Rechts durch einen „Betrieb gewerblicher Art" keine Bedeutung zu. – 2. Gestattet eine **Universität** als juristische Person des öffentlichen Rechts durch privatrechtlichen Vertrag das Aufstellen von Automaten gegen Entgelt, erbringt sie als Unternehmer steuerbare und steuerpflichtige Leistungen (richtlinienkonforme Auslegung von § 2 Abs. 3 Satz 1 UStG i. V. m. § 4 Abs. 1 KStG entsprechend Art. 4 der Richtlinie 77/388/EWG). – 3. Überlässt die Universität auf öffentlich-rechtlicher Rechtsgrundlage **Personal und Sachmittel** gegen Entgelt, ist sie Unternehmer, wenn eine Behandlung als Nichtunternehmer zu größeren Wettbewerbsverzerrungen führen würde (richtlinienkonforme Auslegung von § 2 Abs. 3 Satz 1 UStG i. V. m. § 4 Abs. 5 KStG entsprechend Art. 4 Abs. 5 der Richtlinie 77/388/EWG). *BFH-Urteil v. 15. 4. 2010 V R 10/09 (BStBl. 2017 II S. 863).*

Ein kommunaler **Zweckverband** in der Rechtsform einer Körperschaft des öffentlichen Rechts, der eine **Wasserversorgungsanlage** zur Förderung und Abgabe von Trink- und Gebrauchswasser betreibt, ist bei richtlinienkonformer Auslegung des § 2 Abs. 3 Satz 1 UStG i. V. m. § 4 Abs. 3 und 5 KStG Unternehmer. *BFH-Urteil v. 2. 3. 2011 XI R 65/07 (BStBl. 2017 II S. 831).*

1. Gestattet eine Gemeinde gegen Entgelt die Nutzung einer **Sport- und Freizeithalle,** ist sie gemäß § 2 Abs. 3 Satz 1 UStG i. V. m. § 4 KStG als Unternehmer tätig, wenn sie ihre Leistung entweder auf zivilrechtlicher Grundlage oder – im Wettbewerb zu Privaten – auf öffentlich-rechtlicher Grundlage erbringt. – 2. Gleiches gilt für die entgeltliche Nutzungsüberlassung der Halle an eine Nachbargemeinde für Zwecke des Schulsports. Auch eine sog. **Beistandsleistung,** die zwischen juristischen Personen des öffentlichen Rechts gegen Entgelt erbracht wird, ist steuerbar und bei Fehlen besonderer Befreiungstatbestände steuerpflichtig. *BFH-Urteil v. 10. 11. 2011 V R 41/10 (BStBl. 2017 II S. 869).*

1. Eine Gemeinde, die nicht auf privatrechtlicher, sondern auf hoheitlicher Grundlage **Stellplätze** für PKW in einer **Tiefgarage** gegen Entgelt überlässt, handelt als Unternehmer und erbringt steuerpflichtige Leistungen, wenn ihre Behandlung als Nichtsteuerpflichtige zu größeren Wettbewerbsverzerrungen führen würde (richtlinienkonforme Auslegung des § 2 Abs. 3 Satz 1 UStG i. V. m. § 4 KStG). – 2. Eine derartige Wettbewerbsverzerrung liegt auch vor, wenn eine Gemeinde Stellplätze zwar nach §§ 45, 13 StVO öffentlich-rechtlich auf einer **öffentlich-rechtlich gewidmeten „Straße"** überlässt, es sich hierbei jedoch um Flächen einer Tiefgarage handelt (Änderung der Rechtsprechung). *BFH-Urteil v. 1. 12. 2011 V R 1/11 (BStBl. 2017 II S. 834).*

1. Vermietet eine Gemeinde **Standflächen** bei einer **Kirmesveranstaltung** auf zivilrechtlicher Grundlage, handelt sie als Unternehmerin (§ 2 Abs. 3 Satz 1 UStG). – 2. Die Standplatzvermietung ist im vollen Umfang gemäß § 4 Nr. 12 Buchst. a UStG steuerfrei (Fortführung der Rechtsprechung vom 24. Januar 2008 V R 12/05, BFHE 221, 310, BStBl. II 2009, 60). *BFH-Urteil v. 13. 2. 2014 V R 5/13 (BStBl. 2017 II S. 846).*

Eine **Landesärztekammer** ist als juristische Person des öffentlichen Rechts im Rahmen der sog. „externen Qualitätssicherung Krankenhaus" nicht unternehmerisch tätig, wenn sie insoweit auf öffentlich-rechtlicher Grundlage handelt und ihre Behandlung als Nichtunternehmerin nicht zu größeren Wettbewerbsverzerrungen führen würde. *BFH-Urteil v. 10. 2. 2016 XI R 26/13 (BStBl. 2017 II S. 857).*

Eintrittsgelder, die eine Gemeinde von Besuchern eines von ihr veranstalteten **Dorffestes** für von ihr organisierte „Schaustellungen, Musikaufführungen, unterhaltende Vorstellungen oder sonstige Lustbarkeiten" verlangt, unterliegen dem ermäßigten Umsatzsteuersatz nach § 12 Abs. 2 Nr. 7 Buchst. d UStG. *BFH-Urteil v. 5. 11. 2014 XI R 42/12 (BStBl. 2017 II S. 849).*

Anl a zu 2.11

a) Schreiben betr. umsatzsteuerrechtliche Beurteilung der Einschaltung von Unternehmern in die Erfüllung hoheitlicher Aufgaben

Vom 27. Dezember 1990 (BStBl. 1991 I S. 81)

(BMF IV A 2 – S 7300 – 66/90)

Unter Bezugnahme auf das Ergebnis der Erörterung mit den obersten Finanzbehörden der Länder gilt folgendes:

I. Allgemeines

171 Juristische Personen des öffentlichen Rechts (z. B. Gebietskörperschaften, im folgenden: Hoheitsträger) können im Rahmen des geltenden Rechts zur Erfüllung ihrer gesetzlichen Pflichtaufgaben (z. B. Müll- und Abwasserbeseitigung) Unternehmer im Sinne des § 2 Abs. 1 UStG (z. B. privatrechtliche Gesellschaften) einschalten. Bei eigener Durchführung der Aufgaben würden die Hoheitsträger als Letztverbraucher mit der auf den Leistungsbezügen ruhenden Umsatzsteuer belastet, da im hoheitlichen Bereich keine Berechtigung zum Vorsteuerabzug besteht. Wenn jedoch der eingeschaltete Unternehmer statt des Hoheitsträgers die Leistungen bezieht, wird damit grundsätzlich die Möglichkeit des Vorsteuerabzugs beim eingeschalteten Unternehmer eröffnet. Andererseits sind die Leistungen des eingeschalteten Unternehmers an den Hoheitsträger steuerbar und steuerpflichtig. Bei der Einschaltung von Unternehmern in die Erfüllung hoheitlicher Aufgaben sind die nachfolgenden Grundsätze zu beachten. Diese Grundsätze gelten entsprechend, wenn sich mehrere Hoheitsträger zusammenschließen und einen Unternehmer einschalten.

II. Beurteilung der Leistungen des eingeschalteten Unternehmers an den Hoheitsträger

1. Leistungsbeziehungen

172 Hoheitsträger können **die tatsächliche Durchführung** ihrer gesetzlichen Pflichtaufgaben auf Unternehmer übertragen, nicht jedoch diese Aufgaben selbst. Berechtigt und verpflichtet gegenüber den Bürgern bleibt der Hoheitsträger. Der eingeschaltete Unternehmer erbringt seine Leistungen insoweit an den Hoheitsträger, auch wenn er das Entgelt für seine Tätigkeit (z. B. Müll- oder Abwassergebühren für die Entsorgung der Haushalte) unter Abkürzung des Zahlungsweges unmittelbar von den Bürgern erhält. Der Hoheitsträger (Nichtunternehmer) erbringt nicht steuerbare Leistungen an die Bürger.

Beispiel 1:

Mehrere Gemeinden haben eine Müllbeseitigungs-GmbH gegründet und diese mit der Abfuhr des Hausmülls der Bürger beauftragt. Die Bürger zahlen die von den Gemeinden festgesetzten Müllgebühren auf ein Konto der GmbH ein.

Die Müllbeseitigungs-GmbH erbringt ihre Leistungen an die jeweiligen Gemeinden. Die Gemeinden erbringen nicht steuerbare Leistungen an ihre Bürger. Ein Leistungsaustausch unmittelbar zwischen Müllbeseitigungs-GmbH und Bürgern findet nicht statt.

Die eingeschalteten Unternehmer können daneben allerdings auch Umsätze an andere Leistungsempfänger (z. B. Lieferung von verwertbarem Schrott an Schrotthändler oder Beseitigung von Industriemüll durch eine Abfallbeseitigungs-GmbH) ausführen.

2. Art der Leistung und Steuersatz

173 Die Tätigkeit des eingeschalteten Unternehmers für den Hoheitsträger ist als sonstige Leistung im Sinne des § 3 Abs. 9 UStG steuerbar und steuerpflichtig. Diese Leistung unterliegt der Umsatzsteuer nach dem allgemeinen Steuersatz (§ 12 Abs. 1 UStG). Eingeschaltete Körperschaften (z. B. eine GmbH) sind wegen fehlender Selbstlosigkeit nicht gemeinnützig tätig. Der ermäßigte Steuersatz nach § 12 Abs. 2 Nr. 8 Buchst. a UStG ist daher nicht anzuwenden.

3. Abgrenzung von steuerbaren und nicht steuerbaren Leistungen

a) Zahlungen des Hoheitsträgers an den eingeschalteten Unternehmer

174 Nach § 10 Abs. 1 Satz 2 UStG gehört zum Entgelt für die Leistung alles, was der Leistungsempfänger aufwendet, um die Leistung zu erhalten, jedoch abzüglich der Umsatzsteuer. Die Zahlungen der

Hoheitsträger (= Leistungsempfänger) an den eingeschalteten Unternehmer werden regelmäßig – unabhängig von ihrer Bezeichnung (z. B. als Zuschuß, Investitionskostenzuschuß, Zuwendung, Beihilfe, Verlustabdeckung usw.) und dem Zeitpunkt ihrer Entrichtung – aufgrund des Leistungsaustauschverhältnisses zwischen dem Unternehmer und den Hoheitsträgern entrichtet und sind damit Entgelt für die jeweilige sonstige Leistung (vgl. Abschnitt [10.2 Abs. 2 UStAE]) und deshalb weder echte Zuschüsse (vgl. Abschnitt [10.2 Abs. 4 UStAE]) noch nicht steuerbare Gesellschafterbeiträge (vgl. Abschnitt [1.6 Abs. 3 und 4 UStAE]). Anl a zu 2.11

Gleiches gilt unbeschadet der körperschaftsteuerrechtlichen Beurteilung, wenn Zahlungen (z. B. Zuschüsse eines Landes), auf die **nur der Hoheitsträger** (z. B. eine Gemeinde) einen gesetzlichen oder sonstigen **Anspruch** hat, unter Abkürzung des Zahlungsweges unmittelbar an den eingeschalteten Unternehmer geleistet werden. In diesem Fall liegt rechtlich und wirtschaftlich eine Zahlung an den Hoheitsträger und eine weitere Zahlung des Hoheitsträgers an den eingeschalteten Unternehmer vor.

Beispiel 2:

Mehrere Gemeinden haben eine GmbH gegründet und diese mit der Errichtung und dem Betrieb einer Müllverbrennungsanlage beauftragt. Die Gemeinden erhalten für den Bau auf Antrag Zuschüsse des Landes (Investitionskostenzuschüsse), die das Land auf Wunsch der Gemeinden unmittelbar auf das Konto der GmbH überweist.

Die Überweisung der Landeszuschüsse an die GmbH ist rechtlich und wirtschaftlich als Zahlung des Landes an die einzelnen Gemeinden und als weitere Zahlung der Gemeinden an die GmbH anzusehen. Die Zahlungen der Gemeinden an die GmbH sind unabhängig von ihrer Bezeichnung als Investitionskostenzuschuß Entgelt für die sonstige Leistung der GmbH (tatsächliche Durchführung der Müllbeseitigung) an die Gemeinden.

b) Zahlungen durch Dritte an den eingeschalteten Unternehmer

Nach § 10 Abs. 1 Satz 3 UStG gehört zum Entgelt auch, was ein anderer als der Leistungsempfänger dem Unternehmer für die Leistung gewährt (zusätzliches Entgelt eines Dritten). Dies kann hier nur in Betracht kommen, wenn **der eingeschaltete Unternehmer selbst** und nicht der Hoheitsträger (vgl. Buchstabe a Abs. 2 und Beispiel 2) einen **eigenen** gesetzlichen oder sonstigen **Anspruch auf die Zahlungen** hat. Ob diese Zahlungen dann nach § 10 Abs. 1 Satz 3 UStG als Entgelt eines Dritten anzusehen sind, ist im Einzelfall anhand von Abschnitt [10.2 Abs. 3 und 4 UStAE] sowie der BFH-Rechtsprechung zu beurteilen. **175**

4. Mindestbemessungsgrundlage

Die Anwendung der Mindestbemessungsgrundlage (§ 10 Abs. 5 Nr. 1 UStG i. V. m. § 10 Abs. 4 UStG) für die Leistung des eingeschalteten Unternehmers an den Hoheitsträger kommt in Betracht, wenn der Hoheitsträger Anteilseigner, Gesellschafter oder Mitglied des eingeschalteten Unternehmers ist. Ist das für die Leistung des eingeschalteten Unternehmers an den Hoheitsträger nach den vorstehenden Grundsätzen ermittelte Entgelt niedriger als die nach § 10 Abs. 4 Nr. 2 UStG maßgeblichen Kosten, so sind diese Kosten als Bemessungsgrundlage anzusetzen. Die maßgeblichen Kosten sind nach den Regelungen in Abschnitt [10.6 Abs. 2 UStAE] unter Beachtung von Abschnitt [10.7 Abs. 4 UStAE] zu ermitteln. Bei der Ermittlung der Abschreibungen ist zu beachten, daß die AfA-Bemessungsgrundlage nicht um ertragsteuerlich zulässige Abzüge (z. B. den Abzug nach § 6 b EStG) sowie nicht um eventuelle Zuschüsse gemindert werden darf. **176**

Beispiel 3:

Eine Gemeinde ist alleiniger Anteilseigner einer GmbH, die mit der Errichtung und dem Betrieb einer Kläranlage (Abwasserbeseitigung) beauftragt wird. Die Herstellungskosten der Anlage (Nutzungsdauer lt. AfA-Tabelle 20 Jahre) betragen 4 Mio. DM zuzüglich 14% Umsatzsteuer. Die Gemeinde erhält einen Landeszuschuß zu den Baukosten von 200 000 DM, den sie an die GmbH weiterleitet. An laufenden Kosten fallen jährlich an: Finanzierungskosten 200 000 DM, Betriebskosten der Anlage 100 000 DM, sonstige Kosten 50 000 DM. Die GmbH erhält von der Gemeinde einen sog. Reinigungspreis von 300 000 DM zuzüglich 14% USt jährlich. Außerdem zahlt die Gemeinde für den laufenden Betrieb der Anlage einen Zuschuß von 50 000 DM jährlich.

Die GmbH erbringt gegenüber der Gemeinde eine steuerbare und steuerpflichtige sonstige Leistung im Sinne des § 3 Abs. 9 UStG, die in der tatsächlichen Durchführung der gemeindlichen Pflichtaufgabe „Abwasserbeseitigung" besteht. Zum Entgelt für diese Leistung gehören neben dem sog. Reinigungspreis von 300 000 DM auch der Investitionskostenzuschuß (netto 175 439 DM) sowie der laufende Zuschuß (netto 43 860 DM). Das Entgelt beträgt somit insgesamt 519 299 DM.

Außerdem ist zu prüfen, ob die Mindestbemessungsgrundlage das Entgelt nach § 10 Abs. 1 Satz 2 UStG übersteigt. Die Mindestbemessungsgrundlage ist wie folgt zu ermitteln.

AfA Kläranlage 5 v. H. v. 4 Mio. DM =	200 000 DM
Finanzierungskosten	200 000 DM
Betriebskosten der Anlage	100 000 DM
Sonstige Kosten	50 000 DM
Mindestbemessungsgrundlage	550 000 DM

Da die Mindestbemessungsgrundlage nach § 10 Abs. 5 Nr. 1 UStG i. V. m. § 10 Abs. 4 Nr. 2 UStG (= 550 000 DM) das Entgelt nach § 10 Abs. 1 Satz 2 UStG (= 519 299 DM) übersteigt, ist sie als maßgebliche Bemessungsgrundlage für die sonstige Leistung der GmbH anzusetzen. Die GmbH kann die Vorsteuern aus der Errichtung der Anlage und den laufenden Kosten in voller Höhe abziehen.

Sind bei eingeschalteten Körperschaften die vereinbarten Leistungsentgelte nicht kostendeckend, so ist in körperschaftsteuerrechtlicher Hinsicht zu prüfen, ob eine verdeckte Gewinnausschüttung (§ 8 Abs. 3 KStG, *Abschnitt 31 KStR*[1]) vorliegt, und ggf. das Einkommen der Körperschaft entsprechend zu erhöhen.

[1] Jetzt R 7.3 KStR.

III. Anwendung des § 42 AO

177 Soweit nicht im Einzelfall Wirtschaftsgüter unmittelbar dem Hoheitsträger zuzurechnen sind, ist die Anwendung des § 42 AO zu prüfen. Die Einschaltung eines Unternehmers in die Erfüllung hoheitlicher Aufgaben ist rechtsmißbräuchlich, wenn für sie wirtschaftliche oder sonst beachtliche Gründe fehlen. Läßt sich die Einschaltung nur mit der Absicht der Steuerersparnis erklären, fehlt es auch an sonst beachtlichen Gründen. Von der Absicht der Steuerersparnis ist nur auszugehen, wenn durch die Gestaltung – im Vergleich zur eigenen Erledigung der Aufgabe durch den Hoheitsträger – ein steuerlicher Vorteil entsteht. Ein steuerlicher Vorteil kann nur dann angenommen werden, wenn langfristig

a) die abziehbaren Vorsteuern des eingeschalteten Unternehmers (insbesondere aus Investitionen) die Umsatzsteuer für die Umsätze an den Hoheitsträger übersteigen und
b) eventuelle Aufkommensminderungen bei der Umsatzsteuer durch Mehraufkommen bei anderen Steuerarten (z. B. Körperschaftsteuer) nicht ausgeglichen werden.

Zur Feststellung eines eventuellen steuerlichen Vorteils ist deshalb überschlägig eine Gegenüberstellung der steuerlichen Auswirkungen für mehrere Besteuerungszeiträume (z. B. orientiert an der Laufzeit des Einschaltungsvertrags oder der Nutzungsdauer einer Anlage) vorzunehmen.

Liegt unter den weiteren Voraussetzungen des § 42 AO bei der Einschaltung eines Unternehmers in die Erfüllung hoheitlicher Aufgaben ein Mißbrauch von Gestaltungsmöglichkeiten des Rechts vor, so entsteht der Steueranspruch so, als ob der Hoheitsträger diese Aufgaben selbst erledigt hätte. Die Einschaltung des Unternehmers ist in diesem Fall unbeachtlich. Daraus folgt, daß

a) weder die eingeschaltete Person noch der Hoheitsträger den Vorsteuerabzug in Anspruch nehmen kann und
b) zwischen der eingeschalteten Person und dem Hoheitsträger ein Leistungsaustausch nicht stattfindet.

IV. Anwendung

Dieses Schreiben tritt an die Stelle des BMF-Schreibens vom 22. August 1985 – IV A 1 – S 7242 – 27/85 – (BStBl. I S. 583).

Anl b zu 2.11

b) Schreiben betr. Umsatzbesteuerung der Leistungen der öffentlichen Hand; Veröffentlichung der Rechtsprechung des BFH zur Anwendung von § 2 Absatz 3 UStG

Vom 27. Juli 2017 (BStBl. I S. 1239)

(BMF III C 2 – S 7106/0 :002; DOK 2017/0386556)

Bezug: BMF-Schreiben vom 16. 12. 2016 III C 2 – S 7107/16/10001, BStBl. I S. 1451)

181 Mit den Urteilen vom 20. August 2009 – V R 70/05 – (BStBl. II 2017 S. 825), vom 17. März 2010 – XI R 17/08 – (BStBl. II 2017 S. 828), vom 15. April 2010 – V R 10/09 – (BStBl. II 2017 S. 863), vom 2. März 2011 – XI R 65/07 – (BStBl. II 2017 S. 831), vom 10. November 2011 – V R 41/10 – (BStBl. II 2017 S. 869), vom 1. Dezember 2011 – V R 1/11 – (BStBl. II 2017 S. 834), vom 13. Februar 2014 – V R 5/13 – (BStBl. II 2017 S. 846), vom 5. November 2014 – XI R 42/12 – (BStBl. II 2017 S. 849) und vom 10. Februar 2016 – XI R 26/13 – (BStBl. II 2017 S. 857) hat der Bundesfinanzhof (BFH) zur Unternehmereigenschaft von juristischen Personen des öffentlichen Rechts (jPöR) entschieden. In den Entscheidungen legt der BFH § 2 Absatz 3 Satz 1 UStG unter Hinweis auf Artikel 4 Absatz 5 der Richtlinie 77/388/EWG bzw. Artikel 13 MwStSystRL richtlinienkonform aus. In Umsetzung dieser Rechtsprechung hat der Gesetzgeber § 2 b UStG geschaffen, der ab 1. Januar 2017 anwendbar ist.

Unter Bezugnahme auf das Ergebnis der Erörterungen mit den obersten Finanzbehörden der Länder gilt Folgendes:

Für **vor dem 1. Januar 2017** ausgeführte Leistungen ist die bisher zu § 2 Absatz 3 UStG vertretene Verwaltungsauffassung (vgl. insbesondere Abschnitt 2.11 UStAE) weiterhin maßgeblich. Es ist jedoch nicht zu beanstanden, wenn die jPöR die hiervon abweichende Rechtsprechung des BFH der Besteuerung zu Grunde legt, sofern dies einheitlich für das gesamte Unternehmen erfolgt. Eine Beschränkung auf einzelne Tätigkeitsbereiche oder Leistungen ist nicht zulässig.

Dies gilt entsprechend, solange § 2 Absatz 3 UStG in der am 31. Dezember 2015 geltenden Fassung infolge einer wirksamen Optionserklärung nach § 27 Absatz 22 Satz 3 UStG auf nach dem 31. Dezember 2016 und vor dem 1. Januar 2021 ausgeführte Leistungen weiterhin anzuwenden ist (vgl. Rz. 60 des Bezugsschreibens).[1]

[1] Anlage b zu A 2 b.1 UStAE.

§ 2a Fahrzeuglieferer[1]

UStG

1 ① **Wer im Inland ein neues Fahrzeug liefert, das bei der Lieferung in das übrige Gemeinschaftsgebiet gelangt, wird, wenn er nicht Unternehmer im Sinne des § 2 ist, für diese Lieferung wie ein Unternehmer behandelt.** ② **Dasselbe gilt, wenn der Lieferer eines neuen Fahrzeugs Unternehmer im Sinne des § 2 ist und die Lieferung nicht im Rahmen des Unternehmens ausführt.**

Hinweis auf EU-Vorschriften:

UStG: § 2 a .... **MwStSystRL:** Art. 9 Abs. 2

[1] **Hinweise zu § 2 a:** § 1 Abs. 1 Nr. 1 (Steuerbarkeit), § 1 b Abs. 2, 3 (Begriff „neues Fahrzeug"), § 3 Abs. 6, 7, § 3 c Abs. 5 S. 1 (Ort der Lieferung), § 4 Nr. 1 Buchst. b, § 6 a (Steuerbefreiung), § 14 a Abs. 3 u. 4 (Rechnungsausstellung), § 15 Abs. 4 a (Vorsteuerabzug), § 18 Abs. 4 a (Besteuerungsverfahren), § 18 c/FzgLiefMeldV (Meldepflicht), § 22 Abs. 1 S. 1 (Aufzeichnungspflichten).

Zur innergemeinschaftlichen **Lieferung von Fahrzeugen** durch Nichtunternehmer vgl. *Verfügung OFD Frankfurt S 7104 a A – 1 – St IV 10 v. 8. 11. 1993.*

UStG

§ 2b Juristische Personen des öffentlichen Rechts

1 (1) ① **Vorbehaltlich des Absatzes 4 gelten juristische Personen des öffentlichen Rechts nicht als Unternehmer im Sinne des § 2, soweit sie Tätigkeiten ausüben, die ihnen im Rahmen der öffentlichen Gewalt obliegen, auch wenn sie im Zusammenhang mit diesen Tätigkeiten Zölle, Gebühren, Beiträge oder sonstige Abgaben erheben.** ② **Satz 1 gilt nicht, sofern eine Behandlung als Nichtunternehmer zu größeren Wettbewerbsverzerrungen führen würde.**

2 (2) **Größere Wettbewerbsverzerrungen liegen insbesondere nicht vor, wenn**

1. **der von einer juristischen Person des öffentlichen Rechts im Kalenderjahr aus gleichartigen Tätigkeiten erzielte Umsatz voraussichtlich 17 500 Euro jeweils nicht übersteigen wird oder**
2. **vergleichbare, auf privatrechtlicher Grundlage erbrachte Leistungen ohne Recht auf Verzicht (§ 9) einer Steuerbefreiung unterliegen.**

3 (3) **Sofern eine Leistung an eine andere juristische Person des öffentlichen Rechts ausgeführt wird, liegen größere Wettbewerbsverzerrungen insbesondere nicht vor, wenn**

1. **die Leistungen aufgrund gesetzlicher Bestimmungen nur von juristischen Personen des öffentlichen Rechts erbracht werden dürfen oder**
2. **die Zusammenarbeit durch gemeinsame spezifische öffentliche Interessen bestimmt wird.** ② **Dies ist regelmäßig der Fall, wenn**
   a) **die Leistungen auf langfristigen öffentlich-rechtlichen Vereinbarungen beruhen,**
   b) **die Leistungen dem Erhalt der öffentlichen Infrastruktur und der Wahrnehmung einer allen Beteiligten obliegenden öffentlichen Aufgabe dienen,**
   c) **die Leistungen ausschließlich gegen Kostenerstattung erbracht werden und**
   d) **der Leistende gleichartige Leistungen im Wesentlichen an andere juristische Personen des öffentlichen Rechts erbringt.**

4 (4) **Auch wenn die Voraussetzungen des Absatzes 1 Satz 1 gegeben sind, gelten juristische Personen des öffentlichen Rechts bei Vorliegen der übrigen Voraussetzungen des § 2 Absatz 1 mit der Ausübung folgender Tätigkeiten stets als Unternehmer:**

1., 2. *(aufgehoben)*

3. **die Leistungen der Vermessungs- und Katasterbehörden bei der Wahrnehmung von Aufgaben der Landesvermessung und des Liegenschaftskatasters mit Ausnahme der Amtshilfe;**
4. **die Tätigkeit der Bundesanstalt für Landwirtschaft und Ernährung, soweit Aufgaben der Marktordnung, der Vorratshaltung und der Nahrungsmittelhilfe wahrgenommen werden;**
5. **Tätigkeiten, die in Anhang I der Richtlinie 2006/112/EG des Rates vom 28. November 2006 über das gemeinsame Mehrwertsteuersystem (ABl. L 347 vom 11. 12. 2006, S. 1) in der jeweils gültigen Fassung genannt sind, sofern der Umfang dieser Tätigkeiten nicht unbedeutend ist.**

Hinweis auf EU-Vorschriften:

UStG: § 2 b .... **MwStSystRL:** Art. 13, 132 Abs. 1 (g), Anh. I, X A 3

Übersicht Rz.

Zu § 2b UStG

UStAE 2b.1

2b.1 Juristische Personen des öffentlichen Rechts (§ 2b UStG)

(1) Zur Anwendung des § 2b UStG vgl. BMF-Schreiben vom 16. Dezember 2016, BStBl. I S. 1451. 5

(2) Zur Einstufung einer juristischen Person des privaten Rechts als sonstige Einrichtung des öffentlichen Rechts nach dem EuGH-Urteil vom 29. 10. 2015, C-174/14, Saudaçor, vgl. BMF-Schreiben vom 18. 9. 2019, BStBl. I S. 921.

(3) Zur gesonderten Prüfung möglicher größerer Wettbewerbsverzerrungen bei § 2b Abs. 3 Nr. 2 UStG vgl. BMF-Schreiben vom 14. 11. 2019, BStBl. I S. 1140.

(4) Die Kreishandwerkerschaften gelten mit der Ausübung der Geschäftsführung der Innungen hinsichtlich der Anwendung des § 2b UStG nicht als Unternehmer im Sinne des § 2 UStG.

(5) Die Überlassung unselbständiger Parkbuchten auf öffentlich-rechtlich gewidmeten Straßen gegen Gebühren (Parkscheinautomaten) ist als hoheitliche Tätigkeit zur Ordnung des ruhenden Verkehrs nach § 2b UStG nicht umsatzsteuerbar (zur Rechtslage nach § 2 Abs. 3 UStG vgl. Abschnitt 2.11 Abs. 12 Satz 2).

(6) ① Die durch die Landwirtschaftskammern und andere juristische Personen des öffentlichen Rechts auf öffentlich-rechtlicher Grundlage durchgeführten nachhaltigen und entgeltlichen Tätigkeiten in Zusammenhang mit (Landes-)Weinprämierungen führen zu größeren Wettbewerbsverzerrungen im Sinne von § 2b Abs. 1 Satz 2 UStG. ② Sie werden damit unternehmerisch ausgeübt.

(7) Die privatrechtliche Ausgestaltung der Leistung führt, auch in den Fällen des Anschluss- und Benutzungszwangs, dazu, dass kein Handeln im Rahmen der öffentlichen Gewalt im Sinne des § 2b Abs. 1 Satz 1 UStG vorliegt.

(8) ① Für eine Anwendung des § 2b Abs. 3 Nummer 1 UStG müssen die gesetzlichen Grundlagen so gefasst sein, dass die von einer juristischen Person des öffentlichen Rechts benötigte Leistung ausschließlich von einer anderen juristischen Person des öffentlichen Rechts erbracht werden darf (vgl. dazu Rz. 41 des BMF-Schreibens vom 16. 12. 2016, BStBl. I S. 1451). ② Nicht ausreichend ist zum Beispiel die gesetzliche Regelung eines allgemein gehaltenen Kooperationsgebots, das im Nachgang durch untergesetzliche Regelungen, vertragliche Vereinbarungen oder die tatsächliche Verwaltungspraxis ausgefüllt wird.

(9) ① Hoheitliche Hilfsgeschäfte, die der nichtunternehmerische Bereich einer juristischen Person des öffentlichen Rechts mit sich bringt, sind grundsätzlich nicht steuerbar. ② Da große Hoheitsbereiche oftmals entsprechend viele Hilfsgeschäfte tätigen, führt auch deren große Anzahl grundsätzlich nicht zu einer nachhaltigen wirtschaftlichen Betätigung und damit zur Steuerbarkeit. ③ Dies kann jedoch ausnahmsweise der Fall sein, wenn das Auftreten der juristischen Person des öffentlichen Rechts am Markt wegen der Vielzahl ihrer Umsätze und des daraus resultierenden Handelns dem eines professionellen Händlers derart gleicht, dass eine Nichtsteuerbarkeit zu einer Wettbewerbsverzerrung führen würde. ④ Wegen weiterer Einzelheiten siehe Rz. 19 und 20 des BMF-Schreibens vom 16. 12. 2016, BStBl. I S. 1451.

(10) Zur Behandlung der Konzessionsabgabe unter § 2b UStG vgl. BMF-Schreiben vom 5. 8. 2020, BStBl. I S. 669.

(11) Zur Behandlung der Anwendungsfragen des § 2b UStG in Zusammenhang mit dem Friedhofs- und Bestattungswesen vgl. BMF-Schreiben vom 23. 11. 2020, BStBl. I S. 1335.

LS zu 2b.1

Zur Behandlung der von öffentlichen Schulen vereinnahmten **Kopiergelder.** *Verfügung LfSt Niedersachsen S 7107 – 3 – St 171 v. 22. 2. 2018 (DStR S. 964).*

Zur Behandlung der **Personalüberlassung** an einen Gemeindeverwaltungsverband unter Anwendung des § 2b UStG. *Vfg. OFD Frankfurt a. M. S 7107 A – 001 – St 100 v. 20. 12. 2018 (MwStR 2019 S. 208, DStR 2019 S. 1325).* 9

Zur **Personalgestellung** von und zwischen jPöR unter § 2b UStG. *Vfg. BayLfSt S 7107.2.1–39/5 St 33 v. 8. 2. 2021 (MwStR S. 176).*

Leistungsaustausch bei entgeltlicher **Personalüberlassung** durch jPöR bei Überleitungsregelung in Umstrukturierungsfällen. *Verfügung LfSt Niedersachsen S 7107 – 8 – St 171 v. 27. 1. 2021 (BeckVerw 455783).*

Zur Unternehmereigenschaft von **juristischen Personen des öffentlichen Rechts**, die sich zwischenzeitlich auf die Rechtsprechung des BFH berufen hatten. *OFD Karlsruhe S 7107 K.1 v. 15. 8. 2018 (MwStR 2019 S. 292).*

Zur Erteilung von **verbindlichen Auskünften** zu § 2b UStG vgl. *BMF v. 3. 4. 2020 (DStR S. 1258) und Verfügung BayLfSt S 7107.1.1–16/3 St 33 v. 8. 4. 2020 (MwStR S. 424).*

Zur Besteuerung von **Verwaltungsgemeinschaften** vgl. *Verfügung BayLfSt S 7106.1.1–21/4 St 33 v. 27. 4. 2020 (DStR S. 1131).*

Zur Umsatzbesteuerung der öffentlichen Hand im Rahmen **interkommunaler Zusammenarbeit** (kommunale Arbeitsgemeinschaften, Zweckverbände, öffentlich-rechtliche Vereinbarungen und kommunale Anstalten) vgl. *OFD Frankfurt a. M. v. 4. 2. 2022 S 7107A – 005 – St 110.2 (MwStR S. 486).*

Überlassung von **Parkbuchten** auf öffentlich-rechtlich gewidmeten Straßen mit Parkscheinautomaten oder Bewohnerparkausweisen nicht unternehmerisch. *FM Schleswig-Holstein, Kurzinfo VI 3510 – S 7107 – 001 v. 23. 12. 2019 (DStR 2020 S. 507).*

Leistungen öffentlicher Entsorgungsbetriebe unter **Anschluss- und Benutzungszwang** auf privatrechtlicher Grundlage sind steuerbar. *Verfügung LfSt Niedersachsen S 7107 – 24 – St 171 v. 21. 12. 2020 (MwStR 2021 S. 256).*

Die Nichtbesteuerung von Leistungen öffentlich-rechtlicher Entsorgungsträger im Zusammenhang mit der **Sperrmüllentsorgung** führt aufgrund der Überlassungspflicht für Abfälle zur Beseitigung aus privaten Haushaltungen und anderen

Herkunftsbereichen gemäß § 17 Abs. 1 KrWG nicht zu größeren Wettbewerbsverzerrungen i. S. d. § 2b Abs. 1 Satz 2 UStG. *Kurzinfo FM Schleswig-Holstein v. 25. 4. 2022 VI 3510 – S 7107 – 001 (DStR S. 1554).*

Das *FM Schleswig-Holstein* bespricht in der *Kurzinfo VI 3510 S 7107 – 001 v. 26. 2. 2020 (MwStR S. 330)* verschiedene Anwendungsfragen (grds. steuerbare Leistungen: interkommunale **Rechenzentren**, interkommunale **Callcenter**, Personalgestellungen, **Sponsoring**, Tätigkeiten der Landkreise für kreisangehörige Gemeinden, **Rettungsleitstellen**, Verkauf von **Feinstaubplaketten**, kommunale Wohnheime, ggf. nicht steuerbare Leistungen: Parkgebühren, Leistungen einer Kommune an Rats- oder Kreistagsfraktionen, Durchführung hoheitlicher Maßnahmen durch andere jPöR, **Feuerwehrgebühren**).

Das *BayLfSt* hat mit *Verfügung S 7107.1.1–14/8 St 33 v. 10. 11. 2020 (DStR S. 2792)* Zweifelsfragen zum hoheitlichen **Hilfsgeschäft** bzw. vergleichbaren Geschäften beantwortet.

Besteuerung von in **Kindertageseinrichtungen** und **Schulen** erzielten Umsätzen. *Vfg. BayLfSt S 7107.2.1–37/11 St 33 v. 8. 1. 2021 (MwStR S. 174).*

Das *BMF* hat *mit Schreiben v. 26. 11. 2020 (MwStR 2021 S. 214)* an die Kultusministerkonferenz Fragen **zur Anwendung des § 2 b bei Hochschulen** (insb. zu Forschungskooperationen, Studiengebühren, gemeinsamen Berufungen und Studierendenwerken) geklärt. Siehe dazu auch die *Vfg. LfSt Niedersachsen S 7106-341-St 171 v. 27. 1. 2021 (DStR S. 1595).*

Auch die Tätigkeit einer öffentlich-rechtlichen **Rundfunkanstalt**, die nicht über Gebühren, sondern durch Zuschüsse des Staates finanziert wird, ist keine Dienstleistung gegen Entgelt. *EuGH-Urteil v. 16. 9. 2021 C-21/20 BNT (MwStR S. 848).*

Es sind keine Wettbewerbsverzerrungen i. S. d. § 2b Abs. 3 Nr. 1 UStG gegeben, wenn bei einer **Aufgabenzuweisung** aufgrund einer **Zuständigkeitsverordnung** in deren geltendem – auch räumlichen – jeweiligem Anwendungsbereich tatsächlich ausschließlich jPöR die Leistungen erbringen dürfen. Ein ausdrücklicher Ausschluss anderer Wirtschaftsteilnehmer von der Leistungserbringung ist entbehrlich. *Kurzinfo FM Schleswig-Holstein v. 30. 12. 2021 VI 3510 – S 7107 – 001 (DStR S. 1554).*

Bei Übertragung eines **Bauhofs** mit befreiender Wirkung auf eine andere juristische Person des öffentlichen Rechts ändert sich in Bayern die kommunalverfassungsrechtliche Zuständigkeit mit Wirkung gegenüber jedermann. Da die Leistung nicht marktrelevant ist, kommt es nicht zu Wettbewerbsverzerrungen. *Vfg. LfSt Niedersachsen S 7107.2.1–36/8 St 33 v. 18. 6. 2021 (MwStR S. 737).*

Sog. **janusköpfige Einrichtungen** (Stellen der öffentlichen Verwaltung, die zu verschiedenen jPöR gehören) werden auch umsatzsteuerlich für getrennte Unternehmen tätig und müssen entsprechend stets getrennte Umsatzsteuererklärungen übermitteln. *Kurzinfo FM Schleswig-Holstein v. 1. 1. 2022 VI 3510 – S 7107 – 001 (MwStR S. 411).*

Anl a zu 2b.1

a) Schreiben betr. Änderung im Bereich der Unternehmereigenschaft von juristischen Personen des öffentlichen Rechts durch Art. 12 des Steueränderungsgesetzes 2015, Anwendung der Übergangsregelung des § 27 Abs. 22 UStG

Vom 19. April 2016 (BStBl. I S. 481)

(BMF III C 2 – S 7106/07/10012-06)

10 Durch Art. 12 des Gesetzes vom 2. November 2015 (BGBl. I S. 1834, BStBl. I S. 846) wurden die Regelungen zur Unternehmereigenschaft von juristischen Personen des öffentlichen Rechts neu gefasst. Die Änderungen sind am 1. Januar 2016 in Kraft getreten. Es gilt eine Übergangsregelung, nach der die Anwendung des § 2 Abs. 3 UStG in der am 31. Dezember 2015 geltenden Fassung weiterhin möglich ist.

Unter Bezugnahme auf das Ergebnis der Erörterungen mit den obersten Finanzbehörden der Länder gilt zur Anwendung der Übergangsregelung in § 27 Abs. 22 UStG Folgendes:

Nach § 27 Abs. 22 Satz 1 UStG ist § 2 Abs. 3 UStG in der am 31. Dezember 2015 geltenden Fassung auf Umsätze, die nach dem 31. Dezember 2015 und vor dem 1. Januar 2017 ausgeführt werden, weiterhin anzuwenden. § 2b in der am 1. Januar 2016 geltenden Fassung ist nach § 27 Abs. 22 Satz 2 UStG auf Umsätze anzuwenden, die nach dem 31. Dezember 2016 ausgeführt werden.

Im Kalenderjahr 2016 gelten die bisher bestehenden Regelungen somit weiter. Die Neuregelung des § 2 b UStG ist frühestens ab dem 1. Januar 2017 anzuwenden. Nach § 27 Abs. 22 Satz 3 UStG kann die juristische Person des öffentlichen Rechts dem Finanzamt gegenüber jedoch einmalig erklären, dass sie § 2 Abs. 3 UStG in der am 31. Dezember 2015 geltenden Fassung für sämtliche nach dem 31. Dezember 2016 und vor dem 1. Januar 2021 ausgeführte Leistungen weiterhin anwendet.

Die Erklärung nach § 27 Absatz 22 Satz 3 UStG (im Folgenden „Optionserklärung") ist durch die juristische Person des öffentlichen Rechts für sämtliche von ihr ausgeübte Tätigkeiten einheitlich abzugeben. Eine Beschränkung auf einzelne Tätigkeitsbereiche oder Leistungen ist nicht zulässig. Die Abgabe einer Optionserklärung durch eine einzelne Organisationseinheit oder Einrichtung der juristischen Person des öffentlichen Rechts (z. B. Behörde, Dienststelle, Betrieb gewerblicher Art oder land- und forstwirtschaftlicher Betrieb) nur für ihren Bereich ist nicht zulässig.

Die Optionserklärung ist durch den gesetzlichen Vertreter oder einen Bevollmächtigten abzugeben und grundsätzlich an das nach § 21 AO zuständige Finanzamt zu richten. Eine ggf. abweichende Zuständigkeit nach den Vorschriften der Abgabenordnung bleibt hiervon unberührt.

Das Umsatzsteuergesetz sieht für die Optionserklärung keine spezielle Form vor. Zur besseren Nachvollziehbarkeit sollen die Finanzämter die Schriftform anregen. Aus der Erklärung muss sich hinreichend deutlich ergeben, dass die juristische Person des öffentlichen Rechts § 2 Abs. 3 UStG in der am 31. Dezember 2015 geltenden Fassung für sämtliche nach dem 31. Dezember 2016 und vor dem 1. Januar 2021 ausgeführte Leistungen weiterhin anwendet. Hat sich eine juristische Person des öffentlichen Rechts bisher auf die neuere Rechtsprechung des Bundesfinanzhofs zur Unternehmereigenschaft juristischer Personen des öffentlichen Rechts berufen, kann sie dennoch eine Optionserklärung mit der Wirkung abgeben, dass für sie ab dem 1. Januar 2017 § 2 Abs. 3 UStG in der am 31. Dezember 2015 geltenden Fassung anzuwenden ist.

Die Optionserklärung ist spätestens bis zum 31. Dezember 2016 abzugeben. Es handelt sich um eine nicht verlängerbare Ausschlussfrist.

Die Optionserklärung kann nur mit Wirkung vom Beginn eines auf die Abgabe folgenden Kalenderjahres an widerrufen werden. Der Widerruf muss sich hinreichend deutlich auf die ursprünglich abgegebene Optionserklärung beziehen. Nach einem Widerruf ist die Abgabe einer erneuten Optionserklärung ausgeschlossen.

Eine nach dem 31. Dezember 2016 neu errichtete juristische Person des öffentlichen Rechts kann wegen des Ablaufs der gesetzlichen Ausschlussfrist keine wirksame Optionserklärung abgeben. Im Fall der Gesamtrechtsnachfolge wirkt die Optionserklärung auch für den Rechtsnachfolger. Im Fall des Zusammenschlusses mehrerer bestehender Körperschaften, von denen nicht alle die Option wirksam ausgeübt haben, hat die daraus entstandene Körperschaft einheitlich zu entscheiden, ob die Rechtsfolgen der Option gelten sollen. Eine Beschränkung auf einzelne Tätigkeiten ist auch in diesem Fall nicht möglich.

Ein Schreiben zu den Regelungen in § 2 b UStG ergeht zu einem späteren Zeitpunkt.

b) Schreiben betr. Umsatzbesteuerung der Leistungen der öffentlichen Hand; Anwendungsfragen des § 2 b UStG

Anl b zu 2b.1

Vom 16. Dezember 2016 (BStBl. I S. 1451)

Bezug: BMF-Schreiben vom 19. April 2016, BStBl. I S. 481

(BMF III C 2 – S 7107/16/10001; DOK 2016/1126266)

1 Durch Art. 12 des Steueränderungsgesetzes 2015 vom 2. November 2015 (BGBl. I S. 1834) wurden die Regelungen zur Unternehmereigenschaft von juristischen Personen des öffentlichen Rechts (jPöR) neu gefasst. § 2 Abs. 3 UStG wurde aufgehoben und § 2 b neu in das Umsatzsteuergesetz eingefügt. Die Änderungen treten am 1. Januar 2017 in Kraft. Die Neuregelung wird von einer Übergangsregelung in § 27 Abs. 22 UStG begleitet, auf deren Grundlage eine jPöR dem Finanzamt gegenüber erklären kann, das bisher geltende Recht für sämtliche vor dem 1. Januar 2021 ausgeführte Leistungen weiterhin anzuwenden. **15**

2 Unter Bezugnahme auf das Ergebnis der Erörterungen mit den obersten Finanzbehörden der Länder gilt für die Anwendung von § 2 b UStG Folgendes:

I. § 2 b Abs. 1 Satz 1 UStG

1. Juristische Personen des öffentlichen Rechts

3 JPöR i. S. v. § 2 b Abs. 1 UStG sind insbesondere die Gebietskörperschaften (Bund, Länder, Gemeinden, Gemeindeverbände, Zweckverbände), die öffentlich-rechtlichen Religionsgemeinschaften, die Innungen, Handwerkskammern, Industrie- und Handelskammern, die staatlichen Hochschulen und sonstige Gebilde, die auf Grund öffentlichen Rechts eigene Rechtspersönlichkeit besitzen. Dazu gehören neben Körperschaften auch Anstalten und Stiftungen des öffentlichen Rechts, z. B. Rundfunkanstalten des öffentlichen Rechts und Universitätsklinika in der Rechtsform von Anstalten des öffentlichen Rechts. Zur Frage, unter welchen Voraussetzungen kirchliche Ordensgemeinschaften jPöR sind, vgl. das BFH-Urteil vom 8. Juli 1971 V R 1/68, BStBl. 1972 II S. 70. Auf ausländische jPöR ist die Vorschrift des § 2 b UStG analog anzuwenden. Ob eine solche Einrichtung eine jPöR ist, ist grundsätzlich nach deutschem Recht zu beurteilen. Das schließt jedoch nicht aus, dass für die Bestimmung öffentlich-rechtlicher Begriffe die ausländischen Rechtssätze mit herangezogen werden. **16**

2. Unternehmereigenschaft der juristischen Person des öffentlichen Rechts

4 Für die Beurteilung der Unternehmereigenschaft von jPöR sind die allgemeinen Regelungen des § 2 Abs. 1 UStG maßgeblich. Danach sind jPöR grundsätzlich als Unternehmer anzusehen, wenn sie selbstständig eine nachhaltige Tätigkeit zur Erzielung von Einnahmen (wirtschaftliche Tätigkeit) ausüben. Unerheblich ist in diesem Zusammenhang, welcher Art die entsprechenden Einnahmen sind. Auch Leistungen, für die als Gegenleistung Zölle, Gebühren, Beiträge oder sonstige Abgaben erhoben werden, können wirtschaftliche Tätigkeiten i. S. d. § 2 Abs. 1 UStG sein. **17**

5 Sind jPöR wirtschaftlich i. S. v. § 2 Abs. 1 UStG tätig, gelten sie jedoch gleichwohl nicht als Unternehmer, soweit sie Tätigkeiten ausüben, die ihnen im Rahmen der öffentlichen Gewalt obliegen (§ 2 b Abs. 1 Satz 1 UStG). Dies gilt nicht, sofern eine Behandlung der jPöR als Nichtunternehmer im Hinblick auf diese Tätigkeiten zu größeren Wettbewerbsverzerrungen führen würde (§ 2 b Abs. 1 Satz 2 UStG).

3. Tätigkeiten im Rahmen der öffentlichen Gewalt

6 Als Tätigkeiten, die einer jPöR im Rahmen der öffentlichen Gewalt obliegen, kommen nur solche in Betracht, bei denen die jPöR auf Grundlage einer öffentlich-rechtlichen Sonderregelung tätig wird. Die öffentlich-rechtliche Sonderregelung kann sich dabei aus einem Gesetz, einer Rechtsverordnung, einer Satzung, aus Staatsverträgen, verfassungsrechtlichen Verträgen, Verwaltungsabkommen, Verwaltungsvereinbarungen, öffentlich-rechtlichen Verträgen sowie aus der kirchenrechtlichen Rechtsetzung ergeben. Erbringt eine jPöR in Umsetzung einer öffentlich-rechtlichen Sonderregelung Leistungen in privatrechtlicher Handlungsform und damit unter den gleichen rechtlichen Bedingungen wie private Wirtschaftsteilnehmer, werden diese Tätigkeiten gleichwohl nicht von § 2 b UStG erfasst. **18**

7 Beispiele:

- Eine Gemeinde betreibt ein Freibad zur Erfüllung ihrer öffentlichen Aufgabe der Daseinsvorsorge. Die Benutzung des Freibades durch die Badegäste erfolgt auf privatrechtlicher Grundlage; daher ist die Tätigkeit der Gemeinde umsatzsteuerbar.
- Die Hochschule A überlässt der Hochschule B (jeweils selbständige jPöR) Messzeiten an einem innovativen Großgerät gegen Zahlung einer Kostenersatzpauschale. Die Kooperation erfolgt auf Grundlage einer im Hochschulgesetz des Landes vorgesehenen öffentlich-rechtlichen Verwaltungsvereinbarung und deshalb im Rahmen einer öffentlich-

Anl b zu 2b.1

rechtlichen Sonderregelung. Schließen die Beteiligten hingegen einen privatrechtlichen Vertrag über die Nutzung des Großgeräts, liegt keine Tätigkeit im Rahmen der öffentlichen Gewalt vor.

a) Öffentlich-rechtliche Satzungen

19 8 Öffentlich-rechtliche Satzungen werden von jPöR zur Regelung ihrer eigenen Angelegenheiten erlassen (z. B. Gemeindesatzungen, Satzungen von berufsständischen Organisationen, Sozialversicherungsträgern, Hochschulen, Zweckverbänden, Anstalten des öffentlichen Rechts oder Stiftungen des öffentlichen Rechts). Übt eine jPöR eine wirtschaftliche Tätigkeit auf der Grundlage einer öffentlich-rechtlichen Satzung in öffentlich-rechtlicher Handlungsform aus, wird sie im Rahmen der öffentlichen Gewalt tätig.

9 **Beispiele:**

– Eine Gemeinde regelt per Satzung die Höhe der öffentlich-rechtlichen Gebühren für die Abfallbeseitigung oder für die Nutzung des kommunalen Friedhofs.
– Ein Studentenwerk regelt per Satzung den öffentlich-rechtlichen Beitrag zum Studentenwerk.
– Ein Abwasserzweckverband reinigt entsprechend seiner Satzung das Abwasser seiner Mitgliedsgemeinden und erhebt hierfür Umlagen, deren Höhe in der Satzung festgelegt ist.

b) Staatsverträge, verfassungsrechtliche Verträge, Verwaltungsabkommen und Verwaltungsvereinbarungen

20 10 Für die umsatzsteuerrechtliche Einordnung ist die konkrete Abgrenzung der Handlungsformen Staatsvertrag, verfassungsrechtlicher Vertrag, Verwaltungsabkommen und Verwaltungsvereinbarung, Staatskirchenvertrag und Konkordat untereinander, z. B. nach dem Vertragsinhalt oder Mitwirkungsbefugnissen des Gesetzgebers entbehrlich. Die Beteiligten handeln auf öffentlich-rechtlicher Grundlage.

11 **Beispiele:**

– Staatsvertrag über die Errichtung einer gemeinsamen Einrichtung für Hochschulzulassung
– Rundfunkstaatsvertrag
– Verwaltungsabkommen über die Führung eines gemeinsamen Registers zum Schutz fairen Wettbewerbs
– Verwaltungsvereinbarung über die gemeinsame Ausbildung von Steuerbeamten

c) Öffentlich-rechtliche Verträge

21 12 JPöR sind berechtigt, öffentlich-rechtliche Verträge abzuschließen (vgl. z. B. § 54 VwVfG, § 53 SGB X, *§ 124 BauGB,*[1] § 48 VVZG-EKD), soweit gesetzliche Vorschriften nicht entgegenstehen. Insbesondere kann eine jPöR einen öffentlich-rechtlichen Vertrag mit demjenigen schließen, an den sie sonst einen Verwaltungsakt richten würde. Ein Vertrag ist als öffentlich-rechtlich zu beurteilen, wenn Gegenstand und Zweck des Vertrags dem öffentlichen Recht zuzuordnen sind. Ein Indiz für das Vorliegen eines öffentlich-rechtlichen Vertrags ist die Eröffnung des Verwaltungsrechtswegs.

13 Öffentlich-rechtliche Verträge liegen z. B. in folgenden Fällen vor:
– Eine besondere öffentlich-rechtliche Norm berechtigt die Beteiligten zum Abschluss eines öffentlich-rechtlichen Vertrags (z. B. Erschließungsvertrag nach § 124 BauGB, Sanierungsvertrag nach § 13 Abs. 4 BBodSchG, Vertrag nach § 11 Abs. 3 Rundfunkstaatsvertrag).
– Die in dem Vertrag übernommenen Verpflichtungen werden in einer öffentlich-rechtlichen Norm geregelt (z. B. öffentlich-rechtliche Tätigkeit einer Landesärztekammer im Rahmen der Qualitätssicherung).
– Der Vertrag dient dem Vollzug einer öffentlich-rechtlichen Sonderregelung (z. B. Einigung im Enteignungsverfahren nach § 110 BauGB).
– In dem Vertrag verpflichtet sich einer der beiden Vertragspartner zum Erlass einer hoheitlichen Maßnahme (z. B. Erlass einer Baugenehmigung).

14 **Beispiele:**

– Der Bauherr eines Gebäudes ist nach öffentlichem Baurecht verpflichtet, Pkw-Stellplätze in ausreichender Zahl und Größe sowie in geeigneter Beschaffenheit für die Benutzer und Besucher des Gebäudes herzustellen. Im Hinblick auf diese Verpflichtung schließt die zuständige Gemeinde mit dem Bauherrn einen sogenannten Ablösungsvertrag, in dem die Gemeinde auf die vorgenannte Verpflichtung des Bauherrn zur Herstellung von Stellplätzen gegen Zahlung eines bestimmten Betrags pro Stellplatz verzichtet. Dieser Vertrag wird in Vollzug einer öffentlich-rechtlichen Norm geschlossen und ist daher öffentlich-rechtlicher Natur.
– Ein Landkreis übernimmt im Rahmen eines koordinationsrechtlichen Vertrages die Anlagenbuchhaltung und das Liquiditätskreditmanagement für die Gemeinden seines Kreisgebietes und erhält hierfür von den Gemeinden einen Ausgleich in Höhe der angefallenen Kosten. Verträge dieser Art zwischen Kommunen sind nach § 54 Satz 1 VwVfG zulässig, sodass der Landkreis auf öffentlich-rechtlicher Grundlage im Rahmen öffentlicher Gewalt tätig ist.

15 Ist die Leistungsverpflichtung eines Vertragspartners nicht eindeutig einer bestimmten öffentlich-rechtlichen Rechtsnorm zuzuordnen (z. B. bei Leistungen, die sich nicht auf die hoheitliche Aufgabe insgesamt, sondern nur auf Teilaufgaben oder sogenannte Hilfsgeschäfte beziehen), kann in Bezug auf die entsprechenden Vereinbarungen gleichwohl ein öffentlich-rechtlicher Vertrag vorliegen. In diesen Fällen sind der Zweck der Leistungsverpflichtung und der Gesamtcharakter des Vertrags maßgebend für die Bestimmung der Rechtsnatur des Vertrags.

d) Zulässigkeit der gewählten Handlungsform

22 16 Ob die im Rahmen einer Tätigkeit erbrachten entgeltlichen Leistungen unter § 2 b Abs. 1 UStG fallen, hängt allein von der zulässigerweise gewählten Handlungsform der entsprechenden Tätigkeit ab. Besteht für eine Leistung ein Anschluss- und Benutzungszwang, ist regelmäßig davon auszugehen, dass die einzelne Leistung der jPöR auf öffentlich-rechtlicher Grundlage erbracht wird (z. B. Hausmüllentsorgung nach dem Kreislaufwirtschaftsgesetz). Eine gesetzlich vorgeschriebene öffentlich-rechtliche Handlungs-

[1] § 124 BauGB neugefasst mWv 21. 6. 2013 durch G v. 11. 6. 2013 (BGBl. I S. 1548).

form kann nicht mit steuerlicher Wirkung durch eine privatrechtliche ersetzt werden und umgekehrt. Wurde z. B. ohne rechtliche Grundlage die Form eines öffentlich-rechtlichen Vertrages gewählt, liegt kein Handeln im Rahmen der öffentlichen Gewalt vor. Mitunter sind jPöR nur zu privatrechtlichen Handlungsformen berechtigt (z. B. beim Betrieb einer Cafeteria, bei der Überlassung von Werbeflächen oder bei Grundstücksverkäufen außerhalb der staatlichen Boden- und Siedlungspolitik). Anl b zu 2b.1

17 Nach dem Grundsatz der Rechtmäßigkeit des Verwaltungshandelns kann grundsätzlich davon ausgegangen werden, dass die von der jPöR gewählte Handlungsform auch die rechtlich zulässige ist.

18 Im Hinblick auf die Anwendung des § 2 b Abs. 1 UStG ist es ohne Belang, ob die jPöR mit ihrer Tätigkeit öffentliche Aufgaben z. B. im Bereich der Daseinsvorsorge (z. B. Verkehrs- und Versorgungsbetriebe, Schulen, Krankenhäuser) wahrnimmt. Dies gilt auch dann, wenn die entsprechenden Aufgaben der jPöR aufgrund einer gesetzlichen Vorschrift zugewiesen sind.

4. Hilfsgeschäfte

19 Sogenannte Hilfsgeschäfte, die die nichtunternehmerischen (nichtwirtschaftlichen) Tätigkeiten von jPöR mit sich bringen, fallen zwar nicht in den Anwendungsbereich des § 2 b UStG, weil sie auf privatrechtlicher Grundlage ausgeführt werden (z. B. Veräußerungen von Gegenständen, die im nichtunternehmerischen Bereich eingesetzt waren). Gleichwohl ist eine jPöR mit ihren Verkaufstätigkeiten nur dann Unternehmer i. S. d. § 2 Abs. 1 UStG, wenn sie diese Tätigkeiten selbständig und nachhaltig zur Erzielung von Einnahmen ausübt. Da die Selbständigkeit bei einer jPöR außer Frage steht, ist die Unternehmereigenschaft von der Nachhaltigkeit der Verkaufstätigkeit abhängig. 23

20 Hilfsgeschäfte und vergleichbare Geschäfte, die der Betrieb des nichtunternehmerischen Bereichs bei jPöR mit sich bringt, sind auch dann nicht nachhaltig und somit nicht steuerbar, wenn sie wiederholt oder mit einer gewissen Regelmäßigkeit ausgeführt werden. Insbesondere kann die von Zeit zu Zeit erforderliche Auswechslung von Gegenständen, die zur Aufrechthaltung des Betriebs in der nichtunternehmerischen Sphäre erforderlich sind, die Unternehmereigenschaft nicht begründen. Als Hilfsgeschäfte in diesem Sinne sind z. B. anzusehen:

- Veräußerungen von Gegenständen, die im nichtunternehmerischen Bereich eingesetzt waren, z. B. der Verkauf von gebrauchten Kraftfahrzeugen, Einrichtungsgegenständen und Altpapier;
- Überlassung des Telefons an im nichtunternehmerischen Bereich tätige Arbeitnehmer zur privaten Nutzung;
- Überlassung von im nichtunternehmerischen Bereich eingesetzten Kraftfahrzeugen an Arbeitnehmer zur privaten Nutzung.

5. Tätigkeiten im Rahmen der öffentlichen Gewalt bei öffentlich-rechtlichen Religionsgemeinschaften

21 Bei den öffentlich-rechtlichen Religionsgemeinschaften kann sich eine öffentlich-rechtliche Sonderregelung aus der kirchlichen Rechtsetzung ergeben. Die Regelungen in den Randziffern 6 bis 20 gelten entsprechend. 24

II. § 2 b Abs. 1 Satz 2 UStG: Größere Wettbewerbsverzerrungen[1]

22 Tätigkeiten einer jPöR, die diese (zulässigerweise) im Rahmen öffentlich-rechtlicher Sonderregelungen ausführt, unterliegen nur dann der Umsatzsteuer, wenn die Nichtbesteuerung dieser Leistungen zu größeren Wettbewerbsverzerrungen führen würde. 25

1. Wettbewerb

23 Verzerrungen des Wettbewerbs können nur stattfinden, wenn Wettbewerb besteht. Dies setzt voraus, dass die von einer jPöR auf öffentlich-rechtlicher Grundlage erbrachte Leistung gleicher Art auch von einem privaten Unternehmer erbracht werden könnte. Die Tätigkeit der jPöR muss also marktrelevant sein. 26

a) Marktrelevanz nach der Art der Leistung

24 Die Wettbewerbsrelevanz ist in Bezug auf die fragliche Tätigkeit als solche zu beurteilen. Diese Beurteilung erfolgt grundsätzlich unabhängig davon, ob die betreffenden Einrichtungen auf der Ebene des lokalen Marktes, auf dem sie diese Tätigkeit ausüben, Wettbewerb ausgesetzt sind oder nicht, es sei denn, dass auf dem lokalen Markt ein Marktzugang privater Unternehmer ausnahmsweise nicht möglich ist. Ob eine Marktrelevanz besteht, ist damit in erster Linie anhand der Art der erbrachten Leistung festzustellen. Zwei Leistungen sind gleichartig und stehen deshalb in einem Wettbewerbsverhältnis, wenn sie aus der Sicht des Durchschnittsverbrauchers dieselben Bedürfnisse befriedigen. Dabei kommt es vorrangig darauf an, ob die Leistungen ähnliche Eigenschaften haben, wobei künstliche, auf unbedeutenden Unterschieden beruhende Unterscheidungen vermieden werden müssen. Wegen des primären Abstellens auf die Art der Leistung ist nicht nur der gegenwärtige, sondern auch der potenzielle Wettbewerb schädlich. Allerdings muss die Möglichkeit für einen privaten Wirtschaftsteilnehmer, in den relevanten Markt einzutreten, real und nicht nur rein hypothetisch sein. Die rein theoretische, durch keine Tatsache, kein objektives Indiz und keine Marktanalyse untermauerte Möglichkeit für einen privaten Wirtschaftsteilnehmer, in den relevanten Markt einzutreten, kann damit nicht mit dem Vorliegen eines potenziellen Wettbewerbs gleichgesetzt werden (vgl. EuGH-Urteil vom 16. September 2008, C-288/07). 27

[1] Vgl. hierzu *BMF v. 14. 11. 2019,* nachstehend abgedruckt als Anlage d.

Anl b zu 2b.1

25 Beispiele:

- Nicht im Wettbewerb steht originär hoheitliches Handeln gegen Gebühr, da insoweit Private auch potenziell nicht tätig werden können (z. B. verbindliche Auskunft nach § 89 Abs. 2 AO, Ausstellung von Ausweisdokumenten nach § 7 PAuswG).
- Aus den gleichen Gründen besteht kein Wettbewerb, wenn die entgeltliche Leistung der jPöR einem Anschluss- und Benutzungszwang durch den Leistungsempfänger unterliegt, z. B. die Entsorgung von Abfällen aus privaten Haushaltungen nach § 20 KrWG, die von privaten Unternehmern nicht erbracht werden kann. Davon zu unterscheiden ist die auch privaten Unternehmern gestattete Erbringung von Vorleistungen an die zur Entsorgung verpflichtete jPöR zum Zweck der Durchführung der Abfallentsorgung (§ 22 KrWG).
- Wettbewerb ist dagegen wegen Markteintrittsmöglichkeit Privater in folgendem Fall denkbar: bei einem dem öffentlichen Verkehr gewidmeten Parkhaus bei Standplatzzuteilung gegen Gebühr.

b) Marktrelevante rechtliche Rahmenbedingungen

28 **26** Auf Unterschiede in den rechtlichen Rahmenbedingungen der Leistungen kommt es grundsätzlich nicht an, es sei denn, dass Unterschiede in den rechtlichen Rahmenbedingungen der Leistungen unter Berücksichtigung der Besonderheiten der jeweiligen Wirtschaftszweige aus der Sicht des Verbrauchers zu einer Unterscheidbarkeit im Hinblick auf die Befriedigung seiner eigenen Bedürfnisse oder zu Marktzugangsbeschränkungen eines privaten Unternehmers führen. Für die Beurteilung der Vergleichbarkeit von Leistungen ist der rechtliche Kontext, in dem sie erbracht werden, beachtlich, sofern die unterschiedlichen rechtlichen Anforderungen maßgeblichen Einfluss auf die Entscheidung des Leistungsempfängers haben, die Leistung in Anspruch zu nehmen.

c) Räumliche Marktrelevanz

29 **27** Die Marktrelevanz ist zwar grundsätzlich nicht auf einen lokalen Markt beschränkt. Sofern jedoch für einen räumlich abgegrenzten Bereich eine Abnahme- oder Annahmeverpflichtung von Leistungen der öffentlichen Hand besteht, definiert dies einen räumlich relevanten Markt (vgl. BFH-Urteil vom 3. Juli 2008 V R 40/04, BStBl. 2009 II S. 208). Es ist dann auf den Geltungsbereich dieser Verpflichtung abzustellen und eine Wettbewerbssituation zu verneinen. Liegen für Leistungen gleicher Art in einem räumlich abgegrenzten Bereich besondere Abnahme- und Annahmeverpflichtungen nicht vor, kann potenzieller Wettbewerb grundsätzlich nicht ausgeschlossen werden. Dies gilt für Fälle eines öffentlich-rechtlichen Anschluss- und Benutzungszwangs entsprechend.

28 Beispiel:

Bei der Feuerbestattung wird ein potenzieller Wettbewerb dagegen angenommen, da diese zwar in einigen Bundesländern nur öffentlich-rechtlich erbracht werden kann, aber wegen der fehlenden Abnahmeverpflichtung auch die Inanspruchnahme privater Anbieter in anderen Bundesländern möglich ist (vgl. BFH-Urteil vom 5. Oktober 2006 VII R 24/03, BStBl. 2007 II S. 243).

29 Da allerdings die Möglichkeit, in den relevanten Markt einzutreten, real und nicht nur rein hypothetisch sein muss, müssen abhängig von der Art der Leistung gleichwohl auch räumliche Aspekte bei der Marktbetrachtung eine Rolle spielen. So könnte beispielsweise eine in einem anderen Mitgliedstaat bestehende Möglichkeit, eine bestimmte Tätigkeit privatrechtlich auszuüben, nicht per se dazu führen, diese als in einem realen Wettbewerb mit einer vergleichbaren in Deutschland der öffentlichen Aufgabenerbringung vorbehaltenen Tätigkeit stehend anzusehen. Die Wettbewerbsbeurteilung ist damit zwar grundsätzlich auf das Gebiet der Europäischen Union zu erstrecken, je nach Art der zu beurteilenden Leistung aber ggf. regional zu beschränken.

2. Wettbewerbsverzerrungen

30 **30** Verzerrungen des Wettbewerbs i. S. d. § 2 b UStG entstehen, wenn öffentliche und private Anbieter marktrelevant aufeinander treffen können und aufgrund der unterschiedlichen Besteuerung die Wettbewerbssituation zugunsten oder zulasten eines Marktteilnehmers verfälscht wird. Wettbewerbsverzerrungen können sowohl zulasten von privaten Wettbewerbern der jPöR als auch zulasten der jPöR selbst bestehen. Auch jPöR können sich daher auf durch eine Nichtbesteuerung ergebende größere Wettbewerbsnachteile zu ihren eigenen Lasten gegenüber privaten Unternehmern berufen.

31 An den Begriff der „größeren Wettbewerbsverzerrungen" sind keine erhöhten Anforderungen zu stellen. Größer sind Wettbewerbsverzerrungen danach vielmehr bereits dann, wenn sie nicht lediglich unbedeutend sind (vgl. EuGH-Urteil vom 16. September 2008 C-288/07).

III. § 2 b Abs. 2 UStG

31 **32** § 2 b Abs. 2 UStG enthält eine nicht abschließende Aufzählung von Fällen, in denen auch bei einer an sich wirtschaftlichen Betätigung einer jPöR keine größeren Wettbewerbsverzerrungen vorliegen.

1. § 2 b Abs. 2 Nr. 1 UStG: Wettbewerbsgrenze in Höhe von 17 500 Euro

32 **33** Mit der Wettbewerbsgrenze nach § 2 b Abs. 2 Nr. 1 wird unwiderlegbar unterstellt, dass eine Nichtbesteuerung von gleichartigen Tätigkeiten bis zu einem Jahresumsatz in Höhe von 17 500 Euro nicht zu einer größeren Wettbewerbsverzerrung führt. Bei einem Unterschreiten der Wettbewerbsgrenze ist demnach stets von unbedeutenden Wettbewerbsverzerrungen und damit von einer nichtunternehmerischen Tätigkeit auszugehen. Es besteht kein Wahlrecht der jPöR.

34 Für die Ermittlung der Wettbewerbsgrenze muss auf den Umsatz der einzelnen gleichartigen Tätigkeiten im Kalenderjahr abgestellt werden. Es ist auf die voraussichtlich zu vereinnahmenden Beträge abzustellen. Maßgebend ist die zu Beginn eines Jahres vorzunehmende Beurteilung der Verhältnisse für das laufende Kalenderjahr. Ist danach ein voraussichtlicher Umsatz von nicht mehr als 17 500 Euro zu erwarten, ist dieser Betrag auch dann maßgebend, wenn der tatsächliche Umsatz im Laufe des Kalenderjahres die Grenze von 17 500 Euro überschreitet. Nimmt die jPöR die Tätigkeit, für die das

Vorliegen einer größeren Wettbewerbsverzerrung zu prüfen ist, im Laufe des Kalenderjahres neu auf, ist allein auf den voraussichtlichen Umsatz des laufenden Kalenderjahres abzustellen. Eine Umrechnung auf einen fiktiven Jahresumsatz unterbleibt. Anl b zu 2b.1

35 **Beispiel:**
Eine Gemeinde, die auf öffentlich-rechtlicher Grundlage Stellplätze für Pkw in einer Tiefgarage gegen Entgelt überlässt, wird mit dieser Tätigkeit voraussichtlich 13 500 Euro pro Jahr erzielen. Obwohl die Gemeinde wirtschaftlich i. S. d. § 2 Abs. 1 UStG tätig ist, gilt sie insoweit nicht als Unternehmer, weil die Grenze von 17 500 Euro nicht überschritten wird und damit keine größeren Wettbewerbsverzerrungen vorliegen.

36 Das Tatbestandsmerkmal „größere Wettbewerbsverzerrungen" ist für gleichartige Tätigkeiten der jPöR einzeln zu prüfen. Einzelne Tätigkeiten sind gleichartig, wenn sie aus der Sicht des Durchschnittsverbrauchers dieselben Bedürfnisse befriedigen. Für die Prüfung der Umsatzgrenze sind gleichartige Tätigkeiten der jPöR zusammenzufassen. Eine Prüfung, die auf einzelne Organisationseinheiten der jPöR beschränkt wird, ist nicht zulässig. Es ist vielmehr stets auf die jPöR insgesamt abzustellen.

37 **Beispiele:**
- Aus der auf öffentlich-rechtlicher Grundlage vorgenommenen Stellplatzüberlassung auf einem Parkplatz und in einem Parkhaus wird eine Gemeinde voraussichtlich einen Umsatz von 10 500 Euro und 15 000 Euro erzielen. Die Umsätze aus der Stellplatzüberlassung sind gleichartig und zusammenzufassen. Sie übersteigen den Betrag von 17 500 Euro.
- Aus der auf öffentlich-rechtlicher Grundlage vorgenommenen Stellplatzüberlassung auf einem Parkplatz wird eine Gemeinde voraussichtlich einen Umsatz von 8000 Euro erzielen. Daneben überlässt die Gemeinde unselbständige Parkbuchten auf öffentlich-rechtlich gewidmeten Straßen, die dem allgemeinen Verkehr dienen. Mit dieser Tätigkeit wird sie voraussichtlich 20 000 Euro pro Jahr erzielen. Die Umsätze aus der Überlassung der unselbständigen Parkbuchten dienen der Ordnung des ruhenden Verkehrs und sind deshalb – auch aus Sicht eines Durchschnittsverbrauchers – nicht als gleichartig anzusehen. Diese Umsätze bleiben bei der Betrachtung der Wertgrenze außen vor. Da der mit der Stellplatzüberlassung auf dem Parkplatz erzielte Umsatz voraussichtlich 17 500 Euro nicht übersteigen wird, liegt insoweit keine größere Wettbewerbsverzerrung vor.

2. § 2b Abs. 2 Nr. 2 UStG: vergleichbare steuerfreie Tätigkeiten privater Unternehmer

38 Durch die Nichtbesteuerung von Leistungen der jPöR entstehen keine größeren Wettbewerbsverzerrungen, wenn vergleichbare Leistungen privater Unternehmer aufgrund einer Steuerbefreiung ebenfalls nicht mit Umsatzsteuer belastet werden. Die jPöR wird mit diesen Leistungen grundsätzlich nicht unternehmerisch tätig. Dies gilt nicht für die in § 9 Abs. 1 UStG genannten Leistungen einer jPöR, bei denen ein Verzicht auf die Steuerbefreiung grundsätzlich möglich ist (Leistungen i. S. d. § 4 Nr. 8 Buchst. a bis g, Nr. 9 Buchst. a, Nr. 12 oder 13 UStG). Diese Leistungen werden von § 2b Abs. 2 Nr. 2 UStG nicht erfasst und zwar unabhängig davon, ob die jPöR tatsächlich auf die Steuerbefreiung verzichtet oder ein Verzicht aufgrund der in § 9 Absätze 1 bis 3 UStG genannten Voraussetzungen in dem konkreten Einzelfall ausgeschlossen ist. So wird vermieden, dass die Behandlung der jPöR als Nichtunternehmer für derartige Leistungen zu einem Wettbewerbsnachteil zu Lasten der öffentlichen Hand führt. 33

39 **Beispiel:**
Eine Stiftung des öffentlichen Rechts betreibt eine Kunsthochschule und erhebt auf öffentlich-rechtlicher Grundlage Studiengebühren. Eine vergleichbare private Hochschule erhebt auf Grundlage ihrer allgemeinen Geschäftsbedingungen von den Studierenden Entgelte. Da die Umsätze der privaten Hochschule nach § 4 Nr. 21 UStG von der Umsatzsteuer befreit sind und grundsätzlich einer Option nach § 9 UStG nicht zugänglich sind, führt die Nichtbesteuerung der Leistungen der Kunsthochschule nicht zu größeren Wettbewerbsverzerrungen (§ 2b Abs. 2 Nr. 2 UStG). Die Leistungen der Kunsthochschule unterliegen nicht der Umsatzsteuer (§ 2b Abs. 1 UStG).

IV. § 2b Abs. 3 UStG

40 § 2b Abs. 3 UStG beschreibt Fälle der vertikalen und horizontalen Zusammenarbeit von jPöR bei der Erfüllung öffentlicher Aufgaben, bei denen keine größeren Wettbewerbsverzerrungen entstehen. Danach liegen keine größeren Wettbewerbsverzerrungen insbesondere dann vor, wenn die betroffenen Leistungen zwischen jPöR ausgetauscht werden und dabei die Leistungen entweder aufgrund gesetzlicher Bestimmungen nur von jPöR erbracht werden dürfen oder die Zusammenarbeit der jPöR durch gemeinsame spezifische öffentliche Interessen bestimmt wird. Liegen die Tatbestandsvoraussetzungen des § 2b Abs. 3 UStG vor, ist § 2 b Abs. 1 Satz 1 UStG maßgeblich, wonach jPöR nicht als Unternehmer gelten. 34

1. § 2b Abs. 3 Nr. 1 UStG: den jPöR vorbehaltene Leistungen

41 Bezieht sich die Zusammenarbeit der jPöR auf Leistungen, die im Zeitpunkt der Leistungserbringung aufgrund geltender gesetzlicher Bestimmungen nur von jPöR erbracht werden dürfen und somit private Wirtschaftsteilnehmer von der Erbringung ausschließen, liegen nach § 2b Abs. 3 Nr. 1 UStG keine größeren Wettbewerbsverzerrungen vor. Betroffen hiervon sind zum einen Leistungen, die den jPöR gesetzlich vorbehalten sind bzw. deren Erbringung privaten Wirtschaftsteilnehmern gesetzlich verwehrt ist. Zum anderen erfasst § 2b Abs. 3 Nr. 1 UStG Leistungen, die eine jPöR aufgrund geltender gesetzlicher Bestimmungen ausschließlich bei einer anderen jPöR nachfragen darf. In beiden Fällen darf als Anbieter und damit Erbringer der Leistung ausschließlich eine jPöR auftreten, so dass die Nichtbesteuerung der leistenden jPöR zu keinen Wettbewerbsverzerrungen führen kann. Für die Anwendung der Regelung ist nicht entscheidend, in welchem Bereich die empfangende jPöR die bezogenen Leistungen verwendet. So kann die Anwendung der Regelung nicht allein mit dem Hinweis darauf ausgeschlossen werden, dass die erbrachten Leistungen ganz oder teilweise im Rahmen einer wirtschaftlichen Tätigkeit verwendet werden. 35

Gesetzliche Bestimmungen

42 § 2b Abs. 3 Nr. 1 UStG nimmt Leistungen von der Besteuerung aus, wenn gesetzliche Bestimmungen in dem jeweiligen Bundesland oder im Gebiet der Bundesrepublik Deutschland die Durchführung der Leistung auf Rechtsträger des öffentlichen Rechts beschränkt. Der Begriff der „gesetzlichen 36

Anl b zu 2b.1

Bestimmungen" ist nicht deckungsgleich mit dem Begriff der öffentlich-rechtlichen Sonderregelungen „im Rahmen der öffentlichen Gewalt" i. S. d. § 2b Abs. 1 Satz 1 UStG. Gesetzliche Bestimmungen i. S. d. § 2b Abs. 3 Nr. 1 UStG sind alle Gesetze und Rechtsverordnungen des Bundes- oder Landesrechts sowie die besondere Rechtsetzung der Kirchen, nicht jedoch Bestimmungen, die von einer mit Satzungsautonomie ausgestatteten jPöR für ihren Bereich erlassen wurde (z. B. Sparkassensatzungen). Ein ratifizierter Staatsvertrag gilt damit als eine gesetzliche Bestimmung i. S. d. § 2b Abs. 3 Nr. 1 UStG. Es muss sich um eine im Geltungsbereich des UStG wirkende gesetzliche Bestimmung handeln.

43 Beispiele:

– gemeinsame Standes- und Ordnungsämter
– Abnahme von Berufsabschlussprüfungen durch eine IHK für eine andere

44 Leistungen, die eine jPöR mangels einer entgegenstehenden gesetzlichen Bestimmung auf dem freien Markt beschaffen kann und darf (z. B. Gehaltsabrechnungen, Fuhrparkmanagement), werden von § 2b Abs. 3 Nr. 1 UStG nicht erfasst.

2. § 2b Abs. 3 Nr. 2 UStG: gemeinsame spezifische Interessen

37 **45** Eine Zusammenarbeit zwischen jPöR führt nicht zu größeren Wettbewerbsverzerrungen, wenn die Durchführung dieser Zusammenarbeit durch spezifische öffentliche Interessen bestimmt wird. Ob gemeinsame spezifische öffentliche Interessen vorliegen, ist anhand der in § 2b Abs. 3 Nr. 2 Satz 2 Buchst. a bis d UStG genannten Kriterien zu prüfen. Diese Kriterien müssen kumulativ vorliegen. Ausschließlich haushalterische Zielsetzungen, wie z. B. die Kostenersparnis, liegen zwar im öffentlichen Interesse, sind jedoch kein spezifisches Kennzeichen öffentlich-rechtlichen Handelns.

a) § 2b Abs. 3 Nr. 2 Satz 2 Buchst. a UStG: langfristige öffentlich-rechtliche Vereinbarung

aa) Öffentlich-rechtliche Vereinbarung

38 **46** Öffentlich-rechtliche Vereinbarungen i. S. d. § 2b Abs. 3 Nr. 2 Satz 2 Buchst. a UStG sind insbesondere der öffentlich-rechtliche Vertrag, Verwaltungsabkommen und -vereinbarungen sowie Staatsverträge. Siehe hierzu auch Randziffern 10 bis 18 und 21.

bb) Langfristigkeit

39 **47** Ob eine öffentlich-rechtliche Vereinbarung als langfristig anzusehen ist, ist eher eine qualitative als eine quantitative Frage, die ex ante zu beantworten ist. Ein Vertrag, der der Sicherstellung der Erreichung gemeinsamer Ziele dient, ist qualitativ auf Langfristigkeit ausgerichtet. Trotz der vorzunehmenden qualitativen Betrachtung, können zeitliche Aspekte nicht völlig außer Acht gelassen werden. Das Kriterium der Langfristigkeit ist daher stets erfüllt, wenn die Vereinbarung auf unbestimmte Zeit geschlossen wird. Bei befristeten Vereinbarungen kann das Kriterium der Langfristigkeit erfüllt sein. So ist regelmäßig von einer langfristigen Vereinbarung auszugehen, wenn diese für einen Zeitraum von mindestens fünf Jahren geschlossen wird. Kürzere Zeiträume sind möglich, wenn dies nach der Art der Tätigkeit üblich ist.

b) § 2b Abs. 3 Nr. 2 Satz 2 Buchst. b UStG

aa) Erhalt der öffentlichen Infrastruktur

40 **48** Unter den Begriff „Erhalt der öffentlichen Infrastruktur" fällt auch deren Förderung, Ausbau und Errichtung. Die öffentliche Infrastruktur umfasst alle Einrichtungen materieller und institutioneller Art, die für die Ausübung öffentlicher Gewalt i. S. d. § 2b Abs. 1 UStG notwendig sind. Hierzu gehören die materielle bzw. technische und digitale Infrastruktur (z. B. Verkehrswegenetz, Entsorgung von Wasser), die immaterielle bzw. soziale Infrastruktur (z. B. Bildungswesen, innere Sicherheit, öffentlich-rechtlicher Rundfunk) und die institutionelle Infrastruktur (z. B. Rechtsordnung, Wirtschaftsordnung, Sozialordnung). Als öffentliche Infrastruktur i. S. d. § 2b Abs. 3 Nr. 2 Buchst. b UStG sind bei kirchlichen jPöR insbesondere die Verkündigung und Seelsorge sowie die dafür genutzten öffentlichen Sachen, so neben Kirchen und Kapellen z. B. auf Kirchengrundstücken befindliche Pfarrgebäude (Pastorat) und Gemeindehäuser, anzusehen. Nicht zur öffentlichen Infrastruktur i. S. d. § 2b Abs. 3 Satz 2 Nr. 2 Buchst. b UStG gehören die Bereiche, die der Ausübung einer in § 2b Abs. 4 UStG genannten Tätigkeit dienen.

bb) Wahrnehmung einer allen Beteiligten obliegenden Aufgabe

41 **49** Neben dem Erhalt der öffentlichen Infrastruktur muss die Leistung der Wahrnehmung einer allen Beteiligten obliegenden Aufgabe dienen. Die Wahrnehmung einer allen Beteiligten obliegenden öffentlichen Aufgabe beschreibt die Zusammenarbeit mehrerer jPöR, um ein gemeinsames Ziel zu erreichen, nämlich eine oder mehrere gemeinsame Aufgaben im Interesse der Allgemeinheit zu erfüllen. Eine gemeinsame Aufgabenerfüllung liegt auch dann vor, wenn die Aufgabe in Gänze auf die leistende jPöR übertragen wird (z. B. von einer Kommune auf einen Zweckverband, von einer kreisangehörigen Gemeinde auf den Kreis). Es kommt nicht darauf an, ob der Zusammenarbeit eine delegierende oder eine mandatierende Vereinbarung zugrunde liegt oder ob es sich um eine vertikale oder horizontale Kooperation handelt.

Bei Leistungsvereinbarungen über lediglich verwaltungsunterstützende Hilfstätigkeiten (z. B. Gebäudereinigung) ist regelmäßig anzunehmen, dass diese nicht der Wahrnehmung einer allen Beteiligten obliegenden öffentlichen Aufgabe dienen.

50 Beispiele:

– Eine Versorgungskasse in der Rechtsform einer KdöR übernimmt für Gemeinden aufgrund einer öffentlich-rechtlichen Vereinbarung in Gänze die Aufgaben der Bezüge- und Entgeltfestsetzung. Die Übernahme dieser Tätigkeiten als Ganzes dient dem Erhalt der öffentlichen Infrastruktur und der Wahrnehmung einer allen Beteiligten obliegenden öffentlichen Aufgabe. Anl b zu 2b.1

- Gemeinde A übernimmt auf Grundlage einer langfristigen öffentlich-rechtlichen Vereinbarung in Gänze die Aufgaben, die bisher vom Bauhof der Gemeinde B wahrgenommen wurden. Der Erhalt der Funktionsfähigkeit aller gemeindlichen Anlagen ist eine beiden Gemeinden obliegende öffentliche Aufgabe. Die Übernahme der Aufgaben des Bauhofs als Ganzes dient deren Wahrnehmung sowie dem Erhalt der öffentlichen Infrastruktur.

Abwandlung:

- Die Zusammenarbeit beschränkt sich auf die Übernahme einzelner Arbeiten im Bereich von Grünpflegearbeiten oder von Neubau- und Sanierungsmaßnahmen an Straßen und Gebäuden, wie sie auch von privaten Unternehmern angeboten wird. Die Leistungen dienen nicht der Aufgabenerfüllung im Ganzen, sondern lediglich einer punktuellen Hilfstätigkeit und stellen daher nicht die Aufgabenwahrnehmung als solche sicher.

c) § 2 b Abs. 3 Nr. 2 Satz 2 Buchst. c UStG: ausschließlich Kostenerstattung

51 Die Zusammenarbeit darf nicht zu Finanztransfers zwischen den beteiligten jPöR führen, die über eine (ggf. anteilige) Kostenerstattung hinausgehen. Die leistungserbringende jPöR darf nur kostendeckend kalkulieren. Bei einer gewinnorientierten Kalkulation erbringt die jPöR ihre Leistungen unter vergleichbaren Bedingungen wie ein privater Unternehmer. Jede sachgerechte Ermittlung der Kosten, ggfs. auch durch Ansatz von Pauschalkostensätzen (wie z. B. für Personal) ist anzuerkennen. In die Berechnung der Kostenerstattung können die fixen und variablen Kosten einbezogen werden. Zu den Fixkosten gehören z. B. auch Mieten oder Abschreibungen des Anlagevermögens. Nicht einzubeziehen sind z. B. die Verzinsung des eingesetzten Eigenkapitals und Rücklagen. 42

d) § 2 b Abs. 3 Nr. 2 Satz 2 Buchst. d UStG: Leistungsempfänger im Wesentlichen andere jPöR

52 Die leistende jPöR darf gleichartige Leistungen im Wesentlichen nur an andere jPöR erbringen. 43

aa) Gleichartige Leistungen

53 Der Begriff der Gleichartigkeit ist wie bei § 2 b Abs. 2 Nr. 1 UStG aus Sicht des Durchschnittsverbrauchers zu prüfen. 44

bb) Wesentlichkeitsmerkmal

54 Die leistende jPöR muss in dem von der Zusammenarbeit erfassten Tätigkeitsbereich im Wesentlichen Leistungen für andere jPöR erbringen. Davon ist auszugehen, wenn die leistende jPöR in dem fraglichen Tätigkeitsbereich mehr als 80% der Leistungen an andere jPöR erbringt. Beteiligt sich die leistende jPöR dagegen in einem Umfang von mehr als 20% am freien Markt, besteht die reale und nicht nur hypothetische Möglichkeit des Auftretens größerer Wettbewerbsverzerrungen. Maßgeblich ist die Höhe der Umsätze. Zur Bestimmung des prozentualen Anteils ist der durchschnittliche Gesamtumsatz der gleichartigen Tätigkeiten der letzten drei Jahre heranzuziehen. Im eigenen Hoheitsbereich erbrachte (Innen-)Leistungen sind dabei nicht einzubeziehen. 45

V. Katalogtätigkeiten nach § 2b Abs. 4 UStG

55 Auch wenn die Voraussetzungen des § 2 b Abs. 1 Satz 1 UStG gegeben sind, gelten jPöR mit der Ausübung der in § 2 b Abs. 4 UStG genannten Tätigkeiten stets als Unternehmer, sofern auch die übrigen Voraussetzungen des § 2 Abs. 1 UStG vorliegen. 46

1. Tätigkeiten i. S. d. § 2 b Abs. 4 Nr. 1 bis 4 UStG

56 § 2 b Abs. 4 Nr. 1 bis 4 UStG entspricht § 2 Abs. 3 Satz 2 UStG in der Fassung vom 31. Dezember 2015. Die Regelungen in Abschnitt 2.11 Abs. 7 bis 11 Umsatzsteuer-Anwendungserlass (UStAE) sind weiterhin anzuwenden. 47

2. Tätigkeiten i. S. d. § 2 b Abs. 4 Nr. 5 UStG

57 § 2 b Abs. 4 Nr. 5 UStG verweist auf Anhang I der MwStSystRL, der ein Verzeichnis von Tätigkeiten enthält, die stets einer Besteuerung unterliegen, sofern der Umfang dieser Tätigkeiten nicht unbedeutend ist. Der Umfang einer Tätigkeit ist nicht unbedeutend, wenn die damit erzielten Umsätze einen Betrag in Höhe von 17 500 Euro übersteigen. Diese Betragsgrenze gilt jeweils für jede der von § 2 b Abs. 4 Nr. 5 UStG erfassten Tätigkeiten und orientiert sich an § 2 b Abs. 2 Nr. 1 UStG. Wird die Betragsgrenze überschritten und liegen die übrigen Voraussetzungen des § 2 Abs. 1 UStG vor, ist die jPöR mit der Ausführung der von § 2 b Abs. 4 Nr. 5 UStG erfassten Tätigkeiten stets Unternehmer i. S. d. UStG. 48

VI. Übergangsregelung (§ 27 Abs. 22 UStG)

58 Gemäß § 27 Abs. 22 Satz 1 UStG gilt § 2 b UStG für alle Umsätze, die nach dem 31. Dezember 2016 ausgeführt worden sind. Nach § 27 Abs. 22 Satz 3 UStG kann die jPöR dem Finanzamt gegenüber jedoch einmalig erklären, dass sie § 2 Abs. 3 UStG in der am 31. Dezember 2015 geltenden Fassung für sämtliche nach dem 31. Dezember 2016 und vor dem 1. Januar 2021 ausgeführte Leistungen weiterhin anwendet. Zu Einzelheiten der Optionserklärung vgl. das Bezugsschreiben des BMF vom 19. April 2016, BStBl. I S. 481.[1] 49

---

[1] Vorstehend Anlage a zu § 2 b.

Anl b zu 2b.1

59 Eine abgegebene Optionserklärung kann nur mit Wirkung vom Beginn eines auf die Abgabe der Optionserklärung folgenden Kalenderjahres an widerrufen werden. Auch ein rückwirkender Widerruf zum Beginn eines auf 2016 folgenden Kalenderjahres ist grundsätzlich möglich. Dies gilt allerdings nur für solche Veranlagungszeiträume, deren Steuerfestsetzung nach den Vorschriften der Abgabenordnung noch änderbar ist, d. h. für die noch keine materielle Bestandskraft eingetreten ist.

Beispiel:
Eine wirksame Optionserklärung wird im Kalenderjahr 2016 abgegeben; ein Widerruf im Juni 2019 mit Wirkung zum 1. Januar 2018 ist zulässig, sofern die Umsatzsteuerfestsetzung für 2018 noch nicht materiell bestandskräftig ist.

60 Hat die jPöR für die Anwendung des § 2 Abs. 3 UStG optiert, ist die Besteuerung nach den Grundsätzen in Abschnitt 2.11 UStAE vorzunehmen. Es ist jedoch nicht zu beanstanden, wenn die jPöR die hiervon abweichende Rechtsprechung des BFH der Besteuerung zu Grunde legt, sofern dies einheitlich für das gesamte Unternehmen erfolgt und nicht auf bestimmte Unternehmensteile oder einzelne Umsätze beschränkt wird.

VII. Vorsteuerabzug und Vorsteuerberichtigung (§§ 15, 15 a UStG)

50 61 Soweit eine jPöR Leistungen für ihren nichtunternehmerischen Bereich bezieht, scheidet ein Vorsteuerabzug nach § 15 UStG aus. Dies gilt auch, wenn sie von der Option nach § 27 Abs. 22 Satz 3 UStG Gebrauch macht und soweit sie im Optionszeitraum nicht nach § 2 Abs. 3 UStG unternehmerisch tätig ist.

62 Bezieht eine jPöR im Optionszeitraum Leistungen, ist für den Vorsteuerabzug danach zu differenzieren, ob die erstmalige Verwendung noch im Optionszeitraum erfolgt.

63 Erfolgt die erstmalige Verwendung der Leistung während des Optionszeitraums nichtunternehmerisch und wird sie bei einer zur erstmaligen Verwendung unveränderten Nutzung nach dessen Ablauf unternehmerisch verwendet, ist ein Vorsteuerabzug im Zeitpunkt des Leistungsbezuges ausgeschlossen. Jedoch ist der Vorsteuerabzug aus dieser Leistung unter den weiteren Voraussetzungen des § 15 a UStG einer späteren Berichtigung zugänglich.

64 **Beispiel:**
– Eine Stadt macht bis zum 31. Dezember 2020 von der Option nach § 27 Abs. 22 Satz 3 UStG Gebrauch. In den Jahren 2017 und 2018 lässt sie ein Gebäude errichten. Die Fertigstellung erfolgt am 31. Juli 2018. Ab dem 1. August 2018 erfolgt die Vermietung im Rahmen einer nichtunternehmerischen Vermögensverwaltung. Die Stadt verzichtet ab dem 1. Januar 2021 nach § 9 UStG auf die Steuerfreiheit dieser Vermietungsumsätze.
Ein Vorsteuerabzug im Zeitpunkt des Leistungsbezugs ist ausgeschlossen. Ab dem 1. Januar 2021 bis zum Ende des Berichtigungszeitraums am 31. Juli 2028 ist pro rata temporis eine Berichtigung des Vorsteuerabzugs nach Maßgabe des § 15 a UStG vorzunehmen.
Widerruft die Stadt hingegen die Option nach § 27 Abs. 22 UStG rückwirkend zum 1. Januar 2017 und verzichtet unter den weiteren Voraussetzungen des § 9 UStG rückwirkend auf die Steuerbefreiung, steht ihr der Vorsteuerabzug bereits bei Leistungsbezug zu.

65 Erfolgt die erstmalige Verwendung der während des Optionszeitraums bezogenen Leistung nach Ablauf des Optionszeitraums nach § 27 Abs. 22 UStG unternehmerisch, ist ein Vorsteuerabzug im Zeitpunkt des Leistungsbezugs unter Berücksichtigung der beabsichtigten Verwendung und unter den weiteren Voraussetzungen des § 15 UStG zulässig.

66 **Beispiele:**
– Eine Stadt macht bis zum 31. Dezember 2020 von der Option nach § 27 Abs. 22 Satz 3 UStG Gebrauch. In den Jahren 2017 bis 2021 lässt sie ein Gebäude errichten. Die Fertigstellung erfolgt am 31. Juli 2021. Ab dem 1. August 2021 erfolgt die Vermietung unter Verzicht auf die Steuerfreiheit dieser Umsätze.
Unter den weiteren Voraussetzungen des § 15 UStG kann der Vorsteuerabzug im Zeitpunkt des Leistungsbezugs vorgenommen werden. Im Berichtigungszeitraum vom 1. August 2021 bis zum 31. Juli 2031 kommt bei geänderter Nutzung des Gebäudes eine Vorsteuerberichtigung nach § 15 a UStG in Betracht.
– Eine Stadt macht bis zum 31. Dezember 2020 von der Option nach § 27 Abs. 22 Satz 3 UStG Gebrauch. Sie beabsichtigt, im Jahr 2022 ein bisher vermietetes Grundstück unter Verzicht auf die Steuerbefreiung steuerpflichtig zu veräußern. Hierzu bezieht sie im Optionszeitraum eine darauf gerichtete Beratungsleistung.
Unter Berücksichtigung der beabsichtigten Verwendung und unter den weiteren Voraussetzungen des § 15 UStG ist ein Recht auf Vorsteuerabzug aus der Beratungsleistung im Zeitpunkt des Leistungsbezugs gegeben.

67 Die vorstehenden Grundsätze für Leistungsbezüge im Optionszeitraum nach § 27 Abs. 22 UStG gelten für Leistungsbezüge vor dem 1. Januar 2017 entsprechend. Erfolgte die erstmalige Verwendung einer solchen Leistung bereits vor dem 1. Januar 2017, kommt auch bei diesen Leistungen unter den Bedingungen der Randziffer 63 und den weiteren Voraussetzungen des § 15 a UStG eine spätere Vorsteuerberichtigung in Betracht.

VIII.

68 **Änderungen des Umsatzsteuer-Anwendungserlasses** *[in A 2b.1 UStAE berücksichtigt]*

Die Änderungen des Umsatzsteuer-Anwendungserlasses treten am **1. Januar 2017** in Kraft.

Anl c zu 2b.1

c) Schreiben betr. Einstufung einer juristischen Person des privaten Rechts als sonstige Einrichtung des öffentlichen Rechts i. S. d. Art. 13 MwStSystRL; EuGH-Urteil vom 29. Oktober 2015 C-174/14, Saudaçor

Vom 18. September 2019 (BStBl. I S. 921)

(BMF III C 2 – S 7107/19/10006 :003)

Bezug: BMF-Schreiben vom 16. Dezember 2016, BStBl. I S. 145

I.

Mit Urteil vom 29. Oktober 2015 C-174/14, Saudaçor hat der EuGH über eine Tätigkeit entschieden, die darin besteht, dass eine Gesellschaft an eine Region gemäß Programm-Verträgen, die sie mit ihr geschlossen hat, Dienstleistungen im Bereich der Planung und Verwaltung des regionalen Gesundheitsdienstes erbringt. Vorausgesetzt, dass die Tätigkeit als wirtschaftlich i. S. v. Art. 9 Abs. 1 MwStSystRL anzusehen ist, wird sie von Art. 13 Abs. 1 MwStSystRL als nicht mehrwertsteuerpflichtig erfasst, wenn diese Gesellschaft als Einrichtung des öffentlichen Rechts einzustufen ist und wenn sie die betreffende Tätigkeit im Rahmen der öffentlichen Gewalt ausübt. Zudem darf eine Behandlung der Tätigkeit als nichtsteuerbar nicht geeignet sein, zu größeren Wettbewerbsverzerrungen zu führen. **51**

In diesem Zusammenhang ist der Begriff der sonstigen Einrichtung des öffentlichen Rechts i. S. v. Art. 13 Abs. 1 MwStSystRL nicht unter Heranziehung der Definition des Begriffs der Einrichtung des öffentlichen Rechts in Art. 1 Abs. 9 der Richtlinie 2004/18/EG über die Koordinierung der Verfahren zur Vergabe öffentlicher Bauaufträge, Lieferaufträge und Dienstleistungsaufträge auszulegen (Vergaberichtlinie).

In dem Urteil vom 22. Februar 2018 C-182/17, Ntp. Nagyszénás, entschied der EuGH, dass Art. 13 Abs. 1 MwStSystRL dahin auszulegen sei, dass – vorbehaltlich einer Überprüfung der relevanten tatsächlichen Umstände und des relevanten nationalen Rechts durch das vorlegende Gericht – eine Tätigkeit, die darin bestehe, dass ein Unternehmen aufgrund eines Vertrags zwischen ihm und einer Gemeinde bestimmte öffentliche Aufgaben wahrnimmt, nicht von der in dieser Bestimmung vorgesehenen Regel der Behandlung als nicht mehrwertsteuerpflichtig erfasst werde, wenn es sich bei dieser Tätigkeit um eine wirtschaftliche Tätigkeit i. S. v. Art. 9 Abs. 1 dieser Richtlinie handelt.

Der Bundesfinanzhof hat die Entscheidungen des EuGH aufgegriffen. In seinem Beschluss vom 21. März 2018 XI B 113/17 führt er aus:

„Die […] aufgeworfene Rechtsfrage, ob der Umstand, dass eine Leistung von einem privaten Unternehmer ausgeführt wird, dessen Qualifizierung als öffentliche Einrichtung (i. S. des Art. 13 MwStSystRL) ausschließt, ist durch die Rechtsprechung des […] EuGH […] geklärt. Der EuGH hat entschieden, dass eine juristische Person des Privatrechts zwar unter weiteren Voraussetzungen eine Einrichtung des öffentlichen Rechts sein kann, aber eine Tätigkeit, die darin besteht, dass eine GmbH als juristische Person des Privatrechts aufgrund eines Vertrags zwischen ihr und einer Gemeinde bestimmte öffentliche Aufgaben wahrnimmt, nicht von der in dieser Bestimmung vorgesehenen Regel der Behandlung als nicht mehrwertsteuerpflichtig erfasst wird (vgl. EuGH-Urteile Saudaçor vom 29. Oktober 2015 C-174/14, EU:C:2015:733 […]; Ntp. Nagyszénás vom 22. Februar 2018 C-182/17, EU:C:2018:91). Eine Person, die […] der öffentlichen Gewalt vorbehaltene Handlungen vornimmt, dies aber in Unabhängigkeit tut, ohne in die Organisation der öffentlichen Verwaltung eingegliedert zu sein, ist nicht als Einrichtung des öffentlichen Rechts anzusehen, so dass ihr die Bestimmung des Art. 4 Abs. 5 Unterabs. 1 der Sechsten Richtlinie 77/388/EWG des Rates vom 17. Mai 1977 zur Harmonisierung der Rechtsvorschriften der Mitgliedstaaten über die Umsatzsteuern – Richtlinie 77/388/EWG – (jetzt: Art. 13 MwStSystRL) nicht zugutekommen kann [mit weiteren Nachweisen].

Durch diese Entscheidungen ist auch geklärt, dass alleine die Übertragung einer Aufgabe […] nicht eine Eingliederung in die öffentliche Verwaltung bewirkt; denn die Eigenschaft als „Einrichtung des öffentlichen Rechts" kann nicht allein dadurch begründet werden, dass die in Rede stehende Tätigkeit in der Vornahme von der öffentlichen Gewalt vorbehaltenen Handlungen besteht (vgl. EuGH-Urteil Saudaçor, EU:C:2015:733 […])." Vielmehr müsse eine Eingliederung in die öffentliche Verwaltung ebenso bestehen.

In seiner Entscheidung vom 2. Dezember 2015 V R 67/14, BStBl. 2017 II S. 560 führt der BFH aus, dass der EuGH es im Urteil Saudaçor (C-174/14) für möglich gehalten habe, dass eine Aktiengesellschaft als Einrichtung des öffentlichen Rechts angesehen werden könne, für die Art. 13 Abs. 1 MwStSystRL gelte. Dies erfordere aber auch nach der Auffassung des EuGH, dass die Aktiengesellschaft „im Rahmen der öffentlichen Gewalt handelt" (EuGH-Urteil Saudaçor C-174/14, Rz. 69). Hierfür müssten Tätigkeiten vorliegen, die von den Einrichtungen des öffentlichen Rechts „im Rahmen der ihnen eigenen rechtlichen Regelung" ausgeübt werden. Nicht dazu gehörten Tätigkeiten, die sie unter den gleichen rechtlichen Bedingungen ausüben wie private Wirtschaftsteilnehmer. Der EuGH habe auch klargestellt, dass der Gegenstand oder der Zweck der Tätigkeit insoweit unerheblich seien und dass die Tatsache, dass die Ausübung der in Rede stehenden Tätigkeit das Gebrauchmachen von hoheitlichen Befugnissen umfasse, die Feststellung erlaube, dass diese Tätigkeit einer öffentlich-rechtlichen Regelung unterliege (EuGH-Urteil Saudaçor C-174/14, Rz. 70). Diese Voraussetzung sei nicht erfüllt, wenn die hoheitlichen Befugnisse, über die eine Aktiengesellschaft ggf. verfüge, kein Instrument seien, um die wirtschaftliche Tätigkeit auszuüben (EuGH-Urteil Saudaçor C-174/14, Rz. 72).

In dem zugrunde liegenden Streitfall konnte der erkennende Senat offenlassen, ob und ggf. unter welchen Voraussetzungen eine Aktiengesellschaft als Einrichtung des öffentlichen Rechts anzusehen sein könnte. Denn selbst wenn die vom BFH zu beurteilende GmbH als derartige Einrichtung tätig geworden wäre, übe sie ihre Tätigkeit auf privatrechtlicher, nicht aber auf öffentlich-rechtlicher Grundlage aus.

Anl c zu 2b.1

II.

Unter Bezugnahme auf das Ergebnis der Erörterungen mit den obersten Finanzbehörden der Länder gilt Folgendes:

Die Regelung des Art. 13 MwStSystRL ist durch § 2b UStG umgesetzt. Dabei handelt es sich um eine Einschränkung der nach § 2 Abs. 1 UStG grundsätzlich gegebenen Unternehmereigenschaft. Diese ist neben dem Vorliegen eines Leistungsaustauschs vorab nach den allgemeinen Regelungen zu prüfen. Juristische Personen des privaten Rechts werden von § 2b UStG grundsätzlich nicht erfasst. Ausnahmsweise kann sich eine juristische Person des privaten Rechts auf die Rechtsprechung des EuGH in der Rs. Saudaçor C-174/14, berufen und wie eine juristische Person des öffentlichen Rechts nach § 2b Abs. 1 Satz 1 UStG behandelt werden.

Der EuGH hat zwei Voraussetzungen benannt, die hierfür erfüllt sein müssen:
– die fragliche juristische Person ist eine Einrichtung des öffentlichen Rechts und
– die Vornahme der fraglichen Tätigkeiten erfolgt im Rahmen der öffentlichen Gewalt.

1. Einrichtung des öffentlichen Rechts

52 Die juristische Person des privaten Rechts gilt als eine sonstige Einrichtung des öffentlichen Rechts i. S. d. Art. 13 MwStSystRL, wenn sie in die öffentliche Verwaltung eingegliedert ist. Die Eingliederung ergibt sich nicht allein aus der Vornahme von der öffentlichen Gewalt vorbehaltenen Handlungen.

Für das Merkmal der Eingliederung in die öffentliche Verwaltung müssen folgende Voraussetzungen erfüllt sein:
– Die juristische Person muss durch Bundes- oder Landesgesetz oder Rechtsverordnung errichtet worden sein. Darin muss die Eingliederung in die öffentliche Verwaltung sowie die Wahrnehmung öffentlicher Aufgaben durch Ausübung öffentlicher Gewalt geregelt sein. Soweit Einzelheiten in ergänzenden anderen öffentlich-rechtlichen Regelungen geregelt sind, ist dies unschädlich. Die juristische Person muss mit Aufgaben der öffentlichen Verwaltung beliehen sein und zur Ausübung dieser Aufgaben hoheitliche Befugnisse innehaben sowie der Aufsicht einer juristischen Person des öffentlichen Rechts unterstehen.
– Die juristische Person steht zeitlich unbegrenzt im Eigentum einer einzelnen juristischen Person des öffentlichen Rechts, die durch verbindliche Leitlinien und ähnliche Maßnahmen einen bestimmenden Einfluss auf die juristische Person ausübt. Eine nur mittelbare Beteiligung reicht nicht aus.
– Verträge zwischen der juristischen Person des privaten Rechts und der juristischen Person des öffentlichen Rechts müssen bezüglich der wesentlichen Rahmenbedingungen des Zusammenwirkens ausschließlich dem öffentlichen Recht zuzuordnen sein (öffentlich-rechtlicher Vertrag).
– Die juristische Person muss sich im Vergleich zu sonstigen Privaten hinsichtlich ihrer Organisation und Arbeitsweise stärker an den gesetzlichen Vorgaben des öffentlichen Rechts orientieren. In diesem Rahmen muss das Privatrecht gegenüber den Regeln, die die rechtliche Verfassung der juristischen Person als öffentliches Unternehmen bestimmen, zweitrangig sein.
– Die juristische Person muss ganz überwiegend aus Haushaltsmitteln der beteiligten juristischen Person des öffentlichen Rechts finanziert werden. Sie darf Leistungen im Wesentlichen (d. h. in der Regel zu mehr als 95%) nur an die juristische Person des öffentlichen Rechts erbringen, die den bestimmenden Einfluss ausübt. Eine Finanzierung aus Haushaltsmitteln ist auch gegeben, wenn die juristische Person des privaten Rechts ihre Leistungen an die beherrschende juristische Person des öffentlichen Rechts, die annähernd ausschließlicher Leistungsempfänger ist, kostendeckend oder gar mit Gewinn erbringt und daher nicht auf Gesellschafterbeiträge oder Zuschüsse angewiesen ist.

2. Im Rahmen der öffentlichen Gewalt

53 Tätigkeiten im Rahmen der öffentlichen Gewalt liegen vor, wenn sie im Rahmen der ihnen eigenen rechtlichen Regelungen ausgeübt werden. Nicht dazu gehören Tätigkeiten, die unter den gleichen rechtlichen Bedingungen ausgeübt werden wie von privaten Wirtschaftsteilnehmern, d. h. durch privatrechtliche Ausgestaltung der Leistungsbeziehungen (siehe BMF-Schreiben vom 16. Dezember 2016, BStBl. I S. 1451).[1] Die Tätigkeit muss das Gebrauchmachen von hoheitlichen Befugnissen mitumfassen. Alle wirtschaftlichen, d. h. unternehmerischen Tätigkeiten müssen eng mit der Ausübung hoheitlicher Befugnisse im Zusammenhang stehen. Die Einrichtung muss sich der hoheitlichen Befugnisse gerade für die für die Umsatzsteuer relevante Tätigkeit bedienen.

3. Rechtsfolgen

Kommt die zuständige Finanzbehörde zum Ergebnis, dass eine Berufung auf Art. 13 Abs. 1 Erster Unterabsatz MwStSystRL möglich ist, ist anschließend die Wettbewerbsprüfung nach § 2b Abs. 1 Satz 2 UStG vorzunehmen. Soweit § 2b UStG anwendbar ist, besteht kein Anspruch auf Abzug der Vorsteuerbeträge.

4. Allgemeine Hinweise

Bei der Prüfung ist zu beachten, dass § 2b UStG als Ausnahmevorschrift eng auszulegen ist. Entscheidend ist eine Gesamtbetrachtung im Einzelfall durch die zuständige Finanzbehörde.

5. Anwendungsregelung

Beruft sich eine juristische Person des privaten Rechts für Zeiträume **vor dem 1. Januar 2017** auf Art. 13 Abs. 1 Erster Unterabsatz MwStSystRL und erfüllt sie die Voraussetzungen einer Einrichtung

[1] Vorstehend abgedruckt als Anlage b.

des öffentlichen Rechts, sind die weiteren Voraussetzungen des Art. 13 MwStSystRL nach den Grundsätzen der Rechtsprechung des Bundesfinanzhofs zur Unternehmereigenschaft von juristischen Personen des öffentlichen Rechts in richtlinienkonformer Auslegung des § 2 Abs. 3 Satz 1 UStG zu prüfen (vgl. BMF-Schreiben vom 27. Juli 2017, BStBl. I S. 1239).[1]

Anl d zu 2b.1

d) Schreiben betr. gesonderte Prüfung möglicher größerer Wettbewerbsverzerrungen bei § 2 b Abs. 3 Nr. 2 UStG

Vom 14. November 2019 (BStBl. I S. 1114)

(BMF III C 2 – S 7107/19/10005 :011)

Mit Schreiben vom 16. Dezember 2016, BStBl. I S. 1451, hat das BMF zu Anwendungsfragen des § 2 b UStG Stellung genommen. Zwischenzeitlich wurde die Frage der europarechtlichen Anforderungen an die Auslegung der Regelung des § 2 b Abs. 3 Nr. 2 UStG mit der Europäischen Kommission diskutiert. Im Lichte dieser Erörterungen gilt im Einvernehmen mit den obersten Finanzbehörden der Länder Folgendes: 54

Bei § 2 b Abs. 3 Nr. 2 UStG handelt es sich um ein Regelbeispiel. Sind dessen Voraussetzungen gegeben, besteht eine Vermutung, dass keine größeren Wettbewerbsverzerrungen zu Lasten privater Dritter vorliegen. Um eine unionsrechtskonforme Anwendung des § 2 b UStG sicherzustellen, ist es jedoch erforderlich, auch dann, wenn die Voraussetzungen des Regelbeispiels gegeben sind, in eine gesonderte Prüfung auf mögliche schädliche Wettbewerbsverzerrungen nach § 2 b Abs. 1 Satz 2 UStG einzutreten.

Maßstab hierfür sind die Ausführungen im BMF-Schreiben vom 16. Dezember 2016, Rz. 22 ff. Insbesondere ist zu prüfen, ob private Unternehmer potentiell in der Lage sind, vergleichbare Leistungen wie die öffentliche Hand zu erbringen. Ergibt sich unter Anwendung dieser Maßstäbe, dass die Nichtbesteuerung von Leistungen im Rahmen der Zusammenarbeit von juristischen Personen des öffentlichen Rechts zu größeren Wettbewerbsverzerrungen führen würde, ist die Regelvermutung des § 2 b Abs. 3 Nr. 2 UStG als widerlegt anzusehen.

Bei Leistungsvereinbarungen über verwaltungsunterstützende Hilfstätigkeiten sind regelmäßig bereits die Voraussetzungen des § 2 b Abs. 3 Nr. 2 Satz 2 Buchst. b UStG nicht gegeben (siehe Randziffer 49 f. des Bezugsschreibens). Sie erfüllen keine spezifisch öffentlichen Interessen, da sie ohne weiteres auch von privaten Unternehmern erbracht werden können. Im Rahmen der gesonderten Wettbewerbsprüfung nach § 2 b Abs. 1 Satz 2 UStG scheiden diese Leistungen auf jeden Fall aus der Nichtsteuerbarkeit aus. Hierzu zählen Verträge, die auf die Gebäudereinigung, Grünpflegearbeiten, Neubau- und Sanierungsmaßnahmen an Straßen und Gebäuden sowie auf unterstützende IT-Dienstleistungen beschränkt sind.

Dieses Schreiben ist in allen offenen Fällen anzuwenden.

Anl e zu 2b.1

e) Schreiben betr. Umsatzbesteuerung der öffentlichen Hand; Behandlung der Konzessionsabgabe unter § 2 b UStG

Vom 5. August 2020 (BStBl. I S. 669)

(BMF III C 2 – S 7107/19/10007 :005; DOK 2020/767842)

1. Umsatzsteuerbarkeit bei privatrechtlichen Verträgen

Erbringt eine juristische Person des öffentlichen Rechts nachhaltig Leistungen gegen Entgelt aufgrund eines privatrechtlichen Vertrages, ist nach der Rechtsprechung des Bundesfinanzhofs stets von einer unternehmerischen Tätigkeit der juristischen Person des öffentlichen Rechts nach § 2 Abs. 1 UStG auszugehen. Die Unternehmereigenschaft ist in diesen Fällen nicht durch § 2 b UStG eingeschränkt, weil die öffentliche Hand in zivilrechtlicher Handlungsform am Markt teilnimmt und nicht im Rahmen der öffentlichen Gewalt handelt. Die Einräumung eines Wegenutzungsrechts durch die Gemeinden gegen Zahlung einer Konzessionsabgabe im Rahmen eines privatrechtlichen Vertrags ist also immer umsatzsteuerbar. 55

Die Betrachtung von § 46 EnWG führt zu keinen anderen steuerlichen Ergebnissen. Öffentlich-rechtliche Rahmenbedingungen im Zusammenhang mit privatrechtlichen Verträgen verhindern nicht, dass die Gemeinden „wie ein Privater" im Sinne der Rechtsprechung handeln. Denn gegenüber ihren Vertragspartnern tritt die Gemeinde unter den gleichen rechtlichen Bedingungen wie ein privater Wirtschaftsteilnehmer auf. Umsatzsteuerrechtlich ist nicht nur das „Ob", sondern auch das „Wie" der vertraglichen Beziehungen entscheidend, um zu erkennen, ob eine Tätigkeit im Rahmen der öffentlichen Gewalt erfolgt. Im Hinblick auf die Anwendung des § 2 b Abs. 1 UStG ist es zudem ohne Belang, ob die juristische Person des öffentlichen Rechts mit ihrer Tätigkeit öffentliche Aufgaben wahrnimmt (BMF-Schreiben vom 16. Dezember 2016, BStBl. I S. 1451). Damit ist unbeachtlich, dass eine Pflicht der Gemeinden zum Abschluss derartiger Verträge besteht.

2. Steuerbefreite Grundstücksüberlassung nach § 4 Nr. 12 UStG

Ein Vertrag, durch den eine Gebietskörperschaft einem Versorgungsunternehmen das ausschließliche Recht einräumt, die Einwohner mit Strom, Gas oder Wasser zu versorgen und dabei erlaubt, öffentliche Straßen, Plätze etc. für die Verlegung der Versorgungsleitungen zu benutzen bzw. im Zuge 56

---

[1] Abgedruckt bei § 2 als Anlage b zu A 2.11.

der Deregulierung bzw. Liberalisierung der Strom- und Gasversorgung das durch den Vertrag (Konzessionsvertrag) bisher gewährte Exklusivrecht der Versorgung aufhebt und durch ein einfaches Wegerecht ersetzt, kann unter die Steuerbefreiung nach § 4 Nr. 12 Satz 1 Buchst. a oder c UStG fallen.

Die in § 4 Nr. 12 Satz 1 Buchst. c UStG geregelten dinglichen Nutzungsrechte unterliegen der Befreiung, wenn die Bestellung des Nutzungsrechts vom Begriff der Vermietung und Verpachtung erfasst wird. Die Frage, ob mit dem Abschluss eines Konzessionsvertrags oder der Vereinbarung eines einfachen Wegerechts umsatzsteuerrechtlich eine Vermietung oder Verpachtung eines Grundstücks vorliegt, richtet sich allerdings nicht nach den Vorschriften des nationalen Zivilrechts, sondern nach Unionsrecht. Danach setzt die Vermietung eines Grundstücks voraus, dass dem Mieter vom Vermieter auf bestimmte Zeit gegen eine Vergütung das Recht eingeräumt wird, das Grundstück so in Besitz zu nehmen, als ob er dessen Eigentümer wäre, und jede andere Person von diesem Recht auszuschließen. Zu berücksichtigen sind dabei alle Umstände des Einzelfalls, vor allem der tatsächlich verwirklichte Sachverhalt. Diese Voraussetzungen gelten auch für die Vermietung und Verpachtung eines Grundstücks und die hierdurch typischerweise eingeräumten Berechtigungen an dem Grundstück zur Ausübung einer sachgerechten und nachhaltigen Bewirtschaftung (vgl. hierzu Abschn. 4.12.1 Abs. 1 UStAE). Bei der Bestellung eines dinglichen Nutzungsrechts ist es allerdings nicht erforderlich, dass der Nutzungsberechtigte das Nutzungsrecht alleine ausüben kann; es genügt, wenn er – vergleichbar einem Eigentümer – Unbefugte von der Nutzung ausschließen kann (vgl. BFH-Urteil vom 24. Februar 2005 V R 45/02, BStBl. 2007 II S. 61).

Soweit es sich bei der Überlassung von Grundstücken zum Verlegen von Erdleitungen (z. B. Erdgas- oder Elektrizitätsleitungen) nach der jeweiligen Vertragslage um eine einheitliche, nach § 1 Abs. 1 Nr. 1 UStG umsatzsteuerbare Leistung handelt, kommt der Bewilligung der Grunddienstbarkeit neben der Vermietung und Verpachtung der Grundstücke in diesen Fällen kein eigenständiger umsatzsteuerlicher Gehalt zu, da die Bewilligung nur der Absicherung der Rechte aus dem Miet- bzw. Pachtvertrag dient (vgl. Abschn. 4.12.8 Abs. 2 UStAE).

3. Bemessungsgrundlage für die Umsatzsteuer

57 Für die Entscheidung der Frage, ob die in den bisherigen Konzessionsverträgen vereinbarten Konzessionsabgaben als Netto-Beträge (ohne Umsatzsteuer) anzusehen sind, ist allein das Zivilrecht maßgeblich.

4. Anwendung

Für die Anwendbarkeit der Grundsätze zu § 2 b UStG sind die Übergangsregelungen des § 27 Abs. 22 und Abs. 22 a UStG zu beachten. Demnach gelten die Grundsätze – vorbehaltlich einer abgegebenen Optionserklärung nach § 27 Abs. 22 Satz 3 UStG – für Umsätze **ab dem 1. Januar 2017.**

[Änderungen des Umsatzsteuer-Anwendungserlasses in A 2 b.1 UStAE berücksichtigt]

Anl f zu 2 b.1

f) Schreiben betr.
Anwendungsfragen des § 2 b UStG in Zusammenhang mit dem Friedhofs- und Bestattungswesen

Vom 23. November 2020 (BStBl. I S. 1335)

(BMF III C 2 – S 7107/19/10 004 :008; DOK 2020/1212492)

60 Durch Art. 12 des Gesetzes vom 2. November 2015 (BGBl. I S. 1834) wurden durch Einfügung des § 2 b UStG die Regelungen zur Unternehmereigenschaft von juristischen Personen des öffentlichen Rechts (jPöR) neu gefasst. In diesem Kontext hat sich auch eine Reihe von Anwendungsfragen im Zusammenhang mit Friedhöfen in öffentlich-rechtlicher Trägerschaft ergeben.

Für die Anwendung von § 2 b UStG gilt Folgendes:

Erbringen jPöR im Bereich des Friedhofs- und Bestattungswesens Leistungen gegen Entgelt, liegt ein Leistungsaustausch im umsatzsteuerlichen Sinn und damit eine unternehmerische Tätigkeit nach § 2 Abs. 1 UStG vor. Werden Leistungen auf der Grundlage einer öffentlich-rechtlichen Satzung in öffentlich-rechtlicher Handlungsform erbracht, ist der Anwendungsbereich des § 2 b Abs. 1 Satz 1 UStG eröffnet, so dass zu prüfen ist, ob die Behandlung der jPöR als Nichtunternehmer zu größeren Wettbewerbsverzerrungen i. S. d. § 2 b Abs. 1 Satz 2 UStG führen würde (siehe BMF-Schreiben vom 16. Dezember 2016, BStBl. I S. 1451, Randziffern 8 und 22).

Verzerrungen des Wettbewerbs können nur stattfinden, wenn Wettbewerb besteht. Dies setzt voraus, dass die von einer jPöR auf öffentlich-rechtlicher Grundlage erbrachte Leistung gleicher Art auch von einem privaten Unternehmer erbracht werden könnte. Zwei Leistungen sind gleichartig und stehen deshalb in einem Wettbewerbsverhältnis, wenn sie aus der Sicht des Durchschnittsverbrauchers dieselben Bedürfnisse befriedigen (siehe BMF-Schreiben vom 16. Dezember 2016, BStBl. I S. 1451, Randziffern 23 und 24).

Als Durchschnittsverbraucher der in Friedhofssatzungen geregelten Leistungen kommen die Personen in Betracht, die nach den Bestattungsgesetzen der Länder verpflichtet sind, für die Bestattung zu sorgen. Diese Personen entscheiden über Bestattungsort und -art und sind dabei nicht verpflichtet, einen bestimmten Friedhof zu nutzen.

1. Grabnutzungsberechtigungen/Liegerecht/Recht zur Beisetzung

61 Die Einräumung von Grabnutzungsberechtigungen, Liegerechten und Rechten zur Beisetzung eines Sarges oder einer Urne sowie zur Leichentuchbestattung, die darin bestehen, eine räumlich abgrenzbare, individualisierte Parzelle unter Ausschluss Dritter nutzen zu können (regelmäßig z. B. bei Urnennischen oder Kolumbarien, Reihen- und Wahlgrabstätten), ist bei Leistungserbringung durch private

Anbieter als Vermietung von Grundstücken nach § 4 Nr. 12 Satz 1 Buchst. a UStG umsatzsteuerfrei, unabhängig davon, ob es sich um Erd- oder Feuerbestattungen handelt (vgl. BFH-Urteil vom 21. Juni 2017 V R 3/17, BStBl. 2018 II S. 372). Anl f zu 2b.1

Dem BMF-Schreiben vom 16. Dezember 2016, BStBl. I S. 1451 (Randziffer 38) folgend sind bei jPöR die Voraussetzungen des § 2b Abs. 2 Nr. 2 UStG dann nicht erfüllt, wenn es sich um eine in § 9 Abs. 1 UStG genannte Leistung handelt (Leistungen i. S. d. § 4 Nr. 8 Buchst. a bis g, Nr. 9 Buchst. a, Nr. 12 oder 13 UStG). Allerdings enthält § 2b Abs. 2 UStG keine abschließende Aufzählung von Fällen, in denen keine größeren Wettbewerbsverzerrungen vorliegen. Diese sind auch in den Fällen zu verneinen, in denen zwar die Voraussetzungen des § 2b Abs. 2 Nr. 2 UStG nicht erfüllt sind, aber ein Verzicht auf die Steuerbefreiung bei vergleichbaren Leistungen Privater aufgrund der tatsächlichen Umstände ausgeschlossen ist. So erfolgt die Einräumung von Grabnutzungsberechtigungen, Liegerechten und Rechten zur Beisetzung stets für nichtunternehmerische Zwecke des Leistungsempfängers, weshalb in diesen Fällen tatsächlich niemals auf die Steuerbefreiung nach § 9 UStG verzichtet werden kann. Werden derartige Leistungen durch jPöR erbracht, werden sie insoweit unter Beachtung des § 2b Abs. 1 Satz 2 UStG nicht unternehmerisch tätig.

Wird hingegen keine räumlich abgrenzbare, individualisierte Parzelle zur Nutzung unter Ausschluss Dritter überlassen, kommt eine Steuerfreiheit dieser Leistung nach § 4 Nr. 12 Satz 1 Buchst. a UStG bei privaten Anbietern nicht in Betracht (vgl. BFH-Urteil vom 21. Juni 2017 V R 4/17, BStBl. 2018 II S. 370). Derartige Leistungen werden von jPöR unternehmerisch ausgeführt und unterliegen der Umsatzbesteuerung, wenn sie auch von Privaten erbracht werden können und die Wettbewerbsgrenze nach § 2b Abs. 2 Nr. 1 UStG überschritten wird.

Insbesondere folgende mit der Einräumung von Grabnutzungsberechtigungen, von Liegerechten bzw. dem Recht zur Beisetzung einhergehende Leistungen sind unselbstständige Nebenleistungen im Sinne des Abschn. 3.10 Abs. 5 UStAE, die das Schicksal der Hauptleistung teilen:
- Bestattungsleistungen, z. B. das Ausheben und Verfüllen der Grabstelle, das Auskleiden des Grabes mit Matten, das Absenken des Sargs oder der Leiche bei Leichentuchbestattung, die Entsorgung von Kränzen und Blumen,
- die Pflege und Instandhaltung von Friedhofsanlagen (z. B. Wege, Hecken, Grünanlagen), die dem Friedhofsträger vorbehalten sind und für die häufig eine Friedhofsunterhaltungsgebühr erhoben wird,
- die Grabpflegeleistungen, die sich der Friedhofsträger vorbehält, um ein einheitliches Gestaltungsbild der Grabanlage (bei Gemeinschaftsgrabanlagen/Gräberfeldern) sicherzustellen,
- Gebühren für die Genehmigung zum Aufstellen von Grabmalen und Einfassungen,
- die Erstellung der Graburkunde,
- der Leichentransport innerhalb des Friedhofs,
- Gebühren für die Befreiung von bestimmten Verpflichtungen in Ausnahmefällen.

Ob in der jeweiligen Friedhofssatzung hierfür gesonderte Gebühren vorgesehen sind, ist nicht erheblich.

Dies gilt auch für solche Leistungen in Zusammenhang mit einer Verlängerung der Grabnutzungsberechtigung bei einer weiteren Beisetzung in eine bestehende Grabparzelle. Sollte dabei keine Verlängerung der Grabnutzungsberechtigung vereinbart werden, ist nicht von unselbstständigen Nebenleistungen auszugehen, sondern sind die Leistungen nach den allgemeinen Regeln zu beurteilen (vgl. Ziffer 3).

Insbesondere folgende Leistungen sind als eigenständige Leistungen zu beurteilen:
- die Grabpflegeleistungen an individuellen, räumlich abgegrenzten Grabstätten,
- das Aufstellen von Grabsteinen und das Setzen der Grabeinfassung.

2. Aufbewahrung von Leichen in Kühlräumen oder Kühlzellen sowie Benutzung von Feierhallen, Friedhofskapellen und Abschiedsräumen

Werden Leichen in Kühlräumen oder Kühlzellen aufbewahrt und werden Räumlichkeiten insbesondere zur Abhaltung von Trauerfeiern zur Nutzung überlassen, handelt es sich hierbei jeweils grundsätzlich um eigenständige Leistungen. **62**

Insbesondere folgende mit der Überlassung der o. g. Räumlichkeiten sowie von Kühlräumen und gekühlten Leichenzellen zur Aufbewahrung von Leichen einhergehende Leistungen sind, sofern sie als Gebühr erhoben werden, unselbstständige Nebenleistungen im Sinne des Abschn. 3.10 Abs. 5 UStAE, die das Schicksal der Hauptleistung teilen:
- die Reinigung der Räumlichkeiten,
- die Beleuchtung sowie Heizung,
- die Bereitstellung von Tonanlagen bzw. Orgel,
- die Mitüberlassung von Einrichtungsgegenständen zur würdevollen Aufbahrung des Leichnams wie Kerzenständer samt Kerzen, Kreuze, Kruzifixe und Weihwasserbehälter,
- die hygienische Totenversorgung durch die dafür zuständige Person sowie
- die Entsorgung von Kränzen und Blumen.

Ob in der jeweiligen Friedhofssatzung hierfür gesonderte Gebühren vorgesehen sind, ist nicht erheblich.

2.1. Feierhallen, Friedhofskapellen und Abschiedsräume

Die Überlassung von Räumlichkeiten wie Feierhallen, Friedhofskapellen und Abschiedsräumen nebst Einrichtungsgegenständen insbesondere zur Abhaltung von Trauerfeiern stellt bei privaten Wirtschaftsteilnehmern in der Regel eine umsatzsteuerfreie Leistung nach § 4 Nr. 12 Satz 1 Buchst. a UStG dar, bei der eine Option zur Steuerpflicht wegen der nichtunternehmerischen Zweckbestimmung fak- **63**

Anl f zu 2b.1

tisch ausgeschlossen ist (§ 9 UStG). Werden vergleichbare Leistungen durch jPöR erbracht, werden die jPöR insoweit unter Beachtung des § 2b Abs. 1 Satz 2 UStG nicht unternehmerisch tätig. Werden über die Nutzungsüberlassung hinausgehende Leistungen erbracht, die für eine dann einheitliche Leistung prägend sind, ist die Überlassung der Räumlichkeiten umsatzsteuerpflichtig.

2.2. Aufbewahrung von Leichen in Kühlräumen oder Kühlzellen

64 Die Überlassung von Kühlräumen und gekühlten Leichenzellen zur Aufbewahrung von Leichen kann auch eine nach § 4 Nr. 12 Satz 1 Buchst. a UStG umsatzsteuerfreie Leistung sein, für die wegen der nichtunternehmerischen Zweckbestimmung keine Option möglich ist (§ 9 UStG). JPöR werden insoweit mit der Erbringung dieser Leistungen unter Beachtung des § 2b Abs. 1 Satz 2 UStG nicht unternehmerisch tätig. Werden über die Nutzungsüberlassung hinausgehende Leistungen erbracht, die für eine dann einheitliche Leistung prägend sind, ist die Überlassung umsatzsteuerpflichtig.

3. Bestattungsleistungen im Zusammenhang mit bereits bestehenden Grabstätten (z. B. Umbettungen, Abräumen von Gräbern, Nachbestattungen ohne Verlängerung des Nutzungsrechts)

65 Bei (Bestattungs-)Leistungen im Zusammenhang mit bereits bestehenden Grabstätten (z. B. Umbettungen, Abräumen) handelt es sich regelmäßig um selbständige Leistungen. Mit derartigen Leistungen treten jPöR nicht in Wettbewerb zu privaten Wirtschaftsteilnehmern, wenn diese Leistungen durch die für den Friedhof, auf dem sich die Grabstätte befindet, geltende Friedhofssatzung der den Friedhof betreibenden jPöR vorbehalten ist. Können die Leistungen nach der Friedhofssatzung auch durch private Wirtschaftsteilnehmer erbracht werden, wird die jPöR mit der Erbringung dieser Leistungen unternehmerisch tätig, wenn die Wettbewerbsgrenze nach § 2b Abs. 2 Nr. 1 UStG überschritten wird.

4. Vertragliche Überlassung der Trägerschaft von Friedhof, Leichenhalle und Feierhalle durch kirchliche jPöR (Kirchengemeinden/Kirchenstiftungen) an eine Kommune

66 Vereinbaren eine kirchliche jPöR und eine Kommune auf Basis eines öffentlich-rechtlichen Vertrages, dass die Trägerschaft für den Friedhof von der kirchlichen jPöR auf die Kommune übergeht und in dem Zusammenhang der Friedhof samt Einrichtungen und das Leichenhaus überlassen werden, erfolgt die Vereinbarung im Rahmen der öffentlichen Gewalt i. S. d. § 2b Abs. 1 Satz 1 UStG.

Soweit der Betrieb eines Friedhofs aufgrund landesgesetzlicher Regelungen nur durch jPöR erfolgen kann, ist Wettbewerb mit privaten Anbietern bei der Überlassung des Friedhofs ausgeschlossen.

Der Betrieb eines Leichenhauses ist in der Regel jedoch auch durch private Anbieter möglich. Bei der Überlassung eines Leichenhauses sind Wettbewerbsverzerrungen allerdings zu verneinen, da hier nach dem Gedanken des § 2 Abs. 2 Nr. 2 UStG vergleichbare auf privatrechtlicher Grundlage erbrachte Leistungen privater Anbieter ohne Recht auf Verzicht nach § 9 UStG (Option) der Befreiung gemäß § 4 Nr. 12 Satz 1 Buchst. a UStG unterliegen würden. Eine Option nach § 9 UStG ist auch – vergleichbar den Ausführungen zu 1) – hier nicht möglich, weil der Betreiber des Leichenhauses aufgrund der Verwendung für umsatzsteuerfreie Leistungen nicht zum Vorsteuerabzug berechtigt ist. Die Leistungen der Kommune an insbesondere die Personen, die nach den Bestattungsgesetzen der Länder verpflichtet sind, erfolgen stets für den nichtunternehmerischen Bereich. Daher ist auch hier faktisch kein Verzicht auf die Steuerbefreiung möglich.

Soweit der Betrieb eines Friedhofs privaten Anbietern nach landesrechtlichen Vorschriften möglich ist, gelten für die Wettbewerbsprüfung die vorgenannten Aussagen entsprechend.

5. Nichtbeanstandungsregelung

Es wird nicht beanstandet, wenn bei bereits unter dem Regelungsregime des § 2 Abs. 3 UStG in der am 31. Dezember 2015 geltenden Fassung laufenden Rechtsverhältnissen über Grabnutzungsberechtigungen, Liegerechte bzw. das Recht zur Beisetzung, die vor der Wirkung eines Widerrufs der Optionsregelung nach § 27 Abs. 22, 22a UStG oder ohne Widerruf dieser Optionsregelung **vor dem 1. Januar 2023** geschlossen wurden und unter Anwendung des § 2b UStG erstmals als umsatzsteuerbar und umsatzsteuerpflichtig zu beurteilen sind, keine Nachversteuerung nach § 27 Abs. 1 UStG erfolgt. Für vor dem 1. Januar 2021 abgeschlossene Verträge und erlassene Verwaltungsakte über Grabnutzungsberechtigungen, Liegerechte bzw. das Recht zur Beisetzung wird – auch wenn sie bereits unter dem Regelungsregime des § 2b UStG geschlossen bzw. erlassen wurden – es ebenfalls nicht beanstandet, wenn keine Besteuerung erfolgt.

6. Änderung des Umsatzsteuer-Anwendungserlasses

[in A 2 b.1 UStAE berücksichtigt]

UStG

§ 3 Lieferung, sonstige Leistung

(1) **Lieferungen eines Unternehmers sind Leistungen, durch die er oder in seinem Auftrag ein Dritter den Abnehmer oder in dessen Auftrag einen Dritten befähigt, im eigenen Namen über einen Gegenstand zu verfügen (Verschaffung der Verfügungsmacht).** 1

(1 a)[1] ① **Als Lieferung gegen Entgelt gilt das Verbringen eines Gegenstands des Unternehmens aus dem Inland in das übrige Gemeinschaftsgebiet durch einen Unternehmer zu seiner Verfügung, ausgenommen zu einer nur vorübergehenden Verwendung, auch wenn der Unternehmer den Gegenstand in das Inland eingeführt hat.** ② **Der Unternehmer gilt als Lieferer.** ③ **Die Sätze 1 und 2 gelten nicht in den Fällen des § 6 b.** 2

(1 b)[2] ① **Einer Lieferung gegen Entgelt werden gleichgestellt** 3

1. **die Entnahme eines Gegenstands durch einen Unternehmer aus seinem Unternehmen für Zwecke, die außerhalb des Unternehmens liegen;**
2. **die unentgeltliche Zuwendung eines Gegenstands durch einen Unternehmer an sein Personal für dessen privaten Bedarf, sofern keine Aufmerksamkeiten vorliegen;**
3. **jede andere unentgeltliche Zuwendung eines Gegenstands, ausgenommen Geschenke von geringem Wert und Warenmuster für Zwecke des Unternehmens.**

② **Voraussetzung ist, dass der Gegenstand oder seine Bestandteile zum vollen oder teilweisen Vorsteuerabzug berechtigt haben.**

(2) *(weggefallen)*

(3) ① **Beim Kommissionsgeschäft (§ 383 des Handelsgesetzbuchs) liegt zwischen dem Kommittenten und dem Kommissionär eine Lieferung vor.** ② **Bei der Verkaufskommission gilt der Kommissionär, bei der Einkaufskommission der Kommittent als Abnehmer.** 4

(3 a)[3] ① **Ein Unternehmer, der mittels seiner elektronischen Schnittstelle die Lieferung eines Gegenstands, dessen Beförderung oder Versendung im Gemeinschaftsgebiet beginnt und endet, durch einen nicht im Gemeinschaftsgebiet ansässigen Unternehmer an einen Empfänger nach § 3 a Absatz 5 Satz 1 unterstützt, wird behandelt, als ob er diesen Gegenstand für sein Unternehmen selbst erhalten und geliefert hätte.** ② **Dies gilt auch in den Fällen, in denen der Unternehmer mittels seiner elektronischen Schnittstelle den Fernverkauf von aus dem Drittlandsgebiet eingeführten Gegenständen in Sendungen mit einem Sachwert von höchstens 150 Euro unterstützt.** ③ **Eine elektronische Schnittstelle im Sinne der Sätze 1 und 2 ist ein elektronischer Marktplatz, eine elektronische Plattform, ein elektronisches Portal oder Ähnliches.** ④ **Ein Fernverkauf im Sinne des Satzes 2 ist die Lieferung eines Gegenstands, der durch den Lieferer oder für dessen Rechnung aus dem Drittlandsgebiet an einen Erwerber in einem Mitgliedstaat befördert oder versendet wird, einschließlich jener Lieferung, an deren Beförderung oder Versendung der Lieferer indirekt beteiligt ist.** ⑤ **Erwerber im Sinne des Satzes 4 ist ein in § 3 a Absatz 5 Satz 1 bezeichneter Empfänger oder eine in § 1 a Absatz 3 Nummer 1 genannte Person, die weder die maßgebende Erwerbsschwelle überschreitet noch auf ihre Anwendung verzichtet; im Fall der Beendigung der Beförderung oder Versendung im Gebiet eines anderen Mitgliedstaates ist die von diesem Mitgliedstaat festgesetzte Erwerbsschwelle maßgebend.** ⑥ **Satz 2 gilt nicht für die Lieferung neuer Fahrzeuge und eines Gegenstandes, der mit oder ohne probeweise Inbetriebnahme durch den Lieferer oder für dessen Rechnung montiert oder installiert geliefert wird.**

(4) ① **Hat der Unternehmer die Bearbeitung oder Verarbeitung eines Gegenstands übernommen und verwendet er hierbei Stoffe, die er selbst beschafft, so ist die Leistung als Lieferung anzusehen (Werklieferung), wenn es sich bei den Stoffen nicht nur um Zutaten oder sonstige Nebensachen handelt.** ② **Das gilt auch dann, wenn die Gegenstände mit dem Grund und Boden fest verbunden werden.** 5

(5) ① **Hat ein Abnehmer dem Lieferer die Nebenerzeugnisse oder Abfälle, die bei der Bearbeitung oder Verarbeitung des ihm übergebenen Gegenstands entstehen, zurückzugeben, so beschränkt sich die Lieferung auf den Gehalt des Gegenstands an den Bestandteilen, die dem Abnehmer verbleiben.** ② **Das gilt auch dann, wenn der Abnehmer an Stelle der bei der Bearbeitung oder Verarbeitung entstehenden Neben-** 6

---

[1] Zu § 3 Abs. 1 a: Hinweis auf § 6 a Abs. 2 (Steuerbefreiung), § 10 Abs. 4 S. 1 Nr. 1 (Bemessungsgrundlage), § 18 a Abs. 2 Nr. 2, Abs. 4 Nr. 2 u. Abs. 6 Nr. 2 (Zusammenfassende Meldung); A 1 a.2 (innergemeinschaftliches Verbringen), 14 a.1 Abs. 3 (Belegausstellung) u. 22.3 (Aufzeichnungspflichten) UStAE.

[2] Zu § 3 Abs. 1 b: Hinweis auf § 3 f (Ort der unentgeltlichen Lieferung), § 6 Abs. 5 (Ausfuhrlieferungen), § 10 Abs. 4 S. 1 Nr. 1 (Bemessungsgrundlage), § 13 Abs. 1 Nr. 2 (Entstehung der Steuer), § 13 a Abs. 1 Nr. 1 (Steuerschuldner), § 15 a Abs. 3, 8 und 9 (Berichtigung des Vorsteuerabzugs), § 22 Abs. 2 Nr. 3 (Aufzeichnungspflichten).

[3] § 3 Abs. 3 a anzuwenden ab 1. 7. 2021, vgl. § 27 Abs. 34 Satz 1 UStG.

UStG

erzeugnisse oder Abfälle Gegenstände gleicher Art zurückgibt, wie sie in seinem Unternehmen regelmäßig anfallen.

7 (5 a) **Der Ort der Lieferung richtet sich vorbehaltlich der §§ 3 c, 3 e und 3 g nach den Absätzen 6 bis 8.**

8 (6) ① **Wird der Gegenstand der Lieferung durch den Lieferer, den Abnehmer oder einen vom Lieferer oder vom Abnehmer beauftragten Dritten befördert oder versendet, gilt die Lieferung dort als ausgeführt, wo die Beförderung oder Versendung an den Abnehmer oder in dessen Auftrag an einen Dritten beginnt.** ② **Befördern ist jede Fortbewegung eines Gegenstands.** ③ **Versenden liegt vor, wenn jemand die Beförderung durch einen selbständigen Beauftragten ausführen oder besorgen lässt.** ④ **Die Versendung beginnt mit der Übergabe des Gegenstands an den Beauftragten.**

8a (6 a) ① **Schließen mehrere Unternehmer über denselben Gegenstand Liefergeschäfte ab und gelangt dieser Gegenstand bei der Beförderung oder Versendung unmittelbar vom ersten Unternehmer an den letzten Abnehmer (Reihengeschäft), so ist die Beförderung oder Versendung des Gegenstands nur einer der Lieferungen zuzuordnen.** ② **Wird der Gegenstand der Lieferung dabei durch den ersten Unternehmer in der Reihe befördert oder versendet, ist die Beförderung oder Versendung seiner Lieferung zuzuordnen.** ③ **Wird der Gegenstand der Lieferung durch den letzten Abnehmer befördert oder versendet, ist die Beförderung oder Versendung der Lieferung an ihn zuzuordnen.** ④ **Wird der Gegenstand der Lieferung durch einen Abnehmer befördert oder versendet, der zugleich Lieferer ist (Zwischenhändler), ist die Beförderung oder Versendung der Lieferung an ihn zuzuordnen, es sei denn, er weist nach, dass er den Gegenstand als Lieferer befördert oder versendet hat.** ⑤ **Gelangt der Gegenstand der Lieferung aus dem Gebiet eines Mitgliedstaates in das Gebiet eines anderen Mitgliedstaates und verwendet der Zwischenhändler gegenüber dem leistenden Unternehmer bis zum Beginn der Beförderung oder Versendung eine Umsatzsteuer-Identifikationsnummer, die ihm vom Mitgliedstaat des Beginns der Beförderung oder Versendung erteilt wurde, ist die Beförderung oder Versendung seiner Lieferung zuzuordnen.** ⑥ **Gelangt der Gegenstand der Lieferung in das Drittlandsgebiet, ist von einem ausreichenden Nachweis nach Satz 4 auszugehen, wenn der Zwischenhändler gegenüber dem leistenden Unternehmer bis zum Beginn der Beförderung oder Versendung eine Umsatzsteuer-Identifikationsnummer oder Steuernummer verwendet, die ihm vom Mitgliedstaat des Beginns der Beförderung oder Versendung erteilt wurde.** ⑦ **Gelangt der Gegenstand der Lieferung vom Drittlandsgebiet in das Gemeinschaftsgebiet, ist von einem ausreichenden Nachweis nach Satz 4 auszugehen, wenn der Gegenstand der Lieferung im Namen des Zwischenhändlers oder im Rahmen der indirekten Stellvertretung (Artikel 18 der Verordnung (EU) Nr. 952/2013 des Europäischen Parlaments und des Rates vom 9. Oktober 2013 zur Festlegung des Zollkodex der Union, ABl. L 269 vom 10. 10. 2013, S. 1) für seine Rechnung zum zoll- und steuerrechtlich freien Verkehr angemeldet wird.**

8b (6 b)[1] **Wird ein Unternehmer gemäß Absatz 3 a behandelt, als ob er einen Gegenstand selbst erhalten und geliefert hätte, wird die Beförderung oder Versendung des Gegenstands der Lieferung durch diesen Unternehmer zugeschrieben.**

9 (7) ① **Wird der Gegenstand der Lieferung nicht befördert oder versendet, wird die Lieferung dort ausgeführt, wo sich der Gegenstand zur Zeit der Verschaffung der Verfügungsmacht befindet.** ② **In den Fällen der Absätze 6 a und 6 b gilt Folgendes:**

1. **Lieferungen, die der Beförderungs- oder Versendungslieferung vorangehen, gelten dort als ausgeführt, wo die Beförderung oder Versendung des Gegenstands beginnt.**
2. **Lieferungen, die der Beförderungs- oder Versendungslieferung folgen, gelten dort als ausgeführt, wo die Beförderung oder Versendung des Gegenstands endet.**

10 (8) **Gelangt der Gegenstand der Lieferung bei der Beförderung oder Versendung aus dem Drittlandsgebiet in das Inland, gilt der Ort der Lieferung dieses Gegenstands als im Inland gelegen, wenn der Lieferer oder sein Beauftragter Schuldner der Einfuhrumsatzsteuer ist.**

(8 a) *(weggefallen)*

11 (9) ① **Sonstige Leistungen sind Leistungen, die keine Lieferungen sind.** ② **Sie können auch in einem Unterlassen oder im Dulden einer Handlung oder eines Zustands bestehen.**

12 (9 a)[2] **Einer sonstigen Leistung gegen Entgelt werden gleichgestellt**

[1] § 3 Abs. 6 b anzuwenden ab dem 1. 7. 2021, vgl. § 27 Abs. 34 Satz 1 UStG.

[2] Zu § 3 Abs. 9 a: Hinweis auf § 3 f (bis 17. 12. 2019: Ort der unentgeltlichen sonstigen Leistung), § 7 Abs. 5 (Lohnveredelung an Gegenständen der Ausfuhr), § 10 Abs. 4 S. 1 Nr. 2 und 3 (Bemessungsgrundlage), § 13 Abs. 1 Nr. 2 (Entstehung der Steuer), § 13 a Abs. 1 Nr. 1 (Steuerschuldner), § 22 Abs. 2 Nr. 3 (Aufzeichnungspflichten), § 27 Abs. 5 (Anwendungszeitpunkt bei Alt-Fahrzeugen). – Anwendungszeitpunkt von § 3 Abs. 9 a Nr. 1 Hs. 2 (§ 15 Abs. 1 b n. F.) vgl. § 27 Abs. 16.

1. die Verwendung eines dem Unternehmen zugeordneten Gegenstands, der zum vollen oder teilweisen Vorsteuerabzug berechtigt hat, durch einen Unternehmer für Zwecke, die außerhalb des Unternehmens liegen, oder für den privaten Bedarf seines Personals, sofern keine Aufmerksamkeiten vorliegen; dies gilt nicht, wenn der Vorsteuerabzug nach § 15 Absatz 1b ausgeschlossen oder wenn eine Vorsteuerberichtigung nach § 15a Absatz 6a durchzuführen ist;
2. die unentgeltliche Erbringung einer anderen sonstigen Leistung durch den Unternehmer für Zwecke, die außerhalb des Unternehmens liegen, oder für den privaten Bedarf seines Personals, sofern keine Aufmerksamkeiten vorliegen.

(10) Überlässt ein Unternehmer einem Auftraggeber, der ihm einen Stoff zur Herstellung eines Gegenstands übergeben hat, an Stelle des herzustellenden Gegenstands einen gleichartigen Gegenstand, wie er ihn in seinem Unternehmen aus solchem Stoff herzustellen pflegt, so gilt die Leistung des Unternehmers als Werkleistung, wenn das Entgelt für die Leistung nach Art eines Werklohns unabhängig vom Unterschied zwischen dem Marktpreis des empfangenen Stoffs und dem des überlassenen Gegenstands berechnet wird. 13

(11) Wird ein Unternehmer in die Erbringung einer sonstigen Leistung eingeschaltet und handelt er dabei im eigenen Namen, jedoch für fremde Rechnung, gilt diese Leistung als an ihn und von ihm erbracht. 14

(11a) ① Wird ein Unternehmer in die Erbringung einer sonstigen Leistung, die über ein Telekommunikationsnetz, eine Schnittstelle oder ein Portal erbracht wird, eingeschaltet, gilt er im Sinne von Absatz 11 als im eigenen Namen und für fremde Rechnung handelnd. ② Dies gilt nicht, wenn der Anbieter dieser sonstigen Leistung von dem Unternehmer als Leistungserbringer ausdrücklich benannt wird und dies in den vertraglichen Vereinbarungen zwischen den Parteien zum Ausdruck kommt. ③ Diese Bedingung ist erfüllt, wenn 15

1. in den von jedem an der Erbringung beteiligten Unternehmer ausgestellten oder verfügbar gemachten Rechnungen die sonstige Leistung im Sinne des Satzes 2 und der Erbringer dieser Leistung angegeben sind;
2. in den dem Leistungsempfänger ausgestellten oder verfügbar gemachten Rechnungen die sonstige Leistung im Sinne des Satzes 2 und der Erbringer dieser Leistung angegeben sind.

④ Die Sätze 2 und 3 finden keine Anwendung, wenn der Unternehmer hinsichtlich der Erbringung der sonstigen Leistung im Sinne des Satzes 2

1. die Abrechnung gegenüber dem Leistungsempfänger autorisiert,
2. die Erbringung der sonstigen Leistung genehmigt oder
3. die allgemeinen Bedingungen der Leistungserbringung festlegt.

⑤ Die Sätze 1 bis 4 gelten nicht, wenn der Unternehmer lediglich Zahlungen in Bezug auf die erbrachte sonstige Leistung im Sinne des Satzes 2 abwickelt und nicht an der Erbringung dieser sonstigen Leistung beteiligt ist.

(12) ① Ein Tausch liegt vor, wenn das Entgelt für eine Lieferung in einer Lieferung besteht. ② Ein tauschähnlicher Umsatz liegt vor, wenn das Entgelt für eine sonstige Leistung in einer Lieferung oder sonstigen Leistung besteht. 16

(13) ① Ein Gutschein (Einzweck- oder Mehrzweck-Gutschein) ist ein Instrument, bei dem 17

1. die Verpflichtung besteht, es als vollständige oder teilweise Gegenleistung für eine Lieferung oder sonstige Leistung anzunehmen und
2. der Liefergegenstand oder die sonstige Leistung oder die Identität des leistenden Unternehmers entweder auf dem Instrument selbst oder in damit zusammenhängenden Unterlagen, einschließlich der Bedingungen für die Nutzung dieses Instruments, angegeben sind.

② Instrumente, die lediglich zu einem Preisnachlass berechtigen, sind keine Gutscheine im Sinne des Satzes 1.

(14) ① Ein Gutschein im Sinne des Absatzes 13, bei dem der Ort der Lieferung oder der sonstigen Leistung, auf die sich der Gutschein bezieht, und die für diese Umsätze geschuldete Steuer zum Zeitpunkt der Ausstellung des Gutscheins feststehen, ist ein Einzweck-Gutschein. ② Überträgt ein Unternehmer einen Einzweck-Gutschein im eigenen Namen, gilt die Übertragung des Gutscheins als die Lieferung des Gegenstands oder die Erbringung der sonstigen Leistung, auf die sich der Gutschein bezieht. ③ Überträgt ein Unternehmer einen Einzweck-Gutschein im Namen eines anderen Unternehmers, gilt diese Übertragung als Lieferung des Gegenstands oder Erbringung der sonstigen Leistung, auf die sich der Gutschein bezieht, durch den Unternehmer, in dessen Namen die Übertragung des Gutscheins erfolgt. ④ Wird die 18

UStG

im Einzweck-Gutschein bezeichnete Leistung von einem anderen Unternehmer erbracht als dem, der den Gutschein im eigenen Namen ausgestellt hat, wird der leistende Unternehmer so behandelt, als habe er die im Gutschein bezeichnete Leistung an den Aussteller erbracht. ⑤ Die tatsächliche Lieferung oder die tatsächliche Erbringung der sonstigen Leistung, für die ein Einzweck-Gutschein als Gegenleistung angenommen wird, gilt in den Fällen der Sätze 2 bis 4 nicht als unabhängiger Umsatz.

19 (15) ① **Ein Gutschein im Sinne des Absatzes 13, bei dem es sich nicht um einen Einzweck-Gutschein handelt, ist ein Mehrzweck-Gutschein.** ② **Die tatsächliche Lieferung oder die tatsächliche Erbringung der sonstigen Leistung, für die der leistende Unternehmer einen Mehrzweck-Gutschein als vollständige oder teilweise Gegenleistung annimmt, unterliegt der Umsatzsteuer nach § 1 Absatz 1, wohingegen jede vorangegangene Übertragung dieses Mehrzweck-Gutscheins nicht der Umsatzsteuer unterliegt.**

Hinweis auf EU-Vorschriften:

UStG:		MwStSystRL:
	§ 3 Abs. 1	Art. 14 Abs. 1, 15
	§ 3 Abs. 1 a	Art. 17, 7 a
	§ 3 Abs. 1 b	Art. 16
	§ 3 Abs. 3	Art. 14 Abs. 2 (c)
	§ 3 Abs. 3 a	Art. 14 a
	§ 3 Abs. 4	Art. 14 Abs. 3, 36
	§ 3 Abs. 5 a	Art. 31–39
	§ 3 Abs. 6	Art. 32 Abs. 1
	§ 3 Abs. 6 a	Art. 36 a
	§ 3 Abs. 6 b	Art. 36 b
	§ 3 Abs. 7	Art. 31
	§ 3 Abs. 8	Art. 32 Abs. 2
	§ 3 Abs. 9	Art. 24 Abs. 1, 25 (b)/**MwStVO:** Art. 6, 8
	§ 3 Abs. 9 a	Art. 26
	§ 3 Abs. 11	Art. 28
	§ 3 Abs. 12	Art. 73
	§ 3 Abs. 13	Art. 30 a
	§ 3 Abs. 14	Art. 30 b Abs. 1
	§ 3 Abs. 15	Art. 30 b Abs. 2

Übersicht

Zu § 3 UStG

3.1 Lieferungen und sonstige Leistungen[1]

UStAE 3.1

Lieferungen

(1) ① Eine Lieferung liegt vor, wenn die Verfügungsmacht an einem Gegenstand verschafft wird. ② Gegenstände im Sinne des § 3 Abs. 1 UStG sind körperliche Gegenstände (Sachen nach § 90 BGB, Tiere nach § 90 a BGB), Sachgesamtheiten und solche Wirtschaftsgüter, die im Wirtschaftsverkehr wie körperliche Sachen behandelt werden, z. B. Elektrizität, Wärme und Wasserkraft; zur Übertragung von Gesellschaftsanteilen vgl. Abschnitt 3.5 Abs. 8. ③ Eine Sachgesamtheit stellt die Zusammenfassung mehrerer selbständiger Gegenstände zu einem einheitlichen Ganzen dar, das wirtschaftlich als ein anderes Verkehrsgut angesehen wird als die Summe der einzelnen Gegenstände (vgl. BFH-Urteil vom 25. 1. 1968, V 161/64, BStBl. II S. 331). ④ Ungetrennte Bodenerzeugnisse, z. B. stehende Ernte, sowie Rebanlagen können selbständig nutzungsfähiger und gegenüber dem Grund und Boden eigenständiger Liefergegenstand sein (vgl. BFH-Urteil vom 8. 11. 1995, XI R 63/94, BStBl. 1996 II S. 114). ⑤ Rechte sind dagegen keine Gegenstände, die im Rahmen einer Lieferung übertragen werden können; die Übertragung von Rechten stellt eine sonstige Leistung dar (vgl. BFH-Urteil vom 16. 7. 1970, V R 95/66, BStBl. II S. 706). **21**

(2) ① Die Verschaffung der Verfügungsmacht beinhaltet den von den Beteiligten endgültig gewollten Übergang von wirtschaftlicher Substanz, Wert und Ertrag eines Gegenstands vom Leistenden auf den Leistungsempfänger (vgl. BFH-Urteile vom 18. 11. 1999, V R 13/99, BStBl. 2000 II S. 153, und vom 16. 3. 2000, V R 44/99, BStBl. II S. 361). ② Der Abnehmer muss faktisch in der Lage sein, mit dem Gegenstand nach Belieben zu verfahren, insbesondere ihn wie ein Eigentümer zu nutzen und veräußern zu können (vgl. BFH-Urteil vom 12. 5. 1993, XI R 56/90, BStBl. II S. 847). ③ Die Übertragung dieser Befugnis verlangt weder, dass der Leistungsempfänger physisch über den Gegenstand verfügt, noch, dass der Gegenstand physisch zu ihm befördert und/oder physisch von ihm empfangen wird (vgl. EuGH-Urteil vom 20. 6. 2018, C-108/17, Enteco Baltic). ④ Keine Lieferung, sondern eine sonstige Leistung ist danach die entgeltlich eingeräumte Bereitschaft zur Verschaffung der Verfügungsmacht (vgl. BFH-Urteil vom 25. 10. 1990, V R 20/85, BStBl. 1991 II S. 193). ⑤ Die Verschaffung der Verfügungsmacht ist ein Vorgang vorwiegend tatsächlicher Natur, der in der Regel mit dem bürgerlich-rechtlichen Eigentumsübergang verbunden ist, aber nicht notwendigerweise verbunden sein muss (vgl. BFH-Urteil vom 16. 4. 2008, XI R 56/06, BStBl. II S. 909, und EuGH-Urteil vom 18. 7. 2013, C-78/12, Evita-K). ⑥ Zu Ausnahmefällen, in denen der Lieferer zivilrechtlich nicht Eigentümer des Liefergegenstands ist und darüber hinaus beabsichtigt, den gelieferten Gegenstand vertragswidrig nochmals an einen anderen Erwerber zu liefern, vgl. BFH-Urteil vom 8. 9. 2011, V R 43/10, BStBl. II 2014 S. 203. **22**

(3) ① An einem zur Sicherheit übereigneten Gegenstand wird durch die Übertragung des Eigentums noch keine Verfügungsmacht verschafft. ② Entsprechendes gilt bei der rechtsgeschäftlichen Verpfändung eines Gegenstands (vgl. BFH-Urteil vom 16. 4. 1997, XI R 87/96, BStBl. II **23**

[1] Hinweis auf A 3.1 (Lief. u. sonst. Leist.), 3.5 (Abgrenzung Lief. u. sonst. Leist.), 3.7 (Vermittl. o. Eigenhandel), 3.8 (Werklief., Werkleist.) u. 3.10 (Einheitl. d. Leistung) UStAE.

S. 585). ③ Zur Verwertung von Sicherungsgut vgl. Abschnitt 1.2. ④ Dagegen liegt eine Lieferung vor, wenn ein Gegenstand unter Eigentumsvorbehalt verkauft und übergeben wird. ⑤ Bei einem Kauf auf Probe (§ 454 BGB) wird die Verfügungsmacht erst nach Billigung des Angebots durch den Empfänger verschafft (vgl. BFH-Urteil vom 6. 12. 2007, V R 24/05, BStBl. 2009 II S. 490, Abschnitt 13.1 Abs. 6 Sätze 1 und 2). ⑥ Dagegen wird bei einem Kauf mit Rückgaberecht die Verfügungsmacht mit der Zusendung der Ware verschafft (vgl. Abschnitt 13.1 Abs. 6 Satz 3). ⑦ Beim Kommissionsgeschäft (§ 3 Abs. 3 UStG) liegt eine Lieferung des Kommittenten an den Kommissionär erst im Zeitpunkt der Lieferung des Kommissionsguts an den Abnehmer vor (vgl. BFH-Urteil vom 25. 11. 1986, V R 102/78, BStBl. 1987 II S. 278). ⑧ Gelangt das Kommissionsgut bei der Zurverfügungstellung an den Kommissionär im Wege des innergemeinschaftlichen Verbringens vom Ausgangs- in den Bestimmungsmitgliedstaat, kann die Lieferung jedoch nach dem Sinn und Zweck der Regelung bereits zu diesem Zeitpunkt als erbracht angesehen werden (vgl. Abschnitt 1 a.2 Abs. 7).

Sonstige Leistungen

24 (4) ① Sonstige Leistungen sind Leistungen, die keine Lieferungen sind (§ 3 Abs. 9 Satz 1 UStG). ② Als sonstige Leistungen kommen insbesondere in Betracht: Dienstleistungen, Gebrauchs- und Nutzungsüberlassungen – z. B. Vermietung, Verpachtung, Darlehensgewährung, Einräumung eines Nießbrauchs, Einräumung, Übertragung und Wahrnehmung von Patenten, Urheberrechten, Markenzeichenrechten und ähnlichen Rechten –, Reiseleistungen im Sinne des § 25 Abs. 1 UStG, Übertragung immaterieller Wirtschaftsgüter wie z. B. Firmenwert, Kundenstamm oder Lebensrückversicherungsverträge (vgl. EuGH-Urteil vom 22. 10. 2009, C-242/08, Swiss Re Germany Holding, BStBl. 2011 II S. 559), der Verzicht auf die Ausübung einer Tätigkeit[1] (vgl. BFH-Urteile vom 6. 5. 2004, V R 40/02, BStBl. II S. 854, vom 7. 7. 2005, V R 34/03, BStBl. 2007 II S. 66, und vom 24. 8. 06, V R 19/05, BStBl. 2007 II S. 187) oder die entgeltliche Unterlassung von Wettbewerb (vgl. BFH-Urteil vom 13. 11. 2003, V R 59/02, BStBl. 2004 II S. 472). ③ Die Bestellung eines Nießbrauchs oder eines Erbbaurechts ist eine Duldungsleistung in der Form der Dauerleistung im Sinne von § 3 Abs. 9 Satz 2 UStG (vgl. BFH-Urteil vom 20. 4. 1988, X R 4/80, BStBl. II S. 744). ④ Zur Behandlung des sog. Quotennießbrauchs vgl. BFH-Urteil vom 28. 2. 1991, V R 12/85, BStBl. II S. 649.[2]

25 (5) Zur Abgrenzung zwischen Lieferungen und sonstigen Leistungen vgl. Abschnitt 3.5.

LS zu 3.1

29 Um eine steuerpflichtige Lieferung ausführen zu können, muss der Lieferer selbst tatsächlich **Verfügungsmacht** innehaben. Für einen Übergang der Verfügungsmacht ist zivilrechtlicher (unmittelbarer oder mittelbarer) Besitz nicht erforderlich, die (innere) Vorstellung von Sachbeteiligten ohne Feststellung entsprechender objektiver Umstände ist nicht hinreichend. *BFH-Urteil v. 11. 3. 2020 XI R 7/18 (BFH/NV S. 1288).*

UStAE 3.2

3.2 Unentgeltliche Wertabgaben

31 (1) ① Unentgeltliche Wertabgaben aus dem Unternehmen sind, soweit sie in der Abgabe von Gegenständen bestehen, nach § 3 Abs. 1 b UStG den entgeltlichen Lieferungen und, soweit sie in der Abgabe oder Ausführung von sonstigen Leistungen bestehen, nach § 3 Abs. 9 a UStG den entgeltlichen sonstigen Leistungen gleichgestellt. ② Solche Wertabgaben sind sowohl bei Einzelunternehmern als auch bei Personen- und Kapitalgesellschaften sowie bei Vereinen und bei unternehmerisch tätigen juristischen Personen des öffentlichen Rechts möglich. ③ Sie umfassen im Wesentlichen die Tatbestände, die bis zum 31. 3. 1999 als Eigenverbrauch nach § 1 Abs. 1 Nr. 2 Buchstaben a und b UStG 1993, als sog. Gesellschafterverbrauch nach § 1 Abs. 1 Nr. 3 UStG 1993, sowie als unentgeltliche Sachzuwendungen und sonstige Leistungen an Arbeitnehmer nach § 1 Abs. 1 Nr. 1 Satz 2 Buchstabe b UStG 1993 der Steuer unterlagen. ④ Die zu diesen Tatbeständen ergangene Rechtsprechung des BFH ist sinngemäß weiter anzuwenden.

32 (2) ① Für unentgeltliche Wertabgaben im Sinne des § 3 Abs. 1 b UStG ist die Steuerbefreiung für Ausfuhrlieferungen ausgeschlossen (§ 6 Abs. 5 UStG; vgl. BFH-Urteil vom 19. 2. 2014, XI R 9/13, BStBl. II S. 597). ② Bei unentgeltlichen Wertabgaben im Sinne des § 3 Abs. 9 a Nr. 2 UStG entfällt die Steuerbefreiung für Lohnveredelungen an Gegenständen der Ausfuhr (§ 7 Abs. 5 UStG). ③ Die übrigen Steuerbefreiungen sowie die Steuerermäßigungen sind auf unentgeltliche Wertabgaben anzuwenden, wenn die in den §§ 4 und 12 UStG bezeichneten Voraussetzungen vorliegen. ④ Eine Option zur Steuerpflicht nach § 9 UStG kommt allenfalls bei unentgeltlichen Wertabgaben nach § 3 Abs. 1 b Satz 1 Nr. 3 UStG an einen anderen Unternehmer für dessen Unternehmen in Betracht. ⑤ Über eine unentgeltliche Wertabgabe, die in der unmittelbaren Zuwendung eines Gegenstands oder in der Ausführung einer sonstigen Leistung an einen Dritten besteht, kann nicht mit einer Rechnung im Sinne des § 14 UStG abgerechnet werden. ⑥ Die vom Zuwendenden oder Leistenden geschuldete Umsatzsteuer kann deshalb vom Empfänger nicht als Vorsteuer abgezogen werden. ⑦ Zur Bemessungsgrundlage bei unentgeltlichen Wertabgaben vgl. Abschnitt 10.6.

---

[1] Verzicht vgl. A 1.5 Abs. 5 Satz 2, 2.3 Abs. 8 Satz 5 u. 3.1 Abs. 4 Satz 2 UStAE.

[2] Nießbrauch vgl. A 2.3 Abs. 6 Satz 1 UA 2, 3.1 Abs. 4 Satz 2–4, 3.3 Abs. 8 Satz 4, 3 a.3 Abs. 9 Satz 1 u. 15 a.2 Abs. 6 Nr. 3 b) UStAE.

3.3 Den Lieferungen gleichgestellte Wertabgaben[1]

Allgemeines

(1) ①Die nach § 3 Abs. 1b UStG einer entgeltlichen Lieferung gleichgestellte Entnahme oder unentgeltliche Zuwendung eines Gegenstands aus dem Unternehmen setzt die Zugehörigkeit des Gegenstands zum Unternehmen voraus. ②Die Zuordnung eines Gegenstands zum Unternehmen richtet sich nicht nach ertragsteuerrechtlichen Merkmalen, also nicht nach der Einordnung als Betriebs- oder Privatvermögen. ③Maßgebend ist, ob der Unternehmer den Gegenstand dem unternehmerischen oder dem nichtunternehmerischen Tätigkeitsbereich zugewiesen hat (vgl. BFH-Urteil vom 21. 4. 1988, V R 135/83, BStBl. II S. 746). ④Zum nichtunternehmerischen Bereich gehören sowohl nichtwirtschaftliche Tätigkeiten i. e. S. als auch unternehmensfremde Tätigkeiten (vgl. Abschnitt 2.3 Abs. 1a). ⑤Bei Gegenständen, die sowohl unternehmerisch als auch unternehmensfremd genutzt werden sollen, hat der Unternehmer unter den Voraussetzungen, die durch die Auslegung des Tatbestandsmerkmals „für sein Unternehmen" in § 15 Abs. 1 UStG zu bestimmen sind, grundsätzlich die Wahl der Zuordnung (vgl. BFH-Urteil vom 3. 3. 2011, V R 23/10, BStBl. 2012 II S. 74). ⑥Beträgt die unternehmerische Nutzung jedoch weniger als 10%, ist die Zuordnung des Gegenstands zum Unternehmen unzulässig (§ 15 Abs. 1 Satz 2 UStG).[2] ⑦Kein Recht auf Zuordnung zum Unternehmen besteht auch, wenn der Unternehmer bereits bei Leistungsbezug beabsichtigt, die bezogene Leistung ausschließlich und unmittelbar für eine steuerbare unentgeltliche Wertabgabe im Sinne des § 3 Abs. 1b oder 9a UStG zu verwenden (vgl. BFH-Urteil vom 9. 12. 2010, V R 17/10, BStBl. 2012 II S. 53). ⑧Zum Vorsteuerabzug beim Bezug von Leistungen sowohl für Zwecke unternehmerischer als auch nichtunternehmerischer Tätigkeit vgl. im Übrigen Abschnitt 15.2b und 15.2c. 41

Berechtigung zum Vorsteuerabzug für den Gegenstand oder seine Bestandteile (§ 3 Abs. 1b Satz 2 UStG)

(2) ①Die Entnahme eines dem Unternehmen zugeordneten Gegenstands wird nach § 3 Abs. 1b UStG nur dann einer entgeltlichen Lieferung gleichgestellt, wenn der entnommene oder zugewendete Gegenstand oder seine Bestandteile zum vollen oder teilweisen Vorsteuerabzug berechtigt haben. ②Falls an einem Gegenstand (z. B. Pkw), der ohne Berechtigung zum Vorsteuerabzug erworben wurde, nach seiner Anschaffung Arbeiten ausgeführt worden sind, die zum Einbau von Bestandteilen geführt haben und für die der Unternehmer zum Vorsteuerabzug berechtigt war, unterliegen bei einer Entnahme des Gegenstands nur diese Bestandteile der Umsatzbesteuerung. ③Bestandteile eines Gegenstands sind diejenigen gelieferten Gegenstände, die auf Grund ihres Einbaus ihre körperliche und wirtschaftliche Eigenart endgültig verloren haben und die zu einer dauerhaften, im Zeitpunkt der Entnahme nicht vollständig verbrauchten Werterhöhung des Gegenstands geführt haben (z. B. eine nachträglich in einen Pkw eingebaute Klimaanlage). ④Dienstleistungen (sonstige Leistungen) einschließlich derjenigen, für die zusätzlich kleinere Lieferungen von Gegenständen erforderlich sind (z. B. Karosserie- und Lackarbeiten an einem Pkw), führen nicht zu Bestandteilen des Gegenstands (vgl. BFH-Urteile vom 18. 10. 2001, V R 106/98, BStBl. 2002 II S. 551, und vom 20. 12. 2001, V R 8/98, BStBl. 2002 II S. 557). 42

(3) ①Der Einbau eines Bestandteils in einen Gegenstand hat nur dann zu einer dauerhaften, im Zeitpunkt der Entnahme nicht vollständig verbrauchten Werterhöhung des Gegenstands geführt, wenn er nicht lediglich zur Werterhaltung des Gegenstands beigetragen hat. ②Unterhalb einer gewissen Bagatellgrenze liegende Aufwendungen für den Einbau von Bestandteilen führen nicht zu einer dauerhaften Werterhöhung des Gegenstands (vgl. BFH-Urteil vom 18. 10. 2001, V R 106/98, BStBl. 2002 II S. 551). 43

(4) ①Aus Vereinfachungsgründen wird keine dauerhafte Werterhöhung des Gegenstands angenommen, wenn die vorsteuerentlasteten Aufwendungen für den Einbau von Bestandteilen weder 20% der Anschaffungskosten des Gegenstands noch einen Betrag von 1000 € übersteigen. ②In diesen Fällen kann auf eine Besteuerung der Bestandteile nach § 3 Abs. 1b Satz 1 Nr. 1 i. V. m. Satz 2 UStG bei der Entnahme eines dem Unternehmen zugeordneten Gegenstands, den der Unternehmer ohne Berechtigung zum Vorsteuerabzug erworben hat, verzichtet werden. ③Werden an einem Wirtschaftsgut mehrere Bestandteile in einem zeitlichen oder sachlichen Zusammenhang eingebaut, handelt es sich nicht um eine Maßnahme, auf die in der Summe die Bagatellregelung angewendet werden soll. ④Es ist vielmehr für jede einzelne Maßnahme die Vereinfachungsregelung zu prüfen. 44

Beispiel:

①Ein Unternehmer erwirbt am 1. 7. 01 aus privater Hand einen gebrauchten Pkw für 10 000 € und ordnet ihn zulässigerweise seinem Unternehmen zu. ②Am 1. 3. 02 lässt er in den Pkw nachträglich eine Klimaanlage einbauen (Entgelt 2500 €) und am 1. 8. 02 die Windschutzscheibe erneuern (Entgelt 500 €). ③Für beide Leistungen nimmt der Unternehmer den Vorsteuerabzug in Anspruch. ④Am 1. 3. 03 entnimmt der Unternehmer den Pkw in sein Privatvermögen (Aufschlag nach „Schwacke-Liste" auf den Marktwert des Pkw im Zeitpunkt der Entnahme für die Klimaanlage 1500 €, für die Windschutzscheibe 50 €).

---

[1] Optionsausschluss bei unentgeltl. Wertabgabe i. S. d. § 3 Abs. 1b Nr. 1 u. 2 UStG vgl. A 3.2 Abs. 2 S. 4 u. 9.1 Abs. 2 Satz 3 UStAE.

[2] Anwendung der 10%-Regelung vgl. A 3.3 Abs. 1 Satz 6, 15.2c Abs. 5, 15 a.1 Abs. 6 Nr. 5 UStAE.

⑤ Das aufgewendete Entgelt für den nachträglichen Einbau der Windschutzscheibe beträgt 500 €, also weniger als 20% der ursprünglichen Anschaffungskosten des Pkw, und übersteigt auch nicht den Betrag von 1000 €. ⑥ Aus Vereinfachungsgründen wird für den Einbau der Windschutzscheibe keine dauerhafte Werterhöhung des Gegenstands angenommen.

⑦ Das aufgewendete Entgelt für den nachträglichen Einbau der Klimaanlage beträgt 2 500 €, also mehr als 20% der ursprünglichen Anschaffungskosten des Pkw. ⑧ Mit dem Einbau der Klimaanlage in den Pkw hat diese ihre körperliche und wirtschaftliche Eigenart endgültig verloren und zu einer dauerhaften, im Zeitpunkt der Entnahme nicht vollständig verbrauchten Werterhöhung des Gegenstands geführt. ⑨ Die Entnahme der Klimaanlage unterliegt daher nach § 3 Abs. 1 b Satz 1 Nr. 1 i. V. m. Satz 2 UStG mit einer Bemessungsgrundlage nach § 10 Abs. 4 Satz 1 Nr. 1 UStG i. H. v. 1500 € der Umsatzsteuer.

⑤ Die vorstehende Bagatellgrenze gilt auch für entsprechende unentgeltliche Zuwendungen eines Gegenstands im Sinne des § 3 Abs. 1 b Satz 1 Nr. 2 und 3 UStG.

Entnahme von Gegenständen (§ 3 Abs. 1 b Satz 1 Nr. 1 UStG)[1]

45 (5)[2] ① Eine Entnahme eines Gegenstands aus dem Unternehmen im Sinne des § 3 Abs. 1 b Satz 1 Nr. 1 UStG liegt nur dann vor, wenn der Vorgang bei entsprechender Ausführung an einen Dritten als Lieferung – einschließlich Werklieferung – anzusehen wäre. ② Ein Vorgang, der Dritten gegenüber als sonstige Leistung – einschließlich Werkleistung – zu beurteilen wäre, erfüllt zwar die Voraussetzungen des § 3 Abs. 1 b Satz 1 Nr. 1 UStG nicht, kann aber nach § 3 Abs. 9 a Nr. 2 UStG steuerbar sein (vgl. Abschnitt 3.4). ③ Das gilt auch insoweit, als dabei Gegenstände, z. B. Materialien, verbraucht werden (vgl. BFH-Urteil vom 13. 2. 1964, V 99/63 U, BStBl. III S. 174). ④ Der Grundsatz der Einheitlichkeit der Leistung (vgl. Abschnitt 3.10) gilt auch für die unentgeltlichen Wertabgaben (vgl. BFH-Urteil vom 3. 11. 1983, V R 4/73, BStBl. 1984 II S. 169).

46 (6) ① Wird ein dem Unternehmen dienender Gegenstand während der Dauer einer nichtunternehmerischen Verwendung auf Grund äußerer Einwirkung zerstört, z. B. Totalschaden eines Personenkraftwagens infolge eines Unfalls auf einer Privatfahrt, liegt keine Entnahme eines Gegenstands aus dem Unternehmen vor. ② Das Schadensereignis fällt in den Vorgang der nichtunternehmerischen Verwendung und beendet sie wegen Untergangs der Sache. ③ Eine Entnahmehandlung ist in Bezug auf den unzerstörten Gegenstand nicht mehr möglich (vgl. BFH-Urteile vom 28. 2. 1980, V R 138/72, BStBl. II S. 309, und vom 28. 6. 1995, XI R 66/94, BStBl. II S. 850).

47 (7) ① Bei einem Rohbauunternehmer, der für eigene Wohnzwecke ein schlüsselfertiges Haus mit Mitteln des Unternehmens errichtet, ist Gegenstand der Entnahme das schlüsselfertige Haus, nicht lediglich der Rohbau (vgl. BFH-Urteil vom 3. 11. 1983, V R 4/73, BStBl. 1984 II S. 169). ② Entscheidend ist nicht, was der Unternehmer in der Regel im Rahmen seines Unternehmens herstellt, sondern was im konkreten Fall Gegenstand der Wertabgabe des Unternehmens ist (vgl. BFH-Urteil vom 21. 4. 1988, V R 135/83, BStBl. II S. 746). ③ Wird ein Einfamilienhaus für unternehmensfremde Zwecke auf einem zum Betriebsvermögen gehörenden Grundstück errichtet, überführt der Bauunternehmer das Grundstück in aller Regel spätestens im Zeitpunkt des Baubeginns in sein Privatvermögen. ④ Dieser Vorgang ist unter den Voraussetzungen des § 3 Abs. 1 b Satz 2 UStG eine nach § 4 Nr. 9 Buchstabe a UStG steuerfreie Lieferung im Sinne des § 3 Abs. 1 b Satz 1 Nr. 1 UStG.

48 (8) ① Die unentgeltliche Übertragung eines Betriebsgrundstücks durch einen Unternehmer auf seine Kinder unter Anrechnung auf deren Erb- und Pflichtteil ist – wenn nicht die Voraussetzungen des § 1 Abs. 1 a UStG vorliegen (vgl. Abschnitt 1.5) – eine steuerfreie Lieferung im Sinne des § 3 Abs. 1 b Satz 1 Nr. 1 UStG, auch wenn das Grundstück auf Grund eines mit den Kindern geschlossenen Pachtvertrages weiterhin für die Zwecke des Unternehmens verwendet wird und die Kinder als Nachfolger des Unternehmers nach dessen Tod vorgesehen sind (vgl. BFH-Urteil vom 2. 10. 1986, V R 91/78, BStBl. 1987 II S. 44). ② Die unentgeltliche Übertragung des Miteigentums an einem Betriebsgrundstück durch einen Unternehmer auf seinen Ehegatten ist eine nach § 4 Nr. 9 Buchstabe a UStG steuerfreie Wertabgabe des Unternehmers, auch wenn das Grundstück weiterhin für die Zwecke des Unternehmens verwendet wird. ③ Hinsichtlich des dem Unternehmer verbleibenden Miteigentumsanteils liegt keine unentgeltliche Wertabgabe im Sinne des § 3 Abs. 1 b oder Abs. 9 a UStG vor (vgl. BFH-Urteile vom 6. 9. 2007, V R 41/05, BStBl. 2008 II S. 65, und vom 22. 11. 2007, V R 5/06, BStBl. 2008 II S. 448). ④ Zur Vorsteuerberichtigung nach § 15 a UStG vgl. Abschnitt 15 a.2 Abs. 6 Nr. 3 und zur Bestellung eines lebenslänglichen unentgeltlichen Nießbrauchs an einem unternehmerisch genutzten bebauten Grundstück vgl. BFH-Urteil vom 16. 9. 1987, X R 51/81, BStBl. 1988 II S. 205.

Sachzuwendungen an das Personal (§ 3 Abs. 1 b Satz 1 Nr. 2 UStG)

49 (9) ① Zuwendungen von Gegenständen (Sachzuwendungen) an das Personal für dessen privaten Bedarf sind auch dann steuerbar, wenn sie unentgeltlich sind, d. h. wenn sie keine Vergütungen für die Dienstleistung des Arbeitnehmers darstellen (vgl. hierzu Abschnitt 1.8). ② Abs. 1 Sätze 7 und 8 bleiben unberührt.

[1] Hinweis auf A 4.28.1 Abs. 5 i. V. m. Abs. 4 UStAE.

[2] Steuerfreie Grundstücksentnahme vgl. A 4.9.1 Abs. 2 Nr. 6 UStAE; Optionsausschluss bei Entnahme vgl. A 3.2 Abs. 2 Satz 4 u. A 9.1 Abs. 2 Satz 3 UStAE.

Andere unentgeltliche Zuwendungen (§ 3 Abs. 1 b Satz 1 Nr. 3 UStG) UStAE 3.3

(10) ① Unentgeltliche Zuwendungen von Gegenständen, die nicht bereits in der Entnahme
von Gegenständen oder in Sachzuwendungen an das Personal bestehen, werden Lieferungen 50
gegen Entgelt gleichgestellt. ② Ausgenommen sind Geschenke von geringem Wert und Warenmuster für Zwecke des Unternehmens. ③ Der Begriff „unentgeltliche Zuwendung" im Sinne von § 3 Abs. 1 b Satz 1 Nr. 3 UStG setzt nicht lediglich die Unentgeltlichkeit einer Lieferung voraus, sondern verlangt darüber hinaus, dass der Zuwendende dem Empfänger zielgerichtet einen Vermögensvorteil verschafft (vgl. BFH-Urteile vom 14. 5. 2008, XI R 60/07, BStBl. II S. 721, und vom 10. 8. 2017, V R 3/16, BStBl. II S. 1264). ④ Voraussetzung für die Steuerbarkeit ist, dass der Gegenstand oder seine Bestandteile zum vollen oder teilweisen Vorsteuerabzug berechtigt haben (§ 3 Abs. 1 b Satz 2 UStG). ⑤ Mit der Regelung soll ein umsatzsteuerlich unbelasteter Endverbrauch vermieden werden. ⑥ Gleichwohl entfällt die Steuerbarkeit nicht, wenn der Empfänger die zugewendeten Geschenke in seinem Unternehmen verwendet. ⑦ Gegenstände des Unternehmens, die der Unternehmer aus unternehmensfremden (privaten) Gründen abgibt, sind als Entnahmen nach § 3 Abs. 1 b Satz 1 Nr. 1 UStG zu beurteilen (vgl. Absätze 5 bis 8). ⑧ Gegenstände des Unternehmens, die der Unternehmer aus unternehmerischen Gründen abgibt, sind als unentgeltliche Zuwendungen nach § 3 Abs. 1 b Satz 1 Nr. 3 UStG zu beurteilen. ⑨ Hierzu gehört die Abgabe von neuen oder gebrauchten Gegenständen insbesondere zu Werbezwecken, zur Verkaufsförderung oder zur Imagepflege, z. B. Sachspenden an Vereine oder Schulen, Warenabgaben anlässlich von Preisausschreiben, Verlosungen usw. zu Werbezwecken. ⑩ Nicht steuerbar ist dagegen die Gewährung unentgeltlicher sonstiger Leistungen aus unternehmerischen Gründen (vgl. Abschnitt 3.4 Abs. 1). ⑪ Hierunter fällt z. B. die unentgeltliche Überlassung von Gegenständen, die im Eigentum des Zuwendenden verbleiben und die der Empfänger später an den Zuwendenden zurückgeben muss.

(11) ① Die Abgabe von Geschenken von geringem Wert ist nicht steuerbar. ② Derartige Ge- 51
schenke liegen vor, wenn die Anschaffungs- oder Herstellungskosten der dem Empfänger im Kalenderjahr zugewendeten Gegenstände insgesamt 35 € (Nettobetrag ohne Umsatzsteuer) nicht übersteigen. ③ Dies kann bei geringwertigen Werbeträgern (z. B. Kugelschreiber, Feuerzeuge, Kalender usw.) unterstellt werden.

(12) ① Bei Geschenken über 35 €, für die nach § 15 Abs. 1 a UStG i. V. m. § 4 Abs. 5 Satz 1 52
Nr. 1 EStG kein Vorsteuerabzug vorgenommen werden kann, entfällt nach § 3 Abs. 1 b Satz 2 UStG eine Besteuerung der Zuwendungen. ② Deshalb ist zunächst anhand der ertragsteuerrechtlichen Regelungen (vgl. R 4.10 Abs. 2 bis 4 EStR) zu prüfen, ob es sich bei einem abgegebenen Gegenstand begrifflich um ein „Geschenk" handelt. ③ Insbesondere setzt ein Geschenk eine unentgeltliche Zuwendung an einen Dritten voraus. ④ Die Unentgeltlichkeit ist nicht gegeben, wenn die Zuwendung als Entgelt für eine bestimmte Gegenleistung des Empfängers anzusehen ist. ⑤ Falls danach ein Geschenk vorliegt, ist weiter zu prüfen, ob hierfür der Vorsteuerabzug nach § 15 Abs. 1 a UStG ausgeschlossen ist (vgl. Abschnitt 15.6 Abs. 4 und 5). ⑥ Nur wenn danach der Gegenstand oder seine Bestandteile zum vollen oder teilweisen Vorsteuerabzug berechtigt haben, kommt eine Besteuerung als unentgeltliche Wertabgabe in Betracht.

(13) ① Warenmuster sind ausdrücklich von der Steuerbarkeit ausgenommen. ② Ein Warenmus- 53
ter ist ein Probeexemplar eines Produkts, durch das dessen Absatz gefördert werden soll und das eine Bewertung der Merkmale und der Qualität dieses Produkts ermöglicht, ohne zu einem anderen als dem mit solchen Werbeumsätzen naturgemäß verbundenen Endverbrauch zu führen (vgl. EuGH-Urteil vom 30. 9. 2010, C-581/08, EMI Group, und BFH-Urteil vom 12. 12. 2012, XI R 36/10, BStBl. 2013 II S. 412). ③ Ist das Probeexemplar ganz oder im Wesentlichen identisch mit dem im allgemeinen Verkauf erhältlichen Produkt, kann es sich gleichwohl um ein Warenmuster handeln, wenn die Übereinstimmung mit dem verkaufsfertigen Produkt für die Bewertung durch den potenziellen oder tatsächlichen Käufer erforderlich ist und die Absicht der Absatzförderung des Produkts im Vordergrund steht. ④ Die Abgabe eines Warenmusters soll in erster Linie nicht dem Empfänger den Kauf ersparen, sondern ihn oder Dritte zum Kauf anregen. ⑤ Ohne Bedeutung ist, ob Warenmuster einem anderen Unternehmer für dessen unternehmerische Zwecke oder einem Endverbraucher zugewendet werden. ⑥ Nicht steuerbar ist die Abgabe sog. Probierpackungen im Getränke- und Lebensmitteleinzelhandel (z. B. die kostenlose Abgabe von losen oder verpackten Getränken und Lebensmitteln im Rahmen von Verkaufsaktionen, Lebensmittelprobierpackungen, Probepackungen usw.) an Endverbraucher.

(14) ① Unentgeltlich abgegebene Verkaufskataloge, Versandhauskataloge, Reisekataloge, Werbe- 54
prospekte und -handzettel, Veranstaltungsprogramme und -kalender usw. dienen der Werbung, insbesondere der Anbahnung eines späteren Umsatzes. ② Eine (private) Bereicherung des Empfängers ist damit regelmäßig nicht verbunden. ③ Dies gilt auch für Anzeigenblätter mit einem redaktionellen Teil (z. B. für Lokales, Vereinsnachrichten usw.), die an alle Haushalte in einem bestimmten Gebiet kostenlos verteilt werden. ④ Bei der Abgabe derartiger Erzeugnisse handelt es sich nicht um unentgeltliche Zuwendungen im Sinne des § 3 Abs. 1 b Satz 1 Nr. 3 UStG.

(15) ① Die unentgeltliche Abgabe von Werbe- und Dekorationsmaterial, das nach Ablauf der 55
Werbe- oder Verkaufsaktion vernichtet wird oder bei dem Empfänger nicht zu einer (privaten)

Bereicherung führt (z. B. Verkaufsschilder, Preisschilder, sog. Displays), an andere Unternehmer (z. B. vom Hersteller an Großhändler oder vom Großhändler an Einzelhändler) dient ebenfalls der Werbung bzw. Verkaufsförderung. ② Das Gleiche gilt für sog. Verkaufshilfen oder -ständer (z. B. Suppenständer, Süßwarenständer), die z. B. von Herstellern oder Großhändlern an Einzelhändler ohne besondere Berechnung abgegeben werden, wenn beim Empfänger eine Verwendung dieser Gegenstände im nichtunternehmerischen Bereich ausgeschlossen ist. ③ Bei der Abgabe derartiger Erzeugnisse handelt es sich nicht um unentgeltliche Zuwendungen im Sinne des § 3 Abs. 1 b Satz 1 Nr. 3 UStG. ④ Dagegen handelt es sich bei der unentgeltlichen Abgabe auch nichtunternehmerisch verwendbarer Gegenstände, die nach Ablauf von Werbe- oder Verkaufsaktionen für den Empfänger noch einen Gebrauchswert haben (z. B. Fahrzeuge, Spielzeug, Sport- und Freizeitartikel), um unentgeltliche Zuwendungen im Sinne des § 3 Abs. 1 b Satz 1 Nr. 3 UStG.

56 (16) Ein Set – bestehend aus Blutzuckermessgerät, Stechhilfe und Teststreifen –, das über Ärzte, Schulungszentren für Diabetiker und sonstige Laboreinrichtungen unentgeltlich an die Patienten abgegeben wird, ist kein Warenmuster im Sinne des § 3 Abs. 1 b Satz 1 Nr. 3 UStG (vgl. BFH-Urteil vom 12. 12. 2012, XI R 36/10, BStBl. 2013 II S. 412); vgl. im Übrigen Abschnitt 15.2 b Abs. 2.

57 (17) ① Wenn der Empfänger eines scheinbar kostenlos abgegebenen Gegenstands für den Erhalt dieses Gegenstands tatsächlich eine Gegenleistung erbringt, ist die Abgabe dieses Gegenstands nicht als unentgeltliche Zuwendung nach § 3 Abs. 1 b Satz 1 Nr. 3 UStG, sondern als entgeltliche Lieferung nach § 1 Abs. 1 Nr. 1 UStG steuerbar. ② Die Gegenleistung des Empfängers kann in Geld oder in Form einer Lieferung bzw. sonstigen Leistung bestehen (vgl. § 3 Abs. 12 UStG).

Einzelfälle

58 (18) ① Falls ein Unternehmer dem Abnehmer bei Abnahme einer bestimmten Menge zusätzliche Stücke desselben Gegenstands ohne Berechnung zukommen lässt (z. B. elf Stücke zum Preis von zehn Stücken), handelt es sich bei wirtschaftlicher Betrachtung auch hinsichtlich der zusätzlichen Stücke um eine insgesamt entgeltliche Lieferung. ② Ähnlich wie bei einer Staffelung des Preises nach Abnahmemengen hat in diesem Fall der Abnehmer mit dem Preis für die berechneten Stücke die unberechneten Stücke mitbezahlt. ③ Wenn ein Unternehmer dem Abnehmer bei Abnahme einer bestimmten Menge zusätzlich andere Gegenstände ohne Berechnung zukommen lässt (z. B. bei Abnahme von 20 Kühlschränken wird ein Mikrowellengerät ohne Berechnung mitgeliefert), handelt es sich bei wirtschaftlicher Betrachtungsweise ebenfalls um eine insgesamt entgeltliche Lieferung.

59 (19) Eine insgesamt entgeltliche Lieferung ist auch die unberechnete Abgabe von Untersetzern (Bierdeckel), Saugdecken (Tropfdeckchen), Aschenbechern und Gläsern einer Brauerei oder eines Getränkevertriebs an einen Gastwirt im Rahmen einer Getränkelieferung, die unberechnete Abgabe von Autozubehörteilen (Fußmatten, Warndreiecke) und Pflegemitteln usw. eines Fahrzeughändlers an den Käufer eines Neuwagens oder die unberechnete Abgabe von Schuhpflegemitteln eines Schuhhändlers an einen Schuhkäufer.

(20) In folgenden Fällen liegen ebenfalls regelmäßig entgeltliche Lieferungen bzw. einheitliche entgeltliche Leistungen vor:

- unberechnete Übereignung eines Mobilfunk-Geräts (Handy) von einem Mobilfunk-Anbieter an einen neuen Kunden, der gleichzeitig einen längerfristigen Netzbenutzungsvertrag abschließt,
- Sachprämien von Zeitungs- und Zeitschriftenverlagen an die Neuabonnenten einer Zeitschrift, die ein längerfristiges Abonnement abgeschlossen haben,
- ① Sachprämien an Altkunden für die Vermittlung von Neukunden. ② Der Sachprämie steht eine Vermittlungsleistung des Altkunden gegenüber,
- Sachprämien eines Automobilherstellers an das Verkaufspersonal eines Vertragshändlers, wenn dieses Personal damit für besondere Verkaufserfolge belohnt wird.

LS zu 3.3

Zu § 3 Abs. 1 b Satz 1 Nr. 1 UStG:

60 **Unternehmenszuordnung** vgl. *BFH-Urt. v. 31. 1. 2002, V R 61/96 (BStBl. 2003 II S. 813), Nachfolgeentscheidung zum Urteil des EuGH vom 8. März 2001 C-415/98, Bakcsi;* ***EuGH-Urt. v. 14. 7. 2005,*** *C-434/03, P. Charles, T. S. Charles-Tijmens (DStRE S. 1025) u. BFH-Urt. v. 28. 2. 2002, V R 25/96 (BStBl. 2003 II S. 815).* – Vgl. **LS zu 9.1 u. 15.12** sowie A 3.4 Abs. 7 UStAE.

1. **Veräußert** eine Steuerberatungsgesellschaft in der Rechtsform der GbR einen Pkw, dessen Erwerb sie nicht zum Vorsteuerabzug berechtigt und den sie ihrem Unternehmen zugeordnet hatte, so ist diese Veräußerung – anders als eine Entnahme – steuerbar, auch wenn die GbR ausdrücklich erklärt, diesen Umsatz nicht versteuern zu wollen (Abgrenzung zum BFH-Urteil vom 31. Januar 2002 V R 61/96, BFHE 197, 372, BStBl. II 2003, 813). – 2. Die **Veräußerung des PKW** unterliegt nicht der Differenzbesteuerung nach § 25 a UStG, sondern ist nach den allgemeinen Vorschriften des UStG zu besteuern. *BFH-Urteil vom 2. 3. 2006 – V R 35/04 (BStBl. S. 675).*

Die **Veräußerung** eines dem Unternehmensvermögen **zugeordneten Gegenstands** unterliegt auch dann in **voller Höhe der Umsatzsteuer,** wenn er ohne das Recht zum Vorsteuerabzug erworben wurde. – Handelt es sich bei dem Veräußerer um einen sog. **„Wiederverkäufer"**, so besteht, unter den weiteren Voraussetzungen des § 25 a UStG die Möglichkeit, die Veräußerung der **Differenzbesteuerung** zu unterwerfen. *Verfügung OFD Frankfurt S 7100 A – 198 – St I 1.10 v. 5. 4. 2005 (UR S. 511).*

1. Art. 13 Teil B Buchst. c der 6. MwSt-RL 77/388/EWG des Rates in der durch die Richtlinie 94/5/EG des Rates vom 14. 2. 1994 geänderten Fassung ist dahin auszulegen, dass er nationalen Rechtsvorschriften nicht entgegensteht, die diejeni-

gen Umsätze der Mehrwertsteuer unterwerfen, mit denen ein Steuerpflichtiger Gegenstände wieder verkauft, die er zuvor seinem Betriebsvermögen zugeordnet hatte und deren Anschaffung nicht nach Art. 17 Abs. 6 der 6. MwSt-RL 77/388 in ihrer geänderten Fassung vom Vorsteuerabzug ausgeschlossen war, auch wenn für diesen bei Steuerpflichtigen getätigten **Erwerb ein Vorsteuerabzug deshalb nicht möglich** war, weil diese keine Mehrwertsteuer anmelden konnten. – 2. *[vgl. LS zu 25 a. 1]* ***EuGH-Urt. v. 8. 12. 2005,*** *C-280/04, Jyske Finans A/S (DStRE 2006 S. 369).*

Zur **unentgeltlichen Übertragung** von zu einem Unternehmen gehörenden Grundstücken **zwischen Angehörigen** *Verfügung OFD Niedersachsen S 7109 – 10 – St 172 v. 16. 9. 2011 (DStR S. 2467).* 61

1. **Überlässt** ein Steuerpflichtiger einen bislang seinem Einzelunternehmen zugeordneten **Gegenstand** einer sein Unternehmen **fortführenden Personengesellschaft,** an der er beteiligt ist, unentgeltlich zur Nutzung, so muss er die Entnahme dieses Gegenstands aus seinem Unternehmen nach § 3 Abs. 1 b UStG versteuern. – 2. Die Entnahme ist mit dem **Einkaufspreis** zu bemessen; die Wertentwicklung des entnommenen Gegenstands ist dabei zu berücksichtigen. *BFH-Urteil v. 21. 5. 2014 V R 20/13 (BStBl. II S. 1029).*

Zu § 3 Abs. 1 b Satz 1 Nr. 3 UStG:

1. Der Begriff „unentgeltliche Zuwendung" i. S. von § 3 Abs. 1 b Satz 1 Nr. 3 UStG 1999 setzt nicht lediglich die **Unentgeltlichkeit** einer Lieferung voraus, sondern verlangt darüber hinaus, dass der Zuwendende dem Empfänger zielgerichtet einen **Vermögensvorteil** verschafft. – 2. Einen solchen Vermögensvorteil verschafft ein Unternehmer der Bundesrepublik Deutschland, wenn er auf eigene Kosten auf deren Grundbesitz einen Kreisverkehr errichtet. *BFH-Urteil v. 14. 5. 2008 – XI R 60/07 (BStBl. II S. 721).* 62

1. Ein von einem Unternehmer einem Diabetiker zur Bestimmung des Blutzuckerspiegels unentgeltlich zugewendetes Set – bestehend aus Blutzuckermessgerät, Stechhilfe und Teststreifen –, das einen späteren Verkauf der Teststreifen fördern soll, ist kein **Warenmuster** i. S. des § 3 Abs. 1 b Satz 1 Nr. 3 UStG. – 2. Ob das Set ein nicht umsatzsteuerbares **Geschenk von geringem Wert** i. S. des § 3 Abs. 1 b Satz 1 Nr. 3 UStG ist, hängt von der Einhaltung der Wertgrenze des § 4 Abs. 5 Satz 1 Nr. 1 EStG ab. *BFH-Urteil v. 12. 12. 2012, XI R 36/10 (BStBl. 2013 II S. 412).*

Übergibt ein Landwirt dem Betreiber einer Biogasanlage aufgrund einer zwischen beiden geschlossenen Vereinbarung Biomasse, die im Eigentum des Landwirts verbleibt und lediglich zur Gewinnung von **Biogas** genutzt wird, liegt bei **Rückgabe der verbleibenden Pflanzenreste** an den Landwirt mangels einer Zuwendung keine unentgeltliche Wertabgabe i. S. des § 3 Abs. 1 b Satz 1 Nr. 3 UStG vor. Wenn von vornherein feststeht, dass der Abnehmer einen Teil der übergebenen Biomasse wieder zurückgeben muss, beschränkt sich der wesentliche wirtschaftliche Zweck der Lieferung auf das dem Abnehmer nach dem Inhalt der Leistungsvereinbarungen verbleibende Biogas. *BFH-Urteil v. 10. 8. 2017 V R 3/16 (BStBl. II S. 1264).*

Umsatzsteuerrechtliche Behandlung der Überlassung von sogenannten **VIP-Logen** und des Bezugs von **Hospitality-Leistungen.** *BMF-Schreiben v. 28. 11. 2006 (BStBl. I S. 791).* 63

Liefert ein Unternehmer mit einer von ihm hergestellten Biogasanlage vorsteuerabzugsberechtigt Strom gegen Entgelt, während er die mit der Anlage erzeugte **Wärme** unentgeltlich auf andere Personen überträgt, handelt es sich bei der Wärmelieferung um eine Zuwendung i. S. von § 3 Abs. 1 b Satz 1 Nr. 3 und Satz 2 UStG. *BFH-Urt. v. 25. 11. 2021 V R 45/20 (DStR 2022 S. 766).*

Bei der unentgeltlichen Bereitstellung von medizinischem Bedarf und unentgeltlichen Personalgestellungen für medizinische Zwecke durch Unternehmen an Einrichtungen, die einen unverzichtbaren Einsatz zur Bewältigung der **Corona-Krise** leisten, wie insbesondere Krankenhäuser, Kliniken, Arztpraxen, Rettungsdienste, Pflege- und Sozialdienste, Alters- und Pflegeheime sowie weitere öffentliche Institutionen wie Polizei und Feuerwehr, wird von der Besteuerung einer unentgeltlichen Wertabgabe im Billigkeitswege abgesehen. Dies gilt für Maßnahmen, die vom 1. 3. 2020 bis längstens zum 31. 12. 2022 durchgeführt werden. *BMF-Schreiben v. 9. 4. 2020 (BStBl. I S. 498), v. 18. 12. 2020 (BStBl. 2021 I S. 57) und v. 14. 12. 2021 (DStR S. 2979)*

Im Zusammenhang mit der **Flutkatastrophe** vom Juli 2021 hat das BMF verschiedene Billigkeitsmaßnahmen (zB Verzicht auf die Besteuerung bestimmter Sachspenden bis zum 31. 12. 2021) zugelassen. *BMF-Schreiben v. 23. 7. 2021 (BStBl. I S. 1024) u. v. 28. 10. 2021 (BStBl. I S. 2141).*

Zu steuerlichen Maßnahmen zur Unterstützung der vom Krieg in der **Ukraine** Geschädigten bis zum 31. 12. 2023 siehe *BMF-Schreiben v. 17. 3. 2022 IV C 4 – S 2223/19/1005 (BStBl. I S. 330)* und *v. 17. 11. 2022 IV C 4 – S 2223/19/10003 (BStBl. I S. 1516).*

3.4 Den sonstigen Leistungen gleichgestellte Wertabgaben

UStAE 3.4

(1)[1] ① Die unentgeltlichen Wertabgaben im Sinne des § 3 Abs. 9 a UStG umfassen alle sonstigen Leistungen, die ein Unternehmer im Rahmen seines Unternehmens für eigene, außerhalb des Unternehmens liegende Zwecke oder für den privaten Bedarf seines Personals ausführt. 71 ② Sie erstrecken sich auf alles, was seiner Art nach Gegenstand einer sonstigen Leistung im Sinne des § 3 Abs. 9 UStG sein kann. ③ Nicht steuerbar ist dagegen die Gewährung unentgeltlicher sonstiger Leistungen aus unternehmerischen Gründen. ④ Zu den unentgeltlichen sonstigen Leistungen für den privaten Bedarf des Personals im Sinne des § 3 Abs. 9 a UStG vgl. Abschnitt 1.8.

(2) ① Eine Wertabgabe im Sinne von § 3 Abs. 9 a Nr. 1 UStG setzt voraus, dass der verwendete Gegenstand dem Unternehmen zugeordnet ist und die unternehmerische Nutzung des Gegenstands zum vollen oder teilweisen Vorsteuerabzug berechtigt hat. 72 ② Zur Frage der Zuordnung zum Unternehmen gilt Abschnitt 3.3 Abs. 1 entsprechend; vgl. dazu auch Abschnitt 15.2 b Abs. 2. ③ Wird ein dem Unternehmen zugeordneter Gegenstand, bei dem kein Recht zum Vorsteuerabzug bestand (z. B. ein von einer Privatperson erworbener Computer), für nichtunternehmerische Zwecke genutzt, liegt eine sonstige Leistung im Sinne von § 3 Abs. 9 a Nr. 1 UStG nicht vor. ④ Ändern sich bei einem dem unternehmerischen Bereich zugeordneten Gegenstand die Verhältnisse für den Vorsteuerabzug durch Erhöhung der Nutzung für nichtwirtschaftliche Tätigkeiten i. e. S., ist eine unentgeltliche Wertabgabe nach § 3 Abs. 9 a Nr. 1 UStG zu versteuern. ⑤ Ändern sich die Verhältnisse durch Erhöhung der Nutzung für unternehmerische Tätigkeiten, kann eine Vorsteuerberichtigung nach § 15 a UStG in Betracht kommen (vgl. Abschnitt 15 a.1 Abs. 7). ⑥ Bei einer teilunternehmerischen Nutzung von Grundstücken sind die Absätze 5 a bis 8 zu beachten.

---

[1] Hinweis auf A 3.3 Abs. 10 Sätze 10 u. 11 UStAE.

UStAE 3.4

(3) ① Unter den Tatbestand des § 3 Abs. 9a Nr. 1 UStG fällt grundsätzlich auch die private Nutzung eines unternehmenseigenen Fahrzeugs durch den Unternehmer oder den Gesellschafter (vgl. BFH-Urteil vom 5. 6. 2014, XI R 2/12, BStBl. 2015 II S. 785). ② Die Verwendung eines
73 dem Unternehmen zugeordneten Pkw für Fahrten des Unternehmers zwischen Wohnung und Betriebsstätte erfolgt nicht für Zwecke außerhalb des Unternehmens und unterliegt damit nicht der Wertabgabenbesteuerung nach § 3 Abs. 9a Nr. 1 UStG (vgl. BFH-Urteil vom 5. 6. 2014, XI R 36/12, BStBl. 2015 II S. 43).

74 (4) ① Umsatzsteuer aus den Anschaffungskosten unternehmerisch genutzter Telekommunikationsgeräte (z. B. von Telefonanlagen nebst Zubehör, Faxgeräten, Mobilfunkeinrichtungen) kann der Unternehmer unter den Voraussetzungen des § 15 UStG in voller Höhe als Vorsteuer abziehen. ② Die unternehmensfremde (private) Nutzung dieser Geräte unterliegt nach § 3 Abs. 9a Nr. 1 UStG der Umsatzsteuer (vgl. Abschnitt 15.2c). ③ Bemessungsgrundlage sind die Ausgaben für die jeweiligen Geräte (vgl. Abschnitt 10.6 Abs. 3). ④ Nicht zur Bemessungsgrundlage gehören die Grund- und Gesprächsgebühren (vgl. BFH-Urteil vom 23. 9. 1993, V R 87/89, BStBl. 1994 II S. 200). ⑤ Die auf diese Gebühren entfallenden Vorsteuern sind in einen abziehbaren und einen nicht abziehbaren Anteil aufzuteilen (vgl. Abschnitt 15.2c).

75 (5)[1] Der Einsatz betrieblicher Arbeitskräfte für unternehmensfremde (private) Zwecke zu Lasten des Unternehmens (z. B. Einsatz von Betriebspersonal im Privatgarten oder im Haushalt des Unternehmers) ist grundsätzlich eine steuerbare Wertabgabe nach § 3 Abs. 9a Nr. 2 UStG (vgl. BFH-Urteil vom 18. 5. 1993, V R 134/89, BStBl. II S. 885).

Teilunternehmerische Nutzung von Grundstücken

76 (5a) ① Ist der dem Unternehmen zugeordnete Gegenstand ein Grundstück – insbesondere ein Gebäude als wesentlicher Bestandteil eines Grundstücks – und wird das Grundstück teilweise für unternehmensfremde (private) Tätigkeiten genutzt, so dass der Vorsteuerabzug nach § 15 Abs. 1b UStG insoweit ausgeschlossen ist (vgl. Abschnitt 15.6a), entfällt eine Wertabgabenbesteuerung nach § 3 Abs. 9a Nr. 1 UStG. ② Sofern sich später der Anteil der unternehmensfremden Nutzung des dem Unternehmensvermögen insgesamt zugeordneten Grundstücks im Sinne des § 15 Abs. 1b UStG erhöht, erfolgt eine Berichtigung nach § 15a Abs. 6a UStG (vgl. Abschnitt 15.6a Abs. 5) und keine Wertabgabenbesteuerung nach § 3 Abs. 9a Nr. 1 UStG. ③ Wird das Grundstück nicht für unternehmensfremde, sondern für nichtwirtschaftliche Tätigkeiten i. e. S. verwendet (z. B. für ideelle Zwecke eines Vereins, vgl. Abschnitt 2.3 Abs. 1a), ist insoweit eine Zuordnung nach § 15 Abs. 1 UStG nicht möglich (vgl. BFH-Urteil vom 3. 3. 2011, V R 23/10, BStBl. 2012 II S. 74, Abschnitt 15.2b Abs. 2). ④ Erhöht sich später der Anteil der Nutzung des Grundstücks für nichtwirtschaftliche Tätigkeiten i. e. S., erfolgt eine Wertabgabenbesteuerung nach § 3 Abs. 9a Nr. 1 UStG. ⑤ Vermindert sich später der Anteil der Nutzung des Grundstücks für nichtwirtschaftliche Tätigkeiten i. e. S., kann der Unternehmer aus Billigkeitsgründen eine Berichtigung entsprechend § 15a Abs. 1 UStG vornehmen (vgl. Abschnitt 15a.1 Abs. 7).

77 (6) ① Überlässt eine Gemeinde eine Mehrzweckhalle unentgeltlich an Schulen, Vereine usw., handelt es sich um eine Nutzung für nichtwirtschaftliche Tätigkeiten i. e. S. (vgl. Abschnitt 2.3 Abs. 1a); insoweit ist eine Zuordnung der Halle zum Unternehmen nach § 15 Abs. 1 UStG nicht möglich (vgl. Abs. 5a Satz 3 sowie Abschnitt 15.2b Abs. 2) und dementsprechend keine unentgeltliche Wertabgabe zu besteuern. ② Das gilt nicht, wenn die Halle ausnahmsweise zur Anbahnung späterer Geschäftsbeziehungen mit Mietern für kurze Zeit unentgeltlich überlassen wird (vgl. BFH-Urteil vom 28. 11. 1991, V R 95/86, BStBl. 1992 II S. 569). ③ Auf Grund eines partiellen Zuordnungsverbots liegt auch keine unentgeltliche Wertabgabe vor, wenn Schulen und Vereine ein gemeindliches Schwimmbad unentgeltlich nutzen können (vgl. Abschnitt 2.11 Abs. 18). ④ Die Mitbenutzung von Kurparkanlagen, die eine Gemeinde unternehmerisch nutzt, durch Personen, die nicht Kurgäste sind, führt bei der Gemeinde nicht zu einer steuerbaren unentgeltlichen Wertabgabe (vgl. BFH-Urteil vom 18. 8. 1988, V R 18/83, BStBl. II S. 971), ggf. ist jedoch insoweit kein Vorsteuerabzug möglich (vgl. Abschnitt 15.19). ⑤ Es liegt auch keine unentgeltliche Wertabgabe vor, wenn eine Gemeinde ein Parkhaus den Benutzern zeitweise (z. B. in der Weihnachtszeit) gebührenfrei zur Verfügung stellt, wenn damit neben dem Zweck der Verkehrsberuhigung auch dem Parkhausunternehmen dienende Zwecke (z. B. Kundenwerbung) verfolgt werden (vgl. BFH-Urteil vom 10. 12. 1992, V R 3/88, BStBl. 1993 II S. 380).

Wertabgabenbesteuerung nach § 3 Abs. 9a Nr. 1 UStG bei teilunternehmerisch genutzten Grundstücken, die die zeitlichen Grenzen des § 27 Abs. 16 UStG erfüllen[2]

78 (7) ① Die Verwendung von Räumen in einem dem Unternehmen zugeordneten Gebäude für Zwecke außerhalb des Unternehmens kann eine steuerbare oder nicht steuerbare Wertabgabe sein. ② Diese Nutzung ist nur steuerbar, wenn die unternehmerische Nutzung anderer Räume zum vollen oder teilweisen Vorsteuerabzug berechtigt hat (vgl. BFH-Urteile vom 8. 10. 2008,

[1] Hinweis auf A 4.28.1 Abs. 1 Satz 3 UStAE.

[2] Unternehmenszuordnung vgl. A 3.3 Abs. 1, 3.4 Abs. 7, 4.12.1 Abs. 3 Satz 6, 9.1 Abs. 5, 15.2b Abs. 2, 15.2c Abs. 2, 15.12 Abs. 1 u. 15a.1 Abs. 6 UStAE. – Ab 1. 1. 2011 vgl. § 15 Abs. 1b, Abs. 4 Satz 4, § 15a Abs. 6a, 8 Satz 2 i. V. m. § 27 Abs. 16 UStG i. d. F. des JStG 2010 („Zuordnung von Grundstücken").

XI R 58/07, BStBl. 2009 II S. 394, und vom 11. 3. 2009, XI R 69/07, BStBl. II S. 496). ③ Ist die unentgeltliche Wertabgabe steuerbar, kommt die Anwendung der Steuerbefreiung nach § 4 Nr. 12 UStG nicht in Betracht (vgl. Abschnitt 4.12.1 Abs. 1 und 3).

Beispiel 1:

① U hat ein Zweifamilienhaus, in dem er eine Wohnung steuerfrei vermietet und die andere Wohnung für eigene Wohnzwecke nutzt, insgesamt seinem Unternehmen zugeordnet.

② U steht hinsichtlich der steuerfrei vermieteten Wohnung kein Vorsteuerabzug zu (§ 15 Abs. 2 Satz 1 Nr. 1 UStG). ③ Die private Nutzung ist keine steuerbare unentgeltliche Wertabgabe im Sinne des § 3 Abs. 9a Nr. 1 UStG, da der dem Unternehmen zugeordnete Gegenstand nicht zum vollen oder teilweisen Vorsteuerabzug berechtigt hat.

Beispiel 2:

① U ist Arzt und nutzt in seinem Einfamilienhaus, das er zulässigerweise insgesamt seinem Unternehmen zugeordnet hat, das Erdgeschoss für seine unternehmerische Tätigkeit und das Obergeschoss für eigene Wohnzwecke. ② Er erzielt nur steuerfreie Umsätze im Sinne des § 4 Nr. 14 UStG, die den Vorsteuerabzug ausschließen.

③ U steht kein Vorsteuerabzug zu. ④ Die private Nutzung des Obergeschosses ist keine steuerbare unentgeltliche Wertabgabe im Sinne des § 3 Abs. 9a Nr. 1 UStG, da das dem Unternehmen zugeordnete Gebäude hinsichtlich des unternehmerisch genutzten Gebäudeteils nicht zum Vorsteuerabzug berechtigt hat.

Beispiel 3:

① U ist Schriftsteller und nutzt in seinem ansonsten für eigene Wohnzwecke genutzten Einfamilienhaus, das er insgesamt seinem Unternehmen zugeordnet hat, ein Arbeitszimmer für seine unternehmerische Tätigkeit.

② U steht hinsichtlich des gesamten Gebäudes der Vorsteuerabzug zu. ③ Die private Nutzung der übrigen Räume ist eine unentgeltliche Wertabgabe im Sinne des § 3 Abs. 9a Nr. 1 UStG, da der dem Unternehmen zugeordnete Gegenstand hinsichtlich des unternehmerisch genutzten Gebäudeteils zum Vorsteuerabzug berechtigt hat. ④ Die unentgeltliche Wertabgabe ist steuerpflichtig.

④ Das gilt auch, wenn die Nutzung für Zwecke außerhalb des Unternehmens in der unentgeltlichen Überlassung an Dritte besteht.

Beispiel 4:

① U hat ein Haus, in dem er Büroräume im Erdgeschoss steuerpflichtig vermietet und die Wohnung im Obergeschoss unentgeltlich an die Tochter überlässt, insgesamt seinem Unternehmen zugeordnet.

② U steht hinsichtlich des gesamten Gebäudes der Vorsteuerabzug zu. ③ Die Überlassung an die Tochter ist eine steuerbare unentgeltliche Wertabgabe im Sinne des § 3 Abs. 9a Nr. 1 UStG, weil das dem Unternehmen zugeordnete Gebäude hinsichtlich des unternehmerisch genutzten Gebäudeteils zum Vorsteuerabzug berechtigt hat. ④ Die unentgeltliche Wertabgabe ist steuerpflichtig.

Beispiel 5:

① U hat ein Zweifamilienhaus, das er im Jahr 01 zu 50% für eigene unternehmerische Zwecke und zum Vorsteuerabzug berechtigende Zwecke (Büroräume) nutzt und zu 50% steuerfrei vermietet, insgesamt seinem Unternehmen zugeordnet. ② Ab dem Jahr 04 nutzt er die Büroräume ausschließlich für eigene Wohnzwecke.

③ U steht ab dem Jahr 01 nur hinsichtlich der Büroräume der Vorsteuerabzug zu; für den steuerfrei vermieteten Gebäudeteil ist der Vorsteuerabzug hingegen ausgeschlossen. ④ Ab dem Jahr 04 unterliegt die Nutzung der Büroräume zu eigenen Wohnzwecken des U als steuerbare unentgeltliche Wertabgabe im Sinne des § 3 Abs. 9a Nr. 1 UStG der Umsatzsteuer, da das dem Unternehmen zugeordnete Gebäude hinsichtlich der vorher als Büro genutzten Räume zum Vorsteuerabzug berechtigt hat. ⑤ Die unentgeltliche Wertabgabe ist steuerpflichtig. ⑥ Eine Änderung der Verhältnisse im Sinne des § 15a UStG liegt nicht vor.

(8) ① Verwendet ein Gemeinschafter seinen Miteigentumsanteil, welchen er seinem Unter- **79**
nehmen zugeordnet und für den er den Vorsteuerabzug beansprucht hat, für nichtunternehmerische Zwecke, ist diese Verwendung eine steuerpflichtige unentgeltliche Wertabgabe im Sinne des § 3 Abs. 9a Nr. 1 UStG.

Beispiel:

① U und seine Ehefrau E erwerben zu 25% bzw. 75% Miteigentum an einem unbebauten Grundstück, das sie von einem Generalunternehmer mit einem Einfamilienhaus bebauen lassen. ② U nutzt im Einfamilienhaus einen Raum, der 9% der Fläche des Gebäudes ausmacht für seine unternehmerische Tätigkeit. ③ Die übrigen Räume des Hauses werden durch U und E für eigene Wohnzwecke genutzt. ④ U macht 25% der auf die Baukosten entfallenden Vorsteuern geltend.

⑤ Durch die Geltendmachung des Vorsteuerabzuges aus 25% der Baukosten gibt U zu erkennen, dass er seinen Miteigentumsanteil in vollem Umfang seinem Unternehmen zugeordnet hat. ⑥ U kann daher unter den weiteren Voraussetzungen des § 15 UStG 25% der auf die Baukosten entfallenden Vorsteuern abziehen. ⑦ Soweit U den seinem Unternehmen zugeordneten Miteigentumsanteil für private Zwecke nutzt (16% der Baukosten), muss er nach § 3 Abs. 9a Nr. 1 UStG eine unentgeltliche Wertabgabe versteuern.

② Zur Wertabgabe bei der Übertragung von Miteigentumsanteilen an Grundstücken vgl. Abschnitt 3.3 Abs. 8.

– Gebäudenutzung –

LS zu 3.4

1. Hat eine **GmbH** in den Jahren 1998 bis 2000 auf ihrem Betriebsgrundstück ein Gebäude errichtet, das sie teilweise unternehmerisch nutzt und teilweise ihren **Gesellschafter-Geschäftsführern** unentgeltlich für deren **private Wohnzwecke** überlässt, kann der GmbH ein Vorsteuerabzugsrecht aus den Bauerrichtungskosten zustehen. – 2. Die Vereinbarung einer Nutzungsüberlassung von Wohnraum im Rahmen eines Mietvertrages oder eines Anstellungsvertrages gilt dagegen umsatzsteuerrechtlich regelmäßig als steuerfreie Vermietung und schließt den Vorsteuerabzug aus den entsprechenden Bauerrichtungskosten aus. *BFH-Urt. v. 12. 1. 2011, XI R 9/08 (BStBl. 2012 II S. 58).* **81**

Verzichten die Miteigentümer eines Hotel-Appartements, die auch Gesellschafter einer Hotel-Betriebsgesellschaft in der Rechtsform einer OHG sind, ab einem bestimmten Zeitpunkt für unbestimmte Zeit **auf eine Miete** für die Appartements, bestehen am Fortbestehen einer ernsthaften Einnahmeerzielungsabsicht der Gemeinschaft und der Unternehmereigenschaft ernsthafte Zweifel. *BFH-Urteil v. 20. 1. 2010 XI R 13/08 (BFH/NV 2010 S. 1137).*

Überlässt der Unternehmer einem **Geschäftsführer** unentgeltlich einen **Wohn-Pavillon** einschließlich Einrichtung, liegt dies auch dann nicht im überwiegend unternehmerischen Interesse, wenn einkommensteuerrechtlich die Voraussetzungen einer doppelten Haushaltsführung gegeben wären. *BFH-Urteil v. 8. 10. 2014 V R 56/13 (DStR S. 2447).*

– Pkw-Nutzung –

82 Beim **Gemeinschafts-Leasing** durch Arbeitgeber und Arbeitnehmer nach dem Rent-System liegen zwei Verträge vor. Dem Arbeitgeber als Unternehmer steht der Vorsteuerabzug aus seinen Leasing-Raten zu. *Verfügung OFD Hannover S 7100 – 240 – StO 315/S 7100 – 544 – StH 446 v. 27. 3. 2003 (DStR S. 886).*

Die Nutzungsüberlassung eines Pkw an **freie Mitarbeiter** im ausschließlich betrieblichen Interesse ist umsatzsteuerrechtlich unbeachtlich. – Ist der freie Mitarbeiter berechtigt, das Fahrzeug auch für private Fahrten oder für andere Auftraggeber zu nutzen, liegt ein tauschähnlicher Umsatz vor. *Verfügung OFD Karlsruhe S 7100/19 v. 5. 4. 2011 (DStR S. 771).*

Vereinbart der Arbeitgeber mit seinem Arbeitnehmer schriftlich, dass das Firmenfahrzeug neben betrieblichen Fahrten nur zu Fahrten zwischen Wohnung und Arbeitsstätte genutzt werden darf und ist die **sonstige private Nutzung ausdrücklich untersagt,** so liegt in der Fahrzeugüberlassung keine umsatzsteuerbare Leistung an den Arbeitnehmer. Ob ein solches Verbot ernsthaft ist, ist aufgrund einer umfassenden Würdigung der festzustellenden Gesamtumstände des Einzelfalles zu beantworten. *BFH-Urteil v. 8. 10. 2008 XI R 66/07 (BFH/NV 2009 S. 616).*

Zuwendungen an Arbeitnehmer vgl. A 1.8 UStAE.

1. Nach einer von der Finanzverwaltung getroffenen Vereinfachungsregelung kann der Unternehmer bei der Ermittlung der Bemessungsgrundlage für die Umsatzbesteuerung der nichtunternehmerischen Nutzung seines dem Unternehmen zugeordneten Fahrzeugs von dem ertragsteuerrechtlichen Wert der Nutzungsentnahme nach der sog. 1%-Regelung des § 6 Abs. 1 Nr. 4 Satz 2 EStG ausgehen und von diesem Wert für die nicht mit Vorsteuern belasteten Kosten einen pauschalen Abschlag von 20% vornehmen. – 2. **Diese Vereinfachungsregelung ist eine einheitliche Schätzung,** die von einem Unternehmer nur insgesamt oder gar nicht in Anspruch genommen werden kann. – 3. Der Unternehmer darf nicht von dem ertragsteuerrechtlichen Wert der Nutzungsentnahme nach der sog. 1%-Regelung des § 6 Abs. 1 Nr. 4 Satz 2 EStG ausgehen und sodann den prozentualen Abschlag für die nicht mit Vorsteuern belasteten Kosten anhand der tatsächlichen Kosten ermitteln. *BFH-Urteil v. 19. 5. 2010, XI R 32/08 (BStBl. II S. 1079).*

Nach der 1%-Regelung ermittelte Entnahme für die private **PKW-Nutzung bei Landwirt** mit Durchschnittssatz-Besteuerung gemäß § 24 UStG ist nicht um fiktive Umsatzsteuer zu erhöhen. *BFH-Urt. v. 3. 2. 2010, IV R 45/07 (BStBl. II S. 689).*

Begrenzung der 1%-Regelung vgl. BMF v. 18. 11. 2009 (BStBl. I S. 1326), geänd. durch BMF v. 15. 11. 2012 (BStBl. I S. 1099).

83 Die Überlassung eines **PKW durch eine GmbH an den Gesellschafter-Geschäftsführer** zur Privatnutzung kann als übliche Vergütungsleistung neben der Barvergütung für die Arbeitsleistung beurteilt werden. Bei tauschähnlichen Umsätzen dieser Art kommt als Wert der Gegenleistung (anteilige Arbeitsleistung) für die Sachzuwendung der Wert in Betracht, den der Unternehmer aufzuwenden bereit ist, um die Gegenleistung zu erhalten (hier: die Kosten der PKW-Überlassung). Bei dieser Schätzung des Werts der Gegenleistung anhand der entstandenen Kosten kommt es nicht darauf an, ob (ganz oder teilweise) ein Recht auf Vorsteuerabzug bestand. *BFH-Urteil v. 10. 6. 1999 – V R 87/98 (BStBl. II S. 580).*

84 Zur umsatzsteuerrechtlichen Behandlung der **Überlassung eines Pkw durch eine Personengesellschaft an einen Gesellschafter und umgekehrt.** *Verfügung OFD Karlsruhe S 7100/18 v. 5. 4. 2011 (DStR S. 771).*

Entgeltliche Leistung der Pkw-Nutzung durch Mitglieder einer **Sozietät** für Fahrten zwischen Wohnung und Kanzlei. *BFH-Urt. v. 1. 9. 2010, V R 6/10 (BFH/NV 2011 S. 80).*

Für die Anwendung der **Deckelungsregelung** (BMF-Schrb. v. 18. 11. 2009, BStBl. I S. 1326) auf die Kfz-Überlassung einer Gesellschaft an ihren Gesellschafter nach Maßgabe der 1%-Regelung ist der **Aufwand der Gesellschaft** (Mietzahlungen) und nicht der Aufwand des Gesellschafters (tatsächliche Kfz-Kosten) maßgeblich. *BFH-Urteil v. 18. 9. 2012, VIII R 28/10 (BStBl. 2013 II S. 120).* – Vgl. auch § 15 Rz. 378.

Die Sechste Richtlinie 77/388/EWG des Rates steht einer Bestimmung eines Mitgliedstaats [Österreich] entgegen, nach der das Tätigen von Ausgaben, die Dienstleistungen **[Fahrzeugvermietung]** betreffen, die einem in diesem Mitgliedstaat ansässigen Empfänger in anderen Mitgliedstaaten [Deutschland] erbracht wurden, der Mehrwertsteuer [für Eigenverbrauch] unterliegt, während die betreffenden Dienstleistungen, wären sie demselben Empfänger im Inland erbracht worden, diesen nicht zum Vorsteuerabzug berechtigt hätten. ***EuGH-Urt. v. 11. 9. 2003,*** *C-155/01, Cookies World Vertriebsgesellschaft mbH i. L. (DStRE S. 1174).*

1. Die **nach § 12 Nr. 3 EStG nicht abziehbare Umsatzsteuer** ist bei Anwendung der 1%-Regelung (§ 6 Abs. 1 Nr. 4 Satz 2 EStG) nach umsatzsteuerrechtlichen Maßstäben zu ermitteln. – 2. Dabei kommt es nicht auf die tatsächliche festgesetzte Umsatzsteuer an, denn Umsatzsteuerbescheid und Einkommensteuerbescheid stehen mangels entsprechender gesetzlicher Grundlagen nicht im Verhältnis Grundlagenbescheid – Folgebescheid. – 3. Die nach § 12 Nr. 3 EStG erforderliche Hinzurechnung der Umsatzsteuer hat auf den Zeitpunkt der Entnahme zu erfolgen (Bestätigung der Rechtsprechung). *BFH-Urteil v. 7. 12. 2010 – VIII R 54/07 (BStBl. 2011 S. 451).*

– Sonstiges –

85 Zur Behandlung unentgeltlicher Personalgestellungen für medizinische Zwecke durch Unternehmen an Einrichtungen, die einen unverzichtbaren Einsatz zur Bewältigung der **Corona-Krise** leisten, siehe *BMF-Schreiben v. 9. 4. 2020 (BStBl. I S. 498), v. 18. 12. 2020 (BStBl. 2021 I S. 57) und v. 14. 12. 2021 (BStBl. I S. 2500)*; vgl. auch § 3 Rz. 63.

Zu steuerlichen Maßnahmen zur Unterstützung der vom Krieg in der **Ukraine** Geschädigten bis zum 31. 12. 2023 siehe *BMF-Schreiben v. 17. 3. 2022 IV C 4 – S 2223/19/1005 (BStBl. I S. 330)* und *v. 17. 11. 2022 IV C 4 – S 2223/19/10003 (BStBl. I S. 1516).*

Anl a zu 3.4

a) Schreiben betr. Vorsteuerabzug und Umsatzbesteuerung bei unternehmerisch genutzten Fahrzeugen ab dem 1. April 1999

Vom 27. August 2004 (BStBl. I S. 864)

(BMF IV B 7 – S 7300 – 70/04)

– Auszug –

89 Durch Artikel 5 Nr. 19 Buchst. c des Zweiten Gesetzes zur Änderung steuerlicher Vorschriften vom 15. Dezember 2003 (Steueränderungsgesetz 2003 – StÄndG 2003), BGBl. I S. 2645, BStBl. I S. 710,

wurde § 15 Abs. 1 b UStG zum 1. Januar 2004 aufgehoben. Die Ermächtigung des Rates der Europäischen Union vom 28. Februar 2000 (2000/186/EG, ABl. EG 2000 Nr. L 59/12), auf die die Einschränkung des Vorsteuerabzuges ab 1. April 1999 gestützt worden ist, ist zum 31. Dezember 2002 ausgelaufen. Für die Zeit ab 1. Januar 2003 kann sich der Unternehmer daher unmittelbar auf das für ihn günstigere Recht des Art. 17 der 6. EG-Richtlinie berufen. Mit Urteil vom 29. April 2004 hat der EuGH in der Rechtssache C-17/01 (BStBl. II S. 806) entschieden, dass Artikel 3 der Entscheidung des Rates insoweit unwirksam ist, als er regelt, dass die Ratsentscheidung rückwirkend ab 1. April 1999 gilt. Das bedeutet, dass die Ratsermächtigung für den Zeitraum vom 1. April 1999 bis zum 4. März 2000 (Tag der Veröffentlichung der Ratsermächtigung im Amtsblatt der EG) ungültig ist und § 15 Abs. 1 b i. V. m. § 27 Abs. 5 UStG insoweit keine EG-rechtliche Grundlage hat. In allen anderen Punkten hat der EuGH die Gültigkeit und damit die Wirksamkeit der Ratsermächtigung ausdrücklich bestätigt. Anl. a zu 3.4

Unter Bezugnahme auf das Ergebnis der Erörterung mit den obersten Finanzbehörden der Länder gilt zur Frage des Vorsteuerabzuges und der Umsatzbesteuerung bei unternehmerisch genutzten Fahrzeugen ab 1. Januar 2004 Folgendes:

[anzuwenden ist gem. BMF v. 5. 6. 2014 (BStBl. I S. 896) und Abschnitt 15.23 Abs. 13 nur noch die Tz. 6:]

6. Zwischen dem 1. April 1999 und dem 31. Dezember 2003 angeschaffte Fahrzeuge

Für den Vorsteuerabzug und die Versteuerung der unentgeltlichen Wertabgabe gilt unter Bezug auf das Ergebnis der Erörterungen mit den obersten Finanzbehörden der Länder für den Zeitraum vom 1. April 1999 bis zum 4. März 2000 und ab 1. Januar 2003 Folgendes: 90

6.1 Zwischen dem 1. April 1999 und dem 4. März 2000 angeschaffte Fahrzeuge

Mit Urteil vom 29. April 2004 hat der EuGH in der Rechtssache C-17/01 entschieden, dass die § 15 Abs. 1 b UStG zugrunde liegende Ermächtigung des Rates der Europäischen Union vom 28. Februar 2000 (2000/186/EG, ABl. EG 2000 Nr. L 59/12) gültig und damit wirksam ist. Dies gilt jedoch nicht für Artikel 3 der Ratsermächtigung, soweit er regelt, dass die Ratsentscheidung rückwirkend ab 1. April 1999 gilt. 91

Das bedeutet, dass die Ratsermächtigung für den Zeitraum vom 1. April 1999 bis zum 4. März 2000 (Tag der Veröffentlichung der Ratsermächtigung im Amtsblatt der EG) ungültig ist und damit § 15 Abs. 1 b i. V. m. § 27 Abs. 5 UStG insoweit keine EG-rechtliche Grundlage hat.[1]

Für nach dem 31. März 1999 und vor dem 5. März 2000 angeschaffte oder hergestellte Fahrzeuge kann der Unternehmer daher unter direkter Berufung auf die für ihn günstigere Regelung des Artikels 17 der 6. EG-Richtlinie den Vorsteuerabzug aus den Anschaffungs- oder Herstellungskosten in voller Höhe vornehmen. Dies gilt auch für Kfz-Betriebskosten. Der Unternehmer muss die nichtunternehmerische Verwendung gemäß § 3 Abs. 9 a UStG als unentgeltliche Wertabgabe der Umsatzsteuer unterwerfen. § 3 Abs. 9 a Satz 2 UStG greift insoweit nicht. Der Unternehmer muss auch nach dem 4. März 2000 eine Besteuerung der unentgeltlichen Wertabgabe nach § 3 Abs. 9 a UStG vornehmen.

Eine Berichtigung des Vorsteuerabzuges nach § 15 a UStG für die Zeit nach dem 4. März 2000 ist in analoger Anwendung des § 27 Abs. 5 UStG nicht vorzunehmen. Durch § 27 Abs. 5 UStG sollten Fahrzeuge, die vor dem 1. April 1999 angeschafft oder hergestellt wurden, u. a. von der zum 1. April 1999 normierten Einschränkung des Vorsteuerabzugsrechts und der daraus folgenden Verpflichtung zur Berichtigung des Vorsteuerabzuges nach § 15 a UStG ausgenommen werden. Durch die Entscheidung des EuGH vom 29. April 2004, a. a. O., wurde das erstmalige richtlinienkonforme In-Kraft-Treten auf den 5. März 2000 verschoben.

6.2 Unbeschränkter Vorsteuerabzug ab 1. Januar 2003

Die § 15 Abs. 1 b UStG zugrunde liegende Ermächtigung des Rates der Europäischen Union vom 28. Februar 2000 (2000/186/EG, ABl. EG 2000 Nr. L 59/12) ist nicht über den 31. Dezember 2002 hinaus verlängert worden. Der Unternehmer kann daher für Fahrzeuge, die er zwischen dem 1. Januar 2003 und dem 31. Dezember 2003 angeschafft, hergestellt, eingeführt, innergemeinschaftlich erworben oder gemietet und dem Unternehmen zugeordnet hat, abweichend von § 15 Abs. 1 b UStG den vollen Vorsteuerabzug in Anspruch nehmen. Dabei sind die vorstehenden Grundsätze (Tz. 1 bis 5) anzuwenden. Die Anschaffungskosten fließen ab 1. Juli 2004 entsprechend den Grundsätzen des BMF-Schreibens vom 13. April 2004, BStBl. I S. 468,[2] in die Ermittlung der Bemessungsgrundlage für die Besteuerung der unentgeltlichen Wertabgabe ein. 92

Für nach dem 31. März 1999 und vor dem 1. Januar 2003 angeschaffte Fahrzeuge kann der Unternehmer unter Berufung auf Artikel 17 der 6. EG-Richtlinie abweichend von § 15 Abs. 1 b UStG ab 1. Januar 2003 den unbeschränkten Vorsteuerabzug für die laufenden Kosten in Anspruch nehmen.

Für Fahrzeuge, die zwischen dem 5. März 2000 und dem 31. Dezember 2002 angeschafft worden sind, ist ab 1. Januar 2003 für die auf die Anschaffungskosten des Fahrzeuges entfallenden Vorsteuern nur wegen des nunmehr unbeschränkt möglichen Vorsteuerabzuges keine Vorsteuerberichtigung nach § 15 a UStG vorzunehmen. Jedoch wird es in diesen Fällen nicht beanstandet, wenn der Unternehmer eine Berichtigung des Vorsteuerabzuges aus den Anschaffungskosten wegen Änderung der für den ursprünglichen Vorsteuerabzug maßgeblichen Verhältnisse durchführt. Die nichtunternehmerische Nutzung hat er dann der Besteuerung zu unterwerfen.[3] Dabei fließen die Anschaffungskosten entsprechend den Grundsätzen des BMF-Schreibens vom 13. April 2004, BStBl. I S. 468,[4] in die Ermittlung der Bemessungsgrundlage für die Besteuerung der unentgeltlichen Wertabgabe ein.

[1] Vgl. BFH v. 15. 7. 2004 – V R 30/00 (BStBl. II S. 1025), Nachfolgeentscheidung zum EuGH-Urt. v. 29. 4. 2004 C-17/01, *Sudholz* (BStBl. II S. 806).
[2] Vgl. auch BMF v. 10. 8. 2007 (BStBl. I S. 690).
[3] Bestätigt durch BFH-Urteil v. 19. 4. 2007, V R 48/05 (BStBl. II S. 801).
[4] Vgl. auch BMF v. 10. 8. 2007 (BStBl. I S. 690).

Anl a zu 3.4

Beispiel 3:

U hat am 1. Juli 2001 ein Fahrzeug angeschafft, das er zu 70% unternehmerisch nutzt. Der Kaufpreis betrug 31 250 Euro zzgl. 5 000 Euro Umsatzsteuer. Entsprechend § 15 Abs. 1 b UStG hat U 2 500 Euro als Vorsteuer geltend gemacht. Auch aus den laufenden Kosten hat U in den Jahren 2001 und 2002 jeweils 50% Vorsteuerabzug geltend gemacht. In den Jahren 2001 und 2002 hat U dementsprechend keine unentgeltliche Wertabgabe nach § 3 Abs. 9 a UStG versteuert. Ab 1. Januar 2003 nimmt U unter Berufung auf Artikel 17 der 6. EG-Richtlinie aus den laufenden Kosten den unbeschränkten Vorsteuerabzug vor.

U steht wegen der Berufung auf Artikel 17 der 6. EG-Richtlinie abweichend von § 15 Abs. 1 b UStG ab 1. Januar 2003 der volle Vorsteuerabzug aus den laufenden Kosten zu. Daneben hat er ab dem 1. Januar 2003 für den Rest des Berichtigungszeitraums nach § 15 a UStG hinsichtlich der Berichtigung des Vorsteuerabzuges aus den Anschaffungskosten zwei Möglichkeiten:

- Er unterlässt eine Berichtigung des Vorsteuerabzuges nach § 15 a UStG. In die Bemessungsgrundlage der unentgeltlichen Wertabgabe sind nur 30% der laufenden Kosten einzubeziehen.
- U macht von seinem Wahlrecht Gebrauch und nimmt ab 1. Januar 2003 bis zum Ende des Berichtigungszeitraums am 30. Juni 2006 gemäß § 15 a UStG eine Berichtigung des Vorsteuerabzuges vor. Für die Jahre 2003, 2004 und 2005 ergibt sich jeweils ein Vorsteuerberichtigungsbetrag von 500 Euro; für das Jahr 2006 ergibt sich ein Vorsteuerberichtigungsbetrag von 250 Euro. In die Bemessungsgrundlage der unentgeltlichen Wertabgabe sind neben 30% der laufenden Kosten auch 30% von 1/5 der Anschaffungskosten (1 875 Euro jährlich) einzubeziehen.

6.3 Beschränkter Vorsteuerabzug nach Maßgabe des § 15 Abs. 1 b [a. F.] UStG

93 Hat der Unternehmer für Fahrzeuge, die er nach dem 31. März 1999 und vor dem 1. Januar 2004 angeschafft und dem Unternehmen zugeordnet hat, § 15 Abs. 1 b UStG angewendet – das ist zwingend für die zwischen dem 5. März 2000 und dem 31. Dezember 2002 angeschafften Fahrzeuge –, ist ab 1. Januar 2004 für die auf die Anschaffungskosten des Fahrzeuges entfallenden Vorsteuern nur wegen des nunmehr unbeschränkt möglichen Vorsteuerabzuges keine Vorsteuerberichtigung nach § 15 a UStG vorzunehmen, soweit der Berichtigungszeitraum noch nicht abgelaufen ist. In die Bemessungsgrundlage für die Besteuerung der unentgeltlichen Wertabgabe nach § 3 Abs. 9 a Nr. 1 UStG fließen ab 1. Januar 2004 nur die laufenden vorsteuerbelasteten Unterhaltskosten ein.

Es wird nicht beanstandet, wenn der Unternehmer hinsichtlich der vor dem 1. Januar 2004 angeschafften Fahrzeuge ab 1. Januar 2004 für die auf die Anschaffungskosten des Fahrzeuges entfallenden Vorsteuern eine Berichtigung nach § 15 a UStG des bisher vom Abzug ausgeschlossenen Teils zu seinen Gunsten vornimmt und zum Ausgleich die gesamten auf das Fahrzeug entfallenden Kosten als Bemessungsgrundlage der Besteuerung der unentgeltlichen Wertabgabe (abweichend von § 3 Abs. 9 a Satz 2 UStG) unterwirft. Dabei fließen die Anschaffungskosten entsprechend den Grundsätzen des BMF-Schreibens vom 13. April 2004, BStBl. I S. 468,[2] in die Ermittlung der Bemessungsgrundlage für die Besteuerung der unentgeltlichen Wertabgabe ein.

Beispiel 4:

U hat am 1. Juli 2001 ein Fahrzeug angeschafft, das er zu 70% unternehmerisch nutzt. Der Kaufpreis betrug 31 250 Euro zzgl. 5000 Euro Umsatzsteuer. Entsprechend § 15 Abs. 1 b UStG hat U 2500 Euro als Vorsteuer abgezogen. Auch aus den laufenden Kosten hat U in den Jahren 2001 bis 2003 50% der Vorsteuer abgezogen. In den Jahren 2001 bis 2003 hat U dementsprechend keine unentgeltliche Wertabgabe nach § 3 Abs. 9 a UStG versteuert. Ab 1. Januar 2004 nimmt U aus den laufenden Kosten den vollen Vorsteuerabzug in Anspruch.

U steht ab 2004 aus den laufenden Kosten der volle Vorsteuerabzug zu. U hat hinsichtlich der auf die Anschaffungskosten entfallenden Vorsteuerbeträge die Wahl zwischen zwei Möglichkeiten:

- Er unterlässt eine Berichtigung des Vorsteuerabzuges nach § 15 a UStG. In die Bemessungsgrundlage der unentgeltlichen Wertabgabe sind nur 30% der laufenden Kosten einzubeziehen.
- U macht von seinem Wahlrecht Gebrauch und nimmt ab 1. Januar 2004 bis zum Ende des Berichtigungszeitraums am 30. Juni 2006 gemäß § 15 a UStG eine Berichtigung des Vorsteuerabzuges vor. Für die Jahre 2004 und 2005 ergibt sich jeweils ein Vorsteuerberichtigungsbetrag von 500 Euro; für das Jahr 2006 ergibt sich ein Vorsteuerberichtigungsbetrag von 250 Euro. In die Bemessungsgrundlage der unentgeltlichen Wertabgabe sind neben 30% der laufenden Kosten auch 30% von 1/5 der Anschaffungskosten (1 875 Euro jährlich) einzubeziehen.

Beispiel 5:

U hat am 1. Juli 2003 ein Fahrzeug angeschafft, das er zu 30% unternehmerisch nutzt. Der Kaufpreis betrug 31 250 Euro zzgl. 5 000 Euro Umsatzsteuer. Entsprechend § 15 Abs. 1 b UStG hat U aus den Anschaffungskosten einen Vorsteuerabzug von 2 500 Euro geltend gemacht. Auch aus den laufenden Kosten hat U im Jahr 2003 entsprechend § 15 Abs. 1 b UStG 50% der Vorsteuern abgezogen. U hat im Jahr 2003 demzufolge keine unentgeltliche Wertabgabe nach § 3 Abs. 9 a UStG versteuert. Ab 1. Januar 2004 nimmt U aus den laufenden Kosten den vollen Vorsteuerabzug vor.

U steht ab 2004 aus den laufenden Kosten der volle Vorsteuerabzug zu. U hat hinsichtlich der auf die Anschaffungskosten entfallenden Vorsteuerbeträge zwei Möglichkeiten:

- U nimmt keine Berichtigung des Vorsteuerabzuges nach § 15 a UStG vor. In die Bemessungsgrundlage der unentgeltlichen Wertabgabe sind 70% der laufenden Kosten einzubeziehen.
- U nimmt ab 1. Januar 2004 bis zum Ende des Berichtigungszeitraums am 30. Juni 2008 eine Berichtigung des Vorsteuerabzuges vor. Für die Jahre 2004 bis 2007 ergibt sich jeweils ein Vorsteuerberichtigungsbetrag von 500 Euro; für das Jahr 2008 ergibt sich ein Vorsteuerberichtigungsbetrag von 250 Euro. In die Bemessungsgrundlage für die Besteuerung der unentgeltlichen Wertabgabe sind jährlich neben 70% der laufenden vorsteuerbelasteten Kosten auch 70% von 1/5 der Anschaffungskosten (4375 Euro jährlich) einzubeziehen.

94 Das BMF-Schreiben vom 29. Mai 2000 (BStBl. I S. 819)[1] ist auf gemischt genutzte Fahrzeuge anzuwenden, die nach dem 31. März 1999 und vor dem 1. Januar 2004 angeschafft und dem Unternehmen zugeordnet worden sind, und für die die Einschränkung des Vorsteuerabzugs nach § 15 Abs. 1 b UStG greift. Das gilt insbesondere für zwischen dem 5. März 2000 und dem 31. Dezember 2002 angeschaffte und dem Unternehmen zugeordnete Fahrzeuge.

[1] „Handbuch zur USt 2003", Anlage a zu R 24 c.

Anl b zu 3.4

b) Schreiben betr. umsatzsteuerliche Behandlung der Überlassung sog. Firmenwagen an Arbeitnehmer, wenn diese Zuzahlungen leisten

Vom 30. Dezember 1997 (BStBl. 1998 I S. 110)

(BMF IV C 3 – S 7102 – 41/97)

In vielen Fällen müssen Arbeitnehmer sog. Zuzahlungen zu den Anschaffungskosten und/oder zu den Kosten des laufenden Unterhalts von Kraftfahrzeugen leisten, die der Unternehmer (Arbeitgeber) ihnen zur privaten Nutzung überläßt. Unter Bezugnahme auf das Ergebnis der Erörterungen mit den obersten Finanzbehörden der Länder gilt hierzu folgendes:

I. Zuzahlungen zu den Anschaffungskosten

1. Vorsteuerabzug des Unternehmers

Mit dem Arbeitnehmer als Nutzer eines sog. Firmenwagens kann vereinbart werden, daß der Unternehmer (Arbeitgeber) im Innenverhältnis die Anschaffungskosten dieses Fahrzeugs lediglich bis zu einer festgelegten Obergrenze oder bis zu einer bestimmten Ausstattung des Fahrzeugs übernimmt. Den Teil der Anschaffungskosten, der diese Werte bzw. Grenzen übersteigt, muß in diesem Fall im Innenverhältnis der Arbeitnehmer tragen. Wenn der Unternehmer ein auf Wunsch des Arbeitnehmers höherwertiges oder besser ausgestattetes Fahrzeug im eigenen Namen bestellt, wird er Leistungsempfänger der späteren Lieferung dieses Fahrzeugs (vgl. *Abschnitt 192 Abs. 13 UStR*).[1] Er kann somit unter den weiteren Voraussetzungen des § 15 UStG die für diese Lieferung gesondert ausgewiesene Umsatzsteuer als Vorsteuer abziehen. **96**

Wenn dagegen der Arbeitnehmer im eigenen Namen Sonderausstattungen für das Fahrzeug (z. B. eine hochwertige Musikanlage) erwirbt und insoweit als Leistungsempfänger anzusehen ist, scheidet der Vorsteuerabzug des Unternehmens hierfür aus.

2. Bemessungsgrundlage für die Fahrzeugüberlassung

a) Wird die umsatzsteuerliche Bemessungsgrundlage für die Fahrzeugüberlassung **anhand der sog. 1-v. H.-Regelung** ermittelt *(vgl. Abschnitt III Abs. 4 des BMF-Schreibens vom 11. März 1997 – IV C 3 – S 7102 – 5/97 –, BStBl. I S. 324),*[2] ist hierfür vom Listenpreis des tatsächlich an den Unternehmer gelieferten Fahrzeugs (einschließlich eventueller Sonderausstattungen auf Wunsch des Arbeitnehmers) auszugehen. Dagegen bleiben vom Arbeitnehmer selbst erworbene Sonderausstattungen bei der Ermittlung des Listenpreises außer Betracht. Die Zuzahlung des Arbeitnehmers mindert nicht die umsatzsteuerliche Bemessungsgrundlage, und zwar auch dann nicht, wenn sie lohnsteuerlich nach *Abschnitt 31 Abs. 7 Nr. 4 Satz 3 LStR*[3] auf den privaten Nutzungswert angerechnet werden kann. Andererseits ist die Zuzahlung nicht als Entgelt zu behandeln.

b) Die Zuzahlung des Arbeitnehmers zu den Anschaffungskosten eines Firmenwagens ist ein Zuschuß i. S. von *R 34 Abs. 1 EStR*.[4] Nach *R 34 Abs. 2 EStR*[3] hat der Unternehmer ein Wahlrecht, diesen Zuschuß erfolgswirksam als Betriebseinnahme anzusetzen; die Anschaffungskosten für das Kraftfahrzeug bleiben dadurch unberührt. Er kann das Kraftfahrzeug aber auch – erfolgsneutral – mit den um den Zuschuß verringerten Anschaffungskosten bewerten. In diesem Fall ergeben sich durch die niedrigere Bemessungsgrundlage geringere AfA-Beträge. Wird der private Nutzungswert der Fahrzeugüberlassung für Zwecke der Lohnsteuer und der Umsatzsteuer **mit Hilfe eines ordnungsgemäßen Fahrtenbuches** anhand der durch Belege nachgewiesenen Gesamtkosten ermittelt (vgl. *Abschnitt III Abs. 5 des BMF-Schreibens vom 11. März 1997,* a. a. O.), sind auch in den Fällen, in denen der Zuschuß erfolgsneutral behandelt wird, für Zwecke der Umsatzsteuer AfA-Beträge anhand der ungekürzten Anschaffungskosten des Fahrzeugs anzusetzen.

II. Zuzahlung zu den Unterhaltskosten

Zahlt der Arbeitnehmer für die Überlassung des Firmenwagens eine pauschale Nutzungsvergütung oder eine kilometerbezogene Vergütung oder muß er einen Teil der Kraftfahrzeugkosten übernehmen, so wird die umsatzsteuerliche Bemessungsgrundlage für die Fahrzeugüberlassung nicht gemindert. Andererseits sind die Zahlungen des Arbeitnehmers nicht als Entgelt zu behandeln. **97**

Dieses Schreiben wird in die Umsatzsteuerkartei aufgenommen.

3.5 Abgrenzung zwischen Lieferungen und sonstigen Leistungen

UStAE 3.5

Allgemeine Grundsätze[5]

(1) Bei einer einheitlichen Leistung, die sowohl Lieferungselemente als auch Elemente einer sonstigen Leistung enthält, richtet sich die Einstufung als Lieferung oder sonstige Leistung danach, welche Leistungselemente aus der Sicht des Durchschnittsverbrauchers und unter Berücksichtigung des Willens der Vertragsparteien den wirtschaftlichen Gehalt der Leistungen bestimmen (vgl. BFH-Urteil vom 19. 12. 1991, V R 107/86, BStBl. 1992 II S. 449, und BFH-Urteil vom 21. 6. 2001, V R 80/99, BStBl. 2003 II S. 810). **101**

[1] Jetzt A 15.2 b UStAE.
[2] Jetzt A 15.23 UStAE.
[3] Jetzt R 8.1 Abs. 9 Nr. 4 Satz 4 LStR.
[4] Jetzt R 6.5 Abs. 1 bzw. Abs. 2 EStR.
[5] Hinweis auf A 3.1 (Lief. u. sonst. Leist.), 3.5 (Abgrenzung Lief. u. sonst. Leist.), 3.7 (Vermittl. o. Eigenhandel), 3.8 (Werklief., Werkleist.) u. 3.10 (Einheitl. d. Leist.) UStAE.

UStAE 3.5

(2) Lieferungen sind z. B.:

1.[1] der Verkauf von Standard-Software und sog. Updates auf Datenträgern;

102 2. die Anfertigung von Kopien, wenn sich die Tätigkeit auf die bloße Vervielfältigung von Dokumenten beschränkt (vgl. EuGH-Urteil vom 11. 2. 2010, C-88/09, Graphic Procédé) oder wenn hieraus zugleich neue Gegenstände (Bücher, Broschüren) hergestellt und den Abnehmern an diesen Gegenständen Verfügungsmacht verschafft wird (vgl. BFH-Urteil vom 19. 12. 1991, V R 107/86, BStBl. 1992 II S. 449);

3. die Überlassung von Offsetfilmen, die unmittelbar zum Druck von Reklamematerial im Offsetverfahren verwendet werden können (vgl. BFH-Urteil vom 25. 11. 1976, V R 71/72, BStBl. 1977 II S. 270);

4. ① die Abgabe von Basissaatgut an Züchter im Rahmen sog. Vermehrerverträge sowie die Abgabe des daraus gewonnenen sog. zertifizierten Saatguts an Landwirte zur Produktion von Konsumgetreide oder an Handelsunternehmen. ② Zur Anwendung der Durchschnittssatzbesteuerung nach § 24 UStG vgl. Abschnitte 24.1 und 24.2;

5. ① die Entwicklung eines vom Kunden belichteten Films sowie die Bearbeitung von auf physischen Datenträgern oder auf elektronischem Weg übersandten Bilddateien, wenn gleichzeitig Abzüge angefertigt werden oder dem Kunden die bearbeiteten Bilder auf einem anderen Datenträger übergeben werden. ② In diesen Fällen stellt das Entwickeln des Films und das Bearbeiten der Bilder eine unselbständige Nebenleistung zu einer einheitlichen Werklieferung dar;

6. ① die Übertragung von Miteigentumsanteilen (Bruchteilseigentum) an einem Gegenstand im Sinne des § 3 UStG (vgl. BFH-Urteil vom 18. 2. 2016, V R 53/14, BStBl. 2019 II S. 333) – siehe auch für Anlagegold Abschnitt 25 c.1. ② Zur Übertragung eines Miteigentumsanteils zur Sicherheit vgl. Abschnitt 3.1 Abs. 3 Satz 1 und Abschnitt 1.2 Abs. 1. ③ Die Gemeinschafter einer nicht selbst unternehmerisch tätigen Bruchteilsgemeinschaft (vgl. Abschnitt 15.2b Abs. 1) können über ihren Anteil an dem Gegenstand ohne Zwischenerwerb durch die Gemeinschaft verfügen und ihn veräußern (BFH-Urteil vom 28. 8. 2014, V R 49/13, BStBl. 2021 II S. 825);

7.[2] ① Transaktionen auf Gewichtskonten, wenn eine Konkretisierung von Übergabeort, Form, Stückelung und Reinheit des Metalls vorgenommen wurde bzw. schon bei Abschluss des Grundgeschäfts beabsichtigt ist, eine solche Konkretisierung noch vor der Übertragung vorzunehmen. ② Indizien hierfür sind, wenn der Belegenheitsort des gelagerten/physischen Metalls dem Gewichtskonteninhaber im Zeitpunkt des Erwerbs bekannt ist, zwischen den Beteiligten weitgehend feststeht, in welcher Form, Stückelung und Reinheit die Metalle abgerufen werden, ausreichende physische Vorräte am Erfüllungsort, um diese Gewichtskontenansprüche erfüllen zu können, gegeben sind und ein Herausgabeanspruch unter Berücksichtigung gegebener logistischer Anforderungen vereinbart wurde.

103 (3) Sonstige Leistungen sind z. B.:

1. die Übermittlung von Nachrichten zur Veröffentlichung;

2. *(aufgehoben)*

3. die Überlassung von Lichtbildern zu Werbezwecken (vgl. BFH-Urteil vom 12. 1. 1956, V 272/55 S, BStBl. III S. 62);

4. die Überlassung von Konstruktionszeichnungen und Plänen für technische Bauvorhaben sowie die Überlassung nicht geschützter Erfahrungen und technischer Kenntnisse (vgl. BFH-Urteil vom 18. 5. 1956, V 276/55 U, BStBl. III S. 198);

5. die Veräußerung von Modellskizzen (vgl. BFH-Urteil vom 26. 10. 1961, V 307/59);

6. die Übertragung eines Verlagsrechts (vgl. BFH-Urteil vom 16. 7. 1970, V R 95/66, BStBl. II S. 706);

7. die Überlassung von Know-how und von Ergebnissen einer Meinungsumfrage auf dem Gebiet der Marktforschung (vgl. BFH-Urteil vom 22. 11. 1973, V R 164/72, BStBl. 1974 II S. 259);

8.[2] ① die Überlassung von nicht standardisierter Software, die speziell nach den Anforderungen des Anwenders erstellt wird oder die eine vorhandene Software den Bedürfnissen des Anwenders individuell anpasst. ② Gleiches gilt für die Übertragung von Standard-Software oder Individual-Software auf elektronischem Weg (z. B. über Internet);

9. die Überlassung sendefertiger Filme durch einen Filmhersteller im Sinne von § 94 UrhG – sog. Auftragsproduktion – (vgl. BFH-Urteil vom 19. 2. 1976, V R 92/74, BStBl. II S. 515);

10. die Überlassung von Fotografien zur Veröffentlichung durch Zeitungs- oder Zeitschriftenverlage (vgl. BFH-Urteil vom 12. 5. 1977, V R 111/73, BStBl. II S. 808);

---

[1] Software vgl. A 3 a.9 Abs. 13 Satz 4 u. Abs. 15 Satz 3, 3 a.12 Abs. 3 Nr. 2 u. Abs. 6 Nr. 7, 12.7 Abs. 1 u. 15 a.1 Abs. 2 Nr. 1 UStAE.

[2] A 3.5 UStAE Abs. 2 Nr. 7 angefügt durch BMF v. 17. 1. 2022 (BStBl. I S. 161), anzuwenden in allen offenen Fällen.

11. die Entwicklung eines vom Kunden belichteten Films sowie die Bearbeitung von auf physischen Datenträgern oder auf elektronischem Weg übersandten Bilddateien;
12.[1] die Herstellung von Fotokopien, wenn über das bloße Vervielfältigen hinaus weitere Dienstleistungen erbracht werden, insbesondere Beratung des Kunden oder Anpassung, Umgestaltung oder Verfremdung des Originals (vgl. EuGH-Urteil vom 11. 2. 2010, C-88/09, Graphic Procédé);
13.[2] ① Nachbaugebühren im Sinne des § 10a Abs. 2ff. SortSchG, die ein Landwirt dem Inhaber des Sortenschutzes zu erstatten hat, werden als Entgelt für eine sonstige Leistung des Sortenschutzinhabers gezahlt, welche in der Duldung des Nachbaus durch den Landwirt besteht. ② Bei der Überlassung von Vorstufen- oder Basissaatgut im Rahmen von sog. Vertriebsorganisationsverträgen handelt es sich ebenfalls um eine sonstige Leistung des Sortenschutzinhabers, welche in der Überlassung des Rechts, eine Saatgutsorte zu produzieren und zu vermarkten, und der Überlassung des hierzu erforderlichen Saatguts besteht. ③ Zur Anwendung der Durchschnittssatzbesteuerung nach § 24 UStG vgl. Abschnitte 24.1 und 24.3;
14. die entgeltliche Überlassung von Eintrittskarten (vgl. BFH-Urteil vom 3. 6. 2009, XI R 34/08, BStBl. 2010 II S. 857);
15. ① die Abgabe eines sog. Mobilfunk-Startpakets ohne Mobilfunkgerät. ② Leistungsinhalt ist hierbei die Gewährung eines Anspruchs auf Abschluss eines Mobilfunkvertrags einschließlich Zugang zu einem Mobilfunknetz. ③ Zur Abgabe von Startpaketen mit Mobilfunkgerät vgl. BMF-Schreiben vom 3. 12. 2001, BStBl. I S. 1010. ④ Zur Behandlung von Einzweckguthabenkarten in der Telekommunikation vgl. BMF-Schreiben vom 24. 9. 2012, BStBl. I S. 947;
16. der Verkauf einer Option und der Zusammenbau einer Maschine (vgl. Artikel 8 und 9 MwStVO);
17. der An- und Verkauf in- und ausländischer Banknoten und Münzen im Rahmen von Sortengeschäften (Geldwechselgeschäft) (vgl. BFH-Urteil vom 19. 5. 2010, XI R 6/09, BStBl. 2011 II S. 831);
18. die entgeltliche Überlassung von Transporthilfsmitteln im Rahmen reiner Tauschsysteme (z. B. Euro-Flachpaletten und Euro-Gitterboxpaletten; vgl. BMF-Schreiben vom 5. 11. 2013, BStBl. I S. 1386);
19.[3] Transaktionen auf Gewichtskonten, wenn zwischen den Beteiligten nicht feststeht, wann und ob überhaupt das Metall physisch zur Verfügung gestellt wird oder der Belegenheitsort des gelagerten/physischen Metalls dem Gewichtskonteninhaber im Zeitpunkt des Erwerbs des Anspruchs nicht bekannt ist oder zwischen den Beteiligten nicht feststeht, in welcher Form, Stückelung oder Reinheit die Metalle abgerufen werden.

(4) ① Die Überlassung von Matern, Klischees und Abzügen kann sowohl eine Lieferung als auch eine sonstige Leistung sein (vgl. BFH-Urteile vom 13. 10. 1960, V 299/58 U, BStBl. 1961 III S. 26, und vom 14. 2. 1974, V R 129/70, BStBl. II S. 261). ② Kauft ein Unternehmer von einem Waldbesitzer Holz und beauftragt dieser den Holzkäufer mit der Fällung, Aufarbeitung und Rückung des Holzes (sog. Selbstwerbung), kann sowohl ein tauschähnlicher Umsatz (Waldarbeiten gegen Lieferung des Holzes mit Baraufgabe) als auch eine bloße Holzlieferung in Betracht kommen (vgl. BFH-Urteil vom 19. 2. 2004, V R 10/03, BStBl. II S. 675). **104**

Lieferungen und sonstige Leistungen bei Miet- und Leasingverträgen[4]

(5) ① Werden Gegenstände im Leasingverfahren überlassen, ist die Übergabe des Gegenstands durch den Leasinggeber an den Leasingnehmer nur dann eine Lieferung, wenn: **105**

1. der Vertrag ausdrücklich eine Klausel zum Übergang des Eigentums an diesem Gegenstand vom Leasinggeber auf den Leasingnehmer enthält und
2. aus den – zum Zeitpunkt der Vertragsunterzeichnung und objektiv zu beurteilenden – Vertragsbedingungen deutlich hervorgeht, dass das Eigentum am Gegenstand automatisch auf den Leasingnehmer übergehen soll, wenn der Vertrag bis zum Vertragsablauf planmäßig ausgeführt wird.

② Eine ausdrückliche Klausel zum Eigentumsübergang liegt auch vor, wenn der Vertrag eine Kaufoption für den Gegenstand enthält. ③ Bei einer im Vertrag enthaltenen – formal zwar völlig unverbindlichen – Kaufoption ist die zweite Voraussetzung erfüllt, wenn angesichts der finanziellen Vertragsbedingungen die Optionsausübung zum gegebenen Zeitpunkt in Wirklichkeit als einzig wirtschaftlich rationale Möglichkeit für den Leasingnehmer erscheint. ④ Der Vertrag darf dem Leasingnehmer keine echte wirtschaftliche Alternative in dem Sinne bieten, dass er zu dem Zeitpunkt, an dem er eine Wahl zu treffen hat, je nach Interessenlage den Gegenstand erwerben, zurückgeben oder weiter mieten kann. ⑤ Dies kann z. B. dann der Fall sein, wenn nach dem Ver-

[1] Fotokopien vgl. Schreiben zu Anlage 2, Tz. 153 (hinter § 29 UStG).
[2] Saatgut vgl. A 3.5 Abs. 3 Nr. 13, 3.10 Abs. 6 Nr. 4 UStAE, Schreiben zur Anlage 2 Tz. 35 u. 62 (hinter § 29 UStG), BMF v. 4. 2. 2010 (BStBl. I S. 214) zu Tz. 35 a. a. O. und BMF v. 14. 2. 2006 (BStBl. I S. 240).
[3] A 3.4 UStAE Abs. 3 Nr. 19 angefügt durch BMF v. 17. 1. 2022 (BStBl. I S. 161), anzuwenden in allen offenen Fällen.
[4] Leasing vgl. A 1.3 Abs. 17, 3.5 Abs. 5–7 a u. 13.1 Abs. 4 UStAE.

UStAE 3.5

trag zu dem Zeitpunkt, zu dem die Option ausgeübt werden darf, die Summe der vertraglichen Raten dem Verkehrswert des Gegenstands einschließlich der Finanzierungskosten entspricht und der Leasingnehmer wegen der Ausübung der Option nicht zusätzlich eine erhebliche Summe entrichten muss (vgl. EuGH-Urteil vom 4. 10. 2017, C-164/16, Mercedes-Benz Financial Services UK Ltd., BStBl. 2020 II S. 179). ⑥ Eine erhebliche Summe ist im Sinne des Satzes 5 zu entrichten, wenn der zusätzlich zu entrichtende Betrag 1 Prozent des Verkehrswertes des Gegenstandes im Zeitpunkt der Ausübung der Option übersteigt. ⑦ Für die Überlassung eines Gegenstands außerhalb des Leasingverfahrens (z. B. Mietverträge im Sinne des § 535 BGB mit Recht zum Kauf) gelten die Sätze 1 bis 5 sinngemäß.

106 (6) Erfolgt bei einer grenzüberschreitenden Überlassung eines Leasing-Gegenstands (sog. Cross-Border-Leasing) die Zuordnung dieses Gegenstands auf Grund eines Rechts eines anderen Mitgliedstaates ausnahmsweise abweichend von Absatz 5 bei dem im Inland ansässigen Vertragspartner, ist dieser Zuordnung zur Vermeidung von endgültigen Steuerausfällen zu folgen; ist die Zuordnung abweichend von Absatz 5 bei dem im anderen Mitgliedstaat ansässigen Vertragspartner erfolgt, kann dieser gefolgt werden, wenn der Nachweis erbracht wird, dass die Überlassung in dem anderen Mitgliedstaat der Besteuerung unterlegen hat.

107 (7)[1] ① Die Annahme einer Lieferung nach den Grundsätzen der Absätze 5 und 6 setzt voraus, dass die Verfügungsmacht an dem Gegenstand bei dem Unternehmer liegt, der den Gegenstand überlässt. ② In den Fällen, in denen der Überlassung des Gegenstands eine zivilrechtliche Eigentumsübertragung vom späteren Nutzenden des Gegenstands an den überlassenden Unternehmer vorausgeht (z. B. beim sog. sale-and-lease-back), ist daher zu prüfen, ob die Verfügungsmacht an dem Gegenstand sowohl im Rahmen dieser Eigentumsübertragung, als auch im Rahmen der nachfolgenden Nutzungsüberlassung jeweils tatsächlich übertragen wird und damit eine Hin- und Rücklieferung stattfindet oder ob dem der Nutzung vorangehenden Übergang des zivilrechtlichen Eigentums an dem Gegenstand vielmehr eine bloße Sicherungs- und Finanzierungsfunktion zukommt, so dass insgesamt eine Kreditgewährung vorliegt (vgl. BFH-Urteil vom 9. 2. 2006, V R 22/03, BStBl. II S. 727). ③ Diese Prüfung richtet sich nach dem Gesamtbild der Verhältnisse des Einzelfalls, d. h. den konkreten vertraglichen Vereinbarungen und deren jeweiliger tatsächlicher Durchführung unter Berücksichtigung der Interessenlage der Beteiligten. ④ Von einem Finanzierungsgeschäft ist insbesondere auszugehen, wenn die Vereinbarungen über die Eigentumsübertragung und über das Leasingverhältnis bzw. über die Rückvermietung in einem unmittelbaren sachlichen Zusammenhang stehen und eine Ratenkauf- oder Mietkaufvereinbarung geschlossen wird, auf Grund derer das zivilrechtliche Eigentum mit Ablauf der Vertragslaufzeit wieder auf den Nutzenden zurückfällt oder den Überlassenden zur Rückübertragung des Eigentums verpflichtet. ⑤ Daher ist z. B. bei einer nach Absatz 5 als Lieferung zu qualifizierenden Nutzungsüberlassung mit vorangehender Eigentumsübertragung auf den Überlassenden (sog. sale-and-Mietkauf-back) ein Finanzierungsgeschäft anzunehmen.

Beispiel 1:

① Der Hersteller von Kopiergeräten H und die Kopierervermietungsgesellschaft V schließen einen Kaufvertrag über die Lieferung von Kopiergeräten, wobei das zivilrechtliche Eigentum auf die Vermietungsgesellschaft übergeht. ② Gleichzeitig verpflichtet sich V, dem Hersteller H die Rückübertragung der Kopiergeräte nach Ablauf von 12 Monaten anzudienen, H macht regelmäßig von seinem Rücknahmerecht Gebrauch. ③ Zur endgültigen Rückübertragung bedarf es eines weiteren Vertrags, in dem die endgültigen Rückgabe- und Rücknahmekonditionen einschließlich des Rückkaufpreises festgelegt werden. ④ Während der „Vertragslaufzeit" von 12 Monaten vermietet die Vermietungsgesellschaft die Kopiergeräte an ihre Kunden.

⑤ Umsatzsteuerrechtlich liegen zwei voneinander getrennt zu beurteilende Lieferungen i. S. d. § 3 Abs. 1 UStG vor. ⑥ Die Verfügungsmacht an den Kopiergeräten geht zunächst auf V über und fällt nach Ablauf von 12 Monaten bei regelmäßigem Ablauf durch einen neuen Vertragsabschluss wieder an H zurück.

Beispiel 2:

① Wie Beispiel 1, wobei V nunmehr einen weiteren Vertrag mit der Leasinggesellschaft L zur Finanzierung des Geschäfts mit H schließt. ② Hiernach verkauft V die Kopiergeräte an L weiter und least sie gleichzeitig von L zurück, die sich ihrerseits unwiderruflich zur Rückübertragung des Eigentums nach Ablauf des Leasingzeitraums verpflichtet. ③ Das zivilrechtliche Eigentum wird übertragen und L ermächtigt V, die geleasten Kopiergeräte im Rahmen des Vermietungsgeschäfts für ihre Zwecke zu nutzen. ④ Die Laufzeit des Vertrags beschränkt sich auf 12 Monate und die für die spätere Bestimmung des Rückkaufpreises maßgebenden Konditionen werden bereits jetzt vereinbart.

⑤ In der Veräußerung der Kopiergeräte von H an V und deren Rückübertragung nach 12 Monaten liegen entsprechend den Ausführungen zum Ausgangsfall zwei voneinander zu trennende Lieferungen vor.

⑥ Die Übertragung des zivilrechtlichen Eigentums an den Kopiergeräten durch V an L dient dagegen lediglich der Besicherung der Refinanzierung des V bei L. ⑦ Es findet keine Übertragung von Substanz, Wert und Ertrag der Kopiergeräte statt. ⑧ Die Gesamtbetrachtung aller Umstände und vertraglichen Vereinbarungen des Einzelfalls führt zu dem Ergebnis, dass insgesamt nur eine Kreditgewährung von L an V vorliegt. ⑨ Im Gegensatz zum Ausgangsfall wird die Verfügungsmacht an den Kopiergeräten nicht übertragen.

Beispiel 3:

① Wie Beispiel 1, wobei die Leasinggesellschaft L dem zuvor zwischen H und V geschlossenen Kaufvertrag mit Rückandienungsverpflichtung in Form von Nachtragsvereinbarungen beitritt, bevor die Kopiergeräte von H an V ausgeliefert werden. ② Infolge des Vertragsbeitritts wird L schuldrechtlich neben V Vertragspartnerin der späteren Kauf- und Rückkaufverträge mit H. ③ Über die Auslieferung der Kopiergeräte rechnet H mit L ab, welche anschließend einen Leasingvertrag bis zum

[1] Verschaffung der Verfügungsmacht vgl. A 3.1 Abs. 2, 3.5 Abs. 7 u. 15 a.2 Abs. 7 UStAE.

Rückkauftermin mit V abschließt. ④ Im Unternehmen der V werden die Kopiergeräte den Planungen entsprechend ausschließlich für Vermietungszwecke genutzt. ⑤ Zum Rückkauf-Termin nach 12 Monaten werden die Geräte gemäß den vereinbarten Konditionen von V an H zurückgegeben.

⑥ Die Vorstellungen der Beteiligten H, V und L sind bei der gebotenen Gesamtbetrachtung darauf gerichtet, V unmittelbar die Verfügungsmacht an den Geräten zu verschaffen, während L lediglich die Finanzierung des Geschäfts übernehmen soll. ⑦ Mit der Übergabe der Geräte werden diese deshalb durch H an V geliefert. ⑧ Es findet mithin weder eine (Weiter-) Lieferung der Geräte von V an L noch eine Rückvermietung der Geräte durch L an V statt. ⑨ L erbringt vielmehr eine sonstige Leistung in Form der Kreditgewährung an V. ⑩ Die Rückübertragung der Geräte an H nach Ablauf der 12 Monate führt zu einer Lieferung von V an H.

⑥ Ist ein sale-and-lease-back-Geschäft hingegen maßgeblich darauf gerichtet, dem Verkäufer und Leasingnehmer eine vorteilhafte bilanzielle Gestaltung zu ermöglichen und hat dieser die Anschaffung des Leasinggegenstandes durch den Käufer und Leasinggeber überwiegend mitfinanziert, stellt das Geschäft keine Lieferung mit nachfolgender Rücküberlassung und auch keine Kreditgewährung dar, sondern eine steuerpflichtige sonstige Leistung nach § 3 Abs. 9 Satz 1 UStG, die in der Mitwirkung des Käufers und Leasinggebers an einer bilanziellen Gestaltung des Verkäufers und Leasingnehmers besteht (vgl. BFH-Urteil vom 6. 4. 2016, V R 12/15, BStBl. 2017 II S. 188).

(7 a) ① Bei der Beschaffung von Investitionsgütern kommt es häufig zu einem Dreiecksverhältnis, **107a** bei dem der Kunde (künftiger Leasingnehmer) zunächst einen Kaufvertrag über den Liefergegenstand mit dem Lieferanten und anschließend einen Leasingvertrag mit dem Leasing-Unternehmen abschließt. ② Durch Eintritt in den Kaufvertrag (sog. Bestelleintritt) verpflichtet sich das Leasing-Unternehmen zur Zahlung des Kaufpreises und erlangt den Anspruch auf Übertragung des zivilrechtlichen Eigentums an dem Gegenstand. ③ Für die Frage, von wem in diesen Fällen der Leasing-Gegenstand geliefert und von wem er empfangen wird, ist darauf abzustellen, wer aus dem schuldrechtlichen Vertragsverhältnis, das dem Leistungsaustausch zu Grunde liegt, berechtigt und verpflichtet ist (vgl. Abschnitt 2.1 Abs. 3 und Abschnitt 15.2b Abs. 1). ④ Maßgebend dafür sind die Vertragsverhältnisse im Zeitpunkt der Leistungsausführung. ⑤ Bis zur Ausführung der Leistung können die Vertragspartner mit umsatzsteuerlicher Wirkung ausgetauscht werden, z. B. durch einen Bestelleintritt oder jede andere Form der Vertragsübernahme. ⑥ Vertragsänderungen nach Ausführung der Leistung sind dagegen umsatzsteuerlich unbeachtlich. ⑦ Das bedeutet:

1. ① Tritt das Leasing-Unternehmen vor der Lieferung des Leasing-Gegenstandes an den Kunden in den Kaufvertrag ein, liefert der Lieferant den Leasing-Gegenstand an das Leasing-Unternehmen, weil dieses im Zeitpunkt der Lieferung aus dem Kaufvertrag berechtigt und verpflichtet ist. ② Die körperliche Übergabe des Leasing-Gegenstandes an den Kunden steht dabei einer Lieferung an das Leasing-Unternehmen nicht entgegen (§ 3 Abs. 1 UStG). ③ Das sich anschließende Leasing-Verhältnis zum Kunden führt je nach ertragsteuerlicher Zurechnung des Leasing-Gegenstandes zu einer Vermietungsleistung oder einer weiteren Lieferung (Absatz 5).
2. ① Tritt dagegen das Leasing-Unternehmen in den Kaufvertrag ein, nachdem der Kunde bereits die Verfügungsmacht über den Leasing-Gegenstand erhalten hat (sog. nachträglicher Bestelleintritt), liegt eine Lieferung des Lieferanten an den Kunden vor. ② Diese wird durch den Bestelleintritt des Leasing-Unternehmens nicht nach § 17 Abs. 2 Nr. 3 UStG rückgängig gemacht. ③ Bei dem anschließenden Leasing-Verhältnis zwischen dem Kunden und dem Leasing-Unternehmen handelt es sich um ein sale-and-lease-back-Geschäft, das nach dem Gesamtbild der Verhältnisse des Einzelfalls entweder als Lieferung des Kunden an das Leasing-Unternehmen („sale") mit anschließender sonstiger Leistung des Leasing-Unternehmens an den Kunden („lease-back") oder insgesamt als Kreditgewährung des Leasing-Unternehmens an den Kunden zu beurteilen ist (vgl. Absatz 7). ④ Zwischen dem Lieferanten und dem Leasing-Unternehmen liegt dagegen keine umsatzsteuerrechtlich relevante Leistung vor. ⑤ Eine nur im Innenverhältnis zwischen dem Lieferanten und dem Leasing-Unternehmen bestehende Rahmenvereinbarung zur Absatzfinanzierung hat im Regelfall keine Auswirkungen auf die umsatzsteuerlichen Lieferbeziehungen.

Übertragung von Gesellschaftsanteilen[1, 2]

(8) ① Die Übertragung von Anteilen an Personen- oder Kapitalgesellschaften (Gesellschaftsanteile, vgl. Abschnitt 4. 8. 10) ist als sonstige Leistung zu beurteilen (vgl. EuGH-Urteil vom 26. 5. **108** 2005, C-465/03, Kretztechnik). ② Dies gilt entsprechend bei der Übertragung von Wertpapieren anderer Art, z. B. Fondsanteilen oder festverzinslichen Wertpapieren; zur Steuerbarkeit bei der Übertragung von Gesellschaftsanteilen und bei der Ausgabe nichtverbriefter Genussrechte vgl. Abschnitte 1.1 Abs. 15, 1.5 Abs. 9 und 1.6 Abs. 2. ③ Ist das übertragene Recht in einem Papier verbrieft, kommt es nicht darauf an, ob das Papier effektiv übertragen oder in einem Sammeldepot verwahrt wird.

LS zu 3.5

109

1. Die Veräußerung des **Miteigentumsanteils** an einer Sache (Buch) kann Gegenstand einer Lieferung sein (Änderung der Rechtsprechung). – 2. Diese Lieferung ist trotz fehlenden Buchnachweises steuerfrei, wenn objektiv feststeht, dass der veräußerte Gegenstand unmittelbar nach der Veräußerung in einen anderen Mitgliedstaat gebracht wurde. *BFH-Urteil v. 18. 2. 2016 V R 53/14 (BStBl. 2019 II S. 333).*

[1] Ausgabe bzw. Übertragung von Gesellschaftsanteilen vgl. A 1.1 Abs. 15, 1.6 Abs. 2, 3.5 Abs. 8, 4. 8. 10 u. 15.21 (Vorsteuerabzug) UStAE.

[2] Beteiligungen vgl. A 2.3 Abs. 2–4, 3.5 Abs. 8, 4. 8. 10 u. 15.22 (Vorsteuerabzug) UStAE.

– Leasing –

Zur umsatzsteuerrechtlichen Behandlung verschiedener Leasing-Modelle (**Cross-Boarder-Leasing, Lease-in/Lease-out, sale-and-lease-back** und Leasing im **Dreiecksverhältnis** mit Eintritt des Leasinggebers in einen Kaufvertrag zwischen dem Lieferanten und dem Leasingnehmer) vgl. *OFD Hannover S 7100 – 611 – StO 171 v. 22. 10. 2009 (DStR 2010 S. 113).*

Eine Lieferung kann auch bei **Betrugsabsicht** des Lieferers vorliegen. Dem Vorsteuerabzug aus einer Lieferung i. S. von § 15 Abs. 1, § 3 Abs. 1 UStG steht nicht entgegen, dass der Lieferer zivilrechtlich nicht Eigentümer des Liefergegenstands ist und darüber hinaus beabsichtigt, den gelieferten Gegenstand vertragswidrig nochmals an einen anderen Erwerber zu liefern. *BFH-Urteil v. 8. 9. 2011, V R 43/10 (BStBl. 2014 II S. 203).*

Doppelte Nichtbesteuerung grenzüberschreitender Umsätze **(Leasing)** wegen unterschiedlicher Qualifizierung in zwei Mitgliedstaaten (Lieferung in D., sonst. Leist. in GB an nicht nahestehende Personen) nicht rechtsmissbräuchlich. ***EuGH v. 22. 12. 2010,** C-277/09, RBS Deutschland Holdings GmbH (DStR 2011 S. 66).*

Steuerstundung der **nichtabzugsfähigen Vorsteuer** durch Leasing statt Kauf nicht rechtsmissbräuchlich. ***EuGH v. 22. 12. 2010,** C-103/09, Weald Leasing Ldt. (BeckRS 2010, 91 481).*

Wird ein **Finanzierungs-Leasingvertrag** aus wichtigem Grund seitens des Leasinggebers außerordentlich **gekündigt** und der Leasinggegenstand einvernehmlich ohne weitergehende wechselseitige Ansprüche zurückgegeben, ist die Vorsteuer im Jahr der Rückgabe nach § 17 Abs. 2 Nr. 3 EStG zu berichtigen. *FG Nürnberg, Beschl. v. 29. 1. 2007, II 342/2005, rkr. (DStRE S. 1573).*

Sale-and-lease-back-Geschäfte können als Mitwirkung des Käufers und Leasinggebers an einer bilanziellen Gestattung des Verkäufers und Leasingnehmers zu steuerpflichtigen sonstigen Leistungen führen. *BFH-Urteil v. 6. 4. 2016 V R 12/15 (BStBl. 2017 II S. 188).*

Anl zu 3.5

Schreiben betr. umsatzsteuerrechtliche Behandlung von Transaktionen auf Gewichtskonten

Vom 17. Januar 2022 (BStBl. I S. 161)

(BMF III C 2 – S 7100/19/10002 :002; DOK 2022/0031043)

I. Einräumung und Übertragung von Gewichtsguthaben an Edelmetallen

Die umsatzsteuerrechtliche Einordnung einer Verfügung über einen Gewichtskontenbestand hängt von der Art der Leistung ab. Ausschlaggebend für die umsatzsteuerrechtliche Qualifizierung ist das Grundgeschäft.

110 **1. Gewichtskontenbewegung ohne Grundgeschäft**

Reine Umbuchungssachverhalte, d. h. Gewichtskontenbewegungen, denen keine Grundgeschäfte zu Grunde liegen, sind umsatzsteuerrechtlich ohne Relevanz.

Beispiel 1:

Unternehmer A hat ein Guthaben auf seinem Gewichtskonto bei der Bank B1. Von diesem Guthaben überträgt er einen Teil auf sein Gewichtskonto bei der Bank B2. Eine physische Lieferung von Edelmetallen ist weder gewollt noch vereinbart.

Die Umbuchung führt zu keinem Leistungsaustausch zwischen den beteiligten Banken B1 und B2 und dem Unternehmer A, da Unternehmer A lediglich über das ihm gehörende Guthaben auf seinen Gewichtskonten verfügt.

Beispiel 2:

Unternehmer A liefert Metall in beliebiger Form bei Scheideanstalt S an. Die angelieferte Metallmenge wird auf dem bei S geführten Gewichtskonto des A gutgeschrieben.

Die Anlieferung von Metall durch A bei gleichzeitiger Gutschrift auf dem Gewichtskonto des A stellt keinen umsatzsteuerbaren Sachverhalt dar.

110a **2. Unterscheidung zwischen Lieferung und sonstiger Leistung**

Die Übertragung von Miteigentumsanteilen an einer Sache ist umsatzsteuerrechtlich grundsätzlich als Lieferung zu beurteilen (vgl. BFH-Urteil vom 18. Februar 2016 V R 53/14, BStBl. 2019 II S. 333).

Soweit ein Gewichtskonto bei Scheideanstalten einen Miteigentumsanteil an einem Edelmetall repräsentiert, wäre daher mit der Abbuchung von diesem Konto eine Eigentumsübertragung (an die Scheideanstalt oder einen Dritten) und damit eine Lieferung verbunden.

Abweichend von diesen Grundsätzen wird für die Abbuchung von einem Gewichtskonto bei Scheideanstalten, das einen Miteigentumsanteil an einem Edelmetall repräsentiert, davon ausgegangen, dass für die Annahme einer Lieferung i. S. v. § 3 Abs. 1 UStG entscheidend ist, ob eine Konkretisierung des Metalls vorgenommen wurde bzw. bereits bei Abschluss des Grundgeschäfts beabsichtigt ist, eine solche Konkretisierung vor Übertragung noch vorzunehmen. Für den Fall, dass der Ort der physischen Übergabe, Form und Stückelung des Metalls sowie die Reinheit noch nicht feststehen, fehlt eine hinreichende Konkretisierung des herauszugebenden Metalls, sodass eine Verfügungsmacht über einen bestimmten physischen Bestand des Edelmetalls durch den Gewichtskonteninhaber nicht gegeben ist. In der Konsequenz besteht bei Metallbeständen auf Gewichtskonten der Zugriff in Abhängigkeit von den Vereinbarungen des Grundgeschäfts. So lange über Übergabeort, Form, Stückelung und Reinheit des Metalls noch keine Vorstellungen bestehen, kommt dem Gewichtskonteninhaber nur ein konkretisierungsbedürftiger Rechtsverwirklichungsanspruch zu.

Insgesamt lässt sich festhalten, dass es drei verschiedene Kategorien von Transaktionen im Zusammenhang mit Gewichtskonten gibt:

110b **2.1. Lieferungen**

Eine Lieferung ist immer dann anzunehmen, wenn eine Konkretisierung von Übergabeort, Form, Stückelung und Reinheit des Metalls vorgenommen wurde bzw. schon bei Abschluss des Grundgeschäfts beabsichtigt ist, eine solche Konkretisierung noch vor der Übertragung vorzunehmen. Indizien hierfür sind, wenn der Belegenheitsort des gelagerten/physischen Metalls dem Gewichtskonteninhaber im Zeitpunkt des Erwerbs bekannt ist, zwischen den Beteiligten weitgehend feststeht, in welcher Form, Stückelung und Reinheit die Metalle abgerufen werden, ausreichende physische Vorräte am Erfüllungsort, um diese Gewichtskontenansprüche erfüllen zu können, gegeben sind und ein Herausgabeanspruch unter Berücksichtigung gegebener logistischer Anforderungen vereinbart wurde.

Beispiel 3:

Metallhändler E verkauft am 1. Juli 2021 1 kg Platinbarren an den Kunden K. K entrichtet hierfür ein Entgelt an E. Die Menge wird K auf seinem Metallkonto gutgeschrieben. K kann die Menge unter Berücksichtigung gegebener logistischer Anforderungen jederzeit abholen oder die Auslieferung vereinbaren. Es liegt eine Lieferung vor.

2.2. Sonstige Leistung **110c**

Ist die Rechtsposition des Gewichtskontoinhabers aufgrund der konkreten Bedingungen der Metallaufbewahrung und der Konditionen für das Herausgabeverlangen des Metalls dagegen beschränkt (d. h., fehlt es an den unter Ziffer 2.1 dargestellten Kriterien), liegt ausnahmsweise keine Lieferung, sondern eine sonstige Leistung vor.

Indizien für ein nur eingeschränktes Recht an dem hinter dem Gewichtskonto stehenden physischen Metall und damit einhergehend für die Annahme einer sonstigen Leistung bei Gewichtskontentransaktionen sind beispielsweise, dass zwischen den Beteiligten nicht feststeht, wann und ob überhaupt das Metall physisch zur Verfügung gestellt wird, der Belegenheitsort des gelagerten/physischen Metalls dem Gewichtskonteninhaber im Zeitpunkt des Erwerbs des Anspruchs nicht bekannt ist oder zwischen den Beteiligten nicht feststeht, in welcher Form, Stückelung oder Reinheit die Metalle abgerufen werden.

Beispiel 4:

Die Scheideanstalt S verkauft 5 × 1 kg Silberbarren an den Unternehmer A. Zur Risikoabsicherung des Edelmetallpreises (= Hedging) kauft die Scheideanstalt S die gleiche Menge (5 kg) bei der Bank B als Gewichtskontoguthaben. Eine physische Lieferung von der Bank B an Scheideanstalt S ist weder gewollt noch vereinbart.

Bei einer derartigen Gewichtskontentransaktion fehlt es an einer Konkretisierung im Hinblick auf Übergabeort, Form, Stückelung und Reinheit des Metalls. Die Transaktion von Bank B an Scheideanstalt S ist daher als sonstige Leistung einzuordnen.

2.3. Differenzgeschäfte/Absicherungsgeschäfte **110d**

Von einem Differenzgeschäft/Absicherungsgeschäft ist auszugehen, wenn bereits im Zeitpunkt des Verkaufs des Edelmetalls ein Vertrag über den Rückkauf mit dem Vertragspartner abgeschlossen wird, sodass letztlich eine Transaktion erfolgt, die ggf. nur zu Dokumentationszwecken über Gewichtskonten vorgenommen wird und lediglich dazu dient, Preis- und Liquidationsrisiken zu verringern. Absicherungsgeschäfte sind daher regelmäßig nicht darauf angelegt, dass es zwischen den hieran Beteiligten zu einer physischen Aushändigung kommt. Der Vertragsabschluss erfolgt in der Regel zwischen zwei Unternehmen der (Edel-)Metallbranche oder einem Unternehmen der (Edel-)Metallbranche sowie einer Bank. Differenzgeschäfte unterliegen nicht der Umsatzbesteuerung.

Beispiel 5:

Der Unternehmer A hat ein Guthaben auf seinem Gewichtskonto bei der Scheideanstalt S. Von diesem Guthaben überträgt er einen Teil zu Absicherungszwecken an die Bank B, mit der er vereinbart, dass das Guthaben zu einem bestimmten Zeitpunkt auf das Gewichtskonto bei der Scheideanstalt S zurück übertragen wird. Eine physische Lieferung ist weder gewollt noch vereinbart.

Das vorgenannte Absicherungsgeschäft stellt einen nicht steuerbaren Vorgang dar.

Beispiel 6:

Die Scheideanstalt S verkauft 5 × 1 kg Silberbarren an den Unternehmer A auf einen Termin drei Monate in die Zukunft zum Preis von 10.

Zu Edelmetallpreisrisikoabsicherungszwecken vereinbart die Scheideanstalt S ein Cash-Settlement-Geschäft mit Bank B, ebenfalls fällig in drei Monaten in der Zukunft. Hierbei wird ein Referenzpreis vereinbart, zum Beispiel London Fixing Silber in drei Monaten und ein Referenzkurs (gleich Verkauf an A) von 10.

In drei Monaten wird die Differenz zwischen Referenzkurs von 10 und London Fixing in Geld ausgeglichen. Gewichtskonten werden bei der Transaktion zwischen Scheideanstalt S und der Bank B nicht herangezogen. Es wird lediglich die Vereinbarung getroffen und am Stichtag die Differenz in Geld ausgeglichen.

Bei diesem Differenzgeschäft (zwischen Scheideanstalt S und Bank B) liegt kein umsatzsteuerbarer Leistungsaustausch vor.

II. Änderung des Umsatzsteuer-Anwendungserlasses

[in A 3.5 UStAE berücksichtigt]

III. Anwendung

Die Grundsätze dieses Schreibens sind in allen offenen Fällen anzuwenden.

3.6 Abgrenzung von Lieferungen und sonstigen Leistungen bei der Abgabe von Speisen und Getränken

UStAE 3.6

(1) ① Verzehrfertig zubereitete Speisen können sowohl im Rahmen einer ggf. ermäßigt besteuerten Lieferung als auch im Rahmen einer nicht ermäßigt besteuerten sonstigen Leistung abgegeben werden. ② Die Abgrenzung von Lieferungen und sonstigen Leistungen richtet sich dabei nach allgemeinen Grundsätzen (vgl. Abschnitt 3.5). ③ Nach Artikel 6 Abs. 1 MwStVO gilt die Abgabe zubereiteter oder nicht zubereiteter Speisen und/oder von Getränken zusammen mit ausreichen- **111**

UStAE 3.6

den unterstützenden Dienstleistungen, die deren sofortigen Verzehr ermöglichen, als sonstige Leistung. ④ Die Abgabe von Speisen und/oder Getränken ist nur eine Komponente der gesamten Leistung, bei der der Dienstleistungsanteil qualitativ überwiegt. ⑤ Ob der Dienstleistungsanteil qualitativ überwiegt, ist nach dem Gesamtbild der Verhältnisse des Umsatzes zu beurteilen. ⑥ Bei dieser wertenden Gesamtbetrachtung aller Umstände des Einzelfalls sind nur solche Dienstleistungen zu berücksichtigen, die sich von denen unterscheiden, die notwendig mit der Vermarktung der Speisen verbunden sind (vgl. Absatz 3). ⑦ Dienstleistungselemente, die notwendig mit der Vermarktung von Lebensmitteln verbunden sind, bleiben bei der vorzunehmenden Prüfung unberücksichtigt (vgl. Absatz 2). ⑧ Ebenso sind Dienstleistungen des speiseabgebenden Unternehmers oder Dritter, die in keinem Zusammenhang mit der Abgabe von Speisen stehen (z. B. Vergnügungsangebote in Freizeitparks, Leistungen eines Pflegedienstes oder Gebäudereinigungsleistungen außerhalb eigenständiger Cateringverträge), nicht in die Prüfung einzubeziehen.

112 (2) ① Insbesondere folgende Elemente sind notwendig mit der Vermarktung verzehrfertiger Speisen verbunden und im Rahmen der vorzunehmenden Gesamtbetrachtung nicht zu berücksichtigen:
- Darbietung von Waren in Regalen;
- Zubereitung der Speisen;
- Transport der Speisen und Getränke zum Ort des Verzehrs einschließlich der damit in Zusammenhang stehenden Leistungen wie Kühlen oder Wärmen, der hierfür erforderlichen Nutzung von besonderen Behältnissen und Geräten sowie der Vereinbarung eines festen Lieferzeitpunkts;
- Übliche Nebenleistungen (z. B. Verpacken, Beigabe von Einweggeschirr oder -besteck);
- Bereitstellung von Papierservietten;
- Abgabe von Senf, Ketchup, Mayonnaise, Apfelmus oder ähnlicher Beigaben;
- Bereitstellung von Abfalleimern an Kiosken, Verkaufsständen, Würstchenbuden usw.;
- Bereitstellung von Einrichtungen und Vorrichtungen, die in erster Linie dem Verkauf von Waren dienen (z. B. Verkaufstheken und -tresen sowie Ablagebretter an Kiosken, Verkaufsständen, Würstchenbuden usw.);
- bloße Erstellung von Leistungsbeschreibungen (z. B. Speisekarten oder -pläne);
- allgemeine Erläuterung des Leistungsangebots;
- Einzug des Entgelts für Schulverpflegung von den Konten der Erziehungsberechtigten.

② Die Abgabe von zubereiteten oder nicht zubereiteten Speisen mit oder ohne Beförderung, jedoch ohne andere unterstützende Dienstleistungen, stellt stets eine Lieferung dar (Artikel 6 Abs. 2 MwStVO). ③ Die Sicherstellung der Verzehrfertigkeit während des Transports (z. B. durch Warmhalten in besonderen Behältnissen) sowie die Vereinbarung eines festen Zeitpunkts für die Übergabe der Speisen an den Kunden sind unselbständiger Teil der Beförderung und daher nicht gesondert zu berücksichtigen. ④ Die Abgabe von Waren aus Verkaufsautomaten ist stets eine Lieferung.

113 (3) ① Nicht notwendig mit der Vermarktung von Speisen verbundene und damit für die Annahme einer Lieferung schädliche Dienstleistungselemente liegen vor, soweit sich der leistende Unternehmer nicht auf die Ausübung der Handels- und Verteilerfunktion des Lebensmitteleinzelhandels und des Lebensmittelhandwerks beschränkt (vgl. BFH-Urteil vom 24. 11. 1988, V R 30/83, BStBl. 1989 II S. 210). ② Insbesondere die folgenden Elemente sind nicht notwendig mit der Vermarktung von Speisen verbunden und daher im Rahmen der Gesamtbetrachtung zu berücksichtigen:
- Bereitstellung einer die Bewirtung fördernden Infrastruktur (vgl. Absatz 4);
- Servieren der Speisen und Getränke;
- Gestellung von Bedienungs-, Koch- oder Reinigungspersonal;
- Durchführung von Service-, Bedien- oder Spülleistungen im Rahmen einer die Bewirtung fördernden Infrastruktur oder in den Räumlichkeiten des Kunden;
- Nutzungsüberlassung von Geschirr oder Besteck;
- Überlassung von Mobiliar (z. B. Tischen und Stühlen) zur Nutzung außerhalb der Geschäftsräume des Unternehmers;
- Reinigung bzw. Entsorgung von Gegenständen, wenn die Überlassung dieser Gegenstände ein berücksichtigungsfähiges Dienstleistungselement darstellt (vgl. BFH-Urteil vom 10. 8. 2006, V R 55/04, BStBl. 2007 II S. 480);
- Individuelle Beratung bei der Auswahl der Speisen und Getränke;
- Beratung der Kunden hinsichtlich der Zusammenstellung und Menge von Mahlzeiten für einen bestimmten Anlass.

③ Erfüllen die überlassenen Gegenstände (Geschirr, Platten etc.) vornehmlich Verpackungsfunktion, stellt deren Überlassung kein berücksichtigungsfähiges Dienstleistungselement dar. ④ In diesem Fall ist auch die anschließende Reinigung bzw. Entsorgung der überlassenen Gegenstände bei der Gesamtbetrachtung nicht zu berücksichtigen.

Bereitstellung einer die Bewirtung fördernden Infrastruktur

114 (4)[1] ① Die Bereitstellung einer die Bewirtung fördernden Infrastruktur stellt ein im Rahmen der Gesamtbetrachtung zu berücksichtigendes Dienstleistungselement dar. ② Zu berücksichtigen

[1] A 3.6 UStAE Abs. 4 Sätze 6 und 10 neugefasst durch BMF v. 20. 12. 2022 (BStBl. I S. 1694).

ist dabei insbesondere die Bereitstellung von Vorrichtungen, die den bestimmungsgemäßen Verzehr der Speisen und Getränke an Ort und Stelle fördern sollen (z. B. Räumlichkeiten, Tische und Stühle oder Bänke, Bierzeltgarnituren). ③ Auf die Qualität der zur Verfügung gestellten Infrastruktur kommt es nicht an. ④ Daher genügt eine Abstellmöglichkeit für Speisen und Getränke mit Sitzgelegenheit für die Annahme einer sonstigen Leistung (vgl. BFH-Urteil vom 30. 6. 2011, V R 18/10, BStBl. 2013 II S. 246). ⑤ Daneben sind beispielsweise die Bereitstellung von Garderoben und Toiletten in die Gesamtbetrachtung einzubeziehen. ⑥ Eine in erster Linie zur Förderung der Bewirtung bestimmte Infrastruktur muss nicht einer ausschließlichen Nutzung durch die verzehrenden Kunden vorbehalten sein; darauf, dass die Einrichtung zugleich auch als Aufenthaltsraum, Warte- oder Treffpunkt genutzt werden kann, kommt es insoweit nicht an (vgl. BFH-Urteil vom 26. 8. 2021 – V R 42/20, BStBl. II 2022 S. 219). ⑦ Duldet der Unternehmer daneben eine Nutzung durch andere Personen, steht dies einer Berücksichtigung nicht entgegen. ⑧ Vorrichtungen, die nach ihrer Zweckbestimmung im Einzelfall nicht in erster Linie dazu dienen, den Verzehr von Speisen und Getränken zu erleichtern (z. B. Stehtische und Sitzgelegenheiten in den Wartebereichen von Kinofoyers sowie die Bestuhlung in Kinos, Theatern und Stadien, Parkbänke im öffentlichen Raum, Nachttische in Kranken- und Pflegezimmern), sind nicht zu berücksichtigen (vgl. BFH-Urteil vom 30. 6. 2011, V R 3/07, BStBl. 2013 II S. 241). ⑨ Dies gilt auch dann, wenn sich an diesen Gegenständen einfache, behelfsmäßige Vorrichtungen befinden, die den Verzehr fördern sollen (z. B. Getränkehalter, Ablagebretter). ⑩ Maßgeblich ist, ob die unterstützenden Dienstleistungen neben der Abgabe der Speisen mehr als nur einen geringfügigen personellen Einsatz erfordern (beispielsweise um das gestellte Material herbeizuschaffen, zurückzunehmen und ggf. zu reinigen); nicht zu berücksichtigen ist daher die bloße Bereitstellung behelfsmäßiger Verzehrvorrichtungen, wie z. B. Verzehrtheken ohne Sitzgelegenheit oder Stehtische. ⑪ Sofern die Abgabe der Speisen und Getränke zum Verzehr vor Ort erfolgt, kommt es jedoch nicht darauf an, dass sämtliche bereitgestellte Einrichtungen tatsächlich genutzt werden. ⑫ Vielmehr ist das bloße Zur-Verfügung-Stellen ausreichend. ⑬ In diesem Fall ist auf sämtliche Vor-Ort-Umsätze der allgemeine Steuersatz anzuwenden. ⑭ Für die Berücksichtigung einer die Bewirtung fördernden Infrastruktur ist die Zweckabrede zum Zeitpunkt des Vertragsabschlusses maßgeblich. ⑮ Bringt der Kunde zum Ausdruck, dass er eine Speise vor Ort verzehren will, nimmt diese anschließend jedoch mit, bleibt es bei der Anwendung des allgemeinen Umsatzsteuersatzes. ⑯ Werden Speisen sowohl unter Einsatz von nicht zu berücksichtigenden Infrastrukturelementen (z. B. in Wartebereichen von Kinos) als auch hiervon getrennt in Gastronomiebereichen abgegeben, ist eine gesonderte Betrachtung der einzelnen Bereiche vorzunehmen.

(5) ① Die in Absatz 3 genannten Elemente sind nur dann zu berücksichtigen, wenn sie dem Kunden vom speiseabgebenden Unternehmer im Rahmen einer einheitlichen Leistung zur Verfügung gestellt werden und vom Leistenden ausschließlich dazu bestimmt wurden, den Verzehr von Lebensmitteln zu erleichtern (vgl. BFH-Urteil vom 30. 6. 2011, V R 18/10, BStBl. 2013 II S. 246). ② Von Dritten erbrachte Dienstleistungselemente sind grundsätzlich nicht zu berücksichtigen. ③ Voraussetzung für eine Nichtberücksichtigung ist, dass der Dritte unmittelbar gegenüber dem verzehrenden Kunden tätig wird. ④ Etwas Anderes gilt aber, wenn dem Leistenden durch den Dritten der Art nach ein Mitbenutzungsrecht in Form von Verfügungs- und Dispositionsmöglichkeiten an dessen Dienstleistungselementen (z. B. Verzehrvorrichtungen) zugestanden worden ist (vgl. BFH-Urteile vom 3. 8. 2017 – V R 15/17, BStBl. II 2021 S. 403, und vom 26. 8. 2021 – V R 42/20, BStBl. II 2022 S. 219). ⑤ Maßgebend sind immer die Umstände des jeweiligen Einzelfalls. ⑥ Dabei ist – ggf. unter Berücksichtigung von getroffenen Vereinbarungen – zu prüfen, inwieweit augenscheinlich von einem Dritten erbrachte Dienstleistungselemente dem speiseabgebenden Unternehmer zuzurechnen sind. ⑦ Leistet der Dritte an diesen Unternehmer und dieser wiederum an den Kunden, handelt es sich um ein Dienstleistungselement des speiseabgebenden Unternehmers, das im Rahmen der Gesamtbetrachtung zu berücksichtigen ist. **115**

(6) ① Die in den Absätzen 1 bis 5 dargestellten Grundsätze gelten gleichermaßen für Imbissstände wie für Verpflegungsleistungen in Kindertagesstätten, Schulen und Kantinen, Krankenhäusern, Pflegeheimen oder ähnlichen Einrichtungen, bei Leistungen von Catering-Unternehmen (Partyservice) und Mahlzeitendiensten („Essen auf Rädern") sowie Bäckereifilialen in „Vorkassenzonen" von Supermärkten (vgl. BFH-Beschluss vom 15. 9. 2021 – XI R 12/21 (XI R 25/19), BStBl. II 2022 S. 417). ② Sie gelten ebenso für unentgeltliche Wertabgaben. ③ Ist der Verzehr durch den Unternehmer selbst als sonstige Leistung anzusehen, liegt eine unentgeltliche Wertabgabe nach § 3 Abs. 9 a Nr. 2 UStG vor, die dem allgemeinen Steuersatz unterliegt. ④ Für unentgeltliche Wertabgaben nach § 3 Abs. 1 b UStG – z. B. Entnahme von Nahrungsmitteln durch einen Gastwirt zum Verzehr in einer von der Gaststätte getrennten Wohnung – kommt der ermäßigte Steuersatz in Betracht. ⑤ Auf die jährlich im BStBl. Teil I veröffentlichten Pauschbeträge für unentgeltliche Wertabgaben (Sachentnahmen) wird hingewiesen (vgl. Abschnitt 10.6 Abs. 1 Satz 8). **116**

Beispiel 1:

① Der Betreiber eines Imbissstandes gibt verzehrfertige Würstchen, Pommes frites usw. an seine Kunden in Pappbehältern oder auf Mehrweggeschirr ab. ② Der Kunde erhält dazu eine Serviette, Einweg- oder Mehrwegbesteck und auf Wunsch Ketchup, Mayonnaise oder Senf. ③ Der Imbissstand verfügt über eine Theke, an der Speisen im Stehen eingenommen werden können. ④ Der Betreiber hat vor dem Stand drei Stehtische aufgestellt. ⑤ 80% der Speisen werden zum sofortigen Verzehr abgegeben. ⑥ 20% der Speisen werden zum Mitnehmen abgegeben.

UStAE 3.6

noch **116**

⑦ Unabhängig davon, ob die Kunden die Speisen zum Mitnehmen oder zum Verzehr an Ort und Stelle erwerben, liegen insgesamt begünstigte Lieferungen im Sinne des § 12 Abs. 2 Nr. 1 UStG vor. ⑧ Die erbrachten Dienstleistungselemente (Bereitstellung einfachster Verzehrvorrichtungen wie einer Theke und Stehtischen sowie von Mehrweggeschirr) führen bei einer wertenden Gesamtbetrachtung des Vorgangs auch hinsichtlich der vor Ort verzehrten Speisen nicht zur Annahme einer sonstigen Leistung (vgl. BFH-Urteil vom 8. 6. 2011, XI R 37/08, BStBl. 2013 II S. 238, und vom 30. 6. 2011, V R 35/08, BStBl. 2013 II *S. 224*[1]). ⑨ Die Qualität der Speisen und die Komplexität der Zubereitung haben auf die Beurteilung des Sachverhalts keinen Einfluss.

Beispiel 2:

① Wie Beispiel 1, jedoch verfügt der Imbissstand neben den Stehtischen über aus Bänken und Tischen bestehende Bierzeltgarnituren, an denen die Kunden die Speisen einnehmen können.

② Soweit die Speisen zum Mitnehmen abgegeben werden, liegen begünstigte Lieferungen im Sinne des § 12 Abs. 2 Nr. 1 UStG vor. ③ Soweit die Speisen zum Verzehr vor Ort abgegeben werden, liegen nicht begünstigte sonstige Leistungen im Sinne des § 3 Abs. 9 UStG vor. ④ Mit der Bereitstellung der Tische und der Sitzgelegenheiten wird die Schwelle zum Restaurationsumsatz überschritten (vgl. BFH-Urteil vom 30. 6. 2011, V R 18/10, BStBl. 2013 II. S. 246). ⑤ Auf die tatsächliche Inanspruchnahme der Sitzgelegenheiten kommt es nicht an. ⑥ Maßgeblich ist die Absichtserklärung des Kunden, die Speisen vor Ort verzehren zu wollen (vgl. EuGH-Urteil vom 22. 4. 2021, C-703/19, Dyrektor Izby Administracji Skorbowej w Katowicach).

Beispiel 3:

① Der Catering-Unternehmer A verabreicht in einer Schule auf Grund eines mit dem Schulträger geschlossenen Vertrags verzehrfertig angeliefertes Mittagessen. ② A übernimmt mit eigenem Personal die Ausgabe des Essens, die Reinigung der Räume sowie der Tische, des Geschirrs und des Bestecks.

③ Es liegen nicht begünstigte sonstige Leistungen im Sinne des § 3 Abs. 9 UStG vor. ④ Neben den Speisenlieferungen werden Dienstleistungen erbracht, die nicht notwendig mit der Vermarktung von Speisen verbunden sind (Bereitstellung von Verzehrvorrichtungen, Reinigung der Räume sowie der Tische, des Geschirrs und des Bestecks) und die bei Gesamtbetrachtung des Vorgangs das Lieferelement qualitativ überwiegen.

Beispiel 4:

① Ein Schulverein bietet in der Schule für die Schüler ein Mittagessen an. ② Das verzehrfertige Essen wird von dem Catering-Unternehmer A dem Schulverein in Warmhaltebehältern zu festgelegten Zeitpunkten angeliefert und anschließend durch die Mitglieder des Schulvereins an die Schüler ausgegeben. ③ Das Essen wird von den Schülern in einem Mehrzweckraum, der über Tische und Stühle verfügt, eingenommen. ④ Der Schulverein übernimmt auch die Reinigung der Räume sowie der Tische, des Geschirrs und des Bestecks.

⑤ Der Catering-Unternehmer A erbringt begünstigte Lieferungen im Sinne des § 12 Abs. 2 Nr. 1 UStG, da sich seine Leistung auf die Abgabe von zubereiteten Speisen und deren Beförderung ohne andere unterstützende Dienstleistungen beschränkt.

⑥ Der Schulverein erbringt sonstige Leistungen im Sinne des § 3 Abs. 9 UStG. ⑦ Neben den Speisenlieferungen werden Dienstleistungen erbracht, die nicht notwendig mit der Vermarktung von Speisen verbunden sind (Bereitstellung von Verzehrvorrichtungen, Reinigung der Räume sowie der Tische, des Geschirrs und des Bestecks) und die bei Gesamtbetrachtung des Vorgangs das Lieferelement qualitativ überwiegen. ⑧ Bei Vorliegen der weiteren Voraussetzungen können die Umsätze dem ermäßigten Steuersatz nach § 12 Abs. 2 Nr. 8 UStG unterliegen.

Beispiel 5:

① Wie Beispiel 4, jedoch beliefert der Catering-Unternehmer A den Schulverein mit Tiefkühlgerichten. ② Er stellt hierfür einen Tiefkühlschrank und ein Auftaugerät (Regeneriertechnik) zur Verfügung. ③ Die Endbereitung der Speisen (Auftauen und Erhitzen) sowie die Ausgabe erfolgt durch den Schulverein.

④ Der Catering-Unternehmer A erbringt begünstigte Lieferungen im Sinne des § 12 Abs. 2 Nr. 1 UStG. ⑤ Die Bereitstellung der Regeneriertechnik stellt eine Nebenleistung zur Speisenlieferung dar.

Beispiel 6:

① Ein Unternehmer beliefert ein Krankenhaus mit Mittag- und Abendessen für die Patienten. ② Er bereitet die Speisen nach Maßgabe eines mit dem Leistungsempfänger vereinbarten Speiseplans in der Küche des auftraggebenden Krankenhauses fertig zu. ③ Die Speisen werden zu festgelegten Zeitpunkten in Großgebinden an das Krankenhauspersonal übergeben, das den Transport auf die Stationen, die Portionierung und Ausgabe der Speisen an die Patienten sowie die anschließende Reinigung des Geschirrs und Bestecks übernimmt.

④ Es liegen begünstigte Lieferungen im Sinne des § 12 Abs. 2 Nr. 1 UStG vor, da sich die Leistung des Unternehmers auf die Abgabe von zubereiteten Speisen ohne andere unterstützende Dienstleistungen beschränkt. ⑤ Die durch das Krankenhauspersonal erbrachten Dienstleistungselemente sind bei der Beurteilung des Gesamtvorgangs nicht zu berücksichtigen.

Beispiel 7:

① Sachverhalt wie im Beispiel 6. ② Ein Dritter ist jedoch verpflichtet, das Geschirr und Besteck in der Küche des Krankenhauses zu reinigen.

③ Soweit dem Unternehmer die durch den Dritten erbrachten Spülleistungen nicht zuzurechnen sind, beschränkt sich seine Leistung auch in diesem Fall auf die Abgabe von zubereiteten Speisen ohne andere unterstützende Dienstleistungen. ④ Es liegen daher ebenfalls begünstigte Lieferungen an das Krankenhaus vor.

Beispiel 8:

① Ein Unternehmer bereitet mit eigenem Personal die Mahlzeiten für die Patienten in der angemieteten Küche eines Krankenhauses zu, transportiert die portionierten Speisen auf die Stationen und reinigt das Geschirr und Besteck. ② Die Ausgabe der Speisen an die Patienten erfolgt durch das Krankenhauspersonal.

③ Es liegen begünstigte Lieferungen im Sinne des § 12 Abs. 2 Nr. 1 UStG vor. ④ Die Reinigung des Geschirrs und Bestecks ist im Rahmen der Gesamtbetrachtung nicht zu berücksichtigen, da die Überlassung dieser Gegenstände kein berücksichtigungsfähiges Dienstleistungselement darstellt.

Beispiel 9:

① Eine Metzgerei betreibt einen Partyservice. ② Nachdem der Unternehmer die Kunden bei der Auswahl der Speisen, deren Zusammenstellung und Menge individuell beraten hat, bereitet er ein kalt-warmes Büffet zu. ③ Die fertig belegten Platten und Warmhaltebehälter werden von den Kunden abgeholt oder von der Metzgerei zu den Kunden geliefert. ④ Die leeren Platten und Warmhaltebehälter werden am Folgetag durch den Metzger abgeholt und gereinigt.

---

[1] *Redaktionsversehen:* Richtig ist „S. 244".

⑤ Es liegen begünstigte Lieferungen im Sinne des § 12 Abs. 2 Nr. 1 UStG vor, da sich die Leistung des Unternehmers auf die Abgabe von zubereiteten Speisen, ggf. deren Beförderung sowie die Beratung beschränkt. ⑥ Die Überlassung der Platten und Warmhaltebehälter besitzt vornehmlich Verpackungscharakter und führt bei der Gesamtbetrachtung des Vorgangs auch zusammen mit dem zu berücksichtigenden Dienstleistungselement „Beratung" nicht zu einem qualitativen Überwiegen der Dienstleistungselemente. ⑦ Da die Platten und Warmhaltebehälter vornehmlich Verpackungsfunktion besitzen, ist deren Reinigung nicht zu berücksichtigen.

Beispiel 10:

① Sachverhalt wie Beispiel 9, zusätzlich verleiht die Metzgerei jedoch Geschirr und/oder Besteck, das vor Rückgabe vom Kunden zu reinigen ist.

② Es liegen nicht begünstigte sonstige Leistungen im Sinne des § 3 Abs. 9 UStG vor. ③ Das Geschirr erfüllt in diesem Fall keine Verpackungsfunktion. ④ Mit der Überlassung des Geschirrs und des Bestecks in größerer Anzahl tritt daher ein Dienstleistungselement hinzu, durch das der Vorgang bei Betrachtung seines Gesamtbildes als nicht begünstigte sonstige Leistung anzusehen ist. ⑤ Unerheblich ist dabei, dass das Geschirr und Besteck vom Kunden gereinigt zurückgegeben wird (vgl. BFH-Urteil vom 23. 11. 2011, XI R 6/08, BStBl. 2013 II S. 253).

Beispiel 11:

① Der Betreiber eines Partyservice liefert zu einem festgelegten Zeitpunkt auf speziellen Wunsch des Kunden zubereitete, verzehrfertige Speisen in warmem Zustand für eine Feier seines Auftraggebers an. ② Er richtet das Buffet her, indem er die Speisen in Warmhaltevorrichtungen auf Tischen des Auftraggebers anordnet und festlich dekoriert.

③ Es liegen nicht begünstigte sonstige Leistungen im Sinne des § 3 Abs. 9 UStG vor. ④ Die Überlassung der Warmhaltevorrichtungen erfüllt zwar vornehmlich eine Verpackungsfunktion. ⑤ Sie führt bei der vorzunehmenden Gesamtbetrachtung des Vorgangs zusammen mit den zu berücksichtigenden Dienstleistungselementen (Herrichtung des Büffets, Anordnung und festliche Dekoration) jedoch zu einem qualitativen Überwiegen der Dienstleistungselemente.

Beispiel 12:

① Der Betreiber eines Partyservice liefert auf speziellen Wunsch des Kunden zubereitete, verzehrfertige Speisen zu einem festgelegten Zeitpunkt für eine Party seines Auftraggebers an. ② Der Auftraggeber erhält darüber hinaus Servietten, Einweggeschirr und -besteck. ③ Der Betreiber des Partyservice hat sich verpflichtet, das Einweggeschirr und -besteck abzuholen und zu entsorgen.

④ Es liegen nicht begünstigte sonstige Leistungen im Sinne des § 3 Abs. 9 UStG vor. ⑤ Bei der vorzunehmenden Gesamtbetrachtung des Vorgangs überwiegen die zu berücksichtigenden Dienstleistungselemente (Überlassung von Einweggeschirr und -besteck in größerer Anzahl zusammen mit dessen Entsorgung) das Lieferelement qualitativ.

Beispiel 13:

① Wie Beispiel 12, jedoch entsorgt der Kunde das Einweggeschirr und -besteck selbst.

② Es liegen begünstigte Lieferungen im Sinne des § 12 Abs. 2 Nr. 1 UStG vor. ③ Da der Kunde die Entsorgung selbst übernimmt, beschränkt sich die Leistung des Unternehmers auf die Abgabe von zubereiteten Speisen und deren Beförderung ohne andere unterstützende Dienstleistungen.

Beispiel 14:

① Ein Mahlzeitendienst übergibt Einzelabnehmern verzehrfertig zubereitetes Mittag- und Abendessen in Warmhaltevorrichtungen auf vom Mahlzeitendienst zur Verfügung gestelltem Geschirr, auf dem die Speisen nach dem Abheben der Warmhaltehaube als Einzelportionen verzehrfertig angerichtet sind. ② Dieses Geschirr wird – nach einer Vorreinigung durch die Einzelabnehmer – zu einem späteren Zeitpunkt vom Mahlzeitendienst zurückgenommen und endgereinigt.

③ Es liegen begünstigte Lieferungen im Sinne des § 12 Abs. 2 Nr. 1 UStG vor. ④ Da das Geschirr vornehmlich eine Verpackungsfunktion erfüllt, überwiegt seine Nutzungsüberlassung sowie Endreinigung das Lieferelement nicht qualitativ. ⑤ Auf das Material oder die Form des Geschirrs kommt es dabei nicht an.

Beispiel 15:

① Ein Mahlzeitendienst übergibt Einzelabnehmern verzehrfertig zubereitetes Mittag- und Abendessen in Transportbehältnissen und Warmhaltevorrichtungen, die nicht dazu bestimmt sind, dass Speisen von diesen verzehrt werden. ② Die Ausgabe der Speisen auf dem Geschirr der Einzelabnehmer und die anschließende Reinigung des Geschirrs und Bestecks in der Küche der Einzelabnehmer übernimmt der Pflegedienst des Abnehmers. ③ Zwischen Mahlzeiten- und Pflegedienst bestehen keine Verbindungen.

④ Es liegen begünstigte Lieferungen im Sinne des § 12 Abs. 2 Nr. 1 UStG vor, da sich die Leistung des Mahlzeitendienstes auf die Abgabe von zubereiteten Speisen und deren Beförderung ohne andere unterstützende Dienstleistungen beschränkt. ⑤ Die Leistungen des Pflegedienstes sind bei der Beurteilung des Gesamtvorgangs nicht zu berücksichtigen.

Beispiel 16:

① Verschiedene Unternehmer bieten in einem zusammenhängenden Teil eines Einkaufszentrums diverse Speisen und Getränke an. ② In unmittelbarer Nähe der Stände befinden sich Tische und Stühle, die von allen Kunden der Unternehmer gleichermaßen genutzt werden können (sog. „Food Court"). ③ Für die Rücknahme des Geschirrs stehen Regale bereit, die von allen Unternehmern genutzt werden.

④ Soweit die Speisen zum Mitnehmen abgegeben werden, liegen begünstigte Lieferungen im Sinne des § 12 Abs. 2 Nr. 1 UStG vor. ⑤ Soweit die Speisen zum Verzehr vor Ort abgegeben werden, liegen nicht begünstigte sonstige Leistungen im Sinne des § 3 Abs. 9 UStG vor. ⑥ Maßgeblich ist die Absichtserklärung des Kunden, die Speisen mitnehmen oder vor Ort verzehren zu wollen (vgl. EuGH-Urteil vom 22. 4. 2021, C-703/19, Dyrektor Izby Administracji Skarbowej w Katowicach). ⑦ Die gemeinsam genutzte Infrastruktur ist allen Unternehmern zuzurechnen, auch wenn es sich um die Einrichtung des Einkaufszentrumsbetreibers handelt (vgl. BFH-Urteil vom 26. 8. 2021 – V R 42/20, BStBl. II 2022 S. 219). ⑧ Einer Berücksichtigung beim einzelnen Unternehmer steht nicht entgegen, dass die Tische und Stühle auch von Personen genutzt werden, die keine Speisen oder Getränke verzehren.

LS zu 3.6

117 1. Dienstleistungen und Vorgänge, die nicht notwendig mit der Vermarktung von Lebensmitteln verbunden sind, sind kennzeichnend für eine Bewirtungstätigkeit. **[Partyservice]** – 2. Nicht notwendig mit der Vermarktung von Lebensmitteln verbunden ist deren Zubereitung zu einem bestimmten Zeitpunkt in einen verzehrfertigen Gegenstand. – 3. Die Auslegung der Anlage zu § 12 Abs. 2 Nr. 1 UStG 1999 richtet sich allein nach zolltariflichen Vorschriften und Begriffen, wenn sie vollumfänglich auf den Zolltarif Bezug nimmt. *BFH-Urt. v. 18. 12. 2008, V R 55/06 (DStR 2009 S. 527).*

1. Die Leistungen eines **Partyservice** stellen grundsätzlich sonstige Leistungen (Dienstleistungen) dar, die dem Regelsteuersatz unterliegen. – 2. Anderes gilt nur dann, wenn der Partyservice lediglich **Standardspeisen** ohne zusätzliches Dienstleistungselement liefert oder wenn besondere Umstände belegen, dass die Lieferung der Speisen der dominierende

Bestandteil des Umsatzes ist. *BFH-Urt. v. 23. 11. 2011, XI R 6/08 (BStBl. 2013 II S. 253).* Nachfolgeentscheidung zum EuGH-Urteil v. 10. 3. 2011 C-497/09, C-499/09, C-501/09 und C-502/09, *Bog u. a.* (BStBl. 2013 II S. 256).

Die Abgabe von Bratwürsten, Pommes frites und ähnlichen standardisiert zubereiteten Speisen an einem nur mit behelfsmäßigen Verzehrvorrichtungen ausgestatteten **Imbissstand** ist eine einheitliche Leistung, die als Lieferung dem ermäßigten Steuersatz unterliegt (Nachfolgeentscheidung zum EuGH-Urt. v. 10. 3. 2011, C-497/09, C-499/09, C-501/09, C-502/09, *Bog u. a.*, BStBl. 2013 II S. 256). *BFH-Urt. v. 30. 6. 2011, V R 35/08 (BStBl. 2013 II S. 244).* – Vgl. auch *BFH-Urt. v. 8. 6. 2011, XI R 37/08 (BStBl. 2013 II S. 238).*

1. Die Umsätze aus dem Verkauf von Nachos und **Popcorn** an Verkaufstheken im Eingangsbereich zu **Kinosälen** unterliegen als Lieferungen dem ermäßigten Steuersatz. – 2. Als Dienstleistungselement ist bereitgestelltes Mobiliar des Leistenden nicht zu berücksichtigen, wenn es nicht ausschließlich dazu bestimmt ist, den Verzehr von Lebensmitteln zu erleichtern (Nachfolgeentscheidung zum EuGH-Urteil vom 10. 3. 2011 C-497/09, C-499/09, C-501/09, C-502/09, *Bog u. a.* in BStBl. 2013 II S. 256). *BFH-Urteil v. 30. 6. 2011, V R 3/07 (BStBl. 2013 II S. 241).*

1. Verzehrvorrichtungen dürfen nur als Dienstleistungselement berücksichtigt werden, wenn sie **vom Leistenden** als Teil einer einheitlichen Leistung **zur Verfügung gestellt** werden (Änderung der Rechtsprechung). – 2. Die Abgabe von Bratwürsten, Pommes Frites und ähnlichen standardisiert zubereiteten Speisen zum Verzehr an einem Tisch mit Sitzgelegenheiten führt zu einem dem Regelsteuersatz unterliegenden Restaurationsumsatz. *BFH-Urt. v. 30. 6. 2011, V R 18/10 (BStBl. 2013 II S. 246).*

Zu Umsätzen zum Verzehr an Ort und Stelle bei **Bäckereifilialen.** *Kurzinformation Umsatzsteuer Nr. 3/2018 OFD Nordrhein-Westfalen v. 26. 4. 2018 (MwStR S. 728).*

Die in einer **Großküche eines Altenwohn- und Pflegeheims** zur Verpflegung der Bewohner zubereiteten Speisen sind **keine „Standardspeisen"** als Ergebnis einfacher und standardisierter Zubereitungsvorgänge nach Art eines Imbissstandes, so dass deren Abgabe zu festen Zeitpunkten in Warmhaltebehältern keine Lieferung, sondern eine dem Regelsteuersatz unterliegende sonstige Leistung ist. *BFH-Urt. v. 12. 10. 2011, V R 66/09 (BStBl. 2013 II S. 250).* – **Hinweis:** Ab 1. 7. 2011 vgl. Art. 6 EU-VO 282/2011 (MwStVO).

1. Leistungen eines **Partyservices,** die auch in der bloßen Zubereitung und Lieferung von Speisen bestehen können, sind nur dann keine sonstigen Leistungen, wenn lediglich **Standardspeisen** ohne zusätzliche Dienstleistungselemente geliefert werden. – 2. Bei der Anwendung des § 42 AO im Umsatzsteuerrecht ist zu beachten, dass für die Annahme eines Gestaltungsmissbrauchs besondere Kriterien gelten (Leistungen mehrerer Unternehmer). Vgl. *BFH-Urteil v. 11. 4. 2013, V R 28/12 (BFH/NV S. 1638).*

Ermäßigter Steuersatz für die Bereitstellung der Mittagsverpflegung in einer **Ganztagesschule**, wenn sich die Leistungen zur Abgabe der Mittagsverpflegung in der Lieferung von zubereiteten Speisen und Getränken erschöpft und keine ins Gewicht fallenden Dienstleistungselemente vorliegen bzw. der Leistungserbringung der Mittagsverpflegung nicht zugerechnet werden können. *Urteil FG Hessen v. 16. 9. 2020 – 1 K 1819/18, rkr, (MwStR 2021 S. 130).*

Der *EuGH* hat mit *Urt. v. 22. 4. 2021 C-703/19, J. K. (MwStR S. 567)* klargestellt, dass die Abgabe von Speisen unter den Begriff „Restaurant- und Verpflegungsdienstleistungen" fällt, wenn sie mit ausreichenden unterstützenden **Dienstleistungen** einhergeht, die den sofortigen Verzehr durch den Endkunden ermöglichen sollen. Nimmt der Endkunde die angebotenen materiellen und personellen Mittel **nicht in Anspruch**, geht keine unterstützende Dienstleistung mit der Abgabe der Speisen einher.

Die Nutzung eines **Food-Courts** in einem Einkaufszentrum kann beim Verzehr von Speisen als überwiegendes Dienstleistungselement zum Vorliegen einer sonstigen Leistung führen, wenn die Einräumung dieser Nutzungsmöglichkeit aus der Sicht eines Durchschnittsverbrauchers dem Speisenanbieter zuzurechnen ist. Für die Annahme einer sonstigen Leistung genügt dabei die Ausgabe von Speisen auf einem Tablett, wenn es typischerweise dazu dient, es dem Kunden zu ermöglichen, die von ihm erworbenen Speisen zu einem Verzehrort in der Nähe (hier dem Food-Court) zu bringen und diese dort an einem Tisch mit Sitzmöglichkeit zu verzehren. *BFH-Urteil v. 26. 8. 2021 I R 42/20 (BStBl. 2022 II S. 219).*

1. Verkauft eine **Bäckerei** in Filialen, die sich teilweise in **„Vorkassenzonen"** eines Supermarkts befinden, Speisen zum Verzehr vor Ort auf Mehrweggeschirr und mit Mehrwegbesteck, das es nach dem Verzehr der Speisen zurücknimmt und reinigt, führt sie damit (ebenso wie ein Partyservice) sonstige Leistungen aus, die vor Inkrafttreten des § 12 Abs. 2 Nr. 15 UStG dem Regelsteuersatz unterlagen. – 2. Art. 6 Abs. 1 Sätze 1 und 3 MwSt-DVO sind auch in Besteuerungszeiträumen vor ihrem Inkrafttreten anwendbar, weil sie rückwirkend Begriffe klären, die sich bereits zuvor in der RL 77/388/EWG bzw. der RL 2006/112/EG befunden haben. – 3. … *BFH-Beschl. v. 15. 9. 2021 XI R 12/21 (BStBl. 2022 II S. 417).*

Ein Unternehmer, der in einer **Betriebskantine** Speisen portioniert, auf Mehrweggeschirr mit Mehrwegbesteck ausgibt sowie das Geschirr und Besteck nach dessen Rückgabe reinigt, erbringt eine sonstige Leistung, die außerhalb des Anwendungsbereichs des § 12 Abs. 2 Nr. 15 UStG dem Regelsteuersatz unterliegt. *BFH-Urt. v. 20. 10. 2021 XI R 2/21 (DStR S. 417).*

Anl zu 3.6

Schreiben betr.
Mitbenutzungsrecht an Verzehrvorrichtungen Dritter; BFH-Urteil V R 15/17 v. 3. 8. 2017

Vom 22. April 2021 (BStBl. I S. 712)

(BMF III C 2 – S 7210/19/10002 :005; DOK 2021/0278117)

[abgedruckt im USt-Handbuch 2021 als Anlage zu A 3.6]

UStAE 3.7

3.7 Vermittlung oder Eigenhandel[1, 2]

121 (1)[3] ① Ob jemand eine Vermittlungsleistung erbringt oder als Eigenhändler tätig wird, ist nach den Leistungsbeziehungen zwischen den Beteiligten zu entscheiden. ② Maßgebend für die Bestimmung der umsatzsteuerrechtlichen Leistungsbeziehungen ist grundsätzlich das Zivilrecht; ob der Vermittler gegenüber dem Leistungsempfänger oder dem Leistenden tätig wird, ist insoweit ohne Bedeutung. ③ Entsprechend der Regelung des § 164 Abs. 1 BGB liegt danach eine Ver-

---

[1] **Hinweis** auf A 3.1 (Lief. u. sonst. Leist.), 3.5 (Abgrenzung Lief. u. sonst. Leist.), 3.7 (Vermittl. o. Eigenhandel), 3.8 (Werklief., Werkleist.) u. 3.10 (Einheitl. d. Leist.) UStAE.

[2] Vermittlungsleistungen vgl. A 3.7 (Abgrenzung z. Eigenhandel), 3a.7 (Ort d. Vermittlung an Nichtuntern.) u. 4.5.1 (steuerfreie Vermittlung) UStAE.

[3] Rechnungsausstellung durch Beauftragte, Vermittler/Dritte vgl. A 3.7 Abs. 1, 14.1 Abs. 3 Satz 9 ff., 14.4 Abs. 10, 14.5 Abs. 6 u. 14 c.2 Abs. 4 Satz 6 UStAE.

mittlungsleistung umsatzsteuerrechtlich grundsätzlich nur vor, wenn der Vertreter – Vermittler – das Umsatzgeschäft erkennbar im Namen des Vertretenen abgeschlossen hat. ④ Das gilt jedoch nicht, wenn durch das Handeln in fremdem Namen lediglich verdeckt wird, dass der Vertreter und nicht der Vertretene das Umsatzgeschäft ausführt (vgl. BFH-Urteile vom 25. 6. 1987, V R 78/79, BStBl. II S. 657, vom 29. 9. 1987, X R 13/81, BStBl. 1988 II S. 153, und vom 10. 8. 2016, V R 4/16, BStBl. 2017 II S. 135). ⑤ Dies kann der Fall sein, wenn dem Vertreter von dem Vertretenen Substanz, Wert und Ertrag des Liefergegenstands vor der Weiterlieferung an den Leistungsempfänger übertragen worden ist (BFH-Urteil vom 16. 3. 2000, V R 44/99, BStBl. II S. 361). ⑥ Dem Leistungsempfänger muss beim Abschluss des Umsatzgeschäfts nach den Umständen des Falls bekannt sein, dass er zu einem Dritten in unmittelbare Rechtsbeziehungen tritt (vgl. BFH-Urteil vom 21. 12. 1965, V 241/63 U, BStBl. 1966 III S. 162); dies setzt nicht voraus, dass der Name des Vertretenen bei Vertragsabschluss genannt wird, sofern er feststellbar ist (vgl. BFH-Urteil vom 16. 3. 2000, V R 44/99, BStBl. II S. 361). ⑦ Werden Zahlungen für das Umsatzgeschäft an den Vertreter geleistet, ist es zur Beschränkung des Entgelts auf die Vermittlungsprovision nach § 10 Abs. 1 Satz 5 UStG erforderlich, dass der Vertreter nicht nur im Namen, sondern auch für Rechnung des Vertretenen handelt (vgl. auch Absatz 7 und Abschnitt 10.4).

(2) ① Werden beim Abschluss von Verträgen über die Vermittlung des Verkaufs von Kraftfahrzeu- **122**
gen vom Kraftfahrzeughändler die vom Zentralverband Deutsches Kraftfahrzeuggewerbe e. V. (ZDK) empfohlenen Vertragsmuster „Vertrag über die Vermittlung eines privaten Kraftfahrzeugs“ (Stand: 2017) und „Verbindlicher Vermittlungsauftrag zum Erwerb eines neuen Kraftfahrzeuges“ (Stand: 2019) nebst „Allgemeinen Geschäftsbedingungen“ verwendet, ist die Leistung des Kraftfahrzeughändlers als Vermittlungsleistung anzusehen, wenn die tatsächliche Geschäftsabwicklung den Voraussetzungen für die Annahme von Vermittlungsleistungen entspricht (vgl. Absatz 1). ② Unschädlich ist jedoch, dass ein Kraftfahrzeughändler einem Gebrauchtwagenverkäufer die Höhe des über den vereinbarten Mindestverkaufspreis hinaus erzielten Erlöses nicht mitteilt (vgl. BFH-Urteil vom 27. 7. 1988, X R 40/82, BStBl. II S. 1017). ③ Entscheidend – insbesondere in Verbindung mit Neuwagengeschäften – ist, dass mit der Übergabe des Gebrauchtfahrzeugs an den Kraftfahrzeughändler das volle Verkaufsrisiko nicht auf diesen übergeht. ④ Nicht gegen die Annahme eines Vermittlungsgeschäfts spricht die Aufnahme einer Vereinbarung in einen Neuwagenkaufvertrag, wonach dem Neuwagenkäufer, der ein Gebrauchtfahrzeug zur Vermittlung übergeben hat, in Höhe der Preisuntergrenze des Gebrauchtfahrzeugs ein zinsloser Kredit bis zu einem bestimmten Termin, z. B. sechs Monate, eingeräumt wird.

(3) ① Bei einem sog. Minusgeschäft wird der Kraftfahrzeughändler nicht als Vermittler tätig. **123**
② Ein Minusgeschäft ist gegeben, wenn ein Kraftfahrzeughändler den bei einem Neuwagengeschäft in Zahlung genommenen Gebrauchtwagen unter dem vereinbarten Mindestverkaufspreis verkauft, den vereinbarten Mindestverkaufspreis aber auf den Kaufpreis für den Neuwagen voll anrechnet (vgl. BFH-Urteil vom 29. 9. 1987, X R 13/81, BStBl. 1988 II S. 153). ③ Das Gleiche gilt für Fälle, bei denen im Kaufvertrag über den Neuwagen vorgesehen ist, dass der Kraftfahrzeughändler einen Gebrauchtwagen unter Anrechnung auf den Kaufpreis des Neuwagens „in Zahlung nimmt“ und nach der Bezahlung des nicht zur Verrechnung vorgesehenen Teils des Kaufpreises und der Hingabe des Gebrauchtwagens der Neuwagenverkauf endgültig abgewickelt ist, ohne Rücksicht darauf, ob der festgesetzte Preis für den Gebrauchtwagen erzielt wird oder nicht (vgl. BFH-Urteil vom 25. 6. 1987, V R 78/79, BStBl. II S. 657). ④ Zur Besteuerung der Umsätze von Gebrauchtfahrzeugen (Differenzbesteuerung) vgl. Abschnitt 25 a.1.

(4) ① Die Abgabe von Autoschmierstoffen durch Tankstellen und Kraftfahrzeug-Reparatur- **124**
werkstätten ist wie folgt zu beurteilen: Wird lediglich ein Ölwechsel (Ablassen und Entsorgung des Altöls, Einfüllen des neuen Öls) vorgenommen, liegt eine Lieferung von Öl vor. ② Wird die Lieferung im fremden Namen und für fremde Rechnung ausgeführt, handelt es sich um eine Vermittlungsleistung. ③ Das im Rahmen einer Inspektion im eigenen Namen abgegebene Motoröl ist jedoch Teil einer einheitlichen sonstigen Leistung (vgl. BFH-Urteil vom 30. 9. 1999, V R 77/98, BStBl. 2000 II S. 14).

(5) ① Kraftfahrzeugunternehmer, z. B. Tankstellenagenten, Kraftfahrzeug-Reparaturwerkstätten, **125**
entnehmen für eigene unternehmerische Zwecke Kraft- und Schmierstoffe und stellen hierfür Rechnungen aus, in denen zum Ausdruck kommt, dass sie diese Waren im Namen und für Rechnung der betreffenden Mineralölgesellschaft an sich selbst veräußern. ② Grundsätzlich ist davon auszugehen, dass Bestellungen, die ein Handelsvertreter bei dem Unternehmer für eigene Rechnung macht, in der Regel keinen Anspruch auf Handelsvertreterprovisionen nach § 87 Abs. 1 HGB begründen. ③ Ist jedoch etwas anderes vereinbart und sind Provisionszahlungen auch für eigene Bestellungen in dem betreffenden Handelszweig üblich, und steht ferner fest, dass der Handelsvertreter nicht zu besonderen Preisen bezieht, kann gleichwohl ein Provisionsanspruch des Vertreters begründet sein. ④ Bei dieser Sachlage ist das zivilrechtlich gewollte In-sich-Geschäft mit Provisionsanspruch auch umsatzsteuerrechtlich als solches anzuerkennen.

(6)[1] ① Der Versteigerer, der Gegenstände im eigenen Namen versteigert, wird als Eigenhänd- **126**
ler behandelt und bewirkt Lieferungen. ② Dabei macht es umsatzsteuerrechtlich keinen Unter-

[1] Briefmarken-Versteigerungsgeschäfte vgl. *Schreiben des BdF IV A/1 – S 7280 – 6/71 v. 7. 5. 1971 (BeckVerw 053426).*

schied aus, ob der Versteigerer die Gegenstände für eigene Rechnung oder für die Rechnung eines anderen, des Einlieferers, versteigert. ③ Wenn der Auktionator jedoch Gegenstände im fremden Namen und für fremde Rechnung, d. h. im Namen und für Rechnung des Einlieferers, versteigert, führt er lediglich Vermittlungsleistungen aus. ④ Für die umsatzsteuerrechtliche Beurteilung kommt es entscheidend darauf an, wie der Auktionator nach außen den Abnehmern (Ersteigerern) gegenüber auftritt. ⑤ Der Versteigerer kann grundsätzlich nur dann als Vermittler (Handelsmakler) anerkannt werden, wenn er bei der Versteigerung erkennbar im fremden Namen und für fremde Rechnung auftritt. ⑥ Das Handeln des Auktionators im fremden Namen und für fremde Rechnung muss in den Geschäfts- und Versteigerungsbedingungen oder an anderer Stelle mit hinreichender Deutlichkeit zum Ausdruck kommen. ⑦ Zwar braucht dem Ersteigerer nicht sogleich bei Vertragsabschluss der Name des Einlieferers mitgeteilt zu werden. ⑧ Er muss aber die Möglichkeit haben, jederzeit den Namen und die Anschrift des Einlieferers zu erfahren (vgl. BFH-Urteil vom 24. 5. 1960, V 152/58 U, BStBl. III S. 374).

127 (7) ① Unternehmer, die im eigenen Laden – dazu gehören auch gemietete Geschäftsräume – Waren verkaufen, sind umsatzsteuerrechtlich grundsätzlich als Eigenhändler anzusehen. ② Vermittler kann ein Ladeninhaber nur sein, wenn zwischen demjenigen, von dem er die Ware bezieht, und dem Käufer unmittelbare Rechtsbeziehungen zustande kommen. ③ Auf das Innenverhältnis des Ladeninhabers zu seinem Vertragspartner, der die Ware zur Verfügung stellt, kommt es für die Frage, ob Eigenhandels- oder Vermittlungsgeschäfte vorliegen, nicht entscheidend an. ④ Wesentlich ist das Außenverhältnis, d. h. das Auftreten des Ladeninhabers dem Kunden gegenüber. ⑤ Wenn der Ladeninhaber eindeutig vor oder bei dem Geschäftsabschluss zu erkennen gibt, dass er in fremdem Namen und für fremde Rechnung handelt, kann seine Vermittlereigenschaft umsatzsteuerrechtlich anerkannt werden. ⑥ Deshalb können bei entsprechender Ausgestaltung des Geschäftsablaufs auch beim Verkauf von Gebrauchtwaren in Secondhandshops Vermittlungsleistungen angenommen werden (vgl. auch Abschnitt 25 a.1). ⑦ Die für Verkäufe im eigenen Laden aufgestellten Grundsätze sind auch auf Fälle anwendbar, in denen der Ladeninhaber nicht liefert, sondern wegen der Art des Betriebs seinen Kunden gegenüber lediglich sonstige Leistungen erbringt (BFH-Urteil vom 9. 4. 1970, V R 80/66, BStBl. II S. 506). ⑧ Beim Bestehen einer echten Ladengemeinschaft sind die o. a. Grundsätze nicht anzuwenden. ⑨ Eine echte Ladengemeinschaft ist anzuerkennen, wenn mehrere Unternehmer in einem Laden mehrere Betriebe unterhalten und dort Waren in eigenem Namen und für eigene Rechnung verkaufen. ⑩ In einem solchen Fall handelt es sich um verschiedene Unternehmer, die mit den Entgelten der von ihnen bewirkten Lieferungen zur Umsatzsteuer heranzuziehen sind, ohne dass die Umsätze des einen dem anderen zugerechnet werden dürfen (vgl. BFH-Urteil vom 6. 3. 1969, V 23/65, BStBl. II S. 361).

128 (8) ① Die Grundsätze über den Verkauf im eigenen Laden (vgl. Absatz 7) gelten nicht für den Verkauf von Waren, z. B. Blumen, Zeitschriften, die durch Angestellte eines anderen Unternehmers in Gastwirtschaften angeboten werden (vgl. BFH-Urteil vom 7. 6. 1962, V 214/59 U, BStBl. III S. 361). ② Werden in Gastwirtschaften mit Genehmigung des Gastwirts Warenautomaten aufgestellt, liefert der Aufsteller die Waren an die Benutzer der Automaten. ③ Der Gastwirt bewirkt eine steuerpflichtige sonstige Leistung an den Aufsteller, die darin besteht, dass er die Aufstellung der Automaten in seinen Räumen gestattet. ④ Entsprechendes gilt für die Aufstellung von Spielautomaten in Gastwirtschaften. ⑤ Als Unternehmer, der den Spielautomat in eigenem Namen und für eigene Rechnung betreibt, ist in der Regel der Automatenaufsteller anzusehen (vgl. BFH-Urteil vom 24. 9. 1987, V R 152/78, BStBl. 1988 II S. 29).

129 (9) ① Mit dem Verkauf von Eintrittskarten, die z. B. ein Reisebüro vom Veranstalter zu Festpreisen (ohne Ausweis einer Provision) oder von Dritten erworben hat und mit eigenen Preisaufschlägen weiterveräußert, erbringt das Reisebüro keine Vermittlungsleistung, wenn nach der Vertragsgestaltung das Reisebüro das volle Unternehmerrisiko trägt. ② Dies ist der Fall, wenn das Reisebüro die Karten nicht zurückgeben kann.

130 (10) Zu den Grundsätzen des Handelns von sog. Konsolidierern bei postvorbereitenden Leistungen vgl. BMF-Schreiben vom 13. 12. 2006, BStBl. 2007 I S. 119.[1]

LS zu 3.7

131 Vermieten Ehegatten Tankstellengrundstücke an Mineralölunternehmen und ist ein **Ehegatte gleichzeitig Tankstellenagent,** so sind die unternehmerischen Leistungen der Ehegatten einerseits und des einen Ehegatten andererseits getrennt zu beurteilen. – Ist der Agenturvertrag auch von beiden Ehegatten geschlossen worden, so liegt ein einheitliches Vertragsverhältnis auch dann vor, wenn nur ein Ehegatte als Agent auftritt. *Verfügung OFD Koblenz S 7527 A – St 51 1 [2, 3] v. 20. 9. 1984.*

Ob Eigenhandel oder Vermittlung beim Verkauf von Gebrauchtwaren in sog. **„Secondhandshops"** gegeben ist, ist danach zu entscheiden, ob dem Käufer bekannt ist, dass er die Gebrauchtwaren von einem Dritten erwirbt und nicht vom Ladeninhaber. – Beim Eigenhandel findet regelmäßig die Differenzbesteuerung gemäß § 25 a UStG Anwendung. *Verfügung OFD Frankfurt S 7110 A – 1/84 – St 11 v. 14. 8. 2007 (DStR S. 1964).*

1. Rechnungsaussteller und leistender Unternehmer müssen grundsätzlich identisch sein. – 2. Bei einem **Handeln im fremden Namen** ist umsatzsteuerrechtlich die dem Leistungsempfänger erbrachte Leistung grundsätzlich dem Vertretenen zuzurechnen. – 3. Dabei kann der Lieferer dem Abnehmer die Verfügungsmacht an dem Gegenstand auch dadurch verschaffen, dass er einen Dritten, der die Verfügungsmacht bislang innehat, mit dem Vollzug dieser Maßnahme beauftragt. – 4. Der Unternehmer, der unter fremdem Namen auftritt, liefert dagegen selbst, wenn nach den erkennbaren Umständen durch sein

[1] Vgl. auch A 4.11 b.1 UStAE.

Handeln unter fremdem Namen lediglich verdeckt wird, dass er und nicht der „Vertretene" die Lieferung erbringt. – 5. Die Feststellung, welcher Leistungsbeziehung die Verschaffung der Verfügungsmacht zuzurechnen ist, ist im Wesentlichen tatsächliche Würdigung. *BFH-Urteil v. 4. 9. 2003 – V R 9, 10/02 (BStBl. 2004 II S. 624).*

Wer als Unternehmer auf eigene Rechnung **Telefonkarten** erwirbt und diese an seine Kunden veräußert, kann auch dann selbst eine Telekommunikationsleistung ausführen, wenn er nach seinen AGB lediglich als Vermittler auftreten will. *BFH-Urteil v. 10. 8. 2016 V R 4/16 (BStBl. 2017 II S. 135).*

Im Falle einer objektiv **mehrdeutigen Erklärung,** die sowohl als Handeln im eigenen als auch als Handeln im fremden Namen verstanden werden kann, gehen Unklarheiten zu Lasten des Erklärenden. Rechtsfolge der sog. Ladenrechtsprechung des BFH ist, dass eine Person, die ein Gewerbe angemeldet hat oder Inhaber einer Konzession ist, in Bezug auf die davon umfassten Leistungen grundsätzlich als leistender Unternehmer anzusehen ist. *BFH-Beschl. v. 3. 2. 2021 XI B 45/20 (BFH/NV S. 673).*

– Gebrauchtwagenhandel –

Kraftfahrzeugbetriebe können Rechnungen für eigene Leistungen und vermittelte Lieferungen zusammenfassen. *Verfügung OFD Hannover S 7300 – 66 – StH 542/S 7300 – 38 – StO 354 v. 23. 5. 1995.* 132

3.8 Werklieferung, Werkleistung

UStAE 3.8

(1) ① Eine Werklieferung liegt vor, wenn der Werkhersteller für das Werk einen fremden Gegenstand be- oder verarbeitet und dafür selbstbeschaffte Stoffe verwendet, die nicht nur Zutaten oder sonstige Nebensachen sind (vgl. BFH-Urteil vom 22. 8. 2013, V R 37/10, BStBl. 2014 II S. 128). ② Besteht das Werk aus mehreren Hauptstoffen, bewirkt der Werkunternehmer bereits dann eine Werklieferung, wenn er nur einen Hauptstoff oder einen Teil eines Hauptstoffs selbst beschafft hat, während alle übrigen Stoffe vom Besteller beigestellt werden. ③ Verwendet der Werkunternehmer bei seiner Leistung keinerlei selbstbeschaffte Stoffe oder nur Stoffe, die als Zutaten oder sonstige Nebensachen anzusehen sind, handelt es sich um eine Werkleistung. ④ Unter Zutaten und sonstigen Nebensachen im Sinne des § 3 Abs. 4 Satz 1 UStG sind Lieferungen zu verstehen, die bei einer Gesamtbetrachtung aus der Sicht des Durchschnittsbetrachters nicht das Wesen des Umsatzes bestimmen (vgl. BFH-Urteil vom 9. 6. 2005, V R 50/02, BStBl. 2006 II S. 98). ⑤ Für die Frage, ob es sich um Zutaten oder sonstige Nebensachen handelt, kommt es daher nicht auf das Verhältnis des Werts der Arbeit oder des Arbeitserfolgs zum Wert der vom Unternehmer beschafften Stoffe an, sondern darauf, ob diese Stoffe ihrer Art nach sowie nach dem Willen der Beteiligten als Hauptstoffe oder als Nebenstoffe bzw. Zutaten des herzustellenden Werks anzusehen sind (vgl. BFH-Urteil vom 28. 5. 1953, V 22/53 U, BStBl. III S. 217). ⑥ Die Unentbehrlichkeit eines Gegenstands allein macht diesen noch nicht zu einem Hauptstoff. ⑦ Kleinere technische Hilfsmittel, z. B. Nägel, Schrauben, Splinte usw., sind in aller Regel Nebensachen. ⑧ Beim Austausch eines unbrauchbar gewordenen Teilstücks, dem eine gewisse selbständige Bedeutung zukommt, z. B. Kurbelwelle eines Kraftfahrzeugs, kann nicht mehr von einer Nebensache gesprochen werden (vgl. BFH-Urteil vom 25. 3. 1965, V 253/63 U, BStBl. III S. 338). ⑨ Haupt oder Nebenstoffe sind Werkstoffe, die gegenständlich im fertigen Werk enthalten sein müssen. ⑩ Elektrizität, die bei der Herstellung des Werks verwendet wird, ist kein Werkstoff (vgl. BFH-Urteil vom 8. 7. 1971, V R 38/68, BStBl. 1972 II S. 44). 136

(2) ① Bei Werklieferungen scheiden Materialbeistellungen des Bestellers aus dem Leistungsaustausch aus. ② Das Material, das der Besteller dem Auftragnehmer zur Bewirkung der Werklieferung beistellt, geht nicht in die Verfügungsmacht des Werkherstellers über (vgl. BFH-Urteil vom 17. 1. 1957, V 157/55 U, BStBl. III S. 92). ③ Die beigestellte Sache kann ein Hauptstoff sein, die Beistellung kann sich aber auch auf Nebenstoffe oder sonstige Beistellungen, z. B. Arbeitskräfte, Maschinen, Hilfsstoffe wie Elektrizität, Kohle, Baustrom und Bauwasser oder ähnliche Betriebsmittel, beziehen (vgl. BFH-Urteil vom 12. 3. 1959, V 205/56 S, BStBl. III S. 227), nicht dagegen auf die Bauleistungsversicherung. ④ Gibt der Auftraggeber zur Herstellung des Werks den gesamten Hauptstoff hin, liegt eine Materialgestellung vor (vgl. BFH-Urteil vom 10. 9. 1959, V 32/57 U, BStBl. III S. 435). 137

(3) ① Es gehört grundsätzlich zu den Voraussetzungen für das Vorliegen einer Materialbeistellung, dass das beigestellte Material im Rahmen einer Werklieferung für den Auftraggeber be- oder verarbeitet wird. ② Der Werkunternehmer muss sich verpflichtet haben, die ihm überlassenen Stoffe ausschließlich zur Herstellung des bestellten Werks zu verwenden (vgl. BFH-Urteil vom 17. 1. 1957, V 157/55 U, BStBl. III S. 92). ③ Auf das Erfordernis der Stoffidentität kann verzichtet werden, wenn die anderen Voraussetzungen für die Materialbeistellung zusammen gegeben sind, der Auftragnehmer den vom Auftraggeber zur Verfügung gestellten Stoff gegen gleichartiges und gleichwertiges Material austauscht und der Austausch wirtschaftlich geboten ist (vgl. BFH-Urteile vom 10. 2. 1966, V 105/63, BStBl. III S. 257, und vom 3. 12. 1970, V R 122/67, BStBl. 1971 II S. 355). ④ Eine Materialbeistellung ist jedoch zu verneinen, wenn der beigestellte Stoff ausgetauscht wird und der mit der Herstellung des Gegenstands beauftragte Unternehmer den Auftrag weitergibt (BFH-Urteil vom 21. 9. 1970, V R 76/67, BStBl. 1971 II S. 77). 138

(4) ① Eine Materialbeistellung liegt nicht vor, wenn der Werkunternehmer an der Beschaffung der Werkstoffe als Kommissionär (§ 3 Abs. 3 UStG) mitgewirkt hat. ② In diesem Fall umfasst die Lieferung des Werkunternehmers auch die beschafften Stoffe. ③ Eine Materialbeistellung ist aber anzunehmen, wenn der Werkunternehmer nur als Agent oder Berater an der Stoffbeschaffung beteiligt ist und dementsprechend zwischen dem Lieferer und dem Besteller der Werkstoffe unmittelbare Rechtsbeziehungen begründet werden. ④ Die Annahme einer Materialbeistellung hat 139

zur Folge, dass der Umsatz des Werkunternehmers sich nicht auf die vom Besteller eingekauften Stoffe erstreckt. ⑤ Wenn dagegen unmittelbare Rechtsbeziehungen zwischen dem Lieferer der Werkstoffe und dem Werkunternehmer und eine Werklieferung dieses Unternehmers an den Besteller vorliegen, ist davon auszugehen, dass eine Lieferung der Stoffe vom Lieferer an den Werkunternehmer und eine Werklieferung dieses Unternehmers an den Besteller vorliegt. ⑥ In einem solchen Fall schließt die Werklieferung den vom Werkunternehmer beschafften Stoff ein.

140 (5)[1] Zur umsatzsteuerrechtlichen Behandlung der Beistellung von Personal zu sonstigen Leistungen vgl. Abschnitt 1.1 Abs. 6 und 7.

141 (6) ① Reparaturen beweglicher körperlicher Gegenstände können in Form einer Werklieferung oder Werkleistung erbracht werden. ② Nach ständiger EuGH- und BFH-Rechtsprechung ist für die Abgrenzung zwischen Lieferung und sonstiger Leistung das Wesen des Umsatzes aus Sicht des Durchschnittsverbrauchers zu bestimmen. ③ Im Rahmen einer Gesamtbetrachtung ist zu entscheiden, ob die charakteristischen Merkmale einer Lieferung oder einer sonstigen Leistung überwiegen (vgl. EuGH-Urteile vom 2. 5. 1996, C-231/94, Faaborg-Gelting Linien, BStBl. 1998 II S. 282, und vom 17. 5. 2001, C-322/99 und 323/99, Fischer und Brandenstein, sowie BFH-Urteil vom 9. 6. 2005, V R 50/02, BStBl. 2006 II S. 98). ④ Das Verhältnis des Wertes der Arbeit oder des Arbeitserfolges zum Wert der vom Unternehmer beschafften Stoffe ist allein kein ausschlaggebendes Abgrenzungskriterium. ⑤ Es kann lediglich einen Anhaltspunkt für die Einstufung des Umsatzes als Werklieferung oder Werkleistung darstellen (vgl. EuGH-Urteil vom 29.3. 2007, C-111/05, Aktiebolaget NN). ⑥ Sofern nach diesen sowie den in den Absätzen 1 bis 4 dargestellten Abgrenzungskriterien nicht zweifelsfrei entschieden werden kann, ob die Reparaturleistung als Werklieferung oder Werkleistung zu qualifizieren ist, kann von einer Werklieferung ausgegangen werden, wenn der Entgeltanteil, der auf das bei der Reparatur verwendete Material entfällt, mehr als 50% des für die Reparatur berechneten Gesamtentgelts beträgt.

LS zu 3.8

142

1. Voraussetzung für die Annahme einer tauschähnlichen Leistung ist, dass sich zwei entgeltliche Leistungen i. S. des § 1 Abs. 1 Nr. 1 UStG 1999 gegenüberstehen, die lediglich durch die Modalität der Entgeltvereinbarung (Tausch) miteinander verknüpft sind. – 2. Überlässt der Auftraggeber dem Auftragnehmer bei ihm, dem Auftraggeber, unentgeltlich angestellte Mitarbeiter lediglich zur Durchführung des konkreten Auftrages (sog. **Personalbeistellung**), liegt keine sonstige Leistung i. S. des § 3 Abs. 9 UStG 1999 vor. *BFH-Urt. v. 6. 12. 2007, V R 42/06 (BStBl. 2009 II S. 493).*

Die Bereitstellung von **Baustrom und -wasser** durch den Bauherrn scheidet als **Materialbeistellung** aus dem Leistungsaustausch aus. – Der Abschluß der Bauwesenversicherung zugunsten des Bauunternehmers ist gemäß § 4 Nr. 10 Buchst. b UStG steuerfrei. *Verfügung OFD Chemnitz S 7100 – 138/1 – St 34 v. 17. 5. 1999.*

1. Bei sog. nichtsteuerbaren **Beistellungen** liegt weder ein Tausch noch ein tauschähnlicher Umsatz (§ 3 Abs. 12 UStG) vor. – 2. Die nichtsteuerbare Beistellung setzt voraus, dass der Beistellende Empfänger einer an ihn erbrachten Leistung ist und die Beistellung ausschließlich für Zwecke der Leistungserbringung an den Beistellenden verwendet wird. – 3. Sind für einen Unternehmer Handelsvertreter tätig, denen der Unternehmer **Kfz überlässt,** ist die Überlassung als Beistellung anzusehen, wenn die Handelsvertreter die Fahrzeuge nur für Zwecke der Handelsvertretertätigkeit, nicht aber auch für private Zwecke verwenden dürfen, und dieses Verbot auch in geeigneter Weise tatsächlich überwacht wird. *BFH-Urt. v. 12. 5. 2009, V R 24/08 (BStBl. 2010 II S. 854).*

Anl zu 3.8

Schreiben betr.
Begriff der Werklieferung/Werkleistung – Anpassung des Abschn. 3.8 Abs. 1 Satz 1 UStAE

Vom 1. Oktober 2020 (BStBl. I S. 983)

(BMF III C 2 – S 7112/19/10001 :001; DOK 2020/0945668)

Bezug: BFH-Urteil vom 22. August 2013 V R 37/10, BStBl. 2014 II S. 128

[abgedruckt im USt-Handbuch 2021 als Anlage zu A 3.8]

UStAE 3.9

3.9 Lieferungsgegenstand bei noch nicht abgeschlossenen Werklieferungen[2]

146 (1) ① Wird über das Vermögen eines Unternehmers vor Lieferung des auf einem fremden Grundstück errichteten Bauwerks das Insolvenzverfahren eröffnet und lehnt der Insolvenzverwalter die weitere Erfüllung des Werkvertrags nach § 103 InsO ab, ist neu bestimmter Gegenstand der Werklieferung das nicht fertiggestellte Bauwerk (vgl. BFH-Urteil vom 2. 2. 1978, V R 128/76, BStBl. II S. 483, zum Werkunternehmer-Konkurs). ② Wird über das Vermögen des Bestellers eines Werks vor dessen Fertigstellung das Insolvenzverfahren eröffnet und lehnt der Insolvenzverwalter die weitere Erfüllung des Werkvertrags ab, beschränkt sich der Leistungsaustausch zwischen Werkunternehmer und Besteller auf den vom Werkunternehmer gelieferten Teil des Werks, der nach § 105 InsO nicht mehr zurückgefordert werden kann (vgl. BFH-Beschluss vom 24. 4. 1980, V S 14/79, BStBl. II S. 541, zum Besteller-Konkurs).

147 (2) Die Ausführungen in Absatz 1 gelten entsprechend, wenn der Werkunternehmer aus anderen Gründen die Arbeiten vorzeitig und endgültig einstellt (vgl. BFH-Urteil vom 28. 2. 1980, V R 90/75, BStBl. II S. 535).

148 (3) Zur Entstehung der Steuer in diesen Fällen vgl. Abschnitt 13.2.

[1] Personalgestellung vgl. A 1.1 Abs. 6, 7 u. 16, 2.11 Abs. 15 UStAE sowie **LS zu 1.1** u. **3.8.**
[2] Zurechnung bei nicht erfüllten Werklieferungsverträgen vgl. A 1.3 Abs. 5, 2.1 Abs. 3, 3.9 Abs. 2, 13.2 Satz 2 Nr. 1, 15.2b Abs. 1 Sätze 1 u. 2, 17.1 Abs. 8 Satz 4 UStAE sowie Anl zu 13.2 – Abschn. III Nr. 1 a (Merkblatt USt M 2).

3.10 Einheitlichkeit der Leistung[1]

Allgemeine Grundsätze

(1) ① Ob von einer einheitlichen Leistung oder von mehreren getrennt zu beurteilenden selbständigen Einzelleistungen auszugehen ist, hat umsatzsteuerrechtlich insbesondere Bedeutung für die Bestimmung des Orts und des Zeitpunkts der Leistung sowie für die Anwendung von Befreiungsvorschriften und des Steuersatzes. ② Es ist das Wesen des fraglichen Umsatzes zu ermitteln, um festzustellen, ob der Unternehmer dem Abnehmer mehrere selbständige Hauptleistungen oder eine einheitliche Leistung erbringt (vgl. EuGH-Urteil vom 4. 9. 2019, C-71/18, KPC Herning). ③ Dabei ist auf die Sicht des Durchschnittsverbrauchers abzustellen (vgl. BFH-Urteile vom 31. 5. 2001, V R 97/98, BStBl. II S. 658, und vom 14. 2. 2019, V R 22/17, BStBl. II S. 350). **156**

(2) ① In der Regel ist jede Lieferung und jede sonstige Leistung als eigene selbständige Leistung zu betrachten (vgl. EuGH-Urteil vom 25. 2. 1999, C-349/96, CPP, und BFH-Urteil vom 14. 2. 2019, V R 22/17, BStBl. II S. 350). ② Deshalb können zusammengehörige Vorgänge nicht bereits als einheitliche Leistung angesehen werden, weil sie einem einheitlichen wirtschaftlichen Ziel dienen. ③ Wenn mehrere, untereinander gleichzuwertende Faktoren zur Erreichung dieses Ziels beitragen und aus diesem Grund zusammengehören, ist die Annahme einer einheitlichen Leistung nur gerechtfertigt, wenn die einzelnen Faktoren so ineinandergreifen, dass sie bei natürlicher Betrachtung hinter dem Ganzen zurücktreten. ④ Dass die einzelnen Leistungen auf einem einheitlichen Vertrag beruhen und für sie ein Gesamtentgelt entrichtet wird, reicht ebenfalls noch nicht aus, sie umsatzsteuerrechtlich als Einheit zu behandeln. ⑤ Entscheidend ist der wirtschaftliche Gehalt der erbrachten Leistungen (vgl. BFH-Urteil vom 24. 11. 1994, V R 30/92, BStBl. 1995 II S. 151). ⑥ Die dem Leistungsempfänger aufgezwungene Koppelung mehrerer Leistungen allein führt nicht zu einer einheitlichen Leistung (vgl. BFH-Urteil vom 13. 7. 2006, V R 24/02, BStBl. II S. 935). **157**

(3) ① Allerdings darf ein einheitlicher wirtschaftlicher Vorgang umsatzsteuerrechtlich nicht in mehrere Leistungen aufgeteilt werden (vgl. BFH-Urteil vom 14. 2. 2019, V R 22/17, BStBl. II S. 350). ② Dies gilt auch dann, wenn sich die Abnehmer dem leistenden Unternehmer gegenüber mit einer solchen Aufspaltung einverstanden erklären (vgl. BFH-Urteile vom 20. 10. 1966, V 169/63, BStBl. 1967 III S. 159, und vom 12. 12. 1969, V R 105/69, BStBl. 1970 II S. 362). ③ Auch der Umstand, dass beide Bestandteile im Wirtschaftsleben auch getrennt erbracht werden, rechtfertigt allein keine Aufspaltung des Vorgangs, wenn es dem durchschnittlichen Verbraucher gerade um die Verbindung beider Elemente geht (vgl. BFH-Urteil vom 10. 1. 2013, V R 31/10, BStBl. II S. 352). ④ Zur Qualifizierung einer einheitlichen Leistung, die sowohl Lieferungselemente als auch Elemente sonstiger Leistungen aufweist, vgl. Abschnitt 3.5. **158**

(4) ① Voraussetzung für das Vorliegen einer einheitlichen Leistung anstelle mehrerer selbständiger Leistungen ist stets, dass es sich um Tätigkeiten desselben Unternehmers handelt. ② Entgeltliche Leistungen verschiedener Unternehmer sind auch dann jeweils für sich zu beurteilen, wenn sie gegenüber demselben Leistungsempfänger erbracht werden und die weiteren Voraussetzungen für das Vorliegen einer einheitlichen Leistung erfüllt sind. ③ Eine einheitliche Leistung kann, im Gegensatz zur Beurteilung bei Leistungen mehrerer Unternehmer, allerdings im Verhältnis von Organträger und Organgesellschaft vorliegen (vgl. BFH-Urteil vom 29. 10. 2008, XI R 74/07, BStBl. 2009 II S. 256).[2] **159**

Abgrenzung von Haupt- und Nebenleistung

(5) ① Nebenleistungen teilen umsatzsteuerrechtlich das Schicksal der Hauptleistung (vgl. jedoch Abschnitt 4. 12. 10 Satz 1 zum Aufteilungsgebot bei der Vermietung und Verpachtung von Grundstücken mit Betriebsvorrichtungen und Abschnitt 12.16 Abs. 8 zum Aufteilungsgebot bei Beherbergungsumsätzen). ② Das gilt auch dann, wenn für die Nebenleistung ein besonderes Entgelt verlangt und entrichtet wird (vgl. BFH-Urteil vom 28. 4. 1966, V 153/63, BStBl. III S. 476). ③ Eine Leistung ist grundsätzlich dann als Nebenleistung zu einer Hauptleistung anzusehen, wenn sie im Vergleich zu der Hauptleistung nebensächlich ist, mit ihr eng – im Sinne einer wirtschaftlich gerechtfertigten Abrundung und Ergänzung – zusammenhängt und üblicherweise in ihrem Gefolge vorkommt (vgl. BFH-Urteil vom 10. 9. 1992, V R 99/88, BStBl. 1993 II S. 316). ④ Davon ist insbesondere auszugehen, wenn die Leistung für den Leistungsempfänger keinen eigenen Zweck, sondern das Mittel darstellt, um die Hauptleistung des Leistenden unter optimalen Bedingungen in Anspruch zu nehmen (vgl. BFH-Urteil vom 14. 2. 2019, V R 22/17, BStBl. II S. 350). ⑤ Gegenstand einer Nebenleistung kann sowohl eine unselbständige Lieferung von Gegenständen als auch eine unselbständige sonstige Leistung sein. **160**

Hin- und Rückgabe von Transporthilfsmitteln und Warenumschließungen gegen Pfandgeld

(5 a) ① Die Hingabe des Transporthilfsmittels gegen Pfandgeld ist als eigenständige Lieferung zu beurteilen. ② Warenumschließungen teilen im Gegensatz hierzu stets das Schicksal der **161**

[1] Hinweis auf A 3.1 (Lief. u. sonst. Leist.), 3.5 (Abgrenzung Lief. u. sonst. Leist.), 3.7 (Vermittl. o. Eigenhandel), 3.8 (Werklief., Werkleist.) u. 3.10 (Einheitl. d. Leist.) UStAE.

[2] Organschaft vgl. Hinweise bei A 2.8 UStAE.

UStAE 3.10

Hauptleistung. ③ Bei Rückgabe und Rückzahlung des Pfandgeldes liegen sowohl bei Transporthilfsmitteln als auch bei Warenumschließungen Entgeltminderungen vor. ④ Zur Anwendung der Vereinfachungsregelung bei Rückgabe von Transporthilfsmitteln bzw. Warenumschließungen vgl. Abschnitt 10.1 Abs. 8. ⑤ Zur Abgrenzung zwischen Transporthilfsmitteln und Warenumschließungen vgl. BMF-Schreiben vom 20. 10. 2014, BStBl. I S. 1372, und zur Überlassung des Transporthilfsmittels im Rahmen reiner Tauschsysteme vgl. Abschnitt 3.5 Abs. 3 Nr. 18.

Einzelfälle

162 (6)[1] Einzelfälle zur Abgrenzung einer einheitlichen Leistung von mehreren Hauptleistungen und zur Abgrenzung von Haupt- und Nebenleistung:

1. zur Einheitlichkeit der Leistung bei Erbringung der üblichen Baubetreuung im Rahmen von Bauherrenmodellen vgl. BMF-Schreiben vom 27. 6. 1986, BStBl. I S. 352, und BFH-Urteil vom 10. 9. 1992, V R 99/88, BStBl. 1993 II S. 316;
2. zur Einheitlichkeit der Leistung bei der Nutzungsüberlassung von Sportanlagen und anderen Anlagen vgl. Abschnitt 4. 12. 11 und BMF-Schreiben vom 17. 4. 2003, BStBl. I S. 279;
3. die Verschaffung von Versicherungsschutz oder die entgeltliche Garantiezusage durch einen Kraftfahrzeughändler im Zusammenhang mit einer Fahrzeuglieferung ist keine unselbständige Nebenleistung zur Fahrzeuglieferung, sondern eine eigenständige Leistung, vgl. BFH-Urteile vom 9. 10. 2002, V R 67/01, BStBl. 2003 II S. 378, und vom 14. 11. 2018, XI R 16/17, BStBl. 2021 II S. 461;
4.[2] zur Qualifizierung der Lieferung von Saatgut und dessen Einsaat bzw. der Lieferung von Pflanzen und deren Einpflanzen durch denselben Unternehmer als jeweils selbständige Hauptleistungen vgl. BFH-Urteile vom 9. 10. 2002, V R 5/02, BStBl. 2004 II S. 470, und vom 25. 6. 2009, V R 25/07, BStBl. 2010 II S. 239;
5.[3] ① bei der Überlassung von Grundstücksteilen zur Errichtung von Strommasten für eine Überlandleitung, der Einräumung des Rechts zur Überspannung der Grundstücke und der Bewilligung einer beschränkten persönlichen Dienstbarkeit zur dinglichen Sicherung dieser Rechte handelt es sich um eine nach § 4 Nr. 12 Satz 1 Buchstabe a UStG steuerbefreite einheitliche sonstige Leistung. ② Eine damit im Zusammenhang stehende Duldung der Verursachung baubedingter Flur- und Aufwuchsschäden stellt im Verhältnis hierzu eine Nebenleistung dar. ③ Das gilt auch dann, wenn Zahlungen sowohl an den Grundstückseigentümer, z. B. für die Rechtseinräumung, als auch an den Pächter, z. B. für die Flur- und Aufwuchsschäden, erfolgen (vgl. BFH-Urteil vom 11. 11. 2004, V R 30/04, BStBl. 2005 II S. 802);
6. die unentgeltliche Abgabe von Hardwarekomponenten im Zusammenhang mit dem Abschluss eines längerfristigen Netzbenutzungsvertrags ist eine unselbständige Nebenleistung zu der (einheitlichen) Telekommunikationsleistung (vgl. Abschnitt 3.3 Abs. 20) oder der auf elektronischem Weg erbrachten sonstigen Leistung; bei der Entrichtung einer Zuzahlung ist diese regelmäßig Entgelt für die Lieferung des Wirtschaftsguts;
7. die Übertragung und spätere Rückübertragung von Wertpapieren oder Emissionszertifikaten nach dem TEHG im Rahmen von Pensionsgeschäften (§ 340 b HGB) ist jeweils gesondert als sonstige Leistung zu beurteilen;
8. bei der Verwaltung fremden Vermögens, die zwar entsprechend hierzu vereinbarter allgemeiner Anlagerichtlinien oder -strategien, jedoch im eigenen Ermessen und ohne vorherige Einholung von Einzelfallweisungen des Kunden erfolgt (Portfolioverwaltung), beinhaltet die einheitliche sonstige Leistung der Vermögensverwaltung auch die in diesem Rahmen erforderlichen Transaktionsleistungen bei Wertpapieren, vgl. EuGH-Urteil vom 19.7. 2012, C-44/11, Deutsche Bank, BStBl. II S. 945, und BFH-Urteil vom 11. 10. 2012, V R 9/10, BStBl. 2014 II S. 279;
9. zur Einheitlichkeit der Leistung bei betriebsärztlichen Leistungen nach § 3 ASiG vgl. BMF-Schreiben vom 4. 5. 2007, BStBl. I S. 481;
10. zur Frage der Einheitlichkeit der Leistung bei Leistungen, die sowohl den Charakter bzw. Elemente einer Grundstücksüberlassung als auch anderer Leistungen aufweisen, vgl. Abschnitt 4.12.5;
11. zu Gegenstand und Umfang der Werklieferung eines Gebäudes vgl. BFH-Urteil vom 24. 1. 2008, V R 42/05, BStBl. II S. 697;
12. zum Vorliegen einer einheitlichen Leistung bei der Lieferung eines noch zu bebauenden Grundstücks vgl. BFH-Urteil vom 19. 3. 2009, V R 50/07, BStBl. II S. 78;
13. zu Verpflegungsleistungen als Nebenleistungen zu Übernachtungsleistungen vgl. BFH-Urteil vom 15. 1. 2009, V R 9/06, BStBl. II 2010 S. 433, zum Aufteilungsgebot bei Beherbergungsumsätzen vgl. jedoch Abschnitt 12.16 Abs. 8;

[1] A 3.10 UStAE Abs. 6 Nr. 3 neugefasst durch BMF v. 11. 5. 2021 (BStBl. I S. 781), anzuwenden auf Garantiezusagen, die nach dem **31. 12. 2022** abgegeben werden. Für vor dem **1. 1. 2023** abgegebene Garantiezusagen wird es nicht beanstandet, wenn die Grundsätze dieses Schreibens bereits angewendet werden (vgl. BMF v. 18. 6. 2021, BStBl. I S. 871 und v. 18. 10. 2021, BStBl. I S. 2142); Nr. 18 angefügt durch BMF v. 20. 12. 2022 (BStBl. I S. 1694).

[2] Saatgut vgl. A 3.5 Abs. 3 Nr. 13, 3.10 Abs. 6 Nr. 4 UStAE, Schreiben zur Anlage 2 Tz. 35 u. 62 (hinter § 29 UStG), BMF v. 4. 2. 2010 (BStBl. I S. 214) zu Tz. 35 a. a. O. und BMF v. 14. 2. 2006 (BStBl. I S. 240).

[3] Überlandleitungen vgl. A 1.3 Abs. 16, 3.10 Abs. 6 Nr. 5 u. 4.12.8 Abs. 2 UStAE.

14. Zahlungen der Hersteller/Händler an Finanzierungsinstitute zum Ausgleich von vergünstigten Kredit- bzw. Leasinggeschäften können Entgeltzahlungen für eine Leistung eigener Art des Finanzierungsinstituts an den Hersteller/Händler oder Entgelt von dritter Seite für die Finanzierungsleistung des Instituts an den Abnehmer darstellen, vgl. BMF-Schreiben vom 28. 9. 2011, BStBl. I S. 935, und vom 24. 9. 2013, BStBl. I S. 1219, vgl. auch BFH-Urteil vom 24. 2. 2021, XI R 15/19, BStBl. II S. 729;
15. dient ein Insolvenzverfahren der Befriedigung sowohl von Verbindlichkeiten des zum Vorsteuerabzug berechtigten Unternehmers wie auch von dessen Privatverbindlichkeiten, erbringt der Insolvenzverwalter eine einheitliche Leistung, aus der der Unternehmer nur zum anteiligen Vorsteuerabzug berechtigt ist (vgl. BFH-Urteil vom 15. 4. 2015, V R 44/14, BStBl. II S. 679; vgl. auch Abschnitt 15.2b Abs. 3 Sätze 9 und 10);
16. zur Aufteilung eines Gesamtentgelts für die Nutzung von Saunaleistungen in Schwimmbädern vgl. BMF-Schreiben vom 18. Dezember 2019, BStBl. I S. 1396;
17. zur Abgrenzung von Nebenleistung und selbstständiger Lieferung für Fälle, in denen Formen, Modelle oder Werkzeuge zur Herstellung steuerfrei ausgeführter Gegenstände benötigt wurden, vgl. BMF-Schreiben vom 27. 11. 1975, BStBl. I S. 1126;
18. zur umsatzsteuerrechtlichen Behandlung eines bei Überlassung von elektronischen Zahlungskarten erhobenen Kartenpfandes vgl. Abschnitt 4.8.7 Abs. 2 Satz 7 und BFH-Urteil vom 26. 1. 2022 – XI R 19/19 (XI R 12/17), BStBl. II S. 582.

Die Abgabe von **Hardware-Komponenten** im Zusammenhang mit dem Abschluss längerfristiger Netzbenutzungsverträge ist regelmäßig keine einheitliche Leistung. *Verfügung OFD Koblenz S 7100 A – St 44 3 v. 13. 12. 2005 (DStR 2006 S. 514).* LS zu 3.10

Einheitlichkeit der Leistung bei Erwerb von **Software** und der anschließenden Anpassung an die Bedürfnisse des Erwerbers vgl. ***EuGH-Urt. v. 27. 10. 2005,*** *C-41/04, Levob Verzekeringen BV, OV Bank NV (DStRE 2006 S. 41).* 165

Software vgl. A 3.5 Abs. 2 Nr. 1, Abs. 3 Nr. 8, 3 a.9 Abs. 13 Satz 4, 3 a.12 Abs. 3 Nr. 2 u. Abs. 6 Nr. 7, 12.7 Abs. 1 Satz 8–10 u. 15 a.1 Abs. 2 Nr. 1 UStAE.

Ein Unternehmer, der im Rahmen sog. **„Mailingaktionen"** an gemeinnützige Organisationen in Italien ein Bündel von Leistungen zur Planung, Herstellung, Verteilung und Erfolgskontrolle von **Serienbriefen** erbringt, um deren Adressaten zur Zahlung von Spenden zu bewegen, führt gegenüber seinen Auftraggebern eine einheitliche sonstige Leistung i. S. des § 3 Abs. 9 UStG und keine steuerermäßigte Lieferung von Druckschriften aus. *BFH-Urteil v. 15. 10. 2009, XI R 52/06 (BStBl. 2010 II S. 869).*

Die Tatsache, dass bestimmte Gegenstände eine einheitliche Lieferung bilden, die **zum einen** eine **Hauptleistung,** die nach dem Recht eines Mitgliedstaats unter eine die Rückerstattung der gezahlten Steuer vorsehende Ausnahmeregelung i. S. von Art. 28 Abs. 2 Buchst. a der Sechsten Richtlinie 77/388/EWG des Rates vom 17. 5. 1977 fällt, und **zum anderen** Gegenstände umfasst, die nach dem genannten Recht von dieser **Ausnahmeregelung** ausgeschlossen sind, hindert den betreffenden Mitgliedstaat nicht daran, auf die Lieferung dieser ausgeschlossenen Gegenstände Mehrwertsteuer zum Normalsatz zu erheben. ***EuGH-Urt. v. 6. 7. 2006,*** *C-251/05, Talacre Beach Caravan Sales Ltd (DStR S. 1272).* 166

Mißbräuchliche Leistungsaufspaltung in mehrere Einzelleistungen vgl. ***EuGH-Urt. v. 21. 2. 2008,*** *C-425/06, Part Service Srl. (DStRE S. 646).*

Die Lieferung eines Grundstücks, das zum Zeitpunkt dieser Lieferung mit einem Gebäude bebaut ist, kann nicht als Lieferung eines **„Baugrundstücks"** eingestuft werden, wenn dieser Umsatz wirtschaftlich unabhängig von anderen Leistungen ist und mit diesen keinen einheitlichen Umsatz bildet, selbst wenn die Parteien beabsichtigen, das Gebäude vollständig oder teilweise abzureißen, um Platz für ein neues Gebäude zu schaffen. ***EuGH-Urteil v. 4. 9. 2019,*** *C-71/18, KPC Herning (DStRE S. 1399).*

Zulässigkeit der **selektiven Anwendung** des ermäßigten Steuersatzes auf **Aspekte einer Leistung** durch die Mitgliedstaaten [hier Dienstleistungen von Bestattungsunternehmen]. ***EuGH-Urt. v. 6. 5. 2010,*** *C-94/09, Kommission/Frankreich (DStR S. 977).*

Entgelt für bestimmte Zahlungsart ist Nebenleistung zur bezahlten Hauptleistung. ***EuGH-Urt. v. 2. 12. 2010,*** *C-276/09, Everything Everywhere Ltd. (vormals T Mobile UK Limited), BeckRS 2010, 91 367.*

Leistungsaufspaltung bei **Pflanzenlieferungen** vgl. BMF v. 4. 2. 2010 (BStBl. I S. 214), Schreiben zur Anlage 2, FN zu Tz. 35 (hinter § 29 UStG).

Nebenleistungen zu **Übernachtungsumsätzen** vgl. BMF v. 4. 5. 2010 (BStBl. I S. 490).

3.11 Kreditgewährung im Zusammenhang mit anderen Umsätzen

UStAE 3.11

Inhalt des Leistungsaustauschs

(1) ① Im Falle der Kreditgewährung im Zusammenhang mit einer Lieferung oder sonstigen Leistung erbringt der leistende Unternehmer grundsätzlich jeweils eigene selbständige Leistungen. ② Die naturgemäße Verbindung des Kreditgeschäfts zu der Lieferung oder sonstigen Leistung reicht für sich genommen für die Annahme einer einheitlichen Leistung nicht aus. ③ Ob mehrere, voneinander unabhängige Leistungen oder eine einheitliche Gesamtleistung vorliegen, ist im konkreten Einzelfall unter Beachtung der in Abschnitt 3.10 dargelegten objektiven Abgrenzungskriterien zu beurteilen. ④ Anhaltspunkte, die für die Annahme mehrerer selbständiger Leistungen sprechen, sind dabei u. a.: 186
– gesonderte Vereinbarung von Lieferung oder sonstiger Leistung und Kreditgewährung;
– eigenständige Bildung von Leistungspreisen;
– gesonderte Rechnungsstellung.

⑤ Bei der Kreditgewährung im Rahmen von Public-Private-Partnership-Projekten ist von zwei getrennt zu beurteilenden Leistungen auszugehen, wenn Werklieferung und Finanzierung nicht

UStAE 3.11

so aufeinander abgestimmt sind, dass es die Verflechtung beider Komponenten nicht möglich machen würde, nur eine der beiden Leistungen in Anspruch zu nehmen (vgl. BFH-Urteil vom 13. 11. 2013, XI R 24/11, BStBl. 2017 II S. 1147). ⑥ Zur Kreditgewährung im Zusammenhang mit einem Forderungskauf vgl. Abschnitt. 2.4.

187 (2) *(aufgehoben)*

188 (3) Als Entgelt für gesonderte Kreditleistungen können in entsprechender Anwendung des Absatzes 1 z. B. angesehen werden:

1. ① Stundungszinsen. ② Sie werden berechnet, wenn dem Leistungsempfänger, der bei Fälligkeit der Kaufpreisforderung nicht zahlen kann, gestattet wird, die Zahlung zu einem späteren Termin zu leisten;
2. ① Zielzinsen. ② Sie werden erhoben, wenn dem Leistungsempfänger zur Wahl gestellt wird, entweder bei kurzfristiger Zahlung den Barpreis oder bei Inanspruchnahme des Zahlungsziels einen höheren Zielpreis für die Leistung zu entrichten. ③ Für die Annahme einer Kreditleistung reicht jedoch die bloße Gegenüberstellung von Barpreis und Zielpreis nicht aus; es müssen vielmehr die in Absatz 1 genannten Voraussetzungen erfüllt sein.

189 (4) ① Kontokorrentzinsen sind stets Entgelt für eine Kreditgewährung, wenn zwischen den beteiligten Unternehmern ein echtes Kontokorrentverhältnis im Sinne des § 355 HGB vereinbart worden ist, bei dem die gegenseitigen Forderungen aufgerechnet werden und bei dem der jeweilige Saldo an die Stelle der einzelnen Forderungen tritt. ② Besteht kein echtes Kontokorrentverhältnis, können die neben dem Entgelt für die Lieferung erhobenen Zinsen nur dann als Entgelt für eine Kreditleistung behandelt werden, wenn entsprechende Vereinbarungen (vgl. Absatz 2) vorliegen.

190 (5) ① Bietet ein Unternehmer in seinen Zahlungsbedingungen die Gewährung eines Nachlasses (Skonto, Rabatt) auf den ausgezeichneten Preis bei vorzeitiger Zahlung an und macht der Leistungsempfänger davon Gebrauch, führt der Preisnachlass zu einer Entgeltminderung. ② Nimmt der Leistungsempfänger jedoch keinen Preisnachlass in Anspruch und entrichtet den Kaufpreis erst mit Ablauf der Zahlungsfrist, bewirkt der Unternehmer in Höhe des angebotenen Preisnachlasses keine Kreditleistung (vgl. BFH-Urteil vom 28. 1. 1993,V R 43/89, BStBl. II S. 360).

Beispiel:

① Ein Unternehmer liefert eine Ware für 1000 € (einschließlich Umsatzsteuer), zahlbar nach 6 Wochen. ② Bei Zahlung innerhalb von 10 Tagen wird ein Skonto von 3% des Kaufpreises gewährt. ③ Der Leistungsempfänger zahlt nach 6 Wochen den vollen Kaufpreis von 1000 €. ④ Der Unternehmer darf seine Leistung nicht in eine steuerpflichtige Warenlieferung in Höhe von 970 € (einschließlich Umsatzsteuer) und eine steuerfreie Kreditleistung in Höhe von 30 € aufteilen.

Steuerfreiheit der Kreditgewährung

191 (6) ① Ist die Kreditgewährung als selbständige Leistung anzusehen, fällt sie unter die Steuerbefreiung nach § 4 Nr. 8 Buchstabe a UStG. ② Unberührt bleibt die Möglichkeit, unter den Voraussetzungen des § 9 UStG auf die Steuerbefreiung zu verzichten.

Entgeltminderungen

192 (7) ① Entgeltminderungen, die sowohl auf steuerpflichtige Umsätze als auch auf die im Zusammenhang damit erbrachten steuerfreien Kreditgewährungen entfallen, sind anteilig dem jeweiligen Umsatz zuzuordnen. ② Deshalb hat z. B. bei Uneinbringlichkeit von Teilzahlungen der Unternehmer die Steuer für die Warenlieferung entsprechend ihrem Anteil zu berichtigen (§ 17 Abs. 2 Nr. 1 i. V. m. Abs. 1 UStG). ③ Bei der Zuordnung der Entgeltminderung zu den steuerpflichtigen und steuerfreien Umsätzen kann nach Abschnitt 22.6 Abs. 20 und 21 verfahren werden. ④ Fällt eine Einzelforderung, die in ein Kontokorrent im Sinne des § 355 HGB eingestellt wurde, vor der Anerkennung des Saldos am Ende eines Abrechnungszeitraums ganz oder zum Teil aus, mindert sich dadurch das Entgelt für die der Forderung zu Grunde liegende Warenlieferung.

Auswirkungen auf den Vorsteuerabzug des leistenden Unternehmers

193 (8) ① Die den steuerfreien Kreditgewährungen zuzurechnenden Vorsteuerbeträge sind unter den Voraussetzungen des § 15 Abs. 2 und 3 UStG vom Abzug ausgeschlossen. ② Das gilt auch für solche Vorsteuerbeträge, die lediglich in mittelbarem wirtschaftlichen Zusammenhang mit diesen Umsätzen stehen, z. B. Vorsteuerbeträge, die im Bereich der Gemeinkosten anfallen. ③ Vorsteuerbeträge, die den Kreditgewährungen nur teilweise zuzurechnen sind, hat der Unternehmer nach den Grundsätzen des § 15 Abs. 4 UStG in einen abziehbaren und einen nichtabziehbaren Teil aufzuteilen (vgl. im Übrigen Abschnitte 15.16 ff.). ④ Die Vorschrift des § 43 UStDV kann auf die den Kreditgewährungen zuzurechnenden Vorsteuerbeträge nicht angewendet werden. ⑤ Werden die Kredite im Zusammenhang mit einer zum Vorsteuerabzug berechtigenden Lieferung oder sonstigen Leistung an einen Unternehmer gewährt, ist es jedoch nicht zu beanstanden, wenn aus Vereinfachungsgründen die Vorsteuern abgezogen werden, die den Kreditgewährungen nicht ausschließlich zuzurechnen sind.

Beispiel:

① Ein Maschinenhersteller M liefert eine Maschine an den Unternehmer U in Österreich. ② Für die Entrichtung des Kaufpreises räumt M dem U einen Kredit ein, der als selbständige Leistung zu behandeln ist.

③ Die Lieferung der Maschine ist nach § 4 Nr. 1 Buchstabe b, § 6a UStG steuerfrei und berechtigt zum Vorsteuerabzug. ④ Die Kreditgewährung ist nach § 3a Abs. 2 UStG in Deutschland nicht steuerbar und schließt nach § 15 Abs. 2 und 3 UStG den Vorsteuerabzug aus. ⑤ Aus Vereinfachungsgründen kann jedoch M die Vorsteuern, die der Kreditgewährung nicht ausschließlich zuzurechnen sind, z. B. Vorsteuern im Bereich der Verwaltungsgemeinkosten, in vollem Umfang abziehen.

LS zu 3.11

Beim Verkauf von Waren im **Versandhandel** liegt auch dann eine einheitliche Warenlieferung (nicht zum Teil eine steuerfreie Kreditgewährung) vor, wenn der Käufer von der ihm eingeräumten Möglichkeit der Ratenzahlung Gebrauch macht und dadurch einen Barzahlungsrabatt in Höhe von 3 v. H. des Katalogpreises einbüßt. *BFH-Urteil v. 28. 1. 1993 – V R 43/89 (BStBl. II S. 360).* 194

Art. 11 Teil A Abs. 3 Buchst. b und Teil C Abs. 1 der Sechsten Richtlinie 77/388/EWG des Rates ist dahin auszulegen, dass die Besteuerungsgrundlage für die Lieferung von Waren, die ein Kunde aus einem **Versandkatalog** für seinen Eigengebrauch bestellt, im vollen Katalogpreis der dem Kunden verkauften Waren besteht, auch wenn der Lieferer dem Kunden einen Rabatt auf den Katalogpreis gewährt, der dem Kunden bei Zahlung der Raten an den Lieferer auf einem gesonderten Konto gutgeschrieben wird und den er sich sofort auszahlen lassen oder über den er sofort in anderer Weise verfügen kann; von dem Katalogpreis ist der genannte Rabatt abzuziehen, sobald der Kunde ihn sich auszahlen lässt oder in anderer Weise darüber verfügt. ***EuGH-Urt. v. 29. 5. 2001,*** *C-86/99, Freemans plc (DStRE S. 722).*

Art. 11 Teil A Abs. 1 Buchst. a der Sechsten Richtlinie 77/388/EWG des Rates ist in dem Sinne auszulegen, dass bei einer entgeltlichen Lieferung von Gegenständen, die folgende Merkmale aufweist: – ein Einzelhandelsverkäufer verkauft Waren zu dem angegebenen Preis, den er dem Käufer in Rechnung stellt und der sich nicht danach ändert, ob der **Käufer bar oder mittels eines Kredits zahlt;** – der Erwerb der Waren wird auf Wunsch des Käufers mit Hilfe eines für ihn zinslosen Kredits finanziert, der von einer Finanzierungsgesellschaft zur Verfügung gestellt wird, bei der es sich nicht um den Verkäufer handelt; – die Finanzierungsgesellschaft verpflichtet sich gegenüber dem Käufer, für dessen Rechnung dem Verkäufer den angegebenen und in Rechnung gestellten Verkaufspreis zu zahlen; – in Wirklichkeit zahlt die Finanzierungsgesellschaft dem Verkäufer nach Maßgabe von Abmachungen, die sie mit diesem getroffen hat, die jedoch dem Käufer nicht bekannt sind, einen Betrag, der niedriger ist als der angegebene und in Rechnung gestellte Preis, und – der Käufer zahlt der Finanzierungsgesellschaft einen Betrag in Höhe des angegebenen und in Rechnung gestellten Kaufpreises zurück, die Besteuerungsgrundlage für die Mehrwertsteuer, die auf den Verkauf der Waren entfällt, der volle vom Käufer geschuldete Betrag ist. ***EuGH-Urt. v. 15. 5. 2001,*** *C-34/99, Primback Ltd. (DStRE S. 661).*

Bauzeitzinsen sind kein Entgelt für ein selbständiges Kreditgeschäft. *Erlaß FM Mecklenburg-Vorpommern IV 320 – S 7100 – 60/93 v. 31. 5. 1995 (UR S. 492).*

Zu § 3 Abs. 6 und 7 UStG

3.12 Ort der Lieferung

UStAE 3.12

(1) ① Lieferungen gelten – vorbehaltlich der Sonderregelungen in den §§ 3c bis 3g UStG – nach § 3 Abs. 6 Satz 1 UStG grundsätzlich dort als ausgeführt, wo die Beförderung oder Versendung an den Abnehmer oder in dessen Auftrag an einen Dritten (z. B. an einen Lohnveredeler oder Lagerhalter) beginnt. ② Dies gilt sowohl für Fälle, in denen der Unternehmer selbst oder ein von ihm beauftragter Dritter den Gegenstand der Lieferung befördert oder versendet als auch für Fälle, in denen der Abnehmer oder ein von ihm beauftragter Dritter den Gegenstand bei dem Lieferer abholt (Abholfall). ③ Auch der sog. Handkauf ist damit als Beförderungs- oder Versendungslieferung anzusehen. 196

(2) ① Eine Beförderungslieferung im Sinne des § 3 Abs. 6 Satz 1 UStG setzt voraus, dass der liefernde Unternehmer, der Abnehmer oder ein unselbständiger Erfüllungsgehilfe den Gegenstand der Lieferung befördert. ② Eine Beförderung liegt auch vor, wenn der Gegenstand der Lieferung mit eigener Kraft fortbewegt wird, z. B. bei Kraftfahrzeugen auf eigener Achse, bei Schiffen auf eigenem Kiel (vgl. BFH-Urteil vom 20. 12. 2006, V R 11/06, BStBl. 2007 II S. 424). ③ Die Bewegung eines Gegenstands innerhalb des Unternehmens, die lediglich der Vorbereitung des Transports dient, stellt keine Beförderung an den Abnehmer im Sinne des § 3 Abs. 6 Satz 1 UStG dar. ④ Befördert im Falle eines Kommissionsgeschäfts (§ 3 Abs. 3 UStG) der Kommittent das Kommissionsgut mit eigenem Fahrzeug an den im Ausland ansässigen Kommissionär, liegt eine Lieferung im Inland nach § 3 Abs. 6 Satz 1 UStG nicht vor, weil die – anschließende – Übergabe des Kommissionsguts an den Verkaufskommissionär keine Lieferung im Sinne des § 3 Abs. 1 UStG ist (vgl. BFH-Urteil vom 25. 11. 1986, V R 102/78, BStBl. 1987 II S. 278, Abschnitt 3.1 Abs. 2). ⑤ Zur Ausnahmeregelung bei innergemeinschaftlichen Kommissionsgeschäften vgl. Abschnitt 1a.2 Abs. 7. 197

(3) ① Eine Versendungslieferung im Sinne des § 3 Abs. 6 Satz 1 UStG setzt voraus, dass der Gegenstand an den Abnehmer oder in dessen Auftrag an einen Dritten versendet wird, d. h. die Beförderung durch einen selbständigen Beauftragten ausgeführt oder besorgt wird. ② Die Versendung beginnt mit der Übergabe des Gegenstands an den Beauftragten. ③ Der Lieferer muss bei der Übergabe des Gegenstands an den Beauftragten alles Erforderliche getan haben, um den Gegenstand an den bereits feststehenden Abnehmer, der sich grundsätzlich aus den Versendungsunterlagen ergibt, gelangen zu lassen. ④ Von einem feststehenden Abnehmer ist auszugehen, wenn er zwar dem mit der Versendung Beauftragten im Zeitpunkt der Übergabe des Gegenstands nicht bekannt ist, aber mit hinreichender Sicherheit leicht und einwandfrei aus den unstreitigen Umständen, insbesondere aus Unterlagen abgeleitet werden kann (vgl. BFH-Urteil vom 30. 7. 2008, XI R 67/07, BStBl. 2009 II S. 552). ⑤ Gleiches gilt, wenn der Abnehmer den Liefergegenstand bei Beginn der Versendung bereits verbindlich bestellt oder bezahlt hat (vgl. BFH-Urteil vom 16. 11. 2016, V R 1/16, BStBl. 2017 II S. 1079) und § 6b UStG bereits dem Grunde nach keine Anwendung findet bzw. von Seiten des liefernden Unternehmers und späteren Erwerbers § 6b UStG keine Anwendung finden soll; eine nur wahrscheinliche Begründung 198

UStAE 3.12

einer Abnehmerstellung ohne tatsächliche Abnahmeverpflichtung reicht nicht aus (vgl. BFH-Urteil vom 20. 10. 2016, V R 31/15, BStBl. 2017 II S. 1076). ⑥ Dem Tatbestand, dass der Abnehmer feststeht, steht nicht entgegen, dass der Gegenstand von dem mit der Versendung Beauftragten zunächst in ein inländisches Lager des Lieferanten gebracht und erst nach Eingang der Zahlung durch eine Freigabeerklärung des Lieferanten an den Abnehmer herausgegeben wird (vgl. BFH-Urteil vom 30. 7. 2008, XI R 67/07, a. a. O.). ⑦ Entscheidend ist, dass der Lieferant im Zeitpunkt der Übergabe des Gegenstands an den Beauftragten die Verfügungsmacht dem zu diesem Zeitpunkt feststehenden Abnehmer verschaffen will. ⑧ Unter der Bedingung, dass der Abnehmer bereits bei Beginn der Versendung feststeht, kann eine Versendungslieferung auch dann vorliegen, wenn der Liefergegenstand nach dem Beginn der Versendung für kurze Zeit in einem Auslieferungs- oder Konsignationslager, welches nicht in den Anwendungsbereich der Konsignationslagerregelung nach § 6b UStG fällt, gelagert wird (vgl. BFH-Urteile vom 20. 10. 2016, V R 31/15, a. a. O., und vom 16. 11. 2016, V R 1/16, a. a. O.; vgl. auch Abschnitt 1a.2 Abs. 6 Sätze 4 bis 9).

199 (4) ① Der Ort der Lieferung bestimmt sich nicht nach § 3 Abs. 6 UStG, wenn der Gegenstand der Lieferung nach dem Beginn der Beförderung oder nach der Übergabe des Gegenstands an den Beauftragten vom Lieferer noch einer Behandlung unterzogen wird, die seine Marktgängigkeit ändert. ② In diesen Fällen wird nicht der Liefergegenstand, sondern ein Gegenstand anderer Wesensart befördert. ③ Das ist insbesondere dann der Fall, wenn Gegenstand der Lieferung eine vom Lieferer errichtete ortsgebundene Anlage oder eine einzelne Maschine ist, die am Bestimmungsort fundamentiert oder funktionsfähig gemacht wird, indem sie in einen Satz bereits vorhandener Maschinen eingefügt und hinsichtlich ihrer Arbeitsgänge auf diese Maschinen abgestimmt wird. ④ Das Gleiche gilt für Einbauten, Umbauten und Anbauten bei Maschinen (Modernisierungsarbeiten) sowie für Reparaturen. ⑤ Da die einzelnen Teile einer Maschine ein Gegenstand anderer Marktgängigkeit sind als die ganze Maschine, ist § 3 Abs. 6 UStG auch dann nicht anzuwenden, wenn die einzelnen Teile einer Maschine zum Abnehmer befördert werden und dort vom Lieferer zu der betriebsfertigen Maschine zusammengesetzt werden. ⑥ Ob die Montagekosten dem Abnehmer gesondert in Rechnung gestellt werden, ist unerheblich. ⑦ Dagegen bestimmt sich der Ort der Lieferung nach § 3 Abs. 6 UStG, wenn eine betriebsfertig hergestellte Maschine lediglich zum Zweck eines besseren und leichteren Transports in einzelne Teile zerlegt und dann von einem Monteur des Lieferers am Bestimmungsort wieder zusammengesetzt wird. ⑧ Zur betriebsfertigen Herstellung beim Lieferer gehört in der Regel ein dort vorgenommener Probelauf. ⑨ Ein nach der Wiederzusammensetzung beim Abnehmer vom Lieferer durchgeführter erneuter Probelauf ist unschädlich. ⑩ § 3 Abs. 6 UStG ist auch dann anzuwenden, wenn die Bearbeitung oder Verarbeitung, die sich an die Beförderung oder Versendung des Liefergegenstands anschließt, vom Abnehmer selbst oder in seinem Auftrag von einem Dritten vorgenommen wird.

200 (5) Erstreckt sich der Gegenstand einer Werklieferung auf das Gebiet verschiedener Staaten (z. B. bei der Errichtung von Verkehrsverbindungen, der Verlegung von Telefon- und Glasfaserkabeln sowie von Elektrizitäts-, Gas- und Wasserleitungen), kann diese Werklieferung verschiedene Lieferorte haben, auf die die Bemessungsgrundlage jeweils aufzuteilen ist (vgl. EuGH-Urteil vom 29. 3. 2007, C-111/05, Aktiebolaget NN).

201 (6) ① Wird der Gegenstand der Lieferung nicht befördert oder versendet, ist § 3 Abs. 7 UStG anzuwenden. ② § 3 Abs. 7 Satz 1 UStG gilt insbesondere für Fälle, in denen die Verfügungsmacht z. B. durch Vereinbarung eines Besitzkonstituts (§ 930 BGB), durch Abtretung des Herausgabeanspruchs (§ 931 BGB) oder durch Übergabe von Traditionspapieren (Ladescheine, Lagerscheine, Konnossemente, §§ 448, 475g, 524 HGB) verschafft wird. ③ § 3 Abs. 7 Satz 2 UStG bestimmt den Lieferort für die Fälle des § 3 Abs. 6 Satz 5 UStG, in denen mehrere Unternehmer über denselben Gegenstand Umsatzgeschäfte abschließen und diese Geschäfte dadurch erfüllen, dass der Gegenstand der Lieferungen unmittelbar vom ersten Unternehmer an den letzten Abnehmer befördert oder versendet wird (Reihengeschäft, vgl. Abschnitt 3.14).

202 (7) ① § 3 Abs. 6 und 7 UStG regeln den Lieferort und damit zugleich auch den Zeitpunkt der Lieferung (vgl. BFH-Urteil vom 6. 12. 2007, V R 24/05, BStBl. 2009 II S. 490, Abschnitt 13.1 Abs. 2 und 6); dies gilt hinsichtlich der Verschaffung der Verfügungsmacht auch in den Fällen einer Beförderungs- oder Versendungslieferung nach § 3 Abs. 6 Satz 1 UStG, in denen der Liefergegenstand nach dem Beginn der Beförderung oder Versendung für kurze Zeit in einem Auslieferungs- oder Konsignationslager, welches nicht in den Anwendungsbereich der Konsignationslagerregelung nach § 6b UStG fällt, gelagert wird. ② Die Anwendbarkeit von § 3 Abs. 6 und 7 UStG setzt dabei voraus, dass tatsächlich eine Lieferung zu Stande gekommen ist.

UStAE 3.13

3.13 Lieferort in besonderen Fällen (§ 3 Abs. 8 UStG)

206 (1) ① § 3 Abs. 8 UStG regelt den Ort der Lieferung in den Fällen, in denen der Gegenstand der Lieferung bei der Beförderung oder Versendung aus dem Drittlandsgebiet in das Inland gelangt und der Lieferer oder sein Beauftragter Schuldner der Einfuhrumsatzsteuer ist. ② Unabhängig von den Lieferkonditionen ist maßgeblich, wer nach den zollrechtlichen Vor-

schriften Schuldner der Einfuhrumsatzsteuer ist. ③ Abweichend von § 3 Abs. 6 UStG gilt der Ort der Lieferung dieses Gegenstands als im Inland gelegen. ④ Der Ort der Lieferung bestimmt sich auch dann nach § 3 Abs. 8 UStG, wenn der Lieferer Schuldner der Einfuhrumsatzsteuer ist, diese jedoch nach der EUStBV nicht erhoben wird. ⑤ Die örtliche Zuständigkeit eines Finanzamts für die Umsatzsteuer im Ausland ansässiger Unternehmer richtet sich vorbehaltlich einer abweichenden Zuständigkeitsvereinbarung (§ 27 AO) nach § 21 Abs. 1 Satz 2 AO i. V. m. der UStZustV.[1]

(2)[2] ① Entrichtet der Lieferer die Steuer für die Einfuhr des Gegenstands, wird diese Steuer unter Umständen von einer niedrigeren Bemessungsgrundlage als dem Veräußerungsentgelt erhoben. ② In diesen Fällen wird durch die Verlagerung des Orts der Lieferung in das Inland erreicht, dass der Umsatz mit der Steuer belastet wird, die für die Lieferung im Inland in Betracht kommt. 207

Beispiel 1:

① Der Unternehmer B in Bern liefert Gegenstände, die er mit eigenem Lkw befördert, an seinen Abnehmer K in Köln. ② K lässt die Gegenstände in den freien Verkehr überführen und entrichtet dementsprechend die Einfuhrumsatzsteuer (Lieferkondition „unversteuert und unverzollt").

③ Ort der Lieferung ist Bern (§ 3 Abs. 6 UStG). ④ K kann die entstandene Einfuhrumsatzsteuer als Vorsteuer abziehen, da die Gegenstände für sein Unternehmen in das Inland eingeführt worden sind.

Beispiel 2:

① Wie Beispiel 1, jedoch lässt B die Gegenstände in den freien Verkehr überführen und entrichtet dementsprechend die Einfuhrumsatzsteuer (Lieferkondition „verzollt und versteuert").

② Der Ort der Lieferung gilt als im Inland gelegen (§ 3 Abs. 8 UStG). ③ B hat den Umsatz im Inland zu versteuern. ④ Er ist zum Abzug der Einfuhrumsatzsteuer als Vorsteuer berechtigt, da die Gegenstände für sein Unternehmen eingeführt worden sind.

③ In den Fällen des Reihengeschäfts kann eine Verlagerung des Lieferorts nach § 3 Abs. 8 UStG nur für die Beförderungs- oder Versendungslieferung in Betracht kommen (vgl. Abschnitt 3.14 Abs. 15 und 16).

(3) § 3 Abs. 8 UStG ist nicht anzuwenden, wenn der Ort für die Lieferung von Erdgas oder Elektrizität nach § 3 g UStG zu bestimmen ist (vgl. Abschnitt 3 g.1 Abs. 6 Sätze 5 und 6). 208

LS zu 3.13

1. **Schuldner der Einfuhrumsatzsteuer** iSd § 3 Abs. 8 UStG ist die Person, die in eigenem Namen eine Zollanmeldung abgibt oder in deren Namen eine Zollanmeldung abgegeben wird. Darauf, dass tatsächlich Einfuhrumsatzsteuer angefallen ist, kommt es nicht an. – 2. Als Vertreter „für Rechnung" eines anderen iSd Art. 5 Abs. 2 ZK handelt nicht, wer in eigener Person alle etwaig anfallenden Steuern und sonstigen Kosten trägt und sein Handeln sich für den anderen unter keinem denkbaren Gesichtspunkt wirtschaftlich auswirkt. *BFH-Urteil v. 29. 1. 2015 V R 5/14 (BStBl. II S. 567).* 209

Die Ortsregelung des § 3 Abs. 8 UStG ist auch dann anwendbar, wenn keine Einfuhrumsatzsteuer anfällt, weil die Einfuhr umsatzsteuerfrei ist **(Sendungen von geringem Wert).** *BFH-Urteil v. 16. 6. 2015 XI R 17/13 (BStBl. II S. 1024).*

Der mehrwertsteuerrechtliche Ort der Einfuhr eines in einem Drittstaat zugelassenen Fahrzeugs, das unter **Verstoß gegen zollrechtliche Vorschriften** in die Europäische Union verbracht wird, liegt in dem Mitgliedstaat, in dem derjenige, der den zollrechtlichen Pflichtenverstoß begangen hat, ansässig ist und das Fahrzeug tatsächlich nutzt. ***EuGH-Urteil v. 8. 9. 2022** C-368/21, R.T. (DStRE S. 1195).*

3.14 Reihengeschäfte

UStAE 3.14

Begriff des Reihengeschäfts (§ 3 Abs. 6 Satz 5 UStG)

(1) ① Umsatzgeschäfte im Sinne des § 3 Abs. 6 Satz 5 UStG, die von mehreren Unternehmern über denselben Gegenstand abgeschlossen werden und bei denen dieser Gegenstand im Rahmen einer Beförderung oder Versendung unmittelbar vom ersten Unternehmer (Ort der Lieferung des ersten Unternehmers) an den letzten Abnehmer gelangt, werden nachfolgend als Reihengeschäfte bezeichnet. ② Ein besonderer Fall des Reihengeschäfts ist das innergemeinschaftliche Dreiecksgeschäft im Sinne des § 25 b Abs. 1 UStG (vgl. Abschnitt 25 b.1). 211

(2) ① Bei Reihengeschäften werden im Rahmen einer Warenbewegung (Beförderung oder Versendung) mehrere Lieferungen ausgeführt, die in Bezug auf den Lieferort und den Lieferzeitpunkt jeweils gesondert betrachtet werden müssen. ② Die Beförderung oder Versendung des Gegenstands ist nur einer der Lieferungen zuzuordnen (§ 3 Abs. 6 Satz 5 UStG). ③ Diese ist die Beförderungs- oder Versendungslieferung; nur bei ihr kommt die Steuerbefreiung für Ausfuhrlieferungen (§ 6 UStG) oder für innergemeinschaftliche Lieferungen (§ 6 a UStG) in Betracht. ④ Bei allen anderen Lieferungen in der Reihe findet keine Beförderung oder Versendung statt (ruhende Lieferungen). ⑤ Sie werden entweder vor oder nach der Beförderungs- oder Versendungslieferung ausgeführt (§ 3 Abs. 7 Satz 2 UStG). ⑥ Umsatzgeschäfte, die von mehreren Unternehmern über denselben Gegenstand abgeschlossen werden und bei denen keine Beförde- 212

[1] **Anhang** Nr. 1.

[2] Abzug der Einfuhrumsatzsteuer als Vorsteuer vgl. A 15.8 Abs. 6 UStAE.

Zentralisierter Vertrieb von Kleinsendungen aus dem Drittland vgl. *BMF v. 1. 2. 2008 IV A – S 7114/07/0002 (BStBl. I S. 295).* – Schuldner der Einfuhrumsatzsteuer i. S. des § 3 Abs. 8 UStG 1993 ist auch derjenige, dessen Umsätze zwar gemäß § 1 Abs. 1 Nr. 4 UStG 1993 steuerbar, aber gemäß § 5 UStG 1993 steuerfrei sind. *BFH-Urt. v. 21. 3. 2007, V R 32/05 (BStBl. 2008 II S. 153).*

UStAE 3.14

rung oder Versendung stattfindet (z. B. Grundstückslieferungen oder Lieferungen, bei denen die Verfügungsmacht durch Vereinbarung eines Besitzkonstituts oder durch Abtretung des Herausgabeanspruchs verschafft wird), können nicht Gegenstand eines Reihengeschäfts sein.

213 (3) ① Die Beförderung oder Versendung kann durch den Lieferer, den Abnehmer oder einen vom Lieferer oder vom Abnehmer beauftragten Dritten durchgeführt werden (§ 3 Abs. 6 Satz 1 UStG). ② Ein Beförderungs- oder Versendungsfall liegt daher auch dann vor, wenn ein an einem Reihengeschäft beteiligter Abnehmer den Gegenstand der Lieferung selbst abholt oder abholen lässt (Abholfall). ③ Beauftragter Dritter kann z. B. ein Lohnveredelungsunternehmer oder ein Lagerhalter sein, der jeweils nicht unmittelbar in die Liefervorgänge eingebunden ist. ④ Beauftragter Dritter ist nicht der selbständige Spediteur, da der Transport in diesem Fall dem Auftraggeber zugerechnet wird (Versendungsfall).

214 (4) ① Das unmittelbare Gelangen im Sinne des § 3 Abs. 6 Satz 5 UStG setzt grundsätzlich eine Beförderung oder Versendung durch einen am Reihengeschäft beteiligten Unternehmer voraus; diese Voraussetzung ist bei der Beförderung oder Versendung durch mehrere beteiligte Unternehmer (sog. gebrochene Beförderung oder Versendung) nicht erfüllt. ② Der Gegenstand der Lieferung gelangt auch dann unmittelbar an den letzten Abnehmer, wenn die Beförderung oder Versendung an einen beauftragten Dritten ausgeführt wird, der nicht unmittelbar in die Liefervorgänge eingebunden ist, z. B. an einen Lohnveredeler oder Lagerhalter. ③ Im Fall der vorhergehenden Be- oder Verarbeitung des Gegenstands durch einen vom Lieferer beauftragten Dritten ist Gegenstand der Lieferung der be- oder verarbeitete Gegenstand.

Beispiel 1:

① Der Unternehmer D 1 in Köln bestellt bei dem Großhändler D 2 in Hamburg eine dort nicht vorrätige Maschine. ② D 2 gibt die Bestellung an den Hersteller DK in Dänemark weiter. ③ DK befördert die Maschine mit eigenem Lkw unmittelbar nach Köln und übergibt sie dort D 1.

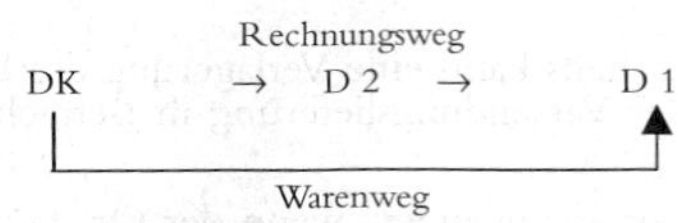

④ Es liegt ein Reihengeschäft im Sinne des § 3 Abs. 6 Satz 5 UStG vor, da mehrere Unternehmer über dieselbe Maschine Umsatzgeschäfte abschließen und die Maschine im Rahmen einer Beförderung unmittelbar vom ersten Unternehmer (DK) an den letzten Abnehmer (D 1) gelangt.

Beispiel 2:

① Sachverhalt wie Beispiel 1. ② D 2 weist DK an, die Maschine zur Zwischenlagerung an einen von D 1 benannten Lagerhalter (L) nach Hannover zu befördern.

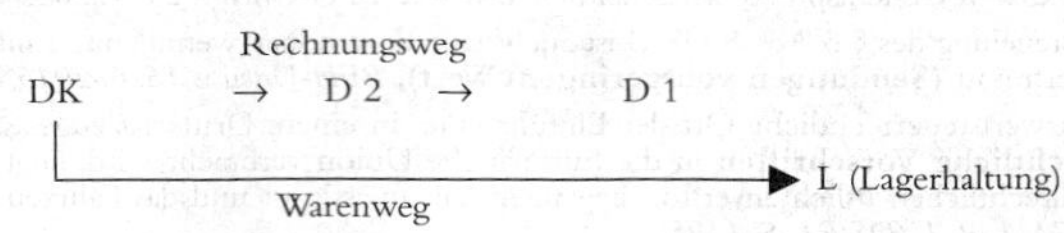

③ Es liegt wie im Beispiel 1 ein Reihengeschäft im Sinne des § 3 Abs. 6 Satz 5 UStG vor, da mehrere Unternehmer über dieselbe Maschine Umsatzgeschäfte abschließen und die Maschine unmittelbar vom ersten Unternehmer (DK) an einen vom letzten Abnehmer (D 1) benannten Lagerhalter (L) befördert wird. ④ Mit der auftragsgemäßen Übergabe der Maschine an den Lagerhalter ist die Voraussetzung des unmittelbaren Gelangens an den letzten Abnehmer erfüllt.

Ort der Lieferungen (§ 3 Abs. 6 und Abs. 7 UStG)

215 (5) ① Für die in einem Reihengeschäft ausgeführten Lieferungen ergeben sich die Lieferorte sowohl aus § 3 Abs. 6 als auch aus § 3 Abs. 7 UStG. ② Im Fall der Beförderungs- oder Versendungslieferung gilt die Lieferung dort als ausgeführt, wo die Beförderung oder Versendung an den Abnehmer oder in dessen Auftrag an einen Dritten beginnt (§ 3 Abs. 6 Satz 1 UStG). ③ In den Fällen der ruhenden Lieferungen ist der Lieferort nach § 3 Abs. 7 Satz 2 UStG zu bestimmen.

216 (6) ① Die ruhenden Lieferungen, die der Beförderungs- oder Versendungslieferung vorangehen, gelten an dem Ort als ausgeführt, an dem die Beförderung oder Versendung des Gegenstands beginnt. ② Die ruhenden Lieferungen, die der Beförderungs- oder Versendungslieferung nachfolgen, gelten an dem Ort als ausgeführt, an dem die Beförderung oder Versendung des Gegenstands endet.

Beispiel:

① Der Unternehmer B 1 in Belgien bestellt bei dem ebenfalls in Belgien ansässigen Großhändler B 2 eine dort nicht vorrätige Ware. ② B 2 gibt die Bestellung an den Großhändler D 1 in Frankfurt weiter. ③ D 1 bestellt die Ware beim Hersteller D 2 in Köln. ④ D 2 befördert die Ware von Köln mit eigenem Lkw unmittelbar nach Belgien und übergibt sie dort B 1.

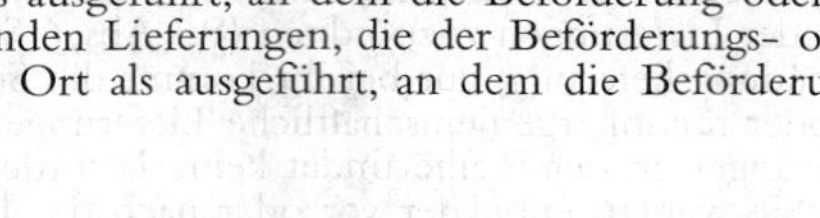

⑤ Bei diesem Reihengeschäft werden nacheinander drei Lieferungen (D 2 an D 1, D 1 an B 2 und B 2 an B 1) ausgeführt. ⑥ Die erste Lieferung D 2 an D 1 ist die Beförderungslieferung. ⑦ Der Ort der Lieferung liegt nach § 3 Abs. 6 Satz 5 i. V. m. Satz 1 UStG in Deutschland (Beginn der Beförderung). ⑧ Die zweite Lieferung D 1 an B 2 und die dritte Lieferung B 2 an B 1 sind ruhende Lieferungen. ⑨ Für diese Lieferungen liegt der Lieferort nach § 3 Abs. 7 Satz 2 Nr. 2 UStG jeweils in Belgien (Ende der Beförderung), da sie der Beförderungslieferung folgen.

Zuordnung der Beförderung oder Versendung (§ 3 Abs. 6 Satz 6 UStG)

(7) ① Die Zuordnung der Beförderung oder Versendung zu einer der Lieferungen des Reihengeschäfts ist davon abhängig, ob der Gegenstand der Lieferung durch den ersten Unternehmer, den letzten Abnehmer oder einen mittleren Unternehmer in der Reihe befördert oder versendet wird. ② Die Zuordnungsentscheidung muss einheitlich für alle Beteiligten getroffen werden. ③ Aus den vorhandenen Belegen muss sich eindeutig und leicht nachprüfbar ergeben, wer die Beförderung durchgeführt oder die Versendung veranlasst hat. ④ Im Fall der Versendung ist dabei auf die Auftragserteilung an den selbständigen Beauftragten abzustellen. ⑤ Sollte sich aus den Geschäftsunterlagen nichts anderes ergeben, ist auf die Frachtzahlerkonditionen abzustellen. 217

(8) ① Wird der Gegenstand der Lieferung durch den ersten Unternehmer in der Reihe befördert oder versendet, ist seiner Lieferung die Beförderung oder Versendung zuzuordnen. ② Wird der Liefergegenstand durch den letzten Abnehmer befördert oder versendet, ist die Beförderung oder Versendung der Lieferung des letzten Lieferers in der Reihe zuzuordnen. 218

Beispiel:

① Der Unternehmer SP aus Spanien bestellt eine Maschine bei dem Unternehmer D 1 in Kassel. ② D 1 bestellt die Maschine seinerseits bei dem Großhändler D 2 in Bielefeld. ③ D 2 wiederum gibt die Bestellung an den Hersteller F in Frankreich weiter.

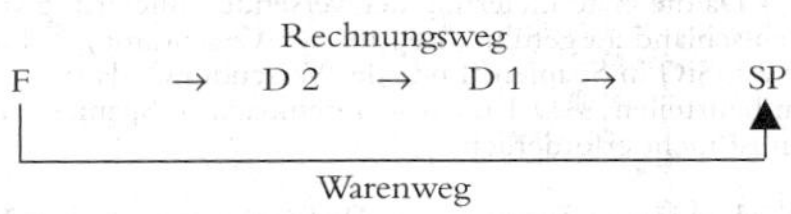

a) ① F lässt die Maschine durch einen Beförderungsunternehmer von Frankreich unmittelbar nach Spanien an SP transportieren.

② Bei diesem Reihengeschäft werden nacheinander drei Lieferungen (F an D 2, D 2 an D 1 und D 1 an SP) ausgeführt. ③ Die Versendung ist der ersten Lieferung F an D 2 zuzuordnen, da F als erster Unternehmer in der Reihe die Maschine versendet. ④ Der Ort der Lieferung liegt nach § 3 Abs. 6 Satz 5 i. V. m. Satz 1 UStG in Frankreich (Beginn der Versendung). ⑤ Die zweite Lieferung D 2 an D 1 und die dritte Lieferung D 1 an SP sind ruhende Lieferungen. ⑥ Für diese Lieferungen liegt der Lieferort nach § 3 Abs. 7 Satz 2 Nr. 2 UStG jeweils in Spanien (Ende der Versendung), da sie der Versendungslieferung folgen. ⑦ D 2 und D 1 müssen sich demnach in Spanien steuerlich registrieren lassen.

b) ① SP holt die Maschine mit eigenem Lkw bei F in Frankreich ab und transportiert sie unmittelbar nach Spanien.

② Bei diesem Reihengeschäft werden nacheinander drei Lieferungen (F an D 2, D 2 an D 1 und D 1 an SP) ausgeführt. ③ Die Beförderung ist der dritten Lieferung D 1 an SP zuzuordnen, da SP als letzter Abnehmer in der Reihe die Maschine befördert (Abholfall). ④ Der Ort der Lieferung liegt nach § 3 Abs. 6 Satz 5 i. V. m. Satz 1 UStG in Frankreich (Beginn der Beförderung). ⑤ Die erste Lieferung F an D 2 und die zweite Lieferung D 2 an D 1 sind ruhende Lieferungen. ⑥ Für diese Lieferungen liegt der Lieferort nach § 3 Abs. 7 Satz 2 Nr. 1 UStG ebenfalls jeweils in Frankreich (Beginn der Beförderung), da sie der Beförderungslieferung vorangehen. ⑦ D 2 und D 1 müssen sich demnach in Frankreich steuerlich registrieren lassen.

(9) ① Befördert oder versendet ein mittlerer Unternehmer in der Reihe den Liefergegenstand, ist dieser zugleich Abnehmer der Vorlieferung und Lieferer seiner eigenen Lieferung. ② In diesem Fall ist die Beförderung oder Versendung nach § 3 Abs. 6 Satz 6 1. Halbsatz UStG grundsätzlich der Lieferung des vorangehenden Unternehmers zuzuordnen (widerlegbare Vermutung). ③ Der befördernde oder versendende Unternehmer kann jedoch anhand von Belegen, z. B. durch eine Auftragsbestätigung, das Doppel der Rechnung oder andere handelsübliche Belege und Aufzeichnungen nachweisen, dass er als Lieferer aufgetreten und die Beförderung oder Versendung dementsprechend seiner eigenen Lieferung zuzuordnen ist (§ 3 Abs. 6 Satz 6 2. Halbsatz UStG). 219

(10) ① Aus den Belegen im Sinne des Absatzes 9 muss sich eindeutig und leicht nachprüfbar ergeben, dass der Unternehmer die Beförderung oder Versendung in seiner Eigenschaft als Lieferer getätigt hat und nicht als Abnehmer der Vorlieferung. ② Hiervon kann regelmäßig ausgegangen werden, wenn der Unternehmer unter der USt-IdNr. des Mitgliedstaates auftritt, in dem die Beförderung oder Versendung des Gegenstands beginnt, und wenn er auf Grund der mit seinem Vorlieferanten und seinem Auftraggeber vereinbarten Lieferkonditionen Gefahr und Kosten der Beförderung oder Versendung übernommen hat. ③ Den Anforderungen an die Lieferkonditionen ist genügt, wenn handelsübliche Lieferklauseln (z. B. Incoterms) verwendet werden. ④ Wird die Beförderung oder Versendung der Lieferung des mittleren Unternehmers zugeordnet, muss dieser die Voraussetzungen der Zuordnung nachweisen (z. B. über den belegmäßigen und den buchmäßigen Nachweis der Voraussetzungen für seine Ausfuhrlieferung – §§ 8 bis 17 UStDV – oder innergemeinschaftliche Lieferung – §§ 17 a bis 17 c UStDV). 220

Beispiel:

① Der Unternehmer SP aus Spanien bestellt eine Maschine bei dem Unternehmer D 1 in Kassel. ② D 1 bestellt die Maschine seinerseits bei dem Großhändler D 2 in Bielefeld. ③ D 2 wiederum gibt die Bestellung an den Hersteller D 3 in Dortmund weiter. ④ D 2 lässt die Maschine durch einen Transportunternehmer bei D 3 abholen und sie von Dortmund

UStAE 3.14

unmittelbar nach Spanien transportieren. ⑤ Dort übergibt sie der Transportunternehmer an SP. ⑥ Alle Beteiligten treten unter der USt-IdNr. ihres Landes auf.

Rechnungsweg

D 3 → D 2 → D 1 → SP

Warenweg

a) ① Es werden keine besonderen Lieferklauseln vereinbart.
② Bei diesem Reihengeschäft werden nacheinander drei Lieferungen (D 3 an D 2, D 2 an D 1 und D 1 an SP) ausgeführt. ③ Die Versendung ist der ersten Lieferung D 3 an D 2 zuzuordnen, da D 2 als mittlerer Unternehmer in der Reihe die Maschine mangels besonderer Lieferklauseln in seiner Eigenschaft als Abnehmer der Lieferung des D 3 transportieren lässt. ④ Der Ort der Lieferung liegt nach § 3 Abs. 6 Satz 5 i. V. m. Satz 1 UStG in Deutschland (Beginn der Versendung). ⑤ Die zweite Lieferung D 2 an D 1 und die dritte Lieferung D 1 an SP sind ruhende Lieferungen. ⑥ Für diese Lieferungen liegt der Lieferort nach § 3 Abs. 7 Satz 2 Nr. 2 UStG jeweils in Spanien (Ende der Versendung), da sie der Versendungslieferung folgen; sie sind daher nach spanischem Recht zu beurteilen. ⑦ D 2 und D 1 müssen sich demnach in Spanien steuerlich registrieren lassen.

b) ① Es werden folgende Lieferklauseln vereinbart: D 2 vereinbart mit D 1 „Lieferung frei Haus Spanien (Lieferklausel DDP)" und mit D 3 „Lieferung ab Werk Dortmund (Lieferklausel EXW)". ② Die vereinbarten Lieferklauseln ergeben sich sowohl aus der Rechnungsdurchschrift als auch aus der Buchhaltung des D 2.
③ Bei diesem Reihengeschäft werden nacheinander drei Lieferungen (D 3 an D 2, D 2 an D 1 und D 1 an SP) ausgeführt. ④ Die Versendung kann in diesem Fall der zweiten Lieferung D 2 an D 1 zugeordnet werden, da D 2 als mittlerer Unternehmer in der Reihe die Maschine in seiner Eigenschaft als Lieferer versendet. ⑤ Er tritt unter seiner deutschen USt-IdNr. auf und hat wegen der Lieferklauseln DDP mit seinem Kunden und EXW mit seinem Vorlieferanten Gefahr und Kosten des Transports übernommen. ⑥ Darüber hinaus kann D 2 nachweisen, dass die Voraussetzungen für die Zuordnung der Versendung zu seiner Lieferung erfüllt sind. ⑦ Der Ort der Lieferung liegt nach § 3 Abs. 6 Satz 5 i. V. m. Satz 1 UStG in Deutschland (Beginn der Versendung). ⑧ Die erste Lieferung D 3 an D 2 und die dritte Lieferung D 1 an SP sind ruhende Lieferungen. ⑨ Da die erste Lieferung der Versendungslieferung vorangeht, gilt sie nach § 3 Abs. 7 Satz 2 Nr. 1 UStG ebenfalls als in Deutschland ausgeführt (Beginn der Versendung). ⑩ Für die dritte Lieferung liegt der Lieferort nach § 3 Abs. 7 Satz 2 Nr. 2 UStG in Spanien (Ende der Versendung), da sie der Versendungslieferung folgt; sie ist daher nach spanischem Recht zu beurteilen. ⑪ D 1 muss sich demnach in Spanien steuerlich registrieren lassen. ⑫ Die Registrierung von D 2 in Spanien ist nicht erforderlich.

221 (10 a) ① Zum Nachweis der Zuordnung der Beförderung oder Versendung zur Lieferung des Unternehmers gehört ggf. auch die Vorlage einer schriftlichen Vollmacht zum Nachweis der Abholberechtigung. ② Das Finanzamt hat die Möglichkeit, beim Vorliegen konkreter Zweifel im Einzelfall diesen Nachweis zu überprüfen. ③ Somit kann der Unternehmer in Zweifelsfällen ggf. zur Vorlage einer Vollmacht, die den Beauftragten berechtigt hat, den Liefergegenstand abzuholen, sowie zur Vorlage der Legitimation des Ausstellers der Vollmacht aufgefordert werden. ④ Bestehen auf Grund von Ermittlungen der ausländischen Steuerverwaltung Zweifel an der tatsächlichen Existenz des vorgeblichen Abnehmers, können vom Unternehmer nachträglich vorgelegte Belege und Bestätigungen nur dann anerkannt werden, wenn die Existenz des Abnehmers im Zeitpunkt der nachträglichen Ausstellung dieser Unterlagen nachgewiesen werden kann und auch dessen Unternehmereigenschaft zum Zeitpunkt der Lieferung feststeht.

(11) *(aufgehoben)*

Auf das Inland beschränkte Warenbewegungen

222 (12) ① Die Grundsätze der Absätze 1 bis 10 finden auch bei Reihengeschäften Anwendung, bei denen keine grenzüberschreitende Warenbewegung stattfindet. ② Ist an solchen Reihengeschäften ein in einem anderen Mitgliedstaat oder im Drittland ansässiger Unternehmer beteiligt, muss er sich wegen der im Inland steuerbaren Lieferung stets im Inland steuerlich registrieren lassen.

Beispiel:

① Der Unternehmer D 1 aus Essen bestellt eine Maschine bei dem Unternehmer B in Belgien. ② B bestellt die Maschine seinerseits bei dem Großhändler D 2 in Bielefeld. ③ D 2 lässt die Maschine durch einen Beförderungsunternehmer von Bielefeld unmittelbar nach Essen an D 1 transportieren.

Rechnungsweg

D 2 → B → D 1

Warenweg

④ Bei diesem Reihengeschäft werden nacheinander zwei Lieferungen (D 2 an B und B an D 1) ausgeführt. ⑤ Die Versendung ist der ersten Lieferung D 2 an B zuzuordnen, da D 2 als erster Unternehmer in der Reihe die Maschine versendet. ⑥ Der Ort der Lieferung liegt nach § 3 Abs. 6 Satz 5 i. V. m. Satz 1 UStG in Bielefeld (Beginn der Versendung). ⑦ Die zweite Lieferung B an D 1 ist eine ruhende Lieferung. ⑧ Für diese Lieferung liegt der Lieferort nach § 3 Abs. 7 Satz 2 Nr. 2 UStG in Essen (Ende der Versendung), da sie der Versendungslieferung folgt. ⑨ B muss sich in Deutschland bei dem zuständigen Finanzamt registrieren lassen und seine Lieferung zur Umsatzbesteuerung erklären.

Innergemeinschaftliche Lieferung und innergemeinschaftlicher Erwerb

223 (13) ① Im Rahmen eines Reihengeschäfts, bei dem die Warenbewegung im Inland beginnt und im Gebiet eines anderen Mitgliedstaates endet, kann mit der Beförderung oder Versendung des Liefergegenstands in das übrige Gemeinschaftsgebiet nur **eine** innergemeinschaftliche Lieferung im Sinne des § 6 a UStG bewirkt werden. ② Die Steuerbefreiung nach § 4 Nr. 1 Buchsta-

USt AE 3.14

be b UStG kommt demnach nur bei der Beförderungs- oder Versendungslieferung zur Anwendung. ③ Beginnt die Warenbewegung in einem anderen Mitgliedstaat und endet sie im Inland, ist von den beteiligten Unternehmern nur derjenige Erwerber im Sinne des § 1a UStG, an den die Beförderungs- oder Versendungslieferung ausgeführt wird.

Beispiel:

① Der Unternehmer B 1 in Belgien bestellt bei dem ebenfalls in Belgien ansässigen Großhändler B 2 eine dort nicht vorrätige Ware. ② B 2 gibt die Bestellung an den Großhändler D 1 in Frankfurt weiter. ③ D 1 bestellt die Ware beim Hersteller D 2 in Köln. ④ Alle Beteiligten treten unter der USt-IdNr. ihres Landes auf.

Rechnungsweg

D 2 → D 1 → B 2 → B 1

Warenweg

a) ① D 2 befördert die Ware von Köln mit eigenem Lkw unmittelbar nach Belgien und übergibt sie dort B 1.

② Es werden nacheinander drei Lieferungen (D 2 an D 1, D 1 an B 2 und B 2 an B 1) ausgeführt. ③ Die erste Lieferung D 2 an D 1 ist die Beförderungslieferung. ④ Der Ort der Lieferung liegt nach § 3 Abs. 6 Satz 5 i. V. m. Satz 1 UStG in Deutschland (Beginn der Beförderung). ⑤ Die Lieferung ist im Inland steuerbar und steuerpflichtig, da D 1 ebenfalls mit deutscher USt-IdNr. auftritt. ⑥ Der Erwerb der Ware unterliegt bei D 1 der Besteuerung des innergemeinschaftlichen Erwerbs in Belgien, weil die Warenbewegung dort endet (§ 3d Satz 1 UStG). ⑦ Solange D 1 eine Besteuerung des innergemeinschaftlichen Erwerbs in Belgien nicht nachweisen kann, hat er einen innergemeinschaftlichen Erwerb in Deutschland zu besteuern (§ 3d Satz 2 UStG). ⑧ Die zweite Lieferung D 1 an B 2 und die dritte Lieferung B 2 an B 1 sind ruhende Lieferungen. ⑨ Für diese Lieferungen liegt der Lieferort nach § 3 Abs. 7 Satz 2 Nr. 2 UStG jeweils in Belgien (Ende der Beförderung), da sie der Beförderungslieferung folgen. ⑩ Beide Lieferungen sind nach belgischem Recht zu beurteilen. ⑪ D 1 muss sich in Belgien umsatzsteuerlich registrieren lassen.

⑫ Würde D 1 mit belgischer USt-IdNr. auftreten, wäre die Lieferung des D 2 an D 1 als innergemeinschaftliche Lieferung steuerfrei, wenn D 2 die Voraussetzungen hierfür nachweist.

b) ① D 1 befördert die Ware von Köln mit eigenem Lkw unmittelbar nach Belgien an B 1 und tritt hierbei in seiner Eigenschaft als Abnehmer der Vorlieferung auf.

② Da D 1 in seiner Eigenschaft als Abnehmer der Vorlieferung auftritt, ist die Beförderung der ersten Lieferung (D 2 an D 1) zuzuordnen (§ 3 Abs. 6 Satz 6 UStG). ③ Die Beurteilung entspricht daher der von Fall a.

c) ① B 2 befördert die Ware von Köln mit eigenem Lkw unmittelbar nach Belgien an B 1 und tritt hierbei in seiner Eigenschaft als Abnehmer der Vorlieferung auf.

② Da B 2 in seiner Eigenschaft als Abnehmer der Vorlieferung auftritt, ist die Beförderung der zweiten Lieferung (D 1 an B 2) zuzuordnen (§ 3 Abs. 6 Satz 6 UStG). ③ Diese Lieferung ist die Beförderungslieferung. ④ Der Ort der Lieferung liegt nach § 3 Abs. 6 Satz 5 i. V. m. Satz 1 UStG in Deutschland (Beginn der Beförderung). ⑤ Die Lieferung ist bei Nachweis der Voraussetzungen des § 6a UStG als innergemeinschaftliche Lieferung nach § 4 Nr. 1 Buchstabe b UStG steuerfrei. ⑥ Der Erwerb der Ware unterliegt bei B 2 der Besteuerung des innergemeinschaftlichen Erwerbs in Belgien, weil die Warenbewegung dort endet (§ 3d Satz 1 UStG). ⑦ Die erste Lieferung D 2 an D 1 und die dritte Lieferung B 2 an B 1 sind ruhende Lieferungen. ⑧ Der Lieferort für die erste Lieferung liegt nach § 3 Abs. 7 Satz 2 Nr. 1 UStG in Deutschland (Beginn der Beförderung), da sie der Beförderungslieferung vorangeht. ⑨ Sie ist eine steuerbare und steuerpflichtige Lieferung in Deutschland. ⑩ Der Lieferort für die dritte Lieferung liegt nach § 3 Abs. 7 Satz 2 Nr. 2 UStG in Belgien (Ende der Beförderung), da sie der Beförderungslieferung folgt. ⑪ Sie ist nach belgischem Recht zu beurteilen.

d) ① B 1 holt die Ware bei D 2 in Köln ab und befördert sie von dort mit eigenem Lkw nach Belgien.

② Die Beförderung ist in diesem Fall der dritten Lieferung (B 2 an B 1) zuzuordnen, da der letzte Abnehmer die Ware selbst befördert (Abholfall). ③ Diese Lieferung ist die Beförderungslieferung. ④ Der Ort der Lieferung liegt nach § 3 Abs. 6 Satz 5 i. V. m. Satz 1 UStG in Deutschland (Beginn der Beförderung). ⑤ Die Lieferung des B 2 ist bei Nachweis der Voraussetzungen des § 6a UStG als innergemeinschaftliche Lieferung nach § 4 Nr. 1 Buchstabe b UStG steuerfrei. ⑥ Der Erwerb der Ware unterliegt bei B 1 der Besteuerung des innergemeinschaftlichen Erwerbs in Belgien, weil die innergemeinschaftliche Warenbewegung dort endet (§ 3d Satz 1 UStG). ⑦ Die erste Lieferung D 2 an D 1 und die zweite Lieferung D 1 an B 2 sind ruhende Lieferungen. ⑧ Für diese Lieferungen liegt der Lieferort nach § 3 Abs. 7 Satz 2 Nr. 1 UStG jeweils in Deutschland (Beginn der Beförderung), da sie der Beförderungslieferung vorangehen. ⑨ Beide Lieferungen sind steuerbare und steuerpflichtige Lieferungen in Deutschland. ⑩ D 2, D 1 und B 2 müssen ihre Lieferungen zur Umsatzbesteuerung erklären.

Warenbewegungen im Verhältnis zum Drittland

(14) ① Im Rahmen eines Reihengeschäfts, bei dem die Warenbewegung im Inland beginnt und im Drittlandsgebiet endet, kann mit der Beförderung oder Versendung des Liefergegenstands in das Drittlandsgebiet nur eine Ausfuhrlieferung im Sinne des § 6 UStG bewirkt werden. ② Die Steuerbefreiung nach § 4 Nr. 1 Buchstabe a UStG kommt demnach nur bei der Beförderungs- oder Versendungslieferung zur Anwendung. **224**

Beispiel:

① Der russische Unternehmer R bestellt eine Werkzeugmaschine bei dem Unternehmer S aus der Schweiz. ② S bestellt die Maschine bei D 1 in Frankfurt, der die Bestellung an den Hersteller D 2 in Stuttgart weitergibt. ③ S holt die Maschine in Stuttgart ab und befördert sie mit eigenem Lkw unmittelbar nach Russland zu R.

Rechnungsweg

D 2 → D 1 → S → R

Warenweg

④ Bei diesem Reihengeschäft werden drei Lieferungen (D 2 an D 1, D 1 an S und S an R) ausgeführt. ⑤ Die Beförderung ist nach § 3 Abs. 6 Sätze 5 und 6 UStG der zweiten Lieferung D 1 an S zuzuordnen, da S als mittlerer Unternehmer in der

UStAE 3.14

Reihe offensichtlich in seiner Eigenschaft als Abnehmer der Vorlieferung auftritt. ⑥ Ort der Beförderungslieferung ist nach § 3 Abs. 6 Satz 5 i. V. m. Satz 1 UStG Stuttgart (Beginn der Beförderung). ⑦ Die Lieferung ist bei Nachweis der Voraussetzungen des § 6 UStG als Ausfuhrlieferung nach § 4 Nr. 1 Buchstabe a UStG steuerfrei. ⑧ Die erste Lieferung D 2 an D 1 und die dritte Lieferung S an R sind ruhende Lieferungen. ⑨ Der Lieferort für die erste Lieferung liegt nach § 3 Abs. 7 Satz 2 Nr. 1 UStG in Deutschland (Beginn der Beförderung), da sie der Beförderungslieferung vorangeht. ⑩ Sie ist eine steuerbare und steuerpflichtige Lieferung in Deutschland. ⑪ Die Steuerbefreiung für Ausfuhrlieferungen kommt bei ruhenden Lieferungen nicht in Betracht. ⑫ Der Lieferort für die dritte Lieferung liegt nach § 3 Abs. 7 Satz 2 Nr. 2 UStG in Russland (Ende der Beförderung), da sie der Beförderungslieferung folgt.

⑬ Holt im vorliegenden Fall R die Maschine selbst bei D 2 in Stuttgart ab und befördert sie mit eigenem Lkw nach Russland, ist die Beförderung der dritten Lieferung (S an R) zuzuordnen. ⑭ Ort der Beförderungslieferung ist nach § 3 Abs. 6 Satz 5 i. V. m. Satz 1 UStG Stuttgart (Beginn der Beförderung). ⑮ Die Lieferung ist bei Nachweis der Voraussetzungen des § 6 UStG als Ausfuhrlieferung nach § 4 Nr. 1 Buchstabe a UStG steuerfrei. ⑯ Die erste Lieferung (D 2 an D 1) und die zweite Lieferung (D 1 an S) sind als ruhende Lieferungen jeweils in Deutschland steuerbar und steuerpflichtig, da sie der Beförderungslieferung vorangehen (§ 3 Abs. 7 Satz 2 Nr. 1 UStG). ⑰ S muss seine Lieferung beim zuständigen Finanzamt in Deutschland zur Umsatzbesteuerung erklären.

225 (15)[1] ① Gelangt im Rahmen eines Reihengeschäfts der Gegenstand der Lieferungen aus dem Drittlandsgebiet in das Inland, kann eine Verlagerung des Lieferorts nach § 3 Abs. 8 UStG nur für die Beförderungs- oder Versendungslieferung in Betracht kommen. ② Dazu muss derjenige Unternehmer, dessen Lieferung im Rahmen des Reihengeschäfts die Beförderung oder Versendung zuzuordnen ist, oder sein Beauftragter zugleich auch Schuldner der Einfuhrumsatzsteuer sein.

226 (16) Gelangt der Gegenstand der Lieferungen im Rahmen eines Reihengeschäfts aus dem Drittlandsgebiet in das Inland und hat ein Abnehmer in der Reihe oder dessen Beauftragter den Gegenstand der Lieferung eingeführt, sind die der Einfuhr in der Lieferkette vorausgegangenen Lieferungen nach § 4 Nr. 4b UStG steuerfrei.

Beispiel:

① Der deutsche Unternehmer D bestellt bei dem französischen Unternehmer F Computerteile. ② Dieser bestellt die Computerteile seinerseits bei dem Hersteller S in der Schweiz. ③ S befördert die Teile im Auftrag des F unmittelbar an D nach Deutschland.

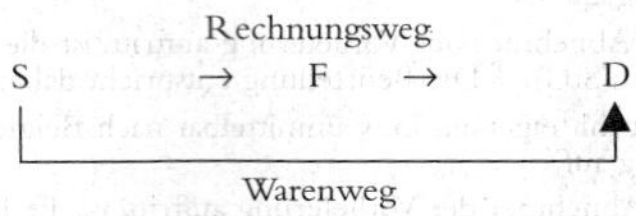

a) ① D lässt die Teile zur Überlassung zum zoll- und steuerrechtlich freien Verkehr abfertigen, nachdem ihm S die Computerteile übergeben hat.

② Bei diesem Reihengeschäft werden zwei Lieferungen (S an F und F an D) ausgeführt. ③ Die Beförderung ist nach § 3 Abs. 6 Satz 5 und Satz 1 UStG der ersten Lieferung S an F zuzuordnen, da S als erster Unternehmer in der Reihe die Computerteile selbst befördert. ④ Lieferort ist nach § 3 Abs. 6 Satz 5 i. V. m. Satz 1 UStG die Schweiz (Beginn der Beförderung). ⑤ Die Lieferung des S unterliegt bei der Einfuhr in Deutschland der deutschen Einfuhrumsatzsteuer. ⑥ Eine Verlagerung des Lieferorts nach § 3 Abs. 8 UStG kommt nicht in Betracht, da S als Lieferer der Beförderungslieferung nicht zugleich Schuldner der Einfuhrumsatzsteuer ist. ⑦ Die zweite Lieferung (F an D) ist eine ruhende Lieferung. ⑧ Sie gilt nach § 3 Abs. 7 Satz 2 Nr. 2 UStG in Deutschland als ausgeführt (Ende der Beförderung), da sie der Beförderung nachfolgt. ⑨ F führt eine nach § 4 Nr. 4b UStG steuerfreie Lieferung aus, da seine Lieferung in der Lieferkette der Einfuhr durch den Abnehmer D vorausgeht. ⑩ Erteilt F dem D eine Rechnung mit gesondertem Steuerausweis, kann D lediglich die geschuldete Einfuhrumsatzsteuer als Vorsteuer abziehen. ⑪ Ein Abzug der in einer solchen Rechnung des F gesondert ausgewiesenen Steuer als Vorsteuer kommt für D nur dann in Betracht, wenn diese Steuer gesetzlich geschuldet ist. ⑫ Kann F den Nachweis nicht erbringen, dass sein Folgeabnehmer D die Computerteile zur Überlassung zum zoll- und steuerrechtlich freien Verkehr abgefertigt hat, muss er die Lieferung an D als steuerpflichtig behandeln. ⑬ Die Umsatzsteuer ist dann gesetzlich geschuldet und D kann in diesem Fall die in der Rechnung des F gesondert ausgewiesene Umsatzsteuer nach § 15 Abs. 1 Satz 1 Nr. 1 UStG neben der von ihm entstandenen Einfuhrumsatzsteuer nach § 15 Abs. 1 Satz 1 Nr. 2 UStG als Vorsteuer abziehen, vgl. Abschnitt 15.8 Abs. 10 Satz 3.

b) ① Die Computerteile werden bereits bei Grenzübertritt für F zur Überlassung zum zoll- und steuerrechtlich freien Verkehr abgefertigt.

② Es liegt wie im Fall a) ein Reihengeschäft vor, bei dem die (Beförderungs-)Lieferung des S an F mit Beginn der Beförderung in der Schweiz (§ 3 Abs. 6 Satz 5 i. V. m. Satz 1 UStG) und die ruhende Lieferung des F an D am Ende der Beförderung in Deutschland ausgeführt wird (§ 3 Abs. 7 Satz 2 Nr. 2 UStG). ③ Im Zeitpunkt der Überlassung zum zoll- und steuerrechtlich freien Verkehr hat F die Verfügungsmacht über die eingeführten Computerteile, weil die Lieferung von S an ihn bereits in der Schweiz und seine Lieferung an D erst mit der Übergabe der Waren an D im Inland als ausgeführt gilt. ④ Die angefallene Einfuhrumsatzsteuer kann daher von F als Vorsteuer abgezogen werden. ⑤ Die Lieferung des F an D ist nicht nach § 4 Nr. 4b UStG steuerfrei, da sie innerhalb der Lieferkette der Einfuhr nachgeht. ⑥ Erteilt F dem D eine Rechnung mit gesondertem Steuerausweis, kann D diese unter den allgemeinen Voraussetzungen des § 15 UStG als Vorsteuer abziehen.

227 (17) Die Absätze 14 bis 16 gelten entsprechend, wenn bei der Warenbewegung vom Inland in das Drittlandsgebiet (oder umgekehrt) das Gebiet eines anderen Mitgliedstaates berührt wird.

Reihengeschäfte mit privaten Endabnehmern

228 (18) ① An Reihengeschäften können auch Nichtunternehmer als letzte Abnehmer in der Reihe beteiligt sein. ② Die Grundsätze der Absätze 1 bis 10 und Absatz 19 Satz 1 sind auch in diesen Fällen anzuwenden. ③ Wenn der letzte Abnehmer im Rahmen eines Reihengeschäfts, bei

[1] Abzug der EUSt als Vorsteuer vgl. A 15.8 Abs. 5 UStAE.

dem die Warenbewegung im Inland beginnt und im Gebiet eines anderen Mitgliedstaates endet (oder umgekehrt), nicht die subjektiven Voraussetzungen für die Besteuerung des innergemeinschaftlichen Erwerbs erfüllt und demzufolge nicht mit einer USt-IdNr. auftritt, ist § 3 c UStG zu beachten, wenn der letzten Lieferung in der Reihe die Beförderung oder Versendung zugeordnet wird; dies gilt nicht, wenn der private Endabnehmer den Gegenstand abholt.

Beispiel:

① Der niederländische Privatmann NL kauft für sein Einfamilienhaus in Venlo Möbel beim Möbelhaus D 1 in Köln. ② D 1 bestellt die Möbel bei der Möbelfabrik D 2 in Münster. ③ D 2 versendet die Möbel unmittelbar zu NL nach Venlo. ④ D 1 und D 2 treten jeweils unter ihrer deutschen USt-IdNr. auf.

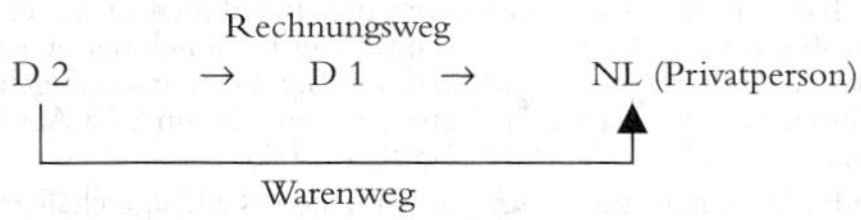

⑤ Bei diesem Reihengeschäft werden nacheinander zwei Lieferungen (D 2 an D 1 und D 1 an NL) ausgeführt. ⑥ Die erste Lieferung D 2 an D 1 ist die Versendungslieferung, da D 2 als erster Unternehmer in der Reihe den Transport durchführen lässt. ⑦ Der Ort der Lieferung liegt nach § 3 Abs. 6 Satz 5 i. V. m. Satz 1 UStG in Deutschland (Beginn der Versendung). ⑧ Die Lieferung ist im Inland steuerbar und steuerpflichtig, da D 1 ebenfalls mit deutscher USt-IdNr. auftritt. ⑨ Der Erwerb der Ware unterliegt bei D 1 der Besteuerung des innergemeinschaftlichen Erwerbs in den Niederlanden, weil die innergemeinschaftliche Warenbewegung dort endet (§ 3 d Satz 1 UStG). ⑩ Solange D 1 einen innergemeinschaftlichen Erwerb in den Niederlanden nicht nachweisen kann, hat er einen innergemeinschaftlichen Erwerb in Deutschland zu besteuern (§ 3 d Satz 2 UStG). ⑪ Die zweite Lieferung D 1 an NL ist eine ruhende Lieferung. ⑫ Die Lieferung des D 1 an NL fällt deshalb nicht unter die Regelung des § 3 c UStG. ⑬ Der Lieferort für diese Lieferung liegt nach § 3 Abs. 7 Satz 2 Nr. 2 UStG in den Niederlanden (Ende der Versendung), da sie der Versendungslieferung folgt. ⑭ Die Lieferung ist nach niederländischem Recht zu beurteilen. ⑮ D 1 muss sich in den Niederlanden umsatzsteuerlich registrieren lassen.

⑯ Würde D 1 mit niederländischer USt-IdNr. auftreten, wäre die Lieferung des D 2 an D 1 als innergemeinschaftliche Lieferung steuerfrei, wenn D 2 die Voraussetzungen hierfür nachweist.

⑰ Würde die Versendung im vorliegenden Fall allerdings der zweiten Lieferung (D 1 an NL) zuzuordnen sein, wäre diese Lieferung nach § 3 c UStG zu beurteilen, da der Gegenstand vom Lieferer in einen anderen Mitgliedstaat versendet wird und der Abnehmer NL als Privatperson nicht zu den in § 1 a Abs. 1 Nr. 2 UStG genannten Personen gehört.

Vereinfachungsregelungen

(19) ① Ist die Zuordnung der Beförderung oder Versendung zu einer der Lieferungen von einem an dem Reihengeschäft beteiligten Unternehmer auf Grund des Rechts eines anderen Mitgliedstaates ausnahmsweise abweichend von den Absätzen 7 bis 10 vorgenommen worden, ist es nicht zu beanstanden, wenn dieser Zuordnung gefolgt wird. ② Bei einer gebrochenen Beförderung oder Versendung aus einem anderen Mitgliedstaat ins Drittlandsgebiet ist die Behandlung als Reihengeschäft nicht zu beanstanden, wenn der erste Unternehmer den Liefergegenstand aus dem Mitgliedstaat des Beginns der Beförderung oder Versendung (Abgangsmitgliedstaat) nur zum Zweck der Verschiffung ins Drittlandsgebiet in das Inland befördert oder versendet, aufgrund des Rechts des Abgangsmitgliedstaats die Behandlung als Reihengeschäft vorgenommen worden ist und der Unternehmer, dessen Lieferung bei Nichtannahme eines Reihengeschäfts im Inland steuerbar wäre, dies nachweist. **229**

LS zu 3.14

Ein **Reihengeschäft** ist zu verneinen, wenn der erste Unternehmer erneut als Abnehmer vor dem letzten Abnehmer eingeschaltet ist. *BFH-Urteil v. 31. 7. 1996 – XI R 74/95 (BStBl. 1997 II S. 157).*

Art. 28 c Teil A Buchst. a Unterabs. 1 der Sechsten Richtlinie 77/388/EWG des Rates vom 17. 5. 1977 zur Harmonisierung der Rechtsvorschriften der Mitgliedstaaten über die Umsatzsteuern – Gemeinsames Mehrwertsteuersystem: einheitliche steuerpflichtige Bemessungsgrundlage in der durch die Richtlinie 98/80/EG des Rates vom 12. 10. 1998 geänderten Fassung ist dahin auszulegen, dass er es der Finanzverwaltung eines Mitgliedstaats nicht verwehrt, die Steuerbefreiung einer innergemeinschaftlichen Lieferung davon abhängig zu machen, dass der Lieferer die **Umsatzsteuer-Identifikationsnummer des Erwerbers** mitteilt; dies gilt allerdings unter dem Vorbehalt, dass die Steuerbefreiung nicht allein aus dem Grund verweigert wird, dass diese Verpflichtung nicht erfüllt worden ist, wenn der Lieferer redlicherweise, und nachdem er alle ihm zumutbaren Maßnahmen ergriffen hat, diese Identifikationsnummer nicht mitteilen kann und er außerdem Angaben macht, die hinreichend belegen können, dass der Erwerber ein Steuerpflichtiger ist, der bei dem betreffenden Vorgang als solcher gehandelt hat. ***EuGH-Urteil v. 27. 9. 2012,** C-587/10, VSTR (DStR 2012 S. 2014).* **233**

1. Führen zwei aufeinanderfolgende Lieferungen desselben Gegenstands, die gegen Entgelt zwischen Steuerpflichtigen, die als solche handeln, vorgenommen werden, zu einer einzigen innergemeinschaftlichen Versendung oder Beförderung dieses Gegenstands, so kann diese Versendung oder Beförderung **nur einer der beiden Lieferungen zugeordnet werden,** die als Einzige befreit ist nach Art. 28 c Teil A Buchst. a Unterabs. 1 der Sechsten Richtlinie 77/388/EWG des Rates vom 17. 5. 1977. Diese Auslegung gilt unabhängig davon, in der Verfügungsmacht welches Steuerpflichtigen – des Erstverkäufers, des Zwischenerwerbers oder des Zweiterwerbers – sich der Gegenstand während dieser Versendung oder Beförderung befindet. – 2. Nur der **Ort der Lieferung,** die zur innergemeinschaftlichen Versendung oder Beförderung von Gegenständen führt, bestimmt sich nach Art. 8 Abs. 1 Buchst. a der Sechsten Richtlinie 77/388/EWG i. d. F. der Richtlinie 95/7/EG; er befindet sich im Mitgliedstaat des Beginns dieser Versendung oder Beförderung. Der Ort der anderen Lieferung bestimmt sich nach Art. 8 Abs. 1 Buchst. b dieser Richtlinie; er befindet sich entweder im Mitgliedstaat des Beginns oder im Mitgliedstaat der Ankunft dieser Versendung oder Beförderung, je nachdem, ob diese Lieferung die erste oder die zweite der beiden aufeinanderfolgenden Lieferungen ist. ***EuGH-Urt. v. 6. 4. 2006,** C-245/04, EMAG Handel Eder OHG (DStR S. 699).* **234**

1. Werden in Bezug auf eine Ware zwischen verschiedenen als solchen handelnden Steuerpflichtigen aufeinanderfolgend **zwei Lieferungen, aber nur eine einzige innergemeinschaftliche Beförderung** durchgeführt – so dass dieser Umsatz unter den Begriff der innergemeinschaftlichen Beförderung i. S. von Art. 28 c Teil A Buchst. a Unterabs. 1 der Sechsten Richtlinie 77/388/EWG in der durch die Richtlinie 96/95/EG vom 20. 12. 1996 geänderten Fassung i. V. m. den Art. 8 Abs. 1 Buchst. a und b, 28 a Abs. 1 Buchst. a Unterabs. 1 und 28 b Teil A Abs. 1 dieser Richtlinie fällt –, so hat die Bestim-

mung, welchem Umsatz diese Beförderung zuzurechnen ist, ob also der ersten oder der zweiten Lieferung, in Ansehung einer umfassenden Würdigung aller Umstände des Einzelfalls zu erfolgen, um festzustellen, welche der beiden Lieferungen alle Voraussetzungen für eine innergemeinschaftliche Lieferung erfüllt. – 2. Unter Umständen wie denen des Ausgangsverfahrens, wenn also der Ersterwerber, der das Recht, über den Gegenstand wie ein Eigentümer zu verfügen, Im Hoheitsgebiet des Mitgliedstaats der ersten Lieferung erlangt hat, seine Absicht bekundet, diesen Gegenstand in einen anderen Mitgliedstaat zu befördern, und mit seiner von dem letztgenannten Staat zugewiesenen Umsatzsteuer-Identifikationsnummer auftritt, müsste die **innergemeinschaftliche Beförderung der ersten Lieferung zugerechnet** werden, sofern das Recht, über den Gegenstand wie ein Eigentümer zu verfügen, im Bestimmungsmitgliedstaat der innergemeinschaftlichen Beförderung auf den Zweiterwerber übertragen wurde. Es ist Sache des vorlegenden Gerichts, zu prüfen, ob diese Bedingung in dem bei ihm anhängigen Rechtsstreit erfüllt ist. ***EuGH-Urt. v. 16. 12. 2010,*** *C-430/09, Euro Tyre Holding BV (DStR 2011 S. 23).*

Bei einem Reihengeschäft mit zwei Lieferungen und drei Beteiligten ist die **erste Lieferung** als innergemeinschaftliche Lieferung auch dann gemäß § 6 a UStG steuerfrei, wenn der erste Abnehmer einem Beauftragten eine Vollmacht zur Abholung und Beförderung des gelieferten Gegenstands in das übrige Gemeinschaftsgebiet erteilt, die Kosten für die Beförderung aber vom zweiten Abnehmer getragen werden (Abgrenzung zu Abschn. 31 a Abs. 8 Satz 2 UStR 2005/Abschn. 3.14 Abs. 8 Satz 2 UStAE). *BFH-Urt. v. 11. 8. 2011, V R 3/10 (DStR S. 2047).*

Befördert oder versendet bei einem innergemeinschaftlichen Reihengeschäft mit drei Beteiligten und zwei Lieferungen der letzte Abnehmer den Gegenstand der Lieferung, ist die Beförderung oder Versendung der **ersten Lieferung** zuzuordnen, es sei denn, der erste Abnehmer hat dem letzten Abnehmer die Befugnis, über den Gegenstand der Lieferung wie ein Eigentümer zu verfügen, bereits **im Inland** übertragen (Fortführung des BFH-Urteils v. 28. 5. 2013 XI R 11/09, DStR 2013 S. 1597). *BFH-Urteil v. 25. 2. 2015 XI R 30/13 (DStR S. 825).*

1. … 2. Bei einem innergemeinschaftlichen Reihengeschäft mit drei Beteiligten und zwei Lieferungen setzt die erforderliche Zuordnung der (einen) innergemeinschaftlichen Beförderung oder Versendung des Gegenstands zu einer der beiden Lieferungen eine umfassende Würdigung aller Umstände des Einzelfalls und insbesondere die Feststellung voraus, ob der Ersterwerber dem Zweiterwerber die Befähigung, **wie ein Eigentümer** über den Gegenstand zu verfügen, **im Inland** übertragen hat. – 3. Dabei kommt es auf die objektiven Umstände an; hiervon abweichende Absichtsbekundungen können im Rahmen der Prüfung des Vertrauensschutzes von Bedeutung sein. – 4. Verbleiben nach der erforderlichen Sachverhaltsaufklärung durch das FG, bei der insbesondere der Ersterwerber zur Sachverhaltsaufklärung herangezogen werden kann, nicht behebbare Zweifel daran, dass der Ersterwerber dem Zweiterwerber die Verfügungsmacht noch im Inland übertragen hat, ist die Warenbewegung der ersten Lieferung zuzuordnen. *BFH-Urteil v. 25. 2. 2015 XI R 15/14 (DStR S. 748).*

Bei einem Reihengeschäft mit drei Lieferungen und vier Beteiligten setzt die Zuordnung der Versendung zu der zweiten Lieferung insbesondere die Feststellung voraus, ob zwischen dem Erstabnehmer und dem Zweitabnehmer die **Übertragung der Befähigung,** wie ein Eigentümer über den Gegenstand **zu verfügen,** stattgefunden hat, bevor die Versendung erfolgte. *BFH-Urteil v. 11. 3. 2020 XI R 18/18 (DStR S. 1914).*

UStAE 3.15

3.15 Dienstleistungskommission (§ 3 Abs. 11 UStG)

251 (1) ① Wird ein Unternehmer (Auftragnehmer) in die Erbringung einer sonstigen Leistung eingeschaltet und handelt er dabei im eigenen Namen und für fremde Rechnung (Dienstleistungskommission), gilt diese sonstige Leistung als an ihn und von ihm erbracht. ② Dabei wird eine Leistungskette fingiert. ③ Sie behandelt den Auftragnehmer als Leistungsempfänger und zugleich Leistenden. ④ Die Dienstleistungskommission erfasst die Fälle des sog. Leistungseinkaufs und des sog. Leistungsverkaufs. ⑤ Ein sog. Leistungseinkauf liegt vor, wenn ein von einem Auftraggeber bei der Beschaffung einer sonstigen Leistung eingeschalteter Unternehmer (Auftragnehmer) für Rechnung des Auftraggebers im eigenen Namen eine sonstige Leistung durch einen Dritten erbringen lässt. ⑥ Ein sog. Leistungsverkauf liegt vor, wenn ein von einem Auftraggeber bei der Erbringung einer sonstigen Leistung eingeschalteter Unternehmer (Auftragnehmer) für Rechnung des Auftraggebers im eigenen Namen eine sonstige Leistung an einen Dritten erbringt.

252 (2) ① Die Leistungen der Leistungskette, d. h. die an den Auftragnehmer erbrachte und die von ihm ausgeführte Leistung, werden bezüglich ihres Leistungsinhalts gleich behandelt. ② Die Leistungen werden zum selben Zeitpunkt erbracht. ③ Im Übrigen ist jede der beiden Leistungen unter Berücksichtigung der Leistungsbeziehung gesondert für sich nach den allgemeinen Regeln des UStG zu beurteilen. ④ Dies gilt z. B. in den Fällen des Verzichts auf die Steuerbefreiung nach § 9 UStG (Option). ⑤ Fungiert ein Unternehmer bei der Erbringung einer steuerfreien sonstigen Leistung als Strohmann für einen Dritten („Hintermann"), liegt ein Kommissionsgeschäft nach § 3 Abs. 11 UStG vor mit der Folge, dass auch die Besorgungsleistung des Hintermanns steuerfrei zu behandeln ist (vgl. BFH-Urteil vom 22. 9. 2005, V R 52/01, BStBl. II S. 278).[1]

253 (3) ① Personenbezogene Merkmale der an der Leistungskette Beteiligten sind weiterhin für jede Leistung innerhalb einer Dienstleistungskommission gesondert in die umsatzsteuerrechtliche Beurteilung einzubeziehen. ② Dies kann z. B. für die Anwendung von Steuerbefreiungsvorschriften von Bedeutung sein (vgl. z. B. § 4 Nr. 19 Buchstabe a UStG) oder für die Bestimmung des Orts der sonstigen Leistung, wenn er davon abhängig ist, ob die Leistung an einen Unternehmer oder einen Nichtunternehmer erbracht wird. ③ Besorgt ein Unternehmer für Dritte Leistungen, für die die Befreiungsvorschrift des § 4 Nr. 20 Buchstabe a UStG zur Anwendung kommt, ist auch die Besorgungsleistungen an die Abnehmer nach § 4 Nr. 20 Buchstabe a UStG steuerbefreit, vgl. BFH-Urteil vom 25. 4. 2018, XI R 16/16, BStBl. 2021 II S. 457. ④ Die Steuer kann nach § 13 UStG für die jeweilige Leistung zu unterschiedlichen Zeitpunkten entstehen; z. B. wenn der Auftraggeber der Leistung die Steuer nach vereinbarten und der Auftrag-

---

[1] Strohmanngeschäfte vgl. A 2.1 Abs. 3 Satz 5 ff., 3.15 Abs. 2 Satz 5 u. 15.2 Abs. 15 Satz 8 Nr. 2 UStAE.
Steuerfreie Umsätze eines Leistungskommissionärs. ***EuGH-Urt. v. 14. 7. 2011,*** *C-464/10, Pierre Henfling, Raphaël Davin und Koenraad Tanghe (BeckRS 2011, 81126).*

nehmer die Steuer nach vereinnahmten Entgelten berechnet. ⑤ Außerdem ist z. B. zu berücksichtigen, ob die an der Leistungskette Beteiligten Nichtunternehmer, Kleinunternehmer (§ 19 UStG), Land- und Forstwirte, die für ihren Betrieb die Durchschnittssatzbesteuerung nach § 24 UStG anwenden, sind. UStAE 3.15

Beispiel:

① Der Bauunternehmer G besorgt für den Bauherrn B die sonstige Leistung des Handwerkers C, für dessen Umsätze die Umsatzsteuer nach § 19 Abs. 1 UStG nicht erhoben wird.

② Das personenbezogene Merkmal – Kleinunternehmer – des C ist nicht auf den Bauunternehmer G übertragbar. ③ Die Leistung des G unterliegt dem allgemeinen Steuersatz.

(4) ① Die zivilrechtlich vom Auftragnehmer an den Auftraggeber erbrachte Besorgungsleistung bleibt umsatzsteuerrechtlich ebenso wie beim Kommissionsgeschäft nach § 3 Abs. 3 UStG unberücksichtigt. ② Der Auftragnehmer erbringt im Rahmen einer Dienstleistungskommission nicht noch eine (andere) Leistung (Vermittlungsleistung). ③ Der Auftragnehmer darf für die vereinbarte Geschäftsbesorgung keine Rechnung erstellen. ④ Eine solche Rechnung, in der die Umsatzsteuer offen ausgewiesen ist, führt zu einer Steuer nach § 14 c Abs. 2 UStG. **254**

(5) ① Erbringen Sanierungsträger, die ihre Aufgaben nach § 159 Abs. 1 BauGB im eigenen Namen und für Rechnung der auftraggebenden Körperschaften des öffentlichen Rechts (Gemeinden) als deren Treuhänder erfüllen, Leistungen nach § 157 BauGB und beauftragen sie zur Erbringung dieser Leistungen andere Unternehmer, gelten die von den beauftragten Unternehmern erbrachten Leistungen als an den Sanierungsträger und von diesem an die treugebende Gemeinde erbracht. ② Satz 1 gilt entsprechend für vergleichbare Leistungen der Entwicklungsträger nach § 167 BauGB. **255**

(6) Beispiele zur sog. **Leistungseinkaufskommission:**

Beispiel 1: **256**

① Der im Inland ansässige Spediteur G besorgt für den im Inland ansässigen Unternehmer B im eigenen Namen und für Rechnung des B die inländische Beförderung eines Gegenstands von München nach Berlin. ② Die Beförderungsleistung bewirkt der im Inland ansässige Unternehmer C.

③ Da G in die Erbringung einer Beförderungsleistung eingeschaltet wird und dabei im eigenen Namen, jedoch für fremde Rechnung handelt, gilt diese Leistung als an ihn und von ihm erbracht.

B ◄—— Beförderungsleistung —— G ◄—— Beförderungsleistung —— C

④ Die Leistungskette wird fingiert. ⑤ Die zivilrechtlich vereinbarte Geschäftsbesorgungsleistung ist umsatzsteuerrechtlich unbeachtlich.

⑥ C erbringt an G eine im Inland steuerpflichtige Beförderungsleistung (§ 3 a Abs. 2 UStG). ⑦ G hat gegenüber B ebenfalls eine im Inland steuerpflichtige Beförderungsleistung (§ 3 a Abs. 2 UStG) abzurechnen.

Beispiel 2:

① Der im Inland ansässige Spediteur G besorgt für den in Frankreich ansässigen Unternehmer F im eigenen Namen und für Rechnung des F die Beförderung eines Gegenstands von Paris nach München. ② Die Beförderungsleistung bewirkt der im Inland ansässige Unternehmer C. ③ G und C verwenden jeweils ihre deutsche, F seine französische USt-IdNr.

F ◄—— Beförderungsleistung —— G ◄—— Beförderungsleistung —— C

④ Die Leistungskette wird fingiert. ⑤ Die zivilrechtlich vereinbarte Geschäftsbesorgungsleistung ist umsatzsteuerrechtlich unbeachtlich.

⑥ C erbringt an G eine in Deutschland steuerbare Beförderungsleistung (§ 3 a Abs. 2 UStG). ⑦ G hat gegenüber F eine nach § 3 a Abs. 2 UStG in Frankreich steuerbare Beförderungsleistung abzurechnen. ⑧ Die Verwendung der französischen USt-IdNr. durch F hat auf die Ortsbestimmung keine Auswirkung.

Beispiel 3:

① Der private Endverbraucher E beauftragt das im Inland ansässige Reisebüro R mit der Beschaffung der für die Reise notwendigen Betreuungsleistungen durch das Referenzunternehmen D mit Sitz im Drittland. ② R besorgt diese sonstige Leistung im eigenen Namen, für Rechnung des E.

③ Da R in die Erbringung einer sonstigen Leistung eingeschaltet wird und dabei im eigenen Namen, jedoch für fremde Rechnung handelt, gilt diese Leistung als an ihn und von ihm erbracht.

E ◄—— Betreuungsleistung —— R ◄—— Betreuungsleistung —— D

④ Die Leistungskette wird fingiert. ⑤ Die zivilrechtlich vereinbarte Geschäftsbesorgungsleistung ist umsatzsteuerrechtlich unbeachtlich. ⑥ Die Leistungen der Leistungskette, d. h. die an R erbrachte und die von R ausgeführte Leistung, werden bezüglich des Leistungsinhalts gleich behandelt. ⑦ Im Übrigen ist jede der beiden Leistungen unter Berücksichtigung der Leistungsbeziehungen gesondert für sich nach den allgemeinen Regeln des UStG zu beurteilen (vgl. Absatz 2).

⑧ Die von D an R erbrachte Betreuungsleistung wird grundsätzlich an dem Ort ausgeführt, von dem aus der Leistungsempfänger sein Unternehmen betreibt (§ 3 a Abs. 2 UStG). ⑨ Sie stellt aber eine Reisevorleistung im Sinne des § 25 Abs. 1 Satz 5 UStG dar, da sie dem Reisenden unmittelbar zugute kommt. ⑩ Die Leistung wird nach § 3 a Abs. 8 Satz 1 UStG als im Drittland ausgeführt behandelt. ⑪ R erbringt nach § 3 Abs. 11 UStG ebenfalls eine Betreuungsleistung. ⑫ Es handelt sich nach § 25 Abs. 1 Satz 1 UStG um eine Reiseleistung. ⑬ Diese Leistung wird nach § 25 Abs. 1 Satz 4 in Verbindung mit § 3 a Abs. 1 UStG an dem Ort ausgeführt, von dem aus R sein Unternehmen betreibt. ⑭ Sie ist steuerbar, aber nach § 25 Abs. 2 Satz 1 UStG steuerfrei, da die ihr zuzurechnende Reisevorleistung im Drittlandsgebiet bewirkt wurde (vgl. BFH-Urteil vom 2. 3. 2006, V R 25/03, BStBl. II S. 788).

UStAE 3.15

(7) Beispiele zur sog. **Leistungsverkaufskommission:**

257 **Kurzfristige Vermietung von Ferienhäusern**

Beispiel 1:

① Der im Inland ansässige Eigentümer E eines in Belgien belegenen Ferienhauses beauftragt G mit Sitz im Inland, im eigenen Namen und für Rechnung des E, Mieter für kurzfristige Ferienaufenthalte in seinem Ferienhaus zu besorgen.
② Da G in die Erbringung sonstiger Leistungen (kurzfristige – steuerpflichtige – Vermietungsleistungen nach § 4 Nr. 12 Satz 2 UStG) eingeschaltet wird und dabei im eigenen Namen, jedoch für fremde Rechnung handelt, gelten die Leistungen als an ihn und von ihm erbracht.

E → G → Mieter
(E → G: kurzfristige Vermietungsleistungen; G → Mieter: Reiseleistungen)

③ Die Leistungskette wird fingiert. ④ Die zivilrechtlich vereinbarte Geschäftsbesorgungsleistung ist umsatzsteuerrechtlich unbeachtlich.

⑤ Die Vermietungsleistungen des E an G sind im Inland nicht steuerbar (§ 3 a Abs. 3 Nr. 1 Satz 2 Buchstabe a UStG).

⑥ G erbringt an die Mieter Reiseleistungen im Sinne des § 25 UStG. ⑦ Die Leistungen sind nach § 25 Abs. 1 Satz 4 in Verbindung mit § 3 a Abs. 1 UStG steuerbar und mangels Steuerbefreiung steuerpflichtig.

Beispiel 2:

① Sachverhalt wie in Beispiel 1, jedoch befindet sich das Ferienhaus des E in der Schweiz.

② Die Vermietungsleistungen des E an G sind im Inland nicht steuerbar. ③ Die sonstigen Leistungen werden nach § 3 a Abs. 3 Nr. 1 Satz 2 Buchstabe a UStG in der Schweiz ausgeführt (Belegenheitsort). ④ G erbringt an die Mieter steuerbare Reiseleistungen, die nach § 25 Abs. 2 UStG steuerfrei sind, weil die Reisevorleistungen im Drittlandsgebiet bewirkt werden.

Beispiel 3:

① Sachverhalt wie in Beispiel 1, jedoch liegt das Ferienhaus des E im Inland.

② Die Vermietungsleistungen des E an G sind im Inland steuerbar (§ 3 a Abs. 3 Nr. 1 Satz 2 Buchstabe a UStG) und als kurzfristige Vermietungsleistungen (§ 4 Nr. 12 Satz 2 UStG) steuerpflichtig. ③ G erbringt an die Mieter steuerbare und steuerpflichtige Reiseleistungen im Sinne des § 25 UStG. ④ G ist nach § 25 Abs. 4 UStG nicht berechtigt, die in den Rechnungen des E ausgewiesenen Steuerbeträge als Vorsteuer abzuziehen.

258 **Leistungen in der Kreditwirtschaft**

Beispiel 4:

① Ein nicht im Inland ansässiges Kreditinstitut K (ausländischer Geldgeber) beauftragt eine im Inland ansässige GmbH G mit der Anlage von Termingeldern im eigenen Namen für fremde Rechnung bei inländischen Banken.
② Da G als Unternehmer in die Erbringung einer sonstigen Leistung (Kreditgewährungsleistung im Sinne des § 4 Nr. 8 Buchstabe a UStG) eingeschaltet wird und dabei im eigenen Namen, jedoch für fremde Rechnung handelt, gilt die Leistung als an sie und von ihr erbracht.

K → G → inländische Banken
(K → G: Anlage von Termingeldern (steuerfreie Kreditgewährung); G → inländische Banken: Anlage von Termingeldern (steuerfreie Kreditgewährung))

③ Die Leistungskette wird fingiert. ④ Die zivilrechtlich vereinbarte Geschäftsbesorgungsleistung ist umsatzsteuerrechtlich unbeachtlich.

⑤ K erbringt an G und G an die inländischen Banken durch die Kreditgewährung im Inland steuerbare (§ 3 a Abs. 2 UStG), jedoch steuerfreie Leistungen (§ 4 Nr. 8 Buchstabe a UStG).

259 **Vermietung beweglicher körperlicher Gegenstände**

Beispiel 5:

① Ein im Inland ansässiger Netzbetreiber T beauftragt eine im Inland ansässige GmbH G mit der Vermietung von Telekommunikationsanlagen (ohne Einräumung von Nutzungsmöglichkeiten von Übertragungskapazitäten) im eigenen Namen für fremde Rechnung an den im Ausland ansässigen Unternehmer U.

② Da G als Unternehmer in die Erbringung einer sonstigen Leistung (Vermietung beweglicher körperlicher Gegenstände) eingeschaltet wird und dabei im eigenen Namen, jedoch für fremde Rechnung handelt, gilt die Leistung als an sie und von ihr erbracht.

T → G → U
(T → G: Vermietung; G → U: Vermietung)

③ Die Leistungskette wird fingiert. ④ Die zivilrechtlich vereinbarte Geschäftsbesorgungsleistung ist umsatzsteuerrechtlich unbeachtlich. ⑤ Die Leistungen der Leistungskette, d. h. die an G erbrachte und die von G ausgeführte Leistung, werden bezüglich des Leistungsinhalts gleich behandelt. ⑥ Im Übrigen ist jede der beiden Leistungen unter Berücksichtigung der Leistungsbeziehungen gesondert für sich nach den allgemeinen Regeln des UStG zu beurteilen (vgl. Absatz 2).

⑦ T erbringt an G durch die Vermietung beweglicher körperlicher Gegenstände im Inland steuerbare (§ 3 a Abs. 2 UStG) und, soweit keine Steuerbefreiung greift, steuerpflichtige Leistungen.

⑧ G erbringt an den im Ausland ansässigen U durch die Vermietung beweglicher körperlicher Gegenstände nicht im Inland steuerbare (§ 3 a Abs. 2 UStG) Leistungen.

LS zu 3.15

259a Beschafft der einen Hotelservice anbietende Unternehmer im eigenen Namen, jedoch für Rechnung des ihn jeweils beauftragenden Hotelgastes **Eintrittskarten** für eine Oper, liegt eine Besorgungsleistung i. S. d. § 3 Abs. 11 UStG vor, die steuerfrei ist, wenn die Umsätze der Oper nach § 4 Nr. 20 UStG steuerfrei sind. *BFH-Urteil v. 25. 4. 2018 XI R 16/16 (BStBl. 2021 II S. 457).*

Die Grundsätze der sog. Ladenrechtsprechung sind auch auf sog. **In-App-Käufe** aus Spielen auf mobilen Endgeräten (insb. Smartphones) anwendbar. Werden die In-App-Verkäufe an die nach § 3 Abs. 11 UStG (Dienstleistungskommission) umsatzsteuerlich zwischengeschaltenen Betreiber der Plattform (Unternehmer) erbracht, richtet sich die Ortsbestimmung nach § 3 a Abs. 2 UStG. *FG Hamburg, Urteil v. 25. 2. 2020 6 K 111/18 (MwStR S. 717), Rev. BFH XI R 10/20.*

Über **Verwertungsgesellschaften** eingezogene Vergütungen können Entgelt für die Nutzung von Urheberrechten im Wege der Dienstleistungskommission sein. Die Verwertungsgesellschaft handelt dann als „Steuerpflichtiger" i. S. d. Art. 28 MwStSystRL und ist daher so zu behandeln, als ob sie die Erlaubnis zur öffentlichen Wiedergabe der geschützten Werke von dem Rechteinhaber erhalten und sie anschließend selbst an die Endnutzer erbracht hätte. ***EuGH-Urteil v. 21. 1. 2021** C-501/19 UCMR-ADA (DStR S. 222).*

Im Gegensatz zur spielinternen „Vermietung" von virtuellem Land bei einem Online-Spiel begründet der **Umtausch einer Spielwährung** als vertragliches Recht in ein gesetzliches Zahlungsmittel (im Streitfall über eine von der Spielbetreiberin verwaltete Börse) eine steuerbare Leistung. *BFH-Urt. v. 18. 11. 2021 V R 38/19 (DStR 2022 S. 547).*

Anl zu 3.15

Schreiben betr. umsatzsteuerrechtliche Beurteilung des Verlegeranteils an den Einnahmen aus gesetzlichen Vergütungsansprüchen nach § 27 sowie §§ 54, 54 a und 54 c UrhG sowie aus urheberrechtlichen Nutzungsrechten

Vom 14. Oktober 2021 (BStBl. I S. 2133)

(BMF III C 2 – S 7100/19/10001 :002, DOK 2021/1081533)

Mit Urteil v. 21. 4. 2016 – I ZR 198/13 (NJW 2016, 2418) hat der BGH die bisherige Beteiligung der **259d**
Verleger an den Einnahmen der Verwertungsgesellschaften aus den gesetzlichen Vergütungsansprüchen nach § 27 sowie §§ 54, 54 a und 54 c UrhG für rechtswidrig erklärt. Den Verlegern stünden nach dem UrhG keine eigenen Rechte oder Ansprüche zu, die von den Verwertungsgesellschaften wahrgenommen werden könnten.

Dieses Urteil hat der Gesetzgeber in § 27 a Abs. 1 Verwertungsgesellschaftengesetz (VGG) umgesetzt. Danach kommt eine Beteiligung der Verleger an den gesetzlichen Vergütungsansprüchen nur in Betracht, wenn ihnen die Ansprüche im Nachhinein abgetreten worden sind (vgl. BT-Drs. 18/8268, 5; BT-Drs. 18/10 637, 25) und vom Verleger in die Verwertungsgesellschaft eingebracht werden. § 27 a Abs. 1 VGG stellt klar, dass der Urheber anstelle einer nachträglichen Abtretung dieses Ausgleichsanspruchs auch die Möglichkeit hat, der Beteiligung des Verlegers an Einnahmen aus bereits wirksam in die Verwertungsgesellschaft eingebrachten gesetzlichen Vergütungsansprüchen nachträglich zuzustimmen (amtl. Begr. BT-Drs. 18/10 637, 25).

Unter Bezugnahme auf das og Urteil des BGH hat das KG Berlin mit Urteil v. 14. 11. 2016 – 24 U 96/14 (BeckRS 2016, 21 196) auch für die urheberrechtlichen Nutzungsrechte entschieden, dass die Verwertungsgesellschaft nicht berechtigt sei, die den Künstlern als Urheber zustehenden Vergütungsanteile an die Verleger auszuschütten. Der Verleger erbringe keine Leistung an die Verwertungsgesellschaft, für die die Zahlung als Entgelt angesehen werden könnte. Der Beitrag der Musikverleger zum Vergütungsaufkommen der Verwertungsgesellschaft sei noch weniger fassbar als bei der Wahrnehmung der gesetzlichen Vergütungsansprüche. Es bestehe daher kein Grund, zwischen den Erlösen aus der Verwertung urheberrechtlicher Nutzungsrechte und der Einziehung gesetzlicher Vergütungsansprüche zu unterscheiden.

Die Zahlung gesetzlicher Vergütungsansprüche nach § 27 sowie §§ 54, 54 a und 54 c UrhG durch Verpflichtete an Verwertungsgesellschaften sowie die Ausschüttung der Einnahmen an die Urheber unterliegt ab 1. 1. 2019 nicht mehr der Umsatzsteuer (vgl. EuGH v. 18. 1. 2017 – C-37/16, SAWP, DStR 2017, 449). Der deutsche Gesetzgeber hat die Regelung in § 3 Abs. 9 S. 3 UStG mit Wirkung zum 1. 1. 2019 aufgehoben. Die Dienstleistung der Verwertungsgesellschaft an die Urheber ist hiervon nicht betroffen.

Mit dem Gesetz zur Anpassung des Urheberrechts an die Erfordernisse des digitalen Binnenmarktes hat der Gesetzgeber von seinem Wahlrecht nach Art. 16 der Richtlinie (EU) 2019/790 des Europäischen Parlaments und des Rates v. 17. 4. 2019 über das Urheberrecht und die verwandten Schutzrechte im digitalen Binnenmarkt und zur Änderung der Richtlinien 96/9/EG und 2001/29/EG, dem Verleger einen gesetzlichen Beteiligungsanspruch an den Vergütungsansprüchen des Urhebers zu normieren, Gebrauch gemacht und einen entsprechenden gesetzlichen Beteiligungsanspruch der Verleger an den gesetzlichen Vergütungsansprüchen des Urhebers in § 63 a Abs. 2 UrhG geregelt.

Unter Bezugnahme auf das Ergebnis der Erörterungen mit den obersten Finanzbehörden der Länder gilt hinsichtlich der umsatzsteuerrechtlichen Beurteilung des Verlegeranteils an den Einnahmen aus gesetzlichen Vergütungsansprüchen nach § 27 sowie §§ 54, 54 a, 54 c und 63 a UrhG sowie aus urheberrechtlichen Nutzungsrechten Folgendes:

1. Gesetzliche Vergütungsansprüche:

a) Keine Leistungen des Urhebers

Die von der Verwertungsgesellschaft ausgeschütteten Einnahmen an den Urheber sind aufgrund der **259e**
og EuGH-Rechtsprechung und deren Umsetzung in nationales Recht bei ihm nicht umsatzsteuerbar, da insoweit kein Leistungsaustausch vorliegt.

Die von den Geräteherstellern oder Geräteimporteuren auf nachgelagerten Handelsstufen mit dem Kaufpreis in Rechnung gestellten Urheberrechtsabgaben sind in die Bemessungsgrundlage für die Umsatzbesteuerung der Gerätebelieferung einzubeziehen.

b) Keine Leistungen des Verlegers

Die Zahlungen von der Verwertungsgesellschaft an den Verleger auf Grund von § 63 a Abs. 2 und 3 UrhG stehen in keinem Zusammenhang mit einer umsatzsteuerbaren Leistung. Die Zahlungen nach § 63 a Abs. 2 und 3 UrhG haben wie die Ansprüche des Urhebers nach § 27 sowie §§ 54, 54 a und 54 c UrhG Entschädigungscharakter. Da sich der Beteiligungsanspruch des Verlegers nach § 63 a Abs. 2 und Abs. 3 UrhG auf die gesetzlichen Vergütungsansprüche nach § 27 Abs. 2 sowie §§ 54, 54 a und 54 c UrhG bezieht, sind die Ausschüttungen von der Verwertungsgesellschaft an den Verleger ebenso wie die Ausschüttungen der Verwertungsgesellschaft an den Urheber nicht umsatzsteuerbar.

c) Leistung der Verwertungsgesellschaft an den Urheber und an den Verleger

Die Verwertungsgesellschaft erbringt mit der Einziehung der gesetzlichen Vergütungsansprüche und der Ausschüttung an den Urheber und den Verleger eine steuerbare und mangels Steuerbefreiung auch steuerpflichtige Inkassoleistung an den Urheber und an den Verleger. Dem Urheber sowie dem Verleger stehen hieraus unter den weiteren Voraussetzungen des § 15 UStG der Vorsteuerabzug zu.

Das Entgelt dafür ist jeweils das von der Verwertungsgesellschaft einbehaltene und nicht ausgeschüttete Bearbeitungsentgelt.

2. Urheberrechtliche Nutzungsrechte:

259f Die Grundsätze des EuGH-Urteils v. 18. 1. 2017 sind auf Ansprüche aus urheberrechtlichen Nutzungsrechten nicht übertragbar.

§ 27 VGG regelt die Verteilung von Ausschüttungen der Verwertungsgesellschaften aus urheberrechtlichen Nutzungsrechten. Dies setzt voraus, dass die Verwertungsgesellschaft in ihrem jeweiligen Verteilungsplan eine Ausschüttung des Verlegeranteils vorgibt. Die Regelung gilt unabhängig davon, ob die Rechte vom Urheber oder vom Verleger in die Verwertungsgesellschaft eingebracht wurden. Der Verlegeranteil im Rahmen der urheberrechtlichen Nutzungsrechte ist daher die Ausschüttung, die auf Grund des Verteilungsplans der Verwertungsgesellschaft für den Verleger vorgesehen ist.

a) Verlegeranteil als Entgelt für die Leistung des Verlegers an die Verwertungsgesellschaft

Die Auszahlung des Verlegeranteils durch die Verwertungsgesellschaft ist als Entgelt für eine Leistung des Verlegers an die Verwertungsgesellschaft zu behandeln, wenn der Verleger mindestens eine der folgenden Leistungen an die Verwertungsgesellschaft erbringt:

aa) Verlegerische Leistungen

Der Verleger verlegt und vermarktet die Werke des ihm vertraglich verbundenen Urhebers.

Anl b zu 3.15

bb) Service- und Administrationsleistungen

Der Verleger erbringt Service- und Administrationsleistungen wie zum Beispiel die Anmeldung geschaffener Werke des Urhebers, die Übernahme von Reklamationsbearbeitungen, Meldung von Veranstaltungen etc.

cc) Vermittlungsleistungen

Der Verleger erbringt eine Vermittlungstätigkeit zugunsten der Verwertungsgesellschaft, wenn er aktiv darauf hinwirkt, dass weitere Urheber Mitglied in der Verwertungsgesellschaft werden.

b) Verlegeranteil als Entgelt für die Leistung des Urhebers an den Verleger und für die Leistung des Verlegers an den Urheber

Sollte keine Leistung des Verlegers an die Verwertungsgesellschaft nach den Voraussetzungen von Ziff. 2. Buchst. a vorliegen, stellt die Ausschüttung des Verlegeranteils der Verwertungsgesellschaft ein Entgelt für die Leistung des Urhebers an den Verleger und die Leistung des Verlegers an den Urheber dar.

aa) Leistung des Urhebers an den Verleger

Die Urheber erbringen mit der Übertragung der Rechte zur Wahrnehmung durch die Verwertungsgesellschaft eine steuerbare und steuerpflichtige sonstige Leistung an den Verleger. Der Urheber räumt dem Verleger im Verlagsvertrag regelmäßig die urheberrechtlichen Nutzungsrechte bzw. Vergütungsansprüche an seinem Werk zur gemeinsamen Einbringung in die Verwertungsgesellschaft ein. Dafür zahlt der Verleger dem Urheber ein Entgelt, welches die Bemessungsgrundlage für die vom Urheber erbrachte steuerbare und steuerpflichtige Leistung ist. Ebenfalls Entgelt für diese Leistung ist der dem Urheber zustehende Ausschüttungsbetrag der Verwertungsgesellschaft, den die Verwertungsgesellschaft an den Verleger ausschüttet.

bb) Leistung des Verlegers an den Urheber

Der Verleger wird auf der Grundlage des Verlagsvertrags an den Einnahmen der Verwertungsgesellschaft aus urheberrechtlichen Nutzungsrechten beteiligt. Der Verlegeranteil ist insoweit als Entgelt für die verlegerische Tätigkeit der Leistungsbeziehung zwischen Urheber und Verleger zuzuordnen.

cc) Fallgestaltungen für die Ausschüttungen der Verwertungsgesellschaft

Eine entsprechende Beschränkung wie bei den gesetzlichen Vergütungsansprüchen sieht § 27 Abs. 2 VGG für die Verlegerbeteiligung an den urheberrechtlichen Nutzungsrechten nicht vor. In der Praxis der Verwertungsgesellschaften sind zwei Fallgestaltungen zu unterscheiden:

(1) Die Ausschüttung des Verlegeranteils setzt entsprechend dem Verteilungsplan der Verwertungsgesellschaft nur voraus, dass der Verleger mit der Verwertungsgesellschaft einen Wahrnehmungsvertrag abgeschlossen hat (sog. Wahrnehmungsberechtigter). Auf eine Vereinbarung im Verlagsvertrag zwischen Urheber und Verleger kommt es nicht an. Gemäß Verteilungsplan der Verwertungsgesellschaft steht dem Urheber stets nur sein „Urheberanteil" zu. Ist der Verleger nicht Wahrnehmungsberechtigter der Verwertungsgesellschaft, wird der Verlegeranteil nicht an den Urheber ausgeschüttet, sondern nach Ablauf einer Frist wieder der Verteilung in der jeweiligen Sparte zugeführt. Bei dieser Fallgestaltung kann der Verlegeranteil nicht in den Vermögensbereich des Urhebers gelangen.

Die Auszahlung des Betrags an den wahrnehmungsberechtigten Verleger ist beim Verleger Entgelt von dritter Seite seitens der Verwertungsgesellschaft für die verlegerische Leistung des Verlegers an den Urheber. Der Verwertungsgesellschaft steht hieraus kein Vorsteuerabzug zu, da die Verwertungsgesellschaft in dieses Leistungsverhältnis nicht involviert ist.

(2) Hat die Verwertungsgesellschaft im Verteilungsplan vorgesehen, die Einnahmen aus urheberrechtlichen Nutzungsrechten grundsätzlich in voller Höhe an den Urheber auszuschütten, sofern im Verlagsvertrag zwischen Urheber und Verleger keine Beteiligung des Verlegers vereinbart ist, ist der Verlegeranteil umsatzsteuerlich als Entgelt im abgekürzten Zahlungsweg des Urhebers an den Verleger für dessen verlegerische Leistung zu beurteilen.

Die Einnahmen unterliegen dann in voller Höhe der Umsatzbesteuerung beim Urheber (für die Einräumung des Nutzungsrechts) und sind außerdem in Höhe des Verlegeranteils als Entgelt im Rahmen des Verlagsvertrags beim Verleger für dessen verlegerische Leistung an den Urheber zu besteuern. Dem Urheber steht hieraus unter den weiteren Voraussetzungen des § 15 UStG ein Vorsteuerabzug zu.

c) Leistung der Verwertungsgesellschaft an Urheber bzw. an den Verleger

Analog der Beurteilung bei den gesetzlichen Vergütungsansprüchen erbringt die Verwertungsgesellschaft eine steuerbare und steuerpflichtige Inkassoleistung an den Verleger als Forderungsinhaber. Das Entgelt dafür besteht in der Höhe des einbehaltenen und nicht ausgeschütteten Betrags (Bearbeitungsentgelt), sofern darüber hinaus keine weiteren Zahlungen vereinbart sind. Dem Verleger steht unter den weiteren Voraussetzungen des § 15 UStG ein Vorsteuerabzug zu.

Die Inkassoleistung an den Urheber für dessen Anteil an den Ausschüttungen geht umsatzsteuerlich wie bisher in der Leistungskommission iSd § 3 Abs. 11 UStG zwischen dem Urheber als Kommittent und der Verwertungsgesellschaft als Kommissionärin unter, da die Verwertungsgesellschaft im eigenen Namen und für Rechnung des Urhebers gegenüber den Zahlungsverpflichteten auftritt.

Die Grundsätze dieses Schreibens sind in allen offenen Fällen anzuwenden.

Hinsichtlich aller bis einschließlich 31. 12. 2021 entstandener gesetzlicher Vergütungsansprüche nach § 27 sowie §§ 54, 54 a und 54 c UrhG – auch für Zwecke des Vorsteuerabzugs – wird nicht beanstandet, wenn die Beteiligten übereinstimmend von sonstigen steuerbaren und steuerpflichtigen Leistungen der Verleger an die Verwertungsgesellschaft ausgehen.

Hinsichtlich aller bis einschließlich 31. 12. 2021 entstandener Vergütungsansprüche aus urheberrechtlichen Nutzungsrechten – auch für Zwecke des Vorsteuerabzugs – wird nicht beanstandet, wenn die Beteiligten übereinstimmend von sonstigen steuerbaren und steuerpflichtigen Leistungen der Verleger an die Verwertungsgesellschaft ausgehen.

3.16 Leistungsbeziehungen bei der Abgabe werthaltiger Abfälle

UStAE 3.16

(1) ① Beauftragt ein Abfallerzeuger oder -besitzer einen Dritten mit der ordnungsgemäßen Entsorgung seines Abfalls, erbringt der Dritte mit der Übernahme und Erfüllung der Entsorgungspflicht eine sonstige Leistung im Sinne von § 3 Abs. 9 UStG, sofern der Entsorgung eine eigenständige wirtschaftliche Bedeutung zukommt. ② Ist dem zur Entsorgung überlassenen Abfall ein wirtschaftlicher Wert beizumessen (sog. werthaltiger Abfall), liegt ein tauschähnlicher Umsatz (Entsorgungsleistung gegen Lieferung des Abfalls) – ggf. mit Baraufgabe – vor, wenn nach den übereinstimmenden Vorstellungen der Vertragspartner **260**

– der überlassene Abfall die Höhe der Barvergütung für die Entsorgungsleistung oder
– die übernommene Entsorgung die Barvergütung für die Lieferung des Abfalls

beeinflusst hat (vgl. Abschnitt 10.5 Abs. 2).

Entsorgungsleistung von eigenständiger wirtschaftlicher Bedeutung

(2) ① Eine Entsorgungsleistung von eigenständiger wirtschaftlicher Bedeutung liegt vor, wenn Vereinbarungen über die Aufarbeitung oder Entsorgung der Abfälle getroffen wurden. ② Nicht ausreichend ist, dass sich der Entsorger allgemein zur Einhaltung abfallrechtlicher Normen (z. B. Einhaltung vorgeschriebener Verwertungsquoten) verpflichtet hat oder ein Entsorgungsnachweis ausgestellt wird. ③ Leistet der Entsorger dem Abfallerzeuger oder -besitzer eine Vergütung für den gelieferten Abfall, ohne dass der Entsorgungsleistung eine eigenständige wirtschaftliche Bedeutung zukommt, ist von einer bloßen Abfalllieferung durch den Abfallerzeuger/-besitzer an den Entsorger auszugehen. ④ Haben Abfälle einen positiven Marktwert und werden sie unmittelbar in Produktionsprozessen z. B. als Roh- oder Brennstoff eingesetzt, steht im Falle ihrer Veräußerung nicht die Entsorgungsleistung im Vordergrund, selbst wenn die Stoffe ihre Abfalleigenschaft noch nicht verloren haben. ⑤ Gleiches gilt für bereits sortenrein gesammelte Produktionsabfälle. ⑥ Auch beim Handel mit derartigen Produkten liegt keine Entsorgungsleistung vor. **261**

UStAE 3.16

Beeinflussung der Barvergütung

262 (3) Auch wenn der Entsorgungsleistung eine eigenständige wirtschaftliche Bedeutung zukommt, ist aus Vereinfachungsgründen eine zum tauschähnlichen Umsatz führende Beeinflussung der Barvergütung durch den überlassenen Abfall grundsätzlich nur anzunehmen,

1. wenn die Beteiligten ausdrücklich hierauf gerichtete Vereinbarungen getroffen, also neben dem Entsorgungsentgelt einen bestimmten Wert für eine bestimmte Menge der überlassenen Abfälle vereinbart haben, oder
2. die wechselseitige Beeinflussung auf Grund der getroffenen Vereinbarungen offensichtlich ist. ② Hiervon ist nur in folgenden Fällen auszugehen:
   a) ① Es wird vertraglich die Anpassung des ursprünglich ausdrücklich vereinbarten Entsorgungsentgelts an sich ändernde Marktverhältnisse für den übernommenen Abfall ausbedungen (sog. Preisanpassungsklauseln). ② Preisanpassungsklauseln, die nur Auswirkungen für zukünftige Umsätze haben, sind insoweit ohne Bedeutung.

   Beispiel 1:
   ① Unternehmer U1 übernimmt gegenüber dem Reifenservice R die Entsorgung von Altreifen. ② R zahlt U1 einen Preis von 2,– € je übernommenen Altreifen. ③ Bei einer Veränderung des Preisindexes von Stahl oder Gummigranulat im Vergleich zu den Verhältnissen bei Vertragsabschluss sind beide Beteiligten berechtigt, diesen Preis um 50% der Indexveränderung anzupassen.

   b) Das nach Art und Menge bestimmte Entsorgungsentgelt ändert sich in Abhängigkeit von der Qualität der überlassenen Abfälle.

   Beispiel 2:
   ① Unternehmer U2 übernimmt gegenüber dem Bauunternehmer B die Entsorgung von Baustellenmischabfällen. ② Die Beteiligten vereinbaren einen Grundpreis von 250,– € je Fuhre, welcher sich ab einem bestimmten Metall- und Folienanteil im Abfall um 50,– € reduziert.

   c) Es wird eine (Mehr-)Erlösverteilungsabrede getroffen.

   Beispiel 3:
   ① Unternehmer U3 übernimmt gegenüber dem Reifenhersteller R die Entsorgung von Fehlproduktionen und Materialresten für 80,– € je Tonne. ② Die Beteiligten verabreden, dass R an den von U3 bei der Veräußerung von daraus gewonnenem Gummigranulat und Stahl erzielten Erlösen zu 25% beteiligt wird.

Vereinfachungsregelung

263 (4) Sofern in den unter Absatz 3 Nr. 2 genannten Fällen weder die Barvergütung einen Betrag von 50,– € je Umsatz noch die entsorgte Menge ein Gewicht von 100 kg je Umsatz übersteigt, ist das Vorliegen eines tauschähnlichen Umsatzes aus Vereinfachungsgründen nicht zu prüfen.

Beispiel 1:
① U1 übernimmt die Entsorgung des bei der Buchhaltungsfirma B anfallenden Altpapiers. ② Er entsorgt dort eine Menge von max. 20 kg Altpapier und berechnet hierfür 10,– €. ③ Da die für B entsorgte Menge das Gewicht von 100 kg je Abholung nicht übersteigt und die Entgelte hierfür 50,– € je Abholung nicht übersteigen, ist es aus Vereinfachungsgründen nicht zu beanstanden, wenn die Beteiligten keinen tauschähnlichen Umsatz angenommen und nur die Entsorgungsleistung des U1 der Besteuerung unterworfen haben.

Beispiel 2:
① U2 betreibt einen Abholservice für bestimmten Schrott und unbrauchbare Haushaltsgeräte, wie Waschmaschinen, Wäschetrockner und Geschirrspüler. ② Er bietet seinen Service privaten Haushalten kostenlos an. ③ Daneben führt er unentgeltlich Altkleidersammlungen in Wohngebieten durch. ④ Soweit das Gewicht des Abfalls je Abholung und Haushalt 100 kg nicht übersteigt, ist es aus Vereinfachungsgründen nicht zu beanstanden, wenn die Beteiligten ohne weitere Prüfung nur eine Entsorgungsleistung annehmen, die jedoch mangels Entgelt nicht steuerbar ist.

Einzelfälle

264 (5) Ein tauschähnlicher Umsatz liegt insbesondere nicht vor,

1. im Falle sog. Umleersammeltouren (z.B. Leerung von Altpapiertonnen, Austausch bzw. Leerpumpen von Altölsammelbehältern), bei denen die Menge des im Einzelfall abgelieferten Abfalls und seine Zusammensetzung und Qualität nicht festgestellt werden; hier ist davon auszugehen, dass eine wechselseitige Beeinflussung von Barvergütung und Entsorgungsleistung und damit ein tauschähnlicher Umsatz nicht vorliegt.
2. in den Fällen, in denen die Werthaltigkeit von zur Entsorgung überlassenen Abfällen erst später festgestellt werden kann, ohne dass sich hierdurch Auswirkungen auf die Höhe der Vergütung bereits getätigter Umsätze ergeben; eine Berücksichtigung der Werthaltigkeit der Abfälle beim Abschluss zukünftiger Entsorgungsverträge ist für bereits ausgeführte Umsätze unschädlich.
3. wenn Nebenerzeugnisse oder Abfälle im Rahmen von Gehaltslieferungen im Sinne des § 3 Abs. 5 UStG zurückgenommen werden; hier fehlt es an einer Lieferung von Abfall.

   Beispiel 1:
   ① U1 liefert zum Preis von 4,10 € je Dezitonne Zuckerrüben an die Zuckerfabrik Z und behält sich die Rückgabe der bei der Zuckerproduktion anfallenden Rübenschnitzel für Fütterungszwecke vor. ② Es handelt sich lediglich um eine (Gehalts-)Lieferung des U1 an Z (Entgelt 4,10 € je Dezitonne). ③ Z erbringt keine Lieferung von Abfall in Form von Rübenschnitzeln, weil diese nicht am Leistungsaustausch teilgenommen haben und somit nicht Gegenstand der Gehaltslieferung des U1 geworden sind.

4. ① wenn das angekaufte Material ohne weitere Behandlung marktfähig (z. B. an einer Rohstoffbörse handelbar) ist, auch keiner gesetzlichen Entsorgungsverpflichtung mehr unterliegt und damit seine Eigenschaft als Abfall verloren hat. ② Da in diesem Fall das Material nur noch den Status eines normalen Handelsguts hat, kann davon ausgegangen werden, dass ggf. erforderliche Transport- oder Sortierleistungen ausschließlich im eigenen unternehmerischen Interesse des Erwerbers ausgeführt werden und keine Entsorgungsleistung vorliegt.

Beispiel 2:

① U2 erwirbt von verschiedenen Entsorgern unsortierte Altbleche, welche er nach Reinigung und Zerkleinerung einer elektrolytischen Entzinnung unterzieht. ② Das dabei gewonnene Eisen veräußert U2 an Stahlbearbeitungsbetriebe, das anfallende Zinn an Zinnhütten. ③ Bei dem von U2 aus dem Altblechabfall zurück gewonnenen Zinn und Eisen handelt es sich um Rohstoffe für die weiterverarbeitende Industrie, die keiner gesetzlichen Entsorgungspflicht (mehr) unterliegen und deshalb nicht als Abfall anzusehen sind. ④ Zwischen U2 und seinen Abnehmern finden keine tauschähnlichen Umsätze, sondern ausschließlich Rohstofflieferungen statt.

5. wenn bei der Entsorgung der Abfälle die werthaltigen Bestandteile (z. B. Edelmetalle) im Eigentum des Abfallerzeugers verbleiben und Barvergütungen für diese Entsorgungsleistungen gesondert abgerechnet werden.

(6) Für die Annahme eines tauschähnlichen Umsatzes ist es nicht erforderlich, dass beide Beteiligte Unternehmer sind bzw. die Abgabe des Abfalls im unternehmerischen Bereich erfolgt; dies ist jedoch für die ggf. erforderliche gegenseitige Rechnungsstellung sowie für die Steuerschuldnerschaft nach § 13b Abs. 2 Nr. 7 in Verbindung mit Abs. 5 Satz 1 UStG von Bedeutung, wenn der überlassene Abfall zu den Gegenständen im Sinne der Anlage 3 zum UStG gehört (vgl. Abschnitt 13b.4). **265**

(7) ① Im Falle eines tauschähnlichen Umsatzes ist der Wert des hingegebenen Abfalls Bemessungsgrundlage für die erbrachte Entsorgungsleistung. ② Bemessungsgrundlage für die Lieferung des Abfalls ist der Wert der Gegenleistung (Entsorgungsleistung). ③ Baraufgaben sind zu berücksichtigen; eine ggf. enthaltene Umsatzsteuer ist stets herauszurechnen (vgl. Abschnitt 10.5). ④ Der maßgebliche Zeitpunkt für die Ermittlung des Wertes der gelieferten Abfälle ist der Zeitpunkt der Übergabe an den Entsorger. ⑤ Dabei ist nicht auf die einzelnen Inhaltsstoffe abzustellen, d. h. der Wert muss dem Abfall im Zeitpunkt der Überlassung als solchem zukommen. ⑥ Spätere Bearbeitungsschritte (Bündelung, Sortierung, Aufbereitung usw.) durch den Entsorger sind bei der Wertermittlung außer Betracht zu lassen. ⑦ Es bestehen keine Bedenken, dem zwischen den Beteiligten vereinbarten Wert der zur Entsorgung übergebenen Abfälle auch für umsatzsteuerrechtliche Zwecke zu folgen, sofern dieser Wert nicht offensichtlich unzutreffend erscheint. **266**

(8) ① Verändert sich der Marktpreis für die zu entsorgenden Abfälle nach Abschluss des Entsorgungs- und Liefervertrags, hat dies zunächst keine Auswirkung auf die Ermittlung der Bemessungsgrundlagen für die tauschähnlichen Umsätze und die Rechnungsstellung. ② Für diese Zwecke ist vielmehr so lange auf den im Zeitpunkt des Vertragsabschlusses maßgeblichen Wert abzustellen, bis dieser durch eine Vertragsänderung oder durch Änderung der Bemessungsgrundlage, z. B. auf Grund einer vereinbarten Preisanpassungsklausel oder einer vereinbarten Mehr- oder Mindererlösbeteiligung, angepasst wird. **267**

3.17 Einzweck- und Mehrzweck-Gutscheine

UStAE 3.17

Definition und Abgrenzung von Gutscheinen

(1) ① Gutscheine im Sinne des § 3 Abs. 13 UStG sind solche Instrumente, die vom Berechtigten ganz oder teilweise anstelle einer regulären Geldzahlung als Gegenleistung zur Einlösung gegen Gegenstände oder sonstige Leistungen verwendet werden können. ② Diese Instrumente können körperlicher Art sein (z. B. Papierdokumente oder Plastikkarten) oder in elektronischer Form bestehen. ③ Ein Gutschein im Sinne des § 3 Abs. 13 UStG kann auch dann vorliegen, wenn der auf dem Gutschein aufgedruckte Nennwert nicht zur vollständigen Begleichung der Leistung ausreicht und der Gutscheininhaber im Zeitpunkt der Inanspruchnahme des Gutscheins eine Zuzahlung leisten muss. ④ § 3 Abs. 13 UStG findet keine Anwendung bei Instrumenten, die den Inhaber lediglich zu einem Preisnachlass oder zu einer Preiserstattung beim Erwerb von Gegenständen oder Dienstleistungen berechtigen, aber nicht das Recht verleihen, solche Gegenstände oder sonstige Leistungen auch tatsächlich zu erhalten (vgl. § 3 Abs. 13 Satz 2 UStG, Abschnitt 17.2). ⑤ Gutscheine für Warenproben oder Muster lösen grundsätzlich kein Entgelt aus und stellen keinen Gutschein i. S. d. § 3 Abs. 13 UStG dar. ⑥ Briefmarken, Fahrscheine, Eintrittskarten für Kinos und Museen sowie vergleichbare Instrumente fallen ebenfalls nicht in den Anwendungsbereich des § 3 Abs. 13 UStG. ⑦ Kann das Zahlungsinstrument jederzeit und voraussetzungslos gegen den ursprünglich gezahlten bzw. den noch nicht verwendeten Betrag zurückgetauscht werden, ist von einer Guthabenkarte im Unterschied zu einer Gutscheinkarte und damit von einem bloßen Zahlungsmittel auszugehen. ⑧ Ein Zahlungsdienst i. S. d. Richtlinie (EU) 2015/2366 des Europäischen Parlaments und des Rates vom 25. November 2015 über Zahlungsdienste im Binnenmarkt, zur Änderung der Richtlinien 2002/65/EG, 2009/110/EG und 2013/36/EU und der Verordnung (EU) Nr. 1093/2010 sowie zur Aufhebung der Richtlinie 2007/64/EG gilt auch nicht als Gutschein i. S. d. § 3 Abs. 13 UStG. ⑨ Aussteller des Gutscheins ist derjenige, der den Gutschein im eigenen Namen ausgestellt hat. ⑩ Der Verkauf eines Gut- **270**

UStAE 3.17

scheins zwischen Unternehmern wird im Folgenden als Übertragung bezeichnet. ⑩ Der Verkauf eines Gutscheins an Kunden wird im Folgenden als Ausgabe bezeichnet.

Einzweck-Gutscheine i. S. d. § 3 Abs. 14 UStG

271 (2) ① Ein Einzweck-Gutschein nach § 3 Abs. 14 Satz 1 UStG ist dadurch gekennzeichnet, dass der Ort der Lieferung oder sonstigen Leistung, zu deren Bezug der Gutschein berechtigt, sowie die geschuldete Umsatzsteuer, bei dessen Ausgabe bzw. erstmaliger Übertragung durch den Aussteller des Gutscheins feststehen. ② Für die Annahme eines Einzweck-Gutscheins ist die Identität des leistenden Unternehmers anzugeben sowie die Leistung dahingehend zu konkretisieren, dass der steuerberechtigte Mitgliedstaat und der auf die Leistung entfallende Steuersatz und damit der zutreffende Steuerbetrag mit Sicherheit bestimmt werden können. ③ Zudem muss zur zutreffenden Bestimmung des Orts der sonstigen Leistung, deren Ortsbestimmung vom Status des Empfängers abhängt, feststehen, ob der Leistungsempfänger ein Unternehmer ist und diese für sein Unternehmen bezieht. ④ Der Leistungsgegenstand muss für die Annahme eines Einzweck-Gutscheins zumindest im Hinblick auf die Gattung des jeweiligen Leistungsgegenstands auf dem Gutschein angegeben sein. ⑤ Unter Gattung ist in diesem Zusammenhang die Gesamtheit von Arten von Waren oder sonstigen Leistungen zu verstehen, die in ihren wesentlichen Eigenschaften derart übereinstimmen, dass hieraus der zutreffende Steuersatz eindeutig bestimmbar ist. ⑥ Der Gutschein soll vom Aussteller sichtbar als Einzweck-Gutschein gekennzeichnet werden. ⑦ Grundlage dieser Kennzeichnung ist die rechtliche Einordnung des Gutscheins durch den leistenden Unternehmer. ⑧ Auf die rechtliche Einordnung und die darauf basierende Kennzeichnung dürfen der Aussteller des Gutscheins sowie die nachfolgenden Unternehmer der Leistungskette vertrauen. ⑨ Dies gilt nicht, soweit die Unternehmer der Leistungskette Kenntnis hatten oder nach der Sorgfalt eines ordentlichen Kaufmannes hätten Kenntnis haben müssen, dass die rechtliche Einordnung bzw. die Kennzeichnung des Gutscheins als Einzweck-Gutschein zu Unrecht erfolgt ist.

Beispiel 1:

① Eine Parfümerie mit mehreren Filialen in Deutschland gibt einen Gutschein zur Einlösung gegen alle im Sortiment befindlichen Parfümartikel im Wert von 20 € an einen Kunden für 20 € aus. ② Der Gutschein ist in einer beliebigen Filiale der Parfümerie in Deutschland einlösbar. ③ Es handelt sich um einen Einzweck-Gutschein. ④ Der Leistungsort ist in entsprechender Anwendung des § 3 Abs. 7 Satz 1 UStG hinsichtlich des steuerberechtigten Mitgliedstaates hinreichend bestimmt (= Deutschland). ⑤ Somit kann die geschuldete Umsatzsteuer bei Ausgabe des Gutscheins ermittelt werden.

⑩ Es kann sich auch dann um einen Einzweck-Gutschein handeln, wenn der Gutschein zum Bezug mehrerer, genau bezeichneter Einzelleistungen berechtigt. ⑪ In diesen Fällen ist der Gesamtbetrag im jeweiligen Verhältnis der Einzelleistungen aufzuteilen.

Beispiel 2:

① Ein Restaurant in München gibt im Januar 01 einen Gutschein im Wert von 150 € (2 Essen im Restaurant inklusive zwei alkoholfreie Getränke für 2 Personen im Wert von 100 € sowie das Buch „Der Restaurant-Guide" im Wert von 50 €; der Restaurantgutschein berechtigt ausschließlich zum Verzehr an Ort und Stelle) zu einem Preis von 100 € an eine Privatperson aus. ② Der Gutschein wird im April 01 vom Gutscheininhaber in diesem Restaurant eingelöst. ③ Es handelt sich um einen Einzweck-Gutschein. ④ Das Restaurant muss in diesem Fall den erhaltenen Gesamtbetrag von 100 € im Verhältnis 100/150 zu 19% und 50/150 zu 7% aufteilen.[1]

⑫ Die Umsatzsteuer für die durch den Einzweck-Gutschein geschuldete Leistung entsteht bei Besteuerung nach vereinbarten Entgelten im Zeitpunkt der Ausgabe des Gutscheins. ⑬ Wird ein Gutschein vor Ausgabe an einen anderen Unternehmer übertragen, entsteht die Umsatzsteuer insoweit im Übertragungszeitpunkt. ⑭ Die spätere Gutscheineinlösung, also die tatsächliche Lieferung bzw. Leistungserbringung, ist für die umsatzsteuerliche Würdigung nicht mehr relevant, da diese nicht als unabhängiger Umsatz gilt. ⑮ Sollte eine Zuzahlung durch den Gutscheininhaber bei Einlösung des Gutscheins erfolgen, so ist lediglich die bislang noch nicht versteuerte Differenz zu versteuern.

Beispiel 3:

① Ein Kunde A erwirbt anlässlich einer Werbeaktion im Januar 01 beim örtlichen Elektroeinzelhändler B in Cottbus einen Gutschein im Wert von 50 € für 40 €. ② Der Gutschein berechtigt zum Erwerb eines Elektroartikels in dem Geschäft des B. ③ A erwirbt im April 01 ein Lautsprecher-System bei B im Gesamtwert von 350 € und begleicht den Rechnungsbetrag unter Anrechnung seines Gutscheins im Wert von 50 € durch die Zuzahlung von 300 € in bar. ④ Es handelt sich um einen Einzweck-Gutschein. ⑤ Die Bemessungsgrundlage für den Umsatz des B beträgt gem. § 10 Abs. 1 Satz 1 UStG im Zeitpunkt der Ausgabe des Gutscheins im Januar 01 40 € abzüglich USt. ⑥ Im April 01 hat B noch einen Umsatz in Höhe von 300 € abzüglich USt zu versteuern.

Einzweck-Gutscheine in Vertriebsketten (Handeln im eigenen Namen)

272 (3) ① Stellt der leistende Unternehmer einen Einzweck-Gutschein aus und überträgt ihn auf einen anderen Unternehmer, der ihn im eigenen Namen an den Kunden ausgibt, gilt auch der ausgebende Unternehmer als Leistender der auf dem Gutschein bezeichneten Leistung. ② Maßgeblicher Zeitpunkt für die Besteuerung der Leistungsfiktion des leistenden Unterneh-

[1] **[Amtl. Anm.:]** Bei allen Beispielen wurden die Steuersätze von 19 bzw. 7 Prozent zugrunde gelegt. Die temporäre Anwendung des ermäßigten Steuersatzes für Umsätze des Gastronomiegewerbes vom 1. Juli 2020 bis zum 30. Juni 2021 sowie die generelle Absenkung der Steuersätze in der Zeit vom 1. Juli bis zum 31. Dezember 2020 wurden außer Acht gelassen.

mers an den ausgebenden Unternehmer ist derjenige, in dem der ausstellende und leistende Unternehmer den Gutschein an den ausgebenden Unternehmer überträgt. ③ Maßgeblicher Zeitpunkt für die Besteuerung der Leistungsfiktion des ausgebenden Unternehmers ist die Ausgabe des Gutscheins an den Kunden; dies gilt unabhängig davon, ob der ausgebende Unternehmer im eigenen Namen, aber für fremde Rechnung auftritt oder ob er im eigenen Namen und für eigene Rechnung tätig wird.

Beispiel 1:

① A ist Fahrradhersteller und überträgt im Januar 01 an den Gutscheinhändler B 10 Gutscheine über E-Bikes im Wert von jeweils 3 500 € für jeweils 2 500 €. ② B gibt einen der Gutscheine im März 01 im eigenen Namen an den Radfahrer R zum Preis von 3.000 € aus. ③ R löst den Gutschein bei A im April 01 ein. ④ A hat im Januar 01 einen Umsatz von 25 000 € abzüglich USt zu versteuern. ⑤ B hat im März 01 einen Umsatz von 3 000 € abzüglich USt zu versteuern.

④ Stellt ein Unternehmer im eigenen Namen einen Einzweck-Gutschein mit der versprochenen Leistung aus, erbringt die darin bezeichnete Leistung jedoch nicht selbst, wird der spätere Leistungserbringer so behandelt, als habe er die in dem Gutschein genannte Leistung an den Gutscheinaussteller erbracht. ⑤ Maßgeblicher Zeitpunkt der Leistungsfiktion und damit der Besteuerung beider Leistungen ist der Zeitpunkt der Ausgabe des Gutscheins an den Kunden. ⑥ Der Gutscheinaussteller muss dem letztendlich leistenden Unternehmer zur fristgerechten Versteuerung mitteilen, zu welchem Zeitpunkt und in welcher Höhe Einzweck-Gutscheine an Kunden ausgegeben wurden.

Beispiel 2:

① Der Unternehmer B betreibt ein Gutscheinportal, auf dem er Gutscheine anbietet, mit denen Fahrräder des Herstellers A erworben werden können. ② A und B haben im Januar 01 vereinbart, dass B die E-Bike-Gutscheine jeweils im Wert von 3 500 € für 3 000 € an Kunden ausgibt. ③ B hat an A für jeden ausgegebenen Gutschein 2 500 € weiterzuleiten. ④ B verkauft einen der Gutscheine im April 01 im eigenen Namen an den Radfahrer R. ⑤ R löst den Gutschein bei A im Juni 01 ein. ⑥ A und B haben ihren Umsatz jeweils im April 01 zu versteuern, A in Höhe von 2 500 € abzüglich USt und B in Höhe von 3 000 € abzüglich USt.

Einzweck-Gutscheine in Vertriebsketten (Handeln im fremden Namen)

(4) ① Gibt ein Unternehmer einen Einzweck-Gutschein im fremden Namen aus, wird er **273**
nicht Teil der Leistungskette. ② Vielmehr gilt die Ausgabe des Gutscheins an den Kunden als Leistung desjenigen, in dessen Namen der Unternehmer handelt. ③ Der ausgebende Unternehmer muss dem leistenden Unternehmer zur fristgerechten Versteuerung mitteilen, zu welchem Zeitpunkt Einzweck-Gutscheine an Kunden ausgegeben wurden, da der leistende Unternehmer zu diesem Zeitpunkt die fiktiv erbrachte Leistung zu versteuern hat. ④ Der leistende Unternehmer hat als Bruttowert den vom Vermittler vereinnahmten Preis anzusetzen. ⑤ Der ausgebende Unternehmer erbringt eine Vermittlungsleistung (vgl. Abschnitt 3.7).

Beispiel:

① Der Unternehmer B betreibt ein Gutscheinportal, auf dem er Büchergutscheine im Namen und für Rechnung des Buchhändlers A anbietet. ② Diese Gutscheine können in dem Buchladen des A eingelöst werden. ③ B hat mit A vereinbart, im Falle eines ausgegebenen Gutscheins 20% des Gutscheinwerts als Vermittlungsprovision einzubehalten und den Rest an A weiterzuleiten. ④ B erstellt gegenüber A monatliche Abrechnungen über die veräußerten Gutscheine und gibt diese zusammen mit seiner eigenen Provisionsabrechnung an A weiter. ⑤ Kunde C erwirbt im Januar 01 einen Büchergutschein des A auf der Internetseite des B. ⑥ C bezahlt hierfür 10 € an B. ⑦ A muss im Januar 01 für den Verkauf eines Buchs 10 € abzüglich 7% USt versteuern. ⑧ B muss für die Vermittlung des Gutscheins 2 € abzüglich 19% USt versteuern.

Bestimmung des Leistungsorts bei Einzweck-Gutscheinen

(5) ① Berechtigt der Einzweck-Gutschein den Leistungsempfänger zum Bezug einer Liefe- **274**
rung nach § 3 Abs. 1 UStG, so bestimmt sich der Ort der fiktiven Lieferung aufgrund fehlender Warenbewegung im Zeitpunkt der Ausgabe bzw. erstmaligen Übertragung in entsprechender Anwendung des § 3 Abs. 7 Satz 1 UStG. ② Die Anwendung der Steuerbefreiung nach § 4 Nr. 1 Buchstabe a oder b UStG kommt daher nicht in Betracht. ③ Bezieht sich die Ausgabe bzw. erstmalige Übertragung eines Einzweck-Gutscheins auf die Erbringung einer sonstigen Leistung nach § 3 Abs. 9 UStG, so bestimmt sich der Leistungsort im Zeitpunkt der Ausgabe bzw. erstmaligen Übertragung nach den allgemeinen Regelungen des § 3 a Abs. 1 – vorbehaltlich der Absätze 2 bis 8 – sowie der §§ 3 b und 3 e UStG. ④ Für eine genaue Ortsbestimmung bei der Ausgabe bzw. erstmaligen Übertragung eines Einzweck-Gutscheins muss daher bei sonstigen Leistungen, deren Ortsbestimmung vom Status des Empfängers abhängt, feststehen, ob der Empfänger der sonstigen Leistung ein Unternehmer ist und diese für sein Unternehmen bezieht. [5]Abschnitt 3 a.2 Abs. 11 a gilt entsprechend. ⑥ Handelt ein Unternehmer bei der Ausgabe bzw. Übertragung eines Einzweck-Gutscheins erkennbar im Namen des ausstellenden oder eines übertragenden Unternehmers, wird er nicht Teil der Leistungskette, sondern erbringt im Zeitpunkt der Ausgabe bzw. Übertragung eine Vermittlungsleistung. ⑦ Der Ort dieser Vermittlungsleistung bestimmt sich nach den allgemeinen Regelungen des § 3 a Abs. 2 UStG.

Bemessungsgrundlage bei Einzweck-Gutscheinen

(6) ① Wird ein Einzweck-Gutschein entgeltlich übertragen bzw. ausgegeben, bestimmt sich **275**
die Bemessungsgrundlage nach den allgemeinen Vorschriften des § 10 Abs. 1 UStG.

Beispiel 1:

① Kunde C erwirbt einen Büchergutschein bei Händler B für die Buchhandlung des A. ② Der Gutschein hat einen Wert von 60 €. ③ Er wird für 50 € verkauft. ④ Damit beträgt die Bemessungsgrundlage des B 50 € abzüglich USt, also 46,73 €.

USt AE 3.17

② Diese Grundsätze gelten auch in Vertriebsketten, bei denen jeder Unternehmer die Gutscheine im eigenen Namen überträgt bzw. ausgibt. ③ Bemessungsgrundlage ist auf jeder Stufe das vereinbarte Entgelt.

Beispiel 2:

① Unternehmer A überträgt im Januar 01 einen Büchergutschein für 80 € an Unternehmer B. ② A verzichtet auf Vorgaben zum Endverkaufspreis der Gutscheine. ③ B bietet den Gutschein im eigenen Namen für 90 € inklusive Umsatzsteuer an. ④ B gibt den Gutschein im April 01 an einen Kunden aus. ⑤ A muss den Umsatz von 80 € abzüglich USt im Januar 01 versteuern. ⑥ B muss den Umsatz von 90 € abzüglich USt im April 01 versteuern.

④ Bei der unentgeltlichen Übertragung bzw. Ausgabe eines Einzweck-Gutscheins ist aufgrund der fiktiven Leistung bei Vorliegen der allgemeinen Voraussetzungen von einer unentgeltlichen Wertabgabe auszugehen. ⑤ Bemessungsgrundlage ist nach § 10 Abs. 4 Satz 1 UStG der im Zeitpunkt der Übertragung bzw. Ausgabe maßgebende Einkaufspreis, subsidiär der Selbstkostenpreis.

Nichteinlösung von Einzweck-Gutscheinen

276 (7) ① Sollte ein Einzweck-Gutschein vom Gutscheininhaber nicht (innerhalb der Gültigkeitsdauer) eingelöst werden und somit verfallen, ergeben sich hieraus allein keine weiteren umsatzsteuerlichen Folgen, da die ursprüngliche Leistung bereits bei Übertragung bzw. Ausgabe des Gutscheins als erbracht gilt und demzufolge in diesem Zeitpunkt zu versteuern ist. ② Eine Änderung der Bemessungsgrundlage nach § 17 Abs. 1 UStG kommt nur dann in Betracht, wenn das Entgelt ausnahmsweise zurückgezahlt wird.

Beispiel 1:

① Kunde A kauft beim Unternehmer B am 31. Januar 01 einen in seinem Bekleidungsgeschäft in Stuttgart einzulösenden Gutschein für Textilien in Höhe von 50 € für 40 €. ② Der Gutschein unterliegt der regelmäßigen Verjährung. ③ A löst den Gutschein bis zum 31. Dezember 04 nicht ein. ④ B hat im Januar 01 eine fiktive Lieferung in Höhe von 40 € abzüglich USt zu versteuern. ⑤ Die Nichteinlösung führt nicht zu einer Minderung der Bemessungsgrundlage.

Beispiel 2:

① Der Unternehmer G betreibt ein Gutscheinportal, auf dem er Gutscheine verschiedener Unternehmen im fremden Namen anbietet. ② Privatperson A erwirbt im Januar 01 einen Gutschein des Unternehmers B im Wert von 100 € für einen Fallschirmsprung und bezahlt hierfür 100 € an G. ③ G hat mit B vereinbart, im Falle eines veräußerten Gutscheins 20% des Gutscheinwerts als Vermittlungsprovision einzubehalten und den Rest an B weiterzuleiten. ④ B hat im Januar 01 für den Verkauf des Gutscheins 100 € abzüglich USt zu versteuern, soweit er seine Umsätze nach vereinbarten Entgelten versteuert. ⑤ G muss im Januar 01 20 € abzüglich USt versteuern. ⑥ G hat in seinen Allgemeinen Geschäftsbedingungen mit den einzelnen Unternehmern, so auch mit B, geregelt, den vereinnahmten Gutscheinpreis abzüglich der Vermittlungsprovision erst bei Einlösung des Gutscheins auszuschütten. ⑦ Hierfür muss B dem G innerhalb einer bestimmten Frist mitteilen, wann ein Kunde seinen Gutschein eingelöst hat. ⑧ Erfolgt diese Mitteilung nicht oder wird der Gutschein nicht eingelöst, werden die von G vereinnahmten Gelder nicht an B weitergeleitet. ⑨ A löst seinen Gutschein nicht ein. ⑩ Zu einer Rückzahlung des Gutscheinwerts kommt es nicht. ⑪ Eine Änderung der Bemessungsgrundlage nach § 17 Abs. 1 UStG kommt daher für die fiktiv erbrachte Leistung des B an A nicht in Betracht. ⑫ G hat den bei ihm verbleibenden Betrag in Höhe von 80 € abzüglich USt als zusätzliches Entgelt für die an B erbrachte Vermittlungsleistung zu versteuern. ⑬ Der Vorsteuerabzug des B in Bezug auf die Vermittlungsleistung des G erhöht sich entsprechend.

Remonetarisierbarkeit von Einzweck-Gutscheinen

277 (8) ① Wird ein Einzweck-Gutschein zurückgegeben und erhält der Kunde den Gutscheinwert ausnahmsweise zurückerstattet, so wird der ursprüngliche Umsatz rückgängig gemacht. ② Die Umsatzsteuer ist nach § 17 Abs. 2 Nr. 3 UStG beim Gutscheinaussteller, beim leistenden Unternehmer sowie ggf. beim Kommissionär zu berichtigen.

Mehrzweck-Gutscheine i. S. d. § 3 Abs. 15 UStG

278 (9) ① Ein Mehrzweck-Gutschein liegt dann vor, wenn zum Zeitpunkt der Übertragung bzw. Ausgabe des Gutscheins der Ort der Leistung und/oder der leistende Unternehmer und/oder der Leistungsgegenstand noch nicht endgültig feststehen und daher die geschuldete Umsatzsteuer nicht bestimmbar ist. ② Bei einem Mehrzweck-Gutschein gilt die Lieferung der Gegenstände oder die Erbringung der sonstigen Leistung erst im Zeitpunkt der tatsächlichen Erbringung der Leistung als erbracht. ③ Die Ausgabe eines Mehrzweck-Gutscheins und alle bis dahin erfolgten Übertragungen sind steuerlich unbeachtlich. ④ Es handelt sich insbesondere auch dann um einen Mehrzweck-Gutschein, wenn sich der Gutschein gegen Leistungen eintauschen lässt, die dem ermäßigten oder dem Regelsteuersatz unterliegen. ⑤ In diesen Fällen lässt sich die geschuldete Umsatzsteuer zum Zeitpunkt der Gutscheinübertragung oder Ausgabe noch nicht abschließend bestimmen. ⑥ Der Gutschein soll vom Aussteller sichtbar als Mehrzweck-Gutschein gekennzeichnet werden. ⑦ Grundlage dieser Kennzeichnung ist die rechtliche Einordnung des Gutscheins durch den leistenden Unternehmer. ⑧ Auf die rechtliche Einordnung und die darauf basierende Kennzeichnung dürfen der Aussteller des Gutscheins sowie die nachfolgenden übertragenden und der ausgebende Unternehmer der Leistungskette vertrauen. ⑨ Dies gilt nicht, soweit die Unternehmer der Leistungskette Kenntnis hatten oder nach der Sorgfalt eines ordentlichen Kaufmannes hätten Kenntnis haben müssen, dass die rechtliche Einordnung bzw. die Kennzeichnung des Gutscheins als Mehrzweck-Gutschein zu Unrecht erfolgt ist.

Beispiel 1:

① Eine Parfümerie mit europaweiten Filialen veräußert einen Gutschein zur Einlösung gegen alle im Sortiment befindlichen Parfümerieartikel im Wert von 20 € an einen Kunden für 20 €. ② Der Gutschein kann in einer beliebigen Filiale eingelöst werden. ③ In diesen Fällen steht im Zeitpunkt der Ausgabe des Gutscheins noch nicht abschließend fest, in welchem Mitgliedstaat der Gutschein eingelöst wird. ④ Demzufolge steht die gesetzlich geschuldete Umsatzsteuer zu diesem Zeitpunkt noch nicht fest. ⑤ Es handelt sich um einen Mehrzweck-Gutschein.

Beispiel 2:

① Ein Kunde erwirbt in einem Kaufhaus in München im Rahmen einer Werbeaktion einen Gutschein im Wert von 50 € für 45 €. ② Der Gutschein berechtigt den Kunden, diesen sowohl in der Lebensmittel- als auch in der Haushaltsgeräteabteilung einzulösen. ③ Es handelt sich um einen Mehrzweck-Gutschein, da sich zum Zeitpunkt der Gutscheinausgabe zwar der Leistungsort (München), nicht aber die geschuldete Umsatzsteuer bestimmen lässt.

Mehrzweck-Gutscheine in Vertriebsketten (Handeln im fremden und im eigenen Namen)

(10) ① Die Übertragung und Ausgabe eines Mehrzweck-Gutscheins in der Vertriebskette stellt **279**
lediglich einen Tausch von Zahlungsmitteln dar. ② Der erkennbar im Namen des ausstellenden/übertragenden Unternehmers handelnde Vermittler erbringt im Zeitpunkt der Übertragung und Ausgabe eine grundsätzlich steuerbare Vermittlungsleistung. ③ Eine grundsätzlich steuerbare Leistung an den ausstellenden/übertragenden Unternehmer liegt auch dann vor, wenn die Mittelperson Gutscheine im eigenen Namen ausgibt.

Beispiel:

① Eine deutsche Parfümerie A überträgt Gutscheine im Wert von jeweils 50 € im Januar 01 an den Unternehmer B zum Preis von jeweils 40 €. ② Mit den Gutscheinen können sowohl Waren, die dem Regelsteuersatz, als auch Waren, die dem ermäßigten Steuersatz unterliegen, erworben werden. ③ A und B vereinbaren, dass B die Gutscheine im eigenen Namen zum Preis von 45 € an Kunden ausgibt. ④ B gibt im Februar 01 einen Gutschein an den Kunden C aus. ⑤ C löst den Gutschein im April 01 ein und erwirbt eine Ware zum Regelsteuersatz. ⑥ B hat im Februar 01 einen Umsatz in Höhe von 5 € abzüglich USt zu versteuern. ⑦ A hat im April 01 einen Umsatz von 45 € abzüglich USt zu versteuern.

Bestimmung des Leistungsorts bei Mehrzweck-Gutscheinen

(11) ① Bei einem Mehrzweck-Gutschein unterliegt erst bei dessen Einlösung die tatsächliche **280**
Lieferung oder die tatsächliche Erbringung der sonstigen Leistung der Umsatzsteuer; über diese Leistung ist dann nach den allgemeinen Regelungen abzurechnen. ② Die Ausgabe eines Mehrzweck-Gutscheins und alle bis dahin erfolgten Übertragungen sind umsatzsteuerlich unbeachtlich. ③ Richtet sich der Mehrzweck-Gutschein auf die Ausführung einer Lieferung, so bestimmt sich der Ort der Lieferung nach den allgemeinen Bestimmungen (§ 3 Abs. 5 a UStG). ④ Richtet sich der Mehrzweck-Gutschein auf die Erbringung einer sonstigen Leistung, so bestimmt sich der Ort der sonstigen Leistung nach den Vorschriften des § 3 a Abs. 1 UStG vorbehaltlich der Absätze 2 bis 8 und der §§ 3 b und 3 e UStG. ⑤ Handelt ein Unternehmer bei der Ausgabe oder der Übertragung von Mehrzweck-Gutscheinen erkennbar im Namen des ausstellenden/übertragenden Unternehmers, erbringt er als Vermittler im Zeitpunkt der Übertragung und Ausgabe eine grundsätzlich steuerbare Vermittlungsleistung. ⑥ Der Ort der Vermittlungsleistung bestimmt sich nach § 3 a Abs. 2 UStG.

Beispiel:

① F hat als Franchisegeber in Deutschland ein erfolgreiches Franchisesystem im Fast-Food-Bereich aufgebaut. ② Gutscheinportal G stellt Gutscheine im fremden Namen für F und seine Franchisenehmer aus. ③ Der Gutschein berechtigt zum Erwerb von zwei Burgern zum Preis von einem Burger. ④ Der Gutschein kann bei F und seinen Franchisenehmern eingelöst werden. ⑤ F und G haben vereinbart, dass G die Gutscheine für den Preis von 2 € an Kunden ausgibt und hierfür eine Vergütung in Höhe von jeweils 0,50 € für seine Vermittlungsleistung erhalten soll. ⑥ G erstellt gegenüber F monatliche Abrechnungen über die Anzahl der ausgegebenen Gutscheine. ⑦ Kunde K erwirbt Ende April 01 bei G einen solchen Gutschein zum Preis von 2 € und löst ihn im Juni 01 beim Franchisenehmer N ein. ⑧ Es handelt sich um einen Mehrzweck-Gutschein, weil sowohl die Identität des leistenden Unternehmers als auch der Umsatzsteuersatz zum Zeitpunkt der Ausgabe des Gutscheins noch nicht feststehen. ⑨ G erbringt eine Vermittlungsleistung an F, welche im April 01 in Deutschland (vgl. § 3 a Abs. 2 UStG) bei Übergabe an den Kunden als ausgeführt gilt und hat diese in Höhe von 0,50 € abzüglich USt zu versteuern. ⑩ N hat im Juni 01 für den Verkauf der Burger 2 € abzüglich USt zu versteuern.

Bemessungsgrundlage bei Mehrzweck-Gutscheinen

(12) ① Die Bemessungsgrundlage bei Mehrzweck-Gutscheinen bestimmt sich nach den Rege- **281**
lungen in § 10 Abs. 1 Satz 2 UStG. ② Wird ein Mehrzweck-Gutschein, der über Vertriebsketten übertragen wurde, vom Gutscheininhaber eingelöst und liegen beim leistenden Unternehmer im Zeitpunkt der Einlösung keine Angaben über die Höhe der vom Kunden an den letzten Unternehmer in der Vertriebskette gezahlten Gegenleistung vor, bemisst sich das Entgelt nach § 10 Abs. 1 Satz 6 UStG. ③ Haben der leistende Unternehmer und der gutscheinausgebende Unternehmer keine Vereinbarungen über die Höhe der Vergütung für die Vermittlungsleistung getroffen, ergibt sich diese aus der Differenz zwischen dem Gutscheinausgabepreis und dem Einkaufspreis des gutscheinausgebenden Unternehmers.

Beispiel 1:

① Der Unternehmer B erwirbt im Buch- und Geschenkartikelladen des A in München einen Gutschein über einen Wert von 20 € für 10 €. ② Mit den Gutscheinen können sowohl Waren, die dem Regelsteuersatz, als auch Waren, die dem ermäßigten Steuersatz unterliegen, erworben werden. ③ B verkauft den Gutschein für 15 € an den Kunden C weiter. ④ C löst den Gutschein ein und erwirbt eine Ware im Wert von 20 € zum Regelsteuersatz. ⑤ Kennt A den Verkaufspreis von B an C, beträgt die Bemessungsgrundlage für die erworbene Ware 15 € abzüglich USt. ⑥ Kennt A den Verkaufspreis nicht, beträgt die Bemessungsgrundlage 20 € abzüglich USt. ⑦ Es ist somit möglich, dass eine Umsatzsteuerbelastung beim leistenden Unternehmer A verbleibt.

Beispiel 2:

① Der Unternehmer B erwirbt im April 01 im Buch- und Geschenkartikelladen des A in München 10 Gutscheine über einen Wert von jeweils 20 € für 100 €. ② Mit den Gutscheinen können sowohl Waren, die dem Regelsteuersatz, als auch

UStAE 3.17

Waren, die dem ermäßigten Steuersatz unterliegen, erworben werden. ③ A und B vereinbaren, dass die Gutscheine im Rahmen einer Werbeaktion höchstens für jeweils 15 € an Kunden ausgegeben werden. ④ B gibt einen der Gutscheine im Mai 01 für 14 € an den Kunden C aus. ⑤ C löst den Gutschein im Juni 01 bei A ein und erwirbt eine Ware im Wert von 20 € zum Regelsteuersatz. ⑥ Indem A dem B einen maximalen Verkaufspreis an den Kunden vorgegeben hat, ist dieser Preis für die Ermittlung der Bemessungsgrundlage zugrunde zu legen, da er dem leistenden Unternehmer A bekannt ist. ⑦ A hat im Juni 01 einen Umsatz in Höhe von 15 € abzüglich USt zu versteuern. ⑧ Aufgrund der Vorgabe des maximalen Verkaufspreises ist für die Bemessungsgrundlage weder der Wert des Gutscheins noch der tatsächliche Verkaufspreis, sondern der vorgegebene maximale Verkaufspreis maßgebend. ⑨ B hat im Mai 01 für seine Vermittlungsleistung 4 € abzüglich USt zu versteuern. ⑩ Das ergibt sich aus der Differenz zwischen dem Gutscheinausgabepreis in Höhe von 14 € und dem Einkaufspreis des B in Höhe von 10 €.

④ Bei der unentgeltlichen Übertragung bzw. Ausgabe eines Mehrzweck-Gutscheins ist im Zeitpunkt der tatsächlichen Erbringung der Leistung bei Vorliegen der allgemeinen Voraussetzungen von einer unentgeltlichen Wertabgabe auszugehen. ⑤ Dies gilt auch in dem Fall, in dem der leistende Unternehmer einen anderen Unternehmer mit der unentgeltlichen Ausgabe eines Gutscheins beauftragt. ⑥ Die Bemessungsgrundlage ist nach den allgemeinen Regelungen in § 10 Abs. 4 Satz 1 UStG zu bestimmen. ⑦ Gibt ein Unternehmer, der nicht personenidentisch mit dem leistenden Unternehmer ist, einen Mehrzweck-Gutschein aus eigener Entscheidung für unternehmensfremde (private) Zwecke unentgeltlich aus, handelt es sich um eine Entnahme eines Zahlungsmittels, die nicht Gegenstand einer unentgeltlichen Wertabgabe ist. ⑧ Umsatzsteuerrelevant ist in diesen Fällen allein die tatsächliche Lieferung oder sonstige Leistung durch den die Leistung erbringenden Unternehmer an den Empfänger des unentgeltlich ausgegebenen Mehrzweck-Gutscheins. ⑨ Dieser Umsatz ist grundsätzlich mit dem Betrag zu bemessen, den der ausgebende Unternehmer beim Einkauf des Gutscheins aufgewendet hat (§ 10 Abs. 1 Satz 2 UStG). ⑩ Hat der die Leistung erbringende Unternehmer von diesem Betrag und der unentgeltlichen Gutscheinausgabe keine Kenntnis, ist die tatsächliche Lieferung oder sonstige Leistung nach § 10 Abs. 1 Satz 6 UStG mit dem Gutscheinwert zu versteuern.

Beispiel 3:

① Der Unternehmer A betreibt ein Hotel, in dem er am Wochenende ein Brunchbuffet anbietet. ② A überträgt an den Unternehmer B, der ein Gutscheinportal betreibt, Gutscheine im Wert von jeweils 50 € für 25 €. ③ Die Gutscheine können sowohl für die Übernachtungsleistung als auch für das Buffet eingelöst werden. ④ B gibt einen Gutschein für unternehmensfremde (private) Zwecke an seinen Freund C unentgeltlich ab. ⑤ C löst den Gutschein bei A für eine Übernachtung ein. ⑥ Ist dem A bekannt, dass B den Gutschein unentgeltlich ausgegeben hat, so hat A im Zeitpunkt der Einlösung des Gutscheins die von B erhaltenen 25 € abzüglich USt zu versteuern. ⑦ Hat A keine Kenntnis von der unentgeltlichen Gutscheinausgabe, richtet sich die Bemessungsgrundlage für seine an C erbrachte Leistung nach § 10 Abs. 1 Satz 6 UStG und beträgt damit 50 € abzüglich USt.

Nichteinlösung von Mehrzweck-Gutscheinen

282 (13) ① Sollte ein Mehrzweck-Gutschein vom Gutscheininhaber nicht (innerhalb der Gültigkeitsdauer) eingelöst werden und somit verfallen, ergeben sich hieraus keine umsatzsteuerlichen Konsequenzen, da bei einem Mehrzweck-Gutschein die tatsächliche Leistungserbringung durch den leistenden Unternehmer erst in dem Zeitpunkt erfolgt, in dem der Gutschein eingelöst wird. ② Die Nichteinlösung des Gutscheins hat allerdings Auswirkung auf die Bemessungsgrundlage einer Vermittlungsleistung, wenn der auf den leistenden Unternehmer entfallende Entgeltanteil bei Nichteinlösung beim Vermittler verbleibt und das Entgelt für die Vermittlungsleistung sich erhöht.

Beispiel:

① Der Unternehmer G betreibt ein Gutscheinportal, auf dem er Gutscheine verschiedener Unternehmen im fremden Namen anbietet. ② Privatperson A erwirbt im Januar 01 einen Gutschein des Unternehmers B im Wert von 100 € für eine Übernachtung in einem seiner weltweit gelegenen Hotels und bezahlt hierfür 100 € an G. ③ G hat mit B vereinbart, im Falle eines veräußerten Gutscheins 20% des Gutscheinwerts als Vermittlungsprovision einzubehalten und den Rest an B weiterzuleiten. ④ G muss im Januar 01 20 € abzüglich USt versteuern. ⑤ G hat in seinen Allgemeinen Geschäftsbedingungen mit den einzelnen Unternehmern, so auch mit B, geregelt, den vereinnahmten Gutscheinpreis abzüglich der Vermittlungsprovision erst bei Einlösung des Gutscheins auszuschütten. ⑥ Hierfür muss B dem G innerhalb einer bestimmten Frist mitteilen, wann ein Kunde seinen Gutschein eingelöst hat. ⑦ Erfolgt diese Mitteilung nicht oder wird der Gutschein nicht eingelöst, werden die von G vereinnahmten Gelder nicht an B weitergeleitet. ⑧ A löst seinen Gutschein nicht ein. ⑨ Den vereinnahmten Gutscheinpreis erhält B von G nicht. ⑩ G hat den bei ihm verbleibenden Betrag in Höhe von 80 € abzüglich USt als zusätzliches Entgelt für die an B erbrachte Vermittlungsleistung zu versteuern. ⑪ Der Vorsteuerabzug des B in Bezug auf die Vermittlungsleistung des G erhöht sich entsprechend. ⑫ B erbringt keine Leistung und hat somit auch keinen Umsatz zu versteuern.

Remonetarisierbarkeit von Mehrzweck-Gutscheinen

283 (14) Wird ein Mehrzweck-Gutschein zurückgegeben und erhält der Kunde ausnahmsweise den Gutscheinwert zurückerstattet, so ergeben sich hieraus keine umsatzsteuerlichen Auswirkungen, da lediglich ein Rücktausch von Zahlungsmitteln erfolgt.

LS zu 3.17

285 Ein Instrument, das seinen Inhaber berechtigt, verschiedene Dienstleistungen an einem bestimmten Ort während eines begrenzten Zeitraums und bis zu einem bestimmten Wert in Anspruch zu nehmen **(Städte-Karte)**, kann einen „Gutschein" iSv Art. 30 a Nr. 1 dieser Richtlinie darstellen, auch wenn ein Durchschnittsverbraucher aufgrund der begrenzten Gültigkeitsdauer dieses Instruments nicht alle angebotenen Dienstleistungen in Anspruch nehmen kann. Dieses Instrument stellt einen „Mehrzweck-Gutschein" iSv Art. 30 a Nr. 3 dieser Richtlinie dar, da die auf diese Dienstleistungen geschuldete Mehrwertsteuer zum Zeitpunkt seiner Ausstellung nicht feststeht. ***EuGH-Urteil v. 28. 4. 2022** C-637/20, DSAB (DStR S. 878).*

Es ist ernstlich zweifelhaft, ob sich das für die Annahme eines Einzweck-Gutscheins bestehende Erfordernis, dass der **Ort der Leistung** feststehen muss (§ 3 Abs. 14 Satz 1 UStG und Art. 30 a Nr. 2 MwStSystRL)

– nur auf die Ausgabe („Verkauf eines Gutscheins an Kunden" i. S. des Abschn. 3.17 Abs. 1 Satz 11 UStAE) oder
– auch auf eine vorausgehende Übertragung („Verkauf eines Gutscheins zwischen Unternehmern" i. S. des Abschn. 3.17 Abs. 1 Satz 10 UStAE)

bezieht. *BFH-Beschluss v. 16. 8. 2022 XI S 4/21 (DStR S. 1859).*

Anl zu 3.17

Schreiben betr. umsatzsteuerliche Behandlung von Einzweck- und Mehrzweck-Gutscheinen; Gutschein-Richtlinie (EU) 2016/1065 vom 27. Juni 2016; Gesetz zur Vermeidung von Umsatzsteuerausfällen beim Handel mit Waren im Internet und zur Änderung weiterer steuerlicher Vorschriften vom 11. Dezember 2018

Vom 2. November 2020 (BStBl. I S. 1121)

(BMF III C 2 – S 7100/19/10001 :002; DOK 2020/1051603)

[abgedruckt im USt-Handbuch 2021 als Anlage zu A 3.17]

UStAE 3.18

3.18 Einbeziehung von Betreibern elektronischer Schnittstellen in fiktive Lieferketten

(1) ① § 3 Abs. 3a Sätze 1 und 2 UStG regelt die Einbeziehung von Betreibern elektronischer Schnittstellen in fiktive Lieferketten. ② Nach § 3 Abs. 3a Satz 1 UStG werden Unternehmer, die **290** mittels ihrer elektronischen Schnittstelle Lieferungen von Gegenständen durch einen nicht im Gemeinschaftsgebiet ansässigen Unternehmer an einen Nichtunternehmer (siehe Abschnitt 3a.1 Abs. 1) unterstützen, deren Beförderung oder Versendung im Gemeinschaftsgebiet beginnt und endet, so behandelt, als ob sie diese Gegenstände für ihr Unternehmen selbst erhalten und geliefert hätten. ③ Gleiches gilt nach § 3 Abs. 3a Satz 2 UStG für die Unterstützung von Fernverkäufen von aus dem Drittlandsgebiet eingeführten Gegenständen in Sendungen mit einem Sachwert von höchstens 150 € mittels einer elektronischen Schnittstelle. ④ Während tatsächlich lediglich ein einziges Verkaufsgeschäft vorliegt, werden für umsatzsteuerliche Zwecke zwei Lieferungen fingiert, indem eine (erste) Lieferung von dem Unternehmer an den Betreiber der elektronischen Schnittstelle sowie eine (zweite) Lieferung von dem Betreiber der elektronischen Schnittstelle an den Enderwerber angenommen werden. ⑤ Die Regelungen des § 3 Abs. 3a Satz 1 und Satz 2 UStG gelten für unterschiedliche Erwerberkreise. ⑥ In den Fällen des § 3 Abs. 3a Satz 1 UStG muss es sich bei dem Empfänger der Liefergegenstände um eine Person im Sinne des § 3a Abs. 5 Satz 1 UStG (insbesondere kein Unternehmer, für dessen Unternehmen die Leistung bezogen wird) handeln. ⑦ Dagegen kann ein Erwerber in den Fällen des § 3 Abs. 3a Satz 2 UStG ein in § 3a Abs. 5 Satz 1 UStG bezeichneter Empfänger oder eine in § 1a Abs. 3 Nr. 1 UStG genannte Person sein, die weder die maßgebende Erwerbsschwelle überschreitet noch auf ihre Anwendung verzichtet (vgl. § 3 Abs. 3a Sätze 4 und 5 UStG); Abschnitt 3c.1 Abs. 2 Sätze 3 bis 6 gelten insoweit entsprechend.

(2)[1] ① Von § 3 Abs. 3a Satz 1 UStG werden sowohl Fälle erfasst, in denen die Beförderung **291** oder Versendung im gleichen EU-Mitgliedstaat beginnt und endet, als auch solche, in denen Beginn und Ende der Beförderung oder Versendung in verschiedenen EU-Mitgliedstaaten liegen. ② Der liefernde Unternehmer muss im Drittlandsgebiet ansässig sein. ③ Lieferungen von im Gemeinschaftsgebiet ansässigen Unternehmern fallen nicht unter diese Vorschrift. ④ Ein Unternehmer gilt nur dann im Hinblick eines Ausschlusses der Regelung des § 3 Abs. 3a Satz 1 UStG als im Gemeinschaftsgebiet ansässig, wenn sich der Sitz seiner wirtschaftlichen Tätigkeit (Artikel 10 MwStVO) im Gemeinschaftsgebiet befindet oder er dort über eine feste Niederlassung (Artikel 11 MwStVO), einen Wohnsitz (Artikel 12 MwStVO) oder einen gewöhnlichen Aufenthaltsort (Artikel 13 MwStVO) verfügt. ⑤ Allein das Vorhalten einer zustellfähigen Postanschrift reicht für die Begründung einer Ansässigkeit nicht aus. ⑥ Wie beim Reihengeschäft nach § 3 Abs. 6a Satz 1 UStG kann dabei die Warenbewegung nur einer der Lieferungen zugeordnet werden, um insbesondere den Lieferort bestimmen zu können, weshalb nach § 3 Abs. 6b UStG die fiktive Lieferung des Betreibers der elektronischen Schnittstelle als die bewegte Lieferung zu behandeln ist.

Beispiel 1:

① Ein in Südkorea ansässiger Händler H veräußert über eine elektronische Schnittstelle Handyzubehör an eine Privatperson in Frankreich. ② Die Ware wird aus einem inländischen Lager eines anderen Unternehmers an den Wohnsitz der Privatperson in Frankreich versendet. ③ Der Betreiber der elektronischen Schnittstelle überschreitet die Umsatzschwelle von 10 000 € (§ 3c Abs. 4 Satz 1 UStG) bzw. verzichtet auf die Anwendung des § 3c Abs. 4 Satz 1 UStG (§ 3c Abs. 4 Satz 2 UStG).
④ Es werden eine Lieferung des H an den Betreiber der elektronischen Schnittstelle und eine Lieferung des Betreibers der elektronischen Schnittstelle an die Privatperson nach § 3 Abs. 3a Satz 1 UStG fingiert. ⑤ Die Warenbewegung wird nach § 3 Abs. 6b UStG der Lieferung des Betreibers der elektronischen Schnittstelle zugeschrieben. ⑥ Die Lieferung des H an den Betreiber der elektronischen Schnittstelle ist gemäß § 3 Abs. 7 Satz 2 Nr. 1 UStG im Inland steuerbar, aber nach § 4 Nr. 4c UStG steuerbefreit (vgl. Abschnitt 4.4c.1). ⑦ Die Ortsbestimmung der Lieferung des Betreibers der elektronischen Schnittstelle an die Privatperson richtet sich nach § 3c Abs. 1 UStG. ⑧ Danach ist der Ort der Lieferung der Ort, an dem sich der Gegenstand bei Beendigung der Versendung an die Privatperson befindet (hier: Frankreich). ⑨ Der Betreiber der elektronischen Schnittstelle kann das besondere Besteuerungsverfahren im Sinne des § 18j UStG (vgl. Abschnitt 18j.1) in

[1] A 3.18 UStAE Abs. 2 Satz 4 neugefasst, Satz 5 eingefügt, bish. Satz 5 wird neuer Satz 6 durch BMF v. 20. 12. 2022 (BStBl. I S. 1694).

UStAE 3.18

Anspruch nehmen und den Umsatz darüber erklären. ⑩ Andernfalls hat der Betreiber der elektronischen Schnittstelle den Umsatz im Bestimmungsland (hier: Frankreich) im allgemeinen Besteuerungsverfahren (Artikel 250 bis 261 MwStSystRL) zu erklären.

Beispiel 2:

① Ein in Südkorea ansässiger Händler H veräußert über eine elektronische Schnittstelle Handyzubehör an eine im Inland ansässige Privatperson. ② Die Ware wird aus einem inländischen Lager eines anderen Unternehmers an den Wohnsitz der Privatperson versendet.

③ Es werden eine Lieferung des H an den Betreiber der elektronischen Schnittstelle und eine Lieferung des Betreibers der elektronischen Schnittstelle an die Privatperson nach § 3 Abs. 3a Satz 1 UStG fingiert. ④ Die Warenbewegung wird nach § 3 Abs. 6b UStG der Lieferung des Betreibers der elektronischen Schnittstelle zugeschrieben. ⑤ Die Lieferung des H an den Betreiber der elektronischen Schnittstelle ist gemäß § 3 Abs. 7 Satz 2 Nr. 1 UStG im Inland steuerbar, aber nach § 4 Nr. 4c UStG steuerbefreit (vgl. Abschnitt 4.4c.1). ⑥ Die Lieferung des Betreibers der elektronischen Schnittstelle an die Privatperson ist gemäß § 3 Abs. 6 Satz 1 UStG im Inland steuerbar und steuerpflichtig. ⑦ § 3c Abs. 1 UStG findet keine Anwendung, weil die Ware nicht aus dem Gebiet eines EU-Mitgliedstaates in das Gebiet eines anderen EU-Mitgliedstaates gelangt (vgl. § 3c Abs. 1 Satz 2 UStG). ⑧ Der Betreiber der elektronischen Schnittstelle kann das besondere Besteuerungsverfahren im Sinne des § 18j UStG (vgl. Abschnitt 18j.1) in Anspruch nehmen und den Umsatz darüber erklären. ⑨ Andernfalls hat der Betreiber der elektronischen Schnittstelle den Umsatz in Deutschland im allgemeinen Besteuerungsverfahren (§ 18 Abs. 1 bis 4 UStG) zu erklären.

Beispiel 3:

① Ein im Inland ansässiger Händler H veräußert über eine elektronische Schnittstelle Handyzubehör an eine Privatperson in Frankreich. ② Die Ware wird aus einem Lager im Inland an den Wohnsitz der Privatperson in Frankreich versendet. ③ H überschreitet die Umsatzschwelle von 10000 € (§ 3c Abs. 4 Satz 1 UStG) bzw. verzichtet auf die Anwendung des § 3c Abs. 4 Satz 1 UStG (§ 3c Abs. 4 Satz 2 UStG).

④ Nach § 3 Abs. 3a Satz 1 UStG wird keine Lieferung zwischen dem Betreiber der elektronischen Schnittstelle und der Privatperson fingiert, da H im Gemeinschaftsgebiet ansässig ist. ⑤ § 3 Abs. 3a Satz 2 UStG findet keine Anwendung, da die Ware nicht aus dem Drittlandsgebiet eingeführt wurde. ⑥ Für die Lieferung des H an die Privatperson findet § 3c Abs. 1 UStG Anwendung. ⑦ Der Ort der Lieferung ist der Ort, an dem sich der Gegenstand bei Beendigung der Versendung an die Privatperson befindet (hier: Frankreich). ⑧ H kann das besondere Besteuerungsverfahren nach § 18j UStG (vgl. Abschnitt 18j.1) in Anspruch nehmen und den Umsatz darüber erklären. ⑨ Andernfalls hat H den Umsatz im Bestimmungsland (hier: Frankreich) im allgemeinen Besteuerungsverfahren (Artikel 250 bis 261 MwStSystRL) zu erklären.

Beispiel 4:

① Ein im Inland ansässiger Händler H veräußert über eine elektronische Schnittstelle Handyzubehör an eine im Inland ansässige Privatperson. ② Die Ware wird aus einem Fulfillment-Center in Polen an den Wohnsitz der Privatperson versendet. ③ H überschreitet die Umsatzschwelle von 10000 € (§ 3c Abs. 4 Satz 1 UStG) bzw. verzichtet auf die Anwendung des § 3c Abs. 4 Satz 1 UStG (§ 3c Abs. 4 Satz 2 UStG) und nimmt an dem besonderen Besteuerungsverfahren nach § 18j UStG teil.

④ Nach § 3 Abs. 3a Satz 1 UStG wird keine Lieferung zwischen dem Betreiber der elektronischen Schnittstelle und der Privatperson fingiert, da H im Gemeinschaftsgebiet ansässig ist. ⑤ § 3 Abs. 3a Satz 2 UStG findet keine Anwendung, da die Ware nicht aus dem Drittlandsgebiet eingeführt wird. ⑥ Für die Lieferung des H an die Privatperson findet § 3c Abs. 1 UStG Anwendung. ⑦ Der Ort der Lieferung ist der Ort, an dem sich der Gegenstand bei Beendigung der Versendung an die Privatperson befindet (hier: Inland). ⑧ Der Händler hat die Umsätze über das besondere Besteuerungsverfahren nach § 18j UStG (vgl. Abschnitt 18j.1) zu erklären.

292 (3) ① Dem Begriff der elektronischen Schnittstelle im Sinne des § 3 Abs. 3a Sätze 1 und 2 UStG ist ein sehr weites Verständnis zugrunde zu legen, so dass in den Anwendungsbereich der Vorschriften nicht nur elektronische Marktplätze, Plattformen oder Portale fallen, sondern auch alle anderen vergleichbaren elektronischen Handelsplätze. ② Wann von einer Unterstützung im Sinne des § 3 Abs. 3a Satz 1 und 2 UStG auszugehen ist, ist in Artikel 5b MwStVO geregelt. ③ Demnach unterstützt ein Unternehmer eine Lieferung im Sinne des § 3 Abs. 3a Satz 1 UStG oder einen Fernverkauf im Sinne des § 3 Abs. 3a Satz 2 UStG mittels seiner elektronischen Schnittstelle, wenn er es einem Erwerber und einem Lieferer, der über diese elektronische Schnittstelle Gegenstände zum Verkauf anbietet, ermöglicht, in Kontakt zu treten, woraus eine Lieferung von Gegenständen über diese elektronische Schnittstelle an den Erwerber resultiert. ④ Ein Unternehmer unterstützt eine solche Lieferung dann nicht, wenn kumulativ die folgenden Voraussetzungen erfüllt sind:

1. der Unternehmer legt weder unmittelbar noch mittelbar irgendeine der Bedingungen für die Lieferung der Gegenstände fest,
2. der Unternehmer ist weder unmittelbar noch mittelbar an der Autorisierung der Abrechnung mit dem Erwerber bezüglich der getätigten Zahlung beteiligt und
3. der Unternehmer ist weder unmittelbar noch mittelbar an der Bestellung oder Lieferung der Gegenstände beteiligt.

⑤ Die Merkmale der folgenden Auflistung können darauf hindeuten, dass im Sinne des Satzes 4 Nr. 1 ein Unternehmer eine elektronische Schnittstelle betreibt, für die er die Bedingungen für die Lieferung der Gegenstände festlegt (diese Auflistung ist nicht als kumulativ und nicht als erschöpfend zu betrachten):

– Die elektronische Schnittstelle ist Eigentümer oder Verwalter der technischen Plattform, über die die Gegenstände geliefert werden.
– Die elektronische Schnittstelle legt Regeln für die Auflistung und den Verkauf von Gegenständen über ihre Plattform fest.
– Die elektronische Schnittstelle ist Eigentümer der Daten des Erwerbers in Verbindung mit der Lieferung.
– Die elektronische Schnittstelle stellt die technische Lösung für die Erteilung der Bestellung oder die Einleitung des Kaufs bereit (z. B. durch Platzierung der Gegenstände in einem Warenkorb).

UStAE 3.18

– Die elektronische Schnittstelle organisiert bzw. verwaltet die Übermittlung des Angebots, die Annahme des Auftrags oder die Bezahlung der Gegenstände.
– Die elektronische Schnittstelle legt die Bedingungen fest, unter denen der Lieferer oder der Erwerber die Kosten für die Rücksendung der Gegenstände zu tragen hat.
– Die elektronische Schnittstelle schreibt dem zugrunde liegenden Lieferer eine oder mehrere spezifische Zahlungsmethoden, Lager- oder Erfüllungsbedingungen oder Versand- oder Liefermethoden vor, die zur Erfüllung des Geschäfts verwendet werden müssen.
– Die elektronische Schnittstelle hat das Recht, die Zahlung des Erwerbers für den zugrundeliegenden Lieferer zu bearbeiten oder einzubehalten oder den Zugriff auf die Beträge in anderer Weise einzuschränken.
– Die elektronische Schnittstelle ist in der Lage, eine Gutschrift für den Umsatz ohne Zustimmung oder Genehmigung des zugrundeliegenden Lieferers auszustellen, falls die Gegenstände nicht ordnungsgemäß empfangen wurden.
– Die elektronische Schnittstelle bietet Kundendienst, Unterstützung bei der Rücksendung oder dem Umtausch von Gegenständen oder Beschwerde- oder Streitbeilegungsverfahren für Lieferer und/oder deren Erwerber.
– Die elektronische Schnittstelle hat das Recht, den Preis festzulegen, zu dem die Gegenstände verkauft werden, z. B. indem sie im Rahmen eines Kundenbindungsprogramms einen Rabatt anbietet, die Preisgestaltung kontrolliert oder beeinflusst.

⑥ Die Merkmale der folgenden Auflistung können darauf hindeuten, dass im Sinne des Satzes 4 Nr. 2 eine elektronische Schnittstelle an der Autorisierung der Abrechnung beteiligt ist (diese Auflistung ist nicht als kumulativ und nicht als erschöpfend zu betrachten):
– Über die elektronische Schnittstelle werden dem Erwerber Informationen zur Zahlung wie der zu zahlende Preis, seine Zusammensetzung, etwaige zusätzliche Gebühren, Zahlungsfristen, Zahlungsmodalitäten usw. bereitgestellt.
– Die elektronische Schnittstelle leitet das Verfahren ein, über das dem Erwerber die Zahlung in Rechnung gestellt wird.
– Die elektronische Schnittstelle erfasst bzw. erhält vom Erwerber Zahlungsdaten bzw. Informationen wie Kredit-/Debitkartennummer, Gültigkeit der Karte, Sicherheitscode, Name und/oder Konto des Zahlungsinhabers, Informationen zum in digitaler Währung oder Kryptowährung geführten Konto, Informationen zur digitalen Brieftasche usw.
– Die elektronische Schnittstelle zieht die Zahlung für die gelieferten Gegenstände ein und leitet sie dann an den zugrundeliegenden Lieferer weiter.
– Die elektronische Schnittstelle verbindet den Erwerber mit einem Dritten, der die Zahlung entsprechend den Anweisungen der elektronischen Schnittstelle verarbeitet (Tätigkeiten eines Unternehmers, der die Zahlung nur ohne jede andere Beteiligung an der Lieferung verarbeitet, sind von der Bestimmung des fiktiven Lieferers ausgeschlossen).

⑦ Die Merkmale der folgenden Auflistung können darauf hindeuten, dass im Sinne des Satzes 4 Nr. 3 ein Unternehmer, der eine elektronische Schnittstelle betreibt, an der Bestellung oder Lieferung der Gegenstände beteiligt ist (diese Auflistung ist nicht als kumulativ und nicht als erschöpfend zu betrachten):
– Die elektronische Schnittstelle stellt das technische Instrument für die Erteilung der Bestellung durch den Erwerber bereit (in der Regel der Warenkorb/der Kaufabwicklungsvorgang).
– Die elektronische Schnittstelle übermittelt dem Erwerber und dem zugrundeliegenden Lieferer die Bestätigung und/oder die Einzelheiten der Bestellung.
– Die elektronische Schnittstelle stellt dem zugrundeliegenden Lieferer eine Gebühr oder Provision auf der Grundlage des Werts der Bestellung in Rechnung.
– Die elektronische Schnittstelle übermittelt die Genehmigung, mit der Lieferung der Gegenstände zu beginnen, oder weist den zugrundeliegenden Lieferer oder einen Dritten an, die Gegenstände zu liefern.
– Die elektronische Schnittstelle erbringt Fulfillment-Dienstleistungen für den zugrundeliegenden Lieferer.
– Die elektronische Schnittstelle organisiert die Lieferung der Gegenstände.
– Die elektronische Schnittstelle übermittelt dem Erwerber Einzelheiten zur Zustellung.

⑧ § 3 Abs. 3a UStG findet auch keine Anwendung auf Unternehmer, die lediglich eine der folgenden Leistungen anbieten:
1. die Verarbeitung von Zahlungen im Zusammenhang mit der Lieferung von Gegenständen,
2. die Auflistung von Gegenständen oder die Werbung für diese oder
3. die Weiterleitung oder Vermittlung von Erwerbern an andere elektronische Schnittstellen, über die Gegenstände zum Verkauf angeboten werden, ohne dass eine weitere Einbindung in die Lieferung besteht.

(4) ① Ein Fernverkauf im Sinne des § 3 Abs. 3a Satz 2 UStG ist die Lieferung eines Gegenstands, **293**
der durch den Lieferer oder für dessen Rechnung aus dem Drittlandsgebiet an einen Erwerber in einem EU-Mitgliedstaat befördert oder versendet wird, einschließlich jener Lieferung, an deren Beförderung oder Versendung der Lieferer indirekt beteiligt ist (§ 3 Abs. 3a Satz 4 UStG). ② Die Lieferkettenfiktion nach § 3 Abs. 3a Satz 2 UStG gilt unabhängig von der Ansässigkeit des liefernden Unternehmers. ③ Lieferungen von Gas, Elektrizität, Wärme und Kälte sind keine bewegten

UStAE 3.18

noch **293**

Lieferungen und sind deshalb nicht vom Begriff des Fernverkaufs im Sinne des § 3 Abs. 3a Satz 2 UStG erfasst. ④ Erwerber im Sinne des § 3 Abs. 3a Satz 2 UStG sind Nichtunternehmer (siehe Abschnitt 3a.1 Abs. 1) sowie Unternehmer, die nur steuerfreie – nicht zum Vorsteuerabzug berechtigende – Umsätze ausführen, Kleinunternehmer, pauschalierende Land- und Forstwirte und juristische Personen, die nicht Unternehmer sind oder den Gegenstand nicht für das Unternehmen erwerben. ⑤ Im Hinblick auf die in § 1a Abs. 3 Nr. 1 UStG genannten Personen ist der Erwerberkreis auf diejenigen Personen beschränkt, die weder die maßgebende Erwerbsschwelle im Sinne des § 1a Abs. 3 Nr. 2 UStG überschreiten, noch auf ihre Anwendung nach § 1a Abs. 4 UStG verzichten. ⑥ Sofern die Beförderung oder Versendung im Gebiet eines anderen EU-Mitgliedstaates endet, ist die von diesem EU-Mitgliedstaat festgesetzte Erwerbsschwelle maßgebend (vgl. Abschnitt 1a.1 Abs. 2). ⑦ Die Erwerbsschwellen in den anderen EU-Mitgliedstaaten betragen nach nicht amtlicher Veröffentlichung der EU-Kommission zum 1. 4. 2018:
- Belgien: 11200 €,
- Bulgarien: 20000 BGN,
- Dänemark: 80000 DKK,
- Estland: 10000 €,
- Finnland: 10000 €,
- Frankreich: 10000 €,
- Griechenland: 10000 €,
- Irland: 41000 €,
- Italien: 10000 €,
- Kroatien: 77000 HKR,
- Lettland: 10000 €,
- Litauen: 14000 €,
- Luxemburg: 10000 €,
- Malta: 10000 €,
- Niederlande: 10000 €,
- Österreich: 11000 €,
- Polen: 50000 PLN,
- Portugal: 10000 €,
- Rumänien: 34000 RON,
- Schweden: 90000 SEK,
- Slowakei: 14000 €,
- Slowenien: 10000 €,
- Spanien: 10000 €,
- Tschechien: 326000 CZK,
- Ungarn: 10000 €,
- Zypern: 10251 €.

⑧ Folgende Fälle sind gemäß Artikel 5a MwStVO als indirekte Beteiligung des Lieferers am Versand oder der Beförderung der Gegenstände anzusehen:
1. die Versendung oder Beförderung der Gegenstände wird vom Lieferer als Unterauftrag an einen Dritten vergeben, der die Gegenstände an den Erwerber transportiert oder transportieren lässt;
2. die Versendung oder Beförderung der Gegenstände erfolgt durch einen Dritten, der Lieferer trägt jedoch entweder die gesamte oder die teilweise Verantwortung für die Lieferung der Gegenstände an den Erwerber;
3. der Lieferer stellt dem Erwerber die Transportkosten in Rechnung, zieht diese ein und leitet sie dann an einen Dritten weiter, der die Versendung oder Beförderung der Waren übernimmt;
4. der Lieferer bewirbt in jeglicher Weise gegenüber dem Erwerber die Zustelldienste eines Dritten, stellt den Kontakt zwischen dem Erwerber und einem Dritten her oder übermittelt einem Dritten auf andere Weise die Informationen, die dieser für die Zustellung der Gegenstände an den Erwerber benötigt.

Beispiel 1:

① Ein in Südkorea ansässiger Händler H veräußert über eine elektronische Schnittstelle Handyzubehör (Sachwert: 50 €) an eine im Inland ansässige Privatperson. ② Die Ware wird von H aus einem Lager in Südkorea an den Wohnsitz der Privatperson versendet. ③ Die Zollanmeldung in Deutschland erfolgt durch den Betreiber der elektronischen Schnittstelle, welcher im Inland ansässig ist und das besondere Besteuerungsverfahren nach § 18k UStG (vgl. Abschnitt 18k.1) in Anspruch nimmt.

④ Nach § 3 Abs. 3a Satz 2 UStG werden eine Lieferung des H an den Betreiber der elektronischen Schnittstelle und eine Lieferung des Betreibers der elektronischen Schnittstelle an die im Inland ansässige Privatperson fingiert. ⑤ Die Einfuhr der Waren ist nach § 5 Abs. 1 Nr. 7 UStG steuerfrei. ⑥ Die Warenbewegung wird nach § 3 Abs. 6b UStG der Lieferung des Betreibers der elektronischen Schnittstelle zugeschrieben. ⑦ Die Lieferung des H an den Betreiber der elektronischen Schnittstelle ist daher nach § 3 Abs. 7 Satz 2 Nr. 1 UStG im Inland nicht steuerbar. ⑧ Die Lieferung des Betreibers der elektronischen Schnittstelle an die Privatperson ist im Inland nach § 3c Abs. 3 Satz 1 UStG steuerbar und steuerpflichtig (vgl. Abschnitt 3c.1 Abs. 4). ⑨ Der Betreiber der elektronischen Schnittstelle hat diesen Umsatz im besonderen Besteuerungsverfahren nach § 18k UStG zu erklären (vgl. Abschnitt 18k.1).

Beispiel 2:

① Ein im Inland ansässiger Händler H veräußert über eine elektronische Schnittstelle Handyzubehör (Sachwert: 60 €) an eine im Inland ansässige Privatperson. ② Die Ware wird aus einem Lager in der Schweiz an den Wohnsitz der Privatperson versendet. ③ Die Zollanmeldung in Deutschland erfolgt durch den Betreiber der elektronischen Schnittstelle, welcher das besondere Besteuerungsverfahren nach § 18 k UStG (vgl. Abschnitt 18 k.1) in Anspruch nimmt. UStAE 3.18

④ Nach § 3 Abs. 3 a Satz 2 UStG werden eine Lieferung des H an den Betreiber der elektronischen Schnittstelle und eine Lieferung des Betreibers der elektronischen Schnittstelle an die im Inland ansässige Privatperson fingiert. ⑤ Einfuhr der Ware ist nach § 5 Abs. 1 Nr. 7 UStG steuerfrei. 6Die Warenbewegung wird nach § 3 Abs. 6 b UStG der Lieferung durch den Betreiber der elektronischen Schnittstelle zugeschrieben. ⑦ Die Lieferung des H an den Betreiber der elektronischen Schnittstelle ist daher nach § 3 Abs. 7 Satz 2 Nr. 1 UStG im Inland nicht steuerbar. ⑧ Die Lieferung des Betreibers der elektronischen Schnittstelle an die Privatperson ist im Inland nach § 3 c Abs. 3 Satz 1 UStG steuerbar und steuerpflichtig. ⑨ Der Betreiber der elektronischen Schnittstelle hat diesen Umsatz im besonderen Besteuerungsverfahren nach § 18 k UStG zu erklären (vgl. Abschnitt 18 k.1).

(5) ① Nach § 3 Abs. 6b UStG wird im Falle des § 3 Abs. 3a UStG die Lieferung des Betreibers der elektronischen Schnittstelle an den Erwerber als die bewegte Lieferung behandelt. ② Bei der Bestimmung der Warenbewegung geht § 3 Abs. 6b UStG als speziellere Vorschrift der Regelung des § 3 Abs. 6a UStG vor. 294

Beispiel:

① Eine in Italien ansässige Privatperson K bestellt Handyzubehör (Sachwert: 50 €) bei dem im Inland ansässigen Händler D über die elektronische Schnittstelle des im Inland ansässigen Betreibers B. ② D bestellt die Ware seinerseits bei dem in Südkorea ansässigen Händler H. ③ H versendet die Ware direkt an K. ④ Die Zollanmeldung in Deutschland erfolgt durch den Spediteur S in indirekter Vertretung des H.

⑤ Nach § 3 Abs. 3 a Satz 2 UStG werden eine Lieferung des D an den Betreiber der elektronischen Schnittstelle B und eine Lieferung des Betreibers der elektronischen Schnittstelle B an die in Italien ansässige Privatperson K fingiert. ⑥ Außerdem liegt eine Lieferung von H an D vor. ⑦ Bei der Bestimmung der Warenbewegung geht § 3 Abs. 6 b UStG als speziellere Vorschrift der Regelung des § 3 Abs. 6 a UStG vor. ⑧ Die Warenbewegung wird daher nach § 3 Abs. 6 b UStG der Lieferung durch den Betreiber der elektronischen Schnittstelle B zugeschrieben. ⑨ Der Ort dieser Lieferung liegt nach § 3 c Abs. 2 UStG in Italien. 10Die Lieferungen des H an D und die fingierte Lieferung des D an B sind als ruhende Lieferungen gemäß § 3 Abs. 7 Satz 2 Nr. 1 UStG im Inland nicht steuerbar.

(6) ① Jedes einzelne Packstück stellt grundsätzlich eine Sendung im Sinne des § 3 Abs. 3a Satz 2 UStG dar. ② Gegenstände, die zusammen in demselben Packstück verpackt und gleichzeitig vom selben Versender (z. B. zugrundeliegender Lieferer oder möglicherweise elektronische Schnittstelle, die als fiktiver Lieferer handelt) an denselben Empfänger (z. B. Erwerber in der EU) unter einem Beförderungsvertrag (z. B. Luftfrachtbrief, CMR, Postsendung nach Weltpostvertrag mit S-10 Barcode) versandt werden, gelten als eine einzige Sendung. ③ Gegenstände, die von ein und derselben Person getrennt bestellt, aber zusammen in demselben Packstück versandt werden, werden ebenfalls als eine einzige Sendung betrachtet. ④ Gegenstände, die vom selben Versender an denselben Empfänger versandt und getrennt bestellt und geliefert werden, gelten auch dann, wenn sie am selben Tag, aber in gesonderten Packstücken beim Postbetreiber oder Expresskurierdienstleister des Bestimmungsorts ankommen, als getrennte Sendungen. 295

(7) Sachwert im Sinne des § 3 Abs. 3a Satz 2 UStG ist der Preis der Waren selbst beim sog. Verkauf zur Ausfuhr in das Zollgebiet der Union ohne Transport- und Versicherungskosten, sofern sie nicht im Preis enthalten und nicht gesondert auf der Rechnung ausgewiesen sind, sowie alle anderen Steuern und Abgaben, die von den Zollbehörden anhand der einschlägigen Dokumente ermittelt werden können. 296

Beispiel 1:

① Der Rechnungsbetrag setzt sich aus dem Preis für die Ware und den Beförderungskosten zusammen:

Preis für die Ware auf der Rechnung:	140,00 €
Beförderungskosten auf der Rechnung:	20,00 €
Rechnungsbetrag insgesamt:	160,00 €

② Der Sachwert der Ware beträgt 140,00 €.

Beispiel 2:

① Der Rechnungsbetrag beinhaltet die Beförderungskosten. ② Es ist anhand der Rechnung oder sonstiger Unterlagen nicht erkennbar, ob und in welcher Höhe Beförderungskosten im Rechnungspreis enthalten sind:

Rechnungsbetrag insgesamt: 160,00 €

③ Der Sachwert der Ware beträgt 160,00 €.

Beispiel 3:

① Der Rechnungsbetrag setzt sich aus dem Preis für die Ware, den Beförderungskosten und der Umsatzsteuer zusammen:

Preis für die Ware auf der Rechnung:	140,00 €
Beförderungskosten auf der Rechnung:	20,00 €
Umsatzsteuer (19%) auf der Rechnung:	30,40 €
Rechnungsbetrag insgesamt:	190,40 €

② Der Sachwert der Ware beträgt 140,00 €.

Beispiel 4:

① Der Rechnungsbetrag setzt sich aus dem Preis für die Ware, den Beförderungskosten und der drittländischen Umsatzsteuer zusammen:

Preis für die Ware auf der Rechnung:	140,00 €
Rechnungsbetrag insgesamt:	195,00 €

② Der Sachwert der Ware beträgt auch in diesem Fall 140,00 €.

LS zu 3.18

299 Ein Unternehmer gilt nur dann im Hinblick eines Ausschlusses der Regelung des § 3 Abs. 3a Satz 1 UStG als **im Gemeinschaftsgebiet ansässig,** wenn sich der Sitz seiner wirtschaftlichen Tätigkeit (Art. 10 MwStVO) im Gemeinschaftsgebiet befindet oder er dort über eine feste Niederlassung (Art. 11 MwStVO), einen Wohnsitz (Art. 12 MwStVO) oder einen gewöhnlichen Aufenthaltsort (Art. 13 MwStVO) verfügt. *Kurzinfo FM Schleswig-Holstein v. 1. 7. 2022 S 7110 – 099 (DStR S. 1723).*

Anl zu 3.18

Schreiben betr. Umsetzung der zweiten Stufe des Mehrwertsteuer-Digitalpakets zum 1. 4. 2021 bzw. 1. 7. 2021

Vom 1. April 2021 (BStBl. I S. 629)

(BMF III C 3 – S 7340/19/10001 :022; DOK 2021/0382 933)

300 Durch Art. 13, 14 Nr. 1 Buchst. a und b, Nr. 2 bis 11 Buchst. a Doppelbuchst. aa, Buchst. b, d, e, f Doppelbuchst. aa, Buchst. i, Nr. 13 bis 15, Nr. 19 Buchst. a, Nr. 22 Buchst. b, Art. 16 Nr. 3, Art. 19, Art. 24 Nr. 1 Buchst. a sowie Art. 25 und 26 iVm Art. 50 Abs. 5 und 6 JStG 2020 v. 21. 12. 2020 (Jahressteuergesetz 2020 – JStG 2020; BGBl. I 2020, 3096) wurde zum 1. 4. 2021 bzw. 1. 7. 2021 die zweite Stufe des sog. Mehrwertsteuer-Digitalpakets umgesetzt.

Die zweite Stufe des sog. Mehrwertsteuer-Digitalpakets beinhaltet insbesondere Folgendes:

301 **Änderungen beim Versandhandel**

Die Bestimmung des Orts der Lieferung bei der Versandhandelsregelung nach § 3 c UStG wurde mit Wirkung zum 1. 7. 2021 grundlegend geändert. Demnach verlagert § 3 c Abs. 1 UStG den Ort der Lieferung eines innergemeinschaftlichen Fernverkaufs gemäß dem Bestimmungslandprinzip an den Ort, an dem sich der Gegenstand bei Beendigung der Beförderung oder Versendung an den Erwerber befindet, sofern nicht der Ausschlusstatbestand des § 3 c Abs. 4 S. 1 UStG (Umsatzschwelle von 10.000 € für nur in einem EU-Mitgliedstaat ansässige liefernde Unternehmer wird im vorangegangenen und laufenden Kalenderjahr nicht überschritten) Anwendung findet. Für die Umsatzschwelle sind ab dem 1. 7. 2021 nicht mehr nur die sonstigen Leistungen auf dem Gebiet der Telekommunikation, Rundfunk- und Fernsehdienstleistungen und auf elektronischem Weg erbrachte sonstige Leistungen nach § 3 a Abs. 5 S. 2 UStG relevant, sondern auch die innergemeinschaftlichen Fernverkäufe nach § 3 c Abs. 1 UStG.

302 **Einbeziehung von Betreibern elektronischer Schnittstellen in fiktive Lieferketten**

Mit Wirkung zum 1. 7. 2021 wird bei bestimmten Warenlieferungen durch einen Unternehmer über eine elektronische Schnittstelle (zB elektronischer Marktplatz) der Betreiber der elektronischen Schnittstelle nach § 3 Abs. 3 a UStG Steuerschuldner für die im Gemeinschaftsgebiet für diese Lieferungen anfallende Umsatzsteuer, da die Lieferkette „Unternehmer an Betreiber der elektronischen Schnittstelle sowie -Betreiber der elektronischen Schnittstelle an Nichtunternehmer" fingiert wird. § 3 Abs. 3 a S. 1 UStG betrifft Warenlieferungen über eine elektronische Schnittstelle an Nichtunternehmer durch einen nicht im Gemeinschaftsgebiet ansässigen Unternehmer, bei denen die Beförderung oder Versendung im Gemeinschaftsgebiet beginnt und endet. Keine Lieferung zwischen dem Betreiber der elektronischen Schnittstelle und dem Nichtunternehmer wird nach § 3 Abs. 3 a S. 1 UStG fingiert, wenn der liefernde Unternehmer im Gemeinschaftsgebiet ansässig ist. § 3 Abs. 3 a S. 2 UStG betrifft Fernverkäufe von aus dem Drittlandsgebiet eingeführten Gegenständen mit einem Sachwert von höchstens 150 € mittels einer elektronischen Schnittstelle an Nichtunternehmer oder an eine in § 1 a Abs. 3 Nr. 1 UStG genannte Person, die weder die Erwerbsschwelle überschreitet noch auf ihre Anwendung verzichtet hat (vgl. § 3 Abs. 3 a S. 5 UStG). Die Lieferkettenfiktion nach § 3 Abs. 3 a S. 2 UStG gilt unabhängig von der Ansässigkeit des liefernden Unternehmers. Die Regelungen des neuen § 3 Abs. 3 a UStG haben Auswirkungen auf die bestehenden gesetzlichen Regelungen zur Haftung der Betreiber elektronischer Marktplätze (§§ 22 f und 25 e UStG). Der Marktplatzbetreiber haftet für nicht entrichtete Umsatzsteuer durch auf seinem Marktplatz tätige Händler/Unternehmen nach § 25 e Abs. 1 UStG nur noch in solchen Fällen, in denen die Lieferkettenfiktion des § 3 Abs. 3 a UStG keine Anwendung findet (zB Fernverkauf innerhalb des Gemeinschaftsgebiets über eine elektronische Schnittstelle von im Gemeinschaftsgebiet ansässigen Unternehmern an Nichtunternehmer). Die Regelungen zur Haftung der Betreiber elektronischer Marktplätze (§§ 22 f und 25 e UStG) wurden daher entsprechend modifiziert. Diese Folgeänderungen zur Haftung für Betreiber elektronischer Marktplätze auf Grund der zweiten Stufe des sog. Mehrwertsteuer-Digitalpakets bleiben einem gesonderten BMF-Schreiben vorbehalten.

303 **Erweiterung der einzigen Anlaufstelle (Nicht-EU-Verfahren)**

Die bestehenden (besonderen) Besteuerungsverfahren für nicht im Gemeinschaftsgebiet ansässige Unternehmer, die sonstige Leistungen nach § 3 a Abs. 5 UStG erbringen (§ 18 Abs. 4 c und 4 d UStG) wurden mit Wirkung zum 1. 7. 2021 auf alle am Ort des Verbrauchs ausgeführten Dienstleistungen an Nichtunternehmer mit Sitz oder Wohnsitz im Gemeinschaftsgebiet ausgedehnt (sog. One-Stop-Shop (OSS) – Nicht-EU-Regelung; § 18 i UStG).

Die Teilnahme an dem Verfahren OSS – Nicht-EU-Regelung können nicht im Gemeinschaftsgebiet ansässige Unternehmer auf elektronischem Weg ab dem 1. 4. 2021 beim BZSt anzeigen (vgl. weitergehende Informationen auf den Internetseiten des BZSt unter www.bzst.bund.de).

304 **Erweiterung der einzigen Anlaufstelle (EU-Verfahren)**

Die bestehenden (besonderen) Besteuerungsverfahren für im übrigen Gemeinschaftsgebiet (§ 18 Abs. 4 e UStG) bzw. im Inland (§ 18 h UStG) ansässige Unternehmer, die sonstige Leistungen nach § 3 a Abs. 5 UStG erbringen (sog. kleine einzige Anlaufstelle bzw. Mini-One-Stop-Shop) wurden mit

Wirkung zum 1. 7. 2021 auf alle am Ort des Verbrauchs ausgeführten Dienstleistungen an Nichtunternehmer mit Sitz oder Wohnsitz im Gemeinschaftsgebiet erweitert (sog. One-Stop-Shop (OSS) – EU-Regelung; § 18 j UStG). Darüber hinaus können sich Unternehmer – unabhängig von ihrer Ansässigkeit – für den erweiterten OSS nach § 18 j UStG entscheiden, um die Umsatzsteuer für folgende Umsätze anzumelden und zu entrichten: Anl zu 3.18

- innergemeinschaftlichen Fernverkäufe (§ 3 c Abs. 1 S. 2 und 3 UStG) sowie
- fiktive Lieferungen durch Betreiber einer elektronischen Schnittstelle nach § 3 Abs. 3 a S. 1 UStG innerhalb eines EU-Mitgliedstaates an Nichtunternehmer mit Sitz oder Wohnsitz im Gemeinschaftsgebiet.

Die Teilnahme an dem Verfahren OSS – EU-Regelung können Unternehmer auf elektronischem Weg ab dem 1. 4. 2021 beim Bundeszentralamt für Steuern (BZSt) anzeigen (vgl. weitergehende Informationen auf den Internetseiten des BZSt unter www.bzst.bund.de).

Einführung der einzigen Anlaufstelle für den Import 305

Für Fernverkäufe von aus dem Drittlandsgebiet eingeführten Gegenständen in Sendungen mit einem Sachwert bis 150 € wurde mit Wirkung zum 1. 7. 2021 ein neuer (optionaler) sog. Import-One-Stop-Shop (IOSS; § 18 k UStG) eingeführt. Die Teilnahme an dem Verfahren IOSS können Unternehmer auf elektronischem Weg ab dem 1. 4. 2021 beim BZSt anzeigen (vgl. weitergehende Informationen auf den Internetseiten des BZSt unter www.bzst.bund.de).

Einführung einer Sonderregelung zur Entrichtung der Einfuhrumsatzsteuer 306

Für die Fälle, in denen der IOSS nicht genutzt wird, wurde mit Wirkung zum 1. 7. 2021 eine (optionale) Sonderregelung (sog. Special Arrangement; § 21 a UStG) eingeführt, bei der die Einfuhrumsatzsteuer (EUSt) für die Einfuhren eines Monats durch die Beförderer (Post- bzw. Expresskurierdienstleister) von den Sendungsempfängern vereinnahmt und im Folgemonat gesammelt an die Zollverwaltung entrichtet werden kann.

Abschaffung der 22 €-Freigrenze 307

Die 22 €-Freigrenze bei der EUSt wurde mit Wirkung zum 1. 7. 2021 abgeschafft.

Außerdem wurde zeitgleich durch Art. 16 Nr. 1 und 2 iVm Art. 50 Abs. 6 JStG 2020 § 5 UStDV aufgehoben, da auch bei grenzüberschreitenden Personenbeförderungen im Gelegenheitsverkehr mit Kraftfahrzeugen an Nichtunternehmer ab 1. 7. 2021 vom besonderen Besteuerungsverfahren nach §§ 18 i oder 18 j UStG Gebrauch gemacht werden kann.

[Änderungen des Umsatzsteuer-Anwendungserlasses entsprechend im UStAE berücksichtigt]

Die Regelungen des Abschn. 18 i.1 Abs. 1 und 6, Abschn. 18 j.1 Abs. 1, 6, 9 und 10 sowie Abschn. 18 k.1 Abs. 1, 6, 9 bis 11 (vgl. Nr. 16) gelten ab 1. 4. 2021. Die übrigen Regelungen gelten ab 1. 7. 2021. 308

UStG

§ 3 a Ort der sonstigen Leistung

1 **(1) ① Eine sonstige Leistung wird vorbehaltlich der Absätze 2 bis 8 und der §§ 3 b und 3 e an dem Ort ausgeführt, von dem aus der Unternehmer sein Unternehmen betreibt. ② Wird die sonstige Leistung von einer Betriebsstätte ausgeführt, gilt die Betriebsstätte als der Ort der sonstigen Leistung.**

2 **(2) ① Eine sonstige Leistung, die an einen Unternehmer für dessen Unternehmen ausgeführt wird, wird vorbehaltlich der Absätze 3 bis 8 und der §§ 3 b und 3 e an dem Ort ausgeführt, von dem aus der Empfänger sein Unternehmen betreibt. ② Wird die sonstige Leistung an die Betriebsstätte eines Unternehmers ausgeführt, ist stattdessen der Ort der Betriebsstätte maßgebend. ③ Die Sätze 1 und 2 gelten entsprechend bei einer sonstigen Leistung an eine ausschließlich nicht unternehmerisch tätige juristische Person, der eine Umsatzsteuer-Identifikationsnummer erteilt worden ist, und bei einer sonstigen Leistung an eine juristische Person, die sowohl unternehmerisch als auch nicht unternehmerisch tätig ist; dies gilt nicht für sonstige Leistungen, die ausschließlich für den privaten Bedarf des Personals oder eines Gesellschafters bestimmt sind.**

(3) Abweichend von den Absätzen 1 und 2 gilt:

3 **1. ① Eine sonstige Leistung im Zusammenhang mit einem Grundstück wird dort ausgeführt, wo das Grundstück liegt. ② Als sonstige Leistungen im Zusammenhang mit einem Grundstück sind insbesondere anzusehen:**
a) sonstige Leistungen der in § 4 Nr. 12 bezeichneten Art,
b) sonstige Leistungen im Zusammenhang mit der Veräußerung oder dem Erwerb von Grundstücken,
c) sonstige Leistungen, die der Erschließung von Grundstücken oder der Vorbereitung, Koordinierung oder Ausführung von Bauleistungen dienen.

4 **2. ① Die kurzfristige Vermietung eines Beförderungsmittels wird an dem Ort ausgeführt, an dem dieses Beförderungsmittel dem Empfänger tatsächlich zur Verfügung gestellt wird. ② Als kurzfristig im Sinne des Satzes 1 gilt eine Vermietung über einen ununterbrochenen Zeitraum**
a) von nicht mehr als 90 Tagen bei Wasserfahrzeugen,
b) von nicht mehr als 30 Tagen bei anderen Beförderungsmitteln.
③ Die Vermietung eines Beförderungsmittels, die nicht als kurzfristig im Sinne des Satzes 2 anzusehen ist, an einen Empfänger, der weder ein Unternehmer ist, für dessen Unternehmen die Leistung bezogen wird, noch eine nicht unternehmerisch tätige juristische Person, der eine Umsatzsteuer-Identifikationsnummer erteilt worden ist, wird an dem Ort erbracht, an dem der Empfänger seinen Wohnsitz oder Sitz hat. ④ Handelt es sich bei dem Beförderungsmittel um ein Sportboot, wird abweichend von Satz 3 die Vermietungsleistung an dem Ort ausgeführt, an dem das Sportboot dem Empfänger tatsächlich zur Verfügung gestellt wird, wenn sich auch der Sitz, die Geschäftsleitung oder eine Betriebsstätte des Unternehmers, von wo aus diese Leistung tatsächlich erbracht wird, an diesem Ort befindet.

3. Die folgenden sonstigen Leistungen werden dort ausgeführt, wo sie vom Unternehmer tatsächlich erbracht werden:

5 **a) kulturelle, künstlerische, wissenschaftliche, unterrichtende, sportliche, unterhaltende oder ähnliche Leistungen, wie Leistungen im Zusammenhang mit Messen und Ausstellungen, einschließlich der Leistungen der jeweiligen Veranstalter sowie die damit zusammenhängenden Tätigkeiten, die für die Ausübung der Leistungen unerlässlich sind, an einen Empfänger, der weder ein Unternehmer ist, für dessen Unternehmen die Leistung bezogen wird, noch eine nicht unternehmerisch tätige juristische Person, der eine Umsatzsteuer-Identifikationsnummer erteilt worden ist,**

6 **b) die Abgabe von Speisen und Getränken zum Verzehr an Ort und Stelle (Restaurationsleistung), wenn diese Abgabe nicht an Bord eines Schiffs, in einem Luftfahrzeug oder in einer Eisenbahn während einer Beförderung innerhalb des Gemeinschaftsgebiets erfolgt,**

7 **c) Arbeiten an beweglichen körperlichen Gegenständen und die Begutachtung dieser Gegenstände für einen Empfänger, der weder ein Unternehmer ist, für dessen Unternehmen die Leistung ausgeführt wird, noch eine nicht unternehmerisch tätige juristische Person, der eine Umsatzsteuer-Identifikationsnummer erteilt worden ist.**

8 **4. Eine Vermittlungsleistung an einen Empfänger, der weder ein Unternehmer ist, für dessen Unternehmen die Leistung bezogen wird, noch eine nicht unternehmerisch tätige juristische Person, der eine Umsatzsteuer-Identifikationsnummer erteilt worden ist, wird an dem Ort erbracht, an dem der vermittelte Umsatz als ausgeführt gilt.**

UStG

5. Die Einräumung der Eintrittsberechtigung zu kulturellen, künstlerischen, wissenschaftlichen, unterrichtenden, sportlichen, unterhaltenden oder ähnlichen Veranstaltungen, wie Messen und Ausstellungen, sowie die damit zusammenhängenden sonstigen Leistungen an einen Unternehmer für dessen Unternehmen oder an eine nicht unternehmerisch tätige juristische Person, der eine Umsatzsteuer-Identifikationsnummer erteilt worden ist, wird an dem Ort erbracht, an dem die Veranstaltung tatsächlich durchgeführt wird. 9

(4) ① **Ist der Empfänger einer der in Satz 2 bezeichneten sonstigen Leistungen weder ein Unternehmer, für dessen Unternehmen die Leistung bezogen wird, noch eine nicht unternehmerisch tätige juristische Person, der eine Umsatzsteuer-Identifikationsnummer erteilt worden ist, und hat er seinen Wohnsitz oder Sitz im Drittlandsgebiet, wird die sonstige Leistung an seinem Wohnsitz oder Sitz ausgeführt.** ② **Sonstige Leistungen im Sinne des Satzes 1 sind:** 10

1. die Einräumung, Übertragung und Wahrnehmung von Patenten, Urheberrechten, Markenrechten und ähnlichen Rechten; 11

2. die sonstigen Leistungen, die der Werbung oder der Öffentlichkeitsarbeit dienen, einschließlich der Leistungen der Werbungsmittler und der Werbeagenturen; 12

3. die sonstigen Leistungen aus der Tätigkeit als Rechtsanwalt, Patentanwalt, Steuerberater, Steuerbevollmächtigter, Wirtschaftsprüfer, vereidigter Buchprüfer, Sachverständiger, Ingenieur, Aufsichtsratsmitglied, Dolmetscher und Übersetzer sowie ähnliche Leistungen anderer Unternehmer, insbesondere die rechtliche, wirtschaftliche und technische Beratung; 13

4. die Datenverarbeitung; 14

5. die Überlassung von Informationen einschließlich gewerblicher Verfahren und Erfahrungen; 15

6. a) Bank- und Finanzumsätze, insbesondere der in § 4 Nummer 8 Buchstabe a bis h bezeichneten Art und die Verwaltung von Krediten und Kreditsicherheiten, sowie Versicherungsumsätze der in § 4 Nummer 10 bezeichneten Art, 16
b) die sonstigen Leistungen im Geschäft mit Gold, Silber und Platin. ② **Das gilt nicht für Münzen und Medaillen aus diesen Edelmetallen;**

7. die Gestellung von Personal; 17

8. der Verzicht auf Ausübung eines der in Nummer 1 bezeichneten Rechte; 18

9. der Verzicht, ganz oder teilweise eine gewerbliche oder berufliche Tätigkeit auszuüben; 19

10. die Vermietung beweglicher körperlicher Gegenstände, ausgenommen Beförderungsmittel; 20

11.–13. *(aufgehoben)*

14. die Gewährung des Zugangs zum Erdgasnetz, zum Elektrizitätsnetz oder zu Wärme- oder Kältenetzen und die Fernleitung, die Übertragung oder Verteilung über diese Netze sowie die Erbringung anderer damit unmittelbar zusammenhängender sonstiger Leistungen. 24

(5) ① **Ist der Empfänger einer der in Satz 2 bezeichneten sonstigen Leistungen** 25

1. kein Unternehmer, für dessen Unternehmen die Leistung bezogen wird,

2. keine ausschließlich nicht unternehmerisch tätige juristische Person, der eine Umsatzsteuer-Identifikationsnummer erteilt worden ist,

3. keine juristische Person, die sowohl unternehmerisch als auch nicht unternehmerisch tätig ist, bei der die Leistung nicht ausschließlich für den privaten Bedarf des Personals oder eines Gesellschafters bestimmt ist,

wird die sonstige Leistung an dem Ort ausgeführt, an dem der Leistungsempfänger seinen Wohnsitz, seinen gewöhnlichen Aufenthaltsort oder seinen Sitz hat. ② **Sonstige Leistungen im Sinne des Satzes 1 sind:**

1. die sonstigen Leistungen auf dem Gebiet der Telekommunikation;

2. die Rundfunk- und Fernsehdienstleistungen;

3. die auf elektronischem Weg erbrachten sonstigen Leistungen.

③[1] **Satz 1 ist nicht anzuwenden, wenn der leistende Unternehmer seinen Sitz, seine Geschäftsleitung, eine Betriebsstätte oder in Ermangelung eines Sitzes, einer Geschäftsleitung oder einer Betriebsstätte seinen Wohnsitz oder gewöhnlichen Aufenthalt in nur einem Mitgliedstaat hat und der Gesamtbetrag der Entgelte der in Satz 2 bezeichneten sonstigen Leistungen an in Satz 1 bezeichnete Empfänger mit Wohnsitz, gewöhnlichem Aufenthalt oder Sitz in anderen Mitgliedstaaten sowie der inner-**

[1] § 3 a Abs. 5 Satz 3 anzuwenden ab 1. 7. 2021, vgl. § 27 Abs. 34 Satz 1.

UStG

gemeinschaftlichen Fernverkäufe nach § 3 c Absatz 1 Satz 2 und 3 insgesamt 10 000 Euro im vorangegangenen Kalenderjahr nicht überschritten hat und im laufenden Kalenderjahr nicht überschreitet. ④ Der leistende Unternehmer kann dem Finanzamt erklären, dass er auf die Anwendung des Satzes 3 verzichtet. ⑤ Die Erklärung bindet den Unternehmer mindestens für zwei Kalenderjahre.

26 (6) **① Erbringt ein Unternehmer, der sein Unternehmen von einem im Drittlandsgebiet liegenden Ort aus betreibt,**

27 **1. eine in Absatz 3 Nr. 2 bezeichnete Leistung oder die langfristige Vermietung eines Beförderungsmittels,**

28 **2. eine in Absatz 4 Satz 2 Nummer 1 bis 10 bezeichnete Leistung an eine im Inland ansässige juristische Person des öffentlichen Rechts, oder**

29 **3. eine in Absatz 5 Satz 1 Nummer 1 und 2 bezeichnete Leistung,**

ist diese Leistung abweichend von Absatz 1, Absatz 3 Nummer 2, Absatz 4 Satz 1 oder Absatz 5 als im Inland ausgeführt zu behandeln, wenn sie dort genutzt oder ausgewertet wird. ② Wird die Leistung von einer Betriebsstätte eines Unternehmers ausgeführt, gilt Satz 1 entsprechend, wenn die Betriebsstätte im Drittlandsgebiet liegt.

30 (7) **① Vermietet ein Unternehmer, der sein Unternehmen vom Inland aus betreibt, kurzfristig ein Schienenfahrzeug, einen Kraftomnibus oder ein ausschließlich zur Beförderung von Gegenständen bestimmtes Straßenfahrzeug, ist diese Leistung abweichend von Absatz 3 Nr. 2 als im Drittlandsgebiet ausgeführt zu behandeln, wenn die Leistung an einen im Drittlandsgebiet ansässigen Unternehmer erbracht wird, das Fahrzeug für dessen Unternehmen bestimmt ist und im Drittlandsgebiet genutzt wird. ② Wird die Vermietung des Fahrzeugs von einer Betriebsstätte eines Unternehmers ausgeführt, gilt Satz 1 entsprechend, wenn die Betriebsstätte im Inland liegt.**

31 (8) **① Erbringt ein Unternehmer eine Güterbeförderungsleistung, ein Beladen, Entladen, Umschlagen oder ähnliche mit der Beförderung eines Gegenstandes im Zusammenhang stehende Leistungen im Sinne des § 3 b Absatz 2, eine Arbeit an beweglichen körperlichen Gegenständen oder eine Begutachtung dieser Gegenstände, eine Reisevorleistung im Sinne des § 25 Absatz 1 Satz 5 oder eine Veranstaltungsleistung im Zusammenhang mit Messen und Ausstellungen, ist diese Leistung abweichend von Absatz 2 als im Drittlandsgebiet ausgeführt zu behandeln, wenn die Leistung dort genutzt oder ausgewertet wird. ② Satz 1 gilt nicht, wenn die dort genannten Leistungen in einem der in § 1 Absatz 3 genannten Gebiete tatsächlich ausgeführt werden.**

Hinweis auf EU-Vorschriften:

UStG:	§ 3 a Abs. 1	**[B2C]**	**MwStSystRL:**	Art. 45/**MwStVO:** Art. 3, 10, 11, 17–23, 25
	§ 3 a Abs. 2	**[B2B]**		Art. 43, 44/**MwStVO:** Art. 3, 10, 11, 17–23, 25
	§ 3 a Abs. 3			**MwStVO:** Art. 3
	§ 3 a Abs. 3 Nr. 1	**[B2B/C]**		Art. 47/**MwStVO:** Art. 13 b, 31 a, 31 b
	§ 3 a Abs. 3 Nr. 2	**[B2B/C]**		Art. 56 Abs. 1 u. 3/**MwStVO:** Art. 38–40
	§ 3 a Abs. 3 Nr. 3 (a)	**[B2C]**		Art. 53, 54 Abs. 1/**MwStVO:** Art. 32, 33
	§ 3 a Abs. 3 Nr. 3 (b)	**[B2B/C]**		Art. 55
	§ 3 a Abs. 3 Nr. 3 (c)	**[B2C]**		Art. 54 Abs. 1, 2 (b)/**MwStVO:** Art. 34
	§ 3 a Abs. 3 Nr. 4	**[B2C]**		Art. 46/**MwStVO:** Art. 30
	§ 3 a Abs. 3 Nr. 5	**[B2B]**		Art. 53, 54
	§ 3 a Abs. 4			**MwStVO:** Art. 3, 12, 13, 24
	§ 3 a Abs. 4 Nr. 1	**[B2Ci.DLG]**		Art. 59 (a)/**MwStVO:** Art. 26
	§ 3 a Abs. 4 Nr. 2	**[B2Ci.DLG]**		Art. 59 (b)
	§ 3 a Abs. 4 Nr. 3–5	**[B2Ci.DLG]**		Art. 59 (c)/**MwStVO:** Art. 27, 29, 41
	§ 3 a Abs. 4 Nr. 6 (a), (b)	**[B2Ci.DLG]**		Art. 59 (e)
	§ 3 a Abs. 4 Nr. 7	**[B2Ci.DLG]**		Art. 59 (f)
	§ 3 a Abs. 4 Nr. 8, 9	**[B2Ci.DLG]**		Art. 59 (d)
	§ 3 a Abs. 4 Nr. 10	**[B2Ci.DLG]**		Art. 59 (g)/**MwStVO:** Art. 38
	§ 3 a Abs. 4 Nr. 14	**[B2Ci.DLG]**		Art. 59 (h), 59a
	§ 3 a Abs. 5	**[B2C]**		Art. 58/**MwStVO:** Art. 12, 13, 24
	§ 3 a Abs. 5 Nr. 1			Art. 58 (a), 59 a/**MwStVO:** Art. 7 Abs. 3 (b)
	§ 3 a Abs. 5 Nr. 2			Art. 58 (b), 59 a/**MwStVO:** Art. 7 Abs. 3 (a)
	§ 3 a Abs. 5 Nr. 3			Art. 58 (c), 59 a/**MwStVO:** Art. 7 Abs. 1 u. 2
	§ 3 a Abs. 6			**MwStVO:** Art. 3
	§ 3 a Abs. 6 Nr. 1	**[Bi.DLG2B/Ci.Inl]**		Art. 59 a (b)/**MwStVO:** Art. 3
	§ 3 a Abs. 6 Nr. 2	**[Bi.DLG2jPöRi.Inl]**		Art. 59 a (b)/**MwStVO:** Art. 3
	§ 3 a Abs. 6 Nr. 3	**[Bi.DLG 2Ci.Inl]**		Art. 59 a (b)/**MwStVO:** Art. 3
	§ 3 a Abs. 7	**[Bi.Inl2Bi.DLG]**		Art. 59 a (a)/**MwStVO:** Art. 39, 40
	§ 3 a Abs. 8	**[B2B]**		Art. 59 a (a)

Übersicht

§ 1 *(aufgehoben)*[1] UStDV

Zu § 3 a UStG

3a.1 Ort der sonstigen Leistung bei Leistungen an Nichtunternehmer

UStAE 3 a.1

41 (1) ① Der Ort der sonstigen Leistung bestimmt sich nach § 3 a Abs. 1 UStG nur bei Leistungen an

– Leistungsempfänger, die nicht Unternehmer sind,
– Unternehmer, wenn die Leistung nicht für ihr Unternehmen bezogen wird (vgl. Abschnitt 3 a.2 Abs. 11 a) und es sich nicht um eine juristische Person handelt,
– sowohl unternehmerisch als auch nicht unternehmerisch tätige juristische Personen, wenn die Leistung für den privaten Bedarf des Personals bestimmt ist, oder
– nicht unternehmerisch tätige juristische Personen, denen keine USt-IdNr. erteilt worden ist

(Nichtunternehmer); maßgebend für diese Beurteilung ist der Zeitpunkt, in dem die Leistung an den Leistungsempfänger erbracht wird (vgl. Artikel 25 MwStVO). ② Der Leistungsort bestimmt sich außerdem nur nach § 3 a Abs. 1 UStG, wenn kein Tatbestand des § 3 a Abs. 3 bis 8 UStG, des § 3 b UStG oder des § 3 e UStG vorliegt. ③ Maßgeblich ist grundsätzlich der Ort, von dem aus der Unternehmer sein Unternehmen betreibt (bei Körperschaften, Personenvereinigungen oder Vermögensmassen ist dabei der Ort der Geschäftsleitung maßgeblich). ④ Das ist der Ort, an dem die Handlungen zur zentralen Verwaltung des Unternehmens vorgenommen werden; hierbei werden der Ort, an dem die wesentlichen Entscheidungen zur allgemeinen Leitung des Unternehmens getroffen werden, der Ort seines satzungsmäßigen Sitzes und der Ort, an dem die Unternehmensleitung zusammenkommt, berücksichtigt. ⑤ Kann danach der Ort, von dem aus der Unternehmer sein Unternehmen betreibt, nicht mit Sicherheit bestimmt werden, ist der Ort, an dem die wesentlichen Entscheidungen zur allgemeinen Leitung des Unternehmens getroffen werden, vorrangiger Anknüpfungspunkt. ⑥ Allein aus dem Vorliegen einer Postanschrift kann nicht geschlossen werden, dass sich dort der Ort befindet, von dem aus der Unternehmer sein Unternehmen betreibt (vgl. Artikel 10 MwStVO). ⑦ Wird die Leistung tatsächlich von einer Betriebsstätte erbracht, ist dort der Leistungsort (vgl. Absatz 2 und 3). ⑧ Verfügt eine natürliche Person weder über einen Unternehmenssitz noch über eine Betriebs-

[1] § 1 UStDV aufgehoben durch JStG 2009 v. 19. 12. 2008 (BGBl. I S. 2794) mWv 1. 1. 2010 (vgl. § 3 a Abs. 3 Nr. 2, Abs. 6 u. 7 UStG n. F.).

stätte, kommen als Leistungsort der Wohnsitz des leistenden Unternehmers oder der Ort seines gewöhnlichen Aufenthalts in Betracht. ⑨ Als Wohnsitz einer natürlichen Person gilt der im Melderegister oder in einem ähnlichen Register eingetragene Wohnsitz oder der Wohnsitz, den die betreffende Person bei der zuständigen Steuerbehörde angegeben hat, es sei denn, es liegen Anhaltspunkte dafür vor, dass diese Eintragung nicht die tatsächlichen Gegebenheiten widerspiegelt (vgl. Artikel 12 MwStVO). ⑩ Als gewöhnlicher Aufenthaltsort einer natürlichen Person gilt der Ort, an dem diese aufgrund persönlicher und beruflicher Bindungen gewöhnlich lebt. ⑪ Liegen die beruflichen Bindungen einer natürlichen Person in einem anderen Land als dem ihrer persönlichen Bindungen oder gibt es keine beruflichen Bindungen, bestimmt sich der gewöhnliche Aufenthaltsort nach den persönlichen Bindungen, die enge Beziehungen zwischen der natürlichen Person und einem Wohnort erkennen lassen (vgl. Artikel 13 MwStVO). ⑫ Als gewöhnlicher Aufenthalt im Inland ist stets und von Beginn an ein zeitlich zusammenhängender Aufenthalt von mehr als sechs Monaten Dauer anzusehen; kurzfristige Unterbrechungen bleiben unberücksichtigt. ⑬ Dies gilt nicht, wenn der Aufenthalt ausschließlich zu Besuchs-, Erholungs-, Kur- oder ähnlichen privaten Zwecken genommen wird und nicht länger als ein Jahr dauert. ⑭ Der Ort einer einheitlichen sonstigen Leistung liegt nach § 3 a Abs. 1 UStG auch dann an dem Ort, von dem aus der Unternehmer sein Unternehmen betreibt, wenn einzelne Leistungsteile nicht von diesem Ort aus erbracht werden (vgl. BFH-Urteil vom 26. 3. 1992, V R 16/88, BStBl. II S. 929).

42 (2) ① Der Ort einer Betriebsstätte ist nach § 3 a Abs. 1 Satz 2 UStG Leistungsort, wenn die sonstige Leistung von dort ausgeführt wird, d. h. die sonstige Leistung muss der Betriebsstätte tatsächlich zuzurechnen sein. ② Dies ist der Fall, wenn die für die sonstige Leistung erforderlichen einzelnen Arbeiten ganz oder überwiegend durch Angehörige oder Einrichtungen der Betriebsstätte ausgeführt werden. ③ Es ist nicht erforderlich, dass das Umsatzgeschäft von der Betriebsstätte aus abgeschlossen wurde. ④ Wird ein Umsatz sowohl an dem Ort, von dem aus der Unternehmer sein Unternehmen betreibt, als auch von einer Betriebsstätte ausgeführt, ist der Leistungsort nach dem Ort zu bestimmen, an dem die sonstige Leistung überwiegend erbracht wird.

43 (3) ① Betriebsstätte im Sinne des Umsatzsteuerrechts ist jede feste Geschäftseinrichtung oder Anlage, die der Tätigkeit des Unternehmers dient. ② Eine solche Einrichtung oder Anlage kann aber nur dann als Betriebsstätte angesehen werden, wenn sie über einen ausreichenden Mindestbestand an Personal- und Sachmitteln verfügt, der für die Erbringung der betreffenden Dienstleistungen erforderlich ist. ③ Außerdem muss die Einrichtung oder Anlage einen hinreichenden Grad an Beständigkeit sowie eine Struktur aufweisen, die von der personellen und technischen Ausstattung her eine autonome Erbringung der jeweiligen Dienstleistungen ermöglicht (vgl. EuGH-Urteile vom 4. 7. 1985, C-168/84, Berkholz, vom 2. 5. 1996, C-231/94, Faaborg-Gelting Linien, vom 17. 7. 1997, C-190/95, ARO Lease, und vom 20. 2. 1997, C-260/95, DFDS, und Artikel 11 MwStVO). ④ Eine solche beständige Struktur liegt z. B. vor, wenn die Einrichtung über eine Anzahl von Beschäftigten verfügt, von hier aus Verträge abgeschlossen werden können, Rechnungslegung und Aufzeichnungen dort erfolgen und Entscheidungen getroffen werden, z. B. über den Wareneinkauf. ⑤ Betriebsstätte kann auch eine Organgesellschaft im Sinne des § 2 Abs. 2 Nr. 2 UStG sein.[1] ⑥ Der Ort sonstiger Leistungen, die an Bord eines Schiffes tatsächlich von einer dort belegenen Betriebsstätte erbracht werden, bestimmt sich nach § 3 a Abs. 1 Satz 2 UStG. ⑦ Hierzu können z. B. Leistungen in den Bereichen Friseurhandwerk, Kosmetik, Massage und Landausflüge gehören.

44 (4) Die Leistungsortbestimmung nach § 3 a Abs. 1 UStG kommt z. B. in folgenden Fällen in Betracht:

- Reiseleistungen (§ 25 Abs. 1 Satz 4 UStG);
- Reisebetreuungsleistungen von angestellten Reiseleitern (vgl. BFH-Urteil vom 23. 9. 1993, V R 132/99, BStBl. 1994 II S. 272);
- Leistungen der Testamentsvollstrecker (vgl. EuGH-Urteil vom 6. 12. 2007, C-401/06, Kommission/Deutschland);
- Leistungen der Notare, soweit sie nicht Grundstücksgeschäfte beurkunden (vgl. Abschnitt 3 a.3 Abs. 6 und 8) oder nicht selbständige Beratungsleistungen an im Drittlandsgebiet ansässige Leistungsempfänger erbringen (vgl. Abschnitt 3 a.9 Abs. 11);
- die in § 3 a Abs. 4 Satz 2 UStG bezeichneten sonstigen Leistungen, wenn der Leistungsempfänger Nichtunternehmer und innerhalb des Gemeinschaftsgebiets ansässig ist (vgl. jedoch Abschnitt 3 a.14);
- sonstige Leistungen im Rahmen einer Bestattung, soweit diese Leistungen als einheitliche Leistungen (vgl. Abschnitt 3.10) anzusehen sind (vgl. Artikel 28 MwStVO).

(5) Zur Sonderregelung für den Ort der sonstigen Leistung nach § 3 a Abs. 6 UStG wird auf Abschnitt 3 a.14 verwiesen.

LS zu 3 a.1

Die Leistung des **Schiedsrichters** im Schiedsgerichtsverfahren bestimmt sich ab dem 1. 1. 2010 nach § 3 a Abs. 1 UStG (bei B2 C-Umsätzen) bzw. nach § 3 a Abs. 2 UStG (bei B2 B-Umsätzen). *Verfügung OFD Frankfurt S 7117 A – 1/84 – St 110 v. 16. 8. 2010.*

48 **Merkblatt** und Schaubild zur Bestimmung des Ortes von sonstigen Leistungen, die seit dem 1. 1. 2010 durch **im Ausland ansässige Unternehmer** an **inländische juristische Personen des öffentlichen Rechts** ausgeführt werden (Stand: 1. 10. 2016). *Verfügung OFD Niedersachsen S 7117 – 65 – St 174 v. 2. 11. 2016 (UR S. 930).*

---

[1] Organschaft vgl. Hinweise bei A 2.8 UStAE.

Vereinbart der Unternehmer die Vermittlung einer sonstigen Leistung im Zusammenhang mit einer Vielzahl im In- und Ausland belegener Grundstücke und erhält er hierfür eine Anzahlung, richtet sich der Leistungsort auch dann nach § 3a Abs. 1 UStG, wenn im Zeitpunkt der Vereinnahmung nicht feststeht, ob sich die Vermittlungsleistung auf ein im Ausland belegenes Grundstück bezieht. *BFH-Urteil v. 8. 9. 2011 V R 42/10 (BStBl. II S. 248).*

Zum Ort der Leistung bei Weiterleitung eines Nutzers auf eine andere Internetseite mit Zurverfügungstellung von pornografischem Bildmaterial vgl. *BFH-Urt. v. 15. 5. 2012, XI R 16/10 (BStBl. 2013 II S. 49).*

Erbringt ein **Spielervermittler** ausschließlich Leistungen in Zusammenhang mit dem Abschluss des neuen Arbeitsvertrages eines Fußballspielers mit dem aufnehmenden (ausländischen) Verein, nicht jedoch Vermittlungsleistungen in Bezug auf die Übertragung der Spielerrechte vom abgebenden auf den aufnehmenden Verein, liegt eine am Ort seines Unternehmens erbrachte sonstige Leistung iSd § 3a Abs. 1 UStG vor. *FG Düsseldorf v. 12. 9. 2014 – 1 K 4272/11 U AO, rkr. (MwStR 2015 S. 611).*

Der Unternehmer unterhält jedenfalls dann eine **Betriebsstätte** bzw. feste Niederlassung, wenn er umfassenden **Zugriff** auf eine Einrichtung hat, die einen hinreichenden Grad an Beständigkeit sowie eine Struktur aufweist, die von der personellen und technischen Ausstattung her eine autonome Erbringung der betreffenden Dienstleistung ermöglicht. *BFH-Urteil v. 29. 4. 2020 XI R 3/18 (DStR S. 1792).*

Eine **Tochtergesellschaft** kann bei Vorliegen weiterer Voraussetzungen die **feste Niederlassung** der Muttergesellschaft sein. ***EuGH-Urteil v. 7. 5. 2020,*** *C-547/18, Dong Yang Electronics (DStR S. 1047).*

Der *EuGH* vertritt im *Urteil v. 3. 6. 2021 C 931/19, Titanium (MwStR S. 647)* die Auffassung, dass eine in einem Mitgliedsstaat **vermietete Immobilie** keine feste Niederlassung i. S. d. Art. 43 MwStSystRL sowie der Art. 44 und 45 MwStSystRL darstellt, wenn der Eigentümer der Immobilie nicht über eigenes Personal für die Leistungsbewirkung im Zusammenhang mit der Vermietung verfügt.

3a.2 Ort der sonstigen Leistung bei Leistungen an Unternehmer und diesen gleichgestellte juristische Personen

UStAE 3a.2

(1) ① Voraussetzung für die Anwendung des § 3a Abs. 2 UStG ist, dass der Leistungsempfänger 51
– ein Unternehmer ist und die Leistung für sein Unternehmen bezogen hat (vgl. im Einzelnen Absätze 8 bis 12),
– eine nicht unternehmerisch tätige juristische Person ist, der eine USt-IdNr. erteilt worden ist (einem Unternehmer gleichgestellte juristische Person; vgl. Absatz 7), oder
– eine sowohl unternehmerisch als auch nicht unternehmerisch tätige juristische Person ist und die Leistung für den unternehmerischen oder den nicht unternehmerischen Bereich, nicht aber für den privaten Bedarf des Personals, bezogen hat; vgl. im Einzelnen Absätze 13 bis 15 (Leistungsempfänger im Sinne des § 3a Abs. 2 UStG); maßgebend für diese Beurteilung ist der Zeitpunkt, in dem die Leistung erbracht wird (vgl. Artikel 25 MwStVO).

② Der Leistungsort bestimmt sich nur dann nach § 3a Abs. 2 UStG, wenn kein Tatbestand des § 3a Abs. 3 Nr. 1, 2, 3 Buchstabe b und Nr. 5, Abs. 6 Satz 1 Nr. 1, Abs. 7 und Abs. 8 UStG, des § 3b Abs. 1 Sätze 1 und 2 UStG oder des § 3e UStG vorliegt.

(2) ① Als Leistungsempfänger im umsatzsteuerrechtlichen Sinn ist grundsätzlich derjenige zu 52
behandeln, in dessen Auftrag die Leistung ausgeführt wird (vgl. Abschnitt 15.2b Abs. 1). ② Aus Vereinfachungsgründen ist bei steuerpflichtigen Güterbeförderungen,[1] steuerpflichtigen selbständigen Nebenleistungen hierzu und bei der steuerpflichtigen Vermittlung der vorgenannten Leistungen, bei denen sich der Leistungsort nach § 3a Abs. 2 UStG richtet, der Rechnungsempfänger auch als Leistungsempfänger anzusehen.

Beispiel:

① Der in Deutschland ansässige Unternehmer U versendet Güter per Frachtnachnahme an den Unternehmer D mit Sitz in Dänemark. ② Die Güterbeförderungsleistung ist für unternehmerische Zwecke des D bestimmt.

③ Bei Frachtnachnahmen wird regelmäßig vereinbart, dass der Beförderungsunternehmer die Beförderungskosten dem Empfänger der Sendung in Rechnung stellt und dieser die Beförderungskosten bezahlt. ④ Der Rechnungsempfänger der innergemeinschaftlichen Güterbeförderung ist als Empfänger der Beförderungsleistung und damit als Leistungsempfänger anzusehen, auch wenn er den Transportauftrag nicht unmittelbar erteilt hat.

③ Hierdurch wird erreicht, dass diese Leistungen in dem Staat besteuert werden, in dem der Rechnungsempfänger umsatzsteuerlich erfasst ist.

(3) ① Nach § 3a Abs. 2 UStG bestimmt sich der Leistungsort maßgeblich nach dem Ort, von 53
dem aus der Leistungsempfänger sein Unternehmen betreibt; zur Definition vgl. Abschnitt 3a.1 Abs. 1. ② Wird die Leistung tatsächlich an eine Betriebsstätte (vgl. Abschnitt 3a.1 Abs. 3) erbracht, ist dort der Leistungsort (vgl. hierzu im Einzelnen Absätze 4 und 6). ③ Verfügt eine natürliche Person weder über einen Unternehmenssitz noch über eine Betriebsstätte, kommen als Leistungsort der Wohnsitz des Leistungsempfängers oder der Ort seines gewöhnlichen Aufenthalts in Betracht (vgl. Artikel 21 MwStVO). ④ Zu den Begriffen „Sitz", „Wohnsitz" und „Ort des gewöhnlichen Aufenthalts" vgl. Abschnitt 3a.1 Abs. 1.

(4) ① Die sonstige Leistung kann auch an eine Betriebsstätte des Leistungsempfängers ausge- 54
führt werden (zum Begriff der Betriebsstätte vgl. Abschnitt 3a.1 Abs. 3); eine Betriebsstätte kann nur angenommen werden, wenn sie einen hinreichenden Grad an Beständigkeit sowie eine Struktur aufweist, die es ihr von der personellen und technischen Ausstattung her erlaubt, Dienstleistungen, die an sie für ihren eigenen Bedarf erbracht werden, zu empfangen und zu

[1] Güterbeförderung vgl. A 3a.2 Abs. 2 Satz 2, 3, Abs. 16 Satz 2 UA 5, 6, Abs. 18, 3a.4 Abs. 2 Nr. 11, 3a.14 Abs. 5, 3b.1 Abs. 3–10, 3b.2, 3b.3, 3b.4 UStAE.

UStAE 3a.2

verwenden. ② Dies ist der Fall, wenn die Leistung ausschließlich oder überwiegend für die Betriebsstätte bestimmt ist, also dort verwendet werden soll (vgl. Artikel 21 Abs. 2 MwStVO). ③ In diesem Fall ist es nicht erforderlich, dass der Auftrag von der Betriebsstätte aus an den leistenden Unternehmer erteilt wird, der die sonstige Leistung durchführt, z. B. Verleger, Werbeagentur, Werbungsmittler; auch ist unerheblich, ob das Entgelt für die Leistung von der Betriebsstätte aus bezahlt wird.

Beispiel:

① Ein Unternehmen mit Sitz im Inland unterhält im Ausland Betriebsstätten. ② Durch Aufnahme von Werbeanzeigen in ausländischen Zeitungen und Zeitschriften wird für die Betriebsstätten geworben. ③ Die Anzeigenaufträge werden an ausländische Verleger durch eine inländische Werbeagentur im Auftrag des im Inland ansässigen Unternehmens erteilt.

④ Die ausländischen Verleger und die inländische Werbeagentur unterliegen mit ihren Leistungen für die im Ausland befindlichen Betriebsstätten nicht der deutschen Umsatzsteuer.

④ Kann der leistende Unternehmer weder anhand der Art der von ihm erbrachten sonstigen Leistung noch ihrer Verwendung ermitteln, ob und ggf. an welche Betriebsstätte des Leistungsempfängers die Leistung erbracht wird, hat er anhand anderer Kriterien, insbesondere des mit dem Leistungsempfänger geschlossenen Vertrags, der vereinbarten Bedingungen für die Leistungserbringung, der vom Leistungsempfänger verwendeten USt-IdNr. und der Bezahlung der Leistung festzustellen, ob die von ihm erbrachte Leistung tatsächlich für eine Betriebsstätte des Leitungsempfängers bestimmt ist (vgl. Artikel 22 Abs. 1 Unterabs. 2 MwStVO). ⑤ Kann der leistende Unternehmer anhand dieser Kriterien nicht bestimmen, ob die Leistung tatsächlich an eine Betriebsstätte des Leistungsempfängers erbracht wird, oder ist bei Vereinbarungen über eine oder mehrere sonstige Leistungen nicht feststellbar, ob diese Leistungen tatsächlich vom Sitz oder von einer bzw. mehreren Betriebsstätten des Leistungsempfängers genutzt werden, kann der Unternehmer davon ausgehen, dass der Leistungsort an dem Ort ist, von dem aus der Leistungsempfänger sein Unternehmen betreibt (vgl. Artikel 22 Abs. 1 Unterabs. 3 MwStVO). ⑥ Zur Regelung in Zweifelsfällen vgl. Absatz 6.

55 (5) Bei Werbeanzeigen in Zeitungen und Zeitschriften und bei Werbesendungen in Rundfunk und Fernsehen oder im Internet ist davon auszugehen, dass sie ausschließlich oder überwiegend für im Ausland belegene Betriebsstätten bestimmt und daher im Inland nicht steuerbar sind, wenn die folgenden Voraussetzungen erfüllt sind:

1. Es handelt sich um
   a) fremdsprachige Zeitungen und Zeitschriften, um fremdsprachige Rundfunk- und Fernsehsendungen oder um fremdsprachige Internet-Seiten oder
   b) deutschsprachige Zeitungen und Zeitschriften oder um deutschsprachige Rundfunk- und Fernsehsendungen, die überwiegend im Ausland verbreitet werden.
2. Die im Ausland belegenen Betriebsstätten sind in der Lage, die Leistungen zu erbringen, für die geworben wird.

55a (5 a) ① Wird eine in § 3 a Abs. 5 Satz 2 UStG bezeichnete sonstige Leistung an einen Leistungsempfänger im Sinne des § 3 a Abs. 2 UStG (siehe Absatz 1) an Orten wie Telefonzellen, Kiosk-Telefonen, WLAN-Hot-Spots, Internetcafés, Restaurants oder Hotellobbys erbracht und muss der Leistungsempfänger an diesem Ort physisch anwesend sein, damit ihm der leistende Unternehmer die sonstige Leistung erbringen kann, gilt der Leistungsempfänger insoweit als an diesem Ort ansässig (vgl. Artikel 24 a Abs. 1 MwStVO). ② Werden diese Leistungen an Bord eines Schiffs, eines Flugzeugs oder in einer Eisenbahn während des innerhalb des Gemeinschaftsgebiets stattfindenden Teils einer Personenbeförderung (vgl. § 3 e Abs. 2 UStG) erbracht, gilt abweichend von § 3 a Abs. 2 UStG der Abgangsort des jeweiligen Beförderungsmittels im Gemeinschaftsgebiet als Leistungsort (vgl. Artikel 24 a Abs. 2 MwStVO).

56 (6) ① Bei einer einheitlichen sonstigen Leistung (vgl. Abschnitt 3.10 Abs. 1 bis 4) ist es nicht möglich, für einen Teil der Leistung den Ort der Betriebsstätte und für den anderen Teil den Sitz des Unternehmens als maßgebend anzusehen und die Leistung entsprechend aufzuteilen. ② Ist die Zuordnung zu einer Betriebsstätte nach den Grundsätzen des Absatzes 4 zweifelhaft und verwendet der Leistungsempfänger eine ihm von einem anderen EU-Mitgliedstaat erteilte USt-IdNr., kann davon ausgegangen werden, dass die Leistung für die im EU-Mitgliedstaat der verwendeten USt-IdNr. belegene Betriebsstätte bestimmt ist. ③ Entsprechendes gilt bei der Verwendung einer deutschen USt-IdNr.

57 (7) ① Für Zwecke der Bestimmung des Leistungsorts werden nach § 3 a Abs. 2 Satz 3 UStG nicht unternehmerisch tätige juristische Personen, denen für die Umsatzbesteuerung innergemeinschaftlicher Erwerbe eine USt-IdNr. erteilt wurde – die also für umsatzsteuerliche Zwecke erfasst sind –, einem Unternehmer gleichgestellt. ② Hierunter fallen insbesondere juristische Personen des öffentlichen Rechts, die ausschließlich hoheitlich tätig sind, aber auch juristische Personen, die nicht Unternehmer sind (z. B. eine Holding, die ausschließlich eine bloße Vermögensverwaltungstätigkeit ausübt). ③ Ausschließlich nicht unternehmerisch tätige juristische Personen, denen eine USt-IdNr. erteilt worden ist, müssen diese gegenüber dem leistenden Unternehmer verwenden, damit dieser die Leistungsortregelung des § 3 a Abs. 2 UStG anwenden kann; Absatz 9 Sätze 4 bis 10 gilt entsprechend. ④ Verwendet die nicht unternehmerisch tätige juristische

Person als Leistungsempfänger keine USt-IdNr., hat der leistende Unternehmer nachzufragen, ob ihr eine solche Nummer erteilt worden ist. UStAE 3a.2

Beispiel:

① Der in Belgien ansässige Unternehmer U erbringt an eine juristische Person des öffentlichen Rechts J mit Sitz in Deutschland eine Beratungsleistung. ② J verwendet für diesen Umsatz keine USt-IdNr. ③ Auf Nachfrage teilt J dem U mit, ihr sei keine USt-IdNr. erteilt worden.

④ Da J angegeben hat, ihr sei keine USt-IdNr. erteilt worden, kann U davon ausgehen, dass die Voraussetzungen des § 3 a Abs. 2 Satz 3 UStG nicht erfüllt sind. ⑤ Der Ort der Beratungsleistung des U an J liegt in Belgien (§ 3 a Abs. 1 UStG).

⑤ Zur Bestimmung des Leistungsorts bei sonstigen Leistungen an juristische Personen, die sowohl unternehmerisch als auch nicht unternehmerisch tätig sind, vgl. Absätze 13 bis 15.

(8) ① Voraussetzung für die Anwendung der Ortsbestimmung nach § 3 a Abs. 2 Satz 1 UStG **58**
ist, dass die Leistung für den unternehmerischen Bereich des Leistungsempfängers ausgeführt worden ist. ② Hierunter fallen auch Leistungen an einen Unternehmer, soweit diese Leistungen für die Erbringung von der Art nach nicht steuerbaren Umsätzen (z. B. Geschäftsveräußerungen im Ganzen) bestimmt sind. ③ Wird eine der Art nach in § 3 a Abs. 2 UStG erfasste sonstige Leistung sowohl für den unternehmerischen als auch für den nicht unternehmerischen Bereich des Leistungsempfängers erbracht, ist der Leistungsort einheitlich nach § 3 a Abs. 2 Satz 1 UStG zu bestimmen (vgl. Artikel 19 Abs. 3 MwStVO). ④ Zur Bestimmung des Leistungsorts bei sonstigen Leistungen an juristische Personen, die sowohl unternehmerisch als auch nicht unternehmerisch tätig sind, vgl. Absätze 13 bis 15.

(9) ① § 3 a Abs. 2 UStG regelt nicht, wie der leistende Unternehmer nachzuweisen hat, dass sein **59**
Leistungsempfänger Unternehmer ist, der die sonstige Leistung für den unternehmerischen Bereich bezieht. ② Bezieht ein im Gemeinschaftsgebiet ansässiger Unternehmer eine sonstige Leistung, die der Art nach unter § 3 a Abs. 2 UStG fällt, für seinen unternehmerischen Bereich, muss er die ihm von dem EU-Mitgliedstaat, von dem aus er sein Unternehmen betreibt, erteilte USt-IdNr. für diesen Umsatz gegenüber seinem Auftragnehmer verwenden; wird die Leistung tatsächlich durch eine Betriebsstätte des Leistungsempfängers bezogen, ist die der Betriebsstätte erteilte USt-IdNr. zu verwenden (vgl. Artikel 55 Abs. 1 MwStVO). ③ Satz 2 gilt entsprechend für einen Unternehmer,

- der nur steuerfreie Umsätze ausführt, die zum Ausschluss vom Vorsteuerabzug führen,
- für dessen Umsätze Umsatzsteuer nach § 19 Abs. 1 UStG nicht erhoben wird oder
- der die Leistung zur Ausführung von Umsätzen verwendet, für die die Steuer nach den Durchschnittssätzen des § 24 UStG festgesetzt wird,

und der weder zur Besteuerung seiner innergemeinschaftlichen Erwerbe verpflichtet ist, weil er die Erwerbsschwelle nicht überschreitet, noch zur Erwerbsbesteuerung nach § 1 a Abs. 4 UStG optiert hat. ④ Verwendet der Leistungsempfänger gegenüber seinem Auftragnehmer eine ihm von einem Mitgliedstaat erteilte USt-IdNr., kann dieser regelmäßig davon ausgehen, dass der Leistungsempfänger Unternehmer ist und die Leistung für dessen unternehmerischen Bereich bezogen wird (vgl. Artikel 18 Abs. 1 und Artikel 19 Abs. 2 MwStVO; zu den Leistungen, die ihrer Art nach aber mit hoher Wahrscheinlichkeit nicht für das Unternehmen bezogen werden, siehe im Einzelnen Absatz 11 a); dies gilt auch dann, wenn sich nachträglich herausstellt, dass die Leistung vom Leistungsempfänger tatsächlich für nicht unternehmerische Zwecke verwendet worden ist. ⑤ Voraussetzung ist, dass der leistende Unternehmer nach § 18 e UStG von der Möglichkeit Gebrauch gemacht hat, sich die Gültigkeit einer USt-IdNr. eines anderen EU-Mitgliedstaates sowie den Namen und die Anschrift der Person, der diese Nummer erteilt wurde, durch das BZSt bestätigen zu lassen (vgl. Artikel 18 Abs. 1 Buchstabe a MwStVO).

Beispiel:

① Der Schreiner S mit Sitz in Frankreich erneuert für den Unternehmer U mit Sitz in Freiburg einen Aktenschrank. ② U verwendet für diesen Umsatz seine deutsche USt-IdNr. ③ Bei einer Betriebsprüfung stellt sich im Nachhinein heraus, dass U den Aktenschrank für seinen privaten Bereich verwendet.

④ Der Leistungsort für die Reparatur des Schranks ist nach § 3 a Abs. 2 UStG in Deutschland. ⑤ Da U gegenüber S seine USt-IdNr. verwendet hat, gilt die Leistung als für das Unternehmen des U bezogen. ⑥ Unbeachtlich ist, dass der Aktenschrank tatsächlich von U für nicht unternehmerische Zwecke verwendet wurde. ⑦ U ist für die Leistung des S Steuerschuldner (§ 13 b Abs. 1 und Abs. 5 Satz 1 UStG). ⑧ U ist allerdings hinsichtlich der angemeldeten Steuer nicht zum Vorsteuerabzug berechtigt, da die Leistung nicht für unternehmerische Zwecke bestimmt ist.

⑥ Hat der Leistungsempfänger noch keine USt-IdNr. erhalten, eine solche Nummer aber bei der zuständigen Behörde des EU-Mitgliedstaats, von dem aus er sein Unternehmen betreibt oder eine Betriebsstätte unterhält, beantragt, bleibt es dem leistenden Unternehmer überlassen, auf welche Weise er den Nachweis der Unternehmereigenschaft und der unternehmerischen Verwendung führt (vgl. Artikel 18 Abs. 1 Buchstabe b MwStVO). ⑦ Dieser Nachweis hat nur vorläufigen Charakter. ⑧ Für den endgültigen Nachweis bedarf es der Vorlage der dem Leistungsempfänger erteilten USt-IdNr.; dieser Nachweis kann bis zur letzten mündlichen Verhandlung vor dem Finanzgericht geführt werden. ⑨ Verwendet ein im Gemeinschaftsgebiet ansässiger Leistungsempfänger gegenüber seinem Auftragnehmer keine USt-IdNr., kann dieser grundsätzlich davon ausgehen, dass sein Leistungsempfänger ein Nichtunternehmer ist oder ein Unternehmer,

UStAE 3a.2

der die Leistung für den nicht unternehmerischen Bereich bezieht, sofern ihm keine anderen Informationen vorliegen (vgl. Artikel 18 Abs. 2 MwStVO); in diesem Fall bestimmt sich der Leistungsort nach § 3a Abs. 1 UStG, soweit kein Tatbestand des § 3a Abs. 3 bis 8 UStG, des § 3b UStG oder des § 3e UStG vorliegt.

60 (10) ① Verwendet der Leistungsempfänger eine USt-IdNr., soll dies grundsätzlich vor Ausführung der Leistung erfolgen und in dem jeweiligen Auftragsdokument schriftlich festgehalten werden. ② Der Begriff „Verwendung" einer USt-IdNr. setzt ein positives Tun des Leistungsempfängers, in der Regel bereits bei Vertragsabschluss, voraus. ③ So kann z. B. auch bei mündlichem Abschluss eines Auftrags zur Erbringung einer sonstigen Leistung eine Erklärung über die Unternehmereigenschaft und den unternehmerischen Bezug durch Verwendung einer bestimmten USt-IdNr. abgegeben und dies vom Auftragnehmer aufgezeichnet werden. ④ Es reicht ebenfalls aus, wenn bei der erstmaligen Erfassung der Stammdaten eines Leistungsempfängers zusammen mit der für diesen Zweck erfragten USt-IdNr. zur Feststellung der Unternehmereigenschaft und des unternehmerischen Bezugs zusätzlich eine Erklärung des Leistungsempfängers aufgenommen wird, dass diese USt-IdNr. bei allen künftigen – unternehmerischen – Einzelaufträgen verwendet werden soll. ⑤ Eine im Briefkopf eingedruckte USt-IdNr. oder eine in einer Gutschrift des Leistungsempfängers formularmäßig eingedruckte USt-IdNr. reicht allein nicht aus, um die Unternehmereigenschaft und den unternehmerischen Bezug der zu erbringenden Leistung zu dokumentieren. ⑥ Ein positives Tun liegt auch dann vor, wenn der Leistungsempfänger (Erwerber bzw. Empfänger der Dienstleistung) die Erklärung über die Unternehmereigenschaft und den unternehmerischen Bezug objektiv nachvollziehbar vorgenommen hat und der Leistungsbezug vom Leistungsempfänger in zutreffender Weise erklärt worden ist, der leistende Unternehmer seinen Meldepflichten nach § 18a UStG nachgekommen ist und die Rechnung über die Leistung einen Hinweis auf die USt-IdNr., die nach § 18a Abs. 7 UStG in der Zusammenfassenden Meldung angegeben wurde, enthält. ⑦ Unschädlich ist es im Einzelfall, wenn der Leistungsempfänger eine USt-IdNr. erst nachträglich verwendet oder durch eine andere ersetzt. ⑧ In diesem Fall muss die Besteuerung in dem einen EU-Mitgliedstaat rückgängig gemacht und in dem anderen EU-Mitgliedstaat nachgeholt und ggf. die übermittelte ZM berichtigt werden. ⑨ In einer bereits erteilten Rechnung sind die USt-IdNr. des Leistungsempfängers (vgl. § 14a Abs. 1 UStG) und ggf. ein gesonderter Steuerausweis (vgl. § 14 Abs. 4 Nr. 8 und § 14c Abs. 1 UStG) zu berichtigen. ⑩ Die nachträgliche Angabe oder Änderung einer USt-IdNr. als Nachweis der Unternehmereigenschaft und des unternehmerischen Bezugs ist der Umsatzsteuerfestsetzung nur zu Grunde zu legen, wenn die Steuerfestsetzung in der Bundesrepublik Deutschland noch änderbar ist.

61 (11) ① Ist der Leistungsempfänger im Drittlandsgebiet ansässig, kann der Nachweis der Unternehmereigenschaft durch eine Bescheinigung einer Behörde des Sitzstaates geführt werden, in der diese bescheinigt, dass der Leistungsempfänger dort als Unternehmer erfasst ist. ② Die Bescheinigung sollte inhaltlich der Unternehmerbescheinigung nach § 61a Abs. 4 UStDV entsprechen (vgl. Abschnitt 18.14 Abs. 7). ③ Kann der Leistungsempfänger den Nachweis nicht anhand einer Bescheinigung nach Satz 1 und 2 führen, bleibt es dem leistenden Unternehmer überlassen, auf welche Weise er nachweist, dass der im Drittlandsgebiet ansässige Leistungsempfänger Unternehmer ist (vgl. Artikel 18 Abs. 3 MwStVO).

62 (11a) ① Erbringt der Unternehmer sonstige Leistungen, die unter § 3a Abs. 2 UStG fallen können, die ihrer Art nach aber mit hoher Wahrscheinlichkeit nicht für das Unternehmen, sondern für den privaten Gebrauch einschließlich des Gebrauchs durch das Personal des Unternehmers bestimmt sind, ist es – abweichend von den Absätzen 9 und 11 – als Nachweis der unternehmerischen Verwendung dieser Leistung durch den Leistungsempfänger nicht ausreichend, wenn dieser gegenüber dem leistenden Unternehmer für diesen Umsatz seine USt-IdNr. verwendet bzw. seinen Status als Unternehmer nachweist. ② Vielmehr muss der leistende Unternehmer über ausreichende Informationen verfügen, die eine Verwendung der sonstigen Leistung für die unternehmerischen Zwecke dieses Leistungsempfängers bestätigen. ③ Als ausreichende Information ist in der Regel eine Erklärung des Leistungsempfängers anzusehen, in der dieser bestätigt, dass die bezogene sonstige Leistung für sein Unternehmen bestimmt ist.
④ Sonstige Leistungen im Sinne des Satzes 1 sind insbesondere:
- Krankenhausbehandlungen und ärztliche Heilbehandlungen,
- von Zahnärzten und Zahntechnikern erbrachte sonstige Leistungen,
- persönliche und häusliche Pflegeleistungen,
- sonstige Leistungen im Bereich der Sozialfürsorge und der sozialen Sicherheit,
- Betreuung von Kindern und Jugendlichen,
- Erziehung von Kindern und Jugendlichen, Schul- und Hochschulunterricht,
- Nachhilfeunterricht für Schüler oder Studierende,
- sonstige Leistungen im Zusammenhang mit sportlicher Betätigung einschließlich der entgeltlichen Nutzung von Anlagen wie Turnhallen und vergleichbaren Anlagen,
- Wetten, Lotterien und sonstige Glücksspiele mit Geldeinsatz,
- Herunterladen von Filmen und Musik,
- Bereitstellen von digitalisierten Texten einschließlich Büchern, ausgenommen Fachliteratur,
- Abonnements von Online-Zeitungen und -Zeitschriften, mit Ausnahme von Online-Fachzeitungen und -Fachzeitschriften,

- Online-Nachrichten einschließlich Verkehrsinformationen und Wettervorhersagen,
- Beratungsleistungen in familiären und persönlichen Angelegenheiten,
- Beratungsleistungen im Zusammenhang mit der persönlichen Einkommensteuererklärung und Sozialversicherungsfragen.

(12) ① Erbringt der leistende Unternehmer gegenüber einem im Drittlandsgebiet ansässigen Auftraggeber eine in § 3 a Abs. 4 Satz 2 UStG bezeichnete Leistung, muss der leistende Unternehmer grundsätzlich nicht prüfen, ob der Leistungsempfänger Unternehmer oder Nichtunternehmer ist, da der Leistungsort – unabhängig vom Status des Leistungsempfängers – im Drittlandsgebiet liegt (§ 3 a Abs. 2 UStG oder § 3 a Abs. 4 Satz 1 UStG). ② Dies gilt nicht für die in § 3 a Abs. 5 Satz 2 Nr. 1 und 2 UStG bezeichneten Leistungen, bei denen die Nutzung oder Auswertung im Inland erfolgt, so dass der Leistungsort nach § 3 a Abs. 6 Satz 1 Nr. 3 UStG im Inland liegen würde, wenn der Leistungsempfänger kein Unternehmer wäre (vgl. Abschnitt 3 a.14). ③ Eine Prüfung der Unternehmereigenschaft entfällt auch bei Vermittlungsleistungen gegenüber einem im Drittlandsgebiet ansässigen Auftraggeber, wenn der Ort der vermittelten Leistung im Drittlandsgebiet liegt, da der Ort der Vermittlungsleistung – unabhängig vom Status des Leistungsempfängers – in solchen Fällen immer im Drittlandsgebiet liegt (§ 3 a Abs. 2 UStG, § 3 a Abs. 3 Nr. 1 oder 4 UStG). 63

(13) ① Bei Leistungsbezügen juristischer Personen des privaten Rechts, die sowohl unternehmerisch als auch nichtunternehmerisch tätig sind, kommt es für die Frage der Ortsbestimmung nicht darauf an, ob die Leistung für das Unternehmen ausgeführt worden ist (vgl. EuGH-Urteil vom 17. 3. 2021, C-459/19, Wellcome Trust). ② Absatz 14 Sätze 2 bis 7 gelten entsprechend. 64

(14) ① Bei Leistungsbezügen juristischer Personen des öffentlichen Rechts, die hoheitlich und unternehmerisch tätig sind, kommt es für die Frage der Ortsbestimmung nicht darauf an, ob die Leistung für den unternehmerischen oder den hoheitlichen Bereich ausgeführt worden ist; bei den Gebietskörperschaften Bund und Länder ist stets davon auszugehen, dass sie sowohl hoheitlich als auch unternehmerisch tätig sind. ② Der Leistungsort bestimmt sich in diesen Fällen – unabhängig davon, ob die Leistung für den hoheitlichen oder den unternehmerischen Bereich bezogen wird – nach § 3 a Abs. 2 Sätze 1 und 3 UStG. ③ Ausgeschlossen sind nur die der Art nach unter § 3 a Abs. 2 UStG fallenden sonstigen Leistungen, die für den privaten Bedarf des Personals der juristischen Person des öffentlichen Rechts bestimmt sind. ④ Ist einer in Satz 1 genannten juristischen Person des öffentlichen Rechts eine USt-IdNr. erteilt worden, ist diese USt-IdNr. auch dann zu verwenden, wenn die bezogene Leistung ausschließlich für den hoheitlichen Bereich oder sowohl für den unternehmerischen als auch für den hoheitlichen Bereich bestimmt ist. ⑤ Haben die Gebietskörperschaften Bund und Länder für einzelne Organisationseinheiten (z. B. Ressorts, Behörden und Ämter) von der Vereinfachungsregelung in Abschnitt 27 a.1 Abs. 3 Sätze 4 und 5 Gebrauch gemacht, ist für den einzelnen Leistungsbezug stets die jeweilige, der einzelnen Organisationseinheit erteilte USt-IdNr. zu verwenden, unabhängig davon, ob dieser Leistungsbezug für den unternehmerischen Bereich, für den hoheitlichen Bereich oder sowohl für den unternehmerischen als auch für den hoheitlichen Bereich erfolgt. ⑥ Dies gilt auch dann, wenn die einzelne Organisationseinheit ausschließlich hoheitlich tätig ist und ihr eine USt-IdNr. nur für Zwecke der Umsatzbesteuerung innergemeinschaftlicher Erwerbe erteilt wurde. 65

Beispiel:

① Der in Luxemburg ansässige Unternehmer U erbringt an eine ausschließlich hoheitlich tätige Behörde A eines deutschen Bundeslandes B eine Beratungsleistung. ② B hat neben dem hoheitlichen Bereich noch einen Betrieb gewerblicher Art, der für umsatzsteuerliche Zwecke erfasst ist. ③ A ist eine gesonderte USt-IdNr. für Zwecke der Besteuerung innergemeinschaftlicher Erwerbe erteilt worden.

④ Der Leistungsort für die Leistung des U an A richtet sich nach § 3 a Abs. 2 Sätze 1 und 3 UStG und liegt in Deutschland. ⑤ A hat die ihr für Zwecke der Besteuerung innergemeinschaftlicher Erwerbe erteilte USt-IdNr. zu verwenden.

⑦ Bezieht eine sowohl unternehmerisch als auch hoheitlich tätige juristische Person des öffentlichen Rechts die sonstige Leistung für den privaten Bedarf ihres Personals, hat sie weder die ihr für den unternehmerischen Bereich noch die ihr für Zwecke der Umsatzbesteuerung innergemeinschaftlicher Erwerbe erteilte USt-IdNr. zu verwenden.

(15) ① Soweit inländische und ausländische Rundfunkanstalten untereinander entgeltliche sonstige Leistungen ausführen, gelten hinsichtlich der Umsatzbesteuerung solcher grenzüberschreitender Leistungen die allgemeinen Regelungen zum Leistungsort. ② Der Leistungsort bestimmt sich bei grenzüberschreitenden Leistungen der Rundfunkanstalten nach § 3 a Abs. 2 UStG, wenn die die Leistung empfangende Rundfunkanstalt 66
- Unternehmer ist und die Leistung entweder ausschließlich für den unternehmerischen oder sowohl für den unternehmerischen als auch den nichtunternehmerischen Bereich bezogen wurde oder
- eine juristische Person des öffentlichen Rechts ist, die sowohl nicht unternehmerisch (hoheitlich) als auch unternehmerisch tätig ist, sofern die Leistung nicht für den privaten Bedarf des Personals bezogen wird,
- eine einem Unternehmer gleichgestellte juristische Person ist (siehe Absatz 1).

(16) ① Grundsätzlich fallen unter die Ortsregelung des § 3 a Abs. 2 UStG alle sonstigen Leistungen an einen Leistungsempfänger im Sinne des § 3 a Abs. 2 UStG, soweit sich nicht aus § 3 a 67

Abs. 3 Nr. 1, 2, 3 Buchstabe b und Nr. 5, Abs. 7 und Abs. 8, § 3b Abs. 1 Sätze 1 und 2 und § 3e UStG eine andere Ortsregelung ergibt. ② Sonstige Leistungen, die unter die Ortsbestimmung nach § 3a Abs. 2 UStG fallen, sind insbesondere:

- Arbeiten an beweglichen körperlichen Gegenständen und die Begutachtung dieser Gegenstände;
- alle Vermittlungsleistungen, soweit diese nicht unter § 3a Abs. 3 Nr. 1 UStG fallen;
- Leistungen, die in § 3a Abs. 4 Satz 2 und Abs. 5 Satz 2 UStG genannt sind;
- die langfristige Vermietung eines Beförderungsmittels;
- Güterbeförderungen, einschließlich innergemeinschaftlicher Güterbeförderungen sowie der Vor- und Nachläufe zu innergemeinschaftlichen Güterbeförderungen (Beförderungen eines Gegenstands, die in dem Gebiet desselben Mitgliedstaats beginnt und endet, wenn diese Beförderung unmittelbar einer innergemeinschaftlichen Güterbeförderung vorangeht oder folgt);[1]
- das Beladen, Entladen, Umschlagen und ähnliche mit einer Güterbeförderung im Zusammenhang stehende selbständige Leistungen;
- ① Planung, Gestaltung sowie Aufbau, Umbau und Abbau von Ständen im Zusammenhang mit Messen und Ausstellungen (vgl. EuGH-Urteil vom 27. 10. 2011, C-530/09, Inter-Mark Group, BStBl. 2012 II S. 160). ② Unter die „Planung" fallen insbesondere Architektenleistungen, z. B. Anfertigung des Entwurfs für einen Stand. ③ Zur „Gestaltung" zählt z. B. die Leistung eines Gartengestalters oder eines Beleuchtungsfachmannes.

68 (17) Zu den sonstigen Leistungen, die unter § 3a Abs. 2 Satz 1 UStG fallen, gehören auch sonstige Leistungen, die im Zusammenhang mit der Beantragung oder Vereinnahmung der Steuer im Vorsteuer-Vergütungsverfahren (§ 18 Abs. 9 UStG) stehen (vgl. auch Artikel 27 MwStVO).

69 (18)[2] Wird ein Gegenstand im Zusammenhang mit einer Ausfuhr oder einer Einfuhr grenzüberschreitend befördert und ist der Leistungsort für diese Leistung unter Anwendung von § 3a Abs. 2 UStG im Inland, ist dieser Umsatz unter den weiteren Voraussetzungen des § 4 Nr. 3 UStG steuerfrei (§ 4 Nr. 3 Satz 1 Buchstabe a UStG), auch wenn bei dieser Beförderung das Inland nicht berührt wird.

70 (19) Nicht unter die Ortsregelung des § 3a Abs. 2 UStG fallen folgende sonstigen Leistungen:

- Sonstige Leistungen im Zusammenhang mit einem Grundstück (§ 3a Abs. 3 Nr. 1 UStG, vgl. Abschnitt 3a.3),
- die kurzfristige Vermietung von Beförderungsmitteln (§ 3a Abs. 3 Nr. 2 und Abs. 7 UStG; vgl. Abschnitte 3a.5 Abs. 1 bis 6 und 3a.14 Abs. 4),
- die Einräumung der Eintrittsberechtigung zu kulturellen, künstlerischen, wissenschaftlichen, unterrichtenden, sportlichen, unterhaltenden oder ähnlichen Veranstaltungen, wie Messen und Ausstellungen, sowie die damit zusammenhängenden sonstigen Leistungen (§ 3a Abs. 3 Nr. 5 UStG; vgl. Abschnitt 3a.7a),
- die Abgabe von Speisen und Getränken zum Verzehr an Ort und Stelle (Restaurationsleistungen) nach § 3a Abs. 3 Nr. 3 Buchstabe b UStG (vgl. Abschnitt 3a.6 Abs. 8 und 9) und nach § 3e UStG (vgl. Abschnitt 3e.1),
- Personenbeförderungen (§ 3b Abs. 1 Sätze 1 und 2 UStG; vgl. Abschnitt 3b.1).

LS zu 3a.2

71 1. Die Übernahme von ausgedienten Strahlenquellen durch einen inländischen Unternehmer im Ausland kann im Verhältnis zu den in diesem Zusammenhang erbrachten weiteren Leistungen als Hauptleistung anzusehen sein, die gemäß § 3a *Abs. 1 Satz 1* [a. F.] UStG im Inland ausgeführt wird. – 2. Bei dem **Ausbau und der Übernahme von Strahlenquellen** handelt es sich nicht um Arbeiten an beweglichen körperlichen Gegenständen i. S. von § 3a *Abs. 2 Nr. 3 Buchst. c* [a. F.] UStG. – 3. Der Ausbau und die Übernahme von Strahlenquellen als maßgebliche Hauptleistung gehören nicht zu den Tätigkeiten, die im Rahmen des Ingenieurberufs hauptsächlich und gewöhnlich erbracht werden. *BFH-Urteil v. 13. 1. 2011 V R 63/09 (BStBl. II S. 461).*

Zum Nachweis der Unternehmereigenschaft für die Bestimmung des Leistungsorts nach § 3a Abs. 2 UStG anhand der **schweizerischen Unternehmens-Identifikationsnummer.** *Vfg. OFD Niedersachsen v. 15. 6. 2015 – S 7117c – 3 – St 174 (MwStR S. 792).*

Unter Berücksichtigung der sich aus § 1 Abs. 2 S. 1 und 2 UStG ergebenden Unterscheidung zwischen In- und Ausland und der Definition des Auslands „als das Gebiet, das … nicht Inland ist", folgt, dass bei Leistungen, bei denen sich der Ort nach dem Empfängerort richtet, aus der **Nichterweislichkeit eines ausländischen Empfängerorts** auf das Vorliegen eines inländischen Empfängerorts zu schließen ist. *BFH-Beschluss v. 28. 11. 2017 V B 60/17 (DStR 2018 S. 297).*

Zum Begriff der festen Niederlassung i. S. v. Art. 44 MwStSystRL und Art. 11 MwStVO hat der EuGH festgestellt, dass eine Gesellschaft mit Sitz in einem Mitgliedstaat nicht deshalb über eine **feste Niederlassung** in einem anderen Mitgliedstaat verfügt, weil diese Gesellschaft dort eine Tochtergesellschaft hat, die ihr personelle und technische Ausstattung gemäß Verträgen zur Verfügung stellt, nach deren Maßgabe sie ihr exklusiv Marketing-, Regulierungs-, Werbe- und Vertretungsdienstleistungen erbringt, die geeignet sind, unmittelbar das Volumen ihrer Verkäufe zu beeinflussen. ***EuGH-Urteil v. 7. 4. 2022** C-333/20, Berlin-Chemie A. Menari SRL (DStR S. 771).*

UStAE 3a.3

3a.3 Ort der sonstigen Leistung im Zusammenhang mit einem Grundstück

76 (1) § 3a Abs. 3 Nr. 1 UStG gilt sowohl für sonstige Leistungen an Nichtunternehmer (siehe Abschnitt 3a.1 Abs. 1) als auch an Leistungsempfänger im Sinne des § 3a Abs. 2 UStG (siehe Abschnitt 3a.2 Abs. 1).

---

[1] Güterbeförderung vgl. A 3a.2 Abs. 18, 3a.4 Abs. 2 Nr. 11, 3a.14 Abs. 5, 3b.1 Abs. 3–10, 3b.2, 3b.3, 3b.4 UStAE.

[2] Güterbeförderung vgl. A 3a.2 Abs. 2 Satz 2, Abs. 16 Satz 2 UA 5, 6, Abs. 18, 3a.4 Abs. 2 Nr. 11, 3a.14 Abs. 5, 3b.1 Abs. 3–10, 3b.2, 3b.3, 3b.4 UStAE.

UStAE 3a.3

(2) ① Für den Ort einer sonstigen Leistung – einschließlich Werkleistung – im Zusammenhang mit einem Grundstück ist die Lage des Grundstücks entscheidend. ② Der Grundstücksbegriff im Sinne des Umsatzsteuerrechts ist ein eigenständiger Begriff des Unionsrechts; er richtet sich nicht nach dem zivilrechtlichen Begriff eines Grundstücks. ③ Unter einem Grundstück im Sinne des § 3 a Abs. 3 Nr. 1 UStG ist zu verstehen: 77
– ein bestimmter über- oder unterirdischer Teil der Erdoberfläche, an dem Eigentum und Besitz begründet werden kann,
– jedes mit oder in dem Boden über oder unter dem Meeresspiegel befestigte Gebäude oder jedes derartige Bauwerk, das nicht leicht abgebaut oder bewegt werden kann,
– jede Sache, die einen wesentlichen Bestandteil eines Gebäudes oder eines Bauwerks bildet, ohne die das Gebäude oder das Bauwerk unvollständig ist, wie zum Beispiel Türen, Fenster, Dächer, Treppenhäuser und Aufzüge,
– Sachen, Ausstattungsgegenstände oder Maschinen, die auf Dauer in einem Gebäude oder einem Bauwerk installiert sind, und die nicht bewegt werden können, ohne das Gebäude oder das Bauwerk zu zerstören oder erheblich zu verändern. ② Die Veränderung ist immer dann unerheblich, wenn die betreffenden Sachen einfach an der Wand hängen und wenn sie mit Nägeln oder Schrauben so am Boden oder an der Wand befestigt sind, dass nach ihrer Entfernung lediglich Spuren oder Markierungen zurückbleiben (z. B. Dübellöcher), die leicht überdeckt oder ausgebessert werden können.

(3) ① Die sonstige Leistung muss nach Sinn und Zweck der Vorschrift in engem Zusammenhang mit einem ausdrücklich bestimmten Grundstück stehen. ② Ein enger Zusammenhang ist beispielsweise gegeben, wenn sich die sonstige Leistung nach den tatsächlichen Umständen überwiegend auf die Bebauung, Verwertung, Nutzung oder Unterhaltung des Grundstücks selbst bezieht. ③ Hierzu gehört auch die Eigentumsverwaltung, die sich auf den Betrieb von Geschäfts-, Industrie- oder Wohnimmobilien durch oder für den Eigentümer des Grundstücks bezieht, mit Ausnahme von Portfolio-Management in Zusammenhang mit Eigentumsanteilen an Grundstücken. 78

(3 a) ① Das Grundstück selbst muss zudem Gegenstand der sonstigen Leistung sein. ② Dies ist u. a. dann der Fall, wenn ein ausdrücklich bestimmtes Grundstück insoweit als wesentlicher Bestandteil einer sonstigen Leistung anzusehen ist, als es einen zentralen und unverzichtbaren Bestandteil dieser sonstigen Leistung darstellt (vgl. EuGH-Urteil vom 27. 6. 2013, C-155/12, RR Donnelley Global Turnkey Solutions Poland, HFR S. 859). 79

(4)[1] ① Zu den in § 4 Nr. 12 UStG der Art nach bezeichneten sonstigen Leistungen (§ 3 a Abs. 3 Nr. 1 Satz 2 Buchstabe a UStG), gehört die Vermietung und die Verpachtung von Grundstücken. ② Zum Begriff der Vermietung und Verpachtung von Grundstücken vgl. Abschnitt 4.12.1. ③ Es kommt nicht darauf an, ob die Vermietungs- oder Verpachtungsleistung nach § 4 Nr. 12 UStG steuerfrei ist. ④ Unter § 3 a Abs. 3 Nr. 1 Satz 2 Buchstabe a UStG fallen auch 80

1. die Vermietung von Wohn- und Schlafräumen, die ein Unternehmer bereithält, um kurzfristig Fremde zu beherbergen,
2. die Vermietung von Plätzen, um Fahrzeuge abzustellen,
3. die Überlassung von Wasser- und Bootsliegeplätzen für Sportboote (vgl. BFH-Urteil vom 8. 10. 1991, V R 46/88, BStBl. 1992 II S. 368),
4. die kurzfristige Vermietung auf Campingplätzen,
5. die entgeltliche Unterbringung auf einem Schiff, das für längere Zeit auf einem Liegeplatz befestigt ist (vgl. BFH-Urteil vom 7. 3. 1996, V R 29/95, BStBl. II S. 341),
6. die Überlassung von Wochenmarkt-Standplätzen an Markthändler (vgl. BFH-Urteil vom 24. 1. 2008, V R 12/05, BStBl. 2009 II S. 60),
7. die Einräumung des Nutzungsrechts an einem Grundstück oder einem Grundstücksteil einschließlich der Gewährung von Fischereirechten und Jagdrechten sowie der Benutzung einer Straße, einer Brücke oder eines Tunnels gegen eine Mautgebühr,
8. die Umwandlung von Teilnutzungsrechten – sog. Timesharing – von Grundstücken oder Grundstücksteilen (vgl. EuGH-Urteil vom 3. 9. 2009, C-37/08, RCI Europe) und
9. die Überlassung von Räumlichkeiten für Aufnahme- und Sendezwecke von inländischen und ausländischen Rundfunkanstalten des öffentlichen Rechts untereinander.

⑤ Das gilt auch für die Vermietung und Verpachtung von Maschinen und Vorrichtungen aller Art, die zu einer Betriebsanlage gehören, wenn sie wesentliche Bestandteile eines Grundstücks sind.

(5) ① Die Überlassung von Camping-, Park- und Bootsliegeplätzen steht auch dann im Zusammenhang mit einem Grundstück, wenn sie nach den Grundsätzen des BFH-Urteils vom 4. 12. 1980, V R 60/79, BStBl. 1981 II S. 231, bürgerlich-rechtlich nicht auf einem Mietvertrag beruht. ② Vermieten Unternehmer Wohnwagen, die auf Campingplätzen aufgestellt sind und ausschließlich zum stationären Gebrauch als Wohnung überlassen werden, ist die Vermietung als 81

[1] A 3 a.3 UStAE Abs. 4 Satz 4 Nr. 7 geändert durch BMF v. 26. 4. 2022 (BStBl. I S. 655), anzuwenden in allen offenen Fällen, mit Übergangsregelung für vor dem 1. 7. 2022 ausgeführte Leistungen.

USt AE 3a.3

sonstige Leistung im Zusammenhang mit einem Grundstück anzusehen (§ 3a Abs. 3 Nr. 1 UStG). ③ Dies gilt auch in den Fällen, in denen die Wohnwagen nicht fest mit dem Grund und Boden verbunden sind und deshalb auch als Beförderungsmittel verwendet werden könnten. ④ Maßgebend ist nicht die abstrakte Eignung eines Gegenstands als Beförderungsmittel. ⑤ Entscheidend ist, dass die Wohnwagen nach dem Inhalt der abgeschlossenen Mietverträge nicht als Beförderungsmittel, sondern zum stationären Gebrauch als Wohnungen überlassen werden. ⑥ Das gilt ferner in den Fällen, in denen die Vermietung der Wohnwagen nicht die Überlassung des jeweiligen Standplatzes umfasst und die Mieter deshalb über die Standplätze besondere Verträge mit den Inhabern der Campingplätze abschließen müssen.

82 (6) Zu den Leistungen der in § 4 Nr. 12 UStG bezeichneten Art zählen auch die Überlassung von Grundstücken und Grundstücksteilen zur Nutzung auf Grund eines auf Übertragung des Eigentums gerichteten Vertrages oder Vorvertrages (§ 4 Nr. 12 Satz 1 Buchstabe b UStG) sowie die Bestellung und Veräußerung von Dauerwohnrechten und Dauernutzungsrechten (§ 4 Nr. 12 Satz 1 Buchstabe c UStG).

83 (7) ① Zu den sonstigen Leistungen im Zusammenhang mit der Veräußerung oder dem Erwerb von Grundstücken (§ 3a Abs. 3 Nr. 1 Satz 2 Buchstabe b UStG) gehören beispielsweise die sonstigen Leistungen der Grundstücksmakler und Grundstückssachverständigen sowie der Notare bei der Beurkundung von Grundstückskaufverträgen und anderen Verträgen, die auf die Veränderung von Rechten an einem Grundstück gerichtet sind; dies gilt auch dann, wenn die Veränderung des Rechts an dem Grundstück tatsächlich nicht erfolgt. ② Bei juristischen Dienstleistungen ist zu prüfen, ob diese im Zusammenhang mit Grundstücksübertragungen oder mit der Begründung oder Übertragung von bestimmten Rechten an Grundstücken stehen (siehe Absatz 9 Nummer 9 sowie Absatz 10 Nummer 7).

84 (8) ① Zu den sonstigen Leistungen, die der Erschließung von Grundstücken oder der Vorbereitung oder der Ausführung von Bauleistungen dienen (§ 3a Abs. 3 Nr. 1 Satz 2 Buchstabe c UStG), gehören z. B. die Leistungen der Architekten, Bauingenieure, Vermessungsingenieure, Bauträgergesellschaften, Sanierungsträger sowie der Unternehmer, die Abbruch- und Erdarbeiten ausführen. ② Voraussetzung ist, dass die Leistung in engem Zusammenhang mit einem ausdrücklich bestimmten Grundstück erbracht wird, d. h. dass beispielsweise bei Ingenieur- oder Planungsleistungen der Standort des Grundstücks zum Zeitpunkt der Erbringung der Dienstleistung bereits feststeht. ③ Dazu gehören ferner:

1. Wartungs-, Renovierungs- und Reparaturarbeiten an einem Gebäude oder an Gebäudeteilen einschließlich Abrissarbeiten, Verlegen von Fliesen und Parkett sowie Tapezieren, Errichtung von auf Dauer angelegten Konstruktionen, wie Gas-, Wasser- oder Abwasserleitungen,
2. die Installation oder Montage von Maschinen oder Ausrüstungsgegenständen, soweit diese wesentliche Bestandteile des Grundstücks sind,
3. Bauaufsichtsmaßnahmen,
4. Leistungen zum Aufsuchen oder Gewinnen von Bodenschätzen,
5. die Begutachtung und die Bewertung von Grundstücken, auch zu Versicherungszwecken und zur Ermittlung des Grundstückswerts,
6. die Vermessung von Grundstücken,
7. die Errichtung eines Baugerüsts und
8. die Überlassung von Personal, insbesondere bei der Einschaltung von Subunternehmern, wenn gleichzeitig eine bestimmte Leistung oder ein bestimmter Erfolg des überlassenen Personals im Zusammenhang mit einem Grundstück geschuldet wird (vgl. Abschnitt 3a.9 Abs. 18a).

85 (9)[1] In engem Zusammenhang mit einem Grundstück stehen auch:

1. die Einräumung dinglicher Rechte, z. B. dinglicher Nießbrauch, Dienstbarkeiten, Erbbaurechte; zu den sonstigen Leistungen, die dabei ausgeführt werden, siehe Nummer 9 sowie Absatz 10 Nummer 7;
2. die Vermittlung von Vermietungen von Grundstücken, nicht aber die Vermittlung der kurzfristigen Vermietung von Zimmern in Hotels, Gaststätten oder Pensionen, von Fremdenzimmern, Ferienwohnungen, Ferienhäusern und vergleichbaren Einrichtungen;

2a. ① die Verwaltung von Grundstücken und Grundstücksteilen (z. B. Mietzinsverwaltung, Buchhaltung und Verwaltung der laufenden Ausgaben). ② Hiervon ausgenommen ist die Portfolioverwaltung im Zusammenhang mit Eigentumsanteilen an Grundstücken, selbst wenn das Portfolio Grundstücke enthält;

2b. die Bearbeitung landwirtschaftlicher Grundstücke, einschließlich sonstiger Leistungen wie Landbestellung, Säen, Bewässerung, Düngung;

2c. ① die Zugangsberechtigung zu Warteräumen in Flughäfen, unabhängig davon, ob diese mit der Nutzung von üblichen begleitenden Annehmlichkeiten (z. B. Sitzmöglichkeiten, TV-Unterhaltung, Zeitschriftenauslage, WLAN, Getränke oder Snacks) verbunden ist. ② Dies gilt

[1] A 3a.3 UStAE Abs. 9 Nr. 2c eingefügt durch BMF v. 26. 4. 2022 (BStBl. I S. 655), anzuwenden in allen offenen Fällen, mit Übergangsregelung für vor dem 1. 7. 2022 ausgeführte Leistungen; Nr. 9 Satz 4 geändert, Satz 5 eingefügt, bish. Satz 5 wird neuer Satz 6 durch BMF v. 20. 12. 2022 (BStBl. I S. 1694).

auch, wenn die Leistung darin besteht, dass dem Leistungsempfänger das Recht eingeräumt wird, die Zugangsberechtigung zu Warteräumen in Flughäfen an seine Kunden weiterzugeben. ③ Wird die Zugangsberechtigung zusammen mit der Flugbeförderung vereinbart und vergütet, stellt die Zugangsberechtigung keine in engem Zusammenhang mit dem Grundstück stehende Leistung, sondern eine unselbständige Nebenleistung zur Flugbeförderung dar, so dass sich der Leistungsort nach § 3b UStG bestimmt; UStAE 3a.3

3. Lagerung von Gegenständen, wenn dem Empfänger dieser sonstigen Leistung ein Recht auf Nutzung eines ausdrücklich bestimmten Grundstücks oder eines Teils desselben gewährt wird (vgl. EuGH-Urteil vom 27. 6. 2013, C-155/12, RR Donnelley Global Turnkey Solutions Poland);
4. Reinigung von Gebäuden oder Gebäudeteilen;
5. Wartung und Überwachung von auf Dauer angelegten Konstruktionen, wie Gas-, Wasser- oder Abwasserleitungen;
6. ① Wartung und Überwachung von Maschinen oder Ausrüstungsgegenständen, soweit diese wesentliche Bestandteile des Grundstücks sind. ② Hiervon umfasst sind auch Leistungen, die nicht vollständig vor Ort erbracht werden (z. B. Fälle der Fernwartung), sofern der Schwerpunkt der Wartungsdienstleistung vor Ort erbracht wird;
7. grundstücksbezogene Sicherheitsleistungen;
8. Leistungen bei der Errichtung eines Windparks im Zusammenhang mit einem ausdrücklich bestimmten Grundstück, insbesondere Studien und Untersuchungen zur Prüfung der Voraussetzungen zur Errichtung eines Windparks sowie für bereits genehmigte Windparks, ingenieurtechnische und gutachterliche Leistungen sowie Planungsleistungen im Rahmen der Projektzertifizierung (z. B. gutachterliche Stellungnahmen im Genehmigungsverfahren und standortbezogene Beratungs-, Prüf- und Überwachungsleistungen bei Projektzertifizierungen), die parkinterne Verkabelung einschließlich Umspannplattform sowie der parkexterne Netzanschluss zur Stromabführung an Land einschließlich Konverterplattform;
9. ① sonstige Leistungen juristischer Art im Zusammenhang mit Grundstücksübertragungen sowie mit der Begründung oder Übertragung von bestimmten Rechten an Grundstücken oder dinglichen Rechten an Grundstücken (unabhängig davon, ob diese Rechte einem körperlichen Gegenstand gleichgestellt sind), selbst wenn die zugrunde liegende Transaktion, die zur rechtlichen Veränderung an dem Grundstück führt, letztendlich nicht stattfindet. ② Zu den bestimmten Rechten an Grundstücken zählen z. B. das Miet- und Pachtrecht. ③ Die Erbringung sonstiger Leistungen juristischer Art ist nicht auf bestimmte Berufsgruppen beschränkt. ④ Erforderlich ist jedoch grundsätzlich, dass die Dienstleistung mit einer zumindest beabsichtigten Veränderung des rechtlichen Status des Grundstücks zusammenhängt. ⑤ Bei der Ausgabe beglaubigter/amtlicher Grundbuchauszüge stellt das Grundstück einen zentralen und wesentlichen Bestandteil der Dienstleistung dar, so dass diese ungeachtet des Verwendungszwecks als in einem hinreichend direkten Zusammenhang mit einem Grundstück stehend anzusehen ist. ⑥ Zu den sonstigen Leistungen im Sinne der Sätze 1 bis 4 zählen z. B.:
   - das Aufsetzen eines Vertrags über den Verkauf oder den Kauf eines Grundstücks und das Verhandeln der Vertragsbedingungen sowie damit in Zusammenhang stehende Beratungsleistungen (z. B. Finanzierungsberatung, Erstellung einer Due Diligence), sofern diese als unselbständige Nebenleistungen anzusehen sind;
   - die sonstigen Leistungen der Notare bei der Beurkundung von Grundstückskaufverträgen und anderen Verträgen, die auf die Veränderung von Rechten an einem Grundstück gerichtet sind, unabhängig davon, ob sie zwingend einer notariellen Beurkundung bedürfen;
   - die Beratung hinsichtlich einer Steuerklausel in einem Grundstücksübertragungsvertrag;
   - das Aufsetzen und Verhandeln der Vertragsbedingungen eines sale-and-lease-back-Vertrags über ein Grundstück oder einen Grundstücksteil sowie damit in Zusammenhang stehende Beratungsleistungen (z. B. Finanzierungsberatung), sofern diese als unselbständige Nebenleistungen anzusehen sind;
   - das Aufsetzen und Verhandeln von Miet- und Pachtverträgen über ein bestimmtes Grundstück oder einen bestimmten Grundstücksteil;
   - die rechtliche Prüfung bestehender Miet- oder Pachtverträge im Hinblick auf den Eigentümerwechsel im Rahmen einer Grundstücksübertragung.

(10) Folgende Leistungen stehen nicht im engen Zusammenhang mit einem Grundstück bzw. das Grundstück stellt bei diesen Leistungen keinen zentralen und unverzichtbaren Teil dar: 86

1. Erstellung von Bauplänen für Gebäude und Gebäudeteile, die keinem bestimmten Grundstück oder Grundstücksteil zugeordnet werden können;
2. Installation oder Montage, Arbeiten an sowie Kontrolle und Überwachung von Maschinen oder Ausstattungsgegenständen, die kein wesentlicher Bestandteil eines Grundstücks sind bzw. werden;
3. Portfolio-Management in Zusammenhang mit Eigentumsanteilen an Grundstücken;
4. der Verkauf von Anteilen und die Vermittlung der Umsätze von Anteilen an Grundstücksgesellschaften sowie Beratungsleistungen hinsichtlich des Abschlusses eines Kaufvertrags über Anteile an einer Grundstücksgesellschaft (Share Deal);

5. die Veröffentlichung von Immobilienanzeigen, z. B. durch Zeitungen;
6. die Finanzierung und Finanzierungsberatung im Zusammenhang mit dem Erwerb eines Grundstücks und dessen Bebauung;
7. ① sonstige Leistungen juristischer Art, mit Ausnahme der unter Absatz 9 Nummer 9 genannten sonstigen Leistungen, einschließlich Beratungsleistungen betreffend die Vertragsbedingungen eines Grundstücksübertragungsvertrags, die Durchsetzung eines solchen Vertrags oder den Nachweis, dass ein solcher Vertrag besteht, sofern diese Leistungen nicht speziell mit der Übertragung von Rechten an Grundstücken zusammenhängen. ② Zu diesen Leistungen gehören z. B.
   – die Rechts- und Steuerberatung in Grundstückssachen;
   – die Erstellung von Mustermiet- oder -pachtverträgen ohne Bezug zu einem konkreten Grundstück;
   – die Beratung zur Akquisitionsstruktur einer Transaktion (Asset Deal oder Share Deal);
   – die Prüfung der rechtlichen Verhältnisse eines Grundstücks (Due Diligence);
   – die Durchsetzung von Ansprüchen aus einer bereits vorgenommenen Übertragung von Rechten an Grundstücken;
8. Planung, Gestaltung sowie Aufbau, Umbau und Abbau von Ständen im Zusammenhang mit Messen und Ausstellungen (vgl. EuGH-Urteil vom 27. 10. 2011, C-530/09, Inter-Mark Group, BStBl. 2012 II S. 160);
9. Lagerung von Gegenständen auf einem Grundstück, wenn hierfür zwischen den Vertragsparteien kein bestimmter Teil eines Grundstücks zur ausschließlichen Nutzung festgelegt worden ist;
10. Werbeleistungen, selbst wenn sie die Nutzung eines Grundstücks einschließen;
11. Zurverfügungstellen von Gegenständen oder Vorrichtungen, mit oder ohne Personal für deren Betrieb, mit denen der Leistungsempfänger Arbeiten im Zusammenhang mit einem Grundstück durchführt (z. B. Vermietung eines Baugerüsts), wenn der leistende Unternehmer mit dem Zurverfügungstellen keinerlei Verantwortung für die Durchführung der genannten Arbeiten übernimmt;
12. Leistungen bei der Errichtung eines Windparks, die nicht im Zusammenhang mit einem ausdrücklich bestimmten Grundstück stehen, insbesondere die Übertragung von Rechten im Rahmen der öffentlich-rechtlichen Projektverfahren sowie von Rechten an in Auftrag gegebenen Studien und Untersuchungen, Planungsarbeiten und Konzeptionsleistungen (z. B. Ermittlung der Eigentümer oder Abstimmung mit Versorgungsträgern), Projektsteuerungsarbeiten wie Organisation, Terminplanung, Kostenplanung, Kostenkontrolle und Dokumentation (z. B. im Zusammenhang mit der Kabelverlegung, Gleichstromübertragung und Anbindung an das Umspannwerk als Leistungsbündel bei der Netzanbindung);
13. die Einräumung der Berechtigung, auf einem Golfplatz Golf zu spielen (vgl. BFH-Urteil vom 12. 10. 2016, XI R 5/14, BStBl. 2017 II S. 500).

LS zu 3a.3

Die Einräumung der Berechtigung zur Ausübung der Fischerei in Form einer entgeltlichen **Übertragung von Fischereikarten** stellt eine Dienstleistung im Zusammenhang mit einem Grundstück im Sinne von Art. 9 Abs. 2 Buchst. a der 6. RL 77/388/EWG des Rates vom 17. 5. 1977 dar. ***EuGH-Urt. v. 7. 9. 2006,*** *C-166/05, Heger Rudi GmbH (IStR 2007 S. 109).*

87 Art. 9 Abs. 2 Buchst. a der Sechsten Richtlinie 77/388/ EWG des Rates ist dahin auszulegen, dass der Ort einer Dienstleistung, die von einer Vereinigung erbracht wird, deren Tätigkeit darin besteht, den Tausch von **Teilzeitnutzungsrechten an Ferienwohnungen [Time-Sharing]** zwischen ihren Mitgliedern zu organisieren, wofür diese Vereinigung als Gegenleistung von ihren Mitgliedern Beitrittsentgelte, Mitgliedsbeiträge und Tauschentgelte erhebt, der Ort ist, an dem die Immobilie, an der das Teilnutzungsrecht des betreffenden Mitglieds besteht, gelegen ist. ***EuGH-Urt. v. 3. 9. 2009,*** *C-37/08, RCI Europe (DStR S. 2003).* – Vgl. EuGH-Urt. v. 16. 12. 2010, C-270/09 bei **LS zu 4.12.1.**

1. Vereinbart der Unternehmer die **Vermittlung** einer sonstigen Leistung im Zusammenhang mit einer Vielzahl im **In- und Ausland belegener Grundstücke [Hotelschecks]** und erhält er hierfür eine Anzahlung, richtet sich der Leistungsort auch dann nach § 3 a *Abs. 1* UStG a. F., wenn im Zeitpunkt der Vereinnahmung nicht feststeht, ob sich die Vermittlungsleistung auf ein im Ausland belegenes Grundstück bezieht. – 2. Ergibt sich, dass die vermittelte Leistung eine sonstige Leistung im Zusammenhang mit einem im Ausland belegenen Grundstück betrifft, ist die Bemessungsgrundlage entsprechend § 17 Abs. 2 Nr. 2 UStG zu berichtigen. *BFH-Urteil v. 8. 9. 2011, V R 42/10 (BStBl. 2012 II S. 248).*

Der Leistungsort bei der Ausgabe von beglaubigten/amtlichen
– **Grundbuchauszügen** befindet sich nach § 3 a Abs. 3 Nr. 1 Satz 1 UStG i. V. m. Art. 31 a Abs. 1 Satz 2 Buchst. a MwStVO am Lageort des Grundstücks,
– Auszügen aus anderen öffentlichen Registern bestimmt sich nach § 3 a Abs. 1 und 2 UStG.
Kurzinfo FM Schleswig-Holstein v. 17. 6. 2022 S 7117a-026 (DStR S. 1913).

Anl zu 30.3

Schreiben betr. umsatzsteuerrechtliche Behandlung der Gewährung von Zugangsberechtigungen zu sog. Flughafenlounges

Vom 26. April 2022 (BStBl. I S. 655)

(BMF III C 3 – S 7117-a/20/10002 :003; DOK 2022/442171)

88 Bei der Gewährung einer Zugangsberechtigung zu Warteräumen in Flughäfen (sog. Flughafenlounges) handelt es sich in der Regel um eine sonstige Leistung, die in einem engen Zusammenhang

mit einem Grundstück steht. In diesem Fall handelt es sich um eine sonstige Leistung i.S.d. § 3a Abs. 3 Nr. 1 Satz 1 UStG. Die betreffende Leistung wird somit dort ausgeführt, wo das Grundstück liegt. Sollte die Leistung im Inland steuerbar sein, findet die Steuerbefreiung gemäß § 4 Nr. 2 i.V.m. § 8 Abs. 2 Nr. 4 UStG auf die Gewährung der Zugangsberechtigung keine Anwendung, da diese Leistung nicht unmittelbar dem Bedarf von Luftfahrzeugen dient.

Erwirbt der Passagier die Zugangsberechtigung zu Warteräumen in Flughäfen zusammen mit der Flugbeförderung, kann der Warteraum nur im Zusammenhang mit dem Flug genutzt werden und dient damit dem Zweck, die Flugbeförderung unter optimalen Bedingungen in Anspruch zu nehmen. In diesen Fällen stellt die Zugangsberechtigung zur Flughafenlounge in Flughäfen eine unselbständige Nebenleistung zur Flugbeförderung dar, so dass sich der Leistungsort nach § 3b UStG bestimmt und in Fällen der grenzüberschreitenden Beförderung auch die Gewährung der Zugangsberechtigung als unselbständige Nebenleistung von der niedrigeren Festsetzung oder dem Erlass der Umsatzsteuer gemäß § 26 Abs. 3 UStG erfasst wird.

Die alleinige Kombination der Hauptleistung Flugbeförderung mit der Nebenleistung Zugangsberechtigung zu Warteräumen führt nicht zu einer Reiseleistung i.S.d. § 25 UStG.

Unter Bezugnahme auf das Ergebnis der Erörterungen mit den obersten Finanzbehörden der Länder gilt Folgendes:

I. Änderung des Umsatzsteuer-Anwendungserlasses

[in A 3a.3, A 8.2 und A 26.2 UStAE berücksichtigt]

II. Anwendungsregelungen

Die Grundsätze dieses Schreibens sind in allen offenen Fällen anzuwenden.

Bei Leistungen, die vor dem 1. Juli 2022 ausgeführt werden, wird es nicht beanstandet, wenn die Beteiligten bei der Leistungsortbestimmung übereinstimmend die Vorschrift des § 3a Abs. 3 Nr. 1 UStG zu Unrecht nicht angewendet haben.

3a.4 Ort der sonstigen Leistung bei Messen, Ausstellungen und Kongressen

UStAE 3a.4

(1) ① Bei der Überlassung von Standflächen auf Messen und Ausstellungen an die Aussteller handelt es sich um sonstige Leistungen im Zusammenhang mit einem Grundstück. ② Diese Leistungen werden im Rahmen eines Vertrages besonderer Art (vgl. Abschnitt 4.12.6 Abs. 2 Nr. 1) dort ausgeführt, wo die Standflächen liegen (§ 3a Abs. 3 Nr. 1 UStG). ③ Die vorstehenden Ausführungen gelten entsprechend für folgende Leistungen an die Aussteller: 91

1. Überlassung von Räumen und ihren Einrichtungen auf dem Messegelände für Informationsveranstaltungen einschließlich der üblichen Nebenleistungen;
2. Überlassung von Parkplätzen auf dem Messegelände.

④ Übliche Nebenleistungen sind z.B. die Überlassung von Mikrofonanlagen und Simultandolmetscheranlagen sowie Bestuhlungsdienste, Garderobendienste und Hinweisdienste.

(2) ① In der Regel erbringen die Unternehmer neben der Überlassung von Standflächen usw. eine Reihe weiterer Leistungen an die Aussteller. ② Es kann sich dabei insbesondere um folgende sonstige Leistungen handeln: 92

1. ① Technische Versorgung der überlassenen Stände. ② Hierzu gehören z.B.
   a) Herstellung der Anschlüsse für Strom, Gas, Wasser, Wärme, Druckluft, Telefon, Telex, Internetzugang und Lautsprecheranlagen,
   b) die Abgabe von Energie, z.B. Strom, Gas, Wasser und Druckluft, wenn diese Leistungen umsatzsteuerrechtlich Nebenleistungen zur Hauptleistung der Überlassung der Standflächen darstellen;
2. ① Planung, Gestaltung sowie Aufbau, Umbau und Abbau von Ständen. ② Unter die „Planung" fallen insbesondere Architektenleistungen, z.B. Anfertigung des Entwurfs für einen Stand. ③ Zur „Gestaltung" zählt z.B. die Leistung eines Gartengestalters oder eines Beleuchtungsfachmannes;
3. Überlassung von Standbauteilen und Einrichtungsgegenständen, einschließlich Miet-System-Ständen;
4. Standbetreuung und Standbewachung;
5. Reinigung von Ständen;
6. Überlassung von Garderoben und Schließfächern auf dem Messegelände;
7. Überlassung von Eintrittsausweisen einschließlich Eintrittskarten;
8. Überlassung von Telefonapparaten, Telefaxgeräten und sonstigen Kommunikationsmitteln zur Nutzung durch die Aussteller;
9. Überlassung von Informationssystemen, z.B. von Bildschirmgeräten oder Lautsprecheranlagen, mit deren Hilfe die Besucher der Messen und Ausstellungen unterrichtet werden sollen;
10. Schreibdienste und ähnliche sonstige Leistungen auf dem Messegelände;
11. Beförderung und Lagerung von Ausstellungsgegenständen wie Exponaten und Standausrüstungen;

12. Übersetzungsdienste;
13. Eintragungen in Messekatalogen, Aufnahme von Werbeanzeigen usw. in Messekatalogen, Zeitungen, Zeitschriften usw., Anbringen von Werbeplakaten, Verteilung von Werbeprospekten und ähnliche Werbemaßnahmen;
14. Besuchermarketing;
15. Vorbereitung und Durchführung von Foren und Sonderschauen, von Pressekonferenzen, von Eröffnungsveranstaltungen und Ausstellerabenden;
16. Gestellung von Hosts und Hostessen.

③ Handelt es sich um eine einheitliche Leistung – sog. Veranstaltungsleistung – (vgl. Abschnitt 3.10 und EuGH-Urteil vom 9. 3. 2006, C-114/05, Gillan Beach), bestimmt sich der Ort dieser sonstigen Leistung nach § 3 a Abs. 2 UStG, wenn der Leistungsempfänger ein Leistungsempfänger im Sinne des § 3 a Abs. 2 UStG ist (siehe Abschnitt 3 a.2 Abs. 1); zum Leistungsort bei Veranstaltungsleistungen im Zusammenhang mit Messen und Ausstellungen, wenn die Veranstaltungsleistung ausschließlich im Drittlandsgebiet genutzt oder ausgewertet wird, vgl. Abschnitt 3 a.14 Abs. 5. ④ Ist in derartigen Fällen der Leistungsempfänger ein Nichtunternehmer (siehe Abschnitt 3 a.1 Abs. 1), richtet sich der Leistungsort nach § 3 a Abs. 3 Nr. 3 Buchstabe a UStG. ⑤ Eine Veranstaltungsleistung im Sinne von Satz 3 kann dann angenommen werden, wenn neben der Überlassung von Standflächen zumindest noch drei weitere Leistungen der in Satz 2 genannten Leistungen vertraglich vereinbart worden sind und auch tatsächlich erbracht werden. ⑥ Werden nachträglich die Erbringung einer weiteren Leistung oder mehrerer weiterer Leistungen zwischen Auftragnehmer und Auftraggeber vereinbart, gilt dies als Vertragsergänzung und wird in die Beurteilung für das Vorliegen einer Veranstaltungsleistung einbezogen. ⑦ Werden im Zusammenhang mit der Veranstaltungsleistung auch Übernachtungs- und/oder Verpflegungsleistungen erbracht, sind diese stets als eigenständige Leistungen zu beurteilen.

92a (2 a) ① Die Absätze 1 und 2 gelten entsprechend bei der Überlassung eines Kongresszentrums oder Teilen hiervon einschließlich des Veranstaltungsequipments an einen Veranstalter. ② Gleiches gilt für die Überlassung von Flächen in einem Hotel (Konferenz-, Seminar- oder Tagungsräume) einschließlich der Konferenztechnik.

93 (3) Werden die in Absatz 2 Satz 2 bezeichneten sonstigen Leistungen nicht im Rahmen einer einheitlichen Leistung im Sinne des Absatzes 2 Satz 5, sondern als selbständige Leistungen einzeln erbracht, gilt Folgendes:

1. Der Leistungsort der in Absatz 2 Satz 2 Nr. 1 Buchstabe a sowie Nr. 4 bis 6, 9 und 10 bezeichneten sonstigen Leistungen richtet sich nach § 3 a Abs. 1 oder 2 UStG.
2. Der Leistungsort der in Absatz 2 Satz 2 Nr. 2 bezeichneten Leistungen richtet sich nach § 3 a Abs. 1, 2 (vgl. Abschnitt 3 a.2 Abs. 16), 3 Nr. 3 Buchstabe a (vgl. Abschnitt 3 a.6 Abs. 7) oder 4 Sätze 1 und 2 Nr. 2 UStG (vgl. Abschnitt 3 a.9 Abs. 8 a).
3. Der Leistungsort der in Absatz 2 Satz 2 Nr. 3 bezeichneten Leistungen richtet sich nach § 3 a Abs. 1, 2 (vgl. Abschnitt 3 a.2 Abs. 16) oder 4 Sätze 1 und 2 Nr. 10 UStG (vgl. Abschnitt 3 a.9 Abs. 19).
4. Der Leistungsort der in Absatz 2 Satz 2 Nr. 7 bezeichneten Leistungen richtet sich nach § 3 a Abs. 3 Nr. 3 Buchstabe a oder Nr. 5 UStG.
5. Der Leistungsort der in Absatz 2 Satz 2 Nr. 8 bezeichneten sonstigen Leistungen richtet sich nach § 3 a Abs. 2 oder 5 Sätze 1 und 2 Nr. 1 und Abs. 6 Satz 1 Nr. 3 UStG.
6. Der Leistungsort der in Absatz 2 Satz 2 Nr. 11 bezeichneten Beförderungsleistungen richtet sich nach § 3 a Abs. 2 und 8 Sätze 1 und 3, § 3 b Abs. 1 oder 3 UStG.
7. Der Leistungsort der in Absatz 2 Satz 2 Nr. 11 bezeichneten Lagerung von Ausstellungsgegenständen richtet sich nach § 3 a Abs. 2 und 8 Sätze 1 und 3 oder § 3 b Abs. 2 UStG.
8. Der Leistungsort der in Absatz 2 Satz 2 Nr. 12 bezeichneten Übersetzungsleistungen richtet sich nach § 3 a Abs. 1, 2, 4 Sätze 1 und 2 Nr. 3 und Abs. 6 Satz 1 Nr. 2 UStG.
9. Der Leistungsort der in Absatz 2 Satz 2 Nr. 13 bezeichneten Werbeleistungen richtet sich nach § 3 a Abs. 1, 2, 4 Sätze 1 und 2 Nr. 2 und Abs. 6 Satz 1 Nr. 2 UStG.
10. Der Leistungsort der in Absatz 2 Satz 2 Nr. 14 und 15 bezeichneten Leistungen richtet sich grundsätzlich nach § 3 a Abs. 1 oder 2 UStG; soweit es sich um Werbeleistungen handelt, kommt auch die Ortsbestimmung nach § 3 a Abs. 4 Sätze 1 und 2 Nr. 2 und Abs. 6 Satz 1 Nr. 2 UStG in Betracht.
11. Der Leistungsort der in Absatz 2 Satz 2 Nr. 16 bezeichneten Gestellung von Personal richtet sich nach § 3 a Abs. 1, 2, 4 Sätze 1 und 2 Nr. 7 oder Abs. 6 Satz 1 Nr. 2 UStG.

Sonstige Leistungen ausländischer Durchführungsgesellschaften

94 (4) ① Im Rahmen von Messen und Ausstellungen werden auch Gemeinschaftsausstellungen durchgeführt, z. B. von Ausstellern, die in demselben ausländischen Staat ansässig sind. ② Vielfach ist in diesen Fällen zwischen dem Veranstalter und den Ausstellern ein Unternehmen eingeschaltet, das im eigenen Namen die Gemeinschaftsausstellung organisiert (sog. Durchführungsgesellschaft). ③ In diesen Fällen erbringt der Veranstalter die in den Absätzen 1 und 2 bezeichneten sonstigen Leistungen an die zwischengeschaltete Durchführungsgesellschaft. ④ Diese erbringt die sonstigen Leistungen an die an der Gemeinschaftsausstellung beteiligten Aussteller. ⑤ Für die umsatzsteuerliche Behandlung der Leistungen der Durchführungsgesellschaft gelten die Ausführungen in den Absätzen 1 bis 3 entsprechend. ⑥ Zur Steuerschuldnerschaft des Leistungsempfängers bei Leistungen im Ausland ansässiger Durchführungsgesellschaften vgl. Abschnitt 13b.10 Abs. 3.

(5) ① Einige ausländische Staaten beauftragen mit der Organisation von Gemeinschaftsausstellungen keine Durchführungsgesellschaft, sondern eine staatliche Stelle, z. B. ein Ministerium. ② Im Inland werden die ausländischen staatlichen Stellen vielfach von den Botschaften oder Konsulaten der betreffenden ausländischen Staaten vertreten. ③ Im Übrigen werden Gemeinschaftsausstellungen entsprechend den Ausführungen in Absatz 4 durchgeführt. ④ Hierbei erheben die ausländischen staatlichen Stellen von den einzelnen Ausstellern ihres Landes Entgelte, die sich in der Regel nach der beanspruchten Ausstellungsfläche richten. ⑤ Bei dieser Gestaltung sind die ausländischen staatlichen Stellen als Unternehmer im Sinne des § 2 Abs. 3 UStG anzusehen. ⑥ Die Ausführungen in Absatz 4 gelten deshalb für die ausländischen staatlichen Stellen entsprechend. **95**

(6) Ist die Festlegung des Leistungsortes bei Veranstaltungsleistungen im Sinne des Absatzes 2 auf Grund des Rechts eines anderen Mitgliedstaates ausnahmsweise abweichend von Absatz 2 vorgenommen worden, ist es nicht zu beanstanden, wenn dieser Ortsregelung gefolgt wird. **96**

(7) Zur Übergangsregelung bei der Anwendung des Leistungsortes bei Veranstaltungsleistungen im Zusammenhang mit Messen und Ausstellungen, vgl. Abschnitt II Nr. 1 des BMF-Schreibens vom 4. 2. 2011, BStBl. I S. 162. **97**

LS zu 3a.4

Differenzierung des Orts von Dienstleistungen i. V. m. **Messeständen** nach Leistungsinhalten. ***EuGH-Urteil v. 27. 10. 2011,*** *C-530/09, Inter-Mark Group sp. z o. o. sp. komandytowa (BStBl. 2012 II S. 160).* **98**

UStAE 3a.5

3a.5 Ort der Vermietung eines Beförderungsmittels

Allgemeines

(1) ① Der Ort der Vermietung eines Beförderungsmittels ist insbesondere von der Dauer der Vermietung abhängig. ② Dabei richtet sich die Dauer der Vermietung nach der tatsächlichen Dauer der Nutzungsüberlassung; wird der Zeitraum der Vermietung auf Grund höherer Gewalt verlängert, ist dieser Zeitraum bei der Abgrenzung einer kurzfristigen von einer langfristigen Vermietung nicht zu berücksichtigen (vgl. Artikel 39 Abs. 1 Unterabs. 3 MwStVO). ③ Wird ein Beförderungsmittel mehrfach unmittelbar hintereinander an denselben Leistungsempfänger für einen Zeitraum vermietet, liegt eine kurzfristige Vermietung grundsätzlich nur dann vor, wenn der ununterbrochene Vermietungszeitraum von nicht mehr als 90 Tagen bzw. 30 Tagen insgesamt nicht überschritten wird (vgl. Artikel 39 Abs. 1 Unterabs. 1 und 2 und Abs. 2 Unterabs. 1 und 2 MwStVO). ④ Wird ein Beförderungsmittel zunächst kurzfristig und anschließend über einen als langfristig geltenden Zeitraum an denselben Leistungsempfänger vermietet, sind die beiden Vermietungszeiträume abweichend von Satz 3 getrennt voneinander zu betrachten, sofern diese vertraglichen Regelungen nicht zur Erlangung steuerrechtlicher Vorteile erfolgten (vgl. Artikel 39 Abs. 2 Unterabs. 3 MwStVO). ⑤ Werden aufeinander folgende Verträge über die Vermietung von Beförderungsmitteln geschlossen, die tatsächlich unterschiedliche Beförderungsmittel betreffen, sind die jeweiligen Vermietungen gesondert zu betrachten, sofern diese vertraglichen Regelungen nicht zur Erlangung steuerrechtlicher Vorteile erfolgten (vgl. Artikel 39 Abs. 3 MwStVO). **101**

(2) ① Als Beförderungsmittel sind Gegenstände anzusehen, deren Hauptzweck auf die Beförderung von Personen und Gütern zu Lande, zu Wasser oder in der Luft gerichtet ist und die sich auch tatsächlich fortbewegen (vgl. Artikel 38 Abs. 1 MwStVO). ② Zu den Beförderungsmitteln gehören auch Auflieger, Sattelanhänger, Fahrzeuganhänger, Eisenbahnwaggons, Elektro-Caddywagen, Transportbetonmischer, Segelboote, Ruderboote, Paddelboote, Motorboote, Sportflugzeuge, Segelflugzeuge, Wohnmobile, Wohnwagen (vgl. jedoch Abschnitt 3a.3 Abs. 5) sowie landwirtschaftliche Zugmaschinen und andere landwirtschaftliche Fahrzeuge, Fahrzeuge, die speziell für den Transport von kranken oder verletzten Menschen konzipiert sind, und Rollstühle und ähnliche Fahrzeuge für kranke und körperbehinderte Menschen, mit mechanischen oder elektronischen Vorrichtungen zur Fortbewegung (vgl. Artikel 38 Abs. 2 MwStVO). ③ Keine Beförderungsmittel sind z. B. Bagger, Planierraupen, Bergungskräne, Schwertransportkräne, Transportbänder, Gabelstapler, Elektrokarren, Rohrleitungen, Ladekräne, Schwimmkräne, Schwimmrammen, Container, militärische Kampffahrzeuge, z. B. Kriegsschiffe – ausgenommen Versorgungsfahrzeuge –, Kampfflugzeuge, Panzer, und Fahrzeuge, die dauerhaft stillgelegt worden sind (vgl. Artikel 38 Abs. 3 MwStVO). ④ Unabhängig hiervon kann jedoch mit diesen Gegenständen eine Beförderungsleistung ausgeführt werden. ⑤ Als Vermietung von Beförderungsmitteln gilt auch die Überlassung von betrieblichen Kraftfahrzeugen durch Arbeitgeber an ihre Arbeitnehmer zur privaten Nutzung sowie die Überlassung eines Rundfunk- oder Fernsehübertragungswagens oder eines sonstigen Beförderungsmittels inländischer und ausländischer Rundfunkanstalten des öffentlichen Rechts untereinander. **102**

UStAE 3a.5

103 (3) ① Wird eine Segel- oder Motoryacht oder ein Luftfahrzeug ohne Besatzung verchartert, ist eine Vermietung eines Beförderungsmittels anzunehmen. ② Bei einer Vercharterung mit Besatzung ohne im Chartervertrag festgelegte Reiseroute ist ebenfalls eine Vermietung eines Beförderungsmittels anzunehmen. ③ Dagegen ist eine Beförderungsleistung anzunehmen, wenn die Yacht oder das Luftfahrzeug mit Besatzung an eine geschlossene Gruppe vermietet wird, die mit dem Vercharterer vorher die Reiseroute festgelegt hat, diese Reiseroute aber im Verlauf der Reise ändern oder in anderer Weise auf den Ablauf der Reise Einfluss nehmen kann. ④ Das gilt auch, wenn nach dem Chartervertrag eine bestimmte Beförderung geschuldet wird und der Unternehmer diese unter eigener Verantwortung vornimmt, z.B. bei einer vom Vercharterer organisierten Rundreise mit Teilnehmern, die auf Ablauf und nähere Ausgestaltung der Reise keinen Einfluss haben.

104 (4) ① Überlässt der Unternehmer (Arbeitgeber) seinem Personal (Arbeitnehmer) ein erworbenes Fahrzeug auch zur privaten Nutzung (Privatfahrten, Fahrten zwischen Wohnung und erster Tätigkeitsstätte sowie Familienheimfahrten aus Anlass einer doppelten Haushaltsführung) ist dies regelmäßig als entgeltliche Vermietung eines Beförderungsmittels anzusehen (vgl. Abschnitt 15.23 Abs. 8 bis 11). ② Der Leistungsort dieser Leistung bestimmt sich nach § 3a Abs. 3 Nr. 2 UStG. ③ Sofern ausnahmsweise eine unentgeltliche Überlassung im Sinne des § 3 Abs. 9a Nr. 1 UStG vorliegt (vgl. Abschnitt 15.23 Abs. 12), bestimmt sich deren Leistungsort ebenfalls nach § 3a Abs. 3 Nr. 2 UStG.

Kurzfristige Vermietung eines Beförderungsmittels

105 (5) ① Die Ortsbestimmung des § 3a Abs. 3 Nr. 2 Satz 1 und 2 UStG gilt für die kurzfristige Vermietungsleistung von Beförderungsmitteln sowohl an Nichtunternehmer (siehe Abschnitt 3a.1 Abs. 1) als auch an Leistungsempfänger im Sinne des § 3a Abs. 2 UStG (siehe Abschnitt 3a.2 Abs. 1). ② Zum Ort der kurzfristigen Fahrzeugvermietung zur Nutzung im Drittlandsgebiet vgl. Abschnitt 3a.14 Abs. 4; zum Ort der kurzfristigen Vermietung eines Beförderungsmittels durch einen im Drittlandsgebiet ansässigen Unternehmer zur Nutzung im Inland vgl. Abschnitt 3a.14 Abs. 1 und 2.

106 (6) ① Leistungsort bei der kurzfristigen Vermietung eines Beförderungsmittels ist regelmäßig der Ort, an dem das Beförderungsmittel dem Leistungsempfänger tatsächlich zur Verfügung gestellt wird, das ist der Ort, an dem das Beförderungsmittel dem Leistungsempfänger übergeben wird (vgl. Artikel 40 MwStVO). ② Eine kurzfristige Vermietung liegt vor, wenn die Vermietung über einen ununterbrochenen Zeitraum von nicht mehr als 90 Tagen bei Wasserfahrzeugen und von nicht mehr als 30 Tagen bei anderen Beförderungsmitteln erfolgt.

Beispiel:

① Das Bootsvermietungsunternehmen B mit Sitz in Düsseldorf vermietet an den Unternehmer U eine Yacht für drei Wochen. ② Die Übergabe der Yacht erfolgt an der Betriebsstätte des B in einem italienischen Adriahafen.

③ Der Leistungsort für die Vermietungsleistung des B an U ist in Italien, dem Ort, an dem das vermietete Boot tatsächlich von B an U übergeben wird.

Langfristige Vermietung eines Beförderungsmittels

107 (7) Die Ortsbestimmung des § 3a Abs. 3 Nr. 2 Satz 3 UStG gilt nur für sonstige Leistungen an Nichtunternehmer (siehe Abschnitt 3a.1 Abs. 1).

108 (8) ① Leistungsort bei der langfristigen Vermietung eines Beförderungsmittels ist regelmäßig der Ort, an dem der Leistungsempfänger seinen Wohnsitz, seinen gewöhnlichen Aufenthaltsort oder einen Sitz hat. ② Zur Definition des Wohnsitzes und des gewöhnlichen Aufenthaltsorts vgl. Abschnitt 3a. 1 Abs. 1 Sätze 9 und 10. ③ Der Leistungsempfänger gilt an dem Ort als ansässig bzw. hat dort seinen Wohnsitz oder gewöhnlichen Aufenthaltsort, der vom leistenden Unternehmer unter Darlegung von zwei in Satz 4 genannten, sich nicht widersprechenden Beweismitteln als Leistungsort bestimmt worden ist (vgl. Artikel 24c MwStVO). ④ Als Beweismittel gelten insbesondere (vgl. Artikel 24e MwStVO):

1. die Rechnungsanschrift des Leistungsempfängers;
2. Bankangaben, wie der Ort, an dem das bei der unbaren Zahlung der Gegenleistung verwendete Bankkonto geführt wird, oder die der Bank vorliegende Rechnungsanschrift des Leistungsempfängers;
3. die Zulassungsdaten des vom Leistungsempfänger gemieteten Beförderungsmittels, wenn dieses in dem Staat, in dem es genutzt wird, zugelassen sein muss, oder vergleichbare Informationen;
4. sonstige für die Vermietung wirtschaftlich wichtige Informationen.

⑤ Liegen Hinweise vor, dass der leistende Unternehmer den Ort nach Satz 3 falsch oder missbräuchlich festgelegt hat, kann das für den leistenden Unternehmer zuständige Finanzamt die Vermutungen widerlegen (vgl. Artikel 24d Abs. 2 MwStVO). ⑥ Eine langfristige Vermietung liegt vor, wenn die Vermietung über einen ununterbrochenen Zeitraum von mehr als 90 Tagen bei Wasserfahrzeugen und von mehr als 30 Tagen bei anderen Beförderungsmitteln erfolgt.

UStAE 3 a.5

Beispiel:

① Ein österreichischer Staatsbürger mit Wohnsitz in Salzburg tritt eine private Deutschlandreise in München an und mietet ein Kraftfahrzeug bei einem Unternehmer mit Sitz in München für zwei Monate. ② Das Fahrzeug soll ausschließlich im Inland genutzt werden.

③ Es handelt sich um eine langfristige Vermietung. ④ Der Leistungsort ist deshalb nach § 3a Abs. 3 Nr. 2 Satz 3 UStG zu bestimmen. ⑤ Die Vermietung des Kraftfahrzeugs durch einen im Inland ansässigen Unternehmer ist insgesamt in Österreich am Wohnsitz des Leistungsempfängers steuerbar, auch wenn das vermietete Beförderungsmittel während der Vermietung nicht in Österreich, sondern ausschließlich im Inland genutzt wird.

(8 a) Wird die langfristige Vermietung eines Beförderungsmittels an einen Nichtunternehmer (siehe Abschnitt 3 a.1 Abs. 1) erbracht, der in verschiedenen Ländern ansässig ist oder seinen Wohnsitz in einem Land und seinen gewöhnlichen Aufenthaltsort in einem anderen Land hat, ist

1. bei Leistungen an eine nicht unternehmerisch tätige juristische Person, der keine USt-IdNr. erteilt worden ist, der Leistungsort vorrangig an dem Ort, an dem die Handlungen zur zentralen Verwaltung der juristischen Person vorgenommen werden, soweit keine Anhaltspunkte dafür vorliegen, dass die Leistung an deren Betriebsstätte genutzt oder ausgewertet wird (vgl. Artikel 24 Buchstabe a MwStVO),
2. bei Leistungen an eine natürliche Person der Leistungsort vorrangig an deren gewöhnlichem Aufenthaltsort (siehe Abschnitt 3 a.1 Abs. 1 Sätze 10 bis 14), soweit keine Anhaltspunkte dafür vorliegen, dass die Leistung an deren Wohnsitz genutzt oder ausgewertet wird (vgl. Artikel 24 Buchstabe b MwStVO).

(9) ① Werden Beförderungsmittel langfristig durch einen im Drittlandsgebiet ansässigen Unternehmer an Nichtunternehmer zur Nutzung im Inland vermietet, bestimmt sich der Leistungsort bei der Vermietung nach § 3 a Abs. 6 Satz 1 Nr. 1 UStG; vgl. hierzu Abschnitt 3 a.14 Abs. 1 und 2. ② Der Ort der langfristigen Vermietung von Beförderungsmitteln an Leistungsempfänger im Sinne des § 3 a Abs. 2 UStG (siehe Abschnitt 3 a.2 Abs. 1) richtet sich nach § 3 a Abs. 2 UStG. 109

Langfristige Vermietung eines Sportbootes

(10) Die Ortsbestimmung des § 3 a Abs. 3 Nr. 2 Satz 4 UStG gilt nur für sonstige Leistungen an Nichtunternehmer (siehe Abschnitt 3 a.1 Abs. 1). 110

(11) ① Der Leistungsort bei der langfristigen Vermietung von Sportbooten an Nichtunternehmer richtet sich grundsätzlich nach dem Ort, an dem der Leistungsempfänger seinen Wohnsitz oder Sitz hat; die Absätze 7 bis 9 sind anzuwenden. ② Abweichend hiervon richtet sich der Leistungsort aber nach dem Ort, an dem das Sportboot dem Leistungsempfänger tatsächlich zur Verfügung gestellt, d. h. es ihm übergeben wird (§ 3 a Abs. 3 Nr. 2 Satz 4 UStG), wenn sich auch der Sitz, die Geschäftsleitung oder eine Betriebsstätte des leistenden Unternehmers an diesem Ort befindet. 111

Beispiel:

① Das Bootsvermietungsunternehmen B mit Sitz in Düsseldorf vermietet an den Nichtunternehmer N mit Wohnsitz in Köln eine Yacht für vier Monate. ② Die Übergabe der Yacht erfolgt an der Betriebsstätte des B in einem italienischen Adriahafen.

③ Der Leistungsort für die Vermietungsleistung des B an N ist in Italien, dem Ort, an dem das vermietete Boot tatsächlich von B an N übergeben wird, da sich an dem Übergabeort auch eine Betriebsstätte des B befindet.

(12) Sportboote im Sinne des § 3 a Abs. 3 Nr. 2 Satz 4 UStG sind unabhängig von der Antriebsart sämtliche Boote mit einer Rumpflänge von 2,5 bis 24 Metern, die ihrer Bauart nach für Sport- und Freizeitzwecke bestimmt sind, insbesondere Segelyachten, Motoryachten, Segelboote, Ruderboote, Paddelboote oder Motorboote. 112

LS zu 3 a.5

Ein **Veranstaltungs-Truck** ist ein Beförderungsmittel, wenn die Beförderung von Personen oder Gegenständen nicht von völlig untergeordneter Bedeutung ist. *Verfügung OFD Frankfurt/M. v. 11. 7. 2016 – S 7117 A – 040 – St 113 (DStR S. 1870).*

Art. 56 Abs. 2 UAbs. 1 MwStSystRL (= § 3 a Abs. 3 Nr. 2 UStG) greift nur bei **entgeltlicher** Überlassung eines **Dienstfahrzeugs** (sonst: § 3 a Abs. 1 UStG). ***EuGH-Urteil v. 20. 1. 2021** C-288/19 QM (MwStR S. 199).* Im konkreten Fall hat der *BFH* in der Folgeentscheidung *v. 30. 6. 2022 V R 25/21 (DStR S. 2054)* auf einen tauschähnlichen Umsatz erkannt. 113

3 a.6 Ort der Tätigkeit

UStAE 3 a.6

(1) ① Die Regelung des § 3 a Abs. 3 Nr. 3 UStG gilt nur für sonstige Leistungen, die in einem positiven Tun bestehen. ② Bei diesen Leistungen bestimmt sich der Leistungsort nach dem Ort, an dem die sonstige Leistung tatsächlich bewirkt wird (vgl. EuGH-Urteil vom 9. 3. 2006, C-114/05, Gillan Beach). ③ Der Ort, an dem der Erfolg eintritt oder die sonstige Leistung sich auswirkt, ist ohne Bedeutung (BFH-Urteil vom 4. 4. 1974, V R 161/72, BStBl. II S. 532). ④ Dabei kommt es nicht entscheidend darauf an, wo der Unternehmer, z. B. Künstler, im Rahmen seiner Gesamttätigkeit überwiegend tätig wird; vielmehr ist der jeweilige Umsatz zu betrachten. ⑤ Es ist nicht erforderlich, dass der Unternehmer im Rahmen einer Veranstaltung tätig wird. 116

Leistungen nach § 3 a Abs. 3 Nr. 3 Buchstabe a UStG

(2) ① § 3 a Abs. 3 Nr. 3 Buchstabe a UStG gilt nur für sonstige Leistungen an Nichtunternehmer (siehe Abschnitt 3 a.1 Abs. 1). ② Die Regelung ist auch anzuwenden beim Verkauf von Eintrittskarten für kulturelle, künstlerische, wissenschaftliche, unterrichtende, sportliche, unterhal- 117

UStAE 3a.6

tende oder ähnliche Veranstaltungen durch einen anderen Unternehmer als den Veranstalter. ③ Durch den Verkauf von Eintrittskarten wird dem Erwerber das Recht auf Zugang zu der jeweiligen Veranstaltung verschafft. ④ Die Vermittlung von Eintrittskarten fällt nicht unter § 3a Abs. 3 Nr. 3 Buchstabe a UStG (siehe Abschnitt 3a.7a Abs. 3 Satz 2).

117a (2a) ① Zu den unter § 3a Abs. 3 Nr. 3 Buchstabe a UStG fallenden sonstigen Leistungen eines auftretenden Künstlers gehören auch die Leistungen von Gastspielagenturen, die den auftretenden Künstler im eigenen Namen und als eigene Leistung am Markt anbieten. ② Es ist nicht erforderlich, dass eine Leistung nach § 3a Abs. 3 Nr. 3 Buchstabe a UStG höchstpersönlich erbracht wird (vgl. BFH-Urteil vom 1. 3. 2018, V R 25/17, BStBl. II S. 555). ③ Der Leistungsort für die Vermittlung von Künstlern richtet sich bei Leistungsempfängern im Sinne des § 3a Abs. 2 UStG (siehe Abschnitt 3a.2 Abs. 1) nach § 3a Abs. 2 UStG und bei Leistungen an Nichtunternehmer (siehe Abschnitt 3a.1 Abs. 1) nach § 3a Abs. 3 Nr. 4 in Verbindung mit Nr. 3 Buchstabe a UStG.

118 (3) ① Leistungen, die im Zusammenhang mit Leistungen im Sinne des § 3a Abs. 3 Nr. 3 Buchstabe a UStG unerlässlich sind, werden an dem Ort erbracht, an dem diese Leistungen tatsächlich bewirkt werden. ② Hierzu können auch tontechnische Leistungen im Zusammenhang mit künstlerischen oder unterhaltenden Leistungen gehören (EuGH-Urteil vom 26. 9. 1996, C-327/94, Dudda, BStBl. 1998 II S. 313).

119 (4) ① Insbesondere bei künstlerischen und wissenschaftlichen Leistungen ist zu beachten, dass sich im Falle der reinen Übertragung von Nutzungsrechten an Urheberrechten und ähnlichen Rechten (vgl. Abschnitt 3a.9 Abs. 1 und 2 sowie Abschnitt 12.7) der Leistungsort nicht nach § 3a Abs. 3 Nr. 3 Buchstabe a UStG richtet. ② Der Leistungsort bestimmt sich nach § 3a Abs. 1 UStG (vgl. Abschnitt 3a.1) oder nach § 3a Abs. 4 Sätze 1 und 2 Nr. 1 UStG (vgl. Abschnitt 3a.9 Abs. 1 und 2).

120 (5) ① Die Frage, ob bei einem wissenschaftlichen Gutachten eine wissenschaftliche Leistung nach § 3a Abs. 3 Nr. 3 Buchstabe a UStG oder eine Beratungsleistung vorliegt, ist nach dem Zweck zu beurteilen, den der Auftraggeber mit dem von ihm bestellten Gutachten verfolgt. ② Eine wissenschaftliche Leistung im Sinne des § 3a Abs. 3 Nr. 3 Buchstabe a UStG setzt voraus, dass das erstellte Gutachten nicht auf Beratung des Auftraggebers gerichtet ist; dies ist der Fall, wenn das Gutachten nach seinem Zweck keine konkrete Entscheidungshilfe für den Auftraggeber darstellt. ③ Soll das Gutachten dem Auftraggeber dagegen als Entscheidungshilfe für die Lösung konkreter technischer, wirtschaftlicher oder rechtlicher Fragen dienen, liegt eine Beratungsleistung vor. ④ Der Leistungsort bestimmt sich bei Leistungen an Nichtunternehmer (siehe Abschnitt 3a.1 Abs. 1) nach § 3a Abs. 1 oder 4 Satz 1 UStG.

Beispiel 1:

① Ein Hochschullehrer hält im Auftrag eines ausschließlich nicht unternehmerisch tätigen Verbandes, dem für Umsatzsteuerzwecke keine USt-IdNr. erteilt worden ist, auf einem Fachkongress einen Vortrag. ② Inhalt des Vortrags ist die Mitteilung und Erläuterung der von ihm auf seinem Forschungsgebiet, z. B. Maschinenbau, gefundenen Ergebnisse. ③ Zugleich händigt der Hochschullehrer allen Teilnehmern ein Manuskript seines Vortrags aus. ④ Vortrag und Manuskript haben nach Inhalt und Form den Charakter eines wissenschaftlichen Gutachtens. ⑤ Sie sollen allen Teilnehmern des Fachkongresses zur Erweiterung ihrer beruflichen Kenntnisse dienen.

⑥ Der Leistungsort bestimmt sich nach § 3a Abs. 3 Nr. 3 Buchstabe a UStG.

Beispiel 2:

① Ein Wirtschaftsforschungsunternehmen erhält von einer inländischen juristischen Person des öffentlichen Rechts, die nicht unternehmerisch tätig und der keine USt-IdNr. erteilt worden ist, den Auftrag, in Form eines Gutachtens Struktur- und Standortanalysen für die Errichtung von Gewerbebetrieben zu erstellen.

② Auch wenn das Gutachten nach wissenschaftlichen Grundsätzen erstellt worden ist, handelt es sich um eine Beratung, da das Gutachten zur Lösung konkreter wirtschaftlicher Fragen verwendet werden soll. ③ Der Leistungsort bestimmt sich nach § 3a Abs. 1 UStG.

(5a) Die Einräumung der Berechtigung, auf einem Golfplatz zu spielen, ist als sportliche Leistung nach § 3a Abs. 3 Nr. 3 Buchstabe a UStG anzusehen (vgl. BFH-Urteil vom 12. 10. 2016, XI R 5/14, BStBl. 2017 II S. 500).

121 (6) ① Eine sonstige Leistung, die darin besteht, der Allgemeinheit gegen Entgelt die Benutzung von Geldspielautomaten zu ermöglichen, die in Spielhallen aufgestellt sind, ist als unterhaltende oder ähnliche Tätigkeit nach § 3a Abs. 3 Nr. 3 Buchstabe a UStG anzusehen (vgl. EuGH-Urteil vom 12. 5. 2005, C-452/03, RAL (Channel Islands) u. a.). ② Für die Benutzung von Geldspielautomaten außerhalb von Spielhallen richtet sich der Leistungsort nach § 3a Abs. 1 UStG (vgl. EuGH-Urteil vom 4. 7. 1985, 168/84, Berkholz).

122 (7) ① Eine Leistung im Sinne des § 3a Abs. 3 Nr. 3 Buchstabe a UStG liegt – unbeschadet Abschnitt 3a.9 Abs. 8a – auch bei der Planung, Gestaltung sowie dem Aufbau, Umbau und Abbau von Ständen im Zusammenhang mit Messen und Ausstellungen vor, wenn dieser Stand für eine bestimmte Messe oder Ausstellung im Bereich der Kultur, der Künste, des Sports, der Wissenschaften, des Unterrichts, der Unterhaltung oder einem ähnlichen Gebiet bestimmt ist (vgl. EuGH-Urteil vom 27. 10. 2011, C-530/09, Inter-Mark Group, BStBl. 2012 II S. 160). ② Zum Ort der sonstigen Leistung bei Messen und Ausstellungen vgl. im Übrigen Abschnitt 3a.4.

Leistungen nach § 3 a Abs. 3 Nr. 3 Buchstabe b UStG

UStAE 3 a.6

(8) § 3 a Abs. 3 Nr. 3 Buchstabe b UStG gilt sowohl für sonstige Leistungen an Nichtunternehmer (siehe Abschnitt 3 a.1 Abs. 1) als auch an Leistungsempfänger im Sinne des § 3 a Abs. 2 UStG (siehe Abschnitt 3 a.2 Abs. 1). 123

(9) ① Bei der Abgabe von Speisen und Getränken zum Verzehr an Ort und Stelle (Restaurationsleistung) richtet sich der Leistungsort nach dem Ort, an dem diese Leistung tatsächlich erbracht wird (§ 3 a Abs. 3 Nr. 3 Buchstabe b UStG). ② Die Restaurationsleistung muss aber als sonstige Leistung anzusehen sein; zur Abgrenzung zwischen Lieferung und sonstiger Leistung bei der Abgabe von Speisen und Getränken wird auf die BMF-Schreiben vom 16. 10. 2008, BStBl. I S. 949, und vom 29. 3. 2010, BStBl. I S. 330, verwiesen. ③ Die Ortsregelung gilt nicht für Restaurationsleistungen an Bord eines Schiffs, in einem Luftfahrzeug oder in einer Eisenbahn während einer Beförderung im Inland oder im übrigen Gemeinschaftsgebiet. ④ In diesen Fällen bestimmt sich der Leistungsort nach § 3 e UStG (vgl. Abschnitt 3 e.1). 124

Leistungen nach § 3 a Abs. 3 Nr. 3 Buchstabe c UStG

(10) ① Bei Arbeiten an beweglichen körperlichen Gegenständen und bei der Begutachtung dieser Gegenstände für Nichtunternehmer (siehe Abschnitt 3 a.1 Abs. 1) bestimmt sich der Leistungsort nach dem Ort, an dem der Unternehmer tatsächlich die Leistung ausführt (§ 3 a Abs. 3 Nr. 3 Buchstabe c UStG). ② Ist der Leistungsempfänger ein Leistungsempfänger im Sinne des § 3 a Abs. 2 UStG (siehe Abschnitt 3 a.2 Abs. 1), richtet sich der Leistungsort nach § 3 a Abs. 2 UStG (vgl. Abschnitt 3 a.2). ③ Zum Leistungsort bei Arbeiten an beweglichen körperlichen Gegenständen und bei der Begutachtung dieser Gegenstände, wenn diese Leistungen im Drittlandsgebiet genutzt oder ausgewertet werden, vgl. § 3 a Abs. 8 Satz 1 UStG und Abschnitt 3 a.14 Abs. 5. 125

(11) ① Als Arbeiten an beweglichen körperlichen Gegenständen sind insbesondere Werkleistungen in Gestalt der Bearbeitung oder Verarbeitung von beweglichen körperlichen Gegenständen anzusehen. ② Hierzu ist grundsätzlich eine Veränderung des beweglichen Gegenstands erforderlich. ③ Wartungsleistungen an Anlagen, Maschinen und Kraftfahrzeugen können als Werkleistungen angesehen werden. ④ Verwendet der Unternehmer bei der Be- oder Verarbeitung eines Gegenstands selbstbeschaffte Stoffe, die nicht nur Zutaten oder sonstige Nebensachen sind, ist keine Werkleistung, sondern eine Werklieferung gegeben (§ 3 Abs. 4 UStG). ⑤ Baut der leistende Unternehmer die ihm vom Leistungsempfänger sämtlich zur Verfügung gestellten Teile einer Maschine nur zusammen und wird die zusammengebaute Maschine nicht Bestandteil eines Grundstücks, bestimmt sich der Ort der sonstigen Leistung nach § 3 a Abs. 3 Nr. 3 Buchstabe c UStG (vgl. Artikel 8 und 34 MwStVO), wenn der Leistungsempfänger ein Nichtunternehmer ist. 126

(12) ① Bei der Begutachtung beweglicher körperlicher Gegenstände durch Sachverständige hat § 3 a Abs. 3 Nr. 3 Buchstabe c UStG Vorrang vor § 3 a Abs. 4 Satz 1 und 2 Nr. 3 UStG. ② Wegen der Leistungen von Handelschemikern vgl. Abschnitt 3 a.9 Abs. 12 Satz 3. 127

(13)[1] *(aufgehoben)* 128

LS zu 3 a.6

Ausbau u. Übernahme ausgedienter **Strahlenquellen** vgl. *BFH-Urt. v. 13. 1. 2011, V R 63/09 (BStBl. II S. 461),* **LS zu 3 a.2.**

Stellt ein Unternehmer mit Sitz im Inland einem **Motorradrennfahrer** einen vollständigen Rennservice mit Fahrzeug für im Ausland veranstaltete Motorradrennen zur Verfügung, führt er damit eine einheitliche sonstige Leistung aus, die *im Inland* der Umsatzbesteuerung unterliegt. – [Es liegt keine Leistung i. S. § 3 a Abs. 3 Nr. 3 Buchst. a UStG vor. Ort der Leistung bei Leistungen an Nichtunternehmer nach § 3 a Abs. 1 u. an Unternehmer nach § 3 a Abs. 2 UStG]. *BFH-Urt. v. 1. 12. 2010, XI R 27/09 (BStBl. 2011 II S. 458).* 129

§ 3 a Abs. 2 Nr. 3 Buchst. a UStG a. F. setzt ebensowenig wie Art. 52 Buchst. a MwStSystRL a. F. voraus, dass die Leistung höchstpersönlich erbracht wird. Die Vorschrift erfasst daher nicht nur die Leistung eines auftretenden Künstlers, sondern auch die einer sog. **Gastspielagentur,** die auftretende Künstler nicht vermittelt, sondern als eigene Leistung zur Verfügung stellt. § 3 a Abs. 2 Nr. 3 Buchst. a UStG a. F. setzt zudem keine Leistungserbringung an Unternehmer voraus. *BFH-Urteil v. 1. 3. 2018 V R 25/17 (BStBl. II S. 555).*

1. Der Anwendungsbereich des § 3 a Abs. 2 Nr. 3 Buchst. a UStG a. F. ist nicht auf Leistungen bei Veranstaltungen beschränkt. – 2. **Trainerleistungen** stellen mit sportlichen Leistungen zusammenhängende Tätigkeiten dar, die für die Ausübung der Leistungen unerlässlich sind, wenn der Sport auf demselben Niveau und in vergleichbarer Qualität ohne die zu prüfende Tätigkeit nicht gewährleistet wäre. *BFH-Urteil v. 23. 7. 2019 XI R 7/17, NV (BFH/NV 2020 S. 106).*

3 a.7 Ort der Vermittlungsleistung[2]

UStAE 3 a.7

(1) ① Unter den Begriff Vermittlungsleistung fallen sowohl Vermittlungsleistungen, die im Namen und für Rechnung des Empfängers der vermittelten Leistung erbracht werden, als auch Vermittlungsleistungen, die im Namen und für Rechnung des Unternehmers erbracht werden, 131

[1] A 3 a.6 UStAE Zwischenüberschrift und Abs. 13 aufgehoben durch BMF v. 9. 6. 2021 (BStBl. I S. 778), anzuwenden in allen offenen Fällen, mit Übergangsregelung für vor dem 1. 1. 2022 ausgeführte Leistungen, siehe ergänzend BMF v. 19.8.2021 (BStBl. I S. 1088). Hinsichtlich der Bestimmung des Ortes der sonstigen Leistung nach § 3 a Abs. 3 Nr. 5 UStG wird es für vor dem 1. 1. 2022 ausgeführte Leistungen, die nicht für die Öffentlichkeit allgemein zugänglich sind, nicht beanstandet, wenn die Beteiligten übereinstimmend zur Leistungsortbestimmung Abschn. 3 a.6 Abs. 13 S. 3 Nr. 3 und Beisp. 2 UStAE in der bis zum 8. 6. 2021 geltenden Fassung anwenden.

Klarstellend wird darauf hingewiesen, dass Abschn. 3 a.7 a Abs. 1 S. 4 UStAE dagegen weiterhin in allen offenen Fällen anzuwenden ist.

[2] Vermittlungsleistungen vgl. A 3.7 (Abgrenzung z. Eigenhandel), 3 a.7 (Ort d. Vermittlung) u. 4.5.1 (steuerfreie Vermittlung) UStAE.

der die vermittelte Leistung ausführt (vgl. Artikel 30 MwStVO). ② Der Leistungsort einer Vermittlungsleistung bestimmt sich nur bei Leistungen an Nichtunternehmer (siehe Abschnitt 3a.1 Abs. 1) nach § 3a Abs. 3 Nr. 4 UStG. ③ Hierunter fällt auch die Vermittlung der kurzfristigen Vermietung von Zimmern in Hotels, Gaststätten oder Pensionen, von Fremdenzimmern, Ferienwohnungen, Ferienhäusern und vergleichbaren Einrichtungen an Nichtunternehmer (vgl. Artikel 31 Buchstabe b MwStVO). ④ Bei Leistungen an einen Unternehmer oder an eine gleichgestellte juristische Person (siehe Abschnitt 3a.2 Abs. 1) richtet sich der Leistungsort nach § 3a Abs. 2 UStG (vgl. Artikel 31 Buchstabe a MwStVO und Abschnitt 3a.2), bei der Vermittlung von Vermietungen von Grundstücken nach § 3a Abs. 3 Nr. 1 UStG. ⑤ Zur Abgrenzung der Vermittlungsleistung vom Eigenhandel vgl. Abschnitt 3.7.

132 (2) ① Die Vermittlung einer nicht steuerbaren Leistung zwischen Nichtunternehmern wird an dem Ort erbracht, an dem die vermittelte Leistung ausgeführt wird (vgl. EuGH-Urteil vom 27. 5. 2004, C-68/03, Lipjes). ② Bei der Werbung von Mitgliedschaften liegt keine Vermittlung eines Umsatzes vor, weil die Begründung der Mitgliedschaft in einem Verein keinen Leistungsaustausch darstellt; der Leistungsort dieser Leistung richtet sich bei Leistungen an Nichtunternehmer (siehe Abschnitt 3a.1 Abs. 1) nicht nach § 3a Abs. 3 Nr. 4 UStG, sondern nach § 3a Abs. 1 UStG (vgl. BFH-Urteil vom 12. 12. 2012, XI R 30/10, BStBl. 2013 II S. 348), bei Leistungen an einen Leistungsempfänger im Sinne des § 3a Abs. 2 UStG (siehe Abschnitt 3a.2 Abs. 1) nach § 3a Abs. 2 UStG.

LS zu 3a.7

133 Zur Steuerbarkeit von **Provisionserlösen** im Rahmen einer Mitgliederwerbung für Tierschutzvereine im EU-Ausland (nicht § 3a Abs. 2 Nr. 4 UStG a. F., sondern § 3a Abs. 1 UStG). *BFH-Urteil v. 12. 12. 2012 XI R 30/10 (BStBl. 2013 II S. 348).*

UStAE 3a.7a

3a.7a Ort der Veranstaltung

133a (1) ① § 3a Abs. 3 Nr. 5 UStG gilt nur für Leistungen an einen Leistungsempfänger im Sinne des § 3a Abs. 2 UStG (siehe Abschnitt 3a.2 Abs. 1). ② Die Regelung ist auch anzuwenden, wenn ein anderer Unternehmer als der Veranstalter auf eigene oder auf Rechnung des Veranstalters Eintrittsberechtigungen an einen Unternehmer für dessen unternehmerischen Bereich oder an eine einem Unternehmer gleichgestellte juristische Person einräumt. ③ Werden die in der Vorschrift genannten sonstigen Leistungen an Nichtunternehmer (siehe Abschnitt 3a.1 Abs. 1) erbracht, richtet sich der Leistungsort nach § 3a Abs. 3 Nr. 3 Buchstabe a UStG (siehe Abschnitt 3a.6 Abs. 2 Satz 2). ④ Eine Veranstaltung im Sinne des § 3a Abs. 3 Nr. 5 UStG erfordert die physische Anwesenheit des Leistungsempfängers bei dieser; die Vorschrift gilt daher nicht in Fällen der Online-Teilnahme des Leistungsempfängers.

133b (2) ① Zu den Eintrittsberechtigungen gehören insbesondere (vgl. Artikel 32 Abs. 1 und 2 MwStVO)

1. das Recht auf Zugang zu Darbietungen, Theateraufführungen, Zirkusvorstellungen, Freizeitparks, Konzerten, Ausstellungen sowie zu anderen ähnlichen kulturellen Veranstaltungen, auch wenn das Entgelt in Form eines Abonnements odereines Jahresbeitrags entrichtet wird;
2. das Recht auf Zugang zu Sportveranstaltungen, wie Spiele und Wettkämpfe gegen Entgelt, auch wenn das Entgelt in Form einer Zahlung für einen bestimmten Zeitraum oder eine festgelegte Anzahl von Veranstaltungen in einem Betrag erfolgt;
3. das Recht auf Zugang zu Veranstaltungen auf dem Gebiet des Unterrichts und der Wissenschaft, wie beispielsweise Konferenzen und Seminare. 2Dies gilt unabhängig davon, ob der Unternehmer selbst oder ein Arbeitnehmer an der Veranstaltung teilnimmt und das Entgelt vom Unternehmer (Arbeitgeber) entrichtet wird.

② Zu den Eintrittsberechtigungen für Messen, Ausstellungen und Kongresse gehören insbesondere Leistungen, für die der Leistungsempfänger Kongress-, Teilnehmer- oder Seminarentgelte entrichtet, sowie damit im Zusammenhang stehende Nebenleistungen, wie z. B. Beförderungsleistungen, Vermietung von Fahrzeugen oder Unterbringung, wenn diese Leistungen vom Veranstalter der Messe, der Ausstellung oder des Kongresses zusammen mit der Einräumung der Eintrittsberechtigung als einheitliche Leistung (vgl. Abschnitt 3.10) angeboten werden. ③ Zu den mit den in § 3a Abs. 3 Nr. 5 UStG genannten Veranstaltungen zusammenhängenden sonstigen Leistungen gehören auch die Nutzung von Garderoben und von sanitären Einrichtungen gegen gesondertes Entgelt (vgl. Artikel 33 MwStVO).

133c (3) ① Nicht unter § 3a Abs. 3 Nr. 5 UStG fällt die Berechtigung zur Nutzung von Räumlichkeiten, wie beispielsweise Turnhallen oder anderen Räumen, gegen Entgelt (vgl. Artikel 32 Abs. 3 der MwStVO). ② Auch die Vermittlung von Eintrittsberechtigungen fällt nicht unter § 3a Abs. 3 Nr. 5 UStG; der Leistungsort dieser Umsätze richtet sich bei Leistungen an einen Leistungsempfänger im Sinne des § 3a Abs. 2 UStG (siehe Abschnitt 3a.2 Abs. 1) nach § 3a Abs. 2 UStG, bei Leistungen an einen Nichtunternehmer (siehe Abschnitt 3a.1 Abs. 1) nach § 3a Abs. 3 Nr. 4 UStG.

Anl zu 3a.7a

Schreiben betr.
Ort der sonstigen Leistung nach § 3 a Abs. 3 Nr. 5 UStG nach Ergehen des EuGH-Urteils in der Rs. C-647/17 (Srf konsulterna)

Vom 9. Juni 2021 (BStBl. I S. 778)

(BMF III C 3 – S 7117-b/20/10002 :002; DOK 2021/0661491)

[abgedruckt im USt-Handbuch 2021 als Anlage zu A 3a.7a]

3 a.8 Ort der in § 3 a Abs. 4 Satz 2 UStG bezeichneten sonstigen Leistungen

UStAE 3a.8

Bei der Bestimmung des Leistungsorts für die in § 3 a Abs. 4 Satz 2 UStG bezeichneten Leistungen sind folgende Fälle zu unterscheiden: 134

1. Ist der Empfänger der sonstigen Leistung ein Nichtunternehmer (siehe Abschnitt 3 a.1 Abs. 1) und hat er seinen Wohnsitz oder Sitz außerhalb des Gemeinschaftsgebiets (vgl. Abschnitt 1.10 Abs. 1), wird die sonstige Leistung dort ausgeführt, wo der Empfänger seinen Wohnsitz oder Sitz hat (§ 3 a Abs. 4 Satz 1 UStG).
2. ① Ist der Empfänger der sonstigen Leistung ein Nichtunternehmer (siehe Abschnitt 3 a.1 Abs. 1) und hat er seinen Wohnsitz oder Sitz innerhalb des Gemeinschaftsgebiets (vgl. Abschnitt 1.10 Abs. 1), wird die sonstige Leistung dort ausgeführt, wo der leistende Unternehmer sein Unternehmen betreibt. ② Insoweit verbleibt es bei der Regelung des § 3 a Abs. 1 UStG (vgl. jedoch § 3 a Abs. 6 Satz 1 Nr. 2 UStG und Abschnitt 3 a.14 Abs. 1 und 3). 135

2 a. Wird die sonstige Leistung an einen Nichtunternehmer (siehe Abschnitt 3 a.1 Abs. 1) erbracht, der in verschiedenen Ländern ansässig ist oder seinen Wohnsitz in einem Land und seinen gewöhnlichen Aufenthaltsort in einem anderen Land hat, ist 135a
   a) bei Leistungen an eine nicht unternehmerisch tätige juristische Person, der keine USt-IdNr. erteilt worden ist, der Leistungsort vorrangig an dem Ort, an dem die Handlungen zur zentralen Verwaltung der juristischen Person vorgenommen werden, soweit keine Anhaltspunkte dafür vorliegen, dass die Leistung an deren Betriebsstätte genutzt oder ausgewertet wird (vgl. Artikel 24 Buchstabe a MwStVO),
   b) bei Leistungen an eine natürliche Person der Leistungsort vorrangig an deren gewöhnlichem Aufenthaltsort (siehe Abschnitt 3 a.1 Abs. 1 Sätze 10 bis 14), soweit keine Anhaltspunkte dafür vorliegen, dass die Leistung an deren Wohnsitz genutzt oder ausgewertet wird (vgl. Artikel 24 Buchstabe b MwStVO).

3. Ist der Empfänger der sonstigen Leistung ein Leistungsempfänger im Sinne des § 3 a Abs. 2 UStG (siehe Abschnitt 3 a.2 Abs. 1), wird die sonstige Leistung dort ausgeführt, wo der Empfänger sein Unternehmen betreibt bzw. die juristische Person ihren Sitz hat (§ 3 a Abs. 2 UStG; vgl. Abschnitt 3 a.2). 136

3 a.9 Leistungskatalog des § 3 a Abs. 4 Satz 2 Nr. 1 bis 10 UStG

UStAE 3a.9

Patente, Urheberrechte, Markenrechte

(1) Sonstige Leistungen im Sinne des § 3 a Abs. 4 Satz 2 Nr. 1 UStG ergeben sich u. a. auf Grund folgender Gesetze: 141
1. Gesetz über Urheberrecht und verwandte Schutzrechte;
2. Gesetz über die Wahrnehmung von Urheberrechten und verwandten Schutzrechten;
3. Patentgesetz;
4. Markenrechtsreformgesetz;
5. Gesetz über das Verlagsrecht;
6. Gebrauchsmustergesetz.

(2) ① Hinsichtlich der Leistungen auf dem Gebiet des Urheberrechts vgl. Abschnitt 3 a.6 Abs. 4. ② Außerdem sind die Ausführungen in Abschnitt 12.7 zu beachten. ③ Bei der Auftragsproduktion von Filmen wird auf die Rechtsprechung des BFH zur Abgrenzung zwischen Lieferung und sonstiger Leistung hingewiesen (vgl. BFH-Urteil vom 19. 2. 1976, V R 92/74, BStBl. II S. 515). ④ Die Überlassung von Fernsehübertragungsrechten und die Freigabe eines Berufsfußballspielers gegen Ablösezahlung sind als ähnliche Rechte im Sinne des § 3 a Abs. 4 Satz 2 Nr. 1 UStG anzusehen. 142

Werbung, Öffentlichkeitsarbeit, Werbungsmittler, Werbeagenturen[1]

(3) ① Unter dem Begriff „Leistungen, die der Werbung dienen" im Sinne des § 3 a Abs. 4 Satz 2 Nr. 2 UStG sind die Leistungen zu verstehen, die bei den Werbeadressaten den Entschluss 143

[1] Art. 9 Abs. 2 Buchst. e zweiter Gedankenstrich der Sechsten Richtlinie 77/388/EWG des Rates ist dahin auszulegen, dass er nicht nur für Leistungen auf dem Gebiet der **Werbung** gilt, die der Dienstleistende einem mehrwertsteuerpflichtigen Werbetreibenden unmittelbar erbringt und in Rechnung stellt, sondern auch auf Leistungen, die dem Werbetreibenden mittelbar erbracht und einem Dritten in Rechnung gestellt werden, der sie dem Werbetreibenden berechnet. ***EuGH-Urt. v. 15. 3. 2001,*** *C-108/00, Syndicat des producteurs indépendants (SPI) (DStRE S. 481). – Vgl. auch* ***EuGH-Urt. v. 5. 6. 2003,*** *C-438/01, Design Concept SA/Flanders Expo SA (DStRE S. 999) und* ***v. 19. 2. 2009*** *C-1/08, Athesia Druck Srl (DStRE S. 1008).*

(Fortsetzung nächste Seite)

UStAE 3a.9

zum Erwerb von Gegenständen oder zur Inanspruchnahme von sonstigen Leistungen auslösen sollen (vgl. BFH-Urteil vom 24. 9. 1987, V R 105/77, BStBl. 1988 II S. 303). ② Unter den Begriff fallen auch die Leistungen, die bei den Werbeadressaten ein bestimmtes außerwirtschaftliches, z. B. politisches, soziales, religiöses Verhalten herbeiführen sollen. ③ Es ist nicht erforderlich, dass die Leistungen üblicherweise und ausschließlich der Werbung dienen.

(4) Zu den Leistungen, die der Werbung dienen, gehören insbesondere:

144 1. ① **die Werbeberatung.** ② Hierbei handelt es sich um die Unterrichtung über die Möglichkeiten der Werbung;

145 2. ① **die Werbevorbereitung und die Werbeplanung.** ② Bei ihr handelt es sich um die Erforschung und Planung der Grundlagen für einen Werbeeinsatz, z. B. die Markterkundung, die Verbraucheranalyse, die Erforschung von Konsumgewohnheiten, die Entwicklung einer Marktstrategie und die Entwicklung von Werbekonzeptionen;

146 3. ① **die Werbegestaltung.** ② Hierzu zählen die graphische Arbeit, die Abfassung von Werbetexten und die vorbereitenden Arbeiten für die Film-, Funk- und Fernsehproduktion;

147 4. ① **die Werbemittelherstellung.** ② Hierzu gehört die Herstellung oder Beschaffung der Unterlagen, die für die Werbung notwendig sind, z. B. Reinzeichnungen und Tiefdruckvorlagen für Anzeigen, Prospekte, Plakate usw., Druckstöcke, Bild- und Tonträger, einschließlich der Überwachung der Herstellungsvorgänge;

148 5. ① **die Werbemittlung** (vgl. Absatz 7). ② Der Begriff umfasst die Auftragsabwicklung in dem Bereich, in dem die Werbeeinsätze erfolgen sollen, z. B. die Erteilung von Anzeigenaufträgen an die Verleger von Zeitungen, Zeitschriften, Fachblättern und Adressbüchern sowie die Erteilung von Werbeaufträgen an Funk- und Fernsehanstalten und an sonstige Unternehmer, die Werbung durchführen;

149 6. ① **die Durchführung von Werbung.** ② Hierzu gehören insbesondere die Aufnahmen von Werbeanzeigen in Zeitungen, Zeitschriften, Fachblättern, auf Bild- und Tonträgern und in Adressbüchern, die sonstige Adresswerbung, z. B. Zusatzeintragungen oder hervorgehobene Eintragungen, die Beiheftung, Beifügung oder Verteilung von Prospekten oder sonstige Formen der Direktwerbung, das Anbringen von Werbeplakaten und Werbetexten an Werbeflächen, Verkehrsmitteln usw., das Abspielen von Werbefilmen in Filmtheatern oder die Ausstrahlung von Werbesendungen im Fernsehen oder Rundfunk.

150 (5) ① Zeitungsanzeigen von Unternehmern, die Stellenangebote enthalten, ausgenommen Chiffreanzeigen, und sog. Finanzanzeigen, z. B.Veröffentlichung von Bilanzen, Emissionen, Börsenzulassungsprospekten usw., sind Werbeleistungen. ② Zeitungsanzeigen von Nichtunternehmern, z. B. Stellengesuche, Stellenangebote von juristischen Personen des öffentlichen Rechts für den hoheitlichen Bereich, Familienanzeigen, Kleinanzeigen, sind dagegen als nicht der Werbung dienend anzusehen.

151 (6) ① Unter Leistungen, die der Öffentlichkeitsarbeit dienen, sind die Leistungen zu verstehen, durch die Verständnis, Wohlwollen und Vertrauen erreicht oder erhalten werden sollen. ② Es handelt sich hierbei in der Regel um die Unterrichtung der Öffentlichkeit über die Zielsetzungen, Leistungen und die soziale Aufgeschlossenheit staatlicher oder privater Stellen. ③ Die Ausführungen in den Absätzen 3 und 4 gelten entsprechend.

152 (7) Werbungsmittler ist, wer Unternehmern, die Werbung für andere durchführen, Werbeaufträge für andere im eigenen Namen und für eigene Rechnung erteilt (vgl. Absatz 4 Nr. 5).

153 (8) ① Eine Werbeagentur ist ein Unternehmer, der neben der Tätigkeit eines Werbungsmittlers weitere Leistungen, die der Werbung dienen, ausführt. ② Bei den weiteren Leistungen handelt es sich insbesondere um Werbeberatung, Werbeplanung, Werbegestaltung, Beschaffung von Werbemitteln und Überwachung der Werbemittelherstellung (vgl. Absatz 4 Nr. 1 bis 4).

154 (8 a) Eine Leistung im Sinne des § 3 a Abs. 4 Satz 2 Nr. 2 UStG liegt auch bei der Planung, Gestaltung sowie Aufbau, Umbau und Abbau von Ständen im Zusammenhang mit Messen und Ausstellungen vor, wenn dieser Stand für Werbezwecke verwendet wird (vgl. EuGH-Urteil vom 27. 10. 2011, C-530/09, Inter-Mark Group, BStBl. 2012 II S. 160).

Beratungs- und Ingenieurleistungen

155 (9) ① § 3 a Abs. 4 Satz 2 Nr. 3 UStG[1] ist z. B. bei folgenden sonstigen Leistungen anzuwenden, wenn sie Hauptleistungen sind: Rechts-, Steuer- und Wirtschaftsberatung. ② Nicht unter § 3 a Abs. 4 Satz 2 Nr. 3 UStG fallen Beratungsleistungen, wenn die Beratung nach den allgemeinen Grundsätzen des Umsatzsteuerrechts nur als Nebenleistung, z. B. zu einer Werklieferung, zu beurteilen ist.

(Fortsetzung der Fußnote)

1. Organisiert ein Unternehmer Reisen mit Rahmenprogramm und Besuch einer besonderen Veranstaltung für die Kunden des Auftraggebers **(Kundenincentives)**, handelt es sich um Werbeleistungen i. S. von § 3 a Abs. 4 Nr. 2 UStG, wenn die Vermittlung einer Werbebotschaft das Bild der Gesamtleistung prägt. Solche Kundenveranstaltungen sind dem Bereich des Eventmarketings zuzuordnen. – 2. Die Organisation und Durchführung von **Mitarbeiterincentives** zur Förderung der Motivation der Mitarbeiter des Auftraggebers stellen keine Werbeleistungen i. S. von § 3 a Abs. 4 Nr. 2 UStG dar. Der Ort der Leistung richtet sich in diesem Fall nach § 3 a Abs. 1 UStG. *FG Hamburg, Urt. v. 9. 10. 2009, 2 K 100/09, rkr. (DStRE S. 814).*

[1] Unter § 3 a Abs. 4 Nr. 3 UStG fallen auch Leistungen von Aufsichtsratsmitgliedern, Dolmetschern und Übersetzern.

USTAE 3a.9

(10)[1] ① Bei Rechtsanwälten, Patentanwälten, Steuerberatern und Wirtschaftsprüfern fallen alle berufstypischen Leistungen unter § 3a Abs. 4 Satz 2 Nr. 3 UStG. ② Zur Beratungstätigkeit gehören daher z. B. bei einem Rechtsanwalt die Prozessführung, bei einem Wirtschaftsprüfer auch die im Rahmen von Abschlussprüfungen erbrachten Leistungen. ③ Keine berufstypische Leistung eines Rechtsanwaltes oder Steuerberaters ist die Tätigkeit als Testamentsvollstrecker oder Nachlasspfleger (vgl. BFH-Urteil vom 3. 4. 2008, V R 62/05, BStBl. II S. 900). 156

(11) ① § 3a Abs. 4 Satz 2 Nr. 3 UStG erfasst auch die selbständigen Beratungsleistungen der Notare. ② Sie erbringen jedoch nur dann selbständige Beratungsleistungen, wenn die Beratungen nicht im Zusammenhang mit einer Beurkundung stehen. ③ Das sind insbesondere die Fälle, in denen sich die Tätigkeit der Notare auf die Betreuung der Beteiligten auf dem Gebiet der vorsorgenden Rechtspflege, insbesondere die Anfertigung von Urkundsentwürfen und die Beratung der Beteiligten beschränkt (vgl. § 24 BNotO und §§ 145 und 147 Abs. 2 KostO).[2] 157

(12)[3] ① Unter § 3a Abs. 4 Satz 2 Nr. 3 UStG fallen auch die Beratungsleistungen von Sachverständigen. ② Hierzu gehören z. B. die Anfertigung von rechtlichen, wirtschaftlichen und technischen Gutachten, soweit letztere nicht in engem Zusammenhang mit einem Grundstück (§ 3a Abs. 3 Nr. 1 UStG und Abschnitt 3a.3 Abs. 3) oder mit beweglichen Gegenständen (§ 3a Abs. 3 Nr. 3 Buchstabe c UStG und Abschnitt 3a.6 Abs. 12) stehen, sowie die Aufstellung von Finanzierungsplänen, die Auswahl von Herstellungsverfahren und die Prüfung ihrer Wirtschaftlichkeit. ③ Leistungen von Handelschemikern sind als Beratungsleistungen im Sinne des § 3a Abs. 4 Satz 2 Nr. 3 UStG zu beurteilen, wenn sie Auftraggeber neben der chemischen Analyse von Warenproben insbesondere über Kennzeichnungsfragen beraten. 158

(13)[4] ① Ingenieurleistungen sind alle sonstigen Leistungen, die zum Berufsbild eines Ingenieurs gehören, also nicht nur beratende Tätigkeiten; die Ausübung von Ingenieurleistungen ist dadurch gekennzeichnet, Kenntnisse und bestehende Prozesse auf konkrete Probleme anzuwenden sowie neue Kenntnisse zu erwerben und neue Prozesse zur Lösung dieser und neuer Probleme zu entwickeln (vgl. EuGH-Urteil vom 7. 10. 2010, C-222/09, Kronospan Mielec, und BFH-Urteil vom 13. 1. 2011, V R 63/09, BStBl. II S. 461). ② Es ist nicht erforderlich, dass der leistende Unternehmer Ingenieur ist. ③ Nicht hierzu zählen Ingenieurleistungen in engem Zusammenhang mit einem Grundstück (vgl. Abschnitt 3a.3 Abs. 3 und 8). ④ Die Anpassung von Software an die besonderen Bedürfnisse des Abnehmers gehört zu den sonstigen Leistungen, die von Ingenieuren erbracht werden, oder zu denen, die Ingenieurleistungen ähnlich sind (vgl. EuGH-Urteil vom 27. 10. 2005, C-41/04, Levob Verzekeringen und OV Bank).[5] ⑤ Ebenso sind Leistungen eines Ingenieurs, die in Forschungs- und Entwicklungsarbeiten, z. B. im Umwelt- und Technologiebereich, bestehen, Ingenieurleistungen im Sinne des § 3a Abs. 4 Satz 2 Nr. 3 UStG (vgl. EuGH-Urteil vom 7. 10. 2010, C-222/09, Kronospan Mielec). 159

(14) Zu den unter § 3a Abs. 4 Satz 2 Nr. 3 UStG fallenden sonstigen Leistungen der Übersetzer gehören auch die Übersetzungen von Texten (vgl. Artikel 41 MwStVO), soweit es sich nicht um urheberrechtlich geschützte Übersetzungen handelt (vgl. auch Abschnitt 12.7 Abs. 12). 160

Datenverarbeitung

(15) ① Unter Datenverarbeitung im Sinne des § 3a Abs. 4 Satz 2 Nr. 4 UStG ist die manuelle, mechanische oder elektronische Speicherung, Umwandlung, Verknüpfung und Verarbeitung von Daten zu verstehen. ② Hierzu gehören insbesondere die Automatisierung von gleichförmig wiederholbaren Abläufen, die Sammlung, Aufbereitung, Organisation, Speicherung und Wiedergewinnung von Informationsmengen sowie die Verknüpfung von Datenmengen oder Datenstrukturen mit der Verarbeitung dieser Informationen auf Grund computerorientierter Verfahren. ③ Die Erstellung von Datenverarbeitungsprogrammen (Software) ist keine Datenverarbeitung im Sinne von § 3a Abs. 4 Satz 2 Nr. 4 UStG (vgl. aber Abschnitt 3a.12). 161

---

[1] Die **inländische Kanzlei** einer ausländischen Rechtsanwaltssozietät ist, soweit sie im Inland Leistungen gegen Entgelt ausführt, als inländischer Unternehmer anzusehen. *Erlaß Nordrhein-Westfalen S 7350 – 1 – VC 4 v. 7. 10. 1992.*

[2] Siehe jetzt Gerichts- und NotarkostenG (GNotKG) v. 23. 7. 2013 (BGBl. I S. 2586), zuletzt geändert durch G v. 31. 10. 2022 (BGBl. I S. 1966).

[3] Art. 9 Abs. 2 Buchst. e der 6. RLEG und 56 Abs. 1 Buchst. c der Richtlinie 2006/112/EG sind dahin auszulegen, dass derjenige, der bei einem in einem anderen Mitgliedstaat ansässigen Steuerpflichtigen Beratungsdienstleistungen **[Personalberatung]** in Anspruch nimmt und selbst gleichzeitig wirtschaftliche Tätigkeiten und außerhalb des Anwendungsbereichs dieser Richtlinien liegende Tätigkeiten ausübt, als Steuerpflichtiger anzusehen ist, selbst wenn die Dienstleistungen nur für Zwecke der letztgenannten Tätigkeiten genutzt werden. ***EuGH-Urt. v. 6. 11. 2008*** *C-291/07, Kollektivavtalsstiftelsen TRR Trygghetsrådet (DStRE S. 1519).*

1. Berufstypische Leistungen sog. **Personalberater,** die diese im Rahmen der Suche nach Führungskräften für ihre Auftraggeber gegen ein Festhonorar erbringen, stellen in der Regel Beratungsleistungen i. S. von § 3a Abs. 4 Nr. 3 UStG dar. – 2. Dem steht nicht entgegen, dass dabei den Auftraggebern letztlich eine Personenauswahl präsentiert wird. *BFH-Urt. v. 18. 6. 2009, V R 57/07 (BStBl. 2010 II S. 83).*

1. **Personalberatung** und Personal-Recruitment stellen wesentliche Gebiete der **Unternehmensberatung** dar. Derartige Beratungsleistungen können als ähnliche Leistungen i. S. von § 3a Abs. 4 Nr. 3 UStG auch dann zu qualifizieren sein, wenn eine erfolgsabhängige Vergütung geleistet wird. – 2. Soweit derartige Leistungen gegenüber ausländischen Unternehmen erbracht werden, sind sie im Inland nicht steuerbar. *FG Hamburg, Urt. v. 21. 8. 2007, 6 K 253/05, rkr. (DStRE 2008 S. 503).*

[4] Ausbau u. Übernahme ausgedienter **Strahlenquellen** vgl. BFH-Urt. v. 13. 1. 2011, **LS zu 3 a.2.**

[5] Software vgl. A 3.5 Abs. 2 Nr. 1, Abs. 3 Nr. 8, 3a.9 Abs. 13 Satz 4 u. Abs. 15 Satz 3, 3a.12 Abs. 3 Nr. 2 u. Abs. 6 Nr. 7, 12.7 Abs. 1 Satz 8–10 u. 15a.1 Abs. 2 Nr. 1 UStAE.

UStAE 3a.9

Überlassung von Informationen

162 (16) ① § 3a Abs. 4 Satz 2 Nr. 5 UStG behandelt die Überlassung von Informationen einschließlich gewerblicher Verfahren und Erfahrungen, soweit diese sonstigen Leistungen nicht bereits unter § 3a Abs. 4 Satz 2 Nr. 1, 3 und 4 UStG fallen. ② Gewerbliche Verfahren und Erfahrungen können im Rahmen der laufenden Produktion oder der laufenden Handelsgeschäfte gesammelt werden und daher bei einer Auftragserteilung bereits vorliegen, z. B. Überlassung von Betriebsvorschriften, Unterrichtung über Fabrikationsverbesserungen, Unterweisung von Arbeitern des Auftraggebers im Betrieb des Unternehmers. ③ Gewerbliche Verfahren und Erfahrungen können auch auf Grund besonderer Auftragsforschung gewonnen werden, z. B. Analysen für chemische Produkte, Methoden der Stahlgewinnung, Formeln für die Automation. ④ Es ist ohne Belang, in welcher Weise die Verfahren und Erfahrungen übermittelt werden, z. B. durch Vortrag, Zeichnungen, Gutachten oder durch Übergabe von Mustern und Prototypen. ⑤ Unter die Vorschrift fällt die Überlassung aller Erkenntnisse, die ihrer Art nach geeignet sind, technisch oder wirtschaftlich verwendet zu werden. ⑥ Dies gilt z. B. auch für die Überlassung von Know-how und von Ergebnissen einer Meinungsumfrage auf dem Gebiet der Marktforschung (vgl. BFH-Urteil vom 22. 11. 1973, V R 164/72, BStBl. 1974 II S. 259) sowie für die Überlassung von Informationen durch Journalisten oder Pressedienste, soweit es sich nicht um die Überlassung urheberrechtlich geschützter Rechte handelt (vgl. Abschnitt 12.7 Abs. 9 bis 11). ⑦ Bei den sonstigen Leistungen der Detektive handelt es sich um Überlassungen von Informationen im Sinne des § 3a Abs. 4 Satz 2 Nr. 5 UStG. ⑧ Dagegen stellt die Unterrichtung des Erben über den Erbfall durch einen Erbenermittler keine Überlassung von Informationen dar (vgl. BFH-Urteil vom 3. 4. 2008, V R 62/05, BStBl. II S. 900).

Finanzumsätze[1]

163 (17) ① Wegen der Bank-, Finanz- und Versicherungsumsätze, die in § 4 Nr. 8 Buchstabe a bis h und Nr. 10 UStG bezeichnet sind, vgl. Abschnitte 4.8.1 bis 4. 8. 13 und Abschnitte 4.10.1 und 4.10.2. ② Die Verweisung auf § 4 Nr. 8 Buchstabe a bis h und Nr. 10 UStG in § 3a Abs. 4 Satz 2 Nr. 6 Buchstabe a UStG erfasst auch die dort als nicht steuerfrei bezeichneten Leistungen. ③ Zu den unter § 3a Abs. 4 Satz 2 Nr. 6 UStG fallenden Umsätzen gehört auch die Vermögensverwaltung mit Wertpapieren (vgl. EuGH-Urteil vom 19. 7. 2012, C-44/11, Deutsche Bank, BStBl. II S. 945, und BFH-Urteil vom 11. 10. 2012, V R 9/10, BStBl. 2014 II S. 279).

Edelmetallumsätze[2]

164 (18) ① Zu den sonstigen Leistungen im Geschäft mit Platin nach § 3a Abs. 4 Satz 2 Nr. 6 Buchstabe b UStG gehört auch der börsenmäßige Handel mit Platinmetallen (Palladium, Rhodium, Iridium, Osmium, Ruthenium). ② Dies gilt jedoch nicht für Geschäfte mit Platinmetallen, bei denen die Versorgungsfunktion der Verarbeitungsunternehmen im Vordergrund steht. ③ Hierbei handelt es sich um Warengeschäfte.

Personalgestellung

164a (18a) ① Unter einer Gestellung von Personal ist die entgeltliche Überlassung von weiterhin beim leistenden Unternehmer angestellten Arbeitnehmern an einen Dritten zu verstehen, welcher das Personal für seine Zwecke einsetzt. ② Dabei muss der Leistungsempfänger in der Lage sein, das Personal entsprechend seines Weisungsrechts einzusetzen. ③ Die Verantwortung für die Durchführung der Arbeiten muss beim Leistungsempfänger liegen. ④ Schuldet hingegen der leistende Unternehmer den Eintritt eines bestimmten Erfolges oder Ereignisses, steht nicht die Überlassung des Personals, sondern die Ausführung einer anderen Art der Leistung im Vordergrund (zu den sonstigen Leistungen im Zusammenhang mit einem Grundstück vgl. Abschnitt 3a.3 Abs. 8).

Vermietung von beweglichen körperlichen Gegenständen

165 (19) Eine Vermietung von beweglichen körperlichen Gegenständen im Sinne des § 3a Abs. 4 Satz 2 Nr. 10 UStG liegt z.B. vor, wenn ein bestehender Messestand oder wesentliche Bestandteile eines Standes im Zusammenhang mit Messen und Ausstellungen an Aussteller vermietet werden und die Vermietung ein wesentliches Element dieser Dienstleistung ist (vgl. EuGH-Urteil vom 27. 10. 2011, C-530/09, Inter-Mark Group, BStBl. 2012 II S. 160).

---

[1] Leistungsort bei **bankmäßiger Vermögensverwaltung** vgl. BFH v. 11. 10. 2007, V R 22/04 (BStBl. II 2008, 993). – Vgl. A 4.8.9 Abs. 2 UStAE.

[2] 1. Handelt ein **Kreditinstitut** im Inland mit Lieferansprüchen auf **Edelmetall,** liegt auch dann eine im Inland ausgeführte sonstige Leistung vor, wenn der Gläubiger die Auslieferung des Edelmetalls im Ausland verlangen kann. – 2. Kauft die Bank im eigenen Namen, aber im Auftrag und für Rechnung ihrer Kunden für diese Lieferansprüche ein, findet im Verhältnis zwischen Bank und Kunden (neben der entgeltlichen Geschäftsbesorgung gegen Provision) kein (weiterer) Umsatz statt. *BFH-Urteil vom 25. Oktober 1990 – V R 20/85 (BStBl. 1991 II S. 193).*

Umsätze mit Anlagegold vgl. § 25 c UStG.

3a.9a Ort der sonstigen Leistungen auf dem Gebiet der Telekommunikation, der Rundfunk- und Fernsehdienstleistungen und der auf elektronischem Weg erbrachten sonstigen Leistungen

UStAE 3a.9a

Ort der Leistungen

(1) ① Bei der Bestimmung des Leistungsorts für die in § 3a Abs. 5 Satz 2 UStG bezeichneten Leistungen (Telekommunikations-, Rundfunk- und Fernsehdienstleistungen und auf elektronischem Weg erbrachte sonstige Leistungen) sind folgende Fälle zu unterscheiden: 166

1. ① Ist der Empfänger der sonstigen Leistung ein Nichtunternehmer (siehe Abschnitt 3a.1 Abs. 1), wird die sonstige Leistung vorbehaltlich des Satzes 2 dort ausgeführt, wo der Empfänger seinen Wohnsitz, gewöhnlichen Aufenthaltsort oder Sitz hat (§ 3a Abs. 5 Satz 1 UStG). ② Wird die sonstige Leistung von einem Unternehmer erbracht, der in nur einem EU-Mitgliedstaat ansässig ist, bestimmt sich der Leistungsort insoweit nach § 3a Abs. 1 UStG, wenn der Gesamtbetrag der Entgelte der in § 3a Abs. 5 Satz 2 UStG bezeichneten sonstigen Leistungen an in anderen EU-Mitgliedstaaten ansässige Nichtunternehmer sowie der innergemeinschaftlichen Fernverkäufe (Abschnitt 3c.1 Abs. 2 Satz 1) insgesamt 10 000 € im vorangegangenen Kalenderjahr nicht überschritten hat und im laufenden Kalenderjahr nicht überschreitet (§ 3a Abs. 5 Satz 3 UStG); für die Beurteilung des Leistungsorts im Besteuerungszeitraum 2021 sind auch die vorgenannten sonstigen Leistungen und innergemeinschaftlichen Fernverkäufe einzubeziehen, die im Kalenderjahr 2020 und im ersten Halbjahr 2021 ausgeführt wurden; eine zeitanteilige Aufteilung der Umsatzschwelle von 10 000 € ist im Kalenderjahr 2021 nicht vorzunehmen.

   Beispiel:

   ① Der im Inland ansässige Unternehmer U erbringt in den Jahren 2020 und 2021 in § 3a Abs. 5 Satz 2 UStG bezeichnete sonstige Leistungen an in anderen EU-Mitgliedstaaten ansässige Nichtunternehmer im folgenden Wert:

im Kalenderjahr 2020:	3 000 €
im ersten Halbjahr 2021:	5 000 €
im zweiten Halbjahr 2021:	2 000 €

   ② Außerdem versendet U in den Jahren 2020 und 2021 Waren im folgenden Wert an in anderen EU-Mitgliedstaaten ansässige Nichtunternehmer:

im Kalenderjahr 2020:	6 000 €
im ersten Halbjahr 2021:	20 000 €
im zweiten Halbjahr 2021:	5 000 €

   ③ Im vorangegangenen Kalenderjahr 2020 wurde die ab dem 1. 7. 2021 maßgebliche Umsatzschwelle von 10 000 € nicht überschritten. ④ Da die ab dem 1. 7. 2021 auch für innergemeinschaftliche Fernverkäufe maßgebliche Umsatzschwelle von 10 000 € für das Kalenderjahr 2021 jedoch bereits im ersten Halbjahr überschritten wurde, kommt es ab dem 1. 7. 2021 ab dem ersten Umsatz zur Ortsverlagerung in den EU-Mitgliedstaat, in dem der Empfänger ansässig ist. ⑤ Die innergemeinschaftlichen Fernverkäufe vor dem 1. 7. 2021 sind zu berücksichtigen, unabhängig davon, ob die Ortsbestimmung nach § 3c UStG in der bis zum 30. 6. 2021 geltenden Fassung aufgrund des Überschreitens der Lieferschwelle zur Anwendung kam. ⑥ U hat demnach alle in § 3a Abs. 5 Satz 2 UStG bezeichneten sonstigen Leistungen an in anderen EU-Mitgliedstaaten ansässige Nichtunternehmer sowie innergemeinschaftlichen Fernverkäufe ab dem 1. 7. 2021 in den EU-Mitgliedstaaten zu versteuern, in denen die Empfänger ansässig sind, und kann dafür das besondere Besteuerungsverfahren nach § 18j UStG (vgl. Abschnitt 18j.1) in Anspruch nehmen.

   ③ Sobald der Gesamtbetrag nach Satz 2 im laufenden Kalenderjahr überschritten wird, verlagert sich der Leistungsort an den Ort nach Satz 1; dies gilt bereits für den Umsatz, der zur Überschreitung des Gesamtbetrags führt. ④ Satz 2 gilt nicht, wenn der leistende Unternehmer gegenüber dem Finanzamt bis zur Unanfechtbarkeit der Steuerfestsetzung (§ 18 Abs. 3 und 4 UStG, vgl. Abschnitt 19.2 Abs. 6), bzw. solange ein Vorbehalt der Nachprüfung nach § 164 AO besteht (vgl. Abschnitt 9.1 Abs. 3 Satz 1), erklärt, dass er auf die Anwendung von § 3a Abs. 5 Satz 3 UStG verzichtet; diese Erklärung gilt vom Beginn des Kalenderjahres an, für das der Unternehmer sie abgegeben hat, und bindet ihn für mindestens zwei Kalenderjahre (§ 3a Abs. 5 Sätze 4 und 5 UStG). ⑤ Die Erklärung ist an keine besondere Form gebunden; sie gilt auch als abgegeben, wenn der leistende Unternehmer die Voraussetzungen nach § 3a Abs. 5 Satz 3 UStG erfüllt, jedoch weiterhin die Regelung nach § 3a Abs. 5 Satz 1 UStG anwendet. ⑥ Nach Ablauf der Zweijahresfrist kann der Unternehmer die Erklärung nach Satz 4 mit Wirkung zu einem vom Unternehmer festgelegten Zeitpunkt widerrufen; der Widerruf ist spätestens bis zur Unanfechtbarkeit der Steuerfestsetzung des Kalenderjahres, für das er gelten soll, bzw. solange ein Vorbehalt der Nachprüfung nach § 164 AO besteht, zu erklären.
2. Ist der Empfänger der sonstigen Leistung ein Leistungsempfänger im Sinne des § 3a Abs. 2 UStG (siehe Abschnitt 3a.2 Abs. 1), wird die sonstige Leistung dort ausgeführt, wo der Empfänger sein Unternehmen betreibt bzw. die juristische Person ihren Sitz hat (§ 3a Abs. 2 UStG; vgl. Abschnitt 3a.2).

② Der leistende Unternehmer kann regelmäßig davon ausgehen, dass ein im Inland oder im übrigen Gemeinschaftsgebiet ansässiger Leistungsempfänger ein Nichtunternehmer ist, wenn

UStAE 3a.9 a dieser dem leistenden Unternehmer keine USt-IdNr. mitgeteilt hat (vgl. Artikel 18 Abs. 2 Unterabs. 2 MwStVO).

166a (2) Wird eine in § 3a Abs. 5 Satz 2 UStG bezeichnete sonstige Leistung an einen Nichtunternehmer (siehe Abschnitt 3a.1 Abs. 1) erbracht, der in verschiedenen Ländern ansässig ist oder seinen Wohnsitz in einem Land und seinen gewöhnlichen Aufenthaltsort in einem anderen Land hat, ist – vorbehaltlich § 3a Abs. 5 Satz 3 UStG und der Absätze 3 bis 7 –

1. bei Leistungen an eine nicht unternehmerisch tätige juristische Person, der keine USt-IdNr. erteilt worden ist, der Leistungsort vorrangig an dem Ort, an dem die Handlungen zur zentralen Verwaltung der juristischen Person vorgenommen werden, soweit keine Anhaltspunkte dafür vorliegen, dass die Leistung an deren Betriebsstätte genutzt oder ausgewertet wird (vgl. Artikel 24 Buchstabe a MwStVO),
2. bei Leistungen an eine natürliche Person der Leistungsort vorrangig an deren gewöhnlichem Aufenthaltsort (siehe Abschnitt 3a.1 Abs. 1 Sätze 10 bis 14), soweit keine Anhaltspunkte dafür vorliegen, dass die Leistung an deren Wohnsitz genutzt oder ausgewertet wird (vgl. Artikel 24 Buchstabe b MwStVO).

167 (3) ① Wird eine in § 3a Abs. 5 Satz 2 UStG bezeichnete sonstige Leistung an einen Nichtunternehmer (siehe Abschnitt 3a.1 Abs. 1) an Orten wie Telefonzellen, Kiosk-Telefonen, WLAN-Hot-Spots, Internetcafés, Restaurants oder Hotellobbys erbracht, und muss der Leistungsempfänger an diesem Ort physisch anwesend sein, damit ihm der leistende Unternehmer die sonstige Leistung erbringen kann, gilt der Leistungsempfänger als an diesem Ort ansässig (vgl. Artikel 24a Abs. 1 MwStVO). ② Werden diese Leistungen an Bord eines Schiffs, eines Flugzeugs oder in einer Eisenbahn während des innerhalb des Gemeinschaftsgebiets stattfindenden Teils einer Personenbeförderung (vgl. § 3e Abs. 2 UStG) erbracht, gilt der Abgangsort des jeweiligen Beförderungsmittels im Gemeinschaftsgebiet als Leistungsort (vgl. Artikel 24a Abs. 2 MwStVO).

167a (4) ① Wird eine in § 3a Abs. 5 Satz 2 UStG bezeichnete sonstige Leistung an einen Nichtunternehmer (siehe Abschnitt 3a.1 Abs. 1)

1. über dessen Festnetzanschluss erbracht, gilt der Leistungsempfänger an dem Ort als ansässig, an dem sich dieser Anschluss befindet (vgl. Artikel 24b Abs. 1 Buchstabe a MwStVO);
2. über ein mobiles Telekommunikationsnetz erbracht, gilt der Leistungsempfänger in dem Land als ansässig, das durch den Ländercode der bei Inanspruchnahme dieser Leistung verwendeten SIM-Karte bezeichnet wird (vgl. Artikel 24b Abs. 1 Buchstabe b MwStVO);

Beispiel:

① Der Unternehmer A mit Sitz in Hannover schließt einen Vertrag über die Erbringung von Telekommunikationsleistungen (Übertragung von Signalen, Schrift, Bild, Ton oder Sprache via Mobilfunk) mit der im Inland ansässigen Privatperson P ab, die für ein Jahr beruflich eine Tätigkeit in Russland ausübt; P hat dort eine Wohnung angemietet. ② Danach werden an P nur Telekommunikationsleistungen erbracht, wenn sie von Russland aus ihr Handy benutzt. ③ Das Handy wird mit der von A ausgegebenen deutschen SIM-Karte verwendet. ④ Das Entgelt wird über Prepaid-Karten von P an A entrichtet. ⑤ Eine Verwendung des Guthabens auf der Prepaid-Karte für Telekommunikationsdienstleistungen außerhalb Russlands ist vertraglich ausgeschlossen.

⑥ Der Leistungsort für die von A erbrachten Telekommunikationsleistungen liegt in Deutschland, weil eine deutsche SIM-Karte verwendet wird. ⑦ Unbeachtlich ist, an welchem Ort P seinen Wohnsitz oder seinen gewöhnlichen Aufenthaltsort hat. ⑧ Absatz 5 bleibt unberührt.

3. ① erbracht, für die ein Decoder oder ein ähnliches Gerät, eine Programm- oder Satellitenkarte verwendet wird, gilt der Leistungsempfänger an dem Ort als ansässig, an dem sich der Decoder oder das ähnliche Gerät befindet. ② Ist dieser Ort unbekannt, gilt der Leistungsempfänger an dem Ort als ansässig, an den die Programm- oder Satellitenkarte vom leistenden Unternehmer zur Verwendung gesendet worden ist (vgl. Artikel 24b Abs. 1 Buchstabe c MwStVO).

168 (5) ① Wird die Leistung unter anderen als den in den Absätzen 3 und 4 genannten Bedingungen erbracht, gilt die Vermutung, dass der Leistungsempfänger an dem Ort ansässig ist oder seinen Wohnsitz oder seinen gewöhnlichen Aufenthaltsort hat, der vom leistenden Unternehmer unter Darlegung von zwei sich nicht widersprechenden Beweismitteln nach Absatz 6 Satz 2 als solcher bestimmt worden ist (vgl. Artikel 24b Abs. 1 Buchstabe d MwStVO). ② Unbeschadet dessen gilt bei Verwendung eines Beweismittels nach Absatz 6 Satz 2 Nr. 1 bis 5, das von einer an der Erbringung der sonstigen Leistungen beteiligten Person erbracht wurde, bei der es sich weder um den leistenden Unternehmer noch um den Leistungsempfänger handelt, die Vermutung, dass der Leistungsempfänger an dem Ort ansässig ist, den der leistende Unternehmer auf Grundlage dieses Beweismittels bestimmt; vorausgesetzt, dass der Gesamtbetrag der Entgelte der sonstigen Leistungen nach Satz 1, die ein leistender Unternehmer von seinem Sitz oder seiner Betriebsstätte in einem Mitgliedstaat erbringt, insgesamt 100 000 € im vorangegangenen Kalenderjahr nicht überschritten hat und im laufenden Kalenderjahr nicht überschreitet (vgl. Artikel 24b Abs. 2 MwStVO). ③ Sobald dieser Betrag in einem Kalenderjahr überschritten wird, gilt Satz 2 so lange nicht mehr, bis die in Satz 2 festgelegten Bedingungen wieder erfüllt sind (vgl. Artikel 24b Abs. 3 MwStVO).

168a (6) ① Der leistende Unternehmer kann die in den Absätzen 3 und 4 genannten Vermutungen widerlegen, wenn er durch drei sich nicht widersprechende Beweismittel nachweisen kann, dass der Leistungsempfänger seinen Sitz, seinen Wohnsitz oder seinen gewöhnlichen Aufenthaltsort an einem anderen Ort als dem nach den Absätzen 3 und 4 genannten Ort hat (vgl. Artikel 24d Abs. 1 MwStVO). ② Als Beweismittel gelten insbesondere (vgl. Artikel 24f MwStVO):

1. die Rechnungsanschrift des Leistungsempfängers;
2. die Internet-Protokoll-Adresse (IP-Adresse) des von dem Leistungsempfänger verwendeten Geräts oder jedes Verfahren der Geolokalisierung;
3. Bankangaben, wie der Ort, an dem das bei der unbaren Zahlung der Gegenleistung verwendete Bankkonto geführt wird, oder die der Bank vorliegende Rechnungsanschrift des Leistungsempfängers;
4. der Mobilfunk-Ländercode (Mobile Country Code – MCC) der Internationalen Mobilfunk-Teilnehmerkennung (International Mobile Subscriber Identity – IMSI), der auf der von dem Dienstleistungsempfänger verwendeten SIM-Karte (Teilnehmer-Identifikationsmodul – Subscriber Identity Module) gespeichert ist;
5. der Ort des Festnetzanschlusses des Dienstleistungsempfängers, über den ihm die Dienstleistung erbracht wird;
6. sonstige für die Leistungserbringung wirtschaftlich wichtige Informationen.

(7) Das für den leistenden Unternehmer zuständige Finanzamt kann die Vermutungen nach **169** den Absätzen 3 bis 5 widerlegen, wenn ihm Hinweise vorliegen, dass der leistende Unternehmer den Leistungsort falsch oder missbräuchlich festgelegt hat.

Beispiel:

① Der Unternehmer A mit Sitz in Hannover schließt einen Vertrag über die Erbringung von Telekommunikationsleistungen (Übertragung von Signalen, Schrift, Bild, Ton oder Sprache) mit der Privatperson P ab. ② Nach den Vertragsvereinbarungen werden an P Telekommunikationsleistungen über den Festnetzanschluss des P in Spanien sowie über mobile Netze erbracht, bei denen P eine deutsche SIM-Karte verwendet. ③ P gibt als Rechnungsadresse die Adresse der ihm gehörenden Ferienwohnung in Spanien an. ④ Die für die Telekommunikationsleistungen in Rechnung gestellten Beträge werden von A über das von P angegebene Konto einer Bank in Spanien abgewickelt. ⑤ A sieht als Leistungsort entsprechend der Beweismittel Spanien an.

⑥ Bei einer Betriebsprüfung stellt das Finanzamt des A fest, dass die mobil erbrachten Telekommunikationsleistungen des A über das Handy des P mit deutscher SIM-Karte erbracht wurden (vgl. Absatz 4 Nr. 2). ⑦ Absatz 5 ist von A falsch angewendet worden. ⑧ Als Leistungsort gilt danach insoweit Deutschland.

(8) Wird an einen Nichtunternehmer (siehe Abschnitt 3a.1 Abs. 1) neben der kurzfristigen **169a** Vermietung von Wohn- und Schlafräumen oder Campingplätzen noch eine in § 3a Abs. 5 Satz 2 UStG bezeichnete sonstige Leistung erbracht, gilt diese Leistung als am Ort der Vermietungsleistung erbracht (vgl. Artikel 31c MwStVO).

Besteuerungsverfahren und Aufzeichnungspflichten

(9) Zum Besteuerungsverfahren bei Leistungen im Sinne des § 3a Abs. 5 UStG, die im **170** Rahmen der Regelungen nach § 18 Abs. 4c, 4d, 4e oder § 18h UStG erbracht werden, vgl. Abschnitt 3a.16 Abs. 8 bis 10 sowie die Abschnitte 18.7a, 18.7b und 18h.1, zu den Aufzeichnungspflichten zu den vorgenannten Leistungen vgl. Abschnitt 22.3a.

3a.10 Sonstige Leistungen auf dem Gebiet der Telekommunikation[1]

UStAE 3a.10

(1) ① Als sonstige Leistungen auf dem Gebiet der Telekommunikation im Sinne des § 3a Abs. 5 Satz 2 Nr. 1 UStG sind die Leistungen anzusehen, mit denen die Übertragung, die Ausstrahlung **171** oder der Empfang von Signalen, Schrift, Bild und Ton oder Informationen jeglicher Art über Draht, Funk, optische oder sonstige elektromagnetische Medien ermöglicht und gewährleistet werden, einschließlich der damit im Zusammenhang stehenden Abtretung und Einräumung von Nutzungsrechten an Einrichtungen zur Übertragung, zur Ausstrahlung oder zum Empfang. ② Der Ort dieser Telekommunikationsdienstleistungen bestimmt sich nach § 3a Abs. 5 Satz 1 UStG, wenn der Leistungsempfänger ein Nichtunternehmer (siehe Abschnitt 3a.1 Abs. 1) ist. ③ Für den per Telekommunikation übertragenen Inhalt bestimmt sich der Ort der sonstigen Leistung grundsätzlich nach der Art der Leistung (vgl. auch Absatz 4). ④ Hierbei ist der Grundsatz der Einheitlichkeit der Leistung zu beachten (vgl. hierzu Abschnitt 3.10).

(2) ① Zu den sonstigen Leistungen im Sinne des Absatzes 1 gehören insbesondere: **172**

1. ① Die Übertragung von Signalen, Schrift, Bild, Ton, Sprache oder Informationen jeglicher Art
   a) via Festnetz;
   b)[2, 3] via Mobilfunk;
   c) via Satellitenkommunikation;
   d) via Internet.

   ② Hierzu gehören auch Videoübertragungen und Schaltungen von Videokonferenzen;
2. ① die Bereitstellung von Leitungskapazitäten oder Frequenzen im Zusammenhang mit der Einräumung von Übertragungskapazitäten

---

[1] Hinweis auf § 3a Abs. 8 UStG/3a.14 Abs. 6 UStAE.
[2] Startpakete und Guthabenkarten im **Mobilfunkbereich** vgl. *BMF-Schreiben v. 3. 12. 2001 (BStBl. I S. 1010).*
[3] Einzweckguthaben in der Telekommunikation vgl. *BMF-Schreiben v. 24. 9. 2012 (BStBl. I S. 947).*

a) im Festnetz;
b) im Mobilfunknetz;
c) in der Satellitenkommunikation;
d) im Rundfunk- und Fernsehnetz;
e) beim Kabelfernsehen.

② Dazu gehören auch Kontroll- und Überwachungsmaßnahmen im Zusammenhang mit der Einräumung von Übertragungskapazitäten zur Sicherung der Betriebsbereitschaft durch Fernüberwachung oder Vor-Ort-Service;

3. ① die Verschaffung von Zugangsberechtigungen zu
a) den Festnetzen;
b) den Mobilfunknetzen;
c) der Satellitenkommunikation;
d) dem Internet;
e) dem Kabelfernsehen.

② Hierzu gehört auch die Überlassung von sog. „Calling-Cards", bei denen die Telefongespräche, unabhängig von welchem Apparat sie geführt werden, über die Telefonrechnung für den Anschluss im Heimatland abgerechnet werden;

4. ① die Vermietung und das Zurverfügungstellen von Telekommunikationsanlagen im Zusammenhang mit der Einräumung von Nutzungsmöglichkeiten der verschiedenen Übertragungskapazitäten. ② Dagegen handelt es sich bei der Vermietung von Telekommunikationsanlagen ohne Einräumung von Nutzungsmöglichkeiten von Übertragungskapazitäten um die Vermietung beweglicher körperlicher Gegenstände im Sinne des § 3a Abs. 4 Satz 2 Nr. 10 UStG;

5. die Einrichtung von „voice-mail-box-Systemen".

② Zu den Telekommunikationsdienstleistungen gehören beispielsweise:

1. Festnetz- und Mobiltelefondienste zur wechselseitigen Ton-, Daten- und Videoübertragung einschließlich Telefondienstleistungen mit bildgebender Komponente (Videofonie);
2. über das Internet erbrachte Telefondienstleistungen einschließlich VoIP-Dienstleistungen (Voice over Internet Protocol);
3. Sprachspeicherung (Voicemail), Anklopfen, Rufumleitung, Anruferkennung, Dreiwegeanruf und andere Anrufverwaltungsdienste;
4. Personenrufdienste (sog. Paging-Dienste);
5. Audiotextdienste;
6. Fax, Telegrafie und Fernschreiben;
7. der Zugang zum Internet und World Wide Web;
8. private Netzanschlüsse für Telekommunikationsverbindungen zur ausschließlichen Nutzung durch den Dienstleistungsempfänger.

173 (3) ① Von den Telekommunikationsleistungen im Sinne des § 3a Abs. 5 Satz 2 Nr. 1 UStG sind u. a. die über globale Informationsnetze (z. B. Online-Dienste, Internet) entgeltlich angebotenen Inhalte der übertragenen Leistungen zu unterscheiden. ② Hierbei handelt es sich um gesondert zu beurteilende selbständige Leistungen, deren Art für die umsatzsteuerrechtliche Beurteilung maßgebend ist.

174 (4) ① Nicht zu den Telekommunikationsleistungen im Sinne des § 3a Abs. 5 Satz 2 Nr. 1 UStG gehören insbesondere:

1. Angebote im Bereich Onlinebanking und Datenaustausch;
2. Angebote zur Information (Datendienste, z. B. Verkehrs-, Wetter-, Umwelt- und Börsendaten, Verbreitung von Informationen über Waren und Dienstleistungsangebote);
3. Angebote zur Nutzung des Internets oder weiterer Netze (z. B. Navigationshilfen);
4. Angebote zur Nutzung von Onlinespielen;
5. Angebote von Waren und Dienstleistungen in elektronisch abrufbaren Datenbanken mit interaktivem Zugriff und unmittelbarer Bestellmöglichkeit.

② Der Inhalt dieser Leistungen kann z. B. in der Einräumung, Übertragung und Wahrnehmung von bestimmten Rechten (§ 3a Abs. 4 Satz 2 Nr. 1 UStG), in der Werbung und Öffentlichkeitsarbeit (§ 3a Abs. 4 Satz 2 Nr. 2 UStG), in der rechtlichen, wirtschaftlichen und technischen Beratung (§ 3a Abs. 4 Satz 2 Nr. 3 UStG), in der Datenverarbeitung (§ 3a Abs. 4 Satz 2 Nr. 4 UStG), in der Überlassung von Informationen (§ 3a Abs. 4 Satz 2 Nr. 5 UStG) oder in einer auf elektronischem Weg erbrachten sonstigen Leistung (§ 3a Abs. 5 Satz 2 Nr. 3 UStG) bestehen.

175 (5) ① Die Anbieter globaler Informationsnetze (sog. Online-Anbieter) erbringen häufig ein Bündel sonstiger Leistungen an ihre Abnehmer. ② Zu den sonstigen Leistungen der Online-Anbieter auf dem Gebiet der Telekommunikation im Sinne des § 3a Abs. 5 Satz 2 Nr. 1 UStG gehören insbesondere:

1. Die Einräumung des Zugangs zum Internet;
2. die Ermöglichung des Bewegens im Internet;

3. die Übertragung elektronischer Post (E-Mail) einschließlich der Zeit, die der Anwender zur Abfassung und Entgegennahme dieser Nachrichten benötigt, sowie die Einrichtung einer Mailbox. UStAE 3a.10

(6) Die Leistungen der Online-Anbieter sind wie folgt zu beurteilen: **176**

1. Grundsätzlich ist jede einzelne sonstige Leistung gesondert zu beurteilen.
2. ① Besteht die vom Online-Anbieter als sog. „Zugangs-Anbieter" erbrachte sonstige Leistung allerdings vornehmlich darin, dem Abnehmer den Zugang zum Internet oder das Bewegen im Internet zu ermöglichen (Telekommunikationsleistung im Sinne des § 3a Abs. 5 Satz 2 Nr. 1 UStG), handelt es sich bei daneben erbrachten sonstigen Leistungen zwar nicht um Telekommunikationsleistungen. ② Sie sind jedoch Nebenleistungen, die das Schicksal der Hauptleistung teilen.

Beispiel:

① Der Zugangs-Anbieter Z ermöglicht dem Abnehmer A entgeltlich den Zugang zum Internet, ohne eigene Dienste anzubieten. ② Es wird lediglich eine Anwenderunterstützung (Navigationshilfe) zum Bewegen im Internet angeboten.

③ Die Leistung des Z ist insgesamt eine Telekommunikationsleistung im Sinne des § 3a Abs. 5 Satz 2 Nr. 1 UStG.

3. Erbringt der Online-Anbieter dagegen als Zugangs- und sog. Inhalts-Anbieter („Misch-Anbieter") neben den Telekommunikationsleistungen im Sinne des § 3a Abs. 5 Satz 2 Nr. 1 UStG weitere sonstige Leistungen, die nicht als Nebenleistungen zu den Leistungen auf dem Gebiet der Telekommunikation anzusehen sind, handelt es sich insoweit um selbständige Hauptleistungen, die gesondert zu beurteilen sind.

Beispiel:

① Der Misch-Anbieter M bietet die entgeltliche Nutzung eines Online-Dienstes an. ② Der Anwender B hat die Möglichkeit, neben dem Online-Dienst auch die Zugangsmöglichkeit für das Internet zu nutzen. ③ Neben der Zugangsberechtigung zum Internet werden Leistungen im Bereich des Datenaustausches angeboten.

④ Bei den Leistungen des M handelt es sich um selbständige Hauptleistungen, die gesondert zu beurteilen sind.

(7) ① Wird vom Misch-Anbieter für die selbständigen Leistungen jeweils ein gesondertes Entgelt erhoben, ist es den jeweiligen Leistungen zuzuordnen. ② Wird ein einheitliches Entgelt entrichtet, ist es grundsätzlich auf die jeweils damit vergüteten Leistungen aufzuteilen. ③ Eine Aufteilung des Gesamtentgelts ist allerdings nicht erforderlich, wenn die sonstigen Leistungen insgesamt an demselben Ort ausgeführt werden. ④ Dies gilt nicht, wenn die erbrachten Leistungen teilweise dem ermäßigten Steuersatz unterliegen oder steuerfrei sind. **177**

Beispiel:

① Der Privatmann C mit Sitz in Los Angeles zahlt an den Misch-Anbieter M mit Sitz in München ein monatliches Gesamtentgelt. ② C nutzt zum einen den Zugang zum Internet und zum anderen die von M im Online-Dienst angebotene Leistung, sich über Waren und Dienstleistungsangebote zu informieren.

③ Die Nutzung des Zugangs zum Internet ist eine Telekommunikationsleistung im Sinne des § 3a Abs. 5 Satz 2 Nr. 1 UStG. ④ Dagegen ist die Information über Waren und Dienstleistungsangebote eine auf elektronischem Weg erbrachte sonstige Leistung im Sinne des § 3a Abs. 5 Satz 2 Nr. 3 UStG. ⑤ Eine Aufteilung des Gesamtentgelts ist allerdings nicht erforderlich, da die sonstigen Leistungen insgesamt nach § 3a Abs. 5 Satz 1 UStG am Wohnsitz des C in Los Angeles bzw. bei Vorliegen der Voraussetzungen des § 3a Abs. 5 Satz 3 UStG insgesamt am Unternehmenssitz des M in München erbracht werden (§ 3a Abs. 5 Satz 1 UStG).

(8) ① Ist ein einheitlich entrichtetes Gesamtentgelt aufzuteilen, kann die Aufteilung im Schätzungswege vorgenommen werden. ② Das Aufteilungsverhältnis der Telekommunikationsleistungen im Sinne des § 3a Abs. 5 Satz 2 Nr. 1 UStG und der übrigen sonstigen Leistungen bestimmt sich nach den Nutzungszeiten für die Inanspruchnahme der einzelnen sonstigen Leistungen durch die Anwender. ③ Das Finanzamt kann gestatten, dass ein anderer Aufteilungsmaßstab verwendet wird, wenn dieser Aufteilungsmaßstab nicht zu einem unzutreffenden Ergebnis führt. **178**

Beispiel:

① Der Misch-Anbieter M führt in den Voranmeldungszeiträumen Januar bis März sowohl Telekommunikationsleistungen als auch sonstige Leistungen im Sinne des § 3a Abs. 4 UStG aus, für die er ein einheitliches Gesamtentgelt vereinnahmt hat.

② Das Gesamtentgelt kann entsprechend dem Verhältnis der jeweils genutzten Einzelleistungen zur gesamten Anwendernutzzeit aufgeteilt werden.

Zur umsatzsteuerlichen Behandlung von Telekommunikationsdienstleistungen im **Interconnection-Verfahren** ab dem 1. 1. 1998. *Erlaß Nordrhein-Westfalen S 7100 – 188 – V C 4 v. 2. 3. 1998.* – Zur umsatzsteuerlichen Behandlung von **Telekommunikationsdienstleistungen** und telekommunikationsgestützten Diensten *siehe Verfügung OFD Niedersachsen v. 31. 7. 2015 (StEd S. 556).* LS zu 3a.10 **180**

3a.11 Rundfunk- und Fernsehdienstleistungen

UStAE 3a.11

(1) ① Rundfunk- und Fernsehdienstleistungen sind Rundfunk- und Fernsehprogramme, die auf der Grundlage eines Sendeplans über Kommunikationsnetze, wie Kabel, Antenne oder Satellit, durch einen Mediendiensteanbieter unter dessen redaktioneller Verantwortung der Öffentlichkeit zum zeitgleichen Anhören oder Ansehen verbreitet werden (vgl. Artikel 6b Abs. 1 MwStVO). ② Dies gilt auch dann, wenn die Verbreitung gleichzeitig über das Internet oder ein ähnliches elektronisches Netz erfolgt. ③ Der Ort dieser Rundfunk- und Fernsehdienstleistungen **191**

bestimmt sich nach § 3a Abs. 5 Satz 1 UStG, wenn der Leistungsempfänger ein Nichtunternehmer (siehe Abschnitt 3a.1 Abs. 1) ist.

192 (2) ① Ein Rundfunk- und Fernsehprogramm, das nur über das Internet oder ein ähnliches elektronisches Netz verbreitet und nicht zeitgleich durch herkömmliche Rundfunk- oder Fernsehdienstleister übertragen wird, gehört nicht zu den Rundfunk- und Fernsehdienstleistungen, sondern gilt als auf elektronischem Weg erbrachte sonstige Leistung (§ 3a Abs. 5 Satz 2 Nr. 3 UStG). ② Die Bereitstellung von Sendungen und Veranstaltungen aus den Bereichen Politik, Kultur, Kunst, Sport, Wissenschaft und Unterhaltung ist ebenfalls eine auf elektronischem Weg erbrachte sonstige Leistung (vgl. Abschnitt 3a.12 Abs. 3 Nr. 8). ③ Hierunter fällt der Web-Rundfunk, der ausschließlich über das Internet oder ähnliche elektronische Netze und nicht gleichzeitig über Kabel, Antenne oder Satellit verbreitet wird.

(2a) Nicht zu den Rundfunk- und Fernsehdienstleistungen im Sinne des § 3a Abs. 5 Satz 1 Nr. 2 UStG gehören insbesondere:

1. Die Bereitstellung von Informationen über bestimmte auf Abruf erhältliche Programme;
2. die Übertragung von Sende- oder Verbreitungsrechten;
3. das Leasing von Geräten und technischer Ausrüstung zum Empfang von Rundfunk- und Fernsehdienstleistungen.

(3) Zum Leistungsort bei sonstigen Leistungen inländischer und ausländischer Rundfunkanstalten des öffentlichen Rechts untereinander vgl. Abschnitt 3a.2 Abs. 15.

UStAE 3a.12

3a.12 Auf elektronischem Weg erbrachte sonstige Leistungen

Anwendungsbereich

201 (1) ① Eine auf elektronischem Weg erbrachte sonstige Leistung im Sinne des § 3a Abs. 5 Satz 2 Nr. 3 UStG ist eine Leistung, die über das Internet oder ein elektronisches Netz, einschließlich Netze zur Übermittlung digitaler Inhalte, erbracht wird und deren Erbringung auf Grund der Merkmale der sonstigen Leistung in hohem Maße auf Informationstechnologie angewiesen ist; d.h. die Leistung ist im Wesentlichen automatisiert, wird nur mit minimaler menschlicher Beteiligung erbracht und wäre ohne Informationstechnologie nicht möglich (vgl. Artikel 7 sowie Anhang I MwStVO). ② Maßgeblich ist insoweit, ob eine „menschliche Beteiligung" den eigentlichen Leistungsvorgang betrifft. ③ Deshalb stellen weder die (ursprüngliche) Inbetriebnahme noch die Wartung des elektronischen Systems eine wesentliche „menschliche Beteiligung" dar. ④ Auf Leistungselemente, welche nur der Vorbereitung und der Sicherung der Hauptleistung (z.B. Gewährung des Zugangs zu einer Online-Community) dienen, kommt es dabei nicht an. ⑤ Die menschliche Betätigung durch die Nutzer ist nicht zu berücksichtigen. ⑥ Eine auf elektronischem Weg erbrachte Dienstleistung ist nicht deshalb ausgeschlossen, weil dieselbe Leistung auch ohne Internetnutzung denkbar wäre; maßgeblich ist insoweit, wie die Ausführung der Leistung tatsächlich geschieht (vgl. BFH-Urteil vom 1. 6. 2016, XI R 29/14, BStBl. II S. 905). ⑦ Der Ort der auf elektronischem Weg erbrachten sonstigen Leistung bestimmt sich nach § 3a Abs. 5 Satz 1 UStG, wenn der Leistungsempfänger ein Nichtunternehmer (siehe Abschnitt 3a.1 Abs. 1) ist.

202 (2) Auf elektronischem Weg erbrachte sonstige Leistungen umfassen im Wesentlichen:

1. Digitale Produkte, wie z.B. Software und zugehörige Änderungen oder Updates;
2. Dienste, die in elektronischen Netzen eine Präsenz zu geschäftlichen oder persönlichen Zwecken vermitteln oder unterstützen (z.B. Website, Webpage);
3. von einem Computer automatisch generierte Dienstleistungen über das Internet oder ein elektronisches Netz auf der Grundlage spezifischer Dateneingabe des Leistungsempfängers;
4. sonstige automatisierte Dienstleistungen, für deren Erbringung das Internet oder ein elektronisches Netz erforderlich ist (z.B. Dienstleistungen, die von Online-Markt-Anbietern erbracht und die z.B. über Provisionen und andere Entgelte abgerechnet werden).

203 (3) Auf elektronischem Weg erbrachte sonstige Leistungen sind insbesondere:

1. ① Bereitstellung von Websites, Webhosting, Fernwartung von Programmen und Ausrüstungen. ② Hierzu gehören z.B. die automatisierte Online-Fernwartung von Programmen, die Fernverwaltung von Systemen, das Online-Data-Warehousing (Datenspeicherung und -abruf auf elektronischem Weg), Online-Bereitstellung von Speicherplatz nach Bedarf;
2.[1] ① Bereitstellung von Software und deren Aktualisierung. ② Hierzu gehört z.B. die Gewährung des Zugangs zu oder das Herunterladen von Software (wie z.B. Beschaffungs- oder Buchhaltungsprogramme, Software zur Virusbekämpfung) und Updates, Bannerblocker (Software zur Unterdrückung der Anzeige von Webbannern), Herunterladen von Treibern (z.B. Software für Schnittstellen zwischen PC und Peripheriegeräten wie z.B. Drucker), automatisierte Online-Installation von Filtern auf Websites und automatisierte Online-Installation von Firewalls;

[1] Software vgl. Abs. 6 Nr. 7.

3. Bereitstellung von Bildern, wie z. B. die Gewährung des Zugangs zu oder das Herunterladen von Desktop-Gestaltungen oder von Fotos, Bildern und Bildschirmschonern; UStAE 3a.12
4. ① Bereitstellung von Texten und Informationen.
   ② Hierzu gehören z. B. E-Books und andere elektronische Publikationen, Abonnements von Online-Zeitungen und Online-Zeitschriften, Web-Protokolle und Website-Statistiken, Online-Nachrichten, Online-Verkehrsinformationen und Online-Wetterberichte, Online-Informationen, die automatisch anhand spezifischer vom Leistungsempfänger eingegebener Daten etwa aus dem Rechts- und Finanzbereich generiert werden (z. B. regelmäßig aktualisierte Börsendaten), Werbung in elektronischen Netzen und Bereitstellung von Werbeplätzen (z. B. Bannerwerbung auf Websites und Webpages);
5. ① Bereitstellung von Datenbanken, wie z. B. die Benutzung von Suchmaschinen und Internetverzeichnissen einschließlich der Sammlung und Bereitstellung von Mitgliederprofilen (vgl. BFH-Urteil vom 1. 6. 2016, XI R 29/14, BStBl. II S. 905). ② Eine „Datenbank" ist eine Sammlung von Werken, Daten und anderen unabhängigen Elementen, die systematisch oder methodisch angeordnet und einzeln mit elektronischen Mitteln oder auf andere Weise zugänglich sind;
6. Bereitstellung von Musik (z. B. die Gewährung des Zugangs zu oder das Herunterladen von Musik auf PC, Mobiltelefone usw. und die Gewährung des Zugangs zu oder das Herunterladen von Jingles, Ausschnitten, Klingeltönen und anderen Tönen);
7. ① Bereitstellung von Filmen und Spielen, einschließlich Glücksspielen und Lotterien.
   ② Hierzu gehören z. B. die Gewährung des Zugangs zu oder das Herunterladen von Filmen und die Gewährung des Zugangs zu automatisierten Online-Spielen, die nur über das Internet oder ähnliche elektronische Netze laufen und bei denen die Spieler räumlich voneinander getrennt sind;
8. ① Bereitstellung von Sendungen und Veranstaltungen aus den Bereichen Politik, Kultur, Kunst, Sport, Wissenschaft und Unterhaltung.
   ② Hierzu gehört z. B. der Web-Rundfunk, der ausschließlich über das Internet oder ähnliche elektronische Netze verbreitet und nicht gleichzeitig auf herkömmlichem Weg ausgestrahlt wird. ③ Hierzu gehört auch die Bereitstellung von über ein Rundfunk- oder Fernsehnetz, das Internet oder ein ähnliches elektronisches Netz verbreitete Rundfunk- oder Fernsehsendungen, die der Nutzer zum Anhören oder Anschauen zu einem von ihm bestimmten Zeitpunkt aus einem von dem Mediendiensteanbieter bereitgestelltem Programm auswählt, wie Fernsehen auf Abruf oder Video-on-Demand (vgl. Artikel 7 Abs. 2 Buchstabe f und Anhang I Nr. 4 Buchstabe g MwStVO);

8a. die Erbringung von Audio- und audiovisuellen Inhalten über Kommunikationsnetze, die weder durch einen Mediendiensteanbieter noch unter dessen redaktioneller Verantwortung erfolgt (vgl. Artikel 7 Abs. 2 Buchstabe f und Anhang I Nr. 4 Buchstabe h MwStVO);

8b. die Weiterleitung von Audio- und audiovisuellen Inhalten eines Mediendiensteanbieters über Kommunikationsnetze durch einen anderen Unternehmer als den Mediendiensteanbieter (vgl. Artikel 7 Abs. 2 Buchstabe f und Anhang I Nr. 4 Buchstabe i MwStVO);

9. ① Erbringung von Fernunterrichtsleistungen.
   ② Hierzu gehört z. B. der automatisierte Unterricht, der auf das Internet oder ähnliche elektronische Netze angewiesen ist, auch sog. virtuelle Klassenzimmer. ③ Dazu gehören auch Arbeitsunterlagen, die vom Schüler online bearbeitet und anschließend ohne menschliches Eingreifen automatisch korrigiert werden;
10. Online-Versteigerungen (soweit es sich nicht bereits um Web-Hosting-Leistungen handelt) über automatisierte Datenbanken und mit Dateneingabe durch den Leistungsempfänger, die kein oder nur wenig menschliches Eingreifen erfordern (z. B. Online-Marktplatz, Online-Einkaufsportal);
11. Internet-Service-Pakete, die mehr als nur die Gewährung des Zugangs zum Internet ermöglichen und weitere Elemente umfassen (z. B. Nachrichten, Wetterbericht, Reiseinformationen, Spielforen, Web-Hosting, Zugang zu Chatlines usw.).

(4) Von den auf elektronischem Weg erbrachten sonstigen Leistungen sind die Leistungen zu unterscheiden, bei denen es sich um Lieferungen oder um andere sonstige Leistungen im Sinne des § 3a UStG handelt. **204**

(5) Insbesondere in den folgenden Fällen handelt es sich um Lieferungen, so dass keine auf elektronischem Weg erbrachte sonstige Leistungen vorliegen: **205**
1. Lieferungen von Gegenständen nach elektronischer Bestellung und Auftragsbearbeitung;
2. Lieferungen von CD-ROM, Disketten und ähnlichen körperlichen Datenträgern;
3. Lieferungen von Druckerzeugnissen wie Büchern, Newsletter, Zeitungen und Zeitschriften;
4. Lieferungen von CD, Audiokassetten, Videokassetten und DVD;
5. Lieferungen von Spielen auf CD-ROM.

206 (6) In den folgenden Fällen handelt es sich um andere als auf elektronischem Weg erbrachte sonstige Leistungen im Sinne des § 3 a Abs. 5 Satz 2 Nr. 3 UStG, d. h. Dienstleistungen, die zum wesentlichen Teil durch Menschen erbracht werden, wobei das Internet oder ein elektronisches Netz nur als Kommunikationsmittel dient:

1. ① Data Warehousing – offline –. ② Der Leistungsort richtet sich nach § 3 a Abs. 1 oder 2 UStG.
2. ① Versteigerungen herkömmlicher Art, bei denen Menschen direkt tätig werden, unabhängig davon, wie die Gebote abgegeben werden – z. B. persönlich, per Internet oder per Telefon –. ② Der Leistungsort richtet sich nach § 3 a Abs. 1 oder 2 UStG.
3. ① Fernunterricht, z. B. per Post. ② Der Leistungsort richtet sich nach § 3 a Abs. 2 oder 3 Nr. 3 Buchstabe a UStG.
4. ① Reparatur von EDV-Ausrüstung. ② Der Leistungsort richtet sich nach § 3 a Abs. 2 oder 3 Nr. 3 Buchstabe c UStG (vgl. Abschnitt 3 a.6 Abs. 10 und 11).
5. ① Zeitungs-, Plakat- und Fernsehwerbung (§ 3 a Abs. 4 Satz 2 Nr. 2 UStG; vgl. Abschnitt 3 a.9 Abs. 3 bis 5). ② Der Leistungsort richtet sich nach § 3 a Abs. 1, 2 oder 4 Satz 1 UStG.
6. ① Beratungsleistungen von Rechtsanwälten und Finanzberatern usw. per E-Mail (§ 3 a Abs. 4 Satz 2 Nr. 3 UStG; vgl. Abschnitt 3 a.9 Abs. 9 bis 13). ② Der Leistungsort richtet sich nach § 3 a Abs. 1, 2 oder 4 Satz 1 UStG.
7.[1] ① Anpassung von Software an die besonderen Bedürfnisse des Abnehmers (§ 3 a Abs. 4 Satz 2 Nr. 3 UStG, vgl. Abschnitt 3 a.9 Abs. 13). ② Der Leistungsort richtet sich nach § 3 a Abs. 1, 2 oder 4 Satz 1 UStG.
8. ① Internettelefonie (§ 3 a Abs. 5 Satz 2 Nr. 1 UStG). ② Der Leistungsort richtet sich nach § 3 a Abs. 2 oder 5 Satz 1 UStG.
9. ① Kommunikation, wie z. B. E-Mail (§ 3 a Abs. 5 Satz 2 Nr. 1 UStG). ② Der Leistungsort richtet sich nach § 3 a Abs. 2 oder 5 Satz 1 UStG.
10. ① Telefon Helpdesks (§ 3 a Abs. 5 Satz 2 Nr. 1 UStG). ② Der Leistungsort richtet sich nach § 3 a Abs. 2 oder 5 Satz 1 UStG.
11. ① Videofonie, d. h. Telefonie mit Video-Komponente (§ 3 a Abs. 5 Satz 2 Nr. 1 UStG). ② Der Leistungsort richtet sich nach § 3 a Abs. 2 oder 5 Satz 1 UStG.
12. ① Zugang zum Internet und World Wide Web (§ 3 a Abs. 5 Satz 2 Nr. 1 UStG). ② Der Leistungsort richtet sich nach § 3 a Abs. 2 oder 5 Satz 1 UStG.
13. ① Rundfunk und Fernsehdienstleistungen über das Internet oder ein ähnliches elektronisches Netz bei gleichzeitiger Übertragung der Sendung auf herkömmlichem Weg (§ 3 a Abs. 5 Satz 2 Nr. 2 UStG, vgl. Abschnitt 3 a.11). ② Der Leistungsort richtet sich nach § 3 a Abs. 2 oder 5 Satz 1 UStG.
14. ① Online gebuchte Eintrittskarten für kulturelle, künstlerische, wissenschaftliche, unterrichtende, sportliche, unterhaltende oder ähnliche Veranstaltungen. ② Der Leistungsort richtet sich nach § 3 a Abs. 3 Nr. 3 Buchstabe a oder Nr. 5 UStG.
15. ① Online gebuchte Beherbergungsleistungen. ② Der Leistungsort richtet sich nach § 3 a Abs. 3 Nr. 1 UStG.
16. ① Online gebuchte Vermietung von Beförderungsmitteln. ② Der Leistungsort richtet sich nach § 3 a Abs. 2, 3 Nr. 2, Abs. 6 Satz 1 Nr. 1 oder Abs. 7 UStG.
17. ① Online gebuchte Restaurationsleistungen. ② Der Leistungsort richtet sich nach § 3 a Abs. 3 Nr. 3 Buchstabe b oder § 3 e UStG.
18. ① Online gebuchte Personenbeförderungen. ② Der Leistungsort richtet sich nach § 3 b Abs. 1 Satz 1 und 2 UStG.
19. ① Die Online-Vermittlung von online gebuchten Leistungen. ② Der Leistungsort richtet sich nach § 3 a Abs. 2 oder 3 Nr. 1 und 4 UStG.

(7), (8) *(aufgehoben)*

LS zu 3 a.12

209 1. Eine auf **elektronischem Weg** erbrachte sonstige Leistung i. S. des § 3 a Abs. 4 *Nr. 14* [Nr. 13 n. F.] UStG liegt vor, wenn der Nutzer nach Eingabe seiner persönlichen Daten und Angaben bzw. Beantwortung der vorgesehenen Fragen online das Ergebnis über die Auswertung dieser Daten übermittelt erhält, das Ergebnis auf der Grundlage der spezifischen Dateneingaben des Kunden basiert, in **automatisierter** Form erbracht wird und eine menschliche Beteiligung zur Erbringung dieser Leistung weder notwendig ist noch tatsächlich stattfindet. – 2. Soweit die Einräumung der Möglichkeit, eine bestimmte Zahl von **SMS-Nachrichten** zu einem Festpreis zu versenden, unter § 3 a Abs. 4 *Nr. 12* [Nr. 11 n. F.] UStG fallen sollte, ist bei der Bestimmung des Leistungsorts *§ 1 Abs. 1 Nr. 2 UStDV* [§ 3 a Abs. 6 Satz 1 Nr. 3 UStG n. F.] zu beachten. *BFH-Beschluss v. 14. 5. 2008, V B 227/07 (BFH/NV S. 1371).*

1. Der Begriff „auf **elektronischem Weg** erbrachte sonstige Leistungen" iSd Umsatzsteuerrechts umfasst Dienstleistungen, die über das Internet oder ein ähnliches elektronisches Netz erbracht werden, deren Erbringung aufgrund ihrer Art im Wesentlichen **automatisiert** und nur mit minimaler menschlicher Beteiligung erfolgt und ohne Informationstechnologie nicht möglich wäre. – 2. Diese Voraussetzungen sind in der Regel erfüllt, wenn ein Unternehmer auf einer Internet-Plattform seinen Mitgliedern gegen Entgelt eine Datenbank mit einer automatisierten **Such- und Filterfunktion** zur Kontaktaufnahme mit anderen Mitgliedern iS einer Partnervermittlung bereitstellt. – 3. Erbringt ein Unternehmer mit Sitz im Drittland (hier: **USA**) derartige Leistungen an Nichtunternehmer (Verbraucher) mit Wohnort im Inland, so liegt der Leistungsort im Inland. *BFH-Urteil v. 1. 6. 2016 XI R 29/14 (BStBl. II S. 905).*

---

[1] Software vgl. A 3.5 Abs. 2 Nr. 1, Abs. 3 Nr. 8, 3 a.9 Abs. 13 Satz 4 u. Abs. 15 Satz 2, 3 a.12 Abs. 3 Nr. 2 u. Abs. 6 Nr. 7, 12.7 Abs. 1 Satz 8–10 u. 15 a.1 Abs. 2 Nr. 1 UStAE.

3a.13 Gewährung des Zugangs zu Erdgas- und Elektrizitätsnetzen und die Fernleitung, die Übertragung oder die Verteilung über diese Netze sowie damit unmittelbar zusammenhängende sonstige Leistungen[1]

UStAE 3a.13

(1) ① Bei bestimmten sonstigen Leistungen im Zusammenhang mit Lieferungen von Gas über das Erdgasnetz, von Elektrizität über das Elektrizitätsnetz oder von Wärme oder Kälte über Wärme- oder Kältenetze (§ 3a Abs. 4 Satz 2 Nr. 14 UStG) richtet sich der Leistungsort bei Leistungen an im Drittlandsgebiet ansässige Nichtunternehmer (siehe Abschnitt 3a.1 Abs. 1) regelmäßig nach § 3a Abs. 4 Satz 1 UStG. ② Zu diesen Leistungen gehören die Gewährung des Zugangs zu Erdgas-, Elektrizitäts-, Wärme- oder Kältenetzen, die Fernleitung, die Übertragung oder die Verteilung über diese Netze sowie andere mit diesen Leistungen unmittelbar zusammenhängende Leistungen in Bezug auf Gas für alle Druckstufen und in Bezug auf Elektrizität für alle Spannungsstufen sowie in Bezug auf Wärme und auf Kälte. 211

(2) Zu den mit der Gewährung des Zugangs zu Erdgas-, Elektrizitäts-, Wärme- oder Kältenetzen und der Fernleitung, der Übertragung oder der Verteilung über diese Netze unmittelbar zusammenhängenden Umsätzen gehören insbesondere Serviceleistungen wie Überwachung, Netzoptimierung, Notrufbereitschaften. 212

(3) Der Ort der Vermittlung von unter § 3a Abs. 4 Satz 2 Nr. 14 UStG fallenden Leistungen bestimmt sich grundsätzlich nach § 3a Abs. 2 und 3 Nr. 4 UStG. 213

3a.14 Sonderfälle des Orts der sonstigen Leistung

UStAE 3a.14

Nutzung und Auswertung bestimmter sonstiger Leistungen im Inland (§ 3a Abs. 6 UStG)

(1) Die Sonderregelung des § 3a Abs. 6 UStG betrifft sonstige Leistungen, die von einem im Drittlandsgebiet ansässigen Unternehmer oder von einer dort belegenen Betriebsstätte erbracht und im Inland genutzt oder ausgewertet werden. 221

(2) Die Ortsbestimmung richtet sich nur bei der kurzfristigen Vermietung eines Beförderungsmittels an Leistungsempfänger im Sinne des § 3a Abs. 2 UStG (siehe Abschnitt 3a.2 Abs. 1) oder an Nichtunternehmer (siehe Abschnitt 3a.1 Abs. 1) und bei langfristiger Vermietung an Nichtunternehmer nach § 3a Abs. 6 Satz 1 Nr. 1 UStG. 222

Beispiel:

① Der Privatmann P mit Wohnsitz in der Schweiz mietet bei einem in der Schweiz ansässigen Autovermieter S einen Personenkraftwagen für ein Jahr; das Fahrzeug soll ausschließlich im Inland genutzt werden.

② Der Ort der Leistung bei der langfristigen Vermietung des Beförderungsmittels richtet sich nach § 3a Abs. 3 Nr. 2 Satz 3 UStG (vgl. Abschnitt 3a.5 Abs. 7 bis 9). ③ Da der Personenkraftwagen im Inland genutzt wird, ist die Leistung jedoch nach § 3a Abs. 6 Satz 1 Nr. 1 UStG als im Inland ausgeführt zu behandeln. ④ Steuerschuldner ist S (§ 13a Abs. 1 Nr. 1 UStG).

(3) ① § 3a Abs. 6 Satz 1 Nr. 2 UStG gilt nur für Leistungen an im Inland ansässige juristische Personen des öffentlichen Rechts, wenn diese Nichtunternehmer sind (siehe Abschnitt 3a.1 Abs. 1). ② Die Leistungen eines Aufsichtsratmitgliedes werden am Sitz der Gesellschaft genutzt oder ausgewertet. ③ Sonstige Leistungen, die der Werbung oder der Öffentlichkeitsarbeit dienen (vgl. Abschnitt 3a.9 Abs. 4 bis 8), werden dort genutzt oder ausgewertet, wo die Werbung oder Öffentlichkeitsarbeit wahrgenommen werden soll. ④ Wird eine sonstige Leistung sowohl im Inland als auch im Ausland genutzt oder ausgewertet, ist darauf abzustellen, wo die Leistung überwiegend genutzt oder ausgewertet wird. 223

Beispiel 1:

① Die Stadt M (ausschließlich nicht unternehmerisch tätige juristische Person des öffentlichen Rechts ohne USt-IdNr.) im Inland platziert im Wege der Öffentlichkeitsarbeit eine Anzeige für eine Behörden-Service-Nummer über einen in der Schweiz ansässigen Werbungsmittler W in einer deutschen Zeitung.

② Die Werbeleistung der deutschen Zeitung an W ist im Inland nicht steuerbar (§ 3a Abs. 2 UStG). ③ Der Ort der Leistung des W an M liegt nach § 3a Abs. 6 Satz 1 Nr. 2 UStG im Inland. ④ Steuerschuldner für die Leistung des W ist M (§ 13b Abs. 5 Satz 1 UStG).

Beispiel 2:

① Die im Inland ansässige Rundfunkanstalt R (ausschließlich nicht unternehmerisch tätige Person des öffentlichen Rechts ohne USt-IdNr.) verpflichtet

1. den in Norwegen ansässigen Künstler N für die Aufnahme und Sendung einer künstlerischen Darbietung;
2. den in der Schweiz ansässigen Journalisten S, Nachrichten, Übersetzungen und Interviews auf Tonträgern und in Manuskriptform zu verfassen.

② N und S räumen R das Nutzungsrecht am Urheberrecht ein. ③ Die Sendungen werden sowohl in das Inland als auch in das Ausland ausgestrahlt.

④ Die Leistungen des N und des S sind in § 3a Abs. 4 Satz 2 Nr. 1 UStG bezeichnete sonstige Leistungen. ⑤ Der Ort dieser Leistungen liegt im Inland, da sie von R hier genutzt werden (§ 3a Abs. 6 Satz 1 Nr. 2 UStG). ⑥ Es kommt nicht darauf an, wohin die Sendungen ausgestrahlt werden. ⑦ Steuerschuldner für die Leistungen des N und des S ist R (§ 13b Abs. 5 Satz 1 UStG).

(3a) ① § 3a Abs. 6 Satz 1 Nr. 3 UStG gilt für Leistungen an Nichtunternehmer. ② Roamingleistungen, die von einem in einem Drittland ansässigen Mobilfunkbetreiber an seine Kunden, die ebenfalls in diesem Drittland ansässig sind bzw. dort ihren Wohnsitz oder gewöhnlichen Aufenthalt haben, erbracht werden und die es diesen Kunden ermöglichen, das inländische Mobil- 223a

[1] Hinweis auf A 3g.1 UStAE (B2B) (kaufmännisch-bilanzielle Einspeisung).

funknetz, in dem sie sich vorübergehend aufhalten, zu nutzen, sind als Dienstleistungen anzusehen, die im Inland genutzt oder ausgewertet werden (vgl. EuGH-Urteil vom 15. 4. 2021, C-593/19, SK Telecom). ③ Für die Behandlung als im Inland ausgeführte Roamingleistung ist es unbeachtlich, welcher steuerlichen Behandlung die Roamingleistung nach dem nationalen Steuerrecht des Drittlands unterliegt (vgl. EuGH-Urteil vom 15. 4. 2021, C-593/19, SK Telecom).

Kurzfristige Fahrzeugvermietung zur Nutzung im Drittlandsgebiet (§ 3 a Abs. 7 UStG)[1]

224 (4) ① Die Sonderregelung des § 3 a Abs. 7 UStG betrifft ausschließlich die kurzfristige Vermietung eines Schienenfahrzeugs, eines Kraftomnibusses oder eines ausschließlich zur Güterbeförderung bestimmten Straßenfahrzeugs, die an einen im Drittlandsgebiet ansässigen Unternehmer oder an eine dort belegene Betriebsstätte eines Unternehmers erbracht wird, das Fahrzeug für dessen Unternehmen bestimmt ist und im Drittlandsgebiet auch tatsächlich genutzt wird. ② Wird eine sonstige Leistung sowohl im Inland als auch im Drittlandsgebiet genutzt, ist darauf abzustellen, wo die Leistung überwiegend genutzt wird.

Beispiel:

① Der im Inland ansässige Unternehmer U vermietet an einen in der Schweiz ansässigen Mieter S einen Lkw für drei Wochen. ② Der Lkw wird von S bei U abgeholt. ③ Der Lkw wird ausschließlich in der Schweiz genutzt.

④ Der Ort der Leistung bei der kurzfristigen Vermietung des Beförderungsmittels richtet sich grundsätzlich nach § 3 a Abs. 3 Nr. 2 Satz 1 und 2 UStG (vgl. Abschnitt 3 a.5 Abs. 1 bis 6). ⑤ Da der Lkw aber nicht im Inland, sondern in der Schweiz genutzt wird, ist die Leistung nach § 3 a Abs. 7 UStG als in der Schweiz ausgeführt zu behandeln.

Sonstige im Drittlandsgebiet ausgeführte Leistungen an Unternehmer

225 (5) ① § 3 a Abs. 8 UStG gilt nur für sonstige Leistungen an Leistungsempfänger im Sinne des § 3 a Abs. 2 UStG (siehe Abschnitt 3 a.2 Abs. 1). ② Güterbeförderungsleistungen, im Zusammenhang mit einer Güterbeförderung stehende Leistungen wie Beladen, Entladen, Umschlagen oder ähnliche mit der Beförderung eines Gegenstands im Zusammenhang stehende Leistungen (vgl. § 3 b Abs. 2 UStG und Abschnitt 3 b.2), Arbeiten an und Begutachtungen von beweglichen körperlichen Gegenständen (vgl. Abschnitt 3 a.6 Abs. 11), Reisevorleistungen im Sinne des § 25 Abs. 1 Satz 5 UStG und Veranstaltungsleistungen im Zusammenhang mit Messen und Ausstellungen (vgl. Abschnitt 3 a.4 Abs. 2 Sätze 2, 3, 5 und 6) werden regelmäßig im Drittlandsgebiet genutzt oder ausgewertet, wenn sie tatsächlich ausschließlich dort in Anspruch genommen werden können. ③ Ausgenommen hiervon sind Leistungen, die in einem der in § 1 Abs. 3 UStG genannten Gebiete (insbesondere Freihäfen) erbracht werden. ④ Die Regelung gilt nur in den Fällen, in denen der Leistungsort für die in § 3 a Abs. 8 Satz 1 UStG genannten Leistungen unter Anwendung von § 3 a Abs. 2 UStG im Inland liegen würde und

- der leistende Unternehmer für den jeweiligen Umsatz Steuerschuldner nach § 13 a Abs. 1 Nr. 1 UStG wäre, oder
- der Leistungsempfänger für den jeweiligen Umsatz Steuerschuldner nach § 13 b Abs. 1 oder Abs. 2 und Abs. 5 Satz 1 UStG wäre.

(6) *(aufgehoben)*

UStAE 3 a.15

3 a.15 Ort der sonstigen Leistung bei Einschaltung eines Erfüllungsgehilfen

230 Bedient sich der Unternehmer bei Ausführung einer sonstigen Leistung eines anderen Unternehmers als Erfüllungsgehilfen, der die sonstige Leistung im eigenen Namen und für eigene Rechnung ausführt, ist der Ort der Leistung für jede dieser Leistungen für sich zu bestimmen.

Beispiel:

① Die ausschließlich hoheitlich tätige juristische Person des öffentlichen Rechts P mit Sitz im Inland, der keine USt-IdNr. zugeteilt worden ist, erteilt dem Unternehmer F in Frankreich den Auftrag, ein Gutachten zu erstellen, das P in ihrem Hoheitsbereich auswerten will. ② F vergibt bestimmte Teilbereiche an den Unternehmer U im Inland und beauftragt ihn, die Ergebnisse seiner Ermittlungen unmittelbar P zur Verfügung zu stellen.

③ Die Leistung des U wird nach § 3 a Abs. 2 UStG dort ausgeführt, wo F sein Unternehmen betreibt; sie ist daher im Inland nicht steuerbar. ④ Der Ort der Leistung des F an P ist nach § 3 a Abs. 1 UStG zu bestimmen; die Leistung ist damit ebenfalls im Inland nicht steuerbar.

UStAE 3 a.16

3 a.16 Besteuerungsverfahren bei sonstigen Leistungen

Leistungsort in der Bundesrepublik Deutschland

241 (1) ① Bei im Inland erbrachten sonstigen Leistungen ist grundsätzlich der leistende Unternehmer der Steuerschuldner, wenn er im Inland ansässig ist; auf die Möglichkeit der Steuerschuldnerschaft des Leistungsempfängers (§ 13 b UStG) wird hingewiesen (vgl. hierzu Abschnitt 13 b.1). ② Die Umsätze sind im allgemeinen Besteuerungsverfahren nach § 16 und § 18 Abs. 1 bis 4 UStG zu versteuern.

242 (2)[2] Ist der leistende Unternehmer im Ausland ansässig, schuldet der Leistungsempfänger nach § 13 b Abs. 5 Satz 1 UStG die Steuer, wenn er ein Unternehmer oder eine juristische Person ist (vgl. hierzu Abschnitt 13 b.1).

[1] Kurzfristige bzw. langfristige Vermietung von Beförderungsmitteln vgl. A 3 a.5 Abs. 5, 6 bzw. 3 a.5 Abs. 7–9 UStAE.
[2] Vorsteuerabzug des Leistungsempfängers vgl. A 15.10 Abs. 4 UStAE.

UStAE 3a.16

(3) Ist der Empfänger einer sonstigen Leistung weder ein Unternehmer noch eine juristische Person, hat der leistende ausländische Unternehmer diesen Umsatz im Inland im allgemeinen Besteuerungsverfahren nach § 16 und § 18 Abs. 1 bis 4 UStG zu versteuern. 243

Leistungsort in anderen EU-Mitgliedstaaten

(4) Grundsätzlich ist der Unternehmer, der sonstige Leistungen in einem anderen EU-Mitgliedstaat ausführt, in diesem EU-Mitgliedstaat Steuerschuldner der Umsatzsteuer (Artikel 193 MwStSystRL). 244

(5) Liegt der Ort einer sonstigen Leistung, bei der sich der Leistungsort nach § 3a Abs. 2 UStG bestimmt, in einem EU-Mitgliedstaat, und ist der leistende Unternehmer dort nicht ansässig, schuldet der Leistungsempfänger die Umsatzsteuer, wenn er in diesem EU-Mitgliedstaat als Unternehmer für Umsatzsteuerzwecke erfasst ist oder eine nicht steuerpflichtige juristische Person mit USt-IdNr. ist (vgl. Artikel 196 MwStSystRL). 245

(6) ① Ist der Leistungsempfänger Steuerschuldner, darf in der Rechnung des in einem anderen EU-Mitgliedstaat ansässigen leistenden Unternehmers keine Umsatzsteuer im Rechnungsbetrag gesondert ausgewiesen sein. ② In der Rechnung ist auf die Steuerschuldnerschaft des Leistungsempfängers besonders hinzuweisen. 246

(7) Steuerpflichtige sonstige Leistungen nach § 3a Abs. 2 UStG, für die der in einem anderen Mitgliedstaat ansässige Leistungsempfänger die Steuer dort schuldet, hat der leistende Unternehmer in der Voranmeldung und der Umsatzsteuererklärung für das Kalenderjahr (§ 18b Satz 1 Nr. 2 UStG) und in der ZM (§ 18a UStG) anzugeben. 247

Besondere Besteuerungsverfahren für im Ausland ansässige Unternehmer, die vor dem 1. 7. 2021 sonstige Leistungen nach § 3a Abs. 5 UStG erbringen

(8) Nicht im Gemeinschaftsgebiet ansässige Unternehmer, die vor dem 1. 7. 2021 im Gemeinschaftsgebiet als Steuerschuldner Telekommunikationsdienstleistungen, Rundfunk- und Fernsehdienstleistungen und/oder sonstige Leistungen auf elektronischem Weg an in der EU ansässige Nichtunternehmer (siehe Abschnitt 3a.1 Abs. 1) erbringen (§ 3a Abs. 5 UStG), können sich abweichend von § 18 Abs. 1 bis 4 UStG unter bestimmten Bedingungen dafür entscheiden, nur in einem EU-Mitgliedstaat erfasst zu werden (§ 18 Abs. 4c UStG); wegen der Einzelheiten vgl. Abschnitt 18.7a. 248

(9) Im übrigen Gemeinschaftsgebiet ansässige Unternehmer (Abschnitt 13b.11 Abs. 1 Satz 2), die vor dem 1. 7. 2021 im Inland als Steuerschuldner Telekommunikationsdienstleistungen, Rundfunk- und Fernsehdienstleistungen und/oder sonstige Leistungen auf elektronischem Weg an im Inland ansässige Nichtunternehmer (siehe Abschnitt 3a.1 Abs. 1) erbringen (§ 3a Abs. 5 UStG), können sich abweichend von § 18 Abs. 1 bis 4 UStG unter bestimmten Bedingungen dafür entscheiden, an dem besonderen Besteuerungsverfahren teilzunehmen (§ 18 Abs. 4e UStG); wegen der Einzelheiten vgl. Abschnitt 18.7b. 249

Besondere Besteuerungsverfahren für im Inland ansässige Unternehmer, die vor dem 1. 7. 2021 sonstige Leistungen nach § 3a Abs. 5 UStG erbringen

(10) Im Inland ansässige Unternehmer (Abschnitt 18h.1 Abs. 8), die vor dem 1. 7. 2021 in einem anderen EU-Mitgliedstaat Telekommunikationsdienstleistungen, Rundfunk- und Fernsehdienstleistungen und/oder sonstige Leistungen auf elektronischem Weg an in diesem EU-Mitgliedstaat ansässige Nichtunternehmer (siehe Abschnitt 3a.1 Abs. 1) erbringen (§ 3a Abs. 5 UStG), für die sie dort die Umsatzsteuer schulden und Umsatzsteuererklärungen abzugeben haben, können sich unter bestimmten Bedingungen dafür entscheiden, an dem besonderen Besteuerungsverfahren teilzunehmen (§ 18h UStG); wegen der Einzelheiten vgl. Abschnitt 18h.1. 250

Besondere Besteuerungsverfahren für von nicht im Gemeinschaftsgebiet ansässigen Unternehmern erbrachte sonstige Leistungen

(11) Nicht im Gemeinschaftsgebiet ansässige Unternehmer, die nach dem 30. 6. 2021 als Steuerschuldner sonstige Leistungen an in der EU ansässige Nichtunternehmer (siehe Abschnitt 3a.1 Abs. 1) erbringen, können sich abweichend von § 18 Abs. 1 bis 4 UStG unter bestimmten Bedingungen dafür entscheiden, an dem besonderen Besteuerungsverfahren teilzunehmen (§ 18i UStG); wegen der Einzelheiten vgl. Abschnitt 18i.1. 251

Besondere Besteuerungsverfahren für von im Gemeinschaftsgebiet, nicht aber im Mitgliedstaat des Verbrauchs ansässigen Unternehmern erbrachte sonstige Leistungen

(12) Im Gemeinschaftsgebiet ansässige Unternehmer, die nach dem 30. 6. 2021 in einem anderen EU-Mitgliedstaat sonstige Leistungen an Nichtunternehmer (siehe Abschnitt 3a.1 Abs. 1) erbringen, können sich abweichend von § 18 Abs. 1 bis 4 UStG unter bestimmten Bedingungen dafür entscheiden, an dem besonderen Besteuerungsverfahren teilzunehmen (§ 18j UStG); wegen der Einzelheiten vgl. Abschnitt 18j.1. 252

UStG

§ 3b Ort der Beförderungsleistungen und der damit zusammenhängenden sonstigen Leistungen

1 **(1) ① Eine Beförderung einer Person wird dort ausgeführt, wo die Beförderung bewirkt wird. ② Erstreckt sich eine solche Beförderung nicht nur auf das Inland, fällt nur der Teil der Leistung unter dieses Gesetz, der auf das Inland entfällt. ③ Die Sätze 1 und 2 gelten entsprechend für die Beförderung von Gegenständen, die keine innergemeinschaftliche Beförderung eines Gegenstands im Sinne des Absatzes 3 ist, wenn der Empfänger weder ein Unternehmer, für dessen Unternehmen die Leistung bezogen wird, noch eine nicht unternehmerisch tätige juristische Person ist, der eine Umsatzsteuer-Identifikationsnummer erteilt worden ist. ④ Die Bundesregierung kann mit Zustimmung des Bundesrates durch Rechtsverordnung zur Vereinfachung des Besteuerungsverfahrens bestimmen, dass bei Beförderungen, die sich sowohl auf das Inland als auch auf das Ausland erstrecken (grenzüberschreitende Beförderungen),**

1. kurze inländische Beförderungsstrecken als ausländische und kurze ausländische Beförderungsstrecken als inländische angesehen werden;

2. Beförderungen über kurze Beförderungsstrecken in den in § 1 Abs. 3 bezeichneten Gebieten nicht wie Umsätze im Inland behandelt werden.

2 **(2) Das Beladen, Entladen, Umschlagen und ähnliche mit der Beförderung eines Gegenstands im Zusammenhang stehende Leistungen an einen Empfänger, der weder ein Unternehmer ist, für dessen Unternehmen die Leistung bezogen wird, noch eine nicht unternehmerisch tätige juristische Person ist, der eine Umsatzsteuer-Identifikationsnummer erteilt worden ist, werden dort ausgeführt, wo sie vom Unternehmer tatsächlich erbracht werden.**

3 **(3)[1] Die Beförderung eines Gegenstands, die in dem Gebiet eines Mitgliedstaates beginnt und in dem Gebiet eines anderen Mitgliedstaates endet (innergemeinschaftliche Beförderung eines Gegenstands), an einen Empfänger, der weder ein Unternehmer ist, für dessen Unternehmen die Leistung bezogen wird, noch eine nicht unternehmerisch tätige juristische Person, der eine Umsatzsteuer-Identifikationsnummer erteilt worden ist, wird an dem Ort ausgeführt, an dem die Beförderung des Gegenstands beginnt.**

Hinweis auf EU-Vorschriften:

UStG:	§ 3 b Abs. 1 S. 1, 2	**[B2B/C]**	**MwStSystRL:**	Art. 48
	§ 3 b Abs. 1 S. 3	**[B2C]**		Art. 49
		***[B2B:** vgl. § 3 a Abs. 2/A 3 a.2 Abs. 1, 2]*		
	§ 3 b Abs. 1 S. 4	**[B2B/C]**		Art. 394
	§ 3 b Abs. 2	**[B2C]**		Art. 54 Abs. 2 (b)
		***[B2B:** vgl. § 3 a Abs. 2/A 3 a.2 Abs. 1, 2]*		
	§ 3 b Abs. 3	**[B2C]**		Art. 50, 51
		***[B2B:** vgl. § 3 a Abs. 2/A 3 a.2 Abs. 1, 2]*		

Übersicht

UStDV

§ 2 *Verbindungsstrecken im Inland*

7 *① Bei grenzüberschreitenden Beförderungen ist die Verbindungsstrecke zwischen zwei Orten im Ausland, die über das Inland führt, als ausländische Beförderungsstrecke anzusehen, wenn diese Verbindungsstrecke den nächsten oder verkehrstechnisch günstigsten Weg darstellt und der inländische Streckenanteil nicht länger als 30 Kilometer ist. ② Dies gilt nicht für Personenbeförderungen im Linienverkehr mit Kraftfahrzeugen. ③ § 7 bleibt unberührt.*

---

[1] Rechnungsausstellung vgl. § 14 a Abs. 1 UStG.

§ 3 ***Verbindungsstrecken im Ausland***

① *Bei grenzüberschreitenden Beförderungen ist die Verbindungsstrecke zwischen zwei Orten im Inland, die über das Ausland führt, als inländische Beförderungsstrecke anzusehen, wenn der ausländische Streckenanteil nicht länger als zehn Kilometer ist.* ② *Dies gilt nicht für Personenbeförderungen im Linienverkehr mit Kraftfahrzeugen.* ③ *§ 7 bleibt unberührt.* 8

§ 4 ***Anschlussstrecken im Schienenbahnverkehr***

Bei grenzüberschreitenden Personenbeförderungen mit Schienenbahnen sind anzusehen: 9

1. *als inländische Beförderungsstrecken die Anschlussstrecken im Ausland, die von Eisenbahnverwaltungen mit Sitz im Inland betrieben werden, sowie Schienenbahnstrecken in den in § 1 Abs. 3 des Gesetzes bezeichneten Gebieten;*
2. *als ausländische Beförderungsstrecken die inländischen Anschlussstrecken, die von Eisenbahnverwaltungen mit Sitz im Ausland betrieben werden.*

§ 5[1] *(aufgehoben)*

§ 6 ***Straßenstrecken in den in § 1 Abs. 3 des Gesetzes bezeichneten Gebieten***

Bei grenzüberschreitenden Personenbeförderungen mit Kraftfahrzeugen von und zu den in § 1 Abs. 3 des Gesetzes bezeichneten Gebieten sowie zwischen diesen Gebieten sind die Streckenanteile in diesen Gebieten als inländische Beförderungsstrecken anzusehen. 11

§ 7 ***Kurze Strecken im grenzüberschreitenden Verkehr mit Wasserfahrzeugen***

(1) *Bei grenzüberschreitenden Beförderungen im Passagier- und Fährverkehr mit Wasserfahrzeugen, die sich ausschließlich auf das Inland und die in § 1 Abs. 3 des Gesetzes bezeichneten Gebiete erstrecken, sind die Streckenanteile in den in § 1 Abs. 3 des Gesetzes bezeichneten Gebieten als inländische Beförderungsstrecken anzusehen.* 12

(2) ① *Bei grenzüberschreitenden Beförderungen im Passagier- und Fährverkehr mit Wasserfahrzeugen, die in inländischen Häfen beginnen und enden, sind*

1. *ausländische Streckenanteile als inländische Beförderungsstrecken anzusehen, wenn die ausländischen Streckenanteile nicht länger als zehn Kilometer sind, und*
2. *inländische Streckenanteile als ausländische Beförderungsstrecken anzusehen, wenn*
   a) *die ausländischen Streckenanteile länger als zehn Kilometer und*
   b) *die inländischen Streckenanteile nicht länger als 20 Kilometer sind.*

② *Streckenanteile in den in § 1 Abs. 3 des Gesetzes bezeichneten Gebieten sind in diesen Fällen als inländische Beförderungsstrecken anzusehen.*

(3) *Bei grenzüberschreitenden Beförderungen im Passagier- und Fährverkehr mit Wasserfahrzeugen für die Seeschifffahrt, die zwischen ausländischen Seehäfen oder zwischen einem inländischen Seehafen und einem ausländischen Seehafen durchgeführt werden, sind inländische Streckenanteile als ausländische Beförderungsstrecken anzusehen und Beförderungen in den in § 1 Abs. 3 des Gesetzes bezeichneten Gebieten nicht wie Umsätze im Inland zu behandeln.*

(4)[2] *Inländische Häfen im Sinne dieser Vorschrift sind auch Freihäfen und die Insel Helgoland.*

(5) *Bei grenzüberschreitenden Beförderungen im Fährverkehr über den Rhein, die Donau, die Elbe, die Neiße und die Oder sind die inländischen Streckenanteile als ausländische Beförderungsstrecken anzusehen.* 13

Zu § 3 b UStG (§§ 2 bis 7 UStDV)

3b.1 Ort einer Personenbeförderung und Ort einer Güterbeförderung, die keine innergemeinschaftliche Güterbeförderung ist[3·4]

UStAE 3b.1

(1) Die Ortsbestimmung des § 3b Abs. 1 Sätze 1 und 2 UStG (Personenbeförderung) ist bei sonstigen Leistungen sowohl an Nichtunternehmer (siehe Abschnitt 3a.1 Abs. 1) als auch an Leistungsempfänger im Sinne des § 3a Abs. 2 UStG (siehe Abschnitt 3a.2 Abs. 1) anzuwenden. 21

(2) ① Der Ort einer Personenbeförderung liegt dort, wo die Beförderung tatsächlich bewirkt wird (§ 3b Abs. 1 Satz 1 UStG). ② Hieraus folgt für diejenigen Beförderungsfälle, in denen der mit der Beförderung beauftragte Unternehmer (Hauptunternehmer) die Beförderung durch einen anderen Unternehmer (Subunternehmer) ausführen lässt, dass sowohl die Beförderungsleistung des Hauptunternehmers als auch diejenige des Subunternehmers dort ausgeführt werden, wo der Subunternehmer die Beförderung bewirkt. ③ Die Sonderregelung über die Besteuerung von Reiseleistungen (§ 25 Abs. 1 UStG) bleibt jedoch unberührt. 22

---

[1] § 5 UStDV aufgehoben mWv 1. 7. 2021 durch JStG 2020 (BGBl. I S. 3096).

[2] Steuerfreie Personenbeförderung zwischen **inländischen Seehäfen und der Insel Helgoland** vgl. § 4 Nr. 6 Buchst. d UStG.

[3] Personenbeförderung vgl. A 3 b.1 Abs. 1, 2 u. 4–18 UStAE.

[4] Güterbeförderung vgl. A 3 a.2 Abs. 2 Satz 2, 3, Abs. 16 Satz 2 UA 5, 6, Abs. 18, 3 a.4 Abs. 2 Nr. 11, 3 a.14 Abs. 5, 3 b.1 Abs. 3–10, 3 b.2, 3 b.3, 3 b.4 UStAE.

UStAE 3b.1

Beispiel:

① Der Reiseveranstalter A veranstaltet im eigenen Namen und für eigene Rechnung einen Tagesausflug. ② Er befördert die teilnehmenden Reisenden (Nichtunternehmer) jedoch nicht selbst, sondern bedient sich zur Ausführung der Beförderung des Omnibusunternehmers B. ③ Dieser bewirkt an A eine Beförderungsleistung, indem er die Beförderung im eigenen Namen, unter eigener Verantwortung und für eigene Rechnung durchführt.

④ Der Ort der Beförderungsleistung des B liegt dort, wo dieser die Beförderung bewirkt. ⑤ Für A stellt die Beförderungsleistung des B eine Reisevorleistung dar. ⑥ A führt deshalb umsatzsteuerrechtlich keine Beförderungsleistung, sondern eine sonstige Leistung im Sinne des § 25 Abs. 1 UStG aus. ⑦ Diese sonstige Leistung wird dort ausgeführt, von wo aus A sein Unternehmen betreibt (§ 3 a Abs. 1 UStG).

23 (3) ① Die Ortsbestimmung des § 3 b Abs. 1 Satz 3 UStG (Güterbeförderung) ist nur bei Güterbeförderungen, die keine innergemeinschaftlichen Güterbeförderungen im Sinne des § 3 b Abs. 3 UStG sind, an Nichtunternehmer (siehe Abschnitt 3 a.1 Abs. 1) anzuwenden. ② Der Leistungsort liegt danach dort, wo die Beförderung tatsächlich bewirkt wird. ③ Der Ort einer Güterbeförderung, die keine innergemeinschaftliche Güterbeförderung ist, an einen Leistungsempfänger im Sinne des § 3 a Abs. 2 UStG (siehe Abschnitt 3 a.2 Abs. 1) richtet sich nach § 3 a Abs. 2 UStG. ④ Zum Leistungsort bei Güterbeförderungen, die im Drittlandsgebiet genutzt oder ausgewertet werden, vgl. § 3 a Abs. 8 Satz 1 UStG und Abschnitt 3 a.14 Abs. 5.

Grenzüberschreitende Beförderungen

24 (4) ① Grenzüberschreitende Beförderungen – Personenbeförderungen sowie Güterbeförderungen an Nichtunternehmer (siehe Abschnitt 3 a.1 Abs. 1) mit Ausnahme der innergemeinschaftlichen Güterbeförderungen im Sinne des § 3 b Abs. 3 UStG – sind in einen steuerbaren und einen nicht steuerbaren Leistungsteil aufzuteilen (§ 3 b Abs. 1 Satz 2 UStG). ② Die Aufteilung unterbleibt jedoch bei grenzüberschreitenden Beförderungen mit kurzen in- oder ausländischen Beförderungsstrecken, wenn diese Beförderungen entweder insgesamt als steuerbar oder insgesamt als nicht steuerbar zu behandeln sind (siehe auch Absätze 7 bis 17). ③ Wegen der Auswirkung der Sonderregelung des § 1 Abs. 3 Satz 1 Nr. 2 und 3 UStG auf Beförderungen – in der Regel i. V. m. den §§ 4, 6 oder 7 UStDV – wird auf die Absätze 11 und 13 bis 17 verwiesen.

25 (5) ① Bei einer Beförderungsleistung, bei der nur ein Teil der Leistung steuerbar ist und bei der die Umsatzsteuer für diesen Teil auch erhoben wird, ist Bemessungsgrundlage das Entgelt, das auf diesen Teil entfällt. ② Bei Personenbeförderungen im Gelegenheitsverkehr mit Kraftomnibussen, die nicht im Inland zugelassen sind und die bei der Ein- oder Ausreise eine Grenze zu einem Drittland überqueren, ist ein Durchschnittsbeförderungsentgelt für den Streckenanteil im Inland maßgebend (vgl. Abschnitte 10.8 und 16.2). ③ In allen übrigen Fällen ist das auf den steuerbaren Leistungsteil entfallende tatsächlich vereinbarte oder vereinnahmte Entgelt zu ermitteln (vgl. hierzu Absatz 6). ④ Das Finanzamt kann jedoch Unternehmer, die nach § 4 Nr. 3 UStG steuerfreie Umsätze bewirken, von der Verpflichtung befreien, die Entgelte für die vorbezeichneten steuerfreien Umsätze und die Entgelte für nicht steuerbare Beförderungen getrennt aufzuzeichnen (vgl. Abschnitt 22.6 Abs. 18 und 19).

26 (6) ① Wird bei einer Beförderungsleistung, die sich nicht nur auf das Inland erstreckt und bei der kein Durchschnittsbeförderungsentgelt maßgebend ist, ein Gesamtpreis vereinbart oder vereinnahmt, ist der auf den inländischen Streckenanteil entfallende Entgeltanteil anhand dieses Gesamtpreises zu ermitteln. ② Hierzu gilt Folgendes:

27 1. ① Grundsätzlich ist vom vereinbarten oder vereinnahmten Nettobeförderungspreis auszugehen. ② Zum Nettobeförderungspreis gehören nicht die Umsatzsteuer für die Beförderungsleistung im Inland und die für den nicht steuerbaren Leistungsanteil in anderen Staaten zu zahlende Umsatzsteuer oder ähnliche Steuer. ③ Sofern nicht besondere Umstände (wie z. B. tarifliche Vereinbarungen im internationalen Eisenbahnverkehr) eine andere Aufteilung rechtfertigen, ist der Nettobeförderungspreis für jede einzelne Beförderungsleistung im Verhältnis der Längen der inländischen und ausländischen Streckenanteile – einschließlich sog. Leerkilometer – aufzuteilen (vgl. BFH-Urteil vom 12. 3. 1998, V R 17/93, BStBl. II S. 523). ④ Unter Leerkilometer sind dabei nur die während der Beförderungsleistung ohne zu befördernde Personen zurückgelegten Streckenanteile zu verstehen. ⑤ Die Hin- bzw. Rückfahrt vom bzw. zum Betriebshof – ohne zu befördernde Personen – ist nicht Teil der Beförderungsleistung und damit auch nicht bei der Aufteilung der Streckenanteile zu berücksichtigen. ⑥ Das auf den inländischen Streckenanteil entfallende Entgelt kann nach folgender Formel ermittelt werden:

$$\text{Entgelt für den inländischen Streckenanteil} = \frac{\text{Nettobeförderungspreis für die Gesamtstrecke} \times \text{Anzahl der km des inländischen Streckenanteils}}{\text{Anzahl der km der Gesamtstrecke}}$$

28 2. ① Bei Personenbeförderungen ist es nicht zu beanstanden, wenn zur Ermittlung des auf den inländischen Streckenanteil entfallenden Entgelts nicht vom Nettobeförderungspreis ausgegangen wird, sondern von dem für die Gesamtstrecke vereinbarten oder vereinnahmten Bruttobeförderungspreis, z. B. Gesamtpreis einschließlich der im Inland und im Ausland erhobenen Umsatzsteuer oder ähnlichen Steuer. ② Für die Entgeltsermittlung kann in diesem Falle die folgende geänderte Berechnungsformel dienen:

UStAE 3b.1

$$\text{Bruttoentgelt (Entgelt zuzüglich Umsatzsteuer) für den inländischen Streckenanteil} = \frac{\text{Bruttobeförderungspreis für die Gesamtstrecke} \times \text{Anzahl der km des inländischen Streckenanteils}}{\text{Anzahl der km der Gesamtstrecke}}$$

③ Innerhalb eines Besteuerungszeitraumes muss bei allen Beförderungen einer Verkehrsart, z. B. bei Personenbeförderungen im Gelegenheitsverkehr mit Kraftfahrzeugen, nach ein und derselben Methode verfahren werden.

Verbindungsstrecken im Inland

(7) ① Zu den Verbindungsstrecken im Inland nach § 2 UStDV gehören insbesondere diejenigen Verbindungsstrecken von nicht mehr als 30 km Länge, für die in den folgenden Abkommen und Verträgen Erleichterungen für den Durchgangsverkehr vereinbart worden sind: **29**

1. Deutsch-Schweizerisches Abkommen vom 5. 2. 1958, Anlage III (BGBl. 1960 II S. 2162), geändert durch Vereinbarung vom 15. 5. 1981 (BGBl. II S. 211);
2. Deutsch-Österreichisches Abkommen vom 14. 9. 1955, Artikel 1 Abs. 1 (BGBl. 1957 II S. 586);
3. Deutsch-Österreichisches Abkommen vom 14. 9. 1955, Artikel 1 (BGBl. 1957 II S. 589);
4. Deutsch-Österreichischer Vertrag vom 6. 9. 1962, Anlage II (BGBl. 1963 II S. 1280), zuletzt geändert durch Vereinbarung vom 3. 12. 1981 (BGBl. 1982 II S. 28);
5. Deutsch-Österreichischer Vertrag vom 17. 2. 1966, Artikel 1 und 14 (BGBl. 1967 II S. 2092);
6. Deutsch-Niederländischer Vertrag vom 8. 4. 1960, Artikel 33 (BGBl. 1963 II S. 463).

② Bei diesen Strecken ist eine Prüfung, ob sie den nächsten oder verkehrstechnisch günstigsten Weg darstellen, nicht erforderlich. ③ Bei anderen Verbindungsstrecken muss diese Voraussetzung im Einzelfall geprüft werden.

(8) ① § 2 UStDV umfasst die grenzüberschreitenden Personen- und Güterbeförderungen, die von im Inland oder im Ausland ansässigen Unternehmern bewirkt werden, mit Ausnahme der Personenbeförderungen im Linienverkehr mit Kraftfahrzeugen. ② Bei grenzüberschreitenden Beförderungen im Passagier- und Fährverkehr mit Wasserfahrzeugen hat § 7 Abs. 2, 3 und 5 UStDV Vorrang (vgl. Absätze 15 bis 17). **30**

Verbindungsstrecken im Ausland

(9) Zu den Verbindungsstrecken im Ausland nach § 3 UStDV gehören insbesondere diejenigen Verbindungsstrecken von nicht mehr als 10 km Länge, die in den in Absatz 7 und in den nachfolgend aufgeführten Abkommen und Verträgen enthalten sind: **31**

1. Deutsch-Österreichischer Vertrag vom 17. 2. 1966, Artikel 1 (BGBl. 1967 II S. 2086);
2. Deutsch-Belgischer Vertrag vom 24. 9. 1956, Artikel 12 (BGBl. 1958 II S. 263);
3. Deutsch-Schweizerischer Vertrag vom 25. 4. 1977, Artikel 5 (BGBl. 1978 II S. 1201).

(10) ① Der Anwendungsbereich des § 3 UStDV umfasst die grenzüberschreitenden Personen- und Güterbeförderungen, die von im Inland oder im Ausland ansässigen Unternehmern durchgeführt werden, mit Ausnahme der Personenbeförderungen im Linienverkehr mit Kraftfahrzeugen. ② Bei grenzüberschreitenden Beförderungen im Passagier- und Fährverkehr mit Wasserfahrzeugen hat § 7 Abs. 2, 3 und 5 UStDV Vorrang (vgl. Absätze 15 bis 17). **32**

Anschlussstrecken im Schienenbahnverkehr

(11) ① Im Eisenbahnverkehr enden die Beförderungsstrecken der nationalen Eisenbahnverwaltungen in der Regel an der Grenze des jeweiligen Hoheitsgebiets. ② In Ausnahmefällen betreiben jedoch die Eisenbahnverwaltungen kurze Beförderungsstrecken im Nachbarstaat bis zu einem dort befindlichen vertraglich festgelegten Gemeinschafts- oder Betriebswechselbahnhof (Anschlussstrecken). ③ Bei Personenbeförderungen im grenzüberschreitenden Eisenbahnverkehr sind die nach § 4 UStDV von inländischen Eisenbahnverwaltungen im Ausland betriebenen Anschlussstrecken als inländische Beförderungsstrecken und die von ausländischen Eisenbahnverwaltungen im Inland betriebenen Anschlussstrecken als ausländische Beförderungsstrecken anzusehen. ④ Ferner gelten bei Personenbeförderungen Schienenbahnstrecken in den in § 1 Abs. 3 UStG bezeichneten Gebieten als inländische Beförderungsstrecken. **33**

(12) *(aufgehoben)* **34**

Straßenstrecken in den in § 1 Abs. 3 UStG bezeichneten Gebieten

(13) ① Bei grenzüberschreitenden Personenbeförderungen mit Kraftfahrzeugen, die von im Inland oder im Ausland ansässigen Unternehmern von und zu den in § 1 Abs. 3 UStG bezeichneten Gebieten sowie zwischen diesen Gebieten bewirkt werden, sind die Streckenanteile in diesen Gebieten nach § 6 UStDV als inländische Beförderungsstrecken anzusehen. ② Damit sind diese Beförderungen insgesamt steuerbar und mangels einer Befreiungsvorschrift auch steuerpflichtig. **35**

UStAE 3b.1

Kurze Strecken im grenzüberschreitenden Verkehr mit Wasserfahrzeugen

36 (14) ① Bei grenzüberschreitenden Beförderungen im Passagier- und Fährverkehr mit Wasserfahrzeugen jeglicher Art, die lediglich im Inland und in den in § 1 Abs. 3 UStG bezeichneten Gebieten ausgeführt werden, sind nach § 7 Abs. 1 UStDV die Streckenanteile in den in § 1 Abs. 3 UStG bezeichneten Gebieten als inländische Beförderungsstrecken anzusehen. ② Hieraus ergibt sich, dass diese Beförderungen insgesamt steuerbar sind. ③ Unter die Regelung fallen insbesondere folgende Sachverhalte:

1. Grenzüberschreitende Beförderungen zwischen Hafengebieten im Inland und Freihäfen.

Beispiel:
Ein Unternehmer befördert mit seinem Schiff Personen zwischen dem Freihafen Cuxhaven und dem übrigen Cuxhavener Hafengebiet.

2. Grenzüberschreitende Beförderungen, die zwischen inländischen Häfen durchgeführt werden und bei denen neben dem Inland lediglich die in § 1 Abs. 3 UStG bezeichneten Gebiete durchfahren werden.

Beispiel:
① Ein Unternehmer befördert mit seinem Schiff Touristen zwischen den ostfriesischen Inseln und benutzt hierbei den Seeweg nördlich der Inseln. ② Bei den Fahrten wird jedoch die Hoheitsgrenze nicht überschritten.

37 (15) Für grenzüberschreitende Beförderungen im Passagier- und Fährverkehr mit Wasserfahrzeugen jeglicher Art, die zwischen inländischen Häfen durchgeführt werden, bei denen jedoch nicht lediglich das Inland und die in § 1 Abs. 3 UStG bezeichneten Gebiete, sondern auch das übrige Ausland berührt werden, enthält § 7 Abs. 2 UStDV folgende Sonderregelungen:

1. ① Ausländische Beförderungsstrecken sind als inländische Beförderungsstrecken anzusehen, wenn die ausländischen Streckenanteile außerhalb der in § 1 Abs. 3 UStG bezeichneten Gebiete jeweils nicht mehr als 10 km betragen (§ 7 Abs. 2 Satz 1 Nr. 1 UStDV). ② Die Vorschrift ist im Ergebnis eine Ergänzung des § 7 Abs. 1 UStDV.

Beispiel:
① Ein Unternehmer befördert Touristen mit seinem Schiff zwischen den Nordseeinseln und legt dabei nicht mehr als 10 km jenseits der Hoheitsgrenze zurück.
② Die Beförderungen im Seegebiet bis zur Hoheitsgrenze sind ohne Rücksicht auf die Länge der Beförderungsstrecke steuerbar. ③ Die Beförderungen im Seegebiet jenseits der Hoheitsgrenze sind ebenfalls steuerbar, weil die Beförderungsstrecke hier nicht länger als 10 km ist.

2. ① Inländische Streckenanteile sind als ausländische Beförderungsstrecken anzusehen und Beförderungsleistungen, die auf die in § 1 Abs. 3 UStG bezeichneten Gebiete entfallen, sind nicht wie Umsätze im Inland zu behandeln, wenn bei der einzelnen Beförderung
   a) der ausländische Streckenanteil außerhalb der in § 1 Abs. 3 UStG bezeichneten Gebiete länger als 10 km und
   b) der Streckenanteil im Inland und in den in § 1 Abs. 3 UStG bezeichneten Gebieten nicht länger als 20 km

   sind (§ 7 Abs. 2 Satz 1 Nr. 2 UStDV). ② Die Beförderungen sind deshalb insgesamt nicht steuerbar.

38 (16) ① Keine Sonderregelung besteht für die Fälle, in denen die ausländischen Streckenanteile außerhalb der in § 1 Abs. 3 UStG bezeichneten Gebiete jeweils länger als 10 km und die Streckenanteile im Inland und in den vorbezeichneten Gebieten jeweils länger als 20 km sind. ② In diesen Fällen ist deshalb die jeweilige Beförderungsleistung in einen steuerbaren Teil und einen nicht steuerbaren Teil aufzuteilen. ③ Bei der Aufteilung ist zu beachten, dass Beförderungen in den in § 1 Abs. 3 UStG bezeichneten Gebieten steuerbar sind, wenn sie für unternehmensfremde Zwecke des Auftraggebers ausgeführt werden oder eine sonstige Leistung im Sinne von § 3 Abs. 9 a Nr. 2 UStG vorliegt.

Beispiel:
① Ein Unternehmer befördert mit seinem Schiff Touristen auf die hohe See hinaus. ② Der Streckenanteil vom Hafen bis zur Hoheitsgrenze hin und zurück beträgt 50 km. ③ Der Streckenanteil jenseits der Hoheitsgrenze beträgt 12,5 km.
④ Die Beförderung ist zu 80% steuerbar und zu 20% nicht steuerbar.

39 (17) ① Bei grenzüberschreitenden Beförderungen im Passagier- und Fährverkehr mit Wasserfahrzeugen für die Seeschifffahrt nach § 7 Abs. 3 UStDV handelt es sich um folgende Beförderungen:

1. Beförderungen, die zwischen ausländischen Seehäfen durchgeführt werden und durch das Inland oder durch die in § 1 Abs. 3 UStG bezeichneten Gebiete führen.

Beispiel:
① Ein Unternehmer befördert Touristen mit seinem Schiff von Stockholm durch den Nord-Ostsee-Kanal nach London.
② Die Strecke durch den Nord-Ostsee-Kanal ist als ausländischer Streckenanteil anzusehen.

2. ① Beförderungen, die zwischen einem inländischen Seehafen und einem ausländischen Seehafen durchgeführt werden. ② Inländische Seehäfen sind nach § 7 Abs. 4 UStDV auch die Freihäfen und die Insel Helgoland.[1]

[1] Personenbeförderungen zwischen inländischen Seehäfen und der Insel Helgoland vgl. § 4 Nr. 6 Buchst. d UStG.

Beispiel 1:

Beförderungen im Passagier- und Fährverkehr zwischen Kiel und Oslo (Norwegen) oder Göteborg (Schweden).

Beispiel 2:

Beförderungen im Rahmen von Kreuzfahrten, die zwar in ein und demselben inländischen Seehafen beginnen und enden, bei denen aber zwischendurch mindestens ein ausländischer Seehafen angelaufen wird.

② Die Regelung des § 7 Abs. 3 UStDV hat zur Folge, dass die Beförderungen insgesamt nicht steuerbar sind. ③ Das gilt auch für die Gewährung von Unterbringung und Verpflegung sowie die Erbringung sonstiger – im Zusammenhang mit der Reise stehender – Dienstleistungen an die beförderten Personen, soweit diese Leistungen erforderlich sind, um die Personenbeförderung planmäßig durchführen und optimal in Anspruch nehmen zu können (vgl. BFH-Urteile vom 1. 8. 1996, V R 58/94, BStBl. 1997 II S. 160 und vom 2. 3. 2011, XI R 25/09, BStBl. II S. 737).

(18) Bei Beförderungen von Personen mit Schiffen auf dem Rhein zwischen Basel (Rhein-km 170) und Neuburgweier (Rhein-km 353) über insgesamt 183 km ist hinsichtlich der einzelnen Streckenanteile wie folgt zu verfahren: 40

1. Streckenanteil zwischen der Grenze bei Basel (Rhein-km 170) und Breisach (Rhein-km 227) über insgesamt 57 km:
   ① Die Beförderungen erfolgen hier auf dem in Frankreich gelegenen Rheinseitenkanal. ② Sie unterliegen deshalb auf diesem Streckenanteil nicht der deutschen Umsatzsteuer.
2. Streckenanteil zwischen Breisach (Rhein-km 227) und Straßburg (Rhein-km 295) über insgesamt 68 km:
   a) ① Hier werden die Beförderungen auf einzelnen Streckenabschnitten (Schleusen und Schleusenkanälen) von zusammen 34 km auf französischem Hoheitsgebiet durchgeführt. ② Die Beförderungen unterliegen insoweit nicht der deutschen Umsatzsteuer.
   b) ① Auf einzelnen anderen Streckenabschnitten von zusammen 34 km finden die Beförderungen auf dem Rheinstrom statt. ② Die Hoheitsgrenze zwischen Frankreich und der Bundesrepublik Deutschland wird durch die Achse des Talwegs bestimmt. ③ Bedingt durch den Verlauf der Fahrrinne und mit Rücksicht auf den übrigen Verkehr muss die Schifffahrt häufig die Hoheitsgrenze überfahren. ④ In der Regel wird der Verkehr je zur Hälfte (= 17 km) auf deutschem und französischem Hoheitsgebiet abgewickelt.
3. Streckenanteil zwischen Straßburg (Rhein-km 295) und der Grenze bei Neuburgweier (Rhein-km 353) über insgesamt 58 km:
   ① Die Hoheitsgrenze im Rhein wird auch hier durch die Achse des Talwegs bestimmt. ② Deshalb ist auch hier davon auszugehen, dass die Beförderungen nur zur Hälfte (= 29 km) im Inland stattfinden.

3b.2 Ort der Leistung, die im Zusammenhang mit einer Güterbeförderung steht[1]

UStAE 3b.2

(1) ① Die Ortsregelung des § 3b Abs. 2 UStG ist nur bei Leistungen an Nichtunternehmer (siehe Abschnitt 3a.1 Abs. 1) anzuwenden. ② Werden mit der Beförderung eines Gegenstands in 41
Zusammenhang stehende Leistungen an einen Leistungsempfänger im Sinne des § 3a Abs. 2 UStG (siehe Abschnitt 3a.2 Abs. 1) erbracht, richtet sich der Leistungsort nach § 3a Abs. 2 UStG. ③ Zum Leistungsort bei Leistungen, die im Zusammenhang mit einer Güterbeförderung stehen und die im Drittlandsgebiet genutzt oder ausgewertet werden, vgl. § 3a Abs. 8 Satz 1 UStG und Abschnitt 3a.14 Abs. 5.

(2) ① Für den Ort einer Leistung, die im Zusammenhang mit einer Güterbeförderung steht 42
(§ 3b Abs. 2 UStG), gelten die Ausführungen in Abschnitt 3a.6 Abs. 1 sinngemäß. ② Bei der Anwendung der Ortsregelung kommt es nicht darauf an, ob die Leistung mit einer rein inländischen, einer grenzüberschreitenden oder einer innergemeinschaftlichen Güterbeförderung im Zusammenhang steht.

(3) ① Die Regelung des § 3b Abs. 2 UStG gilt für Umsätze, die selbständige Leistungen sind. 43
② Sofern das Beladen, das Entladen, der Umschlag, die Lagerung oder eine andere sonstige Leistung Nebenleistungen zu einer Güterbeförderung darstellen, teilen sie deren umsatzsteuerliches Schicksal.

3b.3 Ort der innergemeinschaftlichen Güterbeförderung[2]

UStAE 3b.3

(1) ① § 3b Abs. 3 UStG ist nur anzuwenden, wenn die innergemeinschaftliche Beförderung eines Gegenstands (innergemeinschaftliche Güterbeförderung) an einen Nichtunternehmer (sie- 51

---

[1] Güterbeförderung vgl. A 3a.2 Abs. 2 Satz 2, 3, Abs. 16 Satz 2 UA 5, 6, Abs. 18, 3a.4 Abs. 2 Nr. 11, 3a.14 Abs. 5, 3b.1 Abs. 3–10, 3b.2, 3b.3, 3b.4 UStAE.
Grenzüberschreitende Güterbeförderung von und nach Drittlandsgebieten (Ausfuhr, Durchfuhr, Einfuhr) vgl. § 4 Nr. 3 UStG, A 4.3.1–4.3.6 UStAE.

[2] Güterbeförderung vgl. A 3a.2 Abs. 2 Satz 2, 3, Abs. 16 Satz 2 UA 5, 6, Abs. 18, 3a.4 Abs. 2 Nr. 11, 3a.14 Abs. 5, 3b.1 Abs. 3–10, 3b.2, 3b.3, 3b.4 UStAE.
Grenzüberschreitende Güterbeförderung von und nach Drittlandsgebieten (Ausfuhr, Durchfuhr, Einfuhr) vgl. § 4 Nr. 3 UStG, A 4.3.1–4.3.6 UStAE.

UStAE 3b.4

he Abschnitt 3a.1 Abs. 1) erfolgt. ② In diesen Fällen wird die Leistung an dem Ort ausgeführt, an dem die Beförderung des Gegenstands beginnt (Abgangsort). ③ Wird eine innergemeinschaftliche Güterbeförderung an einen Leistungsempfänger im Sinne des § 3a Abs. 2 UStG (siehe Abschnitt 3a.2 Abs. 1) ausgeführt, richtet sich der Leistungsort nach § 3a Abs. 2 UStG.

52 (2) ① Eine innergemeinschaftliche Güterbeförderung liegt nach § 3b Abs. 3 Satz 1 UStG vor, wenn sie in dem Gebiet von zwei verschiedenen EU-Mitgliedstaaten beginnt (Abgangsort) und endet (Ankunftsort). ② Eine Anfahrt des Beförderungsunternehmers zum Abgangsort ist unmaßgeblich. ③ Entsprechendes gilt für den Ankunftsort. ④ Die Voraussetzungen einer innergemeinschaftlichen Güterbeförderung sind für jeden Beförderungsauftrag gesondert zu prüfen; sie müssen sich aus den im Beförderungs- und Speditionsgewerbe üblicherweise verwendeten Unterlagen (z. B. schriftlicher Speditionsauftrag oder Frachtbrief) ergeben.[1] ⑤ Für die Annahme einer innergemeinschaftlichen Güterbeförderung ist es unerheblich, ob die Beförderungsstrecke ausschließlich über Gemeinschaftsgebiet oder auch über Drittlandsgebiet führt (vgl. Absatz 4 Beispiel 2).

53 (3) ① Die deutschen Freihäfen gehören unionsrechtlich zum Gebiet der Bundesrepublik Deutschland (Artikel 5 MwStSystRL). ② Deshalb ist eine innergemeinschaftliche Güterbeförderung auch dann gegeben, wenn die Beförderung in einem deutschen Freihafen beginnt und in einem anderen EU-Mitgliedstaat endet oder umgekehrt.

54 (4) Beispielsfälle für innergemeinschaftliche Güterbeförderungen:

Beispiel 1:

① Die Privatperson P aus Deutschland beauftragt den deutschen Frachtführer F, Güter von Spanien nach Deutschland zu befördern.

② Bei der Beförderungsleistung des F handelt es sich um eine innergemeinschaftliche Güterbeförderung, weil der Transport in einem EU-Mitgliedstaat beginnt und in einem anderen EU-Mitgliedstaat endet. ③ Der Ort dieser Beförderungsleistung liegt in Spanien, da die Beförderung der Güter in Spanien beginnt (§ 3b Abs. 3 UStG). ④ F ist Steuerschuldner in Spanien (Artikel 193 MwStSystRL; vgl. auch Abschnitt 3a.16 Abs. 4). ⑤ Die Abrechnung richtet sich nach den Regelungen des spanischen Umsatzsteuerrechts.

Beispiel 2:

① Die Privatperson P aus Italien beauftragt den in der Schweiz ansässigen Frachtführer F, Güter von Deutschland über die Schweiz nach Italien zu befördern.

② Bei der Beförderungsleistung des F handelt es sich um eine innergemeinschaftliche Güterbeförderung, weil der Transport in zwei verschiedenen EU-Mitgliedstaaten beginnt und endet. ③ Der Ort dieser Leistung bestimmt sich nach dem inländischen Abgangsort (§ 3b Abs. 3 UStG). ④ Die Leistung ist in Deutschland steuerbar und steuerpflichtig. ⑤ Unbeachtlich ist dabei, dass ein Teil der Beförderungsstrecke auf das Drittland Schweiz entfällt (vgl. Absatz 2 Satz 5). ⑥ Der leistende Unternehmer F ist Steuerschuldner (§ 13a Abs. 1 Nr. 1 UStG) und hat den Umsatz im Rahmen des allgemeinen Besteuerungsverfahrens (§ 18 Abs. 1 bis 4 UStG) zu versteuern (vgl. hierzu Abschnitt 3a.16 Abs. 3).

UStAE 3b.4

3b.4 Ort der gebrochenen innergemeinschaftlichen Güterbeförderung[1]

61 (1) ① Eine gebrochene Güterbeförderung liegt vor, wenn einem Beförderungsunternehmer für eine Güterbeförderung über die gesamte Beförderungsstrecke ein Auftrag erteilt wird, jedoch bei der Durchführung der Beförderung mehrere Beförderungsunternehmer nacheinander mitwirken. ② Liegen Beginn und Ende der gesamten Beförderung in den Gebieten verschiedener EU-Mitgliedstaaten, ist hinsichtlich der Beförderungsleistung des Beförderungsunternehmers an den Auftraggeber eine gebrochene innergemeinschaftliche Güterbeförderung nach § 3b Abs. 3 UStG gegeben, wenn der Auftraggeber ein Nichtunternehmer (siehe Abschnitt 3a.1 Abs. 1) ist. ③ Die Beförderungsleistungen der vom Auftragnehmer eingeschalteten weiteren Beförderungsunternehmer sind für sich zu beurteilen. ④ Da es sich insoweit jeweils um Leistungen an einen anderen Unternehmer für dessen unternehmerischen Bereich handelt, richtet sich der Leistungsort für diese Beförderungsleistungen nicht nach § 3b Abs. 1 Sätze 1 bis 3 oder Abs. 3 UStG, sondern nach § 3a Abs. 2 UStG.

Beispiel 1:

① Die in Deutschland ansässige Privatperson P beauftragt den in Frankreich ansässigen Frachtführer S, Güter von Paris nach Rostock zu befördern. ② S befördert die Güter von Paris nach Aachen und beauftragt für die Strecke von Aachen nach Rostock den in Köln ansässigen Unterfrachtführer F mit der Beförderung. ③ Dabei teilt S im Frachtbrief an F den Abgangsort und den Bestimmungsort der Gesamtbeförderung mit. ④ S verwendet gegenüber F seine französische USt-IdNr.

⑤ Die Beförderungsleistung des S an seinen Auftraggeber P umfasst die Gesamtbeförderung von Paris nach Rostock. ⑥ Die Leistung ist in Deutschland nicht steuerbar, da der Abgangsort in Frankreich liegt (§ 3b Abs. 3 UStG).

⑦ Die Beförderungsleistung des F von Aachen nach Rostock an seinen Auftraggeber S ist keine innergemeinschaftliche Güterbeförderung, sondern eine inländische Güterbeförderung. ⑧ Da aber S Unternehmer ist und den Umsatz zur Ausführung von Umsätzen, also für den unternehmerischen Bereich verwendet, ist der Leistungsort in Frankreich (§ 3a Abs. 2 UStG). ⑨ Steuerschuldner der französischen Umsatzsteuer ist der Leistungsempfänger S, da der leistende Unternehmer F nicht in Frankreich ansässig ist (vgl. Artikel 196 MwStSystRL, vgl. auch Abschnitt 3a.16 Abs. 5). ⑩ In der Rechnung an S darf keine französische Umsatzsteuer enthalten sein (vgl. hierzu Abschnitt 3a.16 Abs. 6); auf die Steuerschuldnerschaft des Leistungsempfängers S ist in der Rechnung hinzuweisen.

[1] Ein rechtzeitiger **Nachweis** für eine innergemeinschaftliche Beförderung nach § 3b Abs. 3 Satz 2 UStG, bei der die Umsatzbesteuerung auf den Leistungsempfänger abgewälzt wird, liegt nicht vor, wenn die Bestätigung des Leistungsempfängers hinsichtlich seiner Umsatzsteuer-Identifikationsnummer erst mehrere Monate nach Rechnungsstellung erfolgt. *FG Nürnberg, Urt. v. 19. 12. 2006, II 1/2004, rkr. (DStRE 2008 S. 1566).*

UStAE 3b.4

Beispiel 2:

① Die deutsche Privatperson P beauftragt den in Deutschland ansässigen Frachtführer S, Güter von Amsterdam nach Dresden zu befördern. ② S beauftragt den in den Niederlanden ansässigen Unterfrachtführer F, die Güter von Amsterdam nach Venlo zu bringen. ③ Dort übernimmt S die Güter und befördert sie weiter nach Dresden. ④ Dabei teilt S im Frachtbrief an F den Abgangsort und den Bestimmungsort der Gesamtbeförderung mit. ⑤ S verwendet gegenüber F seine deutsche USt-IdNr.

⑥ Die Beförderungsleistung des S an seinen Auftraggeber P umfasst die Gesamtbeförderung von Amsterdam nach Dresden und ist eine innergemeinschaftliche Güterbeförderung. ⑦ Die Leistung ist in Deutschland nicht steuerbar, der Leistungsort ist am Abgangsort in den Niederlanden (§ 3 b Abs. 3 UStG). ⑧ Steuerschuldner in den Niederlanden ist der leistende Unternehmer S (Artikel 193 MwStSystRL).

⑨ Die Beförderungsleistung des F an seinen Auftraggeber S von Amsterdam nach Venlo ist keine innergemeinschaftliche Güterbeförderung, sondern eine inländische Güterbeförderung in den Niederlanden. ⑩ Da S Unternehmer ist und den Umsatz zur Ausführung von Umsätzen, also für den unternehmerischen Bereich verwendet, ist der Leistungsort in Deutschland (§ 3 a Abs. 2 UStG). ⑪ Steuerschuldner in Deutschland ist der Leistungsempfänger S (§ 13 b Abs. 1 und Abs. 5 Satz 1 UStG). ⑫ F darf in der Rechnung an S die deutsche Umsatzsteuer nicht gesondert ausweisen.

(2) ① Wird bei Vertragsabschluss einer gebrochenen innergemeinschaftlichen Güterbeförderung eine „unfreie Versendung" bzw. „Nachnahme der Fracht beim Empfänger" vereinbart, trägt der Empfänger der Frachtsendung die gesamten Beförderungskosten. ② Dabei erhält jeder nachfolgende Beförderungsunternehmer die Rechnung des vorhergehenden Beförderungsunternehmers über die Kosten der bisherigen Teilbeförderung. ③ Der letzte Beförderungsunternehmer rechnet beim Empfänger der Ware über die Gesamtbeförderung ab. ④ In diesen Fällen ist jeder Rechnungsempfänger als Leistungsempfänger im Sinne des § 3 b Abs. 3 bzw. des § 3 a Abs. 2 UStG anzusehen (vgl. Abschnitt 3 a.2 Abs. 2). 62

Beispiel:

① Die deutsche Privatperson P beauftragt den deutschen Frachtführer S, Güter von Potsdam nach Bordeaux zu befördern. ② Die Beförderungskosten sollen dem Empfänger (Privatperson) A in Bordeaux in Rechnung gestellt werden (Frachtnachnahme). ③ S befördert die Güter zu seinem Unterfrachtführer F in Paris und stellt diesem seine Kosten für die Beförderung bis Paris in Rechnung. ④ F befördert die Güter nach Bordeaux und berechnet dem Empfänger A die Kosten der Gesamtbeförderung. ⑤ Bei Auftragserteilung wird angegeben, dass F gegenüber S seine französische USt-IdNr. verwendet.

⑥ Als Leistungsempfänger des S ist F anzusehen, da S gegenüber F abrechnet und F die Frachtkosten des S als eigene Schuld übernommen hat. ⑦ Als Leistungsempfänger von F ist A anzusehen, da F gegenüber A abrechnet (vgl. Abschnitt 3 a.2 Abs. 2).

⑧ Die Beförderungsleistung des S an F umfasst die Beförderung von Potsdam nach Paris. ⑨ Die Leistung ist in Frankreich steuerbar, da der Leistungsempfänger F Unternehmer ist und den Umsatz zur Ausführung von Umsätzen, also für den unternehmerischen Bereich verwendet (§ 3 a Abs. 2 UStG). ⑩ Steuerschuldner der französischen Umsatzsteuer ist der Leistungsempfänger F, da der leistende Unternehmer S nicht in Frankreich ansässig ist (vgl. Artikel 196 MwStSystRL, vgl. auch Abschnitt 3 a.16 Abs. 5). ⑪ In der Rechnung an F darf keine französische Umsatzsteuer enthalten sein (vgl. hierzu Abschnitt 3 a.16 Abs. 6); auf die Steuerschuldnerschaft des F ist in der Rechnung hinzuweisen.

⑫ Da F gegenüber A die gesamte Beförderung abrechnet, ist F so zu behandeln, als ob er die Gesamtbeförderung von Potsdam nach Bordeaux erbracht hätte. ⑬ Die Leistung ist als innergemeinschaftliche Güterbeförderung in Deutschland steuerbar und steuerpflichtig (§ 3 b Abs. 3 UStG). ⑭ Steuerschuldner der deutschen Umsatzsteuer ist der leistende Unternehmer F (§ 13 a Abs. 1 Nr. 1 UStG; vgl. auch Abschnitt 3 a.16 Abs. 3).

UStG

§ 3c[1] Ort der Lieferung beim Fernverkauf

1 **(1) ① Als Ort der Lieferung eines innergemeinschaftlichen Fernverkaufs gilt der Ort, an dem sich der Gegenstand bei Beendigung der Beförderung oder Versendung an den Erwerber befindet. ② Ein innergemeinschaftlicher Fernverkauf ist die Lieferung eines Gegenstands, der durch den Lieferer oder für dessen Rechnung aus dem Gebiet eines Mitgliedstaates in das Gebiet eines anderen Mitgliedstaates oder aus dem übrigen Gemeinschaftsgebiet in die in § 1 Absatz 3 bezeichneten Gebiete an den Erwerber befördert oder versandt wird, einschließlich jener Lieferung, an deren Beförderung oder Versendung der Lieferer indirekt beteiligt ist. ③ Erwerber im Sinne des Satzes 2 ist ein in § 3 a Absatz 5 Satz 1 bezeichneter Empfänger oder eine in § 1 a Absatz 3 Nummer 1 genannte Person, die weder die maßgebende Erwerbsschwelle überschreitet noch auf ihre Anwendung verzichtet; im Fall der Beendigung der Beförderung oder Versendung im Gebiet eines anderen Mitgliedstaates ist die von diesem Mitgliedstaat festgesetzte Erwerbsschwelle maßgebend.**

2 **(2) ① Als Ort der Lieferung eines Fernverkaufs eines Gegenstands, der aus dem Drittlandsgebiet in einen anderen Mitgliedstaat als den, in dem die Beförderung oder Versendung des Gegenstands an den Erwerber endet, eingeführt wird, gilt der Ort, an dem sich der Gegenstand bei Beendigung der Beförderung oder Versendung an den Erwerber befindet. ② § 3 Absatz 3 a Satz 4 und 5 gilt entsprechend.**

3 **(3) ① Der Ort der Lieferung beim Fernverkauf eines Gegenstands, der aus dem Drittlandsgebiet in den Mitgliedstaat, in dem die Beförderung oder Versendung der Gegenstände an den Erwerber endet, eingeführt wird, gilt als in diesem Mitgliedstaat gelegen, sofern die Steuer auf diesen Gegenstand gemäß dem besonderen Besteuerungsverfahren nach § 18 k zu erklären ist. ② § 3 Absatz 3 a Satz 4 und 5 gilt entsprechend. ③ Bei einem Fernverkauf nach § 3 Absatz 3 a Satz 2 gilt Satz 1 für die Lieferung, der die Beförderung oder Versendung des Gegenstandes gemäß § 3 Absatz 6 b zugeschrieben wird, entsprechend, auch wenn die Steuer auf diesen Gegenstand nicht gemäß dem besonderen Besteuerungsverfahren nach § 18 k zu erklären ist und ein Unternehmer oder dessen Beauftragter Schuldner der Einfuhrumsatzsteuer für die Einfuhr des Gegenstands ist.**

4 **(4) ① Absatz 1 ist nicht anzuwenden, wenn der leistende Unternehmer seinen Sitz, seine Geschäftsleitung, eine Betriebsstätte oder in Ermangelung eines Sitzes, einer Geschäftsleitung oder einer Betriebsstätte seinen Wohnsitz oder gewöhnlichen Aufenthalt in nur einem Mitgliedstaat hat und der Gesamtbetrag der Entgelte der in § 3 a Absatz 5 Satz 2 bezeichneten sonstigen Leistungen an in § 3 a Absatz 5 Satz 1 bezeichnete Empfänger mit Wohnsitz, gewöhnlichem Aufenthalt oder Sitz in anderen Mitgliedstaaten sowie der innergemeinschaftlichen Fernverkäufe nach Absatz 1 Satz 2 und 3 insgesamt 10 000 Euro im vorangegangenen Kalenderjahr nicht überschritten hat und im laufenden Kalenderjahr nicht überschreitet. ② Der leistende Unternehmer kann dem Finanzamt erklären, dass er auf die Anwendung des Satzes 1 verzichtet. ③ Die Erklärung bindet den Unternehmer mindestens für zwei Kalenderjahre.**

5 **(5) ① Die Absätze 1 bis 3 gelten nicht für**

1. **die Lieferung neuer Fahrzeuge,**
2. **die Lieferung eines Gegenstands, der mit oder ohne probeweise Inbetriebnahme durch den Lieferer oder für dessen Rechnung montiert oder installiert geliefert wird, und für**
3. **die Lieferung eines Gegenstands, auf die die Differenzbesteuerung nach § 25 a Absatz 1 oder 2 angewendet wird.**

② Bei verbrauchsteuerpflichtigen Waren gelten die Absätze 1 bis 3 nicht für Lieferungen an eine in § 1 a Absatz 3 Nummer 1 genannte Person.

Hinweis auf EU-Vorschriften:

UStG: § 3 c .... **MwStSystRL:** Art. 14, 14 a, 33, 35 u. 59 c

Zu § 3 c UStG

UStAE 3c.1

3c.1 Ort der Lieferung beim Fernverkauf

11 (1) ① § 3c Abs. 1 UStG verlagert den Ort der Lieferung eines innergemeinschaftlichen Fernverkaufs gemäß dem Bestimmungslandprinzip an den Ort, an dem sich der Gegenstand bei Beendigung der Beförderung oder Versendung an den Erwerber befindet, sofern nicht der Ausschlusstatbestand des § 3c Abs. 4 Satz 1 UStG greift. ② Im Falle des § 3c Abs. 4 Satz 1 UStG verlagert sich der Ort der Lieferung eines innergemeinschaftlichen Fernverkaufs nicht an den

[1] § 3 c anzuwenden ab 1. 7. 2021, vgl. § 27 Abs. 34 Satz 1 UStG.

USTAE 3c.1

Ort, an dem sich der Gegenstand bei Beendigung der Beförderung oder Versendung an den Erwerber befindet, sondern es verbleibt bei der Regelung des § 3 Abs. 6 Satz 1 UStG. ③ Abschnitt 3a.9a Abs. 1 Satz 1 Nr. 1 Sätze 2 bis 4 und 6 gelten entsprechend; Abschnitt 3a.9a Abs. 1 Satz 1 Nr. 1 Satz 5 gilt entsprechend unter der Maßgabe, dass die Erklärung als abgegeben gilt, wenn der liefernde Unternehmer die Voraussetzungen nach § 3c Abs. 4 Satz 1 UStG erfüllt, jedoch weiterhin die Regelung nach § 3c Abs. 1 UStG anwendet.

Beispiel 1:

① Ein im Inland ansässiger Händler veräußert über die eigene Internetseite einen Fernseher an eine Privatperson in Frankreich. ② Die Ware wird aus seinem Lager im Inland an den Wohnsitz der Privatperson in Frankreich versendet. ③ Der Händler überschreitet die Umsatzschwelle von 10000 € nicht und verzichtet nicht auf die Anwendung des § 3c Abs. 4 Satz 1 UStG (§ 3c Abs. 4 Satz 2 UStG).

④ Die Lieferung des Händlers an die Privatperson ist gemäß § 3 Abs. 6 Satz 1 UStG im Inland steuerbar und steuerpflichtig. ⑤ § 3c Abs. 1 UStG ist nach § 3c Abs. 4 Satz 1 UStG nicht anzuwenden, weil der Händler nur in einem EU-Mitgliedstaat ansässig ist und die Umsatzschwelle nicht überschreitet.

Beispiel 2:

① Sachverhalt wie Beispiel 1. ② Der Händler überschreitet jedoch die Umsatzschwelle von 10000 € (§ 3c Abs. 4 Satz 1 UStG) bzw. verzichtet auf die Anwendung des § 3c Abs. 4 Satz 1 UStG (§ 3c Abs. 4 Satz 2 UStG).

③ Auf die Lieferung des Händlers an die Privatperson ist § 3c Abs. 1 UStG anzuwenden. ④ Der Ort der Lieferung ist der Ort, an dem sich der Gegenstand bei Beendigung der Versendung an die Privatperson befindet (hier: Frankreich). ⑤ Der Händler kann das besondere Besteuerungsverfahren im Sinne des § 18j UStG (vgl. Abschnitt 18j.1) in Anspruch nehmen und den Umsatz darüber erklären. ⑥ Andernfalls hat der Händler den Umsatz im Bestimmungsland (hier: Frankreich) im allgemeinen Besteuerungsverfahren (Artikel 250 bis 261 MwStSystRL) zu erklären.

Beispiel 3:

① Ein in Südkorea ansässiger Händler veräußert über die eigene Internetseite einen Fernseher an eine Privatperson in Frankreich. ② Die Ware wird aus dem Lager seiner Betriebsstätte im Inland an den Wohnsitz der Privatperson in Frankreich versendet. ③ Der Händler überschreitet die Umsatzschwelle von 10000 € nicht und verzichtet nicht auf die Anwendung des § 3c Abs. 4 Satz 1 UStG (§ 3c Abs. 4 Satz 2 UStG).

④ Die Lieferung des Händlers an die Privatperson ist gemäß § 3 Abs. 6 Satz 1 UStG im Inland steuerbar und steuerpflichtig. ⑤ § 3c Abs. 1 UStG ist nach § 3c Abs. 4 Satz 1 UStG nicht anzuwenden, weil der Händler eine Betriebsstätte in nur einem EU-Mitgliedstaat hat und die Umsatzschwelle nicht überschreitet.

Beispiel 4:

① Sachverhalt wie Beispiel 3. ② Der Händler überschreitet jedoch die Umsatzschwelle von 10000 € (§ 3c Abs. 4 Satz 1 UStG) bzw. verzichtet auf die Anwendung des § 3c Abs. 4 Satz 1 UStG (§ 3c Abs. 4 Satz 2 UStG).

③ Auf die Lieferung des Händlers an die Privatperson ist § 3c Abs. 1 UStG anzuwenden. ④ Der Ort der Lieferung ist der Ort, an dem sich der Gegenstand bei Beendigung der Versendung an die Privatperson befindet (hier: Frankreich). ⑤ Der Händler kann das besondere Besteuerungsverfahren im Sinne des § 18j UStG (vgl. Abschnitt 18j.1) in Anspruch nehmen und den Umsatz darüber erklären. ⑥ Andernfalls hat der Händler den Umsatz im Bestimmungsland (hier: Frankreich) im allgemeinen Besteuerungsverfahren (Artikel 250 bis 261 MwStSystRL) zu erklären.

Beispiel 5:

① Ein im Inland ansässiger Händler H veräußert über die eigene Internetseite Handyzubehör an eine im Inland ansässige Privatperson. ② Die Ware wird aus seinem Lager in Frankreich an den Wohnsitz der Privatperson versendet. ③ H verzichtet auf die Anwendung von § 3c Abs. 4 Satz 1 UStG und nimmt an dem besonderen Besteuerungsverfahren nach § 18j UStG (vgl. Abschnitt 18j.1) teil.

④ Auf die Lieferung des Händlers an die Privatperson ist § 3c Abs. 1 UStG anzuwenden. ⑤ Der Ort der Lieferung ist der Ort, an dem sich der Gegenstand bei Beendigung der Versendung an die Privatperson befindet (hier: Inland). ⑥ Der Händler hat die Umsätze über das besondere Besteuerungsverfahren im Sinne des § 18j UStG (vgl. Abschnitt 18j.1) zu erklären.

(2) ① Ein innergemeinschaftlicher Fernverkauf ist die Lieferung eines Gegenstands, der durch den Lieferer oder für dessen Rechnung aus dem Gebiet eines EU-Mitgliedstaates in das Gebiet eines anderen EU-Mitgliedstaates oder aus dem übrigen Gemeinschaftsgebiet in die in § 1 Abs. 3 UStG bezeichneten Gebiete an eine in § 1a Abs. 3 Nr. 1 UStG genannte Person oder eine Person nach § 3a Abs. 5 Satz 1 UStG – unter direkter oder indirekter Beteiligung – befördert oder versendet wird. ② Lieferungen von Gas, Elektrizität, Wärme und Kälte sind keine bewegten Lieferungen und sind deshalb nicht vom Begriff des innergemeinschaftlichen Fernverkaufs im Sinne des § 3c Abs. 1 Satz 2 UStG erfasst. ③ Erwerber im Sinne des Satzes 1 sind daher Nichtunternehmer (siehe Abschnitt 3a.1 Abs. 1) sowie Unternehmer, die nur steuerfreie – nicht zum Vorsteuerabzug berechtigende – Umsätze ausführen, Kleinunternehmer, pauschalierende Land- und Forstwirte und juristische Personen, die nicht Unternehmer sind oder den Gegenstand nicht für das Unternehmen erwerben. ④ Im Hinblick auf die in § 1a Abs. 3 Nr. 1 UStG genannten Personen ist der Erwerberkreis auf diejenigen Personen beschränkt, die weder die maßgebende Erwerbsschwelle im Sinne des § 1a Abs. 3 Nr. 2 UStG überschreiten, noch auf ihre Anwendung nach § 1a Abs. 4 UStG verzichten (vgl. zu den Erwerbsschwellen in den EU-Mitgliedstaaten Abschnitt 3.18 Abs. 4 Satz 7). ⑤ Sofern die Beförderung oder Versendung im Gebiet eines anderen EU-Mitgliedstaates endet, ist die von diesem EU-Mitgliedstaat festgesetzte Erwerbsschwelle maßgebend. ⑥ Als indirekte Beteiligung des Lieferers am Versand oder der Beförderung der Gegenstände sind die in Abschnitt 3.18 Abs. 4 Satz 8 genannten Fälle anzusehen. 12

Beispiel:

① Händler H aus Köln verkauft Waren über die eigene Internetseite an eine Privatperson in Belgien. ② Die Waren werden durch eine Spedition zum Kunden transportiert. ③ H stellt dem Kunden die Transportkosten in Rechnung und leitet sie nach Zahlung an die Spedition weiter.

UStAE 3c.1

④ Da H seinem Kunden die Transportkosten berechnet und der Spedition weiterleitet, ist von einer indirekten Beteiligung am Transport auszugehen und es liegt ein innergemeinschaftlicher Fernverkauf von Gegenständen vor. ⑤ Der Lieferort verlagert sich damit nach § 3 c Abs. 1 UStG nach Belgien, wenn H die Umsatzschwelle von 10 000 € überschreitet oder überschritten hat (§ 3 c Abs. 4 Satz 1 UStG) bzw. auf die Anwendung des § 3 c Abs. 4 Satz 1 UStG verzichtet (§ 3 c Abs. 4 Satz 2 UStG).

13 (3) ① § 3c Abs. 2 UStG verlagert den Ort der Lieferung eines Fernverkaufs eines Gegenstands, der aus dem Drittlandsgebiet in einen anderen EU-Mitgliedstaat als den, in dem die Beförderung oder Versendung des Gegenstands an den Erwerber endet, eingeführt wird, an den Ort, an dem sich der Gegenstand bei Beendigung der Beförderung oder Versendung an den Erwerber befindet. ② Absatz 2 Sätze 3 bis 6 und Abschnitt 3.18 Abs. 4 Sätze 1 bis 8 gelten entsprechend.

Beispiel:

① Ein in Südkorea ansässiger Händler H veräußert über die eigene Internetseite Handyzubehör (Sachwert: 200 €) an eine Privatperson in Frankreich. ② Die Ware wird durch H aus dem Lager in Südkorea nach Deutschland versendet, wo die Zollanmeldung erfolgt. ③ Von dort aus wird die Ware weiter an den Wohnsitz der Privatperson in Frankreich versendet.

④ Da die Ware aus dem Drittlandsgebiet in einen anderen EU-Mitgliedstaat (hier: Deutschland) als den, in dem die Beförderung oder Versendung des Gegenstandes an den Erwerber endet (hier: Frankreich), eingeführt wird, verlagert sich der Ort nach § 3 c Abs. 2 Satz 1 UStG an den Ort, an dem sich der Gegenstand bei Beendigung der Beförderung oder Versendung an den Erwerber befindet (hier: Frankreich). ⑤ H hat den Umsatz im Bestimmungsland (hier: Frankreich) im allgemeinen Besteuerungsverfahren (Artikel 250 bis 261 MwStSystRL) zu erklären.

14 (4) ① § 3c Abs. 3 Satz 1 UStG verlagert den Ort der Lieferung eines Fernverkaufs eines Gegenstands, der aus dem Drittlandsgebiet in den EU-Mitgliedstaat, in dem die Beförderung oder Versendung des Gegenstands an den Erwerber endet, eingeführt wird, in diesen EU-Mitgliedstaat, sofern die Steuer auf diesen Gegenstand gemäß dem besonderen Besteuerungsverfahren nach § 18k UStG (vgl. Abschnitt 18k.1) zu erklären ist.

Beispiel 1:

① Ein in Südkorea ansässiger Händler H veräußert über die eigene Internetseite Handyzubehör (Sachwert: 50 €) an eine im Inland ansässige Privatperson. ② Die Ware wird aus seinem Lager in Südkorea an den Wohnsitz der Privatperson versendet. ③ Die Zollanmeldung in Deutschland erfolgt durch den Spediteur S in indirekter Vertretung des H. ④ H nimmt das besondere Besteuerungsverfahren nach § 18 k UStG (vgl. Abschnitt 18 k.1) nicht in Anspruch.

⑤ Da die Zollanmeldung für Rechnung des H erfolgt, schuldet H die Einfuhrumsatzsteuer, die er unter den allgemeinen Voraussetzungen des § 15 UStG als Vorsteuer abziehen kann. ⑥ Die Lieferung des H an die Privatperson ist gemäß § 3 Abs. 8 UStG im Inland steuerbar und steuerpflichtig. ⑦ H hat den Umsatz im Inland im allgemeinen Besteuerungsverfahren (§ 18 Abs. 1 bis 4 UStG) zu erklären. 8 § 3 c Abs. 3 Satz 1 UStG ist nicht anzuwenden, weil H das besondere Besteuerungsverfahren nach § 18 k UStG nicht in Anspruch nimmt.

Beispiel 2:

① Sachverhalt wie Beispiel 1. ② H nimmt jedoch durch einen im Inland ansässigen Vertreter das besondere Besteuerungsverfahren nach § 18 k UStG (vgl. Abschnitt 18 k.1) in Anspruch.

③ Die Einfuhr der Waren ist gemäß § 5 Abs. 1 Nr. 7 UStG steuerfrei. ④ Die Lieferung des H an die Privatperson ist im Inland nach § 3 c Abs. 3 Satz 1 UStG steuerbar und steuerpflichtig. ⑤ H hat diesen Umsatz im besonderen Besteuerungsverfahren nach § 18 k UStG zu erklären (vgl. Abschnitt 18 k.1).

Beispiel 3:

① Sachverhalt wie Beispiel 1. ② Die Zollanmeldung in Deutschland erfolgt jedoch durch die Privatperson oder durch einen Post- oder Kurierdienstleister im Namen und für Rechnung der Privatperson.

③ Da die Zollanmeldung im Namen der Privatperson erfolgt, schuldet die Privatperson die Einfuhrumsatzsteuer, weshalb § 3 Abs. 8 UStG keine Anwendung findet. ④ Die Lieferung des H an die Privatperson ist im Inland nicht steuerbar, da sich der Ort der Lieferung nach § 3 Abs. 6 Satz 1 UStG in Südkorea befindet. ⑤ § 3 c Abs. 3 Satz 1 UStG ist nicht anzuwenden, weil H das besondere Besteuerungsverfahren nach § 18 k UStG nicht in Anspruch nimmt.

Beispiel 4:

① Ein im Inland ansässiger Händler H veräußert Handyzubehör (Sachwert: 60 €) über die eigene Internetseite an eine im Inland ansässige Privatperson. 2Die Ware wird aus seinem Lager in der Schweiz an den Wohnsitz der Privatperson versendet. 3Die Zollanmeldung in Deutschland erfolgt durch H. 4Der Unternehmer nimmt das besondere Besteuerungsverfahren nach § 18 k UStG (vgl. Abschnitt 18 k.1) in Anspruch.

⑤ Auf die Lieferung des H an die Privatperson ist § 3 c Abs. 3 Satz 1 UStG anzuwenden. ⑥ Der Ort der Lieferung ist der Ort, an dem sich der Gegenstand bei Beendigung der Versendung an die Privatperson befindet (hier: Inland). ⑦ Die Einfuhr der Ware ist nach § 5 Abs. 1 Nr. 7 UStG steuerfrei. ⑧ H hat die Umsätze über das besondere Besteuerungsverfahren im Sinne des § 18 k UStG (vgl. Abschnitt 18 k.1) zu erklären.

② Durch § 3c Abs. 3 Satz 3 UStG wird sichergestellt, dass bei einem Fernverkauf nach § 3 Abs. 3a Satz 2 UStG die Ortsverlagerung auch dann eintritt, wenn der Umsatz nicht in dem besonderen Besteuerungsverfahren nach § 18k UStG zu erklären ist sowie ein Unternehmer oder dessen Beauftragter Schuldner der Einfuhrumsatzsteuer sein sollte.

Beispiel 5:

① Ein in Südkorea ansässiger Händler H veräußert über eine elektronische Schnittstelle Handyzubehör (Sachwert: 50 €) an eine im Inland ansässige Privatperson. ② Die Ware wird aus einem Lager in Südkorea an den Wohnsitz der Privatperson versendet. ③ Die Zollanmeldung in Deutschland erfolgt durch den Spediteur S in indirekter Vertretung des H. ④ Der Betreiber der elektronischen Schnittstelle nimmt das besondere Besteuerungsverfahren nach § 18 k UStG (vgl. Abschnitt 18 k.1) nicht in Anspruch.

⑤ Nach § 3 Abs. 3 a Satz 2 UStG werden eine Lieferung des H an den Betreiber der elektronischen Schnittstelle und eine Lieferung des Betreibers der elektronischen Schnittstelle an die im Inland ansässige Privatperson fingiert. ⑥ Da die Zollanmeldung für Rechnung des H erfolgt, schuldet H die Einfuhrumsatzsteuer. ⑦ Die Warenbewegung wird nach § 3 Abs. 6 b UStG der Lieferung des Betreibers der elektronischen Schnittstelle zugeschrieben. ⑧ Zum Abzug der Einfuhrumsatzsteuer als Vorsteuer ist H nicht berechtigt, da er eine ruhende Lieferung in Südkorea bewirkt und daher die anschließende Einfuhr im Zuge der bewegten Lieferung nicht für sein Unternehmen ausgeführt wird (siehe Abschnitt 15.8 Abs. 4). ⑨ Vorsteuerabzugsberechtigt ist der Betreiber der elektronischen Schnittstelle, der die bewegte Lieferung ausführt und dabei so zu behandeln ist, als ob er den Gegenstand für sein Unternehmen selbst erhalten und geliefert hätte. ⑩ Voraussetzung ist, dass H ihm den Beleg für den Vorsteuerabzug aushändigt (vgl. Abschnitt 15.8 Abs. 7). ⑪ Die Lieferung des H an den Betreiber der elektronischen Schnittstelle ist gemäß § 3 Abs. 7 Satz 2 Nr. 1 UStG im Inland nicht steuerbar. ⑫ Die Lieferung des Betreibers der elektronischen Schnittstelle an die Privatperson ist im Inland nach § 3 c Abs. 3 Satz 3 UStG steuerbar und steuerpflichtig. ⑬ § 3 Abs. 8 UStG findet keine Anwendung, da die Lieferung des H an den Betreiber der elektronischen Schnittstelle unbewegt ist und der Betreiber der elektronischen Schnittstelle nicht die Einfuhrumsatzsteuer schuldet. UStAE 3c.1

(5) Nach § 3c Abs. 5 UStG kommt es zu keiner Verlagerung des Orts der Lieferung an den Bestimmungsort, wenn **15**
- ein neues Fahrzeug geliefert wird,
- ein Gegenstand, der mit oder ohne probeweise Inbetriebnahme durch den Lieferer oder für dessen Rechnung montiert oder installiert geliefert wird,
- auf die Lieferung eines Gegenstands die Differenzbesteuerung nach § 25 a Abs. 1 oder 2 UStG angewendet wird oder
- verbrauchsteuerpflichtige Waren an eine in § 1 a Abs. 3 Nr. 1 UStG genannte Person geliefert werden.

UStG

§ 3 d Ort des innergemeinschaftlichen Erwerbs

1 **① Der innergemeinschaftliche Erwerb wird in dem Gebiet des Mitgliedstaates bewirkt, in dem sich der Gegenstand am Ende der Beförderung oder Versendung befindet. ② Verwendet der Erwerber gegenüber dem Lieferer eine ihm von einem anderen Mitgliedstaat erteilte Umsatzsteuer-Identifikationsnummer, gilt der Erwerb so lange in dem Gebiet dieses Mitgliedstaates als bewirkt, bis der Erwerber nachweist, dass der Erwerb durch den in Satz 1 bezeichneten Mitgliedstaat besteuert worden ist oder nach § 25 b Abs. 3 als besteuert gilt, sofern der erste Abnehmer seiner Erklärungspflicht nach § 18 a Absatz 7 Satz 1 Nummer 4 nachgekommen ist.**[1]

Hinweis auf EU-Vorschriften:
UStG: § 3 d .... **MwStSystRL:** Art. 40–42/**MwStVO:** Art. 16

Zu § 3 d UStG

UStAE 3d.1

3 d.1 Ort des innergemeinschaftlichen Erwerbs

11 (1) ① Die Beurteilung der Frage, in welchem Mitgliedstaat die Beförderung eines Gegenstands endet, ist im Wesentlichen das Ergebnis einer Würdigung der tatsächlichen Umstände. ② Beim Erwerb einer Yacht können die Angaben in einem „T2L"-Versandpapier im Sinne des Artikels 205 UZK-IA[2] sowie ein im Schiffsregister eingetragener Heimathafen Anhaltspunkte sein (vgl. BFH-Urteil vom 20. 12. 2006, V R 11/06, BStBl. 2007 II S. 424).

12 (2)[3] ① Der EU-Mitgliedstaat, in dem der innergemeinschaftliche Erwerb bewirkt wird oder als bewirkt gilt, nimmt seine Besteuerungskompetenz unabhängig von der umsatzsteuerlichen Behandlung des Vorgangs im EU-Mitgliedstaat des Beginns der Beförderung oder Versendung des Gegenstands wahr. ② Dabei ist unbeachtlich, ob der Umsatz bereits im EU-Mitgliedstaat des Beginns der Beförderung oder Versendung besteuert wurde. ③ Etwaige Anträge auf Berichtigung einer vom Abgangsstaat festgesetzten Steuer werden von diesem Staat nach dessen nationalen Vorschriften bearbeitet (vgl. Artikel 16 MwStVO).

13 (3) Zur Verwendung einer USt-IdNr. vgl. Abschnitt 3 a.2 Abs. 10.

14 (4) ① Entsteht die Umsatzsteuer für einen innergemeinschaftlichen Erwerb im Inland nur auf Grund der Verwendung einer von Deutschland erteilten USt-IdNr. nach § 3 d Satz 2 UStG, ist der Abzug dieser Umsatzsteuer als Vorsteuer ausgeschlossen (vgl. Abschnitt 15.10 Abs. 2 Satz 2). ② Eine Entlastung von dieser Umsatzsteuer ist dem Unternehmer ausschließlich durch den Nachweis möglich, dass der Erwerb in dem Gebiet eines anderen Mitgliedstaats besteuert worden ist oder nach § 25 b Abs. 3 UStG als besteuert gilt (vgl. § 17 Abs. 2 Nr. 4 UStG). ③ In der Wahl der Mittel der Nachweisführung im Sinne des § 3 d Satz 2 UStG ist der Unternehmer grundsätzlich frei. ④ Eine Besteuerung im Mitgliedstaat der Beendigung der Beförderung oder Versendung ist insbesondere dann nachgewiesen, wenn anhand der steuerlichen Aufzeichnungen des Unternehmers nachvollziehbar ist, dass der Umsatz in eine von ihm in diesem Mitgliedstaat abgegebene Steuererklärung eingeflossen ist und dort zu einer Besteuerung geführt hat.

---

[1] **Berichtigung bei Nachweis des Erwerbs** i. S. v. § 3 d Satz 2 vgl. § 17 Abs. 2 Nr. 4 UStG.
[2] **Zölle und Verbrauchsteuern** Nr. **11.**
[3] **Vorsteuerabzug** bei innergem. Erwerb vgl. A 15.10 Abs. 2 u. 3 UStAE.

UStG

§ 3e Ort der Lieferungen und Restaurationsleistungen während einer Beförderung an Bord eines Schiffs, in einem Luftfahrzeug oder in einer Eisenbahn[1]

(1) Wird ein Gegenstand an Bord eines Schiffs, in einem Luftfahrzeug oder in einer Eisenbahn während einer Beförderung innerhalb des Gemeinschaftsgebiets geliefert oder dort eine sonstige Leistung ausgeführt, die in der Abgabe von Speisen und Getränken zum Verzehr an Ort und Stelle (Restaurationsleistung) besteht, gilt der Abgangsort des jeweiligen Beförderungsmittels im Gemeinschaftsgebiet als Ort der Lieferung oder der sonstigen Leistung. 1

(2) ① Als Beförderung innerhalb des Gemeinschaftsgebiets im Sinne des Absatzes 1 gilt die Beförderung oder der Teil der Beförderung zwischen dem Abgangsort und dem Ankunftsort des Beförderungsmittels im Gemeinschaftsgebiet ohne Zwischenaufenthalt außerhalb des Gemeinschaftsgebiets. ② Abgangsort im Sinne des Satzes 1 ist der erste Ort innerhalb des Gemeinschaftsgebiets, an dem Reisende in das Beförderungsmittel einsteigen können. ③ Ankunftsort im Sinne des Satzes 1 ist der letzte Ort innerhalb des Gemeinschaftsgebiets, an dem Reisende das Beförderungsmittel verlassen können. ④ Hin und Rückfahrt gelten als gesonderte Beförderungen. 2

Hinweis auf EU-Vorschriften:

UStG: § 3 e Abs. 1, 2 .... **MwStSystRL:** Art. 37 Abs. 1, 2, 57/**MwStVO:** Art. 15, 35–37

Zu § 3 e UStG

UStAE 3 e.1

3e.1 Ort der Lieferung und der Restaurationsleistung während einer Beförderung an Bord eines Schiffs, in einem Luftfahrzeug oder in der Eisenbahn (§ 3 e UStG)

① Der Ort der Lieferung von Gegenständen sowie der Ort der Abgabe von Speisen und Getränken zum Verzehr an Ort und Stelle (Restaurationsleistung) während einer Beförderung an Bord eines Schiffs, in einem Luftfahrzeug oder in der Eisenbahn ist grundsätzlich nach § 3 e UStG im Inland belegen, wenn die Beförderung im Inland beginnt bzw. der Abgangsort des Beförderungsmittels im Inland belegen ist und die Beförderung im Gemeinschaftsgebiet endet bzw. der Ankunftsort des Beförderungsmittels im Gemeinschaftsgebiet belegen ist. ② Ausgenommen sind dabei lediglich Lieferungen und Restaurationsleistungen während eines Zwischenaufenthalts eines Schiffs im Drittland, bei dem die Reisenden das Schiff, und sei es nur für kurze Zeit, verlassen können, sowie während des Aufenthalts des Schiffs im Hoheitsgebiet dieses Staates. ③ Lieferungen von Gegenständen und Restaurationsleistungen auf einem Schiff während eines solchen Zwischenaufenthalts und im Verlauf der Beförderung im Hoheitsgebiet dieses Staates, unterliegen der Besteuerungskompetenz des Staates, in dem der Zwischenaufenthalt erfolgt (vgl. EuGH-Urteil vom 15. 9. 2005, C-58/04, Köhler, BStBl. 2007 II S. 150, sowie BFH-Urteil vom 20. 12. 2005, V R 30/02, BStBl. 2007 II S. 139). ④ Gilt der Abgangsort des Beförderungsmittels nicht als Ort der Lieferung oder Restaurationsleistung, bestimmt sich dieser nach § 3 Abs. 6 bis 8 UStG bzw. nach § 3 a Abs. 3 Nr. 3 Buchstabe b UStG (vgl. Abschnitt 3 a.6 Abs. 9). ⑤ Snacks, kleine Süßigkeiten und Getränke, die an Bord eines Flugzeugs während einer Beförderung innerhalb des Gemeinschaftsgebiets gegen gesondertes Entgelt abgegeben werden, werden nach § 3 e UStG am Abgangsort des Flugzeugs geliefert; eine Nebenleistung zur Flugbeförderung liegt nicht vor (vgl. BFH-Urteil vom 27. 2. 2014,V R 14/13, BStBl. II S. 869). 11

LS zu 3 e.1

Anwendungsbereich der Ortsregelung für sämtliche **Lieferungen an Bord** eines Schiffes innerhalb des Gemeinschaftsgebiets. *BFH-Beschl. v. 2. 2. 2010 – XI B 36/09 (BFH/NV S. 1500).* 12

UStG

§ 3f *(aufgehoben)*

[1] Vgl. auch § 4 Nr. 6 Buchst. e (Verzehr an Ort und Stelle im Seeschifffahrtsverkehr).

UStG

§ 3g Ort der Lieferung von Gas, Elektrizität, Wärme oder Kälte[1]

1 (1) ① **Bei einer Lieferung von Gas über das Erdgasnetz, von Elektrizität oder von Wärme oder Kälte über Wärme- oder Kältenetze an einen Unternehmer, dessen Haupttätigkeit in Bezug auf den Erwerb dieser Gegenstände in deren Lieferung besteht und dessen eigener Verbrauch dieser Gegenstände von untergeordneter Bedeutung ist, gilt als Ort dieser Lieferung der Ort, an dem der Abnehmer sein Unternehmen betreibt.** ② **Wird die Lieferung an die Betriebsstätte eines Unternehmers im Sinne des Satzes 1 ausgeführt, so ist stattdessen der Ort der Betriebsstätte maßgebend.**

2 (2) ① **Bei einer Lieferung von Gas über das Erdgasnetz, von Elektrizität oder von Wärme oder Kälte über Wärme- oder Kältenetze an andere als die in Absatz 1 bezeichneten Abnehmer gilt als Ort der Lieferung der Ort, an dem der Abnehmer die Gegenstände tatsächlich nutzt oder verbraucht.** ② **Soweit die Gegenstände von diesem Abnehmer nicht tatsächlich genutzt oder verbraucht werden, gelten sie als an dem Ort genutzt oder verbraucht, an dem der Abnehmer seinen Sitz, eine Betriebsstätte, an die die Gegenstände geliefert werden, oder seinen Wohnsitz hat.**

3 (3) **Auf Gegenstände, deren Lieferungsort sich nach Absatz 1 oder Absatz 2 bestimmt, sind die Vorschriften des § 1a Abs. 2 und § 3 Abs. 1a nicht anzuwenden.**

Hinweis auf EU-Vorschriften:

UStG:	§ 3g Abs. 1	**MwStSystRL:**	Art. 38, 195
	§ 3g Abs. 2		Art. 39, 195
	§ 3g Abs. 3		Art. 17 Abs. 2 (d)

Zu § 3g UStG

UStAE 3g.1

3g.1 Ort der Lieferung von Gas oder Elektrizität[2]

Allgemeines

11 (1) ① § 3g UStG ist in Bezug auf Gas für alle Druckstufen und in Bezug auf Elektrizität für alle Spannungsstufen anzuwenden. ② Bezüglich der Lieferung von Gas ist die Anwendung auf Lieferungen über das Erdgasnetz beschränkt und findet z. B. keine Anwendung auf den Verkauf von Gas in Flaschen oder die Befüllung von Gastanks mittels Tanklastzügen. ③ Zum Erdgasnetz gehören auch die Erdgasspeicheranlagen, deren Zugang ausschließlich über eine Erdgasleitung erfolgt, die fest und dauerhaft an das Erdgasverteil- bzw. Erdgasübertragungsnetz angeschlossen ist. ④ Zur Steuerbarkeit von Umsätzen im Zusammenhang mit der Abgabe von Energie durch einen Netzbetreiber vgl. Abschnitt 1.7.

Wiederverkäufer

12 (2) ① Bei der Lieferung von Gas über das Erdgasnetz oder Elektrizität ist danach zu unterscheiden, ob diese Lieferung an einen Unternehmer, dessen Haupttätigkeit in Bezug auf den Erwerb dieser Gegenstände in deren Lieferung besteht und dessen eigener Verbrauch dieser Gegenstände von untergeordneter Bedeutung ist (sog. Wiederverkäufer von Gas oder Elektrizität) oder an einen anderen Abnehmer erfolgt. ② Die Haupttätigkeit des Unternehmers in Bezug auf den Erwerb von Gas über das Erdgasverteilungsnetz oder von Elektrizität besteht dann in deren Lieferung, d. h. im Wiederverkauf dieser Gegenstände, wenn der Unternehmer mehr als die Hälfte der von ihm erworbenen Menge weiterveräußert. ③ Lieferungen von Elektrizität, die als Nebenleistung erfolgen (vgl. Abschnitt 4.12.1 Abs. 5 Satz 3), gelten nicht als weiterveräußert in diesem Sinne. ④ Zur Wiederverkäufereigenschaft eines Betreibers von dezentralen Stromgewinnungsanlagen vgl. Abschnitt 2.5 Abs. 3. ⑤ Der eigene Gas- bzw. Elektrizitätsverbrauch des Unternehmers ist von untergeordneter Bedeutung, wenn nicht mehr als 5% der erworbenen Menge zu eigenen (unternehmerischen sowie nichtunternehmerischen) Zwecken verwendet wird. ⑥ Die Bereiche „Gas" und „Elektrizität" sind dabei getrennt, jedoch für das gesamte Unternehmen im Sinne des § 2 UStG zu beurteilen. ⑦ In der Folge werden grenzüberschreitende Leistungen zwischen Unternehmensteilen, die als nicht steuerbare Innenumsätze zu behandeln sind und die nach § 3g Abs. 3 UStG auch keinen Verbringungstatbestand erfüllen, in diese Betrachtung einbezogen. ⑧ Außerdem ist damit ein Unternehmer, der z. B. nur im Bereich „Elektrizität" mehr als die Hälfte der von ihm erworbenen Menge weiterveräußert und nicht mehr als 5% zu eigenen Zwecken verwendet, diese Voraussetzungen aber für den Bereich „Gas" nicht erfüllt, nur für Lieferungen an ihn im Bereich „Elektrizität" als Wiederverkäufer anzusehen.

13 (3) ① Maßgeblich sind die Verhältnisse im vorangegangenen Kalenderjahr. ② Verwendet der Unternehmer zwar mehr als 5%, jedoch nicht mehr als 10% der erworbenen Menge an Gas oder

[1] Zu § 3g: Hinweis auf A 1.7 UStAE (Lieferung), § 3a Abs. 4 Nr. 14/A 3a.13 UStAE (Ort der sonstigen Leistung), § 5 Abs. 1 Nr. 6 (EUSt-Befreiung), § 13b Abs. 2 Nr. 5/A 13b.1 Abs. 2 Satz 1 Nr. 7 UStAE (Steuerschuldnerschaft).
[2] Physische Stromeinspeisung vgl. A 2.5 Abs. 1 UStAE.

Elektrizität zu eigenen Zwecken, ist weiterhin von einer untergeordneten Bedeutung auszugehen, wenn die im Mittel der vorangegangenen drei Jahre zu eigenen Zwecken verbrauchte Menge 5% der in diesem Zeitraum erworbenen Menge nicht überschritten hat. ③ Im Unternehmen selbst erzeugte Mengen bleiben bei der Beurteilung unberücksichtigt. ④ Ob die selbst erzeugte Menge veräußert oder zum eigenen Verbrauch im Unternehmen verwendet wird, ist daher unbeachtlich. ⑤ Ebenso ist die veräußerte Energiemenge, die selbst erzeugt wurde, hinsichtlich der Beurteilung der Wiederverkäufereigenschaft aus der Gesamtmenge der veräußerten Energie auszuscheiden; auch sie beeinflusst die nach Absatz 2 Sätze 1 und 2 einzuhaltenden Grenzwerte nicht. ⑥ Sowohl hinsichtlich der erworbenen als auch hinsichtlich der veräußerten Menge an Energie ist wegen der Betrachtung des gesamten Unternehmens darauf abzustellen, ob die Energie von einem anderen Unternehmen erworben bzw. an ein anderes Unternehmen veräußert worden ist. ⑦ Netzverluste bleiben bei der Ermittlung der Menge der zu eigenen Zwecken verwendeten Energie außer Betracht. ⑧ Anderer Abnehmer ist ein Abnehmer, der nicht Wiederverkäufer ist.

Ort der Lieferung von Gas oder Elektrizität

(4) ① Bei der Lieferung von Gas oder Elektrizität an einen Wiederverkäufer gilt entweder der Ort, von dem aus dieser sein Unternehmen betreibt, oder – wenn die Lieferung an eine Betriebsstätte des Wiederverkäufers ausgeführt wird – der Ort dieser Betriebsstätte als Ort der Lieferung. ② Eine Lieferung erfolgt an eine Betriebsstätte, wenn sie ausschließlich oder überwiegend für diese bestimmt ist; Abschnitt 3a.2 Abs. 4 gilt sinngemäß. ③ Dementsprechend ist auf die Bestellung durch und die Abrechnung für Rechnung der Betriebsstätte abzustellen. ④ Es kommt nicht darauf an, wie und wo der Wiederverkäufer die gelieferten Gegenstände tatsächlich verwendet. ⑤ Somit gilt diese Regelung auch für die für den eigenen Verbrauch des Wiederverkäufers gelieferte Menge. ⑥ Dies ist insbesondere von Bedeutung bei der Verwendung für eigene Zwecke in eigenen ausländischen Betriebsstätten und ausländischen Betriebsstätten des Organträgers; auch insoweit verbleibt es bei der Besteuerung im Sitzstaat, soweit nicht unmittelbar an die ausländische Betriebsstätte geliefert wird. **14**

(5) ① Bei der Lieferung von Gas oder Elektrizität an einen anderen Abnehmer wird grundsätzlich auf den Ort des tatsächlichen Verbrauchs dieser Gegenstände abgestellt. ② Das ist regelmäßig der Ort, wo sich der Zähler des Abnehmers befindet. ③ Sollte der andere Abnehmer die an ihn gelieferten Gegenstände nicht tatsächlich verbrauchen (z. B. bei Weiterverkauf von Überkapazitäten), wird insoweit für die Lieferung an diesen Abnehmer der Verbrauch nach § 3g Abs. 2 Satz 2 UStG dort fingiert, wo dieser sein Unternehmen betreibt oder eine Betriebsstätte hat, an die die Gegenstände geliefert werden. ④ Im Ergebnis führt dies dazu, dass im Falle des Weiterverkaufs von Gas über das Erdgasnetz oder Elektrizität für den Erwerb dieser Gegenstände stets das Empfängerortprinzip gilt. ⑤ Da Gas und Elektrizität allenfalls in begrenztem Umfang gespeichert werden, steht regelmäßig bereits bei Abnahme von Gas über das Erdgasnetz oder Elektrizität fest, in welchem Umfang ein Wiederverkauf erfolgt. **15**

Innergemeinschaftlicher Erwerb, innergemeinschaftliches Verbringen sowie Einfuhr von Gas oder Elektrizität

(6) ① Durch die spezielle Ortsregelung für die Lieferung von Gas über das Erdgasnetz oder Elektrizität wird klargestellt, dass Lieferungen dieser Gegenstände keine bewegten Lieferungen sind. ② Daraus folgt, dass weder eine Ausfuhrlieferung nach § 6 UStG noch eine innergemeinschaftliche Lieferung nach § 6a UStG vorliegen kann. ③ Bei Lieferungen von Gas über das Erdgasnetz und von Elektrizität unter den Bedingungen von § 3g Abs. 1 oder 2 UStG liegt weder ein innergemeinschaftliches Verbringen noch ein innergemeinschaftlicher Erwerb vor.[1] ④ Die Einfuhr von Gas über das Erdgasnetz oder von Elektrizität ist nach § 5 Abs. 1 Nr. 6 UStG steuerfrei. ⑤ § 3g UStG gilt auch im Verhältnis zum Drittlandsgebiet; die Anwendung von § 3 Abs. 8 UStG ist demgegenüber mangels Beförderung oder Versendung ausgeschlossen.[1] ⑥ Die Lieferung von Gas über das Erdgasnetz und von Elektrizität aus dem Drittlandsgebiet in das Inland ist damit im Inland steuerbar und steuerpflichtig; die Steuerschuldnerschaft des Leistungsempfängers unter den Voraussetzungen des § 13b Abs. 2 Nr. 5 Buchstabe a und Abs. 5 Satz 1 UStG ist zu beachten (vgl. Abschnitt 13b.1 Abs. 2 Nr. 7 Buchstabe a und Abschnitt 13b.3a Abs. 1). ⑦ Die Lieferung von Gas über das Erdgasnetz und von Elektrizität aus dem Inland in das Drittlandsgebiet ist eine im Inland nicht steuerbare Lieferung. **16**

---

[1] Entsprechend A 1 a.1 Abs. 1 Satz 7 bzw. 3.13 Abs. 3 UStAE.

UStG

Zweiter Abschnitt. Steuerbefreiungen und Steuervergütungen

§ 4 Steuerbefreiungen bei Lieferungen und sonstigen Leistungen[1]

Von den unter § 1 Abs. 1 Nr. 1 fallenden Umsätzen sind steuerfrei:

1. a) die Ausfuhrlieferungen (§ 6) und die Lohnveredelungen an Gegenständen der Ausfuhr (§ 7), 1

b)[2] die innergemeinschaftlichen Lieferungen (§ 6 a); dies gilt nicht, wenn der Unternehmer seiner Pflicht zur Abgabe der Zusammenfassenden Meldung (§ 18 a) nicht nachgekommen ist oder soweit er diese im Hinblick auf die jeweilige Lieferung unrichtig oder unvollständig abgegeben hat. ② § 18 a Absatz 10 bleibt unberührt;[3] 2

Hinweis auf EU-Vorschriften:

UStG:	§ 4 Nr. 1 (a)	**MwStSystRL:**	Art. 146 Abs. 1 (a), (b), (d)
	§ 4 Nr. 1 (b)		Art. 138

Zu § 4 Nr. 1 UStG (§§ 8 bis 17 c UStDV)

UStAE 4.1.1

4.1.1 Ausfuhrlieferungen und Lohnveredelungen an Gegenständen der Ausfuhr

Auf die Abschnitte 6.1 bis 6.12 und 7.1 bis 7.4 wird hingewiesen.

UStAE 4.1.2

4.1.2 Innergemeinschaftliche Lieferungen

Allgemeines

(1) Auf die Abschnitte 6 a.1 bis 6 a.8 wird hingewiesen. 3

Zusammenfassende Meldung – Allgemeines

(2)[4] ① Gemäß § 4 Nr. 1 Buchstabe b UStG ist die Steuerfreiheit der innergemeinschaftlichen Lieferung davon abhängig, dass der Unternehmer seiner gesetzlichen Pflicht zur Abgabe einer Zusammenfassenden Meldung (ZM) gemäß § 18 a UStG nachkommt und diese im Hinblick auf die jeweilige Lieferung richtig und vollständig ist. ② Gibt der Unternehmer die ZM für den betreffenden Meldezeitraum nicht, unrichtig oder unvollständig ab, erfüllt er die Voraussetzung für die Steuerbefreiung nicht. ③ Die Feststellung, dass die Voraussetzungen nicht erfüllt sind, kann immer erst nachträglich getroffen werden, da die Abgabe einer ZM zu einer innergemeinschaftlichen Lieferung immer erst später, nämlich bis zum 25. Tag nach Ablauf des jeweiligen Meldezeitraums erfolgt. ④ § 18 a Abs. 8 UStG ist entsprechend zu berücksichtigen. 4

Zusammenfassende Meldung – Berichtigung und verspätete Abgabe[4]

(3)[4] ① Die Pflicht zur Berichtigung einer fehlerhaften ZM nach § 18 a Abs. 10 UStG bleibt vom Vorliegen der Voraussetzungen gemäß § 4 Nr. 1 Buchstabe b UStG unberührt. ② Eine fehlerhafte ZM ist gemäß § 18 a Abs. 10 UStG innerhalb eines Monats zu berichtigen, wenn der Unternehmer nachträglich erkennt, dass die von ihm abgegebene ZM unrichtig oder unvollständig ist. ③ Auf § 18 a Abs. 7 Satz 2 UStG wird hingewiesen. ④ Die in § 18 a Abs. 10 UStG normierte Frist dient ausschließlich den Zwecken der Durchführung eines ordnungsgemäßen innergemeinschaftlichen Kontrollverfahrens sowie eines etwaigen Bußgeldverfahrens (§ 26 a Abs. 2 Nr. 5 UStG). ⑤ Die Verpflichtung zur Abgabe einer richtigen und vollständigen ZM für Zwecke der Steuerbefreiung nach § 4 Nr. 1 Buchstabe b UStG besteht auch über die in § 18 a Abs. 10 UStG genannte Frist hinaus. ⑥ Berichtigt der Unternehmer die fehlerhafte ursprüngliche ZM für den Meldezeitraum nicht, ist die Steuerbefreiung für die betreffende Lieferung nachträglich zu versagen. ⑦ Eine Berichtigung von Fehlern in einer anderen ZM als der ursprünglichen, führt zu keinem Aufleben der Steuerfreiheit für die betreffende Lieferung. ⑧ Wird eine nicht fristgerecht abgegebene ZM erstmalig für den betreffenden Meldezeitraum richtig und vollständig abgegeben, liegen in diesem Zeitpunkt erstmals die materiell-rechtlichen Voraus- 5

---

[1] § 4 Nrn. 1 bis 29 sind zusammenhängend vorne in der Geschlossenen Wiedergabe des UStG abgedruckt.
[2] Steuerbefreiung beim **innergemeinschaftlichen Erwerb von Gegenständen** vgl. § 4 b UStG.
[3] Zur Fassung von § 4 Nr. 1 Buchst. b ab 1. 1. 2023 siehe in der geschlossenen Wiedergabe.
[4] A 4.1.2 UStAE Abs. 2 Sätze 2 und 3 neugefasst, Satz 4 angefügt, Zwischenüberschrift geändert, Abs. 3 Satz 1 neugefasst, neue Sätze 4 und 5 eingefügt, bish. Sätze 4 und 5 werden Sätze 6 und 7, neuer Satz 6 neugefasst, Sätze 8 bis 10 angefügt, bish. Beispiel wird Beispiel 1 und neugefasst, Beispiel 2 angefügt durch BMF v. 20. 5. 2022 (BStBl. I S. 738), anzuwenden auf nach dem 31. 12. 2019 bewirkte innergemeinschaftliche Lieferungen.

setzungen für die Steuerbefreiung vor und diese ist bei Vorliegen der weiteren Voraussetzungen zu gewähren. ⑨ Die erstmalige Abgabe einer ZM und die Berichtigung einer fehlerhaften ZM durch den Unternehmer innerhalb der Festsetzungsfrist entfalten für Zwecke der Steuerbefreiung Rückwirkung. ⑩ Die rückwirkende Gewährung der Steuerbefreiung im Veranlagungsverfahren schließt ein Bußgeldverfahren des BZSt nach § 26 a Abs. 2 Nr. 5 UStG nicht aus.

Beispiel 1:

① Der in Deutschland ansässige Unternehmer U liefert an einen französischen Kraftwerksbetreiber A am 10. 2. 01 eine Maschine im Wert von 50 000 €. ② Die Rechnungsstellung erfolgt ebenfalls am 10. 2. 01. ③ A hat gegenüber U seine französische USt-IdNr. bei Auftragserteilung verwendet. ④ In der ZM für Februar 01 gibt U versehentlich durch einen fehlerhaften Abgleich im Buchhaltungssystem an, Gegenstände im Wert von 5000 € an A geliefert zu haben. ⑤ U entdeckt den Fehler zufällig am 10. 6. 01 und meldet in der ZM Juni 01, die er am 5. 7. 01 an das BZSt übermittelt, dass er an A Waren im Wert von 45 000 € geliefert hat. ⑥ Zwar liegen die übrigen Voraussetzungen für eine steuerfreie innergemeinschaftliche Lieferung vor, allerdings hat U für Februar 01 eine unrichtige ZM in Bezug auf die Lieferung an A abgegeben. ⑦ Da er den Fehler nicht in der ursprünglichen ZM für Februar 01 berichtigt hat, sondern in der ZM für Juni 01, ist die Steuerfreiheit insgesamt zu versagen. ⑧ Würde U sowohl die ZM für Februar 01 als auch für Juni 01 berichtigen, wäre die Steuerbefreiung für die Lieferung an A rückwirkend zu gewähren, sofern die entsprechenden Steuerfestsetzungen noch änderbar sind.

Beispiel 2:

① Der in Deutschland ansässige Unternehmer U liefert an einen französischen Kraftwerksbetreiber A am 10. 2. 01 eine Maschine im Wert von 50 000 €. ② Die Rechnungsstellung erfolgt ebenfalls am 10. 2. 01. ③ A hat gegenüber U seine französische USt-IdNr. bei Auftragserteilung verwendet. ④ U gibt nach Ablauf des Meldezeitraums für Februar 01 keine ZM ab. ⑤ Damit liegen nicht alle materiell-rechtlichen Voraussetzungen für die Steuerbefreiung einer innergemeinschaftlichen Lieferung vor. ⑥ Die Steuerbefreiung ist für diese Lieferung zu versagen. ⑦ Gibt U die ZM für Februar 01 nach Ablauf der Abgabefrist noch richtig und vollständig ab, liegen die Voraussetzungen für die Steuerbefreiung im Zeitpunkt der verspäteten Abgabe erstmals vor und die Steuerbefreiung für die Lieferung an A ist rückwirkend zu gewähren, sofern die entsprechende Steuerfestsetzung noch änderbar ist.

UStG

§ 4 (Forts.)

Von den unter § 1 Abs. 1 Nr. 1 fallenden Umsätzen sind steuerfrei:

...

1 **2. die Umsätze für die Seeschiffahrt und für die Luftfahrt (§ 8);**

Hinweis auf EU-Vorschriften:

UStG: § 4 Nr. 2 .... **MwStSystRL:** Art. 148

Zu § 4 Nr. 2 UStG (§ 18 UStDV)

UStAE 4.2.1

4.2.1 Umsätze für die Seeschiffahrt und für die Luftfahrt

2 Auf die Abschnitte 8.1 bis 8.3 wird hingewiesen.

UStG

§ 4 (Forts.)

Von den unter § 1 Abs. 1 Nr. 1 fallenden Umsätzen sind steuerfrei:

...

3. die folgenden sonstigen Leistungen:

1 **a) die grenzüberschreitenden Beförderungen von Gegenständen, die Beförderungen im internationalen Eisenbahnfrachtverkehr und andere sonstige Leistungen, wenn sich die Leistungen**

aa) unmittelbar auf Gegenstände der Ausfuhr beziehen oder auf eingeführte Gegenstände beziehen, die im externen Versandverfahren in das Drittlandsgebiet befördert werden, oder

bb) auf Gegenstände der Einfuhr in das Gebiet eines Mitgliedstaates der Europäischen Union beziehen und die Kosten für die Leistungen in der Bemessungsgrundlage für diese Einfuhr enthalten sind. ② Nicht befreit sind die Beförderungen der in § 1 Abs. 3 Nr. 4 Buchstabe a bezeichneten Gegenstände aus einem Freihafen in das Inland,

2 **b) die Beförderungen von Gegenständen nach und von den Inseln, die die autonomen Regionen Azoren und Madeira bilden,**

3 **c) sonstige Leistungen, die sich unmittelbar auf eingeführte Gegenstände beziehen, für die zollamtlich eine vorübergehende Verwendung in den in § 1 Abs. 1 Nr. 4 bezeichneten Gebieten bewilligt worden ist, wenn der Leistungsempfänger ein ausländischer Auftraggeber (§ 7 Abs. 2) ist. ② Dies gilt nicht für sonstige Leistungen, die sich auf Beförderungsmittel, Paletten und Container beziehen.**

② Die Vorschrift gilt nicht für die in den Nummern 8, 10 und 11 bezeichneten Umsätze und für die Bearbeitung oder Verarbeitung eines Gegenstands einschließlich der Werkleistung im Sinne des § 3 Abs. 10. ③ Die Voraussetzungen der Steuerbefreiung müssen vom Unternehmer nachgewiesen sein. ④ Das Bundesministerium

der Finanzen kann mit Zustimmung des Bundesrates durch Rechtsverordnung bestimmen, wie der Unternehmer den Nachweis zu führen hat;

Hinweis auf EU-Vorschriften:

UStG:		MwStSystRL:	
	§ 4 Nr. 3 S. 1 (a)		Art. 146 Abs. 1 (e), 144/**MwStVO:** Art. 46
	§ 4 Nr. 3 S. 1 (b)		Art. 142
	§ 4 Nr. 3 S. 1 (c)		Art. 146 Abs. 1 (e)
	§ 4 Nr. 3 S. 3 u. 4		At. 131, 145 Abs. 2 UA 2 u. 3

Übersicht zu § 4 Nr. 3

§§ 8–17 *[siehe zu § 6 UStG/A 6.5ff. bzw. 6.11 UStAE]* UStDV

§§ 17a–17c *[siehe zu § 6a UStG]*

§ 18 *[siehe zu § 8 UStG/A 8.3 UStAE]*

§ 19 *(weggefallen)*

§ 20 ***Belegmäßiger Nachweis bei steuerfreien Leistungen, die sich auf Gegenstände der Ausfuhr oder Einfuhr beziehen***

(1)[1] *① Bei einer Leistung, die sich unmittelbar auf einen Gegenstand der Ausfuhr bezieht oder auf einen eingeführten Gegenstand bezieht, der im externen Versandverfahren in das Drittlandsgebiet befördert wird (§ 4 Nr. 3 Satz 1 Buchstabe a Doppelbuchstabe aa des Gesetzes), muss der Unternehmer durch Belege die Ausfuhr oder Wiederausfuhr des Gegenstands nachweisen. ② Die Voraussetzung muss sich aus den Belegen eindeutig und leicht nachprüfbar ergeben. ③ Die Vorschriften über den Ausfuhrnachweis in den §§ 9 bis 11 sind entsprechend anzuwenden.* **9**

(2)[1] *Bei einer Leistung, die sich auf einen Gegenstand der Einfuhr in das Gebiet eines Mitgliedstaates der Europäischen Union bezieht (§ 4 Nr. 3 Satz 1 Buchstabe a Doppelbuchstabe bb des Gesetzes), muss der Unternehmer durch Belege nachweisen, dass die Kosten für diese Leistung in der Bemessungsgrundlage für die Einfuhr enthalten sind.*

(3)[1] *Der Unternehmer muss die Nachweise im Geltungsbereich des Gesetzes führen.*

§ 21[1] ***Buchmäßiger Nachweis bei steuerfreien Leistungen, die sich auf Gegenstände der Ausfuhr oder Einfuhr beziehen***

① Bei einer Leistung, die sich auf einen Gegenstand der Ausfuhr, auf einen Gegenstand der Einfuhr in das Gebiet eines Mitgliedstaates der Europäischen Union oder auf einen eingeführten Gegenstand bezieht, der im externen Versandverfahren in das Drittlandsgebiet befördert wird (§ 4 Nr. 3 Satz 1 Buchstabe a des Gesetzes), ist § 13 Abs. 1 und Abs. 2 Nr. 1 bis 4 entsprechend anzuwenden. ② Zusätzlich soll der Unternehmer aufzeichnen: **10**

1. bei einer Leistung, die sich auf einen Gegenstand der Ausfuhr bezieht oder auf einen eingeführten Gegenstand bezieht, der im externen Versandverfahrens in das Drittlandsgebiet befördert wird, dass der Gegenstand ausgeführt oder wiederausgeführt worden ist;

[1] § 20 Abs. 1 Satz 1, § 20 Abs. 2 und § 21 Satz 1 redaktionell geändert durch JStG 2009 vom 19. 12. 2008 (BGBl. I S. 2794) mWv 25. 12. 2008; § 20 Abs. 2 und § 21 Satz 1 und Satz 2 Nr. 2 geändert durch VO vom 11. 12. 2012 (BGBl. I S. 2637) mWv 20. 12. 2012; § 20 Abs. 3 geändert durch VO vom 22. 12. 2014 (BGBl. I S. 2392) mWv 30. 12. 2014.

2. bei einer Leistung, die sich auf einen Gegenstand der Einfuhr in das Gebiet eines Mitgliedstaates der Europäischen Union bezieht, dass die Kosten für die Leistung in der Bemessungsgrundlage für die Einfuhr enthalten sind.

Zu § 4 Nr. 3 UStG (§§ 19–21 UStDV)

UStAE 4.3.1

4.3.1 Allgemeines

11 (1) ①Die Steuerbefreiung nach § 4 Nr. 3 UStG setzt voraus, dass die in der Vorschrift bezeichneten Leistungen umsatzsteuerrechtlich selbständig zu beurteilende Leistungen sind. ②Ist eine Leistung nur eine unselbständige Nebenleistung zu einer Hauptleistung, teilt sie deren umsatzsteuerrechtliches Schicksal (vgl. Abschnitt 3.10 Abs. 5). ③Vortransporte zu sich anschließenden Luftbeförderungen sind keine unselbständigen Nebenleistungen. ④Hingegen ist die Beförderung im Eisenbahngepäckverkehr als unselbständige Nebenleistung zur Personenbeförderung anzusehen. ⑤Zum Eisenbahngepäckverkehr zählt auch der „Auto-im-Reisezugverkehr".

12 (2) Das Finanzamt kann die Unternehmer von der Verpflichtung befreien, die Entgelte für Leistungen, die nach § 4 Nr. 3 UStG steuerfrei sind, und die Entgelte für nicht steuerbare Umsätze, z. B. für Beförderungen im Ausland, getrennt aufzuzeichnen (vgl. Abschnitt 22.6 Abs. 18 und 19).

UStAE 4.3.2

4.3.2 Grenzüberschreitende Güterbeförderungen

21 (1) ①Eine grenzüberschreitende Beförderung von Gegenständen, die im Zusammenhang mit einer Ausfuhr, einer Durchfuhr oder einer Einfuhr steht, ist unter den Voraussetzungen des § 4 Nr. 3 Satz 1 Buchstabe a und Sätze 2 bis 4 UStG steuerfrei (vgl. Abschnitte 4.3.3 und 4.3.4). ②Sie liegt vor, wenn sich eine Güterbeförderung sowohl auf das Inland als auch auf das Ausland erstreckt (§ 3b Abs. 1 Satz 4 UStG). ③Zu den grenzüberschreitenden Beförderungen im Allgemeinen vgl. Abschnitt 3b.1. ④Grenzüberschreitende Beförderungen sind grundsätzlich auch die Beförderungen aus einem Freihafen in das Inland oder vom Inland in einen Freihafen (§ 1 Abs. 2 UStG); Güterbeförderungen vom Inland in einen Freihafen sind jedoch nicht nach § 4 Nr. 3 Buchstabe a Doppelbuchstabe aa UStG als grenzüberschreitende Beförderungen, die sich unmittelbar auf Gegenstände der Ausfuhr beziehen, steuerfrei, wenn der Beförderungsunternehmer nicht das nach der Weiterverschiffung der Güter vorgesehene Transportziel im Drittlandsgebiet nachweisen kann, auch wenn das Transportziel des Güterbeförderungsunternehmers (Freihafen) selbst – zumindest nach den Regelungen des nationalen Rechts – nach § 1 Abs. 2 Satz 1 in Verbindung mit Abs. 2a Satz 1 UStG als Drittlandsgebiet gilt. ⑤Wird ein Gegenstand im Zusammenhang mit einer Ausfuhr oder einer Einfuhr grenzüberschreitend befördert und ist der Leistungsort für diese Leistung unter Anwendung von § 3a Abs. 2 UStG im Inland, ist dieser Umsatz unter den weiteren Voraussetzungen des § 4 Nr. 3 UStG steuerfrei (§ 4 Nr. 3 Satz 1 Buchstabe a UStG), auch wenn bei dieser Beförderung das Inland nicht berührt wird.

22 (2) ①Beförderungen im internationalen Eisenbahnfrachtverkehr sind Güterbeförderungen, auf die die „Einheitlichen Rechtsvorschriften für den Vertrag über die internationale Eisenbahnbeförderung von Gütern (CIM)" anzuwenden sind. ②Die Rechtsvorschriften sind im Anhang B des Übereinkommens über den internationalen Eisenbahnverkehr (COTIF) vom 9. 5. 1980 (BGBl. 1985 II S. 225), geändert durch Protokoll vom 3. 6. 1999 (BGBl. 2002 II S. 2221), enthalten. ③Sie finden auf Sendungen von Gütern Anwendung, die mit durchgehendem Frachtbrief zur Beförderung auf einem Schienenwege aufgegeben werden, der das Inland und mindestens einen Nachbarstaat berührt.

23 (3) ①Für die Befreiung nach § 4 Nr. 3 Satz 1 Buchstabe a UStG ist es unerheblich, auf welche Weise die Beförderungen durchgeführt werden, z. B. mit Kraftfahrzeugen, Luftfahrzeugen, Eisenbahnen, Seeschiffen, Binnenschiffen oder durch Rohrleitungen. ②Auf Grund der Definition des Beförderungsbegriffs in § 3 Abs. 6 Satz 2 UStG sind auch das Schleppen und Schieben stets als Beförderung anzusehen.

24 (4)[1] ①Ein Frachtführer, der die Beförderung von Gegenständen übernommen hat, bewirkt auch dann eine Beförderungsleistung, wenn er die Beförderung nicht selbst ausführt, sondern sie von einem oder mehreren anderen Frachtführern (Unterfrachtführern) ausführen lässt. ②In diesen Fällen hat er die Stellung eines Hauptfrachtführers, für den der oder die Unterfrachtführer ebenfalls Beförderungsleistungen bewirken. ③Beförderungsleistungen können grenzüberschreitend sein. ④Die Beförderungsleistungen des Hauptfrachtführers sowie der Unterfrachtführer, deren Leistungen sich sowohl auf das Inland als auch auf das Ausland erstrecken, sind grenzüberschreitend. ⑤Zur Anwendung der Steuerbefreiung bei grenzüberschreitenden Beförderungen und anderen Leistungen, die sich unmittelbar auf Gegenstände der Ausfuhr oder Durchfuhr be-

[1] A 4.3.2 UStAE Abs. 4 Satz 5 neugefasst und Satz 6 aufgehoben durch BMF v. 27. 9. 2021 (BStBl. I S. 1810), anzuwenden für nach dem 31. 12. 2021 ausgeführte Umsätze.

ziehen (§ 4 Nr. 3 Satz 1 Buchstabe a Doppelbuchstabe aa UStG), in Haupt- und Unterfrachtführerkonstellationen vgl. Abschnitt 4.3.4 Abs. 3.

(5) ① Spediteure sind in den Fällen des Selbsteintritts der Spedition zu festen Kosten – Übernahmesätzen – sowie des Sammelladungsverkehrs umsatzsteuerrechtlich als Beförderer anzusehen. ② Der Fall eines Selbsteintritts liegt vor, wenn der Spediteur die Beförderung selbst ausführt (§ 458 HGB). ③ Im Fall der Spedition zu festen Kosten – Übernahmesätzen – hat sich der Spediteur mit dem Auftraggeber über einen bestimmten Satz der Beförderungskosten geeinigt (§ 459 HGB). ④ Der Fall eines Sammelladungsverkehrs ist gegeben, wenn der Spediteur die Versendung des Gegenstands zusammen mit den Gegenständen anderer Auftraggeber bewirkt, und zwar auf Grund eines für seine Rechnung über eine Sammelladung geschlossenen Frachtvertrags (§ 460 HGB). **25**

(6) ① Im Güterfernverkehr mit Kraftfahrzeugen ist verkehrsrechtlich davon auszugehen, dass den Frachtbriefen jeweils besondere Beförderungsverträge zu Grunde liegen und dass es sich bei der Durchführung dieser Verträge jeweils um selbständige Beförderungsleistungen handelt. ② Dementsprechend ist auch umsatzsteuerrechtlich jede frachtbriefmäßig gesondert behandelte Beförderung als selbständige Beförderungsleistung anzusehen. **26**

Anl a zu 4.3.2

a) Schreiben betr. Steuerbefreiung der Umsätze nach § 4 Nr. 3 Buchst. a UStG (Abschn. 4.3.2 Abs. 4 UStAE); EuGH-Urteil vom 29. Juni 2017, C-288/16, L. C.

Vom 6. Februar 2020 (BStBl. I S. 235)

(BMF III C 3 – S 7156/19/10002 :001; DOK 2020/0057950)

Der EuGH hat mit Urteil vom 29. Juni 2017, C-288/16, L. C., entschieden, dass die in Art. 146 Abs. 1 Buchst. e der Richtlinie 2006/112/EG enthaltene Steuerbefreiung unter den Umständen des Ausgangsverfahrens auf eine Dienstleistung betreffend einen Umsatz in Form der Beförderung von Gegenständen in einen Drittstaat nicht zur Anwendung kommt, wenn die betreffenden Dienste nicht unmittelbar an den Versender oder den Empfänger dieser Gegenstände geleistet werden. Die Steuerbefreiung für Beförderungsleistungen im Rahmen der grenzüberschreitenden Güterbeförderung im Sinne des Umsatzsteuergesetzes kann demnach nur gewährt werden, wenn der Frachtführer diese unmittelbar an den Absender oder den Empfänger der Gegenstände erbringt. **27**

[Änderungen des Umsatzsteuer-Anwendungserlasses in A 4.3.2 und A 4.3.4 UStAE berücksichtigt]

Anwendung

Die Grundsätze dieses Schreibens sind auf alle offenen Fälle anzuwenden. Für **vor dem 1. Januar 2022**[1] ausgeführte Umsätze (§ 4 Nr. 3 Buchst. a UStG) wird es jedoch nicht beanstandet, wenn die bisher geltende Rechtslage zu Abschn. 4.3.2 Abs. 4 UStAE angewendet wird.

Anl b zu 4.3.2

b) Schreiben betr. Steuerbefreiung der Umsätze nach § 4 Nr. 3 Buchst. a UStG (Abschn. 4.3.2 Abs. 4 UStAE); EuGH-Urteil vom 29. Juni 2017, C-288/16, L. C.

Vom 27. September 2021 (BStBl. I S. 1810)

(BMF III C 3 – S 7156/19/10 002:006; DOK 2021/1008637)

I.

Mit BMF-Schreiben v. 6. Februar 2020 – III C 3 – S 7156/19/10 002 :001 (2020/0 057 950), BStBl. I S. 235 wurde der Umsatzsteuer-Anwendungserlass an das EuGH-Urteil v. 29. Juni 2017, C-288/16, L. C. dahingehend angepasst, dass Abschnitt 4.3.2 Abs. 4 UStAE um den Hinweis erweitert wurde, dass die Steuerbefreiung gemäß § 4 Nr. 3 Buchst. a Doppelbuchst. aa UStG grundsätzlich nur für die Leistungen des Hauptfrachtführers, nicht aber für Leistungen der Unterfrachtführer in Betracht kommt. Voraussetzung für die Steuerbefreiung ist, dass die grenzüberschreitende Beförderung oder andere sonstige Leistung unmittelbar an den Versender oder den Empfänger dieser Gegenstände geleistet wird. **28**

In der Praxis sind Zweifelsfragen zur Person des Versenders im Zusammenhang mit dem EuGH-Urteil sowie Schwierigkeiten bei der Umsetzung, insbesondere bei programmgesteuerten Abläufen, aufgekommen. Um den Unternehmern mehr Zeit für die Umsetzung zu geben, wurde die im BMF-Schreiben v. 6. Februar 2020, BStBl. I S. 235, verankerte Nichtbeanstandungsregelung, wonach es für vor dem 1. Juli 2020 ausgeführte Umsätze nicht beanstandet wird, wenn die bisher geltende Rechtslage zu Abschnitt 4.3.2 Abs. 4 UStAE angewendet wird, bis zum 31. Dezember 2021 verlängert, vgl. BMF-Schreiben v. 14. Oktober 2020 – III C 3 – S 7156/19/10 002 :002 (2020/1035250), BStBl. I S. 1043. **29**

II.

[Änderungen des Umsatzsteuer-Anwendungserlasses in A 4.3.2 und A 4.3.4 UStAE berücksichtigt]

III.

Die Grundsätze dieses Schreibens sind für Umsätze anzuwenden, die nach dem 31. Dezember 2021 ausgeführt werden. **30**

---

[1] Übergangsregelung zuletzt verlängert durch BMF v. 14. 10. 2020 (BStBl. I S. 1043).

UStAE 4.3.3

4.3.3 Grenzüberschreitende Güterbeförderungen und andere sonstige Leistungen, die sich auf Gegenstände der Einfuhr beziehen

31 (1) ①Die Steuerbefreiung nach § 4 Nr. 3 Satz 1 Buchstabe a Doppelbuchstabe bb UStG kommt insbesondere für folgende sonstige Leistungen in Betracht:

1. für grenzüberschreitende Güterbeförderungen und Beförderungen im internationalen Eisenbahnfrachtverkehr (vgl. Abschnitt 4.3.2) bis zum ersten Bestimmungsort in der Gemeinschaft (vgl. Absatz 8 Beispiel 1);
2. für Güterbeförderungen, die nach vorangegangener Beförderung nach Nr. 1 nach einem weiteren Bestimmungsort in der Gemeinschaft durchgeführt werden, z. B. Beförderungen auf Grund einer nachträglichen Verfügung oder Beförderungen durch Rollfuhrunternehmer vom Flughafen, Binnenhafen oder Bahnhof zum Empfänger (vgl. Absatz 8 Beispiele 2 und 3);
3. für den Umschlag und die Lagerung von eingeführten Gegenständen (vgl. Absatz 8 Beispiele 1 bis 6);
4. für handelsübliche Nebenleistungen, die bei grenzüberschreitenden Güterbeförderungen oder bei den in den Nummern 2 und 3 bezeichneten Leistungen vorkommen, z. B. Wiegen, Messen, Probeziehen oder Anmelden zur Abfertigung zum freien Verkehr;
5. für die Besorgung der in den Nummern 1 bis 4 bezeichneten Leistungen;
6. für Vermittlungsleistungen, für die die Steuerbefreiung nach § 4 Nr. 5 UStG nicht in Betracht kommt, z. B. für die Vermittlung von steuerpflichtigen Lieferungen, die von einem Importlager im Inland ausgeführt werden (vgl. Absatz 8 Beispiele 5 und 6).

②Die Steuerbefreiung setzt nicht voraus, dass die Leistungen an einen ausländischen Auftraggeber bewirkt werden. ③Die Leistungen sind steuerfrei, wenn sie sich auf Gegenstände der Einfuhr beziehen und soweit die Kosten für die Leistungen in der Bemessungsgrundlage für diese Einfuhr enthalten sind.

32 (2) ①Da die Steuerbefreiung für jede Leistung, die sich auf Gegenstände der Einfuhr bezieht, in Betracht kommen kann, braucht nicht geprüft zu werden, ob es sich um eine Beförderung, einen Umschlag oder eine Lagerung von Einfuhrgegenständen oder um handelsübliche Nebenleistungen dazu handelt. ②Voraussetzung für die Steuerbefreiung ist, dass die Kosten für die Leistungen in der Bemessungsgrundlage für die Einfuhr enthalten sind. ③Diese Voraussetzung ist in den Fällen erfüllt, in denen die Kosten einer Leistung nach § 11 Abs. 1 oder 2 und/oder 3 Nr. 3 und 4 UStG Teil der Bemessungsgrundlage für die Einfuhr geworden sind (vgl. Absatz 8 Beispiele 1, 2 und 4 bis 6). ④Dies ist auch bei Gegenständen der Fall, deren Einfuhr nach den für die Einfuhrbesteuerung geltenden Vorschriften befreit ist (z. B. Umzugs- oder Messegut).

33 (3) ①Der leistende Unternehmer hat im Geltungsbereich des UStG durch Belege nachzuweisen, dass die Kosten für die Leistung in der Bemessungsgrundlage für die Einfuhr enthalten sind (§ 20 Abs. 2 und 3 UStDV). ②Aus Vereinfachungsgründen wird jedoch bei Leistungen an ausländische Auftraggeber auf den Nachweis durch Belege verzichtet, wenn das Entgelt für die einzelne Leistung weniger als 100 € beträgt und sich aus der Gesamtheit der beim leistenden Unternehmer vorhandenen Unterlagen keine berechtigten Zweifel daran ergeben, dass die Kosten für die Leistung Teil der Bemessungsgrundlage für die Einfuhr sind.

34 (4) Als Belege für den in Absatz 3 bezeichneten Nachweis kommen in Betracht:

1. zollamtliche Belege, und zwar
   a) ①ein Stück der Zollanmeldung – auch ergänzende Zollanmeldung – mit der Festsetzung der Einfuhrabgaben und gegebenenfalls auch der Zollquittung. ②Diese Belege können als Nachweise insbesondere in den Fällen dienen, in denen der leistende Unternehmer, z. B. der Spediteur, selbst die Abfertigung der Gegenstände, auf die sich seine Leistung bezieht, zum freien Verkehr beantragt,
   b) ①ein Beleg mit einer Bestätigung der Zollstelle, dass die Kosten für die Leistung in die Bemessungsgrundlage für die Einfuhr einbezogen worden sind. ②Für diesen Beleg soll von den deutschen Zollstellen eine Bescheinigung nach vorgeschriebenem Muster verwendet werden. ③Die Zollstelle erteilt die vorbezeichnete Bestätigung auf Antrag, und zwar auch auf anderen im Beförderungs- und Speditionsgewerbe üblichen Papieren. ④Diese Papiere müssen jedoch alle Angaben enthalten, die das Muster vorsieht. ⑤Auf Absatz 8 Beispiele 2 und 4 bis 6 wird hingewiesen. ⑥Sind bei der Besteuerung der Einfuhr die Kosten für die Leistung des Unternehmers geschätzt worden, genügt es für den Nachweis, dass der geschätzte Betrag in den Belegen angegeben ist. ⑦Bescheinigungen entsprechenden Inhalts von Zollstellen anderer EU-Mitgliedstaaten sind ebenfalls anzuerkennen;
2. andere Belege
   ①In den Fällen, in denen die Kosten für eine Leistung nach § 11 Abs. 1 und 2 und/oder 3 Nr. 3 und 4 UStG Teil der Bemessungsgrundlage für die Einfuhr geworden sind, genügt der eindeutige Nachweis hierüber. ②Als Nachweisbelege kommen in diesen Fällen insbeson-

dere der schriftliche Speditionsauftrag, das im Speditionsgewerbe übliche Bordero, ein Doppel des Versandscheins, ein Doppel der Rechnung des Lieferers über die Lieferung der Gegenstände oder der vom Lieferer ausgestellte Lieferschein in Betracht (vgl. Absatz 8 Beispiele 1, 5 und 6). ③ Erfolgt die Beförderung und die Zollabfertigung durch verschiedene Beauftragte, wird als ausreichender Nachweis auch eine Bestätigung eines Verzollungsspediteurs auf einem der in Satz 2 genannten Belege anerkannt, wenn der Verzollungsspediteur in dieser eigenhändig unterschriebenen Bestätigung versichert, dass es sich bei den beförderten Gegenständen um Gegenstände der Einfuhr handelt, die zollamtlich abgefertigt wurden und die Beförderungskosten (des Beförderungsspediteurs) in der Bemessungsgrundlage für die Einfuhrumsatzsteuer enthalten sind. ④ Die Belege können auch auf elektronischem Weg übermittelt werden; bei einer elektronischen Übermittlung eines Belegs ist eine Unterschrift nicht erforderlich, sofern erkennbar ist, dass die elektronische Übermittlung im Verfügungsbereich des Ausstellers begonnen hat. ⑤ Abschnitt 6a.4 Abs. 3 Satz 2 und Abs. 6 ist entsprechend anzuwenden;

3. Fotokopien
   Fotokopien können nur in Verbindung mit anderen beim leistenden Unternehmer vorhandenen Belegen als ausreichend anerkannt werden, wenn sich aus der Gesamtheit der Belege keine ernsthaften Zweifel an der Erfassung der Kosten bei der Besteuerung der Einfuhr ergeben.

(5) ① Bei der Inanspruchnahme der Steuerbefreiung ist es aus Vereinfachungsgründen nicht zu beanstanden, wenn der Unternehmer den in § 20 Abs. 2 UStDV vorgeschriebenen Nachweis durch einen Beleg erbringt, aus dem sich eindeutig und leicht nachprüfbar ergibt, dass im Zeitpunkt seiner Leistungserbringung die Einfuhrumsatzsteuer noch nicht entstanden ist. ② Hierfür kommen beispielsweise die vom Lagerhalter im Rahmen der vorübergehenden Verwahrung oder eines bewilligten Zolllagerverfahrens zu führenden Bestandsaufzeichnungen sowie das im Seeverkehr übliche Konnossement in Betracht. ③ Im Übrigen ist Absatz 4 sinngemäß anzuwenden. **35**

(6) ① Ist bei einer Beförderung im Eisenbahnfrachtverkehr, die im Anschluss an eine grenzüberschreitende Beförderung oder Beförderung im internationalen Eisenbahnfrachtverkehr bewirkt wird, der Absender im Ausland außerhalb der Gebiete im Sinne des § 1 Abs. 3 UStG ansässig und werden die Beförderungskosten von diesem Absender bezahlt, kann der Nachweis über die Einbeziehung der Beförderungskosten in die Bemessungsgrundlage für die Einfuhr aus Vereinfachungsgründen durch folgende Bescheinigungen auf dem Frachtbrief erbracht werden: **36**

„Bescheinigungen für Umsatzsteuerzwecke

1. Bescheinigung des im Gemeinschaftsgebiet ansässigen Beauftragten des ausländischen Absenders
   Nach meinen Unterlagen handelt es sich um Gegenstände der Einfuhr. Die Beförderungskosten werden von

   ____
   (Name und Anschrift des ausländischen Absenders)

   bezahlt.

   ____________________ ____________________
   (Ort und Datum) (Unterschrift)

2. Bescheinigung der Zollstelle (zu Zollbeleg-Nr. …)
   Bei der Ermittlung der Bemessungsgrundlage für die Einfuhr (§ 11 UStG) wurden die Beförderungskosten bis

   ____
   (Bestimmungsort im Gemeinschaftsgebiet)

   entsprechend der Anmeldung erfasst.

   ____________________ ____________________
   (Ort und Datum) (Unterschrift und Dienststempel)“

② Der in der Bescheinigung Nummer 1 angegebene ausländische Absender muss der im Frachtbrief angegebene Absender sein. ③ Als Beauftragter des ausländischen Absenders kommt insbesondere ein im Gemeinschaftsgebiet ansässiger Unternehmer in Betracht, der im Namen und für Rechnung des ausländischen Absenders die Weiterbeförderung der eingeführten Gegenstände über Strecken, die ausschließlich im Gemeinschaftsgebiet gelegen sind, veranlasst. ④ Die Bescheinigung kann auch auf elektronischem Weg übermittelt werden; bei einer elektronischen Übermittlung der Bescheinigung ist eine Unterschrift nicht erforderlich, sofern erkennbar ist, dass die elektronische Übermittlung im Verfügungsbereich des Ausstellers begonnen hat. ⑤ Abschnitt 6a.4 Abs. 3 Satz 2 und Abs. 6 ist entsprechend anzuwenden.

(7) ① Bei grenzüberschreitenden Beförderungen von einem Drittland in das Gemeinschaftsgebiet werden die Kosten für die Beförderung der eingeführten Gegenstände bis zum ersten Bestimmungsort im Gemeinschaftsgebiet in die Bemessungsgrundlage für die Einfuhrumsatzsteuer **37**

UStAE 4.3.3

einbezogen (§ 11 Abs. 3 Nr. 3 UStG). ② Beförderungskosten zu einem weiteren Bestimmungsort im Gemeinschaftsgebiet sind ebenfalls einzubeziehen, sofern dieser weitere Bestimmungsort im Zeitpunkt des Entstehens der Einfuhrumsatzsteuer bereits feststeht (§ 11 Abs. 3 Nr. 4 UStG). ③ Dies gilt auch für die auf inländische oder innergemeinschaftliche Beförderungsleistungen und andere sonstige Leistungen entfallenden Kosten im Zusammenhang mit einer Einfuhr (vgl. Absatz 8 Beispiele 2 und 3).

38 (8) Beispiele zur Steuerbefreiung für sonstige Leistungen, die sich auf Gegenstände der Einfuhr beziehen und steuerbar sind:

Beispiel 1:

① Der Lieferer L mit Sitz in Lübeck liefert aus Norwegen kommende Gegenstände an den Abnehmer A in Mailand, und zwar „frei Bestimmungsort Mailand". ② Im Auftrag und für Rechnung des L werden die folgenden Leistungen bewirkt:

③ Der Reeder R befördert die Gegenstände bis Lübeck. ④ Die Weiterbeförderung bis Mailand führt der Spediteur S mit seinem Lastkraftwagen aus. ⑤ Den Umschlag vom Schiff auf den Lastkraftwagen bewirkt der Unternehmer U.

⑥ A beantragt bei der Ankunft der Gegenstände in Mailand deren Abfertigung zur Überlassung zum zollrechtlich freien Verkehr. ⑦ Bemessungsgrundlage für die Einfuhr ist der Zollwert. ⑧ Das ist regelmäßig der Preis (Artikel 70 UZK). ⑨ In den Preis hat L auf Grund der Lieferkondition „frei Bestimmungsort Mailand" auch die Kosten für die Leistungen von R, S und U einkalkuliert.

⑩ Bei der grenzüberschreitenden Güterbeförderung des R von Norwegen nach Lübeck, der Anschlussbeförderung des S von Lübeck bis Mailand und der Umschlagsleistung des U handelt es sich um Leistungen, die sich auf Gegenstände der Einfuhr beziehen. ⑪ R, S und U weisen jeweils anhand des von L empfangenen Doppels der Lieferrechnung die Lieferkondition „frei Bestimmungsort Mailand" nach. ⑫ Ferner ergibt sich aus der Lieferrechnung, dass L Gegenstände geliefert hat, bei deren Einfuhr der Preis Bemessungsgrundlage ist. ⑬ Dadurch ist nachgewiesen, dass die Kosten für die Leistungen des R, des S und des U in der Bemessungsgrundlage für die Einfuhr enthalten sind. ⑭ R, S und U können deshalb für ihre Leistungen, sofern sie auch den buchmäßigen Nachweis führen, die Steuerbefreiung nach § 4 Nr. 3 Satz 1 Buchstabe a Doppelbuchstabe bb UStG in Anspruch nehmen. ⑮ Der Nachweis kann auch durch die in Absatz 4 Nr. 2 bezeichneten Belege erbracht werden.

Beispiel 2:

① Sachverhalt wie im Beispiel 1, jedoch mit Abnehmer A in München und der Liefervereinbarung „frei Grenze". ② A hat die Umschlagskosten und die Beförderungskosten von Lübeck bis München gesondert angemeldet. ③ Ferner hat A der Zollstelle die für den Nachweis der Höhe der Umschlags- und Beförderungskosten erforderlichen Unterlagen vorgelegt. ④ In diesem Falle ist Bemessungsgrundlage für die Einfuhr nach § 11 Abs. 1 und 3 Nr. 3 und 4 UStG der Zollwert der Gegenstände frei Grenze zuzüglich darin noch nicht enthaltener Umschlags- und Beförderungskosten bis München (= weiterer Bestimmungsort im Gemeinschaftsgebiet).

⑤ Wie im Beispiel 1 ist die grenzüberschreitende Güterbeförderung des R von Norwegen nach Lübeck nach § 4 Nr. 3 Satz 1 Buchstabe a Doppelbuchstabe bb UStG steuerfrei. ⑥ Die Anschlussbeförderung des S von Lübeck bis München und die Umschlagsleistung des U sind ebenfalls Leistungen, die sich auf Gegenstände der Einfuhr beziehen. ⑦ Die Kosten für die Leistungen sind in die Bemessungsgrundlage für die Einfuhr einzubeziehen, da der weitere Bestimmungsort im Gemeinschaftsgebiet im Zeitpunkt des Entstehens der Einfuhrumsatzsteuer bereits feststeht (§ 11 Abs. 3 Nr. 4 UStG). ⑧ Die Leistungen sind deshalb ebenfalls nach § 4 Nr. 3 Satz 1 Buchstabe a Doppelbuchstabe bb UStG steuerfrei.

Beispiel 3:

① Der in Deutschland ansässige Unternehmer U beauftragt den niederländischen Frachtführer F, Güter von New York nach München zu befördern. ② F beauftragt mit der Beförderung per Schiff bis Rotterdam den niederländischen Reeder R. ③ In Rotterdam wird die Ware umgeladen und von F per Lkw bis München weiterbefördert. ④ F beantragt für U bei der Einfuhr in die Niederlande, die Ware erst im Bestimmungsland Deutschland zur Überlassung zum zoll- und steuerrechtlichen freien Verkehr für U abfertigen zu lassen (sog. T 1-Versandverfahren). ⑤ Diese Abfertigung erfolgt bei einem deutschen Zollamt.

⑥ Die Beförderungsleistung des F von New York nach München ist eine grenzüberschreitende Güterbeförderung. ⑦ Die Einfuhr der Ware in die Niederlande wird dort nicht besteuert, da die Ware unter zollamtlicher Überwachung im T 1-Verfahren nach Deutschland verbracht wird. ⑧ Die Kosten für die Beförderung bis München (= erster Bestimmungsort im Gemeinschaftsgebiet) werden in die Bemessungsgrundlage der deutschen Einfuhrumsatzsteuer einbezogen (§ 11 Abs. 3 Nr. 3 UStG). ⑨ Die Beförderungsleistung des F an U ist in Deutschland steuerbar (§ 3 a Abs. 2 Satz 1 UStG), jedoch nach § 4 Nr. 3 Satz 1 Buchstabe a Doppelbuchstabe bb UStG steuerfrei. ⑩ Die Beförderungsleistung des R an den Frachtführer F ist in Deutschland nicht steuerbar (§ 3 a Abs. 2 Satz 1 UStG).

Beispiel 4:

① Der Lieferer L in Odessa liefert Gegenstände an den Abnehmer A mit Sitz in München für dessen Unternehmen zu der Lieferbedingung „ab Werk". ② Der Spediteur S aus Odessa übernimmt im Auftrag des A die Beförderung der Gegenstände von Odessa bis München zu einem festen Preis – Übernahmesatz –. ③ S führt die Beförderung jedoch nicht selbst durch, sondern beauftragt auf seine Kosten (franco) den Binnenschiffer B mit der Beförderung von Odessa bis Passau und der Übergabe der Gegenstände an den Empfangsspediteur E. ④ Dieser führt ebenfalls im Auftrag des S auf dessen Kosten den Umschlag aus dem Schiff auf den Lastkraftwagen und die Übergabe an den Frachtführer F durch. ⑤ F führt die Weiterbeförderung im Auftrag des S von Passau nach München durch. ⑥ Der Abnehmer A beantragt in München die Abfertigung zum freien Verkehr und rechnet den Übernahmesatz unmittelbar mit S ab. ⑦ Mit dem zwischen S und A vereinbarten Übernahmesatz sind auch die Kosten für die Leistungen des B, des E und des F abgegolten.

⑧ Bei der Leistung des S handelt es sich um eine Spedition zu festen Kosten (vgl. Abschnitt 4.3.2 Abs. 5). ⑨ S bewirkt damit eine sonstige Leistung (grenzüberschreitende Güterbeförderung von Odessa bis München), die insgesamt steuerbar (§ 3 a Abs. 2 Satz 1 UStG), aber steuerfrei ist (§ 4 Nr. 3 Satz 1 Buchstabe a Doppelbuchstabe bb UStG). ⑩ Der Endpunkt dieser Beförderung ist der erste Bestimmungsort im Gemeinschaftsgebiet im Sinne des § 11 Abs. 3 Nr. 3 UStG. ⑪ Nach dieser Vorschrift sind deshalb die Kosten für die Beförderung des S bis München in die Bemessungsgrundlage für die Einfuhr einzubeziehen. ⑫ Über die Leistung des S an A sind die Kosten der Leistungen von B, E und F in der Bemessungsgrundlage für die Einfuhr enthalten.

⑬ Die Beförderung des B von Odessa bis Passau ist als grenzüberschreitende Güterbeförderung insgesamt nicht steuerbar (§ 3 a Abs. 2 Satz 1 UStG), da S seinen Sitz im Drittlandsgebiet hat. ⑭ Die Umschlagsleistung des E und die Beförderung des F von Passau bis München sind zwar Leistungen, die sich auf Gegenstände der Einfuhr beziehen, jedoch ebenfalls nicht steuerbar.

Beispiel 5:

① Der im Inland ansässige Handelsvertreter H ist damit betraut, Lieferungen von Nicht-Unionswaren für den im Inland ansässigen Unternehmer U zu vermitteln. ② Um eine zügige Auslieferung der vermittelten Gegenstände zu gewährleisten, hat U die Gegenstände bereits vor der Vermittlung in das Inland einführen und auf ein Zolllager des H bringen lassen. ③ Nachdem H die Lieferung der Gegenstände vermittelt hat, entnimmt er sie aus dem Zolllager in den freien Verkehr und sendet sie dem Abnehmer zu. ④ Mit der Entnahme der Gegenstände aus dem Zolllager entsteht die Einfuhrumsatzsteuer. ⑤ Die Vermittlungsprovision des H und die an H gezahlten Lagerkosten sind in die Bemessungsgrundlage für die Einfuhr (§ 11 Abs. 3 Nr. 3 UStG) einzubeziehen. ⑥ H weist dies durch einen zollamtlichen Beleg nach. ⑦ Die Vermittlungsleistung des H fällt nicht unter die Steuerbefreiung des § 4 Nr. 5 UStG. ⑧ H kann jedoch für die Vermittlung die Steuerbefreiung nach § 4 Nr. 3 Satz 1 Buchstabe a Doppelbuchstabe bb UStG in Anspruch nehmen, sofern er den erforderlichen buchmäßigen Nachweis führt. ⑨ Dasselbe gilt für die Lagerung.

Beispiel 6:

① Sachverhalt wie im Beispiel 5, jedoch werden die Gegenstände nicht auf ein Zolllager verbracht, sondern sofort zum freien Verkehr abgefertigt und von H außerhalb eines Zolllagers gelagert. ② Im Zeitpunkt der Abfertigung stehen die Vermittlungsprovision und die Lagerkosten des H noch nicht fest. ③ Die Beträge werden deshalb nicht in die Bemessungsgrundlage für die Einfuhr einbezogen.

④ Die Leistungen des H sind weder nach § 4 Nr. 5 UStG noch nach § 4 Nr. 3 Satz 1 Buchstabe a Doppelbuchstabe bb UStG steuerfrei.

⑤ Falls die erst nach der Abfertigung zum freien Verkehr entstehenden Kosten (Vermittlungsprovision und Lagerkosten) bereits bei der Abfertigung bekannt sind, sind diese Kosten in die Bemessungsgrundlage für die Einfuhr einzubeziehen (§ 11 Abs. 3 Nr. 3 UStG). ⑥ Die Rechtslage ist dann dieselbe wie in Beispiel 5.

(9) Beförderungen aus einem Freihafen in das Inland sowie ihre Besorgung sind von der Steuerbefreiung ausgenommen, wenn sich die beförderten Gegenstände in einer zollamtlich bewilligten Freihafen-Veredelung (§ 12b EUStBV)[1] oder in einer zollamtlich besonders zugelassenen Freihafenlagerung (§ 12a EUStBV) befunden haben (§ 4 Nr. 3 Satz 1 Buchstabe a Doppelbuchstabe bb Satz 2 UStG). **39**

LS zu 4.3.3

Für die Steuerbefreiung nach § 4 Nr. 3 Buchst. a Doppelbuchst. bb UStG ist Voraussetzung, dass der **Wert der grenzüberschreitenden Leistungen** in die Besteuerungsgrundlage einbezogen wird, **nicht** aber, dass auf diese Leistungen bei der Einfuhr **tatsächlich EUSt erhoben** wird. ***EuGH-Urteil*** *v. 4. 10. 2017 C 273/16, Federal Express Europe Inc. (MwStR 208 S. 226).* **40**

UStAE 4.3.4

4.3.4 Grenzüberschreitende Beförderungen und andere sonstige Leistungen, die sich unmittelbar auf Gegenstände der Ausfuhr oder der Durchfuhr beziehen[2]

(1) ① Die Steuerbefreiung nach § 4 Nr. 3 Satz 1 Buchstabe a Doppelbuchstabe aa UStG kommt insbesondere für folgende sonstige Leistungen in Betracht: **41**

1. für grenzüberschreitende Güterbeförderungen und Beförderungen im internationalen Eisenbahnfrachtverkehr (vgl. Abschnitt 4.3.2) ins Drittlandsgebiet;
2. für inländische und innergemeinschaftliche Güterbeförderungen, die einer Beförderung nach Nr. 1 vorangehen, z. B. Beförderungen durch Rollfuhrunternehmer vom Absender zum Flughafen, Binnenhafen oder Bahnhof oder Beförderungen von leeren Transportbehältern, z. B. Containern, zum Beladeort;
3. für den Umschlag und die Lagerung von Gegenständen vor ihrer Ausfuhr oder während ihrer Durchfuhr;
4. für die handelsüblichen Nebenleistungen, die bei Güterbeförderungen aus dem Inland in das Drittlandsgebiet oder durch das Inland oder bei den in den Nummern 1 bis 3 bezeichneten Leistungen vorkommen, z. B. Wiegen, Messen oder Probeziehen;
5. für die Besorgung der in den Nummern 1 bis 4 bezeichneten Leistungen.

② Die Leistungen müssen sich unmittelbar auf Gegenstände der Ausfuhr oder der Durchfuhr beziehen. ③ Eine Ausfuhr liegt vor, wenn ein Gegenstand in das Drittlandsgebiet verbracht wird. ④ Dabei ist nicht Voraussetzung, dass der Gegenstand im Drittlandsgebiet verbleibt. ⑤ Es ist unbeachtlich, ob es sich um eine Beförderung, einen Umschlag oder eine Lagerung oder um eine handelsübliche Nebenleistung zu diesen Leistungen handelt. ⑥ Auch die Tätigkeit einer internationalen Kontroll- und Überwachungsgesellschaft, deren „Bescheinigung über die Entladung und Einfuhr" von Erzeugnissen in das Drittland Voraussetzung für eine im Inland zu gewährende Ausfuhrerstattung ist, steht in unmittelbarem Zusammenhang mit Gegenständen der Ausfuhr (vgl. BFH-Urteil vom 10. 11. 2010, V R 27/09, BStBl. 2011 II S. 557).

(2) Folgende sonstige Leistungen sind nicht als Leistungen anzusehen, die sich unmittelbar auf Gegenstände der Ausfuhr oder der Durchfuhr beziehen: **42**

1. ① Vermittlungsleistungen im Zusammenhang mit der Ausfuhr oder der Durchfuhr von Gegenständen. ② Diese Leistungen können jedoch nach § 4 Nr. 5 UStG steuerfrei sein (vgl. Abschnitt 4.5.1);
2. ① Leistungen, die sich im Rahmen einer Ausfuhr oder einer Durchfuhr von Gegenständen nicht auf diese Gegenstände, sondern auf die Beförderungsmittel beziehen, z. B. die Leistung

[1] Die EUStBV ist zu § 5 UStG abgedruckt.

[2] Die Beförderung von **Umzugsgut** in ein Drittland einschließlich – selbstständiger – Nebenleistungen ist steuerfrei. *Erlass Thüringen S 7156 A – 4–202.2 v. 11. 1. 2001.*

UStAE 4.3.4

eines Gutachters, die sich auf einen verunglückten Lastkraftwagen – und nicht auf seine Ladung – bezieht, oder die Überlassung eines Liegeplatzes in einem Binnenhafen. ② Für Leistungen, die für den unmittelbaren Bedarf von Seeschiffen oder Luftfahrzeugen, einschließlich ihrer Ausrüstungsgegenstände und ihrer Ladungen, bestimmt sind, kann jedoch die Steuerbefreiung nach § 4 Nr. 2, § 8 Abs. 1 Nr. 5 oder Abs. 2 Nr. 4 UStG in Betracht kommen (vgl. Abschnitt 8.1 Abs. 7 und Abschnitt 8.2 Abs. 7).

42a (3)[1] ① Die Steuerbefreiung kommt grundsätzlich nur für die Leistung des Hauptfrachtführers, nicht aber für die Leistungen der Unterfrachtführer in Betracht, da diese die Beförderungsleistungen nicht unmittelbar an den Versender oder den Empfänger der Gegenstände erbringen, sondern an den Hauptfrachtführer (vgl. EuGH-Urteil vom 29. 6. 2017, C-288/16, L. C.). ② Versender ist der liefernde Unternehmer; Empfänger ist der Abnehmer des Gegenstandes. ③ In Fällen, in denen ein Versender (z. B. ein Händler) oder Empfänger (z. B. Nichtunternehmer oder Unternehmer) einen Hauptfrachtführer (z. B. einen Logistikdienstleister) mit der grenzüberschreitenden Beförderung von Gegenständen beauftragt, dieser hierzu einen Unterfrachtführer (z. B. ein Speditionsunternehmen) beauftragt und neben der Beförderung dieser Gegenstände, z. B. in einem Container oder einem Paket, auch Gegenstände grenzüberschreitend befördert werden, für die der Hauptfrachtführer selbst liefernder Unternehmer und damit Versender ist (gemischte Sendung), kommt die Steuerbefreiung grundsätzlich nur für die grenzüberschreitende Beförderung des Unterfrachtführers hinsichtlich der Gegenstände in Betracht, für die der Hauptfrachtführer selbst Versender ist. ④ Die grenzüberschreitende Beförderungsleistung des Unterfrachtführers für die Gegenstände, für die der Hauptfrachtführer jedoch nicht selbst Versender ist, ist wegen der fehlenden Unmittelbarkeit nicht von der Steuerbefreiung umfasst (vgl. EuGH-Urteil vom 29. 6. 2017, C-288/16, L. C.). ⑤ Die Beförderungsleistung bei solch einer gemischten Sendung ist entsprechend in einen steuerpflichtigen und steuerfreien Teil aufzuteilen. ⑥ Es wird jedoch nicht beanstandet, wenn diese Leistung, auch für Zwecke des Vorsteuerabzugs, insgesamt als steuerpflichtig behandelt wird. ⑦ Der Unternehmer (Hauptfrachtführer) muss für die Anwendung der Steuerbefreiung durch Belege nachweisen, dass er im Sinne von § 4 Nr. 3 Buchstabe a Doppelbuchstabe aa UStG begünstigte Leistungen unmittelbar an den Versender oder den Empfänger erbringt, etwa durch eine beleghafte Erklärung über eine Versendereigenschaft. ⑧ In Fällen, in denen sich herausstellt, dass die Angaben über die Eigenschaft als Versender unzutreffend waren, kann die Steuerbefreiung zur Vermeidung von Unbilligkeiten gleichwohl gewährt werden, wenn der Unternehmer keine Kenntnis davon hatte und auch nicht mit der Sorgfalt eines ordentlichen Kaufmanns erkennen konnte, dass die Angaben des Versenders unzutreffend waren. ⑨ Werden grenzüberschreitende Beförderungsleistungen oder sonstige begünstigte Leistungen im Namen eines Unternehmers, jedoch für Rechnung eines anderen Unternehmers beauftragt und vom ersten Unternehmer die Versendereigenschaft bestätigt, ist davon auszugehen, dass diese Angabe unzutreffend ist. ⑩ Zur Frage der Steuerbefreiung bei Leistungen im Bereich des Be- und Entladens eines Seeschiffes auf einer vorhergehenden Stufe vgl. Abschnitt 8.1 Abs. 1 Sätze 4 und 5.

43 (4) ① Als Gegenstände der Ausfuhr oder der Durchfuhr sind auch solche Gegenstände anzusehen, die sich vor der Ausfuhr im Rahmen einer Bearbeitung oder Verarbeitung im Sinne des § 6 Abs. 1 Satz 2 UStG oder einer Lohnveredelung im Sinne des § 7 UStG befinden. ② Die Steuerbefreiung erstreckt sich somit auch auf sonstige Leistungen, die sich unmittelbar auf diese Gegenstände beziehen.

44 (5) ① Bei grenzüberschreitenden Güterbeförderungen und anderen sonstigen Leistungen, einschließlich Besorgungsleistungen, die sich unmittelbar auf Gegenstände der Ausfuhr oder der Durchfuhr beziehen, hat der leistende Unternehmer im Geltungsbereich des UStG die Ausfuhr oder Wiederausfuhr der Gegenstände durch Belege eindeutig und leicht nachprüfbar nachzuweisen (§ 20 Abs. 1 und 3 UStDV). ② Bei grenzüberschreitenden Güterbeförderungen kommen insbesondere die vorgeschriebenen Frachturkunden (z. B. Frachtbrief, Konnossement), der schriftliche Speditionsauftrag, das im Speditionsgewerbe übliche Bordero, ein Doppel des Versandscheins oder im EDV-gestützten Ausfuhrverfahren (ATLAS-Ausfuhr) die durch die AfZSt per EDIFACT-Nachricht übermittelte Statusmeldung über die Erlaubnis des Ausgangs „STA" als Nachweisbelege in Betracht. ③ Bei anderen sonstigen Leistungen kommen als Ausfuhrbelege insbesondere Belege mit einer Ausfuhrbestätigung der den Ausgang aus dem Zollgebiet der Gemeinschaft überwachenden Grenzzollstelle, Versendungsbelege oder sonstige handelsübliche Belege in Betracht (§§ 9 bis 11 UStDV, vgl. Abschnitte 6.6 bis 6.8). ④ Die sonstigen handelsüblichen Belege können auch von den Unternehmern ausgestellt werden, die für die Lieferung die Steuerbefreiung für Ausfuhrlieferungen (§ 4 Nr. 1 Buchstabe a, § 6 UStG) oder für die Bearbeitung oder Verarbeitung die Steuerbefreiung für Lohnveredelungen an Gegenständen der Ausfuhr (§ 4 Nr. 1 Buchstabe a, § 7 UStG) in Anspruch nehmen. ⑤ Diese Unternehmer müssen für die Inanspruchnahme der vorbezeichneten Steuerbefreiungen die Ausfuhr der Gegenstände nachweisen. ⑥ Anhand der bei ihnen vorhandenen Unterlagen können sie deshalb einen sonstigen handelsüblichen Beleg, z. B. für einen Frachtführer, Umschlagbetrieb oder Lagerhalter, ausstellen. ⑦ Die

[1] A 4.3.4 UStAE Abs. 3 eingefügt, bish. Abs. 3 bis 8 werden Abs. 4 bis 9 durch BMF v. 27. 9. 2021 (BStBl. I S. 1810), anzuwenden für nach dem 31. 12. 2021 ausgeführte Umsätze.

Belege können auch auf elektronischem Weg übermittelt werden; bei einer elektronischen Übermittlung der Belege ist eine Unterschrift nicht erforderlich, sofern erkennbar ist, dass die elektronische Übermittlung im Verfügungsbereich des Ausstellers des Belegs begonnen hat. ⑧ Abschnitt 6 a.4 Abs. 3 Satz 2 und Abs. 6 ist entsprechend anzuwenden. UStAE 4.3.4

(6) Bei Vortransporten, die mit Beförderungen im Luftfrachtverkehr aus dem Inland in das Drittlandsgebiet verbunden sind, ist der Nachweis der Ausfuhr oder Wiederausfuhr als erfüllt anzusehen, wenn sich aus den Unterlagen des Unternehmers eindeutig und leicht nachprüfbar ergibt, dass im Einzelfall 45

1. die Vortransporte auf Grund eines Auftrags bewirkt worden sind, der auch die Ausführung der nachfolgenden grenzüberschreitenden Beförderung zum Gegenstand hat,
2. die Vortransporte als örtliche Rollgebühren oder Vortransportkosten abgerechnet worden sind und
3. die Kosten der Vortransporte wie folgt ausgewiesen worden sind:
   a) im Luftfrachtbrief – oder im Sammelladungsverkehr im Hausluftfrachtbrief – oder
   b) in der Rechnung an den Auftraggeber, wenn die Rechnung die Nummer des Luftfrachtbriefs – oder im Sammelladungsverkehr die Nummer des Hausluftfrachtbriefs – enthält.

(7) ① Ist bei einer Beförderung im Eisenbahnfrachtverkehr, die einer grenzüberschreitenden Beförderung oder einer Beförderung im internationalen Eisenbahnfrachtverkehr vorausgeht, der Empfänger oder der Absender im Ausland außerhalb der Gebiete im Sinne des § 1 Abs. 3 UStG ansässig und werden die Beförderungskosten von diesem Empfänger oder Absender bezahlt, kann die Ausfuhr oder Wiederausfuhr aus Vereinfachungsgründen durch folgende Bescheinigung auf dem Frachtbrief nachgewiesen werden: 46

„**Bescheinigung für Umsatzsteuerzwecke**

Nach meinen Unterlagen bezieht sich die Beförderung unmittelbar auf Gegenstände der Ausfuhr oder der Durchfuhr (§ 4 Nr. 3 Satz 1 Buchstabe a Doppelbuchstabe aa UStG).

Die Beförderungskosten werden von

____
(Name und Anschrift des ausländischen Empfängers oder Absenders)

bezahlt.

____________________ ____________________
(Ort und Datum) (Unterschrift)“

② Der in der vorbezeichneten Bescheinigung angegebene ausländische Empfänger oder Absender muss der im Frachtbrief angegebene Empfänger oder Absender sein. ③ Die Bescheinigung kann auch auf elektronischem Weg übermittelt werden; bei einer elektronischen Übermittlung der Bescheinigung ist eine Unterschrift nicht erforderlich, sofern erkennbar ist, dass die elektronische Übermittlung im Verfügungsbereich des Ausstellers des Belegs begonnen hat. ④ Abschnitt 6 a.4 Abs. 3 Satz 2 und Abs. 6 ist entsprechend anzuwenden.

(8) ① Bei einer Güterbeförderung, die einer grenzüberschreitenden Güterbeförderung vorangeht, kann die Ausfuhr oder die Wiederausfuhr aus Vereinfachungsgründen durch folgende Bescheinigung des auftraggebenden Spediteurs/Hauptfrachtführers oder des auftraggebenden Lieferers auf dem schriftlichen Transportauftrag nachgewiesen werden: 47

„**Bescheinigung für Umsatzsteuerzwecke**

Ich versichere, dass ich die im Auftrag genannten Gegenstände nach … (Ort im Drittlandsgebiet) versenden werde. Die Angaben habe ich nach bestem Wissen und Gewissen auf Grund meiner Geschäftsunterlagen gemacht, die im Gemeinschaftsgebiet nachprüfbar sind.

____________________ ____________________
(Ort und Datum) (Unterschrift)“

② Rechnen der Spediteur/Hauptfrachtführer bzw. der auftraggebende Lieferer und der Unterfrachtführer durch Gutschrift (§ 14 Abs. 2 Satz 2 UStG) ab, kann die Bescheinigung nach Satz 1 auch auf der Gutschrift erfolgen. ③ Auf die eigenhändige Unterschrift des auftraggebenden Spediteurs/Frachtführers bzw. des auftraggebenden Lieferers kann verzichtet werden, wenn die für den Spediteur/Hauptfrachtführer bzw. den auftraggebenden Lieferer zuständige Oberfinanzdirektion bzw. oberste Landesfinanzbehörde dies genehmigt hat und in dem Transportauftrag oder der Gutschrift auf die Genehmigungsverfügung bzw. den Genehmigungserlass unter Angabe von Datum und Aktenzeichen hingewiesen wird. ④ Die Belege können auch auf elektronischem Weg übermittelt werden; bei einer elektronischen Übermittlung der Bescheinigung nach Satz 1 ist eine Unterschrift nicht erforderlich, sofern erkennbar ist, dass die elektronische Übermittlung im Verfügungsbereich des Spediteurs/Hauptfrachtführers bzw. des auftraggebenden Lieferers begonnen hat. ⑤ Abschnitt 6 a.4 Abs. 3 Satz 2 und Abs. 6 ist entsprechend anzuwenden.

48 (9) ① Eine grenzüberschreitende Beförderung zwischen dem Inland und einem Drittland liegt auch vor, wenn die Güterbeförderung vom Inland über einen anderen EU-Mitgliedstaat in ein Drittland durchgeführt wird. ② Befördert in diesem Fall ein Unternehmer die Güter auf einer Teilstrecke vom Inland in das übrige Gemeinschaftsgebiet, ist diese Leistung nach § 4 Nr. 3 Satz 1 Buchstabe a Doppelbuchstabe aa UStG steuerfrei. ③ Der Unternehmer hat die Ausfuhr der Güter durch Belege nachzuweisen (§ 4 Nr. 3 Sätze 3 und 4 UStG i. V. m. § 20 Abs. 1 und 3 UStDV). ④ Der Beleg kann auch auf elektronischem Weg übermittelt werden; bei einer elektronischen Übermittlung des Belegs ist eine Unterschrift nicht erforderlich, sofern erkennbar ist, dass die elektronische Übermittlung im Verfügungsbereich des Ausstellers begonnen hat. ⑤ Abschnitt 6 a.4 Abs. 3 Satz 2 und Abs. 6 ist entsprechend anzuwenden. ⑥ Wird der Nachweis nicht erbracht, ist die Güterbeförderung steuerpflichtig.

Beispiel:

① Die in der Schweiz ansässige Privatperson P beauftragt den in Deutschland ansässigen Frachtführer F, Güter von Mainz nach Istanbul (Türkei) zu befördern. ② F beauftragt den deutschen Unterfrachtführer F1 mit der Beförderung von Mainz nach Bozen (Italien) und den italienischen Unterfrachtführer F2 mit der Beförderung von Bozen nach Istanbul. ③ Dabei kann F2 die Ausfuhr in die Türkei durch Belege nachweisen, F1 dagegen nicht.

④ Die Beförderungsleistung des F an seinen Leistungsempfänger P umfasst die Gesamtbeförderung von Mainz nach Istanbul. ⑤ Nach § 3 b Abs. 1 Sätze 2 und 3 UStG ist nur der Teil der Leistung steuerbar, der auf den inländischen Streckenanteil entfällt. ⑥ Dieser Teil der Leistung ist nach § 4 Nr. 3 Satz 1 Buchstabe a Doppelbuchstabe aa UStG allerdings steuerfrei, da sich diese Güterbeförderung unmittelbar auf Gegenstände der Ausfuhr bezieht und unmittelbar an den Versender erbracht wird.

⑦ Der Ort der Beförderungsleistung des Unterfrachtführers F1 an den Frachtführer F bestimmt sich nach dem Ort, von dem aus F sein Unternehmen betreibt (§ 3 a Abs. 2 Satz 1 UStG). ⑧ Die Leistung des F1 ist nicht steuerfrei, da F1 keinen belegmäßigen Nachweis nach § 20 Abs. 1 und Abs. 3 UStDV erbringen kann und zudem keine unmittelbare Beförderung für den Versender P erbringt. ⑨ Steuerschuldner ist der leistende Unternehmer F1 (§ 13 a Abs. 1 Nr. 1 UStG).

⑩ Die Beförderungsleistung des Unterfrachtführers F2 an den Frachtführer F ist in Deutschland steuerbar (§ 3 a Abs. 2 Satz 1 UStG) und aufgrund der fehlenden Unmittelbarkeit der Beförderungsleistung für den Versender P steuerpflichtig.

UStAE 4.3.5

4.3.5 Ausnahmen von der Steuerbefreiung

51 (1) ① Die Steuerbefreiung nach § 4 Nr. 3 UStG (vgl. Abschnitte 4.3.3 und 4.3.4) ist ausgeschlossen für die in § 4 Nr. 8, 10, 11 und 11 b UStG bezeichneten Umsätze. ② Dadurch wird bei Umsätzen des Geld- und Kapitalverkehrs, bei Versicherungsumsätzen und bei Post-Universaldienstleistungen eine Steuerbefreiung mit Vorsteuerabzug in anderen als in den in § 15 Abs. 3 Nr. 1 Buchstabe b und Nr. 2 Buchstabe b UStG bezeichneten Fällen vermieden. ③ Die Regelung hat jedoch nur Bedeutung für umsatzsteuerrechtlich selbständige Leistungen.

52 (2) ① Von der Steuerbefreiung nach § 4 Nr. 3 UStG sind ferner Bearbeitungen oder Verarbeitungen von Gegenständen einschließlich Werkleistungen im Sinne des § 3 Abs. 10 UStG ausgeschlossen. ② Diese Leistungen können jedoch z. B. unter den Voraussetzungen des § 4 Nr. 1 Buchstabe a, § 7 UStG steuerfrei sein.

UStAE 4.3.6

4.3.6 Buchmäßiger Nachweis

55 ① Die jeweiligen Voraussetzungen der Steuerbefreiung nach § 4 Nr. 3 UStG müssen vom Unternehmer buchmäßig nachgewiesen sein (§ 21 UStDV). ② Hierfür gelten die Ausführungen zum buchmäßigen Nachweis bei Ausfuhrlieferungen in Abschnitt 6.10 Abs. 1 bis 5 entsprechend. ③ Regelmäßig soll der Unternehmer Folgendes aufzeichnen:

1. die Art und den Umfang der sonstigen Leistung – bei Besorgungsleistungen einschließlich der Art und des Umfangs der besorgten Leistung –,
2. den Namen und die Anschrift des Auftraggebers,
3. den Tag der sonstigen Leistung,
4. das vereinbarte Entgelt oder das vereinnahmte Entgelt und den Tag der Vereinnahmung und
5. a) die Einbeziehung der Kosten für die Leistung in die Bemessungsgrundlage für die Einfuhr, z. B. durch Hinweis auf die Belege im Sinne des § 20 Abs. 2 UStDV (vgl. Abschnitt 4.3.3 Abs. 3 und 4), oder
   b) die Ausfuhr oder Wiederausfuhr der Gegenstände, auf die sich die Leistung bezogen hat, z. B. durch Hinweis auf die Ausfuhrbelege (vgl. Abschnitt 4.3.4 Abs. 5 bis 7 und 9).

UStG

§ 4 (Forts.)

Von den unter § 1 Abs. 1 Nr. 1 fallenden Umsätzen sind steuerfrei:

...

1 **4. die Lieferungen von Gold an Zentralbanken;**

Hinweis auf EU-Vorschriften:

UStG: § 4 Nr. 4 .... **MwStSystRL:** Art. 152

Zu § 4 Nr. 4 UStG

4.4.1 Lieferungen von Gold an Zentralbanken[1]

UStAE 4.4.1

2 ① Unter die Steuerbefreiung nach § 4 Nr. 4 UStG fallen Goldlieferungen an die Deutsche Bundesbank und die Europäische Zentralbank. ② Die Steuerbefreiung erstreckt sich ferner auf Goldlieferungen, die an Zentralbanken anderer Staaten oder an die den Zentralbanken entsprechenden Währungsbehörden anderer Staaten bewirkt werden. ③ Es ist hierbei nicht erforderlich, dass das gelieferte Gold in das Ausland gelangt. ④ Liegen für Goldlieferungen nach § 4 Nr. 4 UStG auch die Voraussetzungen der Steuerbefreiung für Anlagegold (§ 25 c Abs. 1 und 2 UStG) vor, geht die Steuerbefreiung des § 25 c Abs. 1 und 2 UStG der Steuerbefreiung des § 4 Nr. 4 UStG vor.

§ 4 (Forts.)

UStG

Von den unter § 1 Abs. 1 Nr. 1 fallenden Umsätzen sind steuerfrei:

...

4 a. die folgenden Umsätze:

a) die Lieferungen der in der Anlage 1[2] bezeichneten Gegenstände an einen Unternehmer für sein Unternehmen, wenn der Gegenstand der Lieferung im Zusammenhang mit der Lieferung in ein Umsatzsteuerlager eingelagert wird oder sich in einem Umsatzsteuerlager befindet. ② Mit der Auslagerung eines Gegenstands aus einem Umsatzsteuerlager entfällt die Steuerbefreiung für die der Auslagerung vorangegangene Lieferung, den der Auslagerung vorangegangenen innergemeinschaftlichen Erwerb oder die der Auslagerung vorangegangene Einfuhr; dies gilt nicht, wenn der Gegenstand im Zusammenhang mit der Auslagerung in ein anderes Umsatzsteuerlager im Inland eingelagert wird. ③ Eine Auslagerung ist die endgültige Herausnahme eines Gegenstands aus einem Umsatzsteuerlager. ④ Der endgültigen Herausnahme steht gleich der sonstige Wegfall der Voraussetzungen für die Steuerbefreiung sowie die Erbringung einer nicht nach Buchstabe b begünstigten Leistung an den eingelagerten Gegenständen, 1

b) die Leistungen, die mit der Lagerung, der Erhaltung, der Verbesserung der Aufmachung und Handelsgüte oder der Vorbereitung des Vertriebs oder Weiterverkaufs der eingelagerten Gegenstände unmittelbar zusammenhängen. ② Dies gilt nicht, wenn durch die Leistungen die Gegenstände so aufbereitet werden, dass sie zur Lieferung auf der Einzelhandelsstufe geeignet sind. 2

② Die Steuerbefreiung gilt nicht für Leistungen an Unternehmer, die diese zur Ausführung von Umsätzen verwenden, für die die Steuer nach den Durchschnittssätzen des § 24 festgesetzt ist. ③ Die Voraussetzungen der Steuerbefreiung müssen vom Unternehmer eindeutig und leicht nachprüfbar nachgewiesen sein. ④ Umsatzsteuerlager kann jedes Grundstück oder Grundstücksteil im Inland sein, das zur Lagerung der in Anlage 1 genannten Gegenstände dienen soll und von einem Lagerhalter betrieben wird. ⑤ Es kann mehrere Lagerorte umfassen. ⑥ Das Umsatzsteuerlager bedarf der Bewilligung des für den Lagerhalter zuständigen Finanzamts. ⑦ Der Antrag ist schriftlich zu stellen. ⑧ Die Bewilligung ist zu erteilen, wenn ein wirtschaftliches Bedürfnis für den Betrieb des Umsatzsteuerlagers besteht und der Lagerhalter die Gewähr für dessen ordnungsgemäße Verwaltung bietet; 3

4 b. die einer Einfuhr vorangehende Lieferung von Gegenständen, wenn der Abnehmer oder dessen Beauftragter den Gegenstand der Lieferung einführt. ② Dies gilt entsprechend für Lieferungen, die den in Satz 1 genannten Lieferungen vorausgegangen sind. ③ Die Voraussetzungen der Steuerbefreiung müssen vom Unternehmer eindeutig und leicht nachprüfbar nachgewiesen sein; 4

4 c.[3] die Lieferung von Gegenständen an einen Unternehmer für sein Unternehmen, die dieser nach § 3 Absatz 3 a Satz 1 im Gemeinschaftsgebiet weiterliefert;

Hinweis auf EU-Vorschriften:

UStG:	§ 4 Nr. 4 a	**MwStSystRL:**	Art. 154, 157 Abs. 1 b, 159, 160, Anh. V
	§ 4 Nr. 4 b		Art. 156 Abs. 1 (a), (c), 157 Abs. 1 a

[1] Steuerbefreiung beim innergem. Erwerb der in § 4 Nr. 4 UStG bezeichneten Gegenstände vgl. § 4 b Nr. 2 UStG. – Steuerfreie Umsätze von Anlagegold vgl. § 25 c UStG/A 25 c.1 UStAE. – EUSt-Befreiung vgl. VSF Z 8101 Nr. VI. 2.

[2] **Anlage 1 zum UStG** ist hinter § 29 UStG in der geschlossenen Wiedergabe abgedruckt.

[3] § 4 Nr. 4 c eingefügt mWv 1. 7. 2021, vgl. § 27 Abs. 34 Satz 1 UStG.

Übersicht zu § 4 Nr. 4 a, 4 b u. 4c

Zu § 4 Nr. 4 a UStG

UStAE 4.4 a.1

4.4 a.1 Umsatzsteuerlagerregelung

5 Zur Umsatzsteuerlagerregelung (§ 4 Nr. 4 a UStG) vgl. BMF-Schreiben vom 28. 1. 2004, BStBl. I S. 242.

LS zu 4.4 a.1

5a Zur Anwendung des § 4 Nr. 4 a Satz 1 Buchst. a Satz 1 UStG (Umsatzsteuerlagerregelung) bei der **ruhenden Lieferung** in einem Reihengeschäft vgl. *Kurzinformation FinMin Schleswig-Holstein v. 12. 1. 2016 (DStR S. 1114).*

Zu § 4 Nr. 4 b UStG

UStAE 4.4 b.1

4.4 b.1 Steuerbefreiung für die einer Einfuhr vorangehenden Lieferungen von Gegenständen

6 ① Nach § 4 Nr. 4 b UStG ist die einer Einfuhr vorangehende Lieferung (Einfuhrlieferung) von der Umsatzsteuer befreit, wenn der Abnehmer oder dessen Beauftragter den Gegenstand einführt. ② Die Steuerbefreiung gilt für Lieferungen von Nicht-Unionswaren, die sich in einem besonderen Zollverfahren nach Artikel 210 UZK[1] befinden (vgl. im Einzelnen BMF-Schreiben vom 28. 1. 2004, BStBl. 2004 I S. 242). ③ Zu den Nicht-Unionswaren gehören nach Artikel 5 Nr. 24 UZK auch Waren, die aus der gemeinsamen Be- oder Verarbeitung von Unions- und Nicht-Unionsware entstehen.

Beispiel:

① Eine im Drittland gefertigte Glasscheibe wird von Unternehmer A bei der Ankunft in Deutschland in die aktive Veredelung übergeführt. ② Die Glasscheibe wird anschließend in einen Kunststoffrahmen, der sich im freien Verkehr befindet, eingebaut. ③ Die Glasscheibe einschließlich Kunststoffrahmen wird danach im Rahmen des aktiven Veredelungsverkehrs an Unternehmer B veräußert, der die gesamte Scheibe in sein Produkt (Fahrzeug) einbaut. ④ Unternehmer B fertigt die Fahrzeuge, die nicht in das Drittland ausgeführt werden, zum freien Verkehr ab und entrichtet die fälligen Einfuhrabgaben (Zoll und Einfuhrumsatzsteuer).

⑤ Nach Artikel 256 Abs. 1 Buchstabe a UZK[1] werden grundsätzlich nur Nicht-Unionswaren in das Verfahren der aktiven Veredelung übergeführt. ⑥ Durch das „Hinzufügen" von Nicht-Unionswaren (hier die Glasscheibe) verlieren die Unionswaren (hier der verwendete Glasrahmen) allerdings ihren zollrechtlichen Status „Unionswaren" und werden zu Nicht-Unionswaren.

⑦ Wird das Endprodukt (hier die gerahmte Glasscheibe) im Rahmen eines weiteren Verfahrens der aktiven Veredelung an einen Abnehmer veräußert, der das Endprodukt in ein neues Produkt (z. B. ein Fahrzeug) einbaut, und gelangt das Wirtschaftsgut in diesem Zusammenhang in den Wirtschaftskreislauf der EU (z. B. durch Abfertigung zur Überlassung zum zoll- und steuerrechtlich freien Verkehr), entstehen Einfuhrabgaben.

⑧ Soweit der Unternehmer, der den Gegenstand eingeführt hat, zum Vorsteuerabzug berechtigt ist, kann er unter den weiteren Voraussetzungen des § 15 UStG die entstandene Einfuhrumsatzsteuer als Vorsteuer abziehen (§ 15 Abs. 1 Satz 1 Nr. 2 UStG).

⑨ Die Lieferung des im Rahmen der aktiven Veredelung bearbeiteten und gelieferten Gegenstands (hier die gerahmte Glasscheibe) ist nach § 4 Nr. 4 b UStG umsatzsteuerfrei, wenn der Abnehmer der Lieferung oder dessen Beauftragter den Gegenstand einführt.

LS zu 4.4 b.1

7 **Keine Haftung** des Betreibers eines Steuerlagers bei Gutgläubigkeit und fehlender Nachlässigkeit für nicht abgeführte Umsatzsteuer eines Kunden, ***EuGH-Urt. v. 21. 12. 2011**, C-499/10, Vlaamse Oliemaatschappij NV, BeckRS 2012, 80021.*

Zu § 4 Nr. 4 c UStG

UStAE 4.4 c.1

4.4 c.1 Steuerbefreiung der Lieferung im Sinne des § 3 Abs. 3 a Satz 1 UStG an einen Unternehmer

8 ① Wird ein Gegenstand, dessen Beförderung oder Versendung im Gemeinschaftsgebiet beginnt und endet, durch einen nicht im Gemeinschaftsgebiet ansässigen Unternehmer an einen Nichtunternehmer (siehe Abschnitt 3 a.1 Abs. 1) geliefert und wird dies durch einen Unternehmer mittels seiner elektronischen Schnittstelle unterstützt, so wird dieser Unternehmer nach § 3 Abs. 3a Satz 1 UStG behandelt, als ob er diesen Gegenstand für sein Unternehmen selbst erhalten und geliefert hätte (vgl. Abschnitt 3.18 Abs. 1). ② Die gemäß § 3 Abs. 3a Satz 1 UStG fingierte Lieferung des nicht im Gemeinschaftsgebiet ansässigen Unternehmers an den Unternehmer, der den Gegenstand im Gemeinschaftsgebiet weiterliefert (Betreiber der elektronischen Schnitt-

[1] Loseblattsammlung **Zölle und Verbrauchsteuern** Nr. 1.

stelle), wird nach § 4 Nr. 4c UStG von der Umsatzsteuer befreit. ③ Zur Frage, wann ein Unternehmer eine Lieferung im Sinne des § 3 Abs. 3a Satz 1 UStG unterstützt, und zum Begriff „elektronische Schnittstelle" wird auf Abschnitt 3.18 Abs. 3 verwiesen.

§ 4 (Forts.) UStG

Von den unter § 1 Abs. 1 Nr. 1 fallenden Umsätzen sind steuerfrei:

...

5. die Vermittlung 1

a) der unter die Nummer 1 Buchstabe a, Nummern 2 bis 4b und Nummern 6 und 7 fallenden Umsätze,

b) der grenzüberschreitenden Beförderungen von Personen mit Luftfahrzeugen oder Seeschiffen,

c) der Umsätze, die ausschließlich im Drittlandsgebiet bewirkt werden,

d) der Lieferungen, die nach § 3 Abs. 8 als im Inland ausgeführt zu behandeln sind.

② Nicht befreit ist die Vermittlung von Umsätzen durch Reisebüros für Reisende. ③ Die Voraussetzungen der Steuerbefreiung müssen vom Unternehmer nachgewiesen sein. ④ Das Bundesministerium der Finanzen kann mit Zustimmung des Bundesrates durch Rechtsverordnung bestimmen, wie der Unternehmer den Nachweis zu führen hat;

Hinweis auf EU-Vorschriften:

UStG:	§ 4 Nr. 5 S. 1	**MwStSystRL:**	Art. 153 Abs. 1
	§ 4 Nr. 5 S. 2		Art. 153 Abs. 2, 306 Abs. 1, 370, Anh. X A 4
	§ 4 Nr. 5 S. 3 u. 4		Art. 131, 145 Abs. 2 UA 2 u. 3

Übersicht zu § 4 Nr. 5 Rz.

§ 22 ***Buchmäßiger Nachweis bei steuerfreien Vermittlungen*** UStDV

(1) *Bei Vermittlungen im Sinne des § 4 Nr. 5 des Gesetzes ist § 13 Abs. 1 entsprechend anzuwenden.* 2

(2) *Der Unternehmer soll regelmäßig Folgendes aufzeichnen:*

1. *die Vermittlung und den vermittelten Umsatz;*
2. *den Tag der Vermittlung;*
3. *den Namen und die Anschrift des Unternehmers, der den vermittelten Umsatz ausgeführt hat;*
4. *das für die Vermittlung vereinbarte Entgelt oder bei der Besteuerung nach vereinnahmten Entgelten das für die Vermittlung vereinnahmte Entgelt und den Tag der Vereinnahmung.*

Zu § 4 Nr. 5 UStG (§ 22 UStDV)

4.5.1 Steuerfreie Vermittlungsleistungen

UStAE 4.5.1

(1) ① Die Vermittlungsleistung erfordert ein Handeln in fremdem Namen und für fremde Rechnung. ② Der Wille, in fremdem Namen zu handeln und unmittelbare Rechtsbeziehungen 11
zwischen dem leistenden Unternehmer und dem Leistungsempfänger herzustellen, muss hierbei den Beteiligten gegenüber deutlich zum Ausdruck kommen (vgl. BFH-Urteil vom 19. 1. 1967, V 52/63, BStBl. III S. 211). ③ Für die Annahme einer Vermittlungsleistung reicht es aus, dass der Unternehmer nur eine Vermittlungsvollmacht – also keine Abschlussvollmacht – besitzt (vgl. § 84 HGB). ④ Zum Begriff der Vermittlungsleistung vgl. Abschnitt 3.7 Abs. 1.

(2) ① Die Steuerbefreiung des § 4 Nr. 5 UStG erstreckt sich nicht auf die als handelsübliche 12
Nebenleistungen bezeichneten Tätigkeiten, die im Zusammenhang mit Vermittlungsleistungen als selbständige Leistungen vorkommen. ② Nebenleistungen sind daher im Rahmen des § 4 Nr. 5

UStG nur dann steuerfrei, wenn sie als unselbständiger Teil der Vermittlungsleistung anzusehen sind, z. B. die Übernahme des Inkasso oder der Entrichtung der Einfuhrabgaben durch den Vermittler. ③ Für die selbständigen Leistungen, die im Zusammenhang mit den Vermittlungsleistungen ausgeübt werden, kann jedoch gegebenenfalls Steuerbefreiung nach § 4 Nr. 2 UStG oder nach § 4 Nr. 3 UStG in Betracht kommen.

13 (3) Für die Steuerbefreiung nach § 4 Nr. 5 Satz 1 Buchstabe a UStG wird zu der Frage, welche der vermittelten Umsätze unter die Befreiungsvorschriften des § 4 Nr. 1 Buchstabe a, Nr. 2 bis 4b sowie Nr. 6 und 7 UStG fallen, auf die Abschnitte 1.9, 3.13, 4.1.1 bis 4.4b.1, 4.6.1, 4.6.2, 4.7.1, 6.1 bis 6.12 und 7.1 bis 8.3 hingewiesen.

14 (4) Bei der Vermittlung von grenzüberschreitenden Personenbeförderungen mit Luftfahrzeugen oder Seeschiffen (§ 4 Nr. 5 Satz 1 Buchstabe b UStG) ist es unerheblich, wenn kurze ausländische Streckenanteile als Beförderungsstrecken im Inland oder kurze Streckenanteile im Inland als Beförderungsstrecken im Ausland anzusehen sind (vgl. Abschnitt 3b.1 Abs. 7 bis 18).

15 (5) ① Nicht unter die Befreiungsvorschrift des § 4 Nr. 5 UStG fällt die Vermittlung der Lieferungen, die im Anschluss an die Einfuhr an einem Ort im Inland bewirkt werden. ② Hierbei handelt es sich insbesondere um die Fälle, in denen der Gegenstand nach der Einfuhr gelagert und erst anschließend vom Lager aus an den Abnehmer geliefert wird. ③ Für die Vermittlung dieser Lieferungen kann jedoch die Steuerbefreiung nach § 4 Nr. 3 Satz 1 Buchstabe a Doppelbuchstabe bb UStG in Betracht kommen (vgl. Abschnitt 4.3.3 Abs. 1 Satz 1 Nr. 6).

16 (6) Zur Möglichkeit der Steuerbefreiung von Ausgleichszahlungen an Handelsvertreter nach § 89b HGB vgl. BFH-Urteil vom 25. 6. 1998, V R 57/97, BStBl. 1999 II S. 102.

UStAE 4.5.2

4.5.2 Vermittlungsleistungen der Reisebüros

21 (1) ① Die Steuerbefreiung nach § 4 Nr. 5 UStG erstreckt sich auch auf steuerbare Vermittlungsleistungen der Reisebüros. ② Ausgenommen von der Befreiung sind jedoch die in § 4 Nr. 5 Satz 2 UStG bezeichneten Vermittlungsleistungen (vgl. hierzu Absatz 5). ③ Die Befreiung kommt insbesondere für Vermittlungsleistungen in Betracht, bei denen die Reisebüros als Vermittler für die so genannten Leistungsträger, z. B. Beförderungsunternehmer, auftreten. ④ Zu Abgrenzungsfragen beim Zusammentreffen von Vermittlungsleistungen und Reiseleistungen vgl. Abschnitt 25.1 Abs. 5.

22 (2) Die Steuerbefreiung für Vermittlungsleistungen an einen Leistungsträger kommt in Betracht, wenn das Reisebüro die Vermittlungsprovision nicht vom Leistungsträger oder einer zentralen Vermittlungsstelle überwiesen erhält, sondern in der vertraglich zulässigen Höhe selbst berechnet und dem Leistungsträger nur den Preis abzüglich der Provision zahlt.

23 (3) ① Zum Ort der Leistung bei der Vermittlung von Unterkünften siehe Abschnitte 3a.3 Abs. 9 und 3a.7 Abs. 1. ② Liegt danach der Ort nicht im Inland, ist die Vermittlungsleistung nicht steuerbar. ③ § 4 Nr. 5 Satz 1 Buchstabe c UStG kommt daher für diese Vermittlungsleistungen nicht in Betracht.

24 (4) ① Die Vermittlung einer Reiseleistung im Sinne des § 25 UStG für einen im Inland ansässigen Reiseveranstalter ist steuerpflichtig, auch wenn sich die betreffende Reiseleistung aus einer oder mehreren in § 4 Nr. 5 Satz 1 Buchstabe b und c UStG bezeichneten Leistungen zusammensetzt. ② Es liegt jedoch keine Vermittlung einer Reiseleistung im Sinne des § 25 Abs. 1 UStG, sondern eine Vermittlung von Einzelleistungen durch das Reisebüro vor, soweit der Reiseveranstalter die Reiseleistung mit eigenen Mitteln erbringt. ③ Das gilt auch, wenn die vermittelten Leistungen in einer Summe angeboten werden und die Reisebüros für die Vermittlung dieser Leistungen eine einheitliche Provision erhalten.

25 (5) ① Die Ausnahmeregelung des § 4 Nr. 5 Satz 2 UStG betrifft alle Unternehmer, die Reiseleistungen für Reisende vermitteln. ② Es kommt nicht darauf an, ob sich der Unternehmer als Reisebüro bezeichnet. ③ Maßgebend ist vielmehr, ob er die Tätigkeit eines Reisebüros ausübt. ④ Da die Reisebüros die Reiseleistungen in der Regel im Auftrag der Leistungsträger und nicht im Auftrag der Reisenden vermitteln, fällt im Allgemeinen nur die Vermittlung solcher Tätigkeiten unter die Ausnahmeregelung, für die das Reisebüro dem Reisenden ein gesondertes Entgelt berechnet. ⑤ Das ist z. B. dann der Fall, wenn der Leistungsträger die Zahlung einer Vergütung an das Reisebüro ausgeschlossen hat und das Reisebüro daher dem Reisenden von sich aus einen Zuschlag zu dem vom Leistungsträger für seine Leistung geforderten Entgelt berechnet. ⑥ Das Gleiche trifft auf die Fälle zu, in denen das Reisebüro dem Reisenden für eine besondere Leistung gesondert Kosten berechnet, wie z. B. Telefon- oder Telefaxkosten, Visabeschaffungsgebühren oder besondere Bearbeitungsgebühren. ⑦ Für diese Leistungen scheidet die Steuerbefreiung auch dann aus, wenn sie im Zusammenhang mit nicht steuerbaren oder steuerfreien Vermittlungsleistungen an einen Leistungsträger bewirkt werden.

Beispiel:

① Das Reisebüro vermittelt dem Reisenden einen grenzüberschreitenden Flug. ② Gleichzeitig vermittelt es im Auftrag des Reisenden die Erteilung des Visums. ③ Die Steuerbefreiung des § 4 Nr. 5 UStG kann in diesem Fall nur für die Vermittlung des Fluges in Betracht kommen.

(6) ① Erhält ein Reisebüro eine Zahlung von einem Luftverkehrsunternehmen, das die dem Reisenden vermittelte grenzüberschreitende Personenbeförderung im Luftverkehr erbringt, obwohl eine Vermittlungsprovision nicht vereinbart wurde (z. B. im Rahmen des sog. Nullprovisionsmodells oder einer sog. Incentive-Vereinbarung), ist im Einzelfall auf Basis der vertraglichen Vereinbarungen zu prüfen, welche Leistungen des Reisebüros mit der Zahlung vergütet werden. ② Zahlungen des Luftverkehrsunternehmens für die Bereitschaft des Reisebüros, die Erbringung von Leistungen des Luftverkehrsunternehmens in besonderem Maß zu fördern und in Kundengesprächen bevorzugt anzubieten, sind Entgelt für eine steuerpflichtige Vertriebsleistung eigener Art des Reisebüros gegenüber dem Luftverkehrsunternehmen. ③ Erhält ein Reisebüro, das grenzüberschreitende Personenbeförderungsleistungen im Luftverkehr im Auftrag des Luftverkehrsunternehmens vermittelt, von diesem für den Flugscheinverkauf ein Entgelt, und erhebt es daneben einen zusätzlichen Betrag vom Reisenden (z. B. sog. Service-Fee), erbringt es beim Flugscheinverkauf eine nach § 4 Nr. 5 Satz 1 Buchstabe b UStG steuerfreie Vermittlungsleistung an das Luftverkehrsunternehmen und gleichzeitig eine Vermittlungsleistung an den Reisenden (vgl. im Einzelnen Abschnitt 10.1 Abs. 9). 26

(7) ① Firmenkunden-Reisebüros erbringen mit ihren Leistungen an Firmenkunden hauptsächlich Vermittlungsleistungen und nicht eine einheitliche sonstige Leistung der Kundenbetreuung. ② Wesen des Vertrags zwischen Firmenkunden-Reisebüro und Firmenkunden ist die effiziente Vermittlung von Reiseleistungen unter Beachtung aller Vorgaben des Firmenkunden. ③ Hierzu gehört insbesondere auch die Einhaltung der kundeninternen Reisekosten-Richtlinie und die erleichterte Reisebuchung mittels Online-Buchungsplattformen. ④ Das Entgelt wird in erster Linie für die Vermittlung der Reiseleistung des Leistungsträgers und nicht für eine gesonderte Betreuungsleistung gezahlt. 27

(8) ① Das Firmenkunden-Reisebüro wird nicht (nur) im Auftrag des jeweiligen Leistungsträgers tätig. ② Es tritt regelmäßig als Vermittler im Namen und für Rechnung des Firmenkunden auf. ③ Die Vermittlungsleistung des Reisebüros ist gemäß Absatz 5 Satz 4 steuerpflichtig, wenn dem Kunden für die Vermittlung der Tätigkeit ein gesondertes Entgelt berechnet wird. ④ Das betrifft insbesondere Fälle, in denen das Reisebüro dem Kunden für eine besondere Leistung gesondert Kosten berechnet (z. B. besondere Bearbeitungsgebühren). 28

(9) ① Eine von einem Reisebüro an einen Reiseveranstalter erbrachte Leistung ist auch dann noch als Vermittlungsleistung anzusehen, wenn der Reisende von der Reise vertragsgemäß zurücktritt und das Reisebüro in diesem Fall vom Reiseveranstalter nur noch ein vermindertes Entgelt (sog. Stornoprovision) für die von ihm erbrachte Leistung erhält. 29

Tritt ein **Reisebüro als Reiseveranstalter** auf, ist § 4 Nr. 5 Buchst. c UStG nicht anwendbar. *Verfügung OFD Koblenz S 7100 A – St 51 2 v. 13. 3. 1990 (DStR S. 457).* LS zu 4.5.2

Vereinfachungsregelung betreffend die Aufteilung von Vermittlungsleistungen der Reisebüros für als **Reiseveranstalter auftretende Busunternehmer** in steuerfreie und steuerpflichtige Leistungen. *Verfügung OFD Frankfurt S 7156 d A – 5 – St I 2.10 v. 17. 12. 2004 (DStR 2005 S. 601).* 30

Bei der Vermittlungsleistung des **Firmenkunden-Reisebüros** handelt es sich um eine sonstige Leistung im Sinne des § 3 Abs. 9 UStG. *Verfügung OFD Münster USt. 3/2009 v. 12. 5. 2009 (DB S. 1381).*

a) Schreiben betr. Umsatzsteuerbefreiung nach § 4 Nr. 5 UStG; Vermittlungsprovisionen an Reisebüros[1]

Anl a zu 4.5.2

Vom 22. März 2000 (BStBl. I S. 458)

(BMF IV D 2 – S 7156 d – 4/00)

Die Vermittlung von Reiseleistungen für Reiseveranstalter im Inland wird vielfach bereits vor der Durchführung der vermittelten Reiseleistungen abgerechnet. Deshalb lässt sich oft nur schwer feststellen, ob es sich bei den vom Reisebüro vermittelten Umsätzen um einheitliche Reiseleistungen im Sinne des § 25 Abs. 1 UStG oder um Einzelleistungen (soweit der Reiseveranstalter die Reiseleistung mit eigenen Mitteln erbringt) handelt. Hieraus ergeben sich auch Unsicherheiten, ob die Vermittlungsleistung steuerpflichtig, steuerfrei oder nicht steuerbar ist. *Weil Gutschriften nur bei steuerpflichtigen Leistungen als Rechnungen gelten (§ 14 Abs. 5 UStG),*[1] ist bei der Abrechnung der Vermittlungsleistung mit Gutschriften damit zugleich fraglich, ob den Reiseveranstaltern daraus der Vorsteuerabzug zusteht. 31

Unter Bezugnahme auf das Ergebnis der Erörterung mit den obersten Finanzbehörden der Länder gilt folgendes:

Vermitteln Reisebüros für Reiseveranstalter gegen eine einheitlich vom Reisepreis berechnete Provision Reiseleistungen im Sinne des § 25 UStG, bei denen der Reiseveranstalter Eigenleistungen in Form

[1] Gutschriften bei steuerfreien Leistungen vgl. § 14 Abs. 2 Satz 2 u. 3 UStG/A 14.3 Abs. 1 Satz 4 UStAE.

von grenzüberschreitenden Personenbeförderungsleistungen mit Flugzeugen (eigene, konzerneigene oder gemietete Flugzeuge) ausführt, erbringen die Reisebüros sowohl steuerpflichtige als auch nichtsteuerbare bzw. steuerfreie Vermittlungsleistungen.

Zur Vermeidung von Härten wird es bis auf Weiteres nicht beanstandet, wenn die Beteiligten in diesen Fällen die Vermittlungsleistungen einvernehmlich zu 70% als steuerpflichtig behandeln. Reiseveranstalter können in diesen Fällen die auf die als steuerpflichtig behandelte Vermittlungsprovision entfallende Umsatzsteuer als Vorsteuer abziehen. Dies gilt auch in Fällen, in denen mit Gutschriften abgerechnet wird.

Anl b zu 4.5.2

b) Schreiben betr. umsatzsteuerliche Behandlung von Provisionsabrechnungen für Vermittlungsleistungen von inländischen Reisebüros; Provisionen für Buspauschalreisen

Vom 7. Dezember 2000 (BStBl. 2001 I S. 98)

(BMF IV D 1 – S 7156 d – 4/00)

32 Die Vermittlung von Reiseleistungen für Reiseveranstalter im Inland wird vielfach bereits vor Durchführung der vermittelten Reiseleistungen abgerechnet. Deshalb lässt sich oft nur schwer feststellen, inwieweit es sich bei den vom Reisebüro vermittelten Umsätzen um einheitliche Reiseleistungen im Sinne des § 25 Abs. 1 UStG bzw. um Einzelleistungen (soweit der Reiseveranstalter die Reiseleistung mit eigenen Mitteln erbringt) handelt. Hieraus ergeben sich auch Unsicherheiten, ob die Vermittlungsleistung steuerpflichtig, steuerfrei oder nicht steuerbar ist. *Weil Gutschriften nur bei steuerpflichtigen Leistungen als Rechnungen gelten (§ 14 Abs. 5 UStG),*[1] ist bei der Abrechnung der Vermittlungsleistung mit Gutschriften damit zugleich fraglich, ob den Reiseveranstaltern daraus der Vorsteuerabzug zusteht.

Unter Bezugnahme auf das Ergebnis der Erörterung mit den obersten Finanzbehörden der Länder gilt Folgendes:

Vermitteln inländische Reisebüros für Reiseveranstalter gegen eine einheitlich vom Reisepreis berechnete Provision Reiseleistungen, bei denen der Reiseveranstalter Eigenleistungen in Form von grenzüberschreitenden Personenbeförderungsleistungen mit Omnibussen (eigene, konzerneigene oder gemietete) ausführt, erbringen die Reisebüros ggf. sowohl steuerpflichtige als auch nicht steuerbare Vermittlungsleistungen.

Es sind folgende Fallgestaltungen zu unterscheiden:

1. Vermittlung einer grenzüberschreitenden Buspauschalreise mit eigenem Omnibus in ein Drittland
   Die Vermittlungsleistung des inländischen Reisebüros – soweit sie auf die Beförderungsleistung entfällt – wird nach *§ 3a Abs. 2 Nr. 4 Satz 1 UStG*[1] an dem Ort erbracht, an dem der vermittelte Umsatz ausgeführt wird. Die Leistung ist demnach in Bezug auf die Vermittlung des inländischen Teils der Beförderungsleistung steuerbar und steuerpflichtig und in Bezug auf die Vermittlung des ausländischen Teils der Beförderungsleistung nicht steuerbar (§ 3b Abs. 1 Sätze 1 und 2 UStG).
2. Vermittlung einer grenzüberschreitenden Buspauschalreise mit eigenem Omnibus in einen anderen Mitgliedstaat. Der Reiseveranstalter verwendet keine USt-IdNr.
   Lösung wie Fallgestaltung 1.
3. Vermittlung einer grenzüberschreitenden Buspauschalreise mit eigenem Omnibus in einen anderen Mitgliedstaat. Der Reiseveranstalter verwendet seine deutsche USt-IdNr.
   Die Vermittlungsleistung des inländischen Reisebüros – soweit sie auf die Beförderungsleistung entfällt – gilt nach *§ 3a Abs. 2 Nr. 4 Satz 2 UStG*[1] als in dem Mitgliedstaat der verwendeten USt-IdNr. ausgeführt. Sie ist somit auch in Bezug auf die Vermittlung des ausländischen Teils der Beförderungsleistung steuerbar und steuerpflichtig.

Zur Vermeidung von Härten wird bis auf Weiteres in Bezug auf die Eigenleistungen folgende Berechnung des nicht steuerbaren Anteils der Vermittlungsprovisionen (vgl. Fallgestaltungen 1 und 2) nicht beanstandet:

Das als Reiseveranstalter auftretende Busunternehmen kann einen individuellen Aufteilungsschlüssel ermitteln. Soweit dessen Eigenleistung auf den ausländischen Streckenanteil der Beförderung entfällt, erbringt das Reisebüro eine nicht steuerbare Vermittlungsleistung (*§ 3a Abs. 2 Nr. 4 Satz 1 i. V. m. § 3b UStG*).[1] Der Aufteilungsschlüssel ist anhand eines repräsentativen Zeitraums (regelmäßig über ein Kalenderjahr) zu ermitteln und von der zuständigen Landesfinanzbehörde genehmigen zu lassen. Er kann anschließend widerruflich angewandt werden.

Bei Abrechnungen, in denen ein solcher Aufteilungsschlüssel zugrunde gelegt wird, ist auf die Genehmigung des Finanzamts unter Angabe des Datums und der Steuernummer hinzuweisen.

Reiseveranstalter können in diesen Fällen die auf die als steuerpflichtig behandelte Vermittlungsprovision entfallende Umsatzsteuer als Vorsteuer abziehen. Dies gilt auch in Fällen, in denen mit Gutschriften abgerechnet wird.

UStAE 4.5.3

4.5.3 Verkauf von Flugscheinen durch Reisebüros oder Tickethändler („Consolidator“)

41 (1) ① Bei Verkäufen von Flugscheinen sind grundsätzlich folgende Sachverhalte zu unterscheiden:

[1] Gutschriften bei steuerfreien Leistungen vgl. § 14 Abs. 2 Satz 2 u. 3 UStG/A 14.3 Abs. 1 Satz 4 UStAE.

UStAE 4.5.3

1. ① Der Linienflugschein wird von einem lizensierten IATA-Reisebüro verkauft und das Reisebüro erhält hierfür eine Provision. ② Der Linienflugschein enthält einen Preiseindruck, der dem offiziellen IATA-Preis entspricht. ③ Der Kunde erhält sofort oder auch später eine Gutschrift in Höhe des gewährten Rabattes. ④ Die Abrechnung erfolgt als „Nettopreisticket", so dass keine übliche Vermittlungsprovision vereinbart wird. ⑤ Die Flugscheine werden mit einem am Markt durchsetzbaren Aufschlag auf den Festpreis an den Reisenden veräußert. ⑥ Der Festpreis liegt in der Regel deutlich unter dem um die Provision geminderten offiziellen Ticketpreis. ⑦ Erfolgt die Veräußerung über einen Vermittler („Consolidator"), erhöht sich der Festpreis um einen Gewinnzuschlag des Vermittlers. ⑧ Die Abrechnung erfolgt dann über eine sog. „Bruttoabrechnung".
2. ① Bei „IT-Flugscheinen" (Linientickets mit einem besonderen Status) darf der Flugpreis nicht im Flugschein ausgewiesen werden, da er nur im Zusammenhang mit einer Pauschalreise (Kombination des Flugs mit einer anderen Reiseleistung, z. B. Hotel) gültig ist. ② Der Verkauf des Flugscheins an den Kunden mit einem verbundenen, zusätzlichen Leistungsgutschein (Voucher) erfolgt in einem Gesamtpaket zu einem Pauschalpreis. ③ Sind sich der Kunde und der Verkäufer der Leistung aber einig, dass der Leistungsgutschein wertlos ist (Null-Voucher), handelt es sich wirtschaftlich um den Verkauf eines günstigen Fluges und nicht um eine Pauschalreise.
3. ① „Weichwährungstickets" sind Flugscheine mit regulärem Preiseindruck (IATA-Tarif). ② Allerdings lautet der Flugpreis nicht auf Euro, sondern wird in einer beliebigen „weicheren" Währung ausgedruckt. ③ Dabei wird der Flugschein entweder unmittelbar im „Weichwährungsland" erworben oder in Deutschland mit einem fingierten ausländischen Abflugort ausgestellt und der für den angeblichen Abflugort gültige, günstigere Preis zu Grunde gelegt.
4. ① Charterflugscheine unterlagen bis zur Änderung der luftfahrtrechtlichen Bestimmungen den gleichen Beschränkungen wie „IT-Flugscheine", d. h. nur die Bündelung der Flugleistung mit einer/mehreren anderen touristischen Leistungen führte zu einem gültigen Ticket. ② Die Umgehung der luftfahrtrechtlichen Beschränkungen wurde über die Ausstellung von „Null-Vouchers" erreicht. ③ Nach der Aufhebung der Beschränkungen ist der Verkauf von einzelnen Charterflugscheinen ohne Leistungsgutschein (sog. Nur-Flüge) zulässig.

② Die Veräußerung dieser Flugscheine an den Kunden erfolgt entweder unmittelbar über Reisebüros oder über einen oder mehrere zwischengeschaltete Tickethändler („Consolidator"). ③ Die eigentliche Beförderung kommt zwischen der Fluggesellschaft und dem Kunden zustande. ④ Kennzeichnend ist in allen Sachverhalten, dass die Umsätze Elemente eines Eigengeschäfts (Veranstalterleistung) sowie eines Vermittlungsgeschäfts enthalten.

(2) ① Aus Vereinfachungsgründen kann der Verkauf von Einzeltickets für grenzüberschreitende Flüge (Linien- oder Charterflugschein) vom Reisebüro im Auftrag des Luftverkehrsunternehmens an die Kunden als steuerfreie Vermittlungsleistung nach § 4 Nr. 5 Satz 1 Buchstabe b UStG behandelt werden. ② Gleiches gilt für die Umsätze des Consolidators, der in den Verkauf der Einzeltickets eingeschaltet worden ist. ③ Die Vereinfachungsregelung findet ausschließlich Anwendung beim Verkauf von Einzelflugtickets durch Reisebüros und Tickethändler. ④ Sobald diese ein „Paket" von Flugtickets erwerben und mit anderen Leistungen (z. B. Unterkunft und Verpflegung) zu einer Pauschalreise verbinden, handelt es sich um eine Reiseleistung, deren Umsatzbesteuerung sich nach § 25 UStG richtet. ⑤ Können nicht alle Reisen aus diesem „Paket" veräußert werden und werden daher Flugtickets ohne die vorgesehenen zusätzlichen Leistungen veräußert, sind die Voraussetzungen einer Vermittlungsleistung im Sinne des Satzes 1 nicht erfüllt, da insoweit das Reisebüro bzw. der Tickethändler auf eigene Rechnung und eigenes Risiko tätig wird. ⑥ Nachträglich (rückwirkend) kann diese Leistung nicht in eine Vermittlungsleistung umgedeutet werden. ⑦ Die Versteuerung richtet sich in diesen Fällen daher weiterhin nach § 25 UStG. ⑧ Reisebüros/Tickethändler müssen deshalb beim Erwerb der Flugtickets entscheiden, ob sie die Flugtickets einzeln „veräußern" oder zusammen mit anderen Leistungen in einem „Paket" anbieten wollen. ⑨ Der Nachweis hierüber ist entsprechend den Regelungen des § 25 Abs. 5 Nr. 2 i. V. m. § 22 Abs. 2 Nr. 1 UStG zu führen. 42

(3) Erhebt das Reisebüro beim Verkauf eines Einzeltickets vom Reisenden zusätzlich Gebühren (z. B. sog. Service-Fee), liegt insoweit eine Vermittlungsleistung vor (vgl. Abschnitt 10.1 Absatz 9 Nr. 1 und 4). 43

(4) Wird dem Flugschein eine zusätzliche „Leistung" des Reisebüros oder des Consolidators ohne entsprechenden Gegenwert (z. B. Null-Voucher) hinzugefügt, handelt es sich bei dem wertlosen Leistungsgutschein um eine unentgeltliche Beigabe. 44

(5) ① Das Reisebüro bzw. der Consolidator hat die Voraussetzungen der steuerfreien Vermittlungsleistung im Einzelnen nachzuweisen. ② Dabei muss dem Käufer des Flugscheins deutlich werden, dass sich die angebotene Leistung auf die bloße Vermittlung der Beförderung beschränkt und die Beförderungsleistung tatsächlich von einem anderen Unternehmer (der Fluggesellschaft) erbracht wird. 45

(6) ① Steht ein Ticketverkauf dagegen im Zusammenhang mit anderen Leistungen, die vom leistenden Unternehmer erbracht werden (Transfer, Unterkunft, Verpflegung usw.), liegt in der 46

Gesamtleistung eine eigenständige Veranstaltungsleistung, die unter den Voraussetzungen des § 25 UStG der Margenbesteuerung unterworfen wird. ② Dabei kommt es nicht auf die Art des Flugscheins (Linien- oder Charterflugschein) an.

UStAE 4.5.4

4.5.4 Buchmäßiger Nachweis

51 (1) ① Der Unternehmer hat den Buchnachweis eindeutig und leicht nachprüfbar zu führen. ② Wegen der allgemeinen Grundsätze wird auf die Ausführungen zum buchmäßigen Nachweis bei Ausfuhrlieferungen hingewiesen (vgl. Abschnitt 6.10 Abs. 1 bis 3).

52 (2) ① In § 22 Abs. 2 UStDV ist geregelt, welche Angaben der Unternehmer für die Steuerbefreiung des § 4 Nr. 5 UStG aufzeichnen soll. ② Zum Nachweis der Richtigkeit dieser buchmäßigen Aufzeichnung sind im Allgemeinen schriftliche Angaben des Auftraggebers oder schriftliche Bestätigungen mündlicher Angaben des Auftraggebers durch den Unternehmer über das Vorliegen der maßgeblichen Merkmale erforderlich. ③ Außerdem kann dieser Nachweis durch geeignete Unterlagen über das vermittelte Geschäft geführt werden, wenn daraus der Zusammenhang mit der Vermittlungsleistung, z. B. durch ein Zweitstück der Verkaufs- oder Versendungsunterlagen, hervorgeht.

53 (3) ① Bei einer mündlich vereinbarten Vermittlungsleistung kann der Nachweis auch dadurch geführt werden, dass der Vermittler, z. B. das Reisebüro, den Vermittlungsauftrag seinem Auftraggeber, z. B. dem Beförderungsunternehmer, auf der Abrechnung oder dem Überweisungsträger bestätigt. ② Das kann z. B. in der Weise geschehen, dass der Vermittler in diesen Unterlagen den vom Auftraggeber für die vermittelte Leistung insgesamt geforderten Betrag angibt und davon den einbehaltenen Betrag unter der Bezeichnung „vereinbarte Provision" ausdrücklich absetzt.

54 (4) ① Zum buchmäßigen Nachweis gehören auch Angaben über den vermittelten Umsatz (§ 22 Abs. 2 Nr. 1 UStDV). ② Im Allgemeinen ist es als ausreichend anzusehen, wenn der Unternehmer die erforderlichen Merkmale in seinen Aufzeichnungen festhält. ③ Bei der Vermittlung der in § 4 Nr. 5 Satz 1 Buchstabe a UStG bezeichneten Umsätze sollen sich daher die Aufzeichnungen auch darauf erstrecken, dass der vermittelte Umsatz unter eine der Steuerbefreiungen des § 4 Nr. 1 Buchstabe a, Nr. 2 bis 4 b sowie Nr. 6 und 7 UStG fällt. ④ Dementsprechend sind in den Fällen des § 4 Nr. 5 Satz 1 Buchstaben b und c UStG auch der Ort und in den Fällen des Buchstabens b zusätzlich die Art des vermittelten Umsatzes aufzuzeichnen. ⑤ Bei der Vermittlung von Einfuhrlieferungen genügen Angaben darüber, dass der Liefergegenstand im Zuge der Lieferung vom Drittlandsgebiet in das Inland gelangt ist. ⑥ Einer Unterscheidung danach, ob es sich hierbei um eine Lieferung im Drittlandsgebiet oder um eine unter § 3 Abs. 8 UStG fallende Lieferung handelt, bedarf es für die Inanspruchnahme der Steuerbefreiung des § 4 Nr. 5 UStG aus Vereinfachungsgründen nicht.

UStG

§ 4 (Forts.)

Von den unter § 1 Abs. 1 Nr. 1 fallenden Umsätzen sind steuerfrei:

…

1 **6. a)[1] die Lieferungen und sonstigen Leistungen der Eisenbahnen des Bundes auf Gemeinschaftsbahnhöfen, Betriebswechselbahnhöfen, Grenzbetriebsstrecken und Durchgangsstrecken an Eisenbahnverwaltungen mit Sitz im Ausland,**

2 **b) (weggefallen)**

3 **c) die Lieferungen von eingeführten Gegenständen an im Drittlandsgebiet, ausgenommen Gebiete nach § 1 Abs. 3, ansässige Abnehmer, soweit für die Gegenstände zollamtlich eine vorübergehende Verwendung in den in § 1 Abs. 1 Nr. 4 bezeichneten Gebieten bewilligt worden ist und diese Bewilligung auch nach der Lieferung gilt. ② Nicht befreit sind die Lieferungen von Beförderungsmitteln, Paletten und Containern,**

4 **d) Personenbeförderungen im Passagier- und Fährverkehr mit Wasserfahrzeugen für die Seeschifffahrt, wenn die Personenbeförderungen zwischen inländischen Seehäfen und der Insel Helgoland durchgeführt werden,**

5 **e)[2] die Abgabe von Speisen und Getränken zum Verzehr an Ort und Stelle im Verkehr mit Wasserfahrzeugen für die Seeschifffahrt zwischen einem inländischen und ausländischen Seehafen und zwischen zwei ausländischen Seehäfen. ② Inländische Seehäfen im Sinne des Satzes 1 sind auch die Freihäfen und Häfen auf der Insel Helgoland.**

Hinweis auf EU-Vorschriften:

UStG:	§ 4 Nr. 6 (a)	**MwStSystRL:**	Art. 394
	§ 4 Nr. 6 (c)		Art. 161

[1] Die Beförderung über eine Strecke von ca. 300 km ist nicht als Leistung auf einer Grenzbetriebsstrecke nach § 4 Nr. 6 Buchst. a UStG steuerfrei. *BFH-Urt. v. 4. 7. 2013, V R 33/11 (BStBl. II S. 937).*

[2] An-Bord-Leistungen im Gemeinschaftsgebiet vgl. § 3 e UStG.

Zu § 4 Nr. 6 UStG

4.6.1 Leistungen der Eisenbahnen des Bundes UStAE 4.6.1

Bei den Leistungen der Eisenbahnen des Bundes handelt es sich insbesondere um die Überlassung von Anlagen und Räumen, um Personalgestellungen und um Lieferungen von Betriebsstoffen, Schmierstoffen und Energie. 6

4.6.2 Steuerbefreiung für Restaurationsumsätze an Bord von Seeschiffen UStAE 4.6.2

① Die Steuerbefreiung nach § 4 Nr. 6 Buchstabe e UStG umfasst die entgeltliche und unentgeltliche Abgabe von Speisen und Getränken zum Verzehr an Bord von Seeschiffen, sofern diese eine selbständige sonstige Leistung ist. ② Nicht befreit ist die Lieferung von Speisen und Getränken. ③ Zur Abgrenzung vgl. Abschnitt 3.6. 7

§ 4 (Forts.) UStG

Von den unter § 1 Abs. 1 Nr. 1 fallenden Umsätzen sind steuerfrei:

…

7. die Lieferungen, ausgenommen Lieferungen neuer Fahrzeuge im Sinne des § 1b Abs. 2 und 3, und die sonstigen Leistungen 1

a) an andere Vertragsparteien des Nordatlantikvertrags, die nicht unter die in § 26 Abs. 5 bezeichneten Steuerbefreiungen fallen, wenn die Umsätze für den Gebrauch oder Verbrauch durch die Streitkräfte dieser Vertragsparteien, ihr ziviles Begleitpersonal oder für die Versorgung ihrer Kasinos oder Kantinen bestimmt sind und die Streitkräfte der gemeinsamen Verteidigungsanstrengung dienen,

b) an die in dem Gebiet eines anderen Mitgliedstaates stationierten Streitkräfte der Vertragsparteien des Nordatlantikvertrags, soweit sie nicht an die Streitkräfte dieses Mitgliedstaates ausgeführt werden,

c) an die in dem Gebiet eines anderen Mitgliedstaates ansässigen ständigen diplomatischen Missionen und berufskonsularischen Vertretungen sowie deren Mitglieder und

d) an die in dem Gebiet eines anderen Mitgliedstaates ansässigen zwischenstaatlichen Einrichtungen sowie deren Mitglieder,

[*ab 1. 7. 2022:* **e) an Streitkräfte eines anderen Mitgliedstaates, wenn die Umsätze für den Gebrauch oder Verbrauch durch die Streitkräfte, ihres zivilen Begleitpersonals oder für die Versorgung ihrer Kasinos oder Kantinen bestimmt sind und die Streitkräfte an einer Verteidigungsanstrengung teilnehmen, die zur Durchführung einer Tätigkeit der Union im Rahmen der Gemeinsamen Sicherheits- und Verteidigungspolitik unternommen wird und**

f) an die in dem Gebiet eines anderen Mitgliedstaates stationierten Streitkräfte eines Mitgliedstaates, wenn die Umsätze nicht an die Streitkräfte des anderen Mitgliedstaates ausgeführt werden, die Umsätze für den Gebrauch oder Verbrauch durch die Streitkräfte, ihres zivilen Begleitpersonals oder für die Versorgung ihrer Kasinos oder Kantinen bestimmt sind und die Streitkräfte an einer Verteidigungsanstrengung teilnehmen, die zur Durchführung einer Tätigkeit der Union im Rahmen der Gemeinsamen Sicherheits- und Verteidigungspolitik unternommen wird.]

② Der Gegenstand der Lieferung muss in den Fällen des Satzes 1 Buchstabe b bis d [*ab 1. 7. 2022:* und f] in das Gebiet des anderen Mitgliedstaates befördert oder versendet werden. ③ Für die Steuerbefreiungen nach Satz 1 Buchstabe b bis d [*ab 1. 7. 2022:* und f] sind die in dem anderen Mitgliedstaat geltenden Voraussetzungen maßgebend. ④ Die Voraussetzungen der Steuerbefreiungen müssen vom Unternehmer nachgewiesen sein. ⑤ Bei den Steuerbefreiungen nach Satz 1 Buchstabe b bis d [*ab 1. 7. 2022:* und f] hat der Unternehmer die in dem anderen Mitgliedstaat geltenden Voraussetzungen dadurch nachzuweisen, dass ihm der Abnehmer eine von der zuständigen Behörde des anderen Mitgliedstaates oder, wenn er hierzu ermächtigt ist, eine selbst ausgestellte Bescheinigung nach amtlich vorgeschriebenem Muster aushändigt. ⑥ Das Bundesministerium der Finanzen kann mit Zustimmung des Bundesrates durch Rechtsverordnung bestimmen, wie der Unternehmer die übrigen Voraussetzungen nachzuweisen hat.

Hinweis auf EU-Vorschriften:
UStG: § 4 Nr. 7 .... **MwStSystRL:** Art. 151 Abs. 1/**MwStVO:** Art. 49–51

Zu § 4 Nr. 7 UStG

UStAE 4.7.1

4.7.1[1] Leistungen an Vertragsparteien des Nordatlantikvertrages, NATO-Streitkräfte, diplomatische Missionen, zwischenstaatliche Einrichtungen[2] und Streitkräfte der Mitgliedstaaten der Europäischen Union im Rahmen der GSVP

11 (1) ① Die Steuerbefreiung nach § 4 Nr. 7 Satz 1 Buchstabe a UStG betrifft insbesondere wehrtechnische Gemeinschaftsprojekte der NATO-Partner, bei denen der Generalunternehmer im Inland ansässig ist. ② Die Leistungen eines Generalunternehmers sind steuerfrei, wenn die Verträge so gestaltet und durchgeführt werden, dass der Generalunternehmer seine Leistungen unmittelbar an jeden einzelnen der beteiligten Staaten ausführt. ③ Diese Voraussetzungen sind auch dann erfüllt, wenn beim Abschluss und bei der Durchführung der Verträge das Bundesamt für Ausrüstung, Informationstechnik und Nutzung der Bundeswehr oder eine von den beteiligten Staaten geschaffene Einrichtung im Namen und für Rechnung der beteiligten Staaten handelt.

12 (2) ① Die Steuerbefreiung nach § 4 Nr. 7 Satz 1 Buchstabe a UStG umfasst auch Lieferungen von Rüstungsgegenständen an andere NATO-Partner. ② Für diese Lieferungen kann auch die Steuerbefreiung für Ausfuhrlieferungen nach § 4 Nr. 1 Buchstabe a, § 6 Abs. 1 UStG in Betracht kommen (vgl. Abschnitt 6.1).

13 (3) ① Nach § 4 Nr. 7 Satz 1 Buchstabe b UStG sind Lieferungen und sonstige Leistungen an die im Gebiet eines anderen Mitgliedstaats stationierten NATO-Streitkräfte befreit. ② Dabei darf es sich nicht um die Streitkräfte dieses Mitgliedstaates handeln (z. B. Lieferungen an die belgischen Streitkräfte in Belgien). ③ Begünstigt sind Leistungsbezüge, die für unmittelbare amtliche Zwecke der Streitkraft selbst und für den persönlichen Gebrauch oder Verbrauch durch Angehörige der Streitkraft bestimmt sind. ④ Die Steuerbefreiung kann nicht für Leistungen an den einzelnen Soldaten in Anspruch genommen werden, sondern nur, wenn die Beschaffungsstelle der im übrigen Gemeinschaftsgebiet stationierten Streitkraft Auftraggeber und Rechnungsempfänger der Leistung ist.

13a (3a)[3] ① Die Steuerbefreiungen nach § 4 Nr. 7 Satz 1 Buchstaben e und f UStG betreffen Maßnahmen im Rahmen der Gemeinsamen Sicherheits- und Verteidigungspolitik (GSVP) gemäß Titel V Kapitel 2 Abschnitt 2 des Vertrags über die Europäische Union. ② Verteidigungsanstrengungen, die zur Durchführung einer Tätigkeit der Union im Rahmen der GSVP unternommen werden, sind unter anderem militärische Missionen und Operationen, Tätigkeiten von Gefechtsverbänden, der gegenseitige Beistand, Projekte im Rahmen der Ständigen Strukturierten Zusammenarbeit (SSZ) sowie Tätigkeiten der Europäischen Verteidigungsagentur (European Defence Agency – EDA). ③ Ausgenommen sind Tätigkeiten im Rahmen der Solidaritätsklausel nach Artikel 222 des Vertrags über die Arbeitsweise der Europäischen Union und andere bilaterale oder multilaterale Tätigkeiten der Mitgliedstaaten, soweit sie nicht mit Verteidigungsanstrengungen, die zur Durchführung einer Tätigkeit der Union im Rahmen der GSVP unternommen werden, in Zusammenhang stehen. ④ Hierzu zählen auch zivile Missionen im Rahmen der GSVP, Aufgaben, zu deren Erfüllung ausschließlich Zivilpersonal oder zivile Fähigkeiten eingesetzt werden, und Lieferungen und Leistungen, die die Streitkräfte für den Gebrauch oder Verbrauch durch die Truppen oder das Zivilpersonal erwerben, das sie innerhalb ihres eigenen Mitgliedstaats begleitet.

13b (3b)[3] ① Nach § 4 Nr. 7 Satz 1 Buchstabe e UStG sind Lieferungen und sonstige Leistungen an Streitkräfte eines anderen Mitgliedstaats, die an einer Verteidigungsanstrengung im Inland teilnehmen, befreit. ② Begünstigt sind Leistungsbezüge, die für unmittelbare amtliche Zwecke der Streitkraft selbst und für den persönlichen Gebrauch oder Verbrauch durch Angehörige der Streitkraft, ihres zivilen Begleitpersonals oder für die Versorgung ihrer Kasinos oder Kantinen bestimmt sind. ③ Die Steuerbefreiung kann nicht für Leistungen an den einzelnen Soldaten in Anspruch genommen werden, sondern nur, wenn die Beschaffungsstelle der Streitkraft Auftraggeber und Rechnungsempfänger der Leistung ist.

13c (3c)[3] ① Nach § 4 Nr. 7 Satz 1 Buchstabe f UStG sind Lieferungen und sonstige Leistungen an die im Gebiet eines anderen Mitgliedstaats stationierten Streitkräfte befreit. ② Dabei darf es sich nicht um die Streitkräfte dieses Mitgliedstaates handeln (z. B. Lieferungen an die belgischen Streitkräfte in Belgien). ③ Begünstigt sind Leistungsbezüge, die für unmittelbare amtliche Zwecke der Streitkraft selbst und für den persönlichen Gebrauch oder Verbrauch durch Angehörige der Streitkraft, ihres zivilen Begleitpersonals oder für die Versorgung ihrer Kasinos oder Kantinen bestimmt sind. ④ Die Steuerbefreiung kann nicht für Leistungen an den einzelnen Soldaten in

[1] A 4.7.1 UStAE Überschrift neugefasst durch BMF v. 11. 11. 2022 (BStBl. I S. 1588), anzuwenden auf nach dem 30. 6. 2022 bewirkte Umsätze.

[2] **Zusammenstellung** über steuerl. Vorrechte u. Befreiungen aufgrund **zwischenstaatlicher Vereinbarungen** vgl. BMF v. 18. 3. 2013 (BStBl. I S. 404).

[3] A 4.7.1 UStAE Abs. 3a bis 3c eingefügt, Abs. 5 neugefasst, Abs. 6 Satz 1 geändert, Satz 3 neugefasst, neuer Satz 4 eingefügt, bish. Sätze 4 bis 6 werden Sätze 5 bis 7, neuer Satz 7 neugefasst durch BMF v. 11. 11. 2022 (BStBl. I S. 1588), anzuwenden auf nach dem 30. 6. 2022 bewirkte Umsätze.

Anspruch genommen werden, sondern nur, wenn die Beschaffungsstelle der im übrigen Gemeinschaftsgebiet stationierten Streitkraft Auftraggeber und Rechnungsempfänger der Leistung ist.

(4) ① Die Steuerbefreiung nach § 4 Nr. 7 Satz 1 UStG gilt nicht für die Lieferungen neuer Fahrzeuge im Sinne des § 1b Abs. 2 und 3 UStG. ② In diesen Fällen richtet sich die Steuerbefreiung nach § 4 Nr. 1 Buchstabe b, § 6a UStG. **14**

(5)[1] ① Die Steuerbefreiung nach § 4 Nr. 7 Satz 1 Buchstabe b bis d und f UStG setzt voraus, dass der Gegenstand der Lieferung in das Gebiet des anderen Mitgliedstaates befördert oder versendet wird. ② Die Beförderung oder Versendung ist durch einen Beleg entsprechend § 17a oder § 17b UStDV nachzuweisen. ③ Eine Steuerbefreiung kann nur für Leistungsbezüge gewährt werden, die noch für mindestens sechs Monate zum Gebrauch oder Verbrauch im übrigen Gemeinschaftsgebiet bestimmt sind, mit Ausnahme der Steuerbefreiung nach § 4 Nr. 7 Satz 1 Buchstabe f UStG. **15**

(6)[1] ① Für die genannten Einrichtungen und Personen ist die Steuerbefreiung nach § 4 Nr. 7 Satz 1 Buchstabe b bis d und f UStG – abgesehen von den beleg- und buchmäßigen Nachweiserfordernissen – von den Voraussetzungen und Beschränkungen abhängig, die im Gastmitgliedstaat gelten. ② Bei Lieferungen und sonstigen Leistungen an Organe oder sonstige Organisationseinheiten (z. B. Außenstellen oder Vertretungen) von zwischenstaatlichen Einrichtungen gelten die umsatzsteuerlichen Privilegien des Mitgliedstaates, in dem sich diese Einrichtungen befinden. ③ Der Unternehmer hat als Voraussetzung der Steuerbefreiung zwingend mit der ihm vom Abnehmer ausgehändigten und für diesen von der zuständigen Behörde des Gastmitgliedstaates erteilten Bestätigung (Sichtvermerk) nachzuweisen, dass die in dem Gastmitgliedstaat geltenden Voraussetzungen und Beschränkungen eingehalten sind (siehe Satz 1). ④ Kann diese vorgelegt werden, ist dies zwar ein wichtiges, aber nicht allein entscheidendes Kriterium und führt für sich alleine noch nicht zur Anwendung der Steuerbefreiung nach § 4 Nr. 7 Satz 1 Buchstabe b bis d und f UStG. ⑤ Die Gastmitgliedstaaten können zur Vereinfachung des Bestätigungsverfahrens bestimmte Einrichtungen von der Verpflichtung befreien, einen Sichtvermerk der zuständigen Behörde einzuholen. ⑥ In diesen Fällen tritt an die Stelle des Sichtvermerks eine Eigenbestätigung der Einrichtung, in der auf die entsprechende Genehmigung (Datum und Aktenzeichen) hinzuweisen ist. ⑦ Für die von der zuständigen Behörde des Gastmitgliedstaates zu erteilende Bestätigung bzw. die Eigenbestätigung der begünstigten Einrichtung ist ein Vordruck nach amtlich vorgeschriebenem Muster zu verwenden (vgl. BMF-Schreiben vom 16. 9. 2022, BStBl. I S. 1418, und Artikel 51 in Verbindung mit Anhang II MwStVO). **16**

(7) ① Die Voraussetzungen der Steuerbefreiung müssen vom Unternehmer im Geltungsbereich des UStG buchmäßig nachgewiesen werden. ② Die Voraussetzungen müssen eindeutig und leicht nachprüfbar aus der Buchführung zu ersehen sein. ③ Der Unternehmer soll den Nachweis bei Lieferungen entsprechend § 17d Abs. 2 UStDV und bei sonstigen Leistungen entsprechend § 13 Abs. 2 UStDV führen. ④ Kann der Unternehmer den beleg- und buchmäßigen Nachweis nicht, nicht vollständig oder nicht zeitnah führen, ist grundsätzlich davon auszugehen, dass die Voraussetzungen der Steuerbefreiung nicht erfüllt sind. ⑤ Etwas anderes gilt ausnahmsweise dann, wenn auf Grund der vorliegenden Belege und der sich daraus ergebenden tatsächlichen Umstände objektiv feststeht, dass die Voraussetzungen der Steuerbefreiung vorliegen (vgl. auch BFH-Urteil vom 5. 7. 2012, V R 10/10, BStBl. 2014 II S. 539). **17**

Anl zu 4.7.1

Schreiben betr.
Umsatzsteuerbefreiung nach § 4 Nr. 7 Satz 1 Buchst. b bis d und f UStG; Nachweis der im Gastmitgliedstaat geltenden Voraussetzungen (§ 4 Nr. 7 Satz 5 UStG)

Vom 16. September 2022 (BStBl. I S. 1418)

(BMF III C 3 – S 7158-e/22/10 001 :001; DOK 2022/0882170)

1. Allgemeines

1 Durch Art. 15 Nr. 2 und 3 des Jahressteuergesetzes 2020 vom 21. Dezember 2020 wurden mit § 4 Nr. 7 Satz 1 Buchst. e und f UStG Regelungen zur Steuerbefreiung von Leistungen im Zusammenhang mit der Gemeinsamen Sicherheits- und Verteidigungspolitik der Union in das Umsatzsteuergesetz eingefügt. Die Gesetzesänderung dient der Umsetzung der Richtlinie (EU) 2019/2235 des Rates vom 16. Dezember 2019 (ABl. L 336 vom 30. Dezember 2019, S. 10). Die Regelungen sind auf Umsätze anzuwenden, die nach dem 30. Juni 2022 ausgeführt werden. **20**

2 Daneben wurde durch Art. 1 Nr. 3 des Gesetzes zur Umsetzung unionsrechtlicher Vorgaben im Umsatzsteuerrecht vom 21. Dezember 2021 § 4c in das Umsatzsteuergesetz eingefügt, der Regelungen zur Steuervergütung für Leistungsbezüge europäischer Einrichtungen insbesondere in Reaktion auf die

---

[1] A 4.7.1 UStAE Abs. 3a bis 3c eingefügt, Abs. 5 neugefasst, Abs. 6 Satz 1 geändert, Satz 3 neugefasst, neuer Satz 4 eingefügt, bish. Sätze 4 bis 6 werden Sätze 5 bis 7, neuer Satz 7 neugefasst durch BMF v. 11. 11. 2022 (BStBl. I S. 1588), anzuwenden auf nach dem 30. 6. 2022 bewirkte Umsätze.

COVID-19-Pandemie enthält. Unionsrechtliche Grundlage ist insoweit die Richtlinie (EU) 2021/1159 des Rates vom 13. Juli 2021 (ABl. L 250 vom 15. Juli 2021, S. 1). Die Regelungen sind rückwirkend zum 1. Januar 2021 anzuwenden (Art. 1 Nr. 6, a. a. O., i. V. m. § 27 Abs. 35 Satz 1 UStG).

2. Voraussetzung der Steuerbefreiung

3 Nach § 4 Nr. 7 Satz 3 UStG sind für die Steuerbefreiung der Umsätze an die in § 4 Nr. 7 Satz 1 Buchst. b bis d UStG und im neu eingefügten Buchst. f genannten Einrichtungen und Personen die in dem Gastmitgliedstaat geltenden Voraussetzungen und Beschränkungen maßgebend. Der leistende Unternehmer muss gemäß § 4 Nr. 7 Satz 5 UStG dies durch eine Bescheinigung vom vorgenannten Leistungsempfänger, ausgestellt von der zuständigen Behörde des Gastmitgliedstaates (bzw. durch eine von der begünstigten Einrichtung selbst ausgestellte Bescheinigung) nach amtlich vorgeschriebenem Muster, nachweisen. Die Bescheinigung wird von den zuständigen Behörden des Aufnahmemitgliedstaats bzw. von der begünstigten Einrichtung mit einem Dienststempelabdruck versehen.

3. Änderung des Musters der Bescheinigung[1]

4 Die materiell-rechtlichen Änderungen haben eine Anpassung der Bescheinigung nach Art. 51 Abs. 1 i. V. m. Anhang II der Durchführungsverordnung (EU) Nr. 282/2011 notwendig gemacht. Die entsprechenden Änderungen des harmonisierten Bescheinigungsmusters wurden mit der Durchführungsverordnung (EU) 2022/432 des Rates vom 15. März 2022 vorgenommen (ABl. L 88 vom 16. März 2022, S. 15).

5 Unter Bezugnahme auf das Ergebnis der Erörterungen mit den obersten Finanzbehörden der Länder wird das für den Nachweis der Voraussetzungen der Steuerbefreiungen mit dem Bezugsschreiben vom 23. Juni 2011 bekannt gemachte Vordruckmuster durch das in deutscher, englischer und französischer Sprache beigefügte Muster ersetzt.

Anwendungsregelung

6 Das Muster ist für Umsätze anzuwenden, die **nach dem 30. Juni 2022** bewirkt werden.

UStG

§ 4 (Forts.)

Von den unter § 1 Abs. 1 Nr. 1 fallenden Umsätzen sind steuerfrei:

…

1 **8.**[2] **a) die Gewährung und die Vermittlung von Krediten,**

2 **b) die Umsätze und die Vermittlung der Umsätze von gesetzlichen Zahlungsmitteln. ② Das gilt nicht, wenn die Zahlungsmittel wegen ihres Metallgehalts oder ihres Sammlerwerts umgesetzt werden,**

3 **c) die Umsätze im Geschäft mit Forderungen, Schecks und anderen Handelspapieren sowie die Vermittlung dieser Umsätze, ausgenommen die Einziehung von Forderungen,**

4 **d) die Umsätze und die Vermittlung der Umsätze im Einlagengeschäft, im Kontokorrentverkehr, im Zahlungs- und Überweisungsverkehr und das Inkasso von Handelspapieren,**

5 **e) die Umsätze im Geschäft mit Wertpapieren und die Vermittlung dieser Umsätze, ausgenommen die Verwahrung und die Verwaltung von Wertpapieren,**

6 **f) die Umsätze und die Vermittlung der Umsätze von Anteilen an Gesellschaften und anderen Vereinigungen,**

7 **g) die Übernahme von Verbindlichkeiten, von Bürgschaften und anderen Sicherheiten sowie die Vermittlung dieser Umsätze,**

8 **h) die Verwaltung von Organismen für gemeinsame Anlagen in Wertpapieren im Sinne des § 1 Absatz 2 des Kapitalanlagegesetzbuchs, die Verwaltung von mit diesen vergleichbaren alternativen Investmentfonds im Sinne des § 1 Absatz 3 des Kapitalanlagegesetzbuchs, die Verwaltung von Wagniskapitalfonds und die Verwaltung von Versorgungseinrichtungen im Sinne des Versicherungsaufsichtsgesetzes,**

9 **i) die Umsätze der im Inland gültigen amtlichen Wertzeichen zum aufgedruckten Wert;**

j), k) *(weggefallen)*

Hinweis auf EU-Vorschriften:

UStG: § 4 Nr. 8 .... **MwStSystRL:** Art. 135 Abs. 1 (b)–(h)/**MwStVO:** Art. 9, 45

[1] Muster nicht abgedruckt.

[2] **Option** der Umsätze nach § 4 Nr. 8 Buchst. a bis g vgl. § 9 Abs. 1 UStG/A 9.1 UStAE.
Steuerbefreiung beim **innergemeinschaftlichen Erwerb** der in § 4 Nr. 8 Buchst. b, e und i bezeichneten Gegenstände vgl. § 4 b Nr. 1 und 2 UStG.

Übersicht zu § 4 Nr. 8 Rz.

Zu § 4 Nr. 8 UStG

4.8.1 Vermittlungsleistungen im Sinne des § 4 Nr. 8 und 11 UStG

UStAE 4.8.1

10 ① Die in § 4 Nr. 8 und 11 UStG bezeichneten Vermittlungsleistungen setzen die Tätigkeit einer Mittelsperson voraus, die nicht den Platz einer der Parteien des zu vermittelnden Vertragsverhältnisses einnimmt und deren Tätigkeit sich von den vertraglichen Leistungen, die von den Parteien dieses Vertrages erbracht werden, unterscheidet. ② Zweck der Vermittlungstätigkeit ist, das Erforderliche zu tun, damit zwei Parteien einen Vertrag schließen, an dessen Inhalt der Vermittler kein Eigeninteresse hat. ③ Es genügt, wenn der jeweilige Vermittler zu den Parteien eine mittelbare Verbindung über andere Steuerpflichtige unterhält, die selbst in unmittelbarer Verbindung zu einer dieser Parteien stehen (vgl. BFH-Urteil vom 28. 5. 2009, V R 7/08, BStBl. II 2010 S. 80). ④ Die Mittlertätigkeit kann darin bestehen, einer Vertragspartei Gelegenheit zum Abschluss eines Vertrages nachzuweisen, mit der anderen Partei Kontakt aufzunehmen oder über die Einzelheiten der gegenseitigen Leistungen zu verhandeln, wobei sich die Tätigkeit auf ein einzelnes Geschäft, das vermittelt werden soll, beziehen muss. ⑤ Die spezifischen und wesentlichen Funktionen einer Vermittlung sind auch erfüllt, wenn ein Unternehmer einem Vermittler am Abschluss eines Vertrages potentiell interessierte Personen nachweist und hierfür eine sog. „Zuführungsprovision" erhält (vgl. BFH-Urteil vom 28. 5. 2009, V R 7/08, a. a. O.). ⑥ Nicht steuerfrei sind hingegen Leistungen, die keinen spezifischen und wesentlichen Bezug zu einzelnen Vermittlungsgeschäften aufweisen, sondern allenfalls dazu dienen, als Subunternehmer den Versicherer bei den ihm selbst obliegenden Aufgaben zu unterstützen, ohne Vertragsbeziehungen zu den Versicherten zu unterhalten (vgl. BFH-Urteil vom 28.5. 2009, V R 7/08, a. a. O.). ⑦ Wer lediglich einen Teil der mit einem zu vermittelnden Vertragsverhältnis verbundenen Sacharbeit übernimmt oder lediglich einem anderen Unternehmer Vermittler zuführt und diese betreut, erbringt insoweit keine steuerfreie Vermittlungsleistung (vgl. BFH-Urteil vom 14.5. 2014, XI R 13/11, BStBl. II S. 734). ⑧ Die Steuerbefreiung einer Vermittlungsleistung setzt nicht voraus, dass es tatsächlich zum Abschluss des zu vermittelnden Vertragsverhältnisses gekommen ist. ⑨ Unbeschadet dessen erfüllen bloße Beratungsleistungen den Begriff der Vermittlung nicht (vgl. EuGH-Urteil vom 21.6. 2007, C-453/05, Ludwig, DStR S. 1160). ⑩ Auch die Betreuung, Überwachung oder Schulung von nachgeordneten selbständigen Vermittlern kann zur berufstypischen Tätigkeit eines Bausparkassenvertreters, Versicherungsvertreters oder Versicherungsmaklers nach § 4 Nr. 11 UStG oder zu Vermittlungsleistungen der in § 4 Nr. 8 UStG bezeichneten Art gehören. ⑪ Dies setzt aber voraus, dass der Unternehmer, der die Leistung der Betreuung, Überwachung und Schulung übernimmt, durch Prüfung eines jeden Vertragsangebots mit-

telbar auf eine der Vertragsparteien einwirken kann. ② Dabei ist auf die Möglichkeit abzustellen, eine solche Prüfung im Einzelfall durchzuführen (vgl. BFH-Urteil vom 3.8. 2017, V R 19/16, BStBl. II S. 1207).

UStAE 4.8.2

4.8.2 Gewährung und Vermittlung von Krediten

12 (1) ① Gewährt ein Unternehmer im Zusammenhang mit einer Lieferung oder sonstigen Leistung einen Kredit, ist diese Kreditgewährung nach § 4 Nr. 8 Buchstabe a UStG steuerfrei, wenn sie als selbständige Leistung anzusehen ist. ② Entgelte für steuerfreie Kreditleistungen können Stundungszinsen, Zielzinsen und Kontokorrentzinsen sein (vgl. Abschnitt 3.11 Abs. 3 und 4). ③ Als Kreditgewährung ist auch die Kreditbereitschaft anzusehen, zu der sich ein Unternehmer vertraglich bis zur Auszahlung des Darlehens verpflichtet hat. ④ Zur umsatzsteuerrechtlichen Behandlung von Krediten, die im eigenen Namen, aber für fremde Rechnung gewährt werden, siehe Abschnitt 3.15.

13 (2) ① Werden bei der Gewährung von Krediten Sicherheiten verlangt, müssen zur Ermittlung der Beleihungsgrenzen der Sicherungsobjekte, z. B. Grundstücke, bewegliche Sachen, Warenlager, deren Werte festgestellt werden. ② Die dem Kreditgeber hierdurch entstehenden Kosten, insbesondere Schätzungsgebühren und Fahrtkosten, werden dem Kreditnehmer bei der Kreditgewährung in Rechnung gestellt. ③ Mit der Ermittlung der Beleihungsgrenzen der Sicherungsobjekte werden keine selbständigen wirtschaftlichen Zwecke verfolgt. ④ Diese Tätigkeit dient vielmehr lediglich dazu, die Kreditgewährung zu ermöglichen. ⑤ Dieser unmittelbare, auf wirtschaftlichen Gegebenheiten beruhende Zusammenhang rechtfertigt es, in der Ermittlung des Wertes der Sicherungsobjekte eine Nebenleistung zur Kreditgewährung zu sehen und sie damit als steuerfrei nach § 4 Nr. 8 Buchstabe a UStG zu behandeln (BFH-Urteil vom 9. 7. 1970, V R 32/70, BStBl. II S. 645).

(3) Zur umsatzsteuerrechtlichen Behandlung des Factoring siehe Abschnitt 2.4.

14 (4) ① Die Darlehenshingabe der Bausparkassen durch Auszahlung der Baudarlehen auf Grund von Bausparverträgen ist als Kreditgewährung nach § 4 Nr. 8 Buchstabe a UStG steuerfrei. ② Die Steuerfreiheit umfasst die gesamte Vergütung, die von den Bausparkassen für die Kreditgewährung vereinnahmt wird. ③ Darunter fallen außer den Zinsbeträgen auch die Nebengebühren, wie z. B. die Abschluss- und die Zuteilungsgebühren. ④ Steuerfrei sind ferner die durch die Darlehensgebühr und durch die Kontogebühr abgegoltenen Leistungen der Bausparkasse (BFH-Urteil vom 13. 2. 1969, V R 68/67, BStBl. II S. 449). ⑤ Dagegen sind insbesondere die Herausgabe eines Nachrichtenblatts, die Bauberatung und Bauaufsicht steuerpflichtig, weil es sich dabei um selbständige Leistungen neben der Kreditgewährung handelt.

15 (5) Die Vergütungen, die dem Pfandleiher nach § 10 Abs. 1 Nr. 2 der Verordnung über den Geschäftsbetrieb der gewerblichen Pfandleiher zustehen, sind Entgelt für eine nach § 4 Nr. 8 Buchstabe a UStG steuerfreie Kreditgewährung (BFH-Urteil vom 9. 7. 1970, V R 32/70, BStBl. II S. 645).

16 (6) Hat der Kunde einer Hypothekenbank bei Nichtabnahme des Hypothekendarlehens, bei dessen vorzeitiger Rückzahlung oder bei Widerruf einer Darlehenszusage oder Rückforderung des Darlehens als Folge bestimmter, vom Kunden zu vertretender Ereignisse im Voraus festgelegte Beträge zu zahlen (sog. Nichtabnahme- bzw. Vorfälligkeitsentschädigungen), handelt es sich – soweit nicht Schadensersatz vorliegt – um Entgelte für nach § 4 Nr. 8 Buchstabe a UStG steuerfreie Kreditleistungen (BFH-Urteil vom 20. 3. 1980, V R 32/76, BStBl. II S. 538).

17 (7) ① Eine nach § 4 Nr. 8 Buchstabe a UStG steuerfreie Kreditgewährung liegt nicht vor, wenn jemand einem Unternehmer Geld für dessen Unternehmen oder zur Durchführung einzelner Geschäfte gegen Beteiligung nicht nur am Gewinn, sondern auch am Verlust zur Verfügung stellt. ② Eine Beteiligung am Verlust ist mit dem Wesen des Darlehens, bei dem die hingegebene Geldsumme zurückzuzahlen ist, unvereinbar (BFH-Urteil vom 19. 3. 1970, V R 137/69, BStBl. II S. 602).

18 (8) ① Vereinbart eine Bank mit einem Kreditvermittler, dass dieser in die Kreditanträge der Kreditkunden einen höheren Zinssatz einsetzen darf, als sie ohne die Einschaltung eines Kreditvermittlers verlangen würde (sog. Packing), ist die Zinsdifferenz das Entgelt für eine Vermittlungsleistung des Kreditvermittlers gegenüber der Bank (BFH-Urteil vom 8. 5. 1980, V R 126/76, BStBl. II S. 618). ② Die Leistung ist als Kreditvermittlung nach § 4 Nr. 8 Buchstabe a UStG steuerfrei.

19 (9) Eine vorab erstellte Finanzanalyse der Kundendaten durch den Vermittler, in der Absicht den Kunden bei der Auswahl des Finanzproduktes zu unterstützen bzw. das für ihn am besten passende Finanzprodukt auswählen zu können, kann, wenn sie ähnlich einer Kaufberatung das Mittel darstellt, um die Hauptleistung Kreditvermittlung in Anspruch zu nehmen, als unselbständige Nebenleistung (vgl. hierzu Abschnitt 3.10 Abs. 5) zur Kreditvermittlung angesehen werden.

Eine **Computeranalyse** kann eine unselbständige Nebenleistung zur Kreditvermittlung sein. *Verfügung OFD Münster S 7160 – 68 – St 44 – 32 v. 5. 6. 2009 (DB S. 1568).* LS zu 4.8.2

Es liegt ein tauschähnlicher steuerbarer Umsatz vor, wenn eine KG mit ihren Kommanditisten (Kreditinstitute) im Gesellschaftsvertrag auf schuldrechtlicher Basis vereinbart, dass sie die von den Kommanditisten bisher selbst geleistete **Kreditanalyse und Kreditsachbearbeitung,** möglicherweise auch gegenüber Dritten, gegen Erstattung der Sachkosten und der unentgeltlichen Personalgestellung unter Übertragung des arbeitsrechtlichen Direktionsrechts erbringt. Das Entgelt für die Dienstleistung besteht in der Kostenerstattung und der unentgeltlichen **Personalgestellung,** wenn nur beide Leistungen die Erbringung der Dienstleistung sicherstellen. Um eine Beistellung anstelle eines tauschähnlichen Umsatzes handelt es sich nur, wenn das vom jeweiligen Gesellschafter überlassene Personal ausschließlich für Zwecke der Leistungserbringung an den jeweiligen Gesellschafter verwendet wird. *BFH-Urteil v. 15. 4. 2010, V R 10/08 (BStBl. II S. 879).* 20

Gebühren für **Kredit-Tankkarten** können Entgelt für steuerfreie Kreditgewährung sein. *Verfügung OFD Frankfurt S 7100 A – 7/84 – St IV 11 v. 4. 2. 1985.*

Die Bereitstellung von **Tankkarten** durch eine Muttergesellschaft für ihre Tochtergesellschaften, wodurch diese die Fahrzeuge, die sie überführen, mit Kraftstoff betanken können, kann als von der Mehrwertsteuer befreite Gewährung eines Kredits im Sinne dieser Bestimmung eingestuft werden. *EuGH-Urteil v. 15. 5. 2019 C-235/18, Vega International Car Transport and Logistik-Trading GmbH (DStR S. 1082).*

4.8.3 Gesetzliche Zahlungsmittel[1]

UStAE 4.8.3

(1) ① Von der Steuerfreiheit für die Umsätze von gesetzlichen Zahlungsmitteln (kursgültige Münzen und Banknoten) und für die Vermittlung dieser Umsätze sind solche Zahlungsmittel ausgenommen, die wegen ihres Metallgehalts oder ihres Sammlerwerts umgesetzt werden. ② Hierdurch sollen gesetzliche Zahlungsmittel, die als Waren gehandelt werden, auch umsatzsteuerrechtlich als Waren behandelt werden. 21

(2) ① Bei anderen Münzen als Goldmünzen, deren Umsätze nach § 25 c UStG steuerbefreit sind, und bei Banknoten ist davon auszugehen, dass sie wegen ihres Metallgehalts oder ihres Sammlerwerts umgesetzt werden, wenn sie mit einem höheren Wert als ihrem Nennwert umgesetzt werden. ② Die Umsätze dieser Münzen und Banknoten sind nicht von der Umsatzsteuer befreit. 22

(3) ① Das Sortengeschäft (Geldwechselgeschäft) bleibt von den Regelungen der Absätze 1 und 2 unberührt. ② Dies gilt auch dann, wenn die fremde Währung auf Wunsch des Käufers in kleiner Stückelung (kleine Scheine oder Münzen) ausgezahlt und hierfür ein vom gültigen Wechselkurs abweichender Kurs berechnet wird oder Verwaltungszuschläge erhoben werden. 23

(3 a) ① Sog. virtuelle Währungen (Kryptowährungen, z. B. Bitcoin) werden den gesetzlichen Zahlungsmitteln gleichgestellt, soweit diese sog. virtuellen Währungen von den an der Transaktion Beteiligten als alternatives vertragliches und unmittelbares Zahlungsmittel akzeptiert worden sind und keinem anderen Zweck als der Verwendung als Zahlungsmittel dienen (vgl. EuGH-Urteil vom 22. 10. 2015, C-264/14, Hedqvist, BStBl. 2018 II S. 211). ② Dies gilt nicht für virtuelles Spielgeld (sog. Spielwährungen oder Ingame-Währungen, insbesondere in Onlinespielen). 24

(4)[2] ① Die durch Geldspielautomaten erzielten Umsätze sind keine Umsätze von gesetzlichen Zahlungsmitteln. ② Die Steuerbefreiung nach § 4 Nr. 8 Buchstabe b UStG kommt daher für diese Umsätze nicht in Betracht (BFH-Urteil vom 4. 2. 1971, V R 41/69, BStBl. II S. 467). 25

1. Ein Unternehmer, der in- und ausländische Banknoten und Münzen im Rahmen von **Sortengeschäften** an- und verkauft, führt keine Lieferungen, sondern sonstige Leistungen aus. – 2. *[LS zu 6.5]. BFH-Urteil v. 19. 5. 2010, XI R 6/09 (BStBl. 2011 II S. 831).* – **Hinweis** auf A 3.5 Abs. 3 Nr. 17. LS zu 4.8.3

26

Der Umtausch von **„Bitcoin"** in konventionelle Währungen ist nicht umsatzsteuerpflichtig. ***EuGH-Urteil v. 22. 10. 2015*** *C-264/14, David Hedqvist (BStBl. 2018 II S. 211).*

Der Handel mit **Kursmünzen** (Sonderprägungen, die auch als gesetzliches Zahlungsmittel zugelassen sind) ist nicht nach § 4 Nr. 8 Buchst. b UStG steuerfrei. *LFS Sachsen, Kurzinfo v. 17. 9. 2020 – 213 – S 7421/12/1–2020/46 780 (DStR S. 2491).*

4.8.4 Umsätze im Geschäft mit Forderungen

UStAE 4.8.4

(1) Unter die Steuerbefreiung nach § 4 Nr. 8 Buchstabe c UStG fallen auch die Umsätze von aufschiebend bedingten Geldforderungen (BFH-Urteil vom 12. 12. 1963, V 60/61 U, BStBl. 1964 III S. 109). 31

(2) Die Veräußerung eines Bausparvorratsvertrags ist als einheitliche Leistung anzusehen, die in vollem Umfang nach § 4 Nr. 8 Buchstabe c UStG steuerfrei ist. 32

(3) Zur Steuerbefreiung bei der Veräußerung von Kapitallebensversicherungen auf dem Zweitmarkt vgl. BFH-Urteil vom 5. 9. 2019, V R 57/17, BStBl. 2020 II S. 356. 32a

(4) Zur umsatzsteuerrechtlichen Behandlung des Factoring siehe Abschnitt 2.4. 33

---

[1] EUSt-Befreiung vgl. VSF Z 8101 Nr. VI. 2. Abs. 82, 83.
[2] Umsätze von Geldspielautomaten in Gastwirtschaften vgl. A 3.7 Abs. 8 Satz 2 ff. UStAE.

34 (5) ① Zu den Umsätzen im Geschäft mit Forderungen gehören auch die Optionsgeschäfte mit Geldforderungen. ② Gegenstand dieser Optionsgeschäfte ist das Recht, bestimmte Geldforderungen innerhalb einer bestimmten Frist zu einem festen Kurs geltend machen oder veräußern zu können. ③ Unter die Steuerbefreiung fallen auch die Optionsgeschäfte mit Devisen.

35 (6) ① Bei Geschäften mit Warenforderungen (z.B. Optionen im Warentermingeschäft) handelt es sich ebenfalls um Umsätze im Geschäft mit Forderungen (vgl. BFH-Urteil vom 30. 3. 2006, V R 19/02, BStBl. 2007 II S. 68). ② Optionsgeschäfte auf Warenterminkontrakte sind nur dann nach § 4 Nr. 8 Buchstabe c UStG steuerfrei, wenn die Optionsausübung nicht zu einer Warenlieferung führt.

36 (7) Ein Umsatz im Geschäft mit Forderungen wird nicht ausgeführt, wenn lediglich Zahlungsansprüche (z.B. Zahlungsansprüche nach der EU-Agrarreform (GAP-Reform) für land- und forstwirtschaftliche Betriebe) zeitweilig oder endgültig übertragen werden (vgl. BFH-Urteil vom 30. 3. 2011, XI R 19/10, BStBl. II S. 772).

LS zu 4.8.4

Die Ausgabe **nichtverbriefter Genußrechte,** die ein Recht am Gewinn zugunsten eines Arbeitnehmers begründen, ist steuerfreier Umsatz einer Geldforderung. Zu den nichtverbrieften Genußrechten gehören auch diejenigen im Sinne des § 19 a Abs. 3 Nr. 11 EStG. *Erlass FM Bayern 36 – S 7160 – 30/7–18677 v. 5. 4. 1988 (DStR S. 333); OFD Sarbrücken S 7160 – 21 – St 241 v. 1. 2. 1989 (BeckVerw 52728).*

37 **Financial-Future-Geschäfte** sind als Differenzgeschäfte nicht steuerbar. Leistungen der Deutschen Terminbörse im Zusammenhang mit Financial-Future-Geschäften und Optionsgeschäften werden bis zur Änderung des § 4 Nr. 8 UStG aus Billigkeitsgründen von der Umsatzsteuer befreit. Leistungen im Rahmen des **Wertpapierleihsystems** bleiben bis zur Änderung des § 4 Nr. 8 UStG ebenfalls aus Billigkeitsgründen steuerfrei. **Zins-Swaps-** und **Währungs-Swaps-Geschäfte** fallen unter § 4 Nr. 8 UStG. Die Leistung der Dritten in **Zins-Cap-Geschäften** fällt unter § 4 Nr. 8 UStG. *Schreiben des BdF IV A 3 – S 7160 – 55/89 v. 19. 12. 1989 (DB 1990 S. 300).*

Das BMF-Schreiben v. 19. 12. 1989 betreffend die umsatzsteuerliche Behandlung von Financial-Future-Geschäften der Deutschen Terminbörse gilt für Warentermingeschäfte der **Warenterminbörse für den Agrarhandel** in Hannover entsprechend. *Erlass FM Niedersachsen S 7100 – 208 – 32 v. 17. 3. 1998.*

Future-Kontrakte sind bis zur Ausführung Differenzgeschäfte. – Optionen auf **Warenterminkontrakte** fallen unter § 4 Nr. 8 Buchst. c UStG, sofern deren Ausübung nicht zu Warenlieferungen führt. *Schreiben des BMF IV D 2 – S 7160 c – 1/00 v. 10. 4. 2000 (DStR S. 735).*

Die Tätigkeit der **WTB-Clearing-Bank** fällt unter § 4 Nr. 8 Buchst. c UStG. – Optionen auf **Warentermingeschäfte** sind steuerfrei, wenn sie nicht zu Warenlieferungen führen. *Verfügung OFD Frankfurt S 7100 A – 141 – St 110 v. 28. 1. 2015 (DStR S. 899).*

1. Mahngebühren, die eine ärztliche Verrechnungsstelle im Rahmen der treuhänderischen Einziehung der Honorare für die Ärzte von den Honorarschuldnern erhebt und behält, gehören bei ihr zum Entgelt für die **Einziehungsleistung.** – 2. Einziehung von Forderungen durch Inkassounternehmer war auch vor der Regelung in § 4 Nr. 8 Buchst. c UStG in der ab 1. Juli 1990 geltenden Fassung kein steuerfreier Umsatz. *BFH-Urteil v. 11. 5. 1995 V R 86/93 (BStBl. II S. 613).*

1. Veräußert ein Bauunternehmer seine **Werklohnforderungen aus einem Bauvertrag** an einen Dritten aufgrund eines gesonderten Forderungskauf- und Gewährleistungsübernahmevertrages, sind dies keine Zahlungen des Dritten für die an den Bauherren erbrachten Bauleistungen. Es liegt eine Zahlung aufgrund einer eigenen Verpflichtung vor, die nach § 4 Nr. 8 Buchst. c UStG 1980 steuerfrei ist. – 2. Die Abtretung der Werklohnforderung an den Dritten berührt die Höhe des Werklohns, der vom Bauherrn zu zahlen ist. Ungeachtet des Umstandes, daß der Bauunternehmer aufgrund gesonderten Vertrages vom Dritten den Betrag des vollen Werklohns erhalten hat, sind die erbrachten Bauleistungen vom Bauunternehmer nur mit dem Werklohn anzusetzen, der ihm seitens des Bauherrn wirklich zufließt. *BFH-Beschluß vom 15. 7. 1997 – V B 122/96 (BFH/NV 1998 S. 499).*

Die Veräußerung von Zahlungsansprüchen (ohne Fläche), die einem Landwirt aufgrund der Reform der Gemeinsamen Agrarpolitik der Europäischen Union **(GAP-Reform)** zugewiesen worden waren, unterliegt der Umsatzbesteuerung. Sie ist nicht gemäß § 24 UStG nach Durchschnittssätzen zu besteuern und ist auch nicht nach § 4 Nr. 8 Buchst. c UStG steuerfrei. *BFH-Urteil v. 30. 3. 2011 – XI R 19/10 (BStBl. II S. 772).*

Die Veräußerung von „gebrauchten" Kapitallebensversicherungen auf dem **Zweitmarkt** ist als Umsatz im Geschäft mit Forderungen nach § 4 Nr. 8 Buchst. c UStG von der Umsatzsteuer befreit. *BFH-Urteil v. 5. 9. 2019 V R 57/17 (BStBl. 2020 II S. 356).*

UStAE 4.8.5

4.8.5 Einlagengeschäft

41 (1) Zu den nach § 4 Nr. 8 Buchstabe d UStG steuerfreien Umsätzen im Einlagengeschäft gehören z.B. die Verwahrung des Kontoguthabens, die Kontoführung, Kontenauflösungen, Kontensperrungen und sonstige mittelbar mit dem Einlagengeschäft zusammenhängende Leistungen, die durch Kontogebühren oder durch den Einbehalt negativer Einlagezinsen aus der Einlage des Leistungsempfängers vergütet werden.

42 (2) Die von Bausparkassen und anderen Instituten erhobenen Gebühren für die Bearbeitung von Wohnungsbauprämienanträgen sind Entgelte für steuerfreie Umsätze im Einlagengeschäft im Sinne des § 4 Nr. 8 Buchstabe d UStG.

UStAE 4.8.6

4.8.6 Inkasso von Handelspapieren

45 Handelspapiere im Sinne des § 4 Nr. 8 Buchstabe d UStG sind Wechsel, Schecks, Quittungen oder ähnliche Dokumente im Sinne der „Einheitlichen Richtlinien für Inkassi – ERI 522" der Internationalen Handelskammer.

4.8.7 Zahlungs-, Überweisungs- und Kontokorrentverkehr

UStAE 4.8.7

(1) ① Nach § 4 Nr. 8 Buchstabe d UStG steuerfreie Leistungen im Rahmen des Kontokorrentverkehrs sind z.B. die Veräußerung von Scheckheften, der Firmeneindruck auf Zahlungs- und Überweisungsvordrucken und die Anfertigung von Kontoabschriften und Fotokopien. 51
② Die Steuerfreiheit der Umsätze im Zahlungsverkehr hängt nicht davon ab, dass der Unternehmer ein Kreditinstitut im Sinne des § 1 Abs. 1 Satz 1 KWG betreibt (vgl. BFH-Urteil vom 27. 8. 1998, V R 84/97, BStBl. 1999 II S. 106).

(2)[1] ① Umsätze im Überweisungsverkehr liegen nur dann vor, wenn die erbrachten Dienstleistungen eine Weiterleitung von Geldern bewirken und zu rechtlichen und finanziellen Änderungen führen (vgl. BFH-Urteil vom 13. 7. 2006, V R 57/04, BStBl. 2007 II S. 19). ② Es liegt kein nach § 4 Nr. 8 Buchstabe d UStG steuerfreier Umsatz vor, wenn für eine Bank, die Geldausgabeautomaten betreibt, Dienstleistungen erbracht werden, die darin bestehen, diese Automaten aufzustellen und zu warten, sie mit Bargeld zu befüllen und mit Hard- und Software zum Einlesen der Geldkartendaten auszustatten, Autorisierungsanfragen wegen Bargeldabhebungen an die Bank weiterzuleiten, die die verwendete Geldkarte ausgegeben hat, die gewünschte Bargeldauszahlung vorzunehmen und einen Datensatz über die Auszahlungen zu generieren (vgl. EuGH-Urteil vom 3. 10. 2019, C-42/18, Cardpoint, und BFH-Urteil vom 13. 11. 2019, V R 30/19, BStBl. 2020 II S. 522). ③ Leistungen eines Rechenzentrums (Rechenzentrale) an Banken können nur dann nach § 4 Nr. 8 Buchstabe d UStG steuerfrei sein, wenn diese Leistungen ein im Großen und Ganzen eigenständiges Ganzes sind, das die spezifischen und wesentlichen Funktionen der Leistungen des § 4 Nr. 8 Buchstabe d UStG erfüllt. ④ Besteht ein Leistungspaket aus diversen Einzelleistungen, die einzeln vergütet werden, können nicht einzelne dieser Leistungen zu nach § 4 Nr. 8 Buchstabe d UStG steuerfreien Leistungen zusammengefasst werden. ⑤ Unerheblich für die Anwendung der Steuerbefreiung nach § 4 Nr. 8 Buchstabe d UStG auf Leistungen eines Rechenzentrums an die Bank ist die inhaltliche Vorgabe der Bank, dass das Rechenzentrum für die Ausführung der Kundenanweisung keine dispositive Entscheidung zu treffen hat (vgl. BFH-Urteil vom 12. 6. 2008, V R 32/06, BStBl. II S. 777). ⑥ Die Steuerbefreiung nach § 4 Nr. 8 Buchstabe d UStG gilt für die Leistungen der Banken und der Rechenzentren dagegen nicht, wenn sie die ihnen übertragenen Vorgänge sämtlich nur technisch abwickeln (vgl. BFH-Urteil vom 16. 11. 2016, XI R 35/14, BStBl. 2017 II S. 327). ⑦ Bei dem im Rahmen eines bargeldlosen Zahlungssystems für die Überlassung elektronischer Zahlungskarten in Stadien erhobenen Kartenpfand handelt es sich nicht um pauschalierten (durch die Kartenrückgabe auflösend bedingten) Schadensersatz, sondern um Entgelt für eine steuerbare sonstige Leistung, die nach § 4 Nr. 8 Buchstabe d UStG als Umsatz im Zahlungs- und Überweisungsverkehr steuerfrei ist, wenn der leistende Unternehmer selbst die Übertragung von Geldern vornimmt (vgl. Abschnitt 3.10 Abs. 6 Nr. 18 und BFH-Urteil vom 26. 1. 2022 – XI R 19/19 (XI R 12/17), BStBl. II S. 582). 52

LS zu 4.8.7

Provision für die Einziehung ausstehender Entgelte der Kunden des Auftraggebers ist mehrwertsteuerpflichtig. ***EuGH-Urt. v. 28. 10. 2010,*** *C-175/09, AXA UK plc, BeckRS 2010, 91259.*

Keine Umsatzsteuerfreiheit für elektronische Nachrichtenübermittlung an Finanzinstitute durch **SWIFT-Dienste.** ***EuGH-Urt v. 28. 7. 2011,*** *C-350/10, Nordea Pankki Suomi Oyj (BeckRS 2011, 81185).* 55

Kein von der Mehrwertsteuer befreiter Umsatz im Zahlungsverkehr im Sinne dieser Vorschrift liegt vor, wenn für eine Bank, die **Geldausgabeautomaten** betreibt, Dienstleistungen erbracht werden, die darin bestehen, diese Automaten aufzustellen und zu warten, sie mit Bargeld zu befüllen und mit Hard- und Software zum Einlesen der Geldkartendaten auszustatten, Autorisierungsanfragen wegen Bargeldabhebungen an die Bank weiterzuleiten, die die verwendete Geldkarte ausgegeben hat, die gewünschte Bargeldauszahlung vorzunehmen und einen Datensatz über die Auszahlungen zu generieren. ***EuGH-Urteil v. 3. 10. 2019*** *C-42/18, Cardpoint GmbH (DStR S. 2200).* – Nachfolgeentscheidung des *BFH v. 13. 11. 2019 V R 30/19 (V R 6/15) (BStBl. 2020 II S. 522).*

Die Steuerbefreiung nach Art. 135 Abs. 1 Buchst. d MwStSystRL für Umsätze im **Zahlungs- und Überweisungsverkehr** ist nicht anwendbar auf eine Erbringung von Dienstleistungen, die darin besteht, dass der Steuerpflichtige die betreffenden Kreditinstitute zum einen anweist, auf der Grundlage einer Einzugsermächtigung eine Geldsumme vom Bankkonto eines Patienten auf das des Steuerpflichtigen zu überweisen, und zum anderen, diese Summe anschließend nach Abzug der dem Steuerpflichtigen geschuldeten Vergütung von dessen Bankkonto auf die jeweiligen Bankkonten des Zahnarztes und des Versicherers des Patienten zu überweisen. ***EuGH-Urteil v. 25. 7. 2018*** *C-5/17, DPAS Ltd. (DStR S. 1764).*

Umsätze im Zusammenhang mit einem Zahlungsverkehr sind steuerfrei, wenn sie ein eigenständiges Ganzes sind, das die spezifischen und wesentlichen Funktionen einer Zahlung erfüllt und damit bewirkt, dass Gelder übertragen sowie rechtliche und finanzielle Änderungen herbeigeführt werden. Hieran fehlt es, wenn der Unternehmer ein Bündel von Leistungen für eine Bank erbringt, bei denen es sich zuvorderst um **administrative und organisatorische sowie technische Dienstleistungen** im Kreditkartengeschäft handelt. *BFH-Beschl. v. 10. 12. 2020 V R 4/19 (MwStR 2021 S. 533).*

Bei dem im Rahmen eines bargeldlosen Zahlungssystems für die Überlassung elektronischer Zahlungskarten in Stadien erhobenen **Kartenpfand** handelt es sich nicht um pauschalierten (durch die Kartenrückgabe auflösend bedingten) Schadensersatz, sondern um eine steuerbare sonstige Leistung, die nach § 4 Nr. 8 Buchst. d UStG als Umsatz im Zahlungs- und Überweisungsverkehr steuerfrei ist, wenn der leistende Unternehmer selbst die Übertragung von Geldern vornimmt. *BFH-Urteil v. 26. 1. 2022 XI R 19/19 (BStBl. II S. 582).*

---

[1] A 4.8.7 UStAE Abs. 2 Satz 7 angefügt durch BMF v. 20. 12. 2022 (BStBl. I S. 1694).

UStAE 4.8.8

4.8.8 Umsätze im Geschäft mit Wertpapieren[1]

61 (1) ① Zu den Umsätzen im Geschäft mit Wertpapieren gehören auch die Optionsgeschäfte mit Wertpapieren (vgl. BFH-Urteil vom 30. 3. 2006, V R 19/02, BStBl. 2007 II S. 68). ② Gegenstand dieser Optionsgeschäfte ist das Recht, eine bestimmte Anzahl von Wertpapieren innerhalb einer bestimmten Frist jederzeit zu einem festen Preis fordern (Kaufoption) oder liefern (Verkaufsoption) zu können. ③ Die Steuerbefreiung nach § 4 Nr. 8 Buchstabe e UStG umfasst sowohl den Abschluss von Optionsgeschäften als auch die Übertragung von Optionsrechten.

62 (2) Zu den Umsätzen im Geschäft mit Wertpapieren gehören auch die sonstigen Leistungen im Emissionsgeschäft, z. B. die Übernahme und Platzierung von Neuemissionen und die Börseneinführung von Wertpapieren.

63 (3) Zur Vermittlung von erstmalig ausgegebenen Anteilen vgl. Abschnitt 4. 8. 10 Abs. 4 i. V. m. Abschnitt 1.6 Abs. 2.

64 (4) Zur Frage der Beschaffung von Anschriften von Wertpapieranlegern gilt Abschnitt 4.8.1 entsprechend.

(5) Die Erfüllung der Meldepflichten nach § 22 WpHG durch ein Zentralinstitut oder ein anderes Kreditinstitut für den Meldepflichtigen ist nicht nach § 4 Nr. 8 Buchstabe e UStG steuerfrei.

65 (6) ① Eine steuerfreie Vermittlungsleistung kommt auch in den Fällen der von einem Wertpapieremittenten, z. B. einer Fondsgesellschaft, gezahlten Bestands- und Kontinuitätsprovisionen in Betracht, in denen – bezogen auf den einzelnen Kunden – die im Depotbestand enthaltenen Wertpapiere nicht ausschließlich durch das depotführende Kreditinstitut vermittelt wurden. ② Überträgt ein Kunde sein Depot auf ein anderes Kreditinstitut und hat dieses bei Depotübergang keine der im übertragenen Depot befindlichen Wertpapiere an diesen Kunden bis dahin vermittelt, stellen auch die für diese übertragenen Wertpapiere an das aufnehmende Kreditinstitut gezahlten Bestands- und Kontinuitätsprovisionen Entgelt für steuerfreie Vermittlungsleistungen dar, wenn

- die Bestands- und Kontinuitätsprovisionen ausschließlich auf der Grundlage der zwischen Emittent und aufnehmendem Kreditinstitut abgeschlossenen Vertriebsvereinbarung gezahlt werden,
- neben der Vertriebsleistung keine weitere Leistung zwischen Emittent und aufnehmendem Kreditinstitut erbracht wird,
- der Emittent auch nach Depotüberträgen – bezogen auf die gesamten Wertpapierbestände – in der Summe die gleichen Bestands- und Kontinuitätsprovisionen an die Kreditinstitute zahlt, mit denen eine Vertriebsvereinbarung besteht, und
- der Zahlung der Bestands- und Kontinuitätsprovisionen immer eine zuvor getätigte Vertriebsleistung eines Kreditinstituts vorausgeht.

③ Satz 2 gilt entsprechend, wenn nur einzelne Wertpapiere in ein Depot eines anderen Kreditinstituts übertragen werden.

LS zu 4.8.8

Asset-Backed-Securities sind ab 1. 1. 1991 als Wertpapiere im Sinne des § 4 Nr. 8 Buchst. e UStG anzusehen. *Schreiben des BdF IV A 3 – S 7160 – 13/90 v. 21. 9. 1990.*

66 Art. 13 Teil B Buchst. d Nr. 5 der Sechsten Richtlinie 77/388/EWG ist dahin auszulegen, dass – der **Ausdruck Umsätze, die sich auf Wertpapiere beziehen,** Umsätze betrifft, die geeignet sind, Rechte und Pflichten der Parteien in Bezug auf Wertpapiere zu begründen, zu ändern oder zum Erlöschen zu bringen, – der **Ausdruck Vermittlung, die sich auf Wertpapiere bezieht,** keine Dienstleistungen betrifft, die sich auf die Erteilung von Informationen über ein Finanzprodukt und ggf. die Annahme und Bearbeitung der Anträge auf Zeichnung der entsprechenden Wertpapiere beschränken und nicht deren Ausgabe umfassen. ***EuGH-Urt. v. 13. 12. 2001,*** *C-235/00, CS C Financial Services Ltd (DStRE 2002 S. 236).*

1. Erhält ein **Vermögensverwalter** von einer Bank Provisionen für den An- und Verkauf von Wertpapieren im Namen und für Rechnung seines Mandanten, so führt er an die Bank steuerfreie Wertpapierumsätze aus. – 2. … *BFH-Urteil v. 18. 7. 2002 – V R 44/01 (BStBl. 2003 II S. 730).*

Kontinuitäts- und Bestandsprovisionen siehe *BFH-Urt. v. 19. 4. 2007 V R 31/05 (BFH/NV S. 1546).*

Zur umsatzsteuerrechtlichen Behandlung der Vergütung für die **Platzierung** von sog. **passiven Wertpapierordern.** *Erlass FM Schleswig-Holstein VI 358 – S 7106 e – 003 v. 27. 6. 2011.*

1. Eine (steuerfreie) **Vermittlung** des Verkaufs bzw. Erwerbs von Fondsanteilen setzt die Tätigkeit einer Mittelsperson voraus, die nicht den Platz einer Partei eines Vertrages über ein Finanzprodukt einnimmt und deren Tätigkeit sich von den typischen vertraglichen Leistungen unterscheidet, die von den Parteien solcher Verträge erbracht werden. – 2. Eine solche Vermittlungstätigkeit kann unter anderem darin bestehen, der Vertragspartei die Gelegenheit zum Abschluss eines solchen Vertrages nachzuweisen, mit der anderen Partei Kontakt aufzunehmen oder im Namen und für Rechnung des Kunden über die Einzelheiten der gegenseitigen Leistungen zu verhandeln. – 3. Dagegen erbringt **keine Vermittlungstätigkeit,** wer als sog. **„Distributor"** im Rahmen eines mehrstufigen Vertriebs von Fondsanteilen selbständige Abschlussvermittler anwirbt, schult und im Rahmen ihres Einsatzes unterstützt sowie die von den Abschlussvermittlern eingereichten Unterlagen auf Vollständigkeit und Plausibilität prüft. *BFH-Urteil v. 14. 5. 2014 XI R 13/11 (BStBl. II S. 734).*

Die vertragliche Verpflichtung gegenüber Kooperationspartnern, interessierte Investoren zu suchen, mit diesen die Vertragsverhandlungen betreffend den Erwerb von Wertpapieren zu führen und administrative Nebenleistungen zu erbringen, ist als **Vermittlung** iSv Art. 21 Abs. 2 Ziff. 19 Buchst. e MwStG zu qualifizieren. *Schweiz. BGer, Urteil v. 17. 7. 2019 – 2 C-943/2017 (MwStR 2020 S. 282).*

---

[1] EUSt-Befreiung vgl. VSF Z 8101 Nr. VI. 1. Abs. 76.

Anl zu 4.8.8

Schreiben betr. umsatzsteuerrechtliche Behandlung der Leistungen von Börsen und anderen Handelsplattformen für Finanzprodukte

Vom 3. Mai 2021 (BStBl. I S. 713)

(BMF III C 3 – S 7160/20/10003 :001, DOK 2021/0481500)

Geändert durch BMF-Schreiben v. 23. 6. 2022 (BStBl. I S. 1005)

I. Allgemeines

Bei der Erbringung von sonstigen Leistungen von Akteuren im Börsengeschäft sind unterschiedliche Sachverhaltsgestaltungen möglich. 66a

In einem ersten Schritt ist daher zu prüfen, ob die betreffenden Leistungen umsatzsteuerrechtlich eine einheitliche Leistung bilden oder ob von mehreren getrennt zu beurteilenden selbständigen Einzelleistungen auszugehen ist (vgl. Abschnitt 3.10 Abs. 1 bis 4 UStAE).

Ein einheitlicher wirtschaftlicher Vorgang darf umsatzsteuerrechtlich nicht in mehrere Leistungen aufgeteilt werden (vgl. Abschnitt 3.10 Abs. 3 UStAE).

Eine einheitliche Leistung liegt insbesondere dann vor, wenn ein Teil die Hauptleistung, ein anderer Teil aber eine Nebenleistung darstellt, die das steuerliche Schicksal der Hauptleistung teilt (vgl. Abschnitt 3.10 Abs. 5 UStAE).

Daneben kann eine einheitliche Leistung auch dann vorliegen, wenn mehrere als gleichrangig anzusehende (Haupt-)Leistungen aus Sicht des Durchschnittsverbrauchers so eng miteinander verbunden sind, dass sie objektiv eine einzige untrennbare wirtschaftliche Leistung bilden, deren Aufspaltung wirklichkeitsfremd wäre (EuGH-Urteil v. 19. Juli 2012, C-44/11, Deutsche Bank, BStBl. II S. 945).

Für die nach diesen Grundsätzen beurteilten Leistungen von Akteuren im Börsengeschäft ist in einem zweiten Schritt zu prüfen, ob eine Steuerbefreiung des § 4 Nr. 8 UStG, insbesondere § 4 Nr. 8 Buchst. e UStG, anzuwenden ist. Nach § 4 Nr. 8 Buchst. e UStG sind Umsätze im Geschäft mit Wertpapieren und die Vermittlung dieser Umsätze steuerfrei.

Nach der Rechtsprechung des EuGH müssen die im Geschäft mit Wertpapieren erbrachten Umsätze geeignet sein, Rechte und Pflichten der Parteien in Bezug auf Wertpapiere zu begründen, zu ändern oder zum Erlöschen zu bringen (vgl. EuGH-Urteil v. 19. Juli 2012, C-44/11, Deutsche Bank, a. a. O.).

Bei der Vermittlung von Umsätzen im Geschäft mit Wertpapieren handelt es sich um die Tätigkeit einer Mittelsperson, die nicht den Platz einer der Parteien des zu vermittelnden Vertrages über ein Finanzprodukt einnimmt und deren Tätigkeit sich von den vertraglichen Leistungen, die von den Parteien des Vertrages erbracht werden, unterscheidet. Zweck der Vermittlungstätigkeit ist, das Erforderliche zu tun, damit zwei Parteien einen Vertrag schließen, an dessen Inhalt der Vermittler kein Eigeninteresse hat (BFH-Urteil v. 30. Oktober 2008, V R 44/07, BStBl. II S. 554; vgl. auch Abschnitt 4.8.1 UStAE).

Umsatzsteuerbefreite Finanzdienstleistungen sind von rein materiellen oder technischen Leistungen zu unterscheiden. Hierbei ist insbesondere der Umfang der Verantwortung des Dienstleistungserbringers gegenüber dem Leistungsempfänger sowie die Frage, ob sich diese Verantwortung auf technische Aspekte beschränkt oder auf spezifische und wesentliche Elemente der Umsätze erstreckt, zu berücksichtigen (BFH-Urteil v. 16. November 2016, XI R 35/14, BStBl. II S. 327).

II. Umsatzsteuerrechtliche Behandlung der Leistungen von Börsen

1. Leistungen einer Börse als Zentraler Kontrahent (Zentrale Gegenpartei – CCP) im Wertpapierhandel (Kassamarkt) oder im Derivatehandel (Terminhandel)

Der Börsenbetreiber kann als zentraler Kontrahent in eine Wertpapierabwicklung eintreten, indem er die Wertpapiere von den betroffenen Handelsteilnehmern im eigenen Namen und auf eigene Rechnung ankauft und weiterverkauft. 66b

Darüber hinaus stellt der Börsenbetreiber die Handelsplattform zur Verfügung und erbringt damit IT-Dienstleistungen.

Die IT-Dienstleistungen sind Nebenleistungen zu der Hauptleistung zum Wertpapierhandel oder im Derivatehandel. Für den Wertpapierhandel ist eine elektronische Anbindung des Nutzers an die jeweilige Handelsplattform zwingend erforderlich. Diese Anbindung erfolgt aus Sicht des Kunden ausschließlich zu dem Zweck, den Wertpapierhandel oder den Derivatehandel durchzuführen. Eine eigene wirtschaftliche Bedeutung kommt ihr nicht zu. Sie stellt für den Nutzer lediglich das (technische) Hilfsmittel dar, um unter optimalen Bedingungen Wertpapieran- bzw. -verkäufe zu tätigen.

Solche sog. CCP-Leistungen einer Börse im Kassamarkt (Wertpapierhandel) oder im Terminmarkt (Derivatehandel) sind als eigenständige (einheitliche) sonstige Leistung zu beurteilen, da der CCP im eigenen Namen/auf eigene Rechnung gegenüber den Handelsteilnehmern als Käufer bzw. Verkäufer von Wertpapieren/Derivaten auftritt.

Die technische Anbindung von Marktteilnehmern an den Börsenbetrieb und das Bereitstellen der Börsenprogramme ist Teil der einheitlichen Gesamtleistung, die nach den Voraussetzungen des § 4 Nr. 8 Buchst. e UStG insgesamt umsatzsteuerfrei sein kann, soweit die Leistung im Inland umsatzsteuerbar ist.

Der leistende Unternehmer kann jedoch unter den Voraussetzungen des § 9 UStG zur Umsatzsteuerpflicht optieren, wenn der Umsatz an einen anderen Unternehmer für dessen Unternehmen erbracht wird.

Sofern der Unternehmer wirksam zur Steuerpflicht optiert, steht ihm unter den übrigen Voraussetzungen aus den entsprechenden Eingangsleistungen ein Vorsteuerabzug nach § 15 Abs. 1 UStG zu. Erfolgt keine Option, richtet sich der Vorsteuerabzug nach § 15 Abs. 2 und 3 UStG. In diesem Fall steht dem Unternehmer unter den übrigen Voraussetzungen nur dann ein Vorsteuerabzug zu, wenn die

Anl zu 4.8.8

sonstige Leistung (CCP) an einen im Drittland ansässigen Empfänger erbracht wird (§ 15 Abs. 2 S. 1 Nr. 2 i. V. m. Abs. 3 Nr. 2 Buchst. b UStG).

2. Börsenbetreiber als Abwickler und technischer Anbieter im Börsengeschäft (Abwicklung von Matching/Clearing/Settlement)

66c Es handelt sich um sonstige Leistungen eines Börsenbetreibers, bei denen dieser die IT-Dienstleistungen zur Abwicklung des Matchings, des Clearings und der Darstellung des Settlements erbringt, die Handelsplattform bereitstellt und die Abwicklung der Transaktionen vornimmt.

Der Börsenbetreiber kauft oder verkauft keine Wertpapiere im eigenen Namen und auf eigene Rechnung. Stattdessen handeln die Handelsteilnehmer unmittelbar untereinander (Kauf und Verkauf von Wertpapieren).

Für das Matching (= elektronisches Verfahren zur Zusammenführung von Kauf- und Verkaufsorder) erhebt der Börsenbetreiber eine Transaktionsgebühr.

Anschließend übernimmt der Börsenbetreiber das Clearing (= Prozess der Erstellung von Positionen, darunter die Berechnung von Nettoverbindlichkeiten und die Gewährleistung, dass zur Absicherung des aus diesen Positionen erwachsenden Risikos Finanzinstrumente, Bargeld oder beides zur Verfügung stehen), indem er das Matching abwickelt.

Danach erfolgt das Settlement (= Darstellung des Erfüllungsgeschäftes bei den Depotbanken des Käufers und Verkäufers).

Werden Matching, Clearing und Settlement durch einen einzigen Leistungserbringer erbracht, liegt eine einheitliche sonstige Leistung vor. Das Clearing und das Settlement dienen der Abwicklung des Matchings. Es handelt sich dabei um Nebenleistungen zur Hauptleistung Matching, da sie für die Erfüllung des Börsengeschäfts durch den Börsenbetreiber zwingend erforderlich sind und es beim Erbringen von Matching, Clearing und Settlement durch einen einzigen Leistenden gerade um die Verbindung dieser Elemente geht.

Es handelt sich um eine im Inland umsatzsteuerbare, sonstige Leistung, bei der grundsätzlich die Voraussetzungen für die Umsatzsteuerbefreiung nach § 4 Nr. 8 Buchst. e UStG vorliegen, da die Durchführung des Matchings den wirtschaftlichen Gehalt dieser Leistung prägt.

Auf die gesonderte Beurteilung, ob es sich insgesamt um eine Vermittlungsleistung der Umsätze nach § 4 Nr. 8 Buchst. e UStG handelt, kommt es nicht an. Der Börsenbetreiber erbringt bereits einen „Umsatz im Geschäft mit Wertpapieren".

Der leistende Unternehmer kann jedoch unter den Voraussetzungen des § 9 UStG zur Umsatzsteuerpflicht optieren, wenn der Umsatz an einen anderen Unternehmer für dessen Unternehmen erbracht wird.

Die Ausführungen zum Vorsteuerabzug unter 1. gelten auch für die sonstige Leistung Matching entsprechend.

3. Börsenbetreiber als technischer Anbieter der IT-Börsenprogramme

66d Stellt der Börsenbetreiber als technischer Anbieter die IT-Börsenprogramme zur Verfügung und betreibt diese, handelt es sich um sonstige Leistungen. Der Börsenbetreiber erbringt dabei gegenüber den Leistungsempfängern nur IT-Dienstleistungen (z. B. technische Anbindung an den Börsenbetrieb zur Nutzung der Börsenprogramme), ohne dass die Leistungsempfänger selbst Transaktionen auf dem Börsenplatz vornehmen (z. B. Hochschulen für Forschungszwecke, Presseberichterstattung, Planung von Vermögensanlagen).

In diesen Fällen handelt es sich bei den Leistungen des Börsenbetreibers um eine reine Weiterüberlassung von Datenkapazität und IT-Zugängen (technische Anbindung/Bereitstellung von IT) ohne Zusammenhang mit einem Handelsgeschäft (Kauf oder Verkauf von Wertpapieren).

Diese Leistungen sind als eigenständige sonstige Leistungen nach § 3 Abs. 9 UStG zu beurteilen. Liegt der Ort dieser sonstigen Leistungen nach § 3 a Abs. 1 UStG – vorbehaltlich der Abs. 2 bis 8 und der §§ 3 b, 3 e UStG – im Inland, sind diese Leistungen – mangels Vorliegen der Voraussetzungen einer Umsatzsteuerbefreiung – auch umsatzsteuerpflichtig.

III. Umsatzsteuerrechtliche Behandlung der Leistungen von anderen Handelsplattformen für Finanzprodukte, zB für virtuelle Währungen

66e Die Grundsätze dieses Schreibens sind auch auf Umsätze von anderen Handelsplattformen für Finanzprodukte übertragbar.

Stellt zB der Betreiber einer Handelsplattform für virtuelle Währungen den Marktteilnehmern seine Internetseite als technischen Marktplatz zum Erwerb bzw. Handel, z. B. von Bitcoin, zur Verfügung, kann unter Zugrundelegung der vorgenannten Grundsätze die Steuerbefreiung nach § 4 Nr. 8 UStG ebenso in Betracht kommen.

IV. Anwendung

66f Die Grundsätze dieses Schreibens sind in allen offenen Fällen anzuwenden.

Dabei ist die Möglichkeit einer Option nach § 9 UStG auch mit Wirkung für die Vergangenheit zu beachten (vgl. Abschnitt 9.1 Abs. 3 UStAE).

1. Hat der Börsenbetreiber (leistender Unternehmer) die vor dem 1. Juli 2021 erbrachten unselbständigen Nebenleistungen in Form der IT-Dienstleistungen als eigenständige Leistungen angesehen und entsprechend Umsatzsteuer gesondert ausgewiesen und diesen Steuerbetrag abgeführt, ohne dass für die eigentlichen (Haupt-)Leistungen in Form der nach § 4 Nr. 8 Buchst. e UStG umsatzsteuer-

freien Umsätze im Wertpapierhandel nach § 9 Abs. 1 UStG optiert wurde, wird diese Behandlung der Ausgangsumsätze nicht beanstandet. Es wird auch für Zwecke des Vorsteuerabzugs des Leistungsempfängers nicht beanstandet, wenn er aus derartigen Rechnungen unter den übrigen Voraussetzungen des § 15 UStG einen Vorsteuerabzug vornimmt.

2. Hat der Börsenbetreiber die vor dem 1. Juli 2021 erbrachten unselbständigen Nebenleistungen in Form der IT-Dienstleistungen als eigenständige Leistungen angesehen und entsprechend Umsatzsteuer gesondert ausgewiesen und diesen Steuerbetrag abgeführt, wird es nicht beanstandet, wenn die Vorsteuerbeträge aus bezogenen Leistungen für diese IT-Dienstleistungen unter Anwendung eines zulässigen Aufteilungsschlüssels sachgerecht geschätzt werden (§ 15 Abs. 4 UStG).

Dies gilt entsprechend auch für IT-Dienstleistungen an im übrigen Gemeinschaftsgebiet ansässige Unternehmer, für die nur mangels Steuerbarkeit im Inland keine Umsatzsteuer ausgewiesen wurde, soweit diese eine Nebenleistung zu der eigentlich nach § 4 Nr. 8 Buchstabe e UStG umsatzsteuerfreien Hauptleistung darstellen, und unter der Voraussetzung, dass diese IT-Dienstleistungen im übrigen Gemeinschaftsgebiet nach dem dortigen Mehrwertsteuerrecht tatsächlich umsatzsteuerpflichtig behandelt wurden und der inländische Börsenbetreiber dies nachweist.

V. Anwendung des BMF-Schreibens vom 27. Februar 2018

Tz. I. Buchstabe c des BMF-Schreibens vom 27. Februar 2018 (BStBl. I S. 316) wird aufgehoben. **66g**

4.8.9 Verwahrung und Verwaltung von Wertpapieren

UStAE 4.8.9

(1) ① Bei der Abgrenzung der steuerfreien Umsätze im Geschäft mit Wertpapieren von der steuerpflichtigen Verwahrung und Verwaltung von Wertpapieren gilt Folgendes: ② Die Leistung des Unternehmers (Kreditinstitut) ist grundsätzlich steuerfrei, wenn das Entgelt dem Emittenten in Rechnung gestellt wird. ③ Sie ist grundsätzlich steuerpflichtig, wenn sie dem Depotkunden in Rechnung gestellt wird. ④ Zu den steuerpflichtigen Leistungen gehören z. B. auch die Depotunterhaltung, das Inkasso von fremden Zins- und Dividendenscheinen, die Ausfertigung von Depotauszügen, von Erträgnis-, Kurswert- und Steuerkurswertaufstellungen sowie die Informationsübermittlung von Kreditinstituten an Emittenten zur Führung des Aktienregisters bei Namensaktien. **67**

(2) ① Bei der Vermögensverwaltung (Portfolioverwaltung) nimmt eine Bank einerseits die Vermögensverwaltung und andererseits Transaktionen vor. ② Dabei handelt es sich um eine einheitliche Leistung der Vermögensverwaltung (vgl. Abschnitt 3.10 Abs. 1 und 3), die nicht nach § 4 Nr. 8 Buchstabe e UStG steuerfrei ist. ③ Eine Aufspaltung dieser wirtschaftlich einheitlichen Leistung ist nicht möglich (vgl. EuGH-Urteile vom 25. 2. 1999, C-349/96, CPP, und vom 19. 7. 2012, C-44/11, Deutsche Bank, BStBl. II S. 945, und BFH-Urteil vom 11. 10. 2012, V R 9/10, BStBl. 2014 II S. 279). ④ Zur Abgrenzung der Vermögensverwaltung von der Verwaltung von Investmentvermögen (§ 4 Nr. 8 Buchst. h UStG) siehe Abschnitt 4. 8. 13. **68**

LS zu 4.8.9

Die entgeltliche Anlage und Verwaltung von Vermögenswerten ist grundsätzlich steuerpflichtig. Dies gilt auch dann, wenn sich der Unternehmer im Auftrag der Geldgeber **treuhänderisch an einer Anlagegesellschaft** beteiligt und deren Geschäfte führt. *BFH-Urteil v. 29. 1. 1998 – V R 67/96 (BStBl. II S. 413).*

Die in Rechnung gestellte Umsatzsteuer für die entgeltliche Übernahme von **Verwaltungsaufgaben durch einen Treuhand-Kommanditisten** kann die Gesellschaft insoweit als Vorsteuer abziehen, als die Verwaltungsaufgaben zum Geschäftsführungsbereich der Gesellschaft gehören. *BFH-Urteil v. 22. 4. 1998 – XI R 61/97 (BStBl. II S. 586).* – Vgl. auch *BFH-Urt. v. 28. 11. 2002 – V R 6/02 (BFH/NV 2003 S. 517) und v. 18. 12. 2002 – V B 135/02 (UR 2003 S. 491).* **69**

4.8.10 Gesellschaftsanteile[1, 2]

UStAE 4.8.10

(1) ① Zu den Anteilen an Gesellschaften gehören insbesondere die Anteile an Kapitalgesellschaften, z. B. GmbH-Anteile, die Anteile an Personengesellschaften, z. B. OHG-Anteile, und die stille Beteiligung (§ 230 HGB). ② Zur Steuerbarkeit bei der Ausgabe von Gesellschaftsanteilen vgl. Abschnitt 1.6 Abs. 2. **71**

(2) ① Erwirbt jemand treuhänderisch Gesellschaftsanteile und verwaltet diese gegen Entgelt, werden ihm dadurch keine Gesellschaftsanteile verschafft. ② Die Tätigkeit ist deshalb grundsätzlich steuerpflichtig. ③ Dies gilt auch dann, wenn sich der Unternehmer treuhänderisch an einer Anlagegesellschaft beteiligt und deren Geschäfte führt (vgl. BFH-Urteil vom 29. 1. 1998, V R 67/96, BStBl. II S. 413). ④ Eine Befreiung nach § 4 Nr. 8 Buchstabe h UStG kommt nur in Betracht, wenn der Unternehmer nach den Vorschriften des KAGB tätig geworden ist. **72**

(3) ① Zum Begriff der Vermittlung siehe Abschnitt 4.8.1. ② Eine unmittelbare Beauftragung durch eine der Parteien des vermittelnden Vertrages ist nicht erforderlich (vgl. BFH-Urteil vom 20. 12. 2007, V R 62/06, BStBl. 2008 II S. 641). ③ Marketing und Werbeaktivitäten, die darin bestehen, dass sich ein Vertriebsunternehmen nur in allgemeiner Form an die Öffentlichkeit wendet, sind mangels Handelns gegenüber individuellen Vertragsinteressenten keine Vermittlung nach § 4 Nr. 8 Buchstabe f UStG (BFH-Urteil vom 6. 12. 2007, V R 66/05, BStBl. 2008 II S. 638). **73**

---

[1] Beteiligungen vgl. A 2.3 Abs. 2–4, 3.5 Abs. 8, 4. 8. 10 u. 15.22 (Vorsteuerabzug) UStAE.

[2] Ausgabe bzw. Übertragung von Gesellschaftsanteilen vgl. A 1.1 Abs. 15, 1.6 Abs. 2, 3.5 Abs. 8, 4. 8. 10 u. 15.21 (Vorsteuerabzug) UStAE.

④ Keine Vermittlungsleistung erbringt ein Unternehmer, der einem mit dem Vertrieb von Gesellschaftsanteilen betrauten Unternehmer Abschlussvertreter zuführt und diese betreut (BFH-Urteil vom 23. 10. 2002, V R 68/01, BStBl. 2003 II S. 618). ⑤ Die Steuerfreiheit für die Vermittlung nach § 4 Nr. 8 Buchstabe f UStG setzt eine Tätigkeit voraus, die einzelne Vertragsabschlüsse fördert. ⑥ Eine der Art nach geschäftsführende Leitung einer Vermittlungsorganisation ist keine derartige Vermittlung (vgl. BFH-Urteil vom 20. 12. 2007, V R 62/06, BStBl. 2008 II S. 641).

74 (4) Die Vermittlung von erstmalig ausgegebenen Gesellschaftsanteilen (zur Ausgabe von Gesellschaftsanteilen vgl. Abschnitt 1.6 Abs. 2) ist steuerbar und nach § 4 Nr. 8 Buchstabe f UStG steuerfrei (vgl. EuGH-Urteil vom 27. 5. 2004, C-68/03, Lipjes[1]).

75 (5) Die Vermittlung der Mitgliedschaften in einem Idealverein ist nicht nach § 4 Nr. 8 Buchstabe f UStG steuerfrei (vgl. BFH-Urteil vom 27. 7. 1995, V R 40/93, BStBl. II S. 753).

LS zu 4.8.10

77 Leistungen zur **Vermittlung von Finanzanlagen** [§ 4 Nr. 8 Buchst. f] sind steuerfrei, soweit eine Mittlertätigkeit für andere Unternehmen ausgeübt wird. Darüber hinausgehende, die Vermittlung unterstützende Leistungen (hier: Schulungen von Untervermittlern, Aufbau von Vertriebsstrukturen) sind dagegen umsatzsteuerpflichtig. *Niedersächsisches FG, Urt. v. 11. 12. 2008, 5 K 330/07, rkr. (DStRE 2010 S. 43).*

UStAE 4.8.11

4.8.11 Übernahme von Verbindlichkeiten

80 ① Der Begriff „Übernahme von Verbindlichkeiten" erfasst lediglich Geldverbindlichkeiten im Bereich von Finanzdienstleistungen. ② Die Übernahme anderer Verpflichtungen, wie beispielsweise die Renovierung einer Immobilie, ist vom Anwendungsbereich des § 4 Nr. 8 Buchstabe g UStG ausgeschlossen (vgl. EuGH-Urteil vom 19. 4. 2007, C-455/05, Velvet & Steel Immobilien). ③ Nach § 4 Nr. 8 Buchstabe g UStG ist die Übernahme von Verbindlichkeiten, soweit hierin nicht lediglich – wie im Regelfall – eine Entgeltzahlung zu sehen ist (vgl. Abschnitt 1.1 Abs. 3 und BFH-Urteil vom 31. 7. 1969, V R 149/66, BStBl. 1970 II S. 73), steuerfrei, z. B. Übernahme von Einlagen bei der Zusammenlegung von Kreditinstituten.

LS zu 4.8.11

81 Verpflichtet sich der Unternehmer gegen Entgelt, ein **Mietverhältnis** einzugehen, ist die Leistung nach § 4 Nr. 8 Buchst. g UStG steuerfrei. *BFH-Urteil v. 30. 11. 2016 V R 18/16 (DStR 2017 S. 150).*

UStAE 4.8.12

4.8.12 Übernahme von Bürgschaften und anderen Sicherheiten

84 (1)[2] ① Als andere Sicherheiten, deren Übernahme nach § 4 Nr. 8 Buchstabe g UStG steuerfrei ist, sind z. B. Garantieverpflichtungen (vgl. BFH-Urteile vom 14. 12. 1989, V R 125/84, BStBl. 1990 II S. 401, vom 24. 1. 1991, V R 19/87, BStBl. II S. 539 – Zinshöchstbetragsgarantie und Liquiditätsgarantie –, und vom 22. 10. 1992, V R 53/89, BStBl. 1993 II S. 318 – Ausbietungsgarantie und Vermietungsgarantie –) und Kautionsversicherungen (vgl. Abschnitt 4.10.1 Abs. 2 Satz 3) anzusehen. ② Der umsatzsteuerbare Verzicht auf eine Garantie ist steuerfrei, wenn die Einräumung dieser Garantie nach § 4 Nr. 8 Buchstabe g UStG steuerfrei ist oder – bei Entgeltlichkeit – steuerfrei wäre (vgl. BFH-Urteil vom 15. 4. 2015, V R 46/13, BStBl. II S. 947). ③ Umsätze, die keine Finanzdienstleistungen sind, sind vom Anwendungsbereich des § 4 Nr. 8 Buchstabe g UStG ausgeschlossen (vgl. Abschnitt 4. 8. 11 Sätze 1 und 2). ④ Zur Garantiezusage eines Kraftfahrzeughändlers vgl. Abschnitt 4.10.1 Abs. 4 Satz 3.

85 (2) ① Ein Garantieversprechen ist nach § 4 Nr. 8 Buchstabe g UStG steuerfrei, wenn es ein vom Eigenverhalten des Garantiegebers unabhängiges Risiko abdeckt; diese Voraussetzung liegt nicht vor, wenn lediglich garantiert wird, eine aus einem anderen Grund geschuldete Leistung vertragsgemäß auszuführen (vgl. BFH-Urteil vom 14.12. 1989, V R 125/84, BStBl. 1990 II S. 401). ② Leistungen persönlich haftender Gesellschafter, für die eine unabhängig vom Gewinn bemessene Haftungsvergütung gezahlt wird, sind nicht nach § 4 Nr. 8 Buchstabe g UStG steuerfrei, weil ein ggf. haftender Gesellschafter über seine Geschäftsführungstätigkeit unmittelbaren Einfluss auf das Gesellschaftsergebnis – und damit auf die Frage, ob es zu einem Haftungsfall kommt – hat.

86 (3) Bei den im Rahmen der Einlagensicherung von den jeweiligen Sicherungseinrichtungen an ihre Mitglieder erbrachten Präventiv- und Sicherungsmaßnahmen handelt es sich unter den weiteren Voraussetzungen des § 4 Nr. 8 Buchstabe a (Kreditgewährung) und Buchstabe g (Bürgschaften, Garantiezusagen und -verpflichtungen) UStG um steuerfreie Leistungen.

LS zu 4.8.12

87 Die an eine **Komplementär-GmbH** von der KG neben der Geschäftsführungsvergütung gezahlte **Haftungsvergütung** ist sowohl umsatzsteuerbar als auch umsatzsteuerpflichtig. *Niedersächsisches FG, Urt. v. 25. 2. 2010, 16 K 347/09, rkr. (DStRE S. 1118).*

Die **Festvergütung,** die der geschäftsführungs- und vertretungsberechtigte Komplementär einer KG von dieser für seine **Haftung** nach §§ 161, 128 HGB erhält, ist als Entgelt für eine **einheitliche Leistung,** die Geschäftsführung, Vertretung und Haftung umfasst, umsatzsteuerpflichtig. *BFH-Urt. v. 3. 3. 2011, V R 24/10 (BStBl. II S. 951).*

---

[1] DStRE S. 987.

[2] A 4. 8.12 UStAE Abs. 1 Satz 4 neugefasst BMF v. 11. 5. 2021 (BStBl. I S. 781), anzuwenden auf Garantiezusagen, die nach dem **31. 12. 2022** abgegeben werden. Für vor dem **1. 1. 2023** abgegebene Garantiezusagen wird es nicht beanstandet, wenn die Grundsätze dieses Schreibens bereits angewendet werden (vgl. BMF v. 18. 10. 2021, BStBl. I S. 2142).

Art. 13 Teil B Buchst. d Nr. 5 der Sechsten Richtlinie 77/388/EWG ist dahin gehend auszulegen, dass die in dieser Vorschrift vorgesehene Befreiung von der Mehrwertsteuer auch Dienstleistungen umfasst, die ein Kreditinstitut in Form einer **Übernahmegarantie** und gegen eine Vergütung gegenüber einer Gesellschaft erbringt, die im Begriff steht, Aktien auszugeben, wenn diese Garantie zum Gegenstand hat, dass sich dieses Institut dazu verpflichtet, diejenigen Aktien zu erwerben, die möglicherweise in der für die Zeichnung der Aktien vorgesehenen Zeit nicht gezeichnet werden. ***EuGH-Urt. v. 10. 3. 2011,*** *C-540/09, Skandinaviska Enskilda Banken AB Momsgrupp (DStR S. 766).*

4.8.13 Verwaltung von Investmentfonds und von Versorgungseinrichtungen

UStAE 4.8.13

Allgemeines und Begriffsbestimmungen

(1)[1] ① Die Steuerbefreiung nach § 4 Nr. 8 Buchstabe h UStG erstreckt sich auf die Verwaltung von OGAW im Sinne des § 1 Abs. 2 KAGB, die Verwaltung von AIF im Sinne des § 1 Abs. 3 KAGB, die mit OGAW vergleichbar sind, die Verwaltung von Wagniskapitalfonds (siehe Absatz 10) und die Verwaltung von Versorgungseinrichtungen im Sinne des Versicherungsaufsichtsgesetzes (siehe Absatz 23). ② Nicht unter die Steuerbefreiung fallen Leistungen der Vermögensverwaltung mit Wertpapieren, bei der die mit den Leistungen beauftragte Bank auf Grund eigenen Ermessens über den Kauf und Verkauf von Wertpapieren entscheidet und diese Entscheidung durch den Kauf und Verkauf der Wertpapiere vollzieht (vgl. EuGH-Urteil vom 19. 7. 2012, C-44/11, Deutsche Bank, BStBl. II S. 945, und BFH-Urteil vom 11. 10. 2012, V R 9/10, BStBl. 2014 II S. 279). 91

(2) ① OGAW sind Investmentvermögen, die die Anforderungen der sog. OGAW-Richtlinie (Richtlinie 2009/65/EG des Europäischen Parlaments und des Rates vom 13. Juli 2009 zur Koordinierung der Rechts- und Verwaltungsvorschriften betreffend bestimmte OGAW, ABl. EU 2009 Nr. L 302/32) erfüllen (§ 1 Abs. 2 KAGB). ② AIF sind alle Investmentvermögen, die keine OGAW sind (§ 1 Abs. 3 KAGB). ③ Unter AIF fallen somit alle geschlossenen Investmentvermögen und alle offenen Investmentvermögen, die nicht als OGAW gelten. ④ Ein Investmentvermögen ist nach § 1 Abs. 1 Satz 1 KAGB jeder Organismus für gemeinsame Anlagen, der von einer Anzahl von Anlegern Kapital einsammelt, um es nach einer festgelegten Anlagestrategie zum Nutzen dieser Anleger zu investieren und der kein operativ tätiges Unternehmen außerhalb des Finanzsektors ist. ⑤ Eine Anzahl von Anlegern ist gegeben, wenn die Anlagebedingungen, die Satzung oder der Gesellschaftsvertrag des Organismus für gemeinsame Anlagen die Anzahl möglicher Anleger nicht auf einen Anleger begrenzen (§ 1 Abs. 1 Satz 2 KAGB). ⑥ Inländische Investmentvermögen sind Investmentvermögen, die dem inländischen Recht unterliegen (§ 1 Abs. 7 KAGB). ⑦ EU Investmentvermögen sind Investmentvermögen, die dem Recht eines anderen Mitgliedstaates des Abkommens über den Europäischen Wirtschaftsraum unterliegen (§ 1 Abs. 8 KAGB). ⑧ Ausländische AIF sind AIF, die dem Recht eines Drittstaates unterliegen (§ 1 Abs. 9 KAGB). 92

(3) ① Offene inländische Investmentvermögen dürfen unter den Voraussetzungen des § 91 KAGB in Form eines Sondervermögens, einer Investmentaktiengesellschaft mit veränderlichem Kapital oder einer offenen Investmentkommanditgesellschaft gebildet werden. ② Geschlossene inländische Investmentvermögen dürfen nach § 139 KAGB als Investmentaktiengesellschaft mit fixem Kapital oder als geschlossene Investmentkommanditgesellschaft aufgelegt werden. ③ Sondervermögen sind inländische offene Investmentvermögen in Vertragsform, die von einer Verwaltungsgesellschaft, z. B. der Kapitalverwaltungsgesellschaft im Sinne des § 17 Abs. 2 Nr. 1 KAGB, für Rechnung der Anleger nach Maßgabe des KAGB und den Anlagebedingungen, nach denen sich das Rechtsverhältnis der Verwaltungsgesellschaft zu den Anlegern bestimmt, verwaltet werden (§ 1 Abs. 10 KAGB). 93

(4) ① Kapitalverwaltungsgesellschaften sind Unternehmen mit satzungsmäßigem Sitz und Hauptverwaltung im Inland, deren Geschäftsbetrieb darauf gerichtet ist, inländische Investmentvermögen, EU-Investmentvermögen oder ausländische AIF zu verwalten (§ 17 Abs. 1 Satz 1 KAGB). ② Je nach Art des verwalteten Investmentvermögens bestehen Kapitalverwaltungsgesellschaften in zwei Ausprägungen. ③ OGAW Kapitalverwaltungsgesellschaften sind Kapitalverwaltungsgesellschaften nach § 17 KAGB, die mindestens einen OGAW verwalten oder zu verwalten beabsichtigen (§ 1 Abs. 15 KAGB). ④ AIF Kapitalverwaltungsgesellschaften sind Kapitalverwaltungsgesellschaften nach § 17 KAGB, die mindestens einen AIF verwalten oder zu verwalten beabsichtigen (§ 1 Abs. 16 KAGB). ⑤ Kapitalverwaltungsgesellschaften, die vom Investmentvermögen oder im Namen des Investmentvermögens bestellt sind und auf Grund dieser Bestellung für die Verwaltung des Investmentvermögens verantwortlich sind (externe Kapitalverwaltungsgesellschaften, § 17 Abs. 2 Nr. 1 KAGB), dürfen neben der kollektiven Vermögensverwaltung (§ 1 Abs. 19 Nr. 24 KAGB) von OGAW bzw. AIF nur die Dienstleistungen und Nebendienstleistungen nach § 20 Abs. 2 bzw. Abs. 3 KAGB erbringen. ⑥ Sie dürfen jedoch nicht ausschließlich die in § 20 Abs. 2 Nr. 1 bis 4 KAGB bzw. § 20 Abs. 3 Nr. 1 bis 6 KAGB genannten Leistungen erbringen, ohne auch die kollektive Vermögensverwaltung zu erbringen (§ 20 Abs. 4 KAGB). 94

(5) ① Die OGAW-Kapitalverwaltungsgesellschaft hat sicherzustellen, dass für jeden von ihr verwalteten OGAW eine Verwahrstelle beauftragt wird, die ein zugelassenes Kreditinstitut im 95

[1] A 4.8.13 UStAE Abs. 1 Satz 1 neugefasst durch BMF v. 24. 6. 2022 (BStBl. I S. 1006), anzuwenden auf nach dem 30. 6. 2021 ausgeführte Umsätze, mit Übergangsregelung bis zum 30. 6. 2022.

UStAE 4.8.13

Sinne des § 68 Abs. 2 KAGB ist (§ 68 Abs. 1 Satz 1 KAGB); die AIF-Kapitalverwaltungsgesellschaft muss nach § 80 Abs. 1 Satz 1 KAGB dafür sorgen, dass eine Verwahrstelle im Sinne des § 80 Abs. 2 oder 3 KAGB beauftragt wird. ② Die Verwahrstelle ist neben den Verwahraufgaben nach § 72 KAGB bzw. § 81 KAGB zu sonstigen Aufgaben nach Maßgabe der §§ 74 bis 79 KAGB bzw. der §§ 83 bis 89a KAGB verpflichtet. ③ Nach Artikel 22 Abs. 3 Buchstaben a und b der OGAW-Richtlinie muss die Verwahrstelle u. a. dafür sorgen, dass die Ausgabe und die Rücknahme sowie die Berechnung des Wertes der Anteile nach den gesetzlichen Vorschriften oder Vertragsbedingungen erfolgt. ④ Für OGAW-Kapitalverwaltungsgesellschaften bestimmt § 76 Abs. 1 Nr. 1 KAGB demgemäß, dass die Verwahrstelle im Rahmen ihrer Kontrollfunktion sicherzustellen hat, dass die Ausgabe und Rücknahme von Anteilen und die Ermittlung des Wertes der Anteile den Vorschriften des KAGB und den Anlagebedingungen entsprechen. ⑤ Die Ausgabe und die Rücknahme der Anteile hat die Verwahrstelle selbst vorzunehmen (§ 71 Abs. 1 Satz 1 KAGB). ⑥ Die Bewertung des Werts eines inländischen OGAW je Anteil oder Aktie wird entweder von der Verwahrstelle unter Mitwirkung der OGAW-Kapitalverwaltungsgesellschaft oder nur von der OGAW-Kapitalverwaltungsgesellschaft vorgenommen (§ 212 KAGB). ⑦ Hinsichtlich der Bestimmungen für die Verwahrstellen von AIF-Kapitalverwaltungsgesellschaften wird auf die Vorschriften für AIF-Verwahrstellen (§§ 80 bis 90 KAGB) verwiesen.

96 (6) ① Die Kapitalverwaltungsgesellschaft kann unter den Bedingungen des § 36 Abs. 1 KAGB Aufgaben, die für die Durchführung der Geschäfte wesentlich sind, zum Zwecke einer effizienteren Geschäftsführung auf ein anderes Unternehmen (Auslagerungsunternehmen) auslagern. ② So muss das Auslagerungsunternehmen z. B. über ausreichende Ressourcen für die Ausführung der ihm übertragenen Aufgaben verfügen und die Personen, die die Geschäfte des Auslagerungsunternehmens tatsächlich leiten, müssen zuverlässig sein und über ausreichende Erfahrung verfügen (§ 36 Abs. 1 Satz 1 Nr. 2 KAGB). ③ Eine weitere Bedingung ist, dass die Auslagerung die Wirksamkeit der Beaufsichtigung der Kapitalverwaltungsgesellschaft in keiner Weise beeinträchtigen darf; insbesondere darf sie weder die Kapitalverwaltungsgesellschaft daran hindern, im Interesse ihrer Anleger zu handeln, noch darf sie verhindern, dass das Investmentvermögen im Interesse der Anleger verwaltet wird (§ 36 Abs. 1 Satz 1 Nr. 5 KAGB). ④ Das Auslagerungsunternehmen darf die ihm übertragenen ausgelagerten Aufgaben unter den Bedingungen des § 36 Abs. 6 KAGB weiter übertragen (Unterauslagerung).

97 (7) ① Die Verwahrstelle darf der Kapitalverwaltungsgesellschaft aus den zu einem inländischen OGAW bzw. AIF gehörenden Konten nur die für die Verwaltung des inländischen OGAW bzw. AIF zustehende Vergütung und den ihr zustehenden Ersatz von Aufwendungen auszahlen (§§ 79 Abs. 1 und 89a Abs. 1 KAGB). ② Werden die zu einem inländischen AIF gehörenden Konten bei einer anderen Stelle nach § 83 Abs. 6 Satz 2 KAGB geführt, bedarf die Auszahlung der der AIF-Kapitalverwaltungsgesellschaft für die Verwaltung des inländischen AIF zustehenden Vergütung und des ihr zustehenden Ersatzes von Aufwendungen der Zustimmung der Verwahrstelle (§ 89a Abs. 1 Satz 2 KAGB).

Investmentvermögen, deren Verwaltung unter die Umsatzsteuerbefreiung nach § 4 Buchstabe h UStG fällt (sog. begünstigte Investmentvermögen)

98 (8) ① Steuerbegünstigt können inländische Investmentvermögen, EU-Investmentvermögen und ausländische AIF sein. ② Investmentvermögen, die die Anforderungen der OGAW-Richtlinie erfüllen, stellen grundsätzlich steuerbegünstigte Investmentvermögen dar. ③ Darüber hinaus können auch AIF in den Anwendungsbereich der Steuerbefreiung fallen, sofern sie mit OGAW vergleichbar sind (vgl. EuGH-Urteil vom 9. 12. 2015, C-595/13, Fiscale Eenheid X). ④ Die Vergleichbarkeit mit OGAW setzt insbesondere folgende kumulativ zu erfüllende Kriterien voraus:

1. ① die AIF unterliegen einer vergleichbaren besonderen staatlichen Aufsicht (vgl. BFH-Urteil vom 5. 9. 2019, V R 2/16, BStBl. 2020 II S. 109). ② AIF, die nach KAGB reguliert sind, unterliegen dieser vergleichbaren Aufsicht grundsätzlich,
2. die AIF sprechen den gleichen Anlegerkreis an (Kleinanleger, vgl. EuGH-Urteile vom 4. 5. 2006, C-169/04, Abbey National, BStBl. 2010 II S. 567, und vom 28. 6. 2007, C-363/05, JP Morgan Fleming Claverhouse Investment Trust und The Association of Investment Trust Companies, BStBl. 2010 II S. 573),
3. die AIF unterliegen den gleichen Wettbewerbsbedingungen (unterliegen vergleichbaren Pflichten und Kontrollen),
4. die AIF haben Anteilsrechte an mehrere Anleger ausgegeben,
5. der Ertrag der Anlage hängt von den Ergebnissen der Anlage ab, die die Verwalter im Laufe des Zeitraums, in dem die Anteilsinhaber diese Anteilsrechte innehaben, getätigt haben,
6. die Anteilsinhaber haben Anrecht auf die vom AIF erzielten Gewinne und auf den Gewinn infolge einer Wertsteigerung ihres Anteils und tragen das Risiko, das mit der Verwaltung des darin gesammelten Vermögens einhergeht, und
7. ① die Anlage des gesammelten Vermögens erfolgt nach dem Grundsatz der Risikomischung zum Zwecke der Risikostreuung. ② Der Grundsatz gilt regelmäßig als erfüllt, wenn das Vermögen in mindestens drei Vermögensgegenständen mit unterschiedlichen Anlagerisiken angelegt ist. ③ Hierbei sind die Anlagenfristen des KAGB zu beachten.

USt AE 4.8.13

Beispiel:

① Ein Investmentvermögen, das bis zu 30% in physischem Gold angelegt ist und darüber hinaus ausschließlich 1:1-Zertifikate von mindestens drei unterschiedlichen Emittenten erwirbt, die alle die Entwicklung des Goldpreises abbilden, kann nicht als risikogemischt angesehen werden. ② Es werden zwar mindestens drei Vermögensgegenstände für das Investmentvermögen erworben, jedoch bilden alle Vermögensgegenstände das gleiche Anlagerisiko ab. ③ Der Anleger erleidet einen hohen Verlust, wenn der Goldpreis sinkt.

(9) ① Offene inländische Spezial-AIF mit festen Anlagebedingungen im Sinne des § 284 KAGB sowie vergleichbare EU-Investmentvermögen und ausländische AIF können unabhängig von den in Absatz 8 Satz 4 Nummern 2 bis 4 genannten Bestimmungen begünstigte Investmentvermögen darstellen. ② Begünstigt können auch geschlossene Investmentvermögen sein, soweit solche geschlossenen Investmentvermögen die Kriterien nach Absatz 8 Satz 4 erfüllen (vgl. EuGH-Urteil vom 28. 6. 2007, C-363/05, JP Morgan Fleming Claverhouse Investment Trust und The Association of Investment Trust Companies, BStBl. 2010 II S. 573). 99

Verwaltung von Wagniskapitalfonds[1]

(10)[1] ① Steuerbegünstigte Investmentvermögen nach § 4 Nr. 8 Buchstabe h UStG sind auch Wagniskapitalfonds; hierzu zählen auch „qualifizierte Risikokapitalfonds" im Sinne der Verordnung (EU) Nr. 345/2013 des Europäischen Parlaments und des Rates vom 17. 4. 2013 über Europäische Risikokapitalfonds, geändert durch die Verordnung (EU) 2017/1991 des Europäischen Parlaments und des Rates vom 25. 10. 2017 und durch die Verordnung (EU) 2019/1156 des Europäischen Parlaments und des Rates vom 20. 6. 2019 – „EuVECA-Verordnung" (European Venture Capital – EuVECA – Funds), soweit sie die Voraussetzungen der Sätze 2 bis 8 erfüllen. ② Wagniskapitalfonds nach Satz 1 sind AIF im Sinne des § 1 Abs. 3 KAGB, die keine OGAW sind, wenn diese durch entsprechende Vorgaben in den Anlagebedingungen verpflichtet sind, ganz oder überwiegend (zu mehr als 50% des aggregierten eingebrachten bzw. noch nicht eingeforderten, aber zugesagten Kapitals) zum Zeitpunkt der ersten Wagniskapitalbeteiligung in Wachstumsunternehmen (Zielunternehmen) nach Satz 6 zu investieren. ③ Wagniskapitalfonds zielen durch eine Kapitalbeteiligung oder sonstige Risiko tragende Finanzierungen regelmäßig nach Erreichen des durch die Finanzierung beabsichtigten Zwecks auf einen erheblichen Wertzuwachs des Zielunternehmens ab, der zum Zeitpunkt des Ausstiegs des Fonds maßgeblich dessen Investitionsertrag bestimmt. ④ Der Kapitalfluss der Investition erfolgt dabei regelmäßig direkt oder indirekt in das bzw. in die Zielunternehmen. ⑤ Die Begünstigung von Wagniskapitalfonds setzt voraus, dass sie zumindest den gleichen Wettbewerbsbedingungen unterliegen wie OGAW und sie einer besonderen staatlichen Aufsicht unterstehen (vgl. Absatz 8 Satz 4 Nr. 1 und 3) oder als „qualifizierte Risikokapitalfonds" im Sinne des Satzes 1 registriert sind. ⑥ Zielunternehmen im Sinne von Satz 2 sind Wachstumsunternehmen, die insgesamt die nachfolgenden Voraussetzungen erfüllen: 99a

1. das Zielunternehmen ist zum Zeitpunkt der ersten Wagniskapitalbeteiligung nicht älter als zwölf Jahre seit Unternehmensgründung,
2. die Unternehmensgröße des Zielunternehmens entspricht zum Zeitpunkt der ersten Wagniskapitalfinanzierung einem qualifizierten Portfoliounternehmen nach Artikel 3 Buchstabe d Unterbuchstabe i im Sinne der EuVECA-Verordnung nach Satz 1,
3. das Zielunternehmen hat seinen Sitz in einem Gebiet nach Artikel 3 Buchstabe d Unterbuchstabe iv im Sinne der EuVECA-Verordnung nach Satz 1,
4. das Zielunternehmen ist fortlaufend wirtschaftlich (mit Gewinnerzielungsabsicht) aktiv.

⑦ Das Vorliegen der Voraussetzungen hat der Unternehmer durch geeignete Belege (insbesondere anhand der vertraglichen Anlagebedingungen) gegenüber der Finanzbehörde nachzuweisen. ⑧ Die Kriterien für die Qualifizierung als Wagniskapitalfonds sind insbesondere dann nicht eingehalten, wenn die Anlagebedingungen des Fonds dahingehend geändert werden, dass die Anlagestrategie dauerhaft nicht mehr auf eine Anlage in Zielunternehmen nach Satz 6 gerichtet ist, oder wenn dauerhaft die Zielunternehmen, in die der Fonds investiert, die Voraussetzungen des Satzes 6 nicht erfüllen.

Verwaltung von Investmentvermögen

(11)[1] Die Steuerbefreiung umfasst lediglich Tätigkeiten der Verwaltung; andere Tätigkeiten als die Verwaltung, insbesondere Tätigkeiten der Verwahrung von Vermögensgegenständen des Investmentvermögens sowie sonstige Aufgaben nach Maßgabe der §§ 72 bis 79 KAGB bzw. der §§ 81 bis 89a KAGB, sind nicht steuerbegünstigt. 100

(12)[1] ① Die Anwendung der Steuerbefreiung setzt das Vorliegen eines steuerbaren Leistungsaustauschs voraus. ② Die Steuerbefreiung ist unabhängig davon anzuwenden, in welcher Rechtsform der Leistungserbringer auftritt. ③ Für die Steuerbefreiung ist auch unerheblich, dass § 36 Abs. 1 Satz 1 Nr. 3 KAGB (Auslagerung) verlangt, dass bei der Übertragung der Portfolioverwaltung ein für Zwecke der Vermögensverwaltung oder Finanzportfolioverwaltung zugelassenes oder registriertes Unternehmen, das der Aufsicht unterliegt, benannt wird. 101

---

[1] A 4.8.13 UStAE Zwischenüberschrift und Abs. 10 eingefügt, bish. Abs. 10 bis 23 werden Abs. 11 bis 24 durch BMF v. 24. 6. 2022 (BStBl. I S. 1006), anzuwenden auf nach dem 30. 6. 2021 ausgeführte Umsätze, mit Übergangsregelung bis zum 30. 6. 2022.

UStAE 4.8.13

Verwaltung des Investmentvermögens durch eine externe Kapitalverwaltungsgesellschaft

102 (13)[1] ① Bei einem Investmentvermögen in der Form eines Sondervermögens erfüllt die Kapitalverwaltungsgesellschaft durch die Verwaltung des Investmentvermögens ihre gegenüber den Anlegern auf Grund des Investmentvertrags bestehenden Verpflichtungen. ② Dabei können die zum Investmentvermögen gehörenden Vermögensgegenstände nach Maßgabe der Vertragsbedingungen im Eigentum der Kapitalverwaltungsgesellschaft oder im Miteigentum der Anleger stehen. ③ Es liegt eine Verwaltungsleistung gegenüber den Anlegern als Leistungsempfänger vor. ④ Bei einem Investmentvermögen in der Form einer Investmentgesellschaft (§ 1 Abs. 11 KAGB), das eine externe Kapitalverwaltungsgesellschaft mit der Verwaltung und Anlage ihrer Mittel bestellt hat, wird die Kapitalverwaltungsgesellschaft ausschließlich auf Grund der vertraglichen Vereinbarung zwischen ihr und der Investmentgesellschaft tätig. ⑤ Es liegt eine Verwaltungsleistung gegenüber der Investmentgesellschaft als Leistungsempfänger vor.

Investmentvermögen in Form einer intern verwalteten Investmentgesellschaft

103 (14)[1] ① Hat das Investmentvermögen die Organisationsform einer Investmentaktiengesellschaft im Sinne des KAGB oder einer Investmentkommanditgesellschaft im Sinne des KAGB, ist der Anleger Aktionär bzw. Gesellschafter. ② Seine konkrete Rechtsstellung richtet sich nach gesellschaftsrechtlichen Regelungen und der Satzung bzw. dem Gesellschaftsvertrag der Investmentgesellschaft. ③ Soweit keine separate schuldrechtliche Vereinbarung über die Erbringung einer besonderen Verwaltungsleistung besteht, ist insofern kein Leistungsaustausch zwischen der Investmentgesellschaft und ihren Aktionären bzw. Gesellschaftern anzunehmen. ④ Der Anspruch auf die Verwaltungsleistung ergibt sich aus der Gesellschafterstellung. ⑤ Die Verwaltung des Investmentvermögens durch die Investmentgesellschaft ist insoweit ein nicht steuerbarer Vorgang.

Auslagerung von Verwaltungstätigkeiten durch eine Kapitalverwaltungsgesellschaft

104 (15)[1] ① Beauftragt eine Kapitalverwaltungsgesellschaft einen Dritten mit der Verwaltung des Investmentvermögens, erbringt dieser eine Leistung gegenüber der Kapitalverwaltungsgesellschaft, indem er die ihr insoweit obliegende Pflicht erfüllt. ② Der Dritte wird ausschließlich auf Grund der vertraglichen Vereinbarung zwischen ihm und der Kapitalverwaltungsgesellschaft tätig, so dass er auch nur ihr gegenüber zur Leistung verpflichtet ist.

Auslagerung von Verwaltungstätigkeiten bei Investmentgesellschaften

105 (16)[1] ① Beauftragt eine intern verwaltete Investmentaktiengesellschaft bzw. eine intern verwaltete Investmentkommanditgesellschaft einen Dritten mit der Wahrnehmung von Aufgaben, erbringt der Dritte ihr gegenüber eine Leistung, da grundsätzlich der intern verwalteten Investmentgesellschaft die Anlage und die Verwaltung ihrer Mittel obliegt. ② Beauftragt eine extern verwaltete Investmentgesellschaft eine Kapitalverwaltungsgesellschaft mit der Verwaltung und Anlage ihrer Mittel, ist die Kapitalverwaltungsgesellschaft Vertragspartnerin des von ihr mit bestimmten Verwaltungstätigkeiten beauftragten Dritten. ③ Dieser erbringt somit auch nur gegenüber der Kapitalverwaltungsgesellschaft und nicht gegenüber der Investmentgesellschaft eine Leistung.

Ausgelagerte Verwaltungstätigkeiten als Gegenstand der Steuerbefreiung

106 (17)[1] ① Für Tätigkeiten im Rahmen der Verwaltung von Investmentvermögen, die nach § 36 Abs. 1 KAGB auf ein anderes Unternehmen ausgelagert worden sind, kann ebenfalls die Steuerbefreiung in Betracht kommen. ② Zur steuerfreien Verwaltung gehören auch Dienstleistungen der administrativen und buchhalterischen Verwaltung von Investmentvermögen durch einen außenstehenden Verwalter, wenn sie ein im Großen und Ganzen eigenständiges Ganzes bilden und für die Verwaltung dieses Investmentvermögens spezifisch und wesentlich sind. ③ Rein materielle oder technische Dienstleistungen, die in diesem Zusammenhang erbracht werden, wie z. B. die Zurverfügungstellung eines Datenverarbeitungssystems, fallen nicht unter die Steuerbefreiung. ④ Ob die Dienstleistungen der administrativen und buchhalterischen Verwaltung von Investmentvermögen durch einen außenstehenden Verwalter ein im Großen und Ganzen eigenständiges Ganzes bilden, ist danach zu beurteilen, ob die übertragenen Aufgaben für die Durchführung der Geschäfte der Kapitalverwaltungsgesellschaft/Investmentgesellschaft unerlässlich sind und ob der außenstehende Verwalter die Aufgaben eigenverantwortlich auszuführen hat. ⑤ Vorbereitende Handlungen, bei denen sich die Kapitalverwaltungsgesellschaft/Investmentgesellschaft eine abschließende Entscheidung vorbehält, bilden regelmäßig nicht ein im Großen und Ganzen eigenständiges Ganzes. ⑥ Demgegenüber fallen Leistungen, die in der Abgabe von Empfehlungen zum An- und Verkauf von Vermögenswerten (z. B. Wertpapiere oder Immobilien) gegenüber einer Kapitalverwaltungsgesellschaft bestehen, unter die Steuerbefrei-

[1] A 4.8.13 UStAE Zwischenüberschrift und Abs. 10 eingefügt, bish. Abs. 10 bis 23 werden Abs. 11 bis 24 durch BMF v. 24. 6. 2022 (BStBl. I S. 1006), anzuwenden auf nach dem 30. 6. 2021 ausgeführte Umsätze, mit Übergangsregelung bis 30. 6. 2022.

ung, wenn eine enge Verbindung zu der spezifischen Tätigkeit einer Kapitalverwaltungsgesellschaft besteht. ⑦ Davon ist auszugehen, wenn die Empfehlung für den Kauf oder Verkauf von Vermögenswerten konkret an den rechtlichen und tatsächlichen Erfordernissen der jeweiligen Wertpapieranlage ausgerichtet ist, die Empfehlung für den Kauf oder Verkauf von Vermögenswerten auf Grund ständiger Beobachtung des Fondsvermögens erteilt wird und auf einem stets aktuellen Kenntnisstand über die Zusammenstellung des Vermögens beruht (vgl. BFH-Urteil vom 11. 4. 2013, V R 51/10, BStBl. II S. 877, EuGH-Urteil vom 7. 3. 2013, C-275/11, GfBk, BStBl. II S. 900).

(18)[1] ① Für die Beurteilung der Steuerbefreiung ist im Übrigen grundsätzlich ausschließlich die Art der ausgelagerten Tätigkeiten maßgebend und nicht die Eigenschaft des Unternehmens, das die betreffende Leistung erbringt. ② § 36 KAGB ist insoweit für die steuerliche Beurteilung der Auslagerung ohne Bedeutung. ③ Soweit Aufgaben der Kapitalverwaltungsgesellschaft/Investmentgesellschaft von den Verwahrstellen wahrgenommen oder auf diese übertragen werden, die zu den administrativen Tätigkeiten der Kapitalverwaltungsgesellschaft/Investmentgesellschaft und nicht zu den Tätigkeiten als Verwahrstelle gehören, kann die Steuerbefreiung auch dann in Betracht kommen, wenn sie durch die Verwahrstellen wahrgenommen werden. 107

Steuerfreie Verwaltungstätigkeiten

(19)[1] Insbesondere folgende Tätigkeiten der Verwaltung von Investmentvermögen durch die Kapitalverwaltungsgesellschaft, die Investmentaktiengesellschaft, die Investmentkommanditgesellschaft oder die Verwahrstelle sind steuerfrei nach § 4 Nr. 8 Buchstabe h UStG: 108

1. Portfolioverwaltung,
2. Risikomanagement,
3. Ausübung des Sicherheitenmanagements (Verwalten von Sicherheiten, sog. Collateral Management, das im Rahmen von Wertpapierleihgeschäften nach § 200 Abs. 2 KAGB Aufgabe der OGAW-Kapitalverwaltungsgesellschaft ist),
4. Folgende administrative Leistungen, soweit sie nicht dem Anteilsvertrieb dienen:
   a) Gesetzlich vorgeschriebene und im Rahmen der Fondsverwaltung vorgeschriebene Rechnungslegungsdienstleistungen (u. a. Fondsbuchhaltung und die Erstellung von Jahresberichten und sonstiger Berichte),
   b) Bewertung und Preisfestsetzung (Ermittlung und verbindliche Festsetzung des Anteilspreises),
   c) Überwachung und Einhaltung der Rechtsvorschriften (u. a. Kontrolle der Anlagegrenzen und der Marktgerechtigkeit [Fonds-Controlling]),
   d) Ausgabe und Rücknahme von Anteilen (diese Aufgabe wird nach § 71 Abs. 1 KAGB von der Verwahrstelle ausgeführt),
   e) Führung des Anteilinhaberregisters,
   f) Beantwortung von Kundenanfragen und Übermittlung von Informationen an Kunden, auch für potentielle Neukunden,
   g) Tätigkeiten im Zusammenhang mit der Gewinnausschüttung,
   h) Erstellung von Kontraktabrechnungen (einschließlich Versand und Zertifikate, ausgenommen Erstellung von Steuererklärungen),
   i) Führung gesetzlich vorgeschriebener und im Rahmen der Fondsverwaltung vorgeschriebener Aufzeichnungen,
   j) die aufsichtsrechtlich vorgeschriebene Prospekterstellung.

(20)[1] ① Wird von einem außenstehenden Dritten, auf den Verwaltungsaufgaben übertragen wurden, nur ein Teil der Leistungen aus dem vorstehenden Leistungskatalog erbracht, kommt die Steuerbefreiung nur in Betracht, wenn die erbrachte Leistung ein im Großen und Ganzen eigenständiges Ganzes bildet und für die Verwaltung von Investmentvermögen spezifisch und wesentlich ist. ② Leistungen, die in der Abgabe von Empfehlungen zum An- und Verkauf von Vermögenswerten (z. B. Wertpapiere oder Immobilien) gegenüber einer Kapitalverwaltungsgesellschaft bestehen, können unter die Steuerbefreiung fallen (vgl. Absatz 17 Sätze 6 und 7). ③ Für eine administrative Leistung nach Absatz 19 Nr. 4 Buchstabe e bis j kommt im Fall der Auslagerung auf einen außenstehenden Dritten die Steuerbefreiung nur in Betracht, wenn die Leistung von dem Dritten gemeinsam mit einer der in Absatz 19 Nr. 4 Buchstabe a bis d aufgeführten administrativen Leistungen erbracht wird. ④ Erbringt eine Kapitalverwaltungsgesellschaft, eine Investmentaktiengesellschaft, eine Investmentkommanditgesellschaft oder eine Verwahrstelle Verwaltungsleistungen bezüglich des ihr nach dem KAGB zugewiesenen Investmentvermögens, kann die Steuerbefreiung unabhängig davon in Betracht kommen, ob ggf. nur einzelne Verwaltungsleistungen aus dem vorstehenden Leistungskatalog erbracht werden. 109

---

[1] A 4.8.13 UStAE Abs. 10 eingefügt, bish. Abs. 10 bis 23 werden Abs. 11 bis 24, neuer Abs. 20 Satz 2 geändert, Satz 3 neugefasst durch BMF v. 24. 6. 2022 (BStBl. I S. 1006), anzuwenden auf nach dem 30. 6. 2021 ausgeführte Umsätze, mit Übergangsregelung bis 30. 6. 2022.

UStAE 4.8.13

Steuerpflichtige Tätigkeiten im Zusammenhang mit der Verwaltung

110 (21)[1] Insbesondere folgende Tätigkeiten können nicht als Tätigkeiten der Verwaltung von Investmentvermögen angesehen werden und fallen daher nicht unter die Steuerbefreiung nach § 4 Nr. 8 Buchstabe h UStG, soweit sie nicht Nebenleistungen zu einer nach Absatz 19 steuerfreien Tätigkeit sind (zur allgemeinen Abgrenzung von Haupt- und Nebenleistung vgl. Abschnitt 3.10):

1. Erstellung von Steuererklärungen,
2. Tätigkeiten im Zusammenhang mit der Portfolioverwaltung wie allgemeine Rechercheleistungen – sofern diese nicht unselbständige Nebenleistungen zu Beratungsleistungen mit konkreten Kauf- oder Verkaufsempfehlungen für Vermögenswerte (z. B. Wertpapiere oder Immobilien) sind –, insbesondere
   a) die planmäßige Beobachtung der Wertpapiermärkte,
   b) die Beobachtung der Entwicklungen auf den Märkten,
   c) das Analysieren der wirtschaftlichen Situation in den verschiedenen Währungszonen, Staaten oder Branchen,
   d) die Prüfung der Gewinnaussichten einzelner Unternehmen,
   e) die Aufbereitung der Ergebnisse dieser Analysen,
3. Beratungsleistungen ohne konkrete Kauf- oder Verkaufsempfehlungen,
4. Tätigkeiten im Zusammenhang mit dem Anteilsvertrieb, wie z. B. die Erstellung von Werbematerialien,
5. Tätigkeiten im Zusammenhang mit der tatsächlichen Bewirtschaftung gehaltener Immobilien, insbesondere ihre Vermietung, die Verwaltung der bestehenden Mietverhältnisse, die Beauftragung Dritter mit Instandhaltungsmaßnahmen sowie deren Überwachung und Überprüfung (vgl. EuGH-Urteil vom 9. 12. 2015, C-595/13 Fiscale Eenheid X).

Andere steuerpflichtige Tätigkeiten

111 (22)[1] ① Nicht nach § 4 Nr. 8 Buchstabe h UStG steuerfrei sind insbesondere alle Leistungen der Verwahrstelle als Verwahr- oder Kontrollstelle gegenüber der Kapitalverwaltungsgesellschaft. ② Dies sind insbesondere folgende Leistungen:

1. Verwahrung der Vermögensgegenstände des Investmentvermögens; hierzu gehören z. B.:
   a) die Verwahrung der zu einem Investmentvermögen gehörenden Wertpapiere, Einlagenzertifikate und Bargeldbestände in gesperrten Depots und Konten,
   b) die Verwahrung von als Sicherheiten für Wertpapiergeschäfte oder Wertpapier-Pensionsgeschäfte verpfändeten Wertpapieren oder abgetretenen Guthaben bei der Verwahrstelle oder unter Kontrolle der Verwahrstelle bei einem geeigneten Kreditinstitut,
   c) die Übertragung der Verwahrung von zu einem Investmentvermögen gehörenden Wertpapieren an eine Wertpapiersammelbank oder an eine andere in- oder ausländische Bank,
   d) die Unterhaltung von Geschäftsbeziehungen mit Drittverwahrern;
2. Leistungen zur Erfüllung der Zahlstellenfunktion,
3. Einzug und Gutschrift von Zinsen und Dividenden,
4. Mitwirkung an Kapitalmaßnahmen (Corporate Actions) und der Stimmrechtsausübung (Proxy Voting),
5. Abwicklung des Erwerbs und Verkaufs der Vermögensgegenstände inklusive Abgleich der Geschäftsdaten mit dem Broker (Broker-Matching); hierbei handelt es sich nicht um Verwaltungstätigkeiten, die von der Kapitalverwaltungsgesellschaft auf die Verwahrstelle übertragen werden könnten, sondern um Tätigkeiten der Verwahrstelle im Rahmen der Verwahrung der Vermögensgegenstände,
6. Leistungen der Kontrolle und Überwachung, die gewährleisten, dass die Verwaltung des Investmentvermögens nach den entsprechenden gesetzlichen Vorschriften erfolgt, wie insbesondere
   a) Kontrolle der Ermittlung und der verbindlichen Feststellung des Anteilspreises,
   b) Kontrolle der Ausgabe und Rücknahme von Anteilen,
   c) Erstellung aufsichtsrechtlicher Meldungen, z. B. Meldungen, zu denen die Verwahrstelle verpflichtet ist.

Verwaltung von Versorgungseinrichtungen

112 (23)[1] ① Nach § 4 Nr. 8 Buchstabe h UStG ist die Verwaltung von Versorgungseinrichtungen, welche Leistungen im Todes- oder Erlebensfall, bei Arbeitseinstellung oder bei Minderung der Erwerbstätigkeit vorsehen, steuerfrei (§ 1 Abs. 2 VAG). ② Die Versorgungswerke der Ärzte, Apotheker, Architekten, Notare, Rechtsanwälte, Steuerberater bzw. Steuerbevollmächtigten, Tierärzte, Wirtschaftsprüfer und vereidigten Buchprüfer sowie Zahnärzte zählen zu den Versorgungseinrichtungen im Sinne des § 1 Abs. 2 VAG; Pensionsfonds sind Versorgungseinrichtungen im

[1] A 4.8.13 UStAE Abs. 10 eingefügt, bish. Abs. 10 bis 23 werden Abs. 11 bis 24, neuer Abs. 21 geändert durch BMF v. 24. 6. 2022 (BStBl. I S. 1006), anzuwenden auf nach dem 30. 6. 2021 ausgeführte Umsätze, mit Übergangsregelung bis 30. 6. 2022.

Sinne des § 236 Abs. 1 VAG. ③ Damit sind die unmittelbaren Verwaltungsleistungen durch Unternehmer an die auftraggebenden Versorgungseinrichtungen steuerfrei. ④ Voraussetzung für die Steuerbefreiung ist jedoch nicht, dass die Versorgungseinrichtungen der Versicherungsaufsicht unterliegen. ⑤ Einzelleistungen an die jeweilige Versorgungseinrichtung, die keine unmittelbare Verwaltungstätigkeit darstellen (z. B. Erstellung eines versicherungsmathematischen Gutachtens), fallen dagegen nicht unter die Steuerbefreiung nach § 4 Nr. 8 Buchstabe h UStG. ⑥ Zu weiteren Einzelheiten, insbesondere bei Unterstützungskassen, vgl. BMF-Schreiben vom 18. 12. 1997, BStBl. I S. 1046. ⑦ Bei Leistungen zur Durchführung des Versorgungsausgleichs nach dem Gesetz über den Versorgungsausgleich (Versorgungsausgleichsgesetz – VersAusglG) handelt es sich abweichend von diesem BMF-Schreiben um typische und somit steuerfreie Verwaltungsleistungen.

Vermögensverwaltung

(24)[1] ① Bei der Vermögensverwaltung (Portfolioverwaltung) nimmt eine Bank einerseits die Vermögensverwaltung und andererseits Transaktionen vor (vgl. Abschnitt 4.8.9 Abs. 2). ② Die Steuerbefreiung nach § 4 Nr. 8 Buchstabe h UStG kommt in Betracht, soweit tatsächlich begünstigte Investmentvermögen verwaltet werden (vgl. Absätze 1 bis 20). **113**

LS zu 4.8.13

115

Kapitalanlagegesellschaften mit geschlossenen Immobilienfonds sind im Hinblick auf die Vermietungstätigkeit unternehmerisch tätig. *Erlass FSen Bremen S 7104 – 10 v. 23. 7. 1996.*

Kapitalanlagegesellschaften und **Investmentaktiengesellschaften** sind Unternehmer. *Verfügung OFD Frankfurt S 7104 A – 61 – St 110 v. 16. 6. 2009 (DStR S. 1699).*

§ 4 Nr. 8 Buchst. h UStG gilt auch für die **Verwaltung ausländischer Sondervermögen.** *Verfügung OFD Frankfurt S 7160 h A – 2 – St I 2.30 v. 23. 2. 2006.*

Die **Investmentgesellschaften mit variablem Grundkapital** (sociétés d'investissement à capital variable, SICAV), deren ausschließlicher Zweck im Sinne der Richtlinie 85/611/EWG es ist, beim Publikum beschaffte Gelder für gemeinsame Rechnung anzulegen, sind nach Art. 4 der Sechsten Richtlinie 77/388/EWG mehrwertsteuerpflichtig, so dass der Ort der in Art. 9 Abs. 2 Buchst. e dieser Richtlinie genannten Dienstleistungen, die solchen SICAV erbracht werden, die in einem anderen Mitgliedstaat ansässig sind als der Dienstleistende, der Ort ist, an dem diese SICAV den Sitz ihrer wirtschaftlichen Tätigkeit haben. ***EuGH-Urt. v. 21. 10. 2004,*** *C-8/03, Banque Bruxelles Lambert SA (BBL) (DStRE 2005 S. 45).*

1. Art. 13 Teil B Buchst. d Nr. 6 der 6. EG-Richtlinie 77/388/EWG ist dahin auszulegen, dass der Begriff „Sondervermögen" in dieser Bestimmung auch die **geschlossenen Investmentfonds** wie die „Investment Trust Companies" (Investmentfondsgesellschaften) umfassen kann. – 2. *[Ermessen zur nationalen Begriffsbestimmung „Sondervermögen"]* –. 3. Art. 13 Teil B Buchst. d Nr. 6 der 6. EG-Richtlinie entfaltet in dem Sinne unmittelbare Wirkung, dass sich ein Steuerpflichtiger vor einem nationalen Gericht darauf berufen kann, damit eine mit dieser Bestimmung unvereinbare nationale Regelung unangewandt bleibt. ***EuGH-Urt. v. 28. 6. 2007,*** *C-363/05, JP Morgan Fleming Claverhouse Investment Trust plc, The Association of Investment Trust Companies (BStBl. 2010 II S. 573).*

Transaktionsleistungen der Kreditinstitute fallen nicht unter § 4 Nr. 8 Buchst. e oder Buchst. h UStG. *Erlass Schleswig-Holstein VI 326 – S 7160 – 114 v. 28. 11. 2006.*

Lebensversicherungsfonds üben beim Erwerb gebrauchter Lebensversicherungen keine unternehmerische Tätigkeit aus. Dies gilt sowohl für den Erwerb der Kapitallebensversicherungen in Form von Vertragsübernahmen als auch durch Abtretung. *Vfg. OFD Frankfurt v. 21. 5. 2007 – S 7104 A – 78 – St 11 (UR 2008 S. 125).*

1. Eine von einer in einem Mitgliedstaat ansässigen Gesellschaft vorgenommene entgeltliche **Übertragung eines Bestands von Lebensrückversicherungsverträgen** auf ein in einem Drittstaat ansässiges Versicherungsunternehmen, durch die dieses Unternehmen alle Rechte und Pflichten aus diesen Verträgen mit Zustimmung der Versicherungsnehmer übernommen hat, stellt weder einen unter die Art. 9 Abs. 2 Buchst. e fünfter Gedankenstrich und 13 Teil B Buchst. a der Sechsten Richtlinie 77/388/EWG des Rates noch einen unter Art. 13 Teil B Buchst. d Nr. 2 i. V. m. Nr. 3 dieser Richtlinie fallenden Umsatz dar. – 2. Bei einer entgeltlichen Übertragung eines Bestands von 195 Lebensrückversicherungsverträgen wirkt sich der Umstand, dass nicht der Zessionar, sondern der Zedent für die Übernahme von 18 dieser Verträge ein Entgelt – nämlich durch Ansetzung eines negativen Wertes – entrichtet, auf die Beantwortung der ersten Frage nicht aus. – 3. Art. 13 Teil B Buchst. c der Sechsten Richtlinie 77/388 ist dahin auszulegen, dass er auf eine entgeltliche Übertragung eines Bestands von Lebensrückversicherungsverträgen wie die im Ausgangsverfahren fragliche nicht anwendbar ist. ***EuGH-Urt. v. 22. 10. 2009,*** *C-242/08, Swiss Re Germany Holding GmbH (BStBl. 2011 II S. 559).*

Beratungsleistungen, die ein Dritter gegenüber einer Kapitalgesellschaft erbringt, die ein Sondervermögen für Wertpapieranlagen verwaltet, können als Verwaltung von Sondervermögen steuerfrei sein. *BFH-Urteil v. 11. 4. 2013, V R 51/10 (BStBl. II S. 877).*

1. „Sondervermögen" i. S. von Art. 13 Teil B Buchst. d Nr. 6 der Richtlinie 77/388/EWG sind Organismen für gemeinsame Anlagen in Wertpapieren (OGAW) i. S. der Richtlinie 85/611/EWG und diesen Organismen ähnliche Fonds. – 2. Ähnlich in diesem Sinne sind **Fonds,** die gleiche Merkmale aufweisen wie OGAW und vergleichbare Umsätze tätigen oder diesen zumindest so weit ähnlich sind, dass sie mit ihnen im Wettbewerb stehen, was zumindest voraussetzt, dass das nationale Recht eine **besondere staatliche Aufsicht** für solche Vermögen vorsieht. *BFH-Urteil v. 5. 9. 2019 V R 2/16 (BStBl. 2020 II S. 109).*

Nach Art. 135 Abs. 1 Buchst. g MwStSystRL ist eine **einheitliche Verwaltungsdienstleistung,** die durch eine Softwareplattform eines außenstehenden Anbieters an eine Fondsverwaltungsgesellschaft erbracht wird, die sowohl Sondervermögen als auch **andere Fonds** verwaltet, nicht steuerfrei. ***EuGH-Urteil v. 2. 7. 2020*** *C-231/19, Black Rock (DStR S. 1498).*

Von **Dritten** an Sondervermögensverwaltungsgesellschaften erbrachte **Dienstleistungen** wie steuerliche Arbeiten, die die Besteuerung der Fondseinkünfte der Anteilsinhaber gemäß dem nationalen Recht sicherstellen und die Einräumung eines Nutzungsrechts an Software, die ausschließlich der Durchführung von für das Risikomanagement und die Performancemessung wesentlichen Berechnungen dient, fallen unter die Steuerbefreiung nach Art. 135 Abs. 1 Buchst. g MwStSystRL, wenn sie eine enge Verbindung mit der Verwaltung von Sondervermögen aufweisen und ausschließlich für die Zwecke der Verwaltung von Sondervermögen erbracht werden, auch wenn sie nicht vollständig ausgelagert sind. ***EuGH-Urt. v. 17. 6. 2021*** *C 58/20, C 59/20, K und DBKAG (MwStR S. 676).*

---

[1] A 4.8.13 UStAE Abs. 10 eingefügt, bish. Abs. 10 bis 23 werden Abs. 11 bis 24, neuer Abs. 24 Satz 2 geändert durch BMF v. 24. 6. 2022 (BStBl. I S. 1006), anzuwenden auf nach dem 30. 6. 2021 ausgeführte Umsätze, mit Übergangsregelung bis 30. 6. 2022.

Anl zu 4.8.13

Einführungsschreiben zur Umsatzsteuerbefreiung für die Verwaltung von Wagniskapitalfonds nach § 4 Nr. 8 Buchstabe h UStG

Vom 24. Juni 2022 (BStBl. I S. 1006)

(BMF III C 3 – S 7160-h/20/10003 :026; DOK 2022/0662220)

I. Allgemeines

116 Mit dem Gesetz zur Stärkung des Fondsstandorts Deutschland und zur Umsetzung der Richtlinie (EU) 2019/1160 zur Änderung der Richtlinien 2009/65/EG und 2011/61/EU im Hinblick auf den grenzüberschreitenden Vertrieb von Organismen für gemeinsame Anlagen (Fondsstandortgesetz – FoStoG) vom 3. Juni 2021 (BGBl. I S. 1498) wurde in Art. 4 eine Umsatzsteuerbefreiung für die Verwaltung von Wagniskapitalfonds aufgenommen.

Unionsrechtliche Grundlage der Steuerbefreiung für die Verwaltungsleistungen von Sondervermögen ist Art. 135 Abs. 1 Buchst. g der Richtlinie 2006/112/EG des Rates vom 28. November 2006 über das gemeinsame Mehrwertsteuersystem (MwStSystRL). Hiernach befreien die Mitgliedstaaten die Verwaltung von durch die Mitgliedstaaten als solche definierten Sondervermögen.

Der Umfang der Umsatzsteuerbefreiung nach § 4 Nr. 8 Buchst. h UStG erstreckt sich nach bisheriger nationaler Rechtslage auf die Verwaltung von Organismen für gemeinsame Anlagen in Wertpapieren (OGAW) i. S. d. § 1 Abs. 2 des Kapitalanlagegesetzbuchs und die Verwaltung von mit diesen vergleichbaren Alternativen Investmentfonds (AIF) i. S. d. § 1 Abs. 3 des Kapitalanlagegesetzbuchs.

Aufgrund der Zielsetzung des Fondsstandortgesetzes, den Fondsstandort Deutschland auch durch steuerliche Maßnahmen zu stärken und insbesondere junge Wachstumsunternehmen (Startup-Unternehmen) mit wettbewerbsfähigen Finanzierungsmöglichkeiten über Wagniskapitalbeteiligungen zu fördern, ist die Umsatzsteuerbefreiung in § 4 Nr. 8 Buchst. h UStG punktuell erweitert worden.

Es muss daher zwischen der neu eingeführten umsatzsteuerfreien Verwaltung von Wagniskapitalfonds und der weiterhin umsatzsteuerpflichtigen Verwaltung von anderen Fonds, die kein Wagniskapital investieren, unterschieden werden, soweit diese nicht nach § 4 Nr. 8 Buchst. h UStG befreit ist.

II. Änderung des Anwendungserlasses

[in A 4.8.13 UStAE berücksichtigt]

III. Anwendung

Die Grundsätze dieses Schreibens sind auf Umsätze anzuwenden, die **nach dem 30. Juni 2021** ausgeführt werden.

Für bis zum 30. Juni 2022 getätigte Umsätze, die nach den bisherigen Regelungen steuerpflichtig waren, wird es, auch für Zwecke des Vorsteuerabzugs, nicht beanstandet, wenn diese von den Beteiligten übereinstimmend weiterhin als steuerpflichtig behandelt werden.

UStAE 4.8.14

4.8.14 Amtliche Wertzeichen

118 ① Durch die Worte „zum aufgedruckten Wert" wird zum Ausdruck gebracht, dass die Steuerbefreiung nach § 4 Nr. 8 Buchstabe i UStG für die im Inland gültigen amtlichen Wertzeichen nur in Betracht kommt, wenn die Wertzeichen zum aufgedruckten Wert geliefert werden. ② Zum aufgedruckten Wert gehören auch aufgedruckte Sonderzuschläge, z. B. Zuschlag bei Wohlfahrtsmarken. ③ Werden die Wertzeichen mit einem höheren Preis als dem aufgedruckten Wert gehandelt, ist der Umsatz insgesamt steuerpflichtig. ④ Lieferungen der im Inland postgültigen Briefmarken sind auch dann steuerfrei, wenn diese zu einem Preis veräußert werden, der unter ihrem aufgedruckten Wert liegt.

UStG

§ 4 (Forts.)

Von den unter § 1 Abs. 1 Nr. 1 fallenden Umsätzen sind steuerfrei:

...

1 **9. a)[1] die Umsätze, die unter das Grunderwerbsteuergesetz fallen,**

2 **b)[2] die Umsätze, die unter das Rennwett- und Lotteriegesetz fallen. ② Nicht befreit sind die unter das Rennwett- und Lotteriegesetz fallenden Umsätze, die von der Rennwett- und Lotteriesteuer befreit sind oder von denen diese Steuer allgemein nicht erhoben wird;**

Hinweis auf EU-Vorschriften:

UStG:	§ 4 Nr. 9 Buchst. a	**MwStSystRL:**	Art. 135 Abs. 1 (j), (k), Art. 371, Anh. X B 9
	§ 4 Nr. 9 Buchst. b		Art. 135 Abs. 1 (i)

[1] **Option** für Umsätze nach § 4 Nr. 9 Buchst. a vgl. § 9 Abs. 1–3 und § 27 Abs. 2 UStG/A 9.1 u. 9.2 UStAE. – **Optionsausschluss** bei unentgeltlicher Wertabgabe i. S. d. § 3 b Abs. 1 b Nr. 1 u. 2 UStG vgl. A 3.2 Abs. 2 Satz 4 u. 9.1 Abs. 2 Satz 3 UStAE.

[2] Steuerpflicht von Glücksspielen mit Geldeinsatz **(Geldspielautomaten)** vgl. *BFH-Urt. v. 10. 11. 2010, XI R 79/07 (BStBl. 2011 II S. 311); Nachfolgeentscheidung zu* ***EuGH-Urt. v. 10. 6. 2010,*** *C-58/09, Leo-Libera GmbH (DStRE S. 943); BFH-Urt. v. 11. 12. 2019 XI R 13/18 (BStBl. 2020 II S. 296).*

Übersicht zu § 4 Nr. 9

Zu § 4 Nr. 9 UStG

4.9.1 Umsätze, die unter das Grunderwerbsteuergesetz fallen

UStAE 4.9.1

(1) ① Zu den Umsätzen, die unter das GrEStG fallen (grunderwerbsteuerbare Umsätze), gehören insbesondere die Umsätze von unbebauten und bebauten Grundstücken. ② Für die Grunderwerbsteuer können mehrere von dem Grundstückserwerber mit verschiedenen Personen – z. B. Grundstückseigentümer, Bauunternehmer, Bauhandwerker – abgeschlossene Verträge als ein einheitliches, auf den Erwerb von fertigem Wohnraum gerichtetes Vertragswerk anzusehen sein (BFH-Urteile vom 27. 10. 1982, II R 102/81, BStBl. 1983 II S. 55, und vom 27. 10. 1999, II R 17/99, BStBl. 2000 II S. 34). ③ Dieser dem GrEStG unterliegende Vorgang wird jedoch nicht zwischen dem Grundstückserwerber und den einzelnen Bauunternehmern bzw. Bauhandwerkern verwirklicht (BFH-Urteile vom 7. 2. 1991, V R 53/85, BStBl. II S. 737, vom 29. 8. 1991, V R 87/86, BStBl. 1992 II S. 206, und vom 10. 9. 1992, V R 99/88, BStBl. 1993 II S. 316). ④ Die Leistungen der Architekten, der einzelnen Bauunternehmer und der Bauhandwerker sind mit dem der Grunderwerbsteuer unterliegenden Erwerbsvorgang nicht identisch und fallen daher auch nicht unter die Umsatzsteuerbefreiung nach § 4 Nr. 9 Buchstabe a UStG (vgl. auch BFH-Beschluss vom 30. 10. 1986, V B 44/86, BStBl. 1987 II S. 145, und BFH-Urteil vom 24. 2. 2000, V R 89/98, BStBl. II S. 278). ⑤ Ein nach § 4 Nr. 9 Buchstabe a UStG insgesamt steuerfreier einheitlicher Grundstücksumsatz kann nicht nur bei der Veräußerung eines bereits bebauten Grundstücks vorliegen, sondern auch dann, wenn derselbe Veräußerer in zwei getrennten Verträgen ein Grundstück veräußert und die Pflicht zur Erstellung eines schlüsselfertigen Bürohauses und Geschäftshauses übernimmt. ⑥ Leistungsgegenstand ist in diesem Fall ein noch zu bebauendes Grundstück (BFH-Urteil vom 19. 3. 2009, V R 50/07, BStBl. 2010 II S. 78). 11

(2) Unter die Steuerbefreiung nach § 4 Nr. 9 Buchstabe a UStG fallen z. B. auch: 12

1. die Bestellung von Erbbaurechten (BFH-Urteile vom 28. 11. 1967, II 1/64, BStBl. 1968 II S. 222, und vom 28. 11. 1967, II R 37/66, BStBl. 1968 II S. 223) und die Übertragung von Erbbaurechten (BFH-Urteil vom 5. 12. 1979, II R 122/76, BStBl. 1980 II S. 136),
2.[1] die Übertragung von Miteigentumsanteilen an einem Grundstück,
3. die Lieferung von auf fremdem Boden errichteten Gebäuden nach Ablauf der Miet- oder Pachtzeit (vgl. Abschnitt F II des BMF-Schreibens vom 23. 7. 1986, BStBl. I S. 432),[2]
4. die Übertragung eines Betriebsgrundstückes zur Vermeidung einer drohenden Enteignung (BFH-Urteil vom 24. 6. 1992,V R 60/88, BStBl. II S. 986),
5. die Umsätze von Grundstücken und von Gebäuden nach dem Sachenrechtsbereinigungsgesetz, und
6.[3, 4] die Entnahme von Grundstücken, unabhängig davon, ob damit ein Rechtsträgerwechsel verbunden ist.

LS zu 4.9.1

15 1. Der deutsche Gesetzgeber hat in § 4 Nr. 9 Buchst. a UStG 1999 von der gemäß Art. 28 Abs. 3 Buchst. b i. V. m. Anhang F Nr. 16 der Richtlinie 77/388/EWG bestehenden Möglichkeit Gebrauch gemacht, die gemäß Art. 4 Abs. 3 Buchst. a von der Steuerbefreiung des Art. 13 Teil B Buchst. g der Richtlinie 77/388/EWG ausgenommene Lieferung von Gebäuden oder Gebäudeteilen vor dem Erstbezug weiterhin von der Umsatzsteuer zu befreien. – 2. Beim Verkauf eines neu errichteten Gebäudes ist der **über eine einfache „Grundausstattung" hinausgehende Einbau** von zusätzlichen Treppen, Wänden, Fenstern, Duschen sowie die Errichtung von Garagen und Freisitzüberdachungen durch den Verkäufer jedenfalls dann ein Bestandteil der steuerfreien Grundstückslieferung, wenn das Gebäude dem Erwerber in dem gegenüber der „Grundausstattung" höherwertigen Zustand übergeben wird. *BFH-Urteil v. 24. 1. 2008 – V R 42/05 (BStBl. II S. 697).*

Die **Veräußerung** eines Grundstücks und dessen **Bebauung oder Sanierung durch denselben Unternehmer** (Bauträgermodell) ist eine einheitliche Leistung, wenn die Bebauung oder Sanierung auf Rechnung des Veräußerers erfolgt. Die Lieferung ist nach § 4 Nr. 9 Buchst. a UStG steuerfrei. – Erfolgt die Bebauung oder Sanierung auf Rechnung des Erwerbers, liegen zwei getrennte Leistungen vor. *Verfügung OFD Chemnitz S 7100 – 122/1 – St 34 v. 3. 2. 1999 (DB S. 563).*

Doppelbelastung mit USt und GrESt durch Einbeziehung künftiger Bauleistungen in die grunderwerbsteuerliche BMG verstößt nicht gegen 6. RL-EG. ***EuGH-Beschl. v. 27. 11. 2008,*** *C-156/08, Monika Vollkommer (DStR 2009 S. 223).*

Der entgeltliche **Verzicht** auf das an einem Grundstück eingeräumte **Ankaufsrecht** ist nicht nach § 4 Nr. 9 Buchst. a UStG steuerfrei. *BFH-Urteil v. 3. 9. 2008 – XI R 54/07 (BStBl. 2009 II S. 499).*

---

[1] Miteigentumsanteile vgl. A 1.5 Abs. 2 Satz 7, 2.1 Abs. 2, 3.3 Abs. 8 Satz 2 u. 3, 3.4 Abs. 8, 3.5 Abs. 3 Nr. 2, 4.9.1 Abs. 2 Nr. 2, 15.2 Abs. 16 Satz 4 ff., Abs. 21 Nr. 2 Satz 11, 12 u. 15 a.2 Abs. 4 u. 6 Nr. 2 c, 3 c.

[2] Anlage a zu A 1.1 UStAE.

[3] Steuerfreie **Entnahme** vgl. BMF vom 22. 9. 2008 (BStBl. I S. 895).

[4] Steuerfreie bzw. steuerpfl. **Grundstücksverwendung** vgl. A 4.12.1 Abs. 3 Satz 6 i. V. m. 3.4 Abs. 7 UStAE sowie BMF vom 13. 4. 2004 (BStBl. I S. 468) u. vom 10. 8. 2007 (BStBl. I S. 690).

1. … 2. § 4 Nr. 9 a UStG, wonach Umsätze, die unter das GrEStG fallen, von der Umsatzsteuer befreit sind, findet bei einer sich aus dem Vermittlungsauftrag ergebenden **Vermittlungsleistung** keine Anwendung. *BFH-Beschluss v. 28. 5. 2015 V B 15/15 (MwStR S. 772).*

Vermittlungsleistungen eines **atypischen Maklers mit Verwertungsbefugnis** nach § 1 Abs. 2 GrEStG sind nicht nach § 4 Nr. 9 Buchst. a UStG steuerfrei. *BFH-Urteil v. 10. 9. 2015 V R 41/14 (BStBl. 2016 II S. 308).*

Art. 13 Teil B Buchst. g i. V. m. Art. 4 Abs. 3 Buchst. a der 6. EG-Richtlinie 77/388/EWG ist dahin auszulegen, dass die Lieferung eines Grundstücks, auf dem noch ein altes Gebäude steht, das abgerissen werden muss, damit an seiner Stelle ein Neubau errichtet werden kann, und mit dessen vom Verkäufer übernommenen **Abriss** schon vor der Lieferung begonnen worden ist, nicht unter die in der ersten dieser beiden Bestimmungen vorgesehene Befreiung von der Mehrwertsteuer fällt. Solche aus Lieferung und Abriss bestehenden Umsätze bilden mehrwertsteuerlich einen einheitlichen Umsatz, der unabhängig davon, wie weit der Abriss des alten Gebäudes zum Zeitpunkt der tatsächlichen Lieferung des Grundstücks fortgeschritten ist, in seiner Gesamtheit nicht die Lieferung des vorhandenen Gebäudes und des dazugehörigen Grund und Bodens zum Gegenstand hat, sondern die Lieferung eines **unbebauten Grundstücks.** ***EuGH-Urt. v. 19. 11. 2009,*** *C-461/08, Don Bosco Onroerend Goed BV (UR 2010 S. 25).*

UStAE 4.9.2

4.9.2 Umsätze, die unter das Rennwett- und Lotteriegesetz fallen

21 (1) ① Die Leistungen der Buchmacher im Wettgeschäft sind nach § 4 Nr. 9 Buchstabe b UStG umsatzsteuerfrei, weil sie der Rennwettsteuer unterliegen. ② Zum Entgelt für diese Leistungen zählt alles, was der Wettende hierfür aufwendet. ③ Dazu gehören auch der von den Buchmachern zum Wetteinsatz erhobene Zuschlag und die Wettscheingebühr, weil ihnen keine besonderen selbständig zu beurteilenden Leistungen des Buchmachers gegenüberstehen. ④ Auch wenn die Rennwettsteuer lediglich nach dem Wetteinsatz bemessen wird, erstreckt sich daher die Umsatzsteuerbefreiung auf die gesamte Leistung des Buchmachers.

22 (2) ① Buchmacher, die nicht selbst Wetten abschließen, sondern nur vermitteln, sind mit ihrer Vermittlungsleistung, für die sie eine Provision erhalten, nicht nach § 4 Nr. 9 Buchstabe b UStG von der Umsatzsteuer befreit. ② Die Tätigkeit von Vertretern, die die Wetten für einen Buchmacher entgegennehmen, fällt nicht unter § 4 Nr. 9 Buchstabe b UStG (vgl. EuGH-Beschluss vom 14. 5. 2008, C-231/07 und C-232/07, Tiercé Ladbroke).

23 (3) ① Im Inland veranstaltete öffentliche Lotterien unterliegen der Lotteriesteuer. ② Schuldner der Lotteriesteuer ist der Veranstalter der Lotterie. ③ Lässt ein Wohlfahrtsverband eine ihm genehmigte Lotterie von einem gewerblichen Lotterieunternehmen durchführen, ist Veranstalter der Verband. ④ Der Lotterieunternehmer kann die Steuerbefreiung nach § 4 Nr. 9 Buchstabe b UStG nicht in Anspruch nehmen (BFH-Urteil vom 10. 12. 1970, V R 50/67, BStBl. 1971 II S. 193).

24 (4) ① Spiele, die dem Spieler lediglich die Möglichkeit einräumen, seinen Geldeinsatz wiederzuerlangen (sog. Fun-Games), fallen nicht unter die Steuerbefreiung des § 4 Nr. 9 Buchstabe b UStG (BFH-Urteil vom 29. 5. 2008, V R 7/06, BStBl. 2009 II S. 64). ② Das gilt auch für den Betrieb von Geldspielautomaten (BFH-Urteil vom 10. 11. 2010, XI R 79/07, BStBl. 2011 II S. 311).

LS zu 4.9.2

Bestallte Lotterie-Einnehmer der Nordwestdeutschen Klassenlotterie sind unselbständig tätig. *Verfügung OFD Münster S 7105 – 62 – St 14–32 v. 16. 12. 1987.*

25 **Amtliche Verkaufsstellen** der SKL sind mit dem **Verkauf der Lose** unternehmerisch tätig. – **Lotterieverkäufer** sind mit dem Verkauf der Lose *unselbständig* tätig. Hinsichtlich des Verkaufs der Amtlichen Gewinnlisten sind sie Unternehmer. *Verfügung OFD München S 7104 – 57/5 St 432 v. 15. 12. 1999.*

Lotterieeinnehmer der Süddeutschen Klassenlotterie und der Nordwestdeutschen Klassenlotterie sind ab 1. 12. 2002 auch hinsichtlich der **Losverkäufe Unternehmer.** *Verfügung OFD Koblenz S 7104 A – St 44 3 v. 13. 5. 2002.*

Zur Ermittlung der Bemessungsgrundlage für die **Vertriebsvergütung der Lotterieeinnehmer** der Süddeutschen Klassenlotterie. *Verfügung BayLfSt S 7104 – 4 St 34 M v. 14. 8. 2007.*

Lottoserviceunternehmen erbringen im Rahmen von Systemwetten eine einheitliche sonstige Leistung. Steuerpflichtig ist nur die anteilig vereinnahmte Servicegebühr. *Erlass FSen Hamburg 51 – S 7100 – 001/09 v. 24. 4. 2009.*

1. Die von einem **Lotterieteilnahmevermittler** über die **Teilnahmegebühr** der Lotteriespieler mitvereinnahmten Spieleinsätze, die dieser an den Lotterieveranstalter abführen muss, stellen keine durchlaufenden Posten dar und sind somit nicht von der Bemessungsgrundlage der umsatzsteuerpflichtigen Umsätze ausgenommen. – 2. Die Serviceleistungen, die der Lotterieteilnahmevermittler gegenüber seinen Kunden erbringt, stellen weder eine völlig untergeordnete Nebenleistung noch eine als von der steuerfreien Besorgungsleistung nach § 4 Nr. 9 Buchst. b UStG separat zu beurteilende eigenständige, steuerpflichtige sonstige Leistung zur Begleitung der Teilnahme an der Ausspielung des Lottoveranstalters dar. *FG Berlin-Brandenburg, Urt. v. 17. 12. 2008, 7 K 5384/05 B, rkr. (DStRE 2009 S. 1001).*

Die Verkaufsstellen von sog. **„Eurojahreslosen"** erbringen steuerpflichtige Vermittlungsleistungen. *Verfügung OFD Koblenz S 7100 A – St 44 3 v. 2. 12. 2003.*

Zur umsatzsteuerlichen Behandlung von **Sachlotterien** vgl. *Verfügung LfSt Niedersachsen v. 3. 7. 2019 – S 7109 – 5 – St 171 (DStR S. 1870, MwStR S. 844).*

26 Die entgeltliche Nutzungsüberlassung von **Hard- und Software durch Lottogesellschaften an Lottoannahmestellen** fällt nicht unter § 4 Nr. 9 Buchst. b UStG. *Erlaß Sachsen-Anhalt 44 – S 7165 – 3 v. 9. 6. 1996.*

Die **unerlaubte Veranstaltung eines Glücksspiels** – hier: des Roulettespiels – fällt in den Anwendungsbereich der Sechsten Richtlinie 77/388/EWG des Rats. Art. 13 Teil B Buchst. f dieser Richtlinie ist dahin auszulegen, daß ein Mitgliedstaat diese Tätigkeit nicht der Mehrwertsteuer unterwerfen darf, wenn die Veranstaltung eines solchen Glücksspiels durch eine zugelassene öffentliche Spielbank steuerfrei ist. ***EuGH-Urteil v. 11. 6. 1998,*** *C-283/95, Karlheinz Fischer (DStRE S. 490).*

1. Veranstalter von **Glücksspielen** können sich unmittelbar auf die Steuerfreiheit ihrer Umsätze nach Art. 13 Teil B Buchst. f der Richtlinie 77/388/EWG in dem Sinne berufen, dass die Vorschrift des § 4 Nr. 9 Buchst. b UStG 1980 keine Anwendung findet (Anschluss an EuGH-Urteil vom 17. Februar 2005 Rs. C-453/02 – Edith Linneweber – und Rs.

C-462/02 – Savvas Akriditis –; BFH-Urteile vom 12. Mai 2005 V R 7/02, und vom 19. Mai 2005 V R 50/01). Dies gilt für Glücksspiele aller Art, auch wenn sie **unerlaubt betrieben** werden. – 2. Die Spielumsätze sind grundsätzlich dem Inhaber der Spielkasinokonzession zuzurechnen. Fungiert dieser als **„Strohmann"** für einen Dritten („Hintermann"), liegt ein **Kommissionsgeschäft nach § 3 Abs. 11 UStG 1980** vor mit der Folge, dass sowohl die besorgte Leistung (die Umsätze des Konzessionsinhabers an die Spieler) als auch die Besorgungsleistung (die – fingierten – Umsätze des „Hintermanns" an den Konzessionsinhaber) als steuerfrei behandelt werden können. *BFH-Urteil v. 22. 9. 2005 – V R 52/01 (BStBl. 2006 II S. 278).*

Die Steuerbefreiung für Glücksspiele gilt auch für **Kommissionsdienstleistungen** eines Unternehmers an den Unternehmer, der die Leistung steuerfrei erbringt. ***EuGH-Urteil v. 14. 7. 2011*** *– C-464/10, Henfling, Davin, Tanghe (DB S. 2072).*

Die **Vermittlung von Pferdewetten an Wettunternehmen** im Ausland unterliegt nicht der Umsatzsteuer, da der Ort der sonstigen Leistung nicht im Inland liegt. – Derartige Vermittlungsleistungen fallen auch nicht unter das RennwLottG. *Erlass FM Baden-Württemberg v. 14. 7. 1999 – 3 – S 4760/1 (DStR S. 1444).*

Der **Leistungsort** eines inländischen Unternehmers, der für einen **ausländischen Veranstalter** (hier: mit Sitz auf der Isle of Man) **Sportwetten** vermittelt, liegt nicht im Inland. Die Vermittlungsumsätze sind folglich im Inland nicht steuerbar. *Niedersächsisches FG, Urt. v. 12. 3. 2009, 16 K 26/08, rkr. (DStRE S. 999).*

Art. 13 Teil B Buchst. f der 6. EG-Richtlinie 77/388/EWG ist dahin auszulegen, dass **Call-Center-Dienstleistungen,** die zugunsten eines Organisators von **Telefonwetten** erbracht werden und die die Annahme der Wetten im Namen des Wettorganisators durch das Personal des Erbringers dieser Dienstleistungen einschließen, keine Wettumsätze im Sinne dieser Vorschrift darstellen und dass ihnen daher nicht die in dieser Vorschrift vorgesehene Mehrwertsteuerbefreiung zugute kommen kann. ***EuGH-Urt. v. 13. 7. 2006*** *– C-89/05 – United Utilities plc (UR S. 521).*

1. Ein Umsatzsteuerbescheid über die Besteuerung der Umsätze aus dem Betrieb von Geldspielautomaten ist zwar aufgrund des Vorlagebeschlusses des BFH vom 17. 12. 2008, XI R 79/07, BStBl. II 2009, 434, wegen ernstlicher Zweifel an der Rechtmäßigkeit von der Vollziehung auszusetzen. Es ergibt sich aus dem Vorlagebeschluss aber keine überwiegende oder große Wahrscheinlichkeit dafür, dass der EuGH die Steuerpflicht für gemeinschaftsrechtswidrig halten wird, so dass bei Vorliegen der weiteren Voraussetzungen die Aussetzung von einer Sicherheitsleistung abhängig gemacht werden kann. – 2. Für die Rechtmäßigkeit der Besteuerung der Umsätze aus dem Betrieb von Geldspielautomaten ist es ohne Bedeutung, ob die gegen eine öffentliche Spielbank festgesetzte **Umsatzsteuer auf die Spielbankabgabe angerechnet** wird, weil über eine etwaige Rechtsverletzung in dem Festsetzungsverfahren über die anderen Abgaben zu entscheiden wäre. – 3. Lassen die wirtschaftlichen Verhältnisse die Leistung einer Sicherheit nicht zu, stellt die Versagung der Aussetzung der Vollziehung ohne Sicherheitsleistung auch bei fortlaufend veranlagten und festgesetzten Steuern wie Lohn- und Umsatzsteuern grundsätzlich eine unbillige Härte dar und verletzt den Anspruch auf effektiven Rechtsschutz. *BFH-Beschl. vom 19. 10. 2009 XI B 60/09 (BFH/NV 2010 S. 58).* 27

Es ist geklärt, dass Mehrwertsteuer und eine **innerstaatliche Sonderabgabe auf Glücksspiele kumulativ** erhoben werden dürfen, sofern die Sonderabgabe nicht den Charakter einer Umsatzsteuer hat und dass Art. 1 Abs. 2 MwStSystRL einer innerstaatlichen Regelung nicht entgegensteht, nach der die geschuldete Mehrwertsteuer betragsgenau auf eine nicht harmonisierte Abgabe angerechnet wird. *BFH-Beschluss v. 26. 2. 2014 V B 1/13 (BFH/NV S. 915).*

Keine Steuerfreiheit von **Personalgestellung und Beratungsleistungen** nach § 4 Nr. 9 Buchst. b Satz 1 UStG a. F. im Spielbankenbetrieb. *BFH-Urt. v. 19. 10. 2011, XI R 20/09 (BStBl. 2012 II S. 374).*

Die Umsätze von **Spielbanken** sowie von Unternehmern von Glücksspielen mit Gewinnmöglichkeit (zum Beispiel Geldspielgeräte, Roulette u.a.) sind nach ständiger Rechtsprechung steuerpflichtig (vgl. EuGH-Urteile vom 10. 6. 2010, C-58/09, und 24. 10. 2013, C-440/12; BFH-Urteil vom 10. 11. 2010 XI R 79/07, BStBl. 2011 II S. 311, Beschluss des Bundesverfassungsgerichts vom 16. 4. 2012 1 BvR 523/11; BFH-Urteile vom 11. 12. 2019 XI R 13/18, XI R 23/18 und XI R 26/18). – Gegen die Steuerpflicht der terrestrischen Geldspielumsätze ist – auch im Hinblick auf § 4 Nr. 9 Buchst. b UStG ab 1. 7. 2021 für Online-Angebote – keine Aussetzung der Vollziehung zu gewähren. *Erlass FM Mecklenburg-Vorpommern v. 25. 5. 2022 S 7165 – 00000 – 2022/001 (DStR S. 2007).*

An der Umsatzsteuerpflicht der Umsätze aus dem Betrieb von Geldspielautomaten mit Gewinnmöglichkeit bestehen auch nach Einführung der sog. **virtuellen Automatensteuer** (§§ 36 ff. RennwLottG i. d. F. vom 25. 6. 2021) zum 1. 7. 2021 keine ernstlichen Zweifel. *BFH-Beschluss v. 26. 9. 2022 XI B 9/22 (BFH/NV S. 1417).*

Die Veräußerung gebrauchter **Geldspielautomaten** mit Gewinnmöglichkeit, die der Unternehmer ausschließlich zur Ausführung – nach unmittelbarer Berufung auf Art. 13 Teil B Buchst. f der 6. EG-Richtlinie – steuerfreier Umsätze verwendet hat, ist gem. § 4 Nr. 28 UStG steuerfrei. *BFH-Urteil v. 16. 5. 2012 XI R 24/10 (BStBl. 2013 II S. 52).*

Die Besteuerung von **Sportwetten** (insb. § 17 RennwLottG) verstößt weder gegen Verfassungs- noch gegen Europarecht. *BFH-Urt. v. 17. 5. 2021 IX R 20/18 (DStRE S. 1387)* und *IX R 21/18 (BStBl. 2022 II S. 139).*

§ 4 (Forts.)

UStG

Von den unter § 1 Abs. 1 Nr. 1 fallenden Umsätzen sind steuerfrei:

…

10. a) die Leistungen auf Grund eines Versicherungsverhältnisses im Sinne des Versicherungsteuergesetzes. ② Das gilt auch, wenn die Zahlung des Versicherungsentgelts nicht der Versicherungsteuer unterliegt, 1

b) die Leistungen, die darin bestehen, dass anderen Personen Versicherungsschutz verschafft wird; 2

Hinweis auf EU-Vorschriften:

UStG: § 4 Nr. 10 ………… **MwStSystRL:** Art. 135 Abs. 1 (a)

Übersicht zu § 4 Nr. 10

Zu § 4 Nr. 10 UStG

UStAE 4.10.1

4.10.1 Versicherungsleistungen

11 (1) Die Befreiungsvorschrift betrifft auch Leistungen aus Versicherungs- und Rückversicherungsverträgen, die wegen Fehlens der in § 1 Abs. 1 bis 4 VersStG genannten Voraussetzungen nicht der Versicherungsteuer unterliegen.

12 (2) ① Nicht befreit sind Versicherungsleistungen, die aus anderen Gründen nicht unter das VersStG fallen. ② Hierbei handelt es sich um Leistungen aus einem Vertrag, durch den der Versicherer sich verpflichtet, für den Versicherungsnehmer Bürgschaft oder sonstige Sicherheit zu leisten (§ 2 Abs. 2 VersStG). ③ Hierunter sind insbesondere die Kautionsversicherungen (Bürgschafts- und Personenkautionsversicherungen) zu verstehen (vgl. BFH-Urteil vom 13. 7. 1972, V R 33/68). ④ Es kann jedoch die Steuerbefreiung nach § 4 Nr. 8 Buchstabe g UStG in Betracht kommen (vgl. Abschnitt 4.8.12).

13 (3) ① Übernimmt bei der durch eine Beteiligungsklausel im Versicherungsvertrag offengelegten Mitversicherung eines Risikos durch mehrere Versicherer (sog. offene Mitversicherung) der führende Versicherer die bei Begründung und Abwicklung der Mitversicherungsverträge anfallenden Verwaltungsaufgaben (sog. Führungsleistungen) gegen einen erhöhten Anteil aus dem Versicherungsentgelt (sog. Führungsprovision), liegt darin eine steuerbare und steuerpflichtige sonstige Leistung an den/die Mitversicherer. ② Hierbei handelt es sich nicht um Leistungen auf Grund eines Versicherungsverhältnisses im Sinne des VersStG (BFH-Urteil vom 24. 4. 2013, XI R 7/11, BStBl. II S. 648).

14 (4)[1] ① Die Dienstleistung eines von einem Kraftfahrzeughändler unabhängigen Wirtschaftsteilnehmers, die darin besteht, gegen Zahlung eines Pauschalbetrags mechanische Ausfälle bestimmter Teile eines Gebrauchtfahrzeugs zu versichern, stellt einen nach § 4 Nr. 10 Buchstabe a UStG steuerfreien Versicherungsumsatz dar (vgl. EuGH-Urteil vom 16. 7. 2015, C-584/13, Mapfre asistencia und Mapfre warranty). ② Zur Verschaffung von Versicherungsschutz durch einen Kraftfahrzeughändler vgl. Abschnitt 3.10 Abs. 6 Nr. 3 und Abschnitt 4.10.2 Abs. 1 Satz 1. ③ Die entgeltliche Garantiezusage eines Kraftfahrzeughändlers, mit der dieser als Garantiegeber im Garantiefall eine Geldleistung verspricht, ist eine Leistung auf Grund eines Versicherungsverhältnisses im Sinne des VersStG, die nach § 4 Nr. 10 Buchstabe a UStG steuerfrei ist (vgl. BFH-Urteil vom 14. 11. 2018, XI R 16/17, BStBl. 2021 II S. 461); gleiches gilt für das Versprechen einer Reparaturleistung durch den Garantiegeber (vgl. BMF-Schreiben vom 11. 5. 2021, BStBl. I S. 781).

LS zu 4.10.1

Verwaltungskostenbeiträge bei **Gruppenversicherungsverträgen** mit Vereinen und Berufsverbänden fallen nicht unter § 4 Nr. 10 UStG. *Schreiben des BdF IV A 3 – S 7163 – 4/93 v. 5. 7. 1993.*

15 Der Abschluß der **Bauwesenversicherung** zugunsten des Bauunternehmers ist gemäß § 4 Nr. 10 Buchst. b UStG steuerfrei. *Verfügung OFD Chemnitz S 7100 – 138/1 – St 34 v. 17. 5. 1999.*

Die **Bewertung von Kfz-Schäden** durch Vereinigung von Versicherungsgesellschaften ist nicht umsatzsteuerbefreit. ***EuGH-Urt. v. 20. 11. 2003,*** *C-8/01, Assurandør-Societetet (DStRE 2004 S. 156).*

Die Hellenische Republik hat dadurch gegen ihre Verpflichtungen aus Art. 13 Teil B Buchst. a der 6. EG-Richtlinie 77/388/EWG verstoßen, dass sie Dienstleistungen der **Pannenhilfe im Straßenverkehr** der Mehrwertsteuer unterworfen hat. ***EuGH-Urt. v. 7. 12. 2006*** *– C-13/06 (UR 2007 S. 182).*

Kein Vorsteuerabzug für Versicherungsteuer. *BFH-Beschl. v. 23. 11. 2010, V B 119/09 (BFH/NV 2011 S. 460).*

Versicherungsübernahme von **Reparaturrisiken** durch Dritte beim Gebrauchtwagenverkauf ist regelmäßig ein eigenständiger steuerfreier Versicherungsumsatz. ***EuGH-Urteil v. 16. 7. 2015,*** *C-584/13, Mapfre warranty (MwStR S. 762).*

Versichert ein **Leasinggeber** das Leasingobjekt selbst und stellt die Kosten der Versicherung dem Leasingnehmer gesondert in Rechnung, verschafft der Leasinggeber dem Leasingnehmer Versicherungsschutz. Diese Leistung ist unter den weiteren Voraussetzungen des Abschn. 4.10.2 UStAE nach § 4 Nr. 10 Buchst. b UStG umsatzsteuerfrei. *Erlass FM Mecklenburg-Vorpommern v. 25. 5. 2022 S 7163 – 00000 – 2017/001-002 (DStR S. 1497).*

Anl zu 4.10.1

Schreiben betr. Garantiezusage eines Kfz-Händlers als Versicherungsleistung; BFH v. 14. 11. 2018 – XI R 16/17

Vom 11. Mai 2021 (BStBl. I S. 781)

(BMF III C 3 – S 7163/19/10001:001, DOK 2021/0533686)

16 Der Bundesfinanzhof (BFH) hat in seinem Urteil vom 14. November 2018, XI R 16/17 (BStBl. 2021 II S. 461) entschieden, dass die entgeltliche Garantiezusage eines Kfz-Händlers keine unselbständige Nebenleistung zur Fahrzeuglieferung, sondern eine eigenständige Leistung ist. Mit einer Garantiezusage, durch die der Kfz-Verkäufer als Garantiegeber im Garantiefall eine Geldleistung verspricht, liegt eine Leistung aufgrund eines Versicherungsverhältnisses im Sinne des VersStG vor, die nach § 4 Nr. 10

[1] A 4.10.1 UStAE Abs. 4 Satz 3 neugefasst durch BMF v. 11. 5. 2021 (BStBl. I S. 781), anzuwenden auf Garantiezusagen, die nach dem **31. 12. 2022** abgegeben werden. Für vor dem **1. 1. 2023** abgegebene Garantiezusagen wird es nicht beanstandet, wenn die Grundsätze dieses Schreibens bereits angewendet werden (vgl. BMF v. 18. 10. 2021, BStBl. I S. 2142).

Anl zu 4.10.1

Buchstabe a UStG umsatzsteuerfrei ist. Unter Verweis auf die Rechtsprechung des Gerichtshofs der Europäischen Union (EuGH) wurde zudem festgestellt, dass die Leistung, zu deren Erbringung der Versicherer im Versicherungsfall verpflichtet ist, nicht zwingend in der Zahlung eines Geldbetrags bestehen muss, sondern auch in Beistandsleistungen, entweder durch Geldzahlung oder Sachleistungen, bestehen kann.

I. Versicherungsteuerrechtliche Konsequenzen

1. Anspruch des Käufers auf Reparatur oder Reparaturkostenersatz gegen den Verkäufer/Garantiegeber

a) Mit einer vertraglichen entgeltlichen Garantiezusage eines Verkäufers, im Falle eines Schadens an der Kaufsache in der Weise für den Schaden einzustehen, dass der Käufer einen Anspruch auf Reparatur oder Reparaturkostenersatz gegen den Verkäufer erhält, wird zwischen Verkäufer und Käufer ein Versicherungsverhältnis im Sinne des VersStG begründet. Das für die Garantiezusage an den Verkäufer/Garantiegeber gezahlte Entgelt ist Versicherungsentgelt im Sinne des § 3 VersStG. **17**

b) Dies gilt nicht, wenn die Garantiezusage nur in Verbindung mit dem Abschluss eines Vollwartungsvertrages für den Kaufgegenstand erteilt wird. In diesem Fall liegt keine Versicherungs--, sondern eine grundsätzlich umsatzsteuerpflichtige Leistung eigener Art vor.

2. Absicherung des Verkäufers/Garantiegebers bei einem (anderen) Versicherer

a) Sichert sich der Verkäufer/Garantiegeber als Versicherer seinerseits bei einem anderen Versicherer gegen den Eintritt von Garantiefällen ab, wird hierdurch grundsätzlich ein Rückversicherungsverhältnis im Sinne des § 4 Abs. 1 Nr. 1 VersStG begründet. **18**

b) Erteilt der Verkäufer/Garantiegeber die Garantiezusage nur iVm dem Abschluss eines Vollwartungsvertrages für den Kaufgegenstand, besteht kein (Erst-)Versicherungsverhältnis zwischen Verkäufer/Garantiegeber und Käufer/Garantienehmer mit der Folge, dass zwischen Verkäufer/Garantiegeber und dem Versicherer kein steuerbefreites Rückversicherungsverhältnis im Sinne des § 4 Abs. 1 Nr. 1 VersStG, sondern ein Erstversicherungsverhältnis besteht.

3. Wahlrecht des Käufers/Garantienehmers zwischen Reparaturanspruch gegen den Verkäufer/Garantiegeber und Reparaturkostenersatzanspruch gegen einen anderen Versicherer

Steht dem Käufer/Garantienehmer aufgrund der entgeltlichen Garantiezusage eines Verkäufers im Garantiefall ein Wahlrecht zwischen Reparatur durch den Verkäufer oder aufgrund eines Versicherungsvertrags für fremde Rechnung ein Reparaturkostenersatz durch einen anderen Versicherer zu, bestehen zwei Versicherungsverhältnisse. Das auf Reparaturleistung gerichtete Versicherungsverhältnis besteht zwischen dem Käufer und dem Verkäufer, das auf Reparaturkostenersatz gerichtete Versicherungsverhältnis besteht zwischen dem Verkäufer und dem anderen Versicherer, wobei der Käufer die versicherte Person ist. **19**

4. Versicherungsschutz des Käufers/Garantienehmers durch eine vom Verkäufer abgeschlossene Versicherung für fremde Rechnung

Hat der Verkäufer hinsichtlich des Reparaturkostenersatzes einen Versicherungsvertrag abgeschlossen, aus dem im Garantiefall Ansprüche des Käufers als versicherte Person gegen den Versicherer resultieren, findet auf einen dem Käufer und Garantienehmer hierfür in Rechnung gestellten höheren Betrag als denjenigen, den der Verkäufer an den Versicherer abführt, das BMF-Schreiben vom 29. November 2017 (III C 4 – S 6403/15/10001, BStBl. 2017 I S. 1674) zu Verkaufsaufschlägen als Versicherungsentgelt entsprechende Anwendung. **20**

II. Umsatzsteuerrechtliche Konsequenzen

Unter Bezugnahme auf die Erörterung mit den obersten Finanzbehörden der Länder gilt hierzu Folgendes:

1. Anspruch des Käufers/Garantienehmers auf Reparatur oder Reparaturkostenersatz gegen den Verkäufer/Garantiegeber

Die Leistungen aus entgeltlichen Garantiezusagen des Verkäufers (Versicherers) im Sinne der Ziffer I. Nr. 1 Buchstabe a sind umsatzsteuerfrei (§ 4 Nr. 10 Buchstabe a UStG). Diese Leistungen umfassen die Gewährung des Versicherungsschutzes wie auch die Leistung des Verkäufers (Versicherers) an den Käufer im Schadensfall. Dies gilt sowohl für eine Geldzahlung als auch für eine Sachleistung im Schadensfall. **20a**

Der Vorsteuerabzug des Verkäufers (Versicherers) aus Eingangsleistungen im Zusammenhang mit diesen steuerfreien Umsätzen (z. B. für den Abschluss der Garantie oder im Schadensfall für den Einkauf von Material für die Reparatur) ist ausgeschlossen (§ 15 Abs. 2 Nr. 1 UStG), wenn nicht im Einzelfall die Voraussetzungen für eine Rückausnahme nach § 15 Abs. 3 Nr. 1 Buchstabe b oder Nr. 2 Buchstabe b UStG vorliegen (siehe hierzu Abschnitt 15.13 und 15.14 UStAE).

2. Wahlrecht des Käufers/Garantienehmers zwischen Reparaturanspruch gegen den Verkäufer/Garantiegeber und Reparaturkostenersatzanspruch gegen einen anderen Versicherer

Die Leistungen aus Garantiezusagen des Verkäufers im Sinne der Ziffer I. Nr. 3 sind umsatzsteuerfrei (§ 4 Nr. 10 Buchstabe a bzw. § 4 Nr. 10 Buchstabe b UStG). **20b**

Die Entscheidung des BFH vom 10. Februar 2010, XI R 49/07 (BStBl. 2010 II S. 1109), wonach die Garantiezusage eines Autoverkäufers, die dem Garantienehmer im Garantiefall ein Wahlrecht zwischen einer Sachleistung/Reparatur durch den Händler oder einer Geldleistung eines Versicherungsunternehmens (Reparaturkostenersatz) einräumt, als ein durch die Einstandspflicht des Verkäufers geprägtes eigenständiges Leistungsbündel anzusehen ist und der Umsatzsteuer unterliegt, ist überholt.

Hinsichtlich des Vorsteuerabzuges gelten die Ausführungen unter II. Nr. 1 entsprechend.

3. Das BMF-Schreiben vom 15. Dezember 2010 – IV D 3 – S 7160-g/10/10001 (BStBl. I S. 1502) wird aufgehoben.

[Änderungen des Umsatzsteuer-Anwendungserlasses in A 3.10, A 4. 8. 12 und A 4.10.1 UStAE berücksichtigt]

20c Die Grundsätze dieses Schreibens sind anzuwenden auf Garantiezusagen, die **nach dem 31. Dezember 2022**[1] abgegeben wurden. Für vor dem 1. Januar 2023 abgegebene Garantiezusagen wird es nicht beanstandet, wenn die Grundsätze dieses Schreibens bereits angewendet wurden.

UStAE 4.10.2

4.10.2 Verschaffung von Versicherungsschutz

21 (1) ① Die Verschaffung eines Versicherungsschutzes liegt vor, wenn der Unternehmer mit einem Versicherungsunternehmen einen Versicherungsvertrag zugunsten eines Dritten abschließt (vgl. BFH-Urteil vom 9. 10. 2002, V R 67/01, BStBl. 2003 II S. 378). ② Der Begriff Versicherungsschutz umfasst alle Versicherungsarten. ③ Hierzu gehören z. B. Lebens-, Kranken-, Unfall-, Haftpflicht-, Rechtsschutz-, Diebstahl-, Feuer- und Hausratversicherungen. ④ Unter die Steuerbefreiung fällt auch die Besorgung einer Transportversicherung durch den Unternehmer, der die Beförderung der versicherten Gegenstände durchführt; das gilt nicht für die Haftungsversicherung des Spediteurs, auch wenn diese dem Kunden in Rechnung gestellt wird.

22 (2) ① Durch den Versicherungsvertrag muss der begünstigte Dritte – oder bei Lebensversicherungen auf den Todesfall der Bezugsberechtigte – das Recht erhalten, im Versicherungsfall die Versicherungsleistung zu fordern. ② Unerheblich ist es, ob dieses Recht unmittelbar gegenüber dem Versicherungsunternehmen oder mittelbar über den Unternehmer geltend gemacht werden kann. ③ Bei der Frage, ob ein Versicherungsverhältnis vorliegt, ist von den Grundsätzen des VersStG auszugehen. ④ Ein Vertrag, der einem Dritten (Arbeitnehmer oder Vereinsmitglied) lediglich die Befugnis einräumt, einen Versicherungsvertrag zu günstigeren Konditionen abzuschließen, verschafft keinen unmittelbaren Anspruch des Dritten gegen das Versicherungsunternehmen und demnach keinen Versicherungsschutz nach § 4 Nr. 10 Buchstabe b UStG. ⑤ Auch in der Übernahme weiterer Aufgaben für das Versicherungsunternehmen (insbesondere Beitragsinkasso und Abwicklung des Geschäftsverkehrs) liegt kein Verschaffen von Versicherungsschutz. ⑥ Für diese Tätigkeit kommt auch eine Steuerbefreiung nach § 4 Nr. 11 UStG nicht in Betracht.

UStG

§ 4 (Forts.)

Von den unter § 1 Abs. 1 Nr. 1 fallenden Umsätzen sind steuerfrei:

. . .

1 **11. die Umsätze aus der Tätigkeit als Bausparkassenvertreter, Versicherungsvertreter und Versicherungsmakler;**

Hinweis auf EU-Vorschriften:

UStG: § 4 Nr. 11 .... **MwStSystRL:** Art. 135 Abs. 1 (a)

Zu § 4 Nr. 11 UStG

UStAE 4.11.1

4.11.1 Bausparkassenvertreter, Versicherungsvertreter, Versicherungsmakler

11 (1) ① Die Befreiungsvorschrift des § 4 Nr. 11 UStG enthält eine ausschließliche Aufzählung der begünstigten Berufsgruppen. ② Sie kann auf andere Berufe, z. B. Bankenvertreter, auch wenn sie ähnliche Tätigkeitsmerkmale aufweisen, nicht angewendet werden (vgl. BFH-Urteil vom 16. 7. 1970, V R 138/69, BStBl. II S. 709). ③ Die Begriffe des Versicherungsvertreters und Versicherungsmaklers sind richtlinienkonform nach dem Unionsrecht und nicht handelsrechtlich im Sinne von § 92 und § 93 HGB auszulegen (vgl. BFH-Urteil vom 6. 9. 2007, V R 50/05, BStBl. 2008 II S. 829).

12 (2) ① Die Befreiung erstreckt sich auf alle Leistungen, die in Ausübung der begünstigten Tätigkeiten erbracht werden. ② Sie ist weder an eine bestimmte Rechtsform des Unternehmens gebunden, noch stellt sie darauf ab, dass die begünstigten Tätigkeiten im Rahmen der gesamten unternehmerischen Tätigkeit überwiegen. ③ Unter die Befreiung fällt z. B. auch ein Kreditinsti-

[1] Die Anwendungsregelung wurde mit *BMF-Schreiben v. 18. 6. 2021 (BStBl. I S. 871)* auf den 31. 12. 2021 verlängert. Außerdem wurde zur Klarstellung darauf hingewiesen, dass die steuerlichen Grundsätze zu Garantiezusagen branchenunabhängig Geltung beanspruchen und daher über die Anwendung im Kfz-Bereich hinausgehen. Mit *BMF-Schreiben v. 18. 10. 2021 (BStBl. I S. 2142)* wurde die Anwendungsregelung erneut verlängert auf den 31. 12. 2022.

tut, das Bauspar- oder Versicherungsverträge vermittelt; zum Begriff der Vermittlung siehe Abschnitt 4.8.1. ④ Zu der Tätigkeit der Kreditinstitute als Bausparkassenvertreter gehört auch die im Zusammenhang mit dieser Tätigkeit übernommene Bewilligung und Auszahlung der Bauspardarlehen. ⑤ Der Wortlaut der Vorschrift „aus der Tätigkeit als" erfordert, dass die Umsätze des Berufsangehörigen für seinen Beruf charakteristisch, d. h. berufstypisch, sind. ⑥ Auch die Betreuung, Überwachung oder Schulung von nachgeordneten selbständigen Vermittlern kann zur berufstypischen Tätigkeit eines Bausparkassenvertreters, Versicherungsvertreters oder Versicherungsmaklers gehören, wenn der Unternehmer, der diese Leistungen übernimmt, durch Prüfung eines jeden Vertragsangebots mittelbar auf eine der Vertragsparteien einwirken kann. ⑦ Dabei ist auf die Möglichkeit abzustellen, eine solche Prüfung im Einzelfall durchzuführen. ⑧ Die Zahlung erfolgsabhängiger Vergütungen (sog. Superprovisionen) ist ein Beweisanzeichen, dass berufstypische Leistungen erbracht werden (vgl. BFH-Urteil vom 9. 7. 1998, V R 62/97, BStBl. 1999 II S. 253). ⑨ Sog. „Backoffice-Tätigkeiten", die darin bestehen, gegen Vergütung Dienstleistungen für ein Versicherungsunternehmen zu erbringen, stellen keine zu Versicherungsumsätzen gehörenden Dienstleistungen im Sinne des § 4 Nr. 11 UStG dar, die von Versicherungsmaklern oder Versicherungsvertretern erbracht werden (vgl. EuGH-Urteil vom 3. 3. 2005, C-472/03, Arthur Andersen und BFH-Urteil vom 3. 8. 2017, V R 19/16, BStBl. II S. 1207). ⑩ Nach dem Wortlaut der Vorschrift sind die Hilfsgeschäfte von der Steuerbefreiung ausgeschlossen (vgl. BFH-Urteil vom 11. 4. 1957, V 46/56 U, BStBl. III S. 222). ⑪ Es kann jedoch die Steuerbefreiung nach § 4 Nr. 28 UStG in Betracht kommen (vgl. Abschnitt 4.28.1). ⑫ Versicherungsmakler, die nach § 34 d Abs. 1 Satz 8 GewO gegenüber Dritten, die nicht Verbraucher sind, beratend tätig werden (Honorarberatung), erbringen keine steuerfreie Leistung nach § 4 Nr. 11 UStG.

(3) Bestandspflegeleistungen in Form von nachwirkender Vertragsbetreuung, z. B. durch Hilfen bei Modifikationen oder Abwicklung von Verträgen, die gegen Bestandspflegeprovision erbracht werden, sind berufstypisch und somit nach § 4 Nr. 11 UStG steuerfrei. **13**

LS zu 4.11.1

Art. 13 Teil B Buchst. a der 6. EG-Richtlinie 77/388/EWG ist dahin auszulegen, dass der Umstand, dass ein Versicherungsmakler oder -vertreter zu den Parteien des Versicherungs- oder Rückversicherungsvertrags, zu dessen Abschluss er beiträgt, keine unmittelbare Verbindung, sondern **nur eine mittelbare Verbindung** über einen anderen Steuerpflichtigen unterhält, der selbst in unmittelbarer Verbindung zu einer dieser Parteien steht und mit dem der Versicherungsmakler oder -vertreter vertraglich verbunden ist, es nicht ausschließt, dass die von dem Letztgenannten erbrachte Leistung nach dieser Bestimmung von der Mehrwertsteuer befreit wird. **[Steuerfreie Untervermittlung]** ***EuGH-Urt. v. 3. 4. 2008** – C-124/07 – J. C. M. Beheer BV (UR S. 389).* **15**

Verkauf von sog. **leads** (Vermittlung von Kundenkontakten gegen Fixprovision) nach § 4 Nr. 11 UStG ist steuerfrei. *FG München, Urt v. 19. 5. 2010, 3 K 134/07, rkr. (NWB 2011 S. 3912).*

Strukturvertrieb von Bausparkassen vgl. auch *BFH-Urteil v. 10. 6. 1999 – V R 10/98 (BStBl. II S.* 686).

Die Verpflichtung eines Versicherungsunternehmens, gegen eine marktübliche Vergütung die Tätigkeit eines vollständig in seinem Besitz befindlichen Versicherungsunternehmens auszuüben, das weiterhin Versicherungsverträge im eigenen Namen abschließt, stellt keinen **Versicherungsumsatz** i. S. des Art. 13 Teil B Buchst. a der Sechsten Richtlinie 77/388/EWG des Rates dar. ***EuGH-Urt. v. 8. 3. 2001,** C-240/99, Försäkringsaktiebolag Skandia (publ.) (DStRE S. 770).*

Die Vermittlung von **privaten Zusatzversicherungen** der gesetzlichen Krankenkassen an ihre Mitglieder fällt unter § 4 Nr. 11 UStG. *Verfügung BayLfSt S 7167 – 2 St 3405 v. 15. 1. 2007 (UR S. 152).*

Versicherungsmakler i. S. d. § 4 Nr. 11 UStG kann auch sein, wer sog. **Blanko-Deckungskarten** für Kurzzeitversicherungen an- und verkauft. *BFH-Urteil v. 24. 7. 2014 V R 9/13 (BFH/NV S. 1783)* und *BMF v. 8. 12. 2015* (BStBl. I S. 1066).

Gesetzliche Krankenversicherungen unterhalten einen **Betrieb gewerblicher Art,** wenn sie ihren Mitgliedern private **Zusatzversicherungsverträge** vermitteln und dafür von den privaten Krankenversicherungen einen Aufwendungsersatz erhalten. *BFH-Beschl. v. 3. 2. 2010, I R 8/09 (BStBl. II S. 502).*

Der *BFH* hat dem EuGH mit *Beschluss v. 5. 9. 2019 V R 58/17 (DStR S. 2642)* die Frage vorgelegt, ob eine steuerfreie Dienstleistung vorliegt, wenn ein Steuerpflichtiger, der für eine Versicherungsgesellschaft eine Vermittlungstätigkeit ausübt, dieser Versicherungsgesellschaft zusätzlich auch das **vermittelte Versicherungsprodukt** zur Verfügung stellt. Der *EuGH* hat dazu mit *Urteil v. 25. 3. 2021 C-907/19, Q-GmbH (DStR S. 799)* entschieden, dass die Befreiung nach Art. 135 Abs. 1 Buchst. a MwStSystRL keine Anwendung findet, sofern das vorlegende Gericht diese Leistungen hinsichtlich der MwSt als einheitliche Leistung einstuft.

§ 4 (Forts.)

UStG

Von den unter § 1 Abs. 1 Nr. 1 fallenden Umsätzen sind steuerfrei:

...

11 a. die folgenden vom 1. Januar 1993 bis zum 31. Dezember 1995 ausgeführten Umsätze der Deutschen Bundespost TELEKOM und der Deutsche Telekom AG: **1**

a) die Überlassung von Anschlüssen des Telefonnetzes und des diensteintegrierenden digitalen Fernmeldenetzes sowie die Bereitstellung der von diesen Anschlüssen ausgehenden Verbindungen innerhalb dieser Netze und zu Mobilfunkendeinrichtungen,

b) die Überlassung von Übertragungswegen im Netzmonopol des Bundes,

c) die Ausstrahlung und Übertragung von Rundfunksignalen einschließlich der Überlassung der dazu erforderlichen Sendeanlagen und sonstigen Einrichtungen sowie das Empfangen und Verteilen von Rundfunksignalen in Breitbandverteilnetzen einschließlich der Überlassung von Kabelanschlüssen;

Hinweis auf EU-Vorschriften:

UStG: § 4 Nr. 11 a .... **MwStSystRL:** Art. 371, Anh. X B 3

UStG

§ 4 (Forts.)

Von den unter § 1 Abs. 1 Nr. 1 fallenden Umsätzen sind steuerfrei:

...

1 **11 b. Universaldienstleistungen nach Artikel 3 Absatz 4 der Richtlinie 97/67/EG des Europäischen Parlaments und des Rates vom 15. Dezember 1997 über gemeinsame Vorschriften für die Entwicklung des Binnenmarktes der Postdienste der Gemeinschaft und die Verbesserung der Dienstequalität (ABl. L 15 vom 21. 1. 1998, S. 14, L 23 vom 30. 1. 1998, S. 39), die zuletzt durch die Richtlinie 2008/6/EG (ABl. L 52 vom 27. 2. 2008, S. 3) geändert worden ist, in der jeweils geltenden Fassung. ② Die Steuerbefreiung setzt voraus, dass der Unternehmer sich entsprechend einer Bescheinigung des Bundeszentralamtes für Steuern gegenüber dieser Behörde verpflichtet hat, flächendeckend im gesamten Gebiet der Bundesrepublik Deutschland die Gesamtheit der Universaldienstleistungen oder einen Teilbereich dieser Leistungen nach Satz 1 anzubieten. ③ Die Steuerbefreiung gilt nicht für Leistungen, die der Unternehmer erbringt**

a) auf Grund individuell ausgehandelter Vereinbarungen oder

b) auf Grund allgemeiner Geschäftsbedingungen zu abweichenden Qualitätsbedingungen oder zu günstigeren Preisen als den nach den allgemein für jedermann zugänglichen Tarifen oder als den nach § 19 des Postgesetzes vom 22. Dezember 1997 (BGBl. I S. 3294), das zuletzt durch Artikel 272 der Verordnung vom 31. Oktober 2006 (BGBl. I S. 2407) geändert worden ist, in der jeweils geltenden Fassung, genehmigten Entgelten;

Hinweis auf EU-Vorschriften:

UStG: § 4 Nr. 11 b .... **MwStSystRL:** Art. 132 Abs. 1 (a)

Übersicht zu § 4 Nr. 11 b

Anlage:

Schreiben betr. Steuerbefreiung für Post-Universaldienstleistungen nach § 4 Nr. 11 b UStG vom 28. 9. 2021 *[nicht abgedruckt]*

Zu § 4 Nr. 11 b UStG

UStAE 4.11 b.1

4.11 b.1 Umsatzsteuerbefreiung für Post-Universaldienstleistungen

Begünstigte Leistungen

11 (1) ① Unter die Steuerbefreiung nach § 4 Nr. 11 b UStG fallen nur bestimmte Post-Universaldienstleistungen. ② Post Universaldienstleistungen sind ein Mindestangebot an Postdienstleistungen, die flächendeckend im gesamten Gebiet der Bundesrepublik Deutschland in einer bestimmten Qualität und zu einem erschwinglichen Preis erbracht werden (§ 11 Postgesetz – PostG).[1] ③ Inhalt, Umfang und Qualitätsmerkmale von Post-Universaldienstleistungen sind in der Post-Universaldienstleistungsverordnung (PUDLV)[2] festgelegt.

12 (2) Unter die Steuerbefreiung nach § 4 Nr. 11 b UStG fallen nur folgende Post-Universaldienstleistungen:

1. ① Die Beförderung von Briefsendungen bis zu einem Gewicht von 2000 Gramm. ② Briefsendungen sind adressierte schriftliche Mitteilungen; Mitteilungen, die den Empfänger nicht mit Namen bezeichnen, sondern lediglich mit einer Sammelbezeichnung von Wohnung oder Geschäftssitz versehen sind, gelten nicht als adressiert und sind dementsprechend keine Briefsendungen (§ 4 Nr. 2 Sätze 1 und 3 PostG). ③ Briefsendungen sind nur dann der Art nach begünstigte Post-Universaldienstleistungen, wenn die Qualitätsmerkmale des § 2 PUDLV erfüllt sind:
   a) ① Bundesweit müssen mindestens 12 000 stationäre Einrichtungen vorhanden sein, in denen Verträge über Briefbeförderungsleistungen abgeschlossen und abgewickelt werden können. ② In allen Gemeinden mit mehr als 2000 Einwohnern muss mindestens eine stationäre Einrichtung vorhanden sein; dies gilt in der Regel auch für Gemeinden, die gemäß landesplanerischen Vorgaben zentralörtliche Funktionen haben. ③ In Gemeinden mit mehr als 4000 Einwohnern und Gemeinden, die gemäß landesplanerischen Vorgaben zentralörtliche Funktionen haben, ist grundsätzlich zu gewährleisten, dass in zusammenhängend

[1] PostG v. 22. 12. 1997 (BGBl. I S. 3294), zuletzt geändert durch G v. 9. 3. 2021 (BGBl. I S. 324).

[2] PUDLV v. 15. 12. 1999 (BGBl. I S. 2418), zuletzt geändert durch G v. 7. 7. 2005 (BGBl. I S. 1970).

bebauten Gebieten eine stationäre Einrichtung in maximal 2000 Metern für die Kunden erreichbar ist. ④ Bei Veränderungen der stationären Einrichtungen ist frühzeitig, mindestens zehn Wochen vor der Maßnahme, das Benehmen mit der zuständigen kommunalen Gebietskörperschaft herzustellen. ⑤ Daneben muss in allen Landkreisen mindestens je Fläche von 80 Quadratkilometern eine stationäre Einrichtung vorhanden sein. ⑥ Alle übrigen Orte müssen durch einen mobilen Postservice versorgt werden. ⑦ Die Einrichtungen müssen werktäglich nachfragegerecht betriebsbereit sein. UStAE 4.11 b.1

b) ① Briefkästen müssen so ausreichend vorhanden sein, dass die Kunden in zusammenhängend bebauten Wohngebieten in der Regel nicht mehr als 1000 Meter zurückzulegen haben, um zu einem Briefkasten zu gelangen. ② Briefkästen sind jeden Werktag sowie bedarfsgerecht jeden Sonn- und Feiertag so zu leeren, dass die in Buchstabe c genannten Qualitätsmerkmale eingehalten werden können. ③ Dabei sind die Leerungszeiten der Briefkästen an den Bedürfnissen des Wirtschaftslebens zu orientieren; die Leerungszeiten und die nächste Leerung sind auf den Briefkästen anzugeben. ④ Briefkästen im Sinne der Sätze 1 und 2 sind auch andere zur Einlieferung von Briefsendungen geeignete Vorrichtungen.

c) ① Von den an einem Werktag eingelieferten inländischen Briefsendungen müssen – mit Ausnahme der Sendungen, die eine Mindesteinlieferungsmenge von 50 Stück je Einlieferungsvorgang voraussetzen – im Jahresdurchschnitt mindestens 80% an dem ersten auf den Einlieferungstag folgenden Werktag und 95% bis zum zweiten auf den Einlieferungstag folgenden Werktag ausgeliefert werden. ② Im grenzüberschreitenden Briefverkehr mit Mitgliedstaaten der Europäischen Union gelten die im Anhang der Richtlinie 97/67/EG des Europäischen Parlaments und des Rates vom 15. 12. 1997 über gemeinsame Vorschriften für die Entwicklung des Binnenmarktes der Postdienste der Gemeinschaft und die Verbesserung der Dienstequalität (ABl. EG 1998 Nr. L 15 S. 14) in der jeweils geltenden Fassung festgelegten Qualitätsmerkmale. ③ Wird der Anhang dieser Richtlinie geändert, gelten die Qualitätsmerkmale in der geänderten Fassung vom ersten Tage des dritten auf die Veröffentlichung der Änderung folgenden Monats an.

d) ① Briefsendungen sind zuzustellen, sofern der Empfänger nicht durch Einrichtung eines Postfaches oder in sonstiger Weise erklärt hat, dass er die Sendungen abholen will. ② Die Zustellung hat an der in der Anschrift genannten Wohn- oder Geschäftsadresse durch Einwurf in eine für den Empfänger bestimmte und ausreichend aufnahmefähige Vorrichtung für den Empfang von Briefsendungen oder durch persönliche Aushändigung an den Empfänger zu erfolgen. ③ Kann eine Sendung nicht gemäß Satz 2 zugestellt werden, ist sie nach Möglichkeit einem Ersatzempfänger auszuhändigen, soweit keine gegenteilige Weisung des Absenders oder Empfängers vorliegt. ④ Ist die Wohn- oder Geschäftsadresse des Empfängers nur unter unverhältnismäßigen Schwierigkeiten zu erreichen oder fehlt eine geeignete und zugängliche Vorrichtung für den Empfang von Briefsendungen, kann der Empfänger von der Zustellung ausgeschlossen werden. ⑤ Der Betroffene ist von dem beabsichtigten Ausschluss zu unterrichten.

e) Die Zustellung hat mindestens einmal werktäglich zu erfolgen (vgl. BFH-Urteil vom 2. 3. 2016, V R 20/15, BStBl. II S. 548).

2. ① Die Beförderung von adressierten Büchern, Katalogen, Zeitungen und Zeitschriften, bis zu einem Gewicht von 2000 Gramm. ② Die Beförderung muss durch Unternehmer erfolgen, die die Beförderung von Briefsendungen (vgl. vorstehende Nummer 1) oder die Beförderung von adressierten Paketen bis zu einem Gewicht von 20 Kilogramm durchführen (vgl. § 1 Abs. 1 Nr. 1 und 3 PUDLV in Verbindung mit § 4 Nr. 1 Buchstabe c PostG). ③ Für das Vorliegen einer Post-Universaldienstleistung gelten für die Beförderung von adressierten Büchern und Katalogen die Qualitätsmerkmale für Briefsendungen (§ 2 PUDLV) entsprechend (vgl. vorstehende Nummer 1 Satz 3). ④ Die Beförderung von Zeitungen und Zeitschriften ist nur dann der Art nach eine begünstigte Post-Universaldienstleistung, wenn die Qualitätsmerkmale des § 4 PUDLV erfüllt sind: 13

a) Zeitungen und Zeitschriften sind im Rahmen des betrieblich Zumutbaren bedarfsgerecht zu befördern.

b) ① Zeitungen und Zeitschriften sind zuzustellen, sofern der Empfänger nicht durch Einrichtung eines Postfaches oder in sonstiger Weise erklärt hat, dass er die Sendungen abholen will. ② Die Zustellung hat an der in der Anschrift genannten Wohn- oder Geschäftsadresse durch Einwurf in eine für den Empfänger bestimmte und ausreichend aufnahmefähige Vorrichtung für den Empfang von Zeitungen und Zeitschriften oder durch persönliche Aushändigung an den Empfänger zu erfolgen. ③ Kann eine Sendung nicht gemäß Satz 2 zugestellt werden, ist sie nach Möglichkeit einem Ersatzempfänger auszuhändigen, soweit keine gegenteilige Weisung des Absenders oder Empfängers vorliegt. ④ Ist die Wohn- oder Geschäftsadresse des Empfängers nur unter unverhältnismäßigen Schwierigkeiten zu erreichen oder fehlt eine geeignete und zugängliche Vorrichtung für den Empfang von Zeitungen und Zeitschriften, kann der Empfänger von der Zustellung ausgeschlossen werden. ⑤ Der Betroffene ist von dem beabsichtigten Ausschluss zu unterrichten.

c) Die Zustellung hat mindestens einmal werktäglich zu erfolgen (vgl. BFH-Urteil vom 2. 3. 2016, V R 20/15, a. a. O.).

UStAE 4.11 b.1

14 3. ① Die Beförderung von adressierten Paketen bis zu einem Gewicht von 10 Kilogramm. ② Die Beförderung von adressierten Paketen ist nur dann der Art nach eine begünstigte Post-Universaldienstleistung, wenn die Qualitätsmerkmale des § 3 PUDLV erfüllt sind:

a) Für die Bereitstellung von Einrichtungen, in denen Verträge über Paketbeförderungsleistungen abgeschlossen und abgewickelt werden können, gelten die Qualitätsmerkmale für Briefsendungen (§ 2 Nr. 1 PUDLV) entsprechend (vgl. vorstehende Nummer 1 Satz 3 Buchstabe a).

b) ① Von den an einem Werktag eingelieferten inländischen Paketen müssen im Jahresdurchschnitt mindestens 80% bis zum zweiten auf den Einlieferungstag folgenden Werktag ausgeliefert werden. ② Im grenzüberschreitenden Paketverkehr mit Mitgliedstaaten der Europäischen Union gelten die im Anhang der Richtlinie 97/67/EG des Europäischen Parlaments und des Rates vom 15. 12. 1997 über gemeinsame Vorschriften für die Entwicklung des Binnenmarktes der Postdienste der Gemeinschaft und die Verbesserung der Dienstequalität (ABl. EG 1998 Nr. L 15 S. 14) in der jeweils geltenden Fassung festgelegten Qualitätsmerkmale. ③ Wird der Anhang dieser Richtlinie geändert, gelten die Qualitätsmerkmale in der geänderten Fassung vom ersten Tage des dritten auf die Veröffentlichung der Änderung folgenden Monats an.

c) ① Pakete sind zuzustellen, sofern der Empfänger nicht erklärt hat, dass er die Sendungen abholen will. ② Die Zustellung hat an der in der Anschrift genannten Wohn- oder Geschäftsadresse durch persönliche Aushändigung an den Empfänger oder einen Ersatzempfänger zu erfolgen, soweit keine gegenteilige Weisung des Absenders oder Empfängers vorliegt.

d) Die Zustellung hat mindestens einmal werktäglich zu erfolgen (vgl. BFH-Urteil vom 2. 3. 2016, V R 20/15, a. a. O.).

15 4. ① Einschreibsendungen; Einschreibsendungen sind Briefsendungen, die pauschal gegen Verlust, Entwendung oder Beschädigung versichert sind und gegen Empfangsbestätigung ausgehändigt werden (§ 1 Abs. 2 Nr. 1 PUDLV). ② Für das Vorliegen einer Post-Universaldienstleistung gelten die Qualitätsmerkmale für Briefsendungen (§ 2 PUDLV) entsprechend (vgl. vorstehende Nummer 1 Satz 3).

16 5. ① Wertsendungen; Wertsendungen sind Briefsendungen, deren Inhalt in Höhe des vom Absender angegebenen Wertes gegen Verlust, Entwendung oder Beschädigung versichert ist (§ 1 Abs. 2 Nr. 2 PUDLV). ② Für das Vorliegen einer Post-Universaldienstleistung gelten die Qualitätsmerkmale für Briefsendungen (§ 2 PUDLV) entsprechend (vgl. vorstehende Nummer 1 Satz 3).

6. Förmliche Zustellungen von Schriftstücken von Gerichten oder Verwaltungsbehörden auf der Grundlage der Prozessordnungen und der Gesetze, die die Verwaltungszustellungen regeln, entsprechend einer seitens der Bundesnetzagentur zu diesem Zweck erteilten Lizenz, wenn sich der Lizenznehmer verpflichtet, diese Zustellungen im gesamten Bundesgebiet anzubieten (vgl. EuGH-Urteil vom 16. 10. 2019, C-4/18 und C-5/18, Winterhoff u. a. sowie BFH-Urteile vom 6. 2. 2020, V R 36/19 (V R 30/15), BStBl. 2021 II S. 790, und vom 6. 2. 2020, V R 37/19 (V R 8/16), BStBl. 2021 II S. 792).

17 (3) ① Weitere Voraussetzung für das Vorliegen einer der Art nach begünstigten Post-Universaldienstleistung ist für die unter Absatz 2 genannten Leistungen, dass der Preis für diese Leistungen erschwinglich sein muss. ② Der Preis gilt als erschwinglich, wenn er dem realen Preis für die durchschnittliche Nachfrage eines Privathaushalts nach der jeweiligen Post-Universaldienstleistung entspricht. ③ Dies ist bei Briefsendungen bis zu einem Gewicht von 1000 Gramm bis zu einer Einlieferungsmenge von weniger als 50 Sendungen grundsätzlich das nach § 19 PostG genehmigte Entgelt, wenn der Unternehmer auf diesem Markt marktbeherrschend ist. ④ Bei allen anderen Post-Universaldienstleistungen, die nicht dieser Entgeltsgenehmigungspflicht unterliegen, ist dies das Entgelt, das der Unternehmer für die jeweilige Einzelleistung an Privathaushalte allgemein festgelegt hat. ⑤ Als genehmigtes Entgelt ist auch das um 1% verminderte Entgelt anzusehen, das der Leistungsempfänger für unter Absatz 2 genannte begünstigte Briefsendungen entrichtet, für die die Freimachung mittels einer Frankiermaschine (sog. Freistempler) durch den Leistungsempfänger erfolgt. ⑥ Soweit eine Entgeltsminderung jedoch aus anderen Gründen gewährt wird, z. B. weil die Briefsendungen unmittelbar beim Anbieter der Post-Universaldienstleistung eingeliefert werden müssen, liegen die Voraussetzungen für die Steuerbefreiung nicht vor (vgl. nachfolgend unter Absatz 7).

Begünstigter Unternehmerkreis

18 (4) ① Begünstigt können alle Unternehmer sein, die die in Absatz 2 genannten Leistungen selbst erbringen; hierzu gehören auch Unternehmenszusammenschlüsse. ② Voraussetzung ist, dass sie sich verpflichten, alle Post-Universaldienstleistungsbereiche bzw. einen einzelnen der in Absatz 2 genannten Post-Universaldienstleistungsbereiche ständig und flächendeckend im gesamten Gebiet der Bundesrepublik Deutschland anzubieten.

Beispiel 1:

① Der Postdienstleistungsanbieter P verpflichtet sich, ständig anzubieten, Briefsendungen bis zu einem Gewicht von 2000 Gramm im gesamten Gebiet der Bundesrepublik Deutschland durchzuführen. ② Die Voraussetzungen des § 2 PUDLV sind erfüllt.

③ Die Durchführung der Briefsendungen bis zu einem Gewicht von 2000 Gramm ist unter den weiteren Voraussetzungen des § 4 Nummer 11 b UStG steuerfrei.

UStAE 4.11 b.1

Beispiel 2:

① Der Postdienstleistungsanbieter P verpflichtet sich, ständig anzubieten, Briefsendungen bis zu einem Gewicht von 2000 Gramm sowie Paketsendungen bis zu einem Gewicht von 5 Kilogramm im gesamten Gebiet der Bundesrepublik Deutschland durchzuführen. ② Die Voraussetzungen der §§ 2 und 3 PUDLV sind erfüllt.

③ Die Durchführung der Briefsendungen bis zu einem Gewicht von 2000 Gramm durch P ist unter den weiteren Voraussetzungen des § 4 Nummer 11 b UStG steuerfrei. ④ Die Durchführung der Paketsendungen bis zu einem Gewicht von 5 Kilogramm ist dagegen steuerpflichtig, da P sich nicht verpflichtet hat, den gesamten Bereich der Paketsendungen bis zu einem Gewicht von 10 Kilogramm anzubieten.

Beispiel 3:

① Der Postdienstleistungsanbieter P verpflichtet sich, ständig anzubieten, Briefsendungen bis zu einem Gewicht von 1000 Gramm im gesamten Gebiet der Bundesrepublik Deutschland durchzuführen. ② Die Voraussetzungen der §§ 2 und 3 PUDLV sind erfüllt.

③ Die Durchführung der Briefsendungen bis zu einem Gewicht von 1000 Gramm ist steuerpflichtig, da P sich nicht verpflichtet hat, den gesamten Bereich der Briefsendungen bis zu einem Gewicht von 2000 Gramm anzubieten.

Beispiel 4:

① Der Postdienstleistungsanbieter P verpflichtet sich, ständig anzubieten, Briefsendungen bis zu einem Gewicht von 1000 Gramm im gesamten Gebiet der Bundesrepublik Deutschland und Briefsendungen mit einem Gewicht von mehr als 1000 Gramm bis zu einem Gewicht von 2000 Gramm nur in Nordrhein-Westfalen durchzuführen. ② Die Voraussetzungen der §§ 2 und 3 PUDLV sind erfüllt.

③ Die Durchführung der Briefsendungen ist insgesamt steuerpflichtig, da P sich nicht verpflichtet hat, den gesamten Bereich der Briefsendungen bis zu einem Gewicht von 2000 Gramm ständig und flächendeckend im gesamten Gebiet der Bundesrepublik Deutschland anzubieten.

Der Art nach nicht unter die Steuerbefreiung fallende Leistungen

(5) Nicht unter die Steuerbefreiung fallen folgende in § 1 PUDLV genannte Leistungen: **19**

1. Die Beförderung von Paketsendungen mit einem Gewicht von mehr als 10 Kilogramm,
2. die Beförderung von adressierten Büchern, Katalogen, Zeitungen und Zeitschriften mit einem Gewicht von jeweils mehr als 2 Kilogramm,
3. Expresszustellungen; Expresszustellungen sind Briefsendungen, die so bald wie möglich nach ihrem Eingang bei einer Zustelleinrichtung des leistenden Unternehmers durch besonderen Boten zugestellt werden (§ 1 Abs. 2 Nr. 4 PUDLV),
4. Nachnahmesendungen; Nachnahmesendungen sind Briefsendungen, die erst nach Einziehung eines bestimmten Geldbetrages an den Empfänger ausgehändigt werden (§ 1 Abs. 2 Nr. 3 PUDLV).

(6) ① Ausdrücklich sind auch Leistungen, deren Bedingungen zwischen den Vertragsparteien individuell vereinbart werden, nicht steuerfrei (§ 4 Nr. 11 b Satz 3 Buchstabe a UStG). ② Hierunter fallen auch Leistungen eines Postdienstleistungsanbieters an einen im eigenen Namen und für eigene Rechnung auftretenden sog. Konsolidierer, der Inhaber einer postrechtlichen Lizenz gem. § 51 Abs. 1 Satz 2 Nr. 5 PostG ist und Briefsendungen eines oder mehrerer Absender bündelt und vorsortiert in die Briefzentren des Postdienstleistungsanbieters einliefert, wenn der Postdienstleistungsanbieter dem Konsolidierer nachträglich Rabatte auf die festgelegten Entgelte für einzelne Briefsendungen gewährt. **20**

Beispiel 1:

① Der Konsolidierer K liefert an einem Tag 1000 Briefsendungen des Absenders A vereinbarungsgemäß beim Postdienstleistungsanbieter P ein. ② K tritt gegenüber P im eigenen Namen und für eigene Rechnung auf. ③ Das Standardporto für eine Briefsendung beträgt 0,85 €. ④ K erhält für die Einlieferung von P einen Rabatt in Höhe von 21%.

⑤ Die von P an K erbrachte Postdienstleistung ist steuerpflichtig. ⑥ Eine Steuerbefreiung ist wegen individueller Vereinbarungen zwischen den Vertragsparteien ausgeschlossen (§ 4 Nr. 11 b Satz 3 Buchstabe a UStG).

③ Tritt der Konsolidierer gegenüber dem Postdienstleistungsanbieter im Namen und für Rechnung der Absender auf, so dass die Postdienstleistung vom Postdienstleistungsanbieter gegenüber dem Absender der Briefsendung erbracht wird, und gewährt der Postdienstleistungsanbieter dem Absender über den Konsolidierer nachträglich einen Rabatt, fällt die Leistung ebenfalls nicht unter die Steuerbefreiung nach § 4 Nr. 11 b UStG.

Beispiel 2:

① Der Konsolidierer K liefert an einem Tag 1 000 Briefsendungen des Absenders A vereinbarungsgemäß beim Postdienstleistungsanbieter P ein. ② K tritt gegenüber P im Namen und für Rechnung des A auf. ③ Das Standardporto für eine Briefsendung beträgt 0,85 €. ④ K erhält für die Einlieferung von P einen Rabatt in Höhe von 21%. ⑤ K gewährt dem A einen Rabatt in Höhe von 8%. ⑥ Die Rabatte werden bereits im Zeitpunkt der Ausführung der sonstigen Leistung gewährt.

⑦ Die von P an A erbrachte Postdienstleistung ist steuerpflichtig. ⑧ Der Rabatt in Höhe von 21% mindert das Entgelt für die von P an A erbrachte Postdienstleistung. ⑨ § 4 Nr. 11 b Satz 3 Buchstabe a UStG schließt eine Steuerbefreiung aus.

④ Zur Behandlung von Leistungen eines sog. Konsolidierers wird im Übrigen auf das BMF-Schreiben vom 13. 12. 2006 (BStBl. 2007 I S. 119) verwiesen.

(7) ① Nicht unter die Steuerbefreiung fallen außerdem nach § 4 Nr. 11 b Satz 3 Buchstabe b UStG sog. AGB-Leistungen **21**

UStAE 4.11 b.1

a) mit nach den Allgemeinen Geschäftsbedingungen eines Anbieters festgelegten Qualitätsmerkmalen, die von den festgelegten Qualitätsmerkmalen (vgl. Absatz 2) abweichen,

Beispiel:

① Der Postdienstleistungsanbieter P befördert den einzelnen Standardbrief bis 20 Gramm für ein Entgelt von 0,45 €. ② In seinen Allgemeinen Geschäftsbedingungen bietet er an, Standardbriefe ab einer Einlieferungsmenge von 50 Stück für ein Entgelt von 0,40 € zu befördern, wenn die Briefe beim Anbieter unmittelbar eingeliefert werden. ③ Der Kunde K macht hiervon Gebrauch und liefert 100 Standardbriefe ein. ④ P stellt K ein Entgelt von 40 € in Rechnung.

⑤ Die Beförderung der 100 Standardbriefe zu einem Entgelt von 40 € ist steuerpflichtig. ⑥ Die Steuerbefreiung nach § 4 Nr. 11 b UStG kann nicht in Anspruch genommen werden, weil die Standardbriefe zwingend bei einer stationären Einrichtung des P eingeliefert werden müssen und nicht in einen Briefkasten eingeworfen werden können. ⑦ Es liegt somit keine begünstigte Post-Universaldienstleistung vor.

und/oder

b) zu nach den Allgemeinen Geschäftsbedingungen eines Anbieters festgelegten Tarifen, die zwar grundsätzlich für jedermann zugänglich sind, aber nicht für den durchschnittlichen Nachfrager eines Privathaushalts bestimmt sind.

Beispiel:

① Der Postdienstleistungsanbieter P befördert den einzelnen Standardbrief bis 20 Gramm für ein Entgelt von 0,45 €. ② In seinen Allgemeinen Geschäftsbedingungen bietet er an, Standardbriefe ab einer Einlieferungsmenge von 50 Stück für ein Entgelt von 0,40 € zu befördern. ③ Der Kunde K macht hiervon Gebrauch und liefert 100 Standardbriefe ein. ④ P stellt K ein Entgelt von 40 € in Rechnung.

⑤ Die Beförderung der 100 Standardbriefe zu einem Entgelt von 40 € ist steuerpflichtig. ⑥ Die Steuerbefreiung nach § 4 Nr. 11 b UStG kann nicht in Anspruch genommen werden, weil das Entgelt für die Einlieferung der 100 Standardbriefe von dem Entgelt für die Einlieferung von bis zu 50 Standardbriefen abweicht und der zugrunde liegende Tarif damit nicht für den durchschnittlichen Nachfrager eines Privathaushalts bestimmt ist.

② Hierzu gehört auch der Versand von sog. Postvertriebsstücken (Zeitungen und Zeitschriften), bei denen das Entgelt dasjenige unterschreitet, das für die Einzelsendung festgelegt ist,

bzw.

c) zu günstigeren Preisen als den nach § 19 PostG genehmigten Entgelten.

Beispiel:

① Der Postdienstleistungsanbieter P befördert den einzelnen Standardbrief bis 20 Gramm für ein nach § 19 PostG von der Bundesnetzagentur genehmigtes Entgelt von 0,45 €. ② In seinen Allgemeinen Geschäftsbedingungen bietet er an, Standardbriefe ab einer Einlieferungsmenge von 50 Stück für ein Entgelt von 0,40 € zu befördern. ③ Der Kunde K macht hiervon Gebrauch und liefert 100 Standardbriefe ein. ④ P stellt K ein Entgelt von 40 € in Rechnung.

⑤ Die Beförderung der 100 Standardbriefe zu einem Entgelt von 40 € ist steuerpflichtig. ⑥ Die Steuerbefreiung nach § 4 Nr. 11 b UStG kann nicht in Anspruch genommen werden, weil das Entgelt für die Einlieferung der 100 Standardbriefe von dem nach § 19 PostG von der Bundesnetzagentur genehmigten Entgelt für die Einlieferung von bis zu 50 Standardbriefen abweicht.

② Eine Steuerbefreiung kommt für diese Leistungen schon deshalb nicht in Betracht, weil es sich hierbei nicht um Post-Universaldienstleistungen im Sinne des Art. 3 der 1. Post-Richtlinie und damit auch im Sinne des § 11 PostG und der PUDLV handelt, da die darin genannten Qualitätsmerkmale nicht erfüllt werden. ③ Unbeachtlich ist, aus welchen Gründen das nach den Allgemeinen Geschäftsbedingungen vorgesehene niedrigere Entgelt vereinbart wurde. ④ So ist z. B. die Beförderung von Paketen und Büchern nicht steuerfrei, wenn diese mit einem Leitcode auf der Sendung eingeliefert werden und hierfür eine Entgeltsminderung gewährt wird.

22 (8) *(aufgehoben)*

23 (9) ① Nicht unter die Steuerbefreiung nach § 4 Nr. 11 b UStG fällt auch die Transportversicherung für einen Brief. ② Diese Leistung ist keine Nebenleistung zur Briefsendung, sondern eine eigenständige Leistung, die unter die Steuerbefreiung nach § 4 Nr. 10 Buchstabe a UStG fällt.

Feststellung des Vorliegens der Voraussetzungen der Steuerbefreiung

24 (10) ① Die Feststellung, dass die Voraussetzungen für die Anwendung der Steuerbefreiung erfüllt sind, trifft nicht das für den Postdienstleister zuständige Finanzamt, sondern das Bundeszentralamt für Steuern (§ 4 Nr. 11 b Satz 2 UStG). ② Hierzu muss der Unternehmer, der die Steuerbefreiung für alle oder für Teilbereiche der unter die Begünstigung fallenden Leistungen (vgl. Absatz 2) in Anspruch nehmen will, einen entsprechenden formlosen Antrag beim Bundeszentralamt für Steuern (BZSt), An der Küppe 1, 53225 Bonn, stellen. ③ Der Antragsteller hat in seinem Antrag darzulegen, für welche Leistungen er die Steuerbefreiung in Anspruch nehmen will. ④ Hierzu muss er erklären, dass er sich verpflichtet, die genannten Leistungen flächendeckend zu erbringen und im Einzelnen nachweisen, dass die weiteren Voraussetzungen für das Vorliegen einer Post-Universaldienstleistung bei den von ihm zu erbringenden Leistungen erfüllt sind. ⑤ Dabei hat der Antragsteller seine unternehmerische Konzeption für sein Angebot an Post-Universaldienstleistungen darzulegen.

25 (11) Stellt das BZSt fest, dass die Voraussetzungen für die Steuerbefreiung vorliegen, erteilt es hierüber dem Antragsteller eine entsprechende Bescheinigung.

26 *(12) Stellt sich im Nachhinein heraus, dass die Voraussetzungen für die Bescheinigung nicht* oder nicht mehr vorliegen, nimmt sie das Bundeszentralamt für Steuern – ggf. auch rückwirkend – zurück.

Anwendung

(13) Soweit das BMF-Schreiben vom 13. 12. 2006 (BStBl. 2007 I S. 119) diesem Abschnitt entgegensteht, ist es nicht mehr anzuwenden. **27**

(14) Liegen für Leistungen nach § 4 Nr. 11 b UStG auch die Voraussetzungen der Steuerbefreiung für Leistungen im Zusammenhang mit Gegenständen der Ausfuhr (§ 4 Nr. 3 Satz 1 Buchstabe a Doppelbuchstabe aa UStG) vor, geht die Steuerbefreiung des § 4 Nr. 11 b UStG dieser Steuerbefreiung vor. **28**

Eine **Bescheinigung** für steuerfreie Post-Universaldienstleistungen setzt ein Leistungsangebot über sechs Arbeitstage pro Woche voraus. *BFH-Urteil v. 2. 3. 2016 V R 20/15 (BStBl. II S. 548).* LS zu 4.11 b.1

1. Die **förmliche Zustellung** von Schriftstücken nach öffentlich-rechtlichen Vorschriften ist eine Post-Universaldienstleistung nach Art. 3 Abs. 4 der Richtlinie 97/67/EG (Post-Richtlinie), die als von „öffentlichen Posteinrichtungen" erbrachte Dienstleistung nach Art. 132 Abs. 1 Buchst. a MwStSystRL von der Umsatzsteuer befreit ist. – 2. Auf Art. 132 Abs. 1 Buchst. a MwStSystRL kann sich der Steuerpflichtige unmittelbar berufen. *BFH-Urteil v. 6. 2. 2020 V R 36/19 (DStR S. 1197). Nachfolgeentscheidung zu* ***EuGH-Urteil v. 16. 10. 2019,*** *C-4/18, DIREKTexpress (MwStR 2020 S. 25).* **29**

Wer Postuniversaldienstleistungen nach Art. 4 der Richtlinie 97/67/EG, § 4 Nr. 11 b UStG erbringt, hat Anspruch auf Erteilung der **Bescheinigung** nach § 4 Nr. 11 b Satz 2 UStG. *BFH-Urteil v. 6. 2. 2020 V R 8/16 (MwStR S. 586). Nachfolgeentscheidung zu* ***EuGH-Urteil v. 16. 10. 2019,*** *C-5/18, JUREX (MwStR 2020 S. 25).*

Schreiben betr.
Steuerbefreiung für Post-Universaldienstleistungen nach § 4 Nr. 11 b UStG; BFH-Urteile v. 6. 2. 2020 – V R 36/19 (V R 30/15) und V R 37/19 (V R 8/16)

Anl zu 4.11 b.1

Vom 28. September 2021 (BStBl. I S. 1858)

(BMF III C 3 – S 7167-b/19/10003 :001; DOK 2021/1035367)

[abgedruckt im USt-Handbuch 2021 als Anlage zu A 4.11 b.1]

§ 4 (Forts.) UStG

Von den unter § 1 Abs. 1 Nr. 1 fallenden Umsätzen sind steuerfrei:

...

12. a) die Vermietung und die Verpachtung von Grundstücken, von Berechtigungen, für die die Vorschriften des bürgerlichen Rechts über Grundstücke gelten, und von staatlichen Hoheitsrechten, die Nutzungen von Grund und Boden betreffen, **1**

b) die Überlassung von Grundstücken und Grundstücksteilen zur Nutzung auf Grund eines auf Übertragung des Eigentums gerichteten Vertrags oder Vorvertrags,

c) die Bestellung, die Übertragung und die Überlassung der Ausübung von dinglichen Nutzungsrechten an Grundstücken.

② Nicht befreit sind die Vermietung von Wohn- und Schlafräumen, die ein Unternehmer zur kurzfristigen Beherbergung von Fremden bereithält, die Vermietung von Plätzen für das Abstellen von Fahrzeugen, die kurzfristige Vermietung auf Campingplätzen und die Vermietung und die Verpachtung von Maschinen und sonstigen Vorrichtungen aller Art, die zu einer Betriebsanlage gehören (Betriebsvorrichtungen), auch wenn sie wesentliche Bestandteile eines Grundstücks sind; **2**

Hinweis auf EU-Vorschriften:

UStG:	§ 4 Nr. 12 S. 1	**MwStSystRL:**	Art. 135 Abs. 1 (l)
	§ 4 Nr. 12 S. 2		Art. 135 Abs. 2

Übersicht zu § 4 Nr. 12

Zu § 4 Nr. 12 UStG

UStAE 4.12.1

4.12.1 Vermietung und Verpachtung von Grundstücken

11 (1) ① Zum Begriff des Grundstücks vgl. im Einzelnen Abschnitt 3a.3 Abs. 2 Sätze 2 und 3. ② Die Frage, ob eine Vermietung oder Verpachtung eines Grundstücks im Sinne des § 4 Nr. 12 Satz 1 Buchstabe a UStG vorliegt, richtet sich nicht nach den Vorschriften des nationalen Zivilrechts, sondern nach Unionsrecht (BFH-Urteile vom 8. 11. 2012, V R 15/12, BStBl. 2013 II S. 455, und vom 28. 5. 2013, XI R 32/11, BStBl. 2014 II S. 411). ③ Danach setzt die Vermietung eines Grundstücks voraus, dass dem Mieter vom Vermieter auf bestimmte Zeit gegen eine Vergütung das Recht eingeräumt wird, das Grundstück so in Besitz zu nehmen, als ob er dessen Eigentümer wäre, und jede andere Person von diesem Recht auszuschließen. ④ Für die Beurteilung, ob eine bestimmte Vereinbarung als „Vermietung" in diesem Sinne zu behandeln ist, sind alle Umstände des Einzelfalls, vor allem der tatsächlich verwirklichte Sachverhalt zu berücksichtigen. ⑤ Maßgebend ist insoweit der objektive Inhalt des Vorgangs, unabhängig von der Bezeichnung, die die Parteien ihm gegeben haben (vgl. EuGH-Urteil vom 16. 12. 2010, C-270/09, Macdonald Resorts Limited). ⑥ Diese Voraussetzungen gelten auch für die Verpachtung eines Grundstücks (vgl. EuGH-Urteil vom 6. 12. 2007, C-451/06, Walderdorff) und die hierdurch typischerweise eingeräumten Berechtigungen an dem Grundstück zur Ausübung einer sachgerechten und nachhaltigen Bewirtschaftung. ⑦ Der Vermietung eines Grundstücks gleichzusetzen ist der Verzicht auf Rechte aus dem Mietvertrag gegen eine Abstandszahlung (vgl. EuGH-Urteil vom 15. 12. 1993, C-63/92, Lubbock Fine, BStBl. 1995 II S. 480, und Abschnitt 1.3 Abs. 13). ⑧ Eine Dienstleistung, die darin besteht, dass eine Person, die ursprünglich kein Recht an einem Grundstück hat, aber gegen Entgelt die Rechte und Pflichten aus einem Mietvertrag über dieses Grundstück übernimmt, ist nicht von der Umsatzsteuer befreit (vgl. EuGH-Urteile vom 9. 10. 2001, C-409/98, Mirror Group, und C-108/99, Cantor Fitzgerald International).

12 (2) ① Für die Vermietung eines Grundstücks ist es nicht erforderlich, dass die vermietete Grundstücksfläche bereits im Zeitpunkt des Abschlusses des Mietvertrags bestimmt ist. ② Der Mietvertrag kann auch über eine zunächst unbestimmte, aber bestimmbare Grundstücksfläche (z. B. Fahrzeugabstellplatz) geschlossen werden. ③ Die spätere Konkretisierung der Grundstücksfläche kann durch den Vermieter oder den Mieter erfolgen. ④ Die Dauer des Vertragsverhältnisses ist ohne Bedeutung. ⑤ Auch die kurzfristige Gebrauchsüberlassung eines Grundstücks kann daher die Voraussetzungen einer Vermietung erfüllen. ⑥ Die Dauer der Gebrauchsüberlassung muss nicht von vornherein festgelegt sein. ⑦ Auch vertragliche Beschränkungen des an der Mietsache bestehenden Nutzungsrechts schließen nicht aus, dass es sich um ein ausschließliches Nutzungsrecht handelt (vgl. EuGH-Urteil vom 18. 11. 2004, C-284/03, Temco Europe).

13 (3) ① Die Steuerbefreiung nach § 4 Nr. 12 Satz 1 Buchstabe a UStG gilt nicht nur für die Vermietung und die Verpachtung von ganzen Grundstücken, sondern auch für die Vermietung und die Verpachtung von Grundstücksteilen. ② Hierzu gehören insbesondere Gebäude und Gebäudeteile wie Stockwerke, Wohnungen und einzelne Räume (vgl. BFH-Urteil vom 8. 10. 1991, V R 89/86, BStBl. 1992 II S. 108). ③ Auch räumlich abgrenzbare und individualisierte Grundstücksparzellen fallen hierunter (vgl. BFH-Urteile vom 21. 6. 2017, V R 3/17, BStBl. 2018 II S. 372, und V R 4/17, BStBl. 2018 II S. 370). ④ Die Steuerbefreiung erstreckt sich in der Regel auch auf mitvermietete oder mitverpachtete Einrichtungsgegenstände, z. B. auf das bewegliche Büromobiliar oder das bewegliche Inventar eines Seniorenheims (vgl. BFH-Urteil vom 11. 11. 2015, V R 37/14, BStBl. 2017 II S. 1259); vgl. aber Abschnitt 4. 12. 10 zur Vermietung und Verpachtung von Betriebsvorrichtungen. ⑤ Zur Vermietung von Abstellflächen für Fahrzeuge vgl. Abschnitt 4.12.2. ⑥ Steuerfrei ist auch die Überlassung von Werkdienstwohnungen durch Arbeitgeber an Arbeitnehmer (vgl. BFH-Urteile vom 30. 7. 1986, V R 99/76, BStBl. II S. 877, und vom 7. 10. 1987, V R 2/79, BStBl. 1988 II S. 88), wenn sie mehr als sechs Monate dauert (vgl. Abschnitt 4.12.9 Abs. 1 Satz 2). ⑦ Wegen der Überlassung von Räumen einer Pension an Saison-Arbeitnehmer vgl. aber Abschnitt 4.12.9 Abs. 2 Satz 3. ⑧ Soweit die Verwendung eines dem Unternehmen zugeordneten Grundstücks/Gebäudes für nichtunternehmerische Zwecke steuerbar ist und die Übergangsregelung nach § 27 Abs. 16 UStG Anwendung findet (vgl. auch Abschnitt 3.4 Abs. 6 bis 8), ist diese nicht einer steuerfreien Grundstücksvermietung im Sinne des § 4 Nr. 12 Satz 1 Buchstabe a UStG gleichgestellt (vgl. BFH-Urteil vom 24. 7. 2003, V R 39/99, BStBl. 2004 II S. 371, und BMF-Schreiben vom 13. 4. 2004, BStBl. I S. 469).

14 (4) ① Eine Grundstücksvermietung liegt regelmäßig nicht vor bei der Vermietung von Baulichkeiten, die nur zu einem vorübergehenden Zweck mit dem Grund und Boden verbunden und daher keine Bestandteile des Grundstücks sind (vgl. BFH-Urteil vom 15. 12. 1966, V 252/63, BStBl. 1967 III S. 209). ② Steuerpflichtig kann hiernach insbesondere die Vermietung von Büro- und Wohncontainern, Baubuden, Kiosken, Tribünen und ähnlichen Einrichtungen sein. ③ Allerdings stellt die Vermietung eines Gebäudes, das aus Fertigteilen errichtet wird, die so in das Erdreich eingelassen werden, dass sie weder leicht demontiert noch leicht versetzt werden können, die Vermietung eines Grundstücks dar, auch wenn dieses Gebäude nach Beendigung des Mietvertrags entfernt und auf einem anderen Grundstück wieder verwendet werden soll (vgl.

EuGH-Urteil vom 16. 1. 2003, C-315/00 Maierhofer).[1] ④ Gleiches gilt für die Verpachtung eines Hausboots einschließlich der dazugehörenden Liegefläche und Steganlage, wenn das Hausboot mit nicht leicht zu lösenden Befestigungen, die am Ufer oder auf dem Grund eines Gewässers angebracht sind, ortsfest gehalten wird und an einem abgegrenzten und identifizierbaren Liegeplatz im Gewässer liegt sowie vertraglich und tatsächlich auf Dauer ausschließlich ortsfest und damit wie ein mit einem Grundstück fest verbundenes Gebäude genutzt wird (vgl. EuGH-Urteil vom 15. 11. 2012, C-532/11, Leichenich, BStBl. 2013 II S. 891). ⑤ Steuerpflichtig ist hingegen die Vermietung beweglicher Gegenstände wie z. B. Zelte, Wohnanhänger und Mobilheime (vgl. EuGH-Urteil vom 3. 7. 1997, C-60/96, Kommission); vgl. aber Abschnitt 4.12.3 zur Vermietung von Campingflächen.

(5)[2] ① Zu den nach § 4 Nr. 12 Satz 1 UStG steuerfreien Leistungen der Vermietung und Ver- 15
pachtung von Grundstücken gehören auch die damit in unmittelbarem wirtschaftlichen Zusammenhang stehenden üblichen Nebenleistungen (BFH-Urteil vom 9. 12. 1971, V R 84/71, BStBl. 1972 II S. 203). ② Dies sind Leistungen, die im Vergleich zur Grundstücksvermietung bzw. -verpachtung nebensächlich sind, mit ihr eng zusammenhängen und in ihrem Gefolge üblicherweise vorkommen. ③ Als Nebenleistungen sind in der Regel die Lieferung von Wärme, die Versorgung mit Wasser, auch mit Warmwasser, die Überlassung von Waschmaschinen, die Flur- und Treppenreinigung, die Treppenbeleuchtung, die Lieferung von Strom sowie die Bereitstellung von Internet- und/oder TV-Anschluss durch den Vermieter anzusehen (vgl. BFH-Urteil vom 15. 1. 2009, V R 91/07, BStBl. II S. 615, und EuGH-Urteile vom 11. 6. 2009, C-572/07, RLRE Tellmer Property, und vom 27. 9. 2012, C-392/11, Field Fisher Waterhouse). ④ Eine Nebenleistung zur Wohnungsvermietung ist in der Regel auch die von dem Vermieter einer Wohnanlage vertraglich übernommene Balkonbepflanzung (BFH-Urteil vom 9. 12. 1971, V R 84/71, BStBl. 1972 II S. 203). ⑤ Keine Nebenleistungen sind die Lieferungen von Heizgas und Heizöl.

(6) *(aufgehoben)* 16

LS zu 4.12.1

Zum Entgelt für die nach § 4 Nr. 12 Buchst. a UStG 1967 steuerfreie Vermietung eines Grundstücks in unbebautem Zustand gehört auch die gesondert gezahlte **„Entschädigung" für den erforderlichen Abbruch von Gebäuden auf dem Grundstück.** *BFH-Urteil v. 13. 3. 1987 – V R 129/75 (BStBl. II S. 465).*

Leistungsaustausch oder Schadensersatz bei vorzeitiger **Beendigung von Leasing-/Mietverträgen.** *Verfügung OFD* 18
Karlsruhe S 7100 K. 1 v. 19. 2. 2015 (BeckVerw 295 969).

Ein steuerbarer Verzicht liegt auch dann vor, wenn der Vermieter der **Auflösung** des Mietvertrages **gegen Abfindungszahlung** zustimmt und damit auf die weitere Durchführung des Mietvertrages verzichtet. *BFH-Beschl. v. 19. 10. 2010, V B 103/09 (BFH/NV 2011 S. 327).*

Art. 13 Teil B Buchst. b der 6. EG-Richtlinie 77/388/EWG **befreit die Dienstleistung,** mit der eine Person, die kein Recht an einem Grundstück hat, gegen Entgelt die Rechte und Pflichten aus einem Mietvertrag über dieses Grundstück vom Mieter übernimmt, **nicht von der Steuer.** ***EuGH-Urt. v. 9. 10. 2001,*** *C-108/99, Cantor Fitzgerald International (DStRE 2002 S. 38). – Vgl. auch* ***EuGH-Urt. v. 9. 10. 2001,*** *C-409/98, Mirror Group (DStRE 2002 S. 40).*

1. Die **Übernahme der Instandhaltungsverpflichtung** durch den Mieter stellt kein umsatzsteuerliches Entgelt für die 19
Überlassung der Mietsache dar. – 2. In der Übernahme ist eine von dem betreffenden Leistungsaustauschverhältnis ausgenommene Risikoabwälzung zur Erhaltung des Mietobjekts im zumindest gleichrangigen Interesse des Mieters zu sehen. – 3. Auch eine **Ersatzzahlung des Mieters bei Nichterfüllung** der Instandhaltungsverpflichtung ist nicht umsatzsteuerbar. *FG Köln, Urt. v. 13. 1. 2010, 9 K 4447/08, rkr. (DStRE S. 810).*

1. Der maßgebliche Zeitpunkt für die rechtliche Einordnung der Dienstleistungen, die ein Wirtschaftsteilnehmer wie die Rechtsmittelführerin des Ausgangsverfahrens im Rahmen eines Systems wie des im Ausgangsverfahren fraglichen „Optionen"-Programms **[Timesharing-Programm]** erbringt, ist der Zeitpunkt, zu dem ein Kunde, der an diesem System teilnimmt, die Rechte, die er ursprünglich erworben hat, in eine von diesem Wirtschaftsteilnehmer angebotene Dienstleistung umwandelt. Werden diese Rechte in eine Gewährung von Unterkunft in einem Hotel oder in das Recht zur vorübergehenden Nutzung einer Wohnanlage umgewandelt, sind diese Leistungen **Dienstleistungen im Zusammenhang mit einem Grundstück** i. S. von Art. 9 Abs. 2 Buchst. a der Sechsten Richtlinie 77/388/EWG, die **an dem Ort** ausgeführt werden, an dem dieses Hotel oder diese Wohnanlage gelegen ist. – 2. Wandelt der Kunde in einem System wie dem im Ausgangsverfahren fraglichen „Optionen"-Programm seine ursprünglich erworbenen Rechte in ein Recht zur vorübergehenden Nutzung einer Wohnanlage um, stellt die betreffende Dienstleistung eine **Vermietung eines Grundstücks** i. S. von Art. 13 Teil B Buchst. b der Sechsten Richtlinie 77/388 dar, dem gegenwärtig Art. 135 Abs. 1 Buchst. l MwStSystRL entspricht. Diese Vorschrift hindert die Mitgliedstaaten jedoch nicht daran, diese Leistung von der Steuerbefreiung auszunehmen. ***EuGH-Urt. v. 16. 12. 2010,*** *C-270/09, MacDonald Resorts Ltd (DStR 2011 S. 119).*

Art. 13 Teil B Buchst. b der 6. EG-Richtlinie 77/388/EWG ist dahin auszulegen, dass ein Rechtsverhältnis wie das im Ausgangsverfahren in Rede stehende, in dessen Rahmen einer Person das Recht eingeräumt wird, eine öffentliche Sache, nämlich **Bereiche des Seegebiets,** in Besitz zu nehmen und für eine bestimmte Zeit gegen eine Vergütung – auch ausschließlich – zu nutzen, unter den Begriff der „Vermietung von Grundstücken" im Sinne dieses Artikels fällt. ***EuGH-Urt. v. 25. 10. 2007*** *– C-174/06 – CO.GE.P.srl (BFH/NV 2008 S. 142).*

Die Einräumung einer beschränkten persönlichen Dienstbarkeit durch einen **Waldbesitzer** an eine (Kirchen-)Gemeinde zum Betrieb eines Friedwaldes zur Urnenbestattung ist gemäß § 4 Nr. 12 Buchst. c UStG umsatzsteuerfrei. *Verfügung OFD Niedersachsen S 7168 – 113 – St 173 v. 30. 7. 2012.*

Aufstehende Obstbäume sind bei Verpachtung des Grundstücks keine sonstigen Vorrichtungen i. S. von § 4 Nr. 12 Satz 2 UStG. Ihre Mitverpachtung ist deshalb auch umsatzsteuerbefreit. *BFH-Urt. v. 12. 5. 2011, V R 50/10 (BFH/NV S. 1407).*

Die **„Dachverpachtung"** an Betreiber von **Photovoltaikanlagen** fällt unter § 4 Nr. 12 Buchst. a UStG. – Bei Dachverpachtung gegen Dachsanierung ist ein tauschähnlicher Umsatz gegeben. – Anträge der Verpächter auf Besteuerung nach vereinnahmten Entgelten sind kritisch zu prüfen. *Verfügung BayLfSt S 7168.1.1–4/6 St 33 v. 17. 8. 2011 (DStR S. 715).*

---

[1] DStRE S. 237.

[2] A 4.12.1 UStAE Abs. 5 Satz 3 neugefasst durch BMF v. 2. 5. 2022 (BStBl. I S. 736), anzuwenden in allen offenen Fällen, mit Übergangsregelung für vor dem 1. 7. 2022 ausgeführte Leistungen.

Entgeltliche Überlassung eines **Fußballstadions** bei Erbringung vielfältiger Dienstleistungen im Regelfall keine steuerfreie Grundstücksvermietung. ***EuGH-Urteil v. 22. 1. 2015,*** *C-55/14, Stade Luc Varenne (DStRE S. 685).*

Zur umsatzsteuerrechtlichen Behandlung der Unterbringung von Bürgerkriegsflüchtlingen und **Asylbewerbern** vgl. *Verfügung BayLfSt v. 11. 2. 2015 – S 7168.1.1-7/9 St 33 (MwStR S. 234).*

Die Einräumung von **Liegerechten** zur Einbringung von Urnen unter **Begräbnisbäumen** ist gemäß § 4 Nr. 12 Buchst. a UStG als Vermietung von Grundstücken umsatzsteuerfrei, wenn dabei **räumlich abgrenzbare, individualisierte Parzellen** zur Nutzung unter Ausschluss Dritter überlassen werden. *BFH-Urteil v. 21. 6. 2017 V R 3/17 (BStBl. 2018 II S. 372).* – **Keine steuerfreie Grundstücksvermietung** ist gegeben, wenn dabei nicht räumlich abgrenzbare, individualisierte Parzellen zur Nutzung unter Ausschluss Dritter überlassen werden. *BFH-Urteil v. 21. 6. 2017 V R 4/17 (BStBl. 2018 II S. 370).*

UStAE 4.12.2

4.12.2 Vermietung von Plätzen für das Abstellen von Fahrzeugen

21 (1) ① Die Vermietung von Plätzen für das Abstellen von Fahrzeugen ist nach § 4 Nr. 12 Satz 2 UStG umsatzsteuerpflichtig. ② Als Plätze für das Abstellen von Fahrzeugen kommen Grundstücke einschließlich Wasserflächen (vgl. BFH-Urteil vom 8. 10. 1991, V R 46/88, BStBl. 1992 II S. 368, und EuGH-Urteil vom 3. 3. 2005, C-428/02, Fonden Marselisborg Lystbådehavn) oder Grundstücksteile in Betracht. ③ Die Bezeichnung des Platzes und die bauliche oder technische Gestaltung (z. B. Befestigung, Begrenzung, Überdachung) sind ohne Bedeutung. ④ Auch auf die Dauer der Nutzung als Stellplatz kommt es nicht an. ⑤ Die Stellplätze können sich im Freien (z. B. Parkplätze, Parkbuchten, Bootsliegeplätze) oder in Parkhäusern, Tiefgaragen, Einzelgaragen, Boots- und Flugzeughallen befinden. ⑥ Auch andere Flächen (z. B. landwirtschaftliche Grundstücke), die aus besonderem Anlass (z. B. Sport- und Festveranstaltung) nur vorübergehend für das Abstellen von Fahrzeugen genutzt werden, gehören zu den Stellplätzen in diesem Sinne.

22 (2) ① Als Fahrzeuge sind vor allem Beförderungsmittel anzusehen. ② Das sind Gegenstände, deren Hauptzweck auf die Beförderung von Personen und Gütern zu Lande, zu Wasser oder in der Luft gerichtet ist und die sich auch tatsächlich fortbewegen. ③ Hierzu gehören auch Fahrzeuganhänger sowie Elektro-Caddywagen. ④ Tiere (z. B. Reitpferde) können zwar Beförderungsmittel sein, sie fallen jedoch nicht unter den Fahrzeugbegriff. ⑤ Der Begriff des Fahrzeugs nach § 4 Nr. 12 Satz 2 UStG geht jedoch über den Begriff des Beförderungsmittels hinaus. ⑥ Als Fahrzeuge sind auch Gegenstände anzusehen, die sich tatsächlich fortbewegen, ohne dass die Beförderung von Personen und Gütern im Vordergrund steht. ⑦ Hierbei handelt es sich insbesondere um gewerblich genutzte Gegenstände (z. B. Bau- und Ladekräne, Bagger, Planierraupen, Gabelstapler, Elektrokarren), landwirtschaftlich genutzte Gegenstände (z. B. Mähdrescher, Rübenernter) und militärisch genutzte Gegenstände (z. B. Panzer, Kampfflugzeuge, Kriegsschiffe).

23 (3) ① Eine Vermietung von Plätzen für das Abstellen von Fahrzeugen liegt vor, wenn dem Fahrzeugbesitzer der Gebrauch einer Stellfläche überlassen wird. ② Auf die tatsächliche Nutzung der überlassenen Stellfläche als Fahrzeugstellplatz durch den Mieter kommt es nicht an. ③ § 4 Nr. 12 Satz 2 UStG gilt auch für die Vermietung eines Parkplatz-Grundstücks, wenn der Mieter dort zwar nicht selbst parken will, aber entsprechend der Vereinbarung im Mietvertrag das Grundstück Dritten zum Parken überlässt (vgl. BFH-Urteil vom 30. 3. 2006, V R 52/05, BStBl. II S. 731). ④ Die Vermietung ist steuerfrei, wenn sie eine Nebenleistung zu einer steuerfreien Leistung, insbesondere zu einer steuerfreien Grundstücksvermietung nach § 4 Nr. 12 Satz 1 UStG ist. ⑤ Für die Annahme einer Nebenleistung ist es unschädlich, wenn die steuerfreie Grundstücksvermietung und die Stellplatzvermietung zivilrechtlich in getrennten Verträgen vereinbart werden. ⑥ Beide Verträge müssen aber zwischen denselben Vertragspartnern abgeschlossen sein. ⑦ Die Verträge können jedoch zu unterschiedlichen Zeiten zustande kommen. ⑧ Für die Annahme einer Nebenleistung ist ein räumlicher Zusammenhang zwischen Grundstück und Stellplatz erforderlich. ⑨ Dieser Zusammenhang ist gegeben, wenn der Platz für das Abstellen des Fahrzeugs Teil eines einheitlichen Gebäudekomplexes ist oder sich in unmittelbarer Nähe des Grundstücks befindet (z. B. Reihenhauszeile mit zentralem Garagengrundstück).

Beispiel 1:

① Vermieter V und Mieter M schließen über eine Wohnung und einen Fahrzeugstellplatz auf dem gleichen Grundstück zwei Mietverträge ab.

② Die Vermietung des Stellplatzes ist eine Nebenleistung zur Wohnungsvermietung. ③ Das gilt auch, wenn der Vertrag über die Stellplatzvermietung erst zu einem späteren Zeitpunkt abgeschlossen wird.

Beispiel 2:

① Ein Vermieter vermietet an eine Gemeinde ein Bürogebäude und die auf dem gleichen Grundstück liegenden und zur Nutzung des Gebäudes erforderlichen Plätze zum Abstellen von Fahrzeugen.

② Die Vermietung der Fahrzeugstellplätze ist als Nebenleistung zur Vermietung des Bürogebäudes anzusehen.

Beispiel 3:

① Vermieter V schließt mit dem Mieter M1 einen Wohnungsmietvertrag und mit dem im Haushalt von M1 lebenden Sohn M2 einen Vertrag über die Vermietung eines zur Wohnung gehörenden Fahrzeugstellplatzes ab.

② Die Vermietung des Stellplatzes ist eine eigenständige steuerpflichtige Leistung. ③ Eine Nebenleistung liegt nicht vor, weil der Mieter der Wohnung und der Mieter des Stellplatzes verschiedene Personen sind. ④ Ohne Bedeutung ist, dass M2 im Haushalt von M1 lebt.

Beispiel 4:

① Eine GmbH vermietet eine Wohnung. ② Der Geschäftsführer der GmbH vermietet seine im Privateigentum stehende Garage im gleichen Gebäudekomplex an denselben Mieter.

③ Da die Mietverträge nicht zwischen denselben Personen abgeschlossen sind, liegen zwei selbständig zu beurteilende Leistungen vor.

Beispiel 5:

① Vermieter V1 eines Mehrfamilienhauses kann keine eigenen Stellplätze anbieten. ② Zur besseren Vermietung seiner Wohnungen hat er mit seinem Nachbarn V2 einen Rahmenvertrag über die Vermietung von Fahrzeugstellplätzen abgeschlossen. ③ Dieser vermietet die Stellplätze unmittelbar an die Wohnungsmieter.

④ Es bestehen zwei Leistungsbeziehungen zu den Wohnungs- und Stellplatzmietern. ⑤ Die Stellplatzvermietung durch V2 ist als selbständige Leistung steuerpflichtig. ⑥ Gleiches gilt, wenn V1 den Rahmenvertrag mit V2 aus baurechtlichen Verpflichtungen zur Bereitstellung von Parkflächen abschließt.

Beispiel 6:

① Ein Grundstückseigentümer ist gegenüber einem Wohnungsvermieter V verpflichtet, auf einem in seinem Eigentum befindlichen Nachbargrundstück die Errichtung von Fahrzeugstellplätzen für die Mieter des V zu dulden (Eintragung einer dinglichen Baulast im Grundbuch). ② V mietet die Parkflächen insgesamt an und vermietet sie an seine Wohnungsmieter weiter.

③ Die Vermietung der Stellplätze durch den Grundstückseigentümer an V ist steuerpflichtig. ④ Die Weitervermietung der in räumlicher Nähe zu den Wohnungen befindlichen Stellplätze ist eine Nebenleistung zur Wohnungsvermietung des V.

Beispiel 7:

① Eine Behörde einer Gebietskörperschaft vermietet im Rahmen eines Betriebes gewerblicher Art Wohnungen und zu den Wohnungen gehörige Fahrzeugstellplätze. ② Die Vermietung der Wohnung wird durch Verwaltungsvereinbarung einer anderen Behörde der gleichen Gebietskörperschaft übertragen. ③ Die Stellplatzmietverträge werden weiterhin von der bisherigen Behörde abgeschlossen.

④ Da die Behörden der gleichen Gebietskörperschaft angehören, ist auf der Vermieterseite Personenidentität bei der Vermietung der Wohnung und der Stellplätze gegeben. ⑤ Die Stellplatzvermietungen sind Nebenleistungen zu den Wohnungsvermietungen.

Zur Vermietung von Plätzen für das **Abstellen von Fahrzeugen.** *Verfügung OFD Frankfurt S 7168 A – 16 – St IV 22 v. 27. 6. 1996.* LS zu 4.12.2

Der *BFH* hat mit *Urteil v. 10. 12. 2020 V R 41/19 (MwStR 2021 S. 682)* bestätigt, dass die Vermietung von Plätzen für das **Abstellen von Fahrzeugen** wie die Vermietung von Grundstücken für Wohnzwecke steuerfrei ist, wenn sie im Rahmen eines einheitlichen wirtschaftlichen Vorgangs mit dieser eng verbunden ist, da die Mietflächen Teil eines Gebäudekomplexes sind und von ein und demselben Vermieter an ein und denselben Mieter vermietet werden. Dabei ist es ohne Bedeutung, ob andere (externe) Mieter von Stellplätzen Zugang zu diesen hatten, ohne das Mietwohngebäude betreten zu müssen. **25**

4.12.3 Vermietung von Campingflächen

UStAE 4.12.3

(1) ① Die Leistungen der Campingplatzunternehmer sind als Grundstücksvermietungen im Sinne des § 4 Nr. 12 Satz 1 UStG anzusehen, wenn sie darauf gerichtet sind, dem Benutzer des Campingplatzes den Gebrauch einer bestimmten, nur ihm zur Verfügung stehenden Campingfläche zu gewähren (vgl. Abschnitt 4.12.1 Abs. 2). ② Die Dauer der Überlassung der Campingfläche ist für die Frage, ob eine Vermietung vorliegt, ohne Bedeutung. **31**

(2) ① Die Überlassung einer Campingfläche ist nur dann steuerfrei, wenn sie nicht kurzfristig ist, d. h., wenn die tatsächliche Gebrauchsüberlassung mehr als sechs Monate beträgt (vgl. BFH-Urteil vom 13. 2. 2008, XI R 51/06, BStBl. 2009 II S. 63). **32**

Beispiel 1:

① Eine Campingfläche wird auf unbestimmte Dauer vermietet. ② Der Vertrag kann monatlich gekündigt werden.

③ Die Vermietung ist als langfristig anzusehen und somit steuerfrei. ④ Endet die tatsächliche Gebrauchsüberlassung jedoch vor Ablauf von sechs Monaten, handelt es sich insgesamt um eine steuerpflichtige kurzfristige Vermietung.

Beispiel 2:

① Eine Campingfläche wird für drei Monate vermietet. ② Der Mietvertrag verlängert sich automatisch um je einen Monat, wenn er nicht vorher gekündigt wird.

③ Die Vermietung ist als kurzfristig anzusehen und somit steuerpflichtig. ④ Dauert die tatsächliche Gebrauchsüberlassung jedoch mehr als sechs Monate, handelt es sich insgesamt um eine steuerfreie langfristige Vermietung.

② Zur Anwendung des ermäßigten Steuersatzes auf Umsätze aus der kurzfristigen Vermietung von Campingflächen siehe Abschnitt 12.16.

(3) ① Die vom Campingplatzunternehmer durch die Überlassung von üblichen Gemeinschaftseinrichtungen gewährten Leistungen sind gegenüber der Vermietung der Campingfläche von untergeordneter Bedeutung. ② Sie sind als Nebenleistungen anzusehen, die den Charakter der Hauptleistung als Grundstücksvermietung nicht beeinträchtigen. ③ Zu den üblichen Gemeinschaftseinrichtungen gehören insbesondere Wasch- und Duschräume, Toiletten, Wasserzapfstellen, elektrische Anschlüsse, Vorrichtungen zur Müllbeseitigung, Kinderspielplätze. ④ Die Nebenleistungen fallen unter die Steuerbefreiung für die Grundstücksvermietung. ⑤ Dies gilt auch dann, wenn für sie ein besonderes Entgelt berechnet wird. ⑥ Die vom Campingplatzunternehmer durch die Überlassung von Wasserzapfstellen, Abwasseranschlüssen und elektrischen Anschlüssen erbrachten Leistungen sind in den Fällen nicht als Nebenleistungen steuerfrei, in denen die Einrichtungen nicht für alle Benutzer gemeinschaftlich, sondern gesondert für einzelne Benutzer bereitgestellt werden und es sich um Betriebsvorrichtungen im Sinne von § 4 Nr. 12 Satz 2 UStG handelt (vgl. BFH-Urteil vom 28. 5. 1998, V R 19/96, BStBl. 2010 II S. 307). ⑦ Bei den Lieferungen von Strom, Wärme und Wasser durch den Campingplatzunternehmer ist entsprechend den Regelungen in Abschnitt 4.12.1 Abs. 5 und 6 zu verfahren. **33**

34 (4) ① Leistungen, die nicht durch die Überlassung von üblichen Gemeinschaftseinrichtungen erbracht werden, sind nicht als Nebenleistungen anzusehen. ② Es handelt sich hier in der Regel um Leistungen, die darin bestehen, dass den Benutzern der Campingplätze besondere Sportgeräte, Sportanlagen usw. zur Verfügung gestellt werden wie z. B. Segelboote, Wasserski, Reitpferde, Tennisplätze, Minigolfplätze, Hallenbäder, Saunabäder. ③ Derartige Leistungen sind umsatzsteuerrechtlich gesondert zu beurteilen. ④ Die Überlassung von Sportgeräten fällt nicht unter die Steuerbefreiung nach § 4 Nr. 12 Satz 1 Buchstabe a UStG. ⑤ Das Gleiche gilt für die Überlassung von Sportanlagen (BFH-Urteil vom 31. 5. 2001, V R 97/98, BStBl. II S. 658). ⑥ Wird für die bezeichneten Leistungen und für die Vermietung der Campingfläche ein Gesamtentgelt berechnet, ist dieses Entgelt im Schätzungswege aufzuteilen.

LS zu 4.12.3

35 Art. 98 Abs. 2 i. V. m. Anhang III Nr. 12 der Richtlinie 2006/112/EG ist dahin auszulegen, dass der ermäßigte Mehrwertsteuersatz, der dort für die Vermietung von Campingplätzen und Plätzen für das Abstellen von Wohnwagen vorgesehen ist, **nicht** auf die Vermietung von **Bootsliegeplätzen** anwendbar ist. ***EuGH-Urteil v. 19. 12. 2019*** *C-715/18, Segler-Vereinigung Cuxhaven (DStR S. 2696); Nachfolgeentscheidung BFH-Urteil v. 24. 6. 2020 V R 47/19 (BStBl. II S. 853):* Die entgeltliche Überlassung von **Bootsliegeplätzen** ist nicht steuersatzermäßigt.

UStAE 4.12.4

4.12.4 Abbau- und Ablagerungsverträge

41 ① Verträge, durch die der Grundstückseigentümer einem anderen gestattet, die im Grundstück vorhandenen Bodenschätze, z. B. Sand, Kies, Kalk, Torf, abzubauen, sind unter den in Abschnitt 4.12.1 Abs. 1 genannten Voraussetzungen in der Regel als Pachtverträge anzusehen und von der Umsatzsteuer befreit (vgl. BFH-Urteil vom 28. 6. 1973, V R 7/72, BStBl. II S. 717). ② Verträge über die entgeltliche Überlassung von Grundstücken zur Ablagerung von Abfällen – z. B. Überlassung eines Steinbruchs zur Auffüllung mit Klärschlamm – sind unter den in Abschnitt 4.12.1 Abs. 1 genannten Voraussetzungen in der Regel als Mietverträge anzusehen und von der Umsatzsteuer befreit. ③ Dies gilt auch dann, wenn sich das Entgelt nicht nach der Nutzungsdauer, sondern nach der Menge der abgelagerten Abfälle bemisst.

UStAE 4.12.5

4.12.5 Gemischte Verträge

51 (1) ① Ein gemischter Vertrag liegt vor, wenn die Leistungsvereinbarung sowohl Elemente einer Grundstücksüberlassung als auch anderer Leistungen umfasst. ② Bei einem solchen Vertrag ist nach den allgemeinen Grundsätzen des Abschnitts 3.10 Absätze 1 bis 4 zunächst zu prüfen, ob es sich um eine einheitliche Leistung oder um mehrere selbständige Leistungen handelt. ③ Liegen mehrere selbständige Leistungen vor, ist zu prüfen, ob diese nach den Grundsätzen von Haupt- und Nebenleistung (vgl. Abschnitt 3.10 Abs. 5) einheitlich zu beurteilen sind.

52 (2) ① Liegt nach Absatz 1 eine einheitlich zu beurteilende Leistung vor, ist für die Steuerbefreiung nach § 4 Nr. 12 Satz 1 Buchstabe a UStG entscheidend, ob das Vermietungselement der Leistung ihr Gepräge gibt (vgl. BFH-Urteile vom 31. 5. 2001, V R 97/98, BStBl. II S. 658, und vom 24. 1. 2008, V R 12/05, BStBl. 2009 II S. 60). ② In diesem Fall ist die Leistung insgesamt steuerfrei. ③ Eine Aufteilung des Entgelts in einen auf das Element der Grundstücksüberlassung und einen auf den Leistungsteil anderer Art entfallenden Teil ist nicht zulässig. ④ Dies kann z. B. die Vermietung von Standflächen bei Kirmesveranstaltungen oder auf Wochenmärkten betreffen, wenn die Überlassung der Standplätze als wesentliches Leistungselement prägend ist und darüber hinaus erbrachte Leistungen als Nebenleistungen anzusehen sind. ⑤ Zur Abgrenzung gegenüber insgesamt steuerpflichtigen Leistungen vgl. Abschnitt 4.12.6 Abs. 2.

UStAE 4.12.6

4.12.6 Verträge besonderer Art

61 (1) ① Ein Vertrag besonderer Art liegt vor, wenn die Gebrauchsüberlassung des Grundstücks gegenüber anderen wesentlicheren Leistungen zurücktritt und das Vertragsverhältnis ein einheitliches, unteilbares Ganzes darstellt (vgl. BFH-Urteile vom 19. 12. 1952, V 4/51 U, BStBl. 1953 III S. 98, und vom 31. 5. 2001, V R 97/98, BStBl. II S. 658). ② Bei einem Vertrag besonderer Art kommt die Steuerbefreiung nach § 4 Nr. 12 UStG weder für die gesamte Leistung noch für einen Teil der Leistung in Betracht.

62 (2) Verträge besonderer Art liegen z. B. in folgenden Fällen vor:

1. Der Veranstalter einer Ausstellung überlässt den Ausstellern unter besonderen Auflagen Freiflächen in Hallen zur Schaustellung gewerblicher Erzeugnisse.
2., 3. *(aufgehoben)*
4. Ein Hausbesitzer überlässt Prostituierten Zimmer und erbringt zusätzliche Leistungselemente, die die Ausübung des Gewerbes der Bewohnerinnen fördern und die der Gesamtleistung das Gepräge geben (vgl. BFH-Urteil vom 17. 12. 2014, XI R 16/11, BStBl. 2015 II S. 427).
5. Ein Unternehmer übernimmt neben der Raumüberlassung die Lagerung und Aufbewahrung von Gütern – Lagergeschäft §§ 467 ff. HGB – (vgl. BFH-Urteil vom 14. 11. 1968, V 191/65, BStBl. 1969 II S. 120).
6. Ein Hausbesitzer überlässt die Außenwandflächen oder Dachflächen des Gebäudes zu Reklamezwecken (vgl. BFH-Urteil vom 23. 10. 1957, V 153/55 U, BStBl. III S. 457).

7. Eine Gemeinde gestattet einem Unternehmer, auf öffentlichen Wegen und Plätzen Anschlagtafeln zu errichten und auf diesen Wirtschaftswerbung zu betreiben (BFH-Urteil vom 31. 7. 1962, I 283/61 U, BStBl. III S. 476).
8. Ein Unternehmer gestattet die Benutzung eines Sportplatzes oder eines Schwimmbads (Sportanlage) gegen Eintrittsgeld (vgl. BFH-Urteil vom 31. 5. 2001, V R 97/98, BStBl. II S. 658).
9. Ein Golfclub stellt vereinsfremden Spielern seine Anlage gegen Entgelt (sog. Greenfee) zur Verfügung (vgl. BFH-Urteil vom 9. 4. 1987, V R 150/78, BStBl. II S. 659).
10. Vereinen oder Schulen werden einzelne Schwimmbahnen zur Verfügung gestellt (vgl. BFH-Urteile vom 10. 2. 1994, V R 33/92, BStBl. II S. 668, und vom 31. 5. 2001, V R 97/98, BStBl. II S. 658).
11. Zwischen denselben Beteiligten werden ein Tankstellenvertrag – Tankstellenagenturvertrag – und ein Tankstellenmietvertrag – Vertrag über die Nutzung der Tankstelle – abgeschlossen, die beide eine Einheit bilden, wobei die Bestimmungen des Tankstellenvertrags eine beherrschende und die des Mietvertrags eine untergeordnete Rolle spielen (BFH-Urteile vom 5. 2. 1959, V 138/57 U, BStBl. III S. 223, und vom 21. 4. 1966, V 200/63, BStBl. III S. 415).
12. ① Betreiber eines Alten- oder Pflegeheims erbringen gegenüber pflegebedürftigen Heiminsassen umfassende medizinische und pflegerische Betreuung und Versorgung. ② Die nach § 4 Nr. 12 Satz 1 Buchstabe a UStG steuerfreie Vermietung von Grundstücken tritt hinter diese Leistungen zurück (vgl. BFH-Urteil vom 21. 4. 1993, XI R 55/90, BStBl. 1994 II S. 266). ③ Für die Leistungen der Alten- oder Pflegeheimbetreiber kann die Steuerbefreiung nach § 4 Nr. 16 Satz 1 Buchstabe c, d oder l UStG in Betracht kommen.
13. Schützen wird gestattet, eine überdachte Schießanlage zur Ausübung des Schießsports gegen ein Eintrittsgeld und ein nach Art und Anzahl der abgegebenen Schüsse bemessenes Entgelt zu nutzen (vgl. BFH-Urteile vom 24. 6. 1993, V R 69/92, BStBl. 1994 II S. 52, und vom 31. 5. 2001, V R 97/98, BStBl. II S. 658).
14. Ein Gastwirt räumt das Recht zum Aufstellen eines Zigarettenautomaten in seiner Gastwirtschaft ein (vgl. EuGH-Urteil vom 12. 6. 2003, C-275/01 Sinclair Collins[1]).
15. Der Eigentümer einer Wasserfläche räumt ein Fischereirecht ein, ohne die Grundstücksfläche unter Ausschluss anderer zu überlassen (vgl. EuGH-Urteil vom 6. 12. 2007, C-451/06, Walderdorff).
16. ① Eine Einrichtung stellt ihren Bewohnern aufgrund eines Wohn- und Betreuungsvertrags, der unter das Wohn- und Betreuungsvertragsgesetz (WBVG) fällt, Wohnraum, Pflege- und Betreuungsleistungen und ggf. Verpflegung als Teil der Betreuungsleistung zur Verfügung. ② Die nach § 4 Nr. 12 Satz 1 Buchstabe a UStG steuerfreie Vermietung von Grundstücken tritt hinter diese Leistungen zurück. ③ Für die Umsätze aus diesen Wohn- und Betreuungsverträgen kommt insgesamt die Steuerbefreiung nach § 4 Nr. 16 Satz 1 Buchstabe h UStG in Betracht.

Die Vermietung von Grundstücken an **Netzbetreiber für Funkfeststationen** durch Land- und Forstwirte fällt nicht unter § 24 UStG. – Die Vermietung ist nach § 4 Nr. 12 UStG steuerfrei. Eine Option nach § 9 UStG ist möglich. – Die Vermietung durch eine juristische Person des öffentlichen Rechts begründet keine Unternehmereigenschaft. *Verfügung OFD Frankfurt/M. v. 15. 10. 2012 – S 7168 A – 44 – St 112 (DStR S. 2603).* LS zu 4.12.6

65

Hostingdienste in einem **Rechenzentrum,** in deren Rahmen ihr Erbringer seinen Kunden, damit diese darin ihre Server unterbringen können, Geräteschränke und – als Nebenleistung – Güter und Dienstleistungen wie Strom und verschiedene Leistungen, mit denen die Nutzung dieser Server unter normalen Bedingungen gewährleistet werden soll, zur Verfügung stellt, keine grundstücksbezogene Dienstleistung. ***EuGH-Urteil v. 2. 7. 2020*** *C-215/19, A Oy (DStR S. 1616).*

Die kurzzeitige Überlassung möblierter Wohnungen auch zum Zwecke der Ausübung der Prostitution in einem sog. **Rotationsverfahren** ist keine steuerfreie Vermietung, wenn sie nach dem Gesamtbild der tatsächlichen Verhältnisse durch andere wesentliche Leistungen überlagert wird, so dass keine passive Vermietungstätigkeit mehr vorliegt. *BFH-Urteil v. 24. 2. 2021 XI R 4/19 (BFH/NV S. 1374).*

4.12.7 Kaufanwartschaftsverhältnisse

UStAE 4.12.7

71

① Nach § 4 Nr. 12 Satz 1 Buchstabe b UStG ist die Überlassung von Grundstücken und Grundstücksteilen zur Nutzung auf Grund von Kaufanwartschaftsverhältnissen steuerfrei. ② Der hierbei zu Grunde liegende Kaufanwartschaftsvertrag und der gleichzeitig abgeschlossene Nutzungsvertrag sehen in der Regel vor, dass dem Kaufanwärter das Grundstück bis zur Auflassung zur Nutzung überlassen wird. ③ Vielfach liegt zwischen der Auflassung und der Eintragung des neuen Eigentümers in das Grundbuch eine längere Zeitspanne, in der das bestehende Nutzungsverhältnis zwischen den Beteiligten auch nach der Auflassung fortgesetzt wird und in der der Kaufanwärter bis zur Eintragung in das Grundbuch die im Nutzungsvertrag vereinbarte Nutzungsgebühr weiter zahlt. ④ In diesen Fällen ist davon auszugehen, dass die Nutzungsgebühren auch in der Zeit zwischen Auflassung und Grundbucheintragung auf Grund des – stillschweigend verlängerten – Nutzungsvertrags entrichtet werden und damit nach § 4 Nr. 12 Satz 1 Buchstabe b UStG steuerfrei sind.

---

[1] DStRE S. 874.

UStAE 4.12.8

4.12.8 Dingliche Nutzungsrechte

75 (1) ① Unter die Steuerbefreiung nach § 4 Nr. 12 Satz 1 Buchstabe c UStG fallen insbesondere der Nießbrauch (§ 1030 BGB), die Grunddienstbarkeit (§ 1018 BGB), die beschränkte persönliche Dienstbarkeit (§ 1090 BGB) sowie das Dauerwohnrecht und das Dauernutzungsrecht (§ 31 WoEigG), wenn die Bestellung solcher dinglicher Nutzungsrechte vom Begriff der Vermietung und Verpachtung nach Abschnitt 4.12.1 umfasst wird. ② Danach ist z. B. die entgeltliche Bestellung eines unwiderruflich eingeräumten dinglichen Nutzungsrechts zur Durchführung von Ausgleichsmaßnahmen nach den Naturschutzgesetzen nicht nach § 4 Nr. 12 UStG befreit (vgl. BFH-Urteile vom 8. 11. 2012, V R 15/12, BStBl. 2013 II S. 455, und vom 28. 5. 2013, XI R 32/11, BStBl. 2014 II S. 411). ③ Es fallen nur jene dinglichen Nutzungsrechte unter die Steuerbefreiung, die – wie z. B. die Einräumung des Wegerechts – dem Inhaber ein Nutzungsrecht an dem Grundstück geben (vgl. BFH-Urteil vom 24. 2. 2005, V R 45/02, BStBl. 2007 II S. 61).

76 (2) ① Bei der Überlassung von Grundstücksteilen zur Errichtung von Strommasten für eine Überlandleitung, der Einräumung des Rechts zur Überspannung der Grundstücke und der Bewilligung einer beschränkten persönlichen Dienstbarkeit zur dinglichen Sicherung dieser Rechte handelt es sich um eine einheitliche sonstige Leistung, die nach § 1 Abs. 1 Nr. 1 UStG steuerbar und nach § 4 Nr. 12 Satz 1 Buchstabe a UStG steuerfrei ist. ② Der Bewilligung der Grunddienstbarkeit kommt neben der Vermietung und Verpachtung der Grundstücke in diesem Fall kein eigenständiger umsatzsteuerlicher Gehalt zu, da sie nur der Absicherung der Rechte aus dem Miet- bzw. Pachtvertrag dient. ③ Die vorstehenden Grundsätze gelten z. B. auch bei der Überlassung von Grundstücken zum Verlegen von Erdleitungen (z. B. Erdgas- oder Elektrizitätsleitungen) oder bei der Überlassung von Grundstücken für Autobahn- oder Eisenbahntrassen (vgl. BFH-Urteil vom 11. 11. 2004, V R 30/04, BStBl. 2005 II S. 802).

LS zu 4.12.8

77 Art. 13 Teil B Buchst. b der Sechsten Richtlinie 77/388/EWG ist dahin auszulegen, dass Umsätze, durch die eine Gesellschaft gleichzeitig durch verschiedene Verträge mehreren mit ihr verbundenen Gesellschaften gegen eine Vergütung, die im Wesentlichen nach der genutzten Fläche festgesetzt wird, ein **widerrufliches Nutzungsrecht** an ein und demselben Gebäude überträgt, Umsätze aus der „Vermietung von Grundstücken" im Sinne dieser Vorschrift darstellen und dass diese Verträge, so wie sie durchgeführt werden, im Wesentlichen die Übertragung des passiven Nutzungsrechts an Gebäuden oder Flächen gegen eine Vergütung zum Gegenstand haben, die nach dem Zeitablauf bemessen ist, und nicht eine anders einzustufende Dienstleistung. ***EuGH-Urt. v. 18. 11. 2004,*** *C-284/03, Temco Europe SA (DStRE 2005 S. 516).*

UStAE 4.12.9

4.12.9 Beherbergungsumsätze

81 (1) ① Die nach § 4 Nr. 12 Satz 2 UStG steuerpflichtige Vermietung von Wohn- und Schlafräumen, die ein Unternehmer zur kurzfristigen Beherbergung von Fremden bereithält, setzt kein gaststättenähnliches Verhältnis voraus. ② Entscheidend ist vielmehr die Absicht des Unternehmers, die Räume nicht auf Dauer und damit nicht für einen dauernden Aufenthalt im Sinne der §§ 8 und 9 AO zur Verfügung zu stellen (BFH-Beschluss vom 18. 1. 1973, V B 47/72, BStBl. II S. 426). ③ Die halbstündige oder stundenweise Überlassung von Zimmern in einem „Stundenhotel" ist keine Beherbergung im Sinne von § 4 Nr. 12 Satz 2 UStG und daher steuerfrei (vgl. BFH-Urteil vom 24. 9. 2015, V R 30/14, BStBl. 2017 II S. 132).

82 (2) ① Hat ein Unternehmer den einen Teil der in einem Gebäude befindlichen Räume längerfristig, den anderen Teil nur kurzfristig vermietet, ist die Vermietung nur insoweit steuerfrei, als er die Räume eindeutig und leicht nachprüfbar zur nicht nur vorübergehenden Beherbergung von Fremden bereitgehalten hat (vgl. BFH-Urteil vom 9. 12. 1993, V R 38/91, BStBl. 1994 II S. 585). ② Bietet der Unternehmer dieselben Räume wahlweise zur lang- oder kurzfristigen Beherbergung von Fremden an, sind sämtliche Umsätze steuerpflichtig (vgl. BFH-Urteil vom 20. 4. 1988, X R 5/82, BStBl. II S. 795). ③ Steuerpflichtig ist auch die Überlassung von Räumen einer Pension an Saison-Arbeitnehmer (Kost und Logis), wenn diese Räume wahlweise zur kurzfristigen Beherbergung von Gästen oder des Saison-Personals bereitgehalten werden (BFH-Urteil vom 13. 9. 1988, V R 46/83, BStBl. II S. 1021). ④ Zur Anwendung des ermäßigten Steuersatzes auf Umsätze aus der kurzfristigen Vermietung von Wohn- und Schlafräumen siehe Abschnitt 12.16.

LS zu 4.12.9

Die Unterbringung von **Bürgerkriegsflüchtlingen** und **Asylbewerbern** aufgrund von Mietverträgen, die für die Dauer von mindestens sechs Monaten abgeschlossen worden sind, fällt unter § 4 Nr. 12 UStG. *Verfügung OFD Frankfurt S 7168 A – 15 – St 16 v. 6. 8. 2018 (StEd S. 641).*

85 Im Anschluß an das Urteil des EuGH v. 12. 2. 1998 – Rs. C-346/95 – Blasi (EuGHE 1998, I-481, 491) wird an der bereits vom BFH (Urt. v. 25. 1. 1996 – V R 6/95, UR 1997, 181) vertretenen Auffassung festgehalten, daß es bei der Unterbringung von **Aussiedlern** auf die aus äußeren Umständen ableitbare Absicht des Vermieters ankommt, ob eine kurzfristige oder eine auf Dauer angelegte Überlassung von Räumen vorliegt. *BFH-Beschluss v. 11. 3. 1998 – V B 125/97 (BFH/NV S. 1007).*

1. Für die Frage des Vorsteuerabzuges aus Baukosten eines Gebäudes kommt es auf die **Verwendungsabsicht im Investitionszeitpunkt** an. Dabei kann von der tatsächlichen Vermietung auf die beabsichtigte Vermietung im Investitionszeitpunkt geschlossen werden, soweit keine Anhaltspunkte für eine abweichende Verwendungsabsicht bestehen. – 2. Ob der Vermieter ein Gebäude zur – den Vorsteuerabzug nicht ausschließenden – kurzfristigen Beherbergung von Fremden nach § 4 Nr. 12 Satz 2 UStG bereithält, bestimmt sich nach den Gesamtumständen bei Vertragsschluss sowie der Mietdauer – 3. Eine kurzfristige Beherbergung liegt nicht vor, wenn die Vertragsdauer über sechs Monaten liegt. Dies gilt auch bei **Seniorenwohnungen,** wenn der Mietvertrag nicht auf die Lebenszeit der pflegebedürftigen Senioren begrenzt ist und keine zusätzlichen Dienstleistungen vereinbart werden. *FG Köln, Urt. v. 26. 11. 2008, 12 K 2302/05, rkr. (DStRE 2009 S. 1007).*

Entscheidend für die Frage, ob ein Unternehmer Wohn- und Schlafräume zur kurzfristigen Beherbergung von Fremden i. S. v. § 4 Nr. 12 Satz 2 UStG bereithält, ist nicht die tatsächliche Dauer der Vermietung, sondern die aus den äußeren Umständen ableitbare diesbezügliche **Absicht des Vermieters.** *BFH-Beschluss v. 23. 9. 2014 V B 37/14 (BFH/NV 2015 S. 67).*

4.12.10 Vermietung und Verpachtung von Betriebsvorrichtungen

UStAE 4.12.10

86 ① Die Vermietung und Verpachtung von Betriebsvorrichtungen ist selbst dann nach § 4 Nr. 12 Satz 2 UStG steuerpflichtig, wenn diese wesentliche Bestandteile des Grundstücks sind (vgl. BFH-Urteil vom 28. 5. 1998, V R 19/96, BStBl. 2010 II S. 307). ② Der Begriff der „Maschinen und sonstigen Vorrichtungen aller Art, die zu einer Betriebsanlage gehören (Betriebsvorrichtungen)", ist in § 4 Nr. 12 Satz 2 UStG in gleicher Weise auszulegen wie für das Bewertungsrecht (BFH-Urteil vom 16. 10. 1980, V R 51/76, BStBl. 1981 II S. 228). ③ Im Bewertungsrecht sind die Betriebsvorrichtungen von den Gebäuden, den einzelnen Teilen eines Gebäudes und den Außenanlagen des Grundstücks, z. B. Umzäunungen, Bodenbefestigungen, abzugrenzen. ④ Liegen dabei alle Merkmale des Gebäudebegriffs vor, kann das Bauwerk keine Betriebsvorrichtung sein (BFH-Urteil vom 15. 6. 2005, II R 67/04, BStBl. II S. 688). ⑤ Ein Bauwerk ist als Gebäude anzusehen, wenn es Menschen, Tieren oder Sachen durch räumliche Umschließung Schutz gegen Witterungseinflüsse gewährt, den Aufenthalt von Menschen gestattet, fest mit dem Grund und Boden verbunden, von einiger Beständigkeit und ausreichend standfest ist (BFH-Urteil vom 28. 5. 2003, II R 41/01, BStBl. II S. 693). ⑥ Zu den Betriebsvorrichtungen gehören hiernach neben Maschinen und maschinenähnlichen Anlagen alle Anlagen, die – ohne Gebäude, Teil eines Gebäudes oder Außenanlage eines Gebäudes zu sein – in besonderer und unmittelbarer Beziehung zu dem auf dem Grundstück ausgeübten Gewerbebetrieb stehen, d. h. Anlagen, durch die das Gewerbe unmittelbar betrieben wird (BFH-Urteil vom 11. 12. 1991, II R 14/89, BStBl. 1992 II S. 278). ⑦ Die Überlassung eines landwirtschaftlichen Betriebs mit aus Rebflächen bestehenden landwirtschaftlichen Grundflächen kann nicht als Vermietung und Verpachtung von Vorrichtungen oder Maschinen eingestuft werden (vgl. EuGH-Urteil vom 28. 2. 2019, C-278/18, Sequeira Mesquita). ⑧ Wegen der Einzelheiten zum Begriff der Betriebsvorrichtungen und zur Abgrenzung zum Gebäudebegriff wird auf den gleich lautenden Ländererlass vom 5. 6. 2013, BStBl. I S. 734, hingewiesen.

Der *BFH* hat dem *EuGH* mit *Beschluss v. 26. 5. 2021 V R 22/20 (MwStR S. 811)* eine Frage bzgl. **Betriebsvorrichtungen** zur Vorabentscheidung vorgelegt: Erfasst die Steuerpflicht der Vermietung von auf Dauer eingebauten Vorrichtungen und Maschinen gem. Art. 135 Abs. 2 Buchst. c MwStSystRL nur die isolierte (eigenständige) Vermietung deartiger Vorrichtungen und Maschinen oder auch die Vermietung (Verpachtung) derartiger Vorrichtungen und Maschinen, die aufgrund einer zwischen denselben Parteien erfolgenden Gebäudeverpachtung (und als Nebenleistung zu dieser) nach Art. 135 Abs. 1 Buchst. l MwStSystRL steuerfrei ist? – *Az. EuGH C-516/21.*

4.12.11 Nutzungsüberlassung von Sportanlagen und anderen Anlagen

UStAE 4.12.11

91 (1) ① Die Überlassung von Sportanlagen durch den Sportanlagenbetreiber an Endverbraucher ist eine einheitliche steuerpflichtige Leistung (vgl. BFH-Urteil vom 31. 5. 2001, V R 97/98, BStBl. II S. 658, siehe auch Abschnitt 3.10). ② Dies gilt auch für die Überlassung anderer Anlagen an Endverbraucher. ③ Die Absätze 2 bis 4 sind insoweit nicht anzuwenden.

92 (2) ① Überlässt ein Unternehmer eine gesamte Sportanlage einem anderen Unternehmer als Betreiber zur Überlassung an Dritte (sog. Zwischenvermietung), ist die Nutzungsüberlassung an diesen Betreiber in eine steuerfreie Grundstücksüberlassung und eine steuerpflichtige Vermietung von Betriebsvorrichtungen aufzuteilen (vgl. BFH-Urteil vom 11. 3. 2009, XI R 71/07, BStBl. 2010 II S. 209). ② Nach den Vorschriften des Bewertungsrechts und damit auch nach § 4 Nr. 12 UStG (vgl. Abschnitt 4.12.10) sind bei den nachstehend aufgeführten Sportanlagen insbesondere folgende Einrichtungen als Grundstücksteile bzw. Betriebsvorrichtungen anzusehen:

93 1. Sportplätze und Sportstadien
   a) Grundstücksteile:
   Überdachungen von Zuschauerflächen, wenn sie nach der Verkehrsauffassung einen Raum umschließen und dadurch gegen Witterungseinflüsse Schutz gewähren, allgemeine Beleuchtungsanlagen, Einfriedungen, allgemeine Wege- und Platzbefestigungen, Kassenhäuschen – soweit nicht transportabel –, Kioske, Umkleideräume, Duschen im Gebäude, Toiletten, Saunen, Unterrichts- und Ausbildungsräume, Übernachtungsräume für Trainingsmannschaften.
   b) Betriebsvorrichtungen:
   besonders hergerichtete Spielfelder – Spielfeldbefestigung, Drainage, Rasen, Rasenheizung –, Laufbahnen, Sprunggruben, Zuschauerwälle, Zuschauertribünen – soweit nicht Grundstücksteil nach Buchstabe a –, spezielle Beleuchtungsanlagen, z. B. Flutlicht, Abgrenzungszäune und Sperrgitter zwischen Spielfeld und Zuschaueranlagen, Anzeigetafeln, Schwimm- und Massagebecken, Küchen- und Ausschankeinrichtungen.

94 2. Schwimmbäder (Frei- und Hallenbäder)
   a) Grundstücksteile:
   Überdachungen von Zuschauerflächen unter den unter Nummer 1 Buchstabe a bezeichneten Voraussetzungen, Kassenhäuschen – soweit nicht transportabel –, Kioske, allgemeine Wege- und Platzbefestigungen, Duschräume, Toiletten, technische Räume, allgemeine Beleuchtungsanlagen, Emporen, Galerien.

UStAE 4.12.11

b) Betriebsvorrichtungen:
Schwimmbecken, Sprunganlagen, Duschen im Freien und im Gebäude, Rasen von Liegewiesen, Kinderspielanlagen, Umkleidekabinen, Zuschauertribünen – soweit nicht Grundstücksteil nach Nummer 1 Buchstabe a –, technische Ein- und Vorrichtungen, Einrichtungen der Saunen, der Solarien und der Wannenbäder, spezielle Beleuchtungsanlagen, Bestuhlung der Emporen und Galerien.

95 3. Tennisplätze und Tennishallen

a) Grundstücksteile:
Überdachungen von Zuschauerflächen unter den unter Nummer 1 Buchstabe a bezeichneten Voraussetzungen, Open-Air-Hallen, allgemeine Beleuchtungsanlagen, Duschen, Umkleideräume, Toiletten.

b) Betriebsvorrichtungen:
besonders hergerichtete Spielfelder – Spielfeldbefestigung mit Unterbau bei Freiplätzen, spezielle Oberböden bei Hallenplätzen –, Drainage, Bewässerungsanlagen der Spielfelder, Netz mit Haltevorrichtungen, Schiedsrichterstühle, freistehende Übungswände, Zuschauertribünen – soweit nicht Grundstücksteil nach Nummer 1 Buchstabe a –, Einfriedungen der Spielplätze, Zuschauerabsperrungen, Brüstungen, Traglufthallen, spezielle Beleuchtungsanlagen, Ballfangnetze, Ballfanggardinen, zusätzliche Platzbeheizung in Hallen.

96 4. Schießstände

a) Grundstücksteile:
allgemeine Einfriedungen.

b) Betriebsvorrichtungen:
Anzeigevorrichtungen, Zielscheibenanlagen, Schutzvorrichtungen, Einfriedungen als Sicherheitsmaßnahmen.

97 5. Kegelbahnen

a) Grundstücksteile:
allgemeine Beleuchtungsanlagen.

b) Betriebsvorrichtungen:
Bahnen, Kugelfangeinrichtungen, Kugelrücklaufeinrichtungen, automatische Kegelaufstelleinrichtungen, automatische Anzeigeeinrichtungen, spezielle Beleuchtungsanlagen, Schallisolierungen.

98 6. Squashhallen

a) Grundstücksteile:
Zuschauertribünen, allgemeine Beleuchtungsanlagen, Umkleideräume, Duschräume, Toiletten.

b) Betriebsvorrichtungen:
Trennwände zur Aufteilung in Boxen – soweit nicht tragende Wände –, besondere Herrichtung der Spielwände, Ballfangnetze, Schwingböden, Bestuhlung der Zuschauertribünen, spezielle Beleuchtungsanlagen.

99 7. Reithallen

a) Grundstücksteile:
Stallungen – einschließlich Boxenaufteilungen und Futterraufen –, Futterböden, Nebenräume, allgemeine Beleuchtungsanlagen, Galerien, Emporen.

b) Betriebsvorrichtungen:
spezieller Reithallenboden, Befeuchtungseinrichtungen für den Reithallenboden, Bande an den Außenwänden, spezielle Beleuchtungsanlagen, Tribünen – soweit nicht Grundstücksteil nach Nummer 1 Buchstabe a –, Richterstände, Pferdesolarium, Pferdewaschanlage, Schmiede – technische Einrichtungen –, Futtersilos, automatische Pferdebewegungsanlage, sonstiges Zubehör wie Hindernisse, Spiegel, Geräte zur Aufarbeitung des Bodens, Markierungen.

100 8. Turn-, Sport- und Festhallen, Mehrzweckhallen

a) Grundstücksteile:
Galerien, Emporen, Schwingböden in Mehrzweckhallen, allgemeine Beleuchtungsanlagen, Duschen, Umkleidekabinen und -räume, Toiletten, Saunen, bewegliche Trennwände.

b) Betriebsvorrichtungen:
Zuschauertribünen – soweit nicht Grundstücksteil nach Nummer 1 Buchstabe a –, Schwingböden in reinen Turn- und Sporthallen, Turngeräte, Bestuhlung der Tribünen, Galerien und Emporen, spezielle Beleuchtungsanlagen, Kücheneinrichtungen, Ausschankeinrichtungen, Bühneneinrichtungen, Kühlsystem bei Nutzung für Eissportzwecke.

101 9. Eissportstadien, -hallen, -zentren

a) Grundstücksteile:
Unterböden von Eislaufflächen, Eisschnellaufbahnen und Eisschießbahnen, Unterböden der Umgangszonen und des Anschnallbereichs, allgemeine Beleuchtungsanlagen, Klimaanlagen im Hallenbereich, Duschräume, Toiletten, Umkleideräume, Regieraum, Werkstatt, Massageräume, Sanitätsraum, Duschen, Heizungs- und Warmwasserversorgungsanlagen, Umschließungen von Trafostationen und Notstromversorgungsanlagen – wenn nicht Be-

UStAE 4.12.11

triebsvorrichtung nach Buchstabe b –, Überdachungen von Zuschauerflächen unter den unter Nummer 1 Buchstabe a bezeichneten Voraussetzungen, Emporen und Galerien, Kassenhäuschen – soweit nicht transportabel –, Kioske, allgemeine Wege- und Platzbefestigungen, Einfriedungen, Ver- und Entsorgungsleitungen.

b) Betriebsvorrichtungen:
Oberböden von Eislaufflächen, Eisschnellaufbahnen und Eisschießbahnen, Schneegruben, Kälteerzeuger, Schlittschuh schonender Bodenbelag, Oberbodenbelag des Anschnallbereichs, spezielle Beleuchtungsanlagen, Lautsprecheranlagen, Spielanzeige, Uhren, Anzeigetafeln, Abgrenzungen, Sicherheitseinrichtungen, Sperrgitter zwischen Spielfeld und Zuschauerbereich, Massagebecken, Transformatorenhäuser oder ähnliche kleine Bauwerke, die Betriebsvorrichtungen enthalten und nicht mehr als 30 qm Grundfläche haben, Trafo und Schalteinrichtungen, Notstromaggregat, Zuschauertribünen – soweit nicht Grundstücksteil nach Nummer 1 Buchstabe a –, Bestuhlung der Zuschauertribünen, der Emporen und Galerien, Küchen- und Ausschankeinrichtungen.

10. Golfplätze 102

a) Grundstücksteile:
Einfriedungen, soweit sie nicht unmittelbar als Schutzvorrichtungen dienen, allgemeine Wege- und Platzbefestigungen, Kassenhäuschen – soweit nicht transportabel –, Kioske, Klubräume, Wirtschaftsräume, Büros, Aufenthaltsräume, Umkleideräume, Duschräume, Toiletten, Verkaufsräume, Caddy-Räume, Lager- und Werkstatträume.

b) Betriebsvorrichtungen:
besonders hergerichtete Abschläge, Spielbahnen, roughs und greens (Spielbefestigung, Drainage, Rasen), Spielbahnhindernisse, Übungsflächen, Einfriedungen, soweit sie unmittelbar als Schutzvorrichtungen dienen, Abgrenzungseinrichtungen zwischen Spielbahnen und Zuschauern, Anzeige- und Markierungseinrichtungen oder -gegenstände, Unterstehhäuschen, Küchen- und Ausschankeinrichtungen, Bewässerungsanlagen – einschließlich Brunnen und Pumpen – und Drainagen, wenn sie ausschließlich der Unterhaltung der für das Golfspiel notwendigen Rasenflächen dienen.

(3) ① Für die Aufteilung bei der Überlassung einer gesamten Sportanlage an einen anderen Unternehmer als Betreiber zur Überlassung an Dritte (sog. Zwischenvermietung) in den steuerfreien Teil für die Vermietung des Grundstücks (Grund und Boden, Gebäude, Gebäudeteile, Außenanlagen) sowie in den steuerpflichtigen Teil für die Vermietung der Betriebsvorrichtungen sind die jeweiligen Verhältnisse des Einzelfalles maßgebend. ② Bei der Aufteilung ist im Regelfall von dem Verhältnis der Herstellungs- bzw. Anschaffungskosten der Grundstücke zu denen der Betriebsvorrichtungen auszugehen. ③ Zu berücksichtigen sind hierbei die Nutzungsdauer und die kalkulatorischen Zinsen auf das eingesetzte Kapital. ④ Die Aufteilung ist erforderlichenfalls im Schätzungswege vorzunehmen. ⑤ Der Vermieter kann das Aufteilungsverhältnis aus Vereinfachungsgründen für die gesamte Vermietungsdauer beibehalten und – soweit eine wirtschaftliche Zuordnung nicht möglich ist – auch der Aufteilung der Vorsteuern zu Grunde legen. 103

Beispiel:

① Ein Unternehmer überlässt ein Hallenbad einem anderen Unternehmer als Betreiber, der die gesamte Sportanlage zur Überlassung an Dritte für einen Zeitraum von 10 Jahren nutzt. ② Die Herstellungs- bzw. Anschaffungskosten des Hallenbads haben betragen:

Grund und Boden	1 Mio. €
Gebäude	2 Mio. €
Betriebsvorrichtungen	3 Mio. €
insgesamt	6 Mio. €

③ Bei den Gebäuden wird von einer Nutzungsdauer von 50 Jahren und einer AfA von 2%, bei den Betriebsvorrichtungen von einer Nutzungsdauer von 20 Jahren und einer AfA von 5% ausgegangen. ④ Die kalkulatorischen Zinsen werden mit 6% angesetzt. ⑤ Es ergibt sich:

	AfA	Zinsen	Gesamt
Grund und Boden	–	60 000	60 000
Gebäude	40 000	120 000	160 000
insgesamt	40 000	180 000	220 000
Betriebsvorrichtungen	150 000	180 000	330 000

⑥ Die Gesamtsumme von AfA und Zinsen beträgt danach 550 000 €. ⑦ Davon entfallen auf den Grund und Boden sowie auf die Gebäude 220 000 € (2/5) und auf die Betriebsvorrichtungen 330 000 € (3/5).

⑧ Die Umsätze aus der Überlassung des Hallenbads sind zu zwei Fünfteln nach § 4 Nr. 12 Satz 1 Buchstabe a UStG steuerfrei und zu drei Fünfteln steuerpflichtig.

(4) ① Bei der Nutzungsüberlassung anderer Anlagen mit vorhandenen Betriebsvorrichtungen beurteilt sich die Leistung aus der Sicht eines Durchschnittsverbrauchers unter Berücksichtigung der vorgesehenen Art der Nutzung, wie sie sich aus Unterlagen des leistenden Unternehmers ergibt (z. B. aus dem Mietvertrag), und hilfsweise aus der Ausstattung der überlassenen Räumlichkeiten. ② Dies gilt beispielsweise bei der Nutzungsüberlassung von Veranstaltungsräumen an einen Veranstalter für Konzerte, Theateraufführungen, Hochzeiten, Bürger- und Vereinsversammlungen und sonstige Veranstaltungen (vgl. BMF-Schreiben vom 17. 4. 2003, BStBl. I S. 279). ③ Hierbei ist von folgenden Grundsätzen auszugehen: 104

105 1. ① Umfasst die Nutzungsüberlassung von Räumen auch die Nutzung vorhandener Betriebsvorrichtungen, auf die es einem Veranstalter bei der vorgesehenen Art der Nutzung nicht ankommt, weil er in erster Linie die Räumlichkeiten als solche nutzen will, ist die Leistung als steuerfreie Grundstücksüberlassung anzusehen. ② Die Überlassung der vorhandenen Betriebsvorrichtungen bleibt dann umsatzsteuerrechtlich unberücksichtigt. ③ Die Umsatzsteuerbefreiung der Grundstücksüberlassung umfasst auch die mit der Grundstücksüberlassung in unmittelbarem wirtschaftlichen Zusammenhang stehenden üblichen Nebenleistungen. ④ Zusatzleistungen mit aus Sicht eines Durchschnittsverbrauchers eigenständigem wirtschaftlichen Gewicht sind als weitere Hauptleistungen umsatzsteuerrechtlich separat zu beurteilen.

Beispiel:

① Ein Anlagenbetreiber überlässt seine Veranstaltungshalle einschließlich der vorhandenen Betriebsvorrichtungen zur Durchführung einer schriftlichen Leistungsprüfung einer Schulungseinrichtung. ② Der Schulungseinrichtung kommt es auf die Nutzung des Raumes und nicht auf die Nutzung der Betriebsvorrichtungen an.

③ Der Anlagenbetreiber erbringt an die Schulungseinrichtung eine steuerfreie Grundstücksüberlassung.

106 2. ① Überlässt ein Anlagenbetreiber Veranstaltungsräume mit Betriebsvorrichtungen (z. B. vorhandener Bestuhlung, Bühne, speziellen Beleuchtungs- oder Lautsprecheranlagen und anderen Einrichtungen mit Betriebsvorrichtungscharakter), die für die vorgesehene Art der Nutzung regelmäßig benötigt werden, ist die Leistung des Anlagenbetreibers in aller Regel in eine steuerfreie Grundstücksvermietung und in eine steuerpflichtige Vermietung von Betriebsvorrichtungen aufzuteilen. ② Eine andere Beurteilung ergibt sich lediglich in den Ausnahmefällen, in denen ein Durchschnittsverbraucher die Leistungselemente als eine einheitliche Leistung ansieht und die Grundstücksvermietung gegenüber anderen Leistungen derart in den Hintergrund tritt, dass die Raumüberlassung aus seiner Sicht – wie die Überlassung von Sportanlagen zur sportlichen Nutzung durch Endverbraucher – keinen leistungsbestimmenden Bestandteil mehr ausmacht. ③ In diesen Fällen liegt insgesamt eine umsatzsteuerpflichtige Leistung eigener Art vor.

Beispiel:

① Ein Betreiber überlässt seine Veranstaltungshalle an einen Veranstalter zur Durchführung einer Ausstellung. ② Dem Veranstalter kommt es auch darauf an, vorhandene Betriebsvorrichtungen zu nutzen.

③ Der Betreiber erbringt an den Veranstalter eine sonstige Leistung, die in eine steuerfreie Grundstücksvermietung und in eine steuerpflichtige Vermietung von Betriebsvorrichtungen aufzuteilen ist. ④ Die Nutzungsüberlassung des Veranstalters an die Ausstellungsteilnehmer ist – soweit sie gegen Entgelt erbracht wird – nach den Grundsätzen des BFH-Urteils vom 31. 5. 2001, V R 97/98, BStBl. II S. 658, eine einheitliche steuerpflichtige Leistung (vgl. Abschnitte 3 a.4 und 4.12.6 Abs. 2 Nr. 1).

LS zu 4.12.11

108 Die entgeltliche Überlassung der von einer Gastwirtschaft betriebenen **Kegelbahnanlage** ist in die steuerfreie Vermietung von Grundstücken i. S. von § 4 Nr. 12 Buchst. a UStG 1980 und in die steuerpflichtige Vermietung von Betriebsvorrichtungen i. S. von § 4 Nr. 12 Satz 2 UStG 1980 aufzuteilen (Bestätigung von Abschn. 86 Abs. 1 Satz 2 Nr. 5 UStR 1988/1992). *BFH-Urteil v. 30. 6. 1993 XI R 62/90 (BStBl. II S. 808).*

Enthält eine **Kegelbahnanlage** mehrere Bahnen, kann die Überlassung der einzelnen Bahn als Vermietung (ausschließlich) einer Betriebsvorrichtung zu beurteilen (und somit von der Umsatzsteuerbefreiung ausgenommen) sein, während die Mitbenutzung des übrigen Gebäudes (Aufenthaltsflächen und Nebenräume) auf einem Vertrag beruht, der insoweit keinen Mietrechtscharakter hat. *BFH-Urteil v. 30. 5. 1994 V R 83/92 (BStBl. II S. 775).*

Die Gestattung, eine **überdachte Schießanlage** zur Ausübung des Schießsports ohne Ausschluß weiterer Schützen gegen ein Eintrittsgeld und ein nach Art und Anzahl der abgegebenen Schüsse bemessenes Entgelt zu nutzen, ist nicht als Grundstücksvermietung i. S. des § 4 Nr. 12 Buchst. a UStG 1980 steuerfrei. *BFH-Urteil v. 24. 6. 1993 V R 69/92 (BStBl. 1994 II S. 52).*

Die Umsätze aus der langfristigen Vermietung eines **Turnhallengebäudes** an einen Verein, der steuerfreie Leistungen ausführt, sind gemäß § 4 Nr. 12 Satz 1 Buchst. a UStG 1999 steuerfrei, wenn abgesehen von der Überlassung von Betriebsvorrichtungen keine weiteren Leistungen ausgeführt werden. *BFH-Urt. v. 17. 12. 2008 XI R 23/08 (BStBl. 2010 II S. 208).*

1., 4. *[vgl. LS zu 9.1]* – 2. Die **Überlassung von Sportanlagen** eines Betreibers an Nutzer dieser Sportanlagen fällt regelmäßig nicht unter die Steuerbefreiung des § 4 Nr. 12 Buchst. a UStG 1993, sondern stellt eine einheitliche steuerpflichtige Leistung dar. – 3. Das den Betreibern von Sportanlagen in **§ 27 Abs. 6 UStG 1999** eingeräumte Wahlrecht ist eine Billigkeitsregelung, die sich nicht auf § 9 Abs. 2 UStG 1993 und die Frage auswirkt, ob der Leistungsempfänger das Grundstück für steuerfreie oder steuerpflichtige Umsätze verwendet. *BFH-Urteil v. 11. 3. 2009 XI R 71/07 (BStBl. 2010 S. 209).*

UStG

§ 4 (Forts.)

Von den unter § 1 Abs. 1 Nr. 1 fallenden Umsätzen sind steuerfrei:

...

1 **13. die Leistungen, die die Gemeinschaften der Wohnungseigentümer im Sinne des Wohnungseigentumsgesetzes in der im Bundesgesetzblatt Teil III, Gliederungsnummer 403-1, veröffentlichten bereinigten Fassung, in der jeweils geltenden Fassung an die Wohnungseigentümer und Teileigentümer erbringen, soweit die Leistungen in der Überlassung des gemeinschaftlichen Eigentums zum Gebrauch, seiner Instandhaltung, Instandsetzung und sonstigen Verwaltung sowie der Lieferung von Wärme und ähnlichen Gegenständen bestehen;**

Zu § 4 Nr. 13 UStG

4.13.1 Wohnungseigentümergemeinschaften

UStAE 4.13.1

(1) ① Das WoEigG unterscheidet zwischen dem Sondereigentum der einzelnen und dem gemeinschaftlichen Eigentum aller Wohnungs- und Teileigentümer (§ 1 WoEigG). ② Gemeinschaftliches Eigentum sind das Grundstück sowie die Teile, Anlagen und Einrichtungen eines Gebäudes, die nicht im Sondereigentum eines Mitglieds der Gemeinschaft oder im Eigentum eines Dritten stehen. ③ Das gemeinschaftliche Eigentum wird in der Regel von der Gemeinschaft der Wohnungseigentümer verwaltet (§ 18 WoEigG). 11

(2) ① Im Rahmen ihrer Verwaltungsaufgaben erbringen die Wohnungseigentümergemeinschaften neben nicht steuerbaren Gemeinschaftsleistungen, die den Gesamtbelangen aller Mitglieder dienen, auch steuerbare Sonderleistungen an einzelne Mitglieder. ② Die Wohnungseigentümergemeinschaften erheben zur Deckung ihrer Kosten von ihren Mitgliedern (Wohnungs- und Teileigentümern) Umlagen, insbesondere für 12

- Lieferungen von Wärme (Heizung), Wasser und Strom;
- Waschküchen- und Waschmaschinenbenutzung;
- Verwaltungsgebühren (Entschädigung für den Verwalter der Gemeinschaft);
- Hausmeisterlohn;
- Instandhaltung und Instandsetzung des gemeinschaftlichen Eigentums;
- Flurbeleuchtung;
- Schornsteinreinigung;
- Feuer- und Haftpflichtversicherung;
- Müllabfuhr;
- Straßenreinigung;
- Entwässerung.

③ Diese Umlagen sind das Entgelt für steuerbare Sonderleistungen der Wohnungseigentümergemeinschaften an ihre Mitglieder. ④ Hinsichtlich der verschiedenartigen Lieferungen und sonstigen Leistungen liegen jeweils selbständige Umsätze der Wohnungseigentümergemeinschaften an ihre Mitglieder vor, die nach § 4 Nr. 13 UStG steuerfrei sind. ⑤ Die Instandhaltung, Instandsetzung und Verwaltung des Sondereigentums der Mitglieder oder des Eigentums Dritter fallen nicht unter die Befreiungsvorschrift. ⑥ Zu den ähnlichen Gegenständen wie Wärme, deren Lieferung an die Mitglieder der Gemeinschaft steuerfrei ist, gehören nicht Kohlen, Koks, Heizöl und Gas.

LS zu 4.13.1

Die Gemeinschaften der Wohnungseigentümer können auf die Steuerfreiheit **verzichten.** *Verfügung OFD Köln S 7100 – 62/S 7169 – 1/S 7300 – 53 v. 23. 8. 1984.*

Verwalter, die die Verwaltung der Wohnungseigentümergemeinschaft betreiben, können ihre **Verwalterumsätze** im Gegensatz zu den Leistungen der Wohnungseigentümergemeinschaft nicht nach § 4 Nr. 13 UStG umsatzsteuerfrei behandeln. *Verfügung BayLfSt S 7169 – 5/St 35 N v. 30. 8. 2005 (DStR S. 1647).* 15

Art. 135 Abs. 1 Buchst. l MwStSystRL ist dahin auszulegen, dass er einer nationalen Regelung entgegensteht, nach der die Lieferung von Wärme durch eine Wohnungseigentümergemeinschaft an die Eigentümer, die Mitglieder dieser Gemeinschaft sind, von der Mehrwertsteuer befreit ist. ***EuGH-Urteil** v. 17. 12. 2020 C-449/19 WEG Tevesstraße (DStR 2021 S. 104).*

§ 4 (Forts.)

UStG

Von den unter § 1 Abs. 1 Nr. 1 fallenden Umsätzen sind steuerfrei:

...

14. a) Heilbehandlungen im Bereich der Humanmedizin, die im Rahmen der Ausübung der Tätigkeit als Arzt, Zahnarzt, Heilpraktiker, Physiotherapeut, Hebamme oder einer ähnlichen heilberuflichen Tätigkeit durchgeführt werden. 1
② Satz 1 gilt nicht für die Lieferung oder Wiederherstellung von Zahnprothesen (aus Unterpositionen 9021 21 und 9021 29 00 des Zolltarifs) und kieferorthopädischen Apparaten (aus Unterposition 9021 10 des Zolltarifs), soweit sie der Unternehmer in seinem Unternehmen hergestellt oder wiederhergestellt hat; 2

b) Krankenhausbehandlungen und ärztliche Heilbehandlungen einschließlich der Diagnostik, Befunderhebung, Vorsorge, Rehabilitation, Geburtshilfe und Hospizleistungen sowie damit eng verbundene Umsätze, die von Einrichtungen des öffentlichen Rechts erbracht werden. ② Die in Satz 1 bezeichneten Leistungen sind auch steuerfrei, wenn sie von 3

aa) zugelassenen Krankenhäusern nach § 108 des Fünften Buches Sozialgesetzbuch oder anderen Krankenhäusern, die ihre Leistungen in sozialer Hinsicht unter vergleichbaren Bedingungen wie die Krankenhäuser erbringen, die in öffentlich-rechtlicher Trägerschaft stehen oder nach § 108 des Fünften Buches Sozialgesetzbuch zugelassen sind; in sozialer Hinsicht vergleichbare Bedingungen liegen vor, wenn das Leistungsangebot des Krankenhauses den von Krankenhäusern in öffentlich-rechtlicher Trägerschaft oder nach § 108 des Fünften Buches Sozialgesetzbuch zugelassenen

UStG

Krankenhäusern erbrachten Leistungen entspricht und die Kosten voraussichtlich in mindestens 40 Prozent der jährlichen Belegungs- oder Berechnungstage auf Patienten entfallen, bei denen für die Krankenhausleistungen kein höheres Entgelt als für allgemeine Krankenhausleistungen nach dem Krankenhausentgeltgesetz oder der Bundespflegesatzverordnung berechnet wurde oder voraussichtlich mindestens 40 Prozent der Leistungen den in § 4 Nummer 15 Buchstabe b genannten Personen zugutekommen, dabei ist grundsätzlich auf die Verhältnisse im vorangegangenen Kalenderjahr abzustellen,

4 **bb) Zentren für ärztliche Heilbehandlung und Diagnostik oder Befunderhebung, die an der vertragsärztlichen Versorgung nach § 95 des Fünften Buches Sozialgesetzbuch teilnehmen oder für die Regelungen nach § 115 des Fünften Buches Sozialgesetzbuch gelten,**

5 **cc) Einrichtungen, die von den Trägern der gesetzlichen Unfallversicherung nach § 34 des Siebten Buches Sozialgesetzbuch an der Versorgung beteiligt worden sind,**

dd) Einrichtungen, mit denen Versorgungsverträge nach den §§ 111 und 111 a des Fünften Buches Sozialgesetzbuch bestehen,

ee) Rehabilitationseinrichtungen, mit denen Verträge nach § 38 des Neunten Buches Sozialgesetzbuch bestehen,

ff) Einrichtungen zur Geburtshilfe, für die Verträge nach § 134 a des Fünften Buches Sozialgesetzbuch gelten,

6 **gg) Hospizen, mit denen Verträge nach § 39 a Abs. 1 des Fünften Buches Sozialgesetzbuch bestehen, oder**

hh) Einrichtungen, mit denen Verträge nach § 127 in Verbindung mit § 126 Absatz 3 des Fünften Buches Sozialgesetzbuch über die Erbringung nichtärztlicher Dialyseleistungen bestehen,

erbracht werden und es sich ihrer Art nach um Leistungen handelt, auf die sich die Zulassung, der Vertrag oder die Regelung nach dem Sozialgesetzbuch jeweils bezieht, oder

7 **ii) von Einrichtungen nach § 138 Abs. 1 Satz 1 des Strafvollzugsgesetzes erbracht werden;**

8 **c) Leistungen nach den Buchstaben a und b, die im Rahmen der hausarztzentrierten Versorgung nach § 73 b des Fünften Buches Sozialgesetzbuch oder der besonderen Versorgung nach § 140 a des Fünften Buches Sozialgesetzbuch von Einrichtungen erbracht werden, mit denen entsprechende Verträge bestehen, sowie Leistungen zur Sicherstellung der ambulanten Versorgung in stationären Pflegeeinrichtungen die durch Einrichtungen erbracht werden, mit denen Verträge nach § 119 b des Fünften Buches Sozialgesetzbuch bestehen;**

9 **d)** *(aufgehoben)*

10 **e) die zur Verhütung von nosokomialen Infektionen und zur Vermeidung der Weiterverbreitung von Krankheitserregern, insbesondere solcher mit Resistenzen, erbrachten Leistungen eines Arztes oder einer Hygienefachkraft, an in den Buchstaben a und b genannte Einrichtungen, die diesen dazu dienen, ihre Heilbehandlungsleistungen ordnungsgemäß unter Beachtung der nach dem Infektionsschutzgesetz und den Rechtsverordnungen der Länder nach § 23 Absatz 8 des Infektionsschutzgesetzes bestehenden Verpflichtungen zu erbringen;**

f) die eng mit der Förderung des öffentlichen Gesundheitswesens verbundenen Leistungen, die erbracht werden von

aa) juristischen Personen des öffentlichen Rechts,

bb) Sanitäts- und Rettungsdiensten, die die landesrechtlichen Voraussetzungen erfüllen, oder

cc) Einrichtungen, die nach § 75 des Fünften Buches Sozialgesetzbuch die Durchführung des ärztlichen Notdienstes sicherstellen;

Hinweis auf EU-Vorschriften:

UStG: § 4 Nr. 14 .... **MwStSystRL:** Art. 132 Abs. 1 (b), (c), (e), (f), (o), Abs. 2
Art. 133, 134
Art. 370, Anh. X A 1.

Übersicht zu § 4 Nr. 14

Zu § 4 Nr. 14 UStG

4.14.1 Anwendungsbereich und Umfang der Steuerbefreiung

UStAE 4.14.1

Anwendungsbereich

(1) ① Kriterium für die Abgrenzung der Anwendungsbereiche von § 4 Nr. 14 Buchstabe a und Buchstabe b UStG ist weniger die Art der Leistung als vielmehr der Ort ihrer Erbringung. ② Während Leistungen nach § 4 Nr. 14 Buchstabe b UStG aus einer Gesamtheit von ärztlichen Heilbehandlungen in Einrichtungen mit sozialer Zweckbestimmung bestehen, ist § 4 Nr. 14 Buchstabe a UStG auf Leistungen anzuwenden, die außerhalb von Krankenhäusern oder ähnlichen Einrichtungen im Rahmen eines persönlichen Vertrauensverhältnisses zwischen Patienten und Behandelndem, z. B. in Praxisräumen des Behandelnden, in der Wohnung des Patienten oder an einem anderen Ort erbracht werden (vgl. EuGH-Urteil vom 6. 11. 2003, C-45/01, Dornier). 11

(2) ① Neben dem Kriterium der Heilbehandlung (vgl. Absatz 4) muss für die Anwendung der Steuerbefreiung des § 4 Nr. 14 Buchstabe a UStG auch eine entsprechende Befähigung des Unternehmers vorliegen. ② Diese ergibt sich aus der Ausübung eines der in § 4 Nr. 14 Buchstabe a Satz 1 UStG bezeichneten Katalogberufe oder einer ähnlichen heilberuflichen Tätigkeit (vgl. Abschnitt 4.14.4 Abs. 6 und 7). 12

(3) ① Krankenhausbehandlungen und ärztliche Heilbehandlungen nach § 4 Nr. 14 Buchstabe b UStG zeichnen sich dadurch aus, dass sie in Einrichtungen mit sozialer Zweckbestimmung, wie der des Schutzes der menschlichen Gesundheit, erbracht werden. ② Krankenhausbehandlungen und ärztliche Heilbehandlungen umfassen in Anlehnung an die im Fünften Buch Sozialgesetzbuch (SGB V – Gesetzliche Krankenversicherung) bzw. Elften Buch Sozialgesetzbuch (SGB XI – Soziale Pflegeversicherung) und im Strafvollzugsgesetz (StVollzG) definierten Leistungen u. a. Leistungen der Diagnostik, Befunderhebung, Vorsorge, Rehabilitation, Geburtshilfe und Hospizleistungen (vgl. Abschnitt 4.14.5 Abs. 1 ff.). 13

Umfang der Steuerbefreiung

(4)[1] ① Unter Beachtung der Rechtsprechung des Europäischen Gerichtshofs sind „ärztliche Heilbehandlungen" ebenso wie „Heilbehandlungen im Bereich der Humanmedizin" Tätigkeiten, die zum Zweck der Vorbeugung, Diagnose, Behandlung und, soweit möglich, der Heilung von Krankheiten oder Gesundheitsstörungen bei Menschen vorgenommen werden. ② Die befreiten Leistungen müssen dem Schutz der Gesundheit des Betroffenen dienen (EuGH-Urteile vom 14. 9. 2000, C-384/98, D., vom 20. 11. 2003, C-212/01, Unterpertinger, und vom 20. 11. 2003, C-307/01, d'Ambrumenil und Dispute Resolution Services). ③ Dies gilt unabhängig davon, um welche konkrete heilberufliche Leistung es sich handelt (Untersuchung, Attest, Gutachten usw.), für wen sie erbracht wird (Patient, Gericht, Sozialversicherung o. a.) und wer sie erbringt (freiberuflicher oder angestellter Arzt, Heilpraktiker, Physiotherapeut oder Unternehmer, der ähnliche heilberufliche Tätigkeiten ausübt, bzw. Krankenhäuser, Kliniken usw.). ④ Heilberufliche Leistungen sind daher nur steuerfrei, wenn bei der Tätigkeit ein therapeutisches Ziel im Vordergrund steht. ⑤ Die Abgabe von (Fertig-)Medikamenten kann zudem eine unselbständige Nebenleistung zu der nach § 4 Nr. 14 Buchstabe a oder b UStG umsatzsteuerfreien Heilbehandlungsleistung darstellen. ⑥ Hierunter fällt die Abgabe von allen Medikamenten, die im Zeitpunkt der Heilbehandlung für diese unentbehrlich sind und ohne die diese Heilbehandlung nicht erfolgversprechend wäre. ⑦ Hiervon ist auszugehen, wenn die Medikamen- 14

[1] A 4.14.1 UStAE Abs. 4 Sätze 5 bis 8 eingefügt, bish. Sätze 5 bis 9 werden Sätze 9 bis 13 durch BMF v. 13. 12. 2022 (BStBl. I S. 1683), anzuwenden in allen offenen Fällen, mit weiterer Anwendungsregelung (abgedruckt unter Rz. 130).

UStAE 4.14.1

tenabgabe während der Behandlung durch den behandelnden Arzt erfolgt. ⑧ Hierunter fällt u. a. die Abgabe dialyseimmanenter Medikamente im Rahmen einer ambulanten oder stationären Dialysebehandlung, die Abgabe von Faktorpräparaten im Rahmen der Behandlung von Blutern unabhängig vom Ort der Einnahme, die Abgabe von Zytostatika im Rahmen einer Chemotherapie zur Krebsbehandlung oder die Abgabe von schmerzstillenden bzw. entzündungshemmenden Medikamenten im Rahmen einer Heilbehandlung. ⑨ Nicht unter die Befreiung fallen Tätigkeiten, die nicht Teil eines konkreten, individuellen, der Diagnose, Behandlung, Vorbeugung und Heilung von Krankheiten oder Gesundheitsstörungen dienenden Leistungskonzeptes sind. ⑩ Neben (Zahn-)Ärzten und Psychotherapeuten dürfen lediglich Heilpraktiker als Angehörige der Heilberufe eigenverantwortlich körperliche oder seelische Leiden behandeln. ⑪ Das gilt auch für die auf das Gebiet der Physiotherapie beschränkten Heilpraktiker (vgl. BVerwG-Urteil vom 26. 8. 2009, 3 C 19.08, BVerwGE 134 S. 345). ⑫ Für Leistungen aus der Tätigkeit von Gesundheitsfachberufen kommt die Steuerbefreiung grundsätzlich nur in Betracht, wenn sie aufgrund ärztlicher Verordnung bzw. einer Verordnung eines Heilpraktikers oder im Rahmen einer Vorsorge- oder Rehabilitationsmaßnahme durchgeführt werden (vgl. BFH-Urteil vom 7. 7. 2005, V R 23/04, BStBl. II S. 904). ⑬ Behandlungen durch Angehörige von Gesundheitsfachberufen im Anschluss/Nachgang einer Verordnung eines Arztes oder Heilpraktikers sind grundsätzlich nicht als steuerfreie Heilbehandlung anzusehen, sofern für diese Anschlussbehandlungen keine neue Verordnung vorliegt.

15 (5) Danach sind z. B. folgende Tätigkeiten keine Heilbehandlungsleistungen:

1. die schriftstellerische oder wissenschaftliche Tätigkeit, auch soweit es sich dabei um Berichte in einer ärztlichen Fachzeitschrift handelt;
2. die Vortragstätigkeit, auch wenn der Vortrag vor Ärzten im Rahmen einer Fortbildung gehalten wird;
3. die Lehrtätigkeit;
4. die Lieferungen von Hilfsmitteln, z. B. Kontaktlinsen, Schuheinlagen;
5. die entgeltliche Nutzungsüberlassung von medizinischen Großgeräten;
6. die Erstellung von Alkohol-Gutachten, Zeugnissen oder Gutachten über das Sehvermögen, über Berufstauglichkeit, in Versicherungsangelegenheiten oder in Unterbringungssachen (vgl. z. B. BFH-Beschluss vom 31. 7. 2007, V B 98/06, BStBl. 2008 II S. 35, und BFH-Urteil vom 8. 10. 2008, V R 32/07, BStBl. 2009 II S. 429), Einstellungsuntersuchungen, Untersuchungsleistungen wie z. B. Röntgenaufnahmen zur Erstellung eines umsatzsteuerpflichtigen Gutachtens (vgl. hierzu auch BMF-Schreiben vom 8. 11. 2001, BStBl. I S. 826, BMF-Schreiben vom 4. 5. 2007, BStBl. I S. 481, und EuGH-Urteil vom 20. 11. 2003, C-307/01, d'Ambrumenil und Dispute Resolution Services);

6 a. ① Meldungen eines Arztes zur reinen Dokumentation von Patientendaten, wenn diese Meldungen keine Auswirkungen auf die Heilbehandlung eines bestimmten Patienten haben (vgl. BFH-Urteil vom 9. 9. 2015, XI R 31/13, n. v.). ② Steuerfrei sind dagegen Meldungen, z. B. zur klinischen Krebsregistrierung nach § 65 c Abs. 6 SGB V, bei denen nach der Auswertung der übermittelten Daten eine patientenindividuelle Rückmeldung an den Arzt erfolgt und hierdurch weitere im Einzelfall erforderliche Behandlungsmaßnahmen getroffen werden können. ③ Dies gilt auch für Meldungen zum Abschluss der Behandlung. ④ Als patientenindividuell ist auch eine pseudonymisierte Rückmeldung anzusehen, wenn der Arzt auf Grund des Inhalts und Bezugs der Rückmeldung eine konkrete Behandlungsentscheidung für den von der Rückmeldung individuell betroffenen Patienten vornehmen kann;

16

7. kosmetische Leistungen von Podologinnen/Podologen in der Fußpflege;
8. ① ästhetisch plastische Leistungen, soweit ein therapeutisches Ziel nicht im Vordergrund steht. ② Indiz hierfür kann sein, dass die Kosten regelmäßig nicht durch Krankenversicherungen übernommen werden (vgl. BFH-Urteil vom 17. 7. 2004, V R 27/03, BStBl. II S. 862);
9. ① Leistungen zur Prävention und Selbsthilfe im Sinne des § 20 SGB V, die keinen unmittelbaren Krankheitsbezug haben, weil sie lediglich „den allgemeinen Gesundheitszustand verbessern und insbesondere einen Beitrag zur Verminderung sozial bedingter Ungleichheiten von Gesundheitschancen erbringen" sollen – § 20 Abs. 1 Satz 2 SGB V – (vgl. BFH-Urteil vom 7. 7. 2005, V R 23/04, BStBl. II S. 904). ② Etwas anderes gilt, wenn die entsprechenden Maßnahmen im Rahmen einer medizinischen Behandlung – aufgrund ärztlicher Anordnung oder mithilfe einer Vorsorge- oder Rehabilitationsmaßnahme – durchgeführt werden, z. B. auf Grund der von Betriebsärzten vorgenommenen und auf medizinischen Feststellungen der Betriebsärzte beruhenden Sammelüberweisung von Arbeitnehmern zur Teilnahme an Raucherentwöhnungsseminaren (vgl. BFH-Urteil vom 26. 8. 2014, XI R 19/12, BStBl. 2015 II S. 310);
10. Supervisionsleistungen (vgl. BFH-Urteil vom 30. 6. 2005, V R 1/02, BStBl. II S. 675);
11. die Durchführung einer Leichenschau, soweit es sich um die zweite Leichenschau oder weitere handelt sowie das spätere Ausstellen der Todesbescheinigung als Genehmigung zur Feuerbestattung;

12. die bloße Überlassung von Praxis- und Operationsräumen nebst Ausstattung sowie die Gestellung von Personal durch einen Arzt an andere Ärzte (vgl. BFH-Urteil vom 18. 3. 2015, XI R 15/11, BStBl. II S. 1058).

(5 a) ① Als ärztliche Verordnung gilt im Allgemeinen sowohl das Kassenrezept als auch das Privatrezept; bei Rezepten von Heilpraktikern handelt es sich durchweg um Privatrezepte. ② Eine Behandlungsempfehlung durch einen Arzt oder Heilpraktiker, z. B. bei Antritt des Aufenthalts in einem „Kur"-Hotel, gilt nicht als für die Steuerbefreiung ausreichende Verordnung. **17**

(6) ① Hilfsgeschäfte sind nicht nach § 4 Nr. 14 UStG steuerfrei. ② Es kann jedoch die Steuerbefreiung nach § 4 Nr. 28 UStG in Betracht kommen (vgl. Abschnitt 4.28.1). **18**

Die Steuerfreiheit nach § 4 Nr. 14 UStG setzt voraus, dass das **therapeutische Ziel** im Vordergrund steht. ... *Schreiben des BMF IV D 1 – S 7170 – 201/01 v. 8. 11. 2001 (DStR S. 2026).* LS zu 4.14.1

Keine generelle Steuerbefreiung nach § 4 Nr. 14 UStG für ästhetisch-plastische Leistungen eines Chirurgen **(Schönheitsoperationen).** – Ärztliche Leistungen im Zusammenhang mit **Schwangerschaftsabbrüchen** und der **Empfängnisverhütung** sowie Leistungen der Einrichtungen im Sinne des § 13 Schwangerschaftskonfliktgesetz fallen unter § 4 Nr. 14. *Verfügung OFD Frankfurt S 7170 A – 69 – St 16 v. 8. 7. 2015 (DStR S. 2182).* **19**

Für die Umsatzsteuerfreiheit von **Schönheitsoperationen** nach § 4 Nr. 14 UStG 1993 reicht es nicht aus, dass die Operationen nur von einem Arzt ausgeführt werden können, vielmehr müssen sie der medizinischen Behandlung einer Krankheit oder einer anderen Gesundheitsstörung und damit dem Schutz der menschlichen Gesundheit dienen. *BFH-Urteil v. 15. 7. 2004 – V R 27/03 (BStBl. II S. 862).* – Vgl. auch *BFH-Beschluss vom 26. 9. 2007 – V B 8/06 (BStBl. 2008 II S. 405), BFH-Urt. v. 7. 10. 2010, V R 17/09 (BFH/NV 2011 S. 865)* und *BFH-Beschluss v. 8. 4. 2014 V B 38/13 (BFH/NV S. 1106).*

Schönheitsoperationen können steuerfreie **Heilbehandlungsleistungen** sein, wenn sie dazu dienen, Personen zu behandeln oder zu heilen, bei denen aufgrund einer Krankheit, Verletzung oder eines angeborenen körperlichen Mangels ein Eingriff ästhetischer Natur erforderlich ist. *BFH-Urteile v. 4. 12. 2014 V R 16/12 (DStR 2015 S. 420) und V R 33/12 (DStRE 2015 S. 475).*

Erstellung eines ärztlichen Gutachtens als Grundlage für **Feststellung einer Invalidität** nicht umsatzsteuerfrei. ***EuGH-Urt. v. 20. 11. 2003,*** *C-212/01, Margarete Unterpertinger (DStRE 2004 S. 44).*

Das Herauslösen von Gelenkknorpelzellen aus dem einem Menschen entnommenen Knorpelmaterial und ihre anschließende Vermehrung zur Reimplantation aus therapeutischen Zwecken **[Zellvermehrung]** ist eine „Heilbehandlung im Bereich der Humanmedizin" i. S. des Art. 13 Teil A Abs. 1 Buchst. c der Sechsten Richtlinie (Art. 132 Abs. 1 Buchst. c MwStSystRL, § 4 Nr. 14 Buchst. a UStG). ***EuGH-Urt. v. 18. 11. 2010,*** *C-156/09, Verigen Transplantation Service International AG (DStRE 2011 S. 311).* –Vgl. auch *BFH-Urt. v. 29. 6. 2011, XI R 52/07 (BStBl. 2013 II S. 971).*

Keine Steuerbefreiung einer Entnahme, Analyse und Aufbereitung von **Nabelschnurblut** sowie der Lagerung von **Stammzellen** für eine etwaige zukünftige therapeutische Verwendung. ***EuGH-Urt. v. 10. 6. 2010*** *– C-262/08 – CopyGene A/S (UR S. 526)* und ***EuGH-Urt. v. 10. 6. 2010,*** *C-86/09, Future Health Technologies Ltd (UR S. 540).*

Die isolierte Einlagerung eingefrorener **Eizellen** ist jedenfalls dann gemäß § 4 Nr. 14 Buchst. a UStG steuerfrei, wenn sie im Rahmen eines therapeutischen Kontinuums mit einer Kryokonservierung erfolgt, bei dem Einlagerung und Kryokonservierung zwar durch zwei unterschiedliche Unternehmer durchgeführt werden, für die aber dieselben Ärzte tätig sind. *BFH-Beschluss v. 7. 7. 2022 V R 10/20 (DStRE S. 1323).*

Umsatzsteuerbefreiung für Umsätze eines Arztes aus **Kooperationsverträgen mit Pflegeheimen.** *FM Schleswig-Holstein v. 16. 4. 2014 – S 7170-178 (MwStR S. 450).*

Die Durchführung von **Yoga-Kursen** ist nicht als Heilbehandlung umsatzsteuerfrei, wenn die Kurse keinen unmittelbaren Bezug zu Krankheiten aufweisen. *BFH-Beschluss v. 12. 2. 2014 V B 100/13 (BFH/NV S. 739).*

Behandelt ein **Tierarzt** auch Menschen, sind seine Behandlungen nicht umsatzsteuerfrei, wenn er nicht über einen beruflichen Befähigungsausweis zur Behandlung von Menschen verfügt. *BFH-Beschluss v. 27. 8. 2014 XI B 33/14 (BFH/NV 2015 S. 66).*

Umsatzsteuerbefreiung für **ärztliche Leistungen** vgl. Übersicht in *Verfügung OFD Karlsruhe v. 31. 1. 2017 – S 7170 K. 3 (UR S. 481).*

Die **Beförderung** von menschlichen **Organen** und körperlichen Substanzen für eine Analyse oder Heilbehandlung ist nicht steuerfrei. ***EuGH-Urteil v. 2. 7. 2015,*** *C-334/14, Nathalie De Fruytier (MwStR S. 680).*

Zur umsatzsteuerlichen Behandlung von **Mammographie-Screening** siehe *Rundverfügung OFD Frankfurt v. 4. 2. 2015 – S 7170 A – 79 – St 16 (DStR S. 1568).*

Verzichtet der Chefarzt gegenüber dem Träger der Klinik, an der er tätig ist, auf das ihm durch die Klinik eingeräumte Recht zur **Privatliquidation** gegen monatliche Ausgleichszahlungen, die der Klinikträger leistet, um auch insoweit selbst gegenüber Privatversicherten abrechnen zu können, liegt eine steuerbare Verzichtsleistung vor, die nicht als Verzicht auf die zukünftige Erbringung von Heilbehandlungsleistungen gegenüber den Privatversicherten steuerfrei ist. *BFH-Urt. v. 30. 6. 2022 V R 36/20 (DStR S. 2369).*

4.14.2 Tätigkeit als Arzt

UStAE 4.14.2

(1) ① Tätigkeit als Arzt im Sinne von § 4 Nr. 14 Buchstabe a UStG ist die Ausübung der Heilkunde unter der Berufsbezeichnung „Arzt" oder „Ärztin". ② Zur Ausübung der Heilkunde gehören Maßnahmen, die der Feststellung, Heilung oder Linderung von Krankheiten, Leiden oder Körperschäden beim Menschen dienen. ③ Auch die Leistungen der vorbeugenden Gesundheitspflege (z. B. prophylaktische Impfungen und Vorsorgeuntersuchungen) gehören zur Ausübung der Heilkunde; dabei ist es unerheblich, ob die Leistungen gegenüber Einzelpersonen oder Personengruppen bewirkt werden. ④ Zum Umfang der Steuerbefreiung siehe Abschnitt 4.14.1. **21**

(2) ① Leistungen eines Arztes aus dem Betrieb eines Krankenhauses oder einer anderen Einrichtung im Sinne des § 4 Nr. 14 Buchstabe b UStG sind auch hinsichtlich der ärztlichen Leistung nur dann befreit, wenn die in § 4 Nr. 14 Buchstabe b UStG bezeichneten Voraussetzungen erfüllt sind (vgl. BFH-Urteil vom 18. 3. 2004, V R 53/00, BStBl. II S. 677). ② Heil- **22**

behandlungsleistungen eines selbständigen Arztes, die in einem Krankenhaus erbracht werden (z. B. Belegarzt), sowie die selbständigen ärztlichen Leistungen eines im Krankenhaus angestellten Arztes (z. B. in der eigenen Praxis im Krankenhaus), sind demgegenüber nach § 4 Nr. 14 Buchstabe a UStG steuerfrei.

23 (3) ① Die im Zusammenhang mit einem Schwangerschaftsabbruch nach § 218 a StGB stehenden ärztlichen Leistungen stellen umsatzsteuerfreie Heilbehandlungsleistungen dar; dies gilt auch für die nach den §§ 218 b, 219 StGB vorgesehene Sozialberatung durch einen Arzt. ② Bei den sonstigen Leistungen eines Arztes im Zusammenhang mit Empfängnisverhütungsmaßnahmen handelt es sich um umsatzsteuerfreie Heilbehandlungsleistungen. ③ Die sonstigen ärztlichen Leistungen bei Schwangerschaftsabbrüchen und Empfängnisverhütungsmaßnahmen sind auch steuerfrei, wenn sie von Einrichtungen nach § 4 Nr. 14 Buchstabe b UStG ausgeführt werden.

24 (4) ① Sonstige Leistungen eines Arztes im Zusammenhang mit Fruchtbarkeitsbehandlungen, z. B. das Einfrieren (Kryokonservierung) und Lagern von Eizellen oder Spermien, sind umsatzsteuerfreie Heilbehandlungsleistungen. ② Steuerfrei ist auch die weitere Lagerung der vom Arzt im Rahmen einer Fruchtbarkeitsbehandlung eingefrorenen Eizellen oder Spermien, wenn damit ein therapeutischer Zweck verfolgt wird, z. B. zur Herbeiführung einer weiteren Schwangerschaft bei einer andauernden organisch bedingten Sterilität. ③ Steuerpflichtig ist hingegen die vorsorgliche Lagerung von Eizellen oder Spermien ohne medizinischen Anlass, wie z. B. das sog. Social Freezing (vgl. BFH-Urteil vom 29. 7. 2015, XI R 23/13, BStBl. 2017 II S. 733). ④ Die bloße Lagerung eingefrorener Eizellen oder Spermien durch dritte Unternehmer, wie z. B. Kryobanken, die nicht auch die vorhergehende oder die sich ggf. anschließende Fruchtbarkeitsbehandlung erbringen, ist regelmäßig umsatzsteuerpflichtig. ⑤ Die Sätze 1 bis 4 gelten entsprechend, wenn die sonstigen Leistungen im Rahmen einer Fruchtbarkeitsbehandlung von Einrichtungen nach § 4 Nr. 14 Buchstabe b UStG erbracht werden.

UStAE 4.14.3

4.14.3 Tätigkeit als Zahnarzt

31 (1) ① Tätigkeit als Zahnarzt im Sinne von § 4 Nr. 14 Buchstabe a UStG ist die Ausübung der Zahnheilkunde unter der Berufsbezeichnung „Zahnarzt" oder „Zahnärztin". ② Als Ausübung der Zahnheilkunde ist die berufsmäßige, auf zahnärztlich wissenschaftliche Kenntnisse gegründete Feststellung und Behandlung von Zahn-, Mund- und Kieferkrankheiten anzusehen. ③ Ausübung der Zahnheilkunde ist auch der Einsatz einer intraoralen Videokamera eines CEREC-Gerätes für diagnostische Zwecke.

32 (2) ① Die Lieferung oder Wiederherstellung von Zahnprothesen, anderen Waren der Zahnprothetik sowie kieferorthopädischen Apparaten und Vorrichtungen ist von der Steuerbefreiung ausgeschlossen, soweit die bezeichneten Gegenstände im Unternehmen des Zahnarztes hergestellt oder wiederhergestellt werden. ② Dabei ist es unerheblich, ob die Arbeiten vom Zahnarzt selbst oder von angestellten Personen durchgeführt werden.

33 (3) ① Füllungen (Inlays), Dreiviertelkronen (Onlays) und Verblendschalen für die Frontflächen der Zähne (Veneers) aus Keramik sind Zahnprothesen im Sinne der Unterposition 9021 29 00 des Zolltarifs,[1] auch wenn sie vom Zahnarzt computergesteuert im sog. CEREC-Verfahren hergestellt werden (vgl. BFH-Urteil vom 28. 11. 1996, V R 23/95, BStBl. 1999 II S. 251). ② Zur Herstellung von Zahnprothesen und kieferorthopädischen Apparaten gehört auch die Herstellung von Modellen, Bissschablonen, Bisswällen und Funktionslöffeln. ③ Hat der Zahnarzt diese Leistungen in seinem Unternehmen erbracht, besteht insoweit auch dann Steuerpflicht, wenn die übrigen Herstellungsarbeiten von anderen Unternehmern durchgeführt werden.

34 (4) ① Lassen Zahnärzte Zahnprothesen und andere Waren der Zahnprothetik außerhalb ihres Unternehmens fertigen, stellen sie aber Material, z. B. Gold und Zähne, bei, ist die Beistellung einer Herstellung gleichzusetzen. ② Die Lieferung der Zahnprothesen durch den Zahnarzt ist daher hinsichtlich des beigestellten Materials steuerpflichtig.

35 (5) ① Die Zahnärzte sind berechtigt, Pauschbeträge oder die tatsächlich entstandenen Kosten gesondert zu berechnen für

1. Abformmaterial zur Herstellung von Kieferabdrücken;
2. Hülsen zum Schutz beschliffener Zähne für die Zeit von der Präparierung der Zähne bis zur Eingliederung der Kronen;
3. nicht individuell hergestellte provisorische Kronen;
4. Material für direkte Unterfütterungen von Zahnprothesen und
5. Versandkosten für die Übersendung von Abdrücken usw. an das zahntechnische Labor.

② Die Pauschbeträge oder die berechneten tatsächlichen Kosten gehören zum Entgelt für steuerfreie zahnärztliche Leistungen. ③ Steuerpflichtig sind jedoch die Lieferungen von im Unternehmen des Zahnarztes individuell hergestellten provisorischen Kronen und die im Unternehmen des Zahnarztes durchgeführten indirekten Unterfütterungen von Zahnprothesen.

---

[1] Vgl. BMF-Schreiben zur Anlage 2 – Tz. 162, Nr. 3 (hinter § 29 UStG).

(6) Als Entgelt für die Lieferung oder Wiederherstellung des Zahnersatzes usw. sind die Material- und zahntechnischen Laborkosten anzusetzen, die der Zahnarzt nach § 9 GOZ neben den Gebühren für seine ärztliche Leistung berechnen kann. 36

(7) ① Wird der Zahnersatz teils durch einen selbständigen Zahntechniker, teils im Unternehmen des Zahnarztes hergestellt, ist der Zahnarzt nur mit dem auf sein Unternehmen entfallenden Leistungsanteil steuerpflichtig. ② Bei der Ermittlung des steuerpflichtigen Leistungsanteils sind deshalb die Beträge nicht zu berücksichtigen, die der Zahnarzt an den selbständigen Zahntechniker zu zahlen hat. 37

(8) ① Die Überlassung von kieferorthopädischen Apparaten (Zahnspangen) und Vorrichtungen, die der Fehlbildung des Kiefers entgegenwirken, ist Teil der steuerfreien Heilbehandlung. ② Steuerpflichtige Lieferungen von kieferorthopädischen Apparaten können jedoch nicht schon deshalb ausgeschlossen werden, weil Zahnärzte sich das Eigentum daran vorbehalten haben (vgl. BFH-Urteil vom 23. 10. 1997, V R 36/96, BStBl. 1998 II S. 584). 38

(8 a) ① Umsätze aus der professionellen Zahnreinigung sind umsatzsteuerfreie Heilbehandlungsleistungen, weil sie zur zahnmedizinischen Prophylaxe gehören. ② Werden derartige Leistungen nicht von Zahnärzten, sondern von einem Angehörigen eines ähnlichen Heilberufs erbracht, ist für die Steuerbefreiung eine ärztliche Verordnung/Indikation erforderlich. ③ Von den umsatzsteuerfreien Zahnreinigungen abzugrenzen sind Maßnahmen aus ästhetischen Gründen wie Bleaching, sofern diese nicht dazu dienen, die negativen Folgen einer vorherigen steuerfreien Heilbehandlung zu beseitigen (vgl. BFH-Urteil vom 19. 3. 2015, V R 60/14, BStBl. II S. 946). 39

(9) Die Steuerfreiheit für die Umsätze der Zahnärzte gilt auch für die Umsätze der Dentisten.

4.14.4 Tätigkeit als Heilpraktiker, Physiotherapeut, Hebamme sowie als Angehöriger ähnlicher Heilberufe

UStAE 4.14.4

Tätigkeit als Heilpraktiker

(1) ① Die Tätigkeit als Heilpraktiker im Sinne des § 4 Nr. 14 Buchstabe a UStG ist die berufsmäßige Ausübung der Heilkunde am Menschen – ausgenommen Zahnheilkunde – durch den Inhaber einer Erlaubnis nach § 1 Abs. 1 des Heilpraktikergesetzes. 41

Tätigkeit als Physiotherapeut

(2) ① Die Tätigkeit eines Physiotherapeuten im Sinne des § 4 Nr. 14 Buchstabe a UStG besteht darin, Störungen des Bewegungssystems zu beheben und die sensomotorische Entwicklung zu fördern. ② Ein Teilbereich der Physiotherapie ist die Krankengymnastik. ③ Die Berufsbezeichnung des Krankengymnasten ist mit Einführung des Masseur- und Physiotherapeutengesetzes – MPhG – durch die Bezeichnung „Physiotherapeut" ersetzt worden. ④ Zu den Heilmethoden der Physiotherapie kann u. a. die Hippotherapie gehören (vgl. BFH-Urteil vom 30. 1. 2008, XI R 53/06, BStBl. II S. 647). 42

Tätigkeit als Hebamme

(3) ① Die Tätigkeit einer Hebamme bzw. eines Entbindungspflegers im Sinne des § 4 Nr. 14 Buchstabe a UStG umfasst die eigenverantwortliche Betreuung, Beratung und Pflege der Frau von Beginn der Schwangerschaft an, bei der Geburt, im Wochenbett und in der gesamten Stillzeit. ② Eine ärztliche Verordnung ist für die Umsatzsteuerbefreiung dieser Tätigkeit nicht erforderlich. 43

(4) ① Zu den steuerfreien Leistungen einer Hebamme gehören u. a. die Aufklärung und Beratung zu den Methoden der Familienplanung, die Feststellung der Schwangerschaft, die Schwangerschaftsvorsorge der normal verlaufenden Schwangerschaft mit deren notwendigen Untersuchungen sowie Veranlassung von Untersuchungen, Vorbereitung auf die Elternschaft, Geburtsvorbereitung, die eigenverantwortliche kontinuierliche Betreuung der Gebärenden und Überwachung des Fötus mit zu Hilfenahme geeigneter Mittel (Geburtshilfe) bei Spontangeburten (Entbindung), Pflege und Überwachung im gesamten Wochenbett von Wöchnerin und Kind, Überwachung der Rückbildungsvorgänge, Hilfe beim Stillen/Stillberatung, Rückbildungsgymnastik und Beratung zur angemessenen Pflege und Ernährung des Neugeborenen. ② Unter die Steuerbefreiung fallen auch die Leistungen als Beleghebamme. 44

(5) Die Leistungen im Rahmen der Entbindung in von Hebammen geleiteten Einrichtungen können unter den weiteren Voraussetzungen des § 4 Nr. 14 Buchstabe b Satz 2 Doppelbuchstabe ff UStG steuerfrei sein (vgl. Abschnitt 4.14.5 Abs. 19). 45

Tätigkeit als Angehöriger ähnlicher heilberuflicher Tätigkeiten

(6) ① Neben den Leistungen aus der Tätigkeit als (Zahn-)Arzt oder (Zahn-)Ärztin und aus den in § 4 Nr. 14 Buchstabe a Satz 1 UStG genannten nichtärztlichen Heil- und Gesundheitsfachberufen können auch die Umsätze aus der Tätigkeit von nicht ausdrücklich genannten Heil- und Gesundheitsfachberufen unter die Steuerbefreiung fallen. ② Dies gilt jedoch nur dann, wenn es sich um eine einem Katalogberuf ähnliche heilberufliche Tätigkeit handelt und die sonstigen Voraussetzungen dieser Vorschrift erfüllt sind. ③ Für die Frage, ob eine ähnliche heilberufliche Tätigkeit vorliegt, ist entscheidendes Kriterium die Qualifikation des Behandelnden (vgl. EuGH-Urteil vom 46

UStAE 4.14.4

27. 6. 2006, C-443/04, Solleveld). ④ Die Steuerbefreiung der Umsätze aus heilberuflicher Tätigkeit im Sinne von § 4 Nr. 14 Buchstabe a UStG setzt voraus, dass es sich um ärztliche oder arztähnliche Leistungen handeln muss, und dass diese von Personen erbracht werden, die die erforderlichen beruflichen Befähigungsnachweise besitzen (vgl. BFH-Urteil vom 12. 8. 2004, V R 18/02, BStBl. 2005 II S. 227). ⑤ Grundsätzlich kann vom Vorliegen der Befähigungsnachweise ausgegangen werden, wenn die heilberufliche Tätigkeit in der Regel von Sozialversicherungsträgern finanziert wird, d. h., wenn ein Großteil der Träger der gesetzlichen Krankenkassen eine Kostentragung in ihrer Satzung regelt (vgl. BVerfG-Beschluss vom 29. 10. 1999, 2 BvR 1264/90, BStBl. 2000 II S. 155, und BFH-Urteil vom 8. 3. 2012, V R 30/09, BStBl. II S. 623). ⑥ Auf die ertragsteuerliche Auslegung des § 18 EStG kommt es für die Frage der Umsatzsteuerfreiheit nach § 4 Nr. 14 Buchstabe a UStG nicht an, da diese Norm unter Berücksichtigung der MwStSystRL und damit nicht nach einkommensteuerrechtlichen Grundsätzen auszulegen ist.

47 (7) ① Ein Beruf ist einem der im Gesetz genannten Katalogberufe ähnlich, wenn das typische Bild des Katalogberufs mit seinen wesentlichen Merkmalen dem Gesamtbild des zu beurteilenden Berufs vergleichbar ist. ② Dazu gehören die Vergleichbarkeit der jeweils ausgeübten Tätigkeit nach den sie charakterisierenden Merkmalen, die Vergleichbarkeit der Ausbildung und die Vergleichbarkeit der Bedingungen, an die das Gesetz die Ausübung des zu vergleichenden Berufs knüpft (BFH-Urteil vom 29. 1. 1998, V R 3/96, BStBl. II S. 453). ③ Dies macht vergleichbare berufsrechtliche Regelungen über Ausbildung, Prüfung, staatliche Anerkennung sowie staatliche Erlaubnis und Überwachung der Berufsausübung erforderlich.

48 (8) ① Das Fehlen einer berufsrechtlichen Regelung ist für sich allein kein Hinderungsgrund für die Befreiung. ② Als Nachweis der beruflichen Befähigung für eine ärztliche oder arztähnliche Leistung ist grundsätzlich auch die Zulassung des jeweiligen Unternehmers bzw. die regelmäßige Zulassung seiner Berufsgruppe nach § 124 Abs. 2 SGB V durch die zuständigen Stellen der gesetzlichen Krankenkassen anzusehen. ③ Ist weder der jeweilige Unternehmer selbst noch – regelmäßig – seine Berufsgruppe nach § 124 Abs. 2 SGB V durch die zuständigen Stellen der gesetzlichen Krankenkassen zugelassen, kann Indiz für das Vorliegen eines beruflichen Befähigungsnachweises die Aufnahme von Leistungen der betreffenden Art in den Leistungskatalog der gesetzlichen Krankenkassen (§ 92 SGB V) sein (vgl. BFH-Urteil vom 11. 11. 2004, V R 34/02, BStBl. 2005 II S. 316).

49 (9) ① Darüber hinaus kommen nach § 4 Nr. 14 UStG steuerfreie Leistungen auch dann in Betracht, wenn eine Rehabilitationseinrichtung auf Grund eines Versorgungsvertrags nach § 11 Abs. 2, §§ 40, 111 SGB V mit Hilfe von Fachkräften Leistungen der Rehabilitation erbringt. ② In diesem Fall sind regelmäßig sowohl die Leistungen der Rehabilitationseinrichtung als auch die Leistungen der Fachkräfte an die Rehabilitationseinrichtung steuerfrei, soweit sie die im Versorgungsvertrag benannte Qualifikation besitzen (vgl. BFH-Urteil vom 25. 11. 2004, V R 44/02, BStBl. 2005 II S. 190). ③ Leistungen im Rahmen von Rehabilitationssport und Funktionstraining, die im Sinne des § 64 Abs. 1 Nr. 3 und 4 SGB IX in Verbindung mit der „Rahmenvereinbarung über den Rehabilitationssport und das Funktionstraining" erbracht werden, können nach § 4 Nr. 14 UStG steuerfrei sein (vgl. BFH-Urteil vom 30. 4. 2009, V R 6/07, BStBl. II S. 679).

50 (9 a) ① Der berufliche Befähigungsnachweis kann sich auch aus dem Abschluss eines Integrierten Versorgungsvertrags nach §§ 140 a ff. SGB V zwischen dem Berufsverband des Leistungserbringers und den gesetzlichen Kassen ergeben. ② Dies setzt voraus, dass der Leistungserbringer Mitglied des Berufsverbands ist, der Integrierte Versorgungsvertrag Qualitätsanforderungen für diese Leistungserbringer aufstellt und der Leistungserbringer diese Anforderungen auch erfüllt (vgl. BFH-Urteile vom 8. 3. 2012, V R 30/09, BStBl. II S. 623 und vom 26. 7. 2017, XI R 3/15, BStBl. 2018 II S. 793).

51 (10) Bei Einschaltung von Subunternehmern gilt Folgendes: Wird eine ärztliche oder arztähnliche Leistung in der Unternehmerkette erbracht, müssen bei jedem Unternehmer in der Kette die Voraussetzungen nach § 4 Nr. 14 Buchstabe a UStG geprüft werden.

52 (11) ① Eine ähnliche heilberufliche Tätigkeit nach § 4 Nr. 14 Buchstabe a Satz 1 UStG üben z. B. aus:

1. Dental-Hygienikerinnen und Dental-Hygieniker im Auftrag eines Zahnarztes (vgl. BFH-Urteil vom 12. 10. 2004, V R 54/03, BStBl. 2005 II S. 106);
2. Diätassistentinnen und Diätassistenten (Diätassistentengesetz – DiätAssG –);
3. Ergotherapeutinnen und Ergotherapeuten (Ergotherapeutengesetz – ErgThG –);
4. ① Krankenschwestern, Gesundheits- und Krankenpflegerinnen und Gesundheits- und Krankenpfleger, Gesundheits- und Kinderkrankenpflegerinnen und Gesundheits- und Kinderkrankenpfleger (Krankenpflegegesetz – KrPflG –) sowie Altenpflegerinnen und Altenpfleger (Altenpflegegesetz – AltpflG –). ② Sozialpflegerische Leistungen (z. B. Grundpflege und hauswirtschaftliche Versorgung) sind nicht nach § 4 Nr. 14 UStG steuerfrei. ③ Es kann jedoch die Steuerbefreiung nach § 4 Nr. 16 UStG in Betracht kommen (vgl. Abschnitt 4.16.5 Abs. 6);
5. Logopädinnen und Logopäden (Gesetz über den Beruf des Logopäden – LogopG –);

6. ① Masseurinnen und medizinische Bademeisterinnen und Masseure und medizinische Bademeister (Masseur- und Physiotherapeutengesetz – MPhG –). ② Die Steuerbefreiung kann von den genannten Unternehmern u. a. für die medizinische Fußpflege und die Verabreichung von medizinischen Bädern, Unterwassermassagen, Fangopackungen (BFH-Urteil vom 24. 1. 1985, IV R 249/82, BStBl. II S. 676) und Wärmebestrahlungen in Anspruch genommen werden. ③ Das gilt auch dann, wenn diese Verabreichungen selbständige Leistungen und nicht Hilfstätigkeiten zur Heilmassage darstellen; UStAE 4.14.4
7. auf dem Gebiet der Humanmedizin selbständig tätige medizinisch-technische Assistentinnen für Funktionsdiagnostik und medizinisch-technische Assistenten für Funktionsdiagnostik (Gesetz über technische Assistenten der Medizin – MTAG – vgl. BFH-Urteil vom 29. 1. 1998,V R 3/96, BStBl. II S. 453);
8. Dipl. Oecotrophologinnen und Dipl. Oecotrophologen (Ernährungsberatende) im Rahmen einer medizinischen Behandlung (vgl. BFH-Urteile vom 10. 3. 2005, V R 54/04, BStBl. II S. 669, und vom 7. 7. 2005,V R 23/04, BStBl. II S. 904);
9. Orthoptistinnen und Orthoptisten (Orthoptistengesetz – OrthoptG –);
10. Podologinnen und Podologen (Podologengesetz – PodG –);
11. Psychologische Psychotherapeutinnen und Psychologische Psychotherapeuten sowie Kinder- und Jugendlichenpsychotherapeutinnen und Kinder- und Jugendlichenpsychotherapeuten (Psychotherapeutengesetz – PsychThG –);
12. Rettungsassistentinnen und Rettungsassistenten (Rettungsassistentengesetz – RettAssG – in der bis zum 31. 12. 2014 geltenden Fassung (BGBl. 2013 I S. 1348)) bzw. Notfallsanitäterinnen und Notfallsanitäter (Notfallsanitätergesetz – NotSanG –);
13. Sprachtherapeutinnen und Sprachtherapeuten, die staatlich anerkannt und nach § 124 Abs. 2 SGB V zugelassen sind;
14. Apothekerinnen und Apotheker, die im Rahmen des Modellvorhabens nach § 132j SGB V Grippeschutzimpfungen durchführen, oder die nach § 5 Abs. 10 Satz 2 Nr. 2 Betäubungsmittel-Verschreibungsverordnung Substitutionsmittel dem Patienten zum unmittelbaren Verbrauch überlassen.

② Personen, die eine Ausbildung in einem nichtärztlichen Heil- und Gesundheitsfachberuf absolviert haben, verfügen im Regelfall bereits dann über die erforderliche Berufsqualifikation zur Erbringung steuerfreier Heilbehandlungsleistungen nach § 4 Nr. 14 Buchstabe a UStG, wenn sie die nach dem jeweiligen Berufszulassungsgesetz vorgesehene staatliche Prüfung mit Erfolg abgelegt haben (vgl. BFH Urteil vom 7. 2. 2013, V R 22/12, BStBl. 2014 II S. 126). ③ Satz 2 gilt nicht, soweit Personen im Sinne des Satzes 1 Nr. 4 im Rahmen von Modellvorhaben nach § 63 Abs. 3 c SGB V tätig werden.

(12) Keine ähnliche heilberufliche Tätigkeit nach § 4 Nr. 14 Buchstabe a Satz 1 UStG üben z. B. aus: 53

1. Fußpraktikerinnen und Fußpraktiker, weil sie vorwiegend auf kosmetischem Gebiet tätig werden;
2. Heileurythmistinnen und Heileurythmisten (BFH-Urteil vom 11. 11. 2004, V R 34/02, BStBl. 2005 II S. 316); etwas anderes gilt, wenn diese den Nachweis ihrer beruflichen Qualifikation durch die Teilnahmeberechtigung an einem Vertrag zur Integrierten Versorgung erbringen (vgl. Absatz 9 a);
3. Krankenpflegehelferinnen und Krankenpflegehelfer (BFH-Urteil vom 26. 8. 1993, V R 45/89, BStBl. II S. 887);
4. Logotherapeutinnen und Logotherapeuten (BFH-Urteil vom 23. 8. 2007, V R 38/04, BStBl. 2008 II S. 37);
5. Kosmetikerinnen und Kosmetiker (BFH-Urteil vom 2. 9. 2010, V R 47/09, BStBl. 2011 II S. 195);
6. Vitalogistinnen und Vitalogisten.

(12 a) ① Medizinisch indizierte osteopathische Leistungen stellen Heilbehandlungen i. S. d. § 4 Nr. 14 Buchstabe a UStG dar, wenn sie von einem Arzt oder Heilpraktiker mit einer entsprechenden Zusatzausbildung erbracht werden. ② Auch Physiotherapeuten oder Masseure bzw. medizinische Bademeister mit entsprechender Zusatzausbildung können umsatzsteuerfreie osteopathische Leistungen erbringen, sofern eine ärztliche Verordnung bzw. eine Verordnung eines Heilpraktikers vorliegt. 54

(13) ① Die Umsätze aus dem Betrieb einer Sauna sind grundsätzlich keine Umsätze aus der Tätigkeit eines der in § 4 Nr. 14 Buchstabe a UStG ausdrücklich genannten Berufe oder aus einer ähnlichen heilberuflichen Tätigkeit. ② Die Verabreichung von Saunabädern ist nur insoweit nach § 4 Nr. 14 UStG umsatzsteuerfrei, als hierin eine Hilfstätigkeit zu einem Heilberuf oder einem diesen ähnlichen Beruf, z. B. als Vorbereitung oder als Nachbehandlung zu einer Massagetätigkeit, zu sehen ist (BFH-Urteile vom 21. 10. 1971, V R 19/71, BStBl. 1972 II S. 78, und vom 13. 7. 1994, XI R 90/92, BStBl. 1995 II S. 84). 55

LS zu 4.14.4

Leistungen von **Heilpädagogen** sind Heilbehandlungen, wenn sie direkt an der Krankheit und deren Ursachen ansetzen und nicht nur darauf abzielen, die Auswirkungen der Erkrankung auf die Lebensgestaltung aufzufangen oder abzumildern. *BFH-Urt. v. 1. 2. 2007, V R 64/05 (BFH/NV S. 1203).*

56 Zur Entscheidung der Frage, ob die Tätigkeit einer **Krankenschwester,** die einen Pflegedienst mit 94 Mitarbeitern betreibt, als freiberuflich – und damit umsatzsteuerfrei – oder als gewerblich zu qualifizieren ist, ist die Zahl der durchschnittlich zu betreuenden Patienten zu ermitteln; auf dieser Grundlage muss beurteilt werden, ob die Klägerin neben ihren anderen Aufgaben noch eigenverantwortlich im Bereich der Behandlungspflege tätig ist bzw. sein kann. *BFH-Urteil v. 30. 9. 1999 V R 56/97 (DStR 2000 S. 18). – Vgl. auch BFH-Urteil v. 25. 3. 1999 – V R 29/97 (BFH/NV S. 1388).*

1. Bedient sich ein **Krankengymnast** zur Erfüllung von Behandlungsaufgaben **freier Mitarbeiter** und rechnet er insoweit eigene Leistungen gegenüber den Krankenkassen ab, liegen steuerfreie Umsätze i. S. von § 4 Nr. 14 UStG vor. – 2. Überlässt ein Krankengymnast Praxisräume an seine freien Mitarbeiter zur Behandlung von Privatpatienten, die diese selbst abrechnen, gegen eine prozentuale Beteiligung an den Honoraren, liegt insoweit keine steuerfreie Vermietungsleistung und keine steuerfreie krankengymnastische Leistung vor *FG Hamburg, Urt. v. 10. 3. 2006, VII 312/04, rkr. (DStRE 2007 S. 43).*

Steuerbefreiung für therapeutische Behandlungen durch **Physiotherapeuten und Psychotherapeuten** vgl. ***EuGH-Urt. v. 27. 4. 2006,*** *C-443/04 und C-444/04, H. A. Solleveld und j. E. van den Hout-van Eijnsbergen (DStRE 2007 S. 377).*

Steuerbefreiung gem. § 4 Nr. 14 Buchst. a UStG für von **Physiotherapeuten** erbrachte Leistungen an eine **Selbsthilfegruppe.** *OFD Nordrhein-Westfalen USt Nr. 14/2014 v. 7. 10. 2014 (DStR S. 2573).*

Ähnliche heilberufliche Tätigkeiten – Auflistung der anerkannten und nicht anerkannten Tätigkeiten. *OFD Frankfurt/M. v. 10. 4. 2014 – S 7170 A – 59 – St 16 (DStR S. 1497).*

1. Die Umsätze eines Psychotherapeuten, der keinen Abschluss nach dem deutschen Psychotherapiegesetz hat, sind nach § 4 Nr. 14 UStG steuerfrei, wenn er über das **„European Certificate of Psychotherapy"** verfügt. – 2. Die Steuerfreiheit der Umsätze beginnt erst mit Erlangung des Zertifikats, nicht bereits mit Antragstellung. *Niedersächsisches FG, Urt. v. 20. 4. 2009, 16 K 113/08, rkr. (DStRE S. 1513).*

Keine Bindung der Finanzbehörde an unverbindliche Auskunft [an **Diplom-Psychologin**] bei Änderung der Rechtslage. *BFH-Urteil v. 30. 3. 2011 – XI R 30/09 (BStBl. II S. 613).*

Leistungen eines Psychotherapeuten im Rahmen einer **Verkehrstherapie** zur Wiedererlangung der Eignung zum Führen eines Kfz sind nicht nach § 4 Nr. 14 UStG von der Umsatzsteuer befreit, weil es sich hierbei nicht um eine Heilbehandlung handelt. *FG Hamburg, Urt. v. 24. 2. 2009, 6 K 122/07, rkr. (DStRE S. 1129).* – Vgl. auch *FG Münster, Urt. v. 9. 8. 2011, 15 K 812/10 U (NWB S. 3261).*

Massageleistungen, die ohne ärztliche Anordnung lediglich zur Steigerung des Wohlbefindens oder aus kosmetischen Gründen erbracht werden, sind auch dann nicht umsatzsteuerbefreit, wenn sie durch medizinisch qualifiziertes Personal (hier: geprüfte **Heilmasseurinnen**) erbracht werden. *BFH-Beschl. v. 28. 9. 2007 – V B 7/06 (BFH/NV 2008 S. 122).*

„Wellnessbehandlungen" von Physiotherapeuten fallen nicht unter § 4 Nr. 14 UStG. *Erlass FM Schleswig-Holstein VI 358 – S 7170 – 111 v. 17. 11. 2011 (UR S. 959).*

Funktionstraining, das von den Krankenkassen nach § 43 SGB V in Verbindung mit der „Gesamtvereinbarung über den **Rehabilitationssport** und das Funktionstraining" vergütet wird, kann nach § 4 Nr. 14 Satz 1 UStG steuerfrei sein. *BFH-Urteil v. 30. 4. 2009 – V R 6/07 (BStBl. II S. 679).*

1. Umsätze aus **Legasthenie-Behandlungen** sind grundsätzlich nicht nach § 4 Nr. 14 UStG 1999 steuerfrei. – 2. Umsätze aus Legasthenie-Behandlungen, die im Rahmen der Eingliederungshilfe nach § 35 a SGB VIII erbracht und gegenüber dem Träger für die betreffende Sozialleistung abgerechnet werden, sind nach Art. 13 Teil A Abs. 1 Buchst. g der Richtlinie 77/388/EWG steuerfrei. *BFH-Urteil v. 18. 8. 2005 – V R 71/03 (BStBl. 2006 II S. 143).*

Legasthenie-Behandlung vgl. auch *Verfügung OFD Münster S 7183 – 1 – St 44 – 32 v. 27. 6. 2007 (DStR S. 1397).*

Palliativversorgung nach § 37 b SGB V ist nach § 4 Nr. 14 Buchst. a UStG umsatzsteuerfrei, wenn sie unter der fachlichen Verantwortung von Ärzten, Krankenschwestern oder anderen vergleichbar qualifizierten medizinischen Fachkräften erbracht wird. *OFD Frankfurt S 7170 A – B 3 – St 112 v. 25. 3. 2010 (DStR S. 789).*

Aus einer nach dem SGB V einem Arzt für dessen Heilbehandlungsleistung (Aknebehandlung) geschuldeten Erstattung einer Krankenkasse ergibt sich nicht, dass der vom Arzt eingeschaltete Subunternehmer **(Kosmetiker)** über die erforderliche berufliche Befähigung zur Durchführung einer Heilbehandlungsmaßnahme i. S. von § 4 Nr. 14 UStG verfügt. *BFH-Urt. v. 2. 9. 2010, V R 47/09 (BStBl. 2011 S. 195).*

1. Zum Nachweis der bei richtlinienkonformer Auslegung von § 4 Nr. 14 UStG erforderlichen Berufsqualifikation aus einer „regelmäßigen" Kostentragung durch Sozialversicherungsträger genügt es nicht, dass lediglich einzelne gesetzliche Krankenkassen in ihrer Satzung eine Kostentragung für Leistungen der **Heileurythmie** vorsehen (Fortführung des BFH-Urteils vom 11. 11. 2004 V R 34/02, BFHE 208, 65, BStBl. II 205, 316). – 2. Der Befähigungsnachweis kann sich auch aus dem Abschluss eines integrierten Versorgungsvertrags nach §§ 140 a ff. SGB V zwischen dem Berufsverband des Leistungserbringers und den gesetzlichen Krankenkassen ergeben. Dies setzt voraus, dass der Leistungserbringer Mitglied des Berufsverbands ist, der Integrierte Versorgungsvertrag Qualifikationsanforderungen für die Leistungserbringer aufstellt und der Leistungserbringer diese Anforderungen auch erfüllt. *BFH-Urteil v. 8. 3. 2012 V R 30/09 (BStBl. II S. 623).*

1. Die Durchführung von **Raucherentwöhnungsseminaren** kann als vorbeugende Maßnahme des Gesundheitsschutzes bei Vorliegen einer medizinischen Indikation eine steuerfreie Heilbehandlung sein. – 2. Die von Betriebsärzten vorgenommene Sammelüberweisung von Arbeitnehmern zur Teilnahme an Raucherentwöhnungsseminaren genügt den Anforderungen an die gebotene medizinische Indikation, wenn sie auf **medizinischen Feststellungen der Betriebsärzte** beruht. *BFH-Urteil v. 26. 8. 2014 XI R 19/12 (BStBl. 2015 II S. 310).*

Eine Dienstleistung im Bereich des **Ernährungscoachings**, die von einer zertifizierten und befähigten Fachkraft in Fitnessstudios eventuell im Rahmen von Programmen erbracht wird, die auch Dienstleistungen im Bereich des körperlichen Wohlbefindens und der körperlichen Fitness umfassen, kann eine eigene und selbstständige Leistung darstellen und nicht unter die in Art. 132 Abs. 1 Buchst. C MwStSystRL vorgesehene Befreiung fallen. ***EuGH-Urteil v. 4. 3. 2021*** *C-581/19, Frenetikexito (MwStR S. 390).*

1. Bei medizinisch indizierten **fußpflegerischen Leistungen** iSd § 3 PodG, die Podologen erbringen, handelt es sich um umsatzsteuerfreie Heilbehandlungen, während „selbstindizierte" Behandlungen keine Heilbehandlungen sind. – 2. … 3. Der Nachweis des therapeutischen Zwecks einer Leistung muss grundsätzlich für jede Leistung gesondert erbracht werden. *BFH-Urteil v. 1. 10. 2014 XI R 13/14 (DStRE 2015 S. 422).*

Neurostructural Integration Technique **(NST)** als umsatzsteuerfreie Heilbehandlung, wenn sie von einem Heilpraktiker oder Physiotherapeuten durchgeführt wird. *FG Baden-Württemberg v. 4. 6. 2014 14 K 797/12 (MwStR 2015 S. 269).*

Infektionshygienische Leistungen eines Fachkrankenpflegers für Krankenhaushygiene an Krankenhäuser, Altenheime oder Pflegeheime sind (nur) insoweit nach § 4 Nr. 14 UStG umsatzsteuerfrei, als diese Einrichtungen mit den bezogenen

Leistungen bei der Ausübung einer Heilbehandlungstätigkeit infektionshygienische Anforderungen erfüllen müssen. *BFH-Urteil v. 5. 11. 2014 XI R 11/13 (DStRE 2015 S. 218).*

Der **EuGH** hat mit ***Urteil v. 5. 3. 2020,*** *C-48/19, X-GmbH (DStR S. 550)* klargestellt, dass **medizinische Telefonberatung** eine Heilbehandlungsleistung sein kann. Das Erfordernis eines ausreichenden Qualitätsniveaus gilt hierbei unabhängig von der für die Leistungserbringung gewählten Art der Kommunikation. Der *BFH* ist dem mit *Urteil v. 23. 9. 2020 XI R 6/20 (MwStR 2021 S. 161)* gefolgt.

4.14.5 Krankenhausbehandlungen und ärztliche Heilbehandlungen

UStAE 4.14.5

(1) ① Krankenhausbehandlungen und ärztliche Heilbehandlungen einschließlich der Diagnostik, Befunderhebung, Vorsorge, Rehabilitation, Geburtshilfe und Hospizleistungen sowie damit eng verbundene Umsätze, sind nach § 4 Nr. 14 Buchstabe b UStG steuerfrei, wenn sie 61
- von Einrichtungen des öffentlichen Rechts (§ 4 Nr. 14 Buchstabe b Satz 1 UStG) oder
- von den in § 4 Nr. 14 Buchstabe b Satz 2 Doppelbuchstaben aa bis hh UStG genannten Einrichtungen jeweils im Rahmen des von der Zulassung, dem Vertrag bzw. der Regelung nach Sozialgesetzbuch erfassten Bereichs (vgl. Absatz 24) erbracht werden.

② Die Behandlung der Leistungen im Maßregelvollzug durch Einrichtungen des privaten Rechts bestimmt sich nach § 4 Nr. 14 Buchstabe b Satz 2 Doppelbuchstabe ii UStG (vgl. Absatz 23).

Krankenhäuser (§ 4 Nr. 14 Buchstabe b Satz 2 Doppelbuchstabe aa UStG)

(2) Krankenhäuser sind Einrichtungen, die der Krankenhausbehandlung oder Geburtshilfe dienen, fachlich-medizinisch unter ständiger ärztlicher Leitung stehen, über ausreichende, ihrem Versorgungsauftrag entsprechende diagnostische und therapeutische Möglichkeiten verfügen und nach wissenschaftlich anerkannten Methoden arbeiten, mit Hilfe von jederzeit verfügbarem ärztlichem, Pflege-, Funktions- und medizinisch-technischem Personal darauf eingerichtet sind, vorwiegend durch ärztliche und pflegerische Hilfeleistung Krankheiten der Patienten zu erkennen, zu heilen, ihre Verschlimmerung zu verhüten, Krankheitsbeschwerden zu lindern oder Geburtshilfe zu leisten, und in denen die Patienten untergebracht und verpflegt werden können (§ 107 Abs. 1 SGB V). 62

(3) ① Krankenhäuser, die von Einrichtungen des privaten Rechts betrieben werden, unterliegen der Steuerbefreiung nach § 4 Nr. 14 Buchstabe b Satz 2 Doppelbuchstabe aa UStG, wenn sie nach § 108 SGB V zugelassen sind. ② Dies sind somit 63

1. Krankenhäuser, die nach den landesrechtlichen Vorschriften als Hochschulklinik anerkannt sind,
2. Krankenhäuser, die in den Krankenhausplan eines Landes aufgenommen sind (Plankrankenhäuser), sowie
3. Krankenhäuser, die einen Versorgungsvertrag mit den Landesverbänden der Krankenkassen und den Verbänden der Ersatzkassen abgeschlossen haben.

(4) ① Krankenhäuser, die nicht von juristischen Personen des öffentlichen Rechts betrieben werden und die weder eine Zulassung nach § 108 SGB V besitzen noch eine sonstige Einrichtung im Sinne des § 4 Nr. 14 Buchstabe b Satz 2 UStG sind, sind mit ihren in § 4 Nr. 14 Buchstabe b Satz 1 UStG genannten Leistungen steuerpflichtig. ② Auch ihre in einer Vielzahl sonstiger Krankenhausleistungen eingebetteten ärztlichen Heilbehandlungsleistungen sind demnach von der Umsatzsteuerbefreiung ausgeschlossen (vgl. BFH-Urteil vom 18. 3. 2004, V R 53/00, BStBl. II S. 677). ③ Zur Anwendung der BFH-Urteile vom 23. 10. 2014, V R 20/14, BStBl. 2016 II S. 785, und vom 18. 3. 2015, XI R 38/13, BStBl. 2016 II S. 793, vgl. BMF-Schreiben vom 6. 10. 2016, BStBl. I S. 1076. 64

Zentren für ärztliche Heilbehandlung und Diagnostik oder Befunderhebung (§ 4 Nr. 14 Buchstabe b Satz 2 Doppelbuchstabe bb oder cc UStG)

(5) ① In Zentren für ärztliche Heilbehandlung und Diagnostik werden durch ärztliche Leistungen Krankheiten, Leiden und Körperschäden festgestellt, geheilt oder gelindert. ② Im Gegensatz zu Krankenhäusern wird den untersuchten und behandelten Personen regelmäßig weder Unterkunft noch Verpflegung gewährt. 65

(6) ① Zentren für ärztliche Befunderhebung sind Einrichtungen, in denen durch ärztliche Leistung der Zustand menschlicher Organe, Gewebe, Körperflüssigkeiten usw. festgestellt wird. ② Die Leistungen unterliegen nur der Steuerbefreiung, sofern ein therapeutisches Ziel im Vordergrund steht. ③ Blutalkoholuntersuchungen für gerichtliche Zwecke in Einrichtungen ärztlicher Befunderhebung sind daher nicht steuerfrei. 66

(7) ① Leistungen von Zentren für ärztliche Heilbehandlung, Diagnostik oder Befunderhebung als Einrichtungen des privaten Rechts sind steuerfrei, wenn sie die Voraussetzungen nach § 4 Nr. 14 Buchstabe b Satz 2 Doppelbuchstabe bb UStG erfüllen. ② Die Befreiung setzt hiernach entweder eine Teilnahme an der ärztlichen Versorgung nach § 95 SGB V oder die Anwendung der Regelungen nach § 115 SGB V voraus. ③ Eine Teilnahme an der vertragsärztlichen Versorgung nach § 95 SGB V ist auch dann gegeben, wenn eine Einrichtung nach § 13 des Schwangerschaftskonfliktgesetzes mit einer kassenärztlichen Vereinigung eine Vergütungsvereinbarung nach § 75 Abs. 9 SGB V abgeschlossen hat. ④ Die Anforderung an die Steuerbefreiung gilt auch dann als erfüllt, wenn eine diagnostische Leistung von einer Einrichtung erbracht wird, die auf Grundlage einer durch die gesetzlichen Krankenversicherung abgeschlossenen vertraglichen Vereinbarung an der Heilbehand- 67

UStAE 4.14.5

lung beteiligt worden ist. ⑤ Dies gilt insbesondere für labordiagnostische Typisierungsleistungen, die im Rahmen der Vorbereitung einer Stammzellentransplantation zur Suche nach einem geeigneten Spender für die Behandlung einer lebensbedrohlich erkrankten Person erbracht und durch das Zentrale Knochenmarkspender-Register Deutschland beauftragt werden. ⑥ Die vertragliche Regelung zwischen dem Spitzenverband der gesetzlichen Krankenversicherung und dem Zentralen Knochenmarkspender-Register Deutschland schließt auch labordiagnostische Typisierungsleistungen von durch zugelassene Spenderdateien beauftragte Labore mit ein.

Einrichtungen von klinischen Chemikern und Laborärzten

68 (8) Klinische Chemiker sind Personen, die den von der Deutschen Gesellschaft für Klinische Chemie e. V. entwickelten Ausbildungsgang mit Erfolg beendet haben und dies durch die von der genannten Gesellschaft ausgesprochene Anerkennung nachweisen.

69 (9) ① Leistungen klinischer Chemiker beruhen, wie auch Leistungen von Laborärzten, nicht auf einem persönlichen Vertrauensverhältnis zu den Patienten. ② Eine Steuerbefreiung kommt deshalb insbesondere nur nach § 4 Nr. 14 Buchstabe b Satz 2 Doppelbuchstabe bb oder cc UStG in Betracht, sofern die Leistungen im Rahmen einer Heilbehandlung erbracht werden. ③ Erforderlich ist damit eine Teilnahme an der ärztlichen Versorgung nach § 95 SGB V, die Anwendung der Regelungen nach § 115 SGB V, ein Vertrag oder eine Beteiligung an der Versorgung nach § 34 SGB VII.

Medizinische Versorgungszentren

70 (10) ① Medizinische Versorgungszentren sind rechtsformunabhängige fachlich übergreifende ärztlich geleitete Einrichtungen, in denen Ärzte – mit verschiedenen Facharzt- oder Schwerpunktbezeichnungen – als Angestellte oder Vertragsärzte tätig sind (§ 95 Abs. 1 SGB V). ② Medizinische Versorgungszentren, die an der vertragsärztlichen Versorgung nach § 95 SGB V teilnehmen, erbringen steuerfreie Leistungen nach § 4 Nr. 14 Buchstabe b Satz 2 Doppelbuchstabe bb UStG. ③ Die an einem medizinischen Versorgungszentrum als selbständige Unternehmer tätigen Ärzte erbringen dagegen steuerfreie Leistungen im Sinne des § 4 Nr. 14 Buchstabe a Satz 1 UStG, wenn sie ihre Leistungen gegenüber dem medizinischen Versorgungszentrum erbringen. ④ Zu den Leistungen von Einrichtungen, mit denen Verträge nach §§ 73b, 73c oder 140a SGB V bestehen, vgl. Abschnitt 4.14.9.

Einrichtungen nach § 115 SGB V

71 (11) Die Regelungen des § 115 SGB V beziehen sich auf Verträge und Rahmenempfehlungen zwischen Krankenkassen, Krankenhäusern und Vertragsärzten, deren Ziel in der Gewährleistung einer nahtlosen ambulanten und stationären Heilbehandlung gegenüber dem Leistungsempfänger besteht.

72 (12) ① Hierunter fallen insbesondere Einrichtungen, in denen Patienten durch Zusammenarbeit mehrer Vertragsärzte ambulant oder stationär versorgt werden (z. B. Praxiskliniken). ② Zu den Leistungen von Einrichtungen, mit denen Verträge nach §§ 73b, 73c oder 140a SGB V bestehen, vgl. Abschnitt 4.14.9.

73 (13) Des Weiteren gehören zum Kreis der nach § 4 Nr. 14 Buchstabe b Satz 2 Doppelbuchstabe bb UStG anerkannten Einrichtungen alle Einrichtungen des Vierten Abschnitts des Vierten Kapitels SGB V, für die die Regelung nach § 115 SGB V anzuwenden sind, z. B. auch Hochschulambulanzen nach § 117 SGB V, Psychiatrische Institutsambulanzen nach § 118 SGB V und Sozialpädiatrische Zentren nach § 119 SGB V.

Einrichtungen der gesetzlichen Unfallversicherung (§ 4 Nr. 14 Buchstabe b Satz 2 Doppelbuchstabe cc)

74 (14) ① Einrichtungen, die von den Trägern der gesetzlichen Unfallversicherung nach § 34 SGB VII an der Versorgung beteiligt worden sind, erbringen als anerkannte Einrichtung nach § 4 Nr. 14 Buchstabe b Satz 2 Doppelbuchstabe cc UStG steuerfreie Heilbehandlungen im Sinne des § 4 Nr. 14 Buchstabe b Satz 1 UStG. ② Die Beteiligung von Einrichtungen an der Durchführung von Heilbehandlungen bzw. der Versorgung durch Träger der gesetzlichen Unfallversicherungen nach § 34 SGB VII kann auch durch Verwaltungsakt erfolgen.

Vorsorge- und Rehabilitationseinrichtungen (§ 4 Nr. 14 Buchstabe b Satz 2 Doppelbuchstabe dd UStG)

75 (15) Vorsorge- oder Rehabilitationseinrichtungen sind fachlich-medizinisch unter ständiger ärztlicher Verantwortung und unter Mitwirkung von besonders geschultem Personal stehende Einrichtungen, die der stationären Behandlung der Patienten dienen, um eine Schwächung der Gesundheit zu beseitigen oder einer Gefährdung der gesundheitlichen Entwicklung eines Kindes entgegenzuwirken (Vorsorge) oder eine Krankheit zu heilen, ihre Verschlimmerung zu verhüten oder Krankheitsbeschwerden zu lindern oder im Anschluss an Krankenhausbehandlung den dabei erzielten Behandlungserfolg zu sichern oder zu festigen (Rehabilitation), wobei Leistungen der aktivierenden Pflege nicht von den Krankenkassen übernommen werden dürfen (vgl. § 107 Abs. 2 SGB V).

(16) Vorsorge- oder Rehabilitationseinrichtungen, mit denen ein Versorgungsvertrag nach § 111 SGB V besteht, sind mit ihren medizinischen Leistungen zur Vorsorge oder Leistungen zur medizinischen Rehabilitation einschließlich der Anschlussheilbehandlung, die eine stationäre Behandlung, aber keine Krankenhausbehandlung erfordern, nach § 4 Nr. 14 Buchstabe b Satz 2 Doppelbuchstabe dd UStG steuerfrei. UStAE 4.14.5 76

Einrichtungen des Müttergenesungswerks oder gleichartige Einrichtungen (§ 4 Nr. 14 Buchstabe b Satz 2 Doppelbuchstabe dd UStG)

(17) Einrichtungen des Müttergenesungswerks oder gleichartige Einrichtungen oder für Vater-Kind-Maßnahmen geeignete Einrichtungen, mit denen ein Versorgungsvertrag nach § 111 a SGB V besteht, sind mit ihren stationären medizinischen Leistungen zur Vorsorge oder Rehabilitation für Mütter und Väter nach § 4 Nr. 14 Buchstabe b Satz 2 Doppelbuchstabe dd UStG steuerfrei. 77

Medizinische Rehabilitationseinrichtungen (§ 4 Nr. 14 Buchstabe b Satz 2 Doppelbuchstabe ee UStG)

(18) ① Nach § 4 Nr. 14 Buchstabe b Satz 2 Doppelbuchstabe ee UStG gelten Rehabilitationsdienste und Rehabilitationseinrichtungen, mit denen Verträge nach § 38 SGB IX (Rehabilitation und Teilhabe behinderter Menschen) bestehen, als anerkannte Einrichtungen. ② Dies gilt auch für ambulante Rehabilitationseinrichtungen, die Leistungen nach § 40 Abs. 1 SGB V erbringen und mit denen Verträge unter Berücksichtigung von § 38 SGB IX bestehen (§ 2 Abs. 3 der Richtlinie des Gemeinsamen Bundesausschusses über Leistungen zur medizinischen Rehabilitation). 78

Einrichtungen zur Geburtshilfe (§ 4 Nr. 14 Buchstabe b Satz 2 Doppelbuchstabe ff UStG)

(19) ① Von Hebammen geleitete Einrichtungen zur Geburtshilfe, z. B. Geburtshäuser und Entbindungsheime, erbringen mit der Hilfe bei der Geburt und der Überwachung des Wochenbettverlaufs sowohl ambulante wie auch stationäre Leistungen. ② Werden diese Leistungen von Einrichtungen des privaten Rechts erbracht, unterliegen sie der Steuerbefreiung, wenn für sie nach § 4 Nr. 14 Buchstabe b Satz 2 Doppelbuchstabe ff UStG Verträge nach § 134 a SGB V gelten. ③ Verträge dieser Art dienen der Regelung und Versorgung mit Hebammenhilfe. ④ Die Steuerbefreiung ist unabhängig von einer sozialversicherungsrechtlichen Abrechnungsfähigkeit dieser Leistung. 79

Hospize (§ 4 Nr. 14 Buchstabe b Satz 2 Doppelbuchstabe gg UStG)

(20) ① Hospize dienen der Begleitung eines würdevolleren Sterbens. ② Leistungen in und von Hospizen werden sowohl ambulant als auch stationär ausgeführt. 80

(21) ① Stationäre und teilstationäre Hospizleistungen fallen unter die Befreiungsvorschrift nach § 4 Nr. 14 Buchstabe b Satz 2 Doppelbuchstabe gg UStG, sofern sie von Einrichtungen des Privatrechts erbracht werden, mit denen Verträge nach § 39 a Abs. 1 SGB V bestehen. ② Diese Verträge regeln Zuschüsse zur stationären oder teilstationären Versorgung in Hospizen, in denen palliativ-medizinische Behandlungen erbracht werden, wenn eine ambulante Versorgung im eigenen Haushalt ausgeschlossen ist. 81

(22) ① Ambulante Hospizleistungen, die unter der fachlichen Verantwortung von Gesundheits- und Krankenpflegern oder anderen vergleichbar qualifizierten medizinischen Fachkräften erbracht werden, unterliegen der Steuerbefreiung nach § 4 Nr. 14 Buchstabe a UStG. ② Das Gleiche gilt für Leistungen der spezialisierten ambulanten Palliativversorgung nach § 37 b SGB V. 82

Dialyseeinrichtungen (§ 4 Nr. 14 Buchstabe b Satz 2 Doppelbuchstabe hh UStG)

(22 a) Einrichtungen, die nicht bereits nach § 95 SGB V als Dialysezentren zugelassen sind, mit denen aber Verträge nach § 127 in Verbindung mit § 126 Abs. 3 SGB V über die Erbringung nichtärztlicher Dialyseleistungen bestehen, sind mit ihren entsprechenden Dialyseleistungen nach § 4 Nr. 14 Buchstabe b Satz 2 Doppelbuchstabe hh UStG von der Umsatzsteuer befreit.

Maßregelvollzug (§ 4 Nr. 14 Buchstabe b Satz 2 Doppelbuchstabe ii UStG)

(23) ① Die Umsätze von Krankenhäusern des Maßregelvollzugs, die von juristischen Personen des öffentlichen Rechts betrieben werden, sind nach § 4 Nr. 14 Buchstabe b Satz 1 UStG umsatzsteuerfrei. ② Einrichtungen des privaten Rechts, denen im Wege der Beleihung die Durchführung des Maßregelvollzugs übertragen wird und die nicht über eine Zulassung nach § 108 SGB V verfügen, sind mit ihren Leistungen gemäß § 4 Nr. 14 Buchstabe b Satz 2 Doppelbuchstabe ii UStG ebenfalls von der Umsatzsteuer befreit, wenn es sich um Einrichtungen nach § 138 Abs. 1 Satz 1 StVollzG handelt. ③ Hierunter fallen insbesondere psychiatrische Krankenhäuser und Entziehungsanstalten, in denen psychisch kranke oder suchtkranke Straftäter behandelt und untergebracht werden. ④ Neben den ärztlichen Behandlungsleistungen umfasst die Steuerbefreiung auch die Unterbringung, Verpflegung und Verwahrung der in diesen Einrichtungen untergebrachten Personen. 83

Beschränkung der Steuerbefreiungen

84 (24) ① Leistungen nach § 4 Nr. 14 Buchstabe b UStG sind sowohl im Bereich gesetzlicher Versicherungen steuerfrei als auch bei Vorliegen eines privaten Versicherungsschutzes. ② Die Steuerbefreiung für Einrichtungen im Sinne des § 4 Nr. 14 Buchstabe b Satz 2 Doppelbuchstabe aa bis hh UStG wird jedoch jeweils auf den Bereich der Zulassung, des Vertrages bzw. der Regelung nach Sozialgesetzbuch beschränkt.

Beispiel:

Eine Einrichtung ohne Zulassung nach § 108 SGB V, mit der ein Versorgungsvertrag nach § 111 SGB V besteht, kann keine steuerfreien Krankenhausbehandlungen erbringen.

85 (25) ① Die Steuerbefreiung beschränkt sich allerdings nicht auf den „Umfang" z. B. des im Rahmen der Zulassung vereinbarten Leistungspakets. ② Sofern z. B. ein nach § 108 SGB V zugelassenes Krankenhaus Leistungen erbringt, die über den Leistungskatalog der gesetzlichen Krankenversicherung hinausgehen (z. B. Chefarztbehandlung, Doppel- oder Einzelzimmerbelegung), fallen auch diese unter die Steuerbefreiung nach § 4 Nr. 14 Buchstabe b UStG.

LS zu 4.14.5

86 Für ein **(reines) Belegkrankenhaus,** in dem die ärztlichen Leistungen ausschließlich von einem Belegarzt mit Liquidationsberechtigung erbracht und berechnet werden, kommt Steuerfreiheit gemäß § 4 *Nr. 16* Buchst. b UStG 1980 i. V. m. § 67 Abs. 2 AO 1977 nur in Betracht, wenn mindestens 40 v. H. der jährlichen Pflegetage auf Patienten entfallen, deren ärztliche Behandlung der Belegarzt über Krankenschein oder entsprechend den für Kassenabrechnungen geltenden Vergütungssätzen abrechnet. *BFH-Urteil v. 25. 11. 1993 V R 64/89 (BStBl. 1994 II S. 213).*

2. Rechnet eine **Privatklinik** entsprechend § 17 b Abs. 1 KHG Fallpauschalen ab, ist im Rahmen der nach § 4 Nr. 16 Buchst. b UStG a. F. i. V. m. § 67 Abs. 2 AO vorzunehmenden Vergleichsberechnung weder als „schädlich" oder „unschädlich" i. S. des § 67 Abs. 1 AO zu berücksichtigen, ob ein im Krankenhaus tätiger **Belegarzt** seine Leistungen nach GOÄ oder nach Kassengrundsätzen abgerechnet hat. Vielmehr sind bei Tätigkeit eines Belegarztes die von der Privatklinik gegenüber den Patienten abgerechneten Entgelte für Krankenhausleistungen mit den jeweiligen gemäß § 18 Abs. 2 Satz 1 KHEntgG geminderten Fallpauschalen eines Krankenhauses im Anwendungsbereich des KHEntgG zu vergleichen. – 3. Dafür, ob Krankenhausbehandlungen und ärztliche Heilbehandlungen sowie damit eng verbundene Umsätze von einer Privatklinik unter **sozial vergleichbaren Bedingungen** wie die einer öffentlich-rechtlichen Einrichtung erbracht wurden, ist im Rahmen von Art. 132 Abs. 1 Buchst. b MwStSystRL darauf abzustellen, ob eine Privatklinik – einen entsprechenden Bedarf vorausgesetzt – die Voraussetzungen für die Zulassung nach § 108 SGB V erfüllt hätte. *BFH-Urteil v. 23. 1. 2019 XI R 15/16 (DStR S. 866).*

Das *FG Niedersachsen* hatte dem EuGH mit *Beschl. v. 2. 3. 2020 – 5 K 256/17 (DStR 2021 S. 983)* Fragen zur Steuerbefreiung für **private Krankenhäuser ohne Zulassung nach § 108 SGB V** vorgelegt: 1. Ist § 4 Nr. 14 Buchst. b UStG vereinbar mit Art. 132 Abs. 1 Buchst. b MwStSystRL, soweit die Steuerbefreiung für Krankenhäuser, die keine Einrichtungen des öffentlichen Rechts sind, daran geknüpft wird, dass die Krankenhäuser nach § 108 SGB V zugelassen sind? – 2. Wenn Frage 1. zu verneinen ist: Unter welchen Voraussetzungen sind Krankenhausbehandlungen durch Krankenhäuser des privaten Rechts mit Krankenhausbehandlungen von Einrichtungen des öffentlichen Rechts „in sozialer Hinsicht vergleichbar" i. S. d. Art. 132 Abs. 1 Buchst. b MwStSystRL?

Der ***EuGH*** hat auf diese Fragen mit ***Urteil v. 7. 4. 2022*** *C-228/20, I GmbH (DStR S. 833)* geantwortet, dass – 1. Art. 132 Abs. 1 Buchst. b MwStSystRL einer nationalen Regelung entgegensteht, die vorsieht, dass die von einem privaten Krankenhaus erbrachten Heilbehandlungen dann von der Mehrwertsteuer befreit sind, wenn dieses Krankenhaus infolge der Aufnahme in den Krankenhausplan eines Landes oder infolge des Abschlusses von Versorgungsverträgen mit den gesetzlichen Kranken- oder Ersatzkassen nach den nationalen Vorschriften über die allgemeine Krankenversicherung zugelassen ist, und damit dazu führt, dass vergleichbare private Krankenhäuser, die gleichartige Leistungen unter Bedingungen erbringen, die mit den Bedingungen für Einrichtungen des öffentlichen Rechts in sozialer Hinsicht vergleichbar sind, in Bezug auf die in dieser Bestimmung vorgesehene Steuerbefreiung unterschiedlich behandelt werden, und dass – 2. nach Art. 132 Abs. 1 Buchst. b MwStSystRL die zuständigen Behörden eines Mitgliedstaats bei der Feststellung, ob Heilbehandlungen, die von einem privaten Krankenhaus erbracht werden, unter Bedingungen durchgeführt beziehungsweise bewirkt werden, die mit den Bedingungen für Einrichtungen des öffentlichen Rechts in sozialer Hinsicht vergleichbar sind, die für Leistungen von öffentlich-rechtlichen Krankenhäusern geltenden regulatorischen Bedingungen sowie – sofern sie auch auf öffentlich-rechtliche Krankenhäuser anwendbar sind – Indikatoren der Leistungsfähigkeit dieses privaten Krankenhauses in Sachen Personal, Räumlichkeiten und Ausstattung sowie der Wirtschaftlichkeit der Betriebsführung berücksichtigen können, wenn mit diesen Bedingungen und Indikatoren das Ziel verfolgt wird, die Kosten der Heilbehandlungen zu senken und den Einzelnen eine qualitativ hochwertige Behandlung zugänglicher zu machen. Ebenfalls berücksichtigt werden können die Modalitäten der Berechnung der Tagessätze sowie die Kostenübernahme für die von dem betreffenden Krankenhaus des privaten Rechts erbrachten Leistungen im Rahmen des Systems der sozialen Sicherheit oder im Rahmen von mit Behörden geschlossenen Vereinbarungen dergestalt, dass die zulasten des Patienten gehenden Kosten den Kosten nahekommen, die der Patient eines öffentlich-rechtlichen Krankenhauses für gleichartige Leistungen trägt.

Die zuständigen Behörden eines Mitgliedstaats können bei der Prüfung der Frage, ob die von einer privaten Krankenhauseinrichtung durchgeführten Heilbehandlungen, die dem Gemeinwohl dienen, unter Bedingungen erbracht werden, die mit den Bedingungen für die in dieser Bestimmung genannten Einrichtungen des öffentlichen Rechts in sozialer Hinsicht vergleichbar sind, berücksichtigen, dass diese Heilbehandlungen im Rahmen von Vereinbarungen mit den Behörden dieses Mitgliedstaats zu den in diesen Vereinbarungen **festgelegten Preisen** durchgeführt werden, deren Kosten teilweise von den **Trägern der sozialen Sicherheit** dieses Mitgliedstaats getragen werden. ***EuGH-Urteil v. 5. 3. 2020,*** *C-211/18, IDEAL-MED III (DStR S. 588).*

1. Krankenhaus- und Heilbehandlungsleistungen einer Krankenhaus-GmbH sind nach § 4 *Nr. 16 Buchst. b* UStG a. F. i. V. m. § 67 AO steuerfrei, wenn das Krankenhaus in mindestens **40 v. H. der Jahrespflegetage keine Wahlleistungen** zur Zimmerbelegung und zur Chefarztbehandlung erbringt und seine Leistungsentgelte nach Selbstkostengrundsätzen berechnet. – 2. Bei der Berechnung der Jahrespflegetage ist nach § 4 *Nr. 16 Buchst. b* UStG a. F. i. V. m. § 67 AO die Erbringung medizinischer Wahlleistungen nicht zu berücksichtigen. *BFH-Urteil v. 26. 8. 2010 V R 5/08 (BStBl. 2011 II S. 296).*

Die Steuerbefreiung der mit dem Betrieb eines Krankenhauses eng verbundenen Umsätze nach § 4 Nr. 16 Buchst. b UStG in der **bis** zum **31. 12. 2008** geltenden Fassung iVm § 67 AO war hinsichtlich der 40%-Grenze **unionsrechtskonform.** *BFH-Urteil v. 18. 3. 2015 XI R 8/13 (BStBl. 2016 II S. 788).*

Zur Umsatzsteuerfreiheit **privater Krankenhausbetreiber** siehe *BFH-Urteil v. 23. 10. 2014 V R 20/14 (BStBl. 2016 II S. 785):* Berufung auf Art. 132 Abs. 1 Buchst. b MwStSystRL gegenüber § 4 Nr. 14 Buchst. b Satz 2 Doppelbuchst. aa UStG.

Der Betreiber einer **Privatklinik** kann sich gegenüber der **ab dem Jahr 2009** geltenden – unionsrechtswidrigen – Regelung in § 4 Nr. 14 Buchst. b Satz 2 Doppelbuchst. aa UStG iVm §§ 108, 109 SGB V für die Steuerfreiheit seiner Leistungen auf Art. 132 Abs. 1 Buchst. b MwStSystRL berufen (Anschluss an BFH v. 23. 10. 2014 V R 20/14, BStBl. 2016 II S. 785). *BFH-Urteil v. 18. 3. 2015 XI R 38/13 (BStBl. 2016 II S. 793).*

Für die umsatzsteuerliche Behandlung im Sinne des § 4 Nr. *16* UStG wird es für ausreichend gehalten, wenn die medizinische Notwendigkeit einer **Begleitperson in Reha-Kliniken** durch eine Bestätigung des behandelnden Arztes – einweisender Arzt oder auch der aufnehmende Klinikarzt – nachgewiesen wird. *Schreiben des BMF IV D 2 – S 7172 – 30/99 v. 9. 11. 1999 (UR 2000 S. 40).* 87

Umsatzsteuerbefreiung für ärztliche Leistungen eines **Sanatoriums** vgl. *BVerfG-Beschl. v. 31. 5. 2007, 1 BvR 1316/04 (DStRE S. 1335).*

Umsatzsteuerliche Behandlung der Leistungen von **Privatkliniken** in räumlicher Nähe zu **Plankrankenhäusern;** Änderung des § 17 KHG durch das GKV-Versorgungsstrukturgesetz. *FM Schleswig-Holstein v. 21. 2. 2014 – S 7172 B – 004 (MwStR S. 249).*

4.14.6 Eng mit Krankenhausbehandlungen und ärztlichen Heilbehandlungen verbundene Umsätze

UStAE 4.14.6

(1) ① Als eng mit Krankenhausbehandlungen und ärztlichen Heilbehandlungen nach § 4 Nr. 14 Buchstabe b UStG verbundene Umsätze sind Leistungen anzusehen, die für diese Einrichtungen nach der Verkehrsauffassung typisch und unerlässlich sind, regelmäßig und allgemein beim laufenden Betrieb vorkommen und damit unmittelbar oder mittelbar zusammenhängen (vgl. BFH-Urteil vom 1. 12. 1977, V R 37/75, BStBl. 1978 II S. 173). ② Die Umsätze dürfen nicht im Wesentlichen dazu bestimmt sein, den Einrichtungen zusätzliche Einnahmen durch Tätigkeiten zu verschaffen, die in unmittelbarem Wettbewerb zu steuerpflichtigen Umsätzen anderer Unternehmer stehen (vgl. EuGH-Urteil vom 1. 12. 2005, C-394/04 und C-395/04, Ygeia). 91

(2) Unter diesen Voraussetzungen können zu den eng verbundenen Umsätzen gehören: 92

1. die stationäre oder teilstationäre Aufnahme von Patienten, deren ärztliche und pflegerische Betreuung einschließlich der Lieferungen der zur Behandlung erforderlichen Medikamente;
2. die Behandlung und Versorgung ambulanter Patienten;
3. [1, 2] die Abgabe von Medikamenten durch die Apotheke eines Krankenhauses für die im Rahmen einer ambulant in den Räumen dieses Krankenhauses durchgeführte Heilbehandlung; auf eine patientenindividuelle Herstellung der Medikamente und die sozialrechtliche Ermächtigungsform für die ambulante Heilbehandlung kommt es nicht an (vgl. BFH-Urteil vom 24. 9. 2014 – V R 19/11, BStBl. II 2016 S. 781). ② Dies gilt nur für die Abgabe von Medikamenten, die im Zeitpunkt einer Heilbehandlung unentbehrlich sind, d. h., wenn die ärztliche Leistung ohne diese Medikamentenabgabe nicht erfolgversprechend wäre. ③ Hierfür ist die ärztliche Entscheidung über die Notwendigkeit der konkreten Behandlung maßgeblich. ④ Eine Behandlung im selben Gebäude, in dem sich auch die Krankenhausapotheke befindet, ist nicht erforderlich. ⑤ Für die Steuerbefreiung ist die Abgabe von Medikamenten durch die Krankenhausapotheke eines Krankenhauses zur Behandlung eines Patienten in einem Krankenhaus desselben Unternehmers an einem anderen Standort unschädlich. ⑥ Das gilt entsprechend auch für die Medikamentenabgabe im Rahmen eines Vertrags nach § 140a SGB V von einem Krankenhaus an einen anderen Vertragspartner dieses Krankenhauses, der die Arzneimittel zur Durchführung einer Heilbehandlung im Rahmen dieses Vertrags verwendet, wenn das abgebende Krankenhaus selbst vergleichbare Behandlungen vornimmt und nicht lediglich insoweit Lieferant von Medikamenten ist.
4. die Lieferungen von Körperersatzstücken und orthopädischen Hilfsmitteln, soweit sie unmittelbar mit einer Leistung im Sinne des § 4 Nr. 14 Buchstabe b UStG in Zusammenhang stehen;
5. [3] die Überlassung von Einrichtungen (z. B. Operationssaal, Röntgenanlage, medizinisch-technische Großgeräte) und die damit verbundene Gestellung von medizinischem Hilfspersonal durch Einrichtungen nach § 4 Nr. 14 Buchst. b UStG an andere Einrichtungen dieser Art, an angestellte Ärzte für deren selbständige Tätigkeit und an niedergelassene Ärzte zur Mitbenutzung;
6. *(aufgehoben)*
7. die Gestellung von Ärzten und von medizinischem Hilfspersonal durch Einrichtungen nach § 4 Nr. 14 Buchstabe b UStG an andere Einrichtungen dieser Art;
8. ① die Lieferungen von Gegenständen des Anlagevermögens, z. B. Röntgeneinrichtungen, Krankenfahrstühle und sonstige Einrichtungsgegenstände. ② Zur Veräußerung des gesamten Anlagevermögens siehe jedoch Absatz 3 Nummer 11;
9. die Erstellung von ärztlichen Gutachten gegen Entgelt, sofern ein therapeutischer Zweck im Vordergrund steht.

[1] A 4.14.6 UStAE Abs. 2 Nr. 3 geändert durch BMF v. 13. 12. 2022 (BStBl. I S. 1683), anzuwenden in allen offenen Fällen. Zur Anwendung für vor dem 1. 1. 2023 ausgeführte Umsätze siehe Anlage zu A 4.14.9.

[2] Zur **Rückforderung** zu Unrecht gezahlter Umsatzsteuer siehe *BGH v. 20. 2. 2019 VIII ZR 7/18 (NJW S. 2298), VIII ZR 66/18 (NJW S. 3518), VIII ZR 115/18 und VIII ZR 189/18 (beide GuP S. 113).*

[3] BMF-Schreiben betr. **umsatzsteuerliche Behandlung der Nutzung medizinisch-technischer Großgeräte (§ 4 Nr. 16 UStG)** v. 16. 10. 1997 (BStBl. I S. 887).

93 (3) Nicht zu den eng verbundenen Umsätzen gehören insbesondere:

1. die entgeltliche Abgabe von Speisen und Getränken an Besucher;
2. die Lieferungen von Arzneimitteln an das Personal oder Besucher sowie die Abgabe von Medikamenten gegen gesondertes Entgelt an ehemals ambulante oder stationäre Patienten zur Überbrückung;
3. ① die Arzneimittellieferungen einer Krankenhausapotheke an Krankenhäuser anderer Träger (BFH-Urteil vom 18. 10. 1990, V R 76/89, BStBl. 1991 II S. 268) sowie die entgeltlichen Medikamentenlieferungen an ermächtigte Ambulanzen des Krankenhauses, an Polikliniken, an Institutsambulanzen, an sozialpädiatrische Zentren – soweit es sich in diesen Fällen nicht um nicht steuerbare Innenumsätze des Trägers der jeweiligen Krankenhausapotheke handelt – und an öffentliche Apotheken. ② Auch die Steuerbefreiung nach § 4 Nr. 18 UStG kommt insoweit nicht in Betracht;
4.[1] *(aufgehoben)*
5. die in Abschnitt 4.14.1 Abs. 5 Nr. 6 genannten Leistungen;
6. 94 ① ästhetisch-plastische Leistungen, soweit ein therapeutisches Ziel nicht im Vordergrund steht. ② Indiz hierfür kann sein, dass die Kosten regelmäßig nicht durch Krankenversicherungen übernommen werden (vgl. BFH-Urteil vom 17. 7. 2004, V R 27/03, BStBl. II S. 862);
7. Leistungen zur Prävention und Selbsthilfe im Sinne des § 20 SGB V, die keinen unmittelbaren Krankheitsbezug haben, weil sie lediglich „den allgemeinen Gesundheitszustand verbessern und insbesondere einen Beitrag zur Verminderung sozial bedingter Ungleichheiten von Gesundheitschancen erbringen" sollen – § 20 Abs. 1 Satz 2 SGB V – (vgl. BFH-Urteil vom 7. 7. 2005, V R 23/04, BStBl. II S. 904);
8. Supervisionsleistungen (vgl. BFH-Urteil vom 30. 6. 2005, V R 1/02, BStBl. II S. 675);
9. ① die Leistungen der Zentralwäschereien (vgl. BFH-Urteil vom 18. 10. 1990, V R 35/85, BStBl. 1991 II S. 157). ② Dies gilt sowohl für die Fälle, in denen ein Krankenhaus in seiner Wäscherei auch die Wäsche anderer Krankenhäuser reinigt, als auch für die Fälle, in denen die Wäsche mehrerer Krankenhäuser in einer verselbständigten Wäscherei gereinigt wird. ③ Auch die Steuerbefreiung nach § 4 Nr. 18 UStG kommt nicht in Betracht;
10. die Telefongestellung an Patienten, die Vermietung von Fernsehgeräten und die Unterbringung und Verpflegung von Begleitpersonen (EuGH-Urteil vom 1. 12. 2005, C-394/04 und C-395/04, Ygeia);
11. ① die Veräußerung des gesamten beweglichen Anlagevermögens und der Warenvorräte nach Einstellung des Betriebs (BFH-Urteil vom 1. 12. 1977, V R 37/75, BStBl. 1978 II S. 173). ② Es kann jedoch die Steuerbefreiung nach § 4 Nr. 28 UStG in Betracht kommen.

LS zu 4.14.6

Mit dem Betrieb von Krankenhäusern und ähnlichen Einrichtungen **eng verbundene Umsätze.** *Verfügung OFD Frankfurt v. 22. 11. 2016 – S 7170 A – 92 – St 16 (DStR 2017 S. 604).*

95 **Infektionshygienische Leistungen** eines Arztes, die dieser für andere Ärzte und/oder Krankenhäuser erbringt, damit diese ihre Heilbehandlungsleistungen ordnungsgemäß unter Beachtung der für sie nach dem IfSG bestehenden Verpflichtungen erbringen, sind als Heilbehandlungsleistung nach § 4 Nr. 14 steuerfrei. *BFH-Urt. v. 18. 8. 2011, V R 27/10 (DStRE S. 1405).*

1. Die **Personalgestellung** durch ein Krankenhaus **an eine Arztpraxis** kann ein mit dem Betrieb des Krankenhauses eng verbundener Umsatz sein, wenn die Personalgestellung für die ärztliche Versorgung der Krankenhauspatienten unerlässlich ist. – 2. Ein mit dem Betrieb des Krankenhauses eng verbundener Umsatz kann in Ausnahmefällen sogar dann vorliegen, wenn die Arztpraxis nicht nur die Krankenhauspatienten, sondern auch andere Patienten versorgt. Ob ein derartiger Ausnahmefall vorliegt, kann nur unter Gesamtwürdigung aller Umstände des Einzelfalls beurteilt werden. *BFH-Urteil v. 18. 1. 2005 V R 35/02 (BStBl. II S. 507).* Vgl. auch *BFH-Urteil v. 25. 1. 2006 V R 46/04 (BStBl. II S. 481).*

Eine Klinik, die aus einem **Plankrankenhaus** nach § 108 SGB V und aus einer **Privatklinik** in der Rechtsform einer GmbH besteht, die ausschließlich Leistungen an Privatpatienten erbringt, darf trotz faktischer Identität (Organschaft) nicht als einzige Einrichtung behandelt werden, wenn sie in zwei rechtlich selbständigen juristischen Personen geführt wird. Die für Umsätze des Plankrankenhauses geltende USt-Befreiung erstreckt sich nicht auf diejenigen der Privatklinik. *OFD Frankfurt S 7170 A – 85 – St 112 v. 16. 2. 2010 (DStR S. 807).*

Überlassung von **Operationsräumen** an einen Operateur durch einen an den Operationen mitwirkenden Anästhesisten ist steuerpflichtig. Es kann aber eine einheitliche steuerfreie Heilbehandlungsleistung iSv § 4 Abs. 14 UStG des **Anästhesisten** gegenüber den Patienten oder ein steuerfreier mit dem Betrieb einer anderen Einrichtung eng verbundener Umsatz iSv § 4 Nr. 16 Buchst. c UStG vorliegen. *BFH-Urteil v. 18. 3. 2015 XI R 15/11 (BStBl. II S. 1058).*

Zur körperschaftsteuerlichen und umsatzsteuerlichen Behandlung der Abgabe von **Zytostatika** durch eine Krankenhausapotheke (mit Hinweisen auf die Änderungen in Abschn. 4.14.6 UStAE). *OFD Nordrhein-Westfalen, Verfügung v. 13. 1. 2020 – S 0186–2014/002–St 15 (DStR S. 725).*

Nach dem ***EuGH-Urteil v. 13. 1. 2022*** *C-513/20 (MwStR S. 278)* kann ein Umsatz, der im Anlegen eines individuellen, ein **Anamneseblatt umfassenden Datenblatts** besteht, das zum Erwerb ärztlicher Heilbehandlungen mit „Klassischen Thermalkuren" in einer Kureinrichtung berechtigt, als mit ärztlichen Heilbehandlungen eng verbundener Umsatz unter Art. 132 Abs. 1 Buchst. b MwStSystRL fallen. Voraussetzung ist, dass diese Datenblätter Angaben zum Gesundheitszustand und zu den verordneten und geplanten ärztlichen Behandlungen sowie zu deren Anwendungsmodalitäten enthalten und die Abfrage dieser Daten für die Erbringung dieser Behandlungen und zur Erreichung der verfolgten therapeutischen Ziele unerlässlich ist. Zudem müssen diese ärztlichen Heilbehandlungen sowie die damit eng verbundenen Umsätze unter Bedin-

[1] A 4.14.6 UStAE Abs. 3 Nr. 4 aufgehoben durch BMF v. 13. 12. 2022 (BStBl. I S. 1683), anzuwenden in allen offenen Fällen. Zur Anwendung für vor dem 1. 1. 2023 ausgeführte Umsätze siehe Anlage zu A 4.14.9.

gungen durchgeführt bzw. bewirkt werden, die in sozialer Hinsicht mit denen vergleichbar sind, die für Einrichtungen des öffentlichen Rechts, ein Zentrum für ärztliche Heilbehandlung und Diagnostik oder eine andere ordnungsgemäß anerkannte Einrichtung gleicher Art i. S. v. Art. 132 Abs. 1 Buchst. b MwStSystRL gelten.

Voraussetzung für die Annahme eines eng mit der Krankenhausbehandlung verbundenen Umsatzes ist, dass die **Verabreichung der Medikamente** im Zeitpunkt der Erbringung der ärztlichen Leistung im Rahmen der ambulanten Behandlung eines Patienten unentbehrlich bzw. unerlässlich ist. Ob ein Medikament individuell für den einzelnen Patienten hergestellt wurde oder ob es sich um ein Fertigmedikament handelt, ist für die Beurteilung des eng verbundenen Umsatzes ohne Relevanz. *Urteil FG Sachsen-Anhalt v. 20. 10. 2021 3 K 1024/17 (MwStR 2022 S. 405).*

4.14.7 Rechtsform des Unternehmers

UStAE 4.14.7

Tätigkeit als Arzt, Zahnarzt, Heilpraktiker, Physiotherapeut, Hebamme, oder ähnliche heilberufliche Tätigkeit (§ 4 Nr. 14 Buchstabe a UStG)

(1) ① Werden Leistungen aus der Tätigkeit als Arzt, Zahnarzt, Heilpraktiker oder aus einer anderen heilberuflichen Tätigkeit im Sinne des § 4 Nr. 14 Buchstabe a UStG erbracht, kommt es für die Steuerbefreiung nach dieser Vorschrift nicht darauf an, in welcher Rechtsform der Unternehmer die Leistung erbringt (vgl. BFH-Urteile vom 4. 3. 1998, XI R 53/96, BStBl. 2000 II S. 13, und vom 26. 9. 2007, V R 54/05, BStBl. 2008 II S. 262). ② Auch ein in der Rechtsform einer GmbH & Co. KG betriebenes Unternehmen kann bei Vorliegen der Voraussetzungen die Steuerbefreiung nach § 4 Nr. 14 UStG in Anspruch nehmen (vgl. Beschluss des BVerfG vom 10. 11. 1999, 2 BvR 2861/93, BStBl. 2000 II S. 160). ③ Die Steuerbefreiung hängt im Wesentlichen davon ab, dass es sich um ärztliche oder arztähnliche Leistungen handelt und dass diese von Personen erbracht werden, die die erforderlichen beruflichen Befähigungsnachweise besitzen (vgl. EuGH-Urteil vom 10. 9. 2002, C-141/00, Kügler). ④ Die Leistungen können auch mit Hilfe von Arbeitnehmern, die die erforderliche berufliche Qualifikation aufweisen, erbracht werden (vgl. BFH-Urteil vom 1. 4. 2004, V R 54/98, BStBl. II S. 681, für eine Stiftung).[1] 101

(2) Die Umsätze einer Personengesellschaft aus einer heilberuflichen Tätigkeit sind auch dann nach § 4 Nr. 14 Buchstabe a UStG steuerfrei, wenn die Gesellschaft daneben eine Tätigkeit im Sinne des § 15 Abs. 1 Nr. 1 EStG ausübt und ihre Einkünfte deshalb ertragsteuerlich als Einkünfte aus Gewerbebetrieb nach § 15 Abs. 3 Nr. 1 EStG zu qualifizieren sind (vgl. BFH-Urteil vom 13. 7. 1994, XI R 90/92, BStBl. 1995 II S. 84). 102

(3) ① Der Befreiung von Heilbehandlungen im Bereich der Humanmedizin steht nicht entgegen, wenn diese im Rahmen von Verträgen der hausarztzentrierten Versorgung nach § 73b SGB V oder der besonderen ambulanten ärztlichen Versorgung nach § 73c SGB V bzw. nach anderen sozialrechtlichen Vorschriften erbracht werden. ② Zu den Leistungen von Einrichtungen, mit denen Verträge nach §§ 73b, 73c oder 140a SGB V bestehen, vgl. Abschnitt 4.14.9. 103

Krankenhausbehandlungen und ärztliche Heilbehandlungen (§ 4 Nr. 14 Buchstabe b UStG)

(4) Neben Leistungen, die unmittelbar von Ärzten oder anderen Heilkundigen unter ärztlicher Aufsicht erbracht werden, umfasst der Begriff ärztliche Heilbehandlung auch arztähnliche Leistungen, die u. a. in Krankenhäusern unter der alleinigen Verantwortung von Personen, die keine Ärzte sind, erbracht werden (vgl. EuGH-Urteil vom 6. 11. 2003, C-45/01, Dornier). 104

(5) ① Begünstigte Leistungserbringer können Einrichtungen des öffentlichen Rechts (§ 4 Nr. 14 Buchstabe b Satz 1 UStG) oder Einrichtungen des privaten Rechts, die nach § 4 Nr. 14 Buchstabe b Satz 2 UStG mit Einrichtungen des öffentlichen Rechts in sozialer Hinsicht, insbesondere hinsichtlich der Bedingungen, vergleichbar sind, sein. ② Der Begriff „Einrichtung" umfasst dabei auch natürliche Personen. ③ Als privatrechtliche Einrichtungen sind auch Einrichtungen anzusehen, die in der Form privatrechtlicher Gesellschaften betrieben werden, deren Anteile nur von juristischen Personen des öffentlichen Rechts gehalten werden. 105

4.14.8 Praxis- und Apparategemeinschaften

UStAE 4.14.8

(1) ① Steuerbefreit werden sonstige Leistungen von Gemeinschaften, deren Mitglieder ausschließlich Angehörige der in § 4 Nr. 14 Buchstabe a UStG bezeichneten Berufe und/oder Einrichtungen im Sinne des § 4 Nr. 14 Buchstabe b UStG sind, soweit diese Leistungen für unmittelbare Zwecke der Ausübung der Tätigkeit nach § 4 Nr. 14 Buchstabe a oder b UStG verwendet werden und die Gemeinschaft von ihren Mitgliedern lediglich die genaue Erstattung des jeweiligen Anteils an den gemeinsamen Kosten fordert. ② Als Gemeinschaften gelten nur Einrichtungen, die als Unternehmer im Sinne des § 2 UStG anzusehen sind. 111

(2) ① Die Leistungen von Gemeinschaften nach § 4 Nr. 14 Buchstabe d UStG bestehen u. a. in der zur Verfügung Stellung von medizinischen Einrichtungen, Apparaten und Geräten. ② Des Weiteren führen die Gemeinschaften beispielsweise mit eigenem medizinisch-technischem Personal Laboruntersuchungen, Röntgenaufnahmen und andere medizinisch-technischen Leistungen an ihre Mitglieder aus. 112

[1] 1. Umsätze einer **GmbH**, die mit angestelltem qualifiziertem Krankenpflegepersonal Behandlungspflegeleistungen erbringt, sind nach § 4 Nr. 14 UStG steuerfrei. – 2. … *BFH-Urteil v. 22. 4. 2004 – V R 1/98 (BStBl. II S. 849).*

113 (3) ① Voraussetzung für die Steuerbefreiung ist, dass die Leistungen von den Mitgliedern unmittelbar für ihre nach § 4 Nr. 14 Buchstabe a oder b UStG steuerfreien Umsätze verwendet werden. ② Übernimmt die Gemeinschaft für ihre Mitglieder z. B. die Buchführung, Rechtsberatung oder die Tätigkeit einer ärztlichen Verrechnungsstelle, handelt es sich um Leistungen, die nur mittelbar zur Ausführung von steuerfreien Heilbehandlungsleistungen bezogen werden und deshalb nicht von der Umsatzsteuer nach § 4 Nr. 14 Buchstabe d UStG befreit sind. ③ Die Anwendung der Steuerbefreiung setzt allerdings nicht voraus, dass die Leistungen stets allen Mitgliedern gegenüber erbracht werden (vgl. EuGH-Urteil vom 11. 12. 2008, C-407/07, Stichting Centraal Begeleidingsorgaan voor de Intercollegiale Toetsing).

114 (4) ① Für die Steuerbefreiung ist es unschädlich, wenn die Gemeinschaft den jeweiligen Anteil der gemeinsamen Kosten des Mitglieds direkt im Namen des Mitglieds mit den Krankenkassen abrechnet. ② Die Leistungsbeziehung zwischen Gemeinschaft und Mitglied bleibt weiterhin bestehen. ③ Der verkürzte Abrechnungsweg kann als Serviceleistung angesehen werden, die als unselbständige Nebenleistung das Schicksal der Hauptleistung teilt.

115 (5) Auch Laborleistungen gemäß § 25 Abs. 3 des Bundesmantelvertrags-Ärzte, wonach die Laborgemeinschaft für den Arzt die auf ihn entfallenden Analysekosten gegenüber der zuständigen Kassenärztlichen Vereinigung abrechnet, erfüllen hinsichtlich der dort geforderten „genauen Erstattung des jeweiligen Anteils an den gemeinsamen Kosten" die Voraussetzung des § 4 Nr. 14 Buchstabe d UStG.

116 (6) ① Beschafft und überlässt die Gemeinschaft ihren Mitgliedern Praxisräume, ist dieser Umsatz nicht nach § 4 Nr. 14 Buchstabe d UStG befreit. ② Vielmehr handelt es sich hierbei um sonstige Leistungen, die in der Regel unter die Steuerbefreiung für die Vermietung von Grundstücken nach § 4 Nr. 12 Satz 1 Buchstabe a UStG fallen.

117 (7) ① Die Befreiung darf nach Artikel 132 Abs. 1 Buchstabe f MwStSystRL nicht zu einer Wettbewerbsverzerrung führen. ② Sie kann sich deshalb nur auf die sonstigen Leistungen der ärztlichen Praxis- und Apparategemeinschaften beziehen, nicht aber auf Fälle, in denen eine Gemeinschaft für ihre Mitglieder z. B. die Buchführung, die Rechtsberatung oder die Tätigkeit einer ärztlichen Verrechnungsstelle übernimmt.

118 (8) ① Leistungen der Gemeinschaft an Nicht-Mitglieder sind von der Befreiung nach § 4 Nr. 14 Buchstabe d UStG ausgeschlossen. ② Das gilt auch dann, wenn ein Leistungsempfänger, der nicht Mitglied ist, der Gemeinschaft ein Darlehen oder einen Zuschuss gegeben hat.

LS zu 4.14.8

Die Bundesrepublik Deutschland hat dadurch gegen die Verpflichtungen aus Art. 132 Abs. 1 Buchst. f MwStSystRL verstoßen, dass sie die Befreiung auf **selbständige Zusammenschlüsse** von Personen beschränkt, deren Mitglieder eine begrenzte Anzahl von Berufen ausüben. ***EuGH-Urteil v. 21. 9. 2017*** *C 616/15 (DStR S. 2115).*

119 Sind **nicht-öffentliche Stellen** gemäß § 80 Abs. 5 Nr. 2 SGB X von der Speicherung des gesamten Datenbestandes ausgeschlossen, kann dies nur die Steuerfreiheit der Leistungen begründen, die mit einer derartigen Speicherung direkt, unmittelbar und notwendig zusammenhängen. *BFH-Urteil v. 6. 9. 2018 V R 30/17 (MwStR S. 994).*

UStAE 4.14.9

4.14.9 Leistungen von Einrichtungen mit Versorgungsverträgen nach §§ 73 b, 73 c oder 140 a SGB V

121 (1) Im Rahmen eines Versorgungsvertrags nach §§ 73 b, 73 c oder 140 a SGB V wird die vollständige bzw. teilweise ambulante und/oder stationäre Versorgung der Mitglieder der jeweiligen Krankenkasse auf eine Einrichtung im Sinne der §§ 73 b Abs. 4, 73 c Abs. 3 oder 140 b Abs. 1 SGB V übertragen mit dem Ziel, eine bevölkerungsbezogene Flächendeckung der Versorgung zu ermöglichen.

122 (2) Einrichtungen im Sinne der §§ 73 b Abs. 4, 73 c Abs. 3 und 140 b Abs. 1 SGB V, die Leistungen nach § 4 Nr. 14 Buchstabe a und b UStG erbringen, führen nach § 4 Nr. 14 Buchstabe c UStG steuerfreie Umsätze aus, soweit mit ihnen Verträge
- zur hausarztzentrierten Versorgung nach § 73 b SGB V,
- zur besonderen ambulanten ärztlichen Versorgung nach § 73 c SGB V oder
- zur integrierten Versorgung nach § 140 a SGB V

bestehen.

123 (3) Zu den Einrichtungen nach § 73 b Abs. 4 SGB V zählen:
- vertragsärztliche Leistungserbringer, die an der hausärztlichen Versorgung nach § 73 Abs. 1 a SGB V teilnehmen und deren Gemeinschaften;
- Gemeinschaften, die mindestens die Hälfte der an der hausärztlichen Versorgung teilnehmenden Allgemeinärzte des Bezirks einer Kassenärztlichen Vereinigung vertreten;
- Träger von Einrichtungen, die eine hausarztzentrierte Versorgung nach § 73 b Abs. 1 SGB V durch vertragsärztliche Leistungserbringer, die an der hausärztlichen Versorgung nach § 73 Abs. 1 a SGB V teilnehmen, anbieten;
- Kassenärztliche Vereinigungen, soweit Gemeinschaften von vertragsärztlichen Leistungserbringern, die an der hausärztlichen Versorgung nach § 73 Abs. 1 a SGB V teilnehmen, sie hierzu ermächtigt haben.

(4) Zu den Einrichtungen nach § 73 c Abs. 3 SGB V zählen: 124
- vertragsärztliche Leistungserbringer;
- Gemeinschaften vertragsärztlicher Leistungserbringer;
- Träger von Einrichtungen, die eine besondere ambulante Versorgung nach § 73 c Abs. 1 SGB V durch vertragsärztliche Leistungserbringer anbieten;
- Kassenärztliche Vereinigungen.

(5) Zu den Einrichtungen nach § 140 b Abs. 1 SGB V zählen: 125
- einzelne, zur vertragsärztlichen Versorgung zugelassene Ärzte und Zahnärzte und einzelne sonstige, nach dem Vierten Kapitel des SGB V zur Versorgung der Versicherten berechtigte Leistungserbringer;
- Träger zugelassener Krankenhäuser, soweit sie zur Versorgung berechtigt sind, Träger von stationären Vorsorge- und Rehabilitationseinrichtungen, soweit mit ihnen ein Versorgungsvertrag nach § 111 SGB V besteht, Träger von ambulanten Rehabilitationseinrichtungen;
- Träger von Einrichtungen nach § 95 Abs. 1 Satz 2 SGB V (medizinische Versorgungszentren);
- Träger von Einrichtungen, die eine integrierte Versorgung nach § 140 a SGB V durch zur Versorgung der Versicherten nach dem Vierten Kapitel des SGB V berechtigte Leistungserbringer anbieten (sog. Managementgesellschaften);
- Pflegekassen und zugelassene Pflegeeinrichtungen auf der Grundlage des § 92 b SGB XI;
- Gemeinschaften der vorgenannten Leistungserbringer und deren Gemeinschaften;
- Praxiskliniken nach § 115 Abs. 2 Satz 1 Nr. 1 SGB V.

(6) ① Gemeinschaften der in Absatz 3 bis 5 genannten Einrichtungen sind z. B. Managementgesellschaften, die als Träger dieser Einrichtungen nicht selbst Versorger sind, sondern eine Versorgung durch dazu berechtigte Leistungserbringer anbieten. ② Sie erbringen mit der Übernahme der Versorgung von Patienten und dem „Einkauf" von Behandlungsleistungen Dritter sowie der Einhaltung vereinbarter Ziele und Qualitätsstandards steuerfreie Leistungen, wenn die beteiligten Leistungserbringer die jeweiligen Heilbehandlungsleistungen unmittelbar mit dem Träger abrechnen. ③ In diesen Fällen ist die Wahrnehmung von Managementaufgaben als unselbständiger Teil der Heilbehandlungsleistung der Managementgesellschaften gegenüber der jeweiligen Krankenkasse anzusehen. ④ Sofern in einem Vertrag zur vollständigen bzw. teilweisen ambulanten und/oder stationären Versorgung der Mitglieder der Krankenkasse jedoch lediglich Steuerungs-, Koordinierungs- und/oder Managementaufgaben von der Krankenkasse auf die Managementgesellschaft übertragen werden, handelt es sich hierbei um eine Auslagerung von Verwaltungsaufgaben. ⑤ Diese Leistungen gegenüber der jeweiligen Krankenkasse stellen keine begünstigten Heilbehandlungen dar und sind steuerpflichtig. 126

Anl zu 4.14.9

Schreiben betr. Umsatzsteuerbefreiung nach § 4 Nr. 1 Buchstabe a und b UStG; Abgabe von Medikamenten

Vom 13. Dezember 2022 (BStBl. I S. 1638)

(BMF III C 3 – S 7170/20/10 001 :001; DOK 2022/1203355)

I.

Der EuGH hat in seinem Urteil vom 1. Dezember 2005 – C-394/04 und C-395/04, Ygeia, festgestellt, dass Dienstleistungen, die naturgemäß im Rahmen von Krankenhausbehandlungen und ärztlichen Heilbehandlungen erbracht werden und im Prozess der Erbringung dieser Dienstleistungen zur Erreichung der damit verfolgten therapeutischen Ziele unentbehrlich sind, „eng verbundene Umsätze" im Sinne der Richtlinienvorschrift – Artikel 13 Teil A Abs. 1 Buchstabe b der 6. EG-RL (jetzt: Artikel 132 Abs. 1 Buchstabe b MwStSystRL) – darstellen. 130

Unter Berücksichtigung dieser Rechtsprechung hat der BFH mit Urteil vom 24. September 2014 – V R 19/11, BStBl. II 2016 S. 781, entschieden, dass die Verabreichung von Zytostatika, die individuell für den einzelnen Patienten in einer Apotheke eines Krankenhauses hergestellt und im Rahmen einer ambulant in dem Krankenhaus durchgeführten ärztlichen Heilbehandlung verabreicht werden, als ein mit der ärztlichen Heilbehandlung eng verbundener Umsatz gemäß § 4 Nr. 16 Buchstabe b UStG in der in den Streitjahren 2005 und 2006 geltenden Fassung (seit 1. Januar 2009: § 4 Nr. 14 Buchstabe b UStG) steuerfrei ist. Mit BMF-Schreiben vom 28. September 2016 wurden diese für den entschiedenen Einzelfall vom BFH getroffenen Grundsätze in Abschnitt 4.14.6 Abs. 2 Nr. 3 und Abs. 3 Nr. 4 UStAE übernommen.

Zwischenzeitlich hat der BFH mit Urteil vom 18. Oktober 2017 – V R 46/16, BStBl. II 2018 S. 672, eine Entscheidung zur Zuordnung der Abgabe von Medikamenten zur Blutgerinnung (sog. Faktorpräparate) an Hämophiliepatienten zum Zweckbetrieb eines Krankenhauses veröffentlicht. Entscheidend für die Zurechnung zum Zweckbetrieb war, dass es sich bei der Abgabe dieser Medikamente (Faktorpräparate) um einen integralen Bestandteil der Gerinnungstherapie handelt.

Zwar stellt dieses zur Körperschaftsteuer ergangene Urteil auf den gemeinnützigkeitsrechtlichen Sinn und Zweck des § 67 AO und auf das Sozialrecht ab. Gleichwohl führt eine Gesamtbetrachtung der Ausführungen in der obenstehenden EuGH- und BFH-Rechtsprechung dazu, dass auch für Zwecke der Steuerbefreiung nach § 4 Nr. 14 Buchstabe b UStG maßgeblich auf die Unentbehrlichkeit des Medikaments für den Therapieerfolg abzustellen ist.

Unter Bezugnahme auf das Ergebnis der Erörterungen mit den obersten Finanzbehörden der Länder ist unter Beachtung der Grundsätze des BFH-Urteils V R 19/11 daher auch die Abgabe durch eine Krankenhausapotheke von nicht patientenindividuell hergestellten (Fertig-)Medikamenten, die einen integralen Bestandteil einer Therapie darstellen, als ein mit der ärztlichen Heilbehandlung eng verbundener Umsatz gemäß § 4 Nr. 14 Buchstabe b UStG von der Umsatzsteuer zu befreien.

Voraussetzung für die Annahme eines eng mit der Krankenhausbehandlung und der ärztlichen Heilbehandlung verbundenen Umsatzes des Krankenhauses durch dessen Krankenhausapotheke ist demnach, dass die Verabreichung der Medikamente im Zeitpunkt der Erbringung der ärztlichen Leistung im Rahmen der ambulanten Behandlung eines Patienten zur Erreichung der damit verfolgten therapeutischen Ziele unentbehrlich ist. Eine therapeutische Unentbehrlichkeit der Medikamentengabe liegt dann vor, wenn diese im Zusammenhang mit der ärztlichen Therapie erfolgt, und die Therapie lediglich dann erfolgversprechend ist, wenn es zu einer Medikamentengabe dieses konkreten Medikaments bei der Behandlung kommt. Hierfür ist die ärztliche Entscheidung über die Notwendigkeit der konkreten Behandlung maßgeblich. Unter dieser Voraussetzung kann auch eine Begleitmedikation begünstigt sein, wie beispielsweise die Abgabe von Präparaten, die eventuelle Nebenwirkungen eines Medikaments verhindern oder verringern sollen.

Die Abgabe von (Fertig-)Medikamenten kann zudem eine unselbständige Nebenleistung zu der nach § 4 Nr. 14 Buchstabe a oder b UStG umsatzsteuerfreien Heilbehandlungsleistung darstellen. Hierunter fällt die Abgabe von Medikamenten, die im Zeitpunkt der Heilbehandlung für diese unentbehrlich sind und ohne die diese Heilbehandlung nicht erfolgversprechend wäre, wie z. B. die bei einer im Rahmen einer Heilbehandlung vorgenommene Verabreichung von schmerzstillenden oder entzündungshemmenden Medikamenten. Hierbei ist die ärztliche Entscheidung für den Erfolg und die Notwendigkeit der konkreten Behandlung maßgebend.

II.

[Änderungen des Umsatzsteuer-Anwendungserlasses in A 4.14.1 und 4.14.6 UStAE berücksichtigt]

III.

Die Grundsätze dieses Schreibens sind in allen offenen Fällen anzuwenden.

Für Umsätze, die **vor dem 1. Januar 2023** ausgeführt werden, wird es für das Besteuerungsverfahren nicht beanstandet, wenn der Unternehmer seine Leistungen abweichend von Abschnitt 4.14.6 Abs. 2 Nr. 3 UStAE als umsatzsteuerpflichtig behandelt. Soweit es sich hierbei um die Abgabe von Arzneimitteln innerhalb des Zweckbetriebs eines Krankenhauses nach § 67 AO handelt, ist in allen offenen Fällen auf diese Lieferung der ermäßigte Steuersatz nach § 12 Abs. 2 Nr. 8 Buchstabe a UStG anzuwenden. Aus den damit zusammenhängenden Eingangsleistungen kann unter den weiteren Voraussetzungen des § 15 UStG der Vorsteuerabzug geltend gemacht werden.

Die Ausführungen zum Vorsteuerabzug, zur Steuerentstehung nach § 14 c Abs. 1 UStG und zur Rechnungsberichtigung unter Tz. III des BMF-Schreibens vom 28. September 2016, BStBl. I S. 1043, gelten entsprechend. Aus Billigkeitsgründen kann für eine – zur Korrektur des Vorganges weiterhin erforderliche – Berichtigung des Steuerbetrages nach § 14 c Abs. 1 Satz 2 UStG des Krankenhauses gegenüber dem Versicherten einer privaten Krankenkasse (PKV) das folgende Verfahren angewandt werden:

- Ein zivilrechtlicher Vergleich zwischen dem Krankenhaus und der PKV kann wie eine Rechnungsberichtigung im Sinne des § 14 c Abs. 1 Satz 2 UStG behandelt werden, wenn im Rahmen der entsprechenden Vereinbarung die jeweiligen Rechnungen, mit denen ursprünglich über die dem Vergleich zugrundeliegenden Leistungen gegenüber den Versicherten abgerechnet worden sind, jeweils eindeutig benannt werden (z. B. als tabellarische Anlage).
- Als Berichtigungsvolumen kommt nur der Betrag in Betracht, der auf einem Anspruch der Krankenversicherung beruht. Soweit die Krankenkasse nur eine anteilige Kostenerstattung an den Patienten vorgenommen hat, kann auch nur ein entsprechend anteiliger Betrag der in der Rechnung ausgewiesenen Umsatzsteuer berichtigt werden. Dabei ist regelmäßig davon auszugehen, dass der Vergleichsbetrag den zivilrechtlichen Anspruch nicht übersteigt.
- Voraussetzung für eine umsatzsteuerliche Berücksichtigung des Vergleichs ist eine vorherige Zahlung des Vergleichsbetrages.
- Im Verhältnis zwischen dem Steuerpflichtigen und dem Finanzamt sind Umsatzsteuer und Vorsteuer gesondert nach den hierfür geltenden Grundsätzen zu berichtigen, d. h., die Korrektur der nun nicht mehr abziehbaren Vorsteuer hat in dem ursprünglichen Jahr des Vorsteuerabzugs zu erfolgen, die Umsatzsteuerberichtigung erfolgt hingegen – in Höhe des vollen Betrages – im Jahr der „Rechnungsberichtigung".

UStG

§ 4 (Forts.)

Von den unter § 1 Abs. 1 Nr. 1 fallenden Umsätzen sind steuerfrei:

...

1 **15.**[1, 2] **die Umsätze der gesetzlichen Träger der Sozialversicherung, der gesetzlichen Träger der Grundsicherung für Arbeitsuchende nach dem Zweiten Buch Sozialgesetzbuch sowie der gemeinsamen Einrichtungen nach § 44 b Abs. 1 des Zweiten Buches Sozialgesetzbuch, der örtlichen und überörtlichen Träger der Sozialhilfe**

[1] Die Sammel- und Verteilungsstelle für das **Institutionskennzeichen (SVI)** fällt nicht unter § 4 Nr. 15 UStG. *Schreiben des BMF IV D 2 – S 7171 a – 1/00 v. 4. 5. 2000.*

[2] Zur Fassung von § 4 Nr. 15 **ab 1. 1. 2024 und 1. 1. 2025** siehe in der geschlossenen Wiedergabe.

sowie der Verwaltungsbehörden und sonstigen Stellen der Kriegsopferversorgung einschließlich der Träger der Kriegsopferfürsorge
a) untereinander,
b) an die Versicherten, die Bezieher von Leistungen nach dem Zweiten Buch Sozialgesetzbuch, die Empfänger von Sozialhilfe oder die Versorgungsberechtigten;

Hinweis auf EU-Vorschriften:
UStG: § 4 Nr. 15 .... **MwStSystRL:** Art. 132 Abs. 1 (g), (o), Abs. 2
Art. 133, 134

§ 4 (Forts.)

UStG

Von den unter § 1 Abs. 1 Nr. 1 fallenden Umsätzen sind steuerfrei:

...

15 a.[1] **die auf Gesetz beruhenden Leistungen der Medizinischen Dienste der Krankenversicherung (§ 278 SGB V) und des Medizinischen Dienstes Bund (§ 281 SGB V) untereinander und für die gesetzlichen Träger der Sozialversicherung und deren Verbände und für die Träger der Grundsicherung für Arbeitsuchende nach dem Zweiten Buch Sozialgesetzbuch sowie die gemeinsamen Einrichtungen nach § 44 b des Zweiten Buches Sozialgesetzbuch;** 1

Hinweis auf EU-Vorschriften:
UStG: § 4 Nr. 15 a .... **MwStSystRL:** Art. 132 Abs. 1 (g), (o), Abs. 2
Art. 133, 134

Verwaltungsleistungen gegen Entgelt (zB Lagerung/Archivierung von Akten oder die Erledigung von Schreibarbeiten), die aufgrund vertraglicher Vereinbarungen zwischen verschiedenen Medizinischen Diensten der Krankenversicherung erbracht werden, sind weder nach § 4 Nr. 15 a UStG noch nach Art. 132 Abs. 1 Buchst. g MwStSystRL steuerfrei. *BFH-Urteil v. 21. 4. 2021 XI R 31/20 (XI R 34/18) (DStR S. 1930).* 2

§ 4 (Forts.)

UStG

Von den unter § 1 Abs. 1 Nr. 1 fallenden Umsätzen sind steuerfrei:

...

15b. Eingliederungsleistungen nach dem Zweiten Buch Sozialgesetzbuch, Leistungen der aktiven Arbeitsförderung nach dem Dritten Buch Sozialgesetzbuch und vergleichbare Leistungen, die von Einrichtungen des öffentlichen Rechts oder anderen Einrichtungen mit sozialem Charakter erbracht werden. ② **Andere Einrichtungen mit sozialem Charakter im Sinne dieser Vorschrift sind Einrichtungen,** 1
a) die nach § 178 des Dritten Buches Sozialgesetzbuch zugelassen sind,
b) die für ihre Leistungen nach Satz 1 Verträge mit den gesetzlichen Trägern der Grundsicherung für Arbeitsuchende nach dem Zweiten Buch Sozialgesetzbuch geschlossen haben oder
c) die für Leistungen, die denen nach Satz 1 vergleichbar sind, Verträge mit juristischen Personen des öffentlichen Rechts, die diese Leistungen mit dem Ziel der Eingliederung in den Arbeitsmarkt durchführen, geschlossen haben;

Hinweis auf EU-Vorschriften:
UStG: § 4 Nr. 15 b .... **MwStSystRL:** Art. 132 Abs. 1 (g), (o), Abs. 2
Art. 133, 134

LS zu § 4 Nr. 15 b

Zu **Eingliederungsleistungen** (u. a. bei Fahrschulen und Arbeitsvermittlern). *Verfügung LfSt Niedersachsen S 71716 – 1 – St 182 v. 1. 8. 2018 (MwStR S. 852).* 1

Zur Behandlung der Umsätze (privater) **Arbeitsvermittler** für Zeiträume ab dem 1. 1. 2015 (Inkrafttreten des § 4 Nr. 15 b UStG) und für vorangehende Zeiträume. *OFD Frankfurt a. M. S. 7171 A – 003 St v. 29. 4. 2019 (DStR S. 1309).* 2

§ 4 (Forts.)

UStG

Von den unter § 1 Abs. 1 Nr. 1 fallenden Umsätzen sind steuerfrei:

...

15 c. Leistungen zur Teilhabe am Arbeitsleben nach § 49 des Neunten Buches Sozialgesetzbuch, die von Einrichtungen des öffentlichen Rechts oder anderen Ein- 1

---

[1] Leistungen von **Arbeitsgemeinschaften im Sinne des § 219 SGB V** gegenüber ihren Mitgliedern fallen nicht unter § 4 Nr. 15 Buchst. a oder § 4 Nr. 14 Satz 2 UStG. *Schreiben des BMF IV D 1 – S 7171 – 2/00 v. 10. 11. 2000.*

Schließen sich **Krankenkassen zu einer Genossenschaft** zusammen, die an ihre Mitglieder entgeltliche Leistungen erbringt, sind diese Leistungen nach Art. 13 Teil A Abs. 1 Buchst. f der Sechsten MwSt-Richtlinie 77/388/EWG nur steuerfrei, wenn es hierdurch nicht zu Wettbewerbsverzerrungen kommt. *BFH-Urt. v. 23. 4. 2009, V R 5/07 (DStRE S. 1324).*

richtungen mit sozialem Charakter erbracht werden. ② Andere Einrichtungen mit sozialem Charakter im Sinne dieser Vorschrift sind Rehabilitationsdienste und -einrichtungen nach den §§ 36 und 51 des Neunten Buches Sozialgesetzbuch, mit denen Verträge nach § 38 des Neunten Buches Sozialgesetzbuch abgeschlossen worden sind;

Hinweis auf EU-Vorschriften:
UStG: § 4 Nr. 15 c UStG .... **MwStSystRL:** Art. 132 Abs. 1 (g)

UStG

§ 4 (Forts.)

Von den unter § 1 Abs. 1 Nr. 1 fallenden Umsätzen sind steuerfrei:

...

1 **16.[1] die eng mit der Betreuung oder Pflege körperlich, kognitiv oder psychisch hilfsbedürftiger Personen verbundenen Leistungen, die erbracht werden von**
a) juristischen Personen des öffentlichen Rechts,
b) Einrichtungen, mit denen ein Vertrag nach § 132 des Fünften Buches Sozialgesetzbuch besteht,
2 **c) Einrichtungen, mit denen ein Vertrag nach § 132 a des Fünften Buches Sozialgesetzbuch, § 72 oder § 77 des Elften Buches Sozialgesetzbuch besteht oder die Leistungen zur häuslichen Pflege oder zur Heimpflege erbringen und die hierzu nach § 26 Abs. 5 in Verbindung mit § 44 des Siebten Buches Sozialgesetzbuch bestimmt sind,**
3 **d) Einrichtungen, die Leistungen der häuslichen Krankenpflege oder Haushaltshilfe erbringen und die hierzu nach § 26 Abs. 5 in Verbindung mit den §§ 32 und 42 des Siebten Buches Sozialgesetzbuch bestimmt sind,**
4 **e) Einrichtungen, mit denen eine Vereinbarung nach § 194 des Neunten Buches Sozialgesetzbuch besteht,**
f) Einrichtungen, die nach § 225 des Neunten Buches Sozialgesetzbuch anerkannt sind,
g) Einrichtungen, soweit sie Leistungen erbringen, die landesrechtlich als Angebote zur Unterstützung im Alltag nach § 45 a des Elften Buches Sozialgesetzbuch anerkannt sind,
h) Einrichtungen, mit denen eine Vereinbarung nach § 123 des Neunten Buchs Sozialgesetzbuch oder nach § 76 des Zwölften Buches Sozialgesetzbuch besteht,
5 **i) Einrichtungen, mit denen ein Vertrag nach § 8 Absatz 3 des Gesetzes zur Errichtung der Sozialversicherung für Landwirtschaft, Forsten und Gartenbau über die Gewährung von häuslicher Krankenpflege oder Haushaltshilfe nach den §§ 10 und 11 des Zweiten Gesetzes über die Krankenversicherung der Landwirte, § 10 des Gesetzes über die Alterssicherung der Landwirte oder nach § 54 Absatz 2 des Siebten Buches Sozialgesetzbuch besteht,**
6 **j) Einrichtungen, die aufgrund einer Landesrahmenempfehlung nach § 2 der Frühförderungsverordnung als fachlich geeignete interdisziplinäre Frühförderstellen anerkannt sind,**
k) Einrichtungen, die als Betreuer nach § 1896 Absatz 1 des Bürgerlichen Gesetzbuchs bestellt worden sind, sofern es sich nicht um Leistungen handelt, die nach § 1908 i Absatz 1 in Verbindung mit § 1835 Absatz 3 des Bürgerlichen Gesetzbuchs vergütet werden,
7 **l) Einrichtungen, mit denen eine Vereinbarung zur Pflegeberatung nach § 7 a des Elften Buches Sozialgesetzbuch besteht, oder**
m) Einrichtungen, bei denen die Betreuungs- oder Pflegekosten oder die Kosten für eng mit der Betreuung oder Pflege verbundene Leistungen in mindestens 25 Prozent der Fälle von den gesetzlichen Trägern der Sozialversicherung, den Trägern der Sozialhilfe, den Trägern der Eingliederungshilfe nach § 94 des Neunten Buches Sozialgesetzbuch oder der für die Durchführung der Kriegsopferversorgung zuständigen Versorgungsverwaltung einschließlich der Träger der Kriegsopferfürsorge ganz oder zum überwiegenden Teil vergütet werden.

8 **② Leistungen im Sinne des Satzes 1, die von Einrichtungen nach den Buchstaben b bis m erbracht werden, sind befreit, soweit es sich ihrer Art nach um Leistungen handelt, auf die sich die Anerkennung, der Vertrag oder die Vereinbarung nach Sozialrecht oder die Vergütung jeweils bezieht;**

Hinweis auf EU-Vorschriften:
UStG: § 4 Nr. 16 .... **MwStSystRL:** Art. 132 Abs. 1 (b), (g), (o), Abs. 2
Art. 133, 134

[1] Zur Fassung von § 4 Nr. 16 **ab 1. 1. 2023** bzw. ab **1. 1. 2024 und 1. 1. 2025** siehe in der geschlossenen Wiedergabe.

Übersicht zu § 4 Nr. 16

Zu § 4 Nr. 16 UStG

4.16.1 Anwendungsbereich und Umfang der Steuerbefreiung

UStAE 4.16.1

Anwendungsbereich

(1) ① § 4 Nr. 16 UStG selbst enthält nur eine allgemeine Definition der Betreuungs- und Pflegeleistungen. ② Welche Leistungen letztlich im Einzelnen in den Anwendungsbereich der Steuerbefreiung fallen, ergibt sich aus der Definition der nach § 4 Nr. 16 Satz 1 Buchstaben a bis l UStG begünstigten Einrichtungen. ③ Soweit diese im Rahmen ihrer sozialrechtlichen Anerkennung Betreuungs- und Pflegeleistungen ausführen (vgl. auch Absatz 8 und 9), fallen ihre Leistungen in den Anwendungsbereich der Steuerbefreiung. 11

(2) Die mit dem Betrieb von Einrichtungen zur Betreuung oder Pflege körperlich, geistig oder seelisch hilfsbedürftiger Personen eng verbundenen Leistungen sind nach § 4 Nr. 16 Satz 1 Buchstabe a UStG steuerfrei, wenn sie von Einrichtungen des öffentlichen Rechts erbracht werden. 12

(3) ① Ferner sind die Betreuungs- oder Pflegeleistungen nach § 4 Nr. 16 Satz 1 Buchstaben b bis l UStG steuerfrei, wenn sie von anderen anerkannten Einrichtungen mit sozialem Charakter im Sinne des Artikels 132 Abs. 1 Buchstabe g MwStSystRL erbracht werden. ② Dabei umfasst der Begriff „Einrichtungen" unabhängig von der Rechts- oder Organisationsform des Leistungserbringers sowohl natürliche als auch juristische Personen. ③ Als andere Einrichtungen sind auch Einrichtungen anzusehen, die in der Form privatrechtlicher Gesellschaften betrieben werden, deren Anteile nur von juristischen Personen des öffentlichen Rechts gehalten werden. ④ Für die Anerkennung eines Unternehmers als eine Einrichtung mit sozialem Charakter reicht es für sich allein nicht schon aus, dass der Unternehmer lediglich als Subunternehmer für eine anerkannte Einrichtung tätig ist. ⑤ Ein Zeitarbeitsunternehmen, das anerkannten Pflegeeinrichtungen staatlich geprüfte Pflegekräfte zur Verfügung stellt, ist selbst keine Einrichtung mit sozialem Charakter (vgl. EuGH-Urteil vom 12. 3. 2015, C-594/13, „go fair" Zeitarbeit, BStBl. II S. 980). 13

Umfang der Steuerbefreiung an hilfsbedürftige Personen

(4) ① Die Steuerbefreiung erfasst sowohl Betreuungs- als auch Pflegeleistungen für hilfsbedürftige Personen. ② Hilfsbedürftig sind alle Personen, die auf Grund ihres körperlichen, geistigen oder seelischen Zustands der Betreuung oder Pflege bedürfen. ③ Der Betreuung oder Pflege bedürfen Personen, die krank, behindert oder von einer Behinderung bedroht sind. ④ Dies schließt auch Personen mit ein, bei denen ein Grundpflegebedarf oder eine erhebliche Einschränkung der Alltagskompetenz (§ 45 a SGB XI), besteht. ⑤ Hilfsbedürftig sind darüber hinaus auch Personen, denen Haushaltshilfe nach dem KVLG 1989, dem ALG oder dem SGB VII gewährt wird, etwa im Fall der Arbeitsunfähigkeit nach § 10 Abs. 1 KVLG 1989. 14

Umfang der Steuerbefreiung bei Leistungen auch an nicht hilfsbedürftige Personen

(5) ① Soweit Pflege- oder Betreuungsleistungen in stationären Einrichtungen in geringem Umfang auch an nicht hilfsbedürftige Personen erbracht werden, ist die Inanspruchnahme der Steuerbefreiung nicht zu beanstanden. ② Von einem geringen Umfang ist auszugehen, wenn die Leistungen in nicht mehr als 10% der Fälle an nicht hilfsbedürftige Personen erbracht werden. ③ Die Steuerbefreiung gilt dann insgesamt für die mit dem Betrieb eines Altenheims oder Pflegeheims eng verbundenen Umsätze, auch wenn hier in geringem Umfang bereits Personen aufgenommen werden, die nicht betreuungs- oder pflegebedürftig sind. 15

Umfang der Steuerbefreiung bei Betreuungs- und Pflegeleistungen

(6) ① Die Steuerbefreiung umfasst die mit dem Betrieb von Einrichtungen zur Betreuung oder Pflege körperlich, geistig oder seelisch hilfsbedürftiger Personen eng verbundenen Umsätze, unabhängig davon, ob diese Leistungen ambulant oder stationär erbracht werden. ② Werden die Leistungen stationär erbracht, kommt es zudem nicht darauf an, ob die Personen vorübergehend oder dauerhaft aufgenommen werden. 16

(7) ① Unter den Begriff der Betreuung oder Pflege fallen z. B. die in § 36 Abs. 1 SGB XI bzw. § 64 b SGB XII aufgeführten körperbezogenen Pflegemaßnahmen und pflegerischen Betreu- 17

ungsmaßnahmen sowie Hilfen bei der Haushaltsführung; bei teilstationärer oder stationärer Aufnahme gilt dies auch für Unterbringung und Verpflegung. ② Auch in den Fällen, in denen eine Einrichtung im Sinne von § 4 Nr. 16 UStG für eine hilfsbedürftige Person ausschließlich Leistungen der hauswirtschaftlichen Versorgung erbringt, handelt es sich um mit dem Betrieb von Einrichtungen zur Betreuung oder Pflege eng verbundene und somit steuerfreie Leistungen.

Beschränkung der Steuerbefreiung

18 (8) ① Leistungen nach § 4 Nr. 16 UStG sind sowohl im Bereich gesetzlicher Versicherungen steuerfrei als auch bei Vorliegen eines privaten Versicherungsschutzes. ② Nach § 4 Nr. 16 Satz 2 UStG sind Betreuungs- oder Pflegeleistungen, die von den in § 4 Nr. 16 Satz 1 UStG genannten Einrichtungen erbracht werden, befreit, soweit es sich ihrer Art nach um Leistungen handelt, auf die sich die Anerkennung, der Vertrag oder die Vereinbarung nach Sozialrecht oder die Vergütung jeweils bezieht.

Beispiel 1:

① Ein Unternehmer erbringt Haushaltshilfeleistungen im Rahmen eines Vertrages nach § 132 SGB V mit der Krankenkasse A an eine hilfsbedürftige Person. ② Daneben erbringt er die identischen Haushaltshilfeleistungen an hilfsbedürftige Privatpersonen, an hilfsbedürftige Privatversicherte sowie an die Krankenkasse B. ③ Ein Vertrag nach § 132 SGB V besteht mit der Krankenkasse B nicht. ④ Der Unternehmer stellt eine begünstigte Einrichtung nach § 4 Nr. 16 Satz 1 Buchstabe b UStG dar. ⑤ Somit sind die gesamten Haushaltshilfeleistungen im Sinne des § 132 SGB V steuerfrei.

Beispiel 2:

Ein Unternehmer, der Leistungen in verschiedenen Bereichen erbringt, z. B. neben einem nach § 72 SGB XI zugelassenen Pflegeheim auch einen Integrationsfachdienst betreibt, hat die Voraussetzung für die Steuerbefreiung für beide Bereiche gesondert nachzuweisen (Vereinbarung nach § 194 SGB IX).

19 (9) ① Die Steuerbefreiung beschränkt sich allerdings nicht auf den „Umfang" z. B. des im Rahmen der Zulassung vereinbarten Leistungspakets. ② Sofern z. B. eine nach § 72 SGB XI zugelassene Pflegeeinrichtung Leistungen erbringt, die über den Leistungskatalog der gesetzlichen Krankenversicherung hinausgehen (z. B. tägliche Hilfe beim Baden anstatt nur einmal wöchentlich), fallen auch diese unter die Steuerbefreiung nach § 4 Nr. 16 Satz 1 Buchstabe c UStG.

LS zu 4.16.1

20 Der ***EuGH*** hat das Vorabentscheidungsersuchen des BFH vom 10. 4. 2019 XI R 11/17 (BStBl. II S. 683) zur Behandlung von **Gutachtertätigkeiten** im Auftrag des **MDK** mit ***Urteil v. 8. 10. 2020,*** *C-657/19, FA D ./. E (DStR S. 2305)* beantwortet. Danach stellt die durch einen unabhängigen Gutachter im Auftrag des Medizinischen Dienstes einer Pflegekasse erfolgende Erstellung von Gutachten zur Pflegebedürftigkeit, die von dieser Pflegekasse zur Ermittlung des Umfangs etwaiger Ansprüche ihrer Versicherten auf Leistungen der Sozialfürsorge und der sozialen Sicherheit verwendet werden, eine eng mit der Sozialfürsorge und der sozialen Sicherheit verbundene Dienstleistung dar, soweit sie für die sachgerechte Bewirkung der Umsätze in diesem Bereich unerlässlich ist. Art. 132 Abs. 1 Buchst. g MwStSystRL steht dem aber nicht entgegen, da diesem Gutachter die Anerkennung als Einrichtung mit sozialem Charakter verwehrt wird, auch wenn er erstens seine in der Erstellung von Gutachten zur Pflegebedürftigkeit bestehenden Leistungen als Subunternehmer im Auftrag des genannten Medizinischen Dienstes erbringt, der als eine solche Einrichtung anerkannt worden ist, zweitens die Kosten der Erstellung dieser Gutachten indirekt und pauschal von der betreffenden Pflegekasse getragen werden und drittens der genannte Gutachter nach innerstaatlichem Recht die Möglichkeit hat, unmittelbar mit dieser Kasse einen Vertrag über die Erstellung der Gutachten zu schließen, um in den Genuss dieser Anerkennung zu gelangen, von dieser Möglichkeit aber keinen Gebrauch gemacht hat.

UStAE 4.16.2

4.16.2 Nachweis der Voraussetzungen

21 (1) ① Die Voraussetzungen für die Steuerbefreiung, dass die Leistungen an hilfsbedürftige Personen erbracht wurden, müssen für jede betreute oder gepflegte Person beleg- und buchmäßig nachgewiesen werden. ② Hierzu gehören insbesondere

- der Nachweis der Pflegebedürftigkeit und ihrer voraussichtlichen Dauer durch eine Bestätigung der Krankenkasse, der Pflegekasse, des Sozialhilfeträgers, des Gesundheitsamts oder durch ärztliche Verordnung;
- der Nachweis der Kosten des Falls durch Rechnungen und der Höhe der Kostenerstattung der gesetzlichen Träger der Sozialversicherung oder Sozialhilfe durch entsprechende Abrechnungsunterlagen;
- die Aufzeichnung des Namens und der Anschrift der hilfsbedürftigen Person;
- die Aufzeichnung des Entgelts für die gesamte Betreuungs- oder Pflegeleistung und der Höhe des Kostenersatzes durch den Träger der Sozialversicherung oder Sozialhilfe für den einzelnen Fall;
- die Summe der gesamten Fälle eines Kalenderjahres;
- die Summe der Fälle dieses Jahres mit überwiegender Kostentragung durch die Träger der Sozialversicherung oder Sozialhilfe.

③ Übernimmt eine anerkannte und zugelassene Pflegeeinrichtung als Kooperationspartner einer anderen Einrichtung einen Teil des Pflegeauftrags für eine zu pflegende Person, kann für beide Einrichtungen die Steuerbefreiung nach § 4 Nr. 16 UStG in Betracht kommen.

22 (2) ① Als Nachweis über die Hilfsbedürftigkeit der gepflegten oder betreuten Personen kommen ferner andere Belege/Aufzeichnungen, die als Nachweis eines Betreuungs- und Pflegebedarfs geeignet sind und oftmals bereits auf Grund sozialrechtlicher Vorgaben vorhanden sind, z. B. Betreuungstagebücher und Pflegeleistungsaufzeichnungen der Pflegekräfte, in Betracht.

② Ferner kann sich der Pflegebedarf insbesondere aus der Anerkennung eines Pflegegrads nach den §§ 14 oder 15 SGB XI oder aus einem diesbezüglichen Ablehnungsbescheid ergeben.

4.16.3 Einrichtungen nach § 4 Nr. 16 Satz 1 Buchstabe l UStG

UStAE 4.16.3

(1) Sofern Betreuungs- oder Pflegeleistungen an hilfsbedürftige Personen von Einrichtungen erbracht werden, die nicht nach Sozialrecht anerkannt sind und mit denen weder ein Vertrag noch eine Vereinbarung nach Sozialrecht besteht, sind diese nach § 4 Nr. 16 Satz 1 Buchstabe l UStG steuerfrei, wenn im vorangegangen Kalenderjahr die Betreuungs- oder Pflegekosten in mindestens 25% der Fälle dieser Einrichtung von den gesetzlichen Trägern der Sozialversicherung, den Trägern der Sozialhilfe, den Trägern der Eingliederungshilfe nach § 94 SGB IX oder der für die Durchführung der Kriegsopferversorgung zuständigen Versorgungsverwaltung einschließlich der Träger der Kriegsopferfürsorge ganz oder zum überwiegenden Teil vergütet worden sind. 31

(2) ① Eine Vergütung der Betreuungs- oder Pflegeleistungen aus Geldern des Persönlichen Budgets (§ 29 SGB IX) durch die hilfsbedürftige Person als mittelbare Vergütung ist nicht in die Ermittlung der Sozialgrenze bei der erbringenden Einrichtung mit einzubeziehen. ② Auch Betreuungs- und Pflegeleistungen von Einrichtungen (Subunternehmer), die diese gegenüber begünstigten Einrichtungen erbringen, sind nicht begünstigt, sofern diese nicht selbst eine begünstigte Einrichtung nach § 4 Nr. 16 UStG sind. 32

(3) ① Für die Ermittlung der 25%-Grenze nach § 4 Nr. 16 Satz 1 Buchstabe l UStG müssen die Betreuungs- und Pflegekosten im vorangegangenen Kalenderjahr in mindestens 25% der Fälle von den gesetzlichen Trägern der Sozialversicherung, den Trägern der Sozialhilfe, den Trägern der Eingliederungshilfe nach § 94 SGB IX oder der für die Durchführung der Kriegsopferversorgung zuständigen Versorgungsverwaltung einschließlich der Träger der Kriegsopferfürsorge ganz oder zum überwiegenden Teil vergütet worden sein. ② Für die Auslegung des Begriffs „Fälle“ ist von der Anzahl der hilfsbedürftigen Personen im Laufe eines Kalendermonats auszugehen. ③ Bei der stationären oder teilstationären Unterbringung in einer Einrichtung gilt daher die Aufnahme einer Person innerhalb eines Kalendermonats als ein „Fall“. ④ Bei der Erbringung ambulanter Betreuungs- oder Pflegeleistungen gelten alle Leistungen für eine Person in einem Kalendermonat als ein „Fall“. ⑤ Werden von einem Unternehmer mehrere verschiedenartige Einrichtungen im Sinne des § 4 Nr. 16 Satz 1 UStG betrieben, sind die im Laufe eines Kalendermonats betreuten oder gepflegten Personen zur Ermittlung der Gesamtzahl der Fälle jeder Einrichtung gesondert zuzuordnen. 33

(4) ① Die Kosten eines „Falls“ werden von den gesetzlichen Trägern der Sozialversicherung, Sozialhilfe, Eingliederungshilfe nach § 94 SGB IX, Kriegsopferfürsorge oder der für die Durchführung der Kriegsopferversorgung zuständigen Versorgungsverwaltung zum überwiegenden Teil getragen, wenn sie die Kosten des Falls allein oder gemeinsam zu mehr als 50% übernehmen. ② Der Zeitpunkt der Kostenerstattung ist dabei ohne Bedeutung. ③ Kostenzuschüsse oder Kostenerstattungen anderer Einrichtungen (z.B. private Krankenkassen, Beihilfestellen für Beamte, Wohlfahrtsverbände) sind den eigenen Aufwendungen der hilfsbedürftigen Person zuzurechnen. 34

(5) ① Für die Ermittlung der 25%-Grenze sind die Verhältnisse des Vorjahres maßgebend. ② Nimmt der Unternehmer seine Tätigkeit im Laufe eines Kalenderjahres neu auf, ist auf die voraussichtlichen Verhältnisse des laufenden Jahres abzustellen. 35

(6) ① Schulungskurse und Beratungen, die Pflegeeinrichtungen im Auftrag der Pflegekassen durchführen, sind eng mit den Pflegeleistungen verbundene Umsätze. ② Sie werden grundsätzlich nicht als „Fall“ angesehen und bei der Berechnung der 25%-Grenze außen vor gelassen. ③ Diese Umsätze sind danach steuerfrei, wenn im vorangegangenen Kalenderjahr mindestens 25% der Fälle der Einrichtung ganz oder zum überwiegenden Teil von der Sozialversicherung, Sozialhilfe, Eingliederungshilfe (SGB IX Teil 2), Kriegsopferfürsorge oder der für die Durchführung der Kriegsopferversorgung zuständigen Versorgungsverwaltung getragen worden sind. 36

LS zu 4.16.3

Die Steuerfreiheit nach § 4 Nr. 16 Buchst. d UStG setzt die **Pflegebedürftigkeit** der aufgenommenen Personen voraus. *Verfügung OFD Koblenz S 7172 A – St 44 2 v. 12. 3. 2008 (DStR S. 1139).*

Zur Steuerfreiheit der Umsätze eines **ambulanten Pflegedienstes** siehe *BFH-Urt. v. 19. 3. 2013, XI R 47/07 (DStR S. 1078)* – LS zu 4.16.5. 38

Erbringt ein gemeinnütziger Verein gegenüber Senioren im Rahmen des **„betreuten Wohnens“** ein Leistungsbündel, das durch die Leistungen der in § 75 BSHG (Altenhilfe) genannten Art geprägt wird, ist die einheitliche Leistung nach Art. 13 Teil A Abs. 1 Buchst. g der Richtlinie 77/388/EWG steuerfrei, auch wenn der Verein insoweit nur gegenüber dem Vermieter der Seniorenwohnungen verpflichtet ist. *BFH-Urt. v. 8. 6. 2011, XI R 22/09 (DStR S. 1659).*

Wenn die Kosten für Pflegeleistungen nicht von Einrichtungen der sozialen Sicherheit „vergütet“ werden, sondern die zu pflegende Person selbst aus **eigenen Mitteln** für die Pflegeleistungen aufzukommen hat, kann nicht von einer Übernahme der Kosten durch soziale Einrichtungen gesprochen werden; dies gilt auch, wenn der Leistungsempfänger die für seine Pflege eingesetzten Mittel aus einer Altersrente bezogen hat. Setzt der Leistungsempfänger seine Altersrente zur Finanzierung von Pflegekosten ein, liegt darin keine explizite Entscheidung der Kasse zugunsten der Kostenerstattung von Pflegeleistungen, mithin auch keine Anerkennung des Leistenden als „andere Einrichtung mit sozialem Charakter“. *BFH-Beschluss v. 1. 6. 2021 XI B 27/20 (BFH/NV S. 1378).*

UStAE 4.16.4

4.16.4 Leistungen der Altenheime, Pflegeheime und Altenwohnheime

Altenheime (§ 4 Nr. 16 Satz 1 Buchstabe l UStG)

41 (1) Altenheime sind Einrichtungen, in denen ältere Menschen, die grundsätzlich nicht pflegebedürftig, aber zur Führung eines eigenen Hausstands außerstande sind, Unterkunft, Verpflegung und Betreuung erhalten.

42 (2) Die Inanspruchnahme der Steuerbefreiung nach § 4 Nr. 16 Satz 1 Buchstabe l UStG für Betreuungs- oder Pflegeleistungen an hilfsbedürftige Personen durch private Altenheime setzt grundsätzlich voraus, dass die Leistungen im vorangegangenen Kalenderjahr in 25% der Fälle von den gesetzlichen Trägern der Sozialversicherung oder der Sozialhilfe oder der für die Durchführung der Kriegsopferversorgung zuständigen Versorgungsverwaltung einschließlich der Träger der Kriegsopferfürsorge ganz oder zum überwiegenden Teil vergütet worden sind.

Pflegeheime (§ 4 Nr. 16 Satz 1 Buchstaben c oder d UStG)

43 (3) Stationäre Pflegeeinrichtungen (Pflegeheime) sind selbständige wirtschaftliche Einrichtungen, in denen Pflegebedürftige unter ständiger Verantwortung einer ausgebildeten Pflegefachkraft gepflegt werden und ganztägig (vollstationär) oder nur tagsüber oder nur nachts (teilstationär) untergebracht und verpflegt werden (§ 71 Abs. 2 SGB XI).

44 (4) Die Betreuungs- oder Pflegeleistungen an hilfsbedürftige Personen in stationären Pflegeeinrichtungen sind nach § 4 Nr. 16 Satz 1 Buchstabe c bzw. d UStG steuerfrei, wenn mit den Einrichtungen ein Versorgungsvertrag nach § 72 SGB XI besteht bzw. diese zur Heimpflege nach § 26 Abs. 5 in Verbindung mit § 44 SGB VII bestimmt oder die Voraussetzungen nach § 4 Nr. 16 Satz 1 Buchstabe l UStG erfüllt sind.

Altenwohnheime

45 (5) ① Beim Betrieb eines Altenwohnheims ist grundsätzlich nur von einer nach § 4 Nr. 12 UStG steuerfreien Vermietungsleistung auszugehen. ② Wird mit den Bewohnern eines Altenwohnheims ein Vertrag über die Aufnahme in das Heim geschlossen, der neben der Wohnraumüberlassung auch Leistungen zur Betreuung oder Pflege vorsieht, wobei die Betreuungs- und Pflegeleistungen die Wohnraumüberlassung aber nicht überlagern, handelt es sich um zwei getrennt voneinander zu betrachtende Leistungen. ③ Auch in diesem Fall ist die Wohnraumüberlassung grundsätzlich nach § 4 Nr. 12 UStG steuerfrei. ④ Werden daneben eigenständige Leistungen der Betreuung oder Pflege erbracht, können diese unter den Voraussetzungen des § 4 Nr. 16 UStG steuerfrei sein (vgl. BFH-Urteil vom 4. 5. 2011, XI R 35/10, BStBl. II S. 836).

LS zu 4.16.4

46 1. Die Vermietung möblierter Räume oder Gebäude ist nach § 4 Nr. 12 Satz 1 Buchst. a UStG steuerfrei, wenn es sich um eine auf Dauer angelegte und nicht um eine kurzfristige Überlassung handelt. – 2. Schuldet der Leistende die Überlassung eines für den Betrieb eines **Seniorenheims** funktionsfähig eingerichteten Gebäudes, so ist die Überlassung des Mobiliars, die nur dazu dient, die vertragsgemäße Nutzung des als Seniorenpflegeheim vermieteten Gebäudes unter optimalen Bedingungen in Anspruch zu nehmen, unselbständige Nebenleistung zur einheitlichen steuerfreien Vermietungsleistung. *BFH-Urt. v. 20. 8. 2009 – V R 21/08 (BFH/NV 2010 S. 473).*

1. Die Umsätze aus der Medienlieferung (Strom, Wasser und Heizung) eines **Altenheims** an den Betreiber des Restaurants sind nach § 4 Nr. 16 Buchst. d UStG umsatzsteuerfrei. – 2. Die Umsätze aus Betreuungsverträgen mit den Bewohnern des Bereichs **„Betreutes Wohnen" (Hausnotruf),** die nicht im Rahmen des Alten- und Pflegeheims erbracht werden, sind nach Art. 132 Abs. 1 Buchst. g MwStSystRL von der Umsatzsteuer befreit. – 3. Nicht steuerbefreit sind die gegenüber den Bewohnern des Bereichs „Betreutes Wohnen" erbrachten Umsätze aus einem **Wäscheservice.** *FG Berlin-Brandenburg, Urt. v. 18. 1. 2011, 5 K 5110/07, rkr. (DStRE S. 1270).*

Betreuungsleistungen, die eng mit dem Betrieb von Einrichtungen zur Betreuung oder Pflege körperlich, geistig oder seelisch hilfsbedürftiger Personen verbundenen Leistungen zusammenhängen und spezifisch auf die Behebung altersspezifischer Einschränkungen zielen wie Bereitstellung eines Notrufdienstes, bedarfsweise kurzfristige Übernahme pflegerischer Leistungen, hauswirtschaftliche Versorgung, Einkaufen, Kochen, Reinigen der Wohnung, Waschen der Kleidung, sind gemäß § 4 Nr. 16 UStG umsatzsteuerfrei. *Urteil FG Münster v. 25. 1. 2022 15 K 3554/18 U (MwStR S. 440).*

Die für die Umsatzsteuerfreiheit von Betreuungsleistungen erforderliche Kostentragung durch die Pflegekasse kann sich beim Betrieb eines **Hausnotrufsystems** aus der Zuerkennung einer Pflegestufe ergeben. *BFH-Urteil v. 3. 8. 2017 V R 52/16 (MwStR 2018 S. 138).*

Vermietungsleistungen und individuell angepasste Pflegeleistungen, die ein Unternehmer aufgrund **getrennter Verträge** gegenüber Senioren im Rahmen einer **Seniorenwohngemeinschaft** erbringt, sind umsatzsteuerrechtlich nicht als einheitliche (steuerpflichtige) Leistung zu qualifizieren, sondern unterliegen als eigenständige, selbständige Leistungen der gesonderten Beurteilung. *BFH-Urteil v. 4. 5. 2011 – XI R 35/10 (BStBl. II S. 836).*

Betreibt ein Altersheim mit umfassender Verpflegung der Heimbewohner auch eine **Cafeteria,** die zusätzlich entgeltlich Getränke und Speisen an Heimbewohner und deren Besucher abgibt, sind die Umsätze aus dem Betrieb der Cafeteria nicht gemäß § 4 Nr. 16 Satz 1 UStG steuerfrei. Der Betrieb der Cafeteria ist in einem solchen Fall für die Pflege und Versorgung der Heimbewohner nicht unerlässlich. *BFH-Urt. v. 21. 4. 2022 V R 39/21 (BFH/NV S. 1065).*

UStAE 4.16.5

4.16.5 Weitere Betreuungs- und/oder Pflegeeinrichtungen

Haushaltshilfeleistungen (§ 4 Nr. 16 Satz 1 Buchstaben b, d, i oder l UStG)

51 (1) Haushaltshilfe erhalten Personen, denen z. B. wegen einer Krankenhausbehandlung und ggf. weiterer Voraussetzungen die Weiterführung des Haushalts nicht möglich ist.

52 (2) ① Haushaltshilfeleistungen sind nach § 4 Nr. 16 Satz 1 Buchstabe b UStG steuerfrei, wenn diese von Einrichtungen erbracht werden, mit denen ein Vertrag nach § 132 SGB V besteht.

② Hierunter fallen insbesondere Umsätze, die eine Einrichtung durch Gestellung von Haushaltshilfen im Sinne des § 38 SGB V erzielt (vgl. BFH-Urteil vom 30. 7. 2008, XI R 61/07, BStBl. 2009 II S. 68).

(3) ① Auch die Haushaltshilfeleistungen von Einrichtungen, die hierzu nach § 26 Abs. 5 in Verbindung mit § 42 SGB VII (Haushaltshilfe und Kinderbetreuung) bestimmt sind (§ 4 Nr. 16 Satz 1 Buchstabe d UStG) oder mit denen ein Vertrag nach § 8 Abs. 3 Satz 2 SVLFGG (Inanspruchnahme anderer geeigneter Personen, Einrichtungen oder Unternehmen zur Gewährung von häuslicher Krankenpflege, Betriebs- und Haushaltshilfe) über die Gewährung von Leistungen 53
- nach den §§ 10 und 11 KVLG 1989 (Betriebs- und Haushaltshilfe in der landwirtschaftlichen Krankenversicherung wegen Krankheit, einer medizinischen Vorsorge- oder Rehabilitationsleistung oder Schwangerschaft und Entbindung),
- nach den §§ 10, 36, 37 und 39 ALG (Betriebs- und Haushaltshilfe in der Alterssicherung der Landwirte bei medizinischer Rehabilitation, bei Arbeitsunfähigkeit, Schwangerschaft und Kuren, bei Tod und in anderen Fällen) oder
- nach § 54 Abs. 2 SGB VII (Betriebs- oder Haushaltshilfe in der landwirtschaftlichen Unfallversicherung)

besteht (§ 4 Nr. 16 Satz 1 Buchstabe i UStG), sind steuerfrei. ② Zudem sind Haushaltshilfeleistungen steuerfrei, wenn die Voraussetzungen des § 4 Nr. 16 Satz 1 Buchstabe l UStG erfüllt sind.

(4) ① Für die Leistungen aus der Gestellung von Betriebshelfern kann die Steuerbefreiung nach § 4 Nr. 27 Buchstabe b UStG unter den dortigen Voraussetzungen in Betracht kommen. 54

Leistungen der häuslichen Pflege (§ 4 Nr. 16 Satz 1 Buchstabe c, i oder l UStG)

(5) ① Einrichtungen, die Leistungen zur häuslichen Pflege und Betreuung sowie zur hauswirtschaftlichen Versorgung erbringen, sind mit ihren Leistungen steuerfrei, wenn mit ihnen die Krankenkasse einen Vertrag nach § 132a SGB V (Versorgung mit häuslicher Krankenpflege) bzw. die zuständige Pflegekasse einen Vertrag nach § 77 SGB XI (Häusliche Pflege durch Einzelpersonen) geschlossen hat oder mit ihnen ein Versorgungsvertrag 55
- nach § 72 SGB XI (zugelassene Pflegeeinrichtungen – § 4 Nr. 16 Satz 1 Buchstabe c UStG) bzw.
- nach § 8 Abs. 3 Satz 2 SVLFGG (Inanspruchnahme anderer geeigneter Personen, Einrichtungen oder Unternehmen zur Gewährung von häuslicher Krankenpflege, Betriebs- und Haushaltshilfe – § 4 Nr. 16 Satz 1 Buchstabe i UStG) über die Gewährung von Leistungen nach § 8 KVLG 1989 in Verbindung mit § 37 SGB V besteht,
- oder wenn sie hierzu nach § 26 Abs. 5 in Verbindung mit §§ 32 bzw. 44 SGB VII (Leistungen bei Pflegebedürftigkeit durch häusliche Krankenpflege bzw. Pflege) bestimmt sind (§ 4 Nr. 16 Satz 1 Buchstabe c UStG)

bzw. wenn die Voraussetzungen nach § 4 Nr. 16 Satz 1 Buchstabe l UStG erfüllt sind. ② Unter die Steuerbefreiung fallen auch die von diesen Einrichtungen erbrachten Pflegeberatungsleistungen nach §§ 7a bzw. 37 Abs. 3 SGB XI.

(6) ① Häusliche Krankenpflege kann die auf Grund ärztlicher Verordnung erforderliche Grund- und Behandlungspflege sowie die hauswirtschaftliche Versorgung umfassen. ② Nach § 4 Nr. 16 UStG sind aber nur die Grundpflegeleistungen und die hauswirtschaftliche Versorgung befreit. ③ Dabei fallen auch isolierte hauswirtschaftliche Versorgungsleistungen, die an hilfsbedürftige Personen erbracht werden, unter diese Steuerbefreiung. ④ Leistungen der Behandlungspflege können aber unter den weiteren Voraussetzungen des § 4 Nr. 14 UStG steuerfrei sein (vgl. Abschnitt 4.14.4 Abs. 11 Nr. 4). 56

Leistungen der Integrationsfachdienste (§ 4 Nr. 16 Satz 1 Buchstabe e UStG)

(7) ① Integrationsfachdienste sind Dienste Dritter, die bei der Durchführung der Maßnahmen zur Teilhabe schwer behinderter Menschen am Arbeitsleben, um die Erwerbsfähigkeit des genannten Personenkreises herzustellen oder wiederherzustellen, beteiligt sind. ② Sie können unter weiteren Voraussetzungen auch zur beruflichen Eingliederung von behinderten Menschen, die nicht schwer behindert sind, tätig werden (§ 192 Abs. 1 und 4 SGB IX). ③ Sie können zur Teilhabe (schwer-)behinderter Menschen am Arbeitsleben (Aufnahme, Ausübung und Sicherung einer möglichst dauerhaften Beschäftigung) beteiligt werden, indem sie die (schwer-)behinderten Menschen beraten, unterstützen und auf geeignete Arbeitsplätze vermitteln, sowie die Arbeitgeber informieren, beraten und ihnen Hilfe leisten (§ 193 SGB IX). ④ Anders als bei den Leistungen der Arbeitsvermittlungsagenturen steht hier die Betreuung behinderter Menschen zur Eingliederung ins Arbeitsleben im Vordergrund. 57

(8) ① Die Inanspruchnahme der Steuerbefreiung nach § 4 Nr. 16 Satz 1 Buchstabe e UStG für Leistungen der Integrationsfachdienste setzt voraus, dass diese im Auftrag der Integrationsämter oder der Rehabilitationsträger tätig werden und mit ihnen eine Vereinbarung nach § 194 SGB IX besteht. ② Für die Inanspruchnahme der Steuerbefreiung nach § 4 Nr. 16 Satz 1 Buchstabe e UStG kommt es ausschließlich darauf an, dass das Integrationsamt mit dem Integrationsfachdienst eine Vereinbarung abgeschlossen hat, in der dieser als Integrationsfachdienst benannt ist. ③ Wenn diese (Grund-)Vereinbarung besteht, sind alle Tätigkeiten des Integrationsfachdiens- 58

UStAE 4.16.5

tes im Rahmen des gesetzlichen Auftrages (§ 193 SGB IX) steuerbefreit. ④ Dabei ist es unerheblich, wer den konkreten Auftrag im Einzelfall erteilt (z. B. Integrationsamt, Rehabilitationsträger oder Träger der Arbeitsverwaltung).

Leistungen der Werkstätten für behinderte Menschen (§ 4 Nr. 16 Satz 1 Buchstabe f UStG)

59 (9) ① Eine Werkstatt für behinderte Menschen ist eine Einrichtung zur Teilhabe behinderter Menschen am Arbeitsleben und zur Eingliederung in das Arbeitsleben. ② Eine solche Werkstatt steht allen behinderten Menschen offen, sofern erwartet werden kann, dass sie spätestens nach Teilnahme an Maßnahmen im Berufsbildungsbereich wenigstens ein Mindestmaß wirtschaftlich verwertbarer Arbeitsleistungen erbringen werden (§ 219 Abs. 1 und 2 SGB IX). ③ Behinderte Menschen, die die Voraussetzungen für die Beschäftigung in der Werkstatt nicht erfüllen, sollen in Einrichtungen oder Gruppen betreut und gefördert werden, die der Werkstatt angegliedert sind (§ 219 Abs. 3 SGB IX).

60 (10) ① Die nach dem Sozialgesetzbuch an Werkstätten für behinderte Menschen und deren angegliederten Betreuungseinrichtungen gezahlten Pflegegelder sind als Entgelte für die Betreuungs-, Beköstigung-, Beherbergungs- und Beförderungsleistungen dieser Werkstätten anzusehen (vgl. Abschnitt 4.18.1 Abs. 11). ② Diese Leistungen sind nach § 4 Nr. 16 Satz 1 Buchstabe f UStG befreit, wenn sie von Werkstätten bzw. deren Zusammenschlüssen erbracht werden, die nach § 225 SGB IX anerkannt sind.

61 (11) Zur umsatzsteuerlichen Behandlung der Umsätze im Werkstattbereich wird auf Abschnitt 12.9 Abs. 4 Nr. 4 hingewiesen.

Angebote zur Unterstützung im Alltag (§ 4 Nr. 16 Satz 1 Buchstabe g UStG)

62 (12) ① Angebote zur Unterstützung im Alltag sind zum einen Angebote, in denen Helferinnen und Helfer unter pflegefachlicher Anleitung die Betreuung von Pflegebedürftigen mit allgemeinem oder mit besonderem Betreuungsbedarf in Gruppen oder im häuslichen Bereich übernehmen sowie pflegende Angehörige und vergleichbar nahestehende Pflegepersonen entlasten und beratend unterstützen (Betreuungsangebote sowie Angebote zur Entlastung von Pflegenden, § 45 a Abs. 1 Satz 2 Nr. 1 und Nr. 2 SGB XI). ② Das sind z. B. Betreuungsgruppen für Pflegebedürftige mit demenzbedingten Fähigkeitsstörungen, mit geistigen Behinderungen oder mit psychischen Erkrankungen, Helferinnen- und Helferkreise zur stundenweisen Entlastung pflegender Angehöriger im häuslichen Bereich, die Tagesbetreuung in Kleingruppen oder die Einzelbetreuung durch anerkannte Helferinnen und Helfer oder familienentlastende Dienste. ③ Angebote zur Unterstützung im Alltag sind zum anderen Angebote, die dazu dienen, die Pflegebedürftigen bei der Bewältigung von allgemeinen oder pflegebedingten Anforderungen des Alltags oder im Haushalt, insbesondere der Haushaltsführung, oder bei der eigenverantwortlichen Organisation individuell benötigter Hilfeleistungen zu unterstützen (Angebote zur Entlastung im Alltag, § 45 a Abs. 1 Satz 2 Nr. 3 SGB XI). ④ Das sind z. B. Alltagsbegleiterinnen und -begleiter oder Angebote für haushaltsnahe Dienstleistungen.

63 (13) ① Solche Angebote zur Unterstützung im Alltag werden z. B. von ambulanten Pflegediensten, von Wohlfahrtsverbänden, Betroffenenverbänden, Nachbarschaftshäusern, Kirchengemeinden und anderen Organisationen und Vereinen erbracht, aber auch von Einzelpersonen. ② Umsätze von Einrichtungen sind nach § 4 Nr. 16 Satz 1 Buchstabe g UStG steuerfrei, soweit sie Leistungen erbringen, die landesrechtlich als Angebote zur Unterstützung im Alltag nach § 45 a SGB XI anerkannt oder zugelassen sind.

Eingliederungs- und Sozialhilfeleistungen (§ 4 Nr. 16 Satz 1 Buchstabe h UStG)

64 (14) ① Die Träger der Eingliederungshilfe nach § 94 SGB IX und der Sozialhilfe sind für alle Vertragsangelegenheiten der Leistungserbringer im Bereich Eingliederungshilfe und Sozialhilfe zuständig. ② Neben dem Abschluss von Rahmenvereinbarungen mit den Vereinigungen der Leistungserbringer werden auch individuelle Leistungs- und Vergütungsvereinbarungen nach § 123 SGB IX oder nach § 76 SGB XII geschlossen.

65 (15) ① Im Bereich Eingliederungshilfe (SGB IX Teil 2) werden mit den Leistungserbringern nach §§ 123 ff. SGB IX ausschließlich Verträge über die Erbringung der Fachleistungen der Eingliederungshilfe (z. B. Assistenzleistungen) an Menschen mit wesentlichen Behinderungen (§ 99 SGB IX) abgeschlossen. ② Im Bereich des SGB XII werden nach §§ 75 ff. SGB XII insbesondere Verträge für die folgenden Leistungsbereiche abgeschlossen:
- Leistungen der Hilfe zur Pflege (§§ 61 ff. SGB XII [7. Kapitel]);
- Leistungen zur Überwindung besonderer sozialer Schwierigkeiten (§§ 67 ff. SGB XII [8. Kapitel]).

66 (16) Leistungserbringer, die Vereinbarungen nach § 123 SGB IX oder nach § 76 SGB XII mit den Trägern der Eingliederungshilfe und der Sozialhilfe geschlossen haben, sind nach § 4 Nr. 16 Satz 1 Buchstabe h UStG begünstigte Einrichtungen.

Interdisziplinäre Frühförderstellen (§ 4 Nr. 16 Satz 1 Buchstabe j UStG)

67 (17) ① Interdisziplinäre Frühförderstellen sind familien- und wohnortnahe Dienste und Einrichtungen, die der Früherkennung, Behandlung und Förderung von Kindern dienen, um in in-

terdisziplinärer Zusammenarbeit von qualifizierten medizinisch-therapeutischen und pädagogischen Fachkräften eine drohende oder bereits eingetretene Behinderung zum frühest möglichen Zeitpunkt zu erkennen und die Behinderung durch gezielte Förder- und Behandlungsmaßnahmen auszugleichen oder zu mildern. ② Leistungen durch interdisziplinäre Frühförderstellen werden in der Regel in ambulanter, einschließlich mobiler Form erbracht (§ 3 Frühförderungsverordnung).

(18) Die Leistungen der interdisziplinären Frühförderstellen sind nach § 4 Nr. 16 Satz 1 Buchstabe j UStG steuerfrei, wenn die Stellen auf der Grundlage einer Landesrahmenempfehlung nach § 2 Frühförderungsverordnung als fachlich geeignet anerkannt sind. **68**

(19) Leistungen der sozialpädiatrischen Zentren (§ 4 Frühförderungsverordnung, § 119 SGB V), die Leistungen zur Früherkennung und Frühförderung behinderter oder von Behinderung bedrohter Kinder erbringen, können unter den weiteren Voraussetzungen nach § 4 Nr. 14 Buchstabe b Satz 2 Doppelbuchstabe bb UStG steuerfrei sein. **69**

Rechtliche Betreuungsleistungen (§ 4 Nr. 16 Satz 1 Buchstabe k UStG)

(20) ① Rechtliche Betreuung erhalten volljährige Personen, die ihre Angelegenheiten auf Grund einer psychischen Krankheit oder einer körperlichen, geistigen oder seelischen Behinderung ganz oder teilweise nicht besorgen können. ② Rechtliche Betreuungsleistungen nach §§ 1896 ff. BGB sind nach § 4 Nr. 16 Satz 1 Buchstabe k UStG steuerfrei, wenn sie von Einrichtungen erbracht werden, denen die rechtliche Betreuung nach § 1896 BGB durch einen Betreuungsbeschluss übertragen wurde. ③ Der Begriff „Einrichtungen" erfasst – unabhängig von der Rechts- oder Organisationsform des Leistungserbringers – sowohl natürliche als auch juristische Personen. ④ Nicht unter die Steuerbefreiung des § 4 Nr. 16 Satz 1 Buchstabe k UStG fallen Leistungen, die nach § 1908 i Abs. 1 Satz 1 in Verbindung mit § 1835 Abs. 3 BGB vergütet werden (Dienste, die zum Gewerbe oder Beruf des Betreuers gehören), da es sich bei ihnen nicht um Betreuungsleistungen im eigentlichen Sinne handelt; z. B. wenn der Betreuer Rechtsanwalt ist und den Betreuten in einem Prozess vertritt oder wenn er Steuerberater ist und die Steuererklärung für den Betreuten erstellt (vgl. BFH-Urteil vom 25. 4. 2013, V R 7/11, BStBl. II S. 976). ⑤ Zu rechtlichen Betreuungsleistungen für Kinder und Jugendliche vgl. auch Abschnitt 4.25.2 Abs. 7 ff. **70**

Sonstige Betreuungs- oder Pflegeleistungen (§ 4 Nr. 16 Satz 1 Buchstabe l UStG)

(21) ① Zu den begünstigten Leistungen zählen auch Leistungen zur Betreuung hilfsbedürftiger Personen zum Erwerb und Erhalt praktischer Kenntnisse und Fähigkeiten, die erforderlich und geeignet sind, Menschen mit Behinderungen oder von Behinderung bedrohten Menschen die für sie erreichbare Teilhabe am Leben in der Gemeinschaft zu ermöglichen, z. B. die Unterrichtung im Umgang mit dem Langstock als Orientierungshilfe für blinde Menschen. ② Zu den begünstigten Leistungen zählen auch Leistungen der Eingliederungshilfe für Menschen mit Behinderungen, für die mit den Leistungserbringern keine Vereinbarungen nach § 123 SGB IX geschlossen wurden. ③ Zur umsatzsteuerlichen Behandlung der Leistungen von Gebärdensprachdolmetschern vgl. BMF-Schreiben vom 1. 2. 2016, BStBl. I S. 219.[1] ④ Auch Pflegeberatungsleistungen nach § 7a SGB XI, sofern diese nicht bereits Teil der Betreuungs- oder Pflegeleistung einer Einrichtung zur häuslichen Pflege sind, sind als Betreuungsleistungen anzusehen. **71**

LS zu 4.16.5

EuGH-Vorlage zu den Voraussetzungen der Steuerfreiheit der Umsätze eines **ambulanten Pflegedienstes.** *BFH-Beschluss v. 2. 3. 2011 XI R 47/07 (DStRE S. 755).* – Der EUGH hat die Unionswidrigkeit bestätigt *(EuGH v. 15. 11. 2012, C-174/11 Zimmermann, DStR 2013 S. 423).* Der Unternehmer kann sich deshalb unmittelbar auf die Richtlinie berufen und die Steuerfreiheit in Anspruch nehmen. *BFH-Urt. v. 19. 3. 2013, XI R 47/07 (DStR S. 1078).* **72**

Art. 132 Abs. 1 Buchst. G MwStSystRL ist dahin auszulegen, dass Dienstleistungen zugunsten nicht geschäftsfähiger Erwachsener, die diese bei zivilrechtlichen Handlungen schützen sollen, „eng mit der Sozialfürsorge und der sozialen Sicherheit verbundene Dienstleistungen" sind und dass nicht ausgeschlossen ist, dass einem **Anwalt,** der solche Dienstleistungen erbringt, für das Unternehmen, das er betreibt, und in den Grenzen dieser Dienstleistungen eine Anerkennung als Einrichtung mit **sozialem Charakter** gewährt werden kann. ***EuGH-Urteil v. 15. 4. 2021** C 846/19, EQ (MwStR S. 611).*

4.16.6 Eng verbundene Umsätze

UStAE 4.16.6

(1) ① Als eng mit dem Betrieb von Einrichtungen zur Betreuung oder Pflege körperlich, geistig oder seelisch hilfsbedürftiger Personen verbundene Umsätze sind Leistungen anzusehen, die für diese Einrichtungen nach der Verkehrsauffassung typisch und unerlässlich sind, regelmäßig und allgemein beim laufenden Betrieb vorkommen und damit unmittelbar oder mittelbar zusammenhängen (vgl. BFH-Urteil vom 1. 12. 1977, V R 37/75, BStBl. 1978 II S. 173). ② Die Umsätze dürfen nicht im Wesentlichen dazu bestimmt sein, den Einrichtungen zusätzliche Einnahmen durch Tätigkeiten zu verschaffen, die in unmittelbarem Wettbewerb zu steuerpflichtigen Umsätzen anderer Unternehmer stehen (vgl. EuGH-Urteil vom 1. 12. 2005, C-394/04 und C-395/04, Ygeia). **74**

[1] Vorstehend Anlage zu 4.16.1.

75 (2) Unter diesen Voraussetzungen können zu den eng verbundenen Umsätzen gehören:

1. die stationäre oder teilstationäre Aufnahme von hilfsbedürftigen Personen, deren Betreuung oder Pflege einschließlich der Lieferungen der zur Betreuung oder Pflege erforderlichen Medikamente und Hilfsmittel z. B. Verbandsmaterial;
2. die (ambulante) Betreuung, Pflege oder hauswirtschaftliche Versorgung (Einkaufen, Kochen, Verpflegen, Reinigen der Wohnung, Waschen der Kleidung) hilfsbedürftiger Personen (vgl. BFH-Urteil vom 22. 4. 2004, V R 1/98, BStBl. II S. 849);
3. ① die Lieferungen von Gegenständen, die im Wege der Arbeitstherapie hergestellt worden sind, sofern kein nennenswerter Wettbewerb zu den entsprechenden Unternehmen der gewerblichen Wirtschaft besteht. ② Ein solcher Wettbewerb ist anzunehmen, wenn für den Absatz der im Wege der Arbeitstherapie hergestellten Gegenstände geworben wird;
4. die Gestellung von Personal durch Einrichtungen nach § 4 Nr. 16 Satz 1 UStG an andere Einrichtungen dieser Art;
5. Verpflegungsleistungen, die durch Werkstätten für behinderte Menschen an die Menschen mit Behinderung erbracht werden.

(3) Nicht zu den eng verbundenen Umsätzen gehören insbesondere:

1. die entgeltliche Abgabe von Speisen und Getränken an Besucher;
2. die Telefongestellung an hilfsbedürftige Personen, die Vermietung von Fernsehgeräten und die Unterbringung und Verpflegung von Begleitpersonen (EuGH-Urteil vom 1. 12. 2005, C-394/04 und C-395/04, Ygeia);
3. ① die Veräußerung des gesamten beweglichen Anlagevermögens und der Warenvorräte nach Einstellung des Betriebs (BFH-Urteil vom 1. 12. 1977, V R 37/75, BStBl. 1978 II S. 173). ② Es kann jedoch die Steuerbefreiung nach § 4 Nr. 28 UStG in Betracht kommen;
4. die Abgabe von Medikamenten und Hilfsmitteln gegen gesondertes Entgelt an ehemals stationär oder teilstationär untergebrachte körperlich, geistig oder seelisch hilfsbedürftige Personen.

LS zu 4.16.6

76 Die **Personalgestellung** von Pflegefachkräften durch eine Zeitarbeitsfirma an stationäre und ambulante Pflegeeinrichtungen ist nicht umsatzsteuerbefreit. ***EuGH-Urteil v. 12. 3. 2015,*** *C-594/13, „go fair" Zeitarbeit OHG (DStR S. 645).*

UStG

§ 4 (Forts.)

Von den unter § 1 Abs. 1 Nr. 1 fallenden Umsätzen sind steuerfrei:

...

1 **17. a) die Lieferungen von menschlichen Organen, menschlichem Blut und Frauenmilch,**

2 **b) die Beförderungen von kranken und verletzten Personen mit Fahrzeugen, die hierfür besonders eingerichtet sind;**

Hinweis auf EU-Vorschriften:

UStG:	§ 4 Nr. 17 (a)	**MwStSystRL:**	Art. 132 Abs. 1 (d)
	§ 4 Nr. 17 (b)		Art. 132 Abs. 1 (p)

Übersicht zu § 4 Nr. 17

Zu § 4 Nr. 17 UStG

UStAE 4.17.1

4.17.1 Menschliche Organe, menschliches Blut und Frauenmilch[1]

11 (1) ① Unter den Begriff „menschliches Blut" fallen sowohl Vollblut als auch Blutbestandteile, wie z. B. Blutzellen und Blutplasma. ② Die Steuerbefreiung für die Lieferung von menschlichem Blut setzt weiter voraus, dass die Lieferung unmittelbar zu den dem Gemeinwohl dienenden Tätigkeiten beiträgt, d. h. unmittelbar für Gesundheitsleistungen oder zu therapeutischen Zwecken eingesetzt wird. ③ In den Anwendungsbereich der Steuerbefreiung fallen danach Frischblutkonserven, Vollblutkonserven, Serum- und Plasmakonserven, Serumaugentropfen und Konserven zellulärer Blutbestandteile, z. B. Thrombozytenkonzentrat und Erythrozytenkonzentrat. ④ Die Steuerbefreiung für die Lieferung von menschlichem Blut umfasst nicht die Lieferung von aus menschlichem Blut gewonnenem Blutplasma, wenn dieses Blutplasma nicht unmittelbar für therapeutische Zwecke, sondern ausschließlich zur Herstellung von Arzneimitteln bestimmt ist (vgl. EuGH-Urteil vom 5. 10. 2016, C-412/15, TMD, BStBl. 2017 II S. 505).

[1] EUSt-Befreiung vgl. VSF Z 8101 – Nr. VI. 1. Abs. 77.

(2) ① Nicht unter die Befreiung fallen die aus Mischungen von humanem Blutplasma hergestellten Plasmapräparate. ② Hierzu gehören insbesondere: Faktoren-Präparate, Humanalbumin, Fibrinogen, Immunglobuline. ③ Dies gilt ebenso für die Lieferung allogener menschlicher Knochen, welche als Teil des Skeletts nicht unter den Begriff „Organe" fallen. 12

(3) Für die Steuerfreiheit der Lieferungen von Frauenmilch ist es ohne Bedeutung, ob die Frauenmilch bearbeitet, z. B. gereinigt, erhitzt, tiefgekühlt, getrocknet, wird. 13

(4) Liegen für die Lieferungen nach § 4 Nr. 17 Buchstabe a UStG auch die Voraussetzungen einer Ausfuhrlieferung (§ 4 Nr. 1 Buchstabe a, § 6 UStG) bzw. einer innergemeinschaftlichen Lieferung (§ 4 Nr. 1 Buchstabe b, § 6 a UStG) vor, geht die Steuerbefreiung des § 4 Nr. 17 Buchstabe a UStG diesen Steuerbefreiungen vor. 14

LS zu 4.17.1

Steuerbefreiung beim innergemeinschaftlichen Erwerb der in § 4 Nr. 17 Buchst. a bezeichneten Gegenstände vgl. § 4 b Nr. 1 UStG.

Die vom Blutspendedienst des DRK im Zusammenhang mit der Lieferung menschlichen Blutes gegen besonderes Entgelt vorgenommene **Untersuchung des Empfängerblutes** zur Ermittlung der richtigen Blutkonserve fällt nicht unter § 4 Nr. 17 a UStG, sondern unter § 4 Nr. 16 c UStG, sofern die übrigen Voraussetzungen dieser Vorschrift gegeben sind. *Erlass FM Niedersachsen S 7173 – 3 – 32 1 v. 7. 5. 1982.* 15

Die Leistungen der **regionalen Untergliederungen des DRK** anlässlich der Durchführung von Blutspendeterminen an den **Blutspendedienst** des DRK unterliegen dem ermäßigten Steuersatz gemäß § 12 Abs. 2 Nr. 8 Buchst. a UStG. – § 4 Nr. 18 u. 26 UStG ist nicht anwendbar. *Verfügung OFD Koblenz S 7242 a A – St 44 4 v. 17. 3. 2008.*

Art. 13 Teil A Abs. 1 Buchst. d der Sechsten Richtlinie 77/388/EWG, der „die Lieferungen von menschlichen Organen, menschlichem Blut und Frauenmilch" von der Mehrwertsteuer befreit, ist dahin auszulegen, dass er **nicht auf Beförderungen von menschlichen Organen** und dem menschlichen Körper entnommenen Substanzen anwendbar ist, die von einem **Selbständigen** für Krankenhäuser und Laboratorien durchgeführt werden. ***EuGH-Urt. v. 3. 6. 2010,** C-237/09, Nathalie De Fruytier (BeckRS 2010, 90 671).*

4.17.2 Beförderung von kranken und verletzten Personen[1]

UStAE 4.17.2

21 (1) ① Ein Fahrzeug (Kraft-, Luft- und Wasserfahrzeug) ist für die Beförderung von kranken und verletzten Personen besonders eingerichtet, wenn es durch die vorhandenen Einrichtungen die typischen Merkmale eines Krankenfahrzeugs aufweist, z. B. Liegen, Spezialsitze. ② Spezielle Einrichtungen für die Beförderung von Kranken und Verletzten können u. a. auch eine Bodenverankerung für Rollstühle, eine Auffahrrampe sowie eine seitlich ausfahrbare Trittstufe sein. ③ Bei Fahrzeugen, die nach dem Fahrzeugschein als Krankenkraftwagen anerkannt sind (§ 4 Abs. 6 PBefG), ist stets davon auszugehen, dass sie für die Beförderung von kranken und verletzten Personen besonders eingerichtet sind. ④ Serienmäßige Personenkraftwagen, die lediglich mit blauem Rundumlicht und Einsatzhorn, sog. Martinshorn, ausgerüstet sind, erfüllen die Voraussetzungen nicht (BFH-Urteil vom 16. 11. 1989, V R 9/85, BStBl. 1990 II S. 255). ⑤ Die Ausstattung mit einer Trage und einer Grundausstattung für „Erste Hilfe" reicht nicht aus.

(2) ① Für die Inanspruchnahme der Steuerbefreiung nach § 4 Nr. 17 Buchstabe b UStG ist es nicht erforderlich, dass das verwendete Fahrzeug für die Beförderung von kranken und verletzten Personen dauerhaft besonders eingerichtet ist; das Fahrzeug muss aber im Zeitpunkt der begünstigten Beförderung nach seiner Bauart und Ausstattung speziell für die Beförderung verletzter und kranker Personen bestimmt sein (vgl. BFH-Urteil vom 12. 8. 2004, V R 45/03, BStBl. 2005 II S. 314). ② Bei der Beförderung mit Fahrzeugen, die zum Zweck einer anderweitigen Verwendung umgerüstet werden können, sind die Voraussetzungen für jede einzelne Fahrt, z. B. mittels eines Fahrtenbuchs, nachzuweisen. ③ Befördert der Unternehmer neben kranken oder verletzten Personen in einem hierfür besonders eingerichteten Fahrzeug weitere Personen, ist das auf die Beförderung der weiteren Personen entfallende Entgelt steuerpflichtig; ein für steuerfreie und steuerpflichtige Beförderungsleistungen einheitliches Entgelt ist aufzuteilen. 22

(3) Die Steuerbefreiung gilt nicht nur für die Beförderung von akut erkrankten und verletzten Personen, sondern auch für die Beförderung von Personen, die körperlich oder geistig behindert und auf die Benutzung eines Rollstuhls angewiesen sind (vgl. BFH-Urteil vom 12. 8. 2004, V R 45/03, BStBl. 2005 II S. 314). 23

(4) ① Nach § 4 Nr. 17 Buchstabe b UStG sind bestimmte Beförderungsleistungen befreit. ② Dabei ist es nicht erforderlich, dass die Beförderungen auf Grund eines Beförderungsvertrages ausgeführt werden oder dass der Empfänger der umsatzsteuerlichen Leistung und die beförderte Person identisch sind. ③ Es können deshalb auch die Beförderungen von kranken oder verletzten Personen im Rahmen von Dienstverträgen über den Betrieb einer Rettungswache befreit werden (vgl. BFH-Urteil vom 18. 1. 1995, XI R 71/93, BStBl. II S. 559). 24

(5) ① Die Leistungen der Notfallrettung umfassen sowohl Leistungen der Lebensrettung und Betreuung von Notfallpatienten als auch deren Beförderung. ② Die lebensrettenden Maßnahmen i. e. S. werden regelmäßig durch selbständige Ärzte erbracht, die sich dazu gegenüber dem beauftragten Unternehmen verpflichtet haben und insoweit als Unternehmer im Sinne des § 2 UStG tätig werden. ③ Die Leistungen dieser Ärzte sind nach § 4 Nr. 14 Buchstabe a UStG steuerfrei. ④ Die vom beauftragten Unternehmer am Einsatzort erbrachten lebensrettenden Maßnahmen 25

[1] Krankenbeförderung vgl. A 4.17.2, 4.18.1 Abs. 12 u. 12.9 Abs. 4 Nr. 3 UStAE.

im weiteren Sinne können unter den Voraussetzungen des § 4 Nr. 14 Buchstabe a oder b UStG steuerfrei sein. ⑤ Die Beförderung von Notfallpatienten in dafür besonders eingerichteten Fahrzeugen ist steuerfrei nach § 4 Nr. 17 Buchstabe b UStG. ⑥ Wird der Verletzte im Anschluss an eine Notfallrettung in ein Krankenhaus befördert, stellen die lebensrettenden Maßnahmen, die der Vorbereitung der Transportfähigkeit des Patienten dienen, eine einheitliche Leistung dar, die nach § 4 Nr. 17 Buchstabe b UStG steuerfrei ist.

26 (6) ① Werden Leistungen zur Sicherstellung der Einsatzbereitschaft der Rettungsmittel und des Personals (sog. Vorhalteleistungen) von demselben Unternehmer erbracht, der die Beförderung von Notfallpatienten als Hauptleistung ausführt, teilen die Vorhalteleistungen als Nebenleistungen das Schicksal der Hauptleistung. ② Eine Steuerbefreiung nach § 4 Nr. 17 Buchstabe b UStG kommt hingegen nicht in Betracht, wenn Vorhalteleistungen und Hauptleistungen von verschiedenen Unternehmern erbracht werden.

UStG

§ 4 (Forts.)

Von den unter § 1 Abs. 1 Nr. 1 fallenden Umsätzen sind steuerfrei:

...

1 **18. eng mit der Sozialfürsorge und der sozialen Sicherheit verbundene Leistungen, wenn diese Leistungen von Einrichtungen des öffentlichen Rechts oder anderen Einrichtungen, die keine systematische Gewinnerzielung anstreben, erbracht werden. ② Etwaige Gewinne, die trotzdem anfallen, dürfen nicht verteilt, sondern müssen zur Erhaltung oder Verbesserung der durch die Einrichtung erbrachten Leistungen verwendet werden. ③ Für in anderen Nummern des § 4 bezeichnete Leistungen kommt die Steuerbefreiung nur unter den dort genannten Voraussetzungen in Betracht;**

Hinweis auf EU-Vorschriften:

UStG:	§ 4 Nr. 18	**MwStSystRL:**	Art. 132 Abs. 1 (g), (o), Abs. 2 Art. 133, 134

Übersicht zu § 4 Nr. 18

UStDV

§ 23[1] *(aufgehoben)*

Zu § 4 Nr. 18 UStG (§ 23 UStDV)

UStAE 4.18.1

4.18.1 Wohlfahrtseinrichtungen

11 (1) Amtlich anerkannte Verbände der freien Wohlfahrtspflege sind nur die in § 23 UStDV aufgeführten Vereinigungen.

12 (2) Ob ein Unternehmer ausschließlich und unmittelbar gemeinnützigen, mildtätigen oder kirchlichen Zwecken dient, ist nach den §§ 52 bis 68 AO zu beurteilen.[2]

13 (3) ① Ein Unternehmer verfolgt steuerbegünstigte Zwecke unmittelbar, wenn er sie selbst verwirklicht. ② Unmittelbar gemeinnützigen Zwecken können Leistungen aber auch dann dienen, wenn sie an einen Empfänger bewirkt werden, der seinerseits ausschließlich gemeinnützige oder wohltätige Zwecke verfolgt (BFH-Urteil vom 8. 7. 1971, V R 1/68, BStBl. 1972 II S. 70).

14 (4) ① Als Mitgliedschaft im Sinne des § 4 Nr. 18 UStG ist nicht nur die unmittelbare Mitgliedschaft in einem amtlich anerkannten Wohlfahrtsverband anzusehen. ② Auch bei einer nur mittelbaren Mitgliedschaft kann die Steuerbefreiung in Betracht kommen. ③ Als mittelbare Mitgliedschaft ist die Mitgliedschaft bei einer der freien Wohlfahrtspflege dienenden Körperschaft oder Personenvereinigung anzusehen, die ihrerseits einem amtlich anerkannten Wohlfahrtsverband als Mitglied angeschlossen ist (z. B. Werkstätten für behinderte Menschen als Mitglieder einer Wohlfahrtseinrichtung, die Mitglied eines amtlich anerkannten Wohlfahrtsverbandes ist). ④ Die mittelbare Mitgliedschaft bei einem amtlich anerkannten Wohlfahrtsverband reicht daher aus, wenn auch die übrigen Voraussetzungen des § 4 Nr. 18 UStG gegeben sind, um die Steuerbefreiung nach dieser Vorschrift in Anspruch zu nehmen.

15 (5) ① Ob eine Leistung dem nach der Satzung, Stiftung oder sonstigen Verfassung begünstigten Personenkreis unmittelbar zugute kommt, ist unabhängig davon zu prüfen, wer Vertragspartner

[1] § 23 UStDV aufgehoben mWv 1. 1. 2020 durch „JStG 2019" v. 12. 12. 2019 (BGBl. I S. 2451).
[2] Vgl. auch AEAO zu §§ 52 bis 68 AO (AO-Handbuch).

der Wohlfahrtseinrichtung und damit Leistungsempfänger im Rechtssinne ist. ② Liefert ein Unternehmer z. B. Gegenstände, mit deren Herstellung Schwerversehrte aus arbeitstherapeutischen Gründen beschäftigt werden, gegen Entgelt an die auftraggebenden Firmen, sind diese Umsätze nicht nach § 4 Nr. 18 UStG steuerfrei. UStAE 4.18.1

(6) ① Leistungen einer Einrichtung der Wohlfahrtspflege an andere steuerbegünstigte Körperschaften oder Behörden sind nicht nach § 4 Nr. 18 UStG steuerfrei, wenn sie nicht unmittelbar, sondern allenfalls mittelbar hilfsbedürftigen Personen im Sinne der §§ 53, 66 AO zugute kommen (vgl. BFH-Urteile vom 7. 11. 1996, V R 34/96, BStBl. 1997 II S. 366, und vom 30. 4. 2009, V R 3/08, BStBl. 2013 II S. 873). ② Deshalb sind z. B. die Übernahme von Verwaltungsaufgaben und die Nutzungsüberlassung von Telefonanlagen steuerpflichtig. ③ Dagegen kommt die Steuerfreiheit für personenbezogene Leistungen wie z. B. die Aufnahme vom Sozialamt zugewiesener Personen in einem Obdachlosenheim in Betracht (vgl. BFH-Urteil vom 7. 11. 1996, V R 34/96, a. a. O.). 16

(7) ① Die Steuerfreiheit für die Beherbergung, Beköstigung, ausgenommen die Abgabe von alkoholischen Getränken, und die üblichen Naturalleistungen an Personen, die bei den begünstigten Leistungen tätig sind, kommt nur dann in Betracht, wenn diese Sachzuwendungen als Vergütung für geleistete Dienste gewährt werden. ② Diese Voraussetzung ist erfüllt, wenn der Arbeitnehmer nach dem Arbeitsvertrag, den mündlichen Abreden oder nach den sonstigen Umständen des Arbeitsverhältnisses (z. B. faktische betriebliche Übung) neben dem Barlohn einen zusätzlichen Lohn in Form der Sachzuwendungen erhält. ③ Unschädlich ist es hierbei, wenn die Beteiligten aus verrechnungstechnischen Gründen einen Bruttogesamtlohn bilden und hierauf die Sachzuwendungen anrechnen. ④ Die Sachzuwendungen werden jedoch nicht als Vergütung für geleistete Dienste gewährt, wenn sie auf den Barlohn des Arbeitnehmers angerechnet werden. ⑤ Die Sachzuwendungen haben hier nicht die Eigenschaft eines Arbeitslohnes. ⑥ Vielmehr liegt ein besonderer Umsatz an den Arbeitnehmer vor, der nicht unter die Befreiung des § 4 Nr. 18 UStG fällt (vgl. BFH-Urteil vom 3. 3. 1960, V 103/58 U, BStBl. III S. 169). 17

(8) ① Die Umsätze der Altenheime von Körperschaften, die einem Wohlfahrtsverband als Mitglied angeschlossen sind, sind unter den in § 4 Nr. 18 UStG genannten Voraussetzungen steuerfrei, wenn die Körperschaft der freien Wohlfahrtspflege dient. ② Diese Voraussetzung kann auch dann erfüllt sein, wenn die in dem Altenheim aufgenommenen Personen nicht wirtschaftlich, sondern körperlich oder geistig hilfsbedürftig sind, denn die Wohlfahrtspflege umfasst nicht nur die Sorge für das wirtschaftliche, sondern u. a. auch für das gesundheitliche Wohl (BFH-Urteil vom 20. 11. 1969, V R 40/66, BStBl. 1970 II S. 190). 18

(9) ① Gemeinnützige Studentenwerke, die Mitglieder eines amtlich anerkannten Wohlfahrtsverbands sind, können für ihre in Mensa- und Cafeteria-Betrieben getätigten Umsätze von Speisen und Getränken an Studenten die Steuerbefreiung nach § 4 Nr. 18 UStG in Anspruch nehmen. ② Dies gilt für die entgeltliche Abgabe von alkoholischen Getränken nur dann, wenn damit das Warenangebot ergänzt wird und dieser Anteil im vorangegangenen Kalenderjahr nicht mehr als 5% des Gesamtumsatzes betragen hat. ③ Wegen der Anwendung des ermäßigten Steuersatzes bei der entgeltlichen Abgabe von Speisen und Getränken an Nichtstudierende vgl. Abschnitt 12.9 Abs. 4 Nr. 6. 19

(10) ① Die Kolpinghäuser sind zwar Mitglieder des Deutschen Caritasverbandes, sie dienen jedoch nicht der freien Wohlfahrtspflege, weil die Aufnahme in den Kolpinghäusern ohne Rücksicht auf die Bedürftigkeit der aufzunehmenden Personen erfolgt. ② Die Befreiungsvorschrift des § 4 Nr. 18 UStG ist daher auf die Kolpinghäuser nicht anzuwenden. 20

(11) ① Die nach dem SGB XII an Werkstätten für behinderte Menschen gezahlten Pflegegelder sind als Entgelte für die Betreuungs-, Beköstigungs-, Beherbergungs- und Beförderungsleistungen dieser Werkstätten anzusehen. ② Diese Leistungen sind unter den Voraussetzungen des § 4 Nr. 18 UStG umsatzsteuerfrei. ③ Zur umsatzsteuerlichen Behandlung der Leistungen der Werkstätten für behinderte Menschen bzw. deren Zusammenschlüssen vgl. auch Abschnitt 4.16.5 Abs. 9 und 10. ④ Zur Frage der Behandlung der Umsätze im Werkstattbereich wird auf Abschnitt 12.9 Abs. 4 Nr. 4 hingewiesen. 21

(12) ① Gemeinnützige und mildtätige Organisationen führen vielfach Krankenfahrten mit Personenkraftwagen durch, die für die Beförderung von Kranken nicht besonders eingerichtet sind (vgl. Abschnitt 4.17.2). ② Auf diese Fahrten kann die Steuerbefreiung nach § 4 Nr. 18 UStG keine Anwendung finden, weil die Voraussetzungen der Wohlfahrtspflege im Sinne des § 66 Abs. 2 AO nicht erfüllt sind. ③ Die Leistungen unterliegen dem allgemeinen Steuersatz, sofern nicht die Steuerermäßigung nach § 12 Abs. 2 Nr. 10 UStG zum Tragen kommt (vgl. Abschnitt 12.9 Abs. 4 Nr. 3 und Abschnitt 12.13 Abs. 8). 22

(13) ① Arzneimittellieferungen einer Krankenhausapotheke an Krankenhäuser anderer Träger kommen nicht unmittelbar dem nach der Satzung, Stiftung oder sonstigen Verfassung des Trägers der Apotheke begünstigten Personenkreis zugute (BFH-Urteil vom 18. 10. 1990, V R 76/89, BStBl. 1991 II S. 268). ② Die Umsätze sind daher nicht nach § 4 Nr. 18 UStG steuerfrei. ③ Gleiches gilt für die Leistungen der Wäscherei eines Krankenhauses an Krankenhäuser oder Heime anderer Träger (vgl. BFH-Urteil vom 18. 10. 1990, V R 35/85, BStBl. 1991 II S. 157). 23

④ Auch die Steuerbefreiung nach § 4 Nr. 14 Buchstabe b UStG kommt in beiden Fällen nicht in Betracht (vgl. Abschnitt 4.14.6 Abs. 3 Nr. 3 und 9).

24 (14) Zur umsatzsteuerrechtlichen Behandlung von Leistungen im Rahmen der rechtlichen Betreuung vgl. Abschnitt 4.16.5 Abs. 20.

25 (15) ① Die Voraussetzung des § 4 Nr. 18 Satz 1 Buchstabe c UStG gilt auch als erfüllt, wenn das Entgelt für die in Betracht kommende Leistung von den zuständigen Behörden genehmigt ist oder das genehmigte Entgelt nicht übersteigt (vgl. BFH-Urteil vom 17. 2. 2009, XI R 67/06, BStBl. 2013 II S. 967). ② Dementsprechend erfüllen auch die im Rahmen des außergerichtlichen Verbraucherinsolvenzverfahrens gezahlten Fallpauschalen, die sich der Höhe nach an die im Rechtsanwaltsvergütungsgesetz (RVG) geregelte Beratungshilfevergütung anlehnen, die Voraussetzungen des § 4 Nr. 18 Buchstabe c UStG.

LS zu 4.18.1

Mahlzeitenabgabe u. Wohnraumvermietung durch **Studentenwerke** vgl. *BMF v. 27. 9. 2007 (BStBl. I S. 768).*

27 Die Umsätze des Werkstattbereichs der **Werkstätten für behinderte Menschen** unterliegen dem ermäßigten Steuersatz. Die damit im Zusammenhang stehenden **Vorsteuerbeträge** sind abzugsfähig. Aufwendungen für das Eingangsverfahren können dem Werkstattbereich zugeordnet werden. – Die Betreuungs- und Pflegeleistungen einschließlich des Förderbetreuungsbereichs bleiben nach § 4 Ziff. 18 UStG steuerfrei. *Verfügung OFD Cottbus S 7104 – 0010 – St 243 v. 7. 4. 2003.*

Zur umsatzsteuerlichen Behandlung der Leistungen eines an eine **Werkstatt für behinderte Menschen** angegliederten Förderbetreuungsbereichs nach § 136 Abs. 3 SGB IX und von Integrationsprojekten nach § 132 Abs. 1 SGB IX. *Verfügung OFD Frankfurt S 7175 A – 13 – St 16 v. 7. 8. 2014 (UR S. 906).*

28 Steuerfreier **Behindertenfahrdienst** eines Mitglieds eines Wohlfahrtverbandes. *BFH-Urt. v. 15. 9. 2011, V R 16/11 (DStRE 2012 S. 183).*

Für die **Steuerbefreiung einer GmbH** nach § 4 Nr. 18 UStG reicht es nicht aus, daß ihre Gesellschafter amtlich anerkannte Verbände der freien Wohlfahrtspflege sind. *Verfügung OFD Frankfurt S 7175 A – 6 – St IV 22 v. 8. 10. 1997.*

1. **Leistungen** einer Einrichtung der Wohlfahrtspflege **an andere steuerbegünstigte Körperschaften** sind nicht nach § 4 Nr. 18 UStG 1993 steuerfrei, wenn sie einer gemeinnützigen GmbH und deshalb nicht unmittelbar den in der Satzung bezeichneten hilfsbedürftigen Personen i. S. der §§ 53, 66 AO 1977 zugute kommen. – 2. Für diese Leistungen kann die Steuerermäßigung nach § 12 Abs. 2 Nr. 8 Buchst. a UStG gewährt werden, wenn die Voraussetzungen eines Zweckbetriebes (§§ 66, 65 AO 1977) erfüllt sind. *BFH-Urteil v. 18. 3. 2004 – V R 101/01 (BStBl. II S. 798).*

1. Leistungen, die ein Verein aufgrund eines nach § 5 a Abs. 2 **ZDG** abgeschlossenen Vertrages erbringt und die dazu dienen, dass Zivildienstleistende für amtliche Beschäftigungsstellen im sozialen Bereich tätig sind, können nach Art. 13 Teil A Abs. 1 Buchst. g der Sechsten MwSt-Richtlinie 77/388/EWG als eng mit der Sozialfürsorge und sozialen Sicherheit verbundene Dienstleistungen steuerfrei sein. – 2. Derartige Leistungen können auch dem ermäßigten Steuersatz nach § 12 Abs. 2 Nr. 8 Buchst. a UStG unterliegen. *BFH-Urt. v. 23. 7. 2009, V R 93/07 (BStBl. 2015 II S. 735).*

Erbringt ein Träger des **Jugendfreiwilligendienstes,** der gemäß § 11 Abs. 1 JFDG zur Gewährung von Geld- oder Sachleistungen an die Freiwilligen verpflichtet ist, Leistungen an die Einsatzstelle der Freiwilligen, die von der Einsatzstelle durch eine monatliche Pauschale vergütet wird, ist diese Leistung nach Art. 132 Abs. 1 Buchst. g MwStSystRL steuerfrei. *BFH-Urteil v. 24. 6. 2020 V R 21/19 (DStR S. 2125).*

Veräußert ein als gemeinnützig anerkannter Verein neben der Ausführung anderer steuerpflichtiger und steuerfreier Umsätze mehrmals ihm von Todes wegen (zugunsten der Verfolgung seiner gemeinnützigen Zwecke) zugewendete Gegenstände, so fallen diese **Veräußerungen** jedenfalls dann in den Rahmen seines Unternehmens (und nicht in die nichtunternehmerische Sphäre), wenn sie für sich allein gesehen nachhaltig sind. *BFH-Urteil v. 9. 9. 1993 V R 24/89 (BStBl. 1994 II S. 57).*

1. Ein nicht zu einem anerkannten Verband der freien Wohlfahrtspflege i. S. von § 23 UStDV gehörender Verein kann sich für die Inanspruchnahme einer Steuerbefreiung für einen **Haus-Notruf-Dienst** unmittelbar auf die gegenüber § 4 Nr. 18 UStG günstigere Regelung in Art. 13 Teil A Abs. 1 Buchst. g der Richtlinie 77/388/EWG berufen. – 2. Für die im Rahmen eines notärztlichen Transportdienstes und eines **Menüservice** erbrachten Leistungen gilt die in Art. 13 Teil A Abs. 1 Buchst. g der Richtlinie 77/388/EWG vorgesehene Steuerbefreiung nicht. *BFH-Urt. v. 1. 12. 2010, XI R 46/08 (DStR 2011 S. 362).*

Steuerbefreiung für Einrichtungen zur **Vermittlung von Kinderbetreuungsdiensten** vgl. ***EuGH-Urt. v. 9. 2. 2006*** *– C-415/04 – Stichting Kinderopvang Enschede (UR S. 470).*

29 Wird ein **Berufsbetreuer** gemäß § 1896 BGB gerichtlich zur Erbringung von Betreuungsleistungen bestellt, handelt er als anerkannte Einrichtung i. S. von Art. 13 Teil A Abs. 1 Buchst. g der Richtlinie 77/388/EWG und Art. 132 Abs. 1 Buchst. g MwStSystRL und kann sich für die Steuerfreiheit der aufgrund dieser Bestellung erbrachten Betreuungsleistungen auf das Unionsrecht berufen. *BFH-Urt. v. 25. 4. 2013, V R 7/11 (BStBl. II S. 976).*

Zur umsatzsteuerlichen Behandlung von Betreuungsleistungen von sog. **Vereinsbetreuern,** die von einem in § 4 Nr. 18 UStG genannten Unternehmer erbracht werden. *Verfügung OFD Münster S 7175 – 70 – St 44 – 32 v. 28. 4. 2011.*

Wird die Erbringung von **Betreuungsleistungen nach Hartz IV** von einer optierenden Gemeinde auf einen Dritten übertragen, wird dieser im Rahmen eines Leistungsaustausches tätig. § 4 Nr. 15 a UStG ist nicht anwendbar. – Eine Anstalt öffentlichen Rechts, die Betreuungsleistungen nach Hartz IV erbringt, wird nicht unternehmerisch tätig. *Verfügung OFD Hannover S 7100 – 582 – StO 171 v. 23. 12. 2004.*

Wird eine **Aufgabe durch Vertrag** ohne eine spezifische gesetzliche Grundlage **übertragen,** führt dies nicht zu einer Anerkennung iSd Art. 132 Abs. 1 Buchst. g und i MwStSystRL als soziale Einrichtung. Ebenso kann die Kostenübernahme für eine bestimmte Aufgabe nur dann zu einer anerkannten Einrichtung iSd Art. 132 Abs. 1 Buchst. g und i MwStSystRL führen, wenn für die Zahlung eine gesetzliche Grundlage besteht. *BFH-Urteil v. 18. 2. 2016 V R 46/14 (DStR S. 1103).*

Abrechnungen von Krankentransport- und Rettungsdienstleistungen gegenüber Sozialversicherungsträgern, die ein Rettungsdienst (gemeinnütziger Verein) für den Träger des Rettungsdienstes und die anderen Rettungsdienste übernommen hat, können „eng mit der Sozialfürsorge und der sozialen Sicherheit verbundene Dienstleistungen" iSd Art. 132 Abs. 1 Buchst. g MwStSystRL sein, wenn der Sozialversicherungsträger diese Bündelung verlangt. Die Anerkennung als „Einrichtung mit sozialem Charakter" iSd Art. 132 Abs. 1 Buchst. g MwStSystRL auch bezüglich solcher Abrechnungsleistungen kann darin liegen, dass der Sozialversicherungsträger ein solches Abrechnungsverfahren von den Leistungserbringern verlangt und entsprechende Vereinbarungen geschlossen werden, die auf gesetzlicher Grundlage beruhen. *BFH-Urteil v. 24. 2. 2021 XI R 32/20 (XI R 42/19) (DStR S. 1531).*

Der Betrieb von **Flüchtlingsunterkünften** durch eine GmbH für Länder und Kommunen kann nach Art. 132 Abs. 1 Buchst. g MwStSystRL steuerfrei sein. Dasselbe gilt für den Betrieb einer kommunalen **Obdachlosenunterkunft**. Eine Steuerbefreiung nach deutschem Recht scheidet zwar aus, der BFH bejahte aber die Möglichkeit einer Berufung auf Unionsrecht. Bei diesen Einrichtungen sei der soziale Charakter anerkannt, insb. weil die Übernahme des Betriebs von Flüchtlingsunterkünften durch private Dritte in verschiedenen Bundesländern durch spezifische Vorschriften geregelt ist. Unerheblich sei dabei, dass die Klägerin ihre Leistungen nicht unmittelbar gegenüber den Flüchtlingen und Obdachlosen, sondern gegenüber den Trägern der Unterkünfte erbracht hat. *BFH-Urteil v. 24. 3. 2021 V R 1/19 (DStR S. 2064).*

Aus Billigkeitsgründen können Leistungen, die im unmittelbaren Zusammenhang mit der Eindämmung und Bekämpfung der **COVID-19-Pandemie** von Einrichtungen des öffentlichen Rechts oder anderen Einrichtungen, die keine systematische Gewinnerzielung anstreben, erbracht werden, die eng mit der Sozialfürsorge und der sozialen Sicherheit verbundene Leistungen angesehen und nach § 4 Nr. 18 UstG als umsatzsteuerfrei behandelt werden (zB die entgeltliche Gestellung von Personal, Räumlichkeiten, Sachmitteln oder die Erbringung von anderen Leistungen an Körperschaften privaten oder öffentlichen Rechts, soweit die empfangende Körperschaft selbst Leistungen im Zusammenhang mit der Eindämmung und Bekämpfung der COVID-19-Pandemie erbringt. Die Billigkeitsregelung ist für die Veranlagungszeiträume 2020 bis 2023 anzuwenden. *BMF-Schreiben v. 15. 6. 2021 (BStBl. I S. 855), v. 3. 12. 2021 (BStBl. I S. 2488) und v. 12. 12. 2022 (BStBl. I S. 1677).*

Anl zu 4.18.1

Schreiben betr. steuerliche Behandlung von Leistungen im Rahmen der Flüchtlingshilfe

Vom 9. Februar 2016 (BStBl. I S. 223)

(BMF III C 3-7130/15/10001)

Unter Bezugnahme auf das Ergebnis der Erörterungen mit den obersten Finanzbehörden der Länder gelten im Hinblick auf die durch den Zustrom von Flüchtlingen hervorgerufene besondere und akute Situation hinsichtlich der Leistungen, die von Einrichtungen, die ausschließlich und unmittelbar gemeinnützigen, mildtätigen oder kirchlichen Zwecken dienen, im Rahmen der Flüchtlingshilfe erbracht werden, folgende, das BMF-Schreiben vom 20. November 2014 (BStBl. I S. 1613) ergänzende, Billigkeitsmaßnahmen: 30

a) Beteiligt sich eine steuerbegünstigte Körperschaft vorübergehend an der Unterbringung, Betreuung, Versorgung oder Verpflegung von Bürgerkriegsflüchtlingen oder Asylbewerbern und erhält diese Körperschaft dafür Entgelte aus öffentlichen Kassen oder von anderen steuerbegünstigten Körperschaften, wird es nicht beanstandet, wenn diese Einnahmen dem Zweckbetrieb zugeordnet werden.

b) Es wird nicht beanstandet, dass umsatzsteuerliche Vorschriften, die auf vergleichbare Leistungen der jeweiligen Einrichtung an andere Leistungsempfänger (z. B. Obdachlose) bereits angewandt werden, auch auf Leistungen dieser Einrichtung, die der Betreuung und Versorgung von Bürgerkriegsflüchtlingen und Asylbewerbern dienen, angewendet werden (z. B. Umsatzsteuerbefreiung nach § 4 Nr. 18, 23, 24 bzw. 25 UStG oder Umsatzsteuerermäßigung nach § 12 Abs. 2 Nr. 8 UStG), wenn Entgelte dafür aus öffentlichen Kassen oder von anderen steuerbegünstigten Körperschaften gezahlt werden.

   Dies gilt insbesondere im Hinblick auf die Anwendung des § 4 Nr. 18 UStG, auch wenn Flüchtlinge nicht ausdrücklich zu dem nach der Satzung etc. des Leistenden begünstigten Personenkreis gehören. Unter die Steuerbefreiung des § 4 Nr. 18 UStG fallen demnach auch Personalgestellungsleistungen zwischen begünstigten Einrichtungen untereinander zum Zwecke der Flüchtlingshilfe sowie die Lieferung von Speisen und Getränken in Flüchtlingsunterkünften, sofern die Einrichtung bereits Lieferung von Speisen und Getränken in Flüchtlingsunterkünften, sofern die Einrichtung bereits bisher steuerfreie Mahlzeitendienste erbringt.

c) Die umsatzsteuerliche Behandlung des Kostenersatzes durch Gebietskörperschaften an steuerbegünstigte Einrichtungen für den Bezug von Einrichtungsgegenständen und sonstigen Leistungen (z. B. Renovierung von Wohnungen) ist von der konkreten Ausgestaltung des Sachverhalts abhängig:

   aa) Erfolgt diese im Rahmen eines Gesamtvertrags z. B. über die Errichtung und den Betrieb einer Flüchtlingsunterkunft, fallen diese Leistungen aus Billigkeitsgründen insgesamt bei Vorliegen der weiteren Voraussetzungen unter die Steuerbefreiung des § 4 Nr. 18 UStG.

   bb) Bei Vorliegen einer konkreten Lieferung, z. B. von Möbeln, unabhängig von einem Gesamtbetreibervertrag, unterliegt diese aber weiterhin nach § 1 Abs. 1 Nr. 1 UStG grundsätzlich der Umsatzsteuer. Eine Steuerbefreiung nach § 4 Nr. 18 UStG scheidet insoweit aus. In diesen Fällen kann unter den Voraussetzungen des § 12 Abs. 2 Nr. 8 UStG die Anwendung des ermäßigten Steuersatzes in Betracht kommen.

Die vorstehenden Billigkeitsregelungen sind in den Veranlagungszeiträumen 2014 bis 2021[1] anzuwenden.

Beruft sich der leistende Unternehmer auf die im Billigkeitsweg zu gewährende Steuerbefreiung, hat dies für alle gleichartigen Leistungen einheitlich zu erfolgen. Für damit im Zusammenhang stehende Eingangsleistungen ist der Vorsteuerabzug nach § 15 UStG systembedingt ausgeschlossen.

UStG

§ 4 (Forts.)

Von den unter § 1 Abs. 1 Nr. 1 fallenden Umsätzen sind steuerfrei:

...

18 a. die Leistungen zwischen den selbständigen Gliederungen einer politischen Partei, soweit diese Leistungen im Rahmen der satzungsgemäßen Aufgaben gegen 1

[1] Verlängert bis einschließlich VZ 2021 durch *BMF-Schreiben v. 5. 2. 2019, BStBl. I S. 116.*

Kostenerstattung ausgeführt werden und sofern die jeweilige Partei nicht gemäß § 18 Absatz 7 des Parteiengesetzes von der staatlichen Teilfinanzierung ausgeschlossen ist;

Hinweis auf EU-Vorschriften:

UStG: § 4 Nr. 18 a .... **MwStSystRL:** Art. 132 Abs. 1 (l), (o), Abs. 2 Art. 133, 134

UStG

§ 4 (Forts.)

Von den unter § 1 Abs. 1 Nr. 1 fallenden Umsätzen sind steuerfrei:

. . .

1 **19. a) die Umsätze der Blinden, die nicht mehr als zwei Arbeitnehmer beschäftigen. ② Nicht als Arbeitnehmer gelten der Ehegatte, der eingetragene Lebenspartner, die minderjährigen Abkömmlinge, die Eltern des Blinden und die Lehrlinge. ③ Die Blindheit ist nach den für die Besteuerung des Einkommens maßgebenden Vorschriften nachzuweisen. ④ Die Steuerfreiheit gilt nicht für die Lieferungen von Energieerzeugnissen im Sinne des § 1 Abs. 2 und 3 des Energiesteuergesetzes und von Alkoholerzeugnissen im Sinne des Alkoholsteuergesetzes, wenn der Blinde für diese Erzeugnisse Energiesteuer oder Alkoholsteuer zu entrichten hat, und für Lieferungen im Sinne der Nummer 4 a Satz 1 Buchstabe a Satz 2,**

2 **b) die folgenden Umsätze der nicht unter Buchstabe a fallenden Inhaber von anerkannten Blindenwerkstätten und der anerkannten Zusammenschlüsse von Blindenwerkstätten im Sinne des § 143 des Neunten Buches Sozialgesetzbuch:**

aa) die Lieferungen von Blindenwaren und Zusatzwaren,

bb) die sonstigen Leistungen, soweit bei ihrer Ausführung ausschließlich Blinde mitgewirkt haben;

Hinweis auf EU-Vorschriften:

UStG: § 4 Nr. 19 .... **MwStSystRL:** Art. 371, Anh. X B 5.

Übersicht zu § 4 Nr. 19

Zu § 4 Nr. 19 UStG

UStAE 4.19.1

4.19.1 Blinde

11 (1) Der Unternehmer hat den Nachweis der Blindheit in der gleichen Weise wie bei der Einkommensteuer für die Inanspruchnahme eines Pauschbetrags nach § 33 b EStG i. V. m. § 65 EStDV zu führen.

12 (2) ① Bei der Frage nach den beschäftigten Arbeitnehmern kommt es nach dem Sinn und Zweck der Steuerbefreiung nicht auf die Anzahl der Arbeitnehmer schlechthin, sondern auf ihre zeitliche Arbeitsleistung an. ② Die Umsätze von Blinden sind daher auch dann steuerfrei, wenn mehr als zwei Teilzeitkräfte beschäftigt werden, sofern ihre Beschäftigungszeit – bezogen jeweils auf den Kalendermonat – diejenige von zwei ganztägig beschäftigten Arbeitnehmern nicht übersteigt.

13 (3) ① Die Einschränkung der Steuerbefreiung für die Lieferungen von Mineralöl und Alkoholerzeugnissen in den Fällen, in denen der Blinde für diese Waren Energiesteuer oder Alkoholsteuer zu entrichten hat, ist insbesondere für blinde Tankstellenunternehmer von Bedeutung, denen nach § 7 EnergieStG ein Lager für Energieerzeugnisse bewilligt ist. ② Der Begriff Mineralöl richtet sich nach § 1 Abs. 2 und 3 EnergieStG. ③ Hiernach fallen unter diesen Begriff vor allem Vergaserkraftstoffe, Dieselkraftstoffe, Flüssiggase (Autogase). ④ Der Begriff Alkoholerzeugnisse richtet sich nach § 1 des Alkoholsteuergesetzes (AlkStG). ⑤ Bei einer Erhöhung der Energiesteuer oder Alkoholsteuer können die entsprechenden Waren einer Nachsteuer unterliegen. ⑥ Wenn blinde Unternehmer lediglich eine solche Nachsteuer zu entrichten haben, entfällt die Steuerbefreiung nicht.

14 (4) Liegen für die Lieferungen durch einen in § 4 Nr. 19 Buchstabe a UStG genannten Unternehmer auch die Voraussetzungen einer Ausfuhrlieferung (§ 4 Nr. 1 Buchstabe a, § 6 UStG) bzw. einer innergemeinschaftlichen Lieferung (§ 4 Nr. 1 Buchstabe b, § 6 a UStG) vor, geht die Steuerbefreiung des § 4 Nr. 19 Buchstabe a UStG diesen Steuerbefreiungen vor.

LS zu 4.19.1

1. **Arbeitnehmer** im Sinne des Umsatzsteuerrechts kann auch sein, wer nach außen wie ein Kaufmann auftritt (Eintragung im Handelsregister, Abschluß der Verträge im eigenen Namen, eigenes Mineralölsteuerlager). – 2. Ist einem Unternehmer gestattet worden, unter fremdem Namen aufzutreten, sind die getätigten Umsätze ihm zuzurechnen (Anschluß an BFH-Urteil vom 28. September 1967 V R 103/66, BFHE 90, 310, BStBl. II 1968, 108). *BFH-Urteil v. 15. 7. 1987 – X R 19/80 (BStBl. II S. 746).* 15

4.19.2 Blindenwerkstätten

UStAE 4.19.2

(1) ① Blindenwerkstätten sind Betriebe, in denen ausschließlich Blindenwaren hergestellt und in denen bei der Herstellung andere Personen als Blinde nur mit Hilfs- oder Nebenarbeiten beschäftigt werden. ② Die Unternehmer sind im Besitz eines Anerkennungsbescheids auf Grund des Blindenwarenvertriebsgesetzes vom 9. 4. 1965 (BGBl. I S. 311) in der bis zum 13. 9. 2007 geltenden Fassung (BGBl. I S. 2246). 21

(2) ① Welche Waren als Blindenwaren und Zusatzwaren anzusehen sind, bestimmt sich nach § 2 des Blindenwarenvertriebsgesetzes vom 9. 4. 1965 (BGBl. I S. 311) in der bis zum 13. 9. 2007 geltenden Fassung (BGBl. I S. 2246)[1] und nach den §§ 1 und 2 der zu diesem Gesetz ergangenen Durchführungsverordnung vom 11. 8. 1965 (BGBl. I S. 807),[1] geändert durch die Verordnung vom 10. 7. 1991 (BGBl. I S. 1491) in der bis zum 13. 9. 2007 geltenden Fassung (BGBl. I S. 2246). ② Unter die Steuerbefreiung fallen auch die Umsätze von solchen Blindenwaren, die nicht in der eigenen Blindenwerkstätte hergestellt sind. 22

(3) Liegen für die Lieferungen durch einen in § 4 Nr. 19 Buchstabe b UStG genannten Unternehmer auch die Voraussetzungen einer Ausfuhrlieferung (§ 4 Nr. 1 Buchstabe a, § 6 UStG) bzw. einer innergemeinschaftlichen Lieferung (§ 4 Nr. 1 Buchstabe b, § 6a UStG) vor, geht die Steuerbefreiung des § 4 Nr. 19 Buchstabe b UStG diesen Steuerbefreiungen vor. 23

LS zu 4.19.2

An **Blindenwerkstätten** erbrachte Vermittlungsleistungen fallen weder nach dem Wortlaut noch unter Berücksichtigung der unionsrechtlichen Vorgaben in den Anwendungsbereich des Steuerbefreiungstatbestandes in § 4 Nr. 19 Buchst. b UStG. *BFH-Beschluss v. 16. 10. 2018 V B 30/18 (MwStR S. 1038).* 25

Blindenwarenvertriebsgesetz

§ 2 (1) Blindenwaren im Sinne dieses Gesetzes sind Waren, die in ihren wesentlichen, das Erzeugnis bestimmenden Arbeiten von Blinden hergestellt und ihrer Art nach durch Rechtsverordnung bestimmt sind.

(2) Zusatzwaren im Sinne dieses Gesetzes sind Waren, die zusammen mit Blindenwaren verwendet zu werden pflegen oder deren gleichzeitiger Vertrieb den Absatz von Blindenwaren besonders zu fördern geeignet ist und die ihrer Art nach durch Rechtsverordnung bestimmt sind.

(3) Vertreiben im Sinne dieses Gesetzes ist das geschäftsmäßige Feilhalten von Waren sowie das geschäftsmäßige Aufsuchen und Entgegennehmen von Warenbestellungen.

(4) Als Blinde im Sinne dieses Gesetzes gelten auch Personen, die eine so geringe Sehschärfe haben, daß sie sich in einer ihnen nicht vertrauten Umgebung ohne fremde Hilfe nicht zurechtfinden können.

§ 5 (1) Die zuständige Behörde kann

1. Betriebe, in denen ausschließlich Blindenwaren hergestellt und in denen bei der Herstellung andere Personen als Blinde nur mit Hilfs- oder Nebenarbeiten beschäftigt werden, als Blindenwerkstätten und
2. Vereinigungen solcher Betriebe, deren Zweck ausschließlich auf den Vertrieb von Blindenwaren und Zusatzwaren sowie auf den gemeinsamen Ankauf von Rohstoffen gerichtet ist, als Zusammenschluß von Blindenwerkstätten

anerkennen.

(2)–(5) ...

VO zur Durchführung des Blindenwarenvertriebsgesetzes

§ 1 Als Blindenwaren dürfen vertrieben werden:

1. überwiegend handgefertigte Bürsten und Besen aller Art,
2. Korbflechtwaren aller Art sowie Rahmen- und Stuhlflechtarbeiten,
3. Doppel-, Rippen-, Gitter- und Gliedermatten,
4. mit Rahmen oder Handwebstühlen oder mit mechanischen Webstühlen hergestellte Webwaren,
5. Strick-, Knüpf- und Häkelwaren und durch Strickmaschinen hergestellte Waren,
6. kunstgewerbliche Waren aus Keramik, Leder, Holz, Metall und Kunststoff,
7. Federwäscheklammern,
8. Arbeitsschürzen aus Segeltuch, Drillich, Gummi oder Kunststoff.

§ 2 (1) Als Zusatzwaren dürfen vertrieben werden Korb- und Seilerwaren, Pinsel und Matten sowie einfaches Reinigungsgerät und Putzzeug, mit Ausnahme der in § 1 bezeichneten Waren, auch wenn diese nach anderen als den dort genannten Verfahren hergestellt werden.

(2) Der Erlös aus dem Verkauf der Zusatzwaren darf bei Blindenwerkstätten und bei Zusammenschlüssen von Blindenwerkstätten 30 vom Hundert des Gesamterlöses aus dem Verkauf von Blindenwaren und Zusatzwaren während des Kalenderjahres nicht übersteigen.

---

[1] BliwaG und DVOBliwaG aufgeh. durch G v. 7. 9. 2007 (BGBl. I S. 2246).

UStG

§ 4 (Forts.)

Von den unter § 1 Abs. 1 Nr. 1 fallenden Umsätzen sind steuerfrei:

. . .

1 **20.[1] a) die Umsätze folgender Einrichtungen des Bundes, der Länder, der Gemeinden oder der Gemeindeverbände: Theater, Orchester, Kammermusikensembles, Chöre, Museen, botanische Gärten, zoologische Gärten, Tierparks, Archive, Büchereien sowie Denkmäler der Bau- und Gartenbaukunst. ② Das Gleiche gilt für die Umsätze gleichartiger Einrichtungen anderer Unternehmer, wenn die zuständige Landesbehörde bescheinigt, dass sie die gleichen kulturellen Aufgaben wie die in Satz 1 bezeichneten Einrichtungen erfüllen. ③ Steuerfrei sind auch die Umsätze von Bühnenregisseuren und Bühnenchoreographen an Einrichtungen im Sinne der Sätze 1 und 2, wenn die zuständige Landesbehörde bescheinigt, dass deren künstlerische Leistungen diesen Einrichtungen unmittelbar dienen. ④ Museen im Sinne dieser Vorschrift sind wissenschaftliche Sammlungen und Kunstsammlungen,**

2 **b) die Veranstaltung von Theatervorführungen und Konzerten durch andere Unternehmer, wenn die Darbietungen von den unter Buchstabe a bezeichneten Theatern, Orchestern, Kammermusikensembles oder Chören erbracht werden;**

Hinweis auf EU-Vorschriften:

UStG: § 4 Nr. 20 .... **MwStSystRL:** Art. 132 Abs. 1 (n), (o), Abs. 2 Art. 133, 134

Übersicht zu § 4 Nr. 20

Zu § 4 Nr. 20 UStG

UStAE 4.20.1

4.20.1 Theater

11 (1) ① Ein Theater im Sinne des § 4 Nr. 20 UStG wendet sich in der Regel an eine unbestimmte Zahl von Zuschauern und hat die Aufgabe, der Öffentlichkeit Theaterstücke in künstlerischer Form nahezubringen (BVerwG-Urteil vom 31. 7. 2008, 9 B 80/07). ② Danach können Umsätze eines Theaters nur vorliegen, wenn Personen in irgendeiner Weise auf einer Bühne vor einem Publikum ein Stück zur Aufführung bringen oder eine für Zuschauer bestimmte Aufführung durch eine Person erfolgt (vgl. BFH-Urteile vom 4. 5. 2011, XI R 44/08, BStBl. II 2014 S. 200, und vom 10. 1. 2013, V R 31/10, BStBl. II S. 352). ③ Wenn z. B. so viele künstlerische und technische Kräfte und die zur Ausführung von Theaterveranstaltungen notwendigen technischen Voraussetzungen unterhalten werden, dass die Durchführung eines Spielplans aus eigenen Kräften möglich ist (BFH-Urteil vom 14. 11. 1968, V 217/64, BStBl. 1969 II S. 274), es liegt ein Theater vor. ④ Es genügt, dass ein Theater die künstlerischen und technischen Kräfte nur für die Spielzeit eines Stückes verpflichtet. ⑤ Ein eigenes oder gemietetes Theatergebäude braucht nicht vorhanden zu sein (BFH-Urteil vom 24. 3. 1960, V 158/58 U, BStBl. III S. 277). ⑥ Unter die Befreiungsvorschrift fallen deshalb auch die Theatervorführungen in einem Fernsehstudio, und zwar unabhängig davon, ob die Theatervorführung unmittelbar übertragen oder aufgezeichnet wird.

12 (2) ① Zu den Theatern gehören auch Freilichtbühnen, Wanderbühnen, Zimmertheater, Heimatbühnen, Puppen-, Marionetten- und Schattenspieltheater sowie literarische und politische Kabaretts, wenn sie die in Absatz 1 bezeichneten Voraussetzungen erfüllen. ② Theatervorführungen sind auch Aufführungen der Pantomime und Tanzkunst, der Kleinkunst, des Varietés (u. a. Zauberei, Artistik und Bauchrednerei), der Eisrevuen sowie Mischformen von Sprech-, Musik- und Tanzdarbietungen (vgl. BFH-Urteile vom 4. 5. 2011, XI R 44/08, BStBl. II 2014 S. 200, und vom 10. 1. 2013, V R 31/10, BStBl. II S. 352). ③ Filmvorführungen fallen nicht unter die Steuerbefreiung. ④ Dasselbe gilt für reine Autorenlesungen vor Publikum (vgl. BFH-Urteil vom 25. 2. 2015, XI R 35/12, BStBl. II S. 677).

[1] Zur Fassung von § 4 Nr. 20 Buchst. a **ab 1. 1. 2023** siehe in der geschlossenen Wiedergabe.

(3) ① Befreit sind die eigentlichen Theaterleistungen einschließlich der damit üblicherweise verbundenen Nebenleistungen. ② Als Theaterleistungen sind auch solche Leistungen anzusehen, die gegenüber einem gastgebenden Theater ausgeführt werden, z. B. zur Verfügung stellen eines Ensembles. ③ Zu den Nebenleistungen gehören insbesondere die Aufbewahrung der Garderobe, der Verkauf von Programmen und die Vermietung von Operngläsern. ④ Die Abgabe von Speisen und Getränken bei Theatervorstellungen ist keine nach § 4 Nr. 20 Buchstabe a UStG steuerfreie Nebenleistung (BFH-Urteile vom 14. 5. 1998, V R 85/97, BStBl. 1999 II S. 145, vom 21. 4. 2005, V R 6/03, BStBl. II S. 899, und vom 18. 8. 2005, V R 20/03, BStBl. II S. 910). ⑤ Bei einer Veranstaltung, bei der kulinarische und künstlerische Elemente untrennbar gleichwertig nebeneinander angeboten werden und aus Sicht des Durchschnittsverbrauchers gerade dieses Kombinationserlebnis im Vordergrund steht, liegt eine einheitliche sonstige Leistung eigener Art vor; diese unterliegt dem allgemeinen Steuersatz nach § 12 Abs. 1 UStG (vgl. BFH-Urteil vom 13. 6. 2018, XI R 2/16, BStBl. II S. 678, sowie Abschnitt 12.5 Abs. 2 Satz 10). ⑥ Der Betrieb einer Theatergaststätte und die Vermietung oder Verpachtung eines Theaters oder eines Nebenbetriebs, z. B. Gaststätte, Kleiderablage, sind steuerpflichtig, sofern nicht besondere Befreiungsvorschriften, z. B. § 4 Nr. 12 UStG, anzuwenden sind. 13

(4) ① Veranstalter ist derjenige, der im eigenen Namen die organisatorischen Maßnahmen dafür trifft, dass die Theatervorführung abgehalten werden kann, wobei er die Umstände, den Ort und die Zeit der Darbietung selbst bestimmt. ② Werden bei Theatervorführungen mehrere Veranstalter tätig, kann jeder Veranstalter die Steuerbefreiung des § 4 Nr. 20 Buchstabe b UStG unter den Voraussetzungen dieser Vorschrift in Anspruch nehmen. ③ Bei Tournee-Veranstaltungen kann deshalb die Steuerbefreiung sowohl dem Tournee-Veranstalter als auch dem örtlichen Veranstalter zustehen. 14

LS zu 4.20.1

17

1. Weder der Wortlaut noch der Zweck von § 4 Nr. 20 Buchst. a UStG lassen den Schluss zu, dass die Steuerbefreiung nur solchen Einrichtungen zugute kommen soll, die „professionell" und auf einem hohen Niveau arbeiten, und deshalb **Laieneinrichtungen** ausgeschlossen sind. – 2. **Theater** i. S. d. § 4 Nr. 20 Buchst. a Satz 1 UStG wenden sich in der Regel an eine unbestimmte Zahl von Zuschauern und haben die Aufgabe, der Öffentlichkeit Theaterstücke in künstlerischer Form nahezubringen. Diese Kriterien müssen andere Theater bei ihrer Aufgabenwahrnehmung ebenfalls erfüllen, wenn eine Bescheinigung nach § 4 Nr. 20 Buchst. a Satz 2 UStG ausgestellt werden soll. *BVerwG-Beschl. v. 31. 7. 2008 – 9 B 80/07 (BFH/NV 2009 S. 351).*

Treten **Theatergemeinden- und Volksbühnen-Vereine** gegenüber ihren Mitgliedern als Veranstalter auf, ist § 4 Ziff. 20 Buchst. b UStG anwendbar. – Die **Beschaffung der Eintrittskarten** kann reine **Vermittlungsleistung** sein **oder Dienstleistungskommission.** *Verfügung OFD Frankfurt S 7110 A – 2/86 – St 110 v 8. 10. 2008.*

Die **Abgabe von Speisen und Getränken durch ein Theater** gehört nicht zu dessen nach § 4 Nr. 20 Buchst. a UStG steuerfreien Umsätzen, wenn diese Leistungen dazu bestimmt sind, dem Theater zusätzliche Einnahmen zu verschaffen und sie in unmittelbarem Wettbewerb mit gewerblichen Unternehmen ausgeführt werden. *BFH-Urt. v. 21. 4. 2005, V R 6/03 (BStBl. II S. 899).* – Vgl. auch *BFH-Beschl. v. 7. 12. 2009, XI B 52/09 (BFH/NV 2010 S. 482).*

Die Abgabe von Speisen und Getränken in einem **Musical-Theater** ist keine steuerbefreite Nebenleistung zur Theatervorstellung. *BFH-Urt. v. 18. 8. 2005 V R 20/03 (BStBl. II S. 910).*

Ein Leistungsbündel aus Unterhaltung und kulinarischer Versorgung der Gäste (sog. **„Dinner-Show"**) unterliegt jedenfalls dann dem Regelsteuersatz, wenn es sich um eine **einheitliche, komplexe Leistung** handelt. *BFH-Urteil v. 13. 6. 2018 XI R 2/16 (BStBl. II S. 678).*

1. Die Kombination von künstlerischen und kulinarischen Elementen in Form einer **„Dinner-Show"** kann eine komplexe Leistung sein, die dem Regelsteuersatz unterliegt. – 2. Allein der Umstand, dass beide Bestandteile im Wirtschaftsleben auch getrennt erbracht werden, rechtfertigt keine Aufspaltung des Vorgangs, wenn es dem durchschnittlichen Besucher der „Dinner-Show" um die **Verbindung beider Elemente** geht. *BFH-Urt. v. 10. 1. 2013, V R 31/10 (BStBl. II S. 352).*

Die **Personalgestellung** unter Theatern und die Erbringung von **Werkstattleistungen** gegen Kostenerstattung fällt nicht unter § 4 Nr. 20 Buchst. a UStG. *Erlass FM Sachsen-Anhalt 44 – S 7177 – 12 v. 28. 1. 2000.*

1. Kauft ein **Touristikunternehmen sämtliche Eintrittskarten** einer Theatervorführung, übernimmt es das volle wirtschaftliche Risiko der Aufführung und tritt im eigenen Namen als Veranstalter auf, kann darin eine steuerfreie „Veranstaltung von Theatervorführungen" i. S. des § 4 Nr. 20 Buchst. b UStG liegen. – 2. … *BFH-Urteil v. 22. 11. 2013 V R 33/10 (DStR 2014 S. 647).*

Anl zu 4.20.1

Schreiben betr.
§ 4 Nr. 20 UStG und § 12 Abs. 2 Nr. 7 Buchst. a UStG;
umsatzsteuerliche Begünstigung von Theateraufführungen und vergleichbaren Darbietungen ausübender Künstler

Vom 12. November 2020 (BStBl. I S. 1265)

(BMF III C 3 – S 7177/17/10001; DOK 2020/1169552)

[abgedruckt im USt-Handbuch 2021 als Anlage zu A 4.20.1]

4.20.2 Orchester, Kammermusikensembles und Chöre

UStAE 4.20.2

(1) ① Zu den Orchestern, Kammermusikensembles und Chören gehören alle Musiker- und Gesangsgruppen, die aus zwei oder mehr Mitwirkenden bestehen. ② Artikel 132 Abs. 1 Buchstabe n MwStSystRL ist dahin auszulegen, dass der Begriff der „anderen … anerkannten Einrichtungen" als Einzelkünstler auftretende Solisten und Dirigenten nicht ausschließt (vgl. auch EuGH-Urteil vom 3. 4. 2003, C-144/00, Hoffmann, BStBl. II S. 679). ③ Demnach ist auch die Leistung eines einzelnen Orchestermusikers gegenüber dem Orchester, in dem er tätig ist, als 21

kulturelle Dienstleistung eines Solisten anzusehen (vgl. BFH-Urteile vom 18. 2. 2010, V R 28/08, BStBl. II S. 876, und vom 22. 8. 2019, V R 14/17, BStBl. 2020 II S. 720). ④ Auf die Art der Musik kommt es nicht an; auch Unterhaltungsmusik kann unter die Vorschrift fallen. ⑤ Unter Konzerten sind Aufführungen von Musikstücken zu verstehen, bei denen Instrumente und/oder die menschliche Stimme eingesetzt werden (BFH-Urteil vom 26. 4. 1995, XI R 20/94, BStBl. II S. 519).

22 (2) Zur umsatzsteuerlichen Behandlung von Konzerten, bei denen mehrere Veranstalter tätig werden, wird auf Abschnitt 4.20.1 Abs. 4 hingewiesen.

LS zu 4.20.2

25

Zur **Steuerbefreiung** nach § 4 Nr. 20 UStG. *Verfügung OFD Erfurt S 7177 A – 08 – L 243 v. 20. 10. 2004.*

1. Die Umsätze eines **Dirigenten** und **Chorleiters** sind nach Art. 13 Teil A Abs. 1 Buchst. n der Sechsten MwSt-Richtlinie 77/388/EWG (jetzt: MwStSystRL Art. 132 Abs. 1 Buchst. n) bei Vorliegen aller Voraussetzungen steuerfrei. Der Unternehmer kann sich hierbei direkt auf diese Vorschrift berufen. – 2. Bei Beurteilung der Steuerfreiheit dieser Umsätze kommt es nicht darauf an, ob der Unternehmer seine Leistung direkt gegenüber dem Konzertveranstalter oder an den von ihm dirigierten Chor erbringt. – 3. Die **Bescheinigung,** die nach § 20 Buchst. a Satz 2 UStG als Voraussetzung der Steuerfreiheit vorgelegt werden muss, kann **auch für einen zurückliegenden Zeitraum** ausgestellt sein, d. h. sie muss nicht im Voraus erteilt werden. *FG Rheinland-Pfalz, Urt. v. 6. 5. 2008, 6 K 1666/06, rkr. (DStRE S. 1392).*

Die Leistungen eines **Dirigenten,** dem die zuständige Landesbehörde bescheinigt, dass er die gleichen kulturellen Aufgaben erfüllt wie z. B. ein Orchester oder Kammermusikensemble, sind nach § 4 Nr. 20 Buchst. a Satz 2 UStG steuerfrei. Er kann in diesem Fall die Vorsteuerbeträge auf im Inland erbrachte Vermittlungsleistungen ausländischer Konzertagenturen auch dann nicht nach § 15 Abs. 1 Satz 1 Nr. 4 UStG abziehen, wenn er sie für Leistungen bezieht, die er im Ausland erbringt und die dort steuerbar und steuerpflichtig sind. *BFH-Urteil v. 22. 8. 2019 V R 14/17 (BStBl. 2020 II S. 720).*

UStAE 4.20.3

4.20.3 Museen und Denkmäler der Bau- und Gartenbaukunst

31 (1) ① Museen im Sinne des § 4 Nr. 20 Buchstabe a UStG sind wissenschaftliche Sammlungen und Kunstsammlungen. ② Deren Umsätze sind steuerfrei, wenn die Einrichtungen die Voraussetzungen des § 4 Nr. 20 Buchstabe a Sätze 1 und 2 UStG erfüllen. ③ Ob eine Sammlung wissenschaftlich ist, richtet sich nach dem Gesamtbild der Umstände, z. B. danach, ob die Sammlung nach wissenschaftlichen Gesichtspunkten zusammengestellt oder geordnet ist und ob sie entsprechend durch Beschriftungen und/oder Kataloge erläutert wird. ④ Als Gegenstände derartiger Sammlungen kommen auch technische Gegenstände wie Luftfahrzeuge in Betracht (vgl. BFH-Urteil vom 19. 5. 1993, V R 110/88, BStBl. 1993 II S. 779).

32 (2) ① Als Museen können auch Kunstausstellungen in Betracht kommen. ② Hierbei muss es sich um Kunstsammlungen handeln, die ausgestellt und dadurch der Öffentlichkeit zum Betrachten und zu den damit verbundenen kulturellen und bildenden Zwecken zugänglich gemacht werden. ③ Es kann sich dabei auch um die Kunstsammlung einer anderen Person handeln. ④ Die Sammlungen können auch eigens für die Ausstellung zusammengestellt sein. ⑤ Es kommt nicht darauf an, ob Sonderausstellungen entweder komplett aus den Sammlungsbeständen anderer Einrichtungen oder privater Leihgeber zusammengestellt sind oder aber nur zu einem geringen Anteil aus der eigenen Sammlung bestückt werden. ⑥ Aus dem Begriff der Sammlung folgt ferner kein Erfordernis der Dauerhaftigkeit (vgl. BFH-Urteil vom 22. 11. 2018, V R 29/17, BStBl. 2021 II S. 495). ⑦ Daher können auch Ausstellungen, welche nur für eine begrenzte Zeit besichtigt werden können (sog. Wanderausstellungen), sowie Sammlungen vergänglicher Gegenstände (wie beispielsweise Eis- oder Sandskulpturen) grundsätzlich hierunter fallen, sofern es sich bei den ausgestellten Objekten um Kunstwerke handelt. ⑧ Kunstausstellungen, die Verkaufszwecken dienen und damit gewerbliche Ziele verfolgen, können demgegenüber nicht als Museen angesehen werden. ⑨ Verkäufe von sehr untergeordneter Bedeutung beeinträchtigen die Eigenschaft der Kunstausstellung als Kunstsammlung dagegen nicht.

33 (3) ① Steuerfrei sind insbesondere die Leistungen der Museen, für die als Entgelte Eintrittsgelder erhoben werden, und zwar auch insoweit, als es sich um Sonderausstellungen, Führungen und Vorträge handelt. ② Die Steuerbefreiung erfasst auch die bei diesen Leistungen üblichen Nebenleistungen, z. B. den Verkauf von Katalogen und Museumsführern und die Aufbewahrung der Garderobe. ③ Weitere typische Museumsleistungen sind das Dulden der Anfertigung von Reproduktionen, Abgüssen und Nachbildungen sowie die Restaurierung und Pflege von Kunstwerken in Privatbesitz, die von den Museen im Interesse der Erhaltung dieser Werke für die Allgemeinheit vorgenommen werden. ④ Der Verkauf von Kunstpostkarten, Fotografien, Dias, Plakaten, Klischees, Reproduktionen, Abgüssen, Nachbildungen, Farbdrucken und Bildbänden ist nur dann als typische Museumsleistung steuerfrei, wenn

1. es sich um Darstellungen von Objekten des betreffenden Museums handelt,
2. das Museum die genannten Gegenstände selbst herstellt oder herstellen lässt und
3. diese Gegenstände ausschließlich in diesem Museum vertrieben werden.

⑤ Der Verkauf von Literatur, die in Beziehung zu der Sammlung des betreffenden Museums steht, ist bei Vorliegen der Voraussetzungen zu Satz 4 Nummern 2 und 3 ebenfalls steuerfrei. ⑥ Die Veräußerung von Museumsobjekten sowie von Altmaterial ist dagegen von der Steuerbefreiung nach § 4 Nr. 20 UStG ausgeschlossen. ⑦ Es kann jedoch die Steuerbefreiung nach § 4 Nr. 28 UStG in Betracht kommen (vgl. Abschnitt 4.28.1).

(4) ① Denkmäler der Baukunst sind Bauwerke, die nach denkmalpflegerischen Gesichtspunkten als schützenswerte Zeugnisse der Architektur anzusehen sind. ② Hierzu gehören z. B. Kirchen, Schlösser, Burgen und Burgruinen. ③ Auf eine künstlerische Ausgestaltung kommt es nicht an. ④ Zu den Denkmälern der Gartenbaukunst gehören z. B. Parkanlagen mit künstlerischer Ausgestaltung. 34

LS zu 4.20.3

Es bestehen ernstliche Zweifel, dass die von **selbständigen (privaten) Restauratoren** ausgeführten Umsätze ebenso gem. § 4 Nr. 20 Buchst. a UStG umsatzsteuerbefreit sind wie die als typische Museumsleistungen angesehene Restaurierung und Pflege von Kunstwerken im Privatbesitz, die von Museen im Interesse der Erhaltung dieser Werke für die Allgemeinheit vorgenommen und als steuerfrei behandelt werden. *BFH-Beschluss v. 12. 4. 2000 – V B 10/00 (BFH/NV S. 1372).* 35

1. Die Steuerbefreiung des § 4 Nr. 20 Buchst. a UStG für die Leistungen eines Museums oder einer gleichartigen Einrichtung umfasst sachlich nicht nur die Einräumung von Eintrittsberechtigungen in das Museum, sondern z. B. auch andere typische Museumsleistungen mit Kulturbezug. – 2. Das Museum, mit dem die gleichartige Einrichtung ihre Museumsleistung erbringt, kann auch das Museum einer dritten Person sein. – 3. Jedenfalls bei einem Museum, das nur in Begleitung eines **Gästeführers** besucht werden darf, ist die Führung der Museumsgäste eine typische Museumsleistung. – 4. Ein spezialisierter Unterricht, der für sich allein nicht der für den Schul- und Hochschulunterricht kennzeichnenden Vermittlung, Vertiefung und Entwicklung von Kenntnissen und Fähigkeiten in Bezug auf ein breites und vielfältiges Spektrum von Stoffen gleichkommt, ist kein Schul- oder Hochschulunterricht i. S. des Art. 132 Abs. 1 Buchst. i MwStSystRL in seiner neueren Auslegung durch den EuGH. – 5. Art. 132 Abs. 1 Buchst. n MwStSystRL ist grundsätzlich nicht berufbar. *BFH-Beschl. v. 15. 2. 2022 XI R 30/21 (XI R 37/18) (DStR S. 1153).*

Zur Behandlung der **Ausleihe von Lernmitteln** durch Schulen vgl. *Verfügung LfSt Niedersachsen S 7177 – 37 – St 182 v. 14. 3. 2018 (DStR S. 921).*

4.20.4 Zoologische Gärten und Tierparks

USt AE 4.20.4

(1) ① Zoologische Gärten im Sinne der Befreiungsvorschrift sind auch Aquarien und Terrarien. ② Sog. Vergnügungsparks sind keine begünstigten Einrichtungen; das gilt auch für Delfinarien, die auf dem Gelände zoologischer Gärten von anderen Unternehmern in eigener Regie betrieben werden (BFH-Urteil vom 20. 4. 1988, X R 20/82, BStBl. II S. 796). 41

(2) ① Die Umsätze der zoologischen Gärten und Tierparks sind unter der Voraussetzung steuerfrei, dass es sich um typische Leistungen der bezeichneten Einrichtungen handelt. ② Typische Umsätze sind insbesondere: 42

1. Zurschaustellung von Tieren;
2. Erteilung der Erlaubnis zum Fotografieren;
3. Verkauf von Ansichtskarten, Fotografien und Dias mit Zoo- und Tierparkmotiven;
4. Verkauf von Zoo- und Tierparkführern;
5. Verkauf von Tierfutter an die Besucher zum Füttern der zur Schau gestellten Tiere;
6. Verkauf von Tieren, wenn der Verkauf den Aufgaben der zoologischen Gärten und Tierparks dient oder mit dem Betrieb dieser Einrichtung zwangsläufig verbunden ist, z. B. Verkauf zum Zweck der Zurschaustellung in einem anderen zoologischen Garten oder Tierpark, Verkauf zum Zweck der Zucht oder Verkauf zum Zweck der Verjüngung des Tierbestandes.

(3) Insbesondere folgende Umsätze der zoologischen Gärten und Tierparks sind für diese nicht typisch und fallen deshalb nicht unter die Steuerbefreiung: 43

1. Umsätze in den Gaststättenbetrieben;
2. Verkauf von Gebrauchsartikeln, z. B. Zeitungen, und anderen als den in Absatz 2 Satz 2 Nr. 3 bezeichneten Andenken;
3. Duldung der Jagd in einem Tierpark;
4. Verkauf von Wildbret, Fellen, Jagdtrophäen und Abwurfstangen;
5. Überlassung besonderer Vergnügungseinrichtungen, z. B. Kleinbahnen, Autoscooter, Boote, Minigolfplätze;
6. ① Verkauf von Gegenständen des Anlagevermögens, ausgenommen die in Absatz 2 Satz 2 Nr. 6 bezeichneten Umsätze von Tieren. ② Es kann jedoch die Steuerbefreiung nach § 4 Nr. 28 UStG in Betracht kommen (vgl. Abschnitt 4.28.1).

4.20.5 Bescheinigungsverfahren

USt AE 4.20.5

① Für die Erteilung der Bescheinigung der zuständigen Landesbehörde gilt Abschnitt 4.21.5 Abs. 2, 3 und 6 entsprechend. ② Gastieren ausländische Theater und Orchester im Inland an verschiedenen Orten, genügt eine Bescheinigung der Landesbehörde, in deren Zuständigkeitsbereich das ausländische Ensemble erstmalig im Inland tätig wird. 45

LS zu 4.20.5

§ 4 Nr. 20 Buchst. a UStG ermächtigt die zuständige Landesbehörde zu bescheinigen, daß die begünstigten Unternehmer die in der Vorschrift bezeichneten Aufgaben **erfüllt haben. Die Wirkung der Bescheinigung** bezieht sich auf den in ihr bezeichneten **Zeitraum vor der Bekanntgabe.** *BFH-Urteil v. 24. 9. 1998 – V R 3/98 (BStBl. 1999 II S. 147).* – **Rückwirkung** vgl. A 4.21.5 Abs. 2 UStAE u. **LS zu 4.20.2** u. **4.21.5.** 50

Die Erteilung einer Bescheinigung nach § 4 Nr. 20 Buchst. a UStG setzt **keinen Antrag** des Steuerpflichtigen voraus. – Bescheinigungen nach § 4 Nr. 20 Buchst. a UStG sind von Veranstaltern im Sinne des § 4 Nr. 20 Buchst. b UStG zu beachten. *Verfügung OFD Frankfurt S 7177 A – 12 – St 112 v. 23. 1. 2007.* – **Hinweis** auf A 4.21.5 Abs. 2 UStAE.

1. Ein **Orchestermusiker** kann als Unternehmer gegenüber dem Orchester, in dem er tätig ist, nach Art. 13 Teil A Abs. 1 Buchst. n der Richtlinie 77/388/EWG umsatzsteuerfreie kulturelle Leistungen erbringen (Anschluss an EuGH-Urteil vom 3. April 2003 C-144/00, *Hoffmann,* Slg. 2003, I-2921, BFH/NV Beilage 2003, 153, Änderung der BFH-Rechtsprechung). – 2. Für die nach Art. 13 Teil A Abs. 1 Buchst. n der Richtlinie 77/388/EWG erforderliche Anerkennung des Unternehmers reicht eine **Bescheinigung** über die Erfüllung „gleicher kultureller Aufgaben" i. S. von § 4 Nr. 20 Buchst. a Satz 2 UStG aus. *BFH-Urt. v. 18. 2. 2010, V R 28/08 (BStBl. 2010 II S. 876).*

UStG

§ 4 (Forts.)

Von den unter § 1 Abs. 1 Nr. 1 fallenden Umsätzen sind steuerfrei:

...

1 **21. a) die unmittelbar dem Schul- und Bildungszweck dienenden Leistungen privater Schulen und anderer allgemein bildender oder berufsbildender Einrichtungen,**

aa) wenn sie als Ersatzschulen gemäß Artikel 7 Abs. 4 des Grundgesetzes staatlich genehmigt oder nach Landesrecht erlaubt sind oder

bb) wenn die zuständige Landesbehörde bescheinigt, dass sie auf einen Beruf oder eine vor einer juristischen Person des öffentlichen Rechts abzulegende Prüfung ordnungsgemäß vorbereiten,

b) die unmittelbar dem Schul- und Bildungszweck dienenden Unterrichtsleistungen selbständiger Lehrer

aa) an Hochschulen im Sinne der §§ 1 und 70 des Hochschulrahmengesetzes und öffentlichen allgemein bildenden oder berufsbildenden Schulen oder

bb) an privaten Schulen und anderen allgemein bildenden oder berufsbildenden Einrichtungen, soweit diese die Voraussetzungen des Buchstabens a erfüllen;

Hinweis auf EU-Vorschriften:

UStG:	§ 4 Nr. 21 (a)	**MwStSystRL:**	Art. 132 Abs. 1 (i), (o), Abs. 2, 133, 134/**MwStVO:** Art. 44
	§ 4 Nr. 21 (b)		Art. 132 Abs. 1 (j)

Übersicht zu § 4 Nr. 21

Zu § 4 Nr. 21 UStG

UStAE 4.21.1

4.21.1 Ersatzschulen

5 Der Nachweis, dass für den Betrieb der Ersatzschule eine staatliche Genehmigung oder landesrechtliche Erlaubnis vorliegt, kann durch eine Bescheinigung der Schulaufsichtsbehörde geführt werden.

UStAE 4.21.2

4.21.2 Ergänzungsschulen und andere allgemein bildende oder berufsbildende Einrichtungen

11 (1) ① Zu den allgemein bildenden oder berufsbildenden Einrichtungen gehören u. a. auch Fernlehrinstitute, Fahrlehrerausbildungsstätten, Heilpraktiker-Schulen, Kurse zur Erteilung von Nachhilfeunterricht für Schüler und Repetitorien, die Studierende auf akademische Prüfungen vorbereiten. ② Zum Begriff der allgemein bildenden Einrichtung wird auf das Urteil des BVerwG vom 3. 12. 1976, VII C 73.75, BStBl. 1977 II S. 334, hingewiesen. ③ Berufsbildende Einrichtungen sind Einrichtungen, die Leistungen erbringen, die ihrer Art nach den Zielen der Berufsaus- oder Berufsfortbildung dienen. ④ Sie müssen spezielle Kenntnisse und Fertigkeiten vermitteln, die zur Ausübung bestimmter beruflicher Tätigkeiten notwendig sind (BFH-Urteil vom 18. 12. 2003, V R 62/02, BStBl. 2004 II S. 252). ⑤ Auf die Rechtsform des Trägers der Einrichtung kommt es nicht an. ⑥ Es können deshalb auch natürliche Personen oder Personenzusammenschlüsse begünstigte Einrichtungen betreiben, wenn neben den personellen auch die organisatorischen und sächlichen Voraussetzungen vorliegen, um einen Unterricht zu ermöglichen.

UStAE 4.21.2

12 (2) ① Der Unternehmer ist Träger einer Bildungseinrichtung, wenn er selbst entgeltliche Unterrichtsleistungen gegenüber seinen Vertragspartnern (z. B. Schüler, Studenten, Berufstätige oder Arbeitgeber) anbietet. ② Dies erfordert ein festliegendes Lehrprogramm und Lehrpläne zur Vermittlung eines Unterrichtsstoffs für die Erreichung eines bestimmten Lehrgangsziels sowie geeignete Unterrichtsräume oder -vorrichtungen. ③ Der Betrieb der Bildungseinrichtung muss auf eine gewisse Dauer angelegt sein. ④ Die Einrichtung braucht im Rahmen ihres Lehrprogramms keinen eigenen Lehrstoff anzubieten. ⑤ Daher reicht es aus, wenn sich die Leistung auf eine Unterstützung des Schul- oder Hochschulangebots bzw. auf die Verarbeitung oder Repetition des von der Schule angebotenen Stoffs beschränkt. ⑥ Die Veranstaltung einzelner Vorträge oder einer Vortragsreihe erfüllt dagegen nicht die Voraussetzungen einer Unterrichtsleistung. ⑦ Unschädlich ist jedoch die Einbindung von Vorträgen in ein Lehrprogramm für die Befreiung der Unterrichtsleistungen des Trägers der Bildungseinrichtung.

13 (3) ① Die Vorbereitung auf einen Beruf umfasst die berufliche Ausbildung, die berufliche Fortbildung und die berufliche Umschulung; die Dauer der jeweiligen Maßnahme ist unerheblich (vgl. Artikel 44 MwStVO). ② Dies sind unter anderem Maßnahmen zur Aktivierung und beruflichen Eingliederung im Sinne von § 45 SGB III mit Ausnahme von § 45 Abs. 4 Satz 3 Nr. 2 und Abs. 7 SGB III, Weiterbildungsmaßnahmen entsprechend den Anforderungen der §§ 179, 180 SGB III, Aus- und Weiterbildungsmaßnahmen (einschließlich der Berufsvorbereitung und der blindentechnischen und vergleichbaren speziellen Grundausbildung zur beruflichen Eingliederung von Menschen mit Behinderung) im Sinne von § 112 SGB III sowie berufsvorbereitende, berufsbegleitende bzw. außerbetriebliche Maßnahmen nach §§ 48, 130 SGB III, §§ 51, 53 SGB III, §§ 75, 76 SGB III bzw. § 49 SGB III, die von der Bundesagentur für Arbeit und – über § 16 SGB II – den Trägern der Grundsicherung für Arbeitsuchende nach §§ 6, 6a SGB II gefördert werden. ③ Mit ihrer Durchführung beauftragen die Bundesagentur für Arbeit und die Träger der Grundsicherung für Arbeitsuchende nach §§ 6, 6a SGB II in manchen Fällen gewerbliche Unternehmen oder andere Einrichtungen, z. B. Berufsverbände, Kammern, Schulen, anerkannte Werkstätten für behinderte Menschen, die über geeignete Ausbildungsstätten verfügen. ④ Es ist davon auszugehen, dass die genannten Unternehmen und andere Einrichtungen die von der Bundesagentur für Arbeit und den Trägern der Grundsicherung für Arbeitsuchende nach §§ 6, 6a SGB II geförderten Ausbildungs-, Fortbildungs- und Umschulungsmaßnahmen im Rahmen einer berufsbildenden Einrichtung im Sinne des § 4 Nr. 21 Buchstabe a UStG erbringen.

(3a) ① Die nach § 43 AufenthG erbrachten Leistungen (Integrationskurse) dienen als Maßnahme der Eingliederung in den Arbeitsmarkt dem Erwerb ausreichender Kenntnisse der deutschen Sprache. ② Diese Maßnahmen fallen daher unter die Steuerbefreiung des § 4 Nr. 21 Buchst. a UStG, wenn sie von einem vom Bundesamt für Migration und Flüchtlinge zur Durchführung der Integrationskurse zugelassenen Kursträger erbracht werden.

14 (4) ① Die Aufgaben der Integrationsfachdienste (§§ 192ff. SGB IX) entsprechen in Teilbereichen den in § 45 SGB III genannten Tätigkeiten, gehen jedoch insgesamt darüber hinaus. ② Da eine Trennung der einzelnen Aufgaben nicht möglich ist, kommt eine Steuerbefreiung nach § 4 Nr. 21 UStG für die Leistungen der Integrationsfachdienste insgesamt nicht in Betracht; auf die Ausführungen in Abschnitt 4.16.5 Abs. 7 und 8 wird hingewiesen.

15 (5) ① Eine Einrichtung, die Unterricht für das Erlernen des Umgangs mit Computern erteilt (z. B. Grundkurse für die Erstellung von Textdokumenten), erbringt unmittelbar dem Schul- und Bildungszweck dienende Leistungen. ② Sie kann somit die Voraussetzungen des § 4 Nr. 21 UStG erfüllen.

16 (6) ① Fahrschulen können grundsätzlich nicht als allgemein bildende oder berufsbildende Einrichtungen beurteilt werden (BFH-Urteil vom 14. 3. 1974, V R 54/73, BStBl. II S. 527). ② Eine Steuerfreiheit der Umsätze nach § 4 Nr. 21 UStG kann aber insoweit in Betracht kommen, als Fahrschulen Lehrgänge zur Ausbildung für die Fahrerlaubnis der Klassen C, CE, D, DE, D1, D1E, T und L durchführen, da diese Leistungen in der Regel der Berufsausbildung dienen. ③ Eine Fahrerlaubnis der Klassen C, CE, D, DE, D1 und D1E darf nur erteilt werden, wenn der Bewerber bereits die Fahrerlaubnis der Klasse B besitzt oder die Voraussetzungen für deren Erteilung erfüllt hat (§ 9 Fahrerlaubnis-Verordnung). ④ Eine Steuerbefreiung kommt deshalb auch in Betracht, wenn der Fahrschüler im Rahmen seiner Ausbildung zeitgleich neben den Klassen C und CE die Fahrerlaubnis der Klasse B erwerben möchte; die Ausbildungsleistung, die auf die Klasse B entfällt, ist aber steuerpflichtig. ⑤ Als Lehrgang ist die dem einzelnen Fahrschüler gegenüber erbrachte Leistung anzusehen. ⑥ Bei Fahrschulen gelten als Bescheinigung im Sinne des § 4 Nr. 21 Buchstabe a Doppelbuchstabe bb UStG für den Nachweis, dass sie ordnungsgemäß auf einen Beruf vorbereiten:
- die nach dem 31. 12. 2017 erteilte Fahrschulerlaubnis (§ 26 Abs. 1 FahrlG) in den Fahrlehrerlaubnisklassen CE und DE oder
- die vor dem 1. 1. 2018 ausgestellte Fahrschulerlaubnisurkunde, die zur Ausbildung zum Erwerb der Fahrerlaubnis der Klasse 2 bzw. 3 (ausgestellt bis zum 31. 12. 1998) bzw. der Fahrerlaubnisklassen C, CE, D, DE, D1, D1E, T und L (ausgestellt ab Januar 1999) berechtigt oder

– bei Fahrschulen, die bei Inkrafttreten des FahrlG alter Fassung bestanden und die Fahrschulerlaubnis somit nach § 69 FahrlG als erteilt gilt, eine Bescheinigung der zuständigen Landesbehörde, welche die Angabe enthält, dass die Fahrschulerlaubnis für die Ausbildung zum Erwerb der Klasse 2 berechtigt.

⑦ Die Anerkennung von Fahrschulen als berufsbildende Einrichtungen gemäß § 4 Nr. 21 Buchstabe a Doppelbuchstabe bb erstreckt sich auch auf Lehrgänge zum Erwerb der Grundqualifikation nach § 4 Abs. 1 Nr. 1 BKrFQG, der beschleunigten Grundqualifikation nach § 4 Abs. 2 BKrFQG sowie die in § 5 BKrFQG vorgeschriebenen Weiterbildungskurse. ⑧ Bei nach § 7 Abs. 2 BKrFQG anerkannten Ausbildungsstätten gilt die durch eine nach Landesrecht zuständige Behörde erfolgte staatliche Anerkennung als Ausbildungsstätte im Sinne von § 7 Abs. 1 Nr. 5 BKrFQG ebenfalls als Bescheinigung im Sinne des § 4 Nr. 21 Buchstabe a Doppelbuchstabe bb UStG. ⑨ Unter die Steuerbefreiung fallen auch die Leistungen von Fahrschulen, die zur Ausbildung gegenüber Mitgliedern der Freiwilligen Feuerwehren, der nach Landesrecht anerkannten Rettungsdienste und der technischen Hilfsdienste sowie des Katastrophenschutzes erbracht werden und zum Führen von Einsatzfahrzeugen bis zu einer zulässigen Gesamtmasse von 7,5 t berechtigen.

17 (7) ① Eine „Jagdschule", die Schulungen zur Vorbereitung auf die Jägerprüfung durchführt, ist keine allgemein bildende oder berufsbildende Einrichtung im Sinne des § 4 Nr. 21 UStG. ② Eine Steuerbefreiung nach dieser Vorschrift kommt daher nicht in Betracht (BFH-Urteil vom 18. 12. 2003, V R 62/02, BStBl. 2004 II S. 252).

18 (8) ① Ballett und Tanzschulen können als allgemein bildende oder berufsbildende Einrichtungen beurteilt werden. ② Eine Steuerfreiheit der Umsätze von Ballett- und Tanzschulen nach § 4 Nr. 21 UStG kommt insoweit in Betracht, als vergleichbare Leistungen in Schulen erbracht werden und die Leistungen nicht der bloßen Freizeitgestaltung dienen. ③ Steuerfrei können demnach insbesondere Kurse der tänzerischen Früherziehung und Kindertanzen für Kinder ab 3 Jahren und klassischer Ballettunterricht sein. ④ Unter Kurse, die von ihrer Zielsetzung auf reine Freizeitgestaltung gerichtet sind, fallen z. B. Kurse, die sich an Eltern von Schülern richten, um die Wartezeit während des Unterrichts der Kinder sinnvoll zu nutzen, Kurse für Senioren oder Kurse für allgemein am Tanz interessierte Menschen (vgl. BFH-Urteil vom 24. 1. 2008, V R 3/05, BStBl. 2012 II S. 267). ⑤ Kurse für allgemein am Tanz interessierte Menschen können z. B. spezielle Hochzeits- und Crashkurse sein.

LS zu 4.21.2

Maßnahmen der **Arbeitsförderung,** die unter § 4 Nr. 21 UStG fallen. *Verfügung OFD Karlsruhe S 7179/2 v. 28. 2. 2012.*

19 Die Veranstalter von **Integrationskursen nach dem Zuwanderungsgesetz** erbringen gegenüber dem Bundesamt für Migration und Flüchtlinge eine steuerbare Leistung. – § 4 Nr. 21 Buchst. a Doppelbuchst. bb UStG ist *nicht* anwendbar. – Bei Vorliegen der weiteren Voraussetzungen ist § 4 Nr. 22 Buchst. a UStG anwendbar. *Verfügung OFD Münster USt. 1/2006 v. 18. 1. 2006.*

Die nach § 43 AufenthG erbrachten Leistungen **(Integrationskurse)** fallen unter die Steuerbefreiung des § 4 Nr. 21 Buchst. a UStG, wenn sie von einem vom Bundesamt für Migration und Flüchtlinge zur Durchführung der Integrationskurse zugelassenen Kursträger erbracht werden. – Begleitende Kinderbetreuungsmaßnahmen nach der Integrationskursverordnung (IntV) und die Durchführung und Auswertung des Einstufungstests und des „Deutschtests für Zuwanderer" durch den Kursträger sind ebenfalls steuerfrei. *Verfügung OFD Magdeburg S 7179 – 57 – St 243 v. 22. 8. 2011.*

1. Leistungen der **aktiven Arbeitsförderung** nach § 37 a SGB III (Trainingsmaßnahmen zur Jobvermittlung, Fortbildungsqualifikationen zur Unterstützung des Arbeitsamtes) fallen nicht unter die Steuerfreiheit des § 4 Nr. 21 Buchst. a UStG. – 2. Diese Leistungen sind jedoch **unmittelbar nach** Art. 13 Teil A Abs. 1 Buchst. g der **Sechsten MWSt-Richtlinie** 77/388/EWG (jetzt: Art. 132 Abs. 1 Buchst. g MwStSystRL) von der Umsatzsteuer befreit. *FG Berlin-Brandenburg, Urt. v. 21. 4. 2010, 2 K 998/05, rkr. (EFG S. 2037).*

Im **Auftrag der Bundesagentur für Arbeit** im Rahmen des Sonderprogramms „Beteiligung Dritter an der Vermittlung von Arbeitslosenhilfebeziehern" **tätige Vermittler** erbringen steuerpflichtige Leistungen. – § 4 Nr. 21 UStG ist nicht anwendbar. *Verfügung OFD Karlsruhe S 7179 v. 25. 8. 2003.*

Erbringt eine berufsbildende Einrichtung i. S. des § 4 Nr. 21 Buchst. b UStG 1991/1993 zusätzlich zu den unmittelbar der Ausbildung dienenden Leistungen **ausbildungsbegleitende sozialpädagogische Leistungen,** die nicht selbst die Voraussetzungen des § 4 Nr. 21 Buchst. b UStG 1991/1993 erfüllen, sind diese unter den Voraussetzungen des Art. 13 Teil A Abs. 2 Buchst. b der Sechsten MwSt-Richtlinie 77/388/EWG nach Art. 13 Teil A Abs. 1 Buchst. i der Sechsten MwSt-Richtlinie 77/388/EWG steuerbefreit. *BFH-Urt. v. 21. 3. 2007, V R 28/04 (BStBl. 2010 II S. 999).*

20 Zur Umsatzsteuerbefreiung nach § 4 Nr. 21 Buchst. a Doppelbuchst. bb UStG für Leistungen im **Vorschulbereich,** in Musikschulen und Ballettschulen. *Verfügung OFD Koblenz S 7179 A – St 44 2 v. 17. 10. 2007.*

Eine Bildungseinrichtung im Sinne des § 4 Nr. 21 Buchst. a Doppelbuchst. bb UStG muss selbst entgeltlich Unterrichtsleistungen erbringen. – Die Unterrichtsleistungen der **Franchise-Nehmer/Franchise-Geber** sind nach § 4 Nr. 21 Buchst. a Doppelbuchst. bb UStG steuerfrei, wenn der Franchise-Nehmer/Franchise-Geber eine Bescheinigung der zuständigen Landesbehörde, die auf sein Unternehmen ausgestellt ist, vorlegt. *Verfügung OFD Frankfurt S 7179 A – 46 – St 112 v. 5. 11. 2010.*

Friseurleistungen, die der Inhaber einer **Friseurfachschule** dadurch ausführt, daß die Schüler in einem Übungsfriseursalon Kunden unter fachlicher Anleitung bedienen, sind nicht gemäß § 4 Nr. 21 UStG steuerfrei. *BFH-Urteil v. 26. 10. 1989 – V R 25/84 (BStBl. 1990 II S. 98).*

Die im Rahmen der praktischen Ausbildung von **Psychologischen Psychotherapeuten** gegenüber Krankenkassen erbrachten Behandlungsleistungen dienen nicht unmittelbar i. S. von § 3 Nr. 13 GewStG 2002 i. V. m. § 4 Nr. 21 Buchst. a UStG dem Schul- und Bildungszweck der Ausbildung der angehenden Therapeuten. *BFH-Urt. v. 26. 5. 2021 V R 25/20 (BStBl. 2022 II S. 131).*

Lehrgänge nach der Gefahrengutverordnung Straße **(GGVS-Lehrgänge)** fallen unter § 4 Nr. 21 UStG. *Verfügung OFD Hannover S 7179 – 24 – StO 353/S 7179 – 59 – StH 532 v. 17. 3. 2000.*

Umsätze aus **Lehrgängen** zum Führen von Flurförderfahrzeugen **(Gabelstapler)** können unter § 4 Nr. 21 UStG fallen. *Verfügung OFD Koblenz S 7179 A – St 44 2 v. 27. 7. 2007.*

Leistungen nach dem **Berufskraftfahrer-Qualifikationsgesetz** durch anerkannte Fahrschulen fallen unter § 4 Nr. 21 Buchst. a Doppelbuchst. bb UStG. *Verfügung OFD Münster USt. 01/2008 v. 7. 1. 2008.*

Zur Anwendung des § 4 Nr. 21 UStG 1980 auf Leistungen von **Fahrschulen.** *Verfügung OFD Frankfurt S 7179 A – 2 – St 112 v. 11. 3. 2010.*

Der Begriff des Schul- und Hochschulunterrichts i. S. d. Art. 132 Abs. 1 Buchst. i und j MwStSystRL ist dahin auszulegen, dass es **Fahrunterricht,** der von einer Fahrschule wie der im Ausgangsverfahren in Rede stehenden im Hinblick auf den Erwerb der Fahrerlaubnisse für Kraftfahrzeuge der Klassen B und C1 i. S. d. Art. 4 Abs. 4 RL 2006/126/EG des Europäischen Parlaments und des Rates v. 20. 12. 2006 über den Führerschein erteilt wird, nicht umfasst. ***EuGH-Urteil v. 14. 3. 2019*** *C-449/17, A & G Fahrschul-Akademie GmbH (DStR S. 620) auf das Vorabentscheidungsersuchen des BFH v. 16. 3. 2017 V R 38/16 (BStBl. II S. 1017).*

Fahrunterricht in einer Fahrschule ist ein spezialisierter Unterricht, der für sich allein nicht der für den Schul- und Hochschulunterricht kennzeichnenden Vermittlung, Vertiefung und Entwicklung von Kenntnissen und Fähigkeiten in Bezug auf ein breites und vielfältiges Spektrum von Stoffen gleichkommt und deshalb nicht unter den Begriff des Schul- und Hochschulunterrichts i. S. des Art. 132 Abs. 1 Buchst. i und j MwStSystRL fällt. *BFH-Urteil v. 23. 5. 2019 V R 7/19 (V R 38/16) (DStR S. 1748).*

Umsätze einer GmbH aus der Durchführung von Kursen mit dem Gegenstand **„Sofortmaßnahmen am Unfallort"** können nach Art. 13 Teil A Abs. 1 Buchst. i der Sechsten MwSt-Richtlinie 77/388/EWG umsatzsteuerfrei sein. *BFH-Urt. v. 10. 1. 2008, V R 52/06 (DStRE S. 445).*

Umsatzsteuerbefreiung nach § 4 Nr. 21 UStG für das **Fahrtraining von Zivildienstleistenden.** *Verfügung OFD Rheinland USt. 16/2010 v. 9. 9. 2010.*

Der BFH hat dem EuGH Fragen zur Steuerbefreiung für **Schwimmunterricht** zur Vorabentscheidung vorgelegt: 1. Umfasst der Begriff des Schul- und Hochschulunterrichts im Sinne des Art. 132 Abs. 1 Buchst. i und j MwStSystRL auch die Erteilung von Schwimmunterricht? – 2. Kann sich die Anerkennung einer Einrichtung im Sinne von Art. 132 Abs. 1 Buchst. i MwStSystRL als Einrichtung mit vergleichbarer Zielsetzung wie bei Einrichtungen des öffentlichen Rechts, die mit den Aufgaben der Erziehung von Kindern und Jugendlichen, des Schul- und Hochschulunterrichts, der Aus- und Fortbildung sowie der beruflichen Umschulung betraut sind, daraus ergeben, dass es sich bei dem von dieser Einrichtung erteilten Unterricht um die Erlernung einer elementaren Grundfähigkeit (hier: Schwimmen) handelt? – 3. Bei Verneinung der zweiten Frage: Setzt die Steuerfreiheit nach Art. 132 Abs. 1 Buchst. j MwStSystRL voraus, dass der Steuerpflichtige Einzelunternehmer ist? *BFH-Beschluss v. 27. 3. 2019 V R 32/18 (BStBl. II S. 457).* Der *EuGH* antwortete, dass der Begriff „Schul- und Hochschulunterricht" i. S. v. Art. 132 Abs. Buchts. i und j MwStSystRL dahin auszulegen ist, dass er **nicht** den von einer Schwimmschule erteilten Schwimmunterricht umfasst. ***EuGH-Urteil v. 21. 10. 2021*** *C-373/19, Dubravin & Tröger – Aquatics (DStR S. 2524).*

Der *BFH* hat in der Folgeentscheidung *v. 16. 12. 2021 V R 31/21 (V R 32/18) (DStR 2022 S. 491)* diese Auffassung übernommen und klargestellt, dass der Begriff „Schul- und Hochschulunterricht" i. S. v. Art. 132 Abs. 1 Buchst. i und j MwStSystRL nicht den von einer Schwimmschule erteilten Schwimmunterricht umfasst. Auch Judounterricht ist ebenso kein Schul- oder Hochschulunterricht *(BFH-Urt. v. 15. 12. 2021 XI R 31/21 (XI R 6/18), DStRE 2022 S. 993)* wie die Leistungen eines Präventions- und Persönlichkeitstrainers *(BFH-Urt. v. 15. 12. 2021 XI R 3/20, DStR 2022 S. 1428).* Steuerfrei ist auch nicht zu Freizeitzwecken erteilter Tennisunterricht. *BFH-Beschluss v. 29. 3. 2022 XI B 72/21 (BFH/NV S. 923).*

Zur Befreiung nach § 4 Nr. 21 UStG für Umsätze aus **Deutschkursen** für **Flüchtlinge** und **Migranten** *siehe Verfügung OFD Niedersachsen v. 29. 10. 2015 – S 7129 – 126 – St 121 (MwStR S. 948).*

4.21.3 Erteilung von Unterricht durch selbständige Lehrer an Schulen und Hochschulen

UStAE 4.21.3

(1) ① Die Steuerbefreiung nach § 4 Nr. 21 Buchstabe b UStG gilt für Personen, die als freie Mitarbeiter an Schulen, Hochschulen oder ähnlichen Bildungseinrichtungen (z. B. Volkshochschulen) Unterricht erteilen. ② Auf die Rechtsform des Unternehmers kommt es nicht an. ③ Daher ist die Vorschrift auch anzuwenden, wenn Personenzusammenschlüsse oder juristische Personen beauftragt werden, an anderen Bildungseinrichtungen Unterricht zu erteilen. **21**

(2) ① Eine Unterrichtstätigkeit liegt vor, wenn Kenntnisse im Rahmen festliegender Lehrprogramme und Lehrpläne vermittelt werden. ② Die Tätigkeit muss regelmäßig und für eine gewisse Dauer ausgeübt werden. ③ Sie dient Schul- und Bildungszwecken unmittelbar, wenn sie den Schülern und Studenten tatsächlich zugute kommt. ④ Auf die Frage, wer Vertragspartner der den Unterricht erteilenden Personen und damit Leistungsempfänger im Rechtssinne ist, kommt es hierbei nicht an. ⑤ Einzelne Vorträge fallen nicht unter die Steuerbefreiung. **22**

(2a) (Fach-)Autoren erbringen mit der Erstellung von Lehrbriefen keine unmittelbare Unterrichtstätigkeit; hierbei fehlt es an der Einflussnahme durch den persönlichen Kontakt mit den Studenten. **22a**

(3) ① Der Unternehmer hat in geeigneter Weise nachzuweisen, dass er an einer Hochschule, Schule oder Einrichtung im Sinne des § 4 Nr. 21 Buchstabe a UStG tätig ist. ② Dient die Einrichtung verschiedenartigen Bildungszwecken, hat er nachzuweisen, dass er in einem Bereich tätig ist, der eine ordnungsgemäße Berufs- oder Prüfungsvorbereitung gewährleistet (begünstigter Bereich). ③ Der Nachweis ist durch eine Bestätigung der Bildungseinrichtung zu führen, aus der sich ergibt, dass diese die Voraussetzungen des § 4 Nr. 21 Buchstabe a Doppelbuchstabe bb UStG erfüllt und die Unterrichtsleistung des Unternehmers im begünstigten Bereich der Einrichtung erfolgt. ④ Auf die Bestätigung wird verzichtet, wenn die Unterrichtsleistungen an folgenden Einrichtungen erbracht werden: **23**

1. Hochschulen im Sinne der §§ 1 und 70 des Hochschulrahmengesetzes;
2. öffentliche allgemein- und berufsbildende Schulen, z. B. Gymnasien, Realschulen, Berufsschulen;
3. als Ersatzschulen nach Artikel 7 Abs. 4 GG staatlich genehmigte oder nach Landesrecht erlaubte Schulen.

24 (4) ① Die Bestätigung soll folgende Angaben enthalten:
- Bezeichnung und Anschrift der Bildungseinrichtung,
- Name und Anschrift des Unternehmers,
- Bezeichnung des Fachs, des Kurses oder Lehrgangs, in dem der Unternehmer unterrichtet,
- Unterrichtszeitraum und
- Versicherung über das Vorliegen einer Bescheinigung nach § 4 Nr. 21 Buchstabe a Doppelbuchstabe bb UStG für den oben bezeichneten Unterrichtsbereich.

② Erteilt der Unternehmer bei einer Bildungseinrichtung in mehreren Fächern, Kursen oder Lehrgängen Unterricht, können diese in einer Bestätigung zusammengefasst werden. ③ Sie sind gesondert aufzuführen. ④ Die Bestätigung ist für jedes Kalenderjahr gesondert zu erteilen. ⑤ Erstreckt sich ein Kurs oder Lehrgang über den 31. Dezember eines Kalenderjahrs hinaus, reicht es für den Nachweis aus, wenn nur eine Bestätigung für die betroffenen Besteuerungszeiträume erteilt wird. ⑥ Der Unterrichtszeitraum muss in diesem Falle beide Kalenderjahre benennen.

25 (5) ① Die Bildungseinrichtung darf dem bei ihr tätigen Unternehmer nur dann eine Bestätigung erteilen, wenn sie selbst über eine Bescheinigung der zuständigen Landesbehörde verfügt. ② Bei der Bestimmung der zuständigen Landesbehörde gilt Abschnitt 4.21.5 Abs. 3 entsprechend | (vgl. BFH-Urteil vom 27. 7. 2021 – V R 39/20, BStBl. II S. 964). ③ Es ist daher nicht zu beanstanden, wenn der Bestätigung eine Bescheinigung der Behörde eines anderen Bundeslands zu Grunde liegt. ④ Erstreckt sich die Bescheinigung der Landesbehörde für die Bildungseinrichtung nur auf einen Teilbereich ihres Leistungsangebots, darf die Bildungseinrichtung dem Unternehmer nur dann eine Bestätigung erteilen, soweit er bei ihr im begünstigten Bereich unterrichtet. ⑤ Erteilt die Bildungseinrichtung dem Unternehmer eine Bestätigung, obwohl sie selbst keine Bescheinigung der zuständigen Landesbehörde besitzt, oder erteilt die Bildungseinrichtung eine Bestätigung für einen Tätigkeitsbereich, für den die ihr erteilte Bescheinigung der zuständigen Landesbehörde nicht gilt, ist die Steuerbefreiung für die Unterrichtsleistung des Unternehmers zu versagen. ⑥ Sofern eine Bestätigung bzw. Zulassung gemäß Abschnitt 4.21.5 Abs. 5 vorliegt, tritt diese an die Stelle der Bescheinigung der zuständigen Landesbehörde.

LS zu 4.21.3

26 1. Die Umsatzsteuerbefreiung nach § 4 Nr. 21 Buchst. b UStG 1993 für unmittelbar dem Schul- und Bildungszweck dienende Leistungen privater Schulen und anderer allgemeinbildender oder berufsbildender Einrichtungen kann auch **eine natürliche Person** in Anspruch nehmen. – 2. Voraussetzung ist, dass ihr von der zuständigen Landesbehörde bescheinigt worden ist, dass sie auf einen Beruf oder eine von einer juristischen Person des öffentlichen Rechts abzulegende Prüfung ordnungsgemäß vorbereitet. – 3. Es reicht nicht aus, dass eine derartige Bescheinigung der Bildungseinrichtung erteilt worden ist, an der die Person unterrichtet. *BFH-Urt. v. 23. 8. 2007, V R 4/05 (DStRE S. 1567).*

Unterrichtsleistungen an privaten Schulen und anderen allgemeinbildenden oder berufsbildenden Einrichtungen sind nur dann nach § 4 Nr. 21 Buchst. b, bb UStG 1999 steuerfrei, wenn sie von einem **selbständigen Lehrer persönlich** – und nicht durch von diesem beauftragte selbständige Dozenten – erbracht werden. *BFH-Urt. v. 23. 8. 2007, V R 10/05 (DStR S. 1858).*

Leistungen freier Mitarbeiter an allgemein bildenden Schulen, die im Rahmen eines **Ganztagsschulkonzeptes** erbracht werden, können unter § 4 Nr. 21 Buchst. b Doppelbuchst. aa UStG fallen. *Verfügung OFD Chemnitz S 7179 – 364/2 – St 23 v. 2. 11. 2006.*

1. Nach Art. 13 Teil A Abs. 1 Buchst. j der Richtlinie 77/388/EWG kann ein **von einem Privatlehrer erteilter Schul- und Hochschulunterricht** auch dann von der Steuer zu befreien sein, wenn der Privatlehrer seine Unterrichtsleistung nicht direkt an die Schüler oder Hochschüler als Leistungsempfänger, sondern an eine Schule oder Hochschule erbringt. – 2. Der Begriff „Schul- und Hochschulunterricht" i. S. von Art. 13 Teil A Abs. 1 Buchst. j der Richtlinie 77/388/EWG erfasst Unterricht, der zu einer Abschlussprüfung zur Erlangung einer Qualifikation führt oder eine Ausbildung im Hinblick auf die Ausübung einer Berufstätigkeit vermittelt sowie andere Tätigkeiten, bei denen die Unterweisung in Schulen und Hochschulen erteilt wird, um die Kenntnisse und Fähigkeiten der Schüler oder Studenten zu entwickeln, sofern diese Tätigkeiten nicht den Charakter bloßer Freizeitgestaltung haben. – 3. Schul- oder Hochschulunterricht wird i. S. von Art. 13 Teil A Abs. 1 Buchst. j der Richtlinie 77/388/EWG „von Privatlehrern erteilt", wenn die Lehrer dabei für eigene Rechnung und in eigener Verantwortung handeln. *BFH-Urteil v. 27. 9. 2007 – V R 75/03 (BStBl. 2008 II S. 323) (Nachfolgeentscheidung zum EuGH-Urteil v. 14. 6. 2007, C-44/05, Haderer, DStR S. 2211).*

1. Art. 13 Teil A Abs. 1 Buchst. j der Sechsten Richtlinie 77/388/EWG ist dahin auszulegen, dass Lehrleistungen, die ein **Diplom-Ingenieur** an einem als privatrechtlicher Verein verfassten Bildungsinstitut für die Teilnehmer von **Fortbildungslehrgängen** erbringt, die bereits mindestens einen Universitäts- oder Fachhochschulabschluss als Architekt bzw. Ingenieur oder eine gleichwertige Bildung besitzen, wobei die Kurse mit einer Prüfung abgeschlossen werden, „Unterrichtseinheiten, die sich auf **Schul- und Hochschulunterricht** beziehen", i. S. dieser Bestimmung sein können. Auch andere Tätigkeiten als die Lehrtätigkeit im eigentlichen Sinne können solche Unterrichtseinheiten sein, sofern diese Tätigkeiten im Wesentlichen im Rahmen der sich auf den Schul- und Hochschulunterricht beziehenden Vermittlung von Kenntnissen und Fähigkeiten durch den Unterrichtenden an Schüler oder Studierende ausgeübt werden. Soweit erforderlich, hat das vorlegende Gericht zu prüfen, ob alle im Ausgangsverfahren in Rede stehenden Tätigkeiten Unterrichtseinheiten sind, die sich auf den „Schul- und Hochschulunterricht" i. S. dieser Bestimmung beziehen. – 2. Art. 13 Teil A Abs. 1 Buchst. j dieser Richtlinie ist dahin auszulegen, dass eine Person wie Herr *Eulitz,* der Gesellschafter der Kl. des Ausgangsverfahrens ist und der als Lehrkraft im Rahmen der von einer dritten Einrichtung angebotenen Lehrveranstaltungen Leistungen erbringt, unter Umständen wie den im Ausgangsverfahren gegebenen nicht als „Privatlehrer" i. S. dieser Bestimmung angesehen werden kann. ***EuGH-Urt. v. 28. 1. 2010,*** *C-473/08, Ingenieurbüro Eulitz GbR (DStR S. 218).*

1. § 4 Nr. 21 Buchst. b UStG 1993 setzt Art. 13 Teil A Abs. 1 Buchst. i der Richtlinie 77/388/EWG nicht zutreffend um. Es ist fraglich, ob eine richtlinienkonforme Auslegung dieser Vorschrift möglich ist. – 2. Ein Steuerpflichtiger kann sich für die Umsatzsteuerfreiheit seiner Leistungen unmittelbar auf Art. 13 Teil A Abs. 1 Buchst. i der Richtlinie 77/388/EWG berufen. – 3. Für die Annahme eines **„Schul- und Hochschulunterrichts"** i. S. von Art. 13 Teil A Abs. 1 Buchst. i der Richtlinie 77/388/EWG ist entscheidend, ob vergleichbare Leistungen in Schulen erbracht werden und ob die Leistungen der bloßen Freizeitgestaltung gedient haben. – 4. Die Bescheinigung der zuständigen Landesbehörde, dass eine Einrichtung auf einen Beruf oder eine vor einer juristischen Person des öffentlichen Rechts abzulegende Prüfung ordnungsgemäß vorbereitet **[Ballett- und Tanzstudio]**, ist ein Indiz dafür, dass Leistungen, die tatsächlich dem Anforderungsprofil der Bescheinigung entsprechen, nicht den Charakter einer bloßen Freizeitgestaltung haben. *BFH-Urt. v. 24. 1. 2008, V R 3/05 (BStBl. 2012 II S. 267).*

1. Die Durchführung von eintägigen **Fortbildungsseminaren der Bundessteuerberaterkammer** für Steuerberater durch einen selbständigen Referenten gegen Entgelt ist umsatzsteuerpflichtig. – 2. § 4 Nr. 21 Buchst. b UStG 1993 begünstigt nur die Träger privater Schulen und anderer allgemeinbildender oder berufsbildender Einrichtungen, nicht aber selbständige Referenten, die an diesen Schulen oder ähnlichen Bildungseinrichtungen Unterricht erteilen (Anschluss an BFH v. 27. 8. 1998, V R 73/97, BFHE 187, 60, BStBl. II 1999, 376). – 3. Die Bescheinigung der zuständigen Landesbehörde nach § 4 Nr. 21 Buchst. b UStG 1993 ist materiell-rechtliche Voraussetzung für die Steuerbefreiung der in dieser Vorschrift bezeichneten Umsätze. Sie ist für denjenigen beizubringen, der sich auf die Steuerbefreiung beruft. – 4. Ein Steuerpflichtiger kann sich nicht auf Art. 13 Teil A Abs. 1 Buchst. i RL 77/388/EWG berufen, wenn er nicht als „andere Einrichtung mit von dem betreffenden Mitgliedstaat anerkannter vergleichbarer Zielsetzung" anerkannt ist. *BFH-Urt. v. 17. 4. 2008, V R 58/05 (DStR S. 1329).*

1. Art. 13 Teil A Abs. 1 Buchst. j der Richtlinie 77/388/EWG erfasst auch die Aus- und Fortbildung, so dass es nicht darauf ankommt, ob sich der **Privatlehrer** an Schüler oder Hochschüler wendet oder ob es sich um einen in einen Lehr- oder Studienplan eingebetteten Unterricht handelt (Änderung der Rechtsprechung). – 2. **Supervisionen** können als Unterrichtseinheiten, die von Privatlehrern erteilt werden und die sich auf Schul- und Hochschulunterricht beziehen, nach Art. 13 Teil A Abs. 1 Buchst. j der Richtlinie 77/388/EWG steuerfrei sein. *BFH-Urteil v. 20. 3. 2014 V R 3/13 (DStR S. 1160).*

Zum **Begriff des „Privatlehrers"** i. S. des Art. 132 Abs. 1 Buchst. j MwStSystRL siehe *BFH-Beschluss v. 18. 11. 2015 XI B 61/15 (BFH/NV 2016 S. 435).*

Ist der **selbständige Lehrer** nach § 4 Nr. 21 Buchst. b Doppelbuchst. bb UStG an einer Einrichtung tätig, die die Voraussetzungen des § 4 Nr. 21 Buchst. a Doppelbuchst. bb UStG erfüllt, muss dieser Einrichtung die dort bezeichnete Bescheinigung erteilt worden sein. Für einen selbständig tätigen Lehrer kommt die Steuerfreiheit nach § 4 Nr. 21 Buchst. a Doppelbuchst. bb UStG nicht in Betracht, wenn er nicht selbst eine Bildungseinrichtung im Sinne dieser Vorschrift betrieben, sondern als selbständiger Lehrer Unterrichtsleistungen für eine Bildungseinrichtung erbracht hat. § 175 Abs. 1 S. 1 Nr. 1 AO enthält eine Berechtigung sowie eine Verpflichtung der Finanzbehörde zur Änderung des Folgebescheids nur insoweit, als die Bindungswirkung des Grundlagenbescheids reicht. *BFH-Beschluss v. 27. 7. 2021 V R 39/20 (BStBl. II S. 964).*

Ein für den **Besucherdienst des Deutschen Bundestages** tätiger Dozent ist mit seinen Führungen und Vorträgen zwar nicht nach nationalem Recht, aber nach Art. 132 Abs. 1 Buchst. i MwStSystRL steuerfrei. *BFH-Urteil v. 10. 8. 2016 V R 38/15 (DStR S. 2459).*

Zur Behandlung der Umsätze aus der **Erstellung von Lehrbriefen** durch Autoren bzw. Lehrer. *Kurzinformation FM Schleswig-Holstein VI 358 – S 7179 – 129 v. 16. 10. 2017 (MwStR 2018 S. 148).*

Von Kooperationspartnern an die Träger der praktischen Ausbildung und die Pflegeschulen erbrachte **Kooperationsleistungen nach dem Pflegeberufegesetz** können nach § 4 Nr. 21 UStG steuerfrei sein. *Erlass FM Mecklenburg-Vorpommern S 7179 – 0000 – 2018/001 v. 7. 8. 2019 (MwStR S. 884).* Dies gilt auch für Kooperationsleistungen nach dem **Hebammengesetz.** *Kurzinfo FM Schleswig-Holstein VI 358-S 7172-110 v. 26. 11. 2020 (DStR 2021 S. 1486).*

4.21.4 Unmittelbar dem Schul- und Bildungszweck dienende Leistungen

UStAE 4.21.4

(1) ① Leistungen dienen dem Schul- und Bildungszweck dann unmittelbar, wenn dieser gerade durch die jeweils in Frage stehende Leistung erfüllt wird (BFH-Urteile vom 26. 10. 1989 – 31
V R 25/84, BStBl. II 1990 S. 98, und vom 26. 5. 2021 – V R 25/20, BStBl. II 2022 S. 131). ② Für die Steuerbefreiung nach § 4 Nr. 21 Buchstabe a UStG ist ausreichend, dass die darin bezeichneten Leistungen ihrer Art nach den Zielen der Berufsaus- oder der Berufsfortbildung dienen. ③ Es ist unerheblich, wem gegenüber sich der Unternehmer zivilrechtlich zur Ausführung dieser Leistungen verpflichtet hat. ④ Stellt der Unternehmer im Rahmen der Erteilung des Unterrichts Lehrkräfte oder für den Unterricht geeignete Räume zur Verfügung, fallen auch diese Leistungen unter die Steuerbefreiung nach § 4 Nr. 21 Buchstabe a UStG (vgl. BFH-Urteil vom 10. 6. 1999, V R 84/98, BStBl. II S. 578). ⑤ Auf die Ziele der Personen, welche die Einrichtungen besuchen, kommt es nicht an. ⑥ Unerheblich ist deshalb, ob sich die Personen, an die sich die Leistungen der Einrichtung richten, tatsächlich auf einen Beruf oder eine Prüfung vor einer juristischen Person des öffentlichen Rechts vorbereiten (BFH-Urteil vom 3. 5. 1989, V R 83/84, BStBl. II S. 815). ⑦ Entscheidend sind vielmehr die Art der erbrachten Leistungen und ihre generelle Eignung als Schul- oder Hochschulunterricht. ⑧ Deshalb ist es auch ohne Belang, wie hoch der Anteil der Schüler ist, die den Unterricht tatsächlich im Hinblick auf eine Berufsausbildung oder eine Prüfungsvorbereitung besuchen oder später tatsächlich den entsprechenden Beruf ergreifen (vgl. BFH-Urteil vom 24. 1. 2008, V R 3/05, BStBl. 2012 II S. 267).

(1 a) ① Für die Annahme eines Schul- und Bildungszwecks ist entscheidend, ob vergleichbare Leistungen in Schulen erbracht werden und ob die Leistungen der bloßen Freizeitgestaltung dienen. ② Die Bescheinigung der zuständigen Landesbehörde, dass eine Einrichtung auf einen Beruf oder eine vor einer juristischen Person des öffentlichen Rechts abzulegende Prüfung ordnungsgemäß vorbereitet, kann ein Indiz dafür sein, dass Leistungen, die tatsächlich dem Anforderungsprofil der Bescheinigung entsprechen, nicht den Charakter einer bloßen Freizeitgestaltung haben, sofern keine gegenteiligen Anhaltspunkte vorliegen; vgl. Abschnitt 4.21.5 Abs. 2 Satz 4. ③ Solche gegenteiligen Anhaltspunkte, die zur Annahme reiner Freizeitgestaltungen führen, kön-

nen sich zum Beispiel aus dem Teilnehmerkreis oder aus der thematischen Zielsetzung der Unterrichtsleistung ergeben. ④ Unterrichtsleistungen, die von ihrer Zielsetzung auf reine Freizeitgestaltung gerichtet sind, sind von der Steuerbefreiung nach § 4 Nr. 21 UStG ausgeschlossen (vgl. BFH-Urteil vom 24. 1. 2008, V R 3/05, BStBl. 2012 II S. 267).

32 (2) ① Die Lieferungen von Lehr- und Lernmaterial dienen nicht unmittelbar dem Schul- und Bildungszweck. ② Sie sind nur insoweit steuerfrei, als es sich um Nebenleistungen handelt. ③ Eine Nebenleistung liegt in diesen Fällen vor, wenn das den Lehrgangsteilnehmern überlassene Lehr- und Lernmaterial inhaltlich den Unterricht ergänzt, zum Einsatz im Unterricht bestimmt ist, von der Schule oder der Bildungseinrichtung oder dem Lehrer für diese Zwecke selbst entworfen worden ist und bei Dritten nicht bezogen werden kann (vgl. BFH-Urteil vom 12. 12. 1985, V R 15/80, BStBl. 1986 II S. 499).

33 (3) ① Leistungen, die sich auf die Unterbringung und Verpflegung von Schülern beziehen, dienen dem Schul- und Bildungszweck im Regelfall nicht unmittelbar, sondern nur mittelbar (BFH-Urteil vom 17. 3. 1981, VIII R 149/76, BStBl. II S. 746). ② Diese Leistungen können aber unter den Voraussetzungen des § 4 Nr. 23 UStG steuerfrei sein.

UStAE 4.21.5

4.21.5 Bescheinigungsverfahren für Ergänzungsschulen und andere allgemein bildende oder berufsbildende Einrichtungen

41 (1) ① Träger von Ergänzungsschulen und anderen allgemein bildenden oder berufsbildenden Einrichtungen benötigen, sofern sie keine Ersatzschule im Sinne des § 4 Nr. 21 Buchstabe a Doppelbuchstabe aa UStG betreiben, nach § 4 Nr. 21 Buchstabe a Doppelbuchstabe bb UStG eine Bescheinigung der zuständigen Landesbehörde. ② Aus dieser Bescheinigung muss sich ergeben, dass die Leistungen des Unternehmers auf einen Beruf oder auf eine vor einer juristischen Person des öffentlichen Rechts abzulegende Prüfung ordnungsgemäß vorbereiten. ③ Die Sätze 1 und 2 gelten entsprechend, wenn der Träger der Einrichtung kein Unternehmer oder eine in § 4 Nr. 22 UStG bezeichnete Einrichtung ist.

42 (2) ① Die für die Erteilung der Bescheinigung zuständige Landesbehörde kann nicht nur vom Unternehmer, sondern auch von Amts wegen eingeschaltet werden (vgl. BVerwG-Urteil vom 4. 5. 2006, 10 C 10.05); hierüber ist der Unternehmer zu unterrichten. ② Die Bescheinigung ist zwingend zu erteilen, wenn die gesetzlichen Voraussetzungen für die Steuerbefreiung vorliegen (vgl. BVerwG-Urteil vom 4. 5. 2006, 10 C 10.05). ③ Die zuständige Landesbehörde befindet darüber, ob und für welchen Zeitraum die Bildungseinrichtung auf einen Beruf oder eine vor einer juristischen Person des öffentlichen Rechts abzulegende Prüfung ordnungsgemäß vorbereitet. ④ Die entsprechende Bescheinigung bindet die Finanzbehörden insoweit als Grundlagenbescheid nach § 171 Abs. 10 in Verbindung mit § 175 Abs. 1 Satz 1 Nr. 1 AO (vgl. BFH-Urteile vom 20. 8. 2009 – V R 25/08, BStBl. II 2010 S. 15, und vom 27. 7. 2021 – V R 39/20, BStBl. II S. 964); das schließt nicht aus, dass die Finanzbehörden bei der zuständigen Landesbehörde eine Überprüfung der Bescheinigung anregen. ⑤ Die Finanzbehörden entscheiden jedoch in eigener Zuständigkeit, ob die Voraussetzungen für die Steuerfreiheit im Übrigen vorliegen. ⑥ Dazu gehören insbesondere die Voraussetzungen einer allgemein bildenden oder berufsbildenden Einrichtung (BFH-Urteil vom 3. 5. 1989, V R 83/84, BStBl. II S. 815). ⑦ Eine für zurückliegende Zeiträume erteilte Bescheinigung kann nur unter den Voraussetzungen des § 171 Abs. 10 AO eine Ablaufhemmung auslösen (vgl. AEAO zu § 171, Nr. 6.1, 6.2 und 6.5). ⑧ Die zuständige Landesbehörde kann darauf in der Bescheinigung hinweisen. ⑨ Die konkrete Feststellung, für welche Umsatzsteuerfestsetzung die Bescheinigung bzw. deren Aufhebung von Bedeutung ist, trifft die Finanzbehörde.

43 (3) ① Erbringt der Unternehmer die dem Schul- und Bildungszweck dienenden Leistungen in mehreren Bundesländern, ist eine Bescheinigung der zuständigen Behörde des Bundeslands, in dem der Unternehmer steuerlich geführt wird, als für umsatzsteuerliche Zwecke ausreichend anzusehen. ② Werden die Leistungen ausschließlich außerhalb dieses Bundeslands ausgeführt, genügt eine Bescheinigung der zuständigen Behörde eines der Bundesländer, in denen der Unternehmer tätig wird. ③ Erbringen Unternehmer Leistungen im Sinne des § 4 Nr. 21 Buchstabe a UStG im Rahmen eines Franchisevertrags, muss jeder Franchisenehmer selbst bei der für ihn zuständigen Landesbehörde die Ausstellung einer Bescheinigung nach § 4 Nr. 21 Buchstabe a Doppelbuchstabe bb UStG beantragen.

44 (4) Werden Leistungen erbracht, die verschiedenartigen Bildungszwecken dienen, ist der Begünstigungsnachweis im Sinne des § 4 Nr. 21 Buchstabe a Doppelbuchstabe bb UStG durch getrennte Bescheinigungen, bei Fernlehrinstituten z. B. für jeden Lehrgang, zu führen.

45 (5) ① Bestätigt die Bundesagentur für Arbeit bzw. der Träger der Grundsicherung für Arbeitsuchende nach §§ 6, 6a SGB II, dass für eine bestimmte berufliche Bildungsmaßnahme gemäß Abschnitt 4.21.2 Abs. 3 die gesetzlichen Voraussetzungen vorliegen, so gilt diese Bestätigung als Bescheinigung im Sinne des § 4 Nr. 21 Buchst. a Doppelbuchst. bb UStG, wenn die nach dieser Vorschrift für die Erteilung der Bescheinigung zuständige Landesbehörde – generell oder im Einzelfall – sich mit der Anerkennung einverstanden erklärt hat und von der Bundesagentur für

Arbeit bzw. dem Träger der Grundsicherung für Arbeitsuchende nach §§ 6, 6 a SGB II hierauf in der Bestätigung hingewiesen wird. ② Das Gleiche gilt für Maßnahmen der Berufseinstiegsbegleitung im Rahmen der BMBF-Initiative „Abschluss und Anschluss – Bildungsketten bis zum Ausbildungsabschluss". ③ Auch die Zulassung eines Trägers zur Durchführung von Integrationskursen gemäß Abschnitt 4.21.2 Abs. 3 a durch das Bundesamt für Migration und Flüchtlinge gilt als Bescheinigung im Sinne des § 4 Nr. 21 Buchst. a Doppelbuchst. bb UStG, wenn aus der Zulassung ersichtlich ist, dass sich die zuständige Landesbehörde – generell oder im Einzelfall – mit der Zulassung durch das Bundesamt für Migration und Flüchtlinge einverstanden erklärt hat. ④ Das gilt auch für die Zulassung eines Trägers sowie für die Zulassung von Maßnahmen zur beruflichen Weiterbildung sowie von Maßnahmen zur Aktivierung und beruflichen Eingliederung durch fachkundige Stellen nach § 176 SGB III, wenn aus der Zulassung ersichtlich ist, dass die fachkundige Stelle von der Deutschen Akkreditierungsstelle GmbH (DAkkS) als Zertifizierungsstelle anerkannt wurde und sich auch die zuständige Landesbehörde – generell oder im Einzelfall – mit der Zulassung durch die fachkundige Stelle einverstanden erklärt hat. ⑤ Liegen die Voraussetzungen der Sätze 1 bis 4 vor, so tritt die Bestätigung bzw. Zulassung an die Stelle der Bescheinigung der zuständigen Landesbehörde und bindet die Finanzbehörden insoweit ebenfalls als Grundlagenbescheid nach § 171 Abs. 10 in Verbindung mit § 175 Abs. 1 Satz 1 Nr. 1 AO.

(6) ① Die Bescheinigung durch eine nach Landesrecht zuständige untergeordnete Behörde gilt als eine nach § 4 Nr. 21 Buchstabe a Doppelbuchstabe bb UStG erforderliche Bescheinigung der zuständigen Landesbehörde. ② Das Gleiche gilt für die staatliche Anerkennung der Bildungseinrichtungen durch eine nach Landesrecht zuständige Behörde, wenn diese Anerkennung inhaltlich der Bescheinigung der zuständigen Landesbehörde entspricht. **46**

Die von der zuständigen Bescheinigungsbehörde nach § 4 Nr. 21 Buchst. a Doppelbuchst. bb UStG erteilte **Bescheinigung ist bindend.** Dies schließt nicht aus, dass die Finanzverwaltung eine Überprüfung der Bescheinigung anregt. *Verfügung OFD Frankfurt S 7179 A – 2/84 – St I 22 v. 26. 3. 2001.* LS zu 4.21.5

Erläuterungen zur Zusammenarbeit von Finanzamt und **zuständiger Landesbehörde** bei der Umsatzsteuerbefreiung für Bildungsleistungen vgl. Information des *LfSt Niedersachsen v. 1. 11. 2019 (MwStR S. 467).* **47**

1. Die **zuständige Landesbehörde** bescheinigt, ob Unterrichtsleistungen des Unternehmers auf einen Beruf vorbereiten. Die übrigen Voraussetzungen für die Steuerbefreiung nach § 4 Nr. 21 Buchst. b UStG prüft die **Finanzbehörde.** – 2. Im Aussetzungsverfahren kann für die Steuerbefreiung nach § 4 Nr. 21 Buchst. b UStG ausreichen, daß die Unterrichtsleistung des Unternehmers auf den Erfolg der Schul- oder Berufsausbildung gerichtet ist. *BFH-Beschluß v. 29. 10. 1997 – V B 86/97 (BFH/NV 1998 S. 626).*

1. Bei der Bescheinigung nach § 4 Nr. 21 Buchst. a Doppelbuchst. bb UStG handelt es sich um einen **Grundlagenbescheid** i. S. von § 175 Abs. 1 Satz 1 Nr. 1 AO. – 2. Bescheinigungen nach § 4 Nr. 21 Buchst. a Doppelbuchst. bb UStG kann **Rückwirkung** zukommen, ohne dass dem der Grundsatz der Rechtssicherheit entgegensteht. *BFH-Urt. v. 20. 8. 2009, V R 25/08 (BStBl. 2010 II S. 15).*

Grundlagenbescheide ressortfremder Behörden, die nicht dem Anwendungsbereich der §§ 179 ff. AO unterliegen, bewirken eine Ablaufhemmung nach § 171 Abs. 10 AO nur, wenn sie vor Ablauf der Festsetzungsfrist für die betroffene Steuer erlassen worden sind. *BFH-Urteile v. 21. 2. 2013 V R 27/11 (BStBl. II S. 529) und v. 20. 4. 2016 XI R 6/14 (BStBl. II S. 828).*

Auf eine Bescheinigung i. S. d. § 4 Nr. 21 Buchst. b UStG für **berufsbildende Maßnahmen im Rahmen des § 34 AFG** kann verzichtet werden. *OFD Koblenz S 7119 A – St 44 4 v. 1. 4. 2000.*

Bescheinigungsverfahren für die Steuerbefreiung nach § 4 Nr. 21 Buchst. a Doppelbuchst. bb UStG für Maßnahmen i. S. d. §§ 85 und 97 SGB III sowie ausbildungsbegleitende Hilfen **(abH-Maßnahmen)** gemäß § 241 SGB III. *Verfügung OFD Koblenz S 7179 A – St 44 2 v. 22. 4. 2009.*

Die **Zulassung eines Trägers** zur beruflichen Weiterbildung durch fachkundige Stellen nach § 85 SGB III ist als Bescheinigung i. S. d. § 4 Nr. 21 UStG anzuerkennen. *Erlass FM Schleswig-Holstein VI 358 – S 7179 – 96 v. 4. 3. 2011.*

§ 4 (Forts.) UStG

Von den unter § 1 Abs. 1 Nr. 1 fallenden Umsätzen sind steuerfrei:

. . .

21 a.[1] *(weggefallen)*

§ 4 (Forts.)

Von den unter § 1 Abs. 1 Nr. 1 fallenden Umsätzen sind steuerfrei:

. . .

22. a) die Vorträge, Kurse und anderen Veranstaltungen wissenschaftlicher oder belehrender Art, die von juristischen Personen des öffentlichen Rechts, von Verwaltungs- und Wirtschaftsakademien, von Volkshochschulen oder von Einrichtungen, die gemeinnützigen Zwecken oder dem Zweck eines Berufsverbandes dienen, durchgeführt werden, wenn die Einnahmen überwiegend zur Deckung der Kosten verwendet werden, 1

---

[1] Zur beschränkten Weiteranwendung von § 4 Nr. 21 a siehe § 27 Abs. 10 UStG.

2 **b) andere kulturelle und sportliche Veranstaltungen, die von den in Buchstabe a genannten Unternehmern durchgeführt werden, soweit das Entgelt in Teilnehmergebühren besteht;**

Hinweis auf EU-Vorschriften:

UStG:	§ 4 Nr. 22 (a)	**MwStSystRL:**	Art. 132 Abs. 1 (i), (o), Abs. 2, 133, 134
	§ 4 Nr. 22 (b)		Art. 132 Abs. 1 (m), (o), Abs. 2, 133, 134

Übersicht zu § 4 Nr. 22

Zu § 4 Nr. 22 UStG

UStAE 4.22.1

4.22.1 Veranstaltungen wissenschaftlicher und belehrender Art

11 (1) ① Volkshochschulen sind Einrichtungen, die auf freiwilliger, überparteilicher und überkonfessioneller Grundlage Bildungsziele verfolgen. ② Begünstigt sind auch Volkshochschulen mit gebundener Erwachsenenbildung. ③ Das sind Einrichtungen, die von einer festen politischen, sozialen oder weltanschaulichen Grundeinstellung ausgehen, im Übrigen aber den Kreis der Hörer nicht ausdrücklich einengen (BFH-Urteil vom 2. 8. 1962, V 37/60 U, BStBl. III S. 458).

12 (2) Veranstaltungen wissenschaftlicher oder belehrender Art sind solche, die als Erziehung von Kindern und Jugendlichen, als Schul- oder Hochschulunterricht, als Ausbildung, Fortbildung oder berufliche Umschulung zu qualifizieren sind (vgl. BFH-Urteil vom 27. 4. 2006, V R 53/04, BStBl. 2007 II S. 16).

13 (3) ① Begünstigt sind nach § 4 Nr. 22 Buchstabe a UStG nur Leistungen, die von den im Gesetz genannten Unternehmern erbracht werden und in Vorträgen, Kursen und anderen Veranstaltungen wissenschaftlicher oder belehrender Art bestehen. ② Es handelt sich hierbei um eine abschließende Aufzählung, die nicht im Auslegungswege erweitert werden kann. ③ Vergleichbare Tätigkeiten der bei den begünstigten Unternehmern tätigen externen Dozenten fallen nicht hierunter (vgl. BFH-Beschluss vom 12. 5. 2005, V B 146/03, BStBl. II S. 714). ④ Sie können unter den Voraussetzungen des § 4 Nr. 21 UStG steuerfrei sein (vgl. Abschnitt 4.21.3). ⑤ Beherbergung und Beköstigung sind grundsätzlich nur unter den Voraussetzungen des § 4 Nr. 23 UStG steuerfrei (vgl. BFH-Urteil vom 7. 10. 2010, V R 12/10, BStBl. 2011 II S. 303).

14 (4) ① Zu den in § 4 Nr. 22 Buchstabe a UStG bezeichneten Veranstaltungen belehrender Art gehört auf dem Gebiet des Sports die Erteilung von Sportunterricht, z. B. die Erteilung von Schwimm-, Tennis-, Reit-, Segel- und Skiunterricht. ② Tanzkurse stellen nur dann Sportunterricht dar, wenn die Teilnehmer das Tanzen als Tanzsportler in erster Linie als Wettkampf zwischen Paaren bzw. Formationen im Rahmen des Vereins- bzw. Leistungssports betreiben (vgl. BFH-Urteil vom 27. 4. 2006, V R 53/04, a. a. O.). ③ Der Sportunterricht ist steuerfrei, soweit er von einem Sportverein im Rahmen eines Zweckbetriebes im Sinne des § 67 a AO durchgeführt wird. ④ Ein bestimmter Stunden- und Stoffplan sowie eine von den Teilnehmern abzulegende Prüfung sind nicht erforderlich. ⑤ Die Steuerbefreiung gilt unabhängig davon, ob der Sportunterricht Mitgliedern des Vereins oder anderen Personen erteilt wird.

LS zu 4.22.1

§ 4 Nr. 22 Buchst. a UStG 1980/1991 **begünstigt keine natürlichen Personen.** § 4 Nr. 21 Buchst. b UStG 1980/1991 verlangt eine Bescheinigung der zuständigen Landesbehörde. Art. 13 Teil A Abs. 1 Buchst. j Richtlinie 77/388/EWG läßt eine Umsatzsteuerbefreiung nur zu, wenn der Unterricht dem Schul- oder Hochschulunterricht entspricht. *BFH-Urteil v. 17. 6. 1998 XI R 68/97 (DStRE 1998 S. 893).*

15 Die **bloße Durchführung von Prüfungen** durch Bildungseinrichtungen fällt nicht unter § 4 Nr. 22 Buchst. a bzw. § 4 Nr. 21 Buchst. a Doppelbuchst. bb UStG. *Erlass FM Hessen S 7180 A – 8 – II A 4 a v. 10. 7. 2003.*

1. **Tanzkurse,** die ein gemeinnütziger Verein durchführt, sind nicht gemäß § 4 Nr. 22 UStG von der Umsatzsteuer befreit. – 2. Sie können aber dem ermäßigten Steuersatz nach § 12 Abs. 2 Nr. 8 Buchst. a UStG unterliegen. *BFH-Urteil v. 27. 4. 2006 V R 53/04 (BStBl. 2007 II S. 16).*

Die **Verpflegung** von Seminarteilnehmern ist nur bei geringfügigen Verpflegungsleistungen nach § 4 Nr. 22 Buchst. a UStG steuerfrei. *BFH-Urteil v. 7. 10. 2010 – V R 12/10 (BStBl. 2011 II S. 303).* – **Übernachtungs- und Verpflegungsleistungen,** die ein gemeinnütziger Verein im Zusammenhang mit steuerfreien Seminaren erbringt, unterliegen gem. § 12 Abs. 2 Nr. 8 Buchst. a S. 3 UStG aber nicht dem ermäßigten Steuersatz. *BFH-Urt. v. 8. 3. 2012 V R 14/11 (BStBl. II S. 630).*

Ortskundeprüfungen für angehende Taxifahrer sind bei richtlinienkonformer Auslegung des § 4 Nr. 22 Buchst. a UStG als Schulungsmaßnahme mit direktem Bezug zu einem Beruf steuerfrei. *BFH-Urt. v. 30. 6. 2022 V R 32/21 (V R 31/17) (DStR S. 2312).*

4.22.2 Andere kulturelle und sportliche Veranstaltungen[1]

UStAE 4.22.2

(1) Als andere kulturelle Veranstaltungen kommen z. B. Musikwettbewerbe und Trachtenfeste in Betracht. 21

(2) ① Eine sportliche Veranstaltung ist die organisatorische Maßnahme einer begünstigten Einrichtung, die es aktiven Sportlern erlaubt, Sport zu treiben. 22
② Eine bestimmte Organisationsform oder -struktur ist für die Veranstaltung nicht notwendig (vgl. BFH-Urteil vom 25. 7. 1996, V R 7/95, BStBl. 1997 II S. 154). ③ Es ist auch nicht erforderlich, dass Publikum teilnimmt oder ausschließlich Mitglieder sich betätigen. ④ Deshalb können schon das bloße Training, Sportkurse und Sportlehrgänge eine sportliche Veranstaltung sein. ⑤ Eine sportliche Veranstaltung liegt auch vor, wenn ein Sportverein im Rahmen einer anderen Veranstaltung eine sportliche Darbietung präsentiert. ⑥ Die andere Veranstaltung braucht nicht notwendigerweise die sportliche Veranstaltung eines Sportvereins zu sein (BFH-Urteil vom 4. 5. 1994, XI R 109/90, BStBl. II S. 886). ⑦ Zu sportlichen Veranstaltungen, die gemeinnützige Sportvereine gegen Mitgliederbeiträge durchführen, vgl. BMF-Schreiben vom 4. 2. 2019, BStBl. I S. 115.

(3) ① Sportreisen sind als sportliche Veranstaltung anzusehen, wenn die sportliche Betätigung 23
wesentlicher und notwendiger Bestandteil der Reise ist (z. B. Reise zum Wettkampfort). ② Reisen, bei denen die Erholung der Teilnehmer im Vordergrund steht (Touristikreisen), zählen dagegen nicht zu den sportlichen Veranstaltungen, selbst wenn anlässlich der Reise auch Sport getrieben wird.

(4) ① Eine sportliche Veranstaltung ist nicht gegeben, wenn sich die organisatorische Maß- 24
nahme auf Sonderleistungen für einzelne Personen beschränkt. ② Dies liegt vor, wenn die Maßnahme nur eine Nutzungsüberlassung von Sportgegenständen bzw. -anlagen oder bloße konkrete Dienstleistungen, wie z. B. die Beförderung zum Ort der sportlichen Betätigung oder ein spezielles Training für einzelne Sportler zum Gegenstand hat (BFH-Urteil vom 25. 7. 1996, V R 7/95, BStBl. 1997 II S. 154). ③ Auch die Genehmigung von Wettkampfveranstaltungen oder von Trikotwerbung sowie die Ausstellung oder Verlängerung von Sportausweisen durch einen Sportverband sind keine sportlichen Veranstaltungen im Sinne des § 4 Nr. 22 Buchstabe b UStG; wegen der Anwendung des ermäßigten Steuersatzes vgl. Abschnitt 12.9 Abs. 4 Nr. 1. ④ Die Verwaltung von Sporthallen sowie das Einziehen der Hallenmieten einschließlich des Mahnwesens und Vollstreckungswesens durch einen gemeinnützigen Verein gegen Entgelt einer Stadt ist ebenfalls keine sportliche Veranstaltung nach § 4 Nr. 22 Buchstabe b UStG (BFH-Urteil vom 5. 8. 2010, V R 54/09, BStBl. 2011 II S. 191).

(5) ① Teilnehmergebühren sind Entgelte, die gezahlt werden, um an den Veranstaltungen aktiv 25
teilnehmen zu können, z. B. Startgelder und Meldegelder. ② Soweit das Entgelt für die Veranstaltung in Eintrittsgeldern der Zuschauer besteht, ist die Befreiungsvorschrift nicht anzuwenden.

LS zu 4.22.2

1. Für die Frage der Steuerbefreiung bei **sportlichen Veranstaltungen** kann sich der den Vorsteuerabzug begehrende Steuerpflichtige auf die **engere Regelung im deutschen Umsatzsteuerrecht** berufen, da die weiter reichenden europarechtlichen Vorgaben nach der Sechsten MwSt-Richtlinie nicht in die Vorschrift des § 4 Nr. 22 Buchst. b UStG umgesetzt
wurden. – 2. Unter „sportlicher" Veranstaltung i. S. des § 4 Nr. 22 Buchst. b UStG ist nicht allein die Vorbereitung auf einen 27
Wettbewerb, sondern eine allgemeine körperliche Ertüchtigung über das gewöhnliche Maß hinaus zu verstehen. Dabei darf die körperliche Ertüchtigung nicht nur ein Nebeneffekt sein. *FG Köln, Urt. v. 8. 10. 2009 10 K 3794/06, rkr. (DStRE 2010 S. 490).*

Sportliche Veranstaltung i. S. v. § 4 Nr. 22 Buchst. b vgl. *BFH-Beschl. v. 20. 11. 2008 V B 264/07 (BFH/NV 2009 S. 430).*

Umsätze aus der Erteilung von **Schwimmunterricht** durch einen privatwirtschaftlichen Betreiber einer Schwimmschule sind nicht nach § 4 Nr. 22 UStG von der Steuer befreit. *FG Köln, Beschl. v. 31. 5. 2010 4 V 312/10, rkr. (DStRE S. 1387).*

1. Ein **Luftsportverein,** der seinen Mitgliedern vereinseigene Flugzeuge zur Nutzung überlässt, führt damit keine „sportliche Veranstaltung" i. S. von § 4 Nr. 22 Buchst. b UStG 1991/1993 durch. – 2. Dass ein Luftsportverein seinen Mitgliedern die Nutzung von Einrichtungen auf dem Flughafengelände ermöglicht, hat keinen unmittelbaren Einfluss auf die von den Mitgliedern durchgeführten Sportflüge und ist insofern nicht Teil einer organisatorischen Maßnahme des Vereins (Einschränkung der Rechtsprechung). – 3. Mitgliedsbeiträge können Entgelt für die Leistungen eines Sportvereins an seine Mitglieder sein. *BFH-Urt. v. 9. 8. 2007 V R 27/04 (DStR S. 1719).*

1. Art. 13 Teil A Abs. 1 Buchst. m der Sechsten Richtlinie 77/388/EWG ist dahin auszulegen, dass bei der Beurteilung der Frage, ob es sich um eine Einrichtung **[Sportverein]** ohne Gewinnstreben handelt, sämtliche Tätigkeiten dieser Einrichtung zu berücksichtigen sind. – 2. Art. 13 Teil A Abs. 1 Buchst. m der Sechsten Richtlinie 77/388 ist dahin auszulegen, dass eine Einrichtung als eine solche ohne Gewinnstreben qualifiziert werden kann, auch wenn sie systematisch danach strebt, Überschüsse zu erwirtschaften, die sie anschließend für die Durchführung ihrer Leistungen verwendet. Der erste Teil der in Art. 13 Teil A Abs. 2 Buchst. a erster Gedankenstrich der Sechsten Richtlinie 77/388 enthaltenen fakultativen Bedingung ist in der gleichen Weise auszulegen. – 3. Art. 2 Nr. 1 der Sechsten Richtlinie 77/388 ist dahin auszulegen, dass die Jahresbeiträge der Mitglieder eines Sportvereins wie des im Ausgangsverfahren in Rede stehenden die Gegenleistung für die von diesem Verein erbrachten Dienstleistungen darstellen können, auch wenn diejenigen Mitglieder, die die Einrichtungen des Vereins nicht oder nicht regelmäßig nutzen, verpflichtet sind, ihren Jahresbeitrag zu zahlen. ***EuGH-Urt. v. 21. 3. 2002** C-174/00, Kennemer Golf & Country Club (DStRE S. 642). – Vgl. auch **EuGH-Urt. v. 16. 10. 2008** C-253/07, Canterbury Hockey Club und Canterbury Ladies Hockey Club (IStR S. 881).*

Jugendarbeit eines Sportvereins vgl. *FG Nürnberg, Urt. v. 11. 9. 2007 II 238/2004, rkr., u. II 335/2004, rkr. (DStRE 2008 S. 498 u. 500).*

---

[1] Sportvereine vgl. A 1.4, 2.1 Abs. 6, 2.10, 4. 12. 11, 4.22.2 u. 12.9 Abs. 6 ff. UStAE.

Der *EuGH* hat mit *Urteil v. 10. 12. 2020 C-488/18 Golfclub Schloss Igling (DStR S. 2869)* klargestellt, dass Art. 132 Buchst. m MwStSystRL keine unmittelbare Wirkung hat, so dass sich auf diese Vorschrift, wenn national nur eine begrenzte Zahl von Leistungen umsatzsteuerbefreit wird, eine Einrichtung ohne Gewinnstreben vor den nationalen Gerichten nicht unmittelbar berufen kann, um die Befreiung anderer Leistungen zu erreichen, und dass der Begriff der „Einrichtung ohne Gewinnstreben" ein autonomer unionsrechtlicher Begriff ist *(Vorabentscheidungsersuchen des BFH v. 21. 6. 2018 V R 20/17, BStBl. II S. 558)*. Der *BFH (Urteil v. 21. 4. 2022 V R 48/20 (V R 20/17), DStR S. 930)* hat sich dieser Auffassung angeschlossen, so dass sich eine Einrichtung ohne Gewinnstreben auf diese Bestimmung vor den nationalen Gerichten nicht berufen kann.

Duplicate-Bridge, das durch eine unbedeutend erscheinende körperliche Komponente gekennzeichnet ist, ist kein steuerbefreiter „Sport". ***EuGH-Urteil v. 26. 10. 2017*** *C-90/16, The English Bridge Union Limited (MwStR 2018 S. 29).*

Anl zu 4.22.2

Schreiben betr. Steuerfreiheit nach § 4 Nr. 22 Buchst. b UStG für sportliche Veranstaltungen, die gemeinnützige Sportvereine gegen Mitgliederbeiträge durchführen

Vom 4. Februar 2019 (BStBl. I S. 115)

(BMF III C 3 – S 7180/17/10001; DOK 2019/0091394)

28 Beruft sich eine Vereinigung unmittelbar auf die Richtlinie 2006/112/EG des Rates vom 28. November 2006 über das gemeinsame Mehrwertsteuersystem (sog. Mehrwertsteuer-Systemrichtlinie, MwStSystRL) und behandelt die anfallenden Mitgliederbeiträge in der Folge abweichend von Abschnitt 1.4 Umsatzsteuer-Anwendungserlass als steuerbares Entgelt für die von ihr gegenüber den Mitgliedern erbrachten Leistungen, kommt die Anwendung der Steuerbefreiung nach § 4 Nr. 22 Buchst. b UStG grundsätzlich in Betracht.

Nach Maßgabe der weiteren Voraussetzungen gilt insbesondere für sportliche Veranstaltungen, dass eine über eine reine Benutzung der Sportanlagen hinausgehende Nutzung, z. B. im Rahmen des Trainingsbetriebes (vgl. Abschn. 4.22.2 Abs. 2 Satz 4 UStAE) oder bei Wettkämpfen mit anderen Vereinen, einer Teilnahme an einer sportlichen Veranstaltung gleich kommt und es sich bei den insoweit entrichteten Mitgliederbeiträgen um Teilnehmergebühren im Sinne der nationalen Befreiungsvorschrift handelt.

Die Anwendung der Befreiungsvorschrift zieht in der Folge systembedingt einen Ausschluss des Vorsteuerabzugs (z. B. aus Investitionen) nach sich. Dem kann auch nicht entgegengehalten werden, dass nach Auffassung des Bundesfinanzhofs die Vorschrift des § 4 Nr. 22 Buchst. b UStG (1999) weder die gemeinschaftsrechtliche Bestimmung des Artikels 13 Teil A Abs. 1 Buchst. m der Richtlinie 77/388/EWG (jetzt: Art. 132 Abs. 1 Buchst. m MwStSystRL) hinreichend umsetzt noch der Begriff der „sportliche(n) Veranstaltung" im Sinne der Richtlinie auslegbar ist. Denn auch nach Art. 13 Teil A Abs. 1 Buchst. m der Richtlinie 77/388/EWG bzw. Art. 132 Abs. 1 Buchst. m MwStSystRL wären die Entgelte, die eine Vereinigung ohne Gewinnstreben von ihren Mitgliedern für die Teilnahme an sportlichen Veranstaltungen erhält, steuerfrei mit der Folge des Vorsteuerausschlusses. Bei einer gemischten Nutzung (z. B. für sportliche Veranstaltungen und reine Nutzungsüberlassungen der Sportanlage) sind die Vorsteuerbeträge entsprechend § 15 Abs. 4 UStG sachgerecht aufzuteilen.

Zwar betrifft die Berufung der Vereinigung auf die Richtlinienvorschrift regelmäßig ausdrücklich nur die Steuerbarkeit der Mitgliederbeiträge. Allerdings kann eine solche Berufung nicht dahingehend verstanden werden, dass mit ihrer Geltendmachung die Anwendung der (aller) übrigen Vorschriften des Umsatzsteuergesetzes unbeachtlich wäre. Die Anwendung von Befreiungen kommt auch bei Berufung auf die Richtlinienvorschrift in Betracht, soweit die Befreiungen in nationales Recht umgesetzt sind. Insbesondere bewirkt die Berufung oder wahlweise Nicht-Berufung auf die Steuerbarkeit keinen Automatismus hinsichtlich der Anwendung bzw. Nichtanwendung von z. B. § 4 Nr. 22 Buchst. b UStG.

Die Grundsätze dieses Schreibens sind in allen offenen Fällen anzuwenden.

UStG

§ 4 (Forts.)

Von den unter § 1 Abs. 1 Nr. 1 fallenden Umsätzen sind steuerfrei:

...

1 **23. a) die Erziehung von Kindern und Jugendlichen und damit eng verbundene Lieferungen und sonstige Leistungen, die durch Einrichtungen des öffentlichen Rechts, die mit solchen Aufgaben betraut sind, oder durch andere Einrichtungen erbracht werden, deren Zielsetzung mit der einer Einrichtung des öffentlichen Rechts vergleichbar ist und die keine systematische Gewinnerzielung anstreben; etwaige Gewinne, die trotzdem anfallen, dürfen nicht verteilt, sondern müssen zur Erhaltung oder Verbesserung der durch die Einrichtung erbrachten Leistungen verwendet werden,**

b) eng mit der Betreuung von Kindern und Jugendlichen verbundene Lieferungen und sonstige Leistungen, die durch Einrichtungen des öffentlichen Rechts oder durch andere als Einrichtungen mit sozialem Charakter anerkannte Einrichtungen erbracht werden. ② Andere Einrichtungen mit sozialem Charakter im Sinne dieser Vorschrift sind Einrichtungen, soweit sie

aa) auf Grund gesetzlicher Regelungen im Bereich der sozialen Sicherheit tätig werden oder

bb) Leistungen erbringen, die im vorangegangenen Kalenderjahr ganz oder zum überwiegenden Teil durch Einrichtungen des öffentlichen Rechts vergütet wurden,

c) Verpflegungsdienstleistungen und Beherbergungsleistungen gegenüber Kindern in Kindertageseinrichtungen, Studierenden und Schülern an Hochschulen im Sinne der Hochschulgesetze der Länder, an einer staatlichen oder staatlich anerkannten Berufsakademie, an öffentlichen Schulen und an Ersatzschulen, die gemäß Artikel 7 Absatz 4 des Grundgesetzes staatlich genehmigt oder nach Landesrecht erlaubt sind, sowie an staatlich anerkannten Ergänzungsschulen und an Berufsschulheimen durch Einrichtungen des öffentlichen Rechts oder durch andere Einrichtungen, die keine systematische Gewinnerzielung anstreben; etwaige Gewinne, die trotzdem anfallen, dürfen nicht verteilt, sondern müssen zur Erhaltung oder Verbesserung der durch die Einrichtung erbrachten Leistungen verwendet werden.

② Steuerfrei sind auch die Beherbergung, Beköstigung und die üblichen Naturalleistungen, die die Unternehmer den Personen, die bei der Erbringung der Leistungen nach Satz 1 Buchstabe a und b beteiligt sind, als Vergütung für die geleisteten Dienste gewähren. ③ Kinder und Jugendliche im Sinne von Satz 1 Buchstabe a und b sind alle Personen, die noch nicht 27 Jahre alt sind. ④ Für die in den Nummern 15 b, 15 c, 21, 24 und 25 bezeichneten Leistungen kommt die Steuerbefreiung nur unter den dort genannten Voraussetzungen in Betracht;

Hinweis auf EU-Vorschriften:

UStG: § 4 Nr. 23 .... **MwStSystRL:** Art. 132 Abs. 1 (h), (i), (o), Abs. 2, 133, 134

Zu § 4 Nr. 23 UStG

4.23.1 Beherbergung und Beköstigung von Jugendlichen

UStAE 4.23.1

11 (1) ① Die Steuerbefreiung nach § 4 Nr. 23 UStG ist davon abhängig, dass die Aufnahme der Jugendlichen zu Erziehungs-, Ausbildungs- oder Fortbildungszwecken erfolgt. ② Sie hängt nicht davon ab, in welchem Umfang und in welcher Organisationsform die Aufnahme von Jugendlichen zu den genannten Zwecken betrieben wird; die Tätigkeit muss auch nicht der alleinige Gegenstand oder der Hauptgegenstand des Unternehmens sein (BFH-Urteil vom 24. 5. 1989, V R 127/84, BStBl. II S. 912).

12 (2) ① Die Erziehungs-, Ausbildungs- oder Fortbildungsleistungen müssen dem Unternehmer, der die Jugendlichen aufgenommen hat, selbst obliegen. ② Dabei ist es nicht erforderlich, dass der Unternehmer die Leistungen allein erbringt. ③ Er kann die ihm obliegenden Leistungen zur Gänze selbst oder teilweise durch Beauftragte erbringen. ④ Für die Steuerbefreiung nach § 4 Nr. 23 UStG ist es auch ausreichend, wenn der leistende Unternehmer konkrete Erziehungs-, Ausbildungs- oder Fortbildungszwecke, z. B. in seiner Satzung, festschreibt und den Leistungsempfänger vertraglich verpflichtet, sich im Rahmen seines Aufenthaltes an diesen pädagogischen Grundsätzen zu orientieren. ⑤ Der leistende Unternehmer erbringt auch in diesen Fällen – zumindest mittelbar – Leistungen im Sinne des § 4 Nr. 23 UStG, die über Beherbergungs- und Verpflegungsleistungen hinausgehen. ⑥ Der Unternehmer, der Jugendliche für Erziehungszwecke bei sich aufnimmt, muss eine Einrichtung auf dem Gebiet der Kinder- und Jugendbetreuung oder der Kinder- und Jugenderziehung im Sinne des Artikels 132 Abs. 1 Buchstabe h oder i MwStSystRL unterhalten. ⑦ Daher können – unter Beachtung der übrigen Voraussetzungen des § 4 Nr. 23 UStG – die Steuerbefreiung nur Einrichtungen des öffentlichen Rechts auf dem Gebiet der Kinder- und Jugendbetreuung sowie der Kinder- und Jugenderziehung oder vergleichbare privatrechtliche Einrichtungen in Anspruch nehmen (BFH-Urteil vom 28. 9. 2000, V R 26/99, BStBl. 2001 II S. 691); dies gilt entsprechend für Einrichtungen, die Jugendliche für die sonstigen in § 4 Nr. 23 Satz 1 UStG genannten Zwecke aufnehmen. ⑧ Vergleichbare privatrechtliche Einrichtungen sind insbesondere Kinder- und Jugendhilfeeinrichtungen, die als solche formal durch staatliche Einrichtungen anerkannt sind oder deren Kosten überwiegend von hierfür zuständigen Einrichtungen des öffentlichen Rechts übernommen werden. ⑨ Hierzu gehören nicht Einrichtungen, die im Rahmen des Hotel- und Gaststättengewerbes der Aufnahme von Kindern oder Jugendlichen dienen und die dafür nach § 45 Abs. 1 Satz 2 Nr. 3 SGB VIII einer Erlaubnis nicht bedürfen. ⑩ Die Leistungen im Zusammenhang mit der Aufnahme müssen dem in § 4 Nr. 23 UStG genannten Personenkreis tatsächlich zu Gute kommen. ⑪ Auf die Frage, wer Vertragspartner des Unternehmers und damit Leistungsempfänger im Rechtssinne ist, kommt es nicht an. ⑫ Dem Kantinenpächter einer berufsbildenden oder schulischen Einrichtung steht für die Abgabe von Speisen und Getränken an Schüler und Lehrpersonal die Steuerbefreiung nach § 4 Nr. 23 UStG nicht zu, weil er allein mit der Bewirtung der Schüler diese nicht zur Erziehung, Ausbildung oder Fortbildung bei sich aufnimmt (vgl. BFH-Beschluss vom 26. 7. 1979, V B 15/79, BStBl. II S. 721). ⑬ Dasselbe gilt für derartige Leistungen eines Schulfördervereins (vgl. BFH-Urteil vom 12. 2. 2009, V R 47/07, BStBl. II S. 677). ⑭ Die Befreiung ist aber möglich, wenn die Beköstigung im Rahmen der Aufnahme der Jugendlichen zu den begünstigten Zwecken zum Beispiel von der Bildungseinrichtung selbst erbracht wird. ⑮ Davon ausgenommen ist die Abgabe von alkoholischen Getränken. ⑯ Leistungen der Beherbergung und Beköstigung während kurzfristiger Urlaubsaufenthalte oder Fahrten, die von Sport- und Freizeitange-

boten geprägt sind, stellen keine Aufnahme zu Erziehungs-, Ausbildungs- oder Fortbildungszwecken dar (vgl. BFH-Urteile vom 12.5. 2009, V R 35/07, BStBl. II S. 1032, und vom 30.7. 2008, V R 66/06, BStBl. 2010 II S. 507). ⑩ Fahrten, die nach § 11 SGB VIII ausgeführt werden, können unter den Voraussetzungen des § 4 Nr. 25 UStG steuerfrei sein.

13 (3) ① Der Begriff „Aufnahme" ist nicht an die Voraussetzung gebunden, dass die Jugendlichen Unterkunft während der Nachtzeit und volle Verpflegung erhalten. ② Es genügt außerdem, wenn die Aufnahme so lange andauert, dass der im Gesetz vorausgesetzte Erziehungs- oder Bildungszweck erreicht werden kann. ③ Zu den begünstigten Leistungen gehören neben der Beherbergung und Beköstigung insbesondere die Beaufsichtigung der häuslichen Schularbeiten und die Freizeitgestaltung durch Basteln, Spiele und Sport (BFH-Urteil vom 19. 12. 1963, V 102/61 U, BStBl. 1964 III S. 110). ④ Sowohl die Erziehungs-, Ausbildungs- und Fortbildungsleistung als auch die damit zusammenhängenden Unterbringungs- und Verpflegungsleistungen sind bei Vorliegen der weiteren Voraussetzungen des § 4 Nr. 23 UStG als einheitliche Leistung zu befreien.

14 (4) ① Die Erziehungs-, Ausbildungs- und Fortbildungszwecke umfassen nicht nur den beruflichen Bereich, sondern die gesamte geistige, sittliche und körperliche Erziehung und Fortbildung von Jugendlichen (vgl. BFH-Urteil vom 21. 11. 1974, II R 107/68, BStBl. 1975 II S. 389). ② Vorbehaltlich von Absatz 2 Satz 16 gehört hierzu u. A. auch die sportliche Erziehung. ③ Die Befreiungsvorschrift kommt deshalb sowohl bei von einer anerkannten Kinder- und Jugendhilfeeinrichtung durchgeführten Sportlehrgängen für Berufssportler als auch bei solchen für Amateursportler in Betracht.

15 (5) Hinsichtlich des Begriffs der Vergütung für geleistete Dienste wird auf Abschnitt 4.18.1 Abs. 7 hingewiesen.

16 (6) ① § 4 Nr. 23 Satz 4 UStG regelt, dass diese Steuerbefreiungsvorschrift nicht gilt, soweit eine Leistung der Jugendhilfe nach SGB VIII erbracht wird. ② Die Leistungen nach § 2 Abs. 2 SGB VIII (Abschnitt 4.25.1 Abs. 1 Satz 2) und die Inobhutnahme nach § 42 SGB VIII sind somit nur unter den Voraussetzungen des § 4 Nr. 25 UStG steuerfrei.

LS zu 4.23.1

Steuerfreie Umsätze von sog. **Gruppenhäusern** (u. a. Kinder- und Jugenderholungszentren, Schullandheime, Jugendherbergen, Jugendgästehäuser, Volkshochschulen und Tagungshäuser). *Verfügung OFD Magdeburg S 7181 – 12 – St 243 v. 18. 8. 2010.*

18 1. Die Durchführung von **Kanutouren für Schulklassen** ist keine „Aufnahme" der Jugendlichen für Erziehungs-, Ausbildungs- oder Fortbildungszwecke i. S. der in § 4 Nr. 23 UStG geregelten Steuerbefreiung, wenn die Gesamtverantwortung bei den Lehrern verbleibt; die teilweise Übernahme von Betreuungsleistungen reicht insoweit nicht aus. – 2. Für die Anerkennung einer anderen Einrichtung i. S. von Art. 13 Teil A Abs. 1 Buchst. h und i der Sechsten MwSt-Richtlinie 77/388/EWG reichen vertragliche Vereinbarungen zwischen der Einrichtung und einer Schule allein nicht aus. *BFH-Urt. v. 12. 5. 2009, V R 35/07 (BStBl. II S. 1032).*

Die Beherbergung und Verköstigung von Jugendlichen für ca. eine Woche in einem **Urlaubsaufenthalt mit Freizeitangebot und Freizeitgestaltung** erfüllt die in § 4 Nr. 23 UStG 1993 und 1999 vorausgesetzte „Aufnahme zu Erziehungs-, Ausbildungs- und Fortbildungszwecken" nicht. *BFH-Urt. v. 30. 7. 2008, V R 66/06 (BStBl. 2010 II S. 507).*

Die Umsätze aus der entgeltlichen **Verpflegung von Lehrern und Schülern** einer **Ganztagesschule** durch einen privaten Förderverein sind weder nach dem UStG noch nach Art. 13 Teil A Abs. 1 Buchst. i der Richtlinie 77/388/EWG steuerfrei. *BFH-Urteil v. 12. 2. 2009 – V R 47/07 (BStBl. II S. 677).*

Zur Behandlung der entgeltlichen Verpflegung von Lehrern und Schülern durch **Schulfördervereine;** BFH-Urteil v. 12. 2. 2009 V R 47/07. *Verfügung OFD Frankfurt/M. v. 14. 1. 2014 – S 7181 A – 4 – St 16 (MwStR S. 217).*

Für die Steuerbefreiung nach § 4 Nr. 23 UStG reicht es aus, dass die **Satzung** einen entsprechenden Zweck ausweist und sich die Leistungsempfänger vertraglich verpflichten, sich während des Aufenthalts in den Einrichtungen an diesen pädagogischen Grundsätzen zu orientieren. *Verfügung OFD Koblenz S 7181 A – St 44 2 v. 10. 1. 2003.*

Zu den **Voraussetzungen** für die Inanspruchnahme der Steuerbefreiung nach § 4 Nr. 23 UStG. *Verfügung OFD Hannover S 7181 – 22 – StO 354/S 7181 – 29 – StH 455 v. 6. 5. 2003.*

Private **Einrichtungen mit sozialem Charakter** mit Gewinnerzielungsabsicht vgl. ***EuGH-Urt. v. 26. 5. 2005,*** *C-498/03, Kingscrest Associates Ltd. und Montecello Ltd. (IStR S. 486).*

1. **Reiseleistungen** durch **Reisebüros** an **Schulen** und Universitäten sind nicht nach § 4 Nr. 23 UStG (Gewährung von Beherbergung und Beköstigung) steuerfrei. – 2. Der Unternehmer kann sich nach der Rechtsprechung des EuGH-Urteils vom 26. 9. 2013 C-189/11, Kommission/Spanien (UR 2013, 835) auf Art. 26 der Richtlinie 77/388/EWG berufen, der **entgegen** der inländischen Regelung des **§ 25 UStG** über die Margenbesteuerung nicht darauf abstellt, ob die Reiseleistung an einen Endverbraucher und nicht an einen Unternehmer erbracht worden ist. *BFH-Urteil v. 21. 11. 2013 V R 11/11 (BStBl. 2020 II S. 819).*

UStG

§ 4 (Forts.)

Von den unter § 1 Abs. 1 Nr. 1 fallenden Umsätzen sind steuerfrei:

...

1 **24. die Leistungen des Deutschen Jugendherbergswerkes, Hauptverband für Jugendwandern und Jugendherbergen e. V., einschließlich der diesem Verband angeschlossenen Untergliederungen, Einrichtungen und Jugendherbergen, soweit die Leistungen den Satzungszwecken unmittelbar dienen oder Personen, die bei diesen Leistungen tätig sind, Beherbergung, Beköstigung und die üblichen Naturalleistungen als Vergütung für die geleisteten Dienste gewährt werden. ② Das Glei-**

che gilt für die Leistungen anderer Vereinigungen, die gleiche Aufgaben unter denselben Voraussetzungen erfüllen;

Hinweis auf EU-Vorschriften:

UStG: § 4 Nr. 24 .... **MwStSystRL:** Art. 132 Abs. 1 (h), (o), Abs. 2 Art. 133, 134

Zu § 4 Nr. 24 UStG

4.24.1 Jugendherbergswesen

UStAE 4.24.1

(1) Nach Satz 1 der Vorschrift des § 4 Nr. 24 UStG sind folgende Unternehmer begünstigt:

1. das Deutsche Jugendherbergswerk, Hauptverband für Jugendwandern und Jugendherbergen e. V. (DJH), und die ihm angeschlossenen Landes-, Kreis- und Ortsverbände; 11
2. kommunale, kirchliche und andere Träger von Jugendherbergen, die dem DJH als Mitglied angeschlossen sind und deren Häuser im Deutschen Jugendherbergsverzeichnis als Jugendherbergen ausgewiesen sind;
3. die Pächter der Jugendherbergen, die von den in den Nummern 1 und 2 genannten Unternehmern unterhalten werden;
4. die Herbergseltern, soweit sie einen Teil der Jugendherberge, insbesondere die Kantine, auf eigene Rechnung betreiben.

(2) Die in Absatz 1 genannten Unternehmer erbringen folgende Leistungen: 12

1. die Beherbergung und die Beköstigung in Jugendherbergen einschließlich der Lieferung von Lebensmitteln und alkoholfreien Getränken außerhalb der Tagesverpflegung (Zusatz- und Wanderverpflegung);
2. die Durchführung von Freizeiten, Wanderfahrten und Veranstaltungen, die dem Sport, der Erholung oder der Bildung dienen;
3. die Lieferungen von Schlafsäcken und die Überlassung von Schlafsäcken und Bettwäsche zum Gebrauch;
4. die Überlassung von Rucksäcken, Fahrrädern und Fotoapparaten zum Gebrauch;
5. die Überlassung von Spiel- und Sportgeräten zum Gebrauch sowie die Gestattung der Telefonbenutzung in Jugendherbergen;
6. die Lieferungen von Wanderkarten, Wanderbüchern und von Ansichtskarten mit Jugendherbergsmotiven;
7. die Lieferungen von Jugendherbergsverzeichnissen, Jugendherbergskalendern, Jugendherbergsschriften und von Wimpeln und Abzeichen mit dem Emblem des DJH oder des Internationalen Jugendherbergswerks (IYHF);
8. die Lieferungen der für den Betrieb von Jugendherbergen erforderlichen und vom Hauptverband oder von den Landesverbänden zentral beschafften Einrichtungsgegenstände.

(3) ① Die in Absatz 2 bezeichneten Leistungen dienen unmittelbar den Satzungszwecken der begünstigten Unternehmer und sind daher steuerfrei, wenn 13

1. ① die Leistungen in den Fällen des Absatzes 2 Nr. 1 bis 6 an folgende Personen bewirkt werden:
   a) Jugendliche; Jugendliche in diesem Sinne sind alle Personen vor Vollendung des 27. Lebensjahres,
   b) andere Personen, wenn sie sich in der Ausbildung oder Fortbildung befinden und Mitglied einer geführten Gruppe sind,
   c) Leiter und Betreuer von Gruppen, deren Mitglieder die in den Buchstaben a und b genannten Jugendlichen oder andere Personen sind,
   d) ① wandernde Familien mit Kindern. ② Hierunter fallen alle Inhaber von Familienmitgliedsausweisen in Begleitung von eigenen oder anderen minderjährigen Kindern.

   ② Soweit die Leistungen in geringem Umfang auch an andere Personen erbracht werden, ist die Inanspruchnahme der Steuerbefreiung nicht zu beanstanden. ③ Von einem geringen Umfang ist auszugehen, wenn die Leistungen an diese Personen nicht mehr als 2% der in Absatz 2 Nr. 1 bis 6 bezeichneten Leistungen betragen;
2. die Leistungen im Fall des Absatzes 2 Nr. 8 an die in Absatz 1 genannten Unternehmer bewirkt werden.

② Die Steuerfreiheit der in Absatz 2 Nr. 7 bezeichneten Leistungen ist nicht von der Lieferung an bestimmte Personen oder Einrichtungen abhängig.

(4) Hinsichtlich des Begriffs der Vergütung für geleistete Dienste wird auf Abschnitt 4.18.1 Abs. 7 hingewiesen. 14

(5) ① Nach § 4 Nr. 24 Satz 2 UStG gilt die Steuerbefreiung auch für andere Vereinigungen, die gleiche Aufgaben unter denselben Voraussetzungen erfüllen. ② Hierbei ist es insbesondere 15

erforderlich, dass die Unterkunftsstätten der anderen Vereinigungen nach der Satzung und ihrer tatsächlichen Durchführung überwiegend Jugendlichen dienen. ③ Zu den hiernach begünstigten „anderen Vereinigungen" gehören der Touristenverein „Natur Freunde Deutschlands Verband für Umweltschutz, sanften Tourismus, Sport und Kultur Bundesgruppe Deutschland e. V." und die ihm angeschlossenen Landesverbände, Bezirke und Ortsgruppen sowie die Pächter der von diesen Unternehmern unterhaltenen Naturfreundehäuser. ④ Die Absätze 2 bis 4 gelten entsprechend.

LS zu 4.24.1

18 1. Die mit **alleinreisenden Erwachsenen** getätigten Umsätze der **Jugendherbergen** sind nicht gemäß § 4 Nr. 24 UStG 1980 von der Umsatzsteuer befreit. Die Steuer auf diese Umsätze kann gemäß § 12 Abs. 2 Nr. 8 UStG 1980 i. V. m. § 68 Nr. 1 Buchst. b AO 1977 a. F. zu ermäßigen sein. – 2. Jugendherbergen sind als Zweckbetriebe i. S. des § 68 Nr. 1 Buchst. b AO 1977 a. F. zu beurteilen, ohne daß es auf die Voraussetzungen des § 65 AO 1977 ankommt. – 3. Die Beherbergung alleinreisender Erwachsener kann ein selbständiger wirtschaftlicher Geschäftsbetrieb sein, wenn sie sich aus tatsächlichen Gründen von den satzungsgemäßen Leistungen an Jugendliche und Familien abgrenzen läßt. Fehlt die Abgrenzbarkeit, verlieren Jugendherbergen ihre Zweckbetriebseigenschaft nicht dadurch, daß sie außerhalb des satzungsgemäßen Zwecks in geringem Umfang alleinreisende Erwachsene (zu gleichen Bedingungen wie andere Gäste) beherbergen. Die Grenze, bis zu der solche Beherbergungen unschädlich sind, ist mit **10 v. H.** zu veranschlagen. *BFH-Urteil v. 18. 1. 1995 V R 139–142/92 (BStBl. II S. 446).* – Siehe nun aber *BFH v. 10. 8. 2016 V R 11/15 (BStBl. 2018 II S. 113).*

UStG

§ 4 (Forts.)

Von den unter § 1 Abs. 1 Nr. 1 fallenden Umsätzen sind steuerfrei:

...

1 **25.**[1] **Leistungen der Jugendhilfe nach § 2 Absatz 2 des Achten Buches Sozialgesetzbuch, die Inobhutnahme nach § 42 des Achten Buches Sozialgesetzbuch und Leistungen der Adoptionsvermittlung nach dem Adoptionsvermittlungsgesetz, wenn diese Leistungen von Trägern der öffentlichen Jugendhilfe oder anderen Einrichtungen mit sozialem Charakter erbracht werden. ② Andere Einrichtungen mit sozialem Charakter im Sinne dieser Vorschrift sind**

a) von der zuständigen Jugendbehörde anerkannte Träger der freien Jugendhilfe, die Kirchen und Religionsgemeinschaften des öffentlichen Rechts,

b) Einrichtungen, soweit sie

aa) für ihre Leistungen eine im Achten Buch Sozialgesetzbuch geforderte Erlaubnis besitzen oder nach § 44 oder § 45 Abs. 1 Nr. 1 und 2 des Achten Buches Sozialgesetzbuch einer Erlaubnis nicht bedürfen,

bb) Leistungen erbringen, die im vorangegangenen Kalenderjahr ganz oder zum überwiegenen Teil durch Träger der öffentlichen Jugendhilfe oder Einrichtungen nach Buchstabe a vergütet wurden,

cc) Leistungen der Kindertagespflege erbringen, für die sie nach § 23 Absatz 3 des Achten Buches Sozialgesetzbuch geeignet sind, oder

dd) Leistungen der Adoptionsvermittlung erbringen, für die sie nach § 4 Absatz 1 des Adoptionsvermittlungsgesetzes anerkannt oder nach § 4 Absatz 2 des Adoptionsvermittlungsgesetzes zugelassen sind.

③ Steuerfrei sind auch

2 **a) die Durchführung von kulturellen und sportlichen Veranstaltungen, wenn die Darbietungen von den von der Jugendhilfe begünstigten Personen selbst erbracht oder die Einnahmen überwiegend zur Deckung der Kosten verwendet werden und diese Leistungen in engem Zusammenhang mit den in Satz 1 bezeichneten Leistungen stehen,**

3 **b) Die Beherbergung, Beköstigung und die üblichen Naturalleistungen, die diese Einrichtungen den Empfängern der Jugendhilfeleistungen und Mitarbeitern in der Jugendhilfe sowie den bei den Leistungen nach Satz 1 tätigen Personen als Vergütung für die geleisteten Dienste gewähren,**

4 **c) Leistungen, die von Einrichtungen erbracht werden, die als Vormünder nach § 1773 des Bürgerlichen Gesetzbuchs oder als Ergänzungspfleger nach § 1909 des Bürgerlichen Gesetzbuchs bestellt worden sind, sofern es sich nicht um Leistungen handelt, die nach § 1835 Absatz 3 des Bürgerlichen Gesetzbuchs vergütet werden,**

5 **d) Einrichtungen, die als Verfahrensbeistand nach den §§ 158, 174 oder 191 des Gesetzes über das Verfahren in Familiensachen und in den Angelegenheiten der freiwilligen Gerichtsbarkeit bestellt worden sind, wenn die Preise, die diese Einrichtungen verlangen, von den zuständigen Behörden genehmigt sind oder die genehmigten Preise nicht übersteigen; bei Umsätzen, für die eine Preisgenehmigung nicht vorgesehen ist, müssen die verlangten Preise unter den Preisen liegen, die der Mehrwertsteuer unterliegende gewerbliche Unternehmen für entsprechende Umsätze fordern;**

[1] Zur Fassung von **§ 4 Nr. 25 Satz 3 Buchst. c ab 1. 1. 2023** siehe in der geschlossenen Wiedergabe.

Hinweis auf EU-Vorschriften:
UStG: § 4 Nr. 25 .... **MwStSystRL:** Art. 132 Abs. 1 (h), (m), (n), (o), Abs. 2
Art. 133, 134

Zu § 4 Nr. 25 UStG

4.25.1 Leistungen im Rahmen der Kinder- und Jugendhilfe

UStAE 4.25.1

11 (1) ① Die Steuerbefreiungsvorschrift des § 4 Nr. 25 Satz 1 UStG umfasst die Leistungen der Jugendhilfe nach § 2 Abs. 2 SGB VIII und die Inobhutnahme nach § 42 SGB VIII. ② Unter § 2 Abs. 2 SGB VIII fallen folgende Leistungen:

1. Angebote der Jugendarbeit, der Jugendsozialarbeit und des erzieherischen Kinder- und Jugendschutzes (§§ 11 bis 14 SGB VIII);
2. Angebote zur Förderung der Erziehung in der Familie (§§ 16 bis 21 SGB VIII);
3. Angebote zur Förderung von Kindern in Tageseinrichtungen und in Tagespflege (§§ 22 bis 25 SGB VIII);
4. Hilfe zur Erziehung und ergänzende Leistungen (§§ 27 bis 35, 36, 37, 39, 40 SGB VIII);
5. Hilfe für seelisch behinderte Kinder und Jugendliche und ergänzende Leistungen (§§ 35 a bis 37, 39, 40 SGB VIII);
6. Hilfe für junge Volljährige und Nachbetreuung (§ 41 SGB VIII).

③ Mit Wirkung vom 1. 11. 2015 wurde der Inobhutnahme von ausländischen Kindern und Jugendlichen nach § 42 Abs. 1 Nr. 3 SGB VIII die vorläufige Inobhutnahme von ausländischen Kindern und Jugendlichen nach unbegleiteter Einreise nach § 42 a SGB VIII vorgeschaltet. ④ Da es sich hierbei ebenfalls um Leistungen der Jugendhilfe handelt, sind diese Leistungen nach § 42 a SGB VIII unter den weiteren Voraussetzungen des § 4 Nr. 25 UStG ebenso wie die Leistungen der Inobhutnahme nach § 42 SGB VIII umsatzsteuerfrei.

Begünstigte Leistungserbringer

12 (2) ① Die vorgenannten Leistungen sind steuerfrei, wenn sie durch Träger der öffentlichen Jugendhilfe (§ 69 SGB VIII) oder andere Einrichtungen mit sozialem Charakter erbracht werden. ② Der Begriff der „anderen Einrichtung mit sozialem Charakter" entspricht der Formulierung der maßgeblichen unionsrechtlichen Grundlage (Artikel 132 Abs. 1 Buchstabe h MwStSystRL). ③ Auf der Grundlage der dort eingeräumten Befugnis der Mitgliedstaaten sind insoweit anerkannt:

1. von der zuständigen Jugendbehörde anerkannte Träger der freien Jugendhilfe (§ 75 Abs. 1 SGB VIII), die Kirchen und Religionsgemeinschaften des öffentlichen Rechts sowie die amtlich anerkannten Verbände der freien Wohlfahrtspflege nach § 23 UStDV;
2. ① bestimmte weitere Einrichtungen soweit sie
   a) ① für ihre Leistungen eine im SGB VIII geforderte Erlaubnis besitzen. ② Insoweit handelt es sich um die Erlaubnistatbestände des § 43 SGB VIII (Erlaubnis zur Kindertagespflege), § 44 Abs. 1 Satz 1 SGB VIII (Erlaubnis zur Vollzeitpflege), § 45 Abs. 1 Satz 1 SGB VIII (Erlaubnis für den Betrieb einer Einrichtung, in der Kinder oder Jugendliche ganztägig oder für einen Teil des Tages betreut werden oder Unterkunft erhalten) und § 54 SGB VIII (Erlaubnis zur Übernahme von Pflegschaften oder Vormundschaften durch rechtsfähige Vereine). ③ Eine Betriebserlaubnis, die einer Einrichtung nach § 45 SGB VIII erteilt wurde, gilt auch als Erlaubnis für eine sonstige Wohnform im Sinne des § 48 a Abs. 2 SGB VIII, wenn sie in der Erlaubnis ausdrücklich aufgeführt ist. ④ Das gilt auch bei einem Wechsel einer sonstigen Wohnform im Sinne des § 48 a Abs. 2 SGB VIII, wenn die zuständige Behörde bestätigt hat, dass die Einrichtung ihrer Anzeigepflicht nachgekommen ist und der Unternehmer die für die Tätigkeit notwendige Eignung besitzt. ⑤ Die Ausführungen zur Wirkung der Betriebserlaubnis in den Sätzen 3 und 4 gelten sinngemäß auch für einen Unternehmer, der vom Träger einer Jugendhilfeeinrichtung mit der pädagogischen Leitung dieser Einrichtung beauftragt wurde,
   b) ① für ihre Leistungen einer Erlaubnis gemäß SGB VIII nicht bedürfen. ② Dies sind die in § 44 Abs. 1 Satz 2 SGB VIII geregelten Fälle der Vollzeitpflege sowie der Betrieb einer Einrichtung gemäß § 45 SGB VIII, allerdings nur, wenn es sich um eine Jugendfreizeiteinrichtung, eine Jugendausbildungseinrichtung, eine Jugendherberge oder ein Schullandheim im Sinne des § 45 Abs. 1 Satz 2 Nr. 1 SGB VIII oder um ein landesgesetzlich der Schulaufsicht unterstehendes Schülerheim im Sinne des § 45 Abs. 1 Satz 2 Nr. 2 SGB VIII handelt. ③ Ausgenommen sind somit die Einrichtungen im Sinne des § 45 Abs. 1 Satz 2 Nr. 3 SGB VIII, die außerhalb der Jugendhilfe liegende Aufgaben für Kinder oder Jugendliche wahrnehmen,

c) ① Leistungen erbringen, die im vorangegangenen Kalenderjahr ganz oder zum überwiegenden Teil von Trägern der öffentlichen Jugendhilfe (§ 69 SGB VIII), anerkannten Trägern der freien Jugendhilfe (§ 75 Abs. 1 SGB VIII), Kirchen und Religionsgemeinschaften des öffentlichen Rechts oder amtlich anerkannten Verbänden der freien Wohlfahrtspflege gemäß § 23 UStDV vergütet wurden. ② Eine Vergütung durch die zuvor genannten Träger und Einrichtungen ist aber nur dann gegeben, wenn der Leistungserbringer von diesen unmittelbar bezahlt wird. ③ Die Vergütung ist nicht um eine eventuelle Kostenbeteiligung nach §§ 90 ff. SGB VIII, z. B. der Eltern, zu mindern,

d) ① Leistungen der Kindertagespflege erbringen, für die die Einrichtungen nach § 23 Abs. 3 SGB VIII geeignet sind und aufgrund dessen nach § 24 i. V. m. § 23 Abs. 1 SGB VIII vermittelt werden können. ② Da der Befreiungstatbestand insoweit allein darauf abstellt, dass die Einrichtung nach § 23 Abs. 3 SGB VIII als Tagespflegeperson geeignet ist, greift die Steuerbefreiung somit auch in den Fällen, in denen die Leistung „privat", also ohne Vermittlung durch das Jugendamt, nachgefragt wird.

② Der Begriff „Einrichtungen" umfasst dabei auch natürliche Personen. ③ Für die Anerkennung eines Unternehmers als eine Einrichtung mit sozialem Charakter reicht es für sich allein nicht schon aus, dass der Unternehmer lediglich als Subunternehmer für eine nach § 4 Nr. 25 Satz 2 Buchstabe b UStG anerkannte Einrichtung tätig ist.

Leistungsberechtigte/-adressaten

13 (3) ① Das SGB VIII unterscheidet Leistungsberechtigte und Leistungsadressaten. ② Leistungen der Jugendhilfe – namentlich im Eltern-Kind-Verhältnis – sind meist nicht personenorientiert, sondern systemorientiert. ③ Sie zielen nicht nur auf die Verhaltensänderung einer bestimmten Person ab, sondern auf die Änderung bzw. Verbesserung des Eltern-Kind-Verhältnisses. ④ Deshalb sind leistungsberechtigte Personen

– in der Regel die Eltern,

darüber hinaus

– Kinder im Rahmen der Förderung in Tageseinrichtungen und in Tagespflege,
– Kinder und Jugendliche als Teilnehmer an Veranstaltungen der Jugendarbeit (§ 11 SGB VIII),
– Kinder und Jugendliche im Rahmen der Eingliederungshilfe für seelisch Behinderte (§ 35 a SGB VIII),
– junge Volljährige im Rahmen von Veranstaltungen der Jugendarbeit (§ 11 SGB VIII) und von Hilfe für junge Volljährige (§ 41 SGB VIII).

⑤ Leistungsadressaten sind bei Hilfen für Eltern regelmäßig auch Kinder und Jugendliche.

14 (4) ① § 4 Nr. 25 UStG verzichtet zudem auf eine eigenständige Definition des „Jugendlichen". ② Umsatzsteuerbefreit können daher auch Leistungen an Personen über 27 Jahren sein, z. B. Angebote der Jugendarbeit (§ 11 SGB VIII), die gemäß § 11 Abs. 4 SGB VIII in angemessenem Umfang auch Personen einbeziehen, die das 27. Lebensjahr vollendet haben.

(5)–(9) *(weggefallen)*

LS zu 4.25.1

15 **Betreuungsleistungen** einer juristischen Person sind unter Berufung auf Art. 132 Abs. 1 Buchst. h MwStSystRL steuerfrei, wenn ihr die Erlaubnis zum Betrieb einer Einrichtung zur Betreuung von Kindern und Jugendlichen nach § 45 SGB VIII erteilt wurde und die Kosten für diese Leistungen über einen Träger der freien Jugendhilfe abgerechnet und damit mittelbar von öffentlichen Trägern der Kinder- und Jugendhilfe gezahlt werden. *BFH-Urteil v. 6. 4. 2016 V R 55/14 (DStR S. 1206).*

1. Ein selbständiger **Erziehungsbeistand** kann sich für die Steuerfreiheit der von ihm erbrachten Betreuungsleistungen auf Art. 135 Abs. 1 Buchst. h MwStSystRL auch dann berufen, wenn die Kosten für diese Leistungen über eine Personengesellschaft abgerechnet und damit (nur) mittelbar von einem öffentlichen Träger der Kinder- und Jugendhilfe getragen werden. – 2. Seit dem 1. 1. 2008 sind die Leistungen eines selbständigen Erziehungsbeistands nach § 4 Nr. 25 Buchst. b Doppelbuchst. bb UStG steuerfrei, wenn sie im vorangegangenen Kalenderjahr ganz oder zum überwiegenden Teil unmittelbar oder mittelbar durch Träger der öffentlichen Jugendhilfe vergütet wurden. *BFH-Urteil v. 22. 6. 2016 V R 46/15 (DStR S. 2102).*

Die nach §§ 276, 317 FamFG gerichtlich bestellten **Verfahrenspfleger für Betreuungs- und Unterbringungssachen** können sich auf die unionsrechtliche Steuerbefreiung nach Art. 132 Abs. 1 Buchst. g MwStSystRL berufen. *BFH-Urt. v. 25. 11. 2021 V R 34/19 (DStR 2022 S. 653).*

UStAE 4.25.2

4.25.2 Eng mit der Jugendhilfe verbundene Leistungen

Durchführung von kulturellen und sportlichen Veranstaltungen

21 (1) Steuerfrei ist nach § 4 Nr. 25 Satz 3 Buchstabe a UStG auch die Durchführung von kulturellen und sportlichen Veranstaltungen, wenn die Darbietungen von den von der Jugendhilfe begünstigten Personen (vgl. Abschnitt 4.25.1 Absätze 3 und 4) selbst erbracht oder die Einnahmen überwiegend zur Deckung der Kosten verwendet werden und diese Leistungen in engem Zusammenhang mit den in § 4 Nr. 25 Satz 1 UStG bezeichneten Leistungen (vgl. Abschnitt 4.25.1 Abs. 1 und 2) stehen.

22 (2) ① In § 4 Nr. 25 Satz 3 Buchstabe a UStG wird auf „die von der Jugendhilfe begünstigten Personen" abgestellt. ② Danach ist die Einbeziehung von Eltern in die Durchführung von kulturellen und sportlichen Veranstaltungen für die Steuerbefreiung unschädlich, sofern diese Leistungen in engem Zusammenhang mit den Leistungen der Jugendhilfe stehen.

Beherbergung, Beköstigung und die üblichen Naturalleistungen

(3) ① Nach § 4 Nr. 25 Satz 3 Buchstabe b UStG sind auch die Beherbergung, Beköstigung und die üblichen Naturalleistungen steuerfrei, die diese Einrichtungen den Empfängern der Jugendhilfeleistungen und Mitarbeitern in der Jugendhilfe sowie den bei den Leistungen nach § 4 Nr. 25 Satz 1 UStG tätigen Personen als Vergütung für die geleisteten Dienste gewähren. ② Davon ausgenommen ist die Abgabe von alkoholischen Getränken. ③ Hinsichtlich des Begriffs der Vergütung für geleistete Dienste wird auf Abschnitt 4.18.1 Abs. 7 hingewiesen. **23**

(4) Durch das Abstellen auf den „Empfänger der Jugendhilfeleistungen" wird auch insoweit eine steuerfreie Einbeziehung von Eltern ermöglicht. **24**

Leistungen von Vormündern und Ergänzungspflegern

(5) Von der Umsatzsteuer sind nach § 4 Nr. 25 Satz 3 Buchstabe c UStG auch die Leistungen befreit, die von einer Einrichtung erbracht werden, die als Vormund nach § 1773 BGB oder als Ergänzungspfleger nach § 1909 BGB bestellt worden ist, es sei denn, es handelt sich um Leistungen, die nach § 1835 Abs. 3 BGB vergütet werden. **25**

(6) Für alle Pflegschaften gelten die Vorschriften über die Vormundschaft nach § 1915 BGB entsprechend; hinsichtlich der von nicht mittellosen Pfleglingen zu zahlenden Vergütung gilt eine Sonderregelung zur Berechnung der Vergütung abweichend von § 3 Abs. 1 bis 3 Vormünder- und Betreuervergütungsgesetz (§ 1915 Abs. 1 Satz 2 BGB). **26**

(7) ① Die Ergänzungspflegschaft nach § 1909 BGB dient – wie die Vormundschaft – der Fürsorge für Minderjährige, wenn deren Angelegenheiten in Teilbereichen nicht von dem Sorgeberechtigten (Eltern oder Vormund) besorgt werden können. ② Die Ergänzungspflegschaft kann sich, der Betreuung vergleichbar, auf die gesamte Personen- oder Vermögenssorge oder auf einzelne Angelegenheiten dieser Teilbereiche beziehen. ③ Wird die Pflegschaft in Teilbereichen wahrgenommen, bleibt die sorgerechtliche Zuständigkeit der Eltern oder des Vormunds in den übrigen Angelegenheiten bestehen. ④ So kann z. B. Eltern, die ihr Kind vernachlässigen, nur die Personensorge entzogen und einem Ergänzungspfleger übertragen werden; die Vermögenssorge bleibt in diesem Fall bei den Eltern. ⑤ Andererseits kann auch die Ergänzungspflegschaft für Vermögensangelegenheiten des Minderjährigen erforderlich sein, insbesondere in den Fällen des § 1909 Abs. 1 Satz 2 BGB in Verbindung mit § 1638 Abs. 1 BGB. **27**

(7 a) ① Als eine Form der Ergänzungspflegschaft fallen auch die Leistungen, die von einer Einrichtung erbracht werden, die als Umgangspfleger nach § 1684 Abs. 3 BGB bestellt worden ist, unter die Steuerbefreiung nach § 4 Nr. 25 Satz 3 Buchstabe c UStG. ② Für die Umgangspflegschaft, die als ein Sonderfall der Pflegschaft den Umgang zwischen Eltern(-teil) und Kind regelt, sind ebenfalls die Regelungen über die Pflegschaft (§§ 1909 ff. BGB) entsprechend anzuwenden (vgl. § 1915 Abs. 1 Satz 1 BGB). **27a**

(8) ① Die sonstigen Pflegschaften des BGB sind mit der Vormundschaft und Ergänzungspflegschaft nicht vergleichbar, da diese nicht auf die Fürsorge für Minderjährige gerichtet sind und somit bei ihnen der spezifisch soziale Charakter nicht gegeben ist. ② Für die Leistungen im Rahmen der sonstigen Pflegschaften des BGB wird deshalb keine Umsatzsteuerbefreiung gewährt. ③ Unter die sonstigen Pflegschaften fallen die Abwesenheitspflegschaft für abwesende Volljährige (§ 1911 BGB) und die Nachlasspflegschaft (§§ 1960 ff. BGB) sowie die Sammlungspflegschaft (§ 1914 BGB). ④ Sie betreffen nur die Verwaltung von Vermögen und haben keinen spezifischen Bezug auf Minderjährige, für die die elterlichen Sorgeberechtigten ersetzt werden müssen. ⑤ Des Weiteren zählen hierzu die Pflegschaft für einen unbekannten Beteiligten nach § 1913 BGB und die Pflegschaft für eine Leibesfrucht nach § 1912 BGB, die ebenfalls in der Regel nur die Verwaltung von Vermögen betreffen. **28**

(9) ① Auch Verfahrenspfleger oder -beistände üben keine den rechtlichen Betreuern (vgl. Abschnitt 4.16.5 Abs. 20) oder Vormündern vergleichbare Tätigkeit aus, da sie lediglich in Gerichtsverfahren auftreten und dort die Interessen der betroffenen Person vertreten. ② Deshalb wird auch für diese Tätigkeiten keine Umsatzsteuerbefreiung gewährt. ③ Bei den Verfahrenspflegern oder -beiständen ist der Gegenstand der Leistung begrenzt, z. B. nur auf die Stellungnahme zu der Frage, wer das Sorgerecht erhalten soll. ④ Eine umfassende Personen- oder Vermögenssorge wird hingegen nicht wahrgenommen. **29**

Reiseleistungen im Drittland

(10) Liegen für Leistungen nach § 4 Nr. 25 UStG auch die Voraussetzungen der Steuerbefreiung für Reiseleistungen im Drittland (§ 25 Abs. 2 UStG) vor, geht die Steuerbefreiung des § 4 Nr. 25 UStG der Steuerbefreiung nach § 25 Abs. 2 UStG vor. **30**

LS zu 4.25.2

Geschäftsführungs- und Verwaltungsdienstleistungen sind keine mit der Kinder- und Jugendbetreuung eng verbundenen Dienstleistungen i. S. von Art. 132 Abs. 1 Buchst. h MwStSystRL. Eine entgeltliche **Personalgestellung** stellt keine im sozialen Bereich erbrachte Gemeinwohldienstleistung dar und wird somit nicht vom Begriff der „eng mit der Sozialfürsorge und der sozialen Sicherheit verbundenen Dienstleistungen" i. S. von Art. 132 Abs. 1 Buchst. g MwStSystRL umfasst. *BFH-Beschluss v. 19. 8. 2021 V R 21/20 (BFH/NV 2022 S. 144).* **31**

UStG

§ 4 (Forts.)

Von den unter § 1 Abs. 1 Nr. 1 fallenden Umsätzen sind steuerfrei:

...

1 **26. die ehrenamtliche Tätigkeit,**

a) wenn sie für juristische Personen des öffentlichen Rechts ausgeübt wird oder

b) wenn das Entgelt für diese Tätigkeit nur in Auslagenersatz und einer angemessenen Entschädigung für Zeitversäumnis besteht;

Zu § 4 Nr. 26 UStG

UStAE 4.26.1

4.26.1 Ehrenamtliche Tätigkeit

11 (1) ① Für die Steuerbefreiung nach § 4 Nr. 26 Buchstabe a und Buchstabe b UStG ist das Vorliegen einer ehrenamtlichen Tätigkeit erforderlich (vgl. BFH-Urteil vom 17. 12. 2015; V R 45/14, BStBl. 2017 II S. 658). ② Hierzu rechnen neben den in einem Gesetz ausdrücklich als solche genannten Tätigkeiten auch die, die man im allgemeinen Sprachgebrauch herkömmlicherweise als ehrenamtlich bezeichnet (vgl. BFH-Urteil vom 27. 7. 1972; V R 33/72, BStBl. II S. 844) oder die dem materiellen Begriffsinhalt der Ehrenamtlichkeit entsprechen (vgl. BFH-Urteil vom 14. 5. 2008, XI R 70/07, BStBl. II S. 912, und vom 20. 8. 2009, V R 32/08, BStBl. 2010 II S. 88). ③ Die Annahme der Ehrenamtlichkeit kraft gesetzlicher Regelung erfordert die Benennung in einem materiellen oder formellen Gesetz. ④ Eine Ehrenamtlichkeit kraft gesetzlicher Regelung ist allerdings nicht anzunehmen, wenn es sich um eine Bestimmung in einer im Bereich der Selbstverwaltung erlassenen Satzung handelt (vgl. BFH-Urteil vom 17. 12. 2015, V R 45/14, a. a. O.). ⑤ Die Tätigkeit im Aufsichtsrat einer Volksbank wird im allgemeinen Sprachgebrauch herkömmlicherweise nicht als ehrenamtlich bezeichnet (vgl. BFH-Urteil vom 20. 8. 2009, V R 32/08, a. a. O.). ⑥ Ergibt sich die Bezeichnung „ehrenamtlich" weder aus einem Gesetz noch lässt sich ein diesbezüglicher Sprachgebrauch ermitteln, bedarf es einer Bestimmung des materiellen Begriffsinhalts. ⑦ Im öffentlich-rechtlichen Bereich ist darunter die unentgeltliche Mitwirkung natürlicher Personen bei der Erfüllung öffentlicher Aufgaben zu verstehen, die auf Grund behördlicher Bestellung außerhalb eines haupt- oder nebenamtlichen Dienstverhältnisses stattfindet und für die lediglich eine Entschädigung besonderer Art gezahlt wird (vgl. BFH-Urteil vom 16. 12. 1987, X R 7/82, BStBl. 1988 II S. 384). ⑧ Wenn eine Tätigkeit für den hoheitlichen Bereich einer juristischen Person des öffentlichen Rechts (vgl. Abschnitt 4.26.1 Abs. 2 Satz 1) in einem anderen Gesetz oder im allgemeinen Sprachgebrauch als ehrenamtlich bezeichnet wird, kann grundsätzlich vom Vorliegen der Befreiungsvoraussetzungen ausgegangen werden, es sei denn, die Anwendung des Begriffs der Ehrenamtlichkeit auf die Tätigkeit ist mit der gebotenen engen Auslegung des Begriffs der Ehrenamtlichkeit ausnahmsweise nicht mehr vereinbar, insbesondere wenn sie in einem Umfang ausgeführt wird, bei dem die Annahme einer beruflichen Ausübung nicht mehr ausgeschlossen werden kann. ⑨ Für den nicht-öffentlichen Bereich kommt es nach dem materiellen Begriffsinhalt hingegen auf das Fehlen eines eigennützigen Erwerbsstrebens, die fehlende Hauptberuflichkeit und den Einsatz für eine fremdnützig bestimmte Einrichtung an. ⑩ Danach kann sowohl die Tätigkeit eines Ratsmitgliedes im Aufsichtsrat einer kommunalen Eigengesellschaft (BFH-Urteil vom 4. 5. 1994, XI R 86/92, BStBl. II S. 773) als auch die Tätigkeit in Gremien der berufsständischen Kammern und Verbände eine ehrenamtliche Tätigkeit im Sinne der Befreiungsvorschrift sein. ⑪ Liegt ein eigennütziges Erwerbsstreben oder eine Hauptberuflichkeit vor bzw. wird der Einsatz nicht für eine fremdnützig bestimmte Einrichtung erbracht, kann unabhängig von der Höhe der Entschädigung nicht von einer ehrenamtlichen Tätigkeit ausgegangen werden. ⑫ Das ist insbesondere dann der Fall, wenn der Zeitaufwand der Tätigkeit auf eine hauptberufliche Teilzeit- oder sogar Vollzeitbeschäftigung hindeutet. ⑬ Ein Entgelt, das nicht lediglich im Sinne einer Entschädigung für Zeitversäumnis oder eines Verdienstausfalls gezahlt wird, sondern sich an der Qualifikation des Tätigen und seiner Leistung orientiert, steht dem Begriff der ehrenamtlichen Tätigkeit entgegen.

12 (2) ① Die ehrenamtlichen Tätigkeiten für juristische Personen des öffentlichen Rechts fallen nur dann unter § 4 Nr. 26 Buchstabe a UStG, wenn sie für deren nichtunternehmerischen Bereich ausgeführt werden. ② Es muss sich also um die Ausübung einer ehrenamtlichen Tätigkeit für den öffentlich-rechtlichen Bereich handeln. ③ Wird die ehrenamtliche Tätigkeit für den Betrieb gewerblicher Art einer Körperschaft des öffentlichen Rechts ausgeübt, kann sie deshalb nur unter den Voraussetzungen des § 4 Nr. 26 Buchstabe b UStG steuerfrei belassen werden (BFH-Urteil vom 4. 4. 1974,V R 70/73, BStBl. II S. 528).

13 (3) Die Mitwirkung von Rechtsanwälten in Rechtsberatungsdiensten ist keine ehrenamtliche Tätigkeit, weil die Rechtsanwälte in diesen Fällen nicht außerhalb ihres Hauptberufs tätig werden.

14 (4) ① Geht in Fällen des § 4 Nr. 26 Buchstabe b UStG das Entgelt über einen Auslagenersatz und eine angemessene Entschädigung für Zeitversäumnis hinaus, besteht in vollem Umfang Steuerpflicht. ② Was als angemessene Entschädigung für Zeitversäumnis anzusehen ist, muss nach den Verhältnissen des Einzelfalls beurteilt werden; dabei ist eine Entschädigung in Höhe von bis zu 50 €

je Tätigkeitsstunde regelmäßig als angemessen anzusehen, sofern die Vergütung für die gesamten ehrenamtlichen Tätigkeiten im Sinne des § 4 Nr. 26 Buchstabe b UStG den Betrag von 17 500 € im Jahr nicht übersteigt. ③ Zur Ermittlung der Grenze von 17 500 € ist auf die tatsächliche Höhe der Aufwandsentschädigung im Vorjahr sowie die voraussichtliche Höhe der Aufwandsentschädigung im laufenden Jahr abzustellen. ④ Ein (echter) Auslagenersatz, der für die tatsächlich entstandenen und nachgewiesenen Aufwendungen der ehrenamtlichen Tätigkeit vergütet wird, bleibt bei der Berechnung der Betragsgrenzen unberücksichtigt. ⑤ Als Auslagenersatz im Sinne des Satzes 4 werden beispielsweise auch ein Fahrtkostenersatz nach den pauschalen Kilometersätzen oder auch Verpflegungsmehraufwendungen anerkannt, sofern sie lohnsteuerlich ihrer Höhe nach als Reisekosten angesetzt werden könnten (vgl. R 9.4 Abs. 1 LStR).

(5) ① Eine vom tatsächlichen Zeitaufwand unabhängige z. B. laufend gezahlte pauschale bzw. **15**
monatliche oder jährlich laufend gezahlte pauschale Vergütung sowie ein gesondert gezahltes Urlaubs-, Weihnachts- bzw. Krankheitsgeld stehen dem Charakter einer Entschädigung für Zeitversäumnis entgegen und führen zur Nichtanwendbarkeit der Befreiungsvorschrift mit der Folge, dass sämtliche für diese Tätigkeit gezahlten Vergütungen – auch soweit sie daneben in Auslagenersatz oder einer Entschädigung für Zeitaufwand bestehen – der Umsatzsteuer unterliegen. ② Dies gilt für eine pauschal gezahlte Aufwandsentschädigung nicht, wenn der Vertrag, die Satzung oder der Beschluss eines laut Satzung hierzu befugten Gremiums zwar eine Pauschale vorsieht, aber zugleich festgehalten ist, dass der ehrenamtlich Tätige durchschnittlich eine bestimmte Anzahl an Stunden pro Woche/Monat/Jahr für die fremdnützig bestimmte Einrichtung tätig ist und die in Absatz 4 genannten Betragsgrenzen nicht überschritten werden. ③ Der tatsächliche Zeitaufwand ist glaubhaft zu machen. ④ Aus Vereinfachungsgründen kann die Steuerbefreiung auch ohne weitere Prüfung gewährt werden, wenn der Jahresgesamtbetrag der Entschädigungen den Freibetrag nach § 3 Nr. 26 EStG nicht übersteigt. ⑤ In diesen Fällen bedarf es lediglich der Angabe der Tätigkeiten und der Höhe der dabei erhaltenen Entschädigungen.

Beispiel 1:

① Ein ehrenamtlich Tätiger, der für seine Ehrenamtstätigkeit (1 Stunde/Woche) eine pauschale Entschädigung für Zeitversäumnis in Höhe von 120 € monatlich und zusätzlich für eine weitere ehrenamtliche Tätigkeit (ca. 20 Stunden/Jahr) eine jährliche Entschädigung für Zeitversäumnis in Höhe von 500 € erhält, kann die Steuerbefreiung nach § 4 Nr. 26 Buchstabe b UStG – auch ohne zusätzliche Nachweise – in Anspruch nehmen, da der Jahresgesamtbetrag seiner Entschädigungen (1940 €) den Freibetrag nach § 3 Nr. 26 EStG nicht übersteigt. ② Ein daneben gezahlter Auslagenersatz für tatsächlich entstandene Aufwendungen bleibt bei der Berechnung der Betragsgrenzen unberücksichtigt.

Beispiel 2:

① Ein ehrenamtlich Tätiger, der für seine ehrenamtliche Tätigkeit (7 Stunden/Woche) eine pauschale monatliche Entschädigung für Zeitversäumnis in Höhe von 1200 € erhält und in acht Wochen im Jahr seine Tätigkeit auf Grund Urlaub/Krankheit nicht ausübt, hat einen durchschnittlichen Stundensatz in Höhe von rund 46 € (44 Wochen je 7 Stunden, Gesamtvergütung 14 400 €). ② Eine weitere ehrenamtliche Tätigkeit wird durch ihn nicht ausgeübt. ③ Die Steuerbefreiung kann gewährt werden, da die Vergütung nicht mehr als 50 € je Tätigkeitsstunde beträgt und die Grenze von 17 500 € nicht übersteigt.

1. Art. 13 Teil A Abs. 2 Buchst. a Gedankenstrich 2 der 6. EG-Richtlinie 77/388/EWG ist dahin auszulegen, dass die Bedingung, wonach die Leitung und Verwaltung einer Einrichtung im Wesentlichen ehrenamtlich erfolgen müssen, nur die Mitglieder dieser Einrichtung, denen nach der Satzung die **oberste Leitung** der Einrichtung übertragen ist, und solche Personen betrifft, die, ohne nach der Satzung dazu bestimmt zu sein, die Einrichtung tatsächlich insoweit leiten, als sie in letzter Instanz Entscheidungen über die Politik der Einrichtung, insbesondere im Bereich der Finanzen treffen und **übergeordnete Kontrollaufgaben** wahrnehmen. – 2. Art. 13 Teil A Abs. 2 Buchst. a Gedankenstrich 2 der 6. EG-Richtlinie ist dahin auszulegen, dass der Ausdruck **„im Wesentlichen ehrenamtlich"** sich sowohl auf die **Mitglieder,** aus denen sich die mit Leitungs- und Verwaltungsaufgaben einer Einrichtung im Sinne dieser Bestimmung betrauten Organe zusammensetzen, bzw. die Personen, die, ohne nach der Satzung dazu bestimmt zu sein, die Einrichtung tatsächlich leiten, als auch auf die **Vergütung** bezieht, die Letztere von der Einrichtung erhalten. ***EuGH-Urt. v. 21. 3. 2002,*** *C-267/00, Zoological Society of London (UR 2002 S. 327).* LS zu 4.26.1 **18**

1. Geschäftsführungs- und Vertretungsleistungen, die ein **Mitglied des Vereinsvorstands** gegenüber dem Verein gegen Gewährung von Aufwendungsersatz erbringt, sind steuerbar. – 2. Bei Vorliegen eines eigennützigen Erwerbsstrebens liegt keine ehrenamtliche Tätigkeit nach § 4 Nr. 26 Buchst. b UStG vor. *BFH-Urteil v. 14. 5. 2008 – XI R 70/07 (BStBl. II S. 912).*

Die von der **Deutschen Ausgleichsbank an Unternehmensberater** gezahlten Aufwandsentschädigungen für die kostenlose Beratung von in wirtschaftliche Schwierigkeiten geratene neu gegründete Unternehmen fallen nicht unter § 4 Nr. 26 UStG. *OFD Frankfurt S 7185 A – 11 – St I 22 v. 14. 8. 2002 (UR 2003 S. 305).*

Die Tätigkeit im **Aufsichtsrat einer Volksbank** [Genossenschaft] ist nicht ehrenamtlich i. S. des § 4 Nr. 26 UStG (Änderung der Rechtsprechung). *BFH-Urt. v. 20. 8. 2009 V R 32/08 (BStBl. 2010 II S. 88).*

§ 4 (Forts.) UStG

Von den unter § 1 Abs. 1 Nr. 1 fallenden Umsätzen sind steuerfrei:

...

27. a) die Gestellung von Personal durch religiöse und weltanschauliche Einrichtungen für die in Nummer 14 Buchstabe b, in den Nummern 16, 18, 21, 22 Buchstabe a sowie in den Nummern 23 und 25 genannten Tätigkeiten und für Zwecke geistlichen Beistands, 1

b) die Gestellung von land- und forstwirtschaftlichen Arbeitskräften durch juristische Personen des privaten oder des öffentlichen Rechts für land- und forst- 2

wirtschaftliche Betriebe (§ 24 Abs. 2) mit höchstens drei Vollarbeitskräften zur Überbrückung des Ausfalls des Betriebsinhabers oder dessen voll mitarbeitenden Familienangehörigen wegen Krankheit, Unfalls, Schwangerschaft, eingeschränkter Erwerbsfähigkeit oder Todes sowie die Gestellung von Betriebshelfern an die gesetzlichen Träger der Sozialversicherung;

Hinweis auf EU-Vorschriften:

UStG:	§ 4 Nr. 27 (a)	**MwStSystRL:**	Art. 132 Abs. 1 (k)
	§ 4 Nr. 27 (b)		Art. 132 Abs. 1 (g), (o), Abs. 2 Art. 133, 134

Übersicht zu § 4 Nr. 27

Zu § 4 Nr. 27 UStG

UStAE 4.27.1

4.27.1 Gestellung von Personal durch religiöse und weltanschauliche Einrichtungen

11 (1) ① Die Steuerbefreiung nach § 4 Nr. 27 Buchstabe a UStG umfasst die Gestellung von selbständigem, nicht beim leistenden Unternehmer abhängig beschäftigtem Personal, wie z. B. die Gestellung von Mitgliedern oder Angehörigen der Einrichtungen sowie die Gestellung abhängig beschäftigter Arbeitnehmer. ② Unter den Begriff religiöse und weltanschauliche Einrichtungen fallen alle Einrichtungen, die den Schutz des Artikels 4 Abs. 1 und 2 GG und des Artikels 140 GG in Verbindung mit Artikel 137 der deutschen Verfassung vom 11. 8. 1919 (Weimarer Verfassung) in Anspruch zu nehmen berechtigt sind. ③ Hierunter fallen z. B. Kirchen in der Rechtsform einer juristischen Person des öffentlichen Rechts, geistliche Genossenschaften oder Mutterhäuser.

12 (2) ① Die Voraussetzung, dass die Personalgestellung für bestimmte unter § 4 Nr. 27 Buchstabe a UStG genannte Tätigkeiten erfolgt, ist erfüllt, wenn die Einrichtung, der das Personal gestellt wird, steuerfreie Leistungen nach § 4 Nr. 14 Buchstabe b, Nr. 16, 18, 21, 22 Buchstabe a sowie Nr. 23 und 25 UStG erbringt, und wenn die überlassene Person in diesem steuerbegünstigten Bereich tätig wird. ② In Betracht kommen insbesondere die Gestellung von Gesundheits- und Krankenpflegern oder Altenpflegern an Krankenhäuser oder Altenheime sowie die Gestellung von Lehrern an Schulen zur Erteilung von Unterricht. ③ Dies gilt für die Erteilung von Unterricht jeder Art, also nicht nur für die Erteilung von Religionsunterricht. ④ Wird Personal für Zwecke geistlichen Beistands, z. B. für Zwecke des Abhaltens von Gottesdiensten, gestellt, muss die aufnehmende Einrichtung keine weiteren Voraussetzungen erfüllen.

LS zu 4.27.1

13 Die Gestellung von **Verwaltungspersonal** durch **Schwesternschaften** fällt nicht unter § 4 Nr. 27 Buchst. a UStG. *FM Schleswig-Holstein v. 28. 11. 2013 – VI 358 – S 7187 – 002 (MwStR 2014 S. 106).*

UStAE 4.27.2

4.27.2 Gestellung von land- und forstwirtschaftlichen Arbeitskräften sowie Gestellung von Betriebshelfern

21 (1) ① Steuerfrei sind insbesondere Leistungen land- und forstwirtschaftlicher Selbsthilfeeinrichtungen – Betriebshilfsdienste- und Dorfhelferinnendienste –, die in der Regel in der Rechtsform eines eingetragenen Vereins betrieben werden. ② Die Vorschrift des § 4 Nr. 27 Buchstabe b UStG unterscheidet zwischen unmittelbaren Leistungen an land- und forstwirtschaftliche Betriebe und Leistungen an die gesetzlichen Träger der Sozialversicherung.

Unmittelbare Leistungen an land- und forstwirtschaftliche Betriebe

22 (2) ① Die Steuerbefreiung für unmittelbare Leistungen an land- und forstwirtschaftliche Betriebe kann nur von juristischen Personen des privaten oder öffentlichen Rechts – z. B. eingetragenen Vereinen oder Genossenschaften – beansprucht werden, nicht aber von Einzelunternehmern oder Personengesellschaften. ② Befreit ist nur die Gestellung land- und forstwirtschaftlicher Arbeitskräfte. ③ Die Arbeitskräfte müssen unmittelbar land- und forstwirtschaftlichen Unternehmern für deren land- und forstwirtschaftliche Betriebe im Sinne des § 24 Abs. 2 UStG gestellt werden. ④ Indessen hängt die Steuerbefreiung nicht davon ab, ob die Kosten für die Ersatzkräfte von den gesetzlichen Trägern der Sozialversicherung erstattet werden.

23 (3) ① Der Unternehmer hat nachzuweisen, dass die Arbeitskräfte für einen land- und forstwirtschaftlichen Betrieb mit höchstens drei Vollarbeitskräften gestellt worden sind. ② Dieser Nachweis kann durch eine schriftliche Bestätigung des betreffenden Land- und Forstwirts geführt werden. ③ Darüber hinaus ist nachzuweisen, dass die gestellte Arbeitskraft den Ausfall des Betriebsinhabers oder eines voll mitarbeitenden Familienangehörigen wegen Krankheit, Unfalls, Schwangerschaft, eingeschränkter Erwerbsfähigkeit oder Todes überbrückt. ④ Für diesen Nach-

weis sind entsprechende Bescheinigungen oder Bestätigungen Dritter – z. B. ärztliche Bescheinigungen, Bescheinigungen der Krankenhäuser und Heilanstalten oder Bestätigungen der Sozialversicherungsträger – erforderlich.

Leistungen an die gesetzlichen Träger der Sozialversicherung

(4) ① Die Steuerbefreiung des § 4 Nr. 27 Buchstabe b UStG umfasst weiterhin die Gestellung von Betriebshelfern an die gesetzlichen Träger der Sozialversicherung (Berufsgenossenschaften, Krankenkassen, Rentenversicherungsträger, landwirtschaftliche Alterskassen). ② Diese Träger sind verpflichtet, ihren Mitgliedern in bestimmten Notfällen – z. B. bei einem Arbeitsunfall, einem Krankenhausaufenthalt oder einer Heilanstaltspflege – Betriebshilfe zu gewähren. ③ Sie bedienen sich dabei anderer Unternehmer – z. B. der Betriebshilfsdienste und der Dorfhelferinnendienste – und lassen sich von diesen die erforderlichen Ersatzkräfte zur Verfügung stellen. ④ Die Unternehmer, die Ersatzkräfte zur Verfügung stellen, erbringen damit steuerfreie Leistungen an die gesetzlichen Träger der Sozialversicherung. ⑤ Auf die Rechtsform des Unternehmens kommt es dabei nicht an. ⑥ Unter die Steuerbefreiung fällt auch die „Selbstgestellung" eines Einzelunternehmers, der seine Betriebshelferleistungen gegenüber einem Träger der Sozialversicherung erbringt. **24**

(5) ① Die Steuerbefreiung nach Absatz 4 ist nicht anwendbar, wenn es die gesetzlichen Träger der Sozialversicherung ihren Mitgliedern überlassen, die Ersatzkräfte selbst zu beschaffen, und ihnen lediglich die dadurch entstandenen Kosten erstatten. ② In diesen Fällen kann aber die Steuerbefreiung für unmittelbare Leistungen an land- und forstwirtschaftliche Betriebe (Absätze 2 und 3) in Betracht kommen. **25**

§ 4 (Forts.)

UStG

Von den unter § 1 Abs. 1 Nr. 1 fallenden Umsätzen sind steuerfrei:

...

28. die Lieferungen von Gegenständen, für die der Vorsteuerabzug nach § 15 Abs. 1 a ausgeschlossen ist oder wenn der Unternehmer die gelieferten Gegenstände ausschließlich für eine nach den Nummern 8 bis 27 und 29 steuerfreie Tätigkeit verwendet hat; **1**

Hinweis auf EU-Vorschriften:
UStG: § 4 Nr. 28 .... **MwStSystRL:** Art. 136

Zu § 4 Nr. 28 UStG

4.28.1 Lieferung bestimmter Gegenstände

UStAE 4.28.1

(1) ① Nach § 4 Nr. 28 UStG ist die Lieferung von Gegenständen befreit, die der Unternehmer ausschließlich für Tätigkeiten verwendet, die nach § 4 Nr. 8 bis 27 und 29 UStG steuerfrei sind (vgl. BFH-Urteil vom 21. 9. 2016, V R 43/15, BStBl. 2017 II S. 1203). ② Diese Voraussetzungen müssen während des gesamten Verwendungszeitraumes vorgelegen haben. **11**

Beispiel:
Ein Arzt veräußert Einrichtungsgegenstände, die ausschließlich seiner nach § 4 Nr. 14 UStG steuerfreien Tätigkeit gedient haben.

③ § 4 Nr. 28 UStG ist weder unmittelbar noch entsprechend auf sonstige Leistungen anwendbar (vgl. BFH-Urteil vom 26. 4. 1995, XI R 75/94, BStBl. II S. 746).

(2) ① Aus Vereinfachungsgründen kann die Steuerbefreiung nach § 4 Nr. 28 UStG auch in den Fällen in Anspruch genommen werden, in denen der Unternehmer die Gegenstände in geringfügigem Umfang (höchstens 5%) für Tätigkeiten verwendet hat, die nicht nach § 4 Nr. 8 bis 27 und 29 UStG befreit sind. ② Voraussetzung hierfür ist jedoch, dass der Unternehmer für diese Gegenstände darauf verzichtet, einen anteiligen Vorsteuerabzug vorzunehmen. **12**

(3) ① Nach § 4 Nr. 28 UStG ist auch die Lieferung von Gegenständen befreit, für die der Vorsteuerabzug nach § 15 Abs. 1 a UStG ausgeschlossen ist. ② Die Steuerbefreiung kommt hiernach nur in Betracht, wenn im Zeitpunkt der Lieferung die Vorsteuer für die gesamten Anschaffungs- oder Herstellungskosten einschließlich der Nebenkosten und der nachträglichen Anschaffungs- oder Herstellungskosten nicht abgezogen werden konnte. **13**

Beispiel:
① Ein Unternehmer veräußert im Jahr 02 Einrichtungen seines Gästehauses. ② Ein Vorsteuerabzug aus den Anschaffungs- und Herstellungskosten, die auf die Einrichtungen entfallen, war im Jahr 01 nach § 15 Abs. 1 a UStG ausgeschlossen. ③ Die Lieferung der Einrichtungsgegenstände im Jahr 02 ist hiernach steuerfrei.

(4) ① Die Lieferung von Gegenständen ist auch dann nach § 4 Nr. 28 UStG befreit, wenn die anteiligen Anschaffungs- oder Herstellungskosten in der Zeit bis zum 31. 3. 1999 als Repräsentationsaufwendungen der Besteuerung des Eigenverbrauchs unterworfen waren und für die Zeit nach dem 31. 3. 1999 eine Vorsteuerberichtigung nach § 17 Abs. 1 i. V. m. Abs. 2 Nr. 5 UStG **14**

vorgenommen wurde. ② Die Steuerbefreiung kommt hiernach nur in Betracht, wenn im Zeitpunkt der Lieferung der Vorsteuerabzug aus der Anschaffung, Herstellung oder Einfuhr des Gegenstands im Ergebnis durch die Besteuerung als Eigenverbrauch oder durch die Vorsteuerberichtigung nach § 17 UStG vollständig ausgeglichen worden ist. ③ Dies bedeutet, dass die Steuer für den Eigenverbrauch und die Vorsteuerberichtigung angemeldet und entrichtet sein muss. ④ Im Übrigen wird auf das BFH-Urteil vom 2. 7. 2008, XI R 60/06, BStBl. 2009 II S. 167 hingewiesen.

Beispiel:

① Der Unternehmer U hat ein Segelschiff für 100 000 € zuzüglich Umsatzsteuer erworben. ② Er verkauft es im Kalenderjahr 2004. ③ Bis zum 31. 3. 1999 hat er die Aufwendungen für das Schiff als Repräsentationsaufwendungen der Eigenverbrauchsbesteuerung nach § 1 Abs. 1 Nr. 2 Buchstabe c UStG 1993 unterworfen. ④ Für die Zeit nach dem 31. 3. 1999 bis zum 31. 12. 2003 nimmt er eine Vorsteuerberichtigung nach § 17 Abs. 1 in Verbindung mit Abs. 2 Nr. 5 UStG vor. ⑤ Die Steuer für den Aufwendungseigenverbrauch und die Vorsteuerberichtigung nach § 17 UStG ist vollständig entrichtet worden. ⑥ Das Schiff ist mit Ablauf des 31. 12. 2003 vollständig abgeschrieben.

⑦ Der Verkauf im Kalenderjahr 2004 ist nach § 4 Nr. 28 UStG steuerfrei.

15 (5) Absatz 4 gilt entsprechend für die Lieferungen im Sinne des § 3 Abs. 1 b Satz 1 Nr. 1 UStG.

16 (6) Liegen für die Lieferungen von Gegenständen nach § 4 Nr. 28 UStG durch den Unternehmer auch die Voraussetzungen einer Ausfuhrlieferung (§ 4 Nr. 1 Buchstabe a, § 6 UStG) bzw. einer innergemeinschaftlichen Lieferung (§ 4 Nr. 1 Buchstabe b, § 6 a UStG) vor, geht die Steuerbefreiung des § 4 Nr. 28 UStG diesen Steuerbefreiungen vor.

17 (7) § 4 Nr. 28 UStG ist auch dann anwendbar, wenn der Abzug der Vorsteuer aus den Anschaffungskosten der gelieferten Gegenstände in unmittelbarer Anwendung der MwStSystRL nach § 15 Abs. 2 Satz 1 Nr. 1 UStG ausgeschlossen war (vgl. BFH-Urteil vom 16. 5. 2012, XI R 24/10, BStBl. 2013 II S. 52).

LS zu 4.28.1

18 Art. 13 Teil B Buchst. c Alt. 1 der 6. EG-Richtlinie 77/388/EWG ist dahin auszulegen, dass die darin vorgesehene Befreiung **nur für den Wiederverkauf** von Gegenständen gilt, die zuvor von einem Steuerpflichtigen für Zwecke einer aufgrund dieses Artikels von der Steuer befreiten Tätigkeit erworben wurden, sofern für die anlässlich des ersten Erwerbs dieser Gegenstände entrichtete Mehrwertsteuer **kein Vorsteuerabzug** vorgenommen werden konnte. ***EuGH-Beschl. v. 6. 7. 2006,*** *C-18/05 und C-155/05, Casa di cura privata Salus SpA und Villa Maria Beatrice Hospital Srl (UR 2007 S. 67).*

Die Veräußerung gebrauchter **Geldspielautomaten** mit Gewinnmöglichkeit, die der Unternehmer ausschließlich zur Ausführung – nach unmittelbarer Berufung auf Art. 13 Teil B Buchst. f der Richtlinie 77/388/EWG – steuerfreier Umsätze verwendet hat, ist gemäß § 4 Nr. 28 UStG (1999) steuerfrei. *BFH-Urteil v. 16. 5. 2012 XI R 24/10 (BStBl. 2013 II S. 52).*

1. § 4 Nr. 28 UStG steht im Einklang mit dem **Unionsrecht.** – 2. Die Verwendung der unterschiedlichen Begriffe **„verwendet"** in § 4 Nr. 28 UStG und **„bestimmt"** in der deutschen Fassung des Art. 13 Teil B Buchst. c der Richtlinie 77/388/EWG stellt keinen sachlichen Unterschied dar. – 3. Der Zweck des § 4 Nr. 28 UStG gebietet es, **Veräußerungsumsätze** steuerfrei zu behandeln, wenn der Abzug der Vorsteuer aus der Anschaffung der veräußerten Gegenstände ausgeschlossen war. *BFH-Urteil v. 21. 9. 2016 V R 43/15 (BStBl. 2017 II S. 1203).*

UStG

§ 4 (Forts.)

Von den unter § 1 Abs. 1 Nr. 1 fallenden Umsätzen sind steuerfrei:

...

1 **29. sonstige Leistungen von selbständigen, im Inland ansässigen Zusammenschlüssen von Personen, deren Mitglieder eine dem Gemeinwohl dienende nichtunternehmerische Tätigkeit oder eine dem Gemeinwohl dienende Tätigkeit ausüben, die nach den Nummern 11 b, 14 bis 18, 20 bis 25 oder 27 von der Steuer befreit ist, gegenüber ihren im Inland ansässigen Mitgliedern, soweit diese Leistungen für unmittelbare Zwecke der Ausübung dieser Tätigkeiten verwendet werden und der Zusammenschluss von seinen Mitgliedern lediglich die genaue Erstattung des jeweiligen Anteils an den gemeinsamen Kosten fordert, vorausgesetzt, dass diese Befreiung nicht zu einer Wettbewerbsverzerrung führt.**

Hinweis auf EU-Vorschriften:

UStG: § 4 Nr. 29 .... **MwStSystRL:** Art. 132 Abs. 1 (f)

Zu § 4 Nr. 29 UStG

UStAE 4.29.1

4.29.1[1] Befreiung der Leistungen von selbständigen Personenzusammenschlüssen an ihre Mitglieder

3 Zur Befreiung der Leistungen von selbständigen Personenzusammenschlüssen an ihre Mitglieder vgl. BMF-Schreiben vom 19. 7. 2022, BStBl. I S. 1208.

[1] A 4.29.1 UStAE eingefügt durch BMF v. 20. 12. 2022 (BStBl. I S. 1694).

Anl zu § 4 Nr. 29

Einführungsschreiben zur Befreiung der Leistungen von selbständigen Personenzusammenschlüssen an ihre Mitglieder, § 4 Nr. 29 UStG

Vom 19. Juli 2022 (BStBl. I S. 1208)

(BMF III C 3 – S 7189/20/10001 :001; DOK 2022/744072)

Gemäß Artikel 12 Nr. 5 Buchstabe g und h sowie Artikel 39 Abs. 2 des Gesetzes zur weiteren steuerlichen Förderung der Elektromobilität und zur Änderung weiterer steuerlicher Vorschriften (JStG 2019)[1] wurde zum 1. Januar 2020 in § 4 Nr. 29 UStG eine Steuerbefreiung für sonstige Leistungen von selbständigen Personenzusammenschlüssen an ihre Mitglieder für unmittelbare Zwecke ihrer dem Gemeinwohl dienenden nicht steuerbaren oder ihrer nach § 4 Nr. 11 b, 14 bis 18, 20 bis 25 oder 27 steuerfreien Umsätze eingeführt. In diesem Zusammenhang ist außerdem gemäß Artikel 12 Nr. 5 Buchstabe b Doppelbuchstabe cc und Artikel 39 Abs. 2 des JStG 2019 zum 1. Januar 2020 die bisherige Steuerbefreiung nach § 4 Nr. 14 Buchstabe d UStG für Personenzusammenschlüsse im medizinischen Bereich aufgehoben worden.

Unter Bezugnahme auf die Erörterung mit den obersten Finanzbehörden der Länder gilt hierzu Folgendes:

I. Unionsrechtliche Grundlagen

5 Die Steuerbefreiung nach § 4 Nr. 29 UStG für die Leistungen von selbständigen Personenzusammenschlüssen an ihre Mitglieder beruht auf Artikel 132 Abs. 1 Buchstabe f der Richtlinie 2006/112/EG des Rates vom 28. November 2006 über das gemeinsame Mehrwertsteuersystem (sog. Mehrwertsteuer-Systemrichtlinie – MwStSystRL). Nach dieser Vorschrift befreien die Mitgliedstaaten von selbständigen Personenzusammenschlüssen erbrachte Dienstleistungen, wenn sie unmittelbar zur Ausübung von Tätigkeiten beitragen, die dem Gemeinwohl dienen, soweit diese Zusammenschlüsse von ihren Mitgliedern lediglich die genaue Erstattung des jeweiligen Anteils an den gemeinsamen Kosten fordern, vorausgesetzt, dass diese Befreiung nicht zu einer Wettbewerbsverzerrung führt.

Ziel der Regelung ist es, bestimmte dem Gemeinwohl dienende Tätigkeiten von der Umsatzsteuer zu befreien, um den Zugang zu diesen Leistungen unter Vermeidung von höheren Kosten zu erleichtern, die entstehen würden, wenn diese Leistungen umsatzsteuerpflichtig wären. Zudem soll durch die Befreiung ein Wettbewerbsnachteil desjenigen, der z. B. wegen mangelnder Unternehmensgröße dem Gemeinwohl dienende Leistungen einkaufen muss, im Vergleich zu demjenigen vermieden werden, der die Leistungen durch eigene Angestellte oder im Rahmen einer Organschaft erbringen lassen kann.

II. Leistungen von selbständigen Personenzusammenschlüssen (§ 4 Nr. 29 UStG)

1. Begünstigte Zusammenschlüsse

6 § 4 Nr. 29 UStG befreit sonstige Leistungen von im Inland ansässigen selbständigen Personenzusammenschlüssen an ihre im Inland ansässigen Mitglieder für unmittelbare Zwecke ihrer dem Gemeinwohl dienenden nicht steuerbaren oder ihrer nach § 4 Nr. 11 b, 14 bis 18, 20 bis 25 oder 27 steuerfreien Umsätze.

1.1. Selbständigkeit des Personenzusammenschlusses

7 Bei einem Personenzusammenschluss handelt es sich grundsätzlich um einen Zusammenschluss mehrerer Personen (Mitglieder) zur Erreichung eines gemeinsamen wirtschaftlichen Ziels, z. B. der Erbringung von Dienstleistungen. Bei dem Personenzusammenschluss im Sinne des § 4 Nr. 29 UStG muss es sich um einen eigenständigen (selbständigen), d. h. von den jeweiligen Mitgliedern verschiedenen Steuerpflichtigen handeln, der Unternehmer im Sinne des § 2 Abs. 1 UStG ist. Der Begriff des Zusammenschlusses erfordert, dass sich dabei mindestens zwei Mitglieder zusammenschließen; eine bloße Vereinbarung zur Kostenteilung unter mehreren Unternehmern bzw. Nichtunternehmern (sog. Aufwandpool) genügt nicht.

Auf die Rechtsform des Personenzusammenschlusses kommt es nicht an; Personenzusammenschlüsse können Zusammenschlüsse von natürlichen und/oder juristischen Personen sowie Personenvereinigungen sein. Es kommt auch nicht auf die Bezeichnung der zusammengeschlossenen Personen als Mitglieder an; Mitglieder in diesem Sinne können beispielsweise Gesellschafter, Anteilseigner oder Träger sein.

Als Personenzusammenschlüsse im Sinne des § 4 Nr. 29 UStG kommen insbesondere in Betracht:
- Personen- und Kapitalgesellschaften,
- Genossenschaften,
- Vereine,
- Wohnungs- und Teileigentümergemeinschaften nach dem WEG oder
- am Rechtsverkehr teilnehmende Bruchteilsgemeinschaften.

Zweckverbände, Berufsverbände, Anstalten des öffentlichen Rechts und andere juristische Personen des öffentlichen Rechts (jPöR) kommen ebenfalls in Betracht, nicht jedoch Stiftungen.

1.2. Begünstigte Leistungen des Personenzusammenschlusses

8 Zur Inanspruchnahme der Umsatzsteuerbefreiung muss der Zusammenschluss seine Leistungen an ein Mitglied oder mehrere seiner Mitglieder bewirken. Hierbei wird nicht vorausgesetzt, dass die Leis-

[1] **[Amtl. Anm.:]** BGBl. 2019 I S. 2451, BStBl. 2020 I S. 17.

tungen hinsichtlich Art und Umfang stets allen Mitgliedern gegenüber in gleicher Weise erbracht werden (vgl. EuGH-Urteil vom 11. Dezember 2008, C-407/07, Stichting Centraal Begeleidingsorgaan voor de Intercollegiale).

Die Anwendbarkeit des § 4 Nr. 29 UStG setzt nicht voraus, dass der Personenzusammenschluss seine Leistungen ausschließlich an seine Mitglieder erbringt. Die Anwendbarkeit der Befreiung ist auch nicht auf Zusammenschlüsse beschränkt, deren Mitglieder ausschließlich eine Tätigkeit ausüben, die von der Steuer befreit ist oder für die sie nicht Unternehmer sind. Die Leistungen, die von einem Zusammenschluss erbracht werden, dessen Mitglieder auch steuerbare (und nicht befreite) Tätigkeiten ausüben, können jedoch nur befreit werden, wenn und soweit sie für Zwecke der begünstigten Tätigkeiten der Mitglieder erbracht werden.

Leistungen des Zusammenschlusses gegenüber Nichtmitgliedern sind daher nicht nach § 4 Nr. 29 UStG befreit und somit steuerpflichtig, soweit hierfür keine anderweitige Befreiungsvorschrift anwendbar ist. Steuerpflichtige Leistungen des Zusammenschlusses an Nichtmitglieder schließen die Anwendbarkeit des § 4 Nr. 29 UStG auf die – auch gleichartigen – Leistungen gegenüber den Mitgliedern des Zusammenschlusses jedoch nicht aus (vgl. EuGH-Urteil vom 20. November 2019, C-400/18, Infohos).

Leistungen, die der Personenzusammenschluss für steuerpflichtige Leistungen seiner Mitglieder oder an Dritte (z. B. Leistungen an Nichtmitglieder) erbringt, sind nicht befreit. Eine Erweiterung des Leistungsspektrums derart, dass neben den für die Mitglieder bestimmten sonstigen Leistungen auch weitere, d. h. von den Leistungen an die Mitglieder unterscheidbare steuerpflichtige Leistungen an Nichtmitglieder z. B. im Rahmen einer gesonderten wirtschaftlichen Tätigkeit, erbracht werden, steht einer Anwendung der Befreiung grundsätzlich nicht entgegen (vgl. EuGH-Urteil vom 20. November 2019, C-400/18, Infohos).

1.3. Begünstigte Tätigkeiten der Mitglieder

9 Bei dem die Leistung empfangenden Mitglied muss es sich um eine Person handeln, die insoweit dem Gemeinwohl dienende nicht steuerbare Leistungen oder steuerfreie Leistungen der in § 4 Nr. 11 b, 14 bis 18, 20 bis 25 oder 27 UStG bezeichneten Art erbringt. Zu den dem Gemeinwohl dienenden nicht steuerbaren Leistungen im Sinne des § 4 Nr. 29 UStG gehören u. a. dienach den §§ 2, 2 b UStG nicht unternehmerischen Tätigkeiten der Kommunen, der Länder und des Bundes, soweit diese z. B. ihre vom Landes- oder Bundesrecht zugewiesenen Aufgaben wahrnehmen (siehe hierzu auch Abschnitt III). Ferner gehören zu den dem Gemeinwohl dienenden nicht steuerbaren Tätigkeiten die nicht unternehmerischen Tätigkeiten der Religionsgemeinschaften, insbesondere die Erfüllung des Verkündigungsauftrags.

Der Katalog der zu berücksichtigenden steuerfreien Leistungen der Mitglieder ist in § 4 Nr. 29 UStG abschließend bezeichnet. Diese Befreiungsregelungen beruhen auf dem Katalog der in Artikel 132 Abs. 1 MwStSystRL gewährten Befreiungen. Soweit von den Mitgliedern des Zusammenschlusses nicht steuerbare Leistungen erbracht werden, kommt es ebenfalls darauf an, dass die Mitglieder mit den insoweit bezogenen Leistungen dem Gemeinwohl dienende Tätigkeiten ausüben.

Nicht erforderlich ist, dass der Zusammenschluss selbst dem Gemeinwohl verpflichtet ist.

In Bezug auf die Nicht-Steuerbarkeit einer dem Gemeinwohl dienenden Tätigkeit des Mitglieds ist es unschädlich, dass diese in einem fehlenden Leistungsaustausch begründet ist. Ausweislich der Gesetzesbegründung, die insoweit allein auf eine nicht steuerbare Tätigkeit des Mitglieds abstellt, muss sich diese nicht zwingend durch die Eigenschaft als Nichtunternehmer ergeben (vgl. BR-Drucks. 356/19, S. 171 ff.).

1.4. Unmittelbarkeit

10 Die von einem Personenzusammenschluss an das jeweilige Mitglied erbrachte sonstige Leistung muss beim Mitglied zur Ausführung der begünstigten Zwecke unmittelbar verwendet werden. Die Befreiung kommt also zur Anwendung, wenn die Leistung unmittelbar zu den o. g. dem Gemeinwohl dienenden Tätigkeiten beiträgt und zu diesem Zweck eingesetzt wird.

Dies ist beispielsweise der Fall,

1. wenn ärztliche Praxis- und Apparategemeinschaften medizinische Einrichtungen, Apparate und Geräte zentral beschaffen und ihren Mitgliedern zur Verfügung stellen (bisher nach § 4 Nr. 14 Buchstabe d UStG steuerfrei), der Abschnitt 4.14.8 UStAE findet weiterhin unverändert Anwendung;
2. wenn Praxis- und Apparategemeinschaften Laboruntersuchungen, Röntgenuntersuchungen und andere medizinisch-technische Leistungen für ihre Mitglieder ausführen (bisher nach § 4 Nr. 14 Buchstabe d UStG steuerfrei), der Abschnitt 4.14.8 UStAE findet weiterhin unverändert Anwendung;
3. wenn durch den Zusammenschluss IT-Infrastruktur, die auf die Bedürfnisse der Mitglieder zugeschnitten ist, bereitgestellt und ihr Betrieb, die Betreuung oder die diesbezügliche Administration übernommen wird; dies umfasst auch Leistungen zum Zwecke von IT-Sicherheit und des Datenschutzes;
4. bei im Zusammenhang mit IT-Infrastruktur stehenden ähnlichen Tätigkeiten, wenn diese Leistungserbringung unmittelbar erforderlich ist, um gesetzlich vorgegebenen Aufgaben nachkommen zu können (z. B. die technische Erstellung von Bescheiden für in einem Personenzusammenschluss verbundene Krankenkassen oder Gebietskörperschaften);
5. wenn Zusammenschlüsse der gesetzlichen Träger der Sozialversicherung Kooperationsleistungen für unmittelbare Zwecke der Ausübung der Tätigkeit ihrer in § 4 Nr. 15 UStG genannten Mitglieder erbringen.

Anl zu § 4 Nr. 29

Tätigkeiten, die lediglich mittelbar der Ausführung von nicht steuerbaren oder steuerfreien Umsätzen der Mitglieder dienen oder von den Mitgliedern für solche bezogen werden (z. B. allgemeine Verwaltungsleistungen), fallen hingegen nicht unter die Befreiung, weil sie diese allenfalls fördern. Die allgemeinen Verwaltungsleistungen umfassen diejenigen Tätigkeiten, die die Ausführung der eigentlichen Kernaufgabe(n) der Mitglieder ermöglichen, jedoch in ihrer Funktion als interne und somit begleitende Tätigkeiten nicht dem begünstigten Zweck als solchem dienen. 11

Allgemeine Verwaltungsleistungen in diesem Sinne sind beispielsweise:

1. Buchführung;
2. Eingabe und Pflege von Stammdaten/Stammsätzen oder Bestandsdaten;
3. Tätigkeiten bei Erstellung und Verarbeitung von Rechnungen (z. B. Rechnungs- und Rezeptprüfungen);
4. Rechtsberatung;
5. Tätigkeiten im Supportbereich (z. B. Backoffice-Tätigkeiten, Telefonzentrale, Fahrbereitschaft, Ablage- und Registrierungstätigkeiten);
6. allgemeine Reinigungs- und Verpflegungsleistungen;
7. allgemeine Aufgaben im Bereich von Organisation, Personalwesen/-gestellung, Vertrieb;
8. Raumüberlassung.

2. Wettbewerbsverzerrung

Dem Merkmal der Wettbewerbsverzerrung kommt eine eigenständige Bedeutung zu. 12

Die Befreiung kann nicht angewandt werden, wenn dadurch anderen Marktteilnehmern, die gleichartige steuerpflichtige Leistungen erbringen, ein Wettbewerbsnachteil entsteht. Daher darf die Befreiung des Personenzusammenschlusses als solche nicht geeignet oder darauf angelegt sein, mit der Erbringung befreiter Leistungen Umstände im Marktgeschehen herbeizuführen, die eine Wettbewerbsverzerrung hervorrufen können. Dabei ist aber grundsätzlich davon auszugehen, dass die Bildung eines Zusammenschlusses als solches nicht zu einer Verzerrung des Wettbewerbs führt. Eine Wettbewerbsverzerrung liegt insbesondere auch nicht vor, wenn der Zusammenschluss sich sicher ist bzw. sein kann, dass die Kundschaft seiner Mitglieder unabhängig von jeder Besteuerung oder Befreiung erhalten bleibt, so dass schon deshalb nicht anzunehmen ist, dass die Befreiung, die ihm gewährt wird, unabhängigen Marktteilnehmern den Markt verschließt.

Im Hinblick auf den Zweck der Befreiung, Wettbewerbsnachteile gegenüber Marktteilnehmern zu kompensieren, die ihre Leistungen durch eigene Angestellte oder im Rahmen einer Organschaft erbringen, kommt nur eine restriktive Auslegung der Wettbewerbsklausel in Betracht, die insbesondere der Vermeidung von Missbräuchen entgegenwirkt und eine Anwendung von § 4 Nr. 29 UStG nicht sinnwidrig einschränkt. Die Inanspruchnahme der Steuerbefreiung durch den (einen) Personenzusammenschluss scheidet danach aus, wenn eine reale Gefahr besteht, dass die Befreiung für sich genommen unmittelbar oder in der Zukunft zu Wettbewerbsverzerrungen führen kann (vgl. Rz. 64 des EuGH-Urteils vom 20. November 2003, C-8/01, Taksatorringen). Ob dies der Fall ist, ist bei Inanspruchnahme der Befreiung sowohl auf Grundlage der Art der erbrachten Leistung als auch auf Grund der objektiven (Markt-)Umstände der jeweiligen Leistungserbringung zu ermitteln. Indizien für eine zweckwidrige Anwendung der Steuerbefreiung können beispielsweise sein,

- dass der Zusammenschluss unter Ausnutzung von erheblichen Synergieeffekten die gleichen Leistungen in erheblichem Umfang entgeltlich an Nichtmitglieder am Markt erbringt,
- dass die Verlagerung von externen beliebigen, insbesondere nicht auf die Bedürfnisse seiner Mitglieder zugeschnittenen Dienstleistungen auf den Personenzusammenschluss erfolgt, obwohl derartige Leistungen ohne Weiteres auch von anderen Marktteilnehmern angeboten werden könnten, oder
- dass bei dem Zusammenschluss im Ergebnis allein die Optimierung der umsatzsteuerlichen Vorbelastungen im Vordergrund steht.

3. Genaue Kostenerstattung

Weiterhin setzt die Steuerbefreiung voraus, dass das für die Leistung vereinbarte und entrichtete Entgelt lediglich in einem genauen Kostenersatz besteht. Sämtliche Kosten, die der Zusammenschluss im Interesse der Mitglieder trägt, sind umlagefähig; dazu gehören Sach- und Personalkosten sowie externe Finanzierungskosten. Eine genaue Erstattung der anfallenden Kosten liegt vor, wenn der Personenzusammenschluss seinen Mitgliedern die Leistungen zu Selbstkosten anbietet bzw. ihm nur die tatsächlich anfallenden Kosten erstattet werden und das jeweilige Mitglied den auf seinen Anteil entfallenden Betrag an den Gesamtkosten trägt. Die Höhe des vom Mitglied zu tragenden Anteils an den Gesamtkosten ist verursachergerecht auf die Mitglieder umzulegen und kann insbesondere am Umfang oder der Häufigkeit der Inanspruchnahme der sonstigen Leistung bemessen werden. Auch ist neben einer aufwandsbezogenen Kostenzuordnung (Kostenzurechnungsmethode) eine Bemessung und Aufteilung der Kosten nach der Anzahl der Mitglieder oder anhand der Höhe der (gesellschaftlichen) Beteiligung an dem Zusammenschluss möglich. Ein pauschaler Aufschlag auf die tatsächlichen Ausgaben für die Erbringung der Leistung ist jedoch schädlich. 13

Von einer zulässigen Kostenzuordnung ist beispielsweise auszugehen, wenn der Zusammenschluss zur Deckung des Finanzbedarfs jährlich auf der Basis des durchschnittlichen Umsatzes eine Umlage von den Mitgliedern erhebt und im Falle eines zu hohen Ansatzes ein z. B. satzungsmäßig festgelegter Rückzahlungsanspruch der Mitglieder gegen den Zusammenschluss besteht. Eine genaue Kostenerstattung liegt auch vor, wenn der Zusammenschluss den jeweiligen Anteil des Mitglieds an den ge-

Anl zu § 4 Nr. 29

meinsamen Kosten im verkürzten Abrechnungsweg in dessen Namen direkt mit einem Dritten abrechnet.

Die Anforderung einer genauen Kostenerstattung impliziert, dass der Personenzusammenschluss weder einen Gewinn erzielen soll noch die Absicht hierzu haben darf. Sofern gleichwohl Überschüsse erzielt werden, z. B. aus einer jährlichen Umlage, ist dies unschädlich, wenn diese Überschüsse ausschließlich dazu bestimmt sind, der Finanzierung künftiger Investitionen zu dienen. Das Prinzip der Kostendeckung beinhaltet auch Ausgaben in Investitionsjahren. Das Prinzip der Kostenerstattung und -verteilung sowie die Anforderungen an die Vermeidung von Wettbewerbsverzerrungen dürfen hiervon im Grundsatz nicht berührt werden.

Steht die vereinbarte Kostenverteilung und Kostenerstattung in einem gravierenden Missverhältnis zur jeweiligen Inanspruchnahme der sonstigen Leistungen, gilt das Kriterium der genauen Kostenerstattung als nicht erfüllt. Dies gilt unterschiedslos für eine zu hohe wie für eine zu niedrige Kostenerstattung und auch für das Missverhältnis von einer anteiligen Kostenzuordnung zu etwaigen anteiligen Gemeinkosten.

4. Beschränkung auf das Inland

14 Die Anwendung der Befreiungsvorschrift ist auf Personenzusammenschlüsse im Inland beschränkt, deren Mitglieder ebenfalls im Inland ansässig sein müssen. Sofern Mitglieder des Personenzusammenschlusses (auch) im Ausland ansässig sind, führt dies nicht zum Verlust der Steuerbefreiung nach § 4 Nr. 29 UStG. Allerdings ist in diesem Fall deren Anwendung auf die Leistungen des Zusammenschlusses an dessen im Inland ansässige Mitglieder beschränkt.

Durch die Beschränkung auf das eigene (nationale) Gebiet wird erreicht, dass nicht ein Mitgliedstaat die territoriale Besteuerungshoheit des anderen Mitgliedstaats beschneidet und es nicht zu widersprechenden Entscheidungen der unterschiedlichen Finanzverwaltungen kommt. Außerdem wird dadurch eine korrekte und einfache Anwendung der Befreiung gewährleistet und dadurch missbräuchlichen Gestaltungen entgegengewirkt.

III. Zusammenschlüsse von juristischen Personen des öffentlichen Rechts

1. Handeln der öffentlichen Hand

15 Soweit nach den jeweiligen Landesgesetzen vorgesehen und zulässig, kann auch die öffentliche Hand grundsätzlich frei wählen, ob sie zur gemeinsamen Wahrnehmung von Aufgaben in der Rechtsform des Privatrechts, z. B. in Form einer GmbH, agiert oder sich einer juristischen Person des öffentlichen Rechts als Organisationsform bedient.

Rechtsfähige juristische Personen des öffentlichen Rechts können auf Grund ihrer Selbständigkeit und Struktur einen Zusammenschluss begründen, der unter den weiteren, oben beschriebenen Voraussetzungen des § 4 Nr. 29 UStG umsatzsteuerfreie Leistungen an seine Mitglieder erbringen kann.

Auch für juristische Personen des Privatrechts, beispielsweise gesetzliche Krankenkassen und ihre Verbände nach § 94 Abs. 1 a SGB X oder §§ 218, 219 SGB V, kommt die Befreiung zur Anwendung, wenn diese im Rahmen ihrer gesetzlich übertragenen Aufgaben tätig werden und der Zusammenschluss (z. B. eine Genossenschaft) hierauf angelegt ist.

2. Begünstigte Zusammenschlüsse

16 Durch die Begünstigung von Personenzusammenschlüssen, deren Mitglieder eine dem Gemeinwohl dienende nichtunternehmerische Tätigkeit ausüben, ist die Steuerbefreiung grundsätzlich auch auf Zusammenarbeitsformen im Bereich der öffentlichen Hand (z. B. durch Gebietskörperschaften, Hochschulen, Sozialversicherung) anwendbar.

Als begünstigte Personenzusammenschlüsse sind hier insbesondere denkbar:
- Zweckverbände,
- Anstalten des öffentlichen Rechts mit deren Nutzern,
- gemeinsame Kommunalunternehmen oder
- Arbeitsgemeinschaften im Bereich des Sozialrechts.

3. Vermeidung von Wettbewerbsverzerrungen

17 Die unter Punkt II. Nr. 2. genannten Voraussetzungen zur Vermeidung von Wettbewerbsverzerrungen sind auf Leistungen zur Verwendung für sonstige nicht steuerpflichtige Umsätze, die von juristischen Personen des öffentlichen Rechts erbracht werden, entsprechend anzuwenden.

Werden (z. B. im Bereich der interkommunalen Zusammenarbeit) Tätigkeiten für Infrastruktureinrichtungen, für die Sozial-, Jugend- und Gesundheitsverwaltung oder für den Tourismus auf privatrechtlicher Grundlage auf einen Personenzusammenschluss übertragen, für die die kooperierenden juristischen Personen des öffentlichen Rechts als Nichtsteuerpflichtige gelten, so sind diese Tätigkeiten unter die Befreiung zu fassen, wenn durch die Art der Aufgabenübertragung und -ausführung eine Wettbewerbsverzerrung ausgeschlossen ist. Dies gilt auch für Personenzusammenschlüsse, die von Hochschulen oder Universitätskliniken gegründet werden.

IV. Anwendungsregelung

Die Grundsätze dieses Schreibens sind erstmals für Umsätze von selbständigen Personenzusammenschlüssen anzuwenden, die nach **dem 31. Dezember 2019** bewirkt werden.

Für vor dem 1. Januar 2020 an ihre Mitglieder erbrachte Leistungen können sich selbständige Personenzusammenschlüsse unmittelbar auf Artikel 132 Abs. 1 Buchstabe f MwStSystRL berufen. Bei der Auslegung dieser Norm der MwStSystRL ist die oben beschriebene Auslegung des § 4 Nr. 29 UStG entsprechend anzuwenden.

Erbringt eine **Kostenteilungsgemeinschaft** auch steuerpflichtige Leistungen an Nichtmitglieder, lässt dies die Steuerbefreiung für Leistungen an Mitglieder nicht entfallen. ***EuGH-Urteil v. 20. 11. 2019*** *C-400/18, Infohos (MwStR 2020 S. 76).* LS zu § 4 Nr. 29

20 Die Steuerbefreiung nach Art. 132 Abs. 1 Buchst. f MwStSystRL ist nicht auf Dienstleistungen anwendbar, die von einem selbstständigen Zusammenschluss von Personen **an eine Gruppe von Personen** erbracht werden, die als ein Steuerpflichtiger behandelt werden kann (Art. 11 MwStSystRL), wenn nicht alle Mitglieder dieser Gruppe Mitglieder dieses selbstständigen Zusammenschlusses von Personen sind. ***EuGH-Urteil v. 18. 11. 2020*** *C-77/19 Kaplan International Colleges UK Ltd (MwStR 2021 S. 110).*

UStG

§ 4a[1] Steuervergütung für Leistungsbezüge zur Verwendung zu humanitären, karitativen oder erzieherischen Zwecken im Drittlandsgebiet

1 **(1) ① Körperschaften, die ausschließlich und unmittelbar gemeinnützige, mildtätige oder kirchliche Zwecke verfolgen (§§ 51 bis 68 der Abgabenordnung), und juristischen Personen des öffentlichen Rechts wird auf Antrag eine Steuervergütung zum Ausgleich der Steuer gewährt, die auf der an sie bewirkten Lieferung eines Gegenstands, seiner Einfuhr oder seinem innergemeinschaftlichen Erwerb lastet, wenn die folgenden Voraussetzungen erfüllt sind:**

1. Die Lieferung, die Einfuhr oder der innergemeinschaftliche Erwerb des Gegenstands muss steuerpflichtig gewesen sein.

2. Die auf die Lieferung des Gegenstands entfallende Steuer muss in einer nach § 14 ausgestellten Rechnung gesondert ausgewiesen und mit dem Kaufpreis bezahlt worden sein.

3. Die für die Einfuhr oder den innergemeinschaftlichen Erwerb des Gegenstands geschuldete Steuer muss entrichtet worden sein.

4. Der Gegenstand muss in das Drittlandsgebiet gelangt sein.

5. Der Gegenstand muss im Drittlandsgebiet zu humanitären, karitativen oder erzieherischen Zwecken verwendet werden.

6. Der Erwerb oder die Einfuhr des Gegenstands und seine Ausfuhr dürfen von einer Körperschaft, die steuerbegünstigte Zwecke verfolgt, nicht im Rahmen eines wirtschaftlichen Geschäftsbetriebs und von einer juristischen Person des öffentlichen Rechts nicht im Rahmen ihres Unternehmens vorgenommen worden sein.

7. Die vorstehenden Voraussetzungen müssen nachgewiesen sein.

② Der Antrag ist nach amtlich vorgeschriebenem Vordruck zu stellen, in dem der Antragsteller die zu gewährende Vergütung selbst zu berechnen hat.

2 **(2) Das Bundesministerium der Finanzen kann mit Zustimmung des Bundesrates durch Rechtsverordnung näher bestimmen,**

1. wie die Voraussetzungen für den Vergütungsanspruch nach Absatz 1 Satz 1 nachzuweisen sind und

2. in welcher Frist die Vergütung zu beantragen ist.

Hinweis auf EU-Vorschriften:

UStG:	§ 4 a Abs. 1	**MwStSytRL:**	Art. 146 Abs. 1 (c), Abs. 2
	§ 4 a Abs. 2		Art. 131

Übersicht

UStDV

§ 24[2] *Antragsfrist für die Steuervergütung und Nachweis der Voraussetzungen*

5 *(1) ① Die Steuervergütung ist bei dem zuständigen Finanzamt bis zum Ablauf des Kalenderjahres [**ab 1. 1. 2023:** nach amtlich vorgeschriebenem Vordruck oder amtlich vorgeschriebenem Datensatz durch Datenfernübertragung] zu beantragen, das auf das Kalenderjahr folgt, in dem der Gegenstand in das Drittlandsgebiet gelangt. ② Ein Antrag kann mehrere Ansprüche auf die Steuervergütung umfassen.*

(2) Der Nachweis, dass der Gegenstand in das Drittlandsgebiet gelangt ist, muss in der gleichen Weise wie bei Ausfuhrlieferungen geführt werden (§§ 8 bis 11).

(3) ① Die Voraussetzungen für die Steuervergütung sind im Geltungsbereich des Gesetzes buchmäßig nachzuweisen. ② Regelmäßig sollen aufgezeichnet werden:

1. die handelsübliche Bezeichnung und die Menge des ausgeführten Gegenstands;

2. der Name und die Anschrift des Lieferers;

3. der Name und die Anschrift des Empfängers;

4. der Verwendungszweck im Drittlandsgebiet;

5. der Tag der Ausfuhr des Gegenstands;

---

[1] Zur Fassung von § 4 a Abs. 1 Satz 2 **ab 1. 1. 2023** siehe in der geschlossenen Wiedergabe.

[2] § 24 Abs. 3 Satz 1 geändert durch VO vom 22. 12. 2014 (BGBl. I S. 2392) mWv 30. 12. 2014; Abs. 1 Satz 1 geändert durch JStG 2022 v. 16. 12. 2022 (BGBl. I S. 2294) mWv 1. 1. 2023.

6. die mit dem Kaufpreis für die Lieferung des Gegenstands bezahlte Steuer oder die für die Einfuhr oder den innergemeinschaftlichen Erwerb des Gegenstands entrichtete Steuer.

Zu § 4 a UStG (§ 24 UStDV)

UStAE 4 a.1

4 a.1 Vergütungsberechtigte

Vergütungsberechtigte nach § 4 a Abs. 1 UStG sind:

10 1. Körperschaften, Personenvereinigungen und Vermögensmassen im Sinne des KStG, die ausschließlich und unmittelbar gemeinnützige, mildtätige oder kirchliche Zwecke verfolgen (§§ 51 bis 68 AO), und

2. juristische Personen des öffentlichen Rechts.

UStAE 4 a.2

4 a.2 Voraussetzungen für die Vergütung

11 (1) ① Die Voraussetzungen für die Vergütung (§ 4 a Abs. 1 UStG) sind nicht erfüllt, wenn die Lieferung des Gegenstands an den Vergütungsberechtigten nicht der Umsatzsteuer unterlegen hat. ② Dies ist z. B. der Fall bei steuerfreien Lieferungen, bei Lieferungen durch Privatpersonen sowie bei unentgeltlichen Lieferungen, zu denen insbesondere Sachspenden gehören. ③ Unbeachtlich ist, ob die der Lieferung an den Vergütungsberechtigten vorausgegangene Lieferung umsatzsteuerpflichtig gewesen ist.

12 (2) ① Ist in der Rechnung ein zu niedriger Steuerbetrag ausgewiesen, ist nur dieser Betrag zu vergüten. ② Bei einem zu hohen Steuerausweis wird die Vergütung nur bis zur Höhe der für den betreffenden Umsatz gesetzlich vorgeschriebenen Steuer gewährt. ③ Ausgeschlossen ist die Vergütung der Steuer außerdem in den Fällen eines unberechtigten Steuerausweises nach § 14 c Abs. 2 UStG, z. B. bei Lieferungen durch Privatpersonen oder durch Kleinunternehmer im Sinne des § 19 Abs. 1 UStG.

13 (3) ① Die Vergütung kann erst beantragt werden, wenn der Kaufpreis einschließlich Umsatzsteuer für den erworbenen Gegenstand in voller Höhe gezahlt worden ist. ② Abschlags oder Teilzahlungen genügen nicht. ③ Bei einem vorher eingeführten Gegenstand ist es erforderlich, dass die für die Einfuhr geschuldete Einfuhrumsatzsteuer entrichtet ist. ④ Schuldet die juristische Person die Steuer für den innergemeinschaftlichen Erwerb, muss diese entrichtet worden sein.

14 (4) ① Die Vergütung ist nur zu gewähren, wenn der ausgeführte Gegenstand im Drittlandsgebiet (§ 1 Abs. 2 a Satz 3 UStG) verbleibt und dort zu humanitären, karitativen oder erzieherischen Zwecken verwendet wird. ② Der Vergütungsberechtigte muss diese Zwecke im Drittlandsgebiet nicht selbst – z. B. mit eigenen Einrichtungen und Hilfskräften – erfüllen. ③ Es reicht aus, wenn der Gegenstand einem Empfänger im Drittlandsgebiet übereignet wird – z. B. einer nationalen oder internationalen Institution –, der ihn dort zu den begünstigten Zwecken verwendet.

15 (5) ① Ist die Verwendung der ausgeführten Gegenstände zu den nach § 4 a Abs. 1 Satz 1 Nr. 5 UStG begünstigten Zwecken vorgesehen (vgl. Absatz 9), kann die Vergütung schon beansprucht werden, wenn die Gegenstände zunächst im Drittlandsgebiet – z. B. in einem Freihafen – eingelagert werden. ② Nicht zu gewähren ist die Vergütung bei einer zugelassenen vorübergehenden Freihafenlagerung nach § 12 a EUStBV.[1] ③ Werden Gegenstände im Anschluss an eine vorübergehende Freihafenlagerung einer begünstigten Verwendung im Drittlandsgebiet zugeführt, kann die Vergütung von diesem Zeitpunkt an beansprucht werden.

16 (6) ① Humanitär im Sinne des § 4 a Abs. 1 Satz 1 Nr. 5 UStG ist nicht nur die Beseitigung und Milderung besonderer Notlagen, sondern auch die Verbesserung der wirtschaftlichen und sozialen Verhältnisse und der Umweltbedingungen. ② Karitative Zwecke werden verfolgt, wenn anderen selbstlose Hilfe gewährt wird. ③ Erzieherischen Zwecken (vgl. Abschnitt 4.23.1 Abs. 4) dienen auch Gegenstände, die für die berufliche und nichtberufliche Aus- und Weiterbildung einschließlich der Bildungsarbeit auf politischem, weltanschaulichem, künstlerischem und wissenschaftlichem Gebiet verwendet werden. ④ Es ist davon auszugehen, dass die steuerbegünstigten Zwecke im Sinne der §§ 52 bis 54 AO zugleich auch den in § 4 a Abs. 1 Satz 1 Nr. 5 UStG bezeichneten Verwendungszwecken entsprechen.

17 (7) ① Die ausgeführten Gegenstände brauchen nicht für Gruppen von Menschen verwendet zu werden; sie können auch Einzelpersonen im Drittlandsgebiet überlassen werden. ② Eine Vergütung kann deshalb z. B. für die Versendung von Lebensmitteln, Medikamenten oder Bekleidung an Privatpersonen in Betracht kommen.

18 (8) Bei Körperschaften, die steuerbegünstigte Zwecke verfolgen, stehen der Erwerb oder die Einfuhr und die Ausfuhr im Rahmen eines Zweckbetriebs (§§ 65 bis 68 AO) dem Anspruch auf Vergütung nicht entgegen.

---

[1] EUStBV abgedruckt zu § 5 UStG.

19 (9) Eine Vergütung der Umsatzsteuer ist ausgeschlossen, wenn der Vergütungsberechtigte die Gegenstände vor der Ausfuhr in das Drittland im Inland genutzt hat.

UStAE 4a.3

4a.3 Nachweis der Voraussetzungen[1]

21 (1) ① Das Vorliegen der Voraussetzungen für die Steuervergütung ist durch Belege nachzuweisen (§ 4a Abs. 1 Satz 1 Nr. 7 UStG, § 24 Abs. 2 und 3 UStDV). ② Als Belege für den Ausfuhrnachweis (vgl. § 24 Abs. 2 UStDV) kommen insbesondere Frachtbriefe, Konnossemente, Posteinlieferungsscheine oder deren Doppelstücke sowie Spediteurbescheinigungen in Betracht (vgl. Abschnitte 6.5 bis 6.9).

22 (2) Für den buchmäßigen Nachweis der Voraussetzungen (vgl. § 24 Abs. 3 UStDV) ist folgendes zu beachten:

1. Zur Bezeichnung des Lieferers genügt es im Allgemeinen, seinen Namen aufzuzeichnen.
2. ① Wird der Gegenstand von dem Vergütungsberechtigten selbst zu begünstigten Zwecken verwendet, ist als Empfänger die Anschrift der betreffenden Stelle des Vergütungsberechtigten im Drittlandsgebiet anzugeben. ② Werden ausgeführte Gegenstände von Hilfskräften des Vergütungsberechtigten im Drittlandsgebiet Einzelpersonen übergeben – z.B. Verteilung von Lebensmitteln, Medikamenten und Bekleidung –, ist lediglich der Ort aufzuzeichnen, an dem die Übergabe vorgenommen wird.
3. Bei Zweifeln über den Verwendungszweck im Drittlandsgebiet kann die begünstigte Verwendung durch eine Bestätigung einer staatlichen Stelle oder einer internationalen Organisation nachgewiesen werden.
4. ① Statt des Ausfuhrtags kann auch der Kalendermonat aufgezeichnet werden, in dem der Gegenstand ausgeführt worden ist. ② Bei einer vorübergehenden Freihafenlagerung, an die sich eine begünstigte Verwendung der ausgeführten Gegenstände im Drittlandsgebiet anschließt (vgl. Abschnitt 4a.2 Abs. 5), ist zusätzlich der Zeitpunkt (Tag oder Kalendermonat) des Beginns der begünstigten Verwendung aufzuzeichnen.
5. Zum Nachweis, dass die Umsatzsteuer bezahlt oder die Einfuhrumsatzsteuer entrichtet wurde, ist in den Aufzeichnungen auf die betreffende Rechnung und den Zahlungsbeleg bzw. auf den Beleg über die Einfuhrumsatzsteuer (vgl. Abschnitt 15.11 Abs. 1 Satz 2 Nr. 2) hinzuweisen.
6. ① Ändert sich die Umsatzsteuer – z.B. durch die Inanspruchnahme eines Skontos, durch die Gewährung eines nachträglichen Rabatts, durch eine Preisherabsetzung oder durch eine Nachberechnung –, sind der Betrag der Entgeltänderung und der Betrag, um den sich die Umsatzsteuer erhöht oder vermindert, aufzuzeichnen. ② Ist die Festsetzung der Einfuhrumsatzsteuer nachträglich geändert worden, muss neben dem Betrag, um den sich die Einfuhrumsatzsteuer verringert oder erhöht hat, ggf. der Betrag aufgezeichnet werden, um den sich die Bemessungsgrundlage der Einfuhrumsatzsteuer geändert hat. ③ Aufzuzeichnen sind darüber hinaus erlassene oder erstattete Einfuhrumsatzsteuerbeträge.

UStAE 4a.4

4a.4 Antragsverfahren

31 (1) ① Die Vergütung ist nur auf Antrag zu gewähren (§ 4a Abs. 1 Satz 1 UStG). ② Bestandteil des Vergütungsantrags ist eine Anlage, in der die Ausfuhren einzeln aufzuführen sind. ③ In der Anlage sind auch nachträgliche Minderungen von Vergütungsansprüchen anzugeben, die der Vergütungsberechtigte bereits mit früheren Anträgen geltend gemacht hat.

32 (2) ① Der Vergütungsantrag einschließlich Anlage (vgl. BMF-Schreiben vom 5. 11. 2019, BStBl. I S. 1041) ist bei dem Finanzamt einzureichen, in dessen Bezirk der Vergütungsberechtigte seinen Sitz hat. ② Der Antrag ist bis zum Ablauf des Kalenderjahrs zu stellen, das dem Kalenderjahr folgt, in dem der Gegenstand in das Drittlandsgebiet gelangt ist (§ 24 Abs. 1 Satz 1 UStDV). ③ Die Antragsfrist kann nicht verlängert werden (Ausschlussfrist). ④ Bei Versäumung der Antragsfrist kann unter den Voraussetzungen des § 110 AO allenfalls Wiedereinsetzung in den vorigen Stand gewährt werden. ⑤ Ist der ausgeführte Gegenstand zunächst im Rahmen einer zugelassenen Freihafenlagerung nach § 12a EUStBV[2] vorübergehend in einem Freihafen gelagert worden, ist für die Antragsfrist der Zeitpunkt des Beginns der begünstigten Verwendung des Gegenstands maßgebend.

UStAE 4a.5

4a.5 Wiedereinfuhr von Gegenständen

35 ① Wiedereingeführte Gegenstände, für die bei der Ausfuhr eine Vergütung nach § 4a UStG gewährt worden ist, sind nicht als Rückwaren einfuhrumsatzsteuerfrei (§ 12 Nr. 3 EUStBV). ② Vergütungsberechtigte müssen deshalb bei der Wiedereinfuhr von Gegenständen erklären,

[1] **Mitwirkung der Zolldienststellen** beim Ausfuhrnachweis vgl. *BMF-Dienstanweisung vom 16. 10. 1997, BeckVerw 027144* – Abs. 3.

[2] EUStBV abgedruckt zu § 5 UStG.

ob der betreffende Gegenstand zur Verwendung für humanitäre, karitative oder erzieherische Zwecke in das Drittlandsgebiet ausgeführt und dafür die Vergütung beansprucht worden ist.

§ 4b Steuerbefreiung beim innergemeinschaftlichen Erwerb von Gegenständen

UStG

Steuerfrei ist der innergemeinschaftliche Erwerb 1

1. **der in § 4 Nr. 8 Buchstabe e und Nr. 17 Buchstabe a sowie der in § 8 Abs. 1 Nr. 1 und 2 bezeichneten Gegenstände;**
2. **der in § 4 Nr. 4 bis 4b und Nr. 8 Buchstabe b und i sowie der in § 8 Abs. 2 Nr. 1 und 2 bezeichneten Gegenstände unter den in diesen Vorschriften bezeichneten Voraussetzungen;**
3. **der Gegenstände, deren Einfuhr (§ 1 Abs. 1 Nr. 4) nach den für die Einfuhrumsatzsteuer geltenden Vorschriften steuerfrei wäre;**
4. **der Gegenstände, die zur Ausführung von Umsätzen verwendet werden, für die der Ausschluss vom Vorsteuerabzug nach § 15 Abs. 3 nicht eintritt.**

Hinweis auf EU-Vorschriften:

UStG:	§ 4b Nr. 1, 2	**MwStSystRL:**	Art. 140 (a)
	§ 4b Nr. 3		Art. 140 (b)
	§ 4b Nr. 4		Art. 140 (c)

Zu § 4b UStG

4b.1 Steuerbefreiung beim innergemeinschaftlichen Erwerb von Gegenständen

UStAE 4b.1

(1) ①Die Steuerbefreiung nach § 4b UStG setzt einen innergemeinschaftlichen Erwerb voraus. ②Durch § 4b Nr. 1 und 2 UStG ist der innergemeinschaftliche Erwerb bestimmter Gegenstände, deren Lieferung im Inland steuerfrei wäre, von der Umsatzsteuer befreit. ③Danach ist steuerfrei insbesondere der innergemeinschaftliche Erwerb von: 11

a) Gold durch Zentralbanken – z. B. durch die Deutsche Bundesbank – (Abschnitt 4.4.1);
b) gesetzlichen Zahlungsmitteln, die nicht wegen ihres Metallgehalts oder ihres Sammlerwerts umgesetzt werden (Abschnitt 4.8.3 Abs. 1);
c) Wasserfahrzeugen, die nach ihrer Bauart dem Erwerb durch die Seeschifffahrt oder der Rettung Schiffbrüchiger dienen (Abschnitt 8.1 Abs. 2).

(2) ①Nach § 4b Nr. 3 UStG ist der innergemeinschaftliche Erwerb der Gegenstände, deren Einfuhr steuerfrei wäre, von der Steuer befreit. ②Der Umfang dieser Steuerbefreiung ergibt sich zu einem wesentlichen Teil aus der EUStBV. 12

(3) ①§ 4b Nr. 4 UStG befreit den innergemeinschaftlichen Erwerb von Gegenständen, die der Unternehmer für Umsätze verwendet, für die der Ausschluss vom Vorsteuerabzug nach § 15 Abs. 3 UStG nicht eintritt (z. B. für steuerfreie innergemeinschaftliche Lieferungen, steuerfreie Ausfuhrlieferungen oder nicht umsatzsteuerbare Lieferungen im Drittlandsgebiet). ②Es wird jedoch nicht beanstandet, wenn in diesen Fällen der innergemeinschaftliche Erwerb steuerpflichtig behandelt wird. 13

LS zu 4b.1

Der innergemeinschaftliche Erwerb eines neuen Kfz durch Bedienstete des EWI kann auch dann nach § 4b Nr. 3 UStG 1993 i. V. m. Art. 10 des **EWI-Sitzabkommens** von der Umsatzsteuer befreit sein, wenn der Pkw zwar erst nach Aufnahme der Beschäftigung beim EWI erworben, aber als Übersiedlungsgut innerhalb der Frist nach dieser Bestimmung des Abkommens „eingeführt" wurde. *BFH-Urteil v. 28. 9. 2006, V R 65/03 (BStBl. 2007 II S. 672).* 15

Zusammenstellung über steuerliche Vorrechte und Befreiungen aufgrund **zwischenstaatlicher Vereinbarungen** vgl. *BMF v. 18. 3. 2013 (BStBl. I S. 404).*

§ 4c[1] Steuervergütung für Leistungsbezüge europäischer Einrichtungen

UStG

(1) **Europäischen Einrichtungen wird** 1

1. **die von dem Unternehmer für eine Leistung gesetzlich geschuldete und von der Einrichtung gezahlte Steuer sowie**
2. **die von der Einrichtung nach § 13b Absatz 5 geschuldete und von ihr entrichtete Steuer**

auf Antrag vergütet, sofern die Leistung nicht von der Steuer befreit werden kann.

(2) **Europäische Einrichtungen im Sinne des Absatzes 1 sind** 2

1. **die Europäische Union, die Europäische Atomgemeinschaft, die Europäische Zentralbank und die Europäische Investitionsbank sowie die von der Europäischen Union geschaffenen Einrichtungen, auf die das dem Vertrag über die Europäische Union und dem Vertrag über die Arbeitsweise der Europäischen Union beigefügte**

---

[1] Zur Anwendung von § 4c vgl. § 27 Abs. 35 Satz 1 UStG.

UStG

Protokoll (Nr. 7) über die Vorrechte und Befreiungen der Europäischen Union (ABl. C 202 vom 7. 6. 2016, S. 266) anwendbar ist, und

2. die Europäische Kommission sowie nach dem Unionsrecht geschaffene Agenturen und Einrichtungen.

3 (3) **Die Vergütung an eine in Absatz 2 Nummer 1 bezeichnete Einrichtung erfolgt in den Grenzen und zu den Bedingungen, die in dem dem Vertrag über die Europäische Union und dem Vertrag über die Arbeitsweise der Europäischen Union beigefügten Protokoll (Nr. 7) über die Vorrechte und Befreiungen der Europäischen Union und den Übereinkünften zu seiner Umsetzung oder in den Abkommen über den Sitz der Einrichtung festgelegt sind.**

4 (4) ① **Die Vergütung an eine in Absatz 2 Nummer 2 bezeichnete Einrichtung setzt voraus, dass die Leistung**

1. in Wahrnehmung der der Einrichtung durch das Unionsrecht übertragenen Aufgaben bezogen wurde, um auf die COVID-19-Pandemie zu reagieren, und

2. nicht zur Ausführung einer eigenen entgeltlichen Leistung verwendet wird.

② **Soweit die Voraussetzungen nach Antragstellung wegfallen, ist die Einrichtung verpflichtet, dies dem Bundeszentralamt für Steuern innerhalb eines Monats anzuzeigen.**

Hinweis auf EU-Vorschriften:

UStG:	§ 4 c	**MwStSystRL:**	Art. 143, 151
		RL (EU) 2021/1159	v. 13. 7. 2021

1

§ 5 Steuerbefreiungen bei der Einfuhr

(1) **Steuerfrei ist die Einfuhr**

1. der in § 4 Nr. 8 Buchstabe e und Nr. 17 Buchstabe a sowie der in § 8 Abs. 1 Nr. 1, 2 und 3 bezeichneten Gegenstände;

2. der in § 4 Nr. 4 und Nr. 8 Buchstabe b und i sowie der in § 8 Abs. 2 Nr. 1, 2 und 3 bezeichneten Gegenstände unter den in diesen Vorschriften bezeichneten Voraussetzungen;

3. der Gegenstände, die von einem Schuldner der Einfuhrumsatzsteuer im Anschluss an die Einfuhr unmittelbar zur Ausführung von innergemeinschaftlichen Lieferungen (§ 4 Nummer 1 Buchstabe b, § 6 a) verwendet werden; der Schuldner der Einfuhrumsatzsteuer hat zum Zeitpunkt der Einfuhr

a) seine im Geltungsbereich dieses Gesetzes erteilte Umsatzsteuer-Identifikationsnummer oder die im Geltungsbereich dieses Gesetzes erteilte Umsatzsteuer-Identifikationsnummer seines Fiskalvertreters und

b) die im anderen Mitgliedstaat erteilte Umsatzsteuer-Identifikationsnummer des Abnehmers mitzuteilen sowie

c) nachzuweisen, dass die Gegenstände zur Beförderung oder Versendung in das übrige Gemeinschaftsgebiet bestimmt sind;

4. der in der Anlage 1 bezeichneten Gegenstände, die im Anschluss an die Einfuhr zur Ausführung von steuerfreien Umsätzen nach § 4 Nr. 4 a Satz 1 Buchstabe a Satz 1 verwendet werden sollen; der Schuldner der Einfuhrumsatzsteuer hat die Voraussetzungen der Steuerbefreiung nachzuweisen;

5. der in der Anlage 1 bezeichneten Gegenstände, wenn die Einfuhr im Zusammenhang mit einer Lieferung steht, die zu einer Auslagerung im Sinne des § 4 Nr. 4 a Satz 1 Buchstabe a Satz 2 führt, und der Lieferer oder sein Beauftragter Schuldner der Einfuhrumsatzsteuer ist; der Schuldner der Einfuhrumsatzsteuer hat die Voraussetzungen der Steuerbefreiung nachzuweisen;

6. von Erdgas über das Erdgasnetz oder von Erdgas, das von einem Gastanker aus in das Erdgasnetz oder ein vorgelagertes Gasleitungsnetz eingespeist wird, von Elektrizität oder von Wärme oder Kälte über Wärme- oder Kältenetze;

7.[1] von aus dem Drittlandsgebiet eingeführten Gegenständen in Sendungen mit einem Sachwert von höchstens 150 Euro, für die die Steuer im Rahmen des besonderen Besteuerungsverfahrens nach § 18 k zu erklären ist und für die in der Anmeldung zur Überlassung in den freien Verkehr die nach Artikel 369 q der Richtlinie 2006/112/EG des Rates vom 28. November 2006 über das gemeinsame Mehrwertsteuersystem (ABl. L 347 vom 11. 12. 2006, S. 1) in der jeweils geltenden Fassung von einem Mitgliedstaat der Europäischen Union erteilte individuelle Identifikationsnummer des Lieferers oder die dem in seinem Auftrag handelnden Vertreter für diesen Lieferer erteilte individuelle Identifikationsnummer angegeben wird;

8.[2] von Gegenständen durch die Europäische Union, die Europäische Atomgemeinschaft, die Europäische Zentralbank und die Europäische Investitionsbank sowie die von der Europäischen Union geschaffenen Einrichtungen, auf die das dem Vertrag über die Europäische Union und dem Vertrag über die Arbeitsweise der Europäischen Union beigefügte Protokoll (Nr. 7) über die Vorrechte und Befreiungen der Europäischen Union (ABl. C 202 vom 7. 6. 2016, S. 266) anwendbar ist, und zwar in den Grenzen und zu den Bedingungen, die in diesem Protokoll und den Übereinkünften zu seiner Umsetzung oder in den Abkommen über den Sitz festgelegt sind;

9.[2] von Gegenständen durch die Europäische Kommission sowie nach dem Unionsrecht geschaffene Agenturen und Einrichtungen, sofern die Gegenstände in Wahrnehmung der ihnen durch das Unionsrecht übertragenen Aufgaben eingeführt werden, um auf die COVID-19-Pandemie zu reagieren. ② Dies gilt nicht für Gegenstände, die von der Europäischen Kommission oder der nach dem Unionsrecht geschaffenen Agentur oder Einrichtung zur Ausführung von eigenen entgeltlichen Lieferungen verwendet werden. ③ Soweit die Voraussetzungen für die Steuerbefreiung nach der Einfuhr wegfallen, ist die Europäische Kommission oder die nach dem Unionsrecht geschaffene Agentur oder Einrichtung verpflichtet, dies dem für die Besteuerung dieser Einfuhr zuständigen Hauptzollamt innerhalb eines Monats anzuzeigen. ④ In diesem Fall wird die Einfuhrumsatzsteuer nach den im Zeitpunkt des Wegfalls geltenden Bestimmungen festgesetzt;

[*ab 1.7.2022:* **10. von Gegenständen durch die Streitkräfte anderer Mitgliedstaaten für den eigenen Gebrauch oder Verbrauch oder für den ihres zivilen Begleitpersonals oder für die Versorgung ihrer Kasinos oder Kantinen, wenn diese Streitkräfte an**

[1] Zur Anwendung siehe § 27 Abs. 34 Satz 1 UStG.
[2] Zur Anwendung siehe § 27 Abs. 35 Satz 2 UStG.

einer Verteidigungsanstrengung teilnehmen, die zur Durchführung einer Tätigkeit der Union im Rahmen der Gemeinsamen Sicherheits- und Verteidigungspolitik unternommen wird.]

2 (2) **Das Bundesministerium der Finanzen kann durch Rechtsverordnung, die nicht der Zustimmung des Bundesrates bedarf, zur Erleichterung des Warenverkehrs über die Grenze und zur Vereinfachung der Verwaltung Steuerfreiheit oder Steuerermäßigung anordnen**

1. **für Gegenstände, die nicht oder nicht mehr am Güterumsatz und an der Preisbildung teilnehmen;**
2. **für Gegenstände in kleinen Mengen oder von geringem Wert;**
3. **für Gegenstände, die nur vorübergehend ausgeführt worden waren, ohne ihre Zugehörigkeit oder enge Beziehung zur inländischen Wirtschaft verloren zu haben;**
4. **für Gegenstände, die nach zollamtlich bewilligter Veredelung in Freihäfen eingeführt werden;**
5. **für Gegenstände, die nur vorübergehend eingeführt und danach unter zollamtlicher Überwachung wieder ausgeführt werden;**
6. **für Gegenstände, für die nach zwischenstaatlichem Brauch keine Einfuhrumsatzsteuer erhoben wird;**
7. **für Gegenstände, die an Bord von Verkehrsmitteln als Mundvorrat, als Brenn-, Treib- oder Schmierstoffe, als technische Öle oder als Betriebsmittel eingeführt werden;**
8. **für Gegenstände, die weder zum Handel noch zur gewerblichen Verwendung bestimmt und insgesamt nicht mehr wert sind, als in Rechtsakten des Rates der Europäischen Union oder der Europäischen Kommission über die Verzollung zum Pauschalsatz festgelegt ist, soweit dadurch schutzwürdige Interessen der inländischen Wirtschaft nicht verletzt werden und keine unangemessenen Steuervorteile entstehen. ② Es hat dabei Rechtsakte des Rates der Europäischen Union oder der Europäischen Kommission zu berücksichtigen.**

3 (3) **Das Bundesministerium der Finanzen kann durch Rechtsverordnung, die nicht der Zustimmung des Bundesrates bedarf, anordnen, dass unter den sinngemäß anzuwendenden Voraussetzungen von Rechtsakten des Rates der Europäischen Union oder der Europäischen Kommission über die Erstattung oder den Erlass von Einfuhrabgaben die Einfuhrumsatzsteuer ganz oder teilweise erstattet oder erlassen wird.**

Hinweis auf EU-Vorschriften:

UStG:	§ 5 Abs. 1	**MwStSystRL:**	Art. 143 (1) a), d), fa), fb), k), l), (3)
	§ 5 Abs. 2		Art. 143 (1) b), c), e)–j), 163

Übersicht

Zu § 5 UStG

LS zu § 5

Zur Bedeutung der USt-IdNr. für den Nachweis der Voraussetzungen einer innergemeinschaftlichen Lieferung nach § 5 Abs. 1 Nr. 3 UStG. ***EuGH-Urteil v. 20. 6. 2018*** *C-108/17, Enteco Baltic (MwStR S. 704).*

5 Die EU-Kommission hat mit Beschluss (EU) 2020/491 vom 3. 4. 2020 über die Befreiung von Gegenständen, die zur Bekämpfung der Auswirkungen des **COVID-19**-Ausbruchs im Jahr 2020 benötigt werden, von Eingangsabgaben und Mehrwertsteuer, C (2020) 2146 (ABl. L 103 I/1), die **Einfuhr** von Gegenständen sowohl vom Zoll als auch von der EUSt befreit.

EUStBV

Einfuhrumsatzsteuer-Befreiungsverordnung[1 · 2] *[EUStBV]*

Vom 11. August 1992

(BGBl. I S. 1526)

Geändert durch Erste Verordnung zur Änderung der Einfuhrumsatzsteuer-Befreiungsverordnung 1993 vom 9. Februar 1994 (BGBl. I S. 302, ber. S. 523), Verordnung zur Änderung der Zollverordnung und anderer Verordnungen vom 22. Dezember 2003 (BGBl. 2004 I S. 21/26), Verordnung zur Änderung der Zollverordnung und der Einfuhrumsatzsteuer-Befreiungsverordnung 1993 vom 24. 11. 2008 (BGBl. I S. 2232/2233), Gesetz zur Neuorganisation der Zollverwaltung vom 3. 12. 2015 (BGBl. I S. 2178), Art. 25 Jahressteuergesetz 2020 vom 21. 12. 2020 (BGBl. I S. 3096)

BGBl. III/FNA 611-14-4

[1] Die Loseblattsammlung **Zölle und Verbrauchsteuern** enthält VO (EU) Nr. 952/2013 **Unionszollkodex,** UZK-DA VO (EU) Nr. 2015/2446, UZK-IA VO (EU) Nr. 2015/2447, Zollbefreiungs-VO (EG) Nr. 1186/2009.

[2] Überschrift und § 1 Abs. 1 neugefasst durch VO vom 24. 11. 2008 (BGBl. I S. 2232) mWv 1. 12. 2008, geändert durch Art. 25 JStG 2020 (BGBl. I S. 3096) mWv 1. 7. 2021.

Auf Grund des Artikels 3 des Vierzehnten Gesetzes zur Änderung des Zollgesetzes vom 3. August 1973 (BGBl. I S. 933), der durch Artikel 2 Abs. 2 des Gesetzes vom 12. September 1980 (BGBl. I S. 1695) neu gefaßt worden ist, verordnet der Bundesminister der Finanzen:

§ 1 *Allgemeines*

EUStBV

(1) *Einfuhrumsatzsteuerfrei ist, vorbehaltlich der §§ 2 bis 10, die Einfuhr von Gegenständen, die nach Kapitel I und III der Verordnung (EWG) Nr. 918/83 des Rates vom 28. März 1983 über das gemeinschaftliche System der Zollbefreiungen (ABl. EG Nr. L 105 S. 1, Nr. L 274 S. 40, 1984 Nr. L 308 S 64. 1985 Nr. L 256 S. 47, 1986 Nr. L 271 S. 31), die zuletzt durch die Verordnung (EG) Nr. 274/2008 vom 17. März 2008 (ABl. EU Nr. L 85 S. 1) geändert worden ist, zollfrei eingeführt werden können, in entsprechender Anwendung dieser Vorschriften sowie der Durchführungsvorschriften dazu; ausgenommen sind die Artikel 27 bis 31, 45, 52 bis 59 b, 63 a und 63 b der Verordnung (EWG) Nr. 918/83.* 6

(1 a)[1] ① *Im Sinne dieser Verordnung gilt als Zollkodex die Verordnung (EWG) Nr. 2913/92 des Rates vom 12. Oktober 1992 zur Festlegung des Zollkodex der Gemeinschaften (ABl. EG Nr. L 302 S. 1, 1993 Nr. L 79 S. 84, 1996 Nr. L 97 S. 387), zuletzt geändert durch die Verordnung (EG) Nr. 2700/2000 des Europäischen Parlaments und des Rates vom 16. November 2000 (ABl. EG Nr. L 311 S. 17), in der jeweils geltenden Fassung.* ② *Im Sinne dieser Verordnung gilt als Durchführungsverordnung zum Zollkodex die Verordnung (EWG) Nr. 2454/93 der Kommission vom 2. Juli 1993 mit Durchführungsvorschriften zu der Verordnung (EWG) Nr. 2913/92 des Rates vom 12. Oktober 1992 zur Festlegung des Zollkodex der Gemeinschaften (ABl. EG Nr. L 253 S. 1, 1994 Nr. L 268 S. 32, 1996 Nr. L 180 S. 34, 1997 Nr. L 156 S. 59, 1999 Nr. L 111 S. 88), zuletzt geändert durch die Verordnung (EG) Nr. 1335/2003 der Kommission vom 25. Juli 2003 (ABl. EU Nr. L 187 S. 16), in der jeweils geltenden Fassung.*

(2)[2] *Einfuhrumsatzsteuerfrei ist, vorbehaltlich des § 11, die vorübergehende Einfuhr von Gegenständen, die*

1. *nach den Artikeln 137 bis 144 des Zollkodex frei von Einfuhrabgaben im Sinne des Artikels 4 Nr. 10 des Zollkodex eingeführt werden können oder die*
2. *gelegentlich und ohne gewerbliche Absicht eingeführt werden, sofern der Verwender hinsichtlich dieser Gegenstände nicht oder nicht in vollem Umfang nach § 15 Abs. 1 Nr. 2 des Gesetzes zum Vorsteuerabzug berechtigt ist,*

in sinngemäßer Anwendung der genannten Vorschriften sowie der Durchführungsvorschriften dazu; ausgenommen sind die Vorschriften über die vorübergehende Verwendung bei teilweiser Befreiung von Einfuhrabgaben im Sinne des Artikels 4 Nr. 10 Zollkodex.

(2 a)[3] ① *Einfuhrumsatzsteuerfrei ist, vorbehaltlich des § 12, die Einfuhr der Gegenstände, die nach den Artikeln 185 bis 187 Zollkodex als Rückwaren frei von Einfuhrabgaben im Sinne des Artikels 4 Nr. 10 Zollkodex eingeführt werden können, in sinngemäßer Anwendung dieser Vorschriften sowie der Durchführungsvorschriften dazu.* ② *Die Steuerfreiheit gilt auch für die Gegenstände, die in Artikel 185 Abs. 2 Buchstabe b Zollkodex aufgeführt sind.*

(3)[4] *Einfuhrumsatzsteuerfrei ist ferner die Einfuhr der Gegenstände, die nach den §§ 12, 14 bis 22 der Zollverordnung vom 23. Dezember 1993 (BGBl. I S. 2449) in der jeweils geltenden Fassung frei von Einfuhrabgaben im Sinne des Artikels 4 Nr. 10 Zollkodex eingeführt werden können, in sinngemäßer Anwendung dieser Vorschriften.*

§ 1 a[5] *(aufgehoben)* 6a

§ 2 *Investitionsgüter und andere Ausrüstungsgegenstände* 7

Die Einfuhrumsatzsteuerfreiheit für Investitionsgüter und andere Ausrüstungsgegenstände (Artikel 32 bis 38 der in § 1 Abs. 1 genannten Verordnung) ist ausgeschlossen für Gegenstände, die

1. *ganz oder teilweise zur Ausführung von Umsätzen verwendet werden, die nach § 15 Abs. 2 und 3 des Gesetzes den Vorsteuerabzug ausschließen,*
2. *von einer juristischen Person des öffentlichen Rechts für ihren nichtunternehmerischen Bereich eingeführt werden oder*
3. *von einem Unternehmer eingeführt werden, der die Vorsteuerbeträge nach Durchschnittssätzen (§§ 23 und 24 des Gesetzes) ermittelt.*

---

[1] § 1 Abs. 1 a eingefügt durch VO vom 22. 12. 2003 (BGBl. 2004 I S. 21/26) mWv 10. 1. 2004.

[2] § 1 Abs. 2 neugefasst durch die 1. ÄndVO vom 9. 2. 1994 (BGBl. I S. 302), in Kraft ab 1. 1. 1994; Abs. 2 Nr. 1 neugefasst durch VO vom 22. 12. 2003 (BGBl. 2004 I S. 21/26) mWv 10. 1. 2004.

[3] § 1 Abs. 2 a eingefügt durch die 1. ÄndVO vom 9. 2. 1994 (BGBl. I S. 302, ber. S. 523), in Kraft ab 1. 1. 1994.

Einfuhr von **Übersiedlungsgut** (Art. 3–11 EG-VO 1186/2009) vgl. *FG Düsseldorf, Urt. v. 18. 3. 2011 – 4 K 1954/10 Z, EU (NWB 2011 S. 1598).*

[4] § 1 Abs. 3 neugefasst durch die 1. ÄndVO vom 9. 2. 1994 (BGBl. I S. 302, ber. S. 523), in Kraft ab 1. 1. 1994.

[5] § 1 a aufgehoben durch Art. 25 JStG 2020 (BGBl. I S. 3096) mWv 1. 7. 2021.

EUStBV

8 **§ 3**[1] ***Landwirtschaftliche Erzeugnisse***

Die Einfuhrumsatzsteuerfreiheit für bestimmte landwirtschaftliche Erzeugnisse (Artikel 39 bis 42 der in § 1 Abs. 1 genannten Verordnung) gilt auch für reinrassige Pferde, die nicht älter als sechs Monate und im Drittlandsgebiet von einem Tier geboren sind, das im Inland oder in den österreichischen Gebieten Jungholz und Mittelberg befruchtet und danach vorübergehend ausgeführt worden war.

9 **§ 4** ***Gegenstände erzieherischen, wissenschaftlichen oder kulturellen Charakters***

① *Die Einfuhrumsatzsteuerfreiheit für Gegenstände erzieherischen, wissenschaftlichen oder kulturellen Charakters im Sinne der Artikel 50 und 51 der in § 1 Abs. 1 genannten Verordnung ist auf die von den Buchstaben B der Anhänge I und II der Verordnung erfaßten Einfuhren beschränkt.* ② *Die Steuerfreiheit für Sammlungsstücke und Kunstgegenstände (Artikel 51 der Verordnung) hängt davon ab, daß die Gegenstände*

1. *unentgeltlich eingeführt werden oder*
2. *nicht von einem Unternehmer geliefert werden; als Lieferer gilt nicht, wer für die begünstigte Einrichtung tätig wird.*

10 **§ 5** ***Tiere für Laborzwecke***

Die Einfuhrumsatzsteuerfreiheit für Tiere für Laborzwecke (Artikel 60 Abs. 1 Buchstabe a und Abs. 2 der in § 1 Abs. 1 genannten Verordnung) hängt davon ab, daß die Tiere unentgeltlich eingeführt werden.

11 **§ 6** ***Gegenstände für Organisationen der Wohlfahrtspflege***

(1) *Die Einfuhrumsatzsteuerfreiheit für lebenswichtige Gegenstände (Artikel 65 Abs. 1 Buchstabe a der in § 1 Abs. 1 genannten Verordnung) hängt davon ab, daß die Gegenstände unentgeltlich eingeführt werden.*

(2) ① *Die Einfuhrumsatzsteuerfreiheit für Gegenstände für Behinderte (Artikel 70 bis 78 der in § 1 Abs. 1 genannten Verordnung) hängt davon ab, daß die Gegenstände unentgeltlich eingeführt werden.* ② *Sie hängt nicht davon ab, daß gleichwertige Gegenstände gegenwärtig in der Gemeinschaft nicht hergestellt werden.* ③ *Die Steuerfreiheit ist ausgeschlossen für Gegenstände, die von Behinderten selbst eingeführt werden.*

12 **§ 7** ***Werbedrucke***

(1) *Die Einfuhrumsatzsteuerfreiheit für Werbedrucke (Artikel 92 Buchstabe b der in § 1 Abs. 1 genannten Verordnung) gilt für Werbedrucke, in denen Dienstleistungen angeboten werden, allgemein, sofern diese Angebote von einer in einem anderen Mitgliedstaat der Europäischen Gemeinschaften ansässigen Person ausgehen.*

(2) *Bei Werbedrucken, die zur kostenlosen Verteilung eingeführt werden, hängt die Steuerfreiheit abweichend von Artikel 93 Buchstabe b und c der in § 1 Abs. 1 genannten Verordnung nur davon ab, daß die in den Drucken enthaltenen Angebote von einer in einem anderen Mitgliedstaat der Europäischen Gemeinschaften ansässigen Person ausgehen.*

13 **§ 8** ***Werbemittel für den Fremdenverkehr***

Die Einfuhrumsatzsteuerfreiheit für Werbematerial für den Fremdenverkehr (Artikel 108 Buchstabe a und b der in § 1 Abs. 1 genannten Verordnung) gilt auch dann, wenn darin Werbung für in einem Mitgliedstaat der Europäischen Gemeinschaften ansässigen Unternehmen enthalten ist, sofern der Gesamtanteil der Werbung 25 vom Hundert nicht übersteigt.

14 **§ 9** ***Amtliche Veröffentlichungen, Wahlmaterialien***

Einfuhrumsatzsteuerfrei ist die Einfuhr der amtlichen Veröffentlichungen, mit denen das Ausfuhrland und die dort niedergelassenen Organisationen, öffentlichen Körperschaften und öffentlich-rechtlichen Einrichtungen Maßnahmen öffentlicher Gewalt bekanntmachen, sowie die Einfuhr der Drucksachen, die die in den Mitgliedstaaten der Europäischen Gemeinschaften als solche offiziell anerkannten ausländischen politischen Organisationen anläßlich der Wahlen zum Europäischen Parlament oder anläßlich nationaler Wahlen, die vom Herkunftsland aus organisiert werden, verteilen.

15 **§ 10** ***Behältnisse und Verpackungen***

(1) *Die Einfuhrumsatzsteuerfreiheit von Verpackungsmitteln (Artikel 110 der in § 1 Abs. 1 genannten Verordnung) hängt davon ab, daß ihr Wert in die Bemessungsgrundlage für die Einfuhr (§ 11 des Gesetzes) einbezogen wird.*

(2) *Die Steuerfreiheit nach Absatz 1 gilt auch für die Einfuhr von Behältnissen und befüllten Verpackungen, wenn sie für die mit ihnen gestellten oder in ihnen verpackten Waren üblich sind oder unabhängig von ihrer Verwendung als Behältnis oder Verpackung keinen dauernden selbständigen Gebrauchswert haben.*

---

[1] § 3 geändert durch die 1. ÄndVO vom 9. 2. 1994 (BGBl. I S. 302, ber. S. 523), in Kraft ab 1. 1. 1994.

EUStBV

§ 11 *Vorübergehende Verwendung*

(1)[1] *Artikel 572 Abs. 1 der Durchführungsverordnung zum Zollkodex gilt mit der Maßgabe, daß die hergestellten Gegenstände aus dem Zollgebiet der Gemeinschaft auszuführen sind.* 16

(2)[1] *In den Fällen des § 1 Abs. 2 Nr. 2 beträgt die Verwendungsfrist längstens sechs Monate; sie darf nicht verlängert werden.*

(3)[1] *Werden die in Artikel 576 der Durchführungsverordnung zum Zollkodex bezeichneten Gegenstände verkauft, so ist bei der Ermittlung der Bemessungsgrundlage von dem Kaufpreis auszugehen, den der erste Käufer im Inland oder in den österreichischen Gebieten Jungholz und Mittelberg gezahlt oder zu zahlen hat.*

(4) *Auf die Leistung einer Sicherheit für die Einfuhrumsatzsteuer kann verzichtet werden.*

§ 12 *Rückwaren*[2] 17

① *Die Einfuhrumsatzsteuerfreiheit von Rückwaren (Artikel 185 bis 187 Zollkodex) ist ausgeschlossen, wenn der eingeführte Gegenstand*

1. vor der Einfuhr geliefert worden ist,

2. im Rahmen einer steuerfreien Lieferung (§ 4 Nr. 1 des Gesetzes) ausgeführt worden ist oder

3. im Rahmen des § 4a des Gesetzes von der Umsatzsteuer entlastet worden ist.

② *Satz 1 Nr. 2 gilt nicht, wenn derjenige, der die Lieferung bewirkt hat, den Gegenstand zurückerhält und hinsichtlich dieses Gegenstandes in vollem Umfang nach § 15 Abs. 1 Nr. 2 des Gesetzes zum Vorsteuerabzug berechtigt ist.*

§ 12a *Freihafenlagerung*[3] 18

(1) ① *Einfuhrumsatzsteuerfrei ist die Einfuhr von Gegenständen, die als Gemeinschaftswaren ausgeführt und in einem Freihafen vorübergehend gelagert worden sind.* ② *Die Steuerfreiheit hängt davon ab, daß die nachfolgenden Vorschriften eingehalten sind.*

(2) ① *Die Lagerung bedarf einer besonderen Zulassung; sie wird grundsätzlich nur zugelassen, wenn im Freihafen vorhandene Anlagen sonst nicht wirtschaftlich ausgenutzt werden können und der Freihafen durch die Lagerung seinem Zweck nicht entfremdet wird.* ② *Für die Zulassung ist das von der Generalzolldirektion dafür bestimmte Hauptzollamt zuständig.* ③ *Der Antrag auf Zulassung ist vom Lagerhalter schriftlich zu stellen.* ④ *Die Zulassung wird schriftlich erteilt.*

(3) ① *Die Gegenstände sind vor der Ausfuhr zu gestellen und mit dem Antrag anzumelden, die Ausfuhr in den Freihafen zollamtlich zu überwachen.* ② *Unter bestimmten Voraussetzungen und Bedingungen kann zugelassen werden, daß die Gegenstände ohne Gestellung ausgeführt werden.*

(4) ① *Für die Wiedereinfuhr der Gegenstände wird eine Frist gesetzt; dabei werden die zugelassene Lagerdauer und die erforderlichen Beförderungszeiten berücksichtigt.* ② *Die Zollstelle erteilt dem Antragsteller einen Zwischenschein und überwacht die Ausfuhr.*

(5) ① *Die Gegenstände dürfen im Freihafen nur wie zugelassen gelagert werden.* ② *Die Lagerdauer darf ohne Zustimmung des Hauptzollamts nach Absatz 2 Satz 2 nicht überschritten werden.* ③ *Die Frist für die Wiedereinfuhr der Gegenstände darf nur aus zwingendem Anlaß überschritten werden; der Anlaß ist nachzuweisen.*

(6) *Für die Überführung der Gegenstände in den freien Verkehr nach der Wiedereinfuhr ist der Zwischenschein als Steueranmeldung zu verwenden.*

§ 12b *Freihafen-Veredelung*[4] 19

(1) ① *Einfuhrumsatzsteuerfrei ist die Einfuhr von Gegenständen, die in einem Freihafen veredelt worden sind, sofern die bei der Veredelung verwendeten Gegenstände als Gemeinschaftswaren ausgeführt worden sind.* ② *Anstelle der ausgeführten Gegenstände können auch Gegenstände veredelt werden, die den ausgeführten Gegenständen nach Menge und Beschaffenheit entsprechen.* ③ *Die Steuerfreiheit hängt davon ab, daß die nachfolgenden Vorschriften eingehalten sind.*

(2) ① *Die Freihafen-Veredelung bedarf einer Bewilligung; sie wird nur erteilt, wenn der Freihafen dadurch seinem Zweck nicht entfremdet wird.* ② *Für die Bewilligung ist die von der Generalzolldirektion dafür bestimmte Zollstelle zuständig.* ③ *Der Antrag auf Bewilligung ist vom Inhaber des Freihafenbetriebs schriftlich zu stellen.* ④ *Die Bewilligung wird schriftlich erteilt; sie kann jederzeit widerrufen werden.* ⑤ *In der Bewilligung wird bestimmt, welche Zollstelle die Veredelung überwacht (überwachende Zollstelle), welcher*

---

[1] § 11 Abs. 1 und 3 neugefasst und Abs. 2 geändert durch die 1. ÄndVO vom 9. 2. 1994 (BGBl. I S. 302), in Kraft ab 1. 1. 1994; Abs. 1 neugefasst und Abs. 3 geändert durch VO vom 22. 12. 2003 (BGBl. 2004 I S. 21/26) mWv 10. 1. 2004.

[2] § 12 bish. Abs. 1 aufgehoben, Absatz 2 wird einziger Absatz, Satz 1 geändert durch die 1. ÄndVO vom 9. 2. 1994 (BGBl. I S. 302), in Kraft ab 1. 1. 1994.

[3] § 12a eingefügt durch die 1. ÄndVO vom 9. 2. 1994 (BGBl. I S. 302), in Kraft ab 1. 1. 1994; Abs. 2 Satz 2 geändert durch Gesetz vom 3. 12. 2015 (BGBl. I S. 2178) mWv 1. 1. 2016.

[4] § 12b eingefügt durch die 1. ÄndVO vom 9. 2. 1994 (BGBl. I S. 302), in Kraft ab 1. 1. 1994; Abs. 2 Satz 2 geändert durch Gesetz vom 3. 12. 2015 (BGBl. I S. 2178) mWv 1. 1. 2016.

EUStBV

Zollstelle die unveredelten Gegenstände zu gestellen sind und bei welcher Zollstelle der Antrag auf Überführung der veredelt eingeführten Gegenstände in den freien Verkehr zu stellen ist.

(3) ① *Die unveredelten Gegenstände sind vor der Ausfuhr zu gestellen und mit dem Antrag anzumelden, sie für die Freihafen-Veredelung zur Ausfuhr abzufertigen.* ② *Wenn die zollamtliche Überwachung anders als durch die Gestellung gesichert erscheint, kann die überwachende Zollstelle unter bestimmten Voraussetzungen und Bedingungen zulassen, daß die unveredelten Gegenstände durch Anschreibung in die Freihafen-Veredelung übergeführt werden; die Zulassung kann jederzeit widerrufen werden.*

(4) ① *Die Zollstelle sichert die Nämlichkeit der unveredelten Gegenstände, sofern die Veredelung von Gegenständen, die den ausgeführten Gegenständen nach Menge und Beschaffenheit entsprechen, nicht zugelassen ist.* ② *Sie erteilt dem Veredeler einen Veredelungsschein, in dem die zur Feststellung der Nämlichkeit getroffenen Maßnahmen und die Frist für die Einfuhr der veredelten Gegenstände vermerkt werden.*

(5) *Der Antrag auf Überführung der veredelten Gegenstände in den freien Verkehr ist vom Veredeler bei der in der Bewilligung bestimmten Zollstelle zu stellen.*

20 **§ 13** ***Fänge deutscher Fischer***

(1) *Einfuhrumsatzsteuerfrei ist die Einfuhr von Fängen von Fischern, die in der Bundesrepublik Deutschland wohnen und von deutschen Schiffen aus auf See fischen, sowie die aus diesen Fängen auf deutschen Schiffen hergestellten Erzeugnisse.*

(2) ① *Die Steuerfreiheit hängt davon ab, daß die Gegenstände auf einem deutschen Schiff und für ein Unternehmen der Seefischerei eingeführt werden.* ② *Sie ist ausgeschlossen, wenn die Gegenstände vor der Einfuhr geliefert worden sind.*

21 **§ 14** ***Erstattung oder Erlaß***

(1)[1] *Die Einfuhrumsatzsteuer wird erstattet oder erlassen in den in den Artikeln 235 bis 242 Zollkodex bezeichneten Fällen in sinngemäßer Anwendung dieser Vorschriften und der Durchführungsvorschriften dazu.*

(2)[2] ① *Die Erstattung oder der Erlaß hängt davon ab, daß der Antragsteller hinsichtlich der Gegenstände nicht oder nicht in vollem Umfang nach § 15 Abs. 1 Nr. 2 des Gesetzes zum Vorsteuerabzug berechtigt ist.* ② *Satz 1 gilt nicht für die Fälle des Artikels 236 Zollkodex.*

22 **§ 15** ***Absehen von der Festsetzung der Steuer***[2]

Die Einfuhrumsatzsteuer wird nicht festgesetzt für Gegenstände, die nur der Einfuhrumsatzsteuer unterliegen, wenn sie weniger als 10 Euro beträgt und nach § 15 Abs. 1 [Satz 1] Nr. 2 des Gesetzes als Vorsteuer abgezogen werden könnte.

23 **§ 16** ***Inkrafttreten, abgelöste Vorschrift***

① *Diese Verordnung tritt am 1. Januar 1993 in Kraft.* ② *Gleichzeitig tritt die Einfuhrumsatzsteuer-Befreiungsverordnung vom 5. Juni 1984 (BGBl. I S. 747, 750), zuletzt geändert durch Artikel 1 der Verordnung vom 20. Juni 1990 (BGBl. I S. 1119), außer Kraft.*

(VSF) Z 8101 Nr. V

24 **Z 8101. Einfuhrumsatzsteuerbefreiung bei innergemeinschaftlichen Lieferungen**
– Dienstvorschrift EUSt –

Vorschriftensammlung Bundesfinanzverwaltung (VSF) Z 8101 Nr. V. 1.–3.

(VSF) Z 8101 Nr. VI

25 **Z 8101. Sonstige Steuerbefreiungen bei der Einfuhr, § 5 UStG**
– Dienstvorschrift EUSt –

Vorschriftensammlung Bundesfinanzverwaltung (VSF) Z 8101 Nr. VI. 1.–4.

(VSF) Z 8101 Nr. VII

26 **Z 8101. Einfuhrumsatzsteuerbefreiungen nach der EUStBV**
– Dienstvorschrift EUSt –

Vorschriftensammlung Bundesfinanzverwaltung (VSF) Z 8101 Nr. VII. 1.–8.

27 **Zusammenstellung** über steuerl. Vorrechte u. Befreiungen auf Grund **zwischenstaatlicher Vereinbarungen**
vgl. BMF vom 18. 3. 2013 IV B 4 – S 1311/07/10 039 (BStBl. I S. 404)

---

[1] § 14 Abs. 1 und Abs. 2 Satz 2 neugefasst durch die 1. ÄndVO vom 9. 2. 1994 (BGBl. I S. 302), in Kraft ab 1. 1. 1994.
[2] § 15 neugefasst durch VO vom 22. 12. 2003 (BGBl. 2004 I S. 21/26) mWv 10. 1. 2004.

UStG

§ 6 Ausfuhrlieferung[1]

(1) ① **Eine Ausfuhrlieferung (§ 4 Nr. 1 Buchstabe a) liegt vor, wenn bei einer Lieferung** 1

1. der Unternehmer den Gegenstand der Lieferung in das Drittlandsgebiet, ausgenommen Gebiete nach § 1 Abs. 3, befördert oder versendet hat oder

2. der Abnehmer den Gegenstand der Lieferung in das Drittlandsgebiet, ausgenommen Gebiete nach § 1 Abs. 3, befördert oder versendet hat und ein ausländischer Abnehmer ist oder

3. der Unternehmer oder der Abnehmer den Gegenstand der Lieferung in die in § 1 Abs. 3 bezeichneten Gebiete befördert oder versendet hat und der Abnehmer

a) ein Unternehmer ist, der den Gegenstand für sein Unternehmen erworben hat und dieser nicht ausschließlich oder nicht zum Teil für eine nach § 4 Nr. 8 bis 27 und 29 steuerfreie Tätigkeit verwendet werden soll, oder

b) ein ausländischer Abnehmer, aber kein Unternehmer, ist und der Gegenstand in das übrige Drittlandsgebiet gelangt.

② **Der Gegenstand der Lieferung kann durch Beauftragte vor der Ausfuhr bearbeitet oder verarbeitet worden sein.**

(2) ① **Ausländischer Abnehmer im Sinne des Absatzes 1 Satz 1 Nr. 2 und 3 ist** 2

1. ein Abnehmer, der seinen Wohnort oder Sitz im Ausland, ausgenommen die in § 1 Abs. 3 bezeichneten Gebiete, hat, oder

2. eine Zweigniederlassung eines im Inland oder in den in § 1 Abs. 3 bezeichneten Gebieten ansässigen Unternehmers, die ihren Sitz im Ausland, ausgenommen die bezeichneten Gebiete, hat, wenn sie das Umsatzgeschäft im eigenen Namen abgeschlossen hat.

② **Eine Zweigniederlassung im Inland oder in den in § 1 Abs. 3 bezeichneten Gebieten ist kein ausländischer Abnehmer.**

(3) **Ist in den Fällen des Absatzes 1 Satz 1 Nr. 2 und 3 der Gegenstand der Lieferung zur Ausrüstung oder Versorgung eines Beförderungsmittels bestimmt, so liegt eine Ausfuhrlieferung nur vor, wenn** 3

1. der Abnehmer ein ausländischer Unternehmer ist und

2. das Beförderungsmittel den Zwecken des Unternehmens des Abnehmers dient.

(3a) **Wird in den Fällen des Absatzes 1 Satz 1 Nr. 2 und 3 der Gegenstand der Lieferung nicht für unternehmerische Zwecke erworben und durch den Abnehmer im persönlichen Reisegepäck ausgeführt, liegt eine Ausfuhrlieferung nur vor, wenn**

1. der Abnehmer seinen Wohnort oder Sitz im Drittlandsgebiet, ausgenommen Gebiete nach § 1 Abs. 3, hat,

2. der Gegenstand der Lieferung vor Ablauf des dritten Kalendermonats, der auf den Monat der Lieferung folgt, ausgeführt wird, und

3. der Gesamtwert der Lieferung einschließlich Umsatzsteuer 50 Euro übersteigt.

③ **Nummer 3 tritt zum Ende des Jahres außer Kraft, in dem die Ausfuhr- und Abnehmernachweise in Deutschland erstmals elektronisch erteilt werden.**

(4) ① **Die Voraussetzungen der Absätze 1, 3 und 3a sowie die Bearbeitung oder Verarbeitung im Sinne des Absatzes 1 Satz 2 müssen vom Unternehmer nachgewiesen sein.** ② **Das Bundesministerium der Finanzen kann mit Zustimmung des Bundesrates durch Rechtsverordnung bestimmen, wie der Unternehmer die Nachweise zu führen hat.** 4

(5) **Die Absätze 1 bis 4 gelten nicht für die Lieferungen im Sinne des § 3 Abs. 1b.** 5

Hinweis auf EU-Vorschriften:

UStG:	§ 6 Abs. 1	**MwStSystRL:**	Art. 146 Abs. 1 (a), (b) Hs. 1, 155, 156 Abs. 1 (b)
	§ 6 Abs. 3		Art. 146 Abs. 1 (b) Hs. 2/**MwStVO:** Art. 47
	§ 6 Abs. 3a		Art. 147/**MwStVO:** Art. 48
	§ 6 Abs. 4		Art. 131

Übersicht

[1] **Steuerbefreiung bei innergemeinschaftlichen Lieferungen** vgl. § 6a UStG.

UStDV

§§ 8–13 *[siehe zu A 6.5 UStAE]*

§§ 14–16 *(weggefallen)*

§ 17 *[siehe zu A 6.11 UStAE]*

§§ 17a–17c *[siehe zu § 6a UStG]*

Zu § 6 UStG (§§ 8 bis 11 und 13 bis 17 UStDV)

UStAE 6.1

6.1 Ausfuhrlieferungen

11 (1) ① Hat der Unternehmer den Gegenstand der Lieferung in das Drittlandsgebiet außerhalb der in § 1 Abs. 3 UStG bezeichneten Gebiete befördert oder versendet, braucht der Abnehmer kein ausländischer Abnehmer zu sein (§ 6 Abs. 1 Satz 1 Nr. 1 UStG). ② Die Steuerbefreiung kann deshalb in diesen Ausfuhrfällen z. B. auch für die Lieferungen an Abnehmer in Anspruch genommen werden, die ihren Wohnort oder Sitz im Inland oder in den in § 1 Abs. 3 UStG bezeichneten Gebieten haben. ③ Das gilt auch für Lieferungen, bei denen der Unternehmer den Gegenstand auf die Insel Helgoland oder in das Gebiet von Büsingen befördert oder versendet hat, weil diese Gebiete umsatzsteuerrechtlich nicht zum Inland im Sinne des § 1 Abs. 2 Satz 1 UStG gehören und auch nicht zu den in § 1 Abs. 3 UStG bezeichneten Gebieten zählen.

12 (2) ① Hat der Abnehmer den Gegenstand der Lieferung in das Drittlandsgebiet – außerhalb der in § 1 Abs. 3 UStG bezeichneten Gebiete – befördert oder versendet (Abholfall), muss er ein ausländischer Abnehmer sein (§ 6 Abs. 1 Satz 1 Nr. 2 UStG). ② Zum Begriff des ausländischen Abnehmers wird auf Abschnitt 6.3 hingewiesen.

13 (3) ① Haben der Unternehmer oder der Abnehmer den Gegenstand der Lieferung in die in § 1 Abs. 3 UStG bezeichneten Gebiete, d. h. in einen Freihafen oder in die Gewässer oder Watten zwischen der Hoheitsgrenze und der jeweiligen Basislinie (vgl. Abschnitt 1.9 Abs. 3) befördert oder versendet, kommt die Steuerbefreiung (§ 6 Abs. 1 Satz 1 Nr. 3 UStG) in Betracht, wenn der Abnehmer ein Unternehmer ist, der den Gegenstand für Zwecke seines Unternehmens erworben hat (vgl. Abschnitt 15.2b) und dieser nicht ausschließlich oder nicht zum Teil für eine nach § 4 Nr. 8 bis 27 und 29 UStG steuerfreie Tätigkeit verwendet werden soll. ② Bei der Lieferung eines einheitlichen Gegenstands, z. B. eines Kraftfahrzeugs, ist im Allgemeinen davon auszugehen, dass der Abnehmer den Gegenstand dann für Zwecke seines Unternehmens erwirbt, wenn der unternehmerische Verwendungszweck zum Zeitpunkt des Erwerbs überwiegt. ③ Bei der Lieferung von vertretbaren Sachen, die der Abnehmer sowohl für unternehmerische als auch für nichtunternehmerische Zwecke erworben hat, ist der Anteil, der auf den unternehmerischen

Erwerbszweck entfällt, durch eine Aufteilung entsprechend den Erwerbszwecken zu ermitteln. ④ Bei ausländischen Abnehmern, die keine Unternehmer sind, muss der Gegenstand in das übrige Drittlandsgebiet gelangen.

(3a) ① Die sog. gebrochene Beförderung oder Versendung des Gegenstands der Lieferung durch mehrere Beteiligte (Lieferer und Abnehmer bzw. in deren Auftrag jeweils ein Dritter) ist für die Annahme der Steuerbefreiung einer Ausfuhrlieferung unschädlich, wenn der Abnehmer zu Beginn des Transports feststeht (vgl. Abschnitt 3.12 Abs. 3 Satz 4ff.) und der Transport ohne nennenswerte Unterbrechung erfolgt. ② Der liefernde Unternehmer muss nachweisen, dass ein zeitlicher und sachlicher Zusammenhang zwischen der Lieferung des Gegenstands und seiner Beförderung oder Versendung sowie ein kontinuierlicher Ablauf dieses Vorgangs gegeben sind. ③ In den Fällen, in denen der Abnehmer den Gegenstand der Lieferung im Rahmen seines Teils der Lieferstrecke in das Drittlandsgebiet befördert oder versendet, müssen die Voraussetzungen des § 6 Abs. 1 Satz 1 Nr. 2 UStG erfüllt sein. **13a**

(4) Liegt ein Reihengeschäft vor, kann nur die Beförderungs- oder Versendungslieferung (vgl. Abschnitt 3.14 Abs. 14) unter den Voraussetzungen des § 6 UStG als Ausfuhrlieferung steuerfrei sein. **14**

(5) ① Der Gegenstand der Lieferung kann durch einen Beauftragten oder mehrere Beauftragte vor der Ausfuhr sowohl im Inland als auch in einem anderen EU-Mitgliedstaat bearbeitet oder verarbeitet worden sein. ② Es kann sich nur um Beauftragte des Abnehmers oder eines folgenden Abnehmers handeln. ③ Erteilt der liefernde Unternehmer oder ein vorangegangener Lieferer den Bearbeitungs- oder Verarbeitungsauftrag, ist die Ausführung dieses Auftrags ein der Lieferung des Unternehmers vorgelagerter Umsatz. ④ Gegenstand der Lieferung des Unternehmers ist in diesem Fall der bearbeitete oder verarbeitete Gegenstand und nicht der Gegenstand vor seiner Bearbeitung oder Verarbeitung. ⑤ Der Auftrag für die Bearbeitung oder Verarbeitung des Gegenstands der Lieferung kann auch von einem Abnehmer erteilt worden sein, der kein ausländischer Abnehmer ist. **15**

(6) Besondere Regelungen sind getroffen worden: **16**

1. für Lieferungen von Gegenständen der Schiffsausrüstung an ausländische Binnenschiffer (vgl. BMF-Schreiben vom 19. 6. 1974, BStBl. I S. 438);
2. für Fälle, in denen Formen, Modelle oder Werkzeuge zur Herstellung steuerfrei ausgeführter Gegenstände benötigt wurden (vgl. BMF-Schreiben vom 27. 11. 1975, BStBl. I S. 1126).

(7) Die Steuerbefreiung für Ausfuhrlieferungen (§ 4 Nr. 1 Buchstabe a, § 6 UStG) kommt nicht in Betracht, wenn für die Lieferung eines Gegenstands in das Drittlandsgebiet auch die Voraussetzungen der Steuerbefreiungen nach § 4 Nr. 17, 19 oder 28 oder nach § 25c Abs. 1 und 2 UStG vorliegen. **17**

LS zu 6.1

Für die Lieferung von Gegenständen der Schiffsausrüstung an **ausländische Binnenschiffer** kann die Steuerbefreiung für Ausfuhrlieferungen in Betracht kommen. *Schreiben des BdF IV A 3 – S 7131 – 30/74 v. 19. 6. 1974 (BStBl. I S. 438).*

Die bisherige Billigkeitsregelung für innergemeinschaftliche Lieferungen von **Bunkeröl** (iGa) ist ab 1. 1. 2003 nicht mehr anzuwenden. *BMF-Schreiben v. 15. 10. 2002 IV D1 – S 7140 – 11/02 (DStR 2003 S. 289).* **18**

Anl zu 6.1

Schreiben betr. Umsatzsteuerfreiheit für Ausfuhrlieferungen (§ 4 Nr. 1, § 6 UStG); hier: Lieferungen von Gegenständen, zu deren Herstellung Formen, Modelle oder Werkzeuge benötigt werden[1]

Vom 27. November 1975 (BStBl. I S. 1126)

(BMF IV A 3 – S 7131 – 59/75)

[abgedruckt im USt-Handbuch 2021 als Anlage zu A 6.1]

6.2 Elektronisches Ausfuhrverfahren (Allgemeines)

UStAE 6.2

(1) ① Seit 1.7. 2009 besteht EU-einheitlich die Pflicht zur Teilnahme am elektronischen Ausfuhrverfahren (Artikel 326 UZK-IA). ② In Deutschland steht hierfür das IT-System ATLAS-Ausfuhr zur Verfügung. ③ Die Pflicht zur Abgabe elektronischer Anmeldungen betrifft alle Anmeldungen unabhängig vom Beförderungsweg (Straßen-, Luft-, See-, Post- und Bahnverkehr). **21**

(2) ① Die Ausfuhrzollstelle (AfZSt) überführt die elektronisch angemeldeten Waren in das Ausfuhrverfahren und übermittelt der angegebenen Ausgangszollstelle (AgZSt) vorab die Angaben zum Ausfuhrvorgang. ② Über das europäische IT-System AES (Automated Export System)/ ECS (Export Control System) kann die AgZSt, unabhängig davon, in welchem Mitgliedstaat sie sich befindet, anhand der Registriernummer der Ausfuhranmeldung (MRN) den Ausfuhrvorgang aufrufen und den körperlichen Ausgang der Waren überwachen. ③ Die AgZSt vergewissert **22**

[1] Die Kosten für **Spezialwerkzeuge,** die für die Herstellung von Gegenständen, die ins Ausland geliefert werden, benötigt werden, gehören zum Entgelt für Ausfuhrlieferungen. *Verfügung OFD Koblenz S 7527 A – St 51 1/2/3 v. 30. 12. 1987.*

sich unter anderem, dass die gestellten Waren den angemeldeten entsprechen, und überwacht den körperlichen Ausgang der Waren aus dem Zollgebiet der Gemeinschaft. ④ Der körperliche Ausgang der Waren ist der AfZSt durch die AgZSt mit der „Ausgangsbestätigung/Kontrollergebnis" unmittelbar anzuzeigen. ⑤ Weder im nationalen noch im europäischen Zollrecht existiert eine Differenzierung zwischen Beförderungs- und Versendungsfällen. ⑥ Für alle elektronisch angemeldeten Waren übersendet die AgZSt der AfZSt die Nachricht „Ausgangsbestätigung/Kontrollergebnis".

23 (3) ① Der Nachrichtenaustausch zwischen den Teilnehmern und den Zolldienststellen wird im IT-Verfahren ATLAS mit EDIFACT-Nachrichten durchgeführt, die auf EDIFACT-Nachrichtentypen basieren. ② Die (deutsche) AfZSt erledigt den Ausfuhrvorgang auf Basis der von der AgZSt übermittelten „Ausgangsbestätigung" dadurch, dass sie dem Ausführer/Anmelder elektronisch den „Ausgangsvermerk" (Artikel 334 UZK-IA) als PDF-Dokument (vgl. Anlage 1 zum BMF-Schreiben vom 3. 5. 2010, BStBl. I S. 499) übermittelt. ③ Der „Ausgangsvermerk" beinhaltet die Daten der ursprünglichen Ausfuhranmeldung, ergänzt um die zusätzlichen Feststellungen und Ergebnisse der AgZSt. ④ Der belegmäßige Nachweis der Ausfuhr wird daher zollrechtlich in allen Fällen (Beförderungs- und Versendungsfällen) durch den „Ausgangsvermerk" erbracht.

24 (4) ① Von dem seit 1. 7. 2009 geltenden elektronischen Nachrichtenaustauschverfahren sind – aus zollrechtlicher Sicht – Abweichungen nur zulässig

1. ① im Ausfall- und Sicherheitskonzept (erkennbar am Stempelabdruck „ECS/AES Notfallverfahren"). ② Hier wird das Exemplar Nr. 3 des Einheitspapiers, ein Handelsbeleg oder ein Verwaltungspapier als schriftliche Ausfuhranmeldung verwendet,
2. ① bei der Ausfuhr mit mündlicher oder konkludenter Anmeldung (in Fällen von geringer wirtschaftlicher Bedeutung). ② Hier wird ggf. ein sonstiger handelsüblicher Beleg als Ausfuhranmeldung verwendet.

② Nur in diesen Fällen wird die vom Ausführer/Anmelder vorgelegte Ausfuhranmeldung von der AgZSt auf der Rückseite mit Dienststempelabdruck versehen.

25 (5) ① Geht die Nachricht „Ausgangsbestätigung/Kontrollergebnis" der AgZSt bei der AfZSt – aus welchen Gründen auch immer – nicht ein, kann das Ausfuhrverfahren nicht automatisiert mit dem PDF-Dokument „Ausgangsvermerk" erledigt werden. ② Das Gemeinschaftszollrecht sieht in diesen Fällen eine Überprüfung des Ausfuhrvorgangs vor (Artikel 334 und 335 UZK-IA). ③ Sofern der Ausfuhrvorgang weder verwaltungsintern noch durch den Anmelder/Ausführer geklärt werden kann, wird die ursprüngliche Ausfuhranmeldung für ungültig erklärt. ④ Wird durch die Recherchen der AgZSt der Ausgang bestätigt, erstellt die AfZSt einen per EDIFACT-Nachricht übermittelten „Ausgangsvermerk". ⑤ Legt der Anmelder/Ausführer einen sog. Alternativnachweis vor, erstellt die AfZSt ebenfalls einen per EDIFACT-Nachricht übermittelten „Alternativ-Ausgangsvermerk" (vgl. Anlage 2 zum BMF-Schreiben vom 3. 5. 2010, BStBl. I S. 499).

UStAE 6.3

6.3 Ausländischer Abnehmer

26 (1) Ausländische Abnehmer sind Personen mit Wohnort oder Sitz im Ausland (§ 1 Abs. 2 Satz 2 UStG) – also auch auf Helgoland oder in der Gemeinde Büsingen – mit Ausnahme der in § 1 Abs. 3 UStG bezeichneten Gebiete (z. B. in den Freihäfen).

27 (2) ① Wer ausländischer Abnehmer ist, bestimmt sich bei einer natürlichen Person nach ihrem Wohnort. ② Es ist unbeachtlich, welche Staatsangehörigkeit der Abnehmer hat. ③ Wohnort ist der Ort, an dem sich der Abnehmer für längere Zeit eine Wohnung genommen hat und der nicht nur auf Grund subjektiver Willensentscheidung, sondern auch bei objektiver Betrachtung als der örtliche Mittelpunkt seines Lebens anzusehen ist (BFH-Urteil vom 31. 7. 1975 – V R 52/74, BStBl. II 1976 S. 80). ④ Der Begriff des Wohnorts ist nicht mit den in §§ 8 und 9 AO verwendeten Begriffen des Wohnsitzes und des gewöhnlichen Aufenthalts inhaltsgleich. ⑤ Eine Wohnsitzbegründung im Inland und im Ausland ist gleichzeitig möglich; dagegen kann ein Abnehmer jeweils nur einen Wohnort im Sinne des § 6 Abs. 2 Satz 1 Nr. 1 UStG haben. ⑥ Die zeitliche Dauer eines Aufenthalts ist ein zwar wichtiges, aber nicht allein entscheidendes Kriterium für die Bestimmung des Wohnorts. ⑦ Daneben müssen die sonstigen Umstände des Aufenthalts, insbesondere sein Zweck, in Betracht gezogen werden. ⑧ Arbeitnehmer eines ausländischen Unternehmers, die lediglich zur Durchführung eines bestimmten, zeitlich begrenzten Auftrags in das Inland kommen, ohne hier objektiv erkennbar den örtlichen Mittelpunkt ihres Lebens zu begründen, bleiben daher ausländische Abnehmer, auch wenn ihr Aufenthalt im Inland von längerer Dauer ist (BFH-Urteil vom 31. 7. 1975, V R 52/74, a. a. O.). ⑨ Personen, die ihren Wohnort vom Inland in das Ausland mit Ausnahme der in § 1 Abs. 3 UStG bezeichneten Gebiete verlegen oder zurückverlegen, sind bis zu ihrer tatsächlichen Ausreise (Grenzübergang) keine ausländischen Abnehmer (BFH-Urteil vom 14. 12. 1994, XI R 70/93, BStBl. 1995 II S. 515). ⑩ Eine nach § 6 Abs. 1 Satz 1 Nr. 2 oder Nr. 3 Buchstabe b UStG steuerfreie Ausfuhrlieferung kann an sie nur nach diesem Zeitpunkt erbracht werden. ⑪ Maßgebend für den Zeitpunkt der Lieferung ist das Erfüllungsgeschäft und nicht das

Verpflichtungsgeschäft. ⑫ Zum Nachweis des Wohnorts des Abnehmers bei Ausfuhrlieferungen im nichtkommerziellen Reiseverkehr vgl. Abschnitt 6.11 Abs. 11.

(3) Bei Abnehmern mit wechselndem Aufenthalt ist wie folgt zu verfahren: 28

1. ① Deutsche Auslandsbeamte, die ihren Wohnort im staatsrechtlichen Ausland haben, sind ausländische Abnehmer. ② Das Gleiche gilt für deutsche Auslandsvertretungen, z. B. Botschaften, Gesandtschaften, Konsulate, für Zweigstellen oder Dozenturen des Goethe-Instituts im Ausland, für im Ausland errichtete Bundeswehrdienststellen und im Ausland befindliche Bundeswehr-Einsatzkontingente, wenn sie das Umsatzgeschäft im eigenen Namen abgeschlossen haben.
2. Ausländische Diplomaten, die in der Bundesrepublik Deutschland akkreditiert sind, sind keine ausländischen Abnehmer.
3. ① Ausländische Touristen, die sich nur vorübergehend im Inland aufhalten, verlieren auch bei längerem Aufenthalt nicht ihre Eigenschaft als ausländische Abnehmer. ② Das Gleiche gilt für Ausländer, die sich aus beruflichen Gründen vorübergehend im Inland aufhalten, wie z. B. ausländische Künstler und Angehörige von Gastspiel-Ensembles.
4. ① Ausländische Gastarbeiter verlegen mit Beginn ihres Arbeitsverhältnisses ihren Wirkungskreis vom Ausland in das Inland. ② In der Regel sind sie daher bis zu ihrer endgültigen Ausreise nicht als ausländische Abnehmer anzusehen. ③ Ausländische Studenten sind in gleicher Weise zu behandeln.
5. Arbeitnehmer eines ausländischen Unternehmers, die nur zur Durchführung eines bestimmten zeitlich begrenzten Auftrags in das Inland kommen, bleiben ausländische Abnehmer (vgl. Absatz 2 Satz 8).
6. Mitglieder der in der Bundesrepublik Deutschland stationierten ausländischen Truppen und die im Inland wohnenden Angehörigen der Mitglieder sind keine ausländischen Abnehmer.

6.4 Ausschluss der Steuerbefreiung bei der Ausrüstung und Versorgung bestimmter Beförderungsmittel[1, 2] UStAE 6.4

(1) ① Die Steuerbefreiung für Ausfuhrlieferungen ist bei der Lieferung eines Gegenstands, der zur Ausrüstung oder Versorgung nichtunternehmerischer Beförderungsmittel bestimmt ist, insbesondere in den Fällen ausgeschlossen, in denen der ausländische Abnehmer – und nicht der Lieferer – den Liefergegenstand in das Drittlandsgebiet befördert oder versendet hat (§ 6 Abs. 3 UStG). ② Zu den Gegenständen zur Ausrüstung eines privaten Kraftfahrzeugs gehören alle Kraftfahrzeugteile einschließlich Kraftfahrzeug-Ersatzteile und Kraftfahrzeug-Zubehörteile. ③ Werden diese Teile im Rahmen einer Werklieferung geliefert, ist die Steuerbefreiung für Ausfuhrlieferungen nicht nach § 6 Abs. 3 UStG ausgeschlossen. ④ Für diese Werklieferungen kommt die Steuerbefreiung für Ausfuhrlieferungen nach § 6 Abs. 1 UStG in Betracht. ⑤ Zu den Gegenständen zur Versorgung eines privaten Kraftfahrzeugs gehören Gegenstände, die zum Verbrauch in dem Kraftfahrzeug bestimmt sind, z. B. Treibstoff, Motoröl, Bremsflüssigkeit, Autowaschmittel und Autopflegemittel, Farben und Frostschutzmittel. ⑥ Für Liefergegenstände, die zur Ausrüstung oder Versorgung eines privaten Wasserfahrzeugs oder eines privaten Luftfahrzeugs bestimmt sind, gelten die Ausführungen in den Sätzen 2 bis 5 entsprechend. 31

(2) ① Unter § 6 Abs. 3 UStG fallen auch die Lieferungen, bei denen der Unternehmer den Gegenstand, der zur Ausrüstung oder Versorgung eines nichtunternehmerischen Beförderungsmittels, z. B. eines Sportbootes, bestimmt ist, in die in § 1 Abs. 3 UStG bezeichneten Gebiete befördert oder versendet hat (Fall des § 6 Abs. 1 Satz 1 Nr. 3 Buchstabe b UStG). ② In diesem Fall ist die Steuerbefreiung für Ausfuhrlieferungen stets ausgeschlossen. 32

(3) In den Fällen des § 6 Abs. 3 UStG, in denen das Beförderungsmittel den Zwecken des Unternehmens des ausländischen Abnehmers dient und deshalb die Steuerbefreiung für Ausfuhrlieferungen nicht ausgeschlossen ist, hat der Lieferer den Gewerbezweig oder Beruf des Abnehmers und den Verwendungszweck des Beförderungsmittels zusätzlich aufzuzeichnen (vgl. Abschnitt 6.10 Abs. 7). 33

(4) ① Die Ausnahmeregelung des § 6 Abs. 3 UStG findet nach ihrem Sinn und Zweck nur auf diejenigen Lieferungen Anwendung, bei denen die Gegenstände zur Ausrüstung oder Versorgung des eigenen Beförderungsmittels des Abnehmers oder des von ihm mitgeführten fremden Beförderungsmittels bestimmt sind. ② Die Regelung gilt jedoch nicht für Lieferungen von Ausrüstungsgegenständen und Versorgungsgegenständen, die ein Unternehmer zur Weiterlieferung oder zur Verwendung in seinem Unternehmen, z. B. für Reparaturen, erworben hat. 34

[1] Ausschluss der Steuerbefreiung bei unentgeltlicher Wertabgabe vgl. § 6 Abs. 5 UStG u. A 3.2 Abs. 2 UStAE.

[2] Ein **Kfz-Ölwechsel** ist als Lieferung von Motoröl zu beurteilen. Dieser Umsatz ist nicht als Ausfuhrlieferung steuerfrei, wenn der Kfz-Ölwechsel für einen außengebietlichen Nichtunternehmer durchgeführt wird. – Eine Kfz-Inspektion mit Ölwechsel ist eine sonstige Leistung. Dieser Umsatz kann gegenüber einem außengebietlichen Auftraggeber als Lohnveredelung an Gegenständen der Ausfuhr steuerfrei sein. *BFH-Urteil vom 30. 9. 1999 – V R 77/98 (BStBl. 2000 II S. 14).*

Beispiel 1:

① Der Unternehmer U verkauft 100 Pkw-Reifen an den ausländischen Abnehmer K, der einen Kraftfahrzeughandel und eine Kraftfahrzeugwerkstatt betreibt. ② K holt die Reifen mit eigenem Lastkraftwagen im Inland ab. ③ Die Reifen sind zur Weiterveräußerung oder zur Verwendung bei Kraftfahrzeugreparaturen bestimmt.

④ Es liegt eine Lieferung im Sinne des § 6 Abs. 1 Satz 1 Nr. 2 UStG vor. ⑤ Gleichwohl findet § 6 Abs. 3 UStG keine Anwendung. ⑥ Die Lieferung ist deshalb steuerfrei, wenn U den Ausfuhrnachweis und den buchmäßigen Nachweis geführt hat.

Beispiel 2:

① Sachverhalt wie im Beispiel 1. ② U versendet jedoch die Reifen zur Verfügung des K in einen Freihafen.

③ Es liegt eine Lieferung im Sinne des § 6 Abs. 1 Satz 1 Nr. 3 Buchstabe a UStG vor. ④ Für sie gilt die rechtliche Beurteilung wie im Beispiel 1.

Zu § 4 Nr. 1 Buchstabe a und §§ 6 und 7 UStG

UStDV

Ausfuhrnachweis und buchmäßiger Nachweis bei Ausfuhrlieferungen und Lohnveredelungen an Gegenständen der Ausfuhr[1]

§ 8 *Grundsätze für den Ausfuhrnachweis bei Ausfuhrlieferungen*

41 *(1)*[2] *① Bei Ausfuhrlieferungen (§ 6 des Gesetzes) muss der Unternehmer im Geltungsbereich des Gesetzes durch Belege nachweisen, dass er oder der Abnehmer den Gegenstand der Lieferung in das Drittlandsgebiet befördert oder versendet hat (Ausfuhrnachweis). ② Die Voraussetzung muss sich aus den Belegen eindeutig und leicht nachprüfbar ergeben.*

(2) Ist der Gegenstand der Lieferung durch Beauftragte vor der Ausfuhr bearbeitet oder verarbeitet worden (§ 6 Abs. 1 Satz 2 des Gesetzes), so muss sich auch dies aus den Belegen nach Absatz 1 eindeutig und leicht nachprüfbar ergeben.

§ 9 *Ausfuhrnachweis bei Ausfuhrlieferungen in Beförderungsfällen*[3, 4]

42 *(1) ① Hat der Unternehmer oder der Abnehmer den Gegenstand der Lieferung in das Drittlandsgebiet befördert, hat der Unternehmer den Ausfuhrnachweis durch folgenden Beleg zu führen:*

1. bei Ausfuhranmeldung im elektronischen Ausfuhrverfahren nach Artikel 326 der Durchführungsverordnung zum Zollkodex der Union mit der durch die zuständige Ausfuhrzollstelle auf elektronischem Weg übermittelten Bestätigung, dass der Gegenstand ausgeführt wurde (Ausgangsvermerk);

2. bei allen anderen Ausfuhranmeldungen durch einen Beleg in Papierform oder einen elektronisch zur Verfügung gestellten Beleg, der folgende Angaben zu enthalten hat:
   a) den Namen und die Anschrift des liefernden Unternehmers,
   b) die Menge des ausgeführten Gegenstands und die handelsübliche Bezeichnung,
   c) den Ort und den Tag der Ausfuhr sowie
   d) eine Ausfuhrbestätigung der Grenzzollstelle eines Mitgliedstaates, die den Ausgang des Gegenstands aus dem Gemeinschaftsgebiet überwacht.

② Hat der Unternehmer statt des Ausgangsvermerks eine von der Ausfuhrzollstelle auf elektronischem Weg übermittelte alternative Bestätigung, dass der Gegenstand ausgeführt wurde (Alternativ-Ausgangsvermerk), gilt diese als Ausfuhrnachweis.

(2) ① Bei der Ausfuhr von Fahrzeugen im Sinne des § 1b Absatz 2 Satz 1 Nummer 1 des Gesetzes, die zum bestimmungsmäßigen Gebrauch im Straßenverkehr einer Zulassung bedürfen, muss

1. der Beleg nach Absatz 1 auch die Fahrzeug-Identifikationsnummer im Sinne des § 6 Absatz 5 Nummer 5 der Fahrzeug-Zulassungsverordnung enthalten und

2. der Unternehmer zusätzlich über eine Bescheinigung über die Zulassung, die Verzollung oder die Einfuhrbesteuerung im Drittland verfügen.

② Satz 1 Nummer 2 gilt nicht in den Fällen, in denen das Fahrzeug mit einem Ausfuhrkennzeichen ausgeführt wird, wenn aus dem Beleg nach Satz 1 Nummer 1 die Nummer des Ausfuhrkennzeichens ersichtlich ist, oder in denen das Fahrzeug nicht im Sinne der Fahrzeug-Zulassungsverordnung vom 3. Februar 2011 (BGBl. I S. 139), die durch Artikel 3 der Verordnung vom 10. Mai 2012 (BGBl. I S. 1086) geändert worden ist, in der jeweils geltenden Fassung auf öffentlichen Straßen in Betrieb gesetzt worden ist und nicht auf eigener Achse in das Drittlandsgebiet ausgeführt wird.

(3) ① An die Stelle der Ausfuhrbestätigung nach Absatz 1 Satz 1 Nummer 2 Buchstabe d tritt bei einer Ausfuhr im gemeinsamen Versandverfahren oder im Unionsversandverfahren oder bei einer Ausfuhr mit

---

[1] **Nachweis bei innergemeinschaftlichen Lieferungen** vgl. § 6a UStG, §§ 17a–17c UStDV.

[2] § 8 Abs. 1 Satz 1 geändert durch VO vom 22. 12. 2014 (BGBl. I S. 2392) mWv 30. 12. 2014.

[3] **Vordruckmuster** vgl. BMF vom 17. 1. 2000 (BStBl. I S. 179) und vom 16. 9. 2013 (BStBl. I S. 1192).

[4] § 9 neugefasst durch VO vom 2. 12. 2011 (BGBl. I S. 2416) mWv 1. 1. 2012; Abs. 2 Satz 1 geändert, Satz 2 neugefasst durch VO vom 11. 12. 2012 (BGBl. I S. 2637) mWv 20. 12. 2012; Abs. 1 Satz 1 Nr. 1 Verweis und Abs. 3 Satz 1 geändert, Abs. 4 neugefasst durch VO v. 12. 7. 2017 (BGBl. I S. 2360) mWv 20. 7. 2017; Abs. 1 Satz 1 Nr. 2 Einleitungssatz geändert durch VO vom 25. 6. 2020 (BGBl. I S. 1495) mWv 30. 6. 2020.

Carnets TIR, wenn diese Verfahren nicht bei einer Grenzzollstelle beginnen, eine Ausfuhrbestätigung der Abgangsstelle. ② Diese Ausfuhrbestätigung wird nach Eingang des Beendigungsnachweises für das Versandverfahren erteilt, sofern sich aus ihr die Ausfuhr ergibt.

(4) Im Sinne dieser Verordnung gilt als Durchführungsverordnung zum Zollkodex der Union die Durchführungsverordnung (EU) 2015/2447 der Kommission vom 24. November 2015 mit Einzelheiten zur Umsetzung von Bestimmungen der Verordnung (EU) Nr. 952/2013 des Europäischen Parlaments und des Rates zur Festlegung des Zollkodex der Union (ABl. L 343 vom 29. 12. 2015, S. 558) in der jeweils geltenden Fassung.

§ 10 *Ausfuhrnachweis bei Ausfuhrlieferungen in Versendungsfällen*[1, 2]

(1) ① Hat der Unternehmer oder der Abnehmer den Gegenstand der Lieferung in das Drittlandsgebiet versendet, hat der Unternehmer den Ausfuhrnachweis durch folgenden Beleg zu führen: 43

1. bei Ausfuhranmeldung im elektronischen Ausfuhrverfahren nach Artikel 326 der Durchführungsverordnung zum Zollkodex der Union mit dem Ausgangsvermerk;

2. bei allen anderen Ausfuhranmeldungen:

a) mit einem Versendungsbeleg, insbesondere durch handelsrechtlichen Frachtbrief, der vom Auftraggeber des Frachtführers unterzeichnet ist, mit einem Konnossement, mit einem Einlieferungsschein für im Postverkehr beförderte Sendungen oder deren Doppelstücke, oder

b) mit einem anderen handelsüblichen Beleg als den Belegen nach Buchstabe a, insbesondere mit einer Bescheinigung des beauftragten Spediteurs; dieser Beleg hat folgende Angaben zu enthalten:

aa) den Namen und die Anschrift des mit der Beförderung beauftragten Unternehmers sowie das Ausstellungsdatum,

bb) den Namen und die Anschrift des liefernden Unternehmers und des Auftraggebers der Versendung,

cc) die Menge und die Art (handelsübliche Bezeichnung) des ausgeführten Gegenstands,

dd) den Ort und den Tag der Ausfuhr oder den Ort und den Tag der Versendung des ausgeführten Gegenstands in das Drittlandsgebiet,

ee) den Empfänger des ausgeführten Gegenstands und den Bestimmungsort im Drittlandsgebiet,

ff) eine Versicherung des mit der Beförderung beauftragten Unternehmers darüber, dass die Angaben im Beleg auf der Grundlage von Geschäftsunterlagen gemacht wurden, die im Gemeinschaftsgebiet nachprüfbar sind, sowie

gg) die Unterschrift des mit der Beförderung beauftragten Unternehmers.

② Hat der Unternehmer statt des Ausgangsvermerks einen Alternativ-Ausgangsvermerk, gilt dieser als Ausfuhrnachweis.

(2) ① Bei der Ausfuhr von Fahrzeugen im Sinne des § 1b Absatz 2 Satz 1 Nummer 1 des Gesetzes, die zum bestimmungsmäßigen Gebrauch im Straßenverkehr einer Zulassung bedürfen, muss

1. der Beleg nach Absatz 1 auch die Fahrzeug-Identifikationsnummer enthalten und

2. der Unternehmer zusätzlich über eine Bescheinigung über die Zulassung, die Verzollung oder die Einfuhrbesteuerung im Drittland verfügen.

② Satz 1 Nummer 2 gilt nicht in den Fällen, in denen das Fahrzeug mit einem Ausfuhrkennzeichen ausgeführt wird, wenn aus dem Beleg nach Satz 1 Nummer 1 die Nummer des Ausfuhrkennzeichens ersichtlich ist, oder in denen das Fahrzeug nicht im Sinne der Fahrzeug-Zulassungsverordnung auf öffentlichen Straßen in Betrieb gesetzt worden ist und nicht auf eigener Achse in das Drittlandsgebiet ausgeführt wird.

(3) ① Ist eine Ausfuhr elektronisch angemeldet worden und ist es dem Unternehmer nicht möglich oder nicht zumutbar, den Ausfuhrnachweis nach Absatz 1 Satz 1 Nummer 1 zu führen, kann dieser die Ausfuhr mit den in Absatz 1 Satz 1 Nummer 2 genannten Belegen nachweisen. ② In den Fällen nach Satz 1 muss der Beleg zusätzlich zu den Angaben nach Absatz 1 Satz 1 Nummer 2 die Versendungsbezugsnummer der Ausfuhranmeldung nach Artikel 326 der Durchführungsverordnung zum Zollkodex der Union (Master Reference Number – MRN) enthalten.

(4) Ist es dem Unternehmer nicht möglich oder nicht zumutbar, den Ausfuhrnachweis nach Absatz 1 Satz 1 Nummer 2 zu führen, kann er die Ausfuhr wie in Beförderungsfällen nach § 9 Absatz 1 Satz 1 Nummer 2 nachweisen.

§ 11 *Ausfuhrnachweis bei Ausfuhrlieferungen in Bearbeitungs- und Verarbeitungsfällen*[2, 3]

(1) Hat ein Beauftragter den Gegenstand der Lieferung vor der Ausfuhr bearbeitet oder verarbeitet, hat der liefernde Unternehmer den Ausfuhrnachweis durch einen Beleg nach § 9 oder § 10 zu führen, der zusätzlich folgende Angaben zu enthalten hat: 44

---

[1] § 10 neugefasst durch VO vom 2. 12. 2011 (BGBl. I S. 2416) mWv 1. 1. 2012; Abs. 2 Satz 1 geändert, Satz 2 neugefasst durch VO vom 11. 12. 2012 (BGBl. I S. 2637) mWv 20. 12. 2012; Abs. 1 Satz 1 Nr. 2 Buchst. b Doppelbuchst. aa, ff und gg geändert durch VO vom 18. 7. 2016 (BGBl. I S. 1722) mWv 23. 7. 2016; Abs. 1 Satz 1 Nr. 1 Verweis und Abs. 3 Satz 2 geändert durch VO vom 12. 7. 2017 (BGBl. I S. 2360) mWv 20. 7. 2017.

[2] **Vordruckmuster** vgl. BMF vom 17. 1. 2000 (BStBl. I S. 179) und vom 16. 9. 2013 (BStBl. I S. 1192).

[3] § 11 neugefasst durch VO vom 2. 12. 2011 (BGBl. I S. 2416) mWv 1. 1. 2012.

UStDV

1. den Namen und die Anschrift des Beauftragten,

2. die Menge und die handelsübliche Bezeichnung des Gegenstands, der an den Beauftragten übergeben oder versendet wurde,

3. den Ort und den Tag der Entgegennahme des Gegenstands durch den Beauftragten sowie

4. die Bezeichnung des Auftrags sowie die Bezeichnung der Bearbeitung oder Verarbeitung, die vom Beauftragten vorgenommen wurde.

(2) Haben mehrere Beauftragte den Gegenstand der Lieferung bearbeitet oder verarbeitet, hat der liefernde Unternehmer die in Absatz 1 genannten Angaben für jeden Beauftragten, der die Bearbeitung oder Verarbeitung vornimmt, zu machen.

§ 12 *Ausfuhrnachweis bei Lohnveredelungen an Gegenständen der Ausfuhr*

45 *Bei Lohnveredelungen an Gegenständen der Ausfuhr (§ 7 des Gesetzes) sind die Vorschriften über die Führung des Ausfuhrnachweises bei Ausfuhrlieferungen (§§ 8 bis 11) entsprechend anzuwenden.*

§ 13 *Buchmäßiger Nachweis bei Ausfuhrlieferungen und Lohnveredelungen an Gegenständen der Ausfuhr*[1·2]

46 *(1) ① Bei Ausfuhrlieferungen und Lohnveredelungen an Gegenständen der Ausfuhr (§§ 6 und 7 des Gesetzes) hat der Unternehmer im Geltungsbereich des Gesetzes die Voraussetzungen der Steuerbefreiung buchmäßig nachzuweisen. ② Die Voraussetzungen müssen eindeutig und leicht nachprüfbar aus der Buchführung zu ersehen sein.*

(2)[3] *Der Unternehmer hat regelmäßig Folgendes aufzuzeichnen:*

1. die Menge des Gegenstands der Lieferung oder die Art und den Umfang der Lohnveredelung sowie die handelsübliche Bezeichnung einschließlich der Fahrzeug-Identifikationsnummer bei Fahrzeugen im Sinne des § 1 b Absatz 2 des Gesetzes,

2. den Namen und die Anschrift des Abnehmers oder Auftraggebers,

3. den Tag der Lieferung oder der Lohnveredelung,

4. das vereinbarte Entgelt oder bei der Besteuerung nach vereinnahmten Entgelten das vereinnahmte Entgelt und den Tag der Vereinnahmung,

5. die Art und den Umfang einer Bearbeitung oder Verarbeitung vor der Ausfuhr (§ 6 Absatz 1 Satz 2, § 7 Absatz 1 Satz 2 des Gesetzes),

6. den Tag der Ausfuhr sowie

7. in den Fällen des § 9 Absatz 1 Satz 1 Nummer 1, des § 10 Absatz 1 Satz 1 Nummer 1 und des § 10 Absatz 3 die Master Reference Number – MRN.

(3) In den Fällen des § 6 Absatz 1 Satz 1 Nummer 1 des Gesetzes, in denen der Abnehmer kein ausländischer Abnehmer ist, hat der Unternehmer zusätzlich zu den Angaben nach Absatz 2 aufzuzeichnen:

1. die Beförderung oder Versendung durch ihn selbst sowie

2. den Bestimmungsort.

(4) In den Fällen des § 6 Absatz 1 Satz 1 Nummer 3 des Gesetzes hat der Unternehmer zusätzlich zu den Angaben nach Absatz 2 aufzuzeichnen:

1. die Beförderung oder Versendung,

2. den Bestimmungsort sowie

3. in den Fällen, in denen der Abnehmer ein Unternehmer ist, auch den Gewerbezweig oder Beruf des Abnehmers und den Erwerbszweck.

(5) In den Fällen des § 6 Absatz 1 Satz 1 Nummer 2 und 3 des Gesetzes, in denen der Abnehmer ein Unternehmer ist und er oder sein Beauftragter den Gegenstand der Lieferung im persönlichen Reisegepäck ausführt, hat der Unternehmer zusätzlich zu den Angaben nach Absatz 2 auch den Gewerbezweig oder Beruf des Abnehmers und den Erwerbszweck aufzuzeichnen.

(6) In den Fällen des § 6 Absatz 3 des Gesetzes hat der Unternehmer zusätzlich zu den Angaben nach Absatz 2 Folgendes aufzuzeichnen:

1. den Gewerbezweig oder Beruf des Abnehmers sowie

2. den Verwendungszweck des Beförderungsmittels.

(7) ① In den Fällen des § 7 Absatz 1 Satz 1 Nummer 1 des Gesetzes, in denen der Auftraggeber kein ausländischer Auftraggeber ist, ist Absatz 3 entsprechend anzuwenden. ② In den Fällen des § 7 Absatz 1 Satz 1 Nummer 3 Buchstabe b des Gesetzes ist Absatz 4 entsprechend anzuwenden.

---

[1] **Vordruckmuster** vgl. BMF vom 17. 1. 2000 (BStBl. I S. 179) und vom 16. 9. 2013 (BStBl. I S. 1192).
[2] § 13 neugefasst durch VO vom 2. 12. 2011 (BGBl. I S. 2416) mWv 1. 1. 2012.
[3] § 13 Abs. 2 Nr. 7 geändert durch VO vom 12. 7. 2017 (BGBl. I S. 2360) mWv 20. 7. 2017.

6.5 Ausfuhrnachweis (Allgemeines)[1]

UStAE 6.5

(1) ① Der Unternehmer hat die Ausfuhr durch Belege nachzuweisen (§ 6 Abs. 4 UStG und §§ 8 bis 11 UStDV). ② Die Vorlage der Belege reicht jedoch für die Annahme einer Ausfuhrlieferung nicht in jedem Fall aus. 51 ③ Die geforderten Unterlagen bilden nur die Grundlage einer sachlichen Prüfung auf die inhaltliche Richtigkeit der Angaben (BFH-Urteil vom 14. 12. 1994, XI R 70/93, BStBl. 1995 II S. 515). ④ Für die Führung des Ausfuhrnachweises hat der Unternehmer in jedem Falle die Grundsätze des § 8 UStDV zu beachten (Mussvorschrift). ⑤ Für die Form und den Inhalt des Ausfuhrnachweises enthalten die §§ 9 bis 11 UStDV Mussvorschriften. ⑥ Der Unternehmer kann den Ausfuhrnachweis nur in besonders begründeten Einzelfällen auch abweichend von diesen Vorschriften führen, wenn

1. sich aus der Gesamtheit der Belege die Ausfuhr eindeutig und leicht nachprüfbar ergibt (§ 8 Abs. 1 Satz 2 UStDV) und
2. die buchmäßig nachzuweisenden Voraussetzungen eindeutig und leicht nachprüfbar aus der Buchführung zu ersehen sind (§ 13 Abs. 1 Satz 2 UStDV).

⑦ Zu den besonders begründeten Einzelfällen gehören z. B. Funktionsstörungen der elektronischen Systeme der Zollverwaltung. ⑧ Kann der Unternehmer den beleg- und buchmäßigen Nachweis nicht, nicht vollständig oder nicht zeitnah führen, ist grundsätzlich davon auszugehen, dass die Voraussetzungen für die Steuerbefreiung nicht erfüllt sind. ⑨ Etwas anderes gilt im Falle der Nichteinhaltung einer formellen Anforderung ausnahmsweise dann, wenn nach objektiven Kriterien zweifelsfrei feststeht, dass die materiell-rechtlichen Voraussetzungen für die Steuerfreiheit der Ausfuhrlieferung vorliegen, insbesondere, wenn objektiv erkennbar feststeht, dass der Gegenstand der Lieferung das Gemeinschaftsgebiet tatsächlich verlassen hat (Grundsatz der Steuerneutralität und Grundsatz der Verhältnismäßigkeit, vgl. EuGH-Urteile vom 17. 10. 2019, C-653/18, Unitel Sp, vom 28. 3. 2019, C-275/18, Vinš, und vom 8. 11. 2018, C-495/17, Cartrans Spedition, und BFH-Urteil vom 12. 3. 2020, V R 20/19, BStBl. II S. 608). ⑩ Allerdings kann sich der liefernde Unternehmer nicht auf die Grundsätze steuerlicher Neutralität und der Verhältnismäßigkeit berufen, wenn

1. sich der liefernde Unternehmer vorsätzlich an einer das Funktionieren des gemeinsamen Mehrwertsteuersystems gefährdenden Steuerhinterziehung beteiligt hat bzw. davon Kenntnis hatte oder nach der Sorgfalt eines ordentlichen Kaufmanns hätte haben müssen, dass der von ihm bewirkte Umsatz mit einer Steuerhinterziehung des Erwerbers zu Lasten eines Mitgliedstaates verknüpft war und er nicht alle ihm zur Verfügung stehenden, zumutbaren Maßnahmen ergriffen hat, um diese zu verhindern (vgl. EuGH-Urteile vom 17. 10. 2019, C-653/18, Unitel Sp, vom 28. 3. 2019, C-275/18, Vinš, und vom 8. 11. 2018, C-495/17, Cartrans Spedition, und BFH-Urteil vom 12. 3. 2020, V R 20/19, a. a. O.), oder
2. der Verstoß gegen die formellen Anforderungen den sicheren Nachweis verhindert, dass die materiell-rechtlichen Voraussetzungen für die Steuerbefreiung erfüllt wurden (vgl. EuGH-Urteile vom 17. 10. 2019, C-653/18, Unitel Sp, vom 28. 3. 2019, C-275/18, Vinš, und vom 8. 11. 2018, C-495/17, Cartrans Spedition, und BFH-Urteil vom 12. 3. 2020, V R 20/19, a. a. O.).

(2) ① Die Angaben in den Belegen für den Ausfuhrnachweis müssen im Geltungsbereich des 52 UStG nachprüfbar sein. ② Es genügt, wenn der Aussteller der Belege die Geschäftsunterlagen, auf denen die Angaben in den Belegen beruhen, dem Finanzamt auf Verlangen im Geltungsbereich des UStG vorlegt. ③ Die Regelung in § 10 Abs. 1 Satz 1 Nr. 2 Buchstabe b Doppelbuchstabe ff UStDV bleibt unberührt. ④ Die Ausfuhrbelege müssen sich im Besitz des Unternehmers befinden. ⑤ Sie sind nach § 147 Abs. 3 Satz 1 AO zehn Jahre aufzubewahren. ⑥ Diese Aufbewahrungsfrist kann sich nach § 147 Abs. 3 Satz 5 AO verlängern.

(3) ① Der Ausfuhrnachweis kann als Bestandteil des buchmäßigen Nachweises noch bis zur 53 letzten mündlichen Verhandlung vor dem Finanzgericht über eine Klage gegen die erstmalige endgültige Steuerfestsetzung oder den Berichtigungsbescheid geführt werden (BFH-Urteil vom 28. 2. 1980, V R 118/76, BStBl. II S. 415). ② Das gilt nicht, wenn das Finanzgericht für die Vorlage des Ausfuhrnachweises eine Ausschlussfrist gesetzt hat.

(4) ① Ausfuhrbelege können nach § 147 Abs. 2 AO auch auf solchen Datenträgern aufbewahrt 54 werden, bei denen das Verfahren den Grundsätzen ordnungsmäßiger Buchführung entspricht und sichergestellt ist, dass bei der Lesbarmachung die Wiedergabe mit den empfangenen Ausfuhrbelegen bildlich übereinstimmt. ② Als solche bildlich wiedergabefähige Datenträger kommen neben Bildträgern (z. B. Mikrofilm oder Mikrokopie) insbesondere auch die maschinell lesbaren Datenträger (z. B. Diskette, Magnetband, Magnetplatte, elektro-optische Speicherplatte) in Betracht, soweit auf diesen eine Veränderung bzw. Verfälschung nicht möglich ist (vgl. BMF-Schreiben vom 1. 2. 1984, BStBl. I S. 155, und vom 28. 11. 2019, BStBl. I S. 1269).[2] ③ Unternehmer, die ihre Geschäftspapiere unter Beachtung der in den vorbezeichneten BMF-Schreiben festgelegten Verfahren aufbewahren, können mit Hilfe der gespeicherten Daten oder mikroverfilmten Unterlagen

[1] Mitwirkung der Zolldienststellen vgl. BMF v. 16. 10. 1997, BeckVerw 027144.
[2] Abgedruckt im „AO-Handbuch".

den Ausfuhrnachweis erbringen. ④ Wird kein zugelassenes Verfahren angewendet, gelten Ausdrucke oder Fotokopien für sich allein nicht als ausreichender Ausfuhrnachweis. ⑤ Sie können nur in Verbindung mit anderen Belegen als Ausfuhrnachweis anerkannt werden, wenn sich aus der Gesamtheit der Belege die Ausfuhr des Gegenstands zweifelsfrei ergibt.

55 (5)[1] *(aufgehoben)*

56 (6) ① Aus den im Steuerrecht allgemein geltenden Grundsätzen der Verhältnismäßigkeit und des Vertrauensschutzes ergibt sich, dass die Steuerfreiheit einer Ausfuhrlieferung nicht versagt werden darf, wenn der liefernde Unternehmer die Fälschung des Ausfuhrnachweises, den der Abnehmer ihm vorlegt, auch bei Beachtung der Sorgfalt eines ordentlichen Kaufmanns nicht hat erkennen können (BFH-Urteil vom 30.7. 2008, V R 7/03, BStBl. 2010 II S. 1075). ② Ob die Grundsätze des Vertrauensschutzes die Gewährung der Steuerbefreiung gebieten, obwohl die Voraussetzungen einer Ausfuhrlieferung nicht erfüllt sind, kann nur im Billigkeitsverfahren entschieden werden. ③ Hat der liefernde Unternehmer alle ihm zu Gebote stehenden zumutbaren Maßnahmen ergriffen, um sicherzustellen, dass die von ihm getätigten Umsätze nicht zu einer Beteiligung an einer Steuerhinterziehung führen, ist das Verwaltungsermessen hinsichtlich der Gewährung einer Billigkeitsmaßnahme auf Null reduziert (vgl. BFH-Urteil vom 30.7. 2008, V R 7/03, a. a. O.).

LS zu 6.5

Strafrechtliche Verfolgung mittelbarer **Falschbeurkundungen** bei der Erteilung zollamtlicher Ausfuhr- und Abnahmebescheinigungen. *Schreiben des BMF IV A 3 – S 7134 – 19/91 v. 24. 6. 1991.*

58 Das Ausstellen einer **unterfakturierten Zweitrechnung** führt nicht dazu, die Steuerfreiheit für die Ausfuhrlieferung aufgrund einer vom Abnehmer zu Lasten des Steueraufkommens eines Drittstaats begangenen Steuerhinterziehung zu versagen. *BFH-Urteile v. 12. 3. 2020 V R 20/19 (BStBl. II S. 608)* und *V R 24/19 (BFH/NV S. 1098).*

1. Die Anforderungen an den nach § 6 Abs. 4 UStG i. V. m. §§ 8 ff. UStDV beizubringenden Belegnachweis können nicht durch die Finanzverwaltung um weitere Voraussetzungen, wie z. B. das Erfordernis, die **Bevollmächtigung** eines für den Abnehmer handelnden Beauftragten belegmäßig **nachzuweisen,** verschärft werden. – 2. Der vom Unternehmer beigebrachte Belegnachweis unterliegt der Nachprüfung durch die Finanzverwaltung. Im Rahmen dieser Prüfung ist nach den allgemeinen Beweisregeln und -grundsätzen zu entscheiden, ob eine vom Vertreter des Abnehmers behauptete Bevollmächtigung besteht. Dabei bestimmt sich die Person des Abnehmers einer Ausfuhrlieferung nach dem der Ausfuhrlieferung zugrunde liegenden Rechtsverhältnis. *BFH-Urt. v. 23. 4. 2009 V R 84/07 (BStBl. 2010 II S. 509).*

1. *[LS zu 4.8.3]* – 2. Die Bestimmungen über Buch- und Belegnachweise bei Ausfuhrlieferungen (§§ 8 und 17 UStDV 1993/1999) sind auf den Nachweis des Wohnsitzes des **Empfängers einer sonstigen Leistung** i. S. des *§ 3 a Abs. 3 Satz 3 UStG 1993/1999* [§ 3 a Abs. 4 Satz 1 u. 2 UStG n. F.] nicht analog anwendbar. *BFH-Urt. v. 19. 5. 2010 XI R 6/09 (BStBl. 2011 II S. 831).*

Zu den Auswirkungen nicht bestätigter Ausfuhren anlässlich des **Brexit** und den bis 31. 1. 2022 aus Billigkeitsgründen zulässigen Belegnachweisen siehe *Kurzinfo FM Schleswig-Holstein v. 28. 7. 2022 S 7133 – 005 (DStR S. 2058).*

Die **Vernichtung von Ausfuhrbelegen** mit anhängenden Originalrechnungen **nach ihrer Erfassung auf Datenträgern,** bei denen das Verfahren den Grundsätzen ordnungsgemäßer Buchführung entspricht, ist grundsätzlich zulässig. – Dies gilt nicht für Ausfuhrbelege mit digitalisierten Zollstempeln. *Verfügung OFD Koblenz S 7134 A – St 44 2 v. 7. 5. 2007.*

UStAE 6.6

6.6 Ausfuhrnachweis in Beförderungsfällen

(1) In Beförderungsfällen (vgl. Abschnitt 3.12 Abs. 2) ist die Ausfuhr wie folgt nachzuweisen (§ 9 UStDV):

61 1. bei einer Ausfuhr außerhalb des gVV/Unionsversandverfahrens oder des Versandverfahrens mit Carnet TIR

a) ① in Fällen, in denen die Ausfuhranmeldung im EDV-gestützten Ausfuhrverfahren (ATLAS-Ausfuhr) auf elektronischem Weg erfolgt, mit dem durch die AfZSt an den Anmelder/Ausführer per EDIFACT-Nachricht übermittelten PDF-Dokument „Ausgangsvermerk" (vgl. Anlage 1 zum BMF-Schreiben vom 3. 5. 2010, BStBl. I S. 499 und Abschnitt 6.7 a). ② Dies gilt unabhängig davon, ob der Gegenstand der Ausfuhr vom Unternehmer oder vom Abnehmer befördert oder versendet wird. ③ Hat der Unternehmer statt des Ausgangsvermerks einen von der AfZSt erstellten „Alternativ-Ausgangsvermerk" (vgl. Anlage 2 zum BMF-Schreiben vom 3. 5. 2010, BStBl. I S. 499), gilt dieser als Ausfuhrnachweis. ④ Liegt dem Unternehmer weder ein „Ausgangsvermerk" noch ein „Alternativ-Ausgangsvermerk" vor, kann er den Belegnachweis entsprechend Absatz 6 führen. ⑤ Die Unternehmen haben die mit der Zollverwaltung ausgetauschten EDIFACT-Nachrichten zu archivieren (§ 147 Abs. 1 Nr. 4 a in Verbindung mit Abs. 2 und 3 AO). ⑥ Das Ausfuhrbegleitdokument (ABD) ist nicht als Ausfuhrnachweis geeignet, weil es von der AgZSt weder abgestempelt noch zurückgegeben wird. ⑦ Ein nachträglich von einer ausländischen Grenzzollstelle abgestempeltes ABD ist als Ausfuhrnachweis geeignet,

b) ① in Fällen, in denen die Ausfuhranmeldung nicht im elektronischen Ausfuhrverfahren durchgeführt werden kann (im Ausfall- und Sicherheitskonzept), wird das Exemplar Nr. 3 der Ausfuhranmeldung (= Exemplar Nr. 3 des Einheitspapiers – Einheitspapier Ausfuhr/Sicherheit, Zollvordruck 033 025 oder Einheitspapier, Zollvordruck 0733 mit Sicherheitsdokument, Zollvordruck 033 023) als Nachweis der Beendigung des zollrechtlichen Ausfuhrverfahrens verwendet. ② Dieser Beleg wird als Nachweis für Umsatzsteuerzwecke anerkannt, wenn die Ausfuhrbestätigung durch einen Vermerk (Dienststempelabdruck der

[1] A 6.5 UStAE Abs. 5 aufgehoben durch BMF v. 20. 12. 2022 (BStBl. I S. 1694).

Grenzzollstelle mit Datum) auf der Rückseite des Exemplars Nr. 3 der Ausfuhranmeldung angebracht ist. ③ Dieser Beleg muss im Fall des Ausfallkonzepts außerdem den Stempelabdruck „ECS/AES Notfallverfahren" tragen, da im Ausfallkonzept stets alle anstelle einer elektronischen Ausfuhranmeldung verwendeten schriftlichen Ausfuhranmeldungen mit diesem Stempelabdruck versehen werden,

c) ① in Fällen, in denen die Ausfuhranmeldung nicht im elektronischen Ausfuhrverfahren erfolgt (bei Ausfuhren mit mündlicher oder konkludenter Anmeldung in Fällen von geringer wirtschaftlicher Bedeutung bzw. bei Ausfuhranmeldungen bis zu einem Warenwert von 1000 €), wird auf andere Weise als mit dem Exemplar Nr. 3 der Ausfuhranmeldung (= Exemplar Nr. 3 des Einheitspapiers) der Ausgang der Ware überwacht. ② Wird hierfür ein handelsüblicher Beleg (z. B. Frachtbrief, Rechnung, Lieferschein) verwendet, wird er als Nachweis für Umsatzsteuerzwecke anerkannt, wenn die Ausfuhrbestätigung durch einen Vermerk (Dienststempelabdruck der Grenzzollstelle mit Datum) auf der Rückseite angebracht ist. ③ In diesem Beleg müssen in jedem Fall Name und Anschrift des liefernden Unternehmers, die handelsübliche Bezeichnung und die Menge des ausgeführten Gegenstands, der Ort und der Tag der Ausfuhr sowie die Ausfuhrbestätigung der zuständigen Grenzzollstelle enthalten sein;

2. bei einer Ausfuhr im gVV/Unionsversandverfahren oder im Versandverfahren mit Carnet TIR **62**
   a) ① Ausfuhr nach Absatz 1 Nr. 1 Buchstabe a: durch das von der AfZSt übermittelte oder erstellte Dokument „Ausgangsvermerk", wenn das EDV-gestützte Ausfuhrverfahren erst nach Eingang der Kontrollergebnisnachricht/des Rückscheins oder Trennabschnitts im Versandverfahren (Beendigung des Versandverfahrens) durch die Abgangsstelle, die in diesen Fällen als AgZSt handelt, beendet wurde. ② Dies gilt nur, wenn das EDV-gestützte Ausfuhrverfahren von einer deutschen Abgangsstelle (AgZSt) beendet wurde, oder
   b) ① Ausfuhr nach Absatz 1 Nr. 1 Buchstabe b: durch eine Ausfuhrbestätigung der Abgangsstelle, die bei einer Ausfuhr im Versandverfahren (gVV/Unionsversandverfahren oder Carnet TIR) nach Eingang der Kontrollergebnisnachricht erteilt wird, sofern das Versandverfahren EDV-gestützt eröffnet wurde. ② Bei einer Ausfuhr im Versandverfahren (gVV/Unionsversandverfahren oder Carnet TIR), das nicht EDV-gestützt eröffnet wurde, wird die Ausfuhrbestätigung nach Eingang des Rückscheins (Exemplar Nr. 5 des Einheitspapiers im gVV/Unionsversandverfahren) bzw. nach Eingang der Bescheinigung über die Beendigung im Carnet TIR (Trennabschnitt) erteilt, sofern sich aus letzterer die Ausfuhr ergibt.

(2) ① Das Unionsversandverfahren dient der Erleichterung des innergemeinschaftlichen Warenverkehrs und der Erleichterung des Warenverkehrs zwischen EU-Mitgliedstaaten und den Drittstaaten Andorra und San Marino, während das gemeinsame Versandverfahren den Warenverkehr zwischen EU-Mitgliedstaaten und den EFTA-Ländern (Island, Liechtenstein, Norwegen und Schweiz) erleichtert. ② Beide Verfahren werden im Wesentlichen einheitlich abgewickelt. ③ Bei Ausfuhren im Rahmen dieser Verfahren werden die Grenzzollstellen grundsätzlich nicht eingeschaltet. ④ Die Waren sind der Abgangsstelle per Teilnehmernachricht (E_DEC_DAT/Versandanmeldung) oder Internetversandanmeldung über das System ATLAS-Versand anzumelden. ⑤ Die Abgangsstelle überlässt – nach Prüfung der Anmeldung – die Waren in das gVV/Unionsversandverfahren und händigt dem Hauptverpflichteten ein Versandbegleitdokument (VBD) aus. ⑥ Die Bestimmungsstelle leitet der Abgangsstelle nach Gestellung der Waren die Eingangsbestätigung und die Kontrollergebnisnachricht zu. ⑦ Die Abgangsstelle schließt hierauf das Ausfuhrverfahren im Rahmen ihrer Eigenschaft als Ausgangszollstelle durch einen manuellen Datenabgleich ab. ⑧ Bestehen auf Grund von Unstimmigkeiten in der Kontrollergebnisnachricht (oder Exemplar Nr. 5 des Einheitspapiers im gVV/Unionsversandverfahren bzw. Bescheinigung über die Beendigung im Carnet TIR (Trennabschnitt)) der Bestimmungs(zoll)stelle Zweifel an der tatsächlich erfolgten Ausfuhr der Waren, kann der Ausfuhrnachweis für den entsprechenden Ausfuhrvorgang nur durch Alternativnachweise (z. B. Drittlandsverzollungsbeleg) geführt werden. ⑨ Die Teilnehmernachricht, die Internetversandanmeldung oder das VBD sind in diesem Zusammenhang nicht als Ausfuhrnachweise geeignet. **63**

(3) ① Die Ausfuhrbestätigung der den Ausgang des Gegenstands aus dem Gemeinschaftsgebiet überwachenden Grenzzollstelle oder der Abgangsstelle kann sich auf einem üblichen Geschäftsbeleg, z. B. Lieferschein, Rechnungsdurchschrift, Versandbegleitdokument oder der Ausfuhranmeldung (Exemplar Nr. 3 des Einheitspapiers) befinden. ② Es kann auch ein besonderer Beleg, der die Angaben des § 9 UStDV enthält, oder ein dem Geschäftsbeleg oder besonderen Beleg anzustempelnder Aufkleber verwendet werden. **64**

(4) ① Die deutschen Zollstellen wirken auf Antrag bei der Erteilung der Ausfuhrbestätigung wie folgt mit: **65**

1. Mitwirkung der Grenzzollstelle außerhalb des EDV-gestützten Ausfuhrverfahrens
   ① Die Grenzzollstelle prüft die Angaben in dem vom Antragsteller vorgelegten Beleg und bescheinigt auf Antrag den körperlichen Ausgang der Waren durch einen Vermerk. ② Der Vermerk erfolgt durch einen Dienststempelabdruck, der den Namen der Zollstelle und das Datum enthält. ③ Das nach der Verfahrensanweisung ATLAS Kapitel 8.2.6 Abs. 8 behandelte Exemplar Nr. 3 des Einheitspapiers Ausfuhr/Sicherheit (EPAS) dient grundsätzlich nur als

UStAE 6.6

Nachweis der Beendigung des zollrechtlichen Ausfuhrverfahrens. ④ In den Fällen, in denen das Exemplar Nr. 3 durch die letzte Zollstelle oder – wenn die Waren im Eisenbahn-, Post-, Luft- oder Seeverkehr ausgeführt werden – durch die für den Ort der Übernahme der Ausfuhrsendung durch die Beförderungsgesellschaften bzw. Postdienste zuständige Ausgangszollstelle behandelt wird, kann das Exemplar Nr. 3 als Ausfuhrnachweis für Umsatzsteuerzwecke (Ausfuhrbestätigung der Grenzzollstelle im Sinne von § 9 UStDV) verwendet werden. ⑤ Eines gesonderten Antrags bedarf es nicht.

2. Mitwirkung der Abgangsstelle bei Ausfuhren im gVV/Unionsversandverfahren oder im Versandverfahren mit Carnet TIR
   ① Bei Ausfuhren im gVV/Unionsversandverfahren oder im Versandverfahren mit Carnet TIR wird, wenn diese Verfahren nicht bei einer Grenzzollstelle beginnen, die Ausfuhrbestätigung der Grenzzollstelle ersetzt durch
   a) eine Ausgangsbestätigung der Ausfuhrzollstelle bei einer Ausfuhr im EDV-gestützten Ausfuhrverfahren mit einem in Deutschland erzeugten Dokument „Ausgangsvermerk“ (unter Beachtung von Absatz 1 Nr. 2 Buchstabe a), oder
   b) eine Ausfuhrbestätigung (§ 9 Abs. 3 UStDV) der Abgangsstelle, die bei einer Ausfuhr im gVV/Unionsversandverfahren nach Eingang der Kontrollergebnisnachricht/des Rückscheins oder Trennabschnitts erteilt wird (siehe unter Absatz 1 Nr. 2 Buchstabe b).
   ② Die Ausfuhrbestätigung wird von der Abgangsstelle in den Fällen des Satzes 1 mit folgendem Vermerk erteilt: „Ausgeführt mit Versandanmeldung MRN/mit Carnet TIR VAB-Nr. ... vom ...“. ③ Der Vermerk muss Ort, Datum, Unterschrift und Dienststempelabdruck enthalten. ④ Die Sätze 1 bis 3 gelten sinngemäß für im Rahmen des Ausfallkonzepts für ATLAS-Versand erstellte Versandanmeldungen auf Basis des Einheitspapiers (vgl. Absatz 1 Nr. 1 Buchstabe b Satz 2).

② Die den Ausgang des Ausfuhrgegenstands aus dem Gemeinschaftsgebiet überwachenden Grenzzollstellen (Ausgangszollstellen) anderer EU-Mitgliedstaaten bescheinigen im Ausfall- und Sicherheitskonzept (vgl. Abschnitt 6.2 Abs. 4 Satz 1 Nr. 1) auf Antrag den körperlichen Ausgang der Waren ebenfalls durch einen Vermerk auf der Rückseite des Exemplars Nr. 3 der Ausfuhranmeldung (= Exemplar Nr. 3 des Einheitspapiers).

66 (4a) ① Bei der Ausfuhr von Fahrzeugen im Sinne des § 1b Abs. 2 Nr. 1 UStG (vgl. Abschnitt 1b.1), die zum bestimmungsmäßigen Gebrauch im Straßenverkehr einer Zulassung bedürfen, muss der Beleg nach § 9 Abs. 1 UStDV (vgl. Absätze 1 bis 3) immer auch die Fahrzeug-Identifikationsnummer im Sinne des § 6 Abs. 5 Nr. 5 FZV enthalten (§ 9 Abs. 2 Satz 1 Nr. 1 UStDV), unabhängig davon, ob das Fahrzeug mit Hilfe eines Beförderungsmittels oder auf eigener Achse ausgeführt wird. ② Ob das ausgeführte Fahrzeug zum bestimmungsmäßigen Gebrauch im Straßenverkehr einer Zulassung bedarf, richtet sich dabei nach § 3 Abs. 1 und 2 Nr. 1 in Verbindung mit § 2 Nr. 1 und 3 FZV. ③ Außerdem muss der Unternehmer bei der Ausfuhr eines solchen Fahrzeugs nach § 9 Abs. 2 Satz 1 Nr. 2 UStDV grundsätzlich zusätzlich über eine Bescheinigung über die Zulassung, die Verzollung oder die Einfuhrbesteuerung im Drittland verfügen; Absatz 6 Sätze 4 und 5 gilt entsprechend. ④ Dies gilt nach § 9 Abs. 2 Satz 2 UStDV jedoch nicht in den Fällen, in denen das Fahrzeug

1. mit einem Ausfuhrkennzeichen ausgeführt wird, das im Beleg nach § 9 Abs. 1 UStDV aufgeführt ist, oder
2. nicht im Sinne der FZV auf öffentlichen Straßen in Betrieb gesetzt worden ist (vgl. § 3 und §§ 16 bis 19 FZV) und nicht auf eigener Achse in das Drittlandsgebiet ausgeführt wird.

67 (5) Bei einer Werklieferung an einem beweglichen Gegenstand, z. B. bei dem Einbau eines Motors in ein Kraftfahrzeug, kann der Ausfuhrnachweis auch dann als erbracht angesehen werden, wenn die Grenzzollstelle oder Abgangsstelle die Ausfuhr des tatsächlich in das Drittlandsgebiet gelangten Gegenstands, z. B. des Kraftfahrzeugs, bestätigt und sich aus der Gesamtheit der vorliegenden Unterlagen kein ernstlicher Zweifel ergibt, dass die verwendeten Stoffe mit dem ausgeführten Gegenstand in das Drittlandsgebiet gelangt sind.

68 (6) ① Ist der Nachweis der Ausfuhr durch Belege mit einer Bestätigung der Grenzzollstelle oder der Abgangsstelle nicht möglich oder nicht zumutbar, z. B. bei der Ausfuhr von Gegenständen im Reiseverkehr an Flughäfen, an denen die Zollverwaltung nicht im gesamten Transit- bzw. Sicherheitsbereich präsent ist, durch die Kurier- und Poststelle des Auswärtigen Amts oder durch Transportmittel der Bundeswehr oder der Stationierungstruppen, kann der Unternehmer den Ausfuhrnachweis auch durch andere Belege führen. ② Als Ersatzbelege können insbesondere Bescheinigungen amtlicher Stellen der Bundesrepublik Deutschland anerkannt werden; amtliche Stellen der Bundesrepublik Deutschland im Bestimmungsland können aber keine Ausfuhrbescheinigungen für Kraftfahrzeuge erteilen. ③ Grundsätzlich sind anzuerkennen:

1. Bescheinigungen des Auswärtigen Amts oder des Bundesamts für Auswärtige Angelegenheiten[1] einschließlich der diplomatischen oder konsularischen Vertretungen der Bundesrepublik Deutschland im Bestimmungsland;

[1] Anwendung auf alle offenen Fälle, *BMF-Schreiben v. 27. 9. 2021 (BStBl. S. 1812).*

2. Bescheinigungen der Bundeswehr einschließlich ihrer im Drittlandsgebiet stationierten Truppeneinheiten;
3. Belege über die Verzollung oder Einfuhrbesteuerung durch außergemeinschaftliche Zollstellen oder beglaubigte Abschriften davon,
4. Transportbelege der Stationierungstruppen, z. B. Militärfrachtbriefe, und
5. Abwicklungsscheine.

④ Nachweise in ausländischer Sprache können grundsätzlich nur in Verbindung mit einer amtlich anerkannten Übersetzung anerkannt werden. ⑤ Bei Einfuhrverzollungsbelegen aus dem Drittlandsgebiet in englischer Sprache kann im Einzelfall auf eine amtliche Übersetzung verzichtet werden. ⑥ Zahlungsnachweise oder Rechnungen (Artikel 335 Abs. 4 Buchstabe b und c UZK-IA) können grundsätzlich nicht als Nachweise anerkannt werden. ⑦ Können die materiellrechtlichen Voraussetzungen für die Inanspruchnahme der Steuerbefreiung anhand objektiver Kriterien zweifelsfrei nachgewiesen werden, gebietet es der Grundsatz der steuerlichen Neutralität, dass die Steuerbefreiung für die Ausfuhrlieferung zu gewähren ist, selbst wenn der liefernde Unternehmer bestimmten formellen Anforderungen nicht genügen konnte (vgl. EuGH-Urteile vom 17. 10. 2019, C-653/18, Unitel Sp, vom 28. 3. 2019, C-275/18, Vinš, und vom 8. 11. 2018, C-495/17, Cartrans Spedition, und BFH-Urteil vom 12. 3. 2020,V R 20/19, BStBl. II S. 608).

(7) ① In Beförderungsfällen, bei denen der Unternehmer den Gegenstand der Lieferung in eine Freizone (Freihäfen Bremerhaven und Cuxhaven; vgl. Abschnitt 1.9 Abs. 1) befördert, ist die Beschaffung der Bestätigung bei den den Ausgang aus dem Gemeinschaftsgebiet überwachenden Zollämtern an der Freihafengrenze wegen der großen Anzahl der Beförderungsfälle nicht zumutbar. ② Als Ausfuhrnachweis kann deshalb ein Beleg anerkannt werden, der neben den in § 9 Abs. 1 Satz 1 Nr. 2 Buchstaben a bis c UStDV bezeichneten Angaben Folgendes enthält: **69**

1. einen Hinweis darauf, dass der Unternehmer den Gegenstand in eine Freizone befördert hat;
2. ① eine Empfangsbestätigung des Abnehmers oder seines Beauftragten mit Datum, Unterschrift, Firmenstempel und Bezeichnung des Empfangsorts. ② Die Empfangsbestätigung kann auch auf elektronischem Weg übermittelt werden; bei einer elektronischen Übermittlung der Empfangsbestätigung ist eine Unterschrift nicht erforderlich, sofern erkennbar ist, dass die elektronische Übermittlung im Verfügungsbereich des Abnehmers begonnen hat. ③ Abschnitt 6 a.4 Abs. 3 Satz 2 und Abs. 6 ist entsprechend anzuwenden;

③ Als Belege kommen alle handelsüblichen Belege, insbesondere Lieferscheine, Kaiempfangsscheine oder Rechnungsdurchschriften, in Betracht. ④ Soweit sie die erforderlichen Angaben nicht enthalten, sind sie entsprechend zu ergänzen oder mit Hinweisen auf andere Belege zu versehen, aus denen sich die notwendigen Angaben ergeben.

Bei steuerfreien **Ausfuhren in deutsche Freihäfen** (Freizonen des Kontrolltyps I) kann die Vereinfachungsregelung des Abschnitts [6.6 Abs. 7 UStAE] in Anspruch genommen werden. *Verfügung OFD Frankfurt S 7134 A – 55 – St 110 v. 25. 1. 2008.* LS zu 6.6

70

6.7 Ausfuhrnachweis in Versendungsfällen

UStAE 6.7

(1) In den Versendungsfällen (vgl. Abschnitt 3.12 Abs. 3) muss der Ausfuhrnachweis, sofern die Ausfuhranmeldung im EDV-gestützten Ausfuhrverfahren (ATLAS-Ausfuhr) auf elektronischem Weg erfolgt, durch den „Ausgangsvermerk" bzw. „Alternativ-Ausgangsvermerk" geführt werden; Abschnitt 6.6 Abs. 1 Nr. 1 Buchstabe a gilt entsprechend. **71**

(1 a) ① Bei allen anderen Ausfuhranmeldungen muss der Ausfuhrnachweis durch Versendungsbelege oder durch sonstige handelsübliche Belege geführt werden. ② Versendungsbelege sind neben dem Eisenbahnfrachtbrief insbesondere der Luftfrachtbrief, der Einlieferungsschein für im Postverkehr beförderte Sendungen (vgl. Abschnitt 6.9 Abs. 5), das zur Auftragserteilung an einen Kurierdienst gefertigte Dokument (vgl. Abschnitt 6.9 Abs. 6), das Konnossement, der Ladeschein sowie deren Doppelstücke, wenn sich aus ihnen die grenzüberschreitende Warenbewegung ergibt. ③ Zum Begriff der sonstigen handelsüblichen Belege vgl. Absatz 2. ④ Die bei der Abwicklung eines Ausfuhrgeschäfts anfallenden Geschäftspapiere, z. B. Rechnungen, Auftragsschreiben, Lieferscheine oder deren Durchschriften, Kopien und Abschriften von Versendungsbelegen, Spediteur-Übernahmebescheinigungen, Frachtabrechnungen, sonstiger Schriftwechsel, können als Ausfuhrnachweis in Verbindung mit anderen Belegen anerkannt werden, wenn sich aus der Gesamtheit der Belege die Angaben nach § 10 Abs. 1 Satz 1 Nr. 2 UStDV eindeutig und leicht nachprüfbar ergeben. ⑤ Unternehmer oder Abnehmer, denen Belege über die Ausfuhr eines Gegenstands, z. B.Versendungsbelege oder sonstige handelsübliche Belege, ausgestellt worden sind, obwohl sie diese für Zwecke des Ausfuhrnachweises nicht benötigen, können die Belege mit einem Übertragungsvermerk versehen und an den Unternehmer, der die Lieferung bewirkt hat, zur Führung des Ausfuhrnachweises weiterleiten. ⑥ Ist der Versendungsbeleg ein Frachtbrief (z. B. CMR-Frachtbrief), muss dieser vom Absender als Auftraggeber des Frachtführers, also dem Versender des Liefergegenstands, unterzeichnet sein (beim CMR-Frachtbrief in Feld 22). ⑦ Der Auftraggeber kann hierbei von einem Dritten vertreten werden (z. B. Lagerhalter); es reicht aus, dass die Berechtigung des Dritten, den Frachtbrief zu unterschreiben, glaubhaft gemacht wird (z. B. durch Vorlie- **72**

gen eines Lagervertrages). ⑧ Beim Eisenbahnfrachtbrief kann die Unterschrift auch durch einen Stempelaufdruck oder einen maschinellen Bestätigungsvermerk ersetzt werden. ⑨ Die Unterschrift eines zur Besorgung des Warentransports eingeschalteten Dritten (z. B. ein Spediteur) ist nicht erforderlich. ⑩ Der Versendungsbeleg kann auch auf elektronischem Weg übermittelt werden; bei einer elektronischen Übermittlung des Versendungsbelegs ist eine Unterschrift nicht erforderlich, sofern erkennbar ist, dass die elektronische Übermittlung im Verfügungsbereich des Übermittlers begonnen hat. ⑪ Abschnitt 6 a.4 Abs. 6 ist entsprechend anzuwenden.

73 (2) ① Ist ein Spediteur, Frachtführer oder Verfrachter mit der Beförderung oder Versendung des Gegenstands in das Drittlandsgebiet beauftragt worden, soll der Unternehmer in den Fällen des Absatzes 1 a die Ausfuhr durch eine Ausfuhrbescheinigung nach vorgeschriebenem Muster nachweisen. ② Die Bescheinigung muss vom Spediteur nicht eigenhändig unterschrieben worden sein, wenn die für den Spediteur zuständige Landesfinanzbehörde die Verwendung des Unterschriftsstempels (Faksimile) oder einen Ausdruck des Namens der verantwortlichen Person genehmigt hat und auf der Bescheinigung auf die Genehmigungsverfügung der Landesfinanzbehörde unter Angabe von Datum und Aktenzeichen hingewiesen wird. ③ Die Bescheinigung kann auch auf elektronischem Weg übermittelt werden; bei einer elektronischen Übermittlung der Bescheinigung ist eine Unterschrift nicht erforderlich, sofern erkennbar ist, dass die elektronische Übermittlung im Verfügungsbereich des Spediteurs begonnen hat. ④ Abschnitt 6 a.4 Abs. 3 Satz 2 und Abs. 6 ist entsprechend anzuwenden. ⑤ Anstelle der Ausfuhrbescheinigung des Spediteurs, Frachtführers oder Verfrachters kann der Unternehmer den Ausfuhrnachweis im Ausfall- und Sicherheitskonzept (vgl. Abschnitt 6.2 Abs. 4 Satz 1 Nr. 1) auch mit dem Exemplar Nr. 3 des Einheitspapiers führen, wenn diese mit einem Ausfuhrvermerk der Ausgangszollstelle versehen sind (vgl. Abschnitt 6.6 Abs. 4 Satz 1 Nr. 1 Sätze 3 bis 5).

74 (2 a) ① Ist eine Ausfuhr elektronisch angemeldet worden und ist es dem Unternehmer nicht möglich oder nicht zumutbar, den Ausfuhrnachweis mit dem „Ausgangsvermerk" oder dem „Alternativ-Ausgangsvermerk" zu führen, kann der Unternehmer die Ausfuhr mit den in § 10 Abs. 1 Satz 1 Nr. 2 UStDV genannten Belegen nachweisen. ② In diesen Fällen muss der Beleg zusätzlich zu den nach § 10 Abs. 1 Satz 1 Nr. 2 UStDV erforderlichen Angaben die Versendungsbezugsnummer der Ausfuhranmeldung nach Artikel 226 UZK-IA und Artikel 1 Nr. 22 UZK-DA (MRN) enthalten. ③ An den Nachweis des Unternehmers, dass ein Ausnahmefall im Sinne des § 10 Abs. 3 UStDV vorliegt, sind keine erhöhten Anforderungen zu stellen. ④ Die Regelung in § 10 Abs. 3 UStDV betrifft hauptsächlich diejenigen Fälle, in denen ein anderer als der liefernde Unternehmer die Ausfuhr elektronisch anmeldet; die Sätze 1 bis 3 gelten jedoch auch in den Fällen, in denen das Ausfuhrverfahren nach Ablauf von 150 Tagen zollrechtlich für ungültig erklärt worden ist, weil eine ordnungsgemäße Beendigung des Ausfuhrverfahrens nicht möglich war. ⑤ Ein Beleg nach § 10 Abs. 1 Satz 1 Nr. 2 UStDV, der in den Fällen des § 10 Abs. 3 UStDV nicht die richtige MRN enthält, ist nicht als Ausfuhrnachweis anzuerkennen. ⑥ Eine unrichtige MRN kann jedoch korrigiert werden.

75 (3) ① Die Regelung in § 10 Abs. 4 UStDV betrifft hauptsächlich diejenigen Fälle, in denen der selbständige Beauftragte, z. B. der Spediteur mit Sitz im Drittlandsgebiet oder die Privatperson, die in § 10 Abs. 1 Satz 1 Nr. 2 Buchstabe b Doppelbuchstabe ff UStDV vorgesehene Versicherung über die Nachprüfbarkeit seiner Angaben im Gemeinschaftsgebiet nicht abgeben kann. ② An den Nachweis des Unternehmers, dass ein Ausnahmefall im Sinne des § 10 Abs. 4 UStDV vorliegt, sind keine erhöhten Anforderungen zu stellen.

76 (4) ① Bei der Ausfuhr von Fahrzeugen im Sinne des § 1 b Abs. 2 Nr. 1 UStG (vgl. Abschnitt 1 b.1), die zum bestimmungsmäßigen Gebrauch im Straßenverkehr einer Zulassung bedürfen, muss der Beleg nach § 10 Abs. 1 UStDV (vgl. Absätze 1 und 2) immer auch die Fahrzeug-Identifikationsnummer im Sinne des § 6 Abs. 5 Nr. 5 FZV enthalten (§ 10 Abs. 2 Satz 1 Nr. 1 UStDV), unabhängig davon, ob das Fahrzeug mit Hilfe eines Beförderungsmittels oder auf eigener Achse ausgeführt wird. ② Ob das ausgeführte Fahrzeug zum bestimmungsmäßigen Gebrauch im Straßenverkehr einer Zulassung bedarf, richtet sich dabei nach § 3 Abs. 1 und 2 Nr. 1 in Verbindung mit § 2 Nr. 1 und 3 FZV. ③ Außerdem muss der Unternehmer bei der Ausfuhr eines solchen Fahrzeugs nach § 10 Abs. 2 Satz 1 Nr. 2 UStDV grundsätzlich zusätzlich über eine Bescheinigung über die Zulassung, die Verzollung oder die Einfuhrbesteuerung im Drittland verfügen; Abschnitt 6.6 Abs. 6 Sätze 4 und 5 gilt entsprechend. ④ Dies gilt nach § 10 Abs. 2 Satz 2 UStDV jedoch nicht in den Fällen, in denen das Fahrzeug

1. mit einem Ausfuhrkennzeichen ausgeführt wird, das im Beleg nach § 10 Abs. 1 UStDV aufgeführt ist, oder
2. nicht im Sinne der FZV auf öffentlichen Straßen in Betrieb gesetzt worden ist (§ 3 und §§ 16 bis 19 FZV) und nicht auf eigener Achse in das Drittlandsgebiet ausgeführt wird.

LS zu 6.7

Zahnersatz ist als Ausfuhrlieferung nur dann steuerfrei, wenn er nicht fest implantiert ist. *Verfügung OFD Karlsruhe S 7134 K.2 v. 28. 2. 2012.*

77 1. Art. 146 Abs. 1 Buchst. a und b und Art. 131 MwStSystRL sowie die Grundsätze der Steuerneutralität und Verhältnismäßigkeit sind dahin auszulegen, dass sie einer nationalen Praxis wie der im Ausgangsverfahren in Rede stehenden entgegenstehen, die darin besteht, immer davon auszugehen, dass keine Lieferung von Gegenständen iSd erstgenannten Bestimmung erfolgt, und dementsprechend die Mehrwertsteuerbefreiung abzulehnen, wenn die betroffenen Gegenstände aus der

Union ausgeführt wurden und die Steuerbehörden nach deren Ausfuhr festgestellt haben, dass der Empfänger dieser Gegenstände nicht die auf der vom Steuerpflichtigen ausgestellten Rechnung genannte Person, sondern ein anderer – **nicht identifizierter – Empfänger** ist. Unter diesen Umständen ist die in Art. 146 Abs. 1 Buchst. a und b MwStSystRL vorgesehene Mehrwertsteuerbefreiung abzulehnen, wenn der Umstand, dass der tatsächliche Empfänger nicht identifiziert wurde, den Nachweis verhindert, dass der betreffende Umsatz eine Lieferung von Gegenständen im Sinne dieser Bestimmung darstellt, oder wenn festgestellt wird, dass dieser Steuerpflichtige wusste oder hätte wissen müssen, dass diesem Umsatz ein gegen das gemeinsame Mehrwertsteuersystem begangener Betrug anhaftet. – 2. Die MwStSystRL ist dahin auszulegen, dass in Fällen, in denen unter diesen Umständen die in Art. 146 Abs. 1 Buchst. a und b MwStSystRL vorgesehene Mehrwertsteuerbefreiung abgelehnt wird, davon auszugehen ist, dass der betreffende Umsatz keinen steuerbaren Umsatz darstellt und folglich kein Recht auf Vorsteuerabzug eröffnet. ***EuGH-Urteil v. 17. 10. 2019** C-653/18, Unitel Sp. z o. o. (DStR S. 2254).*

6.7 a Ausgangsvermerke als Ausfuhrnachweis

UStAE 6.7a

78 ① Neben dem allgemeinen „Ausgangsvermerk" und dem „Alternativ-Ausgangsvermerk" (vgl. Abschnitt 6.6 Abs. 1 Nr. 1 Buchstabe a und Abschnitt 6.7 Abs. 1) werden folgende Ausgangsvermerke, die im EDV-gestützten Ausfuhrverfahren ATLAS durch die AfZSt an den Anmelder/Ausführer übermittelt werden, als Ausfuhrnachweis anerkannt:

1. Ausgangsvermerk auf Grund einer monatlichen Sammelanmeldung nach Artikel 167 und 182 UZK sowie 225 UZK-IA, soweit sich aus den begleitenden Dokumenten und aus der Buchführung die Ausfuhr der Ware eindeutig und leicht nachprüfbar ergibt,
2. Ausgangsvermerk auf Grund einer nachträglichen Ausfuhranmeldung im Ausfallverfahren,
3. Ausgangsvermerk auf Grund einer rückwirkenden Ausfuhranmeldung nach Artikel 337 UZK-IA und
4. Ausgangsvermerk auf Grund einer nachträglichen Ausfuhranmeldung bei vorheriger ganz oder teilweise unrichtiger Ausfuhranmeldung.

② Zu den Mustern dieser Ausgangsvermerke siehe Anlagen 1 bis 4 des BMF-Schreibens vom 23. 1. 2015, BStBl. I S. 144.

6.8 Ausfuhrnachweis in Bearbeitungs- und Verarbeitungsfällen

UStAE 6.8

81 (1)[1] ① Wenn der Gegenstand der Lieferung vor der Ausfuhr durch einen Beauftragten des Abnehmers bearbeitet oder verarbeitet worden ist (vgl. Abschnitt 6.1 Abs. 5), muss der Beleg über den Ausfuhrnachweis die in § 11 Abs. 1 UStDV aufgeführten zusätzlichen Angaben enthalten. ② Dieser Beauftragte kann zu diesem Zweck den Beleg mit einem die zusätzlichen Angaben enthaltenden Übertragungsvermerk versehen oder die zusätzlichen Angaben auf einem gesonderten Beleg machen. ③ Er kann auch auf Grund der bei ihm vorhandenen Geschäftsunterlagen, z. B. Versendungsbeleg, Ausfuhrbescheinigung des beauftragten Spediteurs oder Bestätigung der den Ausgang aus dem Gemeinschaftsgebiet überwachenden Grenzzollstelle, dem Unternehmer eine kombinierte Ausfuhr- und Bearbeitungsbescheinigung nach vorgeschriebenem Muster ausstellen; hinsichtlich dieses Musters wird auf das BMF-Schreiben vom 13. 12. 2022, BStBl. I 2022 S. 1685, verwiesen.

82 (2) ① Ist der Gegenstand der Lieferung nacheinander durch mehrere Beauftragte des Abnehmers und/oder eines nachfolgenden Abnehmers bearbeitet oder verarbeitet worden, muss aus den Belegen des Unternehmers die von jedem Beauftragten vorgenommene Bearbeitung oder Verarbeitung ersichtlich sein. ② In der Regel wird der Unternehmer den Nachweis hierüber durch eine Ausfuhr- und Bearbeitungsbescheinigung des Beauftragten des Abnehmers führen können, dem er den Gegenstand der Lieferung übergeben oder übersandt hat. ③ Der Beauftragte kann in der Ausfuhrbescheinigung nicht nur die von ihm selbst vorgenommene Bearbeitung oder Verarbeitung, sondern auch die Bearbeitung oder Verarbeitung nachfolgender Beauftragter sowie deren Namen und Anschrift angeben. ④ Der Unternehmer kann sich aber auch die verschiedenen Bearbeitungen oder Verarbeitungen durch gesonderte Bescheinigung der einzelnen Beauftragten bestätigen lassen.

83 (3) ① Der Beleg nach Absatz 1 bzw. die Bescheinigung nach Absatz 1 oder Absatz 2 können auch auf elektronischem Weg übermittelt werden; bei einer elektronischen Übermittlung des Belegs bzw. der Bescheinigung ist eine Unterschrift nicht erforderlich, sofern erkennbar ist, dass die elektronische Übermittlung im Verfügungsbereich des Ausstellers begonnen hat. ② Abschnitt 6 a.4 Abs. 3 Satz 2 und Abs. 6 ist entsprechend anzuwenden.

6.9 Sonderregelungen zum Ausfuhrnachweis

UStAE 6.9

Lieferungen im Freihafen

91 (1) ① In einem Freihafen ausgeführte Lieferungen von Gegenständen, die sich im Zeitpunkt der Lieferung einfuhrumsatzsteuerrechtlich im freien Verkehr befinden (§ 1 Abs. 3 Satz 1 Nr. 4 Buchstabe b UStG), sind wie steuerfreie Ausfuhrlieferungen zu behandeln, wenn die Gegenstände bei Ausführung der Lieferungen in das Drittlandsgebiet außerhalb der in § 1 Abs. 3 UStG bezeichneten Gebiete gelangen. ② Da eine Ausfuhr nicht vorliegt, kann kein Ausfuhrnachweis geführt werden. ③ Es genügt, dass der Unternehmer die vorbezeichneten Voraussetzungen glaub-

[1] A 6.8 UStAE Abs. 1 Satz 3 neugefasst durch BMF v. 20. 12. 2022 (BGBl. I S. 1694).

UStAE 6.9

haft macht. ④ Auch das Fehlen des buchmäßigen Nachweises ist in diesen Fällen zur Vermeidung von unbilligen Härten nicht zu beanstanden. ⑤ Eine entsprechende Regelung ist für die Fälle des Freihafen-Veredelungsverkehrs und der Freihafenlagerung (§ 1 Abs. 3 Satz 1 Nr. 4 Buchstabe a UStG) nicht erforderlich, weil in diesen Fällen keine steuerbaren Lieferungen vorliegen (vgl. Abschnitt 1.12 Abs. 3).

Versendungen nach Grenzbahnhöfen oder Güterabfertigungsstellen

92 (2) ① Werden Liefergegenstände von einem Ort im Inland nach einem Grenzbahnhof oder einer Güterabfertigungsstelle eines deutschen Eisenbahnunternehmens im Drittlandsgebiet versendet, kann der Ausfuhrnachweis mit Hilfe des verwendeten Frachtbriefes, des Frachtbriefdoppels oder mit der von dem Eisenbahnunternehmen ausgestellten Bescheinigung zu Umsatzsteuerzwecken geführt werden. ② Im Drittlandsgebiet liegen die folgenden Grenzbahnhöfe oder Güterabfertigungsstellen:
Basel Bad Bf,
Basel Bad Gbf,
Bremerhaven Nordhafen (ohne Carl-Schurz-Gelände) und
Schaffhausen.
③ Als Grenzbahnhof im Drittlandsgebiet ist auch der Bahnhof Bremerhaven Kaiserhafen (ohne Ladebezirk Industriestammgleis Speckenbüttel) anzusehen. ④ Bei diesem Bahnhof liegen zwar die Gebäude im Inland, die jeweiligen Be- und Entladestellen befinden sich jedoch im Freihafen. ⑤ Über den Bahnhof Bremerhaven Kaiserhafen können auch Liefergegenstände versandt werden, bei denen als Bestimmungsort Privatgleisanschlüsse, private Ladestellen oder Freiladegleise im Inland angegeben sind. ⑥ Es liegt deshalb keine Ausfuhr vor, wenn einer dieser Gleisanschlüsse, eine dieser Ladestellen oder eines dieser Ladegleise Bestimmungsort ist.

93 (3) ① Werden Liefergegenstände aus dem Inland nach einem Grenzbahnhof oder einer Güterabfertigungsstelle im Inland versendet, liegt keine Ausfuhr vor. ② Die verwendeten Frachtbriefe oder Frachtbriefdoppel kommen deshalb als Ausfuhrbelege nicht in Betracht. ③ Lediglich bei Versendungen nach dem Bahnhof Cuxhaven ist es möglich, Liefergegenstände durch zusätzliche Angabe des Anschlusses in den Freihafen zu versenden. ④ Die Bezeichnungen hierfür lauten

1. Cuxhaven, Anschluss Amerika-Bahnhof Gleise 1 und 2,
2. Cuxhaven, Anschluss Amerika-Bahnhof Lentzkai Gleise 9 und 10.

⑤ Frachtbriefe oder Frachtbriefdoppel, in denen einer der bezeichneten Anschlüsse als Bestimmungsort angegeben ist, können deshalb als Ausfuhrnachweis anerkannt werden.

94 (4) ① In den Fällen, in denen Gegenstände nach ihrer Ankunft auf einem Grenzbahnhof oder einer Güterabfertigungsstelle im Inland weiter in das Drittlandsgebiet befördert oder versendet werden, gelten für die Führung des Ausfuhrnachweises die allgemeinen Regelungen (vgl. Abschnitte 6.5 bis 6.7). ② Jedoch ist Folgendes zu beachten:

1. ① Auf folgenden Grenzbahnhöfen im Inland besteht auch eine Güterabfertigungsstelle der Schweizerischen Bundesbahnen (SBB):
   Konstanz, SBB
   und Singen (Hohentwiel), SBB.
   ② Werden Liefergegenstände von diesen Gemeinschaftsbahnhöfen zu einem Bestimmungsort in der Schweiz versendet und zu diesem Zweck an den Güterabfertigungsstellen der SBB aufgegeben, kann der Ausfuhrnachweis auch mit Hilfe des Frachtbriefs oder Frachtbriefdoppels der SBB geführt werden.
2. ① Auf dem Grenzbahnhof Waldshut kann die Güterabfertigungsstelle der Eisenbahnen des Bundes beim Güterverkehr mit der Schweiz die Abfertigungsarbeiten für die SBB erledigen. ② Satz 2 der Nummer 1 gilt deshalb für diese Fälle entsprechend.

Postsendungen

95 (5) ① Bei Postsendungen kommen als Ausfuhrnachweise in Betracht:

1. Versendungsbelege, und zwar
   a) ① der Einlieferungsbeleg für eingeschriebene Briefsendungen einschließlich eingeschriebener Päckchen, für Briefe mit Wertangabe und für gewöhnliche Briefe mit Nachnahme sowie der Einlieferungsschein für Filialkunden bzw. die Einlieferungsliste (Auftrag zur Beförderung Ausland) für Vertragskunden für Postpakete (Wertpakete und gewöhnliche Postpakete). ② Die Bescheinigung wird erteilt auf den Einlieferungsbelegen bzw. -scheinen, im Einlieferungsbuch, auf Belegen des Absenders, die im Aufdruck mit dem Einlieferungsbeleg bzw. -schein, der Einlieferungsliste oder dem Einlieferungsbuch im Wesentlichen übereinstimmen, und – bei gewöhnlichen Postpaketen – auch auf vom Absender vorbereiteten Bescheinigungen,
   b) die Versandbestätigung für gewöhnliche Päckchen auf vom Absender vorbereiteten Bescheinigungen;
2. andere Belege, und zwar
   a) ① die von der AfZSt mit Dienststempelabdruck und von der AgZSt mit einem Dienststempelabdruck, der den Namen der Zollstelle und das Datum enthält, versehene und dem Beteiligten zurückgegebene bzw. zurückgesandte Ausfuhranmeldung (Exemplar Nr. 3 des Ein-

heitspapiers)[1] im Ausfall- und Sicherheitskonzept (vgl. Abschnitt 6.2 Abs. 4 Satz 1 Nr. 1). ② Der Anmelder ist jedoch von der Vorlage einer schriftlichen Ausfuhranmeldung nach Artikel 141 Abs. 4 UZK-DA unter Einschränkung des Artikel 142 UZK-DA insbesondere in folgenden Fällen befreit: UStAE 6.9

aa) bei Postsendungen (Pakete oder Päckchen, Artikel 1 Nr. 24 UZK-DA), die zu kommerziellen Zwecken bestimmte Waren enthalten, bis zu einem Wert von 1000 €;
bb) bei Postsendungen mit Waren zu nichtkommerziellen Zwecken (Artikel 1 Nr. 21 UZK-DA);
cc) bei Briefsendungen (Artikel 1 Nr. 26 UZK-DA).

③ In diesen Fällen kann deshalb der Ausfuhrnachweis nicht mit Hilfe der Ausfuhranmeldung (Exemplar Nr. 3 des Einheitspapiers)[1] geführt werden,

b) ① leicht nachprüfbare innerbetriebliche Versendungsunterlagen in Verbindung mit den Aufzeichnungen in der Finanzbuchhaltung. ② Dieser Nachweis kommt bei der Ausfuhr von Gegenständen in gewöhnlichen Briefen, für die eine Ausfuhranmeldung nicht erforderlich ist, in Betracht. ③ Diese Regelung trägt dem Umstand Rechnung, dass bei diesen Ausfuhrsendungen der Ausfuhrnachweis weder nach Nummer 1 noch nach Nummer 2 Buchstabe a geführt werden kann.

② Erfolgt die Versendung in ATLAS-Ausfuhr, gilt Abschnitt 6.6 Abs. 1 Nr. 1 Buchstaben a und b entsprechend.

Kurierdienste

(6) ① Grundsätzlich sind an die schriftliche Auftragserteilung an den Unternehmer, der Kurierdienstleistungen erbringt, die gleichen Anforderungen zu stellen wie an einen Posteinlieferungsschein. ② Ein Unternehmer erbringt eine Kurierdienstleistung, wenn er adressierte Sendungen in einer Weise befördert, dass entweder einzelne nachgewiesene Sendungen im Interesse einer schnellen und zuverlässigen Beförderung auf dem Weg vom Absender zum Empfänger ständig begleitet werden und die Begleitperson die Möglichkeit hat, jederzeit auf die einzelne Sendung zuzugreifen und die erforderlichen Dispositionen zu treffen, oder eine Kontrolle des Sendungsverlaufs durch den Einsatz elektronischer Kontroll- und Steuerungssysteme jederzeit möglich ist (sog. tracking and tracing). ③ Im Einzelnen sollen folgende Angaben vorhanden sein: 96

- Name und Anschrift des Ausstellers des Belegs;
- Name und Anschrift des Absenders;
- Name und Anschrift des Empfängers;
- handelsübliche Bezeichnung und Menge der beförderten Gegenstände;
- Tag der Einlieferung der beförderten Gegenstände beim Unternehmer.

④ Aus Vereinfachungsgründen kann bzgl. der Angaben zur handelsüblichen Bezeichnung, Menge und Wert der beförderten Gegenstände auf die Rechnung des Auftraggebers durch Angabe der Rechnungsnummer verwiesen werden, wenn auf dieser die Nummer des Versendungsbelegs angegeben ist. ⑤ Überwacht ein Transportunternehmen den Sendungsverlauf elektronisch, wird für Zwecke des Ausfuhrnachweises nicht zwischen den Leistungen von Kurierdiensten und anderen Transportunternehmen (Spediteure/Frachtführer) unterschieden. ⑥ Erfolgt die Versendung in ATLAS-Ausfuhr, gilt Abschnitt 6.6 Abs. 1 Nr. 1 Buchstaben a und b entsprechend.

Druckerzeugnisse

(7) ① Bücher, Zeitungen, Zeitschriften und sonstige Druckerzeugnisse werden vielfach als Sendungen zu ermäßigtem Entgelt oder als Sendungen zu ermäßigtem Entgelt in besonderem Beutel („M"-Beutel) in das Drittlandsgebiet versandt. ② Bei diesen Sendungen kann der Ausfuhrnachweis nicht durch Versendungsbelege geführt werden. ③ Die Ausfuhr kann deshalb durch leicht nachprüfbare innerbetriebliche Versendungsunterlagen in Verbindung mit den Aufzeichnungen in der Finanzbuchhaltung nachgewiesen werden. ④ Innerbetriebliche Versendungsunterlagen können sein: 97

1. bei Lieferungen von Büchern in das Drittlandsgebiet
   a) Auslieferungslisten oder Auslieferungskarteien mit Versanddaten, nach Nummern oder alphabetisch geordnet;
   b) Durchschriften von Rechnungen oder Lieferscheinen, nach Nummern oder alphabetisch geordnet;
   c) Postausgangsbücher oder Portobücher;
2. bei Lieferungen von Zeitungen, Zeitschriften und sonstigen periodisch erscheinenden Druckschriften in das Drittlandsgebiet
   a) Fortsetzungskarteien oder Fortsetzungslisten mit Versanddaten – in der Regel nur bei geringer Anzahl von Einzellieferungen –;
   b) Fortsetzungskarteien oder Fortsetzungslisten ohne Versanddaten – bei Massenversand häufig erscheinender Zeitschriften –, und zwar entweder in Verbindung mit Strichvermerken auf den Karteikarten oder in Verbindung mit maschinell erstellten Aufklebeadressen;
   c) Durchschriften von Rechnungen, nach Nummern oder alphabetisch geordnet;
   d) Postausgangsbücher oder Portobücher – nicht bei Massenversand –.

[1] Art. 205 ff. und Anhänge 31 ff. ZK-DVO (**Zölle und Verbrauchsteuern** Nr. **11**).

UStAE 6.9

⑤ Die bezeichneten Versendungsunterlagen können unter den Voraussetzungen des § 146 Abs. 5 und des § 147 Abs. 2 AO auch auf Datenträgern geführt werden.

98 (8) ① In den Fällen des Absatzes 7 soll durch Verweisungen zwischen den Versendungsunterlagen und der Finanzbuchhaltung der Zusammenhang zwischen den jeweiligen Lieferungen und den dazugehörigen Entgelten leicht nachprüfbar nachgewiesen werden. ② Dazu dienen in der Regel die Nummern oder die Daten der Rechnungen oder der Lieferscheine, die auf den Debitorenkonten und auf den Auslieferungslisten, Auslieferungskarteien oder sonstigen Versendungsunterlagen zu vermerken sind. ③ Zulässig ist auch jedes andere System gegenseitiger Hinweise, sofern es die leichte Nachprüfbarkeit gewährleistet.

99 (9) ① Werden Bücher, Zeitungen und Zeitschriften von einem Vertreter des Unternehmers, z. B. von einem sog. Auslieferer, gelagert und auf Weisung des Unternehmers an Abnehmer im Drittlandsgebiet versendet, kann der Unternehmer die Ausfuhr in der Regel durch eine Ausfuhrbestätigung seines Lieferers oder des Vertreters, die auf innerbetrieblichen Versendungsunterlagen beruhen kann, nachweisen. ② Es bestehen keine Bedenken, Ausfuhrbestätigungen des versendenden Vertreters auch ohne Angabe des Tages der Versendung als ausreichenden Ausfuhrnachweis anzuerkennen, wenn nach der Gesamtheit der beim Unternehmer vorliegenden Unterlagen kein ernstlicher Zweifel an der Ausfuhr der Gegenstände besteht. ③ Die Ausfuhrbestätigung des versendenden Vertreters kann auch auf elektronischem Weg übermittelt werden; bei einer elektronischen Übermittlung der Ausfuhrbestätigung ist eine Unterschrift nicht erforderlich, sofern erkennbar ist, dass die elektronische Übermittlung im Verfügungsbereich des Ausstellers begonnen hat. ④ Abschnitt 6 a.4 Abs. 3 Satz 2 und Abs. 6 ist entsprechend anzuwenden.

100 (10) Erfolgt die Versendung der genannten Druckerzeugnisse in ATLAS-Ausfuhr, gilt Abschnitt 6.6 Abs. 1 Nr. 1 Buchstaben a und b entsprechend.

(11)–(13) *(aufgehoben)*

Ausfuhranmeldungen im Rahmen der einzigen Bewilligung

104 (14) ① Mit Wirkung vom 1. 1. 2009 wurden die Vorschriften über die Binnengrenzen überschreitende Abfertigungsmöglichkeiten im Rahmen einer sog. einzigen Bewilligung auch auf das Ausfuhrverfahren ausgedehnt (Verordnung [EG] Nr. 1192/2008 der Kommission vom 17. 11. 2008, ABl. EU 2008 Nr. L 329). ② Mit dieser zentralisierten Zollabwicklung werden der Ort, an dem sich die Waren befinden und der Ort, an dem die Ausfuhranmeldung abgegeben wird, Mitgliedstaaten übergreifend entkoppelt.

105 (15) ① Ein Unternehmen, das von mehreren Warenorten in der EU seine Ausfuhren tätigt, kann die Ausfuhrsendung zentral in dem Mitgliedstaat anmelden, in dem sich seine Hauptbuchhaltung befindet. ② Für den Nachrichtenaustausch im EDV-gestützten Ausfuhrsystem bedeutet dies, dass der elektronische Ausfuhrvorgang in dem Mitgliedstaat begonnen und erledigt wird, in dem die ursprüngliche elektronische Anmeldung abgegeben wurde und zwar unabhängig davon, in welchem Mitgliedstaat sich die Waren im Anmeldezeitpunkt befanden. ③ Bei Ausfuhranmeldungen, die im Rahmen der „ausländischen" einzigen Bewilligung bei einer für den Ausführer/Anmelder zuständigen AfZSt in Deutschland abgegeben werden, müssen zwar in allen Mitgliedstaaten die Anmelder/Ausführer gemäß Artikel 334 UZK-IA über den körperlichen Ausgang der Waren per EDIFACT-Nachricht unterrichtet werden; ob – wie in Deutschland – dazu zusätzlich noch ein PDF-Dokument beigefügt wird, obliegt der Entscheidung der Mitgliedstaaten.

Beispiel 1:

① Ein Unternehmen hat seine Hauptbuchhaltung in den Niederlanden und unterhält Warenorte in den Niederlanden und in Deutschland. ② Die Ausfuhranmeldung erfolgt über das niederländische IT-System DSU auch für die in Deutschland befindlichen Waren. ③ Im deutschen IT-System ATLAS-Ausfuhr kann von der für den Warenort zuständigen AfZSt kein PDF-Dokument „Ausgangsvermerk" erzeugt werden.

④ In diesen Fällen ist die von der ausländischen Zolldienststelle erhaltene EDIFACT-Nachricht über den körperlichen Ausgang der Waren als Beleg im Sinne des § 9 Abs. 1 UStDV oder des § 10 Abs. 1 UStDV und als Nachweis für Umsatzsteuerzwecke anzuerkennen, wenn der Unternehmer zusammen mit der Nachricht über Aufzeichnungen/Dokumentationen verfügt, dass er diese von der ausländischen Zolldienststelle erhalten hat. ⑤ Zusätzlich muss der Unternehmer die Verbindung der Nachricht mit der entsprechenden Ausfuhranmeldung bei der ausländischen Zolldienststelle aufzeichnen.

④ Bei Ausfuhranmeldungen, die im Rahmen der „deutschen" einzigen Bewilligung bei einer für den Ausführer/Anmelder zuständigen AfZSt in einem anderen Mitgliedstaat abgegeben werden, erhält der Ausführer/Anmelder für alle Waren, die er über das deutsche IT-System ATLAS angemeldet hat, ein PDF-Dokument „Ausgangsvermerk".

Beispiel 2:

① Ein Unternehmen hat seine Hauptbuchhaltung in Deutschland und unterhält Warenorte in den Niederlanden und in Deutschland. ② Die Ausfuhranmeldung erfolgt über das deutsche IT-System ATLAS-Ausfuhr auch für die in den Niederlanden befindlichen Waren. ③ Anhand der Angabe in Feld 15 a (Ausfuhr-/Versendungsland) des Ausgangsvermerks ist für die deutschen Finanzämter erkennbar, dass sich die Waren im Anmeldezeitpunkt in einem anderen Mitgliedstaat befanden.

Abgabe der Ausfuhranmeldung in einem Mitgliedstaat des übrigen Gemeinschaftsgebiets

106 (16) Wurde die Ausfuhranmeldung zulässigerweise ohne einzige Bewilligung in einem Mitgliedstaat des übrigen Gemeinschaftsgebiets abgegeben, gilt Folgendes:

1. Hat die ausländische Zolldienststelle der von ihr übermittelten elektronischen Nachricht (z. B. EDIFACT-Nachricht) das PDF-Dokument „Ausgangsvermerk" beigefügt, ist der Aus-

fuhrnachweis mit diesem Ausgangsvermerk, der den Regelungen in § 9 Abs. 1 Satz 1 Nr. 1 UStDV und § 10 Abs. 1 Satz 1 Nr. 1 UStDV entspricht, zu führen.

2. Wurde dem Ausführer von der ausländischen Zolldienststelle lediglich eine elektronische Nachricht übersandt, ist der Ausfuhrnachweis wie folgt zu führen und unter folgenden Voraussetzungen anzuerkennen:
   a) der Unternehmer weist den körperlichen Ausgang der Waren mit der von der ausländischen Zolldienststelle erhaltenen elektronischen Nachricht nach,
   b) er verfügt über Aufzeichnungen/Dokumentationen, dass er die Nachricht von der ausländischen Zolldienststelle erhalten hat,
   c) er zeichnet die Verbindung der Nachricht mit der entsprechenden Ausfuhranmeldung bei der ausländischen Zolldienststelle auf und
   d) es bestehen keine Zweifel bezüglich des ordnungsgemäßen Ausgangs der Waren aus dem Zollgebiet der EU.

6.10 Buchmäßiger Nachweis

UStAE 6.10

(1) Der Unternehmer hat die Ausfuhr – neben dem Ausfuhrnachweis (vgl. Abschnitt 6.5 Abs. 1) – buchmäßig nachzuweisen (§ 6 Abs. 4 UStG und § 13 UStDV). **111**

(2) ① Der buchmäßige Nachweis muss grundsätzlich im Geltungsbereich des UStG geführt werden. ② Steuerlich zuverlässigen Unternehmern kann jedoch gestattet werden, die Aufzeichnungen über den buchmäßigen Nachweis im Ausland vorzunehmen und dort aufzubewahren. ③ Voraussetzung ist hierfür, dass andernfalls der buchmäßige Nachweis in unverhältnismäßiger Weise erschwert würde und dass die erforderlichen Unterlagen den deutschen Finanzbehörden jederzeit auf Verlangen im Geltungsbereich des UStG vorgelegt werden. ④ Der Bewilligungsbescheid ist unter einer entsprechenden Auflage und unter dem Vorbehalt jederzeitigen Widerrufs zu erteilen. **112**

(3) ① Aus dem Grundsatz, dass die buchmäßig nachzuweisenden Voraussetzungen eindeutig und leicht nachprüfbar aus der Buchführung zu ersehen sein müssen (§ 13 Abs. 1 UStDV), ergibt sich, dass die erforderlichen Aufzeichnungen laufend und unmittelbar nach Ausführung des jeweiligen Umsatzes vorgenommen werden müssen. ② Der Unternehmer muss den buchmäßigen Nachweis der steuerfreien Ausfuhrlieferung (§ 6 Abs. 4 UStG in Verbindung mit § 13 UStDV) bis zu dem Zeitpunkt führen, zu dem er die Umsatzsteuer-Voranmeldung für die Ausfuhrlieferung zu übermitteln hat (vgl. BFH-Urteil vom 28. 8. 2014, V R 16/14, BStBl. 2015 II S. 46). ③ Der Unternehmer kann fehlende oder fehlerhafte Aufzeichnungen eines rechtzeitig erbrachten Buchnachweises bis zum Schluss der letzten mündlichen Verhandlung vor dem Finanzgericht nach den für Rechnungsberichtigungen geltenden Grundsätzen ergänzen oder berichtigen (BFH-Urteil vom 28. 5. 2009, V R 23/08, BStBl. 2010 II S. 517). **113**

(3a) Wird der Buchnachweis weder rechtzeitig geführt noch zulässigerweise ergänzt oder berichtigt, kann die Ausfuhrlieferung gleichwohl steuerfrei sein, wenn auf Grund der objektiven Beweislage feststeht, dass die Voraussetzungen des § 6 Abs. 1 bis Abs. 3a UStG vorliegen (BFH-Urteil vom 28. 5. 2009, V R 23/08, BStBl. 2010 II S. 517).

(4) ① Der Inhalt und der Umfang des buchmäßigen Nachweises sind in Form von Mussvorschriften geregelt (§ 13 Abs. 2 bis 7 UStDV). ② Der Unternehmer kann den Nachweis aber in besonders begründeten Einzelfällen auch in anderer Weise führen. ③ Er muss jedoch in jedem Fall die Grundsätze des § 13 Abs. 1 UStDV beachten. **114**

(5) ① Bei der Aufzeichnung der Menge und der handelsüblichen Bezeichnung des Gegenstands der Lieferung sind Sammelbezeichnungen, z. B. Lebensmittel oder Textilien, in der Regel nicht ausreichend (vgl. Abschnitt 14.5 Abs. 15). ② Aus der Aufzeichnung der Art und des Umfangs einer etwaigen Bearbeitung oder Verarbeitung vor der Ausfuhr (vgl. Abschnitt 6.1 Abs. 5) sollen auch der Name und die Anschrift des mit der Bearbeitung oder Verarbeitung Beauftragten, die Bezeichnung des betreffenden Auftrags sowie die Menge und handelsübliche Bezeichnung des ausgeführten Gegenstands hervorgehen. ③ Als Grundlage dieser Aufzeichnungen können die Belege dienen, die der Unternehmer über die Bearbeitung oder Verarbeitung erhalten hat (vgl. Abschnitt 6.8). ④ Die Aufzeichnung der Fahrzeug-Identifikationsnummer bei der Lieferung eines Fahrzeugs im Sinne des § 1b Abs. 2 UStG nach § 13 Abs. 2 Nr. 1 UStDV und die Aufzeichnung der MRN nach § 13 Abs. 2 Nr. 7 UStDV sind unerlässlich. **115**

(6) ① Befördert oder versendet der Unternehmer oder der Abnehmer den Gegenstand der Lieferung in die in § 1 Abs. 3 UStG bezeichneten Gebiete, muss sich aus der Angabe des Berufs oder des Gewerbezweigs des Abnehmers dessen Unternehmereigenschaft sowie aus der Angabe des Erwerbszwecks des Abnehmers dessen Absicht, den Gegenstand für sein Unternehmen zu verwenden, ergeben. ② Bei Lieferungen, deren Gegenstände nach Art und/oder Menge nur zur Verwendung in dem Unternehmen des Abnehmers bestimmt sein können, genügt neben der Aufzeichnung des Berufs oder Gewerbezweigs des Abnehmers die Angabe der Art und Menge der gelieferten Gegenstände. ③ In Zweifelsfällen kann der Erwerbszweck durch eine Bestätigung des Abnehmers nachgewiesen werden. ④ Bei Lieferungen an juristische Personen des öffentlichen Rechts ist davon auszugehen, dass die Lieferungen für deren hoheitlichen und nicht für deren unternehmerischen Bereich ausgeführt worden sind, sofern nicht der Unternehmer **116**

anhand von Aufzeichnungen und Belegen, z.B. durch eine Bescheinigung des Abnehmers, das Gegenteil nachweist. ⑤ Wenn der Abnehmer kein Unternehmer ist, muss sich aus den Aufzeichnungen der Bestimmungsort im übrigen Drittlandsgebiet ergeben.

117 (7) Bei den in § 6 Abs. 3 UStG bezeichneten Lieferungen von Gegenständen, die zur Ausrüstung oder Versorgung eines Beförderungsmittels bestimmt sind (vgl. Abschnitt 6.4), muss der Unternehmer zusätzlich zu den in § 13 Abs. 2 UStDV bezeichneten Angaben Folgendes aufzeichnen (§ 13 Abs. 6 UStDV):

1. den Gewerbezweig oder Beruf des ausländischen Abnehmers zum Nachweis der Unternehmereigenschaft des Abnehmers und
2. ① den Zweck, dem das ausgerüstete oder versorgte Beförderungsmittel dient, zum Nachweis des unternehmerischen Verwendungszwecks. ② Es genügt die Angabe der Art des Beförderungsmittels, wenn es seiner Art nach nur unternehmerischen Zwecken dienen kann, z.B. Lastkraftwagen, Reiseomnibus, Frachtschiff. ③ Bei anderen Beförderungsmitteln, z.B. Personenkraftwagen, Krafträdern, Sport- und Vergnügungsbooten oder Sportflugzeugen, ist davon auszugehen, dass sie nichtunternehmerischen Zwecken dienen, es sei denn, dass nach der Gesamtheit der bei dem Unternehmer befindlichen Unterlagen kein ernstlicher Zweifel daran besteht, dass das Beförderungsmittel den Zwecken des Unternehmens des Abnehmers dient. ④ Eine Bescheinigung des Abnehmers über den Verwendungszweck des Beförderungsmittels reicht wegen der fehlenden Nachprüfungsmöglichkeit in der Regel nicht aus.

118 (8) Zum Buchnachweis beim nichtkommerziellen Reiseverkehr vgl. Abschnitt 6.11 Abs. 16.

LS zu 6.10

Zum Nachweis des Verwendungszwecks bei Ausfuhrlieferungen **zur Ausrüstung und zur Versorgung von Beförderungsmitteln** *siehe Verfügung OFD Münster S 7131 – 60 – St 14–32 v. 2. 7. 1998.*

119 Zum Nachweis der Steuerfreiheit der Ausfuhr bei Einschaltung eines **Subunternehmers** *siehe Verfügung OFD Magdeburg v. 11. 11. 2014 – S 7131 – 15 – St 242 (MwStR 2015 S. 70).*

– Reiseverkehr –

UStDV

§§ 14 bis 16 *(weggefallen)*

§ 17 *Abnehmernachweis bei Ausfuhrlieferungen im nichtkommerziellen Reiseverkehr*[1]

120 *In den Fällen des § 6 Abs. 3a des Gesetzes hat der Beleg nach § 9 zusätzlich folgende Angaben zu enthalten:*

1. *den Namen und die Anschrift des Abnehmers;*
2. *eine Bestätigung der Grenzzollstelle eines Mitgliedstaates, die den Ausgang des Gegenstands der Lieferung aus dem Gemeinschaftsgebiet überwacht, dass die nach Nummer 1 gemachten Angaben mit den Eintragungen in dem vorgelegten Pass oder sonstigen Grenzübertrittspapier desjenigen übereinstimmen, der den Gegenstand in das Drittlandsgebiet verbringt.*

UStAE 6.11

6.11 Ausfuhrlieferungen im nichtkommerziellen Reiseverkehr[2·3]

Allgemeines

121 (1) ① Bei den Ausfuhrlieferungen im nichtkommerziellen Reiseverkehr (§ 6 Abs. 3a UStG) handelt es sich um Fälle, in denen der Abnehmer Waren zu nichtunternehmerischen Zwecken erwirbt und im persönlichen Reisegepäck in das Drittlandsgebiet verbringt. ② Bei einem Abnehmer aus dem Vereinigten Königreich Großbritannien und Nordirland befindet sich dessen Wohnort für Zwecke des Warenverkehrs nur dann im Drittlandsgebiet, wenn der Abnehmer diesen in Großbritannien (nicht Nordirland) hat (vgl. Abschn. 1.10). ③ Voraussetzung für die Steuerbefreiung ist, dass der Gesamtwert der Lieferung einschließlich Umsatzsteuer 50 € übersteigt. ④ Zum „persönlichen Reisegepäck" gehören diejenigen Gegenstände, die der Abnehmer bei einem Grenzübertritt mit sich führt, z.B. das Handgepäck oder die in einem von ihm benutzten Fahrzeug befindlichen Gegenstände, sowie das anlässlich einer Reise aufgegebene Handgepäck. ⑤ Als Reise sind auch Einkaufsfahrten und der Berufsverkehr anzusehen. ⑥ Ein Fahrzeug, seine Bestandteile und sein Zubehör sind kein persönliches Reisegepäck. ⑦ Keine Ausfuhr im Reiseverkehr liegt vor, wenn der Käufer die Ware durch einen Spediteur, durch Bahn oder Post oder durch einen sonstigen Frachtführer in ein Drittland versendet.

Wertgrenze

121a (2) Ausfuhrlieferungen im nichtkommerziellen Reiseverkehr sind erst dann von der Umsatzsteuer befreit, wenn der Gesamtwert der Lieferung einschließlich Umsatzsteuer 50 € übersteigt (Wertgrenze).

---

[1] § 17 neugefasst durch VO vom 2. 11. 2011 (BGBl. I S. 2416) mWv 1. 1. 2012.

[2] **Merkblatt** für Ausfuhrlieferungen im nichtkommerziellen Reiseverkehr vgl. BMF vom 15. 3. 2022 (BStBl. I S. 352 mit **Vordruckmuster**).

Rechnungsberichtigung im nichtkommerziellen Reiseverkehr vgl. A 14 c.1 Abs. 8 UStAE.

[3] A 6.11 UStAE Abs. 1 neuer Satz 2 eingefügt, bish. Sätze 2 bis 5 werden Sätze 3 bis 6 durch BMF v. 15. 3. 2022 (BStBl. I S. 351), anzuwenden auf nach dem 30. 6. 2022 ausgeführte Umsätze.

USTAE 6.11

(3) ① Für die Feststellung, ob die Wertgrenze überschritten wurde, ist der Rechnungsbetrag maßgeblich (vgl. Artikel 48 Satz 1 MwStVO). ② Der Rechnungsbetrag kann neben dem Entgelt und dem auf das Entgelt entfallenden Steuerbetrag u. a. auch Kosten für Nebenleistungen (z. B. für Beförderung oder für Warenumschließungen) enthalten, die in die Ermittlung der Wertgrenze mit einzubeziehen sind (vgl. Abschnitt 10.1 Abs. 3). ③ Pfandgeld auf Warenumschließungen, das dem Abnehmer bei der Lieferung berechnet wird, ist grundsätzlich Teil des Entgelts für die Lieferung (Nebenleistungen zur Hauptleistung; vgl. Abschnitt 3.10 Abs. 5a Satz 2). ④ Unabhängig davon, ob einzelne Liefergegenstände von der Steuerbefreiung für Ausfuhrlieferungen ausgeschlossen sind (z. B. Gegenstände, die zur Ausrüstung oder Versorgung nichtunternehmerischer Beförderungsmittel bestimmt sind; § 6 Abs. 3 UStG), werden diese jedoch bei der Ermittlung der Wertgrenze berücksichtigt. **121b**

(4) ① Werden mehrere Gegenstände von ein und demselben Unternehmer an ein und denselben Abnehmer geliefert, darf der Gesamtwert der Lieferung nur dann zugrunde gelegt werden, wenn alle diese Gegenstände auf einer gemeinsamen Rechnung aufgeführt sind (vgl. Artikel 48 Satz 2 MwStVO). ② Eine Zusammenfassung mehrerer einzelner Rechnungen, um dadurch die Wertgrenze von 50 € zu überschreiten, ist nicht zulässig. **121c**

(5) ① Bei nachträglichen Entgeltminderungen ist für die Beurteilung der Wertgrenze zu unterscheiden: Pfandrückgaben bleiben aus Vereinfachungsgründen unberücksichtigt. ② Nachträgliche Teilrückabwicklungen (etwa bei Reklamation, Umtausch gegen Barauszahlung) sind demgegenüber zu berücksichtigen. **121d**

(6) ① Bei Einzweckgutscheinen im Sinne des § 3 Abs. 14 Satz 1 UStG kommt die Steuerbefreiung für Ausfuhrlieferungen im nichtkommerziellen Reiseverkehr – unabhängig von der Überschreitung der Wertgrenze – nicht in Betracht (ruhende Lieferung). ② Die Ausgabe oder erstmalige Übertragung eines Mehrzweckgutscheins im Sinne des § 3 Abs. 15 Satz 1 UStG stellt keine umsatzsteuerbare Lieferung dar. ③ Bei einem Mehrzweckgutschein gilt die Lieferung des Gegenstandes erst im Zeitpunkt der tatsächlichen Lieferung (= Einlösung) als erbracht. ④ Die Wertgrenze ist daher auch für Mehrzweckgutscheine anzuwenden, die vor dem 1. 1. 2020 ausgegeben, aber erst nach dem 31. 12. 2019 eingelöst werden. **121e**

Beispiel:

① Kauf eines Mehrzweckgutscheins am 23. 12. 2019 in Höhe von 20 €; Einlösung des Gutscheins für den Kauf einer CD zum Rechnungsbetrag von 20 € am 4. 1. 2020. ② Die Ausgabe des Mehrzweckgutscheins am 23. 12. 2019 ist umsatzsteuerlich unbeachtlich. ③ Erst mit Einlösung des Gutscheins am 4. 1. 2020 wird die tatsächliche Lieferung erbracht. ④ Die Steuerbefreiung kommt mangels Überschreiten der Wertgrenze nicht in Betracht.

Ausfuhrnachweis

(7) ① Die Verbringung des Liefergegenstands in das Drittlandsgebiet muss grundsätzlich durch eine Ausfuhrbestätigung der den Ausgang des Gegenstands aus dem Gemeinschaftsgebiet überwachenden Grenzzollstelle eines EU-Mitgliedstaats (Ausgangszollstelle) nachgewiesen werden (§ 9 Abs. 1 Satz 1 Nr. 2 UStDV, Abschnitt 6.6 Abs. 3). ② Die Ausfuhrbestätigung erfolgt durch einen Sichtvermerk der Ausgangszollstelle der Gemeinschaft auf der vorgelegten Rechnung oder dem vorgelegten Ausfuhrbeleg. ③ Unter Sichtvermerk ist der Dienststempelabdruck der Ausgangszollstelle mit Namen der Zollstelle und Datum zu verstehen. **122**

(8) ① Als ausreichender Ausfuhrnachweis ist grundsätzlich ein Beleg (Rechnung oder ein entsprechender Beleg) anzuerkennen, der mit einem gültigen Stempelabdruck der Ausgangszollstelle versehen ist. ② Das gilt auch dann, wenn außer dem Stempelabdruck keine weiteren Angaben, z. B. Datum und Unterschrift, gemacht wurden oder wenn auf besonderen Ausfuhrbelegen die vordruckmäßig vorgesehenen Ankreuzungen fehlen. ③ Entscheidend ist, dass sich aus dem Beleg die Abfertigung des Liefergegenstands zur Ausfuhr durch die Ausgangszollstelle erkennen lässt. ④ Ist der Ausfuhrnachweis durch Belege mit einer Bestätigung der Grenzzollstelle nicht möglich oder nicht zumutbar, kann der Nachweis im begründeten Einzelfall auch durch geeignete Alternativbelege geführt werden (vgl. Abschnitt 6.6 Abs. 6). **123**

(9)[1·2] ① Der Ausfuhrbeleg (Rechnung oder entsprechender Beleg) muss u. a. auch die handelsübliche Bezeichnung und die Menge des ausgeführten Gegenstands enthalten. ② Handelsüblich ist jede im Geschäftsverkehr für die Gegenstände allgemein verwendete Bezeichnung, die den Erfordernissen von Kaufleuten im Sinne des HGB genügt und von Unternehmern in den entsprechenden Geschäftskreisen allgemein (d. h. nicht nur gelegentlich) verwendet wird, z. B. auch eine Markenartikelbezeichnung. ③ Ob eine Bezeichnung handelsüblich ist, ist unter Berücksichtigung von Handelsstufe, Art und Inhalt der Lieferungen und dem Wert der einzelnen Gegenstände im Einzelfall zu bestimmen. ④ Bezeichnungen allgemeiner Art, die Gruppen verschiedenartiger Gegenstände umfassen, z. B. Geschenkartikel, reichen grundsätzlich nicht aus (vgl. Abschnitt 14.5 Abs. 15). ⑤ Die im Ausfuhrbeleg verwendete handelsübliche Bezeichnung **124**

---

[1] A 6.11 UStAE Abs. 9 Sätze 2 bis 4 neugefasst durch BMF v. 20. 12. 2022 (BStBl. I S. 1694).

[2] **Merkblatt** für Ausfuhrlieferungen im nichtkommerziellen Reiseverkehr vgl. BMF vom 10. 1. 2020 (BStBl. I S. 186).

Vordruckmuster für den Nachweis von Ausfuhrlieferungen im nichtkommerziellen Reiseverkehr vgl. BMF vom 10. 1. 2020 (BStBl. I S. 186).

Rechnungsberichtigung im nichtkommerziellen Reiseverkehr vgl. A 14 c.1 Abs. 8 UStAE.

UStAE 6.11

von Gegenständen ist nicht zu beanstanden, wenn die Ausgangszollstelle anhand der Angaben im Ausfuhrbeleg die Ausfuhr dieser Gegenstände bestätigt. ⑥ Damit ist ausreichend belegt, dass die Gegenstände im Ausfuhrbeleg so konkret bezeichnet worden sind, dass die Ausgangszollstelle in der Lage war, die Abfertigung dieser Gegenstände zur Ausfuhr zu bestätigen.

Nachweis der Ausfuhrfrist

125 (10) ① Der Unternehmer hat die Einhaltung der Ausfuhrfrist (§ 6 Abs. 3a Nr. 2 UStG) durch Angabe des Tags der Ausfuhr im Ausfuhrbeleg nachzuweisen. ② Fehlt auf dem Ausfuhrbeleg die Angabe des Ausfuhrtags (z. B. in den Fällen des Absatzes 2), muss der Unternehmer den Tag der Ausfuhr durch andere überprüfbare Unterlagen nachweisen.

Abnehmernachweis

126 (11)[1] ① Außer der Ausfuhr der Gegenstände hat der Unternehmer durch einen Beleg nachzuweisen, dass der Abnehmer im Zeitpunkt der Lieferung seinen Wohnort im Drittlandsgebiet hatte. ② Bei einem Abnehmer aus dem Vereinigten Königreich Großbritannien und Nordirland befindet sich dessen Wohnort für Zwecke des Warenverkehrs nur dann im Drittlandsgebiet, wenn der Abnehmer diesen in Großbritannien (nicht Nordirland) hat (vgl. Abschnitt 1.10). ③ Wohnort ist der Ort, an dem der Abnehmer für längere Zeit seine Wohnung hat und der als der örtliche Mittelpunkt seines Lebens anzusehen ist. ④ Als Wohnort in diesem Sinne gilt der Ort, der im Reisepass oder in einem anderen in der Bundesrepublik Deutschland anerkannten Grenzübertrittspapier (insbesondere Personalausweis) eingetragen ist. ⑤ Der Unternehmer kann sich hiervon durch Einsichtnahme in das vom Abnehmer vorgelegte Grenzübertrittspapier überzeugen. ⑥ Aus dem Ausfuhrbeleg (Rechnung oder entsprechender Beleg) müssen sich daher der Name und die Anschrift des Abnehmers ergeben (Land, Wohnort, Straße und Hausnummer). ⑦ Ist die Angabe der vollständigen Anschrift des Abnehmers zum Beispiel auf Grund von Sprachproblemen nicht möglich, genügt neben dem Namen des Abnehmers die Angabe des Landes, in dem der Abnehmer wohnt, und die Angabe der Nummer des Reisepasses oder eines anderen anerkannten Grenzübertrittspapiers.

127 (12) ① Im Ausfuhrbeleg bestätigt die Ausgangszollstelle außer der Ausfuhr, dass die Angaben zum Namen und zur Anschrift des Abnehmers mit den Eintragungen in dem vorgelegten Pass oder sonstigen Grenzübertrittspapier desjenigen übereinstimmen, der den Gegenstand in seinem Reisegepäck in das Drittlandsgebiet verbringt (§ 17 UStDV). ② Ist aus dem ausländischen Grenzübertrittspapier nicht die volle Anschrift, sondern nur das Land und der Wohnort oder nur das Land ersichtlich, erteilen die Ausgangszollstellen auch in diesen Fällen die Abnehmerbestätigung. ③ Derartige Abnehmerbestätigungen sind als ausreichender Belegnachweis anzuerkennen. ④ Absatz 8 Sätze 2 und 4 sind für Abnehmerbestätigungen entsprechend anzuwenden.

128 (13)[2] ① Die Abnehmerbestätigung wird von den deutschen Grenzzollstellen in folgenden Fällen trotz Vorlage eines gültigen Grenzübertrittspapiers des Ausführers nicht erteilt:

1. Die Angaben über den ausländischen Abnehmer in dem vorgelegten Beleg stimmen nicht mit den Eintragungen in dem vorgelegten Pass oder sonstigen Grenzübertrittspapier des Ausführers überein.
2. ① Der Ausführer weist einen in einem Drittland ausgestellten Pass vor, in dem ein Aufenthaltstitel im Sinne des Aufenthaltsgesetzes für einen drei Monate übersteigenden Aufenthalt in der Bundesrepublik Deutschland oder in einem anderen EU-Mitgliedstaat eingetragen ist, wenn diese Erlaubnis noch nicht abgelaufen ist oder nach ihrem Ablauf noch kein Monat vergangen ist. ② Entsprechendes gilt bei der Eintragung: „Aussetzung der Abschiebung (Duldung)“. ③ Die Abnehmerbestätigung wird jedoch nicht versagt, wenn der Ausführer einen in einem Drittland ausgestellten Pass vorweist, in dem ein Aufenthaltstitel im Sinne des Aufenthaltsgesetzes durch eine Auslandsvertretung eines anderen EU-Mitgliedstaates für die Dauer von 180 Tagen eingetragen ist und mit dem kein Titel für einen gewöhnlichen Aufenthalt oder Wohnsitz in diesem anderen EU-Mitgliedstaat erworben wurde. ④ Die Abnehmerbestätigung wird ebenfalls nicht versagt, wenn der Ausführer einen Pass vorweist, in dem zwar eine Aufenthaltserlaubnis eingetragen ist, die formell noch nicht abgelaufen ist, er aber gleichzeitig eine Abmeldebestätigung vorlegt, die mindestens sechs Monate vor der erneuten Ausreise ausgestellt worden ist oder der Ausführer nur eine Aufenthaltserlaubnis in der Form des Sichtvermerks (Visum) einer Auslandsvertretung der Bundesrepublik Deutschland oder eines anderen Mitgliedstaats besitzt, die zu mehrmaligen Einreisen in die Gemeinschaft, dabei jedoch nur zu einem Aufenthalt von bis zu maximal drei Monaten pro Halbjahr berechtigt (sog. Geschäftsvisum). ⑤ Die Gültigkeit solcher Geschäftsvisa kann bis zu zehn Jahre betragen.
3. Der Ausführer weist einen ausländischen Personalausweis vor, der in einem Drittland ausgestellt worden ist, dessen Staatsangehörige nur unter Vorlage eines Passes und nicht lediglich unter Vorlage eines Personalausweises in die Bundesrepublik Deutschland einreisen dürfen.

---

[1] A 6.11 UStAE Abs. 11 Satz 2 eingefügt, bish. Sätze 2 bis 6 werden Sätze 3 bis 7 durch BMF v. 15. 3. 2022 (BStBl. I S. 351), anzuwenden auf nach dem 30. 6. 2022 ausgeführte Umsätze.

[2] A 6.11 UStAE Abs. 13 Satz 1 Nr. 8 angefügt durch BMF v. 15. 3. 2022 (BStBl. I S. 351), anzuwenden auf nach dem 30. 6. 2022 ausgeführte Umsätze.

4. ① Der Ausführer weist einen deutschen oder einen in einem anderen EU-Mitgliedstaat ausgestellten Personalausweis vor. ② Bei Vorlage des deutschen Personalausweises wird die Abnehmerbestätigung jedoch in den Fällen erteilt, in denen der Inhaber des Ausweises ein Bewohner Helgolands oder der Gemeinde Büsingen ist.
5. ① Der Ausführer weist einen deutschen oder einen in einem anderen EU-Mitgliedstaat ausgestellten Pass vor, ohne seinen im Drittland befindlichen Wohnort durch Eintragung in den Pass oder durch eine besondere Bescheinigung nachweisen zu können; als eine solche Bescheinigung ist auch ein Aufenthaltstitel eines Drittlands mit mindestens noch einjähriger Gültigkeitsdauer anzusehen. ② Bei Vorlage eines deutschen Passes wird die Abnehmerbestätigung jedoch in den Fällen erteilt, in denen der Inhaber des Passes ein Bewohner Helgolands oder der Gemeinde Büsingen ist.
6. Der Ausführer ist erkennbar ein Mitglied einer nicht in einem Drittland, sondern in der Bundesrepublik Deutschland oder in einem anderen EU-Mitgliedstaat stationierten Truppe, eines in diesen Gebieten befindlichen Gefolges oder deren Angehöriger.
7. ① Der Ausführer legt einen vom Auswärtigen Amt ausgestellten amtlichen Pass (Diplomaten-, Ministerial- oder Dienstpass) vor. ② Bei Diplomaten- und Dienstpässen mit eingetragenem Dienstort in einem Drittland kann die Abnehmerbestätigung erteilt werden, wenn der Ausführer nachweist, dass er die Auslandsmission bereits in der Vergangenheit angetreten hat (Einreisestempel des Drittstaates, Reisepass mit entsprechendem Wohnorteintrag, durch eine besondere Bescheinigung oder durch ein Dokument über den diplomatischen oder konsularischen Aufenthalt im Ausland, das auch in den Diplomaten- oder Dienstpass eingetragen oder eingeklebt sein kann).
8. ① Der Abnehmer weist ausschließlich einen Reisepass des Vereinigten Königreichs Großbritannien und Nordirland vor. ② Da dieser lediglich den Ländercode „GBR" und darüber hinaus keine Angaben zum Wohnort des Abnehmers enthält, ist eine Bestimmung des Wohnortes anhand dieses Reisepasses nicht möglich. ③ Weist der Abnehmer jedoch durch einen gültigen britischen Führerschein, einen aktuellen Kommunalsteuerbescheid oder eine aktuelle Strom-, Gas- oder Wasserrechnung (nicht älter als 12 Monate) seinen Wohnsitz in Großbritannien (nicht Nordirland) oder durch einen Aufenthaltstitel seinen Wohnsitz in einem anderen Drittland nach, kann die Abnehmerbestätigung durch die Grenzzollstelle erteilt werden.

② In diesen Fällen kann mit Hilfe des Grenzübertrittspapiers nicht der Nachweis erbracht werden, dass der Wohnort des Abnehmers in einem Drittland liegt. ③ Die deutsche Grenzzollstelle bestätigt dann lediglich die Ausfuhr des Gegenstands der Lieferung. ④ Ferner vermerkt sie auf dem Ausfuhrbeleg den Grund dafür, warum sie die Richtigkeit des Namens und der Anschrift des ausländischen Abnehmers nicht bestätigen kann.

(14) ① Ist der Abnehmernachweis durch eine Bestätigung der Grenzzollstelle nicht möglich **129**
oder nicht zumutbar, bestehen keine Bedenken, auch eine entsprechende Bestätigung einer amtlichen Stelle der Bundesrepublik Deutschland im Wohnsitzstaat des Abnehmers, z. B. einer diplomatischen oder konsularischen Vertretung der Bundesrepublik Deutschland oder einer im Drittlandsgebiet stationierten Truppeneinheit der Bundeswehr, als ausreichend anzuerkennen. ② Aus dieser Bestätigung muss hervorgehen, dass die Angaben über den ausländischen Abnehmer – Name und Anschrift – im Zeitpunkt der Lieferung zutreffend waren. ③ Eine Ersatzbestätigung einer Zollstelle im Drittlandsgebiet kommt dagegen nicht in Betracht. ④ Die Erteilung von Ersatzbestätigungen durch Auslandsvertretungen der Bundesrepublik Deutschland ist gebührenpflichtig und unterliegt besonderen Anforderungen.

Ausfuhr- und Abnehmerbescheinigung

(15)[1] ① Für den Ausfuhrbeleg im Sinne des § 17 UStDV soll ein Vordruck nach vorgeschrie- **130**
benem Muster (vgl. Anlage 2 der Anlage zum BMF-Schreiben vom 15. 3. 2022, BStBl. I S. 352) verwendet werden. ② Es bestehen keine Bedenken, wenn die in den Abschnitten B und C des Musters enthaltenen Angaben nicht auf einem besonderen Vordruck, sondern, z. B. durch Stempelaufdruck, auf einer Rechnung angebracht werden, sofern aus dieser Rechnung der Lieferer, der ausländische Abnehmer und der Gegenstand der Lieferung ersichtlich sind.

Buchnachweis

(16) ① Neben dem belegmäßigen Ausfuhr- und Abnehmernachweis müssen sich die Voraussat- **131**
zungen der Steuerbefreiung auch eindeutig und leicht nachprüfbar aus der Buchführung ergeben (§ 13 UStDV). ② Grundlage des buchmäßigen Nachweises ist grundsätzlich der Beleg mit der Ausfuhr- und Abnehmerbestätigung der Ausgangszollstelle. ③ Hat die Ausgangszollstelle die Ausfuhr der Gegenstände sowie die Angaben zum Abnehmer in dem vorgelegten Beleg bestätigt, sind die in dem Beleg enthaltenen Angaben (z. B. hinsichtlich der handelsüblichen Bezeichnung der Gegenstände und der Anschrift des Abnehmers) insoweit auch als ausreichender Buchnach-

[1] A 6.11 UStAE Abs. 15 Satz 1 geändert durch BMF v. 15. 3. 2022 (BStBl. I S. 351), anzuwenden auf nach dem 30. 6. 2022 ausgeführte Umsätze.

weis anzuerkennen. ④ Dies gilt auch dann, wenn zum Beispiel bei Sprachproblemen anstelle der vollständigen Anschrift lediglich das Land und die Passnummer aufgezeichnet werden.

Merkblatt

132 (17)[1] Weitere Hinweise enthält das Merkblatt zur Umsatzsteuerbefreiung für Ausfuhrlieferungen im nichtkommerziellen Reiseverkehr, Stand Juli 2022 (Anlage 1 zum BMF-Schreiben vom 15. 3. 2022, BStBl. I S. 352).

LS zu 6.11

135 Eine Steuerbefreiung für eine Ausfuhrlieferung erfolgt nicht, wenn der Abnehmernachweis bei Ausfuhrlieferungen im nichtkommerziellen Reiseverkehr (§ 17 UStDV) nicht erbracht wurde. Ein mit dem Sichtvermerk der Ausgangszollstelle **eingescannter Ausfuhrbeleg** genügt den Nachweisanforderungen nicht, wenn der Originalbeleg nicht aufbewahrt wurde. *FG München, Urt. v. 19. 5. 2010, 3 K 1180/08, rkr. (DStRE 2011 S. 1030).*

1. Die im Transitbereich deutscher Flughäfen ausgeführten Umsätze werden im Inland ausgeführt. – 2. Der Verkauf von **„Duty-Free"-Waren im Transitbereich** ist nicht nach § 4 Nr. 1 Buchst. a, § 6 Abs. 1 Nr. 1 UStG 1999 befreit, weil der Unternehmer den Gegenstand der Lieferung nicht befördert oder versendet. – 3. Die Steuerbefreiung nach § 4 Nr. 1 Buchst. a, § 6 Abs. 1 Nr. 2, Abs. 3 a Nr. 1 UStG 1999 setzt einen Abnehmernachweis voraus. *BFH-Urteil v. 3. 11. 2005 – V R 63/02 (BStBl. 2006 II S. 337).*

Zur Steuerbefreiung für Ausfuhrlieferungen im nichtkommerziellen Reiseverkehr in Form des sog. **Doppelverkaufssystems** (d.h. zwischen dem Einzelhändler und dem ausländischen Kunden ist ein weiterer Unternehmer zwischengeschaltet). *Vfg. LfSt Bayern S 7133.2.1–4/14 St 33 v. 8. 5. 2019 (DStR S. 1158).*

UStAE 6.12

6.12 Gesonderter Steuerausweis bei Ausfuhrlieferungen

140 ① Zu den Folgen eines gesonderten Steuerausweises bei Ausfuhrlieferungen vgl. Abschnitt 14 c.1 Abs. 1 Satz 5 Nr. 3 und zur Möglichkeit der Berichtigung vgl. Abschnitt 14 c.1 Abs. 7. ② Bei Ausfuhren im nichtkommerziellen Reiseverkehr vgl. Abschnitt 14 c.1 Abs. 8.

---

[1] A 6.11 UStAE Abs. 17 neugefasst durch BMF v. 15. 3. 2022 (BStBl. I S. 351), anzuwenden auf nach dem 30. 6. 2022 ausgeführte Umsätze.

§ 6a Innergemeinschaftliche Lieferung[1]

UStG

(1) ① Eine innergemeinschaftliche Lieferung (§ 4 Nummer 1 Buchstabe b) liegt vor, wenn bei einer Lieferung die folgenden Voraussetzungen erfüllt sind: 1

1. der Unternehmer oder der Abnehmer hat den Gegenstand der Lieferung in das übrige Gemeinschaftsgebiet befördert oder versendet,

2. der Abnehmer ist
a) ein in einem anderen Mitgliedstaat für Zwecke der Umsatzsteuer erfasster Unternehmer, der den Gegenstand der Lieferung für sein Unternehmen erworben hat,
b) eine in einem anderen Mitgliedstaat für Zwecke der Umsatzsteuer erfasste juristische Person, die nicht Unternehmer ist oder die den Gegenstand der Lieferung nicht für ihr Unternehmen erworben hat, oder
c) bei der Lieferung eines neuen Fahrzeugs auch jeder andere Erwerber,

3. der Erwerb des Gegenstands der Lieferung unterliegt beim Abnehmer in einem anderen Mitgliedstaat den Vorschriften der Umsatzbesteuerung
und

4. der Abnehmer im Sinne der Nummer 2 Buchstabe a oder b hat gegenüber dem Unternehmer eine ihm von einem anderen Mitgliedstaat erteilte gültige Umsatzsteuer-Identifikationsnummer verwendet.

② Der Gegenstand der Lieferung kann durch Beauftragte vor der Beförderung oder Versendung in das übrige Gemeinschaftsgebiet bearbeitet oder verarbeitet worden sein.

(2) Als innergemeinschaftliche Lieferung gilt auch das einer Lieferung gleichgestellte Verbringen eines Gegenstands (§ 3 Abs. 1 a). 2

(3) ① Die Voraussetzungen der Absätze 1 und 2 müssen vom Unternehmer nachgewiesen sein. ② Das Bundesministerium der Finanzen kann mit Zustimmung des Bundesrates durch Rechtsverordnung bestimmen, wie der Unternehmer den Nachweis zu führen hat. 3

(4) ① Hat der Unternehmer eine Lieferung als steuerfrei behandelt, obwohl die Voraussetzungen nach Absatz 1 nicht vorliegen, so ist die Lieferung gleichwohl als steuerfrei anzusehen, wenn die Inanspruchnahme der Steuerbefreiung auf unrichtigen Angaben des Abnehmers beruht und der Unternehmer die Unrichtigkeit dieser Angaben auch bei Beachtung der Sorgfalt eines ordentlichen Kaufmanns nicht erkennen konnte. ② In diesem Fall schuldet der Abnehmer die entgangene Steuer. 4

Hinweis auf EU-Vorschriften:

UStG:	§ 6 a Abs. 1, 2	**MwStSystRL:**	Art. 138 Abs. 1, Abs. 2 (a), (c)
	§ 6 a Abs. 3		Art. 131

Übersicht

[1] **Rechnungsausstellung** vgl. § 14 a Abs. 3 UStG.
Steuerbefreiung beim innergemeinschaftlichen Erwerb von Gegenständen vgl. § 4 b UStG.

Zu § 4 Nr. 1 Buchst. b und § 6 a UStG

UStDV

§ 17a[1] *Gelangensvermutung bei innergemeinschaftlichen Lieferungen in Beförderungs- und Versendungsfällen*

5 *(1) Für die Zwecke der Anwendung der Steuerbefreiung für innergemeinschaftliche Lieferungen (§ 4 Nummer 1 Buchstabe b des Gesetzes) wird vermutet, dass der Gegenstand der Lieferung in das übrige Gemeinschaftsgebiet befördert oder versendet wurde, wenn eine der folgenden Voraussetzungen erfüllt ist:*

1. Der liefernde Unternehmer gibt an, dass der Gegenstand der Lieferung von ihm oder von einem von ihm beauftragten Dritten in das übrige Gemeinschaftsgebiet befördert oder versendet wurde und ist im Besitz folgender einander nicht widersprechenden Belege, welche jeweils von unterschiedlichen Parteien ausgestellt wurden, die voneinander, vom liefernden Unternehmer und vom Abnehmer unabhängig sind:
   a) mindestens zwei Belege nach Absatz 2 Nummer 1 oder
   b) einem Beleg nach Absatz 2 Nummer 1 und einem Beleg nach Absatz 2 Nummer 2, mit dem die Beförderung oder die Versendung in das übrige Gemeinschaftsgebiet bestätigt wird.

2. Der liefernde Unternehmer ist im Besitz folgender Belege:
   a) einer Gelangensbestätigung (§ 17b Absatz 2 Satz 1 Nummer 2), die der Abnehmer dem liefernden Unternehmer spätestens am zehnten Tag des auf die Lieferung folgenden Monats vorlegt und
   b) folgender einander nicht widersprechenden Belege, welche jeweils von unterschiedlichen Parteien ausgestellt wurden, die voneinander, vom liefernden Unternehmer und vom Abnehmer unabhängig sind:
      aa) mindestens zwei Belege nach Absatz 2 Nummer 1 oder
      bb) einem Beleg nach Absatz 2 Nummer 1 und einem Beleg nach Absatz 2 Nummer 2, mit dem die Beförderung oder die Versendung in das übrige Gemeinschaftsgebiet bestätigt wird.

(2) Belege im Sinne des Absatzes 1 Nummer 1 und 2 sind:

1. Beförderungsbelege (§ 17b Absatz 3 Satz 1 Nummer 3 bis 5) oder Versendungsbelege (§ 17b Absatz 3 Satz 1 Nummer 1 und 2);

2. folgende sonstige Belege:
   a) eine Versicherungspolice für die Beförderung oder den Versand die Versendung des Gegenstands der Lieferung in das übrige Gemeinschaftsgebiet oder Bankunterlagen, die die Bezahlung der Beförderung oder der Versendung des Gegenstands der Lieferung in das übrige Gemeinschaftsgebiet belegen;
   b) ein von einer öffentlicher Stelle (z. B. Notar) ausgestelltes offizielles Dokument, das die Ankunft des Gegenstands der Lieferung im übrigen Gemeinschaftsgebiet bestätigt;
   c) eine Bestätigung eines Lagerinhabers im übrigen Gemeinschaftsgebiet, dass die Lagerung des Gegenstands der Lieferung dort erfolgt.

(3) Das Finanzamt kann eine nach Absatz 1 bestehende Vermutung widerlegen.

UStDV

§ 17b[2] *Gelangensnachweis bei innergemeinschaftlichen Lieferungen in Beförderungs- und Versendungsfällen*

6 *(1) ① Besteht keine Vermutung nach § 17a Absatz 1, hat der Unternehmer bei innergemeinschaftlichen Lieferungen (§ 6a Absatz 1 des Gesetzes) im Geltungsbereich des Gesetzes durch Belege nachzuweisen, dass er oder der Abnehmer den Gegenstand der Lieferung in das übrige Gemeinschaftsgebiet befördert oder versendet hat. ② Die Voraussetzung muss sich aus den Belegen eindeutig und leicht nachprüfbar ergeben.*

7 *(2) ① Als eindeutig und leicht nachprüfbar nach Absatz 1 gilt insbesondere ein Nachweis, der wie folgt geführt wird:*

---

[1] Neuer § 17a eingefügt, bish. § 17a wird § 17b mWv 1. 1. 2020 durch „JStG 2019" v. 12. 12. 2019 (BGBl. I S. 2451); § 17a Abs. 1 Nr. 1 Buchst. b, Nr. 2 Buchst. b Doppelbuchst. bb und Abs. 2 Nr. 2 Buchst. a geändert durch VO vom 25. 6. 2020 (BGBl. I S. 1495) mWv 30. 6. 2020; Abs. 2 Nr. 1 Klammerzusätze redaktionell neugefasst durch VO v. 19. 12. 2022 (BGBl. I S. 2432).

[2] Früherer § 17a neugefasst mWv 1. 10. 2013 durch VO vom 25. 3. 2013 (BGBl. I S. 602); Abs. 1 Satz 1 und Abs. 3 Satz 3 geändert durch VO vom 22. 12. 2014 (BGBl. I S. 2392) mWv 30. 12. 2014; Abs. 3 Satz 1 Nr. 3 geändert durch VO vom 12. 7. 2017 (BGBl. I S. 2360) mWv 20. 7. 2017; § 17a wird § 17b, Überschrift geändert, Abs. 1 Satz 1 neugefasst mWv 1. 1. 2020 durch „JStG 2019" v. 12. 12. 2019 (BGBl. I S. 2451).

1. durch das Doppel der Rechnung (§§ 14 und 14a des Gesetzes) und UStDV

2. durch eine Bestätigung des Abnehmers, dass der Gegenstand der Lieferung in das übrige Gemeinschaftsgebiet gelangt ist (Gelangensbestätigung), die folgende Angaben zu enthalten hat:

a) den Namen und die Anschrift des Abnehmers,

b) die Menge des Gegenstands der Lieferung und die handelsübliche Bezeichnung einschließlich der Fahrzeug-Identifikationsnummer bei Fahrzeugen im Sinne des § 1b Absatz 2 des Gesetzes,

c) im Fall der Beförderung oder Versendung durch den Unternehmer oder im Fall der Versendung durch den Abnehmer den Ort und den Monat des Erhalts des Gegenstands im übrigen Gemeinschaftsgebiet und im Fall der Beförderung des Gegenstands durch den Abnehmer den Ort und den Monat des Endes der Beförderung des Gegenstands im übrigen Gemeinschaftsgebiet,

d) das Ausstellungsdatum der Bestätigung sowie

e) die Unterschrift des Abnehmers oder eines von ihm zur Abnahme Beauftragten. ② *Bei einer elektronischen Übermittlung der Gelangensbestätigung ist eine Unterschrift nicht erforderlich, sofern erkennbar ist, dass die elektronische Übermittlung im Verfügungsbereich des Abnehmers oder des Beauftragten begonnen hat.*

② *Die Gelangensbestätigung kann als Sammelbestätigung ausgestellt werden.* ③ *In der Sammelbestätigung können Umsätze aus bis zu einem Quartal zusammengefasst werden.* ④ *Die Gelangensbestätigung kann in jeder die erforderlichen Angaben enthaltenden Form erbracht werden; sie kann auch aus mehreren Dokumenten bestehen, aus denen sich die geforderten Angaben insgesamt ergeben.*

(3) ① *In folgenden Fällen kann der Unternehmer den Nachweis auch durch folgende andere Belege als die in Absatz 2 Nummer 2 genannte Gelangensbestätigung führen:* **8**

1. bei der Versendung des Gegenstands der Lieferung durch den Unternehmer oder Abnehmer:

a) durch einen Versendungsbeleg, insbesondere durch

aa) einen handelsrechtlichen Frachtbrief, der vom Auftraggeber des Frachtführers unterzeichnet ist und die Unterschrift des Empfängers als Bestätigung des Erhalts des Gegenstands der Lieferung enthält,

bb) ein Konnossement oder

cc) Doppelstücke des Frachtbriefs oder Konnossements,

b) durch einen anderen handelsüblichen Beleg als den Belegen nach Buchstabe a, insbesondere mit einer Bescheinigung des beauftragten Spediteurs, der folgende Angaben zu enthalten hat:

aa) den Namen und die Anschrift des mit der Beförderung beauftragten Unternehmers sowie das Ausstellungsdatum,

bb) den Namen und die Anschrift des liefernden Unternehmers sowie des Auftraggebers der Versendung,

cc) die Menge des Gegenstands der Lieferung und dessen handelsübliche Bezeichnung,

dd) den Empfänger des Gegenstands der Lieferung und den Bestimmungsort im übrigen Gemeinschaftsgebiet,

ee) den Monat, in dem die Beförderung des Gegenstands der Lieferung im übrigen Gemeinschaftsgebiet geendet hat,

ff) eine Versicherung des mit der Beförderung beauftragten Unternehmers, dass die Angaben in dem Beleg auf Grund von Geschäftsunterlagen gemacht wurden, die im Gemeinschaftsgebiet nachprüfbar sind, sowie

gg) die Unterschrift des mit der Beförderung beauftragten Unternehmers.

② *Bei einer elektronischen Übermittlung des Belegs an den liefernden Unternehmer ist eine Unterschrift des mit der Beförderung beauftragten Unternehmers nicht erforderlich, sofern erkennbar ist, dass die elektronische Übermittlung im Verfügungsbereich des mit der Beförderung beauftragten Unternehmers begonnen hat,*

c) durch eine schriftliche oder elektronische Auftragserteilung und ein von dem mit der Beförderung Beauftragten erstelltes Protokoll, das den Transport lückenlos bis zur Ablieferung beim Empfänger nachweist, oder

d) in den Fällen von Postsendungen, in denen eine Belegnachweisführung nach Buchstabe c nicht möglich ist: durch eine Empfangsbescheinigung eines Postdienstleisters über die Entgegennahme der an den Abnehmer adressierten Postsendung und den Nachweis über die Bezahlung der Lieferung;

2. bei der Versendung des Gegenstands der Lieferung durch den Abnehmer durch einen Nachweis über die Entrichtung der Gegenleistung für die Lieferung des Gegenstands von einem Bankkonto des Abnehmers sowie durch eine Bescheinigung des beauftragten Spediteurs, die folgende Angaben zu enthalten hat:

a) den Namen und die Anschrift des mit der Beförderung beauftragten Unternehmers sowie das Ausstellungsdatum,

b) den Namen und die Anschrift des liefernden Unternehmers sowie des Auftraggebers der Versendung,

c) die Menge des Gegenstands der Lieferung und die handelsübliche Bezeichnung,

d) den Empfänger des Gegenstands der Lieferung und den Bestimmungsort im übrigen Gemeinschaftsgebiet,

e) eine Versicherung des mit der Beförderung beauftragten Unternehmers, den Gegenstand der Lieferung an den Bestimmungsort im übrigen Gemeinschaftsgebiet zu befördern, sowie

f) die Unterschrift des mit der Beförderung beauftragten Unternehmers;

3. bei der Beförderung im Unionsversandverfahren in das übrige Gemeinschaftsgebiet durch eine Bestätigung der Abgangsstelle über die innergemeinschaftliche Lieferung, die nach Eingang des Beendigungsnachweises für das Versandverfahren erteilt wird, sofern sich daraus die Lieferung in das übrige Gemeinschaftsgebiet ergibt;

UStDV

4. *bei der Lieferung verbrauchsteuerpflichtiger Waren:*
   a) *bei der Beförderung verbrauchsteuerpflichtiger Waren unter Steueraussetzung und Verwendung des IT-Verfahrens EMCS (Excise Movement and Control System – EDV-gestütztes Beförderungs- und Kontrollsystem für verbrauchsteuerpflichtige Waren) durch die von der zuständigen Behörde des anderen Mitgliedstaates validierte EMCS-Eingangsmeldung,*
   b) *bei der Beförderung verbrauchsteuerpflichtiger Waren des steuerrechtlich freien Verkehrs durch die dritte Ausfertigung des vereinfachten Begleitdokuments, das dem zuständigen Hauptzollamt für Zwecke der Verbrauchsteuerentlastung vorzulegen ist;*
5. *bei der Lieferung von Fahrzeugen, die durch den Abnehmer befördert werden und für die eine Zulassung für den Straßenverkehr erforderlich ist, durch einen Nachweis über die Zulassung des Fahrzeugs auf den Erwerber im Bestimmungsmitgliedstaat der Lieferung.*

② Der Beleg nach Satz 1 muss bei der Lieferung eines Fahrzeugs im Sinne des § 1b Absatz 2 des Gesetzes zusätzlich dessen Fahrzeug-Identifikationsnummer enthalten. ③ In den Fällen von Satz 1 Nummer 1 gilt Absatz 2 Nummer 2 Satz 2 bis 4 entsprechend. ④ Bestehen in den Fällen des Satzes 1 Nummer 2 begründete Zweifel, dass der Liefergegenstand tatsächlich in das übrige Gemeinschaftsgebiet gelangt ist, hat der Unternehmer den Nachweis nach Absatz 1 oder mit den übrigen Belegen nach den Absätzen 2 oder 3 zu führen.

§ 17c[1] *Nachweis bei innergemeinschaftlichen Lieferungen in Bearbeitungs- oder Verarbeitungsfällen*

10 *① Ist der Gegenstand der Lieferung vor der Beförderung oder Versendung in das übrige Gemeinschaftsgebiet durch einen Beauftragten bearbeitet oder verarbeitet worden (§ 6a Absatz 1 Satz 2 des Gesetzes), hat der Unternehmer dies durch Belege eindeutig und leicht nachprüfbar nachzuweisen. ② Der Nachweis ist durch Belege nach § 17b zu führen, die zusätzlich die in § 11 Absatz 1 Nummer 1 bis 4 bezeichneten Angaben enthalten. ③ Ist der Gegenstand durch mehrere Beauftragte bearbeitet oder verarbeitet worden, ist § 11 Absatz 2 entsprechend anzuwenden.*

§ 17d[1] *Buchmäßiger Nachweis bei innergemeinschaftlichen Lieferungen*

11 *(1) ① Bei innergemeinschaftlichen Lieferungen (§ 6a Absatz 1 und 2 des Gesetzes) hat der Unternehmer im Geltungsbereich des Gesetzes die Voraussetzungen der Steuerbefreiung einschließlich der ausländischen Umsatzsteuer-Identifikationsnummer des Abnehmers buchmäßig nachzuweisen. ② Die Voraussetzungen müssen eindeutig und leicht nachprüfbar aus der Buchführung zu ersehen sein.*

12 *(2) Der Unternehmer hat Folgendes aufzuzeichnen:*

1. *den Namen und die Anschrift des Abnehmers,*
2. *den Namen und die Anschrift des Beauftragten des Abnehmers bei einer Lieferung, die im Einzelhandel oder in einer für den Einzelhandel gebräuchlichen Art und Weise erfolgt,*
3. *den Gewerbezweig oder Beruf des Abnehmers,*
4. *die Menge des Gegenstands der Lieferung und dessen handelsübliche Bezeichnung einschließlich der Fahrzeug-Identifikationsnummer bei Fahrzeugen im Sinne des § 1b Absatz 2 des Gesetzes,*
5. *den Tag der Lieferung,*
6. *das vereinbarte Entgelt oder bei der Besteuerung nach vereinnahmten Entgelten das vereinnahmte Entgelt und den Tag der Vereinnahmung,*
7. *die Art und den Umfang einer Bearbeitung oder Verarbeitung vor der Beförderung oder der Versendung in das übrige Gemeinschaftsgebiet (§ 6a Absatz 1 Satz 2 des Gesetzes),*
8. *die Beförderung oder Versendung in das übrige Gemeinschaftsgebiet sowie*
9. *den Bestimmungsort im übrigen Gemeinschaftsgebiet.*

13 *(3) In den einer Lieferung gleichgestellten Verbringungsfällen (§ 6a Absatz 2 des Gesetzes) hat der Unternehmer Folgendes aufzuzeichnen:*

1. *die Menge des verbrachten Gegenstands und seine handelsübliche Bezeichnung einschließlich der Fahrzeug-Identifikationsnummer bei Fahrzeugen im Sinne des § 1b Absatz 2 des Gesetzes,*
2. *die Anschrift und die Umsatzsteuer-Identifikationsnummer des im anderen Mitgliedstaat belegenen Unternehmensteils,*
3. *den Tag des Verbringens sowie*
4. *die Bemessungsgrundlage nach § 10 Absatz 4 Satz 1 Nummer 1 des Gesetzes.*

14 *(4) Werden neue Fahrzeuge an Abnehmer ohne Umsatzsteuer-Identifikationsnummer in das übrige Gemeinschaftsgebiet geliefert, hat der Unternehmer Folgendes aufzuzeichnen:*

1. *den Namen und die Anschrift des Erwerbers,*
2. *die handelsübliche Bezeichnung des gelieferten Fahrzeugs einschließlich der Fahrzeug-Identifikationsnummer,*

[1] Frühere §§ 17b und 17c neugefasst durch VO vom 2.12.2011 (BGBl. I S. 2416) mWv 1.1.2012, Übergangsregelung für bis zum 30.9.2013 ausgeführte innergemeinschaftliche Lieferungen vgl. § 74a Abs. 3 UStDV, zur Altfassung von §§ 17a bis 17c idF bis 31.12.2011, anwendbar bis 30.9.2013, vgl. Umsatzsteuer-Handbuch 2011; bish. § 17b wird § 17c, Satz 2 Angabe geändert, bish. § 17c wird § 17d mWv 1.1.2020 durch „JStG 2019" v. 12.12.2019 (BGBl. I S. 2451).

3. den Tag der Lieferung,

4. das vereinbarte Entgelt oder bei der Besteuerung nach vereinnahmten Entgelten das vereinnahmte Entgelt und den Tag der Vereinnahmung,

5. die in § 1 b Absatz 2 und 3 des Gesetzes genannten Merkmale,

6. die Beförderung oder Versendung in das übrige Gemeinschaftsgebiet sowie

7. den Bestimmungsort im übrigen Gemeinschaftsgebiet.

Zu § 6 a UStG (§§ 17 a bis 17 c UStDV)

6a.1 Innergemeinschaftliche Lieferungen

UStAE 6a.1

20 (1) ① Eine innergemeinschaftliche Lieferung setzt eine im Inland steuerbare Lieferung (§ 1 Abs. 1 Nr. 1 UStG) voraus. ② Gegenstand der Lieferung muss ein körperlicher Gegenstand sein, der vom liefernden Unternehmer, vom Abnehmer oder von einem vom liefernden Unternehmer oder vom Abnehmer beauftragten Dritten in das übrige Gemeinschaftsgebiet befördert oder versendet wird (§ 3 Abs. 6 Satz 1 UStG). ③ Das Vorliegen einer innergemeinschaftlichen Lieferung kommt nicht in Betracht für Lieferungen von Gas über das Erdgasnetz und von Elektrizität im Sinne des § 3g UStG. ④ Werklieferungen (§ 3 Abs. 4 UStG) können unter den Voraussetzungen des § 3 Abs. 6 Satz 1 UStG innergemeinschaftliche Lieferungen sein.

21 (2) ① Bei Reihengeschäften (§ 3 Abs. 6a Satz 1 UStG) kommt die Steuerbefreiung einer innergemeinschaftlichen Lieferung nur für die Lieferung in Betracht, der die Beförderung oder Versendung des Liefergegenstands zuzurechnen ist. ② Im Rahmen eines Reihengeschäfts, bei dem die Warenbewegung im Inland beginnt und im Gebiet eines anderen Mitgliedstaates endet, kann daher mit der Beförderung oder Versendung des Liefergegenstands in das übrige Gemeinschaftsgebiet nur eine innergemeinschaftliche Lieferung im Sinne des § 6 a UStG bewirkt werden. ③ Die Steuerbefreiung kommt demnach nur bei der Beförderungs- oder Versendungslieferung zur Anwendung (vgl. Abschnitt 3.14 Abs. 13).

22 (2 a) Die Steuerbefreiung für innergemeinschaftliche Lieferungen (§ 4 Nr. 1 Buchstabe b, § 6 a UStG) kommt nicht in Betracht, wenn für die Lieferung eines Gegenstands in das übrige Gemeinschaftsgebiet auch die Voraussetzungen der Steuerbefreiungen nach § 4 Nr. 17, 19 oder 28 oder nach § 25 c Abs. 1 und 2 UStG vorliegen.

23 (3) ① Die Person/Einrichtung, die eine steuerfreie innergemeinschaftliche Lieferung bewirken kann, muss ein Unternehmer sein, der seine Umsätze nach den allgemeinen Vorschriften des Umsatzsteuergesetzes besteuert (sog. Regelversteuerer). ② Auf Umsätze von Kleinunternehmern, die nicht gemäß § 19 Abs. 2 UStG zur Besteuerung nach den allgemeinen Vorschriften des Umsatzsteuergesetzes optiert haben, auf Umsätze im Rahmen eines land- und forstwirtschaftlichen Betriebs, auf die die Durchschnittssätze gemäß § 24 UStG angewendet werden, und auf Umsätze, die der Differenzbesteuerung gemäß § 25 a UStG unterliegen, findet die Steuerbefreiung nach § 4 Nr. 1 Buchstabe b, § 6 a UStG keine Anwendung (vgl. § 19 Abs. 1 Satz 4, § 24 Abs. 1 Satz 2, § 25 a Abs. 5 Satz 2 und § 25 a Abs. 7 Nr. 3 UStG).

24 (4) Die Steuerbefreiung einer innergemeinschaftlichen Lieferung erstreckt sich auf das gesamte Entgelt, das für die Lieferung vereinbart oder vereinnahmt worden ist.

25 (5) Abschnitt 6.1 Abs. 6 Nr. 2 ist entsprechend anzuwenden.

Beförderung oder Versendung in das übrige Gemeinschaftsgebiet (§ 6 a Abs. 1 Satz 1 Nr. 1 UStG)

26 (6) ① Das Vorliegen einer innergemeinschaftlichen Lieferung setzt voraus, dass der Unternehmer, der Abnehmer oder ein vom liefernden Unternehmer oder vom Abnehmer beauftragter Dritter den Gegenstand der Lieferung in das übrige Gemeinschaftsgebiet befördert oder versendet hat. ② Eine Beförderungslieferung liegt vor, wenn der liefernde Unternehmer, der Abnehmer oder ein von diesen beauftragter unselbständiger Erfüllungsgehilfe den Gegenstand der Lieferung befördert. ③ Befördern ist jede Fortbewegung eines Gegenstands (§ 3 Abs. 6 Satz 2 UStG). ④ Eine Versendungslieferung liegt vor, wenn die Beförderung durch einen selbständigen Beauftragten ausgeführt oder besorgt wird. ⑤ Zu den weiteren Voraussetzungen einer Beförderungs- oder Versendungslieferung vgl. Abschnitt 3.12 Abs. 2 bzw. Abs. 3.

27 (7) ① Das übrige Gemeinschaftsgebiet umfasst die unionsrechtlichen Inlandsgebiete der EU-Mitgliedstaaten mit Ausnahme des Inlands der Bundesrepublik Deutschland im Sinne des § 1 Abs. 2 Satz 1 UStG. ② Zu den einzelnen Gebieten des übrigen Gemeinschaftsgebiets vgl. Abschnitt 1.10.

28 (8) ① Die Beförderung oder Versendung des Gegenstands der Lieferung „in das übrige Gemeinschaftsgebiet“ erfordert, dass die Beförderung oder Versendung im Inland beginnt und im Gebiet eines anderen Mitgliedstaats endet. ② Der Liefergegenstand muss somit das Inland der Bundesrepublik Deutschland physisch verlassen haben und tatsächlich in das übrige Gemeinschaftsgebiet gelangt, d. h. dort physisch angekommen sein. ③ Die sog. gebrochene Beförderung oder Versendung durch mehrere Beteiligte (Lieferer und Abnehmer bzw. in deren Auftrag jeweils

UStAE 6 a.1

ein Dritter) ist für die Annahme der Steuerbefreiung einer innergemeinschaftlichen Lieferung unschädlich, wenn der Abnehmer zu Beginn des Transports feststeht (vgl. Abschnitt 3.12 Abs. 3 Satz 4 ff.) und der Transport ohne nennenswerte Unterbrechung erfolgt. ④ Der liefernde Unternehmer muss nachweisen, dass ein zeitlicher und sachlicher Zusammenhang zwischen der Lieferung des Gegenstands und seiner Beförderung oder Versendung sowie ein kontinuierlicher Ablauf dieses Vorgangs gegeben sind. ⑤ Hat der Empfänger einer innergemeinschaftlichen Lieferung (Abnehmer) im Bestimmungsmitgliedstaat in seiner Mehrwertsteuererklärung den Erwerb des Gegenstands als innergemeinschaftlichen Erwerb erklärt, kann dies nur ein zusätzliches Indiz dafür darstellen, dass der Liefergegenstand tatsächlich das Inland physisch verlassen hat. ⑥ Ein maßgeblicher Anhaltspunkt für das Vorliegen einer innergemeinschaftlichen Lieferung ist dies jedoch nicht.

Empfänger (= Abnehmer) der Lieferung (§ 6 a Abs. 1 Satz 1 Nr. 2 UStG)

29 (9) Empfänger einer innergemeinschaftlichen Lieferung können nur folgende Personen sein:

1. Unternehmer, die den Gegenstand der Lieferung für ihr Unternehmen erworben haben;
2. juristische Personen, die nicht Unternehmer sind oder die den Gegenstand der Lieferung nicht für ihr Unternehmen erworben haben oder
3. bei der Lieferung eines neuen Fahrzeugs auch jeder andere Erwerber.

30 (10) ① Der Abnehmer im Sinne des § 6 a Abs. 1 Satz 1 Nr. 2 UStG muss der Empfänger der Lieferung bzw. der Abnehmer des Gegenstands der Lieferung sein. ② Das ist regelmäßig diejenige Person/Einrichtung, der der Anspruch auf die Lieferung zusteht und gegen die sich der zivilrechtliche Anspruch auf Zahlung des Kaufpreises richtet.

31 (11) ① Eine Person/Einrichtung, die den Gegenstand für ihr Unternehmen erwirbt, muss zum Zeitpunkt der Lieferung Unternehmer sein. ② Es ist nicht erforderlich, dass dieser Unternehmer im Ausland ansässig ist. ③ Es kann sich auch um einen im Inland ansässigen Unternehmer handeln. ④ Unerheblich ist auch, ob es sich (ggf. nach dem Recht eines anderen Mitgliedstaates) bei dem Abnehmer um einen Kleinunternehmer, um einen Unternehmer, der ausschließlich steuerfreie den Vorsteuerabzug ausschließende Umsätze ausführt, oder um einen Land- und Forstwirt handelt, der seine Umsätze nach einer Pauschalregelung besteuert.

32 (12) ① Von der Unternehmereigenschaft des Abnehmers kann regelmäßig ausgegangen werden, wenn dieser gegenüber dem liefernden Unternehmer mit einer ihm von einem anderen Mitgliedstaat erteilten, im Zeitpunkt der Lieferung gültigen USt-IdNr. auftritt. ② Nicht ausreichend ist es, wenn die USt-IdNr. im Zeitpunkt des Umsatzes vom Abnehmer lediglich beantragt wurde. ③ Die USt-IdNr. muss vielmehr im Zeitpunkt des Umsatzes gültig sein.

33 (13) Von einem Erwerb des Gegenstands für das Unternehmen des Abnehmers kann regelmäßig ausgegangen werden, wenn der Abnehmer mit einer ihm von einem anderen Mitgliedstaat erteilten, im Zeitpunkt der Lieferung gültigen USt-IdNr. auftritt und sich aus der Art und Menge der erworbenen Gegenstände keine berechtigten Zweifel an der unternehmerischen Verwendung ergeben.

34 (14) ① Die Lieferung kann auch an eine juristische Person, die nicht Unternehmer ist oder die den Gegenstand nicht für ihr Unternehmen erwirbt, bewirkt werden. ② Es kann sich um eine juristische Person des öffentlichen oder des privaten Rechts handeln. ③ Die juristische Person kann im Ausland (z. B. eine ausländische Gebietskörperschaft, Anstalt oder Stiftung des öffentlichen Rechts oder ein ausländischer gemeinnütziger Verein) oder im Inland ansässig sein. ④ Von der Eigenschaft der juristischen Person als zur Erwerbsbesteuerung verpflichteter Abnehmer kann nur dann ausgegangen werden, wenn sie gegenüber dem liefernden Unternehmer mit einer ihr von einem anderen Mitgliedstaat erteilten, im Zeitpunkt der Lieferung gültigen USt-IdNr. auftritt.

35 (15) ① Bei der Lieferung eines neuen Fahrzeugs kommt es auf die Eigenschaft des Abnehmers nicht an. ② Hierbei kann es sich auch um Privatpersonen handeln. ③ Zum Begriff der neuen Fahrzeuge vgl. § 1 b UStG und Abschnitt 1 b.1.

Besteuerung des innergemeinschaftlichen Erwerbs in einem anderen Mitgliedstaat (§ 6 a Abs. 1 Satz 1 Nr. 3 UStG)

36 (16) ① Zu den Voraussetzungen einer innergemeinschaftlichen Lieferung gehört nach § 6 a Abs. 1 Satz 1 Nr. 3 UStG, dass der Erwerb des Gegenstands der Lieferung beim Abnehmer in einem anderen Mitgliedstaat den Vorschriften der Umsatzbesteuerung (Besteuerung des innergemeinschaftlichen Erwerbs; kurz: Erwerbsbesteuerung) unterliegt. ② Die Steuerbefreiung für innergemeinschaftliche Lieferungen kommt daher für andere Gegenstände als verbrauchsteuerpflichtige Waren und neue Fahrzeuge nicht in Betracht, wenn der Abnehmer Kleinunternehmer, Unternehmer, der ausschließlich steuerfreie den Vorsteuerabzug ausschließende Umsätze ausführt, Land- oder Forstwirt ist, der seine Umsätze nach einer Pauschalregelung versteuert, oder eine nicht unternehmerische juristische Person ist und die innergemeinschaftlichen Erwerbe dieses Abnehmerkreises im Bestimmungsmitgliedstaat des gelieferten Gegenstands nicht der Mehrwertsteuer unterliegen, weil im Bestimmungsmitgliedstaat die dortige Erwerbsschwelle

vom Abnehmer nicht überschritten wird und er dort auch nicht zur Besteuerung seiner innergemeinschaftlichen Erwerbe optiert hat. UStAE 6a.1

Beispiel 1:

① Das in Deutschland ansässige Saatgutunternehmen D liefert am 3. 3. 01 Saatgut an einen in Frankreich ansässigen Landwirt F, der dort mit seinen Umsätzen der Pauschalregelung für Land- und Forstwirte unterliegt. ② Das Saatgut wird durch einen Spediteur im Auftrag des D vom Sitz des D zum Sitz des F nach Amiens befördert. ③ Das Entgelt für das Saatgut beträgt 2000 €. ④ F hat außer dem Saatgut im Jahr 01 keine weiteren innergemeinschaftlichen Erwerbe getätigt und in Frankreich auch nicht zur Besteuerung der innergemeinschaftlichen Erwerbe optiert. ⑤ F hat gegenüber D keine französischen USt-IdNr. verwendet. ⑥ Die Lieferung des D ist nicht als innergemeinschaftliche Lieferung zu behandeln, weil F mit seinem Erwerb in Frankreich nicht der Besteuerung des innergemeinschaftlichen Erwerbs unterliegt, da er unter die Pauschalregelung für Land- und Forstwirte fällt, die Erwerbsschwelle nicht überschreitet und er auf deren Anwendung nicht verzichtet hat sowie F keine USt-IdNr. gegenüber D verwendet hat. ⑦ Die Lieferung des D ist als inländische Lieferung steuerbar und steuerpflichtig.

Beispiel 2:

① Der in Deutschland ansässige Weinhändler D, dessen Umsätze nicht der Durchschnittssatzbesteuerung (§ 24 UStG) unterliegen, liefert am 1. 4. 01 fünf Kisten Wein an den in Limoges (Frankreich) ansässigen Versicherungsvertreter F (nicht zum Vorsteuerabzug berechtigter Unternehmer). ② D befördert die Ware mit eigenem Lkw nach Limoges. ③ Das Entgelt für die Lieferung beträgt 1500 €. ④ F hat gegenüber D seine französische USt-IdNr. verwendet. ⑤ F hat außer dem Wein im Jahr 01 keine weiteren innergemeinschaftlichen Erwerbe getätigt.

⑥ Für D ist die Lieferung des Weins als verbrauchsteuerpflichtige Ware eine innergemeinschaftliche Lieferung, weil der Wein aus dem Inland nach Frankreich gelangt, der Abnehmer ein Unternehmer ist und mit der Verwendung seiner USt-IdNr. zum Ausdruck bringt, dass er die Ware für sein Unternehmen erwirbt und den Erwerb in Frankreich der Besteuerung des innergemeinschaftlichen Erwerbs zu unterwerfen hat. ⑦ Da F mit seine französische USt-IdNr. verwendet, kann D davon ausgehen, dass der Wein für das Unternehmen des F erworben wird. ⑧ Unbeachtlich ist, ob F in Frankreich die Erwerbsschwelle überschritten hat oder nicht (vgl. analog für Deutschland § 1 a Abs. 5 i. V. m. Abs. 3 UStG). ⑨ Unbeachtlich ist auch, ob F in Frankreich tatsächlich einen innergemeinschaftlichen Erwerb erklärt oder nicht. ⑩ Indem F gegenüber D seine USt-IdNr. verwendet hat, sind zudem die Voraussetzungen des § 6 a Abs. 1 Satz 1 Nr. 4 UStG erfüllt.

(17) Durch die Regelung des § 6 a Abs. 1 Satz 1 Nr. 3 UStG, nach der der Erwerb des Gegenstands in einem anderen Mitgliedstaat der Erwerbsbesteuerung unterliegen muss, wird sichergestellt, dass die Steuerbefreiung für innergemeinschaftliche Lieferungen in den Fällen nicht anzuwenden ist, in denen die in Absatz 16 bezeichneten Ausschlusstatbestände vorliegen. **37**

(18) ① Die Voraussetzung des § 6 a Abs. 1 Satz 1 Nr. 3 UStG ist erfüllt, wenn der Abnehmer gegenüber dem liefernden Unternehmer mit einer ihm von einem anderen Mitgliedstaat erteilten, im Zeitpunkt der Lieferung gültigen USt-IdNr. auftritt (vgl. BFH-Beschluss vom 5. 2. 2004, V B 180/03, n.v.). ② Hiermit gibt der Abnehmer zu erkennen, dass er den Gegenstand steuerfrei erwerben will, weil der Erwerb in dem anderen Mitgliedstaat den dortigen Besteuerungsvorschriften unterliegt. ③ Es ist nicht erforderlich, dass der Erwerb des Gegenstands dort tatsächlich besteuert wird. **38**

Beispiel:

① Der deutsche Computer-Händler H verkauft dem spanischen Abnehmer S einen Computer. ② S lässt den Computer von seinem Beauftragten, dem in Frankreich ansässigen F abholen. ③ F tritt im Abholungszeitpunkt mit seiner ihm in Frankreich erteilten USt-IdNr. auf, die H als Abnehmer-USt-IdNr. aufzeichnet. ④ S verwendet gegenüber H keine USt-IdNr. ⑤ Die Voraussetzung des § 6 a Abs. 1 Satz 1 Nr. 3 UStG ist im vorliegenden Fall nicht erfüllt, weil der Abnehmer S gegenüber dem liefernden Unternehmer H nicht eine ihm von einem anderen Mitgliedstaat erteilte USt-IdNr. verwendet. ⑥ Die USt-IdNr. des F als Beauftragter des S kann für Zwecke des § 6 a Abs. 1 Satz 1 Nr. 3 UStG keine Verwendung finden.

④ Die Voraussetzung, dass der Erwerb des Gegenstands der Erwerbsbesteuerung unterliegt, ist auch erfüllt, wenn der innergemeinschaftliche Erwerb in dem anderen Mitgliedstaat steuerfrei ist oder dem sog. Nullsatz (Steuerbefreiung mit Vorsteuerabzug) unterliegt.

Verwendung einer von einem anderen Mitgliedstaat erteilten gültigen Umsatzsteuer-Identifikationsnummer (§ 6 a Abs. 1 Satz 1 Nr. 4 UStG)

(19) ① § 6 a Abs. 1 Satz 1 Nr. 4 UStG bestimmt, dass eine innergemeinschaftliche Lieferung nur vorliegt, wenn der Abnehmer gegenüber dem Unternehmer eine ihm von einem anderen Mitgliedstaat erteilte gültige USt-IdNr. verwendet. ② Zum Begriff der Verwendung vgl. Abschnitt 3 a.2 Abs. 10 Sätze 2 bis 10. ③ Die nachträgliche Verwendung einer im Zeitpunkt der Lieferung gültigen USt-IdNr. durch den Abnehmer entfaltet für Zwecke der Steuerbefreiung Rückwirkung. ④ Die (ausländische) USt-IdNr. muss nicht durch den Mitgliedstaat erteilt worden sein, in dem die Beförderung oder Versendung endet. ⑤ Die Regelung des § 3 d Satz 2 UStG ist zu beachten. ⑥ Wurde eine USt-IdNr. gegenüber dem Unternehmer verwendet, die von dem Mitgliedstaat erteilt wurde, in dem die Beförderung oder Versendung beginnt, liegt tatbestandlich keine innergemeinschaftliche Lieferung vor. ⑦ Erteilt die Steuerverwaltung eines anderen Mitgliedstaates einem Organkreis nur eine USt-IdNr., ist diese bei der Verwendung durch die Organgesellschaft gegenüber einem inländischen Unternehmer anzuerkennen. **38a**

Bearbeitung oder Verarbeitung vor der Beförderung oder Versendung in das übrige Gemeinschaftsgebiet (§ 6 a Abs. 1 Satz 2 UStG)

(20) ① Der Gegenstand der Lieferung kann durch Beauftragte vor der Beförderung oder Versendung in das übrige Gemeinschaftsgebiet bearbeitet oder verarbeitet worden sein. ② Der Ort, an dem diese Leistungen tatsächlich erbracht werden, kann sich im Inland, im Drittland oder in einem anderen Mitgliedstaat mit Ausnahme des Bestimmungsmitgliedstaats befinden. ③ Die ge- **39**

nannten Leistungen dürfen unter den Voraussetzungen des § 6a Abs. 1 Satz 2 UStG nur von einem Beauftragten des Abnehmers oder eines folgenden Abnehmers erbracht werden. ④ Erteilt der liefernde Unternehmer oder ein vorangegangener Lieferer den Bearbeitungs- oder Verarbeitungsauftrag, ist die Ausführung dieses Auftrags ein der innergemeinschaftlichen Lieferung des Unternehmers vorgelagerter Umsatz. ⑤ Gegenstand der Lieferung des Unternehmers ist in diesem Fall der bearbeitete oder verarbeitete Gegenstand und nicht der Gegenstand vor seiner Bearbeitung oder Verarbeitung.

Beispiel 1:

① Das in Italien ansässige Textilverarbeitungsunternehmen I hat bei einer in Deutschland ansässigen Weberei D1 Stoffe zur Herstellung von Herrenanzügen bestellt. ② D1 soll die Stoffe auftragsgemäß nach Italien befördern, nachdem sie von einer in Deutschland ansässigen Färberei D2 gefärbt worden sind. ③ D2 erbringt die Färbearbeiten im Auftrag von I.

④ D1 erbringt mit der Lieferung der Stoffe an I eine innergemeinschaftliche Lieferung.[1] Gegenstand dieser Lieferung sind die ungefärbten Stoffe. ⑤ Das Einfärben der Stoffe vor ihrer Beförderung nach Italien stellt eine Bearbeitung im Sinne von § 6a Abs. 1 Satz 2 UStG dar, die unabhängig von der innergemeinschaftlichen Lieferung des D1 zu beurteilen ist. ⑥ Voraussetzung hierfür ist allerdings, dass I (und nicht D1) den Auftrag zu der Verarbeitung erteilt hat.

Beispiel 2:

① Wie Beispiel 1; die Stoffe werden jedoch vor ihrer Beförderung durch D1 in Belgien von dem dort ansässigen Unternehmen B (im Auftrag des I) eingefärbt. ② Zu diesem Zweck transportiert D1 die Stoffe zunächst nach Belgien und nach ihrer Einfärbung von dort nach Italien.

③ D1 erbringt auch in diesem Falle eine im Inland steuerbare innergemeinschaftliche Lieferung an I. ④ Die Be- oder Verarbeitung des Liefergegenstands kann auch in einem anderen Mitgliedstaat als dem des Beginns oder Endes der Beförderung oder Versendung erfolgen.

Innergemeinschaftliches Verbringen als innergemeinschaftliche Lieferung (§ 6a Abs. 2 UStG)

40 (21) ① Als innergemeinschaftliche Lieferung gilt nach § 6a Abs. 2 UStG auch das einer Lieferung gleichgestellte Verbringen eines Gegenstands (§ 3 Abs. 1a UStG). ② Zu den Voraussetzungen eines innergemeinschaftlichen Verbringens vgl. Abschnitt 1a.2. ③ Ebenso wie bei einer innergemeinschaftlichen Lieferung nach § 6a Abs. 1 UStG ist auch bei einem innergemeinschaftlichen Verbringen nach § 6a Abs. 2 UStG die Steuerbefreiung davon abhängig, dass der Vorgang in dem anderen Mitgliedstaat der Erwerbsbesteuerung unterliegt und das Verbringen in der ZM gemäß § 4 Nr. 1 Buchstabe b UStG zutreffend erklärt wird. ④ Die Absätze 16 bis 18 sowie Abschnitt 4.1.2 sind entsprechend anzuwenden.

LS zu 6a.1

41 Der Unternehmer handelt bei Inanspruchnahme der Steuerfreiheit nach § 6a UStG nur dann **leichtfertig** i. S. von § 378 AO, wenn es sich ihm **zumindest aufdrängen** muss, dass er die Voraussetzungen dieser Vorschrift weder beleg- und buchmäßig noch objektiv nachweisen kann. *BFH-Urteil v. 24. 7. 2014 V R 44/13 (BStBl. II S. 955).*

UStAE 6a.2

6a.2 Nachweis der Voraussetzungen der Steuerbefreiung für innergemeinschaftliche Lieferungen

Allgemeines

46 (1) ① Nach § 6a Abs. 3 Satz 1 UStG muss der liefernde Unternehmer die Voraussetzungen für das Vorliegen einer innergemeinschaftlichen Lieferung im Sinne von § 6a Abs. 1 und 2 UStG nachweisen. ② Nach § 17d Abs. 1 Satz 1 UStDV hat der Unternehmer die Voraussetzungen der Steuerbefreiung der innergemeinschaftlichen Lieferung einschließlich der USt-IdNr. des Abnehmers buchmäßig nachzuweisen; die Voraussetzungen müssen eindeutig und leicht nachprüfbar aus der Buchführung zu ersehen sein (sog. Buchnachweis; § 17d Abs. 1 Satz 2 UStDV). ③ Unter einem Buchnachweis ist ein Nachweis durch Bücher oder Aufzeichnungen in Verbindung mit Belegen zu verstehen. ④ Der Buchnachweis verlangt deshalb stets mehr als den bloßen Nachweis entweder nur durch Aufzeichnungen oder nur durch Belege. ⑤ Belege werden durch die entsprechenden und erforderlichen Hinweise bzw. Bezugnahmen in den stets notwendigen Aufzeichnungen Bestandteil der Buchführung und damit des Buchnachweises, so dass beide eine Einheit bilden.

47 (2) ① Die §§ 17a (Gelangensvermutung bei innergemeinschaftlichen Lieferungen in Beförderungs- und Versendungsfällen), 17b UStDV (Gelangensnachweis bei innergemeinschaftlichen Lieferungen in Beförderungs- und Versendungsfällen) und 17c UStDV (Nachweis bei innergemeinschaftlichen Lieferungen in Bearbeitungs- oder Verarbeitungsfällen) regeln, mit welchen Belegen der Unternehmer den Nachweis zu führen hat. ② Werden die Voraussetzungen von § 17a UStDV erfüllt, wird widerlegbar vermutet, dass der Gegenstand der Lieferung in das übrige Gemeinschaftsgebiet befördert oder versendet wurde. ③ Besteht keine Vermutung nach § 17a UStDV, hat der Unternehmer nach § 17b Abs. 1 UStDV bei innergemeinschaftlichen Lieferungen durch Belege nachzuweisen, dass er oder der Abnehmer den Gegenstand der Lieferung in das übrige Gemeinschaftsgebiet befördert oder versendet hat. ④ Die Voraussetzung muss sich aus den Belegen eindeutig und leicht nachprüfbar ergeben (sog. Belegnachweis). ⑤ Hinsichtlich der übrigen Voraussetzungen des § 6a Abs. 1 UStG (z. B. Unternehmereigenschaft des Abnehmers, Verpflichtung des Abnehmers zur Erwerbsbesteuerung im Bestimmungsmitgliedstaat), die auch nachgewiesen werden müssen, enthält die UStDV keine besonderen Regelungen für den Belegnachweis.

[1] *Anm. d. Red.:* Hier fehlt der Satzzähler im amtl. Text.

UStAE 6a.2

(3) ① Grundsätzlich hat allein der Unternehmer die Feststellungslast für das Vorliegen der Voraussetzungen der Steuerbefreiung zu tragen. ② Die Finanzverwaltung ist nicht an seiner Stelle verpflichtet, die Voraussetzungen der Steuerbefreiung nachzuweisen. ③ Insbesondere ist die Finanzverwaltung nicht verpflichtet, auf Verlangen des Unternehmers ein Auskunftsersuchen an die Finanzverwaltung im Zuständigkeitsbereich des vermeintlichen Abnehmers der innergemeinschaftlichen Lieferung zu stellen (vgl. EuGH-Urteil vom 27. 9. 2007, C-184/05, Twoh International, BStBl. II S. 83). ④ Kann der Unternehmer den beleg- und buchmäßigen Nachweis nicht, nicht vollständig oder nicht zeitnah führen, ist deshalb grundsätzlich davon auszugehen, dass die Voraussetzungen der Steuerbefreiung einer innergemeinschaftlichen Lieferung (§ 6a Abs. 1 und 2 UStG) nicht erfüllt sind. ⑤ Etwas anderes gilt ausnahmsweise dann, wenn – trotz der Nichterfüllung, der nicht vollständigen oder der nicht zeitnahen Erfüllung des Buchnachweises – auf Grund der vorliegenden Belege und der sich daraus ergebenden tatsächlichen Umstände objektiv feststeht, dass die Voraussetzungen des § 6a Abs. 1 und 2 UStG vorliegen. ⑥ Damit kann ein zweifelsfreier Belegnachweis Mängel beim Buchnachweis heilen. ⑦ Dient der Verstoß gegen die Nachweispflichten nach § 6a Abs. 3 UStG aber dazu, die Identität des Abnehmers der innergemeinschaftlichen Lieferung zu verschleiern, um diesem im Bestimmungsmitgliedstaat eine Mehrwertsteuerhinterziehung zu ermöglichen, kann der Unternehmer die Steuerbefreiung für die innergemeinschaftliche Lieferung auch nicht aufgrund des objektiven Nachweises ihrer Voraussetzungen in Anspruch nehmen (vgl. BFH-Urteile vom 17. 2. 2011, V R 30/10, BStBl. II S. 769, und vom 11. 8. 2011, V R 19/10, BStBl. 2012 II S. 156, sowie EuGH-Urteil vom 7. 12. 2010, C-285/09, R., BStBl. 2011 II S. 846). ⑧ Das Gleiche gilt, wenn sich ein Unternehmer wissentlich an einem „strukturierten Verfahrensablauf" beteiligt, der darauf abzielt, die Besteuerung des innergemeinschaftlichen Erwerbs im Bestimmungsmitgliedstaat durch Vortäuschen einer differenzbesteuerten Lieferung zu verdecken (vgl. BFH-Urteil vom 11. 8. 2011, V R 19/10, a. a. O.). 48

(4) Sind Mängel im Buch- und/oder Belegnachweis festgestellt worden und hat das Finanzamt z. B. durch ein bereits erfolgtes Auskunftsersuchen an den Bestimmungsmitgliedstaat die Kenntnis erlangt, dass der Liefergegenstand tatsächlich in das übrige Gemeinschaftsgebiet gelangt ist, ist auch diese Information in die objektive Beweislage einzubeziehen. 49

(5) ① Der Unternehmer ist nicht von seiner grundsätzlichen Verpflichtung entbunden, den Beleg- und Buchnachweis vollständig und rechtzeitig zu führen. ② Nur unter dieser Voraussetzung kann der Unternehmer die Vertrauensschutzregelung nach § 6a Abs. 4 UStG in Anspruch nehmen (vgl. Abschnitt 6a.8 Abs. 1 bis 4). ③ An die Nachweispflichten sind besonders hohe Anforderungen zu stellen, wenn der (angeblichen) innergemeinschaftlichen Lieferung eines hochwertigen Gegenstands (z. B. eines hochwertigen PKW) ein Barkauf mit Beauftragten zu Grunde liegt (vgl. BFH-Urteil vom 14. 11. 2012, XI R 17/12, BStBl. 2013 II S. 407). 50

Voraussetzungen des Beleg- und Buchnachweises nach den §§ 17a bis 17d UStDV

(6) ① Die §§ 17a bis 17d UStDV regeln im Einzelnen, wie der Unternehmer die Nachweise der Steuerbefreiung einer innergemeinschaftlichen Lieferung zu führen hat. ② Während gemäß § 17a UStDV bei Vorliegen der Voraussetzungen widerlegbar vermutet wird, dass der Gegenstand der Lieferung in das übrige Gemeinschaftsgebiet befördert oder versendet wurde, gilt bei Erfüllung der Voraussetzungen von § 17b UStDV der Belegnachweis als erbracht (siehe Absatz 8). ③ Zwischen § 17a UStDV einerseits und §§ 17b bzw. 17c UStDV anderseits besteht kein Vorrangverhältnis. ④ Der Unternehmer kann den Belegnachweis entweder nach § 17a UStDV oder nach § 17b UStDV führen. ⑤ § 17b Abs. 1 UStDV bestimmt in Form einer Generalklausel (Mussvorschrift), dass der Unternehmer im Geltungsbereich des UStG durch Belege nachzuweisen hat, dass er oder der Abnehmer den Liefergegenstand in das übrige Gemeinschaftsgebiet befördert oder versendet hat. ⑥ Dies muss sich aus den Belegen leicht und eindeutig nachprüfbar ergeben. ⑦ Der Unternehmer muss den Belegnachweis einer innergemeinschaftlichen Lieferung nicht zwingend mit einer Gelangensbestätigung nach § 17b Abs. 2 Nr. 2 UStDV oder mit den in § 17b Abs. 3 UStDV aufgeführten weiteren Nachweismöglichkeiten führen. ⑧ Die Gelangensbestätigung ist eine mögliche Form des Belegnachweises, mit dem die Voraussetzungen der Steuerbefreiung einer innergemeinschaftlichen Lieferung für die Finanzverwaltung eindeutig und leicht nachprüfbar sind. ⑨ Gleiches gilt auch für die in § 17b Abs. 3 UStDV aufgeführten Belege, mit denen der Unternehmer anstelle der Gelangensbestätigung die Steuerbefreiung einer innergemeinschaftlichen Lieferung nachweisen kann. ⑩ Dem Unternehmer steht es frei, den Belegnachweis mit allen geeigneten Belegen und Beweismitteln zu führen, aus denen sich das Gelangen des Liefergegenstands in das übrige Gemeinschaftsgebiet an den umsatzsteuerrechtlichen Abnehmer in der Gesamtschau nachvollziehbar und glaubhaft ergibt. 51

(7) § 17d Abs. 1 UStDV setzt voraus, dass auch in der Person des Abnehmers die Voraussetzungen für die Inanspruchnahme der Steuerbefreiung durch den liefernden Unternehmer vorliegen müssen und bestimmt, dass der Unternehmer die ausländische USt-IdNr. des Abnehmers buchmäßig nachzuweisen, d. h. aufzuzeichnen hat. 52

(8) ① Führt der Unternehmer den Belegnachweis anhand der in § 17b Abs. 2 und 3 UStDV geregelten Nachweismöglichkeiten, ist der belegmäßige Nachweis als erfüllt anzuerkennen. 53

②Das Fehlen einer der in den Vorschriften des § 17b Abs. 2 und 3 UStDV aufgeführten Voraussetzungen führt jedoch nicht zwangsläufig zur Versagung der Steuerbefreiung. ③Der jeweils bezeichnete Nachweis kann auch durch andere Belege – z. B. durch die auf den Rechnungen ausgewiesene Anschrift des Leistungsempfängers als Belegnachweis des Bestimmungsorts nach § 17b Abs. 2 Nr. 2 Buchstabe c UStDV – erbracht werden. ④Diese können nur dann als Nachweise anerkannt werden, wenn

1. sich aus der Gesamtheit der Belege die innergemeinschaftliche Lieferung eindeutig und leicht nachprüfbar ergibt (§ 17b Abs. 1 Satz 2 UStDV) und
2. die buchmäßig nachzuweisenden Voraussetzungen eindeutig und leicht nachprüfbar aus der Buchführung zu ersehen sind (§ 17d Abs. 1 UStDV).

(9) Abschnitt 6.5 Abs. 2 bis 4 ist entsprechend anzuwenden.

LS zu 6a.2

Das **Fehlen eines Nachweises** einer innergemeinschaftlichen Lieferung führt jedenfalls dann nicht zu einer Steuerbefreiung, wenn dadurch das Steueraufkommen in einem anderen Mitgliedstaat der EU gefährdet wird. *BGH-Urt. v. 12. 5. 2005, 5 StR 36/05 (DStR S. 1271).*

54 Kein Nachweis der innergemeinschaftlichen Lieferung durch **Zeugen.** *BFH-Urteil v. 19. 3. 2015 V R 14/14 (BStBl. II S. 912).*

1. Ein **CMR-Frachtbrief** ist Frachtbrief iSv § 17a Abs. 4 S. 1 Nr. 2, § 10 Abs. 1 Nr. 1 UStDV aF (§ 17a Abs. 3 S. 1 Nr. 1 Buchst. a Doppelbuchst. aa UStDV nF), wenn er die Vertragsparteien des Beförderungsvertrages angibt, dh den Frachtführer sowie denjenigen, der den Vertrag mit dem Frachtführer geschlossen hat. – 2. Soll der Unternehmer bei der innergemeinschaftlichen Lieferung den Nachweis der Lieferung in das übrige Gemeinschaftsgebiet gemäß § 17a Abs. 2 Nr. 2 UStDV aF ua durch einen handelsüblichen Beleg führen, aus dem sich der Bestimmungsort ergibt, so reichen hierfür allgemeine Angaben, wie die Bestätigung, den Liefergegenstand ordnungsgemäß aus Deutschland oder in ein im Einzelnen bezeichnetes Bestimmungsland auszuführen, nicht aus. *BFH-Urteil v. 22. 7. 2015 V R 38/14 (BStBl. 2018 II S. 498).*

1. … – 2. Eine Lieferung verbrauchsteuerpflichtiger Waren durch einen im Inland ansässigen Unternehmer an einen in einem Drittland ansässigen Unternehmer, der keine USt-IdNr. verwendet, kann als innergemeinschaftliche Lieferung steuerfrei sein, wenn der Lieferer redlicherweise, und nachdem er alle ihm zumutbaren Maßnahmen ergriffen hat, diese **USt-IdNr. nicht mitteilen kann** und er außerdem Angaben macht, die hinreichend belegen können, dass der Erwerber ein Steuerpflichtiger ist, der bei dem betreffenden Vorgang als solcher gehandelt hat. *BFH-Urteil v. 21. 1. 2015 XI R 5/13 (BStBl. II S. 724).*

Steuerbefreiung für innergemeinschaftliche Lieferungen auch **vor Erteilung der USt-IdNr.** des Abnehmers bei Vorliegen der übrigen Voraussetzungen. *FG Köln, Urt. v. 3. 11. 2010, 4 K 4262/08 (EFG 2011 S. 667).*

Hat ein Unternehmer innergemeinschaftliche Lieferungen i. S. des § 6a Abs. 1 UStG 1999 ausgeführt und den nach § 6a Abs. 3 Satz 2 UStG 1999, § 17c UStDV 1999 erforderlichen Buchnachweis rechtzeitig und vollständig erbracht, kann der nach § 17a UStDV 1999 erforderliche **Belegnachweis** bis zum Schluss der mündlichen Verhandlung vor dem FG **nachgeholt** werden. *BFH-Urteil v. 30. 3. 2006 – V R 47/03 (BStBl. II S. 634).*

1. Die Umsatzsteuerbefreiung für innergemeinschaftliche Lieferungen (§ 4 Nr. 1 Buchst. b, § 6a UStG) kommt gemäß § 25a Abs. 7 Nr. 3 UStG nicht in Betracht für Lieferungen, die der Differenzbesteuerung unterliegen. – 2. Der Gesetzeszweck der § 6a UStG erfordert den **Nachweis des Bestimmungsorts** der innergemeinschaftlichen Lieferung um sicherzustellen, dass der gemeinschaftliche Erwerb in dem anderen Mitgliedstaat den Vorschriften der Umsatzbesteuerung unterliegt. Die Frage des Nachweises des Bestimmungsorts ist Gegenstand der Tatsachenwürdigung durch das FG. – 3. … *BFH-Urteil v. 7. 12. 2006, V R 52/03 (BStBl. 2007 II S. 420).*

1. Nach § 6a UStG 1999 i. V. m. § 17a Abs. 2 UStDV 1999 „soll" die innergemeinschaftliche Lieferung (kumulativ) durch die in Nrn. 1 bis 4 der Bestimmung bezeichneten Voraussetzungen nachgewiesen werden. – 2. **§ 17a Abs. 2** UStDV 1999 ist eine **Sollvorschrift;** dies bedeutet jedoch nur, dass das Fehlen einer der in Abs. 2 aufgeführten Voraussetzungen nicht zwangsläufig zur Versagung der Steuerbefreiung führt und der bezeichnete Nachweis auch durch andere Belege – z. B. durch die auf den Rechnungen ausgewiesene Anschrift des Leistungsempfängers – erbracht werden kann. – 3. Die Frage des **Nachweises des Bestimmungsorts** (§ 17a Abs. 2 Nr. 2 UStDV 1999) ist Gegenstand der Tatsachenwürdigung durch das FG. *BFH-Urt. v. 1. 2. 2007, V R 41/04 (DStR S. 754).*

1. Der Belegnachweis für die Steuerfreiheit einer innergemeinschaftlichen Lieferung erfordert eine Rechnung über die Lieferung, in der ein Hinweis auf die Steuerbefreiung enthalten ist. – 2. Ergibt sich der Hinweis eindeutig und zweifelsfrei aus der Rechnung einschließlich der ihr beigefügten Anlage wird den Anforderungen für den Belegnachweis Genüge getan. *BFH-Urteil v. 26. 11. 2014 XI R 37/12 (MwStR 2015 S. 342).*

Mit einer Rechnung, die nicht auf die **Steuerfreiheit** der innergemeinschaftlichen Lieferung hinweist, und einer nicht gegenüber dem liefernden Unternehmer abgegebenen Verbringungserklärung, die den Unternehmer auch **nicht namentlich** bezeichnet, kann der Belegnachweis nach § 17a Abs. 2 Nr. 1 und Nr. 4 UStDV nicht geführt werden. *BFH-Urteil v. 12. 5. 2011 – V R 46/10 (BStBl. II S. 957).*

Art. 28c Teil A Buchst. a Unterabs. 1 der 6. RL 77/388/EWG ist in dem Sinn auszulegen, dass er der Finanzverwaltung eines Mitgliedstaats verwehrt, die Befreiung einer tatsächlich ausgeführten innergemeinschaftlichen Lieferung von der Mehrwertsteuer allein mit der Begründung zu versagen, der **Nachweis** einer solchen Lieferung sei **nicht rechtzeitig** erbracht worden. – Bei der Prüfung des Rechts auf Befreiung einer solchen Lieferung von der Mehrwertsteuer muss das vorlegende Gericht die Tatsache, dass der Steuerpflichtige zunächst bewusst das Vorliegen einer innergemeinschaftlichen Lieferung verschleiert hat, nur dann berücksichtigen, wenn eine Gefährdung des Steueraufkommens besteht und diese vom Steuerpflichtigen nicht vollständig beseitigt worden ist. ***EuGH-Urt. v. 27. 9. 2007,*** *C-146/05, Albert Collée (BStBl. 2009 II S. 78).* Vgl. auch ***EuGH-Urt. v. 27. 9. 2007,*** *C-409/04, Teleos plc u. a. (BStBl. 2009 II S. 70),* ***EuGH-Urt. v. 27. 9. 2007,*** *C-184/05, Twoh International BV (BStBl. 2009 II S. 83 und* ***EuGH-Urt. v. 16. 12. 2010,*** *C-430/09, Euro Tyre Holding BV (DStR 2011 S. 23).*

Vgl. auch ***BFH-Urteile v. 6. 12. 2007,*** *V R 59/03 (BStBl. 2009 II S. 27),* ***v. 8. 11. 2007,*** *V R 26/05 (BStBl. 2009 II S. 49), V R 71/05 (BStBl. 2009 II S. 52), V R 72/05 (BStBl. 2009 II S. 55),* ***FG Köln,*** *Urt. v. 20. 2. 2008, 7 K 5969/03, rkr. (DStRE S. 952) (Nachfolgeentscheidungen zum EuGH-Urt. v. 27. 9. 2007, C-146/05, Collée, BStBl. 2009 II S. 78),* ***BFH-Urt. v. 12. 5. 2009,*** *V R 65/06 (BStBl. 2010 II S. 511) und* ***FG Hamburg,*** *Urt. v. 2. 3. 2010, 2 K 191/09, rkr. (DStRE 2011 S. 235).*

1. Eine Lieferung von Gegenständen eines im Inland ansässigen Unternehmers an einen in einem Drittland ansässigen Unternehmer, der **keine USt-IdNr.** verwendet, die Gegenstände im Inland abholen lässt und direkt an den letzten Abnehmer in einem anderen Mitgliedstaat weiterliefert, kann als innergemeinschaftliche Lieferung steuerfrei sein, wenn der Lieferer redlicherweise, und nachdem er alle zumutbaren Maßnahmen ergriffen hat, diese Identifikationsnummer nicht mitteilen

kann und er außerdem Angaben macht, die hinreichend belegen können, dass der Erwerber ein Steuerpflichtiger ist, der bei dem betreffenden Vorgang als solcher gehandelt hat. – 2. Bei einem Reihengeschäft mit zwei Lieferungen und drei Beteiligten setzt die erforderliche Zuordnung der (einen) innergemeinschaftlichen Versendung zu einer der beiden Lieferungen eine umfassende Würdigung aller besonderen Umstände des Einzelfalls und insbesondere die Feststellung voraus, ob zwischen dem Erstabnehmer und dem Zweitabnehmer die Übertragung der Befähigung, **wie ein Eigentümer** über den Gegenstand zu verfügen, stattgefunden hat, bevor die innergemeinschaftliche Versendung erfolgte. – 3.... *BFH-Urteil v. 28. 5. 2013 XI R 11/09 (DStR S. 1597); Nachfolgeentscheidung zum EuGH-Urteil v. 27. 9. 2012, C-587/10 VSTR:* Keine Versagung der Steuerbefreiung allein wegen **fehlender USt-IdNr.** des Erwerbers.

Beteiligt sich ein Unternehmer vorsätzlich durch **Täuschung** über die Identität des Abnehmers an einer Umsatzsteuerhinterziehung, um hierdurch die nach der Richtlinie 77/388/EWG geschuldete Besteuerung des innergemeinschaftlichen Erwerbs im Bestimmungsmitgliedstaat zu vermeiden, ist die Lieferung nicht nach § 6 a UStG steuerfrei (Anschluss an EuGH-Urteil vom 7. 12. 2010 C-285/09, R, UR 2011, 15). *BFH-Urteil v. 11. 8. 2011 V R 50/09 (BStBl. 2012 II S. 151).*

Beteiligt sich ein Unternehmer wissentlich an einem **„strukturierten Verkaufsablauf"**, der darauf abzielt, die nach der Richtlinie 77/388/EWG geschuldete Besteuerung des innergemeinschaftlichen Erwerbs im Bestimmungsmitgliedstaat durch Vortäuschen einer differenzbesteuerten Lieferung zu verdecken, ist die Lieferung nicht nach § 6 a UStG steuerfrei (Anschluss an EuGH-Urteil vom 7. 12. 2010 C-285/09, R, UR 2011, 15). *BFH-Urteil v. 11. 8. 2011 V R 19/10 (BStBl. 2012 II S. 156).*

Art. 22 Abs. 8 der Sechsten Richtlinie 77/388/EWG in der durch die Richtlinie 2005/92/EG geänderten Fassung in seiner Fassung des Art. 28 h der Sechsten Richtlinie sowie Art. 28 c Teil A Buchst. a Unterabs. 1 und Buchst. d dieser Richtlinie sind dahin auszulegen, dass sie es der Finanzverwaltung des Herkunftsmitgliedstaats verwehren, eine Mehrwertsteuerbefreiung für eine innergemeinschaftliche Verbringung mit der Begründung zu versagen, der Steuerpflichtige habe **keine vom Bestimmungsmitgliedstaat erteilte USt-IdNr.** mitgeteilt, wenn keine konkreten Anhaltspunkte für eine Steuerhinterziehung bestehen, der Gegenstand in einen anderen Mitgliedstaat verbracht worden ist und auch die übrigen Voraussetzungen für die Steuerbefreiung vorliegen. ***EuGH-Urteil v. 20. 10. 2016*** *C-24/15 Josef Plöckl, DStR S. 2525.*

1. Das FA darf die Steuerbefreiung einer innergemeinschaftlichen Lieferung zwar grundsätzlich von der **Mitteilung der USt-IdNr.** des Erwerbers abhängig machen. Dies gilt jedoch nicht, wenn der Lieferer hinreichende Angaben gemacht hat, aus denen sich ergibt, dass der Erwerber ein Steuerpflichtiger (Unternehmer) gewesen ist, der bei dem betreffenden Vorgang als solcher gehandelt hat, und der Lieferer ausreichende Maßnahmen im Hinblick auf die fehlende USt-IdNr. des Erwerbers ergriffen hat. – 2. Der Lieferer hat ausreichende Maßnahmen im Hinblick auf die fehlende USt-IdNr. des Erwerbers ergriffen, wenn seine Angaben den **Nachweis** ermöglichen, dass die **materiellen Voraussetzungen** für die Steuerfreiheit der innergemeinschaftlichen Weinlieferungen vorliegen und der tatsächliche Erwerber zweifelsfrei ermittelt werden kann. *FG München, Urt. v. 26. 8. 2015 2 K 633/15, rkr. (DStRE 2017 S. 608).*

1. Steht aufgrund einer **Beweiserhebung** fest, dass die gelieferten Fahrzeuge zum Bestimmungsort im übrigen Gemeinschaftsgebiet versendet wurden, kann dies nicht durch die Annahme eines fehlenden Belegnachweises in Abrede gestellt werden. – 2. Der sich aus der USt-IdNr. ergebende Nachweis der Unternehmereigenschaft des Abnehmers kann nicht durch die bloße Annahme einer Briefkastenanschrift widerlegt werden. *BFH-Urteil v. 26. 9. 2019 V R 38/18 (BStBl. 2020 II S. 112).*

6a.3 Belegnachweis in Beförderungs- und Versendungsfällen – Allgemeines

UStAE 6a.3

Allgemeine Anforderungen an die Belegnachweise

(1) ① Der Unternehmer kann den Belegnachweis nach §§ 17 a und b UStDV erforderlichenfalls bis zum Schluss der mündlichen Verhandlung vor dem Finanzgericht nachholen. ② Mit einer Rechnung nach § 17 b Abs. 2 Nr. 1 UStDV, die nicht auf die Steuerfreiheit der innergemeinschaftlichen Lieferung hinweist, und/oder einer nicht gegenüber dem liefernden Unternehmer abgegebenen Spediteurversicherung nach Abschnitt 6 a.5 Abs. 9 und 10, die den Unternehmer auch nicht namentlich bezeichnet, kann der Belegnachweis nach § 17 b Abs. 2 Nr. 1 und Abs. 3 Satz 1 Nr. 2 UStDV nicht geführt werden (vgl. BFH-Urteile vom 12. 5. 2011, V R 46/10, BStBl. II S. 957, und vom 14. 11. 2012, XI R 8/11, zu § 17 a UStDV a. F.). ③ In Fällen der innergemeinschaftlichen Lieferung eines Fahrzeugs im Sinne des § 1 b Abs. 2 UStG müssen die Belege nach § 17 b Abs. 2 Nr. 2 UStDV bzw. nach § 17 b Abs. 3 Satz 1 UStDV zusätzlich die Fahrzeug-Identifikationsnummer des Fahrzeugs enthalten. 61

Bestimmungsort im übrigen Gemeinschaftsgebiet

(2) ① Die Begriffe des Orts des Erhalts des Liefergegenstands bzw. des Orts des Endes der Beförderung des Liefergegenstands im übrigen Gemeinschaftsgebiet in § 17 b Abs. 2 Satz 1 Nr. 2 Buchstabe c UStDV sind dahingehend zu verstehen, dass aus den Belegen der jeweilige EU-Mitgliedstaat, in den der gelieferte Gegenstand im Rahmen der innergemeinschaftlichen Lieferung gelangt, und der dort belegene Bestimmungsort des Liefergegenstands (z. B. Stadt, Gemeinde) hervorgehen. ② Mit einer Bescheinigung des Kraftfahrt-Bundesamtes, wonach ein vorgeblich innergemeinschaftlich geliefertes Fahrzeug nicht in Deutschland für den Straßenverkehr zugelassen ist, kann der Nachweis, dass ein Fahrzeug das Inland verlassen hat bzw. in das übrige Gemeinschaftsgebiet befördert worden ist, nicht geführt werden. ③ Die Risiken hinsichtlich der Voraussetzungen einer innergemeinschaftlichen Lieferung, die sich daraus ergeben, dass der Lieferer die Beförderung oder Versendung der Sache dem Erwerber überlässt, trägt grundsätzlich der liefernde Unternehmer. ④ So kann der Unternehmer nicht mit Erfolg einwenden, er habe z. B. als Zwischenhändler in einem Reihengeschäft ein berechtigtes wirtschaftliches Interesse daran, den endgültigen Bestimmungsort des Liefergegenstands nicht nachzuweisen, um den Endabnehmer nicht preis geben zu müssen, zumal die Regelungen über die Nachweise bei der Inanspruchnahme der Steuerbefreiung für innergemeinschaftliche Lieferungen keine Sonderregelungen für Reihengeschäfte vorsehen. ⑤ Auch ein Einwand des liefernden Unternehmers, dass er im Falle der Beförderung oder Versendung durch den Abnehmer in einem Reihengeschäft keine verlässlichen Nachweise über den Bestimmungsort des Gegenstands führen könne, weil 62

dieser ihm nur bekannt sein könne, wenn er selbst den Transportauftrag erteilt habe, ist nicht durchgreifend.

63 (3) ① Entspricht der Ort des Erhalts des Gegenstands im übrigen Gemeinschaftsgebiet bzw. der Ort des Endes der Beförderung des Gegenstands im übrigen Gemeinschaftsgebiet nicht den Angaben des Abnehmers, ist dies nicht zu beanstanden, wenn es sich bei dem tatsächlichen Ort um einen Ort im übrigen Gemeinschaftsgebiet handelt. ② Zweifel über das Gelangen des Gegenstands in das übrige Gemeinschaftsgebiet gehen zu Lasten des Steuerpflichtigen.

LS zu 6a.3

Beleg- und Buchnachweispflichten bei der Steuerbefreiung für **innergemeinschaftliche Lieferungen** gem. § 4 Nr. 1 b i. V. m. § 6 a UStG ab dem 1. 1. 2014. *Verfügung OFD Niedersachsen v. 2. 2. 2013 – S 7140 – 47 – St 183 (DStR 2014 S. 429).*

64 Die gemäß § 17 a Abs. 2 Nr. 2 UStDV a. F. erforderliche Angabe des Bestimmungsorts ergibt sich nur dann aus der für die Lieferung ausgestellten Rechnung, wenn von einer Beförderung zu dem **in der Rechnung angegebenen Unternehmensort** des Abnehmers auszugehen ist. *BFH-Urteil v. 10. 8. 2016 V R 45/15 (BStBl. 2018 II S. 501).*

UStAE 6a.3a

6 a.3a Belegnachweis in Beförderungs- und Versendungsfällen – Gelangensvermutung

Allgemeines

65 (1) ① Nach § 17 a Abs. 1 UStDV wird bei Vorliegen der Voraussetzungen vermutet, dass der Gegenstand der Lieferung in das übrige Gemeinschaftsgebiet befördert oder versendet wurde. ② § 17 a Abs. 1 UStDV beinhaltet zwei Sachverhaltsvarianten, die zu unterschiedlichen Anforderungen beim Belegnachweis führen. ③ Während § 17 a Abs. 1 Nr. 1 UStDV den Fall der Beförderung oder Versendung durch den Unternehmer oder durch einen von ihm beauftragten Dritten regelt, gilt § 17 a Abs. 1 Nr. 2 UStDV für alle übrigen Fälle (z. B. Abholfall durch den Abnehmer). ④ Der Unternehmer kann anstatt der Voraussetzungen des § 17 a UStDV den Belegnachweis auch nach den in § 17 b bzw. § 17 c UStDV statuierten Regelungen erbringen.

Belege

66 (2) ① § 17 a Abs. 2 UStDV benennt die notwendigen Belege und verweist hierzu unter anderem auf die in § 17 b Abs. 3 Satz 1 Nr. 3 UStDV benannten Beförderungsbelege (vgl. hierzu Abschnitt 6 a.5 Abs. 11) und die in § 17 b Abs. 3 Satz 1 Nr. 1 Buchstabe a UStDV aufgeführten Versendungsbelege (vgl. hierzu Abschnitt 6 a.5 Abs. 1 und 2). ② Die Gelangensvermutung erfordert immer mindestens zwei Belege, die von unterschiedlichen Parteien ausgestellt wurden und die zudem vom Unternehmer und Abnehmer unabhängig sind.

Widerlegbare Vermutung

67 (3) ① Gemäß § 17 a Abs. 3 UStDV kann das Finanzamt eine nach Absatz 1 bestehende Vermutung widerlegen. ② Die Vermutung ist widerlegt, wenn das Finanzamt (z. B. anhand vorliegender Unterlagen oder Belege) feststellt, dass die Gegenstände beispielsweise nicht in das übrige Gemeinschaftsgebiet gelangt sind, sodass keine innergemeinschaftliche Lieferung vorliegt. ③ Kann das Finanzamt nachweisen, dass Belege unzutreffende Angaben enthalten oder gefälscht sind, steht es dem Unternehmer frei, durch andere Belege im Sinne von § 17 a Abs. 2 UStDV das Gelangen in das übrige Gemeinschaftsgebiet zu belegen.

UStAE 6a.4

6 a.4 Belegnachweis in Beförderungs- und Versendungsfällen – Gelangensbestätigung

Allgemeines

71 (1) Nach § 17 b Abs. 2 Satz 1 UStDV gilt in den Fällen, in denen der Unternehmer oder der Abnehmer den Gegenstand der Lieferung in das übrige Gemeinschaftsgebiet befördert oder versendet hat, insbesondere ein Nachweis, den der Unternehmer hierüber wie folgt führt, als eindeutig und leicht nachprüfbar:

1. durch das Doppel der Rechnung (§§ 14, 14 a UStG) und
2. ① durch eine Bestätigung des Abnehmers, dass der Gegenstand der Lieferung in das übrige Gemeinschaftsgebiet gelangt ist (Gelangensbestätigung). ② Diese Bestätigung hat folgende Angaben zu enthalten:
   a) den Namen und die Anschrift des Abnehmers,
   b) die Menge des Gegenstands der Lieferung und die handelsübliche Bezeichnung einschließlich der Fahrzeug-Identifikationsnummer bei Fahrzeugen im Sinne des § 1 b Abs. 2 UStG,
   c) im Fall der Beförderung oder Versendung durch den Unternehmer oder im Fall der Versendung durch den Abnehmer den Ort und den Monat des Erhalts des Gegenstands im übrigen Gemeinschaftsgebiet und im Fall der Beförderung des Gegenstands durch den

Abnehmer den Ort und den Monat des Endes der Beförderung des Gegenstands im übrigen Gemeinschaftsgebiet,

d) das Ausstellungsdatum der Bestätigung sowie

e) ① die Unterschrift des Abnehmers oder eines von ihm zur Abnahme Beauftragten. ② Bei einer elektronischen Übermittlung der Gelangensbestätigung ist eine Unterschrift nicht erforderlich, sofern erkennbar ist, dass die elektronische Übermittlung im Verfügungsbereich des Abnehmers oder des Beauftragten begonnen hat.

Unterschrift des Abnehmers

(2) ① Die Gelangensbestätigung muss u. a. die Unterschrift des Abnehmers enthalten. ② Die 72
Unterschrift des Abnehmers kann auch von einem von dem Abnehmer zur Abnahme des Liefergegenstands Beauftragten oder von einem zur Vertretung des Abnehmers Berechtigten geleistet werden. ③ Dies kann z. B. ein Arbeitnehmer des Abnehmers sein, ein selbständiger Lagerhalter, der für den Abnehmer die Ware entgegennimmt, ein anderer Unternehmer, der mit der Warenannahme beauftragt wurde, oder in einem Reihengeschäft der tatsächliche (letzte) Abnehmer am Ende der Lieferkette. ④ Sofern an der Vertretungsberechtigung für das Leisten der Unterschrift des Abnehmers im konkreten Einzelfall Zweifel bestehen, ist der Nachweis der Vertretungsberechtigung zu führen. ⑤ Dieser Nachweis kann sich aus der Gesamtschau mit anderen Unterlagen, die dem liefernden Unternehmer vorliegen, ergeben (unter anderem Lieferauftrag, Bestellvorgang, Firmenstempel des Abnehmers auf der Gelangensbestätigung). ⑥ Ein mit dem Warentransport beauftragter selbständiger Dritter kann für Zwecke der Gelangensbestätigung nicht zur Abnahme der Ware beauftragt sein.

(3) ① Bei einer elektronischen Übermittlung der Gelangensbestätigung ist eine Unterschrift 73
nach Absatz 2 nicht erforderlich, sofern erkennbar ist, dass die elektronische Übermittlung im Verfügungsbereich des Abnehmers oder des Beauftragten begonnen hat (§ 17b Abs. 2 Nr. 2 Buchstabe e Satz 2 UStDV). ② Von der Erkennbarkeit des Beginns der elektronischen Übermittlung im Verfügungsbereich des Abnehmers ist insbesondere auszugehen, wenn bei der elektronischen Übermittlung der Gelangensbestätigung keine begründeten Zweifel daran bestehen, dass die Angaben dem Abnehmer zugerechnet werden können (z. B. Absenderangabe und Datum der Erstellung der E-Mail in dem sog. Header-Abschnitt der E-Mail, Nutzung einer im Zusammenhang mit dem Abschluss oder der Durchführung des Liefervertrags bekannt gewordenen E-Mail-Adresse, Verwendung eines zuvor zwischen dem Unternehmer und dem Abnehmer vereinbarten elektronischen Verfahrens). ③ Eine bei der Übermittlung der Gelangensbestätigung verwendete E-Mail-Adresse muss dem liefernden Unternehmer nicht bereits vorher bekannt gewesen sein. ④ Für die Erkennbarkeit des Übermittlungsbeginns im Verfügungsbereich des Abnehmers ist es unschädlich, wenn die E-Mail-Adresse eine Domain enthält, die nicht auf den Ansässigkeitsmitgliedstaat des Abnehmers oder auf den Bestimmungsmitgliedstaat der Lieferung hinweist.

Sammelbestätigung

(4) ① Die Gelangensbestätigung kann als Sammelbestätigung ausgestellt werden. ② In dieser 74
können Umsätze aus bis zu einem Quartal zusammengefasst werden (§ 17b Abs. 2 Nr. 2 Sätze 2 und 3 UStDV). ③ Es ist somit nicht erforderlich, die Gelangensbestätigung für jeden einzelnen Liefergegenstand auszustellen. ④ Bei Lieferungen, die mehrere Gegenstände umfassen, oder bei Rechnungen, in denen einem Abnehmer gegenüber über mehrere Lieferungen abgerechnet wird, ist es regelmäßig ausreichend, wenn sich die Gelangensbestätigung auf die jeweilige Gesamtlieferung bzw. auf die Sammelrechnung bezieht. ⑤ Die Sammelbestätigung nach einem Quartal ist auch bei der Pflicht zur monatlichen Übermittlung von Umsatzsteuer-Voranmeldungen zulässig.

Beispiel 1:

① Der deutsche Unternehmer U hat mit einem dänischen Unternehmer K eine ständige Geschäftsbeziehung und liefert in den Monaten Juli bis September Waren, über die in insgesamt 150 Rechnungen abgerechnet wird. ② K kann in einer einzigen Gelangensbestätigung den Erhalt der Waren unter Bezugnahme auf die jeweiligen Rechnungsnummern bestätigen. ③ Als Zeitpunkt des Warenerhalts kann der jeweilige Monat angegeben werden.

Beispiel 2:

① Der deutsche Unternehmer U hat an den italienischen Unternehmer K am 10. Januar, 20. Februar und 30. Juni eines Jahres Lieferungen ausgeführt. ② K kann die Lieferungen des 10. Januar und des 20. Februar in einer Gelangensbestätigung zusammenfassen. ③ Für die Lieferung am 30. Juni muss eine weitere Gelangensbestätigung (oder ein anderer Beleg als die Gelangensbestätigung) ausgestellt werden, weil diese Lieferung außerhalb des ersten Quartals liegt.

Formen der Gelangensbestätigung

(5) ① Die Gelangensbestätigung kann in jeder die erforderlichen Angaben enthaltenen Form 75
erbracht werden; sie kann auch aus mehreren Dokumenten bestehen, aus denen sich die geforderten Angaben insgesamt ergeben (§ 17b Abs. 2 Satz 4 UStDV); eine gegenseitige Bezugnahme in den entsprechenden Dokumenten ist dabei nicht erforderlich. ② Die Bestätigung muss sich also keineswegs zwingend aus einem einzigen Beleg ergeben. ③ Sie kann z. B. auch aus einer Kombination des Lieferscheins mit einer entsprechenden Bestätigung über den Erhalt des Liefergegenstands bestehen. ④ Sie kann auch aus einer Kopie der Rechnung über die innerge-

meinschaftliche Lieferung, ergänzt um die weiteren erforderlichen Angaben, bestehen. ⑤ In den Fällen der Versendung des Gegenstands der innergemeinschaftlichen Lieferung durch den Unternehmer oder durch den Abnehmer können die Angaben der Gelangensbestätigung auch auf einem Versendungsbeleg enthalten sein. ⑥ Eine dem Muster der Anlagen 1 bis 3 inhaltlich entsprechende Gelangensbestätigung ist als Beleg im Sinne des § 17b Abs. 2 Satz 1 Nr. 2 UStDV anzuerkennen. ⑦ Die Gelangensbestätigung oder die die Gelangensbestätigung bildenden Dokumente können danach auch in englischer oder französischer Sprache abgefasst werden; entsprechende Nachweise in anderen Sprachfassungen bedürfen einer amtlich beglaubigten Übersetzung. ⑧ Auch die Verwendung des Musters einer Gelangensbestätigung bedeutet nicht, dass die Gelangensbestätigung zwingend ein einziger Beleg sein muss. ⑨ Das Muster soll lediglich verdeutlichen, welche Angaben für eine Gelangensbestätigung erforderlich sind.

Beispiel 1:

① Der deutsche Unternehmer U hat einem französischen Unternehmer K am 5. Dezember 01 einen Büroschrank geliefert. ② K hat den Schrank mit eigenem Lkw abgeholt und nach Paris transportiert. ③ Das Ende der Beförderung war am 7. Dezember 01. ④ U hat K am 10. Januar 02 über die Lieferung eine Rechnung mit der Nr. 1234 ausgestellt.

⑤ K kann U das Gelangen des Schranks nach Frankreich sinngemäß wie folgt bestätigen: „Die Beförderung der mit Rechnung Nummer 1234 vom 10. Januar 02 abgerechneten Waren endete im Dezember 01 in Paris".

Beispiel 2:

① Der deutsche Unternehmer U hat einem polnischen Unternehmer K in der Zeit vom 10. Januar bis 30. März 02 Waren geliefert, die jeweils bar bezahlt und von einem von K beauftragten Frachtführer nach Warschau transportiert wurden (Verschaffung der Verfügungsmacht durch Übergabe der Ware an den von K beauftragten Frachtführer). ② Es wurden insgesamt zehn Lieferungen getätigt bzw. zehn Transporte nach Warschau durchgeführt. ③ Drei Transporte endeten am 14., 20. und 24. Januar 02. ④ Vier Transporte endeten am 5., 9., 15. und 25. Februar 02. ⑤ Die restlichen drei Transporte endeten am 10. und 23. März sowie am 5. April des Jahres 02. ⑥ U hat K über jede Lieferung eine Rechnung mit den Nummern X1 bis X10 ausgestellt, wobei die ersten drei Rechnungen auf Tage im Januar 02, die folgenden vier Rechnungen auf Tage im Februar 02 und die restlichen drei Rechnungen auf Tage im April 02 datiert sind.

⑦ K kann U das Gelangen der Liefergegenstände nach Polen, z. B. durch Übersendung einer E-Mail (vgl. Absatz 6), als Sammelbestätigung (vgl. Absatz 4) sinngemäß wie folgt bestätigen: „Ich habe die mit den Rechnungen Nr. X1 bis X3 abgerechneten Waren im Monat Januar 02, die mit den Rechnungen X4 bis X7 abgerechneten Waren im Monat Februar 02, die mit Rechnungen X8 und X9 abgerechneten Waren im März 02 und die mit Rechnung X10 abgerechneten Waren im April 02 in Warschau erhalten.

76 (6) ① Die Gelangensbestätigung kann auf elektronischem Weg, z. B. per E-Mail, ggf. mit PDF- oder Textdateianhang, per Computer-Telefax oder Fax-Server, per Web-Download oder im Wege des elektronischen Datenaustauschs (EDI) übermittelt werden; eine wirksame elektronische Übermittlung ist auch dann möglich, wenn der Ort der elektronischen Übermittlung nicht mit dem Ort des Gelangens des Liefergegenstands im übrigen Gemeinschaftsgebiet übereinstimmt. ② Eine auf elektronischem Weg erhaltene Gelangensbestätigung kann für umsatzsteuerliche Zwecke auch in ausgedruckter Form aufbewahrt werden. ③ Wird die Gelangensbestätigung per E-Mail übersandt, soll, um den Nachweis der Herkunft des Dokuments vollständig führen zu können, auch die E-Mail archiviert werden, die für umsatzsteuerliche Zwecke ebenfalls in ausgedruckter Form aufbewahrt werden kann. ④ Die GoBD (vgl. BMF-Schreiben vom 28. 11. 2019, BStBl. I S. 1269) bleiben unberührt.

LS zu 6a.4

77 Soll bei einer innergemeinschaftlichen Lieferung die Versendung in das übrige Gemeinschaftsgebiet belegmäßig durch einen **CMR-Frachtbrief** nachgewiesen werden, ist es grundsätzlich erforderlich, die für die Ablieferung vorgesehene Stelle (Bestimmungsort) anzugeben. *BFH-Urteil vom 4. 5. 2011 XI R 10/09 (BStBl. II S. 797).*

Mit einer Rechnung, die **keinen Hinweis** auf die Steuerfreiheit der innergemeinschaftlichen Lieferung enthält, kann der Unternehmer ebenso wenig wie mit einer Rechnung über eine der Differenzbesteuerung nach § 25 a UStG unterliegende Lieferung ohne den entsprechenden Hinweis den gemäß § 17 a Abs. 2 Nr. 1 UStDV erforderlichen Belegnachweis für eine innergemeinschaftliche Lieferung führen. *BFH-Urt. v. 15. 2. 2012 XI R 42/10 (BFH/NV S. 1188).*

Zur Übermittlung einer Gelangensbestätigung auf **elektronischem Weg** vgl. *FM Schleswig Holstein v. 21. 2. 2014 – S 7172 B – 004 (MwStR S. 249).*

Anl 1–3 zu 6 a.4

Anlage 1 zum Umsatzsteuer-Anwendungserlass (zu Abschnitt 6 a.4)

– Muster einer Gelangensbestätigung im Sinne des § 17 b Absatz 2 Nr. 2 UStDV –

[Anlagen 1 bis 3 letztmals abgedruckt im USt-Handbuch 2020]

UStAE 6 a.5

6 a.5 Belegnachweis in Beförderungs- und Versendungsfällen – Andere Belege als die Gelangensbestätigung

Versendungsbeleg in Versendungsfällen (Frachtbrief, Konnossement)

(1) ① Nach § 17 b Abs. 3 Satz 1 Nr. 1 Buchstabe a UStDV kann der Unternehmer in den Fällen, in denen er oder der Abnehmer den Gegenstand der Lieferung in das übrige Gemeinschaftsgebiet versendet hat, den Nachweis der innergemeinschaftlichen Lieferung wie folgt führen: durch einen Versendungsbeleg, insbesondere durch einen handelsrechtlichen Frachtbrief, der vom Auftraggeber des Frachtführers unterzeichnet ist und die Unterschrift des Empfängers als Bestätigung des Erhalts des Gegenstands der Lieferung enthält, durch ein Konnossement oder durch Doppelstücke des Frachtbriefs oder des Konnossements. ② Abschnitt 6 a.4 Abs. 5 Satz 1 ist entsprechend anzuwenden. **86**

(2) ① Die Unterschrift eines zur Besorgung des Warentransports eingeschalteten Dritten (z. B. eines Spediteurs) ist nicht erforderlich. ② Ist der Versendungsbeleg ein Frachtbrief (z. B. CMR-Frachtbrief), muss dieser vom Absender als Auftraggeber des Frachtführers, also dem Versender des Liefergegenstands, unterzeichnet sein (beim CMR-Frachtbrief in Feld 22). ③ Der Auftraggeber kann hierbei von einem Dritten vertreten werden (z. B. Lagerhalter); es reicht aus, dass die Berechtigung des Dritten, den Frachtbrief zu unterschreiben, glaubhaft gemacht wird (z. B. durch Vorliegen eines Lagervertrages). ④ Beim internationalen Eisenbahnfrachtbrief (CIM-Frachtbrief) wird die Unterschrift regelmäßig durch einen Stempelaufdruck oder einen maschinellen Bestätigungsvermerk ersetzt; dies ist grundsätzlich ausreichend. ⑤ Hinsichtlich der Unterschrift des Empfängers (z. B. beim CMR-Frachtbrief in Feld 24) sind die Regelungen in Abschnitt 6 a.4 Abs. 2 entsprechend anzuwenden. ⑥ Bei Frachtbriefen in Form des Seawaybill oder Airwaybill kann von einer Unterschrift des Auftraggebers des Frachtführers abgesehen werden. ⑦ Hinsichtlich der Ausstellung des Versendungsbelegs als Sammelbestätigung und der Form der Ausstellung sind die Regelungen in Abschnitt 6 a.4 Abs. 4 bis 6 entsprechend anzuwenden. ⑧ Bei der Lieferung eines Fahrzeugs im Sinne des § 1 b Abs. 2 UStG muss der Versendungsbeleg zusätzlich die Fahrzeug-Identifikationsnummer enthalten. **87**

Anderer handelsüblicher Beleg als ein Versendungsbeleg in Versendungsfällen (Spediteurbescheinigung)

(3) ① Nach § 17 b Abs. 3 Satz 1 Nr. 1 Buchstabe b UStDV kann der Unternehmer in den Fällen, in denen er oder der Abnehmer den Gegenstand der Lieferung in das übrige Gemeinschaftsgebiet versendet hat, den Nachweis der innergemeinschaftlichen Lieferung wie folgt führen: durch einen anderen handelsüblichen Beleg als einen Versendungsbeleg nach Absatz 1 und 2, insbesondere mit einer Bescheinigung des beauftragten Spediteurs (Spediteurbescheinigung). ② Diese Bescheinigung hat folgende Angaben zu enthalten: **88**

1. den Namen und die Anschrift des mit der Beförderung beauftragten Unternehmers sowie das Ausstellungsdatum,
2. den Namen und die Anschrift des liefernden Unternehmers sowie des Auftraggebers der Versendung,
3. die Menge des Gegenstands der Lieferung und dessen handelsübliche Bezeichnung,
4. den Empfänger des Gegenstands der Lieferung und den Bestimmungsort im übrigen Gemeinschaftsgebiet,
5. den Monat, in dem die Beförderung des Gegenstands der Lieferung im übrigen Gemeinschaftsgebiet geendet hat,
6. eine Versicherung des mit der Beförderung beauftragten Unternehmers, dass die Angaben in dem Beleg auf Grund von Geschäftsunterlagen gemacht wurden, die im Gemeinschaftsgebiet nachprüfbar sind, sowie
7. die Unterschrift des mit der Beförderung beauftragten Unternehmers.

(4) ① Eine dem Muster der Anlage 4 entsprechende, vollständig und richtig ausgefüllte Spediteurbescheinigung ist als Beleg im Sinne des § 17 b Abs. 3 Satz 1 Nr. 1 Buchstabe b UStDV anzuerkennen. ② Abschnitt 6 a.4 Abs. 5 Satz 1 und Abschnitt 6.7 Abs. 2 Satz 2 gelten entsprechend. ③ Bei einer elektronischen Übermittlung des Belegs an den liefernden Unternehmer ist eine Unterschrift des mit der Beförderung beauftragten Unternehmers nicht erforderlich, sofern erkennbar ist, dass die elektronische Übermittlung im Verfügungsbereich des mit der Beförderung beauftragten Unternehmers begonnen hat. ④ Abschnitt 6 a.4 Abs. 3 bis 6 ist entsprechend anzuwenden. **89**

UStAE 6a.5

Versendungsprotokoll in Versendungsfällen

90 (5) ① Nach § 17b Abs. 3 Satz 1 Nr. 1 Buchstabe c UStDV kann der Unternehmer in den Fällen, in denen er oder der Abnehmer den Gegenstand der Lieferung in das übrige Gemeinschaftsgebiet versendet hat, den Nachweis der innergemeinschaftlichen Lieferung wie folgt führen: durch eine schriftliche oder elektronische Auftragserteilung und ein von dem mit der Beförderung Beauftragten (z. B. Kurierdienstleister) erstelltes Protokoll, das den Transport lückenlos bis zur Ablieferung beim Empfänger nachweist. ② Hinsichtlich der Ausstellung des Versendungsprotokolls als Sammelbestätigung und der Form der Ausstellung sind die Regelungen in Abschnitt 6a.4 Abs. 4 bis 6 entsprechend anzuwenden. ③ Abweichend von Satz 1 kann der Unternehmer aus Vereinfachungsgründen bei der Versendung eines oder mehrerer Gegenstände, deren Wert insgesamt 500 € nicht übersteigt, den Nachweis der innergemeinschaftlichen Lieferung wie folgt führen: durch eine schriftliche oder elektronische Auftragserteilung und durch einen Nachweis über die Entrichtung der Gegenleistung für die Lieferung des Gegenstands oder der Gegenstände.

91 (6) ① Für eine schriftliche oder elektronische Auftragserteilung sind inhaltlich die folgenden Angaben ausreichend:
- Name und Anschrift des Ausstellers des Belegs;
- Name und Anschrift des Absenders;
- Name und Anschrift des Empfängers;
- handelsübliche Bezeichnung und Menge der beförderten Gegenstände;
- Tag der Abholung bzw. Übernahme der beförderten Gegenstände durch den mit der Beförderung beauftragten Unternehmer.

② Aus Vereinfachungsgründen kann bezüglich der Angaben zur handelsüblichen Bezeichnung und Menge der beförderten Gegenstände auf die Rechnung über die Lieferung durch Angabe der Rechnungsnummer verwiesen werden, wenn auf dieser die Nummer des Versendungsbelegs angegeben ist. ③ Eine schriftliche oder elektronische Auftragserteilung kann darin bestehen, dass der liefernde Unternehmer mit dem mit der Beförderung beauftragten Unternehmer eine schriftliche Rahmenvereinbarung über periodisch zu erbringende Warentransporte abgeschlossen hat oder schriftliche Bestätigungen des mit der Beförderung beauftragten Unternehmers über den Beförderungsauftrag vorliegen, wie z. B. Einlieferungslisten oder Versandquittungen. ④ Aus dem von dem mit der Beförderung beauftragten Unternehmer erstellten Protokoll, das den Warentransport nachvollziehbar bis zu Ablieferung beim Empfänger nachweist (sog. tracking-and-tracing-Protokoll) muss sich der Monat und der Ort des Endes der Beförderung im übrigen Gemeinschaftsgebiet ergeben. ⑤ Ein Nachweis der Bestätigung des Empfängers, die Ware erhalten zu haben (z. B. Nachweis der Unterschrift des Empfängers gegenüber dem örtlichen Frachtführer), ist nicht erforderlich. ⑥ Der liefernde Unternehmer kann das Protokoll über den Warentransport, wenn es ihm in elektronischer Form zur Verfügung gestellt wird, elektronisch oder in Form eines Ausdrucks aufbewahren. ⑦ Bei einer elektronischen Aufbewahrung des Protokolls ist Abschnitt 6a.4 Abs. 6 entsprechend anzuwenden.

Empfangsbescheinigung eines Postdienstleisters in Versendungsfällen

91a (7) ① Nach § 17b Abs. 3 Satz 1 Nr. 1 Buchstabe d UStDV kann der Unternehmer in den Fällen von Postsendungen, in denen er oder der Abnehmer den Gegenstand der Lieferung in das übrige Gemeinschaftsgebiet versendet hat und in denen eine Belegnachweisführung nach § 17b Abs. 3 Satz 1 Nr. 1 Buchstabe c UStDV nicht möglich ist, den Nachweis wie folgt führen: durch eine Empfangsbescheinigung eines Postdienstleisters über die Entgegennahme der an den Abnehmer adressierten Postsendung und den Nachweis über die Bezahlung der Lieferung. ② Abschnitt 6a.4 Abs. 5 Satz 1 ist entsprechend anzuwenden. ③ Eine Belegnachweisführung nach § 17b Abs. 3 Satz 1 Nr. 1 Buchstabe c UStDV gilt auch dann als möglich, wenn der mit der Beförderung Beauftragte (z. B. ein Kurierdienstleister) kein nachvollziehbares Protokoll, das den Transport bis zur Ablieferung beim Empfänger nachweist, sondern z. B. nur ein Protokoll bis zur Übergabe der Waren an den letzten Unterfrachtführer zur Verfügung stellt; in diesen Fällen kann der Belegnachweis damit nicht mit einer Empfangsbescheinigung eines Postdienstleisters nach § 17b Abs. 3 Satz 1 Nr. 1 Buchstabe d UStDV geführt werden.

92 (8) ① Für eine Empfangsbescheinigung des Postdienstleisters über die Entgegennahme der Postsendung an den Abnehmer sind die folgenden Angaben ausreichend:
- Name und Anschrift des Ausstellers des Belegs;
- Name und Anschrift des Absenders;
- Name und Anschrift des Empfängers;
- handelsübliche Bezeichnung und Menge der beförderten Gegenstände;
- Tag der Abholung bzw. Übernahme der beförderten Gegenstände durch den mit der Beförderung beauftragten Postdienstleister.

② Die Angaben in der Empfangsbescheinigung über den Empfänger und die gelieferten Gegenstände können durch einen entsprechenden Verweis auf die Rechnung, einen Lieferschein oder entsprechende andere Dokumente über die Lieferung ersetzt werden. ③ Der Zusammenhang zwischen der Empfangsbescheinigung des Postdienstleisters und der jeweiligen Rechnung über die innergemeinschaftliche Lieferung muss, ggf. durch ein gegenseitiges Verweissystem, leicht nachprüfbar sein. ④ Der Nachweis der Bezahlung des Liefergegenstands ist grundsätzlich mit Hilfe des entsprechenden Kontoauszugs oder im Fall einer Barzahlung mit einem Doppel der Zahlungsquittierung zu führen. ⑤ Als Bezahlung des Liefergegenstands gilt bei verbundenen Unternehmen auch die Verrechnung über ein internes Abrechnungssystem (sog. inter company clearing). ⑥ In diesen Fällen ist der Nachweis in entsprechender Form zu führen. UStAE 6a.5

Andere Bescheinigung des Spediteurs in Versendungsfällen im Auftrag des Abnehmers (Spediteurversicherung)

(9) Nach § 17b Abs. 3 Satz 1 Nr. 2 UStDV kann der Unternehmer bei der Versendung des Gegenstands der Lieferung durch den Abnehmer den Nachweis der innergemeinschaftlichen Lieferung wie folgt führen: durch einen Nachweis über die Entrichtung der Gegenleistung für die Lieferung des Gegenstands von einem Bankkonto des Abnehmers sowie durch eine Bescheinigung des beauftragten Spediteurs (Spediteurversicherung), die folgende Angaben zu enthalten hat: 93

1. den Namen und die Anschrift des mit der Beförderung beauftragten Unternehmers sowie das Ausstellungsdatum,
2. den Namen und die Anschrift des liefernden Unternehmers sowie des Auftraggebers der Versendung,
3. die Menge des Gegenstands der Lieferung und die handelsübliche Bezeichnung,
4. den Empfänger des Gegenstands der Lieferung und den Bestimmungsort im übrigen Gemeinschaftsgebiet,
5. eine Versicherung des mit der Beförderung beauftragten Unternehmers, den Gegenstand der Lieferung an den Bestimmungsort im übrigen Gemeinschaftsgebiet zu befördern, sowie
6. die Unterschrift des mit der Beförderung beauftragten Unternehmers; Abschnitt 6.7 Abs. 2 Satz 2 gilt entsprechend.

(10) ① Der liefernde Unternehmer hat den Nachweis der Bezahlung des Liefergegenstands von einem Bankkonto des Abnehmers zu führen. ② Das Bankkonto des Abnehmers kann ein ausländisches oder inländisches Konto (z. B. auch ein inländisches Konzernverrechnungskonto) sein; als Bezahlung des Liefergegenstands gilt bei verbundenen Unternehmen auch die Verrechnung über ein internes Abrechnungssystem (sog. inter company clearing). ③ Neben dem Nachweis über die Bezahlung des Liefergegenstands hat der liefernde Unternehmer den Nachweis in Form der Spediteurversicherung zu führen. ④ Der Nachweis mit einer Spediteurversicherung kommt nur in den Fällen in Betracht, in denen der Abnehmer den Liefergegenstand versendet. ⑤ Eine dem Muster der Anlage 5 entsprechende, vollständig und richtig ausgefüllte Spediteurversicherung ist als Beleg im Sinne des § 17b Abs. 3 Satz 1 Nr. 2 UStDV anzuerkennen. ⑥ Bestehen in den Fällen der Versendung des Liefergegenstands im Auftrag des Abnehmers begründete Zweifel daran, dass der Liefergegenstand tatsächlich in das übrige Gemeinschaftsgebiet gelangt ist, hat der Unternehmer den Nachweis der innergemeinschaftlichen Lieferung mit anderen Mitteln als der Spediteurversicherung, z. B. mit der Gelangensbestätigung nach Abschnitt 6a.4 oder einem der anderen Belege nach § 17b Abs. 3 UStDV zu führen. 94

Bestätigung der Abgangsstelle in Beförderungsfällen im Unionsversandverfahren

(11) ① Nach § 17b Abs. 3 Satz 1 Nr. 3 UStDV kann der Unternehmer bei der Beförderung des Gegenstands der Lieferung im Unionsversandverfahren in das übrige Gemeinschaftsgebiet den Nachweis der innergemeinschaftlichen Lieferung wie folgt führen: durch eine Bestätigung der Abgangsstelle über die innergemeinschaftliche Lieferung, die nach Eingang des Beendigungsnachweises für das Versandverfahren erteilt wird, sofern sich daraus die Lieferung in das übrige Gemeinschaftsgebiet ergibt. ② Diese Nachweismöglichkeit ist auch in den Fällen der Versendung des Gegenstands der Lieferung zulässig. 95

EMCS-Eingangsmeldung bei der Lieferung verbrauchsteuerpflichtiger Waren in Beförderungsfällen

(12) ① Nach § 17b Abs. 3 Satz 1 Nr. 4 Buchstabe a UStDV kann der Unternehmer bei der Beförderung verbrauchsteuerpflichtiger Waren unter Steueraussetzung und Verwendung des IT-Verfahrens EMCS (Excise Movement and Control System – EDV-gestütztes Beförderungs- und Kontrollsystem für verbrauchsteuerpflichtige Waren) den Nachweis der innergemeinschaftlichen Lieferung wie folgt führen: durch die von der zuständigen Behörde des anderen Mitgliedstaats (Bestimmungsmitgliedstaates) validierte EMCS-Eingangsmeldung. ② Diese Nachweismöglichkeit ist auch in den Fällen der Versendung verbrauchsteuerpflichtiger Waren zulässig. 96

(13) Als Nachweis der innergemeinschaftlichen Lieferung nach Absatz 12 ist eine nach den Anforderungen der Tabelle 6 in Anhang I der Verordnung (EG) Nr. 684/2009 der Kommission vom 24. 7. 2009 zur Durchführung der Richtlinie 2008/118/EG des Rates in Bezug auf die EDV-gestützten Verfahren für die Beförderung verbrauchsteuerpflichtiger Waren unter Steuer- 97

UStAE 6a.5

aussetzung (ABl. EU 2009 Nr. L 197 S. 24; vgl. Anlage 6) vollständig und richtig ausgefüllte Eingangsmeldung anzuerkennen.

Dritte Ausfertigung des vereinfachten Begleitdokuments bei Lieferung verbrauchsteuerpflichtiger Waren des steuerrechtlich freien Verkehrs in Beförderungsfällen

98 (14) ① Nach § 17b Abs. 3 Satz 1 Nr. 4 Buchstabe b UStDV kann der Unternehmer bei der Beförderung verbrauchsteuerpflichtiger Waren des steuerrechtlich freien Verkehrs den Nachweis der innergemeinschaftlichen Lieferung wie folgt führen: durch die dritte Ausfertigung des vereinfachten Begleitdokuments, das dem zuständigen Hauptzollamt für Zwecke der Verbrauchsteuerentlastung vorzulegen ist. ② Diese Nachweismöglichkeit ist auch in den Fällen der Versendung verbrauchsteuerpflichtiger Waren zulässig.

99 (15) Eine nach dem Muster des im Anhang zu der Verordnung (EWG) Nr. 3649/92 der Kommission vom 17. 12. 1992 über ein vereinfachtes Begleitdokument für die Beförderung von verbrauchsteuerpflichtigen Waren, die sich bereits im steuerrechtlich freien Verkehr des Abgangsmitgliedstaats befinden, (ABl. EG 1992 Nr. L 369 S. 17) enthaltenen Begleitdokuments vollständig und richtig ausgefüllte dritte Ausfertigung (3. Ausfertigung; vgl. Anlage 7) ist als Beleg im Sinne von Absatz 14 anzuerkennen.

Zulassung des Fahrzeugs auf den Erwerber bei Beförderung durch den Abnehmer

100 (16) Nach § 17b Abs. 3 Satz 1 Nr. 5 UStDV kann der Unternehmer bei der innergemeinschaftlichen Lieferung von Fahrzeugen, die durch den Abnehmer befördert werden und für die eine Zulassung für den Straßenverkehr erforderlich ist, den Nachweis der innergemeinschaftlichen Lieferung wie folgt führen: durch einen Nachweis über die Zulassung des Fahrzeugs auf den Erwerber im Bestimmungsmitgliedstaat der Lieferung; dabei ist eine einfache Kopie der Zulassung ausreichend.

101 (17) ① Der Nachweis der Zulassung muss die Fahrzeug-Identifikationsnummer enthalten. ② Ein Nachweis der Zulassung des Fahrzeugs im übrigen Gemeinschaftsgebiet auf eine andere Person als den Erwerber, d. h. den Abnehmer der Lieferung, ist kein ausreichender Nachweis.

LS zu 6a.5

101a Zum **CMR-Frachtbrief** siehe *BFH-Urteil v. 22. 7. 2015 V R 38/14 (BStBl. 2018 II S. 498)*, LS zu A 6 a.2, Rz. 54.

Anl 4–7 zu 6a.5

Anlage 4 zum Umsatzsteuer-Anwendungserlass (zu Abschnitt 6 a.5)

[Anlagen 4 bis 7 letztmals abgedruckt im USt-Handbuch 2020]

UStAE 6a.6

6 a.6 Belegnachweis in Bearbeitungs- oder Verarbeitungsfällen

106 ① In Bearbeitungs- oder Verarbeitungsfällen im Zusammenhang mit innergemeinschaftlichen Lieferungen hat der liefernde Unternehmer den Belegnachweis durch Belege nach § 17b UStDV zu führen, die zusätzlich die in § 11 Abs. 1 Nr. 1 bis 4 UStDV bezeichneten Angaben enthalten (§ 17c Satz 2 UStDV). ② Abschnitt 6.8 ist entsprechend anzuwenden.[1]

LS zu 6a.6

107 1. Vorgeschobene Strohmanngeschäfte liegen nur vor, wenn sie nur zum Schein abgeschlossen werden, d. h. wenn die Vertragsparteien einverständlich oder stillschweigend davon ausgehen, dass die Rechtswirkungen des Geschäfts in Wahrheit zwischen dem Leistungsempfänger bzw. Leistenden und dem Hintermann eintreten sollen. – 2. Auch ein **vorgeschobener Strohmann** kann vorsteuerabzugsberechtigter Unternehmer im umsatzsteuerrechtlichen Sinne sein. – 3. Kommt der Unternehmer seinen Nachweispflichten hinsichtlich der Steuerfreiheit der erklärten Umsätze aus innergemeinschaftlichen Lieferungen **[Kfz]** nicht nach, ist grundsätzlich davon auszugehen, dass die Voraussetzungen einer innergemeinschaftlichen Lieferung (§ 6 a Abs. 1 UStG) nicht erfüllt sind. *FG München, Urt. v. 13. 7. 2010, 14 K 3222/07, rkr. (BeckRS 2010, 26029569).*

UStAE 6a.7

6 a.7 Buchmäßiger Nachweis

111 (1) ① Zur Führung des Buchnachweises muss der liefernde Unternehmer die ausländische USt-IdNr. des Abnehmers aufzeichnen (§ 17d Abs. 1 UStDV). ② Darüber hinaus muss er den Namen und die Anschrift des Abnehmers aufzeichnen (§ 17d Abs. 2 Nr. 1 UStDV). ③ Zu den erforderlichen Voraussetzungen der Steuerbefreiung gehört auch die Unternehmereigenschaft des Abnehmers. ④ Diese muss der liefernde Unternehmer nachweisen (§ 17d Abs. 1 UStDV in Verbindung mit § 6a Abs. 1 Satz 1 Nr. 2 Buchstabe a UStG). ⑤ Die Aufzeichnung der ausländischen USt-IdNr. allein reicht hierfür nicht aus, weil sich aus ihr nicht ergibt, wer der tatsächliche Leistungsempfänger ist. ⑥ Die Beteiligten eines Leistungsaustausches – und somit auch der Abnehmer – ergeben sich regelmäßig aus den zivilrechtlichen Vereinbarungen. ⑦ Handelt je-

[1] Zur Bescheinigung für Umsatzsteuerzwecke in Be- und Verarbeitungsfällen siehe *BMF-Schreiben vom 13. 12. 2022, BStBl. I S. 1685.*

mand im fremden Namen, kommt es darauf an, ob er hierzu Vertretungsmacht hat. ⑧ Der Unternehmer muss daher die Identität des Abnehmers (bzw. dessen Vertretungsberechtigten), z. B. durch Vorlage des Kaufvertrags, nachweisen. ⑨ Handelt ein Dritter im Namen des Abnehmers, muss der Unternehmer auch die Vollmacht des Vertretungsberechtigten nachweisen, weil beim Handeln im fremden Namen die Wirksamkeit der Vertretung davon abhängt, ob der Vertretungsberechtigte Vertretungsmacht hat (vgl. zu den Anforderungen an die Vollmacht zum Nachweis der Abholberechtigung Abschnitt 3.14 Abs. 10 a).

(2) ① Die nach § 17 d Abs. 1 Satz 1 UStDV buchmäßig nachzuweisende USt-IdNr. des Abnehmers bezeichnet die gültige ausländische USt-IdNr. des Abnehmers im Sinne des Abschnitts 6 a.1 Abs. 10. ② Wenn der liefernde Unternehmer die gültige USt-IdNr. des Abnehmers nicht aufzeichnen bzw. im Bestätigungsverfahren beim BZSt nicht erfragen kann, weil ihm eine unrichtige USt-IdNr. genannt worden ist, steht nicht objektiv fest, an welchen Abnehmer die Lieferung bewirkt wurde. ③ Im Übrigen steht nicht entsprechend § 6 a Abs. 1 Satz 1 Nr. 3 UStG fest, dass der Erwerb des Gegenstands in dem anderen Mitgliedstaat der Erwerbsbesteuerung unterliegt. ④ In einem solchen Fall liegen die Voraussetzungen für die Inanspruchnahme der Steuerbefreiung für eine innergemeinschaftliche Lieferung nicht vor. ⑤ Zu einer etwaigen Gewährung von Vertrauensschutz in diesen Fällen vgl. Abschnitt 6 a.8. **112**

(3) Hat der Unternehmer eine im Zeitpunkt der Lieferung gültige ausländische USt-IdNr. des Abnehmers im Sinne des Abschnitts 6 a.1 Abs. 10 aufgezeichnet, kann **113**
- die Feststellung, dass der Adressat einer Lieferung den Gegenstand nicht zur Ausführung entgeltlicher Umsätze verwendet hat,
- die Feststellung, der Empfänger der Lieferung habe die mit Hilfe der bezogenen Lieferungen ausgeführten Umsätze nicht versteuert, oder
- die Mitteilung eines anderen Mitgliedstaates, bei dem Abnehmer handele es sich um einen „missing trader",

für sich genommen nicht zu dem Schluss führen, nicht der Vertragspartner, sondern eine andere Person sei Empfänger der Lieferung gewesen.

(4) Für die Unternehmereigenschaft des Abnehmers ist es auch unerheblich, ob dieser im Bestimmungsmitgliedstaat des Gegenstands der Lieferung seine umsatzsteuerlichen Pflichten erfüllt. **114**

(5) ① Regelmäßig ergibt sich aus den abgeschlossenen zivilrechtlichen Vereinbarungen, wer bei einem Umsatz als Leistender und wer als Leistungsempfänger anzusehen ist. ② Allerdings kommt unter vergleichbaren Voraussetzungen eine von den „vertraglichen Vereinbarungen" abweichende Bestimmung des Leistungsempfängers in Betracht, wenn bei einer innergemeinschaftlichen Lieferung nach den konkreten Umständen des Falles für den liefernden Unternehmer erkennbar eine andere Person als sein „Vertragspartner" unter dessen Namen auftritt, und bei denen der liefernde Unternehmer mit der Nichtbesteuerung des innergemeinschaftlichen Erwerbs rechnet oder rechnen muss. **115**

(6) ① Der Inhalt und der Umfang des buchmäßigen Nachweises sind in Form von Mussvorschriften geregelt (§ 17 d Abs. 2 bis 4 UStDV). ② Der Unternehmer kann den Nachweis aber auch in anderer Weise führen. ③ Er muss jedoch in jedem Fall die Grundsätze des § 17 d Abs. 1 UStDV beachten. **116**

(7) ① Der buchmäßige Nachweis muss grundsätzlich im Geltungsbereich des UStG geführt werden. ② Steuerlich zuverlässigen Unternehmern kann jedoch gestattet werden, die Aufzeichnungen über den buchmäßigen Nachweis im Ausland vorzunehmen und dort aufzubewahren. ③ Voraussetzung ist hierfür, dass andernfalls der buchmäßige Nachweis in unverhältnismäßiger Weise erschwert würde und dass die erforderlichen Unterlagen den deutschen Finanzbehörden jederzeit auf Verlangen im Geltungsbereich des UStG vorgelegt werden. ④ Der Bewilligungsbescheid ist unter einer entsprechenden Auflage und unter dem Vorbehalt jederzeitigen Widerrufs zu erteilen. ⑤ Die zuständige Finanzbehörde kann unter den Voraussetzungen des § 146 Abs. 2 a und 2 b AO auf schriftlichen Antrag des Unternehmers bewilligen, dass die elektronischen Aufzeichnungen über den buchmäßigen Nachweis im Ausland geführt und aufbewahrt werden. **117**

(8) ① Aus dem Grundsatz, dass die buchmäßig nachzuweisenden Voraussetzungen eindeutig und leicht nachprüfbar aus der Buchführung zu ersehen sein müssen (§ 17 d Abs. 1 UStDV), ergibt sich, dass die erforderlichen Aufzeichnungen grundsätzlich laufend und unmittelbar nach Ausführung des jeweiligen Umsatzes vorgenommen werden sollen. ② Der buchmäßige Nachweis darf um den gegebenenfalls später eingegangenen Belegnachweis vervollständigt werden. ③ Der Unternehmer muss den buchmäßigen Nachweis der steuerfreien innergemeinschaftlichen Lieferung bis zu dem Zeitpunkt führen, zu dem er die Umsatzsteuer-Voranmeldung für die innergemeinschaftliche Lieferung zu übermitteln hat. ④ Der Unternehmer kann fehlende oder fehlerhafte Aufzeichnungen eines rechtzeitig erbrachten Buchnachweises bis zum Schluss der letzten mündlichen Verhandlung vor dem Finanzgericht ergänzen oder berichtigen. **118**

(9) ① Bei der Aufzeichnung der Menge und der handelsüblichen Bezeichnung des Gegenstands der Lieferung sind Sammelbezeichnungen, z. B. Lebensmittel oder Textilien, in der Regel nicht ausreichend (vgl. Abschnitt 14.5 Abs. 15). ② Die Aufzeichnung der Fahrzeug-Identifikationsnummer bei der Lieferung eines Fahrzeugs im Sinne von § 1 b Abs. 2 UStG nach § 17 d **119**

Abs. 2 Nr. 4 UStDV ist unerlässlich. ③ Aus der Aufzeichnung der Art und des Umfangs einer etwaigen Bearbeitung oder Verarbeitung vor der Beförderung oder Versendung in das übrige Gemeinschaftsgebiet sollen auch der Name und die Anschrift des mit der Bearbeitung oder Verarbeitung Beauftragten, die Bezeichnung des betreffenden Auftrags sowie die Menge und handelsübliche Bezeichnung des gelieferten Gegenstands hervorgehen. ④ Als Grundlage dieser Aufzeichnungen können die Belege dienen, die der Unternehmer über die Bearbeitung oder Verarbeitung erhalten hat.

UStAE 6a.8

6a.8 Gewährung von Vertrauensschutz[1]

121 (1) ① Nach § 6a Abs. 4 UStG ist eine Lieferung, die der Unternehmer als steuerfreie innergemeinschaftliche Lieferung behandelt hat, obwohl die Voraussetzungen nach § 6a Abs. 1 UStG nicht vorliegen, gleichwohl als steuerfrei anzusehen, wenn die Inanspruchnahme der Steuerbefreiung auf unrichtigen Angaben des Abnehmers beruht und der Unternehmer die Unrichtigkeit dieser Angaben auch bei Beachtung der Sorgfalt eines ordentlichen Kaufmanns nicht erkennen konnte. ② In diesem Fall schuldet der Abnehmer die entgangene Steuer. ③ Die Frage, ob der Unternehmer die Unrichtigkeit der Angaben des Abnehmers auch bei Sorgfalt eines ordentlichen Kaufmanns nicht erkennen konnte, stellt sich erst dann, wenn der Unternehmer seinen Nachweispflichten nach §§ 17a ff. UStDV vollständig nachgekommen ist. ④ Entscheidend dabei ist, dass die vom Unternehmer vorgelegten Nachweise (buch- und belegmäßig) eindeutig und schlüssig auf die Ausführung einer innergemeinschaftlichen Lieferung hindeuten und dass der Unternehmer bei der Nachweisführung – insbesondere mit Blick auf die Unrichtigkeit der Angaben – der Sorgfaltspflicht des ordentlichen Kaufmanns genügte und in gutem Glauben war. ⑤ Die Steuerbefreiung nach § 6a Abs. 4 Satz 1 UStG setzt voraus, dass der Unternehmer den Nachweispflichten nach § 6a Abs. 3 UStG in Verbindung mit §§ 17a ff. UStDV als Voraussetzung für die Steuerbefreiung nach § 6a Abs. 4 Satz 1 UStG ihrer Art nach vollständig nachkommt. ⑥ Maßgeblich ist hierfür die formelle Vollständigkeit, nicht aber auch die inhaltliche Richtigkeit der Beleg- und Buchangaben, da § 6a Abs. 4 Satz 1 UStG das Vertrauen auf unrichtige Abnehmerangaben schützt (vgl. BFH-Urteil vom 12. 5. 2011, V R 46/10, BStBl. II S. 957).

122 (2) ① „Abnehmer" im Sinne des § 6a Abs. 4 Satz 2 UStG ist derjenige, der den Unternehmer durch falsche Angaben getäuscht hat, d. h. derjenige, der gegenüber dem Unternehmer als (vermeintlicher) Erwerber aufgetreten ist. ② Dieser schuldet die entgangene Steuer und die Steuer ist gegen ihn festzusetzen und ggf. zu vollstrecken (ggf. im Wege der Amtshilfe, da es sich bei den Betroffenen in der Regel um nicht im Inland ansässige Personen handelt). ③ Der (vermeintliche) Abnehmer im Sinne des § 6a Abs. 4 Satz 2 UStG muss nicht notwendigerweise mit der im Beleg- und Buchnachweis des Unternehmers als Leistungsempfänger dokumentierten Person übereinstimmen. ④ Liegen die Voraussetzungen für die Gewährung von Vertrauensschutz vor, ist eine Lieferung, die der Unternehmer als steuerfreie innergemeinschaftliche Lieferung behandelt hat, obwohl die Voraussetzungen nach § 6a Abs. 1 UStG nicht vorliegen, auch dann als steuerfrei anzusehen, wenn eine Festsetzung der Steuer nach § 6a Abs. 4 Satz 2 UStG gegen den Abnehmer nicht möglich ist, z. B. weil dieser sich dem Zugriff der Finanzbehörde entzogen hat.

123 (3) Die örtliche Zuständigkeit des Finanzamts für die Festsetzung der entgangenen Steuer ergibt sich aus § 21 Abs. 1 AO und der UStZustV.[2]

124 (4) ① Der gute Glaube im Sinne des § 6a Abs. 4 UStG bezieht sich allein auf unrichtige Angaben über die in § 6a Abs. 1 UStG bezeichneten Voraussetzungen (Unternehmereigenschaft des Abnehmers, Verwendung des Lieferungsgegenstandes für sein Unternehmen, körperliche Warenbewegung in den anderen Mitgliedstaat). ② Er bezieht sich nicht auch auf die Richtigkeit der nach § 6a Abs. 3 UStG in Verbindung mit §§ 17a ff. UStDV vom Unternehmer zu erfüllenden Nachweise (vgl. BFH-Urteil vom 12. 5. 2011, V R 46/10, BStBl. II S. 957).

125 (5) ① Die Erfüllung des Beleg- und Buchnachweises gehört zu den Sorgfaltspflichten eines ordentlichen Kaufmanns. ② Deshalb stellt sich die Frage, ob der Unternehmer die Unrichtigkeit der Angaben des Abnehmers auch bei Sorgfalt eines ordentlichen Kaufmanns nicht erkennen konnte, erst dann, wenn der Unternehmer seinen Nachweispflichten nach §§ 17a bis 17d UStDV vollständig nachgekommen ist. ③ Allerdings kann die Gewährung von Vertrauensschutz im Einzelfall in Betracht kommen, wenn der Unternehmer eine unrichtige USt-IdNr. aufgezeichnet hat, dies jedoch auch bei Beachtung der Sorgfalt eines ordentlichen Kaufmanns nicht erkennen konnte (z. B. weil der Bestimmungsmitgliedstaat die USt-IdNr. des Abnehmers rückwirkend für ungültig erklärt hat). ④ Der Unternehmer trägt die Feststellungslast, dass er die Sorgfalt eines ordentlichen Kaufmanns beachtet hat.

126 (6) ① War die Unrichtigkeit einer USt-IdNr. erkennbar und hat der Unternehmer dies nicht erkannt (z. B. weil das Bestätigungsverfahren nicht oder zu einem späteren Zeitpunkt als dem des Umsatzes durchgeführt wird), genügt dies nicht der Sorgfaltspflicht eines ordentlichen Kaufmanns. ② Gleiches gilt in Fällen, in denen der Abnehmer oder dessen Beauftragter den Gegen-

[1] **Vertrauensschutzregelung** vgl. auch A 6.5 Abs. 6 UStAE.
[2] **Anhang** Nr. 1.

LS zu 6a.8

stand der Lieferung befördert und der liefernde Unternehmer die Steuerbefreiung in Anspruch nimmt, ohne über eine schriftliche Versicherung des Abnehmers zu verfügen, den Gegenstand der Lieferung in einen anderen Mitgliedstaat befördern zu wollen.

(7) ① An die Nachweispflichten sind besonders hohe Anforderungen zu stellen, wenn der vermeintlichen innergemeinschaftlichen Lieferung ein Barkauf zu Grunde liegt. ② In Fällen dieser Art ist es dem Unternehmer auch zumutbar, dass er sich über den Namen, die Anschrift des Abnehmers und ggf. über den Namen, die Anschrift und die Vertretungsmacht eines Vertreters des Abnehmers vergewissert und entsprechende Belege vorlegen kann. ③ Wird der Gegenstand der Lieferung von einem Vertreter des Abnehmers beim liefernden Unternehmer abgeholt, reicht die alleinige Durchführung eines qualifizierten Bestätigungsverfahrens nach § 18e UStG über die vom Abnehmer verwendete USt-IdNr. nicht aus, um den Sorgfaltspflichten eines ordentlichen Kaufmanns zu genügen. ④ Auffällige Unterschiede zwischen der Unterschrift des Abholers unter der Empfangsbestätigung auf der Rechnung und der Unterschrift auf dem vorgelegten Personalausweis können Umstände sein, die den Unternehmer zu besonderer Sorgfalt hinsichtlich der Identität des angeblichen Vertragspartners und des Abholers veranlassen müssen (vgl. BFH-Urteil vom 14. 11. 2012, XI R 17/12, BStBl. 2013 II S. 407). **127**

(8) ① Die Vertrauensschutzregelung ist auf Fälle, in denen der Abnehmer in sich widersprüchliche oder unklare Angaben zu seiner Identität macht, von vornherein nicht anwendbar. ② Bei unklarer Sachlage verstößt es stets gegen die einem ordentlichen Kaufmann obliegenden Sorgfaltspflichten, wenn der liefernde Unternehmer diese Unklarheiten bzw. Widersprüchlichkeiten aus Unachtsamkeit gar nicht erkennt oder im Vertrauen auf diese Angaben die weitere Aufklärung unterlässt. ③ Für einen Vertrauensschutz ist nur dort Raum, wo eine Täuschung des liefernden Unternehmers festgestellt werden kann. **128**

(9) ① Für die Inanspruchnahme des Vertrauensschutzes nach § 6a Abs. 4 Satz 1 UStG muss der Lieferer in gutem Glauben handeln und alle Maßnahmen ergreifen, die vernünftigerweise verlangt werden können, um sicherzustellen, dass der von ihm getätigte Umsatz nicht zu seiner Beteiligung an einer Steuerhinterziehung führt. ② Dabei sind alle Gesichtspunkte und tatsächlichen Umstände umfassend zu berücksichtigen. ③ Danach kann sich die zur Steuerpflicht führende Bösgläubigkeit auch aus Umständen ergeben, die nicht mit den Beleg- und Buchangaben zusammenhängen (vgl. BFH-Urteil vom 25. 4. 2013, V R 28/11, BStBl. II S. 656). **129**

LS zu 6a.8

1. Die Lieferung von Gegenständen an einen Abnehmer im übrigen Gemeinschaftsgebiet stellt keine steuerfreie innergemeinschaftliche Lieferung i. S. des § 6a UStG dar, wenn der inländische Unternehmer in **kollusivem Zusammenwirken** mit dem tatsächlichen Abnehmer die Lieferung an einen **Zwischenhändler vortäuscht,** um dem Abnehmer die Hinterziehung von Steuern zu ermöglichen. – 2. Wird eine solche Lieferung durch den inländischen Unternehmer gleichwohl als steuerfreie innergemeinschaftliche Lieferung erklärt, macht der Unternehmer gegenüber den Finanzbehörden unrichtige Angaben i. S. von § 370 Abs. 1 Nr. 1 AO und verkürzt dadurch die auf die Umsätze nach § 1 Abs. 1 Nr. 1, § 13 Abs. 1 Nr. 1, § 13a Abs. 1 Nr. 1 UStG anfallende und von ihm geschuldete Umsatzsteuer. *BGH-Beschl. v. 20. 11. 2008, 1 StR 354/08 (DStR 2009 S. 577).* – Vgl. auch *BGH-Beschl. v. 19. 2. 2009 – 1 StR 633/08 (UR S. 726)* u. *BVerfG-Beschl. v. 16. 6. 2011 – 2 BvR 542/09 (DStRE 2012 S. 379).* **130**

Wenn Gutglaubensschutz nach § 6a Abs. 4 UStG auch bei Unrichtigkeit der Angaben des Abnehmers zu gewähren wäre, kann die Steuerfreiheit für eine innergemeinschaftliche Lieferung **nicht wegen bloßer Zweifel** an der Richtigkeit der Belegnachweise nach § 17a Abs. 2 UStDV verwehrt werden. *FG Rheinland-Pfalz, Urt. v. 26. 8. 2010, 6 K 1130/09, rkr. (DStRE 2011 S. 561).*

Beteiligt sich ein Unternehmer wissentlich an einem **„strukturierten Verkaufsablauf"**, der darauf abzielt, die nach der Richtlinie 77/388/EWG geschuldete Besteuerung des innergemeinschaftlichen Erwerbs im Bestimmungsmitgliedstaat durch Vortäuschen einer differenzbesteuerten Lieferung zu verdecken, ist die Lieferung nicht nach § 6a UStG steuerfrei (Anschluss an EuGH-Urt. v. 7. 12. 2010, C-285/09, DStR 2010, 2572). *BFH-Urt. v. 11. 8. 2011, V R 19/10 (BStBl. 2012 II S. 156).* – Vgl. auch *BFH-Urt. v. 11. 8. 2011, V R 50/09 (BStBl. 2012 II S. 151).*

Innergemeinschaftliche Lieferungen sind entgegen § 6a UStG umsatzsteuerpflichtig, wenn der Unternehmer die Identität **seines Abnehmers verschleiert,** um diesem die Hinterziehung der geschuldeten Umsatzsteuer zu ermöglichen [Lieferung im **Umsatzsteuer-Karussell**] (Anschluss an EuGH-Urteil v. 7. 12. 2010 C-285/09, DStR 2010 S. 2572). *BFH-Urt. v. 17. 2. 2011, V R 30/10 (BStBl. II S. 769).*

Die Beteiligung eines Unternehmers an einer Umsatzsteuerhinterziehung durch vorsätzliche **Täuschung über die Identität des Abnehmers** zur Vermeidung der Besteuerung des innergemeinschaftlichen Erwerbs **im Bestimmungsmitgliedstaat** führt zur Versagung der Steuerfreiheit der Lieferung. *BFH-Urt. v. 14. 12. 2011, XI R 33/10 (BFH/NV 2012 S. 1009).*

Bei einem **Reihengeschäft** mit **zwei Lieferungen** und **drei Beteiligten** ist die erste Lieferung als innergemeinschaftliche Lieferung auch dann gemäß § 6a UStG steuerfrei, wenn der erste Abnehmer einem Beauftragten eine Vollmacht zur Abholung und Beförderung des gelieferten Gegenstands in das übrige Gemeinschaftsgebiet erteilt, die Kosten für die Beförderung aber vom zweiten Abnehmer getragen werden (Abgrenzung zu Abschn. 31a Abs. 8 Satz 2 UStR 2005/Abschn. 3.14 Abs. 8 Satz 2 UStAE). *BFH-Urt. v. 11. 8. 2011, V R 3/10 (DStR S. 2047).*

Ein **(faktischer) Geschäftsführer haftet** für die Vorsteuer aus Einkaufsrechnungen von Scheinfirmen und für die Umsatzsteuer aus nicht steuerbefreiten innergemeinschaftlichen Lieferungen an einen **„missing trader"** bei kollusiver Vortäuschung von Zwischenhändlern. *FG Hamburg, Beschl. v. 26. 10. 2010, 3 V 85/10, rkr. (DStRE 2011 S. 1073).* **131**

1. Auffällige **Unterschiede** zwischen der Unterschrift des Abholers unter der **Empfangsbestätigung** auf der Rechnung und der Unterschrift auf dem vorgelegten **Personalausweis** können Umstände darstellen, die den Unternehmer zu besonderer Sorgfalt hinsichtlich der Identität des angeblichen Vertragspartners und des Abholers veranlassen müssen. – 2. An die Nachweispflichten sind besonders hohe Anforderungen zu stellen, wenn der (angeblichen) innergemeinschaftlichen Lieferung eines hochwertigen PKW ein Barkauf mit Beauftragten zugrunde liegt. – 3. Die innergemeinschaftliche Lieferung von hochwertigen PKW bei Abholung durch einen Beauftragten gegen Barzahlung birgt eine umsatzsteuerrechtliche Missbrauchsgefahr. Der Unternehmer muss daher alle ihm zur Verfügung stehenden, zumutbaren Maßnahmen, die vernünftiger-

LS zu 6a.8 weise von ihm verlangt werden können, ergriffen haben, um sicherzustellen, dass der von ihm getätigte Umsatz nicht zu seiner Beteiligung an einer Steuerhinterziehung führt. *BFH-Urt. v. 14. 11. 2012, XI R 17/12 (BStBl. 2013 II S. 407).*

Die gemäß § 17 a Abs. 2 Nr. 2 UStDV a. F. erforderliche Angabe des Bestimmungsorts ergibt sich nur dann aus der für die Lieferung ausgestellten Rechnung, wenn von einer Beförderung zu dem in der **Rechnung angegebenen Unternehmensort** des Abnehmers auszugehen ist. [Deshalb kein Vertrauensschutz nach § 6 a Abs. 4 UStG ohne ordnungsgemäße Buch- und Belegnachweise]. *BFH-Urteil v. 10. 8. 2016 V R 45/15 (BStBl. 2018 II S. 501).*

§ 6b Konsignationslagerregelung

(1) Für die Beförderung oder Versendung eines Gegenstandes aus dem Gebiet eines Mitgliedstaates in das Gebiet eines anderen Mitgliedstaates für Zwecke einer Lieferung des Gegenstandes nach dem Ende dieser Beförderung oder Versendung an einen Erwerber gilt eine Besteuerung nach Maßgabe der nachfolgenden Vorschriften, wenn folgende Voraussetzungen erfüllt sind: 1

1. Der Unternehmer oder ein vom Unternehmer beauftragter Dritter befördert oder versendet einen Gegenstand des Unternehmens aus dem Gebiet eines Mitgliedstaates (Abgangsmitgliedstaat) in das Gebiet eines anderen Mitgliedstaates (Bestimmungsmitgliedstaat) zu dem Zweck, dass nach dem Ende dieser Beförderung oder Versendung die Lieferung (§ 3 Absatz 1) gemäß einer bestehenden Vereinbarung an einen Erwerber bewirkt werden soll, dessen vollständiger Name und dessen vollständige Anschrift dem Unternehmer zum Zeitpunkt des Beginns der Beförderung oder Versendung des Gegenstands bekannt ist und der Gegenstand im Bestimmungsland verbleibt.

2. Der Unternehmer hat in dem Bestimmungsmitgliedstaat weder seinen Sitz noch seine Geschäftsleitung oder eine Betriebsstätte oder in Ermangelung eines Sitzes, einer Geschäftsleitung oder einer Betriebsstätte seinen Wohnsitz oder gewöhnlichen Aufenthalt.

3. Der Erwerber im Sinne der Nummer 1, an den die Lieferung bewirkt werden soll, hat gegenüber dem Unternehmer bis zum Beginn der Beförderung oder Versendung die ihm vom Bestimmungsmitgliedstaat erteilte Umsatzsteuer-Identifikationsnummer verwendet.

4. Der Unternehmer zeichnet die Beförderung oder Versendung des Gegenstandes im Sinne der Nummer 1 nach Maßgabe des § 22 Absatz 4f gesondert auf und kommt seiner Pflicht nach § 18a Absatz 1 in Verbindung mit Absatz 6 Nummer 3 und Absatz 7 Nummer 2a rechtzeitig, richtig und vollständig nach.

(2) Wenn die Voraussetzungen nach Absatz 1 erfüllt sind, gilt zum Zeitpunkt der Lieferung des Gegenstandes an den Erwerber, sofern diese Lieferung innerhalb der Frist nach Absatz 3 bewirkt wird, Folgendes: 2

1. Die Lieferung an den Erwerber wird einer im Abgangsmitgliedstaat steuerbaren und steuerfreien innergemeinschaftlichen Lieferung (§ 6a) gleichgestellt.

2. Die Lieferung an den Erwerber wird einem im Bestimmungsmitgliedstaat steuerbaren innergemeinschaftlichen Erwerb (§ 1a Absatz 1) gleichgestellt.

(3) Wird die Lieferung an den Erwerber nicht innerhalb von zwölf Monaten nach dem Ende der Beförderung oder Versendung des Gegenstandes im Sinne des Absatzes 1 Nummer 1 bewirkt und ist keine der Voraussetzungen des Absatzes 6 erfüllt, so gilt am Tag nach Ablauf des Zeitraums von zwölf Monaten die Beförderung oder Versendung des Gegenstandes als das einer innergemeinschaftlichen Lieferung gleichgestellte Verbringen (§ 6a Absatz 2 in Verbindung mit § 3 Absatz 1a). 3

(4) Absatz 3 ist nicht anzuwenden, wenn folgende Voraussetzungen vorliegen: 4

1. Die nach Absatz 1 Nummer 1 beabsichtigte Lieferung wird nicht bewirkt und der Gegenstand gelangt innerhalb von zwölf Monaten nach dem Ende der Beförderung oder Versendung aus dem Bestimmungsmitgliedstaat in den Abgangsmitgliedstaat zurück.

2. Der Unternehmer zeichnet das Zurückgelangen des Gegenstandes nach Maßgabe des § 22 Absatz 4f gesondert auf.

(5) Tritt innerhalb von zwölf Monaten nach dem Ende der Beförderung oder Versendung des Gegenstandes im Sinne des Absatzes 1 Nummer 1 und vor dem Zeitpunkt der Lieferung ein anderer Unternehmer an die Stelle des Erwerbers im Sinne des Absatzes 1 Nummer 1, gilt in dem Zeitpunkt, in dem der andere Unternehmer an die Stelle des Erwerbers tritt, Absatz 4 sinngemäß, wenn folgende Voraussetzungen vorliegen: 5

1. Der andere Unternehmer hat gegenüber dem Unternehmer die ihm vom Bestimmungsmitgliedstaat erteilte Umsatzsteuer-Identifikationsnummer verwendet.

2. Der vollständige Name und die vollständige Anschrift des anderen Unternehmers sind dem Unternehmer bekannt.

3. Der Unternehmer zeichnet den Erwerberwechsel nach Maßgabe des § 22 Absatz 4f gesondert auf.

(6) ① Fällt eine der Voraussetzungen nach den Absätzen 1 und 5 innerhalb von zwölf Monaten nach dem Ende der Beförderung oder Versendung des Gegenstandes im Sinne des Absatzes 1 Nummer 1 und vor dem Zeitpunkt der Lieferung weg, so 6

gilt am Tag des Wegfalls der Voraussetzung die Beförderung oder Versendung des Gegenstandes als das einer innergemeinschaftlichen Lieferung gleichgestellte Verbringen (§ 6a Absatz 2 in Verbindung mit § 3 Absatz 1a). ② Wird die Lieferung an einen anderen Erwerber als einen Erwerber nach Absatz 1 Nummer 1 oder Absatz 5 bewirkt, gelten die Voraussetzungen nach den Absätzen 1 und 5 an dem Tag vor der Lieferung als nicht mehr erfüllt. ③ Satz 2 gilt sinngemäß, wenn der Gegenstand vor der Lieferung oder bei der Lieferung in einen anderen Mitgliedstaat als den Abgangsmitgliedstaat oder in das Drittlandsgebiet befördert oder versendet wird. ④ Im Fall der Zerstörung, des Verlustes oder des Diebstahls des Gegenstandes nach dem Ende der Beförderung oder Versendung des Gegenstandes im Sinne des Absatzes 1 Nummer 1 und vor dem Zeitpunkt der Lieferung gelten die Voraussetzungen nach den Absätzen 1 und 5 an dem Tag, an dem die Zerstörung, der Verlust oder der Diebstahl festgestellt wird, als nicht mehr erfüllt.

Hinweis auf EU-Vorschriften:

UStG: § 6b .... **MwStSystRL:** Art. 17a

Übersicht

Zu § 6b UStG

UStAE 6b.1

6b.1 Lieferung in ein Lager im Sinne des § 6b UStG im Gemeinschaftsgebiet (Konsignationslagerregelung)

Allgemeines

7 (1) ① § 6b UStG beinhaltet eine Vereinfachungsregelung für Lieferungen in ein Lager zu Abrufzwecken im Gemeinschaftsgebiet (Konsignationslagerregelung). ② Lager im Sinne des § 6b UStG (vgl. Artikel 17a Abs. 1 MwStSystRL) sind Warenlager, in welche der liefernde Unternehmer oder ein von ihm beauftragter Dritter Gegenstände aus dem Gebiet eines Mitgliedstaates (Abgangsmitgliedstaat) in das Gebiet eines anderen Mitgliedstaates (Bestimmungsmitgliedstaat) in einen zum Verbleib gedachten Bestand und zur Entnahme nach eigenem Ermessen durch einen dem liefernden Unternehmer bekannten Erwerber befördert oder versendet. ③ Für die Anwendung der Konsignationslagerregelung müssen dem Unternehmer aufgrund einer vertraglichen Vereinbarung im Sinne des Absatzes 3 zum Beginn der Beförderung oder Versendung die folgenden Angaben des Erwerbers bekannt sein:

- der vollständige Name,
- die vollständige Adresse,
- die dem Erwerber vom Bestimmungsmitgliedstaat erteilte USt-IdNr.

8 (2) ① Die Vereinfachungsregelung nach § 6b UStG kommt nicht in Betracht, wenn der Unternehmer im Bestimmungsmitgliedstaat ansässig ist, d.h. wenn er dort seinen Sitz, seine Geschäftsleitung oder eine Betriebsstätte (vgl. Abschnitt 3a.1 Abs. 3) oder in Ermangelung eines Sitzes, einer Geschäftsleitung oder einer Betriebsstätte seinen Wohnsitz oder gewöhnlichen Aufenthalt hat. ② Dies gilt unabhängig davon, ob eine der vorgenannten Ansässigkeitsformen am Liefergeschehen beteiligt ist. ③ Bereits ein im Eigentum des Unternehmers befindliches Lager oder ein durch den Unternehmer angemietetes oder gepachtetes Lager, welches mit eigenen Mitteln (z.B. mit eigenem Personal), aus dem Bestimmungsmitgliedstaat betrieben wird, begründet eine solche Ansässigkeit. ④ Eine alleinige Registrierung für mehrwertsteuerliche Zwecke im Bestimmungsmitgliedstaat begründet jedoch noch keine Ansässigkeit.

9 (3) ① Die vertragliche Vereinbarung mit dem dem liefernden Unternehmer bekannten späteren Erwerber muss die Verschaffung der Verfügungsmacht zu einem späteren Zeitpunkt als dem der Beendigung der Beförderung oder Versendung vorsehen. ② Ausreichend ist ein (Rahmen-)Vertrag, der die Modalitäten bestimmt, unter denen der Erwerber zur Entnahme der im Bestand des Lagers befindlichen Waren berechtigt, aber nicht verpflichtet, ist. ③ Hat der spätere Erwerber vor dem Zeitpunkt der Entnahme des Liefergegenstandes diesen bereits verbindlich bestellt oder bezahlt, kann die Vereinfachungsregelung nach § 6b UStG unter den übrigen Voraussetzungen angewendet werden, wenn der liefernde Unternehmer und der spätere Erwerber deren Anwendung z.B. in einem Rahmenvertrag vereinbaren. ④ Für Fälle, in denen § 6b UStG bereits dem Grunde nach keine Anwendung findet, gelten die Regelungen in Abschnitt 1a.2 Abs. 6 Satz 6 bzw. Abschnitt 3.12 Abs. 3 Satz 8 sowie Abs. 7 Satz 1; in den Fällen des § 6b Abs. 3 und 6 UStG sind die Regelungen in Abschnitt 1a.2 Abs. 6 Satz 6 bzw. Abschnitt 3.12 Abs. 3 Satz 8 sowie Abs. 7 Satz 1 jedoch nicht anzuwenden.

Beispiel:

① Beim belgischen Automobilhersteller Z mit Sitz in Belgien werden im Februar 02 Motorenteile von einem deutschen Zulieferer A mit Sitz in Köln eingelagert, die Z zuvor bei A verbindlich bestellt hat. ② Nach einem entsprechenden Rahmenvertrag soll die Vereinfachungsregelung nach § 6b UStG Anwendung finden und die Verfügungsmacht an den Motorenteilen erst im Zeitpunkt der Entnahme durch Z auf Z übergehen. ③ Aufgrund erheblicher Produktionsverzögerungen erfolgt die Entnahme der Motorenteile durch Z erst im März 03. ④ Bereits am Tag nach Ablauf der 12-Monatsfrist im Februar 03 tritt die Rechtsfolge nach § 6 b Abs. 3 UStG ein, sodass die Beförderung oder Versendung durch A als das einer innergemeinschaftlichen Lieferung gleichgestellte Verbringen nach § 6 b Abs. 3 UStG in Verbindung mit § 6 a Abs. 2 und § 3 Abs. 1 a Satz 1 UStG gilt. ⑤ A muss sich spätestens im Zeitpunkt, in dem das Ereignis (am Tag nach Ablauf der 12-Monatsfrist) eintritt, unverzüglich im Bestimmungsmitgliedstaat für Mehrwertsteuerzwecke registrieren lassen und die Erteilung einer USt-IdNr. beantragen (vgl. Absätze 15 und 17). UStAE 6b.1

⑤ Für ein Lager im Sinne des § 6b UStG können auch Vereinbarungen mit mehreren bekannten Erwerbern geschlossen werden. ⑥ Sind entsprechende Vereinbarungen mit mehreren Erwerbern geschlossen, muss für jeden Erwerber entsprechend des § 22 Abs. 4f und 4g UStG sichergestellt sein, dass die Gegenstände dem jeweiligen Erwerber eindeutig und klar zugeordnet werden können. ⑦ Zur Ersetzung eines Erwerbers siehe Absatz 6.

(4) ① Ein Lager im Sinne des § 6b UStG kann zum Beispiel ein Konsignationslager oder ein Auslieferungslager sein. ② Ein Lager nach Satz 1, in welches die Gegenstände der Lieferung gelangen, muss nicht zwingend ein Lager im Sinne eines Gebäudes sein. ③ Eine Zwischenlagerung der Gegenstände in einem Lager im Sinne des § 6b UStG kann an jedem räumlich und physisch bestimmbaren Ort erfolgen, für den ein vorhandener Inhaber gegeben ist und für den die eingelagerten Gegenstände der Art und Menge nach bestimmbar sind. ④ Die Angaben müssen mit den Aufzeichnungen nach § 22 Abs. 4f UStG übereinstimmen. ⑤ Hierzu zählen sowohl ortsfeste Behälterlager für körperliche Gegenstände in flüssigem oder gasförmigem Aggregatzustand, z. B. ortsfeste Tanklager (oberirdisch oder unterirdisch), als auch jeder andere räumlich und physisch bestimmbare Ort (z. B. Eisenbahnwaggons, Container, Trailer oder Binnenschiffe), wenn hinreichend nachgewiesen wird, dass es sich um ein Lager im Sinne des § 6b UStG handelt (vgl. hierzu § 22 Abs. 4f Nr. 6 UStG). ⑥ Für eine leichte und eindeutige Nachprüfbarkeit muss daher für jeden Zeitpunkt bis zur Entnahme mit hinreichender Sicherheit leicht und einwandfrei aus den Aufzeichnungen im Sinne des § 22 Abs. 4f UStG erkennbar sein, wo sich die Gegenstände bis zum Zeitpunkt der Entnahme durch den Erwerber befinden. 10

Erwerber (= Abnehmer) der Lieferung (§ 6 b Abs. 1 UStG)

(5) ① Erwerber einer Lieferung nach § 6b Abs. 1 UStG kann nur sein, wer im Zeitpunkt des Abschlusses der Vereinbarung nach § 6b Abs. 1 Nr. 1 UStG Unternehmer ist und die Gegenstände für sein Unternehmen erwerben will. ② Auch ein Kommissionär kann als berechtigter Erwerber fungieren. ③ Ein Sitz, eine Geschäftsleitung oder eine Betriebsstätte (vgl. Abschnitt 3a.1 Abs. 3) oder in Ermangelung eines Sitzes, einer Geschäftsleitung oder einer Betriebsstätte ein Wohnsitz oder gewöhnlicher Aufenthalt im Bestimmungsmitgliedstaat ist nicht Voraussetzung. ④ Der dem liefernden Unternehmer bekannte und zur Entnahme der Gegenstände berechtigte Erwerber muss zum Zwecke der Inanspruchnahme der Konsignationslagerregelung die ihm vom Bestimmungsmitgliedstaat erteilte USt-IdNr. verwenden. ⑤ Hinsichtlich der Auslegung des Begriffs der Verwendung der von einem anderen Mitgliedsstaat erteilten und gültigen USt-IdNr. siehe Abschnitt 3a.2 Abs. 10 Sätze 2 bis 10. ⑥ Die Verwendung einer anderen als vom Bestimmungsmitgliedstaat erteilten USt-IdNr. schließt die Anwendung des § 6b UStG hingegen aus. 11

Wechsel des Erwerbers (§ 6 b Abs. 5 UStG)

(6) ① Wird der berechtigte Erwerber durch einen anderen Erwerber innerhalb von 12 Monaten ersetzt, müssen alle Voraussetzungen des Absatzes 1 Satz 3 erfüllt sein. ② Die vertragliche Vereinbarung für die Substitution muss zudem bereits am Tag des Wirksamwerdens des Erlöschens der bisherigen Vereinbarung wirksam abgeschlossen sein. ③ Es ist auch möglich, dass der neue Erwerber nur über einen Teil der sich im Lager im Sinne des § 6b UStG befindlichen Gegenstände eine Vereinbarung abschließt. ④ Auch hier gelten die Regelungen der klaren und eindeutigen Identifizierbarkeit der Gegenstände (vgl. Absatz 3 Satz 6). ⑤ Durch den Wechsel eines Erwerbers wird die 12-Monatsfrist nach § 6b Abs. 3 UStG (vgl. auch Absatz 15 Satz 2) nicht verlängert. ⑥ Die Frist beginnt im Zeitpunkt der ersten Ankunft der Waren im Lager (Einlagerung) im anderen Mitgliedstaat, in den sie versendet oder befördert wurden (vgl. Absatz 15 Satz 2). ⑦ Eine im Rahmen der Substitution erfolgende Beförderung durch den Unternehmer an einen anderen Lagerort im Bestimmungsmitgliedstaat bleibt unschädlich und verlängert nicht die 12-Monatsfrist nach § 6b Abs. 3 UStG (vgl. auch Absatz 15 Satz 2). ⑧ Wegen der Melde- und Aufzeichnungspflichten im Falle eines Wechsels des Erwerbers wird auf die Abschnitte 18 a.1 und 18 a.3 sowie 22.3 b verwiesen. 12

Beispiel 1:

① Der deutsche Zulieferer A befördert im Rahmen einer Lagerabrufvereinbarung mit Unternehmer B (berechtigter Erwerber) ab Februar 01 Motorenteile in ein Lager in Frankreich. ② Im September desselben Jahres ändern Zulieferer A und Unternehmer B ihre Vereinbarung f ür den Teil der Motorenteile, die von Unternehmer B noch nicht entnommen wurden. ③ Diese Motorenteile verbleiben im Lager. ④ Gleichzeitig schließt Zulieferer A mit Unternehmer C (weiterer berechtigter Erwerber) eine Vereinbarung über die noch im Lager befindlichen Motorenteile ab. ⑤ C entnimmt diese Motorenteile im November und Dezember 01. ⑥ Im Februar 01 hat A die Beförderung der Motorenteile aufzuzeichnen und in der ZM die verwendete USt-IdNr. des Unternehmers B anzugeben. ⑦ Auch der Lagerhalter muss im Februar 01 die Ankunft der Waren im Bestand registrieren. ⑧ Für die entnommenen Motorenteile durch Unternehmer B gilt jeweils im Zeitpunkt der Entnahme für A die Annahme einer innergemeinschaftlichen Lieferung und für B die eines innergemeinschaftlichen Erwerbes (§ 6 b Abs. 2 UStG). ⑨ Ab dem Zeitpunkt der Änderung der Vereinbarung im September 01 tritt die Rechtsfolge des § 6 b Abs. 2 UStG für A und B nicht mehr ein. ⑩ Die Ersetzung des B durch C nach § 6 b Abs. 5 UStG ist von A nach § 22 Abs. 4 f UStG aufzuzeichnen und in der ZM anzugeben. ⑪ C hat seine ihm vom Bestimmungsmitgliedstaat erteilte USt-IdNr. gegenüber A zu verwenden. ⑫ Bei Entnahme der Motorenteile durch C im November und Dezember 01 tritt die Rechtsfolge des § 6 b Abs. 2 UStG ein.

Beispiel 2:

① Sachverhalt wie in Beispiel 1, jedoch erfolgt die neue Vereinbarung mit Unternehmer C erst im Oktober 01. ② Alle Ausführungen in Beispiel 1 Sätze 1 bis 9 finden analog Anwendung. ③ Die Vereinbarung mit C im Oktober 01 stellt jedoch für die bereits im Lager befindlichen Motorenteile keine wirksame Ersetzung im Sinne des § 6 b Abs. 5 UStG dar, da die vertragliche Vereinbarung mit dem neuen Erwerber C nicht bereits am Tag des Wirksamwerdens des Erlöschens der bisherigen Vereinbarung mit B abgeschlossen war. ④ Die Beförderung oder Versendung durch A in sein Lager gilt am Tag des Wegfalls der Voraussetzungen nach § 6 b Abs. 1 UStG im September 01 als ein einer innergemeinschaftlichen Lieferung gleichgestelltes Verbringen nach § 6 b Abs. 6 in Verbindung mit § 6 a Abs. 2 und § 3 Abs. 1 a Satz 1 UStG. ⑤ A unterliegt somit einer unverzüglichen Registrierungspflicht im Bestimmungsmitgliedstaat.

Gelangen eines Gegenstandes aus dem Abgangsmitgliedstaat in den Bestimmungsmitgliedstaat

13 (7) ① Die Beförderung (vgl. § 3 Abs. 6 Satz 2 UStG) oder Versendung (vgl. § 3 Abs. 6 Satz 3 UStG) in den Bestimmungsmitgliedstaat muss durch den Unternehmer oder durch einen von ihm beauftragten Dritten erfolgen. ② Übernimmt der spätere Erwerber den Transport, darf dies für die Anwendung der Konsignationslagerregelung nur ausdrücklich und erkennbar im Namen des liefernden Unternehmers erfolgen, und ohne dass dem späteren Erwerber bereits die Verfügungsmacht an dem Gegenstand verschafft wird. ③ Hiervon kann regelmäßig ausgegangen werden, wenn entsprechende Vereinbarungen z. B. in einem Rahmenvertrag aufgenommen wurden.

14 (8) ① Bei dem Gegenstand, der vom Erwerber aus dem Lager im Sinne des § 6 b UStG entnommen wird, muss es sich um denselben Gegenstand handeln, der aus dem Abgangsmitgliedstaat in das Lager im Sinne des § 6 b UStG im Bestimmungsmitgliedstaat befördert oder versendet worden ist. ② Die Verwendung des Gegenstandes vor Entnahme durch den Erwerber für eine Werklieferung oder Werkleistung (vgl. Abschnitt 3.8) des Unternehmers führt zum Ausschluss der Vereinfachungsregelung nach § 6 b UStG.

15 (9) Für den Ort der Lieferung im Sinne des § 6 b Abs. 1 UStG gilt Abschnitt 3.12 Abs. 1 Satz 1 entsprechend.

16 (10) Bestimmungsmitgliedstaat und Abgangsmitgliedstaat sind die unionsrechtlichen Inlandsgebiete der übrigen EU-Mitgliedstaaten und das Inland der Bundesrepublik Deutschland im Sinne des § 1 Abs. 2 Satz 1 UStG (vgl. Abschnitt 1.10).

17 (11) ① Für Lieferungen eines im Drittland ansässigen Unternehmers aus einem Mitgliedstaat in ein Lager im Sinne des § 6 b UStG in einem anderen Mitgliedstaat (Bestimmungsmitgliedstaat) kann die Konsignationslagerregelung angewendet werden. ② Voraussetzung ist die Registrierung für mehrwertsteuerliche Zwecke des Unternehmers im Abgangsmitgliedstaat. ③ Auf die tatsächliche Ansässigkeit der Vertragsparteien ist nicht abzustellen. ④ Der Unternehmer kann auch Gegenstände, die zur Einlagerung und Entnahme durch einen oder mehrere berechtigte(n) Erwerber in einem Lager im Sinne des § 6 b UStG bestimmt sind, aus verschiedenen anderen Mitgliedstaaten in das Lager im Sinne des § 6 b UStG im Bestimmungsmitgliedstaat befördern oder versenden.

18 (12) Eine Kombination der Steuerbefreiung nach § 5 Abs. 1 Nr. 3 UStG (Einfuhr mit anschließender steuerfreier innergemeinschaftlicher Lieferung) mit einer Beförderung/Versendung in ein Lager im Sinne des § 6 b UStG ist nicht möglich, da es hier an einer unmittelbar ausgeführten innergemeinschaftlichen Lieferung fehlt.

Verbleiben im Bestimmungsmitgliedstaat

19 (13) ① Die Konsignationslagerregelung setzt ein Verbleiben des Liefergegenstandes im Bestimmungsmitgliedstaat vom Zeitpunkt der Einlagerung bis zur Entnahme durch den Erwerber voraus. ② Eine der Entnahme des Liefergegenstandes aus dem Lager im Sinne des § 6 b UStG nachfolgende Lieferung des Erwerbers über die Grenzen des Bestimmungsmitgliedstaates hinaus, ist unschädlich. ③ Die Beförderung oder Versendung in ein anderes im Bestimmungsmitgliedstaat gelegenes Lager im Sinne des § 6 b UStG vor Entnahme aus dem ursprünglichen Lager durch den Erwerber führt ebenfalls nicht zum Ausschluss dieser Regelung. ④ Die Beförderung oder Versendung in ein Lager im Sinne des § 6 b UStG in einem anderen als dem vereinbarten Mitgliedstaat setzt eine Rücklieferung (§ 6 b Abs. 4 UStG) voraus (vgl. Absatz 18). ⑤ Erfolgt der Verzicht auf die Rücklieferung und werden die Gegenstände unmittelbar in einen weiteren Mitgliedstaat oder ins Drittland befördert oder versendet, tritt die Rechtsfolge nach § 6 b Abs. 6 UStG ein.

Reihengeschäfte

20 (14) Bei Reihengeschäften (§ 3 Abs. 6 a UStG) kommt die Vereinfachungsregelung nach § 6 b UStG nicht in Betracht, da bei Reihengeschäften im Rahmen der Warenbewegung dem Erwerber bereits die Verfügungsmacht an dem Gegenstand der Lieferung verschafft wird.

12-Monatsfrist (§ 6 b Abs. 3 UStG)

(15) ① Die Vereinfachungsregelung nach § 6 b UStG setzt eine Entnahme des Gegenstandes aus dem Lager im Sinne des § 6 b UStG durch den berechtigten Erwerber binnen eines Zeitraums von 12 Monaten voraus (12-Monatsfrist nach § 6 b Abs. 3 UStG). ② Der Zeitraum von 12 Monaten beginnt am Tag nach Beendigung des Warentransportes im Bestimmungsmitgliedstaat (Einlagerung im Lager). ③ Für die Berechnung der Frist gelten die Grundsätze der Artikel 2 und 3 der Verordnung (EWG, Euratom) Nr. 1182/71 vom 3. 6. 1971; § 108 Abs. 1 AO findet insoweit keine Anwendung. ④ Der Unternehmer hat die Einhaltung der Frist durch Angabe des Tags der Einlagerung und des Tags der Entnahme (Lieferung im Sinne des § 6 b Abs. 2 UStG) nachzuweisen. ⑤ Der Inhalt und der Umfang der Aufzeichnungspflichten ergibt sich aus § 22 Abs. 4 f UStG. 21

Beispiel:

① Der deutsche Zulieferer A befördert im Rahmen einer Lagerabrufvereinbarung mit Unternehmer B (berechtigter Erwerber) ab Januar 01 Motorenteile in ein Lager in Frankreich. ② Ein Warentransport beginnt am Donnerstag, 14. 1. 01, von Deutschland nach Frankreich und trifft am selben Tag am Lagerort in Frankreich ein. ③ Die Motorenteile werden ebenfalls am 14. 1. 01 eingelagert. ④ Die 12-Monatsfrist beginnt nach Artikel 3 Abs. 1 Unterabs. 2 der Verordnung (EWG, Euratom) Nr. 1182/71 vom 3. 6. 1971 am Freitag, 15. 1. 01. ⑤ Grundsätzlich würde diese nach Artikel 3 Abs. 2 Buchstabe c der Verordnung (EWG, Euratom) Nr. 1182/71 vom 3. 6. 1971 am Sonnabend, 15. 1. 02, enden, aufgrund Artikel 2 Abs. 1 Unterabs. 2 der Verordnung (EWG, Euratom) Nr. 1182/71 vom 3. 6. 1971 endet diese am Montag, 17. 1. 02. ⑥ Die Rechtsfolge nach § 6 b Abs. 3 UStG tritt somit am Tag nach Ablauf der 12-Monatsfrist am Dienstag, 18. 1. 02 ein (siehe Absatz 17).

(16) ① Aus Vereinfachungsgründen wird es für Waren besonderer Form (Flüssigkeiten, Gase, Schüttgüter) nicht beanstandet, wenn für Zwecke der Fristberechnung das Verfahren FIFO „First in – First out" angewendet wird. ② Dieses Verfahren kann auch für andere identische und eindeutig identifizierbare Waren, die nicht als Massengüter anzusehen sind, zur Anwendung kommen. ③ Für identische Waren verschiedener liefernder Unternehmen in einem Lager im Sinne des § 6 b UStG ist das Verfahren auf den Bestand eines jeden liefernden Unternehmers gesondert anzuwenden. 22

(17) ① Wird die Lagerfrist nach § 6 b Abs. 3 UStG überschritten und liegt keine der Voraussetzungen des § 6 b Abs. 6 UStG vor, ist für die Waren am Tag nach Ablauf der 12-Monatsfrist ein einer innergemeinschaftlichen Lieferung gleichgestelltes Verbringen im Sinne des § 6 a Abs. 2 in Verbindung mit § 3 Abs. 1 a UStG anzunehmen. ② Hieraus ergibt sich für den Unternehmer die Pflicht zur unverzüglichen Registrierung in dem Mitgliedstaat, in dem sich das Lager im Sinne des § 6 b UStG befindet. ③ Dies gilt auch dann, wenn das im Bestimmungsmitgliedstaat einem innergemeinschaftlichen Erwerb gleichgestellte Verbringen steuerbefreit wäre. ④ Gegebenenfalls besteht, in Abhängigkeit von den Bestimmungen in dem Mitgliedstaat, in dem sich das Lager im Sinne des § 6 b UStG befindet, die Möglichkeit, einen Fiskalvertreter zu beauftragen. ⑤ Bemessungsgrundlage für das der innergemeinschaftlichen Lieferung und dem innergemeinschaftlichen Erwerb gleichgestellte Verbringen ist der Einkaufspreis zuzüglich der Nebenkosten für den Gegenstand oder mangels eines Einkaufspreises die Selbstkosten, jeweils zum Zeitpunkt des Umsatzes und ohne Umsatzsteuer (§ 10 Abs. 4 Satz 1 Nr. 1 UStG). 23

Beispiel:

① Sachverhalt wie in Beispiel 1 zu Absatz 6, jedoch entnimmt Unternehmer C die Waren erst im April 02. ② Alle Ausführungen in Absatz 6 Beispiel 1 Sätze 1 bis 11 finden analog Anwendung. ③ Jedoch wurde für die verbliebenen Motorenteile im Lager die 12-Monatsfrist überschritten (siehe § 6 b Abs. 3 UStG), sodass am Tag nach Ablauf des Zeitraums von 12 Monaten die Beförderung oder Versendung durch A als das einer innergemeinschaftlichen Lieferung gleichgestellte Verbringen nach § 6 b Abs. 3 UStG in Verbindung mit § 6 a Abs. 2 und § 3 Abs. 1 a Satz 1 UStG gilt. ④ A muss sich spätestens im Zeitpunkt, in dem das Ereignis (am Tag nach Ablauf der 12-Monatsfrist) eintritt, unverzüglich im Bestimmungsmitgliedstaat für Mehrwertsteuerzwecke registrieren lassen und die Erteilung einer USt-IdNr. beantragen. ⑤ Nur dann und bei Vorliegen der übrigen tatbestandlichen Voraussetzungen, etwa der Abgabe einer zutreffenden ZM, kann eine Steuerbefreiung im Sinne des § 4 Nr. 1 b UStG für dieses innergemeinschaftliche Verbringen nach § 6 b Abs. 3 in Verbindung mit § 6 a Abs. 2 UStG vorliegen.

Rückausnahme durch Rücklieferung (§ 6 b Abs. 4 UStG)

(18) ① Nach § 6 b Abs. 4 UStG gilt § 6 b Abs. 3 UStG in den Fällen nicht, in denen der Unternehmer die beabsichtigte Lieferung nicht bewirkt hat und der Gegenstand binnen 12 Monaten (zur Fristberechnung vgl. Absatz 15) nach Einlagerung im Lager im Sinne des § 6 b UStG im Bestimmungsmitgliedstaat in den Abgangsmitgliedstaat zurückbefördert bzw. -versendet wird und der Beginn der Rückbeförderung bzw. -versendung (Rücklieferung) nach § 22 Abs. 4 f Nr. 14 UStG aufgezeichnet worden ist. ② Wegen der Meldepflichten im Falle einer Rücklieferung wird auf die Abschnitte 18 a.1 und 18 a.3 verwiesen. 24

Ausschluss der Vereinfachungsregelung (§ 6 b Abs. 6 UStG)

(19) ① Die Fiktion nach § 6 b Abs. 2 UStG findet nach ihrem Sinn und Zweck nur auf diejenigen Lieferungen Anwendung, für die die Voraussetzungen nach § 6 b Abs. 1 und 5 UStG innerhalb von 12 Monaten nach Ende der Beförderung oder Versendung in den Bestimmungsmitgliedsstaat vorliegen. ② Durch die Nichterfüllung einer dieser Voraussetzungen kann der liefernde Unternehmer erreichen, dass die Vereinfachungsregelung nach § 6 b UStG keine Anwendung findet. ③ Die Anwendung der Regelung ist gegenstandsbezogen. ④ Ein Ausschluss der Vereinfachungsregelung für eine bestimmte Lieferung eines oder mehrerer Gegenstände führt daher 25

nicht zur grundsätzlichen Versagung der Regelung für weitere Lieferungen von Gegenständen in ein Lager im Sinne des § 6b UStG.

26 (20) ① Unter § 6b Abs. 6 Satz 2 UStG fallen Lieferungen, bei denen ein anderer Erwerber als der nach § 6b Abs. 1 Nr. 1 oder Abs. 5 UStG die Verfügungsmacht an dem Gegenstand erhält. ② Die Voraussetzungen nach § 6b Abs. 1 und 5 UStG gelten an dem Tag vor der Lieferung als nicht mehr erfüllt. ③ In diesem Fall liegt stets ein einer innergemeinschaftlichen Lieferung gleichgestelltes Verbringen vor.

27 (21) ① Nach § 6b Abs. 6 Satz 3 UStG kommt § 6b Abs. 2 UStG ebenfalls nicht zur Anwendung, wenn der Gegenstand der Lieferung vor der Lieferung oder bei Lieferung in einen anderen Mitgliedstaat als den Abgangsmitgliedstaat oder in das Drittland befördert oder versendet wird. ② Vielmehr liegt in diesem Fall am Tag vor der Beförderung oder Versendung ein einer innergemeinschaftlichen Lieferung gleichgestelltes Verbringen vor. ③ Soll ein sich bereits in einem Lager im Sinne des § 6b UStG im Bestimmungsmitgliedstaat befindlicher Gegenstand vor Lieferung aus diesem Lager in ein in einem anderen Mitgliedstaat gelegenes Lager im Sinne des § 6b UStG befördert oder versendet werden, bedarf es zur Vermeidung der Ausschlussregelung des § 6b Abs. 6 Satz 3 in Verbindung mit Satz 2 UStG einer Rücklieferung nach § 6b Abs. 4 UStG in den Abgangsmitgliedstaat (vgl. Absätze 13 und 18).

28 (22) ① In den Fällen des § 6b Abs. 6 Satz 4 UStG, in denen der Gegenstand nach dem Ende der Beförderung oder Versendung in das Lager im Sinne des § 6b UStG und vor dem Zeitpunkt der Lieferung durch Zerstörung, Verlust oder Diebstahl verloren geht, ist die Anwendung des § 6b Abs. 2 UStG grundsätzlich ausgeschlossen. ② Die Voraussetzungen nach § 6b Abs. 1 und 5 UStG gelten an dem Tag, an dem die Zerstörung, der Verlust oder der Diebstahl festgestellt wird, als nicht mehr erfüllt. ③ Gewöhnliche, branchenübliche, sich aus den Erfahrungen der letzten Lagerungsjahre ergebende Mengenverluste von Gegenständen, die aufgrund ihrer Beschaffenheit oder infolge unvorhersehbarer Umstände nach dem Ende der Beförderung oder Versendung und vor dem Zeitpunkt der Lieferung entstanden sind, gelten als sog. „kleine Verluste", für die § 6b Abs. 6 Satz 4 UStG keine Anwendung findet. ④ Von „kleinen Verlusten" ist im Regelfall auszugehen, wenn diese wert- oder mengenmäßig weniger als 5% des Gesamtbestands (Freigrenze) der identischen Gegenstände betragen, der an dem Tag der Zerstörung, des Verlustes oder des Diebstahls oder, falls ein solcher Tag nicht bestimmt werden kann, an dem Tag, an dem die Zerstörung oder das Fehlen der Gegenstände erkannt worden ist, festgestellt wurde.

Beispiel:

① Der deutsche Zulieferer A befördert im Rahmen einer Lagerabrufvereinbarung mit Unternehmer B (berechtigter Erwerber) ab Februar 01 5 000 Motorenteile in ein Lager im Sinne des § 6b UStG in Frankreich. ② Am 2. 10. 01 werden 6 000 Motorenteile bei einem Diebstahl entwendet und im Rahmen der Inventur stellt A im Dezember 01 fest, dass von den jährlich gelieferten 60 000 Motorenteilen 300 Stück durch Rost unbrauchbar geworden sind. ③ Am Tag der Inventur befinden sich noch 10 000 Motorenteile im Lager. ④ Aus den Unterlagen des A ist zu entnehmen, dass in den Jahren 00 und 01 bereits jährlich 300 bis 400 Motorenteile selbige Mängel durch Verrostung aufgewiesen haben.

⑤ Im Februar 01 hat A die Beförderung der 5 000 Motorenteile aufzuzeichnen und in der ZM die verwendete USt-IdNr. des Unternehmers B anzugeben. ⑥ Für die 6 000 entwendeten Motorenteile tritt am 2. 10. 01 die Rechtsfolge nach § 6b Abs. 6 Satz 4 UStG ein und die Lieferung gilt als ein einer innergemeinschaftlichen Lieferung gleichgestelltes Verbringen nach § 6b Abs. 6 in Verbindung mit § 6a Abs. 2 und § 3 Abs. 1a Satz 1 UStG. ⑦ A unterliegt für die 6 000 Motorenteile somit einer unverzüglichen Registrierungspflicht im Bestimmungsmitgliedstaat und muss die Erteilung einer USt-IdNr. beantragen. ⑧ Für den im Dezember 01 im Rahmen der Inventur festgestellten Verlust der 300 Motorenteile tritt aus Vereinfachungs- gründen (weniger als 5% des Gesamtbestandes der am Tag der Feststellung im Lager befindlichen identischen Gegenstände) die Rechtsfolge des § 6b Abs. 6 UStG nicht ein. ⑨ A unterläge nur für die 300 Motorenteile nicht einer Registrierungspflicht im Bestimmungsmitgliedstaat. ⑩ A ist bereits durch den Diebstahl im Bestimmungsland zur Registrierung verpflichtet, eine Meldung für den „kleinen" Verlust der 300 Motorenteile muss nicht erfolgen.

29 (23) ① Für alle in den Absätzen 19 bis 22 eintretenden Fälle, in denen ein einer innergemeinschaftlichen Lieferung gleichgestelltes Verbringen anzunehmen ist, sind Absatz 17 Sätze 2 bis 5 entsprechend anzuwenden; zur Anwendung der Steuerbefreiung nach § 4 Nr. 1b UStG gelten die Grundsätze des Beispiels in Absatz 17 entsprechend. ② Die steuerliche Registrierung im Bestimmungsmitgliedstaat ist bis zum Erhalt der USt-IdNr. anhand geeigneter Unterlagen nachzuweisen.

Konsequenzen des Austritts des Vereinigten Königreichs Großbritannien und Nordirland aus der Europäischen Union

30 (24) ① Das Vereinigte Königreich Großbritannien und Nordirland ist mit Ablauf des 31. 12. 2020 Drittlandsgebiet. ② Allerdings wird Nordirland für die Umsatzbesteuerung des Warenverkehrs auch nach dem 31. 12. 2020 als zum Gemeinschaftsgebiet gehörig behandelt; vgl. Abschnitt 1.10 Abs. 3. ③ Die Absätze 1 bis 23 gelten demnach nicht für die Lieferung gemäß § 6b UStG, deren Warentransport durch Beförderung oder Versendung nach dem 31. 12. 2020 in das oder aus dem Vereinigte(n) Königreich Großbritannien (ohne Nordirland) erfolgt. ④ Für die Entnahme der Waren, die vor dem 1. 1. 2021 eingelagert wurden und für die die Voraussetzungen nach § 6b Abs. 1 UStG vorliegen, wird bei einer Entnahme nach dem 31. 12. 2020 im Zeitpunkt der Entnahme die Lieferung an den Erwerber einer innergemeinschaftlichen Lieferung (§ 6a UStG) gleichgestellt, unabhängig davon, ob das Lager im Sinne des § 6b UStG in dem Vereinigten Königreich Großbritannien (ohne Nordirland) oder in Deutschland belegen ist.

⑤ Für die entsprechenden Lieferungen können keine Angaben in der ZM gemacht werden. ⑥ Es sind jedoch die Aufzeichnungen entsprechend § 22 Abs. 4f und 4g UStG vorzuhalten und aufzubewahren. ⑦ Für einen Gegenstand, der vor dem 1. 1. 2021 im Rahmen der Konsignationslagerregelung aus dem Vereinigten Königreich Großbritannien (ohne Nordirland) in ein Lager im Sinne des § 6b UStG in einen Bestimmungsmitgliedstaat befördert oder versendet worden ist, für den der liefernde Unternehmer die beabsichtigte Lieferung nicht innerhalb der Frist bewirkt hat und der Gegenstand binnen 12 Monaten (zur Fristberechnung vgl. Absatz 15) nach Einlagerung im Bestimmungsmitgliedstaat in den Abgangsmitgliedstaat zurückbefördert oder -versendet wird (siehe § 6b Abs. 4 UStG), gelten die Regelungen für Ausfuhrlieferungen im Sinne des § 6 UStG. ⑧ Für Fälle im Sinne des § 6b Abs. 6 UStG, deren Warenbeförderung oder -versendung aus dem oder in das Vereinigte(n) Königreich Großbritannien (ohne Nordirland) vor dem 1. 1. 2021 endet, gilt Satz 3 entsprechend. ⑨ Für Waren, die nicht innerhalb der 12-Monatsfrist (letzter Stichtag: 31. 12. 2021) durch den Erwerber entnommen wurden, wird aus Vereinfachungsgründen auf eine Anwendung des § 6b Abs. 3 UStG verzichtet, sofern sich aus den Aufzeichnungen nach § 22 Abs. 4f und 4g UStG ergibt, dass sich die Gegenstände weiterhin im Vereinigten Königreich Großbritannien (ohne Nordirland) befinden und keine Anzeichen für einen Betrug vorliegen. ⑩ Darüber hinausgehende zusätzliche Verpflichtungen bestehen nicht.

6b.2 Nachweis der Voraussetzungen der Konsignationslagerregelung nach § 6b UStG

UStAE 6b.2

Nachweise (Allgemeines)

(1) Wegen des Belegnachweises und der Aufzeichnungspflichten im Zeitpunkt der Entnahme der Waren (§ 6b Abs. 2 UStG) wird auf Abschnitt 22.3b verwiesen. **40**

(2) Hinsichtlich der Verpflichtungen zur Abgabe der ZM siehe Abschnitte 4.1.2 Abs. 2 und 3, 18a.1 Abs. 1 und 2, 18a.2 Abs. 7 und 18a.3 Abs. 1 und 2. **41**

UStG

§ 7 Lohnveredelung an Gegenständen der Ausfuhr

1 **(1) ① Eine Lohnveredelung an einem Gegenstand der Ausfuhr (§ 4 Nr. 1 Buchstabe a) liegt vor, wenn bei einer Bearbeitung oder Verarbeitung eines Gegenstands der Auftraggeber den Gegenstand zum Zweck der Bearbeitung oder Verarbeitung in das Gemeinschaftsgebiet eingeführt oder zu diesem Zweck in diesem Gebiet erworben hat und**

1. der Unternehmer den bearbeiteten oder verarbeiteten Gegenstand in das Drittlandsgebiet, ausgenommen Gebiete nach § 1 Abs. 3, befördert oder versendet hat oder

2. der Auftraggeber den bearbeiteten oder verarbeiteten Gegenstand in das Drittlandsgebiet befördert oder versendet hat und ein ausländischer Auftraggeber ist oder

3. der Unternehmer den bearbeiteten oder verarbeiteten Gegenstand in die in § 1 Abs. 3 bezeichneten Gebiete befördert oder versendet hat und der Auftraggeber
   a) ein ausländischer Auftraggeber ist oder
   b) ein Unternehmer ist, der im Inland oder in den bezeichneten Gebieten ansässig ist und den bearbeiteten oder verarbeiteten Gegenstand für Zwecke seines Unternehmens verwendet.

② Der bearbeitete oder verarbeitete Gegenstand kann durch weitere Beauftragte vor der Ausfuhr bearbeitet oder verarbeitet worden sein.

2 **(2) Ausländischer Auftraggeber im Sinne des Absatzes 1 Satz 1 Nr. 2 und 3 ist ein Auftraggeber, der die für den ausländischen Abnehmer geforderten Voraussetzungen (§ 6 Abs. 2) erfüllt.**

3 **(3) Bei Werkleistungen im Sinne des § 3 Abs. 10 gilt Absatz 1 entsprechend.**

4 **(4) ① Die Voraussetzungen des Absatzes 1 sowie die Bearbeitung oder Verarbeitung im Sinne des Absatzes 1 Satz 2 müssen vom Unternehmer nachgewiesen sein. ② Das Bundesministerium der Finanzen kann mit Zustimmung des Bundesrates durch Rechtsverordnung bestimmen, wie der Unternehmer die Nachweise zu führen hat.**

5 **(5) Die Absätze 1 bis 4 gelten nicht für die sonstigen Leistungen im Sinne des § 3 Abs. 9 a Nr. 2.**

Hinweis auf EU-Vorschriften:

UStG:	§ 7 Abs. 1, 3	**MwStSystRL:**	Art. 146 Abs. 1 (d)
	§ 7 Abs. 4		Art. 131

Übersicht

Zu § 7 UStG (§§ 12 und 13 UStDV)

UStDV

§§ 12, 13 *[siehe zu § 6 UStG/A 6.5 UStAE]*

UStAE 7.1

7.1 Lohnveredelung an Gegenständen der Ausfuhr[1]

11 (1) ① Die Befreiungstatbestände in § 7 Abs. 1 Satz 1 Nr. 1 und 2 UStG entsprechen den Befreiungstatbeständen bei der Steuerbefreiung für Ausfuhrlieferungen in § 6 Abs. 1 Satz 1 Nr. 1 und 2 UStG. ② Die Ausführungen in Abschnitt 6.1 Abs. 1 und 2 gelten deshalb entsprechend.

12 (1 a) ① Hat der Unternehmer den zu bearbeitenden oder zu verarbeitenden Gegenstand in die in § 1 Abs. 3 UStG bezeichneten Gebiete, d. h. in einen Freihafen oder in die Gewässer oder Watten zwischen der Hoheitsgrenze und der jeweiligen Strandlinie (vgl. Abschnitt 1.9 Abs. 3) befördert oder versendet, liegt bei ausländischen Auftraggebern (§ 7 Abs. 2 UStG) eine Lohnveredelung nach § 7 Abs. 1 Satz 1 Nr. 3 Buchstabe a UStG vor. ② Bei Auftraggebern, die im Inland oder in den bezeichneten Gebieten nach § 1 Abs. 3 UStG ansässig sind, liegt eine Lohnveredelung nach § 7 Abs. 1 Satz 1 Nr. 3 Buchstabe b UStG vor, wenn der Auftraggeber den bearbeiteten oder verarbeiteten Gegenstand für Zwecke seines Unternehmens verwendet (vgl. Abschnitt 15.2 b). ③ Der Auftraggeber erwirbt im Allgemeinen den zu bearbeitenden oder zu verarbeitenden Gegenstand für Zwecke seines Unternehmens, wenn der beabsichtigte unternehmerische

[1] Ausschluss der Steuerbefreiung bei unentgeltlicher Wertabgabe vgl. § 7 Abs. 5 UStG/A 3.2 Abs. 2 UStAE.

UStAE 7.1

Verwendungszweck im Zeitpunkt des Beginns der Beförderung oder Versendung überwiegt. ④ Bei der Be- oder Verarbeitung von vertretbaren Sachen, die der Auftraggeber sowohl für unternehmerische als auch für nichtunternehmerische Zwecke verwendet, ist der Anteil, der auf den unternehmerischen Erwerbszweck entfällt, durch eine Aufteilung entsprechend den Erwerbszwecken zu ermitteln.

(2) ① Voraussetzung für die Steuerbefreiung bei jedem der Befreiungstatbestände ist, dass der Auftraggeber den zu bearbeitenden oder zu verarbeitenden Gegenstand zum Zwecke der Bearbeitung oder Verarbeitung in das Gemeinschaftsgebiet eingeführt oder zu diesem Zweck in diesem Gebiet erworben hat (§ 7 Abs. 1 Satz 1 UStG). ② Die Bearbeitung oder Verarbeitung braucht nicht der ausschließliche Zweck für die Einfuhr oder für den Erwerb zu sein. ③ Die Absicht, den Gegenstand bearbeiten oder verarbeiten zu lassen, muss jedoch bei dem Auftraggeber bereits zum Zeitpunkt der Einfuhr oder des Erwerbs bestehen. ④ Eine Einfuhr durch den Auftraggeber liegt auch dann vor, wenn dieser den zu bearbeitenden oder zu verarbeitenden Gegenstand von dem Unternehmer im Drittlandsgebiet abholen lässt. **13**

(3) ① Die Voraussetzung der Einfuhr eines Gegenstands zum Zwecke seiner Bearbeitung oder Verarbeitung ist insbesondere in den folgenden Fällen als erfüllt anzusehen: **14**

1. Der Gegenstand wurde in einer zollamtlich bewilligten aktiven Veredelung – einschließlich einer Ausbesserung – veredelt.

Beispiel 1:

① Der im Inland ansässigen Weberei W ist von der zuständigen Zollstelle eine aktive Veredelung (Artikel 256 UZK)[1] mit Garnen zum Verweben für den in der Schweiz ansässigen Trachtenverein (nicht unternehmerisch tätiger Auftraggeber) S bewilligt worden. ② S versendet zu diesem Zweck Garne an W. ③ Die Garne werden zollamtlich zur aktiven Veredelung abgefertigt. ④ Für ihre Einfuhr werden keine Einfuhrabgaben erhoben. ⑤ W verwebt die Garne, meldet die hergestellten Gewebe zur Wiederausfuhr an und sendet sie an S in die Schweiz zurück.

2. ① Der eingeführte Gegenstand wurde in die Überlassung zum zollrechtlich freien Verkehr übergeführt. ② Die Einfuhrumsatzsteuer ist entstanden.

Beispiel 2:

① Der in der Schweiz ansässige Auftraggeber S (Nichtunternehmer) beauftragt die im Inland ansässige Weberei W mit dem Verweben von Garnen. ② S versendet zu diesem Zweck Garne an W. ③ Da es sich auf Grund des vorliegenden Präferenznachweises um eine zollfreie Einfuhr handelt und W zum Vorsteuerabzug berechtigt ist, wird keine aktive Veredelung bewilligt. ④ W verwebt die Garne und sendet die Gewebe an S in die Schweiz zurück. ⑤ Die für die Einfuhr der Garne entstandene Einfuhrumsatzsteuer kann W als Vorsteuer abziehen (vgl. Abschnitt 15.8 Abs. 8).

3. Das Bestimmungsland hat für die Wiedereinfuhr des bearbeiteten oder verarbeiteten Gegenstands Einfuhrabgaben, z. B. Zoll oder Einfuhrumsatzsteuer, erhoben.

Beispiel 3:

① Der im Drittlandsgebiet wohnhafte Kfz-Besitzer K hat seinen Personenkraftwagen zur Reparatur durch eine Kraftfahrzeugwerkstatt im Inland eingeführt. ② Die Reparatur besteht in einer Werkleistung. ③ Der Kraftwagen ist bei der Einfuhr konkludent (Artikel 139 Abs. 1 UZK-DA)[1] in die vorübergehende Verwendung (Artikel 250 UZK)[1] übergeführt worden. ④ Die Einfuhr in das Inland kann deshalb nicht durch zollamtliche Belege einer deutschen Zollstelle nachgewiesen werden. ⑤ Das Wohnsitzland hat jedoch bei der Wiedereinfuhr des reparierten Kraftfahrzeugs Einfuhrabgaben erhoben.

② Wegen des in den in Satz 1 Nummern 1 bis 3 genannten Sachverhalten zu führenden buchmäßigen Nachweises wird auf Abschnitt 7.3 Abs. 2 hingewiesen.

(4) ① Bei Beförderungsmitteln und Transportbehältern, die ihrer Art nach von einem ausländischen Auftraggeber nur für unternehmerische Zwecke verwendet werden können – z. B. Binnenschiffe für gewerbliche Zwecke, Eisenbahnwagen, Container, Kraftomnibusse, Lastkraftwagen, Anhänger, Tankauflieger, Tanksattelschlepper und Tankcontainer – kann unterstellt werden, dass sie nicht nur zu Transportzwecken, sondern regelmäßig auch zur Wartung, Reinigung und Instandsetzung eingeführt werden. ② In diesen Fällen braucht deshalb der Einfuhrzweck nicht nachgewiesen zu werden. **15**

(5) ① Die Voraussetzung des Erwerbs im Gemeinschaftsgebiet zum Zwecke der Bearbeitung oder Verarbeitung ist bei einem Gegenstand insbesondere als erfüllt anzusehen, wenn **16**

1. das Bestimmungsland für die Einfuhr des bearbeiteten oder verarbeiteten Gegenstands Einfuhrabgaben, z. B. Zoll, Einfuhrumsatzsteuer, erhoben hat, die nach dem Wert des eingeführten Gegenstands, einschließlich der durch die Bearbeitung oder Verarbeitung eingetretenen Wertsteigerung, berechnet worden sind, oder
2. der Gegenstand unmittelbar vom Lieferer an den beauftragten Unternehmer oder – im Falle der Bearbeitung oder Verarbeitung durch mehrere Beauftragte – vom vorangegangenen Beauftragten an den nachfolgenden Beauftragten gelangt ist.

② Zum buchmäßigen Nachweis wird auf Abschnitt 7.3 Abs. 2 hingewiesen.

(6) ① In der Regel liegt keine Einfuhr zum Zwecke der Bearbeitung oder Verarbeitung vor, wenn ein Gegenstand, der in das Inland gelangt ist, hier wider Erwarten reparaturbedürftig geworden und deshalb bearbeitet oder verarbeitet worden ist. ② Die Steuerbefreiung kommt hier- **17**

[1] Loseblattsammlung **Zölle und Verbrauchsteuern** Nr. **1** bzw. **4**.

nach z.B. nicht in Betracht, wenn ein im Drittlandsgebiet zugelassenes Kraftfahrzeug während einer Fahrt im Inland unerwartet repariert werden musste. ③ Entsprechendes gilt, wenn ein Gegenstand, z.B. ein Kraftwagen, den ein ausländischer Abnehmer im Inland erworben hat, hier vor der Ausfuhr genutzt wurde und während dieser Zeit wider Erwarten repariert werden musste.

18 (7) ① Der bearbeitete oder verarbeitete oder – im Falle der Werkleistung nach § 3 Abs. 10 UStG – der überlassene Gegenstand kann durch einen weiteren Beauftragten oder mehrere weitere Beauftragte des Auftraggebers oder eines folgenden Auftraggebers vor der Ausfuhr bearbeitet oder verarbeitet worden sein. ② Die Ausführungen in Abschnitt 6.1 Abs. 5 gelten hierzu entsprechend.

LS zu 7.1

19 Ein Kfz-Ölwechsel ist als Lieferung von Motoröl zu beurteilen. Dieser Umsatz ist nicht als Ausfuhrlieferung steuerfrei, wenn der Kfz-Ölwechsel für einen außengebietlichen Nichtunternehmer durchgeführt wird. – Eine **Kfz-Inspektion mit Ölwechsel** ist eine sonstige Leistung. Dieser Umsatz kann gegenüber einem außengebietlichen Auftraggeber als Lohnveredelung an Gegenständen der Ausfuhr steuerfrei sein. *BFH-Urteil v. 30. 9. 1999 V R 77/98 (BStBl. 2000 II S. 14).*

UStAE 7.2

7.2 Ausfuhrnachweis

21 (1) ① Die für den Ausfuhrnachweis bei Ausfuhrlieferungen maßgebenden Vorschriften sind entsprechend anzuwenden. ② Auf die Ausführungen in den Abschnitten 6.5 bis 6.8 wird hingewiesen. ③ Hat der Unternehmer einen anderen Unternehmer (Subunternehmer) mit der Bearbeitung oder Verarbeitung beauftragt und befördert oder versendet dieser den bearbeiteten, verarbeiteten oder überlassenen Gegenstand in das Drittlandsgebiet, kann die Ausfuhr in diesen Fällen durch eine Versandbestätigung nachgewiesen werden. ④ Die Versandbestätigung des versendenden Vertreters kann auch auf elektronischem Weg übermittelt werden; bei einer elektronischen Übermittlung der Versandbestätigung ist eine Unterschrift nicht erforderlich, sofern erkennbar ist, dass die elektronische Übermittlung im Verfügungsbereich des Ausstellers begonnen hat. ⑤ Abschnitt 6 a.4 Abs. 3 Satz 2 und Abs. 6 ist entsprechend anzuwenden.

22 (2) Beziehen sich die Bearbeitungen oder Verarbeitungen auf Binnenschiffe, die gewerblichen Zwecken dienen, Eisenbahnwagen oder Container ausländischer Auftraggeber (vgl. Abschnitt 7.1 Abs. 4), kann der Unternehmer den Nachweis der Ausfuhr dadurch erbringen, dass er neben dem Namen und der Anschrift des ausländischen Auftraggebers und des Verwenders, wenn dieser nicht der Auftraggeber ist, Folgendes aufzeichnet:

1. bei Binnenschiffen, die gewerblichen Zwecken dienen, den Namen und den Heimathafen des Schiffes,
2. bei Eisenbahnwagen das Kennzeichen der ausländischen Eisenbahnverwaltung und die Nummer des Eisenbahnwagens und
3. bei Containern das Kennzeichen des Behälters.

23 (3) ① Wird der Nachweis der Einfuhr zum Zwecke der Bearbeitung oder Verarbeitung durch Hinweis auf die Belege über die Bezahlung der Einfuhrabgaben des Bestimmungslandes geführt (vgl. Abschnitt 7.3 Abs. 2 Nr. 3), kann dieser Nachweis zugleich als Ausfuhrnachweis angesehen werden. ② Eines weiteren Nachweises für die Ausfuhr bedarf es in diesen Fällen nicht mehr.

UStAE 7.3

7.3 Buchmäßiger Nachweis

31 (1) ① Die Ausführungen zum buchmäßigen Nachweis bei Ausfuhrlieferungen in Abschnitt 6.10 Abs. 1 bis 6 gelten entsprechend. ② Ist der Gegenstand durch mehrere Unternehmer – Beauftragte – nacheinander bearbeitet oder verarbeitet worden (vgl. Abschnitt 7.1 Abs. 7), muss jeder dieser Unternehmer die Voraussetzungen der Steuerbefreiung einschließlich der Einfuhr oder des Erwerbs im Gemeinschaftsgebiet zum Zwecke der Bearbeitung oder Verarbeitung buchmäßig nachweisen.

32 (2) Der Nachweis der Einfuhr oder des Erwerbs für Zwecke der Bearbeitung und Verarbeitung muss in den Fällen des Abschnitts 7.1 Abs. 3 und 5 wie folgt geführt werden:

1. in den Fällen der aktiven Lohnveredelung (vgl. Abschnitt 7.1 Abs. 3 Satz 1 Nr. 1) durch Hinweis auf die zollamtlichen Belege über die Anmeldung der Waren zur Veredelung und über die Abmeldung der Waren aus der Veredelung;
2. ① in den Fällen der Einfuhrbesteuerung (vgl. Abschnitt 7.1 Abs. 3 Satz 1 Nr. 2) durch Hinweis auf den zollamtlichen Beleg über die Entstehung der Einfuhrumsatzsteuer. ② Im Falle der Bearbeitung oder Verarbeitung durch mehrere Unternehmer – Beauftragte – genügt bei den nachfolgenden Beauftragten ein Hinweis auf eine Bescheinigung des vorangegangenen Beauftragten, worin dieser die Entstehung der Einfuhrumsatzsteuer bestätigt hat;
3. in den Fällen der Erhebung von Einfuhrabgaben durch das Bestimmungsland (vgl. Abschnitt 7.1 Abs. 3 Satz 1 Nr. 3 und Abs. 5 Satz 1 Nr. 1) durch Hinweis auf die bei dem Unternehmer vorhandenen Belege oder ihre beglaubigten Abschriften über die Bezahlung der Einfuhrabgaben des Bestimmungslands;

4. in den Fällen, in denen der im Gemeinschaftsgebiet erworbene Gegenstand unmittelbar vom Lieferer an den Unternehmer – Beauftragten – oder von dem vorangegangenen Beauftragten an den nachfolgenden Beauftragten gelangt ist (vgl. Abschnitt 7.1 Abs. 5 Satz 1 Nr. 2), durch Hinweis auf die Durchschrift der Ausfuhrbestätigung für Umsatzsteuerzwecke in Bearbeitungs- oder Verarbeitungsfällen.

(3) ① Bei der Bearbeitung, z. B. Wartung, Reinigung oder Instandsetzung, eines Kraftfahrzeuges eines ausländischen Auftraggebers kann der Unternehmer den Nachweis der Einfuhr des Kraftfahrzeuges zum Zwecke dieser Bearbeitung auch in anderer Weise führen. ② In Betracht kommen z. B. Hinweise auf eine schriftliche Anmeldung des Auftraggebers zur Reparatur oder auf eine Bescheinigung einer ausländischen Behörde, dass das Kraftfahrzeug bei einem Unfall im Drittlandsgebiet beschädigt worden ist. ③ Diese Regelung gilt jedoch nur dann, wenn nach den Umständen des Einzelfalls keine ernsthaften Zweifel daran bestehen, dass der Auftraggeber das Kraftfahrzeug zum Zwecke der Bearbeitung eingeführt hat. **33**

7.4 Abgrenzung zwischen Lohnveredelungen im Sinne des § 7 UStG und Ausfuhrlieferungen im Sinne des § 6 UStG

UStAE 7.4

① Die Steuerbefreiung für Ausfuhrlieferungen kommt für Werklieferungen an eingeführten oder im Gemeinschaftsgebiet erworbenen Gegenständen – anders als die Steuerbefreiung nach § 4 Nr. 1 Buchstabe a, § 7 UStG bei Werkleistungen (Lohnveredelungen) – ohne Rücksicht darauf in Betracht, zu welchem Zweck die Gegenstände eingeführt oder erworben worden sind. ② Deshalb ist für die Frage, ob für einen Umsatz Steuerfreiheit gewährt werden kann, insbesondere bei Reparaturen beweglicher körperlicher Gegenstände häufig von entscheidender Bedeutung, ob der Umsatz eine Werklieferung (§ 3 Abs. 4 UStG) oder eine Werkleistung darstellt. ③ Zur Abgrenzung zwischen Werklieferung und Werkleistung allgemein und bei Reparaturen beweglicher körperlicher Gegenstände vgl. Abschnitt 3.8. **41**

UStG

§ 8 Umsätze für die Seeschifffahrt und für die Luftfahrt

1 (1) ① **Umsätze für die Seeschifffahrt (§ 4 Nr. 2) sind:**

1.[1] die Lieferungen, Umbauten, Instandsetzungen, Wartungen, Vercharterungen und Vermietungen von Wasserfahrzeugen für die Seeschifffahrt, die dem Erwerb durch die Seeschifffahrt oder der Rettung Schiffbrüchiger zu dienen bestimmt sind (aus Positionen 8901 und 8902 00, aus Unterposition 8903 92 10, aus Position 8904 00 und aus Unterposition 8906 90 10 des Zolltarifs);

2.[1] die Lieferungen, Instandsetzungen, Wartungen und Vermietungen von Gegenständen, die zur Ausrüstung der in Nummer 1 bezeichneten Wasserfahrzeuge bestimmt sind;

3. die Lieferungen von Gegenständen, die zur Versorgung der in Nummer 1 bezeichneten Wasserfahrzeuge bestimmt sind. ② Nicht befreit sind die Lieferungen von Bordproviant zur Versorgung von Wasserfahrzeugen der Küstenfischerei;

4. die Lieferungen von Gegenständen, die zur Versorgung von Kriegsschiffen (Unterposition 8906 10 00 des Zolltarifs) auf Fahrten bestimmt sind, bei denen ein Hafen oder ein Ankerplatz im Ausland und außerhalb des Küstengebiets im Sinne des Zollrechts angelaufen werden soll;

5. andere als die in den Nummern 1 und 2 bezeichneten sonstigen Leistungen, die für den unmittelbaren Bedarf der in Nummer 1 bezeichneten Wasserfahrzeuge, einschließlich ihrer Ausrüstungsgegenstände und ihrer Ladungen, bestimmt sind.

2 (2) **Umsätze für die Luftfahrt (§ 4 Nr. 2) sind:**

1.[1] die Lieferungen, Umbauten, Instandsetzungen, Wartungen, Vercharterungen und Vermietungen von Luftfahrzeugen, die zur Verwendung durch Unternehmer bestimmt sind, die im entgeltlichen Luftverkehr überwiegend grenzüberschreitende Beförderungen oder Beförderungen auf ausschließlich im Ausland gelegenen Strecken und nur in unbedeutendem Umfang nach § 4 Nummer 17 Buchstabe b steuerfreie, auf das Inland beschränkte Beförderungen durchführen;

2.[1] die Lieferungen, Instandsetzungen, Wartungen und Vermietungen von Gegenständen, die zur Ausrüstung der in Nummer 1 bezeichneten Luftfahrzeuge bestimmt sind;

3. die Lieferungen von Gegenständen, die zur Versorgung der in Nummer 1 bezeichneten Luftfahrzeuge bestimmt sind;

4. andere als die in den Nummern 1 und 2 bezeichneten sonstigen Leistungen, die für den unmittelbaren Bedarf der in Nummer 1 bezeichneten Luftfahrzeuge, einschließlich ihrer Ausrüstungsgegenstände und ihrer Ladungen, bestimmt sind.

3 (3) ① **Die in den Absätzen 1 und 2 bezeichneten Voraussetzungen müssen vom Unternehmer nachgewiesen sein.** ② **Das Bundesministerium der Finanzen kann mit Zustimmung des Bundesrates durch Rechtsverordnung bestimmen, wie der Unternehmer den Nachweis zu führen hat.**

Hinweis auf EU-Vorschriften:

UStG:	§ 8 Abs. 1	**MwStSystRL:**	Art. 148 (a)–(d)
	§ 8 Abs. 2		Art. 148 (e)–(g)
	§ 8 Abs. 3		Art. 131

Übersicht

Zu § 8 UStG (§ 18 UStDV)

UStDV

§ 18 *[siehe zu A 8.3 UStAE]*

[1] **Steuerbefreiung beim innergemeinschaftlichen Erwerb** der in § 8 Abs. 1 Nrn. 1 und 2 und Abs. 2 Nrn. 1 und 2 bezeichneten Gegenstände vgl. § 4 b Nrn. 1 und 2 UStG.

8.1 Umsätze für die Seeschifffahrt[1]

UStAE 8.1

(1) ① Die Steuerbefreiung nach § 4 Nr. 2, § 8 Abs. 1 UStG ist grundsätzlich davon abhängig, dass die Umsätze unmittelbar an Betreiber eines Seeschiffes oder an die Gesellschaft zur Rettung Schiffbrüchiger bewirkt werden. ② Die Lieferung eines Wasserfahrzeuges im Sinne des § 8 Abs. 1 Nr. 1 UStG ist auch dann umsatzsteuerfrei, wenn die Lieferung an einen Unternehmer erfolgt, der das Wasserfahrzeug zum Zweck der Überlassung an einen Betreiber eines Seeschiffes oder die Gesellschaft zur Rettung Schiffbrüchiger zu deren ausschließlicher Nutzung erwirbt und diese Zweckbestimmung im Zeitpunkt der Lieferung endgültig feststeht und vom liefernden Unternehmer nachgewiesen wird (vgl. EuGH-Urteil vom 19. 7. 2012, C-33/11, A). ③ Die Steuerbefreiung kann sich nicht auf Umsätze auf den vorhergehenden Stufen erstrecken, wenn im Zeitpunkt dieser Leistungen deren endgültige Verwendung für den Bedarf eines konkreten, eindeutig identifizierbaren Seeschiffes ihrem Wesen nach nicht feststeht; steht jedoch im Zeitpunkt der Leistung deren endgültige Verwendung für den Bedarf eines solchen Seeschiffes fest und ist die endgültige Zweckbestimmung der Leistung bereits aufgrund der Befolgung der steuerlichen Buchführungs- und Aufzeichnungspflichten (Beleg- und Buchnachweis) sowie der Befolgung der Aufbewahrungspflichten und nicht erst durch besondere Kontroll- und Überwachungsmechanismen nachvollziehbar, kann sich die Steuerbefreiung auch auf vorhergehende Stufen erstrecken (vgl. EuGH-Urteile vom 14. 9. 2006, C-181/04 bis C-183/04, Elmeka, und vom 19. 7. 2012, C-33/11, A). ④ Auch Dienstleistungen im Bereich des Beladens und Entladens eines Seeschiffes können steuerfrei sein, wenn sie nicht unmittelbar an den Betreiber eines Seeschiffes, sondern auf einer vorhergehenden Stufe erbracht werden, wie etwa eine von einem Unterauftragnehmer an einen Auftraggeber erbrachte Be- oder Entladeleistung, die dieser dann einem Speditions- oder Transportunternehmen weiterberechnet. ⑤ Auch können Be- und Entladedienstleistungen steuerfrei sein, die an den Verfügungsberechtigten der Schiffsladung, etwa deren Ausführer oder Einführer, erbracht werden (vgl. EuGH-Urteil vom 4. 5. 2017, C-33/16, A, BStBl. II S. 1027). ⑥ Unter den Begriff „Betreiber" fallen unter Berücksichtigung des unionsrechtlichen Umfangs der Befreiung von Umsätzen für die Seeschifffahrt sowohl Reeder als auch Bereederer von Seeschiffen, sofern die Leistungen unmittelbar dem Erwerb durch die Seeschifffahrt dienen. ⑦ Die Eigentumsverhältnisse sind für die Steuerbefreiung insoweit unerheblich. ⑧ Eine Zwischenlagerung von Lieferungsgegenständen im Sinne des § 8 Abs. 1 UStG ist ebenfalls unschädlich. ⑨ Chartervergütungen, die von Linienreedereien geleistet werden, die wiederum Bereederungsverträge mit Reedereien abschließen, sind als Gegenleistung für steuerbefreite Umsätze für die Seeschifffahrt anzusehen. 11

(2) ① Bei den begünstigten Schiffen (§ 8 Abs. 1 Nr. 1 UStG) muss es sich um bereits vorhandene Wasserfahrzeuge handeln, die nach ihrer Bauart dem Erwerb durch die Seeschifffahrt oder der Rettung Schiffbrüchiger dienen; maßgebend ist die zolltarifliche Einordnung. ② Ein Wasserfahrzeug ist ab dem Zeitpunkt seiner Abnahme durch den Besteller als „vorhanden" anzusehen. ③ Zu den vorbezeichneten Schiffen gehören insbesondere Seeschiffe der Handelsschifffahrt, seegehende Fahrgast- und Fährschiffe, Fischereifahrzeuge und Schiffe des Seeschifffahrtshilfsgewerbes, z. B. Seeschlepper und Bugsierschiffe. ④ Nicht dazu gehören Wassersportfahrzeuge (vgl. BFH-Urteil vom 13. 2. 1992, V R 141/90, BStBl. II S. 576) und Behördenfahrzeuge. ⑤ Weitere Voraussetzung für die Steuerbefreiung ist, dass die nach ihrer Bauart begünstigten Wasserfahrzeuge auch tatsächlich ausschließlich oder überwiegend in der Erwerbsseeschifffahrt oder zur Rettung Schiffbrüchiger eingesetzt werden ⑥ Als Erwerbsseeschifffahrt ist die Schifffahrt seewärts des Küstenmeeres im Sinne des Seerechtsübereinkommens der Vereinten Nationen vom 10. 12. 1982 (BGBl. 1994 II S. 1798) und die Küstenfischerei nach Absatz 5 anzusehen. ⑦ Zur seewärtigen Abgrenzung veröffentlicht jeder Küstenstaat Seekarten oder Verzeichnisse geographischer Koordinaten (vgl. Art. 16 des Seerechtsübereinkommens der Vereinten Nationen, Bekanntmachung der Proklamation der Bundesregierung über die Ausweitung des deutschen Küstenmeeres vom 11. 11. 1994, BGBl. 1994 I S. 3428). ⑧ Die seewärtige Begrenzung des Küstenmeeres der Bundesrepublik Deutschland verläuft im Wesentlichen in einem Abstand von 12 Seemeilen, gemessen von der Niedrigwasserlinie und den geraden Basislinien und ergibt sich aus den Seegrenzkarten 2920 und 2921 (Bundesamt für Seeschifffahrt und Hydrographie). ⑨ In den Fällen der Reise-, Zeit-, Slot- und Bareboat-Vercharterung handelt es sich jeweils um eine steuerfreie Vercharterung eines Wasserfahrzeuges für die Seeschifffahrt nach § 4 Nr. 2, § 8 Abs. 1 Nr. 1 UStG. ⑩ Wesentliches Merkmal dieser Verträge ist das Zurverfügungstellen eines Schiffes bzw. von Schiffsraum. ⑪ Lediglich die Beförderung im Rahmen von Stückgutverträgen wird als Güterbeförderung angesehen, deren Behandlung sich nach §§ 3a, 3b, 4 Nr. 3 UStG (vgl. Abschnitte 3b.3, 4.3.2 bis 4.3.4) richtet. 12

(3) Zu den Gegenständen der Schiffsausrüstung (§ 8 Abs. 1 Nr. 2 UStG) gehören: 13

1. die an Bord eines Schiffes zum Gebrauch mitgeführten in der Regel beweglichen Gegenstände, z. B. optische und nautische Geräte, Drahtseile und Tauwerk, Persenninge, Werkzeug und Ankerketten, nicht aber Transportbehälter, z. B. Container,
2. das Schiffszubehör, z. B. Rettungsboote und andere Rettungsvorrichtungen, Möbel, Wäsche und anderes Schiffsinventar, Seekarten und Handbücher, sowie

---

[1] EUSt-Befreiung vgl. VSF Z 8101 Nr. VI. 1. Abs. 78–80.

UStAE 8.1

3. Teile von Schiffen und andere Gegenstände, die in ein bestimmtes nach § 8 Abs. 1 Nr. 1 UStG begünstigtes Wasserfahrzeug eingebaut werden sollen oder die zum Ersatz von Teilen oder zur Reparatur eines begünstigten Wasserfahrzeugs bestimmt sind; Absatz 2 Sätze 1 und 2 gilt entsprechend.

14 (4) ① Gegenstände zur Versorgung von Schiffen (§ 8 Abs. 1 Nr. 3 Satz 1 UStG) sind die technischen Verbrauchsgegenstände – z. B. Treibstoffe, Schmierstoffe, Farbe oder Putzwolle –, die sonstigen zum Verbrauch durch die Besatzungsmitglieder und die Fahrgäste bestimmten Gegenstände – z. B. Proviant, Genussmittel, Toilettenartikel, Zeitungen und Zeitschriften – und die Waren für Schiffsapotheken, Bordkantinen sowie Bordläden, wenn diese üblicherweise für den Gebrauch oder Verbrauch durch die Besatzungsmitglieder oder die Fahrgäste an Bord bestimmt sind. ② Gegenstände zur Versorgung von Schiffen sind auch Lebensmittel, Genussmittel und geringpreisige Non-Food-Artikel für den Grundbedarf der Besatzungsmitglieder und Fahrgäste, die in Bordläden verkauft werden sollen, auch wenn sie nicht zum Verbrauch oder Gebrauch an Bord, sondern zur Wiedereinfuhr in das Inland bestimmt sind.

15 (5) ① Küstenfischerei (§ 8 Abs. 1 Nr. 3 Satz 2 UStG) ist die Fischerei, die in dem Gebiet des Küstenmeeres (vgl. Absatz 2 Satz 6) durchgeführt wird. ② Unter Bordproviant sind die ausschließlich zum Verbrauch an Bord durch Besatzung und Passagiere bestimmten Waren (Mundvorrat) zu verstehen.

16 (6) ① Bei der Versorgung ausländischer Kriegsschiffe (§ 8 Abs. 1 Nr. 4 UStG) kann davon ausgegangen werden, dass die Voraussetzung für die Steuerbefreiung stets erfüllt ist. ② Bei der Versorgung von Kriegsschiffen der Bundeswehr ist die Voraussetzung durch einen Bestellschein, der die erforderlichen Angaben enthält, nachzuweisen. ③ Zu dem Begriff „Gegenstände zur Versorgung von Schiffen" gelten die Ausführungen in Absatz 4 entsprechend.

(7) ① Zu den in § 8 Abs. 1 Nr. 5 UStG bezeichneten sonstigen Leistungen gehören, wenn die Voraussetzungen des Absatzes 1 erfüllt sind, insbesondere:

17 1. ① die Leistungen des **Schiffsmaklers,** soweit es sich hierbei nicht um Vermittlungsleistungen handelt. ② Der Schiffsmakler vermittelt im Allgemeinen den Abschluss von Seefrachtverträgen. ③ Sein Aufgabenbereich bestimmt sich jedoch nicht allein nach den Vorschriften über den Handelsmakler (§§ 93 ff. HGB). ④ Nach der Verkehrsauffassung und Verwaltungsübung ist vielmehr davon auszugehen, dass er, im Gegensatz zum Handelsmakler, nicht nur von Fall zu Fall tätig wird, sondern auch ständig mit der Betreuung eines Schiffs betraut sein kann;

2. ① die Leistungen des **Havariekommissars.** ② Dieser ist in der Regel als Schadensagent für Versicherer, Versicherungsnehmer, Versicherte oder Beförderungsunternehmer tätig. ③ Er hat hauptsächlich die Aufgabe, die Interessen seines Auftraggebers wahrzunehmen, wenn bei Beförderungen Schäden an den Beförderungsmitteln oder ihren Ladungen eintreten;

3. ① die Leistungen des **Schiffsbesichtigers.** ② Dieser ist ein Sachverständiger, der Schiffe und Ladungen besichtigt oder der auf Wunsch der Beteiligten bei Schiffshavarien oder Ladungsschäden Gutachten über Ursache, Art und Umfang der Schäden anfertigt;

4. ① die Leistungen des **Güterbesichtigers.** ② Dieser ist ein Sachverständiger, der zu einer Güterbesichtigung im Falle von Transportschäden aus Anlass einer Güterbeförderung berufen ist. ③ Eine amtliche Bestellung ist nicht zu fordern;

5. ① die Leistungen des **Dispacheurs.** ② Seine Tätigkeit besteht in der Feststellung und Verteilung von Schäden in den Fällen der großen Havarie (§ 595 HGB);

6. ① die Leistungen der **Hafenbetriebe.** ② Hierzu gehören alle Unternehmen, die Leistungen erbringen, die in unmittelbarem Zusammenhang mit der Zweckbestimmung eines Hafens stehen;

18 7. ① das **Schleppen.** ② Diese Leistung wird auf Grund eines Dienst- oder Werkvertrags, z. B. Assistieren beim Ein- und Auslaufen, Einschleppen eines Schiffes in den Hafen, Verholen eines Schiffes innerhalb des Hafens, oder auf Grund eines Frachtvertrags im Sinne des § 527 HGB (Fortbewegung eines unbemannten Schiffes) bewirkt;

8. ① das **Lotsen.** ② Diese Leistung liegt vor, wenn ein Schiff auf See oder Wasserstraßen von einem orts- und schifffahrtskundigen Berater geleitet wird, der dieser Tätigkeit berufsmäßig auf Grund behördlicher Zulassung oder eines Lotsenpatents nachgeht;

9. ① das **Bergen.** ② Hierunter fallen alle Leistungen für ein Schiff, seine Besatzung oder Ladung, die den Anspruch auf Berge- oder Hilfslohn begründen (vgl. § 574 HGB);

10. ① die **selbständigen Nebenleistungen** zu den in den Nummern 1 bis 8 bezeichneten Leistungen. ② Haupt- und Nebenleistungen können von verschiedenen Unternehmern bewirkt werden;

11. ① die Personalgestellung im Rahmen des sog. **Crew-Management.** ② Dagegen fallen die Personalbewirtschaftungsleistungen schon deshalb nicht unter die Steuerbefreiung, weil sie nicht unmittelbar an Unternehmer der Seeschifffahrt erbracht werden. ③ Die Personalvermittlung ist nach § 4 Nr. 5 UStG steuerfrei (vgl. Absatz 8);

12. die Vermietung (Leasing), das Be- und Entladen, das Lagern und die Reparatur von Seetransport-Containern, wenn sie für den unmittelbaren Bedarf der Schiffsladung bestimmt sind;
13. die bewaffnete Sicherheitsbegleitung.

② Im Übrigen ist Abschnitt 8.2 Abs. 7 und Abs. 8 auf die Umsätze für die Seeschifffahrt entsprechend anzuwenden.

(8) ① Vermittlungsleistungen sind keine Leistungen für den unmittelbaren Bedarf der begünstigten Schiffe. ② Das gilt auch dann, wenn sie von im Absatz 7 genannten Unternehmern erbracht werden. ③ Die Vermittlung der in § 8 UStG bezeichneten Umsätze ist jedoch unter den Voraussetzungen des § 4 Nr. 5 UStG steuerfrei. **19**

(9) Sonstige Leistungen, die sich unmittelbar auf Gegenstände beziehen, die in das Drittlandsgebiet verbracht werden, oder die sich auf Gegenstände der Einfuhr in das Gebiet eines Mitgliedstaates der Europäischen Gemeinschaft beziehen, aber keine Leistungen für den unmittelbaren Bedarf der in § 8 Abs. 1 Nr. 1 und 2 UStG bezeichneten Wasserfahrzeuge darstellen, können nach § 4 Nr. 3 UStG unter den dort genannten Voraussetzungen steuerfrei sein. **20**

Zur zolltariflichen Einordnung von **Wasserfahrzeugen** im Sinne des § 8 Abs. 1 Nr. 1 UStG. *Verfügung OFD Niedersachsen S 7155 – 45 – St 183 v. 20. 10. 2010.* LS zu 8.1

Eine Sport- oder Vergnügungszwecken dienende **Hochseeyacht** erfüllt nicht die Voraussetzungen für ein Wasserfahrzeug, das i. S. des § 8 Abs. 1 Nr. 1 UStG 1980 dem Erwerb durch die Seeschiffahrt zu dienen bestimmt ist. Die **Lieferung** einer solchen Yacht ist auch dann nicht nach § 4 Nr. 2 i. V. m. § 8 Abs. 1 Nr. 1 UStG 1980 steuerfrei, wenn der Erwerber sie nicht selbst zu Sport- oder Freizeitzwecken verwendet, sondern (unternehmerisch) an Freizeitsegler verchartert. *BFH-Urteil v. 13. 2. 1992 – V R 141/90 (BStBl. II S. 576).* – Ebenso *BFH-Urteil v. 13. 2. 1992 V R 140/90 (BStBl. II S. 573)* zu einer **Vercharterung.** **25**

Vermietung von **Hochseeschiffen für Vergnügungsfahrten** nicht steuerbefreit. ***EuGH-Urteil v. 22. 12. 2010,** C-116/10, Bacino Charter Company SA (BeckRS 2010, 91 482).*

1. Art. 15 Nr. 5 der 6. EG-Richtlinie 77/388/EWG in der durch die Richtlinie 92/111/EWG des Rates vom 14. 12. 1992 geänderten Fassung ist in dem Sinne auszulegen, dass er sowohl die **Vollvercharterung als auch die Teilvercharterung** von auf hoher See eingesetzten Schiffen erfasst. Folglich steht die genannte Vorschrift nationalen Bestimmungen wie den im Ausgangsverfahren in Rede stehenden, die die Mehrwertsteuerbefreiung nur bei der Vollvercharterung solcher Schiffe gewähren, entgegen. – 2. Es ist Sache des vorlegenden Gerichts zu entscheiden, ob der im Ausgangsverfahren in Rede stehende Vertrag die Tatbestandsmerkmale eines Chartervertrags i. S. v. Art. 15 Nr. 5 der 6. EG-Richtlinie in der durch die Richtlinie 92/111/EWG geänderten Fassung erfüllt. ***EuGH-Urt. v. 18. 10. 2007,** C-97/06, Navicon SA (UR S. 895).*

Die Steuerfreiheit für Lieferungen von Gegenständen, die zur **Ausrüstung von Wasserfahrzeugen** für die Seeschiffahrt bestimmt sind, setzt voraus, daß diese Gegenstände für ein bereits vorhandenes begünstigtes Wasserfahrzeug bestimmt sind. Ein vom Stapel gelaufenes Wasserfahrzeug ist vorhanden im Sinne des Satzes 1. *Verfügung OFD Kiel S 7155 A – St 252 v. 17. 1. 1986.*

1. Als „Umsätze für die Seeschifffahrt" sind u. a. sonstige Leistungen steuerbefreit, die für den unmittelbaren Bedarf bestimmter Wasserfahrzeuge, einschließlich ihrer Ausrüstungsgegenstände und ihrer Ladungen, bestimmt sind. – 2. Dabei kommen nur **sonstige Leistungen** in Betracht, die **(unmittelbar) an Unternehmen der Seeschifffahrt** bewirkt werden. *BFH-Urteil vom 6. 12. 2001 V R 23/01 (BStBl. 2002 II S. 257).*

Container sind keine Gegenstände der Schiffsausrüstung. § 4 Nr. 2 i. V. m. § 8 Abs. 1 Nr. 2 UStG ist nicht anwendbar. Die Reparatur eines Containers kann unter § 4 Nr. 1 Buchst. a iVm. § 7 UStG fallen. *Verfügung OFD Frankfurt S 7155 aA – 2/82 – St 110 v. 6. 10. 2006.*

Leistungen der **Lotsen** sind von der Umsatzsteuer befreit (A 8.1 Abs. 7 UStAE). Leistungen des **Lotsenversetzdienstes [Lotsbetriebsverein]** sind demgegenüber steuerbar und steuerpflichtig, weil sie nicht unmittelbar gegenüber dem Reeder, sondern gegenüber staatlichen Stellen (Wasser- und Schifffahrtsdirektion), die ihrerseits den Lotsenversetzdienst als hoheitliche Maßnahme durchführen, erbracht werden. *FG Hamburg, Urt. v. 29. 8. 2007, 5 K 198/06, rkr. (DStRE 2008 S. 637).*

8.2 Umsätze für die Luftfahrt[1]

UStAE 8.2

(1) Abschnitt 8.1 Abs. 1 bis 3 ist auf Umsätze für die Luftfahrt entsprechend anzuwenden. **31**

(2) ① Die Steuerbefreiung nach § 8 Abs. 2 Nr. 1 UStG ist davon abhängig, dass der Unternehmer nur in unbedeutendem Umfang nach § 4 Nr. 17 Buchstabe b UStG steuerfreie, auf das **32** Inland beschränkte Beförderungen mit Luftfahrzeugen durchführt (vgl. Abschnitt 4.17.2). ② Der Unternehmer führt dann steuerfreie, auf das Inland beschränkte Beförderungen mit Luftfahrzeugen in unbedeutendem Umfang durch, wenn die Entgelte für diese Umsätze im vorangegangenen Kalenderjahr nicht mehr als 1% der Entgelte seiner im jeweiligen Zeitraum ausgeführten Personenbeförderungen im Binnenluftverkehr und im internationalen Luftverkehr betragen oder die Anzahl der Flüge, bei denen nach § 4 Nr. 17 Buchstabe b UStG steuerfreie, auf das Inland beschränkte Beförderungen ausgeführt werden, im vorangegangenen Kalenderjahr nicht mehr als 1% der Gesamtzahl der ausgeführten Flüge des Unternehmers im Personenverkehr beträgt.

(3) ① Von den Beförderungen im internationalen Luftverkehr im Sinne des § 8 Abs. 2 Nr. 1 UStG sind die Beförderungen zu unterscheiden, die sich ausschließlich auf das Inland erstrecken (Binnenluftverkehr). ② Die Frage, welcher der beiden Verkehre überwiegt, bestimmt sich nach der Höhe der Entgelte für die Personen- und Güterbeförderungen im Luftverkehr. ③ Übersteigen bei einem Unternehmer, der ausschließlich – oder mit einem Unternehmensteil oder auch nur im Rahmen von Hilfsumsätzen – entgeltlichen Luftverkehr betreibt, die Entgelte für die Beförderungen im internationalen Luftverkehr die Entgelte für die Beförderungen im Binnenluftverkehr, kommt für die Lieferungen usw. von Luftfahrzeugen, die zum Einsatz bei **33**

[1] EUSt-Befreiung vgl. VSF Z 8101 Nr. VI. 2. Abs. 86–89.

UStAE 8.2

diesem Unternehmer bestimmt sind, die Steuerbefreiung in Betracht. ④ Auf den Zweck, für den das einzelne Flugzeug bestimmt ist oder verwendet wird – Einsatz im internationalen Luftverkehr oder im Binnenluftverkehr –, kommt es nicht an. ⑤ Bei den Luftverkehrsunternehmern mit Sitz im Ausland ist davon auszugehen, dass sie im Rahmen ihres entgeltlichen Luftverkehrs überwiegend internationalen Luftverkehr betreiben und nur in unbedeutendem Umfang nach § 4 Nr. 17 Buchstabe b UStG steuerfreie, auf das Inland beschränkte Beförderungen durchführen. ⑥ Bei den Luftverkehrsunternehmern mit Sitz im Inland kann diese Voraussetzung als erfüllt angesehen werden, wenn sie in der für den Besteuerungszeitraum maßgeblichen im Bundessteuerblatt veröffentlichten Liste aufgeführt sind. ⑦ Die Liste wird jeweils zu Beginn eines Kalenderjahres neu herausgegeben, soweit bis zu diesem Zeitpunkt Änderungen eingetreten sind. ⑧ Das Vorliegen einer aktiven Betriebsgenehmigung durch das Luftfahrtbundesamt kann ein Indiz dafür sein, dass das betreffende Unternehmen in die Liste aufgenommen werden kann, ist aber keine materiell-rechtliche Voraussetzung für die Anwendung der Steuerbefreiung nach § 8 Abs. 2 UStG.

34 (4) ① Bis zur Aufnahme eines Unternehmers in die in Absatz 3 bezeichnete Liste gilt Folgendes: Haben die zuständigen Landesfinanzbehörden bei einem Unternehmer festgestellt, dass er im entgeltlichen Luftverkehr überwiegend internationalen Luftverkehr betreibt und nur in unbedeutendem Umfang nach § 4 Nr. 17 Buchstabe b UStG steuerfreie, auf das Inland beschränkte Beförderungsleistungen erbringt, erteilt das zuständige Finanzamt dem Unternehmer hierüber einen schriftlichen bis zum Ablauf des Kalenderjahres befristeten Bescheid. ② Der Unternehmer kann anderen Unternehmern Ablichtungen oder Abschriften des Bescheids des Finanzamts übersenden und sie auf diese Weise unterrichten. ③ Die anderen Unternehmer sind berechtigt, diese Ablichtungen oder Abschriften bis zum Beginn des neuen Kalenderjahres für die Führung des buchmäßigen Nachweises zu verwenden.

35 (5) ① Das Finanzamt prüft einmal jährlich, ob der in die Liste aufgenommene Unternehmer die Voraussetzungen hierfür noch erfüllt. ② Ist der Unternehmer danach in die nächste Liste nicht mehr aufzunehmen, können andere Unternehmer aus Vereinfachungsgründen bei Umsätzen, die sie bis zum Beginn des neuen Kalenderjahres bewirken, noch davon ausgehen, dass der Unternehmer im entgeltlichen Luftverkehr überwiegend internationalen Luftverkehr betreibt und nur in unbedeutendem Umfang nach § 4 Nr. 17 Buchstabe b UStG steuerfreie, auf das Inland beschränkte Beförderungen durchführt.

36 (6) ① Bezüglich der Begriffe „Ausrüstungsgegenstände" und „Versorgungsgegenstände" gelten die Ausführungen in Abschnitt 8.1 Abs. 3 und 4 entsprechend. ② Jedoch ist es nicht erforderlich, dass der Unternehmer die Gegenstände zur Ausrüstung oder Versorgung eines bestimmten Luftfahrzeuges liefert. ③ Bei speziell nur für die Luftfahrt zu verwendenden Containern (z. B. für einen bestimmten Flugzeugtyp angefertigte Container) handelt es sich um Ausrüstungsgegenstände im Sinne von § 8 Abs. 2 Nr. 2 UStG.

36a (7) Zu den sonstigen Leistungen i. S. d. § 8 Abs. 2 Nr. 4 UStG gehören insbesondere:

1. die Duldung der Benutzung des Flughafens und seiner Anlagen einschließlich der Erteilung der Start- und Landeerlaubnis;
2. die Reinigung von Luftfahrzeugen;
3. die Umschlagsleistungen auf Flughäfen;
4. die Leistungen der Havariekommissare, soweit sie bei Beförderungen im Luftverkehr anlässlich von Schäden an den Beförderungsmitteln oder ihren Ladungen tätig werden (vgl. Abschnitt 8.1 Abs. 7 Satz 1 Nr. 2);
5. die mit dem Flugbetrieb zusammenhängenden sonstigen Leistungen auf Flughäfen, z. B. das Schleppen von Flugzeugen;
6. die sog. Standby-Leistungen selbständiger Piloten bei Vorliegen der sonstigen Voraussetzungen des § 8 Abs. 2 Nr. 4 UStG und
7. ① die Leistungen für Zwecke der Luftsicherheitskontrollen zur Überprüfung von Fluggästen und deren Gepäck an eine Luftsicherheitsbehörde (§ 5 LuftSiG in Verbindung mit § 29 LuftVG) oder an einen zur Wahrnehmung der Luftsicherheitskontrollen Beliehenen (§ 16a LuftSiG). ② Dies gilt auch für die Aufwendungen für den Erwerb, die Nutzung und die Erhaltung von Sicherheitseinrichtungen zur Fluggast- und Gepäckkontrolle (z. B. Körper- oder Gepäckscanner) und den Einkauf von Security-Leistungen.

37 (8)[1] Nicht befreit nach § 4 Nr. 2, § 8 Abs. 2 Nr. 4 UStG sind insbesondere die folgenden sonstigen Leistungen:

1. ① die Vermittlung von befreiten Umsätzen. ② Es kann jedoch die Steuerbefreiung nach § 4 Nr. 5 UStG in Betracht kommen (vgl. Abschnitt 4.5.1 Abs. 3);
2. die Vermietung von Hallen für Werftbetriebe auf Flughäfen;

---

[1] A 8.2 UStAE Abs. 8 Nrn. 6 und 7 geändert, Nr. 8 angefügt durch BMF v. 26. 4. 2022 (BStBl. I S. 655), anzuwenden in allen offenen Fällen, mit Übergangsregelung für vor dem 1. 7. 2022 ausgeführte Leistungen.

3. die Leistungen zu Kontrollzwecken des Flughafen- und Bodenpersonals sowie sonstige Bodendienstleistungen (z. B. die Reinigung des Flughafens), soweit sie nicht nach Absatz 7 Nr. 7 begünstigt sind;
4. die Beherbergung und Beköstigung von Besatzungsmitgliedern eines Luftfahrzeuges;
5. die Beförderung von Besatzungsmitgliedern, z. B. mit einem Taxi, vom Flughafen zum Hotel und zurück;
6. die Beherbergung und Beköstigung von Passagieren bei Flugunregelmäßigkeiten;
7. die Beförderung von Passagieren und des Fluggepäcks, z. B. mit einem Kraftfahrzeug, zu einem Ausweichflughafen und
8. die Zugangsberechtigung zu Warteräumen in Flughäfen (siehe Abschnitt 3a.3 Abs. 9 Nr. 2 c).

LS zu 8.2

40 1. Art. 15 Nrn. 6, 7 und 9 der Sechsten Richtlinie 77/388/EWG ist dahin auszulegen, dass die in diesen Bestimmungen bezeichneten **Lieferungen** von Gegenständen und **Dienstleistungen** für Luftfahrzeuge, die von hauptsächlich im entgeltlichen internationalen Verkehr tätigen Luftfahrtgesellschaften **für Inlandsflüge** eingesetzt werden, von der Mehrwertsteuer befreit sind. – 2. Es ist Sache der nationalen Gerichte, die jeweilige Bedeutung der internationalen und nicht internationalen Tätigkeitsbereiche dieser Gesellschaften zu beurteilen. Bei dieser Beurteilung können alle Faktoren berücksichtigt werden, die auf die relative Bedeutung der betreffenden Verkehrsart hinweisen, insbesondere der Umsatz. ***EuGH-Urt. v. 16. 9. 2004,*** *C-382/02, Cimber Air A/S (DStRE S. 1430).*

Anl zu 8.2

45

Liste der im Inland ansässigen Unternehmer, die im entgeltlichen Luftverkehr überwiegend internationalen Luftverkehr betreiben[1 · 2] (§ 8 Abs. 2 Nr. 1 UStG)

(Stand: 1. Januar 2022)

Aaa Bee Cee Aviation GmbH,	13129 Berlin
ACD Aviation GmbH,	44319 Dortmund
ACM AIR CHARTER Luftfahrtgesellschaft mbH,	77836 Rheinmünster
Aero-Dienst GmbH,	90411 Nürnberg
Aerologic GmbH,	04435 Schkeuditz
Aerotours GmbH,	15344 Strausberg
aeroways GmbH,	85356 München-Flughafen
Aerowest GmbH,	30855 Langenhagen
Agrarflug Helilift GmbH & Co. KG,	59227 Ahlen
AirAlliance Express AG & Co. KG,	57299 Burbach
Airdus GmbH perfect air charter	40476 Düsseldorf
AirGO Private Airline GmbH,	55126 Mainz
AIR HAMBURG Luftverkehrsgesellschaft mbH,	22761 Hamburg

[1] **BMF vom 9. 12. 2021 (BStBl. I S. 2489):**
Unter Bezugnahme auf das Ergebnis der Erörterung mit den obersten Finanzbehörden der Länder übersende ich die Liste der im Inland ansässigen Unternehmer, die im entgeltlichen Luftverkehr überwiegend internationalen Luftverkehr betreiben, nach dem **Stand vom 1. Januar 2022.** Die Liste tritt an die Stelle der Liste, die dem BMF-Schreiben vom 4. Dezember 2020, BStBl. I S. 1340, beigefügt war.
Neu aufgenommen wurden die Firmen:
- Airdus GmbH perfect air charter, 40476 Düsseldorf,
- BinAir Aero Service GmbH, 80939 München,
- CFB aircraft, 26160 Bad Zwischenahn,
- ChallengeLine LS GmbH, 86169 Augsburg,
- Jetfleet AG, 63829 Krombach.

Gestrichen wurden die Firmen:
- Abbelen Group GmbH, 53534 Barweiler,
- Achte Asset Investment AI GmbH & Co. KG, 82031 Grünwald,
- Air X Charter (Germany) GmbH & Co. KG, 63329 Egelsbach,
- Germanwings GmbH, 51147 Köln,
- JetCologne GmbH & Co. KG, 51103 Köln,
- Nightexpress Luftverkehrsgesellschaft mbH, 60549 Frankfurt a. M.,
- PINA Verwaltungs GmbH & Co. KG, 82024 Taufkirchen,
- PTL Luftfahrt GmbH, 84034 Landshut.

Bei folgenden Firmen wurde deren Adressänderung berücksichtigt:
- Aaa Bee Cee Aviation GmbH, 13129 Berlin,
- Avanti Air GmbH & Co. KG, 35708 Haiger,
- Condor Flugdienst GmbH, 63263 Neu-Isenburg,
- Deutsche Lufthansa AG, 50672 Köln,
- Lufthansa Cargo Aktiengesellschaft, 60546 Frankfurt a. M.

Bei folgenden Firmen wurde die Änderung der Firmenbezeichnung berücksichtigt:
- Ocean GmbH, jetzt EW Discover GmbH, 60549 Frankfurt a. M.,
- FAI rent a jet Aktiengesellschaft, jetzt FAI rent-a-jet GmbH, 90411 Nürnberg,
- WDL Aviation GmbH & Co. KG, jetzt German Airways GmbH & Co. KG, 51145 Köln.

[2] *Hinweis:* Die Liste nach dem Stand vom **1. Januar 2023** wurde mit Schreiben des BMF v. 9. 12. 2022 (BStBl. I S. 1679) veröffentlicht.

Anl zu 8.2

noch **45**

Air Independence GmbH,	85356 München-Flughafen
AI-Services GmbH,	85356 München-Flughafen
Antonov Logistics Salis GmbH,	04435 Schkeuditz
Arcus-Air GmbH & Co. KG,	66482 Zweibrücken
ATLAS AIR SERVICE Aktiengesellschaft,	27777 Ganderkesee
Avanti Air GmbH & Co. KG,	35708 Haiger
Baden Aircraft Operations GmbH,	77836 Rheinmünster
Bertelsmann Aviation GmbH,	33335 Gütersloh
BFS Flugservice GmbH,	96450 Coburg
BinAir Aero Service GmbH,	80939 München
Brandasa GmbH,	80539 München
Businesswings Luftfahrtunternehmen GmbH,	34379 Calden
CargoLogic Germany GmbH,	04435 Schkeuditz
CCF Manager Airline GmbH,	51147 Köln
CFB aircraft,	26160 Bad Zwischenahn
ChallengeLine LS GmbH,	86169 Augsburg
Condor Flugdienst GmbH,	63263 Neu-Isenburg
DAS Private Jets GmbH,	88512 Mengen
DC Aviation GmbH,	70629 Stuttgart
Deutsche Lufthansa AG,	50672 Köln
Eisele Flugdienst GmbH,	70629 Stuttgart
Euro Fly GmbH,	46395 Bocholt
Eurolink GmbH,	85356 München-Flughafen
European Air Transport Leipzig GmbH,	04435 Schkeuditz
Eurowings GmbH,	40472 Düsseldorf
EW Discover GmbH,	60549 Frankfurt a. M.
Excellent Air GmbH,	87766 Memmingerberg
Exxaero GmbH,	47652 Weeze
Fair Air GmbH,	95493 Bischofsgrün
FAI rent-a-jet GmbH,	90411 Nürnberg
German Airways GmbH & Co. KG,	51145 Köln
GLEX07 GmbH,	82166 Gräfelfing
Global Helicopter Service GmbH,	83417 Kirchanschöring
Hahn Air Lines GmbH,	63303 Dreieich
Heron Luftfahrt GmbH & Co. KG,	79787 Lauchringen
ImperialJet Europe GmbH,	85399 Hallbergmoos
Jet Aviation Business Jets Deutschland GmbH,	51147 Köln
JET EXECUTIVE INTERNATIONAL CHARTER GmbH & Co. KG,	40472 Düsseldorf
Jetcall GmbH & Co. KG,	65510 Idstein
Jetfleet AG,	63829 Krombach
JK Jetkontor AG,	25488 Holm
K5 Aviation GmbH,	85408 Gammelsdorf
Lufthansa Cargo Aktiengesellschaft,	60549 Frankfurt a. M.
Lufthansa CityLine GmbH,	85356 München-Flughafen
Luxaviation Germany GmbH,	33142 Büren
MEAJET GmbH,	80538 München
MHS Aviation GmbH,	82041 Oberhaching
OHLAIR Charterflug GmbH & Co. KG,	87766 Memmingerberg
PAD Aviation service GmbH,	33142 Büren
PFG Aviation GmbH,	26180 Rastede
Pro Air Aviation GmbH,	70794 Filderstadt
25 only Aviation GmbH,	28832 Achim
Quick Air Jet Charter GmbH,	51147 Köln
RB-AV GmbH,	82031 Grünwald
RUSLAN SALIS GmbH,	04435 Schkeuditz
Silver Cloud Air GmbH,	67346 Speyer
SPREE FLUG Luftfahrt GmbH,	15517 Fürstenwalde
Star Wings Dortmund Luftfahrtgesellschaft mbH,	44319 Dortmund
SUNDAIR GmbH	18435 Stralsund
Sylt Air GmbH,	25980 Sylt/OT Tinnum
Transavia Flugbetriebsgesellschaft mbH,	67346 Speyer
TUIfly GmbH,	30855 Langenhagen
Volkswagen AirServices GmbH,	38108 Braunschweig
Windrose Air Jetcharter GmbH,	12529 Schönefeld
Zehnte Asset Investment AI GmbH & Co. KG	82031 Grünwald

Zu § 4 Nr. 2 und § 8 UStG

– Buchnachweis –

§ 18 *Buchmäßiger Nachweis bei Umsätzen für die Seeschifffahrt und für die Luftfahrt*

UStDV

① Bei Umsätzen für die Seeschifffahrt und für die Luftfahrt (§ 8 des Gesetzes) ist § 13 Abs. 1 und 2 Nr. 1 bis 4 entsprechend anzuwenden. ② Zusätzlich soll der Unternehmer aufzeichnen, für welchen Zweck der Gegenstand der Lieferung oder die sonstige Leistung bestimmt ist. **50**

8.3 Buchmäßiger Nachweis

UStAE 8.3

(1) ① Der Unternehmer hat die Voraussetzungen der Steuerbefreiung buchmäßig nachzuweisen. ② Hierzu gelten die Ausführungen zu den Ausfuhrlieferungen entsprechend (vgl. Abschnitt 6.10 Abs. 1 bis 4). **51**

(2) ① Der Unternehmer soll nach § 18 UStDV neben den in § 13 Abs. 2 Nr. 1 bis 4 UStDV bezeichneten Angaben auch aufzeichnen, für welchen Zweck der Gegenstand der Lieferung oder die sonstige Leistung bestimmt ist. ② Es genügt der Hinweis auf Urkunden, z. B. auf ein Schiffszertifikat, oder auf Belege, wenn sich aus diesen Unterlagen der Zweck eindeutig und leicht nachprüfbar ergibt. ③ In Zweifelsfällen kann der begünstigte Zweck durch eine Bestätigung desjenigen, bei dem er verwirklicht werden soll, nachgewiesen werden. ④ Soll der begünstigte Zweck bei einem Dritten verwirklicht werden (vgl. Abschnitt 8.1 Abs. 1 und Abschnitt 8.2 Abs. 1), sollen auch der Name und die Anschrift dieses Dritten aufgezeichnet sein. **52**

(3) ① Bei Reihengeschäften können ausländische Unternehmer in der Reihe den buchmäßigen Nachweis in der Regel nicht im Geltungsbereich des UStG erbringen. ② In diesen Fällen ist zur Vermeidung von Unbilligkeiten das Fehlen des Nachweises nicht zu beanstanden. **53**

UStG

§ 9 Verzicht auf Steuerbefreiungen

1 **(1) Der Unternehmer kann einen Umsatz, der nach § 4 Nr. 8 Buchstabe a bis g, Nr. 9 Buchstabe a, Nr. 12, 13 oder 19 steuerfrei ist, als steuerpflichtig behandeln, wenn der Umsatz an einen anderen Unternehmer für dessen Unternehmen ausgeführt wird.**

2 **(2) ① Der Verzicht auf Steuerbefreiung nach Absatz 1 ist bei der Bestellung und Übertragung von Erbbaurechten (§ 4 Nr. 9 Buchstabe a), bei der Vermietung oder Verpachtung von Grundstücken (§ 4 Nr. 12 Satz 1 Buchstabe a) und bei den in § 4 Nr. 12 Satz 1 Buchstabe b und c bezeichneten Umsätzen nur zulässig, soweit der Leistungsempfänger das Grundstück ausschließlich für Umsätze verwendet oder zu verwenden beabsichtigt, die den Vorsteuerabzug nicht ausschließen. ② Der Unternehmer hat die Voraussetzungen nachzuweisen.**

3 **(3) ① Der Verzicht auf Steuerbefreiung nach Absatz 1 ist bei Lieferungen von Grundstücken (§ 4 Nr. 9 Buchstabe a) im Zwangsversteigerungsverfahren durch den Vollstreckungsschuldner an den Ersteher bis zur Aufforderung zur Abgabe von Geboten im Versteigerungstermin zulässig. ② Bei anderen Umsätzen im Sinne von § 4 Nummer 9 Buchstabe a kann der Verzicht auf Steuerbefreiung nach Absatz 1 nur in dem gemäß § 311 b Absatz 1 des Bürgerlichen Gesetzbuchs notariell zu beurkundenden Vertrag erklärt werden.**

Hinweis auf EU-Vorschriften:
UStG: § 9 Abs. 1–3 .... **MwStSystRL:** Art. 137 Abs. 1, 2

Übersicht

Zu § 9 UStG

UStAE 9.1

9.1 Verzicht auf Steuerbefreiungen (§ 9 Abs. 1 UStG)

11 (1) ① Ein Verzicht auf Steuerbefreiungen (Option) ist nur in den Fällen des § 4 Nr. 8 Buchstaben a bis g, Nr. 9 Buchstabe a, Nr. 12, 13 oder 19 UStG zulässig. ② Der Unternehmer hat bei diesen Steuerbefreiungen die Möglichkeit, seine Entscheidung für die Steuerpflicht bei jedem Umsatz einzeln zu treffen. ③ Zu den Aufzeichnungspflichten wird auf Abschnitt 22.2 Abs. 4 hingewiesen.

12 (2) ① Der Verzicht auf die Steuerbefreiung ist in den Fällen des § 19 Abs. 1 Satz 1 UStG nicht zulässig (§ 19 Abs. 1 Satz 4 UStG). ② Für Unternehmer, die ihre Umsätze aus land- und forstwirtschaftlichen Betrieben nach den Vorschriften des § 24 UStG versteuern, findet § 9 UStG keine Anwendung (§ 24 Abs. 1 Satz 2 UStG). ③ Ferner ist § 9 UStG in den Fällen der unentgeltlichen Wertabgabe nach § 3 Abs. 1 b Satz 1 Nr. 1 und 2 UStG nicht anzuwenden.

13 (3) ① Die Erklärung zur Option nach § 9 UStG sowie die Rücknahme dieser Option sind zulässig, solange die Steuerfestsetzung für das Jahr der Leistungserbringung anfechtbar oder auf Grund eines Vorbehalts der Nachprüfung nach § 164 AO noch änderbar ist (vgl. BFH-Urteile vom 19. 12. 2013, V R 6/12, BStBl. 2017 II S. 837, und V R 7/12, BStBl. 2017 II S. 841). ② Im Rahmen einer Geschäftsveräußerung im Ganzen kommt eine Option grundsätzlich nicht in Betracht. ③ Gehen die Parteien jedoch im Rahmen des notariellen Kaufvertrags übereinstimmend von einer Geschäftsveräußerung im Ganzen aus und beabsichtigen sie lediglich für den Fall, dass sich ihre rechtliche Beurteilung später als unzutreffend herausstellt, eine Option zur Steuerpflicht, gilt diese vorsorglich und im Übrigen unbedingt im notariellen Kaufvertrag erklärte Option als mit Vertragsschluss wirksam. ④ Weitere Einschränkungen ergeben sich für Umsätze im Sinne des § 4 Nr. 9 Buchstabe a UStG aus § 9 Abs. 3 UStG (vgl. hierzu Abschnitt 9.2 Abs. 8 und 9). ⑤ An eine besondere Form ist die Ausübung des Verzichts auf Steuerbefreiung nicht gebunden. ⑥ Die Option erfolgt, indem der leistende Unternehmer den Umsatz als steuerpflichtig behandelt. ⑦ Dies geschieht regelmäßig, wenn er gegenüber dem Leistungsempfänger mit gesondertem Ausweis der Umsatzsteuer abrechnet. ⑧ Der Verzicht kann auch in anderer Weise (durch schlüssiges Verhalten) erklärt werden, soweit aus den Erklärungen oder sonstigen Verlautbarungen, in die das gesamte Verhalten einzubeziehen ist, der Wille zum Verzicht eindeutig hervorgeht.

14 (4) ① Unter den in Absatz 3 genannten Voraussetzungen kann der Verzicht auch wieder rückgängig gemacht werden. ② Sind für diese Umsätze Rechnungen oder Gutschriften mit gesondertem Steuerausweis erteilt worden, entfällt die Steuerschuld nur, wenn die Rechnungen oder Gutschriften berichtigt werden (vgl. § 14 c Abs. 1 Satz 3 UStG und Abschnitt 14 c.1 Abs. 11).

③ Einer Zustimmung des Leistungsempfängers zur Rückgängigmachung des Verzichts bedarf es grundsätzlich nicht.

(5)[1] ① Voraussetzung für einen Verzicht auf die Steuerbefreiungen der in § 9 Abs. 1 UStG genannten Umsätze ist, dass steuerbare Umsätze von einem Unternehmer im Rahmen seines Unternehmens an einen Unternehmer für dessen Unternehmen ausgeführt werden bzw. eine entsprechende Verwendungsabsicht besteht, auch wenn es, z. B. bei erfolglosen Vorbereitungshandlungen, tatsächlich nicht zu einem Verwendungsumsatz kommt (BFH-Urteil vom 17. 5. 2001, V R 38/00, BStBl. 2003 II S. 434; vgl. Abschnitt 2.6 Abs. 1). ② Diese Verwendungsabsicht muss der Unternehmer, der von dem Verzicht auf die Steuerbefreiung Gebrauch machen möchte, objektiv belegen und in gutem Glauben erklären (BFH-Urteil vom 22. 3. 2001, V R 46/00, BStBl. 2003 II S. 433, vgl. Abschnitt 15.12). ③ Eine Option ist nicht zulässig, soweit der leistende Unternehmer den Gegenstand der Leistung oder der Leistungsempfänger die erhaltene Leistung zulässigerweise anteilig nicht seinem Unternehmen zugeordnet hat oder zuordnen konnte (vgl. BFH-Urteile vom 20. 7. 1988, X R 6/80, BStBl. II S. 915, und vom 28. 2. 1996, XI R 70/90, BStBl. II S. 459). ④ Wegen der Grundsätze für die Zuordnung einer Leistung zum Unternehmen wird auf Abschnitt 15.2c verwiesen. 15

(6) ① Der Verzicht auf die Steuerbefreiung kann bei der Lieferung vertretbarer Sachen sowie bei aufteilbaren sonstigen Leistungen auf deren Teile begrenzt werden (Teiloption). ② Eine Teiloption kommt z. B. bei der Gebäudelieferung, insbesondere bei unterschiedlichen Nutzungsarten der Gebäudeteile, in Betracht. ③ Unter Zugrundelegung unterschiedlicher wirtschaftlicher Funktionen ist auch eine Aufteilung nach räumlichen Gesichtspunkten (nicht dagegen eine bloße quotale Aufteilung) möglich (vgl. BFH-Urteile vom 26. 6. 1996, XI R 43/90, BStBl. 1997 II S. 98, und vom 24. 4. 2014, V R 27/13, BStBl. II S. 732). ④ Bei der Lieferung von Gebäuden oder Gebäudeteilen und dem dazugehörigen Grund und Boden kann die Option für eine Besteuerung nur zusammen für die Gebäude oder Gebäudeteile und den dazugehörigen Grund und Boden ausgeübt werden (EuGH-Urteil vom 8. 6. 2000, C-400/98, Breitsohl, BStBl. 2003 II S. 452). ⑤ Sind bei der Vermietung an mehrere Personen die einzelnen Gemeinschafter als Leistungsempfänger anzusehen (vgl. Abschnitt 15.2b Abs. 1), kann der Vermieter nur insoweit optieren, als der Vermietungsumsatz an einen unternehmerisch tätigen Gemeinschafter ausgeführt wird (vgl. BFH-Urteil vom 1. 2. 2001, V R 79/99, BStBl. 2008 II S. 495). 16

1. Da es sich bei der **Verwendungsabsicht** i. S. des § 9 Abs. 2 Satz 1 Alt. 2 UStG (Verzicht auf Steuerbefreiung) um eine **innere Tatsache** handelt, müssen objektive Anhaltspunkte vorliegen, die einen Rückschluss auf diese Absicht zulassen. – 2. § 9 Abs. 2 Satz 2 UStG verlangt den Nachweis des Vorliegens der Voraussetzungen einer Option zur Steuerpflicht. Nachweis in diesem Sinn bedeutet **Vollnachweis.** Eine bloße Glaubhaftmachung reicht hierfür nicht aus. – 3. Um seine Verwendungsabsicht nachweisen zu können, hat der Steuerpflichtige die Pflicht zur Nachprüfung, ob sich der Mieter entsprechend seiner Absicht auch tatsächlich verhält. *FG Köln, Urt. v. 13. 8. 2007, 5 K 1866/05, rkr. (DStRE 2008 S. 822).* LS zu 9.1 18

1. Für die Frage des Vorsteuerabzuges aus Baukosten eines Gebäudes kommt es auf die Verwendungsabsicht im **Investitionszeitpunkt** an. Dabei kann von der tatsächlichen Vermietung auf die beabsichtigte Vermietung im Investitionszeitpunkt geschlossen werden, soweit keine Anhaltspunkte für eine abweichende Verwendungsabsicht bestehen. – 2., 3. [vgl. LS zu A 4.12.9] *FG Köln, Urt. v. 26. 11. 2008, 12 K 2302/05, rkr. (DStRE 2009 S. 1007).*

1. Ist ein Gegenstand sowohl für unternehmerische Zwecke als auch für nichtunternehmerische Zwecke vorgesehen **(gemischte Nutzung),** kann der Steuerpflichtige (Unternehmer) den Gegenstand a) insgesamt seinem Unternehmen zuordnen, b) ihn in vollem Umfang in seinem Privatvermögen belassen oder c) ihn im Umfang der tatsächlichen unternehmerischen Verwendung seinem Unternehmensvermögen zuordnen (Zuordnungswahlrecht). – 2. Die sofort bei Leistungsbezug zu treffende Zuordnungsentscheidung ist „zeitnah", d. h. bis spätestens im Rahmen der Jahressteuererklärung zu dokumentieren. – 3. **Keine „zeitnahe" Dokumentation** der Zuordnungsentscheidung liegt vor, wenn die Zuordnungsentscheidung dem Finanzamt **erst nach Ablauf der gesetzlichen Abgabefrist von Steuererklärungen** (31. 5. des Folgejahres) mitgeteilt wird. *BFH-Urt. v. 7. 7. 2011 V R 42/09 (BStBl. 2014 II S. 76).*

1. Wenn ein Unternehmer nachweisbar beabsichtigt, Bauleistungen für steuerpflichtige Vermietungsumsätze zu verwenden, entsteht das Recht auf **sofortigen Abzug** der ihm dafür gesondert berechneten Umsatzsteuer als Vorsteuer im Besteuerungszeitraum des Bezugs der Bauleistungen. – 2. Die **Aufgabe der Absicht,** die empfangenen Bauleistungen für steuerpflichtige Vermietungsumsätze zu verwenden, im folgenden Besteuerungszeitraum, führt nicht rückwirkend zum Wegfall des Vorsteuerabzugsanspruchs. Vielmehr kann die **Absichtsänderung zur Vorsteuerberichtigung führen.** *BFH-Urteil v. 16. 5. 2002 V R 56/00 (BStBl. 2006 II S. 725).*

1. Der **Verzicht auf die Steuerbefreiung** eines Umsatzes gemäß § 9 UStG kann jedenfalls bis zur Unanfechtbarkeit der Steuerfestsetzung rückgängig gemacht werden. – 2. Hatte der Unternehmer auf die Steuerfreiheit des Umsatzes dadurch verzichtet, dass er dem Leistungsempfänger den Umsatz unter gesondertem Ausweis der Umsatzsteuer in Rechnung gestellt hatte, kann er den Verzicht nur dadurch rückgängig machen, dass er dem Leistungsempfänger eine berichtigte Rechnung ohne Umsatzsteuer erteilt. – 3. Die **Rückgängigmachung** wirkt auf das Jahr der Ausführung des Umsatzes zurück. Der leistende Unternehmer schuldet jedoch die dem Leistungsempfänger in Rechnung gestellte, aber nicht mehr geschuldete Umsatzsteuer bis zur Rechnungsberichtigung nach *[§ 14c Abs. 1]* UStG. *BFH-Urt. v. 1. 2. 2001, V R 23/00 (BStBl. 2003 II S. 673).* 19

Die wirksame **Rückgängigmachung** des Verzichts auf die Steuerbefreiung nach § 9 UStG des Leistenden führt zur Korrektur des Steuerbescheides des Leistungsempfängers nach § 175 Abs. 1 Satz 1 Nr. 2 AO **(rückwirkendes Ereignis)** für das Jahr der Festsetzung und nicht zur Berichtigung nach *[14c Abs. 1]* i. V. m. § 17 UStG 1993. *BFH-Urt. v. 6. 10. 2005 V R 8/04 (DStR 2006 S. 466).*

Der **Widerruf** des Verzichts auf Steuerbefreiung nach **§ 4 Nr. 9 Buchst. a UStG** kann außerhalb einer notariellen Urkunde erfolgen. Der Verzicht kann widerrufen werden, solange die Steuerfestsetzung für das Jahr der Leistungserbringung

[1] Unternehmenszuordnung vgl. A 3.3 Abs. 1, 3.4 Abs. 7, 4.12.1 Abs. 3 Satz 6, 9.1 Abs. 5, 15.2b Abs. 3, 15.2c Abs. 2, 15.12 Abs. 1 u. 15a.1 Abs. 6 UStAE.

noch anfechtbar oder noch nach § 164 AO änderbar ist. § 9 Abs. 3 Satz 2 i.d. F. des HBeglG 2004 regelt nur den Verzicht, nicht aber den Widerruf. *BFH-Beschluss v. 2. 7. 2021 XI R 22/19 (DStR S. 2584).*

1. Auch wenn der Unternehmer den Verzicht auf die Steuerfreiheit der Grundstücksvermietung mit Wirkung auf das Jahr des Optionsumsatzes wieder **rückgängig** macht, schuldet er den von ihm ausgewiesenen Umsatzsteuerbetrag bis zur **Rechnungsberichtigung.** – 2. Eine Berichtigung des Steuerbetrags ist nach § 14 c Abs. 2 Satz 4 UStG erst möglich, wenn die Gefährdung des Steueraufkommens dadurch beseitigt wird, dass der Rechnungsempfänger keine Vorsteuern geltend gemacht hat bzw. die geltend gemachten Vorsteuern wieder an das Finanzamt zurückgeführt hat. *FG München, Urt. v. 26. 4. 2010, 14 K 1808/08, rkr. (DStRE 2011 S. 1466).*

Die Bestimmungen des Art. 13 Teil C Abs. 1 Buchst. a und Abs. 2 der 6. EG-Richtlinie 77/388/EWG schließen es nicht aus, dass ein Mitgliedstaat, der von der Befugnis Gebrauch gemacht hat, seinen Steuerpflichtigen das Recht einzuräumen, bei der Vermietung und Verpachtung von Grundstücken für eine Besteuerung zu optieren, eine Regelung einführt, die den vollständigen Vorsteuerabzug von der **nicht rückwirkenden vorherigen Zustimmung** der Finanzverwaltung abhängig macht. ***EuGH-Urt. v. 9. 9. 2004,*** *C-269/03, Vermietungsgesellschaft Objekt Kirchberg Sàrl (DStRE 2005 S. 172).*

Zur Zulässigkeit der **Rückwirkung eines Gesetzes** zur Steuerbefreiung einer Grundstücksüberlassung vgl. ***EuGH-Urt. v. 26. 4. 2005,*** *C-376/02, Stichting „Goed Wonen" (DStRE S. 1230).*

1. Ob der Leistungsempfänger ein Grundstück i. S. des § 9 Abs. 2 UStG 1993 ausschließlich für Umsätze verwendet, die den Vorsteuerabzug nicht ausschließen, richtet sich nach der **zutreffenden umsatzsteuerrechtlichen** Beurteilung und nicht nach einer davon abweichenden Steuerfestsetzung gegenüber dem Leistungsempfänger. – 2., 3. *[vgl. LS zu 4. 12. 11]* – 4. Die gemeinschaftsrechtlichen Grundsätze der Rechtssicherheit und des Vertrauensschutzes lassen es nicht zu, dass dem Steuerpflichtigen das erlangte Recht auf den Abzug von **Vorsteuerbeträgen** durch eine Gesetzesänderung **rückwirkend genommen wird.** *BFH-Urteil v. 11. 3. 2009 XI R 71/07 (BStBl. 2010 II S. 209).*

1. Der Vermieter eines Grundstücks verzichtet wirksam auf die Befreiung von der Umsatzsteuer, wenn er im Mietvertrag nur auf die zusätzlich anfallende Umsatzsteuer im Falle der **Ausübung der Option** hinweist, dann aber die Nettokaltmiete zuzüglich der hierauf entfallenden Umsatzsteuer in Rechnung stellt. – 2. … *FG München, Urt. v. 4. 12. 2008, 14 K 1781/08, rkr. (DStRE 2009 S. 1130).*

Hat der **Vermieter** einer Gewerbeimmobilie zur Umsatzbesteuerung **optiert** und haben die Parteien hinsichtlich der monatlichen Grundmiete vereinbart, dass diese zuzüglich der jeweils gültigen Umsatzsteuer zu leisten ist, so ist eine tatrichterliche Vertragsauslegung, wonach auch die umlagefähigen **Nebenkosten** zuzüglich Umsatzsteuer zu leisten sind, revisionsrechtlich nicht zu beanstanden. *BGH-Urteil v. 30. 9. 2020 XII ZR 6/20 (DStR S. 2804).*

UStAE 9.2

9.2 Einschränkung des Verzichts auf Steuerbefreiungen (§ 9 Abs. 2 und 3 UStG)

21 (1) ① Der Verzicht auf die in § 9 Abs. 2 UStG genannten Steuerbefreiungen ist nur zulässig, soweit der Leistungsempfänger das Grundstück ausschließlich für Umsätze verwendet oder zu verwenden beabsichtigt, die den Vorsteuerabzug nach § 15 Abs. 1 UStG nicht ausschließen. ② Unter den Begriff des Grundstücks fallen nicht nur Grundstücke insgesamt, sondern auch selbständig nutzbare Grundstücksteile (z. B. Wohnungen, gewerbliche Flächen, Büroräume, Praxisräume). ③ Soweit der Leistungsempfänger das Grundstück oder einzelne Grundstücksteile ausschließlich für Umsätze verwendet, die zum Vorsteuerabzug berechtigen, kann auf die Steuerbefreiung des einzelnen Umsatzes weiterhin verzichtet werden. ④ Werden mehrere Grundstücksteile räumlich oder zeitlich unterschiedlich genutzt, ist die Frage der Option bei jedem Grundstücksteil gesondert zu beurteilen. ⑤ Dabei ist es unschädlich, wenn die Verwendung der Grundstücksteile zivilrechtlich in einem einheitlichen Vertrag geregelt ist. ⑥ Ein vereinbartes Gesamtentgelt ist, ggf. im Schätzungswege, aufzuteilen.

Beispiel 1:

① V 1 errichtet ein Gebäude mit mehreren Wohnungen und vermietet es insgesamt an V 2. ② Dieser vermietet die Wohnungen an Privatpersonen weiter.

③ Die Vermietung des Gebäudes durch V 1 an V 2 und die Vermietung der Wohnungen durch V 2 an die Privatpersonen sind nach § 4 Nr. 12 Satz 1 Buchstabe a UStG steuerfrei. ④ V 1 kann auf die Steuerbefreiung nicht verzichten, weil sein Mieter das Gebäude für steuerfreie Umsätze verwendet, die den Vorsteuerabzug ausschließen (§ 9 Abs. 2 UStG). ⑤ V 2 kann auf die Steuerbefreiung nicht verzichten, weil er nicht an Unternehmer vermietet (§ 9 Abs. 1 UStG).

Beispiel 2:

① V 1 errichtet ein Gebäude und vermietet es an V 2. ② Dieser vermietet es an eine Gemeinde zur Unterbringung der Gemeindeverwaltung weiter.

③ Die Vermietung des Gebäudes durch V 1 an V 2 und die Weitervermietung durch V 2 an die Gemeinde sind nach § 4 Nr. 12 Satz 1 Buchstabe a UStG steuerfrei. ④ V 1 kann auf die Steuerbefreiung nicht verzichten, weil V 2 das Gebäude für steuerfreie Umsätze verwendet, die den Vorsteuerabzug ausschließen (§ 9 Abs. 2 UStG). ⑤ V 2 kann auf die Steuerbefreiung nicht verzichten, weil das Gebäude von der Gemeinde für nichtunternehmerische Zwecke genutzt wird (§ 9 Abs. 1 UStG).

22 **Beispiel 3:**

① V 1 errichtet ein gewerblich zu nutzendes Gebäude mit Einliegerwohnung und vermietet es insgesamt an V 2. ② Dieser betreibt in den gewerblichen Räumen einen Supermarkt. ③ Die Einliegerwohnung vermietet V 2 an seinen angestellten Hausmeister.

④ Die Vermietung des Gebäudes durch V 1 an V 2 und die Vermietung der Wohnung durch V 2 an den Hausmeister sind nach § 4 Nr. 12 Satz 1 Buchstabe a UStG steuerfrei. ⑤ V 1 kann bei der Vermietung der gewerblichen Räume auf die Steuerbefreiung verzichten, weil V 2 diese Räume ausschließlich für Umsätze verwendet, die zum Vorsteuerabzug berechtigen (§ 9 Abs. 2 UStG). ⑥ Bei der Vermietung der Einliegerwohnung kann V 1 auf die Steuerbefreiung nicht verzichten, weil V 2 die Wohnung für steuerfreie Umsätze verwendet, die den Vorsteuerabzug ausschließen (§ 9 Abs. 2 UStG). ⑦ V 2 kann bei der Vermietung der Einliegerwohnung nicht auf die Steuerbefreiung verzichten, weil der Hausmeister kein Unternehmer ist (§ 9 Abs. 1 UStG).

Beispiel 4:

① V errichtet ein mehrgeschossiges Gebäude und vermietet es wie folgt:
- die Räume des Erdgeschosses an eine Bank;
- die Räume im 1. Obergeschoss an einen Arzt;
- die Räume im 2. Obergeschoss an einen Rechtsanwalt;
- die Räume im 3. Obergeschoss an das städtische Schulamt.

② Die Vermietungsumsätze des V sind von der Umsatzsteuer befreit (§ 4 Nr. 12 Satz 1 Buchstabe a UStG). ③ Die Geschosse des Gebäudes sind selbständig nutzbare Grundstücksteile. ④ Die Frage der Option ist für jeden Grundstücksteil gesondert zu prüfen.

- Erdgeschoss
  ⑤ V kann auf die Steuerbefreiung nicht verzichten, weil die Bank die Räume für grundsätzlich steuerfreie Umsätze (§ 4 Nr. 8 UStG) verwendet, die den Vorsteuerabzug ausschließen (§ 9 Abs. 2 UStG).
- 1. Obergeschoss
  ⑥ V kann auf die Steuerbefreiung nicht verzichten, weil der Arzt die Räume für grundsätzlich steuerfreie Umsätze (§ 4 Nr. 14 UStG) verwendet, die den Vorsteuerabzug ausschließen (§ 9 Abs. 2 UStG).
- 2. Obergeschoss
  ⑦ V kann auf die Steuerbefreiung verzichten, weil der Rechtsanwalt die Räume ausschließlich für Umsätze verwendet, die zum Vorsteuerabzug berechtigen (§ 9 Abs. 2 UStG).
- 3. Obergeschoss
  ⑧ V kann auf die Steuerbefreiung nicht verzichten, weil die Stadt die Räume nicht unternehmerisch nutzt (§ 9 Abs. 1 UStG).

Beispiel 5: 23

① V 1 errichtet ein mehrgeschossiges Gebäude und vermietet es an V 2. ② Dieser vermietet das Gebäude wie im Beispiel 4 weiter.

③ Die Vermietung des Gebäudes durch V 1 an V 2 und die Weitervermietung durch V 2 sind nach § 4 Nr. 12 Satz 1 Buchstabe a UStG steuerfrei. ④ V 2 kann, wie in Beispiel 4 dargestellt, nur bei der Vermietung des 2. Obergeschosses an den Rechtsanwalt auf die Steuerbefreiung verzichten (§ 9 Abs. 2 UStG). ⑤ V 1 kann bei der Vermietung des 2. Obergeschosses auf die Steuerbefreiung verzichten, wenn V 2 von seiner Optionsmöglichkeit Gebrauch macht. ⑥ V 2 verwendet das 2. Obergeschoss in diesem Fall für steuerpflichtige Umsätze. ⑦ Bei der Vermietung der übrigen Geschosse kann V 1 auf die Steuerbefreiung nicht verzichten, weil V 2 diese Geschosse für steuerfreie Umsätze verwendet, die den Vorsteuerabzug ausschließen (§ 9 Abs. 2 UStG).

Beispiel 6:

① V errichtet ein zweistöckiges Gebäude und vermietet es an den Zahnarzt Z. ② Dieser nutzt das Obergeschoss als Wohnung und betreibt im Erdgeschoss seine Praxis. ③ Einen Raum im Erdgeschoss nutzt Z ausschließlich für die Anfertigung und Wiederherstellung von Zahnprothesen.

④ Die Vermietung des Gebäudes durch V an Z ist von der Umsatzsteuer befreit (§ 4 Nr. 12 Satz 1 Buchstabe a UStG). ⑤ Die Geschosse des Gebäudes und auch die Räume im Erdgeschoss sind selbständig nutzbare Grundstücksteile. ⑥ Die Frage der Option ist für jeden Grundstücksteil gesondert zu prüfen.

- Erdgeschoss
  ⑦ V kann auf die Steuerbefreiung insoweit nicht verzichten, als Z die Räume für seine grundsätzlich steuerfreie zahnärztliche Tätigkeit (§ 4 Nr. 14 Buchstabe a Satz 1 UStG) verwendet, die den Vorsteuerabzug ausschließt (§ 9 Abs. 2 UStG). ⑧ Dagegen kann V auf die Steuerbefreiung insoweit verzichten, als Z einen Raum zur Anfertigung und Wiederherstellung von Zahnprothesen, also ausschließlich zur Erbringung von steuerpflichtigen und damit den Vorsteuerabzug nicht ausschließenden Umsätzen verwendet (§ 4 Nr. 14 Buchstabe a Satz 2 UStG).
- Obergeschoss
  ⑨ V kann auf die Steuerbefreiung nicht verzichten, weil Z die Räume nicht unternehmerisch nutzt (§ 9 Abs. 1 UStG).

(2) ① Die Option ist unter den Voraussetzungen des Absatzes 1 auch dann zulässig, wenn der Leistungsempfänger ein Unternehmer ist, der Reiseleistungen erbringt (§ 25 UStG) oder die Differenzbesteuerung für die Umsätze von beweglichen körperlichen Gegenständen anwendet (§ 25 a UStG). ② Die Option ist nicht zulässig, wenn der Leistungsempfänger ein Unternehmer ist, der das Grundstück für Umsätze verwendet, für die er seine abziehbaren Vorsteuerbeträge nach Durchschnittssätzen entsprechend den Sonderregelungen nach §§ 23, 23 a UStG berechnet, oder der seine Umsätze nach den Durchschnittssätzen für land- und forstwirtschaftliche Betriebe nach § 24 UStG versteuert (vgl. BFH-Urteil vom 1. 3. 2018, V R 35/17, BStBl. 2020 II S. 749). ③ Dasselbe gilt, wenn der Leistungsempfänger ein Unternehmer ist, bei dem die Umsatzsteuer nach § 19 Abs. 1 Satz 1 UStG nicht erhoben wird. 24

(3) ① Verwendet der Leistungsempfänger das Grundstück bzw. einzelne Grundstücksteile nur in sehr geringem Umfang für Umsätze, die den Vorsteuerabzug ausschließen (Ausschlussumsätze), ist der Verzicht auf Steuerbefreiung zur Vermeidung von Härten weiterhin zulässig. ② Eine geringfügige Verwendung für Ausschlussumsätze kann angenommen werden, wenn im Falle der steuerpflichtigen Vermietung die auf den Mietzins für das Grundstück bzw. für den Grundstücksteil entfallende Umsatzsteuer im Besteuerungszeitraum (Kalenderjahr, § 16 Abs. 1 Satz 2 UStG) höchstens zu 5% vom Vorsteuerabzug ausgeschlossen wäre (Bagatellgrenze). ③ Für die Vorsteueraufteilung durch den Leistungsempfänger (Mieter) gelten die allgemeinen Grundsätze (vgl. Abschnitte 15.16 bis 15.18). 25

Beispiel 1: 26

① V vermietet das Erdgeschoss eines Gebäudes an den Schönheitschirurgen S. ② Neben den steuerpflichtigen Leistungen (Durchführung von plastischen und ästhetischen Operationen) bewirkt S auch in geringem Umfang steuerfreie Heilbehandlungsleistungen (§ 4 Nr. 14 Buchstabe a UStG). ③ Die Aufteilung der sowohl mit den steuerpflichtigen als auch mit den steuerfreien Umsätzen in wirtschaftlichem Zusammenhang stehenden Vorsteuerbeträge nach ihrer wirtschaftlichen Zuordnung führt im Besteuerungszeitraum zu einem Vorsteuerausschluss von 3%.

④ Die Vermietung des Erdgeschosses von V an S ist nach § 4 Nr. 12 Satz 1 Buchstabe a UStG steuerfrei. ⑤ V kann auf die Steuerbefreiung verzichten, weil S das Erdgeschoss nur in geringfügigem Umfang für Umsätze verwendet, die den Vorsteuerabzug ausschließen.

Beispiel 2:

① V vermietet an den Autohändler A einen Ausstellungsraum. ② A vermietet den Ausstellungsraum jährlich für zwei Wochen an ein Museum zur Ausstellung von Kunst.

③ Die Vermietung des Ausstellungsraums durch V an A und die Weitervermietung durch A sind nach § 4 Nr. 12 Satz 1 Buchstabe a UStG steuerfrei. ④ Da A den Ausstellungsraum im Besteuerungszeitraum lediglich an 14 von 365 Tagen (ca. 4%) zur Ausführung von Umsätzen verwendet, die den Vorsteuerabzug ausschließen, kann V auf die Steuerbefreiung der Vermietung des Ausstellungsraums verzichten. ⑤ A kann auf die Steuerbefreiung nicht verzichten, weil das Museum den Ausstellungsraum für steuerfreie Umsätze (§ 4 Nr. 20 Buchstabe a UStG) verwendet, die den Vorsteuerabzug ausschließen (§ 9 Abs. 2 UStG).

27 (4) ① Der Unternehmer hat die Voraussetzungen für den Verzicht auf die Steuerbefreiungen nachzuweisen. ② Der Nachweis ist an keine besondere Form gebunden. ③ Er kann sich aus einer Bestätigung des Mieters, aus Bestimmungen des Mietvertrags oder aus anderen Unterlagen ergeben. ④ Ständig wiederholte Bestätigungen des Mieters über die Verwendung des Grundstücks bzw. Grundstücksteils sind nicht erforderlich, solange beim Mieter keine Änderungen bei der Verwendung des Grundstücks zu erwarten sind. ⑤ Im Einzelfall kann es aber erforderlich sein, vom Mieter zumindest eine jährliche Bestätigung einzuholen.

28 (5) ① § 9 Abs. 2 UStG in der ab 1. 1. 1994 geltenden Fassung ist nicht anzuwenden, wenn das auf dem Grundstück errichtete Gebäude vor dem 1. 1. 1998 fertig gestellt wird und wenn mit der Errichtung des Gebäudes vor dem 11. 11. 1993 begonnen wurde. ② Unter dem Beginn der Errichtung eines Gebäudes ist der Zeitpunkt zu verstehen, in dem einer der folgenden Sachverhalte als Erster verwirklicht worden ist:

1. Beginn der Ausschachtungsarbeiten,
2. Erteilung eines spezifizierten Bauauftrags an den Bauunternehmer oder
3. Anfuhr nicht unbedeutender Mengen von Baumaterial auf dem Bauplatz.

③ Vor diesem Zeitpunkt im Zusammenhang mit der Errichtung eines Gebäudes durchgeführte Arbeiten oder die Stellung eines Bauantrags sind noch nicht als Beginn der Errichtung anzusehen. ④ Dies gilt auch für die Arbeiten zum Abbruch eines Gebäudes, es sei denn, dass unmittelbar nach dem Abbruch des Gebäudes mit der Errichtung eines neuen Gebäudes begonnen wird. ⑤ Hiervon ist stets auszugehen, wenn der Steuerpflichtige die Entscheidung zu bauen für sich bindend und unwiderruflich nach außen hin erkennbar macht. ⑥ Dies kann z. B. durch eine Abbruchgenehmigung nachgewiesen werden, die nur unter der Auflage erteilt wurde, zeitnah ein neues Gebäude zu errichten.

29 (6) ① Wird durch einen Anbau an einem Gebäude oder eine Aufstockung eines Gebäudes ertragsteuerlich ein selbständiges Wirtschaftsgut hergestellt, ist auf dieses Wirtschaftsgut die seit dem 1. 1. 1994 geltende Rechtslage anzuwenden. ② Diese Rechtslage gilt auch, wenn ein Gebäude nachträglich durch Herstellungsarbeiten so umfassend saniert oder umgebaut wird, dass nach ertragsteuerlichen Grundsätzen ein anderes Wirtschaftsgut entsteht (vgl. H 7.3 EStH zu R 7.3 EStR). ③ Die Ausführungen in den Sätzen 1 und 2 sind jedoch in den Fällen nicht anzuwenden, in denen die Herstellungsarbeiten vor dem 11. 11. 1993 begonnen haben und vor dem 1. 1. 1998 abgeschlossen werden. ④ Die Einschränkung der Optionsmöglichkeiten ab 1. 1. 1994 hat keine Auswirkungen auf einen für die Errichtung des Gebäudes in Anspruch genommenen Vorsteuerabzug.

30 (7) ① Durch die Veräußerung eines Grundstücks wird die Frage, ob der Verzicht auf die in § 9 Abs. 2 UStG genannten Steuerbefreiungen zulässig ist, nicht beeinflusst. ② Für Grundstücke mit Altbauten gilt daher, auch wenn sie veräußert werden, die Rechtslage vor dem 1. 1. 1994. ③ Zu beachten sind aber weiterhin die Grundsätze des BMF-Schreibens vom 29. 5. 1992, BStBl. I S. 378, zum Missbrauch rechtlicher Gestaltungsmöglichkeiten (§ 42 AO); vgl. auch BFH-Urteil vom 14. 5. 1992, V R 12/88, BStBl. II S. 931.

31 (8) Ein Verzicht auf die Steuerbefreiung nach § 9 Abs. 1 UStG bei Lieferungen von Grundstücken (§ 4 Nr. 9 Buchstabe a UStG) im Zwangsversteigerungsverfahren durch den Vollstreckungsschuldner an den Ersteher ist bis zur Aufforderung zur Abgabe von Geboten im Versteigerungstermin zulässig.

32 (9) ① Der Verzicht auf die Umsatzsteuerbefreiung der Lieferung eines Grundstücks außerhalb eines Zwangsversteigerungsverfahrens kann nur in dem dieser Grundstückslieferung zu Grunde liegenden notariell zu beurkundenden Vertrag erklärt werden. ② Ein späterer Verzicht auf die Umsatzsteuerbefreiung ist unwirksam, auch wenn er notariell beurkundet wird (vgl. BFH-Urteil vom 21. 10. 2015, XI R 40/13, BStBl. 2017 II S. 852). ③ Gleiches gilt für die Rücknahme des Verzichts auf die Umsatzsteuerbefreiung.

LS zu 9.2

35 Die nicht nur vorübergehende Nutzung einer vollständig eingerichteten Wohnung dient **Wohnzwecken.** Das gilt auch für eine (Zweit-)Wohnung, die am Ort einer Betriebsstätte unterhalten und von dem Unternehmer oder vom Geschäftsführer des Unternehmens genutzt wird. *BFH-Urteil v. 30. 11. 1994 XI R 3/94 (BStBl. 1995 II S. 513).*

LS zu 9.2

1. Die sachliche Begrenzung der Optionsmöglichkeit bei Grundstücksvermietungen durch § 9 Abs. 2 UStG 1993 i. d. F. des Art. 20 Nr. 9 StMBG ergreift nach der Anwendungsvorschrift des **§ 27 Abs. 2 UStG** 1993 i. d. F. des Art. 20 Nr. 23 StMBG die Fälle von Gebäudeerrichtung nicht, **die vor bestimmten Zeitpunkten** begonnen worden sind. – 2. Zum **Beginn der Gebäudeerrichtung** enthält der Abschn. 148 a Abs. 5 UStR 1996 eine zutreffende Auslegung des Gesetzes. *BFH-Beschl. v. 13. 2. 1998 V B 69/97 (BFH/NV S. 1005).*

Zur Anwendung des § 9 Abs. 2 Satz 1 UStG bei **Abbruchmaßnahmen** als Beginn der Gebäudeerrichtung vor dem 11. 11. 1993. *FG Berlin-Brandenburg, Urt. v. 5. 9. 2007, 7 K 5535/04 B, rkr. (DStRE 2008 S. 708).*

1. Der grundlegende **Umbau eines Altbaus** steht dann der Errichtung eines (neuen) Gebäudes i. S. der Übergangsregelung in **§ 27 Abs. 2 UStG** 1993 gleich, wenn die neu eingefügten Gebäudeteile dem Gesamtgebäude das bautechnische Gepräge eines neuen Gebäudes geben oder wenn der Altbau durch den Umbau eine wesentliche Funktions- und Zweckveränderung erfährt. – 2. Für vermietete Altbauten, die vor dem 11. November 1993 errichtet worden sind, ist der Verzicht auf die Steuerbefreiung von Vermietungsumsätzen nach § 9 Abs. 2 UStG 1993 ohne zeitliche Beschränkung auch dann möglich, wenn der Vermieter den Altbau nach dem 11. November 1993 erworben und Herstellungsaufwendungen getätigt hat, die zu sonstigen nachträglichen Herstellungskosten geführt haben. *BFH-Urteil v. 5. 6. 2003 V R 32/02 (BStBl. 2004 II S. 28).*

Die Errichtung bzw. Fertigstellung eines Gebäudes im Sinne der Übergangsvorschrift des **§ 27 Abs. 2 UStG** ist nur dann anzunehmen, wenn die betreffenden Umbaukosten als **Herstellungskosten für** ein **neues Gebäude** zu behandeln sind. *Verfügung OFD Karlsruhe S 7198 Karte 2 v. 5. 4. 2011 (DStR S. 1034).*

Ein Unternehmer kann auf die Steuerbefreiung eines Grundstücksumsatzes verzichten, indem er ihn **als steuerpflichtig behandelt.** Dies geschieht regelmäßig dadurch, daß er die Lieferung des Grundstücks dem Leistungsempfänger unter gesondertem Ausweis der Umsatzsteuer in Rechnung stellt oder in seiner Steueranmeldung als steuerpflichtig behandelt. Es reicht nicht aus, daß er in einem Rechtsstreit, der lediglich den Vorsteuerabzug früherer Jahre betrifft, „hilfsweise" auf die Steuerfreiheit des Grundstücksumsatzes verzichtet. *BFH-Urteil v. 1. 12. 1994 V R 126/92 (BStBl. 1995 II S. 426).*

1. Bei der Auslegung einer Optionserklärung gemäß § 9 UStG 1967 sind die Umstände zu berücksichtigen, unter denen die Erklärung abgegeben worden ist. – 2. Ein Unternehmer, der bei **Baubeginn** auf die Steuerfreiheit nach § 4 Nr. 12 UStG 1967 verzichtet hat, das Haus aber vor Fertigstellung steuerfrei nach § 4 Nr. 9 Buchst. a UStG 1967 veräußert, ist mit den auf den Bauleistungen ruhenden Umsatzsteuern gemäß § 15 Abs. 2 UStG 1967 vom Vorsteuerabzug ausgeschlossen, da die maßgebliche erstmalige Verwendung des Hauses in einer steuerfreien Veräußerung besteht. *BFH v. 25. 1. 1979 V R 53/72 (BStBl. II S. 394).*

Zum Verzicht auf die Umsatzsteuerbefreiung bei der Vermietung von Grundstücken für **teils** unternehmerische Zwecke, **36**
teils Wohnzwecke und **teils** nichtunternehmerische Zwecke. *Verfügung OFD Frankfurt S 7198 A – 1/86 – St 111 v. 8. 3. 2016 (DStR S. 1545).*

Verpachtet ein Unternehmer ein Grundstück an einen **Landwirt,** der seine Umsätze gemäß § 24 Abs. 1 UStG nach Durchschnittssätzen versteuert, kann der Verpächter nicht auf die Steuerfreiheit seiner Umsätze nach § 9 Abs. 2 S. 1 UStG verzichten (entgegen Abschn. 9.2 Abs. 2 UStAE). *BFH-Urteil v. 1. 3. 2018 V R 35/17 (BStBl. 2020 II S. 749).*

Zur Optionsmöglichkeit der Betreiber von **Seniorenheimen [vereinfachtes Prüfschema].** *Verfügung OFD Hannover S 7198 – 27 – StO 353/S 7198 – 33 – StH 445 v. 7. 7. 2003.*

Die Option nach § 9 Abs. 1 UStG zur umsatzsteuerpflichtigen Vermietung von Räumlichkeiten an eine Stadt ist zulässig, **37**
wenn diese für eine **Kindertagesstätte** genutzt werden [entgeltliche Kinderbetreuung auf privatrechtlicher Grundlage]. *BFH-Urt. v. 18. 12. 2003 V R 66/01 (DStRE 2004 S. 985).*

Zur Beschränkung der Option zur Besteuerung von Umsätzen aus Vermietung und Verpachtung von **Grundstücken für Sportvereine** vgl. ***EuGH-Urt. v. 12. 1. 2006,*** *C-246/04, Turn- und Sportunion Waldburg (DStRE S. 737).*

Vermietet eine öffentlich-rechtliche Körperschaft einen Bürgersaal an eine GmbH, die den Saal ihrerseits zur kurzfristigen Nutzung weitervermietet, kann die Körperschaft grundsätzlich zur Steuerpflicht ihrer Vermietungsumsätze an die GmbH optieren. § 9 Abs. 2 UStG steht der Option nicht entgegen, wenn die GmbH ein **Leistungsbündel** erbracht hat, das neben der reinen Grundstücksvermietung weitere erhebliche und prägende Leistungen der GmbH enthält. *BFH-Beschl. v. 25. 2. 2011 XI B 63/10 (BFH/NV S. 1033).*

Der Verzicht gem. § 9 Abs. 2 Satz 1 UStG kann auch teilweise für **einzelne Flächen eines Mietobjekts** wirksam sein, wenn diese Teilflächen eindeutig bestimmbar sind. *BFH-Urteil v. 24. 4. 2014 V R 27/13 (BStBl. II S. 732).*

Zum Verzicht auf Steuerbefreiung in Fällen der Umsatzsteuerbefreiung von **Beratungsleistungen für Investmentfonds** nach § 4 Nr. 8 Buchst. h UStG (Billigkeitsregelung bis 31. 12. 2013). *Verfügung OFD Niedersachsen v. 8. 10. 2014 – S 7198 – 120 – St 173 (MwStR S. 784).*

§ 9 Abs. 3 Satz 2 UStG, der den Verzicht auf die Steuerbefreiung des § 4 Nr. 9 Buchst. a UStG bei Lieferungen von Grundstücken außerhalb von Zwangsversteigerungsverfahren, jedoch nicht dessen Widerruf regelt, einer **nachträglichen formwirksamen Optionsausübung** auch dann entgegensteht, wenn sie zwischen den Vertragsbeteiligten einvernehmlich erfolgt und keine Gefahr von Steuerausfällen besteht. *BFH-Beschluss v. 25. 1. 2022 XI B 60/20 (BFH/NV S. 827).*

– Ehegattengrundstücke –

1. Erwirbt die Ehefrau eines Arztes ein Haus, läßt sie ein Geschoß in Praxisräume umbauen und **vermietet sie diese** **38**
ihrem Ehemann, steht ihr wegen Mißbrauchs von rechtlichen Gestaltungsmöglichkeiten auch bei Option für die Umsatzsteuerpflicht der Vermietungsumsätze kein Vorsteuerabzug zu, wenn sie die laufenden Aufwendungen für das Grundstück und den Kapitaldienst nicht aus der Miete und aus sonstigem eigenen Einkommen decken kann und deshalb auf zusätzliche Zuwendungen ihres Ehemanns in nicht unwesentlichem Umfang angewiesen ist. – 2. Hat die Ehefrau, die bereits auf Grund der Ausführung anderer Umsätze Unternehmerin ist, in einer ihrem Ehemann erteilten Rechnung Umsatzsteuer für die Vermietungsleistung gesondert ausgewiesen, so schuldet sie diese Umsatzsteuer nach § 14 Abs. 2 Satz 1 UStG 1980. *BFH-Urteil v. 22. 10. 1992 – V R 33/90 (BStBl. 1993 II S. 210). – Vgl. auch BFH-Urteile v. 10. 9. 1992 – V R 104/91 (BStBl. 1993 II S. 253), v. 15. 4. 1999 – V R 85/98 (UR 2000 S. 36) und v. 16. 3. 2000 – V R 9/99 (BFH/NV S. 1254).*

1. Kindergeldzahlungen sind bei der Beurteilung des **Gestaltungsmißbrauchs** im Zusammenhang mit der Errichtung und Vermietung von Räumen für eine Arztpraxis an den **Ehegatten** nicht als Einnahmen des vermietenden Ehegatten anrechenbar, mit denen er die Aufwendungen für die Errichtung und Erhaltung der Praxisräume bestreiten kann. – 2. Zur Dauer des „überschaubaren Zeitraums" als zeitlicher Rahmen für die Beurteilung der wirtschaftlichen Leistungskraft des Vermieter-Ehegatten. *BFH-Urteil v. 14. 12. 1995 – V R 12/95 (BStBl. 1996 II S. 252).*

Eine **Ehefrau** kann die Überlassung von Büroräumen an ihren Ehemann (Leistungsempfänger) auch dann wirksam als **39**
steuerbare – auf Erzielung des vereinbarten Entgelts gerichtete – Leistung ausführen, wenn der Leistungsempfänger die Gegenleistung **auf eines seiner Konten überweist** und die Ehefrau darüber regelmäßig rechtlich und tatsächlich verfügen kann (Abgrenzung zum Ertragsteuerrecht). *BFH-Urteil v. 15. 3. 1993 – V R 109/89 (BStBl. II S. 728).*

1. **Mieten Ehegatten Räume** zum Betrieb eines Ladenlokals, das nur von einem der Ehegatten als Unternehmer geführt wird, so sind sie – mangels anderer Anhaltspunkte zu jeweils 50 v. H. – die Leistungsempfänger, wenn sie nicht

LS zu 9.2

gemeinsam (z. B. als GbR) unternehmerisch tätig sind (vgl. Senatsurt. v. 7. 11. 2000, V R 49/99). – *2. In diesem Fall ist eine Option des Vermieters zur Steuerpflicht seiner Vermietungsumsätze insoweit wirksam, als die Vermietungsumsätze an den Ladenbetreiber ausgeführt werden, also zu 50 v. H. BFH-Urt. v. 1. 2. 2001, V R 79/99 (BStBl. 2008 II S. 495).* – **Nichtanwendungserlass** *BMF vom 9. 5. 2008 (BStBl. I S. 675)* aufgehoben durch *BMF v. 27. 10. 2021 (BStBl. I S. 2137)*, aber Nichtbeanstandungsregelung für bis zum 31. 12. 2021 verwirklichte Sachverhalte.

1. **Pachten Eheleute Räume** zum Betrieb einer vom Ehemann allein geführten Gaststätte, so sind die Eheleute die Leistungsempfänger, wenn sie nicht gemeinsam (z. B. als GbR) unternehmerisch tätig sind. – 2. In diesem Fall kann dem Ehemann als alleinigem Unternehmer der Vorsteuerabzug zur Hälfte zustehen. – 3. Ein Pachtvertrag, in dem ein monatliches Pachtentgelt zzgl. Umsatzsteuer vereinbart ist, erfüllt nur in Verbindung mit entsprechenden monatlichen Abrechnungsbelegen (z. B. Bankbelegen) die Rechnungsvoraussetzungen für den Vorsteuerabzug. *BFH-Urt. v. 7. 11. 2000, V R 49/99 (BStBl. 2008 II S. 493).*

Errichten Ehegatten auf einem gemeinsamen Grundstück ein Gebäude, das von **einem der Ehegatten zur Hälfte unternehmerisch genutzt** wird, kann insoweit vom Unternehmer-Ehegatten auch dann ein anteiliger Vorsteuerabzug auf den unternehmerisch genutzten Gebäudeteile geltend gemacht werden, als die Rechnungen über Baukosten an beide Ehegatten adressiert sind. *BFH-Urt. v. 1. 8. 2002, V R 19/00 (DStRE 2003 S. 178). – Vgl. auch BFH-Urt. v. 6. 9. 2007, V R 41/05 (BStBl. II S. 65).*

Stellt eine aus zwei Personen bestehende Miteigentümergemeinschaft [Ehegatten] ein Gebäude her, das einer der Gemeinschafter teilweise für Zwecke seiner wirtschaftlichen Tätigkeit verwendet, wird dieser Grundstücksteil (Büro) an ihn geliefert und kann daher nicht Gegenstand einer Vermietung durch den anderen Gemeinschafter sein. **Kein Vorsteuerabzug bei Vermietung des Miteigentumsanteils** eines gemischt-genutzten Grundstücks an den unternehmerisch tätigen Miteigentümer. *BFH-Urt. v. 7. 7. 2011, V R 41/09 (BStBl. 2014 II S. 73).*

40 Wird der **Mietvertrag über ein häusliches Arbeitszimmer** zwischen Arbeitgeber und Arbeitnehmer ertragsteuerlich anerkannt, ist der Arbeitnehmer Unternehmer. – Die Vermietung durch den Ehegatten des Arbeitnehmers oder durch die Ehegatten als Miteigentümer oder Gesamthandseigentümer ist kein Gestaltungsmißbrauch. *Verfügung OFD Karlsruhe S 7100/21 v. 5. 3. 2001 (DStR S. 665).*

Dritter Abschnitt. Bemessungsgrundlagen

§ 10 Bemessungsgrundlage für Lieferungen, sonstige Leistungen und innergemeinschaftliche Erwerbe

(1) ① **Der Umsatz wird bei Lieferungen und sonstigen Leistungen (§ 1 Abs. 1 Nr. 1 Satz 1) und bei dem innergemeinschaftlichen Erwerb (§ 1 Abs. 1 Nr. 5) nach dem Entgelt bemessen.** ② **Entgelt ist alles, was den Wert der Gegenleistung bildet, die der leistende Unternehmer vom Leistungsempfänger oder von einem anderen als dem Leistungsempfänger für die Leistung erhält oder erhalten soll, einschließlich der unmittelbar mit dem Preis dieser Umsätze zusammenhängenden Subventionen, jedoch abzüglich der für diese Leistung gesetzlich geschuldeten Umsatzsteuer.** ③ **Bei dem innergemeinschaftlichen Erwerb sind Verbrauchsteuern, die vom Erwerber geschuldet oder entrichtet werden, in die Bemessungsgrundlage einzubeziehen.** ④ **Bei Lieferungen und dem innergemeinschaftlichen Erwerb im Sinne des § 4 Nr. 4a Satz 1 Buchstabe a Satz 2 sind die Kosten für die Leistungen im Sinne des § 4 Nr. 4a Satz 1 Buchstabe b und die vom Auslagerer geschuldeten oder entrichteten Verbrauchsteuern in die Bemessungsgrundlage einzubeziehen.** ⑤ **Die Beträge, die der Unternehmer im Namen und für Rechnung eines anderen vereinnahmt und verausgabt (durchlaufende Posten), gehören nicht zum Entgelt.** ⑥ **Liegen bei der Entgegennahme eines Mehrzweck-Gutscheins (§ 3 Absatz 15) keine Angaben über die Höhe der für den Gutschein erhaltenen Gegenleistung nach Satz 2 vor, so wird das Entgelt nach dem Gutscheinwert selbst oder nach dem in den damit zusammenhängenden Unterlagen angegebenen Geldwert bemessen, abzüglich der Umsatzsteuer, die danach auf die gelieferten Gegenstände oder die erbrachten Dienstleistungen entfällt.** 1

(2) ① **Werden Rechte übertragen, die mit dem Besitz eines Pfandscheins verbunden sind, so gilt als vereinbartes Entgelt der Preis des Pfandscheins zuzüglich der Pfandsumme.** ② **Beim Tausch (§ 3 Abs. 12 Satz 1), bei tauschähnlichen Umsätzen (§ 3 Abs. 12 Satz 2) und bei Hingabe an Zahlungs statt gilt der Wert jedes Umsatzes als Entgelt für den anderen Umsatz.** ③ **Die Umsatzsteuer gehört nicht zum Entgelt.** 2

(3) **(weggefallen)**

(4) ① **Der Umsatz wird bemessen** 3

1. **bei dem Verbringen eines Gegenstandes im Sinne des § 1a Abs. 2 und des § 3 Abs. 1a sowie bei Lieferungen im Sinne des § 3 Abs. 1b nach dem Einkaufspreis zuzüglich der Nebenkosten für den Gegenstand oder für einen gleichartigen Gegenstand oder mangels eines Einkaufspreises nach den Selbstkosten, jeweils zum Zeitpunkt des Umsatzes;**
2. **bei sonstigen Leistungen im Sinne des § 3 Abs. 9a Nr. 1 nach den bei der Ausführung dieser Umsätze entstandenen Ausgaben, soweit sie zum vollen oder teilweisen Vorsteuerabzug berechtigt haben.** ② **Zu diesen Ausgaben gehören auch die Anschaffungs- oder Herstellungskosten eines Wirtschaftsguts, soweit das Wirtschaftsgut dem Unternehmen zugeordnet ist und für die Erbringung der sonstigen Leistung verwendet wird.** ③ **Betragen die Anschaffungs- oder Herstellungskosten mindestens 500 Euro, sind sie gleichmäßig auf einen Zeitraum zu verteilen, der dem für das Wirtschaftsgut maßgeblichen Berichtigungszeitraum nach § 15a entspricht;**
3. **bei sonstigen Leistungen im Sinne des § 3 Abs. 9a Nr. 2 nach den bei der Ausführung dieser Umsätze entstandenen Ausgaben.** ② **Satz 1 Nr. 2 Sätze 2 und 3 gilt entsprechend.**

② **Die Umsatzsteuer gehört nicht zur Bemessungsgrundlage.**

(5) **Absatz 4 gilt entsprechend für** 4

1. **Lieferungen und sonstige Leistungen, die Körperschaften und Personenvereinigungen im Sinne des § 1 Abs. 1 Nr. 1 bis 5 des Körperschaftsteuergesetzes, nichtrechtsfähige Personenvereinigungen sowie Gemeinschaften im Rahmen ihres Unternehmens an ihre Anteilseigner, Gesellschafter, Mitglieder, Teilhaber oder diesen nahe stehende Personen sowie Einzelunternehmer an ihnen nahe stehende Personen ausführen,**
2. **Lieferungen und sonstige Leistungen, die ein Unternehmer an sein Personal oder dessen Angehörige auf Grund des Dienstverhältnisses ausführt,**

wenn die Bemessungsgrundlage nach Absatz 4 das Entgelt nach Absatz 1 übersteigt; der Umsatz ist jedoch höchstens nach dem marktüblichen Entgelt zu bemessen. ② **Übersteigt das Entgelt nach Absatz 1 das marktübliche Entgelt, gilt Absatz 1.**

(6) ① **Bei Beförderungen von Personen im Gelegenheitsverkehr mit Kraftomnibussen, die nicht im Inland zugelassen sind, tritt in den Fällen der Beförderungseinzel-** 5

besteuerung (§ 16 Abs. 5) an die Stelle des vereinbarten Entgelts ein Durchschnittsbeförderungsentgelt. ② Das Durchschnittsbeförderungsentgelt ist nach der Zahl der beförderten Personen und der Zahl der Kilometer der Beförderungsstrecke im Inland (Personenkilometer) zu berechnen. ③ Das Bundesministerium der Finanzen kann mit Zustimmung des Bundesrates durch Rechtsverordnung das Durchschnittsbeförderungsentgelt je Personenkilometer festsetzen. ④ Das Durchschnittsbeförderungsentgelt muss zu einer Steuer führen, die nicht wesentlich von dem Betrag abweicht, der sich nach diesem Gesetz ohne Anwendung des Durchschnittsbeförderungsentgelts ergeben würde.

Hinweis auf EU-Vorschriften:

UStG:	§ 10 Abs. 1, 2	**MwStSystRL:**	Art. 72, 73, 78, 79, 83, 84, 92/**MwStVO:** Art. 42
	§ 10 Abs. 4		Art. 74, 75, 76, 78
	§ 10 Abs. 5		Art. 80 Abs. 1
	§ 10 Abs. 6		Art. 393 Abs. 2

Übersicht

Zu § 10 UStG (§ 25 UStDV)

UStDV

§ 25 *[siehe zu A 10.8 UStAE]*

UStAE 10.1

10.1 Entgelt

11 (1) ① Der Begriff des Entgelts in § 10 Abs. 1 UStG gilt sowohl für die Besteuerung nach vereinbarten Entgelten (§ 16 Abs. 1 UStG) als auch für die Besteuerung nach vereinnahmten Entgelten (§ 20 UStG). ② Zwischen den beiden Besteuerungsarten besteht insoweit kein Unterschied, als auch bei der Besteuerung nach vereinbarten Entgelten grundsätzlich nur das zu versteuern ist, was für die Lieferung oder sonstige Leistung tatsächlich vereinnahmt wird (vgl. BFH-Urteile vom 2. 4. 1981, V R 39/79, BStBl. II S. 627, und vom 10. 11. 1983, V R 91/80, BStBl. 1984 II S. 120). ③ Wegen der Änderung der Bemessungsgrundlage vgl. Abschnitte 17.1 und 17.2.

12 (2) ① Das Entgelt ist auch dann Bemessungsgrundlage, wenn es dem objektiven Wert der bewirkten Leistung nicht entspricht. ② Eine Ausnahme besteht für unentgeltliche oder verbilligte Leistungen durch Unternehmer an ihr Personal, von Vereinigungen an ihre Mitglieder und von Einzelunternehmern an ihnen nahestehende Personen; vgl. Abschnitte 1.8, 10.6 und 10.7. ③ Liefert eine Kapitalgesellschaft einer Tochtergesellschaft einen Gegenstand zu einem überhöhten Preis, bildet dieser grundsätzlich selbst dann das Entgelt im Sinne des § 10 Abs. 1 UStG, wenn ein Teil der Gegenleistung ertragsteuerrechtlich als verdeckte Gewinnausschüttung zu beurteilen ist (BFH-Urteil vom 25. 11. 1987, X R 12/87, BStBl. 1988 II S. 210).

UStAE 10.1

(3) ① Der Umfang des Entgelts beschränkt sich nicht auf die bürgerlich-rechtlich bestimmte oder bestimmbare Gegenleistung für eine Leistung, sondern erstreckt sich auf alles, was der Leistungsempfänger tatsächlich für die an ihn bewirkte Leistung aufwendet. ② Dazu gehören auch Nebenkosten des Leistenden, die er vom Leistungsempfänger einfordert (vgl. BFH-Urteil vom 16. 3. **13**
2000, V R 16/99, BStBl. II S. 360). ③ Verlangt der Leistende für die Annahme einer Bezahlung mit Kredit- oder Geldkarte, dass der Leistungsempfänger ihm oder einem anderen Unternehmer hierfür einen Betrag entrichtet und wird der von diesem Empfänger zu zahlende Gesamtpreis durch die Zahlungsweise nicht beeinflusst, ist dieser Betrag Bestandteil der Bemessungsgrundlage für seine Leistung (vgl. Artikel 42 MwStVO). ④ Vereinbaren die Beteiligten rechtsirrtümlich die Gegenleistung ohne Umsatzsteuer, ist der ursprünglich vereinbarte Betrag in Entgelt und darauf entfallende Umsatzsteuer aufzuteilen (vgl. BFH-Urteil vom 20. 1. 1997, V R 28/95, BStBl. II S. 716). ⑤ Neben dem vereinbarten Preis einer Leistung können auch zusätzliche Aufwendungen des Leistungsempfängers Leistungsentgelt sein, wenn der Leistungsempfänger sie zugunsten des Leistenden für die Leistung erbringt (vgl. BFH-Urteil vom 13. 12. 1995, XI R 16/95, BStBl. 1996 II S. 208). ⑥ Wenn der Leistungsempfänger die Leistung irrtümlich doppelt bezahlt oder versehentlich zu viel zahlt, ist der Gesamtbetrag Entgelt im Sinne des § 10 Abs. 1 Satz 2 UStG (vgl. BFH-Urteil vom 19. 7. 2007, V R 11/05, BStBl. II S. 966). ⑦ Es kommt nicht darauf an, ob der Leistungsempfänger gewillt ist, die vom Leistenden zu erbringende oder erbrachte Leistung anzunehmen, und ob er auf sie Wert legt oder nicht (vgl. BFH-Urteil vom 28. 1. 1988, V R 112/86, BStBl. II S. 473). ⑧ Vertragsstrafen, die wegen Nichterfüllung oder wegen nicht gehöriger Erfüllung geleistet werden, haben Schadensersatzcharakter (vgl. Abschnitt 1.3 Abs. 3). ⑨ Auch Verzugszinsen, Fälligkeitszinsen, Prozesszinsen und Nutzungszinsen sind nicht Teil des Entgelts, sondern Schadensersatz (vgl. Abschnitt 1.3 Abs. 6). ⑩ Wegen der Behandlung der Teilzahlungszuschläge vgl. Abschnitt 3.11. ⑪ Das erhöhte Beförderungsentgelt, das Personenbeförderungsunternehmer von sog. Schwarzfahrern erheben, ist regelmäßig kein Entgelt für die Beförderungsleistung oder eine andere steuerbare Leistung des Beförderungsunternehmers (BFH-Urteil vom 25. 11. 1986, V R 109/78, BStBl. 1987 II S. 228). ⑫ Als Entgelt für die Lieferung sind auch die dem Abnehmer vom Lieferer berechneten Beförderungskosten anzusehen. ⑬ Bei einer unfreien Versendung im Sinne des § 40 UStDV gehören jedoch die Kosten für die Beförderung oder deren Besorgung nicht zum Entgelt für die vom Absender ausgeführte Lieferung. ⑭ Bei Versendungen per Nachnahme ist als Entgelt für die gelieferte Ware der vom Empfänger entrichtete Nachnahmebetrag – ohne Umsatzsteuer – anzusehen, der auch die Zahlkarten- oder Überweisungsgebühr einschließt (vgl. BFH-Urteil vom 13. 12. 1973, V R 57/72, BStBl. 1974 II S. 191). ⑮ Beim Pfandleihgeschäft sind die notwendigen Kosten der Verwertung, die der Pfandleiher einbehalten darf, nicht Entgelt innerhalb eines Leistungsaustauschs (vgl. BFH-Urteil vom 9. 7. 1970, V R 32/70, BStBl. II S. 645). ⑯ Zahlungen im Rahmen einer sog. Erlöspoolung, die nicht leistungsbezogen sind, fehlt der Entgeltcharakter (BFH-Urteil vom 28. 2. 1974, V R 55/72, BStBl. II S. 345). ⑰ Auch die Übernahme von Schulden kann Entgelt sein (vgl. Abschnitt 1.6 Abs. 2).

(4) ① Eine Lieferung oder sonstige Leistung eines Unternehmers wird nur mit der Bemessungsgrundlage versteuert, die sich auf Grund der von ihm vereinnahmten Gegenleistung ergibt. **14** ② Umsatzsteuerrechtlich macht es keinen Unterschied, ob der Besteller eines Werks, das sich als mangelhaft erweist, das Werk behält und statt der Minderung Schadensersatz wegen Nichterfüllung verlangt (vgl. BFH-Urteil vom 16. 1. 2003, V R 72/01, BStBl. II S. 620). ③ Weicht der vom Leistungsempfänger aufgewendete Betrag im Einzelfall von dem vom Unternehmer vereinnahmten Betrag ab, ist von den Aufwendungen des Abnehmers für die Lieferung oder sonstige Leistung auszugehen. ④ Bei der Abtretung einer Forderung unter dem Nennwert bestimmt sich deshalb das Entgelt für die der abgetretenen Forderung zu Grunde liegende Leistung nach den tatsächlichen Aufwendungen des Leistungsempfängers (vgl. BFH-Urteil vom 27. 5. 1987, X R 2/81, BStBl. II S. 739). ⑤ Wegen der Steuer- und Vorsteuerberichtigung in diesen Fällen wird auf Abschnitt 17.1 Abs. 6 verwiesen.

(5) ① Zum Entgelt gehören auch freiwillig an den Unternehmer gezahlte Beträge, z. B. Trinkgelder, wenn zwischen der Zahlung und der Leistung des Unternehmers eine innere Verknüpfung besteht (vgl. BFH-Urteil vom 17. 2. 1972, V R 118/71, BStBl. II S. 405). **15** ② Der im Gaststätten- und Beherbergungsgewerbe erhobene Bedienungszuschlag ist Teil des vom Unternehmer vereinnahmten Entgelts, auch wenn das Bedienungspersonal den Zuschlag nicht abführt, sondern vereinbarungsgemäß als Entlohnung für seine Dienste zurückbehält (vgl. BFH-Urteil vom 19. 8. 1971, V R 74/68, BStBl. 1972 II S. 24). ③ Dagegen rechnen die an das Bedienungspersonal gezahlten freiwilligen Trinkgelder nicht zum Entgelt für die Leistungen des Unternehmers.

(6)[1,2] ① Geschäftskosten dürfen das Entgelt nicht mindern. ② Dies gilt auch für Provisionen, **16** die der Unternehmer an seinen Handelsvertreter oder Makler für die Vermittlung des Geschäfts zu zahlen hat. ③ Mit Ausnahme der auf den Umsatz entfallenden Umsatzsteuer rechnen zum Entgelt auch die vom Unternehmer geschuldeten Steuern (Verbrauch- und Verkehrsteuern), öffentlichen Gebühren und Abgaben, auch wenn diese Beträge offen auf den Leistungsempfän-

---

[1] Ab **1. 1. 2004** Einbeziehung der bei **Auslagerung i. S. v. § 4 Nr. 4 a** entstandenen Kosten usw. in die Bemessungsgrundlage; vgl. § 10 Abs. 1 Satz 6 UStG sowie BMF vom 28. 1. 2001 (BStBl. I S. 242).
[2] A 10.1 UStAE Abs. 6 Satz 4 geändert durch BMF v. 30. 3. 2022 (BStBl. I S. 568), anzuwenden in allen offenen Fällen.

UStAE 10.1

ger überwälzt werden. ④ Diese Abgaben können auch nicht als durchlaufende Posten im Sinne des § 10 Abs. 1 Satz 5 UStG behandelt werden (vgl. BFH-Urteil vom 4. 6. 1970, V R 92/66, V R 10/67, BStBl. II S. 648, sowie Abschnitt 10.4).

17 (7) ① Als Entgelt im Sinne des § 10 Abs. 1 Satz 2 UStG kommen auch Zahlungen des Leistungsempfängers an Dritte in Betracht, sofern sie für Rechnung des leistenden Unternehmers entrichtet werden und im Zusammenhang mit der Leistung stehen. ② Dies gilt jedoch nicht für diejenigen Beträge, die der Leistungsempfänger im Rahmen eines eigenen Schuldverhältnisses mit einem Dritten aufwenden muss, damit der Unternehmer seine Leistung erbringen kann (vgl. BFH-Urteil vom 22. 2. 1968, V 84/64, BStBl. II S. 463). ③ Nicht zum Entgelt nach § 10 UStG gehören auch öffentlich-rechtliche Abgaben, die der Leistungsempfänger auf Grund eigener Verpflichtung schuldet, auch wenn sie durch die bezogenen Leistungen veranlasst sind (vgl. zu Sozialversicherungsbeiträgen BFH-Urteil vom 25. 6. 2009, V R 37/08, BStBl. II S. 873).[1] ④ Zahlt eine Rundfunkanstalt zugunsten ihrer freien Mitarbeiter Beiträge an die Pensionskasse für freie Mitarbeiter der Deutschen Rundfunkanstalten, gehören auch die Beträge zum Entgelt für die Leistungen der Mitarbeiter (vgl. BFH-Urteil vom 9. 10. 2002, V R 73/01, BStBl. 2003 II S. 217). ⑤ Erfüllt der Leistungsempfänger durch seine Zahlungen an einen Dritten sowohl eine eigene Verbindlichkeit als auch eine Schuld des leistenden Unternehmers, weil beide im Verhältnis zu dem Dritten Gesamtschuldner sind, rechnen die Zahlungen nur insoweit zum Entgelt, wie die Schuldbefreiung des leistenden Unternehmers für diesen von wirtschaftlichem Interesse ist und damit für ihn einen Wert darstellt. ⑥ Bei einer Grundstücksveräußerung gehört die gesamtschuldnerisch von Erwerber und Veräußerer geschuldete Grunderwerbsteuer auch dann nicht zum Entgelt für die Grundstücksveräußerung, wenn die Parteien des Grundstückskaufvertrags vereinbaren, dass der Erwerber die Grunderwerbsteuer allein zu tragen hat, weil der Erwerber mit der Zahlung der vertraglich übernommenen Grunderwerbsteuer eine ausschließlich eigene Verbindlichkeit begleicht. ⑦ Gleiches gilt hinsichtlich der vom Käufer zu tragenden Kosten der Beurkundung des Kaufvertrags und der Auflassung, der Eintragung ins Grundbuch und der zu der Eintragung erforderlichen Erklärungen (§ 448 Abs. 2 BGB), vgl. BFH-Urteil vom 9. 11. 2006, V R 9/04, BStBl. 2007 II S. 285.

18 (8) ① Wird das Pfandgeld für Warenumschließungen dem Abnehmer bei jeder Lieferung berechnet, ist es Teil des Entgelts für die Lieferung. ② Bei Rücknahme des Leerguts und Rückzahlung des Pfandbetrags liegt eine Entgeltminderung vor. ③ Dabei wird es nicht beanstandet, wenn der Unternehmer die ausgezahlten Pfandgelder für Leergut unabhängig von dem Umfang der Vollgutlieferungen des jeweiligen Besteuerungszeitraums als Entgeltminderungen behandelt. ④ Es muss jedoch sichergestellt sein, dass die Entgeltminderungen in sachgerechter Weise (z. B. durch Aufteilung im gleichen Verhältnis wie bei den Vollgutlieferungen) den geltenden Steuersätzen zugeordnet werden. ⑤ Aus Vereinfachungsgründen kann dem Unternehmer auf Antrag auch folgendes Verfahren genehmigt werden:

1. ① Die bei der Warenlieferung jeweils in Rechnung gestellten und bei Rückgabe des Leerguts dem Abnehmer zurückgewährten Pfandbeträge bleiben bei der laufenden Umsatzbesteuerung zunächst unberücksichtigt. ② Der Unternehmer hat spätestens am Schluss jedes Kalenderjahrs den Pfandbetragssaldo, der sich aus dem Unterschiedsbetrag zwischen den den Abnehmern im Laufe des jeweiligen Abrechnungszeitraums berechneten und den zurückgewährten Pfandbeträgen ergibt, auf Grund seiner Aufzeichnungen zu ermitteln. ③ Dabei bleibt jedoch ein bereits versteuerter Saldovortrag, z. B. aus dem Vorjahr, außer Betracht. ④ Ein sich danach ergebender Überschuss an berechneten Pfandbeträgen ist zusammen mit den Umsätzen des betreffenden letzten Voranmeldungszeitraums der Umsatzsteuer zu unterwerfen. ⑤ Bei diesem Pfandbetragssaldo handelt es sich um einen Nettobetrag – ohne Umsatzsteuer –. ⑥ Der Abnehmer kann die auf den Pfandbetragssaldo entfallende Steuer als Vorsteuer abziehen, wenn sie ihm gesondert in Rechnung gestellt ist. ⑦ Ergibt sich ein Pfandbetragssaldo zugunsten des Abnehmers, liegt bei diesem – seine Unternehmereigenschaft vorausgesetzt – eine steuerpflichtige Lieferung von Leergut vor. ⑧ Der Unternehmer, der dieses Verfahren beantragt, muss die bei den einzelnen Lieferungen berechneten und bei Rückgabe des Leerguts zurückgewährten Pfandbeträge – nach Abnehmern getrennt – gesondert von den sonstigen Entgelten aufzeichnen. ⑨ Die Aufzeichnungen müssen eindeutig und leicht nachprüfbar sein und fortlaufend geführt werden (vgl. § 63 Abs. 1 UStDV, § 146 AO). ⑩ Aus ihnen muss gegebenenfalls zu ersehen sein, wie sich die Pfandbeträge auf verschiedene Steuersätze verteilen (§ 22 Abs. 2 Nr. 1 UStG). ⑪ Für den Abnehmer muss aus der Rechnung klar ersichtlich sein, dass für die in Rechnung gestellten Pfandbeträge Umsatzsteuer nicht berechnet worden ist.
2. ① Abweichend von dem unter Nummer 1 geregelten Verfahren kann der Unternehmer in jeder einzelnen Rechnung die Leergutrücknahme mit der Vollgutlieferung verrechnen und nur den verbleibenden Netto-Rechnungsbetrag der Umsatzsteuer unterwerfen. ② Einen sich möglicherweise zum Jahresende ergebenden Pfandbetragssaldo zugunsten des Abnehmers hat in diesem Fall weder der Lieferer noch der Abnehmer zu ermitteln und zu versteuern. ③ Auch gesonderte Aufzeichnungen über die Pfandbeträge sind nicht erforderlich.

[1] Bestätigt durch BFH-Urt. v. 19. 5. 2010 XI R 35/08 (BStBl. II S. 1082).

⑥ Bei den folgenden Abwicklungsarten ist zunächst ein Entgelt für die Überlassung der Warenumschließung nicht gegeben:

1. ① Für den jeweiligen Abnehmer wird ein Leergutkonto geführt, auf dem der Lieferer das hingegebene und zurückgenommene Leergut mengenmäßig festhält. ② Über den Saldo wird periodisch, häufig aber erst bei Lösung des Vertragsverhältnisses abgerechnet.
2. ① Die Pfandbeträge für Leergutabgänge und Leergutzugänge werden vom Lieferer auf einem besonderen Konto verbucht und auch – nachrichtlich – in den jeweiligen Rechnungen ausgewiesen, ohne aber in die Rechnungssumme einbezogen zu werden. ② Von Zeit zu Zeit wird über das Leergut abgerechnet.
3. ① Der Lieferer erhebt mit jeder Lieferung einen Kautionsbetrag, z. B. 1 oder 2 Ct. je Flasche. ② Diese Beträge dienen der Ansammlung eines Kautionsguthabens zugunsten des Abnehmers. ③ Die Verbuchung erfolgt auf einem besonderen Konto. ④ Daneben werden die Leergutbewegungen mengenmäßig festgehalten. ⑤ Über das Leergut wird in der Regel bei Auflösung der Vertragsbeziehungen abgerechnet.

⑦ In diesen Fällen kommt ein von der vorangegangenen Warenlieferung losgelöster selbständiger Leistungsaustausch erst im Zeitpunkt der Leergutabrechnung zustande. ⑧ Die Annahme eines nicht steuerbaren Schadensersatzes scheidet aus, weil der Zahlung des Kunden eine Leistung des Unternehmers gegenübersteht. ⑨ Die dargestellten Vereinfachungsregelungen gelten sinngemäß auch für die Hin- und Rückgabe von Transporthilfsmitteln. ⑩ Zur Behandlung von Transporthilfsmitteln vgl. Abschnitt 3.10 Abs. 5 a und zur Abgrenzung zwischen Transporthilfsmitteln und Warenumschließungen vgl. BMF-Schreiben vom 20. 10. 2014, BStBl. I S. 1372.

(9) Hinsichtlich des Entgelts für die Vermittlung von grenzüberschreitenden Personenbeförderungsleistungen im Luftverkehr durch Reisebüros gilt: **19**

1. ① Die Vermittlung grenzüberschreitender Beförderungen von Personen im Luftverkehr gegenüber einem Reisenden ist steuerpflichtig, soweit die vermittelte Leistung auf das Inland entfällt (§ 3 b Abs. 1, § 4 Nr. 5 Satz 2 UStG). ② Abschnitt 4.5.3 Abs. 2 ist in diesen Fällen nicht anwendbar, weil das Reisebüro nicht im Auftrag des Luftverkehrsunternehmens tätig wird. ③ Soweit die vermittelte Leistung nicht auf das Inland entfällt, ist deren Vermittlung nicht steuerbar.
2. ① Das Entgelt für eine Vermittlungsleistung im Sinne der Nummer 1 ist in einen steuerpflichtigen und einen nicht steuerbaren Teil aufzuteilen. ② Die Umsatzsteuer ist aus der anteiligen Zahlung des Reisenden herauszurechnen. ③ Der Vorsteuerabzug ist auch hinsichtlich des nicht steuerbaren Teils dieser Vermittlungsleistung nicht ausgeschlossen.
3. ① Erhält ein Reisebüro von einem Luftverkehrsunternehmen, das die dem Reisenden vermittelte Personenbeförderungsleistung erbringt, eine Zahlung, ohne von diesem ausdrücklich zur Vermittlung beauftragt zu sein (z. B. im Rahmen eines sog. Nullprovisionsmodells oder einer sog. Incentive-Vereinbarung), ist im Einzelfall auf Basis der vertraglichen Vereinbarungen zu prüfen, welche Leistungen des Reisebüros mit der Zahlung vergütet werden. ② Zahlungen des Luftverkehrsunternehmens für die Bereitschaft des Reisebüros, die Erbringung von Leistungen des Luftverkehrsunternehmens in besonderem Maß zu fördern und in Kundengesprächen bevorzugt anzubieten, sind Entgelt für eine steuerpflichtige Vertriebsleistung eigener Art des Reisebüros gegenüber dem Luftverkehrsunternehmen.
4. Erhält ein Reisebüro, das grenzüberschreitende Personenbeförderungsleistungen im Luftverkehr im Auftrag des Luftverkehrsunternehmens vermittelt, von diesem für den Flugscheinverkauf ein Entgelt, und erhebt es daneben einen zusätzlichen Betrag vom Reisenden, erbringt es beim Flugscheinverkauf eine nach § 4 Nr. 5 Satz 1 Buchstabe b UStG steuerfreie Vermittlungsleistung an das Luftverkehrsunternehmen und gleichzeitig eine nach Maßgabe der Nummer 1 anteilig steuerpflichtige Vermittlungsleistung an den Reisenden.
5. Soweit eine vom Luftverkehrsunternehmen gezahlte Vergütung auf den vom Reisenden erhobenen Preis angerechnet wird, mindert sich die Bemessungsgrundlage für die Leistung gegenüber dem Reisenden entsprechend.
6. ① Unter der Voraussetzung, dass der Unternehmer bei allen Vermittlungsleistungen im Sinne der Nummer 1 entsprechend verfährt, ist es nicht zu beanstanden, wenn der steuerpflichtige Teil einer Vermittlungsleistung im Sinne der Nummer 1 wie folgt ermittelt wird:
   - bei der Vermittlung von grenzüberschreitenden Beförderungen von Personen im Luftverkehr von bzw. zu Beförderungszielen im übrigen Gemeinschaftsgebiet (sog. EU-Flüge) mit 25% des Entgelts für die Vermittlungsleistung,
   - bei der Vermittlung von grenzüberschreitenden Beförderungen von Personen im Luftverkehr von bzw. zu Beförderungszielen außerhalb des übrigen Gemeinschaftsgebiets (sog. Drittlandsflüge) mit 5% des Entgelts für die Vermittlungsleistung.

   ② Zwischen oder Umsteigehalte gelten dabei nicht als Beförderungsziele. ③ Dieser vereinfachte Aufteilungsmaßstab gilt nicht, soweit das vom Reisenden erhobene Entgelt auf andere als die in Nummer 1 bezeichneten Leistungen entfällt (z. B. auf die Vermittlung von Unterkunft oder Mietwagen).

20 (10)[1] ① Zur Bemessungsgrundlage in den Fällen der Steuerschuldnerschaft des Leistungsempfängers nach § 13 b UStG vgl. Abschnitt 13 b.13. ② Zur Bemessungsgrundlage bei Leistungen im Rahmen sog. Public-Private-Partnerships (PPP) im Bundesfernstraßenbau vgl. BMF-Schreiben vom 30. 3. 2022, BStBl. I S. 568. ③ Zur Bemessungsgrundlage im Fall des Direktverbrauchs nach § 33 Abs. 2 EEG vgl. Abschnitt 2.5.

21 (11) ① Erbringt ein Unternehmer im Rahmen eines Gesamtverkaufspreises zwei oder mehrere unterschiedlich zu besteuernde Lieferungen oder sonstige Leistungen, ist der einheitliche Preis sachgerecht auf die einzelnen Leistungen aufzuteilen. ② Dabei hat der Unternehmer grundsätzlich die einfachstmögliche sachgerechte Aufteilungsmethode zu wählen (vgl. BFH-Beschluss vom 3. 4. 2013, V B 125/12, BStBl. 2013 II S. 973, und BFH-Urteil vom 30. 6. 2011, V R 44/10, BStBl. II S. 1003). ③ Bestehen mehrere sachgerechte, gleich einfache Aufteilungsmethoden, kann der Unternehmer zwischen diesen Methoden frei wählen. ④ Bietet der Unternehmer die im Rahmen des Gesamtverkaufspreises erbrachten Leistungen auch einzeln an, ist der Gesamtverkaufspreis grundsätzlich nach dem Verhältnis der Einzelverkaufspreise aufzuteilen. ⑤ Daneben sind auch andere Aufteilungsmethoden wie das Verhältnis des Wareneinsatzes zulässig, sofern diese gleich einfach sind und zu sachgerechten Ergebnissen führen. ⑥ Die Aufteilung nach den betrieblichen Kosten ist keine gleich einfache Aufteilungsmethode und danach nicht zulässig. ⑦ Nach den vorstehenden Grundsätzen ist auch zu verfahren, wenn das Entgelt für eine einheitliche Leistung für Zwecke der Umsatzsteuer auf unterschiedlich besteuerte Leistungsbestandteile aufzuteilen ist, z. B. bei grenzüberschreitenden Personenbeförderungen im Sinne von § 3 b Abs. 1 Satz 2 UStG oder bei der Vermietung von Grundstücken mit aufstehenden Betriebsvorrichtungen nach § 4 Nr. 12 Satz 2 UStG. ⑧ Zur Aufteilung eines pauschalen Gesamtpreises/Gesamtentgelts
– für unterschiedlich besteuerte Dienstleistungen auf dem Gebiet der Telekommunikation siehe Abschnitt 3 a.10 Abs. 7 und 8,
– für grenzüberschreitende Personenbeförderungen siehe Abschnitt 3 b.1 Abs. 6,
– für die Vermietung von Sportanlagen zusammen mit den darauf befindlichen Betriebsvorrichtungen siehe Abschnitt 4. 12. 11 Abs. 3,
– für die Vermittlung von grenzüberschreitenden Personenbeförderungsleistungen im Luftverkehr durch Reisebüros siehe Abschnitt 10.1 Abs. 9 und
– für Beherbergungsleistungen zusammen mit nicht von der Steuerermäßigung nach § 12 Abs. 2 Nr. 11 Satz 1 UStG erfassten Leistungen siehe Abschnitt 12.16 Abs. 11 und 12.

⑨ Zu den Aufzeichnungspflichten vgl. Abschnitt 22.2 Abs. 6.

21a (12)[2] Für die befristete Anwendung des ermäßigten Umsatzsteuersatzes für Restaurations- und Verpflegungsdienstleistungen mit Ausnahme der Abgabe von Getränken ist es nicht zu beanstanden, wenn zur Aufteilung des Gesamtkaufpreises von sogenannten Kombiangeboten aus Speisen inklusive Getränken (z. B. Buffet, All-Inclusive-Angeboten) der auf die Getränke entfallende Entgeltanteil mit 30% des Pauschalpreises angesetzt wird.

LS zu 10.1

22 1. Eine rein **versicherungstechnische Anknüpfung der Ersatzleistung** eines Dritten an einen – unter Umständen nur geplanten – Umsatz erfüllt nicht die Tatbestände der „Leistung gegen Entgelt“ und des „Entgelts für die Leistung“. – 2. Zur Korrektur der vereinbarten Gegenleistungen bei einer Bündelung von Verträgen im Rahmen eines Bauherrenmodells. *BFH-Urteil v. 10. 2. 1988 – X R 16/82 (BStBl. II S. 640).*

23 1. Neben dem vereinbarten Preis einer Leistung können auch zusätzliche Aufwendungen des Leistungsempfängers **Leistungsentgelt** sein, wenn der Leistungsempfänger sie zugunsten des Leistenden für die Leistung erbringt. – 2. Das Leistungsentgelt kann auch darin bestehen, daß der Leistungsempfänger dem Leistenden Kapital überläßt und auf einen Anspruch auf Herausgabe der **Zinsen verzichtet.** Es bemißt sich dann nach der Höhe der vom Leistenden erzielten Zinsen und nicht nach der Höhe der vom Leistungsempfänger erzielbaren Zinsen. *BFH-Urteil v. 31. 8. 1992 – V R 47/88 (BStBl. II S. 1046).*

Aufwendungsersatz, den ein Unternehmer von einem anderen Unternehmer aufgrund einer gemeinsam betriebenen Nachtzuglinie gewinnunabhängig erhält, ist Entgelt. *BFH-Urt. v. 4. 7. 2013, V R 33/11 (BStBl. II S. 937).*

Verzichtet der Mieter im Rahmen eines Mietvertrags über Geschäftsräume auf eine **Verzinsung seiner Mietkaution,** sind gleichwohl fiktive Zinsen in die Bemessungsgrundlage für den Mietumsatz einzubeziehen. *FG Hamburg, Urt. v. 12. 12. 2007, 6 K 74/06, rkr. (DStRE 2008 S. 1221).*

Zur Behandlung der Leistungen von **Transfergesellschaften** (insb. Remanenzkosten und Kurzarbeitergeld) *Verfügung LSF Sachsen 213 – S 7200/1/5–2017/27 906 v. 27. 11. 2017 (MwStR 2018 S. 628).*

24 Der ***EuGH*** hat mit ***Urteil C-38/93*** *v. 5. 5. 1994 (BStBl. II S. 548)* entschieden, dass Bemessungsgrundlage für die Umsätze des Betreibers von **Geldspielautomaten mit Gewinnmöglichkeit** der Teil der Einsätze ist, über den er selbst verfügen kann. Bemessungsgrundlage ist nach *BMF v. 5. 7. 1994 (BStBl. I S. 465)* der Kasseninhalt (abzgl. der darin enthaltenen USt). Der Kasseninhalt ist – nach Ablauf eines bestimmten Zeitraums – mittels Zählwerk zu ermitteln. Im *BMF-Schreiben v. 5. 11. 2021 (BStBl. I S. 2223)* wird ergänzend erläutert, wie aus den beiden Salden auf dem Auslesestreifen die umsatzsteuerrechtliche Bemessungsgrundlage ermittelt wird. Die Grundsätze des EuGH-Urt. Rs. C-38/93 v. 5. 5. 1994, BStBl. II 1994, 548, zur Ermittlung der Bemessungsgrundlage sind auch bei den **Umsätzen der Spielbanken mit Glücksspielen** anzuwenden. *Verfügung OFD Koblenz S 7165 A – St 441 v. 14. 7. 2008.* Bei **Geldspielautomaten mit Gewinnmöglichkeit,** die aufgrund zwingender gesetzlicher Vorschriften so eingestellt sind, dass ein bestimmter Prozentsatz der Spieleinsätze als Gewinn an die Spieler ausgezahlt wird, besteht die vom Betreiber für die Bereitstellung der Automaten tatsächlich erhaltene Gegenleistung nur in dem Teil der Einsätze, über den er effektiv selbst verfügen kann (Bestätigung des EuGH v. 5. 5. 1994 C-38/93, Glawe). Die Umsatzsteuer und eine innerstaatliche Sonderabgabe auf Glücksspiele dürfen kumulativ erhoben

[1] A 10.1 UStAE Abs. 10 Satz 2 neugefasst durch BMF v. 30. 3. 2022 (BStBl. I S. 568), anzuwenden in allen offenen Fällen.
[2] A 10.1 UStAE Abs. 12 angefügt durch BMF v. 2. 7. 2020 (BStBl. I S. 610), anzuwenden **ab 1. 7. 2020 bis 30. 6. 2021; Frist** in § 12 Abs. 2 Nr. 15 UStG zunächst **verlängert bis 31. 12. 2022** (G vom 10. 3. 2021, BGBl. I S. 330, BMF v. 3. 6. 2021, BStBl. I S. 777), dann erneut **verlängert bis 31. 12. 2023** (8.VStÄndG v. 24. 10. 2022, BGBl. I S. 1838, BMF v. 21. 11. 2022, BStBl. I S. 1595).

werden, sofern die Sonderabgabe nicht den Charakter einer Umsatzsteuer hat (Anschluss an EuGH v. 24. 10. 2013 C-440/12, Metropol Spielstätten). *BFH-Urteil v. 11. 12. 2019 XI R 13/18 (BStBl. 2020 II S. 296).* LS zu 10.1

Bei Umsätzen mit **Spielautomaten** mit oder ohne Gewinnmöglichkeit ist die **Vergnügungsteuer** nicht aus der Bemessungsgrundlage herauszurechnen. *BFH-Urteil vom 22. 4. 2010, V R 26/08 (BStBl. II S. 883).*

1. Ein beim **Automatenglücksspiel** automatisch einbehaltener **Tronc (Trinkgeldbetrag)** ist als Teil des Entgelts in die Bemessungsgrundlage einzubeziehen. – 2. Einer Minderung der Bemessungsgrundlage um die nach Landesrecht erhobene Troncabgabe steht entgegen, dass diese nicht die wesentlichen Merkmale der Mehrwertsteuer erfüllt. *BFH-Urteil v. 1. 9. 2010 – V R 32/09 (BStBl. 2011 II S. 300).*

1. Die Besteuerungsgrundlage für Umsätze aus der **Veranstaltung eines Wettbewerbs** ist der Gesamtbetrag der vom **Veranstalter eingenommenen Teilnahmegebühren,** wenn der Veranstalter über diese Beträge frei verfügen kann (Anschluss an EuGH v. 17. 9. 2002, C-498/99, Town & County Factors Ltd., Slg. 2002, I-71/73). [DStRE S. 1326] – 2. Eine **Brieftaubenvereinigung** hat die Wettumsätze, die sie an die Wett-Teilnehmer ausführt, mit den **vollen Wetteinsätzen** (ohne Abzug der wieder ausgeschütteten Gewinne) zu versteuern. *BFH-Urteil v. 18. 8. 2005, V R 42/02 (BStBl. 2007 II S. 137).*

Bei der **Lotterie „PS – Sparen und gewinnen"** ist nur der den Sparkassen erstattete Kostendeckungsbeitrag Entgelt. *Schreiben des BdF IV A 2 – S 7200 – 10/91 v. 12. 2. 1991.*

Von Jagdpächtern gezahlte **Wildschadenpauschale** sind nichtsteuerbarer Schadenersatz. *Verfügung OFD Koblenz S 7100 A – St 51 2 v. 23. 5. 1995.*

1. Gewinnt der Pächter einer Markentankstelle eine vom Verpächter **ausgelobte Erlebnisreise (sog. Incentive-Reise),** ist deren Wert als zusätzliches Entgelt für die Vermittlungsumsätze des Pächters zu beurteilen. – 2. Die Inanspruchnahme der Erlebnisreise ist kein Eigenverbrauch. *BFH-Urteil v. 28. 7. 1994 – V R 16/92 (BStBl. 1995 II S. 274).*

Geschenke an Gastgeberinnen aus Anlaß von **Verkaufsveranstaltungen (Tupperware)** sind mit dem Einkaufspreis der Umsatzsteuer zu unterwerfen. *Erlass FM Sachsen 35 – S 7203 – 1 – 48 302 v. 18. 9. 1996.*

1. Vereinbart der Grundstückseigentümer mit einem Kaufinteressenten die Zahlung einer **„Entschädigung bzw. Optionsgebühr"** für den Fall der Ablehnung des Verkaufsangebots durch den Interessenten, kann es sich – unabhängig von der Bezeichnung – um (Bindungs-)Entgelt für die steuerbare und steuerpflichtige Bindungsleistung handeln. – 2.–4. . . . *BFH-Urteil v. 10. 7. 1997 – V R 94/96 (BStBl. II S. 707).*

Zur umsatzsteuerlichen Behandlung der Lieferung von Sachprämien **(Werbeprämien)** als Gegenleistung für die Anwerbung neuer Kunden. *Verfügung LfSt Niedersachsen S 7203 – 5 – St 181/St 171 v. 14. 5. 2020 (DStR S. 1624).*

Die Ausgabe von **„Guthabenpunkten",** die es den Kunden eines Wirtschaftsteilnehmers ermöglichen, in den von ihm veranstalteten Auktionen Gebote abzugeben, kann eine Dienstleistung gegen Entgelt darstellen, deren Gegenleistung der für die „Guthabenpunkte" gezahlte Betrag ist. ***EuGH-Urteil v. 5. 7. 2018** C-544/16, Mavcandi Ltd. (DStR S. 2022).*

Gebühren, die eine Fluggesellschaft im Falle der Umbuchung eines Fluges von den Flugreisenden erhebt **(Umbuchungsgebühren),** gehören zum Entgelt der Beförderungsleistung. *BFH-Urteil v. 16. 3. 2000 – V R 16/99 (BStBl. 2000 II S. 360).*

Der Steuerabzug gemäß **§ 48 EStG (Bauabzugsteuer)** berührt die Bemessungsgrundlage für die Umsatzsteuer nicht. – 25
Bei der Ist-Besteuerung ist die Versteuerung des Gesamtentgelts in dem Besteuerungszeitraum vorzunehmen, in dem er die Gegenleistung (85 vH) erhält. – Die pflichtwidrige Nichtabführung der 15 vH führt nicht zu einer Entgeltsminderung. *Verfügung OFD Cottbus S 7200 – 0041 – St 244 v. 12. 12. 2001* (UR 2002 S. 187). Siehe auch *OFD Erfurt v. 16. 1. 2002 S 7200 A – 40 – St. 343 (BuW S. 510).*

Die Umsatzsteuer ist auch im Fall des § 13 b UStG in die Bemessungsgrundlage gem. **§ 48 EStG (Bauabzugsteuer)** einzubeziehen. *Schreiben des BMF IV B 8 – S 7270/07/10 001 v. 12. 10. 2009.* – Hinweis auf **Merkblatt USt M 2** – Abschn. VI, Anl zu A 13.2 UStAE.

Die Erhebung der Maut ist eine hoheitliche Tätigkeit. Ein Vorsteuerabzug aus der Maut ist unzulässig. – Bei **Weiterbelastung der Maut** ist die Maut Teil des Entgelts und kein durchlaufender Posten. – Entsprechendes gilt bei der Vermietung von mautpflichtigen Fahrzeugen an Selbstfahrer. *Verfügung OFD Koblenz S 7200 A – St 44 3/S 7100 A – St 44 4 v. 31. 1. 2006 (DStR S. 514).*

Keine Einbeziehung der **Kfz-Zulassungsgebühr** in USt-Bemessungsgrundlage. ***EuGH-Urt. v. 1. 6. 2006,** C-98/05, DBl (IStR S. 636).* – Vgl. auch ***EuGH v. 22. 12. 2010,** C-433/09, Kommission/Österreich; BeckRS 2010, 91 499 („österreich. Normverbrauchsabgabe").*

Mit der Kfz-Lieferung zusammenhängende portugiesische **Kfz-Steuer** gehört zur umsatzsteuerlichen Bemessungsgrundlage. ***EuGH-Urt. v. 28. 7. 2011,** C-106/10, Lidl & Companhia (BeckRS 2011, 81 179).*

Die dem Ausführer auf seinen Antrag ausgezahlte **Ausfuhrerstattung** nach der VO Nr. 1255/1999 ist kein Entgelt eines Dritten nach § 10 Abs. 1 Satz 3 UStG. *BFH-Urt. v. 26. 9. 2012, V R 22/11 (MwStR 2013 S. 133).*

Zur Trennung der Entgelte bei Veräußerung von **Print- und ePaper-Abonnement** einer Zeitung bzw. von **gedrucktem Buch und eBook** zu einem **Gesamtverkaufspreis** vgl. *Verfügung BayLfSt v. 12. 6. 2014 – S 7200.1.1–21/4 St 33 (DStR S. 1288).*

Der Betrag der von einer **Gasversorgungsgesellschaft** entrichteten Abgaben ist Bestandteil der Bemessungsgrundlage nachfolgender Umsätze. *Vgl. **EuGH-Urteil v. 11. 6. 2015,** C-256/14, Lisboagás GDL (MwStR S. 589).*

2. Vereinbaren Vertragsparteien rechtsirrtümlich die **Gegenleistung ohne Umsatzsteuer,** ist der vereinbarte Betrag in Entgelt und darauf entfallende Umsatzsteuer aufzuteilen. *BFH-Urteil v. 22. 4. 2015 XI R 43/11 (BStBl. II S. 755).*

Trägt im Rahmen einer Warenlieferung mit **„0%-Finanzierung"** der liefernde Unternehmer die Kosten der Finanzierung des Kaufpreises durch einen Dritten (Kreditinstitut) in der Weise, dass das Kreditinstitut im Rahmen der Auszahlung an den Unternehmer vom Darlehensbetrag die Zinsen einbehält und der Kunde in Raten den Kaufpreis an das Kreditinstitut zahlt, mindern die einbehaltenen Zinsen das Entgelt der Warenlieferung des Unternehmers an den Kunden auch dann nicht, wenn der Unternehmer in der Rechnung gegenüber dem Kunden angibt, er gewähre ihm einen Nachlass in Höhe der Zinsen. *BFH-Urteil v. 24. 2. 2021 XI R 15/19 (BStBl. II S. 729).*

Das *FM Schleswig-Holstein* hat mit *Kurzinformation v. 5. 7. 2020 – VI 358 – S 7220 – 064 (DStR S. 2026)* die **Gesamtkaufpreisaufteilung** von Menüpreisen und die Anwendung des ermäßigten Steuersatzes auf Milch in der Gastronomie erläutert.

Kontrollgebühren, die eine mit dem Betrieb privater Parkplätze betraute Gesellschaft des Privatrechts in dem Fall erhebt, dass Kraftfahrer die allgemeinen Nutzungsbedingungen für diese Parkplätze nicht beachten, sind als Gegenleistung für eine Dienstleistung anzusehen. ***EuGH-Urteil v. 20. 1. 2022** C-960/20, Apcoa Parking Danmark A/S (DStR S. 307).*

Anl zu 10.1

Schreiben betr.
Bemessungsgrundlage bei Umsätzen aus Geldspielgeräten mit Gewinnmöglichkeit
Vom 5. November 2021 (BStBl. I S. 2223)
(BMF III C 2 – S 7200/19/10003 :005; DOK 2021/1137935)

[abgedruckt im USt-Handbuch 2021 als Anlage zu A 10.1]

UStAE 10.2

10.2 Zuschüsse

Allgemeines

31 (1) ① Zahlungen unter den Bezeichnungen „Zuschuss, Zuwendung, Beihilfe, Prämie, Ausgleichsbetrag u. ä." (Zuschüsse) können entweder

1. Entgelt für eine Leistung an den Zuschussgeber (Zahlenden);
2. (zusätzliches) Entgelt eines Dritten oder
3. echter Zuschuss

sein. ② Der Zahlende ist Leistungsempfänger, wenn er für seine Zahlung eine Leistung vom Zahlungsempfänger erhält. ③ Der Zahlende kann ein Dritter sein (§ 10 Abs. 1 Satz 2 UStG), der selbst nicht Leistungsempfänger ist.

Zuschüsse als Entgelt für Leistungen an den Zahlenden

32 (2) ① Zuschüsse sind Entgelt für eine Leistung an den Zahlenden,

1. wenn ein Leistungsaustauschverhältnis zwischen dem leistenden Unternehmer (Zahlungsempfänger) und dem Zahlenden besteht (vgl. dazu Abschnitte 1.1 bis 1.6);
2. wenn ein unmittelbarer Zusammenhang zwischen der erbrachten Leistung und dem Zuschuss besteht, d. h. wenn der Zahlungsempfänger seine Leistung – insbesondere bei gegenseitigen Verträgen – erkennbar um der Gegenleistung willen erbringt;
3. wenn der Zahlende einen Gegenstand oder einen sonstigen Vorteil erhält, auf Grund dessen er als Empfänger einer Lieferung oder sonstigen Leistung angesehen werden kann;
4. wenn (beim Zahlenden oder am Ende der Verbraucherkette) ein Verbrauch im Sinne des gemeinsamen Mehrwertsteuerrechts vorliegt.

② Ob die Leistung des Zahlungsempfängers derart mit der Zahlung verknüpft ist, dass sie sich auf den Erhalt einer Gegenleistung (Zahlung) richtet, ergibt sich aus den Vereinbarungen des Zahlungsempfängers mit dem Zahlenden, z. B. den zu Grunde liegenden Verträgen oder den Vergaberichtlinien (vgl. BFH-Urteil vom 13. 11. 1997, V R 11/97, BStBl. 1998 II S. 169). ③ Die Zwecke, die der Zahlende mit den Zahlungen verfolgt, können allenfalls Aufschlüsse darüber geben, ob der erforderliche unmittelbare Zusammenhang zwischen Leistung und Zahlung vorliegt. ④ Die Annahme eines Leistungsaustauschs setzt weder auf der Seite des Zahlenden noch auf der Seite des Zahlungsempfängers rechtlich durchsetzbare Ansprüche voraus (vgl. BFH-Urteile vom 23. 2. 1989, V R 141/84, BStBl. II S. 638, und vom 9. 10. 2003, V R 51/02, BStBl. 2004 II S. 322). ⑤ Zuwendungen im Rahmen von Vertragsnaturschutzmaßnahmen, die für die Bearbeitung von Flächen des Zuwendungsgebers erfolgen, werden im Rahmen eines Leistungsaustauschs gezahlt; erfolgt die Zuwendung dagegen für eigene Flächen des Land- und Forstwirts, liegt im Allgemeinen ein nicht der Umsatzsteuer unterliegender echter Zuschuss vor. ⑥ Zahlungen für die Übernahme der Erfüllung von Aufgaben einer juristischen Person des öffentlichen Rechts, zu deren Ausführung sich die Parteien in einem gegenseitigen Vertrag verpflichtet haben, erfolgen grundsätzlich im Rahmen eines Leistungsaustauschs. ⑦ Die Zuwendung erfolgt in diesem Fall nicht lediglich zur Subventionierung aus strukturpolitischen, volkswirtschaftlichen oder allgemeinpolitischen Gründen, wenn der Zuwendungsgeber damit auch eigene wirtschaftliche Interessen verfolgt. ⑧ Gewährt eine juristische Person des öffentlichen Rechts in diesem Zusammenhang eine als „Starthilfe" bezeichnete Zuwendung neben der Übertragung des für die Durchführung der Aufgabe erforderlichen Vermögens zu einem symbolischen Kaufpreis, ist diese Zuwendung Entgelt für die Entbindung aus der Durchführung der öffentlichen Aufgabe (vgl. BFH-Urteil vom 21. 4. 2005, V R 11/03, BStBl. 2007 II S. 63). ⑨ Besteht aufgrund eines Rechtsverhältnisses ein unmittelbarer Zusammenhang zwischen der Leistung des Zahlungsempfängers und der Zahlung, ist die Zahlung Entgelt für die Leistung des Zahlungsempfängers.

Beispiel 1:

Zuschüsse einer Gemeinde an einen eingetragenen Verein, z. B. eine Werbegemeinschaft zur vertragsgemäßen Durchführung einer Werbeveranstaltung in der Vorweihnachtszeit.

Beispiel 2:

① Ein Bauherr errichtet ein Geschäftshaus mit einer Tiefgarage und verpflichtet sich gegenüber der Stadt, einen Teil der Stellplätze der Allgemeinheit zur Verfügung zu stellen. ② Er erhält dafür ein Entgelt von der Stadt (vgl. BFH-Urteil vom 13. 11. 1997, V R 11/97, a. a. O.).

Beispiel 3:

Anfertigung von Auftragsgutachten gegen Entgelt, wenn der öffentliche Auftraggeber das Honorar für das Gutachten und nicht dafür leistet, die Tätigkeit des Zahlungsempfängers zu ermöglichen oder allgemein zu fördern; zum Leistungsaustausch bei der Durchführung von Forschungsvorhaben, zu der die öffentliche Hand Zuwendungen bewilligt hat, vgl. BFH-Urteil vom 23. 2. 1989, V R 141/84, a. a. O.

Beispiel 4:

① Eine Gemeinde bedient sich zur Erfüllung der ihr nach Landesrecht obliegenden Verpflichtung zur Abwasserbeseitigung einschließlich der Errichtung der dafür benötigten Bauwerke eines Unternehmers. ② Dieser erlangt dafür u. a. einen vertraglichen Anspruch auf die Fördermittel, die der Gemeinde zustehen.

③ Der Unternehmer erbringt eine steuerbare Leistung an die Gemeinde. ④ Ein für Rechnung der Gemeinde vom Land an den Unternehmer gezahlter Investitionszuschuss für die Errichtung der Kläranlage ist Entgelt (vgl. BFH-Urteil vom 20. 12. 2001, V R 81/99, BStBl. 2003 II S. 213).

Zuschüsse als zusätzliches Entgelt eines Dritten[1]

(3) ① Zusätzliches Entgelt im Sinne des § 10 Abs. 1 Satz 2 UStG sind solche Zahlungen, die der leistende Unternehmer (Zahlungsempfänger) von einem anderen als dem Leistungsempfänger für die Lieferung oder sonstige Leistung erhält. ② Ein zusätzliches Entgelt kommt in der Regel nur dann in Betracht, wenn ein unmittelbarer Leistungsaustausch zwischen dem Zahlungsempfänger und dem zahlenden Dritten zu verneinen ist (vgl. BFH-Urteil vom 20. 2. 1992, V R 107/87, BStBl. II S. 705). ③ Der Dritte ist in diesen Fällen nicht Leistungsempfänger. ④ Ein zusätzliches Entgelt liegt vor, wenn der Leistungsempfänger einen Rechtsanspruch auf die Zahlung hat, die Zahlung in Erfüllung einer öffentlich-rechtlichen Verpflichtung gegenüber dem Leistungsempfänger oder zumindest im Interesse des Leistungsempfängers gewährt wird (vgl. BFH-Urteil vom 25. 11. 1986, V R 109/78, BStBl. 1987 II S. 228). ⑤ Diese Zahlung gehört unabhängig von der Bezeichnung als „Zuschuss" zum Entgelt, wenn der Zuschuss dem Abnehmer des Gegenstands oder dem Dienstleistungsempfänger zugutekommt, der Zuschuss gerade für die Lieferung eines bestimmten Gegenstands oder die Erbringung einer bestimmten sonstigen Leistung gezahlt wird und mit der Verpflichtung der den Zuschuss gewährenden Stelle zur Zuschusszahlung das Recht des Zahlungsempfängers (des Leistenden) auf Auszahlung des Zuschusses einhergeht, wenn er einen steuerbaren Umsatz bewirkt hat (vgl. BFH-Urteil vom 9. 10. 2003, V R 51/02, BStBl. 2004 II S. 322). 33

Beispiel 1:

① Die BA gewährt einer Werkstatt für behinderte Menschen pauschale Zuwendungen zu den Sach-, Personal- und Beförderungskosten, die für die Betreuung und Ausbildung der behinderten Menschen entstehen.

② Die Zahlungen sind Entgelt von dritter Seite für die Leistungen der Werkstatt für behinderte Menschen (Zahlungsempfänger) an die behinderten Menschen, da der einzelne behinderte Mensch auf diese Zahlungen einen Anspruch hat.

Beispiel 2:

① Ein Bundesland gewährt einem Studentenwerk einen Zuschuss zum Bau eines Studentenwohnheims. ② Der Zuschuss wird unmittelbar dem Bauunternehmer ausgezahlt.

③ Es liegt Entgelt von dritter Seite für die Leistung des Bauunternehmers an das Studentenwerk vor.

⑥ Wird das Entgelt für eine Leistung des Unternehmers wegen der Insolvenz des Leistungsempfängers uneinbringlich und zahlt eine Bank, die zu dem Leistungsempfänger Geschäftsbeziehungen unterhalten hat, an den Unternehmer gegen Abtretung der Insolvenzforderung einen Betrag, der sich – unter Berücksichtigung von Gewährleistungsansprüchen – an der Höhe des noch nicht bezahlten Entgelts orientiert, kann diese Zahlung Entgelt eines Dritten für die Leistung des Unternehmers sein (vgl. BFH-Urteil vom 19. 10. 2001, V R 48/00, BStBl. 2003 II S. 210, zur Abtretung einer Konkursforderung).

(4) ① Nicht zum zusätzlichen Entgelt gehören hingegen Zahlungen eines Dritten dann, wenn sie dem leistenden Unternehmer (Zahlungsempfänger) zu dessen Förderung und nicht überwiegend im Interesse des Leistungsempfängers gewährt werden. ② Die Abgrenzung von zusätzlichem Entgelt und echtem Zuschuss wird somit nach der Person des Bedachten und nach dem Förderungsziel vorgenommen (BFH-Urteil vom 8. 3. 1990, V R 67/89, BStBl. II S. 708). ③ Ist die Zahlung des Dritten an den Zahlungsempfänger ein echter Zuschuss, weil sie zur Förderung des Zahlungsempfängers gewährt wird, ist es unbeachtlich, dass der Zuschuss auch dem Leistungsempfänger zugutekommt, weil er nicht das Entgelt aufzubringen hat, das der Zahlungsempfänger – ohne den Zuschuss – verlangen müsste (vgl. BFH-Urteil vom 9. 10. 1975, V R 88/74, BStBl. 1976 II S. 105). 34

(5) ① Ein zusätzliches Entgelt ist anzunehmen, wenn die Zahlung die Entgeltzahlung des Leistungsempfängers ergänzt und sie damit preisauffüllenden Charakter hat. ② Die Zahlung dient der Preisauffüllung, wenn sie den erklärten Zweck hat, das Entgelt für die Leistung des Zahlungsempfängers an den Leistungsempfänger auf die nach Kalkulationsgrundsätzen erforderliche Höhe zu bringen und dadurch das Zustandekommen eines Leistungsaustauschs zu sichern oder wenigstens zu erleichtern (vgl. BFH-Urteil vom 24. 8. 1967, V 31/64, BStBl. III S. 717). ③ Die 35

[1] **Rechnungserteilung und Vorsteuerabzug** bei Entgelt von dritter Seite vgl. A 14.10 Abs. 1 UStAE.

UStAE 10.2

von Versicherten der gesetzlichen Krankenkassen nach § 31 Abs. 3 SGB V zu entrichtende Zuzahlung bei der Abgabe von Arzneimitteln ist Entgelt von dritter Seite für die Lieferung des Arzneimittels durch die Apotheke an die Krankenkasse. ④ Hinsichtlich der den Verlagen zugewendeten Druckkostenzuschüsse bei der Vervielfältigung und Verbreitung von Druckwerken gilt:

1. ① Der Druckkostenzuschuss des Autors an den Verlag ist grundsätzlich Entgelt für die Leistung des Verlags an den Autor, wenn zwischen dem Verlag und dem Autor ein Leistungsaustauschverhältnis z. B. auf Grund eines Verlagsvertrags besteht (vgl. BFH-Urteil vom 21. 10. 2015, XI R 22/13, BStBl. 2018 II S. 612). ② Dabei ist es unerheblich, ob der Autor den Druckkostenzuschuss aus eigenen Mitteln oder mit Fördermitteln finanziert. ③ Zahlt der Dritte die Fördermittel für den Autor unmittelbar an den Verlag, liegt ein verkürzter Zahlungsweg vor.
2. Der Druckkostenzuschuss eines Dritten an den Verlag, der nicht im Namen und für Rechnung des Autors gewährt wird, ist grundsätzlich dann Entgelt von dritter Seite für die Leistung des Verlags an den Autor, wenn zwischen dem Verlag und dem Autor ein Leistungsaustauschverhältnis z. B. auf Grund eines Verlagsvertrags besteht.
3. Druckkostenzuschüsse eines Dritten an den Verlag sind grundsätzlich dann Entgelt für die Leistung des Verlags an den Dritten, wenn zwischen dem Verlag und dem Dritten ein Leistungsaustauschverhältnis z. B. auf Grund eines gegenseitigen Vertrags besteht.

⑤ Entgelt von dritter Seite liegt auch dann vor, wenn der Zahlungsempfänger in pauschalierter Form das erhalten soll, was ihm vom Begünstigten (Leistungsempfänger) für die Leistung zustünde, wobei eine Kostendeckung nicht erforderlich ist (vgl. BFH-Urteil vom 26. 6. 1986, V R 93/77, BStBl. II S. 723). ⑥ Wegen der Rechnungserteilung bei der Vereinnahmung von Entgelten von dritter Seite vgl. Abschnitt 14.10 Abs. 1. ⑦ Liefert der Vermittler eines Mobilfunkvertrags im eigenen Namen an den Kunden ein Mobilfunkgerät oder einen sonstigen Elektronikartikel und gewährt das Mobilfunkunternehmen dem Vermittler auf Grund vertraglicher Vereinbarung eine von der Abgabe des Mobilfunkgeräts oder sonstigen Elektronikartikels abhängige Provision bzw. einen davon abhängigen Provisionsbestandteil, handelt es sich bei dieser Provision oder diesem Provisionsbestandteil insoweit nicht um ein Entgelt für die Vermittlungsleistung an das Mobilfunkunternehmen, sondern um ein von einem Dritten gezahltes Entgelt im Sinne des § 10 Abs. 1 Satz 2 UStG für die Lieferung des Mobilfunkgeräts oder des sonstigen Elektronikartikels (vgl. BFH-Urteil vom 16. 10. 2013, XI R 39/12, BStBl. 2014 II S. 1024). ⑧ Dies gilt unabhängig von der Höhe einer von dem Kunden zu leistenden Zuzahlung.

36 (6) ① Nach den vorstehenden Grundsätzen ist auch dann zu verfahren, wenn bei der Einschaltung von Unternehmern in die Erfüllung hoheitlicher Aufgaben einer juristischen Person des öffentlichen Rechts der eingeschaltete Unternehmer einen eigenen gesetzlichen oder sonstigen Anspruch auf die Zahlung hat. ② Auch wenn es nach den Vergabebedingungen im Ermessen des Zuwendungsgebers steht, ob er die Mittel der juristischen Person des öffentlichen Rechts oder unmittelbar dem eingeschalteten Unternehmer gewährt, ist entscheidend, dass der Unternehmer einen eigenen Anspruch auf die Zuwendung hat (vgl. BMF-Schreiben vom 27. 12. 1990, BStBl. 1991 I S. 81).[1]

Beispiel 1:

① Erstattung von Fahrgeldausfällen für die unentgeltliche Beförderung schwer behinderter Menschen im öffentlichen Personenverkehr nach §§ 145 ff. SGB IX.

② Die erstatteten Fahrgeldausfälle sind Entgelt eines Dritten, da die Zahlungen das Fahrgeld abgelten sollen, das die begünstigten Personen ansonsten als Leistungsempfänger entsprechend dem geltenden Tarif hätten aufwenden müssen. ③ Nicht entscheidungserheblich ist, dass die Erstattungen pauschaliert erfolgen. ④ Maßgeblich ist vielmehr, dass die Zuwendungen nach einem Prozentsatz der Fahrgeldeinnahmen berechnet werden und damit in geschätzter Höhe die erbrachten Beförderungsleistungen abgelten sollen. ⑤ Inwieweit mit der Erstattung eine Äquivalenz von Leistung und Gegenleistung erreicht wird, ist nicht entscheidend (vgl. BFH-Urteil vom 26. 6. 1986, BStBl. II S. 723).

Beispiel 2:

① Eine Gemeinde bedient sich zur Erfüllung ihrer hoheitlichen Aufgaben im Bereich der Abfallwirtschaft einer GmbH. ② Die GmbH übernimmt die Errichtung und den Betrieb von Entsorgungseinrichtungen. ③ Hierfür gewährt das Land Zuwendungen, die nach den Förderrichtlinien von den abfallbeseitigungspflichtigen Gemeinden oder den mit der Abfallbeseitigung beauftragten privaten Unternehmern beantragt werden können.

a) ① Die Gemeinde ist Antragstellerin.
② Das Land zahlt die Zuwendungen an die antragstellende Gemeinde aus. ③ Die Gemeinde reicht die Gelder an die GmbH weiter.
④ Die GmbH erbringt steuerbare und steuerpflichtige Leistungen (Errichtung und Betrieb der Entsorgungseinrichtungen) an die Gemeinde. ⑤ Zum Entgelt für diese Leistungen gehören auch die von der Gemeinde an die GmbH weitergeleiteten Zuwendungen des Landes.
⑥ Selbst wenn das Land auf Antrag der Gemeinde die Mittel direkt an die GmbH überwiesen hätte, wären diese Teile des Entgelts für die Leistungen der GmbH.

b) ① Die GmbH ist Antragstellerin.
② Das Land zahlt die Zuwendungen an die antragstellende GmbH aus.
③ Die GmbH erbringt auch in diesem Fall steuerbare und steuerpflichtige Leistungen an die Gemeinde. ④ Die Zahlungen des Landes an die GmbH sind zusätzliches Entgelt eines Dritten für die Leistungen der GmbH an die Gemeinde, da die Zahlungen im Interesse der Gemeinde geleistet werden.

---

[1] Anlage zu A 2.11 UStAE. – Vgl. ferner A 2.11 Abs. 3 (in eigenem Namen auftretende Unternehmer) u. A 12.9 Abs. 2 Satz 3 (fehlende Gemeinnützigkeit) UStAE.

Echte Zuschüsse

(7) ① Echte Zuschüsse liegen vor, wenn die Zahlungen nicht auf Grund eines Leistungsaustauschverhältnisses erbracht werden (vgl. BFH-Urteile vom 28. 7. 1994, V R 19/92, BStBl. 1995 II S. 86, und vom 13. 11. 1997, V 11/97, BStBl. 1998 II S. 169). ② Das ist der Fall, wenn die Zahlungen nicht an bestimmte Umsätze anknüpfen, sondern unabhängig von einer bestimmten Leistung gewährt werden, weil z. B. der leistende Unternehmer (Zahlungsempfänger) einen Anspruch auf die Zahlung hat oder weil in Erfüllung einer öffentlich-rechtlichen Verpflichtung bzw. im überwiegenden öffentlich-rechtlichen Interesse an ihn gezahlt wird (vgl. BFH-Urteile vom 24. 8. 1967, V 31/64, BStBl. III S. 717, und vom 25. 11. 1986, V R 109/78, BStBl. 1987 II S. 228). ③ Echte Zuschüsse liegen auch vor, wenn der Zahlungsempfänger die Zahlungen lediglich erhält, um ganz allgemein in die Lage versetzt zu werden, überhaupt tätig zu werden oder seine nach dem Gesellschaftszweck obliegenden Aufgaben erfüllen zu können. ④ So sind Zahlungen echte Zuschüsse, die vorrangig dem leistenden Zahlungsempfänger zu seiner Förderung aus strukturpolitischen, volkswirtschaftlichen oder allgemeinpolitischen Gründen gewährt werden (BFH-Urteil vom 13. 11. 1997, V R 11/97, a. a. O.). ⑤ Dies gilt auch für Beihilfen in der Landwirtschaft, durch die Strukturveränderungen oder Verhaltensänderungen z. B. auf Grund von EG-Marktordnungen gefördert werden sollen. ⑥ Ebenso stellen Marktprämie einschließlich Managementprämie (§ 33 g EEG) bzw. Flexibilitätsprämie (§ 33 i EEG) echte, nichtsteuerbare Zuschüsse dar, vgl. Abschnitt 2.5 Abs. 24. ⑦ Vorteile in Form von Subventionen, Beihilfen, Förderprämien, Geldpreisen und dergleichen, die ein Unternehmer als Anerkennung oder zur Förderung seiner im allgemeinen Interesse liegenden Tätigkeiten ohne Bindung an bestimmte Umsätze erhält, sind kein Entgelt (vgl. BFH-Urteil vom 6. 8. 1970, V R 94/68, BStBl. II S. 730). ⑧ Die bloße technische Anknüpfung von Förderungsmaßnahmen an eine Leistung des Zahlungsempfängers führt nicht dazu, dass die Förderung als zusätzliches Entgelt für die Leistung zu beurteilen ist, wenn das Förderungsziel nicht die Subvention der Preise zugunsten der Abnehmer (Leistungsempfänger), sondern die Subvention des Zahlungsempfängers ist (vgl. BFH-Urteil vom 8. 3. 1990, V R 67/89, BStBl. II S. 708). 37

Beispiel 1:

① Zuschüsse, die die BA bestimmten Unternehmern zu den Löhnen und Ausbildungsvergütungen oder zu den Kosten für Arbeitserprobung und Probebeschäftigung gewährt.

② Damit erbringt die BA weder als Dritter zusätzliche Entgelte zugunsten der Vertragspartner des leistenden Unternehmers, noch erfüllt sie als dessen Leistungsempfänger eigene Entgeltverpflichtungen.

Beispiel 2:

① Zuschüsse, die von den gesetzlichen Trägern der Grundsicherung für Arbeitssuchende für die Teilnehmer an Arbeitsgelegenheiten mit Mehraufwandsentschädigung zur Abdeckung des durch die Ausübung des Zusatzjobs entstehenden tatsächlichen Mehraufwands gezahlt werden, sind echte Zuschüsse. ② Ein unmittelbarer Zusammenhang zwischen einer erbrachten Leistung und der Zuwendung besteht nicht.

Beispiel 3:

① Für die Einrichtung von Zusatzjobs können den Arbeitsgelegenheiten mit Mehraufwandsentschädigung die entstehenden Kosten von den gesetzlichen Trägern der Grundsicherung für Arbeitssuchende erstattet werden. ② Die Erstattung kann sowohl Sach- als auch Personalkosten umfassen und pauschal ausgezahlt werden.

③ Diese Maßnahmekostenpauschale stellt einen echten Zuschuss an die Arbeitsgelegenheit dar, sie soll ihre Kosten für die Einrichtung und die Durchführung der Zusatzjobs abdecken. ④ Ein individualisierbarer Leistungsempfänger ist nicht feststellbar.

Beispiel 4:

① Qualifizierungsmaßnahmen, die eine Arbeitsgelegenheit mit Mehraufwandsentschädigung selbst oder von einem externen Weiterbildungsträger durchführen lässt.

② Qualifizierungsmaßnahmen, die von der Arbeitsgelegenheit selbst durchgeführt werden und bei denen deren eigenunternehmerisches Interesse im Vordergrund steht, sind keine Leistungen im umsatzsteuerrechtlichen Sinn; ebenso begründet die Vereinbarung zur Durchführung von Qualifizierungsmaßnahmen, bei denen deren eigenunternehmerisches Interesse im Vordergrund steht, durch externe Weiterbildungsträger keinen Vertrag zugunsten Dritter. ③ Die von den gesetzlichen Trägern der Grundsicherung für Arbeitssuchende insoweit geleisteten Zahlungen sind kein Entgelt für eine Leistung der Arbeitsgelegenheit gegenüber diesen Trägern oder dem Weiterzubildenden, sondern echte Zuschüsse. ④ Für die Beurteilung der Leistungen der externen Weiterbildungsträger gelten die allgemeinen umsatzsteuerrechtlichen Grundsätze.

Beispiel 5:

① Zuwendungen des Bundes und der Länder nach den vom Bundesministerium des Innern (BMI) herausgegebenen Grundsätzen zur Regelung von Kriterien und Höhe der Förderung des Deutschen Olympischen Sportbundes – Bereich Leistungssport – sowie den vom BMI entworfenen Vereinbarungs-/Vertragsmuster, die bundesweit zur Weiterleitung der Bundeszuwendung bei der Förderung der Olympiastützpunkte und Bundesleistungszentren verwendet werden sollen, zu den Betriebs- und Unterhaltskosten ausgewählter Sportstätten.

② Im Allgemeinen liegt kein Leistungsaustausch zwischen dem Träger der geförderten Sportstätte und dem Träger des Olympiastützpunkts vor, auch wenn Nutzungszeiten für einen bestimmten Personenkreis in den Zuwendungsbedingungen enthalten sind, denn die Zuwendungen werden im Regelfall für die im allgemeinen Interesse liegende Sportförderung zur Verfügung gestellt. ③ Dies gilt auch für die Förderung des Leistungssports. ④ Die normierten Auflagen für den Zuwendungsempfänger reichen für die Annahme eines Leistungsaustauschverhältnisses nicht aus. ⑤ Sie haben lediglich den Zweck, den Zuwendungsgeber über den von ihm erhofften und erstrebten Nutzen des Projekts zu unterrichten und die sachgerechte Verwendung der eingesetzten Fördermittel sicherzustellen und werden daher als echte Zuschüsse gewährt.

UStAE 10.2

Zuwendungen aus öffentlichen Kassen

38 (8) ① Ob Zuwendungen aus öffentlichen Kassen echte Zuschüsse sind, ergibt sich nicht aus der haushaltsrechtlichen Erlaubnis zur Ausgabe, sondern allein aus dem Grund der Zahlung (vgl. BFH-Urteile vom 27. 11. 2008, V R 8/07, BStBl. 2009 II S. 397, und vom 18. 12. 2008, V R 38/06, BStBl. 2009 II S. 749). ② Werden Zuwendungen aus öffentlichen Kassen ausschließlich auf der Grundlage des Haushaltsrechts in Verbindung mit den dazu erlassenen Allgemeinen Nebenbestimmungen vergeben, liegen in der Regel echte Zuschüsse vor. ③ Denn die in den Allgemeinen Nebenbestimmungen normierten Auflagen für den Zuwendungsempfänger reichen grundsätzlich für die Annahme eines Leistungsaustauschverhältnisses nicht aus. ④ Sie haben den Sinn, den Zuwendungsgeber über den von ihm erhofften und erstrebten Nutzen des Projekts zu unterrichten und die sachgerechte Verwendung der eingesetzten Fördermittel sicherzustellen. ⑤ Grund der Zahlung ist in diesen Fällen die im überwiegenden öffentlichen Interesse liegende Förderung des Zuwendungsempfängers, nicht der Erwerb eines verbrauchsfähigen Vorteils durch den Zuwendungsgeber.

39 (9) ① Wird die Bewilligung der Zuwendungen über die Allgemeinen Nebenbestimmungen hinaus mit besonderen Nebenbestimmungen verknüpft, kann ein Leistungsaustauschverhältnis vorliegen. ② Besondere Nebenbestimmungen sind auf den jeweiligen Einzelfall abgestellte Regelungen, die Bestandteil jeder Zuwendung sein können und im Zuwendungsbescheid oder -vertrag besonders kenntlich zu machen sind. ③ Dort können Auflagen und insbesondere Vorbehalte des Zuwendungsgebers hinsichtlich der Verwendung des Tätigkeitsergebnisses geregelt sein, die auf einen Leistungsaustausch schließen lassen. ④ Entsprechendes gilt für vertraglich geregelte Vereinbarungen. ⑤ Denn bei Leistungen, zu denen sich die Vertragsparteien in einem gegenseitigen Vertrag verpflichtet haben, liegt grundsätzlich ein Leistungsaustausch vor (vgl. BFH-Urteil vom 18. 12. 2008, V R 38/06, BStBl. 2009 II S. 749). ⑥ Regelungen zur technischen Abwicklung der Zuwendung und zum haushaltsrechtlichen Nachweis ihrer Verwendung sind umsatzsteuerrechtlich regelmäßig unbeachtlich (vgl. BFH-Urteil vom 28. 7. 1994, V R 19/92, BStBl. 1995 II S. 86).

40 (10)[1] ① Zuwendungen, die zur Projektförderung oder zur institutionellen Förderung auf der Grundlage folgender Nebenbestimmungen gewährt werden, sind grundsätzlich als nicht der Umsatzsteuer unterliegende echte Zuschüsse zu beurteilen:

1. Nebenbestimmungen für Zuwendungen auf Kostenbasis des Bundesministeriums für Bildung und Forschung (BMBF) an Unternehmen der gewerblichen Wirtschaft für Forschungs- und Entwicklungsvorhaben (NKBF-98); diese gelten z. B. auch im Geschäftsbereich des Bundesministeriums für Wirtschaft und Energie (BMWi) und des Bundesministeriums für Umwelt, Naturschutz und nukleare Sicherheit (BMU);
2. Allgemeine Nebenbestimmungen für Zuwendungen zur Projektförderung (ANBest-P) – Anlage 2 der VV zu § 44 BHO;
3. Allgemeine Nebenbestimmungen für Zuwendungen zur Projektförderung an Gebietskörperschaften und Zusammenschlüsse von Gebietskörperschaften (ANBest-GK) – Anlage 3 der VV zu § 44 BHO;
4. Besondere Nebenbestimmungen für Zuwendungen des BMBF zur Projektförderung auf Ausgabenbasis (BNBest-BMBF 98); diese gelten z. B. auch im Geschäftsbereich des BMWi und des BMU;
5. Allgemeine Nebenbestimmungen für Zuwendungen zur Projektförderung auf Kostenbasis (ANBest-P-Kosten) – Anlage 4 der VV zu § 44 BHO;
6. Allgemeine Nebenbestimmungen für Zuwendungen zur institutionellen Förderung (ANBest-I) – Anlage 1 der VV zu § 44 BHO;
7. Finanzstatut für Forschungseinrichtungen der Hermann von Helmholtz-Gemeinschaft Deutscher Forschungszentren e. V. (FinSt-HZ);
8. Nebenbestimmungen für Zuwendungen auf Kostenbasis des Bundesministeriums für Bildung und Forschung an gewerbliche Unternehmen für Forschungs- und Entwicklungsvorhaben (NKBF 2017); diese gelten z. B. auch im Geschäftsbereich des BMWi und des BMU;
9. Nebenbestimmungen für Zuwendungen auf Ausgabenbasis (NABF); diese gelten z. B. auch im Geschäftsbereich des BMWi und des BMU;
10. Zuwendungen im Zusammenhang mit EU-Rahmenprogrammen, die den Teilnehmern für Forschungs- und Innovationstätigkeiten innerhalb der Rahmenprogramme der EU (beispielsweise Horizont 2020; RP7 oder Horizont Europa), jedoch außerhalb öffentlicher Auftragsvergabe bereitgestellt werden, wenn die Zuwendungen nicht mit dem Preis einer Lieferung von Gegenständen oder der Erbringung einer Dienstleistung im Zusammenhang stehen, und sofern keine Übertragung der Eigentumsrechte an den Ergebnissen von aus den genannten EU-Rahmenprogrammen finanzierten Tätigkeiten an die Kommission vorgesehen ist.

---

[1] A 10.2 UStAE Abs. 10 Satz 1 Nr. 10 angefügt durch BMF v. 16. 6. 2022 (BStBl. I S. 1003), anzuwenden in allen offenen Fällen.

② Entsprechendes gilt für Zuwendungen, die nach Richtlinien und Nebenbestimmungen zur Förderung bestimmter Vorhaben gewährt werden, die inhaltlich den o. a. Förderbestimmungen entsprechen (z. B. Zuwendungen im Rahmen der Programme der Biotechnologie- und Energieforschung sowie zur Förderung des Forschungs- und Entwicklungspersonals in der Wirtschaft). ③ Diese Beurteilung schließt im Einzelfall eine Prüfung nicht aus, ob auf Grund zusätzlicher Auflagen oder Bedingungen des Zuwendungsgebers oder sonstiger Umstände ein steuerbarer Leistungsaustausch zwischen dem Zuwendungsgeber und dem Zuwendungsempfänger begründet worden ist. ④ Dabei ist bei Vorliegen entsprechender Umstände auch die Frage des Entgelts von dritter Seite zu prüfen. ⑤ Eine Prüfung kommt insbesondere in Betracht, wenn die Tätigkeit zur Erfüllung von Ressortaufgaben des Zuwendungsgebers durchgeführt wird und deshalb z. B. folgende zusätzliche Vereinbarungen getroffen wurden (vgl. auch BFH-Urteile vom 23. 2. 1989, V R 141/84, BStBl. II S. 638, und vom 28. 7. 1994, V R 19/92, BStBl. 1995 II S. 86):

1. Vorbehalt von Verwertungsrechten für den Zuwendungsgeber;
2. Zustimmungsvorbehalt des Zuwendungsgebers für die Veröffentlichung der Ergebnisse;
3. fachliche Detailsteuerung durch den Zuwendungsgeber;
4. Vollfinanzierung bei Zuwendungen an Unternehmen der gewerblichen Wirtschaft.

⑥ Die Vorbehalte sprechen nicht für einen Leistungsaustausch, wenn sie lediglich dazu dienen, die Tätigkeit zu optimieren und die Ergebnisse für die Allgemeinheit zu sichern. ⑦ Nach den vorstehenden Grundsätzen ist auch bei der umsatzsteuerlichen Beurteilung von Zuwendungen zur Projektförderung sowie zur institutionellen Förderung auf Grund entsprechender Bestimmungen der Bundesländer zu verfahren.

– Entgelt von dritter Seite – LS zu 10.2

Zahlungen nach § 32 a Abs. 2 UrhG (sog. **Bestsellervergütungen**), die z. B. von einem Fernsehsender an den Urheber geleistet werden, sind Entgelt von dritter Seite. *Verfügung OFD Frankfurt S 7200 A – 272 – St 110 v. 10. 7. 2017 (MwStR S. 804).*

Verpflichtet sich ein Vorhabenträger in einem Vertrag mit Grundstückserwerbern gegen Zahlung von Erschließungskosten dazu, **Erschließungsleistungen an eine Gemeinde** zu erbringen, wird die Erschließung gegen Entgelt erbracht. *BFH-Urteil v. 22. 2. 2017 XI R 17/15 (BStBl. II S. 812).*

Pauschale Zuzahlungen von Arbeitgebern bzw. Hochschulen zu **Job- bzw. Semestertickets** sind Entgelt von dritter Seite. *Kurzinfo FM Schleswig-Holstein VI 3510 – S 7200-694 v. 29. 1. 2021 (DStR S. 922).*

– Zuschüsse –

Bei **Lieferungen von Apotheken** ist von Lieferungen der gesetzlichen Krankenkassen auszugehen. – Zuzahlungen der Versicherten sind Entgelte von dritter Seite. – Ausstellungen von **Zuzahlungsquittungen** (Kleinbetragsrechnungen) im Namen der Krankenkasse als Leistungsempfänger. *Verfügung OFD Frankfurt S 7280 A – 76 – St 111 v. 22. 1. 2010.* **44**

Notdienstpauschale für **Apotheken** nach dem Apothekennotdienstsicherstellungsgesetz (ANSG) als echter Zuschuss. *Verfügung BayLfSt v. 5. 2. 2014 – S 7200.1.1–20/5 St 33 (DStR S. 535).*

Erhält ein Steuerpflichtiger zur Errichtung einer **Windkraft- und Photovoltaikanlage** von der Nutzerin der Anlage im Rahmen eines umfangreichen Vertragswerks einen Zuschuss, so liegt darin ein umsatzsteuerbares Entgelt und kein steuerfreier echter Zuschuss. *Niedersächsisches FG, Urt. v. 26. 2. 2009, 16 K 10 033/07, rkr. (DStRE S. 934).*

Zahlungen eines **Zweiterwerbers an den Erstverkäufer** für dessen Lieferung an den **Ersterwerber** stellen nachträgliches Entgelt im Sinne des § 10 Abs. 1 Satz 1 UStG dar, wenn der Zweiterwerber seine Kaufpreisschuld gegenüber dem Ersterwerber nicht wirksam getilgt hat. *BFH-Urt. v. 16. 1. 2003, V R 36/01 (DStRE S. 681).*

Züchterprämien vgl. *BMF-Schreiben S 7234 – 2/75 v. 1. 12. 1975 (BStBl. I S. 1127).*

Leistungen sind auch dann umsatzsteuerpflichtig, wenn der Leistungsempfänger sie mit **ABM-Mitteln** bezahlt. *Verfügung OFD Berlin St 431 – S 7200 – 3/99 v. 15. 11. 1999.*

Die vom **Arbeitsamt an Personal-Service-Agenturen (PSA)** gezahlten Fallpauschalen sind Entgelt für umsatzsteuerpflichtige Leistungen. Entsprechendes gilt für Integrations- und Vermittlungsprämien. *Verfügung OFD Düsseldorf v. 2. 7. 2003.*

Zahlungen der öffentlichen Hand zur Förderung von **begleitenden Qualifizierungsmaßnahmen** von Teilnehmern an Arbeitsgelegenheiten mit Mehraufwandsentschädigungen ab dem 1. 1. 2005 sind echte Zuschüsse bzw. durchlaufende Posten. *Erlass Nordrhein-Westfalen S 7100 – 214 – V 2 v. 22. 4. 2005.*

Förderbeiträge im Rahmen der Schaffung von Arbeitsgelegenheiten in der Entgeltvariante gemäß § 16 Abs. 3 Satz 1 SGB II sind echte nicht steuerbare Zuschüsse. *Verfügung OFD Hannover S 7100 – 588 – StO 171 v. 23. 12. 2005.*

Die im Rahmen der **Hartz-IV-Gesetze** gezahlten **Maßnahmenkostenpauschale** und Mehraufwandsentschädigungen sind echte Zuschüsse (sog. „1-Euro-Jobs"). *Verfügung OFD Frankfurt S 7200 A – 223 – St 11 v. 5. 4. 2006 (UR 2007 S. 34).*

Zuwendungen des Landes Sachsen-Anhalt an Projektträger, die für das **Programm „Zukunft mit Arbeit"** gewährt werden, erfolgen nicht im Rahmen eines Leistungsaustauschs. Es handelt sich um echte nicht steuerbare Zuschüsse. – Bedient sich der Projektträger eines Dritten (zB eines **externen Weiterbildungsträgers**) zur Erledigung der Maßnahmen und verwendet dafür die Zuwendung, liegt regelmäßig ein Leistungsaustausch zwischen dem Projektträger und dem Dritten vor, bei dem die Leistung des Dritten unter den Voraussetzungen des § 4 Nr. 21 UStG steuerbefreit ist. *Verfügung OFD Magdeburg S 7179 – 77 – St 243 v. 5. 1. 2011.*

Zahlt ein Netzbetreiber dem Anlagenbetreiber, der Strom aus Erneuerbaren Energien oder aus Grubengas erzeugt, eine **Marktprämie** nach § 33 g EEG bzw. eine **Flexibilitätsprämie** nach § 33 i EEG, handelt es sich jeweils um einen echten, nicht steuerbaren Zuschuss. Wurde für vor dem 1. 1. 2013 erfolgte Stromlieferungen die Markt- bzw. Flexibilitätsprämie als Entgeltbestandteil unter Ausweis von Umsatzsteuer abgerechnet, wird es auch für Zwecke des Vorsteuerabzugs nicht beanstandet, wenn eine Berichtigung der Rechnung unterbleibt. *Schreiben des BMF v. 6. 11. 2012 IV D 2 – S 7124/12/10 002 (BStBl. I S. 1095).*

Wird dem Anlagenbetreiber durch den Netzbetreiber unter den Voraussetzungen der §§ 21 Abs. 3, 23 b und 100 Abs. 7 EEG (Fassung 31. 12. 2020) ein **Mieterstromzuschlag** gezahlt, handelt es sich um einen echten, nicht steuerbaren Zuschuss. Denn Ziel des Mieterstromzuschlags ist es, die Direktvermarktung von erneuerbaren Energien zu fördern. *Kurzinfo*

LS zu 10.2

FM Schleswig-Holstein VI 3510 – S 7124-009 v. 26. 2. 2021 (DStR S. 992) u. Erlass FM Mecklenburg-Vorpommern S 7200-0000-2012/010-002 v. 7. 4. 2021 (DStR S. 1660).

– Werbezuschüsse –

45 Behandlung von **Werbezuschüssen bei Kfz-Vertragshändlern.** *BFH v. 13. 1. 1972 V R 137/68 (BStBl. II S. 389).*

Verpflichtet sich ein Einzelhändler gegenüber einem anderen Unternehmer gegen eine Zahlung, auf neu geschaffenen Verkaufsflächen von diesem Unternehmer bezogene Produkte zum Verkauf anzubieten, liegt sowohl der für die Annahme eines Entgelts als auch der für den Vorsteuerabzug erforderliche unmittelbare Zusammenhang zwischen der Leistung **(Bereitstellung der Verkaufsflächen)** und der hierfür von dem anderen Unternehmer geleisteten Zahlung vor. *BFH-Urteil v. 7. 5. 2020 V R 22/18 (BStBl. 2021 II S. 921).*

– Öffentliche Zuschüsse –

46 Bei Zahlungen aus öffentlichen Kassen aufgrund von **Zuwendungsbescheiden** einschließlich der Allgemeinen Nebenbestimmungen ist von einem echten Zuschuss auszugehen, soweit nicht besondere Nebenbestimmungen hinzutreten. *Verfügung OFD Frankfurt S 7200 A – 215 – St 111 v. 22. 1. 2010.*

Abgrenzung zwischen Entgelt und nicht steuerbarem Zuschuss bei einem Verein zur **Förderung der Medienarbeit** vgl. *BFH-Urt. v. 18. 3. 2010 – V R 12/09 (BFH/NV S. 1500).* – Überlassung von Presseinformationen vgl. *BMF-Schreiben zur Anlage 2, FN zu Tz. 153* (hinter § 29 UStG).

Investitionskostenzuschüsse von Gemeinden an Netzbetreiber zur **Verbesserung der Breitbandversorgung** in ländlichen Räumen sind echte nicht steuerbare Zuschüsse. *OFD Frankfurt S 7200 – 246 – St 111 v. 18. 3. 2009 (UR S. 823).*

Preisgelder aus Gründungswettbewerben sind echte nicht steuerbare Zuschüsse. *Verfügung OFD Münster USt. 003/2008 v. 10. 1. 2008.*

Der Begriff unmittelbar **mit dem Preis zusammenhängende Subventionen** i. S. v. Art. 11 Teil A Abs. 1 Buchst. a der 6. EG-Richtlinie 77/388/EWG ist dahin auszulegen, dass er nur die Subventionen erfasst, die vollständig oder teilweise die Gegenleistung für die Lieferung von Gegenständen oder von Dienstleistungen sind und dem Verkäufer oder Dienstleistungserbringer von einem Dritten gezahlt worden sind. Es ist Sache des vorlegenden Gerichtes, anhand der ihm unterbreiteten Tatsachen festzustellen, ob die Subvention eine solche Gegenleistung darstellt. ***EuGH-Urt. v. 22. 11. 2001,*** *C-184/00, Office des produits wallons ASBL (IStR 2002 S. 96).*

Art. 11 Teil A Abs. 1 Buchst. a der Sechsten Richtlinie 77/388/EWG des Rates ist dahin auszulegen, dass ein Betrag wie der im Ausgangsverfahren gezahlte die Gegenleistung für eine Dienstleistung darstellt und Teil der Besteuerungsgrundlage dieses Umsatzes für Mehrwertsteuer ist **[Subvention für Energieberatung].** ***EuGH-Urt. v. 13. 6. 2002,*** *C-353/00, Keeping Newcastle Warm Limited (DStRE S. 969).*

Bei den Zuschüssen auf der Grundlage der **„Förderrichtlinie Biologische Stationen NRW"** zur Verwirklichung von Aufgaben und Projekten, die sich ausschließlich auf die Kernaufgaben der Biologischen Stationen konzentrieren, ist sowohl ertrag- als auch umsatzsteuerlich von echten (nicht steuerbaren) Zuschüssen auszugehen. *Verfügung OFD Münster KSt. 3/2009 v. 23. 4. 2009.*

Zur Behandlung des Förderprogramms **„Inklusionsassistent"**, das aus ESF-Mitteln mitfinanziert wird. *Vfg. FM Sachsen 213 – S 7200/4/10–2018/25 205 v. 3. 8. 2018 (MwStR 2019 S. 248).*

Zahlungen zur Durchführung eines bestimmten **Forschungsvorhabens** werden dann im Rahmen eines umsatzsteuerrechtlichen Leistungsaustausches für eine Leistung – und nicht etwa als echter Zuschuß – erbracht, wenn der Zahlende auf Grund der jeweils geltenden Abreden einen rechtlich durchsetzbaren Anspruch auf Durchführung des Forschungsvorhabens erworben hat. Wem das Vorhaben in erster Linie nützt, ist nicht allein entscheidend. *BFH-Urteil v. 9. 12. 1987 – X R 39/81 (BStBl. 1988 II S. 471).*

Ein Leistungsaustausch nach § 1 Abs. 1 Nr. 1 UStG setzt voraus, daß der Leistungsempfänger mit der Leistung auf einen Vorteil abzielt, aufgrund dessen er als Empfänger einer Lieferung oder Dienstleistung angesehen werden kann. Es muß ein unmittelbarer Zusammenhang zwischen der erbrachten Leistung und dem erwarteten Entgelt bestehen. Zahlungen, durch die lediglich eine aus **strukturpolitischen, volkswirtschaftlichen oder allgemeinpolitischen Gründen** erwünschte Tätigkeit des Zahlungsempfängers gefördert werden soll, sind kein Entgelt für eine steuerpflichtige Leistung. [Staatliche Zuschüsse an **Forschungseinrichtungen**]. *BFH-Urt. v. 15. 10. 1998 – V R 51/96 (BFH/NV 1999 S. 833).*

Zuschüsse der EU im Rahmen der **Forschung und Entwicklung** von **Verkehrsleitsystemen** sind auch dann nicht umsatzsteuerpflichtig, wenn sich die EU vertragsmäßig bestimmte Zugriffs- und Nutzungsrechte auf die Forschungsergebnisse gesichert hat. *Niedersächsisches FG, Urt. v. 22. 1. 2009, 5 K 4/05, rkr. (DStRE S. 933).*

USt-Erstattung an beliehene Unternehmer zur **Tierkörperbeseitigung** vgl. *BGH-Urt. v. 1. 10. 2009 – VII ZR 183/08 (UR 2010 S. 737).*

Zur Behandlung von Zahlungen der öffentlichen Hand an Unternehmen, die mit der **Tierkörperbeseitigung** beliehen sind (unechte Zuschüsse bei gegenseitigem Vertrag bzw. – bis 1. 7. 2020 – Entgelt von dritter Seite). *FM Schleswig-Holstein, Kurzinformation v. 28. 4. 2020 – VI 3510 – S 7100 – 509 (DStR S. 1576).*

47 Erstattungen an Verkehrsunternehmen für die unentgeltliche **Beförderung von Schwerbehinderten** sind Entgelt. – Ausgleichszahlungen im **Ausbildungsverkehr** können echte Zuschüsse sein. – § 12 Abs. 2 Nr. 10 UStG ist anwendbar. *Verfügung OFD Niedersachsen S 7200 – 174 – St 172 v. 16. 1. 2017 (UR S. 287).*

Ausgleichszahlungen nach den **EWG-VO Nr. 1191/69 und Nr. 1893/91 an Verkehrsunternehmen** können nichtsteuerbare Zuschüsse sein. *Erlass FM Brandenburg 31 – S 7200 – 3/96 v. 9. 2. 1996.*

Zur umsatzsteuerrechtlichen Beurteilung von Zuwendungen und Ausgleichszahlungen für gemeinwirtschaftliche Verkehrsleistungen **im öffentlichen Personennahverkehr (ÖPNV).** *Verfügung OFD Niedersachsen v. 31. 3. 2015 – S 7200 – 283 – St 171 (MwStR S. 617).*

1. Übernimmt der Unternehmer für eine Stadt den Betrieb verschiedener Einrichtungen (**Tierpark, Schwimmbad** und **Sportplatz**) gegen Übernahme der mit dem Betrieb dieser Einrichtungen verbundenen Verluste **(Ausgleichszahlungen),** kann es sich entweder um Entgelte der Stadt nach § 10 Abs. 1 Satz 3 UStG für die gegenüber den Nutzern der Einrichtungen erbrachten Leistungen oder um Entgelte für eine gegenüber der Stadt ausgeführte Betriebsführungsleistung handeln. – 2. … *BFH-Urt. v. 18. 6. 2009, V R 4/08 (BStBl. 2010 II S. 310).* – Vgl. auch *BFH-Urt. v. 19. 11. 2009 – V R 29/08 (BFH/NV 2010 S. 701).*

Zahlungen einer Gemeinde an einen Sportverein im Zusammenhang mit der **Bewirtschaftung** einer zur langfristigen Eigennutzung überlassenen **Sportanlage,** die es dem Sportverein ermöglichen sollen, sein Sportangebot aufrechtzuerhalten, können nicht umsatzsteuerbare (echte) Zuschüsse für die Tätigkeit des Sportvereins darstellen. *BFH-Urt. v. 18. 11. 2021 V R 17/20 (DStR 2022 S. 614).*

Keine umsatzsteuerbare Nutzungsüberlassung liegt nach dem *BFH-Urt. v. 22. 6. 2022 XI R 35/19 (DStR S. 2309)* vor bei Vereinbarung einer nur **symbolischen Pacht.** LS zu 10.2

Im Falle der Freistellung von der Kostenlast im Rahmen der sog. **Altlastenfreistellung** nach Art. 1 § 4 **Umweltrahmengesetz (RG)** v. 29. 6. 1990 idF des Art. 12 **Hemmnisbeseitigungsgesetz** v. 22. 3. 1991, BGBl. I 1991, 776, ist ein echter Zuschuß gegeben. Im Falle der Freistellung von der Verantwortung für die Altlastensanierung liegt dagegen ein Leistungsaustausch vor. – *Verfügung OFD Frankfurt S 7100 A – 182 – St IV 10 v. 26. 1. 1998.*

Wird für Zuwendungen der öffentlichen Hand an ein Unternehmen **[kommunale Krankenhäuser]** die Form eines **Betrauungsakts** gewählt, präjudiziert dies nicht die Entscheidung, ob ein Entgelt für eine steuerbare Leistung oder ein echter Zuschuss vorliegt. *Schreiben des BMF IV B 8 – S 7200/07/10 010 v. 19. 10. 2009 (UR 2010 S. 239).*

Bei Baumaßnahmen nach § 3 des **Eisenbahnkreuzungsgesetzes (EBKrG)** an Kreuzungen von Schienenwegen und Straßen tragen die Beteiligten (die Träger der Baulast des kreuzenden Schienenweges und der kreuzenden Straße) nach § 13 Abs. 1 EBKrG je ein Drittel der Kosten. Das letzte Drittel der Kosten trägt bei Kreuzungen mit einem Schienenweg einer Eisenbahn des Bundes der Bund, in allen sonstigen Fällen das Land (sog. Staatsdrittel). An den Träger des Staatsdrittels wird insoweit keine Leistung erbracht (vgl. BFH vom 16. 12. 2010 V R 16/10). Beim Staatsdrittel handelt es sich um einen nicht steuerbaren, echten Zuschuss. Diese Grundsätze gelten für alle offenen Fälle. Bei vor dem 1. 2. 2013 über Maßnahmen nach §§ 3, 13 EBKrG getroffenen Kreuzungsvereinbarungen wird es nicht beanstandet, wenn die Kostenbeteiligten das Staatsdrittel einvernehmlich als Entgelt für eine steuerpflichtige Leistung an den Träger des Staatsdrittels behandeln. Das BMF-Schreiben vom 1. 3. 1971 IV A2 – S 7100-56/70 wird aufgehoben, soweit es diesen Grundsätzen widerspricht. *BMF-Schreiben v. 1. 2. 2013 (BStBl. I S. 182).*

Zur Frage der Umsatzsteuerpflicht eines durch eine städtische Behörde an einen **Fremdenverkehrsverein** gezahlten Betriebskostenzuschusses vgl. *FG Köln v. 21. 11. 2012, 4 K 526/11 rkr. (MwStR 2013 S. 381).*

Leistungen eines **Fremdenverkehrsvereins** an eine Stadt und einen Regionalverband gegen einen „Sachkostenzuschuss", „Mietkostenzuschuss" und „allgemeinen Zuschuss" können steuerbare Leistungen sein, auch wenn die Allgemeinheit Vorteile aus den streitgegenständlichen Leistungen ziehen soll. *BFH-Beschluss v. 18. 12. 2019 XI R 31/17 (MwStR 2020 S. 542).*

Zur umsatzsteuerrechtlichen Behandlung eines **weitergeleiteten Zuschusses** zur Errichtung **kommunaler Abwasserentsorgungsanlagen:** 1. Die maßgeblichen Grundsätze sowohl zur Abgrenzung von steuerbaren Leistungen gegen Entgelt und nicht steuerbaren Zuschüssen bei Zahlungen aus öffentlichen Kassen als auch zu den in diesem Zusammenhang erbrachten Leistungen und bestehenden Leistungsbeziehungen sind durch die Rechtsprechung des BFH bereits geklärt. – 2. Eine Entscheidung des BFH zur Konkretisierung des öffentlichen Interesses hinsichtlich der Zahlungen aus öffentlichen Kassen zur Förderung der Tätigkeit des Zahlungsempfängers allgemein aus strukturpolitischen, volkswirtschaftlichen oder allgemeinpolitischen Gründen ist nicht erforderlich, wenn ein Unternehmer in Erfüllung eines gegenseitigen Vertrags mit einer juristischen Person des öffentlichen Rechts Leistungen gegen Entgelt erbringt und deshalb von einem steuerbaren Leistungsaustausch auszugehen ist. *BFH-Beschluss v. 6. 5. 2014 XI B 4/14 (BFH/NV S. 1406).*

Zur Behandlung des **Umweltbonus** von Bund und Industrie zur Förderung des Absatzes elektrisch betriebener Fahrzeuge (**Elektromobilität**) vgl. *OFD Frankfurt S 7200 A – 273 – St 110 v. 4. 1. 2017 (DStR S. 546).*

Die Tätigkeit einer **Wirtschaftsgesellschaft,** die darin besteht, dass sie aufgrund eines Vertrags zwischen ihr und einer Gemeinde bestimmte **öffentliche Aufgaben** wahrnimmt, können Dienstleistungen gegen Entgelt darstellen. ***EuGH-Urteil v. 22. 2. 2018*** *C-182/17, NTN (MwStR S. 348).*

Informationen zur umsatzsteuerlichen Behandlung gewährter **Corona-Soforthilfen** (z. B. echte Zuschüsse für Solo-Selbständige). *BayLfSt v. 27. 5. 2020 (DStR S. 2378).*

– Zuschüsse und Erstattungen im Bereich der Land- und Forstwirtschaft –

Zur umsatzsteuerlichen Behandlung von **Zuwendungen aus öffentlichen Kassen** im Bereich der Landwirtschaft (Stand: 1. 1. 1999). *BMF S 7200 – 17/74 v. 17. 5. 1974, BStBl. I S. 390.* **48**

Echte nicht steuerbare **Zuschüsse in der Landwirtschaft.** *Verfügung OFD Karlsruhe S 7410 v. 25. 3. 2002.*

Ob Zuwendungen zur Förderung der **Agrarwirtschaft** umsatzsteuerrechtlich als echte Zuschüsse zu behandeln sind, richtet sich nach Abschnitt 10.2 UStAE. *Verfügung OFD Frankfurt S 7200 A – 185 – St 111 v. 6. 1. 2011.*

Der Grundbetrag nach § 6 Abs. 1 **FELEG** ist ein nichtsteuerbarer Zuschuß. *Verfügung OFD Frankfurt S 7100 – 137 – St I 1.10 v. 16. 9. 2003.*

Prämien für die Stillegung von **Ackerflächen** sind nicht umsatzsteuerpflichtig. *Erlass FM Sachsen-Anhalt 44 – S 7200 – 69 v. 10. 6. 1997.*

Zuschüsse zur **Milcherzeugungsaufgabe** und Zahlungen für die Stillegung von **Ackerflächen** sind nicht steuerbare Zuschüsse. In vergleichbaren Fällen können bis zum Ergehen höchstrichterlicher Entscheidungen anhängige Einspruchsverfahren ruhen; Aussetzung der Vollziehung ist zu gewähren. Auch Beihilfen zur **Verringerung der Milcherzeugung** sind echte Zuschüsse. *FM Schleswig-Holstein Kurz-Info S 7200 – 683 v. 29. 3. 2017 (MwStR S. 680).* – Zuschüsse nach dem **Kulturlandschaftsprogramm** und dem Programm ökologische Landwirtschaft sind derzeit als nicht steuerbare Zuschüsse zu behandeln. *Erlaß FM Sachsen 35 – S 7200 – 6/85–21638 v. 18. 4. 1997 (DStR S. 923).*

Zuwendungen nach der Richtlinie für die Gewährung von Zuwendungen zur **Förderung der naturschutzgerechten Grünlandnutzung** sind echte nichtsteuerbare Zuschüsse. *Erlass FM Mecklenburg-Vorpommern IV 320 – S 7200 – 17/92 v. 27. 2. 1997.*

Die sog. **Totholzentschädigung** für eigene land- und forstwirtschaftliche Zwecke ist ein nicht steuerbarer Zuschuss. *Verfügung OFD Karlsruhe S 7200 Karte 15 v. 25. 8. 2011.*

Ausgleichszahlungen an Landwirte für **Nutzungseinschränkungen in Wasserschutzgebieten** sind kein Entgelt für steuerbare Leistungen. *Schreiben des BdF IV C 3 – S 7200 – 119/93 v. 22. 11. 1993.*

Die Bundesrepublik Deutschland hat nicht dadurch gegen ihre Verpflichtungen aus Art. 11 der 6. EG-Richtlinie 77/388/EWG verstoßen, dass sie den Betrag der Beihilfen, die gemäß der Verordnung (EG) Nr. 603/95 des Rates vom 21. 2. 1995 über die gemeinsame Marktorganisation für **Trockenfutter** gezahlt werden, nicht der Mehrwertsteuer unterwirft. ***EuGH-Urt. v. 15. 7. 2004,*** *C-144/02 (IStR S. 718).*

Beihilfen nach der EG-VO 3146/94 v. 21. 12. 1994 „Sondermaßnahmen zur **Stützung des Schweinemarktes** in Deutschland" sind nichtsteuerbare echte Zuschüsse. *Verfügung OFD Rostock S 7200 A – St 331 v. 24. 1. 1996.*

Die von den Stabilisierungsfonds im Bereich der **Geflügelwirtschaft** gezahlten Zuschüsse zur Anpassung des Angebots an die Markterfordernisse sind echte Zuschüsse, wenn sie an die Minderproduktion und nicht an eine Veräußerung der Erzeugnisse für andere Zwecke anknüpfen. *Schreiben des BdF IV A 2 – S 7200 – 35/76 v. 25. 10. 1976.*

Prämien für die Förderung von **Leistungsprüfungen und Maßnahmen in der Tierzucht** nach der Richtlinie v. 1. 8. 2001 (AmtsBl. Brandenburg 2001, 590 f.) sind nicht steuerbare Zuschüsse. *Verfügung OFD Cottbus S 7200 – 10 – St 241 v. 15. 10. 2001.*

Staatliche Fördermittel zur Durchführung von Leistungsprüfungen gemäß **§ 4 Tierzuchtgesetz** (BGBl. I 1994, 601) sind echte Zuschüsse. *Verfügung OFD Erfurt S 7200 A – 21 – St 34 v. 22. 6. 1995.*

Die auf Grund der Zusatzabgabenverordnung iVm. der **Milch-Garantiemengenverordnung** erhobene Abgabe mindert nicht das umsatzsteuerrechtliche Entgelt der Milcherzeuger. *Verfügung OFD Frankfurt S 7200 A – 122 – St IV 21 v. 13. 11. 2000.* – **Hinweis** auf A 10.3 Abs. 2 Satz 11 UStAE.

Die **Sonderbeihilfe für Magermilch** zur Fütterung von Tieren mit Ausnahme von jungen Kälbern (nunmehr VO [EWG] Nr. 2793/77 v. 15. 12. 77; Amtsbl. Nr. L 321/30 v. 16. 12. 77) kann als nicht steuerbarer Zuschuß zur Herstellung der Magermilch behandelt werden. *Schreiben des BdF IV A 2 – S 7200 – 7/78 v. 17. 3. 1978.*

Bei der **Mitverantwortungsabgabe (MVA) Getreide** handelt es sich um eine Abgabe, die die Erzeuger belasten soll. Bei wirtschaftlicher Betrachtungsweise wird die Abgabe von den Wirtschaftsbeteiligten für den Erzeuger entrichtet. Die MVA Getreide berührt deshalb nicht das umsatzsteuerliche Entgelt für die Umsätze von Getreide durch die Erzeuger oder die übrigen Wirtschaftsbeteiligten. Es handelt sich bei der MVA Getreide umsatzsteuerlich nicht um eine Entgeltsminderung. *BMF-Schreiben IV A 2 – S 7200 – 65/86 v. 10. 10. 1986 (BStBl. I S. 501).*

1. Aus der **Getreide-Mitverantwortungsabgabenverordnung** ergab sich die Pflicht zur Anmeldung nach dem Recht der ehemaligen DDR vermeintlich entstandener Getreide-Mitverantwortungsabgaben; eine solche Pflicht ist rein verfahrensrechtlicher Natur und vom materiell-rechtlichen Entstehen der zu berechnenden Abgabe unabhängig (Bestätigung des Urteils vom 29.10. 2002, VII R 2/02, BFHE 2005, 88, BStBl. II 2003, 43). – 2. Die Festsetzungsverjährung der Getreide-Mitverantwortungsabgabe DDR richtet sich nach § 32 GetrMVAV. *BFH-Urt. v. 16. 11. 2004, VII R 3/04 (DStRE 2005 S. 541).*

Ausgleichsbeträge nach **§ 58 a BranntwMonG**[1] an freiwillig ausscheidende Brennereien sind Entgelt. *Verfügung OFD Niedersachsen S 7200 – 318 – St 171 v. 15. 2. 2016 (UR S. 490).*

Umstrukturierungsbeihilfen, die **Zuckerhersteller** bis zum Wirtschaftsjahr 2009/2010 erhalten, sind Ertrag. Ist ein Teil der Beihilfen an die Zuckerbauern auszuzahlen, sind Betriebsausgaben gegeben. – Für die Differenz ist ein passiver Rechnungsabgrenzungsposten zu bilden, der bis zum Wirtschaftsjahr 2014/2015 aufzulösen ist. – Die Umstrukturierungsbeihilfen sind umsatzsteuerlich nicht steuerbare Zuschüsse. *Verfügung OFD Magdeburg S 2230 – 152 – St 212/S 7200 – 214 – St 244 v. 14. 8. 2009.*

Direktzahlungen, Ausgleichszahlungen und **Prämien nach den EWG-VO 1765/92, 2066/92, 2293/92 und 2295/92** sind echte nicht steuerbare Zuschüsse. *Schreiben des BdF IV A 2 – S 7200 – 91/92 v. 9. 11. 1992.*

Prämien nach der EWG-VO Nr. 2075/92 v. 30. 6. 92 **(Rohtabak)** an den Endverarbeitungsunternehmer sind echte nichtsteuerbare Zuschüsse. *Schreiben des BdF IV A 2 – S 7200 – 8/93 v. 8. 2. 1993.*

Zusätzlich zum Kaufpreis **für Rohtabak gewährte Prämien** der EU gehören zum Entgelt und erhöhen damit die Bemessungsgrundlage. *Verfügung OFD Hannover S 7200 – 206 – StO 355/S 7200 – 454 – StH 543 v. 10. 4. 2001.*

Die **Tabakbeihilfe nach der EG-VO 2182/2005** ist ein nicht steuerbarer Zuschuss. *Verfügung OFD Niedersachsen S 7200 – 206 – St 171 v. 1. 11. 2011.*

Die **Produktionserstattung gemäß Art. 7 E(W)G-VO 1766/92** ist beim Hersteller der **Kartoffelstärke** ein nicht steuerbarer Zuschuß. Entsprechendes gilt für die Preisausgleichszahlung und für Prämien gemäß der E(W)G-VO 1543/93. *Verfügung OFD Magdeburg S 7200 – 84 – St 244 v. 2. 5. 2000.*

Behandlung der Einnahmen aus dem **Wegfall von Kautionen, die nach dem EG-Marktordnungsrecht** erhoben werden. *Schreiben des BdF IV A 2 – S 7200 – 6/79 v. 30. 5. 1979.*

Der EuGH hat zur Behandlung einer teilweise durch EU-Beihilfen **subventionierten Lieferung** entschieden, dass unter Umständen wie denen der Ausgangsverfahren, in denen eine „Erzeugerorganisation" iSv Art. 11 der Verordnung (EG) Nr. 2200/96 des Rates v. 28. 10. 1996 über die gemeinsame Marktorganisation für Obst und Gemüse bei Vorlieferanten Gegenstände kauft, diese Gegenstände an die ihr angeschlossenen Mitglieder liefert und von diesen eine nicht den Einkaufspreis deckende Zahlung erhält, der Betrag, den ein Betriebsfonds, wie er in Art. 15 dieser Verordnung vorgesehen ist, an diese Erzeugerorganisation für die Lieferung dieser Gegenstände an die Erzeuger zahlt, zur Gegenleistung für diese Lieferung zählt und als von einem Dritten gezahlte, unmittelbar mit dem Preis dieser Umsätze zusammenhängende Subvention anzusehen ist. ***EuGH-Urteil v. 9. 10. 2019** C-573/18, C GmbH & Co. KG, und C-574/18, C-eG (DStR S. 2202).* Der *BFH* hat in der Nachfolgeentscheidung *v. 22. 1. 2020 XI R 26/19 (MwStR S. 539)* entschieden, dass die Zahlung des Betriebsfonds an die Erzeugerorganisation für die Lieferung an die Erzeuger Teil der Gegenleistung für die Lieferung an Erzeuger und daher als Entgelt von dritter Seite anzusehen ist.

Prämienzahlungen für die Teilnahme am **BMEL-Testbetriebsnetz** (TBN) sind steuerpflichtiges Entgelt. Es wird jedoch nicht beanstandet, wenn die bis zum 31. 12. 2019 gezahlten Prämien nicht als steuerpflichtiges Entgelt behandelt werden. *FM Schleswig-Holstein, Kurzinformation v. 2. 6. 2020 – VI 3510 – S 7200 – 693 (DStR S. 1740) und Verfügung LSF Sachsen vom 4. 11. 2021 -213-S 7100/66/1–2021/60 478 (DStR S. 2976).*

Anl zu 10.2

Schreiben betr. umsatzsteuerrechtliche Behandlung von Zahlungen im Zusammenhang mit EU-Rahmenprogrammen

Vom 16. Juni 2022 (BStBl. I S. 1003)

(BMF III C 2 – S 7200/19/10001 :027; DOK 2022/0579780)

I. Grundsätzliches

50 Zahlungen von Finanzmitteln im Zusammenhang mit EU-Rahmenprogrammen, die den Teilnehmern für Forschungs- und Innovationstätigkeiten innerhalb der Rahmenprogramme der EU bereitgestellt werden, sind als echter nicht steuerbarer Zuschuss anzusehen. Voraussetzung ist, dass die vom Teilnehmer erhaltene Finanzhilfe nicht mit dem Preis einer Lieferung von Gegenständen oder der Erbringung einer Dienstleistung im Zusammenhang steht und keine Übertragung der Eigentumsrechte an die Kommission vorgesehen ist.

Für den Fall, dass die Kommission ausnahmsweise die Eigentumsrechte an Ergebnissen von aus den genannten EU-Rahmenprogrammen finanzierten Tätigkeiten erwirbt, ist der Zusammenhang zwischen der Übertragung der Eigentumsrechte an Ergebnissen seitens eines Teilnehmers, der eine Fi-

[1] BranntwMonG ist mit Ablauf des 31. 12. 2017 außer Kraft getreten (§ 166 Satz 2 BranntwMonG).

nanzhilfe erhalten hat, und der diesem Teilnehmer gewährten Finanzhilfe als ausreichend direkt anzusehen, um die Zahlung der Finanzhilfe als Entgelt für die betreffende Übertragung zu betrachten.

In den Fällen, in denen die Kommission im eigenen Namen oder gemeinsam mit Mitgliedstaaten Aufträge für die Lieferung von Gegenständen oder Dienstleistungen vergibt, erwirbt die Kommission die jeweiligen Gegenstände oder Dienstleistungen, so dass ihr ein verbrauchsfähiger Vorteil auf Grund eines Entgelts zugewendet wird. Damit sind die Voraussetzungen eines umsatzsteuerbaren Vorganges erfüllt.

II. Änderung des Umsatzsteuer-Anwendungserlasses

[in A 10.2 UStAE berücksichtigt]

III. Anwendung

Die Grundsätze dieses Schreibens sind in allen offenen Fällen anzuwenden.

10.3 Entgeltminderungen

UStAE 10.3

(1) ① Entgeltminderungen liegen vor, wenn der Leistungsempfänger bei der Zahlung Beträge abzieht, z. B. Skonti, Rabatte, Preisnachlässe usw., oder wenn dem Leistungsempfänger bereits gezahlte Beträge zurückgewährt werden, ohne dass er dafür eine Leistung zu erbringen hat. ② Hierbei ist der Abzugsbetrag oder die Rückzahlung in Entgelt und Umsatzsteuer aufzuteilen (vgl. BFH-Urteil vom 28. 5. 2009, V R 2/08, BStBl. II S. 870). ③ Auf die Gründe, die für die Ermäßigung des Entgelts maßgebend waren, kommt es nicht an (vgl. BFH-Urteil vom 21. 3. 1968, V R 85/65, BStBl. II S. 466). ④ Die Pflicht des Unternehmers, bei nachträglichen Änderungen des Entgelts die Steuer bzw. den Vorsteuerabzug zu berichtigen, ergibt sich aus § 17 UStG. ⑤ Eine Entgeltminderung liegt grundsätzlich auch vor, wenn ein in der Leistungskette beteiligter Unternehmer einem nicht unmittelbar nachfolgenden Abnehmer einen Teil des von diesem gezahlten Leistungsentgelts erstattet oder ihm gegenüber einen Preisnachlass gewährt. ⑥ Erstattet danach der erste Unternehmer in einer Leistungskette dem Endverbraucher einen Teil des von diesem gezahlten Leistungsentgelts oder gewährt er ihm einen Preisnachlass, mindert sich dadurch grundsätzlich die Bemessungsgrundlage des ersten Unternehmers an seinen unmittelbaren Abnehmer (vgl. EuGH-Urteil vom 24. 10. 1996, C-317/94, Elida Gibbs, BStBl. 2004 II S. 324). ⑦ Auf die Abschnitte 17.1 und 17.2 wird hingewiesen. 61

(2) ① Eine Entgeltminderung kann vorliegen, wenn der Erwerber einer Ware Mängel von sich aus beseitigt und dem Lieferer die entstandenen Kosten berechnet. ② Zur Frage, ob in derartigen Fällen ein Schadensersatz vorliegt, vgl. Abschnitt 1.3 Abs. 1. ③ Wird jedoch von den Vertragspartnern von vornherein ein pauschaler Abzug vom Kaufpreis vereinbart und dafür vom Erwerber global auf alle Ansprüche aus der Sachmängelhaftung des Lieferers verzichtet, erbringt der Käufer eine entgeltliche sonstige Leistung (vgl. BFH-Urteil vom 15. 12. 1966, V R 83/64, BStBl. 1967 III S. 234). ④ Zuwendungen, die ein Lieferant seinem Abnehmer für die Durchführung von Werbemaßnahmen gewährt, sind regelmäßig als Preisnachlass zu behandeln, wenn und soweit keine Verpflichtung zur Werbung besteht, der Werber die Werbung im eigenen Interesse am Erfolg der Werbemaßnahme ausführt und die Gewährung des Zuschusses nicht losgelöst von der Warenlieferung, sondern mit dieser eng verknüpft ist (vgl. BFH-Urteil vom 5. 8. 1965, V 144/62 U, BStBl. III S. 630). ⑤ Werbeprämien, die den Abnehmern für die Werbung eines neuen Kunden gewährt werden, mindern daher nicht das Entgelt (vgl. BFH-Urteil vom 7. 3. 1995, XI R 72/93, BStBl. II S. 518). ⑥ Entsprechendes gilt bei der Überlassung von Prämienbüchern durch eine Buchgemeinschaft an ihre Mitglieder für die Werbung neuer Mitglieder (vgl. BFH-Urteil vom 17. 12. 1959, V 251/58 U, BStBl. 1960 III S. 97). ⑦ Soweit einem Altabonnenten eine Prämie als Belohnung für die Verlängerung seines eigenen Belieferungsverhältnisses gewährt wird, liegt eine Entgeltminderung vor (vgl. BFH-Urteil vom 7. 3. 1995, XI R 72/93, a. a. O.). ⑧ Die Teilnahme eines Händlers an einem Verkaufswettbewerb seines Lieferanten, dessen Gegenstände die vertriebenen Produkte sind, begründet regelmäßig keinen besonderen Leistungsaustausch, die Zuwendung des Preises kann jedoch als Preisnachlass durch den Lieferanten zu behandeln sein (BFH-Urteil vom 9. 11. 1994, XI R 81/92, BStBl. 1995 II S. 277). ⑨ Gleiches gilt für die Zuwendung eines Lieferanten an einen Abnehmer als Belohnung für Warenbezüge in einer bestimmten Größenordnung (vgl. BFH-Urteil vom 28. 6. 1995, XI R 66/94, BStBl. II S. 850). ⑩ Hat der leistende Unternehmer eine Vertragsstrafe wegen nicht gehöriger Erfüllung an den Leistungsempfänger zu zahlen, liegt darin keine Entgeltminderung (vgl. Abschnitt 1.3 Abs. 3). ⑪ Die nach der Milch-Garantiemengen-Verordnung erhobene Abgabe mindert nicht das Entgelt für die Milchlieferungen des Erzeugers. 62

(3) Eine Minderung des Kaufpreises einer Ware liegt nicht vor, wenn der Käufer vom Verkäufer zur Ware einen Chip erhält, der zum verbilligten Bezug von Leistungen eines Dritten berechtigt, und der Kunde den vereinbarten Kaufpreis für die Ware unabhängig davon, ob er den Chip annimmt, zu zahlen hat und die Rechnung über den Warenkauf diesen Kaufpreis ausweist (BFH-Urteil vom 11. 5. 2006, V R 33/03, BStBl. II S. 699, und vgl. Abschnitt 17.2 Abs. 8). 63

(4) Sog. Preisnachlässe, die von Verkaufsagenten eingeräumt werden, sind wie folgt zu behandeln: 64

Beispiel 1:

① Der Agent räumt den Abnehmern mit Zustimmung der Lieferfirma einen Preisnachlass vom Listenpreis zu Lasten seiner Provision ein. ② Der Lieferer erteilt dem Abnehmer eine Rechnung über den geminderten Preis. ③ Dem Agenten wird auf Grund der vereinbarten „Provisionsklausel" nur die um den Preisnachlass gekürzte Provision gutgeschrieben.

④ In diesem Fall hat der Lieferer nur den vom Abnehmer aufgewendeten Betrag zu versteuern. ⑤ Der vom Agenten eingeräumte Preisnachlass ist ihm nicht in Form eines Provisionsverzichts des Agenten als Entgelt von dritter Seite zugeflossen. ⑥ Das Entgelt für die Leistung des Agenten besteht in der ihm gutgeschriebenen, gekürzten Provision.

Beispiel 2:

① Der Agent räumt den Preisnachlass ohne Beteiligung der Lieferfirma zu Lasten seiner Provision ein. ② Der Lieferer erteilt dem Abnehmer eine Rechnung über den vollen Listenpreis und schreibt dem Agenten die volle Provision nach dem Listenpreis gut. ③ Der Agent gewährt dem Abnehmer den zugesagten Preisnachlass in bar, durch Gutschrift oder durch Sachleistungen, z. B. kostenlose Lieferung von Zubehör o. Ä.

④ In diesem Fall mindert der vom Agenten eingeräumte Preisnachlass weder das Entgelt der Lieferfirma noch die Provision des Agenten (vgl. BFH-Urteil vom 27. 2. 2014, V R 18/11, BStBl. 2015 II S. 306, und Abschnitt 17.2 Abs. 7). ⑤ Der Agent ist nicht berechtigt, dem Abnehmer eine Abrechnung über den Preisnachlass mit Ausweis der Umsatzsteuer zu erteilen und einen entsprechenden Vorsteuerabzug vorzunehmen, weil zwischen ihm und dem Abnehmer kein Leistungsaustausch stattfindet (vgl. auch BFH-Beschluss vom 14. 4. 1983, V B 28/81, BStBl. II S. 393).

65 (5) Sog. Preisnachlässe, die ein Zentralregulierer seinen Anschlusskunden für den Bezug von Waren von bestimmten Lieferanten gewährt, mindern nicht die Bemessungsgrundlage für die Leistungen, die der Zentralregulierer gegenüber den Lieferanten erbringt, und führen dementsprechend auch nicht zu einer Berichtigung des Vorsteuerabzuges beim Anschlusskunden aus den Warenbezügen (BFH-Urteil vom 3. 7. 2014, V R 3/12, BStBl. 2015 II S. 307).

66 (6) ① Wechselvorzinsen (Wechseldiskont), die dem Unternehmer bei der Weitergabe (Diskontierung) eines für seine Lieferung oder sonstige Leistung in Zahlung genommenen Wechsels abgezogen werden, mindern das Entgelt für seinen Umsatz (vgl. BFH-Urteil vom 27. 10. 1967, V 206/64, BStBl. 1968 II S. 128). ② Dies gilt auch für die bei Prolongation eines Wechsels berechneten Wechselvorzinsen. ③ Dagegen sind die Wechselumlaufspesen (Diskontspesen) Kosten des Zahlungseinzugs, die das Entgelt nicht mindern (vgl. BFH-Urteil vom 29. 11. 1955, V 79/55 S, BStBl. 1956 III S. 53). ④ Hat der Unternehmer für seine steuerpflichtige Leistung eine Rechnung mit gesondertem Steuerausweis im Sinne des § 14 Abs. 2 UStG erteilt und unterlässt er es, seinem Abnehmer die Entgeltsminderung und die darauf entfallende Steuer mitzuteilen, schuldet er die auf den Wechseldiskont entfallende Steuer nach § 14c Abs. 1 UStG. ⑤ Gewährt der Unternehmer im Zusammenhang mit einer Lieferung oder sonstigen Leistung einen Kredit, der als gesonderte Leistung anzusehen ist (vgl. Abschnitt 3.11 Abs. 1 und 2), und hat er über die zu leistenden Zahlungen Wechsel ausgestellt, die vom Leistungsempfänger akzeptiert werden, mindern die bei der Weitergabe der Wechsel berechneten Wechselvorzinsen nicht das Entgelt für die Lieferung oder sonstige Leistung.

67 (7) ① Der vom Hersteller eines Arzneimittels den gesetzlichen Krankenkassen zu gewährende gesetzliche Rabatt führt beim Hersteller zu einer Minderung des Entgelts für seine Lieferung an den Zwischenhändler oder die Apotheke. ② Gleiches gilt bei der verbilligten Abgabe des Arzneimittels durch die in der Lieferkette beteiligten Unternehmer. ③ Die Erstattung des Abschlags durch den Hersteller ist in diesem Fall Entgelt von dritter Seite für die Lieferung des Arzneimittels. ④ Verzichtet eine Apotheke, die nicht nach § 43b SGB V zum Einzug der Zuzahlung nach § 31 Abs. 3 SGB V verpflichtet ist, auf diese Zuzahlung, mindert sich insoweit die Bemessungsgrundlage für die Lieferung an die jeweilige Krankenkasse. ⑤ Gleiches gilt bei der Gewährung von Boni auf erhobene Zuzahlungen. ⑥ Wegen der Änderung des für die ursprüngliche Lieferung geschuldeten Umsatzsteuerbetrags sowie des in Anspruch genommenen Vorsteuerabzugs vgl. Abschnitt 17.1. ⑦ Zahlungen des Herstellers auf Grundlage des § 1 des Gesetzes über Rabatte für Arzneimittel (AMRabG) an die Unternehmen der privaten Krankenversicherung und an die Träger der Kosten in Krankheits-, Pflege- und Geburtsfällen nach beamtenrechtlichen Vorschriften mindern ebenfalls die Bemessungsgrundlage für die gelieferten Arzneimittel (vgl. BFH-Urteil vom 8. 2. 2018, V R 42/15, BStBl. II S. 676).

LS zu 10.3

Die umsatzsteuerrechtliche Behandlung von sog. **Vorkosten** im Zusammenhang mit der **Lieferung von Vieh** an Schlachtstätten richtet sich nach den zivilrechtlichen Vereinbarungen. *Erlass FM Hessen S 7200 A – 218 – II 51 v. 7. 12. 2010.*

68 **„Abwrackprämien" der Kraftfahrzeughersteller** an ihre Vertragshändler, die Gebrauchtwagen bei Erwerb eines Neuwagens in Zahlung nehmen, sind als Preisnachlaß zu behandeln. – Die Lieferung des Neuwagens an den Kunden ist Tausch mit Baraufgabe. In der überhöhten Inzahlungnahme liegt ebenfalls ein Preisnachlaß. *Verfügung OFD Frankfurt S 7200 A – 192 – St I 2.20 v. 7. 11. 2005.*

Die Abwrackprämie des **Konjunkturpakets II** i. H. v. 2 500 € mindert die Bemessungsgrundlage nicht. *Verfügung BayLfSt S 7200 v. 31. 7. 2009.*

Zur Behandlung des **Umweltbonus** von Bund und Industrie zur Förderung der **Elektromobilität** vgl. *OFD Frankfurt S 7200 A – 273 – St 110 v. 4. 1. 2017 (DStR S. 546).*

UStAE 10.4

10.4 Durchlaufende Posten

71 (1) ① Durchlaufende Posten gehören nicht zum Entgelt (§ 10 Abs. 1 Satz 5 UStG). ② Sie liegen vor, wenn der Unternehmer, der die Beträge vereinnahmt und verauslagt, im Zahlungsverkehr lediglich die Funktion einer Mittelsperson ausübt, ohne selbst einen Anspruch auf den Betrag

gegen den Leistenden zu haben und auch nicht zur Zahlung an den Empfänger verpflichtet zu sein. ③ Ob der Unternehmer Beträge im Namen und für Rechnung eines anderen vereinnahmt und verauslagt, kann nicht nach der wirtschaftlichen Betrachtungsweise entschieden werden. ④ Es ist vielmehr erforderlich, dass zwischen dem Zahlungsverpflichteten und dem, der Anspruch auf die Zahlung hat (Zahlungsempfänger), unmittelbare Rechtsbeziehungen bestehen (vgl. BFH-Urteil vom 24. 2. 1966, V 135/63, BStBl. III S. 263). ⑤ Liegen solche unmittelbaren Rechtsbeziehungen mit dem Unternehmer vor, sind Rechtsbeziehungen ohne Bedeutung, die zwischen dem Zahlungsempfänger und der Person bestehen, die an den Unternehmer leistet oder zu leisten verpflichtet ist (vgl. BFH-Urteil vom 2. 3. 1967,V 54/64, BStBl. III S. 377).

(2) ① Unmittelbare Rechtsbeziehungen setzen voraus, dass der Zahlungsverpflichtete und der Zahlungsempfänger jeweils den Namen des anderen und die Höhe des gezahlten Betrags erfahren (vgl. BFH-Urteil vom 4. 12. 1969, V R 104/66, BStBl. 1970 II S. 191). ② Dieser Grundsatz findet jedoch regelmäßig auf Abgaben und Beiträge keine Anwendung. ③ Solche Beträge können auch dann durchlaufende Posten sein, wenn die Mittelsperson dem Zahlungsempfänger die Namen der Zahlungsverpflichteten und die jeweilige Höhe der Beträge nicht mitteilt (vgl. BFH-Urteil vom 11. 8. 1966, V 13/64, BStBl. III S. 647). ④ Kosten (Gebühren und Auslagen), die Rechtsanwälte, Notare und Angehörige verwandter Berufe bei Behörden und ähnlichen Stellen für ihre Auftraggeber auslegen, können als durchlaufende Posten auch dann anerkannt werden, wenn dem Zahlungsempfänger Namen und Anschriften der Auftraggeber nicht mitgeteilt werden. ⑤ Voraussetzung ist, dass die Kosten nach Kosten-(Gebühren-)ordnungen berechnet werden, die den Auftraggeber als Kosten-(Gebühren-)schuldner bestimmen (vgl. BFH-Urteil vom 24. 8. 1967, V 239/64, BStBl. III S. 719). ⑥ Zur umsatzsteuerrechtlichen Behandlung von Deponiegebühren vgl. BMF-Schreiben vom 11. 2. 2000, BStBl. I S. 360. ⑦ Zu durchlaufenden Posten im Rahmen von postvorbereitenden sonstigen Leistungen von Konsolidierern an die Deutsche Post AG vgl. BMF-Schreiben vom 13. 12. 2006, BStBl. 2007 I S. 119. ⑧ Die von den gesetzlichen Trägern der Grundsicherung für Arbeitssuchende gezahlte Mehraufwandsentschädigung ist bei der Auszahlung durch die Arbeitsgelegenheit bei dieser als durchlaufender Posten zu beurteilen. **72**

(3) ① Steuern, öffentliche Gebühren und Abgaben, die vom Unternehmer geschuldet werden, sind bei ihm keine durchlaufenden Posten, auch wenn sie dem Leistungsempfänger gesondert berechnet werden (vgl. BFH-Urteil vom 4. 6. 1970, V R 10/67, BStBl. II S. 648, und Abschnitt 10.1 Abs. 6). ② Dementsprechend sind z. B. Gebühren, die im Rahmen eines Grundbuchabrufverfahrens vom Notar geschuldet werden, bei diesem keine durchlaufenden Posten, auch wenn sie als verauslagte Gerichtskosten in Rechnung gestellt werden dürfen. **73**

(4)[1] ① Die Annahme eines durchlaufenden Postens scheidet auch aus, wenn der Unternehmer die Beträge gesamtschuldnerisch mit dem Empfänger seiner Leistung schuldet. ② Die Weiterberechnung der nach § 2 BFStrMG geschuldeten Mautbeträge kann daher weder zwischen verschiedenen Gesamtschuldnern der Maut noch durch einen Mautschuldner gegenüber einem anderen Leistungsempfänger als durchlaufender Posten erfolgen. **74**

Portokosten als durchlaufende Posten. *Verfügung OFD Frankfurt/M. v. 4. 4. 2014 – S 7200 A – 180 – St 111 (DStR S. 1450).* LS zu 10.4

Bei den von **Notaren, Rechtsanwälten** und Angehörigen verwandter Berufe gegenüber den Auftraggebern abgerechneten Auslagen liegen **durchlaufende Posten** vor, wenn der Unternehmer (Notar etc.), der die Beträge vereinnahmt und verauslagt, im Zahlungsverkehr lediglich die Funktion einer Mittelsperson ausübt, ohne selbst einen Anspruch auf den Betrag gegen den Leistenden (Mandanten) zu haben und auch nicht zur Zahlung an den Empfänger (Gerichtskasse bzw. Behörde) verpflichtet zu sein. Steuern, öffentliche Gebühren und Abgaben, die von Rechtsanwälten ... geschuldet werden, gehören zum Entgelt und sind keine durchlaufenden Posten. *Verfügung LfSt Niedersachsen v. 3. 8. 2020 – S 7200 – 339 – St 181 (DStR S. 2136).* **75**

1. Von einem **Rechtsanwalt und Steuerberater** vereinnahmte oder verausgabte Gelder können nur unter der Voraussetzung, dass im Zeitpunkt der Vereinnahmung bzw. Verausgabung dem Grunde und der Höhe nach feststeht, dass in fremdem Namen und für fremde Rechnung gehandelt wurde, als durchlaufende Posten anerkannt werden. – 2. Dies ist nicht der Fall, wenn der Steuerpflichtige auf seinem Girokonto fremde und eigene Gelder vermischt und auch auf Grund der weiteren vorgelegten Unterlagen eine eindeutige Trennung zwischen eigenen und fremden Geldern nicht möglich ist. *FG München, Beschl. v. 3. 12. 2008, 10 V 2856/08, rkr. (DStRE 2010 S. 203).*

Steuerpflichtige **Aktenversendungspauschale** eines Rechtsanwalts vgl. *OVG Lüneburg, Beschl. v. 1. 2. 2010 – 13 OA 170/09 (UR S. 589).*

Bei der Durchführung von **Hauptuntersuchungen nach § 29 StVZO** in Prüfstützpunkten ist Leistungsempfänger der Kraftfahrzeughalter. *Verfügung OFD Frankfurt S 7100 A – 228 – St 110 v. 24. 6. 2010.*

Eine Klage, mit der eine **Kfz-Werkstatt** gegenüber dem für sie nicht zuständigen Finanzamt des **TÜV** die Feststellung begehrt, dass sie und nicht der Halter des jeweiligen Kfz Leistungsempfängerin i. S. des § 15 Abs. 1 Satz 1 Nr. 1 UStG von im Einzelnen aufgezählten und vom TÜV durchgeführten gesetzlichen Hauptuntersuchungen i. S. des § 29 StVZO ist, ist unzulässig, wenn weder über die Steuerbarkeit und Steuerpflicht der Leistung noch über die Höhe des Steuersatzes Streit besteht. [Entscheidend ist die Leistungsbeziehung Auftraggeber/Auftragnehmer] *BFH-Urteil v. 30. 3. 2011 – XI R 12/08 (BStBl. II S. 819).*

Zulassungsgebühren für neue Kraftfahrzeuge als durchlaufender Posten beim Fahrzeugkauf vgl. **LS zu 10.1** (Rz. 25).

---

[1] A 10.4 UStAE Abs. 4 Satz 2 geändert durch BMF v. 30. 3. 2022 (BStBl. I S. 568), anzuwenden in allen offenen Fällen.

76 Der Veräußerungserlös ist bei den beim Vertrieb von **UNICEF-Grußkarten und -Kalendern** ehrenamtlich eingeschalteten Unternehmern als durchlaufender Posten zu behandeln. – In den Vertrieb von UNICEF-Grußkarten und -Kalendern ehrenamtlich eingeschalteten Unternehmer sind im Verhältnis zu UNICEF keine Leistungsempfänger. *Erlass BMF IV 1 2 – S 7200 – 11/80 v. 12. 2. 1980.*

Zur Ermittlung der Bemessungsgrundlage für Holzverkäufe unter Berücksichtigung der Abgaben von Verkäufer und Käufer an den **Holzabsatzfonds.** *Verfügung OFD Hannover S 7200 – 72 – StO 172 v. 31. 8. 2007.*

Bei den Berliner Stadtreinigungsbetrieben sind hinsichtlich der **Deponiegebühren** die Voraussetzungen für die Annahme durchlaufender Posten nicht gegeben. *Verfügung OFD Berlin St 13 – S 7100 – 8/99 v. 17. 4. 2000.*

1. Gebühren für die **zweite Leichenschau** sind kein Entgelt für Feuerbestattungsleistungen, wenn sie das Krematorium im Namen und für Rechnung ihrer Auftraggeber (z. B. Bestatter oder bestattungspflichtige Erben) verauslagt. – 2. Durchlaufende Posten sind diese Gebühren auch dann, wenn das Krematorium die Beträge **gesamtschuldnerisch mit dem Empfänger** ihrer Leistung schuldet (anderer Ansicht Abschn. 10.4 Abs. 4 Satz 1 UStAE). *BFH-Urteil v. 3. 7. 2014 V R 1/14 (DStR S. 2126).*

Zu § 10 Abs. 2 Satz 2 UStG

UStAE 10.5

10.5 Bemessungsgrundlage beim Tausch und bei tauschähnlichen Umsätzen

Allgemeines

81 (1) ① Beim Tausch und bei tauschähnlichen Umsätzen gilt der Wert jedes Umsatzes als Entgelt für den anderen Umsatz. ② Der Wert des anderen Umsatzes wird durch den subjektiven Wert für die tatsächlich erhaltene und in Geld ausdrückbare Gegenleistung bestimmt. ③ Subjektiver Wert ist derjenige, den der Leistungsempfänger der Leistung beimisst, die er sich verschaffen will und deren Wert dem Betrag entspricht, den er zu diesem Zweck aufzuwenden bereit ist (vgl. BFH-Urteil vom 16. 4. 2008, XI R 56/06, BStBl. II S. 909, und EuGH-Urteil vom 2. 6. 1994, C-33/93, Empire Stores). ④ Dieser Wert umfasst alle Ausgaben einschließlich der Nebenleistungen, die der Empfänger der jeweiligen Leistung aufwendet, um diese Leistung zu erhalten (vgl. BFH-Urteile vom 1. 8. 2002, V R 21/01, BStBl. 2003 II S. 438, und vom 16. 4. 2008, XI R 56/06, a. a. O.; zu Versandkosten vgl. z. B. EuGH-Urteil vom 3. 7. 2001, C-380/99, Bertelsmann). ⑤ Soweit der Leistungsempfänger konkrete Aufwendungen für die von ihm erbrachte Gegenleistung getätigt hat, ist daher der gemeine Wert (§ 9 BewG) dieser Gegenleistung nicht maßgeblich. ⑥ Hat er keine konkreten Aufwendungen für seine Gegenleistung getätigt, ist das Entgelt für die Leistung gem. § 162 AO zu schätzen (vgl. BFH-Urteil vom 25. 4. 2018, XI R 21/16, BStBl. II S. 505). ⑦ Wird ein Geldbetrag zugezahlt, handelt es sich um einen Tausch oder tauschähnlichen Umsatz mit Baraufgabe. ⑧ In diesen Fällen ist der Wert der Sachleistung um diesen Betrag zu mindern. ⑨ Wird im Rahmen eines tauschähnlichen Umsatzes Kapital zinslos oder verbilligt zur Nutzung überlassen, richtet sich der Wert dieses Vorteils nach den allgemeinen Vorschriften des BewG (§§ 13 bis 16 BewG).[1] ⑩ Danach ist ein einjähriger Betrag der Nutzung mit 5,5% des Darlehens zu ermitteln (vgl. BFH-Urteil vom 28. 2. 1991, V R 2/85, BStBl. II S. 649).

Materialabfall und werthaltige Abfälle

82 (2) ① Zum Entgelt für eine Werkleistung oder eine Werklieferung kann neben der vereinbarten Barvergütung auch der bei der Werkleistung oder Werklieferung anfallende Materialabfall gehören, den der Leistungsempfänger dem leistenden Unternehmer überlässt. ② Das gilt insbesondere, wenn Leistungsempfänger und leistender Unternehmer sich darüber einig sind, dass die Barvergütung kein hinreichender Gegenwert für die Werkleistung oder die Werklieferung ist. ③ Der Wert des Materialabfalls kann auch dann anteilige Gegenleistung für die Werkleistung oder die Werklieferung sein, wenn über den Verbleib des Materialabfalls keine besondere Vereinbarung getroffen worden ist. ④ Die Vermutung, dass in diesem Fall die Höhe der vereinbarten Barvergütung durch den überlassenen Materialabfall beeinflusst worden ist, besteht insbesondere, wenn es sich um wertvollen Materialabfall handelt (vgl. BFH-Urteil vom 15. 12. 1988, V R 24/88, BStBl. 1989 II S. 252). ⑤ Übernimmt bei der Entsorgung werthaltiger Abfälle der Unternehmer (Entsorger) die vertraglich geschuldete industrielle Aufbereitung und erhält er die Verwertungs- und Vermarktungsmöglichkeit über die im Abfall enthaltenen Wertstoffe, bleibt der Charakter der Leistung als Entsorgungsleistung ungeachtet des durch den Entsorger erzielten Preises für die Wertstoffe unberührt. ⑥ Der Wert des Wertstoffs ist Bemessungsgrundlage für die erbrachte Entsorgungsleistung, ggf. – je nach Marktlage – abzüglich bzw. zuzüglich einer Baraufgabe. ⑦ Die für die Höhe der Baraufgabe maßgebenden Verhältnisse ergeben sich dabei regelmäßig aus den vertraglichen Vereinbarungen und Abrechnungen. ⑧ Bemessungsgrundlage für die Lieferung des Unternehmers, der den werthaltigen Abfall abgibt, ist der Wert der Gegenleistung (Entsorgungsleistung) ggf. – je nach Marktlage – abzüglich bzw. zuzüglich einer Baraufgabe. ⑨ Zu tauschähnlichen Umsätzen bei der Abgabe von werthaltigen Abfällen vgl. Abschnitt 3.16. ⑩ Beginnt die Beförderung oder Versendung an den Abnehmer (Entsorger) in einem anderen EU-Mitgliedstaat, kann die Leistung des liefernden Unternehmers als innergemeinschaftliche Lieferung steuerfrei sein. ⑪ Der Entsorger hat einen betragsmäßig identischen innergemeinschaftlichen Erwerb des werthaltigen Abfalls der Umsatzbesteuerung in Deutschland zu unterwerfen, wenn hier die Entsorgung des Abfalls erfolgt.

---

[1] „Handbuch Erbschaftsteuer und Bewertung".

Austauschverfahren in der Kraftfahrzeugwirtschaft

(3) ①Die Umsätze beim Austauschverfahren in der Kraftfahrzeugwirtschaft sind in der Regel Tauschlieferungen mit Baraufgabe (vgl. BFH-Urteil vom 3. 5. 1962, V 298/59 S, BStBl. III S. 265). ②Der Lieferung eines aufbereiteten funktionsfähigen Austauschteils (z. B. Motor, Aggregat, Achse, Benzinpumpe, Kurbelwelle, Vergaser) durch den Unternehmer der Kraftfahrzeugwirtschaft stehen eine Geldzahlung und eine Lieferung des reparaturbedürftigen Kraftfahrzeugteils (Altteils) durch den Kunden gegenüber. ③Als Entgelt für die Lieferung des Austauschteils sind demnach die vereinbarte Geldzahlung und der subjektive Wert des Altteils, jeweils abzüglich der darin enthaltenen Umsatzsteuer, anzusetzen (vgl. BFH-Urteil vom 25. 4. 2018, XI R 21/16, BStBl. II S. 505). ④Dabei können die Altteile mit einem Durchschnittswert von 10% des sog. Bruttoaustauschentgelts bewertet werden. ⑤Als Bruttoaustauschentgelt ist der Betrag anzusehen, den der Endabnehmer für den Erwerb eines dem zurückgegebenen Altteil entsprechenden Austauschteils abzüglich Umsatzsteuer, jedoch ohne Abzug eines Rabatts zu zahlen hat. ⑥Der Durchschnittswert ist danach auf allen Wirtschaftsstufen gleich. ⑦Er kann beim Austauschverfahren sowohl für Personenkraftwagen als auch für andere Kraftfahrzeuge, insbesondere auch Traktoren, Mähdrescher und andere selbst fahrende Arbeitsmaschinen im Sinne des § 3 Abs. 2 Nr. 1 Buchstabe a FZV, angewandt werden. ⑧Setzt ein Unternehmer bei der Abrechnung an Stelle des Durchschnittswerts andere Werte an, sind die tatsächlichen Werte der Umsatzsteuer zu unterwerfen. ⑨Zur Vereinfachung der Abrechnung (§ 14 UStG) und zur Erleichterung der Aufzeichnungspflichten (§ 22 UStG) kann wie folgt verfahren werden: 83

1. ①Die Lieferungen von Altteilen durch die am Kraftfahrzeug-Austauschverfahren beteiligten Unternehmer werden nicht zur Umsatzsteuer herangezogen. ②Soweit der Endabnehmer des Austauschteils ein Land- und Forstwirt ist und seine Umsätze nach § 24 UStG nach Durchschnittssätzen versteuert, ist der Lieferer des Austauschteils, z. B. Reparaturwerkstatt, verpflichtet, über die an ihn ausgeführte Lieferung des Altteils auf Verlangen eine Gutschrift nach § 14 Abs. 2 Sätze 3 und 4 UStG zu erteilen (vgl. Nummer 2 Satz 2 Buchstabe a Beispiel 2).
2. ①Bei der Lieferung des Austauschteils wird der Wert des zurückgegebenen Altteils in allen Fällen von den Lieferern – Hersteller, Großhändler, Reparaturwerkstatt – als Teil der Bemessungsgrundlage berücksichtigt. ②Dabei ist Folgendes zu beachten:
   a) ①In der Rechnung über die Lieferung des Austauschteils braucht der Wert des Altteils nicht in den Rechnungsbetrag einbezogen zu werden. ②Es genügt, dass der Unternehmer den auf den Wert des Altteils entfallenden Steuerbetrag angibt.

Beispiel 1:

1 Austauschmotor	1000,– €
+ Umsatzsteuer (19%)	190,– €
+ Umsatzsteuer (19%) auf den Wert des Altteils von 100 € (10% von 1 000 €)	19,– €
	1209,– €

Beispiel 2:

(Lieferung eines Austauschteils an einen Landwirt, der § 24 UStG anwendet)

1 Austauschmotor	1000,– €
+ Umsatzsteuer (19%)	190,– €
+ Umsatzsteuer (19%) auf den Wert des Altteils von 100 € (10% von 1 000 €)	19,– €
	1209,– €
./. Gutschrift 10,7% Umsatzsteuer auf den Wert des Altteils (100 €)	10,70 €
	1198,30 €

   b) ①Der Lieferer der Austauschteile – Hersteller, Großhändler, Reparaturwerkstatt – hat die auf die Werte der Altteile entfallenden Steuerbeträge gesondert aufzuzeichnen. ②Am Schluss des Voranmeldungs- und des Besteuerungszeitraums ist aus der Summe dieser Steuerbeträge die Summe der betreffenden Entgeltsteile zu errechnen.
   c) Der Lieferungsempfänger muss, sofern er auf der Eingangsseite die Entgelte für empfangene steuerpflichtige Lieferungen und sonstige Leistungen und die darauf entfallenden Steuerbeträge nicht getrennt voneinander, sondern nach § 63 Abs. 5 UStDV in einer Summe aufzeichnet, die um die Steuer auf die Werte der Altteile verminderten Bruttorechnungsbeträge (nach den vorstehenden Beispielen 1 190 €) und die auf die Werte der Altteile entfallenden Steuerbeträge getrennt voneinander aufzeichnen.

(4) ①Nimmt ein Kraftfahrzeughändler beim Verkauf eines Kraftfahrzeugs einen Gebrauchtwagen in Zahlung und leistet der Käufer in Höhe des Differenzbetrags eine Zuzahlung, liegt ein Tausch mit Baraufgabe vor. ②Zum Entgelt des Händlers gehört neben der Zuzahlung auch der subjektive Wert des in Zahlung genommenen gebrauchten Fahrzeugs. ③Der subjektive Wert ergibt sich aus dem individuell vereinbarten Verkaufspreis zwischen dem Kraftfahrzeughändler 84

und dem Käufer abzüglich der vom Käufer zu leistenden Zuzahlung. ④ Denn dies ist der Wert, den der Händler dem Gebrauchtwagen beimisst und den er bereit ist, hierfür aufzuwenden (vgl. Abs. 1 Sätze 2 bis 4).

85 (5) *(aufgehoben)*

Forderungskauf

86 (6) ① Der Forderungskauf ohne Übernahme des Forderungseinzugs stellt einen tauschähnlichen Umsatz dar, bei dem der Forderungskäufer eine Baraufgabe leistet, vgl. Abschnitt 2.4 Abs. 5 Sätze 1 bis 3. ② Die Baraufgabe des Forderungskäufers ist der von ihm ausgezahlte Betrag. ③ Der Wert der Leistung des Forderungskäufers besteht aus dem Wert für die Kreditgewährung, welcher durch die Gebühr und den Zins bestimmt wird, sowie dem bar aufgegebenen Betrag. ④ Der Wert der Leistung des Forderungsverkäufers besteht aus dem Kaufpreis, d. h. dem (Brutto-)Nennwert der abgetretenen Forderung zzgl. der darauf entfallenden Umsatzsteuer. ⑤ Dementsprechend ist Bemessungsgrundlage für die Leistung des Forderungsverkäufers der Wert des gewährten Kredits – dieser wird regelmäßig durch die vereinbarten Gebühren und Zinsen bestimmt – zzgl. des vom Käufer gezahlten Auszahlungsbetrags. ⑥ Bemessungsgrundlage für die Leistung des Forderungskäufers ist der Wert der übertragenen Forderung – dieser entspricht dem Bruttoverkaufspreis der Forderung, abzüglich der selbst geleisteten Baraufgabe in Höhe des Auszahlungsbetrags.

Beispiel:

① V hat eine Forderung über 1 190 000 € gegenüber einem Dritten, die er an den Erwerber K veräußert und abtritt. ② Der Einzug der Forderung verbleibt bei V. ③ Sowohl V als auch K machen von der Möglichkeit der Option nach § 9 UStG Gebrauch. ④ K zahlt dem V den Forderungsbetrag (1 190 000 €) zuzüglich Umsatzsteuer (226 100 €) und abzüglich einer vereinbarten Gebühr von 5950 €, also 1 410 150 €.

⑤ Da der Einzug der Forderung nicht vom Erwerber der Forderung übernommen wird, erbringt K keine Factoringleistung, sondern eine grundsätzlich nach § 4 Nr. 8 Buchstabe a UStG steuerfreie Kreditgewährung. ⑥ Die Leistung des V besteht in der Abtretung seiner Forderung; auch diese Leistung ist grundsätzlich nach § 4 Nr. 8 Buchstabe c UStG steuerfrei. ⑦ Da sowohl V als auch K für ihre Leistung zur Steuerpflicht optiert haben, sind die Bemessungsgrundlagen für ihre Leistungen wie folgt zu ermitteln:

⑧ Bemessungsgrundlage für die Leistung des V ist der Wert des gewährten Kredits – dieser wird durch die vereinbarte Gebühr i. H. v. 5950 € bestimmt – zuzüglich des vom Käufer gezahlten Auszahlungsbetrags i. H. v. 1 410 150 €, abzüglich der darin enthaltenen Umsatzsteuer von 226 100 €. ⑨ Im Ergebnis ergibt sich somit eine Bemessungsgrundlage in Höhe des Bruttowerts der abgetretenen Forderung von 1 190 000 €.

⑩ Bemessungsgrundlage für die Leistung des Forderungskäufers ist der Wert der übertragenen Forderung – dieser entspricht dem Bruttoverkaufspreis der Forderung von 1 416 100 €, abzüglich der selbst geleisteten Baraufgabe in Höhe des Auszahlungsbetrags von 1 410 150 €. ⑪ Im Ergebnis ergibt sich dabei eine Bemessungsgrundlage in Höhe der vereinbarten Gebühr, abzüglich der darin enthaltenen Umsatzsteuer, also 5000 €.

LS zu 10.5

Bemessungsgrundlage für die Lieferung einer **Prämie an Abonnenten** ist der Einkaufspreis der Prämie zuzüglich Versandkosten. *Verfügung OFD Hannover S 7203 – 5 – StO 351/S 7203 – 7 – StH 445 v. 17. 1. 2003.*

88 A 10.5 Abs. 4 UStAE gilt auch in Fällen der **Inzahlungnahme eines Kraftfahrzeugs** bei Verkauf eines Gebrauchtwagens. *Verfügung OFD Karlsruhe v. 28. 2. 2012 S 7421 K. 1.*

1. Ein Steuerpflichtiger, der die **Kundentoiletten** eines Kaufhauses reinigt und aufgrund des Vertrags mit dem Kaufhausbetreiber berechtigt ist, von den Benutzern der Toiletten freiwillige Entgelte oder Trinkgelder entgegenzunehmen, führt einen tauschähnlichen Umsatz aus. – 2. Für die Reinigungsleistungen ist ein Entgelt in Höhe der vereinnahmten freiwilligen Entgelte und Trinkgelder anzusetzen. *BFH-Beschl. v. 30. 9. 2008, XI B 74/08 (DStRE S. 1517).*

Zum tauschähnlichen Umsatz bei der Publikation von **Mitgliederzeitschriften** öffentlich-rechtlicher Körperschaften durch gewerbliche Unternehmen bei Überlassung von **Werberechten.** *Verfügung OFD Frankfurt S 7119 A – 007 – St 110 v. 6. 4. 2018 (MwStR S. 539).*

1. Beauftragt eine Ärztekammer als Herausgeber einen Verlag mit der Herstellung und dem Versand eines Ärzteblatts **(Kammerzeitschrift)** für ihre Mitglieder und überlässt sie dabei dem Verlag das Recht, im eigenen Namen und für eigene Rechnung in dem Ärzteblatt **Werbeanzeigen** zu platzieren, liegt ein tauschähnlicher Umsatz vor. – 2. Bemessungsgrundlage für die Überlassung des Anzeigenplatzierungsrechts durch die Ärztekammer sind die gesamten Kosten, die der Verlag für die Herstellung (einschließlich des Anzeigenteils) und den Versand der Ärzteblätter getragen hat. *BFH-Urteil v. 11. 7. 2012 XI R 11/11 (BStBl. 2018 II S. 146).*

1. Der Wert eines Umsatzes, der beim **Tausch** als Entgelt für den anderen Umsatz gilt, ist der **Wert,** den der Empfänger der Leistung beimisst, die er beziehen will, und entspricht dem Betrag, den er zu diesem Zweck aufzuwenden bereit ist. Er umfasst alle Ausgaben einschließlich der Nebenleistungen, die der Empfänger der jeweiligen Leistung aufwendet, um die fragliche Leistung zu erhalten. – 2. Bei der Vereinfachungsregelung des Abschn. 10.5 Abs. 4 UStAE handelt es sich um eine einheitliche Schätzung, die der Unternehmer nur insgesamt oder gar nicht in Anspruch nehmen kann. *BFH-Urteil v. 25. 4. 2018 XI R 21/16 (BStBl. II S. 505).*

Anl zu 10.5

Schreiben betr. Behandlung von verdeckten Preisnachlässen im Zusammenhang mit sog. Streckengeschäften im Gebrauchtwagenhandel

Vom 28. August 2020 (BStBl. I S. 928)

(BMF III C 2 – S 7203/19/10001 :001; DOK 2020/0827982)

Bezug: BFH-Urteil v. 25. April 2018 XI R 21/16, BStBl. II S. 505

I. Grundsätzliches

89 Der BFH hat mit Urteil vom 25. April 2018, XI R 21/16, BStBl. II S. 505, die Vereinfachungsregelung in Abschn. 10.5 Abs. 4 UStAE anerkannt, jedoch gleichzeitig darauf hingewiesen, dass die Bemessungsgrundlage bei Tauschumsätzen (§ 3 Abs. 12 UStG) anhand des subjektiven Wertes und nicht des gemeinen Wertes festzustellen ist.

II. Änderung des Umsatzsteuer-Anwendungserlasses

[in A 10.5 und A 25 a.1 UStAE berücksichtigt]

III. Anwendung

Die Grundsätze dieses Schreibens sind in allen offenen Fällen anzuwenden. Es wird hinsichtlich aller bis **vor dem 1. Januar 2022** entstandener gesetzlicher Umsatzsteuer – auch für Zwecke des Vorsteuerabzugs – nicht beanstandet, wenn die Unternehmer Tauschumsätze entsprechend der bisherigen Fassung der Abschn. 10.5 und 25 a.1 Abs. 10 UStAE behandelt haben.

Zu § 10 Abs. 4 UStG

10.6 Bemessungsgrundlage bei unentgeltlichen Wertabgaben

UStAE 10.6

(1) ① Bei den einer Lieferung gleichgestellten Wertabgaben im Sinne des § 3 Abs. 1 b UStG (vgl. Abschnitt 3.3) ist bei der Ermittlung der Bemessungsgrundlage grundsätzlich vom Einkaufspreis zuzüglich der Nebenkosten für den Gegenstand oder für einen gleichartigen Gegenstand im Zeitpunkt der Entnahme oder Zuwendung auszugehen (§ 10 Abs. 4 Satz 1 Nr. 1 UStG). 91 ② Dieser fiktive Einkaufspreis entspricht in der Regel dem – auf der Handelsstufe des Unternehmers ermittelbaren – Wiederbeschaffungspreis im Zeitpunkt der Entnahme. ③ Bei im eigenen Unternehmen hergestellten Gegenständen ist ebenfalls grundsätzlich der fiktive Einkaufspreis maßgebend. ④ Ist der hergestellte Gegenstand eine Sonderanfertigung, für die ein Marktpreis nicht ermittelbar ist, oder lässt sich aus anderen Gründen ein Einkaufspreis am Markt für einen gleichartigen Gegenstand nicht ermitteln, sind die Selbstkosten zum Zeitpunkt des Umsatzes anzusetzen (vgl. BFH-Urteil vom 12. 12. 2012, XI R 3/10, BStBl. 2014 II S. 809). ⑤ Diese umfassen alle durch den betrieblichen Leistungsprozess bis zum Zeitpunkt der Entnahme oder Zuwendung entstandenen Ausgaben; dabei sind auch die nicht zum Vorsteuerabzug berechtigenden Kosten in die Bemessungsgrundlage einzubeziehen. ⑥ Bei der Ermittlung der Selbstkosten sind die Anschaffungs- oder Herstellungskosten des Unternehmensgegenstandes, soweit dieser der Fertigung des unentgeltlich zugewendeten Gegenstandes gedient hat, auf die betriebsgewöhnliche Nutzungsdauer, die nach den ertragsteuerrechtlichen Grundsätzen anzusetzen ist, zu verteilen. ⑦ Die auf die Wertabgabe entfallende Umsatzsteuer gehört nicht zur Bemessungsgrundlage. ⑧ Zu den Pauschbeträgen für unentgeltliche Wertabgaben (Sachentnahmen) 2022 vgl. BMF-Schreiben vom 20. 1. 2022, BStBl. I S. 137.[1] ⑨ Zur Frage der Bemessungsgrundlage der unentgeltlichen Wertabgabe von Wärme, die durch eine KWK-Anlage erzeugt wird, vgl. Abschnitt 2.5 Abs. 20 bis 22.

(1 a) ① Bei der Ermittlung der Bemessungsgrundlage nach den Grundsätzen des Absatzes 1 91a Sätze 1 bis 6 ist auch zu berücksichtigen, ob Gegenstände zum Zeitpunkt der unentgeltlichen Wertabgabe aufgrund ihrer Beschaffenheit nicht mehr oder nur noch stark eingeschränkt verkehrsfähig sind. ② Hiervon ist bei Lebensmitteln auszugehen, wenn diese kurz vor Ablauf des Mindesthaltbarkeitsdatums stehen oder die Verkaufsfähigkeit als Frischware, wie Backwaren, Obst und Gemüse, wegen Mängeln nicht mehr gegeben ist. ③ Dies gilt auch für Non-Food-Artikel mit Mindesthaltbarkeitsdatum wie beispielsweise Kosmetika, Drogerieartikel, pharmazeutische Artikel, Tierfutter oder Bauchemieprodukte wie Silikon oder Beschichtungen sowie Blumen und andere verderbliche Waren. ④ Bei anderen Gegenständen ist die Verkehrsfähigkeit eingeschränkt, wenn diese aufgrund von erheblichen Material- oder Verpackungsfehlern (z. B. Befüllungsfehler, Falschetikettierung, beschädigte Retouren) oder fehlender Marktgängigkeit (z. B. Vorjahresware oder saisonale Ware wie Weihnachts- oder Osterartikel) nicht mehr oder nur noch schwer verkäuflich sind. ⑤ Werden solche Gegenstände im Rahmen einer unentgeltlichen Wertabgabe abgegeben (z. B. Hingabe als Spende), kann eine im Vergleich zu noch verkehrsfähiger Ware geminderte Bemessungsgrundlage angesetzt werden. ⑥ Die Minderung ist im Umfang der Einschränkung der Verkehrsfähigkeit vorzunehmen, so dass der Ansatz einer Bemessungsgrundlage von 0 € nur bei wertloser Ware (z. B. Lebensmittel und Non-Food-Artikel kurz vor Ablauf des Mindesthaltbarkeitsdatums oder bei Frischwaren, bei denen die Verkaufsfähigkeit nicht mehr gegeben ist) in Betracht kommt. ⑦ Eine eingeschränkte Verkehrsfähigkeit liegt insbesondere nicht vor, wenn Neuware ohne jegliche Beeinträchtigung aus wirtschaftlichen oder logistischen Gründen aus dem Warenverkehr ausgesondert wird. ⑧ Auch wenn diese Neuware ansonsten vernichtet werden würde, weil z. B. Verpackungen beschädigt sind, bei Bekleidung deutliche Spuren einer Anprobe erkennbar sind oder Ware verschmutzt ist, ohne dass sie beschädigt ist, führt dies nicht dazu, dass die Neuware ihre Verkaufsfähigkeit vollständig verliert. ⑨ Auch in diesen Fällen ist ein fiktiver Einkaufspreis anhand objektiver Schätzungsunterlagen zu ermitteln.

(2) ① Im Fall einer nach § 3 Abs. 1 b Satz 1 Nr. 1 i. V. m. Satz 2 UStG steuerpflichtigen Entnahme eines Gegenstands, den der Unternehmer ohne Berechtigung zum Vorsteuerabzug er- 92 worben hat und an dem Arbeiten ausgeführt worden sind, die zum Vorsteuerabzug berechtigt und zum Einbau von Bestandteilen geführt haben (vgl. Abschnitt 3.3 Abs. 2 bis 4), ist Be-

[1] Pauschbeträge 2023 siehe BMF-Schreiben vom 21. 12. 2022 (BStBl. 2023 I S. 52).

messungsgrundlage nach § 10 Abs. 4 Satz 1 Nr. 1 UStG der Einkaufspreis der Bestandteile im Zeitpunkt der Entnahme (Restwert). ② Ob ein nachträglich z. B. in einen PKW eingebauter Bestandteil im Zeitpunkt der Entnahme des PKW noch einen Restwert hat, lässt sich im Allgemeinen unter Heranziehung anerkannter Marktübersichten für den Wert gebrauchter PKW (z. B. sog. „Schwacke-Liste" oder vergleichbare Übersichten von Automobilclubs) beurteilen. ③ Wenn insoweit kein Aufschlag auf den – im Wesentlichen nach Alter und Laufleistung bestimmten – durchschnittlichen Marktwert des PKW im Zeitpunkt der Entnahme üblich ist, scheidet der Ansatz eines Restwertes aus.

93 (3) ① Bei den einer sonstigen Leistung gleichgestellten Wertabgaben im Sinne des § 3 Abs. 9 a UStG (vgl. Abschnitt 3.4) bilden die bei der Ausführung der Leistung entstandenen Ausgaben die Bemessungsgrundlage (§ 10 Abs. 4 Satz 1 Nr. 2 und 3 UStG). ② Soweit ein Gegenstand für die Erbringung der sonstigen Leistung verwendet wird, zählen hierzu auch die Anschaffungs- und Herstellungskosten für diesen Gegenstand. ③ Diese sind gleichmäßig auf einen Zeitraum zu verteilen, der dem Berichtigungszeitraum nach § 15 a UStG für diesen Gegenstand entspricht (vgl. EuGH-Urteil vom 14. 9. 2006, C-72/05, Wollny, BStBl. 2007 II S. 32). ④ In diese Ausgaben sind – unabhängig von der Einkunftsermittlungsart – die nach § 15 UStG abziehbaren Vorsteuerbeträge nicht einzubeziehen. ⑤ Besteht die Wertabgabe in der Verwendung eines Gegenstands (§ 3 Abs. 9 a Nr. 1 UStG), sind nach § 10 Abs. 4 Satz 1 Nr. 2 UStG aus der Bemessungsgrundlage solche Ausgaben auszuscheiden, die nicht zum vollen oder teilweisen Vorsteuerabzug berechtigt haben. ⑥ Dabei ist es unerheblich, ob das Fehlen des Abzugsrechts darauf zurückzuführen ist, dass
a) für die Leistung an den Unternehmer keine Umsatzsteuer geschuldet wird oder
b) die Umsatzsteuer für die empfangene Leistung beim Unternehmer nach § 15 Abs. 1 a oder 2 UStG vom Vorsteuerabzug ausgeschlossen ist oder
c) die Aufwendungen in öffentlichen Abgaben (Steuern, Gebühren oder Beiträgen) bestehen.
⑦ Zur Bemessungsgrundlage zählen auch Ausgaben, die aus Zuschüssen finanziert worden sind.

94 (4) Zur Bemessungsgrundlage
– bei unentgeltlichen Leistungen an das Personal vgl. Abschnitt 1.8;
– bei nichtunternehmerischer Verwendung eines dem Unternehmen (teilweise) zugeordneten Fahrzeugs vgl. Abschnitt 15.23.

95 (5) ① Bei der privaten Nutzung von Freizeitgegenständen ist nur der Teil der Ausgaben zu berücksichtigen, der zu den Gesamtausgaben im selben Verhältnis steht wie die Dauer der tatsächlichen Verwendung des Gegenstands für unternehmensfremde Zwecke zur Gesamtdauer seiner tatsächlichen Verwendung (vgl. BFH-Urteil vom 24. 8. 2000, V R 9/00, BStBl. 2001 II S. 76). ② Das ist der Fall, wenn der Unternehmer über den Gegenstand – wie ein Endverbraucher – nach Belieben verfügen kann und ihn nicht (zugleich) für unternehmerische Zwecke bereithält oder bereithalten muss.

Beispiel:

① Ein Unternehmer vermietet eine dem Unternehmensvermögen zugeordnete Yacht im Kalenderjahr an insgesamt 49 Tagen. ② Er nutzte seine Yacht an insgesamt 7 Tagen für eine private Segeltour. ③ Die gesamten vorsteuerbelasteten Ausgaben im Kalenderjahr betragen 28 000 €. ④ In der übrigen Zeit stand sie ihm für private Zwecke jederzeit zur Verfügung.

⑤ Als Bemessungsgrundlage bei der unentgeltlichen Wertabgabe werden von den gesamten vorsteuerbelasteten Ausgaben (28 000 €) die anteiligen auf die private Verwendung entfallenden Ausgaben im Verhältnis von 56 Tagen der tatsächlichen Gesamtnutzung zur Privatnutzung von 7 Tagen angesetzt. ⑥ Die Umsatzsteuer beträgt demnach 665 € ($^7/_{56}$ von 28 000 € = 3500 €, darauf 19% Umsatzsteuer).

LS zu 10.6

96 1. Nutzt ein Steuerpflichtiger in seinem Betrieb gelegentlich einen zum **Betriebsvermögen seines Ehegatten** gehörenden **PKW,** ohne hierfür Aufwendungen zu tragen, kann er für die betriebliche Nutzung keine Betriebsausgaben abziehen. – 2. Bei dem Ehegatten, zu dessen Betriebsvermögen der PKW gehört, ist die Nutzung des PKW durch den anderen Ehegatten mit der Anwendung der 1%-Regelung abgegolten; ein Betrag für eine zusätzliche Nutzungsentnahme ist nicht anzusetzen (Abgrenzung zum Senatsurteil vom 26. 4. 2006 X R 35/05, BStBl. II 2007, 445). *BFH-Urteil v. 15. 7. 2014 X R 24/12 (BStBl. 2015 II S. 132).*

1. Überlässt eine GmbH eines dem Unternehmen zugeordneten **PKW** ihrem **Gesellschafter-Geschäftsführer** zur privaten Nutzung und gewährt der Gesellschafter-Geschäftsführer hierfür eine Gegenleistung in Form anteiliger Arbeitsleistung, kann die Bemessungsgrundlage für diesen Umsatz entsprechend den von der Finanzverwaltung insoweit getroffenen Vereinfachungsregelungen **geschätzt** werden. – 2. Hierbei handelt es sich um eine **einheitliche Schätzung,** die der Unternehmer nur insgesamt oder gar nicht in Anspruch nehmen kann. *BFH-Urteil v. 5. 6. 2104 XI R 3/12 (BFH/NV 2015 S. 64).*

Anl a zu 10.6

a) Schreiben betr. umsatzsteuerrechtliche Beurteilung von Sachspenden

Vom 18. März 2021 (BStBl. I S. 384)

(BMF III C 2 – S 7109/19/10002 :001; DOK 2021/0251308)

I. Grundsätzliches

97 Eine Sachspende aus dem Unternehmensvermögen stellt eine unentgeltliche Zuwendung dar, die einer Lieferung gegen Entgelt gleichgestellt ist. Sachspenden unterliegen als sog. „unentgeltliche Wertabgabe" nach § 3 Abs. 1 b UStG der Umsatzsteuer, sofern der (später gespendete) Gegenstand zum vollen oder teilweisen Vorsteuerabzug berechtigt hat. Die Umsatzbesteuerung dient der Kompensation des vorangegangenen Vorsteuerabzugs und verhindert einen systemwidrigen unversteuerten Letztverbrauch. Die Mehrwertsteuer-Systemrichtlinie sieht keine Möglichkeit vor, bei Sachspenden aus einem Unternehmensvermögen aus Billigkeitsgründen abweichend von diesen Grundsätzen auf eine Umsatzbesteuerung zu verzichten.

Die Bemessungsgrundlage einer Sachspende bestimmt sich nicht nach den ursprünglichen Anschaffungs- oder Herstellungskosten, sondern nach dem fiktiven Einkaufspreis im Zeitpunkt der Spende. Das gilt auch für im Unternehmen selbst hergestellte Gegenstände (Abschn. 10.6 Abs. 1 S. 3 UStAE).

Keine Sachspende in diesem Sinne ist der Verkauf eines Gegenstandes weit unter dem ursprünglichen Einkaufspreis. Abgesehen von Fällen der Mindest-Bemessungsgrundlage (§ 10 Abs. 5 UStG – zB bei Verkauf an nahestehende Personen) ist hierfür kein fiktiver Einkaufspreis zu ermitteln. Bemessungsgrundlage für die Umsatzsteuer ist das tatsächliche Entgelt nach § 10 Abs. 1 S. 1 und S. 2 UStG.

II. Änderung des Umsatzsteuer-Anwendungserlasses

[in A 10.6 UStAE berücksichtigt]

III. Anwendung

Die Grundsätze dieses Schreibens sind in allen offenen Fällen anzuwenden. **98**

Anl b zu 10.6

b) Schreiben betr.
keine Umsatzbesteuerung von Sachspenden von Einzelhändlern an steuerbegünstigte Organisationen vom 1. März 2020 bis zum 31. Dezember 2021

Vom 18. März 2021 (BStBl. I S. 628)

(BMF III C 2 – S 7109/19/10002 :001)

Das BMF-Schreiben zur umsatzsteuerlichen Behandlung von Sachspenden vom 18. März 2021 (III C 2 – S 7109/19/10 002 :001, BStBl. I S. 384) schöpft den möglichen Gestaltungsspielraum, den das Unionsrecht durch die Mehrwertsteuer-Systemrichtlinie setzt, umfassend aus, um Unternehmern eine rechtssichere umsatzsteuerliche Abwicklung von Sachspenden zu ermöglichen. Es beseitigt vollumfänglich Unsicherheiten bei der Ermittlung der Umsatzsteuer auf eine Sachspende, die bislang von den Unternehmern immer wieder als Grund für den Verzicht auf eine Spende genannt wurden. **99**

Unabhängig davon hat jedoch die Corona-Pandemie hinsichtlich der umsatzsteuerlichen Spendenthematik zu einer einzigartigen Sondersituation geführt.

Durch die Ausnahmesituation der Corona-Pandemie und der damit einhergehenden Maßnahme des Lockdowns ist der Einzelhandel in besonderer Weise betroffen. Zwar erlaubte es der Online-Handel auch den Einzelhändlern, ihre Waren trotz des Lockdowns weiterhin zu verkaufen. Der typische Verkauf, der durch persönliche Beratung des Kunden und die Darbietung der Ware im Ladengeschäft gekennzeichnet ist, war jedoch nicht möglich. Dadurch hat sich vor allem Saisonware in einmalig großen Mengen in den Lagern der Einzelhändler angestaut, die jetzt nur noch schwerlich abzusetzen ist.

Unter Berücksichtigung dieser einzigartigen Belastung des Einzelhandels wird flankierend zu dem BMF-Schreiben zur umsatzsteuerlichen Behandlung von Sachspenden vom 18. März 2021 (III C 2 – S 7109/19/10002 :001, BStBl. I S. 384) und begleitend zu den bereits getroffenen coronabedingten steuerlichen Hilfsmaßnahmen sowie den Überbrückungshilfen eine **befristete Billigkeitsregelung** für Sachspenden gewährt. Danach wird bei Waren, die von Einzelhändlern, die durch die Corona-Krise unmittelbar und nicht unerheblich negativ wirtschaftlich betroffen sind, an steuerbegünstigte Organisationen gespendet werden bzw. gespendet worden sind, auf die Besteuerung einer unentgeltlichen Wertabgabe verzichtet.

Diese Regelung gilt nur für Spenden, die zwischen dem 1. März 2020 und dem 31. Dezember 2021 erfolgt sind. **100**

Zu § 10 Abs. 5 UStG

UStAE 10.7

10.7 Mindestbemessungsgrundlage (§ 10 Abs. 5 UStG)

(1) ① Die Mindestbemessungsgrundlage gilt nur für folgende Umsätze:

1. Umsätze der in § 10 Abs. 5 Nr. 1 UStG genannten Vereinigungen an ihre Anteilseigner, Gesellschafter, Mitglieder und Teilhaber oder diesen nahestehende Personen (vgl. Beispiele 2 und 3); **101**
2. Umsätze von Einzelunternehmern an ihnen nahestehende Personen;
3. Umsätze von Unternehmern an ihr Personal oder dessen Angehörige auf Grund des Dienstverhältnisses (vgl. Abschnitt 1.8).

② Als „nahestehende Personen" sind Angehörige im Sinne des § 15 AO sowie andere Personen und Gesellschaften anzusehen, zu denen ein Anteilseigner, Gesellschafter usw. eine enge rechtliche, wirtschaftliche oder persönliche Beziehung hat. ③ Ist das für die genannten Umsätze entrichtete Entgelt niedriger als die nach § 10 Abs. 4 UStG in Betracht kommenden Werte oder Ausgaben für gleichartige unentgeltliche Leistungen, sind als Bemessungsgrundlage die Werte oder Ausgaben nach § 10 Abs. 4 UStG anzusetzen (vgl. Abschnitt 10.6). ④ Die Anwendung der Mindestbemessungsgrundlage setzt voraus, dass die Gefahr einer Steuerhinterziehung oder

UStAE 10.7

-umgehung besteht (vgl. BFH-Urteil vom 8. 10. 1997, XI R 8/86, BStBl. II S. 840, und EuGH-Urteil vom 29. 5. 1997, C-63/96, Skripalle, BStBl II S. 841). ⑤ Hieran fehlt es, wenn das vereinbarte Entgelt dem marktüblichen Entgelt entspricht oder der Unternehmer seine Leistung in Höhe des marktüblichen Entgelts versteuert (vgl. BFH-Urteil vom 7. 10. 2010, V R 4/10, BStBl. 2016 II S. 181). ⑥ Insoweit ist der Umsatz höchstens nach dem marktüblichen Entgelt zu bemessen. ⑦ Marktübliches Entgelt ist der gesamte Betrag, den ein Leistungsempfänger an einen Unternehmer unter Berücksichtigung der Handelsstufe zahlen müsste, um die betreffende Leistung zu diesem Zeitpunkt unter den Bedingungen des freien Wettbewerbs zu erhalten. ⑧ Dies gilt auch bei Dienstleistungen z.B. in Form der Überlassung von Leasingfahrzeugen an Arbeitnehmer. ⑨ Sonderkonditionen für besondere Gruppen von Kunden oder Sonderkonditionen für Mitarbeiter und Führungskräfte anderer Arbeitgeber haben daher keine Auswirkung auf das marktübliche Entgelt. ⑩ Das marktübliche Entgelt wird durch im Einzelfall gewährte Zuschüsse nicht gemindert. ⑪ Das Vorliegen und die Höhe eines die Mindestbemessungsgrundlage mindernden marktüblichen Entgelts ist vom Unternehmer darzulegen.

Beispiel 1:

Fall	Vereinbartes Entgelt	Marktübliches Entgelt	Wert nach § 10 Abs. 4 UStG	Bemessungsgrundlage
1	10	20	15	15
2	12	10	15	12
3	12	12	15	12
4	10	12	15	12

Beispiel 2:

① Eine KG überlässt einem ihrer Gesellschafter einen firmeneigenen Personenkraftwagen zur privaten Nutzung. ② Sie belastet in der allgemeinen kaufmännischen Buchführung das Privatkonto des Gesellschafters im Kalenderjahr mit 2400 €. ③ Der auf die private Nutzung des Pkw entfallende Anteil an den zum Vorsteuerabzug berechtigten Ausgaben (z. B. Anschaffungs- oder Herstellungskosten verteilt auf den maßgeblichen Berichtigungszeitraum nach § 15 a UStG, Kraftstoff, Öl, Reparaturen) beträgt jedoch 3600 €.

a) ① Die marktübliche Miete für den Pkw beträgt 4500 € für das Kalenderjahr. ② Das vom Gesellschafter durch Belastung seines Privatkontos entrichtete Entgelt ist niedriger als die Bemessungsgrundlage nach § 10 Abs. 4 Satz 1 Nr. 2 UStG sowie als das marktübliche Entgelt. ③ Nach § 10 Abs. 5 Satz 1 1. Halbsatz UStG ist deshalb die Pkw-Überlassung mit 3600 € zu versteuern.

b) ① Die marktübliche Miete für den Pkw beträgt 1800 € für das Kalenderjahr.
② Das vom Gesellschafter durch Belastung seines Privatkontos entrichtete Entgelt übersteigt zwar nicht die Bemessungsgrundlage nach § 10 Abs. 4 Satz 1 Nr. 2 UStG, jedoch das niedrigere marktübliche Entgelt. ③ Nach § 10 Abs. 5 Satz 2 UStG ist daher die Pkw-Überlassung mit dem vereinbarten Entgelt in Höhe von 2400 € zu versteuern.

c) ① Die marktübliche Miete für den Pkw beträgt 2800 € für das Kalenderjahr.
② Das marktübliche Entgelt bildet die Höchstgrenze für die Mindestbemessungsgrundlage. ③ Da das vereinbarte Entgelt unter dem marktüblichen Entgelt liegt, kommt nach § 10 Abs. 5 Satz 1 2. Halbsatz UStG das marktübliche Entgelt in Höhe von 2800 € zum Ansatz.

Beispiel 3:

① Ein Verein gestattet seinen Mitgliedern und auch Dritten die Benutzung seiner Vereinseinrichtungen gegen Entgelt. ② Das von den Mitgliedern zu entrichtende Entgelt ist niedriger als das von Dritten zu zahlende Entgelt.

a) ① Der Verein ist nicht als gemeinnützig anerkannt.
② Es ist zu prüfen, ob die bei der Überlassung der Vereinseinrichtungen entstandenen Ausgaben das vom Mitglied gezahlte Entgelt übersteigen. ③ Ist dies der Fall, sind nach § 10 Abs. 5 Nr. 1 UStG grundsätzlich die Ausgaben als Bemessungsgrundlage anzusetzen. ④ Übersteigen die Ausgaben das von den Dritten zu zahlende Entgelt, ist dieses (marktübliche) Entgelt die Bemessungsgrundlage. ⑤ Bei einem Ansatz der Mindestbemessungsgrundlage erübrigt sich die Prüfung, ob ein Teil der Mitgliederbeiträge als Entgelt für Sonderleistungen anzusehen ist.

b) ① Der Verein ist als gemeinnützig anerkannt.
② Mitglieder gemeinnütziger Vereine dürfen im Gegensatz zu Mitgliedern anderer Vereine nach § 55 Abs. 1 Nr. 1 AO keine Gewinnanteile und in ihrer Eigenschaft als Mitglieder auch keine sonstigen Zuwendungen aus Mitteln des Vereins erhalten. ③ Erbringt der Verein an seine Mitglieder Sonderleistungen gegen Entgelt, braucht aus Vereinfachungsgründen eine Ermittlung der Ausgaben und ggf. des marktüblichen Entgelts erst dann vorgenommen zu werden, wenn die Entgelte offensichtlich nicht kostendeckend sind.

102 (2) ① Die Mindestbemessungsgrundlage nach § 10 Abs. 5 Nr. 2 UStG findet keine Anwendung, wenn die Leistung des Unternehmers an sein Personal nicht zur Befriedigung persönlicher Bedürfnisse des Personals erfolgt, sondern durch betriebliche Erfordernisse bedingt ist, weil dann keine Leistung „aufgrund des Dienstverhältnisses“ vorliegt (vgl. zur verbilligten Überlassung von Arbeitskleidung BFH-Urteile vom 27. 2. 2008, XI R 50/07, BStBl. 2009 II S. 426, und vom 29. 5. 2008, V R 12/07, BStBl. 2009 II S. 428). ② Auch die entgeltliche Beförderung von Arbeitnehmern zur Arbeitsstätte ist keine Leistung „aufgrund des Dienstverhältnisses“, wenn für die Arbeitnehmer keine zumutbaren Möglichkeiten bestehen, die Arbeitsstätte mit öffentlichen Verkehrsmitteln zu erreichen (vgl. BFH-Urteil vom 15. 11. 2007, V R 15/06, BStBl. 2009 II S. 423). ③ Vgl. im Einzelnen Abschnitt 1.8 Abs. 4 und Abs. 6 Satz 5.

103 (3) Wegen der Rechnungserteilung in den Fällen der Mindestbemessungsgrundlage vgl. Abschnitt 14.9.

104 (4) Zur Mindestbemessungsgrundlage in den Fällen des § 13b Abs. 2 UStG vgl. Abschnitt 13b.13 Abs. 1.

105 (5) Zur Mindestbemessungsgrundlage im Fall der Lieferung von Wärme, die durch eine KWK-Anlage erzeugt wird, vgl. Abschnitt 2.5 Abs. 23.

(6) ①Der Anwendung der Mindestbemessungsgrundlage steht nicht entgegen, dass über eine ordnungsgemäß erbrachte Leistung an einen vorsteuerabzugsberechtigten Unternehmer abgerechnet wird (vgl. BFH-Urteil vom 24. 1. 2008, V R 39/06, BStBl. 2009 II S. 786). ②Die Mindestbemessungsgrundlage ist jedoch bei Leistungen an einen zum vollen Vorsteuerabzug berechtigten Unternehmer dann nicht anwendbar, wenn der vom Leistungsempfänger in Anspruch genommene Vorsteuerabzug keiner Vorsteuerberichtigung nach § 15a UStG unterliegt (vgl. BFH-Urteil vom 5. 6. 2014, XI R 44/12, BStBl. 2016 II S. 187). ③Dies ist der Fall, wenn die bezogene Leistung der Art nach keinem Berichtigungstatbestand des § 15a UStG unterfällt. ④Bei der Lieferung von Strom und Wärme an einen zum vollen Vorsteuerabzug berechtigten Unternehmer findet die Mindestbemessungsgrundlage keine Anwendung, wenn die Leistung im Zeitpunkt der Lieferung verbraucht wird. ⑤Abnehmer, die ihre Vorsteuern nach Durchschnittssätzen entsprechend den Sonderregelungen nach §§ 23, 23a und 24 UStG ermitteln, sind keine zum vollen Vorsteuerabzug berechtigte Unternehmer. **106**

(7) Die Mindestbemessungsgrundlage nach § 10 Abs. 5 UStG findet auch bei der Bestimmung der Bemessungsgrundlage bei Einzweck- und Mehrzweck-Gutscheinen i. S. d. § 3 Abs. 13 bis 15 UStG (vgl. hierzu Abschnitt 3.17 Abs. 6 und Abs. 12) Anwendung. **107**

LS zu 10.7

Zur Bemessungsgrundlage bei Leistungen von **Vereinen an ihre Mitglieder.** *Verfügung OFD Karlsruhe S 7200 K. 17 v. 31. 1. 2017 (DB S. 399).*

Die Anwendung der Mindestbemessungsgrundlage gemäß § 10 Abs. 5 UStG setzt voraus, dass die Gefahr von Steuerhinterziehungen oder -umgehungen besteht. Hieran fehlt es, wenn der Unternehmer von einer **nahestehenden Person** zwar ein **niedrigeres als das marktübliche Entgelt** verlangt, seine Leistung aber in Höhe des marktüblichen Entgelts versteuert. *BFH-Urt. v. 7. 10. 2010 V R 4/10 (BStBl. 2016 II S. 181).* **108**

Liefert ein Verlag seine **Zeitungen verbilligt an seine Arbeitnehmer** nach Hause, liegen Lieferungen aufgrund des Dienstverhältnisses i. S. von § 10 Abs. 5 Nr. 2 UStG vor. Diese Umsätze werden nach dem marktüblichen Entgelt (regulärer Abonnementpreis) bemessen, wenn dieses die nach § 10 Abs. 4 Satz 1 Nr. 1 UStG ermittelten Selbstkosten unterschreitet. *BFH-Urt. v. 19. 6. 2011 XI R 8/09 (BStBl. 2016 II S. 185).*

Erhalten **Arbeitnehmer** von Energieversorgern für **Energielieferungen** aufgrund von Betriebsvereinbarungen eine Vergünstigung für den Bezug von Strom und/oder Gas, greift die Mindestbemessungsgrundlage gem. § 10 Abs. 5 Satz 1 Nr. 2 UStG. Als Bemessungsgrundlage ist mindestens der nach § 10 Abs. 4 Satz 1 Nr. 1 UStG ermittelte Wert anzusetzen. Dieser entspricht dem Wiederbeschaffungspreis im Zeitpunkt der Entnahme auf der Handelsstufe des Unternehmers. In die Bemessungsgrundlage sind auch die Verbrauchsteuern (zB Stromsteuer, Energiesteuer) und die Konzessionsabgabe einzubeziehen. *Verfügung LfSt Niedersachsen v. 7. 7. 2020 – S 7208 – 25 – St 182 (MwStR S. 908)* und *LfSt Bayern v. 16. 11. 2020 S 7100.2.1–118/10 St33 (DStR 2021 S. 992).*

Anders als beim Verwendungseigenverbrauch sind bei der Umsatzbesteuerung von Leistungen, die eine Kapitalgesellschaft gegen ein unter den Selbstkosten liegendes Entgelt an ihre Gesellschafter erbracht hat, die **nicht mit Vorsteuer behafteten Kosten** nicht aus der Bemessungsgrundlage auszuscheiden. Auch **Zuschüsse der öffentlichen Hand** können die Bemessungsgrundlage nicht schmälern. *FG Sachsen-Anhalt, Urt. v. 21. 12. 2009, 3 K 744/99, rkr. (DStRE 2011 S. 366).*

Zur Mindestbemessungsgrundlage unter Berücksichtigung des **marktüblichen Entgelts** siehe *Verfügung OFD Niedersachsen v. 8. 9. 2014 – S 7208 – 14 – St 181 (MwStR 2015 S. 40).*

Zu § 10 Abs. 6 UStG (§ 25 UStDV)

UStDV

§ 25 *Durchschnittsbeförderungsentgelt*

Das Durchschnittsbeförderungsentgelt wird auf 4,43 Cent je Personenkilometer festgesetzt. **110**

10.8 Durchschnittsbeförderungsentgelt

UStAE 10.8

①Bei der Beförderungseinzelbesteuerung wird aus Vereinfachungsgründen als Bemessungsgrundlage ein Durchschnittsbeförderungsentgelt angesetzt (§ 10 Abs. 6 UStG). ②Das Durchschnittsbeförderungsentgelt beträgt 4,43 Cent je Personenkilometer (§ 25 UStDV). ③Auf diese Bemessungsgrundlage ist der allgemeine Steuersatz (§ 12 Abs. 1 UStG) anzuwenden. ④Der Unternehmer kann nach Ablauf des Besteuerungszeitraums anstelle der Beförderungseinzelbesteuerung die Berechnung der Steuer nach § 16 Abs. 1 und 2 UStG beantragen (§ 16 Abs. 5b UStG), vgl. Abschnitt 18.8 Abs. 3. **111**

UStG

§ 11 Bemessungsgrundlage für die Einfuhr

1 (1) **Der Umsatz wird bei der Einfuhr (§ 1 Abs. 1 Nr. 4) nach dem Wert des eingeführten Gegenstands nach den jeweiligen Vorschriften über den Zollwert bemessen.**

2 (2) ① **Ist ein Gegenstand ausgeführt, in einem Drittlandsgebiet für Rechnung des Ausführers veredelt und von diesem oder für ihn wieder eingeführt worden, so wird abweichend von Absatz 1 der Umsatz bei der Einfuhr nach dem für die Veredelung zu zahlenden Entgelt oder, falls ein solches Entgelt nicht gezahlt wird, nach der durch die Veredelung eingetretenen Wertsteigerung bemessen.** ② **Das gilt auch, wenn die Veredelung in einer Ausbesserung besteht und an Stelle eines ausgebesserten Gegenstands ein Gegenstand eingeführt wird, der ihm nach Menge und Beschaffenheit nachweislich entspricht.** ③ **Ist der eingeführte Gegenstand vor der Einfuhr geliefert worden und hat diese Lieferung nicht der Umsatzsteuer unterlegen, so gilt Absatz 1.**

3 (3) **Dem Betrag nach Absatz 1 oder 2 sind hinzuzurechnen, soweit sie darin nicht enthalten sind:**

1. **die im Ausland für den eingeführten Gegenstand geschuldeten Beträge an Einfuhrabgaben, Steuern und sonstigen Abgaben;**
2. **die auf Grund der Einfuhr im Zeitpunkt des Entstehens der Einfuhrumsatzsteuer auf den Gegenstand entfallenden Beträge an Einfuhrabgaben und an Verbrauchsteuern außer der Einfuhrumsatzsteuer, soweit die Steuern unbedingt entstanden sind;**
3. **die auf den Gegenstand entfallenden Kosten für die Vermittlung der Lieferung und die Kosten der Beförderung sowie für andere sonstige Leistungen bis zum ersten Bestimmungsort im Gemeinschaftsgebiet;**
4. **die in Nummer 3 bezeichneten Kosten bis zu einem weiteren Bestimmungsort im Gemeinschaftsgebiet, sofern dieser im Zeitpunkt des Entstehens der Einfuhrumsatzsteuer bereits feststeht.**

4 (4) **Zur Bemessungsgrundlage gehören nicht Preisermäßigungen und Vergütungen, die sich auf den eingeführten Gegenstand beziehen und die im Zeitpunkt des Entstehens der Einfuhrumsatzsteuer feststehen.**

5 (5) **Für die Umrechnung von Werten in fremder Währung gelten die entsprechenden Vorschriften über den Zollwert der Waren, die in Rechtsakten des Rates der Europäischen Union oder der Europäischen Kommission festgelegt sind.**

Hinweis auf EU-Vorschriften:

UStG:	§ 11 Abs. 1	**MwStSystRL:**	Art. 85
	§ 11 Abs. 2		Art. 88
	§ 11 Abs. 3		Art. 86
	§ 11 Abs. 4		Art. 87
	§ 11 Abs. 5		Art. 91 Abs. 1, Abs. 2 UA 3

(VSF) Z 8101 Nr. II.

Z 8101. Bemessungsgrundlage für die Einfuhrumsatzsteuer, §§ 11, 12 UStG

– Dienstvorschrift EUSt –

Vorschriftensammlung Bundesfinanzverwaltung (VSF) Z 8101 Nr. II. 1–4.

10

LS zu § 11

Ein von einem Auktionshaus dem Ersteigerer neben dem Kaufpreis in Rechnung gestelltes Aufgeld ist keine Einkaufsprovision, wenn es jedem Ersteigerer unabhängig von einer ihm gegenüber erbrachten Leistung des Auktionshauses berechnet wird. [Einbeziehung eines von einem Auktionshaus berechneten **Aufgelds in den Zollwert**]. *BFH-Beschl. v. 21. 9. 2011 VII R 25/10 (BFH/NV S. 2217).*

11 Art. 2 Abs. 1 Buchst. d und Art. 30 der Richtlinie 2006/112/EG des Rates vom 28. November 2006 über das gemeinsame Mehrwertsteuersystem sind dahin auszulegen, dass es, wenn ein Gegenstand in das Gebiet der Europäischen Union verbracht wird, nicht genügt, dass in einem bestimmten Mitgliedstaat ein zollrechtliches Fehlverhalten in Bezug auf diesen Gegenstand begangen wurde, das in diesem Staat zur Entstehung einer Einfuhrzollschuld geführt hat, um anzunehmen, dass dieser Gegenstand in diesem Mitgliedstaat in den Wirtschaftskreislauf der Union gelangt ist, wenn nachgewiesen ist, dass der fragliche Gegenstand in einen anderen Mitgliedstaat, seinen endgültigen Bestimmungsort, weiterbefördert worden ist, wo er verbraucht wurde; die **Einfuhrmehrwertsteuer** auf diesen Gegenstand entsteht dann nur in diesem anderen Mitgliedstaat. ***EuGH-Urteil v. 10. 7. 2019*** *C-26/18, Federal Express (DStR S. 1575).*

Vierter Abschnitt. Steuer und Vorsteuer

§ 12 Steuersätze

(1) **Die Steuer beträgt für jeden steuerpflichtigen Umsatz 19 Prozent der Bemessungsgrundlage (§§ 10, 11, 25 Abs. 3 und § 25 a Abs. 3 und 4).** 1

(2) **Die Steuer ermäßigt sich auf 7 Prozent für die folgenden Umsätze:**[1] 2

1. die Lieferungen, die Einfuhr und der innergemeinschaftliche Erwerb der in Anlage 2[2] **bezeichneten Gegenstände mit Ausnahme der in der Nummer 49 Buchstabe f, den Nummern 53 und 54 bezeichneten Gegenstände;** 3

2. die Vermietung der in Anlage 2[2] **bezeichneten Gegenstände mit Ausnahme der in der Nummer 49 Buchstabe f, den Nummern 53 und 54 bezeichneten Gegenstände;**

3. die Aufzucht und das Halten von Vieh, die Anzucht von Pflanzen und die Teilnahme an Leistungsprüfungen für Tiere; 4

4. die Leistungen, die unmittelbar der Vatertierhaltung, der Förderung der Tierzucht, der künstlichen Tierbesamung oder der Leistungs- und Qualitätsprüfung in der Tierzucht und in der Milchwirtschaft dienen; 5

5. (weggefallen)

6. die Leistungen aus der Tätigkeit als Zahntechniker sowie die in § 4 Nr. 14 Buchstabe a Satz 2 bezeichneten Leistungen der Zahnärzte; 6

7. a) die Eintrittsberechtigung für Theater, Konzerte und Museen sowie die den Theatervorführungen und Konzerten vergleichbaren Darbietungen ausübender Künstler, 7

b) die Überlassung von Filmen zur Auswertung und Vorführung sowie die Filmvorführungen, soweit die Filme nach § 6 Abs. 3 Nr. 1 bis 5 des Gesetzes zum Schutze der Jugend in der Öffentlichkeit oder nach § 14 Abs. 2 Nr. 1 bis 5 des Jugendschutzgesetzes vom 23. Juli 2002 (BGBl. I S. 2730, 2003 I S. 476) in der jeweils geltenden Fassung gekennzeichnet sind oder vor dem 1. Januar 1970 erstaufgeführt wurden,

c) die Einräumung, Übertragung und Wahrnehmung von Rechten, die sich aus dem Urheberrechtsgesetz ergeben,

d) die Zirkusvorführungen, die Leistungen aus der Tätigkeit als Schausteller sowie die unmittelbar mit dem Betrieb der zoologischen Gärten verbundenen Umsätze;

8. a) die Leistungen der Körperschaften, die ausschließlich und unmittelbar gemeinnützige, mildtätige oder kirchliche Zwecke verfolgen (§§ 51 bis 68 der Abgabenordnung). ② Das gilt nicht für Leistungen, die im Rahmen eines wirtschaftlichen Geschäftsbetriebs ausgeführt werden. ③ Für Leistungen, die im Rahmen eines Zweckbetriebs ausgeführt werden, gilt Satz 1 nur, wenn der Zweckbetrieb nicht in erster Linie der Erzielung zusätzlicher Einnahmen durch die Ausführung von Umsätzen dient, die in unmittelbarem Wettbewerb mit dem allgemeinen Steuersatz unterliegenden Leistungen anderer Unternehmer ausgeführt werden, oder wenn die Körperschaft mit diesen Leistungen ihrer in den §§ 66 bis 68 der Abgabenordnung bezeichneten Zweckbetriebe ihre steuerbegünstigten satzungsgemäßen Zwecke selbst verwirklicht, 8

b) die Leistungen der nichtrechtsfähigen Personenvereinigungen und Gemeinschaften der in Buchstabe a Satz 1 bezeichneten Körperschaften, wenn diese Leistungen, falls die Körperschaften sie anteilig selbst ausführten, insgesamt nach Buchstabe a ermäßigt besteuert würden;

9. die unmittelbar mit dem Betrieb der Schwimmbäder verbundenen Umsätze sowie die Verabreichung von Heilbädern. ② Das Gleiche gilt für die Bereitstellung von Kureinrichtungen, soweit als Entgelt eine Kurtaxe zu entrichten ist; 9

10. die Beförderungen von Personen 10

a) im Schienenbahnverkehr,

b) im Verkehr mit Oberleitungsomnibussen, im genehmigten Linienverkehr mit Kraftfahrzeugen, im Verkehr mit Taxen, mit Drahtseilbahnen und sonstigen mechanischen Aufstiegshilfen aller Art und im genehmigten Linienverkehr mit Schiffen sowie die Beförderungen im Fährverkehr

aa) innerhalb einer Gemeinde oder

bb) wenn die Beförderungsstrecke nicht mehr als 50 Kilometer beträgt;

---

[1] Zur befristeten Anwendung des ermäßigten Steuersatzes nach § 12 Abs. 2 UStG auf die Lieferung von **Gas** über das Erdgasnetz und von **Wärme** über ein Wärmenetz vom 1. 10. 2022 bis 31. 3. 2024 siehe **§ 28 Abs. 5 und 6 UStG.**

[2] Die Anlage 2 **(Liste der dem ermäßigten Steuersatz unterliegenden Gegenstände)** ist nach § 29 UStG abgedruckt.

UStG

11 **11. die Vermietung von Wohn- und Schlafräumen, die ein Unternehmer zur kurzfristigen Beherbergung von Fremden bereithält, sowie die kurzfristige Vermietung von Campingflächen. ② Satz 1 gilt nicht für Leistungen, die nicht unmittelbar der Vermietung dienen, auch wenn diese Leistungen mit dem Entgelt für die Vermietung abgegolten sind,**

12 **12. die Einfuhr der in Nummer 49 Buchstabe f, den Nummern 53 und 54 der Anlage 2 bezeichneten Gegenstände;**

13 **13. die Lieferungen und der innergemeinschaftliche Erwerb der in Nummer 53 der Anlage 2 bezeichneten Gegenstände, wenn die Lieferungen**
a) vom Urheber der Gegenstände oder dessen Rechtsnachfolger bewirkt werden oder
b) von einem Unternehmer bewirkt werden, der kein Wiederverkäufer (§ 25 a Absatz 1 Nummer 1 Satz 2) ist, und die Gegenstände
aa) vom Unternehmer in das Gemeinschaftsgebiet eingeführt wurden,
bb) von ihrem Urheber oder dessen Rechtsnachfolger an den Unternehmer geliefert wurden oder
cc) den Unternehmer zum vollen Vorsteuerabzug berechtigt haben;

14 **14. die Überlassung der in Nummer 49 Buchstabe a bis e und Nummer 50 der Anlage 2 bezeichneten Erzeugnisse in elektronischer Form, unabhängig davon, ob das Erzeugnis auch auf einem physischen Träger angeboten wird, mit Ausnahme der Veröffentlichungen, die vollständig oder im Wesentlichen aus Videoinhalten oder hörbarer Musik bestehen. ② Ebenfalls ausgenommen sind Erzeugnisse, für die Beschränkungen als jugendgefährdende Trägermedien oder Hinweispflichten nach § 15 Absatz 1 bis 3 und 6 des Jugendschutzgesetzes in der jeweils geltenden Fassung bestehen, sowie Veröffentlichungen, die vollständig oder im Wesentlichen Werbezwecken, einschließlich Reisewerbung, dienen. ③ Begünstigt ist auch die Bereitstellung eines Zugangs zu Datenbanken, die eine Vielzahl von elektronischen Büchern, Zeitungen oder Zeitschriften oder Teile von diesen enthalten;**

| **15. die nach dem 30. Juni 2020 und vor dem 1. Januar 2024 erbrachten Restaurant- und Verpflegungsdienstleistungen, mit Ausnahme der Abgabe von Getränken.**[1]

(3) *(Zum neuen Abs. 3 ab 1. 1. 2023 siehe in der geschlossenen Wiedergabe)*

Hinweis auf EU-Vorschriften:

UStG:	§ 12 Abs. 1	**MwStSystRL:**	Art. 93 UA 1, 94, 96
	§ 12 Abs. 2 EinlS.		Art. 98 Abs. 1, 99
	§ 12 Abs. 2 Nr. 1		Art. 98 Abs. 2, 122, Anh. III 1, 2, 4, 6
	§ 12 Abs. 2 Nr. 2		Art. 98 Abs. 2, Anh. III 6
	§ 12 Abs. 2 Nr. 3, 4		Art. 98 Abs. 2, Anh. III 11
	§ 12 Abs. 2 Nr. 6		Art. 98 Abs. 2, Anh. III 17, 370, Anh. X A 1
	§ 12 Abs. 2 Nr. 7		Art. 98 Abs. 2, Anh. III 7, 9
	§ 12 Abs. 2 Nr. 8		Art. 98 Abs. 2, Anh. III 13, 15
	§ 12 Abs. 2 Nr. 9		Art. 98 Abs. 2, Anh. III 14, 17
	§ 12 Abs. 2 Nr. 10		Art. 98 Abs. 2, Anh. III 5
	§ 12 Abs. 2 Nr. 11		Art. 98 Abs. 2, Anh. III 12/**MwStVO:** Art. 43
	§ 12 Abs. 2 Nr. 12, 13		Art. 98 Abs. 2, Anh. III, Art. 103
	§ 12 Abs. 2 Nr. 14		Art. 98 Abs. 2 UA 2, Anh. III 6
	§ 12 Abs. 2 Nr. 15		Art. 98 Abs. 2, Anh. III 12 a

Übersicht

| [1] Verlängerung der Anwendung des ermäßigten Steuersatzes **bis zum 31. 12. 2023** durch das 8.VStÄndG v. 24. 10. 2022, BGBl. I S. 1838, siehe auch BMF-Schreiben v. 21. 11. 2022 (BStBl. I S. 1595).

Zu § 12 Abs. 2 Nr. 1 und 2 UStG

UStDV

§§ 26 bis 29 *(weggefallen)*

§ 30 *[siehe zu A 12.8 UStAE]*

UStAE 12.1

12.1 Steuersätze (§ 12 Abs. 1 und 2 UStG)

16 (1) ① Nach § 12 UStG bestehen für die Besteuerung nach den allgemeinen Vorschriften des UStG zwei Steuersätze:

	allgemeiner Steuersatz	ermäßigter Steuersatz
vom 1. 1. 1968 bis 30. 6. 1968	10%	5%
vom 1. 7. 1968 bis 31. 12. 1977	11%	5,5%
vom 1. 1. 1978 bis 30. 6. 1979	12%	6%
vom 1. 7. 1979 bis 30. 6. 1983	13%	6,5%
vom 1. 7. 1983 bis 31. 12. 1992	14%	7%
vom 1. 1. 1993 bis 31. 3. 1998	15%	7%
vom 1. 4. 1998 bis 31. 12. 2006	16%	7%
vom 1. 1. 2007 bis 30. 6. 2020	19%	7%
vom 1. 7. 2020 bis 31. 12. 2020	16%	5%
ab 1. 1. 2021	19%	7%.

② Zur Anwendung des ermäßigten Steuersatzes auf die in der Anlage 2 des UStG aufgeführten Gegenstände vgl. das BMF-Schreiben vom 5. 8. 2004, BStBl. I S. 638.[1] ③ Zur Frage des anzuwendenden Steuersatzes in besonderen Fällen wird auf folgende Regelungen hingewiesen:

1. Lieferung sog. Kombinationsartikel (vgl. BMF-Schreiben vom 21. 3. 2006, BStBl. I S. 286);
2. Umsätze mit getrockneten Schweineohren (vgl. BMF-Schreiben vom 16. 10. 2006, BStBl. I S. 620);

[1] Letztmals abgedruckt im USt-Handbuch 2020.

3. Lieferung von Pflanzen und damit in Zusammenhang stehende sonstige Leistungen (vgl. BMF-Schreiben vom 4. 2. 2010, BStBl. I S. 214);
4. Legen von Hauswasseranschlüssen (vgl. BMF-Schreiben vom 4. 2. 2021, BStBl. I S. 312);
5. Umsätze mit Gehhilfe-Rollatoren (vgl. BMF-Schreiben vom 11. 8. 2011, BStBl. I S. 824);
6. Umsätze mit Hörbüchern (vgl. BMF-Schreiben vom 1. 12. 2014, BStBl. I S. 1614);
7. Umsätze mit Kunstgegenständen und Sammlungsstücken (vgl. BMF-Schreiben vom 18. 12. 2014, BStBl. 2015 I S. 44);
8. Umsätze mit Fotobüchern (vgl. BMF-Schreiben vom 20. 4. 2016, BStBl. I S. 483).

④ Bestehen Zweifel, ob eine beabsichtigte Lieferung oder ein beabsichtigter innergemeinschaftlicher Erwerb eines Gegenstands unter die Steuermäßigung nach § 12 Abs. 2 Nr. 1 oder 13 UStG fällt, haben die Lieferer und die Abnehmer bzw. die innergemeinschaftlichen Erwerber die Möglichkeit, bei der zuständigen Dienststelle des Bildungs- und Wissenschaftszentrums der Bundesfinanzverwaltung eine unverbindliche Zolltarifauskunft für Umsatzsteuerzwecke (uvZTA) einzuholen. ⑤ UvZTA können auch von den Landesfinanzbehörden (z. B. den Finanzämtern) beantragt werden (vgl. Rz. 8 des BMF-Schreibens vom 5. 8. 2004, a. a. O., und des BMF-Schreibens vom 23. 10. 2006, BStBl. I S. 622). ⑥ Das Vordruckmuster mit Hinweisen zu den Zuständigkeiten für die Erteilung von uvZTA steht auf den Internetseiten der Zollabteilung des Bundesministeriums der Finanzen (http://www.zoll.de) unter der Rubrik Formulare und Merkblätter zum Ausfüllen und Herunterladen bereit. ⑦ Zu den für land- und forstwirtschaftliche Betriebe geltenden Durchschnittssätzen vgl. § 24 Abs. 1 UStG. ⑧ Zur Abgrenzung von Lieferungen und sonstigen Leistungen bei der Abgabe von Speisen und Getränken vgl. Abschnitt 3.6.

17 (2) ① Anzuwenden ist jeweils der Steuersatz, der in dem Zeitpunkt gilt, in dem der Umsatz ausgeführt wird. ② Zu beachten ist der Zeitpunkt des Umsatzes besonders bei

1. der Änderung (Anhebung oder Herabsetzung) der Steuersätze,
2. der Einführung oder Aufhebung von Steuervergünstigungen (Steuerbefreiungen und Steuerermäßigungen) sowie
3. der Einführung oder Aufhebung von steuerpflichtigen Tatbeständen.

18 (3) ① Bei einer Änderung der Steuersätze sind die neuen Steuersätze auf Umsätze anzuwenden, die von dem Inkrafttreten der jeweiligen Änderungsvorschrift an bewirkt werden. ② Auf den Zeitpunkt der Vereinnahmung des Entgelts kommt es für die Frage, welchem Steuersatz eine Leistung oder Teilleistung unterliegt, ebenso wenig an wie auf den Zeitpunkt der Rechnungserteilung. ③ Auch in den Fällen der Istversteuerung (§ 20 UStG) und der Istversteuerung von Anzahlungen (§ 13 Abs. 1 Nr. 1 Buchstabe a Satz 4 UStG) ist entscheidend, wann der Umsatz bewirkt wird. ④ Das gilt unabhängig davon, wann die Steuer nach § 13 Abs. 1 Nr. 1 UStG entsteht.

19 (4) ① Für Leistungen, die in wirtschaftlich abgrenzbaren Teilen (Teilleistungen, vgl. Abschnitt 13.4) geschuldet werden, können bei einer Steuersatzänderung unterschiedliche Steuersätze in Betracht kommen. ② Vor dem Inkrafttreten der Steuersatzänderung bewirkte Teilleistungen sind nach dem bisherigen Steuersatz zu versteuern. ③ Auf die danach bewirkten Teilleistungen ist der neue Steuersatz anzuwenden.

LS zu 12.1

Die Beteiligung der Lieferer an den Kosten der **Entsorgung** von Transportverpackung durch den Handel unterliegt als Entgelt für eine eigenständige sonstige Leistung dem allgemeinen Steuersatz. *Schreiben des BdF IV A 2 – S 7200 – 3/93 v. 19. 3. 1993.*

20 Eine **tatsächliche Verständigung** der Beteiligten darüber, in welchem Umfang ein Unternehmer Umsätze zum Regelsteuersatz und Umsätze zum **ermäßigten Steuersatz** ausgeführt hat, ist zulässig, wenn diese Aufteilung geschätzt werden muss. Eine Verständigung über einen vom Gesetz abweichenden Steuersatz, die unzulässig wäre, liegt darin regelmäßig nicht. *BFH-Beschluss v. 20. 2. 2014 XI B 85/13 (BFH/NV S. 828).*

Der Gutachterausschuss der Kulturbehörde der Freien und Hansestadt Hamburg wird für Zwecke der umsatzsteuerrechtlichen Beurteilung der Lieferung von **Kunstwerken** nicht eingeschaltet. *Vgl. FinBeh Hamburg v. 21. 1. 2014 – 51 – S 7227 – 005/12 (MwStR 2015 S. 152).*

Eine **einheitliche Leistung,** die aus zwei separaten Bestandteilen, einem Haupt- und einem Nebenbestandteil, besteht, für die bei getrennter Erbringung unterschiedliche Mehrwertsteuersätze gälten, ist nur zu dem für diese einheitliche Leistung geltenden Mehrwertsteuersatz zu besteuern, der sich nach dem **Hauptbestandteil** richtet, und zwar auch dann, wenn der Preis jedes Bestandteils, der in den vom Verbraucher für die Inanspruchnahme dieser Leistung gezahlten Gesamtpreis einfließt, bestimmt werden kann. ***EuGH-Urteil v. 18. 1. 2018*** *C-463/16, Stadion Amsterdam CV (DStR S. 246).*

Die entgeltliche **Rabattberechtigung** beim Einkauf im Supermarkt unterliegt dem Regelsteuersatz nach § 12 Abs. 1 UStG, wenn die Waren des Warensortiments sowohl dem Regelsteuersatz als auch dem ermäßigten Steuersatz unterliegen. *BFH-Urteil v. 18. 12. 2019 XI R 21/18 (BStBl. 2020 II S. 723).*

Zur umsatzsteuerlichen Behandlung der **Netzentgelte** im Rahmen der Steuersatzsenkung vgl. *Verfügung LSF Sachsen v. 14. 8. 2020 – S 7210/13/12–2020/41 475 (DStR S. 2682).*

Das *LfSt Bayern* hat in der *Vfg. v. 17. 5. 2021 S 7221.1.-1/49 St33 (DStR S. 2800)* ergänzend zum *BMF-Schreiben vom 4. 2. 2021* zu praktischen Fragen der umsatzsteuerrechtlichen Behandlung des Legens von **Hauswasseranschlüssen** Stellung genommen.

Auf Vorlage des *BFH v. 10. 6. 2020 V R 6/18 (BStBl. 2021 II S. 890)* hat der EuGH entschieden, dass der Begriff „Brennholz" i. S. d. Art. 122 MwStSystRL jegliches Holz bezeichnet, das nach seinen objektiven Eigenschaften ausschließlich zum Verbrennen bestimmt ist. Ein Mitgliedstaat, der in Anwendung dieser Bestimmung einen ermäßigten Mehrwertsteuersatz für Lieferungen von Brennholz schafft, kann aber dessen Anwendungsbereich anhand der Kombinierten Nomenklatur auf bestimmte Kategorien von Lieferungen von Brennholz begrenzen, sofern der Grundsatz der **steuerlichen Neutralität** beachtet wird. Letzterer ist dahin auszulegen, dass er dem nicht entgegensteht, dass die Lieferung von **Holzhackschnitzeln** nach dem nationalen Recht von dem ermäßigten Mehrwertsteuersatz ausgeschlossen ist, obwohl dieser nach den nationalen Rechtsvorschriften den Lieferungen anderer Formen von Brennholz zugutekommt, sofern Holzhackschnitzel und diese anderen Formen von Brennholz für den Durchschnittsverbraucher nicht austauschbar sind. ***EuGH-Urteil v. 3. 2. 2022*** *C-515/20, B AG (HFR S. 282).* – Nachfolgeentscheidung *BFH-Urt. v. 21. 4. 2022 V R 2/22 (V R 6/18) (DStRE S. 996):* 1. … 2. Daher können Holzhackschnitzel auch dann nach § 12 Abs. 2 Nr. 1 UStG i. V. m. der Anlage 2 Nr. 48 Buchst. a zum UStG der Steuersatzermäßigung unterliegen, wenn sie bei richtlinienkonformer Auslegung entsprechend Art. 122 MwStSystRL Brennholz i. S. d. Warenbeschreibung der Anlage 2 Nr. 48 Buchst. a zum UStG sind. Dem steht das Fehlen der hierfür erforderlichen zolltariflichen Voraussetzung nicht entgegen, wenn die Holzhackschnitzel und das die zolltarifliche Voraussetzung erfüllende Brennholz **austauschbar** sind.

Anl zu 12.1

Schreiben betr. umsatzsteuerrechtliche Behandlung des Legens von Hauswasseranschlüssen

Vom 4. Februar 2021 (BStBl. I S. 312)

(BMF III C 2 – S 7221/19/10004 :001; DOK 2021/0107398)

[abgedruckt im USt-Handbuch 2021 als Anlage zu A 12.1]

Zu § 12 Abs. 2 Nr. 3 UStG

UStAE 12.2

12.2 Vieh- und Pflanzenzucht (§ 12 Abs. 2 Nr. 3 UStG)

21 (1) ① Die Steuerermäßigung nach § 12 Abs. 2 Nr. 3 UStG gilt für sonstige Leistungen, die in der Aufzucht und dem Halten von Vieh, in der Anzucht von Pflanzen oder in der Teilnahme an Leistungsprüfungen für Tiere bestehen. ② Hierunter fällt nicht die Klauen- oder Hufpflege (vgl. BFH-Urteil vom 16. 1. 2014, V R 26/13, BStBl. II S. 350). ③ Sie kommt für alle Unternehmer in Betracht, die nicht § 24 UStG anwenden.

22 (2) ① Unter Vieh sind solche Tiere zu verstehen, die als landwirtschaftliche Nutztiere in Nummer 1 der Anlage 2 des UStG aufgeführt sind; hierzu gehören außerdem Pferde, sofern sie der landwirtschaftlichen Erzeugung dienen (vgl. BFH-Urteil vom 10. 9. 2014, XI R 33/13, BStBl. 2015 II S. 720). ② Nicht begünstigt sind die Aufzucht und das Halten anderer Tiere, z. B. von Katzen oder Hunden.

23 (3) ① Das Einstellen und Betreuen von Reitpferden, die von ihren Eigentümern zur Ausübung von Freizeitsport genutzt werden, fällt nicht unter den Begriff „Halten von Vieh" im Sinne des § 12 Abs. 2 Nr. 3 UStG und ist deshalb nicht mit dem ermäßigten, sondern mit dem allgemeinen Steuersatz zu versteuern (BFH-Urteil vom 22. 1. 2004, V R 41/02, BStBl. II S. 757).[1] ② Gleiches gilt für Pferde, die zu gewerblichen Zwecken genutzt werden (z. B. durch Berufsreiter oder Reitlehrer), sowie für alle anderen Pferde, die ebenfalls nicht zu land- und forstwirtschaftlichen Zwecken genutzt werden (vgl. BFH-Urteil vom 10. 9. 2014, XI R 33/13, BStBl. 2015 II S. 720). ③ Die Steuerermäßigung nach § 12 Abs. 2 Nr. 8 UStG bleibt bei Vorliegen der Voraussetzungen unberührt; zu den Voraussetzungen des § 24 UStG vgl. Abschnitt 24.3 Abs. 12.

24 (4) ① Eine Anzucht von Pflanzen liegt vor, wenn ein Pflanzenzüchter einem Unternehmer (Kostnehmer) junge Pflanzen – in der Regel als Sämlinge bezeichnet – überlässt, damit dieser sie auf seinem Grundstück einpflanzt, pflegt und dem Pflanzenzüchter auf Abruf zurückgibt. ② Die Hingabe der Sämlinge an den Kostnehmer stellt keine Lieferung dar (BFH-Urteil vom 19. 7. 1962, V 145/59 U, BStBl. III S. 543). ③ Dementsprechend kann auch die Rückgabe der aus den Sämlingen angezogenen Pflanzen nicht als Rücklieferung angesehen werden. ④ Die Tätigkeit des Kostnehmers ist vielmehr eine begünstigte sonstige Leistung.

25 (5) ① Leistungsprüfungen für Tiere sind tierzüchterische Veranstaltungen, die als Wettbewerbe mit Prämierung durchgeführt werden, z. B. Tierschauen, Pferderennen oder Pferdeleistungsschauen (Turniere). ② Der ermäßigte Steuersatz nach § 12 Abs. 2 Nr. 3 UStG ist auf Entgelte anzuwenden, die dem Unternehmer platzierungsunabhängig für die Teilnahme an solchen Leistungsprüfungen zufließen (z. B. Antrittsgelder), insbesondere auf Zahlungen, die den Prämien im Sinne des Abschnitts 12.3 Abs. 3 Satz 1 Nr. 8 entsprechen, sowie platzierungsunabhängige Preisgelder; zu den grundsätzlichen Voraussetzungen für einen Leistungsaustausch vgl. Abschnitt 1.1 Abs. 24. ③ Für die Inanspruchnahme der Steuerermäßigung nach § 12 Abs. 2 Nr. 3 UStG ist es jedoch nicht Voraussetzung, dass es sich bei dem geprüften Tier um ein Zuchttier handelt. ④ Nach dieser Vorschrift ist nur die Teilnahme an Tierleistungsprüfungen begünstigt. ⑤ Für die Veranstaltung dieser Prüfungen kann jedoch der ermäßigte Steuersatz nach § 12 Abs. 2 Nr. 4 oder 8 UStG oder Steuerfreiheit nach § 4 Nr. 22 Buchstabe b UStG in Betracht kommen.

---

[1] Bestätigt durch BFH-Urt. v. 13. 1. 2011, V R 65/09 (BStBl. II S. 465).

Zu § 12 Abs. 2 Nr. 4 UStG

UStAE 12.3

12.3 Vatertierhaltung, Förderung der Tierzucht usw. (§ 12 Abs. 2 Nr. 4 UStG)

31 (1) ① § 12 Abs. 2 Nr. 4 UStG betrifft nur Leistungen, die einer für landwirtschaftliche Zwecke geeigneten Tierzucht usw. zu dienen bestimmt sind (vgl. BFH-Urteil vom 17. 11. 1966, V 20/65, BStBl. 1967 III S. 164). ② Die Leistungen müssen den begünstigten Zwecken unmittelbar dienen. ③ Diese Voraussetzung ist nicht erfüllt bei Lieferungen von Impfstoffen durch die Pharmaindustrie an Tierseuchenkassen, Trächtigkeitsuntersuchungen bei Zuchttieren, Maßnahmen der Unfruchtbarkeitsbekämpfung, Kaiserschnitt, Geburtshilfe und bei der Klauenpflege (vgl. BFH-Urteil vom 16. 1. 2014, V R 26/13, BStBl. II S. 350).

32 (2) ① Entgelte für Leistungen, die unmittelbar der Vatertierhaltung dienen, sind insbesondere:

1. Deckgelder;
2. Umlagen (z. T. auch Mitgliederbeiträge genannt), die nach der Zahl der deckfähigen Tiere bemessen werden;
3. Zuschüsse, die nach der Zahl der gedeckten Tiere oder nach sonstigen mit den Umsätzen des Unternehmers (Vatertierhalters) verknüpften Maßstäben bemessen werden (zusätzliche Entgelte von dritter Seite nach § 10 Abs. 1 Satz 2 UStG).

② Die kurzfristige Einstallung von Pferden zum Zwecke der Bedeckung ist auch dann eine unselbständige Nebenleistung zu der ermäßigt zu besteuernden Hauptleistung Bedeckung, wenn die Halter der Pferde nicht landwirtschaftliche Pferdeeigentümer sind. ③ In den Fällen der langfristigen Einstallung sind die Pensions- und die Deckleistung zwei selbständige Hauptleistungen. ④ Die Pensionsleistung unterliegt dem allgemeinen Steuersatz, sofern das eingestallte Tier keiner land- und forstwirtschaftlichen Erzeugertätigkeit dient (vgl. Abschnitt 12.2 Abs. 3). ⑤ Dies gilt auch für den Zeitraum, in dem die Deckleistung erbracht wird. ⑥ Die Deckleistung ist nach § 12 Abs. 2 Nr. 4 UStG ermäßigt zu besteuern.

33 (3) ① Entgelte für Leistungen, die unmittelbar der Förderung der Tierzucht dienen, sind insbesondere:

1. Gebühren für Eintragungen in Zuchtbücher, zu denen z. B. Herdbücher, Leistungsbücher und Elite-Register gehören;
2. Gebühren für die Zuchtwertschätzung von Zuchttieren;
3. Gebühren für die Ausstellung und Überprüfung von Abstammungsnachweisen (einschließlich der damit verbundenen Blutgruppenbestimmungen), für Kälberkennzeichnung durch Ohrmarken und für die Bereitstellung von Stall- und Gestütbüchern;
4. Entgelte für prophylaktische und therapeutische Maßnahmen nach tierseuchenrechtlichen Vorschriften bei Zuchttieren (z. B. die staatlich vorgeschriebenen Reihenuntersuchungen auf Tuberkulose, Brucellose und Leukose, die jährlichen Impfungen gegen Maul- und Klauenseuche, Maßnahmen zur Bekämpfung der Aujeszkyschen Krankheit, Leistungen zur Verhütung, Kontrolle und Tilgung bestimmter transmissibler spongiformer Enzephalopathien (TSE) auch an toten Zuchttieren sowie Bekämpfungsprogramme von IBR (Infektiöse Bovine Rhinitis)/IVB (Infektiöse Bovine Vulvovaginitis) und BVD (Bovine Virus Diarrhoe) oder die Behandlung gegen Dassellarven) sowie die Entgelte für die Ausstellung von Gesundheitszeugnissen bei Zuchttieren;
5. Entgelte für die Durchführung von Veranstaltungen, insbesondere Versteigerungen, auf denen Zuchttiere mit Abstammungsnachweis abgesetzt werden (z. B. Standgelder, Kataloggelder und Impfgebühren), sowie Provisionen für die Vermittlung des An- und Verkaufs von Zuchttieren im Rahmen solcher Absatzveranstaltungen (vgl. BFH-Urteil vom 18. 12. 1996, XI R 19/96, BStBl. 1997 II S. 334);
6. ① Entgelte, die von Tierzüchtern oder ihren Angestellten für die Teilnahme an Ausstellungen und Lehrschauen, die lediglich die Tierzucht betreffen, zu entrichten sind (z. B. Eintritts-, Katalog- und Standgelder). ② Der ermäßigte Steuersatz ist auch anzuwenden, wenn mit den Ausstellungen oder Lehrschauen Material- und Eignungsprüfungen verbunden sind;
7. unechte Mitgliederbeiträge, die von Tierzuchtvereinigungen für Leistungen der vorstehenden Art erhoben werden;
8. Züchterprämien, wenn sie ausnahmsweise umsatzsteuerrechtlich Leistungsentgelte darstellen (vgl. BFH-Urteile vom 2. 10. 1969, V R 163/66, BStBl. 1970 II S. 111, und vom 7. 8. 1970, V R 94/68, BStBl. II S. 730); zur Nichtsteuerbarkeit vgl. Abschnitt 10.2 Abs. 7 Satz 7;
9. Entgelte für die Lieferung von Embryonen an Tierzüchter zum Einsetzen in deren Tiere sowie die unmittelbar mit dem Einsetzen der Embryonen in Zusammenhang stehenden Leistungen.

② Zuchttiere im Sinne dieser Vorschrift sind Tiere der in der Nummer 1 der Anlage 2 des UStG aufgeführten Nutztierarten sowie Pferde, die in Beständen stehen, die zur Vermehrung bestimmt sind und deren Identität gesichert ist. ③ Aus Vereinfachungsgründen kommt es nicht darauf an, ob das Einzeltier tatsächlich zur Zucht verwendet wird. ④ Es genügt, dass das Tier einem zur Vermehrung bestimmten Bestand angehört. ⑤ Zuchttiere sind auch Reit- und Rennpferde sowie die ihrer Nachzucht dienenden Pferde. ⑥ Wallache sind Zuchttiere, wenn sie die Voraussetzungen des § 2 Nr. 11 TierZG erfüllen (vgl. BFH-Urteil vom 18. 12. 1996, XI R 19/96, a. a. O.). ⑦ Die Steuerermäßigung ist auf Eintrittsgelder, die bei Pferderennen, Pferdeleistungsschauen (Turnieren) und ähnlichen Veranstaltungen erhoben werden, nicht anzuwenden. ⑧ Bei gemeinnützigen Vereinen, z. B. Rennvereinen oder Reit- und Fahrvereinen, kann hierfür jedoch der ermäßigte Steuersatz unter den Voraussetzungen des § 12 Abs. 2 Nr. 8 Buchstabe a UStG in Betracht kommen.

(4) Unmittelbar der künstlichen Tierbesamung dienen nur **34**

1. die Besamungsleistung, z. B. durch Besamungsgenossenschaften, Tierärzte oder Besamungstechniker, und
2. die Tiersamenlieferung an Tierhalter zur Besamung ihrer Tiere.

(5) Entgelte für Leistungen, die unmittelbar der Leistungs- und Qualitätsprüfung in der Tierzucht und in der Milchwirtschaft dienen, sind insbesondere: **35**

1. Entgelte für Milchleistungsprüfungen bei Kühen, Ziegen oder Schafen einschließlich der Untersuchungen der Milchbestandteile;
2. Entgelte für Mastleistungsprüfungen bei Rindern, Schweinen, Schafen und Geflügel;
3. Entgelte für Eierleistungsprüfungen bei Geflügel;
4. Entgelte für die Prüfung der Aufzuchtleistung bei Schweinen;
5. Entgelte für Leistungsprüfungen bei Pferden, z. B. Nenn- und Startgelder bei Pferdeleistungsschauen (Turnieren) oder Rennen;
6. Entgelte für Leistungsprüfungen bei Brieftauben, z. B. Korb- und Satzgelder;
7. Entgelte für Milch-Qualitätsprüfungen, insbesondere für die Anlieferungskontrolle bei den Molkereien;
8. unechte Mitgliederbeiträge, die von Kontrollverbänden oder sonstigen Vereinigungen für Leistungen der vorstehenden Art erhoben werden.

(6) ① Nebenleistungen teilen umsatzsteuerrechtlich das Schicksal der Hauptleistung. ② Zu Nebenleistungen vgl. Abschnitt 3.10 Abs. 5. ③ Begünstigte Nebenleistungen liegen z. B. vor, wenn bei einer tierseuchen-prophylaktischen Impfung von Zuchttieren Impfstoffe eingesetzt werden, oder wenn im Rahmen einer Besamungsleistung Tiersamen und Arzneimittel abgegeben werden, die bei der künstlichen Tierbesamung erforderlich sind. ④ Die Kontrolle des Erfolgs einer künstlichen Besamung (z. B. mittels Ultraschall-Scannertechnik) kann eine Nebenleistung zur Besamungsleistung sein. **36**

LS zu 12.3

Impfungen gegen die Blauzungenkrankheit unterliegen dem Regelsteuersatz. Etwas anderes gilt für die Impfung von Zuchttieren. *Verfügung BayLfSt S 7234.2.1-1/11 St 34 v. 30. 10. 2008.*

Künstliche Tierbesamungen der Besamungsgenossenschaften unterliegen dem ermäßigten Steuersatz. *Verfügung OFD Hannover S 7234 – 9 – StO 184 v. 12. 11. 2007.* **38**

Tierärztliche Leistungen im Rahmen der **TSE-Diagnostik** an – toten – Zuchttieren unterliegen dem ermäßigten Steuersatz. *Erlass FM Nordrhein-Westfalen S 7234 – 3 – V 2 v. 9. 2. 2005.*

Behandlung von Züchterprämien vgl. *BMF-Schreiben v. 1. 12. 1975 (BStBl. I S. 1127).*

Die **kurzfristige Einstellung** zum Zwecke der Bedeckung ist, wenn der **Pferdeeigentümer** kein landwirtschaftlicher Unternehmer ist, eine unselbständige Nebenleistung zu der nach § 12 Abs. 2 Nr. 4 UStG ermäßigt zu besteuernden Hauptleistung Bedeckung. *Erlass FM Nordrhein-Westfalen S 7233 – 1 – VA 4 v. 11. 7. 2007.*

Zu § 12 Abs. 2 Nr. 6 UStG

12.4 Umsätze der Zahntechniker und Zahnärzte (§ 12 Abs. 2 Nr. 6 UStG)

UStAE 12.4

(1) ① Der ermäßigte Steuersatz nach § 12 Abs. 2 Nr. 6 UStG ist auf alle sonstigen Leistungen aus der Tätigkeit als Zahntechniker und auf die Lieferungen von Zahnersatz einschließlich der unentgeltlichen Wertabgaben anzuwenden (vgl. BFH-Urteil vom 24. 10. 2013, V R 14/12, BStBl. 2014 II S. 286). ② Begünstigt sind auch Lieferungen von halbfertigen Teilen von Zahnprothesen. ③ Die Steuerermäßigung setzt nicht voraus, dass der Zahntechniker als Einzelunternehmer tätig wird. ④ Begünstigt sind auch Leistungen der zahntechnischen Labors, die in der Rechtsform einer Gesellschaft – z. B. OHG, KG oder GmbH – betrieben werden. **41**

(2) ① Bei den Zahnärzten umfasst die Steuerermäßigung die Leistungen, die nach § 4 Nr. 14 Buchstabe a Satz 2 UStG von der Steuerbefreiung ausgeschlossen sind. ② Es handelt sich um die Lieferung oder Wiederherstellung von Zahnprothesen (aus Unterpositionen 9021 21 und 9021 29 00 des Zolltarifs) und kieferorthopädischen Apparaten (aus Unterposition 9021 10 des Zolltarifs), soweit sie der Zahnarzt in seinem Unternehmen hergestellt oder wiederhergestellt hat. ③ Dabei ist es unerheblich, ob die Arbeiten vom Zahnarzt selbst oder von angestellten Personen ausgeführt werden. ④ Zur Abgrenzung der steuerfreien Umsätze von den dem ermäßigten Steuersatz unterliegenden Prothetikumsätzen vgl. Abschnitt 4.14.3. **42**

(3) ① Dentisten stehen den Zahnärzten gleich. ② Sie werden deshalb in § 12 Abs. 2 Nr. 6 UStG nicht besonders genannt. **43**

44 (4) Hilfsgeschäfte, wie z. B. der Verkauf von Anlagegegenständen, Bohrern, Gips und sonstigem Material, unterliegen nicht dem ermäßigten Steuersatz (vgl. auch BFH-Urteil vom 28. 10. 1971, V R 101/71, BStBl. 1972 II S. 102).

LS zu 12.4

Die Lieferung von **Beatmungsmasken** unterliegt dem Regelsteuersatz. *BFH-Urteil v. 24. 10. 2013 V R 14/12 (BStBl. 2014 II S. 286).*

45

Zu § 12 Abs. 2 Nr. 7 UStG (§ 30 UStDV)

UStAE 12.5

12.5 Eintrittsberechtigung für Theater, Konzerte, Museen usw. (§ 12 Abs. 2 Nr. 7 Buchstabe a UStG)

51 (1) ① Begünstigt sind die in § 12 Abs. 2 Nr. 7 Buchstabe a UStG bezeichneten Leistungen, wenn sie nicht unter die Befreiungsvorschrift des § 4 Nr. 20 Buchstabe a UStG fallen. ② Die Begriffe Theater und Konzert sowie auch der Umfang der ermäßigt zu besteuernden Leistungen ausübender Künstler sind nach den Merkmalen abzugrenzen, die für die Steuerbefreiung maßgebend sind. ③ Zum Museumsbegriff wird auf Ansatz 6 verwiesen. ④ Artikel 98 Abs. 1 und 2 in Verbindung mit Anhang III Nr. 7 und 9 MwStSystRL erfasst sowohl die Leistungen einzelner ausübender Künstler als auch die Leistungen der zu einer Gruppe zusammengeschlossenen Künstler (vgl. EuGH-Urteil vom 23. 10. 2003, C-109/02, Kommission/Deutschland, BStBl. 2004 II S. 337, 482). ⑤ Die Leistungen von Dirigenten können dem ermäßigten Steuersatz nach § 12 Abs. 2 Nr. 7 Buchstabe a UStG unterliegen; nicht dagegen die Leistungen von Regisseuren (soweit nicht umsatzsteuerfrei), Bühnen- und Kostümbildnern (vgl. aber Abschnitt 12.7 Abs. 19), Tontechnikern, Beleuchtern, Maskenbildnern, Souffleusen, Cuttern oder Kameraleuten. ⑥ Die Tätigkeit eines Hochzeits- oder Trauerredners stellt grundsätzlich keine künstlerische Tätigkeit dar. ⑦ Ist die Tätigkeit jedoch als die eines ausübenden Künstlers anzusehen, kann der ermäßigte Steuersatz anzuwenden sein. ⑧ Dies ist dann der Fall, wenn die künstlerische Leistung von einer eigenschöpferischen Leistung des Künstlers geprägt wird, in der seine besondere Gestaltungskraft zum Ausdruck kommt. ⑨ Gegen eine künstlerische Tätigkeit spricht bei einer Redetätigkeit die Beschränkung auf eine schablonenartige Wiederholung anhand eines Redegerüstes (vgl. BFH-Urteil vom 3. 12. 2015, V R 61/14, BStBl. 2020 II S. 797).

52 (2) ① Die Steuerermäßigung erstreckt sich auch auf die Veranstaltung von Theatervorführungen und Konzerten. ② Eine Veranstaltung setzt nicht voraus, dass der Veranstalter und der Darbietende verschiedene Personen sind. ③ Die Theatervorführung bzw. das Konzert müssen den eigentlichen Zweck der Veranstaltung ausmachen (vgl. BFH-Urteil vom 26. 4. 1995, XI R 20/94, BStBl. II S. 519). ④ Zum Begriff Theater/Theatervorführungen gilt Abschnitt 4.20.1 entsprechend. ⑤ Als Konzerte sind musikalische und gesangliche Aufführungen durch einzelne oder mehrere Personen anzusehen. ⑥ Das bloße Abspielen eines Tonträgers durch einen Diskjockey ist kein Konzert. ⑦ Jedoch kann eine „Techno"-Veranstaltung ein Konzert im Sinne des § 12 Abs. 2 Nr. 7 Buchstabe a UStG sein (BFH-Urteile vom 18. 8. 2005, V R 50/04, BStBl. 2006 II S. 101, und vom 23. 7. 2020, V R 17/17, BStBl. 2021 II S. 406). ⑧ Pop und Rockkonzerte, die den Besuchern die Möglichkeit bieten, zu der im Rahmen des Konzerts dargebotenen Musik zu tanzen, können Konzerte sein (vgl. BFH-Urteil vom 26. 4. 1995, XI R 20/94, a. a. O.). ⑨ Begünstigt ist auch die Veranstaltung von Mischformen zwischen Theatervorführung und Konzert (vgl. BFH-Urteil vom 26. 4. 1995, XI R 20/94, a. a. O.). ⑩ Leistungen anderer Art, die in Verbindung mit diesen Veranstaltungen erbracht werden, müssen von so untergeordneter Bedeutung sein, dass dadurch der Charakter der Veranstaltungen als Theatervorführung oder Konzert nicht beeinträchtigt wird (für eine sog. Dinner-Show siehe BFH-Urteile vom 10. 1. 2013, V R 31/10, a. a. O. und vom 13. 6. 2018, XI R 2/16, BStBl. II S. 678). ⑪ Nicht begünstigt sind nach dieser Vorschrift z. B. gesangliche, kabarettistische oder tänzerische Darbietungen im Rahmen einer Tanzbelustigung, einer sportlichen Veranstaltung oder zur Unterhaltung der Besucher von Gaststätten.

53 (3) ① Der ausübende Künstler hat nicht zu unterscheiden, ob seine Leistung im Rahmen einer nicht begünstigten Tanzveranstaltung oder eines begünstigten Konzertes dargeboten wird, es sei denn, er selbst wird als Veranstalter tätig. ② Seine Leistung an einen Veranstalter kann unabhängig von dem für die Veranstaltung selbst anzuwendenden Steuersatz ermäßigt zu besteuern sein.

54 (4) ① Werden bei Theatervorführungen und Konzerten mehrere Veranstalter tätig, kann nur der Veranstalter die Steuerermäßigung in Anspruch nehmen, der die Eintrittsberechtigung verschafft. ② Bei Tournee-Veranstaltungen steht deshalb die Steuerermäßigung regelmäßig nur dem örtlichen Veranstalter zu. ③ Dem ermäßigten Steuersatz unterliegen ebenfalls die Umsätze von Ticket-Eigenhändlern aus dem Verkauf von Eintrittsberechtigungen. ④ Auf Vermittlungsleistungen ist die Steuerermäßigung hingegen nicht anzuwenden (vgl. BFH-Urteil vom 3. 11. 2011, V R 16/09, BStBl. 2012 II S. 378).

54a (5) Nicht begünstigt nach § 12 Abs. 2 Nr. 7 Buchst. a UStG sind die Leistungen der Gastspieldirektionen, welche im eigenen Namen Künstler verpflichten und im Anschluss daran das von diesen dargebotene Programm an einen Veranstalter in einem gesonderten Vertrag verkaufen.

(6) ① Bei der Bestimmung des Museumsbegriffs in § 12 Abs. 2 Nr. 7 Buchstabe a UStG ist die grundlegende Begriffsdefinition in § 4 Nr. 20 Buchstabe a Satz 4 UStG zu beachten (vgl. Abschnitt 4.20.3 Abs. 1 und 2). ② Die Steuersatzermäßigung in § 12 Abs. 2 Nr. 7 Buchstabe a UStG erfasst nur die Eintrittsberechtigung für die in § 4 Nr. 20 Buchstabe a Satz 4 UStG genannten wissenschaftlichen Sammlungen und Kunstsammlungen, sofern das Museum die Voraussetzungen des § 4 Nr. 20 Buchstabe a Sätze 1 und 2 UStG nicht erfüllt (vgl. BFH-Urteil vom 22. 11. 2018, V R 29/17, BStBl. 2021 II S. 495). 54b

LS zu 12.5

1. Nur derjenige, der bei einer **Theatervorführung** oder einem **Konzert** dem Publikum gegenüber als leistender Unternehmer auftritt, veranstaltet die Theatervorführung oder das Konzert selbst und kann die Steuerermäßigung nach § 12 Abs. 2 Nr. 7 Buchst. a UStG geltend machen. – 2. Der Steuerpflichtige tritt gegenüber dem Publikum nicht selbst auf, wenn die Eintrittskarten nicht in seinem Namen und für seine Rechnung verkauft werden. Die Tatsache, dass der Steuerpflichtige die Veranstaltung in der Öffentlichkeit beworben hat, führt noch nicht zu einem Leistungsaustausch mit den Besuchern. *FG Mecklenburg-Vorpommern, Urt. v. 13. 9. 2007, 2 K 69/05, rkr. (DStRE 2008 S. 1020).* 55

Überträgt ein Konzertveranstalter den **Kartenvorverkauf** einer als Vermittlerin tätigen „Vorverkaufsstelle", ist die „Vorverkaufsgebühr" Teil des vom Kunden für die Konzertkarte geschuldeten Entgelts und unterliegt dem ermäßigten Steuersatz nach § 12 Abs. 2 Nr. 7 Buchst. a UStG. Die zwischen Konzertveranstalter und „Vorverkaufsstelle" vereinbarte **„Refundierung"** eines Teils der von den Kartenkäufern verlangten „Vorverkaufsgebühr" mindert die Bemessungsgrundlage für die vom Konzertveranstalter der Vorverkaufsstelle geschuldete Vermittlungsprovision, nicht dagegen die Bemessungsgrundlage für den Kartenvorverkauf. *BFH-Urteil v. 3. 11. 2011 V R 16/09 (BStBl. 2012 II S. 378).*

Die Veranstaltung von **Disco-Partys** unterliegt auch dann dem vollen Steuersatz, wenn diese von bekannten Radio-Moderatoren mit verschiedenen Einlagen (Ansagen, Gags, Klamauk, Interviews, Wettspielen) begleitet werden (Abgrenzung zu BFH v. 18. 8. 2005, V R 50/04, BStBl. II 2006, 101). *BFH-Urt. v. 12. 1. 2006 V R 67/03 (BFH/NV S. 1360).*

1. Eintrittserlöse für **Techno- und House-Konzerte** sind nach § 12 Abs. 2 Nr. 7 Buchst. a UStG steuersatzermäßigt, wenn diese Musikaufführungen den eigentlichen Zweck der Veranstaltung darstellen und die daneben erbrachten Leistungen von so untergeordneter Bedeutung sind, dass sie den Charakter der Musikaufführung nicht beeinträchtigen. – 2. Die Darbietung von Techno- und House-Musik durch verschiedene DJs kann einer Veranstaltung auch dann das Gepräge eines Konzerts oder einer konzertähnlichen Veranstaltung geben, wenn die Musikaufführungen regelmäßig (wöchentlich) stattfinden (Fortführung des BFH v. 18. 8. 2005 – V R 50/04, BFHE 211, 557, BStBl. II 2006, 101, DStRE 2006, 51) Ortsgebundene Veranstaltungen sind nicht nach § 12 Abs. 2 Nr. 7 Buchst. d UStG begünstigt. *BFH-Urteil v. 23. 7. 2020 V R 17/17 (BStBl. 2021 II S. 406) und v. 10. 6. 2020 V R 16/17 (BStBl. 2021 II S. 887).*

Die Leistungen der **Theater, Orchester,** Kammermusikensembles, Chöre, **Museen** und **Dirigenten** unterliegen dem ermäßigten Steuersatz, sofern sie nicht nach § 4 Nr. 20 Buchst. a UStG steuerbefreit sind. – Leistungen der **Intendanten, Regisseure,** Bühnenbildner, Tontechniker, Beleuchter, Maskenbildner, Souffleusen, Cutter, Kameraleute, Zauberkünstler, Artisten, Bauchredner und Discjockeys unterliegen dem allgemeinen Steuersatz. – Die Veranstaltung von Theateraufführungen und Konzerten fällt nur dann unter den ermäßigten Steuersatz, wenn sie durch andere Leistungen nicht beeinträchtigt werden. *Verfügung OFD Frankfurt/M. v. 14. 2. 2014 – S 7238 A – 6 – St 16 (MwStR S. 249).*

1. Der Wortlaut des § 12 Abs. 2 Nr. 7 Buchst. a UStG verlangt für die Steuerermäßigung eine „Darbietung" und erfasst damit nur Künstler i. S. des § 73 Alt. 1 UrhG und nicht i. S. des § 73 Alt. 2 UrhG. – 2. Die Tätigkeit eines **Choreographen,** die von § 73 Alt. 2 UrhG erfasst wird, unterliegt somit nicht der ermäßigten Besteuerung, sondern der Regelbesteuerung. *FG Düsseldorf, Urt. v. 27. 1. 2010, 5 K 1072/08 U, rkr. (DStRE 2011 S. 565).*

Entgelte aus dem Eintrittskartenverkauf für eine sog. **Budo-Gala,** eine **Kampf-Kunst-Show,** sind mit dem ermäßigten Umsatzsteuersatz nach § 12 Abs. 2 Nr. 7 Buchst. a UStG zu besteuern. *BFH-Urt. v. 9. 10. 2003 V R 86/01 (BFH/NV 2004 S. 984).*

1. Die Kombination von künstlerischen und kulinarischen Elementen in Form einer **„Dinner-Show"** kann eine komplexe Leistung sein, die dem Regelsteuersatz unterliegt. – 2. Allein der Umstand, dass beide Bestandteile im Wirtschaftsleben auch getrennt erbracht werden, rechtfertigt keine Aufspaltung des Vorgangs, wenn es dem durchschnittlichen Besucher der „Dinner-Show" um die Verbindung beider Elemente geht. *BFH-Urt. v. 10. 1. 2013, V R 31/10 (BStBl. I S. 352).* – Hierzu weiter *BFH-Beschluss v. 28. 10. 2014 V B 92/14 (BFH/NV 2015 S. 244):* Die Steuerermäßigung nach § 12 Abs. 2 Nr. 7 Buchst. a UStG kommt nur in Betracht, wenn die Theateraufführung **Hauptbestandteil der einheitlichen Gesamtleistung** ist. Dies gilt auch für die Steuerermäßigung nach § 12 Abs. 2 Nr. 7 Buchst. c UStG für die Leistungen aus der Tätigkeit als Schausteller. – Ein Leistungsbündel aus Unterhaltung und kulinarischer Versorgung der Gäste (sog. **„Dinner-Show"**) unterliegt jedenfalls dann dem Regelsteuersatz, wenn es sich um eine **einheitliche, komplexe Leistung** handelt. *BFH-Urteil v. 13. 6. 2018 XI R 2/16 (BStBl. II S. 678).*

1. Die Steuerermäßigung für ausübende Künstler (§ 12 Abs. 2 Nr. 7 Buchst. a UStG) hängt nicht davon ab, ob von den Zuschauern oder Zuhörern eine „Eintrittsberechtigung" verlangt wird. – 2. Ein **Trauer- oder Hochzeitsredner** ist „ausübender Künstler", wenn seine Leistungen eine schöpferische Gestaltungshöhe erreichen. *BFH-Urteil v. 3. 12. 2015 V R 61/14 (DStR 2016 S. 468).* – Zu den Voraussetzungen des ermäßigtes Steuersatzes für die Leistungen eines Trauer- oder Hochzeitredners vgl. *Verfügung OFD Frankfurt S 7240 A – 24 – St 16 v. 6. 3. 2018 (MwStR S. 540).*

Eintrittsgelder für einen **Feuerwerkswettbewerb,** bei dem verschiedene Teams mit „Pflicht-" und „Kürteilen" eine Vielzahl von Feuerwerken in kreativen Kombinationen mit Farb- und Klangelementen vorführen, können dem ermäßigten Umsatzsteuersatz nach § 12 Abs. 2 Nr. 7 Buchst. a UStG unterliegen. *BFH-Urteil v. 30. 4. 2014 XI R 34/12 (BStBl. 2015 II S. 166).*

Einheitlichkeit der Leistung/Ermäßigter Umsatzsteuersatz bei **Großveranstaltungen;** Beförderungsleistungen in den Fällen sog. **„Kombi-Tickets".** *Erlass FinBeh Hamburg v. 14. 3. 2014 – S 7238 – 002/12 (DStR S. 1834).*

1. Die reine **Autorenlesung** vor Publikum ist weder eine Theatervorführung noch eine den Theatervorführungen vergleichbare Darbietung. – 2. Eine Autorenlesung vor Publikum kann jedoch theaterähnlich sein, so dass die Eintrittsberechtigungen hierfür dem ermäßigten Umsatzsteuersatz unterliegen. *BFH-Urteil v. 25. 2. 2015 XI R 35/12 (BStBl. II S. 677).*

Ausübender Künstler i. S. d. § 12 Abs. 2 Nr. 7 Buchst. a UStG ist ein **Zauberer,** der eine schöpferische Leistung erbringt, indem er eigene Programme erstellt und aufführt, die verschiedene gestalterische Elemente enthalten, die die individuelle Persönlichkeit des Zauberers und seine persönlichen Erfahrungen ausdrücken. *FG Münster v. 26. 11. 2020 – 5 K 2414/19 U, rkr. (DStRE 2021 S. 1142).*

Anl zu 12.5

Schreiben betr. Abgrenzung des Museumsbegriffs in § 12 Abs. 2 Nr. 7 Buchst. a UStG von dem in § 4 Nr. 20 Buchst. a UStG; BFH-Urteil v. 22. 11. 2018 – V R 29/17

Vom 28. Juni 2021 (BStBl. I S. 868)

(BMF III C 2 – S 7238/19/10002 :001; DOK 2021/0733379)

[abgedruckt im USt-Handbuch 2021 als Anlage zu A 12.5]

UStAE 12.6

12.6 Überlassung von Filmen und Filmvorführungen (§ 12 Abs. 2 Nr. 7 Buchstabe b UStG)

61 (1) ① Nach § 12 Abs. 2 Nr. 7 Buchstabe b UStG sind die Überlassung von Filmen zur Auswertung und Vorführung sowie die Filmvorführungen begünstigt, wenn die Filme vor dem 1. 1. 1970 erstaufgeführt wurden. ② Sind die Filme nach dem 31. 12. 1969 erstaufgeführt worden, kommt die Begünstigung nur in Betracht, wenn die Filme nach § 6 Abs. 3 Nr. 1 bis 5 JÖSchG oder nach § 14 Abs. 2 Nr. 1 bis 5 JuSchG vom 23. 7. 2002 (BGBl. I S. 2730, 2003 I S. 476) in der jeweils geltenden Fassung gekennzeichnet sind. ③ Begünstigt sind danach auch die mit „Nicht freigegeben unter achtzehn Jahren" gekennzeichneten Filme.

62 (2) ① Die Überlassung von Filmen zur Auswertung und Vorführung fällt zugleich unter § 12 Abs. 2 Nr. 7 Buchstabe c UStG (vgl. Abschnitt 12.7). ② Das Senden von Spielfilmen durch private Fernsehunternehmen oder Hotelbesitzer, z. B. im Rahmen des Pay-TV (Abruf-Fernsehen), ist weder nach Buchstabe b noch nach Buchstabe c des § 12 Abs. 2 Nr. 7 UStG begünstigt (vgl. BFH-Urteil vom 26. 1. 2006, V R 70/03, BStBl. II S. 387). ③ Ebenso fällt die Vorführung eines oder mehrerer Filme oder Filmausschnitte in einem zur alleinigen Nutzung durch den Leistungsempfänger überlassenen Raum (z. B. Einzelkabinen in Erotikläden) nicht unter die Steuerermäßigung nach § 12 Abs. 2 Nr. 7 Buchstabe b UStG (vgl. EuGH-Urteil vom 18. 3. 2010, C-3/09, Erotic Center).

63 (3) ① Bei begünstigten Filmvorführungen ist der ermäßigte Steuersatz auf die Eintrittsgelder anzuwenden. ② Die Aufbewahrung der Garderobe und der Verkauf von Programmen sind als Nebenleistungen ebenfalls begünstigt. ③ Andere Umsätze – z. B. die Abgabe von Speisen und Getränken oder Hilfsumsätze – fallen nicht unter diese Steuerermäßigung (vgl. BFH-Urteile vom 7. 3. 1995, XI R 46/93, BStBl. II S. 429, und vom 1. 6. 1995, V R 90/93, BStBl. II S. 914). ④ Werbeleistungen durch Vorführungen von Werbefilmen sowie Lichtbildervorführungen, auch sog. Dia-Multivisionsvorführungen, sind keine begünstigten Filmvorführungen (vgl. BFH-Urteil vom 10. 12. 1997, XI R 73/96, BStBl. 1998 II S. 222).

64 (4) ① Mit Filmen bespielte Videokassetten, DVDs und Blu-ray Discs sind als Filme anzusehen. ② Ihre Überlassung an andere Unternehmer zur Vorführung oder Weitervermietung ist unter den Voraussetzungen des Absatzes 1 eine begünstigte Überlassung von Filmen zur Auswertung. ③ Die Vermietung zur Verwendung im nichtöffentlichen – privaten – Bereich durch den Mieter ist dagegen nicht nach § 12 Abs. 2 Nr. 7 Buchstaben b oder c begünstigt (vgl. BFH-Urteil vom 29. 11. 1984, V R 96/84, BStBl. 1985 II S. 271).

UStAE 12.7

12.7 Einräumung, Übertragung und Wahrnehmung urheberrechtlicher Schutzrechte (§ 12 Abs. 2 Nr. 7 Buchstabe c UStG)[1]

Allgemeines

71 (1) ① Nach § 12 Abs. 2 Nr. 7 Buchstabe c UStG sind sonstige Leistungen begünstigt, deren wesentlicher Inhalt in der Einräumung, Übertragung und Wahrnehmung von Rechten nach dem UrhG besteht. ② Ob dies der Fall ist, bestimmt sich nach dem entsprechend der vertraglichen Vereinbarung erzielten wirtschaftlichen Ergebnis. ③ Hierfür ist neben dem vertraglich vereinbarten Leistungsentgelt maßgebend, für welchen Teil der Leistung die Gegenleistung im Rahmen des Leistungsaustausches erbracht wird (vgl. BFH-Urteil vom 14. 2. 1974, V R 129/70, BStBl. II S. 261). ④ Nicht ausschlaggebend ist die Leistungsbezeichnung in der Rechnung, z. B. „Übertra-

---

[1] Zur umsatzsteuerlichen Behandlung der **Vergütungen** nach den **§§ 27 und 54 UrhG.** *Erlass FM Sachsen 35 – S 7100 – 17/2–14325 v. 23. 4. 1992.*

Der **Verkauf von Tonträgern** durch Künstler ist nicht nach § 4 Nr. 20 Buchst. a UStG von der Umsatzsteuer befreit. – Die Umsätze unterliegen auch nicht dem ermäßigten Steuersatz nach § 12 Abs. 2 Nr. 7 Buchst. a UStG. *Verfügung OFD Frankfurt S 7177 A – 28 – St 112 v. 17. 10. 2008 (DStR S. 325).*

Die **Überlassung einer CD-ROM** an eine Bibliothek zur Nutzung durch einen bestimmten Personenkreis im Intranet fällt unter § 12 Abs. 1 UStG. *Verfügung OFD Frankfurt S 7240 A – 18 – St I 22 v. 25. 9. 2002.*

1. Die Umsätze aus dem Betrieb einer **Musikplattform** im Internet unterliegen dem allgemeinen und nicht dem ermäßigten Steuersatz. – 2. Die Zurverfügungstellung der Datenbank an die Nutzer der Musikplattform stellt keine eigenständige Hauptleistung gegenüber der Möglichkeit dar, von dem Betreiber der Datenbank nicht geschaffene, sondern dem Verwertungsrecht der GEMA unterliegende Musiktitel anzuhören. *FG Baden-Württemberg, Urt. v. 20. 7. 2009, 9 K 4510/08, rkr. (DStRE 2010 S. 120).*

Die Herstellung von **Akquisitionsmaterial** und Einräumung von **Leistungsschutzrechten** nach dem UrhG für Rundfunkanstalten durch externe Dienstleister unterliegt dem ermäßigten Umsatzsteuersatz gemäß § 12 Abs. 2 Nr. 7 Buchst. c UStG. *Erlass FM Schleswig-Holstein USt-Kurzinformation Nr. 2015/02 v. 23. 3. 2015.*

gung von Nutzungsrechten“ oder „künstlerische Tätigkeit“. ⑤ Ist eine nicht begünstigte Lieferung anzunehmen, ändert eine Aufsplittung des Rechnungsbetrags in Honorar und Lieferung daran nichts. ⑥ Nicht begünstigt sind z. B. Leistungen auf dem Gebiet der Meinungs-, Sozial-, Wirtschafts-, Markt-, Verbraucher- und Werbeforschung, weil der Hauptinhalt dieser Leistungen nicht in einer Rechtsübertragung, sondern in der Ausführung und Auswertung demoskopischer Erhebungen usw. besteht. ⑦ Das Gleiche gilt für die Überlassung von Programmen für Anlagen der elektronischen Datenverarbeitung (Software)[1] zum Betrieb von EDV-Anlagen. ⑧ Wenn der wirtschaftliche Gehalt der Überlassung des Computerprogramms überwiegend auf seine Anwendung für die Bedürfnisse des Leistungsempfängers gerichtet ist, ist die hiermit verbundene Übertragung urheberrechtlicher Nutzungsrechte Bestandteil einer einheitlichen wirtschaftlichen Gesamtleistung, die nicht in der Übertragung urheberrechtlicher Schutzrechte, sondern in der Überlassung von Software zur Benutzung besteht. ⑨ Die Einräumung oder Übertragung von urheberrechtlichen Befugnissen stellt dazu nur eine Nebenleistung dar. ⑩ Dagegen unterliegt die Überlassung von urheberrechtlich geschützten Computerprogrammen dem ermäßigten Steuersatz, wenn dem Leistungsempfänger die in § 69 c Satz 1 Nr. 1 bis 4 UrhG bezeichneten Rechte auf Vervielfältigung und Verbreitung nicht nur als Nebenfolge eingeräumt werden (vgl. BFH-Urteil vom 27. 9. 2001, V R 14/01, BStBl. 2002 II S. 114). ⑪ Dabei ist von den vertraglichen Vereinbarungen und den tatsächlichen Leistungen auszugehen. ⑫ Ergänzend ist auf objektive Beweisanzeichen (z. B. die Tätigkeit des Leistungsempfängers, die vorhandenen Vertriebsvorbereitungen und Vertriebswege, die wirkliche Durchführung der Vervielfältigung und Verbreitung sowie die Vereinbarungen über die Bemessung und Aufteilung des Entgelts) abzustellen (vgl. BFH-Urteile vom 25. 11. 2004, V R 4/04, BStBl. 2005 II S. 415, und vom 25. 11. 2004, V R 25/04, 26/04, BStBl. 2005 II S. 419). ⑬ Bei Standort- und Biotopkartierungen ist Hauptinhalt der Leistung nicht die Übertragung von Urheberrechten, sondern die vertragsgemäße Durchführung der Untersuchungen und die Erstellung der Kartierung. ⑭ Die entgeltliche Nutzungsüberlassung von digitalen Informationsquellen (z. B. Datenbanken und elektronische Zeitschriften, Bücher und Nachschlagewerke) durch Bibliotheken kann der Einräumung, Übertragung und Wahrnehmung von Patenten, Urheberrechten, Markenrechten und ähnlichen Rechten, wie z. B. Gebrauchs- und Verlagsrechten nicht gleichgestellt werden. ⑮ Die Steuerermäßigung gilt auch nicht für Leistungen, mit denen zwar derartige Rechtsübertragungen verbunden sind, die jedoch nach ihrem wirtschaftlichen Gehalt als Lieferungen oder elektronische Dienstleistungen anzusehen sind (vgl. BFH-Urteil vom 3. 12. 2015, V R 43/13, BStBl. 2016 II S. 858). ⑯ Zur Frage der Abgrenzung zwischen Lieferung und sonstiger Leistung vgl. Abschnitt 3.5.

UStAE 12.7

(2) ① Zu den Rechten, deren Einräumung, Übertragung und Wahrnehmung begünstigt sind, gehören nicht nur die Urheberrechte nach dem ersten Teil des UrhG (§§ 1 bis 69 g), sondern alle Rechte, die sich aus dem Gesetz ergeben. ② Urheberrechtlich geschützt sind z. B. auch die Darbietungen ausübender Künstler (vgl. Absätze 19 bis 21). ③ Dem ermäßigten Steuersatz unterliegen außerdem die Umsätze der Verwertungsgesellschaften, die nach dem Urheberrechtswahrnehmungsgesetz Nutzungsrechte, Einwilligungsrechte oder Vergütungsansprüche wahrnehmen. **72**

(3) ① Urheber ist nach § 7 UrhG der Schöpfer des Werks. ② Werke im urheberrechtlichen Sinn sind nach § 2 Abs. 2 UrhG nur persönliche geistige Schöpfungen. ③ Zu den urheberrechtlich geschützten Werken der Literatur, Wissenschaft und Kunst gehören nach § 2 Abs. 1 UrhG insbesondere **73**

1. Sprachwerke, wie Schriftwerke, Reden und Computerprogramme (vgl. Absätze 1 und 6 bis 14);
2. Werke der Musik (vgl. Absatz 15);
3. pantomimische Werke einschließlich der Werke der Tanzkunst;
4. Werke der bildenden Künste einschließlich der Werke der Baukunst und der angewandten Kunst und Entwürfe solcher Werke (vgl. Absätze 16 und 17);
5. Lichtbildwerke einschließlich der Werke, die ähnlich wie Lichtbildwerke geschaffen werden (vgl. Absatz 18);
6. Filmwerke einschließlich der Werke, die ähnlich wie Filmwerke geschaffen werden;
7. Darstellungen wissenschaftlicher oder technischer Art, wie Zeichnungen, Pläne, Karten, Skizzen, Tabellen und plastische Darstellungen.

(4) ① Der Urheber hat das ausschließliche Recht, sein Werk zu verwerten. ② Dabei wird zwischen der Verwertung in körperlicher Form und der öffentlichen Wiedergabe in unkörperlicher Form unterschieden. ③ Das Recht der Verwertung eines Werks in körperlicher Form umfasst nach § 15 Abs. 1 UrhG insbesondere **74**

---

[1] Software vgl. A 3.5 Abs. 2 Nr. 1, Abs. 3 Nr. 8, 3 a.9 Abs. 13 Satz 4 u. Abs. 15 Satz 3, 3 a.12 Abs. 3 Nr. 2 u. Abs. 6 Nr. 7, 12.7 Abs. 1 Satz 8–10 u. 15 a.1 Abs. 2 Nr. 1 UStAE.
Umsätze mit **Standard-Software und Updates** fallen nicht unter § 12 Abs. 2 Nr. 7 Buchst. c UStG. Entsprechendes gilt für **Individual-Software,** es sei denn, es werden gleichzeitig die Verwendungsrechte übertragen, die leistungsbestimmend sind. *Verfügung OFD Niedersachsen S 7240 – 37 – St 187 v. 30. 10. 2015 (DB S. 2846).*

UStAE 12.7

1. das Vervielfältigungsrecht (§ 16 UrhG),
2. das Verbreitungsrecht (§ 17 UrhG) und
3. das Ausstellungsrecht (§ 18 UrhG).

④ Zum Recht der öffentlichen Wiedergabe gehören nach § 15 Abs. 2 UrhG insbesondere

1. das Vortrags-, Aufführungs- und Vorführungsrecht (§ 19 UrhG),
2. das Recht der öffentlichen Zugänglichmachung (§ 19a UrhG),
3. das Senderecht (§ 20 UrhG),
4. das Recht der Wiedergabe durch Bild- und Tonträger (§ 21 UrhG) und
5. das Recht der Wiedergabe von Funksendungen und der Wiedergabe von öffentlicher Zugänglichmachung (§ 22 UrhG).

75 (5) ① Der Urheber kann nach § 31 Abs. 1 UrhG einem anderen das Recht einräumen, das Werk auf einzelne oder alle Nutzungsarten zu nutzen. ② Dieses Nutzungsrecht kann als einfaches oder ausschließliches Recht eingeräumt und außerdem räumlich, zeitlich oder inhaltlich beschränkt werden.

Schriftsteller

76 (6) ① Für Schriftsteller kommt die Steuerermäßigung in Betracht, soweit sie einem anderen Nutzungsrechte an urheberrechtlich geschützten Werken einräumen. ② Zu den geschützten Sprachwerken gehören z. B. Romane, Epen, Sagen, Erzählungen, Märchen, Fabeln, Novellen, Kurzgeschichten, Essays, Satiren, Anekdoten, Biographien, Autobiographien, Reiseberichte, Aphorismen, Traktate, Gedichte, Balladen, Sonette, Oden, Elegien, Epigramme, Liedtexte, Bühnenwerke aller Art, Libretti, Hörspiele, Drehbücher, wissenschaftliche Bücher, Abhandlungen und Vorträge, Forschungsberichte, Denkschriften, Kommentare zu politischen und kulturellen Ereignissen sowie Reden und Predigten (vgl. aber Absatz 13).

77 (7) ① Mit der Veräußerung des Originals eines Werks, z. B. des Manuskripts eines Sprachwerks, wird nach § 44 Abs. 1 UrhG im Zweifel dem Erwerber ein Nutzungsrecht nicht eingeräumt. ② Auf die bloße Lieferung eines Manuskripts ist deshalb grundsätzlich der allgemeine Steuersatz anzuwenden. ③ Eine nach § 12 Abs. 2 Nr. 7 Buchstabe c UStG begünstigte sonstige Leistung ist nur dann anzunehmen, wenn zugleich mit der Veräußerung des Werkoriginals dem Erwerber auf Grund einer besonderen Vereinbarung Nutzungsrechte an dem Werk eingeräumt werden.

78 (8) ① Der Schriftsteller, der im Rahmen einer Veranstaltung seine Werkausgaben signiert oder Autogramme gibt und dafür vom Veranstalter – z. B. Verleger oder Buchhändler – ein Entgelt erhält, erbringt eine sonstige Leistung, die dem allgemeinen Steuersatz unterliegt. ② Das Gleiche gilt grundsätzlich auch dann, wenn der Schriftsteller aus seinen Werken liest oder mit bestimmten Personengruppen – z. B. Lesern, Politikern, Schriftstellern, Buchhändlern – Gespräche oder Aussprachen führt. ③ Wird die Lesung oder das Gespräch von einer Rundfunk- und Fernsehanstalt – z. B. in einem Studio – veranstaltet und gesendet, führt der Schriftsteller eine Leistung aus, deren wesentlicher Inhalt in der Einräumung urheberrechtlicher Nutzungsrechte – u. a. des Senderechts – besteht und auf die deshalb der ermäßigte Steuersatz anzuwenden ist. ④ Dabei ist es unerheblich, ob die Lesung oder das Gespräch zugleich mit der Aufnahme gesendet (Live-Sendung) oder zunächst auf Bild- und Tonträger aufgenommen und später gesendet wird. ⑤ Das Gleiche gilt, wenn nur Teile oder Ausschnitte gesendet werden oder eine Sendung unterbleibt.

Journalisten, Presseagenturen

79 (9) ① Zu den begünstigten Leistungen der Journalisten gehören u. a. Kommentare zu politischen, kulturellen, wissenschaftlichen, wirtschaftlichen, technischen und religiösen Ereignissen und Entwicklungen, Kunstkritiken einschließlich Buch-, Theater-, Musik-, Schallplatten- und Filmkritiken sowie Reportagen, die über den bloßen Bericht hinaus eine kritische Würdigung vornehmen. ② Nicht urheberrechtlich geschützt sind z. B. Tatsachennachrichten und Tagesneuigkeiten, es sei denn, sie haben durch eine individuelle Formgebung Werkcharakter erlangt.

80 (10) ① Zur Vermeidung von Abgrenzungsschwierigkeiten wird aus Vereinfachungsgründen zugelassen, dass Journalisten grundsätzlich auf ihre Leistungen aus journalistischer Tätigkeit insgesamt den ermäßigten Steuersatz anwenden. ② Nur die Journalisten, die lediglich Daten sammeln und ohne redaktionelle Bearbeitung weiterleiten – z. B. Kurs- und Preisnotierungen, Börsennotizen, Wettervorhersagen, Rennergebnisse, Fußball- und andere Sportergebnisse, Theater-, Opern- und Kinospielpläne sowie Ausstellungs- und Tagungspläne –, haben ihre Leistungen nach dem allgemeinen Steuersatz zu versteuern.

81 (11) Bei den Leistungen der Pressedienste und -agenturen, deren wesentlicher Inhalt in der Einräumung oder Übertragung der Verwertungsrechte – z. B. Vervielfältigungsrecht, Verbreitungsrecht, Senderecht – an dem in den sog. Pressediensten enthaltenen Material besteht, ist Folgendes zu beachten:

1. ① Die Bilderdienste sind nach § 2 Abs. 1 Nr. 5 und § 72 UrhG geschützt. ② Die Einräumung oder Übertragung von Verwertungsrechten an dem Bildmaterial führt deshalb stets zur Anwendung des ermäßigten Steuersatzes (vgl. Absatz 18). UStAE 12.7
2. ① Bei sonstigen Pressediensten kann der Anteil der urheberrechtlich geschützten Beiträge – insbesondere Namensberichte, Aufsätze und redaktionell besonders aufgemachte Nachrichten – unterschiedlich sein. ② Die Vereinfachungsregelung in Absatz 10 gilt entsprechend.

Übersetzungen und andere Bearbeitungen

(12) ① Die Übersetzer fremdsprachiger Werke – z. B. Romane, Gedichte, Schauspiele, wissenschaftliche Bücher und Abhandlungen – räumen urheberrechtliche Nutzungsrechte ein, wenn die Werke in der Übersetzung z. B. veröffentlicht oder aufgeführt werden. ② Unerheblich ist es, ob ein Sprachwerk einzeln – z. B. als Buch – oder in Sammlungen – z. B. Zeitschriften, Zeitungen, Kalendern, Almanachen – veröffentlicht wird. ③ Entsprechendes gilt für andere Bearbeitungen urheberrechtlich geschützter Werke, sofern sie persönliche geistige Schöpfungen des Bearbeiters sind, z. B. für die Dramatisierung eines Romans oder einer Novelle, für die Episierung eines Bühnenstücks, einer Ballade oder eines Gedichts, für die Umgestaltung eines Romans, einer Kurzgeschichte, einer Anekdote oder eines Bühnenstücks zu einer Ballade oder einem Gedicht, für die Umwandlung eines Schauspiels, eines Romans oder einer Novelle in ein Opernlibretto oder ein Musical, für die Fortsetzung eines literarischen Werks, für die Verwendung einer literarischen Vorlage – Roman, Novelle, Schauspiel usw. – für Comicstrips – Comics – sowie für das Schreiben eines Filmdrehbuchs nach einer Vorlage und die Verfilmung. ④ Die Übertragung von Senderechten an Übersetzungen von Nachrichtensendungen in die Deutsche Gebärdensprache unterliegt dem ermäßigten Steuersatz nach § 12 Abs. 2 Nr. 7 Buchstabe c UStG (vgl. BFH-Urteil vom 18. 8. 2005, V R 42/03, BStBl. 2006 II S. 44). 82

Vorträge, Reden, Gutachten, technische Darstellungen

(13) ① Vorträge und Reden sind zwar urheberrechtlich geschützte Sprachwerke. ② Wer einen Vortrag oder eine Rede hält, räumt damit jedoch einem anderen keine urheberrechtlichen Nutzungsrechte ein. ③ Das Gleiche gilt für Vorlesungen, das Abhalten von Seminaren, die Erteilung von Unterricht sowie die Beteiligung an Aussprachen. ④ Urheberrechtliche Nutzungsrechte werden auch dann nicht eingeräumt, wenn z. B. der Inhalt oder der Text eines Vortrags oder einer Rede in schriftlicher Wiedergabe dem Veranstalter oder den Teilnehmern übergeben wird. ⑤ Eine steuerermäßigte Einräumung von urheberrechtlichen Nutzungsrechten liegt aber insoweit vor, als ein Vortrag oder eine Rede – z. B. in einer Fachzeitschrift oder als Sonderdruck – veröffentlicht wird. ⑥ Außerdem kommt der ermäßigte Steuersatz z. B. dann in Betracht, wenn Vorträge oder Unterrichtsveranstaltungen von Rundfunk- und Fernsehanstalten gesendet werden. 83

(14) ① Die Übergabe eines Gutachtens oder einer Studie ist regelmäßig nicht mit der Einräumung urheberrechtlicher Nutzungsrechte verbunden, auch wenn das Werk urheberrechtlichen Schutz genießt. ② Das gilt auch, wenn sich der Auftraggeber vorsorglich das Recht der alleinigen Verwertung und Nutzung einräumen lässt. ③ Werden im Zusammenhang mit der Erstellung eines Gutachtens oder einer Studie auch Urheberrechte zur Vervielfältigung und Verbreitung des Gutachtens oder der Studie übertragen, ist auf diese Gesamtleistung der allgemeine Steuersatz anzuwenden, wenn der Schwerpunkt der Leistung nicht in der Übertragung der Urheberrechte liegt, sondern in der Erstellung des Gutachtens oder der Studie im eigenständigen Interesse des Auftraggebers. ④ Entgeltliche Leistungen auf Grund von Forschungs- und Entwicklungsaufträgen unterliegen, sofern sie nicht im Rahmen eines Zweckbetriebs (§§ 65 und 68 Nr. 9 AO) erbracht werden, stets insgesamt der Umsatzsteuer nach dem allgemeinen Steuersatz. ⑤ Das gilt auch dann, wenn hinsichtlich der Forschungs- und Entwicklungsergebnisse eine Übertragung urheberrechtlicher Nutzungsrechte vereinbart wird und die Forschungs- und Entwicklungsergebnisse in der Form von Berichten, Dokumentationen usw. tatsächlich veröffentlicht werden. ⑥ Die Übertragung urheberrechtlicher Nutzungsrechte ist in diesen Fällen lediglich eine Nebenleistung und muss somit bei der umsatzsteuerrechtlichen Beurteilung unbeachtet bleiben. ⑦ Zu den geschützten Werken im Sinne des § 2 Abs. 1 Nr. 1 UrhG können auch Sprachwerke gehören, in die ausschließlich handwerkliche, technische und wissenschaftliche Kenntnisse und Erfahrungen eingeflossen sind, z. B. technische Darstellungen und Handbücher, Darstellungen und Erläuterungen technischer Funktionen, Bedienungs- und Gebrauchsanleitungen sowie Wartungs-, Pflege- und Reparaturanleitungen. ⑧ Voraussetzung hierfür ist, dass es sich um persönliche geistige Schöpfungen handelt, die eine individuelle Eigenart aufweisen. ⑨ Es genügt, dass die individuelle Prägung in der Form und Gestaltung des Werks zum Ausdruck kommt. 84

Werke der Musik

(15) ① Die Urheber von Musikwerken erbringen mit der Einräumung urheberrechtlicher Nutzungsrechte an ihren Werken steuerbegünstigte Leistungen. ② Urheberrechtlichen Schutz genießt auch elektronische Musik. ③ Zu den urheberrechtlich geschützten Musikwerken bzw. Bearbeitungen gehören außerdem z. B. Klavierauszüge aus Orchesterwerken, Potpourris, in denen nicht nur verschiedene Musikstücke oder Melodien aneinandergereiht sind, die Instrumentierungen von Melodien und die Orchesterbearbeitungen von Klavierstücken. 85

UStAE 12.7

Werke der bildenden Künste und der angewandten Kunst

86 (16) ① Mit der vertraglichen Vereinbarung über die Vervielfältigung und Verbreitung von Werken der bildenden Künste – z. B. in Büchern und Zeitschriften, auf Kalendern, Postkarten und Kunstblättern sowie mit Diapositiven – werden urheberrechtliche Nutzungsrechte eingeräumt. ② Der Graphiker, der einem Galeristen oder Verleger das Recht überträgt, Originalgraphiken zu drucken und zu vertreiben, erbringt eine begünstigte Leistung. ③ Das Gleiche gilt z. B. für die Einräumung des Rechts zur Herstellung und zum Vertrieb künstlerischer Siebdrucke – sog. Serigraphien –, die vom Künstler signiert und nummeriert werden. ④ Urheberrechtlichen Schutz genießen auch die Werke der Karikaturisten, Cartoonisten und Pressezeichner. ⑤ Das Folgerecht, das bei der Weiterveräußerung eines Originals der bildenden Künste entsteht (§ 26 UrhG), zählt nicht zu den urheberrechtlichen Nutzungs- und Verwertungsrechten. ⑥ Zur Nichtsteuerbarkeit vgl. Abschnitt 1.1 Abs. 21.

87 (17) ① Für die Frage, ob Leistungen der Gebrauchsgraphiker und der Graphik-Designer ermäßigt zu besteuern sind, ist aus Vereinfachungsgründen auf die dem Leistungsaustausch zugrunde liegende zivilrechtliche Vereinbarung abzustellen, sofern dies nicht zu offensichtlich unzutreffenden steuerlichen Ergebnissen führt. ② Gehen die Vertragspartner ausweislich der zwischen ihnen geschlossenen Vereinbarung einvernehmlich von der Einräumung urheberrechtlicher Nutzungsrechte an einem Muster oder einem Entwurf aus, ist der ermäßigte Steuersatz anzuwenden. ③ Ein Tätowierer erbringt mit dem Aufbringen einer Tätowierung keine begünstigte Leistung (vgl. BFH-Urteil vom 23. 7. 1998, V R 87/97, BStBl. II S. 641).[1]

Lichtbildwerke und Lichtbilder

88 (18) ① Urheberrechtlich geschützt sind Lichtbildwerke und Werke, die ähnlich wie Lichtbildwerke geschaffen werden. ② Lichtbilder und Erzeugnisse, die ähnlich wie Lichtbilder hergestellt werden, sind nach § 72 UrhG den Lichtbildwerken urheberrechtlich praktisch gleichgestellt. ③ Dem ermäßigten Steuersatz unterliegen deshalb insbesondere die Leistungen der Bildjournalisten (Bildberichterstatter), Bildagenturen (vgl. Absatz 11 Nr. 1), Kameramänner und Foto-Designer. ④ Übergibt der Fotograf seinem Auftraggeber nur die bestellten Positive oder Bilddateien – z. B. Passbilder, Familien- oder Gruppenaufnahmen –, geht die Rechtsübertragung in der nicht begünstigten Lieferung auf. ⑤ Das Gleiche gilt für die Herstellung und Überlassung von Luftbildaufnahmen für planerische Zwecke – z. B. Landesplanung, Natur- und Umweltschutz oder Erfassung und Bilanzierung der Flächennutzung –, für Zwecke der Geodäsie – z. B. auch fotografische Messbilder (Fotogramme) nach dem Verfahren der Fotogrammetrie – oder für bestimmte wissenschaftliche Zwecke – z. B. auf dem Gebiet der Archäologie –, selbst wenn damit auch urheberrechtliche Nutzungsrechte übertragen werden.

Darbietungen ausübender Künstler

89 (19) ① Außer den Werken der Literatur, Wissenschaft und Kunst sind auch die Darbietungen ausübender Künstler urheberrechtlich geschützt. ② Diese Schutzrechte sind in §§ 74 ff. UrhG abschließend aufgeführt (verwandtes Schutzrecht). ③ Ausübender Künstler ist nach § 73 UrhG, wer ein Werk vorträgt oder aufführt oder hierbei künstlerisch mitwirkt. ④ Zu den ausübenden Künstlern zählen insbesondere Schauspieler, Sänger, Musiker, Tänzer, Dirigenten, Kapellmeister, Regisseure und Spielleiter sowie Bühnen- und Kostümbildner (vgl. BMF-Schreiben vom 7. 2. 2014, BStBl. I S. 273). ⑤ Ausübende Künstler sind z. B. auch Tonmeister, die bei Aufführungen elektronischer Musik mitwirken. ⑥ Im Einzelfall kann auch der Beleuchter ein ausübender Künstler sein.

90 (20) ① Nach § 79 UrhG kann der ausübende Künstler die ihm durch §§ 77 und 78 UrhG gewährten Rechte und Ansprüche übertragen. ② Begünstigte Leistungen ausübender Künstler liegen z. B. in folgenden Fällen vor:

1. Musikwerke – z. B. Opern, Operetten, Musicals, Ballette, Chorwerke, Gesänge, Messen, Kantaten, Madrigale, Motetten, Orgelwerke, Sinfonien, Kammermusikwerke, Solokonzerte, Lieder, Chansons, Spirituals und Jazz –, Bühnenwerke – z. B. Schauspiele, Schauspielszenen, Mysterienspiele, Fastnachtsspiele, Kabarettszenen, Varietészenen und die Bühnenfassung einer Erzählung – sowie Hörspiele und Hörspielfassungen von Sprachwerken werden
   a) im Studio oder Sendesaal einer Rundfunk- und Fernsehanstalt aufgeführt, auf Bild- und Tonträger aufgenommen und gesendet oder
   b) im Studio eines Tonträgerherstellers – z. B. eines Schallplattenproduzenten – aufgeführt, auf Tonträger aufgenommen und vervielfältigt.
2. Öffentliche Aufführungen von Musikwerken und Bühnenwerken – z. B. in einem Konzertsaal oder Theater – werden
   a) von einer Rundfunk- und Fernsehanstalt veranstaltet, auf Bild- und Tonträger aufgenommen und – z. B. als Live-Sendung – gesendet oder

[1] **Handgefertigte Zeichnungen,** die als Vorlage für eine in einem Tätowierstudio herzustellende **Tätowierung** dienen, sind in die Pos. 4906 KN einzureihen und damit aus der Pos. 9701 KN ausgeschlossen. *BFH-Beschluss v. 20. 6. 2011 VII B 258/10 (BFH/NV S. 2141).*

b) von einem Tonträgerhersteller veranstaltet, auf Tonträger aufgenommen – sog. Live-Mitschnitt – und vervielfältigt.

3. Fernsehfilme werden von einer Fernsehanstalt oder in ihrem Auftrag von einem Filmproduzenten hergestellt.
4. Vorführfilme – Spielfilme – werden von einem Filmproduzenten hergestellt.
5. Darbietungen ausübender Künstler – z. B. die Rezitation von Gedichten und Balladen, das Vorlesen einer Novelle, der Vortrag von Liedern, das Spielen eines Musikwerks – werden in einem Studio auf Bild- und Tonträger aufgenommen und von einer Rundfunk- und Fernsehanstalt gesendet oder von einem Tonträgerhersteller vervielfältigt.
6. Darbietungen ausübender Künstler – z. B. Sänger, Musiker, Schauspieler, Tänzer – im Rahmen von Rundfunk- und Fernsehsendungen – z. B. in Shows und sonstigen Unterhaltungssendungen, in Quizveranstaltungen sowie bei Sportsendungen und Diskussionsveranstaltungen – werden auf Bild- und Tonträger aufgenommen und gesendet.

(21) ① Mit der Darbietung eines ausübenden Künstlers ist nicht in jedem Fall eine Einwilligung zu ihrer Verwertung oder eine Übertragung urheberrechtlicher Nutzungsrechte verbunden. ② Eine Einräumung, Übertragung oder Wahrnehmung urheberrechtlicher Schutzrechte liegt auch dann nicht vor, wenn die Darbietung zur Dokumentation, für Archivzwecke oder z. B. zum wissenschaftlichen Gebrauch mitgeschnitten wird. ③ Hat ein an eine Agentur gebundener Künstler dieser sein Recht der Funksendung und der öffentlichen Wiedergabe zur ausschließlichen Verwertung übertragen und stellt die Agentur den Künstler vertragsgemäß einer Rundfunk- oder Fernsehanstalt für die Mitwirkung in einer Rundfunk- oder Fernsehsendung zur Verfügung, ist Hauptinhalt der Leistung der Agentur gegenüber der Rundfunk- und Fernsehanstalt die Einräumung von urheberrechtlichen Nutzungsrechten, auf die der ermäßigte Steuersatz nach § 12 Abs. 2 Nr. 7 Buchstabe c UStG anzuwenden ist. ④ Soweit die Voraussetzungen nach § 12 Abs. 2 Nr. 7 Buchstabe c UStG nicht vorliegen, kann auch eine Steuerermäßigung nach § 12 Abs. 2 Nr. 7 Buchstabe a UStG in Betracht kommen, vgl. Abschnitt 12.5 Abs. 1. 91

(22) ① Kann ein urheberrechtlich geschütztes Werk, z. B. ein Sprachwerk, vom Auftraggeber nur durch die Ausnutzung von Rechten an diesem Werk bestimmungsgemäß verwendet werden und werden ihm daher die entsprechenden Nutzungsrechte eingeräumt oder übertragen, bildet die Einräumung oder Übertragung urheberrechtlicher Nutzungsrechte den wesentlichen Inhalt der Leistung. ② Die Herstellung des Werks geht als Vorstufe für die eigentliche Leistung in dieser auf, und zwar auch dann, wenn das Werkoriginal dem Auftraggeber überlassen wird. 92

Beispiel 1:

① Bei der Überlassung von urheberrechtlich geschützten Kopiervorlagen für Unterrichtszwecke ist wesentlicher Inhalt der Leistung die Übertragung urheberrechtlicher Nutzungsrechte. ② Das gilt auch für die Überlassung von Kopiervorlagen an Personen, die diese nicht selbst für Unterrichtszwecke verwenden, z. B. an Buchhändler.

Beispiel 2:

① Bei der Erarbeitung urheberrechtlich geschützter technischer Dienstvorschriften (Benutzungsunterlagen) für den Hersteller eines Produkts stellt die Überlassung des Manuskripts oder druckfertiger Vorlagen zur Verwertung – z. B. zur Vervielfältigung – lediglich eine unselbständige Nebenleistung zur Hauptleistung dar, die in der Übertragung urheberrechtlicher Nutzungsrechte besteht. ② Wird jedoch vertraglich neben der Erarbeitung einer Dienstvorschrift auch die Lieferung der benötigten Druckexemplare dieses Werks vereinbart, liegt eine einheitliche Hauptleistung (Lieferung) vor, in der die Einarbeitung der Dienstvorschrift als unselbständige Nebenleistung aufgeht. ③ Auf diese Lieferung ist aber nach § 12 Abs. 2 Nr. 1 UStG i. V. m. Nr. 49 der Anlage 2 des UStG ebenfalls der ermäßigte Steuersatz anzuwenden.

Beispiel 3:

① Die Erstellung von urheberrechtlich geschütztem technischen Schulungsmaterial – Lehrtafeln, Lehrfilme, bei denen der Auftragnehmer im urheberrechtlichen Sinne Hersteller des Lehrfilms ist, Diapositive – ist nach ihrem wesentlichen Inhalt auch dann eine unter § 12 Abs. 2 Nr. 7 Buchstabe c UStG fallende sonstige Leistung, wenn der erstellte Entwurf, die Druck- oder Kopiervorlagen, das Filmwerk oder die Diapositive dem Auftraggeber übergeben werden.

② Wird bei der Erstellung von Lehrtafeln zusätzlich zur Übertragung urheberrechtlicher Nutzungsrechte auch die Herstellung und Lieferung der benötigten Exemplare (Vervielfältigungsstücke) übernommen, liegt eine nicht unter § 12 Abs. 2 Nr. 7 Buchstabe c UStG fallende Werklieferung vor, auf die nach § 12 Abs. 1 UStG der allgemeine Steuersatz anzuwenden ist.

(23)[1] ① Die Gestattung der Herstellung von Aufnahmen von Sportveranstaltungen ist keine nach § 12 Abs. 2 Nr. 7 Buchstabe c UStG begünstigte Übertragung urheberrechtlicher Nutzungsrechte, da ein urheberrechtlich geschütztes Werk erst mit der Herstellung der Aufnahmen entsteht. ② Vielmehr willigt der Veranstalter hierdurch in Eingriffe ein, die er auf Grund außerhalb des Urheberrechts bestehender Rechte verbieten könnte (z. B. durch Ausübung des Hausrechts). ③ Wenn der Veranstalter des Sportereignisses die Aufnahmen selbst herstellt und die daran bestehenden Urheberrechte verwertet, sind die Umsätze aus der Verwertung von Rechten an Laufbildern nach § 12 Abs. 2 Nr. 7 Buchstabe c UStG ermäßigt zu besteuern (Absatz 3 Satz 3 Nr. 6). 93

[1] Die Gestattung der Herstellung von Laufbildern unterliegt dem Regelsteuersatz. – Die Verwertung von Rechten an von Sportveranstaltern hergestellten **Laufbildern** durch die Sportveranstalter kann unter § 12 Abs. 2 Nr. 7 Buchst. c UStG fallen. *Verfügung BayLfSt S 7240 – 3 St 34 M v. 19. 6. 2007.*

LS zu 12.7

Umsatzbesteuerung von **Bühnen- und Kostümbildnern;** Anwendung des ermäßigten Steuersatzes nach § 12 Abs. 2 Nr. 7 Buchst. c UStG. *BMF-Schreiben v. 7. 2. 2014 IV D 2 – S 7240/11/10 002 (BStBl. I S. 273).*

94 Anwendung des ermäßigten Steuersatzes gem. § 12 Abs. 2 Nr. 7 Buchstabe c UStG für sog. **eLibrarys.** *Verfügung OFD Niedersachsen v. 9. 2. 2017 – S 7240 – 60 – St 184 (DStR S. 1331).*

1. Digitale oder elektronische Sprachwerke **(E-Books)** sind keine Bücher iSv § 12 Abs. 2 Nr. 2 UStG iVm Anlage 2 Nr. 49 Buchst. a zum UStG. – 2. Die Einräumung, Übertragung und Wahrnehmung von Rechten, die sich aus dem UrhG ergeben (§ 12 Abs. 2 Nr. 7 Buchst. c UStG), erfassen nicht „elektronisch erbrachte Dienstleistungen". *BFH-Urteil v. 3. 12. 2015 V R 43/13 (BStBl. 2016 II S. 858).*

Zu § 12 Abs. 2 Nr. 7 Buchst. d UStG (§ 30 UStDV)

UStDV

§ 30 *Schausteller*

97 *Als Leistungen aus der Tätigkeit als Schausteller gelten Schaustellungen, Musikaufführungen, unterhaltende Vorstellungen oder sonstige Lustbarkeiten auf Jahrmärkten, Volksfesten, Schützenfesten oder ähnlichen Veranstaltungen.*

UStAE 12.8

12.8 Zirkusunternehmen, Schausteller und zoologische Gärten (§ 12 Abs. 2 Nr. 7 Buchstabe d UStG)

101 (1) ① Zirkusvorführungen sind auch die von den Zirkusunternehmen veranstalteten Tierschauen. ② Begünstigt sind auch die üblichen Nebenleistungen, z. B. der Verkauf von Programmen und die Aufbewahrung der Garderobe. ③ Bei Fernsehaufzeichnungen und -übertragungen ist die Leistung des Zirkusunternehmens sowohl nach Buchstabe c als auch nach Buchstabe d des § 12 Abs. 2 Nr. 7 UStG begünstigt. ④ Nicht begünstigt sind Hilfsgeschäfte, wie z. B. Veräußerungen von Anlagegegenständen. ⑤ Für den Verkauf der in Nummer 1 der Anlage 2 des UStG bezeichneten Tiere kommt jedoch die Steuerermäßigung nach § 12 Abs. 2 Nr. 1 UStG in Betracht.

102 (2) ① Als Leistungen aus der Tätigkeit als Schausteller gelten Schaustellungen, Musikaufführungen, unterhaltende Vorstellungen oder sonstige Lustbarkeiten, die auf Jahrmärkten, Volksfesten, Schützenfesten oder ähnlichen Veranstaltungen erbracht werden (§ 30 UStDV). ② Begünstigt sind tätigkeits- und nicht personenbezogene Leistungen, die voraussetzen, dass der jeweilige Umsatz auf einer ambulanten, d. h. ortsungebunden ausgeführten schaustellerischen Leistung beruht (vgl. BFH-Urteil vom 25. 11. 1993, V R 59/91, BStBl. 1994 II S. 336). ③ Dabei reicht es aus, wenn diese Leistungen vom Unternehmer im eigenen Namen mit Hilfe seiner Arbeitnehmer oder sonstiger Erfüllungsgehilfen (z. B. engagierte Schaustellergruppen) an die Besucher der Veranstaltungen ausgeführt werden (vgl. BFH-Urteil vom 18. 7. 2002, V R 89/01, BStBl. 2004 II S. 88). ④ Unter die Steuerermäßigung fällt auch die Gewährung von Eintrittsberechtigungen zu Stadt- oder Dorffesten, die nur einmal jährlich durchgeführt werden und bei denen die schaustellerischen Leistungen ausschließlich mit Hilfe von sonstigen Erfüllungsgehilfen erbracht werden (vgl. BFH-Urteil vom 5. 11. 2014, XI R 42/12, BStBl. 2017 II S. 849). ⑤ Ähnliche Veranstaltungen können auch durch den Schausteller selbst organisierte und unter seiner Regie stattfindende Eigenveranstaltungen sein (vgl. BFH-Urteil vom 25. 11. 1993, V R 59/91, a. a. O.). ⑥ Ortsgebundene Schaustellungsunternehmen – z. B. Märchenwaldunternehmen, Vergnügungsparks – sind mit ihren Leistungen nicht begünstigt (vgl. BFH-Urteile vom 22. 10. 1970, V R 67/70, BStBl. 1971 II S. 37, vom 22. 6. 1972, V R 36/71, BStBl. II S. 684, vom 25. 11. 1993, V R 59/91, a. a. O., und vom 2. 8. 2018, V R 6/16, BStBl. 2019 II S. 293, und EuGH-Urteil vom 9. 9. 2021, C-406/20, Phantasialand). ⑦ Zu den begünstigten Leistungen (§ 30 UStDV) gehören auch die Leistungen der Schau- und Belustigungsgeschäfte, der Fahrgeschäfte aller Art – Karussells, Schiffschaukeln, Achterbahnen usw. –, der Schießstände sowie die Ausspielungen. ⑧ Nicht begünstigt sind Warenlieferungen, sofern sie nicht unter § 12 Abs. 2 Nr. 1 UStG fallen, und Hilfsgeschäfte.

103 (3) ① Die Steuerermäßigung kommt für die Leistungen der zoologischen Gärten in Betracht, die nicht unter § 4 Nr. 20 Buchstabe a UStG (vgl. Abschnitt 4.20.4) fallen. ② Zoologische Gärten sind z. B. auch Aquarien und Terrarien, nicht dagegen Delphinarien (vgl. BFH-Urteil vom 20. 4. 1988, X R 20/82, BStBl. II S. 796). ③ Für Tierparks gilt die Steuerermäßigung nicht; ihre Umsätze können aber nach § 4 Nr. 20 Buchstabe a UStG steuerfrei sein. ④ Tierpark in diesem Sinn ist eine Anlage, in der weniger Tierarten als in zoologischen Gärten, diese aber in Herden oder Zuchtgruppen auf großen Flächen gehalten werden.

104 (4) ① Zu den Umsätzen, die unmittelbar mit dem Betrieb der zoologischen Gärten verbunden sind, gehören nur Leistungen, auf die der Betrieb eines zoologischen Gartens im eigentlichen Sinn gerichtet ist, in denen sich also dieser Betrieb verwirklicht (BFH-Urteil vom 4. 12. 1980, V R 60/79, BStBl. 1981 II S. 231). ② Hierunter fallen insbesondere die Umsätze, bei denen die Entgelte in Eintrittsgeldern bestehen, einschließlich etwaiger Nebenleistungen (z. B. Abgabe von Wegweisern und Lageplänen). ③ Nicht zu den begünstigten Umsätzen gehören z. B. Hilfsumsätze und die entgeltliche Überlassung von Parkplätzen an Zoobesucher.

LS zu 12.8

Eintrittsgelder, die eine Gemeinde von Besuchern eines von ihr veranstalteten **Dorffestes** für von ihr organisierte „Schaustellungen, Musikaufführungen, unterhaltende Vorstellungen oder sonstige Lustbarkeiten" verlangt, unterliegen dem ermäßigten Umsatzsteuersatz nach § 12 Abs. 2 Nr. 7 Buchst. d UStG. *BFH-Urteil v. 5. 11. 2017 XI R 42/12 (BStBl. II S. 849).*

108 Die Steuersatzermäßigung nach § 12 Abs. 2 Nr. 7 Buchst. a UStG gilt nicht für ortsgebundene Schaustellungsunternehmen (z. B. **Freizeitparks**). *BFH-Urteil v. 2. 8. 2018 V R 6/16 (BStBl. 2019 II S. 293).*

Der **EuGH** hat mit ***Urteil v. 9. 9. 2021*** *C-406/20, Phantasialand (DStR S. 2199)* auf das Vorabentscheidungsersuchen des *FG Köln v. 25. 8. 2020* bestätigt, dass Art. 98 i. V. m. Anh III Nr. 7 MwStSystRL einer nationalen Regelung nicht entgegensteht, nach der die Leistungen von ortsungebundenen Schaustellern einerseits und ortsgebundenen Schaustellerunternehmen in Gestalt von **Freizeitparks** andererseits unterschiedlichen Umsatzsteuersätzen unterliegen, nämlich einem ermäßigten Satz und dem Regelsteuersatz, sofern der Grundsatz der steuerlichen Neutralität beachtet wird.

1. … 2. Umsätze aus der Veräußerung von Eintrittskarten für **ortsgebundene Veranstaltungen** (z. B. Musikaufführungen) unterliegen nicht dem ermäßigten Steuersatz nach § 12 Abs. 2 Nr. 7 Buchst. d UStG (Anschluss an BFH-Urteil vom 2. 8. 2018 – V R 6/16, BStBl. II 2019, 293). *BFH-Urteil v. 10. 6. 2020 V R 16/17 (BStBl. 2021 II S. 887).*

Zu § 12 Abs. 2 Nr. 8 UStG

12.9 Gemeinnützige, mildtätige und kirchliche Einrichtungen (§ 12 Abs. 2 Nr. 8 Buchstabe a UStG)

UStAE 12.9

Allgemeines

(1) ① Begünstigt nach § 12 Abs. 2 Nr. 8 Buchstabe a UStG sind die Leistungen der Körperschaften, die gemeinnützige, mildtätige oder kirchliche Zwecke im Sinne der §§ 51 bis 68 AO verfolgen. ② Die abgabenrechtlichen Vorschriften gelten auch für Betriebe gewerblicher Art von juristischen Personen des öffentlichen Rechts. ③ Es ist nicht erforderlich, dass der gesamte unternehmerische Bereich einer juristischen Person des öffentlichen Rechts gemeinnützigen Zwecken dient. ④ Wenn bereits für andere Steuern (vgl. z. B. § 5 Abs. 1 Nr. 9 KStG) darüber entschieden ist, ob und gegebenenfalls in welchen Bereichen das Unternehmen steuerbegünstigte Zwecke verfolgt, ist von dieser Entscheidung im Allgemeinen auch für Zwecke der Umsatzsteuer auszugehen. ⑤ Ist diese Frage für andere Steuern nicht entschieden worden, sind die Voraussetzungen für die Steuerermäßigung nach § 12 Abs. 2 Nr. 8 Buchstabe a UStG besonders zu prüfen. ⑥ Der ermäßigte Steuersatz nach § 12 Abs. 2 Nr. 8 Buchstabe a UStG kommt nicht nur für entgeltliche Leistungen der begünstigten Körperschaften in Betracht, sondern auch für unentgeltliche Wertabgaben an den eigenen nichtunternehmerischen Bereich, wenn diese aus Tätigkeitsbereichen erfolgen, die nicht nach § 12 Abs. 2 Nr. 8 Buchstabe a Sätze 2 und 3 UStG einer Besteuerung mit dem allgemeinen Steuersatz unterliegen (vgl. Abschnitt 3.2 Abs. 2 Satz 3). 111

(2)[1] ① Die auf Grund des Reichssiedlungsgesetzes von den zuständigen Landesbehörden begründeten oder anerkannten gemeinnützigen Siedlungsunternehmen sind nur begünstigt, wenn sie alle Voraussetzungen der Gemeinnützigkeit im Sinne der AO erfüllen. ② Dem allgemeinen Steuersatz unterliegen die Leistungen insbesondere dann, wenn in der Satzung oder dem Gesellschaftsvertrag die Ausschüttung von Dividenden vorgesehen ist. 112

Wirtschaftlicher Geschäftsbetrieb, Zweckbetrieb

(3)[2] ① Die Steuerermäßigung gilt nicht für die Leistungen, die im Rahmen eines wirtschaftlichen Geschäftsbetriebs ausgeführt werden. ② Der Begriff des wirtschaftlichen Geschäftsbetriebs ist in § 14 AO bestimmt. ③ Nach § 64 AO bleibt die Steuervergünstigung für einen wirtschaftlichen Geschäftsbetrieb jedoch bestehen, soweit es sich um einen Zweckbetrieb im Sinne der §§ 65 bis 68 AO handelt. ④ Für die Annahme eines Zweckbetriebs ist nach § 65 AO vor allem erforderlich, dass der wirtschaftliche Geschäftsbetrieb zu den nicht begünstigten Betrieben derselben oder ähnlichen Art nicht in größerem Umfang in Wettbewerb treten darf, als es bei der Erfüllung der steuerbegünstigten Zwecke unvermeidbar ist. ⑤ Liegt nach den §§ 66 bis 68 AO ein Zweckbetrieb vor, müssen die allgemeinen Voraussetzungen des § 65 AO für die Annahme eines Zweckbetriebs nicht erfüllt sein (vgl. BFH-Urteile vom 18. 1. 1995, V R 139–142/92, BStBl. II S. 446, und vom 25. 7. 1996, V R 7/95, BStBl. 1997 II S. 154). ⑥ Ist nach den Grundsätzen des § 14 AO lediglich Vermögensverwaltung gegeben, wird die Steuerermäßigung ebenfalls nicht ausgeschlossen. 113

(4)[3] Folgende Regelungen zur Abgrenzung von wirtschaftlichen Geschäftsbetrieben und Zweckbetrieben sind zu beachten: 114

1. ① Die Tätigkeit der Landessportbünde im Rahmen der Verleihung des Deutschen Sportabzeichens und des Deutschen Jugendsportabzeichens stellt einen Zweckbetrieb im Sinne des § 65 AO dar. ② Entsprechendes kann bei gemeinnützigen Sportverbänden für die Genehmigung von Wettkampfveranstaltungen der Sportvereine sowie für die Ausstellung oder Verlängerung von Sportausweisen für Sportler gelten.
2. ① Die Herstellung und Veräußerung von Erzeugnissen, die in der 2. Stufe der Blutfraktionierung gewonnen werden – Plasmaderivate wie Albumin, Globulin, Gerinnungsfaktoren –, durch die Blutspendedienste des Deutschen Roten Kreuzes sind ein nicht begünstigter wirtschaftlicher Geschäftsbetrieb (§§ 14 und 64 Abs. 6 Nr. 3 AO). ② *Bei der Veräußerung von* 115

[1] A 12.9 UStAE Abs. 2 Satz 3 aufgehoben durch BMF v. 22. 6. 2022 (BStBl. I S. 1004), anzuwenden in allen offenen Fällen.

[2] Kommt ernstlich in Betracht, dass ein Unternehmen durch die rechtswidrige Besteuerung der konkurrierenden Leistungen eines gemeinnützigen Vereins mit einem ermäßigten Umsatzsteuersatz Wettbewerbsnachteile von erheblichem Gewicht erleidet, kann es unbeschadet des Steuergeheimnisses **vom FA Auskunft** über den für den **Konkurrenten** angewandten Steuersatz verlangen. *BFH-Urt. v. 26. 1. 2012 VII R 4/11 (BStBl. II S. 541).*

[3] A 12.9 UStAE Abs. 4 Nr. 2 Satz 2 neugefasst durch BMF v. 22. 6. 2022 (BStBl. I S. 1004), anzuwenden auf nach dem 31. 12. 2022 bewirkte Umsätze.

UStAE 12.9

Produkten der 1. Fraktionierungsstufe handelt es sich stets um Lieferungen im Rahmen eines Zweckbetriebs. [***Ab 1. 1. 2023:*** ② Ein nicht begünstigter wirtschaftlicher Geschäftsbetrieb ist ebenfalls die Weiterveräußerung von im Apheresevérfahren gewonnenen Blutbestandteilen der 1. Stufe der Blutfraktionierung zur weiteren Fraktionierung.]

116 3.[1] ① Krankenfahrten, die von gemeinnützigen und mildtätigen Organisationen ausgeführt werden, erfüllen nicht die Voraussetzungen des § 66 Abs. 2 AO und finden deshalb nicht im Rahmen einer Einrichtung der Wohlfahrtspflege statt. ② Die Annahme eines Zweckbetriebs nach § 65 AO scheidet aus Wettbewerbsgründen aus, so dass die Krankenfahrten als wirtschaftlicher Geschäftsbetrieb im Sinne der §§ 64 und 14 AO zu behandeln sind. ③ Krankenfahrten sind Fahrten von Patienten, für die ein Arzt die Beförderung in einem Personenkraftwagen, Mietwagen oder Taxi verordnet hat. ④ Zur Steuerbefreiung vgl. Abschnitte 4.17.2 und 4.18.1 Abs. 12. ⑤ Zur Steuerermäßigung nach § 12 Abs. 2 Nr. 10 UStG vgl. Abschnitt 12.13 Abs. 8.

117 4.[2] ① Bei den Werkstätten für behinderte Menschen umfasst der Zweckbetrieb (§ 68 Nr. 3 Buchstabe a AO) auch den eigentlichen Werkstattbereich. ② Im Werkstattbereich werden in der Regel keine nach § 4 Nr. 16 Satz 1 Buchstabe f oder Nr. 18 UStG steuerfreien Umsätze ausgeführt. ③ Die steuerpflichtigen Umsätze unterliegen nach Maßgabe der Absätze 8 bis 15 dem ermäßigten Steuersatz. ④ Die den Werkstätten für behinderte Menschen in Rechnung gestellten Umsatzsteuerbeträge, die auf Leistungen entfallen, die andere Unternehmer für den Werkstattbetrieb ausgeführt haben, können deshalb nach § 15 Abs. 1 UStG in vollem Umfang als Vorsteuern abgezogen werden. ⑤ Eine Aufteilung der Vorsteuerbeträge in einen abziehbaren und einen nicht abziehbaren Teil entfällt. ⑥ Das gilt insbesondere auch insoweit, als Investitionen für den Werkstattbereich – z. B. Neubau oder Umbau, Anschaffung von Einrichtungsgegenständen oder Maschinen – vorgenommen werden.

118 5. ① Als Zweckbetrieb werden nach § 68 Nr. 6 AO die von den zuständigen Behörden genehmigten Lotterien und Ausspielungen steuerbegünstigter Körperschaften anerkannt, wenn der Reinertrag unmittelbar und ausschließlich zur Förderung gemeinnütziger, mildtätiger oder kirchlicher Zwecke verwendet wird. ② Eine nachhaltige Tätigkeit im Sinne des § 14 AO und des § 2 Abs. 1 Satz 3 UStG liegt auch dann vor, wenn Lotterien oder Ausspielungen jedes Jahr nur einmal veranstaltet werden. ③ Deshalb ist auch in diesen Fällen grundsätzlich ein Zweckbetrieb gegeben, für dessen Umsätze der ermäßigte Steuersatz in Betracht kommt. ④ Soweit öffentliche Lotterien und Ausspielungen von steuerbegünstigten Körperschaften der Lotteriesteuer unterliegen (vgl. §§ 17 und 18 RennwLottG), sind die daraus erzielten Umsätze nach § 4 Nr. 9 Buchstabe b UStG steuerfrei.

119 6. ① Mensa und Cafeteria-Betriebe, die von gemeinnützigen Studentenwerken unterhalten werden, werden nach Maßgabe des § 66 AO als Zweckbetriebe angesehen. ② Speisen und Getränkeumsätze, die in diesen Betrieben an Nichtstudierende ausgeführt werden, unterliegen deshalb nach Abs. 9 Satz 3 Nr. 1 dem ermäßigten Steuersatz. ③ Nichtstudierender ist, wer nach dem jeweiligen Landesstudentenwerks- bzw. Landeshochschulgesetz nicht unter den begünstigten Personenkreis des Studentenwerks fällt, insbesondere Hochschulbedienstete, z. B. Hochschullehrer, wissenschaftliche Räte, Assistenten und Schreibkräfte sowie Studentenwerksbedienstete und Gäste. ④ Dies gilt z. B. auch für die Umsätze von alkoholischen Flüssigkeiten, sofern diese das Warenangebot des Mensa- und Cafeteria-Betriebs ergänzen und lediglich einen geringen Teil des Gesamtumsatzes ausmachen. ⑤ Als geringer Anteil am Gesamtumsatz wird es angesehen, wenn diese Umsätze im vorangegangenen Kalenderjahr nicht mehr als 5% des Gesamtumsatzes betragen haben. ⑥ Wegen der Steuerbefreiung für die Umsätze in Mensa- und Cafeteria-Betrieben vgl. Abschnitt 4.18.1 Abs. 9.

7. ① Die kurzfristige Vermietung von Wohnräumen und Schlafräumen an Nichtstudierende durch ein Studentenwerk ist ein selbständiger wirtschaftlicher Geschäftsbetrieb, wenn sie sich aus tatsächlichen Gründen von den satzungsmäßigen Leistungen abgrenzen lässt. ② Dieser wirtschaftliche Geschäftsbetrieb ist kein Zweckbetrieb. ③ Zur Anwendung der Steuerermäßigung nach § 12 Abs. 2 Nr. 11 UStG vgl. Abschnitt 12.16.

120 8. Die entgeltliche Überlassung von Kfz durch einen „Carsharing"-Verein an seine Mitglieder ist kein Zweckbetrieb (vgl. BFH-Urteil vom 12. 6. 2008, V R 33/05, BStBl. 2009 II S. 221).

9. Die nicht nur gelegentliche Erbringung von Geschäftsführungs- und Verwaltungsleistungen für einem Verein angeschlossene Mitgliedsvereine stellt keinen Zweckbetrieb dar (vgl. BFH-Urteil vom 29. 1. 2009, V R 46/06, BStBl. II S. 560).

10. Die Verwaltung von Sporthallen sowie das Einziehen der Hallenmieten einschließlich des Mahn- und Vollstreckungswesens durch einen gemeinnützigen Verein gegen Entgelt im Namen und für Rechnung einer Stadt ist kein begünstigter Zweckbetrieb (vgl. BFH-Urteil vom 5. 8. 2010, V R 54/09, BStBl. 2011 II S. 191).

121 (5) ① Nach § 68 Nr. 7 AO sind kulturelle Einrichtungen und Veranstaltungen einer steuerbegünstigten Körperschaft unabhängig von einer Umsatz- oder Einkommensgrenze als Zweckbe-

[1] Krankenbeförderung vgl. A 4.17.2, 4.18.1 Abs. 12 u. 12.9 Abs. 4 Nr. 3 UStAE.
[2] Hinweis auf Absatz 12. – Steuerbefreite Behindertenwerkstätten vgl. A 4.16.5 Abs. 9–11 UStAE.

trieb zu behandeln. ② Die Umsätze von Speisen und Getränken sowie die Werbung gehören nicht zum Zweckbetrieb.

(6)[1] ① Nach § 67 a Abs. 1 AO sind sportliche Veranstaltungen eines Sportvereins ein Zweckbetrieb, wenn die Einnahmen einschließlich Umsatzsteuer 45 000 € im Jahr nicht übersteigen. 122 ② Das gilt unabhängig davon, ob bezahlte Sportler im Sinne des § 67 a Abs. 3 AO teilnehmen oder nicht. ③ Die Umsätze von Speisen und Getränken sowie die Werbung anlässlich einer sportlichen Veranstaltung gehören nicht zum Zweckbetrieb. ④ Ein nach § 67 a Abs. 2 und 3 AO körperschaftsteuerrechtlich wirksamer Verzicht auf die Anwendung des § 67 a Abs. 1 Satz 1 AO gilt auch für Zwecke der Umsatzsteuer. ⑤ Wegen weiterer Einzelheiten zur Behandlung sportlicher Veranstaltungen vgl. AEAO zu § 67 a.

(7) ① Eine steuerbegünstigte sportliche oder kulturelle Veranstaltung im Sinne der §§ 67 a, 68 123 Nr. 7 AO kann auch dann vorliegen, wenn ein Sport- oder Kulturverein in Erfüllung seiner Satzungszwecke im Rahmen einer Veranstaltung einer anderen Person oder Körperschaft eine sportliche oder kulturelle Darbietung erbringt. ② Die Veranstaltung, bei der die sportliche oder kulturelle Darbietung präsentiert wird, braucht keine steuerbegünstigte Veranstaltung zu sein (vgl. BFH-Urteil vom 4. 5. 1994, XI R 109/90, BStBl. II S. 886).

Ermäßigter Steuersatz bei Leistungen der Zweckbetriebe steuerbegünstigter Körperschaften

(8) ① Die umsatzsteuerliche Begünstigung eines wirtschaftlichen Geschäftsbetriebs nach § 12 124 Abs. 2 Nr. 8 UStG kann auch dann gewährt werden, wenn sich die Auswirkungen auf den Wettbewerb, die von den Umsätzen eines wirtschaftlichen Geschäftsbetriebs ausgehen, nicht auf das zur Erfüllung des steuerbegünstigten Zwecks unvermeidbare Maß beschränken. ② Voraussetzung ist jedoch, dass sich ein derartiger Geschäftsbetrieb in seiner Gesamtrichtung als ein Zweckbetrieb darstellt, mit dem erkennbar darauf abgezielt wird, die satzungsmäßigen Zwecke der Körperschaft zu verwirklichen. ③ Die Anwendung der Steuerermäßigungsvorschrift des § 12 Abs. 2 Nr. 8 Buchstabe a UStG kann daher nicht lediglich von einer gesetzlichen Zugehörigkeitsfiktion zum begünstigten Bereich einer Körperschaft abhängig gemacht werden. ④ Vielmehr ist es erforderlich, dass auch die ausgeführten Leistungen von ihrer tatsächlichen Ausgestaltung her und in ihrer Gesamtrichtung dazu bestimmt sind, den in der Satzung bezeichneten steuerbegünstigten Zweck der Körperschaft selbst zu verwirklichen. ⑤ Insoweit gilt allein der Betrieb eines steuerbegünstigten Zweckbetriebs selbst nicht als steuerbegünstigter Zweck. ⑥ Die Regelung des § 12 Abs. 2 Nr. 8 Buchstabe a Satz 3 UStG zielt darauf ab, Wettbewerbsverzerrungen durch die Inanspruchnahme des ermäßigten Steuersatzes auf den unionsrechtlich zulässigen Umfang zu beschränken und dadurch missbräuchlichen Gestaltungen zu begegnen: ⑦ Nur soweit die Körperschaft mit den Leistungen ihrer in §§ 66 bis 68 AO bezeichneten Zweckbetriebe ihre steuerbegünstigten satzungsgemäßen Zwecke selbst verwirklicht, kommt der ermäßigte Steuersatz uneingeschränkt zur Anwendung. ⑧ Für die übrigen Umsätze gilt dies nur, wenn der Zweckbetrieb nicht in erster Linie der Erzielung zusätzlicher Einnahmen dient, die in unmittelbarem Wettbewerb mit dem allgemeinen Steuersatz unterliegenden Leistungen anderer Unternehmer ausgeführt werden (vgl. BFH-Urteil vom 5. 8. 2010, V R 54/09, BStBl. 2011 II S. 191); ist diese Voraussetzung nicht erfüllt, unterliegen die übrigen Leistungen des Zweckbetriebs dem allgemeinen Steuersatz.

Zweckbetriebe, die nicht in erster Linie der Erzielung zusätzlicher Einnahmen dienen

(9) ① Nach § 65 AO als Zweckbetriebe anerkannte wirtschaftliche Geschäftsbetriebe gewährleis- 125 ten bereits, dass sie auch hinsichtlich der Umsätze, mit deren Ausführung selbst sie ausnahmsweise nicht auch ihre satzungsmäßigen Zwecke verwirklichen, zu nicht begünstigten Betrieben derselben oder ähnlicher Art nicht in größerem Umfang in Wettbewerb treten, als es zur Erfüllung der steuerbegünstigten Zwecke unvermeidbar ist und sie damit nicht in erster Linie der Erzielung zusätzlicher Einnahmen durch die Ausführung von Umsätzen dienen, die in unmittelbarem Wettbewerb mit dem allgemeinen Steuersatz unterliegenden Leistungen anderer Unternehmer ausgeführt werden. ② Der ermäßigte Steuersatz ist daher auf Zweckbetriebe nach § 65 AO uneingeschränkt anwendbar. ③ Gleiches gilt für folgende, als Zweckbetriebe anerkannte wirtschaftliche Geschäftsbetriebe:

1. Einrichtungen der Wohlfahrtspflege im Sinne des § 66 AO, denn diese dürfen nach Abs. 2 dieser Vorschrift nicht des Erwerbs wegen ausgeübt werden;
2. in § 68 Nr. 1 Buchstabe a AO aufgeführte Alten-, Altenwohn- und Pflegeheime, Erholungsheime oder Mahlzeitendienste, denn diese müssen mindestens zwei Drittel ihrer Leistungen gegenüber den in § 53 AO genannten Personen erbringen (§ 66 Abs. 3 AO), um Zweckbetrieb sein zu können;
3. Selbstversorgungseinrichtungen nach § 68 Nr. 2 AO, denn diese dürfen höchstens 20% ihrer Leistungen an Außenstehende erbringen, um als Zweckbetrieb anerkannt zu werden.

Leistungen, mit deren Ausführung selbst lediglich steuerbegünstigte Zwecke verwirklicht werden

(10) ① Auch die satzungsmäßig erbrachten Leistungen der folgenden als Katalog-Zweckbe- 126 triebe anerkannten wirtschaftlichen Geschäftsbetriebe unterliegen, sofern sie nicht bereits unter

[1] Sportvereine vgl. A 1.4, 2.1 Abs. 6, 2.10, 4. 12. 11, 4.22.2 u. 12.9 Abs. 6 ff. UStAE.

UStAE 12.9

eine Steuerbefreiungsvorschrift fallen, weiterhin dem ermäßigten Steuersatz, weil mit ihrer Ausführung selbst die steuerbegünstigten Zwecke der Körperschaft unmittelbar verwirklicht werden:

1. ① Krankenhäuser. ② Umsätze auf dem Gebiet der Heilbehandlung sind Leistungen, mit deren Ausführung selbst der steuerbegünstigte Zweck eines in § 67 AO bezeichneten Zweckbetriebs verwirklicht wird (vgl. AEAO zu § 67);
2. ① Sportvereine. ② Die z. B. als Eintrittsgeld für die von den Vereinen durchgeführten sportlichen Veranstaltungen erhobenen Beträge sind Entgelte für Leistungen, mit deren Ausführung selbst die steuerbegünstigten Zwecke eines in § 67 a AO bezeichneten Zweckbetriebs verwirklicht werden. ③ Dies gilt nicht, wenn die Besteuerungsgrenze des § 67 a Abs. 1 AO überschritten wurde und im Falle des Verzichts auf deren Anwendung hinsichtlich der in § 67 a Abs. 3 Satz 2 AO genannten Veranstaltungen;
3. ① Kindergärten, Kinder-, Jugend- und Studenten- oder Schullandheime. ② Mit der Ausführung der Betreuungs- oder Beherbergungsumsätze selbst werden die steuerbegünstigten Zwecke der in § 68 Nr. 1 Buchstabe b AO bezeichneten Zweckbetriebe verwirklicht;
4. ① Einrichtungen für Beschäftigungs- und Arbeitstherapie. ② Mit der Ausführung der auf Grund ärztlicher Indikation außerhalb eines Beschäftigungsverhältnisses erbrachten Therapie-, Ausbildungs- oder Förderungsleistungen selbst wird der steuerbegünstigte Zweck eines in § 68 Nr. 3 Buchstabe b AO bezeichneten Zweckbetriebs verwirklicht;
5. ① Einrichtungen zur Durchführung der Blindenfürsorge, der Fürsorge für Körperbehinderte, der Fürsorgeerziehung und der freiwilligen Erziehungshilfe. ② Mit der Ausführung der gegenüber diesem Personenkreis erbrachten Leistungen auf dem Gebiet der Fürsorge selbst werden die steuerbegünstigten Zwecke der in § 68 Nr. 4 und 5 AO bezeichneten Zweckbetriebe verwirklicht;
6. ① Kulturelle Einrichtungen, wie Museen, Theater, Konzerte und Kunstausstellungen. ② Die z. B. als Eintrittsgeld erhobenen Beträge sind Entgelt für Leistungen, mit deren Ausführung selbst die steuerbegünstigten Zwecke eines in § 68 Nr. 7 AO bezeichneten Zweckbetriebs verwirklicht werden;
7. ① Volkshochschulen u. ä. Einrichtungen. ② Mit der Durchführung von Lehrveranstaltungen selbst werden die steuerbegünstigten Zwecke der in § 68 Nr. 8 AO bezeichneten Zweckbetriebe verwirklicht; soweit dabei den Teilnehmern Beherbergungs- oder Beköstigungsleistungen erbracht werden vgl. BFH-Urteil vom 8. 3. 2012, V R 14/11, BStBl. II S. 630 sowie die Ausführungen in Absatz 11;
8. ① Wissenschafts und Forschungseinrichtungen, deren Träger sich überwiegend aus Zuwendungen der öffentlichen Hand oder Dritter oder aus der Vermögensverwaltung finanzieren. ② Mit der Ausführung von Forschungsumsätzen selbst werden die steuerbegünstigten Zwecke der in § 68 Nr. 9 AO bezeichneten Forschungseinrichtungen verwirklicht. ③ Dies gilt auch für die Auftragsforschung. ④ Die Steuerermäßigung kann nicht in Anspruch genommen werden für Tätigkeiten, die sich auf die Anwendung gesicherter wissenschaftlicher Erkenntnisse beschränken, für die Übernahme von Projekttätigkeiten sowie für wirtschaftliche Tätigkeiten ohne Forschungsbezug.

② Sofern besondere Ausgestaltungsformen gemeinnütziger Zwecke nach den allgemeinen abgabenrechtlichen Regelungen ebenfalls bestimmten Katalogzweckbetrieben zugeordnet werden, besteht kein Anlass, hiervon umsatzsteuerrechtlich abzuweichen. ③ So werden beispielsweise mit Leistungen wie „Betreutes Wohnen", „Hausnotrufleistungen", „Betreute Krankentransporte" selbst die in § 66 AO bezeichneten steuerbegünstigten Zwecke verwirklicht. ④ Werden derartige Leistungen von wirtschaftlichen Geschäftsbetrieben, die nach §§ 66 oder 68 Nr. 1 AO als Zweckbetrieb anerkannt sind, satzungsmäßig ausgeführt, fallen auch sie in den Anwendungsbereich des ermäßigten Steuersatzes. ⑤ Hinsichtlich der übrigen Umsätze der genannten Zweckbetriebe gelten die Ausführungen in Absatz 11.

Leistungen, mit deren Ausführung selbst nicht steuerbegünstigte Zwecke verwirklicht werden

127 (11) ① Vorbehaltlich der Regelungen der Absätze 12 bis 14 unterliegen von Zweckbetrieben ausgeführte Leistungen, mit deren Ausführung selbst nicht steuerbegünstigte Zwecke verwirklicht werden, nur dann dem ermäßigten Steuersatz, wenn der Zweckbetrieb insgesamt nicht in erster Linie der Erzielung von zusätzlichen Einnahmen durch die Ausführung von Umsätzen dient, die in unmittelbarem Wettbewerb mit dem allgemeinen Steuersatz unterliegenden Leistungen anderer Unternehmer ausgeführt werden. ② Einnahmen aus derartigen Umsätzen werden zusätzlich erzielt, wenn die Umsätze nicht lediglich Hilfsumsätze (Abschnitt 19.3 Abs. 2 Sätze 4 und 5) sind (zusätzliche Einnahmen). ③ Ein Zweckbetrieb dient in erster Linie der Erzielung zusätzlicher Einnahmen, wenn mehr als 50% seiner gesamten steuerpflichtigen Umsätze durch derartige (zusätzliche und wettbewerbsrelevante) Leistungen erzielt werden. ④ Leistungen sind dann nicht wettbewerbsrelevant, wenn sie auch bei allen anderen Unternehmern dem ermäßigten Steuersatz unterliegen (z. B. die Lieferungen von Speisen oder seit dem 1. 1. 2010 Beherbergungsleistungen). ⑤ Umsatzsteuerfreie Umsätze sowie umsatzsteuerrechtlich als nicht steuerbare Zuschüsse zu beurteilende Zuwendungen sind – unabhängig von einer ertragsteuerrechtlichen

UStAE 12.9

Beurteilung als Betriebseinnahmen – keine zusätzlichen Einnahmen im Sinne des Satzes 3. ⑥ Aus Vereinfachungsgründen kann davon ausgegangen werden, dass ein Zweckbetrieb nicht in erster Linie der Erzielung zusätzlicher Einnahmen dient, wenn der Gesamtumsatz im Sinne des § 19 Abs. 3 UStG des Zweckbetriebs die Besteuerungsgrenze des § 64 Abs. 3 AO insgesamt nicht übersteigt. ⑦ Da sich bei Leistungen gegenüber in vollem Umfang zum Vorsteuerabzug berechtigten Unternehmen kein Wettbewerbsvorteil ergibt, ist es nicht zu beanstanden, wenn diese Umsätze bei der betragsmäßigen Prüfung unberücksichtigt bleiben.

Einzelfälle

(12) ① Bei **Werkstätten für behinderte Menschen** (§ 68 Nr. 3 Buchstabe a AO) gehören sowohl der Verkauf von Waren, die in einer Werkstätte für behinderte Menschen selbst hergestellt worden sind, als auch die Umsätze von Handelsbetrieben, die nach § 225 SGB IX als zusätzlicher Arbeitsbereich, zusätzlicher Betriebsteil oder zusätzliche Betriebsstätte einer Werkstatt für behinderte Menschen anerkannt sind, sowie sonstige Leistungen, sofern sie in die Anerkennung nach § 225 SGB IX einbezogen sind, zum Zweckbetrieb. ② Für die Frage, ob der Zweckbetrieb in erster Linie der Erzielung von zusätzlichen Einnahmen dient, gelten die folgenden Ausführungen für Zweckbetriebe nach § 68 Nr. 3 Buchstabe c AO entsprechend. 128

(13)[1] ① **Inklusionsbetriebe** im Sinne von § 215 Abs. 1 SGB IX unterliegen weder nach § 215 SGB IX noch nach § 68 Nr. 3 Buchstabe c AO bestimmten Voraussetzungen in Bezug auf die Ausführung ihrer Leistungen; sie können dementsprechend mit der Ausführung ihrer Leistungen selbst keinen steuerbegünstigten Zweck erfüllen. ② Daher ist bei Überschreiten der Besteuerungsgrenze (§ 64 Abs. 3 AO) grundsätzlich zu prüfen, ob die Einrichtung in erster Linie der Erzielung von zusätzlichen Einnahmen dient. ③ Dies ist regelmäßig der Fall, 129

- wenn die besonders betroffenen schwerbehinderten Menschen im Sinne des § 215 Abs. 1 SGB IX oder die psychisch kranken beschäftigten Menschen im Sinne des § 215 Abs. 4 SGB IX nicht als Arbeitnehmer der Einrichtung beschäftigt sind, sondern lediglich z. B. von Zeitarbeitsfirmen entliehen werden; dies gilt nicht, soweit die entliehenen Arbeitnehmer über die nach § 68 Nr. 3 Buchstabe c AO erforderliche Quote hinaus beschäftigt werden, oder
- wenn die Einrichtung von anderen Unternehmern in die Erbringung von Leistungen lediglich zwischengeschaltet wird oder sich zur Erbringung eines wesentlichen Teils der Leistung anderer Subunternehmer bedient, die nicht selbst steuerbegünstigt sind.

④ Anhaltspunkte dafür, dass ein Zweckbetrieb nach § 68 Nr. 3 Buchstabe c AO in erster Linie der Erzielung zusätzlicher Einnahmen durch Steuervorteile dient, sind insbesondere:

- Fehlen einer nach Art und Umfang der erbrachten Leistungen erforderlichen Geschäftseinrichtung;
- Nutzung des ermäßigten Steuersatzes als Werbemittel, insbesondere zur Anbahnung von Geschäftsverbindungen zu nicht vorsteuerabzugsberechtigten Leistungsempfängern;
- Erbringung von Leistungen fast ausschließlich gegenüber nicht vorsteuerabzugsberechtigten Leistungsempfängern;
- das Fehlen von medizinisch, psychologisch, pädagogisch oder anderweitig spezifiziert geschultem Personal, welches im Hinblick auf die besonderen Belange der besonders betroffenen schwerbehinderten Menschen geeignet ist, deren Heranführung an das Erwerbsleben zu fördern, bzw. die Unterlassung gleichwertiger Ersatzmaßnahmen;
- die Beschäftigung der besonders betroffenen schwerbehinderten Menschen nicht im eigentlichen Erwerbsbereich der Einrichtung, sondern überwiegend in Hilfsfunktionen.

⑤ Aus Vereinfachungsgründen können diese Anhaltspunkte unberücksichtigt bleiben, wenn der Gesamtumsatz der Einrichtung (§ 19 Abs. 3 UStG) den für Kleinunternehmer geltenden Betrag von 22 000 € im Jahr (Kleinunternehmergrenze, § 19 Abs. 1 UStG) je Beschäftigtem, der zu der Gruppe der besonders betroffenen schwerbehinderten Menschen im Sinne des § 215 Abs. 1 SGB IX oder der psychisch kranken beschäftigten Menschen im Sinne des § 215 Abs. 4 SGB IX zählt, nicht übersteigt, oder wenn der durch die Anwendung des ermäßigten Steuersatzes im Kalenderjahr erzielte Steuervorteil insgesamt den um Zuwendungen Dritter gekürzten Betrag nicht übersteigt, welchen die Einrichtung im Rahmen der Beschäftigung aller besonders betroffenen schwerbehinderten Menschen im Sinne des § 215 Abs. 1 SGB IX oder der psychisch kranken beschäftigten Menschen im Sinne des § 215 Abs. 4 SGB IX in diesem Zeitraum zusätzlich aufwendet. ⑥ Vorbehaltlich des Nachweises höherer tatsächlicher Aufwendungen kann als zusätzlich aufgewendeter Betrag die um Lohnzuschüsse Dritter gekürzte Summe der Löhne und Gehälter, die an die besonders betroffenen schwerbehinderten Menschen im Sinne des § 215 Abs. 1 SGB IX und an die psychisch kranken beschäftigten Menschen im Sinne des § 215 Abs. 4 SGB IX ausgezahlt wird, zu Grunde gelegt werden. ⑦ Als erzielter Steuervorteil gilt die Differenz zwischen der Anwendung des allgemeinen Steuersatzes und der Anwendung des ermäßigten Steuersatzes auf den ohne Anwendung der Steuerermäßigung nach § 12 Abs. 2 Nr. 8 UStG dem allgemeinen Steuersatz unterliegenden Teil des Gesamtumsatzes der Einrichtung. 130

[1] Steuerbefreite Integrationsfachdienste vgl. A 4.16.5 Abs. 7 u. 8 UStAE.

131 (14) ① **Behördlich genehmigte Lotterien und Ausspielungen** können mit dem Verkauf ihrer Lose selbst regelmäßig nicht den gemeinnützigen Zweck eines Zweckbetriebs nach § 68 Nr. 6 AO verwirklichen, da sie lediglich den Reinertrag dafür zu verwenden haben. ② Aus Vereinfachungsgründen kann jedoch auch bei Überschreiten der Besteuerungsgrenze des § 64 Abs. 3 AO davon ausgegangen werden, dass der Zweckbetrieb nicht in erster Linie der Erzielung zusätzlicher Einnahmen dient, wenn der Gesamtpreis der Lose je genehmigter Lotterie oder Ausspielung zu ausschließlich gemeinnützigen, mildtätigen oder kirchlichen Zwecken 40 000 € (§ 28 RennwLottG) nicht überschreitet. ③ Die nicht nach § 4 Nr. 9 Buchstabe b UStG steuerfreien Leistungen nicht gemeinnütziger Lotterieveranstalter unterliegen auch dann dem allgemeinen Steuersatz, wenn die Reinerlöse für steuerbegünstigte Zwecke verwendet werden.

132 (15) ① Für die Anwendung der Absätze 8 ff. ist das Gesamtbild der Verhältnisse im Einzelfall maßgebend. ② Bei der Prüfung der betragsmäßigen Nichtaufgriffsgrenzen sowie bei der Gegenüberstellung der zusätzlichen Einnahmen zu den übrigen Einnahmen ist dabei auf die Verhältnisse des abgelaufenen Kalenderjahres sowie auf die voraussichtlichen Verhältnisse des laufenden Kalenderjahres abzustellen.

LS zu 12.9

134 1. Der ermäßigte Steuersatz nach § 12 Abs. 2 Nr. 8 UStG für gemeinnützige Körperschaften ist nur zu gewähren, wenn die Vereinssatzung die formellen Anforderungen an die sog. **Vermögensbindung** nach § 61 AO erfüllt. – 2. Hierzu ist erforderlich, dass die **Vereinssatzung** eine Regelung sowohl hinsichtlich der Auflösung und der Aufhebung als auch bei Zweckänderung enthält. *BFH-Urt. v. 23. 7. 2009, V R 20/08 (BStBl. 2010 II S. 719).*

Zur Vermögensverwaltung nach § 12 Abs. 2 Nr. 8 Buchst. a UStG i. V. m. §§ 164 Abs. 1 AO und 168 Nr. 9 AO gehören nur solche **Beteiligungsveräußerungen,** die mangels einer unternehmerischen (wirtschaftlichen) Tätigkeit nach § 1 Abs. 1 Nr. 1 UStG nicht steuerbar sind. Die Veräußerung der Beteiligung an einer Gesellschaft, an die der Gesellschafter zuvor entgeltliche Leistungen im Rahmen seines Unternehmens erbracht hat, erfolgt daher nicht im Rahmen der Vermögensverwaltung. *BFH-Urteil v. 10. 12. 2020 V R 5/20 (DStR 2021 S. 607).*

Dienstleistungen, die ein gemeinnütziger Reitsportverein im Rahmen einer **Pensionspferdehaltung** erbringt, können von der Umsatzsteuer befreit sein oder dem ermäßigten Steuersatz unterliegen. *BFH-Urteil v. 16. 10. 2013 XI R 34/11 (DStR 2014 S. 325).* – Siehe aber *BFH-Urteil v. 10. 8. 2016 V R 14/15 (BFH/NV 2017 S. 63):* **Pferdepensionsleistungen** gehören nicht zum Kernbereich des Reitsports und sind **nicht** von der Umsatzsteuer **befreit** und sind auch **nicht ermäßigt** zu besteuern.

Die Umsätze eines **Landwirts** aus dem Einstellen, Füttern und Betreuen von **nicht zu land- oder fortstwirtschaftlichen Zwecken gehaltenen Pferden** unterliegen nicht der Durchschnittssatzbesteuerung nach § 24 UStG und sind dem Regelsteuersatz zu unterwerfen. *BFH-Urteil v. 10. 9. 2014 XI R 33/13 (BStBl. 2015 II S. 720).*

Behindertengerechte **Ferienanlage** als wirtschaftlicher Geschäftsbetrieb. *FG Berlin-Brandenburg, Urt. v. 8. 3. 2011, 5 K 5060/08, rkr. (BeckRS 2011, 95 323).*

Kein ermäßigter Steuersatz für Leistungen von Rechtsanwälten im Rahmen der **Prozesskostenhilfe.** ***EuGH-Urt. v. 17. 6. 2010,*** *C-492/08, BeckRS 2010, 90 753.*

Die Erlöse aus Verkäufen eines **Museums-Shops** durch einen gemeinnützigen Verein zur ideellen und materiellen Unterstützung des Museums unterliegen nicht dem ermäßigten Steuersatz gemäß § 12 Abs. 2 Nr. 8 Buchst. a UStG. *FG Rheinland-Pfalz, Urt. v. 29. 1. 2009, 6 K 1351/06, rkr. (DStRE 2010 S. 549).*

Vereine zur Durchführung von **Kirchentagen** sind insoweit, als ihre Tätigkeit der Erfüllung satzungsmäßiger Aufgaben dient und sie hierfür Zuschüsse erhalten, keine Unternehmer. – Teilnehmergebühren unterliegen dem ermäßigten Steuersatz nach § 12 Abs. 2 Nr. 8 UStG, da die Veranstaltungen Zweckbetriebe iS des § 65 AO sind. *Verfügung OFD Düsseldorf S 7104/S 7300 A – St 141 v. 1. 7. 1982.*

Die Umsätze, die ein gemeinnütziger Verein zur Förderung des Wohlfahrtswesens aus **Gastronomieleistungen** und der Zurverfügungstellung einer **öffentlichen Toilette** erzielt, sind selbst dann nicht nach § 12 Abs. 2 Nr. 8 Buchst. a UStG ermäßigt zu besteuern, wenn diese Leistungen der Verwirklichung satzungsmäßiger Zwecke gedient haben. *BFH-Urteil v. 23. 7. 2019 XI R 2/17 (DStR S. 2476). – Vb. BVerfG 1 BvR 2837/19.*

1. Eine Förderung von Verbraucherberatung und Verbraucherschutz (§ 52 Abs. 2 Satz 1 Nr. 16 AO) liegt auch bei einer auf die individuelle Situation des Verbrauchers ausgerichteten Aufklärung und Information über Versicherungen vor. – 2. **Individuelle Verbraucherberatung** gegen Entgelt kann im Rahmen eines steuerbegünstigten Zweckbetriebs nach § 65 AO erfolgen. – 3. Entgegen der Verwaltungsauffassung in Abschn. 12.9 Abs. 9 UStAE ist der ermäßigte Umsatzsteuersatz bei allgemeinen Zweckbetrieben (§ 65 AO) nur unter den Voraussetzungen des § 12 Abs. 2 Nr. 8 Buchst. a Satz 3 Alt. 1 UStG anwendbar (Bestätigung der BFH-Rechtsprechung). *BFH-Urteil vom 26. 8. 2021 V R 5/19 (DStR S. 2895).*

135 Soweit ein gemeinnütziger **Golfclub** seine Anlage auch clubfremden Spielern gegen sog. Greenfee zur Verfügung stellt, erbringt er entgeltliche steuerpflichtige Leistungen. Die Leistungen unterliegen dem Regelsteuersatz; sie werden nicht im Rahmen eines steuerunschädlichen wirtschaftlichen Geschäftsbetriebs (nunmehr Zweckbetrieb) ausgeführt. *BFH-Urteil v. 9. 4. 1987 – V R 150/78 (BStBl. II S. 659).*

1. Gestattet ein als gemeinnützig anerkannter **Eislaufverein** sowohl Mitgliedern als auch Nichtmitgliedern die Benutzung seiner Eisbahn gegen Entgelt und vermietet er in diesem Zusammenhang Schlittschuhe, unterliegen diese entgeltlichen Leistungen gemäß § 12 Abs. 2 Nr. 8 UStG 1980 dem ermäßigten Umsatzsteuersatz, wenn sie im Rahmen eines Zweckbetriebes ausgeführt werden. – 2. Dies setzt u. a. voraus, dass der Eislaufverein mit den Leistungen zu nicht begünstigten Betrieben derselben oder ähnlicher Art nicht in größerem Umfang in Wettbewerb tritt, als es bei Erfüllung seiner steuerbegünstigten Zwecke unvermeidbar ist. – 3. Ein Wettbewerb in diesem Sinne liegt vor, wenn im Einzugsbereich des Eislaufvereins ein nicht steuerbegünstigter Unternehmer den Nutzern der Eisbahn gleiche Leistungen wie der Eislaufverein anbietet oder anbieten könnte. *BFH-Urteil v. 30. 3. 2000 – V R 30/99 (BStBl. II S. 705).*

Ein **gemeinnütziger Luftsportverein,** dem Unternehmer „unentgeltlich" Freiballone mit Firmenaufschriften zur Verfügung stellen, die er zu Sport- und Aktionsluftfahrten einzusetzen hat, erbringt mit diesen Luftfahrten steuerbare und mit dem allgemeinen Steuersatz steuerpflichtige Werbeumsätze. Bemessungsgrundlage sind die Kosten, die die Unternehmer dafür getragen haben. *BFH-Urteil v. 1. 8. 2002 – V R 21/01 (BStBl. 2003 II S. 438).*

Künstlerisch-soziale Tanzkurse eines gemeinnützigen Vereins zur Förderung von Bildung und Erziehung dienen nicht den gemeinnützigen Zielen des Vereins gemäß § 65 AO (Zweckbetrieb) i. V. m. § 12 Abs. 2 Nr. 8 Buchst. a UStG und unterliegen damit dem Regelsteuersatz. *Niedersächsisches FG, Urt. v. 14. 6. 2007, 5 K 251/06, rkr (DStRE 2009 S. 299).*

Übernachtungs- und Verpflegungsleistungen, die ein gemeinnütziger Verein im Zusammenhang mit steuerfreien **Seminaren** erbringt, unterliegen gemäß § 12 Abs. 2 Nr. 8 Buchst. a Satz 3 UStG nicht dem ermäßigten Steuersatz. *BFH-Urteil v. 8. 3. 2012 V R 14/11 (BStBl. II S. 630).* LS zu 12.9

Die von als gemeinnützig anerkannten **Pferderennvereinen** erhobenen **Eintrittsgelder** gelten zwei selbständige Leistungen ab (Berechtigung, den Rennen beizuwohnen, und Angebot einer Wettmöglichkeit), weshalb sie im Wege einer sachgerechten Schätzung aufzuteilen sind (50 : 50). *Erlass FinMin Sachsen-Anhalt v. 13. 5. 2016 42-S 7242 a-18 (DStR S. 1680).*

Kongressveranstaltungen eines Vereins zur Förderung der **Open-Source-Software** können Zweckbetriebe i. S. v. § 68 Nr. 8 AO sein, wenn dabei Vorträge, Kurse und andere Veranstaltungen wissenschaftlicher und belehrender Art durchgeführt werden. *BFH-Urteil v. 21. 6. 2017 V R 34/16 (BStBl. 2018 II S. 55).*

Die Steuerermäßigung für **Jugendherbergen** gemäß § 12 Abs. 2 Nr. 8 Buchst. a S. 1 und 2 UStG i. V. m. §§ 64, 68 Nr. 1 Buchst. b AO gilt nicht für Leistungen an **allein reisende Erwachsene.** *BFH-Urteil v. 10. 8. 2016 V R 11/15 (BStBl. 2018 II S. 113).*

Gemeinnützigkeitsrechtliche Behandlung von **Forschungseinrichtungen des privaten Rechts;** Anwendung des § 68 Nr. 9 AO. *BMF-Schreiben v. 22. 9. 1999 – IV C – S 0171 – 97/99 (BStBl. I S. 944).* **136**

1. Eine **Forschungseinrichtung** finanziert sich nicht überwiegend aus Zuwendungen der öffentlichen Hand oder Dritter oder aus der Vermögensverwaltung, wenn die Einnahmen aus Auftrags- oder Ressortforschung mehr als 50 v. H. der gesamten Einnahmen betragen. – 2. Ob in diesem Fall die **Auftragsforschung** in einem steuerpflichtigen wirtschaftlichen Geschäftsbetrieb zu erfassen ist, oder die Steuerbefreiung insgesamt verloren geht, ist danach zu beurteilen, ob die Auftragsforschung der eigenen Forschung dient oder als eigenständiger Zweck verfolgt wird. *BFH-Urteil v. 4. 4. 2007, I R 76/05 (BStBl. I S. 631).*

1. **Gemeinnützige Körperschaften** können einen unternehmerischen und einen nichtunternehmerischen Bereich haben, wobei der **unternehmerische Bereich** die wirtschaftliche und die nichtwirtschaftliche Tätigkeit umfasst. – 2. Übt ein Steuerpflichtiger zugleich wirtschaftliche und nichtwirtschaftliche Tätigkeiten aus, ist ein **Abzug von Vorsteuern** nur insoweit zulässig, als die Eingangsleistungen der **wirtschaftlichen Tätigkeit** zuzurechnen sind. – 3. Die **Eigenforschung** gehört zur nichtwirtschaftlichen Tätigkeit einer gemeinnützigen Forschungseinrichtung, wenn sie nicht auf die Lieferung von Gegenständen oder die Leistung von Diensten gegen Entgelt gerichtet ist. *BFH-Beschluss v. 29. 6. 2010, V B 160/08 (BFH/NV S. 1876).*

Ermäßigter Steuersatz auf **Beherbergungs- und Verpflegungsumsätze bei Seminarleistungen** gemeinnütziger Bildungsträger – Ermittlung der zusätzlichen Einnahmen i. S. des § 12 Abs. 2 Nr. 8 Buchst. a Satz 3 UStG. *Verfügung OFD Niedersachsen v. 27. 6. 2014 – S 7242 a – 28 – St 184 (DStR S. 1678).*

1. Für die Finanzierung des Trägers einer Wissenschafts- und Forschungseinrichtung i. S. von § 68 Nr. 9 AO kommt es auf den **Mitteltransfer** an, der ihm ohne eigene Gegenleistung zufließt. – 2. Zum Zweckbetrieb nach § 68 Nr. 9 AO gehören nur notwendige Nebentätigkeiten zur Eigen- und Grundlagenforschung. *BFH-Urteil v. 26. 9. 2019 V R 16/18 (DStR S. 2586).*

Die Überlassung von mit Werbung versehenen Kraftfahrzeugen an soziale Institutionen, Sportvereine und Kommunen **(Werbemobil-Sponsoring)** ist ein tauschähnlicher Umsatz. – Bemessungsgrundlage für die Umsatzsteuer ist der für das Fahrzeug gezahlte Einkaufspreis. – Die Umsatzsteuer entsteht im Voranmeldungszeitraum der Übergabe des Fahrzeugs. – Die Institutionen werden aufgrund der Werbung unternehmerisch tätig. *Verfügung OFD Frankfurt S 7119 A – 5 – St 110 v. 14. 11. 2014.* Siehe auch *LSF Sachsen v. 15. 5. 2014 – S 7100 – 447/1–213 (MwStR S. 707)* und *OFD Niedersachsen v. 30. 3. 2015 – S 7100 – 427 – St 172 (MwStR S. 438).* **137**

Zahlungen von **Sponsoren** an steuerbegünstigte Einrichtungen erfolgen regelmäßig im Rahmen eines Leistungsaustauschs und unterliegen dem Regelsteuersatz bzw. sind mangels Leistungsaustausch nicht steuerbar. *Verfügung OFD Karlsruhe v. 29. 2. 2016 – S 7100 K. 17 (DB S. 924).*

Duldungsleistungen gemeinnütziger Einrichtungen unterliegen dem ermäßigten Steuersatz. **Werbeleistungen** werden im Rahmen eines wirtschaftlichen Geschäftsbetriebs erbracht und unterliegen dem Regelsteuersatz. – **Sponsoren** und gemeinnützige Einrichtungen sind berechtigt, für erbrachte Leistungen Rechnungen mit offenem Umsatzsteuerausweis zu erstellen. *Verfügung OFD Hannover 7100 – 427 – StO 351/S 7100 – 915 – StH 446 v. 11. 2. 2003 (DStR S. 781).*

Verpflichtet sich der **Sponsor** eines eingetragenen, wegen Förderung des Sports i. S. von § 52 AO als gemeinnützig anerkannten Vereins, die Vereinstätigkeit (finanziell und organisatorisch) zu fördern, und räumt der Verein dem Sponsor im Gegenzug u. a. das Recht ein, in einem von dem Verein herausgegebenen Publikationsorgan **Werbeanzeigen** zu schalten, einschlägige sponsorbezogene Themen darzustellen und bei Vereinsveranstaltungen die Vereinsmitglieder über diese Themen zu informieren und dafür zu werben, dann liegt in diesen Gegenleistungen ein steuerpflichtiger wirtschaftlicher Geschäftsbetrieb. *BFH-Urteil v. 7. 11. 2007 I R 42/06 (BStBl. 2009 II S. 949).*

1. Überlässt eine Werbeagentur einer Gemeinde ein mit **Werbeaufdrucken versehenes Kfz [Werbemobil]** im Rahmen eines tauschähnlichen Umsatzes zur Nutzung mit dem Recht, es nach Ablauf von fünf Jahren ohne Zahlung eines Entgelts zu erwerben, liegt eine Lieferung [im **Zeitpunkt der Übergabe**] vor. – 2. Als Bemessungsgrundlage sind die Anschaffungskosten des Kfz anzusetzen. *BFH-Urteil v. 16. 4. 2008 XI R 56/06 (BStBl. II S. 909).*

Hinsichtlich der Begünstigung von **Integrationsprojekten** hat der BFH klargestellt, dass die Begriffe, die – mittelbar oder unmittelbar – gemäß § 12 Abs. 2 Nr. 8 Buchst. a UStG zur Anwendung des Regelsteuersatzes führen, weit und die Begriffe, die zur Anwendung des ermäßigten Steuersatzes führen, eng auszulegen sind. § 12 Abs. 2 Nr. 8 Buchst. a UStG entspricht nur insoweit dem Unionsrecht, als Art. 98 Abs. 2 und 3 MwStSystRL iVm Anhang III Nr. 15 den Mitgliedstaaten erlaubt, einen ermäßigten Steuersatz für die „Lieferung von Gegenständen und Erbringung von Dienstleistungen durch von den Mitgliedstaaten anerkannte gemeinnützige Einrichtungen für wohltätige Zwecke und im Bereich der sozialen Sicherheit, soweit sie nicht gemäß den Artikeln 132, 135 und 136 steuerbefreit sind", anzuwenden. Demgegenüber ist § 12 Abs. 2 Nr. 8 Buchst. a S. 1 UStG insoweit **richtlinienwidrig,** als die Vorschrift nicht nur die Leistungen, die steuerbegünstigte Körperschaften für wohltätige Zwecke und im Bereich der sozialen Sicherheit erbringen, sondern **alle Leistungen** dieser Körperschaften umfasst. *BFH-Urteil v. 24. 9. 2014 V R 11/14 (MwStR 2015 S. 418).*

Beschäftigte einer **Werkstatt** für behinderte Menschen eines Vereins können bei der Bestimmung der für ein Integrationsprojekt einer Tochtergesellschaft des Vereins als Zweckbetrieb (§ 68 Nr. 3 Buchst. c AO) maßgeblichen Beschäftigungsquote zu berücksichtigen sein. Daher ist eine Einbeziehung bei Bestehen einer umsatzsteuerlichen **Organschaft** stets gegeben, weil Organgesellschaft und Organträger ein Unternehmen bilden. *BFH-Urteil v. 27. 2. 2020 V R 10/18 (MwStR S. 870).*

Anl zu 12.9

Schreiben betr. ermäßigter Steuersatz für Leistungen einer gemeinnützigen Einrichtung (§ 12 Absatz 2 Nr. 8 Buchstabe a UStG)

Vom 22. Juni 2022 (BStBl. I S. 1004)

(BMF III C 2 – S 7242-a/19/10007 :005; DOK 2022/0092386)

I.

137a 1. Der BFH hat mit Urteil vom 27. November 2013 – I R 17/12 –, BStBl. 2016 II S. 68, entschieden, dass eine Eigengesellschaft einer juristischen Person des öffentlichen Rechts auch in dem Fall selbstlos i. S. d. § 55 AO tätig sein kann, wenn sie auf Grundlage eines Dienstleistungsvertrags eine der Gesellschafterin originär obliegende hoheitliche Pflichtaufgabe – im Streitfall u. a. den Notrettungsdienst – übernimmt.

Die bestehende Verwaltungsauffassung in Abschnitt 12.9 Absatz 2 Satz 3 UStAE ist an die aktuelle BFH-Rechtsprechung anzupassen.

2. Ferner kann auf Grund veränderter Markt- und Tätigkeitsstrukturen sowie eines veränderten Tätigkeitsvolumens der gemeinnützigen Blut- und Plasmaspendedienste nicht länger an der bisher vertretenen Verwaltungsauffassung in Abschnitt 12.9 Absatz 4 Nr. 2 Satz 2 UStAE, wonach der Weiterverkauf von Blutprodukten der ersten Fraktionierungsstufe stets dem Zweckbetrieb zuzuordnen ist, festgehalten werden. Insbesondere im Geschäftsbereich der Blutplasmagewinnung für die industrielle Weiterverarbeitung mittels Aphereseverfahren überwiegt der Marktanteil nicht gemeinnütziger Einrichtungen.

II.

[Änderungen des Umsatzsteuer-Anwendungserlasses in A 12.9 UStAE berücksichtigt]

III.

Die Regelung unter II. Nr. 1 (Streichung des A 12.9 Abs. 2 Satz 3 UStAE) ist in allen offenen Fällen anzuwenden. Die Regelung unter II. Nr. 2 (Änderung des A 12.9 Abs. 4 Nr. 2 Satz 2 UStAE) ist erstmals auf Umsätze anzuwenden, die nach dem 31. Dezember 2022 bewirkt werden.

UStAE 12.10

12.10 Zusammenschlüsse steuerbegünstigter Einrichtungen (§ 12 Abs. 2 Nr. 8 Buchstabe b UStG)

138 ① Die Steuerermäßigung nach § 12 Abs. 2 Nr. 8 Buchstabe b UStG für Leistungen von nichtrechtsfähigen Personenvereinigungen oder Gemeinschaften steuerbegünstigter Körperschaften wird unter folgenden Voraussetzungen gewährt:

1. Alle Mitglieder der nichtrechtsfähigen Personenvereinigung oder Gemeinschaft müssen steuerbegünstigte Körperschaften im Sinne der §§ 51 ff. AO sein.
2. Alle Leistungen müssten, falls sie anteilig von den Mitgliedern der Personenvereinigung oder der Gemeinschaft ausgeführt würden, nach § 12 Abs. 2 Nr. 8 Buchstabe a UStG ermäßigt zu besteuern sein.

② Eine Personenvereinigung oder Gemeinschaft kann somit für ihre Leistungen nur dann die Umsatzsteuerermäßigung nach § 12 Abs. 2 Nr. 8 Buchstabe b UStG beanspruchen, wenn sie sich auf steuerbegünstigte Bereiche, z. B. Zweckbetriebe, erstreckt. ③ Daneben kann jedoch mit den wirtschaftlichen Geschäftsbetrieben, die nicht Zweckbetriebe sind, z. B. Vereinsgaststätten, jeweils eine gesonderte Personenvereinigung oder Gemeinschaft gebildet werden, deren Leistungen der Umsatzsteuer nach dem allgemeinen Steuersatz unterliegen. ④ Bestehen begünstigte und nicht begünstigte Personenvereinigungen oder Gemeinschaften nebeneinander, müssen u. a. die für Umsatzsteuerzwecke erforderlichen Aufzeichnungen dieser Zusammenschlüsse voneinander getrennt geführt werden. ⑤ Die Steuerermäßigung ist ausgeschlossen, wenn eine Personenvereinigung oder Gemeinschaft auch Zweckbetriebe, für deren Leistungen der ermäßigte Steuersatz nach § 12 Abs. 2 Nr. 8 Buchstabe a Satz 3 UStG auch nur teilweise ausgeschlossen ist, oder wirtschaftliche Geschäftsbetriebe umfasst, die keine Zweckbetriebe sind, z. B. Gemeinschaft aus der kulturellen Veranstaltung des einen und dem Bewirtungsbetrieb des anderen gemeinnützigen Vereins. ⑥ Auch bei gemeinschaftlichen Sportveranstaltungen darf durch die Zurechnung der anteiligen Einnahmen der Personenvereinigung oder der Gemeinschaft bei keinem Vereinigungs- oder Gemeinschaftsmitglied ein wirtschaftlicher Geschäftsbetrieb entstehen, der nicht Zweckbetrieb ist.

Zu § 12 Abs. 2 Nr. 9 UStG

UStAE 12.11

12.11 Schwimm- und Heilbäder, Bereitstellung von Kureinrichtungen (§ 12 Abs. 2 Nr. 9 UStG)

141 (1) ① Unmittelbar mit dem Betrieb der Schwimmbäder verbundene Umsätze liegen insbesondere vor bei

1. der Benutzung der Schwimmbäder, z. B. durch Einzelbesucher, Gruppen oder Vereine (gegen Eintrittsberechtigung oder bei Vermietung des ganzen Schwimmbads an einen Verein);
2. ergänzenden Nebenleistungen, z. B. Benutzung von Einzelkabinen;

3. der Erteilung von Schwimmunterricht;
4. notwendigen Hilfsleistungen, z. B. Vermietung von Schwimmgürteln, Handtüchern und Badekleidung, Aufbewahrung der Garderobe, Benutzung von Haartrocknern.

②Ein Schwimmbad im Sinne des § 12 Abs. 2 Nr. 9 UStG muss dazu bestimmt und geeignet sein, eine Gelegenheit zum Schwimmen zu bieten. ③Dies setzt voraus, dass insbesondere die Wassertiefe und die Größe des Beckens das Schwimmen oder andere sportliche Betätigungen ermöglichen (vgl. BFH-Urteil vom 28. 8. 2014, V R 24/13, BStBl. 2015 II S. 194). ④Die sportliche Betätigung muss nicht auf einem bestimmten Niveau oder in einer bestimmten Art und Weise, etwa regelmäßig oder organisiert oder im Hinblick auf die Teilnahme an sportlichen Wettkämpfen, ausgeübt werden. ⑤Die Steuerermäßigung nach § 12 Abs. 2 Nr. 9 UStG scheidet aus, wenn die Überlassung des Schwimmbads mit weiteren, nicht begünstigten Einrichtungen im Rahmen einer eigenständigen Leistung besonderer Art erfolgt (vgl. BMF-Schreiben vom 18. 12. 2019, BStBl. I S. 1396, und BFH-Urteil vom 8. 9. 1994, V R 88/92, BStBl. II S. 959).

(2) ①Nicht unmittelbar mit dem Betrieb eines Schwimmbads verbunden und deshalb nicht begünstigt sind u. a. die Abgabe von Reinigungsbädern, die Lieferungen von Seife und Haarwaschmitteln, die Vermietung von Liegestühlen und Strandkörben, die Zurverfügungstellung von Unterhaltungseinrichtungen – Minigolf, Tischtennis und dgl. – und die Vermietung oder Verpachtung einzelner Betriebsteile, wie z. B. die Vermietung eines Parkplatzes, einer Sauna oder von Reinigungsbädern. ②Das Gleiche gilt für die Parkplatzüberlassung, die Fahrradaufbewahrung sowie für die Umsätze in Kiosken, Milchbars und sonstigen angegliederten Wirtschaftsbetrieben. **142**

(3) ①Die Verabreichung eines Heilbads im Sinne des § 12 Abs. 2 Nr. 9 UStG muss der Behandlung einer Krankheit oder einer anderen Gesundheitsstörung und damit dem Schutz der menschlichen Gesundheit dienen (vgl. BFH-Urteil vom 12. 5. 2005, V R 54/02, BStBl. 2007 II S. 283). ②Davon ist auszugehen, wenn das Heilbad im Einzelfall nach § 4 der Richtlinie des Gemeinsamen Bundesausschusses über die Verordnung von Heilmitteln in der vertragsärztlichen Versorgung (Heilmittel-Richtlinie/HeilM-RL in der jeweils geltenden Fassung) in Verbindung mit dem sog. Heilmittelkatalog als Heilmittel selbständig verordnungsfähig ist, unabhängig davon, ob eine Verordnung tatsächlich vorliegt. ③Die Heilmittel-Richtlinie und der Katalog verordnungsfähiger Heilmittel nach § 92 Abs. 6 SGB V (Zweiter Teil der Heilmittel-Richtlinie) stehen auf den Internetseiten des Gemeinsamen Bundesausschusses unter – Informationsarchiv – Richtlinien – (https://www.g-ba.de/informationen/richtlinien/12/) zum Herunterladen bereit. ④Als verordnungsfähig anerkannt sind danach beispielsweise Peloidbäder und -packungen, Inhalationen, Elektrotherapie, Heilmassage, Heilgymnastik und Unterwasserdruckstrahl-Massagen. ⑤Für diese Maßnahmen kommt eine Steuerermäßigung nach § 12 Abs. 2 Nr. 9 UStG in Betracht, sofern sie im Einzelfall nicht nach § 4 Nr. 14 UStG steuerfrei sind. ⑥Nicht verordnungsfähig und somit keine Heilbäder im Sinne des § 12 Abs. 2 Nr. 9 UStG sind nach § 5 der Heilmittel-Richtlinie u. a. folgende in der Anlage zu der Richtlinie aufgeführte Maßnahmen: **143**

1. Maßnahmen, deren therapeutischer Nutzen nach Maßgabe der Verfahrensordnung des Gemeinsamen Bundesausschusses (VerfO) nicht nachgewiesen ist, z. B. Höhlen-/Speläotherapie, nicht-invasive Magnetfeldtherapie, Fußreflexzonenmassage, Akupunkturmassage und Atlas-Therapie nach Arlen;
2. Maßnahmen, die der persönlichen Lebensführung zuzuordnen sind, z. B.:
   a) Massage des ganzen Körpers (Ganz- bzw. Vollmassagen), Massage mittels Geräten sowie Unterwassermassage mittels automatischer Düsen, sofern es sich nicht um eine Heilmassage handelt;
   b) Teil- und Wannenbäder, soweit sie nicht nach den Vorgaben des Heilmittelkataloges verordnungsfähig sind;
   c) Sauna, römisch-irische und russisch-römische Bäder;
   d) Schwimmen und Baden, auch in Thermal- und Warmwasserbädern – hier kommt allerdings eine Ermäßigung nach § 12 Abs. 2 Nr. 9 Satz 1 Alternative 1 UStG in Betracht;
   e) Maßnahmen, die der Veränderung der Körperform (z. B. Bodybuilding) oder dem Fitness-Training dienen.

⑦Keine Heilbäder sind außerdem z. B. sog. Floating-Bäder, Heubäder, Schokobäder, Kleopatrabäder, Aromabäder, Meerwasserbäder, Lichtbehandlungen, Garshan und Reiki.

(4) ①Die Verabreichung von Heilbädern setzt eine Abgabe des Heilbades unmittelbar an den Kurgast voraus. ②An dieser Voraussetzung fehlt es, wenn Kurbetriebe Heilwasser nicht an Kurgäste, sondern an Dritte – z. B. an Sozialversicherungsträger – liefern, die das Wasser zur Verabreichung von Heilbädern in ihren eigenen Sanatorien verwenden. ③Das Gleiche gilt, wenn Heilwässer nicht unmittelbar zur Anwendung durch den Kurgast abgegeben werden. ④Für die Abgrenzung gegenüber den nicht begünstigten Leistungen der Heilbäder gelten im Übrigen die Absätze 1 und 2 entsprechend. **144**

(5) ①Bei der Bereitstellung von Kureinrichtungen handelt es sich um eine einheitliche Gesamtleistung, die sich aus verschiedenartigen Einzelleistungen (z. B. die Veranstaltung von Kurkonzerten, das Gewähren von Trinkkuren sowie das Überlassen von Kurbädern, Kurstränden, Kurparks und anderen Kuranlagen oder -einrichtungen zur Benutzung) zusammensetzt. ②Eine aufgrund der Kommunalabgabengesetze der Länder oder vergleichbarer Regelungen erho- **145**

bene Kurtaxe kann aus Vereinfachungsgründen als Gegenleistung für eine in jedem Fall nach § 12 Abs. 2 Nr. 9 UStG ermäßigt zu besteuernde Leistung angesehen werden. ③ Eine andere Bezeichnung als „Kurtaxe" (z. B. Kurbeitrag oder -abgabe) ist unschädlich. ④ Voraussetzung für die Anwendung der Steuerermäßigung ist, dass die Gemeinde als Kur-, Erholungs- oder Küstenbadeort anerkannt ist. ⑤ Nicht begünstigt sind Einzelleistungen, wie z. B. die Gebrauchsüberlassung einzelner Kureinrichtungen oder -anlagen und die Veranstaltung von Konzerten, Theatervorführungen oder Festen, für die neben der Kurtaxe ein besonderes Entgelt zu zahlen ist.

LS zu 12.11

Die Umsätze der **Fitness-Studios** unterliegen regelmäßig dem allgemeinen Steuersatz. *Verfügung OFD Erfurt S 7243 A – 01 – St 343 v. 17. 1. 2001. – Vgl. BMF-Schreiben v. 28. 10. 2014 (BStBl. I S. 1439).*

148 Ein **Bodybuilding-Studio** stellt einen Gewerbebetrieb dar, wenn die unterrichtende Tätigkeit lediglich die Anfangsphase der angebotenen Kurse prägt und im übrigen den Kunden die Trainingsmaschinen und Trainingsgeräte zur freien Verfügung stehen (Fortführung BFH-Urteil vom 13. 1. 1994 IV R 79/92, BFHE 173, 331, BStBl. II 1994, 362). *BFH-Urteil v. 18. 4. 1996 – IV R 35/95 (BStBl. I S. 573).*

1. Bietet der Betreiber eines sog. **Fitness-Studios** auch die Benutzung einer **Sauna** an und trifft er mit den Kunden eine schriftliche Vereinbarung, sofern sie nur zur Nutzung der Sauna berechtigt sind, kann er bei entsprechender Trennung der Entgelte für die Saunabenutzung von den Entgelten für die übrigen Einrichtungen bezüglich der Zurverfügungstellung allein der Sauna die Vergünstigung für die Verabreichung von Heilbädern in Anspruch nehmen. – 2. Verlangt der Betreiber neben der Benutzungsgebühr laut Preisliste eine sog. Aufnahmegebühr, so ist auch diese Teil des Entgelts. *BFH-Urteil v. 28. 1. 1999 – V R 88/98 (BFH/NV S. 992).*

Umsätze der **„Salzdome"** und **„Salzgrotten"** fallen nicht unter § 12 Abs. 2 UStG. – In Einzelfällen kann § 4 Nr. 14 Buchst. b UStG anwendbar sein. *Verfügung OFD Niedersachsen S 7243 – 23 – St 183 v. 29. 7. 2010.*

Die Verabreichung eines Starksolebades **(Floating)** ist keine Verabreichung eines Heilbades, wenn diese nicht für therapeutische Zwecke erfolgt. *BFH-Urteil v. 28. 8. 2014 V R 24/13 (BStBl. 2015 II S. 194).*

1. Der nationale Begriff „Schwimmbad" i. S. des § 12 Abs. 2 Nr. 9 UStG ist richtlinienkonform im Sinne einer Sportanlage auszulegen. – 2. Ein Schwimmbad im Sinne einer Sportanlage muss zur Ausübung einer sportlichen Betätigung geeignet und bestimmt sein. Diese Voraussetzung erfüllt ein **Erholungsbad** nicht. *BFH-Beschluss vom 17. 8. 2021 XI B 29/21. (BFH/NV 2022 S. 47).*

Zu § 12 Abs. 2 Nr. 10 UStG

UStAE 12.12

12.12 *(aufgehoben)*

UStAE 12.13

12.13 Begünstigte Verkehrsarten

161 (1) Die einzelnen nach § 12 Abs. 2 Nr. 10 UStG begünstigten Verkehrsarten sind grundsätzlich nach dem Verkehrsrecht abzugrenzen.

Verkehr mit Schienenbahnen

162 (2) ① Schienenbahnen sind die Vollbahnen – Haupt- und Nebenbahnen – und die Kleinbahnen sowie die sonstigen Eisenbahnen, z. B. Anschlussbahnen und Straßenbahnen. ② Als Straßenbahnen gelten auch Hoch- und Untergrundbahnen, Schwebebahnen und ähnliche Bahnen besonderer Bauart (§ 4 Abs. 2 PBefG). ③ Zu den Schienenbahnen gehören auch Kleinbahnen in Tierparks und Ausstellungen (BFH-Urteil vom 14. 12. 1951, II 176/51 U, BStBl. 1952 III S. 22) sowie Bergbahnen.

Verkehr mit Oberleitungsomnibussen

163 (3) Oberleitungsomnibusse sind nach § 4 Abs. 3 PBefG elektrisch angetriebene, nicht an Schienen gebundene Straßenfahrzeuge, die ihre Antriebsenergie einer Fahrleitung entnehmen.

Genehmigter Linienverkehr mit Kraftfahrzeugen

164 (4) ① Linienverkehr mit Kraftfahrzeugen ist eine zwischen bestimmten Ausgangs- und Endpunkten eingerichtete regelmäßige Verkehrsverbindung, auf der Fahrgäste an bestimmten Haltestellen ein- und aussteigen können. ② Er setzt nicht voraus, dass ein Fahrplan mit bestimmten Abfahrts- und Ankunftszeiten besteht oder Zwischenhaltestellen eingerichtet sind (§ 42 PBefG). ③ Als Linienverkehr gilt auch die Beförderung von

1. Berufstätigen zwischen Wohnung und Arbeitsstelle (Berufsverkehr);
2. Schülern zwischen Wohnung und Lehranstalt (Schülerfahrten; hierzu gehören z. B. Fahrten zum Schwimmunterricht, nicht jedoch Klassenfahrten);
3. Kindern zwischen Wohnung und Kindergarten (Kindergartenfahrten);
4. Personen zum Besuch von Märkten (Marktfahrten);
5. Theaterbesuchern.

④ Linienverkehr kann mit Kraftomnibussen und mit Personenkraftwagen sowie in besonderen Ausnahmefällen auch mit Lastkraftwagen betrieben werden.

165 (5) ① Beförderungen im Linienverkehr mit Kraftfahrzeugen sind jedoch nur dann begünstigt, wenn der Linienverkehr genehmigt ist oder unter die Freistellungsverordnung zum PBefG fällt oder eine genehmigungsfreie Sonderform des Linienverkehrs im Sinne der Verordnung (EWG) Nr. 684/92 vom 16. 3. 1992 (ABl. EG Nr. L 74 S. 1) darstellt. ② Über die Genehmigung muss eine entsprechende Genehmigungsurkunde oder eine einstweilige Erlaubnis der zuständi-

gen Genehmigungsstelle vorliegen. ③ Eine begünstigte Personenbeförderungsleistung setzt nicht voraus, dass sie durch den Genehmigungsinhaber (§ 2 Abs. 1 PBefG) mit eigenbetrieblichen Kraftomnibussen erbracht wird. ④ Hinsichtlich des Leistungsverhältnisses zwischen Auftraggeber und Subunternehmer ist im Einzelfall zu prüfen, ob es sich um eine nicht begünstigte Gestellungsleistung, wie z. B. die Anmietung eines Busses, oder um eine begünstigungsfähige Beförderungsleistung, z. B. auf Grund eines Betriebsführungsübertragungsvertrages, handelt. ⑤ Nur der Genehmigungsinhaber kann auf die von ihm erbrachten Beförderungsleistungen den ermäßigten Umsatzsteuersatz anwenden. ⑥ Eine Genehmigung für den Mietomnibusverkehr ist nicht ausreichend. ⑦ Im Falle der Betriebsübertragung nach § 2 Abs. 2 PBefG gelten die vom Betriebsführungsberechtigten ausgeführten Beförderungsleistungen als solche im genehmigten Linienverkehr, sofern die Betriebsübertragung von der zuständigen Behörde (§ 11 PBefG) genehmigt worden ist. ⑧ Für bestimmte Beförderungen im Linienverkehr sieht die Freistellungsverordnung zum PBefG von dem Erfordernis einer Genehmigung für den Linienverkehr ab. ⑨ Hierbei handelt es sich um Beförderungen durch die Streitkräfte oder durch die Polizei mit eigenen Kraftfahrzeugen sowie um die folgenden Beförderungen, wenn von den beförderten Personen selbst ein Entgelt nicht zu entrichten ist: UStAE 12.13

1. Beförderungen von Berufstätigen mit Kraftfahrzeugen zu und von ihrer Eigenart nach wechselnden Arbeitsstellen, insbesondere Baustellen, sofern nicht ein solcher Verkehr zwischen gleichbleibenden Ausgangs- und Endpunkten länger als ein Jahr betrieben wird;
2. Beförderungen von Berufstätigen mit Kraftfahrzeugen zu und von Arbeitsstellen in der Land- und Forstwirtschaft;
3. Beförderungen mit Kraftfahrzeugen durch oder für Kirchen oder sonstigen Religionsgesellschaften zu und von Gottesdiensten;
4. Beförderungen mit Kraftfahrzeugen durch oder für Schulträger zum und vom Unterricht;
5. Beförderungen von Kranken wegen einer Beschäftigungstherapie oder zu sonstigen Behandlungszwecken durch Krankenhäuser oder Heilanstalten mit eigenen Kraftfahrzeugen;
6. Beförderungen von Berufstätigen mit Personenkraftwagen von und zu ihren Arbeitsstellen;
7. Beförderungen von körperlich, geistig oder seelisch behinderten Personen mit Kraftfahrzeugen zu und von Einrichtungen, die der Betreuung dieser Personenkreise dienen;
8. Beförderungen von Arbeitnehmern durch den Arbeitgeber zu betrieblichen Zwecken zwischen Arbeitsstätten desselben Betriebes;
9. Beförderungen mit Kraftfahrzeugen durch oder für Kindergartenträger zwischen Wohnung und Kindergarten.

⑩ Diese Beförderungen sind wie genehmigter Linienverkehr zu behandeln. ⑪ Ebenso zu behandeln sind die nach der Verordnung (EWG) Nr. 684/92 genehmigungsfreien Sonderformen des grenzüberschreitenden Linienverkehrs, der der regelmäßigen ausschließlichen Beförderung bestimmter Gruppen von Fahrgästen dient, wenn der besondere Linienverkehr zwischen dem Veranstalter und dem Verkehrsunternehmer vertraglich geregelt ist. ⑫ Zu den Sonderformen des Linienverkehrs zählen insbesondere:

1. die Beförderung von Arbeitnehmern zwischen Wohnort und Arbeitsstätte;
2. die Beförderung von Schülern und Studenten zwischen Wohnort und Lehranstalt;
3. die Beförderung von Angehörigen der Streitkräfte und ihren Familien zwischen Herkunftsland und Stationierungsort.

⑬ Der Verkehrsunternehmer muss neben der in Satz 7 genannten vertraglichen Regelung die Genehmigung für Personenbeförderungen im Linien-, Pendel- oder Gelegenheitsverkehr mit Kraftomnibussen durch den Niederlassungsstaat erhalten haben, die Voraussetzungen der gemeinschaftlichen Rechtsvorschriften über den Zugang zum Beruf des Personenkraftverkehrsunternehmers im innerstaatlichen und grenzüberschreitenden Verkehr sowie die Rechtsvorschriften über die Sicherheit im Straßenverkehr für Fahrer und Fahrzeuge erfüllen. ⑭ Der Nachweis über das Vorliegen einer genehmigungsfreien Sonderform des Linienverkehrs nach der Verordnung (EWG) Nr. 684/92 kann durch die Vorlage des zwischen dem Veranstalter und dem Verkehrsunternehmer abgeschlossenen Beförderungsvertrags erbracht werden.

(6) ① Keine Beförderungsleistung liegt vor, wenn ein Kraftfahrzeug unbemannt – auf Grund eines Miet- oder Leihvertrags – zur Durchführung von Beförderungen im genehmigten Linienverkehr zur Verfügung gestellt wird. ② Diese Leistung ist deshalb nicht begünstigt. **166**

Verkehr mit Taxen[1]

(7) ① Verkehr mit Taxen ist nach § 47 Abs. 1 PBefG die Beförderung von Personen mit Personenkraftwagen, die der Unternehmer an behördlich zugelassenen Stellen bereithält und mit denen er Fahrten zu einem vom Fahrgast bestimmten Ziel ausführt. ② Der Unternehmer kann Beförderungsaufträge auch während einer Fahrt oder am Betriebssitz entgegennehmen. ③ Das der Abgrenzung zum Linien- und Ausflugsfahrtenverkehr dienende Merkmal der Bestimmung **167**

[1] Warte-, Doppel- u. Leerfahrten von Taxen vgl. A 12.14 Abs. 5 UStAE.

UStAE 12.13

des Fahrtziels durch den Fahrgast ist auch dann erfüllt, wenn nicht die zu befördernde Person persönlich, sondern eine andere, ihrer Sphäre (der „Fahrgastseite") zuzurechnende Person das Fahrtziel vorgibt oder mitteilt und dabei Auftraggeber und/oder Rechnungsadressat des Taxiunternehmers ist (z. B. bei Transferleistungen für Reisebüros). ④ Personenkraftwagen sind Kraftfahrzeuge, die nach ihrer Bauart und Ausstattung zur Beförderung von nicht mehr als 9 Personen – einschließlich Führer – geeignet und bestimmt sind (§ 4 Abs. 4 Nr. 1 PBefG). ⑤ Der Verkehr mit Taxen bedarf der Genehmigung. 6Über die Genehmigung wird eine besondere Urkunde erteilt. ⑦ Eine begünstigte Personenbeförderungsleistung setzt nicht voraus, dass sie durch den Genehmigungsinhaber mit eigenbetriebenen Taxen erbracht wird (vgl. BFH-Urteil vom 23. 9. 2015, V R 4/15, BStBl. 2016 II S. 494). ⑧ Deshalb kann die Steuerermäßigung auch dann anzuwenden sein, wenn der leistende Unternehmer über keine eigene Genehmigung nach dem PBefG verfügt und die Personenbeförderung durch einen Subunternehmer durchführen lässt, der eine entsprechende Genehmigung besitzt. ⑨ Ist im Gebiet einer Gemeinde der Verkehr mit Pkw allgemein unzulässig, kann ein umsatzsteuerrechtlich begünstigter Verkehr mit Taxen auch ohne Personenkraftwagen (z. B. mit Pferdefuhrwerken) vorliegen, wenn die übrigen Merkmale des Taxenverkehrs in vergleichbarer Form gegeben sind. ①⓪ Maßgeblich ist, ob die durchgeführten Beförderungen dem Leitbild des Verkehrs mit Taxen im Sinne von § 47 PBefG als Beförderung von Personen mit Wagen entsprechen, die der Unternehmer an öffentlich zugänglichen Stellen bereithält und mit denen er Fahrten zu einem vom Fahrgast bestimmten Ziel ausführt. ①① Zu prüfen ist auch, ob allgemeine Beförderungsentgelte (Tarife) oder jeweils speziell ausgehandelte Beförderungspreise vorliegen (vgl. BFH-Urteil vom 13. 11. 2019, V R 9/18, BStBl. 2021 II S. 540).

168 (8) ① Grundsätzlich nicht begünstigt ist der Verkehr mit Mietwagen (BFH-Urteile vom 30. 10. 1969, V R 99/69, BStBl. 1970 II S. 78, vom 2. 7. 2014, XI R 22/10, BStBl. 2015 II S. 416 und XI R 39/10, BStBl. 2015 II S. 421, und BVerfG-Beschluss vom 11. 2. 1992, 1 BvL 29/87, BVerfGE 85, 238). ② Der Mietwagenverkehr unterscheidet sich im Wesentlichen vom Taxenverkehr dadurch, dass nur Beförderungsaufträge ausgeführt werden dürfen, die am Betriebssitz oder in der Wohnung des Unternehmers eingegangen sind (§ 49 Abs. 4 PBefG). ③ Führt ein Mietwagenunternehmer hingegen Krankenfahrten mit hierfür nicht besonders eingerichteten Fahrzeugen durch (vgl. Abschnitt 4.17.2) und beruhen diese steuerpflichtigen Leistungen auf mit Krankenkassen geschlossenen Sondervereinbarungen, die ebenfalls für Taxiunternehmer gelten, ist die Steuerermäßigung bei Vorliegen der weiteren Voraussetzungen anwendbar (vgl. BFH-Urteil vom 2. 7. 2014, XI R 39/10, a. a. O.). ④ Liegt in diesem Fall der Beförderungsleistung eines Mietwagenunternehmers eine nur für Mietwagenunternehmen geltende Sondervereinbarung zu Grunde, kann die Steuerermäßigung zur Anwendung kommen, wenn der Unternehmer nachweist, dass im selben räumlichen Geltungsbereich eine hinsichtlich Beförderungsentgelt und Transportpflicht inhaltsgleiche Sondervereinbarung für Taxiunternehmer gilt. ⑤ Die Gleichartigkeit dieser für Mietwagen- bzw. Taxiunternehmer geltenden Sondervereinbarungen kann für den Bereich der Krankenfahrten aus Vereinfachungsgründen in solchen Fällen regelmäßig unterstellt werden, in denen dem Mietwagenunternehmer ein Nachweis gleichartiger Sondervereinbarungen (z. B. über den Verband) praktisch nicht möglich ist oder in denen keine Vergleichsmöglichkeit besteht. ⑥ Die entgeltliche Überlassung von Kfz durch einen Carsharing-Verein an seine Mitglieder ist nicht begünstigt (BFH-Urteil vom 12. 6. 2008, V R 33/05, BStBl. 2009 II S. 221).

Verkehr mit Drahtseilbahnen und sonstigen mechanischen Aufstiegshilfen

169 (9) ① Zu den Drahtseilbahnen gehören Standseilbahnen und andere Anlagen, deren Fahrzeuge von Rädern oder anderen Einrichtungen getragen und durch ein oder mehrere Seile bewegt werden, Seilschwebebahnen, deren Fahrzeuge von einem oder mehreren Seilen getragen und/oder bewegt werden (einschließlich Kabinenbahnen und Sesselbahnen) und Schleppaufzüge, bei denen mit geeigneten Geräten ausgerüstete Benutzer durch ein Seil fortbewegt werden (vgl. Artikel 1 Abs. 3 der Richtlinie 2000/9/EG vom 20. 3. 2000, ABl. EG 2000 Nr. L 106 vom 3. 5. 2000, S. 21). ② Zu den sonstigen mechanischen Aufstiegshilfen gehören auch Seilschwebebahnen, Sessellifte und Skilifte.

170 (10) ① Nicht begünstigt ist grundsätzlich der Betrieb einer Sommer- oder Winterrodelbahn. ② Ebenso unterliegen die mit einer sog. „Coaster-Bahn" erbrachten Umsätze, bei denen die Fahrtkunden auf schienengebundenen Schlitten zu Tal fahren, nicht dem ermäßigten Steuersatz, da es sich umsatzsteuerrechtlich insoweit nicht um Beförderungsleistungen handelt (vgl. BFH-Urteil vom 20. 2. 2013, XI R 12/11, BStBl. II S. 645).

Genehmigter Linienverkehr mit Schiffen

171 (10 a) ① Hinsichtlich des Linienverkehrs mit Schiffen gelten die Regelungen in Absatz 4 sinngemäß. ② Die Steuerermäßigung gilt damit insbesondere nicht für Floßfahrten, Wildwasserrafting-Touren oder für andere Leistungen zur Ausübung des Wassersports. ③ Ebenso sind organisierte Schiffsfahrten mit angeschlossener Tanz-, Verkaufs- oder einer ähnlichen Veranstaltung, Sonderfahrten wie z. B. Sommernachts- oder Feiertagsfahrten, die Vercharterung von Schiffen inklusive Besatzung zum Transport geschlossener Gesellschaften (z. B. anlässlich von Betriebsausflügen oder von privaten Feiern) sowie Rundfahrten, bei denen Anfangs- und Endpunkt identisch sind und kein Zwischenhalt angeboten wird, nicht begünstigt. ④ Personenbeförderungen

im Linienverkehr mit Schiffen sind nur dann begünstigt, wenn der Linienverkehr genehmigt ist. ⑤ Soweit die verkehrsrechtlichen Bestimmungen des Bundes und der Länder kein Genehmigungsverfahren vorsehen, ist von einer stillschweigenden Genehmigung des Linienverkehrs auszugehen. ⑥ Erbringt der Unternehmer neben der Beförderung im Linienverkehr mit Schiffen weitere selbständige Einzelleistungen wie z. B. Restaurationsleistungen (vgl. Abschnitt 3.6), sind die Einzelleistungen umsatzsteuerlich jeweils für sich zu beurteilen.

Fährverkehr

(10 b)[1] ① Fährverkehr ist der Übersetzverkehr mit Schiffen zwischen zwei festen Anlegestellen (z. B. bei Flussquerungen oder im Verkehr zwischen dem Festland und Inseln). ② Die Anwendung der Steuerermäßigung ist nicht vom Vorliegen einer Genehmigung abhängig. **172**

Nebenleistungen

(11) ① Der ermäßigte Steuersatz erstreckt sich auch auf die Nebenleistungen zu einer begünstigten Hauptleistung. ② Als Nebenleistung zur Personenbeförderung ist insbesondere die Beförderung des Reisegepäcks des Reisenden anzusehen. ③ Zum Reisegepäck gehören z. B. die Gegenstände, die nach der EVO und nach den Einheitlichen Rechtsvorschriften für den Vertrag über die internationale Eisenbahnbeförderung von Personen (CIV), Anhang A zum Übereinkommen über den internationalen Eisenbahnverkehr (COTIF) vom 9. 5. 1980 in der Fassung vom 3. 6. 1999 (BGBl. 2002 II S. 2140), als Reisegepäck befördert werden. ④ Nebenleistung zur Personenbeförderung ist auch der Transport von Personenkraftwagen, Krafträdern und anderen Fahrzeugen. ⑤ Dies gilt nicht, wenn Schwerpunkt der Fährleistung, wie z. B. beim Transport von Lkw, die Güterbeförderung ist. **173**

LS zu 12.13

Die französische Regelung, wonach die **Beförderung von Leichnamen** mit einem Fahrzeug einem ermäßigten Mehrwertsteuersatz unterliegt, entspricht den Anforderungen des Unionsrechts. ***EuGH-Urt. v. 6. 5. 2010*** *C-94/09 (DStR 2010 S. 977).*

1. Die Steuerermäßigung des § 12 Abs. 2 Nr. 10 UStG für die Beförderung von Personen im genehmigten Linienverkehr ist auch dann gegeben, wenn die Beförderung – wie bei **Stadtrundfahrten** – dem Freizeit- oder Tourismusverkehr dient. – 2. Wurde dem Betreiber von Stadtrundfahrten von der zuständigen Verwaltungsbehörde eine straßenverkehrsrechtliche Genehmigung als Linienverkehr nach den §§ 42 oder 43 PersBefG erteilt, ist diese auch von den Finanzbehörden zu beachten, solange sie nicht nichtig ist. – 3. Umfasst das Beförderungsentgelt für eine Stadtrundfahrt auch Entgelte für die Teilnahme an **Führungen zu Sehenswürdigkeiten,** handelt es sich um zwei selbständige Leistungen, von denen nur die Beförderung dem ermäßigten Steuersatz unterliegt. Der auf die Führungen mit dem Regelsteuersatz zu besteuernde Anteil ist ggf. im Schätzungswege zu ermitteln. *BFH-Urteil v. 30. 6. 2011 V R 44/10 (BStBl. II S. 1003).* **174**

1. Der im nationalen Recht vorgesehene ermäßigte Umsatzsteuersatz für Personenbeförderungsleistungen im Nahverkehr durch **Taxen** ist unionsrechtskonform und gilt grundsätzlich nicht für entsprechende von Mietwagenunternehmern erbrachte Leistungen. – 2. Anders kann es sein, wenn von einem Mietwagenunternehmer durchgeführte **Krankentransporte** auf mit Krankenkassen geschlossenen Sondervereinbarungen, die ebenfalls für Taxiunternehmer gelten, beruhen. *BFH-Urteil v. 2. 7. 2014 XI R 39/10 (BStBl. 2015 II S. 421).* – Ebenso *(Ls. 1) BFH v. 2. 7. 2014 XI R 22/10 (BStBl. 2015 II S. 416).*

Es ist durch die Rechtsprechung des BFH bereits geklärt, dass die mit einer sog. **„Coaster-Bahn"**, bei der die Fahrgäste auf schienengebundenen Schlitten zu Tal fahren, erbrachten Umsätze umsatzsteuerrechtlich keine Beförderungsleistungen sind und daher nicht dem ermäßigten Steuersatz unterliegen. Dies gilt gleichermaßen für eine **„Sommerrodelbahn"**, bei der die Fahrgäste sich in einer Metallmulde auf Räder laufenden Schlitten talwärts bewegen. *BFH-Beschluss v. 2. 4. 2014 XI B 16/14 (BFH/NV S. 1098).*

Kein ermäßigter Steuersatz für den Betreiber einer **Skihalle;** vgl. *BFH-Beschluss v. 2. 10. 2013 V B 49/12 (BFH/NV S. 189).*

Ist im Gebiet einer Gemeinde der Verkehr mit PKW allgemein unzulässig, kann ein umsatzsteuerrechtlich begünstigter Verkehr mit Taxen auch ohne Personenkraftfahrzeuge (z. B. mit **Pferdefuhrwerken**) vorliegen, wenn die übrigen Merkmale des Taxiverkehrs in vergleichbarer Form gegeben sind. *BFH-Urteil v. 13. 11. 2019 V R 9/18 (BStBl. I 2021 II S. 540).*

Sowohl Zahlungen für den Kauf einer Jahresnetzfahrkarte (**BahnCard** 100) als auch Zahlungen für die Einräumung des Rechts zum Erwerb preisermäßigter Fahrscheine (z. B. BahnCard 25/50) gehören zum Entgelt für die nach § 12 Abs. 2 Nr. 10 Buchst. a UStG begünstigten Beförderungsleistungen. *Verfügung LSF Sachsen v. 27. 1. 2020 – 213 – S 7244/1/1-2020/5180 (DStR S. 1052).*

Zum Steuersatz für die Umsätze aus dem genehmigten **Linienverkehr mit Schiffen** sowie aus dem **Fährverkehr** i. S. d. § 12 Abs. 2 Nr. 10 UStG (nicht Gelegenheitsverkehr) vgl. *Verfügung OFD Frankfurt a. M. v. 9. 10. 2020 S 7244 A – 023 – St 16 (DStR S. 2793).*

Linienverkehr iSv § 12 Abs. 2 Nr. 10 UStG ist eine zwischen bestimmten Ausgangs- und Endpunkten eingerichtete regelmäßige Verkehrsverbindung, auf der Fahrgäste an bestimmten Haltestellen ein- und aussteigen können. *BFH-Beschluss vom 24. 6. 2020 V R 2/19 (BFH/NV S. 1291).*

Anl zu 12.13

Schreiben betr. umsatzsteuerrechtlich begünstigter Verkehr mit Taxen auch ohne Personenkraftwagen; BFH-Urteil v. 13. 11. 2019 – V R 9/18

Vom 2. Juli 2021 (BStBl. I S. 918)

(BMF III C 2 – S 7244/0 :003, DOK 2021/0527838)

[abgedruckt im USt-Handbuch 2021 als Anlage d zu A 12.13]

[1] Die Portugiesische Republik hat dadurch gegen ihre Verpflichtungen aus den Art. 12 und 28 der 6. EG-Richtlinie 77/388/EWG in der durch die Richtlinie 2001/4/EG des Rates v. 19. 1. 2001 geänderten Fassung verstoßen, dass sie bei der **Maut für die Straßenbrücken** über den Tejo in Lissabon einen ermäßigten Mehrwertsteuersatz von 5% beibehalten hat. ***EuGH-Urt. v. 12. 6. 2008*** *C-462/05, Kommission/Portugal (BeckRS 2008, 70640).*

UStAE 12.14

12.14 Begünstigte Beförderungsstrecken

186 (1) Unter Gemeinde im Sinne des § 12 Abs. 2 Nr. 10 Buchstabe b Doppelbuchstabe aa UStG ist die politische Gemeinde zu verstehen.

187 (2) ① Beförderungsstrecke (§ 12 Abs. 2 Nr. 10 Buchstabe b Doppelbuchstabe bb UStG) ist die Strecke, auf der der Beförderungsunternehmer einen Fahrgast oder eine Mehrzahl von Fahrgästen auf Grund eines Beförderungsvertrags oder mehrerer Beförderungsverträge befördert oder, z. B. durch einen Subunternehmer, befördern lässt. ② Werden mehrere Beförderungsverträge abgeschlossen, erbringt der Beförderungsunternehmer eine entsprechende Zahl von Beförderungsleistungen, von denen jede für sich zu beurteilen ist. ③ Nur eine Beförderungsleistung liegt vor, wenn der Beförderungsunternehmer mit einer Mehrzahl von Personen bzw. zur Beförderung einer Mehrzahl von Personen einen Beförderungsvertrag abgeschlossen hat. ④ Maßgebliche Beförderungsstrecke ist in diesem Fall die vom Beförderungsunternehmer aufgrund des Beförderungsvertrages zurückgelegte Strecke. ⑤ Sie beginnt mit dem Einstieg der ersten und endet mit dem Ausstieg der letzten beförderten Person innerhalb einer Fahrtrichtung. ⑥ Bei grenzüberschreitenden Beförderungen ist nur die Länge des auf das Inland entfallenden Teils der Beförderungsstrecke maßgebend. ⑦ Bei der Bemessung dieses Streckenanteils sind die §§ 2 bis 7 UStDV zu beachten.

188 (3) ① Maßgebliche Beförderungsstrecke ist bei Ausgabe von Fahrausweisen grundsätzlich die im Fahrausweis ausgewiesene Tarifentfernung, sofern die Beförderungsleistung nur auf Beförderungsstrecken im Inland durchgeführt wird. ② Bei Fahrausweisen für grenzüberschreitende Beförderungen ist die Tarifentfernung der auf das Inland entfallenden Beförderungsstrecke unter Berücksichtigung der §§ 2 bis 7 UStDV maßgebend. ③ Vorstehende Grundsätze gelten auch für die Fälle, in denen der Fahrgast die Fahrt unterbricht oder auf ein anderes Verkehrsmittel desselben Beförderers umsteigt. ④ Wird eine Umwegkarte gelöst, ist der gefahrene Umweg bei Ermittlung der Länge der Beförderungsstrecke zu berücksichtigen. ⑤ Bei Bezirkskarten, Netzkarten, Streifenkarten usw. ist als maßgebliche Beförderungsstrecke die längste Strecke anzusehen, die der Fahrgast mit dem Fahrausweis zurücklegen kann. ⑥ Zwei getrennte Beförderungsstrecken liegen vor, wenn ein Fahrausweis ausgegeben wird, der zur Hin- und Rückfahrt berechtigt.

189 (4) ① Verkehrsunternehmer haben sich vielfach zu einem Verkehrsverbund zusammengeschlossen. ② Ein solcher Verbund bezweckt die Ausgabe von durchgehenden Fahrausweisen, die den Fahrgast zur Inanspruchnahme von Beförderungsleistungen verschiedener, im Verkehrsverbund zusammengeschlossener Beförderungsunternehmer berechtigen (Wechselverkehr). ③ In diesen Fällen bewirkt jeder Beförderungsunternehmer mit seinem Verkehrsmittel eine eigene Beförderungsleistung unmittelbar an den Fahrgast, wenn folgende Voraussetzungen vorliegen:

1. In den Tarifen der beteiligten Beförderungsunternehmer bzw. des Verkehrsverbundes muss festgelegt sein, dass der Fahrgast den Beförderungsvertrag jeweils mit dem Beförderungsunternehmer abschließt, mit dessen Verkehrsmittel er befördert wird; ferner muss sich aus ihnen ergeben, dass die Fahrausweise im Namen und für Rechnung des jeweiligen Beförderungsunternehmers verkauft werden und dass für die von ihm durchfahrene Beförderungsstrecke seine Beförderungsbedingungen gelten.
2. Die praktische Durchführung der Beförderungen muss den Tarifbedingungen entsprechen.

190 (5) ① Bei Taxifahrten sind Hin- und Rückfahrt eine einheitliche Beförderungsleistung, wenn vereinbarungsgemäß die Fahrt unterbrochen wird und der Fahrer auf den Fahrgast wartet (Wartefahrt). ② Keine einheitliche Beförderungsleistung liegt jedoch vor, wenn das Taxi nicht auf den Fahrgast wartet, sondern später – sei es aufgrund vorheriger Vereinbarung über den Abholzeitpunkt oder aufgrund erneuter Bestellung – wieder abholt und zum Ausgangspunkt zurückbefördert (Doppelfahrt). ③ In diesem Fall ist die Gesamtfahrtstrecke nicht zusammenzurechnen und die beiden Fahrten sind als Nahverkehrsleistungen mit dem begünstigten Steuersatz abzurechnen, wenn die als einheitliche Nahverkehrsleistung zu wertende Hinfahrt 50 km nicht überschreitet. ④ Bemessungsgrundlage für diese Taxifahrten ist das für die jeweilige Fahrt vereinbarte Entgelt; dabei ist ohne Bedeutung, ob der Fahrpreis unter Berücksichtigung unterschiedlicher Tarife für die „Leerfahrt" berechnet wird (vgl. BFH-Urteil vom 19. 7. 2007, V R 68/05, BStBl. 2008 II S. 208).

UStAE 12.15

12.15 Beförderung von Arbeitnehmern zwischen Wohnung und Arbeitsstelle

191 (1) ① Für die Beförderung von Arbeitnehmern zwischen Wohnung und Arbeitsstelle kann der ermäßigte Steuersatz nach § 12 Abs. 2 Nr. 10 UStG nur dann in Betracht kommen, wenn es sich bei den Beförderungen verkehrsrechtlich um Beförderungen im genehmigten Linienverkehr handelt (vgl. Abschnitt 12.13 Abs. 4 bis 6). ② Bei den in Abschnitt 12.13 Abs. 5 Satz 9 bezeichneten Beförderungen ist auf Grund der Freistellung keine personenbeförderungsrechtliche Genehmigung erforderlich. ③ Gleichwohl sind diese Beförderungen umsatzsteuerrechtlich wie Beförderungen im genehmigten Linienverkehr zu behandeln (vgl. BFH-Urteil vom 11. 3. 1988, V R 114/83, BStBl. II S. 651). ④ Im Zweifel ist eine Stellungnahme der für die Erteilung der Genehmigung zuständigen Verkehrsbehörde einzuholen. ⑤ Zur genehmigungsfreien Sonderform des Linienverkehrs im Sinne der Verordnung (EWG) Nr. 684/92 vom 16. 3. 1992 vgl. Abschnitt 12.13 Abs. 5 Satz 11 ff.

(2) In den Fällen, in denen der Arbeitgeber selbst seine Arbeitnehmer zwischen Wohnung und Arbeitsstelle befördert, muss er in eigener Person die in Absatz 1 bezeichneten Voraussetzungen erfüllen, wenn er für die Beförderung den ermäßigten Steuersatz nach § 12 Abs. 2 Nr. 10 UStG in Anspruch nehmen will. 192

(3) ①Hat der Arbeitgeber einen Beförderungsunternehmer mit der Beförderung beauftragt, liegen umsatzsteuerrechtlich einerseits eine Leistung des Beförderungsunternehmers an den Arbeitgeber, andererseits Leistungen des Arbeitgebers an jeden Arbeitnehmer vor. ②Erfüllt der Beförderungsunternehmer die in Absatz 1 bezeichneten Voraussetzungen, ist seine Leistung als Beförderungsleistung im Sinne des § 12 Abs. 2 Nr. 10 UStG anzusehen. ③Dabei ist davon auszugehen, dass der Beförderungsunternehmer als Genehmigungsinhaber den Verkehr auch dann im eigenen Namen, unter eigener Verantwortung und für eigene Rechnung betreibt, wenn der Arbeitgeber den Einsatz allgemein regelt, insbesondere Zweck, Ziel und Ablauf der Fahrt bestimmt. ④Die Steuerermäßigung nach § 12 Abs. 2 Nr. 10 UStG kommt für die Beförderungsleistung des Arbeitgebers, der den Linienverkehr nicht selbst betreibt, dagegen nicht in Betracht (BFH-Urteil vom 11. 3. 1988, V R 30/84, BStBl. II S. 643). 193

Zu § 12 Abs. 2 Nr. 11 UStG

12.16 Umsätze aus der kurzfristigen Vermietung von Wohn- und Schlafräumen sowie aus der kurzfristigen Vermietung von Campingflächen (§ 12 Abs. 2 Nr. 11 UStG) UStAE 12.16

(1) ①Die in § 12 Abs. 2 Nr. 11 Satz 1 UStG bezeichneten Umsätze gehören zu den nach § 4 Nr. 12 Satz 2 UStG von der Steuerbefreiung ausgenommenen Umsätzen. ②Hinsichtlich des Merkmals der Kurzfristigkeit gelten daher die in den Abschnitten 4.12.3 Abs. 2 und 4.12.9 Abs. 1 dargestellten Grundsätze. ③Die Anwendung des ermäßigten Steuersatzes setzt neben der Kurzfristigkeit voraus, dass die Umsätze unmittelbar der Beherbergung dienen. 201

(2) Sonstige Leistungen eigener Art, bei denen die Überlassung von Räumen nicht charakterbestimmend ist (z. B. Leistungen des Prostitutionsgewerbes), unterliegen auch hinsichtlich dieses Leistungsaspekts nicht der Steuerermäßigung nach § 12 Abs. 2 Nr. 11 UStG. 202

Vermietung von Wohn- und Schlafräumen, die ein Unternehmer zur kurzfristigen Beherbergung von Fremden bereithält

(3) ①Die Steuerermäßigung nach § 12 Abs. 2 Nr. 11 Satz 1 UStG setzt ebenso wie § 4 Nr. 12 Satz 2 UStG eine Vermietung von Wohn- und Schlafräumen zur kurzfristigen Beherbergung voraus. ②Hieran fehlt es bei einer Vermietung z. B. in einem „Bordell" (vgl. BFH-Urteil vom 22. 8. 2013, V R 18/12, BStBl. II S. 1058). ③Auch das halbstündige oder stundenweise Überlassen von Zimmern in einem „Stundenhotel" ist keine Beherbergung im Sinne des § 12 Abs. 2 Nr. 11 Satz 1 UStG (vgl. BFH-Urteil vom 24. 9. 2015, V R 30/14, BStBl. 2017 II S. 132). ④Die Steuerermäßigung für Beherbergungsleistungen umfasst sowohl die Umsätze des klassischen Hotelgewerbes als auch kurzfristige Beherbergungen in Pensionen, Fremdenzimmern, Ferienwohnungen und vergleichbaren Einrichtungen. ⑤Für die Inanspruchnahme der Steuerermäßigung ist es jedoch nicht Voraussetzung, dass der Unternehmer einen hotelartigen Betrieb führt oder Eigentümer der überlassenen Räumlichkeiten ist. ⑥Begünstigt ist daher beispielsweise auch die Unterbringung von Begleitpersonen in Krankenhäusern, sofern diese Leistung nicht nach § 4 Nr. 14 Buchstabe b UStG (z. B. bei Aufnahme einer Begleitperson zu therapeutischen Zwecken) steuerfrei ist. 203

(4) ①Die erbrachte Leistung muss unmittelbar der Beherbergung dienen. ②Diese Voraussetzung ist insbesondere hinsichtlich der folgenden Leistungen erfüllt, auch wenn die Leistungen gegen gesondertes Entgelt erbracht werden: 204

- Überlassung von möblierten und mit anderen Einrichtungsgegenständen (z. B. Fernsehgerät, Radio, Telefon, Zimmersafe) ausgestatteten Räumen;
- Stromanschluss;
- Überlassung von Bettwäsche, Handtüchern und Bademänteln;
- Reinigung der gemieteten Räume;
- Bereitstellung von Körperpflegeutensilien, Schuhputz- und Nähzeug;
- Weckdienst;
- Bereitstellung eines Schuhputzautomaten;
- Mitunterbringung von Tieren in den überlassenen Wohn- und Schlafräumen.

(5) Insbesondere folgende Leistungen sind keine Beherbergungsleistungen im Sinne von § 12 Abs. 2 Nr. 11 UStG und daher nicht begünstigt: 205

- Überlassung von Tagungsräumen;
- Überlassung von Räumen zur Ausübung einer beruflichen oder gewerblichen Tätigkeit (vgl. BFH-Urteil vom 22. 8. 2013, V R 18/12, BStBl. II S. 1058);
- Gesondert vereinbarte Überlassung von Plätzen zum Abstellen von Fahrzeugen;
- Überlassung von nicht ortsfesten Wohnmobilen, Caravans, Wohnanhängern, Hausbooten und Yachten;
- Beförderungen in Schlafwagen der Eisenbahnen;

UStAE 12.16

– Überlassung von Kabinen auf der Beförderung dienenden Schiffen;
– Vermittlung von Beherbergungsleistungen;
– Umsätze von Tierpensionen;
– Unentgeltliche Wertabgaben (z. B. Selbstnutzung von Ferienwohnungen).

206 (6) Stornokosten stellen grundsätzlich nichtsteuerbaren Schadensersatz dar (vgl. EuGH-Urteil vom 18. 7. 2007, C-277/05, Société thermale d'Eugénie – Les-Bains).[1]

Kurzfristige Vermietung von Campingflächen

207 (7) ① Die kurzfristige Vermietung von Campingflächen betrifft Flächen zum Aufstellen von Zelten und Flächen zum Abstellen von Wohnmobilen und Wohnwagen. ② Ebenso ist die kurzfristige Vermietung von ortsfesten Wohnmobilen, Wohncaravans und Wohnanhängern begünstigt. ③ Für die Steuerermäßigung ist es unschädlich, wenn auf der überlassenen Fläche auch das zum Transport des Zelts bzw. zum Ziehen des Wohnwagens verwendete Fahrzeug abgestellt werden kann. ④ Zur begünstigten Vermietung gehört auch die Lieferung von Strom (vgl. Abschnitt 4.12.1 Abs. 5 Satz 3). ⑤ Nicht unter die Steuerermäßigung fällt die entgeltliche Überlassung von Bootsliegeplätzen (vgl. EuGH-Urteil vom 19. 12. 2019, C-715/18, Segler-Vereinigung Cuxhaven, und BFH-Urteil vom 24. 6. 2020, V R 47/19, BStBl. II S. 853).

Leistungen, die nicht unmittelbar der Vermietung dienen

208 (8) ① Nach § 12 Abs. 2 Nr. 11 Satz 2 UStG gilt die Steuerermäßigung nicht für Leistungen, die nicht unmittelbar der Vermietung dienen, auch wenn es sich um Nebenleistungen zur Beherbergung handelt und diese Leistungen mit dem Entgelt für die Vermietung abgegolten sind (Aufteilungsgebot). ② Der Grundsatz, dass eine (unselbständige) Nebenleistung das Schicksal der Hauptleistung teilt, wird von diesem Aufteilungsgebot verdrängt. ③ Das in § 12 Abs. 2 Nr. 11 Satz 2 UStG gesetzlich normierte Aufteilungsgebot für einheitliche Leistungen geht den allgemeinen Grundsätzen zur Abgrenzung von Haupt- und Nebenleistung vor (BFH-Urteil vom 24. 4. 2013, XI R 3/11, BStBl. 2014 II S. 86). ④ Unter dieses Aufteilungsgebot fallen insbesondere:
– Verpflegungsleistungen (z. B. Frühstück, Halb- oder Vollpension, „All inclusive“);
– Getränkeversorgung aus der Minibar;
– Nutzung von Kommunikationsnetzen (insbesondere Telefon und Internet);
– Nutzung von Fernsehprogrammen außerhalb des allgemein und ohne gesondertes Entgelt zugänglichen Programms („pay per view“);
– ① Leistungen, die das körperliche, geistige und seelische Wohlbefinden steigern („Wellnessangebote“). ② Die Überlassung von Schwimmbädern oder die Verabreichung von Heilbädern im Zusammenhang mit einer begünstigten Beherbergungsleistung kann dagegen nach § 12 Abs. 2 Nr. 9 Satz 1 UStG dem ermäßigten Steuersatz unterliegen;
– Überlassung von Fahrberechtigungen für den Nahverkehr, die jedoch nach § 12 Abs. 2 Nr. 10 UStG dem ermäßigten Steuersatz unterliegen können;
– Überlassung von Eintrittsberechtigungen für Veranstaltungen, die jedoch nach § 4 Nr. 20 UStG steuerfrei sein oder nach § 12 Abs. 2 Nr. 7 Buchstabe a oder d UStG dem ermäßigten Steuersatz unterliegen können;
– Transport von Gepäck außerhalb des Beherbergungsbetriebs;
– Überlassung von Sportgeräten und -anlagen;
– Ausflüge;
– Reinigung und Bügeln von Kleidung, Schuhputzservice;
– Transport zwischen Bahnhof/Flughafen und Unterkunft;
– Einräumung von Parkmöglichkeiten, auch wenn diese nicht gesondert vereinbart und vergütet werden (vgl. BFH-Urteil vom 1. 3. 2016, XI R 11/14, BStBl. II S. 753).

Anwendung der Steuerermäßigung in den Fällen des § 25 UStG

209 (9) ① Soweit Reiseleistungen der Margenbesteuerung nach § 25 UStG unterliegen, gelten sie nach § 25 Abs. 1 Satz 3 UStG als eine einheitliche sonstige Leistung. ② Eine Reiseleistung unterliegt als sonstige Leistung eigener Art auch hinsichtlich ihres Beherbergungsanteils nicht der Steuerermäßigung nach § 12 Abs. 2 Nr. 11 UStG. ③ Das gilt auch, wenn die Reiseleistung nur aus einer Übernachtungsleistung besteht.

Angaben in der Rechnung

210 (10) ① Der Unternehmer ist nach § 14 Abs. 2 Satz 1 Nr. 1 UStG grundsätzlich verpflichtet, innerhalb von 6 Monaten nach Ausführung der Leistung eine Rechnung mit den in § 14 Abs. 4 UStG genannten Angaben auszustellen. ② Für Umsätze aus der Vermietung von Wohn- und Schlafräumen zur kurzfristigen Beherbergung von Fremden sowie die kurzfristige Vermietung von Campingflächen besteht eine Rechnungserteilungspflicht jedoch nicht, wenn die Leistung weder an einen anderen Unternehmer für dessen Unternehmen noch an eine juristische Person erbracht wird (vgl. Abschnitt 14.1 Abs. 3 Satz 5).

---

[1] IStR S. 667.

(11) ① Wird für Leistungen, die nicht von der Steuerermäßigung nach § 12 Abs. 2 Nr. 11 Satz 1 UStG erfasst werden, kein gesondertes Entgelt berechnet, ist deren Entgeltanteil zu schätzen. ② Schätzungsmaßstab kann hierbei beispielsweise der kalkulatorische Kostenanteil zuzüglich eines angemessenen Gewinnaufschlags sein. **211**

(12)[1] ① Aus Vereinfachungsgründen wird es – auch für Zwecke des Vorsteuerabzugs des Leistungsempfängers – nicht beanstandet, wenn folgende in einem Pauschalangebot enthaltene nicht begünstigte Leistungen in der Rechnung zu einem Sammelposten (z. B. „Business-Package“, „Servicepauschale“) zusammengefasst und der darauf entfallende Entgeltanteil in einem Betrag ausgewiesen werden: **212**

- Abgabe eines Frühstücks;
- Nutzung von Kommunikationsnetzen;
- Reinigung und Bügeln von Kleidung, Schuhputzservice;
- Transport zwischen Bahnhof/Flughafen und Unterkunft;
- Transport von Gepäck außerhalb des Beherbergungsbetriebs;
- Nutzung von Saunaeinrichtungen;
- Überlassung von Fitnessgeräten;
- Überlassung von Plätzen zum Abstellen von Fahrzeugen.

② Es wird ebenfalls nicht beanstandet, wenn der auf diese Leistungen entfallende Entgeltanteil mit 15% des Pauschalpreises angesetzt wird. ③ Für Kleinbetragsrechnungen (§ 33 UStDV) gilt dies für den in der Rechnung anzugebenden Steuerbetrag entsprechend. ④ Die Vereinfachungsregelung gilt nicht für Leistungen, für die ein gesondertes Entgelt vereinbart wird.

Die Steuersatzermäßigung nach § 12 Abs. 2 Nr. 11 Satz 1 UStG setzt ebenso wie § 4 Nr. 12 Satz 2 UStG eine Vermietung von Wohn- und Schlafräumen zur kurzfristigen Beherbergung voraus. Hieran fehlt es bei einer Vermietung an Prostituierte in einem **„Bordell“.** *BFH-Urt. v. 22. 8. 2013 V R 18/12 (BStBl. II S. 1058).* LS zu 12.16

1. Bei Übernachtungen in einem Hotel unterliegen nur die unmittelbar der Vermietung (Beherbergung) dienenden Leistungen des Hoteliers dem ermäßigten Umsatzsteuersatz von 7%. – 2. Die Einräumung von **Parkmöglichkeiten** an Hotelgäste gehört nicht dazu; sie ist mit dem Regelsteuersatz von 19% zu versteuern. Das gilt auch dann, wenn hierfür kein gesondertes Entgelt berechnet wird. *BFH-Urteil v. 1. 3. 2016 XI R 11/14 (BStBl. II S. 753).* **214**

Es ist ernstlich zweifelhaft, ob das in § 12 Abs. 2 Nr. 11 Satz 2 UStG im nationalen Recht angeordnete **Aufteilungsgebot** für Leistungen, die nicht unmittelbar der Vermietung dienen, mit Unionsrecht vereinbar ist. *BFH-Beschluss v. 7. 3. 2022 XI B 2/21 (AdV) (BStBl. 2023 II S. 198).*

12.17[2] Digitale Medien (§ 12 Abs. 2 Nr. 14 UStG)

UStAE 12.17

(1) ① Nach § 12 Abs. 2 Nr. 14 Satz 1 UStG unterliegt die Überlassung der in Nummer 49 Buchstabe a bis e und Nummer 50 der Anlage 2 des UStG bezeichneten Erzeugnisse in elektronischer Form dem ermäßigten Steuersatz. ② Dies gilt unabhängig davon, ob das Erzeugnis auch auf einem physischen Träger angeboten wird. ③ Von der Ermäßigung ausgenommen sind Veröffentlichungen, die vollständig oder im Wesentlichen aus Videoinhalten oder hörbarer Musik bestehen. ④ Entscheidend ist, ob die digitalen Produkte in ihrer Funktion über die gedruckter Bücher, Zeitungen oder Zeitschriften deutlich hinausgehen. ⑤ Die Durchsuchbarkeit, Filtermöglichkeit und Verlinkung innerhalb des digitalen Produkts schließen die Anwendung des ermäßigten Steuersatzes nicht aus. ⑥ Ebenfalls ausgenommen sind nach § 12 Abs. 2 Nr. 14 Satz 2 UStG Erzeugnisse, für die Beschränkungen als jugendgefährdende Trägermedien oder Hinweispflichten nach § 15 Abs. 1 bis 3 und 6 JuSchG in der jeweils geltenden Fassung bestehen, sowie Veröffentlichungen, die vollständig oder im Wesentlichen Werbezwecken, einschließlich Reisewerbung, dienen. ⑦ Bei einem Angebot verschiedener kombinierter Produkte zu einem einheitlichen Entgelt (sog. Bundling-Angebot) ist nach den Grundsätzen des Abschnitts 3.10 im Einzelfall zu entscheiden, ob eine einheitliche Leistung vorliegt, die einem einheitlichen Steuersatz unterliegt, oder ob ein Leistungsbündel gegeben ist, dessen einzelne Leistungsbestandteile separat zu betrachten sind und ggf. unterschiedlichen Steuersätzen unterliegen. ⑧ Ob ausschließlich in elektronischer Form vertriebene Produkte dem ermäßigten Steuersatz unterliegen, kann nicht im Wege einer uvZTA (vgl. Abschnitt 12.1 Abs. 1 Satz 4) geklärt werden. **220**

(2) ① Dem ermäßigten Steuersatz unterliegt nach § 12 Abs. 2 Nr. 14 Satz 3 UStG auch die Bereitstellung eines Zugangs zu Datenbanken, die eine Vielzahl von elektronischen Büchern, Zeitungen oder Zeitschriften oder Teile von diesen enthalten. ② Die Bereitstellung eines Zugangs zu einer Datenbank kann in rein elektronischer Form (z. B. über einen Online-Zugang u. Ä.) oder mittels eines physischen Datenträgers (z. B. CD-Rom, DVD, USB-Stick u. Ä.) erfolgen. ③ Die Bereitstellung eines Zugangs zu einer Datenbank stellt eine einheitliche Leistung dar. ④ Eine Datenbank im Sinne des § 12 Abs. 2 Nr. 14 Satz 3 UStG ist eine Sammlung von Werken, Daten und anderen unabhängigen Elementen, die systematisch oder methodisch angeordnet und einzeln mit elektronischen Mitteln zugänglich sind (vgl. Abschnitt 3a.12 Abs. 3 Nr. 5 Satz 2). ⑤ Erforderlich für die Begünstigung ist, dass die Datenbank eine Vielzahl von elektronischen Büchern, Zeitungen oder Zeitschriften oder Teile von diesen enthält und somit primär **221**

---

[1] A 12.16 UStAE Abs. 12 Satz 2 Prozentsatz geändert durch BMF v. 2. 7. 2020 (BStBl. I S. 610), anzuwenden in allen Fällen **ab 1. 7. 2020 bis 31. 12. 2023** (BMF v. 21. 11. 2022, BStBl. I S. 1595).

[2] A 12.17 UStAE angefügt durch BMF v. 17. 12. 2021 (BStBl. I S. 2502), zur Übergangsregelung für **nach dem 17. 12. 2019 und vor dem 1. 1. 2022** ausgeführte Leistungen siehe Anlage zu A 12.17 UStAE.

durch die Bereitstellung begünstigter Werke im Sinne des § 12 Abs. 2 Nr. 14 Satz 1 UStG geprägt wird. ⑥ Dabei ist auf die Sicht des Durchschnittsverbrauchers abzustellen. ⑦ Unschädlich ist, wenn die Datenbank auch oder nur andere der in Nummer 49 Buchstabe a bis e und Nummer 50 der Anlage 2 des UStG bezeichneten Erzeugnisse (z. B. Noten) in elektronischer Form enthält. ⑧ Datenbanken, die überwiegend andere Elemente als elektronische Bücher, Zeitungen oder Zeitschriften oder Teile von diesen enthalten, sind nicht begünstigt. ⑨ Ob andere Elemente als die nach § 12 Abs. 2 Nr. 14 Satz 1 UStG begünstigten überwiegen, beurteilt sich sowohl quantitativ als auch qualitativ anhand der in der Datenbank enthaltenen Elemente. ⑩ Die Durchsuchbarkeit, Filtermöglichkeit und Verlinkung innerhalb der Datenbank schließen die Anwendung des ermäßigten Steuersatzes nicht aus. ⑪ Nicht begünstigt sind Datenbanken, die Elemente im Sinne des § 12 Abs. 2 Nr. 14 Satz 2 UStG enthalten. ⑫ Unschädlich ist, wenn eine Datenbank Werbung enthält, ohne den Tatbestand des § 12 Abs. 2 Nr. 14 Satz 2 UStG zu erfüllen.

Beispiel 1:

① Eine Datenbank enthält Noten sowie kurze Hörbeispiele der einzelnen Lieder zur besseren Auffindbarkeit und bietet zusätzlich die Möglichkeit, die Noten in eine andere Tonart umzuwandeln. ② In der Datenbank überwiegen die begünstigten Elemente (Noten) sowohl qualitativ als auch quantitativ.
③ Der Zugang zur Datenbank unterliegt insgesamt dem ermäßigten Steuersatz.

Beispiel 2:

① Im Rahmen eines digitalen Office-Pakets bietet ein Verlag neben Kommentaren, Gerichtsurteilen, Aufsätzen, Gesetzestexten und Verordnungen auch Formulare zum Ausfüllen oder Tools wie Steuer- oder auch Mindestlohnrechner sowie e-Trainings, Generatoren und Online-Live-Seminare an. ② Sowohl bei der Anzahl der in der Datenbank enthaltenen Dateien als auch bei den abgerufenen Inhalten überwiegen die begünstigten Elemente (Kommentare, Gerichtsurteile, Aufsätze, Gesetzestexte, Verordnungen und Formulare).
③ Der Zugang zur Datenbank unterliegt insgesamt dem ermäßigten Steuersatz.

Beispiel 3:

① Eine Plattform bietet neben Texten auch kurze Videos, einen Chatroom mit anderen Teilnehmern und die Möglichkeit eines interaktiven Abschlusstests. ② Bei qualitativer/quantitativer Betrachtungsweise überwiegen die nicht begünstigten Elemente.
③ Der Zugang zur Datenbank unterliegt insgesamt nicht dem ermäßigten Steuersatz.

Beispiel 4:

① Im Rahmen einer Plattform zur Bereitstellung von Lehr- und Lernmedien bietet ein Verlag neben Schulbüchern, Wörterbüchern, Enzyklopädien, Handreichungen für den Unterricht, Test- und Prüfungsbögen in Textform auch kurze Erklärvideos und Hörbeispiele oder Tools für das kollaborative digitale Lernen, beispielsweise Zuweisfunktionen von Aufgaben sowie Lernstandsanzeigen und Planer zur Unterrichtsgestaltung an.
② Bei qualitativer/quantitativer Betrachtungsweise überwiegen die begünstigten Elemente (Schulbücher, Wörterbücher, Enzyklopädien, Handreichungen für den Unterricht, Test- und Prüfungsbögen in Textform). ③ Der Zugang zur Datenbank unterliegt insgesamt dem ermäßigten Steuersatz.

Anl zu 12.17

Schreiben betr. Umsatzsteuersatz für digitale Medien nach § 12 Abs. 2 Nr. 14 UStG

Vom 17. Dezember 2021 (BStBl. I S. 2502)

(BMF III C 2 – S 7225/19/10001 :005; DOK 2021/1221613)

I.

225 Nach § 12 Abs. 2 Nr. 14 UStG unterliegt die Überlassung der in Nr. 49 Buchst. a bis e und Nr. 50 der Anlage 2 bezeichneten Erzeugnisse in elektronischer Form dem ermäßigten Steuersatz. Ebenso unterliegt gemäß § 12 Abs. 2 Nr. 14 S. 3 UStG die Bereitstellung eines Zugangs zu Datenbanken, die eine Vielzahl von elektronischen Büchern, Zeitungen oder Zeitschriften oder Teile von diesen enthalten, dem ermäßigten Steuersatz.

II.

[Änderungen des Umsatzsteuer-Anwendungserlasses in A 12.17 UStAE berücksichtigt]

III.

Die Regelungen dieses Schreibens sind in allen offenen Fällen anzuwenden.

226 Hat der leistende Unternehmer für eine **nach dem 17. 12. 2019 und vor dem 1. 1. 2022** ausgeführte Leistung unter Bezug auf § 12 Abs. 2 Nr. 14 UStG in einer in diesem Zeitraum ausgestellten Rechnung zu Unrecht den ermäßigten Steuersatz ausgewiesen, wird aus Vereinfachungsgründen angenommen, dass die ausgewiesene Steuer die gesetzlich geschuldete ist, wenn der Unternehmer in den Rechnungen den Umsatzsteuerausweis nicht berichtigt. Hat der leistende Unternehmer für eine nach dem 17. 12. 2019 und vor dem 1. 1. 2022 ausgeführte Leistung iSd § 12 Abs. 2 Nr. 14 UStG in einer in diesem Zeitraum ausgestellten Rechnung einen zu hohen Steuersatz ausgewiesen und diesen Steuerbetrag abgeführt, wird es aus Vereinfachungsgründen nicht beanstandet, wenn der Unternehmer in den Rechnungen den Umsatzsteuerausweis nicht berichtigt. In diesem Fall wird es bei einem zum Vorsteuerabzug berechtigten Leistungsempfänger nicht beanstandet, wenn er aus derartigen iSv § 14c Abs. 1 UStG unrichtigen Rechnungen unter den übrigen Voraussetzungen des § 15 UStG einen Vorsteuerabzug auf Grundlage des ausgewiesenen Steuersatzes vornimmt. Für Umsätze, für die der Leistungsempfänger die Steuer nach § 13b UStG schuldet, gilt dies entsprechend für die vom Leistungsempfänger berechnete Steuer.

§ 13 Entstehung der Steuer

(1) **Die Steuer entsteht**

1. für Lieferungen und sonstige Leistungen 1

a) bei der Berechnung der Steuer nach vereinbarten Entgelten (§ 16 Abs. 1 Satz 1) mit Ablauf des Voranmeldungszeitraums, in dem die Leistungen ausgeführt worden sind. ② Das gilt auch für Teilleistungen. ③ Sie liegen vor, wenn für bestimmte Teile einer wirtschaftlich teilbaren Leistung das Entgelt gesondert vereinbart wird. ④ Wird das Entgelt oder ein Teil des Entgelts vereinnahmt, bevor die Leistung oder die Teilleistung ausgeführt worden ist, so entsteht insoweit die Steuer mit Ablauf des Voranmeldungszeitraums, in dem das Entgelt oder das Teilentgelt vereinnahmt worden ist,

b) bei der Berechnung der Steuer nach vereinnahmten Entgelten (§ 20) mit Ablauf des Voranmeldungszeitraums, in dem die Entgelte vereinnahmt worden sind,

c) in den Fällen der Beförderungseinzelbesteuerung nach § 16 Abs. 5 in dem Zeitpunkt, in dem der Kraftomnibus in das Inland gelangt,

d), e)[1]

f)[1] **in den Fällen des § 18 i mit Ablauf des Besteuerungszeitraums nach § 16 Absatz 1 c Satz 1, in dem die Leistungen ausgeführt worden sind,**

g)[1] **in den Fällen des § 18 j vorbehaltlich des Buchstabens i mit Ablauf des Besteuerungszeitraums nach § 16 Absatz 1 d Satz 1, in dem die Leistungen ausgeführt worden sind,**

h)[1] **in den Fällen des § 18 k mit Ablauf des Besteuerungszeitraums nach § 16 Absatz 1 e Satz 1, in dem die Lieferungen ausgeführt worden sind; die Gegenstände gelten als zu dem Zeitpunkt geliefert, zu dem die Zahlung angenommen wurde,**

i)[1] **in den Fällen des § 3 Absatz 3 a zu dem Zeitpunkt, zu dem die Zahlung angenommen wurde;**

2. für Leistungen im Sinne des § 3 Abs. 1 b und 9 a mit Ablauf des Voranmeldungszeitraums, in dem diese Leistungen ausgeführt worden sind; 2

3. in den Fällen des § 14 c im Zeitpunkt der Ausgabe der Rechnung; 3

4. *(aufgehoben)* 4

5. im Fall des § 17 Abs. 1 Satz 6 mit Ablauf des Voranmeldungszeitraums, in dem die Änderung der Bemessungsgrundlage eingetreten ist; 5

6. für den innergemeinschaftlichen Erwerb im Sinne des § 1 a mit Ausstellung der Rechnung, spätestens jedoch mit Ablauf des dem Erwerb folgenden Kalendermonats; 6

7. für den innergemeinschaftlichen Erwerb von neuen Fahrzeugen im Sinne des § 1 b am Tag des Erwerbs; 7

8. im Fall des § 6 a Abs. 4 Satz 2 in dem Zeitpunkt, in dem die Lieferung ausgeführt wird; 8

9. im Fall des § 4 Nr. 4 a Satz 1 Buchstabe a Satz 2 mit Ablauf des Voranmeldungszeitraums, in dem der Gegenstand aus einem Umsatzsteuerlager ausgelagert wird. 9

(2) **Für die Einfuhrumsatzsteuer gilt § 21 Abs. 2.** 10

(3) *(weggefallen)*

Hinweis auf EU-Vorschriften:

UStG:	§ 13 Abs. 1	**MwStSystRL:**	Art. 63, 64 Abs. 1, 65, 66 (a), (b), 69, 364, 393 Abs. 2/**MwStVO:** Art. 13 a, 13 b
	§ 13 Abs. 2		Art. 70, 71

Übersicht

[1] Siehe § 27 Abs. 34 Satz 2 UStG, auch zur letztmaligen Anwendung der Buchst. d u. e auf vor dem 1. 7. 2021 ausgeführte Umsätze.

Zu § 13 UStG

UStAE 13.1

13.1 Entstehung der Steuer bei der Besteuerung nach vereinbarten Entgelten

11 (1)[1] ① Bei der Besteuerung nach vereinbarten Entgelten (Sollversteuerung) entsteht die Steuer grundsätzlich mit Ablauf des Voranmeldungszeitraums, in dem die Lieferung oder sonstige Leistung ausgeführt worden ist. ② Das gilt auch für unentgeltliche Wertabgaben im Sinne des § 3 Abs. 1b und 9a UStG. ③ Die Steuerentstehung ist nicht auf bereits fällige Entgeltansprüche beschränkt (vgl. BFH-Urteil vom 1. 2. 2022 – V R 37/21 (V R 16/19), BStBl. II S. 860). ④ Die Steuer entsteht in der gesetzlichen Höhe unabhängig davon, ob die am Leistungsaustausch beteiligten Unternehmer von den ihnen vom Gesetz gebotenen Möglichkeiten der Rechnungserteilung mit gesondertem Steuerausweis und des Vorsteuerabzugs Gebrauch machen oder nicht. ⑤ Für Umsätze, die ein Unternehmer in seinen Voranmeldungen nicht angibt (auch bei Rechtsirrtum über deren Steuerbarkeit), entsteht die Umsatzsteuer ebenso wie bei ordnungsgemäß erklärten Umsätzen (vgl. BFH-Urteil vom 20. 1. 1997, V R 28/95, BStBl. II S. 716). ⑥ Der Zeitpunkt der Leistung ist entscheidend, für welchen Voranmeldungszeitraum ein Umsatz zu berücksichtigen ist (vgl. BFH-Urteil vom 13. 10. 1960, V 294/58 U, BStBl. III S. 478). ⑦ Dies gilt nicht für die Istversteuerung von Anzahlungen im Sinne des § 13 Abs. 1 Nr. 1 Buchstabe a Satz 4 UStG (vgl. Abschnitt 13.5).

12 (2) ① Lieferungen – einschließlich Werklieferungen – sind grundsätzlich dann ausgeführt, wenn der Leistungsempfänger die Verfügungsmacht über den zu liefernden Gegenstand erlangt. ② Lieferungen, bei denen der Lieferort nach § 3 Abs. 6 UStG bestimmt wird, werden im Zeitpunkt des Beginns der Beförderung oder Versendung des Gegenstands ausgeführt (vgl. BFH-Urteil vom 6. 12. 2007, V R 24/05, BStBl. 2009 II S. 490). ③ Bei Sukzessivlieferungsverträgen ist der Zeitpunkt jeder einzelnen Lieferung maßgebend. ④ Lieferungen von Elektrizität, Gas, Wärme, Kälte und Wasser sind jedoch erst mit Ablauf des jeweiligen Ablesezeitraums als ausgeführt zu behandeln. ⑤ Die während des Ablesezeitraums geleisteten Abschlagszahlungen der Tarifabnehmer sind nicht als Entgelt für Teilleistungen (vgl. Abschnitt 13.4) anzusehen; sie führen jedoch bereits mit Ablauf des Voranmeldungszeitraums ihrer Vereinnahmung nach § 13 Abs. 1 Nr. 1 Buchstabe a Satz 4 UStG zur Entstehung der Steuer (vgl. Abschnitt 13.5).

13 (3) ① Sonstige Leistungen, insbesondere Werkleistungen, sind grundsätzlich im Zeitpunkt ihrer Vollendung ausgeführt. ② Bei zeitlich begrenzten Dauerleistungen, z. B. Duldungs- oder Unterlassungsleistungen (vgl. Abschnitt 3.1 Abs. 4) ist die Leistung mit Beendigung des entsprechenden Rechtsverhältnisses ausgeführt, es sei denn, die Beteiligten hatten Teilleistungen (vgl. Abschnitt 13.4) vereinbart. ③ Anzahlungen sind stets im Zeitpunkt ihrer Vereinnahmung zu versteuern (vgl. Abschnitt 13.5).

14 (4) ① Eine Leasinggesellschaft, die ihrem Kunden (Mieter) eine Sache gegen Entrichtung monatlicher Leasingraten überlässt, erbringt eine Dauerleistung, die entsprechend der Vereinbarung über die monatlich zu zahlenden Leasingraten in Form von Teilleistungen (vgl. Abschnitt 13.4) bewirkt wird. ② Die Steuer entsteht jeweils mit Ablauf des monatlichen Voranmeldungszeitraums, für den die Leasingrate zu entrichten ist. ③ Tritt die Leasinggesellschaft ihre Forderung gegen den Mieter auf Zahlung der Leasingraten an eine Bank ab, die das Risiko des Ausfalls der erworbenen Forderung übernimmt, führt die Vereinnahmung des Abtretungsentgelts nicht zur sofortigen Entstehung der Steuer für die Vermietung nach § 13 Abs. 1 Nr. 1 Buchstabe a Satz 4 UStG, weil das Abtretungsentgelt nicht zugleich Entgelt für die der Forderung zu Grunde liegende Vermietungsleistung ist. ④ Die Bank zahlt das Abtretungsentgelt für den Erwerb der Forderung, nicht aber als Dritter für die Leistung der Leasinggesellschaft an den Mieter. ⑤ Die Leasinggesellschaft vereinnahmt das Entgelt für ihre Vermietungsleistung vielmehr jeweils mit der Zahlung der Leasingraten durch den Mieter an die Bank, weil sie insoweit gleichzeitig von ihrer Gewährleistungspflicht für den rechtlichen Bestand der Forderung gegenüber der Bank befreit wird. ⑥ Dieser Vereinnahmungszeitpunkt wird in der Regel mit dem Zeitpunkt der Ausführung der einzelnen Teilleistung übereinstimmen.

15 (5) Nach den Grundsätzen des Absatzes 4 ist auch in anderen Fällen zu verfahren, in denen Forderungen für noch zu erbringende Leistungen oder Teilleistungen verkauft werden.

16 (6) ① Bei einem Kauf auf Probe (§ 454 BGB) im Versandhandel kommt der Kaufvertrag noch nicht mit der Zusendung der Ware, sondern erst nach Ablauf der vom Verkäufer eingeräumten Billigungsfrist oder durch Überweisung des Kaufpreises zustande. ② Erst zu diesem Zeitpunkt ist umsatzsteuerrechtlich die Lieferung ausgeführt (vgl. BFH-Urteil vom 6. 12. 2007, V R 24/05,

[1] A 13.1 UStAE Abs. 1 Satz 3 eingefügt, bish. Sätze 3 bis 6 werden neue Sätze 4 bis 7 durch BMF v. 14. 12. 2022 (BStBl. I S. 1688), anzuwenden in allen offenen Fällen.

BStBl. 2009 II S. 490). ③ Dagegen ist bei einem Kauf mit Rückgaberecht bereits mit der Zusendung der Ware der Kaufvertrag zustande gekommen und die Lieferung ausgeführt.

(7) ① Eine Abmahnleistung im Sinne des Abschnitts 1.3 Abs. 16a gilt mit dem Zugang der Abmahnung beim Abgemahnten als ausgeführt. ② Aus Vereinfachungsgründen wird es nicht beanstandet, wenn der Steuerpflichtige die Besteuerung für die Abmahnleistung in demjenigen Voranmeldungszeitraum vornimmt, in dem die Abmahnung an den Abgemahnten abgesendet wurde (vgl. BMF-Schreiben vom 1. 10. 2021, BStBl. I S. 1859). 16a

LS zu 13.1

Es ist nicht zu beanstanden, wenn das Entgelt für die spätere Auslagerung bei **Kühlhäusern** bereits bei **Vorwegzahlung** versteuert wird. *Erlaß des BdF IV A/2 – S 7270 – 25/68 v. 13. 8. 1969 (BeckVerw 053 355).*

Bei Leistungen der **GEMA-Mitglieder** liegen Teilleistungen nach § 13 Abs. 1 Nr. 1a UStG vor. *Verfügung OFD Hamburg S 7117 – 19/71 – St 251 v. 7. 3. 1972 (BeckVerw 053 360).* 17

Entstehung der Umsatzsteuerschuld bei Wartungsverträgen (UStGruppenleiter-Besprechung am 9./10. April 1968 – S 7270): Die Wartungsleistungen sind am Ende des Wartungszeitraumes als bewirkt anzusehen. Die Steuerschuld entsteht deshalb mit Ablauf des Voranmeldungszeitraumes, in dem der einjährige Wartungszeitraum endet. Der Unternehmer hat die Umsatzsteuer für diesen Voranmeldungszeitraum bis zum 10. des folgenden Monats abzuführen. Der Leistungsempfänger kann ggf. den Vorsteuerabzug auch erst für diesen Voranmeldungszeitraum geltend machen ... *[Entspr. OFD Hannover S 7270 – 12 (9) – StH 731 (StO 621) v. 10. 9. 1969, BeckVerw 053 353].* 18

Die **Bestellung eines Erbbaurechts** ist umsatzsteuerrechtlich eine Dauerleistung. *BFH-Urteil v. 20. 4. 1988 – X R 4/80 (BStBl. II S. 744).*

„Verlorene Baukostenzuschüsse" bei Mietverträgen mit vereinbarter Mindestlaufzeit sind regelmäßig vorausgezahltes Entgelt für die Vermietungsleistung. – Die Bemessungsgrundlage (auch) für Teilleistungen (§ 13 Abs. 1 Buchst. a Satz 3 UStG 1967/1973) ergibt sich aus § 10 Abs. 1 UStG 1967/1973. **Mietvorauszahlungen** sind danach anteilig neben dem vereinbarten laufenden Mietzins als Entgelt für die (monatlichen/jährlichen) „Teile" einer auf bestimmte Zeit vereinbarten Vermietungsleistung zu erfassen. *BFH-Urteil v. 19. 5. 1988 V R 102/83 (BStBl. II S. 848).* 19

1. Bei **Mietverträgen über eine bestimmte (Mindest-)Laufzeit,** die in monatliche Zahlungs- und Leistungsabschnitte untergliedert sind, liegen Teilleistungen i. S. des § 13 Abs. 1 Nr. 1 Buchst. a Sätze 2 und 3 UStG 1980 vor, die durch die monatlichen Zahlungsaufforderungen oder -belege konkretisiert werden. – 2. Bezieht ein Unternehmer derartige Mietleistungen für sein Unternehmen, ist sowohl für den Leistungsbezug (§ 15 Abs. 1 Nr. 1 UStG 1980) als auch für die Frage der Verwendung dieser Leistungen (§ 15 Abs. 2 UStG 1980) auf die monatlichen (Teil-)Leistungsabschnitte abzustellen. – 3. ... *BFH-Urteil v. 9. 9. 1993 V R 42/91 (BStBl. 1994 II S. 269).*

1. Die nach dem **MAVG** vom 17. Juli 1984 (BGBl. I 1984, S. 942) und der MAVV (BGBl. I 1987, S. 1699) jährlich ratenweise gewährten Vergütungen für die Aufgabe der Milcherzeugung sind Teilleistungen gemäß § 13 Abs. 1 Nr. 1 Buchst. a Sätze 2 und 3 UStG 1980. – 2., 3. ... *BFH-Urteil v. 21. 4. 1993 XI R 50/90 (BStBl. II S. 696).*

2. Wenn **Grabpflege** für 25 Jahre gegen **Einmalzahlung** vereinbart wird, kann dies nach den jeweiligen Besonderheiten zur Annahme einer Vorauszahlung (§ 13 Abs. 1 Nr. 1 Buchst. a Satz 4 UStG) oder eines verzinslichen Darlehens führen. *BFH-Urt. v. 21. 6. 2001 V R 80/99 (BStBl. 2003 II S. 810).*

Der BFH hat bezüglich der Entstehung der Steuer bei einer entgeltlichen **Rücknahme einer Klage** klargestellt, dass es auf den Zeitpunkt der Entrichtung des Entgeltes für die Steuerentstehung bei Sollversteuerung nicht ankommt. Da § 13 Abs. 1 Nr. 1 Buchst. a Satz 3 UStG nicht unionsrechtskonform auslegbar ist, setzt die Anwendung von Art. 10 Abs. 2 Satz 2 der Richtlinie 77/388/EWG (nunmehr Art. 64 MwStSystRL) voraus, dass der Steuerpflichtige sich auf die Vorschrift beruft. *BFH-Urteil v. 22. 8. 2019 V R 47/17 (DStR S. 2526).*

Besteht beim **Sale-and-lease-back** die Leistung in der Mitwirkung an einer bilanziellen Gestaltung als zeitlich begrenzter Dauerleistung, wird die Leistung erst mit der Beendigung der dieser Leistung zugrunde liegenden Rechtsverhältnisse erbracht. *BFH-Urteil v. 27. 11. 2019 V R 25/18 (DStR 2020 S. 335).*

Zum Leistungszeitpunkt bei der Überlassung von **Filmlizenzen** siehe *Vfg. BayLfSt v. 16. 2. 2021 – S 7270.1.1 (MwStR S. 216).*

Die an Akustiker bei Abbruch der Behandlung wegen Todes des Versicherten vom Versicherungsträger gezahlte **Anpaßpauschale für das Hörgerät** ist eine **Anzahlung** im Sinne des § 13 Abs. 1 Nr. 1a Satz 4 UStG, die nach § 12 Abs. 2 Nr. 1 UStG iVm der Anlage zu § 12 UStG Nr. 52a dem ermäßigten Steuersatz unterliegt. – Bei Abbruch der Behandlung aus anderen Gründen liegt die Rückgängigmachung einer Lieferung vor. Der Akustiker hat seine Rechnung zu berichtigen. Erfolgen Lieferung und deren Rückgängigmachung in demselben Voranmeldungszeitraum, so liegt eine Anzahlung im Sinne des Abs. 1 vor. – Die Erstattung von Sachkosten für die nicht wieder verwendbare Otoplastik unterliegt als **Schadensersatz** nicht der Umsatzsteuer. *Verfügung OFD Hannover v. 25. 4. 2007 S 7227 – 15 – StO 184 (BeckVerw 094 667).* 20

Steuerbefreite Anpassung von Hörgeräten durch **HNO-Ärzte** vgl. *BMF vom 10. 6. 1998, IV C 4 – S 7170 – 46/98 (BeckVerw 027 115).*

Art. 63 iVm Art. 64 Abs. 1 MwStSystRL ist dahin auszulegen, dass er der Annahme entgegensteht, dass der Steuertatbestand und der Steueranspruch bezüglich einer von einem **Vermittler** erbrachten Dienstleistung der Vermittlung von Profifußballspielern wie die im Ausgangsverfahren in Rede stehende, die Gegenstand von unter einer **Bedingung** stehenden Ratenzahlungen über mehrere Jahre nach der Vermittlung ist, im Zeitpunkt der Vermittlung eintreten. ***EuGH-Urteil v. 29. 11. 2018*** *C-548/17, baumgarten sports & more GmbH (DStR S. 2572).* Der BFH hat im Nachfolgeurteil entschieden, dass sich Unternehmer bei **noch nicht vollständig** erbrachten **ratenweise vergüteten Vermittlungsleistungen** auf eine unmittelbare Anwendung von Art. 64 Abs. 1 MwStSystRL berufen können. *BFH-Urteil v. 26. 6. 2019 V R 8/19 (DStR S. 1745).*

Der *BFH* hat den EuGH mit *Beschluss v. 7. 5. 2020 V R 16/19 (DStR S. 1617)* insb. die Frage zur Vorabentscheidung vorgelegt, wie **Ratenzahlungen bei einer einmalig** und daher nicht zeitraumbezogen **erbrachten Dienstleistung** zu behandeln sind. – Der ***EuGH*** hat mit ***Urteil v. 28. 10. 2021*** *C-324/20, X-Beteiligungsgesellschaft mbH (DStR S. 2586)* eine Steuerentstehung pro rata temporis bei Ratenzahlung abgelehnt: So ist Art. 64 Abs. 1 MwStSystRL dahin auszulegen, dass eine in Raten vergütete einmalige Dienstleistung nicht in den Anwendungsbereich dieser Bestimmung fällt, Art. 90 Abs. 1 MwStSystRL dahin, dass bei Vorliegen einer Ratenzahlungsvereinbarung die Nichtbezahlung eines Teilbetrags der Vergütung vor seiner Fälligkeit nicht als Nichtbezahlung des Preises im Sinne dieser Bestimmung eingestuft werden und deshalb nicht zu einer Verminderung der Steuerbemessungsgrundlage führen kann. Der *BFH* hat im *Nachfolgeurteil v. 1. 2. 2022 V R 37/21 (V R 16/19) (BStBl. II S. 860)* bezüglich der vom Vermittler vollständig erbrachten Vermittlungsleistungen Folgendes klargestellt: 1. Die Vereinbarung einer Ratenzahlung begründet keine Uneinbringlichkeit i. S. von § 17 Abs. 2 Nr. 1 UStG. – 2. Die Steuerentstehung gemäß § 13 Abs. 1 Nr. 1 Buchst. a Satz 1 UStG ist nicht auf bereits fällige Entgeltansprüche beschränkt. – 3. Eine Teilleistung i. S. von § 13 Abs. 1 Nr. 1 Buchst. a Satz 3 UStG, bei der für bestimmte Teile einer wirtschaftlich teilbaren Leistung das Entgelt gesondert vereinbart wird, erfordert eine Leistung mit kontinuierlichem oder wiederkehrendem Charakter.

UStAE 13.2

13.2 Sollversteuerung in der Bauwirtschaft

21 (1) ① In der Bauwirtschaft werden Werklieferungen und Werkleistungen auf dem Grund und Boden der Auftraggeber im Allgemeinen nicht in Teilleistungen (vgl. Abschnitt 13.4), sondern als einheitliche Leistungen erbracht. ② Diese Leistungen sind ausgeführt:

22 1. ① Werklieferungen, wenn dem Auftraggeber die Verfügungsmacht verschafft wird. ② Das gilt auch dann, wenn das Eigentum an den verwendeten Baustoffen nach §§ 946, 93, 94 BGB zur Zeit der Verbindung mit dem Grundstück auf den Auftraggeber übergeht. ③ Der Werklieferungsvertrag wird mit der Übergabe und Abnahme des fertiggestellten Werks erfüllt (vgl. BFH-Urteil vom 5. 9. 2019 – V R 38/17, BStBl. II 2022 S. 696). ④ Der Auftraggeber erhält die Verfügungsmacht mit der Übergabe des fertiggestellten Werks (vgl. BFH-Urteil vom 26. 2. 1976, V R 132/73, BStBl. II S. 309). ⑤ Auf die Form der Abnahme kommt es dabei nicht an. ⑥ Insbesondere ist eine Verschaffung der Verfügungsmacht bereits dann anzunehmen, wenn der Auftraggeber das Werk durch schlüssiges Verhalten, z. B. durch Benutzung, abgenommen hat und eine förmliche Abnahme entweder gar nicht oder erst später erfolgen soll. ⑦ Wird das vertraglich vereinbarte Werk nicht fertiggestellt und ist eine Vollendung des Werks durch den Werkunternehmer nicht mehr vorgesehen, entsteht ein neuer Leistungsgegenstand. ⑧ Dieser beschränkt sich bei der Eröffnung eines Insolvenzverfahrens auf den vom Werkunternehmer bis zu diesem Zeitpunkt gelieferten Teil des Werks, wenn der Insolvenzverwalter die weitere Erfüllung des Werkvertrags nach § 103 InsO ablehnt (vgl. Abschnitt 3.9). ⑨ In diesen Fällen ist die Lieferung im Zeitpunkt der Insolvenzeröffnung bewirkt. ⑩ Wählt der Insolvenzverwalter die Erfüllung eines bei Eröffnung des Insolvenzverfahrens noch nicht oder nicht vollständig erfüllten Werkvertrags, wird die Werklieferung – wenn keine Teilleistungen im Sinne des § 13 Abs. 1 Nr. 1 Buchstabe a Sätze 2 und 3 UStG gesondert vereinbart worden sind – erst mit der Leistungserbringung nach Verfahrenseröffnung ausgeführt (BFH-Urteil vom 30. 4. 2009, V R 1/06, BStBl. 2010 II S. 138). ⑪ Im Falle der Kündigung des Werkvertrags wird die Leistung mit dem Tag des Zugangs der Kündigung ausgeführt. ⑫ Stellt der Werkunternehmer die Arbeiten an dem vereinbarten Werk vorzeitig ein, weil der Besteller – ohne eine eindeutige Erklärung abzugeben – nicht willens und in der Lage ist, seinerseits den Vertrag zu erfüllen, wird das bis dahin errichtete halbfertige Werk zum Gegenstand der Werklieferung. ⑬ Es wird in dem Zeitpunkt geliefert, in dem für den Werkunternehmer nach den gegebenen objektiven Umständen feststeht, dass er wegen fehlender Aussicht auf die Erlangung weiteren Werklohns nicht mehr leisten wird (vgl. BFH-Urteil vom 28. 2. 1980, V R 90/75, BStBl. II S. 535).[1]

23 2. Sonstige Leistungen, insbesondere Werkleistungen, grundsätzlich im Zeitpunkt ihrer Vollendung, der häufig mit dem Zeitpunkt der Abnahme zusammenfallen wird.

24 (2) ① Die in der Bauwirtschaft regelmäßig vor Ausführung der Leistung vereinnahmten Vorauszahlungen, Abschlagszahlungen usw. führen jedoch bereits mit Ablauf des Voranmeldungszeitraums ihrer Vereinnahmung nach § 13 Abs. 1 Nr. 1 Buchstabe a Satz 4 UStG (vgl. Abschnitt 13.5) zur Entstehung der Steuer. ② Wird über die bereits erbrachten Bauleistungen erst einige Zeit nach Ausführung der Leistungen abgerechnet, ist das Entgelt – sofern es noch nicht feststeht – sachgerecht zu schätzen, z. B. anhand des Angebots (vgl. auch BMF-Schreiben vom 12. 10. 2009, BStBl. I S. 1292). ③ Weitere Hinweise enthält das Merkblatt zur Umsatzbesteuerung in der Bauwirtschaft, Stand Oktober 2009 (BMF-Schreiben vom 12. 10. 2009, a. a. O.).[2]

LS zu 13.2

Zur Umsatzbesteuerung in der **Bauwirtschaft.** *Verfügung OFD Frankfurt/M. v. 10. 8. 2015 S 7270 A – 011 – St 113 (DB S. 2237).*

28

Anl zu 13.2

Schreiben betr. Merkblatt zur Umsatzbesteuerung in der Bauwirtschaft (USt M 2)[3, 4]

Vom 12. Oktober 2009 (BStBl. I S. 1292)

(BMF IV B 8 – S 7270/07/10001; DOK 2009/0637303)

[abgedruckt im USt-Handbuch 2020 als Anlage zu A 13.2]

UStAE 13.3

13.3 Sollversteuerung bei Architekten und Ingenieuren

Leistungen nach der Verordnung über die Honorare für Architekten- und Ingenieurleistungen (HOAI)

51 (1) ① Die Leistungen der Architekten und Ingenieure, denen Leistungsbilder nach der HOAI zu Grunde liegen, werden grundsätzlich als einheitliche Leistung erbracht, auch wenn die Ge-

[1] Zurechnung bei nicht erfüllten Werklieferungsverträgen vgl. A 1.3 Abs. 5, 2.1 Abs. 3, 3.9 Abs. 2, 13.2 Satz 2 Nr. 1, 15.2b Abs. 1 Satz 1 u. 2, 17.1 Abs. 8 Satz 4 UStAE sowie Anlage zu 13.2 – Abschn. III Nr. 1 a (Merkblatt USt M 2).

[2] Nachstehend Anlage zu A 13.2.

[3] Zum Merkblatt Stand Januar 2023 siehe *BMF-Schreiben v. 27. 1. 2023 (BStBl. I S. 305).*

[4] Zu den Auswirkungen eines sog. Sicherungseinbehalts für Baumängel vgl. A 17.1 Abs. 5 UStAE und die Übergangsregelung des BMF-Schreibens v. 3. 8. 2015 S 7333/08/10 001 (BStBl. I S. 624).

samtleistung nach der Beschreibung in der HOAI, insbesondere durch die Aufgliederung der Leistungsbilder in Leistungsphasen, teilbar ist. ② Allein die Aufgliederung der Leistungsbilder zur Ermittlung des (Teil-)Honorars führt nicht zur Annahme von Teilleistungen im Sinne des § 13 Abs. 1 Nr. 1 Buchstabe a Satz 3 UStG (vgl. Abschnitt 13.4). ③ Nur wenn zwischen den Vertragspartnern im Rahmen des Gesamtauftrags über ein Leistungsbild zusätzliche Vereinbarungen über die gesonderte Ausführung und Honorierung einzelner Leistungsphasen getroffen werden, sind insoweit Teilleistungen anzunehmen.

(2) Absatz 1 gilt sinngemäß auch für Architekten- und Ingenieurleistungen, die nicht nach der **52**
HOAI abgerechnet werden.

Leistungen nach den Richtlinien für die Durchführung von Bauaufgaben des Bundes im Zuständigkeitsbereich der Finanzbauverwaltungen (RBBau)

(3) ① Architekten und Ingenieurleistungen werden entsprechend des Vertragsmusters (Teil 3/ **53**
VM1/1 RBBau) vergeben. ② Nach § 1 dieses Vertragsmusters wird der Auftragnehmer zunächst nur mit der Aufstellung der Entscheidungsunterlage – Bau – beauftragt. ③ Für diese Leistung wird das Honorar auch gesondert ermittelt. ④ Im Vertrag wird die Absichtserklärung abgegeben, dem Auftragnehmer weitere Leistungen zu übertragen, wenn die Voraussetzungen dazu gegeben sind. ⑤ Die Übertragung dieser weiteren Leistungen erfolgt durch gesonderte Schreiben. ⑥ Bei dieser Abwicklung ist das Aufstellen der Entscheidungsunterlage – Bau – als eine selbständige Leistung des Architekten oder Ingenieurs anzusehen. ⑦ Mit der Ausführung der ihm gesondert übertragenen weiteren Leistungen erbringt er ebenfalls eine selbständige einheitliche Gesamtleistung, es sei denn, dass die unter Absatz 1 bezeichneten Voraussetzungen für die Annahme von Teilleistungen vorliegen.

13.4[1] Teilleistungen

UStAE 13.4

① Teilleistungen setzen voraus, dass eine nach wirtschaftlicher Betrachtungsweise teilbare Leistung nicht als Ganzes, sondern in Teilen geschuldet und bewirkt wird. ② Eine Leistung ist in Tei- **61**
len geschuldet, wenn für bestimmte Teile das Entgelt gesondert vereinbart wird (§ 13 Abs. 1 Nr. 1 Buchstabe a Satz 3 UStG). ③ Vereinbarungen dieser Art werden im Allgemeinen anzunehmen sein, wenn für einzelne Leistungsteile gesonderte Entgeltsabrechnungen durchgeführt werden. ④ Eine Teilleistung im Sinne von § 13 Abs. 1 Nr. 1 Buchstabe a Satz 3 UStG erfordert eine Leistung mit kontinuierlichem oder wiederkehrendem Charakter (vgl. BFH-Urteil vom 1. 2. 2022 – V R 37/21 (V R 16/19), BStBl. II S. 860). ⑤ Keine Teilleistung liegt hingegen vor, wenn es sich um eine einmalige Leistung gegen Ratenzahlung handelt. ⑥ Deshalb gehören Vorauszahlungen auf spätere Teilleistungen zum Entgelt für diese Teilleistungen (vgl. BFH-Urteil vom 19. 5. 1988, V R 102/83, BStBl II S. 848), die jedoch nach § 13 Abs. 1 Nr. 1 Buchstabe a Satz 4 UStG bereits mit Ablauf des Voranmeldungszeitraums ihrer Vereinnahmung zur Entstehung der Steuer führen (vgl. Abschnitt 13.5).

Beispiel 1:

In einem Mietvertrag über 2 Jahre ist eine monatliche Mietzahlung vereinbart.

Beispiel 2:

① Ein Bauunternehmer hat sich verpflichtet, zu Einheitspreisen (§ 4 Abs. 1 Nr. 1 VOB/A) die Maurer- und Betonarbeiten sowie den Innen- und Außenputz an einem Bauwerk auszuführen. ② Die Maurer- und Betonarbeiten werden gesondert abgenommen und abgerechnet. ③ Der Innen- und der Außenputz werden später ausgeführt, gesondert abgenommen und abgerechnet.

⑦ In den Beispielen 1 und 2 werden Leistungen in Teilen geschuldet und bewirkt.

Beispiel 3:

① Eine Fahrschule schließt mit ihren Fahrschülern Verträge über die praktische und theoretische Ausbildung zur Erlangung des Führerscheins ab und weist darin die Grundgebühr, den Preis je Fahrstunde und die Gebühr für die Vorstellung zur Prüfung gesondert aus. ② Entsprechend werden die Abrechnungen durchgeführt.

③ Die einzelnen Fahrstunden und die Vorstellung zur Prüfung sind als Teilleistungen zu behandeln, weil für diese Teile das Entgelt gesondert vereinbart worden ist. ④ Die durch die Grundgebühr abgegoltenen Ausbildungsleistungen können mangels eines gesondert vereinbarten Entgelts nicht in weitere Teilleistungen zerlegt werden (vgl. BFH-Urteil vom 21. 4. 1994, V R 59/92).

Beispiel 4:

① Ein Unternehmer wird beauftragt, in einem Wohnhaus Parkettfußböden zu legen. ② In der Auftragsbestätigung sind die Materialkosten getrennt ausgewiesen. ③ Der Unternehmer versendet die Materialien zum Bestimmungsort und führt dort die Arbeiten aus.

④ Gegenstand der vom Auftragnehmer auszuführenden Werklieferung ist der fertige Parkettfußboden. ⑤ Die Werklieferung bildet eine Einheit, die nicht in eine Materiallieferung und in eine Werkleistung zerlegt werden kann (vgl. Abschnitte 3.8 und 3.10).

Beispiel 5:

① Eine Gebietskörperschaft überträgt einem Bauunternehmer nach Maßgabe der VOB als Gesamtleistung die Maurer- und Betonarbeiten an einem Hausbau. ② Sie gewährt dem Bauunternehmer auf Antrag nach Maßgabe des § 16 Abs. 1 Nr. 1 VOB/B „in Höhe des Wertes der jeweils nachgewiesenen vertragsgemäßen Leistungen" Abschlagszahlungen.

---

[1] A 13.4 UStAE Satz 4 neugefasst, Satz 5 eingefügt, bish. Sätze 5 und 6 werden neue Sätze 6 und 7 durch BMF v. 14. 12. 2022 (BStBl. I S. 1688), anzuwenden in allen offenen Fällen.

③ Die Abschlagszahlungen sind ohne Einfluss auf die Haftung und gelten nicht als Abnahme von Teilleistungen. ④ Der Bauunternehmer erteilt die Schlussrechnung erst, wenn die Gesamtleistung ausgeführt ist. ⑤ Die Abschlagszahlungen unterliegen der Istversteuerung (vgl. Abschnitt 13.5). ⑥ Soweit das Entgelt laut Schlussrechnung die geleisteten Abschlagszahlungen übersteigt, entsteht die Steuer mit Ablauf des Voranmeldungszeitraums, in dem der Bauunternehmer die gesamte, vertraglich geschuldete Werklieferung bewirkt hat. ⑦ Weitere Hinweise zu Teilleistungen enthält das Merkblatt zur Umsatzbesteuerung in der Bauwirtschaft, Stand Oktober 2009 (BMF-Schreiben vom 12. 10. 2009, BStBl. I S. 1292).[1]

LS zu 13.4

Zur Abgrenzung von Leistungen und **Teilleistungen in der Bauwirtschaft.** – Ergänzung zu A 13.1 bis 13.4 UStAE und zum Merkblatt USt M 2. *Verfügung OFD Karlsruhe v. 28. 2. 2012 – S 7270 K. 2 (Beck Verw 0 258 492).*

64 Zur umsatzsteuerrechtlichen Behandlung des Verkaufs von **Dauer- und Jahreskarten.** *Erlass FM Nordrhein-Westfalen S 7210 – 3 – VA 4 v. 29. 8. 2006.*

Nachrüstungen, Wartungen und **Reparaturen von Geräten** aufgrund eines Vertrages können Teilleistungen sein. *Verfügung OFD Koblenz S 7270 A – St 44 4 v. 27. 12. 2006.*

1. … 2. Bei **Abonnementverträgen** über Beratungsdienstleistungen wie denen des Ausgangsverfahrens sind die Art. 62 Abs. 2, 63 und 64 Abs. 1 MwStSystRL dahin auszulegen, dass der Steuertatbestand und der Steueranspruch mit Ablauf des Zeitraums eintreten, für den die Zahlung vereinbart wurde, ohne dass es darauf ankommt, ob und wie oft der Auftraggeber die Dienste des Leistenden tatsächlich in Anspruch genommen hat. ***EuGH-Urteil v. 3. 9. 2015,*** *C-463/14, Asparuhovo Lake Investment Company OOD (MwStR S. 855).*

Zur umsatzsteuerlichen Behandlung von Leistungen des **Gerüstbauerhandwerks** (einheitliche Leistung, keine Werkleistung) vgl. *Kurzinformation FM Schleswig-Holstein v. 2. 9. 2020 – IV 3510 – S 7100 – 758 (DStR S. 2682).*

UStAE 13.5

13.5 Istversteuerung von Anzahlungen[2]

71 (1) ① Nach § 13 Abs. 1 Nr. 1 Buchstabe a Satz 4 UStG entsteht die Steuer in den Fällen, in denen das Entgelt oder ein Teil des Entgelts (z. B. Anzahlungen, Abschlagszahlungen, Vorauszahlungen) vor Ausführung der Leistung oder Teilleistung gezahlt wird, bereits mit Ablauf des Voranmeldungszeitraums, in dem das Entgelt oder Teilentgelt vereinnahmt worden ist. ② Zum Zeitpunkt der Vereinnahmung vgl. Abschnitt 13.6 Abs. 1.

72 (2) ① Anzahlungen können außer in Barzahlungen auch in Lieferungen oder sonstigen Leistungen bestehen, die im Rahmen eines Tauschs oder tauschähnlichen Umsatzes als Entgelt oder Teilentgelt hingegeben werden. ② Eine Vereinnahmung der Anzahlung durch den Leistungsempfänger wird in diesen Fällen nicht dadurch ausgeschlossen, dass diese Leistung selbst noch nicht als ausgeführt gilt und die Steuer hierfür nach § 13 Abs. 1 Nr. 1 Buchstabe a Satz 1 UStG noch nicht entstanden ist (vgl. EuGH-Urteil vom 19. 12. 2012, C-549/11, Orfey Bulgaria).

73 (3) ① Anzahlungen führen zur Entstehung der Steuer, wenn sie für eine bestimmte Lieferung oder sonstige Leistung entrichtet werden. ② Dies setzt voraus, dass alle maßgeblichen Elemente der künftigen Lieferung oder künftigen Dienstleistung bereits bekannt sind, insbesondere die Gegenstände oder die Dienstleistungen zum Zeitpunkt der Anzahlung genau bestimmt sind (vgl. BFH-Urteile vom 15. 9. 2011, V R 36/09, BStBl. 2012 II S. 365, vom 14. 11. 2018, XI R 27/16, n. v., und vom 10. 4. 2019, XI R 4/17, BStBl. II S. 635). ③ Bezieht sich eine Anzahlung auf mehrere Lieferungen oder sonstige Leistungen, ist sie entsprechend aufzuteilen. ④ Was Gegenstand der Lieferung oder sonstigen Leistung ist, muss nach den Gegebenheiten des Einzelfalls beurteilt werden. ⑤ Wird eine Leistung in Teilen geschuldet und bewirkt (Teilleistung), sind Anzahlungen der jeweiligen Teilleistung zuzurechnen, für die sie geleistet werden (vgl. BFH-Urteil vom 19. 5. 1988, V R 102/83, BStBl. II S. 848). ⑥ Fehlt es bei der Vereinnahmung der Zahlung noch an einer konkreten Leistungsvereinbarung, ist zu prüfen, ob die Zahlung als bloße Kreditgewährung zu betrachten ist; aus den Umständen des Einzelfalles, z. B. bei dauernder Geschäftsverbindung mit regelmäßig sich wiederholenden Aufträgen, kann sich ergeben, dass es sich dennoch um eine Anzahlung für eine künftige Leistung handelt, die zur Entstehung der Steuer führt.

74 (4) ① Eine Anzahlung für eine Leistung, die voraussichtlich unter eine Befreiungsvorschrift des § 4 UStG fällt oder nicht steuerbar ist, braucht nicht der Steuer unterworfen zu werden. ② Dagegen ist die Anzahlung zu versteuern, wenn bei ihrer Vereinnahmung noch nicht abzusehen ist, ob die Voraussetzungen für die Steuerbefreiung oder Nichtsteuerbarkeit der Leistung erfüllt werden. ③ Ergibt sich im Nachhinein, dass die Leistung nicht der Umsatzsteuer unterliegt, ist die Bemessungsgrundlage in entsprechender Anwendung des § 17 Abs. 2 Nr. 2 UStG zu berichtigen (vgl. BFH-Urteil vom 8. 9. 2011, V R 42/10, BStBl. 2012 II S. 248).

75 (5) Zur Behandlung von Anzahlungen für steuerpflichtige Reiseleistungen, für die die Bemessungsgrundlage nach § 25 Abs. 3 UStG zu ermitteln ist, vgl. Abschnitt 25.3 Abs. 5.

76 (6) Zur Rechnungserteilung bei der Istversteuerung von Anzahlungen vgl. Abschnitt 14.8, zum Vorsteuerabzug bei Anzahlungen vgl. Abschnitt 15.3 und zur Minderung der Bemessungsgrundlage bei Rückgewährung einer Anzahlung vgl. Abschnitt 17.1 Abs. 7.

77 (7) Werden Anzahlungen in fremder Währung geleistet, ist die einzelne Anzahlung nach dem im Monat der Vereinnahmung geltenden Durchschnittskurs[3] umzurechnen (§ 16 Abs. 6 UStG); bei dieser Umrechnung verbleibt es, auch wenn im Zeitpunkt der Leistungsausführung ein anderer Durchschnittskurs gilt.

[1] Anlage zu A 13.2 UStAE.
[2] Steuersatzänderung bei Istversteuerung von Anzahlungen vgl. A 12.1 Abs. 2–4 UStAE.
[3] Anlage zu A 16.4 UStAE.

(8) Zur Behandlung von Anzahlungen für Leistungen im Sinne des § 13b UStG, wenn die Voraussetzungen für die Steuerschuld des Leistungsempfängers im Zeitpunkt der Vereinnahmungen der Anzahlungen noch nicht vorlagen, vgl. Abschnitt 13b.12 Abs. 3. 78

LS zu 13.5

1. Die Regelung über die Entstehung der Steuer für **vereinnahmte Anzahlungen** nach § 13 Abs. 1 Nr. 1 Buchst. a Satz 4 UStG enthält einen **selbständigen und abschließenden Steuerentstehungstatbestand.** – 2. Von einem Organträger versteuerte Anzahlungen für Leistungen, die erst nach Beendigung der **Organschaft** abschließend erbracht werden, sind bei der Steuerfestsetzung gegenüber der vormaligen Organgesellschaft steuermindernd zu berücksichtigen. *BFH-Urteil v. 21. 6. 2001 V R 68/00 (BStBl. 2002 II S. 255).* 79

Zahlungen aufgrund von **Frühbezugsabschlüssen** für Öfen führen nicht zur Entstehung der Steuer nach § 13 Abs. 1 Nr. 1 Buchst. a Sätze 3 und 5 UStG. *FM Nordrhein-Westfalen S 7276-3-V C 4 v. 27. 8. 1981 (BeckVerw 053 397).* – Zur Entstehung der Steuer bei **Bohr- und Sprengarbeiten** auf Großbaustellen s. *OFD Saarbrücken v. 1. 3. 1979 S 7522 – 17 – St 24 (BeckVerw 053 366).*

Zur umsatzsteuerlichen Behandlung der Leistungen im Zusammenhang mit sog. **Startpaketen** und Guthabenkarten im **Mobilfunkbereich.** *BMF-Schreiben v. 3. 12. 2001 (BStBl. I S. 1010).* – Bei der Abgabe von **Einzweckguthabenkarten (Monofunktionskarten)** wird die Telekommunikationsdienstleistung bereits mit der Abgabe der Telefonkarten ausgeführt. Für vor dem 1. 1. 2013 entgeltlich abgegebene Einzweckguthabenkarten wird es nicht beanstandet, wenn der Unternehmer den vereinnahmten Betrag unter Berufung auf das BMF-Schreiben vom 3. 12. 2001 erst bei Aktivierung des Kartenguthabens als Anzahlung nach § 13 Abs. 1 Nr. 1 Buchst. a Satz 4 UStG versteuert und nachfolgend das Telefonieren des Entnutzers als umsatzsteuerrechtliche Leistung behandelt. *BMF-Schreiben v. 24. 9. 2012 (BStBl. I S. 947).* Bei **Mehrzweckguthabenkarten (Multifunktionskarten)** liegt dagegen weder im Zeitpunkt des Erwerbs der Karte noch im Zeitpunkt einer nachfolgenden Aufladung eine Anzahlung vor. *BFH-Urteil v. 10. 4. 2019 XI R 4/17 (BStBl. II S. 635).*

Die **Ausgabe von Gutscheinen** ohne konkrete Leistungsbezeichnung ist umsatzsteuerrechtlich irrelevant. Erst bei Einlösung des Gutscheins unterliegt die Leistung der Umsatzsteuer. – Bei Gutscheinen mit konkret bezeichneten Leistungen unterliegt der gezahlte Betrag als Anzahlung der Umsatzbesteuerung. *Verfügung OFD Karlsruhe S 7270 K 3 v. 13. 8. 2019 (DStR S. 1926, MwStR S. 720).* Zur Behandlung von Gutscheinen, die bis zur Einführung des § 3 Abs. 13 bis 15 UStG zum 1. 1. 2019 ausgegeben wurden. 80

13.6 Entstehung der Steuer bei der Besteuerung nach vereinnahmten Entgelten

UStAE 13.6

(1) ① Bei der Besteuerung nach vereinnahmten Entgelten (vgl. Abschnitt 20.1) entsteht die Steuer für Lieferungen und sonstige Leistungen mit Ablauf des Voranmeldungszeitraums, in dem die Entgelte vereinnahmt worden sind. ② Anzahlungen (vgl. Abschnitt 13.5) sind stets im Voranmeldungszeitraum ihrer Vereinnahmung zu versteuern. ③ Als Zeitpunkt der Vereinnahmung gilt bei Überweisungen auf ein Bankkonto grundsätzlich der Zeitpunkt der Gutschrift. ④ Zur Frage der Vereinnahmung bei Einzahlung auf ein gesperrtes Konto vgl. BFH-Urteile vom 27. 11. 1958, V 284/57 U, BStBl. 1959 III S. 64, und vom 23. 4. 1980, VII R 156/75, BStBl. II S. 643. ⑤ Vereinnahmt sind auch Beträge, die der Schuldner dem Gläubiger am Fälligkeitstag gutschreibt, wenn die Beträge dem Berechtigten von nun an zur Verwendung zur Verfügung stehen (vgl. BFH-Urteil vom 24. 3. 1993, X R 55/91, BStBl. II S. 499). ⑥ Dies gilt jedoch nicht, wenn die Beträge im Zeitpunkt der Gutschrift nicht fällig waren und das Guthaben nicht verzinst wird (vgl. BFH-Urteil vom 12. 11. 1997, XI R 30/97, BStBl. 1998 II S. 252). ⑦ Beim Kontokorrentverkehr ist das Entgelt mit der Anerkennung des Saldos am Ende eines Abrechnungszeitraums vereinnahmt. ⑧ Wird für eine Leistung ein Wechsel in Zahlung genommen, gilt das Entgelt erst mit dem Tag der Einlösung oder – bei Weitergabe – mit dem Tag der Gutschrift oder Wertstellung als vereinnahmt. ⑨ Ein Scheckbetrag ist grundsätzlich nicht erst mit Einlösung des Schecks, sondern bereits mit dessen Hingabe zugeflossen, wenn der sofortigen Vorlage des Schecks keine zivilrechtlichen Abreden entgegenstehen und wenn davon ausgegangen werden kann, dass die bezogene Bank im Falle der sofortigen Vorlage des Schecks den Scheckbetrag auszahlen oder gutschreiben wird (vgl. BFH-Urteil vom 20. 3. 2001, IX R 97/97, BStBl. II S. 482). ⑩ Die Abtretung einer Forderung an Zahlungs statt (§ 364 Abs. 1 BGB) führt im Zeitpunkt der Abtretung in Höhe des wirtschaftlichen Wertes, der der Forderung im Abtretungszeitpunkt zukommt, zu einem Zufluss. ⑪ Das Gleiche gilt bei einer zahlungshalber erfolgten Zahlungsabtretung (§ 364 Abs. 2 BGB), wenn eine fällige, unbestrittene und einziehbare Forderung vorliegt (vgl. BFH-Urteil vom 30. 10. 1980, IV R 97/78, BStBl. 1981 II S. 305).[1] ⑫ Eine Aufrechnung ist im Zeitpunkt der Aufrechnungserklärung einer Zahlung gleichzusetzen (vgl. BFH-Urteil vom 19. 4. 1977, VIII R 119/75, BStBl. II S. 601). 81

(2) Führen Unternehmer, denen die Besteuerung nach vereinnahmten Entgelten gestattet worden ist, Leistungen an ihr Personal aus, für die kein besonderes Entgelt berechnet wird, entsteht die Steuer insoweit mit Ablauf des Voranmeldungszeitraums, in dem diese Leistungen ausgeführt worden sind. 82

(3)[2] ① Die im Zeitpunkt der Ausführung der Lieferung oder sonstigen Leistung geltenden Voraussetzungen für die Entstehung der Steuer bleiben auch dann maßgebend, wenn der Unternehmer von der Berechnung der Steuer nach vereinnahmten Entgelten zur Berechnung der Steuer nach vereinbarten Entgelten wechselt. ② Für Umsätze, die in einem Besteuerungszeitraum ausgeführt wurden, für den dem Unternehmer die Berechnung der Steuer nach vereinnahmten Entgelten erlaubt war, gilt diese Besteuerung weiter, auch wenn in späteren Besteuerungszeiträumen ein Wechsel zur Sollversteuerung eintritt. ③ Danach entsteht die Steuer insoweit bei Ver- 83

[1] Forderungsabtretung/-verkauf vgl. A 2.4, 10.1 Abs. 4 Satz 4 u. 5, 10.5 Abs. 6, 13.1 Abs. 4 Satz 3–6, 13.6 Abs. 1 Satz 10, 13c.1 Abs. 27, 15.18 Abs. 3 u. 17.1 Abs. 6 UStAE.

[2] Wechsel der Besteuerungsart vgl. A 20.1 Abs. 3 UStAE.

einnahmung des Entgelts (vgl. BFH-Urteil vom 30. 1. 2003, V R 58/01, BStBl. II S. 817). ④ Im Falle eines bereits sollversteuerten Umsatzes bleibt der Zeitpunkt des Entstehens der Steuer auch dann unverändert, wenn der Unternehmer zur Ist-Versteuerung wechselt und das Entgelt noch nicht vereinnahmt hat.

LS zu 13.6 84 Der leistende Unternehmer vereinnahmt ein Entgelt auch dann, wenn der Leistungsempfänger nach **Abtretung** des Vergütungsanspruchs an den Abtretungsempfänger zahlt. *BFH-Urteil v. 12. 2. 2015 V R 38/18 (BStBl. 2017 II S. 31).*

UStAE 13.7 85

13.7 Entstehung der Steuer in den Fällen des unrichtigen Steuerausweises

① In den Fällen des unrichtigen Steuerausweises (§ 14c Abs. 1 Satz 1 UStG, Abschnitt 14c.1) entsteht die Steuer nach § 13 Abs. 1 Nr. 3 UStG im Zeitpunkt der Ausgabe der Rechnung. ② Weist der leistende Unternehmer oder der von ihm beauftragte Dritte in einer Rechnung über eine steuerpflichtige Leistung einen höheren Steuerbetrag aus, als der leistende Unternehmer nach dem Gesetz schuldet, wird es aus Vereinfachungsgründen jedoch nicht beanstandet, wenn der Unternehmer den Mehrbetrag für den Voranmeldungszeitraum anmeldet, mit dessen Ablauf die Steuer für die zu Grunde liegende Leistung nach § 13 Abs. 1 Nr. 1 Buchstabe a oder b UStG entsteht.

Beispiel:

① Der Unternehmer U liefert im Voranmeldungszeitraum Januar 01 einen Rollstuhl (Position 8713 des Zolltarifs) für insgesamt 238 € und weist in der am 2. 2. 01 ausgegebenen Rechnung unter Anwendung des Steuersatzes 19% eine darin enthaltene Umsatzsteuer in Höhe von 38 € gesondert aus.

② Die gesetzlich geschuldete Steuer in Höhe von 7% entsteht mit Ablauf des Voranmeldungszeitraums Januar 01. ③ Der nach § 14c Abs. 1 Satz 1 UStG geschuldete Mehrbetrag entsteht im Zeitpunkt der Ausgabe der Rechnung im Februar 01. ④ Es wird jedoch nicht beanstandet, wenn der Unternehmer die in der Rechnung ausgewiesene Steuer in voller Höhe für den Voranmeldungszeitraum Januar 01 anmeldet.

UStAE 13.8 86

13.8 Entstehung der Steuer in den Fällen des § 3 Abs. 3a und § 18k UStG

① In den Fällen des § 3 Abs. 3a UStG entsteht die Steuer zu dem Zeitpunkt, zu dem die Zahlung angenommen wurde. ② In den Fällen des § 18k UStG entsteht die Steuer mit Ablauf des Besteuerungszeitraums (Kalendermonat; § 16 Abs. 1e Satz 1 UStG), in dem die Lieferungen ausgeführt worden sind; die Gegenstände gelten als zu dem Zeitpunkt geliefert, zu dem die Zahlung angenommen wurde. ③ Der Zeitpunkt, zu dem die Zahlung angenommen wurde, ist der Zeitpunkt, zu dem die Zahlung bestätigt wurde oder die Zahlungsgenehmigungsmeldung oder eine Zahlungszusage des Erwerbers beim Lieferer, der die Gegenstände über eine elektronische Schnittstelle verkauft bzw. an dem besonderen Besteuerungsverfahren nach § 18k UStG teilnimmt, oder für dessen Rechnung eingeht, und zwar unabhängig davon, wann die tatsächliche Zahlung erfolgt, je nachdem, welcher Zeitpunkt der frühere ist (vgl. Artikel 41a MwStVO).

§ 13 a Steuerschuldner

UStG

(1) Steuerschuldner ist in den Fällen 1

1. **des § 1 Abs. 1 Nr. 1 und des § 14 c Abs. 1 der Unternehmer;**
2. **des § 1 Abs. 1 Nr. 5 der Erwerber;**
3. **des § 6 a Abs. 4 der Abnehmer;**
4. **des § 14 c Abs. 2 der Aussteller der Rechnung;**
5. **des § 25 b Abs. 2 der letzte Abnehmer;**
6. **des § 4 Nr. 4 a Satz 1 Buchstabe a Satz 2 der Unternehmer, dem die Auslagerung zuzurechnen ist (Auslagerer); daneben auch der Lagerhalter als Gesamtschuldner, wenn er entgegen § 22 Abs. 4 c Satz 2 die inländische Umsatzsteuer-Identifikationsnummer des Auslagerers oder dessen Fiskalvertreters nicht oder nicht zutreffend aufzeichnet;**
7. **des § 18 k neben dem Unternehmer der im Gemeinschaftsgebiet ansässige Vertreter, sofern ein solcher vom Unternehmer vertraglich bestellt und dies der Finanzbehörde nach § 18 k Absatz 1 Satz 2 angezeigt wurde. ② Der Vertreter ist gleichzeitig Empfangsbevollmächtigter für den Unternehmer und dadurch ermächtigt, alle Verwaltungsakte und Mitteilungen der Finanzbehörde in Empfang zu nehmen, die mit dem Besteuerungsverfahren nach § 18 k und einem außergerichtlichen Rechtsbehelfsverfahren nach dem Siebenten Teil der Abgabenordnung zusammenhängen. ③ Bei der Bekanntgabe an den Vertreter ist darauf hinzuweisen, dass sie auch mit Wirkung für und gegen den Unternehmer erfolgt. ④ Die Empfangsbevollmächtigung des Vertreters kann nur nach Beendigung des Vertragsverhältnisses und mit Wirkung für die Zukunft widerrufen werden. ⑤ Der Widerruf wird gegenüber der Finanzbehörde erst wirksam, wenn er ihr zugegangen ist.**

(2) Für die Einfuhrumsatzsteuer gilt § 21 Abs. 2. 2

Hinweis auf EU-Vorschriften:

UStG:	§ 13 a Abs. 1	**MwStSystRL:**	Art. 193, 197 Abs. 1, 200, 202, 203
	§ 13 a Abs. 2		Art. 201, 205

UStG

§ 13 b Leistungsempfänger als Steuerschuldner

1 **(1) Für nach § 3 a Absatz 2 im Inland steuerpflichtige sonstige Leistungen eines im übrigen Gemeinschaftsgebiet ansässigen Unternehmers entsteht die Steuer mit Ablauf des Voranmeldungszeitraums, in dem die Leistungen ausgeführt worden sind.**

(2) Für folgende steuerpflichtige Umsätze entsteht die Steuer mit Ausstellung der Rechnung, spätestens jedoch mit Ablauf des der Ausführung der Leistung folgenden Kalendermonats:

2 **1. Werklieferungen und nicht unter Absatz 1 fallende sonstige Leistungen eines im Ausland ansässigen Unternehmers;**

3 **2. Lieferungen sicherungsübereigneter Gegenstände durch den Sicherungsgeber an den Sicherungsnehmer außerhalb des Insolvenzverfahrens;**

4 **3. Umsätze, die unter das Grunderwerbsteuergesetz fallen;**

5 **4. Bauleistungen, einschließlich Werklieferungen und sonstigen Leistungen im Zusammenhang mit Grundstücken, die der Herstellung, Instandsetzung, Instandhaltung, Änderung oder Beseitigung von Bauwerken dienen, mit Ausnahme von Planungs- und Überwachungsleistungen. ② Als Grundstücke gelten insbesondere auch Sachen, Ausstattungsgegenstände und Maschinen, die auf Dauer in einem Gebäude oder Bauwerk installiert sind und die nicht bewegt werden können, ohne das Gebäude oder Bauwerk zu zerstören oder zu verändern. ③ Nummer 1 bleibt unberührt;**

6 **5. Lieferungen**
a) der in § 3 g Absatz 1 Satz 1 genannten Gegenstände eines im Ausland ansässigen Unternehmers unter den Bedingungen des § 3 g und
b) von Gas über das Erdgasnetz und von Elektrizität, die nicht unter Buchstabe a fallen;

7 **6.[1] Übertragung von Berechtigungen nach § 3 Nummer 3 des Treibhausgas-Emissionshandelsgesetzes, Emissionsreduktionseinheiten nach § 2 Nummer 20 des Projekt-Mechanismen-Gesetzes und zertifizierten Emissionsreduktionen nach § 2 Nummer 21 des Projekt-Mechanismen-Gesetzes sowie Gas- und Elektrizitätszertifikaten;**

8 **7. Lieferungen der in der Anlage 3 bezeichneten Gegenstände;**

9 **8. Reinigen von Gebäuden und Gebäudeteilen. ② Nummer 1 bleibt unberührt;**

10 **9. Lieferungen von Gold mit einem Feingehalt von mindestens 325 Tausendstel, in Rohform oder als Halbzeug (aus Position 7108 des Zolltarifs) und von Goldplattierungen mit einem Goldfeingehalt von mindestens 325 Tausendstel (aus Position 7109);**

11 **10. Lieferungen von Mobilfunkgeräten, Tablet-Computern und Spielekonsolen sowie von integrierten Schaltkreisen vor Einbau in einen zur Lieferung auf der Einzelhandelsstufe geeigneten Gegenstand, wenn die Summe der für sie in Rechnung zu stellenden Entgelte im Rahmen eines wirtschaftlichen Vorgangs mindestens 5000 Euro beträgt; nachträgliche Minderungen des Entgelts bleiben dabei unberücksichtigt;**

12 **11. Lieferungen der in der Anlage 4 bezeichneten Gegenstände, wenn die Summe der für sie in Rechnung zu stellenden Entgelte im Rahmen eines wirtschaftlichen Vorgangs mindestens 5000 Euro beträgt; nachträgliche Minderungen des Entgelts bleiben dabei unberücksichtigt;**

12a **12. sonstige Leistungen auf dem Gebiet der Telekommunikation. ② Nummer 1 bleibt unberührt.**

13 **(3) Abweichend von den Absatz 1 und 2 Nummer 1 entsteht die Steuer für sonstige Leistungen, die dauerhaft über einen Zeitraum von mehr als einem Jahr erbracht werden, spätestens mit Ablauf eines jeden Kalenderjahres, in dem sie tatsächlich erbracht werden.**

14 **(4) ① Bei der Anwendung der Absätze 1 bis 3 gilt § 13 Absatz 1 Nummer 1 Buchstabe a Satz 2 und 3 entsprechend. ② Wird in den in den Absätzen 1 bis 3 sowie in den in Satz 1 genannten Fällen das Entgelt oder ein Teil des Entgelts vereinnahmt, bevor die Leistung oder die Teilleistung ausgeführt worden ist, entsteht insoweit die Steuer mit Ablauf des Voranmeldungszeitraums, in dem das Entgelt oder das Teilentgelt vereinnahmt worden ist.**

15 **(5) ① In den in den Absätzen 1 und 2 Nummer 1 bis 3 genannten Fällen schuldet der Leistungsempfänger die Steuer, wenn er ein Unternehmer oder eine juristische Person ist; in den in Absatz 2 Nummer 5 Buchstabe a, Nummer 6, 7, 9 bis 11 genannten Fällen schuldet der Leistungsempfänger die Steuer, wenn er ein Unternehmer ist. ② In den in Absatz 2 Nummer 4 Satz 1 genannten Fällen schuldet der Leistungsempfänger die**

[1] Zur Fassung von § 13 b Abs. 2 Nr. 6 **ab 1. 1. 2023** siehe in der geschlossenen Wiedergabe.

Steuer unabhängig davon, ob er sie für eine von ihm erbrachte Leistung im Sinne des Absatzes 2 Nummer 4 Satz 1 verwendet, wenn er ein Unternehmer ist, der nachhaltig entsprechende Leistungen erbringt; davon ist auszugehen, wenn ihm das zuständige Finanzamt eine im Zeitpunkt der Ausführung des Umsatzes gültige auf längstens drei Jahre befristete Bescheinigung, die nur mit Wirkung für die Zukunft widerrufen oder zurückgenommen werden kann, darüber erteilt hat, dass er ein Unternehmer ist, der entsprechende Leistungen erbringt. ③ Bei den in Absatz 2 Nummer 5 Buchstabe b genannten Lieferungen von Erdgas schuldet der Leistungsempfänger die Steuer, wenn er ein Wiederverkäufer von Erdgas im Sinne des § 3 g ist. ④ Bei den in Absatz 2 Nummer 5 Buchstabe b genannten Lieferungen von Elektrizität schuldet der Leistungsempfänger in den Fällen die Steuer, in denen der liefernde Unternehmer und der Leistungsempfänger Wiederverkäufer von Elektrizität im Sinne des § 3 g sind. ⑤ In den in Absatz 2 Nummer 8 Satz 1 genannten Fällen schuldet der Leistungsempfänger die Steuer unabhängig davon, ob er sie für eine von ihm erbrachte Leistung im Sinne des Absatzes 2 Nummer 8 Satz 1 verwendet, wenn er ein Unternehmer ist, der nachhaltig entsprechende Leistungen erbringt; davon ist auszugehen, wenn ihm das zuständige Finanzamt eine im Zeitpunkt der Ausführung des Umsatzes gültige auf längstens drei Jahre befristete Bescheinigung, die nur mit Wirkung für die Zukunft widerrufen oder zurückgenommen werden kann, darüber erteilt hat, dass er ein Unternehmer ist, der entsprechende Leistungen erbringt. ⑥ Bei den in Absatz 2 Nummer 12 Satz 1 genannten Leistungen schuldet der Leistungsempfänger die Steuer, wenn er ein Unternehmer ist, dessen Haupttätigkeit in Bezug auf den Erwerb dieser Leistungen in deren Erbringung besteht und dessen eigener Verbrauch dieser Leistungen von untergeordneter Bedeutung ist; davon ist auszugehen, wenn ihm das zuständige Finanzamt eine im Zeitpunkt der Ausführung des Umsatzes gültige auf längstens drei Jahre befristete Bescheinigung, die nur mit Wirkung für die Zukunft widerrufen oder zurückgenommen werden kann, darüber erteilt hat, dass er ein Unternehmer ist, der entsprechende Leistungen erbringt. ⑦ Die Sätze 1 bis 6 gelten vorbehaltlich des Satzes 10 auch, wenn die Leistung für den nichtunternehmerischen Bereich bezogen wird. ⑧ Sind Leistungsempfänger und leistender Unternehmer in Zweifelsfällen übereinstimmend vom Vorliegen der Voraussetzungen des Absatzes 2 Nummer 4, 5 Buchstabe b, Nummer 7 bis 12 ausgegangen, obwohl dies nach der Art der Umsätze unter Anlegung objektiver Kriterien nicht zutreffend war, gilt der Leistungsempfänger dennoch als Steuerschuldner, sofern dadurch keine Steuerausfälle entstehen. ⑨ Die Sätze 1 bis 7 gelten nicht, wenn bei dem Unternehmer, der die Umsätze ausführt, die Steuer nach § 19 Absatz 1 nicht erhoben wird. ⑩ Die Sätze 1 bis 9 gelten nicht, wenn ein in Absatz 2 Nummer 2, 7 oder 9 bis 11 genannter Gegenstand von dem Unternehmer, der die Lieferung bewirkt, unter den Voraussetzungen des § 25 a geliefert wird. ⑪ In den in Absatz 2 Nummer 4, 5 Buchstabe b und Nummer 7 bis 12 genannten Fällen schulden juristische Personen des öffentlichen Rechts die Steuer nicht, wenn sie die Leistung für den nichtunternehmerischen Bereich beziehen.

(6) **Die Absätze 1 bis 5 finden keine Anwendung, wenn die Leistung des im Ausland ansässigen Unternehmers besteht** 16

1. **in einer Personenbeförderung, die der Beförderungseinzelbesteuerung (§ 16 Absatz 5) unterlegen hat,** 17
2. **in einer Personenbeförderung, die mit einem Fahrzeug im Sinne des § 1b Absatz 2 Satz 1 Nummer 1 durchgeführt worden ist,** 18
3. **in einer grenzüberschreitenden Personenbeförderung im Luftverkehr,** 19
4. **in der Einräumung der Eintrittsberechtigung für Messen, Ausstellungen und Kongresse im Inland,** 20
5. **in einer sonstigen Leistung einer Durchführungsgesellschaft an im Ausland ansässige Unternehmer, soweit diese Leistung im Zusammenhang mit der Veranstaltung von Messen und Ausstellungen im Inland steht, oder** 21
6. **in der Abgabe von Speisen und Getränken zum Verzehr an Ort und Stelle (Restaurationsleistung), wenn diese Abgabe an Bord eines Schiffs, in einem Luftfahrzeug oder in einer Eisenbahn erfolgt.** 22

(7) **① Ein im Ausland ansässiger Unternehmer im Sinne des Absatzes 2 Nummer 1 und 5 ist ein Unternehmer, der im Inland, auf der Insel Helgoland und in einem der in § 1 Absatz 3 bezeichneten Gebiete weder einen Wohnsitz, seinen gewöhnlichen Aufenthalt, seinen Sitz, seine Geschäftsleitung noch eine Betriebsstätte hat; dies gilt auch, wenn der Unternehmer ausschließlich einen Wohnsitz oder einen gewöhnlichen Aufenthaltsort im Inland, aber seinen Sitz, den Ort der Geschäftsleitung oder eine Betriebsstätte im Ausland hat. ② Ein im übrigen Gemeinschaftsgebiet ansässiger Unternehmer ist ein Unternehmer, der in den Gebieten der übrigen Mitgliedstaaten der Europäischen Union, die nach dem Gemeinschaftsrecht als Inland dieser Mitgliedstaa-** 23

UStG

ten gelten, einen Wohnsitz, seinen gewöhnlichen Aufenthalt, seinen Sitz, seine Geschäftsleitung oder eine Betriebsstätte hat; dies gilt nicht, wenn der Unternehmer ausschließlich einen Wohnsitz oder einen gewöhnlichen Aufenthaltsort in den Gebieten der übrigen Mitgliedstaaten der Europäischen Union, die nach dem Gemeinschaftsrecht als Inland dieser Mitgliedstaaten gelten, aber seinen Sitz, den Ort der Geschäftsleitung oder eine Betriebsstätte im Drittlandsgebiet hat. ③ Hat der Unternehmer im Inland eine Betriebsstätte und führt er einen Umsatz nach Absatz 1 oder Absatz 2 Nummer 1 oder Nummer 5 aus, gilt er hinsichtlich dieses Umsatzes als im Ausland oder im übrigen Gemeinschaftsgebiet ansässig, wenn die Betriebsstätte an diesem Umsatz nicht beteiligt ist. ④ Maßgebend ist der Zeitpunkt, in dem die Leistung ausgeführt wird. ⑤ Ist es zweifelhaft, ob der Unternehmer diese Voraussetzungen erfüllt, schuldet der Leistungsempfänger die Steuer nur dann nicht, wenn ihm der Unternehmer durch eine Bescheinigung des nach den abgabenrechtlichen Vorschriften für die Besteuerung seiner Umsätze zuständigen Finanzamts nachweist, dass er kein Unternehmer im Sinne der Sätze 1 und 2 ist.

24 (8) **Bei der Berechnung der Steuer sind die §§ 19 und 24 nicht anzuwenden.**

25 (9) **Das Bundesministerium der Finanzen kann mit Zustimmung des Bundesrates durch Rechtsverordnung bestimmen, unter welchen Voraussetzungen zur Vereinfachung des Besteuerungsverfahrens in den Fällen, in denen ein anderer als der Leistungsempfänger ein Entgelt gewährt (§ 10 Absatz 1 Satz 3), der andere an Stelle des Leistungsempfängers Steuerschuldner nach Absatz 5 ist.**

26 (10) ① **Das Bundesministerium der Finanzen kann mit Zustimmung des Bundesrates durch Rechtsverordnung den Anwendungsbereich der Steuerschuldnerschaft des Leistungsempfängers nach den Absätzen 2 und 5 auf weitere Umsätze erweitern, wenn im Zusammenhang mit diesen Umsätzen in vielen Fällen der Verdacht auf Steuerhinterziehung in einem besonders schweren Fall aufgetreten ist, die voraussichtlich zu erheblichen und unwiederbringlichen Steuermindereinnahmen führen. ② Voraussetzungen für eine solche Erweiterung sind, dass**

1. **die Erweiterung frühestens zu dem Zeitpunkt in Kraft treten darf, zu dem die Europäische Kommission entsprechend Artikel 199 b Absatz 3 der Richtlinie 2006/112/EG des Rates vom 28. November 2006 über das gemeinsame Mehrwertsteuersystem (ABl. L 347 vom 11. 12. 2006, S. 1) in der Fassung von Artikel 1 Nummer 1 der Richtlinie 2013/42/EU (ABl. L 201 vom 26. 7. 2013, S. 1) mitgeteilt hat, dass sie keine Einwände gegen die Erweiterung erhebt;**
2. **die Bundesregierung einen Antrag auf eine Ermächtigung durch den Rat entsprechend Artikel 395 der Richtlinie 2006/112/EG in der Fassung von Artikel 1 Nummer 2 der Richtlinie 2013/42/EG (ABl. L 201 vom 26. 7. 2013, S. 1) gestellt hat, durch die die Bundesrepublik Deutschland ermächtigt werden soll, in Abweichung von Artikel 193 der Richtlinie 2006/112/EG, die zuletzt durch die Richtlinie 2013/61/EU (ABl. L 353 vom 28. 12. 2013, S. 5) geändert worden ist, die Steuerschuldnerschaft des Leistungsempfängers für die von der Erweiterung nach Nummer 1 erfassten Umsätze zur Vermeidung von Steuerhinterziehungen einführen zu dürfen;**
3. **die Verordnung nach neun Monaten außer Kraft tritt, wenn die Ermächtigung nach Nummer 2 nicht erteilt worden ist; wurde die Ermächtigung nach Nummer 2 erteilt, tritt die Verordnung außer Kraft, sobald die gesetzliche Regelung, mit der die Ermächtigung in nationales Recht umgesetzt wird, in Kraft tritt.**

Hinweis auf EU-Vorschriften:

UStG:	§ 13 b Abs. 1	**MwStSystRL:**	Art. 64 Abs. 2, 66 (c), 194
	§ 13 b Abs. 2 Nr. 1		Art. 44, 64 Abs. 2, 66 (a), (c), 196
	§ 13 b Abs. 2 Nr. 2		Art. 199 Abs. 1 (e)
	§ 13 b Abs. 2 Nr. 3		Art. 199 Abs. 1 (c), (g)
	§ 13 b Abs. 2 Nr. 4		Art. 199 Abs. 1 (a)
	§ 13 b Abs. 2 Nr. 5		Art. 195, 38, 39
	§ 13 b Abs. 2 Nr. 6		Art. 199 a
	§ 13 b Abs. 2 Nr. 7		Art. 199 Abs. 1 (d), Anh. VI
	§ 13 b Abs. 2 Nr. 8		Art. 199 Abs. 1 (a)
	§ 13 b Abs. 2 Nr. 9		Art. 198
	§ 13 b Abs. 2 Nr. 10		Art. 199 a Abs. 1 (c), (d), (h)/**DV-Beschluss 2010/710/EU** (ABl. EU L 309 S. 5)
	§ 13 b Abs. 2 Nr. 11		Art. 199 a Abs. 1 (j)
	§ 13 b Abs. 2 Nr. 12		Art. 199 a Abs. 1 (g)
	§ 13 b Abs. 3		Art. 64 Abs. 2, 66 UA 2
	§ 13 b Abs. 4		Art. 65
	§ 13 b Abs. 5		Art. 196, 197, 199 a
	§ 13 b Abs. 6		Art. 199 Abs. 2
	§ 13 b Abs. 7		Art. 192 a, 194 Abs. 1/**MwStVO:** Art. 53, 54
	§ 13 b Abs. 8		Art. 194 Abs. 2

Übersicht

Zu § 13 b UStG (§ 30 a UStDV)

§ 30 a *[siehe zu A 13 b.9 UStAE]* UStDV

13 b.1 Leistungsempfänger als Steuerschuldner[1]

UStAE 13 b.1

31 (1)[2] ① Unternehmer und juristische Personen schulden als Leistungsempfänger für bestimmte an sie im Inland ausgeführte steuerpflichtige Umsätze die Steuer. ② Dies gilt sowohl für im Inland ansässige als auch für im Ausland ansässige Leistungsempfänger. ③ Auch Kleinunternehmer (§ 19 UStG), pauschalversteuernde Land- und Forstwirte (§ 24 UStG) und Unternehmer, die ausschließlich steuerfreie Umsätze tätigen, schulden die Steuer. ④ Die Steuerschuldnerschaft erstreckt sich mit Ausnahme der in § 13 b Abs. 5 Satz 11 UStG genannten Leistungen, die ausschließlich an den nichtunternehmerischen Bereich von juristischen Personen des öffentlichen Rechts erbracht werden, sowohl auf die Umsätze für den unternehmerischen als auch auf die Umsätze für den nichtunternehmerischen Bereich des Leistungsempfängers.[3] ⑤ Zuständig für die Besteuerung dieser Umsätze ist das Finanzamt, bei dem der Leistungsempfänger als Unternehmer umsatzsteuerlich erfasst ist. ⑥ Für juristische Personen ist das Finanzamt zuständig, in dessen Bezirk sie ihren Sitz haben.

---

[1] **Übergangsregelungen** vgl. Hinweise bei A 13 b.18.

[2] Steuerschuldnerschaft bei Kleinunternehmern vgl. § 13 b Abs. 5 Satz 4, Abs. 8/A 13 b.1 Abs. 1 Satz 3, 13 b.13 Abs. 4 Satz 2 UStAE und § 19 Abs. 1 Satz 3 UStG/A 19.1 Abs. 1 Satz 3 UStAE.

[3] Umsätze für den nichtunternehmerischen Bereich vgl. *BFH-Urt. v. 3. 11. 2005, V R 56/02* (*BStBl. 2006 II S. 477* – Entscheidung zum Abzugsverfahren gem. § 18 Abs. 8 UStG a. F.).

UStAE 13b.1

(2) ① Für folgende steuerpflichtige Umsätze schuldet der Leistungsempfänger die Steuer:

32 1. Nach § 3a Abs. 2 UStG im Inland steuerpflichtige sonstige Leistungen eines im übrigen Gemeinschaftsgebiet ansässigen Unternehmers (§ 13b Abs. 1 UStG). *[vgl. 13b.11]*

33 2. Werklieferungen im Ausland ansässiger Unternehmer (§ 13b Abs. 2 Nr. 1 UStG). *[vgl. 13b.11]*

Beispiel:

① Der in Kiel ansässige Bauunternehmer U hat den Auftrag erhalten, in Flensburg ein Geschäftshaus zu errichten. ② Lieferung und Einbau der Fenster lässt U von seinem dänischen Subunternehmer D aus Kopenhagen ausführen.

③ Der im Ausland ansässige Unternehmer D erbringt im Inland eine steuerpflichtige Werklieferung an U (§ 3 Abs. 4 und 7 Satz 1 UStG). ④ Die Umsatzsteuer für diese Werklieferung schuldet U (§ 13b Abs. 5 Satz 1 in Verbindung mit Abs. 2 Nr. 1 UStG).

34 3. Sonstige Leistungen im Ausland ansässiger Unternehmer (§ 13b Abs. 2 Nr. 1 UStG). *[vgl. 13b.11]*

Beispiel:

① Der in Frankreich ansässige Architekt F plant für den in Stuttgart ansässigen Unternehmer U die Errichtung eines Gebäudes in München.

② Der im Ausland ansässige Unternehmer F erbringt im Inland steuerpflichtige Leistungen an U (§ 3a Abs. 3 Nr. 1 UStG). ③ Die Umsatzsteuer für diese Leistung schuldet U (§ 13b Abs. 5 Satz 1 in Verbindung mit Abs. 2 Nr. 1 UStG).

35 4. ① Lieferungen von sicherungsübereigneten Gegenständen durch den Sicherungsgeber an den Sicherungsnehmer außerhalb des Insolvenzverfahrens (§ 13b Abs. 2 Nr. 2 UStG). ② § 13b Abs. 2 Nr. 2 und Abs. 5 Sätze 1 und 7 bis 9 UStG findet keine Anwendung, wenn ein sicherungsübereigneter Gegenstand vom Sicherungsgeber unter den Voraussetzungen des § 25a UStG geliefert wird.

Beispiel:

① Für den Unternehmer U in Leipzig finanziert eine Bank B in Dresden die Anschaffung eines PKW. ② Bis zur Rückzahlung des Darlehens lässt sich B den PKW zur Sicherheit übereignen. ③ Da U seinen Zahlungsverpflichtungen nicht nachkommt, verwertet B den PKW durch Veräußerung an einen privaten Abnehmer A.

④ Mit der Veräußerung des PKW durch B liegen eine Lieferung des U (Sicherungsgeber) an B (Sicherungsnehmer) sowie eine Lieferung von B an A vor (vgl. Abschnitt 1.2 Abs. 1). ⑤ Für die Lieferung des U schuldet B als Leistungsempfänger die Umsatzsteuer (§ 13b Abs. 5 Satz 1 in Verbindung mit Abs. 2 Nr. 2 UStG).

36 5. ① Umsätze, die unter das GrEStG fallen (§ 13b Abs. 2 Nr. 3 UStG). ② Zu den Umsätzen, die unter das GrEStG fallen, vgl. Abschnitt 4.9.1. ③ Hierzu gehören insbesondere:
– Die Umsätze von unbebauten und bebauten Grundstücken und
– die Bestellung und Übertragung von Erbbaurechten gegen Einmalzahlung oder regelmäßig wiederkehrende Erbbauzinsen.

④ Da die Umsätze, die unter das GrEStG fallen, nach § 4 Nr. 9 Buchstabe a UStG steuerfrei sind, ist für die Anwendung der Steuerschuldnerschaft des Leistungsempfängers (Abnehmers) erforderlich, dass ein wirksamer Verzicht auf die Steuerbefreiung (Option) durch den Lieferer vorliegt (vgl. Abschnitte 9.1 und 9.2 Abs. 8 und 9).

Beispiel:

① Der Unternehmer U in Berlin ist Eigentümer eines Werkstattgebäudes, dessen Errichtung mit Darlehen einer Bank B finanziert wurde. ② Da U seine Zahlungsverpflichtungen nicht erfüllt, betreibt B die Zwangsversteigerung des Grundstückes. ③ Den Zuschlag erhält der Unternehmer E. ④ Auf die Steuerbefreiung der Grundstückslieferung (§ 4 Nr. 9 Buchstabe a UStG) verzichtet U rechtzeitig (§ 9 Abs. 3 Satz 1 UStG).

⑤ Mit dem Zuschlag in der Zwangsversteigerung erbringt U an E eine steuerpflichtige Lieferung. ⑥ E schuldet als Leistungsempfänger die Umsatzsteuer (§ 13b Abs. 5 Satz 1 in Verbindung mit Abs. 2 Nr. 3 UStG).

37 6. ① Bauleistungen, einschließlich Werklieferungen und sonstigen Leistungen im Zusammenhang mit Grundstücken, die der Herstellung, Instandsetzung, Instandhaltung, Änderung oder Beseitigung von Bauwerken dienen, mit Ausnahmen von Planungs- und Überwachungsleistungen (§ 13b Abs. 2 Nr. 4 Satz 1 UStG). ② Als Grundstücke gelten insbesondere auch Sachen, Ausstattungsgegenstände und Maschinen, die auf Dauer in einem Gebäude oder Bauwerk installiert sind und die nicht bewegt werden können, ohne das Gebäude oder Bauwerk zu zerstören oder zu verändern (§ 13b Abs. 2 Nr. 4 Satz 2 UStG). ③ Die Veränderung muss dabei erheblich sein; Abschnitt 3a.3 Abs. 2 Satz 3 vierter Spiegelstrich Satz 2 gilt entsprechend. ④ § 13b Abs. 2 Nr. 1 UStG bleibt unberührt.

38 7. Lieferungen
a) der in § 3g Abs. 1 Satz 1 UStG genannten Gegenstände eines im Ausland ansässigen Unternehmers unter den Bedingungen des § 3g UStG (vgl. Abschnitt 3g.1) und
b) von Gas über das Erdgasnetz und von Elektrizität, die nicht unter Buchstabe a fallen.

39 8. ① Übertragung von Berechtigungen nach § 3 Nr. 3 des Treibhausgas-Emissionshandelsgesetzes vom 21. 7. 2011 (BGBl. I S. 1475), Emissionsreduktionseinheiten nach § 2 Nr. 20 des Projekt-Mechanismen-Gesetzes, zertifizierten Emissionsreduktionen nach § 2 Nr. 21 des Projekt-Mechanismen-Gesetzes sowie Gas- und Elektrizitätszertifikaten (§ 13b Abs. 2 Nr. 6

UStG). ② Zu den Elektrizitätszertifikaten gehören insbesondere Herkunftsnachweise nach § 79 Erneuerbare-Energien-Gesetz und Regionalnachweise nach § 79a Erneuerbare-Energien-Gesetz.

9. ① Lieferungen der in der Anlage 3 des UStG bezeichneten Gegenstände (§ 13b Abs. 2 Nr. 7 UStG). ② § 13b Abs. 2 Nr. 7 und Abs. 5 Sätze 1 und 7 bis 9 UStG findet keine Anwendung, wenn ein in der Anlage 3 bezeichneter Gegenstand von dem liefernden Unternehmer unter den Voraussetzungen des § 25a UStG geliefert wird. **40**

10. ① Reinigen von Gebäuden und Gebäudeteilen (§ 13b Abs. 2 Nr. 8 UStG). ② § 13b Abs. 2 Nr. 1 bleibt unberührt. **41**

11. ① Lieferungen von Gold mit einem Feingehalt von mindestens 325 Tausendstel, in Rohform oder als Halbzeug (aus Position 7108 des Zolltarifs) und von Goldplattierungen mit einem Goldfeingehalt von mindestens 325 Tausendstel (aus Position 7109) (§ 13b Abs. 2 Nr. 9 UStG). ② § 13b Abs. 2 Nr. 9 und Abs. 5 Sätze 1 und 7 bis 9 UStG findet keine Anwendung, wenn ein in § 13b Abs. 2 Nr. 9 UStG bezeichneter Gegenstand von dem liefernden Unternehmer unter den Voraussetzungen des § 25a UStG geliefert wird. **42**

12. ① Lieferungen von Mobilfunkgeräten, Tablet-Computern und Spielekonsolen sowie von integrierten Schaltkreisen vor Einbau in einen zur Lieferung auf der Einzelhandelsstufe geeigneten Gegenstand, wenn die Summe der für sie in Rechnung zu stellenden Entgelte im Rahmen eines wirtschaftlichen Vorgangs mindestens 5000 € beträgt; nachträgliche Minderungen des Entgelts bleiben dabei unberücksichtigt (§ 13b Abs. 2 Nr. 10 UStG). ② § 13b Abs. 2 Nr. 10 und Abs. 5 Sätze 1 und 7 bis 9 UStG findet keine Anwendung, wenn ein in § 13b Abs. 2 Nr. 10 UStG bezeichneter Gegenstand von dem liefernden Unternehmer unter den Voraussetzungen des § 25a UStG geliefert wird. **43**

13. ① Lieferungen der in der Anlage 4 des UStG bezeichneten Gegenstände, wenn die Summe der für sie in Rechnung zu stellenden Entgelte im Rahmen eines wirtschaftlichen Vorgangs mindestens 5000 € beträgt; nachträgliche Minderungen des Entgelts bleiben dabei unberücksichtigt (§ 13b Abs. 2 Nr. 11 UStG). ② § 13b Abs. 2 Nr. 11 und Abs. 5 Sätze 1 und 7 bis 9 UStG findet keine Anwendung, wenn ein in der Anlage 4 bezeichneter Gegenstand von dem liefernden Unternehmer unter den Voraussetzungen des § 25a UStG geliefert wird. **44**

14. ① Sonstige Leistungen auf dem Gebiet der Telekommunikation (§ 13b Abs. 2 Nr. 12 Satz 1 UStG). ② § 13b Abs. 2 Nr. 1 UStG bleibt unberührt.

② Der Leistungsempfänger schuldet die Steuer auch beim Tausch und bei tauschähnlichen Umsätzen. **45**

LS zu 13b.1

Zur Steuerschuld des Leistungsempfängers bei **mehreren Leistungsempfängern** hat der *BFH* mit *Urteil vom 10. 12. 2020 V R 7/20 (BStBl. 2022 II S. 528)* entschieden, dass der Anwendung von § 13b Abs. 5 S. 1 UStG nicht entgegensteht, dass neben dem Unternehmer oder der juristischen Person eine weitere Person Empfänger der Leistung ist, wenn der Unternehmer (oder die ihm gleichgestellte juristische Person) Schuldner des vollen Entgeltbetrages ist und der weitere Leistungsempfänger nicht zum Kreis der in § 13b Abs. 5 S. 1 UStG genannten Steuerschuldner gehört. **46**

Bei sonstigen Leistungen nach § 13b Abs. 2 Nr. 1 UStG an einen **nichtrechtsfähigen Verein i. S. d. § 54 BGB,** der nicht unternehmerisch tätig ist und über keine Umsatzsteuer-Identifikationsnummer verfügt, findet die Vorschrift des § 13b Abs. 5 Satz 1 Halbsatz 1, 2. Alt. UStG keine Anwendung, da der nichtrechtsfähige Verein derzeit nach nationalem Recht nicht als „juristische Person" anzusehen ist. *Kurzinfo FM Schleswig-Holstein v. 5. 5. 2022 S 7279 – 034 (DStR S. 1554).*

– Grunderwerbsteuer –

Bei einer **Organschaft** bezieht der Organträger die Eingangsleistung, so dass es für § 13b Abs. 5 Satz 2 i. V. m. Abs. 2 Nr. 4 UStG auf die Außenumsätze des Organkreises ankommt. *BFH-Urteil v. 23. 7. 2020 V R 32/19 (BStBl. 2021 II S. 793).*

Bei Erbbaurechtsbestellungen nach dem 31. 3. 2004 und Teilleistungen nach diesem Zeitpunkt ist der Leistungsempfänger Steuerschuldner. – Billigkeitsregelungen für Fälle, in denen die Bestellung des **Erbbaurechts** und Teilzahlungen vor dem 1. 4. 2004 erfolgten. *Verfügung OFD Hannover S 7279 – 27 – StO 183 v. 5. 10. 2009 (DStR S. 2318).*

Bei der Übertragung von **hälftigem Miteigentum** ist der jeweilige Miteigentümer Leistungsempfänger, sodass für den Fall eines Verzichts gemäß § 9 Abs. 1 und Abs. 3 UStG auf die nach § 4 Nr. 9 Buchst. a UStG bestehende Steuerfreiheit keine Steuerschuld einer GbR nach § 13b Abs. 2 Nr. 3 und Abs. 5 Satz 1 UStG besteht. *BFH-Urteil v. 25. 11. 2021 V R 44/20 (DStR 2022 S. 611).*

– Sicherungsübereignung –

Auf die Lieferung sicherungsübereigneter Gegenstände durch einen **pauschalierenden Landwirt** kommt § 24 UStG nicht zur Anwendung. *Verfügung OFD Frankfurt v. 15. 3. 2016 S 7279 A – 12 – St 113 (DStR S. 1612).*

Zur Steuerschuldnerschaft des Leistungsempfängers bei der **Verwertung sicherungsübereigneter Gegenstände.** *Verfügung OFD Frankfurt S 7279 A – 5 – St 113 v. 29. 2. 2012 (DStR S. 1280).*

1. *[vgl. LS zu 1.2]* 2. Hat der Sicherungsnehmer einen sicherungsübereigneten Gegenstand vor Eröffnung des Insolvenzverfahrens in Besitz genommen, aber **erst nach der Eröffnung verwertet,** liegt keine „Lieferung eines sicherungsübereigneten Gegenstands durch den Sicherungsgeber an den Sicherungsnehmer außerhalb des Insolvenzverfahrens" i. S. des § 13b Abs. 1 Satz 1 Nr. 2 UStG vor. *BFH-Beschl. v. 19. 7. 2007, V B 222/06 (BStBl. 2008 II S. 163).*

– Billigkeitserlass –

Gehen der Leistende und Leistungsempfänger rechtsfehlerhaft davon aus, dass der Leistende Steuerschuldner ist, obwohl der Leistungsempfänger die Steuer schuldet (§ 13b UStG), sind die sich aus der Versagung des Vorsteuerabzugs beim Leistungsempfänger entstehenden **Zinsen** aus sachlichen Billigkeitsgründen zu **erlassen,** wenn das FA die für die Leistung geschuldete Steuer vom vermeintlichen statt vom wirklichen Steuerschuldner vereinnahmt hatte, der Leistende seine Rechnungen mit Steuerausweis berichtigt und den sich hieraus ergebenden Vergütungsanspruch an den Leistungsempfänger abtritt. *BFH-Urteil v. 26. 9. 2019 V R 13/18 (DStR S. 2531).* Es ist nicht klärungsbedürftig, dass die Grundsätze des BFH-Urteils vom 26. 9. 2019 – V R 13/18 (BFHE 266, 16) nicht nur für Bauträger-Fälle (§ 13b Abs. 2 Nr. 4 UStG) gelten, sondern auch für andere Fälle, in denen der Leistende und Leistungsempfänger zunächst rechtsfehlerhaft davon ausgegangen sind, dass der Leistende Steuerschuldner ist, obwohl der Leistungsempfänger die Steuer schuldet (§ 13b UStG). *BFH-Urteil v. 28. 6. 2022 XI B 97/21 (BFH/NV S. 1200).*

UStAE 13b.2

13b.2 Bauleistungen[1]

51 (1) ① Der Begriff des Bauwerks (vgl. Abschnitt 13b.1 Abs. 2 Nr. 6) ist weit auszulegen und umfasst nicht nur Gebäude, sondern darüber hinaus sämtliche irgendwie mit dem Erdboden verbundene oder infolge ihrer eigenen Schwere auf ihm ruhende, aus Baustoffen oder Bauteilen hergestellte Anlagen (z. B. Brücken, Straßen oder Tunnel, Versorgungsleitungen, Schiffshebewerke, Windkraftanlagen). ② In jedem Fall gelten die in Abschnitt 3a.3 Abs. 2 Satz 3 Spiegelstriche 2 bis 4 genannten Grundstücke als Bauwerke im Sinne des § 13b Abs. 2 Nr. 4 UStG.

52 (2) *(aufgehoben)*

53 (3) ① Eine Bauleistung muss sich unmittelbar auf die Substanz des Bauwerks auswirken, d. h. es muss eine Substanzerweiterung, Substanzverbesserung, Substanzbeseitigung oder Substanzerhaltung bewirkt werden. ② Hierzu zählen auch Erhaltungsaufwendungen (z. B. Reparaturleistungen); vgl. hierzu aber Absatz 7 Nr. 15.

54 (4) ① Werden im Rahmen eines Vertragsverhältnisses mehrere Leistungen erbracht, bei denen es sich teilweise um Bauleistungen handelt, kommt es darauf an, welche Leistung im Vordergrund steht, also der vertraglichen Beziehung das Gepräge gibt. ② Die Leistung fällt nur dann – insgesamt – unter § 13b Abs. 2 Nr. 4 Satz 1 UStG, wenn die Bauleistung als Hauptleistung anzusehen ist. ③ Ein auf einem Gesamtvertrag beruhendes Leistungsverhältnis ist jedoch aufzuteilen, wenn hierin mehrere ihrem wirtschaftlichen Gehalt nach selbständige und voneinander unabhängige Einzelleistungen zusammengefasst werden (vgl. BFH-Urteil vom 24. 11. 1994, V R 30/92, BStBl. 1995 II S. 151).

55 (5) Zu den Bauleistungen gehören insbesondere auch:

1. Der Einbau von Fenstern, Türen, Bodenbelägen, Aufzügen, Rolltreppen und Heizungsanlagen sowie die Errichtung von Dächern und Treppenhäusern;
2. ① Die Werklieferungen oder der Einbau von Ausstattungsgegenständen oder Maschinenanlagen, sofern diese sich unmittelbar auf die Substanz des Bauwerks auswirken (vgl. Absatz 3). ② Dies ist der Fall, wenn die Ausstattungsgegenstände oder Maschinenanlagen auf Dauer in einem Gebäude oder Bauwerk installiert sind und nicht bewegt werden können, ohne das Gebäude oder Bauwerk zu zerstören oder erheblich zu verändern; Abschnitt 3a.3 Abs. 2 Satz 3 vierter Spiegelstrich Satz 2 gilt entsprechend;

3., 4. *(aufgehoben)*

5. Erdarbeiten im Zusammenhang mit der Erstellung eines Bauwerks;
6. ① EDV oder Telefonanlagen, die fest mit dem Bauwerk verbunden sind, in das sie eingebaut werden. ② Die Lieferung von Endgeräten allein ist dagegen keine Bauleistung;
7. die Dachbegrünung eines Bauwerks;
8. [2] der Hausanschluss durch Versorgungsunternehmen (die Hausanschlussarbeiten umfassen regelmäßig Erdarbeiten, Mauerdurchbruch, Installation der Hausanschlüsse und Verlegung der Hausanschlussleitungen vom Netz des Versorgungsunternehmens zum Hausanschluss), wenn es sich um eine eigenständige Leistung handelt;
9. ① künstlerische Leistungen an Bauwerken, wenn sie sich unmittelbar auf die Substanz auswirken und der Künstler auch die Ausführung des Werks als eigene Leistung schuldet. ② Stellt der Künstler lediglich Ideen oder Planungen zur Verfügung oder überwacht er die Ausführung des von einem Dritten geschuldeten Werks durch einen Unternehmer, liegt keine Bauleistung vor;
10. ① ein Reinigungsvorgang, bei dem die zu reinigende Oberfläche verändert wird. ② Dies gilt z. B. für eine Fassadenreinigung, bei der die Oberfläche abgeschliffen oder mit Sandstrahl bearbeitet wird;
11. Werklieferungen von Photovoltaikanlagen, die auf oder an einem Gebäude oder Bauwerk installiert werden (z.B. dachintegrierte Anlagen, Auf-Dach-Anlagen oder Fassadenmontagen) oder mit dem Grund und Boden auf Dauer fest verbunden werden (Freiland-Photovoltaikanlagen).

56 (6) ① Von den Bauleistungen ausgenommen sind nach § 13b Abs. 2 Nr. 4 Satz 1 UStG ausdrücklich Planungs- und Überwachungsleistungen. ② Hierunter fallen ausschließlich planerische Leistungen (z. B. von Statikern, Architekten, Garten- und Innenarchitekten, Vermessungs-, Prüf-

[1] Rechnungsausstellung vgl. A 13b.14 u. A 14.2 UStAE.
[2] **Hinweis** auf BMF v. 7. 4. 2009 (BStBl. I S. 531).

und Bauingenieuren), Labordienstleistungen (z. B. chemische Analyse von Baustoffen) oder reine Leistungen zur Bauüberwachung, zur Prüfung von Bauabrechnungen und zur Durchführung von Ausschreibungen und Vergaben. UStAE 13b.2

(7) Insbesondere folgende Leistungen fallen nicht unter die in § 13b Abs. 2 Nr. 4 Satz 1 UStG genannten Umsätze: 57

1. Materiallieferungen (z. B. durch Baustoffhändler oder Baumärkte), auch wenn der liefernde Unternehmer den Gegenstand der Lieferung im Auftrag des Leistungsempfängers herstellt, nicht aber selbst in ein Bauwerk einbaut;
2. ① Lieferungen einzelner Maschinen, die vom liefernden Unternehmer im Auftrag des Abnehmers auf ein Fundament gestellt werden. ② Stellt der liefernde Unternehmer das Fundament oder die Befestigungsvorrichtung allerdings vor Ort selbst her, ist nach den Grundsätzen in Absatz 4 zu entscheiden, ob es sich um eine Bauleistung handelt;
3. ① Anliefern von Beton. ② Wird Beton geliefert und durch Personal des liefernden Unternehmers an der entsprechenden Stelle des Bauwerks lediglich abgelassen oder in ein gesondertes Behältnis oder eine Verschalung eingefüllt, liegt eine Lieferung, aber keine Werklieferung, und somit keine Bauleistung vor. ③ Dagegen liegt eine Bauleistung vor, wenn der liefernde Unternehmer den Beton mit eigenem Personal fachgerecht verarbeitet;
4. Lieferungen von Wasser und Energie;
5. ① Zurverfügungstellen von Betonpumpen und anderen Baugeräten. ② Das Zurverfügungstellen von Baugeräten ist dann eine Bauleistung, wenn gleichzeitig Personal für substanzverändernde Arbeiten zur Verfügung gestellt wird.

   ③ Zu den Baugeräten gehören auch Großgeräte wie Krane oder selbstfahrende Arbeitsmaschinen. ④ Das reine Zurverfügungstellen (Vermietung) von Kranen – auch mit Personal – stellt keine Bauleistung dar. ⑤ Eine Bauleistung liegt auch dann nicht vor, wenn Leistungsinhalt ist, einen Kran an die Baustelle zu bringen, diesen aufzubauen und zu bedienen und nach Weisung des Anmietenden bzw. dessen Erfüllungsgehilfen Güter am Haken zu befördern. ⑥ Ebenso liegt keine Bauleistung vor, wenn ein Baukran mit Personal vermietet wird und die mit dem Kran bewegten Materialien vom Personal des Auftraggebers befestigt oder mit dem Bauwerk verbunden werden, da nicht vom Personal des Leistungserbringers in die Substanz des Bauwerks eingegriffen wird;
6. Aufstellen von Material- und Bürocontainern, mobilen Toilettenhäusern;
7. Entsorgung von Baumaterialien (Schuttabfuhr durch Abfuhrunternehmer);
8. Aufstellen von Messeständen;
9. Gerüstbau;
10. ① Anlegen von Bepflanzungen und deren Pflege (z. B. Bäume, Gehölze, Blumen, Rasen) mit Ausnahme von Dachbegrünungen. ② Nicht zu den Bauleistungen im Zusammenhang mit einem Bauwerk gehören das Anlegen von Gärten und von Wegen in Gärten, soweit dabei keine Bauwerke hergestellt, instand gesetzt, geändert oder beseitigt werden, die als Hauptleistung anzusehen sind. ③ Das Anschütten von Hügeln und Böschungen sowie das Ausheben von Gräben und Mulden zur Landschaftsgestaltung sind ebenfalls keine Bauleistungen;
11. ① Aufhängen und Anschließen von Beleuchtungen sowie das Anschließen von Elektrogeräten. ② Dagegen ist die Installation einer Lichtwerbeanlage und die Montage und das Anschließen von Beleuchtungssystemen, z. B. in Kaufhäusern oder Fabrikhallen, eine Bauleistung;
12. ① als Verkehrssicherungsleistungen bezeichnete Leistungen (Auf- und Abbau, Vorhaltung, Wartung und Kontrolle von Verkehrseinrichtungen, unter anderem Absperrgeräte, Leiteinrichtungen, Blinklicht- und Lichtzeichenanlagen, Aufbringung von vorübergehenden Markierungen, Lieferung und Aufstellen von transportablen Verkehrszeichen, Einsatz von fahrbaren Absperrtafeln und die reine Vermietung von Verkehrseinrichtungen und Bauzäunen). ② Dagegen sind das Aufbringen von Endmarkierungen (sog. Weißmarkierungen) sowie das Aufstellen von Verkehrszeichen und Verkehrseinrichtungen, die dauerhaft im öffentlichen Verkehrsraum verbleiben, Bauleistungen, wenn es sich um jeweils eigenständige Leistungen handelt;
13. die Arbeitnehmerüberlassung, auch wenn die überlassenen Arbeitnehmer für den Entleiher Bauleistungen erbringen, unabhängig davon, ob die Leistungen nach dem Arbeitnehmerüberlassungsgesetz erbracht werden oder nicht;
14. die bloße Reinigung von Räumlichkeiten oder Flächen, z. B. von Fenstern;
15. ① Reparatur und Wartungsarbeiten an Bauwerken oder Teilen von Bauwerken, wenn das (Netto-)Entgelt für den einzelnen Umsatz nicht mehr als 500 € beträgt. ② Wartungsleistungen an Bauwerken oder Teilen von Bauwerken, die einen Nettowert von 500 € übersteigen, sind nur dann als Bauleistungen zu behandeln, wenn Teile verändert, bearbeitet oder ausgetauscht werden;
16. Luftdurchlässigkeitsmessungen an Gebäuden, die für die Erfüllung von § 6 EnEV und Anlage 4 zur EnEV durchgeführt werden, da sich diese Leistungen nicht auf die Substanz eines Gebäudes auswirken;

17. ① Bebauung von eigenen Grundstücken zum Zwecke des Verkaufs; insoweit liegt eine Lieferung und keine Werklieferung vor. ② Dies gilt auch dann, wenn die Verträge mit den Abnehmern bereits zu einem Zeitpunkt geschlossen werden, in dem diese noch Einfluss auf die Bauausführung und Baugestaltung – unabhängig vom Umfang – nehmen können.

LS zu 13b.2

Leistungsbeschreibung bestimmter Bauleistungen (§ 13b Abs. 1 Nr. 4 UStG) vgl. *OFD Frankfurt/M. v. 10. 10. 2012 (DStR 2013 S. 363).*

58 Die Errichtung von **Blitzschutzsystemen,** Erdungsanlagen und das Versehen von Gebäuden mit **Überspannungsschutz** fällt unter § 13b Abs. 1 Satz 1 Nr. 4 UStG. *Verfügung OFD Erfurt S 7279 A – 02 – L 243 v. 3. 2. 2005.*

Es ist noch nicht geklärt, ob die Lieferung und Montage von betriebsbereiten (sog. schlüsselfertigen) **Photovoltaikanlagen** auf Gebäudedächern umsatzsteuerrechtlich eine Bauleistung ist. *BFH-Beschluss v. 2. 7. 2014 XI S 8/14 (BFH/NV S. 1601).*

UStAE 13b.3

13b.3 Bauleistender Unternehmer als Leistungsempfänger

61 (1) ① Werden Bauleistungen von einem im Inland ansässigen Unternehmer im Inland erbracht, ist der Leistungsempfänger nur dann Steuerschuldner, wenn er Unternehmer ist und selbst Bauleistungen erbringt, unabhängig davon, ob er sie für eine von ihm erbrachte Bauleistung verwendet (§ 13b Abs. 5 Satz 2 UStG). ② Der Leistungsempfänger muss derartige Bauleistungen nachhaltig erbringen oder erbracht haben. ③ Die Steuerschuldnerschaft des Leistungsempfängers gilt deshalb vor allem nicht für Nichtunternehmer sowie für Unternehmer mit anderen als den vorgenannten Umsätzen, z. B. Baustoffhändler, die ausschließlich Baumaterial liefern, oder Unternehmer, die ausschließlich Lieferungen erbringen, die unter das GrEStG fallen.

62 (2) ① Ein Unternehmer erbringt zumindest dann nachhaltig Bauleistungen, wenn er mindestens 10% seines Weltumsatzes (Summe seiner im Inland steuerbaren und nicht steuerbaren Umsätze) als Bauleistungen erbringt. ② Unternehmer, die Bauleistungen unterhalb dieser Grenze erbringen, sind danach grundsätzlich keine bauleistenden Unternehmer. ③ Hat der Unternehmer zunächst keine Bauleistungen ausgeführt oder nimmt er seine Tätigkeit in diesem Bereich erst auf, ist er – abweichend von Absatz 1 – auch schon vor der erstmaligen Erbringung von Bauleistungen als bauleistender Unternehmer anzusehen, wenn er nach außen erkennbar mit ersten Handlungen zur nachhaltigen Erbringung von Bauleistungen begonnen hat und die Bauleistungen voraussichtlich mehr als 10% seines Weltumsatzes im Sinne des Satzes 1 betragen werden.

63 (3) ① Es ist davon auszugehen, dass die Voraussetzung nach Absatz 2 erfüllt ist, wenn dem Unternehmer das nach den abgabenrechtlichen Vorschriften für die Besteuerung seiner Umsätze zuständige Finanzamt auf Antrag oder von Amts wegen eine im Zeitpunkt der Ausführung des Umsatzes gültige Bescheinigung nach dem Vordruckmuster USt 1 TG erteilt hat; hinsichtlich dieses Musters wird auf das BMF-Schreiben vom 5. 11. 2019, BStBl. I S. 1041, verwiesen. ② Zur Erteilung dieser Bescheinigung sind die Voraussetzungen in geeigneter Weise glaubhaft zu machen. ③ Aus Vereinfachungsgründen kann auf den Weltumsatz des im Zeitpunkt der Ausstellung der Bescheinigung abgelaufenen Besteuerungszeitraums abgestellt werden, für den dem Finanzamt bereits Umsatzsteuer-Voranmeldungen bzw. Umsatzsteuererklärungen für das Kalenderjahr vorliegen. ④ In den Fällen des Absatzes 2 Satz 3 muss glaubhaft gemacht werden, dass der Umfang der ausgeführten Bauleistungen zukünftig die 10%-Grenze nach Absatz 2 Satz 1 überschreiten wird.

64 (4) Die Gültigkeitsdauer der Bescheinigung nach Absatz 3 Satz 1 ist auf längstens drei Jahre zu beschränken; sie kann nur mit Wirkung für die Zukunft widerrufen oder zurückgenommen werden.

65 (5) ① Hat das Finanzamt dem Unternehmer eine Bescheinigung nach dem Vordruckmuster USt 1 TG ausgestellt, ist er auch dann als Leistungsempfänger Steuerschuldner, wenn er diesen Nachweis gegenüber dem leistenden Unternehmer nicht – im Original oder in Kopie – verwendet oder sich herausstellt, dass der Unternehmer tatsächlich nicht mindestens 10% seines Weltumsatzes nach Absatz 1 Satz 1 als Bauleistungen erbringt oder erbracht hat. ② Wurde die Bescheinigung mit Wirkung für die Zukunft widerrufen oder zurückgenommen, und erbringt der Leistungsempfänger nicht nachhaltig Bauleistungen, schuldet der leistende Unternehmer dann die Steuer, wenn er hiervon Kenntnis hatte oder hätte haben können. ③ Hatte der leistende Unternehmer in diesen Fällen keine Kenntnis oder hat er keine Kenntnis haben können, wird es beim leistenden Unternehmer und beim Leistungsempfänger nicht beanstandet, wenn beide einvernehmlich von einer Steuerschuldnerschaft des Leistungsempfängers ausgehen und durch diese Handhabung keine Steuerausfälle entstehen; dies gilt dann als erfüllt, wenn der Umsatz vom Leistungsempfänger in zutreffender Höhe versteuert wird.

66 (6) ① Arbeitsgemeinschaften (ARGE) sind auch dann als Leistungsempfänger Steuerschuldner, wenn sie nur eine Bauleistung als Gesamtleistung erbringen. ② Dies gilt bereits für den Zeitraum, in dem sie noch keinen Umsatz erbracht haben. ③ Soweit Gesellschafter einer ARGE Bauleistungen an die ARGE erbringen, ist die ARGE als Leistungsempfänger Steuerschuldner. ④ Bestehen Zweifel, ob die Leistung an die ARGE eine Bauleistung ist, kann § 13b Abs. 5 Satz 8 UStG (vgl. Abschnitt 13b.8) angewendet werden.

67 (7) ① Erbringt bei einem Organschaftsverhältnis nur ein Teil des Organkreises (z. B. der Organträger oder eine Organgesellschaft) nachhaltig Bauleistungen, ist der Organträger nur für die Bau-

leistungen Steuerschuldner, die an diesen Teil des Organkreises erbracht werden. ② Die Absätze 1 bis 5 sind auf den jeweiligen Unternehmensteil entsprechend anzuwenden. ③ Bei der Berechnung der 10%-Grenze sind nur die Bemessungsgrundlagen der Umsätze zu berücksichtigen, die dieser Teil des Organkreises erbracht hat; nicht steuerbare Innenumsätze sind dabei unbeachtlich. ④ Die Bescheinigung nach dem Vordruckmuster USt 1 TG stellt das für den Organkreis für Zwecke der Umsatzsteuer zuständige Finanzamt für alle im Inland gelegenen Unternehmensteile im Sinne des Abschnitts 2.9 Abs. 3 bis 5 auf Antrag oder von Amts wegen aus. ⑤ Der Antrag im Sinne des Satzes 4 ist von dem Organträger zustellen; Abschnitt 2.9 Abs. 6 und 7 gilt entsprechend. ⑥ Der Antrag hat folgende Informationen zu enthalten:
- Steuernummer, unter der der Organkreis im Inland für Zwecke der Umsatzsteuer geführt wird,
- Name und Anschrift des Organträgers; im Falle der Ansässigkeit des Organträgers im Ausland zusätzlich Name und Anschrift des im Inland gelegenen wirtschaftlich bedeutendsten Unternehmensteils,
- Name und Anschrift der betreffenden Organgesellschaft bzw. im Inland gelegenen Betriebsstätte,
- Steuernummer, unter der die betreffende Organgesellschaft bzw. im Inland gelegene Betriebsstätte ertragsteuerlich geführt wird,
- Bezeichnung des zuständigen Finanzamts, bei dem die betreffende Organgesellschaft bzw. im Inland gelegene Betriebsstätte ertragsteuerlich geführt wird.

(8) ① Bauträger, die ausschließlich eigene Grundstücke zum Zwecke des Verkaufs bebauen, führen eine bloße Grundstückslieferung mit der Folge aus, dass sie für an sie erbrachte, in § 13b Abs. 2 Nr. 4 Satz 1 UStG genannte Leistungen grundsätzlich nicht Steuerschuldner nach § 13b Abs. 5 Satz 2 UStG sind; § 13b Abs. 2 Nr. 1 und Abs. 5 Satz 1 erster Halbsatz UStG sowie die Absätze 3 und 5 bleiben unberührt. ② Dies gilt auch dann, wenn die entsprechenden Kaufverträge mit den Kunden bereits zu einem Zeitpunkt geschlossen werden, in dem der Kunde noch Einfluss auf die Bauausführung und Baugestaltung – unabhängig vom Umfang – nehmen kann, unabhängig davon, ob dieser Umsatz steuerpflichtig ist oder unter die Steuerbefreiung nach § 4 Nr. 9 Buchstabe a UStG fällt (vgl. Abschnitt 13b.2 Abs. 7 Nr. 17). ③ Bei Unternehmern (Bauträgern), die sowohl Umsätze erbringen, die unter das GrEStG fallen, als auch, z. B. als Generalunternehmer, Bauleistungen im Sinne von § 13b Abs. 2 Nr. 4 Satz 1 UStG, sind die allgemeinen Grundsätze der Absätze 1 bis 7 anzuwenden. **68**

(9) ① Wohnungseigentümergemeinschaften sind für Bauleistungen als Leistungsempfänger nicht Steuerschuldner, wenn diese Leistungen als nach § 4 Nr. 13 UStG steuerfreie Leistungen der Wohnungseigentümergemeinschaften an die einzelnen Wohnungseigentümer weiter gegeben werden. ② Dies gilt auch dann, wenn die Wohnungseigentümergemeinschaft derartige Umsätze nach § 9 Abs. 1 UStG als steuerpflichtig behandelt. **69**

(10) Es ist nicht erforderlich, dass die an den Leistungsempfänger erbrachten Bauleistungen mit von ihm erbrachten Bauleistungen unmittelbar zusammenhängen. **70**

Beispiel:

① Der Bauunternehmer A beauftragt den Unternehmer B mit dem Einbau einer Heizungsanlage in sein Bürogebäude. ② A bewirkt nachhaltig Bauleistungen.
③ Der Einbau der Heizungsanlage durch B ist eine unter § 13b Abs. 2 Nr. 4 Satz 1 und Abs. 5 Satz 2 UStG fallende Werklieferung. ④ Für diesen Umsatz ist A Steuerschuldner, da er selbst nachhaltig Bauleistungen erbringt. ⑤ Unbeachtlich ist, dass der von B erbrachte Umsatz nicht mit den Ausgangsumsätzen des A in unmittelbarem Zusammenhang steht.

(11) Die Steuerschuldnerschaft des Leistungsempfängers nach § 13b Abs. 2 Nr. 4 Satz 1 UStG ist von Personengesellschaften (z. B. KG, GbR) und Kapitalgesellschaften (AG, GmbH) nicht anzuwenden, wenn ein Unternehmer eine Bauleistung für den privaten Bereich eines (Mit-) Gesellschafters oder Anteilseigners erbringt, da es sich hierbei um unterschiedliche Personen handelt. **71**

(12) ① Erfüllt der Leistungsempfänger die Voraussetzungen des § 13b Abs. 5 Satz 2 UStG, ist er auch dann Steuerschuldner, wenn die Leistung für den nichtunternehmerischen Bereich erbracht wird (§ 13b Abs. 5 Satz 7 UStG). ② Ausgenommen hiervon sind Bauleistungen, die ausschließlich an den nichtunternehmerischen Bereich von juristischen Personen des öffentlichen Rechts erbracht werden, auch wenn diese im Rahmen von Betrieben gewerblicher Art unternehmerisch tätig sind und nachhaltig Bauleistungen erbringen (vgl. § 13b Abs. 5 Satz 11 UStG). ③ Absatz 1 ist auf den jeweiligen Betrieb gewerblicher Art einer juristischen Person des öffentlichen Rechts entsprechend anzuwenden, der Bauleistungen erbringt. **72**

(13) Erbringt ein Unternehmer eine Leistung, die keine Bauleistung ist, und bezeichnet er sie dennoch in der Rechnung als Bauleistung, ist der Leistungsempfänger für diesen Umsatz nicht Steuerschuldner nach § 13b Abs. 5 UStG. **73**

Erschließungsträger, die Erschließungsanlagen errichten und diese anschließend auf die betreffende Gemeinde übertragen, sind Steuerschuldner nach § 13b Abs. 2 Satz 2 UStG für sämtliche empfangenen Bauleistungen, wenn die steuerbaren Umsätze aus der Übertragung von Erschließungsanlagen (sowie ggf. aus weiteren Bauleistungen) im vorangegangenen Kalenderjahr mehr als 10 v. H. des steuerbaren Gesamtumsatzes betragen haben. Dasselbe gilt, wenn der Erschließungsträger LS zu 13b.3 **74**

dem leistenden Unternehmer eine im Zeitpunkt der Ausführung des Umsatzes gültige Freistellungsbescheinigung nach § 48 b EStG vorlegt. *Verfügung OFD Frankfurt v. 28. 7. 2005 S 7279 A – 14 – St I 2.40 (DStR S. 2127).*

Erschließungsmaßnahmen vgl. *BMF v. 7. 6. 2012 (BStBl. I S. 621),* Anl b zu A 1.1 UStAE.

Zur Steuerschuldnerschaft von **Bauträgern.** *Verfügung OFD Frankfurt S 7229 A – 14 – St 113 v. 24. 3. 2010.*

Erbringt ein Unternehmer Bauleistungen i. S. des § 13 b Abs. 1 Satz 1 Nr. 4 Satz 1 UStG gegenüber einem anderen Unternehmer, der selbst solche Bauleistungen nicht erbringt, schuldet er die Umsatzsteuer auch dann, wenn er im guten Glauben auf die Steuerschuldnerschaft des Leistungsempfängers gehandelt hat. **[Keine Umkehr der Steuerschuldnerschaft aus Vertrauensschutzgründen]** *FG München, Beschl. v. 19. 1. 2010, 14 V 2377/09, rkr. (DStRE S. 1009).*

Die Art. 167, 168 und 178 MwStSystRL sind dahin auszulegen, dass sie einer rückwirkenden Anwendung einer nationalen Rechtsvorschrift entgegenstehen, die im Rahmen einer Regelung der **Umkehrung der Steuerschuldnerschaft** für den Abzug der Mehrwertsteuer auf Bauarbeiten eine Berichtigung der Rechnungen für diese Umsätze und die Abgabe einer ergänzenden berichtigenden Steuererklärung verlangt, auch wenn die betreffende Steuerbehörde über alle Angaben verfügt, die für die Feststellung, dass der Steuerpflichtige als Empfänger der fraglichen Leistungen die Mehrwertsteuer zu entrichten hat, und für die Überprüfung der Höhe der abzugsfähigen Steuer erforderlich sind. ***EuGH-Urt. v. 30. 9. 2010,*** *C-392/09, Uszodaépítő kft (BeckRS 2010, 91 144).*

Zur Steuerschuldnerschaft eines Leistungsempfängers nach § 13 b Abs. 5 Satz 2 UStG, der **selbst Bauleistungen** erbringt **(Bauträger)** – Vereinfachungsregelung. *Schreiben des BMF IV D 3 – S 7279/09/10 006 v. 17. 2. 2011 (DStR S. 1322).*

1. § 13 b Abs. 2 Satz 2 UStG 2005 ist entgegen Abschn. 182 a Abs. 11 UStR 2005 [A 13 b.3 Abs. 10 UStAE] einschränkend dahingehend auszulegen, dass es für die Entstehung der Steuerschuld darauf ankommt, ob der **Leistungsempfänger** die an ihn erbrachte Werklieferung oder sonstige Leistung, die der Herstellung, Instandsetzung, Instandhaltung, Änderung oder Beseitigung von **Bauwerken** dient, **seinerseits zur Erbringung einer derartigen Leistung** verwendet. – 2. Auf den Anteil der vom Leistungsempfänger ausgeführten bauwerksbezogenen Werklieferungen oder sonstigen Leistungen i. S. des § 13 b Abs. 2 Satz 2 UStG 2005 an den insgesamt von ihm erbrachten steuerbaren Umsätzen kommt es entgegen Abschn. 182 a Abs. 10 UStR 2005 nicht an. *BFH-Urt. v. 22. 8. 2013, V R 37/10 (BStBl. 2014 II S. 128);* Nachfolgeentscheidung zu *EuGH-Urt. C-395/11 BLV Wohn- und Gewerbebau GmbH v. 13. 12. 2012 (DStR S. 2593).* – Vgl. auch *BFH-Urteil v. 11. 12. 2013 XI R 21/11 (BStBl. II S. 425) und BFH-Beschluss v. 5. 2. 2014 V B 2/14 (BFH/NV S. 738)* betr. Weitergabe im Rahmen einer steuerfreien Grundstückslieferung.

Bauabzugsteuer vgl. *BMF v. 12. 10. 2009 (Merkblatt USt M 2, BStBl. I S. 1292),* Abschn. VI.

Bei einer **Organschaft** bezieht der Organträger die Eingangsleistung, so dass es für § 13 b Abs. 5 Satz 2 i. V. m. Abs. 2 Nr. 4 UStG auf die Außenumsätze des Organkreises ankommt. *BFH-Urteil v. 23. 7. 2020 V R 32/19 (BStBl. 2021 II S. 793).*

Anl zu 13 b.3

Schreiben betr. Steuerschuldnerschaft des Leistungsempfängers nach § 13 b UStG bei Organschaften; Auswirkungen des BFH-Urteils v. 23. 7. 2020 – V R 32/19

Vom 27. September 2021 (BStBl. I S. 1856)

(BMF III C 3 – S 7279/19/10005 :003; DOK 2021/1034302)

[abgedruckt im USt-Handbuch 2021 als Anlage zu A 13 b.3]

UStAE 13 b.3 a

13 b.3 a Lieferungen von Gas, Elektrizität, Wärme oder Kälte[1]

86 (1) ① Die Steuerschuldnerschaft des Leistungsempfängers nach § 13 b Abs. 2 Nr. 5 Buchstabe a in Verbindung mit Abs. 5 Satz 1 zweiter Halbsatz UStG gilt für Lieferungen von Gas über das Erdgasnetz, von Elektrizität sowie von Wärme und Kälte über ein Wärme- oder Kältenetz durch einen im Ausland ansässigen Unternehmer an einen anderen Unternehmer unter den Bedingungen des § 3 g UStG. ② Zu den Bedingungen nach § 3 g UStG vgl. Abschnitt 3 g.1 Abs. 1 bis 3.

87 (2) ① Bei Lieferungen von Gas über das Erdgasnetz durch einen im Inland ansässigen Unternehmer ist der Leistungsempfänger Steuerschuldner nach § 13 b Abs. 2 Nr. 5 Buchstabe b in Verbindung mit Abs. 5 Satz 3 UStG, wenn er ein Wiederverkäufer von Erdgas im Sinne des § 3 g UStG ist. ② Bei Lieferungen von Elektrizität durch einen im Inland ansässigen Unternehmer ist der Leistungsempfänger Steuerschuldner nach § 13 b Abs. 2 Nr. 5 Buchstabe b in Verbindung mit Abs. 5 Satz 4 UStG, wenn er und der liefernde Unternehmer Wiederverkäufer von Elektrizität im Sinne des § 3 g Abs. 1 UStG sind. ③ Betreiber von dezentralen Stromgewinnungsanlagen (z. B. Photovoltaik- bzw. Windkraftanlagen, Biogas-Blockheizkraftwerke) sind regelmäßig keine Wiederverkäufer von Elektrizität im Sinne des § 3 g UStG (vgl. Abschnitt 2.5 Abs. 3), wenn sie ausschließlich selbsterzeugte Elektrizität liefern. ④ Zum Begriff des Wiederverkäufers von Erdgas oder Elektrizität im Sinne des § 3 g Abs. 1 UStG vgl. Abschnitt 3 g.1 Abs. 2 und 3. ⑤ Es ist davon auszugehen, dass ein Unternehmer Wiederverkäufer von Erdgas oder Elektrizität ist, wenn er einen im Zeitpunkt der Ausführung des Umsatzes gültigen Nachweis nach dem Vordruckmuster USt 1 TH im Original oder in Kopie vorlegt; hinsichtlich dieses Musters wird auf das BMF-Schreiben vom 5. 11. 2019, BStBl. I S. 1041, verwiesen. ⑥ Verwendet bei der Lieferung von Erdgas der Leistungsempfänger einen Nachweis nach dem Vordruckmuster USt 1 TH, ist er Steuerschuldner, auch wenn er im Zeitpunkt der Lieferung tatsächlich kein Wiederverkäufer von Erdgas im Sinne des § 3 g UStG ist; dies gilt nicht, wenn der Leistungsempfänger einen gefälschten Nachweis nach dem Vordruckmuster USt 1 TH verwendet hat und der Vertragspartner hiervon Kenntnis hatte. ⑦ Bei der Lieferung von Elektrizität gilt dies entsprechend für die Verwendung eines Nachweises nach dem Vordruckmuster USt 1 TH durch den leistenden Unternehmer und/oder den Leistungsempfänger.

---

[1] Anwendungsregelung vgl. A 13 b.18 Satz 7.

(3) ① Erfüllt bei einem Organschaftsverhältnis nur ein Teil des Organkreises (z. B. der Organträger oder eine Organgesellschaft) die Voraussetzung als Wiederverkäufer nach § 3g Abs. 1 UStG, ist für Zwecke der Anwendung der Steuerschuldnerschaft des Leistungsempfängers nach § 13b Abs. 2 Nr. 5 Buchstabe b und Abs. 5 Satz 3 und 4 UStG nur dieser Teil des Organkreises als Wiederverkäufer anzusehen. ② Absatz 2 und Abschnitt 3g.1 Abs. 2 und 3 sind insoweit nur auf den jeweiligen Unternehmensteil anzuwenden; nicht steuerbare Innenumsätze sind bei der Ermittlung der Wiederverkäufereigenschaft unbeachtlich. ③ Die Bescheinigung nach dem Vordruckmuster USt 1 TH stellt das für den Organkreis für Zwecke der Umsatzsteuer zuständige Finanzamt für alle im Inland gelegenen Unternehmensteile im Sinne des Abschnitts 2.9 Abs. 3 bis 5 auf Antrag aus. ④ Der Antrag im Sinne des Satzes 3 ist von dem Organträger zu stellen; Abschnitt 2.9 Abs. 6 und 7 sowie Abschnitt 13b.3 Abs. 7 Satz 6 gelten entsprechend. 88

(4) ① Erfüllen der leistende Unternehmer und der Leistungsempfänger die Voraussetzungen des § 13b Abs. 5 Satz 3 und 4 UStG, ist der Leistungsempfänger auch dann Steuerschuldner, wenn die Leistung für den nichtunternehmerischen Bereich erbracht wird (§ 13b Abs. 5 Satz 7 UStG). ② Ausgenommen hiervon sind die Lieferungen von Erdgas und Elektrizität, die ausschließlich an den nichtunternehmerischen Bereich von juristischen Personen des öffentlichen Rechts erbracht werden, auch wenn diese im Rahmen von Betrieben gewerblicher Art als Wiederverkäufer von Erdgas bzw. Elektrizität im Sinne von § 3g Abs. 1 UStG unternehmerisch tätig sind (vgl. § 13b Abs. 5 Satz 11 UStG). ③ Absatz 2 ist auf den jeweiligen Betrieb gewerblicher Art einer juristischen Person des öffentlichen Rechts entsprechend anzuwenden, der Wiederverkäufer von Erdgas bzw. Elektrizität im Sinne von § 3g Abs. 1 UStG ist. 89

(4a) Der Ausgleich von Mehr- bzw. Mindermengen Gas stellt eine Lieferung dar (vgl. Abschnitt 1.7 Abs. 5).

(5) Lieferungen von Elektrizität sind auch: 90

1. Die Lieferung von Elektrizität aus dezentralen Stromgewinnungsanlagen durch Verteilernetzbetreiber und Übertragungsnetzbetreiber zum Zweck der Vermarktung an der Strombörse EEX.
2. ① Die Energiebeschaffung zur Deckung von Netzverlusten. ② Hierbei handelt es sich um physische Beschaffungsgeschäfte durch Netzbetreiber zur Deckung des Bedarfes an Netzverlustenergie.
3. ① Der horizontale Belastungsausgleich der Übertragungsnetzbetreiber (nur Anteil physischer Ausgleich). ② Hierbei handelt es sich um den physikalischen Ausgleich der Elektrizitätsmengen zwischen den einzelnen Regelzonen im Übertragungsnetz untereinander.
4. Die Regelenergielieferung (positiver Preis), das ist der Energiefluss zum Ausgleich des Bedarfs an Regelenergie und damit eine physische Elektrizitätslieferung.
5. Ausgleich von Mehr- bzw. Mindermengen Strom (vgl. Abschnitt 1.7 Abs. 6).

(6) Keine Lieferungen von Elektrizität sind: 91

1. ① Der Bilanzkreis- und Regelzonenausgleich sowie die Bilanzkreisabrechnung. ② Dabei handelt es sich um die Verteilung der Kosten des Regelenergieeinsatzes beim Übertragungsnetzbetreiber auf alle Bilanzkreisverantwortlichen (z. B. Händler, Lieferanten) im Rahmen der Bilanzkreisabrechnung. ③ Leistungserbringer dieser sonstigen Leistung ist stets der Übertragungsnetzbetreiber, wobei sich im Rahmen der Verteilung auf die einzelnen Bilanzkreise infolge der energetischen Über- und Unterdeckungen der Bilanzkreise positive bzw. negative (finanzielle) Abrechnungsergebnisse ergeben (vgl. auch Abschnitt 1.7 Abs. 1 Satz 1).
2. Die Netznutzung in Form der Bereitstellung und Vorhaltung des Netzes bzw. des Netzzugangs durch den Netzbetreiber (Verteilernetzbetreiber bzw. Übertragungsnetzbetreiber) gegenüber seinen Netzkunden.
3. ① Die Regelleistung (primär, sekundär, Minutenreserve – Anteil Leistungsvorhaltung). ② Hier bei handelt es sich um eine sonstige Leistung, die in der Bereitschaft zur Bereitstellung von Regelleistungskapazität zur Aufrechterhaltung der Systemstabilität des elektrischen Systems (Stromnetz) besteht.
4. ① Die Regelenergielieferung (negativer Preis), bei der ein Energieversorger seine am Markt nicht mehr zu einem positiven Kaufpreis veräußerbare überschüssige Elektrizität in Verbindung mit einer Zuzahlung abgibt, um sich eigene Aufwendungen für das Zurückfahren der eigenen Produktionsanlagen zu ersparen. ② Hier liegt keine Lieferung von Elektrizität vor, sondern eine sonstige Leistung des Abnehmers (vgl. auch Abschnitt 1.7 Abs. 1 Satz 3).

13b.4 Lieferungen von Industrieschrott, Altmetallen und sonstigen Abfallstoffen

UStAE 13b.4

(1) ① Zu den in der Anlage 3 des UStG[1] bezeichneten Gegenständen gehören:

1. ① Unter Nummer 1 der Anlage 3 des UStG fallen nur granulierte Schlacken (Schlackensand) aus der Eisen- und Stahlherstellung im Sinne der Unterposition 2618 00 00 des Zolltarifs. ② Hierzu gehört granulierte Schlacke (Schlackensand), die zum Beispiel durch rasches Ein- 101

[1] **Anlage 3** abgedruckt in der geschlossenen Wiedergabe des UStG (hinter § 29).

UStAE 13b.4

gießen flüssiger, aus dem Hochofen kommender Schlacken in Wasser gewonnen wird. ③ Nicht hierzu gehören dagegen mit Dampf oder Druckluft hergestellte Schlackenwolle sowie Schaumschlacke, die man erhält, wenn man schmelzflüssiger Schlacke etwas Wasser zusetzt, und Schlackenzement.

102 2. ① Unter Nummer 2 der Anlage 3 des UStG fallen nur Schlacken (ausgenommen granulierte Schlacke), Zunder und andere Abfälle der Eisen- und Stahlherstellung im Sinne der Unterposition 2619 00 des Zolltarifs. ② Die hierzu gehörenden Schlacken bestehen entweder aus Aluminium- oder Calciumsilicaten, die beim Schmelzen von Eisenerz (Hochofenschlacke), beim Raffinieren von Roheisen oder bei der Stahlherstellung (Konverterschlacke) entstehen. ③ Diese Schlacken gehören auch dann hierzu, wenn ihr Eisenanteil zur Wiedergewinnung des Metalls ausreicht. ④ Außerdem gehören Hochofenstaub und andere Abfälle oder Rückstände der Eisen- oder Stahlherstellung hierzu, sofern sie nicht bereits von Nummer 8 der Anlage 3 des UStG (vgl. nachfolgende Nummer 8) umfasst sind. ⑤ Nicht hierzu gehören dagegen phosphorhaltige Schlacken (Thomasphosphat-Schlacke). ⑥ Bei der Lieferung von nach der Düngemittelverordnung hergestellten Konverter- und Hüttenkalken wird es aus Vereinfachungsgründen nicht beanstandet, wenn die Unternehmer übereinstimmend § 13a Abs. 1 Nr. 1 UStG angewendet haben und der Umsatz in zutreffender Höhe versteuert wurde.

103 3. ① Unter Nummer 3 der Anlage 3 des UStG fallen nur Schlacken, Aschen und Rückstände (ausgenommen solche der Eisen- und Stahlherstellung), die Metalle, Arsen oder deren Verbindungen enthalten, im Sinne der Position 2620 des Zolltarifs. ② Hierzu gehören Schlacken, Aschen und Rückstände (andere als solche der Nummern 1, 2 und 7 der Anlage 3 des UStG, vgl. Nummern 1, 2 und 7), die Arsen und Arsenverbindungen (auch Metalle enthaltend), Metalle oder deren Verbindungen enthalten und die eine Beschaffenheit aufweisen, wie sie zum Gewinnen von Arsen oder Metall oder zum Herstellen von Metallverbindungen verwendet werden. ③ Derartige Schlacken, Aschen und Rückstände fallen bei der Aufarbeitung von Erzen oder von metallurgischen Zwischenerzeugnissen (z. B. Matten) an oder stammen aus elektrolytischen, chemischen oder anderen industriellen Verfahren, die keine mechanischen Bearbeitungen einschließen. ④ Nicht hierzu gehören Aschen und Rückstände vom Verbrennen von Siedlungsabfällen, Schlämme aus Lagertanks für Erdöl (überwiegend aus solchen Ölen bestehend), chemisch einheitliche Verbindungen sowie Zinkstaub, der durch Kondensation von Zinkdämpfen gewonnen wird.

104 4. ① Unter Nummer 4 der Anlage 3 des UStG fallen nur Abfälle, Schnitzel und Bruch von Kunststoffen der Position 3915 des Zolltarifs. ② Diese Waren können entweder aus zerbrochenen oder gebrauchten Kunststoffwaren, die in diesem Zustand eindeutig für den ursprünglichen Verwendungszweck unbrauchbar sind, bestehen oder es sind Bearbeitungsabfälle (Späne, Schnitzel, Bruch usw.). ③ Gewisse Abfälle können als Formmasse, Lackrohstoffe, Füllstoffe usw. wieder verwendet werden. ④ Außerdem gehören hierzu Abfälle, Schnitzel und Bruch aus einem einzigen duroplastischen Stoff oder aus Mischungen von zwei oder mehr thermoplastischen Stoffen, auch wenn sie in Primärformen umgewandelt worden sind. ⑤ Hierunter fallen auch Styropor sowie gebrauchte (leere) Tonerkartuschen und Tintenpatronen, soweit diese nicht von Position 8443 des Zolltarifs erfasst sind. ⑥ Nicht hierzu gehören jedoch Abfälle, Schnitzel und Bruch aus einem einzigen thermoplastischen Stoff, in Primärformen umgewandelt.

105 5. ① Unter Nummer 5 der Anlage 3 des UStG fallen nur Abfälle, Bruch und Schnitzel von Weichkautschuk, auch zu Pulver oder Granulat zerkleinert, der Unterposition 4004 00 00 des Zolltarifs. ② Hierzu gehören auch zum Runderneuern ungeeignete gebrauchte Reifen sowie Granulate daraus. ③ Nicht dazu gehören zum Runderneuern geeignete gebrauchte Reifen sowie Abfälle, Bruch, Schnitzel, Pulver und Granulat aus Hartkautschuk.

106 6. ① Unter Nummer 6 der Anlage 3 des UStG fallen nur Bruchglas und andere Abfälle und Scherben von Glas der Unterposition 7001 00 10 des Zolltarifs. ② Der Begriff „Bruchglas" bezeichnet zerbrochenes Glas zur Wiederverwertung bei der Glasherstellung.

107 7. ① Unter Nummer 7 der Anlage 3 des UStG fallen nur Abfälle und Schrott von Edelmetallen oder Edelmetallplattierungen sowie andere Abfälle und Schrott, Edelmetalle oder Edelmetallverbindungen enthaltend, von der hauptsächlich zur Wiedergewinnung von Edelmetallen verwendeten Art, im Sinne der Position 7112 des Zolltarifs. ② Hierzu gehören Abfälle und Schrott, die Edelmetalle enthalten und ausschließlich zur Wiedergewinnung des Edelmetalls oder als Base zur Herstellung chemischer Erzeugnisse geeignet sind. ③ Hierher gehören auch Abfälle und Schrott aller Materialien, die Edelmetalle oder Edelmetallverbindungen von der hauptsächlich zur Wiedergewinnung von Edelmetallen verwendeten Art enthalten. ④ Hierunter fallen ebenfalls durch Zerbrechen, Zerschlagen oder Abnutzung für ihren ursprünglichen Verwendungszweck unbrauchbar gewordene alte Waren (Tischgeräte, Gold- und Silberschmiedewaren, Katalysatoren in Form von Metallgeweben usw.); ausgenommen sind daher Waren, die – mit oder ohne Reparatur oder Aufarbeiten – für ihren ursprünglichen Zweck brauchbar sind oder – ohne Anwendung eines Verfahrens zum Wiedergewinnen des Edelmetalls – zu anderen Zwecken gebraucht werden können. ⑤ Eingeschmolzener und zu Rohblöcken, Masseln oder ähnlichen Formen gegossener Abfall und Schrott von Edelmetal-

len ist als unbearbeitetes Metall einzureihen und fällt deshalb nicht unter Nummer 7 der Anlage 3 des UStG, sondern unter Nummer 1 oder 2 der Anlage 4 des UStG (vgl. § 13b Abs. 2 Nr. 11 UStG und Abschnitt 13b.7a Abs. 1 Satz 1 Nr. 1 und 2). ⑥ Sofern es sich um Gold handelt, kann § 13b Abs. 2 Nr. 9 UStG in Betracht kommen (vgl. Abschnitt 13b.6).

8. ① Unter Nummer 8 der Anlage 3 des UStG fallen nur Abfälle und Schrott aus Eisen oder Stahl sowie Abfallblöcke aus Eisen oder Stahl der Position 7204 des Zolltarifs. ② Hierzu gehören Abfälle und Schrott, die beim Herstellen oder beim Be- und Verarbeiten von Eisen oder Stahl anfallen, und Waren aus Eisen oder Stahl, die durch Bruch, Verschnitt, Verschleiß oder aus anderen Gründen als solche endgültig unbrauchbar sind. ③ Als Abfallblöcke aus Eisen oder Stahl gelten grob in Masseln oder Rohblöcke ohne Gießköpfe gegossene Erzeugnisse mit deutlich sichtbaren Oberflächenfehlern, die hinsichtlich ihrer chemischen Zusammensetzung nicht den Begriffsbestimmungen für Roheisen, Spiegeleisen oder Ferrolegierungen entsprechen. ④ Hinsichtlich der Lieferung von Roheisen, Spiegeleisen und massiven stranggegossenen, nur vorgewalzten oder vorgeschmiedeten Erzeugnissen aus Eisen oder Stahl vgl. Abschnitt 13b.7a Abs. 1 Satz 1 Nr. 3. **108**

9. ① Unter Nummer 9 der Anlage 3 des UStG fallen nur Abfälle und Schrott aus Kupfer der Position 7404 des Zolltarifs. ② Hierzu gehören Abfälle und Schrott, die beim Herstellen oder beim Be- und Verarbeiten von Kupfer anfallen, und Waren aus Kupfer, die durch Bruch, Verschnitt, Verschleiß oder aus anderen Gründen als solche endgültig unbrauchbar sind. ③ Außerdem gehört hierzu der beim Ziehen von Kupfer entstehende Schlamm, der hauptsächlich aus Kupferpulver besteht, das mit den beim Ziehvorgang verwendeten Schmiermitteln vermischt ist. ④ Hinsichtlich der Lieferung von Kupfer vgl. Abschnitt 13b.7a Abs. 1 Satz 1 Nr. 4. **109**

10. ① Unter Nummer 10 der Anlage 3 des UStG fallen nur Abfälle und Schrott aus Nickel der Position 7503 des Zolltarifs. ② Hierzu gehören Abfälle und Schrott, die beim Herstellen oder beim Be- und Verarbeiten von Nickel anfallen, und Waren aus Nickel, die durch Bruch, Verschnitt, Verschleiß oder aus anderen Gründen als solche endgültig unbrauchbar sind. ③ Hinsichtlich der Lieferung von Nickel vgl. Abschnitt 13b.7a Abs. 1 Satz 1 Nr. 5. **110**

11. ① Unter Nummer 11 der Anlage 3 des UStG fallen nur Abfälle und Schrott aus Aluminium der Position 7602 des Zolltarifs. ② Hierzu gehören Abfälle und Schrott, die beim Herstellen oder beim Be- und Verarbeiten von Aluminium anfallen, und Waren aus Aluminium, die durch Bruch, Verschnitt, Verschleiß oder aus anderen Gründen als solche endgültig unbrauchbar sind. ③ Hinsichtlich der Lieferung von Aluminium vgl. Abschnitt 13b.7a Abs. 1 Satz 1 Nr. 6. **111**

12. ① Unter Nummer 12 der Anlage 3 des UStG fallen nur Abfälle und Schrott aus Blei der Position 7802 des Zolltarifs. ② Hierzu gehören Abfälle und Schrott, die beim Herstellen oder beim Be- und Verarbeiten von Blei anfallen, und Waren aus Blei, die durch Bruch, Verschnitt, Verschleiß oder aus anderen Gründen als solche endgültig unbrauchbar sind. ③ Hinsichtlich der Lieferung von Blei vgl. Abschnitt 13b.7a Abs. 1 Satz 1 Nr. 7. **112**

13. ① Unter Nummer 13 der Anlage 3 des UStG fallen nur Abfälle und Schrott aus Zink der Position 7902 des Zolltarifs. ② Hierzu gehören Abfälle und Schrott, die beim Herstellen oder beim Be- und Verarbeiten von Zink anfallen, und Waren aus Zink, die durch Bruch, Verschnitt, Verschleiß oder aus anderen Gründen als solche endgültig unbrauchbar sind. ③ Hinsichtlich der Lieferung von Zink vgl. Abschnitt 13b.7a Abs. 1 Satz 1 Nr. 8. **113**

14. ① Unter Nummer 14 der Anlage 3 des UStG fallen nur Abfälle und Schrott aus Zinn der Position 8002 des Zolltarifs. ② Hierzu gehören Abfälle und Schrott, die beim Herstellen oder beim Be- und Verarbeiten von Zinn anfallen, und Waren aus Zinn, die durch Bruch, Verschnitt, Verschleiß oder aus anderen Gründen als solche endgültig unbrauchbar sind. ③ Hinsichtlich der Lieferung von Zinn vgl. Abschnitt 13b.7a Abs. 1 Satz 1 Nr. 9. **114**

15. ① Unter Nummer 15 der Anlage 3 des UStG fallen nur Abfälle und Schrott der in den Positionen 8101 bis 8113 des Zolltarifs genannten anderen unedlen Metallen. ② Hierzu gehören Abfälle und Schrott, die beim Herstellen oder beim Be- und Verarbeiten der genannten unedlen Metalle anfallen, sowie Waren aus diesen unedlen Metallen, die durch Bruch, Verschnitt, Verschleiß oder aus anderen Gründen als solche endgültig unbrauchbar sind. ③ Zu den unedlen Metallen zählen hierbei Wolfram, Molybdän, Tantal, Magnesium, Cobalt, Bismut (Wismut), Cadmium, Titan, Zirconium, Antimon, Mangan, Beryllium, Chrom, Germanium, Vanadium, Gallium, Hafnium, Indium, Niob (Columbium), Rhenium, Thallium und Cermet. ④ Hinsichtlich der Lieferung der vorgenannten unedlen Metalle vgl. Abschnitt 13b.7a Abs. 1 Satz 1 Nr. 10 und 11. **115**

16. ① Unter Nummer 16 der Anlage 3 des UStG fallen nur Abfälle und Schrott von elektrischen Primärelementen, Primärbatterien und Akkumulatoren; ausgebrauchte elektrische Primärelemente, Primärbatterien und Akkumulatoren im Sinne der Unterposition 8548 10 des Zolltarifs. ② Diese Erzeugnisse sind im Allgemeinen als Fabrikationsabfälle erkennbar, oder sie bestehen entweder aus elektrischen Primärelementen, Primärbatterien oder Akkumulatoren, die durch Bruch, Zerstörung, Abnutzung oder aus anderen Gründen als solche nicht **116**

UStAE 13b.4

mehr verwendet werden können oder nicht wiederaufladbar sind, oder aus Schrott davon. ③ Ausgebrauchte elektrische Primärelemente und Akkumulatoren dienen im Allgemeinen zur Rückgewinnung von Metallen (Blei, Nickel, Cadmium usw.), Metallverbindungen oder Schlacken. ④ Unter Nummer 16 der Anlage 3 des UStG fallen insbesondere nicht mehr gebrauchsfähige Batterien und nicht mehr aufladbare Akkus.

117 ② Bestehen Zweifel, ob ein Gegenstand unter die Anlage 3 des UStG fällt, haben der Lieferer und der Abnehmer die Möglichkeit, bei dem zuständigen Bildungs- und Wissenschaftszentrum der Bundesfinanzverwaltung eine unverbindliche Zolltarifauskunft für Umsatzsteuerzwecke (uvZTA) mit dem Vordruckmuster 0310 einzuholen. ③ Das Vordruckmuster mit Hinweisen zu den Zuständigkeiten für die Erteilung von uvZTA steht auf den Internetseiten der Zollabteilung des Bundesministeriums der Finanzen (http://www.zoll.de) unter der Rubrik Formulare und Merkblätter zum Ausfüllen und Herunterladen bereit. ④ UvZTA können auch von den Landesfinanzbehörden (z. B. den Finanzämtern) beantragt werden.

118 (2) ① Werden sowohl Gegenstände geliefert, die unter die Anlage 3 des UStG fallen, als auch Gegenstände, die nicht unter die Anlage 3 des UStG fallen, ergeben sich unterschiedliche Steuerschuldner. ② Dies ist auch bei der Rechnungsstellung zu beachten.

Beispiel 1:

① Der in München ansässige Aluminiumhersteller U liefert Schlackenzement und Schlackensand in zwei getrennten Partien an den auf Landschafts-, Tief- und Straßenbau spezialisierten Unternehmer B in Köln.

② Es liegen zwei Lieferungen vor. ③ Die Umsatzsteuer für die Lieferung des Schlackenzements wird vom leistenden Unternehmer U geschuldet (§ 13 a Abs. 1 Nr. 1 UStG), da Schlackenzement in der Anlage 3 des UStG nicht aufgeführt ist (insbesondere fällt Schlackenzement nicht unter die Nummer 1 der Anlage 3 des UStG).

④ Für die Lieferung des Schlackensands schuldet der Empfänger B die Umsatzsteuer (§ 13 b Abs. 5 Satz 1 in Verbindung mit Abs. 2 Nr. 7 UStG).

⑤ In der Rechnung ist hinsichtlich des gelieferten Schlackenzements u. a. das Entgelt sowie die hierauf entfallende Umsatzsteuer gesondert auszuweisen (§ 14 Abs. 4 Satz 1 Nr. 7 und 8 UStG). ⑥ Hinsichtlich des gelieferten Schlackensands ist eine Steuer nicht gesondert auszuweisen (§ 14 a Abs. 5 Satz 2 UStG). ⑦ U ist zur Ausstellung einer Rechnung mit der Angabe „Steuerschuldnerschaft des Leistungsempfängers" verpflichtet (§ 14 a Abs. 5 Satz 1 UStG).

119 ③ Erfolgt die Lieferung von Gegenständen der Anlage 3 des UStG im Rahmen eines Tauschs oder eines tauschähnlichen Umsatzes gilt als Entgelt für jede einzelne Leistung der Wert der vom Leistungsempfänger erhaltenen Gegenleistung, beim Tausch oder tauschähnlichen Umsatz mit Baraufgabe ggf. abzüglich bzw. zuzüglich einer Baraufgabe (vgl. Abschnitt 10.5 Abs. 1 Sätze 5 bis 9). ④ Zum Entgelt bei Werkleistungen, bei denen zum Entgelt neben der vereinbarten Barvergütung auch der bei der Werkleistung anfallende Materialabfall gehört, vgl. Abschnitt 10.5 Abs. 2.

Beispiel 2:

① Der Metallverarbeitungsbetrieb B stellt Spezialmuttern für das Maschinenbauunternehmen M im Werklohn her. ② Der erforderliche Stahl wird von M gestellt. ③ Dabei wird für jeden Auftrag gesondert festgelegt, aus welcher Menge Stahl welche Menge Muttern herzustellen ist. ④ Der anfallende Schrott verbleibt bei B und wird auf den Werklohn angerechnet.

⑤ Es liegt ein tauschähnlicher Umsatz vor, bei dem die Gegenleistung für die Herstellung der Muttern in der Lieferung des Stahlschrotts zuzüglich der Baraufgabe besteht (vgl. Abschnitt 10.5 Abs. 2 Sätze 1 und 8). ⑥ Neben der Umsatzsteuer für das Herstellen der Spezialmuttern (§ 13 a Abs. 1 Nr. 1 UStG) schuldet B als Leistungsempfänger auch die Umsatzsteuer für die Lieferung des Stahlschrotts (§ 13 b Abs. 5 Satz 1 in Verbindung mit Abs. 2 Nr. 7 UStG).

⑤ Zur Bemessungsgrundlage bei tauschähnlichen Umsätzen bei der Abgabe von werthaltigen Abfällen, für die gesetzliche Entsorgungspflichten bestehen, vgl. Abschnitt 10.5 Abs. 2 Satz 9.

120 (3) ① Werden Mischungen oder Warenzusammensetzungen geliefert, die sowohl aus in der Anlage 3 des UStG bezeichneten als auch dort nicht genannten Gegenständen bestehen, sind die Bestandteile grundsätzlich getrennt zu beurteilen. ② Ist eine getrennte Beurteilung nicht möglich, werden Waren nach Satz 1 nach dem Stoff oder Bestandteil beurteilt, der ihnen ihren wesentlichen Charakter verleiht; die Steuerschuldnerschaft des Leistungsempfängers nach § 13 b Abs. 2 Nr. 7 UStG ist demnach auf Lieferungen von Gegenständen anzuwenden, sofern der Stoff oder der Bestandteil, der den Gegenständen ihren wesentlichen Charakter verleiht, in der Anlage 3 des UStG bezeichnet ist; § 13 b Abs. 5 Satz 8 UStG und Abschnitt 13 b.8 bleibt unberührt. ③ Bei durch Bruch, Verschleiß oder aus ähnlichen Gründen nicht mehr gebrauchsfähigen Maschinen, Elektro- und Elektronikgeräten und Heizkesseln und Fahrzeugwracks ist aus Vereinfachungsgründen davon auszugehen, dass sie unter die Steuerschuldnerschaft des Leistungsempfängers nach § 13 b Abs. 2 Nr. 7 UStG fallen; dies gilt auch für Gegenstände, für die es eine eigene Zolltarifposition gibt. ④ Unterliegt die Lieferung unbrauchbar gewordener landwirtschaftlicher Geräte der Durchschnittssatzbesteuerung nach § 24 UStG (vgl. Abschnitt 24.2 Abs. 6), findet § 13 b Abs. 2 Nr. 7 UStG keine Anwendung.

121 (4) ① Erfüllt der Leistungsempfänger die Voraussetzungen des § 13 b Abs. 5 Satz 1 zweiter Halbsatz UStG, ist er auch dann Steuerschuldner, wenn die Leistung für den nichtunternehmerischen Bereich erbracht wird (§ 13 b Abs. 5 Satz 7 UStG). ② Ausgenommen hiervon sind Lieferungen der in der Anlage 3 des UStG bezeichneten Gegenstände, die ausschließlich an den nichtunternehmerischen Bereich von juristischen Personen des öffentlichen Rechts erbracht werden, auch wenn diese im Rahmen von Betrieben gewerblicher Art unternehmerisch tätig sind (vgl. § 13 b Abs. 5 Satz 11 UStG).

LS zu 13b.4

Zur Steuerschuld des Leistungsempfängers für bestimmte Lieferungen von **Industrieschrott und Altmetall,** das Reinigen von Gebäuden und bestimmte Lieferungen von Gold, § 13b Abs. 2 Nr. 7 bis 9 UStG. *Verfügung OFD Karlsruhe S 7279 K. 3 v. 25. 9. 2012 (BeckVerw 264888).*

Zur Umkehr der Steuerschuldnerschaft nach § 13b Abs. 2 Nr. 7 UStG bei Lieferungen von Schrottmaterialien mit **„negativen" Schrottpreisen** vgl. *BMF S 7279/10/10 006 v. 23. 5. 2016 (MwStR S. 254).* **122**

UStAE 13b.5

13b.5 Reinigung von Gebäuden und Gebäudeteilen

(1) ① Zu den Gebäuden gehören Baulichkeiten, die auf Dauer fest mit dem Grundstück verbunden sind. ② Zu den Gebäudeteilen zählen insbesondere Stockwerke, Wohnungen und einzelne Räume. ③ Nicht zu den Gebäuden oder Gebäudeteilen gehören Baulichkeiten, die nur zu einem vorübergehenden Zweck mit dem Grund und Boden verbunden und daher keine Bestandteile eines Grundstücks sind, insbesondere Büro- oder Wohncontainer, Baubuden, Kioske, Tribünen oder ähnliche Einrichtungen. **126**

(2) Unter die Reinigung von Gebäuden und Gebäudeteilen fällt insbesondere: **127**

1. Die Reinigung sowie die pflegende und schützende (Nach-)Behandlung von Gebäuden und Gebäudeteilen (innen und außen);
2. ① die Hausfassadenreinigung (einschließlich Graffitientfernung). ② Dies gilt nicht für Reinigungsarbeiten, die bereits unter § 13b Abs. 2 Nr. 4 Satz 1 UStG fallen (vgl. Abschnitt 13b.2 Abs. 5 Nr. 10);
3. die Fensterreinigung;
4. die Reinigung von Dachrinnen und Fallrohren;
5. die Bauendreinigung;
6. die Reinigung von haustechnischen Anlagen, soweit es sich nicht um Wartungsarbeiten handelt;
7. die Hausmeisterdienste und die Objektbetreuung, wenn sie auch Gebäudereinigungsleistungen beinhalten.

(3) Insbesondere folgende Leistungen fallen nicht unter die in § 13b Abs. 2 Nr. 8 Satz 1 UStG genannten Umsätze: **128**

1. Die Schornsteinreinigung;
2. die Schädlingsbekämpfung;
3. der Winterdienst, soweit es sich um eine eigenständige Leistung handelt;
4. die Reinigung von Inventar, wie Möbel, Teppiche, Matratzen, Bettwäsche, Gardinen und Vorhänge, Geschirr, Jalousien und Bilder, soweit es sich um eine eigenständige Leistung handelt;
5. die Arbeitnehmerüberlassung, auch wenn die überlassenen Arbeitnehmer für den Entleiher Gebäudereinigungsleistungen erbringen, unabhängig davon, ob die Leistungen nach dem Arbeitnehmerüberlassungsgesetz erbracht werden oder nicht.

(4) ① Werden Gebäudereinigungsleistungen von einem im Inland ansässigen Unternehmer im Inland erbracht, ist der Leistungsempfänger nur dann Steuerschuldner, wenn er Unternehmer ist und selbst nachhaltig Gebäudereinigungsleistungen erbringt, unabhängig davon, ob er sie für eine von ihm erbrachte Gebäudereinigungsleistung verwendet (§ 13b Abs. 5 Satz 5 UStG). ② Abschnitt 13b.2 Abs. 4 und Abschnitt 13b.3 Abs. 1 bis 5, 7, 9, 11 und 13 gelten sinngemäß. **129**

(5) Es ist nicht erforderlich, dass die an den Leistungsempfänger erbrachten Gebäudereinigungsleistungen mit von ihm erbrachten Gebäudereinigungsleistungen unmittelbar zusammenhängen. **130**

Beispiel:

① Der Gebäudereiniger A beauftragt den Unternehmer B mit der Reinigung seines Bürogebäudes. ② A bewirkt nachhaltig Gebäudereinigungsleistungen.

③ Die Gebäudereinigungsleistung durch B ist eine unter § 13b Abs. 2 Nr. 8 Satz 1 und Abs. 5 Satz 5 UStG fallende sonstige Leistung. ④ Für diesen Umsatz ist A Steuerschuldner, da er selbst nachhaltig Gebäudereinigungsleistungen erbringt. ⑤ Unbeachtlich ist, dass der von B erbrachte Umsatz nicht mit den Ausgangsumsätzen des A in unmittelbarem Zusammenhang steht.

(6) ① Erfüllt der Leistungsempfänger die Voraussetzungen des § 13b Abs. 5 Satz 5 UStG, ist er auch dann Steuerschuldner, wenn die Leistung für den nichtunternehmerischen Bereich erbracht wird (§ 13b Abs. 5 Satz 7 UStG). ② Ausgenommen hiervon sind Gebäudereinigungsleistungen, die ausschließlich an den nichtunternehmerischen Bereich von juristischen Personen des öffentlichen Rechts erbracht werden, auch wenn diese im Rahmen von Betrieben gewerblicher Art unternehmerisch tätig sind und nachhaltig Gebäudereinigungsleistungen erbringen (vgl. § 13b Abs. 5 Satz 11 UStG). ③ Absatz 4 ist auf den jeweiligen Betrieb gewerblicher Art einer **131**

juristischen Person des öffentlichen Rechts entsprechend anzuwenden, der Gebäudereinigungsleistungen erbringt.

LS zu 13b.5

132 Zur Steuerschuld des Leistungsempfängers für bestimmte Lieferungen von Industrieschrott und Altmetall, das **Reinigen von Gebäuden** und bestimmte Lieferungen von Gold (§ 13b Abs. 2 Nr. 7 bis 9 UStG). *Verfügung OFD Karlsruhe v. 25. 9. 2012 – S 7279 K. 3 (BeckVerw 264 888).*

UStAE 13b.6

13b.6 Lieferungen von Gold mit einem Feingehalt von mindestens 325 Tausendstel

141 (1) ① Unter die Umsätze nach § 13b Abs. 2 Nr. 9 UStG (vgl. Abschnitt 13b.1 Abs. 2 Nr. 11) fallen die Lieferung von Gold (einschließlich von platiniertem Gold) oder Goldlegierungen in Rohform oder als Halbzeug mit einem Feingehalt von mindestens 325 Tausendstel und Goldplattierungen mit einem Feingehalt von mindestens 325 Tausendstel und die steuerpflichtigen Lieferungen von Anlagegold mit einem Feingehalt von mindestens 995 Tausendstel nach § 25c Abs. 3 UStG. ② Ebenfalls darunter fällt die Lieferung von Barren, die in einer zufälligen groben Verschmelzung von Schrott und verschiedenen goldhaltigen Metallgegenständen sowie verschiedenen anderen Metallen, Stoffen und Substanzen bestehen und die einen Goldgehalt von mindestens 325 Tausendstel haben (vgl. EuGH-Urteil vom 26. 5. 2016, C-550/14, Envirotec Denmark). ③ Goldplattierungen sind Waren, bei denen auf einer Metallunterlage auf einer Seite oder auf mehreren Seiten Gold in beliebiger Dicke durch Schweißen, Löten, Warmwalzen oder ähnliche mechanische Verfahren aufgebracht worden ist. ④ Zum Umfang der Lieferungen von Anlagegold vgl. Abschnitt 25c.1 Abs. 1 Satz 2, Abs. 2 und 4, zur Möglichkeit der Option zur Umsatzsteuerpflicht bei der Lieferung von Anlagegold vgl. Abschnitt 25c.1 Abs. 5.

Beispiel:

① Der in Bremen ansässige Goldhändler G überlässt der Scheideanstalt S in Hamburg verunreinigtes Gold mit einem Feingehalt von 500 Tausendstel. ② S trennt vereinbarungsgemäß das verunreinigte Gold in Anlagegold und unedle Metalle und stellt aus dem Anlagegold einen Goldbarren mit einem Feingehalt von 995 Tausendstel her; das hergestellte Gold fällt unter die Position 7108 des Zolltarifs. ③ Der entsprechende Goldgewichtsanteil wird G auf einem Anlagegoldkonto gutgeschrieben; G hat nach den vertraglichen Vereinbarungen auch nach der Bearbeitung des Goldes und der Gutschrift auf dem Anlagegoldkonto noch die Verfügungsmacht an dem Gold. ④ Danach verzichtet G gegen Entgelt auf seinen Herausgabeanspruch des Anlagegolds. ⑤ G hat nach § 25c Abs. 3 Satz 2 UStG zur Umsatzsteuerpflicht optiert.

⑥ Der Verzicht auf Herausgabe des Anlagegolds gegen Entgelt stellt eine Lieferung des Anlagegolds von G an S dar. ⑦ Da G nach § 25c Abs. 3 Satz 2 UStG zur Umsatzsteuerpflicht optiert hat, schuldet S als Leistungsempfänger die Umsatzsteuer für diese Lieferung (§ 13b Abs. 5 Satz 1 in Verbindung mit Abs. 2 Nr. 9 UStG).

141a (2) ① Erfüllt der Leistungsempfänger die Voraussetzungen des § 13b Abs. 5 Satz 1 zweiter Halbsatz UStG, ist er auch dann Steuerschuldner, wenn die Leistung für den nichtunternehmerischen Bereich erbracht wird (§ 13b Abs. 5 Satz 7 UStG). ② Ausgenommen hiervon sind Lieferungen von Gold in der in § 13b Abs. 2 Nr. 9 UStG bezeichneten Art, die ausschließlich an den nichtunternehmerischen Bereich von juristischen Personen des öffentlichen Rechts erbracht werden, auch wenn diese im Rahmen von Betrieben gewerblicher Art unternehmerisch tätig sind (vgl. § 13b Abs. 5 Satz 11 UStG).

LS zu 13b.6

142 Zur Steuerschuldnerschaft im Sinne des § 13b UStG bei der Einräumung und Übertragung von Gewichtsguthaben an **Edelmetallen (Gold).** *Verfügung OFD Karlsruhe v. 19. 2. 2015 – S 7100 K. 23 (UR S. 565).*

UStAE 13b.7

13b.7 Lieferungen von Mobilfunkgeräten, Tablet-Computern, Spielekonsolen und integrierten Schaltkreisen

146 (1) ① Mobilfunkgeräte sind Geräte, die zum Gebrauch mittels eines zugelassenen Mobilfunk-Netzes und auf bestimmten Frequenzen hergestellt oder hergerichtet wurden, unabhängig von etwaigen weiteren Nutzungsmöglichkeiten. ② Hiervon werden insbesondere alle Geräte erfasst, mit denen Telekommunikationsleistungen in Form von Sprachübertragung über drahtlose Mobilfunk-Netzwerke in Anspruch genommen werden können, z. B. Telefone zur Verwendung in beliebigen drahtlosen Mobilfunk-Netzwerken (insbesondere für den zellularen Mobilfunk – Mobiltelefone – und Satellitentelefone) und mobile Datenerfassungsgeräte mit der Mög-lichkeit zur Verwendung in beliebigen drahtlosen Mobilfunk-Netzwerken; hierzu gehören nicht CB-Funkgeräte und Walkie-Talkies. ③ Ebenso fällt die Lieferung von kombinierten Produkten (sog. Produktbundle), d. h. gemeinsame Lieferungen von Mobilfunkgeräten und Zubehör zu einem einheitlichen Entgelt, unter die Regelung, wenn die Lieferung des Mobilfunkgeräts die Hauptleistung darstellt. ④ Die Lieferung von Geräten, die ausschließlich reine Daten übertragen, ohne diese in akustische Signale umzusetzen, fällt dagegen nicht unter die Regelung. ⑤ Zum Beispiel gehören daher folgende Gegenstände nicht zu den Mobilfunkgeräten im Sinne von § 13b Abs. 2 Nr. 10 UStG:

1. Navigationsgeräte;
2. Computer, soweit sie eine Sprachübertragung über drahtlose Mobilfunk-Netzwerke nicht ermöglichen (z. B. Tablet-PC);
3. mp3-Player;
4. Spielekonsolen;
5. On-Board-Units.

(1 a) Ein Tablet-Computer (aus Unterposition 8471 30 00 des Zolltarifs) ist ein tragbarer, flacher Computer in besonders leichter Ausführung, der vollständig in einem Touchscreen-Gehäuse untergebracht ist und mit den Fingern oder einem Stift bedient werden kann. UStAE 13b.7 147

(1 b) ① Spielekonsolen sind Computer oder computerähnliche Geräte, die in erster Linie für Videospiele entwickelt werden. ② Neben dem Spielen können sie weitere Funktionen bieten, z. B. Wiedergabe von Audio-CDs, Video-DVDs und Blu-ray Discs. 148

(2) ① Ein integrierter Schaltkreis ist eine auf einem einzelnen (Halbleiter-)Substrat (sog. Chip) untergebrachte elektronische Schaltung (elektronische Bauelemente mit Verdrahtung). ② Zu den integrierten Schaltkreisen zählen insbesondere Mikroprozessoren und CPUs (Central Processing Unit, Hauptprozessor einer elektronischen Rechenanlage). ③ Die Lieferungen dieser Gegenstände fallen unter die Umsätze im Sinne von § 13b Abs. 2 Nr. 10 UStG (vgl. Abschnitt 13b.1 Abs. 2 Nr. 12), sofern sie (noch) nicht in einen zur Lieferung auf der Einzelhandelsstufe geeigneten Gegenstand (Endprodukt) eingebaut wurden; ein Gegenstand ist für die Lieferung auf der Einzelhandelsstufe insbesondere dann geeignet, wenn er ohne weitere Be- oder Verarbeitung an einen Endverbraucher geliefert werden kann. ④ Die Voraussetzungen des Satzes 3 erster Halbsatz sind immer dann erfüllt, wenn integrierte Schaltkreise unverbaut an Unternehmer geliefert werden; dies gilt auch dann, wenn unverbaute integrierte Schaltkreise auch an Letztverbraucher abgegeben werden können. ⑤ Wird ein integrierter Schaltkreis in einen anderen Gegenstand eingebaut oder verbaut, handelt es sich bei dem weiter gelieferten Wirtschaftsgut nicht mehr um einen integrierten Schaltkreis; in diesem Fall ist es unbeachtlich, ob der weiter gelieferte Gegenstand ein Endprodukt ist und auf der Einzelhandelsstufe gehandelt werden kann. 149

Beispiel:

① Der in Halle ansässige Chiphersteller C liefert dem in Erfurt ansässigen Computerhändler A CPUs zu einem Preis von insgesamt 20 000 €. ② Diese werden von C an A unverbaut, d. h. ohne Einarbeitung in ein Endprodukt, übergeben. ③ A baut einen Teil der CPUs in Computer ein und bietet den Rest in seinem Geschäft zum Einzelverkauf an. ④ Im Anschluss liefert A unverbaute CPUs in seinem Geschäft an den Unternehmer U für insgesamt 6000 €. ⑤ Außerdem liefert er Computer mit den eingebauten CPUs an den Einzelhändler E für insgesamt 7000 €.

⑥ A schuldet als Leistungsempfänger der Lieferung des C die Umsatzsteuer nach § 13b Abs. 5 Satz 1 in Verbindung mit Abs. 2 Nr. 10 UStG, weil es sich insgesamt um die Lieferung unverbauter integrierter Schaltkreise handelt; auf die spätere Verwendung durch A kommt es nicht an.

⑦ Für die sich anschließende Lieferung der CPUs von A an U schuldet U als Leistungsempfänger die Umsatzsteuer nach § 13b Abs. 5 Satz 1 in Verbindung mit Abs. 2 Nr. 10 UStG, weil es sich insgesamt um die Lieferung unverbauter integrierter Schaltkreise handelt; auf die spätere Verwendung durch U kommt es nicht an.

⑧ Für die Lieferung der Computer mit den eingebauten CPUs von A an E schuldet A als leistender Unternehmer die Umsatzsteuer (§ 13a Abs. 1 Nr. 1 UStG), weil Liefergegenstand nicht mehr integrierte Schaltkreise, sondern Computer sind.

⑥ Aus Vereinfachungsgründen kann die Abgrenzung der unter § 13b Abs. 2 Nr. 10 UStG fallenden integrierten Schaltkreise anhand der Unterposition 8542 31 90 des Zolltarifs vorgenommen werden; dies sind insbesondere monolithische und hybride elektronische integrierte Schaltungen mit in großer Dichte angeordneten und als eine Einheit anzusehenden passiven und aktiven Bauelementen, die sich als Prozessoren bzw. Steuer- und Kontrollschaltungen darstellen.

⑦ Die Lieferungen folgender Gegenstände fallen beispielsweise nicht unter die in § 13b Abs. 2 Nr. 10 UStG genannten Umsätze, auch wenn sie elektronische Komponenten im Sinne der Sätze 1 und 2 enthalten: 150

1. Antennen;
2. elektrotechnische Filter;
3. Induktivitäten (passive elektrische oder elektronische Bauelemente mit festem oder einstellbarem Induktivitätswert);
4. Kondensatoren;
5. Sensoren (Fühler).

⑧ Als verbaute integrierte Schaltkreise im Sinne des Satzes 5 sind insbesondere die folgenden Gegenstände anzusehen, bei denen der einzelne integrierte Schaltkreis bereits mit anderen Bauteilen verbunden wurde:

1. Platinen, die mit integrierten Schaltkreisen und ggf. mit verschiedenen anderen Bauelementen bestückt sind;
2. Bauteile, in denen mehrere integrierte Schaltkreise zusammengefasst sind;
3. zusammengesetzte elektronische Schaltungen;
4. Platinen, in die integrierte Schaltkreise integriert sind (sog. Chips on board);
5. Speicherkarten mit integrierten Schaltungen (sog. Smart Cards);
6. Grafikkarten, Flashspeicherkarten, Schnittstellenkarten, Soundkarten, Memory-Sticks.

⑨ Ebenfalls nicht unter § 13b Abs. 2 Nr. 10 UStG fallen: 151

1. Verarbeitungseinheiten für automatische Datenverarbeitungsmaschinen, auch mit einer oder zwei der folgenden Arten von Einheiten in einem gemeinsamen Gehäuse: Speichereinheit, Eingabe- und Ausgabeeinheit (Unterposition 8471 50 00 des Zolltarifs);

2. Baugruppen zusammengesetzter elektronischer Schaltungen für automatische Datenverarbeitungsmaschinen oder für andere Maschinen der Position 8471 (Unterposition 8473 30 20 des Zolltarifs);
3. Teile und Zubehör für automatische Datenverarbeitungsmaschinen oder für andere Maschinen der Position 8471 (Unterposition 8473 30 80 des Zolltarifs).

152 (3) ① Lieferungen von Mobilfunkgeräten, Tablet-Computern, Spielekonsolen und integrierten Schaltkreisen fallen nur unter die Regelung zur Steuerschuldnerschaft des Leistungsempfängers nach § 13b Abs. 2 Nr. 10 UStG, wenn der Leistungsempfänger ein Unternehmer ist und die Summe der für die steuerpflichtigen Lieferungen dieser Gegenstände in Rechnung zu stellenden Bemessungsgrundlagen mindestens 5 000 € beträgt. ② Abzustellen ist dabei auf alle im Rahmen eines zusammenhängenden wirtschaftlichen Vorgangs gelieferten Gegenstände der genannten Art. ③ Als Anhaltspunkt für einen wirtschaftlichen Vorgang dient insbesondere die Bestellung, der Auftrag, der Vertrag oder der Rahmen-Vertrag mit konkretem Auftragsvolumen. ④ Lieferungen bilden stets einen einheitlichen wirtschaftlichen Vorgang, wenn sie im Rahmen eines einzigen Erfüllungsgeschäfts geführt werden, auch wenn hierüber mehrere Aufträge vorliegen oder mehrere Rechnungen ausgestellt werden.

Beispiel:

① Der in Stuttgart ansässige Großhändler G bestellt am 1. 7. 01 bei dem in München ansässigen Handyhersteller H 900 Mobilfunkgeräte zu einem Preis von insgesamt 45 000 €. ② Vereinbarungsgemäß liefert H die Mobilfunkgeräte in zehn Tranchen mit je 90 Stück zu je 4500 € an G aus.

③ Die zehn Tranchen Mobilfunkgeräte stellen einen zusammenhängenden wirtschaftlichen Vorgang dar, denn die Lieferung der Geräte erfolgte auf der Grundlage einer Bestellung über die Gesamtmenge von 900 Stück. ④ G schuldet daher als Leistungsempfänger die Umsatzsteuer für diese zusammenhängenden Lieferungen (§ 13 b Abs. 5 Satz 1 in Verbindung mit Abs. 2 Nr. 10 UStG).

153 ⑤ Keine Lieferungen im Rahmen eines zusammenhängenden wirtschaftlichen Vorgangs liegen in folgenden Fällen vor:

1. Lieferungen aus einem Konsignationslager, das der liefernde Unternehmer in den Räumlichkeiten des Abnehmers unterhält, wenn der Abnehmer Mobilfunkgeräte, Tablet-Computer, Spielekonsolen oder integrierte Schaltkreise jederzeit in beliebiger Menge entnehmen kann;
2. Lieferungen auf Grund eines Rahmenvertrags, in dem lediglich Lieferkonditionen und Preise der zu liefernden Gegenstände, nicht aber deren Menge festgelegt wird;
3. Lieferungen im Rahmen einer dauerhaften Geschäftsbeziehung, bei denen Aufträge – ggf. mehrmals täglich – schriftlich, per Telefon, per Telefax oder auf elektronischem Weg erteilt werden, die zu liefernden Gegenstände ggf. auch zusammen ausgeliefert werden, es sich aber bei den Lieferungen um voneinander unabhängige Erfüllungsgeschäfte handelt.

154 ⑥ Bei der Anwendung des Satzes 1 bleiben nachträgliche Entgeltminderungen für die Beurteilung der Betragsgrenze von 5000 € unberücksichtigt; dies gilt auch für nachträgliche Teilrückabwicklungen. ⑦ Ist auf Grund der vertraglichen Vereinbarungen nicht absehbar oder erkennbar, ob die Betragsgrenze von 5000 € für Lieferungen erreicht oder überschritten wird, wird es aus Vereinfachungsgründen nicht beanstandet, wenn die Steuerschuldnerschaft des Leistungsempfängers nach § 13b Abs. 2 Nr. 10 und Abs. 5 Satz 1 zweiter Halbsatz UStG angewendet wird, sofern beide Vertragspartner übereinstimmend vom Vorliegen der Voraussetzungen zur Anwendung von § 13b UStG ausgegangen sind und dadurch keine Steuerausfälle entstehen; dies gilt dann als erfüllt, wenn der Umsatz vom Leistungsempfänger in zutreffender Höhe versteuert wird. ⑧ Dies gilt auch dann, wenn sich im Nachhinein herausstellt, dass die Betragsgrenze von 5000 € nicht überschritten wird.

155 (4) ① Erfüllt der Leistungsempfänger die Voraussetzungen des § 13b Abs. 5 Satz 1 zweiter Halbsatz UStG, ist er auch dann Steuerschuldner, wenn die Leistung für den nichtunternehmerischen Bereich erbracht wird (§ 13b Abs. 5 Satz 7 UStG). ② Ausgenommen hiervon sind Lieferungen von Mobilfunkgeräten, Tablet-Computern und Spielekonsolen sowie von integrierten Schaltkreisen vor Einbau in einen zur Lieferung auf der Einzelhandelsstufe geeigneten Gegenstand, die ausschließlich an den nichtunternehmerischen Bereich von juristischen Personen des öffentlichen Rechts erbracht werden, auch wenn diese im Rahmen von Betrieben gewerblicher Art unternehmerisch tätig sind (vgl. § 13b Abs. 5 Satz 11 UStG). ③ Absatz 3 ist auf den jeweiligen Betrieb gewerblicher Art einer juristischen Person des öffentlichen Rechts entsprechend anzuwenden.

UStAE 13b.7a

13b.7a Lieferungen von Edelmetallen, unedlen Metallen und Cermets

(1) ① Zu den in der Anlage 4 des UStG bezeichneten Gegenständen gehören vor allem Metalle in Rohform oder als Halberzeugnis, im Einzelnen sind das:

176 1. ① Unter Nummer 1 der Anlage 4 des UStG fallen nur Silber (in Rohform, als Halbzeug oder als Pulver) sowie Silberplattierungen auf unedlen Metallen (in Rohform oder als Halbzeug) im Sinne der Positionen 7106 und 7107 des Zolltarifs. ② Hierzu gehören Silber und Silberle-

gierungen sowie vergoldetes Silber, platiniertes Silber und mit Platinbeimetallen überzogenes Silber (z. B. palladiniertes, rhodiniertes Silber) in den verschiedenen Roh- und Halbzeugformen und in Pulverform. ③ Als Silberplattierungen gelten u. a. Waren, bei denen auf einer Metallunterlage auf einer Seite oder mehreren Seiten Silber durch Löten, Schweißen, Warmwalzen oder ähnliche mechanische Verfahren aufgebracht ist. ④ Nicht hierzu gehören gegossene, gesinterte, getriebene, gestanzte usw. Stücke in Form von Rohlingen für Schmuckwaren usw. (z. B. Fassungen, Rohlinge von Ringen, Blumen, Tiere, andere Figuren) sowie Abfälle und Schrott aus Silber (vgl. hierzu Abschnitt 13b.4 Abs. 1 Satz 1 Nr. 7). UStAE 13b.7 a

2. ① Unter Nummer 2 der Anlage 4 des UStG fallen nur Platin, Palladium, Rhodium, Iridium, Osmium und Ruthenium (in Rohform, als Halbzeug oder als Pulver) sowie Platinplattierungen auf unedlen Metallen, auf Silber oder auf Gold (in Rohform oder als Halbzeug) im Sinne der Position 7110 und der Unterposition 7111 00 00 des Zolltarifs. ② Hierzu gehören Platin oder Platinlegierungen in Rohform oder als Halbzeug. ③ Als Platinplattierungen gelten u. a. Waren, bei denen auf einer Metallunterlage auf einer Seite oder mehreren Seiten Platin durch Löten, Schweißen, Warmwalzen oder ähnliche mechanische Verfahren aufgebracht ist. ④ Nicht hierzu gehören gegossene, gesinterte, getriebene, gestanzte usw. Stücke in Form von Rohlingen für Schmuckwaren usw. (z. B. Fassungen, Rohlinge von Ringen, Blumen, Tiere, andere Figuren) sowie Abfälle und Schrott aus Platin (vgl. hierzu Abschnitt 13 b.4 Abs. 1 Satz 1 Nr. 7). **177**

3. ① Unter Nummer 3 der Anlage 4 des UStG fallen nur Roheisen oder Spiegeleisen (in Masseln, Blöcken oder anderen Rohformen), Körner und Pulver aus Roheisen, Spiegeleisen, Eisen oder Stahl, Rohblöcke und andere Rohformen aus Eisen oder Stahl, Halbzeug aus Eisen oder Stahl im Sinne der Positionen 7201, 7205, 7206, 7207, 7218 und 7224 des Zolltarifs. ② Roheisen kann in Form von Masseln, Barren oder Blöcken, auch gebrochen oder in flüssiger Form vorliegen, jedoch gehören geformte oder bearbeitete Waren (z. B. rohe oder bearbeitete Gussstücke oder Rohre) nicht hierzu. ③ Zu der Nummer 3 der Anlage 4 des UStG gehören Eisen und nicht legierter Stahl, nicht rostender Stahl und anderer legierter Stahl in Rohblöcken (Ingots) oder anderen Rohformen (auch als Halbzeug). ④ Nicht hierzu gehören radioaktive Eisenpulver (Isotope), als Arzneiwaren aufgemachte Eisenpulver, Rohre oder Behälter aus Stahl sowie Abfälle und Schrott aus Eisen oder Stahl (vgl. hierzu Abschnitt 13 b.4 Abs. 1 Satz 1 Nr. 8). **178**

4. ① Unter Nummer 4 der Anlage 4 des UStG fallen nur nicht raffiniertes Kupfer und Kupferanoden zum elektrolytischen Raffinieren, raffiniertes Kupfer und Kupferlegierungen (in Rohform), Kupfervorlegierungen, Pulver und Flitter aus Kupfer im Sinne der Positionen 7402, 7403, 7405 und 7406 des Zolltarifs. ② Hierzu gehören Schwarzkupfer und Blisterkupfer sowie Kupferkathoden und Kupferkathodenabschnitte (Unterposition 7403 11 00 des Zolltarifs). ③ Nicht hierzu gehören Pulver und Flitter aus Kupfer, die zubereitete Farben sind, zugeschnittener Flitter sowie Abfälle und Schrott aus Kupfer (vgl. hierzu Abschnitt 13 b.4 Abs. 1 Satz 1 Nr. 9). **179**

5. ① Unter Nummer 5 der Anlage 4 des UStG fallen nur Nickelmatte, Nickeloxidsinter und andere Zwischenerzeugnisse der Nickelmetallurgie, Nickel in Rohform sowie Pulver und Flitter aus Nickel im Sinne der Positionen 7501, 7502 und 7504 des Zolltarifs. ② Hierzu gehören unreine Nickeloxide, unreines Ferronickel und Nickelspeise. ③ Nicht hierzu gehören Abfälle und Schrott aus Nickel (vgl. hierzu Abschnitt 13 b.4 Abs. 1 Satz 1 Nr. 10). **180**

6. ① Unter Nummer 6 der Anlage 4 des UStG fallen nur Aluminium in Rohform, Pulver und Flitter aus Aluminium im Sinne der Positionen 7601 und 7603 des Zolltarifs. ② Nicht hierzu gehören Pulver und Flitter aus Aluminium, die zubereitete Farben sind, zugeschnittener Flitter sowie Abfälle und Schrott aus Aluminium (vgl. hierzu Abschnitt 13 b.4 Abs. 1 Satz 1 Nr. 11). **181**

7. ① Unter Nummer 7 der Anlage 4 des UStG fallen nur Blei in Rohform, Pulver und Flitter aus Blei im Sinne der Position 7801 und aus der Position 7804 des Zolltarifs. ② Hierzu gehören Blei in Rohformen in verschiedenen Reinheitsgraden (von unreinem Blei und silberhaltigem Blei bis zum raffinierten Elektrolytblei), gegossene Anoden zum elektrolytischen Raffinieren und gegossene Stangen, die z. B. zum Walzen, Ziehen oder zum Gießen in geformte Waren bestimmt sind. ③ Nicht hierzu gehören Pulver und Flitter aus Blei, die zubereitete Farben sind, sowie Abfälle und Schrott aus Blei (vgl. hierzu Abschnitt 13 b.4 Abs. 1 Satz 1 Nr. 12). **182**

8. ① Unter Nummer 8 der Anlage 4 des UStG fallen nur Zink in Rohform, Staub, Pulver und Flitter aus Zink im Sinne der Positionen 7901 und 7903 des Zolltarifs. ② Hierzu gehört Zink in Rohform der verschiedenen Reinheitsgrade. ③ Nicht hierzu gehören Staub, Pulver und Flitter aus Zink, die zubereitete Farben sind, sowie Abfälle und Schrott aus Zink (vgl. hierzu Abschnitt 13 b.4 Abs. 1 Satz 1 Nr. 13). **183**

9. ① Unter Nummer 9 der Anlage 4 des UStG fällt nur Zinn in Rohform im Sinne der Position 8001 des Zolltarifs. ② Nicht hierzu gehören Abfälle und Schrott aus Zinn (vgl. hierzu Abschnitt 13 b.4 Abs. 1 Satz 1 Nr. 14). **184**

10. ① Unter Nummer 10 der Anlage 4 des UStG fallen nur andere unedle Metalle in Rohform oder als Pulver aus den Positionen 8101 bis 8112 des Zolltarifs. ② Hierzu gehören Wolfram, **185**

Molybdän, Tantal, Magnesium, Cobalt, Bismut (Wismut), Cadmium, Titan, Zirconium, Antimon, Mangan, Beryllium, Chrom, Germanium, Vanadium, Gallium, Hafnium, Indium, Niob (Columbium), Rhenium und Thallium. ③ Nicht hierzu gehören Wolfram-, Molybdän-, Tantal- und Titancarbid sowie Abfälle und Schrott aus anderen unedlen Metallen (vgl. hierzu Abschnitt 13b.4 Abs. 1 Satz 1 Nr. 15).

186 11. ① Unter Nummer 11 der Anlage 4 des UStG fallen nur Cermets (Erzeugnisse aus einem keramischen und einem metallischen Bestandteil) in Rohform im Sinne der Unterposition 8113 00 20 des Zolltarifs. ② Nicht hierzu gehören Waren aus Cermets, Cermets, die spaltbare oder radioaktive Stoffe enthalten, Plättchen, Stäbchen, Spitzen und ähnliche Formstücke für Werkzeuge aus Cermets sowie Abfälle und Schrott aus Cermets (vgl. aber Abschnitt 13b.4 Abs. 1 Satz 1 Nr. 15).

② Bestehen Zweifel, ob ein Gegenstand unter die Anlage 4 des UStG fällt, gilt Abschnitt 13b.4 Abs. 1 Sätze 2 bis 4 entsprechend. ③ Abschnitt 13b.4 Abs. 2 Sätze 1 bis 3 und Abs. 3 Sätze 1 und 2 gilt sinngemäß.

187 (2) ① Lieferungen von Edelmetallen, unedlen Metallen und Cermets fallen nur unter die Regelung zur Steuerschuldnerschaft des Leistungsempfängers nach § 13b Abs. 2 Nr. 11 UStG, wenn der Leistungsempfänger ein Unternehmer ist und die Summe der für die steuerpflichtigen Lieferungen dieser Gegenstände in Rechnung zu stellenden Bemessungsgrundlagen im Rahmen eines wirtschaftlichen Vorgangs mindestens 5000 € beträgt. ② Abschnitt 13b.7 Abs. 3 gilt sinngemäß.

188 (3) ① Erfüllt der Leistungsempfänger die Voraussetzungen des § 13b Abs. 5 Satz 1 zweiter Halbsatz UStG, ist er auch dann Steuerschuldner, wenn die Leistung für den nichtunternehmerischen Bereich erbracht wird (§ 13b Abs. 5 Satz 7 UStG). ② Ausgenommen hiervon sind Lieferungen von Edelmetallen, unedlen Metallen und Cermets, die ausschließlich an den nichtunternehmerischen Bereich von juristischen Personen des öffentlichen Rechts erbracht werden, auch wenn diese im Rahmen von Betrieben gewerblicher Art unternehmerisch tätig sind (vgl. § 13b Abs. 5 Satz 11 UStG). ③ Absatz 2 ist auf den jeweiligen Betrieb gewerblicher Art einer juristischen Person des öffentlichen Rechts entsprechend anzuwenden.

UStAE 13b.7b

13b.7b Sonstige Leistungen auf dem Gebiet der Telekommunikation

189 (1) Zum Begriff der sonstigen Leistung auf dem Gebiet der Telekommunikation im Sinne des § 13b Abs. 2 Nr. 12 Satz 1 UStG wird auf Abschnitt 3a.10 verwiesen.

190 (2) ① Bei diesen sonstigen Leistungen auf dem Gebiet der Telekommunikation schuldet der Leistungsempfänger die Steuer, wenn er ein Unternehmer ist, dessen Haupttätigkeit in Bezug auf den Erwerb dieser Leistungen in deren Erbringung besteht und dessen eigener Verbrauch dieser Leistungen von untergeordneter Bedeutung ist (§ 13b Abs. 5 Satz 6 erster Halbsatz UStG, sog. Wiederverkäufer). ② Die Haupttätigkeit des Unternehmers in Bezug auf den Erwerb dieser Leistungen besteht dann in deren Erbringung, wenn der Unternehmer mehr als die Hälfte der von ihm erworbenen Leistungen weiterveräußert. ③ Der eigene Verbrauch dieser Leistungen ist von untergeordneter Bedeutung, wenn nicht mehr als 5% der erworbenen Leistungen zu eigenen (unternehmerischen sowie nichtunternehmerischen) Zwecken verwendet wird. ④ Maßgeblich sind die Verhältnisse im vorangegangenen Kalenderjahr; nimmt der Unternehmer seine Tätigkeit in diesem Bereich erst auf, ist er auch schon vor der erstmaligen Erbringung von Leistungen auf dem Gebiet der Telekommunikation als Wiederverkäufer anzusehen, wenn er nach außen erkennbar mit ersten Handlungen zur Erbringung von Leistungen auf dem Gebiet der Telekommunikation begonnen hat und mit diesen Leistungen voraussichtlich die vorgenannten Voraussetzungen erfüllen wird. ⑤ Verwendet der Unternehmer zwar mehr als 5%, jedoch nicht mehr als 10% der erworbenen Leistungen zu eigenen Zwecken, ist weiterhin von einer untergeordneten Bedeutung auszugehen, wenn die im Mittel der vorangegangenen drei Jahre zu eigenen Zwecken verbrauchten Leistungen 5% der in diesem Zeitraum erworbenen Leistungen nicht überschritten haben. ⑥ Im Unternehmen selbst erzeugte Leistungen bleiben bei der Beurteilung unberücksichtigt. ⑦ Ob die selbst erzeugten Leistungen veräußert oder zum eigenen Verbrauch im Unternehmen verwendet werden, ist daher unbeachtlich. ⑧ Ebenso sind die veräußerten Leistungen, die selbst erzeugt wurden, hinsichtlich der Beurteilung der Wiederverkäufereigenschaft aus der Gesamtheit der veräußerten Leistungen auszuscheiden; auch beeinflussen sie die nach den Sätzen 1 und 2 einzuhaltenden Grenzwerte nicht.

191 (3) ① Es ist davon auszugehen, dass ein Unternehmer Wiederverkäufer nach Absatz 2 ist, wenn ihm das nach den abgabenrechtlichen Vorschriften für die Besteuerung seiner Umsätze zuständige Finanzamt auf Antrag oder von Amts wegen eine im Zeitpunkt der Ausführung des Umsatzes gültige Bescheinigung nach dem Vordruckmuster USt 1 TQ erteilt hat; hinsichtlich dieses Musters wird auf das BMF-Schreiben vom 23. 12. 2020, BStBl. I S. 92, verwiesen. ② Die Gültigkeitsdauer der Bescheinigung ist auf längstens drei Jahre zu beschränken; sie kann nur mit Wirkung für die Zukunft widerrufen oder zurückgenommen werden. ③ Verwendet der Leistungsempfänger einen Nachweis nach dem Vordruckmuster USt 1 TQ – im Original oder in Kopie –, ist er Steuerschuldner, auch wenn er im Zeitpunkt der Leistung tatsächlich kein Wiederverkäufer nach

Absatz 2 ist; dies gilt nicht, wenn der Leistungsempfänger einen gefälschten Nachweis nach dem Vordruckmuster USt 1 TQ verwendet hat und der leistende Unternehmer hiervon Kenntnis hatte.

(4) ① Hat das Finanzamt dem Unternehmer eine Bescheinigung nach dem Vordruckmuster USt 1 TQ ausgestellt, ist er auch dann als Leistungsempfänger Steuerschuldner, wenn er diesen Nachweis gegenüber dem leistenden Unternehmer nicht – im Original oder in Kopie – verwendet. ② Wurde die Bescheinigung mit Wirkung für die Zukunft widerrufen oder zurückgenommen und ist der Leistungsempfänger kein Wiederverkäufer nach Absatz 2, schuldet der leistende Unternehmer dann die Steuer, wenn er hiervon Kenntnis hatte oder hätte haben können. ③ Hatte der leistende Unternehmer in diesen Fällen keine Kenntnis oder hat er keine Kenntnis haben können, wird es beim leistenden Unternehmer und beim Leistungsempfänger nicht beanstandet, wenn beide einvernehmlich von einer Steuerschuldnerschaft des Leistungsempfängers ausgehen und durch diese Handhabung keine Steuerausfälle entstehen; dies gilt dann als erfüllt, wenn der Umsatz vom Leistungsempfänger in zutreffender Höhe versteuert wird. **192**

(5) ① Erfüllt bei einem Organschaftsverhältnis nur ein Teil des Organkreises (z. B. der Organträger oder eine Organgesellschaft) die Voraussetzung als Wiederverkäufer nach Absatz 2, ist für Zwecke der Anwendung der Steuerschuldnerschaft des Leistungsempfängers nach § 13b Abs. 2 Nr. 12 und Abs. 5 Satz 6 UStG nur dieser Teil des Organkreises als Wiederverkäufer anzusehen. ② Die Absätze 2 und 3 sind insoweit nur auf den jeweiligen Unternehmensteil anzuwenden; nicht steuerbare Innenumsätze sind bei der Ermittlung der Wiederverkäufereigenschaft unbeachtlich. ③ Die Bescheinigung nach dem Vordruckmuster USt 1 TQ stellt das für den Organkreis für Zwecke der Umsatzsteuer zuständige Finanzamt für alle im Inland gelegenen Unternehmensteile im Sinne des Abschnitts 2.9 Abs. 3 bis 5 auf Antrag aus. ④ Der Antrag im Sinne des Satzes 3 ist von dem Organträger zu stellen; Abschnitt 2.9 Abs. 6 und 7 sowie Abschnitt 13b.3 Abs. 7 Satz 6 gelten entsprechend. **193**

(6) ① Erfüllt der Leistungsempfänger die Voraussetzungen des § 13b Abs. 5 Satz 6 erster Halbsatz UStG, ist der Leistungsempfänger auch dann Steuerschuldner, wenn die Leistung für den nichtunternehmerischen Bereich erbracht wird (§ 13b Abs. 5 Satz 7 UStG). ② Ausgenommen hiervon sind die sonstigen Leistungen auf dem Gebiet der Telekommunikation, die ausschließlich an den nichtunternehmerischen Bereich von juristischen Personen des öffentlichen Rechts erbracht werden, auch wenn diese im Rahmen von Betrieben gewerblicher Art als Wiederverkäufer von sonstigen Leistungen auf dem Gebiet der Telekommunikation unternehmerisch tätig sind (vgl. § 13b Abs. 5 Satz 11 UStG). ③ Absätze 2 und 3 sind auf den jeweiligen Betrieb gewerblicher Art einer juristischen Person des öffentlichen Rechts entsprechend anzuwenden, der Wiederverkäufer von sonstigen Leistungen auf dem Gebiet der Telekommunikation ist. **194**

(7)[1] ① Wohnungseigentümergemeinschaften sind für Telekommunikationsdienstleistungen als Leistungsempfänger nicht Steuerschuldner, wenn diese Leistungen als nach § 4 Nr. 13 UStG steuerfreie Leistungen der Wohnungseigentümergemeinschaften an die einzelnen Wohnungseigentümer weitergegeben werden. ② Dies gilt auch, wenn die Wohnungseigentümergemeinschaft derartige Umsätze nach § 9 Abs. 1 UStG als steuerpflichtig behandelt. **195**

(8)[1] ① Vermieter sind für Telekommunikationsdienstleistungen als Leistungsempfänger nicht Steuerschuldner, wenn diese Leistungen als nach § 4 Nr. 12 UStG steuerfreie Nebenleistungen der Vermieter an die einzelnen Mieter weitergegeben werden. ② Dies gilt auch, wenn der Vermieter derartige Umsätze nach § 9 Abs. 1 UStG als steuerpflichtig behandelt. **196**

Anl a zu 13b.7b

a) Schreiben betr. Erweiterung der Steuerschuldnerschaft des Leistungsempfängers (§ 13b UStG) auf Telekommunikationsdienstleistungen

Vom 23. Dezember 2020 (BStBl. 2021 I S. 92)

(BMF III C 3 – S 7279/19/10006 :002; DOK 2020/1283532)

[abgedruckt im USt-Handbuch 2021 als Anlage zu A 13b.7b]

Anl b zu 13b.7b

b) Schreiben betr. Steuerschuldnerschaft des Leistungsempfängers bei sonstigen Leistungen auf dem Gebiet der Telekommunikation

Vom 2. Mai 2022 (BStBl. I S. 736)

(BMF III C 3 – S 7279/19/10006 :004; DOK 2022/0461507)

Die Bereitstellung von Internet- und/oder TV-Anschluss an einen Unternehmer stellt eine sonstige Leistung auf dem Gebiet der Telekommunikation dar. Der Leistungsort bestimmt sich nach § 3a Abs. 2 UStG. Der Leistungsempfänger ist gem. § 13b Abs. 2 Nr. 12 i. V. m. Abs. 5 Satz 6 UStG Steuerschuldner, wenn er ein Unternehmer ist, dessen Haupttätigkeit in Bezug auf den Erwerb dieser Dienstleistung **198**

[1] A 13b.7b UStAE Abs. 7 und 8 angefügt durch BMF v. 2. 5. 2022 (BStBl. I S. 736), anzuwenden in allen offenen Fällen, mit Übergangsregelung (siehe Anl. b).

in deren Erbringung besteht und dessen eigener Verbrauch von untergeordneter Bedeutung ist (sog. Wiederverkäufer).

199 Der Begriff des Wiederverkäufers ist grundsätzlich eng auszulegen. Wohnungseigentümergemeinschaften und Vermieter, die Telekommunikationsdienstleistungen an die einzelnen Wohnungseigentümer bzw. Mieter weitergeben, werden jedoch regelmäßig nicht von dem Begriff des Wiederverkäufers umfasst.

Unter Bezugnahme auf das Ergebnis der Erörterungen mit den obersten Finanzbehörden der Länder gilt Folgendes:

I. Änderung des Umsatzsteuer-Anwendungserlasses

[in A 4.12.1 und A 13 b.7 b UStAE berücksichtigt]

II. Anwendungsregelungen

Die Grundsätze dieses Schreibens sind in allen offenen Fällen anzuwenden.

Bei Leistungen, die **vor dem 1. Juli 2022** ausgeführt werden, wird es nicht beanstandet, wenn die Beteiligten übereinstimmend die Vorschrift des § 13 b Abs. 2 Nr. 12 UStG angewendet haben.

UStAE 13 b.8

13 b.8 Vereinfachungsregelung

201 (1) ① Haben der leistende Unternehmer und der Leistungsempfänger für einen an ihn erbrachten Umsatz § 13 b Abs. 2 Nr. 4, Nr. 5 Buchstabe b oder Nr. 7 bis 12 in Verbindung mit Abs. 5 Satz 1 zweiter Halbsatz und Sätze 2 bis 6 UStG angewandt, obwohl dies nach Art der Umsätze unter Anlegung objektiver Voraussetzungen nicht zutreffend war, gilt der Leistungsempfänger dennoch als Steuerschuldner (§ 13 b Abs. 5 Satz 8 UStG). ② Voraussetzung ist, dass durch diese Handhabung keine Steuerausfälle entstehen. ③ Dies gilt dann als erfüllt, wenn der Umsatz vom Leistungsempfänger in zutreffender Höhe versteuert wird.

(2) § 13 b Abs. 5 Satz 8 UStG gilt nicht bei einer Anwendung der Steuerschuldnerschaft des Leistungsempfängers, wenn fraglich war, ob die Voraussetzungen hierfür in der Person der beteiligten Unternehmer (z. B. die Eigenschaft als Bauleistender; vgl. dazu Abschnitt 13 b.3 Abs. 1 bis 7) erfüllt sind.

UStDV

§ 30 a *Steuerschuldnerschaft bei unfreien Versendungen*[1·2]

206 *① Lässt ein Absender einen Gegenstand durch einen im Ausland ansässigen Frachtführer oder Verfrachter unfrei zum Empfänger der Frachtsendung befördern oder eine solche Beförderung durch einen im Ausland ansässigen Spediteur unfrei besorgen, ist der Empfänger der Frachtsendung an Stelle des Leistungsempfängers Steuerschuldner nach § 13 b Absatz 5 des Gesetzes, wenn*

1. *er ein Unternehmer oder eine juristische Person des öffentlichen Rechts ist,*
2. *er die Entrichtung des Entgelts für die Beförderung oder für ihre Besorgung übernommen hat und*
3. *aus der Rechnung über die Beförderung oder ihre Besorgung auch die in Nummer 2 bezeichnete Voraussetzung zu ersehen ist.*

② Dies gilt auch, wenn die Leistung für den nichtunternehmerischen Bereich bezogen wird.

UStAE 13 b.9

13 b.9 Unfreie Versendungen

211 ① Zu den sonstigen Leistungen, für die der Leistungsempfänger die Steuer schuldet (vgl. Abschnitt 13 b.1 Abs. 2 Nr. 3), können auch die unfreie Versendung oder die Besorgung einer solchen gehören (§§ 453 ff. HGB). ② Eine unfreie Versendung liegt vor, wenn ein Absender einen Gegenstand durch einen Frachtführer oder Verfrachter unfrei zum Empfänger der Frachtsendung befördern oder eine solche Beförderung durch einen Spediteur unfrei besorgen lässt. ③ Die Beförderungsleistung wird nicht gegenüber dem Absender, sondern gegenüber dem Empfänger der Frachtsendung abgerechnet. ④ Nach § 30 a UStDV wird der Rechnungsempfänger aus Vereinfachungsgründen unter folgenden Voraussetzungen an Stelle des Absenders zum Steuerschuldner für die Beförderungsleistung bestimmt:

1. Der Gegenstand wird durch einen im Ausland ansässigen Unternehmer befördert oder eine solche Beförderung durch einen im Ausland ansässigen Spediteur besorgt;
2. der Empfänger der Frachtsendung (Rechnungsempfänger) ist ein Unternehmer oder eine juristische Person des öffentlichen Rechts;
3. der Empfänger der Frachtsendung (Rechnungsempfänger) hat die Entrichtung des Entgelts für die Beförderung oder für ihre Besorgung übernommen und
4. aus der Rechnung über die Beförderung oder ihre Besorgung ist auch die in der Nummer 3 bezeichnete Voraussetzung zu ersehen.

⑤ Der Rechnungsempfänger erkennt seine Steuerschuldnerschaft anhand der Angaben in der Rechnung (§ 14 a UStG und § 30 a Satz 1 Nr. 3 UStDV).

[1] § 30 a Satz 1 Verweis geändert durch EU-VorgG v. 8. 4. 2010 (BGBl. I S. 386) mWv 1. 7. 2010.
[2] Vorsteuerabzug bei unfreien Versendungen vgl. § 40 UStDV/A 15.7 UStAE.

Beispiel:

① Der in Frankreich ansässige Unternehmer F versendet vereinbarungsgemäß einen Gegenstand per Frachtnachnahme durch den ebenfalls in Frankreich ansässigen Beförderungsunternehmer B von Paris nach Stuttgart an den dort ansässigen Unternehmer U. ② B stellt dem U die Beförderungsleistung in Rechnung. ③ U verwendet gegenüber B seine deutsche USt-IdNr.

④ B erbringt eine in Deutschland steuerpflichtige innergemeinschaftliche Güterbeförderung, weil U, der als Leistungsempfänger anzusehen ist (vgl. Abschnitt 3 a.2 Abs. 2), ein Unternehmer ist, der die Leistung für sein Unternehmen bezieht (§ 3 a Abs. 2 Satz 1 UStG). ⑤ U schuldet damit auch die Umsatzsteuer für diese Beförderungsleistung (§ 13 b Abs. 9 UStG, § 30 a UStDV).

13 b.10 Ausnahmen

UStAE 13 b.10

(1) ① § 13 b Abs. 1 bis 5 UStG findet keine Anwendung, wenn die Leistung des im Ausland ansässigen Unternehmers in einer Personenbeförderung im Gelegenheitsverkehr mit nicht im Inland zugelassenen Kraftomnibussen besteht und bei der eine Grenze zum Drittland überschritten wird (§ 13 b Abs. 6 Nr. 1 UStG). ② Dies gilt auch, wenn die Personenbeförderung mit einem Fahrzeug im Sinne des § 1 b Abs. 2 Satz 1 Nr. 1 UStG (insbesondere Taxi und Kraftomnibus) durchgeführt worden ist (§ 13 b Abs. 6 Nr. 2 UStG). ③ Der Unternehmer hat diese Beförderungen im Wege der Beförderungseinzelbesteuerung (§ 16 Abs. 5 UStG, § 18 Abs. 5 UStG) oder im allgemeinen Besteuerungsverfahren zu versteuern. ④ § 13 b Abs. 1 bis 5 UStG findet ebenfalls keine Anwendung, wenn die Leistung des im Ausland ansässigen Unternehmers in einer grenzüberschreitenden Personenbeförderung im Luftverkehr besteht (§ 13 b Abs. 6 Nr. 3 UStG). **216**

(2) ① § 13 b Abs. 1 bis 5 UStG findet auch keine Anwendung, wenn die Leistung des im Ausland ansässigen Unternehmers in der Einräumung der Eintrittsberechtigung für Messen, Ausstellungen und Kongresse im Inland besteht (§ 13 b Abs. 6 Nr. 4 UStG). ② Unter die Umsätze, die zur Einräumung der Eintrittsberechtigung für Messen, Ausstellungen und Kongresse gehören, fallen insbesondere Leistungen, für die der Leistungsempfänger Kongress-, Teilnehmer- oder Seminarentgelte entrichtet, sowie damit im Zusammenhang stehende Nebenleistungen, wie z. B. Beförderungsleistungen, Vermietung von Fahrzeugen oder Unterbringung, wenn diese Leistungen vom Veranstalter der Messe, der Ausstellung oder des Kongresses zusammen mit der Einräumung der Eintrittsberechtigung als einheitliche Leistung (vgl. Abschnitt 3.10) angeboten werden. **217**

(3) ① Im Rahmen von Messen und Ausstellungen werden auch Gemeinschaftsausstellungen durchgeführt, z. B. von Ausstellern, die in demselben ausländischen Staat ansässig sind. ② Vielfach ist in diesen Fällen zwischen dem Veranstalter und den Ausstellern ein Unternehmen eingeschaltet, das im eigenen Namen die Gemeinschaftsausstellung organisiert (Durchführungsgesellschaft). ③ In diesen Fällen erbringt der Veranstalter sonstige Leistungen an die zwischengeschaltete Durchführungsgesellschaft. ④ Diese erbringt die sonstigen Leistungen an die an der Gemeinschaftsausstellung beteiligten Aussteller. ⑤ § 13 b Abs. 1 bis 5 UStG findet keine Anwendung, wenn die im Ausland ansässige Durchführungsgesellschaft sonstige Leistungen an im Ausland ansässige Unternehmer erbringt, soweit diese Leistung im Zusammenhang mit der Veranstaltung von Messen und Ausstellungen im Inland steht (§ 13 b Abs. 6 Nr. 5 UStG). ⑥ Für ausländische staatliche Stellen, die mit der Organisation von Gemeinschaftsausstellungen im Rahmen von Messen und Ausstellungen beauftragt worden sind, gelten die Ausführungen in den Sätzen 1 bis 5 entsprechend, sofern die betreffende ausländische staatliche Stelle von den einzelnen Ausstellern ihres Landes Entgelte in der Regel in Abhängigkeit von der beanspruchten Ausstellungsfläche erhebt und deshalb insoweit als Unternehmer anzusehen ist. **218**

(4) § 13 b Abs. 1 bis 5 UStG findet ebenfalls keine Anwendung, wenn die Leistung des im Ausland ansässigen Unternehmers in der Abgabe von Speisen und Getränken zum Verzehr an Ort und Stelle (Restaurationsleistung) besteht, wenn diese Abgabe an Bord eines Schiffs, in einem Luftfahrzeug oder in einer Eisenbahn erfolgt (§ 13 b Abs. 6 Nr. 6 UStG). **219**

LS zu 13 b.10

Eine Leistung hat der **Beförderungseinzelbesteuerung** gemäß § 13 b Abs. 3 Nr. 1 UStG (jetzt § 13 b Abs. 6 Nr. 1 UStG) unterlegen, wenn einmal eine Steuerpflicht gemäß § 16 Abs. 5 UStG bestand. Unerheblich ist, ob die Steuer entrichtet wurde oder ob der Unternehmer gemäß § 16 Abs. 5 b UStG nachträglich zur allgemeinen Besteuerung optiert. – Der Beförderungseinzelbesteuerung unterliegt der einzelne steuerpflichtige Umsatz, und nicht nur die Fahrt, welche die Grenzüberschreitung betrifft. *FG München, Urt. v. 13. 11. 2014 – 14 K 2681/12, rkr. (MwStR S. 355).* **220**

13 b.11 Im Ausland bzw. im übrigen Gemeinschaftsgebiet ansässiger Unternehmer

UStAE 13 b.11

(1) ① Ein im Ausland ansässiger Unternehmer im Sinne des § 13 b Abs. 7 UStG ist ein Unternehmer, der im Inland (§ 1 Abs. 2 UStG), auf der Insel Helgoland und in einem der in § 1 Abs. 3 UStG bezeichneten Gebiete weder einen Wohnsitz, seinen gewöhnlichen Aufenthalt, seinen Sitz, seine Geschäftsleitung noch eine Betriebsstätte hat (§ 13 b Abs. 7 Satz 1 erster Halbsatz UStG); dies gilt auch, wenn der Unternehmer ausschließlich einen Wohnsitz oder einen gewöhnlichen Aufenthaltsort im Inland, aber seinen Sitz, den Ort der Geschäftsleitung oder eine Betriebsstätte im Ausland hat (§ 13 b Abs. 7 Satz 1 zweiter Halbsatz UStG). ② Ein im übrigen Gemeinschaftsgebiet ansässiger Unternehmer ist ein Unternehmer, der in den Gebieten der anderen EU-Mitgliedstaaten, die nach dem Unionsrecht als Inland dieser Mitgliedstaaten gelten, einen Wohnsitz, seinen gewöhnlichen Aufenthalt, seinen Sitz, seine Geschäftsleitung oder eine Betriebsstätte **226**

hat (§ 13b Abs. 7 Satz 2 erster Halbsatz UStG); dies gilt nicht, wenn der Unternehmer ausschließlich einen Wohnsitz oder einen gewöhnlichen Aufenthaltsort in den Gebieten der anderen EU-Mitgliedstaaten der Europäischen Union, die nach dem Unionsrecht als Inland dieser Mitgliedstaaten gelten, aber seinen Sitz, den Ort der Geschäftsleitung oder eine Betriebsstätte im Drittlandsgebiet hat (§ 13b Abs. 7 Satz 2 zweiter Halbsatz UStG). ③ Hat der Unternehmer im Inland eine Betriebsstätte (vgl. Abschnitt 3a.1 Abs. 3) und führt er einen Umsatz nach § 13b Abs. 1 oder Abs. 2 Nr. 1 oder Nr. 5 Buchstabe a UStG aus, gilt er hinsichtlich dieses Umsatzes als im Ausland oder im übrigen Gemeinschaftsgebiet ansässig, wenn die Betriebsstätte an dem Umsatz nicht beteiligt ist (§ 13b Abs. 7 Satz 3 UStG). ④ Dies ist regelmäßig dann der Fall, wenn der Unternehmer hierfür nicht die technische und personelle Ausstattung dieser Betriebsstätte nutzt. ⑤ Nicht als Nutzung der technischen und personellen Ausstattung der Betriebsstätte gelten unterstützende Arbeiten durch die Betriebsstätte wie Buchhaltung, Rechnungsausstellung oder Einziehung von Forderungen. ⑥ Stellt der leistende Unternehmer die Rechnung über den von ihm erbrachten Umsatz aber unter Angabe der der Betriebsstätte erteilten USt-IdNr. aus, gilt die Betriebsstätte als an dem Umsatz beteiligt, so dass der Unternehmer als im Inland ansässig anzusehen ist (vgl. Artikel 53 MwStVO). ⑦ Hat der Unternehmer seinen Sitz im Inland und wird ein im Inland steuerbarer und steuerpflichtiger Umsatz vom Ausland aus, z. B. von einer Betriebsstätte, erbracht, ist der Unternehmer als im Inland ansässig zu betrachten, selbst wenn der Sitz des Unternehmens an diesem Umsatz nicht beteiligt war (vgl. Artikel 54 MwStVO).

227 (2) ① Für die Frage, ob ein Unternehmer im Ausland bzw. im übrigen Gemeinschaftsgebiet ansässig ist, ist der Zeitpunkt maßgebend, in dem die Leistung ausgeführt wird (§ 13b Abs. 7 Satz 3 UStG); dieser Zeitpunkt ist auch dann maßgebend, wenn das Merkmal der Ansässigkeit im Ausland bzw. im übrigen Gemeinschaftsgebiet bei Vertragsabschluss noch nicht vorgelegen hat. ② Unternehmer, die ein im Inland gelegenes Grundstück besitzen und steuerpflichtig vermieten, sind insoweit als im Inland ansässig zu behandeln. ③ Sie haben diese Umsätze im allgemeinen Besteuerungsverfahren zu erklären. ④ Der Leistungsempfänger schuldet nicht die Steuer für diese Umsätze. ⑤ Die Tatsache, dass ein Unternehmer bei einem Finanzamt im Inland umsatzsteuerlich geführt wird, ist kein Merkmal dafür, dass er im Inland ansässig ist. ⑥ Das Gleiche gilt grundsätzlich, wenn dem Unternehmer eine deutsche USt-IdNr. erteilt wurde. ⑦ Zur Frage der Ansässigkeit bei Organschaftsverhältnissen vgl. Abschnitt 2.9.

228 (3) ① Ist es für den Leistungsempfänger nach den Umständen des Einzelfalls ungewiss, ob der leistende Unternehmer im Zeitpunkt der Leistungserbringung im Inland ansässig ist – z. B. weil die Standortfrage in rechtlicher oder tatsächlicher Hinsicht unklar ist oder die Angaben des leistenden Unternehmers zu Zweifeln Anlass geben –, schuldet der Leistungsempfänger die Steuer nur dann nicht, wenn ihm der leistende Unternehmer durch eine Bescheinigung des nach den abgabenrechtlichen Vorschriften für die Besteuerung seiner Umsätze zuständigen Finanzamts nachweist, dass er kein Unternehmer im Sinne des § 13b Abs. 7 Satz 1 UStG ist (§ 13b Abs. 7 Satz 5 UStG). ② Die Bescheinigung hat der leistende Unternehmer bei dem für ihn zuständigen Finanzamt zu beantragen. ③ Soweit erforderlich hat er hierbei in geeigneter Weise darzulegen, dass er im Inland ansässig ist. ④ Die Bescheinigung nach § 13b Abs. 7 Satz 5 UStG ist vom zuständigen Finanzamt nach dem Muster USt 1 TS zu erteilen. ⑤ Hinsichtlich dieses Musters wird auf das BMF-Schreiben vom 5. 11. 2019, BStBl. I S. 1041, hingewiesen.[1]

229 (4) ① Die Gültigkeitsdauer der Bescheinigung (Absatz 3) ist auf ein Jahr beschränkt. ② Ist nicht auszuschließen, dass der leistende Unternehmer für eine kürzere Dauer als ein Jahr im Inland ansässig bleibt, hat das Finanzamt die Gültigkeit der Bescheinigung entsprechend zu befristen.

LS zu 13b.11

Die **inländische Kanzlei** einer ausländischen Rechtsanwaltssozietät ist, soweit sie im Land Leistungen gegen Entgelt ausführt, generell sowohl für das materielle Umsatzsteuerrecht als auch für das Besteuerungsverfahren als ein inländischer Unternehmer anzusehen. *Erlass FM Hessen S 7279 A – 2 – II A 4 a v. 28. 3. 2002.*

230 Inländische Leistungen **ausländischer Betriebsstätten** inländischer Unternehmer begründen keine Steuerschuldnerschaft des Leistungsempfängers. *Verfügung OFD Frankfurt S 7279 A – 4 – St I 23 v. 1. 4. 2003 (DStR S. 1662).*

Art. 21 Abs. 1 Buchst. b der Sechsten Richtlinie 77/388/EWG des Rates vom 17. 5. 1977 ist dahin auszulegen, dass der betreffende Steuerpflichtige bereits dann ein **„im Ausland ansässiger Steuerpflichtiger"** ist, wenn er den Sitz seiner wirtschaftlichen Tätigkeit im Ausland hat. ***EuGH-Urt. v. 6. 10. 2011,*** *C-421/10, Markus Stoppelkamp als Insolvenzverwalter über das Vermögen des Harald Raab (DStR S. 1947) auf Vorlage des BFH v. 30. 6. 2010, XI R 5/08 (BStBl. 2011 II S. 144).*

Zweifel i. S. d. § 13b Abs. 7 Satz 5 UStG, ob der leistende Unternehmer im Ausland ansässig ist, müssen sich auf im Inland erbrachte Umsätze beziehen. Ohne **Inlandsumsatz** besteht kein sachliches Interesse an der Erteilung der in § 13b Abs. 7 Satz 5 UStG genannten **Bescheinigung.** *BFH-Urteil v. 12. 12. 2019 V R 20/18 (DStR 2020 S. 794).*

Gehen der Leistende und Leistungsempfänger rechtsfehlerhaft davon aus, dass der Leistende Steuerschuldner ist, obwohl der Leistungsempfänger die Steuer schuldet (§ 13b UStG), sind die sich aus der Versagung des Vorsteuerabzugs beim Leistungsempfänger entstehenden **Zinsen** aus sachlichen Billigkeitsgründen zu **erlassen,** wenn das Finanzamt die für die Leistung geschuldete Steuer vom vermeintlichen statt vom wirklichen Steuerschuldner vereinnahmt hatte, der Leistende seine Rechnungen mit Steuerausweis berichtigt und den sich hieraus ergebenden Vergütungsanspruch an den Leistungsempfänger abtritt. *BFH-Urteil v. 26. 9. 2019 V R 13/18 (DStR S. 2531).*

Die *OFD Frankfurt a. M.* hat in ihrer *Verfügung vom 27. 10. 2021 S 7279 A-1-St 113 (DStR S. 2978)* zu verschiedenen Praxisfragen bei der Steuerschuldnerschaft des Leistungsempfängers bei **Organschaftsverhältnissen** Stellung genommen (Ansässigkeit des Organträgers im Inland bzw. Ausland und Bauleistungen).

---

[1] Unternehmerbescheinigung zur Vorsteuervergütung im Inland bzw. Ausland (Vordruck **USt 1 TN**) vgl. A 18.14 Abs. 7 u. 18.16 UStAE bzw. BMF v. 5. 11. 2019 (BStBl. I S. 1041).

Erbringt eine im **Ausland** bzw. im übrigen Gemeinschaftsgebiet ansässige **Niederlassung** einer inländischen Organgesellschaft unter Ausweis ihrer ausländischen MwSt-IdNr. steuerpflichtige Güterbeförderungsleistungen an Leistungsempfänger im Inland, die bezogen auf diese Leistungen **Güterbeförderungsverträge** mit der inländischen Organgesellschaft abschließen, schuldet nach § 13b Abs. 7 Satz 4 UStG der inländische Leistungsempfänger die Steuer nur dann nicht, wenn ihm die Niederlassung durch eine Bescheinigung des nach den abgabenrechtlichen Vorschriften für die Besteuerung seiner Umsätze zuständigen Finanzamts nachweist, dass er kein Unternehmer i. S. d. § 13b Abs. 7 Satz 1 UStG ist. *Kurzinfo FM Schleswig-Holstein v. 31. 12. 2021 S 7105 – 101 (DStR 2022 S. 313).*

13b.12 Entstehung der Steuer beim Leistungsempfänger

UStAE 13b.12

(1) ① Schuldet der Leistungsempfänger für einen Umsatz die Steuer, gilt zur Entstehung der Steuer Folgendes: 236

1. ① Für die in Abschnitt 13b.1 Abs. 2 Nr. 1 bezeichneten steuerpflichtigen Umsätze entsteht die Steuer mit Ablauf des Voranmeldungszeitraums, in dem die Leistungen ausgeführt worden sind (§ 13b Abs. 1 UStG). ② § 13 Abs. 1 Nr. 1 Buchstabe a Sätze 2 und 3 UStG gilt entsprechend (§ 13b Abs. 4 Satz 1 UStG).
2. ① Für die in Abschnitt 13b.1 Abs. 2 Nr. 2 bis 14 bezeichneten steuerpflichtigen Umsätze entsteht die Steuer mit Ausstellung der Rechnung, spätestens jedoch mit Ablauf des der Ausführung der Leistung folgenden Kalendermonats (§ 13b Abs. 2 UStG). ② § 13 Abs. 1 Nr. 1 Buchstabe a Sätze 2 und 3 UStG gilt entsprechend (§ 13b Abs. 4 Satz 1 UStG).

Beispiel:

① Der in Belgien ansässige Unternehmer B führt am 18. 3. 01 in Köln eine Werklieferung (Errichtung und Aufbau eines Messestandes) an seinen deutschen Abnehmer D aus. ② Die Rechnung über diesen im Inland steuerpflichtigen Umsatz, für den D als Leistungsempfänger die Steuer schuldet, erstellt B am 15. 4. 01. ③ Sie geht D am 17. 4. 01 zu. ④ D hat monatliche Umsatzsteuer-Voranmeldungen zu übermitteln.

⑤ Die Steuer entsteht mit Ablauf des Monats, in dem die Rechnung ausgestellt worden ist (§ 13 b Abs. 2 Nr. 1 UStG); das ist mit Ablauf des Monats April 01. ⑥ D hat den Umsatz in seiner Umsatzsteuer-Voranmeldung April 01 anzumelden. ⑦ Dies würde auch dann gelten, wenn die Rechnung erst im Mai 01 erstellt oder erst in diesem Monat bei D angekommen wäre.

(2) Abweichend von § 13b Abs. 1 und 2 Nr. 1 UStG entsteht die Steuer für sonstige Leistungen, die dauerhaft über einen Zeitraum von mehr als einem Jahr erbracht werden, spätestens mit Ablauf eines jeden Kalenderjahres, in dem sie tatsächlich erbracht werden (§ 13b Abs. 3 UStG). 237

(3) ① Wird das Entgelt oder ein Teil des Entgelts vereinnahmt, bevor die Leistung oder Teilleistung ausgeführt worden ist, entsteht insoweit die Steuer mit Ablauf des Voranmeldungszeitraums, in dem das Entgelt oder das Teilentgelt vereinnahmt worden ist (§ 13b Abs. 4 Satz 2 UStG). ② Aus Vereinfachungsgründen ist es nicht zu beanstanden, wenn der Leistungsempfänger die Steuer auf das Entgelt oder Teilentgelt bereits in dem Voranmeldungszeitraum anmeldet, in dem die Beträge von ihm verausgabt werden. ③ Liegen die Voraussetzungen für die Steuerschuld des Leistungsempfängers im Zeitpunkt der Vereinnahmung der Anzahlungen nicht vor, schuldet der leistende Unternehmer die Umsatzsteuer. ④ Erfüllt der Leistungsempfänger im Zeitpunkt der Leistungserbringung die Voraussetzungen als Steuerschuldner, bleibt die bisherige Besteuerung der Anzahlungen beim leistenden Unternehmer bestehen (vgl. BFH-Urteil vom 21. 6. 2001, V R 68/00, BStBl. 2002 II S. 255). ⑤ In den Fällen des Abschnitts 13b.1 Abs. 2 Nr. 12 und 13 ist auch im Fall einer Anzahlungsrechnung für die Prüfung der Betragsgrenze von 5000 € auf den gesamten wirtschaftlichen Vorgang und nicht auf den Betrag in der Anzahlungsrechnung abzustellen. 238

13b.13 Bemessungsgrundlage und Berechnung der Steuer

UStAE 13b.13

(1) ① In den Fällen, in denen der Leistungsempfänger die Steuer schuldet, ist Bemessungsgrundlage der in der Rechnung oder Gutschrift ausgewiesene Betrag (Betrag ohne Umsatzsteuer); zur Bemessungsgrundlage für steuerpflichtige Umsätze, die unter das GrEStG fallen, vgl. Abschnitt 10.1 Abs. 7 Sätze 6 und 7. ② Die Umsatzsteuer ist von diesem Betrag vom Leistungsempfänger zu berechnen (vgl. Absatz 4 und Abschnitt 13b.14 Abs. 1). ③ Bei tauschähnlichen Umsätzen mit oder ohne Baraufgabe ist § 10 Abs. 2 Sätze 2 und 3 UStG anzuwenden. ④ Die Mindestbemessungsgrundlage nach § 10 Abs. 5 UStG ist auch bei Leistungen eines im Ausland bzw. im übrigen Gemeinschaftsgebiet ansässigen Unternehmers zu beachten. ⑤ Ist der Leistungsempfänger Steuerschuldner nach § 13b Abs. 5 UStG, hat er die Bemessungsgrundlage für den Umsatz nach § 10 Abs. 5 UStG zu ermitteln. 241

(2) Im Zwangsversteigerungsverfahren ist das Meistgebot der Berechnung als Nettobetrag zu Grunde zu legen. 242

(3) *(aufgehoben)*

(4) ① Der Leistungsempfänger hat bei der Steuerberechnung den Steuersatz zu Grunde zu legen, der sich für den maßgeblichen Umsatz nach § 12 UStG ergibt. ② Das gilt auch in den Fällen, in denen der Leistungsempfänger die Besteuerung nach § 19 Abs. 1 oder § 24 Abs. 1 UStG anwendet (§ 13b Abs. 8 UStG). ③ Ändert sich die Bemessungsgrundlage, gilt § 17 Abs. 1 Sätze 1 bis 4 UStG in den Fällen des § 13b UStG sinngemäß. 244

UStAE 13b.14

13b.14 Rechnungserteilung

245 (1) ① Führt der im Inland ansässige Unternehmer Umsätze im Sinne des § 13b Abs. 2 Nr. 2 bis 12 UStG aus, für die der Leistungsempfänger nach § 13b Abs. 5 UStG die Steuer schuldet, ist er zur Ausstellung von Rechnungen verpflichtet (§ 14a Abs. 5 Satz 1 UStG), in denen die Steuer nicht gesondert ausgewiesen ist (§ 14a Abs. 5 Satz 2 UStG). ② Auch eine Gutschrift ist eine Rechnung (§ 14 Abs. 2 Satz 3 UStG). ③ Neben den übrigen Angaben nach § 14 Abs. 4 UStG müssen die Rechnungen die Angabe „Steuerschuldnerschaft des Leistungsempfängers" enthalten (§ 14a Abs. 5 Satz 1 UStG). ④ Fehlt diese Angabe in der Rechnung, wird der Leistungsempfänger von der Steuerschuldnerschaft nicht entbunden. ⑤ Weist der leistende Unternehmer die Steuer in der Rechnung gesondert aus, wird diese Steuer von ihm nach § 14c Abs. 1 UStG geschuldet (vgl. BFH-Urteil vom 12. 10. 2016 – XI R 43/14, BStBl. II 2022 S. 566).

246 (2) ① Der leistende Unternehmer und der Leistungsempfänger haben ein Doppel der Rechnung zehn Jahre aufzubewahren. ② Die Aufbewahrungsfrist beginnt mit dem Schluss des Kalenderjahres, in dem die Rechnung ausgestellt worden ist (§ 14b Abs. 1 UStG).

UStAE 13b.15

13b.15 Vorsteuerabzug des Leistungsempfängers

251 (1) ① Der Leistungsempfänger kann die von ihm nach § 13b Abs. 5 UStG geschuldete Umsatzsteuer als Vorsteuer abziehen, wenn er die Lieferung oder sonstige Leistung für sein Unternehmen bezieht und zur Ausführung von Umsätzen verwendet, die den Vorsteuerabzug nicht ausschließen. ② Soweit die Steuer auf eine Zahlung vor Ausführung dieser Leistung entfällt, ist sie bereits abziehbar, wenn die Zahlung geleistet worden ist (§ 15 Abs. 1 Satz 1 Nr. 4 UStG).

252 (2) Erteilt der leistende Unternehmer dem Leistungsempfänger eine Rechnung, die entgegen § 14a Abs. 5 Satz 1 UStG nicht die Angabe „Steuerschuldnerschaft des Leistungsempfängers" enthält (vgl. Abschnitt 13b.14 Abs. 1), ist dem Leistungsempfänger dennoch der Vorsteuerabzug unter den weiteren Voraussetzungen des § 15 UStG zu gewähren, da nach § 15 Abs. 1 Satz 1 Nr. 4 UStG das Vorliegen einer Rechnung nach §§ 14, 14a UStG nicht Voraussetzung für den Abzug der nach § 13b Abs. 5 UStG geschuldeten Steuer als Vorsteuer ist.

253 (3) ① Liegt dem Leistungsempfänger im Zeitpunkt der Erstellung der Voranmeldung bzw. Umsatzsteuererklärung für das Kalenderjahr, in der der Umsatz anzumelden ist, für den der Leistungsempfänger die Steuer schuldet, keine Rechnung vor, muss er die Bemessungsgrundlage ggf. schätzen. ② Die von ihm angemeldete Steuer kann er im gleichen Besteuerungszeitraum unter den weiteren Voraussetzungen des § 15 UStG als Vorsteuer abziehen.

254 (4) ① Soweit an nicht im Inland ansässige Unternehmer Umsätze ausgeführt werden, für die diese die Steuer nach § 13b Abs. 5 UStG schulden, haben sie die für Vorleistungen in Rechnung gestellte Steuer im allgemeinen Besteuerungsverfahren und nicht im Vorsteuer-Vergütungsverfahren als Vorsteuer geltend zu machen.

Beispiel:

① Der in Frankreich ansässige Unternehmer A wird von dem ebenfalls in Frankreich ansässigen Unternehmer B beauftragt, eine Maschine nach Frankfurt zu liefern und dort zu montieren. ② Der Lieferort soll sich nach § 3 Abs. 7 UStG richten.

③ In diesem Fall erbringt A im Inland eine steuerpflichtige Werklieferung an B (§ 13b Abs. 2 Nr. 1 UStG). ④ Die Umsatzsteuer für diese Werklieferung schuldet B (§ 13b Abs. 5 Satz 1 UStG). ⑤ Unter den weiteren Voraussetzungen des § 15 UStG kann B im allgemeinen Besteuerungsverfahren die nach § 13b Abs. 5 Satz 1 UStG geschuldete Steuer und die für Vorleistungen an ihn in Rechnung gestellte Steuer als Vorsteuer abziehen (§ 15 Abs. 1 Satz 1 Nr. 1 und 4 UStG).

② Für Unternehmer, die nicht im Gemeinschaftsgebiet ansässig sind und die nur Steuer nach § 13b Abs. 5 UStG, nur Steuer nach § 13b Abs. 5 und § 13a Abs. 1 Nr. 1 in Verbindung mit § 14c Abs. 1 UStG oder nur Steuer nach § 13b Abs. 5 und § 13a Abs. 1 Nr. 4 UStG schulden, gelten die Einschränkungen des § 18 Abs. 9 Sätze 5 und 6 UStG entsprechend (§ 15 Abs. 4b UStG). ③ Satz 2 gilt nicht, wenn Unternehmer, die nicht im Gemeinschaftsgebiet ansässig sind, auch steuerpflichtige Umsätze im Inland ausführen, für die sie oder ein anderer die Steuer schulden.

255 (5) Der Unternehmer kann bei Vorliegen der weiteren Voraussetzungen des § 15 UStG den Vorsteuerabzug in der Voranmeldung oder in der Umsatzsteuererklärung für das Kalenderjahr geltend machen, in der er den Umsatz zu versteuern hat (vgl. § 13b Abs. 1 und 2 UStG).

LS zu 13b.15

257 Der Vorsteuerabzug aus Rechnungen ausländischer Unternehmer, insbesondere ausländischer Lastwagenschlossereien, ist bei falscher Bezeichnung des leistenden Unternehmers zu versagen. – Ab 2002 ist der ausländische Unternehmer verpflichtet, eine Rechnung zu erteilen, in der die **Umsatzsteuer nicht offen ausgewiesen ist.** Bei offener Ausweisung der Umsatzsteuer ist der Leistungsempfänger nicht berechtigt, diese als Vorsteuer abzuziehen. *Verfügung OFD Frankfurt S 7300 A – 89 – St I 21 v. 23. 7. 2002.*

Gem. § 13b Abs. 1 und 2 UStG kann das FA einen in Schweden ansässigen Reiseveranstalter als Leistungsempfänger für die Umsatzsteuer auf diejenigen Beförderungsleistungen in Anspruch nehmen, die diesem von **schwedischen Busunternehmen** mit im Inland nicht zugelassenen Bussen in **Deutschland** erbracht worden sind. § 13b Abs. 1 und 2 UStG gilt für im In- oder Ausland ansässige Leistungsempfänger gleichermaßen und entspricht insoweit dem Unionsrecht. *BFH-Beschluss v. 6. 4. 2010 XI B 1/09 (BFH/NV S. 2131).*

13b.16 Steuerschuldnerschaft des Leistungsempfängers und allgemeines Besteuerungsverfahren

UStAE 13b.16

(1) ① Voranmeldungen (§ 18 Abs. 1 und 2 UStG) und eine Umsatzsteuererklärung für das Kalenderjahr (§ 18 Abs. 3 und 4 UStG) haben auch Unternehmer und juristische Personen abzugeben, soweit sie als Leistungsempfänger ausschließlich eine Steuer nach § 13b Abs. 5 UStG zu entrichten haben (§ 18 Abs. 4a Satz 1 UStG). ② Voranmeldungen sind nur für die Voranmeldungszeiträume abzugeben, in denen die Steuer für die Umsätze im Sinne des § 13b Abs. 1 und 2 UStG zu erklären ist (§ 18 Abs. 4a Satz 2 UStG). ③ Die Anwendung des § 18 Abs. 2a UStG ist ausgeschlossen. **260**

(2) ① Hat der im Ausland bzw. im übrigen Gemeinschaftsgebiet ansässige Unternehmer im Besteuerungszeitraum oder Voranmeldungszeitraum nur Umsätze ausgeführt, für die der Leistungsempfänger die Steuer schuldet (§ 13b Abs. 5 UStG), sind von ihm nur dann Steueranmeldungen abzugeben, wenn er selbst als Leistungsempfänger eine Steuer nach § 13b UStG schuldet, er eine Steuer nach § 14c UStG schuldet oder wenn ihn das Finanzamt hierzu besonders auffordert. ② Das Finanzamt hat den Unternehmer insbesondere in den Fällen zur Abgabe von Steueranmeldungen aufzufordern, in denen es zweifelhaft ist, ob er tatsächlich nur Umsätze ausgeführt hat, für die der Leistungsempfänger die Steuer schuldet. ③ Eine Besteuerung des im Ausland bzw. im übrigen Gemeinschaftsgebiet ansässigen Unternehmers nach § 16 und § 18 Abs. 1 bis 4 UStG ist jedoch nur dann durchzuführen, wenn er im Inland steuerpflichtige Umsätze ausgeführt hat, für die der Leistungsempfänger die Steuer nicht schuldet. **261**

(3) ① Bei der Besteuerung des im Ausland bzw. im übrigen Gemeinschaftsgebiet ansässigen Unternehmers nach § 16 und § 18 Abs. 1 bis 4 UStG sind die Umsätze, für die der Leistungsempfänger die Steuer schuldet, nicht zu berücksichtigen. ② Ferner bleiben die Vorsteuerbeträge unberücksichtigt, die im Vorsteuer-Vergütungsverfahren (§ 18 Abs. 9 UStG, §§ 59 bis 61a UStDV) vergütet wurden. ③ Die danach verbleibenden Vorsteuerbeträge sind ggf. durch Vorlage der Rechnungen und Einfuhrbelege nachzuweisen. ④ Abschnitt 15.11 Abs. 1 gilt sinngemäß. ⑤ Das Finanzamt hat die vorgelegten Rechnungen und Einfuhrbelege durch Stempelaufdruck oder in anderer Weise zu entwerten und dem Unternehmer zurückzusenden. **262**

(4) Hat der im Ausland bzw. im übrigen Gemeinschaftsgebiet ansässige Unternehmer im Besteuerungszeitraum oder im Voranmeldungszeitraum nur Umsätze ausgeführt, für die der Leistungsempfänger die Steuer schuldet, und kommt deshalb das allgemeine Besteuerungsverfahren nach § 16 und § 18 Abs. 1 bis 4 UStG nicht zur Anwendung, können die nach § 15 UStG abziehbaren Vorsteuerbeträge unter den weiteren Voraussetzungen nur im Vorsteuer-Vergütungsverfahren (§ 18 Abs. 9 UStG, §§ 59 bis 61a UStDV) vergütet werden. **263**

13b.17 Aufzeichnungspflichten

UStAE 13b.17

① Neben den allgemeinen Aufzeichnungspflichten nach § 22 UStG müssen in den Fällen des § 13b Abs. 1 bis 5 UStG beim Leistungsempfänger die in § 22 Abs. 2 Nr. 1 und 2 UStG enthaltenen Angaben über die an ihn ausgeführten oder noch nicht ausgeführten Lieferungen und sonstigen Leistungen aus den Aufzeichnungen zu ersehen sein. ② Auch der leistende Unternehmer hat diese Angaben gesondert aufzuzeichnen (§ 22 Abs. 2 Nr. 8 UStG). ③ Die Verpflichtung, zur Feststellung der Steuer und der Grundlagen ihrer Berechnung Aufzeichnungen zu machen, gilt in den Fällen der Steuerschuldnerschaft des Leistungsempfängers auch für Personen, die nicht Unternehmer sind (§ 22 Abs. 1 Satz 2 UStG); z.B. Bezug einer Leistung für den nichtunternehmerischen Bereich des Unternehmers oder den Hoheitsbereich einer juristischen Person des öffentlichen Rechts mit Ausnahme der in § 13b Abs. 5 Satz 11 UStG genannten Leistungen, die ausschließlich an den nichtunternehmerischen Bereich von juristischen Personen des öffentlichen Rechts erbracht werden. **265**

13b.18 Übergangsregelungen

UStAE 13b.18

① Zur Übergangsregelung in § 27 Abs. 4 UStG vgl. BMF-Schreiben vom 5. 12. 2001, BStBl. I S. 1013. ② Zur Übergangsregelung bei der Anwendung der Erweiterung des § 13b UStG ab 1. 4. 2004 auf alle Umsätze, die unter das GrEStG fallen, und auf bestimmte Bauleistungen vgl. BMF-Schreiben vom 31. 3. 2004, BStBl. I S. 453, und vom 2. 12. 2004, BStBl. I S. 1129. ③ Zur Übergangsregelung bei der Anwendung der Erweiterung der Ausnahmen, in denen die Steuerschuldnerschaft des Leistungsempfängers nicht anzuwenden ist, ab 1. 1. 2007 bei Messen, Ausstellungen und Kongressen vgl. BMF-Schreiben vom 20. 12. 2006, BStBl. I S. 796. ④ Zur Übergangsregelung bei der Abgrenzung des Begriffs des Unternehmers, der selbst Bauleistungen erbringt, vgl. BMF-Schreiben vom 16. 10. 2009, BStBl. I S. 1298. ⑤ Zum Übergang auf die Anwendung der Erweiterung des § 13b UStG ab 1. 1. 2011 auf Lieferungen von Kälte und Wärme, Lieferungen der in der Anlage 3 des UStG bezeichneten Gegenstände und bestimmte Lieferungen von Gold sowie zur Übergangsregelung bei der Anwendung der Erweiterung des § 13b UStG ab 1. 1. 2011 auf Gebäudereinigungsleistungen vgl. BMF-Schreiben vom 4. 2. 2011, BStBl. I S. 156. ⑥ Zum Übergang auf die Anwendung der Erweiterung des § 13b UStG ab 1. 7. 2011 auf be- **267**

UStAE 13b.18

noch 267 stimmte Lieferungen von Mobilfunkgeräten und integrierten Schaltkreisen vgl. Teil II des BMF-Schreibens vom 24. 6. 2011, BStBl. I S. 687, und Teil II des BMF-Schreibens vom 22. 9. 2011, BStBl. I S. 910. ⑦ Zum Übergang auf die Anwendung der Erweiterung des § 13b UStG ab 1. 9. 2013 auf Lieferungen von Gas über das Erdgasnetz oder Elektrizität durch einen im Inland ansässigen Unternehmer vgl. BMF-Schreiben vom 19. 9. 2013, BStBl. I S. 1212. ⑧ Zum Übergang auf die Anwendung der Erweiterung des § 13b UStG ab 1. 10. 2014 auf Lieferungen von Tablet-Computern, Spielekonsolen, Edelmetallen, unedlen Metallen, Selen und Cermets sowie zur Änderung der Anwendung des § 13b UStG ab 1. 10. 2014 bei Bauleistungen und Gebäudereinigungsleistungen vgl. Teil II des BMF-Schreibens vom 26. 9. 2014, BStBl. I S. 1297. ⑨ Zum Übergang auf die Anwendung der Änderung des § 13b UStG ab 1. 1. 2015 auf Lieferungen von Edelmetallen, unedlen Metallen und Cermets vgl. Teil II des BMF-Schreibens vom 13. 3. 2015, BStBl. I S. 234. ⑩ Zum Übergang auf die Anwendung der Änderung des § 13b UStG ab 6. 11. 2015 auf Lieferungen der in der Anlage 3 des UStG bezeichneten Gegenstände, auf Gebäudereinigungsleistungen, auf bestimmte Lieferungen von Gold sowie auf Lieferungen von Mobilfunkgeräten, Tablet-Computern, Spielekonsolen, integrierten Schaltkreisen, Edelmetallen, unedlen Metallen und Cermets vgl. Teil II des BMF-Schreibens vom 10. 8. 2016, BStBl. I S. 820. ⑪ Zum Übergang auf die Anwendung der Änderung des § 13b UStG ab 1. 1. 2020 auf Übertragungen von Gas- und Elektrizitätszertifikaten vgl. Teil II des BMF-Schreibens vom 23. 3. 2020, BStBl. I S. 288. ⑫ Zum Übergang auf die Anwendung der Änderung des § 13b UStG ab 1. 1. 2021 auf sonstige Leistungen auf dem Gebiet der Telekommunikation vgl. Teil II des BMF-Schreibens vom 23. 12. 2020, BStBl. 2021 I S. 92.

§ 13c Haftung bei Abtretung, Verpfändung oder Pfändung von Forderungen[1]

UStG

1 **(1) ① Soweit der leistende Unternehmer den Anspruch auf die Gegenleistung für einen steuerpflichtigen Umsatz im Sinne des § 1 Abs. 1 Nr. 1 an einen anderen Unternehmer abgetreten und die festgesetzte Steuer, bei deren Berechnung dieser Umsatz berücksichtigt worden ist, bei Fälligkeit nicht oder nicht vollständig entrichtet hat, haftet der Abtretungsempfänger nach Maßgabe des Absatzes 2 für die in der Forderung enthaltene Umsatzsteuer, soweit sie im vereinnahmten Betrag enthalten ist. ② Ist die Vollziehung der Steuerfestsetzung in Bezug auf die in der abgetretenen Forderung enthaltene Umsatzsteuer gegenüber dem leistenden Unternehmer ausgesetzt, gilt die Steuer insoweit als nicht fällig. ③ Soweit der Abtretungsempfänger die Forderung an einen Dritten abgetreten hat, gilt sie in voller Höhe als vereinnahmt. ④ Die Forderung gilt durch den Abtretungsempfänger nicht als vereinnahmt, soweit der leistende Unternehmer für die Abtretung der Forderung eine Gegenleistung in Geld vereinnahmt. ⑤ Voraussetzung ist, dass dieser Geldbetrag tatsächlich in den Verfügungsbereich des leistenden Unternehmers gelangt; davon ist nicht auszugehen, soweit dieser Geldbetrag auf ein Konto gezahlt wird, auf das der Abtretungsempfänger die Möglichkeit des Zugriffs hat.**

2 **(2) ① Der Abtretungsempfänger ist ab dem Zeitpunkt in Anspruch zu nehmen, in dem die festgesetzte Steuer fällig wird, frühestens ab dem Zeitpunkt der Vereinnahmung der abgetretenen Forderung. ② Bei der Inanspruchnahme nach Satz 1 besteht abweichend von § 191 der Abgabenordnung kein Ermessen. ③ Die Haftung ist der Höhe nach begrenzt auf die im Zeitpunkt der Fälligkeit nicht entrichtete Steuer. ④ Soweit der Abtretungsempfänger auf die nach Absatz 1 Satz 1 festgesetzte Steuer Zahlungen im Sinne des § 48 der Abgabenordnung geleistet hat, haftet er nicht.**

3 **(3) ① Die Absätze 1 und 2 gelten bei der Verpfändung oder der Pfändung von Forderungen entsprechend. ② An die Stelle des Abtretungsempfängers tritt im Fall der Verpfändung der Pfandgläubiger und im Fall der Pfändung der Vollstreckungsgläubiger.**

Hinweis auf EU-Vorschriften:
UStG: § 13c .... **MwStSystRL:** Art. 205, 273

Übersicht Rz.

Zu § 13c UStG

13c.1 Haftung bei Abtretung, Verpfändung oder Pfändung von Forderungen

UStAE 13c.1

11 (1) ① § 13c UStG regelt eine Haftung für die Fälle, in denen ein leistender Unternehmer (Steuerschuldner) seinen Anspruch auf die Gegenleistung für einen steuerpflichtigen Umsatz (Forderung) abtritt, der Abtretungsempfänger die Forderung einzieht oder an einen Dritten überträgt und der Steuerschuldner die in der Forderung enthaltene Umsatzsteuer bei Fälligkeit nicht oder nicht rechtzeitig entrichtet. ② § 13c UStG umfasst auch die Fälle, in denen Forderungen des leistenden Unternehmers verpfändet oder gepfändet werden.

Tatbestandsmerkmale

12 (2) ① § 13c UStG erfasst nur die Abtretung, Verpfändung oder Pfändung von Forderungen aus steuerbaren und steuerpflichtigen Umsätzen eines Unternehmers. ② Der steuerpflichtige Umsatz muss nicht an einen anderen Unternehmer erbracht worden sein, es kann sich auch um einen steuerpflichtigen Umsatz an einen Nichtunternehmer handeln.

13 (3) ① Der Haftungstatbestand umfasst grundsätzlich alle Formen der Abtretung, Verpfändung oder Pfändung von Forderungen aus diesen Umsätzen. ② Insbesondere fällt unter § 13c UStG die Abtretung bestimmter künftiger Forderungen aus bestehenden Geschäftsverbindungen zugunsten eines Dritten im Zusammenhang mit Waren- oder Bankkrediten. ③ Hauptfälle dieser Abtretungen künftiger Forderungen sind u. a. die Sicherungsabtretung zugunsten eines Kreditgebers, einschließlich der sog. Globalzession.

14 (4) ① Die Abtretung (§ 398 BGB) ist grundsätzlich nicht formbedürftig. ② Unmittelbare Folge der Abtretung ist der Wechsel der Gläubigerstellung.

15 (5) Die Rechtsfolgen des § 13c UStG für die Forderungsabtretung treten auch bei der Verpfändung oder Pfändung von Forderungen ein.

16 (6) ① Bei der Pfändung von Forderungen kommt eine Haftung des Vollstreckungsgläubigers in Betracht. ② Durch die Pfändung wird eine Geldforderung beschlagnahmt (z. B. § 829 ZPO).

[1] Anwendungszeitraum vgl. § 27 Abs. 7 UStG.

UStAE 13c.1

③ Die Pfändung ist mit der Zustellung des Beschlusses an den Drittschuldner als bewirkt anzusehen (§ 829 Abs. 3 ZPO).

17 (7) ① Die Abtretung, Verpfändung oder Pfändung von Forderungen kann auf einen Teilbetrag der Gesamtforderung beschränkt werden. ② Dabei ist die Umsatzsteuer zivilrechtlich unselbständiger Teil des abgetretenen, verpfändeten oder gepfändeten Forderungsbetrags. ③ Die Abtretung kann nicht auf einen (fiktiven) Nettobetrag ohne Umsatzsteuer beschränkt werden, vielmehr erstreckt sich die Haftung auf die im abgetretenen, verpfändeten oder gepfändeten Betrag enthaltene Umsatzsteuer. ④ Die Umsatzsteuer, für die gehaftet wird, ist somit aus dem abgetretenen, verpfändeten oder gepfändeten Forderungsbetrag heraus zu rechnen.

18 (8) ① Voraussetzung für die Haftung ist, dass der Leistende ein Unternehmer im Sinne des § 2 UStG ist. ② Zur Anwendung des § 13 c UStG bei Kleinunternehmern im Sinne des § 19 UStG und land- und forstwirtschaftlichen Unternehmern, die die Durchschnittssatzbesteuerung nach § 24 UStG anwenden, vgl. Absatz 11.

19 (9) ① Der Abtretungsempfänger, Pfandgläubiger oder Vollstreckungsgläubiger muss nach § 13 c Abs. 1 Satz 1 in Verbindung mit Abs. 3 UStG Unternehmer im Sinne des § 2 UStG sein. ② Kleinunternehmer im Sinne des § 19 UStG oder land- und forstwirtschaftliche Unternehmer, die die Durchschnittssatzbesteuerung nach § 24 UStG anwenden, können auch Haftungsschuldner im Sinne des § 13 c UStG sein. ③ Nicht Voraussetzung für die Haftung nach § 13 c UStG ist, dass die Abtretung, Verpfändung oder Pfändung der Forderung für den unternehmerischen Bereich des Abtretungsempfängers, Pfandgläubigers oder Vollstreckungsgläubigers erfolgt. ④ Pfändet z. B. ein Unternehmer eine Forderung für seinen nichtunternehmerischen Bereich, kann er als Haftungsschuldner nach § 13 c UStG in Anspruch genommen werden.

20 (10) ① Bei Abtretungen und Verpfändungen an Nichtunternehmer oder Pfändungen durch Nichtunternehmer kommt die Haftung nach § 13 c UStG nicht in Betracht. ② Zu den Nichtunternehmern gehören auch juristische Personen des öffentlichen Rechts, soweit nicht ein Betrieb gewerblicher Art (vgl. § 2 Abs. 3 UStG) vorliegt.

21 (11) ① § 13 c UStG setzt voraus, dass der leistende Unternehmer die Steuer, bei deren Ermittlung der steuerpflichtige Umsatz ganz oder teilweise berücksichtigt wurde, für den der Anspruch auf Gegenleistung (Forderung) abgetreten, verpfändet oder gepfändet wird, zum Zeitpunkt der Fälligkeit nicht oder nicht vollständig entrichtet hat. ② § 13 c UStG kann deshalb nicht angewendet werden, wenn sich keine zu entrichtende Steuer ergibt (z. B. bei Vorsteuerüberschüssen; bei leistenden Unternehmern, die die sog. Kleinunternehmerregelung im Sinne des § 19 UStG anwenden). ③ Bei der Abtretung, Verpfändung oder Pfändung von Forderungen eines land- und forstwirtschaftlichen Unternehmers, der die Durchschnittssatzbesteuerung nach § 24 UStG anwendet, kommt eine Haftung in Betracht, soweit bei diesem eine Zahllast entsteht.

22 (12) ① War die Umsatzsteuer, für die eine Haftung in Betracht kommen würde, in der Vorauszahlung für den maßgeblichen Voranmeldungszeitraum nicht enthalten, kommt eine Haftung nicht in Betracht. ② Ist die in der abgetretenen, verpfändeten oder gepfändeten Forderung enthaltene Umsatzsteuer erstmals in der zu entrichtenden Steuer für das Kalenderjahr enthalten, greift die Haftung ein, wenn der leistende Unternehmer den Unterschiedsbetrag im Sinne des § 18 Abs. 4 UStG bei Fälligkeit nicht oder nicht vollständig entrichtet hat.

23 (13) ① Hat der leistende Unternehmer die Vorauszahlung für den maßgeblichen Voranmeldungszeitraum vollständig entrichtet und war die in der abgetretenen, verpfändeten oder gepfändeten Forderung enthaltene Umsatzsteuer in der Vorauszahlung enthalten, haftet der Abtretungsempfänger, Pfandgläubiger oder Vollstreckungsgläubiger nicht. ② Dies gilt auch dann, wenn sich für das entsprechende Kalenderjahr eine zu entrichtende Steuer im Sinne des § 18 Abs. 3 UStG zugunsten des Finanzamts ergibt und der Unternehmer den Unterschiedsbetrag nach § 18 Abs. 4 UStG bei Fälligkeit nicht oder nicht vollständig entrichtet hat.

24 (14) ① Die Haftung greift dem Grunde nach, wenn die Steuer nicht bis zum Ablauf des Fälligkeitstags entrichtet wird. ② Die Fälligkeit richtet sich nach § 220 Abs. 1 AO i. V. m. § 18 Abs. 1 und 4 UStG. ③ Die Anwendung von § 13 c UStG kommt nicht in Betracht, wenn die Steuer innerhalb der Zahlungs-Schonfrist nach § 240 Abs. 3 AO entrichtet wird. ④ Ein bis zum Ablauf der Zahlungs-Schonfrist entrichteter Betrag ist bei der Berechnung des Haftungsbetrags zu berücksichtigen. ⑤ Soweit die Steuer nach diesem Zeitpunkt entrichtet wird, fallen die Voraussetzungen für den Erlass eines Haftungsbescheids (vgl. Absatz 40) ab diesem Zeitpunkt weg.

25 (15) Ist die umsatzsteuerrechtliche Behandlung des der Forderung zu Grunde liegenden steuerpflichtigen Umsatzes streitig und wurde in Bezug darauf bei der entsprechenden Steuerfestsetzung Aussetzung der Vollziehung gewährt, ist insoweit keine Fälligkeit gegeben (§ 13 c Abs. 1 Satz 2 UStG).

26 (16) ① Für die Begründung der Haftung reicht es aus, wenn der der abgetretenen, verpfändeten oder gepfändeten Forderung zu Grunde liegende Umsatz bei der Steuer berücksichtigt wurde. ② Eine weitere Zuordnung der in der abgetretenen, verpfändeten oder gepfändeten Forderung enthaltenen Umsatzsteuer ist nicht erforderlich. ③ Deshalb kann die Haftung nicht dadurch ausgeschlossen werden, dass der leistende Unternehmer Zahlungen an das Finanzamt speziell der

in den abgetretenen, verpfändeten oder gepfändeten Forderungen enthaltenen Umsatzsteuer zuordnet.

(17) ① Wird über das Vermögen des leistenden Unternehmers das Insolvenzverfahren eröffnet, können Steuerbeträge nicht mehr festgesetzt werden, das Steuerfestsetzungsverfahren wird unterbrochen. ② Ist die Umsatzsteuer, für die die Haftung in Betracht kommt, durch den Insolvenzverwalter bzw. den Insolvenzschuldner für Zeiträume vor Eröffnung des Insolvenzverfahrens angemeldet worden, gilt die Umsatzsteuer nach § 41 Abs. 1 InsO insoweit als fällig im Sinne des § 13c UStG. ③ Entsprechendes gilt, wenn die Umsatzsteuer von Amts wegen zur Insolvenztabelle angemeldet worden ist. ④ Hierbei ist es unerheblich, ob der Insolvenzverwalter der Anmeldung widerspricht. ⑤ Nur in Fällen der Aussetzung der Vollziehung (vgl. Absatz 15) ist keine Fälligkeit im Sinne des § 13c UStG gegeben. ⑥ Von einer Nichtentrichtung der Steuer ist auch dann auszugehen, wenn eine Insolvenzquote zu erwarten ist. ⑦ Wird tatsächlich eine Zahlung durch den Insolvenzverwalter auf die angemeldete Umsatzsteuer geleistet, ist ein rechtmäßiger Haftungsbescheid zugunsten des Haftungsschuldners insoweit zu widerrufen (vgl. Absatz 40). **27**

Vereinnahmung

(18) ① Die Haftung setzt voraus, dass der Abtretungsempfänger, Pfandgläubiger oder Vollstreckungsgläubiger die abgetretene, verpfändete oder gepfändete Forderung ganz oder teilweise vereinnahmt hat. ② Wurde die Forderung teilweise vereinnahmt, erstreckt sich die Haftung nur auf die Umsatzsteuer, die im tatsächlich vereinnahmten Betrag enthalten ist. **28**

(19) ① In den Fällen der Sicherungsabtretung gilt die Forderung durch den Abtretungsempfänger auch dann als vereinnahmt, soweit der leistende Unternehmer die Forderung selbst einzieht und den Geldbetrag an den Abtretungsempfänger weiterleitet oder soweit der Abtretungsempfänger die Möglichkeit des Zugriffs auf den Geldbetrag hat. ② Bei der Vereinnahmung des Forderungsbetrags durch den Abtretungsempfänger selbst ist dessen Einziehungs- oder Verfügungsbefugnis an einer Forderung zu berücksichtigen. **29**

(20) ① Macht der Abtretungsempfänger von seiner Einziehungsbefugnis Gebrauch ist maßgebender Rechtsgrund die mit der Abtretung verbundene Sicherungsabrede. ② Eine Vereinnahmung durch das kontoführende Unternehmen (z. B. ein Kreditinstitut) als Abtretungsempfänger liegt in den Fällen der Sicherungsabtretung (insbesondere der Globalzession) vor, wenn dieses die Forderung unter Offenlegung der Sicherungsabrede selbst beim Schuldner der Forderung einzieht. ③ In diesem Fall entzieht es dem leistenden Unternehmer dessen Einziehungsbefugnis auf Grund der im Rahmen der Globalzession getroffenen Vereinbarungen. **30**

(21) Eine Vereinnahmung durch den Abtretungsempfänger bzw. Gläubiger liegt darüber hinaus auch dann vor, wenn die Einziehung der Forderung durch den Abtretungsempfänger auf der Grundlage anderer Ansprüche, wie z. B. einer Einzelabrede, eines Pfandrechts oder ohne Rechtsgrundlage erfolgt. **31**

(22) ① Macht der Abtretungsempfänger von seiner Verfügungsbefugnis Gebrauch, ist insoweit die Abtretung für die Inhaberschaft an der Forderung maßgebend. ② Diese begründet auch bei mittelbarer Vereinnahmung (z. B. mittels Bareinzahlung oder Überweisung von einem anderen Konto des Gläubigers nach Vereinnahmung durch den Gläubiger) das Recht auf Entzug der Verfügungsbefugnis. **32**

(23) ① Der Abtretungsempfänger soll nach Sinn und Zweck des § 13c UStG haften, soweit nicht mehr der leistende Unternehmer, sondern der Abtretungsempfänger über den eingegangenen Geldbetrag verfügen kann und daher die Verfügungsmacht über die in der abgetretenen Forderung enthaltene Umsatzsteuer hat. ② In den Fällen der Sicherungsabtretung gilt demnach die Forderung auch dann durch den Abtretungsempfänger als vereinnahmt, wenn und soweit der leistende Unternehmer die Forderung zwar selbst einzieht, den Geldbetrag jedoch an den Abtretungsempfänger weiterleitet oder dieser die Möglichkeit des Zugriffs auf diesen Betrag hat (vgl. Absatz 19). ③ Dies betrifft insbesondere die Fälle, in denen Forderungsbeträge auf einem beim Abtretungsempfänger geführten Konto des leistenden Unternehmers eingehen. ④ Die Vereinnahmung des Forderungsbetrags durch den Abtretungsempfänger wird jedoch nicht bereits bei jedem Geldeingang auf einem bei dem Abtretungsempfänger geführten Konto des leistenden Unternehmers fingiert, dies grundsätzlich auch dann nicht, wenn sich das Konto des leistenden Unternehmers im Debet befindet, sondern nur soweit der Abtretungsempfänger die Verfügungsbefugnis erhält. **33**

(24) ① Die Verfügungsbefugnis am Forderungsbetrag liegt in folgenden Fällen beim Abtretungsempfänger, so dass insoweit eine Vereinnahmung durch diesen fingiert wird: **34**

1. Das beim Abtretungsempfänger geführte Konto des leistenden Unternehmers befindet sich auch nach der Gutschrift des Forderungseingangs im Debet und es besteht keine Kreditvereinbarung („Kreditlinie", „Kreditrahmen").

Beispiel:

① Unternehmer A unterhält ein Kontokorrentkonto bei dem kontoführenden Unternehmen B. ② B hat sich die Forderungen aus der Geschäftstätigkeit des A im Wege der Globalzession abtreten lassen. ③ Es besteht keine Kreditvereinbarung für das Konto des A bei B. ④ Ein Kunde des A begleicht eine Forderung i. H. v. 34 800 € durch Barzahlung; A zahlt den Betrag auf sein Konto bei B ein, welches nach der Gutschrift noch einen Saldo von 5 000 € im Debet aufweist.

UStAE 13c.1

⑤ B hat das Recht, den Betrag ausschließlich zum Ausgleich der eigenen Forderung zu verwenden und dem A insoweit eine anderweitige Verfügung zu versagen. ⑥ Die Forderung gilt in voller Höhe als durch B vereinnahmt.

2. Das beim Abtretungsempfänger geführte Konto des leistenden Unternehmers befindet sich auch nach der Gutschrift des Forderungseingangs im Debet und eine bestehende Kreditvereinbarung („vereinbarte Überziehung") ist ausgeschöpft.

Beispiel:

① Unternehmer A unterhält ein Kontokorrentkonto bei dem kontoführenden Unternehmen B. ② B hat sich die Forderungen aus der Geschäftstätigkeit des A im Wege der Globalzession abtreten lassen. ③ Für das Konto des A bei B besteht ein Kreditrahmen von 100 000 € (sog. „vereinbarte Überziehung"). ④ Ein Kunde des A begleicht eine Forderung i. H. v. 34 800 € durch Überweisung auf das Konto des A bei B, welches nach der Gutschrift noch einen Saldo von 120 000 € im Debet aufweist.

⑤ B hat das Recht, den Betrag ausschließlich zum Ausgleich der eigenen Forderung zu verwenden und dem A insoweit eine anderweitige Verfügung zu versagen. ⑥ Die Forderung gilt in voller Höhe als durch B vereinnahmt.

3. ① Das beim Abtretungsempfänger geführte Konto des leistenden Unternehmers befindet sich auch nach der Gutschrift des Forderungseingangs im Debet und ein bestehender Kreditrahmen ist zwar noch nicht ausgeschöpft, wird jedoch im unmittelbaren Zusammenhang mit dem Geldeingang eingeschränkt. ② Das Konto des leistenden Unternehmers ist nach dieser Einschränkung (z. B. durch Kündigung oder Reduzierung des Kreditrahmens) über das vereinbarte Maß in Anspruch genommen.

Beispiel:

① Unternehmer A unterhält ein Kontokorrentkonto bei dem kontoführenden Unternehmen B. ② B hat sich die Forderungen aus der Geschäftstätigkeit des A im Wege der Globalzession abtreten lassen. ③ Für das Konto des A bei B besteht ein Kreditrahmen von 100 000 € (sog. „vereinbarte Überziehung"). ④ Ein Kunde des A begleicht eine Forderung i. H. v. 34 800 € durch Überweisung auf das Konto des A bei B, welches nach der Gutschrift noch einen Saldo von 70 000 € im Debet aufweist. ⑤ B reduziert den vereinbarten Kreditrahmen unmittelbar nach Gutschrift des Forderungseingangs auf 50 000 €.

⑥ A kann über den gutgeschriebenen Forderungsbetrag nicht mehr verfügen, da er von B zum Ausgleich der eigenen (durch die Reduzierung des Kontokorrentkredits entstandenen) Forderung verwendet worden ist und dem A kein weiterer Verfügungsrahmen auf seinem Konto verblieben ist. ⑦ Die Forderung gilt in voller Höhe als durch B vereinnahmt.

4. Der Abtretungsempfänger separiert den Geldbetrag nach Eingang auf dem Konto des leistenden Unternehmers auf ein anderes Konto, z. B. ein Sicherheitenerlöskonto.

Beispiel:

① Unternehmer A unterhält ein Kontokorrentkonto bei dem kontoführenden Unternehmen B. ② B hat sich die Forderungen aus der Geschäftstätigkeit des A im Wege der Globalzession abtreten lassen. ③ Für das Konto des A bei B besteht ein Kreditrahmen von 100 000 € (sog. „vereinbarte Überziehung"). ④ Ein Kunde des A begleicht eine Forderung i. H. v. 34 800 € durch Überweisung auf das Konto des A bei B, welches nach der Gutschrift zunächst noch einen Saldo von 80 000 € im Debet aufweist. ⑤ B bucht den zunächst gutgeschriebenen Betrag auf ein Darlehnskonto des A um, welches von diesem nicht bedient worden war.

⑥ A kann über den gutgeschriebenen Forderungsbetrag nach Separierung durch B nicht mehr verfügen, da er von B zum Ausgleich der eigenen (neben dem Kontokorrent bestehenden Darlehns-)Forderung verwendet worden ist. ⑦ Dies gilt unabhängig davon, ob dem A ein Verfügungsrahmen auf seinem Konto verblieben ist. ⑧ Die Forderung gilt in voller Höhe als durch B vereinnahmt.

⑨ Gleiches gilt bei Umbuchung auf ein gesondertes Sicherheitenerlöskonto.

35 (25) ① Bei einem Kontokorrentkonto widerspricht das kontoführende Unternehmen Verfügungen des leistenden Unternehmers regelmäßig nicht bereits bei jedem Überschreiten des vereinbarten Kreditrahmens. ② In der Regel erfolgt ein Widerspruch erst dann, wenn die vorgenommene Anweisung den vereinbarten Kreditrahmen um mehr als 15% überschreitet. ③ In diesem Rahmen kann der leistende Unternehmer die Erfüllung seiner Kontoanweisungen vom kontoführenden Unternehmen regelmäßig noch erwarten. ④ Es ist daher nur insoweit von einem Entzug der Verfügungsbefugnis über eingehende Beträge durch das kontoführende Unternehmen auszugehen, als das Konto des leistenden Unternehmers den vereinbarten Kreditrahmen auch nach der Gutschrift des Forderungseingangs um 15% überschreitet; nur insoweit muss der leistende Unternehmer davon ausgehen, dass er über den gutgeschriebenen Betrag nicht mehr verfügen können wird.

Beispiel:

① Unternehmer A unterhält ein Kontokorrentkonto bei dem kontoführenden Unternehmen B. ② B hat sich die Forderungen aus der Geschäftstätigkeit des A im Wege der Globalzession abtreten lassen. ③ Für das Konto des A bei B besteht ein Kreditrahmen von 100 000 € (sog. „vereinbarte Überziehung"). ④ Ein Kunde des A begleicht eine Forderung i. H. v. 34 800 € durch Überweisung auf das Konto des A bei B, welches nach der Gutschrift noch einen Saldo von 110 000 € im Debet aufweist.

⑤ Obwohl der Kreditrahmen des A keine weiteren Verfügungen zulässt und die Forderung damit als in voller Höhe als durch B vereinnahmt gelten könnte, ist davon auszugehen, dass A über einen Teilbetrag der gutgeschriebenen Forderung i. H. v. 5 000 € noch verfügen kann, da die kontoführenden Unternehmen im Allgemeinen nur den die Kreditlinie um 15% übersteigenden Forderungseingang zum Ausgleich der eigenen (durch ausnahmsweise geduldete Überziehung des Kontokorrentkredits entstandenen) Forderung verwenden wird und den A insoweit von einer Verfügung ausschließen. ⑥ Die Forderung gilt daher i. H. v. 29 800 € als durch B vereinnahmt.

36 (26) ① Kündigt oder reduziert das kontoführende Unternehmen die Kreditlinie zwar ganz oder teilweise, ggf. auf einen geringeren Betrag, räumt es dem leistenden Unternehmer jedoch einen gewissen Zeitraum ein, um dieses Kreditziel (vereinbarte Überziehung) zu erreichen, wird es während dieses Zeitraums auch weiterhin Verfügungen des Unternehmers zu Lasten seines Kontokorrents innerhalb des bisherigen Kreditrahmens zulassen (geduldete Überziehung). ② In diesem Fall ist von einer Vereinnahmung durch das kontoführende Unternehmen für eigene Zwecke der Rückführung eingeräumter Kredite nur insoweit auszugehen, als die geduldete Überziehung insgesamt zu einer Verringerung des in Anspruch genommenen Kredits geführt hat. ③ Bei dieser Betrachtung ist auf den Unterschiedsbetrag abzustellen, der sich nach Gutschrift des Geldeingangs zum Kreditbetrag im Kündigungszeitpunkt ergibt.

Beispiel:

① Unternehmer A unterhält ein Kontokorrentkonto bei dem kontoführenden Unternehmen B. ② B hat sich die Forderungen aus der Geschäftstätigkeit des A im Wege der Globalzession abtreten lassen. ③ Für das Konto des A bei B besteht ein Kreditrahmen von 100 000 € (sog. „vereinbarte Überziehung"), der auch vollständig ausgeschöpft ist. ④ B kündigt diesen Kreditrahmen auf 40 000 € herab, räumt dem A jedoch eine Zeitspanne von drei Monaten ein, um dieses Kreditziel zu erreichen und sagt dem A zu, Verfügungen zu Lasten dieses Kontos innerhalb des bisherigen Kreditrahmens zunächst nicht zu widersprechen. ⑤ Innerhalb dieses Zeitraums verzeichnet B insgesamt 348 000 € Zahlungseingänge und führt Verfügungen von insgesamt 298 000 € zu Lasten des A aus.

⑥ A hat bei einem Debet von 50 000 € nach Ablauf der drei Monate nicht mehr die Möglichkeit, über die seinem Konto gutgeschriebenen Forderungseingänge zu verfügen, da sowohl der (nun i. H. v. 40 000 €) vereinbarte, als auch der üblicherweise zusätzlich geduldete Kreditrahmen (i. H. v. weiteren 15%, hier 6 000 €) ausgeschöpft ist und B diese Beträge zum Ausgleich der eigenen (durch die teilweise Kündigung des Kontokorrentkredits entstandenen) Forderung verwendet hat. ⑦ Wegen der Zusage von B, zunächst die Verfügungsmöglichkeit des A im bisherigen Umfang zu belassen, gelten die Forderungen nicht i. H. v. 348 000 € als durch B vereinnahmt, sondern nur im Umfang der tatsächlichen Verwendung zur Darlehensrückführung von 50 000 €. ⑧ Eine Haftung des B besteht dementsprechend für die in den durch B als vereinnahmt geltenden Forderungen enthaltene Umsatzsteuer von 7 983 €.

(27)[1] ① In den Fällen des Forderungsverkaufs gilt die Forderung nicht durch den Abtretungsempfänger als vereinnahmt, soweit der leistende Unternehmer für die Abtretung der Forderung eine Gegenleistung in Geld vereinnahmt (z. B. bei entsprechend gestalteten Asset-Backed-Securities (ABS)-Transaktionen). ② Voraussetzung ist, dass dieser Geldbetrag tatsächlich in den Verfügungsbereich des leistenden Unternehmers gelangt. ③ Davon ist nicht auszugehen, soweit dieser Geldbetrag auf ein Konto gezahlt wird, auf das der Abtretungsempfänger die Möglichkeit des Zugriffs hat. ④ Hinsichtlich der Vereinnahmung eines Kaufpreises für eine abgetretene Forderung durch den Forderungskäufer bzw. Abtretungsempfänger gelten die Absätze 20 bis 26 entsprechend, soweit der Kaufpreis auf einem beim Forderungskäufer bzw. Abtretungsempfänger geführten Konto des leistenden Unternehmers eingeht. **37**

(28) ① § 13 c UStG ist anzuwenden, wenn im Rahmen von Insolvenzverfahren beim leistenden Unternehmer anstelle des Abtretungsempfängers der Insolvenzverwalter die abgetretene Forderung einzieht oder verwertet (§ 166 Abs. 2 InsO). ② Der Abtretungsempfänger vereinnahmt den vom Insolvenzverwalter eingezogenen Geldbetrag nach Abzug der Feststellungs- und Verwertungskosten (§ 170 InsO) auf Grund des durch die Abtretung begründeten Absonderungsrechts. ③ Die Absätze 18, 30 und 41 ff. sind hinsichtlich des Umfangs der Haftung entsprechend anzuwenden. **38**

(29) ① Vereinnahmt der Abtretungsempfänger, Pfandgläubiger oder Vollstreckungsgläubiger die Forderung und zahlt er den eingezogenen Geldbetrag ganz oder teilweise an den leistenden Unternehmer zurück, beschränkt sich die Haftung auf die im einbehaltenen Restbetrag enthaltene Umsatzsteuer. ② Die Haftung kann nicht dadurch ausgeschlossen werden, dass der Abtretungsempfänger, Pfandgläubiger oder Vollstreckungsgläubiger an den leistenden Unternehmer einen Betrag in Höhe der auf die Forderung entfallenden Umsatzsteuer entrichtet, vielmehr beschränkt sich auch in diesem Fall die Haftung auf die im einbehaltenen Restbetrag enthaltene Umsatzsteuer. **39**

(30) ① Hat der Abtretungsempfänger die abgetretene Forderung ganz oder teilweise an einen Dritten abgetreten, gilt dieses Rechtsgeschäft insoweit als Vereinnahmung, d. h. der Abtretungsempfänger kann für die im Gesamtbetrag der weiter übertragenen Forderung enthaltene Umsatzsteuer in Haftung genommen werden. ② Dies gilt unabhängig davon, welche Gegenleistung er für die Übertragung der Forderung erhalten hat. ③ Entsprechendes gilt für die Pfandgläubiger und Vollstreckungsgläubiger in den Fällen der Verpfändung und Pfändung von Forderungen. **40**

Inanspruchnahme des Haftenden

(31) ① Die Haftungsinanspruchnahme ist frühestens in dem Zeitpunkt zulässig, in dem die Steuer fällig war und nicht oder nicht vollständig entrichtet wurde (unter Beachtung von § 240 Abs. 3 AO). ② Hat der Abtretungsempfänger, Pfandgläubiger oder Vollstreckungsgläubiger die Forderung zu diesem Zeitpunkt noch nicht vereinnahmt, ist der Zeitpunkt der nachfolgenden Vereinnahmung maßgebend. **41**

(32) ① Der Abtretungsempfänger, Pfandgläubiger oder Vollstreckungsgläubiger ist bei Vorliegen der gesetzlichen Voraussetzungen durch Haftungsbescheid in Anspruch zu nehmen. ② Die Haftungsinanspruchnahme nach anderen Haftungstatbeständen (z. B. auf Grund §§ 69 AO, 128 HGB) bleibt unberührt. **42**

[1] Forderungsabtretung/-verkauf vgl. A 2.4, 10.1 Abs. 4 Satz 4 u. 5, 10.5 Abs. 6, 13.1 Abs. 4 Satz 3–6, 13.6 Abs. 1 Satz 10, 13 c.1 Abs. 27, 15.18 Abs. 3 u. 17.1 Abs. 6 UStAE.

UStAE 13c.1

(33) ① Für den Erlass des Haftungsbescheids gelten die allgemeinen Regeln des § 191 AO, ohne dass dabei ein Ermessen besteht. ② Auf ein Verschulden des leistenden Unternehmers oder des Abtretungsempfängers kommt es nicht an. ③ Bei der Inanspruchnahme des Haftungsschuldners durch Zahlungsaufforderung (Leistungsgebot) ist § 219 AO zu beachten.

43

44 (34) Der Haftungsbescheid ist durch das Finanzamt zu erlassen, das für die Umsatzsteuer des leistenden Unternehmers örtlich zuständig ist (vgl. §§ 21, 24 AO).

45 (35) ① Stellt das Finanzamt fest, dass der Anspruch des leistenden Unternehmers auf Gegenleistung für einen steuerpflichtigen Umsatz im Sinne des § 1 Abs. 1 Nr. 1 UStG an einen anderen Unternehmer abgetreten, verpfändet oder gepfändet wurde, ist zu prüfen, ob die Steuer, bei deren Berechnung der Umsatz berücksichtigt worden ist, bei Fälligkeit nicht oder nicht vollständig entrichtet wurde. ② Es ist insbesondere im Vollstreckungsverfahren und im Rahmen von Außenprüfungen auf entsprechende Haftungstatbestände zu achten und ggf. zeitnah der Erlass eines Haftungsbescheids anzuregen.

46 (36) ① Das für den leistenden Unternehmer zuständige Finanzamt ist berechtigt, den Abtretungsempfänger, Pfandgläubiger oder Vollstreckungsgläubiger über den Zeitpunkt und die Höhe der vereinnahmten abgetretenen, verpfändeten oder gepfändeten Forderung zu befragen und Belege anzufordern, weil es für den Erlass des Haftungsbescheids zuständig ist. ② Diese Befragung soll in der Regel in schriftlicher Form durchgeführt werden. ③ Es gelten die Mitwirkungspflichten im Sinne der §§ 90 ff. AO.

47 (37) ① Der leistende Unternehmer hat nach § 93 AO Auskunft über den der Abtretung, Verpfändung oder Pfändung zu Grunde liegenden Umsatz (Höhe des Umsatzes und den darauf entfallenen Steuerbetrag) sowie über den Abtretungsempfänger, Pfandgläubiger oder Vollstreckungsgläubiger zu geben. ② Es gelten die Mitwirkungspflichten im Sinne des §§ 90 ff. AO. ③ Der Abtretungsempfänger, Pfandgläubiger oder Vollstreckungsgläubiger muss vom leistenden Unternehmer so eindeutig bezeichnet werden, dass er durch das anfragende Finanzamt eindeutig und leicht identifiziert werden kann. ④ Wird keine oder keine hinreichende Antwort erteilt, kann diese mit Zwangsmitteln (§§ 328 ff. AO) durchgesetzt oder eine Außenprüfung, bzw. eine Umsatzsteuer-Nachschau (§ 27 b UStG) durchgeführt werden.

48 (38) ① Dem Abtretungsempfänger, Pfandgläubiger oder Vollstreckungsgläubiger soll vor Erlass eines Haftungsbescheids rechtliches Gehör gewährt werden (vgl. § 91 AO). ② Er hat nach § 93 AO Auskunft zu geben. ③ Wird keine oder keine hinreichende Antwort erteilt, kann das für den leistenden Unternehmer zuständige Finanzamt z. B. ein Ersuchen auf Amtshilfe bei dem für den Abtretungsempfänger, Pfandgläubiger oder Vollstreckungsgläubiger örtlich zuständigen Finanzamt stellen. ④ Die Ermittlungen können auch im Rahmen einer Außenprüfung oder einer Umsatzsteuer-Nachschau nach § 27 b UStG durchgeführt werden.

49 (39) Mit der Festsetzung der Haftungsschuld wird ein Gesamtschuldverhältnis im Sinne des § 44 AO begründet.

50 (40) ① Die Rechtmäßigkeit des Haftungsbescheids richtet sich nach den Verhältnissen im Zeitpunkt seines Erlasses bzw. der entsprechenden Einspruchsentscheidung. ② Minderungen der dem Haftungsbescheid zu Grunde liegenden Steuerschuld durch Zahlungen des Steuerschuldners nach Ergehen einer Einspruchsentscheidung berühren die Rechtmäßigkeit des Haftungsbescheids nicht. ③ Ein rechtmäßiger Haftungsbescheid ist aber zugunsten des Haftungsschuldners zu widerrufen, soweit die ihm zu Grunde liegende Steuerschuld später gemindert worden ist.

51 (41) Die Haftung ist der Höhe nach auf den Betrag der im Fälligkeitszeitpunkt nicht entrichteten Steuer und auf die im vereinnahmten Betrag der abgetretenen, verpfändeten oder gepfändeten Forderung enthaltene Umsatzsteuer begrenzt (zweifache Begrenzung).

Beispiel 1:

① Der Unternehmer U hat auf Grund der Angaben in seiner Umsatzsteuer-Voranmeldung eine Vorauszahlung i. H. v. 20 000 € an das Finanzamt zu entrichten. ② In der Bemessungsgrundlage für die Umsatzsteuer ist auch ein Betrag i. H. v. 100 000 € enthalten, der zivilrechtlich zuzüglich 19 000 € Umsatzsteuer an den Abtretungsempfänger A, der Unternehmer im Sinne des § 2 UStG ist, abgetreten worden ist. ③ A hat 119 000 € vereinnahmt. ④ U entrichtet bei Fälligkeit der Vorauszahlung nur einen Betrag i. H. v. 15 000 € an das Finanzamt.

⑤ Eine Haftungsinanspruchnahme des A ist i. H. v. 5 000 € zulässig. ⑥ Die Differenz zwischen der Vorauszahlung (20 000 €) und dem von U entrichteten Betrag (15 000 €) ist geringer als der in der abgetretenen Forderung enthaltene Umsatzsteuerbetrag (19 000 €).

Beispiel 2:

① Wie Beispiel 1. ② U entrichtet die Vorauszahlung bei Fälligkeit nicht. ③ Das Finanzamt stellt fest, dass A die abgetretene Forderung an einen Dritten für 80 000 € zuzüglich 15 200 € Umsatzsteuer übertragen hat.

④ Die Haftungsinanspruchnahme des A ist i. H. v. 19 000 € zulässig. ⑤ Die abgetretene Forderung gilt infolge der Übertragung an den Dritten als in voller Höhe vereinnahmt.

Beispiel 3:

① Der Unternehmer U hat auf Grund der Angaben in seiner Umsatzsteuer-Voranmeldung für den Monat Juli eine Vorauszahlung i. H. v. 20 000 € an das Finanzamt zu entrichten. ② In der Bemessungsgrundlage für die Umsatzsteuer ist auch ein Betrag i. H. v. 100 000 € enthalten, der zivilrechtlich zuzüglich 19 000 € Umsatzsteuer an den Abtretungsempfänger A, der Unternehmer im Sinne des § 2 UStG ist, abgetreten worden ist. ③ U entrichtet bei Fälligkeit nur einen Betrag i. H. v. 5 000 € an das Finanzamt. ④ Das Finanzamt stellt fest, dass A am 20. August aus der abgetretenen Forderung einen Teilbetrag i. H. v. 59 500 € erhalten hat.

⑤ Der Haftungstatbestand ist frühestens zum 20. August erfüllt. ⑥ Der Haftungsbetrag ist der Höhe nach auf 15 000 € (20 000 € – 5 000 €) begrenzt. ⑦ Wegen der nur teilweisen Vereinnahmung der Forderung ist A nur i. H. v. 9 500 € (in dem vereinnahmten Betrag enthaltene Steuer) in Anspruch zu nehmen.

Haftungsausschluss

(42) Der Abtretungsempfänger, Pfandgläubiger oder Vollstreckungsgläubiger kann sich der Haftungsinanspruchnahme entziehen, soweit er als Dritter Zahlungen im Sinne des § 48 AO zugunsten des leistenden Unternehmers bewirkt. 52

(43) ① Derartige Zahlungen soll der Abtretungsempfänger, Pfandgläubiger oder Vollstreckungsgläubiger an das für den leistenden Unternehmer örtlich zuständige Finanzamt unter Angabe der Steuernummer des Steuerschuldners leisten. ② Insbesondere soll der Anlass der Zahlung angegeben werden sowie der Name desjenigen, für den die Zahlung geleistet wird. ③ Zusätzlich soll der Abtretungsempfänger, Pfandgläubiger oder Vollstreckungsgläubiger die Zahlung zeitraumbezogen der Vorauszahlung oder dem Unterschiedsbetrag zuordnen, in der/dem die Umsatzsteuer aus dem der abgetretenen, verpfändeten oder gepfändeten Forderung zu Grunde liegenden Umsatz enthalten ist. ④ Die Steuerschuld des leistenden Unternehmers verringert sich um die vom Abtretungsempfänger, Pfandgläubiger oder Vollstreckungsschuldner geleisteten Zahlungen. ⑤ Wird die Steuer vom leistenden Unternehmer im Fälligkeitszeitpunkt entrichtet, kann der vom Abtretungsempfänger, Pfandgläubiger oder Vollstreckungsgläubiger geleistete Betrag an den leistenden Unternehmer erstattet oder mit anderen Steuerrückständen des leistenden Unternehmers verrechnet werden. 53

Übergangsregelung

(44) ① § 27 Abs. 7 UStG regelt, dass § 13 c UStG auf Forderungen anzuwenden ist, die nach dem 7. 11. 2003 abgetreten, verpfändet oder gepfändet worden sind. ② Wird eine nach dem 31. 12. 2003 entstandene Forderung vereinnahmt, die auf Grund einer Globalzession vor dem 8. 11. 2003 abgetreten wurde, ist § 13 c UStG nicht anwendbar (vgl. BFH-Urteil vom 3. 6. 2009, XI R 57/07, BStBl. 2010 II S. 520). 54

Grundsätze für die Bearbeitung von **Haftungsfällen** im Sinne des § 13 c UStG bei **rückständiger Umsatzsteuer.** *Verfügung OFD Hannover S 7279 a – 1 StO 183 v. 27. 3. 2008.* LS zu 13c.1

1. **§ 13 c UStG verstößt nicht gegen** Art. 21 Abs. 3 der Sechsten MwSt-Richtlinie 77/388/EWG/**Art. 205 MwStSystRL,** da der Abtretungsempfänger auch nach § 13 c Abs. 1 UStG lediglich „für" und nicht generell „in Höhe" der in der Forderung enthaltenen Umsatzsteuer haftet. Damit ist sichergestellt, dass der Haftende nicht für eine Umsatzsteuer in Anspruch genommen wird, die aus einem anderen Vorgang als der Abtretung resultiert. – 2. § 13 c UStG verstößt nicht gegen den Grundsatz der Verhältnismäßigkeit, da er sich in seiner Ausgestaltung als verschuldensunabhängige Haftungsnorm ohne Ermessensspielraum aus bereicherungsrechtlichen Erwägungen rechtfertigt. – 3. Art. 21 Abs. 3 der Sechsten MwSt-Richtlinie 77/388/EWG ermöglicht eine Haftungsregelung nicht nur für innergemeinschaftliche Handelsumsätze, sondern auch für Binnenumsätze. *FG München, Urt. v. 22. 6. 2010, 14 K 1707/07, rkr. (DStRE 2011 S. 237).* 60

1. Die Haftung des Abtretungsempfängers nach § 13 c UStG umfasst alle Formen der Abtretung – auch die **Globalzession** – von Forderungen des Abtretenden aus Umsätzen. – 2. Hat ein **vorläufiger Insolvenzverwalter** aufgrund richterlicher Ermächtigung eine zur Sicherheit abgetretene Forderung eingezogen und den Erlös an den Abtretungsempfänger weitergeleitet, haftet der Abtretungsempfänger nach § 13 c UStG für die im vereinnahmten und an ihn weitergeleiteten Forderungsbetrag enthaltene Umsatzsteuer. – 3. Die Haftung nach § 13 c UStG kann **nicht** durch eine **zivilrechtliche Vereinbarung ausgeschlossen** werden, nach der es sich bei dem weitergeleiteten Betrag um einen Nettobetrag ohne Umsatzsteuer handeln soll. *BFH-Urteil v. 20. 3. 2013 XI R 11/12 (BStBl. 2016 II S. 107).*

1. Die von § 13 c UStG vorausgesetzte Steuerfestsetzung kann sich aus einem **Umsatzsteuer-Vorauszahlungsbescheid** ergeben. Dieser **erledigt sich durch den Umsatzsteuerjahresbescheid,** so dass sich die Höhe der festgesetzten und bei Fälligkeit nicht entrichteten Steuer nach dem Jahresbescheid bestimmt. – 2. Können Steuerbescheide aufgrund der **Insolvenzeröffnung** über das Vermögen des Zedenten nach § 251 Abs. 2 Satz 1 AO i. V. m. § 87 InsO nicht mehr ergehen, erledigt sich der Vorauszahlungsbescheid durch die Eintragung in die Insolvenztabelle (§ 178 Abs. 3 InsO) oder der im Fall des Bestreitens durch den gemäß § 185 InsO i. V. m. § 251 Abs. 3 AO zu erlassenden Feststellungsbescheid. *BFH-Urteil v. 21. 11. 2013 V R 21/12 (BStBl. 2016 II S. 74).*

Der Haftungsschuldner kann auch **nach Ergehen des Umsatzsteuer-Jahresbescheids** gegenüber dem Steuerschuldner durch **Haftungsbescheid für rückständige Umsatzsteuer-Vorauszahlungen** in Anspruch genommen werden, wenn die Haftungsvoraussetzungen (nur) bezüglich der Umsatzsteuer-Vorauszahlungen vorliegen. Die Höhe der Haftung bestimmt sich aber unter Berücksichtigung der im Jahresbescheid festgesetzten Steuerschuld. *BFH-Beschluss v. 13. 3. 2014 V B 47/13 (BFH/NV S. 827).*

Haftung vgl. auch **LS zu 18.1** (Rz. 44).

Die Haftung des Abtretungsempfängers **(Factors)** für Umsatzsteuer nach § 13 c UStG ist nicht ausgeschlossen, wenn er dem Unternehmer, der ihm die Umsatzsteuer enthaltende Forderung abgetreten hat, im Rahmen des sog. **echten Factorings** liquide Mittel zur Verfügung gestellt hat, aus denen dieser seine Umsatzsteuerschuld hätte begleichen können. *BFH-Urteil v. 16. 12. 2015 XI R 28/13 (BStBl. 2018 II S. 365).*

Die Eintragung eines Umsatzsteueranspruchs zur **Insolvenztabelle** (§ 178 Abs. 3 InsO) bewirkt auch unter Berücksichtigung von § 41 Abs. 1 InsO keine Fälligkeit zu Lasten des **Zessionars** bei der Haftung nach § 13 c UStG. *BFH-Urteil v. 23. 7. 2020 V R 44/19 (DStR S. 2430).*

Bei der Haftung gemäß § 13 c UStG ist von einer Vereinnahmung durch den Zessionar auszugehen, wenn der **Zedent** über sein beim Zessionar **debitorisch geführtes Konto,** auf dem die abgetretenen Beträge vereinnahmt werden, nicht mehr frei verfügen kann, da eine erhebliche Überschreitung der vereinbarten Kreditlinie vorliegt und der Zessionar Belastungsbuchungen regelmäßig nicht durchführt. *BFH-Urteil v. 22. 6. 2021 V R 16/20 (DStR S. 2450).*

§ 13 d *(aufgehoben)* UStG

UStG

§ 14 Ausstellung von Rechnungen

1 (1) ① Rechnung ist jedes Dokument, mit dem über eine Lieferung oder sonstige Leistung abgerechnet wird, gleichgültig, wie dieses Dokument im Geschäftsverkehr bezeichnet wird. ② Die Echtheit der Herkunft der Rechnung, die Unversehrtheit ihres Inhalts und ihre Lesbarkeit müssen gewährleistet werden. ③ Echtheit der Herkunft bedeutet die Sicherheit der Identität des Rechnungsausstellers. ④ Unversehrtheit des Inhalts bedeutet, dass die nach diesem Gesetz erforderlichen Angaben nicht geändert wurden. ⑤ Jeder Unternehmer legt fest, in welcher Weise die Echtheit der Herkunft, die Unversehrtheit des Inhalts und die Lesbarkeit der Rechnung gewährleistet werden. ⑥ Dies kann durch jegliche innerbetriebliche Kontrollverfahren erreicht werden, die einen verlässlichen Prüfpfad zwischen Rechnung und Leistung schaffen können. ⑦ Rechnungen sind auf Papier oder vorbehaltlich der Zustimmung des Empfängers elektronisch zu übermitteln. ⑧ Eine elektronische Rechnung ist eine Rechnung, die in einem elektronischen Format ausgestellt und empfangen wird.

2 (2) ① Führt der Unternehmer eine Lieferung oder eine sonstige Leistung nach § 1 Abs. 1 Nr. 1 aus, gilt Folgendes:

1. führt der Unternehmer eine steuerpflichtige Werklieferung (§ 3 Abs. 4 Satz 1) oder sonstige Leistung im Zusammenhang mit einem Grundstück aus, ist er verpflichtet, innerhalb von sechs Monaten nach Ausführung der Leistung eine Rechnung auszustellen;
2. führt der Unternehmer eine andere als die in Nummer 1 genannte Leistung aus, ist er berechtigt, eine Rechnung auszustellen. ② Soweit er einen Umsatz an einen anderen Unternehmer für dessen Unternehmen oder an eine juristische Person, die nicht Unternehmer ist, ausführt, ist er verpflichtet, innerhalb von sechs Monaten nach Ausführung der Leistung eine Rechnung auszustellen. ③ Eine Verpflichtung zur Ausstellung einer Rechnung besteht nicht, wenn der Umsatz nach § 4 Nr. 8 bis 29 steuerfrei ist. ④ § 14 a bleibt unberührt.

3 ② Unbeschadet der Verpflichtungen nach Satz 1 Nr. 1 und 2 Satz 2 kann eine Rechnung von einem in Satz 1 Nr. 2 bezeichneten Leistungsempfänger für eine Lieferung oder sonstige Leistung des Unternehmers ausgestellt werden, sofern dies vorher vereinbart wurde (Gutschrift). ③ Die Gutschrift verliert die Wirkung einer Rechnung, sobald der Empfänger der Gutschrift dem ihm übermittelten Dokument widerspricht. ④ Eine Rechnung kann im Namen und für Rechnung des Unternehmers oder eines in Satz 1 Nr. 2 bezeichneten Leistungsempfängers von einem Dritten ausgestellt werden.

4 (3) Unbeschadet anderer nach Absatz 1 zulässiger Verfahren gelten bei einer elektronischen Rechnung die Echtheit der Herkunft und die Unversehrtheit des Inhalts als gewährleistet durch

1. eine qualifizierte elektronische Signatur oder
2. elektronischen Datenaustausch (EDI) nach Artikel 2 der Empfehlung 94/820/EG der Kommission vom 19. Oktober 1994 über die rechtlichen Aspekte des elektronischen Datenaustauschs (ABl. EG Nr. L 338 S. 98), wenn in der Vereinbarung über diesen Datenaustausch der Einsatz von Verfahren vorgesehen ist, die die Echtheit der Herkunft und die Unversehrtheit der Daten gewährleisten.

(4) ① Eine Rechnung muss folgende Angaben enthalten:

5 1. den vollständigen Namen und die vollständige Anschrift des leistenden Unternehmers und des Leistungsempfängers,

6 2. die dem leistenden Unternehmer vom Finanzamt erteilte Steuernummer oder die ihm vom Bundeszentralamt für Steuern erteilte Umsatzsteuer-Identifikationsnummer,

7 3. das Ausstellungsdatum,

8 4. eine fortlaufende Nummer mit einer oder mehreren Zahlenreihen, die zur Identifizierung der Rechnung vom Rechnungsaussteller einmalig vergeben wird (Rechnungsnummer),

9 5. die Menge und die Art (handelsübliche Bezeichnung) der gelieferten Gegenstände oder den Umfang und die Art der sonstigen Leistung,

10 6. den Zeitpunkt der Lieferung oder sonstigen Leistung; in den Fällen des Absatzes 5 Satz 1 den Zeitpunkt der Vereinnahmung des Entgelts oder eines Teils des Entgelts, sofern der Zeitpunkt der Vereinnahmung feststeht und nicht mit dem Ausstellungsdatum der Rechnung übereinstimmt,

11 7. das nach Steuersätzen und einzelnen Steuerbefreiungen aufgeschlüsselte Entgelt für die Lieferung oder sonstige Leistung (§ 10) sowie jede im Voraus vereinbarte Minderung des Entgelts, sofern sie nicht bereits im Entgelt berücksichtigt ist,

UStG

8. den anzuwendenden Steuersatz sowie den auf das Entgelt entfallenden Steuerbetrag oder im Fall einer Steuerbefreiung einen Hinweis darauf, dass für die Lieferung oder sonstige Leistung eine Steuerbefreiung gilt, 12
9. in den Fällen des § 14b Abs. 1 Satz 5 einen Hinweis auf die Aufbewahrungspflicht des Leistungsempfängers und 13
10. in den Fällen der Ausstellung der Rechnung durch den Leistungsempfänger oder durch einen von ihm beauftragten Dritten gemäß Absatz 2 Satz 2 die Angabe „Gutschrift“. 14

② In den Fällen des § 10 Abs. 5 sind die Nummern 7 und 8 mit der Maßgabe anzuwenden, dass die Bemessungsgrundlage für die Leistung (§ 10 Abs. 4) und der darauf entfallende Steuerbetrag anzugeben sind. ③ Unternehmer, die § 24 Abs. 1 bis 3 anwenden, sind jedoch auch in diesen Fällen nur zur Angabe des Entgelts und des darauf entfallenden Steuerbetrags berechtigt. ④ Die Berichtigung einer Rechnung um fehlende oder unzutreffende Angaben ist kein rückwirkendes Ereignis im Sinne von § 175 Absatz 1 Satz 1 Nummer 2 und § 233a Absatz 2a der Abgabenordnung.

(5) ① Vereinnahmt der Unternehmer das Entgelt oder einen Teil des Entgelts für eine noch nicht ausgeführte Lieferung oder sonstige Leistung, gelten die Absätze 1 bis 4 sinngemäß. ② Wird eine Endrechnung erteilt, sind in ihr die vor Ausführung der Lieferung oder sonstigen Leistung vereinnahmten Teilentgelte und die auf sie entfallenden Steuerbeträge abzusetzen, wenn über die Teilentgelte Rechnungen im Sinne der Absätze 1 bis 4 ausgestellt worden sind. 15

(6) Das Bundesministerium der Finanzen kann mit Zustimmung des Bundesrates zur Vereinfachung des Besteuerungsverfahrens durch Rechtsverordnung bestimmen, in welchen Fällen und unter welchen Voraussetzungen 16

1. Dokumente als Rechnungen anerkannt werden können,
2. die nach Absatz 4 erforderlichen Angaben in mehreren Dokumenten enthalten sein können,
3. Rechnungen bestimmte Angaben nach Absatz 4 nicht enthalten müssen,
4. eine Verpflichtung des Unternehmers zur Ausstellung von Rechnungen mit gesondertem Steuerausweis (Absatz 4) entfällt oder
5. Rechnungen berichtigt werden können.

(7) ① Führt der Unternehmer einen Umsatz im Inland aus, für den der Leistungsempfänger die Steuer nach § 13b schuldet, und hat der Unternehmer im Inland weder seinen Sitz noch seine Geschäftsleitung, eine Betriebsstätte, von der aus der Umsatz ausgeführt wird oder die an der Erbringung dieses Umsatzes beteiligt ist, oder in Ermangelung eines Sitzes seinen Wohnsitz oder gewöhnlichen Aufenthalt im Inland, so gelten abweichend von den Absätzen 1 bis 6 für die Rechnungserteilung die Vorschriften des Mitgliedstaats, in dem der Unternehmer seinen Sitz, seine Geschäftsleitung, eine Betriebsstätte, von der aus der Umsatz ausgeführt wird, oder in Ermangelung eines Sitzes seinen Wohnsitz oder gewöhnlichen Aufenthalt hat. ② Satz 1 gilt nicht, wenn eine Gutschrift gemäß Absatz 2 Satz 2 vereinbart worden ist. ③ Nimmt der Unternehmer in einem anderen Mitgliedstaat an einem der besonderen Besteuerungsverfahren entsprechend Titel XII Kapitel 6 der Richtlinie 2006/112/EG des Rates vom 28. November 2006 über das gemeinsame Mehrwertsteuersystem (ABl. L 347 vom 11. 12. 2006, S. 1) in der jeweils gültigen Fassung teil, so gelten für die in den besonderen Besteuerungsverfahren zu erklärenden Umsätze abweichend von den Absätzen 1 bis 6 für die Rechnungserteilung die Vorschriften des Mitgliedstaates, in dem der Unternehmer seine Teilnahme anzeigt. 17

Hinweis auf EU-Vorschriften:

UStG:	§ 14 Abs. 1	**MwStSystRL:**	Art. 218, 219, 232
	§ 14 Abs. 2		Art. 220 Nr. 1, 2, 222, 224
	§ 14 Abs. 3		Art. 217, 233–236
	§ 14 Abs. 4		Art. 226, 227–231/**MwStVO:** Art. 55
	§ 14 Abs. 5		Art. 220 Nr. 4, 5
	§ 14 Abs. 6		Art. 220a, 238 Abs. 1–3, 273 UA 2
	§ 14 Abs. 7		Art. 219a

Übersicht

Zu § 14 UStG (§§ 31 bis 34 UStDV)

UStDV

§ 31 *Angaben in der Rechnung*

21 (1) ① *Eine Rechnung kann aus mehreren Dokumenten bestehen, aus denen sich die nach § 14 Abs. 4 des Gesetzes geforderten Angaben insgesamt ergeben.* ② *In einem dieser Dokumente sind das Entgelt und der darauf entfallende Steuerbetrag jeweils zusammengefasst anzugeben und alle anderen Dokumente zu bezeichnen, aus denen sich die übrigen Angaben nach § 14 Abs. 4 des Gesetzes ergeben.* ③ *Die Angaben müssen leicht und eindeutig nachprüfbar sein.*

22 (2) *Den Anforderungen des § 14 Abs. 4 Satz 1 Nr. 1 des Gesetzes ist genügt, wenn sich auf Grund der in die Rechnung aufgenommenen Bezeichnungen der Name und die Anschrift sowohl des leistenden Unternehmers als auch des Leistungsempfängers eindeutig feststellen lassen.*

23 (3) ① *Für die in § 14 Abs. 4 Satz 1 Nr. 1 und 5 des Gesetzes vorgeschriebenen Angaben können Abkürzungen, Buchstaben, Zahlen oder Symbole verwendet werden, wenn ihre Bedeutung in der Rechnung oder in anderen Unterlagen eindeutig festgelegt ist.* ② *Die erforderlichen anderen Unterlagen müssen sowohl beim Aussteller als auch beim Empfänger der Rechnung vorhanden sein.*

24 (4) *Als Zeitpunkt der Lieferung oder sonstigen Leistung (§ 14 Abs. 4 Satz 1 Nr. 6 des Gesetzes) kann der Kalendermonat angegeben werden, in dem die Leistung ausgeführt wird.*

25 (5) ① *Eine Rechnung kann berichtigt werden, wenn*
a) sie nicht alle Angaben nach § 14 Abs. 4 oder § 14 a des Gesetzes enthält oder
b) Angaben in der Rechnung unzutreffend sind.
② *Es müssen nur die fehlenden oder unzutreffenden Angaben durch ein Dokument, das spezifisch und eindeutig auf die Rechnung bezogen ist, übermittelt werden.* ③ *Es gelten die gleichen Anforderungen an Form und Inhalt wie in § 14 des Gesetzes.*

§ 32 *Rechnungen über Umsätze, die verschiedenen Steuersätzen unterliegen*

26 *Wird in einer Rechnung über Lieferungen oder sonstige Leistungen, die verschiedenen Steuersätzen unterliegen, der Steuerbetrag durch Maschinen automatisch ermittelt und durch diese in der Rechnung angegeben, ist der Ausweis des Steuerbetrags in einer Summe zulässig, wenn für die einzelnen Posten der Rechnung der Steuersatz angegeben wird.*

§ 33 *Rechnungen über Kleinbeträge*[1]

27 ① *Eine Rechnung, deren Gesamtbetrag 250 Euro*[2] *nicht übersteigt, muss mindestens folgende Angaben enthalten:*
1. *den vollständigen Namen und die vollständige Anschrift des leistenden Unternehmers,*
2. *das Ausstellungsdatum,*
3. *die Menge und die Art der gelieferten Gegenstände oder den Umfang und die Art der sonstigen Leistung und*

---

[1] § 33 Satz 1 geändert durch 1. MittelstandsentlastungsG v. 22. 8. 2006 (BGBl. I S. 1970) mWv 1. 1. 2007.
[2] Betrag geändert durch G v. 30. 6. 2017 (BGBl. I S. 2143) mWv 1. 1. 2017.

4. das Entgelt und den darauf entfallenden Steuerbetrag für die Lieferung oder sonstige Leistung in einer Summe sowie den anzuwendenden Steuersatz oder im Fall einer Steuerbefreiung einen Hinweis darauf, dass für die Lieferung oder sonstige Leistung eine Steuerbefreiung gilt.

② Die §§ 31 und 32 sind entsprechend anzuwenden. ③ Die Sätze 1 und 2 gelten nicht für Rechnungen über Leistungen im Sinne der §§ 3c, 6a und 13b des Gesetzes.

§ 34 *Fahrausweise als Rechnungen*

(1)[1] *Fahrausweise, die für die Beförderung von Personen ausgegeben werden, gelten als Rechnungen im Sinne des § 14 des Gesetzes, wenn sie mindestens die folgenden Angaben enthalten:* 28

1. *den vollständigen Namen und die vollständige Anschrift des Unternehmers, der die Beförderungsleistung ausführt. ② § 31 Abs. 2 ist entsprechend anzuwenden,*
2. *das Ausstellungsdatum,*
3. *das Entgelt und den darauf entfallenden Steuerbetrag in einer Summe,*
4. *den anzuwendenden Steuersatz, wenn die Beförderungsleistung nicht dem ermäßigten Steuersatz nach § 12 Abs. 2 Nr. 10 des Gesetzes unterliegt, und*
5. *im Fall der Anwendung des § 26 Abs. 3 des Gesetzes einen Hinweis auf die grenzüberschreitende Beförderung von Personen im Luftverkehr.*

(2) *① Fahrausweise für eine grenzüberschreitende Beförderung im Personenverkehr und im internationalen Eisenbahn-Personenverkehr gelten nur dann als Rechnung im Sinne des § 14 des Gesetzes, wenn eine Bescheinigung des Beförderungsunternehmers oder seines Beauftragten darüber vorliegt, welcher Anteil des Beförderungspreises auf die Strecke im Inland entfällt. ② In der Bescheinigung ist der Steuersatz anzugeben, der auf den auf das Inland entfallenden Teil der Beförderungsleistung anzuwenden ist.*

(3) *Die Absätze 1 und 2 gelten für Belege im Reisegepäckverkehr entsprechend.*

14.1 Zum Begriff der Rechnung

UStAE 14.1

(1) ① Nach § 14 Abs. 1 Satz 1 UStG in Verbindung mit § 31 Abs. 1 UStDV ist eine Rechnung jedes Dokument oder eine Mehrzahl von Dokumenten, mit denen über eine Lieferung oder sonstige Leistung abgerechnet wird. ② Rechnungen im Sinne des § 14 UStG brauchen nicht ausdrücklich als solche bezeichnet zu werden. ③ Es reicht aus, wenn sich aus dem Inhalt des Dokuments ergibt, dass der Unternehmer über eine Leistung abrechnet. ④ Keine Rechnungen sind Schriftstücke, die nicht der Abrechnung einer Leistung dienen, sondern sich ausschließlich auf den Zahlungsverkehr beziehen (z. B. Mahnungen), auch wenn sie alle in § 14 Abs. 4 UStG geforderten Angaben enthalten. ⑤ Soweit ein Kreditinstitut mittels Kontoauszug über eine von ihm erbrachte Leistung abrechnet, kommt diesem Kontoauszug Abrechnungscharakter zu mit der Folge, dass dieser Kontoauszug eine Rechnung im Sinne des § 14 Abs. 1 Satz 1 UStG darstellt. ⑥ Rechnungen können auf Papier oder, vorbehaltlich der Zustimmung des Empfängers, auf elektronischem Weg übermittelt werden (vgl. Abschnitt 14.4). 31

(2) ① Als Rechnung ist auch ein Vertrag anzusehen, der die in § 14 Abs. 4 UStG geforderten Angaben enthält. ② Im Vertrag fehlende Angaben müssen in anderen Unterlagen enthalten sein, auf die im Vertrag hinzuweisen ist (§ 31 Abs. 1 UStDV). ③ Ist in einem Vertrag – z. B. in einem Miet- oder Pachtvertrag, Wartungsvertrag oder Pauschalvertrag mit einem Steuerberater – der Zeitraum, über den sich die jeweilige Leistung oder Teilleistung erstreckt, nicht angegeben, reicht es aus, wenn sich dieser aus den einzelnen Zahlungsbelegen, z. B. aus den Ausfertigungen der Überweisungsaufträge, ergibt (vgl. BFH-Beschluss vom 7. 7. 1988, V B 72/86, BStBl. II S. 913). ④ Die in einem Vertrag enthaltene gesonderte Inrechnungstellung der Steuer muss jedoch wie bei jeder anderen Abrechnungsform eindeutig, klar und unbedingt sein. ⑤ Das ist nicht der Fall, wenn z. B. die in einem Vertrag enthaltene Abrechnung offen lässt, ob der leistende Unternehmer den Umsatz versteuern oder als steuerfrei behandeln will, und demnach die Abrechnungsvereinbarung für jeden der beiden Fälle eine wahlweise Ausgestaltung enthält (vgl. BFH-Urteil vom 4. 3. 1982, V R 55/80, BStBl. II S. 317). 32

(3)[2] ① Nach § 14 Abs. 2 Satz 1 Nr. 1 UStG ist der Unternehmer bei Ausführung einer steuerpflichtigen Werklieferung oder sonstigen Leistung im Zusammenhang mit einem Grundstück (vgl. Abschnitt 14.2) stets verpflichtet, innerhalb von sechs Monaten nach Ausführung der Leistung eine Rechnung auszustellen. ② Wird in diesen Fällen das Entgelt oder ein Teil des Entgelts vor Ausführung der Leistung vereinnahmt, ist die Rechnung innerhalb von sechs Monaten nach Vereinnahmung des Entgelts oder des Teilentgelts auszustellen. ③ Die Verpflichtung zur Erteilung einer Rechnung besteht auch dann, wenn es sich beim Leistungsempfänger nicht um einen Unternehmer handelt, der die Leistung für sein Unternehmen bezieht, und ist nicht davon abhängig, ob der Empfänger der steuerpflichtigen Werklieferung oder sonstigen Leistung der Eigentümer des Grundstücks ist. ④ Die Verpflichtung zur Erteilung einer Rechnung bei steuerpflichtigen Werklieferungen oder sonstigen Leistungen im Zusammenhang mit einem Grund- 33

[1] § 34 Abs. 1 Satz 2 aufgehoben durch Gesetz v. 21. 12. 2019 (BGBl. I S. 2886) mWv 1. 1. 2020.

[2] Rechnungsausstellung durch Beauftragte, Vermittler/Dritte vgl. A 3.7 Abs. 1, 14.1 Abs. 3 Satz 9 ff., 14.4 Abs. 10, 14.5 Abs. 6 u. 14 c.2 Abs. 4 Satz 5 UStAE.

UStAE 14.1

stück gilt auch für Kleinunternehmer im Sinne des § 19 Abs. 1 UStG und Land- und Forstwirte, die die Durchschnittssatzbesteuerung nach § 24 UStG anwenden. ⑤ Für steuerpflichtige sonstige Leistungen der in § 4 Nr. 12 Satz 1 und 2 UStG bezeichneten Art, die weder an einen anderen Unternehmer für dessen Unternehmen noch an eine juristische Person erbracht werden, besteht keine Rechnungserteilungspflicht. ⑥ Nach § 14 Abs. 2 Satz 1 Nr. 2 UStG ist der Unternehmer bei Ausführung von Lieferungen oder sonstigen Leistungen an einen anderen Unternehmer für dessen Unternehmen oder an eine juristische Person, soweit sie nicht Unternehmer ist, grundsätzlich verpflichtet, innerhalb von sechs Monaten nach Ausführung der Leistung eine Rechnung auszustellen. ⑦ Die Verpflichtung zur Rechnungserteilung in den Fällen des Satzes 6 entfällt, wenn die Leistungen nach § 4 Nr. 8 bis 29 UStG steuerfrei sind und den Leistungsempfänger grundsätzlich nicht zum Vorsteuerabzug berechtigen. ⑧ Die zusätzlichen Pflichten bei der Ausstellung von Rechnungen in besonderen Fällen nach § 14a UStG bleiben hiervon unberührt. ⑨ Eine Rechnung kann durch den leistenden Unternehmer selbst oder durch einen von ihm beauftragten Dritten, der im Namen und für Rechnung des Unternehmers abrechnet (§ 14 Abs. 2 Satz 4 UStG), ausgestellt werden. ⑩ Der Leistungsempfänger kann nicht Dritter sein. ⑪ Zur Rechnungsausstellung durch den Leistungsempfänger (Gutschrift, § 14 Abs. 2 Satz 2 UStG) vgl. Abschnitt 14.3. ⑫ Bedient sich der leistende Unternehmer zur Rechnungserstellung eines Dritten, hat der leistende Unternehmer sicher zu stellen, dass der Dritte die Einhaltung der sich aus §§ 14 und 14a UStG ergebenden formalen Voraussetzungen gewährleistet.

34 (4) ① Sog. Innenumsätze, z. B. zwischen Betriebsabteilungen desselben Unternehmens oder innerhalb eines Organkreises, sind innerbetriebliche Vorgänge. ② Werden für sie Belege mit gesondertem Steuerausweis ausgestellt, handelt es sich umsatzsteuerrechtlich nicht um Rechnungen, sondern um unternehmensinterne Buchungsbelege. ③ Die darin ausgewiesene Steuer wird nicht nach § 14c Abs. 2 UStG geschuldet (vgl. BFH-Urteil vom 28. 10. 2010, V R 7/10, BStBl. 2011 II S. 391, und Abschnitt 14c.2 Abs. 2a).

35 (5) ① Der Anspruch nach § 14 Abs. 2 UStG auf Erteilung einer Rechnung mit gesondert ausgewiesener Steuer steht dem umsatzsteuerrechtlichen Leistungsempfänger zu, sofern er eine juristische Person oder ein Unternehmer ist, der die Leistung für sein Unternehmen bezogen hat. ② Hierbei handelt es sich um einen zivilrechtlichen Anspruch, der nach § 13 GVG vor den ordentlichen Gerichten geltend zu machen ist (vgl. BGH-Urteil vom 11. 12. 1974, VIII ZR 186/73). ③ Dieser Anspruch (Erfüllung einer aus § 242 BGB abgeleiteten zivilrechtlichen Nebenpflicht aus dem zu Grunde liegenden Schuldverhältnis) setzt voraus, dass der leistende Unternehmer zur Rechnungsausstellung mit gesondertem Steuerausweis berechtigt ist und ihn zivilrechtlich die Abrechnungslast trifft (vgl. BFH-Urteil vom 4. 3. 1982, V R 107/79, BStBl. II S. 309). ④ Die Verjährung richtet sich nach § 195 BGB; weiterhin gelten die allgemeinen Vorschriften des BGB über die Verjährung. ⑤ Ist es ernstlich zweifelhaft, ob eine Leistung der Umsatzsteuer unterliegt, kann der Leistungsempfänger die Erteilung einer Rechnung mit gesondert ausgewiesener Steuer nur verlangen, wenn der Vorgang bestandskräftig der Umsatzsteuer unterworfen wurde (vgl. BGH-Urteile vom 24. 2. 1988, VIII ZR 64/87, und vom 10. 11. 1988, VII ZR 137/87, und BFH-Urteil vom 30. 3. 2011, XI R 12/08, BStBl. II S. 819). ⑥ Zu der Möglichkeit des Leistungsempfängers, die Steuerpflicht des Vorgangs auch durch eine Feststellungsklage nach § 41 FGO klären zu lassen, vgl. BFH-Urteil vom 10. 7. 1997, V R 94/96, BStBl. II S. 707. ⑦ Nach Eröffnung des Insolvenzverfahrens ist der Anspruch auf Ausstellung einer Rechnung nach § 14 Abs. 1 UStG vom Insolvenzverwalter auch dann zu erfüllen, wenn die Leistung vor Eröffnung des Insolvenzverfahrens bewirkt wurde (vgl. BGH-Urteil vom 6. 5. 1981, VIII ZR 45/80, zum Konkursverfahren).

36 (6)[1] ① Für Umsätze, die nach § 1 Abs. 1 Nr. 1 UStG im Inland steuerbar sind, gelten grundsätzlich die Vorschriften zur Rechnungsausstellung nach den §§ 14, 14a UStG. ② Ist der Unternehmer zwar nicht im Inland, aber in einem anderen Mitgliedstaat ansässig und führt er einen nach § 1 Abs. 1 Nr. 1 UStG im Inland steuerbaren Umsatz aus, für den der Leistungsempfänger die Steuer nach § 13b Abs. 5 in Verbindung mit Abs. 1 und 2 UStG schuldet, gelten für die Rechnungserteilung die Vorschriften des Mitgliedstaates, in dem der Unternehmer seinen Sitz, seine Geschäftsleitung, eine Betriebsstätte, von der aus der Umsatz ausgeführt wird, oder in Ermangelung eines Sitzes seinen Wohnsitz oder gewöhnlichen Aufenthalt hat (§ 14 Abs. 7 Satz 1 UStG). ③ Der Unternehmer ist bei Anwendung des § 14 Abs. 7 Satz 1 UStG nicht im Inland ansässig, wenn er weder seinen Sitz noch seine Geschäftsleitung, eine Betriebsstätte (vgl. Abschnitt 3a.1 Abs. 3), von der aus der Umsatz ausgeführt wird oder die an der Erbringung dieses Umsatzes beteiligt ist, oder in Ermangelung eines Sitzes seinen Wohnsitz oder gewöhnlichen Aufenthalt im Inland hat; dies gilt auch, wenn der Unternehmer ausschließlich einen Wohnsitz oder gewöhnlichen Aufenthaltsort im Inland, aber seinen Sitz, den Ort der Geschäftsleitung oder eine Betriebsstätte im Ausland hat. ④ Vereinbaren die am Leistungsaustausch Beteiligten, dass der Leistungsempfänger über den Umsatz abrechnet, greift der Grundsatz nach Satz 1 (§ 14 Abs. 7 Satz 2 UStG). ⑤ Ist der Unternehmer im Ausland ansässig und macht er von einem besonderen Besteuerungsverfahren im Sinne von § 14 Abs. 7 Satz 3 UStG Gebrauch, dessen Inanspruchnahme er in einem anderen Mitgliedstaat angezeigt hat, gelten für die in diesen Besteuerungsverfahren zu erklärenden Umsätze abweichend von § 14 Abs. 1 bis 6 UStG für die Rechnungs-

[1] A 14.1 UStAE Abs. 6 Sätze 5 und 6 geändert, Satz 7 angefügt durch BMF v. 20. 12. 2022 (BStBl. I S. 1694).

erteilung die Vorschriften des anderen Mitgliedstaates. ⑥ Für im Drittlandsgebiet ansässige Unternehmer und für im Inland ansässige Unternehmer, die von einem besonderen Besteuerungsverfahren Gebrauch machen, dessen Inanspruchnahme sie beim BZSt angezeigt haben, gelten die Vorschriften zur Rechnungserteilung nach § 14 Abs. 1 bis 6 UStG. ⑦ Besondere Besteuerungsverfahren in diesem Sinne sind die nach

- § 18 Abs. 4 c UStG (vgl. Abschnitt 18.7 a),
- § 18 Abs. 4 d UStG (vgl. Abschnitt 18.7 a Abs. 7),
- § 18 Abs. 4 e UStG (vgl. Abschnitt 18.7 b),
- § 18h UStG (vgl. Abschnitt 18h.1),
- § 18i UStG (vgl. Abschnitt 18i.1 Abs. 1 Satz 1),
- § 18j UStG (vgl. Abschnitt 18j.1 Abs. 1) bzw.
- § 18k UStG (vgl. Abschnitt 18k.1 Abs. 1).

Beispiel 1:

① Der französische Unternehmer F erbringt an den deutschen Unternehmer D eine Unternehmensberatungsleistung. ② F hat seinen Unternehmenssitz in Frankreich, von dem aus die Leistung erbracht wird.

③ F erbringt an D eine sonstige Leistung, die nach § 3 a Abs. 2 UStG im Inland steuerbar ist. ④ Steuerschuldner für die steuerpflichtige Leistung ist D als Leistungsempfänger nach § 13 b Abs. 5 Satz 1 in Verbindung mit Abs. 1 UStG.

a) ① F erteilt die Rechnung.
② F hat eine Rechnung nach den in Frankreich geltenden Vorgaben zur Rechnungserteilung auszustellen.

b) ① F und D vereinbaren, dass D mit Gutschrift abrechnet.
② D hat die Gutschrift nach den in Deutschland geltenden Rechnungserteilungspflichten zu erstellen.

Beispiel 2:

① Wie Beispiel 1. ② F weist in der Rechnung gesondert deutsche Umsatzsteuer aus.

③ F hat deutsche Umsatzsteuer gesondert ausgewiesen, obwohl er diese nach deutschem Umsatzsteuergesetz nicht schuldet. ④ Solange F den unrichtigen Steuerbetrag gegenüber D nicht berichtigt, schuldet er den gesondert ausgewiesenen Steuerbetrag nach § 14 c Abs. 1 UStG (vgl. Abschnitt 14 c.1). ⑤ Auch ohne Rechnungsberichtigung durch F wird D von der Steuerschuldnerschaft des Leistungsempfängers nach § 13 b Abs. 5 Satz 1 in Verbindung mit Abs. 1 UStG nicht entbunden.

LS zu 14.1

37

Essens-, Bier- und Hendlgutscheine erfüllen die Voraussetzungen des gesonderten Steuerausweises und berechtigen zum Vorsteuerabzug, wenn: a) Die Rechnungen werden den Unternehmern, die die Gutscheine beziehen, nur durch die Büros der Wiesenfestwirte gestellt und zwar nach einem einheitlichen Formblatt; – b) Der Steuernachweis erfolgt erst nach Erbringung der Lieferung (nicht eingelöste Gutscheine entfallen hier insoweit; das setzt allerdings voraus, daß der Festwirt auf Grund der Gutscheine feststellen kann, von welchem Unternehmen sie erworben worden sind); – c) Bei den Gutscheinen handelt es sich um Sachgutscheine, d. h. sie können nicht in Geld eingelöst werden und gelten nur für die auf dem Gutschein ausdrücklich benannte Ware; – d) Es ist sichergestellt, daß Bedienungen keine Rechnungen an Gäste erstellen, die in Gutscheinen bezahlt haben. *OFD München S 7280 B – 44/3–5 – St 41 v. 28. 8. 1970 (BeckVerw 269 829).*

Die vom **Direktorium für Vollblutzucht und Rennen e. V.** für die Rennvereine gefertigten Abrechnungen sind als Rechnungen im Sinne des § 14 Abs. 1 UStG anzuerkennen. *Schreiben des BdF IV A/2 – S 7280 – 59/69 v. 5. 11. 1969 (BeckVerw 053 414).*

a) **Züchterprämien** für Renn- und Turnierpferde stellen keine Entgelte für steuerbare Leistungen dar. – b) Für Züchterprämien dürfen in den Abrechnungen keine Umsatzsteuerbeträge ausgewiesen werden. *Schreiben des BdF IV A 1 – S 7234 – 2/75/IV A 1 – S 7280 – 19/75 v. 1. 12. 1975 (BStBl. I S. 1127).*

a) Der **Briefmarken-Auktionator,** der Briefmarken im eigenen Namen versteigert, wird als Eigenhändler behandelt. – b) Versteigert der Auktionator Briefmarken in fremdem Namen und für fremde Rechnung, so führt er lediglich Vermittlungsleistungen aus. *Schreiben des BdF IV A/1 – S 7280 – 6/17 v. 7. 5. 1971 (BeckVerw 053 426).*

1. Schließt ein Unternehmer mit einem anderen Unternehmer einen Kaufvertrag über den Bezug von Werbegeschenken, ist der Unternehmer auch dann Abnehmer **(Leistungsempfänger),** wenn der andere die Werbegeschenke vereinbarungsgemäß nicht unmittelbar an den Unternehmer, sondern an den **Inhaber eines „Warenzertifikats"** (Warengutscheins) **als Beauftragten** des Unternehmers übergibt und hierauf auf dem Gutschein ausdrücklich hingewiesen wurde. Eine derartige Gestaltung ist nicht rechtsmissbräuchlich. – 2. … *BFH-Urt. v. 24. 8. 2006, V R 16/05 (BStBl. 2007 II S. 340).*

Die Aufnahme eines gemäß § 58 StBerG **angestellten Steuerberaters in den Briefbogen einer Steuerberater-Praxis** und die Verwendung derartiger Briefbögen für Gebührenrechnungen ist umsatzsteuerrechtlich nicht zu beanstanden. *Verfügung OFD Erfurt S 7104 A – 12-St 341 v. 26. 11. 1997 (DStR 1998 S. 34).* – Vgl. auch *OFD Hannover S 7104-385-StH 542/S 7104-148-StO 355 v. 17. 11. 1998 (DStR 1999 S. 200).*

Sind die Parteien irrtümlicherweise davon ausgegangen, dass der Kaufvertrag über Bergwerkseigentum nicht der Umsatzsteuer unterliegt, kann die Frage, wer die tatsächlich angefallene Umsatzsteuer zu tragen hat, einer **ergänzenden Vertragsauslegung** zugänglich sein. *BGH-Urteil v. 14. 1. 2000, V ZR 416/97 (DStR S. 834).*

Der Tatrichter ist rechtlich nicht gehalten, daraus, dass die offengelegte **Preiskalkulation** die Umsatzsteuer nicht einbezieht, zu schließen, der Käufer habe die Vorstellung des Verkäufers geteilt, der Verkauf von Bergwerkseigentum sei steuerfrei (im Anschluss an Senatsurt. v. 14. 1. 2000, V ZR 416/97). *BGH-Urt. v. 11. 5. 2001, V ZR 492/99 (DStRE 2002 S. 49).*

1. Nimmt eine Rechnung hinreichend eindeutig auf **andere Geschäftsunterlagen Bezug,** müssen diese Geschäftsunterlagen der Rechnung nicht beigefügt sein. – 2. … *BFH-Beschluss v. 22. 7. 2014 XI B 29/14 (BFH/NV S. 1780).*

Ein **Mietvertrag** ohne offenen Umsatzsteuerausweis ist keine berücksichtigungsfähige Rechnung. Bei Dauerschuldverhältnissen erfüllt ein Vertrag nur dann die Funktion einer Rechnung, wenn in dem Vertrag die Umsatzsteuer offen ausgewiesen ist und zudem ergänzende Zahlungsbelege vorgelegt werden, aus denen sich die Abrechnung für einen bestimmten Zeitraum ergibt. Der Passus „zuzüglich der jeweils gesetzlichen Umsatzsteuer" im Mietvertrag ohne eine entsprechende Regelung zur Option oder ohne einen Hinweis auf die Ausübung der Option seitens des Vermieters genügt in diesem Fall den Anforderungen an den Ausweis der Umsatzsteuer nicht. *Urteil FG Münster v. 29. 9. 2020 – 15 K 2680/18 U, rkr. (MwStR 2021 S. 302).*

Anl zu 14.1

Schreiben betr. Ausstellung von Rechnungen – Änderungen der §§ 14, 14 a UStG durch das Amtshilferichtlinie-Umsetzungsgesetz

Vom 25. Oktober 2013 (BStBl. I S. 1305)

(BMF IV D 2 – S 7280/12/10002; DOK 2013/0956687)

– Auszug –

38 **I. Änderungen der §§ 14, 14 a UStG durch das Amtshilferichtlinie-Umsetzungsgesetz**

[abgedruckt im USt-Handbuch 2013 als Anlage zu A 14.1]

II. Tabelle zu den in anderen Amtssprachen verwendeten Begriffen für Rechnungsangaben

	„Gutschrift"	„Steuerschuldnerschaft des Leistungsempfängers"	„Sonderregelung für Reisebüros"	„Gebrauchtgegenstände/Sonderregelung"	„Kunstgegenstände/Sonderregelung"	„Sammlungsstücke und Antiquitäten/Sonderregelung"
Bulgarisch	самофактуриране	обратно начисляване	Режим на облагане на маржа – туристически агенти	Режим на облагане на маржа – стоки втора употреба	Режим на облагане на маржа – произведения на изкуството	Режим на облагане на маржа – колекционерски предмети и антикварни предмети
Dänisch	selvfakturering	omvendt betalingspligt	fortjenstmargenordning – rejsebureauer	fortjenstmargenordning – brugte genstande	fortjenstmargenordning – kunstgenstande	fortjenstmargenordning – samlerobjekter og antik
Englisch	Self-billing	Reverse charge	Margin scheme – Travel agents	Margin scheme – Secondhand goods	Margin scheme – Works of art	Margin scheme – Collector's items and antiques
Estnisch	endale arve koostamine	Pöördmaksustamine	kasuminormi maksustamise kord – reisibürood	kasuminormi maksustamise kord – kasutatud kaubad	kasuminormi maksustamise kord – kunstiteosed	kasuminormi maksustamise kord – kollektsiooni- ja antiik-esemed
Finnisch	itselaskutus	käännetty verovelvollisuus	voittomarginaalijärjestelmä – matkatoimistot	voittomarginaalijärjestelmä – käytetyt tavarat	voittomarginaalijärjestelmä – taide-esineet	voittomarginaalijärjestelmä – keräily- ja antiikkiesineet
Französisch	Autofacturation	Autoliquidation	Régime particulier – agences de voyage	Régime particulier – Biens d'occasion	Régime particulier – Objets d'art	Régime particulier – Objets de collection et d'antiquité
Griechisch	Αυτοτιμολόγηση	Αντίστροφη επιβάρυνση	Καθεστώς περιθωρίου – Ταξιδιωτικά πρακτορεία	Καθεστώς περιθωρίου – Μεταχειρισμένα αγαθά	Καθεστώς περιθωρίου – Έργα τέχνης	Καθεστώς περιθωρίου – Αντικείμενα συλλεκτικής και αρχαιολογικής αξίας
Italienisch	autofatturazione	inversione contabile	regime del margine – agenzie di viaggio	regime del margine – beni di occasione	regime del margine – oggetti d'arte	regime del margine – oggetti da collezione e di antiquariato
Lettisch	pašaprēķins	nodokļa apgrieztā maksāšana	peļņas daļas režīms ceļojumu aģentūrām	peļņas daļas režīms lietotām precēm	peļņas daļas režīms mākslas darbiem	peļņas daļas režīms kolekciju priekšmetiem un senlietām
Litauisch	Sąskaitų faktūrų išsirašymas	Atvirkštinis apmokestinimas	Maržos apmokestinimo schema. Kelionių agentūros	Maržos apmokestinimo schema. Naudotos prekės	Maržos apmokestinimo schema. Meno kūriniai	Maržos apmokestinimo schema. Kolekcionavimo objektai ir antikvariniai daiktai

	„Gutschrift“	„Steuerschuldnerschaft des Leistungsempfängers“	„Sonderregelung für Reisebüros“	„Gebrauchtgegenstände/Sonderregelung“	„Kunstgegenstände/Sonderregelung“	„Sammlungsstücke und Antiquitäten/Sonderregelung“
Maltesisch	Awtofatturazzjoni	Inverżjoni talħlas	Skema ta' marġini – Aġenti talivvjaġġar	Skema ta' marġini – Merkanzija użata	Skema ta' marġini – xogħlijiet tal-arti	Skema ta' marġini – oġġetti tal-kollezzjoni u antikitajiet
Niederländisch	factuur uitgereikt door afnemer	Btw verlegd	Bijzondere regeling reisbureaus	Bijzondere regeling – gebruikte goederen	Bijzondere regeling – kunstvoorwerpen	Bijzondere regeling – voorwerpen voor verzamelingen of antiquiteiten
Polnisch	samofakturowanie	odwrotne obciążenie	procedura marży dla biur podróży	procedura marży – towary używane	procedura marży – dzieła sztuki	procedura marży – przedmioty kolekcjonerskie i antyki
Portugiesisch	Autofacturação	Autoliquidação	Regime da margem de lucro – Agências de viagens	Regime da margem de lucro – Bens em segunda mão	Regime da margem de lucro – Objectos de arte	Regime da margem de lucro – Objectos de colecção e antiguidades
Rumänisch	autofacturare	taxare inversă	regimul marjei – agenţii de turism	regimul marjei – bunuri second hand	regimul marjei – obiecte de artă	regimul marjei – obiecte de colecţie şi antichităţi
Schwedisch	självfakturering	omvänd betalningsskyldighet	Vinstmarginalbeskattning för resebyråer	Vinstmarginalbeskattning för begagnade varor	Vinstmarginalbeskattning för konstverk	Vinstmarginalbeskattning för samlarföremål och antikviteter
Slowakisch	vyhotovenie faktúry odberateľom	prenesenie daňovej povinnosti	úprava zdaňovania prirážky – cestovné kancelárie	úprava zdaňovania prirážky – použitý tovar	úprava zdanovania prirážky – umelecké diela	úprava zdanovania prirážky – zberatel'ké predmety a starožitnosti
Slowenisch	Self-billing	Reverse Charge	Margin scheme – Travel agents	Margin scheme – Second-hand goods	Margin scheme – works of art	Margin scheme – collector's items and antiques
Spanisch	facturación por el destinatario	inversión del sujeto pasivo	Régimen especial – Agencias de viajes	Régimen especial – Bienes de ocasión	Régimen especial – Objetos de arte	Régimen especial – Objetos de colección o antigüedades
Tschechisch	vystaveno zákazníkem	daň odvede zákazník	zvláštní režim – cestovní kanceláře	zvláštní režim – použité zboží	zvláštní režim – umelecká díla	zvláštní režim – sberatelské předměty a starožitnosti
Ungarisch	önszámlázás	fordított adózás	Különbözet szerinti szabályozás – utazási irodák	Különbözet szerinti szabályozás – használt cikkek	Különbözet szerinti szabályozás – műalkotások	Különbözet szerinti szabályozás – gyűjteménydarabok és régiségek

14.2 Rechnungserteilungspflicht bei Leistungen im Zusammenhang mit einem Grundstück UStAE 14.2

(1) ①Der Begriff der steuerpflichtigen Werklieferungen oder sonstigen Leistungen im Zusammenhang mit einem Grundstück (vgl. Abschnitt 14.1 Abs. 3 Sätze 1 bis 5) umfasst Bauleis- 41
tungen nach § 13b Abs. 2 Nr. 4 UStG und sonstige Leistungen im Zusammenhang mit einem Grundstück im Sinne des § 3a Abs. 3 Nr. 1 UStG (vgl. Abschnitt 3a.3). ②Sofern in den Absätzen 2 bis 4 für die Rechnungserteilungspflicht nach § 14 Abs. 2 Satz 1 Nr. 1 UStG darüber hin-

aus Leistungen als im Zusammenhang mit einem Grundstück qualifiziert werden, sind hieraus keine Rückschlüsse für die Anwendung von § 3a Abs. 3 Nr. 1 und § 13b Abs. 2 Nr. 4 UStG zu ziehen.

42 (2) ① Zu den Leistungen, bei denen nach § 14 Abs. 2 Satz 1 Nr. 1 UStG eine Verpflichtung zur Rechnungserteilung besteht, gehören zunächst alle Bauleistungen, bei denen der Leistungsempfänger unter den weiteren Voraussetzungen des § 13b Abs. 2 Nr. 4 UStG Steuerschuldner sein kann (vgl. Abschnitt 13b.2). ② Weiter gehören dazu die steuerpflichtigen Werklieferungen oder sonstigen Leistungen, die der Erschließung von Grundstücken oder der Vorbereitung von Bauleistungen dienen. ③ Damit sind z. B. auch die folgenden Leistungen von der Rechnungserteilungspflicht erfasst:
- Planerische Leistungen (z. B. von Statikern, Architekten, Garten- und Innenarchitekten, Vermessungs-, Prüf- und Bauingenieuren);
- Labordienstleistungen (z. B. die chemische Analyse von Baustoffen oder Bodenproben);
- reine Leistungen der Bauüberwachung;
- Leistungen zur Prüfung von Bauabrechnungen;
- Leistungen zur Durchführung von Ausschreibungen und Vergaben;
- Abbruch- oder Erdarbeiten.

43 (3) ① Die steuerpflichtige Werklieferung oder sonstige Leistung muss in engem Zusammenhang mit einem Grundstück stehen. ② Ein enger Zusammenhang ist gegeben, wenn sich die Werklieferung oder sonstige Leistung nach den tatsächlichen Umständen überwiegend auf die Bebauung, Verwertung, Nutzung oder Unterhaltung, aber auch Veräußerung oder den Erwerb des Grundstücks selbst bezieht. ③ Es besteht bei der Erbringung u. a. folgender Leistungen eine Verpflichtung zur Erteilung einer Rechnung:
- Zur Verfügung stellen von Betonpumpen oder von anderem Baugerät;
- Aufstellen von Material- oder Bürocontainern;
- Aufstellen von mobilen Toilettenhäusern;
- Entsorgung von Baumaterial (z. B. Schuttabfuhr durch ein Abfuhrunternehmen);
- Gerüstbau;
- bloße Reinigung von Räumlichkeiten oder Flächen (z. B. Fensterreinigung);
- Instandhaltungs-, Reparatur-, Wartungs- oder Renovierungsarbeiten an Bauwerken oder Teilen von Bauwerken (z. B. Klempner- oder Malerarbeiten);
- Anlegen von Grünanlagen und Bepflanzungen und deren Pflege (z. B. Bäume, Gehölze, Blumen, Rasen);
- Beurkundung von Grundstückskaufverträgen durch Notare;
- Vermittlungsleistungen der Makler bei Grundstücksveräußerungen oder Vermietungen.

44 (4) Sofern selbständige Leistungen vorliegen, sind folgende Leistungen keine Leistungen im Zusammenhang mit einem Grundstück, bei denen nach § 14 Abs. 2 Satz 1 Nr. 1 UStG die Verpflichtung zur Erteilung einer Rechnung besteht:
- Veröffentlichung von Immobilienanzeigen, z. B. durch Zeitungen;
- Rechts- und Steuerberatung in Grundstückssachen.

45 (5) ① Alltägliche Geschäfte, die mit einem Kaufvertrag abgeschlossen werden (z. B. der Erwerb von Gegenständen durch einen Nichtunternehmer in einem Baumarkt), unterliegen nicht der Verpflichtung zur Rechnungserteilung. ② Auch die Lieferung von Baumaterial auf eine Baustelle eines Nichtunternehmers oder eines Unternehmers, der das Baumaterial für seinen nichtunternehmerischen Bereich bezieht, wird nicht von der Verpflichtung zur Erteilung einer Rechnung umfasst.

UStAE 14.3

14.3 Rechnung in Form der Gutschrift[1]

51 (1) ① Eine Gutschrift ist eine Rechnung, die vom Leistungsempfänger ausgestellt wird (§ 14 Abs. 2 Satz 2 UStG). ② Eine Gutschrift kann auch durch eine juristische Person, die nicht Unternehmer ist, ausgestellt werden, wenn sie Leistungsempfänger ist (§ 14 Abs. 2 Satz 1 Nr. 2 in Verbindung mit Satz 2 UStG). ③ Der Leistungsempfänger kann mit der Ausstellung einer Gutschrift auch einen Dritten beauftragen, der im Namen und für Rechnung des Leistungsempfängers abrechnet (§ 14 Abs. 2 Satz 4 UStG). ④ Eine Gutschrift kann auch ausgestellt werden, wenn über steuerfreie Umsätze abgerechnet wird oder wenn beim leistenden Unternehmer nach § 19 Abs. 1 UStG die Steuer nicht erhoben wird. ⑤ Dies kann dazu führen, dass der Empfänger der Gutschrift unrichtig oder unberechtigt ausgewiesene Steuer nach § 14c UStG schuldet. ⑥ Keine Gutschrift ist die im allgemeinen Sprachgebrauch ebenso bezeichnete Korrektur einer zuvor ergangenen Rechnung.

52 (2) ① Die am Leistungsaustausch Beteiligten können frei vereinbaren, ob der leistende Unternehmer oder der in § 14 Abs. 2 Satz 1 Nr. 2 UStG bezeichnete Leistungsempfänger abrechnet. ② Die Vereinbarung hierüber muss vor der Abrechnung getroffen sein und kann sich aus Verträgen oder sonstigen Geschäftsunterlagen ergeben. ③ Sie ist an keine besondere Form gebunden und kann auch mündlich getroffen werden. ④ Die Gutschrift ist, vorbehaltlich der Regelungen des § 14a UStG, innerhalb von sechs Monaten zu erteilen (vgl. Abschnitt 14.1 Abs. 3) und hat die

[1] Vorsteuerabzug vgl. A 15.2a Abs. 9–11 UStAE.

Angabe „Gutschrift" zu enthalten (§ 14 Abs. 4 Satz 1 Nr. 10 UStG, vgl. Abschnitt 14.5 Abs. 24). ⑤ Keine Gutschrift ist die im allgemeinen Sprachgebrauch ebenso bezeichnete Stornierung oder Korrektur der ursprünglichen Rechnung (vgl. Abschnitt 14c.1 Abs. 3 Satz 3). ⑥ Wird in einem Dokument sowohl über empfangene Leistungen (Gutschrift) als auch über ausgeführte Leistungen (Rechnung) zusammen abgerechnet, muss das Dokument die Rechnungsangabe „Gutschrift" enthalten. ⑦ Zudem muss aus dem Dokument zweifelsfrei hervorgehen, über welche Leistung als Leistungsempfänger bzw. leistender Unternehmer abgerechnet wird. ⑧ In dem Dokument sind Saldierung und Verrechnung der gegenseitigen Leistungen unzulässig.

(3) ① Voraussetzung für die Wirksamkeit einer Gutschrift ist, dass die Gutschrift dem leistenden Unternehmer übermittelt worden ist und dieser dem ihm zugeleiteten Dokument nicht widerspricht (§ 14 Abs. 2 Satz 3 UStG). ② Die Gutschrift ist übermittelt, wenn sie dem leistenden Unternehmer so zugänglich gemacht worden ist, dass er von ihrem Inhalt Kenntnis nehmen kann (vgl. BFH-Urteil vom 15. 9. 1994, XI R 56/93, BStBl. 1995 II S. 275). **53**

(4) ① Der leistende Unternehmer kann der Gutschrift widersprechen. ② Mit dem Widerspruch verliert die Gutschrift die Wirkung als Rechnung. ③ Dies gilt auch dann, wenn die Gutschrift den zivilrechtlichen Vereinbarungen entspricht und die Umsatzsteuer zutreffend ausweist. ④ Es genügt, dass der Widerspruch eine wirksame Willenserklärung darstellt (vgl. BFH-Urteil vom 23. 1. 2013, XI R 25/11, BStBl. II S. 417). ⑤ Der Widerspruch wirkt – auch für den Vorsteuerabzug des Leistungsempfängers – erst in dem Besteuerungszeitraum, in dem er erklärt wird (vgl. BFH-Urteil vom 19. 5. 1993, V R 110/88, BStBl. II S. 779, und Abschnitt 15.2a Abs. 11). ⑥ Die Wirksamkeit des Widerspruchs setzt den Zugang beim Gutschriftsaussteller voraus. **54**

14.4 Echtheit und Unversehrtheit von Rechnungen

UStAE 14.4

(1) ① Rechnungen sind auf Papier oder vorbehaltlich der Zustimmung des Rechnungsempfängers elektronisch zu übermitteln (§ 14 Abs. 1 Satz 7 UStG). ② Die Zustimmung des Empfängers der elektronisch übermittelten Rechnung bedarf dabei keiner besonderen Form; es muss lediglich Einvernehmen zwischen Rechnungsaussteller und Rechnungsempfänger darüber bestehen, dass die Rechnung elektronisch übermittelt werden soll. ③ Die Zustimmung kann z. B. in Form einer Rahmenvereinbarung (z. B. in den Allgemeinen Geschäftsbedingungen) erklärt werden. ④ Sie kann auch nachträglich erklärt werden. ⑤ Es genügt aber auch, dass die Beteiligten diese Verfahrensweise tatsächlich praktizieren und damit stillschweigend billigen. **61**

(2) ① Eine elektronische Rechnung im Sinne des § 14 Abs. 1 Satz 8 UStG ist eine Rechnung, die in einem elektronischen Format ausgestellt und empfangen wird. ② Der Rechnungsaussteller ist – vorbehaltlich der Zustimmung des Rechnungsempfängers – frei in seiner Entscheidung, in welcher Weise er elektronische Rechnungen übermittelt. ③ Elektronische Rechnungen können z. B. per E-Mail (ggf. mit Bilddatei- oder Textdokumentanhang) oder De-Mail (vgl. De-Mail-Gesetz vom 28. 4. 2011, BGBl. I S. 666), per Computer-Fax oder Faxserver, per Web-Download oder per EDI übermittelt werden. ④ Eine von Standard-Telefax an Standard-Telefax oder von Computer-Telefax/Fax-Server an Standard-Telefax übermittelte Rechnung gilt als Papierrechnung. **62**

(3) ① Papier und elektronische Rechnungen werden ordnungsgemäß übermittelt, wenn die Echtheit der Herkunft, die Unversehrtheit des Inhalts und die Lesbarkeit der Rechnung gewährleistet sind; sie sind auch inhaltlich ordnungsgemäß, wenn alle erforderlichen Angaben nach § 14 Abs. 4 und § 14a UStG enthalten sind. ② Die Echtheit der Herkunft einer Rechnung ist gewährleistet, wenn die Identität des Rechnungsausstellers sichergestellt ist. ③ Die Unversehrtheit des Inhalts einer Rechnung ist gewährleistet, wenn die nach dem UStG erforderlichen Angaben während der Übermittlung der Rechnung nicht geändert worden sind. ④ Eine Rechnung gilt als lesbar, wenn sie für das menschliche Auge lesbar ist; Rechnungsdaten, die per EDI-Nachrichten, XML-Nachrichten oder anderen strukturierten elektronischen Nachrichtenformen übermittelt werden, sind in ihrem Originalformat nicht lesbar, sondern erst nach einer Konvertierung. **63**

Innerbetriebliche Kontrollverfahren

(4)[1] ① Die Echtheit der Herkunft, die Unversehrtheit des Inhalts und die Lesbarkeit der Rechnung müssen, sofern keine qualifizierte elektronische Signatur verwendet oder die Rechnung per elektronischen Datenaustausch (EDI) übermittelt wird (vgl. Absätze 7 bis 10), durch ein innerbetriebliches Kontrollverfahren, das einen verlässlichen Prüfpfad zwischen Rechnung und Leistung schaffen kann, gewährleistet werden (§ 14 Abs. 1 Satz 5 und 6 UStG). ② Der Empfänger einer Rechnung kann die ihm obliegenden Pflichten auch auf einen Dritten übertragen. **64**

(5) ① Als innerbetriebliches Kontrollverfahren im Sinne des § 14 Abs. 1 UStG ist ein Verfahren ausreichend, das der Unternehmer zum Abgleich der Rechnung mit seiner Zahlungsverpflichtung einsetzt, um zu gewährleisten, dass nur die Rechnungen beglichen werden, zu deren Begleichung eine Verpflichtung besteht. ② Der Unternehmer kann hierbei auf bereits bestehende Rechnungsprüfungssysteme zurückgreifen. ③ Es werden keine technischen Verfahren vorgege- **65**

[1] A 14.4 UStAE Abs. 4 Satz 2 angefügt durch BMF v. 20. 12. 2022 (BStBl. I S. 1694).

UStAE 14.4

ben, die der Unternehmer verwenden muss. ④ Es kann daher ein EDV-unterstütztes, aber auch ein manuelles Verfahren sein.

66 (6) ① Ein innerbetriebliches Kontrollverfahren erfüllt die Anforderungen des § 14 Abs. 1 UStG, wenn es einen verlässlichen Prüfpfad beinhaltet, durch den ein Zusammenhang zwischen der Rechnung und der zu Grunde liegenden Leistung hergestellt werden kann. ② Dieser Prüfpfad kann z. B. durch (manuellen) Abgleich der Rechnung mit vorhandenen geschäftlichen Unterlagen (z. B. Kopie der Bestellung, Auftrag, Kaufvertrag, Lieferschein oder Überweisung bzw. Zahlungsbeleg) gewährleistet werden. ③ Das innerbetriebliche Kontrollverfahren und der verlässliche Prüfpfad unterliegen keiner gesonderten Dokumentationspflicht. ④ Eine inhaltlich zutreffende Rechnung – insbesondere Leistung, Entgelt, leistender Unternehmer und Zahlungsempfänger sind zutreffend angegeben – rechtfertigt die Annahme, dass bei der Übermittlung keine die Echtheit der Herkunft oder die Unversehrtheit des Inhalts beeinträchtigenden Fehler vorgekommen sind.

Qualifizierte elektronische Signatur und elektronischer Datenaustausch (EDI)

67 (7) Beispiele für Technologien, die die Echtheit der Herkunft und die Unversehrtheit des Inhalts bei einer elektronischen Rechnung gewährleisten, sind zum einen eine qualifizierte elektronische Signatur oder ein qualifiziertes elektronisches Siegel im Sinne der eIDAS-VO und zum anderen der elektronische Datenaustausch (EDI) nach Artikel 2 der Empfehlung 94/820/EG der Kommission vom 19. 10. 1994 über die rechtlichen Aspekte des elektronischen Datenaustauschs (ABl. EG 1994, Nr. L 338 S. 98), wenn in der Vereinbarung über diesen Datenaustausch der Einsatz von Verfahren vorgesehen ist, die die Echtheit der Herkunft und die Unversehrtheit der Daten gewährleisten (§ 14 Abs. 3 Nr. 1 und 2 UStG).

68 (8) ① Das VDG regelt die nationalen Ergänzungen zu der unmittelbar anwendbaren eIDAS-VO (ABl. EU 2014 Nr. L 257 S. 73). ② Im Sinne der eIDAS-VO ist die elektronische Signatur die elektronische Bescheinigung für eine natürliche Person und das elektronische Siegel die elektronische Bescheinigung für eine juristische Person. ③ Beide Begriffe nach der eIDAS-VO fallen unter den umsatzsteuerlichen Begriff der qualifizierten elektronischen Signatur im Sinne von § 14 Abs. 3 Nr. 1 UStG. ④ Zur Erstellung einer qualifizierten elektronischen Signatur oder eines qualifizierten elektronischen Siegels nach der eIDAS-VO wird ein qualifiziertes Zertifikat benötigt, das von einem Vertrauensdiensteanbieter ausgestellt wird und mit dem die Identität des Zertifikatsinhabers bestätigt wird (Art. 3 Nr. 14 und 29 eIDAS-VO). ⑤ Es ist zulässig, dass eine oder mehrere natürliche Personen im Unternehmen bevollmächtigt werden, für den Unternehmer zu signieren. ⑥ Eine Verlagerung der dem leistenden Unternehmer oder dem von diesem beauftragten Dritten obliegenden steuerlichen Verpflichtungen ist damit jedoch nicht verbunden. ⑦ Die grundlegenden Anforderungen für ein qualifiziertes Zertifikat ergeben sich für qualifizierte elektronische Signaturen aus Art. 28 Abs. 1 in Verbindung mit Anhang I eIDAS-VO und für qualifizierte elektronische Siegel aus Art. 38 Abs. 1 in Verbindung mit Anhang III eIDAS-VO, der Zertifikatsinhaber kann zusätzliche Attribute einsetzen (vgl. § 12 VDG). ⑧ Ein Attribut kann z. B. lauten „Frau Musterfrau ist Handlungsbevollmächtigte des Unternehmers A und berechtigt, für Unternehmer A Rechnungen bis zu einer Höhe von 100 000 € Gesamtbetrag zu unterzeichnen". ⑨ Auch Vertreterregelungen und ggf. erforderliche Zeichnungsberechtigungen, die an die Unterzeichnung durch mehrere Berechtigte gekoppelt sind, können durch Attribute abgebildet werden. ⑩ Nach § 12 Abs. 2 VDG in Verbindung mit Anhang I Buchstabe c eIDAS-VO kann in einem qualifizierten Zertifikat für eine elektronische Signatur auf Verlangen des Zertifikatsinhabers anstelle seines Namens ein Pseudonym aufgeführt werden. ⑪ Das Finanzamt hat nach § 8 Abs. 2 Nr. 1 Buchstabe c VDG einen Anspruch auf Auskunft gegenüber dem Vertauensdiensteanbieter, soweit dies zur Erfüllung der gesetzlichen Aufgaben erforderlich ist. ⑫ Für die Erstellung qualifizierter elektronischer Signaturen sind alle technischen Verfahren (z. B. Smart-Card, „Kryptobox") zulässig, die den Vorgaben des VDG entsprechen. ⑬ Der Rechnungsaussteller kann die Rechnungen auch in einem automatisierten Massenverfahren signieren. ⑭ Es ist zulässig, mehrere Rechnungen an einen Rechnungsempfänger in einer Datei zusammenzufassen und diese Datei mit nur einer qualifizierten elektronischen Signatur an den Empfänger zu übermitteln.

69 (9) Voraussetzung für die Anerkennung von im EDI-Verfahren übermittelten Rechnungen ist, dass über den elektronischen Datenaustausch eine Vereinbarung nach Artikel 2 der Empfehlung 94/820/EG der Kommission vom 19. 10. 1994 über die rechtlichen Aspekte des elektronischen Datenaustausches (ABl. EG 1994, Nr. L 338, S. 98) besteht, in der der Einsatz von Verfahren vorgesehen ist, die die Echtheit der Herkunft und die Unversehrtheit der Daten gewährleisten.

Echtheit und Unversehrtheit bei besonderen Formen der Rechnungsstellung

70 (10)[1] ① Die Absätze 1 bis 9 gelten entsprechend für Gutschriften (§ 14 Abs. 2 Satz 2 UStG), Rechnungen, die im Namen und für Rechnung des Unternehmers oder eines in § 14 Abs. 2 Satz 1 Nr. 2 UStG bezeichneten Leistungsempfängers von einem Dritten ausgestellt werden (§ 14 Abs. 2 Satz 4 UStG) sowie für Anzahlungsrechnungen (§ 14 Abs. 5 UStG). ② Wird eine Gutschrift ausgestellt, ist der leistende Unternehmer als Gutschriftsempfänger zur Durchführung

[1] A 14.4 UStAE Abs. 10 Sätze 4 und 5 aufgehoben durch BMF v. 20. 12. 2022 (BStBl. I S. 1694).

des innerbetrieblichen Kontrollverfahrens entsprechend den Absätzen 4 bis 6 verpflichtet. ③ Der Dritte ist nach §§ 93ff. AO verpflichtet, dem Finanzamt die Prüfung des Verfahrens durch Erteilung von Auskünften und Vorlage von Unterlagen in seinen Räumen zu gestatten.

(11) Bei Fahrausweisen (§ 34 UStDV) ist es für Zwecke des Vorsteuerabzugs nicht zu beanstanden, wenn der Fahrausweis im Online-Verfahren abgerufen wird und durch das Verfahren sichergestellt ist, dass eine Belastung auf einem Konto erfolgt. **71**

LS zu 14.4

Zur Überprüfung einer qualifizierten **elektronischen Signatur.** *Verfügung OFD Chemnitz S 7287 a – 1/1 – St 23 v. 21. 8. 2006 (DStR 2007 S. 304).*

Unternehmer sind verpflichtet, auf Anforderung **nachzuweisen,** dass die elektronisch übermittelten Rechnungen die Voraussetzungen des § 14 Abs. 3 UStG erfüllen. *Verfügung OFD Chemnitz S 7287 a – 5/1 – St 23 v. 28. 8. 2006 (DStR 2007 S. 200).* **72**

Der Vorsteuerabzug setzte nach der im Jahr 1999 geltenden Rechtslage eine Rechnung oder Gutschrift in **Papierform** voraus. *BFH-Urteil v. 15. 10. 2019 V R 14/18 (BStBl. 2020 II S. 596).*

Anl zu 14.4

Schreiben betr. qualifizierte elektronische Signatur und elektronischer Datenaustausch (EDI); Anpassung UStAE an das Vertrauensdienstegesetz (VDG) und die Aufhebung des Signaturgesetzes (SigG)

Vom 27. Oktober 2021 (BStBl. I S. 2139)

(BMF III C 2 – S 7287-a/21/10001 :001; DOK 2021/1126691)

[abgedruckt im USt-Handbuch 2021 als Anlage zu A 14.4]

UStAE 14.5

14.5 Pflichtangaben in der Rechnung

(1) ① § 14 Abs. 4 und § 14a UStG gelten nur für Rechnungen an andere Unternehmer oder an juristische Personen, soweit sie nicht Unternehmer sind, sowie an andere Leistungsempfänger, die in § 14a UStG bezeichnet sind. **76** ② Dabei ist es unerheblich, ob es sich um steuerpflichtige oder steuerfreie Leistungen oder um Teilleistungen handelt oder ob die Sonderregelungen nach den §§ 23 bis 25c UStG angewendet werden. ③ Sofern eine Verpflichtung zur Erteilung einer Rechnung besteht, muss die Rechnung alle Pflichtangaben, die sich aus § 14 Abs. 4, § 14a UStG sowie aus den §§ 33 und 34 UStDV ergeben, enthalten und die übrigen formalen Voraussetzungen des § 14 UStG erfüllen. ④ Die Angaben, die eine Rechnung enthalten muss, sollen es der Finanzverwaltung insbesondere ermöglichen, die Entrichtung der geschuldeten Steuer und das Bestehen des Vorsteuerabzugsrechts zu kontrollieren (Kontrollfunktion der Rechnung, vgl. EuGH-Urteil vom 15. 9. 2016, C-516/14, Barlis 06). ⑤ Die Gesamtheit aller Dokumente, die die nach § 14 Abs. 4 und § 14a UStG geforderten Angaben insgesamt enthalten, bildet die Rechnung. ⑥ In einem Dokument fehlende Angaben müssen in anderen Dokumenten enthalten sein. ⑦ In einem dieser Dokumente müssen mindestens das Entgelt und der Steuerbetrag angegeben werden. ⑧ Außerdem sind in diesem Dokument alle anderen Dokumente zu bezeichnen, aus denen sich die nach § 14 Abs. 4 und § 14a UStG erforderlichen Angaben insgesamt ergeben (§ 31 Abs. 1 UStDV). ⑨ Alle Dokumente müssen vom Rechnungsaussteller erstellt werden. ⑩ Im Fall der Gutschrift muss deshalb der Gutschriftsaussteller alle Dokumente erstellen. ⑪ Ist ein Dritter mit der Rechnungserstellung beauftragt (§ 14 Abs. 2 Satz 4 UStG), ist auch derjenige, der den Dritten mit der Rechnungserstellung beauftragt hat, zur Erstellung der fehlenden Dokumente berechtigt. ⑫ Hinsichtlich der Leistungsbeschreibung ist es zulässig, auf den vom leistenden Unternehmer erstellten Lieferschein Bezug zu nehmen. ⑬ Die Erteilung einer Rechnung, die nicht alle in § 14 Abs. 4 Satz 1 UStG aufgeführten Pflichtangaben enthält, gilt nicht als Ordnungswidrigkeit im Sinne des § 26a Abs. 2 Nr. 1 UStG.

Name und Anschrift des leistenden Unternehmers und des Leistungsempfängers

(2) ① Nach § 14 Abs. 4 Satz 1 Nr. 1 UStG sind in der Rechnung der Name und die Anschrift des leistenden Unternehmers und des Leistungsempfängers jeweils vollständig anzugeben. **77** ② Dabei ist es nach § 31 Abs. 2 UStDV ausreichend, wenn sich auf Grund der in die Rechnung aufgenommenen Bezeichnungen der Name und die Anschrift sowohl des leistenden Unternehmers als auch des Leistungsempfängers eindeutig feststellen lassen. ③ Unter diesen Voraussetzungen kann auch die Verwendung eines Aliasnamens nach dem ProstSchG eine ausreichende Rechnungsangabe sein (siehe BMF-Schreiben vom 7. 9. 2021, BStBl. I S. 1591). ④ Es reicht jede Art von Anschrift, sofern der leistende Unternehmer bzw. der Leistungsempfänger unter dieser Anschrift erreichbar ist. ⑤ Dabei ist es unerheblich, ob die wirtschaftlichen Tätigkeiten des leistenden Unternehmers unter der Anschrift ausgeübt werden, die in der von ihm ausgestellten Rechnung angegeben ist (vgl. BFH-Urteile vom 13. 6. 2018, XI R 20/14, BStBl. II S. 800, und vom 21. 6. 2018, V R 25/15, BStBl. II S. 809, und V R 28/16, BStBl. II S. 806). ⑥ Maßgeblich für eine Erreichbarkeit ist der Zeitpunkt der Rechnungsausstellung (vgl. BFH-Urteil vom 5. 12. 2018, XI R 22/14, BStBl. II 2020 S. 418). ⑦ Verfügt der leistende Unternehmer bzw. der Leistungsempfänger über ein Postfach, über eine Großkundenadresse oder über eine c/o-Adresse, genügt die jeweilige Angabe in der Rechnung den Anforderungen des § 14 Abs. 4 Satz 1 Nr. 1 UStG an eine vollständige Anschrift.

(3) *(aufgehoben)* **78**

UStAE 14.5

79 (4)[1] ① Im Fall der umsatzsteuerlichen Organschaft kann der Name und die Anschrift der Organgesellschaft angegeben werden, wenn der leistende Unternehmer oder der Leistungsempfänger unter dem Namen und der Anschrift der Organgesellschaft die Leistung erbracht bzw. bezogen hat. ② Entsprechendes gilt für die Angabe der Anschrift einer Zweigniederlassung, einer Betriebsstätte oder eines Betriebsteils des Unternehmers.

Steuernummer oder USt-IdNr. des leistenden Unternehmers

80 (5) ① Nach § 14 Abs. 4 Satz 1 Nr. 2 UStG muss der leistende Unternehmer in der Rechnung entweder die ihm vom inländischen Finanzamt erteilte Steuernummer oder die vom BZSt erteilte USt-IdNr. angeben (vgl. BFH-Urteil vom 2. 9. 2010, V R 55/09, BStBl. 2011 II S. 235). ② Wurde dem leistenden Unternehmer keine USt-IdNr. erteilt, ist zwingend die erteilte Steuernummer anzugeben. ③ Wenn das Finanzamt eine gesonderte Steuernummer für Zwecke der Umsatzbesteuerung erteilt hat (z. B. bei von der Zuständigkeit nach dem Betriebssitz abweichender Zuständigkeit nach § 21 AO), ist diese anzugeben. ④ Erteilt das Finanzamt dem leistenden Unternehmer eine neue Steuernummer (z. B. bei Verlagerung des Unternehmenssitzes), ist nur noch diese zu verwenden. ⑤ Es ist nicht erforderlich, dass der Unternehmer die vom Finanzamt erteilte Steuernummer um zusätzliche Angaben (z. B. Name oder Anschrift des Finanzamts, Finanzamtsnummer oder Länderschlüssel) ergänzt. ⑥ Im Fall der Gutschrift ist die Steuernummer bzw. die USt-IdNr. des leistenden Unternehmers und nicht die des die Gutschrift erteilenden Leistungsempfängers anzugeben. ⑦ Zu diesem Zweck hat der leistende Unternehmer (Gutschriftsempfänger) dem Aussteller der Gutschrift seine Steuernummer oder USt-IdNr. mitzuteilen. ⑧ Dies gilt auch für einen ausländischen Unternehmer, dem von einem inländischen Finanzamt eine Steuernummer oder vom BZSt eine USt-IdNr. erteilt wurde. ⑨ Hinsichtlich des Anspruchs natürlicher Personen auf Erteilung einer Steuernummer für Umsatzsteuerzwecke vgl. BFH-Urteil vom 23. 9. 2009, II R 66/07, BStBl. 2010 II S. 712, und BMF-Schreiben vom 1. 7. 2010, BStBl. I S. 625.

81 (6) ① Leistet ein Unternehmer im eigenen Namen (Eigengeschäft) und vermittelt er einen Umsatz in fremden Namen und für fremde Rechnung (vermittelter Umsatz), gilt für die Angabe der Steuernummer oder der USt-IdNr. Folgendes:
- ② Für das Eigengeschäft gibt der leistende Unternehmer seine Steuernummer oder USt-IdNr. an.
- ③ Rechnet der Unternehmer über einen vermittelten Umsatz ab (z. B. Tankstellenbetreiber, Reisebüro), hat er die Steuernummer oder USt-IdNr. des leistenden Unternehmers (z. B. Mineralölgesellschaft, Reiseunternehmen) anzugeben.
- ④ Werden das Eigengeschäft und der vermittelte Umsatz in einer Rechnung aufgeführt (vgl. Abschnitt 14.10 Abs. 3), kann aus Vereinfachungsgründen der jeweilige Umsatz durch Kennziffern oder durch Symbole der jeweiligen Steuernummer oder USt-IdNr. zugeordnet werden. ⑤ Diese sind in der Rechnung oder in anderen Dokumenten (§ 31 UStDV) zu erläutern.

82 (7) Im Fall der umsatzsteuerlichen Organschaft muss die Organgesellschaft die ihr oder dem Organträger erteilte USt-IdNr. oder die Steuernummer des Organträgers angeben.

83 (8) Die Angabe der Steuernummer oder der USt-IdNr. ist vorbehaltlich der §§ 33 und 34 UStDV auch erforderlich, wenn
- beim leistenden Unternehmer die Umsatzsteuer nach § 19 Abs. 1 UStG nicht erhoben wird,
- ausschließlich über steuerfreie Umsätze abgerechnet wird,
- der Leistungsempfänger nach § 13b Abs. 1 Satz 1 Nr. 2 bis 4 UStG Steuerschuldner ist (vgl. auch § 14a Abs. 5 UStG).

84 (9) ① Ein Vertrag erfüllt die Anforderung des § 14 Abs. 4 Satz 1 Nr. 2 UStG, wenn er die Steuernummer oder die USt-IdNr. des leistenden Unternehmers enthält. ② Ist in dem Vertrag die Steuernummer angegeben und erteilt das Finanzamt dem leistenden Unternehmer eine neue Steuernummer (z. B. bei Verlagerung des Unternehmenssitzes), ist der Vertragspartner in geeigneter Weise darüber zu informieren. ③ Die leichte Nachprüfbarkeit dieser Angabe muss beim Leistungsempfänger gewährleistet sein. ④ Es ist nicht erforderlich, dass auf den Zahlungsbelegen die Steuernummer oder die USt-IdNr. des leistenden Unternehmers angegeben ist.

Fortlaufende Nummer (Rechnungsnummer)

85 (10) ① Durch die fortlaufende Nummer (Rechnungsnummer) soll sichergestellt werden, dass die vom Unternehmer erstellte Rechnung einmalig ist. ② Bei der Erstellung der Rechnungsnummer ist es zulässig, eine oder mehrere Zahlen- oder Buchstabenreihen zu verwenden. ③ Auch eine Kombination von Ziffern mit Buchstaben ist möglich. ④ Eine lückenlose Abfolge der ausgestellten Rechnungsnummern ist nicht zwingend. ⑤ Es ist auch zulässig, im Rahmen eines weltweiten Abrechnungssystems verschiedener, in unterschiedlichen Ländern angesiedelter Konzerngesellschaften nur einen fortlaufenden Nummernkreis zu verwenden.

86 (11) ① Bei der Erstellung der Rechnungsnummer bleibt es dem Rechnungsaussteller überlassen, wie viele und welche separaten Nummernkreise geschaffen werden, in denen eine Rechnungsnummer jeweils einmalig vergeben wird. ② Dabei sind Nummernkreise für zeitlich, geogra-

[1] Organschaft vgl. Hinweise bei A 2.8 UStAE.

phisch oder organisatorisch abgegrenzte Bereiche zulässig, z. B. für Zeiträume (Monate, Wochen, Tage), verschiedene Filialen, Betriebsstätten einschließlich Organgesellschaften oder Bestandsobjekte. ③ Die einzelnen Nummernkreise müssen dabei nicht zwingend lückenlos sein. ④ Es muss jedoch gewährleistet sein (z. B. durch Vergabe einer bestimmten Klassifizierung für einen Nummernkreis), dass die jeweilige Rechnung leicht und eindeutig dem jeweiligen Nummernkreis zugeordnet werden kann und die Rechnungsnummer einmalig ist. UStAE 14.5

(12) ① Bei Verträgen über Dauerleistungen ist es ausreichend, wenn diese Verträge eine einmalige Nummer enthalten (z. B. Wohnungs- oder Objektnummer, Mieternummer). ② Es ist nicht erforderlich, dass Zahlungsbelege eine gesonderte fortlaufende Nummer erhalten. **87**

(13) ① Im Fall der Gutschrift ist die fortlaufende Nummer durch den Gutschriftsaussteller zu vergeben. ② Wird die Rechnung nach § 14 Abs. 2 Satz 4 UStG von einem Dritten ausgestellt, kann dieser die fortlaufende Nummer vergeben. **88**

(14) Kleinbetragsrechnungen nach § 33 UStDV und Fahrausweise nach § 34 UStDV müssen keine fortlaufende Nummer enthalten. **89**

Menge und Art der gelieferten Gegenstände oder Umfang und Art der sonstigen Leistung

(15) ① Die Bezeichnung der Leistung muss eine eindeutige und leicht nachprüfbare Feststellung der Leistung ermöglichen, über die abgerechnet worden ist (vgl. BFH-Urteile vom 10. 11. 1994, V R 45/93, BStBl. 1995 II S. 395, vom 8. 10. 2008, V R 59/07, BStBl. 2009 II S. 218, vom 16. 1. 2014, V R 28/13, BStBl. II S. 867, und vom 12. 3. 2020, V R 48/17, BStBl. II S. 604). ② Handelsüblich (§ 14 Abs. 4 Satz 1 Nr. 5 UStG) ist jede im Geschäftsverkehr für einen Gegenstand allgemein verwendete Bezeichnung, z. B. auch Markenartikelbezeichnungen. ③ Bei Lieferungen kann neben der Angabe der Menge die Angabe der Art der gelieferten Gegenstände in Form einer handelsüblichen Bezeichnung erfolgen (§ 14 Abs. 4 Satz 1 Nr. 5 UStG). ④ Handelsüblich ist jede im Geschäftsverkehr für die Gegenstände allgemein verwendete Bezeichnung, die den Erfordernissen von Kaufleuten im Sinne des HGB genügt und von Unternehmern in den entsprechenden Geschäftskreisen allgemein (d. h. nicht nur gelegentlich) verwendet wird, z. B. auch eine Markenartikelbezeichnung. ⑤ Ob eine Bezeichnung handelsüblich ist, ist unter Berücksichtigung von Handelsstufe, Art und Inhalt der Lieferungen und dem Wert der einzelnen Gegenstände im Einzelfall zu bestimmen (zu den Anforderungen bei hochpreisigen Uhren und Armbändern vgl. BFH-Beschluss vom 29. 11. 2002, V B 119/02, n. v.; abgrenzend dazu im Niedrigpreissegment vgl. BFH-Urteil vom 10. 7. 2019, XI R 28/18, BStBl. 2021 II S. 961). ⑥ Bezeichnungen allgemeiner Art, die Gruppen verschiedenartiger Gegenstände umfassen, z. B. Geschenkartikel, reichen grundsätzlich nicht aus. ⑦ In Rechnungen über die Lieferung von Präsentkörben reicht es aus, als handelsübliche Bezeichnung des Liefergegenstandes lediglich „Präsentkorb" anzugeben. ⑧ Die Mengen und die handelsüblichen Bezeichnungen der im Präsentkorb enthaltenen einzelnen Gegenstände brauchen in der Rechnung nicht genannt zu werden. ⑨ In einer Rechnung über die Übertragung bzw. Ausgabe eines Einzweck-Gutscheins nach § 3 Abs. 14 UStG ist die Bezeichnung der Gutscheinart (Einzweck-Gutschein) sowie eine kurze Beschreibung der Lieferung oder der sonstigen Leistung, zu deren Bezug der Gutschein berechtigt, ausreichend (vgl. hierzu Abschnitt 3.17 Abs. 2). ⑩ Bei einem Mehrzweck-Gutschein nach § 3 Abs. 15 UStG unterliegt erst bei dessen Einlösung die tatsächliche Lieferung oder die tatsächliche Erbringung der sonstigen Leistung der Umsatzsteuer (vgl. hierzu Abschnitt 3.17 Abs. 9); über diese Leistung ist dann nach den allgemeinen Regelungen abzurechnen. ⑪ Zur Verwendung der Geräteidentifikationsnummer als Bestandteil der handelsüblichen Bezeichnung des gelieferten Gegenstands vgl. BMF-Schreiben vom 1. 4. 2009, BStBl. I S. 525. **90**

Zeitpunkt der Leistung und Vereinnahmung des Entgelts

(16) ① Nach § 14 Abs. 4 Satz 1 Nr. 6 UStG ist in der Rechnung der Zeitpunkt der Lieferung oder sonstigen Leistung anzugeben. ② Dies gilt auch dann, wenn das Ausstellungsdatum der Rechnung (§ 14 Abs. 4 Satz 1 Nr. 3 UStG) mit dem Zeitpunkt der Lieferung oder der sonstigen Leistung übereinstimmt; in diesen Fällen genügt eine Angabe wie z. B. „Leistungsdatum entspricht Rechnungsdatum" (vgl. BFH-Urteil vom 17. 12. 2008, XI R 62/07, BStBl. 2009 II S. 432). ③ Nach § 31 Abs. 4 UStDV kann als Zeitpunkt der Lieferung oder der sonstigen Leistung der Kalendermonat angegeben werden, in dem die Leistung ausgeführt wird. ④ Die Verpflichtung zur Angabe des Zeitpunkts der Lieferung oder der sonstigen Leistung besteht auch in den Fällen, in denen die Ausführung der Leistung gegen Barzahlung erfolgt. ⑤ Im Einzelnen gilt hierbei Folgendes: **91**

1. Angabe des Zeitpunkts der Lieferung in einem Lieferschein:
   ① Nach § 31 Abs. 1 UStDV kann eine Rechnung aus mehreren Dokumenten bestehen, aus denen sich die nach § 14 Abs. 4 Satz 1 UStG erforderlichen Angaben insgesamt ergeben. ② Demzufolge können sich Rechnungsangaben auch aus einem in dem Dokument, in dem Entgelt und Steuerbetrag angegeben sind, zu bezeichnenden Lieferschein ergeben. ③ Sofern sich der nach § 14 Abs. 4 Satz 1 Nr. 6 UStG erforderliche Leistungszeitpunkt aus dem Lieferschein ergeben soll, ist es erforderlich, dass der Lieferschein neben dem Lieferscheindatum eine gesonderte Angabe des Leistungsdatums enthält. ④ Sofern das Leistungsdatum dem Lie-

ferscheindatum entspricht, kann an Stelle der gesonderten Angabe des Leistungsdatums ein Hinweis in die Rechnung aufgenommen werden, dass das Lieferscheindatum dem Leistungsdatum entspricht.

2. Angabe des Zeitpunkts der Lieferung in den Fällen, in denen der Ort der Lieferung nach § 3 Abs. 6 UStG bestimmt wird:
   ① In den Fällen, in denen der Gegenstand der Lieferung durch den Lieferer, den Abnehmer oder einen vom Lieferer oder vom Abnehmer beauftragten Dritten befördert oder versendet wird, gilt die Lieferung nach § 3 Abs. 6 Satz 1 UStG dort als ausgeführt, wo die Beförderung oder Versendung an den Abnehmer oder in dessen Auftrag an einen Dritten beginnt (vgl. Abschnitt 3.12). ② Soweit es sich um eine Lieferung handelt, für die der Ort der Lieferung nach § 3 Abs. 6 UStG bestimmt wird, ist in der Rechnung als Tag der Lieferung der Tag des Beginns der Beförderung oder Versendung des Gegenstands der Lieferung anzugeben. ③ Dieser Tag ist auch maßgeblich für die Entstehung der Steuer nach § 13 Abs. 1 Nr. 1 Buchstabe a Satz 1 UStG (vgl. Abschnitt 13.1 Abs. 1 und 2 Satz 2).
3. Angabe des Zeitpunkts der Lieferung in anderen Fällen:
   ① In allen Fällen, in denen sich der Ort der Lieferung nicht nach § 3 Abs. 6 UStG bestimmt, ist als Tag der Lieferung in der Rechnung der Tag der Verschaffung der Verfügungsmacht anzugeben. ② Zum Begriff der Verschaffung der Verfügungsmacht vgl. Abschnitt 3.1 Abs. 2.
4. Angabe des Zeitpunkts der sonstigen Leistung:
   ① Nach § 14 Abs. 4 Satz 1 Nr. 6 UStG ist in der Rechnung der Zeitpunkt der sonstigen Leistung anzugeben. ② Dies ist der Zeitpunkt, zu dem die sonstige Leistung ausgeführt ist. ③ Sonstige Leistungen sind grundsätzlich im Zeitpunkt ihrer Vollendung ausgeführt. ④ Bei zeitlich begrenzten Dauerleistungen ist die Leistung mit Beendigung des entsprechenden Rechtsverhältnisses ausgeführt, es sei denn, die Beteiligten hatten Teilleistungen vereinbart (vgl. Abschnitt 13.1 Abs. 3). ⑤ Bei sonstigen Leistungen, die sich über mehrere Monate oder Jahre erstrecken, reicht die Angabe des gesamten Leistungszeitraums (z. B. „1. 1. 01 bis 31. 12. 01") aus. ⑥ Eine Rechnung, die nur die Angabe einer Leistung „bis zum heutigen Tag" ohne Konkretisierung des Beginns des Leistungszeitraums enthält, erfüllt diese Voraussetzungen nicht (vgl. EuGH-Urteil vom 15. 9. 2016, C-516/14, Barlis 06).
5. Noch nicht ausgeführte Lieferung oder sonstige Leistung:
   ① Wird über eine noch nicht ausgeführte Lieferung oder sonstige Leistung abgerechnet, handelt es sich um eine Rechnung über eine Anzahlung, in der die Angabe des Zeitpunkts der Vereinnahmung des Entgelts oder des Teilentgelts entsprechend § 14 Abs. 4 Satz 1 Nr. 6 UStG nur dann erforderlich ist, wenn der Zeitpunkt der Vereinnahmung bei der Rechnungsstellung feststeht und nicht mit dem Ausstellungsdatum der Rechnung übereinstimmt (vgl. BFH-Urteil vom 2. 12. 2015, V R 15/15, BStBl. 2016 II S. 486). ② Auch in diesem Fall reicht es aus, den Kalendermonat der Vereinnahmung anzugeben. ③ Auf der Rechnung ist kenntlich zu machen, dass über eine noch nicht erbrachte Leistung abgerechnet wird (vgl. Abschnitt 14.8 Abs. 4).

92 (17) ① Ist in einem Vertrag – z. B. Miet- oder Pachtvertrag, Wartungsvertrag oder Pauschalvertrag mit einem Steuerberater – der Zeitraum, über den sich die jeweilige Leistung oder Teilleistung erstreckt, nicht angegeben, reicht es aus, wenn sich dieser Zeitraum aus den einzelnen Zahlungsbelegen, z. B. aus den Überweisungsaufträgen oder den Kontoauszügen, ergibt. ② Soweit periodisch wiederkehrende Zahlungen im Rahmen eines Dauerschuldverhältnisses in der Höhe und zum Zeitpunkt der vertraglichen Fälligkeiten erfolgen und keine ausdrückliche Zahlungsbestimmung vorliegt, ergibt sich der Zeitpunkt der Leistung aus Vereinfachungsgründen durch die Zuordnung der Zahlung zu der Periode, in der sie geleistet wird. ③ Dabei wird es nicht beanstandet, wenn der Zahlungsbeleg vom Leistungsempfänger ausgestellt wird.

Entgelt

93 (18) Nach § 14 Abs. 4 Satz 1 Nr. 7 UStG ist in der Rechnung das nach Steuersätzen und einzelnen Steuerbefreiungen aufgeschlüsselte Entgelt anzugeben.

Im Voraus vereinbarte Minderung des Entgelts

94 (19) ① Zusätzlich ist jede im Voraus vereinbarte Minderung des Entgelts, sofern sie nicht bereits im Entgelt berücksichtigt ist, anzugeben. ② Dies bedeutet im Fall der Vereinbarung von Boni, Skonti und Rabatten, bei denen im Zeitpunkt der Rechnungserstellung die Höhe der Entgeltsminderung nicht feststeht, dass in der Rechnung auf die entsprechende Vereinbarung hinzuweisen ist (§ 31 Abs. 1 UStDV). ③ Dies gilt sowohl im Fall des Steuerausweises in einer Rechnung als auch im Fall des Hinweises auf eine Steuerbefreiung. ④ Da Vereinbarungen über Entgeltsminderungen ebenfalls Bestandteil einer Rechnung sind, gelten die sich aus § 14 Abs. 1 Satz 2 UStG ergebenden Formerfordernisse auch für diese. ⑤ Sofern die Entgeltminderungsvereinbarung in dem Dokument, in dem Entgelt und Steuerbetrag angegeben sind, nicht enthalten ist, muss diese als gesondertes Dokument schriftlich beim leistenden Unternehmer und beim Leistungsempfänger oder dem jeweils beauftragten Dritten vorliegen. ⑥ Allerdings sind in dem Dokument, in dem das Entgelt und der darauf entfallende Steuerbetrag zusammengefasst angegeben sind, die anderen Dokumente zu bezeichnen, aus denen sich die übrigen Angaben ergeben (§ 31 Abs. 1 UStDV). ⑦ Bei Rabatt- und Bonusvereinbarungen ist es deshalb ausreichend,

USt AE 14.5

wenn in dem Dokument, das zusammengefasst die Angabe des Entgelts und des darauf entfallenden Steuerbetrags enthält, auf die entsprechende Konditionsvereinbarung hingewiesen wird. ⑧ Für eine leichte und eindeutige Nachprüfbarkeit ist allerdings eine hinreichend genaue Bezeichnung erforderlich. ⑨ Dies ist gegeben, wenn die Dokumente über die Entgeltsminderungsvereinbarung in Schriftform vorhanden sind und auf Nachfrage ohne Zeitverzögerung bezogen auf die jeweilige Rechnung vorgelegt werden können. ⑩ Ändert sich eine vor Ausführung der Leistung getroffene Vereinbarung nach diesem Zeitpunkt, ist es nicht erforderlich, die Rechnung zu berichtigen. ⑪ Die Verpflichtung zur Angabe der im Voraus vereinbarten Minderungen des Entgelts bezieht sich nur auf solche Vereinbarungen, die der Leistungsempfänger gegenüber dem leistenden Unternehmer unmittelbar geltend machen kann. ⑫ Vereinbarungen des leistenden Unternehmers mit Dritten, die nicht Leistungsempfänger sind, müssen in der Rechnung nicht bezeichnet werden. ⑬ Bei Skontovereinbarungen genügt eine Angabe wie z. B. „2% Skonto bei Zahlung bis" den Anforderungen des § 14 Abs. 4 Satz 1 Nr. 7 UStG. ⑭ Das Skonto muss nicht betragsmäßig (weder mit dem Bruttobetrag noch mit dem Nettobetrag zzgl. USt) ausgewiesen werden. ⑮ Ein Belegaustausch ist bei tatsächlicher Inanspruchnahme der im Voraus vereinbarten Entgeltminderung nicht erforderlich (vgl. aber Abschnitt 17.1 Abs. 3 Satz 4).

Steuersatz und Steuerbetrag oder Hinweis auf eine Steuerbefreiung[1]

(20) ① Nach § 14 Abs. 4 Satz 1 Nr. 8 UStG ist in der Rechnung der Steuersatz sowie der auf das Entgelt entfallende Steuerbetrag oder im Fall der Steuerbefreiung ein Hinweis auf die Steuerbefreiung anzubringen. ② Der Steuerbetrag muss vom Unternehmer für die von ihm ausgeführte steuerpflichtige Leistung nach Cent genau berechnet werden. ③ Ergibt sich bei der Steuerberechnung kein voller Centbetrag, ist der Centbetrag abzurunden, wenn die nachfolgende Ziffer höchstens 4 ist, bzw. aufzurunden, wenn die unmittelbar folgende Ziffer größer als 4 ist. ④ Bei dem Hinweis auf eine Steuerbefreiung ist es nicht erforderlich, dass der Unternehmer die entsprechende Vorschrift des UStG oder der MwStSystRL nennt. ⑤ Allerdings soll in der Rechnung ein Hinweis auf den Grund der Steuerbefreiung enthalten sein. ⑥ Dabei reicht eine Angabe in umgangssprachlicher Form aus (z. B. „Ausfuhr", zur Angabe „innergemeinschaftliche Lieferung" für den Belegnachweis vgl. BFH-Urteil vom 12. 5. 2011, V R 46/10, BStBl. II S. 957, und Abschnitt 6 a.3 Abs. 1). 95

(21) ① Die Regelung des § 32 UStDV für Rechnungen über Umsätze, die verschiedenen Steuersätzen unterliegen, gilt entsprechend, wenn in einer Rechnung neben steuerpflichtigen Umsätzen auch nicht steuerbare oder steuerfreie Umsätze aufgeführt werden. ② Soweit Kosten für Nebenleistungen, z. B. für Beförderung, Verpackung, Versicherung, besonders berechnet werden, sind sie den unterschiedlich besteuerten Hauptleistungen entsprechend zuzuordnen. ③ Die Aufteilung ist nach geeigneten Merkmalen, z. B. nach dem Verhältnis der Werte oder Gewichte, vorzunehmen. 96

(22) In Rechnungen für Umsätze, auf die die Durchschnittssätze des § 24 Abs. 1 UStG anzuwenden sind, ist außer dem Steuerbetrag der für den Umsatz maßgebliche Durchschnittssatz anzugeben (§ 24 Abs. 1 Satz 5 UStG). 97

Hinweis auf die Aufbewahrungspflicht des Leistungsempfängers[2]

(23) ① Nach § 14 Abs. 4 Satz 1 Nr. 9 UStG ist der leistende Unternehmer bei Ausführung einer steuerpflichtigen Werklieferung oder sonstigen Leistung im Zusammenhang mit einem Grundstück verpflichtet, in der Rechnung auf die einem nichtunternehmerischen Leistungsempfänger nach § 14 b Abs. 1 Satz 5 UStG obliegenden Aufbewahrungspflichten hinzuweisen. ② Hierbei ist es ausreichend, wenn in der Rechnung z. B. ein allgemeiner Hinweis enthalten ist, dass ein nichtunternehmerischer Leistungsempfänger diese Rechnung zwei Jahre aufzubewahren hat. ③ Ein Hinweis auf die Aufbewahrungspflicht des Leistungsempfängers nach § 14 b Abs. 1 Satz 5 UStG ist nicht erforderlich, wenn es sich bei der steuerpflichtigen Werklieferung oder sonstigen Leistung um eine Bauleistung im Sinne des § 13 b Abs. 2 Nr. 4 UStG an einen anderen Unternehmer handelt, für die dieser die Umsatzsteuer schuldet, oder mit einer Kleinbetragsrechnung im Sinne des § 33 UStDV abgerechnet wird. 98

Gutschrift

(24) ① Vereinbaren die am Leistungsaustausch Beteiligten, dass der in § 14 Abs. 2 Satz 1 Nr. 2 UStG bezeichnete Leistungsempfänger abrechnet (Gutschrift, § 14 Abs. 2 Satz 2 UStG), muss die Rechnung die Angabe „Gutschrift" enthalten (§ 14 Abs. 4 Satz 1 Nr. 10 UStG). ② Darüber hinaus kommt die Anerkennung von Formulierungen in Betracht, die in anderen Amtssprachen für den Begriff „Gutschrift" in Artikel 226 Nr. 10 a MwStSystRL der jeweiligen Sprachfassung verwendet werden (z. B. „Self-Billing"; vgl. Teil II des BMF-Schreibens vom 25. 10. 2013, BStBl. I S. 1305). ③ Die Verwendung anderer Begriffe entspricht nicht § 14 Abs. 4 Satz 1 Nr. 10 UStG. ④ Gleichwohl ist der Vorsteuerabzug des Leistungsempfängers nicht allein wegen begrifflicher Unschärfen zu versagen, wenn die gewählte Bezeichnung hinreichend eindeutig ist (z. B. Eigenfaktura), die Gutschrift im Übrigen ordnungsgemäß erteilt wurde und keine Zweifel an ihrer inhaltlichen Richtigkeit bestehen. 99

---

[1] Rechnungshinweise vgl. A 14.5 Abs. 20 ff., 14.6 Abs. 2 Satz 1, 14 a.1 Abs. 2, 7 u. 8 UStAE.
[2] Aufbewahrungspflicht vgl. A 14 b.1 Abs. 4 UStAE.

LS zu 14.5

Zu § 14 Abs. 4 Satz 1 Nr. 1 (Leistender; Leistungsempfänger):

100 Der **Kfz-Händler** kann die für die Mineralölgesellschaft verkauften Schmierstoffe und die von ihm erbrachten eigenen Leistungen auf einem Rechnungsvordruck abrechnen, wenn er das teilweise Auftreten im fremden Namen und für fremde Rechnung durch jeden Zweifel ausschließende Vermerke auf den Rechnungen hinreichend zum Ausdruck bringt. – Bei gemeinsamer Abrechnung von Fremdumsätzen und eigenen Leistungen kann der auf die Entgelte entfallende Steuerbetrag in einer Summe ausgewiesen werden, wenn beide Unternehmer Regelversteuerer sind. *Nordd. UStGruppenleiter-Besprechung v. 26.–28. 11. 1968 – S 7280/S 7380.*

1. Bei einer Verurteilung zur Erteilung einer Rechnung mit Umsatzsteuerausweis ist der Rechtsmittelkläger in Höhe der auszuweisenden Umsatzsteuer beschwert (Abgrenzung zu BGH v. 24. 11. 1994, GSZ 1/94, BGHZ 128, 85, NJW 1995, 664). – 2. Zur Frage der Verpflichtung zur Erteilung von Rechnungen mit Umsatzsteuerausweis bei **Strohmanngeschäften.** *BGH-Urt. v. 10. 3. 2010, VIII ZR 65/09 (DStR S. 1183).*

1. Ist die in einer Rechnung fehlerhafte Angabe der Rechtsform des **Leistungsempfängers** (hier: GmbH statt Sp. z. o. o.) in Verbindung mit der verkürzten Namensangabe geeignet, eine Verwechslung mit der unter derselben Anschrift ansässigen deutschen Schwester-GmbH hervorzurufen, ist der Vorsteuerabzug zu versagen. – 2. Die nachträgliche Berichtigung der fehlerhaften Rechnung führt **nicht** zu einem **rückwirkend zulässigen Vorsteuerabzug.** *FG Berlin-Brandenburg, Beschl. v. 22. 2. 2011, 5 V 5004/11, rkr. (DStRE S. 1273).*

Zu § 14 Abs. 4 Satz 1 Nr. 2 (Steuer-Nr.; USt-IdNr.):

101 Enthält die Rechnung entgegen § 14 Abs. 4 Satz 1 Nr. 2 UStG nur eine Zahlen- und Buchstabenkombination, bei der es sich **nicht** um die dem leistenden Unternehmer erteilte **Steuernummer** handelt, ist der Leistungsempfänger nach § 15 Abs. 1 Satz 1 Nr. 1 Satz 2 UStG – vorbehaltlich einer Rechnungsberichtigung – nicht zum Vorsteuerabzug berechtigt. *BFH-Urt. v. 2. 9. 2010, V R 55/09 (BStBl. 2011 II S. 235).*

Anspruch auf **Erteilung einer Steuernummer** vgl. *BFH-Urt. v. 23. 9. 2009, II R 66/07 (BStBl. 2010 II S. 712)* und *BMF v. 1. 7. 2010 (BStBl. I S. 625).*

1. Der **Anspruch auf Erteilung einer Steuernummer** für Umsatzsteuerzwecke besteht bereits dann, wenn der Antragsteller ernsthaft erklärt, ein selbstständiges gewerbliches oder berufliches Tätigwerden zu beabsichtigen (hier: Erbringung von Trockenbauleistungen). – 2. Lediglich in offensichtlichen Missbrauchsfällen (z. B. zur Erlangung des Vorsteuerabzugs für privat bezogene Leistungen) kann die Erteilung der Steuernummer abgelehnt werden. – 3. … *Sächsisches FG, Urt. v. 13. 8. 2014 – 8 K 650/14, rkr. (MwStR 2015 S. 401).*

Zu § 14 Abs. 4 Satz 1 Nr. 5 (Leistungsbezeichnung):

102 Bei Rohrmontagearbeiten im Unternehmerbereich liegt eine **hinreichende Leistungsbeschreibung** vor, wenn kein anderer Leistungsgegenstand in Betracht kommt als die Vornahme der Montagearbeiten oder die Überlassung von Arbeitskräften für diese Arbeiten. *BFH-Urteil v. 12. 12. 1996 – V R 16/96 (BFH/NV 1997 S. 717).*

Zum Vorsteuerabzug berechtigende Rechnungen müssen alle dafür erforderlichen Angaben enthalten, die eine eindeutige und leicht nachprüfbare Identifizierung der abgerechneten Leistung ermöglichen. Diesen Anforderungen entspricht eine Rechnung nicht, wenn sie über eine **hochpreisige Ware** (hier: Armbanduhren und Armbänder) ohne Bezugnahme auf bestimmte Lieferscheine unter bloßer Verwendung der Gattungsbezeichnung abrechnet und nicht die handelsübliche Gegenstandsbezeichnung verwendet. *BFH-Beschl. v. 29. 11. 2002 – V B 119/02 (BFH/NV 2003 S. 518).*

Anforderungen an die **Leistungsbeschreibung** in einer Rechnung bei **„Kleinstunternehmern"** im Baugewerbe. *BFH-Beschl. v. 5. 2. 2010 – XI B 31/09 (BFH/NV S. 962).*

Anforderungen an die **Leistungsbeschreibung** in einer zum Vorsteuerabzug berechtigenden Rechnung. *BFH-Beschl. v. 6. 7. 2010 – XI B 91/09 (BFH/NV S. 2138).*

Eine zum Vorsteuerabzug berechtigende Rechnung hat **Angaben zu Umfang und Art** der abgerechneten sonstigen Leistungen zu enthalten. Aus den (bloßen) Angaben „Personalgestellung – Schreibarbeiten" und „Büromaterial, Porto, EDV, Fachliteratur" ergibt sich auch in Verbindung mit dem in der Rechnung angegebenen Leistungszeitraum „Nachzahlung 2008" keine Quantifizierung der erbrachten Leistungen. *BFH-Urteil v. 15. 5. 2012 XI R 32/10 (BFH/NV S. 1836).*

Unrichtige u. ungenaue **Leistungsbezeichnung** vgl. *FG Saarland, Urt. v. 12. 5. 2011, 1 K 1304/06 (NWB S. 3174).*

Hinweis auf *BMF vom 1. 4. 2009 IV B 8 – S 7280 – a/07/10 004 (BStBl. I S. 525):* (keine Verpflichtung zur Angabe einer **Geräteidentifikationsnummer**).

1. Zur Frage, welchen Anforderungen Rechnungsangaben zur Bezeichnung der Menge und der Art der gelieferten Gegenstände i. S. des Art. 226 Nr. 6 MwStSystRL genügen müssen, kann sich ein Unternehmer darauf berufen, dass die von ihm verwendeten Bezeichnungen **„handelsüblich"** i. S. des § 14 Abs. 4 S. 1 Nr. 5 UStG sind. – 2. Die Tatsacheninstanz muss – u. U. unter Zuhilfenahme eines Sachverständigen – ermitteln, welche Angabe der Art der gelieferten Gegenstände unter Berücksichtigung von Handelsstufe, Art und Inhalt des Geschäftes und dem Wert der einzelnen Waren handelsüblich ist. *BFH-Urteile v. 10. 7. 2019 XI R 27/18 (DStR 2020 S. 154) und XI R 28/18 (BStBl. 2021 II S. 961).*

1. Die Bezeichnung der erbrachten Leistungen als **„Trockenbauarbeiten"** kann den Anforderungen an die **Leistungsbeschreibung** genügen, wenn sie sich auf ein konkret bezeichnetes Bauvorhaben an einem bestimmten Ort bezieht. – 2. … *BFH-Urteil v. 15. 10. 2019 V R 29/19 (BStBl. 2021 II S. 646).*

Zu § 14 Abs. 4 Satz 1 Nr. 6 (Leistungszeitpunkt):

103 Die Angabe des **Kalendermonats** als Leistungszeitpunkt (§ 14 Abs. 4 S. 1 Nr. 6 UStG i. V. m. § 31 Abs. 4 UStDV) kann sich unter Beachtung der unionsrechtlichen Vorgaben aus dem Ausstellungsdatum der Rechnung ergeben, wenn nach den Verhältnissen des jeweiligen Einzelfalls davon auszugehen ist, dass die Leistung in dem Monat bewirkt wurde, in dem die Rechnung ausgestellt wurde. *BFH-Urteil v. 1. 3. 2018 V R 18/17 (BStBl. 2021 II S. 644).*

1. … – 2. Die Angabe des Leistungszeitpunkts kann sich aus dem Ausstellungsdatum der Rechnung ergeben, wenn nach den Verhältnissen des Einzelfalls davon auszugehen ist, dass die Werklieferung oder Werkleistung in dem Monat der Rechnungsausstellung erbracht („bewirkt") wurde (Fortführung der Senatsrechtsprechung im Urteil vom 1. 3. 2018 – V R 18/17, BFHE 261, 187, HFR 2018, 987). *BFH-Urteil v. 15. 10. 2019 V R 29/19 (BStBl. 2021 II S. 646).*

Zu § 14 Abs. 4 Satz 1 Nr. 8 (Steuersatz u. -betrag; Rechnungshinweis):

104 Über die **Abrundung der USt bei der Rechnungserteilung** enthält das Steuerrecht keine besonderen Vorschriften. Die USt muß vom Unternehmer für die von ihm ausgeführte steuerpflichtige Leistung nach Pfennigen genau berechnet werden. Ergibt sich bei der Steuerberechnung kein voller Pfennigbetrag, so ist nach der üblichen Methode für das Abkürzen von Dezimalstellen zu verfahren. Der Pfennigbetrag bleibt unverändert (abgerundet), wenn die nachfolgende Ziffer höchstens 4 ist (z. B. 5,874 DM = 5,87 DM). Er wird um eins erhöht (aufgerundet), wenn die unmittelbar folgende Ziffer größer als 4 ist (z. B. 5,876 DM = 5,88 DM). *BdF-Erlaß IV A/3 – S 7280 – 16/67 v. 11. 3. 1968.*

1. In Ermangelung einer spezifischen Gemeinschaftsregelung ist es Sache der Mitgliedstaaten, die Regeln und Methoden für die **Rundung der Mehrwertsteuerbeträge** zu bestimmen; dabei müssen sie darauf achten, dass die Grundsätze, auf denen das gemeinsame Mehrwertsteuersystem beruht, insbesondere die Grundsätze der steuerlichen Neutralität und der Proportionalität, eingehalten werden. – 2. Das Gemeinschaftsrecht enthält bei seinem derzeitigen Stand keine spezifische Verpflichtung, wonach die Mitgliedstaaten den Steuerpflichtigen die Abrundung des Mehrwertsteuerbetrags pro Artikel gestatten müssen. ***EuGH-Urt. v. 10. 7. 2008,*** *C-484/06, Fiscale eenheid Koninklijke Ahold NV (DStRE S. 1025).* – Vgl. auch ***EuGH-Urt. v. 18. 12. 2008,*** *C-488/07, Royal Bank of Scotland Group plc (DStRE 2009 S. 305) und* ***EuGH-Urt. v. 5. 3. 2009,*** *C-302/07, J D Wetherspoon plc (DStRE S. 679).*

1. Die Ausstellung einer Rechnung mit **gesonderter Angabe der Umsatzsteuer** kann auch bei der Vereinbarung eines Nettopreises „zuzüglich gesetzlicher Mehrwertsteuer" entweder nur bei objektiver Steuerpflicht der erbrachten Leistung (§ 14 Abs. 1 UStG) oder im Falle einer bestandskräftigen Besteuerung (§ 242 BGB) verlangt werden (Fortführung von BGH-Urt. v. 11. 5. 1988 – VIII ZR 96/87, BGHZ 104, 285; BGH-Urt. v. 10. 11. 1988 – VII ZR 137/87, NJW 1989, 302). – 2.–3 b. … *BGH-Urt. v. 2. 11. 2001 – V ZR 224/00 (NJW-RR 2002 S. 376).*

Schreiben betr. Leistungsbeschreibung nach § 14 Abs. 4 Satz 1 Nr. 5 UStG; Handelsübliche Bezeichnung nach dem BFH-Urteil v. 10. 7. 2019 – XI R 28/18

Anl zu 14.5

Vom 1. Dezember 2021 (MwStR S. 988)

(BMF III C 2 – S 7280-a/19/10002 :001; DOK 2021/1226715)

[abgedruckt im USt-Handbuch 2021 als Anlage b zu A 14.5]

14.6 Rechnungen über Kleinbeträge[1]

UStAE 14.6

(1) ① Nach § 33 UStDV sind in Rechnungen, deren Gesamtbetrag 250 € nicht übersteigt (Kleinbetragsrechnungen), abweichend von § 14 Abs. 4 UStG nur folgende Angaben erforderlich: 111

- der vollständige Name und die vollständige Anschrift des leistenden Unternehmers;
- das Ausstellungsdatum;
- die Menge und die Art der gelieferten Gegenstände oder der Umfang und die Art der sonstigen Leistung und
- das Entgelt und der darauf entfallende Steuerbetrag in einer Summe sowie
- der anzuwendende Steuersatz oder
- im Fall einer Steuerbefreiung ein Hinweis darauf, dass für die Lieferung oder sonstige Leistung eine Steuerbefreiung gilt.[2]

② Wird in einer Rechnung über verschiedene Leistungen abgerechnet, die verschiedenen Steuersätzen unterliegen, sind für die verschiedenen Steuersätzen unterliegenden Leistungen die jeweiligen Summen anzugeben.

(2) ① Dabei sind die übrigen formalen Voraussetzungen des § 14 UStG zu beachten. ② Die Grundsätze der §§ 31 (Angaben in der Rechnung) und 32 (Rechnungen über Umsätze, die verschiedenen Steuersätzen unterliegen) UStDV sind entsprechend anzuwenden. 112

(3) Wird über Leistungen im Sinne der §§ 3 c (Ort der Lieferung in besonderen Fällen), 6 a (innergemeinschaftliche Lieferung) oder 13 b (Leistungsempfänger als Steuerschuldner) UStG abgerechnet, gilt § 33 UStDV nicht. 113

14.7 Fahrausweise als Rechnungen[3]

UStAE 14.7

(1) ① Fahrausweise (§ 34 UStDV) sind Dokumente, die einen Anspruch auf Beförderung von Personen gewähren. ② Dazu gehören auch Zuschlagkarten für zuschlagspflichtige Züge, Platzkarten, Bettkarten und Liegekarten. ③ Mit Fahrscheindruckern ausgestellte Fahrscheine sind auch dann Fahrausweise im Sinne des § 34 UStDV, wenn auf ihnen der Steuersatz in Verbindung mit einem Symbol angegeben ist (z. B. „V" mit dem zusätzlichen Vermerk „V = 19% USt"). ④ Keine Fahrausweise sind Rechnungen über die Benutzung eines Taxis oder Mietwagens. 121

(2) ① Zeitfahrausweise (Zeitkarten) werden von den Verkehrsunternehmen in folgenden Formen ausgegeben: 122

1. Die Zeitkarte wird für jeden Gültigkeitszeitraum insgesamt neu ausgestellt,
2. ① die Zeitkarte ist zweigeteilt in eine Stammkarte und eine Wertkarte oder Wertmarke. ② Hierbei gilt die Stammkarte, die lediglich der Identitätskontrolle dient, für einen längeren Zeitraum als die jeweilige Wertkarte oder Wertmarke.

② Beide Formen der Zeitkarten sind als Fahrausweise anzuerkennen, wenn sie die in § 34 Abs. 1 UStDV bezeichneten Angaben enthalten. ③ Sind diese Angaben bei den unter Satz 1 Nummer 2 aufgeführten Zeitkarten insgesamt auf der Wertkarte oder der Wertmarke vermerkt, sind diese Belege für sich allein als Fahrausweise anzusehen.

---

[1] Vorsteuerabzug aus Kleinbetragsrechnungen vgl. A 15.4 UStAE.
[2] Rechnungshinweise vgl. A 14.5 Abs. 20 ff., 14.6 Abs. 1 Satz 1, 14 a.1 Abs. 2, 7 u. 8 UStAE.
[3] Vorsteuerabzug aus Fahrausweisen vgl. A 15.5 UStAE.

123 (3) ① Fahrausweise gelten nach § 34 UStDV als Rechnungen im Sinne des § 14 UStG, wenn sie mindestens die folgenden Angaben enthalten:
- den vollständigen Namen und die vollständige Anschrift des Unternehmers, der die Beförderungsleistung ausführt (§ 31 Abs. 2 UStDV ist entsprechend anzuwenden);
- das Ausstellungsdatum;
- das Entgelt und den darauf entfallenden Steuerbetrag in einer Summe;
- den anzuwendenden Steuersatz, wenn die Beförderungsleistung nicht dem ermäßigten Steuersatz nach § 12 Abs. 2 Nr. 10 UStG unterliegt;
- im Fall der Anwendung des § 26 Abs. 3 UStG ein Hinweis auf die grenzüberschreitende Beförderung im Luftverkehr.

② Die übrigen formalen Voraussetzungen des § 14 UStG sind zu beachten. ③ Zur Erstellung von Fahrausweisen im Online-Verfahren vgl. Abschnitt 14.4 Absatz 11. ④ Fahrausweise für eine grenzüberschreitende Beförderung im Personenverkehr und im internationalen Eisenbahn-Personenverkehr gelten nur dann als Rechnung im Sinne des § 14 UStG, wenn eine Bescheinigung des Beförderungsunternehmers oder seines Beauftragten darüber vorliegt, welcher Anteil des Beförderungspreises auf das Inland entfällt. ⑤ In der Bescheinigung ist der Steuersatz anzugeben, der auf den auf das Inland entfallenden Teil der Beförderungsleistung anzuwenden ist. ⑥ Die Ausführungen gelten für Belege im Reisegepäckverkehr entsprechend.

UStAE 14.8

14.8 Rechnungserteilung bei der Istversteuerung von Anzahlungen[1]

131 (1) ① Aus Rechnungen über Zahlungen vor Ausführung der Leistung muss hervorgehen, dass damit Voraus- oder Anzahlungen (vgl. Abschnitt 13.5) abgerechnet werden, z. B. durch Angabe des voraussichtlichen Zeitpunkts der Leistung. ② Unerheblich ist, ob vor Ausführung der Leistung über das gesamte Entgelt oder nur einen Teil des Entgelts abgerechnet wird. ③ Die Regelung gilt auch für die Unternehmer, die die Steuer nach § 20 UStG nach vereinnahmten Entgelten berechnen.

132 (2) ① Sofern die berechneten Voraus- oder Anzahlungen nicht geleistet werden, tritt eine Besteuerung nach § 14c Abs. 2 UStG nicht ein. ② Das gilt auch dann, wenn der Unternehmer die Leistung nicht ausführt, es sei denn, die Leistung war von vornherein nicht beabsichtigt (vgl. BFH-Urteil vom 21. 2. 1980, V R 146/73, BStBl. II S. 283).

133 (3) ① Über Voraus- und Anzahlungen kann auch mit Gutschriften abgerechnet werden. ② In diesen Fällen gilt § 14 Abs. 2 Sätze 2 und 3 UStG (vgl. Abschnitt 14.3).

134 (4) ① Für Rechnungen über Voraus- oder Anzahlungen ist § 14 Abs. 4 UStG sinngemäß anzuwenden (vgl. Abschnitt 14.5 ff.). ② In Rechnungen über Lieferungen oder sonstige Leistungen, auf die eine Voraus- oder Anzahlung geleistet wurde, müssen die Gegenstände der Lieferung oder die Art der sonstigen Leistung zum Zeitpunkt der Voraus- oder Anzahlung genau bestimmt sein (vgl. BFH-Urteil vom 24. 8. 2006, V R 16/05, BStBl. 2007 II S. 340). ③ Statt des Zeitpunkts der Lieferung oder sonstigen Leistung (§ 14 Abs. 4 Satz 1 Nr. 6 UStG) ist der voraussichtliche Zeitpunkt oder der Kalendermonat der Leistung anzugeben (§ 31 Abs. 4 UStDV). ④ Haben die Beteiligten lediglich vereinbart, in welchem Zeitraum oder bis zu welchem Zeitpunkt die Leistung ausgeführt werden soll, ist dieser Zeitraum oder der betreffende Zeitpunkt in der Rechnung anzugeben. ⑤ Ist der Leistungszeitpunkt noch nicht vereinbart worden, genügt es, dass dies aus der Rechnung hervorgeht. ⑥ An die Stelle des Entgelts für die Lieferung oder sonstige Leistung tritt in einer Rechnung über eine Voraus- oder Anzahlung die Angabe des vor der Ausführung der Leistung vereinnahmten Entgelts oder Teilentgelts (§ 14 Abs. 4 Satz 1 Nr. 7 UStG). ⑦ Außerdem ist in einer Rechnung über eine Voraus- oder Anzahlung der auf das Entgelt oder Teilentgelt entfallende Umsatzsteuerbetrag auszuweisen (§ 14 Abs. 4 Satz 1 Nr. 8 UStG).

135 (5) ① In einer Rechnung über Zahlungen vor Ausführung der Leistung können mehrere oder alle Voraus- oder Anzahlungen zusammengefasst werden. ② Dabei genügt es, wenn der Unternehmer den Gesamtbetrag der vorausgezahlten Teilentgelte und die darauf entfallende Steuer angibt. ③ Rechnungen mit gesondertem Steuerausweis können schon erteilt werden, bevor eine Voraus- oder Anzahlung vereinnahmt worden ist. ④ Ist das im Voraus vereinnahmte Entgelt oder Teilentgelt niedriger als in der Rechnung angegeben, entsteht die Umsatzsteuer nur insoweit, als sie auf das tatsächlich vereinnahmte Entgelt oder Teilentgelt entfällt. ⑤ Einer Berichtigung der Rechnung bedarf es in diesem Falle nicht.

136 (6) ① Der Unternehmer kann über die Leistung im Voraus eine Rechnung erteilen, in der das gesamte Entgelt und die Steuer für diese Leistung insgesamt gesondert ausgewiesen werden. ② Zusätzliche Rechnungen über Voraus- oder Anzahlungen entfallen dann.

137 (7) ① In einer Endrechnung, mit der ein Unternehmer über die ausgeführte Leistung insgesamt abrechnet, sind die vor der Ausführung der Leistung vereinnahmten Entgelte oder Teilentgelte sowie die hierauf entfallenden Steuerbeträge abzusetzen, wenn über diese Entgelte oder

[1] Vorgezogener Vorsteuerabzug vgl. A 15.3 UStAE.

Teilentgelte Rechnungen mit gesondertem Steuerausweis erteilt worden sind (§ 14 Abs. 5 Satz 2 UStG). ② Bei mehreren Voraus- oder Anzahlungen genügt es, wenn der Gesamtbetrag der vorausgezahlten Entgelte oder Teilentgelte und die Summe der darauf entfallenden Steuerbeträge abgesetzt werden. ③ Statt der vorausgezahlten Entgelte oder Teilentgelte und der Steuerbeträge können auch die Gesamtbeträge der Voraus- oder Anzahlungen abgesetzt und die darin enthaltenen Steuerbeträge zusätzlich angegeben werden. ④ Wird in der Endrechnung der Gesamtbetrag der Steuer für die Leistung angegeben, braucht der auf das verbleibende restliche Entgelt entfallende Steuerbetrag nicht angegeben zu werden. UStAE 14.8

Beispiel 1:

Absetzung der einzelnen im Voraus vereinnahmten Teilentgelte und der auf sie entfallenden Steuerbeträge

Endrechnung

Errichtung einer Lagerhalle

Ablieferung und Abnahme: 10. 10. 01

	Summe	Preis	Entgelt	Umsatzsteuer
		7 140 000 €	6 000 000 €	1 140 000 €
./. Abschlagszahlungen				
5. 3. 01	1 190 000 €		1 000 000 €	190 000 €
2. 4. 01	1 190 000 €		1 000 000 €	190 000 €
4. 6. 01	1 190 000 €		1 000 000 €	190 000 €
3. 9. 01	2 380 000 €	5 950 000 €	2 000 000 €	380 000 €
Verbleibende Restzahlung		1 190 000 €	1 000 000 €	190 000 €

Beispiel 2:

Absetzung des Gesamtbetrags der vorausgezahlten Teilentgelte und der Summe der darauf entfallenden Steuerbeträge

Endrechnung

Lieferung und Einbau eines Fahrstuhls

Ablieferung und Abnahme: 10. 9. 01

	Preis	Entgelt	Umsatzsteuer
	1 428 000 €	1 200 000 €	228 000 €
./. Abschlagszahlungen am 2. 4. und 4. 6. 01	1 190 000 €	1 000 000 €	190 000 €
Verbleibende Restzahlung	238 000 €	200 000 €	38 000 €

Beispiel 3:

Absetzung des Gesamtbetrags der Abschlagszahlungen (Vorauszahlungen)

Endrechnung

Lieferung und Montage einer Heizungsanlage

Ablieferung und Abnahme: 10. 7. 01

Entgelt insgesamt	1 500 000 €
+ Umsatzsteuer	285 000 €
Gesamtpreis	1 785 000 €
./. Abschlagszahlungen am 1. 2. und 7. 5. 01	1 428 000 €
Verbleibende Restzahlung	357 000 €
Darin enthaltene Umsatzsteuer	57 000 €
In den Abschlagszahlungen enthaltene Umsatzsteuer	228 000 €

Beispiel 4:

Verzicht auf die Angabe des auf das restliche Entgelt entfallenden Steuerbetrags

Endrechnung

Lieferung eines Baukrans am 20. 8. 01

1 Baukran		Entgelt	1 600 000 €
		+ Umsatzsteuer	304 000 €
		Preis	1 904 000 €
./. Abschlagszahlungen, geleistet am 12. 3., 14. 5. und 10. 7. 01:			
Entgelt	1 300 000 €		
+ Umsatzsteuer	247 000 €		1 547 000 €
Verbleibende Restzahlung			357 000 €

(8) Für die Erteilung der Endrechnung gelten folgende Vereinfachungen: 138

1. ① Die vor der Ausführung der Leistung vereinnahmten Teilentgelte und die darauf entfallenden Steuerbeträge werden nicht vom Rechnungsbetrag abgesetzt, sondern auf der Endrechnung zusätzlich angegeben. ② Auch hierbei können mehrere Voraus- oder Anzahlungen zusammengefasst werden.

UStAE 14.8

Beispiel 1:
Angabe der einzelnen Anzahlungen
Endrechnung
Lieferung einer Entlüftungsanlage am 23. 7. 01

Entgelt	800 000 €
+ Umsatzsteuer	152 000 €
Preis	952 000 €

Geleistete Anzahlungen:

	Gesamtbetrag	Entgelt	Umsatzsteuer
1. 2. 01:	238 000 €	200 000 €	38 000 €
5. 3. 01:	238 000 €	200 000 €	38 000 €
7. 5. 01:	238 000 €	200 000 €	38 000 €
	714 000 €	600 000 €	114 000 €

Beispiel 2:
Angabe der Gesamt-Anzahlungen
Endrechnung
Lieferung eines Baggers am 18. 6. 01

	Preis	Entgelt	Umsatzsteuer
1 Bagger	535 500 €	450 000 €	85 500 €

Geleistete Anzahlungen am 13. 3. und 21. 5. 01:

Entgelt	350 000 €
+ Umsatzsteuer	66 500 €
Gesamtbetrag	416 500 €

2. ① Die vor der Ausführung der Leistung vereinnahmten Teilentgelte und die darauf entfallenden Steuerbeträge werden in einem Anhang der Endrechnung aufgeführt. ② Auf diesen Anhang ist in der Endrechnung ausdrücklich hinzuweisen.

Beispiel:
Anlage der einzelnen Anzahlungen in einem Anhang zur Endrechnung
Endrechnung Nr. … …, 19. 11. 01
Errichtung einer Montagehalle
Ablieferung und Abnahme: 12. 11. 01
Montagehalle

Gesamtentgelt	6 500 000 €
+ Umsatzsteuer	1 235 000 €
Gesamtpreis	7 735 000 €

Die geleisteten Anzahlungen sind in der angefügten Zahlungsübersicht zusammengestellt.
Anhang der Rechnung Nr. … vom 19. 11. 01
Zahlungsübersicht

	Gesamtbetrag	Entgelt	Umsatzsteuer
Anzahlung am 1. 2. 01	2 380 000 €	2 000 000 €	380 000 €
Anzahlung am 2. 4. 01	1 190 000 €	1 000 000 €	190 000 €
Anzahlung am 4. 6. 01	1 190 000 €	1 000 000 €	190 000 €
Anzahlung am 1. 8. 01	1 190 000 €	1 000 000 €	190 000 €
	5 950 000 €	5 000 000 €	950 000 €

3. ① Der Leistungsempfänger erhält außer der Endrechnung eine besondere Zusammenstellung der Anzahlungen, über die Rechnungen mit gesondertem Steuerausweis erteilt worden sind. ② In der Endrechnung muss ausdrücklich auf die Zusammenstellung der Anzahlungen hingewiesen werden. ③ Die Zusammenstellung muss einen entsprechenden Hinweis auf die Endrechnung enthalten.

139 (9) ① Wenn der Unternehmer ordnungsgemäß erteilte Rechnungen über Voraus- oder Anzahlungen, in denen die Steuer gesondert ausgewiesen ist, nachträglich bei der Abrechnung der gesamten Leistung widerruft oder zurücknimmt, ist er gleichwohl nach § 14 Abs. 5 Satz 2 UStG verpflichtet, in der Endrechnung die vorausgezahlten Entgelte oder Teilentgelte und die darauf entfallenden Steuerbeträge abzusetzen. ② Dementsprechend ändert sich in diesem Falle auch an der Berechtigung des Leistungsempfängers zum Vorsteuerabzug auf Grund von Voraus- oder Anzahlungsrechnungen nichts.

140 (10) ① Werden – entgegen der Verpflichtung nach § 14 Abs. 5 Satz 2 UStG – in einer Endrechnung oder der zugehörigen Zusammenstellung die vor der Leistung vereinnahmten Teilentgelte und die auf sie entfallenden Steuerbeträge nicht abgesetzt oder angegeben, hat der Unternehmer den in dieser Rechnung ausgewiesenen gesamten Steuerbetrag an das Finanzamt abzuführen. ② Entsprechendes gilt, wenn in der Endrechnung oder der zugehörigen Zusammenstellung nur ein Teil der im Voraus vereinnahmten Teilentgelte und der auf sie entfallenden Steuerbeträge abgesetzt wird. ③ Der Teil der in der Endrechnung ausgewiesenen Steuer, der auf die vor der Leistung vereinnahmten Teilentgelte entfällt, wird in diesen Fällen zusätzlich nach § 14c

Abs. 1 UStG geschuldet. ④ Der Leistungsempfänger kann jedoch nur den Teil des in der Endrechnung ausgewiesenen Steuerbetrags als Vorsteuer abziehen, der auf das nach der Ausführung der Leistung zu entrichtende restliche Entgelt entfällt. ⑤ Erteilt der Unternehmer dem Leistungsempfänger nachträglich eine berichtigte Endrechnung, die den Anforderungen des § 14 Abs. 5 Satz 2 UStG genügt, kann er die von ihm geschuldete Steuer in entsprechender Anwendung des § 17 Abs. 1 UStG berichtigen.

(11) ① Statt einer Endrechnung kann der Unternehmer über das restliche Entgelt oder den verbliebenen Restpreis eine Rechnung erteilen (Restrechnung). ② In ihr sind die im Voraus vereinnahmten Teilentgelte und die darauf entfallenden Steuerbeträge nicht anzugeben. ③ Es ist jedoch nicht zu beanstanden, wenn zusätzlich das Gesamtentgelt (ohne Steuer) angegeben wird und davon die im Voraus vereinnahmten Teilentgelte (ohne Steuer) abgesetzt werden. **141**

14.9 Rechnungserteilung bei verbilligten Leistungen (§ 10 Abs. 5 UStG)

UStAE 14.9

(1) ① Grundsätzlich können in einer Rechnung nur das Entgelt und der darauf entfallende Umsatzsteuerbetrag ausgewiesen werden. ② Hiervon abweichend sind Unternehmer berechtigt und bei Ausführung einer Leistung an einen unternehmerischen Leistungsempfänger oder an eine juristische Person verpflichtet, in den folgenden Fällen die Mindestbemessungsgrundlage des § 10 Abs. 5 i. V. m. § 10 Abs. 4 UStG sowie den darauf entfallenden Steuerbetrag in einer Rechnung auszuweisen: **151**

1. Körperschaften und Personenvereinigungen im Sinne des § 1 Abs. 1 Nr. 1 bis 5 KStG, nichtrechtsfähige Personenvereinigungen sowie Gemeinschaften führen im Inland verbilligte Lieferungen oder sonstige Leistungen an ihre Anteilseigner, Gesellschafter, Mitglieder, Teilhaber oder diesen nahestehende Personen aus (§ 10 Abs. 5 Nr. 1 UStG).
2. Einzelunternehmer führen verbilligte Leistungen an ihnen nahestehende Personen aus (§ 10 Abs. 5 Nr. 1 UStG).
3. Unternehmer führen verbilligte Leistungen an ihr Personal oder dessen Angehörige auf Grund des Dienstverhältnisses aus (§ 10 Abs. 5 Nr. 2 UStG).

Beispiel:

① Eine Gesellschaft liefert an ihren unternehmerisch tätigen Gesellschafter eine gebrauchte Maschine, deren Wiederbeschaffungskosten netto 50 000 € betragen, zu einem Kaufpreis von 30 000 €.

② In diesem Fall muss die Rechnung neben den übrigen erforderlichen Angaben enthalten:

Mindestbemessungsgrundlage	50 000 €
19% Umsatzsteuer	9 500 €

③ Der die Maschine erwerbende Gesellschafter kann unter den weiteren Voraussetzungen des § 15 UStG 9 500 € als Vorsteuer abziehen.

(2) Für Land- und Forstwirte, die nach den Durchschnittssätzen des § 24 Abs. 1 bis 3 UStG besteuert werden, gilt die Regelung nicht. **152**

14.10 Rechnungserteilung in Einzelfällen[1]

UStAE 14.10

(1) ① Erhält ein Unternehmer für seine Leistung von einem anderen als dem Leistungsempfänger ein zusätzliches Entgelt im Sinne des § 10 Abs. 1 Satz 2 UStG (Entgelt von dritter Seite), entspricht die Rechnung den Anforderungen des § 14 Abs. 4 Satz 1 Nr. 7 und 8 UStG, wenn in ihr das Gesamtentgelt – einschließlich der Zuzahlung – und der darauf entfallende Steuerbetrag angegeben sind. ② Gibt der Unternehmer in der Rechnung den vollen Steuerbetrag, nicht aber das Entgelt von dritter Seite an, ist die Rechnung für Zwecke des Vorsteuerabzugs durch den Leistungsempfänger ausreichend, wenn der angegebene Steuerbetrag die für den Umsatz geschuldete Steuer nicht übersteigt. **161**

(2) Auf folgende Regelungen wird hingewiesen: **162**

1. Pfandgeld für Warenumschließungen,
   vgl. Abschnitt 10.1 Abs. 8,
2. Austauschverfahren in der Kraftfahrzeugwirtschaft,
   vgl. Abschnitt 10.5 Abs. 3,
3. Briefmarkenversteigerungsgeschäft, Versteigerungsgewerbe,
   vgl. Abschnitt 3.7 Abs. 6 und BMF-Schreiben vom 7. 5. 1971,
4. Kraft- und Schmierstofflieferungen für den Eigenbedarf der Tankstellenagenten,
   vgl. Abschnitt 3.7 Abs. 5,
5. Garantieleistungen in der Reifenindustrie,
   vgl. BMF-Schreiben vom 21. 11. 1974, BStBl. I S. 1021,[2]
6. Garantieleistungen und Freiinspektionen in der Kraftfahrzeugwirtschaft,
   vgl. BMF-Schreiben vom 3. 12. 1975, BStBl. I S. 1132.[2]

---

[1] Rechnungsausstellung bei land- und forstwirtschaftlichen Betrieben vgl. A 24.9 UStAE.
[2] Vgl. die Anlagen a, b zu A 1.3 UStAE.

163 (3) ① Leistungen verschiedener Unternehmer können in einer Rechnung aufgeführt werden, wenn darin über die Leistungen eines jeden Unternehmers getrennt abgerechnet wird, z. B. die Rechnung einer Tankstelle über eine eigene Reparaturleistung und über eine Kraftstofflieferung einer Mineralölgesellschaft. ② Zur Angabe der Steuernummer oder USt-IdNr. in der Rechnung vgl. Abschnitt 14.5 Abs. 6. ③ Erfolgt die Trennung nicht zutreffend, entsteht auch Steuer nach § 14c Abs. 2 UStG.

UStAE 14.11

14.11 Berichtigung von Rechnungen[1]

171 (1) ① Nach § 14 Abs. 6 Nr. 5 UStG, § 31 Abs. 5 UStDV kann eine Rechnung berichtigt werden, wenn sie nicht alle Angaben nach § 14 Abs. 4 und § 14a UStG enthält oder wenn Angaben in der Rechnung unzutreffend sind. ② Dabei müssen nur die fehlenden oder unzutreffenden Angaben ergänzt oder berichtigt werden. ③ Die Berichtigung einer Rechnung um fehlende oder unzutreffende Angaben ist kein rückwirkendes Ereignis im Sinne von § 175 Abs. 1 Satz 1 Nr. 2 und § 233a Abs. 2a AO (§ 14 Abs. 4 Satz 4 UStG). ④ Die Berichtigung muss durch ein Dokument erfolgen, das spezifisch und eindeutig auf die Rechnung bezogen ist (vgl. BFH-Urteile vom 22. 1. 2020 – XI R 10/17, BStBl. II S. 601, und vom 5. 9. 2019 – V R 38/17, BStBl. II 2022 S. 696). ⑤ Dies ist regelmäßig der Fall, wenn in diesem Dokument die fortlaufende Nummer der ursprünglichen Rechnung angegeben ist; eine neue Rechnungsnummer für dieses Dokument ist nicht erforderlich. ⑥ Das Dokument, mit dem die Berichtigung durchgeführt werden soll, muss die formalen Anforderungen der §§ 14 und 14a UStG erfüllen. ⑦ Für die Berichtigung einer Rechnung genügt die einfache Schriftform auch dann, wenn in einem notariell beurkundeten Kaufvertrag mit Umsatzsteuerausweis abgerechnet worden ist (BFH-Urteil vom 11. 10. 2007, V R 27/05, BStBl. 2008 II S. 438). ⑧ Die Rückgabe der ursprünglichen Rechnung durch den Leistungsempfänger ist nicht erforderlich (vgl. BFH-Urteil vom 25. 2. 1993, V R 112/91, BStBl. II S. 643).

172 (2) ① Die Berichtigung einer Rechnung kann nur durch den Rechnungsaussteller selbst vorgenommen werden (vgl. BFH-Urteil vom 27. 9. 1979, V R 78/73, BStBl. 1980 II S. 228). ② Lediglich in dem Fall, in dem ein Dritter mit der Ausstellung der Rechnung beauftragt wurde (§ 14 Abs. 2 Satz 4 UStG), kann die Berichtigung durch den leistenden Unternehmer selbst oder im Fall der Gutschrift durch den Gutschriftsaussteller vorgenommen werden. ③ Der Abrechnungsempfänger kann von sich aus den Inhalt der ihm erteilten Abrechnung nicht mit rechtlicher Wirkung verändern. ④ Insbesondere kann der gesonderte Ausweis der Steuer nur vom Abrechnenden vorgenommen werden. ⑤ Der Leistungsempfänger kann den in einer ihm erteilten Rechnung enthaltenen Gesamtkaufpreis selbst dann nicht mit rechtlicher Wirkung in Entgelt und darauf entfallende Steuer aufteilen, wenn diese Änderung der Rechnung im Beisein des leistenden Unternehmers vorgenommen wird. ⑥ Eine Berichtigung oder Ergänzung des Abrechnungspapiers durch den Abrechnungsempfänger ist jedoch anzuerkennen, wenn sich der Abrechnende die Änderung zu eigen macht und dies aus dem Abrechnungspapier oder anderen Unterlagen hervorgeht, auf die im Abrechnungspapier hingewiesen ist (vgl. BFH-Beschluss vom 17. 4. 1980, V S 18/79, BStBl. II S. 540). ⑦ Zu der Möglichkeit des Rechnungsempfängers, in § 14 Abs. 4 Satz 1 Nr. 5 und 6 UStG bezeichnete Angaben für Zwecke des Vorsteuerabzugs selbst zu ergänzen oder nachzuweisen, vgl. Abschnitt 15.11 Abs. 3.

173 (3) ① Da der Leistungsempfänger nach § 15 Abs. 1 Satz 1 Nr. 1 UStG im Besitz einer nach §§ 14, 14a UStG ausgestellten Rechnung sein muss, kann er vom Rechnungsaussteller eine Berichtigung verlangen, wenn die Rechnung nicht diesen Anforderungen genügt und dadurch der Vorsteuerabzug beim Leistungsempfänger gefährdet würde. ② Zum zivilrechtlichen Anspruch vgl. Abschnitt 14.1 Abs. 5.

LS zu 14.11

175 Die Art. 167, 178 Buchst. a, 220 Nr. 1 und 226 MwStSystRL sind dahin auszulegen, dass sie einer nationalen Regelung oder Praxis, nach der die nationalen Behörden einem Steuerpflichtigen das Recht, den für ihm erbrachte Dienstleistungen geschuldeten oder entrichteten Mehrwertsteuerbetrag von der von ihm geschuldeten Mehrwertsteuer als Vorsteuer abzuziehen, mit der Begründung absprechen, dass die ursprüngliche Rechnung, die zum Zeitpunkt der Vornahme des Vorsteuerabzugs in seinem Besitz war, ein falsches Datum des Abschlusses der Dienstleistung aufgewiesen habe und dass die später berichtigte Rechnung und die die ursprüngliche Rechnung aufhebende Gutschrift nicht fortlaufend nummeriert gewesen seien, dann [ausnahmsweise] entgegenstehen, **wenn die materiell-rechtlichen Voraussetzungen** für den Vorsteuerabzug **erfüllt sind** und der Steuerpflichtige der betreffenden Behörde vor Erlass ihrer Entscheidung eine **berichtigte Rechnung zugeleitet** hat, in der das zutreffende Datum des Abschlusses der genannten Dienstleistung vermerkt war, auch wenn diese Rechnung und die die ursprüngliche Rechnung aufhebende Gutschrift keine fortlaufende Nummerierung aufweisen. ***EuGH-Urt. v. 15. 7. 2010,*** *C-368/09, Pannon Gép Centrum kft (DStR S. 1475).*

Die Gewährung des Vorsteuerabzugs unter dem Gesichtspunkt einer rückwirkenden Rechnungsberichtigung setzt – auch im Wege einer Billigkeitsmaßnahme – voraus, dass die zu berichtigende Rechnung falsche oder unvollständige Angaben enthält, die einer Berichtigung zugänglich wären. Die für den Steuerpflichtigen ungünstige Rechtsfolge, dass die **Vorsteuer** erst in dem **Besteuerungszeitraum** abgezogen werden kann, in dem ihm auch die **Rechnung vorliegt,** beruht auf einer bewussten Anordnung des Gesetzgebers, die nicht durch eine Billigkeitsmaßnahme unterlaufen werden darf. *BFH-Urt. v. 19. 6. 2013, XI R 41/10 (BStBl. 2014 II S. 738).*

Art. 226 MwStSystRL ist dahin auszulegen, dass Rechnungen mit **unvollständiger** Angabe von **Leistungsbeschreibung und -zeitraum** die Anforderungen von Nr. 6 und 7 dieses Artikels a priori nicht erfüllen. Art. 178 Buchst. a MwStSystRL hindert die nationalen Steuerbehörden daran, das Recht auf Vorsteuerabzug allein deshalb zu verweigern, weil

[1] Rechnungsberichtigung vgl. A 14.11, 14c.1, 14c.2, 15.2a Abs. 7 u. 15.11 Abs. 3 UStAE.

die Rechnung, die der Steuerpflichtige besitzt, nicht die Voraussetzungen von Art. 226 Nr. 6 und 7 der Richtlinie erfüllt, obwohl diese Behörden über alle notwendigen Informationen verfügen, um zu prüfen, ob die materiellen Voraussetzungen für die Ausübung dieses Rechts vorliegen. ***EuGH-Urteil v. 15. 9. 2016*** *C-516/14, Barlis 06 (DStR S. 2216).* LS zu 14.11

1. Berichtigt der Unternehmer eine Rechnung nach § 31 Abs. 5 UStDV, **wirkt** dies auf den Zeitpunkt **zurück,** in dem die Rechnung erstmals ausgestellt wurde (Änderung der Rechtsprechung). – 2. Eine **berichtigungsfähige Rechnung** liegt jedenfalls dann vor, wenn sie Angaben zum Rechnungsaussteller, zum Leistungsempfänger, zur Leistungsbeschreibung, zum Entgelt und zur gesondert ausgewiesenen Umsatzsteuer enthält. – 3. Die Rechnung kann bis zum Schluss der **letzten mündlichen Verhandlung** vor dem FG berichtigt werden. *BFH-Urteil v. 20. 10. 2016 V R 26/15 (BStBl. 2020 II S. 593)* – Nachfolgeentscheidung zu *EuGH C-518/14, Senatex* **(Ls. zu 15.2).** *noch* **175**

1. Weist der leistende Unternehmer in einer Rechnung Umsatzsteuer offen aus, obwohl der Leistungsempfänger Steuerschuldner ist, schuldet der leistende Unternehmer diese Steuer nach § 14 c Abs. 1 UStG (Anschluss an das BFH-Urteil vom 19. 11. 2014 V R 41/13, BFHE 248, 406). – 2. Eine in einer Abtretungsanzeige an das FA enthaltene **Abtretungserklärung** des leistenden Unternehmers ist als Berichtigung des Steuerbetrags i. S. des § 14 c Abs. 1 Satz 2 UStG anzusehen, wenn diese dem Leistungsempfänger zugegangene Abtretungserklärung spezifisch und eindeutig auf eine (oder mehrere) ursprüngliche Rechnung(en) bezogen ist und aus ihr klar hervorgeht, dass der leistende Unternehmer über seine Leistungen – statt, wie bisher, unter Ansatz des ursprünglich ausgewiesenen Steuerbetrags – nunmehr nur noch ohne Umsatzsteuer abrechnen will. – 3. Einer Rechnungsberichtigung i. S. des **§ 14 c Abs. 1 Satz 2 UStG** kommt keine Rückwirkung zu. *BFH-Urteil v. 12. 10. 2016 XI R 43/14 (BStBl. 2022 II S. 566).*

Eine Rechnung ist auch dann – evtl. rückwirkend berichtigungsfähig – **„unzutreffend"** i. S. des § 31 Abs. 5 Satz 1 Buchst. b UStDV, wenn sie im Einvernehmen aller Beteiligten vollständig rückabgewickelt und die gezahlte Umsatzsteuer zurückgezahlt wurde. Vgl. *BFH-Urteil v. 22. 1. 2020 XI R 10/17 (BStBl. 2020 II S. 601).*

Gehen Leistender und Leistungsempfänger irrtümlich von der Anwendung des **Reverse-Charge-Verfahrens** aus, ist trotz fehlenden Ausweises von Umsatzsteuer eine rückwirkende Rechnungsberichtigung möglich. *Urteil FG Niedersachsen v. 17. 9. 2020 11 K 323/19, rkr. (MwStR 2021 S. 43).*

UStG

§ 14 a Zusätzliche Pflichten bei der Ausstellung von Rechnungen in besonderen Fällen

1 **(1) ① Hat der Unternehmer seinen Sitz, seine Geschäftsleitung, eine Betriebsstätte, von der aus der Umsatz ausgeführt wird, oder in Ermangelung eines Sitzes seinen Wohnsitz oder gewöhnlichen Aufenthalt im Inland und führt er einen Umsatz in einem anderen Mitgliedstaat aus, an dem eine Betriebsstätte in diesem Mitgliedstaat nicht beteiligt ist, so ist er zur Ausstellung einer Rechnung mit der Angabe „Steuerschuldnerschaft des Leistungsempfängers" verpflichtet, wenn die Steuer in dem anderen Mitgliedstaat von dem Leistungsempfänger geschuldet wird und keine Gutschrift gemäß § 14 Absatz 2 Satz 2 vereinbart worden ist. ② Führt der Unternehmer eine sonstige Leistung im Sinne des § 3 a Absatz 2 in einem anderen Mitgliedstaat aus, so ist die Rechnung bis zum fünfzehnten Tag des Monats, der auf den Monat folgt, in dem der Umsatz ausgeführt worden ist, auszustellen. ③ In dieser Rechnung sind die Umsatzsteuer-Identifikationsnummer des Unternehmers und die des Leistungsempfängers anzugeben. ④ Wird eine Abrechnung durch Gutschrift gemäß § 14 Absatz 2 Satz 2 über eine sonstige Leistung im Sinne des § 3 a Absatz 2 vereinbart, die im Inland ausgeführt wird und für die der Leistungsempfänger die Steuer nach § 13 b Absatz 1 und 5 schuldet, sind die Sätze 2 und 3 und Absatz 5 entsprechend anzuwenden.**

2 **(2)[1] ① Führt der Unternehmer eine Lieferung im Sinne des § 3 c Absatz 1 im Inland aus, ist er zur Ausstellung einer Rechnung verpflichtet. ② Satz 1 gilt nicht, wenn der Unternehmer an dem besonderen Besteuerungsverfahren nach § 18 j teilnimmt.**

3 **(3) ① Führt der Unternehmer eine innergemeinschaftliche Lieferung aus, ist er zur Ausstellung einer Rechnung bis zum fünfzehnten Tag des Monats, der auf den Monat folgt, in dem der Umsatz ausgeführt worden ist, verpflichtet. ② In der Rechnung sind auch die Umsatzsteuer-Identifikationsnummer des Unternehmers und die des Leistungsempfängers anzugeben. ③ Satz 1 gilt auch für Fahrzeuglieferer (§ 2 a). ④ Satz 2 gilt nicht in den Fällen der §§ 1 b und 2 a.**

4 **(4) ① Eine Rechnung über die innergemeinschaftliche Lieferung eines neuen Fahrzeugs muss auch die in § 1 b Abs. 2 und 3 bezeichneten Merkmale enthalten. ② Das gilt auch in den Fällen des § 2 a.**

5 **(5) ① Führt der Unternehmer eine Leistung im Sinne des § 13 b Absatz 2 aus, für die der Leistungsempfänger nach § 13 b Absatz 5 die Steuer schuldet, ist er zur Ausstellung einer Rechnung mit der Angabe „Steuerschuldnerschaft des Leistungsempfängers" verpflichtet; Absatz 1 bleibt unberührt. ② Die Vorschrift über den gesonderten Steuerausweis in einer Rechnung nach § 14 Absatz 4 Satz 1 Nummer 8 wird nicht angewendet.**

6 **(6) ① In den Fällen der Besteuerung von Reiseleistungen nach § 25 hat die Rechnung die Angabe „Sonderregelung für Reisebüros" und in den Fällen der Differenzbesteuerung nach § 25 a die Angabe „Gebrauchtgegenstände/Sonderregelung", „Kunstgegenstände/Sonderregelung" oder „Sammlungsstücke und Antiquitäten/Sonderregelung" zu enthalten. ② In den Fällen des § 25 Abs. 3 und des § 25 a Abs. 3 und 4 findet die Vorschrift über den gesonderten Steuerausweis in einer Rechnung (§ 14 Abs. 4 Satz 1 Nr. 8) keine Anwendung.**

7 **(7) ① Wird in einer Rechnung über eine Lieferung im Sinne des § 25 b Abs. 2 abgerechnet, ist auch auf das Vorliegen eines innergemeinschaftlichen Dreiecksgeschäfts und die Steuerschuldnerschaft des letzten Abnehmers hinzuweisen. ② Dabei sind die Umsatzsteuer-Identifikationsnummer des Unternehmers und die des Leistungsempfängers anzugeben. ③ Die Vorschrift über den gesonderten Steuerausweis in einer Rechnung (§ 14 Abs. 4 Satz 1 Nr. 8) findet keine Anwendung.**

Hinweis auf EU-Vorschriften:

UStG:	§ 14 a Abs. 1–3	**MwStSystRL:**	Art. 220 Nr. 2, 3, 226 Nr. 4
	§ 14 a Abs. 4–7		Art. 226 Nr. 11–14, 227, 325

Zu § 14 a UStG

UStAE 14 a.1

14 a.1 Zusätzliche Pflichten bei der Ausstellung von Rechnungen in besonderen Fällen

11 (1) ① § 14 a UStG regelt die zusätzlichen Pflichten bei der Ausstellung von Rechnungen in besonderen Fällen. ② § 14 a UStG ergänzt § 14 UStG. ③ Soweit nichts anderes bestimmt ist, bleiben die Regelungen des § 14 UStG unberührt. ④ Dies schließt die nach § 14 Abs. 4 UStG ge-

[1] Zur Anwendung vgl. § 27 Abs. 34 Satz 1.

forderten Angaben ein. ⑤ Entsprechend § 14 Abs. 2 Satz 2 UStG kann auch mit einer Gutschrift abgerechnet werden. ⑥ Zu den besonderen Fällen gehören: UStAE 14a.1
- sonstige Leistungen im Sinne des § 3a Abs. 2 UStG, für die der Leistungsempfänger die Steuer nach § 13b Abs. 1 und Abs. 5 Satz 1 UStG schuldet;
- Lieferungen im Sinne des § 3c Abs. 1 UStG, wenn der Unternehmer nicht an dem besonderen Besteuerungsverfahren nach § 18j UStG (vgl. Abschnitt 18j.1) teilnimmt;
- innergemeinschaftliche Lieferungen (§ 6a UStG);
- innergemeinschaftliche Lieferungen neuer Fahrzeuge (§§ 2a, 6a UStG);
- Fälle der Steuerschuldnerschaft des Leistungsempfängers (§ 13b UStG);
- Besteuerung von Reiseleistungen (§ 25 UStG);
- Differenzbesteuerung (§ 25a UStG) und
- innergemeinschaftliche Dreiecksgeschäfte (§ 25b UStG).

(2)[1] ① Hat der Unternehmer seinen Sitz, seine Geschäftsleitung, eine Betriebsstätte, von der aus der Umsatz ausgeführt wird, oder in Ermangelung eines Sitzes seinen Wohnsitz oder gewöhnlichen Aufenthalt im Inland und führt er einen Umsatz in einem anderen Mitgliedstaat aus, an dem eine Betriebsstätte in diesem Mitgliedstaat nicht beteiligt ist, ist er zur Ausstellung einer Rechnung mit der Angabe „Steuerschuldnerschaft des Leistungsempfängers" verpflichtet, wenn die Steuer in dem anderen Mitgliedstaat von dem Leistungsempfänger geschuldet wird (§ 14a Abs. 1 Satz 1 UStG). ② Dies gilt nicht, wenn eine Abrechnung durch Gutschrift im Sinne des § 14 Abs. 2 Satz 2 UStG vereinbart worden ist. ③ Absatz 6 Satz 2 gilt entsprechend. ④ Vereinbaren die am Leistungsaustausch Beteiligten, dass der Leistungsempfänger über eine sonstige Leistung im Sinne des § 3a Abs. 2 UStG abrechnet (Gutschrift, § 14 Abs. 2 Satz 2 UStG), die im Inland ausgeführt wird und für die der Leistungsempfänger die Steuer nach § 13b Abs. 1 und 5 UStG schuldet, sind Absatz 3 Sätze 2 und 3 und Absatz 6 entsprechend anzuwenden. 12

(3) ① Führt der Unternehmer eine innergemeinschaftliche Lieferung (§ 6a UStG) aus, ist er nach § 14a Abs. 3 UStG verpflichtet, spätestens am 15. Tag des Monats, der auf den Monat folgt, in dem die Lieferung ausgeführt worden ist, eine Rechnung auszustellen. ② Die gleiche Frist gilt, wenn der Unternehmer eine sonstige Leistung im Sinne des § 3a Abs. 2 UStG in einem anderen Mitgliedstaat ausführt, für die der Leistungsempfänger die Steuer schuldet (§ 14a Abs. 1 Satz 2 UStG). ③ In beiden Fällen ist in der Rechnung sowohl die USt-IdNr. des Unternehmers als auch die des Leistungsempfängers anzugeben. ④ Eine Nichteinhaltung der vorgenannten Frist stellt keine Ordnungswidrigkeit nach § 26a UStG dar. ⑤ Zum zivilrechtlichen Anspruch auf Erteilung einer ordnungsgemäßen Rechnung vgl. Abschnitt 14.1 Abs. 5. 13

(4) ① Der Unternehmer, der steuerfreie innergemeinschaftliche Lieferungen (§ 4 Nr. 1 Buchstabe b, § 6a UStG) ausführt, muss in den Rechnungen auf die Steuerfreiheit hinweisen. ② Eine Verpflichtung zur Ausstellung einer Rechnung besteht in diesen Fällen nicht nur, wenn der Abnehmer ein Unternehmer ist, der den Gegenstand der Lieferung für unternehmerische Zwecke erworben hat. ③ Sie besteht auch dann, wenn die innergemeinschaftliche Lieferung an eine juristische Person (z. B. eingetragener Verein oder Körperschaft des öffentlichen Rechts) erfolgt, die entweder kein Unternehmer ist oder den Gegenstand der Lieferung für ihren nichtunternehmerischen Bereich erworben hat. 14

(5) ① Die Verpflichtung zur Ausstellung von Rechnungen über steuerfreie Lieferungen im Sinne des § 6a UStG greift beim innergemeinschaftlichen Verbringen von Gegenständen nicht ein, weil Belege in Verbringensfällen weder als Abrechnungen anzusehen sind noch eine Außenwirkung entfalten (vgl. auch Abschnitt 14.1 Abs. 4) und deshalb keine Rechnungen im Sinne des § 14 Abs. 1 UStG sind. ② Zur Abwicklung von Verbringensfällen hat der inländische Unternehmensteil gleichwohl für den ausländischen Unternehmensteil einen Beleg auszustellen, in dem die verbrachten Gegenstände aufgeführt sind und der die Bemessungsgrundlagen, die USt-IdNr. des inländischen Unternehmensteils und die USt-IdNr. des ausländischen Unternehmensteils enthält (z. B. in einer sog. Pro-forma-Rechnung). 15

(6) ① Führt der Unternehmer eine Leistung im Sinne des § 13b Abs. 2 UStG aus, für die der Leistungsempfänger nach § 13b Abs. 5 UStG die Steuer schuldet, ist er zur Ausstellung einer Rechnung mit der Angabe „Steuerschuldnerschaft des Leistungsempfängers" verpflichtet (vgl. Abschnitt 13b.14 Abs. 1). ② Alternativ kommen Formulierungen in Betracht, die in anderen Amtssprachen für den Begriff „Steuerschuldnerschaft des Leistungsempfängers" in Artikel 226 Nr. 11a MwStSystRL der jeweiligen Sprachfassung verwendet werden (z. B. „Reverse Charge"; vgl. Teil II des BMF-Schreibens vom 25. 10. 2013, BStBl. I S. 1305).[2] ③ Zur Rechnungslegung bei in einem anderen Mitgliedstaat ansässigen Unternehmer vgl. Abschnitt 14.1 Abs. 6. 16

(7) ① Der gesonderte Ausweis der Steuer ist auch in den Rechnungen des Unternehmers erforderlich, in denen er über die im Inland ausgeführten Fernverkäufe im Sinne des § 3c UStG abrechnet. ② Nimmt der Unternehmer an dem besonderen Besteuerungsverfahren nach § 18j UStG teil, besteht keine besondere Pflicht zur Ausstellung einer Rechnung (§ 14a Abs. 2 Satz 2 17

[1] Rechnungshinweise vgl. A 14.5 Abs. 20 ff., 14.6 Abs. 2 Satz 1, 14a.1 Abs. 2, 7 u. 8 UStAE.
[2] Abgedruckt als Anlage zu A 14.1.

UStAE 14a.1

UStG). ③ In diesem Fall ist die Rechnung nach den Vorschriften des Mitgliedstaates zu erteilen, in dem der Unternehmer seine Teilnahme anzeigt (§ 14 Abs. 7 Satz 3 UStG).

18 (8) Ein Abrechnungspapier über die innergemeinschaftliche Lieferung von neuen Fahrzeugen muss neben den Angaben des § 14 Abs. 4 UStG alle für die ordnungsgemäße Durchführung der Erwerbsbesteuerung benötigten Merkmale (§ 1b Abs. 2 und 3 UStG) enthalten.

19 (9) Zu den Besonderheiten bei der Rechnungserteilung im Rahmen

1. des innergemeinschaftlichen Dreiecksgeschäfts nach § 25 b UStG vgl. Abschnitt 25 b.1 Abs. 8,
2. der Steuerschuldnerschaft des Leistungsempfängers nach § 13 b UStG vgl. Abschnitt 13 b.14 Abs. 1.

20 (10) ① In den Fällen der Besteuerung von Reiseleistungen nach § 25 UStG, muss die Rechnung die Angabe „Sonderregelung für Reisebüros" und in den Fällen der Differenzbesteuerung nach § 25 a UStG die Angabe „Gebrauchtgegenstände/Sonderregelung", „Kunstgegenstände/Sonderregelung" oder „Sammlungsstücke und Antiquitäten/Sonderregelung" enthalten (§ 14 a Abs. 6 Satz 1 UStG). ② Der Rechnungsaussteller kann anstelle der deutschen Begriffe auch Formulierungen verwenden, die in anderen Amtssprachen für die Rechnungsangaben nach Artikel 226 Nr. 13 und 14 MwStSystRL der jeweiligen Sprachfassung verwendet werden (z. B. „Margin scheme – Travel agents" für „Sonderregelung für Reisebüros", „Margin scheme – Second-hand goods" für „Gebrauchtgegenstände/Sonderregelung", „Margin scheme – Works of art" für „Kunstgegenstände/Sonderregelung" oder „Margin scheme – Collector's items and antiques" für „Sammlungsstücke und Antiquitäten/Sonderregelung"; vgl. Teil II des BMF-Schreibens vom 25. 10. 2013, BStBl. I S. 1305).[1] ③ Ein gesonderter Steuerausweis ist in den Fällen des § 25 Abs. 3 und § 25 a Abs. 3 und 4 UStG unzulässig (§ 14 a Abs. 6 Satz 2 UStG) und ein Vorsteuerabzug aus diesen Rechnungen ausgeschlossen.

[1] Tabelle abgedruckt als Anlage zu A 14.1.

UStG

§ 14b Aufbewahrung von Rechnungen

(1) ① **Der Unternehmer hat ein Doppel der Rechnung, die er selbst oder ein Dritter in seinem Namen und für seine Rechnung ausgestellt hat, sowie alle Rechnungen, die er erhalten oder die ein Leistungsempfänger oder in dessen Namen und für dessen Rechnung ein Dritter ausgestellt hat, zehn Jahre aufzubewahren.** ② **Die Rechnungen müssen für den gesamten Zeitraum die Anforderungen des § 14 Absatz 1 Satz 2 erfüllen.** ③ **Die Aufbewahrungsfrist beginnt mit dem Schluss des Kalenderjahres, in dem die Rechnung ausgestellt worden ist; § 147 Abs. 3 der Abgabenordnung bleibt unberührt.** ④ **Die Sätze 1 bis 3 gelten auch** 1

1. für Fahrzeuglieferer (§ 2a);

2. in den Fällen, in denen der letzte Abnehmer die Steuer nach § 13a Abs. 1 Nr. 5 schuldet, für den letzten Abnehmer;

3. in den Fällen, in denen der Leistungsempfänger die Steuer nach § 13b Absatz 5 schuldet, für den Leistungsempfänger.

⑤ **In den Fällen des § 14 Abs. 2 Satz 1 Nr. 1 hat der Leistungsempfänger die Rechnung, einen Zahlungsbeleg oder eine andere beweiskräftige Unterlage zwei Jahre gemäß den Sätzen 2 und 3 aufzubewahren, soweit er**

1. nicht Unternehmer ist oder

2. Unternehmer ist, aber die Leistung für seinen nichtunternehmerischen Bereich verwendet.

(2) ① **Der im Inland oder in einem der in § 1 Abs. 3 bezeichneten Gebiete ansässige Unternehmer hat alle Rechnungen im Inland oder in einem der in § 1 Abs. 3 bezeichneten Gebiete aufzubewahren.** ② **Handelt es sich um eine elektronische Aufbewahrung, die eine vollständige Fernabfrage (Online-Zugriff) der betreffenden Daten und deren Herunterladen und Verwendung gewährleistet, darf der Unternehmer die Rechnungen auch im übrigen Gemeinschaftsgebiet, in einem der in § 1 Abs. 3 bezeichneten Gebiete, im Gebiet von Büsingen oder auf der Insel Helgoland aufbewahren.** ③ **Der Unternehmer hat dem Finanzamt den Aufbewahrungsort mitzuteilen, wenn er die Rechnungen nicht im Inland oder in einem der in § 1 Abs. 3 bezeichneten Gebiete aufbewahrt.** ④ **Der nicht im Inland oder in einem der in § 1 Abs. 3 bezeichneten Gebiete ansässige Unternehmer hat den Aufbewahrungsort der nach Absatz 1 aufzubewahrenden Rechnungen im Gemeinschaftsgebiet, in den in § 1 Abs. 3 bezeichneten Gebieten, im Gebiet von Büsingen oder auf der Insel Helgoland zu bestimmen.** ⑤ **In diesem Fall ist er verpflichtet, dem Finanzamt auf dessen Verlangen alle aufzubewahrenden Rechnungen und Daten oder die an deren Stelle tretenden Bild- und Datenträger unverzüglich zur Verfügung zu stellen.** ⑥ **Kommt er dieser Verpflichtung nicht oder nicht rechtzeitig nach, kann das Finanzamt verlangen, dass er die Rechnungen im Inland oder in einem der in § 1 Abs. 3 bezeichneten Gebiete aufbewahrt.** 2

(3) **Ein im Inland oder in einem der in § 1 Abs. 3 bezeichneten Gebiete ansässiger Unternehmer ist ein Unternehmer, der in einem dieser Gebiete einen Wohnsitz, seinen Sitz, seine Geschäftsleitung oder eine Zweigniederlassung hat.** 3

(4) ① **Bewahrt ein Unternehmer die Rechnungen im übrigen Gemeinschaftsgebiet elektronisch auf, können die zuständigen Finanzbehörden die Rechnungen für Zwecke der Umsatzsteuerkontrolle über Online-Zugriff einsehen, herunterladen und verwenden.** ② **Es muss sichergestellt sein, dass die zuständigen Finanzbehörden die Rechnungen unverzüglich über Online-Zugriff einsehen, herunterladen und verwenden können.** 4

(5) **Will der Unternehmer die Rechnungen außerhalb des Gemeinschaftsgebiets elektronisch aufbewahren, gilt § 146 Absatz 2b der Abgabenordnung.** 5

Hinweis auf EU-Vorschriften:

UStG:	§ 14b Abs. 1	MwStSystRL:	Art. 244, 247, 248
	§ 14b Abs. 2, 3		Art. 241, 245, 247, 249
	§ 14b Abs. 4, 5		Art. 241, 247, 249

Zu § 14b UStG

UStAE 14b.1

14b.1 Aufbewahrung von Rechnungen[1]

(1) ① Nach § 14b Abs. 1 UStG hat der Unternehmer aufzubewahren:

– ein Doppel der Rechnung, die er selbst oder ein Dritter in seinem Namen und für seine Rechnung ausgestellt hat, 11

– alle Rechnungen, die er erhalten oder die ein Leistungsempfänger oder in dessen Namen und für dessen Rechnung ein Dritter ausgestellt hat.

[1] Aufbewahrungspflicht des Leistungsempfängers vgl. A 14.5 Abs. 23.

UStAE 14b.1

② Soweit der Unternehmer Rechnungen mithilfe elektronischer oder computergestützter Kassensysteme oder Registrierkassen erteilt, ist es hinsichtlich der erteilten Rechnungen im Sinne des § 33 UStDV ausreichend, wenn ein Doppel der Ausgangsrechnung (Kassenbeleg) aus den unveränderbaren digitalen Aufzeichnungen reproduziert werden kann, die auch die übrigen Anforderungen der GoBD (vgl. BMF-Schreiben vom 28. 11. 2019, BStBl. I S. 1269) erfüllen, insbesondere die Vollständigkeit, Richtigkeit und Zeitgerechtigkeit der Erfassung (siehe auch § 146 Abs. 1 und 4 AO). ③ Aufbewahrungspflichten nach anderen Vorschriften bleiben für andere als umsatzsteuerliche Zwecke unberührt. ④ Sind bei gemeinsamem Leistungsbezug durch mehrere Personen die einzelnen Gemeinschafter als Leistungsempfänger anzusehen (vgl. Abschnitt 15.2b Abs. 1), hat einer dieser Gemeinschafter das Original der Rechnung und jeder andere unternehmerisch tätige Gemeinschafter zumindest eine Ablichtung der Rechnung aufzubewahren.

12 (2) ① Die Aufbewahrungsfrist beträgt zehn Jahre und beginnt mit dem Ablauf des Kalenderjahres, in dem die Rechnung ausgestellt wird. ② Die Aufbewahrungsfrist läuft jedoch nicht ab, soweit und solange die Unterlagen für Steuern von Bedeutung sind, für welche die Festsetzungsfrist noch nicht abgelaufen ist (§ 147 Abs. 3 Satz 5 AO).

13 (3) Die Aufbewahrungspflichten gelten auch:
- für Fahrzeuglieferer (§ 2a UStG);
- in den Fällen, in denen der letzte Abnehmer die Steuer nach § 13a Abs. 1 Nr. 5 UStG schuldet, für den letzten Abnehmer und
- in den Fällen, in denen der Leistungsempfänger die Steuer nach § 13b Abs. 5 UStG schuldet, für den Leistungsempfänger (unabhängig davon, ob die Leistung für den unternehmerischen oder nichtunternehmerischen Bereich bezogen wurde, mit Ausnahme der in § 13b Abs. 5 Satz 10 UStG genannten Leistungen, die ausschließlich an den nichtunternehmerischen Bereich von juristischen Personen des öffentlichen Rechts erbracht werden).

14 (4) ① In den Fällen des § 14 Abs. 2 Satz 1 Nr. 1 UStG hat der Leistungsempfänger die Rechnung, einen Zahlungsbeleg oder eine andere beweiskräftige Unterlage zwei Jahre aufzubewahren soweit er
- nicht Unternehmer ist oder
- Unternehmer ist, aber die Leistung für seinen nichtunternehmerischen Bereich verwendet.

② Als Zahlungsbelege kommen z. B. Kontobelege und Quittungen in Betracht. ③ Andere beweiskräftige Unterlagen im Sinne des § 14b Abs. 1 Satz 5 UStG können z. B. Bauverträge, Abnahmeprotokolle nach VOB oder Unterlagen zu Rechtsstreitigkeiten im Zusammenhang mit der Leistung sein, mittels derer sich der Leistende, Art und Umfang der ausgeführten Leistung sowie das Entgelt bestimmen lassen. ④ Die Verpflichtung zur Aufbewahrung gilt auch dann, wenn der leistende Unternehmer entgegen § 14 Abs. 4 Satz 1 Nr. 9 UStG in der Rechnung nicht auf die Aufbewahrungspflichten nach § 14b Abs. 1 Satz 5 UStG hingewiesen hat bzw. wenn ein Hinweis auf die Aufbewahrungspflichten des Leistungsempfängers nicht erforderlich war, weil es sich um eine Kleinbetragsrechnung im Sinne des § 33 UStDV handelt (vgl. Abschnitt 14.5 Abs. 23). ⑤ Für steuerpflichtige sonstige Leistungen der in § 4 Nr. 12 Sätze 1 und 2 UStG bezeichneten Art, die weder an einen anderen Unternehmer für dessen Unternehmen noch an eine juristische Person erbracht werden, besteht keine Verpflichtung des Leistungsempfängers zur Aufbewahrung von Rechnungen, Zahlungsbelegen oder anderen beweiskräftigen Unterlagen. ⑥ § 14b Abs. 1 Satz 4 Nr. 3 UStG geht § 14b Abs. 1 Satz 5 UStG vor.

15 (5) ① Die Rechnungen müssen über den gesamten Aufbewahrungszeitraum die Anforderungen des § 14 Absatz 1 Satz 2 UStG – Echtheit der Herkunft, Unversehrtheit des Inhalts und Lesbarkeit der Rechnung – erfüllen. ② Nachträgliche Änderungen sind nicht zulässig. ③ Sollte die Rechnung auf Thermopapier ausgedruckt sein, ist sie durch einen nochmaligen Kopiervorgang auf Papier zu konservieren, das für den gesamten Aufbewahrungszeitraum nach § 14b Absatz 1 UStG lesbar ist. ④ Dabei ist es nicht erforderlich, die ursprüngliche, auf Thermopapier ausgedruckte Rechnung aufzubewahren.

16 (6)[1] ① Die Anforderungen des Umsatzsteuergesetzes an die Aufbewahrung elektronischer Rechnungen (vgl. Abschnitt 14.4 Abs. 2) sind erfüllt, wenn durch innerbetriebliche Kontrollverfahren (vgl. Abschnitt 14.4 Absätze 4 bis 6) die Echtheit der Herkunft und die Unversehrtheit des Inhalts sichergestellt sowie die Lesbarkeit der Rechnung gewährleistet sind. ② Wird eine elektronische Rechnung mit einer qualifizierten elektronischen Signatur übermittelt, ist auch die Signatur an sich als Nachweis über die Echtheit und die Unversehrtheit der Daten aufzubewahren, selbst wenn nach anderen Vorschriften die Gültigkeit dieser Nachweise bereits abgelaufen ist. ③ Aufbewahrungspflichten nach anderen Vorschriften, z. B. nach den GoBD (vgl. BMF-Schreiben vom 28. 11. 2019, BStBl. I S. 1269), bleiben für andere als umsatzsteuerliche Zwecke unberührt.

17 (7) ① Im Inland oder in einem der in § 1 Abs. 3 UStG genannten Gebiete ansässige Unternehmer sind verpflichtet, die Rechnungen im Inland oder in einem der in § 1 Abs. 3 UStG genannten Gebiete aufzubewahren (§ 14b Abs. 2 Satz 1 UStG). ② Ein im Inland oder in einem der in § 1 Abs. 3 UStG bezeichneten Gebiete ansässiger Unternehmer ist ein Unternehmer, der

[1] A 14b.1 UStAE Abs. 6 Satz 3 angefügt durch BMF v. 20. 12. 2022 (BStBl. I S. 1694).

in einem dieser Gebiete einen Wohnsitz, seinen Sitz, seine Geschäftsleitung oder eine Zweigniederlassung hat (§ 14b Abs. 3 UStG).

(8) ① Bei elektronisch aufbewahrten Rechnungen (dabei muss es sich nicht um elektronisch übermittelte Rechnungen handeln) kann der im Inland oder der in einem der in § 1 Abs. 3 UStG genannten Gebiete ansässige Unternehmer die Rechnungen im Gemeinschaftsgebiet, in einem der in § 1 Abs. 3 UStG genannten Gebiete, im Gebiet von Büsingen oder auf der Insel Helgoland aufbewahren, soweit eine vollständige Fernabfrage (Online-Zugriff) der betreffenden Daten und deren Herunterladen und Verwendung durch das Finanzamt gewährleistet ist. ② Bewahrt der Unternehmer in diesem Fall die Rechnungen nicht im Inland oder in einem der in § 1 Abs. 3 UStG genannten Gebiete auf, hat er dem für die Umsatzbesteuerung zuständigen Finanzamt den Aufbewahrungsort unaufgefordert und schriftlich mitzuteilen. ③ Will der Unternehmer die Rechnungen außerhalb des Gemeinschaftsgebiets elektronisch aufbewahren, gilt § 146 Abs. 2b AO (§ 14b Abs. 5 UStG). 18

(9) ① Ein nicht im Inland oder in einem der in § 1 Abs. 3 UStG bezeichneten Gebiete ansässiger Unternehmer hat die Rechnungen im Gemeinschaftsgebiet, in einem der in § 1 Abs. 3 UStG bezeichneten Gebiete, im Gebiet von Büsingen oder auf der Insel Helgoland aufzubewahren. ② Er ist verpflichtet, dem Finanzamt auf dessen Verlangen alle aufzubewahrenden Rechnungen und Daten oder die an deren Stelle tretenden Bild- und Datenträger unverzüglich zur Verfügung zu stellen. ③ Kommt der Unternehmer dieser Verpflichtung nicht oder nicht rechtzeitig nach, kann das Finanzamt verlangen, dass er die Rechnungen im Inland oder in einem der in § 1 Abs. 3 UStG bezeichneten Gebiete aufbewahrt. ④ Ist ein nicht im Gemeinschaftsgebiet ansässiger Unternehmer nach den Bestimmungen des Staates, in dem er ansässig ist, verpflichtet, die Rechnungen im Staat der Ansässigkeit aufzubewahren, ist es ausreichend, wenn dieser Unternehmer im Gemeinschaftsgebiet Ablichtungen der aufzubewahrenden Rechnungen aufbewahrt. 19

(10) ① Verletzt der Unternehmer seine Aufbewahrungspflichten nach § 14b UStG, kann dies als eine Ordnungswidrigkeit im Sinne des § 26a Abs. 2 Nr. 2 UStG geahndet werden. ② Der Anspruch auf Vorsteuerabzug nach § 15 Abs. 1 Satz 1 Nr. 1 UStG bleibt hiervon zwar unberührt, der Unternehmer trägt nach allgemeinen Grundsätzen jedoch die objektive Feststellungslast für alle Tatsachen, die den Anspruch begründen. ③ Verletzungen der GoBD (vgl. BMF-Schreiben vom 28. 11. 2019, BStBl. I S. 1269) wirken sich ebenfalls nicht auf den ursprünglichen Vorsteuerabzug aus, sofern die Voraussetzungen für den Vorsteuerabzug nachgewiesen werden (vgl. Abschnitt 15.11 Abs. 1 Satz 3). ④ Sind Unterlagen für den Vorsteuerabzug unvollständig oder nicht vorhanden, kann das Finanzamt die abziehbare Vorsteuer unter bestimmten Voraussetzungen schätzen oder aus Billigkeitsgründen ganz oder teilweise anerkennen, sofern im Übrigen die Voraussetzungen für den Vorsteuerabzug vorliegen (vgl. Abschnitt 15.11 Abs. 5 bis 7). 20

UStG

§ 14c Unrichtiger oder unberechtigter Steuerausweis[1]

1 **(1) ① Hat der Unternehmer in einer Rechnung für eine Lieferung oder sonstige Leistung einen höheren Steuerbetrag, als er nach diesem Gesetz für den Umsatz schuldet, gesondert ausgewiesen (unrichtiger Steuerausweis), schuldet er auch den Mehrbetrag. ② Berichtigt er den Steuerbetrag gegenüber dem Leistungsempfänger, ist § 17 Abs. 1 entsprechend anzuwenden. ③ In den Fällen des § 1 Abs. 1a und in den Fällen der Rückgängigmachung des Verzichts auf die Steuerbefreiung nach § 9 gilt Absatz 2 Satz 3 bis 5 entsprechend.**

2 **(2) ① Wer in einer Rechnung einen Steuerbetrag gesondert ausweist, obwohl er zum gesonderten Ausweis der Steuer nicht berechtigt ist (unberechtigter Steuerausweis), schuldet den ausgewiesenen Betrag. ② Das Gleiche gilt, wenn jemand wie ein leistender Unternehmer abrechnet und einen Steuerbetrag gesondert ausweist, obwohl er nicht Unternehmer ist oder eine Lieferung oder sonstige Leistung nicht ausführt. ③ Der nach den Sätzen 1 und 2 geschuldete Steuerbetrag kann berichtigt werden, soweit die Gefährdung des Steueraufkommens beseitigt worden ist. ④ Die Gefährdung des Steueraufkommens ist beseitigt, wenn ein Vorsteuerabzug beim Empfänger der Rechnung nicht durchgeführt oder die geltend gemachte Vorsteuer an die Finanzbehörde zurückgezahlt worden ist. ⑤ Die Berichtigung des geschuldeten Steuerbetrags ist beim Finanzamt gesondert schriftlich zu beantragen und nach dessen Zustimmung in entsprechender Anwendung des § 17 Abs. 1 für den Besteuerungszeitraum vorzunehmen, in dem die Voraussetzungen des Satzes 4 eingetreten sind.**

Hinweis auf EU-Vorschriften:

UStG: § 14c Abs. 1, 2 .... **MwStSystRL:** Art. 184, 186, 203

Übersicht

Zu § 14c UStG

UStAE 14c.1

14c.1 Unrichtiger Steuerausweis (§ 14c Abs. 1 UStG)[1]

Zu hoher Steuerausweis

11 (1)[2] ① Weist der leistende Unternehmer oder der von ihm beauftragte Dritte in einer Rechnung einen höheren Steuerbetrag aus, als der leistende Unternehmer nach dem Gesetz schuldet (unrichtiger Steuerausweis), schuldet der leistende Unternehmer auch den Mehrbetrag (§ 14c Abs. 1 Satz 1 UStG). ② Die Rechtsfolgen treten unabhängig davon ein, ob die Rechnung alle in § 14 Abs. 4 und § 14a UStG aufgeführten Angaben enthält, die abstrakte Gefahr einer Vorsteuerinanspruchnahme ist ausreichend (vgl. BFH-Urteil vom 17. 2. 2011, V R 39/09, BStBl. II S. 734). ③ Dies ist jedenfalls der Fall, wenn die Rechnung den Rechnungsaussteller, den Leistungsempfänger, eine Leistungsbeschreibung sowie das Entgelt und die gesondert ausgewiesene Umsatzsteuer enthält. ④ Als Angabe zum Entgelt genügt es bereits, wenn durch die Angabe des Bruttorechnungsbetrags und des gesondert ausgewiesenen Umsatzsteuerbetrags das Entgelt ohne weiteres errechnet werden kann. ⑤ Die Vorschrift des § 14c Abs. 1 UStG gilt für Unternehmer, die persönlich zum gesonderten Steuerausweis berechtigt sind und für eine Lieferung oder sonstige Leistung einen Steuerbetrag in der Rechnung gesondert ausgewiesen haben, obwohl sie für diesen Umsatz keine oder eine niedrigere Steuer schulden. ⑥ Hiernach werden von § 14c Abs. 1 UStG Rechnungen mit gesondertem Steuerausweis erfasst (vgl. BFH-Urteil vom 7. 5. 1981, V R 126/75, BStBl. II S. 547):

1. für steuerpflichtige Leistungen, wenn eine höhere als die dafür geschuldete Steuer ausgewiesen wurde;
2. für steuerpflichtige Leistungen in den Fällen der Steuerschuldnerschaft des Leistungsempfängers (vgl. Abschnitt 13b.14 Abs. 1 Satz 5);
3. für steuerfreie Leistungen;

[1] **Hinweis** auf A 17.1 Abs. 10 UStAE. – Rechnungsberichtigung vgl. A 14.11, 14c.1, 14c.2, 15.2a Abs. 7 u. 15.11 Abs. 3 UStAE.

[2] A 14c.1 UStAE Abs. 1 Satz 4 eingefügt, bish. Sätze 4 bis 7 werden neue Sätze 5 bis 8 durch BMF v. 20. 12. 2022 (BStBl. I S. 1694).

UStAE 14c.1

4. für nicht steuerbare Leistungen (unentgeltliche Leistungen, Leistungen im Ausland und Geschäftsveräußerungen im Sinne des § 1 Abs. 1a UStG) und außerdem
5. für nicht versteuerte steuerpflichtige Leistungen, wenn die Steuer für die Leistung wegen des Ablaufs der Festsetzungsfrist (§§ 169 bis 171 AO) nicht mehr erhoben werden kann (vgl. BFH-Urteil vom 13. 11. 2003, V R 79/01, BStBl. 2004 II S. 375).

⑦ Die zu hoch ausgewiesene Steuer wird vom Unternehmer geschuldet, obwohl der Leistungsempfänger diese Steuer nicht als Vorsteuer abziehen kann (vgl. BFH-Urteil vom 6. 12. 2007, V R 3/06, BStBl. 2009 II S. 203, Abschnitt 15.2 Abs. 1 Sätze 1 und 2). ⑧ Zur Steuerentstehung vgl. Abschnitt 13.7.

(2) ① Ein zu hoher Steuerausweis im Sinne des § 14c Abs. 1 UStG liegt auch vor, wenn in Rechnungen über Kleinbeträge (§ 33 UStDV) ein zu hoher Steuersatz oder in Fahrausweisen (§ 34 UStDV) ein zu hoher Steuersatz oder fälschlich eine Beförderungsstrecke von mehr als 50 Kilometern angegeben ist. ② Die Angabe einer falschen Beförderungsstrecke nach § 12 Abs. 2 Nr. 10 UStG führt für sich alleine noch nicht zu einer Steuerschuld nach § 14c Abs. 1 UStG, da diese nicht zu den Mindestangaben nach § 34 Abs. 1 UStDV gehört. 12

(3) ① Die Regelung des § 14c Abs. 1 UStG ist auch auf Gutschriften (§ 14 Abs. 2 Satz 2 UStG) anzuwenden, soweit der Gutschriftsempfänger einem zu hohen Steuerbetrag nicht widerspricht (vgl. BFH-Urteil vom 23. 4. 1998, V R 13/92, BStBl. II S. 418). ② Zum Widerspruch vgl. Abschnitt 14.3 Abs. 4. ③ Wird in einem Dokument der Begriff „Gutschrift" verwendet, obwohl keine Gutschrift im umsatzsteuerrechtlichen Sinne nach § 14 Abs. 2 Satz 2 UStG vorliegt (z. B. kaufmännische Gutschrift), führt allein die Bezeichnung als „Gutschrift" nicht zur Anwendung des § 14c UStG. 13

(4) ① § 14c Abs. 1 UStG gilt auch, wenn der Steuerbetrag von einem zu hohen Entgelt berechnet wurde (bei verdecktem Preisnachlass vgl. BMF-Schreiben vom 28. 8. 2020, BStBl. I S. 928). ② Die Folgen des § 14c Abs. 1 UStG treten nicht ein, wenn in Rechnungen für nicht steuerpflichtige Leistungen lediglich der Gesamtpreis einschließlich Umsatzsteuer in einem Betrag angegeben wird. ③ Das Gleiche gilt, wenn der für eine Leistung geschuldete Kaufpreis auf Grund einer nachträglichen Vereinbarung wirksam herabgesetzt wird. ④ Zu Anzahlungen vgl. Abschnitt 13.5 Abs. 4. ⑤ Sind für ein und dieselbe Leistung mehrere Rechnungen ausgestellt worden, ohne dass sie als Duplikat oder Kopie gekennzeichnet wurden, schuldet der leistende Unternehmer den hierin gesondert ausgewiesenen Steuerbetrag (vgl. BFH-Urteil vom 27. 4. 1994, XI R 54/93, BStBl. II S. 718). ⑥ Dies gilt nicht, wenn inhaltlich identische (s. § 14 Abs. 4 UStG) Mehrstücke derselben Rechnung übersandt werden. ⑦ Besteht eine Rechnung aus mehreren Dokumenten, sind diese Regelungen für die Dokumente in ihrer Gesamtheit anzuwenden. 14

Berichtigung eines zu hohen Steuerausweises

(5)[1, 2] ① Der leistende Unternehmer oder der von ihm beauftragte Dritte kann den Steuerbetrag gegenüber dem Leistungsempfänger berichtigen (vgl. Absatz 7). ② In diesem Fall ist § 17 Abs. 1 UStG entsprechend anzuwenden. ③ Die Berichtigung des geschuldeten Mehrbetrags ist folglich für den Besteuerungszeitraum vorzunehmen, in welchem dem Leistungsempfänger die berichtigte Rechnung erteilt wurde; die Rechnungsberichtigung wirkt nicht auf den Zeitpunkt zurück, in dem die Rechnung erstmals ausgestellt wurde (vgl. BFH-Urteil vom 12. 10. 2016 – XI R 43/14, BStBl. II 2022 S. 566). ④ Wurde ein zu hoch ausgewiesener Rechnungsbetrag bereits vereinnahmt und steht dem Leistungsempfänger aus der Rechnungsberichtigung ein Rückforderungsanspruch zu, ist die Berichtigung des geschuldeten Mehrbetrags erst nach einer entsprechenden Rückzahlung an den Leistungsempfänger zulässig (vgl. BFH-Urteile vom 18. 9. 2008 – V R 56/06, BStBl. II 2009 S. 250, und vom 2. 9. 2010 – V R 34/09, BStBl. II 2011 S. 991, und vom 16. 5. 2018 – XI R 28/16, BStBl. II 2022 S. 570). ⑤ Die Rückzahlung an den Leistungsempfänger kann auch im Wege der Abtretung erfolgen (vgl. BFH-Urteil vom 12. 10. 2016 – XI R 43/14, a. a. O.). 15

Beispiel:

① Ein Unternehmer berechnet für eine Lieferung die Umsatzsteuer mit 19%, obwohl hierfür nach § 12 Abs. 2 UStG nur 7% geschuldet werden.

Entgelt	1 000,– €
+ 19% Umsatzsteuer	190,– €
Rechnungsbetrag	1 190,– €

② Wird der Rechnungsbetrag um die zu hoch ausgewiesene Steuer herabgesetzt, ergibt sich folgende berichtigte Rechnung:

Entgelt	1 000,– €
+ 7% Umsatzsteuer	70,– €
Rechnungsbetrag	1 070,– €

[1] A 14c.1 UStAE Abs. 5 Satz 3 neugefasst, Satz 4 geändert, Satz 5 angefügt durch BMF v. 20. 12. 2022 (BStBl. I S. 1697).

[2] Zeitpunkt der Umsatzsteuer- und Vorsteuerberichtigung vgl. A 14c.1 Abs. 5 Satz 3, Abs. 10 und A 17.1 Abs. 10 UStAE. – Zur **Rückwirkung** der Berichtigung vgl. **LS zu 14.11.**

UStAE 14c.1

③ Diese berichtigte Rechnung ist für Zwecke der Berichtigung des Steuerbetrags nur anzuerkennen, soweit der leistende Unternehmer vom bereits vereinnahmten Rechnungsbetrag den Differenzbetrag in Höhe von 120 € (= 1 190 € – 1 070 €) an den Leistungsempfänger zurück gewährt.

④ Bleibt der Rechnungsbetrag in der berichtigten Rechnung unverändert, ergibt sich die richtige Steuer durch Herausrechnen aus dem bisherigen Rechnungsbetrag:

Rechnungsbetrag mit Steuer	1 190,– €
darin enthaltene Steuer auf der Grundlage des ermäßigten Steuersatzes von 7% = $^{7}/_{107}$	77,85 €
Rechnungsbetrag ohne Steuer	1 112,15 €
Berichtigte Rechnung:	
Entgelt	1 112,15 €
+ 7% Umsatzsteuer	77,85 €
Rechnungsbetrag	1 190,– €

⑤ Diese Rechnungsberichtigung ist für Zwecke der Berichtigung des Steuerbetrags auch ohne Rückgewähr des Entgelts anzuerkennen.

16 (6) ① Im Rahmen eines Organschaftsverhältnisses ist eine von der Organgesellschaft mit einem zu hohen Steuerausweis ausgestellte Rechnung durch sie oder einen von ihr beauftragten Dritten gegenüber dem Leistungsempfänger zu berichtigen. ② Die Steuerschuldnerschaft des Organträgers für den zu hohen Steuerausweis bleibt unberührt.

17 (7) ① Die Berichtigung der zu hoch ausgewiesenen Umsatzsteuer im Sinne des § 14c Abs. 1 UStG erfolgt durch Berichtigungserklärung gegenüber dem Leistungsempfänger (vgl. BFH-Urteil vom 10. 12. 1992, V R 73/90, BStBl. 1993 II S. 383). ② Dem Leistungsempfänger muss eine hinreichend bestimmte, schriftliche Berichtigung tatsächlich zugehen (vgl. BFH-Urteil vom 12. 10. 2016 – XI R 43/14, BStBl. II 2022 S. 566). ③ Es können mehrere Berichtigungen in einer einzigen Korrekturmeldung zusammengefasst werden, wenn sich daraus erkennen lässt, auf welche Umsatzsteuerbeträge im Einzelnen sich die Berichtigung beziehen soll (vgl. BFH-Urteil vom 25. 2. 1993, V R 112/91, BStBl. II S. 643). ④ Zur Berichtigung von Rechnungen im Übrigen vgl. Abschnitt 14.11.

18 (8) ① Hat ein Unternehmer – insbesondere im Einzelhandel – über eine Lieferung an einen Abnehmer aus einem Drittland eine Rechnung mit gesondertem Steuerausweis (§ 14 Abs. 4 UStG) bzw. eine Kleinbetragsrechnung im Sinne des § 33 UStDV (z. B. einen Kassenbon mit Angabe des Steuersatzes) erteilt, schuldet er die Steuer nach § 14c Abs. 1 UStG, wenn nachträglich die Voraussetzungen für die Steuerbefreiung als Ausfuhrlieferung im nichtkommerziellen Reiseverkehr (sog. Export über den Ladentisch) erfüllt werden (vgl. im Einzelnen Abschnitt 6.11). ② Die Steuerschuld nach § 14c Abs. 1 UStG erlischt erst, wenn der Lieferer die Rechnung wirksam berichtigt (vgl. Absatz 7). ③ Aus Vereinfachungsgründen ist die Rechnungsberichtigung entbehrlich, wenn der ausländische Abnehmer die ursprüngliche Rechnung bzw. den ursprünglichen Kassenbon an den Unternehmer zurückgibt und dieser den zurückerhaltenen Beleg aufbewahrt.

Zu niedriger Steuerausweis

19 (9) ① Bei zu niedrigem Steuerausweis schuldet der Unternehmer die gesetzlich vorgeschriebene Steuer. ② Der Unternehmer hat in diesem Fall die Steuer unter Zugrundelegung des maßgeblichen Steuersatzes aus dem Gesamtrechnungsbetrag herauszurechnen.

Beispiel:

① Ein Unternehmer berechnet für eine Lieferung die Steuer mit 7%, obwohl hierfür nach § 12 Abs. 1 UStG eine Steuer von 19% geschuldet wird.

Berechnetes Entgelt	400,– €
+ 7% Umsatzsteuer	28,– €
Gesamtrechnungsbetrag	428,– €
Herausrechnung der Steuer mit $^{19}/_{119}$ ./.	68,34 €
Entgelt	359,66 €
Vom Unternehmer gesetzlich geschuldete Steuer: 19% von 359,66 € =	68,34 €

② Der Leistungsempfänger darf als Vorsteuer nur den in der Rechnung ausgewiesenen Steuerbetrag abziehen. ③ Es bleibt aber dem leistenden Unternehmer unbenommen, den zu niedrig ausgewiesenen Steuerbetrag zu berichtigen.

20 (10)[1] ① Hat der Leistungsempfänger entgegen § 15 Abs. 1 Satz 1 Nr. 1 UStG einen höheren Betrag als die für die Lieferung oder sonstige Leistung gesetzlich geschuldete Steuer als Vorsteuer geltend gemacht, hat er den Mehrbetrag an das Finanzamt zurückzuzahlen. ② Die Rückzahlung ist für den Besteuerungszeitraum vorzunehmen, für den der Mehrbetrag als Vorsteuer abgezogen wurde.

21 (11) ① In den Fällen eines unrichtigen Steuerausweises bei Umsätzen im Rahmen einer Geschäftsveräußerung an einen anderen Unternehmer für dessen Unternehmen (§ 1 Abs. 1a UStG) und bei Rückgängigmachung des Verzichts auf die Steuerbefreiung nach § 9 UStG ist die Be-

[1] Zeitpunkt der Umsatzsteuer- und Vorsteuerberichtigung vgl. A 14c.1 Abs. 5 Satz 3, Abs. 10 und A 17.1 Abs. 10 UStAE. – Zur **Rückwirkung** der Berichtigung vgl. **LS zu 14.11**.

richtigung des geschuldeten Betrags nur zulässig, wenn die Rechnung berichtigt wird und soweit die Gefährdung des Steueraufkommens beseitigt ist (§ 14c Abs. 1 Satz 3 UStG). ② Zur Beseitigung der Gefährdung des Steueraufkommens und zum besonderen Berichtigungsverfahren vgl. Abschnitt 14c.2.

LS zu 14c.1

Der Grundsatz der Neutralität des gemeinsamen Mehrwertsteuersystems verhindert es nicht, dass ein Mitgliedstaat Mehrwertsteuer von einem Steuerpflichtigen nachfordern kann, der **zu Unrecht eine Rechnung** unter **Anwendung der Mehrwertsteuerbefreiung** für eine Lieferung von Gegenständen ausgestellt hat. Hierbei spielt es keine Rolle, ob die Mehrwertsteuer auf den späteren Verkauf der betreffenden Gegenstände an den Endverbraucher an den Fiskus entrichtet wurde. ***EuGH-Beschl. v. 3. 3. 2004*** *– C-395/02 – Transport Service NV (UR 2005 S. 107).* 25

Die wirksame Berichtigung eines Steuerbetrags nach § 14c Abs. 1 S. 2, § 17 Abs. 1 UStG erfordert grundsätzlich, dass der Unternehmer die **vereinnahmte Umsatzsteuer** an den Leistungsempfänger **zurückgezahlt hat.** *BFH-Urteil v. 16. 5. 2018 XI R 28/16 (BStBl. 2022 II S. 570).*

Die wirksame Berichtigung eines Steuerbetrags nach §§ 14c Abs. 1 Satz 2, 17 Abs. 1 UStG erfordert grundsätzlich, dass der Unternehmer die vereinnahmte Umsatzsteuer an den Leistungsempfänger zurückgezahlt hat. Abweichendes gilt nicht für den Fall, dass strafbewehrte **insolvenzrechtliche Vorschriften** einer Rückzahlung der vereinnahmten Umsatzsteuer an den Leistungsempfänger entgegenstehen sollten. *BFH-Beschluss v. 5. 1. 2021 XI S 20/20 (BFH/NV 2021 S. 665).*

1. Nach der neueren Rechtsprechung des BFH steht der **Vorsteueranspruch** einem Unternehmer bei einer **Berichtigung** der Rechnung bereits im Veranlagungszeitraum der Leistungserbringung nicht (mehr) zu. – 2. § 176 Abs. 1 Nr. 3 AO ist nicht anwendbar, wenn davon auszugehen ist, dass die Umsatzsteuerfestsetzung für das Jahr der Leistungserbringung – unabhängig von der Regelung des § 176 Abs. 1 Nr. 3 AO – im Zeitpunkt der Rechtsprechungsänderung bereits verfahrensrechtlich unabänderbar war. *FG Düsseldorf, Urt. v. 12. 9. 2008, 1 K 2604/05 U, rkr. (DStRE 2009 S. 684).* 26

1. Eine aufgrund unzutreffenden Steuerausweises in einer Rechnung gemäß § 14 Abs. 2 UStG entstandene nicht entrichtete Steuer ist gemäß § 233a AO zu **verzinsen.** Die aufgrund des Steuerausweises entstandene Umsatzsteuerschuld besteht bis zur – ohne Rückwirkung eintretenden – Berichtigung des Steuerbetrags. – 2. Eine rückwirkende Berichtigung unzutreffend ausgewiesener Steuer widerspricht dem Regelungszweck des § 14 Abs. 2 Satz 2 UStG i. V. m. § 17 Abs. 1 UStG. Für eine sachliche Unbilligkeit der Verzinsung von derartigen Umsatzsteuernachforderungen ist deshalb kein Anhaltspunkt ersichtlich. – 3. Eine ermessenslenkende Billigkeitsregelung der Verwaltung, wonach Nachzahlungszinsen aus sachlichen Billigkeitsgründen zu erlassen sind, wenn ein Unternehmer eine unrichtige Endrechnung, die eine Steuerschuld nach § 14 Abs. 2 UStG auslöst, in einem auf das Kalenderjahr der ursprünglichen Rechnungserteilung folgenden Kalenderjahr nach Aufdeckung seines Fehlers sogleich berichtigt hat, bindet die Gerichte nicht. *BFH-Urteil v. 19. 3. 2009 V R 48/07 (BStBl. 2010 II S. 92).* – **LS zu 18.1** (Rz. 39) [**keine Rückwirkung** der Berichtigung] sowie **LS zu 14.11.**

1. Bei der Prüfung, ob ein als „Belastung" bezeichnetes Dokument (nur) über Leistungen oder (auch) über Entgeltminderungen abrechnet, ist der Inhalt einer dem FA vorliegenden Konditionsvereinbarung jedenfalls dann ergänzend heranzuziehen, wenn in dem Dokument auf die Vereinbarung verwiesen wird. – 2. Ein **negativer Betrag,** der in einer Rechnung unrichtig oder unberechtigt ausgewiesen wird, wird nicht i. S. des § 14c Abs. 1 Satz 1, Abs. 2 Satz 1 UStG geschuldet. *BFH-Urteil v. 26. 6. 2019 XI R 5/18 (DStR S. 2312).*

Verzinsung vgl. Nr. 70.2 AEAO zu § 233a AO.

Dem EuGH liegt die Frage zur Steuerschuld bei zu Unrecht ausgewiesener Steuer auch ohne Gefährdung des Steueraufkommens vor. Das *österreichische Bundesfinanzgericht* hat mit *Beschl. v. 21. 6. 2021 RE/71 000 001/2021, P-GmbH (MwStR S. 868)* um Vorabentscheidung ersucht, ob die Mehrwertsteuer vom Aussteller einer Rechnung gem. Art. 203 MwStSystRL geschuldet wird, wenn keine Gefährdung des Steueraufkommens vorliegen kann, weil die Leistungsempfänger der Dienstleistungen nicht zum Vorsteuerabzug berechtigte **Endverbraucher** sind. *Verfahren EuGH: C-378/21.*

14c.2 Unberechtigter Steuerausweis (§ 14c Abs. 2 UStG)[1]

UStAE 14c.2

(1)[2] ① Wer in einer Rechnung einen Steuerbetrag ausweist, obwohl er dazu nicht berechtigt ist (unberechtigter Steuerausweis), schuldet den ausgewiesenen Betrag (§ 14c Abs. 2 Sätze 1 und 2 UStG). ② Dies betrifft vor allem Kleinunternehmer, bei denen die Umsatzsteuer nach § 19 Abs. 1 UStG nicht erhoben wird, gilt aber auch, wenn jemand wie ein leistender Unternehmer abrechnet und einen Steuerbetrag ausweist, obwohl er nicht Unternehmer ist oder eine Lieferung oder sonstige Leistung nicht ausführt. ③ Die Rechtsfolgen treten unabhängig davon ein, ob die Rechnung alle in § 14 Abs. 4 und § 14a UStG aufgeführten Angaben enthält, die abstrakte Gefahr einer Vorsteuerinanspruchnahme ist ausreichend (vgl. BFH-Urteile vom 17. 2. 2011 – V R 39/09, BStBl. II S. 734, und vom 14. 2. 2019 – V R 68/17, BStBl. II 2020 S. 65). ④ Die Anforderungen an einen unberechtigten Steuerausweis erfüllt eine Rechnung vielmehr schon dann, wenn sie den Rechnungsaussteller, den (vermeintlichen) Leistungsempfänger, eine Leistungsbeschreibung sowie das Entgelt und die gesondert ausgewiesene Umsatzsteuer enthält. ⑤ Als Angabe zum Entgelt genügt es bereits, wenn durch die Angabe des Bruttorechnungsbetrags und des gesondert ausgewiesenen Umsatzsteuerbetrags das Entgelt ohne weiteres errechnet werden kann. ⑥ Die Umsatzsteuer ist bereits dann gesondert ausgewiesen, wenn die Steuer als Geldbetrag genannt und als Steuerbetrag gekennzeichnet ist. ⑦ Der eindeutige, klare und unbedingte Ausweis der Umsatzsteuer genügt. ⑧ An den Steuerausweis im Sinne von § 14c Abs. 2 UStG sind im Übrigen keine bestimmten optischen Anforderungen zu stellen. ⑨ Die Steuer kann auch im Rahmen eines erläuternden Hinweises gesondert ausgewiesen werden (BFH-Urteil vom 21. 9. 2016, XI R 4/15, BStBl. 2021 II S. 106). ⑩ Bei Kleinbetragsrechnungen (§ 33 UStDV) hat der angegebene Steuersatz die Wirkung des gesonderten Ausweises einer Steuer (vgl. BFH-Urteil vom 25. 9. 2013, XI R 41/12, BStBl. 2014 II S. 135). ⑪ Entsprechendes gilt für Fahrausweise (§ 34 UStDV). ⑫ Wegen Abrechnungen über nicht ausgeführte Leistungen mittels Gutschrift vgl. BMF-Schreiben vom 19. 8. 2021, BStBl. I S. 1087. 31

---

[1] Rechnungsberichtigung vgl. A 14.11, 14c.1, 14c.2, 15.2a Abs. 7 u. 15.11 Abs. 3 UStAE.

[2] A 14c.2 UStAE Abs. 1 Satz 3 geändert, Satz 5 eingefügt, bish. Sätze 5 bis 10 werden neue Sätze 6 bis 11, Satz 12 angefügt durch BMF v. 20. 12. 2022 (BStBl. I S. 1694).

UStAE 14c.2

(2) Von § 14c Abs. 2 UStG werden die folgenden Fälle erfasst:

32 1. ① Ein Unternehmer weist in der Rechnung einen Steuerbetrag aus, obwohl er nach § 19 Abs. 1 UStG dazu nicht berechtigt ist (§ 14c Abs. 2 Satz 1 UStG). ② Ein gesonderter Steuerausweis liegt auch vor, wenn der Rechnungsaussteller in einer Umlagenabrechnung über eine (Neben-)Leistung, z.B. Heizkostenabrechnung, den auf den jeweiligen Leistungsempfänger entfallenden Anteil am Gesamtbetrag der Kosten nicht ausschließlich als Bruttobetrag darstellt, sondern auch die anteilige Umsatzsteuer aufführt (vgl. BFH-Urteil vom 18. 5. 1988, X R 43/81, BStBl. II S. 752).

33 2. ① Ein Unternehmer erteilt eine Rechnung mit gesondertem Steuerausweis, obwohl er eine Leistung nicht ausführt, z.B. eine Schein- oder Gefälligkeitsrechnung oder in den Fällen des Schadensersatzes. ② Hierunter fallen nicht Rechnungen, die vor Ausführung der Leistung erteilt werden und die ihrer Aufmachung (z.B. durch die Bezeichnung) oder ihrem Inhalt nach (z.B. durch Hinweis auf einen erst in der Zukunft liegenden Zeitpunkt der Leistung) eindeutig als Vorausrechnungen erkennbar sind (vgl. BFH-Urteile vom 20. 3. 1980, V R 131/74, BStBl. II S. 287, vom 7. 4. 2011, V R 44/09, BStBl. II S. 954, und vom 6. 4. 2016, V R 12/15, BStBl. 2017 II S. 188). ③ Steht der Leistungszeitpunkt noch nicht fest, muss dies aus der Rechnung oder aus anderen Unterlagen, auf die in der Rechnung hingewiesen wird, hervorgehen. ④ Unterbleibt nach Erteilung einer Vorausrechnung mit Steuerausweis die zunächst beabsichtigte Leistung, z.B. bei Rückgängigmachung eines Kaufvertrags, ist § 14c Abs. 2 UStG nicht anzuwenden (vgl. BFH-Urteil vom 21. 2. 1980, V R 146/73, BStBl. II S. 283). ⑤ Das gilt unabhängig davon, ob die angeforderten Voraus- oder Anzahlungen geleistet werden (vgl. Abschnitt 14.8 Abs. 2). ⑥ Wer dagegen eine Vorausrechnung mit gesondertem Steuerausweis erteilt, obwohl bereits feststeht, dass er die darin aufgeführte Leistung nicht mehr ausführen wird, schuldet diese Steuer nach § 14c Abs. 2 UStG (vgl. BFH-Urteil vom 5. 2. 1998, V R 65/97, BStBl. II S. 415).

34 3. ① Ein Unternehmer erteilt eine Rechnung mit gesondertem Steuerausweis, in der er statt des tatsächlich gelieferten Gegenstands einen anderen, von ihm nicht gelieferten Gegenstand aufführt, oder statt der tatsächlich ausgeführten sonstigen Leistung eine andere, von ihm nicht erbrachte Leistung angibt (unrichtige Leistungsbezeichnung). ② Der leistende Unternehmer schuldet die gesondert ausgewiesene Steuer nach § 14c Abs. 2 UStG neben der Steuer für die tatsächlich ausgeführte Leistung (vgl. BFH-Urteil vom 8. 9. 1994, V R 70/91, BStBl. 1995 II S. 32).

Beispiele:

a) Es wird eine Büromaschine aufgeführt, während tatsächlich ein Fernsehgerät geliefert worden ist.

b) Es werden Antriebsmotoren angegeben, während tatsächlich der Schrott solcher Motoren geliefert worden ist (vgl. BFH-Beschluss vom 21. 5. 1987, V R 129/78, BStBl. II S. 652).

c) Es wird hergestelltes Mauerwerk abgerechnet, während tatsächlich ein Kranführer überlassen worden ist (vgl. BFH-Beschluss vom 9. 12. 1987, V B 54/85, BStBl. 1988 II S. 700).

d) Es werden „Malerarbeiten in Büroräumen" in Rechnung gestellt, während die Malerarbeiten tatsächlich in der Wohnung des Leistungsempfängers ausgeführt worden sind.

③ Die in Rechnungen mit ungenauer Angabe der Leistungsbezeichnung gesondert ausgewiesenen Steuerbeträge werden dagegen nicht nach § 14c Abs. 2 UStG geschuldet. ④ Ungenaue Angaben liegen vor, wenn die Rechnungsangaben nicht so eingehend und eindeutig sind, dass sie ohne weiteres völlige Gewissheit über Art und Umfang des Leistungsgegenstands verschaffen.

Beispiel:

Es werden ausgeführte Bauarbeiten lediglich durch Angabe einer Baustelle und „Arbeiten wie gesehen und besichtigt" beschrieben (vgl. BFH-Beschluss vom 4. 12. 1987, V S 9/85, BStBl. 1988 II S. 702).

35 4. Ein Unternehmer erteilt eine Rechnung mit gesondertem Steuerausweis für eine Leistung, die er nicht im Rahmen seines Unternehmens ausführt, z.B. Verkauf eines Gegenstands aus dem Privatbereich.

37 5. ① Ein Nichtunternehmer, z.B. eine Privatperson oder ein Hoheitsbetrieb einer juristischen Person des öffentlichen Rechts, weist in einem Dokument einen Steuerbetrag gesondert aus. ② Das gilt auch für denjenigen, der Abrechnungen dadurch in den Verkehr bringt, dass er sie einem anderen zur beliebigen Verwendung überlässt oder ein blanko unterschriebenes Papier zum Ausfüllen als Kaufvertrag aushändigt, ohne ausdrücklich den gesonderten Steuerausweis zu untersagen (vgl. auch BFH-Urteil vom 5. 8. 1988, X R 66/82, BStBl. II S. 1019). ③ Der Nichtunternehmer schuldet den Steuerbetrag, gleichgültig ob er eine Leistung ausführt oder nicht.

38 (2a) ① Bei Umsätzen zwischen Betriebsabteilungen desselben Unternehmens oder innerhalb eines Organkreises handelt es sich nicht um steuerbare Lieferungen oder sonstige Leistungen, sondern um innerbetriebliche Vorgänge (sog. Innenumsätze). ② Werden für sie Belege mit gesondertem Steuerausweis erteilt, sind diese Belege nicht als Rechnungen im Sinne des § 14c UStG, sondern als unternehmensinterne Buchungsbelege zu beurteilen. ③ Die darin ausgewiesene Steuer wird nicht nach § 14c Abs. 2 UStG geschuldet (vgl. BFH-Urteil vom 28. 10. 2010, V R 7/10, BStBl. 2011 II S. 391, und Abschnitt 14.1 Abs. 4).

(3) ① Soweit der Aussteller der Rechnung den unberechtigten Steuerausweis gegenüber dem Belegempfänger für ungültig erklärt hat und die Gefährdung des Steueraufkommens beseitigt wurde, ist dem Schuldner des Steuerbetrags die Möglichkeit zur Berichtigung einzuräumen (§ 14c Abs. 2 Satz 3 ff. UStG). ② Im Rahmen eines Organschaftsverhältnisses ist die Organgesellschaft oder ein von ihr beauftragter Dritter berechtigt, eine von ihr ausgestellte Rechnung mit unberechtigtem Steuerausweis gegenüber dem Belegempfänger für ungültig zu erklären. ③ Bei der Berichtigung des unberechtigten Steuerausweises ist § 17 Abs. 1 UStG entsprechend anzuwenden. ④ Auf den guten Glauben des Ausstellers der betreffenden Rechnung kommt es nicht an (vgl. BFH-Urteil vom 22. 2. 2001, V R 5/99, BStBl. 2004 II S. 143). ⑤ Die Gefährdung des Steueraufkommens ist beseitigt, wenn ein Vorsteuerabzug beim Empfänger der Rechnung nicht durchgeführt oder die geltend gemachte Vorsteuer an das Finanzamt zurückgezahlt worden ist (§ 14c Abs. 2 Satz 4 UStG). ⑥ Dies ist in dem Sinne zu verstehen, dass endgültig feststehen muss, dass jedwede Gefährdung des Steueraufkommens ausgeschlossen ist (BFH-Urteil vom 8. 11. 2016, VII R 34/15, BStBl. 2017 II S. 496). ⑦ Die nach § 14c Abs. 2 Satz 5 UStG erforderliche Zustimmung ist nicht von einer Rückzahlung eines vereinnahmten Betrags durch den Steuerschuldner an den Belegempfänger abhängig. 39

(4) ① Steuerschuldner nach § 14c Abs. 2 UStG ist der Aussteller der Rechnung (§ 13a Abs. 1 Nr. 4 UStG). ② Im Rahmen eines Organschaftsverhältnisses schuldet hingegen der Organträger die durch eine Organgesellschaft unberechtigt ausgewiesene Steuer. ③ Eine GmbH schuldet die Steuer nach § 14c Abs. 2 UStG, wenn ein nur zur Gesamtvertretung berechtigter Geschäftsführer ohne Mitwirkung des anderen Geschäftsführers das Abrechnungspapier mit unberechtigtem Steuerausweis erstellt, ohne den allgemeinen Rahmen des ihm übertragenen Geschäftskreises zu überschreiten (vgl. BFH-Urteil vom 28. 1. 1993, V R 75/88, BStBl. II S. 357). ④ Wirkt dagegen der in der Rechnung als Aussteller Bezeichnete in keiner Weise bei der Erstellung des Dokuments mit, kommt eine Inanspruchnahme nach § 14c Abs. 2 UStG nicht in Betracht (vgl. BFH-Urteil vom 16. 3. 1993, XI R 103/90, BStBl. II S. 531). ⑤ Zur Frage der Mitwirkung sind die Grundsätze der Stellvertretung, zu denen auch die Grundsätze der Anscheins- und Duldungsvollmacht gehören, zu berücksichtigen (vgl. BFH-Urteil vom 7. 4. 2011, V R 44/09, BStBl. II S. 954). ⑥ Zur Frage, wem die Rechnung zuzurechnen ist, die ein Vermittler auf den Namen seines Auftraggebers ausgestellt hat, vgl. BFH-Urteil vom 4. 3. 1982, V R 59/81, BStBl. II S. 315.[1] 40

(5) ① Der Schuldner des unberechtigt ausgewiesenen Betrages hat die Berichtigung des geschuldeten Steuerbetrags bei dem für seine Besteuerung zuständigen Finanzamt gesondert schriftlich zu beantragen. ② Diesem Antrag hat er ausreichende Angaben über die Identität des Rechnungsempfängers beizufügen. ③ Das Finanzamt des Schuldners des unberechtigt ausgewiesenen Betrags hat durch Einholung einer Auskunft beim Finanzamt des Rechnungsempfängers zu ermitteln, in welcher Höhe und wann ein unberechtigt in Anspruch genommener Vorsteuerabzug durch den Rechnungsempfänger zurückgezahlt wurde. ④ Nach Einholung dieser Auskunft teilt das Finanzamt des Schuldners des unberechtigt ausgewiesenen Betrags diesem mit, für welchen Besteuerungszeitraum und in welcher Höhe die Berichtigung des geschuldeten Steuerbetrags vorgenommen werden kann. ⑤ Die Berichtigung des geschuldeten Steuerbetrags ist in entsprechender Anwendung des § 17 Abs. 1 UStG für den Besteuerungszeitraum vorzunehmen, in dem die Gefährdung des Steueraufkommens beseitigt worden ist (§ 14c Abs. 2 Satz 5 UStG). ⑥ Wurde beim Empfänger der Rechnung kein Vorsteuerabzug vorgenommen, ist der wegen unberechtigten Steuerausweises geschuldete Betrag beim Aussteller der Rechnung für den Zeitraum zu berichtigen, in dem die Steuer nach § 13 Abs. 1 Nr. 3 UStG entstanden ist. 41

(6) Hat ein Kleinunternehmer eine Erklärung nach § 19 Abs. 2 Satz 1 UStG abgegeben, aber vor Eintritt der Unanfechtbarkeit der Steuerfestsetzung (vgl. Abschnitt 19.2 Abs. 2) zurückgenommen, kann er die in der Zwischenzeit erteilten Rechnungen mit gesondertem Steuerausweis und den geschuldeten unberechtigt ausgewiesenen Steuerbetrag unter den in Absatz 5 bezeichneten Voraussetzungen berichtigen. 42

(7) ① Der Steueranspruch aus § 14c Abs. 2 UStG besteht vorbehaltlich Absatz 5 unabhängig davon, ob der Rechnungsempfänger die gesondert ausgewiesene Umsatzsteuer unberechtigt als Vorsteuer abgezogen hat oder nicht. ② Es reicht aus, dass das Dokument als Abrechnung abstrakt die Gefahr begründet, vom Empfänger oder einem Dritten zur Inanspruchnahme des Vorsteuerabzugs gebraucht zu werden (vgl. BFH-Urteil vom 17. 2. 2011, V R 39/09, BStBl. II S. 734). 43

(8) Für die Berichtigung der auf Grund des unberechtigt ausgewiesenen Steuerbetrags nach § 14c Abs. 2 UStG ergangenen Steuerbescheide gelten die allgemeinen verfahrensrechtlichen Vorschriften der AO. 44

Lieferungen von Kraftfahrzeugen an Unternehmer, die in **Kaufverträge von Privatpersonen** eintreten. *Verfügung OFD Hamburg S 7300 – 82/71 – St 341 v. 25. 9. 1978.* LS zu 14c.2

Zum gesonderten Umsatzsteuer-Ausweis in **Gebührenrechnungen** von **Prüfingenieuren für Baustatik.** *Verfügung OFD Frankfurt v. 14. 3. 2006 u. a. S 7283 A – 9 – St I 2.20 (DStR S. 1042).* 45

[1] Rechnungsausstellung durch Beauftragte, Vermittler/Dritte vgl. A 3.7 Abs. 1, 14.1 Abs. 3 Satz 9 ff., 14.4 Abs. 10, 14.5 Abs. 6 u. 14c.2 Abs. 4 Satz 6 UStAE.

Der Aussteller einer Rechnung schuldet die zu Unrecht ausgewiesene Umsatzsteuer nach [§ 14c Abs. 2] UStG bis zur Berichtigung der Rechnung auch dann, wenn er **bei Ausstellung der Rechnung nicht geschäftsfähig war** (Änderung der Rechtsprechung, vgl. BFH-Urteil vom 21. 2. 1980 V R 146/73, BStBl. II 1980, 283). *BFH-Urteil v. 30. 1. 2003 – V R 98/01 (BStBl. II S. 498).*

Wer einem **Dritten einen leeren Briefbogen** (hier des Unternehmens seiner Mutter) **überlässt,** weist keine Umsatzsteuer unberechtigt aus, wenn der Dritte auf dem Briefbogen später eine Rechnung erstellt und dieses Ausfüllen dem Überlassenden auch nicht zurechenbar ist. *BFH-Urt. v. 30. 3. 2006, V R 46/03 (DStR S. 1084).*

Rechnungsbegriff für die Steuerschuld infolge unberechtigten Steuerausweises in einer Abrechnungsurkunde. *FG Niedersachsen, Urt. v. 30. 7. 2010 – 16 K 55/10 (UR 2011 S. 23).* – Vgl. auch *Sächsisches FG, Urt. v. 28. 8. 2009, 4 K 869/05, rkr. (BeckRS 2009, 26030241).*

1. Begleicht der Leistungsempfänger eine Rechnung des leistenden Unternehmers mit gesondertem Umsatzsteuerausweis, obwohl die Leistung nicht der Umsatzbesteuerung unterliegt, entsteht ein **Schadensersatzanspruch gegen den Rechnungsaussteller,** wenn die Betriebsprüfung des Leistungsempfängers den Umsatzsteuerausweis als unberechtigt erkennt und den Vorsteuerabzug versagt. – 2. Die unterlassene Prüfung der Rechnung auf Richtigkeit führt nicht zu einem Mitverschulden des Leistungsempfängers. *Brandenburgisches OLG, Urt. v. 28. 9. 2006, 12 U 46/06, rkr. (DStRE 2007 S. 1453).*

Das UStG erfasst nur tatsächliche wirtschaftliche Vorgänge und nicht vorgetäuschte Umsätze **(Scheingeschäfte).** Es entspricht der gesetzlichen Wertung, dass aus Rechnungen, denen tatsächlich keine Lieferungen oder Leistungen zugrunde liegen, ein Vorsteuerabzug nicht zulässig ist. *BFH-Urt. v. 10. 12. 2008, XI R 57/06 (BFH/NV 2009 S. 1156).*

46 1. Abrechnungspapiere innerhalb des **Organkreises** sind keine Rechnungen i. S. des § 14 Abs. 1 UStG. – 2. Mangels Vorliegens einer Rechnung ist kein Raum für eine Berichtigung nach § 14c Abs. 2 Sätze 3 bis 5 UStG. – 3. Auch eine Berichtigung nach § 17 Abs. 1 UStG kommt nicht in Betracht, da kein steuerpflichtiger Umsatz vorliegt. – 4. Hatte der Organträger die Möglichkeit, sich rechtzeitig gegen die falsche Steuerfestsetzung zu wehren, steht der Eintritt der Festsetzungsverjährung einem Erlass aus sachlichen Gründen entgegen. *FG Baden-Württemberg, Urt. v. 25. 11. 2009, 1 K 250/06, rkr. (BeckRS 2009, 26 028 914).*

Eine Berichtigung nach § 14c UStG nach Rechnungserstellung mit **unzutreffendem Umsatzsteuerausweis** kommt nicht in Betracht, wenn wegen Insolvenz des Rechnungsempfängers die Rückforderung der geltend gemachten Vorsteuer scheitert. Eine **Lohnsteueraußenprüfung** hat den Zweck, die ordnungsgemäße Durchführung des Steuerabzugs vom Arbeitslohn sicherzustellen, nicht aber, zu Gunsten des Ausstellers einer Rechnung mit unzutreffendem Umsatzsteuerausweis zum frühestmöglichen Zeitpunkt den Vorsteuerabzug des Rechnungsempfängers zurückfordern zu können. *BFH-Beschluss v. 19. 12. 2013 V B 55/13 (BFH/NV 2014 S. 590).*

Ist eine **Gutschrift nicht** über eine Leistung eines **Unternehmers** ausgestellt, steht sie einer Rechnung nicht gleich und kann keine Steuerschuld nach § 14c Abs. 2 UStG begründen. *BFH-Urteil v. 27. 11. 2019 V R 23/19 (BStBl. 2021 II S. 542).*

Gem. Art. 203 MwStSystRL kann ein Finanzierungsleasingvertrag, nach dessen Abschluss die Parteien **keine Rechnung** ausgestellt haben, als Rechnung im Sinne dieser Bestimmung angesehen werden, wenn dieser **Vertrag** alle Angaben enthält, die erforderlich sind, damit die Steuerverwaltung feststellen kann, ob die materiellen Voraussetzungen für das Recht auf Vorsteuerabzug im konkreten Fall erfüllt sind. ***EuGH-Urteil v. 29. 9. 2022** C-235/21, Raiffeisen-Leasing (DStR S. 2157).*

Hat der Rechnungsempfänger den Vorsteuerabzug geltend gemacht, ist der aufgrund des unberechtigten Steuerausweises geschuldete Steuerbetrag gemäß § 14c Abs. 2 UStG für den **Zeitraum** zu berichtigen, in dem der Rechnungsempfänger die Vorsteuer an das FA **zurückzahlt**. Auf den Zeitpunkt der Berichtigungsbeantragung beim FA oder den einer Rechnungsberichtigung kommt es nicht an. Bei der Zustimmung des FA nach § 14c Abs. 2 S. 5 UStG handelt es sich nicht um einen Grundlagenbescheid. *BFH-Beschluss v. 27. 7. 2021 V R 43/19 (DStR S. 2639).*

Anl a zu 14c.2

a) Schreiben betr. unberechtigter Steuerausweis; Rechnungen iSv § 14c Abs. 2 UstG

Vom 11. Januar 2021 (BStBl. I S. 120)

(BMF III C 2 – S 7283/19/10001 :001; DOK 2021/0015688)

[abgedruckt im USt-Handbuch 2021 als Anlage a zu A 14 c.2]

Anl b zu 14c.2

b) Schreiben betr. Abrechnung über nicht ausgeführte sonstige Leistung mittels Gutschrift; Folgen aus dem BFH-Urteil v. 27. 11. 2019 – V R 23/19 (V R 62/17)

Vom 19. August 2021 (BStBl. I S. 1087)

(BMF III C 2 – S 7283/19/10001 :002; DOK 2021/0904800)

[abgedruckt im USt-Handbuch 2021 als Anlage b zu A 14 c.2]

§ 15 Vorsteuerabzug[1]

(1) ① **Der Unternehmer kann die folgenden Vorsteuerbeträge abziehen:** 1

1. die gesetzlich geschuldete Steuer für Lieferungen und sonstige Leistungen, die von einem anderen Unternehmer für sein Unternehmen ausgeführt worden sind. ② Die Ausübung des Vorsteuerabzugs setzt voraus, dass der Unternehmer eine nach den §§ 14, 14 a ausgestellte Rechnung besitzt. ③ Soweit der gesondert ausgewiesene Steuerbetrag auf eine Zahlung vor Ausführung dieser Umsätze entfällt, ist er bereits abziehbar, wenn die Rechnung vorliegt und die Zahlung geleistet worden ist;

2. die entstandene Einfuhrumsatzsteuer für Gegenstände, die für sein Unternehmen nach § 1 Absatz 1 Nummer 4 eingeführt worden sind;

3. die Steuer für den innergemeinschaftlichen Erwerb von Gegenständen für sein Unternehmen, wenn der innergemeinschaftliche Erwerb nach § 3 d Satz 1 im Inland bewirkt wird;

4. die Steuer für Leistungen im Sinne des § 13 b Absatz 1 und 2, die für sein Unternehmen ausgeführt worden sind. ② Soweit die Steuer auf eine Zahlung vor Ausführung dieser Leistungen entfällt, ist sie abziehbar, wenn die Zahlung geleistet worden ist;

5. die nach § 13 a Abs. 1 Nr. 6 geschuldete Steuer für Umsätze, die für sein Unternehmen ausgeführt worden sind.

② Nicht als für das Unternehmen ausgeführt gilt die Lieferung, die Einfuhr oder der innergemeinschaftliche Erwerb eines Gegenstands, den der Unternehmer zu weniger als 10 Prozent für sein Unternehmen nutzt.

(1 a)[2] ① **Nicht abziehbar sind Vorsteuerbeträge, die auf Aufwendungen, für die das Abzugsverbot des § 4 Abs. 5 Satz 1 Nr. 1 bis 4, 7 oder des § 12 Nr. 1 des Einkommensteuergesetzes gilt, entfallen. ② Dies gilt nicht für Bewirtungsaufwendungen, soweit § 4 Abs. 5 Satz 1 Nr. 2 des Einkommensteuergesetzes einen Abzug angemessener und nachgewiesener Aufwendungen ausschließt.** 2

(1 b) ① **Verwendet der Unternehmer ein Grundstück sowohl für Zwecke seines Unternehmens als auch für Zwecke, die außerhalb des Unternehmens liegen, oder für den privaten Bedarf seines Personals, ist die Steuer für die Lieferungen, die Einfuhr und den innergemeinschaftlichen Erwerb sowie für die sonstigen Leistungen im Zusammenhang mit diesem Grundstück vom Vorsteuerabzug ausgeschlossen, soweit sie nicht auf die Verwendung des Grundstücks für Zwecke des Unternehmens entfällt. ② Bei Berechtigungen, für die die Vorschriften des bürgerlichen Rechts über Grundstücke gelten, und bei Gebäuden auf fremdem Grund und Boden ist Satz 1 entsprechend anzuwenden.** 3

(2) ① **Vom Vorsteuerabzug ausgeschlossen ist die Steuer für die Lieferungen, die Einfuhr und den innergemeinschaftlichen Erwerb von Gegenständen sowie für die sonstigen Leistungen, die der Unternehmer zur Ausführung folgender Umsätze verwendet:** 4

1. steuerfreie Umsätze;

2. Umsätze im Ausland, die steuerfrei wären, wenn sie im Inland ausgeführt würden.

3. *(aufgehoben)*

② Gegenstände oder sonstige Leistungen, die der Unternehmer zur Ausführung einer Einfuhr oder eines innergemeinschaftlichen Erwerbs verwendet, sind den Umsätzen zuzurechnen, für die der eingeführte oder innergemeinschaftlich erworbene Gegenstand verwendet wird.

(3) **Der Ausschluss vom Vorsteuerabzug nach Absatz 2 tritt nicht ein, wenn die Umsätze** 5

1. in den Fällen des Absatzes 2 Satz 1 Nr. 1
   a) nach § 4 Nr. 1 bis 7, § 25 Abs. 2 oder nach den in § 26 Abs. 5 bezeichneten Vorschriften steuerfrei sind oder
   b) nach § 4 Nummer 8 Buchstabe a bis g, Nummer 10 oder Nummer 11 steuerfrei sind und sich unmittelbar auf Gegenstände beziehen, die in das Drittlandsgebiet ausgeführt werden;

2. in den Fällen des Absatzes 2 Satz 1 Nr. 2
   a) nach § 4 Nr. 1 bis 7, § 25 Abs. 2 oder nach den in § 26 Abs. 5 bezeichneten Vorschriften steuerfrei wären oder

---

[1] **Ertragsteuerliche Auswirkung** des Vorsteuerabzugs vgl. **§ 9 b Abs. 1 EStG.**

[2] **Zu § 15 Abs. 1 a Satz 1:** Steuerfreie Lieferungen vgl. § 4 Nr. 28; zur Berichtigung des Vorsteuerabzugs vgl. § 17 Abs. 2 Nr. 5.

UStG

b) nach § 4 Nummer 8 Buchstabe a bis g, Nummer 10 oder Nummer 11 steuerfrei wären und der Leistungsempfänger im Drittlandsgebiet ansässig ist oder diese Umsätze sich unmittelbar auf Gegenstände beziehen, die in das Drittlandsgebiet ausgeführt werden.

6 (4) ① **Verwendet der Unternehmer einen für sein Unternehmen gelieferten, eingeführten oder innergemeinschaftlich erworbenen Gegenstand oder eine von ihm in Anspruch genommene sonstige Leistung nur zum Teil zur Ausführung von Umsätzen, die den Vorsteuerabzug ausschließen, so ist der Teil der jeweiligen Vorsteuerbeträge nicht abziehbar, der den zum Ausschluss vom Vorsteuerabzug führenden Umsätzen wirtschaftlich zuzurechnen ist.** ② **Der Unternehmer kann die nicht abziehbaren Teilbeträge im Wege einer sachgerechten Schätzung ermitteln.** ③ **Eine Ermittlung des nicht abziehbaren Teils der Vorsteuerbeträge nach dem Verhältnis der Umsätze, die den Vorsteuerabzug ausschließen, zu den Umsätzen, die zum Vorsteuerabzug berechtigen, ist nur zulässig, wenn keine andere wirtschaftliche Zurechnung möglich ist.** ④ **In den Fällen des Absatzes 1b gelten die Sätze 1 bis 3 entsprechend.**

7 (4a) **Für Fahrzeuglieferer (§ 2a) gelten folgende Einschränkungen des Vorsteuerabzugs:**

1. Abziehbar ist nur die auf die Lieferung, die Einfuhr oder den innergemeinschaftlichen Erwerb des neuen Fahrzeugs entfallende Steuer.

2. Die Steuer kann nur bis zu dem Betrag abgezogen werden, der für die Lieferung des neuen Fahrzeugs geschuldet würde, wenn die Lieferung nicht steuerfrei wäre.

3. Die Steuer kann erst in dem Zeitpunkt abgezogen werden, in dem der Fahrzeuglieferer die innergemeinschaftliche Lieferung des neuen Fahrzeugs ausführt.

8 (4b) **Für Unternehmer, die nicht im Gemeinschaftsgebiet ansässig sind und die nur Steuer nach § 13b Absatz 5, nur Steuer nach § 13b Absatz 5 und § 13a Absatz 1 Nummer 1 in Verbindung mit § 14c Absatz 1 oder nur Steuer nach § 13b Absatz 5 und § 13a Absatz 1 Nummer 4 schulden, gelten die Einschränkungen des § 18 Absatz 9 Satz 5 und 6 entsprechend.**

9 (5) **Das Bundesministerium der Finanzen kann mit Zustimmung des Bundesrates durch Rechtsverordnung nähere Bestimmungen darüber treffen,**

1. in welchen Fällen und unter welchen Voraussetzungen zur Vereinfachung des Besteuerungsverfahrens für den Vorsteuerabzug auf eine Rechnung im Sinne des § 14 oder auf einzelne Angaben in der Rechnung verzichtet werden kann,

2. unter welchen Voraussetzungen, für welchen Besteuerungszeitraum und in welchem Umfang zur Vereinfachung oder zur Vermeidung von Härten in den Fällen, in denen ein anderer als der Leistungsempfänger ein Entgelt gewährt (§ 10 Abs. 1 Satz 3), der andere den Vorsteuerabzug in Anspruch nehmen kann, und

3. wann in Fällen von geringer steuerlicher Bedeutung zur Vereinfachung oder zur Vermeidung von Härten bei der Aufteilung der Vorsteuerbeträge (Absatz 4) Umsätze, die den Vorsteuerabzug ausschließen, unberücksichtigt bleiben können oder von der Zurechnung von Vorsteuerbeträgen zu diesen Umsätzen abgesehen werden kann.

Hinweis auf EU-Vorschriften:

UStG:	§ 15 Abs. 1	**MwStSystRL:**	Art. 167, 168, 171 a, 178, 395 Abs. 2/ **MwStVO:** Art. 52
	§ 15 Abs. 1 a		Art. 176
	§ 15 Abs. 1 b		Art. 168 a Abs. 1 UA 1
	§ 15 Abs. 2, 3		Art. 168, 169, 176
	§ 15 Abs. 4		Art. 173–175
	§ 15 Abs. 4 a		Art. 172
	§ 15 Abs. 4 b		Art. 170, 171 Abs. 2/**13. EG-RL**
	§ 15 Abs. 5		Art. 178, 180

Übersicht

UStDV

§ 35 *[siehe zu A 15.4, 15.5 UStAE]*

§§ 36 bis 39a *(weggefallen)*

§ 40 *[siehe zu A 15.7 UStAE]*

§§ 41 bis 42, 50 *(weggefallen)*

§ 43 *[siehe zu A 15.18 UStAE]*

Zu § 15 UStG (§§ 35 bis 42 UStDV)

UStAE 15.1

15.1 Zum Vorsteuerabzug berechtigter Personenkreis

11 (1) ① Zum Vorsteuerabzug sind ausschließlich Unternehmer im Sinne der §§ 2 und 2a UStG im Rahmen ihrer unternehmerischen Tätigkeit berechtigt. ② Abziehbar sind hierbei auch Vorsteuerbeträge, die vor der Ausführung von Umsätzen (vgl. BFH-Urteile vom 6. 5. 1993, V R 45/88, BStBl. II S. 564, und vom 16. 12. 1993, V R 103/88, BStBl. 1994 II S. 278) oder die nach Aufgabe des Unternehmens anfallen, sofern sie der unternehmerischen Tätigkeit zuzurechnen sind. ③ Zum Beginn und Ende der Unternehmereigenschaft vgl. Abschnitt 2.6.

12 (2) ① Im Ausland ansässige Unternehmer können den Vorsteuerabzug grundsätzlich auch dann beanspruchen, wenn sie im Inland keine Lieferungen oder sonstige Leistungen ausgeführt haben (vgl. aber Abschnitt 18.11 Abs. 4 zur erforderlichen Gegenseitigkeit beim Vorsteuer-Vergütungsverfahren für Unternehmer, die nicht im Gemeinschaftsgebiet ansässig sind). ② Auch ihnen steht der Vorsteuerabzug nur insoweit zu, als die Vorsteuerbeträge ihrer unternehmerischen Tätigkeit zuzurechnen sind. ③ Das gilt auch für die Vorsteuern, die im Zusammenhang mit den im Ausland bewirkten Umsätzen stehen. ④ Zur Frage, ob die im Ausland ansässigen Unternehmer ihre abziehbaren Vorsteuerbeträge im Vorsteuer-Vergütungsverfahren (§§ 59 bis 61a UStDV)[1] oder im allgemeinen Besteuerungsverfahren (§ 16 und § 18 Abs. 1 bis 4 UStG) geltend zu machen haben, vgl. Abschnitt 18.15.

13 (3)[2] ① Folgende Unternehmer können ihre abziehbaren Vorsteuern ganz oder teilweise nach Durchschnittssätzen ermitteln:

1. Unternehmer bestimmter Berufs- und Gewerbezweige mit einem Vorjahresumsatz bis zu 61 356 € (§ 23 UStG, §§ 69, 70 und Anlage der UStDV);
2. Körperschaften, Personenvereinigungen und Vermögensmassen im Sinne des § 5 Abs. 1 Nr. 9 KStG mit einem Vorjahresumsatz bis zu 35 000 € (§ 23a UStG) und
3.[1] land- und forstwirtschaftliche Betriebe von Unternehmern, deren Gesamtumsatz (§ 19 Abs. 3 UStG) im vorangegangenen Kalenderjahr nicht mehr als 600 000 € betragen hat (§ 24 UStG).

---

[1] Vorsteuer gehört auch bei **Durchschnittssatzermittlern gem. § 24 UStG** nicht zu Anschaffungs- oder Herstellungskosten. *BFH-Urt. v. 9. 9. 2010, IV R 47/08 (DStRE 2011 S. 272).*
Vorsteuerabzug vgl. A 15.1 Abs. 3 Nr. 3, 24.7 Abs. 2 u. 3 und 24.8 Abs. 4 UStAE.

[2] A 15.1 UStAE Abs. 3 Satz 1 Nr. 3 neugefasst durch BMF v. 20. 12. 2022 (BStBl. I S. 1694).

② Unterhält ein Land- und Forstwirt neben einem – der Vorsteuerpauschalierung unterliegenden – landwirtschaftlichen Betrieb einen – der Regelbesteuerung unterliegenden – Gewerbebetrieb, muss er die einzelnen Leistungsbezüge und damit die dafür in Rechnung gestellten Steuerbeträge je einem der beiden Unternehmensteile zuordnen und diese Steuerbeträge in die nach § 15 Abs. 1 UStG abziehbaren Vorsteuerbeträge und die im Rahmen der Vorsteuerpauschalierung zu berücksichtigenden Steuerbeträge aufteilen (vgl. BFH-Urteil vom 13. 11. 2013, XI R 2/11, BStBl. 2014 II S. 543). ③ Für diese Zuordnung kommt es darauf an, ob der Unternehmer mit den bezogenen Eingangsleistungen der Durchschnittssatzbesteuerung oder der Regelbesteuerung unterliegende Umsätze ausführt.

(4) Kleinunternehmer sind nicht zum Vorsteuerabzug berechtigt, soweit sie der Sonderregelung des § 19 Abs. 1 UStG unterliegen (§ 19 Abs. 1 Satz 4 UStG); dies gilt auch, wenn sie bei einem unzulässigen Ausweis der Steuer für ihre eigenen Umsätze diese Steuer nach § 14 c Abs. 2 UStG schulden. **14**

(5)[1] ① Unternehmer, die von der Besteuerung nach § 19 Abs. 1, §§ 23, 23 a oder 24 UStG zur allgemeinen Besteuerung des UStG übergegangen sind, können den Vorsteuerabzug nach § 15 UStG für folgende Beträge vornehmen: **15**

1. gesondert in Rechnung gestellte Steuerbeträge für Lieferungen und sonstige Leistungen, die nach dem Zeitpunkt an sie ausgeführt worden sind, zu dem sie zur allgemeinen Besteuerung übergingen;
2. Einfuhrumsatzsteuer für Gegenstände, die nach dem Zeitpunkt, zu dem sie zur allgemeinen Besteuerung übergingen, für ihr Unternehmen eingeführt worden sind;
3. die Steuer für den innergemeinschaftlichen Erwerb von Gegenständen, die nach dem Zeitpunkt für ihr Unternehmen erworben wurden, zu dem sie zur allgemeinen Besteuerung übergingen;
4. die vom Leistungsempfänger nach § 13 b UStG und § 25 b UStG geschuldete Steuer für Leistungen, die nach dem Zeitpunkt an sie ausgeführt worden sind, zu dem sie zur allgemeinen Besteuerung übergingen.

② Vom Vorsteuerabzug ausgeschlossen sind die Steuerbeträge für Umsätze, die vor dem Zeitpunkt des Übergangs zur allgemeinen Besteuerung ausgeführt worden sind. ③ Das gilt auch für Bezüge, die erstmalig nach dem Übergang zur allgemeinen Besteuerung verwendet werden. ④ Wechselt ein Landwirt, der einen Stall errichtet, vor dessen Fertigstellung von der Besteuerung nach § 24 UStG zur allgemeinen Besteuerung, können die Vorsteuerbeträge, die vor dem Wechsel angefallen sind, erst ab dem Zeitpunkt der erstmaligen Verwendung nach § 15 a UStG (anteilig) geltend gemacht werden (vgl. BFH-Urteil vom 12. 6. 2008, V R 22/06, BStBl. 2009 II S. 165, sowie Abschnitt 15 a.9 Abs. 2). ⑤ Auf den Zeitpunkt des Eingangs der Rechnung oder der Entrichtung der Einfuhrumsatzsteuer kommt es nicht an (vgl. BFH-Urteile vom 6. 12. 1979, V R 87/72, BStBl. 1980 II S. 279, und vom 17. 9. 1981, V R 76/75, BStBl. 1982 II S. 198). ⑥ Wegen des Vorsteuerabzugs bei Zahlungen vor Ausführung des Umsatzes vgl. Abschnitt 15.3.

(6) ① Bei einem Übergang von der allgemeinen Besteuerung zur Besteuerung nach § 19 Abs. 1, §§ 23, 23 a oder 24 UStG sind umgekehrt die in Absatz 5 bezeichneten Vorsteuerbeträge nicht nach § 15 UStG abziehbar. ② Bei Anwendung des § 23 UStG gilt dies jedoch nur für die Vorsteuerbeträge, auf die sich die Durchschnittssätze nach § 70 UStDV erstrecken. **16**

(7) Zum Verfahren bei der Geltendmachung von Vorsteuerbeträgen aus der Beteiligung an Gesamtobjekten vgl. BMF-Schreiben vom 24. 4. 1992, BStBl. I S. 291.[2] **17**

Vorsteuerabzug beim Erwerb eines Autoradios durch **Handelsvertreter.** *BFH v. 13. 4. 1972 V R 135/71 (BStBl. II S. 653).* LS zu 15.1

Abtretung von Vorsteuerbeträgen vgl. **Vordrucksmuster für Abtretungen** im AEAO zu § 46 AO. – **Haftung bei Forderungsabtretung** vgl. § 13 c UStG.

Sonderbetriebsausgaben eines Personengesellschafters berechtigen die Gesellschaft nicht zum Vorsteuerabzug. Es kann jedoch uU der Gesellschafter den Vorsteuerabzug vornehmen, sofern er einen Auftrag im Rahmen einer eigenen unternehmerischen Betätigung (z. B. bei einem Auftrag durch eine an der OHG beteiligte Firma) erteilt und bei ihm die sonstigen Voraussetzungen des § 15 Abs. 1 UStG vorliegen. *Erlaß FM Hessen S 7300 A – 1 – II A 61 v. 9. 3. 1970.* **18**

Errichtung von Gebäuden auf fremdem Grund und Boden vgl. *BMF-Schreiben S 7100-76/86 v. 23. 7. 1986 (BStBl. I S. 432)* in der Anlage a zu A 1.1 UStAE.

1. Ein Mieter, der in angemieteten Räumlichkeiten Ein- und Umbauten **(„Mietereinbauten")** im eigenen Namen vornehmen lässt, kann die ihm hierfür von Bauhandwerkern in Rechnung gestellte Umsatzsteuer im Falle einer entgeltlichen Weiterlieferung an den Vermieter als Vorsteuer abziehen. – 2. Eine Weiterlieferung liegt jedenfalls dann vor, wenn er dem Vermieter nicht nur das zivilrechtliche Eigentum überträgt, sondern auch einen unmittelbar von diesem tatsächlich genutzten wirtschaftlichen Vorteil zuwendet. *BFH-Urteil v. 13. 11. 2019 V R 5/18 (DStR 2020 S. 115).*

Absolviert ein bereits selbständig tätiger Ingenieur mit Fachhochschulabschluß ein **Hochschulstudium derselben Fachrichtung,** steht ihm der Vorsteuerabzug für dem Studium dienende Leistungsbezüge zu, wenn sein Unternehmen während des Studiums fortbesteht. Dies kann auch der Fall sein, wenn der Ingenieur in dieser Zeit nicht durchgehend entgeltliche Leistungen ausführt. *BFH-Urteil v. 15. 3. 1993 – V R 18/89 (BStBl. II S. 561).*

---

[1] Wechsel der Besteuerungsform vgl. A 15.1 Abs. 5 u. 6, 19.5, 23.3 Abs. 2 u. 24.8 Abs. 4 UStAE.
Vorsteuerberichtigung vgl. A 15 a.2 Abs. 2 Nr. 3 u. 4, A 15 a.9 UStAE.
Zum **Vorsteuerabzug beim Übergang** von der Durchschnittssatzbesteuerung nach § 24 UStG zur Besteuerung nach den allgemeinen Vorschriften. *Verfügung OFD Karlsruhe S 7417 K. 1 v. 25. 8. 2011 (BeckVerw 253083).*

[2] Abgrenzung bei **Gesamtobjekten** vgl. BMF v. 9. 5. 2008 (BStBl. I S. 675).

Schaltet ein Steuerberater beim Erwerb einer für den Einsatz in seiner Kanzlei bestimmten EDV-Anlage und einer elektrischen Schreibmaschine **seine minderjährigen Kinder als Käufer vor,** mit denen er zugleich einen Mietvertrag über die Geräte schließt, kann eine rechtsmißbräuchliche Gestaltung i. S. des § 42 AO 1977 vorliegen. In einem solchen Fall scheiden die Kinder als Vorsteuerabzugsberechtigte aus. *BFH-Urteil v. 21. 11. 1991 – V R 20/87 (BStBl. 1992 II S. 446).*

2. Im Verhältnis zwischen **nahen Angehörigen** ist eine unternehmerische Tätigkeit nicht bereits dann zu verneinen, wenn über Leistung und Gegenleistung zwar Vereinbarungen vorliegen, diese aber nicht vertragsgemäß vollzogen werden, oder wenn die Vereinbarungen nicht dem entsprechen, was unter Fremden üblich ist. – 3. ... *BFH-Urt. v. 11. 12. 2003, V R 48/02 (BStBl. 2006 II S. 384).*

Erwirbt die **Ehefrau** eines nichtselbständig tätigen Speditionskaufmanns ein **Kfz** und vermietet sie dieses an den Ehemann, steht ihr wegen Mißbrauchs rechtlicher Gestaltungsmöglichkeiten kein Vorsteuerabzug zu, wenn sie die Anschaffungskosten sowie die laufenden Aufwendungen für das Kfz ggf. für den Kapitaldienst nicht aus der Miete und sonstigen Einkünften oder aus eigenem Vermögen decken kann und deshalb auf zusätzliche Zuwendungen ihres Ehemannes angewiesen ist. *BFH-Urteil vom 4. 5. 1994 XI R 67/93 (BStBl. II S. 829).*

19 **Registrierung des Leistenden** als Steuerpflichtiger ist keine materiell-rechtliche Voraussetzung für den Vorsteuerabzug beim Leistungsempfänger. ***EuGH-Urteil v. 22. 12. 2010,*** *C-438/09, Boguslaw Juliusz Dankowski, BeckRS 2010, 91500.*

Versagung des Vorsteuerabzugs bei Erwerb von Gegenständen **vor Registrierung** als Mehrwertsteuerpflichtiger gemeinschaftswidrig. ***EuGH-Urteil v. 21. 10. 2010,*** *C-385/09, Nidera Handelscompagnie BV (DStRE 2011 S. 570).*

Vorsteuerkürzung bei **Zuwiderhandlung gegen Registrierkassenpflicht** ist unionsrechtskonform. ***EuGH-Urteil v. 29. 7. 2010,*** *C-188/09, Profaktor Kulesza, Frankowski, Jóźwiak, Orlowski sp. j (DStRE S. 1520).*

Vorsteuerabzugsverbot für Dienstleistungsbezug aus **Steuerparadiesen** ist unionsrechtswidrig. ***EuGH-Urteil v. 30. 9. 2010,*** *C-395/09, Oasis East sp. z o. o. (IStR S. 772).*

UStAE 15.2

15.2 Allgemeines zum Vorsteuerabzug

31 (1) ① Nach § 15 Abs. 1 Satz 1 Nr. 1 UStG ist nur die gesetzlich geschuldete Steuer für Lieferungen und sonstige Leistungen, die von einem anderen Unternehmer für das Unternehmen des Leistungsempfängers ausgeführt worden sind, als Vorsteuer abziehbar. ② Ein Vorsteuerabzug ist damit nicht zulässig, soweit der die Rechnung ausstellende Unternehmer die Steuer nach § 14c UStG schuldet (vgl. BFH-Urteil vom 5. 9. 2019 – V R 38/17, BStBl. II 2022 S. 696). ③ Abziehbar sind nur die Steuerbeträge, die nach dem deutschen UStG geschuldet werden (vgl. BFH-Urteile vom 2. 4. 1998, V R 34/97, BStBl. II S. 695, und vom 6. 12. 2007, V R 3/06, BStBl. 2009 II S. 203). ④ Abziehbar ist damit auch die Steuer für die Lieferungen und sonstigen Leistungen, die nach § 1 Abs. 3 UStG wie Umsätze im Inland zu behandeln sind. ⑤ Unternehmer, die mit ausländischen Vorsteuerbeträgen belastet wurden, haben sich wegen eines eventuellen Abzugs an den Staat zu wenden, der die Steuer erhoben hat. ⑥ Die EU-Mitgliedstaaten vergüten nach Maßgabe der Richtlinie 2008/9/EG des Rates vom 12. 2. 2008 den in einem anderen Mitgliedstaat ansässigen Unternehmern die Vorsteuern in einem besonderen Verfahren und haben hierfür zentrale Erstattungsbehörden bestimmt. ⑦ In der Bundesrepublik Deutschland sind Anträge auf Vergütung der Vorsteuerbeträge in anderen EU-Mitgliedstaaten elektronisch über das BZSt (www.bzst.de) zu übermitteln (vgl. auch Abschnitt 18g.1).

32 (2) ① Die Berechtigung zum Vorsteuerabzug aus Lieferungen und sonstigen Leistungen ist unter folgenden Voraussetzungen gegeben:

1. Die Steuer muss für eine Lieferung oder sonstige Leistung gesondert in Rechnung gestellt worden sein (vgl. Abschnitt 15.2a);
2. die Lieferung oder sonstige Leistung muss von einem Unternehmer ausgeführt worden sein (vgl. Abschnitt 15.2a Abs. 1);
3. der Leistungsempfänger muss Unternehmer und die Lieferung oder sonstige Leistung für sein Unternehmen ausgeführt worden sein (vgl. Abschnitte 15.2b und 15.2c);
4. der Leistungsempfänger ist im Besitz einer nach den §§ 14, 14a UStG ausgestellten Rechnung, in der die Angaben vollständig und richtig sind (vgl. Abschnitt 15.2a Abs. 6). ② Wegen der Ausnahmen hiervon vgl. Abschnitt 15.2a Abs. 1a.

② Diese Voraussetzungen müssen insgesamt erfüllt werden. ③ Das gilt auch für Leistungsempfänger, die die Steuer für ihre Umsätze nach vereinnahmten Entgelten berechnen (§ 20 UStG). ④ Der den Vorsteuerabzug begehrende Unternehmer trägt die Feststellungslast für die Erfüllung der Anspruchsvoraussetzungen (vgl BFH-Urteil vom 6. 4. 2016, V R 6/14, BStBl. 2017 II S. 577). ⑤ Ein Unternehmer, der alle Maßnahmen getroffen hat, die vernünftigerweise von ihm verlangt werden können, um sicherzustellen, dass seine Umsätze nicht in einen Betrug – sei es eine Umsatzsteuerhinterziehung oder ein sonstiger Betrug – einbezogen sind, kann auf die Rechtmäßigkeit dieser Umsätze vertrauen, ohne Gefahr zu laufen, sein Recht auf Vorsteuerabzug zu verlieren. ⑥ Der Umstand, dass eine Lieferung an einen Unternehmer vorgenommen wird, der weder wusste noch hätte wissen müssen, dass der betreffende Umsatz in einen vom Verkäufer begangenen Betrug einbezogen war, steht dem Vorsteuerabzug nicht entgegen (vgl. Abschnitt 25f.1 und BFH-Urteil vom 19. 4. 2007 – V R 48/04, BStBl. II 2009 S. 315). ⑦ Der Vorsteuerabzug ist von einem Unternehmer für den Besteuerungszeitraum geltend zu machen, in dem die Berechtigung zum Vorsteuerabzug entstanden ist; für einen späteren Besteuerungszeitraum kann die Vorsteuer nicht abgezogen werden (vgl. BFH-Urteile vom 1. 12. 2010, XI R 28/08, BStBl. 2011 II S. 994, und vom 13. 2. 2014, V R 8/13, BStBl. II S. 595). ⑧ Fallen Empfang der Leistung und Empfang der Rechnung zeitlich auseinander, ist der Vorsteuerabzug für den Besteuerungszeitraum zulässig, in dem erstmalig beide Voraussetzungen erfüllt sind (vgl. BFH-

Urteile vom 1. 7. 2004, V R 33/01, BStBl. II S. 861, und vom 19. 6. 2013, XI R 41/10, BStBl. 2014 II S. 738). ⑨ Im Falle eines objektiven Nachweises einzelner materieller Voraussetzungen für den Vorsteuerabzug ohne ordnungsmäßige (berichtigte) Rechnung (vgl. Abschnitt 15.2a Abs. 1a) ist der Vorsteuerabzug in dem Zeitpunkt vorzunehmen, in dem die Leistung bezogen wurde und eine Rechnung mit offen ausgewiesener Umsatzsteuer vorlag. ⑩ Zum Zeitpunkt des Vorsteuerabzuges aus einer berichtigten Rechnung siehe Abschnitt 15.2a Abs. 7. ⑪ Die Berechtigung des Organträgers zum Vorsteuerabzug aus Eingangsleistungen auf Ebene der Organgesellschaft richtet sich nach den Verhältnissen im Zeitpunkt des Leistungsbezugs, nicht der Rechnungserteilung (vgl. BFH-Urteil vom 13. 5. 2009, XI R 84/07, BStBl. II S. 868).[1] ⑫ Bei Zahlungen vor Empfang der Leistung vgl. aber Abschnitt 15.3. ⑬ Bezieht ein Unternehmer Teilleistungen (z. B. Mietleistungen) für sein Unternehmen, ist sowohl für den Leistungsbezug (§ 15 Abs. 1 Satz 1 Nr. 1 UStG) als auch für die Frage der Verwendung dieser Leistungen (§ 15 Abs. 2 UStG, vgl. Abschnitt 15.12) auf die monatlichen (Teil-)Leistungsabschnitte abzustellen (BFH-Urteil vom 9. 9. 1993, V R 42/91, BStBl. 1994 II S. 269).

(3) Folgende Sonderregelungen für den Vorsteuerabzug sind zu beachten: **33**

1. ① Nach § 15 Abs. 1a UStG sind Vorsteuerbeträge nicht abziehbar, die auf Aufwendungen entfallen, für die das Abzugsverbot des § 4 Abs. 5 Satz 1 Nr. 1 bis 4, 7 oder des § 12 Nr. 1 EStG gilt. ② Ausgenommen von der Vorsteuerabzugsbeschränkung sind Bewirtungsaufwendungen, soweit § 4 Abs. 5 Satz 1 Nr. 2 EStG einen Abzug angemessener und nachgewiesener Aufwendungen ausschließt (vgl. auch Abschnitt 15.6 Abs. 6).
2. Nach § 15 Abs. 1b UStG sind Vorsteuerbeträge für ein dem Unternehmen zugeordnetes teilunternehmerisch genutztes Grundstück nicht abziehbar, soweit sie nicht auf die Verwendung des Grundstücks für Zwecke des Unternehmens entfallen (vgl. Abschnitt 15.6a).
3. Ein Kleinunternehmer ist, soweit er der Sonderregelung des § 19 Abs. 1 UStG unterliegt, nicht zum Vorsteuerabzug berechtigt (§ 19 Abs. 1 Satz 4 UStG; vgl. Abschnitt 15.1 Abs. 4 bis 6 und Abschnitt 19.5).
4. ① Ermitteln Unternehmer ihre abziehbaren Vorsteuern nach den Durchschnittssätzen des § 23 UStG, ist insoweit ein weiterer Vorsteuerabzug ausgeschlossen (§ 70 Abs. 1 UStDV; vgl. Abschnitt 15.1 Abs. 3 Satz 1 Nr. 1, Abs. 5 und 6 sowie Abschnitte 23.1 und 23.3). ② Dasselbe gilt für die Berechnung nach den Durchschnittssätzen des § 23a UStG (§ 23a Abs. 1 UStG; vgl. Abschnitt 15.1 Abs. 3 Satz 1 Nr. 2, Abs. 5 und 6).
5. Werden die Vorsteuerbeträge, die den im Rahmen eines land- und forstwirtschaftlichen Betriebs ausgeführten Umsätzen zuzurechnen sind, nach Durchschnittssätzen ermittelt, entfällt ein weiterer Vorsteuerabzug (§ 24 Abs. 1 Satz 3 und 4 UStG; vgl. Abschnitt 15.1 Abs. 3 Satz 1 Nr. 3, Abs. 5 und 6 sowie Abschnitt 24.7 Abs. 2 und 3).
6. Bewirkt der Unternehmer Reiseleistungen im Sinne des § 25 Abs. 1 UStG, ist er nicht berechtigt, die ihm in diesen Fällen für die Reisevorleistungen gesondert in Rechnung gestellten Steuerbeträge als Vorsteuern abzuziehen (§ 25 Abs. 4 UStG, vgl. Abschnitt 25.4).
7. Ein Wiederverkäufer, der für die Lieferung beweglicher körperlicher Gegenstände die Differenzbesteuerung des § 25a Abs. 2 UStG anwendet, kann die entstandene Einfuhrumsatzsteuer sowie die Steuer für die an ihn ausgeführte Lieferung nicht als Vorsteuer abziehen (§ 25a Abs. 5 UStG; vgl. Abschnitt 25a.1 Abs. 7).

1. Art. 17 Abs. 2 und 6 der 6. EG-Richtlinie 77/388/EWG ist dahin auszulegen, dass er einer nationalen Regelung entgegensteht, die im Fall des Erwerbs von mit Geldern aus dem Staatshaushalt **subventionierten Gegenständen** einen Abzug der darauf angefallenen Mehrwertsteuer nur für den nicht subventionierten Teil dieses Erwerbs erlaubt. – 2. Art. 17 Abs. 2 der 6. EG-Richtlinie begründet für die Steuerpflichtigen Rechte, auf die sie sich vor den nationalen Gerichten berufen können, um einer mit dieser Vorschrift unvereinbaren nationalen Regelung entgegenzutreten. ***EuGH-Urt. v. 23. 4. 2009** – C-74/08 – PARAT Automotive Cabrio Textiltetöket Gyártó kft (UR S. 452).* LS zu 15.2 **36**

Vorsteuerabzug bei Übertragung von **Rechten an Erfindungen.** ***EuGH-Urt. v. 27. 10. 2011,** C-504/10, Tanoarch, (UR 2012 S. 67).*

1. Der für den Vorsteuerabzug erforderliche direkte und unmittelbare Zusammenhang zwischen der Eingangsleistung und der Tätigkeit des Steuerpflichtigen bestimmt sich nach dem objektiven Inhalt der von ihm bezogenen Leistung. – 2. **Anwaltsdienstleistungen,** deren Zweck darin besteht, **strafrechtliche Sanktionen** gegen natürliche Personen zu vermeiden, die Geschäftsführer eines steuerpflichtigen Unternehmens sind, eröffnen keinen Anspruch auf Vorsteuerabzug. *BFH-Urt. v. 11. 4. 2013, V R 29/10 (BStBl. II S. 840).*

1. Steht der Änderung eines Umsatzsteuerbescheids wegen der **Rechtsprechungsänderung zum Vorsteuerabzug** bei unrichtigem Steuerausweis durch das BFH-Urteil vom 2. April 1998 V R 34/97 (BFHE 185, 536, BStBl. II 1998, 695) § 176 Abs. 1 Nr. 3 AO entgegen, ist der Steuerpflichtige so zu behandeln, wie er ohne die Rechtsprechungsänderung gestanden hätte. – 2. Berichtigt der Leistende seine Rechnung mit dem unrichtigen Umsatzsteuerausweis, ist der Vorsteuerabzug des Leistungsempfängers zu berichtigen, wenn im Zeitpunkt der Rechtsprechungsänderung die Änderung des Umsatzsteuerbescheids möglich gewesen wäre. Der Zeitpunkt der Rechnungsberichtigung ist insoweit unmaßgeblich. *BFH-Urt. v. 25. 4. 2013, V R 2/13 (BStBl. II S. 844).*

Verweigert ein Leistungsempfänger **von Beginn an** für ihm erbrachte Bauleistungen **die Entrichtung des** hierfür in Rechnung gestellten **Entgelts** u. a. wegen Baumängeln, entfällt seine Berechtigung zur Geltendmachung des Vorsteuerabzugs aus dieser Rechnung. *BFH-Beschluss v. 9. 4. 2014 XI B 10/14 (BFH/NV S. 1099).*

Art. 167, Art. 178 Buchst. a, Art. 179 und Art. 226 Nr. 3 MwStSystRL sind dahin auszulegen, dass sie einer nationalen Regelung wie der im Ausgangsverfahren fraglichen entgegenstehen, wonach der Berichtigung einer Rechnung in Bezug auf

[1] Organschaft vgl. Hinweise bei A 2.8 UStAE.

eine zwingende Angabe, nämlich die Mehrwertsteuer-Identifikationsnummer, keine **Rückwirkung** zukommt, so dass das Recht auf Vorsteuerabzug in Bezug auf die berichtigte Rechnung nicht für das Jahr ausgeübt werden kann, in dem diese Rechnung ursprünglich ausgestellt wurde, sondern für das Jahr, in dem sie berichtigt wurde. ***EuGH-Urteil v. 15. 9. 2016*** *C-518/14, Senatex (DStR S. 2211).*

Zum **Verhältnis nationales Recht – Unionsrecht:**

1. Ob eine gesetzlich geschuldete Steuer i. S. von § 15 Abs. 1 Satz 1 Nr. 1 UStG vorliegt, bestimmt sich unter Berücksichtigung des Unionsrechts. – 2. Sieht das nationale Recht für eine Leistung den ermäßigten Steuersatz vor, während sie nach dem Unionsrecht dem Regelsteuersatz unterliegt, kann sich der zum Vorsteuerabzug berechtigte Leistungsempfänger auf den **Anwendungsvorrang des Unionsrechts** berufen und – bei Vorliegen der weiteren z. B. rechnungsmäßigen Voraussetzungen – den Vorsteuerabzug nach dem für ihn günstigeren Regelsteuersatz in Anspruch nehmen. *BFH-Urteil v. 24. 10. 2013 V R 17/13 (BStBl. 2015 II S. 513).*

Der ***EuGH*** *(**Urteil v. 13. 1. 2022** C-156/20, DStR S. 150)* lässt keinen Abzug von entstandener, aber **nicht abgeführter und verjährter** Umsatzsteuer als Vorsteuer zu. Nach Art. 168 Buchst. a MwStSystRL kann die Mehrwertsteuer nicht als im Sinne dieser Bestimmung geschuldet oder entrichtet angesehen und daher vom Steuerpflichtigen nicht abgezogen werden, wenn zum einen dieser und sein Dienstleistungserbringer die betreffenden Leistungen aufgrund einer falschen Auslegung des Unionsrechts durch die nationalen Behörden zu Unrecht für mehrwertsteuerfrei gehalten haben, in den Rechnungen folglich keine Mehrwertsteuer ausgewiesen wurde und nach dem Vertrag zwischen diesen beiden Personen die Kosten, falls diese Steuer geschuldet würde, vom Leistungsempfänger zu tragen wären, und wenn zum anderen keine rechtzeitigen Schritte zur nachträglichen Einziehung der nicht entrichteten Mehrwertsteuer erfolgt sind und deshalb jedem darauf gerichteten Vorgehen des Dienstleistungserbringers sowie der Steuer- und Zollverwaltung die Verjährung entgegensteht.

Das Recht auf Vorsteuerabzug ist für den Voranmeldungszeitraum **(Besteuerungszeitraum)** auszuüben, in dem das Abzugsrecht entstanden ist und die Ausübungsvoraussetzungen vorliegen. *BFH-Urteil v. 13. 2. 2014 V R 8/13 (BStBl. II S. 595).*

Keine Vorsteuerabzugsberechtigung besteht im Rahmen eines betrügerischen **Schneeballsystems,** da ein unberechtigter Steuerausweis i. S. d. § 14c Abs. 2 UStG gegeben ist, wenn der Unternehmer nicht willens und in der Lage ist, die in der ausgestellten Rechnung beschriebene Leistung zu erbringen, er aber mit der Rechnung gleichwohl den Schein einer Lieferung oder Leistung erwecken will. *FG Münster, Urt. v. 16. 10. 2014 – 5 K 3875/12 U (MwStR 2015 S. 314).*

Allein aus dem Umstand, dass ihm Kupferkathoden des höchsten Reinheitsgrades außerbörslich zu einem unter dem **Börsenwert** liegenden Preis angeboten werden, muss ein Metallhändler nicht mit der Folge des Verlusts der Vorsteuerabzugsberechtigung erkennen, dass der fragliche Umsatz in eine Mehrwertsteuerhinterziehung einbezogen ist. *FG Sachsen, Urt. v. 3. 12. 2014 – 8 K 644/14 (MwStR 2015 S. 697).*

1. Da das Recht auf Vorsteuerabzug materiell-rechtlich bereits entsteht, wenn die betreffenden Gegenstände geliefert oder die Dienstleistung erbracht wird, kommt es für die **insolvenzrechtliche Begründung des Erstattungsanspruchs auf den Besitz der Rechnung nicht an.** – 2. Auf den Zeitpunkt der dem Vorsteuerabzug zugrunde liegenden Lieferung von Gegenständen oder Erbringung von Dienstleistungen ist auch dann abzustellen, wenn der Anspruch auf Vorsteuerabzug auf einem Verzicht auf Steuerfreiheit nach § 9 UStG beruht. *BFH-Urteil v. 12. 6. 2018 VII R 19/16 (BStBl. 2020 II S. 717).*

Der Vorsteuerabzug zu Unrecht ausgewiesener Steuer auf **Reverse-Charge-Leistung** kann versagt werden, ohne dass die Steuerbehörde
– vor der Verweigerung des Rechts auf Vorsteuerabzug prüft, ob der Aussteller dieser falschen Rechnung ihrem Empfänger die rechtsgrundlos gezahlte Mehrwertsteuer erstatten und die betreffende Rechnung im Wege der Eigenrevision gemäß der einschlägigen nationalen Regelung berichtigen konnte, um die von ihm rechtsgrundlos an den Fiskus abgeführte Steuer zurückzuerlangen, oder
– beschließt, selbst dem Empfänger der betreffenden Rechnung die Steuer zu erstatten, die dieser rechtsgrundlos an deren Aussteller gezahlt und dieser anschließend rechtsgrundlos an den Fiskus abgeführt hat.

Die genannten Grundsätze erfordern allerdings, dass der Dienstleistungsempfänger seinen Anspruch auf Erstattung der zu Unrecht in Rechnung gestellten Mehrwertsteuer unmittelbar an die Steuerbehörde richten kann, falls sich die Rückzahlung durch den Erbringer der Dienstleistungen an ihren Empfänger – insbesondere im Fall der Zahlungsunfähigkeit des Erbringers – als unmöglich oder übermäßig schwierig erweist. ***EuGH-Urteil v. 11. 4. 2019*** *C-691/17, PORR Építési Kft. (DStR S. 924).*

Der ***EuGH*** *(**Urteil v. 10. 2. 2022** C-9/20, Grundstücksgemeinschaft Kollanstraße 136, DStR S. 255)* hat entschieden, dass der in Deutschland vorgesehene Vorsteuerabzug nach Sollprinzip bei Leistung durch Istversteuerer unionsrechtswidrig ist. Art. 167 MwStSystRL steht danach einer nationalen Regelung entgegen, nach der das Recht auf Vorsteuerabzug bereits im Zeitpunkt der Ausführung des Umsatzes entsteht, wenn der Steueranspruch gegen den Lieferer oder Dienstleistungserbringer nach einer nationalen Abweichung gem. Art. 66 Ib der MwStSystRL erst bei Vereinnahmung des Entgelts entsteht und dieses noch nicht gezahlt worden ist.

UStAE 15.2a

15.2a Ordnungsmäßige Rechnung als Voraussetzung für den Vorsteuerabzug

Rechnung im Sinne der §§ 14, 14a UStG

41 (1) ① Nach § 15 Abs. 1 Satz 1 Nr. 1 Satz 2 in Verbindung mit § 14 Abs. 4 Satz 1 Nr. 8 UStG muss die Steuer in einer nach den §§ 14, 14a UStG ausgestellten Rechnung gesondert ausgewiesen sein. ② Der Begriff der Rechnung ergibt sich aus § 14 Abs. 1 UStG (vgl. auch Abschnitt 14.1). ③ Für den Vorsteuerabzug muss eine Rechnung das Entgelt und den Steuerbetrag getrennt ausweisen; die Angabe des Entgelts als Grundlage des gesondert ausgewiesenen Steuerbetrags ist damit zwingend erforderlich (vgl. Abschnitt 15.11 Abs. 4). ④ Ein gesonderter Steuerausweis liegt nicht vor, wenn die in einem Vertrag enthaltene Abrechnung offen lässt, ob der leistende Unternehmer den Umsatz steuerfrei oder steuerpflichtig (§ 9 UStG) behandeln will (vgl. Abschnitt 14.1 Abs. 2 Satz 5), oder in dem Dokument nicht durch Angaben tatsächlicher Art zum Ausdruck kommt, dass die gesondert ausgewiesene Steuer auf Lieferungen oder sonstigen Leistungen des Rechnungsausstellers an den Leistungsempfänger beruht (BFH-Urteil vom 12. 6. 1986, V R 75/78, BStBl. II S. 721). ⑤ Eine nach den §§ 14, 14a UStG ausgestellte Rechnung ist auch bei der Abrechnung der Leistung des Insolvenzverwalters an den Gemeinschuldner erforderlich. ⑥ Der Beschluss des Insolvenzgerichts über die Festsetzung der Vergütung ist für den Vorsteuerabzug nicht ausreichend (vgl. BFH-Urteile vom 20. 2. 1986, V R 16/81, BStBl. II S. 579 und vom 26. 9. 2012, V R 9/11, BStBl. II 2013 S. 346).

(1 a) ① Das Recht auf Vorsteuerabzug kann ausnahmsweise auch geltend gemacht werden, wenn der Unternehmer im Besitz einer Rechnung ist, die nicht alle formellen Voraussetzungen erfüllt und die auch nicht berichtigt wurde (vgl. Absatz 7). ② Der Vorsteuerabzug ist unter Anwendung eines strengen Maßstabes auch zu gewähren, wenn die Finanzverwaltung über sämtliche Angaben verfügt, um die materiellen Voraussetzungen zu überprüfen (vgl. EuGH-Urteil vom 15. 9. 2016, C-516/14, Barlis 06). ③ Der Unternehmer kann daher durch objektive Nachweise belegen, dass ihm andere Unternehmer auf einer vorausgehenden Umsatzstufe tatsächlich Gegenstände oder Dienstleistungen geliefert bzw. erbracht haben, die seinen der Mehrwertsteuer unterliegenden Umsätzen dienten und für die er die Umsatzsteuer tatsächlich entrichtet hat. ④ Aus dieser Rechtsprechung folgt aber insbesondere nicht, dass ein Vorsteuerabzug gänzlich ohne Rechnung geltend gemacht werden kann (vgl. Rz. 39 ff. des BFH-Urteils vom 15. 10. 2019, V R 14/18, BStBl. 2020 II S. 596). ⑤ Der Nachweis über die tatsächliche Entrichtung der Steuer kann nämlich nur über eine Rechnung oder deren Kopie (vgl. Abschnitt 15.11 Abs. 1 Satz 4) mit offen ausgewiesener Umsatzsteuer erfolgen. ⑥ Ohne diesen Ausweis verbleiben Zweifel, ob und in welcher Höhe die Steuer in dem Zahlbetrag enthalten ist und damit, ob die Steuer tatsächlich entrichtet worden ist. ⑦ Entscheidend ist, dass die vorgelegten Beweismittel eine leichte und zweifelsfreie Feststellung der Voraussetzungen durch die Finanzbehörden ermöglichen (vgl. BFH-Urteil vom 12. 3. 2020, V R 48/17, BStBl. II S. 604), anderenfalls ist die Kontrollfunktion nicht erfüllt. ⑧ Der Leistungszeitpunkt kann sich im Einzelfall aus dem Rechnungsdatum ergeben, wenn keine Zweifel bestehen, dass die Leistung in dem Monat der Rechnungsstellung ausgeführt wurde (vgl. BFH-Urteile vom 1. 3. 2018, V R 18/17, BStBl. 2021 II S. 644, und vom 15. 10. 2019, V R 29/19 (V R 44/16), BStBl. 2021 II S. 646). ⑨ Solche Zweifel bestehen insbesondere, wenn das Zusammenfallen von Rechnungs- und Leistungsdatum nicht branchenüblich ist, der Rechnungsaussteller eine zeitnahe Abrechnung nicht regelmäßig durchführt oder bei der konkreten Leistung sonstige Zweifel am Zusammenfallen der Daten bestehen. ⑩ Es besteht keine Pflicht der Finanzbehörden, fehlende Informationen selbst von Amts wegen zu ermitteln. ⑪ Zweifel und Unklarheiten wirken zu Lasten des Unternehmers (vgl. Abschnitt 15.11 Abs. 3 Satz 1). UStAE 15.2 a 41a

Rechnungsaussteller

(2) ① Die Rechnung muss grundsätzlich vom leistenden Unternehmer oder vom Leistungsempfänger (Gutschrift) ausgestellt sein. ② Ein Vorsteuerabzug ist deshalb nicht zulässig, wenn ein anderer im Namen des Leistenden oder des Leistungsempfängers eine Rechnung mit gesondertem Steuerausweis erteilt, ohne vom Leistenden oder vom Leistungsempfänger dazu beauftragt zu sein. ③ Der Rechnungsaussteller (Gutschriftsempfänger) muss mit dem leistenden Unternehmer grundsätzlich identisch sein, um eine Verbindung zwischen einer bestimmten wirtschaftlichen Transaktion und dem Rechnungsaussteller (Gutschriftsempfänger) herzustellen (vgl. BFH-Urteil vom 14. 2. 2019, V R 47/16, BStBl. II 2020 S. 424). ④ Zur Abrechnung durch den Vermittler vgl. BFH-Urteil vom 4. 3. 1982, V R 59/81, BStBl. II S. 315. ⑤ Der Vorsteuerabzug ist nur möglich, wenn die Rechnung die Angabe des vollständigen Namens und der vollständigen Anschrift des leistenden Unternehmers enthält, wobei es nicht erforderlich ist, dass die wirtschaftlichen Tätigkeiten des leistenden Unternehmers unter der Anschrift ausgeübt werden, die in der von ihm ausgestellten Rechnung angegeben ist; es reicht vielmehr jede Art von Anschrift und damit auch eine Briefkastenanschrift, sofern der Unternehmer unter dieser Anschrift erreichbar ist (vgl. BFH-Urteile vom 13. 6. 2018, XI R 20/14, BStBl. II S. 800, und vom 21. 6. 2018, V R 25/15, BStBl. II S. 809, und V R 28/16, BStBl. II S. 806). ⑥ Maßgeblich für eine Erreichbarkeit ist der Zeitpunkt der Rechnungsausstellung. ⑦ Die Feststellungslast für die postalische Erreichbarkeit zu diesem Zeitpunkt trifft den den Vorsteuerabzug begehrenden Leistungsempfänger (vgl. BFH-Urteil vom 5. 12. 2018, XI R 22/14, BStBl. II 2020 S. 418). ⑧ Der Unternehmer, der die Lieferung oder sonstige Leistung ausgeführt hat, muss in der Rechnung (Abrechnungspapier) grundsätzlich mit seinem wirklichen Namen bzw. mit der wirklichen Firma angegeben sein (vgl. auch § 31 Abs. 2 UStDV). ⑨ Bei der Verwendung eines unzutreffenden und ungenauen Namens (z. B. Scheinname oder Scheinfirma) kann der Vorsteuerabzug ausnahmsweise zugelassen werden, wenn der tatsächlich leistende Unternehmer eindeutig und leicht nachprüfbar aus dem Abrechnungspapier ersichtlich ist (vgl. BFH-Urteil vom 7. 10. 1987, X R 60/82, BStBl. 1988 II S. 34). ⑩ Diese Ausnahmekriterien sind eng auszulegen, so dass z. B. der Vorsteuerabzug unter folgenden Umständen unzulässig ist: 42

1. ① Bei Verwendung einer Scheinfirma oder eines Scheinnamens ergibt sich aus dem Abrechnungspapier kein Hinweis auf den tatsächlich leistenden Unternehmer (vgl. BFH-Urteil vom 19. 10. 1978, V R 39/75, BStBl. 1979 II S. 345). ② Hinweise auf den tatsächlich leistenden Unternehmer fehlen in der Regel in Rechnungen mit willkürlich ausgesuchten Firmenbezeichnungen und/oder unzutreffenden Anschriften sowie bei Rechnungen von zwar existierenden Firmen, die aber die Leistung nicht ausgeführt haben (z. B. bei Verwendung von echten Rechnungsformularen dieser Firmen ohne ihr Wissen oder bei gefälschten Rechnungsformularen). ③ Das gilt auch, wenn der Abrechnende bereits bei der Leistungsbewirkung unter dem fremden Namen aufgetreten ist (BFH-Urteil vom 17. 9. 1992, V R 41/89, BStBl. 1993 II S. 205) oder wenn die als Rechnungsaussteller bezeichnete Person einen auf ihren

UStAE 15.2a

Namen lautenden Gewerbebetrieb vortäuscht, ohne tatsächlich selber direkt oder über einen rechtsgeschäftlichen Vertreter zivilrechtliche Vertragsbeziehungen mit dem Leistungsempfänger zu unterhalten (vgl. BFH-Urteil vom 15. 10. 2019, V R 29/19 (V R 44/16), BStBl. 2021 II S. 646).

2. ① Aus dem Abrechnungspapier geht der tatsächlich leistende Unternehmer nicht eindeutig hervor. ② Dies ist beispielsweise anzunehmen, wenn nach der Abrechnung mehrere leistende Unternehmer in Betracht kommen und sich der tatsächlich leistende Unternehmer nicht zweifelsfrei ergibt. ③ Die Feststellung, welcher Leistungsbeziehung die Verschaffung der Verfügungsmacht zuzurechnen ist, ist im Wesentlichen tatsächliche Würdigung (vgl. BFH-Urteil vom 4. 9. 2003, V R 9, 10/02, BStBl. 2004 II S. 627). ④ Im Fall eines Strohmannverhältnisses sind die von dem (weisungsabhängigen) Strohmann bewirkten Leistungen trotz selbständigen Auftretens im Außenverhältnis dem Hintermann als Leistendem zuzurechnen (vgl. BFH-Urteil vom 15. 9. 1994, XI R 56/93, BStBl. 1995 II S. 275). ⑤ Ein Strohmann, der im eigenen Namen Gegenstände verkauft und bewirkt, dass dem Abnehmer die Verfügungsmacht daran eingeräumt wird, kann aber umsatzsteuerrechtlich Leistender sein (vgl. BFH-Urteil vom 28. 1. 1999, V R 4/98, BStBl. II S. 628, und BFH-Beschluss vom 31. 1. 2002, V B 108/01, BStBl. 2004 II S. 622). ⑥ Ein Unternehmer, der unter fremdem Namen auftritt, liefert dagegen selbst, wenn nach den erkennbaren Umständen durch sein Handeln unter fremdem Namen lediglich verdeckt wird, dass er und nicht der „Vertretene" die Lieferung erbringt (vgl. BFH-Urteil vom 4. 9. 2003, V R 9, 10/02, a. a. O.). ⑦ Im Übrigen vgl. zum Begriff des Leistenden Abschnitt 2.1 Abs. 3.

3. Aus dem Abrechnungspapier ist der tatsächlich leistende Unternehmer nur schwer zu ermitteln, also nicht leicht nachprüfbar festzustellen.

4. Der tatsächlich leistende Unternehmer ist zwar bekannt, seine Identität ergibt sich jedoch nicht aus dem Abrechnungspapier oder aus solchen Unterlagen, auf die in dem Abrechnungspapier verwiesen wird (vgl. hierzu die zur zutreffenden Leistungsbezeichnung in Rechnungen ergangenen BFH-Beschlüsse vom 4. 12. 1987, V S 9/85, BStBl. 1988 II S. 702, und vom 9. 12. 1987, V B 54/85, BStBl. 1988 II S. 700).

⑪ Steuern, die dem Unternehmer von einem Lieferer oder Leistenden in Rechnung gestellt werden, der nicht Unternehmer ist, sind – obwohl sie von diesem nach § 14c Abs. 2 UStG geschuldet werden – nicht abziehbar (vgl. BFH-Urteile vom 8. 12. 1988, V R 28/84, BStBl. 1989 II S. 250, und vom 2. 4. 1998, V R 34/97, BStBl. II S. 695).

Rechnungsadressat

43 (3) ① Der Vorsteuerabzug setzt grundsätzlich eine auf den Namen des umsatzsteuerlichen Leistungsempfängers lautende Rechnung mit gesondert ausgewiesener Steuer voraus. ② Es ist jede Bezeichnung des Leistungsempfängers ausreichend, die eine eindeutige und leicht nachprüfbare Feststellung seines Namens und seiner Anschrift ermöglicht (vgl. BFH-Urteil vom 2. 4. 1997, V B 26/96, BStBl. II S. 443). ③ Eine andere Rechnungsadresse ist nicht zu beanstanden, wenn aus dem übrigen Inhalt der Rechnung oder aus anderen Unterlagen, auf die in der Rechnung hingewiesen wird (§ 31 Abs. 1 UStDV), Name und Anschrift des umsatzsteuerlichen Leistungsempfängers eindeutig hervorgehen (z. B. bei einer Rechnungsausstellung auf den Namen eines Gesellschafters für Leistungen an die Gesellschaft). ④ Eine Gesellschaft kann jedoch aus einer Rechnung, die nur auf einen Gesellschafter ausgestellt ist, keinen Vorsteuerabzug vornehmen, wenn die Rechnung keinen Hinweis auf die Gesellschaft als Leistungsempfänger enthält (vgl. BFH-Urteile vom 5. 10. 1995, V R 113/92, BStBl. 1996 II S. 111). ⑤ Entsprechendes gilt für Gemeinschaften (vgl. BFH-Urteil vom 23. 9. 2009, XI R 14/08, BStBl. 2010 II S. 243). ⑥ Der in einer Rechnung an die Bauherren eines Gesamtobjekts (z. B. Wohnanlage mit Eigentumswohnungen) gesondert ausgewiesene Steuerbetrag kann nach § 1 Abs. 2 der Verordnung über die gesonderte Feststellung von Besteuerungsgrundlagen nach § 180 Abs. 2 AO auf die Beteiligten verteilt und ihnen zugerechnet werden. ⑦ Die Bezeichnung der einzelnen Leistungsempfänger und der für sie abziehbare Steuerbetrag kann aus einer Abrechnung über das bezeichnete Gesamtobjekt abgeleitet werden (BFH-Urteil vom 27. 1. 1994, V R 31/91, BStBl. II S. 488). ⑧ Sind bei gemeinsamem Leistungsbezug durch mehrere Personen die einzelnen Gemeinschafter als Leistungsempfänger anzusehen (vgl. Abschnitt 15.2b Abs. 1), genügt für Zwecke des Vorsteuerabzugs des einzelnen Gemeinschafters grundsätzlich eine Rechnung an die Gemeinschaft, die als Angabe nach § 14 Abs. 4 Satz 1 Nr. 1 UStG nur den vollständigen Namens und die vollständige Anschrift der Gemeinschaft enthält. ⑨ Aus den durch die den Vorsteuerabzug begehrenden Gemeinschafter nach § 22 UStG zu führenden Aufzeichnungen müssen sich dann die Namen und die Anschriften der übrigen Gemeinschafter sowie die auf die Gemeinschafter entfallenden Anteile am Gemeinschaftsvermögen ergeben. ⑩ In den Fällen eines Entgelts von dritter Seite (§ 10 Abs. 1 Satz 2 UStG) ist nicht der Dritte, sondern nur der Leistungsempfänger zum Vorsteuerabzug berechtigt (vgl. auch Abschnitt 14.10 Abs. 1).

Leistungsbeschreibung

44 (4) ① In der Rechnung sind als Nachweis dafür, dass die Leistung für das Unternehmen bezogen wurde, zutreffende Angaben des leistenden Unternehmers über die Menge und die Art der von ihm gelieferten Gegenstände oder den Umfang und die Art der von ihm ausgeführten sonstigen Leistungen erforderlich (vgl. Abschnitt 14.5 Abs. 15). ② Bei Lieferungen kann die erforderliche Angabe der Art in der (unter Berücksichtigung von Handelsstufe, Art und Inhalt der Lieferung und dem Wert der einzelnen Gegenstände) zutreffenden handelsüblichen Bezeichnung der einzelnen Liefergegenstände bestehen (zu den Anforderungen bei hochpreisigen Uhren und Armbändern vgl. BFH-Beschluss vom 29. 11. 2002, V B 119/02, n. v.; abgrenzend dazu im Niedrigpreissegment vgl. BFH-Urteil vom 10. 7. 2019, XI R 28/18, BStBl. 2021 II S. 961). ③ In Zweifelsfällen ist der Unternehmer nach den allgemeinen Regeln (vgl. Absätze 5 und 6) nachweispflichtig, dass eine in der Rechnung aufgeführte Bezeichnung (z. B. bloße Gattungsbezeichnung wie „T-Shirts" oder „Bluse") auf der betreffenden Handelsstufe handelsüblich ist. ④ Bei sonstigen Leistungen müssen die Angaben eine eindeutige Identifizierung der abgerechneten Leistungen ermöglichen. ⑤ Der Umfang und die Art der erbrachten Dienstleistungen sind zu präzisieren; dies bedeutet jedoch nicht, dass die konkreten erbrachten Dienstleistungen erschöpfend beschrieben werden müssen (BFH-Urteil vom 15. 10. 2019, V R 29/19 (V R 44/16), BStBl. 2021 II S. 646 und EuGH-Urteil vom 15. 9. 2016, C-516/14, Barlis 06). ⑥ Allein nicht ausreichend sind allgemeine Angaben wie „Erbringung juristischer Dienstleistungen", „Bauarbeiten" (vgl. BFH-Urteil vom 10. 11. 1994, V R 45/93, BStBl. 1995 II S. 395), „Beratungsleistung" (vgl. BFH-Beschluss vom 16. 12. 2008, V B 228/07, n. v.), „Werbungskosten lt. Absprache", „Akquisitions-Aufwand" oder „Reinigungskosten" (vgl. BFH-Urteil vom 1. 3. 2018, V R 18/17, BStBl. 2021 II S. 644), da sie nicht die erforderliche Kontrollfunktion (vgl. Abschnitt 14.5 Abs. 1) erfüllen. UStAE 15.2a

(5) ① Der Vorsteuerabzug kann nur auf Grund einer Rechnung geltend gemacht werden, die eine eindeutige und leicht nachprüfbare Feststellung der Leistung ermöglicht, über die abgerechnet worden ist (BFH-Urteile vom 10. 11. 1994, V R 45/93, BStBl. 1995 II S. 395, vom 16. 1. 2014, V R 28/13, BStBl. II S. 867, vom 1. 3. 2018, V R 18/17, BStBl. 2021 II S. 644 und vom 15. 10. 2019, V R 29/19 (V R 44/16), BStBl. 2021 II S. 646). ② Eine für die Gewährung des Vorsteuerabzugs ausreichende Leistungsbezeichnung ist dann nicht gegeben, wenn die Angaben tatsächlicher Art im Abrechnungspapier unrichtig oder so ungenau sind, dass sie eine Identifizierung des Leistungsgegenstands nicht ermöglichen. ③ Den Vorsteuerabzug ausschließende 45

1. unrichtige Angaben liegen vor, wenn eine in der Rechnung aufgeführte Leistung tatsächlich nicht erbracht ist und auch nicht erbracht werden soll (z. B. bei Gefälligkeitsrechnungen), oder zwar eine Leistung ausgeführt ist oder ausgeführt werden soll, jedoch in der Rechnung nicht auf die tatsächliche Leistung, sondern auf eine andere hingewiesen wird (vgl. Beispielsfälle in Abschnitt 14c.2 Abs. 2 Nr. 3);
2. ① ungenaue Angaben liegen vor, wenn die Rechnungsangaben zwar nicht unrichtig, aber nicht so eingehend und präzise sind, dass sie ohne weiteres völlige Gewissheit über Art und Umfang des Leistungsgegenstands verschaffen. ② Dies ist regelmäßig der Fall, wenn sich anhand der Rechnung nachträglich nicht genau feststellen lässt, auf welchen gelieferten Gegenstand bzw. auf welchen beim Leistungsempfänger eingetretenen Erfolg einer sonstigen Leistung sich die gesondert ausgewiesene Steuer beziehen soll (vgl. Beispielsfälle in Abschnitt 14c.2 Abs. 2 Nr. 3). ③ Die erforderlichen Angaben müssen aus der vom leistenden Unternehmer erstellten Rechnung oder aus weiteren, ergänzenden Unterlagen hervorgehen (vgl. Absätze 1a und 7). ④ Rechnungsergänzungen durch den Leistungsempfänger können nicht berücksichtigt werden (vgl. BFH-Beschluss vom 4. 12. 1987, V S 9/85, BStBl. 1988 II S. 702).

Überprüfung der Rechnungsangaben

(6) ① Der Leistungsempfänger hat die in der Rechnung enthaltenen Angaben auf ihre Vollständigkeit und Richtigkeit zu überprüfen (vgl. BFH-Urteil vom 6. 12. 2007, V R 61/05, BStBl. 2008 II S. 695). ② Dabei ist allerdings der Grundsatz der Verhältnismäßigkeit zu wahren. ③ Enthält die Rechnung entgegen § 14 Abs. 4 Satz 1 Nr. 2 UStG nur eine Zahlen- und Buchstabenkombination, bei der es sich nicht um die dem leistenden Unternehmer erteilte Steuernummer handelt, ist der Leistungsempfänger nach § 15 Abs. 1 Satz 1 Nr. 1 Satz 2 UStG – vorbehaltlich einer Rechnungsberichtigung – nicht zum Vorsteuerabzug berechtigt (BFH-Urteil vom 2. 9. 2010, V R 55/09, BStBl. 2011 II S. 235). ④ Die Überprüfung der Richtigkeit der Steuernummer oder der inländischen USt-IdNr. und der Rechnungsnummer ist dem Rechnungsempfänger regelmäßig nicht möglich (vgl. BFH-Urteil vom 2. 9. 2010, V R 55/09, a. a. O.). ⑤ Ist eine dieser Angaben unrichtig und konnte der Unternehmer dies nicht erkennen, bleibt der Vorsteuerabzug erhalten, wenn im Übrigen die Voraussetzungen für den Vorsteuerabzug gegeben sind. ⑥ Unberührt davon bleibt, dass der Unternehmer nach § 15 Abs. 1 Satz 1 Nr. 1 UStG nur die gesetzlich geschuldete Steuer für Lieferungen und sonstige Leistungen eines anderen Unternehmers für sein Unternehmen als Vorsteuer abziehen kann. ⑦ Deshalb ist z. B. der Vorsteuerabzug zu versagen, wenn die Identität des leistenden Unternehmers mit den Rechnungsangaben nicht übereinstimmt oder über eine nicht ausgeführte Lieferung oder sonstige Leistung abgerechnet wird. ⑧ Hinsichtlich der übrigen nach den §§ 14, 14a UStG erforderlichen Angaben hat der Rechnungsempfänger die inhaltliche Richtigkeit der Angaben zu überprüfen. ⑨ Dazu gehört 46

UStAE 15.2a

insbesondere, ob es sich bei der ausgewiesenen Steuer um gesetzlich geschuldete Steuer für eine Lieferung oder sonstige Leistung handelt. ⑩ Bei unrichtigen Angaben entfällt grundsätzlich der Vorsteuerabzug. ⑪ Enthält eine Rechnung Rechenfehler oder die unrichtige Angabe des Entgelts, des Steuersatzes oder des Steuerbetrags, kann ggf. der zu niedrig ausgewiesene Steuerbetrag abgezogen werden (vgl. Abschnitt 14c.1 Abs. 9 und BFH vom 28. 8. 2014, V R 49/13, BStBl. 2021 II S. 825). ⑫ Im Fall des § 14c Abs. 1 UStG kann der Vorsteuerabzug unter den übrigen Voraussetzungen in Höhe der für die bezogene Leistung geschuldeten Steuer vorgenommen werden. ⑬ Ungenauigkeiten führen unter den übrigen Voraussetzungen nicht zu einer Versagung des Vorsteuerabzugs, wenn z. B. bei Schreibfehlern im Namen oder der Anschrift des leistenden Unternehmers oder des Leistungsempfängers oder in der Leistungsbeschreibung ungeachtet dessen eine eindeutige und unzweifelhafte Identifizierung der am Leistungsaustausch Beteiligten, der Leistung und des Leistungszeitpunkts möglich ist und die Ungenauigkeiten nicht sinnentstellend sind.

Berichtigte Rechnung

47 (7)[1] ① Ist eine Rechnung nicht ordnungsmäßig und kann auch kein Nachweis im Sinne von Absatz 1a geführt werden, ist sie für das Recht auf einen Vorsteuerabzug zu berichtigen (vgl. Abschnitt 14.11). ② Eine Rechnungsberichtigung kann auf den Zeitpunkt zurückwirken, in dem die Rechnung erstmals ausgestellt wurde (vgl. BFH-Urteil vom 20. 10. 2016, V R 26/15, BStBl. 2020 II S. 593). ③ Auch der Stornierung einer Rechnung nebst Neuausstellung einer sie ersetzenden Rechnung kann eine Rückwirkung beim Vorsteuerabzug zukommen (vgl. BFH-Urteil vom 22. 1. 2020, XI R 10/17, BStBl. II S. 601). ④ Die Rückwirkung einer Rechnungsberichtigung beim Vorsteuerabzug gilt unabhängig davon, ob die Berichtigung zum Vorteil oder zum Nachteil des Leistungsempfängers wirkt. ⑤ Eine Rechnung ist auch dann „unzutreffend" im Sinne des § 31 Abs. 5 Satz 1 Buchstabe b UStDV, wenn sie im Einvernehmen aller Beteiligten vollständig rückabgewickelt und die gezahlte Umsatzsteuer zurückgezahlt wurde (vgl. BFH-Urteil vom 22. 1. 2020, XI R 10/17, BStBl. II S. 601). ⑥ Ein Dokument ist dann eine rückwirkend berichtigungsfähige Rechnung, wenn es Angaben zum Rechnungsaussteller, zum Leistungsempfänger, zur Leistungsbeschreibung, zum Entgelt und zur gesondert ausgewiesenen Umsatzsteuer enthält. ⑦ Hierfür reicht es aus, dass die Rechnung diesbezügliche Angaben enthält und die Angaben nicht in so hohem Maße unbestimmt, unvollständig oder offensichtlich unzutreffend sind, dass sie fehlenden Angaben gleichstehen. ⑧ Sind diese Anforderungen erfüllt, entfaltet die Rechnungsberichtigung immer Rückwirkung. ⑨ Die Rechnung kann bis zum Schluss der letzten mündlichen Verhandlung vor dem Finanzgericht berichtigt und vorgelegt werden. ⑩ Kleinbetragsrechnungen nach § 33 UStDV müssen nur berichtigt werden, soweit diese Vorschrift die in Rede stehenden Angaben erfordert. ⑪ Zu den Einzelheiten vgl. BMF-Schreiben vom 18. 9. 2020, BStBl. I S. 976. ⑫ Erteilt ein Unternehmer in der Annahme einer Leistungserbringung im Ausland eine Ausgangsrechnung ohne inländischen Steuerausweis, entfaltet eine Berichtigung dieser Rechnung keine Rückwirkung (vgl. BFH-Urteil vom 7. 7. 2022 – V R 33/20, BStBl. II S. 821). ⑬ Das Recht auf Vorsteuerabzug aus einer mit Rückwirkung berichtigten Rechnung ist grundsätzlich in dem Zeitpunkt auszuüben, in dem die Leistung bezogen wurde und die ursprüngliche Rechnung vorlag. ⑭ Abweichend hiervon kann bei einem zu niedrigen Steuerausweis in der ursprünglichen Rechnung das Recht auf Vorsteuerabzug in Höhe der Differenz zwischen dem zu niedrigen Steuerbetrag, für den ein Vorsteuerabzug bereits vorgenommen wurde, und dem zutreffenden Steuerbetrag erst dann ausgeübt werden, wenn der Leistungsempfänger im Besitz einer Rechnung ist, die den Steuerbetrag in zutreffender Höhe ausweist. ⑮ Wird eine Rechnung berichtigt, die nach den vorstehenden Ausführungen nicht rückwirkend berichtigungsfähig ist, kann der Vorsteuerabzug erst zu dem Zeitpunkt in Anspruch genommen werden, in dem der Rechnungsaussteller die Rechnung berichtigt und die zu berichtigenden Angaben an den Rechnungsempfänger übermittelt hat.

Endrechnungen

48 (8)[1] ① Bei einer Schlussrechnung ergibt sich der abzugsfähige Vorsteuerbetrag aus der ausgewiesenen Umsatzsteuer abzüglich der bereits in den Abschlagsrechnungen enthaltenen Umsatzsteuer (vgl. BFH-Urteil vom 5. 9. 2019 – V R 38/17, BStBl. II 2022 S. 696). ② Hat der leistende Unternehmer in einer Endrechnung die vor Ausführung der Lieferung oder sonstigen Leistung vereinnahmten Teilentgelte und die auf sie entfallenden Steuerbeträge nicht nach § 14 Abs. 5 Satz 2 UStG abgesetzt, ist die zu hoch ausgewiesene Umsatzsteuer nicht als Vorsteuer abziehbar (BFH-Urteil vom 11. 4. 2002 – V R 26/01, BStBl. II 2004 S. 317).

Gutschriften

49 (9) ① Wird über die Lieferung oder sonstige Leistung mit einer Gutschrift abgerechnet, kommt der Vorsteuerabzug für den Leistungsempfänger nur in Betracht, wenn der leistende Unternehmer zum gesonderten Ausweis der Steuer in einer Rechnung berechtigt ist. ② Daher

[1] A 15.2a UStAE Abs. 7 Satz 12 eingefügt, bish. Sätze 12 bis 14 werden neue Sätze 13 bis 15, Abs. 8 neugefasst durch BMF v. 20. 12. 2022 (BStBl. I S. 1694).

kann auch in diesen Fällen der Vorsteuerabzug nicht in Anspruch genommen werden, wenn der leistende Unternehmer § 19 Abs. 1 UStG anwendet.

(10) ① Der Vorsteuerabzug aus einer Gutschrift entfällt auch, wenn die Lieferung oder sonstige Leistung nicht steuerpflichtig ist (vgl. auch BFH-Urteil vom 31. 1. 1980, V R 60/74, BStBl. II S. 369). ② Hat der Aussteller der Gutschrift die Steuer zu hoch ausgewiesen, kann er den zu hoch ausgewiesenen Steuerbetrag nicht als Vorsteuer abziehen (vgl. Absatz 6). ③ Ein Vorsteuerabzug ist ebenfalls nicht zulässig, wenn eine Gutschrift ohne das Einverständnis des Gutschriftsempfängers erteilt wird oder wenn der Leistungsempfänger eine unvollständige und daher zum Vorsteuerabzug nicht berechtigende Rechnung (z. B. bei fehlendem gesonderten Steuerausweis) ohne ausdrückliche Anerkennung des Lieferers oder Leistenden durch eine Gutschrift ersetzt (vgl. auch Abschnitt 14.3 Abs. 1). **50**

(11) ① Der Vorsteuerabzug entfällt, soweit der Gutschriftsempfänger dem in der Gutschrift angegebenen Steuerbetrag widerspricht (vgl. § 14 Abs. 2 Satz 3 UStG). ② Dieser Widerspruch wirkt auch für den Vorsteuerabzug des Gutschriftausstellers erst in dem Besteuerungszeitraum, in dem er erklärt wird (vgl. BFH-Urteil vom 19. 5. 1993, V R 110/88, BStBl. II S. 779). ③ Widerspricht der Gutschriftsempfänger dem übermittelten Abrechnungsdokument, verliert die Gutschrift die Wirkung einer zum Vorsteuerabzug berechtigenden Rechnung auch dann, wenn die Gutschrift den zivilrechtlichen Vereinbarungen entspricht und die Umsatzsteuer zutreffend ausweist; es genügt, dass der Widerspruch eine wirksame Willenserklärung darstellt (vgl. BFH-Urteil vom 23. 1. 2013, XI R 25/11, BStBl. II S. 417). **51**

Betriebsinterne Abrechnungen

(12) ① Steuerbeträge, die für einen Innenumsatz (z. B. zwischen Betriebsabteilungen desselben Unternehmers oder innerhalb eines Organkreises) gesondert ausgewiesen werden, berechtigen nicht zum Vorsteuerabzug (vgl. auch Abschnitt 14.1 Abs. 4). ② Bei Sacheinlagen von bisher nichtunternehmerisch (unternehmensfremd oder nichtwirtschaftlich i. e. S., vgl. Abschnitt 2.3 Abs. 1 a) verwendeten Gegenständen ist ein Vorsteuerabzug ebenfalls nicht zulässig. **52**

LS zu 15.2a

54

Ein Transportunternehmen kann aus den Rechnungen eines Subunternehmers **(Kurierdienst)** die Vorsteuer nicht ziehen, wenn dieser **nichtselbstständig** tätig ist. Dies ist in der Regel dann der Fall, wenn er ausschließlich für das eine Transportunternehmen tätig ist, über kein eigenes Transportfahrzeug verfügt und in der Arbeitszeitgestaltung nicht frei ist. *FG Köln, Urt. v. 18. 10. 2007, 10 K 6376/03, rkr. (DStRE 2008 S. 634).* – Vgl. A 2.2 Abs. 4 u. 2.3 Abs. 5 UStAE.

Die Umsatzsteuer auf die **Bearbeitungsgebühr einer zentralen „Erstattungsorganisation"**, die die Abwicklung von Ausfuhrlieferungen über den Ladentisch abwickelt, ist als Vorsteuer abzugsfähig. *Erlaß FM Hessen S 7300 A – 64 – II A 42 v. 28. 8. 1995.*

Der **Beschluss des Insolvenzgerichts** gemäß § 64 InsO zur Festsetzung des Vergütungsanspruchs des Insolvenzverwalters ist keine Rechnung eines Dritten i. S. des § 14 Abs. 2 Satz 4 UStG, die zum Vorsteuerabzug berechtigt. *BFH-Urt. v. 26. 9. 2012, V R 9/11 (BStBl. 2013 II S. 346).*

Die Vereinbarung von Mindestlizenzgebühren kann zu **Teilleistungen** führen, die auch ohne Entgeltentrichtung zum Vorsteuerabzug berechtigen. *BFH-Urt. v. 18. 4. 2013, V R 19/12 (BStBl. II S. 842).*

Ein zum Vorsteuerabzug berechtigendes Papier, mit dem über eine Lieferung oder sonstige Leistung abgerechnet werden soll, muss Angaben tatsächlicher Art enthalten, welche die **Identifizierung der abgerechneten Leistung** ermöglichen. *BFH-Beschluss v. 1. 4. 2014 V B 45/13 (BFH/NV S. 1104).*

Zur Identifizierung einer abgerechneten Leistung (§ 14 Abs. 4 Satz 1 Nr. 5 UStG) können **andere Geschäftsunterlagen** herangezogen werden, wenn das Abrechnungsdokument selbst darauf verweist und diese eindeutig bezeichnet (Bestätigung der Rechtsprechung, BFH-Urteil vom 10. 11. 1994 V R 45/93, BFHE 176, 472, BStBl. II 1995, 395, unter II.2. c bb). Die in Bezug genommenen Geschäftsunterlagen müssen der Rechnung nicht beigefügt sein. *BFH-Urteil v. 16. 1. 2014 V R 28/13 (BStBl. II S. 867).*

Die Voraussetzungen des Vorsteuerabzugs bei einem der Leistungsbeziehung zu Grunde liegenden **Strohmannverhältnis** sind unter Berücksichtigung der jüngeren Rechtsprechung des EuGH vom 21. 6. 2012 C-80/11 (Mahagében und Dávid, UR 2012, 591), und vom 13. 2. 2014 C-18/13 (Marks Pen EOOD, MwStR 2014, 197) abschließend noch nicht geklärt. *BFH-Beschluss v. 16. 4. 2014 V B 48/13 (BFH/NV S. 1243).*

Kein Schutz des guten Glaubens an das Vorliegen der Voraussetzungen des Vorsteuerabzugs im Festsetzungsverfahren. – 1. Das Merkmal „vollständige Anschrift" in § 14 Abs. 4 Nr. 1 UStG erfüllt nur die Angabe der zutreffenden Anschrift des leistenden Unternehmers, unter der er seine wirtschaftlichen Aktivitäten entfaltet. – 2. Sind Tatbestandsmerkmale des Vorsteuerabzugs nicht erfüllt, kann dieser im Festsetzungsverfahren auch dann nicht gewährt werden, wenn der Leistungsempfänger hinsichtlich des Vorliegens dieser Merkmale gutgläubig war. – 3. … *BFH-Urteil v. 22. 7. 2015 V R 23/14 (BStBl. II S. 914).*

Der Vorsteuerabzug kann unionsrechtlich nicht wegen **Verjährung** versagt werden, wenn die MwSt dem Unternehmer in Rechnung gestellt und von ihm mehrere Jahre nach der Lieferung der fraglichen Gegenstände entrichtet wurde. ***EuGH-Urteile v. 21. 3. 2018** C-533/16 Volkswagen AG (DStR S. 676) und **v. 12. 4. 2018** C-8/17 Biosafe (DStR S. 787).*

Der EuGH hat mit Urteil vom 21. 11. 2018 klargestellt, dass ein Steuerpflichtiger, der nicht in der Lage ist, durch Vorlage von Rechnungen oder anderen Unterlagen den Betrag der von ihm gezahlten **Vorsteuer** nachzuweisen, nicht allein auf der Grundlage einer Schätzung in einem vom nationalen Gericht angeordneten Sachverständigengutachten ein Recht auf Vorsteuerabzug geltend machen kann. ***EuGH-Urteil v. 21. 11. 2018** C-664/16, Lucreţiu Hadrian Vădan (DStR S. 2524).*

Die für die Berechtigung zum Vorsteuerabzug nach ständiger Rechtsprechung erforderliche **Identität** von Rechnungsaussteller und leistendem Unternehmer entspricht der Rechtsprechung des EuGH, der zufolge die Angabe der Anschrift, des Namens und der Mehrwertsteuer-Identifikationsnummer des Rechnungsausstellers es ermöglichen soll, eine Verbindung zwischen einer bestimmten wirtschaftlichen Transaktion und dem Rechnungsaussteller herzustellen. *BFH-Urteil v. 14. 2. 2019 V R 47/16 (DStR S. 1086).*

2. Bei einer **Schlussrechnung** ergibt sich der Vorsteuerabzug aus der ausgewiesenen Umsatzsteuer abzüglich der bereits in den Abschlagsrechnungen enthaltenen Umsatzsteuer. – 3. Eine berichtigte Rechnung setzt ein Dokument voraus, das spezifisch und eindeutig auf die berichtigte Rechnung bezogen ist. *BFH-Urteil v. 5. 9. 2019 V R 38/17 (BStBl. 2022 II S. 696).*

Ein Abrechnungsdokument ist keine Rechnung und kann deshalb auch nicht mit der Folge einer Ausübungsvoraussetzung für den Vorsteuerabzug rückwirkend berichtigt werden, wenn es wegen ganz **allgemein gehaltener Angaben** (hier „Produktverkäufe") nicht möglich ist, die abgerechnete Leistung eindeutig und leicht nachprüfbar festzustellen. *BFH-Urteil v. 12. 3. 2020 V R 48/17 (BStBl. II S. 604).*

1. Die Rückwirkung einer Rechnungsberichtigung beim Vorsteuerabzug gilt unabhängig davon, ob die Berichtigung zum Vorteil oder zum Nachteil des Leistungsempfängers wirkt. – 2. Auch der Stornierung einer Rechnung nebst **Neuausstellung** einer sie ersetzenden Rechnung kann eine solche Rückwirkung zukommen. *BFH-Urteil v. 22. 1. 2020 XI R 10/17 (BStBl. II S. 601).*

Erteilt ein Unternehmer in der Annahme einer Leistungserbringung im Ausland eine Ausgangsrechnung **ohne** inländischen **Steuerausweis,** kann er diese nicht in der Weise berichtigen, dass dem späteren Ausweis inländischer Umsatzsteuer Rückwirkung für den Vorsteuerabzug des Leistungsempfängers zukommt. *BFH-Urteil v. 7. 7. 2022 V R 33/20 (BStBl. II S. 821).*

Der Vorsteuerabzug setzte nach der im Jahr 1999 geltenden Rechtslage eine Rechnung oder Gutschrift in **Papierform** voraus. *BFH-Urteil v. 15. 10. 2019 V R 14/18 (BStBl. 2020 II S. 596).*

1. Der Unternehmer, der den Vorsteuerabzug geltend macht, hat die Darlegungs- und Feststellungslast für alle Tatsachen, die den Vorsteuerabzug begründen. Danach hat der Unternehmer auch darzulegen und nachzuweisen, dass er eine ordnungsgemäße Rechnung in Besitz hatte. Der fehlende Nachweis des Rechnungsbesitzes kann dagegen nicht durch eine Schätzung ersetzt werden. – 2. Bei einem Buchführungskonto des leistenden Unternehmers – im Streitfall ein Debitorenkonto – handelt es sich nicht um ein Dokument, mit dem gegenüber einem Leistungsempfänger über eine erbrachte Leistung abgerechnet wird. *FG Münster Gerichtsbescheid v. 23. 2. 2022 5 K 2093/20 U, rkr. (DStRE S. 1328).*

Anl a zu 15.2 a

a) Schreiben betr. Rückwirkung der Rechnungsberichtigung auf den Zeitpunkt der ursprünglichen Ausstellung und Vorsteuerabzug ohne Besitz einer ordnungsmäßigen Rechnung

Vom 18. September 2020 (BStBl. I S. 976)

(BMF III C 2 – S 7286-a/19/10001 :001; DOK 2020/0920350)

[abgedruckt im USt-Handbuch 2021 als Anlage a zu A 15.2 a]

Anl b zu 15.2 a

b) Schreiben betr. Angabe des Leistungszeitpunkts bzw. -zeitraums in der Rechnung nach § 14 Abs. 4 Nr. 6 UStG

Vom 9. September 2021 (BStBl. I S. 1593)

(BMF III C 2 – S 7280-a/19/10004 :001; DOK 2021/0963109)

[abgedruckt im USt-Handbuch 2021 als Anlage b zu A 15.2 a]

UStAE 15.2 b

15.2 b Leistung für das Unternehmen

Leistungsempfänger

61 (1) ① Eine Lieferung oder sonstige Leistung wird grundsätzlich an diejenige Person ausgeführt, die aus dem schuldrechtlichen Vertragsverhältnis, das dem Leistungsaustausch zu Grunde liegt, berechtigt oder verpflichtet ist (vgl. BFH-Urteil vom 28. 8. 2013, XI R 4/11, BStBl. 2014 II S. 282). ② Leistungsempfänger ist somit regelmäßig der Auftraggeber oder Besteller einer Leistung. ③ Alleine die Umlage der Umsatzsteuer durch den Leistungsempfänger auf sein unternehmerisch tätiges Mitglied führt auch unter Beachtung des Grundsatzes der Neutralität der Umsatzsteuer nicht dazu, dass das Mitglied zum Leistungsempfänger wird (vgl. BFH-Urteil vom 31. 5. 2017, XI R 40/14, BStBl. 2021 II S. 828). ④ Saniert ein Treuhänder ein Gebäude für Zwecke einer umsatzsteuerpflichtigen Vermietung, ist der Treuhänder und nicht der Treugeber auf Grund der im Namen des Treuhänders bezogenen Bauleistungen zum Vorsteuerabzug berechtigt (BFH-Urteil vom 18. 2. 2009, V R 82/07, BStBl. II S. 876). ⑤ Wird auf einem Grundstück, an dem die Ehegatten gemeinschaftlich Miteigentümer sind, ein Bauwerk errichtet, kann statt der Ehegattengemeinschaft auch einer der Ehegatten allein Leistungsempfänger sein. ⑥ In derartigen Fällen muss sich schon aus der Auftragserteilung klar ergeben, wer Auftraggeber und damit Leistungsempfänger ist. ⑦ Bei gemeinsamem Erwerb durch mehrere Personen in Form einer nicht selbst unternehmerisch tätigen Bruchteilsgemeinschaft sind die einzelnen Gemeinschafter als Leistungsempfänger anzusehen (BFH-Urteil vom 28. 8. 2014, V R 49/13, BStBl. II S. 825). ⑧ Dies gilt für den Bezug von sonstigen Leistungen gleichermaßen, z. B. bei der Vermietung eines Ladenlokals an eine nichtunternehmerische Ehegattengemeinschaft (vgl. BFH-Urteil vom 1. 2. 2001, V R 79/99, BStBl 2008 II S. 495). ⑨ Alleine die unentgeltliche Nutzung eines in gemeinschaftlichem Eigentum stehenden Wirtschaftsgutes durch einen Gemeinschafter begründet weder eine eigene Rechtspersönlichkeit noch eine wirtschaftliche Tätigkeit der Gemeinschaft. ⑩ Einem Unternehmer, der nach den vorstehenden Grundsätzen als Leistungsempfänger anzusehen ist, steht nach § 15 Abs. 1 UStG der Vorsteuerabzug zu, wenn und soweit die Leistung für sein Unternehmen ausgeführt wurde (vgl. Absatz 2 und 3). ⑪ Ist bei einer solchen Gemeinschaft nur ein Gemeinschafter unternehmerisch tätig und verwendet dieser einen Teil des Gegenstands aus-

schließlich für seine unternehmerischen Zwecke, steht ihm das Vorsteuerabzugsrecht aus den bezogenen Leistungen anteilig zu, soweit der seinem Unternehmen zugeordnete Anteil am Gegenstand seinen Miteigentumsanteil nicht übersteigt (vgl. BFH-Urteil vom 6. 10. 2005, V R 40/01, BStBl. 2007 II S. 13 sowie Abschnitt 15a.2 Abs. 4). ⑫ Die tatsächliche Durchführung muss den getroffenen Vereinbarungen entsprechen (vgl. BFH-Urteile vom 11. 12. 1986, V R 57/76, BStBl. 1987 II S. 233, vom 26. 11. 1987, V R 85/83, BStBl. 1988 II S. 158, und vom 5. 10. 1995, V R 113/92, BStBl. 1996 II S. 111). ⑬ Wird unter Missachtung des sich aus dem schuldrechtlichen Vertragsverhältnis ergebenden Anspruchs die Leistung tatsächlich an einen Dritten erbracht, kann der Dritte unabhängig von den zu Grunde liegenden Rechtsbeziehungen Leistungsempfänger sein (BFH-Urteil vom 1. 6. 1989, V R 72/84, BStBl. II S. 677). ⑭ Zur Bestimmung des Leistungsempfängers bei Leistungen im Sinne des § 3a Abs. 2 UStG vgl. Abschnitt 3a.2 Abs. 2.

Leistung für das Unternehmen

(2) ① Ein Unternehmer, der für Zwecke des Vorsteuerabzugs als Leistungsempfänger anzusehen ist (vgl. Absatz 1), ist nach § 15 Abs. 1 UStG zum Vorsteuerabzug berechtigt, soweit er Leistungen für sein Unternehmen im Sinne des § 2 Abs. 1 UStG und damit für seine unternehmerischen Tätigkeiten zur Erbringung entgeltlicher Leistungen zu verwenden beabsichtigt (vgl. BFH-Urteil vom 27. 1. 2011, V R 38/09, BStBl. 2012 II S. 68). ② Bei der Prüfung des Vorsteuerabzugs sind die Ausschlusstatbestände nach § 15 Abs. 1a, 1b und 2 UStG zu berücksichtigen (vgl. Abschnitte 15.6, 15.6a und 15.12 bis 15.14). ③ Zwischen Eingangs- und Ausgangsleistung muss nach dem objektiven Inhalt der bezogenen Leistung ein direkter und unmittelbarer Zusammenhang bestehen (vgl. BFH-Urteil vom 11. 4. 2013, V R 29/10, BStBl. II S. 840; nur mittelbar verfolgte Zwecke sind unerheblich, vgl. BFH-Urteil vom 13. 1. 2011, V R 12/08, BStBl. 2012 II S. 61). ④ Im Hinblick auf den erforderlichen Zusammenhang ist wie folgt zu differenzieren (vgl. BFH-Urteil vom 11. 4. 2013, V R 29/10, a. a. O.): 62

1. ① Besteht der direkte und unmittelbare Zusammenhang zu einem einzelnen Ausgangsumsatz seiner wirtschaftlichen Tätigkeit, der steuerpflichtig ist (bzw. von § 15 Abs. 3 UStG umfasst wird), kann der Unternehmer den Vorsteuerabzug in Anspruch nehmen. ② Die für den Leistungsbezug getätigten Aufwendungen gehören dann zu den Kostenelementen dieses Ausgangsumsatzes.
2. ① Bei einem direkten und unmittelbaren Zusammenhang zu einem Ausgangsumsatz, der mangels wirtschaftlicher Tätigkeit nicht dem Anwendungsbereich der Umsatzsteuer unterliegt oder ohne Anwendung von § 15 Abs. 3 UStG steuerfrei ist, besteht keine Berechtigung zum Vorsteuerabzug. ② Dies gilt auch, wenn der Unternehmer eine Leistung z. B. für einen steuerfreien Ausgangsumsatz bezieht, um mittelbar seine zum Vorsteuerabzug berechtigende wirtschaftliche Gesamttätigkeit zu stärken, da der von ihm verfolgte endgültige Zweck unerheblich ist.
3. ① Fehlt ein direkter und unmittelbarer Zusammenhang zwischen einem bestimmten Eingangsumsatz und einem oder mehreren Ausgangsumsätzen, kann der Unternehmer zum Vorsteuerabzug berechtigt sein, wenn die Kosten für die Eingangsleistung zu seinen allgemeinen Aufwendungen gehören und – als solche – Bestandteile des Preises der von ihm erbrachten Leistungen sind. ② Derartige Kosten hängen direkt und unmittelbar mit seiner wirtschaftlichen Gesamttätigkeit zusammen und berechtigen nach Maßgabe dieser Gesamttätigkeit zum Vorsteuerabzug (vgl. Abschnitte 15.15, 15.21 und 15.22).

⑤ Beabsichtigt der Unternehmer bereits bei Leistungsbezug, die bezogene Leistung nicht für seine unternehmerische Tätigkeit, sondern ausschließlich und unmittelbar für die Erbringung unentgeltlicher Wertabgaben im Sinne des § 3 Abs. 1b oder 9a UStG zu verwenden, ist er nicht zum Vorsteuerabzug berechtigt (vgl. Abschnitt 15.15 sowie BFH-Urteile vom 9. 12. 2010, V R 17/10, BStBl. 2012 II S. 53, und vom 26. 8. 2014, XI R 26/10, BStBl. 2021 II S. 881). ⑥ Beabsichtigt der Unternehmer bei Bezug der Leistung, diese teilweise für unternehmerische und nichtunternehmerische Tätigkeiten zu verwenden (teilunternehmerische Verwendung), ist er grundsätzlich nur im Umfang der beabsichtigten Verwendung für seine unternehmerische Tätigkeit zum Vorsteuerabzug berechtigt (vgl. BFH-Urteil vom 3. 3. 2011, V R 23/10, BStBl. 2012 II S. 74). ⑦ Eine weiter gehende Berechtigung zum Vorsteuerabzug besteht bei einer teilunternehmerischen Verwendung nur, wenn es sich bei der nichtunternehmerischen Tätigkeit um die Verwendung für Privatentnahmen im Sinne des § 3 Abs. 1b oder 9a UStG, also um Entnahmen für den privaten Bedarf des Unternehmers als natürliche Person und für den privaten Bedarf seines Personals (unternehmensfremde Tätigkeiten), handelt (vgl. Abschnitt 15.2c Abs. 2 Satz 1 Nr. 2 Buchstabe b und BFH-Urteil vom 3. 3. 2011, V R 23/10, a. a. O.). ⑧ Keine Privatentnahme in diesem Sinne ist dagegen eine Verwendung für nichtwirtschaftliche Tätigkeiten i. e. S. wie z. B. unentgeltliche Tätigkeiten eines Vereins aus ideellen Vereinszwecken oder hoheitliche Tätigkeiten einer juristischen Person des öffentlichen Rechts (vgl. Abschnitte 2.3 Abs. 1a, 2.10, 2.11, 15.19, 15.21 und 15.22 und BFH-Urteile vom 6. 5. 2010, V R 29/09, BStBl. II S. 885, und vom 3. 3. 2011, V R 23/10, a. a. O.). ⑨ Hinsichtlich der Änderung des Nutzungsumfangs der Eingangsumsätze vgl. Abschnitte 3.3, 3.4 und 15a.1 Abs. 6 und 7.

UStAE 15.2b

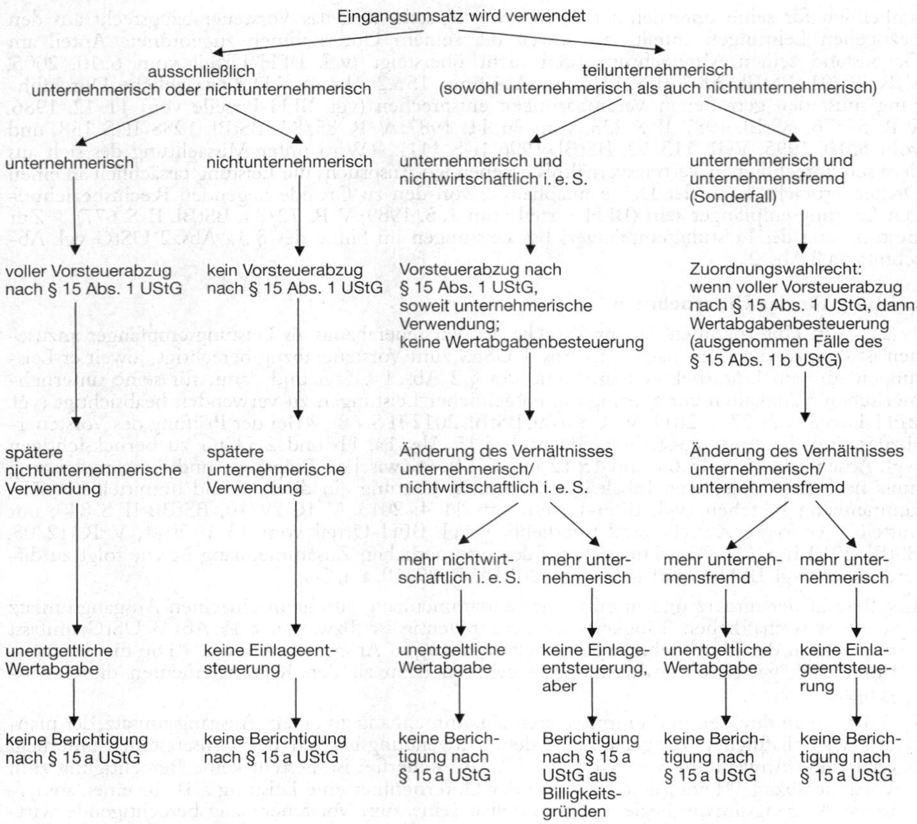

63 (3)[1] ① Ob eine Leistung für unternehmerische Tätigkeiten bezogen wird, ist nach dem Innenverhältnis zu beurteilen. ② Danach muss die Verwendung der bezogenen Leistung für unternehmerische Tätigkeiten objektiv möglich und auch durchgeführt sein. ③ Für die Frage, ob eine Leistung für das Unternehmen vorliegt, sind grundsätzlich die Verhältnisse im Zeitpunkt des Umsatzes an den Unternehmer maßgebend (vgl. BFH-Urteil vom 6. 5. 1993, V R 45/88, BStBl. II S. 564); vgl. auch Abschnitt 15.2c Abs. 12. ④ Eine erstmalige vorübergehende nichtunternehmerische Verwendung steht dem Leistungsbezug für das Unternehmen nicht entgegen, wenn der erworbene Gegenstand anschließend bestimmungsgemäß unternehmerisch genutzt wird (vgl. BFH-Urteil vom 20. 7. 1988, X R 8/80, BStBl. II S. 1012, und BFH-Beschluss vom 21. 6. 1990, V B 27/90, BStBl. II S. 801). ⑤ Bei der Anschaffung von sog. Freizeitgegenständen (z. B. von Segelbooten, Segelflugzeugen und Wohnwagen) ist davon auszugehen, dass diese Gegenstände den nichtunternehmerischen Tätigkeiten zuzuordnen sind (vgl. Abschnitt 2.6 Abs. 3). ⑥ Zum Vorsteuerabzug aus dem Erwerb eines Flugzeugs durch die Ehefrau, das weitaus überwiegend vom Ehemann genutzt wird, vgl. BFH-Urteil vom 19. 5. 1988, V R 115/83, BStBl. II S. 916. ⑦ Liefert ein Unternehmer unter der Anschrift und Bezeichnung, unter der er seine Umsatztätigkeit ausführt, einen ihm gelieferten für sein Unternehmen objektiv nützlichen Gegenstand sogleich weiter und rechnet darüber mit gesondertem Steuerausweis ab, behandelt er den Gegenstand als für sein Unternehmen bezogen (vgl. BFH-Urteil vom 27. 7. 1995, V R 44/94, BStBl. II S. 853). ⑧ Eine Personengesellschaft kann die ihr in Rechnung gestellte Umsatzsteuer für von ihr bezogene Dienstleistungen, die der Erfüllung einkommensteuerrechtlicher Verpflichtungen ihrer Gesellschafter dienen, nicht als Vorsteuer abziehen (BFH-Urteil vom 8. 9. 2010, XI R 31/08, BStBl. 2011 II S. 197). ⑨ Dient ein Insolvenzverfahren sowohl der Befriedigung von Verbindlichkeiten des – zum Vorsteuerabzug berechtigten – Unternehmers wie auch der Befriedigung von Privatverbindlichkeiten des Unternehmers, ist der Unternehmer aus der Leistung des Insolvenzverwalters grundsätzlich im Verhältnis der unternehmerischen zu den privaten Verbindlichkeiten, die im Insolvenzverfahren jeweils als Insolvenzforderungen geltend gemacht werden, zum anteiligen Vorsteuerabzug berechtigt (BFH-Urteil vom 15. 4. 2015, V R 44/14,

[1] A 15.2 b UStAE Abs. 3 bish. Sätze 8 und 9 aufgehoben, bish. Sätze 10 bis 15 werden neue Sätze 8 bis 13 durch BMF v. 12. 4. 2022 (BStBl. I S. 650), anzuwenden in allen offenen Fällen.

BStBl. II S. 679). ⑩ Dies gilt entsprechend für den Vorsteuerabzug des Gesamtrechtsnachfolgers eines vormals als Unternehmer zum Vorsteuerabzug berechtigten Erblassers aus den Leistungen des Nachlassinsolvenzverwalters (vgl. BFH-Urteil vom 21. 10. 2015, XI R 28/14, BStBl. 2016 II S. 550). ⑪ Zu den Anforderungen an die Rechnungsstellung des Insolvenzverwalters vgl. Abschnitt 15.2a Abs. 1 Sätze 5 und 6. ⑫ Zum Vorsteuerabzug eines Insolvenzverwalters vgl. Abschnitt 15.2d Abs. 1 Nr. 14. ⑬ Zum Vorsteuerabzug einer KG, die ihre Tätigkeit bereits vor Insolvenzeröffnung eingestellt hatte, vgl. Abschnitt 15.12 Abs. 1 Satz 17.

Leistungsbezug durch Vorgründungsgesellschaft oder Gesellschafter[1]

(4)[1] ① Ein Gesellschafter oder eine zur Gründung einer Kapitalgesellschaft errichtete Personengesellschaft (sog. Vorgründungsgesellschaft), der bzw. die nach Gründung der Kapitalgesellschaft die bezogenen Leistungen in einem Akt gegen Entgelt an diese veräußert und andere Ausgangsumsätze von vornherein nicht beabsichtigt hatte, ist unter den übrigen Voraussetzungen des § 15 UStG zum Abzug der Vorsteuer für den Bezug von Dienstleistungen und Gegenständen ungeachtet dessen berechtigt, dass die Umsätze im Rahmen einer Geschäftsveräußerung nach § 1 Abs. 1a UStG nicht der Umsatzsteuer unterliegen. ② Maßgebend sind insoweit die beabsichtigten Umsätze der Kapitalgesellschaft (vgl. BFH-Urteil vom 15. 7. 2004, V R 84/99, BStBl. 2005 II S. 155). ③ Erfolgt die Übertragung außerhalb einer entgeltlichen Leistung, kann dem Gesellschafter bzw. der Vorgründungsgesellschaft unter den übrigen Voraussetzungen des § 15 UStG der Vorsteuerabzug aus einer bezogenen Leistung zustehen, wenn es sich aus Sicht der (geplanten) Gesellschaft um einen Investitionsumsatz handelt und soweit die beabsichtigte Tätigkeit der Gesellschaft einen Vorsteuerabzug nicht ausschließt. ④ Unter Investitionsumsatz fallen dabei bezogene Lieferungen oder sonstige Leistungen, die der Gesellschafter (bzw. die Vorgründungsgesellschaft) tatsächlich an die Gesellschaft überträgt und die von dieser für ihre wirtschaftliche Tätigkeit genutzt werden. ⑤ Gleiches gilt, wenn der Investitionsumsatz zwar beabsichtigt ist, aber nur deshalb nicht tatsächlich erfolgt, weil eine geplante Gesellschaftsgründung scheitert. ⑥ Der private Verbrauch oder der Weiterverkauf eines Investitionsumsatzes nach einer gescheiterten Gesellschaftsgründung führt nicht zum Verlust des ursprünglichen Vorsteuerabzugs, sondern zu einer Entnahmebesteuerung bzw. Lieferung im Rahmen eines Hilfsgeschäfts. ⑦ Für einen Vorsteuerabzug aus einem Investitionsumsatz genügt es, dass die Eigenschaft des Gesellschafters als (erfolgloser) Unternehmer aus diesem Investitionsumsatz resultiert. ⑧ Von einem Investitionsumsatz abzugrenzen sind bezogene Leistungen, die generell nicht an die Gesellschaft übertragen werden können (vgl. BFH-Urteil vom 11. 11. 2015, V R 8/15, BStBl. 2022 II S. 288), sondern z. B. durch den Gesellschafter selbst genutzt oder verbraucht werden, oder die zwar von der Gesellschaft genutzt, aber nicht tatsächlich an sie übertragen werden (vgl. BFH-Urteil vom 26. 8. 2014, XI R 26/10, BStBl. 2021 II S. 881). 64

LS zu 15.2b

Verfügung betr. Erstattung der Umsatzsteuer im gerichtlichen Kostenfestsetzungsverfahren. *OFD München FG 2018 – 14 – St 312 v. 19. 5. 1995 (BeckVerw 027192):* 66

– Nach der Rechtsprechung des BFH (Beschluß vom 6. 3. 1990 VII E 9/89 BStBl. II 1990 S. 584) hat die kostenpflichtige Finanzbehörde die dem Prozeßbevollmächtigten des Erstattungsberechtigten zu zahlende Umsatzsteuer dann nicht zu erstatten, wenn sie der Erstattungsberechtigte als Vorsteuer abziehen kann.
– Durch Art. 8 Abs. 3 des Kostenrechtsänderungsgesetzes 1994 vom 24. 6. 1994 (BStBl. I 1994 S. 383, 392) wurde § 104 Abs. 2 ZPO folgender Satz 3 angefügt: „Zur Berücksichtigung von Umsatzsteuerbeträgen genügt die Erklärung des Antragstellers, daß er die Beträge nicht als Vorsteuer abziehen kann." Mit dieser Ergänzung des § 104 Abs. 2 ZPO ist die Streitfrage, ob ein Kostenpflichtiger die dem Prozeßbevollmächtigten des Erstattungsberechtigten zu zahlende Umsatzsteuer auch dann zu erstatten hat, wenn sie der Erstattungsberechtigte als Vorsteuer abziehen kann, nunmehr im Sinne der BFH-Rechtsprechung gesetzlich geregelt. Nach der Verweisungsvorschrift des § 155 FGO gilt diese Regelung auch für das Kostenfestsetzungsverfahren nach der FGO.
– Demnach dürfen Umsatzsteuerbeträge bei der Kostenfestsetzung nur dann berücksichtigt werden, wenn der Antragsteller (oder sein Prozeßbevollmächtigter) erklärt, daß die Beträge nicht als Vorsteuer abgezogen werden können. Soweit ein Antragsteller hinsichtlich seiner Vorsteuerabzugsberechtigung im Zweifel ist, kann er die Kostenfestsetzung zunächst betreiben, ohne die Umsatzsteuerbeträge anzusetzen. Er kann diese mit einem weiteren Festsetzungsantrag geltend machen, falls das Besteuerungsverfahren ergibt, daß er sie nicht als Vorsteuer abziehen kann.
– Daß der Antragsteller die Vorsteuerabzugsberechtigung wahrheitswidrig verneint, um sich für die Umsatzsteuerbeträge einen Erstattungsanspruch zu erschleichen, ist grundsätzlich nicht anzunehmen; dies würde jedenfalls für den Antragsteller strafrechtliche Folgen nach sich ziehen. Bestehen ausnahmsweise jedoch begründete Zweifel an der Erklärung, daß eine Vorsteuerabzugsberechtigung nicht vorliegt, kann die kostenpflichtige Finanzbehörde gegen einen entsprechenden Kostenfestsetzungsbeschluß Erinnerung einlegen (vgl. § 149 Abs. 2 FGO).

Bei der **Kostenfestsetzung nach § 126 Abs. 1 ZPO** kann der beigeordnete Rechtsanwalt von der unterlegenen Partei nicht die Erstattung von Mehrwertsteuer auf die Honorarforderung fordern. Für die arme, zum Abzug der Vorsteuer berechtigte Partei ist der ihr von dem Prozessbevollmächtigten in Rechnung zu stellende Mehrwertsteuerbetrag ein durchlaufender Posten. *BGH-Beschl. v. 12. 6. 2006, II ZB 21/05 (DStR S. 1761).*

Betriebe gewerblicher Art von kommunalen Körperschaften sind zum Vorsteuerabzug aus Rechnungen über **Jahresabschlußprüfungen** berechtigt, wenn die Beauftragung der Abschlußprüfer in ihrem Namen und auf ihre Rechnung erfolgt. *BMF-Schreiben v. 22. 4. 1988 (DB S. 938).*

2. Wer sich als „Mitarbeiter" vertraglich in der Weise an einen Unternehmer bindet, daß er später von einem zum Zeitpunkt des Vertragsabschlusses noch nicht bekannten Dritten zur Erledigung von zunächst ebenfalls noch nicht bestimmten Arbeiten eingesetzt werden kann, stellt in der Regel seine Arbeitskraft für eine **Arbeitnehmerüberlassung i. S. des AÜG**

---

[1] A 15.2b UStAE Zwischenüberschrift und Abs. 4 angefügt durch BMF v. 12. 4. 2022 (BStBl. I S. 650), anzuwenden in allen offenen Fällen.

LS zu 15.2b

noch 66

zur Verfügung. Er erbringt keine Leistung, die den Unternehmer (Verleiher) zum Vorsteuerabzug (§ 15 Abs. 1 Nr. 1 UStG 1967/1973) berechtigt. *BFH-Urteil v. 20. 4. 1988 – X R 40/81 (BStBl. II S. 804).*

Bei der Durchführung von **Hauptuntersuchungen gemäß § 29 StVZO** in Prüfstützpunkten bestehen Leistungsbeziehungen nur zwischen der Prüforganisation und dem Fahrzeughalter. *Verfügung OFD Koblenz S 7100 A – St 44 3 v. 13. 11. 2002.*

Beim Erwerb einer **„Green Card" der E-Plus Mobilfunk GmbH** und deren Wiederaufladung ist der Vorsteuerabzug zulässig. *Erlaß Hessen S 7100 – A – 148 – II A 42 v. 3. 7. 1997 u. a.; StEK UStG 1980 § 15 Abs. 1 Nr. 250.* – Vgl. *BMF-Schreiben S 7100-292/01 v. 3. 12. 2001* (BStBl. I S. 1010).

Eine **Personengesellschaft** kann die ihr in Rechnung gestellte Umsatzsteuer für von ihr bezogene Dienstleistungen, die der Erfüllung einkommensteuerrechtlicher Verpflichtungen ihrer Gesellschafter dienen [Erklärung zur **einheitlichen und gesonderten Feststellung**], nicht als Vorsteuer abziehen. *BFH-Urt. v. 8. 9. 2010, XI R 31/08 (BStBl. 2011 II S. 197).*

Wird der **Vorsteuerabzug** von einem Leistungsempfänger aus Lieferungen in sog. **„Karussellen"** geltend gemacht, in denen Waren nach einem Gesamtplan eine Lieferkette durchlaufen und ggf. an den vorbezeichneten Lieferungsempfänger zurück-„geliefert" werden, ist zweifelhaft, ob diese Warenbewegungen innerhalb des Kreises der Umsatzbesteuerung unterliegen. *BFH-Beschluss v. 29. 11. 2004 – V B 78/04 (BStBl. 2005 II S. 535).* – Vgl. auch *BFH-Urt. v. 19. 5. 2010, XI R 78/07, „Buffer II" (BFH/NV S. 2132).*

Karussellgeschäfte vgl. auch ***EuGH-Urt. v. 12. 1. 2006,*** *C-354/03, C-355/03 und C-484/03, Optigen Ltd u. a. (DStR S. 133),* ***EuGH-Urt. v. 21. 2. 2006,*** *C-255/02, Halifax plc, Leeds Permanent Development Services Ltd, County Wide Property Investments Ltd (DStR S. 420),* ***EuGH-Urt. v. 6. 7. 2006,*** *C-439/04, Kittel, C-440/04, Recolta Recycling SPRL (DStR S. 1274),* ***EuGH-Urt. v. 21. 2. 2006,*** *C-223/03, University of Huddersfield Higher Education Corporation (DStRE S. 1139).* ***EuGH-Urt. v. 18. 12. 2014,*** *C-131/13, Schoenimport „Italmoda" Mariano Previti vof Turbu.com BV Turbu.com Mobile Phone's BV, C-163/13 und C-164/13 (DStR 2015 S. 573).*

Kein Vorsteuerabzug aus Vertrauensschutzgründen aus einer **zu Unrecht steuerpflichtig abgerechneten** innergemeinschaftlichen Lieferung im Rahmen eines Reihengeschäfts. ***EuGH-Urteil v. 21. 2. 2018*** *C-628/16, Kreuzmayr GmbH (DStR S. 461).*

Die Verwaltung, die einem steuerpflichtigen Rechnungsempfänger das Recht auf **Abzug** der auf der Rechnung ausgewiesenen MwSt **versagt,** muss nur nachweisen, dass die der Rechnung entsprechenden **Umsätze tatsächlich nicht bewirkt** wurden. ***EuGH-Urteile v. 27. 6. 2018*** *C-459/17, SGI, und C-460/17, Valériane SNC (MwStR S. 712).*

Hat das Finanzamt nicht dargetan, dass ein Steuerbetrug begangen worden ist, kommt eine Versagung des Vorsteuerabzugs nach der sog. Missbrauchs-Rechtsprechung des EuGH nicht in Betracht. 2. Die **Nichtabfrage der USt-IdNr.** des Empfängers zeitnah zur ersten innergemeinschaftlichen Lieferung und darauffolgend in regelmäßigen Abständen während der laufenden Lieferbeziehung kann nach den Umständen des Einzelfalls eine Sorgfaltspflichtverletzung darstellen, die Vertrauensschutz nach § 6 a Abs. 4 UStG ausschließt. 3. Wird die Abfragemöglichkeit nach § 18 e UStG sorgfaltspflichtwidrig nicht wahrgenommen, ergibt sich aus sachlichen Billigkeitsgründen kein über § 6 a Abs. 4 UStG hinausgehender Vertrauensschutz. *BFH-Urteil v. 11. 3. 2020 XI R 38/18 (DStR S. 1850).*

Auf Vorlage des *FG Berlin-Brandenburg (Beschluss v. 5. 2. 2020 5 K 5311/16, DStR S. 1800)* hat der ***EuGH (Beschluss v. 14. 4. 2021*** *C-108/20, DStR S. 1477)* entschieden, dass die MwStSystRL einer nationalen Praxis nicht entgegensteht, nach der einem Steuerpflichtigen, der Waren erworben hat, die Gegenstand einer auf einer **vorhergehenden Umsatzstufe** der Lieferkette begangenen Umsatzsteuerhinterziehung waren, und der davon wusste oder hätte wissen müssen, das Recht auf **Vorsteuerabzug versagt** wird, obwohl er an dieser Steuerhinterziehung nicht aktiv beteiligt war.

Auf ergänzende Vorlage des *FG Nürnberg (Beschluss v. 21. 9. 2021 2 K 345/20, DStR S. 2686)* hat der ***EuGH (Urteil v. 24. 11. 2022*** *C-596/21, DStR S. 2560)* entschieden, dass die Art. 167 und 168 MwStSystRL im Licht des Grundsatzes des Verbots von Betrug dahin auszulegen sind, dass 1. dem zweiten Erwerber eines Gegenstands der Vorsteuerabzug versagt werden kann, weil er von einer vom ursprünglichen Verkäufer bei der **ersten Veräußerung** begangenen **Mehrwertsteuerhinterziehung** Kenntnis hatte oder hätte haben müssen, obwohl auch der erste Verkäufer Kenntnis von dieser Hinterziehung hatte, – 2. dem zweiten Erwerber eines Gegenstands, mit dem auf einer Umsatzstufe vor diesem Erwerb ein betrügerischer Umsatz bewirkt wurde, der nur einen **Teil der Mehrwertsteuer** betraf, die der Staat erheben darf, das Recht auf **Vorsteuerabzug vollständig** zu versagen ist, wenn er wusste oder hätte wissen müssen, dass der Erwerb mit einer Steuerhinterziehung in Zusammenhang stand.

Die **Feststellungslast** beim Vorsteuerabzug im Hinblick auf das **tatsächliche Bewirken** von Lieferungen hat derjenige, der den Vorsteuerabzug vornehmen möchte. *BFH-Beschluss v. 26. 2. 2014 V S 1/14 (BFH/NV S. 917).*

1. Welche Maßnahmen von einem Steuerpflichtigen vernünftigerweise verlangt werden können, um eine eigene **Beteiligung** an einem fremden Mehrwertsteuerbetrug zu **verhindern,** hängt wesentlich von den jeweiligen Umständen ab, die nach den Beweisregeln des nationalen Rechts, die die Wirksamkeit des Unionsrechts nicht beeinträchtigen dürfen, zu ermitteln sind. – 2. Von einem Steuerpflichtigen darf zwar nicht generell verlangt werden, dass er prüft, ob der Aussteller einer Rechnung über die Lieferung von Gegenständen, für die das Recht auf Vorsteuerabzug geltend gemacht wird, über die fraglichen Gegenstände verfügte, sie liefern konnte sowie seinen Verpflichtungen hinsichtlich der Erklärung und Abführung der Mehrwertsteuer nachgekommen ist. Wenn aber Anhaltspunkte für Unregelmäßigkeiten oder einen Mehrwertsteuerbetrug vorliegen, kann der Steuerpflichtige verpflichtet sein, über einen anderen Wirtschaftsteilnehmer, von dem er Gegenstände oder Dienstleistungen zu erwerben beabsichtigt, Auskünfte einzuholen, um sich von dessen Zuverlässigkeit zu überzeugen. *BFH-Beschluss v. 20. 10. 2021 XI R 19/20 (BFH/NV 2022 S. 429).*

Kein Vorsteuerabzug aus einer Eingangsleistung ist möglich, wenn der Leistungsempfänger nicht nachweisen kann, dass der Leistende ein Steuerpflichtiger ist. ***EuGH-Urteil v. 9. 12. 2021*** *C-154/20, Kemwater ProChemie s. r. o. (MwStR 2022 S. 148).*

Gutglaubensschutz: Ob ein Vorsteuerabzug auch dann zu gewähren ist, wenn der Leistungserbringer die Leistung nicht erbracht hat, der Unternehmer dies zwar nicht wusste, aber – wie sich aus seiner Verurteilung wegen leichtfertiger Unterstützung eines Subventionsbetrugs ergibt – hätte wissen müssen, ist durch die Rechtsprechung des EuGH dahingehend geklärt, dass ein Vorsteuerabzug ausscheidet. *BFH-Beschluss v. 13. 10. 2014 V B 19/14 (BFH/NV 2015 S. 243).*

Trägt eine KG die Kosten der notariellen Beurkundung eines Kauf- und Übertragungsvertrages über ihre Kommanditanteile sowie die Kosten einer bei ihr durchgeführten sog. **„due diligence"-Prüfung,** ohne selbst Leistungsempfängerin der genannten Leistungen zu sein, steht ihr kein Vorsteuerabzug zu. *BFH-Beschluss v. 30. 4. 2014 XI R 33/11 (BFH/NV S. 1239).*

Bezieht der Unternehmer für einen von ihm angestrebten **Personalabbau** Leistungen von sog. **Outplacement**-Unternehmen, mit denen unkündbar und unbefristet Beschäftigte individuell insbesondere durch sog. Bewerbungstrainings bei der Begründung neuer Beschäftigungsverhältnisse unterstützt werden sollen, ist der Unternehmer aufgrund eines vorrangigen Unternehmensinteresses zum Vorsteuerabzug berechtigt. *BFH-Urt. v. 30. 6. 2022 V R 32/20 (BStBl. 2023 II S. 45).*

Überlässt der Unternehmer einem **Geschäftsführer unentgeltlich** einen **Wohn-Pavillon** einschließlich Einrichtung, liegt dies auch dann nicht im überwiegend unternehmerischen Interesse, wenn einkommensteuerrechtlich die Voraussetzungen einer doppelten Haushaltsführung gegeben wären. *BFH-Urteil v. 8. 10. 2014 V R 56/13 (BStBl. 2022 II S. 33).*

1. Die unentgeltliche Überlassung eines in **Bruchteilsgemeinschaft** erworbenen Gegenstands **(Mähdrescher)** an einen der Gemeinschafter begründet weder eine eigene Rechtspersönlichkeit noch eine wirtschaftliche Tätigkeit der Gemeinschaft, sodass die einzelnen Gemeinschafter als Leistungsempfänger anzusehen sind (entgegen Abschn. 15.2 Abs. 16 Sätze 6 und 7 UStAE). – 2. Sind die Gemeinschafter als Leistungsempfänger anzusehen, können sie über ihren Anteil am Gegenstand (Mähdrescher) ohne Zwischenerwerb durch die Gemeinschaft verfügen. – 3. Wird der Steuerbetrag für eine steuerpflichtige Leistung zu niedrig ausgewiesen, ist der ausgewiesene Betrag als Vorsteuer abzugsfähig. *BFH-Urteil v. 28. 8. 2014 V R 49/13 (BStBl. 2022 II S. 825).*

Eine **Bruchteilsgemeinschaft** kann nicht Unternehmer sein. Es liegen vielmehr zivil- und umsatzsteuerrechtlich durch die Gemeinschafter als jeweiliger Unternehmer anteilig erbrachte Leistungen vor **(Änderung der Rechtsprechung).** *BFH-Urteil v. 22. 11. 2018 V R 65/17 (DStR 2019 S. 265).*

1. Bei Aufwendungen zur Renovierung eines an den Arbeitgeber vermieteten **Home-Office** besteht der für den Vorsteuerabzug erforderliche direkte und unmittelbare Zusammenhang mit den Vermietungsumsätzen, soweit das Home-Office beruflich genutzt wird. 2. Im Falle einer Bürotätigkeit kann sich die berufliche Nutzung des Home-Office auch auf einen Sanitärraum erstrecken, nicht jedoch auf ein mit Dusche und Badewanne ausgestattetes Badezimmer. *BFH-Urteil v. 7. 5. 2020 V R 1/18 (DStR S. 1672).*

1. Ein Verein ist zum Vorsteuerabzug aus Rechnungen von Spielervermittlern berechtigt, wenn ein unmittelbarer Leistungsaustausch zwischen dem Verein und den **Spielervermittlern** besteht. – 2. Ein Vorsteuerabzug ist allerdings insoweit zu versagen als das vom Verein gezahlte Entgelt sich zugleich als Entgelt von dritter Seite für Leistungen gegenüber den Spielern darstellt, d. h. wenn die betroffenen Spieler aufgrund eines Managementvertrags verpflichtet sind, ein „übliches" Entgelt an den Spielervermittler zu entrichten. *FG Düsseldorf, Urt. v. 27. 4. 2015 – 1 K 3636/13 U, rkr. (MwStR S. 778).*

Der **Gesellschafter** einer noch zu **gründenden GmbH** kann im Hinblick auf eine beabsichtigte Unternehmenstätigkeit der GmbH nur dann zum Vorsteuerabzug berechtigt sein, wenn der Leistungsbezug durch den Gesellschafter bei der GmbH zu einem Investitionsumsatz führen soll. *BFH-Urteil v. 11. 11. 2015 V R 8/15 (BStBl. 2022 II S. 288).*

Art. 168 Buchst. a und Art. 178 Buchst. a iVm Art. 226 Nr. 5 MwStSystRL über das gemeinsame Mehrwertsteuersystem sind dahin auszulegen, dass sie einer nationalen Regelung wie der im Ausgangsverfahren fraglichen entgegenstehen, die die Ausübung des Rechts auf Vorsteuerabzug davon abhängig macht, dass in der Rechnung die **Anschrift** angegeben ist, unter der der Rechnungsaussteller seine wirtschaftliche Tätigkeit ausübt. ***EuGH-Urteil v. 15. 11. 2017** C-374/16, Geissel, u. C-375/16, Butin (DStR S. 2544).*

Auf das Vorabentscheidungsersuchen des *BFH v. 13. 3. 2019 XI R 28/17 (DStR S. 1460)* zur umsatzsteuerlichen Behandlung einer Ausbaumaßnahme an einer öffentlichen Gemeindestraße hat der ***EuGH (Urteil v. 16. 9. 2020 C-528/19,** Mitteldeutsche Hartstein-Industrie, DStR S. 2067)* entschieden, 1. dass ein Steuerpflichtiger ein Recht auf Abzug der Vorsteuer für die zugunsten einer Gemeinde durchgeführten Arbeiten zum **Ausbau einer Gemeindestraße** hat, wenn diese Straße sowohl von diesem Steuerpflichtigen im Rahmen seiner wirtschaftlichen Tätigkeit als auch von der Öffentlichkeit benutzt wird, soweit diese Ausbauarbeiten nicht über das hinausgingen, was erforderlich war, um diesem Steuerpflichtigen zu ermöglichen, seine wirtschaftliche Tätigkeit auszuüben, und ihre Kosten im Preis der von diesem Steuerpflichtigen getätigten Ausgangsumsätze enthalten sind. – 2. Die Genehmigung zum Betrieb eines Steinbruchs, die einseitig von einer Verwaltung eines Mitgliedstaats erteilt wurde, stellt nicht die von einem Steuerpflichtigen, der ohne Gegenleistung in Geld Arbeiten zum Ausbau einer Gemeindestraße durchgeführt hat, erhaltene Gegenleistung dar, so dass diese Arbeiten keinen „Umsatz gegen Entgelt" im Sinne dieser Richtlinie darstellen. – 3. Zugunsten einer Gemeinde durchgeführte Arbeiten zum Ausbau einer Gemeindestraße, die der Öffentlichkeit offensteht, aber im Rahmen der wirtschaftlichen Tätigkeit des Steuerpflichtigen, der diese Arbeiten unentgeltlich durchgeführt hat, von ihm sowie von der Öffentlichkeit genutzt wird, stellen keinen Umsatz dar, der einer Lieferung von Gegenständen gegen Entgelt im Sinne dieser Bestimmung gleichzustellen ist.

Mit der Nachfolgeentscheidung zum Vorsteuerabzug aus **Dritten zugutekommenden Leistungen** hat der *BFH (Urteil v. 16. 12. 2020 XI R 26/20 (XI R 28/17), DStR 2021 S. 1167)* entschieden: 1. Bezieht ein Unternehmer eine Leistung, um diese an einen Dritten unentgeltlich weiter zu liefern und zugleich die eigene unternehmerische Tätigkeit zu ermöglichen, steht ihm der Vorsteuerabzug zu, wenn die bezogene Eingangsleistung nicht über das hinausgeht, was erforderlich/unerlässlich war, um diesen Zweck zu erfüllen, und die Kosten der Eingangsleistung (kalkulatorisch) im Preis der getätigten Ausgangsumsätze enthalten sind und der Vorteil des Dritten (hier: der Allgemeinheit) allenfalls nebensächlich ist. Insoweit reicht eine „mittelbare" Veranlassung für den Vorsteuerabzug aus (Änderung der Rechtsprechung). – 2. § 3 Abs. 1 b S. 1 Nr. 3 UStG ist unionsrechtskonform dahingehend einschränkend auszulegen, dass eine Besteuerung der unentgeltlichen Wertabgabe nicht erfolgt, wenn kein unversteuerter Endverbrauch droht.

Der ***BFH*** *(Urteil v. 10. 6. 2020 XI R 25/18, DStR S. 2240)* hat umfassend insb. zum Vorsteuerabzug eines **Berufsreiters** entschieden: 1. **Preisgelder,** die ein Reiter im Falle einer erfolgreichen Teilnahme an einem Turnier (vom Veranstalter oder vom Eigentümer des Pferdes) erhält, sind kein Entgelt für eine steuerbare Leistung des Reiters. – 2. Die Gewährung unentgeltlicher sonstiger Leistungen aus unternehmerischen Gründen ist nicht steuerbar. – 3. Aufwendungen für die Vorbereitung und Teilnahme von Pferden an Turnieren stehen bei einem Unternehmer, der einen Turnier- und Ausbildungsstall betreibt, in einem direkten und unmittelbaren Zusammenhang mit seiner gesamten wirtschaftlichen Tätigkeit, wenn die Pferde tatsächlich für den Verkauf bestimmt sind oder die Teilnahme an Turnieren objektiv ein Mittel zur Förderung der wirtschaftlichen Tätigkeit seines Unternehmens ist. – 4. Die Mindestbemessungsgrundlage des § 10 Abs. 5 UStG ist nur auf solche entgeltliche Leistungen anzuwenden, die auch bei unentgeltlicher Erbringung steuerbar wären.

Der ***EuGH (Urteil v. 25. 11. 2021** C-334/20, Amper Metal, DStR S. 2902)* hat entschieden, dass ein Steuerpflichtiger nach Art. 168 Buchst. a MwStSystRL die Vorsteuer für Werbedienstleistungen abziehen kann, sofern die Erbringung dieser Dienstleistungen ein steuerbarer Umsatz ist und mit einem oder mehreren steuerpflichtigen Ausgangsumsätzen oder der gesamten wirtschaftlichen Tätigkeit des Steuerpflichtigen als allgemeine Aufwendungen in einem direkten und unmittelbaren Zusammenhang steht, ohne dass zu berücksichtigen wäre, dass diese Dienstleistungen nicht zu einer Steigerung der Umsatzes des Steuerpflichtigen geführt haben **(nutzlose Werbung).**

a) Schreiben betr. Vorsteuerabzug bei gemeinschaftlicher Auftragserteilung durch mehrere Personen[1]

Anl a zu 15.2 b

Vom 1. Dezember 2006 (BStBl. 2007 I S. 90)

(BMF IV A 5 – S 7300 – 90/06)

Bezug: EuGH-Urteil vom 21. April 2005 C-25/03, BStBl. II 2007 S. 24;
BFH-Urteil vom 6. Oktober 2005 V R 40/01, BStBl. II 2007 S. 13

[abgedruckt im USt-Handbuch 2021 als Anlage a zu A 15.2 b]

[1] Aufgehoben durch Schreiben vom 27. 10. 2021, abgedruckt unter Anlage c.

Anl b zu 15.2 b

b) Schreiben betr. Vorsteuerabzug, Verzicht auf die Steuerbefreiung und gesonderte und einheitliche Feststellung der auf die Gemeinschafter entfallenden Vorsteuern bei gemeinschaftlicher Auftragserteilung[1]

Vom 9. Mai 2008 (BStBl. I S. 675)

(BMF IV A 5 – S 7300/07/0017; DOK 2008/0228963)

Bezug: BFH-Urteile vom 1. Oktober 1998 – V R 31/98 – (BStBl. 2008 II S. 497), vom 7. November 2000 – V R 49/99 – (BStBl. 2008 II S. 493) und vom 1. Februar 2001 – V R 79/99 – (BStBl. 2008 II S. 495)

[abgedruckt im USt-Handbuch 2021 als Anlage b zu A 15.2 b]

Anl c zu 15.2 b

c) Schreiben betr. Vorsteuerabzug im Fall einer nicht unternehmerisch tätigen Bruchteilsgemeinschaft; Anwendung der BFH-Urteile v. 28. 8. 2014 – V R 49/13 und v. 31. 5. 2017 – XI R 40/14

Vom 27. Oktober 2021 (BStBl. I S. 2137)

(BMF III C 2 – S 7300/19/10002 :005, DOK 2021/1122601)

I.

81 Der BFH hat mit Urteil vom 28. August 2014, V R 49/13, BStBl. 2021 II S. 825, entschieden, dass (nur) die unentgeltliche Überlassung eines in Bruchteilsgemeinschaft erworbenen Gegenstands an einen der Gemeinschafter weder eine eigene Rechtspersönlichkeit noch eine wirtschaftliche Tätigkeit der Gemeinschaft begründet. Die Nutzung des Gegenstands durch die Miteigentümer (Gemeinschafter) erfolgt im Rahmen des § 743 Abs. 2 BGB. Dabei handelt es sich um ein originäres Nutzungsrecht, welches dem Gemeinschafter nicht im Rahmen eines Leistungsaustauschs von der Gemeinschaft überlassen wird (siehe Rn. 30). Im Fall einer solchen, nicht selbst unternehmerisch tätigen Bruchteilsgemeinschaft sind bei dem Erwerb des Gegenstandes die einzelnen Gemeinschafter als Leistungsempfänger anzusehen (siehe Rn. 24). Sie können ohne Zwischenerwerb durch die Gemeinschaft über ihren Anteil am Gegenstand verfügen und ihn auch veräußern (siehe Rn. 32).

Zudem hat der BFH mit dem Urteil auch entschieden, dass im Fall eines zu niedrigen Steuerausweises der ausgewiesene Betrag als Vorsteuer abziehbar ist.

82 Weiterhin hat der BFH mit Urteil vom 31. Mai 2017, XI R 40/-14, BStBl. 2021 II S. 828, unter Bezugnahme auf das Urteil V R 49/13 entschieden, dass im Fall einer (nicht vorsteuerabzugsberechtigten) Lotsenbrüderschaft auch nach anteiliger Umlegung der bezogenen Eingangsleistungen auf die Seelotsen nicht der einzelne (vorsteuerabzugsberechtigte) Seelotse Vorsteuern auf diese Eingangsleistungen abziehen kann. Leistungsempfängerin ist allein die Lotsenbrüderschaft. Die einzelnen Seelotsen sind auch durch die anteilige Umlage der Kosten nicht zu Leistungsempfängern der Eingangsleistungen geworden, haben die Leistungen nicht für ihre wirtschaftliche Tätigkeit verwendet und waren daher auch nicht zum Vorsteuerabzug aus diesen Eingangsleistungen berechtigt. Dies gilt auch unter Beachtung des Grundsatzes der Neutralität der Mehrwertsteuer.

II.

[Änderungen des Umsatzsteuer-Anwendungserlasses in A 3.5, A 9.1, A 14b.1, A 15.2a, A 15.2b, A 15.2c und A 15.2d UStAE berücksichtigt]

III.

83 Die Grundsätze dieses Schreibens sind in allen offenen Fällen anzuwenden.

Die BMF-Schreiben vom 1. Dezember 2006, IV A 5 – S 7300-90/06, BStBl. 2007 I S. 90, und vom 9. Mai 2008, IV A 5 – S 7300/07/0017, BStBl. 2008 I S. 675, werden aufgehoben. Es wird jedoch nicht beanstandet, wenn sich alle Gemeinschafter einer Bruchteilsgemeinschaft einheitlich für bis zum 31. Dezember 2021 verwirklichte Sachverhalte auf die Regelungen dieser BMF-Schreiben berufen.

Anl d zu 15.2 b

d) Schreiben betr. Vorsteuerabzug eines Gesellschafters aus Investitionsumsätzen; Veröffentlichung des BFH-Urteils vom 11. November 2015, V R 8/15

Vom 12. April 2022 (BStBl. I S. 650)

(BMF III C 2 – S 7300/20/10001 :005; DOK 2022/0384459)

84 Der BFH hat mit Urteil vom 11. November 2015, V R 8/15, BStBl. 2022 II S. 288, entschieden, dass das Recht auf Vorsteuerabzug nach den EuGH-Urteilen vom 29. April 2004, C-137/02, Faxworld, und vom 1. März 2012, C-280/10, Polski Trawertyn, auch im Zusammenhang mit Übertragungsvorgängen auf Gesellschaften bestehen könne (Rn. 13 bis 17). Die vom Kläger bezogenen Beratungsleistungen seien aber – anders als die Vermögensgegenstände in den Sachverhalten der EuGH-Urteile Faxworld und Polski Trawertyn – auch im Fall einer tatsächlich gegründeten GmbH nicht auf die GmbH übertragbar gewesen. Durch sie seien keine auf eine GmbH übertragbaren Vermögenswerte („Investitionsgüter") entstanden (Rn. 20). Der Gesellschafter einer noch zu gründenden GmbH könne im Hinblick auf

[1] Aufgehoben durch BMF-Schreiben v. 27. 10. 2021, abgedruckt unter Anlage c.

eine beabsichtigte Unternehmenstätigkeit der GmbH aber nur dann zum Vorsteuerabzug berechtigt sein, wenn der Leistungsbezug durch den Gesellschafter bei der GmbH zu einem Investitionsumsatz führen soll (Rn. 12).

I.

Unter Bezugnahme auf das Ergebnis der Erörterungen mit den obersten Finanzbehörden der Länder wird hierzu folgende Auffassung vertreten: 85

Leistet ein Gesellschafter bzw. eine Vorgründungsgesellschaft bezogene Leistungen im Rahmen eines eigenen umsatzsteuerlichen Unternehmens an die Gesellschaft weiter, z. B. über eine Geschäftsveräußerung im Ganzen, richtet sich der Vorsteuerabzug aus den bezogenen Leistungen nach den allgemeinen Grundsätzen. Unter Berücksichtigung der im BFH-Urteil V R 8/15 genannten EuGH-Rechtsprechung kann einem Gesellschafter bzw. einer Vorgründungsgesellschaft unter den übrigen Voraussetzungen der Vorsteuerabzug auch aus einer bezogenen Leistung zustehen, die der Gesellschaft später außerhalb eines Leistungsaustauschs zuwächst (z. B. Weiterleistung durch einen ansonsten nicht unternehmerisch tätigen Gesellschafter). Voraussetzung ist, dass es sich aus Sicht der (geplanten) Gesellschaft um einen Investitionsumsatz handelt und die beabsichtigte Tätigkeit der Gesellschaft einen Vorsteuerabzug nicht ausschließt.

Unter den Begriff Investitionsumsatz fallen dabei Vermögenswerte (bezogene Lieferungen oder sonstige Leistungen), die der Gesellschafter (bzw. die Vorgründungsgesellschaft) tatsächlich an die Gesellschaft überträgt und die von dieser für ihre wirtschaftliche Tätigkeit genutzt werden. Der vom BFH verwendete erläuternde Klammerzusatz „Investitionsgüter“ ist dabei nicht einschränkend so zu verstehen, dass er nur Wirtschaftsgüter umfasst, sondern kann auch sonstige Leistungen umfassen, sofern diese die Voraussetzungen für einen Investitionsumsatz erfüllen.

Der Gesellschafter ist durch den Investitionsumsatz in Bezug auf diesen ausnahmsweise und unter den übrigen Voraussetzungen zum Vorsteuerabzug berechtigt. Dafür genügt es, dass die Eigenschaft des Gesellschafters als Unternehmer aus diesem Investitionsumsatz resultiert. Gleiches gilt, wenn der Investitionsumsatz zwar beabsichtigt ist, aber nur deshalb nicht tatsächlich erfolgt, weil eine geplante Gesellschaftsgründung scheitert. Auch in diesem Fall kann dem erfolglosen Gesellschafter bzw. der Vorgründungsgesellschaft der Vorsteuerabzug aus einem Investitionsumsatz zustehen.

Von einem Investitionsumsatz abzugrenzen sind bezogene Leistungen, die generell nicht an die Gesellschaft übertragen werden können (so der Sachverhalt im BFH-Urteil V R 8/15), sondern z. B. durch den Gesellschafter selbst genutzt oder verbraucht werden, oder die zwar von der Gesellschaft genutzt, aber nicht tatsächlich an sie übertragen werden (vgl. BFH-Urteil vom 26. August 2014, XI R 26/10, BStBl. II 2021 S. 881, zum Erwerb eines Mandantenstammes durch den Gesellschafter einer Steuerberatungs-GbR).

II.

[Änderungen des Umsatzsteuer-Anwendungserlasses in A 15.2 b UStAE berücksichtigt]

III.

Die Grundsätze dieses Schreibens sind in allen offenen Fällen anzuwenden.

15.2 c Zuordnung von Leistungen zum Unternehmen

UStAE 15.2 c

Zuordnungsgebot, Zuordnungsverbot und Zuordnungswahlrecht

(1) ① Wird eine Leistung ausschließlich für unternehmerische Tätigkeiten bezogen, ist sie vollständig dem Unternehmen zuzuordnen (Zuordnungsgebot). ② Bei einer Leistung, die ausschließlich für nichtunternehmerische Tätigkeiten bezogen wird, ist eine Zuordnung zum Unternehmen hingegen ausgeschlossen (Zuordnungsverbot). ③ Erreicht der Umfang der unternehmerischen Verwendung eines einheitlichen Gegenstands nicht mindestens 10% (unternehmerische Mindestnutzung), greift das Zuordnungsverbot nach § 15 Abs. 1 Satz 2 UStG (vgl. Absätze 5 bis 7). 86

(2) ① Bei einer Leistung, die sowohl für unternehmerische als auch für nichtunternehmerische Tätigkeiten bezogen wird, ist zwischen vertretbaren Sachen und sonstigen Leistungen auf der einen Seite und einheitlichen Gegenständen auf der anderen Seite zu differenzieren: 87

1. Lieferung vertretbarer Sachen und sonstige Leistungen:
   ① Lieferungen vertretbarer Sachen und sonstige Leistungen sind entsprechend der beabsichtigten Verwendung aufzuteilen (Aufteilungsgebot, vgl. BFH-Urteil vom 14. 10. 2015, V R 10/14, BStBl. 2016 II S. 717). ② Telefondienstleistungen bezieht ein Unternehmer nur insoweit für sein Unternehmen, als er das Telefon unternehmerisch nutzt.
2. Einheitliche Gegenstände
   Beabsichtigt der Unternehmer, einen einheitlichen Gegenstand sowohl für die unternehmerische als auch nichtunternehmerische Tätigkeiten zu verwenden (teilunternehmerische Verwendung), gilt Folgendes:
   a) Teilunternehmerische nichtwirtschaftliche Verwendung i. e. S.
      ① Besteht die nichtunternehmerische Tätigkeit in einer nichtwirtschaftlichen Tätigkeit i. e. S. (vgl. Abschnitt 2.3 Abs. 1 a Satz 4), hat der Unternehmer kein Wahlrecht zur vollständigen Zuordnung (vgl. Abschnitte 2.10, 2.11, 15.19, 15.21 und 15.22 und BFH-Urteil vom 3. 3. 2011, V R 23/10, BStBl. 2012 II S. 74); es besteht grundsätzlich ein Aufteilungs-

UStAE 15.2c

gebot. ② Aus Billigkeitsgründen kann der Unternehmer den Gegenstand im vollen Umfang in seinem nichtunternehmerischen Bereich belassen. ③ In diesem Fall ist eine spätere Vorsteuerberichtigung zugunsten des Unternehmers im Billigkeitswege nach Abschnitt 15 a.1 Abs. 7 ausgeschlossen.

b) Teilunternehmerische unternehmensfremde Verwendung

① Besteht die nichtunternehmerische Tätigkeit in einer unternehmensfremden Verwendung (vgl. Abschnitt 2.3 Abs. 1 a Satz 3, sog. Sonderfall), hat der Unternehmer ein Zuordnungswahlrecht. ② Er kann den Gegenstand

- insgesamt seiner unternehmerischen Tätigkeit zuordnen,
- in vollem Umfang in seinem nichtunternehmerischen Bereich belassen, oder
- im Umfang der tatsächlichen (ggf. zu schätzenden) unternehmerischen Verwendung seiner unternehmerischen Tätigkeit zuordnen (vgl. BFH-Urteile vom 7. 7. 2011, V R 42/09, BStBl. 2014 II S. 76 und V R 21/10, BStBl. 2014 II S. 81).

③ Ein Zuordnungswahlrecht besteht nicht, wenn ein getrenntes Wirtschaftsgut im umsatzsteuerrechtlichen Sinne neu hergestellt wird. ④ Errichtet der Unternehmer daher ein ausschließlich für private Wohnzwecke zu nutzendes Einfamilienhaus als Anbau an eine Werkshalle auf seinem Betriebsgrundstück, darf er den Anbau nicht seinem Unternehmen zuordnen, wenn beide Bauten räumlich voneinander abgrenzbar sind (vgl. BFH-Urteil vom 23. 9. 2009, XI R 18/08, BStBl. 2010 II S. 313). ⑤ Soweit bei gemeinsamem Erwerb durch mehrere Personen der einzelne Gemeinschafter als Leistungsempfänger anzusehen ist (vgl. Abschnitt 15.2b Abs. 1) und Miteigentum an einem Gegenstand erwirbt, steht dem Gemeinschafter das Zuordnungswahlrecht bezogen auf seinen Anteil am Miteigentum zu. ⑥ Voraussetzung für die Zuordnung des Miteigentumsanteils ist, dass dieser zu mindestens 10% für das Unternehmen genutzt wird (§ 15 Abs. 1 Satz 2 UStG).

Beispiel 1:

① Der Arzt A hat ausschließlich nach § 4 Nr. 14 Buchstabe a UStG steuerfreie Umsätze aus Heilbehandlungsleistungen und kauft einen PKW, den er privat und unternehmerisch nutzt. ② Der PKW wurde in vollem Umfang dem Unternehmen zugeordnet.

③ A führt keine Umsätze aus, die zum Vorsteuerabzug berechtigen. ④ Der Vorsteuerabzug aus den Kosten der Anschaffung und Nutzung des PKW für die unternehmerische und private Verwendung ist deshalb ausgeschlossen. ⑤ Die private Verwendung führt zu keiner steuerbaren unentgeltlichen Wertabgabe.

Beispiel 2:

① Der Arzt A erbringt im Umfang von 80% seiner entgeltlichen Umsätze steuerfreie Heilbehandlungsleistungen und nimmt zu 20% steuerpflichtige plastische und ästhetische Operationen vor. ② Er kauft einen PKW, den er je zur Hälfte privat und für seine gesamte ärztliche Tätigkeit nutzt. ③ Der PKW wurde in vollem Umfang dem Unternehmen zugeordnet.

④ Die Vorsteuern aus der Anschaffung und Nutzung des PKW sind zu 60% (20% steuerpflichtige von 50% unternehmerischer Nutzung + 50% der Art nach steuerpflichtige Privatnutzung) abzugsfähig und zu 40% (80% steuerfreie von 50% unternehmerischer Nutzung) nicht abzugsfähig. ⑤ Die unentgeltliche Wertabgabe (50% Privatanteil) ist in voller Höhe steuerbar und steuerpflichtig.

② Aufwendungen, die im Zusammenhang mit dem Gebrauch, der Nutzung oder der Erhaltung eines einheitlichen Gegenstands stehen, der nur teilweise unternehmerisch genutzt wird, sind grundsätzlich nur in Höhe der unternehmerischen Verwendung für das Unternehmen bezogen (Aufteilungsgebot). ③ Dabei ist vorrangig zu prüfen, ob die bezogene Leistung unmittelbar für die unternehmerische oder nichtunternehmerische Nutzung des Gegenstands verwendet wird. ④ Ist eine direkte Zuordnung im Zusammenhang mit der Verwendung des Gegenstands nicht möglich, ist eine Aufteilung der Vorsteuerbeträge analog § 15 Abs. 4 UStG vorzunehmen. ⑤ Diese Aufteilung kann auf einer sachgerechten Schätzung beruhen (z. B. Aufteilungsmaßstab des Vorjahres), die erforderlichenfalls im Voranmeldungsverfahren oder in der Jahreserklärung anzupassen ist. ⑥ Für einheitliche Gegenstände, die keine Grundstücke im Sinne des § 15 Abs. 1 b UStG sind und für die der Unternehmer sein Wahlrecht zur vollständigen Zuordnung zum Unternehmen ausgeübt hat (vgl. Nr. 2 Buchstabe b), kann für Aufwendungen, die durch die Verwendung des Gegenstands anfallen, aus Vereinfachungsgründen grundsätzlich unter den übrigen Voraussetzungen des § 15 UStG der volle Vorsteuerabzug geltend gemacht werden; im Gegenzug sind diese Aufwendungen in die Bemessungsgrundlage einer für die nicht unternehmerische Verwendung des einheitlichen Gegenstands zu besteuernde unentgeltliche Wertabgabe einzubeziehen.

88 (3) ① Die Entscheidung über die Zuordnung zum Unternehmen hat der Unternehmer zu treffen (BFH-Urteile vom 25. 3. 1988, V R 101/83, BStBl. II S. 649, und vom 27. 10. 1993, XI R 86/90, BStBl. 1994 II S. 274). ② Wird ein nicht zum Unternehmen gehörender Gegenstand gelegentlich dem Unternehmen überlassen, können die im Zusammenhang mit dem Betrieb des Gegenstands anfallenden Vorsteuern (z. B. Vorsteuerbeträge aus Betrieb und Wartung eines nicht dem Unternehmen zugeordneten Kraftfahrzeugs) im Verhältnis der unternehmerischen zur unternehmensfremden Nutzung abgezogen werden. ③ Vorsteuerbeträge, die unmittelbar und ausschließlich auf die unternehmerische Verwendung des Kraftfahrzeugs entfallen (z. B. die Steuer für den Bezug von Kraftstoff anlässlich einer betrieblichen Fahrt mit einem privaten Kraftfahrzeug oder Vorsteuerbeträge aus Reparaturaufwendungen in Folge eines Unfalls während einer unternehmerisch veranlassten Fahrt), können unter den übrigen Voraussetzungen des § 15 UStG in voller Höhe abgezogen werden.

USTAE 15.2c

(4) ① Im Fall der Zuordnung des unternehmensfremd genutzten Teils zum nichtunternehmerischen Bereich wird dieser als separater Gegenstand angesehen, der nicht „für das Unternehmen" im Sinne des § 15 Abs. 1 Satz 1 Nr. 1 UStG bezogen wird. ② Somit entfällt der Vorsteuerabzug aus den Kosten, die auf diesen Gegenstand entfallen. ③ Zur Ermittlung des Anteils der abziehbaren Vorsteuerbeträge vgl. Abschnitt 15.17 Abs. 5 bis 8. ④ Wird dieser Gegenstand später unternehmerisch genutzt (z. B. durch Umwandlung von Wohnräumen in Büroräume), ist eine Vorsteuerberichtigung zugunsten des Unternehmers nach § 15a UStG nicht zulässig (vgl. Abschnitt 15a.1 Abs. 6). ⑤ Bei einer späteren Veräußerung des bebauten Grundstücks kann der Unternehmer unter den Voraussetzungen des § 9 UStG lediglich auf die Steuerbefreiung des § 4 Nr. 9 Buchstabe a UStG für die Lieferung des zu diesem Zeitpunkt unternehmerisch genutzten Teils verzichten. ⑥ Die Lieferung des zu diesem Zeitpunkt unternehmensfremd genutzten Teils erfolgt nicht im Rahmen des Unternehmens und ist somit nicht steuerbar. ⑦ Ein Gesamtkaufpreis ist entsprechend aufzuteilen. ⑧ Weist der Unternehmer für die Lieferung des unternehmensfremd genutzten Teils dennoch in der Rechnung Umsatzsteuer aus, schuldet er diese nach § 14c Abs. 2 UStG. **89**

Unternehmerische Mindestnutzung nach § 15 Abs. 1 Satz 2 UStG

(5) ① Die Lieferung, die Einfuhr oder der innergemeinschaftliche Erwerb eines Gegenstands gilt als nicht für das Unternehmen ausgeführt, wenn der Unternehmer den Gegenstand zu weniger als 10% für seine unternehmerische Tätigkeit verwendet (unternehmerische Mindestnutzung, Zuordnungsverbot nach § 15 Abs. 1 Satz 2 UStG). ② Geht der bezogene Gegenstand als Bestandteil in einen bereits vorhandenen Gegenstand ein, ist die unternehmerische Mindestnutzung für den Bestandteil gesondert zu prüfen. **90**

(6) ① Grundsätzlich prägt die Nutzung eines Gebäudes auch die Nutzung des dazugehörigen Grund und Bodens. ② Sofern ausnahmsweise Teile des Grundstücks als eigenständige Zuordnungsobjekte anzusehen sind (vgl. Absatz 11), ist für jedes Zuordnungsobjekt die unternehmerische Mindestnutzung gesondert zu ermitteln. **91**

(7)[1] Nicht ausschließlich unternehmerisch genutzte Räume eines Gebäudes sind nur mit dem Anteil der tatsächlichen unternehmerischen Nutzung in die Ermittlung der unternehmerischen Mindestnutzung einzubeziehen. **92**

Beispiel:

① Unternehmer U hat in seinem Einfamilienhaus ein Arbeitszimmer mit einer Nutzfläche von 12% der Gesamtnutzfläche, das er zu 50% für seine unternehmerischen Zwecke verwendet. ② Die Nutzungseinheiten sind vergleichbar ausgestattet, es kommt nur eine Aufteilung nach dem objektbezogenen Flächenschlüssel in Betracht (vgl. Abschnitt 15.17 Abs. 7).

③ Bezogen auf das gesamte Gebäude beträgt die unternehmerische Nutzung nur 6% (50% von 12%). ④ Eine Zuordnung des Gebäudes zum Unternehmen ist nach § 15 Abs. 1 Satz 2 UStG nicht möglich (Zuordnungsverbot).

Zuordnungsschlüssel

(8)[1] ① Als Zuordnungsschlüssel bei teilunternehmerischer Verwendung des Zuordnungsobjekts ist der Aufteilungsschlüssel nach § 15 Abs. 4 UStG analog anzuwenden. ② Der unternehmerische Nutzungsanteil ist danach im Wege einer sachgerechten und vom Finanzamt überprüfbaren Schätzung zu ermitteln. ③ Sachgerechter Aufteilungsmaßstab ist in der Regel das Verhältnis der Nutzflächen (vgl. Abschnitt 15.17 Abs. 7). ④ Die Anwendung eines Umsatzschlüssels als Zuordnungsschlüssel ist nur sachgerecht, wenn keine andere wirtschaftliche Zuordnung möglich ist (vgl. BFH-Urteile vom 19. 7. 2011, XI R 29/09, BStBl. 2012 II S. 430, XI R 29/10, BStBl. 2012 II S. 438, und XI R 21/10, BStBl. 2012 II S. 434). ⑤ Er kommt in Betracht, wenn bei einem Gebäude Nutzflächen nicht wesensgleich sind, wie z. B. Dach- und Innenflächen eines Gebäudes. ⑥ Für den Zuordnungsschlüssel ist in diesen Fällen auf das Verhältnis der Vermietungsumsätze für die Dach- und Gebäudeinnenfläche abzustellen. ⑦ Werden tatsächlich keine Vermietungsumsätze erzielt, sind fiktive Vermietungsumsätze anzusetzen. **93**

Beispiel 1:

① Unternehmer U errichtet im Jahr 01 einen Schuppen, auf dessen Dach er eine Photovoltaikanlage zur Erzeugung von Strom betreibt (sog. „Auf-Dach-Montage"). ② Die Herstellungskosten des Schuppens betragen 20 000 € zzgl. 3 800 € Umsatzsteuer. ③ U beabsichtigt für den Innenraum des Schuppens dauerhaft keine weitere Nutzung (vgl. BFH-Urteil vom 19. 7. 2011, XI R 29/09, a. a. O.). ④ Den mit der Photovoltaikanlage erzeugten Strom speist U vollständig in das örtliche Stromnetz gegen Entgelt ein. ⑤ Für den Schuppen wäre in der betreffenden Region ein Mietpreis von 1 000 € und für die Dachfläche, die für Zwecke der Photovoltaikanlage genutzt wird, von 180 € jährlich realisierbar. ⑥ Im Jahr 02 lässt U ein Sicherheitsschloss für 100 € zzgl. 19 € Umsatzsteuer anbringen, um den Schuppen vor unberechtigter Nutzung zu schützen.

⑦ Da das Dach des Schuppens für die Installation der Photovoltaikanlage erforderlich ist, besteht hinsichtlich der Dachfläche ein direkter und unmittelbarer Zusammenhang mit der unternehmerischen Tätigkeit (Verkauf von Strom). ⑧ Hinsichtlich der übrigen Flächen besteht ein direkter und unmittelbarer Zusammenhang zu der nichtwirtschaftlichen Tätigkeit i. e. S. des U (Leerstand des Schuppens). ⑨ U kann den Schuppen im Umfang des unternehmerisch verwendeten Anteils (Dachfläche) seinem Unternehmen zuordnen, sofern diese Verwendung insgesamt mindestens 10% beträgt (§ 15 Abs. 1 Satz 2 UStG). ⑩ Für die Zuordnungsmöglichkeit ist die Verwendung des gesamten Gebäudes entscheidend. ⑪ Die Nutzflächen innerhalb des Schuppens und die Nutzfläche auf dessen Dach können dabei nicht zu einer Gesamtnutzfläche addiert werden, da sie nicht wesensgleich sind. ⑫ Eine Ermittlung anhand eines Flächenschlüssels ist deshalb für die Zuordnung nicht möglich.

---

[1] A 15.2c UStAE Abs. 7 Beispiel neugefasst, Abs. 8 Satz 3 aufgehoben, bish. Sätze 4 bis 8 werden Sätze 3 bis 7, neuer Satz 3 neugefasst durch BMF v. 20. 10. 2022 (BStBl. I S. 1497), anzuwenden in allen offenen Fällen.

UStAE 15.2c

⑬ Stattdessen ist in diesem Fall die Anwendung eines Umsatzschlüssels sachgerecht. ⑭ Da es an einer entgeltlichen Nutzung des Schuppens und der Dachfläche fehlt, ist auf das Verhältnis der fiktiven Vermietungsumsätze abzustellen. ⑮ U hätte für den Schuppen (Dachfläche und übrigen Flächen) jährlich insgesamt 1 180 € erzielen können; hiervon wären 180 € auf die Dachfläche entfallen. ⑯ Der Zuordnungsschlüssel beträgt somit 15,25% (Verhältnis der fiktiven Miete für das Dach in Höhe von 180 € zur fiktiven Gesamtmiete von 1 180 €). ⑰ U kann in Bezug auf die Herstellung des Schuppens einen Vorsteuerabzug von 579,66 € (15,25% von 3 800 €) geltend machen. ⑱ Das Sicherheitsschloss ist der nichtwirtschaftlichen Verwendung i. e. S. des Schuppens zuzurechnen und berechtigt deshalb nicht zum Vorsteuerabzug. ⑲ Die Photovoltaikanlage stellt umsatzsteuerrechtlich ein eigenständiges Zuordnungsobjekt dar (vgl. Absatz 10), welches ausschließlich unternehmerisch zur Ausführung entgeltlicher Stromlieferungen verwendet wird und deshalb zwingend dem Unternehmen zuzuordnen ist (Zuordnungsgebot).

Beispiel 2:

① Unternehmer U lässt das Dach seines privat genutzten Einfamilienhauses nach dem 31. Dezember 2012 (Anwendung des § 15 Abs. 1 b UStG) sanieren (Werklieferung) und dort anschließend eine Photovoltaikanlage installieren, die 50% der Dachfläche bedeckt. ② Die Photovoltaikanlage wird zu 70% zur Ausführung entgeltlicher Stromlieferungen verwendet. ③ Die verbleibenden 30% des selbstproduzierten Stroms verbraucht U privat. ④ Die Sanierung des asbesthaltigen Daches ist u. a. auch für die Installation der Photovoltaikanlage erforderlich. ⑤ Für das Einfamilienhaus wäre in der betreffenden Region ein Mietpreis von 10 000 € und für die Dachfläche, die für Zwecke der Photovoltaikanlage genutzt wird, von 500 € jährlich realisierbar.

⑥ Die Dachsanierung stellt Erhaltungsaufwand dar und ist somit einer eigenständigen Zuordnungsentscheidung zugänglich (vgl. Absatz 9). ⑦ Bei der Zuordnung von Erhaltungsaufwendungen ist grundsätzlich der Gebäudeteil maßgeblich, für den die Aufwendungen entstehen. ⑧ Die Dachsanierung ist danach dem gesamten Gebäude zuzurechnen, da das Dach mit allen Gebäudeteilen in einem einheitlichen Nutzungs- und Funktionszusammenhang steht. ⑨ Für die Zuordnungsmöglichkeit zum Unternehmen ist damit die Verwendung des gesamten Gebäudes entscheidend (vgl. BFH-Urteil vom 3. 8. 2017, V R 59/16, BStBl. II S. 1209). ⑩ Da das Zuordnungsobjekt ein Gegenstand ist, ist nach § 15 Abs. 1 Satz 2 UStG die unternehmerische Mindestnutzung zu prüfen. ⑪ Eine Ermittlung anhand eines Flächenschlüssels ist für die Zuordnung nicht möglich, weil die Dach- und Gebäudeinnenflächen nicht wesensgleich sind (vgl. Beispiel 1). ⑫ Stattdessen ist die Anwendung eines Umsatzschlüssels sachgerecht. ⑬ Da es an einer entgeltlichen Nutzung des Gebäudes und der Dachfläche fehlt, ist in diesem Fall auf das Verhältnis der fiktiven Umsätze aus der Vermietung der Dachfläche und des Gebäudes abzustellen. ⑭ U hätte bei einer Vermietung des Einfamilienhauses (Dachfläche und übrige Flächen) jährlich insgesamt 10 500 € erzielen können. ⑮ Der Umsatzschlüssel auf Basis der fiktiven Mieten beträgt somit 4,76% (Verhältnis der fiktiven Miete für das Dach in Höhe von 500 € zur fiktiven Gesamtmiete von 10 500 €). ⑯ Da die Photovoltaikanlage nur zu 70% unternehmerisch genutzt wird, beträgt der Zuordnungsschlüssel 3,33% (70% von 4,76% = 3,33%) und erreicht somit nicht die erforderliche unternehmerische Mindestnutzung im Sinne des § 15 Abs. 1 Satz 2 UStG von 10%. ⑰ U ist deshalb hinsichtlich der Dachsanierung nicht zum Vorsteuerabzug berechtigt. ⑱ Die Photovoltaikanlage stellt umsatzsteuerrechtlich ein eigenständiges Zuordnungsobjekt dar (vgl. Absatz 10), welches unternehmerisch und unternehmensfremd verwendet wird. ⑲ Da die unternehmerische Mindestnutzung von 10% überschritten ist, hat der Unternehmer die Wahl, die Photovoltaikanlage nicht, vollständig oder nur im Umfang der unternehmerischen Nutzung seinem Unternehmen zuzuordnen.

Zuordnungsobjekt

94 (9)[1] ① Objekt der Zuordnungsentscheidung des Unternehmers nach Absatz 2 Nr. 2 Buchstabe b ist grundsätzlich jeder Leistungsbezug, d. h. jeder bezogene Gegenstand und jede bezogene sonstige Leistung im Rahmen der Anschaffung oder Herstellung eines einheitlichen Gegenstands. ② Dies gilt auch für Erhaltungsaufwendungen, weil die Vorsteuern aus der Anschaffung bzw. Herstellung eines Gegenstands und die Vorsteuern aus seinem Gebrauch und seiner Erhaltung einer getrennten umsatzsteuerrechtlichen Beurteilung unterliegen. ③ Erhaltungsaufwendungen, die nach § 6 Abs. 1 Nr. 1 a EStG zu Herstellungskosten (anschaffungsnahe Herstellungskosten) umqualifiziert werden, sind umsatzsteuerlich weiterhin wie Erhaltungsaufwendungen zu behandeln.

1. (zeitlich gestreckte) Herstellung eines einheitlichen Gegenstands:

95 ① Bezieht der Unternehmer sonstige Leistungen und Lieferungen zur Herstellung eines einheitlichen Gegenstands, ist dieser herzustellende bzw. hergestellte Gegenstand endgültiges Zuordnungsobjekt. ② Bei dieser Zuordnung ist bereits auf die im Zeitpunkt des Bezugs bestehende Verwendungsabsicht für den fertig gestellten Gegenstand (z. B. das zu errichtende Gebäude) als Summe der im Rahmen seiner Herstellung bezogenen Leistungen abzustellen. ③ Bei Anzahlungen für eine Leistung ist entsprechend zu verfahren. ④ Nach dem Grundsatz des Sofortabzugs ist für den Vorsteuerabzug die Verwendungsabsicht im Zeitpunkt des jeweiligen Leistungsbezugs entscheidend. ⑤ Ändert der Unternehmer während eines zeitlich sich über einen Veranlagungszeitraum hinaus erstreckenden Herstellungsvorgangs (gestreckter Herstellungsvorgang) seine Verwendungsabsicht, führt dies aus Vereinfachungsgründen nicht zu einer sofortigen Einlage oder Entnahme der zuvor bezogenen Leistungen für die Herstellung des einheitlichen Gegenstands. ⑥ Zu der Frage, inwieweit der Unternehmer in diesen Fällen den fertig gestellten einheitlichen Gegenstand seinem Unternehmen zugeordnet hat, vgl. Absätze 14 bis 19.

2. Nachträgliche Herstellungskosten:

96 ① Die Begriffe Herstellungskosten und nachträgliche Herstellungskosten sind grundsätzlich nach den für das Einkommensteuerrecht geltenden Grundsätzen auszulegen. ② Dies gilt jedoch nicht, soweit nach § 6 Abs. 1 Nr. 1 a EStG Erhaltungsaufwendungen zu Herstellungskosten (anschaffungsnahe Herstellungskosten) umqualifiziert werden (vgl. Abschnitt 15.17 Abs. 6). ③ Nachträgliche Herstellungskosten sind getrennt vom ursprünglichen Herstellungsvorgang

---

[1] A 15.2 c UStAE Abs. 9 Nr. 2 Beispiel 1 Satz 2 eingefügt, bish. Sätze 2 und 3 werden Sätze 3 und 4, neuer Satz 4 Buchst. e Satz 3 eingefügt, bish. Sätze 3 bis 5 werden Sätze 4 bis 6, bish. Satz 6 wird Satz 7, neuer Satz 7 neugefasst, bish. Satz 7 wird Satz 8 durch BMF v. 20. 10. 2022 (BStBl. I S. 1497), anzuwenden in allen offenen Fällen.

zu betrachten. ④ Sie bilden deshalb ein eigenständiges Zuordnungsobjekt, über dessen Zuordnung anhand der Tätigkeiten zu entscheiden ist, denen die nachträglichen Herstellungskosten konkret dienen oder dienen sollen. ⑤ Wird im Rahmen einer nachträglichen Herstellungsmaßnahme ein bestehendes Gebäude um neue Gebäudeteile erweitert (z. B. durch Aufstockung, Anbau oder Vergrößerung der Nutzflächen), ist dementsprechend für die Zuordnung der nachträglichen Herstellungskosten ausschließlich auf die Verwendungsverhältnisse in den neuen Gebäudeteilen abzustellen. ⑥ Dies gilt entsprechend für Aufteilungsobjekte im Sinne des § 15 Abs. 4 UStG (vgl. Abschnitt 15.17 Abs. 7 Satz 12).

Beispiel 1:

① Unternehmer U ist Eigentümer eines teilunternehmerisch genutzten Gebäudes (200 qm), das er im Anschaffungsjahr 01 (nach dem Stichtag 31. 12. 2010 und damit Anwendung des § 15 Abs. 1 b UStG) zu 50% für seine zum Vorsteuerabzug berechtigende Tätigkeit als Steuerberater (Steuerberaterpraxis im Erdgeschoss, 100 qm) und zu 50% privat (Wohnung im 1. Obergeschoss, 100 qm) nutzt. ② Die Nutzungseinheiten sind vergleichbar ausgestattet, es kommt nur eine Aufteilung nach dem objektbezogenen Flächenschlüssel in Betracht (vgl. Abschnitt 15.17 Abs. 7). ③ U hat das Gebäude vollständig seinem Unternehmen zugeordnet.

④ Fallvarianten:

a) ① Im Jahr 03 wird in dem Steuerberaterbüro des U eine neue Trennwand für 1 000 € zzgl. 190 € Umsatzsteuer eingezogen.
② Die Aufwendungen für die Trennwand sind nachträgliche Herstellungskosten und bilden ein eigenständiges Zuordnungsobjekt. ③ U nutzt die Trennwand ausschließlich unternehmerisch, da sie in einem Raum des Steuerberaterbüros eingezogen wird. ④ Die Trennwand ist deshalb dem Unternehmen des U zuzuordnen (Zuordnungsgebot). ⑤ U ist zum Vorsteuerabzug in Höhe von 190 € berechtigt (§ 15 Abs. 1 UStG).

b) ① Im Jahr 03 lässt U an seiner privat genutzten Wohnung im 1. Obergeschoss eine Markise mit Motor für 3 000 € zzgl. 570 € Umsatzsteuer anbauen.
② Die Aufwendungen für die Markise sind nachträgliche Herstellungskosten und bilden ein eigenständiges Zuordnungsobjekt. ③ U nutzt die Markise ausschließlich unternehmensfremd, da sie Teil der privaten Wohnung wird. ④ Die Markise ist deshalb nicht dem Unternehmen des U zuzuordnen (Zuordnungsverbot). ⑤ U ist nicht zum Vorsteuerabzug berechtigt.

c) ① Im Jahr 03 wird das Steuerberaterbüro um einen Anbau (50 qm) erweitert. ② Die Herstellungskosten betragen 50 000 € zzgl. 9 500 € Umsatzsteuer.
③ Die Aufwendungen für den Anbau an das Steuerberaterbüro stellen nachträgliche Herstellungskosten dar, die ein selbständiges Zuordnungsobjekt bilden. ④ U nutzt den Anbau zu 100% unternehmerisch für seine Steuerberatertätigkeit. ⑤ Der Anbau ist deshalb dem Unternehmen zuzuordnen (Zuordnungsgebot). ⑥ U ist zum Vorsteuerabzug in Höhe von 9 500 € berechtigt (§ 15 Abs. 1 UStG).

d) ① Im Jahr 03 lässt U das Dachgeschoss ausbauen. ② Es entsteht eine neue Wohnung (100 qm), die U steuerfrei zu Wohnzwecken vermieten möchte. ③ Die Aufwendungen für den Dachausbau betragen 100 000 € zzgl. 19 000 € Umsatzsteuer.
④ Die Aufwendungen für den Dachausbau stellen nachträgliche Herstellungskosten dar, die ein selbständiges Zuordnungsobjekt bilden. ⑤ Die Wohnung soll umsatzsteuerfrei zu Wohnzwecken vermietet werden und ist dem Unternehmen zuzuordnen (Zuordnungsgebot), da durch die Vermietung eine ausschließliche unternehmerische Nutzung vorliegt. ⑥ Der Vorsteuerabzug ist auf Grund der geplanten steuerfreien Vermietung nach § 15 Abs. 2 Satz 1 Nr. 1 UStG ausgeschlossen.

e) ① Im Jahr 03 lässt U das Dachgeschoss ausbauen. ② Die neue Nutzfläche von 100 qm beabsichtigt U zu 80% (80 qm) als Archiv für sein Steuerberaterbüro und zu 20% (20 qm) für einen privaten Fitnessraum zu verwenden. ③ Die Ausstattung von Archiv und Fitnessraum und der jeweilige Bauaufwand weichen nicht erheblich voneinander ab. ④ Die Aufwendungen für den Dachausbau betragen 100 000 € zzgl. 19 000 € Umsatzsteuer.
⑤ Die Aufwendungen für den Dachausbau stellen nachträgliche Herstellungskosten dar, die ein selbständiges Zuordnungsobjekt bilden. ⑥ Soweit U das Dachgeschoss unternehmensfremd (privater Fitnessraum) verwendet, ist der Vorsteuerabzug nach § 15 Abs. 1 b UStG ausgeschlossen. ⑦ Für die Aufteilung ist der Flächenschlüssel des Dachgeschosses maßgebend, weil die Ausstattung der unterschiedlich genutzten Räume nicht erheblich voneinander abweicht. ⑧ Da U nur 80 qm von 100 qm für seine unternehmerische Tätigkeit zu verwenden beabsichtigt, ist er nur in Höhe von 15 200 € (80% von 19 000 €) zum Vorsteuerabzug berechtigt.

Beispiel 2:

① Wie Beispiel 1. ② U hat das Gebäude in 01 jedoch nur im Umfang der unternehmerischen Nutzung zu 50% seinem Unternehmen zugeordnet.
③ Lösung zu a) bis e) wie Beispiel 1.

(10)[1] Photovoltaikanlagen, Blockheizkraftwerke und Betriebsvorrichtungen gelten unabhängig davon, ob es sich um einen wesentlichen Bestandteil des Gebäudes handelt (§ 94 BGB), als umsatzsteuerrechtlich eigenständige Zuordnungsobjekte, soweit sie nicht gemäß Abschnitt 15.17 Abs. 6 Anschaffungs- oder Herstellungskosten des gesamten Gebäudes darstellen. **97**

(11)[1] ① Das Gebäude und der dazugehörige Grund und Boden sind für Zwecke der Umsatzsteuer nicht getrennt voneinander zu behandeln (EuGH-Urteil vom 8. 6. 2000, C-400/98, Breitsohl, BStBl. 2003 II S. 452). ② Grundsätzlich folgt die Behandlung des Grund und Bodens der Nutzung des Gebäudes. ③ Die Nutzung des Gebäudes prägt in diesen Fällen auch die Nutzung des dazugehörigen Grund und Bodens. ④ Der Umfang des zum Gebäude gehörigen Grund und Bodens muss aber nicht immer identisch sein mit dem Umfang des gesamten Grundstücks, auf dem das Gebäude steht. ⑤ Sofern nach der Verkehrsanschauung Teile des Grundstücks einer eigenständigen wirtschaftlichen Nutzung unterliegen und deswegen nicht mehr von der Nutzung des Gebäudes geprägt werden, können diese Teile des Grund und Bodens ausnahmsweise ein eigenständiges Zuordnungsobjekt darstellen. **98**

[1] A 15.2 c UStAE Abs. 10 und Abs. 11 Beispiel Satz 3 neugefasst durch BMF v. 20. 10. 2022 (BStBl. I S. 1497), anzuwenden in allen offenen Fällen.

UStAE 15.2c

Beispiel:

① Unternehmer U besitzt ein privat genutztes Einfamilienhaus auf einem 10 000 qm großen Grundstück. ② Ein Zimmer in seinem Einfamilienhaus nutzt U als Bürozimmer für seine unternehmerische Tätigkeit als Spediteur. ③ Das Zimmer entspricht 5% der Gesamtfläche des Einfamilienhauses, das nach einem Flächenschlüssel zu beurteilen ist. ④ 8000 qm des Grundstücks werden als Parkplatz für die unternehmerisch genutzten LKW ausgewiesen und entsprechend genutzt.

⑤ Die Nutzung des Gebäudes prägt nicht die Nutzung des gesamten Grundstücks. ⑥ Nach der Verkehrsanschauung stellen die Parkflächen ein eigenes Wirtschaftsgut dar. ⑦ Das Einfamilienhaus mit dazugehörigem Grund und Boden (2000 qm) kann nicht dem Unternehmen zugeordnet werden, da die unternehmerische Nutzung weniger als 10% beträgt (Zuordnungsverbot nach § 15 Abs. 1 Satz 2 UStG). ⑧ Die 8000 qm des Grundstücks, die als Parkplatz genutzt werden, sind dem Unternehmen zuzuordnen, da insoweit eine ausschließliche Verwendung für die unternehmerische Tätigkeit vorliegt (Zuordnungsgebot).

Prognosezeitraum

99 (12) ① Bei der Zuordnung eines einheitlichen Gegenstands handelt es sich um eine Prognoseentscheidung, die sich grundsätzlich nach der im Zeitpunkt des Leistungsbezugs beabsichtigten Verwendung für den Besteuerungszeitraum der erstmaligen Verwendung des bezogenen oder herzustellenden oder hergestellten Gegenstands richtet (vgl. auch Abschnitt 15.2b Abs. 3 Satz 3). ② Dies gilt auch, wenn die erstmalige Verwendung des Gegenstands in einem auf den Besteuerungszeitraum der Anschaffung oder Fertigstellung folgenden Besteuerungszeitraum erfolgt. ③ Für die Zuordnung zum Unternehmen muss die Verwendungsabsicht objektiv belegt und in gutem Glauben erklärt werden (vgl. Absätze 13 bis 20).

Beispiel 1:

① Unternehmer U erwirbt zum 1. 4. 01 ein Gebäude (Jahr 01 nach dem Stichtag 31. 12. 2010 und damit Anwendung des § 15 Abs. 1b UStG). ② U beabsichtigt nachweislich, das Gebäude vom 1. 5. 01 bis 30. 6. 01 zu 70% und ab dem 1. 7. 01 bis 31. 12. 01 sowie in den Folgejahren zu 50% für seine unternehmerische Tätigkeit und ansonsten für private Zwecke zu nutzen.

③ Die beabsichtigte unternehmerische Nutzung für das Jahr der erstmaligen Verwendung beträgt im Jahr 01 als gemittelter Wert 55% (2 Monate zu 70% + 6 Monate zu 50%) und überschreitet damit die unternehmerische Mindestnutzung des § 15 Abs. 1 Satz 2 UStG. ④ U kann das Gebäude somit entweder zu 0%, zu 55% oder zu 100% seinem Unternehmen zuordnen. ⑤ Die beabsichtigte Nutzung im Folgejahr ist für die Zuordnungsentscheidung unerheblich, da nur der Besteuerungszeitraum der ersten Verwendung maßgebend ist. ⑥ Entscheidet sich U für eine vollständige oder teilweise Zuordnung des Gebäudes zum Unternehmen, kann sich in den Folgejahren eine Vorsteuerberichtigung nach § 15a Abs. 1 in Verbindung mit Abs. 6a UStG ergeben.

Beispiel 2:

① Unternehmer U erwirbt zum 1. 4. 01 ein Gebäude (Jahr 01 nach dem Stichtag 31. 12. 2010 und damit Anwendung des § 15 Abs. 1b UStG). ② U beabsichtigt nachweislich, dieses zu 20% für seine unternehmerische Tätigkeit und zu 80% für private Zwecke zu verwenden. ③ Tatsächlich verwendet U das Gebäude bis zum 31. 12. 01 (erstmalige Verwendung 1. 6. 01) nur zu 5% für seine unternehmerische Tätigkeit.

④ U hat im Zeitpunkt des Erwerbs (1. 4. 01) über die Zuordnung des Gebäudes zu entscheiden. ⑤ Da er zu diesem Zeitpunkt das Gebäude zu mindestens 10% unternehmerisch (§ 15 Abs. 1 Satz 2 UStG) und ansonsten für seine unternehmensfremden Tätigkeiten zu nutzen beabsichtigt, hat U ein Zuordnungswahlrecht, d. h. er kann das Gebäude zu 0%, zu 100% oder zu 20% seinem Unternehmen zuordnen. ⑥ Ordnet U das Gebäude zu 100% seinem Unternehmen zu, ist der Vorsteuerabzug nach § 15 Abs. 1b UStG ausgeschlossen, soweit das Gebäude für unternehmensfremde Zwecke verwendet wird. ⑦ Soweit die tatsächliche Verwendung von der vorgesehenen Verwendung abweicht, ist eine Berichtigung des Vorsteuerabzugs nach § 15a Abs. 6a UStG zu prüfen.

100 (13) ① Wird ein einheitlicher Gegenstand von Anfang an ausschließlich nichtunternehmerisch verwendet, kann grundsätzlich davon ausgegangen werden, dass der Gegenstand nicht für das Unternehmen bezogen worden ist. ② Wenn ein Gegenstand, für den von vornherein die Absicht zu einer dauerhaften unternehmerischen Nutzung besteht, zunächst und nur übergangsweise nichtunternehmerisch verwendet wird, kann in Ausnahmefällen jedoch ein Leistungsbezug für das Unternehmen vorliegen. ③ Bei dieser Beurteilung ist u. a. das Verhältnis der vorübergehenden nichtunternehmerischen Nutzungszeit zur Gesamtnutzungsdauer des Gegenstands von Bedeutung (vgl. EuGH-Urteil vom 19. 7. 2012, C-334/10, X). ④ Als Gesamtnutzungsdauer gilt in der Regel die betriebsgewöhnliche Nutzungsdauer, die nach ertragsteuerrechtlichen Grundsätzen für den Gegenstand anzusetzen ist. ⑤ Nur eine im Verhältnis zur Gesamtnutzungsdauer untergeordnete nichtunternehmerische Nutzungszeit ist für einen Bezug für das Unternehmen unschädlich. ⑥ Je länger die anfängliche nichtunternehmerische Nutzung andauert, desto höher sind die Anforderungen an den Nachweis der von vornherein bestehenden unternehmerischen Nutzungsabsicht. ⑦ Dies gilt insbesondere, wenn sich die anfängliche nichtunternehmerische Nutzungszeit über das erste Kalenderjahr der Nutzung hinaus erstreckt.

Beispiel 1:

① Verein V lässt eine Mehrzweckhalle errichten (Fertigstellung 1. 1. 01; Herstellungskosten 300 000 € zzgl. 57 000 € Umsatzsteuer). ② V beabsichtigt nachweislich von Anfang an, die Halle ab dem 1. 12. 01 umsatzsteuerpflichtig zu vermieten, und zwar im Umfang von 50% der Hallennutzung. ③ Bis zum 1. 12. 01 wird die Sporthalle vorübergehend nur für ideelle Vereinszwecke genutzt.

④ Die bestimmungsgemäße unternehmerische Nutzung im Jahr 01 beträgt 50%. ⑤ Die Mehrzweckhalle ist deshalb zu 50% dem Unternehmen zuzuordnen. ⑥ Dabei ist die anfängliche ausschließliche nichtwirtschaftliche Verwendung i. e. S. unbeachtlich (vgl. BFH-Urteil vom 20. 7. 1988, X R 8/80, BStBl. II S. 1012). ⑦ Die vorübergehende nichtwirtschaftliche Verwendung i. e. S. des dem Unternehmen zugeordneten Gebäudeanteils im Jahr 01 unterliegt der Wertabgabenbesteuerung nach § 3 Abs. 9a Nr. 1 UStG (Abschnitt 3.4 Abs. 5a Satz 4).

Zeitpunkt und Dokumentation der Zuordnungsentscheidung – Auswirkungen der Zuordnungsentscheidung auf den Vorsteuerabzug und dessen Berichtigung nach § 15 a UStG UStAE 15.2c

(14) ① Beabsichtigt der Unternehmer einen einheitlichen Gegenstand teilunternehmerisch sowohl für unternehmerische als auch für unternehmensfremde Tätigkeiten zu verwenden, hat der Unternehmer ein Zuordnungswahlrecht (vgl. Absatz 2 Satz 1 Nr. 2 Buchstabe b). ② Die (vollständige oder teilweise) Zuordnung des Gegenstands zum Unternehmen erfordert aus diesem Grund eine durch Beweisanzeichen gestützte Zuordnungsentscheidung des Unternehmers. ③ In den Fällen, in denen ein einheitlicher Gegenstand für unternehmerische und nichtwirtschaftliche Tätigkeiten i. e. S. verwendet wird, bedarf es dagegen keiner Zuordnungsentscheidung, da ein grundsätzliches Aufteilungsgebot gilt. ④ Eine solche ist nur erforderlich, wenn der Unternehmer von der Billigkeitsregelung nach Absatz 2 Satz 1 Nr. 2 Buchstabe a Gebrauch macht. 101

(15) ① Für die zur Herstellung des Gegenstands verwendeten Leistungen erfolgt die Zuordnung zum Unternehmen bereits beim ersten Leistungsbezug oder bzw. bei der ersten Anzahlung, unabhängig vom Vorliegen der Rechnung (vgl. Abschnitte 15.12 Abs. 1 Satz 15 und 15 a.4 Abs. 2 Sätze 1 und 2). ② Die Zuordnungsentscheidung ist im Hinblick auf die Zulässigkeit der Zuordnung nach § 15 Abs. 1 Satz 2 UStG stets mit Blick auf die beabsichtigte Nutzung des gesamten herzustellenden Gegenstands zu treffen. 102

(16) ① Aus dem Grundsatz des Sofortabzugs der Vorsteuer folgt, dass die Zuordnungsentscheidung bereits bei Leistungsbezug für einen einheitlichen Gegenstand zu treffen ist (vgl. BFH-Beschluss vom 28. 10. 2020, XI B 26/20, n. v.). ② Die Zuordnungsentscheidung ist jedoch eine innere Tatsache, die erst durch äußere Beweisanzeichen erkennbar wird. ③ Es bedarf daher einer Dokumentation der Zuordnungsentscheidung, die grundsätzlich in der erstmöglichen Voranmeldung vorzunehmen ist. ④ Gleichwohl kann die Zuordnungsentscheidung spätestens und mit endgültiger Wirkung noch in einer „zeitnah" erstellten Umsatzsteuererklärung für das Jahr, in das der Leistungsbezug fällt, nach außen dokumentiert werden, wenn frühere Anhaltspunkte für eine vollständige oder teilweise Zuordnung der bezogenen Leistung zum Unternehmen fehlen (vgl. BFH-Urteil vom 7. 7. 2011, V R 42/09, BStBl. 2014 II S. 76). ⑤ Eine zeitnahe gesonderte Dokumentation der Zuordnungsentscheidung liegt vor, wenn sie bis zur gesetzlichen Regelabgabefrist für Steuererklärungen (31. 7. des Folgejahres, § 149 Abs. 2 Satz 1 AO) vorliegt; Fristverlängerungen für die Abgabe der Steuererklärungen haben darauf keinen Einfluss (vgl. BFH-Urteile vom 7. 7. 2011, V R 42/09, a. a. O., und V R 21/10, BStBl. 2014 II S. 81). ⑥ Bis zu diesem Zeitpunkt kann auch eine im Voranmeldungsverfahren getroffene Zuordnungsentscheidung korrigiert werden (vgl. BFH-Urteil vom 7. 7. 2011, V R 21/10, a. a. O.). 103

(17) ① Die Geltendmachung des Vorsteuerabzugs ist regelmäßig ein gewichtiges Indiz für, die Unterlassung des Vorsteuerabzugs ein ebenso gewichtiges Indiz gegen die Zuordnung eines Gegenstands zum Unternehmen. ② Ist ein Vorsteuerabzug nicht möglich, müssen andere Beweisanzeichen herangezogen werden (BFH-Urteil vom 31. 1. 2002, V R 61/96, BStBl. 2003 II S. 813). ③ Gibt es keine Beweisanzeichen für eine Zuordnung zum Unternehmen, kann diese nicht unterstellt werden (BFH-Urteile vom 28. 2. 2002, V R 25/96, BStBl. 2003 II S. 815; und vom 7. 7. 2011, V R 42/09, BStBl. 2014 II S. 76). ④ Ob andere Beweisanzeichen für die Zuordnung vorliegen, ist unter Berücksichtigung aller Gegebenheiten des Sachverhalts, zu denen die Art der betreffenden Gegenstände und der zwischen dem Erwerb der Gegenstände und ihrer Verwendung für Zwecke der wirtschaftlichen Tätigkeiten des Unternehmers liegende Zeitraum gehören, zu prüfen. ⑤ Hierbei kann zu berücksichtigen sein, ob der Unternehmer bei An- und Verkauf des teilunternehmerisch genutzten Gegenstands unter seinem Firmennamen auftritt oder ob er den Gegenstand betrieblich oder privat versichert hat. ⑥ Unter Umständen kann auch die bilanzielle und ertragsteuerrechtliche Behandlung ein Indiz für die umsatzsteuerrechtliche Behandlung sein (vgl. BFH-Urteil vom 7. 7. 2011, V R 42/09, a. a. O.). ⑦ Zwar ist die Wahrnehmung von Bilanzierungspflichten für die umsatzsteuerrechtliche Zuordnung nicht maßgeblich, jedoch kann z. B. der Umstand, dass der Unternehmer einen Gegenstand nicht als gewillkürtes Betriebsvermögen behandelt, obwohl die Voraussetzungen dafür gegeben sind, Indiz dafür sein, dass er ihn auch umsatzsteuerrechtlich nicht seinem Unternehmen zuordnen wollte (vgl. BFH-Urteil vom 31. 1. 2002, V R 61/96, a. a. O.). ⑧ Umgekehrt spricht insoweit für eine Zuordnung zum Unternehmen, als der Unternehmer einen aktivierungspflichtigen Gegenstand nur mit den Netto-Anschaffungs- oder Herstellungskosten aktiviert, weil nach § 9 b Abs. 1 Satz 1 EStG der Vorsteuerbetrag nach § 15 UStG, soweit er umsatzsteuerrechtlich abgezogen werden kann, nicht zu den Anschaffungs- oder Herstellungskosten des Wirtschaftsgutes gehört (vgl. BFH-Urteil vom 7. 7. 2011, V R 42/09, a. a. O.). 104

(18) ① Bei der Anschaffung oder Herstellung von teilunternehmerisch genutzten Grundstücken und Gebäuden ist die Zuordnung bei Leistungsbezug ebenfalls grundsätzlich in der erstmöglichen Voranmeldung zu dokumentieren. ② Im Hinblick auf die steuerliche Bedeutung dieser Gegenstände sind an die Eindeutigkeit dieser Dokumentation erhöhte Anforderungen zu stellen. ③ Ist bei der Anschaffung oder Herstellung eines Gebäudes ein Vorsteuerabzug nach § 15 Abs. 1, 1 b oder 2 UStG (teilweise) nicht möglich, kann der Unternehmer durch eine gegenüber dem Finanzamt abgegebene schriftliche Erklärung dokumentieren, in welchem Umfang er das Gebäude dem Unternehmen zugeordnet hat, wenn sich aus dem Umfang des geltend gemachten Vorsteuerabzugs 105

UStAE 15.2c

nicht ergibt, mit welchem Anteil das Gebäude dem Unternehmen zugeordnet wurde. ④ Gibt es in diesem Fall keine anderen Beweisanzeichen für eine Zuordnung zum Unternehmen, kann diese nicht unterstellt werden. ⑤ Eine zeitnahe eindeutige Dokumentation der Zuordnungsentscheidung kann ebenfalls noch bis zur gesetzlichen Regelabgabefrist für Steuererklärungen (31. 7. des Folgejahres, § 149 Abs. 2 Satz 1 AO) dem zuständigen Finanzamt gegenüber erfolgen; Fristverlängerungen für die Abgabe der Steuererklärung haben darauf keinen Einfluss.

106 (19) ① Auch bei Herstellungsvorgängen, die sich über mehr als ein Kalenderjahr erstrecken, hat der Unternehmer sein Zuordnungswahlrecht für das Gebäude ab Beginn des Herstellungsprozesses (vgl. § 27 Abs. 16 Satz 2 UStG) jeweils spätestens zum 31. 7. des Folgejahres zu dokumentieren. ② Macht der Unternehmer bis zu diesem Zeitpunkt jeweils keinen Vorsteuerabzug geltend und liegen keine anderen Beweisanzeichen für eine Zuordnung zum Unternehmen vor, kann diese nicht unterstellt werden. ③ Das Gebäude gilt dann – ggf. bis zu einer späteren Änderung der Zuordnung – insgesamt als nicht zugeordnet, so dass alle Leistungsbezüge bis zur Änderung der Zuordnung für den nichtunternehmerischen Bereich bezogen gelten und den Vorsteueranspruch ausschließen. ④ Eine Berichtigung des Vorsteuerabzuges aus den Herstellungskosten des Gebäudes nach § 15 a UStG ist insoweit ausgeschlossen. ⑤ Die dargestellten Grundsätze gelten auch für nachträgliche Herstellungskosten, die eigenständige Zuordnungsobjekte darstellen (vgl. Absatz 9 Nr. 2). ⑥ Wenn sich die beabsichtigte Verwendung des Gebäudes während des Herstellungsvorgangs ändert, der Unternehmer jedoch nicht erklärt, in welchem Umfang er das Gebäude seinem Unternehmen zuordnet, sondern nur entsprechend angepasste Vorsteuerbeträge geltend macht, gilt das Gebäude aus Vereinfachungsgründen in Höhe des durchschnittlich geltend gemachten Vorsteuerabzugs als dem Unternehmen zugeordnet. ⑦ Beispiele zur Darstellung der Auswirkung der Zuordnungsentscheidung auf den Vorsteuerabzug und dessen Berichtigung nach § 15 a UStG:

Beispiel 1:

① Unternehmer U beginnt im Jahr 01 mit der Errichtung eines Gebäudes, das er zu 50% für private Zwecke und zu 50% für seine vorsteuerunschädliche unternehmerische Tätigkeit zu nutzen beabsichtigt (Herstellungsjahr 01 nach dem Stichtag 31. 12. 2010 und damit Anwendung des § 15 Abs. 1 b UStG). ② Die Fertigstellung erfolgt im Jahr 03. ③ U verwendet das Gebäude ab dem 1. 1. 04 erstmalig wie beabsichtigt zu 50% privat und zu 50% vorsteuerunschädlich für unternehmerische Zwecke. ④ U erklärt vor dem 31. 7. 02 die vollständige Zuordnung des Gebäudes schriftlich gegenüber dem Finanzamt. ⑤ Während der Herstellungsphase macht U keinen Vorsteuerabzug geltend, sondern reicht zum 31. 7. 04 berichtigte Erklärungen für die Jahre 01 und 02 sowie eine Erklärung für das Jahr 03 ein, in denen er 50% der Vorsteuerbeträge geltend macht.

	ausgewiesene Umsatzsteuer	bis zum 31. 5. des Folgejahres geltend gemachte Vorsteuer
01	40 000 €	0 €
02	20 000 €	0 €
03	30 000 €	15 000 €
Σ	90 000 €	15 000 €

⑥ Das Gebäude des U soll für unternehmerische und unternehmensfremde (private) Zwecke verwendet werden. ⑦ U hat deshalb grundsätzlich das Wahlrecht, das Gebäude vollständig, gar nicht oder im Umfang der unternehmerischen Nutzung dem Unternehmen zuzuordnen. ⑧ Eine zeitnahe Dokumentation der Zuordnungsentscheidung ist bis zum 31. 7. des Folgejahres möglich. ⑨ U hat das sich im Herstellungsprozess befindende Gebäude seinem Unternehmen zugeordnet und die Zuordnung gegenüber dem Finanzamt rechtzeitig dokumentiert. ⑩ U kann im Rahmen der berichtigten Jahreserklärungen für 01 und 02 und der Jahreserklärung 03 Vorsteuerbeträge geltend machen, soweit diese auf die beabsichtigte unternehmerische Nutzung entfallen (01 = 20 000 €, 02 = 10 000 €, 03 = 15 000 €). ⑪ Soweit eine private Verwendung des Gebäudes beabsichtigt ist, greift der Vorsteuerausschluss nach § 15 Abs. 1 b UStG. ⑫ Spätere Änderungen der Verwendung des Gebäudes können nach § 15 a Abs. 6 a in Verbindung mit Abs. 1 UStG berichtigt werden.

Beispiel 2:

① Sachverhalt wie Beispiel 1. ② U hat aber keine schriftliche Erklärung gegenüber dem Finanzamt abgegeben, dass er das Gebäude seinem Unternehmen vollständig zuordnen möchte. ③ Die erstmaligen Jahreserklärungen für die Jahre 01, 02 und 03 reicht U erst zum 31. 7. 04 ein.

④ Das Gebäude des U soll für unternehmerische und unternehmensfremde (private) Zwecke verwendet werden. ⑤ U hat deshalb grundsätzlich das Wahlrecht, das Gebäude vollständig, gar nicht oder im Umfang der unternehmerischen Nutzung dem Unternehmen zuzuordnen. ⑥ Eine zeitnahe Dokumentation der Zuordnungsentscheidung ist bis zum 31. 7. des Folgejahres möglich. ⑦ Mit der Übermittlung der Jahreserklärungen 01 bis 03, in denen U 50% der Vorsteuerbeträge geltend macht, will U dokumentieren, dass er den unternehmerisch genutzten Gebäudeteil seinem Unternehmen zuordnet. ⑧ In Bezug auf den unternehmensfremd (privat) verwendeten Anteil hat U bis zum 31. 7. 02 bzw. bis zum 31. 7. 03 keine Zuordnung dokumentiert (weder Erklärung noch Vorsteuerabzug), so dass diese nicht unterstellt werden kann.

⑨ Da U für die Jahre 01 und 02 bis zum 31. 7. des jeweiligen Folgejahres keine Zuordnung zum Unternehmen dokumentiert hat, ist für diese Jahre ein Vorsteuerabzug nicht möglich. ⑩ Das unfertige Gebäude (Herstellungsvolumen aus den Jahren 01 und 02) gilt zum 1. 1. 03 zu 50% als in sein Unternehmen eingelegt, weil die ggf. zuvor erfolgte Zuordnung zum Unternehmen in Folge der verspäteten Dokumentation für die Jahre 01 und 02 nicht berücksichtigt werden kann. ⑪ Das Vorsteuervolumen für eine Berichtigung nach § 15 a UStG reduziert sich deshalb auf die Vorsteuerbeträge aus dem Jahr 03 in Höhe von 15 000 €, für die die Zuordnung zum Unternehmen rechtzeitig dokumentiert worden ist.

Beispiel 3:

① Sachverhalt wie Beispiel 1. ② U erklärt aber erst zum 31. 7. 04 die vollständige Zuordnung des Gebäudes zu seinem Unternehmen schriftlich gegenüber dem Finanzamt.

③ U hat bis zum 31. 7. 02 bzw. bis zum 31. 7. 03 keine Zuordnung des herzustellenden Gebäudes dokumentiert. ④ Die berichtigten Erklärungen für die Jahre 01 und 02 und die schriftliche Erklärung der vollständigen Zuordnung sind erst nach dem 31. 7. des jeweiligen Folgejahres beim Finanzamt eingegangen. ⑤ U ist deshalb nicht zum Vorsteuerabzug aus den Herstellungskosten aus den Jahren 01 und 02 berechtigt (§ 15 Abs. 1 UStG). ⑥ Eine Berichtigung nach § 15 a UStG ist ebenfalls ausgeschlossen.

⑦ Die Zuordnung der im Jahr 03 bezogenen Leistungen ist hingegen rechtzeitig bis zum 31. 7. des Folgejahres dokumentiert worden. ⑧ U ist in Höhe des beabsichtigten unternehmerischen Nutzungsanteils von 50% zum Vorsteuerabzug aus diesen Leistungen berechtigt (15 000 €). ⑨ Soweit eine private Verwendung des Gebäudes beabsichtigt ist, greift der Vorsteuerausschluss nach § 15 Abs. 1 b UStG.

⑩ Mit seiner schriftlichen Erklärung gegenüber dem Finanzamt, das Gebäude dem Unternehmen vollständig zuzuordnen, hat U das unfertige Gebäude (Herstellungsvolumen aus den Jahren 01 und 02) zum 1. 1. 03 in sein Unternehmen eingelegt, weil die ggf. zuvor erfolgte Zuordnung in Folge der verspäteten Dokumentation für die Jahre 01 und 02 nicht berücksichtigt werden kann. ⑪ Die Vorsteuerbeträge aus den Jahren 01 und 02 sind für Zwecke der Vorsteuerberichtigung nach § 15 a UStG verloren. ⑫ Für das Berichtigungsobjekt im Sinne des § 15 a UStG sind nur die rechtzeitig zugeordneten Vorsteuerbeträge aus dem Jahr 03 in Höhe von 30 000 € maßgebend. ⑬ Für diese Vorsteuerbeträge ist eine unternehmerische und unternehmensfremde Nutzung von jeweils 50% berücksichtigt worden. ⑭ Da U in Jahr 04 das Berichtigungsobjekt im gleichen Verhältnis verwendet, liegt keine Änderung der Verhältnisse im Sinne des § 15 a UStG vor.

Beispiel 4:

① Sachverhalt wie Beispiel 2. ② U führt ab dem 1. 1. 05 zu 50% steuerfreie Umsätze aus, die nicht zum Vorsteuerabzug berechtigen.

③ Wirtschaftsgut im Sinne des § 15 a UStG ist nur der dem Unternehmen zugeordnete Gebäudeteil. ④ Es liegt eine Änderung der Verhältnisse im Sinne des § 15 a Abs. 1 UStG vor, da U das Berichtigungsobjekt im Sinne des § 15 a UStG bisher für zu 100% steuerpflichtige Ausgangsumsätze verwendet hat.
§ 15 a-UStG-fähige Vorsteuerbeträge (allein aus dem Jahr 03): 15 000 €
Ursprünglicher Vorsteuerabzug: 15 000 € (100% von 15 000 €)
Zeitpunkt der erstmaligen Verwendung: 1. 1. 04
Dauer des Berichtigungszeitraums: 1. 1. 04 bis 31. 12. 13
Zum Vorsteuerabzug berechtigende Verwendung: 50% (neue Nutzung: 50% steuerpflichtig und 50% steuerfrei)
Änderung der Verhältnisse: 50 Prozentpunkte (50% statt bisher 100%)
Vorsteuerberichtigung ab Jahr 05: 50 Prozentpunkte von $^{1}/_{10}$ von 15 000 € = 750 € sind zuungunsten des U zu korrigieren.

Beispiel 5:

① Sachverhalt wie Beispiel 2. ② U nutzt das Gesamtgebäude ab dem 1. 1. 06 zu 70% für unternehmensfremde (private) Zwecke und führt zu 50% steuerfreie Umsätze aus, die nicht zum Vorsteuerabzug berechtigen.
③ Es liegen ab dem Jahr 06 zwei Änderungen der Verhältnisse nach § 15 a Abs. 1 in Verbindung mit Abs. 6 a UStG vor, da U das Berichtigungsobjekt (den zugeordneten hälftigen Gebäudeteil) bisher zu 100% für steuerpflichtige Tätigkeiten verwendet hat. ④ Die unternehmerische Nutzung dieses ursprünglich zugeordneten Gebäudeteils beträgt nur noch 60%, da der Umfang der unternehmerischen Nutzung des gesamten Gebäudes auf nunmehr 30% gesunken ist, was 60% des zugeordneten hälftigen Teils entspricht. ⑤ Außerdem ist U auf Grund der steuerfreien Umsätze in Bezug auf den unternehmerisch verwendeten Gebäudeteil nur noch zu 50% zum Vorsteuerabzug berechtigt, was 30% des zugeordneten hälftigen Teils entspricht.

§ 15 a-UStG-fähige Vorsteuerbeträge (allein aus Jahr 03): 15 000 €
Ursprünglicher Vorsteuerabzug: 15 000 € (100% von 15 000 €) Zeitpunkt der erstmaligen Verwendung: 1. 1. 04
Dauer des Berichtigungszeitraums: 1. 1. 04 bis 31. 12. 13
Zum Vorsteuerabzug berechtigende Verwendung: 30% (neue Nutzung: 60% × 50% = 30% steuerpflichtig, 30% steuerfrei, 40% unternehmensfremd)
Änderung der Verhältnisse: 70 Prozentpunkte (30% statt bisher 100%)
Vorsteuerberichtigung ab Jahr 06: 70 Prozentpunkte von $^{1}/_{10}$ von 15 000 € = 1 050 € sind zuungunsten des U zu korrigieren.

Beispiel 6:

① Unternehmer U beginnt im Jahr 01 mit der Errichtung eines Gebäudes, das er zu 60% für private Zwecke und zu 40% für seine vorsteuerunschädliche unternehmerische Tätigkeit zu nutzen beabsichtigt (Herstellungsjahr 01 nach dem Stichtag 31. 12. 2010 und damit Anwendung des § 15 Abs. 1 b UStG). ② Die Fertigstellung erfolgt im Jahr 03. ③ U verwendet das Gebäude ab dem 1. 1. 04 erstmalig wie von Anfang an beabsichtigt zu 60% privat und zu 40% vorsteuerunschädlich für unternehmerische Zwecke. ④ U macht während der Herstellungsphase aus den Aufwendungen 40% Vorsteuerabzug geltend. ⑤ Außer der Geltendmachung des Vorsteuerabzugs liegen keine Beweisanzeichen für eine Zuordnung zum Unternehmen vor.

	ausgewiesene Umsatzsteuer	bis zum 31. 7. des Folgejahres geltend gemachte Vorsteuer
01	40 000 €	16 000 € (40%)
02	20 000 €	8 000 € (40%)
03	30 000 €	12 000 € (40%)
Σ	90 000 €	36 000 € (40%)

⑥ U hat das Gebäude im Umfang seiner unternehmerischen Nutzung von 40% seinem Unternehmen zugeordnet. ⑦ Durch die Geltendmachung des Vorsteuerabzugs in Höhe von insgesamt 36 000 € hat U seine Zuordnungsentscheidung dokumentiert. ⑧ In Bezug auf den wie beabsichtigt unternehmensfremd verwendeten Gebäudeanteil hat U keine Zuordnung zum Unternehmen dokumentiert. ⑨ Ohne Beweisanzeichen kann diese nicht unterstellt werden. ⑩ Die Vorsteuerbeträge in Höhe von 54 000 € können deshalb weder nach § 15 Abs. 1 UStG noch nachträglich nach § 15 a UStG geltend gemacht werden. ⑪ Wirtschaftsgut im Sinne des § 15 a UStG ist nur der dem Unternehmen zugeordnete Gebäudeteil. ⑫ Auf das Berichtigungsobjekt entfallen somit nur die Vorsteuerbeträge in Höhe von 36 000 € bei einer 100% unternehmerischen vorsteuerunschädlichen Nutzung. ⑬ Da U in Jahr 04 das Berichtigungsobjekt ebenfalls nur unternehmerisch verwendet, liegt keine Änderung der Verhältnisse im Sinne des § 15 a UStG vor.

Beispiel 7:

① Sachverhalt wie Beispiel 6. ② U verwendet den unternehmerisch genutzten Gebäudeteil ab dem 1. 1. 05 zu 50% für steuerfreie Umsätze, die nicht zum Vorsteuerabzug berechtigen.

③ Es liegt im Jahr 05 eine Änderung der Verhältnisse im Sinne des § 15 a Abs. 1 UStG vor, da U den dem Unternehmen zugeordneten Gebäudeteil bisher zu 100% für steuerpflichtige Umsätze genutzt hat.

§ 15 a-UStG-fähige Vorsteuerbeträge: 36 000 €
Ursprünglicher Vorsteuerabzug: 36 000 € (100% von 36 000 €)
Zeitpunkt der erstmaligen Verwendung: 1. 1. 04
Dauer des Berichtigungszeitraums: 1. 1. 04 bis 31. 12. 13

USt AE 15.2c

noch 106

Zum Vorsteuerabzug berechtigende Verwendung: 50% (neue Nutzung: 50% steuerpflichtig und 50% steuerfrei)
Änderung der Verhältnisse: 50 Prozentpunkte (50% statt bisher 100%)
Vorsteuerberichtigung ab Jahr 05: 50 Prozentpunkte von $^1/_{10}$ von 36 000 € = 1 800 € sind zuungunsten des U zu korrigieren.

Beispiel 8:

① Sachverhalt wie Beispiel 6. ② U nutzt das Gesamtgebäude ab dem 1. 1. 06 nur noch zu 30% für unternehmerische Zwecke und führt zu 50% steuerfreie Umsätze aus, die nicht zum Vorsteuerabzug berechtigen.

③ Es liegen zwei Änderungen der Verhältnisse im Sinne des § 15 a Abs. 1 in Verbindung mit Abs. 6 a UStG vor, da U das Berichtigungsobjekt im Sinne des § 15 a UStG bisher zu 100% für steuerpflichtige Tätigkeiten verwendet hat. ④ Die unternehmerische Nutzung des ursprünglich zugeordneten Gebäudeteils beträgt nur noch $^3/_4$ = 75%, da 10% bezogen auf die bisherige unternehmerische Nutzung von 40% nunmehr unternehmensfremd genutzt werden. ⑤ Außerdem ist U auf Grund der steuerfreien Umsätze in Bezug auf den unternehmerisch verwendeten Gebäudeteil nur noch zu 50% zum Vorsteuerabzug berechtigt.

§ 15 a-UStG-fähige Vorsteuerbeträge: 36 000 €
Ursprünglicher Vorsteuerabzug: 36 000 € (100% von 36 000 €)
Zeitpunkt der erstmaligen Verwendung: 1. 1. 04
Dauer des Berichtigungszeitraums: 1. 1. 04 bis 31. 12. 13
Zum Vorsteuerabzug berechtigende Verwendung: 37,5% (neue Nutzung: 75% × $^1/_2$ = 37,5% steuerpflichtig, 37,5% steuerfrei, 25% unternehmensfremd)
Änderung der Verhältnisse: 62,5 Prozentpunkte (37,5% statt bisher 100%)
Vorsteuerberichtigung ab Jahr 06: 62,5 Prozentpunkte von $^1/_{10}$ von 36 000 € = 2 250 € sind zuungunsten des U zu korrigieren.

Beispiel 9:

① Unternehmer U beginnt im Jahr 01 mit der Errichtung eines Gebäudes, das er teilunternehmerisch für unternehmerische und private Zwecke zu nutzen beabsichtigt (Herstellungsjahr 01 nach dem Stichtag 31. 12. 2010 und damit Anwendung des § 15 Abs. 1 b UStG). ② Die Fertigstellung erfolgt im Jahr 03. ③ Während des Herstellungsvorgangs ändert sich die Verwendungsabsicht von U nachweisbar wie folgt: Im Jahr 01 beabsichtigt U das Gebäude zu 80%, im Jahr 02 zu 60% und im Jahr 03 zu 70% für seine unternehmerische vorsteuerunschädliche Tätigkeit zu verwenden. ④ Es liegen keine Beweisanzeichen einer Zuordnung über die Geltendmachung des Vorsteuerabzugs hinaus vor. ⑤ Die erstmalige Verwendung des Gebäudes erfolgt am 1. 1. 04. ⑥ U nutzt das Gebäude, wie im Jahr 03 beabsichtigt, zu 70% für seine unternehmerische vorsteuerunschädliche Tätigkeit und zu 30% privat.

	ausgewiesene Umsatzsteuer	bis zum 31. 7. des Folgejahres geltend gemachte Vorsteuer
01	40 000 €	32 000 € (80%)
02	20 000 €	12 000 € (60%)
03	30 000 €	21 000 € (70%)
Σ	90 000 €	65 000 € (72,22% von 90 000 €)

⑦ Das Gebäude des U soll für unternehmerische und unternehmensfremde Zwecke verwendet werden. ⑧ U hat deshalb grundsätzlich das Wahlrecht, das Gebäude vollständig, gar nicht oder im Umfang der unternehmerischen Nutzung dem Unternehmen zuzuordnen. ⑨ Da sich die beabsichtigte Verwendung des Gebäudes im Herstellungsvorgang ändert und U nicht erklärt, in welchem Umfang er das Gebäude seinem Unternehmen zuordnet, gilt das Gebäude aus Vereinfachungsgründen zu 72,22% dem Unternehmen des U als zugeordnet.

⑩ In Bezug auf den unternehmensfremd verwendeten Gebäudeanteil hat U keine Zuordnung zum Unternehmen dokumentiert. ⑪ Ohne Beweisanzeichen kann diese nicht unterstellt werden. ⑫ Die Vorsteuerbeträge in Höhe von (90 000 € abzgl. 65 000 € =) 25 000 € können deshalb weder nach § 15 Abs. 1 UStG noch nachträglich nach § 15 a UStG geltend gemacht werden. ⑬ Wirtschaftsgut im Sinne des § 15 a UStG ist nur der dem Unternehmen zugeordnete Gebäudeteil.

⑭ Da die tatsächliche Verwendung von der beabsichtigten Verwendung während des Herstellungsprozesses abweicht, liegt im Zeitpunkt der erstmaligen Verwendung (70% unternehmerisch) eine Änderung der Verhältnisse im Sinne des § 15 a Abs. 1 in Verbindung mit Abs. 6 a UStG vor. ⑮ Die geltend gemachten Vorsteuerbeträge in Höhe von 65 000 € entsprechen 100% des zugeordneten Gebäudeteils. ⑯ Die unternehmerische Verwendung in Höhe von 70% hätte U nur zu einem Vorsteuerabzug in Höhe von 63 000 € berechtigt (70% von 90 000 €). ⑰ Die Verhältnisse ändern sich somit um 3,08 Prozentpunkte (63 000 € von 65 000 € = 96,92%). ⑱ Da sich die Verhältnisse um weniger als 10 Prozentpunkte ändern und der Änderungsbetrag nicht 1 000 € übersteigt, entfällt eine Vorsteuerberichtigung (§ 44 Abs. 2 UStDV).

Beispiel 10:

① Sachverhalt wie Beispiel 9. ② U beabsichtigt in den Jahren 01 bis 03 jedoch folgende unternehmerische Verwendung des Gebäudes und macht entsprechende Vorsteuerbeträge geltend:

	ausgewiesene Umsatzsteuer	bis zum 31. 7. des Folgejahres geltend gemachte Vorsteuer
01	30 000 €	21 000 € (70%)
02	20 000 €	12 000 € (60%)
03	40 000 €	32 000 € (80%)
Σ	90 000 €	65 000 € (72,22% von 90 000 €)

③ U nutzt das gesamte Gebäude ab dem 1. 1. 04 zu 80% für unternehmerische vorsteuerunschädliche Zwecke.
④ Eine Berichtigung nach § 15 a UStG ist nicht möglich, da das Gebäude nur zu 72,22% als dem Unternehmen zugeordnet gilt und er damit bereits 100% des berichtigungsfähigen Vorsteuervolumens ausgeschöpft hat.

Beispiel 11:

① Sachverhalt wie Beispiel 9. ② U führt ab dem 1. 1. 05 zu 50% steuerfreie Umsätze aus, die nicht zum Vorsteuerabzug berechtigen.

③ Es liegt eine Änderung der Verhältnisse im Sinne des § 15 a Abs. 1 UStG vor, da U bisher zu 100% steuerpflichtige Ausgangsumsätze ausgeführt hat. ④ Der dem Unternehmen zugeordnete Gebäudeteil wurde bisher zu 96,92% für steuerpflichtige Tätigkeiten und zu 3,08% unternehmensfremd genutzt.

§ 15 a-UStG-fähige Vorsteuerbeträge: 65 000 €
Ursprünglicher Vorsteuerabzug: 65 000 € (100% von 65 000 €)
Zeitpunkt der erstmaligen Verwendung: 1. 1. 04
Dauer des Berichtigungszeitraums: 1. 1. 04 bis 31. 12. 13

Zum Vorsteuerabzug berechtigende Verwendung: 48,46% (neue Nutzung: 48,46% steuerpflichtig, 48,46% steuerfrei, 3,08% unternehmensfremd)
Änderung der Verhältnisse: 51,54 Prozentpunkte (48,46% statt bisher 100%)
Vorsteuerberichtigung ab Jahr 05: 51,54 Prozentpunkte von $^1/_{10}$ von 65 000 € = 3 350,10 € sind zuungunsten des U zu korrigieren.

Beispiel 12:

① Sachverhalt wie Beispiel 9. ② U nutzt das Gesamtgebäude ab dem 1. 1. 06 zu 50% für unternehmensfremde (private) Zwecke und führt zu 50% steuerfreie Umsätze aus, die nicht zum Vorsteuerabzug berechtigen.

③ Es liegen zwei Änderungen der Verhältnisse im Sinne des § 15 a Abs. 1 in Verbindung mit Abs. 6 a UStG vor, da U das Berichtigungsobjekt im Sinne des § 15 a UStG bisher nur zu 3,08% unternehmensfremd genutzt hat. ④ Die unternehmerische Nutzung des ursprünglich zugeordneten Gebäudeteils beträgt nur 69,24%, da 22,22% bezogen auf den zugeordneten Gebäudeteil von 72,22% (= 30,76%) nunmehr unternehmensfremd genutzt werden. ⑤ Außerdem ist U auf Grund der steuerfreien Umsätze in Bezug auf den unternehmerisch verwendeten Gebäudeteil nur noch zu 50% zum Vorsteuerabzug berechtigt.

§ 15 a-UStG-fähige Vorsteuerbeträge: 65 000 €
Ursprünglicher Vorsteuerabzug: 65 000 € (100% von 65 000 €)
Zeitpunkt der erstmaligen Verwendung: 1. 1. 04
Dauer des Berichtigungszeitraums: 1. 1. 04 bis 31. 12. 13
Zum Vorsteuerabzug berechtigende Verwendung: 34,62% (neue Nutzung: 34,62% steuerpflichtig, 34,62% steuerfrei, 30,76% unternehmensfremd – 27,78% des zu 50% unternehmensfremd verwendeten Gebäudes sind nicht dem Unternehmen zugeordnet worden –)
Änderung der Verhältnisse: 65,38 Prozentpunkte (34,62% statt bisher 100%)
Vorsteuerberichtigung ab Jahr 06: 65,38 Prozentpunkte von $^1/_{10}$ von 65 000 € = 4 249,70 € sind zuungunsten des U zu korrigieren.

Beispiel 13:

① Die Gemeinde G beginnt im Jahr 01 mit der Errichtung eines Gebäudes, das sie im Jahr 01 zu 100% für hoheitliche Zwecke zu nutzen beabsichtigt. ② Im Jahr 02 beschließt der Gemeinderat jedoch, das Gebäude zu 50% für vorsteuerunschädliche unternehmerische Zwecke zu nutzen. ③ Die Fertigstellung des Gebäudes erfolgt im Jahr 03. ④ Die erstmalige Verwendung erfolgt am 1. 1. 04 wie im Jahr 02 beschlossen zu 50% hoheitlich und zu 50% unternehmerisch. ⑤ Vorsteuerbeträge wurden entsprechend der zum jeweiligen Leistungsbezug bestehenden Verwendungsabsicht wie folgt erklärt:

	ausgewiesene Umsatzsteuer	geltend gemachte Vorsteuer
01	40 000 €	0 €
02	20 000 €	10 000 €
03	30 000 €	15 000 €
Σ	90 000 €	25 000 €

⑥ Soweit G beabsichtigt, das Gebäude für nichtwirtschaftliche Tätigkeiten i. e. S. zu verwenden, ist der Vorsteuerabzug nach § 15 Abs. 1 UStG ausgeschlossen. ⑦ G hat deshalb kein Zuordnungswahlrecht und muss zum 31. 7. des Folgejahres keine Zuordnung dokumentieren. ⑧ Da G im Jahr 01 beabsichtigt hat, das Gebäude zu 100% für nichtwirtschaftliche Tätigkeiten i. e. S. zu verwenden, können die Vorsteuerbeträge aus dem Jahr 01 nachträglich nicht geltend gemacht werden. ⑨ Eine Berichtigung nach § 15 a UStG aus Billigkeitsgründen (vgl. Abschnitt 15 a.1 Abs. 7) ist insoweit ebenfalls ausgeschlossen, weil es sich vorliegend nicht um eine Erhöhung des wirtschaftlich verwendeten Teils eines bereits zugeordneten Gebäudes handelt, sondern um die erstmalige unternehmerische Zuordnung. ⑩ Das Gebäude wird für Zwecke des § 15 a UStG wie zu 50% (25 000 € von 50 000 €) dem Unternehmen zugeordnet behandelt, weil für die Jahre 02 und 03 ein Aufteilungsgebot gilt (vgl. Absatz 2 Satz 1 Nr. 2 Buchstabe a). ⑪ Das Volumen für eine Berichtigung nach den Grundsätzen des § 15 a UStG beträgt 50 000 € (25 000 € auf Basis der Zuordnung und 25 000 € aus Billigkeitsgründen, vgl. Abschnitt 15 a.1 Abs. 7).

Beispiel 14:

① Sachverhalt wie Beispiel 13. ② G verwendet das Gebäude ab dem 1. 1. 05 zu 70% für unternehmerische Tätigkeiten.
§ 15 a-UStG-fähige Vorsteuerbeträge: 50 000 € (Vorsteuerbeträge aus den Jahren 02 und 03)
Ursprünglicher Vorsteuerabzug: 25 000 € (50% von 50 000 €)
Zeitpunkt der erstmaligen Verwendung: 1. 1. 04
Dauer des Berichtigungszeitraums: 1. 1. 04 bis 31. 12. 13
Zum Vorsteuerabzug berechtigende Verwendung: 70%
Änderung der Verhältnisse: 20 Prozentpunkte (70% statt bisher 50%)
Vorsteuerberichtigung ab dem Jahr 05 aus Billigkeitsgründen nach Abschnitt 15 a.1 Abs. 7: 20 Prozentpunkte von $^1/_{10}$ von 50 000 € = 1 000 € sind zugunsten des G zu korrigieren.
③ Der Gegenstand gilt durch die Berichtigung aus Billigkeitsgründen zu 70% als dem Unternehmen zugeordnet.

Beispiel 15:

① Die Gemeinde G beginnt im Jahr 01 mit der Errichtung eines Gebäudes, das sie in 01 zu 75% für hoheitliche und zu 25% für vorsteuerunschädliche unternehmerische Zwecke zu nutzen beabsichtigt. ② Im Jahr 02 beschließt der Gemeinderat jedoch, das Gebäude zu 50% für vorsteuerunschädliche unternehmerische Zwecke zu nutzen. ③ Die Fertigstellung des Gebäudes erfolgt im Jahr 03. ④ Die erstmalige Verwendung erfolgt am 1. 1. 04 wie im Jahr 02 beschlossen zu 50% hoheitlich und zu 50% unternehmerisch. ⑤ Vorsteuerbeträge wurden entsprechend der zum jeweiligen Leistungsbezug bestehenden Verwendungsabsicht wie folgt erklärt:

	ausgewiesene Umsatzsteuer	geltend gemachte Vorsteuer
01	40 000 €	10 000 € (25%)
02	20 000 €	10 000 € (50%)
03	30 000 €	15 000 € (50%)
Σ	90 000 €	35 000 € (38,88%)

⑥ Soweit G beabsichtigt, das Gebäude für nichtwirtschaftliche Tätigkeiten i. e. S. zu verwenden, ist der Vorsteuerabzug nach § 15 Abs. 1 UStG ausgeschlossen. ⑦ G hat deshalb kein Zuordnungswahlrecht und muss bis zum 31. 7. des Folgejahres keine Zuordnung dokumentieren. ⑧ Das Gebäude gilt aus Vereinfachungsgründen zu 38,88% als dem Unternehmen zugeordnet. ⑨ Für das Jahr 04 kann aus Billigkeitsgründen wegen der Änderung der Verhältnisse um 11,12% (50% statt 38,88%) eine Korrektur nach den Grundsätzen des § 15 a UStG erfolgen (vgl. Abschnitt 15 a.1 Abs. 7).

LS zu 15.2c

110 Der Betreiber einer **Photovoltaikanlage** kann den Vorsteuerabzug aus den Herstellungskosten eines **Schuppens,** auf dessen Dach die Anlage installiert wird und der anderweitig nicht genutzt wird, nur im Umfang der unternehmerischen Nutzung des gesamten Gebäudes beanspruchen, vorausgesetzt diese Nutzung beträgt mindestens 10 Prozent. Zur Ermittlung des unternehmerischen Nutzungsanteils im Wege einer sachgerechten Schätzung kommt ein Umsatzschlüssel in Betracht, bei dem ein fiktiver Vermietungsumsatz für den nichtunternehmerisch genutzten inneren Teil des Schuppens einem fiktiven Umsatz für die Vermietung der Dachfläche an einen Dritten zum Betrieb einer Photovoltaikanlage gegenübergestellt wird. *BFH-Urteil v. 19. 7. 2011 XI R 29/09 (BStBl. 2012 II S. 430).*

Der Betreiber einer **Photovoltaikanlage** kann einen **Carport,** auf dessen Dach die Anlage installiert wird und der zum Unterstellen eines privat genutzten PKW verwendet wird, insgesamt seinem Unternehmen zuordnen und dann aufgrund der Unternehmenszuordnung in vollem Umfang zum Vorsteuerabzug aus den Herstellungskosten des Carports berechtigt sein; er hat dann aber die private Verwendung des Carports als unentgeltliche Wertabgabe zu versteuern. Voraussetzung dafür ist, dass die unternehmerische Nutzung des gesamten Carports mindestens 10 Prozent beträgt. Zur Ermittlung des unternehmerischen Nutzungsanteils im Wege einer sachgerechten Schätzung kommt ein Umsatzschlüssel in Betracht, bei dem ein fiktiver Vermietungsumsatz für den nichtunternehmerisch genutzten inneren Teil des Carports einem fiktiven Umsatz für die Vermietung der Dachfläche an einen Dritten zum Betrieb einer Photovoltaikanlage gegenübergestellt wird. *BFH-Urteil v. 19. 7. 2011 XI R 21/10 (BStBl. 2012 II S. 434).*

Aufwendungen für die **Neueindeckung des Daches** einer Scheune, auf dem eine unternehmerisch genutzte **Photovoltaikanlage** installiert wird, berechtigen zum Vorsteuerabzug im Umfang des unternehmerischen Nutzungsanteils an der gesamten Scheune. Zur Ermittlung des unternehmerischen Nutzungsanteils im Wege einer sachgerechten Schätzung kommt ein Umsatzschlüssel in Betracht, bei dem ein fiktiver Vermietungsumsatz für den nichtunternehmerisch genutzten inneren Teil der Scheune einem fiktiven Umsatz für die Vermietung der Dachfläche an einen Dritten zum Betrieb einer Photovoltaikanlage gegenübergestellt wird. *BFH-Urteil v. 19. 7. 2011 XI R 29/10 (BStBl. 2012 II S. 438).*

Durch die Rechtsprechung des BFH ist geklärt, – dass Objekt für die Zuordnung zum Unternehmensvermögen das **gemischt genutzte Gebäude** und nicht das darin enthaltene einzelne Appartement ist, – dass eine **Zuordnung** zum Unternehmensvermögen nicht entsprechend einer früheren Verwaltungsregelung fingiert werden kann, und – dass der **Zeitpunkt** der Zuordnungsentscheidung (31. Mai des Folgejahres) nach dem BFH-Urteil vom 7. 7. 2011 V R 42/09 (BFHE 234, 519, BStBl. II 2014, 76) nicht „gegen den Grundsatz der Selbstbindung der Verwaltung" verstößt. *BFH-Beschluss v. 25. 2. 2014 V B 75/13 (BFH/NV S. 914).*

1. Leistet ein Unternehmer einen **„Zuschuss"** zu den Bewirtschaftungskosten seiner von einem Dritten **(Caterer)** in dessen Namen und für dessen Rechnung betriebenen **Betriebskantine,** kann der „Zuschuss" Entgelt für eine vom Unternehmer bezogene Eingangsleistung „Kantinenbewirtschaftung" sein (entgegen Abschn. 1.8 Abs. 12 Nr. 3 Beispiel 3 UStAE). – 2. Der Unternehmer ist aus einer von ihm bezogenen Leistung „Kantinenbewirtschaftung" nicht zum Vorsteuerabzug berechtigt, wenn diese Leistung ausschließlich dazu dienen soll, als sog. unentgeltliche Wertabgabe seinen Arbeitnehmern die Möglichkeit zu verschaffen, in der Betriebskantine verbilligt Speisen und Getränke zu beziehen. *BFH-Urteil v. 29. 1. 2014 XI R 4/12 (DStR S. 797).*

Es ist durch die Rechtsprechung des BFH bereits geklärt, dass bei Erhaltungsaufwand wie bei einer **Dachreparatur,** der dem gesamten Gebäude zuzurechnen ist, sich der Vorsteuerabzug nach der Verwendung des gesamten Gebäudes richtet. *BFH-Beschluss v. 12. 3. 2014 XI B 136/13 (BFH/NV S. 1095).*

Art. 1 der Entscheidung 2004/817/EG des Rates v. 19. 11. 2004 zur Ermächtigung Deutschlands, eine von Art. 17 RL 77/388/EWG abweichende Regelung anzuwenden, ist dahin auszulegen, dass er nicht für den Fall gilt, dass ein Unternehmen Gegenstände oder Dienstleistungen erwirbt, die es zu **mehr als 90% für nichtwirtschaftliche** – nicht in den Anwendungsbereich der Mehrwertsteuer fallende – **Tätigkeiten** nutzt. ***EuGH-Urteil v. 15. 9. 2016*** *C-400/15, Landkreis Potsdam-Mittelmark (DStR S. 2219).* – Nachfolgeentscheidung: 1. Die Bundesrepublik Deutschland war u. a. im Besteuerungszeitraum 2008 nicht ermächtigt, durch § 15 Abs. 1 S. 2 UStG den Vorsteuerabzug für Eingangsleistungen auszuschließen, die zu mehr als 90% für nichtwirtschaftliche – nicht in den Anwendungsbereich der Mehrwertsteuer fallende – Tätigkeiten verwendet werden. – 2. Ein Unternehmer kann sich insoweit auf das für ihn günstigere Unionsrecht berufen. *BFH-Urteil v. 16. 11. 2016 XI R 15/13 (BStBl. 2018 II S. 237). – Anm. d. Red.:* Gilt nur für Altfälle; ab **1. 1. 2016** Ermächtigungsgrundlage neugef. (Durchführungsbeschluss EU 2015/2428 v. 10. 12. 2015, ABl. EU 2015 L 334 S. 12); zuletzt mit Durchführungsbeschluss (EU) 2021/1776 v. 5. 10. 2021 (ABl. EU L 360 S. 112) **Ermächtigung bis 31. 12. 2024** verlängert. – Zu Erläuterungen zu den Auswirkungen der Ermächtigung auf die Zuordnung von teilunternehmerisch genutzten Gegenständen (teilweise nichtunternehmerische Nutzung für unternehmensfremde Zwecke oder für nichtwirtschaftliche Tätigkeiten im engeren Sinne) *Vfg. OFD Karlsruhe S 7300 K.6 v. 13. 8. 2019 (DStR S. 2086).*

2. Zu den objektiven Anhaltspunkten, anhand deren beurteilt werden kann, ob ein Steuerpflichtiger im Einzelfall Gegenstände für Zwecke seiner wirtschaftlichen Tätigkeiten erworben hat, gehört zwar auch der zwischen dem Erwerb der Gegenstände und ihrer Verwendung für Zwecke der wirtschaftlichen Tätigkeiten des Steuerpflichtigen liegende Zeitraum. Der Umstand, dass für unternehmerische Zwecke erworbene Gegenstände nicht sofort für diese Zwecke verwendet werden, kann das Recht auf Vorsteuerabzug grundsätzlich jedoch nicht in Frage stellen. – 3. Deshalb steht auch die **mehrjährige Nichtnutzung (Leerstand)** einer dem Unternehmen zugeordneten Doppelhaushälfte der Anerkennung des Vorsteuerabzugs nicht entgegen, wenn es hierfür nachvollziehbare Gründe gibt und die spätere (steuerpflichtige) Nutzung der behaupteten ursprünglichen Nutzungsabsicht entspricht. *FG München, Urt. v. 29. 7. 2014 – 2 K 2601/11, rkr. (MwStR 2015 S. 272).*

Allein aus dem Umstand, dass ein Unternehmer nachweislich **beabsichtigt,** ein teilunternehmerisch genutztes Gebäude **teilweise zu vermieten,** ergibt sich noch nicht, dass er das Gebäude insoweit teilweise einem Unternehmensvermögen zuordnet. *BFH-Beschluss v. 18. 7. 2014 XI B 37/14 (MwStR 2015 S. 23).*

Ein **Verein** ist nicht zum Vorsteuerabzug berechtigt, wenn er im Rahmen seiner Gesamtbetätigung sowohl einer unternehmerischen als auch einer nicht wirtschaftlichen Tätigkeit nachgeht und die fragliche Eingangsleistung nicht unmittelbar und direkt der unternehmerischen Tätigkeit zuzurechnen ist. *BFH-Urteil v. 24. 9. 2014 V R 54/13 (DStR 2015 S. 425).*

Dient ein **Insolvenzverfahren** sowohl der Befriedigung von **Verbindlichkeiten** des zum Vorsteuerabzug berechtigten **Unternehmens** wie auch der Befriedigung von **Privatverbindlichkeiten** des Unternehmers, ist der Unternehmer aus der Leistung des Insolvenzverwalters grundsätzlich im Verhältnis der unternehmerischen zu den privaten Verbindlichkeiten, die im Insolvenzverfahren jeweils als Insolvenzforderungen geltend gemacht werden, zum anteiligen Vorsteuerabzug berechtigt. *BFH-Urteil v. 15. 4. 2015 V R 44/14 (BStBl. 2016 II S. 550).*

1. Das **Zuordnungswahlrecht** gilt nur für die Herstellung und Anschaffung von Gegenständen. – 2. Der Bezug von **sonstigen Leistungen** wird vom Zuordnungswahlrecht **nicht** umfasst; diese sind entsprechend der (beabsichtigten) Verwendung gemäß § 15 Abs. 4 UStG aufzuteilen. *BFH-Urteil v. 14. 10. 2015 V R 10/14 (BStBl. 2016 II S. 717).*

Zur Berechnung des maßgebenden **Flächenverhältnisses** zur Ermittlung der unternehmerischen **Mindestnutzung** (§ 15 Abs. 1 Satz 2 UStG) vgl. *Verfügung OFD Karlsruhe S 7300 K.7 v. 31. 1. 2017 (UR S. 560).*

Zum Vorsteuerabzug aus den einer Gemeinde zugutekommenden **Infrastrukturausgaben** eines Immobilieninvestors vgl. ***EuGH-Urteil*** *v. 14. 9. 2017 C-132/16m Ibérdrola EOOD (DStR S. 2044).*

Der *BFH (Beschlüsse, v. 18. 9. 2019 XI R 3/19, BStBl. 2021 II S. 112, und XI R 7/19 (BStBl. 2021 II S. 118)* hat dem EuGH Fragen zur **Dokumentation** der Ausübung des **Zuordnungswahlrechts** vorgelegt: Ist das Recht auf Vorsteuerabzug in den Fällen, in denen ein Zuordnungswahlrecht beim Leistungsbezug besteht, ausgeschlossen, wenn bis zum Ablauf der gesetzlichen Abgabefrist für die Umsatzsteuer-Jahreserklärung keine für die Finanzbehörden erkennbare Zuordnungsentscheidung abgegeben wurde? Kann eine Zuordnung zum privaten Bereich unterstellt werden bzw. eine dahingehende Vermutung bestehen, wenn keine (ausreichenden) Indizien für eine unternehmerische Zuordnung vorliegen? – Der ***EuGH (Urteil v. 14. 10. 2021*** *C-45/20, E/FA N und C-46/20, Z/FA G, DStR S. 2404)* hat entschieden, dass Art. 168 Buchst. a i. V. m. Art. 167 MwStSystRL nationalen Bestimmungen nicht entgegensteht, die von einem nationalen Gericht so ausgelegt werden, dass die zuständige nationale Steuerverwaltung den Vorsteuerabzug in Bezug auf einen Gegenstand unter der Annahme, dass dieser dem Privatvermögen des Steuerpflichtigen zugewiesen wurde, verweigern darf, wenn ein Steuerpflichtiger ein Wahlrecht hat, ob er einen Gegenstand dem Vermögen seines Unternehmens zuordnet, und diese Steuerverwaltung nicht spätestens bis zum Ablauf der gesetzlichen Frist für die Abgabe der Umsatzsteuer-Jahreserklärung in die Lage versetzt wurde, aufgrund einer ausdrücklichen Entscheidung oder hinreichender Anhaltspunkte eine solche Zuordnung des Gegenstands festzustellen, es sei denn, die besonderen rechtlichen Modalitäten für die Ausübung dieser Befugnis lassen erkennen, dass sie nicht mit dem Grundsatz der Verhältnismäßigkeit vereinbar ist. – *Nachfolgeentscheidung BFH-Urt. v. 4. 5. 2022 XI R 28/21 (XI R 3/19) (DStRE S. 931):* 1. Für die Dokumentation der Zuordnung (grundlegend BFH-Urteil vom 7. 7. 2011 – V R 42/09, BFHE 234, 519, BStBl. II 2014, 76) ist keine fristgebundene Mitteilung an die Finanzbehörde erforderlich. Liegen innerhalb der Dokumentationsfrist nach außen hin objektiv erkennbare Anhaltspunkte für eine Zuordnung vor, können diese der Finanzbehörde auch noch nach Ablauf der Frist mitgeteilt werden. – 2. Für eine Zuordnung zum Unternehmen kann bei Gebäuden die Bezeichnung eines Zimmers als Arbeitszimmer in Bauantragsunterlagen jedenfalls dann sprechen, wenn dies durch weitere objektive Anhaltspunkte untermauert wird. So ist es z. B. dann, wenn der Unternehmer für seinen Gerüstbaubetrieb einen Büroraum benötigt, er bereits in der Vergangenheit kein externes Büro, sondern einen Raum seiner Wohnung für sein Unternehmen verwendet hat, und er beabsichtigt, dies in dem von ihm neu errichteten Gebäude so beizubehalten. – Der *V. Senat des BFH (Urteil v. 29. 9. 2022 V R 4/20, DStR 2023 S. 91)* hat sich der Auffassung des XI. Senats angeschlossen. 111

15.2 d Regelungen zum Vorsteuerabzug in Einzelfällen

UStAE 15.2 d

(1)[1] Zum Vorsteuerabzug in besonderen Fällen wird auf folgende Regelungen hingewiesen:

1. Errichtung von Gebäuden auf fremdem Boden (vgl. BMF-Schreiben vom 23. 7. 1986, BStBl. I S. 432); 121
2. Einrichtungen, bei denen neben dem unternehmerischen auch ein nichtunternehmerischer Bereich besteht (z. B. bei juristischen Personen des öffentlichen Rechts, Vereinen), vgl. Abschnitte 2.10 und 15.19;
3. Garantieleistungen in der Reifenindustrie (vgl. BMF-Schreiben vom 21. 11. 1974, BStBl. I S. 1021);
4. Garantieleistungen und Freiinspektionen in der Kraftfahrzeugwirtschaft (vgl. BMF-Schreiben vom 3. 12. 1975, BStBl. I S. 1132);
5. Austauschverfahren in der Kraftfahrzeugwirtschaft (vgl. Abschnitt 10.5 Abs. 3);
6. Einschaltung von Personengesellschaften beim Erwerb oder der Errichtung von Betriebsgebäuden der Kreditinstitute (vgl. BMF-Schreiben vom 29. 5. 1992, BStBl. I S. 378);
7. Einschaltung von Unternehmern in die Erfüllung hoheitlicher Aufgaben (vgl. BMF-Schreiben vom 27. 12. 1990, BStBl. 1991 I S. 81);
8. Essensabgabe an das Personal durch eine vom Arbeitgeber nicht selbst betriebene Kantine oder Gaststätte (vgl. Abschnitt 1.8 Abs. 12);
9. Vorsteuerabzug und Umsatzbesteuerung bei zwischen dem 1. 4. 1999 und dem 31. 12. 2003 angeschafften teilunternehmerisch genutzten Fahrzeugen (vgl. Tz. 6 des BMF-Schreibens vom 27. 8. 2004, BStBl. I S. 864);[2]
10. Public-Private-Partnerships (PPP) im Bundesfernstraßenbau (vgl. BMF-Schreiben vom 30. 3. 2022, BStBl. I S. 568);
11. Vorsteuerabzug bei gemeinsamem Leistungsbezug durch mehrere Personen (vgl. BMF-Schreiben vom 27. 10. 2021, BStBl. 2021 I S. 2137);
12. Vorsteuerabzug beim Betrieb von Anlagen zur Energieerzeugung (vgl. Abschnitt 2.5);
13. Vorsteuerabzug bei Errichtung von Erschließungsanlagen (vgl. BMF-Schreiben vom 7. 6. 2012, BStBl. I S. 621);
14. ① Vorsteuerabzug eines Insolvenzverwalters; ein Insolvenzverwalter kann eine Leistung im Zusammenhang mit seiner Tätigkeit entweder kraft Amtes für die Masse oder persönlich beziehen. ② Das Recht auf Vorsteuerabzug steht der Insolvenzmasse zu, wenn der Insolvenzverwalter die Masse wirksam verpflichtet hat (vgl. BFH-Urteil vom 18. 9. 2019, XI R 19/17, BStBl. 2020 II S. 172);
15. Vorsteuerabzug bei der Verwendung eines Aliasnamens nach dem ProstSchG (vgl. BMF-Schreiben vom 7. 9. 2021, BStBl. I S. 1591).

(2) ① Erwachsen dem Unternehmer Aufwendungen durch Beköstigung des im Unternehmen beschäftigten Personals in seinem Haushalt, gilt folgende Vereinfachungsregelung: Für die auf diese 122

[1] A 15.2 d UStAE Abs. 1 Nr. 10 neugefasst durch BMF v. 30. 3. 2022 (BStBl. I S. 568), anzuwenden in allen offenen Fällen.

[2] Abgedruckt als Anlage a zu A 3.4 UStAE.

Aufwendungen entfallenden Vorsteuern kann ohne Einzelnachweis ein Betrag abgezogen werden, der sich unter Anwendung eines durchschnittlichen Steuersatzes von 7,9% auf den Wert errechnet, der bei der Einkommensteuer für die außerbetrieblichen Zukäufe als Betriebsausgabe anerkannt wird. ② Dementsprechend kann in diesen Fällen die abziehbare Vorsteuer von 7,32% dieses Werts (Bruttobetrag) errechnet werden.

123 (3) Zur Minderung des Vorsteuerabzugs beim Leistungsempfänger im Zusammenhang mit Preisnachlässen und Preiserstattungen sowie der Einlösung von Gutscheinen vgl. Abschnitt 17.2 Abs. 3 und 4.

UStAE 15.3

15.3 Vorsteuerabzug bei Zahlungen vor Empfang der Leistung[1]

131 (1) ① Der Vorsteuerabzug setzt in den Fällen des § 15 Abs. 1 Satz 1 Nr. 1 UStG bei Zahlungen vor Empfang der Leistung (§ 15 Abs. 1 Satz 1 Nr. 1 Satz 3 UStG) voraus, dass

1. eine nach §§ 14, 14 a UStG ausgestellte Rechnung vorliegt und
2. die Zahlung geleistet worden ist.

② Der Vorsteuerabzug kommt für den Voranmeldungs- bzw. Besteuerungszeitraum in Betracht, in dem erstmalig beide Voraussetzungen erfüllt sind. ③ Voraussetzung für den Vorsteuerabzug aus Rechnungen über Lieferungen, auf die eine Anzahlung geleistet wurde, ist, dass alle maßgeblichen Elemente des Steuertatbestands, d. h. der künftigen Lieferung, bereits bekannt und somit insbesondere die Gegenstände der Lieferung zum Zeitpunkt der Anzahlung genau bestimmt sind (vgl. BFH-Urteil vom 24. 8. 2006, V R 16/05, BStBl. 2007 II S. 340, vgl. Abschnitt 14.8 Abs. 4 Satz 2).

132 (2) Hat ein Kleinunternehmer, der von der Sonderregelung des § 19 Abs. 1 UStG zur allgemeinen Besteuerung übergegangen ist, bereits vor dem Übergang Zahlungen für einen nach dem Übergang an ihn bewirkten Umsatz geleistet, kann er den vorgezogenen Vorsteuerabzug in der Voranmeldung für den ersten Voranmeldungszeitraum nach dem Übergang zur allgemeinen Besteuerung geltend machen.

133 (3) Für den Vorsteuerabzug bei Zahlungen vor Empfang der Leistung ist es ohne Bedeutung, ob die vor Ausführung des Umsatzes geleistete Zahlung das volle Entgelt oder nur einen Teil des Entgelts einschließt.

134 (4) ① Ist der gesondert ausgewiesene Steuerbetrag höher als die Steuer, die auf die Zahlung vor der Umsatzausführung entfällt, kann nach § 15 Abs. 1 Satz 1 Nr. 1 Satz 3 UStG nur der Steuerbetrag abgezogen werden, der in der im Voraus geleisteten Zahlung enthalten ist. ② Das gilt auch, wenn vor der Ausführung des Umsatzes über die gesamte Leistung abgerechnet wird, die Gegenleistung aber in Teilbeträgen gezahlt wird. ③ In diesen Fällen hat daher der Unternehmer den insgesamt ausgewiesenen Steuerbetrag auf die einzelnen Teilbeträge aufzuteilen.

Beispiel:

① Der Unternehmer hat bereits im Januar eine Gesamtrechnung für einen im Juli zu liefernden Gegenstand über 100 000 € zuzüglich gesondert ausgewiesener Umsatzsteuer i. H. v. 19 000 €, insgesamt 119 000 €, erhalten. ② Er leistet in den Monaten März, April und Mai Anzahlungen von jeweils 23 800 €. ③ Die Restzahlung i. H. v. 47 600 € überweist er einen Monat nach Empfang der Leistung.

④ Der Unternehmer kann für die Voranmeldungszeiträume März, April und Mai den in der jeweiligen Anzahlung enthaltenen Steuerbetrag von 3 800 € als Vorsteuer abziehen. ⑤ Die in der Restzahlung von 47 600 € enthaltene Vorsteuer von 7 600 € kann für den Voranmeldungszeitraum Juli (zum Zeitpunkt der Umsatzausführung) abgezogen werden.

135 (5) ① Aus einer Endrechnung (§ 14 Abs. 5 Satz 2 UStG) kann der Leistungsempfänger nur den Steuerbetrag als Vorsteuer abziehen, der auf die verbliebene Restzahlung entfällt. ② Das Gleiche gilt bei der Abrechnung mit Gutschriften. ③ Ein höherer Vorsteuerabzug ist auch dann nicht zulässig, wenn in der Endrechnung die im Voraus gezahlten Teilentgelte und die darauf entfallenden Steuerbeträge nicht oder nicht vollständig abgesetzt wurden (vgl. Abschnitt 14.8 Abs. 10). ④ Sind die Rechnungen oder Gutschriften für die im Voraus geleisteten Zahlungen im Zusammenhang mit der Erteilung der Endrechnung widerrufen oder zurückgenommen worden, ist aus der Endrechnung ebenfalls nur der auf die Restzahlung entfallende Steuerbetrag als Vorsteuer abziehbar (vgl. Abschnitt 14.8 Abs. 9).

136 (6) Für Anzahlungen, bei denen erst im Zeitpunkt der Leistungserbringung der Leistungsempfänger die Voraussetzungen als Steuerschuldner nach Maßgabe des § 13 b UStG erfüllt, vgl. Abschnitt 13 b.12 Abs. 3 Sätze 3 und 4.

LS zu 15.3

137 Das Recht auf **Vorsteuerabzug** hinsichtlich **der Leistung einer Anzahlung** darf dem potenziellen Erwerber der betreffenden Gegenstände nicht versagt werden, wenn diese Anzahlung geleistet und vereinnahmt wurde und zum Zeitpunkt dieser Leistung alle maßgeblichen Elemente der zukünftigen Lieferung als dem Erwerber bekannt angesehen werden konnten und die **Lieferung** dieser Gegenstände daher **sicher erschien.** Dem Erwerber darf ein solches Recht jedoch versagt werden, wenn anhand objektiver Umstände erwiesen ist, dass er zum Zeitpunkt der Leistung der Anzahlung wusste oder vernünftigerweise hätte wissen müssen, dass die Bewirkung dieser Lieferung unsicher war. ***EuGH-Urteile v. 31. 5. 2018*** *C-660/16, C-661/16, Kollroß und Wirtl (DStR S. 1171).* – Der BFH hat daraufhin entschieden: 1. Für den Vorsteuerabzug aus einer Anzahlung kommt es darauf an, dass der Gegenstand der späteren Lieferung aus Sicht des Anzahlenden genau bestimmt ist und die Lieferung daher aus seiner Sicht sicher erscheint. – 2. Es ist unionsrechtskonform, dass die Berichtigung

[1] Rechnungsausstellung vgl. A 14.8 UStAE.

des Vorsteuerabzugs gemäß § 17 Abs. 2 Nr. 2 und Abs. 1 Satz 2 UStG eine Rückzahlung voraussetzt. *BFH-Urteil v. 17. 7. 2019 V R 9/19 (V R 29/15) (DStR S. 2145).*

§ 35 *Vorsteuerabzug bei Rechnungen über Kleinbeträge und bei Fahrausweisen*

UStDV

(1) *Bei Rechnungen im Sinne des § 33 kann der Unternehmer den Vorsteuerabzug in Anspruch nehmen, wenn er den Rechnungsbetrag in Entgelt und Steuerbetrag aufteilt.* 140

(2)[1] ① *Absatz 1 ist für Rechnungen im Sinne des § 34 entsprechend anzuwenden.* ② *Bei der Aufteilung in Entgelt und Steuerbetrag ist der Steuersatz nach § 12 Absatz 1 des Gesetzes anzuwenden, wenn in der Rechnung dieser Steuersatz angegeben ist.* ③ *Bei den übrigen Rechnungen ist der Steuersatz nach § 12 Abs. 2 des Gesetzes anzuwenden.* ④ *Bei Fahrausweisen im Luftverkehr kann der Vorsteuerabzug nur in Anspruch genommen werden, wenn der Steuersatz nach § 12 Abs. 1 des Gesetzes im Fahrausweis angegeben ist.*

15.4 Vorsteuerabzug bei Rechnungen über Kleinbeträge[2]

UStAE 15.4

(1) Für die Berechnung des Steuerbetrages aus Rechnungen bis zu einem Gesamtbetrag von 250 € (vgl. § 35 Abs. 1 UStDV) können die auf einen Voranmeldungszeitraum entfallenden Rechnungen zusammengefasst werden, soweit derselbe Steuersatz anzuwenden ist. 141

(2) Die Vorsteuer kann aus dem Rechnungsbetrag durch Anwendung der folgenden Formel ermittelt werden: 142

$$\frac{\text{Rechnungspreis} \times \text{Steuersatz}}{(100 + \text{Steuersatz})}$$

Beispiel:

Rechnungspreis 149,95 €, Steuersatz 19%

$$\frac{149{,}95\ € \times 19}{(100 + 19)} = 23{,}94\ €\ \text{Vorsteuer}$$

(3) Der auf die Rechnung entfallende Steuerbetrag kann auch mittels eines Faktors oder eines Divisors ermittelt werden. 143

1. Bei Verwendung eines Faktors ist folgende Formel anzuwenden:

$$\frac{\text{Rechnungspreis} \times \text{Faktor}}{100}$$

② Der Faktor beträgt bei einem Steuersatz von

7% = 6,54 (6,5421) 19% = 15,97 (15,9664).

Beispiel:

Rechnungspreis 149,95 €, Steuersatz 19%

$$\frac{149{,}95\ € \times 15{,}97}{100} = 23{,}94\ €\ \text{Vorsteuer}$$

2. ① Mit einem Divisor kann zunächst das auf den Rechnungspreis entfallende Entgelt berechnet und sodann der abziehbare Vorsteuerbetrag durch Abzug des Entgelts vom Rechnungspreis ermittelt werden. ② Das Entgelt wird nach folgender Formel berechnet:

$$\frac{\text{Rechnungspreis}}{\text{Divisor}}$$

③ Der Divisor beträgt bei einem in der Rechnung angegebenen Steuersatz von

7% = 1,07 19% = 1,19.

Beispiel:

Rechnungspreis 149,95 €, Steuersatz 19%

$$\frac{149{,}95\ €}{1{,}19} = 126{,}01\ €\ \text{Entgelt}$$

149,95 € . /. 126,01 € = 23,94 € Vorsteuer.

15.5 Vorsteuerabzug bei Fahrausweisen[3]

UStAE 15.5

(1) ① Fahrausweise und Belege im Sinne des § 34 UStDV, die für die Beförderung im Personenverkehr und im Reisegepäckverkehr ausgegeben werden, berechtigen nach § 35 Abs. 2 UStDV zum Vorsteuerabzug, soweit sie auf das Inland entfallende Beförderungsleistungen für das 151

[1] § 35 UStDV Abs. 2 Satz 2 neugefasst durch Gesetz v. 21. 12. 2019 (BGBl. I S. 2886) mWv 1. 1. 2020.
[2] Rechnungserteilung vgl. A 14.6 UStAE.
[3] Rechnungserteilung vgl. A 14.7 UStAE.

Unternehmen betreffen. ② Stellt der Unternehmer seinen Arbeitnehmern Fahrausweise für die Fahrten zwischen Wohnung und regelmäßiger Arbeitsstätte zur Verfügung, sind die von den Arbeitnehmern in Anspruch genommenen Beförderungsleistungen nicht als Umsätze für das Unternehmen anzusehen. ③ Die dafür vom Unternehmer beschafften Fahrausweise berechtigen ihn daher nicht zur Vornahme des Vorsteuerabzugs.

152 (2) ① Bei Zuschlagkarten ist für den Vorsteuerabzug der Steuersatz zu Grunde zu legen, der nach § 35 Abs. 2 UStDV für den dazugehörigen Fahrausweis gilt. ② Bei Fahrausweisen für Beförderungsleistungen im grenzüberschreitenden Personenverkehr und im internationalen Eisenbahnpersonenverkehr ist die Vorsteuer aus den Angaben der in § 34 Abs. 2 UStDV bezeichneten Bescheinigung zu ermitteln. ③ Fahrausweise für Beförderungsleistungen auf ausländischen Strecken, die nach §§ 3, 4, 6 und 7 UStDV als Strecken im Inland gelten, berechtigen insoweit zum Vorsteuerabzug. ④ Umgekehrt kann auf Grund von Fahrausweisen für Beförderungsleistungen auf Strecken im Inland, die nach §§ 2, 4, 5 und 7 UStDV als ausländische Strecken gelten, ein Vorsteuerabzug nicht vorgenommen werden.

153 (3) Enthalten gemeinsame Fahrausweise für Beförderungsleistungen durch mehrere in einem Verkehrs- und Tarifverbund zusammengeschlossene Unternehmer keine Angaben über den Steuersatz, ist für die Berechnung der abziehbaren Vorsteuerbeträge der ermäßigte Steuersatz zu Grunde zu legen.

154 (4) *(aufgehoben)*

155 (5) ① Bei Fahrausweisen im Luftverkehr kommt ein Vorsteuerabzug unter Zugrundelegung des ermäßigten Steuersatzes nicht in Betracht. ② Der Abzug auf der Grundlage des allgemeinen Steuersatzes ist nur zulässig, wenn dieser Steuersatz auf dem Fahrausweis ausdrücklich angegeben ist.

156 (6) ① Bei Belegen im Reisegepäckverkehr sind die Vorschriften für den Vorsteuerabzug bei Fahrausweisen entsprechend anzuwenden. ② Zum Vorsteuerabzug berechtigen die Belege, die für die Beförderung von Reisegepäck im Zusammenhang mit einer Personenbeförderung ausgegeben werden.

157 (7) Keine Fahrausweise im Sinne des § 34 UStDV sind Belege über die Benutzung von Taxen, von Mietwagen oder von Kraftomnibussen außerhalb des Linienverkehrs.

158 (8) Zur Herausrechnung des Steuerbetrags aus dem Fahrpreis vgl. Abschnitt 15.4.

159 (9) Zum Vorsteuerabzug von Fahrausweisen, die im Online-Verfahren abgerufen werden, vgl. Abschnitt 14.4 Abs. 11.

UStDV

§§ 36 bis 39 a *(weggefallen)*

UStAE 15.6

15.6 Vorsteuerabzug bei Repräsentationsaufwendungen[1]

Allgemeines

161 (1) ① Nach § 15 Abs. 1 a UStG sind Vorsteuerbeträge aus Leistungen für das Unternehmen (vgl. insbesondere Abschnitte 15.2 a, 15.2 b und 15.2 c) nicht abziehbar, die auf Aufwendungen entfallen, für die das Abzugsverbot des § 4 Abs. 5 Satz 1 Nr. 1 bis 4, 7 oder des § 12 Nr. 1 EStG gilt. ② Vom Vorsteuerausschluss ausgenommen sind Bewirtungsaufwendungen, soweit § 4 Abs. 5 Satz 1 Nr. 2 EStG einen Abzug angemessener und nachgewiesener Aufwendungen ausschließt (vgl. Absätze 6 und 7). ③ Die Regelung des § 15 Abs. 1 a UStG bezieht sich nicht auf die Tatbestände des § 4 Abs. 5 Satz 1 Nr. 5, 6, 6 a und 6 b EStG. ④ Aus Aufwendungen im Sinne des § 4 Abs. 5 Satz 1 Nr. 6, 6 a und 6 b EStG für Fahrten zwischen Wohnung und Betriebsstätte, für Familienheimfahrten[2] wegen einer aus betrieblichem Anlass begründeten doppelten Haushaltsführung, für betrieblich veranlasste Übernachtungen sowie für ein häusliches Arbeitszimmer kann der Unternehmer beim Vorliegen der übrigen Voraussetzungen des § 15 UStG den Vorsteuerabzug beanspruchen.

162 (2) ① Für die Abgrenzung der nicht abziehbaren Aufwendungen gelten die ertragsteuerrechtlichen Grundsätze in R 4.10 EStR. ② Maßgeblich ist, ob der Aufwand seiner Art nach von § 4 Abs. 5 Satz 1 Nr. 1 bis 7 EStG erfasst wird (vgl. BFH-Urteil vom 2. 7. 2008, XI R 66/06, BStBl. 2009 II S. 206). ③ Die tatsächliche ertragsteuerrechtliche Behandlung ist für den Bereich der Umsatzsteuer nicht bindend. ④ So führen z. B. Aufwendungen im Sinne des § 4 Abs. 5 Satz 1 Nr. 1 bis 4 und Nr. 7 EStG auch dann zum Ausschluss des Vorsteuerabzugs, wenn ihr Abzug ertragsteuerrechtlich zu Unrecht zugelassen worden ist. ⑤ Die Versagung des Vorsteuerabzugs für ertragsteuerrechtlich angemessene Bewirtungsaufwendungen allein wegen nicht eingehaltener Formvorschriften für den Nachweis für Betriebsausgaben (einzelne und getrennte Aufzeichnung nach § 4 Abs. 7 EStG, vgl. R 4.11 EStR) ist aber nicht zulässig. ⑥ Für den Vorsteuerabzug gelten die allgemeinen Voraussetzungen des § 15 UStG.

[1] Hinweis auf § 4 Nr. 28 UStG/A 4.28.1 UStAE (steuerfreie Lieferungen).
[2] Vgl. A 15.23 UStAE.

(3) ① Bei Unternehmern, für die § 4 Abs. 5 EStG ertragsteuerrechtlich keine Bedeutung hat, weil sie keinen Gewinn zu ermitteln haben (z. B. gemeinnützige Einrichtungen, die nach § 5 Abs. 1 Nr. 9 KStG von der Körperschaftsteuer befreit sind), ist für Umsatzsteuerzwecke darauf abzustellen, ob die Aufwendungen ihrer Art nach unter das Abzugsverbot des § 4 Abs. 5 Satz 1 Nr. 1 bis 4 und Nr. 7 EStG fallen. ② Dabei ist grundsätzlich der gleiche Nachweis zu verlangen, der ertragsteuerrechtlich zu führen wäre (z. B. bei Bewirtungsaufwendungen). 163

Geschenke

(4) ① Durch die Bezugnahme auf § 4 Abs. 5 Satz 1 Nr. 1 EStG wird die Umsatzsteuer für Aufwendungen für Geschenke an Personen, die nicht Arbeitnehmer des Unternehmers sind, vom Vorsteuerabzug ausgeschlossen, wenn die Anschaffungs- oder Herstellungskosten der Zuwendungen an einen Empfänger zusammengerechnet 35 € übersteigen (vgl. BFH-Urteil vom 12. 12. 2012, XI R 36/10, BStBl. 2013 II S. 412). ② Für die Ermittlung der Anschaffungs- und Herstellungskosten gelten die Grundsätze in R 4.10 Abs. 3 i. V. m. R 9b Abs. 2 Satz 3 EStR. ③ Die Freigrenze ist für Umsatzsteuerzwecke auf das Kalenderjahr zu beziehen. ④ Bei der Prüfung des Überschreitens der 35 €-Grenze sind Geldgeschenke einzubeziehen. ⑤ Für die Abgrenzung der Geschenke von anderen Zuwendungen gelten die ertragsteuerrechtlichen Grundsätze (vgl. R 4.10 Abs. 4 EStR). ⑥ Der Vorsteuerausschluss und die Freigrenze gelten nicht nur für Sachgeschenke, sondern auch für Geschenke in Form anderer geldwerter Vorteile (z. B. Eintrittsberechtigungen zu kulturellen oder sportlichen Veranstaltungen). 164

(5) ① Steht im Zeitpunkt des Erwerbs oder der Herstellung eines Gegenstands seine Verwendung als Geschenk noch nicht fest, kann der Vorsteuerabzug zunächst unter den allgemeinen Voraussetzungen des § 15 UStG beansprucht werden. ② Im Zeitpunkt der Hingabe des Geschenks ist eine Vorsteuerkorrektur nach § 17 Abs. 2 Nr. 5 UStG vorzunehmen, wenn die Freigrenze von 35 € überschritten wird. 165

Beispiel:

① Der Unternehmer A schenkt seinem Geschäftskunden B im April 01 eine Uhr aus seinem Warenbestand. ② Die Uhr hatte A im Dezember 00 für 25 € zuzüglich 4,75 € Umsatzsteuer eingekauft. ③ Im Dezember 01 erhält B von A aus Anlass des Weihnachtsfestes ein Weinpräsent, das A im Dezember 01 für 35 € zuzüglich 6,65 € Umsatzsteuer gekauft hatte.

④ Durch das zweite Geschenk werden auch die Aufwendungen für das erste Geschenk nicht abziehbar im Sinne des § 4 Abs. 5 EStG. ⑤ A hat in der Umsatzsteuer-Voranmeldung für Dezember 01 eine Vorsteuerberichtigung nach § 17 Abs. 2 Nr. 5 UStG vorzunehmen (Minderung der Vorsteuern um 4,75 €). ⑥ Die Umsatzsteuer für das zweite Geschenk ist nach § 15 Abs. 1 a UStG nicht abziehbar.

Bewirtungskosten

(6) ① Angemessene und nachgewiesene Bewirtungsaufwendungen berechtigen auch insoweit zum Vorsteuerabzug, als § 4 Abs. 5 Satz 1 Nr. 2 EStG einen Abzug als Betriebsausgaben ausschließt. ② Voraussetzung für den Vorsteuerabzug ist damit neben den allgemeinen Voraussetzungen des § 15 UStG, dass die Bewirtungsaufwendungen nach der allgemeinen Verkehrsauffassung als angemessen zu beurteilen sind. ③ Soweit es sich nicht um angemessene Bewirtungsaufwendungen handelt, ist der Vorsteuerabzug mangels unternehmerischer Veranlassung des Leistungsbezugs nicht möglich. 166

(7) ① Der Vorsteuerabzug aus den angemessenen Aufwendungen ist auch zulässig bei Bewirtungen von Geschäftsfreunden in unternehmenseigenen Kantinen, Casinos und Restaurants. ② Es bestehen keine Bedenken gegen eine sachgerechte Schätzung in Anlehnung an die ertragsteuerrechtliche Vereinfachungsregelung in R 4.10 Abs. 6 EStR. 167

Repräsentationsaufwendungen

(8) ① Der Ausschluss des Vorsteuerabzugs setzt nicht voraus, dass die in § 4 Abs. 5 Satz 1 Nr. 4 EStG genannten Aufwendungen im Rahmen eines andere Zwecke verfolgenden Unternehmens getätigt werden (vgl. BFH-Urteil vom 2. 7. 2008, XI R 66/06, BStBl. 2009 II S. 206). ② Vorsteuerbeträge, die auf Aufwendungen für den Erwerb und den Unterhalt von Segeljachten entfallen, sind nicht abziehbar, wenn der Unternehmer die Segeljachten zwar nachhaltig und zur Erzielung von Einnahmen, jedoch ohne Gewinn-/Überschusserzielungsabsicht vermietet (vgl. BFH-Urteile vom 2. 7. 2008, XI R 60/06, BStBl. 2009 II S. 167, und vom 21. 5. 2014, V R 34/13, BStBl. II S. 914). ③ Das Halten von Rennpferden aus Repräsentationsgründen ist ein ähnlicher Zweck im Sinne des § 4 Abs. 5 Satz 1 Nr. 4 EStG (vgl. BFH-Urteil vom 2. 7. 2008, XI R 66/06, a. a. O.); hiermit zusammenhängende Vorsteuerbeträge sind nicht abziehbar. ④ Hingegen dient der Betrieb einer Pferdezucht in größerem Umfang mit erheblichen Umsätzen bei typisierender Betrachtung nicht in vergleichbarer Weise wie die ausdrücklich in § 4 Abs. 5 Satz 1 Nr. 4 EStG genannten Gegenstände (Jagd, Fischerei, Segel- oder Motorjacht) einer überdurchschnittlichen Repräsentation, der Unterhaltung von Geschäftsfreunden, der Freizeitgestaltung oder der sportlichen Betätigung (BFH-Urteil vom 12. 2. 2009, V R 61/06, BStBl. II S. 828). 168

Zum Vorsteuerabzug aus dem **Bezug von Werbegeschenken** (vor bzw. ab 1. 4. 1999), die von Unternehmern mit überwiegend steuerfreien Umsätzen verteilt werden. *Verfügung OFD Hannover v. 29. 12. 1999 S 7304 – 13 – StH 542/S 7304 – 15 – StO 354 (DStR 2000 S. 283).* LS zu 15.6

Zu Einzelfragen bzgl. Geschenkeigenschaft bei **Aufmerksamkeiten,** Steuerwerbeartikeln, Verlosungen und Ähnlichem *OFD Frankfurt a. M. S 2145 A – 005 – St 210 v. 27. 2. 2019 (DStR S. 1155).* 169

Zum Ausschluss des Vorsteuerabzugs gemäß § 15 Abs. 1 a UStG bei Aufwendungen für „ähnliche Zwecke" im Sinne des § 4 Abs. 5 Nr. 4 EStG – **Repräsentationsaufwand** – bei mangelnder Gewinnerzielungsabsicht **(Liebhaberei).** *Verfügung OFD Niedersachsen v. 20. 1. 2010 S 7303 a – 2 – St 174 (DStR S. 758).*

Vorsteuerabzug/-ausschluß bei **Kantinenbewirtung** an Arbeitnehmer u. Geschäftspartner vgl. ***EuGH-Urt. v. 11. 12. 2008,*** *C-371/07, Danfoss A/S, AstraZeneca A/S (DStRE 2009 S. 168).*

Möglichkeiten des **Ausschlusses des Vorsteuerabzugs** einzelner Mitgliedstaaten für bestimmte Gegenstände und Dienstleistungen. Bereitstellen von „privaten Transportmöglichkeiten", „Speisen" und „Getränken", „Wohnraum" sowie von „Sport und Vergnügungen" für Mitglieder des Personals des Steuerpflichtigen und zum anderen „Werbegeschenke" oder „andere Zuwendungen". ***EuGH-Urt. v. 15. 4. 2010,*** *C-538/08 und C-33/09, X Holding BV (DStRE S. 673).*

1. Der **Vorsteuerausschluss** gemäß § 15 Abs. 1 a UStG i. V. m. § 4 Abs. 5 Satz 1 Nr. 4 EStG für Aufwendungen für **Segelyachten** und **Motoryachten** steht sowohl hinsichtlich der laufenden Aufwendungen als auch hinsichtlich der Erwerbskosten im Einklang mit dem Unionsrecht, weil diese Regelung bereits bei Inkrafttreten der Richtlinie 77/388/EWG im deutschen UStG verankert gewesen ist und somit von der **sog. Stillhalteklausel des Art. 176 MwStSystRL** umfasst wird. – 2. Die Versagung der Umsatzsteuerbefreiung für eine innergemeinschaftliche Lieferung nach den Grundsätzen des EuGH-Urteils „R" setzt voraus, dass der Lieferer sich vorsätzlich an einer Steuerhinterziehung des Erwerbers beteiligt. Das gilt auch für ein innergemeinschaftliches Verbringen i. S. von § 6 a Abs. 2, § 3 Abs. 1 a UStG. *BFH-Urteil v. 21. 5. 2014 V R 34/13 (BStBl. II S. 914).*

UStAE 15.6 a

15.6 a Vorsteuerabzug bei teilunternehmerisch genutzten Grundstücken

171 (1) ① Teilunternehmerisch genutzte Grundstücke im Sinne des § 15 Abs. 1 b UStG sind Grundstücke, die sowohl unternehmerisch als auch unternehmensfremd (privat) genutzt werden. ② Den Grundstücken gleichgestellt sind nach § 15 Abs. 1 b Satz 2 UStG Gebäude auf fremdem Grund und Boden sowie Berechtigungen, für die die Vorschriften des bürgerlichen Rechts über Grundstücke gelten (z. B. Erbbaurechte). ③ § 15 Abs. 1 b UStG stellt eine Vorsteuerabzugsbeschränkung dar, die nicht das Zuordnungswahlrecht des Unternehmers nach § 15 Abs. 1 UStG berührt (vgl. Abschnitt 15.2 c). ④ Soweit ein Grundstück für nichtwirtschaftliche Tätigkeiten i. e. S. verwendet wird (vgl. Abschnitt 2.3 Abs. 1 a), ist die Vorsteuer bereits nach § 15 Abs. 1 UStG nicht abziehbar; für die Anwendung des § 15 Abs. 1 b UStG bleibt insoweit kein Raum (vgl. BFH-Urteil vom 3. 3. 2011, V R 23/10, BStBl. 2012 II S. 74, Abschnitte 2.10, 2.11, 15.2 b Abs. 2 und Abschnitt 15.19).

172 (2) ① Eine teilunternehmerische Verwendung im Sinne des § 15 Abs. 1 b UStG liegt unter Berücksichtigung des Absatzes 1 Satz 4 nur vor, wenn das dem Unternehmen zugeordnete Grundstück teilweise für unternehmensfremde Zwecke verwendet wird. ② Hierzu gehören nur solche Grundstücksverwendungen, die ihrer Art nach zu einer unentgeltlichen Wertabgabe im Sinne des § 3 Abs. 9 a Nr. 1 UStG führen können. ③ Zu einer teilweisen Verwendung für hoheitliche Zwecke vgl. Abschnitte 3.4 Abs. 6 und 15.19 Abs. 2 und 3. ④ Ist die Verwendung eines dem Unternehmen zugeordneten Grundstücks für den privaten Bedarf des Personals ausnahmsweise überwiegend durch das betriebliche Interesse des Arbeitgebers veranlasst oder als Aufmerksamkeit zu beurteilen, ist der Vorsteuerabzug ebenfalls nicht nach § 15 Abs. 1 b UStG eingeschränkt, weil die in der Nutzungsüberlassung liegenden unternehmerischen Zwecke den privaten Bedarf des Personals überlagern (vgl. dazu Abschnitt 1.8 Abs. 3 und 4). ⑤ Eine teilunternehmerische Verwendung im Sinne des § 15 Abs. 1 b UStG liegt nicht nur vor, wenn die verschiedenen Nutzungen räumlich voneinander abgegrenzt sind, sondern auch, wenn sie – wie z. B. bei Ferienwohnungen oder Mehrzweckhallen – zeitlich wechselnd stattfinden.

173 (3)[1] ① Nach § 15 Abs. 1 b Satz 1 UStG ist die Steuer für die Lieferungen, die Einfuhr und den innergemeinschaftlichen Erwerb sowie für die sonstigen Leistungen im Zusammenhang mit einem Grundstück vom Vorsteuerabzug ausgeschlossen, soweit sie nicht auf die Verwendung des Grundstücks für Zwecke des Unternehmens entfällt. ② Dem Vorsteuerausschluss unterliegen auch die wesentlichen Bestandteile des Grundstücks, z. B. Gebäude und Außenanlagen. ③ Hiervon unberührt bleiben Gegenstände, die umsatzsteuerrechtlich selbständige Zuordnungsobjekte im Sinne des § 15 Abs. 1 UStG darstellen (z. B. Photovoltaikanlage und Blockheizkraftwerk), soweit sie nicht gemäß Abschnitt 15.17 Abs. 6 Anschaffungs- oder Herstellungskosten des gesamten Gebäudes darstellen. ④ Aufgrund der Vorsteuerabzugsbeschränkung nach § 15 Abs. 1 b UStG unterliegt die Verwendung eines Grundstücks für unternehmensfremde Zwecke nicht der unentgeltlichen Wertabgabenbesteuerung nach § 3 Abs. 9 a Nr. 1 UStG (vgl. Abschnitt 3.4 Abs. 5 a).

174 (4) ① Für die Aufteilung von Vorsteuerbeträgen für Zwecke des § 15 Abs. 1 b UStG gelten die Grundsätze des § 15 Abs. 4 UStG entsprechend. ② Zur Vorsteueraufteilung bei Gebäuden vgl. Abschnitt 15.17 Abs. 5 bis 8.

175 (5) ① Sofern sich die Verwendung des teilunternehmerisch genutzten Grundstücks ändert, liegt eine Änderung der Verhältnisse im Sinne des § 15 a UStG vor (§ 15 a Abs. 6 a UStG, vgl. Abschnitt 15 a.2). ② Unter Beachtung der Bagatellgrenzen des § 44 UStDV ist eine Vorsteuerberichtigung nach § 15 a UStG durchzuführen. ③ Eine Vorsteuerberichtigung nach § 15 a UStG ist nur möglich, soweit das Grundstück dem Unternehmensvermögen zugeordnet worden ist (vgl. Abschnitt 15 a.1 Abs. 6 Nr. 2, 4 und 5).

176 (6) ① Wird ein insgesamt dem Unternehmensvermögen zugeordnetes teilunternehmerisch genutztes Grundstück, das nach § 15 Abs. 1 b UStG nur teilweise zum Vorsteuerabzug berechtigt

[1] A 15.6 a Abs. 3 Satz 3 neugefasst durch BMF v. 20. 10. 2022 (BStBl. I S. 1497), anzuwenden in allen offenen Fällen; Übergangsregelung bis zur Veröffentlichung im BStBl. I Nr. 20 v. 22. 11. 2022.

hat, veräußert, unterliegt der Umsatz im vollen Umfang der Umsatzsteuer, wenn auf die Steuerbefreiung nach § 4 Nr. 9 Buchstabe a UStG wirksam verzichtet wird (§ 9 UStG, vgl. Abschnitt 9.1). ② Es liegt insoweit eine Änderung der Verhältnisse vor, die zu einer Vorsteuerberichtigung nach § 15 a UStG führt (§ 15 a Abs. 8 Satz 2 UStG, vgl. Abschnitt 15 a.2).

(7)[1] Beispiele zum Vorsteuerabzug bei teilunternehmerisch genutzten Grundstücken im 177
Sinne des § 15 Abs. 1 b UStG; die Übergangsregelung nach § 27 Abs. 16 UStG findet keine Anwendung:

Beispiel 1:

① Unternehmer U, der nur vorsteuerunschädliche Ausgangsumsätze ausführt, lässt zum 1. 1. 02 ein Einfamilienhaus (EFH) fertigstellen. ② Die Herstellungskosten betragen insgesamt 300 000 € zzgl. 57 000 € Umsatzsteuer. ③ U nutzt das Gebäude ab Fertigstellung planungsgemäß zu 40% für seine vorsteuerunschädlichen Ausgangsumsätze und zu 60% für private Wohnzwecke. ④ Da die Ausstattung der unterschiedlich genutzten Räume nicht erheblich voneinander abweicht, hat U richtigerweise eine Aufteilung nach dem Flächenschlüssel vorgenommen. ⑤ U macht einen Vorsteuerabzug in Höhe von 22 800 € (40% von 57 000 €) bei dem zuständigen Finanzamt geltend ohne schriftlich mitzuteilen, in welchem Umfang er das Grundstück seinem Unternehmen zugeordnet hat.

⑥ U hat durch die Geltendmachung des Vorsteuerabzugs in Höhe von 40% dokumentiert, dass er in dieser Höhe das Grundstück seinem Unternehmen zugeordnet hat (vgl. Abschnitt 15.2 c Abs. 17 Satz 1). ⑦ Da U gegenüber dem Finanzamt nicht schriftlich erklärt hat, dass er das Grundstück insgesamt seinem Unternehmen zugeordnet hat, kann diese Zuordnung zum Unternehmen nicht unterstellt werden (vgl. Abschnitt 15.2 c Abs. 17 Satz 3). ⑧ Nach § 15 Abs. 1 Satz 1 Nr. 1 UStG sind 22 800 € (57 000 € × 40%) als Vorsteuer abziehbar. ⑨ § 15 Abs. 1 b UStG findet keine Anwendung, da U den für die privaten Wohnzwecke genutzten Grundstücksanteil nicht seinem Unternehmen zugeordnet hat.

⑩ Sofern der für private Wohnzwecke genutzte Grundstücksanteil später unternehmerisch genutzt wird, ist eine Vorsteuerberichtigung zu Gunsten des U nach § 15 a UStG nicht zulässig, da U diesen Grundstücksanteil nicht nachweisbar seinem Unternehmen zugeordnet hat (vgl. Abschnitt 15 a.1 Abs. 6). ⑪ Verringert sich hingegen später der Umfang der unternehmerischen Nutzung des dem Unternehmen zugeordneten Grundstücksanteils (z. B. Nutzung des gesamten Grundstücks zu 80% für private Wohnzwecke und zu 20% für unternehmerische Zwecke), ist unter Beachtung der Bagatellgrenzen des § 44 UStDV eine Vorsteuerberichtigung nach § 15 a UStG durchzuführen. ⑫ Eine Wertabgabenbesteuerung nach § 3 Abs. 9 a Nr. 1 UStG erfolgt nicht.

Beispiel 2:

① Unternehmer U, der nur vorsteuerunschädliche Ausgangsumsätze ausführt, lässt zum 1. 1. 02 ein Einfamilienhaus fertigstellen. ② Die Herstellungskosten betragen insgesamt 300 000 € zzgl. 57 000 € Umsatzsteuer. ③ Die Nutzfläche des Einfamilienhauses beträgt 200 qm. ④ U nutzt das Gebäude ab Fertigstellung planungsgemäß zu 40% für seine vorsteuerunschädlichen Ausgangsumsätze und zu 60% für private Wohnzwecke, die Ausstattung der beiden Nutzungseinheiten weicht nicht erheblich voneinander ab. ⑤ Die laufenden Aufwendungen, die auf das gesamte Grundstück entfallen, betragen in dem Jahr 02 1 500 € zzgl. 285 € Umsatzsteuer. ⑥ U hat dem zuständigen Finanzamt schriftlich mitgeteilt, dass er das Grundstück im vollen Umfang seinem Unternehmen zugeordnet hat.

⑦ U hat das Grundstück insgesamt seinem Unternehmen zugeordnet und seine Zuordnungsentscheidung dokumentiert. ⑧ Da U 60% des Gebäudes für seine privaten nichtunternehmerischen Zwecke verwendet, ist der Vorsteuerabzug nach § 15 Abs. 1 b UStG nur in Höhe von 22 800 € (57 000 € × 40%) zulässig. ⑨ Da die laufenden Kosten nicht direkt der unternehmerischen bzw. privaten Nutzung des Grundstücks zugeordnet werden können, beträgt der Vorsteuerabzug aus den laufenden Aufwendungen nach Aufteilung nach dem Verhältnis der Nutzflächen 114 € (§ 15 Abs. 4 Satz 4 UStG).

Beispiel 3:

① Sachverhalt wie Beispiel 2. ② Zum 1. 1. 05 erhöht sich

a) die unternehmerische Nutzung des Gebäudes (EFH) um 12 Prozentpunkte auf 52%. ② U führt wie bisher nur vorsteuerunschädliche Ausgangsumsätze aus.
b) die private Nutzung des Gebäudes (EFH) um 15 Prozentpunkte auf 75%.

Zu a)

① Es liegt zum 1. 1. 05 eine Änderung der Verhältnisse im Sinne des § 15 a Abs. 6 a UStG vor, da sich die unternehmerische Nutzung erhöht hat. ② Die Bagatellgrenzen des § 44 UStDV sind überschritten.

Jahr 05:

Insgesamt in Rechnung gestellte Umsatzsteuer: 57 000 €

Ursprünglicher Vorsteuerabzug: 22 800 € (entspricht 40% von 57 000 €)

Zeitpunkt der erstmaligen Verwendung: 1. 1. 02

Dauer des Berichtigungszeitraums: 1. 1. 02 bis 31. 12. 11

Tatsächliche zum Vorsteuerabzug berechtigende Verwendung in 05: 52%

Vorsteuerberichtigung wegen Änderung der Verhältnisse im Vergleich zum ursprünglichen Vorsteuerabzug: Vorsteuer zu 52% statt zu 40%

Berichtigungsbetrag: 12 Prozentpunkte von $^{1}/_{10}$ von 57 000 € = 684 € sind zu Gunsten des U zu korrigieren.

Zu b)

① Es liegt zum 1. 1. 05 eine Änderung der Verhältnisse im Sinne des § 15 a Abs. 6 a UStG vor, da sich die private Nutzung erhöht hat. ② Die Bagatellgrenzen des § 44 UStDV sind überschritten.

Jahr 05:

Insgesamt in Rechnung gestellte Umsatzsteuer: 57 000 €

Ursprünglicher Vorsteuerabzug: 22 800 € (entspricht 40% von 57 000 €)

Zeitpunkt der erstmaligen Verwendung: 1. 1. 02

Dauer des Berichtigungszeitraums: 1. 1. 02 bis 31. 12. 11

---

[1] A 15.6 a Abs. 7 Beispiel 1 Satz 4 eingefügt, bish. Sätze 4 bis 11 werden Sätze 5 bis 12, Beispiel 2 Satz 4 neugefasst durch BMF v. 20. 10. 2022 (BStBl. I S. 1497), anzuwenden in allen offenen Fällen; Übergangsregelung bis zur Veröffentlichung im BStBl. I Nr. 20 v. 22. 11. 2022.

UStAE 15.6a

Tatsächliche zum Vorsteuerabzug berechtigende Verwendung in 05: 25%

Vorsteuerberichtigung wegen Änderung der Verhältnisse im Vergleich zum ursprünglichen Vorsteuerabzug: Vorsteuer zu 25% statt zu 40%

Berichtigungsbetrag: 15 Prozentpunkte von $^1/_{10}$ von 57 000 € = 855 € sind zu Ungunsten des U zu korrigieren.

Beispiel 4:

① Sachverhalt wie Beispiel 2. ② Im Jahr 06 lässt U das Einfamilienhaus um ein Dachgeschoss erweitern, welches für fremde unternehmerische Zwecke, die nicht mit der Nutzung der eigenen unternehmerisch genutzten Flächen in Zusammenhang stehen, steuerpflichtig vermietet wird. ③ Die Herstellungskosten hierfür betragen 100 000 € zzgl. 19 000 € Umsatzsteuer. ④ Das Dachgeschoss ist zum 1. 7. 06 bezugsfertig und hat eine Nutzfläche von 100 qm. ⑤ Zusätzlich lässt U im gleichen Jahr die Außenfassade neu streichen. ⑥ Die Aufwendungen hierfür betragen 10 000 € zzgl. 1 900 € Umsatzsteuer.

⑦ Der Ausbau des Dachgeschosses steht nicht in einem einheitlichen Nutzungs- und Funktionszusammenhang mit den bereits vorhandenen Flächen. ⑧ Es liegt deshalb ein eigenständiges Zuordnungsobjekt vor. ⑨ Unabhängig von der bereits bei Herstellung des Gebäudes getroffenen Zuordnungsentscheidung kann das Dachgeschoss dem Unternehmen zugeordnet werden. ⑩ Da U das Dachgeschoss steuerpflichtig vermietet, ist er zum Vorsteuerabzug in Höhe von 19 000 € berechtigt; es erfolgt keine Vorsteuerkürzung nach § 15 Abs. 1 b UStG.

⑪ Der Anstrich der Außenfassade entfällt auf alle Stockwerke. ⑫ Nach § 15 Abs. 1 b UStG berechtigt nur der Teil der Aufwendungen zum Vorsteuerabzug, der auf die unternehmerische Nutzung des Gebäudes entfällt. ⑬ Die Aufteilung nach § 15 Abs. 4 Satz 4 UStG erfolgt nach dem Verhältnis der Nutzflächen:

40% von 200 qm (bisherige Nutzfläche) + 100% von 100 qm (Dachgeschoss) = 180 qm von 300 qm (60%)

60% von 1 900 € = 1 140 € Vorsteuer

Beispiel 5:

① Sachverhalt wie Beispiel 2. ② U verkauft das Grundstück zum 1. 1. 09 an

a) eine Privatperson steuerfrei für 400 000 €.

b) einen anderen Unternehmer und optiert nach § 9 Abs. 1 UStG zur Steuerpflicht. ② Der Verkaufspreis beträgt 400 000 € (netto). ③ Eine Geschäftsveräußerung im Ganzen im Sinne des § 1 Abs. 1 a UStG liegt nicht vor.

Zu a)

① Die nach § 4 Nr. 9 Buchst. a UStG steuerfreie Veräußerung führt zu einer Änderung der Verhältnisse nach § 15 a Abs. 8 UStG, da das Gebäude teilweise zum Vorsteuerabzug berechtigt hat. ② Die Bagatellgrenzen des § 44 UStDV sind überschritten.

Insgesamt in Rechnung gestellte Umsatzsteuer: 57 000 €

Ursprünglicher Vorsteuerabzug: 22 800 € (entspricht 40% von 57 000 €)

Zeitpunkt der erstmaligen Verwendung: 1. 1. 02

Dauer des Berichtigungszeitraums: 1. 1. 02 bis 31. 12. 11

Tatsächliche zum Vorsteuerabzug berechtigende Verwendung im Berichtigungszeitraum: Jahr 02 bis 08 = 40%

Änderung der Verhältnisse:

ab Jahr 09 = 40 Prozentpunkte (0% statt 40%)

Vorsteuerberichtigung pro Jahr:

(57 000 €/10 Jahre = 5 700 €)

Jahre 09 bis 11 = je 2 280 € (5 700 € × 40%)

③ Die Berichtigung des Vorsteuerabzugs ist für die Jahre 09 bis 11 zusammengefasst in der ersten Voranmeldung für das Kalenderjahr 09 vorzunehmen (§ 44 Abs. 3 Satz 2 UStDV).

Zu b)

① Die steuerpflichtige Veräußerung führt zu einer Änderung der Verhältnisse nach § 15 a Abs. 8 UStG, da das Gebäude nur teilweise zum Vorsteuerabzug berechtigt hat. ② Die Bagatellgrenzen des § 44 UStDV sind überschritten. ③ Die Umsatzsteuer für die steuerpflichtige Lieferung schuldet der Erwerber (§ 13 b Abs. 2 Nr. 3 UStG).

Insgesamt in Rechnung gestellte Umsatzsteuer: 57 000 €

Ursprünglicher Vorsteuerabzug: 22 800 € (entspricht 40% von 57 000 €)

Zeitpunkt der erstmaligen Verwendung: 1. 1. 02

Dauer des Berichtigungszeitraums: 1. 1. 02 bis 31. 12. 11

Tatsächliche zum Vorsteuerabzug berechtigende Verwendung im Berichtigungszeitraum: Jahr 02 bis 08 = 40%

Änderung der Verhältnisse:

ab Jahr 09 = 60 Prozentpunkte (100% statt 40%)

Vorsteuerberichtigung pro Jahr:

(57 000 €/10 Jahre = 5 700 €)

Jahre 09 bis 11 = je 3 420 € (5 700 € × 60%)

④ Die Berichtigung des Vorsteuerabzugs ist für die Jahre 09 bis 11 zusammengefasst in der ersten Voranmeldung für das Kalenderjahr 09 vorzunehmen (§ 44 Abs. 3 Satz 2 UStDV).

178 (8) ① Die gesetzliche Übergangsregelung nach § 27 Abs. 16 UStG gilt für teilunternehmerisch genutzte Grundstücke. ② Sie bezieht sich auf Wirtschaftsgüter im Sinne des § 15 Abs. 1 b UStG, die auf Grund eines vor dem 1. 1. 2011 rechtswirksam abgeschlossenen obligatorischen Vertrags oder gleichstehenden Rechtsakts angeschafft worden sind oder mit deren Herstellung vor dem 1. 1. 2011 begonnen worden ist. ③ Leistungen im Zusammenhang mit diesen teilunternehmerischen Grundstücken, die keine Anschaffungs- und Herstellungskosten darstellen und die nach dem Stichtag 31. 12. 2010 bezogen werden, sind in § 27 Abs. 16 UStG nicht erwähnt und fallen deshalb nicht unter die Übergangsregelung. ④ Für diese Leistungen ist der Vorsteuerabzug seit dem 1. 1. 2011 nur noch in Höhe des unternehmerisch genutzten Anteils möglich (§ 15 Abs. 1 b

UStG). ⑤ Für den nichtwirtschaftlich i. e. S. genutzten Anteil ist der Vorsteuerabzug bereits nach § 15 Abs. 1 UStG ausgeschlossen.

LS zu 15.6a

Will eine juristische Person die Vorsteuern aus Herstellungskosten eines teilweise unternehmerisch und teilweise nichtunternehmerisch (zu Wohnzwecken des Geschäftsführers) genutzten Gebäudes abziehen, muss sie **bis zum 31. Mai des Folgejahres** erklären, dass sie das Gebäude insgesamt ihrem Unternehmen **zugeordnet** hat. *BFH-Urteil v. 20. 3. 2014 V R 27/12 (BFH/NV S. 1097).* 181

UStDV

§ 40 *Vorsteuerabzug bei unfreien Versendungen*[1]

(1) ① *Lässt ein Absender einen Gegenstand durch einen Frachtführer oder Verfrachter unfrei zu einem Dritten befördern oder eine solche Beförderung durch einen Spediteur unfrei besorgen, so ist für den Vorsteuerabzug der Empfänger der Frachtsendung als Auftraggeber dieser Leistungen anzusehen.* ② *Der Absender darf die Steuer für diese Leistungen nicht als Vorsteuer abziehen.* ③ *Der Empfänger der Frachtsendung kann diese Steuer unter folgenden Voraussetzungen abziehen:* 187

1. *Er muss im Übrigen hinsichtlich der Beförderung oder ihrer Besorgung zum Abzug der Steuer berechtigt sein (§ 15 Abs. 1 Satz 1 Nr. 1 des Gesetzes).*
2. *Er muss die Entrichtung des Entgelts zuzüglich der Steuer für die Beförderung oder für ihre Besorgung übernommen haben.*
3. ① *Die in Nummer 2 bezeichnete Voraussetzung muss aus der Rechnung über die Beförderung oder ihre Besorgung zu ersehen sein.* ② *Die Rechnung ist vom Empfänger der Frachtsendung aufzubewahren.*

(2) *Die Vorschriften des § 22 des Gesetzes sowie des § 35 Abs. 1 und § 63 dieser Verordnung gelten für den Empfänger der Frachtsendung entsprechend.*

UStAE 15.7

15.7 Vorsteuerabzug bei unfreien Versendungen und Güterbeförderungen

Unfreie Versendungen

(1) ① Nach § 40 UStDV wird die Berechtigung zum Vorsteuerabzug vom Absender der Frachtsendung auf den Empfänger übertragen. ② Die Regelung lässt keine Wahlmöglichkeit zu. ③ Liegt frachtrechtlich eine unfreie Versendung vor, ist deshalb der Absender als der eigentliche Leistungsempfänger vom Vorsteuerabzug allgemein ausgeschlossen. ④ § 40 UStDV gilt außer bei Frachtsendungen im Rahmen von Lieferungen auch bei Versendungsaufträgen im Zusammenhang mit Materialgestellungen und Materialbeistellungen. 191

(2) Wird bei unfreien Versendungen das Frachtgut von dem beauftragten Spediteur nicht unmittelbar, sondern über einen Empfangsspediteur an den endgültigen Frachtempfänger versendet, gilt Folgendes: 192

1. ① Zieht der Empfangsspediteur die ihm berechneten Frachtkosten (Vorkosten) in eigenem Namen ein, ist er als Empfänger der diesen Kosten zu Grunde liegenden Frachtleistungen anzusehen. ② Er kann daher die ihm dafür gesondert in Rechnung gestellte Steuer nach § 40 Abs. 1 UStDV als Vorsteuer abziehen. ③ Der Inanspruchnahme des Vorsteuerabzugs steht nicht entgegen, dass der Empfangsspediteur die Vorkosten weiterberechnet. ④ § 40 Abs. 1 Satz 3 Nr. 2 UStDV setzt nur voraus, dass der Frachtempfänger die Entrichtung der Frachtkosten an den Versandspediteur oder Frachtführer übernommen hat, nicht aber, dass er diese Kosten auch wirtschaftlich trägt. ⑤ Bei dieser Gestaltung sind die verauslagten Frachtkosten beim Empfangsspediteur Teil der Bemessungsgrundlage für seine Leistung. ⑥ Der endgültige Frachtempfänger ist zum Abzug der Steuer auf die gesamte Bemessungsgrundlage beim Vorliegen der Voraussetzungen des § 15 UStG berechtigt.
2. ① Tritt der Empfangsspediteur als Vermittler auf und behandelt er dementsprechend die Vorkosten als durchlaufende Posten, werden die diesen Kosten zu Grunde liegenden Frachtleistungen an den endgültigen Frachtempfänger erbracht. ② In diesen Fällen ist § 40 Abs. 1 UStDV auf den Empfangsspediteur nicht anwendbar. ③ Der Vorsteuerabzug steht allein dem endgültigen Frachtempfänger zu.

Güterbeförderungen

(3) ① Als Leistungsempfänger im umsatzsteuerrechtlichen Sinn ist grundsätzlich derjenige zu behandeln, in dessen Auftrag die Leistung ausgeführt wird (vgl. Abschnitt 15.2b Abs. 1). ② Aus Vereinfachungsgründen ist bei steuerpflichtigen Güterbeförderungen (Abschnitt 3a.2 Abs. 2), bei denen sich der Leistungsort nach § 3a Abs. 2 UStG richtet, der Rechnungsempfänger als ggf. zum Vorsteuerabzug berechtigter Leistungsempfänger anzusehen. 193

Beispiel:

① Der in Frankreich ansässige Unternehmer U versendet Güter per Frachtnachnahme an den Unternehmer A in Deutschland. ② Bei Frachtnachnahmen wird regelmäßig vereinbart, dass der Beförderungsunternehmer dem Empfänger der Sendung die Beförderungskosten in Rechnung stellt und dieser die Beförderungskosten zahlt.

③ Der Rechnungsempfänger A der innergemeinschaftlichen Güterbeförderung ist als Empfänger der Beförderungsleistung (Leistungsempfänger) im Sinne des § 3a Abs. 2 UStG anzusehen. ④ A ist ggf. zum Vorsteuerabzug berechtigt.

---

[1] **Unfreie Versendungen bei Steuerschuldnerschaft** vgl. § 30a UStDV (zu § 13b UStG).

UStDV **§§ 41 bis 42, 50** *(weggefallen)*

UStAE 15.8

15.8 Abzug der Einfuhrumsatzsteuer bei Einfuhr im Inland[1·2]

201 (1)[3] ① Der Unternehmer kann nach § 15 Abs. 1 Satz 1 Nr. 2 UStG die entstandene Einfuhrumsatzsteuer als Vorsteuer abziehen, wenn die Gegenstände für sein Unternehmen im Inland oder in den österreichischen Gebieten Jungholz und Mittelberg eingeführt worden sind. ② Die Entstehung der Einfuhrumsatzsteuer ist vom Unternehmer nachzuweisen (vgl. Abschnitt 15.11 Abs. 1 Satz 2 Nr. 2).

202 (2) ① Die Verwirklichung des umsatzsteuerrechtlichen Einfuhrtatbestands setzt voraus, dass eine Nicht-Unionsware in das Inland verbracht wird und dieser Vorgang hier steuerbar ist, d. h., die Nicht-Unionsware in die Überlassung zum zoll- und steuerrechtlich freien Verkehr übergeführt wird. ② Für den einfuhrumsatzsteuerrechtlichen Einfuhrtatbestand ist damit nicht allein entscheidend, dass der Gegenstand aus dem Drittland in das Inland gelangt, sondern hier auch grundsätzlich der Besteuerung unterliegt, d. h. im Regelfall eine Einfuhrumsatzsteuerschuld entsteht. ③ Danach liegt z. B. keine Einfuhr im umsatzsteuerrechtlichen Sinne vor, wenn sich die Nicht-Unionsware in einem zollrechtlichen Versandverfahren befindet.

203 (3) ① Bei Einfuhren über die in § 1 Abs. 3 UStG bezeichneten Gebiete ist der Gegenstand ebenfalls erst beim Übergang in das umsatzsteuerrechtliche Inland und Überlassung zum zoll- und steuerrechtlich freien Verkehr eingeführt. ② In diesen Fällen ist jedoch die Einfuhr im Inland für den Abzug der Einfuhrumsatzsteuer nur dann bedeutsam, wenn der eingeführte Gegenstand nicht zur Ausführung der in § 1 Abs. 3 UStG bezeichneten Umsätze verwendet wird (vgl. hierzu Abschnitt 15.9). ③ Im Allgemeinen kommt es daher hierbei nur dann auf den Übergang des Gegenstands in das umsatzsteuerrechtliche Inland an, wenn der eingeführte Gegenstand nicht schon in den in § 1 Abs. 3 UStG bezeichneten Gebieten (insbesondere im Freihafen), sondern erst im Inland einfuhrumsatzsteuerrechtlich abgefertigt wird.

204 (4) ① Eine Einfuhr für das Unternehmen ist gegeben, wenn der Unternehmer den eingeführten Gegenstand im Inland zur Überlassung zum zoll- und steuerrechtlich freien Verkehr abfertigt und danach im Rahmen seiner unternehmerischen Tätigkeit zur Ausführung von Umsätzen einsetzt. ② Diese Voraussetzung ist bei dem Unternehmer gegeben, der im Zeitpunkt der Überführung in die Überlassung zum zoll- und steuerrechtlich freien Verkehr die Verfügungsmacht über den Gegenstand besitzt (vgl. auch BFH-Urteil vom 24. 4. 1980, V R 52/73, BStBl. II S. 615). ③ Für diese Zwecke ist der Zeitpunkt der Lieferung nach der umsatzsteuerlichen Ortsbestimmung (§ 3 Abs. 6 bis 8 UStG) zu ermitteln (vgl. Absatz 5 und Abschnitt 3.12 Abs. 7). ④ Dies gilt auch beim Reihengeschäft. ⑤ Die der Lieferung zu Grunde gelegten Lieferklauseln (z. B. Incoterms) sind insoweit hingegen als zivilrechtliche Verpflichtungen unbeachtlich. ⑥ Kommt tatsächlich keine Lieferung zustande, gelten Absätze 11 und 12. ⑦ Nicht entscheidend ist, wer die Einfuhrumsatzsteuer entrichtet hat und wer den für den vorsteuerabzugsberechtigten Unternehmer eingeführten Gegenstand tatsächlich über die Grenze gebracht hat. ⑧ Überlässt ein ausländischer Unternehmer einem inländischen Unternehmer einen Gegenstand zur Nutzung, ohne ihm die Verfügungsmacht an dem Gegenstand zu verschaffen, ist daher der inländische Unternehmer nicht zum Abzug der Einfuhrumsatzsteuer als Vorsteuer berechtigt (vgl. BFH-Urteil vom 16. 3. 1993, V R 65/89, BStBl. II S. 473).

205 (5) ① In den Fällen des § 3 Abs. 8 UStG steht der Abzug der Einfuhrumsatzsteuer nur dem Lieferer zu, wenn er den Gegenstand zur eigenen Verfügung im Inland zur Überlassung zum zoll- und steuerrechtlich freien Verkehr abfertigt und danach an seinen Abnehmer liefert (vgl. auch die Beispiele in Abschnitt 3.13 Abs. 2). ② Hingegen kann nur der Abnehmer von der Abzugsberechtigung Gebrauch machen, wenn er zum Zeitpunkt der Überführung in die Überlassung zum zoll- und steuerrechtlich freien Verkehr die Verfügungsmacht innehat. ③ Personen, die lediglich an der Einfuhr mitgewirkt haben, ohne über den Gegenstand verfügen zu können (z. B. Spediteure, Frachtführer, Handelsvertreter, Zolllagerbetreiber), sind auch dann nicht abzugsberechtigt, wenn sie den eingeführten Gegenstand vorübergehend entsprechend den Weisungen ihres Auftraggebers auf Lager nehmen (vgl. BFH-Urteil vom 11. 11. 2015, V R 68/14, BStBl. 2016 II S. 720).

206 (6) *(aufgehoben)*

207 (7)[4] ① Nicht erforderlich ist, dass der Unternehmer die Einfuhrumsatzsteuer entrichtet hat. ② Er kann sie als Vorsteuer auch dann abziehen, wenn sein Beauftragter (z. B. der Spediteur, der Frachtführer oder der Handelsvertreter) Schuldner der Einfuhrumsatzsteuer ist. ③ In diesen Fällen ist der Abzug davon abhängig, dass sich der Unternehmer den betreffenden zollamtlichen Beleg oder einen zollamtlich bescheinigten Ersatzbeleg für den Vorsteuerabzug aushändigen lässt.

---

[1] Vorsteuerabzug von Umsätzen i. Z. mit der Einfuhr vgl. A 15.12 Abs. 4 UStAE.
[2] Vgl. VSF Z 8101 – Nr. I. 3. a) Abs. 14–18.
[3] Vgl. *BMF vom 28. 1. 2004 (BStBl. I S. 242) – Tz. 65* zur Einführung einer Umsatzsteuerlagerregelung (§ 4 Nr. 4 a UStG) und einer Steuerbefreiung für die einer Einfuhr vorangehenden Lieferungen von Gegenständen.
[4] **Hinweis** auf A 3.13 Abs. 2 bzw. 3.14 Abs. 15 UStAE.

(8) ① Überlässt ein ausländischer Auftraggeber einem im Inland ansässigen Unternehmer einen Gegenstand zur Ausführung einer Werkleistung (z. B. einer Lohnveredelung) oder stellt der ausländische Auftraggeber einem im Inland ansässigen Unternehmer einen Gegenstand zur Ausführung einer Werklieferung bei, kann die auf die Einfuhr des Gegenstands entfallende Einfuhrumsatzsteuer von dem im Inland ansässigen Unternehmer als Vorsteuer abgezogen werden, wenn der Gegenstand nach Ausführung der Werkleistung oder Werklieferung in das Drittlandsgebiet zurückgelangt. ② Entsprechend kann verfahren werden, wenn der ausländische Auftraggeber den Gegenstand nach Ausführung der Werkleistung oder Werklieferung im Inland weiterliefert und diese Lieferung nicht nach § 4 Nr. 8 ff. UStG steuerfrei ist. ③ Diese Voraussetzungen sind vom Unternehmer nachzuweisen. ④ Wird der Gegenstand nach Ausführung der Werkleistung oder Werklieferung vom ausländischen Auftraggeber im Inland für eigene Zwecke verwendet oder genutzt, kann der im Inland ansässige Unternehmer den Abzug der Einfuhrumsatzsteuer nicht vornehmen. ⑤ Ein von ihm bereits vorgenommener Vorsteuerabzug ist rückgängig zu machen. ⑥ In diesem Falle bleibt es somit bei der durch die Einfuhr entstandenen Belastung, sofern nicht der ausländische Auftraggeber hinsichtlich des eingeführten Gegenstands zum Vorsteuerabzug berechtigt ist. UStAE 15.8 208

(9) ① Bei der Einfuhr eines Gegenstands, den der Unternehmer im Inland vermietet, ist nicht der Mieter, sondern der Vermieter zum Abzug der Einfuhrumsatzsteuer berechtigt (vgl. auch BFH-Urteil vom 24. 4. 1980, V R 52/73, BStBl. II S. 615). ② Gleiches gilt, wenn der Gegenstand geliehen oder auf Grund eines ähnlichen Rechtsverhältnisses zur Nutzung überlassen wird (BFH-Urteil vom 16. 3. 1993, V R 65/89, BStBl. II S. 473). 209

(10) ① Die Vorschriften des § 15 Abs. 1 Satz 1 Nr. 1 UStG und des § 15 Abs. 1 Satz 1 Nr. 2 UStG schließen sich gegenseitig aus. ② Der Unternehmer kann somit grundsätzlich im Zusammenhang mit dem Bezug eines Gegenstands nicht zugleich eine gesondert in Rechnung gestellte Steuer und Einfuhrumsatzsteuer als Vorsteuer abziehen. ③ Lediglich in den Fällen, in denen der Leistungsempfänger den Gegenstand zum zoll- und steuerrechtlich freien Verkehr abfertigt und die Lieferung an ihn steuerpflichtig ist, weil der Lieferant die Voraussetzungen der Steuerbefreiung für die der Einfuhr vorangehende Lieferung nicht nachweist (vgl. § 4 Nr. 4b Sätze 1 und 3 UStG), kann dieser Leistungsempfänger zugleich die in Rechnung gestellte Steuer und die geschuldete Einfuhrumsatzsteuer als Vorsteuer abziehen (vgl. auch Abschnitt 3.14 Abs. 16). ④ Auch in den Fällen, in denen nicht der Unternehmer, der im Zeitpunkt der Einfuhr die Verfügungsmacht hat, sondern ein späterer Abnehmer den eingeführten Gegenstand beim Zollamt zur Überlassung zum zollrechtlich freien Verkehr abfertigen lässt, kann nur der Unternehmer den Abzug der Einfuhrumsatzsteuer geltend machen, der bei der Einfuhr verfügungsberechtigt war. ⑤ Zur Vermeidung von Schwierigkeiten kann der Unternehmer in diesen Fällen den eingeführten Gegenstand unmittelbar nach der Einfuhr einfuhrumsatzsteuerrechtlich zur Überlassung zum freien Verkehr abfertigen lassen. 210

(11)[1] ① Wird ein Gegenstand im Rahmen einer beabsichtigten Lieferung (§ 3 Abs. 6 oder 8 UStG) im Inland eingeführt, von dem vorgesehenen Abnehmer jedoch nicht angenommen, ist entsprechend den allgemeinen Grundsätzen der Unternehmer zum Abzug der Einfuhrumsatzsteuer berechtigt, der im Zeitpunkt der Einfuhr die Verfügungsmacht über den Gegenstand besitzt (vgl. Absatz 4). ② Hierbei sind folgende Fälle zu unterscheiden: 211

1. Abfertigung des Gegenstands zur Überlassung zum zoll- und steuerrechtlich freien Verkehr auf Antrag des Abnehmers oder seines Beauftragten 212
   ① Bei dieser Gestaltung ist vorgesehen, den Gegenstand im Rahmen einer Beförderungs- oder Versendungslieferung im Sinne des § 3 Abs. 6 UStG einzuführen. ② Ob hierbei der Absender oder der vorgesehene Abnehmer im Zeitpunkt der Einfuhr als Verfügungsberechtigter anzusehen ist, hängt davon ab, wann der eingeführte Gegenstand zurückgewiesen wurde.
   a) ① Nimmt der vorgesehene Abnehmer den Gegenstand von vornherein nicht an (z. B. wegen offensichtlicher Mängel, verspäteter Lieferung oder fehlenden Lieferauftrags), ist der Gegenstand nicht im Rahmen einer Lieferung eingeführt worden. ② Wegen der sofortigen Annahmeverweigerung ist eine Lieferung nicht zu Stande gekommen. ③ In diesen Fällen ist somit der Absender während des gesamten Zeitraums der Anlieferung im Besitz der Verfügungsmacht geblieben und deshalb allein zum Abzug der Einfuhrumsatzsteuer berechtigt.
   b) ① Hat der vorgesehene Abnehmer den eingeführten Gegenstand vorerst angenommen, später jedoch zurückgewiesen (z. B. wegen erst nachher festgestellter Mängel), ist zunächst eine Lieferung zu Stande gekommen. ② Durch die spätere Zurückweisung wird sie zwar wieder rückgängig gemacht. ③ Das ändert jedoch nichts daran, dass der Abnehmer im Zeitpunkt der Einfuhr, die als selbständiger umsatzsteuerrechtlicher Tatbestand bestehen bleibt, noch als Verfügungsberechtigter anzusehen war. ④ Die Berechtigung zum Abzug der Einfuhrumsatzsteuer steht deshalb in diesen Fällen dem vorgesehenen Abnehmer zu (vgl. auch Absatz 5). ⑤ Der Nachweis, dass der Gegenstand erst später zurückgewiesen wurde, kann durch einen Vermerk auf den Versandunterlagen und die Buchung als Wareneingang geführt werden.

[1] Annahmeverweigerung vgl. auch VSF Z 8101 Nr. VII., 8., Abs. 143.

213 2. Abfertigung des Gegenstandes zur Überlassung zum zoll- und steuerrechtlich freien Verkehr auf Antrag des Absenders oder seines Beauftragten
① Bei dieser Abwicklung beabsichtigen die Beteiligten eine Beförderungs- oder Versendungslieferung im Sinne des § 3 Abs. 8 UStG. ② Hierbei hat der Absender im Zeitpunkt der Einfuhr die Verfügungsmacht über den Gegenstand, gleichgültig ob der vorgesehene Abnehmer den Gegenstand von vornherein oder erst später zurückweist (vgl. Absatz 5). ③ Deshalb kann stets nur der Absender die Einfuhrumsatzsteuer abziehen.

③ Nach Satz 2 Nummer 1 und 2 ist grundsätzlich auch dann zu verfahren, wenn der Absender den eingeführten Gegenstand nach der Annahmeverweigerung durch den vorgesehenen Abnehmer im Inland an einen anderen Abnehmer liefert. ④ Ist der vorgesehene Abnehmer ausnahmsweise nicht oder nicht in vollem Umfang zum Vorsteuerabzug berechtigt (z. B. weil er kein Unternehmer ist oder vom Vorsteuerabzug ausgeschlossene Umsätze ausführt), bestehen keine Bedenken, wenn zur Vermeidung einer vom Gesetzgeber nicht gewollten Belastung die Berechtigung zum Abzug der Einfuhrumsatzsteuer dem Absender zugestanden wird.

214 (12) ① Geht der eingeführte Gegenstand während des Transports an den vorgesehenen Abnehmer im Inland verloren oder wird er vernichtet, bevor eine Lieferung ausgeführt worden ist, kommt der Abzug der Einfuhrumsatzsteuer nur für den Absender in Betracht. ② Das Gleiche gilt, wenn der Gegenstand aus einem anderen Grund nicht an den vorgesehenen Abnehmer gelangt.

215 (13) Werden eingeführte Gegenstände sowohl für unternehmerische als auch für unternehmensfremde Zwecke verwendet, gilt für den Abzug der Einfuhrumsatzsteuer Abschnitt 15.2c entsprechend.

LS zu 15.8

Der Betreiber eines **Zolllagers** ist nicht zum Abzug der Einfuhrumsatzsteuer als Vorsteuer berechtigt. *BFH-Urteil v. 11. 11. 2015 V R 68/14 (BStBl. 2016 II S. 720).*

217 1. Derjenige Unternehmer ist zum Abzug der Einfuhrumsatzsteuer berechtigt, der im Zeitpunkt der Einfuhr die abhängig vom Lieferort zu bestimmende „umsatzsteuerliche" Verfügungsmacht über den eingeführten Gegenstand besessen hat. – 2. Für die Bestimmung von Lieferzeitpunkt und Lieferort bei **Verkaufskommissionsgeschäften** gilt die Lieferung des Kommittenten an den Verkaufskommissionär erst dann als erfolgt, wenn der Verkaufskommissionär das Kommissionsgut an den Abnehmer liefert. – 3. Für die Bestimmung der **Verfügungsmacht** bei der Einfuhr von Kommissionsware ist nach wie vor die Verschaffung der Verfügungsmacht an der Ware an den Verkaufskommissionär **mit der Versendung oder Verbringung** an ihn erfolgt. *FG Köln, Urt. v. 17. 1. 2011 9 K 308/10, rkr. (DStRE S. 1413).*

Kein Verwaltungsakt ist die **Ausstellung** eines Ersatzbelegs über zu entrichtende oder entrichtete Einfuhrumsatzsteuer und die **„Ungültigerklärung"** eines solchen Ersatzbelegs durch das HZA mit dem Hinweis, Einfuhrumsatzsteuer sei nicht entrichtet worden. *BFH-Urteil vom 17. 2. 1987 – VII R 45/83 (BStBl. II S. 504).*

Das BFH-Urt. V R 57/93 v. 9. 2. 95, BFHE 177, 513, nach dem die entrichtete Einfuhrumsatzteuer als Vorsteuer nur abgezogen werden kann, wenn der den Vorsteuerabzug geltend machende Unternehmer einen **auf seinen Namen lautenden zollamtlichen Zahlungsbeleg** oder Ersatzbeleg erhalten hat, ist über den Einzelfall hinaus **nicht anwendbar.** *Verfügung OFD Erfurt v. 11. 12. 1995 S 7302 A – 01 – St 343 (DStR 1996 S. 183).*

Ausfertigung von Ersatzbelegen vgl. VSF Z 8101 Nr. I. 3. b) Abs. 22–26.

Zum Abzug von **Einfuhrumsatzsteuer** bei **unrichtigen Angaben** in der Zollanmeldung. *Verfügung OFD Karlsruhe v. 12. 12. 2013 – S 7300 a K. 1 (MwStR 2014 S. 106).*

(VSF) Z 8101 Nr. I

Z 8101. Vorsteuerabzug – Allgemeines, Nachweise
– Dienstvorschrift EUSt –

Vorschriftensammlung Bundesfinanzverwaltung (VSF) Z 8101 Nr. I. 3.

219

UStAE 15.9

15.9 Abzug der Einfuhrumsatzsteuer in den Fällen des § 1 Abs. 3 UStG

221 (1) ① Abziehbar ist auch die Einfuhrumsatzsteuer für die Gegenstände, die zur Ausführung bestimmter Umsätze in den in § 1 Abs. 3 UStG bezeichneten Gebieten verwendet werden (§ 15 Abs. 1 Satz 1 Nr. 2 UStG). ② Der Vorsteuerabzug setzt voraus, dass der Unternehmer den einfuhrumsatzsteuerrechtlich abgefertigten Gegenstand mittelbar oder unmittelbar zur Ausführung der in § 1 Abs. 3 UStG bezeichneten Umsätze einsetzt. ③ Die Abzugsberechtigung erstreckt sich nicht nur auf die Einfuhrumsatzsteuer für die Gegenstände, die in die in § 1 Abs. 3 UStG bezeichneten Umsätze eingehen. ④ Vielmehr ist auch die Einfuhrumsatzsteuer für solche Gegenstände abziehbar, die der Unternehmer in seinem Unternehmen einsetzt, um diese Umsätze auszuführen (z. B. für betriebliche Investitionsgüter oder Hilfsstoffe, die zur Ausführung dieser Umsätze genutzt oder verwendet werden).

222 (2) ① Bewirkt der Unternehmer außer Umsätzen, die unter § 1 Abs. 3 UStG fallen, auch Umsätze der gleichen Art, die nicht steuerbar sind, kann er dafür den Abzug der Einfuhrumsatzsteuer aus Vereinfachungsgründen ebenfalls in Anspruch nehmen. ② Voraussetzung ist jedoch, dass die nicht steuerbaren Umsätze auch im Falle der Steuerbarkeit zum Vorsteuerabzug berechtigen würden.

Beispiel:

① Ein im Freihafen ansässiger Unternehmer beliefert einen Abnehmer mit Gegenständen, die bei diesem zum Ge- und Verbrauch im Freihafen bestimmt sind. ② Hierbei wird ein Teil dieser Lieferung für das Unternehmen des Abnehmers, ein

Teil für den nichtunternehmerischen Bereich des Abnehmers ausgeführt (§ 1 Abs. 3 Satz 1 Nr. 1 UStG). ③ Obwohl nur die für den nichtunternehmerischen Bereich ausgeführten Lieferungen sowie die Lieferungen, die vom Abnehmer ausschließlich oder zum wesentlichen Teil für eine nach § 4 Nr. 8 bis 27 und 29 UStG steuerfreie Tätigkeit verwendet werden, unter § 1 Abs. 3 UStG fallen, kann der Lieferer auch die Einfuhrumsatzsteuer für die Gegenstände abziehen, die den für das Unternehmen des Abnehmers bestimmten Lieferungen zuzuordnen sind. ④ Die gleiche Vereinfachung gilt bei sonstigen Leistungen, die der Unternehmer teils für das Unternehmen des Auftraggebers, teils für den nichtunternehmerischen Bereich des Auftraggebers (§ 1 Abs. 3 Satz 1 Nr. 2 UStG) ausführt.

(3) ① Hat ein Unternehmer Gegenstände einfuhrumsatzsteuerrechtlich abfertigen lassen, um sie nach einer Be- oder Verarbeitung vom Freihafen aus teils in das übrige Ausland, teils im Rahmen einer zollamtlich bewilligten Freihafen-Veredelung (§ 1 Abs. 3 Satz 1 Nr. 4 Buchstabe a UStG) in das Inland zu liefern, kann er die Einfuhrumsatzsteuer in beiden Fällen abziehen. ② Das Gleiche gilt für Gegenstände, die der Unternehmer im Freihafen zur Ausführung dieser Umsätze im eigenen Unternehmen gebraucht oder verbraucht. ③ Entsprechend kann in den Fällen einer zollamtlich besonders zugelassenen Freihafenlagerung verfahren werden. **223**

(4) ① Zum Abzug der Einfuhrumsatzsteuer für Gegenstände, die sich im Zeitpunkt der Lieferung einfuhrumsatzsteuerrechtlich im freien Verkehr befinden (§ 1 Abs. 3 Satz 1 Nr. 4 Buchstabe b UStG), ist der Unternehmer unabhängig davon berechtigt, ob die Gegenstände aus dem Freihafen in das übrige Ausland oder in das Inland gelangen. ② Auch bei einem Verbleiben der Gegenstände im Freihafen oder in den anderen in § 1 Abs. 3 UStG bezeichneten Gebieten steht dem Unternehmer der Vorsteuerabzug zu. ③ Bedeutung hat diese Regelung für die Lieferungen, bei denen der Liefergegenstand nach der einfuhrumsatzsteuerrechtlichen Abfertigung vom Freihafen aus in das übrige Ausland gelangt oder von einem im Inland ansässigen Abnehmer im Freihafen abgeholt wird. ④ In den Fällen, in denen der Lieferer den Gegenstand im Rahmen einer Lieferung vom Freihafen aus in das Inland befördert oder versendet, überschneiden sich die Vorschriften des § 1 Abs. 3 Satz 1 Nr. 4 Buchstabe b UStG und des § 3 Abs. 8 UStG. ⑤ Für den Abzug der Einfuhrumsatzsteuer ist die Überschneidung ohne Bedeutung, da nach beiden Vorschriften allein dem Lieferer die Abzugsberechtigung zusteht (vgl. auch Abschnitt 15.8 Abs. 5). **224**

(5) ① Auch bei den in § 1 Abs. 3 UStG bezeichneten Umsätzen ist der Abzug der Einfuhrumsatzsteuer davon abhängig, dass die Steuer entstanden ist. ② Der Abzug bestimmt sich nach dem Zeitpunkt der einfuhrumsatzsteuerrechtlichen Abfertigung des Gegenstands. ③ Das gilt auch, wenn der Gegenstand nach der Abfertigung in das Inland gelangt (z. B. wenn der Unternehmer den Gegenstand in den Fällen des § 1 Abs. 3 Satz 1 Nr. 4 UStG vom Freihafen aus an einen Abnehmer im Inland liefert oder der Abnehmer den Gegenstand in den Fällen des § 1 Abs. 3 Satz 1 Nr. 4 Buchstabe b UStG im Freihafen abholt) oder wenn der Unternehmer den Gegenstand nach einer zollamtlich bewilligten Freihafen-Veredelung ausnahmsweise nicht vom Freihafen, sondern vom Inland aus an den Abnehmer liefert (z. B. ab einem Lagerplatz im Inland). **225**

(6) ① Sind die Voraussetzungen der Absätze 1 bis 5 nicht gegeben und liegt auch keine Einfuhr im Inland vor (vgl. Abschnitt 15.8), kann die Einfuhrumsatzsteuer für Gegenstände, die auf einem Abfertigungsplatz in einem Freihafen einfuhrumsatzsteuerrechtlich abgefertigt wurden, nicht als Vorsteuer abgezogen werden. ② In diesen Fällen kommt daher als Entlastungsmaßnahme nur ein Erlass oder eine Erstattung der Einfuhrumsatzsteuer durch die zuständige Zollstelle in Betracht. ③ Das trifft z. B. auf Unternehmer zu, die einen einfuhrumsatzsteuerrechtlich abgefertigten Gegenstand nur zum unternehmerischen Ge- und Verbrauch im Freihafen aus dem übrigen Ausland bezogen haben. ④ Das Gleiche gilt beim Bezug von Gegenständen aus dem übrigen Ausland, wenn sie nach der einfuhrumsatzsteuerrechtlichen Abfertigung zum freien Verkehr vom Abnehmer nicht ausschließlich oder zum wesentlichen Teil für eine nach § 4 Nr. 8 bis 27 und 29 UStG steuerfreie Tätigkeit verwendet werden, sondern vom Freihafen aus wieder in das übrige Ausland verbracht werden. ⑤ Voraussetzung für den Erlass oder die Erstattung ist, dass die Einfuhrumsatzsteuer als Vorsteuer abgezogen werden könnte, wenn entweder eine Einfuhr in das Inland oder eine Verwendung für die in § 1 Abs. 3 UStG bezeichneten Umsätze vorgelegen hätte. **226**

15.10 Vorsteuerabzug ohne gesonderten Steuerausweis in einer Rechnung

UStAE 15.10

(1) Für den Vorsteuerabzug nach § 15 Abs. 1 Satz 1 Nr. 3 bis 5 UStG ist es nicht Voraussetzung, dass der Leistungsempfänger im Besitz einer nach §§ 14, 14a UStG ausgestellten Rechnung ist (vgl. EuGH-Urteil vom 1. 4. 2004, C-90/02, Bockemühl). **231**

Abzug der Steuer für den innergemeinschaftlichen Erwerb von Gegenständen

(2) ① Der Erwerber kann die für den innergemeinschaftlichen Erwerb geschuldete Umsatzsteuer als Vorsteuer abziehen, wenn er den Gegenstand für sein Unternehmen bezieht und zur Ausführung von Umsätzen verwendet, die den Vorsteuerabzug nicht ausschließen. ② Dies gilt nicht für die Steuer, die der Erwerber schuldet, weil er gegenüber dem Lieferer eine ihm von einem anderen Mitgliedstaat als dem, in dem sich der erworbene Gegenstand am Ende der Beförderung oder Versendung befindet, erteilte USt-IdNr. verwendet und der innergemeinschaftliche Erwerb nach § 3d Satz 2 UStG deshalb im Gebiet dieses Mitgliedstaates als bewirkt gilt (vgl. BFH-Urteile vom 1. 9. 2010, V R 39/08, BStBl. 2011 II S. 658 und vom 8. 9. 2010, XI R 40/08, **232**

BStBl. 2011 II S. 661). ③ Bei Land- und Forstwirten, die der Durchschnittssatzbesteuerung unterliegen und die auf die Anwendung von § 1a Abs. 3 UStG verzichtet haben, ist der Abzug der Steuer für den innergemeinschaftlichen Erwerb als Vorsteuer durch die Pauschalierung abgegolten (vgl. BFH-Urteil vom 24. 9. 1998, V R 17/98, BStBl. 1999 II S. 39).

233 (3) ① Das Recht auf Vorsteuerabzug der Erwerbssteuer entsteht in dem Zeitpunkt, in dem die Erwerbssteuer entsteht (§ 13 Abs. 1 Nr. 6 UStG). ② Der Unternehmer kann damit den Vorsteuerabzug in der Voranmeldung oder Umsatzsteuererklärung für das Kalenderjahr geltend machen, in der er den innergemeinschaftlichen Erwerb zu versteuern hat.

Vorsteuerabzug bei Steuerschuldnerschaft des Leistungsempfängers

234 (4) Zum Vorsteuerabzug bei der Steuerschuldnerschaft des Leistungsempfängers nach § 13b UStG vgl. Abschnitt 13b.15.

Vorsteuerabzug im Rahmen eines innergemeinschaftlichen Dreiecksgeschäfts

235 (5) ① Im Rahmen eines innergemeinschaftlichen Dreiecksgeschäfts wird die Steuer für die Lieferung des ersten Abnehmers an den letzten Abnehmer von diesem geschuldet (§ 25b Abs. 2 UStG, vgl. Abschnitt 25b.1 Abs. 6). ② Der letzte Abnehmer kann diese Steuer als Vorsteuer abziehen, wenn er den Gegenstand für sein Unternehmen bezieht und soweit er ihn zur Ausführung von Umsätzen verwendet, die den Vorsteuerabzug nicht ausschließen (§ 25b Abs. 5 UStG).

LS zu 15.10

Kein Vorsteuerabzug des Zwischenhändlers bei **fehlgeschlagenem innergemeinschaftlichen Dreiecksgeschäft.** ***EuGH-Urt. v. 22. 4. 2010,*** *C-536/08, X und C-539/08, Facet Trading BV (DStR S. 926).*

238 Bei innergemeinschaftlichen Erwerben und bei Anwendung des Reverse-Charge-Verfahrens ist der Vorsteuerabzug trotz **Missachtung formeller Anforderungen** möglich. ***EuGH-Urt. v. 11. 12. 2014*** *– C-590/13, Idexx Laboratories Italia Srl (DStRE 2015 S. 747).*

Kein Vorsteuerabzug ist möglich bei **nationaler unionsrechtswidriger Steuerbefreiung** des innergemeinschaftlichen Erwerbs und der Einfuhr von Zahnersatz. ***EuGH-Urt. v. 26. 2. 2015*** *– C-144/13, VDP, C-154/13, X BV, C-160/13, Nobel Biocare Nederland BV (MwStR S. 300).*

UStAE 15.11

15.11 Nachweis der Voraussetzungen für den Vorsteuerabzug

Aufzeichnungen und Belege

241 (1) ① Die Voraussetzungen für den Vorsteuerabzug hat der Unternehmer aufzuzeichnen und durch Belege nachzuweisen. ② Als ausreichender Beleg ist anzusehen:

1. für die von einem anderen Unternehmer gesondert in Rechnung gestellten Steuern eine nach den §§ 14, 14a UStG in Verbindung mit §§ 31 bis 34 UStDV ausgestellte Rechnung;
2. ① für die entstandene Einfuhrumsatzsteuer ein zollamtlicher Beleg (z. B. der Einfuhrabgabenbescheid) oder ein vom zuständigen Zollamt bescheinigter Ersatzbeleg (z. B. ein Ersatzbeleg für den Vorsteuerabzug nach amtlich vorgeschriebenem Muster). ② Bei Einfuhren, die über das IT-Verfahren ATLAS abgewickelt werden, bestehen keine Bedenken, den Nachweis elektronisch oder bei Bedarf durch einen Ausdruck des elektronisch übermittelten Bescheids über die Einfuhrabgaben zu führen (vgl. Artikel 52 MwStVO). ③ Bei Zweifeln über die Höhe der als Vorsteuer abgezogenen Einfuhrumsatzsteuer können die Finanzämter über das vom BZSt bereitgestellte Verfahren zur Online-Abfrage von im Verfahren ATLAS gespeicherten Einfuhrdaten entsprechende Auskünfte anfordern.

③ Geht die Originalrechnung verloren, kann der Unternehmer den Nachweis darüber, dass ihm ein anderer Unternehmer Steuer für Lieferungen oder sonstige Leistungen gesondert in Rechnung gestellt hat, nicht allein durch Vorlage der Originalrechnung, sondern mit allen verfahrensrechtlich zulässigen Mitteln führen (BFH-Urteile vom 5. 8. 1988, X R 55/81, BStBl. 1989 II S. 120, vom 16. 4. 1997, XI R 63/93, BStBl. II S. 582, und vom 23. 10. 2014, V R 23/13, BStBl. 2015 II S. 313). ④ In Einzelfällen ist auch die Zweitschrift einer Rechnung oder eines Einfuhrbelegs ausreichend (vgl. BFH-Urteile vom 20. 8. 1998, V R 55/96, BStBl. 1999 II S. 324, und vom 19. 11. 1998, V R 102/96, BStBl. 1999 II S. 255, sowie Abschnitt 18.13 Abs. 4). ⑤ Zu den Folgen der Verletzung der Aufbewahrungspflichten nach § 14b UStG vgl. Abschnitt 14b.1 Abs. 10.

242 (2) Der Umfang der Aufzeichnungspflichten, die für den Unternehmer zum Vorsteuerabzug und zur Aufteilung der Vorsteuerbeträge bestehen, ergibt sich aus § 22 UStG und den §§ 63 bis 67 UStDV.

Mängel[1]

243 (3) ① Mängel im Nachweis über das Vorliegen der Voraussetzungen für den Vorsteuerabzug hat grundsätzlich der Unternehmer zu vertreten. ② Rechnungen, die die in § 14 Abs. 4 Satz 1 Nr. 1 bis 8 und 10 UStG bezeichneten Angaben nicht vollständig enthalten, berechtigen den Unternehmer nicht zum Vorsteuerabzug, es sei denn, die Rechnungen werden vom Rechnungsaussteller nachträglich vervollständigt. ③ Enthält die Rechnung ungenaue oder unzutreffende Angaben über den leistenden Unternehmer (vgl. § 14 Abs. 4 Satz 1 Nr. 1 UStG), ist nach Abschnitt 15.2a Abs. 2 zu verfahren. ④ Bei fehlerhafter Rechnungsadresse (vgl. § 14 Abs. 4 Satz 1 Nr. 1 UStG)

[1] Rechnungsberichtigung vgl. A 14.11, 14c.1, 14c.2, 15.2a Abs. 7 u. 15.11 Abs. 3 UStAE.

UStAE 15.11

gelten die Ausführungen in Abschnitt 15.2 a Abs. 3. ⑤ Sind die Angaben über den Liefergegenstand oder über Art und Umfang der ausgeführten sonstigen Leistung in einer Rechnung (§ 14 Abs. 4 Satz 1 Nr. 5 UStG) unrichtig oder ungenau, ist der Vorsteuerabzug grundsätzlich ausgeschlossen (vgl. wegen der Einzelheiten Abschnitt 15.2 a Abs. 4 und 5). ⑥ Beim Fehlen der in § 14 Abs. 4 Satz 1 Nr. 5 und 6 UStG bezeichneten Angaben über die Menge der gelieferten Gegenstände oder den Zeitpunkt des Umsatzes bestehen keine Bedenken, wenn der Unternehmer diese Merkmale anhand der sonstigen Geschäftsunterlagen (z. B. des Lieferscheins) ergänzt oder zweifelsfrei nachweist. ⑦ Die Erleichterungen nach §§ 31 bis 34 UStDV bleiben unberührt. ⑧ Zum Vorsteuerabzug aus einer berichtigten Rechnung siehe Abschnitt 15.2 a Abs. 7. ⑨ Zum Vorsteuerabzug ohne Rechnung, die jedenfalls alle formellen Voraussetzungen erfüllt, siehe Abschnitt 15.2 a Abs. 1 a und BMF-Schreiben vom 18. 9. 2020, BStBl. I S. 976.

(4) ① Eine Rechnung, in der zwar der Bruttopreis, der Steuersatz und der Umsatzsteuerbetrag, nicht aber das Entgelt ausgewiesen sind, berechtigt grundsätzlich nicht zum Vorsteuerabzug (BFH-Urteil vom 27. 7. 2000, V R 55/99, BStBl. 2001 II S. 426). ② Aus Rechnungen über Kleinbeträge (§ 33 UStDV) kann der Vorsteuerabzug vorgenommen werden, wenn der Rechnungsempfänger den Rechnungsbetrag unter Berücksichtigung des in der Rechnung angegebenen Steuersatzes selbst in Entgelt und Steuerbetrag aufteilt (§ 35 UStDV). **244**

Schätzung und Billigkeitsmaßnahmen

(5) ① § 15 UStG schützt nicht den guten Glauben an die Erfüllung der Voraussetzungen für den Vorsteuerabzug (BFH-Urteil vom 30. 4. 2009, V R 15/07, BStBl. II S. 744). ② Sind die Unterlagen für den Vorsteuerabzug (Rechnungen, EUSt-Belege) unvollständig oder nicht vorhanden, kann zwar der Unternehmer den Vorsteuerabzug regelmäßig nicht vornehmen (zu den Ausnahmen siehe Abschnitt 15.2 a Abs. 1 a). ③ Gleichwohl kann das Finanzamt den Vorsteuerabzug unter bestimmten Voraussetzungen schätzen (vgl. Absatz 6) oder aus Billigkeitsgründen anerkennen (vgl. Absatz 7), sofern im Übrigen die Voraussetzungen für den Vorsteuerabzug vorliegen. ④ Ist jedoch zu vermuten, dass der maßgebliche Umsatz an den Unternehmer nicht steuerpflichtig gewesen oder von einem unter § 19 Abs. 1 UStG fallenden Unternehmer ausgeführt worden ist, ist ein Vorsteuerabzug zu versagen. **245**

(6)[1] ① Der Vorsteuerabzug ist materiell-rechtlich eine Steuervergütung. ② Auf ihn sind daher die für die Steuerfestsetzung geltenden Vorschriften sinngemäß anzuwenden. ③ Die abziehbaren Vorsteuern sind eine Besteuerungsgrundlage im Sinne von § 199 Abs. 1, § 157 Abs. 2 und § 162 Abs. 1 AO. ④ Dem Grunde nach bestehen somit gegen eine Schätzung keine Bedenken (vgl. auch BFH-Urteil vom 12. 6. 1986, V R 75/78, BStBl. II S. 721). ⑤ Sie ist jedoch nur insoweit zulässig, als davon ausgegangen werden kann, dass vollständige Unterlagen für den Vorsteuerabzug vorhanden waren. **246**

(7) ① Soweit Unterlagen für den Vorsteuerabzug nicht vorhanden sind und auch nicht vorhanden waren oder soweit die Unterlagen unvollständig sind, kommt eine Anerkennung des Vorsteuerabzugs regelmäßig nur aus Billigkeitsgründen in Betracht (§ 163 AO; vgl. BFH-Urteil vom 30. 4. 2009, V R 15/07, BStBl. II S. 744). ② Dabei sind folgende Grundsätze zu beachten: **247**

1. ① Die Gewährung von Billigkeitsmaßnahmen wegen sachlicher Härte setzt voraus, dass die Versagung des Vorsteuerabzugs im Einzelfall mit dem Sinn und Zweck des UStG nicht vereinbar wäre. ② Eine Billigkeitsmaßnahme ist daher zu gewähren, wenn die Versagung des Vorsteuerabzugs in diesen Fällen einen Überhang des gesetzlichen Tatbestandes über die Wertungen des Gesetzgebers bei der Festlegung der Voraussetzungen für den Vorsteuerabzug darstellen würde (vgl. auch BFH-Urteile vom 25. 7. 1972, VIII R 59/68, BStBl. II S. 918, vom 26. 10. 1972, I R 125/70, BStBl. 1973 II S. 271, vom 15. 2. 1973, V R 152/69, BStBl. II S. 466, und vom 19. 10. 1978, V R 39/75, BStBl. 1979 II S. 345). ③ Die Nichtgewährung eines Vorsteuerabzugs kann auch sachlich unbillig sein, wenn dies den Geboten der Gleichheit und des Vertrauensschutzes, den Grundsätzen von Treu und Glauben oder dem Erfordernis der Zumutbarkeit widerspricht (vgl. BFH-Urteil vom 26. 4. 1995, XI R 81/93, BStBl. II S. 754). ④ Dem Unternehmer ist grundsätzlich zuzumuten, von sich aus alles zu tun, um die Mangelhaftigkeit der Unterlagen zu beseitigen. ⑤ An die Zumutbarkeit ist ein strenger Maßstab anzulegen. ⑥ Eine Billigkeitsmaßnahme ist daher erst in Betracht zu ziehen, wenn eine Vervollständigung oder nachträgliche Beschaffung der Unterlagen nicht möglich ist oder für den Unternehmer mit unzumutbaren Schwierigkeiten verbunden wäre. ⑦ Aber auch in einem solchen Fall ist der Unternehmer verpflichtet, an einer möglichst vollständigen Sachaufklärung mitzuwirken. ⑧ Unsicherheiten bei der Feststellung des Sachverhalts gehen zu seinen Lasten. ⑨ Die Voraussetzungen für eine Billigkeitsmaßnahme liegen nicht vor, wenn der Unternehmer über die empfangene Leistung keine ordnungsgemäße Rechnung erhalten hat (vgl. BFH-Urteil vom 12. 6. 1986, V R 75/78, BStBl. II S. 721).
2. ① Im Rahmen einer Billigkeitsmaßnahme kann die Höhe des anzuerkennenden Vorsteuerabzugs durch Schätzung ermittelt werden. ② Sind ungerechtfertigte Steuervorteile nicht auszuschließen, ist ein ausreichender Sicherheitsabschlag zu machen.

---

[1] Korrektur bzw. Berichtigung des Vorsteuerabzugs vgl. A 2.6 Abs. 3, 15.11 Abs. 6, 15.12 Abs. 5, 15.17 Abs. 4 u. 15 a.4 Abs. 3 UStAE.

248 (8)[1] ① In der Rechtsprechung wurde das sich aus dem Unionsrecht ergebende Rechtsinstrument des Direktanspruchs in der Umsatzsteuer entwickelt (vgl. EuGH-Urteil vom 15. 3. 2007, C-35/05, Reemtsma Cigarettenfabriken). ② Danach kann ein Leistungsempfänger unter bestimmten Voraussetzungen über eine Billigkeitsmaßnahme die Erstattung einer rechtsgrundlos an den Leistenden gezahlten Umsatzsteuer direkt vom Fiskus (statt vom Leistenden) verlangen, vgl. BMF-Schreiben vom 12. 4. 2022, BStBl. I S. 652.

LS zu 15.11

Der Vorsteuerabzug nach § 15 Abs. 1 Satz 1 Nr. 1 UStG ist nur für den Besteuerungszeitraum zulässig, in dem **erstmalig alle Voraussetzungen** erfüllt sind. *Erlass FM Brandenburg 31 – S 7300 – 3/10 v. 9. 3. 2011 (DStR S. 675).*

249 1. Umsätze, die – nach Steuerfestsetzung aufgrund einer Schätzung – in einer Umsatzsteuererklärung angegeben werden, sind regelmäßig nur insoweit nachträglich bekanntgewordene Tatsachen i. S. des § 173 Abs. 1 AO 1977, als sie die vom Finanzamt im **Schätzungsbescheid** bereits erfaßten Umsätze übersteigen. – 2. Die in der Umsatzsteuererklärung erklärten, im **Schätzungsbescheid** nicht erfaßten Vorsteuerbeträge stehen mit den nachträglich bekanntgewordenen Umsätzen grundsätzlich nur insoweit im Zusammenhang i. S. des § 173 Abs. 1 Nr. 2 Satz 2 AO 1977, als sie zur Ausführung dieser Umsätze verwendet wurden. Die Vorsteuerbeträge können im Schätzungswege im Verhältnis der geschätzten zu den erklärten Umsätzen aufgeteilt werden. *BFH-Urteil v. 19. 10. 1995 – V R 60/92 (BStBl. 1996 II S. 149).*

1. Die Ausübung des Vorsteuerabzugs setzt voraus, dass der Unternehmer eine nach den §§ 14 und 14 a UStG ausgestellte Rechnung besitzt. – 2. Der **Verlust der Originalrechnung** schließt zwar den Vorsteuerabzug nicht aus. Der vorsteuerabzugsberechtigte Unternehmer trägt jedoch die **Feststellungslast** dafür, dass er bei Ablauf des Besteuerungszeitraums im Besitz des Abrechnungspapiers gewesen ist. Der Nachweis kann mit allen verfahrensrechtlich zulässigen Beweismitteln geführt werden. *FG München, Urt. v. 21. 1. 2009, 14 K 2093/08, rkr. (DStRE 2010 S. 299).*

1. … 2. Einem Beweisantrag auf **Vernehmung von Zeugen** muss das FG nur dann nachkommen, wenn dieser hinreichend substantiiert ist. Dies setzt voraus, dass er sich auf das Vorliegen von Originalrechnungen für konkret bezeichnete Eingangsleistungen bezieht. *BFH-Urteil v. 23. 10. 2014 V R 23/13 (BStBl. 2015 II S. 313).*

1. § 15 UStG 1993 schützt **nicht den guten Glauben** an die Erfüllung der Voraussetzungen für den Vorsteuerabzug. – 2. Liegen die materiellen Voraussetzungen für den Vorsteuerabzug wegen unzutreffender Rechnungsangaben nicht vor, kommt unter Berücksichtigung des Grundsatzes des Vertrauensschutzes ein **Vorsteuerabzug im Billigkeitsverfahren (§§ 163, 227 AO)** in Betracht. – 3. Macht der Steuerpflichtige im Festsetzungsverfahren geltend, ihm sei der Vorsteuerabzug trotz Nichtvorliegens der materiell-rechtlichen Voraussetzungen zu gewähren, ist die Entscheidung über die Billigkeitsmaßnahme nach § 163 Satz 3 AO regelmäßig mit der Steuerfestsetzung zu verbinden. *BFH-Urteil v. 30. 4. 2009 – V R 15/07 (BStBl. II S. 744).*

Ob an der Rechtsprechung des BFH festzuhalten ist, wonach Vertrauensgesichtspunkte nicht bei der Festsetzung der Umsatzsteuer, sondern ggf. nur im Rahmen einer **Billigkeitsmaßnahme** berücksichtigt werden können, wenn der zum Vorsteuerabzug berechtigte Leistungsempfänger auf die Angaben des Lieferanten vertraute und sich diese Angaben – wie hier die Rechnungsanschrift – später als falsch herausstellen, ist nicht im AdV-Verfahren, sondern im Hauptsacheverfahren zu klären. *BFH-Beschluss v. 26. 9. 2014 XI S 14/14 (MwStR 2015 S. 465).*

1. Vorsteuerabzug im **Billigkeitsverfahren** setzt voraus, dass der Unternehmer gutgläubig war und alle Maßnahmen ergriffen hat, die vernünftigerweise von ihm verlangt werden können, um sich von der Richtigkeit der Angaben in der Rechnung zu überzeugen und seine Beteiligung an einem Betrug ausgeschlossen ist. – 2. Im Billigkeitsverfahren muss das FA nicht das Vorliegen objektiver Umstände nachweisen, die den Schluss zulassen, dass das Recht auf Vorsteuerabzug in betrügerischer Weise oder missbräuchlich geltend gemacht wird. Das ist nur dann erforderlich, wenn der Vorsteuerabzug trotz Vorliegens dessen objektiver Merkmale wegen der Einbindung des Unternehmers in eine missbräuchliche Gestaltung versagt werden soll. – 3. Es stellt keinen Ermessensfehler dar, wenn eine Behörde ihre Entscheidung auf mehrere Ermessenserwägungen stützt, von denen zwar eine oder einzelne fehlerhaft sind, die Behörde aber eindeutig zum Ausdruck gebracht hat, dass jede einzelne der Ermessenserwägungen bereits allein tragend ist. *BFH-Urteil v. 18. 2. 2016 V R 62/14 (BStBl. II S. 589).*

Zu den Voraussetzungen für den Vorsteuerabzug aus **Billigkeitsgründen** bei Nichtvorliegen der Voraussetzungen des § 15 Abs. 1 UStG. *Verfügung OFD Niedersachsen S 7300 – 628 – St 173 v. 30. 5. 2011 (DStR S. 1429).*

Gutglaubensschutz vgl. auch *BFH-Urt. v. 19. 4. 2007, V R 48/04 (BStBl. 2011 II S. 315) und FG des Saarlandes, Urt. v. 16. 6. 2010, 1 K 1176/07 (EFG S. 1739).*

1. Das **Erlassverfahren** dient grundsätzlich nicht dazu, angebliche oder tatsächliche Mängel des Festsetzungsverfahrens zu korrigieren. Ein Erlass bestandskräftig festgesetzter Steuern wegen sachlicher Unbilligkeit kann daher nur gewährt werden, wenn die Steuerfestsetzung offensichtlich und eindeutig falsch ist und es dem Steuerpflichtigen nicht möglich und nicht zumutbar war, sich rechtzeitig gegen die angebliche Fehlerhaftigkeit zu wehren. – 2. Wenn die materiellen Voraussetzungen des Vorsteuerabzugs nicht vorliegen, kommt unter Berücksichtigung des Grundsatzes des Vertrauensschutzes ein **Vorsteuerabzug im Billigkeitsverfahren** in Betracht. *BFH-Beschluss v. 5. 3. 2014 V B 14/13 (BFH/NV S. 918).*

Ein sich aus dem Unionsrecht entsprechend dem EuGH-Urteil **Reemtsma** vom 15.3. 2007 C-35/05 (EU:C:2007:167) ergebender Direktanspruch setzt voraus, dass der Rechnungsaussteller eine Leistung an den Rechnungsempfänger erbracht hat, für die er Umsatzsteuer in der Rechnung zu Unrecht ausgewiesen hat. *BFH-Urteil v. 22. 8. 2019 V R 50/16 (BStBl. 2022 II S. 290).* Gegenteiliges ist der EuGH-Rechtsprechung zum Vorsteuerabzug bei Anzahlungen nicht zu entnehmen. *BFH-Beschluss v. 25. 6. 2020 V B 88/19 (DStR S. 2432).*

Anl zu 15.11

Schreiben betr. Direktanspruch in der Umsatzsteuer; Veröffentlichung der BFH-Urteile vom 30. Juni 2015, VII R 30/14, und vom 22. August 2019, V R 50/16

Vom 12. April 2022 (BStBl. I S. 652)

(BMF III C 2 – S 7358/20/10001 :004; DOK 2022/0385137)

250 1. In der Rechtsprechung wurde das sich aus dem Unionsrecht ergebende Rechtsinstrument des Direktanspruchs in der Umsatzsteuer (auch „Reemtsma-Rechtsprechung") entwickelt. Danach kann unter bestimmten Voraussetzungen ein Leistungsempfänger die Erstattung einer rechtsgrundlos an den Leistenden gezahlten Umsatzsteuer direkt vom Fiskus (statt vom Leistenden) verlangen.

---

[1] A 15.11 UStAE Abs. 8 angefügt durch BMF v. 12. 4. 2022 (BStBl. I S. 652), anzuwenden in allen offenen Fällen.

Anl zu 15.11

I.

2. Mit Urteil vom 15. März 2007, C-35/05, Reemtsma Cigarettenfabriken, hat der EuGH entschieden, dass es grundsätzlich Sache der Mitgliedstaaten sei, die Voraussetzungen festzulegen, unter denen die Rückzahlung der rechtsgrundlos gezahlten Steuer erfolgen kann. Diese Voraussetzungen müssten jedoch den Grundsätzen der Gleichwertigkeit (Äquivalenz) und der Effektivität entsprechen. Ausgehend hiervon stellte der EuGH fest, dass ein Verfahren, nach dem (ähnlich wie in Deutschland) zunächst der Dienstleistungserbringer einen Anspruch gegenüber dem Fiskus und der Dienstleistungsempfänger einen entsprechenden zivilrechtlichen Anspruch gegen den Dienstleistungserbringer hat, mit dem Unionsrecht vereinbar sei. Allerdings erforderten der Grundsatz der Neutralität und Effektivität, dass in Fällen, in denen die Erstattung der Mehrwertsteuer vom Dienstleistungserbringer an den Dienstleistungsempfänger unmöglich oder übermäßig erschwert werde, insbesondere im Fall einer Zahlungsunfähigkeit des Dienstleistungserbringers, der Dienstleistungsempfänger seinen Antrag auf Erstattung unmittelbar an die Steuerbehörden richten kann. Die Mitgliedstaaten müssten deshalb die entsprechenden erforderlichen Mittel und Verfahrensmodalitäten vorsehen.
Im Streitfall hatte der Dienstleistungserbringer für eine im Inland nicht steuerbare Leistung Mehrwertsteuer irrtümlich in Rechnung gestellt, diese vom Dienstleistungsempfänger erhalten und an den Fiskus entrichtet. Die oben genannten Grundsätze hat der EuGH auf Erstattungen im Zusammenhang mit der Lieferung von Gegenständen übertragen (vgl. EuGH-Urteil vom 31. Mai 2018, C-660/16 und C-661/16, Kollroß und Wirtl).

3. Der BFH entschied mit Urteil vom 11. Oktober 2007, V R 27/05, BStBl. II 2008 S. 438, dass der Direktanspruch nach dem EuGH-Urteil C-35/05 eine Zahlung des Leistenden an die Steuerbehörden voraussetze (Rn. 63 und 64 des Urteils).
Im Streitfall war für eine nicht steuerbare Geschäftsveräußerung Umsatzsteuer in Rechnung gestellt und in der Voranmeldung erklärt, aber nicht an den Fiskus gezahlt worden.

4. Auch in seinem weiteren Urteil vom 10. Dezember 2008, XI R 57/06, n. v., entschied der BFH, dass der Fiskus keine Steuer erstatten muss, die gar nicht an ihn entrichtet worden ist.
Im Streitfall lagen den Rechnungen keine Leistungen zugrunde. Außerdem wurde die Umsatzsteuer vom Rechnungsaussteller nicht entrichtet, weil neben den erklärten Umsätzen gleichzeitig Vorsteuerbeträge aus Rechnungen eines Dritten abgezogen wurden, denen ebenfalls keine Leistungen zugrunde lagen.

5. Zudem befasste sich der BFH im Urteil vom 30. Juni 2015, VII R 30/14, BStBl. II 2022 S. 246, mit dem EuGH-Urteil C-35/05. Neben verfahrensrechtlichen Fragen (Anwendbarkeit von § 37 AO) entschied der BFH, dass das deutsche Umsatzsteuer- und Abgabenrecht durch die Billigkeitsregelungen nach §§ 163 und 227 AO den Anforderungen des EuGH an eine systemgerechte Abwicklung zu Unrecht erhobener und gezahlter Umsatzsteuer grundsätzlich gerecht werde (Rn. 20 und 22 des Urteils). Ob die Notwendigkeit der Zahlung der Umsatzsteuer an den Fiskus auch auf den vorliegenden Fall einer Erstattung des Finanzamts des Rechnungsausstellers an dessen Insolvenzverwalter übertragen werden könnte, könne unter dem Gesichtspunkt der ungerechtfertigten Bereicherung davon abhängen, ob der Fiskus zu dieser Erstattung verpflichtet war. Eine Entscheidung sei aber nicht in dem Verfahren über den streitgegenständlichen Abrechnungsbescheid zu treffen, sondern in einem Billigkeitsverfahren (Rn. 26 des Urteils).
Im Streitfall war für im Inland nicht steuerbare Leistungen Umsatzsteuer in Rechnung gestellt worden, die sich der Rechnungsempfänger vom Finanzamt des Rechnungsausstellers erstatten lassen wollte.

6. In einem weiteren Urteil vom 30. Juni 2015, VII R 42/14, n. v., entschied der BFH weitgehend inhaltsgleich. Auch hier verwies er auf ein Billigkeitsverfahren nach §§ 163, 227 AO statt auf den klagebefangenen Abrechnungsbescheid nach § 37 Abs. 2 AO. Im Unterschied zur Entscheidung VII R 30/14 wies der BFH hier aber zusätzlich darauf hin, dass nicht unberücksichtigt bleiben dürfe, dass die Klägerin auf eine Rechnung ohne Leistung gezahlt habe, gegebenenfalls also kein Fall einer lediglich irrtümlichen Zahlung der Umsatzsteuer vorliege.
Im Streitfall hatten den Rechnungen keine entsprechenden Leistungen zugrunde gelegen.

7. Weiterhin entschied der BFH mit Urteil vom 22. August 2019, V R 50/16, BStBl. II 2022 S. 290, dass ein Direktanspruch nach dem EuGH-Urteil C-35/05 voraussetze, dass der Rechnungsaussteller eine Leistung an den Rechnungsempfänger erbracht hat, für die er Umsatzsteuer in der Rechnung zu Unrecht ausgewiesen hat. Der V. Senat des BFH bestätigte dabei die Auffassung des VII. Senats aus dem Urteil VII R 30/14 (oben Rn. 5), dass über den Direktanspruch im Billigkeitsverfahren zu entscheiden sei, wobei er dessen Feststellung noch um die Voraussetzung ergänzte, dass die Rechnung ansonsten ordnungsgemäß sein müsse (Rn. 16 des Urteils). Damit genüge der bloße Steuerausweis in einer Rechnung für die Entstehung des Direktanspruchs nicht. Erforderlich sei vielmehr, dass der Rechnungsaussteller auch eine Leistung erbracht hat, für die mangels Steuerbarkeit oder aufgrund einer Steuerfreiheit oder Steuersatzermäßigung die in der Rechnung ausgewiesene Steuer nicht gesetzlich entstanden sei (Rn. 22 des Urteils). Da es sich im Streitfall, in dem den Rechnungen kein Leistungsaustausch zugrunde gelegen hatte, um einen unberechtigten Steuerausweis nach § 14c Abs. 2 UStG gehandelt hatte, fehlte es danach an den Voraussetzungen für einen Direktanspruch.

II.

8. Unter Bezugnahme auf das Ergebnis der Erörterungen mit den obersten Finanzbehörden der Länder wird zum Direktanspruch in der Umsatzsteuer folgende Auffassung vertreten: **250a**

Anl zu 15.11

noch 250a

9. Über einen Direktanspruch in der Umsatzsteuer ist im Rahmen eines Billigkeitsverfahrens nach den §§ 163, 227 AO zu entscheiden (vgl. BFH-Urteile vom 30. Juni 2015, VII R 30/14 und VII R 42/14, oben Rn. 5 und 6). Zuständig für die Entscheidung über diese Billigkeitsmaßnahme ist das für die Umsatzsteuerfestsetzung des Leistungsempfängers zuständige Finanzamt. Zu entscheiden ist regelmäßig darüber, ob ein Betrag in Höhe der in den fraglichen Rechnungen falsch ausgewiesenen Umsatzsteuer trotz Nichtvorliegens der materiell-umsatzsteuerlichen Voraussetzungen – jedenfalls im wirtschaftlichen Ergebnis – als Vorsteuer zu berücksichtigen bzw. ein entsprechender Steueranspruch zu erlassen ist.

10. Bei einer Billigkeitsmaßnahme handelt es sich stets um eine Entscheidung unter Berücksichtigung und Abwägung der besonderen Umstände des Einzelfalles, wobei hinsichtlich des Direktanspruchs neben den abgabenrechtlichen Regelungen (vgl. AEAO zu § 163) ergänzend die nachfolgenden Besonderheiten zu beachten sind. Ein vorliegendes Mitverschulden des Leistungsempfängers an der Erstellung der falschen Rechnung ist in die Entscheidung über die Billigkeitsmaßnahme mit einzubeziehen.

11. Der Leistungsempfänger hat seinen Anspruch auf Erstattung einer unzutreffend in Rechnung gestellten und rechtsgrundlos gezahlten Umsatzsteuer regelmäßig zunächst zivilrechtlich gegenüber dem Leistenden geltend zu machen. Der Direktanspruch kann daher nur nachrangig gegenüber dem Verfahren zur Steuerberichtigung nach § 14c Abs. 1 UStG zum Tragen kommen. Von einer von vornherein unmöglichen oder übermäßig erschwerten Erstattung durch den Leistenden ist regelmäßig nur im Fall eines bereits mangels Masse abgelehnten Insolvenzantrages über dessen Vermögen auszugehen. Die bloße Zahlungsunfähigkeit des Leistenden im Sinne der InsO genügt dafür nicht. Im Fall eines vorliegenden Insolvenzantrages bzw. eines laufenden Insolvenzverfahrens über das Vermögen des Leistenden besteht für den Leistungsempfänger noch Aussicht, den geltend gemachten Anspruch in Höhe der Quote teilweise zu erhalten. Ein Direktanspruch kann dann ggf. nur in Höhe der Differenz zwischen dem Erstattungsanspruch gegenüber dem Leistenden und der erhaltenen Quote entstehen. Über den Direktanspruch kann – unter Berücksichtigung der Rn. 17 und 18 unten – daher nach Anmeldung der Forderungen zur Tabelle erst entschieden werden, wenn das Insolvenzverfahren abgeschlossen und ggf. die Quote zugeteilt ist. Sofern in einem laufenden Insolvenzverfahren keine Anmeldung der Forderung zur Tabelle mehr möglich ist, sind die Gründe hierfür bei der Billigkeitsentscheidung über den Direktanspruch zu berücksichtigen.

12. Über einen geltend gemachten Direktanspruch kann nicht entschieden werden, solange noch eine Inanspruchnahme des Fiskus durch den Leistenden aufgrund einer Berichtigung des Steuerbetrages nach § 14c Abs. 1 Sätze 2 und 3 UStG rechtlich möglich ist. Daher kann z. B. im Insolvenzverfahren regelmäßig erst nach Abschluss des Insolvenzverfahrens über den Direktanspruch entschieden werden. Denn durch das Insolvenzverfahren bleibt der Schuldner (hier Leistender) weiterhin Steuerschuldner. Er verliert lediglich das Verfügungs- und Verwaltungsrecht über sein Vermögen, ihm verbleibt aber die Rechtsinhaberschaft, und er ist im Fall einer Berichtigung Rechtsträger des Erstattungsanspruchs.

13. Der Direktanspruch gegenüber dem Fiskus ist in der Weise akzessorisch zu dem Anspruch des Leistungsempfängers gegenüber seinem Vertragspartner (dem Leistenden), dass ein Direktanspruch gegenüber dem Fiskus ausscheidet, wenn der Anspruch des Leistungsempfängers gegen den Leistenden aufgrund einer zivilrechtlichen Verjährung dieses Anspruchs (z. B. nach § 195 BGB) nicht mehr durchgesetzt werden kann.
Auch wenn eine Bruttopreisvereinbarung über die Leistung abgeschlossen worden ist, scheidet ein Direktanspruch aus, da es in diesem Fall schon grundlegend an einem Anspruch des Leistungsempfängers gegenüber dem Leistenden fehlt. Nach der ständigen Rechtsprechung des BGH ist zivilrechtlich der vom Unternehmer für seine Leistung geforderte und vom Leistungsempfänger geschuldete Preis grundsätzlich ein Bruttopreis, wenn die Vertragsparteien keinen Nettopreis vereinbart haben, wofür auch ein Handelsbrauch oder eine Verkehrssitte maßgeblich sein kann (vgl. BGH-Urteil vom 28. Februar 2002, I ZR 318/99, m. w. N.).

14. Es obliegt dem den Direktanspruch begehrenden Leistungsempfänger nachzuweisen, dass der zivilrechtliche Anspruch gegenüber dem Leistenden (weiterhin) besteht und es unmöglich oder übermäßig erschwert ist, die Erstattung der irrtümlich in Rechnung gestellten und rechtsgrundlos gezahlten Umsatzsteuer vom Leistenden zu erlangen.

15. Weiterhin kann ein Direktanspruch nur entstehen, wenn der Rechnungsaussteller tatsächlich eine Leistung erbracht hat (bzw. im Fall einer Anzahlungsrechnung zweifelsfrei erbringen wollte), für die mangels Steuerbarkeit oder aufgrund einer Steuerfreiheit oder Steuersatzermäßigung die in der Rechnung ausgewiesene Steuer (in dieser Höhe) nicht gesetzlich entstanden ist (vgl. BFH-Urteil vom 22. August 2019, V R 50/16, oben Rn. 7). Damit genügt für den Direktanspruch der bloße Steuerausweis in einer Rechnung nicht, er kann daher in Fällen des § 14c Abs. 2 UStG nicht entstehen (vgl. auch BFH-Urteil vom 30. Juni 2015, VII R 42/14, oben Rn. 6).

16. Außerdem müssen auch die übrigen für einen Vorsteuerabzug geltenden Voraussetzungen erfüllt sein. Insbesondere muss die Leistung für das Unternehmen des Unternehmers bezogen worden sein und die ausgestellte Rechnung muss – außerhalb des Steuerausweises – ansonsten nach den umsatzsteuerlichen Anforderungen (vgl. Abschn. 15.2a UStAE) ordnungsmäßig sein (vgl. BFH-Urteil vom 22. August 2019, V R 50/16, oben Rn. 7). Ein Ausschlussgrund für einen Vorsteuerabzug nach § 15 Abs. 2 bis 4 UStG ist allerdings für das Entstehen eines Direktanspruchs unbeachtlich, da der Leistungsempfänger bei einer korrekten Rechnungsstellung nicht mit Umsatzsteuer belastet gewesen wäre.

17. Weiterhin scheidet ein Direktanspruch in Fällen aus, in denen der Fiskus nicht oder nicht mehr bereichert ist. Hat der Fiskus den abgeführten Steuerbetrag etwa aufgrund einer Rechnungsberichtigung im Verfahren nach § 14c Abs. 1 Satz 2 UStG bereits an den Leistenden zurückgezahlt, kann der Leistungsempfänger jedenfalls in Fällen, in denen das Finanzamt zu dieser Erstattung verpflichtet gewesen ist, keinen eigenen Direktanspruch mehr erfolgreich geltend machen (vgl. hierzu auch BFH-Urteil vom 30. Juni 2015, VII R 30/14, oben Rn. 5).
18. Gleiches gilt, wenn und insoweit der Leistende die Umsatzsteuer nicht an das Finanzamt abgeführt hat (vgl. BFH-Urteil vom 11. Oktober 2007, V R 27/05, oben Rn. 3). Damit kann ein Direktanspruch nicht entstehen, wenn der Leistende die fragliche Umsatzsteuer nicht angemeldet hat (z. B. in Schätzungsfällen, in denen nicht sicher ist, ob die Schätzung auch den fraglichen Steuerbetrag umfasst), oder in Fällen von Steuerrückständen, bei denen unsicher ist, ob und inwieweit die geleisteten Zahlungen die Umsatzsteuer aus den fraglichen Rechnungen umfassen.
19. Auch soweit der Leistende im Fall einer Erklärung der Umsätze gleichzeitig Vorsteuerbeträge aus Rechnungen Dritter abzieht, denen keine Leistungen zugrunde lagen, scheidet ein Direktanspruch aus (vgl. BFH-Urteil vom 10. Dezember 2008, XI R 57/06, oben Rn. 4).
20. Unabhängig von den vorgenannten Anforderungen kann ein Direktanspruch nicht entstehen, sofern der Leistungsempfänger wusste oder hätte wissen müssen, dass er sich mit seinem Leistungsbezug an einem Umsatz im Sinne von § 25f UStG beteiligt.

III.

[Änderungen des Umsatzsteuer-Anwendungserlasses in A 15.11 UStAE berücksichtigt]

IV.

Die Grundsätze dieses Schreibens sind in allen offenen Fällen anzuwenden.

15.12 Allgemeines zum Ausschluss vom Vorsteuerabzug

UStAE 15.12

251

(1) ① Der allgemeine Grundsatz, dass die in § 15 Abs. 1 Satz 1 Nr. 1 bis 5 UStG bezeichneten Vorsteuern abgezogen werden können, gilt nicht, wenn der Unternehmer bestimmte steuerfreie oder bestimmte nicht steuerbare Umsätze ausführt. ② Zu diesen Umsätzen gehören auch die entsprechenden unentgeltlichen Wertabgaben nach § 3 Abs. 1 b und Abs. 9 a UStG. ③ Der Ausschluss vom Vorsteuerabzug erstreckt sich nach § 15 Abs. 2 und 3 UStG auf die Steuer für die Lieferungen, die Einfuhr und den innergemeinschaftlichen Erwerb von Gegenständen, die der Unternehmer zur Ausführung der dort bezeichneten Umsätze verwendet, sowie auf die Steuer für sonstige Leistungen, die er für diese Umsätze in Anspruch nimmt. ④ Der Ausschluss vom Vorsteuerabzug erstreckt sich außerdem auf Aufwendungen für Eingangsleistungen, die der Unternehmer für Ausgangsumsätze in Anspruch nimmt, auf die unmittelbar eine Steuerbefreiung der MwStSystRL angewandt wird, wenn die Voraussetzungen des § 15 Abs. 3 UStG nicht vorliegen (vgl. BFH-Urteil vom 16. 5. 2012, XI R 24/10, BStBl. 2013 II S. 52, und für den vergleichbaren Fall, dass eine nationale Steuerbefreiung in Anspruch genommen wird, die mit der MwStSystRL unvereinbar ist, vgl. EuGH-Urteil vom 26. 2. 2015, C-144/13, VDP Dental Laboratory). ⑤ Der Begriff der Verwendung einer Lieferung oder sonstigen Leistung umfasst auch die Verwendungsabsicht. ⑥ Das Recht auf Vorsteuerabzug des Unternehmers entsteht dem Grunde und der Höhe nach bereits im Zeitpunkt des Leistungsbezugs. ⑦ Im Rahmen des § 15 Abs. 2 und 3 UStG kommt es entscheidend darauf an, ob der Unternehmer im Zeitpunkt des Leistungsbezugs die Absicht hat, die Eingangsumsätze für solche Ausgangsumsätze zu verwenden, die den Vorsteuerabzug nicht ausschließen (BFH-Urteil vom 22. 3. 2001, V R 46/00, BStBl. 2003 II S. 433); zum Vorsteuerabzug aus allgemeinen Aufwendungen des Unternehmens siehe Abschnitt 15.16 Abs. 2 a. ⑧ Bei jedem Leistungsbezug muss der Unternehmer über die beabsichtigte Verwendung der bezogenen Leistung sofort entscheiden (vgl. BFH-Beschluss vom 28. 10. 2020, XI B 26/20, n. v.). ⑨ Maßgeblich ist regelmäßig die erste Leistung oder die erste unentgeltliche Wertabgabe, in die die bezogene Leistung Eingang findet. ⑩ Bei der Zurechnung sind grundsätzlich nur Umsätze zu berücksichtigen, die nach Inanspruchnahme der vorsteuerbelasteten Leistungen ausgeführt werden sollen. ⑪ Die Verwendungsabsicht muss objektiv belegt (vgl. Absatz 2) und in gutem Glauben erklärt werden. ⑫ Es darf kein Fall von Betrug oder Missbrauch vorliegen (vgl. Abschnitt 25 f.1). ⑬ Der Anspruch auf Vorsteuerabzug bleibt auch dann bestehen, wenn es später nicht zu den beabsichtigten Verwendungsumsätzen kommt (vgl. BFH-Urteil vom 17. 5. 2001, V R 38/00, BStBl. 2003 II S. 434). ⑭ Bei Anzahlungen für Leistungen ist die Verwendungsabsicht im Zeitpunkt der Anzahlung maßgeblich (vgl. BFH-Urteil vom 17. 5. 2001, V R 38/00, a. a. O.). ⑮ Änderungen in der Verwendungsabsicht wirken sich nur auf nachfolgende Leistungsbezüge bzw. Anzahlungen und den sich daraus ergebenden Vorsteuerabzug aus. ⑯ Absichtsänderungen wirken nicht zurück und führen deshalb z. B. nicht dazu, dass Steuerbeträge nachträglich als Vorsteuer abziehbar sind (vgl. BFH-Urteil vom 25. 11. 2004, V R 38/03, BStBl. 2005 II S. 414). ⑰ Im Insolvenzverfahren einer KG, die ihre Tätigkeit bereits vor Insolvenzeröffnung eingestellt hatte, ist über den Vorsteuerabzug aus der Rechnung des Insolvenzverwalters nach der früheren Unternehmenstätigkeit der KG zu entscheiden (BFH-Urteil vom 2. 12. 2015, V R 15/15, BStBl. 2016 II S. 486). ⑱ Der Verpächter eines Grundstücks ist bei vorzeitiger Auflösung einer steuerpflichtigen Verpachtung zum Abzug der ihm vom Pächter in Rechnung gestellten Steuer für

UStAE 15.12

dessen entgeltlichen Verzicht auf die Rechte aus einem langfristigen Pachtvertrag (vgl. Abschnitt 4.12.1 Abs. 1 Satz 7) jedenfalls dann berechtigt, wenn die vorzeitige Auflösung zu einem Zeitpunkt erfolgt, in dem das Pachtverhältnis noch besteht und eine beabsichtigte (steuerfreie) Grundstücksveräußerung noch nicht festgestellt werden kann (vgl. BFH-Urteil v. 13. 12. 2017 XI R 3/16, BStBl. 2018 II S. 727).

252 (2) ① Die objektiven Anhaltspunkte (z. B. Mietverträge, Zeitungsinserate, Beauftragung eines Maklers, Schriftwechsel mit Interessenten, Vertriebskonzepte, Kalkulationsunterlagen), die die Verwendungsabsicht belegen, sind regelmäßig einzelfallbezogen zu betrachten. ② Dabei ist das Gesamtbild der Verhältnisse entscheidend. ③ Behauptungen reichen nicht aus. ④ Es sind vielmehr konkrete Nachweise erforderlich, die einem strengen Prüfungsmaßstab unterliegen. ⑤ Dabei gehen Unklarheiten zu Lasten des Unternehmers. ⑥ Zur Behandlung von Fällen, bei denen die tatsächliche Verwendung im Zeitpunkt des Leistungsbezuges ungewiss ist, vgl. Absatz 5.

253 (3)[1] ① Vom Abzug ausgeschlossen sind nicht nur die Vorsteuerbeträge, bei denen ein unmittelbarer wirtschaftlicher Zusammenhang mit den zum Ausschluss vom Vorsteuerabzug führenden Umsätzen des Unternehmers besteht. ② Der Ausschluss umfasst auch die Vorsteuerbeträge, die in einer mittelbaren wirtschaftlichen Verbindung zu diesen Umsätzen stehen.

Beispiel 1:

Bezieht eine Bank Werbeartikel bis 35 € je Gegenstand, für die ihr Umsatzsteuer in Rechnung gestellt wird, sind diese Vorsteuerbeträge insoweit vom Abzug ausgeschlossen, als sie den nach § 4 Nr. 8 UStG steuerfreien Umsätzen zuzuordnen sind (vgl. BFH-Urteile vom 26. 7. 1988, X R 50/82, BStBl. II S. 1015, und vom 4. 3. 1993, V R 68/89, BStBl. II S. 527).

Beispiel 2:

① Hat sich der Veräußerer eines unternehmerisch genutzten Grundstücks dem Erwerber gegenüber zur Demontage und zum Abtransport betrieblicher Einrichtungen verpflichtet, werden die für die Demontage bezogenen Leistungen zur Ausführung des steuerfreien Grundstücksumsatzes verwendet. ② Die für die Transportleistungen in Rechnung gestellte Steuer ist nur mit dem gegebenenfalls geschätzten Betrag vom Vorsteuerabzug ausgeschlossen, der durch die bloße Räumung verursacht ist (vgl. BFH-Urteil vom 27. 7. 1988, X R 52/81, BStBl. 1989 II S. 65).

Beispiel 3:

① Ist eine Grundstücksvermietung beabsichtigt, kommt es darauf an, ob der Unternehmer das Grundstück steuerfrei vermieten oder auf die Steuerfreiheit der Grundstücksvermietung (§ 4 Nr. 12 Satz 1 Buchstabe a UStG) nach § 9 UStG verzichten will. ② Im ersten Fall ist der Vorsteuerabzug nach § 15 Abs. 2 Satz 1 Nr. 1 UStG ausgeschlossen, im zweiten Fall ist die Vorsteuer abziehbar, wenn der Unternehmer die Verwendungsabsicht objektiv belegt und in gutem Glauben erklärt hat (BFH-Urteil vom 17. 5. 2001, V R 38/00, BStBl. 2003 II S. 434) und auch die weiteren Voraussetzungen des § 15 UStG erfüllt sind.

Beispiel 4:

Stellt eine Bank ihren Kunden und – um weitere Kunden zu gewinnen – anderen Autofahrern unentgeltlich Stellplätze zum Parken zur Verfügung, sind die Umsatzsteuern, die ihr für die Leistungen zur Errichtung und den Unterhalt des Parkhauses in Rechnung gestellt worden sind, im Verhältnis ihrer steuerfreien Umsätze an den gesamten Umsätzen im Sinne des § 1 Abs. 1 Nr. 1 UStG vom Vorsteuerabzug ausgeschlossen (BFH-Urteil vom 4. 3. 1993, V R 73/87, BStBl. II S. 525).

③ Daher ist die für einen Leistungsbezug entrichtete Umsatzsteuer insoweit nicht als Vorsteuer abziehbar, als die hierfür getätigten Ausgaben zu den Kostenelementen von steuerfreien Ausgangsumsätzen gehören, weil sie in deren Preis eingehen (zu einer Kapitalanlagegesellschaft siehe BFH-Urteil vom 16. 12. 2020 – XI R 13/19, BStBl. II 2022 S. 389). ④ Im Einzelfall können Vorsteuerbeträge mehreren gleichwertig nebeneinanderstehenden Ausgangsumsätzen wirtschaftlich zugeordnet werden.

Beispiel 5:

Vermietet ein Bauunternehmer ein Haus an einen privaten Mieter unter dem Vorbehalt, zur Förderung eigener steuerpflichtiger Umsätze das Haus bei Bedarf zu Besichtigungszwecken (als sog. Musterhaus) zu nutzen, tritt neben die Verwendung zur Ausführung steuerfreier Vermietungsumsätze die Verwendung zur Ausführung steuerpflichtiger (Bau-)Umsätze (sog. gemischte Verwendung im Sinne des § 15 Abs. 4 UStG, BFH-Urteil vom 9. 9. 1993, V R 42/91, BStBl. 1994 II S. 269).

Beispiel 6:

Veräußert ein Unternehmer mit seinem Namen versehene Werbeartikel an seine selbständigen Handelsvertreter zu einem Entgelt weiter, das die Anschaffungskosten erheblich unterschreitet, sind die Werbeartikel nicht ausschließlich den Ausgangslieferungen zuzuordnen, in die sie gegenständlich eingehen, sondern auch den übrigen Umsätzen des Unternehmers, für die geworben wird (BFH-Urteil vom 16. 9. 1993, V R 82/91, BStBl. 1994 II S. 271).

254 (4) Umsätze, die dem Unternehmer zur Vornahme einer Einfuhr dienen, sind für die Frage des Vorsteuerabzugs den Umsätzen zuzurechnen, für die der eingeführte Gegenstand verwendet wird.

Beispiel:

① Ein Arzt nimmt wegen rechtlicher Schwierigkeiten, die bei der Einfuhr eines medizinischen Geräts eingetreten sind, einen Rechtsanwalt in Anspruch. ② Obwohl die Einfuhr der Einfuhrumsatzsteuer unterlegen hat, kann der Arzt die ihm vom Rechtsanwalt in Rechnung gestellte Steuer nicht als Vorsteuer abziehen. ③ Die Rechtsberatung ist ebenso wie das eingeführte medizinische Gerät der steuerfreien ärztlichen Tätigkeit zuzurechnen.

255 (5) ① Beim Bezug von Eingangsleistungen, deren tatsächliche Verwendung ungewiss ist, weil die Verwendungsabsicht nicht durch objektive Anhaltspunkte belegt wird, ist kein Vorsteuerabzug

---

[1] A 15.12 UStAE Abs. 3 Satz 3 eingefügt, bish. Satz 3 wird neuer Satz 4 durch BMF v. 20. 12. 2022 (BStBl. I S. 1694).

möglich. ② Für den Vorsteuerabzug sind ausschließlich die Erkenntnisse im Zeitpunkt des Leistungsbezugs zu Grunde zu legen. ③ Spätere Erkenntnisse über diesen Leistungsbezug haben auf die ursprüngliche Entscheidung keine Auswirkung. ④ Ein zunächst vorgenommener Vorsteuerabzug ist deshalb nach § 164 Abs. 2, § 165 Abs. 2 oder § 173 Abs. 1 AO durch Änderung der ursprünglichen Steuerfestsetzung rückgängig zu machen, wenn später festgestellt wird, dass objektive Anhaltspunkte für die Verwendungsabsicht im Zeitpunkt des Leistungsbezugs nicht vorlagen. ⑤ Dies gilt auch, wenn die Verwendungsabsicht nicht in gutem Glauben erklärt wurde oder ein Fall von Betrug oder Missbrauch vorliegt (vgl. Abschnitt 25f.1). ⑥ Für die Frage, ob ein nach § 9 Abs. 2 UStG zum Vorsteuerabzug berechtigender steuerpflichtiger Umsatz oder ein nicht zum Vorsteuerabzug berechtigender steuerfreier Umsatz vorliegt, kommt es auf die zutreffende umsatzsteuerrechtliche Beurteilung des tatsächlich verwirklichten Sachverhalts an (vgl. BFH-Urteil vom 11. 3. 2009, XI R 71/07, BStBl. 2010 II S. 209). ⑦ Geht der Unternehmer z. B. davon aus, dass nach der maßgeblichen Rechtslage im Zeitpunkt des Leistungsbezugs seine Leistung steuerpflichtig ist, während sie bei zutreffender Beurteilung ohne Recht auf Vorsteuerabzug steuerfrei ist, ist der Unternehmer nicht zum Vorsteuerabzug berechtigt. ⑧ Zum Vorsteuerabzug aus allgemeinen Aufwendungen des Unternehmens siehe Abschnitt 15.16 Abs. 2a.

LS zu 15.12

258

1. Wenn ein Unternehmer nachweisbar beabsichtigt, Bauleistungen für steuerpflichtige Vermietungsumsätze zu verwenden, entsteht das **Recht auf sofortigen Abzug** der ihm dafür gesondert berechneten Umsatzsteuer als Vorsteuer im Besteuerungszeitraum des Bezugs der Bauleistungen. – 2. Die Aufgabe der Absicht, die empfangenen Bauleistungen für steuerpflichtige Vermietungsumsätze zu verwenden, im folgenden Besteuerungszeitraum, führt nicht rückwirkend zum Wegfall des Vorsteuerabzugsanspruchs. Vielmehr kann die **Absichtsänderung zur Vorsteuerberichtigung** führen. *BFH-Urteil v. 16. 5. 2002, V R 56/00 (BStBl. 2006 II S. 725).*

1. Die Zuordnung eines Gebäudes zum Unternehmen erfordert eine durch Beweisanzeichen gestützte Zuordnungsentscheidung des Unternehmers, die **sofort** bei jedem Leistungsbezug zu treffen ist. Die **Zuordnungsentscheidung** ist i. d. R. bereits in der Umsatzsteuervoranmeldung zu treffen. – 2. Eine erst nach Eintritt der formellen Bestandskraft des Umsatzsteuerbescheids getroffenen Zuordnungsentscheidung berechtigt in jedem Fall nicht mehr zum Vorsteuerabzug. *Niedersächsisches FG, Urt. v. 3. 1. 2008, 16 K 558/04, rkr. (DStRE S. 894).* – Vgl. auch *FG Rheinland-Pfalz, Urt. v. 6. 8. 2008, 6 K 2333/06, rkr. (DStRE 2009 S. 34).*

Zum Vorsteuerabzug und zur Besteuerung der nichtunternehmerischen Verwendung eines dem **Unternehmen** zugeordneten Gebäudes. *Verfügung OFD Koblenz v. 4. 11. 2008 S 7206/S 7300 A – St 44 5.*

Kein Vorsteuerabzug, soweit Gegenstände teilweise für nichtunternehmerische, aber **nicht völlig unternehmensfremde Zwecke** verwendet werden. ***EuGH-Urt. v. 12. 2. 2009,*** *C-515/07, VNLTO (DStR S. 369).*

1. Die Zuordnung eines **teilweise unternehmerisch** und **teilweise zu eigenen Wohnzwecken** genutzten Gebäudekomplexes zum Unternehmen ist nicht möglich, wenn es sich bei dem Gebäude im umsatzsteuerrechtlichen Sinne nicht um ein einheitliches Objekt, sondern um **zwei voneinander getrennte Wirtschaftsgüter** handelt. – 2. Hiervon ist insbesondere dann auszugehen, wenn zwar beide Gebäude unmittelbar aneinander anschließen, gemeinsame Versorgungsleitungen, teilweise gemeinsame Eckfundamente und eine Durchgangstür besitzen, jedoch zwischen den Bauten kein einheitlicher Nutzungs- und Funktionszusammenhang besteht, da sie jeweils einen eigenen Zugang, eigene Treppenhäuser und eigene sanitäre Anlagen aufweisen. *FG München, Beschl. v. 14. 10. 2010, 14 V 2289/10, rkr. (DStRE 2011 S. 1543).*

Der Bauunternehmer kann bei Errichtung eines **Musterwohnhauses** den Vorsteuerabzug aus den Eingangsleistungen geltend machen. Wird das Musterwohnhaus zu einem späteren Zeitpunkt zu Wohnzwecken vermietet, hat eine Vorsteuerberichtigung zu erfolgen. – Wird ein Musterwohnhaus umsatzsteuerfrei vermietet und behält sich der Bauunternehmer die gleichzeitige Nutzung als Musterwohnhaus vor, ist die Vorsteuer aufzuteilen. *Verfügung OFD Hannover S 7102 – 78 – StO 355/S 7102 – 190 – StH 542 v. 10. 7. 2000.* – Vgl. A 15.12 Abs. 3 Bsp. 5 UStAE.

Verkauf einer auf eigene Rechnung errichteten **Immobilie eines Bauunternehmens** keine Hilfstätigkeit; kein Vorsteuerabzug aus Gemeinkosten bei mehrwertsteuerpflichtiger Lieferung an sich selbst und steuerfreiem Verkauf. ***EuGH-Urt. v. 29. 10. 2009,*** *C-174/08, NCC Construction Danmark A/S (DStRE 2010 S. 170).*

Nach Art. 17 der Sechsten Richtlinie 77/388/EWG bleibt das Recht eines Steuerpflichtigen, die Mehrwertsteuer, die er für Gegenstände oder Dienstleistungen entrichtet hat, die ihm im Hinblick auf die Ausführung bestimmter Vermietungsumsätze geliefert bzw. erbracht wurden, als Vorsteuer abzuziehen, erhalten, wenn dieser Steuerpflichtige auf Grund einer nach dem Bezug dieser Gegenstände oder Dienstleistungen, aber vor Aufnahme dieser Umsatztätigkeiten eingetretenen **Gesetzesänderung** nicht mehr zum Verzicht auf die Steuerbefreiung dieser Umsätze berechtigt ist; dies gilt auch dann, wenn die Mehrwertsteuer unter dem Vorbehalt der Nachprüfung festgesetzt wurde. ***EuGH-Urteil v. 8. 6. 2000,*** *C-396/98, Grundstücksgemeinschaft Schloßstraße GbR (DStRE 2000, 877). – Vgl. auch* ***EuGH-Urteil v. 29. 4. 2004,*** *C-487/01 und C-7/02, Gemeente Leusden, Holin Groep BV cs (DStRE S. 1473).*

Art. 168 MwStSystRL ist dahin auszulegen, dass eine im nationalen Recht vorgesehene **Befreiung** (hier: **Zahnersatz**), die nicht mit der MwStSystRL vereinbar ist, es einem Unternehmer nicht erlaubt, sowohl von dieser Befreiung Gebrauch zu machen als auch Vorsteuer abzuziehen. ***EuGH-Urteil v. 26. 2. 2015*** *C-144/13, VDP Dental Laboratory (MwStR S. 300).*

Zeitpunkt des Vorsteuerabzugs vgl. A 15.2 Abs. 2 Satz 7, 15.12 Abs. 1 Satz 5 ff. u. Abs. 5 sowie 15a.1 Abs. 1 Satz 1 UStAE; **LS zu 14.11, 14c.1** (Rz. 26) u. **18.1** (Rz. 39).

Zum Vorsteuerabzug trotz Aufgabe der **ursprünglich geplanten Tätigkeit** hat der ***EuGH*** mit ***Urteil v. 12. 11. 2020*** *C-734/19, ITH (DStR S. 2666)* klargestellt, dass das Recht auf Vorsteuerabzug für Gegenstände – im vorliegenden Fall für Immobilien – und Dienstleistungen, die im Hinblick auf die Ausführung besteuerter Umsätze erworben wurden, bestehen bleibt, wenn die ursprünglich vorgesehenen Investitionsprojekte aufgrund von Umständen, die vom Willen des Steuerpflichtigen unabhängig sind, aufgegeben wurden, und dass keine Vorsteuerberichtigung vorzunehmen ist, wenn der Steuerpflichtige noch immer die Absicht hat, diese Gegenstände für eine besteuerte Tätigkeit zu nutzen.

15.13 Ausschluss des Vorsteuerabzugs bei steuerfreien Umsätzen

UStAE 15.13

261

(1) ① Vorsteuerbeträge für steuerfreie Umsätze sind nach § 15 Abs. 2 Satz 1 Nr. 1 UStG grundsätzlich vom Abzug ausgeschlossen. ② Der Ausschluss erstreckt sich nicht auf die Vorsteuerbeträge, die den in § 15 Abs. 3 Nr. 1 Buchstaben a und b UStG bezeichneten steuerfreien Umsätzen zuzurechnen sind. ③ Ebenfalls nicht vom Vorsteuerabzug ausgeschlossen sind Steuerbeträ-

ge, die für bestimmte Leistungsbezüge von Unternehmern anfallen, die steuerfreie Umsätze mit Anlagegold ausführen (vgl. § 25c Abs. 4 und 5 UStG). ④ Zum Vorsteuerabzug bei einem Gebäude, das der Ausführung steuerfreier Umsätze, die den Vorsteuerabzug ausschließen, und privaten Wohnzwecken dient, vgl. Abschnitt 3.4 Abs. 7 Satz 3 Beispiel 2.

262 (2) ① Unter Buchstabe a des § 15 Abs. 3 Nr. 1 UStG fallen insbesondere die Ausfuhrlieferungen (§ 4 Nr. 1 Buchstabe a, § 6 UStG), die innergemeinschaftlichen Lieferungen (§ 4 Nr. 1 Buchstabe b, § 6a UStG), die Lohnveredelungen an Gegenständen der Ausfuhr (§ 4 Nr. 1 Buchstabe a, § 7 UStG), die Umsätze für die Seeschifffahrt und für die Luftfahrt (§ 4 Nr. 2, § 8 UStG), die sonstigen Leistungen im Zusammenhang mit der Einfuhr, Ausfuhr und Durchfuhr (§ 4 Nr. 3 und 5 UStG), die Goldlieferungen an die Zentralbanken (§ 4 Nr. 4 UStG), bestimmte Umsätze im Zusammenhang mit einem Umsatzsteuerlager (§ 4 Nr. 4a UStG), bestimmte Umsätze der Eisenbahnen des Bundes (§ 4 Nr. 6 UStG), bestimmte Umsätze an im Gebiet eines anderen Mitgliedstaates ansässige NATO-Streitkräfte, ständige diplomatische Missionen und berufskonsularische Vertretungen sowie zwischenstaatliche Einrichtungen (§ 4 Nr. 7 UStG), die steuerfreien Reiseleistungen (§ 25 Abs. 2 UStG) sowie die Umsätze, die nach den in § 26 Abs. 5 UStG bezeichneten Vorschriften steuerfrei sind. ② Wegen des Vorsteuerabzugs bei den nach § 25 Abs. 2 UStG steuerfreien sonstigen Leistungen vgl. Abschnitt 25.4.

263 (3) ① Buchstabe b des § 15 Abs. 3 Nr. 1 UStG betrifft die Umsätze, die nach § 4 Nr. 8 Buchstaben a bis g, Nr. 10 oder Nr. 11 UStG steuerfrei sind. ② Für diese Finanz- und Versicherungsumsätze tritt der Ausschluss vom Vorsteuerabzug jedoch nur dann nicht ein, wenn sie sich unmittelbar auf Gegenstände beziehen, die in das Drittlandsgebiet ausgeführt werden. ③ Die Voraussetzung „unmittelbar" bedeutet, dass die vorbezeichneten Umsätze in direktem Zusammenhang mit dem Gegenstand der Ausfuhr stehen müssen. ④ Nicht ausreichend ist es, wenn diese Umsätze in Verbindung mit solchen betrieblichen Vorgängen des Unternehmers stehen, die ihrerseits erst dazu dienen, die Ausfuhr zu bewirken.

Beispiel 1:

① Der Unternehmer lässt einen Gegenstand, den er in das Drittlandsgebiet ausführt, gegen Transportschäden versichern.

② Der unmittelbare Zusammenhang mit dem Gegenstand der Ausfuhr ist gegeben. ③ Die nach § 4 Nr. 10 Buchstabe a UStG steuerfreie Leistung des Versicherungsunternehmers schließt daher den Vorsteuerabzug nicht aus.

Beispiel 2:

① Der Unternehmer nimmt einen Kredit zur Anschaffung einer Maschine in Anspruch, die er ausschließlich zur Herstellung von Exportgütern einsetzt.

② Der unmittelbare Zusammenhang mit dem Gegenstand der Ausfuhr ist nicht gegeben. ③ Das Kreditinstitut kann deshalb die Vorsteuerbeträge, die der nach § 4 Nr. 8 Buchstabe a UStG steuerfreien Kreditgewährung zuzurechnen sind, nicht abziehen.

264 ⑤ Eine Ausfuhr im Sinne des § 15 Abs. 3 Nr. 1 Buchstabe b UStG ist anzunehmen, wenn der Gegenstand endgültig in das Drittlandsgebiet gelangt. ⑥ Es braucht keine Ausfuhrlieferung nach § 6 UStG vorzuliegen. ⑦ Außerdem kann der Gegenstand vor der Ausfuhr bearbeitet oder verarbeitet werden. ⑧ Die Ausflaggung eines Seeschiffes ist keine Ausfuhr, gleichgültig in welcher Form sich dieser Vorgang vollzieht.

265 (4) Zum Ausschluss des Vorsteuerabzugs bei Krediten, die im Zusammenhang mit anderen Umsätzen eingeräumt werden, vgl. Abschnitt 3.11.

266 (5) ① Fällt ein Umsatz sowohl unter eine der in § 15 Abs. 3 Nr. 1 Buchstabe a und Nr. 2 Buchstabe a UStG bezeichneten Befreiungsvorschriften als auch unter eine Befreiungsvorschrift, die den Vorsteuerabzug ausschließt, z. B. die innergemeinschaftliche Lieferung von Blutkonserven zu therapeutischen Zwecken, geht die Steuerbefreiung, die den Vorsteuerabzug ausschließt – im Beispiel § 4 Nr. 17 Buchstabe a UStG – der in § 15 Abs. 3 Nr. 1 Buchstabe a und Nr. 2 Buchstabe a UStG aufgeführten Befreiungsvorschrift vor (vgl. BFH-Urteil vom 22. 8. 2013, V R 30/12, BStBl. 2014 II S. 133). ② Daher kann für diese Umsätze kein Vorsteuerabzug beansprucht werden. ③ Abweichend davon geht eine Befreiung nach den in § 26 Abs. 5 UStG bezeichneten Vorschriften (z. B. nach Artikel 67 Abs. 3 NATO-ZAbk) als selbständiger Befreiungstatbestand außerhalb des UStG den Befreiungstatbeständen des UStG mit der Folge vor, dass für diese Umsätze ein Ausschluss des Vorsteuerabzugs nicht eintritt.

LS zu 15.13

267 1. Der Vorsteuerabzug eines **Generalmieters** aus seinen Mietaufwendungen richtet sich nach § 15 Abs. 1 und Abs. 2 Nr. 1 i. V. m. § 9 UStG und ist damit nur insoweit zulässig, als der Vermieter wirksam zur Umsatzsteuer optiert hat. Wird darüber hinausgehend Umsatzsteuer in Rechnung gestellt, liegt ein unrichtiger Steuerausweis vor, der kein Recht zum Vorsteuerabzug begründet. – 2. … *BFH-Urteil v. 15. 4. 2015 V R 46/13 (BStBl. II S. 947).*

1. Wird ein von einer GmbH bebautes Grundstück teilweise dem **Geschäftsführer zu Wohnzwecken** überlassen, so scheidet ein Vorsteuerabzug für den Wohnteil gemäß § 15 Abs. 2 UStG aus, wenn dieser steuerfrei vermietet wurde. – 2. … *BFH-Urteil v. 18. 2. 2016 V R 23/15 (BStBl. II S. 496).*

Der **Dirigent,** dessen Leistungen nach § 4 Nr. 20 Buchst. a Satz 2 UStG steuerfrei sind, kann die Vorsteuerbeträge auf im Inland erbrachte Vermittlungsleistungen ausländischer Konzertagenturen auch dann nicht nach § 15 Abs. 1 Satz 1 Nr. 4 UStG abziehen, wenn er sie für Leistungen bezieht, die er im Ausland erbringt und die dort steuerbar und steuerpflichtig sind. *BFH-Urteil v. 22. 8. 2019 V R 14/17 (BStBl. II S. 720).*

Umsatzsteuer ist insoweit nicht als Vorsteuer abziehbar, als die hierfür getätigten Ausgaben zu den Kostenelementen von steuerfreien Ausgangsumsätzen gehören, weil sie in deren Preis eingehen. Dies ist der Fall, soweit eine Kapitalanlagegesellschaft im Rahmen der umsatzsteuerfreien Verwaltung eines Sondervermögens Eingangsleistungen für Rechnung der

(Gesamtheit der) Anleger bei Dritten bezieht, die dafür anfallenden Kosten gemäß den Bedingungen des Investmentvertrags unmittelbar zu Lasten der Anleger aus dem Sondervermögen entnehmen darf und die Kosten zum Entgelt der steuerfreien Verwaltungsleistung an die (Gesamtheit der) Anleger gehören. *BFH-Urteil v. 16. 12. 2020 XI R 13/19 (BStBl. 2022 II S. 389).*

15.14 Ausschluss des Vorsteuerabzugs bei Umsätzen im Ausland

UStAE 15.14

(1) ① Umsätze im Ausland, die steuerfrei wären, wenn sie im Inland ausgeführt würden, schließen den Vorsteuerabzug aus inländischen Leistungsbezügen grundsätzlich aus (§ 15 Abs. 2 Satz 1 Nr. 2 UStG). ② Der Abzug entfällt unabhängig davon, ob der maßgebliche Umsatz nach dem Umsatzsteuerrecht des Staates, in dem er bewirkt wird, steuerpflichtig ist oder als steuerfreier Umsatz zum Vorsteuerabzug berechtigt, da sich der Ausschluss vom Vorsteuerabzug ausschließlich nach dem deutschen Umsatzsteuerrecht beurteilt (vgl. BFH-Urteil vom 22. 8. 2019, V R 14/17, BStBl. 2020 II S. 720). ③ Bei einer Grundstücksvermietung im Ausland ist nach § 15 Abs. 2 Satz 1 Nr. 2 UStG zu prüfen, ob diese steuerfrei (vorsteuerabzugsschädlich) wäre, wenn sie im Inland ausgeführt würde. ④ Dies bestimmt sich nach den Vorschriften des § 4 Nr. 12 Satz 1 Buchstabe a und des § 9 UStG. ⑤ Die Grundstücksvermietung wäre im Inland nicht steuerfrei gewesen, wenn der Grundstücksvermieter die Grundstücksvermietung im Ausland tatsächlich als steuerpflichtig behandelt hat und die Voraussetzungen des § 9 UStG für den Verzicht auf die Steuerbefreiung einer Grundstücksvermietung vorlagen (vgl. BFH-Urteil vom 6. 5. 2004, V R 73/03, BStBl. II S. 856). 271

(2) ① Ausgenommen vom Ausschluss des Vorsteuerabzugs sind die Umsätze, die nach den in § 15 Abs. 3 Nr. 2 UStG bezeichneten Vorschriften steuerfrei wären. ② Zu den in Nummer 2 Buchstabe a dieser Vorschrift aufgeführten Steuerbefreiungen vgl. Abschnitt 15.13 Abs. 2. 272

(3) ① Die Umsätze, die nach § 4 Nr. 8 Buchstaben a bis g, Nr. 10 oder Nr. 11 UStG steuerfrei wären, berechtigen dann zum Vorsteuerabzug, wenn der Leistungsempfänger im Drittlandsgebiet ansässig ist (§ 15 Abs. 3 Nr. 2 Buchstabe b UStG). ② Die Frage, ob diese Voraussetzung erfüllt ist, beurteilt sich wie folgt: 273

1. ① Ist der Leistungsempfänger ein Unternehmer und die Leistung für das Unternehmen bestimmt, ist der Ort maßgebend, von dem aus der Leistungsempfänger sein Unternehmen betreibt. ② Ist die Leistung ausschließlich oder überwiegend für eine Betriebsstätte des Leistungsempfängers bestimmt, ist auf den Ort der Betriebsstätte abzustellen.
2. ① Ist der Leistungsempfänger kein Unternehmer, kommt es für die Ansässigkeit darauf an, wo er seinen Wohnsitz oder Sitz hat. ② Das Gleiche gilt, wenn der Leistungsempfänger zwar unternehmerisch tätig ist, die Leistung aber für seinen nichtunternehmerischen Bereich bestimmt ist.

Beispiel:

① Ein Kreditinstitut in Stuttgart gewährt der in Genf gelegenen Betriebsstätte eines Unternehmens, dessen Geschäftsleitung sich in Paris befindet, ein Darlehen. ② Das Darlehen ist zur Renovierung des Betriebsgebäudes der Genfer Betriebsstätte bestimmt.

③ Für die Ansässigkeit des Leistungsempfängers ist der Ort der Betriebsstätte maßgebend. ④ Er liegt im Drittlandsgebiet.

⑤ Das Kreditinstitut kann daher die Vorsteuern abziehen, die der nicht steuerbaren Darlehensgewährung (§ 3 a Abs. 2 UStG) zuzurechnen sind.

⑥ Wäre das Darlehen für den in Paris gelegenen Teil des Unternehmens bestimmt, entfiele der Vorsteuerabzug.

(4) ① Für die in § 15 Abs. 3 Nr. 2 Buchstabe b UStG bezeichneten Finanz- und Versicherungsumsätze kann der Vorsteuerabzug auch in folgenden Fällen in Anspruch genommen werden: 274

② Der Leistungsempfänger ist zwar nicht im Drittlandsgebiet, sondern im Gemeinschaftsgebiet ansässig, die an ihn ausgeführte Leistung bezieht sich aber unmittelbar auf einen Gegenstand, der in das Drittlandsgebiet ausgeführt wird (vgl. hierzu Abschnitt 15.13 Abs. 3).

Beispiel:

① Ein Unternehmer in Kopenhagen lässt bei einem Versicherungsunternehmen in Hamburg einen Gegenstand gegen Diebstahl versichern. ② Den Gegenstand liefert der Unternehmer an einen Abnehmer in Russland.

③ Die Versicherungsleistung ist nicht steuerbar (§ 3 a Abs. 2 UStG). ④ Das Versicherungsunternehmen kann die dieser Leistung zuzurechnenden Vorsteuern abziehen.

LS zu 15.14

Ein Umsatz, der nach Art. 13 Teil A Abs. 1 Buchst. e der Sechsten Richtlinie 77/388/EWG innerhalb eines Mitgliedstaats von der Mehrwertsteuer befreit ist *[Herstellung u. Reparatur von* **Zahnersatz** *in Luxemburg]*, eröffnet, ungeachtet der im Bestimmungsmitgliedstaat anwendbaren Mehrwertsteuerregelung **kein Recht auf Vorsteuerabzug** nach Art. 17 Abs. 3 Buchst. b dieser Richtlinie, selbst wenn es sich um einen innergemeinschaftlichen Umsatz handelt. ***EuGH-Urt. v. 7. 12. 2006,*** *C-240/05, Eurodental Sàrl (DStRE 2007 S. 1042).* 277

Art. 13 Teil A Abs. 1 Buchst. e der Sechsten MwSt-Richtlinie 77/388/EWG ist dahin auszulegen, dass er auf **Lieferungen von Zahnersatz** durch einen Zwischenhändler wie den im Ausgangsverfahren in Rede stehenden, der weder Zahnarzt noch Zahntechniker ist, den Zahnersatz aber bei einem Zahntechniker erworben hat, nicht anwendbar ist. ***EuGH-Urt. v. 14. 12. 2006,*** *C-401/05, VDP Dental Laboratory NV (DStRE 2007 S. 1121).*

Ausschluss des Vorsteuerabzugs bei Errichtung von **Ferienwohnungen in Spanien** mit anschließendem Verkauf an Privatleute. *FG Rheinland-Pfalz, Urt. v. 10. 2. 2011, 6 K 1562/08 rkr. (DStRE S. 1341).*

UStAE 15.15

15.15 Vorsteuerabzug bei Eingangsleistungen im Zusammenhang mit unentgeltlichen Leistungen

281 (1)[1] ① Beabsichtigt der Unternehmer bereits bei Leistungsbezug, die bezogene Leistung nicht für seine unternehmerische Tätigkeit, sondern ausschließlich und unmittelbar für unentgeltliche Wertabgaben im Sinne des § 3 Abs. 1 b oder 9 a UStG zu verwenden, ist er nicht zum Vorsteuerabzug berechtigt; nur mittelbar verfolgte Zwecke sind unerheblich (vgl. BFH-Urteil vom 9. 12. 2010, V R 17/10, BStBl. 2012 II S. 53, und Abschnitt 15.2 b Abs. 2). ② Fehlt ein direkter und unmittelbarer Zusammenhang zwischen einem Eingangsumsatz und einem oder mehreren Ausgangsumsätzen, kann der Unternehmer zum Vorsteuerabzug berechtigt sein, wenn die Kosten für die Eingangsleistungen zu seinen allgemeinen Aufwendungen gehören und – als solche – Bestandteile des Preises der von ihm erbrachten entgeltlichen Leistungen sind (vgl. Abschnitte 15.2 b Abs. 2, 15.21 und 15.22 und BFH-Urteil vom 27. 1. 2011, V R 38/09, BStBl. 2012 II S. 68).

282 **Beispiel 1:**

Automobilhändler A verlost unter allen Kunden im Rahmen einer Werbeaktion
a) einen Laptop und
b) eine Konzertkarte
mit einem Einkaufspreis von jeweils 300 €, die er beide zu diesem Zweck vorher gekauft hat.

Zu a)

① Die Abgabe des Laptops erfolgt aus unternehmerischen Gründen und fällt der Art nach unter § 3 Abs. 1 b Satz 1 Nr. 3 UStG; es handelt sich nicht um ein Geschenk von geringem Wert (vgl. Abschnitt 3.3 Abs. 11 und 12). ② Da A bereits bei Leistungsbezug beabsichtigt, den Laptop für die Verlosung, also die Erbringung einer unentgeltlichen Wertabgabe, zu verwenden, berechtigten die Aufwendungen für den Laptop bereits nach § 15 Abs. 1 UStG nicht zum Vorsteuerabzug (Abschnitt 15.2 b Abs. 2 Satz 5). ③ Dementsprechend unterbleibt eine anschließende Wertabgabenbesteuerung (§ 3 Abs. 1 b Satz 2 UStG).

Zu b)

① Die Abgabe der Konzertkarte erfolgt aus unternehmerischen Gründen und ist daher ein der Art nach nicht steuerbarer Vorgang, da § 3 Abs. 9 a UStG Wertabgaben aus unternehmerischen Gründen nicht erfasst. ② Ein Geschenk im Sinne des § 4 Abs. 5 Satz 1 Nr. 1 EStG und damit ein Fall des § 15 Abs. 1 a UStG liegt nicht vor, da die Abgabe im Rahmen einer Verlosung erfolgt (vgl. R 4.10 Abs. 4 Satz 5 Nr. 3 EStR). ③ Da es an einem steuerbaren Ausgangsumsatz fehlt, dem der Leistungsbezug direkt und unmittelbar zugeordnet werden kann, ist für den Vorsteuerabzug die Gesamttätigkeit des A maßgeblich.

Beispiel 2:

① Unternehmer V errichtet ein Gebäude. ② Nach der Fertigstellung des Gebäudes soll es an den Hotelunternehmer H überlassen werden, wobei nach der vertraglichen Vereinbarung das Gebäude zunächst für ein Jahr unentgeltlich und danach für weitere 20 Jahre steuerpflichtig verpachtet werden soll.

③ V kann aus den Herstellungskosten des Gebäudes den Vorsteuerabzug in Anspruch nehmen, da bei Leistungsbezug feststeht, dass die Eingangsleistungen ausschließlich zur Erzielung von zum Vorsteuerabzug berechtigenden Ausgangsumsätzen verwendet werden sollen.

Beispiel 3:

① Unternehmer V errichtet ein Gebäude. ② Nach der Fertigstellung des Gebäudes soll es an den Hotelunternehmer H überlassen werden, wobei nach der vertraglichen Vereinbarung das Gebäude zunächst für ein Jahr unentgeltlich und danach für weitere 20 Jahre steuerfrei verpachtet werden soll.

③ V kann aus den Herstellungskosten des Gebäudes keinen Vorsteuerabzug in Anspruch nehmen, da bei Leistungsbezug feststeht, dass die Eingangsleistungen ausschließlich zur Erzielung von nicht zum Vorsteuerabzug berechtigenden Ausgangsumsätzen verwendet werden sollen.

283 (2) ① Bestimmt sich ein Vorsteuerabzug mangels direkten und unmittelbaren Zusammenhangs des Eingangsumsatzes mit einem oder mehreren Ausgangsumsätzen nach der Gesamttätigkeit des Unternehmers, ist zunächst zu prüfen, ob der Leistungsbezug (mittelbar) einer bestimmten Gruppe von Ausgangsumsätzen wirtschaftlich zugeordnet werden kann (vgl. auch Abschnitt 15.12 Abs. 3). ② Ist dies nicht möglich, ist die Aufteilung des Vorsteuerabzugs nach der Gesamtschau des Unternehmens vorzunehmen.

284 **Beispiel 1:**

① Unternehmer U betreibt einen Kfz-Handel und eine Versicherungsagentur. ② Aus der Versicherungsagentur erzielt der Unternehmer ausschließlich nach § 4 Nr. 11 UStG steuerfreie Ausgangsumsätze. ③ U lässt sich gegen Honorar eine Internet-Homepage gestalten, auf der er zu Werbezwecken und zur Kundengewinnung für seine Versicherungsagentur kostenlose Versicherungstipps gibt. ④ Auf der Internetseite findet sich auch ein Kontaktformular für Anfragen zu Versicherungsbelangen. ⑤ Die über das Internet kostenlos durchgeführten Beratungen sind mangels Entgelt nicht steuerbar und auch der Art nach nicht nach § 3 Abs. 9 a UStG steuerbar.

⑥ U ist nicht zum Vorsteuerabzug aus der Gestaltung der Internet-Homepage berechtigt, da der Leistungsbezug insoweit ausschließlich Umsätzen zuzurechnen ist, die den Vorsteuerabzug ausschließen. ⑦ Auch wenn die Gestaltung der Internet-Homepage nicht direkt mit den Umsätzen aus der Vermittlung von Versicherungen zusammenhängt, dient der Internetauftritt der Förderung dieses Unternehmensbereichs.

285 **Beispiel 2:**

① Ein Hautarzt führt sowohl nicht zum Vorsteuerabzug berechtigende (80% Anteil am Gesamtumsatz) als auch zum Vorsteuerabzug berechtigende Umsätze (z. B. kosmetische Behandlungen; 20% Anteil am Gesamtumsatz) aus. ② Um für sein unternehmerisches Leistungsspektrum zu werben, lässt er eine Internet-Homepage erstellen, auf der er über die Vorbeugung und Behandlung der wichtigsten Hauterkrankungen informiert, aber auch Hautpflegetipps gibt.

---

[1] A 15.15 UStAE Abs. 1 Bsp. 1 neugefasst durch BMF v. 20. 12. 2022 (BStBl. I S. 1694).

③ Die Eingangsleistung wird unternehmerisch bezogen, kann aber nicht direkt und unmittelbar bestimmten Ausgangsumsätzen zugeordnet werden. ④ Soweit die Eingangsleistung auch zur Ausführung von steuerfreien Umsätzen verwendet wird, besteht nach § 15 Abs. 2 Satz 1 Nr. 1 UStG keine Berechtigung zum Vorsteuerabzug. ⑤ Die abziehbaren Vorsteuerbeträge sind nach § 15 Abs. 4 UStG zu ermitteln (vgl. Abschnitt 15.17). ⑥ Die Aufteilung der Vorsteuern hat nach Kostenzurechnungsgesichtspunkten zu erfolgen. ⑦ Da keine andere Form der wirtschaftlichen Zurechnung erkennbar ist, ist der Umsatzschlüssel als sachgerechte Schätzmethode anzuerkennen (§ 15 Abs. 4 Satz 3 UStG).

Beispiel 3: 286

① Unternehmer U mit zur Hälfte steuerfreien, den Vorsteuerabzug ausschließenden Ausgangsumsätzen bezieht Leistungen für die Durchführung eines Betriebsausfluges. ② Die Kosten pro Arbeitnehmer betragen
a) 80 €
b) 200 €

Zu a)

① Die Zuwendungen an die Arbeitnehmer im Rahmen des Betriebsausflugs sind überwiegend betrieblich veranlasste nicht steuerbare Leistungen, weil sie je Arbeitnehmer den Betrag von 110 € nicht übersteigen (vgl. Abschnitt 1.8 Abs. 4 Satz 3 Nr. 6). ② Da die Durchführung des Betriebsausflugs keinen Wertabgabentatbestand erfüllt, fehlt es an einem steuerbaren Ausgangsumsatz, dem die Leistungsbezüge direkt und unmittelbar zugeordnet werden können. ③ Für den Vorsteuerabzug ist deshalb die Gesamttätigkeit des U maßgeblich. ④ U kann daher aus der Hälfte der Aufwendungen den Vorsteuerabzug geltend machen.

Zu b)

① Die Zuwendungen an die Arbeitnehmer im Rahmen des Betriebsausflugs sind nicht überwiegend betrieblich veranlasste steuerbare Leistungen, weil sie je Arbeitnehmer den Betrag von 110 € übersteigen (vgl. Abschnitt 1.8 Abs. 4 Satz 3 Nr. 6). ② Es liegt eine Mitveranlassung durch die Privatsphäre der Arbeitnehmer vor. ③ Bei Überschreiten des Betrags von 110 € besteht für U kein Anspruch auf Vorsteuerabzug, sofern die Verwendung bereits bei Leistungsbezug beabsichtigt ist. ④ Dementsprechend unterbleibt eine Wertabgabenbesteuerung. ⑤ Maßgeblich ist hierfür, dass sich ein Leistungsbezug zur Entnahme für unternehmensfremde Privatzwecke und ein Leistungsbezug für das Unternehmen gegenseitig ausschließen. ⑥ Der nur mittelbar verfolgte Zweck, das Betriebsklima zu fördern, ändert hieran nichts (vgl. BFH-Urteil vom 9. 12. 2010, V R 17/10, BStBl. 2012 II S. 53).

LS zu 15.15

1. Wenn der Erwerber einer verpachteten Gewerbeimmobilie, der anstelle des Veräußerers in den Pachtvertrag eingetreten ist, anschließend wegen wirtschaftlicher Schwierigkeiten des Pächters auf **Pachtzinszahlungen verzichtet** und mit dem Pächter vereinbart, dass die Zahlungen wieder aufzunehmen sind, wenn sich die finanzielle Situation des Pächters deutlich verbessert, kann in der Regel nicht bereits eine unentgeltliche nichtunternehmerische Tätigkeit angenommen werden. – 287
2. Auch eine derartige Übertragung einer verpachteten Gewerbeimmobilie kann eine nichtsteuerbare Geschäftsveräußerung im Sinne des § 1 Abs. 1 a UStG sein. *BFH-Urt. v. 7. 7. 2005 – V R 78/03 (BStBl. II S. 849).*

1. Leistungsbezüge, die gegenständlich in **unentgeltliche Leistungen** des Unternehmers eingehen, werden wirtschaftlich den Ausgangsumsätzen des Unternehmers zugerechnet und daher für diese verwendet (Anschluß an BFH-Urteil vom 26. Juli 1988 X R 50/82, BFHE 154, BStBl. II 1988 S. 1015). – 2. Stellt eine Bank ihren Kunden und – um weitere Kunden zu gewinnen – anderen Autofahrern unentgeltlich **Stellplätze zum Parken** zur Verfügung, sind die Umsatzsteuern, die ihr für die Leistungen zur Errichtung und den Unterhalt des Parkhauses in Rechnung gestellt worden sind, im Verhältnis ihrer steuerfreien Umsätze an den gesamten Umsätzen (i. S. des § 1 Abs. 1 Nrn. 1 bis 3 UStG) vom Vorsteuerabzug ausgeschlossen. *BFH-Urteil v. 4. 3. 1993 – V R 73/87 (BStBl. II S. 525).*

Gibt eine **Sparkasse Werbeartikel** unentgeltlich ab, sind die Umsatzsteuern, die ihr für die Lieferung der Werbeartikel berechnet worden sind, im Verhältnis ihrer steuerfreien Umsätze zu den gesamten Umsätzen i. S. von § 1 Abs. 1 Nrn. 1 bis 3 UStG 1980 vom Vorsteuerabzug ausgeschlossen. *BFH-Urteil v. 4. 3. 1993 – V R 68/89 (BStBl. II S. 527).*

Zum Vorsteuerabzug aus dem Bezug von **Werbegeschenken** (vor bzw. ab 1. 4. 1999), die von Unternehmern mit überwiegend steuerfreien Umsätzen verteilt werden. *Verfügung OFD Hannover S 7304 – 13 – StH 542/S 7304 – 15 – StO 354 v. 29. 12. 1999 (DStR 2000 S. 283).*

Ein Unternehmer, der Sportbekleidung mit **Werbeaufdrucken** für sein Unternehmen anschafft und Sportvereinen unentgeltlich zur Verfügung stellt, kann die Vorsteuerbeträge aus den Anschaffungskosten steuermindernd geltend machen. *FG Niedersachsen Urteil v. 3. 1. 2022 11 K 200/20, rkr. (DStR S. 1206).*

15.16 Grundsätze zur Aufteilung der Vorsteuerbeträge[1]

UStAE 15.16

(1)[2] ① Verwendet der Unternehmer die für sein Unternehmen gelieferten oder eingeführten Gegenstände und die in Anspruch genommenen sonstigen Leistungen sowohl für Umsätze, die zum Vorsteuerabzug berechtigen, als auch für Umsätze, die den Vorsteuerabzug nach § 15 Abs. 2 und 3 UStG ausschließen, hat er die angefallenen Vorsteuerbeträge in einen abziehbaren und einen nicht abziehbaren Teil aufzuteilen. ② Die Aufteilung richtet sich allein nach der Verwendung des bezogenen Gegenstands oder der in Anspruch genommenen sonstigen Leistung (vgl. Abschnitt 15.12 Abs. 1), nicht aber nach dem Anlass, aus dem der Unternehmer den Gegenstand oder die sonstige Leistung bezogen hat (BFH-Urteile vom 18. 12. 1986, V R 18/80, BStBl. 1987 II S. 280, und vom 10. 4. 1997, V R 26/96, BStBl. II S. 552). ③ Von der Aufteilung in einen abziehbaren und einen nicht abziehbaren Teil sind die Vorsteuerbeträge ausgenommen, die zwar der Verwendung nach für eine Aufteilung in Frage kämen, bei denen jedoch die sonstigen Voraussetzungen des § 15 UStG für den Abzug nicht vorliegen (z. B. bei fehlendem Steuerausweis in der Rechnung). ④ Auch eine Steuer, die nach § 14 c UStG geschuldet wird, kommt nicht für eine Vorsteueraufteilung in Betracht (vgl. BFH-Urteil vom 23. 10. 2019 – V R 46/17, BStBl. II 2022 S. 779). ⑤ Außerdem scheiden die Steuerbeträge für eine Aufteilung aus, für die 291

[1] Vorsteueraufteilung bei Vereinen usw. vgl. A 2.10 Abs. 6 ff. UStAE, bei jur. Personen d. öff. R. vgl. A 15.19 UStAE. – Aufzeichnung bei Vorsteueraufteilung vgl. A 22.4 UStAE.

[2] A 15.16 UStAE Abs. 1 Satz 4 eingefügt, bish. Sätze 4 und 5 werden Sätze 5 und 6 durch BMF v. 18. 11. 2022 (BStBl. I S. 1590), anzuwenden in allen offenen Fällen, mit Übergangsregelung für bis zum 31. 12. 2022 bezogene Leistungen.

ein Abzugsverbot besteht (vgl. auch Abschnitt 15.2 Abs. 3). ⑥ Diese Vorsteuerbeträge bleiben insgesamt vom Abzug ausgeschlossen.

292 (2)[1] ① Die Aufteilung der Vorsteuern ist nach § 15 Abs. 4 UStG vorzunehmen. ② Dies bedeutet, dass die Vorsteuern nach ihrer wirtschaftlichen Zuordnung aufzuteilen sind (vgl. Abschnitt 15.17). ③ Die Aufteilung schließt an die Grundsätze an, die sich aus § 15 Abs. 2 und 3 UStG für die Zuordnung der Vorsteuern zu den einzelnen Umsätzen des Unternehmers herleiten. ④ Dementsprechend erstreckt sich § 15 Abs. 4 UStG nicht auf die Vorsteuerbeträge, die entweder allein den zum Abzug berechtigenden Umsätzen oder allein den zum Ausschluss des Vorsteuerabzugs führenden Umsätzen zuzurechnen sind. ⑤ Die Abziehbarkeit der einer Umsatzart ausschließlich zurechenbaren Vorsteuerbeträge beurteilt sich daher stets nach den Vorschriften des § 15 Abs. 1 bis 3 UStG. ⑥ Die Aufteilung nach § 15 Abs. 4 UStG betrifft somit nur die Vorsteuerbeträge, die teils der einen und teils der anderen Umsatzart zuzuordnen sind (vgl. BFH-Urteil vom 16. 9. 1993, V R 82/91, BStBl. 1994 II S. 271). ⑦ Im Fall der Anschaffung oder Herstellung eines Gebäudes sind abweichend hiervon die Aufwendungen stets einheitlich aufzuteilen, vgl. Abschnitt 15.17 Abs. 5 bis 8.

293 (2a) ① Bei der Aufteilung von Vorsteuerbeträgen aus allgemeinen Aufwendungen des Unternehmens (vgl. Abschnitt 15.2b Abs. 2 Satz 4) ist regelmäßig auf das Verhältnis der gesamten Umsätze im Besteuerungszeitraum abzustellen. ② Wird ein Aufteilungsschlüssel im Voranmeldungsverfahren vorläufig angewandt, z. B. auf der Grundlage der Umsätze des vorangegangenen Jahres, führt die Festsetzung des endgültigen, abweichenden Aufteilungsschlüssels zu einer Berichtigung der nach dem vorläufigen Aufteilungsschlüssel ermittelten Vorsteuerbeträge in der Jahresfestsetzung (vgl. BFH-Urteil vom 24. 4. 2013, XI R 25/10, BStBl. 2014 II S. 346).

294 (3) Ändern sich bei einem Wirtschaftsgut ab dem Zeitpunkt der erstmaligen Verwendung die für den ursprünglichen Vorsteuerabzug maßgebenden Verhältnisse, ist für die Berichtigung des Vorsteuerabzugs § 15a UStG maßgebend (vgl. Abschnitt 15a.2).

LS zu 15.16

Zulässige Methoden der Vorsteueraufteilung bei **Bankgeschäften.** *FG Berlin-Brandenburg, Urt. v. 24. 9. 2009 – 2 K 1061/06 (UR 2010 S. 343).*

297 1. Beruft sich der Unternehmer aufgrund des Anwendungsvorrangs des **Unionsrechts für die Steuerfreiheit** eines Teils seiner Leistungen auf eine im UStG nicht zutreffend umgesetzte Steuerbefreiung der Richtlinie 77/388/EWG, ist auch über die Frage der Vorsteueraufteilung nach dieser Richtlinie zu entscheiden. – 2. Unabhängig davon, ob Art. 17 Abs. 5 Unterabs. 3 der Richtlinie 77/388/EWG eine hinreichende Rechtsgrundlage für § 15 Abs. 4 UStG ist, kann der Unternehmer eine flächenbezogene Vorsteueraufteilung nur beanspruchen, wenn diese sachgerecht ist. Hieran **fehlt es,** wenn der Unternehmer einzelne **Standflächen einer Spielhalle** teilweise für den Betrieb umsatzsteuerpflichtiger und teilweise für den Betrieb umsatzsteuerfreier Spielgeräte verwendet. *BFH-Urteil v. 7. 7. 2011 V R 36/10 (BStBl. 2012 II S. 77).*

Zwischen den Aufwendungen für die Errichtung eines Gebäudes, das an **Arztpraxen vermietet** wird, und **Zahlungen eines Apothekers** an den Vermieter, damit dieser das Gebäude an Ärzte vermietet, besteht kein zum Vorsteuerabzug nach § 15 Abs. 1 Satz 1 Nr. 1 UStG 1999 berechtigender direkter und unmittelbarer Zusammenhang. Diese Zahlungen sind deshalb bei der Aufteilung der Vorsteuerbeträge nach Maßgabe eines Umsatzschlüssels nicht zu berücksichtigen. *BFH-Urteil v. 15. 10. 2009, XI R 82/07 (BStBl. 2010 II S. 247).*

Es verstößt gegen Art. 19 Abs. 1 der Richtlinie 77/388/EWG, wenn im Nenner des Bruches zur Berechnung des **Pro-rata-Satzes** des Vorsteuerabzugs der Wert der **noch nicht abgeschlossenen Arbeiten** berücksichtigt wird, die von einem Steuerpflichtigen bei der Ausübung einer Tätigkeit im Bauhandwerk ausgeführt werden, sofern dieser Wert nicht Übertragungen von Gegenständen oder Dienstleistungen entspricht, die der Steuerpflichtige bereits erbracht hat oder für die Bauabrechnungen erteilt oder **Anzahlungen** vereinnahmt wurden. ***EuGH-Urt. v. 26. 5. 2005,*** *C-536/03, António Jorge L^da^/Fazenda Pública (DStRE S. 843).* – **Berechnung des Pro-rata-Satzes** des Vorsteuerabzugs vgl. ***EuGH-Urt. v. 6. 3. 2008*** *– Rs. C-98/07 – Nordania Finans A/S und BG Factoring A/S (UR S. 625).*

1. Im Insolvenzverfahren einer KG, die ihre Tätigkeit bereits vor Insolvenzeröffnung eingestellt hatte, ist über den Vorsteuerabzug aus der Rechnung des Insolvenzverwalters nach der früheren Unternehmenstätigkeit der KG zu entscheiden. – 2. … *BFH-Urteil v. 2. 12. 2015 V R 15/15 (BStBl. 2016 II S. 486).*

UStAE 15.17

15.17 Aufteilung der Vorsteuerbeträge nach § 15 Abs. 4 UStG[2]

Allgemeines

301 (1) ① Eine Aufteilung der Vorsteuerbeträge nach der in § 15 Abs. 4 UStG bezeichneten Methode bezweckt eine genaue Zuordnung der Vorsteuerbeträge zu den Umsätzen, denen sie wirtschaftlich zuzurechnen sind. ② Folgende drei Gruppen von Vorsteuerbeträgen sind zu unterscheiden:

1. ① Vorsteuerbeträge, die in voller Höhe abziehbar sind, weil sie ausschließlich Umsätzen zuzurechnen sind, die zum Vorsteuerabzug berechtigen. ② Das sind z. B. in einem Fertigungsbetrieb die Vorsteuerbeträge, die bei der Anschaffung von Material oder Anlagegütern anfallen. ③ Bei einem Handelsbetrieb kommen vor allem die Vorsteuerbeträge aus Warenbezügen in Betracht.
2. ① Vorsteuerbeträge, die in voller Höhe vom Abzug ausgeschlossen sind, weil sie ausschließlich Umsätzen zuzurechnen sind, die nicht zum Vorsteuerabzug berechtigen. ② Hierzu gehören z. B. bei steuerfreien Grundstücksverkäufen die Vorsteuerbeträge für die Leistungen des Maklers und des Notars sowie für Inserate. ③ Bei steuerfreien Vermietungen und Verpachtungen kommen vor allem die Vorsteuerbeträge in Betracht, die bei der Anschaffung oder Herstellung

[1] A 15.16 UStAE Abs. 2 Satz 7 neugefasst durch BMF v. 20. 10. 2022 (BStBl. I S. 1497), anzuwenden in allen offenen Fällen; Übergangsregelung bis zur Veröffentlichung im BStBl. I Nr. 20 v. 22. 11. 2022.

[2] Aufzeichnungspflichten vgl. A 22.4 UStAE.

eines Wohngebäudes, beim Herstellungs- und Erhaltungsaufwand, bei Rechtsberatungen und der Grundstücksverwaltung anfallen.

3. ① Übrige Vorsteuerbeträge. ② In diese Gruppe fallen alle Vorsteuerbeträge, die sowohl mit Umsätzen, die zum Vorsteuerabzug berechtigen, als auch mit Umsätzen, die den Vorsteuerabzug ausschließen, in wirtschaftlichem Zusammenhang stehen. ③ Hierzu gehören z. B. die Vorsteuerbeträge, die mit dem Bau, der Einrichtung und der Unterhaltung eines Verwaltungsgebäudes in Verbindung stehen, das auch der Ausführung steuerfreier Umsätze im Sinne des § 4 Nr. 12 UStG dient. ④ Wegen der zugelassenen Erleichterungen bei der Aufteilung vgl. Abschnitt 15.18.

(2) ① Für eine Aufteilung kommen nur die in Absatz 1 Satz 2 Nr. 3 bezeichneten Vorsteuerbeträge in Betracht. ② Vor Anwendung des § 15 Abs. 4 UStG muss der Unternehmer zunächst die Vorsteuerbeträge den zum Vorsteuerabzug berechtigenden und den nicht zum Vorsteuerabzug berechtigenden Ausgangsumsätzen unmittelbar und wirtschaftlich zuordnen (Absatz 1 Satz 2 Nr. 1 und 2) sowie getrennte Aufzeichnungen führen (§ 22 Abs. 3 Satz 2 und 3 UStG; Abschnitt 22.4). ③ Jeder einzelne Leistungsbezug und jede Anzahlung ist zuzuordnen. ④ Kommt der Unternehmer dieser Zuordnungsverpflichtung nicht nach, sind die den einzelnen Bereichen zuzuordnenden Leistungsbezüge und die darauf entfallenden Vorsteuerbeträge gemäß § 162 AO im Wege der Schätzung zu ermitteln (vgl. Absatz 3). ⑤ Eine Einbeziehung auf derartige Leistungsbezüge entfallender Vorsteuern in die nach § 15 Abs. 4 UStG aufzuteilenden Vorsteuerbeträge kommt nicht in Betracht. ⑥ Die Aufteilung dieser Vorsteuern ist nach dem Prinzip der wirtschaftlichen Zurechnung durch die sog. gegenständliche Zuordnung oder nach Kostenzurechnungsgesichtspunkten vorzunehmen (vgl. BFH-Urteile vom 16. 9. 1993, V R 82/91, BStBl. 1994 II S. 271, und vom 10. 4. 1997, V R 26/96, BStBl. II S. 552). ⑦ Hierbei ist die betriebliche Kostenrechnung (Betriebsabrechnungsbogen, Kostenträgerrechnung) oder die Aufwands- und Ertragsrechnung in der Regel als geeigneter Anhaltspunkt heranzuziehen. ⑧ Zu beachten ist jedoch, dass die verrechneten Kosten und der verrechnete Aufwand nicht mit den Werten (Vorumsätzen) übereinstimmen, über deren Vorsteuern zu entscheiden ist. ⑨ Denn die Kostenrechnung erfasst nur die für die Erstellung einer Leistung notwendigen Kosten und die Aufwands- und Ertragsrechnung nur den in einer Abrechnungsperiode entstandenen Aufwand. ⑩ Das betrifft insbesondere die Wirtschaftsgüter des Anlagevermögens, die in der Kostenrechnung wie in der Aufwands- und Ertragsrechnung nur mit den Abschreibungen angesetzt werden. ⑪ Der Unternehmer kann diese Unterlagen daher nur als Hilfsmittel verwenden. 302

(3)[1] ① Bei der nach § 15 Abs. 4 Satz 2 UStG zugelassenen sachgerechten Schätzung ist auf die im Einzelfall bestehenden wirtschaftlichen Verhältnisse abzustellen. ② Hierbei ist es erforderlich, dass der angewandte Aufteilungsschlüssel systematisch von der Aufteilung nach der wirtschaftlichen Zuordnung ausgeht. ③ Die Ermittlung der abziehbaren Vorsteuer nach dem Umsatzschlüssel ist nur zulässig, wenn keine andere Methode der wirtschaftlichen Zuordnung möglich ist (§ 15 Abs. 4 Satz 3 UStG). ④ Dies ist in dem Sinne zu verstehen, dass keine andere Methode eine präzisere Ermittlung der abziehbaren Vorsteuern gewährleisten darf (vgl. BFH-Urteile vom 10. 8. 2016 – XI R 31/09, BStBl. II 2022 S. 736, und vom 11. 11. 2020 – XI R 7/20, BStBl. II 2022 S. 746), ein präziserer anderer (sachgerechter) Aufteilungsschlüssel geht dem Umsatzschlüssel daher immer vor. ⑤ Kommen mehrere andere präzisere Aufteilungsschlüssel in Betracht, ist nicht zwingend die präziseste Methode anzuwenden. ⑥ Die Auswahl der anzuwendenden präziseren Methode obliegt in diesen Fällen dem Unternehmer; das Finanzamt kann sie jedoch daraufhin überprüfen, ob sie sachgerecht ist. ⑦ Nicht sachgerecht sind z. B. Aufteilungen nach der Menge nicht miteinander vergleichbarer Produkte (zu einem Strom und Wärme produzierenden Blockheizkraftwerk vgl. BFH-Urteil vom 16. 11. 2016 – V R 1/15, BStBl. II 2022 S. 777) oder nach einem selektiven Personalschlüssel (vgl. BFH-Urteil vom 23. 10. 2019 – XI R 18/17, BStBl. II 2022 S. 782). ⑧ Nur wenn kein präziserer Aufteilungsschlüssel in Betracht kommt, kann der nicht abziehbare Teil der einer Umsatzgruppe nicht ausschließlich zurechenbaren Vorsteuerbeträge (vgl. Absatz 1 Satz 2 Nr. 3) einheitlich nach dem Verhältnis der Umsätze, die den Vorsteuerabzug ausschließen, zu den anderen Umsätzen ermittelt werden. ⑨ Einfuhren und innergemeinschaftliche Erwerbe sind keine Umsätze in diesem Sinne und daher nicht in den Umsatzschlüssel einzubeziehen. 303

(4)[1, 2] ① Ist die Umsatzsteuerfestsetzung für das Jahr der Anschaffung oder Herstellung eines gemischt genutzten Gegenstands formell bestandskräftig und hat der Unternehmer ein im Sinne des § 15 Abs. 4 UStG sachgerechtes Aufteilungsverfahren angewandt, ist dieser Maßstab auch für die nachfolgenden Kalenderjahre bindend (BFH-Urteil vom 2. 3. 2006, V R 49/05, BStBl. II S. 729).[3] ② Dagegen besteht keine Bindung an die Wahl des Aufteilungsverfahrens, wenn dieses nicht sachgerecht war (vgl. BFH-Urteil vom 11. 11. 2020 – XI R 7/20, BStBl. II 2022 S. 746). 304

---

[1] A 15.17 UStAE Abs. 3 Satz 4 eingefügt, bish. Sätze 4 und 5 werden Sätze 5 und 6, Abs. 4 Satz 2 angefügt durch BMF v. 20. 10. 2022 (BStBl. I S. 1497), anzuwenden in allen offenen Fällen; Abs. 3 Sätze 1, 2 und 4 neugefasst, Sätze 5 bis 7 eingefügt, bish. Sätze 5 und 6 werden Sätze 8 und 9 durch BMF v. 18. 11. 2022 (BStBl. I S. 1590), anzuwenden in allen offenen Fällen, mit Übergangsregelung für bis zum 31. 12. 2022 bezogene Leistungen.

[2] Korrektur bzw. Berichtigung des Vorsteuerabzugs vgl. A 2.6 Abs. 3, 15.11 Abs. 6, 15.12 Abs. 5, 15.17 Abs. 4 u. 15 a.4 Abs. 3 UStAE.

[3] Aufteilungsmaßstab vgl. A 15 a.4 Abs. 4 UStAE.

UStAE 15.17

Vorsteuerabzug bei Gebäuden

305 (5)[1] ① Für den Umfang des Vorsteuerabzugs bei Erwerb und erheblichem Umbau eines Gebäudes, das anschließend vom Erwerber für vorsteuerunschädliche und vorsteuerschädliche Verwendungsumsätze genutzt werden soll, ist vorgreiflich zu entscheiden, ob es sich bei den Umbaumaßnahmen um Erhaltungsaufwand am Gebäude oder um anschaffungsnahen Aufwand zur Gebäudeanschaffung handelt oder ob insgesamt die Herstellung eines neuen Gebäudes anzunehmen ist (vgl. BFH-Urteil vom 28. 9. 2006, V R 43/03, BStBl. 2007 II S. 417). ② Vorsteuerbeträge, die entweder das Gebäude selbst oder aber dessen Erhaltung, Nutzung oder Gebrauch betreffen, sind danach jeweils gesondert zu beurteilen. ③ Handelt es sich um Aufwendungen für das Gebäude selbst (aus der Anschaffung oder Herstellung), kommt nur eine einheitliche Aufteilung der gesamten auf den einheitlichen Gegenstand entfallenden Vorsteuerbeträge nach einem sachgerechten Aufteilungsmaßstab (§ 15 Abs. 4 UStG) in Betracht (vgl. BFH-Urteil vom 10. 8. 2016 – XI R 31/09, BStBl. II 2022 S. 736). ④ Der Umfang der abzugsfähigen Vorsteuerbeträge auf sog. Erhaltungsaufwendungen an dem Gegenstand kann sich hingegen danach richten, für welchen Nutzungsbereich des gemischt genutzten Gegenstands die Aufwendungen vorgenommen werden. ⑤ Selbst wenn Herstellungskosten eines Gebäudes aus einer Vielzahl von einzelnen Leistungsbezügen bestehen können, die für sich betrachtet einzelnen Gebäudeteilen zugeordnet werden oder auf mehrere unterschiedliche Nutzungen aufgeteilt werden könnten, muss einerseits zwischen der Verwendung des Gebäudes selbst und andererseits der Verwendung von Gegenständen und Dienstleistungen zur Erhaltung oder zum Gebrauch dieses Gebäudes unterschieden werden. ⑥ Anschaffungs- oder Herstellungskosten betreffen jeweils die Anschaffung oder Herstellung eines bestimmten Gegenstands (bei einem Gebäude das einheitliche Gebäude) und nicht bestimmte Gebäudeteile (vgl. BFH-Urteil vom 11. 11. 2020 – XI R 7/20, BStBl. II 2022 S. 746). ⑦ Werden jedoch lediglich bestimmte Gebäudeteile angeschafft oder hergestellt, sind diese der jeweilige Gegenstand (vgl. BFH-Urteil vom 22. 11. 2007, V R 43/06, BStBl. 2008 II S. 770).

306 (6) ① Die Begriffe der Anschaffungs- oder Herstellungskosten, der nachträglichen Anschaffungs- oder Herstellungskosten und der Erhaltungsaufwendungen sind nach den für das Einkommensteuerrecht geltenden Grundsätzen auszulegen. ② Dies gilt jedoch nicht, soweit nach § 6 Abs. 1 Nr. 1 a EStG Erhaltungsaufwendungen zu Herstellungskosten (anschaffungsnahe Herstellungskosten) umqualifiziert werden.

307 (7)[2] ① Wird ein Gebäude durch einen Unternehmer angeschafft oder hergestellt und soll dieses Gebäude sowohl für vorsteuerunschädliche als auch für vorsteuerschädliche Ausgangsumsätze verwendet werden, sind die gesamten auf die Anschaffungs- oder Herstellungskosten des Gebäudes entfallenden Vorsteuerbeträge nach § 15 Abs. 4 UStG aufzuteilen. ② Für die Zurechnung dieser Vorsteuerbeträge ist die „prozentuale" Aufteilung der Verwendung des gesamten Gebäudes zu vorsteuerunschädlichen bzw. vorsteuerschädlichen Umsätzen maßgebend (vgl. BFH-Urteile vom 28. 9. 2006 – V R 43/03, BStBl. II 2007 S. 417 und vom 11. 11. 2020 – XI R 7/20, BStBl. II 2022 S. 746). ③ Abweichend von Abschnitt 15.17 Abs. 1 Satz 2 Nr. 1 und 2 ist keine vorherige direkte Zuordnung von Eingangsleistungen zu den Umsätzen, die zum Vorsteuerabzug berechtigen bzw. diesen ausschließen, durchzuführen (vgl. BFH-Urteile vom 10. 8. 2016 – XI R 31/09, BStBl. II 2022 S. 736, und vom 11. 11. 2020 – XI R 7/20, BStBl. II 2022 S. 746). ④ Daraus folgt eine Ermittlung der nicht abziehbaren Vorsteuerbeträge nach § 15 Abs. 4 UStG im Wege einer sachgerechten Schätzung. ⑤ Als sachgerechter Aufteilungsmaßstab können bei Gebäuden in der Regel vorrangig folgende Aufteilungsschlüssel in Betracht kommen, wenn sie präziser als das Verhältnis der Gesamtumsätze des Unternehmers (Gesamtumsatzschlüssel) sind (siehe hierzu auch BMF-Schreiben vom 20. 10. 2022, BStBl. I S. 1497):

1. ① **Flächenschlüssel:** Eine Aufteilung nach dem Verhältnis der Nutzflächen (objektbezogener Flächenschlüssel) stellt gegenüber einer umsatzbezogenen Aufteilung (Umsatzschlüssel) regelmäßig eine präzisere Bestimmung des Aufteilungsschlüssels dar (vgl. BFH-Urteile vom 12. 3. 1992 – V R 70/87, BStBl. II S. 755, vom 7. 5. 2014 – V R 1/10, BStBl. II 2022 S. 731, und vom 3. 7. 2014 – V R 2/10, BStBl. II 2022 S. 734). ② Bei einer Aufteilung nach dem objektbezogenen Flächenschlüssel sind die tatsächlichen Nutzflächen des Gebäudes zugrunde zu legen. ③ Dabei ist die Flächenberechnung nach den Gebäudeinnenflächen vorzunehmen, ohne z. B. Außenstellplätze mit einzubeziehen (vgl. BFH-Urteil vom 27. 3. 2019 – V R 43/17, n. v.). ④ Flächen, die zur Versorgung des Gebäudes verwendet oder nur gemeinsam genutzt werden (z. B. Technikräume, Treppenhaus, Fahrradabstellräume, Waschküchen), bleiben unberücksichtigt. ⑤ Die Grundflächen sind auch bei Dachschrägen in vollem Umfang anzusetzen. ⑥ Die Flächen von Terrassen oder Balkonen zählen zur Hälfte zu der maßgeblichen Grundfläche. ⑦ Eine weitere anerkannte Methode zur Flächenberechnung (z. B. nach DIN 277 oder der Wohnflächenverordnung) kann auch für Zwecke der Vorsteueraufteilung angewandt werden, wenn die gewählte Methode bereits für andere (z. B. mietvertragliche) Zwecke angewandt wird, die Flächenberechnung für das gesamte Gebäude einheitlich erfolgt und das

[1] A 15.17 UStAE Abs. 5 Sätze 2, 3 und 5 neugefasst, Satz 6 geändert durch BMF v. 20. 10. 2022 (BStBl. I S. 1497), anzuwenden in allen offenen Fällen; Übergangsregelung bis zur Veröffentlichung im BStBl. I Nr. 20 v. 22. 11. 2022.

[2] A 15.17 UStAE Abs. 7 neugefasst durch BMF v. 20. 10. 2022 (BStBl. I S. 1497), anzuwenden in allen offenen Fällen.

Ergebnis sachgerecht ist. ⑧ Der Unternehmer kann eine flächenbezogene Vorsteueraufteilung aber nur dann beanspruchen, wenn diese sachgerecht ist (vgl. BFH-Urteile vom 7. 7. 2011 – V R 36/10, BStBl. II 2012 S. 77, und vom 5. 9. 2013 – XI R 4/10, BStBl. II 2014 S. 95, zum Fall einer Spielhalle mit Spielgeräten, die teilweise umsatzsteuerpflichtigen und teilweise umsatzsteuerfreien Zwecken dienen).

2. ① **Objektbezogener Umsatzschlüssel:** Weicht die Ausstattung der unterschiedlich genutzten Räume erheblich voneinander ab (z. B. wegen der Dicke der Wände und Decken oder in Bezug auf eine teils besonders aufwändige und teils nur einfache Innenausstattung, siehe hierzu BMF-Schreiben vom 20. 10. 2022, BStBl. I, a. a. O.) mit der Folge, dass auch die Höhe des Bauaufwandes und ggf. auch die tatsächlich erzielbaren Mieteinnahmen sich wesentlich voneinander unterscheiden, ist es dagegen grundsätzlich erforderlich, die Aufteilung der Vorsteuerbeträge anhand des objektbezogenen Umsatzschlüssels vorzunehmen, da dies dann die wirtschaftlich präzisere Aufteilung ermöglicht (vgl. BFH-Urteile vom 7. 5. 2014 – V R 1/10, a. a. O., und vom 3. 7. 2014 – V R 2/10, a. a. O.). ② Hier ist ein gegenstandsbezogener, das konkrete Wirtschaftsgut betreffender Umsatzschlüssel gegenüber einer Aufteilung nach einem Gesamtumsatzschlüssel genauer, wenn (wie z. B. in Vermietungsfällen) durch die Nutzung des Objekts ein direkter und unmittelbarer Zusammenhang zu den Ausgangsumsätzen besteht. ③ Die Vorsteueraufteilung erfolgt bei erheblichen Ausstattungsunterschieden – mangels einer anderen präziseren Zurechnung - nur dann nach dem Gesamtumsatzschlüssel, wenn das Objekt (z. B. ein Verwaltungsgebäude) zur Ausführung der Gesamtumsätze des Unternehmens dient (vgl. BFH-Urteil vom 7. 5. 2014 – V R 1/10, a. a. O.).

3. ① **Umbauter Raum:** Bestehen erhebliche Abweichungen in der Geschosshöhe, kann die Vorsteueraufteilung anstelle eines Umsatzschlüssels nach dem umbauten Raum in Betracht kommen, wenn eine solche Aufteilung in diesen Fällen eine präzisere wirtschaftliche Zurechnung der Vorsteuerbeträge ermöglicht. ② Hiervon kann ausgegangen werden, wenn Gebäudeteile mit unterschiedlichen Geschosshöhen, aber ansonsten ohne erhebliche Unterschiede in der Ausstattung zu beurteilen sind.

4. ① **Weitere Aufteilungsschlüssel:** Beim Erwerb, nicht jedoch bei der Herstellung von Gebäuden kommt auch eine Vorsteueraufteilung nach dem Verhältnis der Ertragswerte zur Verkehrswertermittlung in Betracht (vgl. BFH-Urteile vom 5. 2. 1998 – V R 101/96, BStBl. II S. 492, und vom 12. 3. 1998 – V R 50/97, BStBl. II S. 525). ② Bei zeitlich abwechselnder Nutzung derselben Flächen kann eine Aufteilung nach Nutzungszeiten erforderlich sein (vgl. BFH-Urteil vom 26. 4. 2018 – V R 23/16, BStBl. II 2022 S. 743).

⑥ Die Ermittlung des nicht abziehbaren Teils der Vorsteuerbeträge nach dem Gesamtumsatzschlüssel (Verhältnis der vorsteuerschädlichen Umsätze zu den vorsteuerunschädlichen Umsätzen des gesamten Unternehmens) ist nach § 15 Abs. 4 Satz 3 UStG nur zulässig, wenn keine andere wirtschaftliche Zurechnung möglich ist. ⑦ Nicht zulässig ist eine Zurechnung der Aufwendungen zu bestimmten Gebäudeteilen nach einer räumlichen (sog. „geografischen", vgl. BFH-Urteil vom 10. 8. 2016 – XI R 31/09, BStBl. II 2022 S. 736) Anbindung oder nach einem Investitionsschlüssel (vgl. BFH-Urteil vom 18. 11. 2004 – V R 16/03, BStBl. II 2005 S. 503).

Beispiel 1:

① U errichtet ein Wohn- und Geschäftshaus, dessen Nutzungseinheiten sich hinsichtlich der Ausstattung nicht erheblich voneinander unterscheiden. ② Er beabsichtigt, die Fläche des Hauses zu jeweils 50% vorsteuerunschädlich bzw. vorsteuerschädlich zu vermieten. ③ Aus der Erstellung des Fußbodenbelags entstehen U Aufwendungen von insgesamt 100 000 € zzgl. 19 000 € Umsatzsteuer.

④ Es handelt sich um Aufwendungen für die (Neu-)Herstellung des Gebäudes („ursprüngliche" Herstellungskosten). ⑤ Eine Zuordnung, in welchem Gebäudeteil der Fußboden verlegt worden ist, ist nicht vorzunehmen. ⑥ U ist unter den weiteren Voraussetzungen des § 15 UStG berechtigt, den Vorsteuerabzug aus den Aufwendungen für den Fußbodenbelag zu 50% (= 9 500 €) geltend zu machen.

⑧ Entsprechend ist bei nachträglichen Anschaffungs- oder Herstellungskosten zu verfahren. ⑨ Maßgeblich für die Vorsteueraufteilung ist in diesem Fall die beabsichtigte Verwendung des Gegenstands, der durch die nachträglichen Anschaffungs- oder Herstellungskosten entsteht. 308

Beispiel 2:

① U errichtet ein Gebäude, bestehend aus einer vorsteuerunschädlich gewerblich genutzten (EG; Nutzflächenanteil 50%) und einer vorsteuerschädlich zu Wohnzwecken vermieteten Einheit (1. OG; Nutzflächenanteil 50%), dessen Nutzungseinheiten sich hinsichtlich der Ausstattung nicht erheblich voneinander unterscheiden. ② Das Dachgeschoss ist noch nicht ausgebaut. ③ U ordnet das Gebäude vollständig seinem Unternehmen zu.

④ Ein Jahr nach Errichtung des Gebäudes baut U das Dachgeschoss aus. ⑤ Es entstehen dabei drei separat zugängliche, gleich ausgestattete und gleich große Einheiten, von denen eine als Wohnung und zwei als Büroteil genutzt werden (sollen). ⑥ Die Wohnung wird umsatzsteuerfrei und die Büroteile werden umsatzsteuerpflichtig vermietet. ⑦ Gleichzeitig lässt U das Treppenhaus zum Dachgeschoss erweitern.

⑧ Des Weiteren lässt U eine Alarmanlage installieren, die das gesamte Gebäude sichert. ⑨ Zudem lässt U einen Aufzug anbauen, mit dem jede Etage erreicht werden kann. ⑩ Mit dem Zugewinn an Nutzfläche erhöht sich der Anteil der vorsteuerunschädlich genutzten zum vorsteuerschädlich genutzten Teil an der Gesamtfläche des ausgebauten Gebäudes von 50% auf 60%. ⑪ Das neu ausgebaute Gebäude ist vollständig dem Unternehmen des U zugeordnet.

⑫ Die Aufwendungen für den Ausbau des Dachgeschosses, die Erweiterung des Treppenhauses, den Einbau der Alarmanlage und den Einbau des Aufzugs sind jeweils (nachträgliche) Herstellungskosten.

⑬ Der Ausbau des Dachgeschosses ist eine eigenständig genutzte Erweiterung des bestehenden Gebäudes (Altflächen) und ist damit eigenständiges Aufteilungsobjekt. ⑭ Entsprechend der vorsteuerunschädlichen Verwendung des Dachgeschosses in Höhe von $^2/_3$ sind die Vorsteuern aus dem Dachausbau zu $^2/_3$ abziehbar.

⑮ Die Aufwendungen für die Erweiterung des Treppenhauses sind dem Dachgeschoss zuzuordnen, da sie ausschließlich durch den Ausbau des Dachgeschosses verursacht sind. ⑯ Die Vorsteuern sind daher nach den Nutzungsverhältnissen des Dachgeschosses aufzuteilen.

⑰ Die Aufwendungen für den Einbau der Alarmanlage sind dem gesamten Gebäude in seinen neuen Nutzungsverhältnissen zuzuordnen, da sie das gesamte Gebäude sichert. ⑱ Folglich sind die Vorsteuern zu 60% abziehbar.

⑲ Die Aufwendungen für den Einbau des Aufzugs sind dem gesamten Gebäude mit seinen neuen Nutzungsverhältnissen und nicht ausschließlich dem Dachgeschoss zuzuordnen, da mit dem Aufzug jede Etage erreicht werden kann. ⑳ Die Vorsteuern sind daher zu 60% abziehbar.

㉑ Die jeweiligen (nachträglichen) Herstellungskosten stellen gesonderte Berichtigungsobjekte im Sinne von § 15a Abs. 6 UStG dar.

309 (8)[1] ① Handelt es sich bei den bezogenen Leistungen um Aufwendungen, die ertragsteuerrechtlich als Erhaltungsaufwand anzusehen sind, oder um solche, die mit dem Gebrauch oder der Nutzung des Gebäudes zusammenhängen, ist vorrangig zu prüfen, ob die bezogenen Leistungen vorsteuerunschädlich oder vorsteuerschädlich verwendeten Gebäudeteilen zugeordnet werden können (vgl. BFH-Urteil vom 10. 8. 2016 – XI R 31/09, BStBl. II 2022 S. 736).

Beispiel 1:

① U besitzt ein Wohn- und Geschäftshaus, dessen Nutzungseinheiten sich hinsichtlich der Ausstattung nicht erheblich voneinander unterscheiden und dessen Fläche er zu jeweils 50% vorsteuerunschädlich bzw. vorsteuerschädlich vermietet hat. ② In den vorsteuerunschädlich vermieteten Räumen lässt U durch den Maler M sämtliche Wände neu anstreichen.

③ U ist aus den Aufwendungen zum Anstrich der Wände unter den weiteren Voraussetzungen des § 15 UStG in vollem Umfang zum Vorsteuerabzug berechtigt.

② Ist eine direkte Zurechnung des Erhaltungsaufwands oder der Aufwendungen im Zusammenhang mit dem Gebrauch zu bestimmten Gebäudeteilen nicht möglich, ist die Aufteilung der Vorsteuerbeträge nach § 15 Abs. 4 UStG vorzunehmen.

Beispiel 2:

① U lässt an seinem Wohn- und Geschäftshaus, dessen Nutzungseinheiten sich hinsichtlich der Ausstattung nicht erheblich voneinander unterscheiden und dessen Fläche er zu jeweils 50% vorsteuerunschädlich bzw. vorsteuerschädlich vermietet, die Fassade neu anstreichen.

② Der Fassadenanstrich kann keinem zur Erzielung von vorsteuerunschädlichen bzw. vorsteuerschädlichen Ausgangsumsätzen verwendeten Gebäudeteil zugeordnet werden. ③ U kann daher unter den weiteren Voraussetzungen des § 15 UStG zu 50% aus den Aufwendungen den Vorsteuerabzug vornehmen.

LS zu 15.17

312 1. Hat der Steuerpflichtige in einer Steueranmeldung einen i. S. von § 15 Abs. 4 Satz 2 UStG sachgerechten Maßstab (hier: nach Umsätzen) für die Aufteilung von Vorsteuerbeträgen für Herstellungskosten gewählt, ist dieser grundsätzlich für die nachfolgenden Besteuerungszeiträume bindend. – 2. Hat das FA nach einer Prüfung den erstmals vom Steuerpflichtigen gewählten **sachgerechten Aufteilungsmaßstab** geändert, die Steuerfestsetzung jedoch unter dem Vorbehalt der Nachprüfung belassen (§ 164 Abs. 1 AO), so kann der Steuerpflichtige darauf vertrauen, dass ihm das Änderungsrecht nach § 164 Abs. 2 Satz 2 AO weiter zusteht, solange der **Vorbehalt wirksam bleibt,** auch wenn er gegen den Änderungsbescheid keinen Einspruch eingelegt hat. *FG Nürnberg, Urt. v. 11. 5. 2010, 2 K 748/2007, rkr. (DStRE 2011 S. 692).*

1. § 15 Abs. 4 Satz 1 UStG ist insoweit unionsrechtskonform, als die dort vorgesehene Aufteilung von Vorsteuerbeträgen für nach § 15 a UStG berichtigungspflichtige Vorsteuerbeträge gilt. – 2. Der **Ausschluss des Umsatzschlüssels** durch den **Flächenschlüssel** nach § 15 Abs. 4 Satz 3 UStG verstößt nicht gegen Unionsrecht, da ein objektbezogener Flächenschlüssel nach § 15 Abs. 4 Satz 3 UStG eine präzisere Bestimmung des Pro-rata-Satzes ermöglicht als der auf die Gesamtumsätze des Unternehmens bezogene Umsatzschlüssel nach Art. 17 Abs. 5 der Richtlinie 77/388/EWG. – 3. Die Neuregelung der Vorsteueraufteilung nach § 15 Abs. 4 Satz 3 UStG durch das StÄndG 2003 stellt eine zur Berichtigung des Vorsteuerabzugs nach § 15 a Abs. 1 UStG führende Änderung der rechtlichen Verhältnisse dar. *BFH-Urt. v. 22. 8. 2013, V R 19/09 (BStBl. 2022 II S. 726).* – An dem gegenstandsbezogenen Verständnis des § 15 Abs. 4 UStG und damit am **Urteil V R 19/09 hält der BFH nicht mehr fest;** siehe *BFH-Urteil v. 7. 5. 2014 V R 1/10 (BStBl. 2022 II S. 731):* 1. Bei der Errichtung eines gemischt genutzten Gebäudes richtet sich die Vorsteueraufteilung **im Regelfall** nach dem **objektbezogenen Flächenschlüssel.** – 2. Vorsteuerbeträge sind aber dann nach dem (objektbezogenen) **Umsatzschlüssel** aufzuteilen, wenn erhebliche Unterschiede in der Ausstattung der verschiedenen Zwecken dienenden Räume bestehen.

1. Bei der Herstellung eines gemischt genutzten Gebäudes kann für den Vorsteuerabzug – im Gegensatz zu den Eingangsleistungen für die Nutzung, Erhaltung und Unterhaltung – nicht darauf abgestellt werden, welche Aufwendungen in bestimmte Teile des Gebäudes eingehen; vielmehr kommt es insoweit auf die **prozentualen Verwendungsverhältnisse** des gesamten Gebäudes an. – 2. Bei der Herstellung eines solchen Gebäudes ermöglicht der **objektbezogene Flächenschlüssel** regelmäßig eine sachgerechte und „präzisere" Berechnung des Rechts auf Vorsteuerabzug als der gesamtumsatzbezogene oder der objektbezogene Umsatzsschlüssel. – 3. Die **Neuregelung der Aufteilungsmethode** für den Vorsteuerabzug durch den am 1. Januar 2004 in Kraft getretenen § 15 Abs. 4 Satz 3 UStG kann eine Änderung der für den ursprünglichen Vorsteuerabzug maßgebenden Verhältnisse i. S. des § 15 a Abs. 1 UStG bewirken. – 4. Einer **entsprechenden Vorsteuerberichtigung** stehen weder die allgemeinen unionsrechtlichen Grundsätze der Rechtssicherheit und des Vertrauensschutzes entgegen noch liegt darin eine verfassungsrechtlich unzulässige Rückwirkung in Vorjahre. *BFH-Urteil v. 10. 8. 2016 XI R 31/09 (BStBl. 2022 II S. 736).* – Nachfolgeentscheidung zum *EuGH-Urteil v. 9. 6. 2016 C-332/14, Wolfgang und Dr. Wilfried Rey Grundstücksgemeinschaft GbR (DStR S. 1370).* Bestätigt durch *BFH-Urteil v. 11. 11. 2020 XI R 7/20 (BStBl. 2022 II S. 746):* Bestehen bei gemischt genutzten Gebäuden erhebliche Unterschiede in der Ausstattung der verschiedenen Zwecken dienenden Räume sind Vorsteuerbeträge nach dem **objektbezogenen Umsatzschlüssel** aufzuteilen.

1. Stehen die von einem Unternehmer für sein Unternehmen bezogenen Vorleistungen zwar in keinem direkten und unmittelbaren Zusammenhang zu einem oder mehreren Ausgangsumsätzen, gehören die Kosten dieser Leistungen aber zu den allgemeinen Aufwendungen **(Gemeinkosten)** seiner wirtschaftlichen Gesamttätigkeit und führt diese ausschließlich zu steuerpflichtigen Umsätzen, so kann der Unternehmer die für die Vorleistungen in Rechnung gestellte Umsatzsteuer als

[1] A 15.17 UStAE Abs. 8 Satz 1 geändert, Beispiel 1 Satz 1 und Beispiel 2 Satz 1 neugefasst durch BMF v. 20. 10. 2022 (BStBl. I S. 1497), anzuwenden in allen offenen Fällen.

Vorsteuer abziehen. – 2. Eine Aufteilung der Vorsteuer nach § 15 Abs. 4 UStG setzt voraus, dass der Unternehmer die bezogenen Vorleistungen sowohl für Umsätze verwendet, für die ein Recht auf Vorsteuerabzug besteht, als auch für Umsätze, für die dieses Recht nicht besteht. Dabei ist auf die Verhältnisse der gesamten Umsätze im Besteuerungszeitraum abzustellen. *BFH-Urt. v. 24. 4. 2013, XI R 25/10 (BStBl. 2014 II S. 346).*

Der Betreiber einer **Spielhalle** kann Vorsteuerbeträge, die weder seinen steuerfreien Umsätzen mit Geldspielgeräten noch seinen steuerpflichtigen Umsätzen mit Unterhaltungsspielgeräten direkt und unmittelbar zuzuordnen sind, grundsätzlich nicht nach den Flächen aufteilen, auf denen einerseits die Geldspielgeräte und andererseits die Unterhaltungsspielgeräte aufgestellt sind (sog. Flächenschlüssel). *BFH-Urt. v. 5. 9. 2013, XI R 4/10 (BStBl. 2014 II S. 95).*

Nach § 15 Abs. 4 UStG **aufteilbar** sind nur **gesetzlich geschuldete Vorsteuerbeträge.** [Keine gesetzlich entstandene Vorsteuer beim Mieter infolge unzulässigen Verzichts auf Steuerfreiheit der Vermietung.] *BFH-Urteil v. 23. 10. 2019 V R 46/17 (DStR 2020 S. 49).*

Auf die Vorsteueraufteilung für Leistungsbezüge, die einer **wirtschaftlichen** und einer **nichtwirtschaftlichen Tätigkeit** des Unternehmens dienen, ist § 15 Abs. 4 UStG analog anzuwenden. *BFH-Beschluss v. 9. 9. 2014 V B 43/14 (BFH/NV 2015 S. 68).*

1. Art. 175 Abs. 1 MwStSystRL ist dahin auszulegen, dass die Mitgliedstaaten nicht verpflichtet sind, die in dieser Bestimmung vorgesehene **Rundungsregel** anzuwenden, wenn der Pro-rata-Satz des Vorsteuerabzugs nach einer der **abweichenden Methoden** des Art. 173 Abs. 2 dieser Richtlinie berechnet wird. – 2. Die Art. 184 ff. MwStSystRL sind dahin auszulegen, dass die Mitgliedstaaten in dem Fall, dass der Pro-rata-Satz des Vorsteuerabzugs nach innerstaatlichem Recht nach einer der in Art. 173 Abs. 2 dieser Richtlinie oder in Art. 17 Abs. 5 Unterabs. 3 der Sechsten Richtlinie 77/388/EWG ... vorgesehenen Methoden berechnet wurde, nur dann verpflichtet sind, die Rundungsregel des Art. 175 Abs. 1 der erstgenannten Richtlinie im Fall der Vorsteuerberichtigung anzuwenden, wenn diese Rundungsregel zur Bestimmung des ursprünglichen Vorsteuerabzugsbetrags angewandt wurde. ***EuGH-Urteil v. 16. 6. 2016** C-186/15, Kreissparkasse Wiedenbrück (DStR S. 1413).*

Bei einer **zeitlich abwechselnden Nutzung** desselben Gebäudes **(Schulsportanlage)** zu steuerfreien oder steuerpflichtigen Zwecken führt die Aufteilung der Vorsteuerbeträge nach den Nutzungszeiten zu einer präziseren wirtschaftlichen Zurechnung nach § 15 Abs. 4 Satz 3 UStG als der (unternehmensbezogene oder objektbezogene) Umsatzschlüssel. *BFH-Urteil v. 26. 4. 2018 V R 23/16 (BStBl. 2022 II S. 743).*

Eine Schätzung des nicht abziehbaren Teils der Vorsteuer unter Verwendung eines selektiven **Personalschlüssels** ist nicht als sachgerechte Schätzung anzusehen; es besteht daher kein Vorrang gegenüber einer Schätzung anhand des Verhältnisses der gesamten steuerfreien zu den steuerpflichtigen Umsätzen. *BFH-Urteil v. 23. 10. 2019 XI R 18/17 (DStR 2020 S. 710).*

a) Schreiben betr. Vorsteueraufteilung nach § 15 Absatz 4 UStG bei gemischt genutzten Grundstücken; Veröffentlichung der BFH-Urteile vom 22. August 2013 – V R 19/09, vom 7. Mai 2014 – V R 1/10, vom 3. Juli 2014 – V R 2/10, vom 10. August 2016 – XI R 31/09, vom 26. April 2018 – V R 23/16 und vom 11. November 2020 – XI R 7/20 sowie der EuGH-Urteile vom 8. November 2012, C-511/10, BLC Baumarkt, und vom 9. Juni 2016, C-332/14, Wolfgang und Dr. Wilfried Rey Grundstücksgemeinschaft

Anl a zu 15.17

Vom 20. Oktober 2022 (BStBl. I S. 1497)

(BMF III C 2 – S 7306/19/10001 :003; DOK 2022/1029175)

1 Verwendet ein Unternehmer die für sein Unternehmen gelieferten oder eingeführten Gegenstände und die in Anspruch genommenen sonstigen Leistungen sowohl für Umsätze, die zum Vorsteuerabzug berechtigen, als auch für Umsätze, die den Vorsteuerabzug nach § 15 Abs. 2 und 3 UStG ausschließen, hat er die angefallenen Vorsteuerbeträge in einen abziehbaren und einen nicht abziehbaren Teil aufzuteilen. Nach dem Unionsrecht ist für die Aufteilung im Grundsatz ein auf die Gesamtheit der von dem Unternehmer bewirkten Umsätze bezogener Umsatzschlüssel anzuwenden (Art. 173 Abs. 1 und 174 MwStSystRL, „Pro-rata-Satz“). Die Mitgliedstaaten können jedoch nach Art. 173 Abs. 2 MwStSystRL in bestimmten Fällen von diesem Grundsatz abweichen. Von dieser Möglichkeit hat der deutsche Gesetzgeber mit § 15 Abs. 4 Satz 3 UStG in Form des Vorranges von „anderen wirtschaftlichen Zuordnungen“ vor einer Aufteilung nach den Umsätzen Gebrauch gemacht. **313**

I. Stand der Rechtsprechung in Bezug auf gemischt genutzte Grundstücke

2 Der EuGH hat mit Urteil vom 8. November 2012 – C-511/10, BLC Baumarkt, BStBl. II 2022 S. 749, entschieden, dass es mit dem Unionsrecht vereinbar sei, wenn ein Mitgliedstaat zum Zweck der Berechnung des Pro-rata-Satzes für den Abzug der Vorsteuern aus einem bestimmten Umsatz wie der Errichtung eines gemischt genutzten Gebäudes vorrangig einen anderen Aufteilungsschlüssel als den in Art. 19 Abs. 1 der 6. EG-RL (entspricht Art. 174 Abs. 1 MwStSystRL) vorgesehenen Umsatzschlüssel vorschreibt. Voraussetzung sei, dass die herangezogene Methode eine präzisere Bestimmung des Pro-rata-Satzes gewährleistet. Er bestätigte damit im Grundsatz die deutsche Rechtslage in § 15 Abs. 4 Satz 3 UStG. **314**

3 Der BFH hat mit Urteil vom 22. August 2013 – V R 19/09, BStBl. II 2022 S. 726, (Folgeurteil zum EuGH-Urteil C-511/10) entschieden, dass eine generelle Anwendung der wirtschaftlichen Zuordnung für alle Fälle der Vorsteueraufteilung dem Unionsrecht widerspreche (Rn. 23 des Urteils). Daher sei § 15 Abs. 4 UStG teleologisch einschränkend auszulegen und nur auf Fälle anzuwenden, in denen durch die Vorschrift präzisere Ergebnisse erzielt werden. Durch diese teleologische Reduktion sei § 15 Abs. 4 UStG unionsrechtskonform und ein Steuerpflichtiger könne sich nicht auf einen Umsatzschlüssel – statt auf einen Flächenschlüssel – berufen (Rn. 34 des Urteils).

4 Im Folgenden hat der BFH mit Urteil vom 7. Mai 2014 – V R 1/10, BStBl. II 2022 S. 731, an der Begründung in dem Urteil V R 19/09 nicht mehr im vollen Umfang festgehalten, sondern sie ergänzt und die noch in der Entscheidung V R 19/09 enthaltene Beschränkung auf Vorsteuerbeträge, die zugleich nach § 15a UStG berichtigungspflichtig sind, aufgegeben (Rn. 28 und 29 des Urteils). Danach sei eine Vorsteueraufteilung nach dem Umsatzschlüssel nur zulässig, wenn keine andere,

Anl a zu 15.17

noch 314 präzisere wirtschaftliche Zurechnung möglich ist. Der Flächenschlüssel schließe im Regelfall als präzisere Zurechnung die (gesamtumsatzbezogenen oder objektbezogenen) Umsatzschlüssel aus (Rn. 31 des Urteils). Allerdings seien die Vorsteuerbeträge nicht nach dem Flächenschlüssel aufteilbar, wenn die Ausstattung der Räumlichkeiten (z. B. wegen der Höhe der Räume, der Dicke der Wände und Decken oder in Bezug auf die Innenausstattung) erhebliche Unterschiede aufweist (Rn. 32 des Urteils). Wenn der Flächenschlüssel keine präzisere wirtschaftliche Zurechnung darstelle, gelte die Methode, die eine genauere Aufteilung ermögliche: Betreffen die Vorsteuerbeträge die mit dem Gebäude selbst erzielten Umsätze (z. B. Vermietungsumsätze), sei ein objektbezogener Umsatzschlüssel genauer. Wird das Gebäude hingegen insgesamt für die mit dem gesamten Unternehmen erzielten Umsätze genutzt (z. B. ein Verwaltungsgebäude), sei ein gesamtumsatzbezogener Umsatzschlüssel gerechtfertigt (Rn. 33 des Urteils).

5 Weiterhin hat der BFH mit Urteil vom 3. Juli 2014 – V R 2/10, BStBl. II 2022 S. 734, seine im Urteil V R 1/10 geäußerte Auffassung nochmals bestätigt: Der Umsatzschlüssel sei nur zulässig, wenn keine andere, präzisere Zurechnung möglich ist. Die Vorsteueraufteilung bei einem gemischt genutzten Grundstück richte sich im Regelfall nach dem objektbezogenen Flächenschlüssel. Vorsteuerbeträge seien nach dem (objektbezogenen) Umsatzschlüssel aufzuteilen, wenn die Ausstattung der Räumlichkeiten, die verschiedenen Zwecken dienen (z. B. wegen der Höhe der Räume, der Dicke der Wände und Decken oder in Bezug auf die Innenausstattung), erhebliche Unterschiede aufweist.

6 Der EuGH hat mit Urteil vom 9. Juni 2016 – C-332/14, Wolfgang und Dr. Wilfried Rey Grundstücksgemeinschaft, BStBl. II 2022 S. 752, entschieden, dass eine direkte Zuordnung von Gegenständen und Dienstleistungen, welche die Anschaffung oder Errichtung eines gemischt genutzten Gebäudes betreffen, zu den Ausgangsumsätzen unionsrechtlich nicht erforderlich sei, wenn eine solche Zuordnung „in der Praxis schwer durchführbar" ist (Rn. 28 des Urteils). Unter dieser Voraussetzung sei die Vorsteueraufteilung grundsätzlich auf Grundlage eines Pro-rata-Satzes vorzunehmen, der für die Gesamtheit der vom Unternehmer bewirkten Umsätze unter Anwendung des Umsatzschlüssels festgelegt wird (Rn. 31 des Urteils). Wie sich aus dem Urteil in der Rs. BLC Baumarkt ergebe, könnten die Mitgliedstaaten allerdings auch eine andere Berechnungsmethode anwenden, wenn die herangezogene Methode eine präzisere Bestimmung des Pro-rata-Satzes des Vorsteuerabzugs als die Bestimmung anhand der erstgenannten Methode (Umsatzschlüssel) gewährleistet (Rn. 32 des Urteils). Die gewählte Aufteilungsmethode müsse jedoch nicht zwingend die genauestmögliche sein (Rn. 33 des Urteils). Es obliege dem vorlegenden Gericht, zu prüfen, ob die Berechnung des Rechts auf Vorsteuerabzug unter Anwendung des Flächenschlüssels zu einem präziseren Ergebnis führen kann als die Berechnung anhand des Umsatzschlüssels (Rn. 34 des Urteils).

7 Der BFH hat in seinem Urteil vom 10. August 2016 – XI R 31/09, BStBl. II 2022 S. 736, (Folgeurteil zum EuGH-Urteil C-332/14) entschieden, dass bei der Herstellung eines gemischt genutzten Gebäudes für den Vorsteuerabzug – im Gegensatz zu den Eingangsleistungen für die Nutzung, Erhaltung und Unterhaltung – nicht darauf abgestellt werden könne, welche Aufwendungen in bestimmte Teile des Gebäudes eingehen. Vielmehr komme es insoweit auf die prozentualen Verwendungsverhältnisse des gesamten Gebäudes an (Rn. 32, 34 und 38 des Urteils). Hingegen könnten Erhaltungsmaßnahmen den verschiedenen Nutzungsanteilen verhältnismäßig einfach unmittelbar zugeordnet werden (Rn. 40 des Urteils). Zudem schließt sich der XI. Senat mit diesem Urteil der Auffassung des V. Senats aus den Urteilen V R 1/10 und V R 2/10 an, dass der Flächenschlüssel regelmäßig eine präzisere Berechnung der abzugsfähigen Vorsteuern ermögliche als ein Umsatzschlüssel (Rn. 44 ff. des Urteils).

8 Aufbauend auf die vorgenannte Rechtsprechung hat der BFH im Urteil vom 26. April 2018 – V R 23/16, BStBl. II 2022 S. 743, für den Fall einer Schulsporthalle entschieden, dass bei einer zeitlich abwechselnden Nutzung desselben Gebäudes zu steuerfreien oder steuerpflichtigen Zwecken eine Aufteilung nach den Nutzungszeiten zu einer präziseren wirtschaftlichen Zurechnung als der (unternehmensbezogene oder objektbezogene) Umsatzschlüssel führe (Rn. 22 des Urteils). Eine Vorsteueraufteilung anhand des objektbezogenen Flächenschlüssels komme nicht in Betracht, wenn es nicht um die gleichbleibende Nutzung verschiedener Funktionsbereiche gehe, sondern um die zeitlich abwechselnde Nutzung derselben Gebäudeteile (Rn. 23 des Urteils).

9 Schließlich bestätigte der BFH mit Urteil vom 11. November 2020 – XI R 7/20, BStBl. II 2022 S. 746, nochmals seine vorgenannte Rechtsprechung. Eine direkte Zuordnung von Eingangsleistungen zu den Ausgangsumsätzen betreffe „insbesondere die Eingangsleistungen für die Nutzung, Erhaltung oder Unterhaltung des gemischt genutzten Gebäudes" (Rn. 14 f. des Urteils). Neben einer Bezugnahme auf die im Urteil XI R 31/09 genannten praktischen Probleme führt der BFH ergänzend an, dass dies auch gelte, da nicht ein bestimmter Gebäudeteil, sondern ein bestimmter Prozentsatz des Gebäudes für steuerpflichtige bzw. steuerfreie Umsätze genutzt werde (Rn. 16 des Urteils). Bestehen erhebliche Unterschiede in der Ausstattung der verschiedenen Zwecken dienenden Räume, soweit es um Flächen innerhalb eines Gebäudes und auf dessen Dach geht, oder wenn eine Aufteilung nach dem Flächenschlüssel aus sonstigen Gründen nicht präziser ist, seien die Vorsteuerbeträge nach einem (objektbezogenen) Umsatzschlüssel aufzuteilen (Rn. 17 des Urteils). Dies lasse dann auch im Ausnahmefall keine Anwendung des Flächenschlüssels aufgrund einer Vergleichsbetrachtung zu (Rn. 27 des Urteils). Außerdem müsse nicht der Steuerpflichtige beweisen, dass der Umsatzschlüssel präziser ist als ein Flächenschlüssel (Rn. 29 des Urteils).

II. Umsetzung der Rechtsprechung

10 Unter Bezugnahme auf das Ergebnis der Erörterungen mit den obersten Finanzbehörden der Länder gilt für die Aufteilung der Vorsteuer nach § 15 Absatz 4 UStG bei gemischt genutzten Grundstücken nach der genannten Rechtsprechung Folgendes:

Anl a zu 15.17

1. Grundsätze

11 Im Fall von Eingangsleistungen für die Nutzung, Erhaltung und Unterhaltung von gemischt genutzten Gebäuden sind die Leistungen nach den allgemeinen Grundsätzen zunächst soweit möglich direkt den zum Vorsteuerabzug berechtigenden bzw. diesen ausschließenden Ausgangsumsätzen zuzuordnen. Verbleibende Vorsteuerbeträge sind sachgerecht aufzuteilen. Wegen dieses Verfahrens wird auf Abschnitt 15.17 Abs. 1 bis 4 UStAE hingewiesen. Für danach aufzuteilende Vorsteuerbeträge gelten die folgenden Ausführungen entsprechend. **315**

12 Wird ein Gebäude durch einen Unternehmer angeschafft oder hergestellt und ist die Nutzung dieses Gebäudes durch den Unternehmer sowohl für vorsteuerunschädliche als auch für vorsteuerschädliche Umsätze beabsichtigt, sind dagegen die gesamten auf die Anschaffungs- oder Herstellungskosten des Gebäudes entfallenden Vorsteuerbeträge einheitlich in einen abziehbaren und in einen nicht abziehbaren Teil aufzuteilen. Abweichend von Abschnitt 15.17 Abs. 1 Satz 2 Nr. 1 und 2 UStAE ist keine vorherige direkte Zuordnung von Eingangsleistungen zu den Umsätzen, die zum Vorsteuerabzug berechtigen bzw. diesen ausschließen, durchzuführen (vgl. BFH-Urteile vom 10. August 2016 – XI R 31/09 und vom 11. November 2020 – XI R 7/20, a. a. O.; siehe auch oben Rn. 7 und 9). Bei der Anschaffung eines Gebäudes, bei dessen Verkauf eine Teiloption nach Abschnitt 9.1 Abs. 6 UStAE erfolgt ist, sind die daraus resultierenden Vorsteuerbeträge nur dem Gebäudeteil wirtschaftlich zuzuordnen, auf den sich die Teiloption bezieht. Daher ist in diesen Fällen eine ggf. erforderliche Aufteilung der Vorsteuerbeträge nach § 15 Abs. 4 UStG nur nach der Verwendungsabsicht für diesen Gebäudeteil vorzunehmen.

13 Die Vorsteueraufteilung muss nach einem sachgerechten Aufteilungsschlüssel erfolgen. Kommen neben dem Gesamtumsatzschlüssel (gleichbedeutend zu gesamtumsatzbezogenen oder gesamtunternehmensbezogenen Umsatzschlüssel) andere Aufteilungsschlüssel in Betracht, ist ein anderer Aufteilungsschlüssel anzuwenden, wenn er ein präziseres Ergebnis liefert. In Betracht kommen insbesondere ein (objektbezogener) Flächenschlüssel (siehe unten Rn. 15 bis 18), ein objektbezogener Umsatzschlüssel (siehe unten Rn. 19 bis 23) oder ein Schlüssel nach dem umbauten Raum (siehe unten Rn. 24). Weitere Aufteilungsschlüssel können im Einzelfall sachgerecht sein (zur Vorsteueraufteilung im Fall einer Schulsporthalle nach den Nutzungszeiten vgl. BFH-Urteil vom 26. April 2018 – V R 23/16, a. a. O., oben Rn. 8).

14 Kommen neben dem Gesamtumsatzschlüssel mehrere andere präzisere Aufteilungsschlüssel in Betracht, ist nicht zwingend die präziseste Methode anzuwenden (vgl. oben Rn. 6). Die Auswahl der anzuwendenden präziseren Methode obliegt in diesen Fällen dem Unternehmer; das Finanzamt kann sie jedoch daraufhin überprüfen, ob sie sachgerecht ist.

2. Flächenschlüssel

15 Grundsätzlich erfolgt die Vorsteueraufteilung nach dem Verhältnis der Nutzflächen des Gebäudes (objektbezogener Flächenschlüssel), da dies regelmäßig die wirtschaftlich präzisere Aufteilungsmethode gegenüber dem Gesamtumsatzschlüssel darstellt (vgl. oben Rn. 4, 5 und 7). Dabei ist die Flächenberechnung nach den Gebäudeinnenflächen vorzunehmen, ohne dabei z. B. Außenstellplätze mit einzubeziehen (vgl. BFH-Urteil vom 27. März 2019 – V R 43/17, n. v.). Der Unternehmer kann einen Flächenschlüssel aber nur beanspruchen, wenn dieser sachgerecht ist (zu einer Spielhalle mit unterschiedlich genutzten Automaten vgl. BFH-Urteil vom 7. Juli 2011 – V R 36/10, BStBl. II 2012 S. 77, zu einer zeitlich abwechselnden Nutzung derselben Funktionsbereiche einer Schulsporthalle vgl. BFH-Urteil vom 26. April 2018, a. a. O., oben Rn. 8). **316**

16 Für die Flächenberechnung sind grundsätzlich die Grundflächen aller Räume anzusetzen, unabhängig davon, ob es sich um Wohn- oder Gewerbeflächen handelt (Wohn- und Verkaufsräume, als Lagerflächen genutzte Keller oder Speicherräume, Tiefgarage). Flächen, die zur Versorgung des Gebäudes verwendet oder nur gemeinsam genutzt werden (z. B. Technikräume, Treppenhaus, Fahrradabstellräume, Waschküchen), bleiben unberücksichtigt. Ebenso sind von vornherein nicht zum Ausbau vorgesehene Räume nicht in die Flächenberechnung mit einzubeziehen. Die Grundflächen sind auch bei Dachschrägen in vollem Umfang anzusetzen. Die Flächen von Terrassen oder Balkonen zählen zur Hälfte zu der maßgeblichen Grundfläche.

17 Eine weitere anerkannte Methode zur Flächenberechnung (z. B. nach DIN 277 oder der Wohnflächenverordnung) kann auch für Zwecke der Vorsteueraufteilung angewandt werden, wenn die gewählte Methode bereits für andere (z. B. mietvertragliche) Zwecke angewandt wird, die Flächenberechnung für das gesamte Gebäude einheitlich erfolgt und das Ergebnis sachgerecht ist.

18 Die Feststellungslast, dass der Flächenschlüssel präziser als ein Umsatzschlüssel ist, liegt zwar beim Finanzamt (vgl. BFH-Urteil vom 11. November 2020 – XI R 7/20, a. a. O.; siehe auch oben Rn. 9). Dies gilt jedoch nur, wenn dem Finanzamt alle für eine entsprechende Beurteilung erforderlichen Informationen vorliegen, insbesondere durch Erfüllung der dem Unternehmer obliegenden Mitwirkungspflichten. Liegen nicht alle erforderlichen Informationen vor bzw. lassen diese keine eindeutige Beurteilung zu, ist davon auszugehen, dass der Flächenschlüssel grundsätzlich die präziseren Ergebnisse liefert (vgl. oben Rn. 15).

3. Objektbezogener Umsatzschlüssel

19 Ein objektbezogener Umsatzschlüssel kommt nicht per se in Betracht, sondern nur unter den vom BFH aufgestellten Voraussetzungen (vgl. BFH-Urteile vom 7. Mai 2014 – V R 1/10 und vom 3. Juli 2014 – V R 2/10, a. a. O.; siehe auch oben Rn. 4 und 5). **316a**

20 Weicht danach die Ausstattung der unterschiedlich genutzten Räume erheblich voneinander ab, erfolgt grundsätzlich eine Aufteilung der Vorsteuerbeträge anhand des objektbezogenen Um-

Anl a zu 15.17

satzschlüssels. In solchen Fällen führt eine Aufteilung nach dem Flächenschlüssel nicht zu einem sachgerechten Ergebnis, der objektbezogene Umsatzschlüssel kann aber die wirtschaftlich präzisere Aufteilung gegenüber dem Gesamtumsatzschlüssel ermöglichen. Nur ausnahmsweise kann in solchen Fällen eine Aufteilung nach dem Gesamtumsatzschlüssel zur Anwendung kommen, nämlich z. B. bei Verwaltungsgebäuden, wenn diese den Umsätzen des gesamten Unternehmens dienen.

21 Erhebliche Unterschiede in der Ausstattung können immer dann angenommen werden, wenn sich die Dicke der Decken und Wände oder die Innenausstattung erheblich voneinander unterscheiden. Denn regelmäßig unterscheidet sich dann auch die Höhe des Bauaufwandes der verschiedenen Räume erheblich voneinander und auch die tatsächlich erzielbaren Mieteinnahmen weichen ggf. erheblich voneinander ab. Ausstattungsunterschiede, die in der unterschiedlichen Nutzung begründet sind, denen aber im anderen Gebäudeteil ein ähnlicher Aufwand gegenübersteht, stellen für sich alleine noch keine erheblichen Unterschiede dar. Daher liegen z. B. keine erheblichen Unterschiede vor alleine
- bei einer unterschiedlichen Anzahl und Art von Strom- oder Wasseranschlüssen für private und gewerbliche Mieter oder
- bei Einbau deckenhoher Ganzglastürelemente nur im gewerblich genutzten Gebäudeteil und normaler Fenster im Wohnbereich (bei vergleichbarer Funktion der eingebauten Gegenstände entsteht kein deutlich unterschiedlicher Bauaufwand für die unterschiedlichen Gebäudeteile).

22 Erheblich sind Unterschiede erst, wenn sie über die bloße unterschiedliche Nutzung hinaus zu einem deutlich unterschiedlichen Bauaufwand für nur einen Gebäudeteil führen, dem im anderen Gebäudeteil kein entsprechender, funktions- und wertähnlicher Aufwand gegenübersteht. Ein erheblicher Unterschied liegt beispielsweise vor
- wenn die einen Räume luxuriös, die anderen aber schlicht ausgebaut sind,
- wenn nur für einen Gebäudeteil ein besonderer, aufwändiger Herstellungsaufwand anfällt (z. B. traglastverstärkte Böden für bestimmte gewerbliche Nutzungen, derselben Funktion steht hier ein deutlich unterschiedlicher Bauaufwand gegenüber),
- beim Einbau eines Schwimmbades, das nur durch die Mieter des Wohnbereichs genutzt wird (keine vergleichbare Funktion im anderen Gebäudeteil und dadurch bedingt ein deutlich unterschiedlicher Bauaufwand; das BFH-Urteil vom 20. Juli 1988 – X R 8/80 ist insoweit nicht mehr anzuwenden) oder
- bei der erheblich unterschiedlichen Nutzung von Flächen innerhalb eines Gebäudes und Nutzflächen auf dessen Dach (für den Fall der Errichtung eines Holzschuppens bzw. der Neueindeckung eines Scheunendachs allein zum Betrieb einer Photovoltaikanlage vgl. BFH-Urteile vom 19. Juli 2011 – XI R 29/09, BStBl. II 2012 S. 430, und XI R 29/10, BStBl. II 2012 S. 564).

23 Die Kosten einer zur Erzielung von Einnahmen genutzten Photovoltaikanlage stellen unter den Voraussetzungen von Abschnitt 15.17 Abs. 6 UStAE Anschaffungs- bzw. Herstellungskosten des Gebäudes dar. Wenn sie das Gebäude jedoch nicht erheblich prägt (z. B. Installation einer Aufdach-Photovoltaikanlage auf einem mit nicht nur geringem Aufwand errichteten Gebäude), stellt sie alleine noch keinen erheblichen Unterschied i. S. v. Rn. 21 für das gesamte Gebäude dar. Damit das Ergebnis der Vorsteueraufteilung in diesem Fall die maßgeblichen Verwendungsverhältnisse des gesamten Gebäudes zutreffend abbildet, ist im Regelfall eine zweistufige, jeweils sachgerechte Vorsteueraufteilung vorzunehmen (Stufe 1: Anteil PV-Anlage, Stufe 2: restliches Gebäude). Regelmäßig wird für die Stufe 1 ein objektbezogener Umsatzschlüssel zur Ermittlung des Anteils für die Dachflächennutzung sachgerecht sein. Die danach auf das restliche Gebäude entfallenden Vorsteuerbeträge sind in der Stufe 2 nach einer ggf. auch abweichenden sachgerechten Methode aufzuteilen, z. B. unter den Voraussetzungen der Rn. 15 bis 18 nach einem Flächenschlüssel oder der Rn. 24 nach dem umbauten Raum.

4. Umbauter Raum

317 **24** Bestehen erhebliche Abweichungen in der Geschosshöhe, kann die Vorsteueraufteilung anstelle des Gesamtumsatzschlüssels nach dem umbauten Raum in Betracht kommen, wenn eine solche Aufteilung in diesen Fällen eine präzisere wirtschaftliche Zurechnung der Vorsteuerbeträge ermöglicht. Hiervon kann ausgegangen werden, wenn Gebäudeteile mit unterschiedlichen Geschosshöhen, aber ansonsten ohne erhebliche Unterschiede in der Ausstattung (vgl. oben Rn. 21) zu beurteilen sind.

5. Zuordnung

317 a **25** Die vorstehenden Grundsätze sind hinsichtlich der Zuordnung eines gemischt genutzten Grundstücks zum Unternehmen entsprechend anzuwenden, beispielsweise zur Feststellung der unternehmerischen Mindestnutzung nach § 15 Abs. 1 Satz 2 UStG. Wegen der Einzelheiten wird auf Abschnitt 15.2 c Abs. 8 UStAE hingewiesen.

III. Änderung des Umsatzsteuer-Anwendungserlasses

[Änderungen des Umsatzsteuer-Anwendungserlasses in A 15.2 c, A 15.6 a, A 15.16, A 15.17 und A 15 a.2 UStAE berücksichtigt]

IV. Anwendungsregelungen

27 Die Grundsätze dieses Schreibens sind in allen offenen Fällen anzuwenden.

Es wird nicht beanstandet, wenn Unternehmer vor der Veröffentlichung dieses Schreibens[1] zulässigerweise eine direkte Zuordnung von Vorsteuerbeträgen nach Abschnitt 15.17 Abs. 7 Sätze 6 und 7 UStAE in der bisherigen Fassung vorgenommen haben.

[1] Veröffentlicht im BStBl. 2022 I Nr. 20 v. 22. 11. 2022.

Es wird weiter nicht beanstandet, wenn sich ein Unternehmer vor der Veröffentlichung dieses Schreibens auf die Regelungen in der bisherigen Fassung der Abschnitte 15.2c Abs. 10 und 15.6a Abs. 3 UStAE berufen hat.

28 Das BMF-Schreiben vom 30. September 2008, BStBl. I 2008 S. 896, wird aufgehoben.

b) Schreiben betr. Aufteilung der Vorsteuerbeträge nach § 15 Abs. 4 UStG; Veröffentlichung der BFH-Urteile vom 16. November 2016 V R 1/15, vom 23. Oktober 2019 XI R 18/17 und vom 23. Oktober 2019 V R 46/17

Anl b zu 15.17

Vom 18. November 2022 (BStBl. I S. 1590)

(BMF III C 2 – S 7306/19/10002 :002; DOK 2022/1107878)

I. Einführung

1 Verwendet ein Unternehmer einen für sein Unternehmen gelieferten, eingeführten oder innergemeinschaftlich erworbenen Gegenstand oder eine in Anspruch genommene sonstige Leistung sowohl für Umsätze, die zum Vorsteuerabzug berechtigen, als auch für Umsätze, die den Vorsteuerabzug nach § 15 Abs. 2 und 3 UStG ausschließen, hat er die angefallenen Vorsteuerbeträge in einen abziehbaren und einen nicht abziehbaren Teil aufzuteilen. Nach dem Unionsrecht ist für die Aufteilung im Grundsatz ein auf die Gesamtheit der von dem Unternehmer bewirkten Umsätze bezogener Umsatzschlüssel anzuwenden (Art. 173 Abs. 1 und 174 MwStSystRL, „Pro-rata-Satz"). Die Mitgliedstaaten können jedoch nach Art. 173 Abs. 2 MwStSystRL von diesem Grundsatz abweichen. Von dieser Möglichkeit hat der deutsche Gesetzgeber mit § 15 Abs. 4 Satz 3 UStG in Form des Vorranges von „anderen wirtschaftlichen Zuordnungen" vor einer Aufteilung nach den Umsätzen Gebrauch gemacht. **318**

2 Die Vorsteueraufteilung muss nach einem sachgerechten Aufteilungsschlüssel erfolgen. Kommen neben dem Umsatzschlüssel (Gesamtumsatzschlüssel, gleichbedeutend mit gesamtumsatzbezogenen oder gesamtunternehmensbezogenen Umsatzschlüssel) andere Aufteilungsschlüssel in Betracht, ist ein anderer Aufteilungsschlüssel anzuwenden, wenn er ein präziseres Ergebnis liefert. Kommen neben dem Gesamtumsatzschlüssel mehrere andere präzisere Aufteilungsschlüssel in Betracht, ist nicht zwingend die präziseste Methode anzuwenden. Die Auswahl der anzuwendenden präziseren Methode obliegt in diesen Fällen dem Unternehmer; das Finanzamt kann sie jedoch daraufhin überprüfen, ob sie sachgerecht ist (siehe auch BMF-Schreiben vom 20. Oktober 2022, BStBl. I S. 1497).

II. BFH-Rechtsprechung zur Vorsteueraufteilung nach § 15 Abs. 4 UStG

3 Der BFH hat mit Urteil vom 16. November 2016 V R 1/15 entschieden, dass die von einem Blockheizkraftwerk erzeugten Produkte (Strom und Wärme) trotz gleicher Bemessung in kWh nicht miteinander vergleichbar seien. Daher sei eine Aufteilung der Vorsteuern nach den produzierten Leistungen in kWh nicht sachgerecht. Stattdessen seien sie nach dem Verhältnis der Marktpreise der produzierten Strom- und Wärmemenge (als objektbezogenem Umsatzschlüssel) aufzuteilen. **319**

4 Weiterhin hat der BFH mit Urteil vom 23. Oktober 2019 XI R 18/17 entschieden, dass eine Schätzung des nicht abziehbaren Teils der Vorsteuer unter Verwendung eines selektiven Personalschlüssels (sog. Philipowski-Methode) nicht als sachgerechte Schätzung anzusehen sei. Denn die Anwendung eines derartigen Personalschlüssels führe nicht zu präziseren Ergebnissen, weil dabei nicht berücksichtigt wird, dass alle Mitarbeiter zur Erwirtschaftung des Geschäftsergebnisses beigetragen haben.

5 Schließlich hat der BFH ebenfalls mit Urteil vom 23. Oktober 2019 V R 46/17 entschieden, dass nach § 15 Abs. 4 UStG nur gesetzlich geschuldete Vorsteuerbeträge aufteilbar seien. Im Streitfall lag wegen der Ausgangsumsätze der Klägerin hinsichtlich der von ihr bezogenen Vermietungsleistungen möglicherweise bei ihrem Vermieter keine wirksame Option nach § 9 Abs. 2 UStG vor, sodass die ausgewiesene Steuer dann nach § 14c Abs. 1 UStG geschuldet wurde.

III. Änderung des Umsatzsteuer-Anwendungserlasses

[in A 2.5, A 15.16 und A 15.17 UStAE berücksichtigt]

IV. Anwendungsregelung

7 Die Grundsätze dieses Schreibens sind in allen offenen Fällen anzuwenden.

Es wird nicht beanstandet, wenn sich ein Steuerpflichtiger für bis zum 31. Dezember 2022 bezogene Leistungen auf die bisherigen Regelungen in Abschn. 2.5 Abs. 20 UStAE beruft.

§ 43 *Erleichterungen bei der Aufteilung der Vorsteuern*

UStDV

Die den folgenden steuerfreien Umsätzen zuzurechnenden Vorsteuerbeträge sind nur dann vom Vorsteuerabzug ausgeschlossen, wenn sie diesen Umsätzen ausschließlich zuzurechnen sind: **320**

1. *Umsätze von Geldforderungen, denen zum Vorsteuerabzug berechtigende Umsätze des Unternehmers zugrunde liegen;*
2. *Umsätze von Wechseln, die der Unternehmer von einem Leistungsempfänger erhalten hat, weil er den Leistenden als Bürge oder Garantiegeber befriedigt. ② Das gilt nicht, wenn die Vorsteuern, die dem Umsatz dieses Leistenden zuzurechnen sind, vom Vorsteuerabzug ausgeschlossen sind;*

3.[1] sonstige Leistungen, die im Austausch von gesetzlichen Zahlungsmitteln bestehen, Lieferungen von im Inland gültigen amtlichen Wertzeichen sowie Einlagen bei Kreditinstituten, wenn diese Umsätze als Hilfsumsätze anzusehen sind.

UStAE 15.18

15.18 Erleichterungen bei der Aufteilung der Vorsteuerbeträge

Allgemeines

321 (1) ① Die Erleichterungen des § 43 UStDV erstrecken sich auf die Fälle, in denen die dort bezeichneten Umsätze den Vorsteuerabzug ausschließen würden. ② Sie betreffen nur die Vorsteuerbeträge, die den in § 43 UStDV bezeichneten Umsätzen lediglich teilweise zuzurechnen sind. ③ Vorsteuerbeträge, die sich ausschließlich auf diese Umsätze beziehen, bleiben vom Abzug ausgeschlossen.

322 (2) ① Die Erleichterungen des § 43 UStDV bestehen darin, dass die Vorsteuerbeträge, die den dort bezeichneten Umsätzen nur teilweise zuzuordnen sind, nicht in einen abziehbaren und einen nicht abziehbaren Anteil aufgeteilt werden müssen. ② Sie sind somit voll abziehbar.

Bestimmte Umsätze von Geldforderungen

323 (3) § 43 Nr. 1 UStDV betrifft solche Umsätze von Geldforderungen (z. B. Wechselumsätze oder Forderungsabtretungen),[2] denen zum Vorsteuerabzug berechtigende Umsätze des Unternehmers zu Grunde liegen.

Beispiel:

① Ein Unternehmer tritt eine Geldforderung, die er an einen Kunden für eine steuerpflichtige Warenlieferung hat, an einen Dritten ab, der aber den tatsächlichen Forderungseinzug nicht übernimmt.

② Dieser Umsatz ist nach § 4 Nr. 8 UStG unter Ausschluss des Vorsteuerabzugs steuerfrei (vgl. Abschnitt 2.4 Abs. 3 Satz 5).

③ Der Forderungsabtretung liegt jedoch die zum Vorsteuerabzug berechtigende Warenlieferung zu Grunde. ④ Der Unternehmer braucht daher die Vorsteuern, die der Forderungsabtretung nicht ausschließlich zuzurechnen sind (z. B. Vorsteuern, die im Bereich der Verwaltungsgemeinkosten angefallen sind), nicht in einen abziehbaren und einen nicht abziehbaren Anteil aufzuteilen. ⑤ Sie sind voll abziehbar.

⑥ Der Unternehmer könnte in gleicher Weise verfahren, wenn er von seinem Kunden für die Warenlieferung einen Wechsel erhalten hätte, den er anschließend an einen Dritten weitergibt.

Bestimmte Umsätze von Wechseln

324 (4) ① Unter § 43 Nr. 2 UStDV fallen nur Wechselumsätze. ② Den Wechsel muss der Unternehmer für einen zum Vorsteuerabzug berechtigenden Umsatz eines Dritten von dessen Leistungsempfänger erhalten haben. ③ Außerdem muss der Unternehmer den Wechsel dafür erhalten haben, dass er den leistenden Unternehmer als Bürge oder Garantiegeber an Stelle des Leistungsempfängers befriedigt hat. ④ Schließt der Umsatz des leistenden Unternehmers den Vorsteuerabzug nach § 15 Abs. 2 und 3 UStG aus, kann die Erleichterung des § 43 UStDV für den Wechselumsatz nicht in Anspruch genommen werden (§ 43 Nr. 2 Satz 2 UStDV).

Beispiel:

① Der Zentralregulierer A gibt einer Bank oder einem sonstigen Empfänger einen Wechsel. ② Dieser nach § 4 Nr. 8 UStG steuerfreie Umsatz schließt den Vorsteuerabzug aus. ③ Den Wechsel hat A von dem Leistungsempfänger B dafür erhalten, dass er dessen Zahlungsverpflichtung an den Lieferer C als Bürge beglichen hat. ④ Der Umsatz des C an B berechtigte C zum Vorsteuerabzug.

⑤ A kann für seinen Wechselumsatz von der Erleichterung des § 43 UStDV Gebrauch machen. ⑥ Die Auswirkungen sind die gleichen wie im Beispiel in Absatz 3.

⑦ Würde der Umsatz des C an B den Vorsteuerabzug nach § 15 Abs. 2 und 3 UStG ausschließen, käme für A die Erleichterung des § 43 UStDV nicht in Betracht.

Bestimmte Hilfsumsätze

325 (5) ① Für die in § 43 Nr. 3 UStDV bezeichneten Umsätze darf die Erleichterung des § 43 UStDV nur unter der Voraussetzung angewendet werden, dass es sich bei ihnen um Hilfsumsätze handelt. ② Das ist dann der Fall, wenn diese Umsätze zur unternehmerischen Tätigkeit des Unternehmens gehören, jedoch nicht den eigentlichen Gegenstand des Unternehmens bilden. ③ Die Erleichterung ist insbesondere für folgende Hilfsumsätze von Bedeutung:

1. ① Eintausch ausländischer Zahlungsmittel durch einen Unternehmer, der diese Beträge für seine Waren- und Dienstleistungsumsätze von seinen Kunden erhalten hat. ② Dies gilt auch dann, wenn dieser Umsatz eine sonstige Leistung darstellt (vgl. BFH-Urteil vom 19. 5. 2010, XI R 6/09, BStBl. 2011 II S. 831).
2. Die Abgabe von Briefmarken im Zusammenhang mit dem Verkauf von Ansichtskarten durch Schreibwarenhändler oder Kioske.
3. Geschäftseinlagen bei Kreditinstituten von Unternehmern, soweit die Geschäftseinlagen nicht der unmittelbaren, dauerhaften und notwendigen Erweiterung der steuerbaren Tätigkeit

[1] § 43 Nr. 3 neugefasst durch VO vom 2. 12. 2011 (BGBl. I S. 2416) mWv 1. 1. 2012.

[2] Forderungsabtretung/-verkauf vgl. A 2.4, 10.1 Abs. 4 Satz 4 u. 5, 10.5 Abs. 6, 13.1 Abs. 4 Satz 3–6, 13.6 Abs. 1 Satz 10, 13 c.1 Abs. 27, 15.18 Abs. 3 u. 17.1 Abs. 6 UStAE.

des Unternehmens dienen (vgl. BFH-Urteil vom 19. 1. 2016, XI R 38/12, BStBl. 2017 II S. 567).

④ Die Auswirkungen sind die gleichen wie im Beispiel in Absatz 3.

Verwaltungsgemeinkosten

(6) Aus Vereinfachungsgründen können bei der Aufteilung von Vorsteuerbeträgen alle Vorsteuerbeträge, die sich auf die sog. Verwaltungsgemeinkosten beziehen (z. B. die Vorsteuerbeträge für die Beschaffung des Büromaterials), nach einem einheitlichen Verhältnis ggf. schätzungsweise aufgeteilt werden, auch wenn einzelne Vorsteuerbeträge dieses Bereichs an sich bestimmten Umsätzen ausschließlich zuzurechnen wären. **326**

LS zu 15.18

Steuerfreie **Einlagen bei Kreditinstituten,** die zur Haupttätigkeit des Unternehmers gehören, sind **keine Hilfsumsätze** iSd § 43 Nr. 3 UStDV. *BFH-Urteil v. 19. 1. 2016 XI R 38/12 (BStBl. 2017 II S. 428).* **327**

UStAE 15.19

15.19 Vorsteuerabzug bei juristischen Personen des öffentlichen Rechts[1]

Allgemeines

(1) ① Bei juristischen Personen des öffentlichen Rechts ist zwischen der umsatzsteuerrechtlich relevanten Betätigung im Unternehmen und der nichtunternehmerischen Tätigkeit zu unterscheiden (vgl. BFH-Urteil vom 3. 7. 2008, V R 51/06, BStBl. 2009 II S. 213). ② Abziehbar sind Vorsteuerbeträge für Umsätze, die für den unternehmerischen Bereich der juristischen Person des öffentlichen Rechts ausgeführt werden (z. B. Lieferungen von Büromaterial für die Versorgungsbetriebe einer Stadtgemeinde) und in diesem Bereich nicht der Ausführung von Umsätzen dienen, die nach § 15 Abs. 2 und 3 UStG den Vorsteuerabzug ausschließen (Abschnitte 15.12 bis 15.15). ③ Werden dem Unternehmensbereich dienende Gegenstände später für den nichtunternehmerischen Bereich entnommen oder verwendet, liegt eine unentgeltliche Wertabgabe vor. ④ Die Einschränkung des Vorsteuerabzugs bei Repräsentationsaufwendungen nach § 15 Abs. 1 a UStG (vgl. Abschnitt 15.6) gilt auch für juristische Personen des öffentlichen Rechts. **331**

(2) ① Der Vorsteuerabzug entfällt, wenn sich der Umsatz auf den nichtunternehmerischen Bereich bezieht (z. B. Lieferungen von Büromaschinen für die öffentliche Verwaltung einer Stadtgemeinde). ② Werden die dem nichtunternehmerischen Bereich dienenden Gegenstände später in den unternehmerischen Bereich überführt oder dort verwendet, ist ein nachträglicher Vorsteuerabzug nicht zulässig. ③ Eine Gemeinde, die Einrichtungen (einschließlich Straßen, Wege und Plätze) sowohl für wirtschaftliche als auch für hoheitliche Zwecke verwendet, kann diese nicht in vollem Umfang ihrer wirtschaftlichen Tätigkeit zuordnen und ist deshalb nur anteilig zum Vorsteuerabzug berechtigt (zu einem Marktplatz vgl. BFH-Urteil vom 3. 8. 2017, V R 62/16, BStBl. 2021 II S. 109). ④ Eine Gemeinde kann keine Vorsteuern aus Herstellung und Unterhalt von Einrichtungen geltend machen, die zwar durch die Gemeinde als Teil der öffentlichen Kureinrichtungen/des Fremdenverkehrs vorgehalten werden, jedoch nach den landesrechtlichen Regelungen (z. B. Straßen- und Wegerecht) durch öffentlich-rechtliche Widmung als dem Gemeingebrauch zugänglich anzusehen bzw. einer solchen Widmung zuzuführen sind, selbst wenn die Gemeinde vom Kurgast auf der Grundlage einer Satzung einen allgemeinen Kurabgabebeitrag erhebt (vgl. BFH-Urteil vom 26. 4. 1990, V R 166/84, BStBl. II S. 799). ⑤ Die Nutzung der Einrichtungen durch den Kurgast erfolgt hier nicht im Rahmen einer über den Gemeingebrauch hinausgehenden Sondernutzung. ⑥ Bei Fehlen einer öffentlich-rechtlichen Widmung entfällt der Vorsteuerabzug, wenn die Einrichtung ausdrücklich (z. B. durch Gemeindeordnung) oder konkludent (z. B. durch Gewohnheitsrecht oder Ausschilderung als Spazier- oder Wanderweg) der Öffentlichkeit zur Nutzung überlassen wird und dadurch insoweit eine Sondernutzung in Zusammenhang mit einer wirtschaftlichen Tätigkeit ausgeschlossen ist. **332**

Leistung für den unternehmerischen und den nichtunternehmerischen Bereich

(3) ① Wird ein Umsatz sowohl für den unternehmerischen als auch für den nichtunternehmerischen Bereich der juristischen Person des öffentlichen Rechts ausgeführt (teilunternehmerische Verwendung), besteht eine Berechtigung zum Vorsteuerabzug nur im Umfang der beabsichtigten Verwendung für die unternehmerische Tätigkeit (vgl. BFH-Urteil vom 3. 3. 2011, V R 23/10, BStBl. 2012 II S. 74, und Abschnitt 15.2b Abs. 2). ② Die auf die Eingangsleistung entfallende Steuer ist entsprechend dem Verwendungszweck in einen abziehbaren und einen nicht abziehbaren Anteil aufzuteilen (z. B. beim Bezug einheitlicher Gegenstände, bei einem gemeinsamen Bezug von Heizmaterial oder bei Inanspruchnahme eines Rechtsanwalts, der auf Grund eines einheitlichen Vertrages ständig Rechtsberatungen für beide Bereiche erbringt). ③ Maßgebend für die Aufteilung sind die Verhältnisse bei Ausführung des betreffenden Umsatzes an die juristische Person des öffentlichen Rechts. ④ Für den Vorsteuerabzug beim Bezug einheitlicher Gegenstände, die teilunternehmerisch nichtwirtschaftlich i. e. S. verwendet werden, gilt eine Billigkeitsregelung, vgl. Abschnitt 15.2c Abs. 2 Satz 1 Nr. 2 Buchstabe a. ⑤ Zum Vorsteuerabzug bei teilunter- **333**

[1] Unternehmereigenschaft von jurist. Personen d. öff. Rechts vgl. A 2.11 UStAE.
Unentgeltliche Wertabgabe durch Betriebe gewerblicher Art vgl. A 3.2 Abs. 1 UStAE.

nehmerisch genutzten Grundstücken vgl. Abschnitte 3.4 Abs. 5a, 15.2b Abs. 2 und 15.6a Abs. 1 Satz 4.

Beispiel:

① Eine juristische Person des öffentlichen Rechts erwirbt einen PKW, der sowohl für den Eigenbetrieb „Wasserversorgung" (unternehmerische Tätigkeit) als auch für den hoheitlichen Bereich verwendet werden soll.

② Der Vorsteuerabzug aus der Anschaffung des PKW ist anteilig nur insoweit zu gewähren, als der PKW für die unternehmerische Tätigkeit verwendet werden soll.

Materialbeschaffungsstellen

334 (4) ①Juristische Personen des öffentlichen Rechts haben vielfach zentrale Stellen zur Beschaffung von Material für den unternehmerischen und den nichtunternehmerischen Bereich eingerichtet (z. B. für Büromaterial, Heizmittel). ②Beim Bezug des Materials ist häufig noch nicht bekannt, in welchem Bereich es verwendet wird. ③In diesen Fällen sind die Beschaffungsstellen dem unternehmerischen Bereich zuzurechnen, sofern der auf diesen Bereich entfallende Anteil der Beschaffungen nicht unter 10% der Gesamtbezüge liegt. ④Gehören danach die Beschaffungsstellen zu dem unternehmerischen Bereich, kann für den Bezug des gesamten Materials der Vorsteuerabzug in Anspruch genommen werden. ⑤Die spätere Überführung von Gegenständen in den nichtunternehmerischen Bereich ist nach § 3 Abs. 1b Satz 1 Nr. 1 UStG steuerpflichtig. ⑥Eine spätere teilweise Verwendung im nichtunternehmerischen Bereich ist nach § 3 Abs. 9a Nr. 1 UStG zu versteuern (vgl. Absatz 1). ⑦Für Gegenstände, die zwar im unternehmerischen Bereich verbleiben, aber dort zur Ausführung von Umsätzen verwendet werden, die nach § 15 Abs. 2 und 3 UStG den Vorsteuerabzug ausschließen, ist der Vorsteuerabzug beim Verlassen der Beschaffungsstelle rückgängig zu machen. ⑧Ist die zentrale Beschaffungsstelle dem nichtunternehmerischen Bereich zuzurechnen, entfällt der Vorsteuerabzug für das von ihr bezogene Material in vollem Umfang, und zwar auch für Gegenstände, die später im unternehmerischen Bereich verwendet werden.

Juristische Personen des öffentlichen Rechts (§ 2b UStG)

335 (5) Zu Fragen bezüglich Vorsteuerabzug und Vorsteuerberichtigung im Zusammenhang mit der Regelung des § 2b UStG und der Übergangsregelung des § 27 Abs. 22 UStG vgl. BMF-Schreiben vom 16. 12. 2016, BStBl. I S. 1451.[1]

LS zu 15.19

337 1. Die Vorsteuer aus Eingangsumsätzen einer öffentlich-rechtlichen Körperschaft für eine **Olympiabewerbung** beim Nationalen Olympischen Komitee kann nicht abgezogen werden, da die tatsächlich durchgeführte Bewerbung **keine unternehmerische Tätigkeit** darstellt, sondern der Förderung des Sports, der regionalen Wirtschaft, der Infrastruktur und der Kultur dienen soll. – 2. Die Vorsteuer kann auch dann nicht abgezogen werden, wenn die öffentlich-rechtliche Körperschaft nach Beendigung der Olympiade durch Verwertung und Nutzung der Olympiastätten (hier: Liegeplätze für Boote, Wohnungen, Restaurants) eine unternehmerische Tätigkeit beabsichtigt, **sofern** keine objektiven Anhaltspunkte dafür bestehen, dass die Eingangsumsätze in der Bewerbungsphase für die **nacholympische Tätigkeit** bestimmt waren. *Schleswig-Holsteinisches FG, Urt. v. 25. 3. 2010, 4 K 194/06, rkr. (DStRE S. 1456).*

1. Eine Körperschaft des öffentlichen Rechts ist Unternehmer, wenn sie auf vertraglicher Grundlage eine wirtschaftliche und damit eine nachhaltige Tätigkeit zur Erbringung entgeltlicher Leistungen **(wirtschaftliche Tätigkeit)** ausübt, die sich innerhalb ihrer Gesamtbetätigung heraushebt. – 2. Eine Gemeinde ist zum Vorsteuerabzug aus Kosten für die Pflege und den Unterhalt der **Wanderwege** ihres Gemeindegebiets durch Dritte berechtigt, wenn diese Eingangsleistungen im Zusammenhang mit einer wirtschaftlichen Tätigkeit bezogen werden. *FG München, Urteil v. 23. 6. 2015 2 K 3104/12, rkr. (DStRE 2017 S. 95).*

Der Vorsteuerabzug aus Eingangsrechnungen für Leistungen im Zuge der Erstellung einer kostenlos nutzbaren Touristenattraktion (hier: **Hängeseilbrücke**) kann dann in Betracht kommen, wenn die Eingangsleistungen in einem unmittelbaren Zusammenhang mit einer entgeltlichen Leistung (hier: Parkraumbewirtschaftung) stehen. *BFH-Urt. v. 20. 10. 2021 XI R 10/21 (DStRE 2022 S. 482).*

Verwendet eine Stadt ihren **Marktplatz** sowohl für wirtschaftliche wie auch für hoheitliche Zwecke, kann sie diesen nicht in vollem Umfang ihrer wirtschaftlichen Tätigkeit zuordnen und ist deshalb nur anteilig zum Vorsteuerabzug berechtigt. *BFH-Urteil v. 3. 8. 2017 V R 62/16 (BStBl. 2021 II S. 109).*

Nach Art. 168 MwStSystRL darf ein **öffentlich-rechtlicher Fernsehanbieter** die Umsatzsteuer abziehen, die für den Erwerb von Gegenständen und Dienstleistungen entrichtet wurde, die für den Zweck seiner Tätigkeiten, für die ein Recht auf Umsatzsteuerabzug besteht, verwendet werden; nicht abziehen darf er die Vorsteuer für den Erwerb von Leistungen, die für Zwecke seiner nicht in den Anwendungsbereich der MwSt fallenden Tätigkeiten verwendet werden. ***EuGH-Urteil v. 16. 9. 2021*** *C-21/20, BNT (MwStR S. 848).*

Anl zu 15.19

Schreiben betr. Vorsteuerabzug einer Kurortgemeinde aus den Kosten für die Errichtung und Unterhaltung von öffentlichen Kureinrichtungen

Vom 18. Januar 2021 (BStBl. I S. 121)

(BMF III C 2 – S 7300/19/10002 :002; DOK 2021/0025276)

I.

338 Mit Urteil vom 3. August 2017, V R 62/16, BStBl. 2021 II S. 109, hat der BFH entschieden, dass eine Stadt, die ihren Marktplatz sowohl für wirtschaftliche als auch für hoheitliche Zwecke verwendet, diesen nicht in vollem Umfang ihrer wirtschaftlichen Tätigkeit zuordnen kann und deshalb nur anteilig zum Vorsteuerabzug berechtigt ist.

[1] Abgedruckt als Anlage b zu A 2b.1 UStAE.

II.

[Änderungen des Umsatzsteuer-Anwendungserlasses in A 3.4, A 15.6a und A 15.19 berücksichtigt]

Anwendung *(i. d. F. des BMF-Schreibens v. 25. 5. 2022, BStBl. I S. 843)* **339**

Unter Bezugnahme auf das Ergebnis der Erörterungen mit den obersten Finanzbehörden der Länder wird das BMF-Schreiben dahingehend geändert, dass die Regelungen erst für Leistungen anzuwenden sind, die nach dem 31. Dezember 2017 bezogen worden sind. Für Leistungen, die bis zum 31. Dezember 2017 bezogen worden sind, ist der UStAE in der bis zum 17. Januar 2021 geltenden Fassung anzuwenden.

15.20 Vorsteuerabzug bei Überlassung von Gegenständen durch Gesellschafter an die Gesellschaft[1]

UStAE 15.20

(1) ① Erwirbt ein Gesellschafter, der bisher nur als Gesellschafter tätig ist, einen Gegenstand und überlässt er ihn der Gesellschaft entgeltlich zur Nutzung, wird er unternehmerisch tätig. ② Er kann die ihm beim Erwerb des Gegenstands in Rechnung gestellte Steuer unter den übrigen Voraussetzungen des § 15 UStG als Vorsteuer abziehen (vgl. Abschnitt 1.6 Abs. 7 Nr. 1). ③ Ein Abzug der auf den Erwerb des Gegenstands entfallenden Vorsteuer durch die Gesellschaft ist ausgeschlossen, weil der Gegenstand nicht für das Unternehmen der Gesellschaft geliefert worden ist. ④ Die Gesellschaft kann gegebenenfalls die Vorsteuern abziehen, die bei der Verwendung des Gegenstands in ihrem Unternehmen anfallen (z. B. der Gesellschaft in Rechnung gestellte Steuer für Reparaturen usw.). ⑤ Überlässt der Gesellschafter dagegen den Gegenstand unentgeltlich zur Nutzung, handelt er insoweit nicht als Unternehmer. ⑥ Das Gleiche gilt, wenn die Gebrauchsüberlassung einen auf Leistungsvereinigung gerichteten Vorgang darstellt (vgl. BFH-Urteil vom 24. 8. 1994, XI R 74/93, BStBl. 1995 II S. 150). ⑦ In diesen Fällen ist weder der Gesellschafter noch die Gesellschaft berechtigt, die dem Gesellschafter beim Erwerb des Gegenstands in Rechnung gestellte Steuer als Vorsteuer abzuziehen (vgl. auch BFH-Urteile vom 26. 1. 1984, V R 65/76, BStBl. II S. 231, und vom 18. 3. 1988, V R 178/83, BStBl. II S. 646, sowie BFH-Beschluss vom 9. 3. 1989, V B 48/88, BStBl. II S. 580). **341**

(2) ① Ist ein Gesellschafter bereits als Unternehmer tätig und überlässt er der Gesellschaft einen Gegenstand seines Unternehmens zur Nutzung, kann er sowohl bei entgeltlicher als auch bei unentgeltlicher Überlassung die ihm bei der Anschaffung des überlassenen Gegenstands in Rechnung gestellte Steuer als Vorsteuer abziehen (vgl. Abschnitt 1.6 Abs. 7 Nr. 2). ② Ein Vorsteuerabzug der Gesellschaft ist insoweit ausgeschlossen. **342**

(3) ① Der Vorsteuerabzug nach den Absätzen 1 und 2 ist beim Gesellschafter nicht zulässig, wenn die Überlassung des Gegenstands nach § 15 Abs. 2 und 3 UStG den Abzug ausschließt. ② Ist der Überlassung eine Verwendung des Gegenstands im Unternehmen des Gesellschafters vorausgegangen, kann eine Vorsteueraufteilung oder eine Berichtigung des Vorsteuerabzugs nach § 15a UStG in Betracht kommen (vgl. Abschnitt 15.16). **343**

LS zu 15.20

Der V. Senat hält an seiner bisherigen Rechtsprechung fest, nach der ein Gesellschafter, der ein Wirtschaftsgut außerhalb einer eigenen wirtschaftlichen (unternehmerischen) Tätigkeit nach § 2 UStG erwirbt und dieses **seiner Gesellschaft unentgeltlich zur Nutzung** überlässt, nicht zum Vorsteuerabzug berechtigt ist. Er stimmt daher einer Abweichung von dieser Rechtsprechung nicht zu. *BFH-Beschl. v. 6. 12. 2012 V ER-S 2/12 (DStR S. 308).*

347

Ein Gesellschafter einer Steuerberatungs-GbR, der von der GbR durch Realteilung gegen Entgelt einen Teil des **Mandantenstammes** zu dem Zweck erwirbt, diesen anschließend einer von ihm gegründeten neuen Steuerberatungs-GbR unentgeltlich zur unternehmerischen Nutzung zu überlassen, kann nur dann zum Vorsteuerabzug aus dem Erwerb des Mandantenstammes berechtigt sein, wenn er diesen Mandantenstamm selbst im Rahmen seiner (beabsichtigten) unternehmerischen Tätigkeit als Geschäftsführer der neuen Steuerberatungs-GbR erworben hat und die Kosten aus diesem Erwerb zu den allgemeinen Aufwendungen seiner Tätigkeit als Geschäftsführer gehören. *BFH-Urteil v. 26. 8. 2014 XI R 26/10 (BStBl. 2021 II S. 881).*

15.21 Vorsteuerabzug aus Aufwendungen im Zusammenhang mit der Ausgabe von gesellschaftsrechtlichen Anteilen[2]

UStAE 15.21

(1) ① Eine Personengesellschaft erbringt bei Aufnahme eines Gesellschafters gegen Bareinlage an diesen keinen steuerbaren und mithin auch keinen nach § 4 Nr. 8 Buchstabe f UStG steuerfreien Umsatz (vgl. BFH-Urteil vom 1. 7. 2004, V R 32/00, BStBl. II S. 1022). ② Auch bei der Gründung einer Gesellschaft durch die ursprünglichen Gesellschafter liegt kein steuerbarer Umsatz der Gesellschaft an die Gesellschafter vor. ③ Die Ausgabe neuer Aktien zur Aufbringung von Kapital stellt keinen Umsatz dar, der in den Anwendungsbereich von Artikel 2 Abs. 1 MwStSystRL fällt. ④ Dabei kommt es nicht darauf an, ob die Ausgabe der Aktien durch den Unternehmer im Rahmen einer Börseneinführung erfolgt oder von einem nicht börsennotierten Unternehmen ausgeführt wird (vgl. EuGH-Urteil vom 26. 5. 2005, C-465/03, Kretztechnik). **351**

(2) Beim Vorsteuerabzug aus Aufwendungen, die im Zusammenhang mit der Ausgabe gesellschaftsrechtlicher Beteiligungen gegen Bareinlage stehen, ist zu beachten, dass Voraussetzung für **352**

---

[1] Leistungsaustausch zw. Gesellschaft u. Gesellschaftern vgl. A 1.6 UStAE.

[2] Ausgabe bzw. Übertragung von Gesellschaftsanteilen vgl. A 1.1 Abs. 15, 1.6 Abs. 2, 3.5 Abs. 8, 4. 8. 10 u. 15.21 UStAE.

UStAE 15.21

den Vorsteuerabzug nach § 15 Abs. 1 UStG u. a. ist, dass der Unternehmer eine Leistung für sein Unternehmen (vgl. Abschnitt 15.2b Abs. 2) von einem anderen Unternehmer bezogen hat und die Eingangsleistung nicht mit Umsätzen im Zusammenhang steht, die den Vorsteuerabzug nach § 15 Abs. 2 UStG ausschließen.

353 (3) Da die unternehmerische Tätigkeit mit dem ersten nach außen erkennbaren, auf eine Unternehmertätigkeit gerichteten Tätigwerden beginnt, wenn die spätere Ausführung entgeltlicher Leistungen beabsichtigt ist (vgl. Abschnitt 2.6 Abs. 1 Satz 1), können auch Beratungsleistungen im Zusammenhang mit der Gründung einer Gesellschaft und der Aufnahme von Gesellschaftern für das Unternehmen der Gesellschaft bezogen werden.

354 (4) ① Das Recht auf Vorsteuerabzug aus den bezogenen Lieferungen und sonstigen Leistungen ist nur gegeben, wenn die hierfür getätigten Aufwendungen zu den Kostenelementen der „versteuerten", zum Vorsteuerabzug berechtigenden Ausgangsumsätze gehören (vgl. Abschnitt 15.2b Abs. 2 sowie EuGH-Urteile vom 26. 5. 2005, C-465/03, Kretztechnik, und vom 13. 3. 2008, C-437/06, Securenta). ② In den Fällen der Aufnahme eines Gesellschafters gegen Bareinlage oder der Ausgabe neuer Aktien ist diese Voraussetzung ungeachtet der Nichtsteuerbarkeit dieser Vorgänge, also ungeachtet eines fehlenden direkten und unmittelbaren Zusammenhangs mit einem Ausgangsumsatz, vor dem Hintergrund des EuGH-Urteils vom 26. 5. 2005, C-465/03, Kretztechnik, für die mit den Vorgängen im Zusammenhang stehenden Eingangsleistungen erfüllt, wenn

1. die Aufnahme des Gesellschafters oder die Ausgabe neuer Aktien erfolgte, um das Kapital des Unternehmers zugunsten seiner wirtschaftlichen Tätigkeit im Allgemeinen zu stärken, und
2. die Kosten der Leistungen, die der Unternehmer in diesem Zusammenhang bezogen hat, Teil seiner allgemeinen Kosten sind und somit zu den Preiselementen seiner Produkte gehören.

355 (5) ① Kosten für die Aufnahme eines Gesellschafters gegen Bareinlage, die Ausgabe von Aktien oder die Begebung von Inhaberschuldverschreibungen (vgl. BFH-Urteil vom 6. 5. 2010, V R 29/09, BStBl. II S. 885), die zu den allgemeinen Kosten des Unternehmers gehören, hängen somit grundsätzlich direkt und unmittelbar mit dessen wirtschaftlicher Tätigkeit zusammen. ② Dies gilt auch für Aufwendungen des Unternehmers, die mit seiner rechtlichen Beratung im Zusammenhang mit der Aufnahme der unternehmerischen Tätigkeit oder mit einem Unternehmenskonzept entstehen.

356 (6) ① Der Vorsteuerabzug ist nach den allgemeinen Grundsätzen des § 15 UStG zu gewähren. ② In Bezug auf die mit der Ausgabe der Beteiligungen entstandenen Kosten ist daher hinsichtlich der Berechtigung zum Vorsteuerabzug Folgendes zu beachten:

1. ① Dient die Ausgabe der Beteiligung der allgemeinen wirtschaftlichen Stärkung des Unternehmens und sind die dabei entstandenen Kosten zu Preisbestandteilen der Ausgangsumsätze geworden, gehören die Aufwendungen zu den allgemeinen Kosten, für die sich der Vorsteuerabzug nach den Verhältnissen des Besteuerungszeitraums des Leistungsbezugs bestimmt. ② Führt der Unternehmer nicht ausschließlich zum Vorsteuerabzug berechtigende Umsätze aus, sind die abziehbaren Vorsteuern aus den im Zusammenhang mit der Gründung einer Gesellschaft, der Aufnahme eines Gesellschafters gegen Bareinlage oder die Ausgabe neuer Aktien im Zusammenhang stehenden Aufwendungen nach § 15 Abs. 4 UStG zu ermitteln (vgl. Abschnitt 15.17).
2. ① Dienen die aus der Ausgabe der Beteiligungen zugeflossenen Mittel hingegen der Erweiterung oder Stärkung eines bestimmten Geschäftsbetriebs und sind die dabei entstandenen Kosten zu Preisbestandteilen nur bestimmter Ausgangsumsätze geworden (z. B. konkretes, aus dem Prospekt zur Ausgabe der Anteile ersichtliches Projekt), ist auf die insoweit beabsichtigte Verwendung abzustellen. ② Maßgeblich für den Vorsteuerabzug sind die im Zeitpunkt des Leistungsbezugs für den Besteuerungszeitraum der Verwendung beabsichtigten Ausgangsumsätze (siehe BFH-Urteil vom 8. 3. 2001, V R 24/98, BStBl. 2003 II S. 430).
3. ① Soweit das durch die Ausgabe von Beteiligungen beschaffte Kapital dem nichtunternehmerischen Bereich zufließt (z. B. Kapitalerhöhung durch eine Finanzholding), ist ein Vorsteuerabzug aus den damit verbundenen Aufwendungen nicht zulässig (vgl. BFH-Urteil vom 6. 5. 2010, V R 29/09, BStBl. II S. 885, und Abschnitt 15.2b Abs. 2). ② In den Fällen, in denen eine Gesellschaft neben dem unternehmerischen auch einen nichtunternehmerischen Bereich unterhält, und in denen die Mittel aus der Ausgabe der Beteiligung nicht ausschließlich dem nichtunternehmerischen Bereich zufließen, sind die aus den mit der Ausgabe der Beteiligung zusammenhängenden Aufwendungen angefallenen Vorsteuerbeträge entsprechend dem Verwendungszweck in einen abziehbaren und einen nicht abziehbaren Anteil aufzuteilen. ③ Für die Aufteilung der Vorsteuerbeträge gelten die Grundsätze des § 15 Abs. 4 UStG entsprechend (vgl. BFH-Urteil vom 3. 3. 2011, V R 23/10, BStBl. 2012 II S. 74).

Beispiel:

① Das Unternehmen U bezieht Beratungsleistungen, die im unmittelbaren Zusammenhang mit der Ausgabe neuer Anteile zur Kapitalbeschaffung stehen. ② U ist nur unternehmerisch tätig.

③ Der Vorsteuerabzug richtet sich in diesem Fall nach der unternehmerischen Gesamttätigkeit, weil es sich bei der Ausgabe neuer Gesellschaftsanteile nicht um Leistungen handelt (vgl. BFH-Urteil vom 6. 5. 2010, V R 29/09, BStBl. II S. 885, und Abschnitt 15.2b Abs. 2). ④ Insofern liegt mangels Leistungscharakter kein konkreter Ausgangsumsatz vor, mit dem ein unmittelbarer Zusammenhang dergestalt besteht, dass die Berücksichtigung der wirtschaftlichen Gesamttätigkeit ausgeschlossen wäre.

(7) ① Die Grundsätze dieses Abschnitts sind in den Fällen der Ausgabe von Beteiligungen gegen Sacheinlage sinngemäß anzuwenden. ② Zur umsatzsteuerrechtlichen Behandlung der Ausgabe von Beteiligungen gegen Sacheinlage beim einbringenden Gesellschafter vgl. BFH-Urteil vom 13. 11. 2003, V R 79/01, BStBl. 2004 II S. 375. **357**

LS zu 15.21

Beginn und Ende der Unternehmereigenschaft einer Kapitalgesellschaft **(Gründungsgesellschaft, Vorgründungsgesellschaft, Kapitalerhöhung).** *Verfügung OFD Frankfurt S 7104 A – 47 – St 11 v. 31. 10. 2007 (BeckVerw 109 369).*

Zum Vorsteuerabzug aus den **Kosten einer Umwandlung.** *Verfügung OFD Düsseldorf S 7304 A – St 1412 v. 19. 7. 1999 (DB S. 1580).* **358**

Vorsteuerabzug aus **Beratungsleistungen** bei der entgeltlichen Übertragung von Gesellschaftsanteilen. ***EuGH-Urt. v. 29. 10. 2009,*** *C-29/08, AB SKF (DStR S. 2311).*

1. **Beratungsleistungen,** die ein Industrieunternehmen bezieht, um eine Beteiligung steuerfrei zu übertragen, stehen im direkten und unmittelbaren Zusammenhang zur steuerfreien Anteilsübertragung und berechtigen auch dann nicht zum Vorsteuerabzug, wenn das Unternehmen mittelbar beabsichtigt, den Veräußerungserlös für seine zum Vorsteuerabzug berechtigende wirtschaftliche Gesamttätigkeit zu verwenden. – 2. ... *BFH-Urt. v. 27. 1. 2011, V R 38/09 (BStBl. 2012 II S. 68).*

1. Stehen die von einem Unternehmer für sein Unternehmen bezogenen Vorleistungen zwar in keinem direkten und unmittelbaren Zusammenhang zu einem oder mehreren Ausgangsumsätzen, gehören die Kosten dieser Leistungen aber zu den **allgemeinen Aufwendungen** seiner wirtschaftlichen Gesamttätigkeit (Anteilsvermittlung von Publikumsgesellschaften) und führt diese ausschließlich zu steuerpflichtigen Umsätzen, so kann der Unternehmer die für die Vorleistungen in Rechnung gestellte Umsatzsteuer als Vorsteuer abziehen. – 2. Eine Aufteilung der Vorsteuer nach § 15 Abs. 4 UStG setzt voraus, dass der Unternehmer die bezogenen Vorleistungen sowohl für Umsätze verwendet, für die ein Recht auf Vorsteuerabzug besteht, als auch für Umsätze, für die dieses Recht nicht besteht. Dabei ist auf die Verhältnisse der gesamten Umsätze im Besteuerungszeitraum abzustellen. *BFH-Urt. v. 24. 4. 2013, XI R 25/10 (BStBl. 2014 II S. 346).*

Vollständiger Vorsteuerabzug der an der Verwaltung der Beteiligungsgesellschaften beteiligten **Holdinggesellschaft – Personengesellschaft** als Organgesellschaft – **Über-/Unterordnungsverhältnis** als Voraussetzung der Organschaft. ***EuGH-Urt. v. 16. 7. 2015*** *C-108/14, C-109/14, Larentia + Minerva u. Marenave Schiffahrts AG (BStBl. 2017 II S. 604) – s. LS zu A 15.22.*

15.22 Vorsteuerabzug im Zusammenhang mit dem Halten und Veräußern von gesellschaftsrechtlichen Beteiligungen[1]

UStAE 15.22

(1) ① Wird ein Anteilseigner (insbesondere auch eine Holding) beim Erwerb einer gesellschaftsrechtlichen Beteiligung als Unternehmer tätig (vgl. Abschnitt 2.3 Abs. 2 ff.), muss er die Beteiligung seinem Unternehmen zuordnen. ② Vorsteuern, die im Zusammenhang mit den im unternehmerischen Bereich gehaltenen gesellschaftsrechtlichen Beteiligungen anfallen, sind unter den allgemeinen Voraussetzungen des § 15 UStG abziehbar. ③ Hält der Unternehmer (z. B. eine gemischte Holding) daneben auch gesellschaftsrechtliche Beteiligungen im nichtunternehmerischen Bereich, sind Eingangsleistungen, die sowohl für den unternehmerischen Bereich als auch für den nichtunternehmerischen Bereich bezogen werden (z. B. allgemeine Verwaltungskosten der Holding, allgemeine Beratungskosten, Steuerberatungskosten usw.), für Zwecke des Vorsteuerabzugs aufzuteilen (vgl. Abschnitt 15.2b Abs. 2 und BFH-Urteil vom 9. 2. 2012, V R 40/10, BStBl. II S. 844). ④ Ein Recht auf Vorsteuerabzug aus Leistungen im Zusammenhang mit dem Einwerben von Kapital zur Anschaffung einer gesellschaftsrechtlichen Beteiligung besteht für den Unternehmer (insbesondere für eine Holding) jedoch nicht, soweit das eingeworbene Kapital in keinem Verhältnis zu der im unternehmerischen Bereich gehaltenen gesellschaftsrechtlichen Beteiligung steht, oder wenn die Umsätze, die dieses Recht begründen sollen, eine missbräuchliche Praxis darstellen (vgl. BFH-Urteile vom 6. 4. 2016, V R 6/14, BStBl. 2017 II S. 577, und vom 1. 6. 2016, XI R 17/11, BStBl. 2017 II S. 581). **361**

(2) ① Das bloße Veräußern von gesellschaftsrechtlichen Beteiligungen ist keine unternehmerische Tätigkeit (vgl. Abschnitt 2.3 Abs. 2 Satz 1). ② Dies gilt nicht, wenn die Beteiligung im Unternehmensvermögen gehalten wird (vgl. Abschnitt 2.3 Abs. 3 Satz 5 ff.). ③ Der Abzug der Vorsteuer aus Aufwendungen, die im direkten und unmittelbaren Zusammenhang mit der Veräußerung einer gesellschaftsrechtlichen Beteiligung stehen, ist nur insofern zulässig, als diese Veräußerung steuerbar ist und der Vorsteuerabzug nicht nach § 15 Abs. 2 UStG ausgeschlossen ist (vgl. BFH-Urteil vom 6. 5. 2010, V R 29/09, BStBl. II S. 885, und Abschnitt 15.2b Abs. 2). ④ Somit scheidet der Vorsteuerabzug im Fall der Veräußerung einer nicht im Unternehmensvermögen gehaltenen gesellschaftsrechtlichen Beteiligung wegen des direkten und unmittelbaren Zusammenhangs mit diesem nicht steuerbaren Umsatz aus. ⑤ Im Fall einer nach § 4 Nr. 8 Buchstabe e oder f UStG steuerfreien Veräußerung einer im Unternehmensvermögen gehaltenen Beteiligung scheidet der Vorsteuerabzug wegen des direkten und unmittelbaren Zusammenhangs mit dieser den Vorsteuerabzug nach § 15 Abs. 2 Satz 1 Nr. 1 UStG ausschließenden Veräußerung aus, ohne dass dafür auf die unternehmerische Gesamttätigkeit abzustellen ist (vgl. BFH-Urteil vom 27. 1. 2011, V R 38/09, BStBl. 2012 II S. 68). **362**

[1] Beteiligungen vgl. A 2.3 Abs. 2–4, 3.5 Abs. 8, 4. 8. 10 u. 15.22 (Vorsteuerabzug) UStAE.

LS zu 15.22

364 Der *EuGH* hat – auf Vorabentscheidungsersuchen des BFH v. 11. 2. 2013 XI R 38/12 und XI R 17/11 – mit ***Urteil v. 16. 7. 2015 C-108/14, C-109/14,*** *Beteiligungsgesellschaft Larentia+Minerva und Marenave Schifffahrts AG (BStBl. 2017 II S. 604)* zum Vorsteuerabzug einer **Holding** und zur eventuellen Unionswidrigkeit der deutschen **Organgesellschaftsregelung** insb. entschieden, dass Kosten, die im Zusammenhang mit dem Erwerb von Beteiligungen an ihren Tochtergesellschaften von einer Holdinggesellschaft getragen werden, die an deren Verwaltung teilnimmt und insoweit eine wirtschaftliche Tätigkeit ausübt, als Teil der allgemeinen Aufwendungen der Holdinggesellschaft anzusehen sind, und die für diese Kosten bezahlte Mehrwertsteuer grundsätzlich vollständig abzuziehen ist, es sei denn, dass bestimmte nachgelagerte Umsätze gemäß der Sechsten Richtlinie 77/388 in der durch die Richtlinie 2006/69 geänderten Fassung mehrwertsteuerfrei sind. Im letzteren Fall darf das Abzugsrecht nur nach den in Art. 17 Abs. 5 der Richtlinie vorgesehenen Modalitäten vorgenommen werden. – Kosten, die im Zusammenhang mit dem Erwerb von Beteiligungen an ihren Tochtergesellschaften von einer Holdinggesellschaft getragen werden, die nur bei einigen von ihnen an der Verwaltung teilnimmt, hinsichtlich der übrigen dagegen keine wirtschaftliche Tätigkeit ausübt, sind nur zum Teil als Teil der allgemeinen Aufwendungen der Holdinggesellschaft anzusehen, so dass die für diese Kosten bezahlte Mehrwertsteuer nur im Verhältnis zu den der wirtschaftlichen Tätigkeit inhärenten Kosten nach von den Mitgliedstaaten festgelegten Aufteilungskriterien abgezogen werden kann, die eine Berechnungsweise vorsehen müssen, die objektiv widerspiegelt, welcher Teil der Eingangsaufwendungen der wirtschaftlichen und der nichtwirtschaftlichen Tätigkeit tatsächlich zuzurechnen ist. Es ist nicht zulässig, die Möglichkeit, eine Gruppe von Personen zu bilden, die als ein Mehrwertsteuerpflichtiger behandelt werden können, allein den Einheiten vorzubehalten, die juristische Personen sind und mit dem Organträger dieser Gruppe durch ein Unterordnungsverhältnis verbunden sind, es sei denn, dass diese beiden Anforderungen Maßnahmen darstellen, die für die Erreichung der Ziele der Verhinderung missbräuchlicher Praktiken oder Verhaltensweisen und der Vermeidung von Steuerhinterziehung oder -umgehung erforderlich und geeignet sind.

1. Einer geschäftsleitenden **Holding,** die an der Verwaltung einer **Tochtergesellschaft** teilnimmt und insoweit eine wirtschaftliche Tätigkeit ausübt, steht für Vorsteuerbeträge, die im Zusammenhang mit dem **Erwerb von Beteiligungen** an dieser Tochtergesellschaft stehen, grundsätzlich der **volle Vorsteuerabzug** zu. – 2. Steuerfreie **Einlagen bei Kreditinstituten,** die zur Haupttätigkeit des Unternehmers gehören, sind **keine Hilfsumsätze** iSd § 43 Nr. 3 UStDV. – 3. § 2 Abs. 2 Nr. 2 S. 1 UStG kann in einer mit Art. 4 Abs. 4 Unterabs. 2 der Richtlinie 77/388/EWG zu vereinbarenden Weise richtlinienkonform dahingehend ausgelegt werden, dass der Begriff **„juristische Person"** auch eine **GmbH & Co. KG** umfasst. *BFH-Urteil v. 19. 1. 2016 XI R 38/12 (BStBl. 2017 II S. 567).* Ebenso *BFH-Urteil v. 1. 6. 2016 XI R 17/11 (BStBl. 2017 II S. 581).*

1. Kosten, die einer **Holdinggesellschaft** im Zusammenhang mit dem **Erwerb von Beteiligungen an Tochtergesellschaften** entstehen, in deren Verwaltung sie durch das Erbringen von administrativen, finanziellen, kaufmännischen oder technischen Dienstleistungen Eingriffe vornimmt, eröffnen ihr hinsichtlich der für diese Kosten bezahlten Mehrwertsteuer grundsätzlich ein Recht auf **vollständigen Vorsteuerabzug.** – 2. An dem erforderlichen Zusammenhang mit dem Beteiligungserwerb fehlt es, wenn das eingeworbene Kapital in keinem **Verhältnis zu dem Beteiligungserwerb** steht. – 3. Werden Leistungsbezüge sowohl für eine wirtschaftliche als auch für eine nichtwirtschaftliche Tätigkeit verwendet, ist eine **Vorsteueraufteilung** analog § 15 Abs. 4 UStG vorzunehmen. *BFH-Urteil v. 6. 4. 2016 V R 6/14 (BStBl. 2017 II S. 577).*

Kosten, die von einer **Holdinggesellschaft** im Zusammenhang mit dem Erwerb von Beteiligungen an ihren Tochtergesellschaften getragen werden, an deren Verwaltung sie teilnimmt, indem sie ihnen ein **Gebäude vermietet,** so dass sie insoweit eine wirtschaftliche Tätigkeit ausübt, sind als Teil der allgemeinen Aufwendungen der Holdinggesellschaft anzusehen, und die auf diese Kosten entrichtete Mehrwertsteuer muss grundsätzlich vollständig abgezogen werden können. – Kosten, die von einer Holdinggesellschaft im Zusammenhang mit dem Erwerb von Beteiligungen an ihren Tochtergesellschaften getragen werden, sind jedoch, wenn sie nur an der Verwaltung einiger von ihnen teilnimmt, hinsichtlich der übrigen dagegen keine wirtschaftliche Tätigkeit ausübt, nur teilweise als Teil der allgemeinen Aufwendungen der Holdinggesellschaft anzusehen, so dass von der auf diese Kosten entrichteten Mehrwertsteuer allein der Anteil abgezogen werden kann, der nach den von den Mitgliedstaaten festgelegten **Aufteilungskriterien** auf die der wirtschaftlichen Tätigkeit inhärenten Kosten entfällt. Bei der Ausübung dieser Befugnis müssen die Mitgliedstaaten Zweck und Systematik der MwStSystRL berücksichtigen und hierfür eine Berechnungsweise vorsehen, die objektiv widerspiegelt, welcher Teil der Eingangsaufwendungen der wirtschaftlichen und der nichtwirtschaftlichen Tätigkeit tatsächlich zuzurechnen ist. ***EuGH-Urteil v. 5. 7. 2018*** *C-320/17, Marle Participations SARL (DStR S. 1713).*

Eine gemischte Holding darf Vorsteuern aus Anleiheemissionskosten nicht abziehen, wenn die Investitionen letztlich nicht erfolgt sind und das durch die Anleihe erhaltene Kapital vollständig in Form eines **Darlehens an die Muttergesellschaft** des Konzerns ausgezahlt wurde. ***EuGH-Urteil v. 12. 11. 2020*** *C-42/19, Sonaecom SGPS (DStR S. 2602).*

Auf Vorlage des *BFH (Beschluss v. 23. 9. 2020 XI R 22/18, BStBl. 2021 II S. 325)* hat der ***EuGH (Urteil v. 8. 9. 2022*** *C-98/21, DStR S. 1904)* entschieden, dass Art. 168 a MwStSystRL i. V. m. Art. 167 dahin auszulegen ist, dass einer **Holdinggesellschaft,** die steuerpflichtige Ausgangsumsätze an Tochtergesellschaften ausführt, das Recht auf Vorsteuerabzug für Leistungen, die sie von Dritten bezieht und gegen die Gewährung einer Beteiligung am allgemeinen Gewinn **in die Tochtergesellschaften einlegt,** nicht zusteht, wenn erstens die bezogenen Eingangsleistungen **nicht in** direktem und unmittelbarem **Zusammenhang mit den eigenen Umsätzen der Holdinggesellschaft,** sondern mit den weitgehend steuerfreien Tätigkeiten der Tochtergesellschaften stehen, zweitens diese Eingangsleistungen in den Preis der an die Tochtergesellschaften erbrachten steuerpflichtigen Umsätze keinen Eingang finden und drittens diese Leistungen nicht zu den allgemeinen Kostenelementen der eigenen wirtschaftlichen Tätigkeit der Holdinggesellschaft gehören. In vergleichbaren Fällen zum Umfang des Vorsteuerabzugs einer Führungsholding ist AdV zu gewähren. *BFH-Beschluss v. 30. 3. 2021 V B 63/20 (AdV) (DStR S. 2071).*

UStAE 15.23

15.23 Vorsteuerabzug und Umsatzbesteuerung bei (teil-)unternehmerisch verwendeten Fahrzeugen

Allgemeines[1]

371 (1) ① Der Begriff Fahrzeug im Sinne dieses Abschnitts ist gleichzusetzen mit dem Begriff Kraftfahrzeug und umfasst damit auch Elektrofahrräder, die einer Kennzeichen-, Versicherungs- oder Führerscheinpflicht unterliegen. ② Für die Frage der Zuordnung eines angeschafften, hergestellten, eingeführten oder innergemeinschaftlich erworbenen Fahrzeugs sind die Zuordnungsgrundsätze nach Abschnitt 15.2 c zu beachten. ③ Auf die ertragsteuerrechtliche Behandlung als Betriebs- oder Privatvermögen kommt es grundsätzlich nicht an. ④ Maßgebend für die Zuordnung ist die im Zeitpunkt der Anschaffung des Fahrzeugs beabsichtigte Verwendung für den

[1] A 15.23 UStAE Zwischenüberschriften und Abs. 1 Satz 1 eingefügt, die bish. Sätze 1 bis 6 werden Sätze 2 bis 7 durch BMF v. 7. 2. 2022 (BStBl. I S. 197), anzuwenden in allen offenen Fällen.

Besteuerungszeitraum der erstmaligen Verwendung (vgl. Abschnitt 15.2c Abs. 12). ⑤ Dabei ist auf das voraussichtliche Verhältnis der Jahreskilometer für die unterschiedlichen Nutzungen abzustellen. ⑥ Im Falle einer Ersatzbeschaffung kann das Aufteilungsverhältnis des Vorjahres herangezogen werden. ⑦ Seine Verwendungsabsicht muss der Unternehmer objektiv belegen und in gutem Glauben erklären.

Zuordnung zum Unternehmen und Vorsteuerabzug[1]

(2) ① Beträgt der Umfang der unternehmerischen Verwendung des Fahrzeugs weniger 372
als 10% (unternehmerische Mindestnutzung), greift das Zuordnungsverbot nach § 15 Abs. 1 Satz 2 UStG. ② Die Fahrten des Unternehmers zwischen Wohnung und Betriebsstätte sowie Familienheimfahrten wegen einer aus betrieblichem Anlass begründeten doppelten Haushaltsführung sind dabei der unternehmerischen Nutzung des Fahrzeugs zuzurechnen und unterliegen keiner Vorsteuerkürzung nach § 15 Abs. 1a UStG. ③ Maßgebend für die 10%-Grenze nach § 15 Abs. 1 Satz 2 UStG ist bei einem Fahrzeug das Verhältnis der Kilometer unternehmerischer Fahrten zu den Jahreskilometern des Fahrzeugs. ④ In Zweifelsfällen muss der Unternehmer dem Finanzamt die unternehmerische Mindestnutzung glaubhaft machen. ⑤ Bei sog. Zweit- oder Drittfahrzeugen von Einzelunternehmern oder sog. Alleinfahrzeugen bei einer nebenberuflichen Unternehmertätigkeit ist regelmäßig davon auszugehen, dass diese Fahrzeuge zu weniger als 10% unternehmerisch genutzt werden. ⑥ Das Gleiche gilt bei Personengesellschaften, wenn ein Gesellschafter mehr als ein Fahrzeug privat nutzt, für die weiteren privat genutzten Fahrzeuge.

(3) ① Bei ausschließlich unternehmerischer Verwendung des Fahrzeugs kann der Unter- 373
nehmer die auf die Anschaffung des Fahrzeugs entfallenden Vorsteuerbeträge abziehen (§ 15 Abs. 1 Satz 1 UStG), sofern kein Ausschlusstatbestand nach § 15 Abs. 1a und 2 in Verbindung mit Abs. 3 UStG vorliegt. ② Das Gleiche gilt bei teilunternehmerischer Verwendung des Fahrzeugs für unternehmensfremde (private) Tätigkeiten, wenn der Unternehmer das Fahrzeug vollständig seinem Unternehmen zuordnet. ③ In diesem Fall unterliegt die unternehmensfremde Nutzung unter den Voraussetzungen des § 3 Abs. 9a Nr. 1 UStG als unentgeltliche Wertabgabe der Besteuerung. ④ Ordnet der Unternehmer nur den unternehmerisch genutzten Fahrzeugteil seinem Unternehmen zu (unter Beachtung der unternehmerischen Mindestnutzung), darf er nur die auf diesen Teil entfallende Vorsteuer aus den Anschaffungskosten nach § 15 Abs. 1 Satz 1 UStG abziehen, wobei die erforderliche Vorsteueraufteilung nach den Grundsätzen des § 15 Abs. 4 UStG zu erfolgen hat. ⑤ Die auf den anderen Fahrzeugteil entfallende unternehmensfremde Nutzung unterliegt dann nicht der Wertabgabenbesteuerung nach § 3 Abs. 9a Nr. 1 UStG. ⑥ Bei einer teilunternehmerischen Verwendung für nichtwirtschaftliche Tätigkeiten i. e. S. (vgl. Abschnitt 2.3 Abs. 1a) gehört das Fahrzeug nur in Höhe der beabsichtigten unternehmerischen Nutzung zum Unternehmen. ⑦ Dementsprechend ist ein Vorsteuerabzug nur für den dem Unternehmen zugeordneten Anteil des Fahrzeugs zulässig, sofern kein Ausschlusstatbestand nach § 15 Abs. 1a und Abs. 2 in Verbindung mit Abs. 3 UStG vorliegt (vgl. Abschnitt 15.2b Abs. 2).

(4) ① Zu Aufwendungen im Zusammenhang mit einem Fahrzeug vgl. Abschnitt 15.2c Abs. 2 374
Satz 2 bis 6. ② Werden zum Gebrauch des Fahrzeugs Gegenstände bezogen, die keine vertretbaren Sachen sind, gelten für diese die allgemeinen Zuordnungsgrundsätze. ③ Aus Vereinfachungsgründen kann der Unternehmer auf das Verhältnis der unternehmerischen zur nichtunternehmerischen Nutzung des Fahrzeugs abstellen.

Beispiel:

① Erwirbt der Unternehmer für ein Fahrzeug, das zu weniger als 10% für sein Unternehmen genutzt wird und deshalb nicht dem Unternehmen zugeordnet ist, z. B. einen Satz Winterreifen, können diese wie das Fahrzeug selbst nicht zugeordnet werden; ein Recht auf Vorsteuerabzug besteht insoweit nicht, es sei denn, der Unternehmer weist eine höhere unternehmerische Nutzung der Winterreifen nach. ② Wird das Fahrzeug dagegen beispielsweise zu 40% unternehmerisch und zu 60% unternehmensfremd (privat) genutzt, kann der Unternehmer die Winterreifen im vollen Umfang seinem Unternehmen zuordnen (vgl. Abschnitt 15.2c Abs. 2 Satz 1 Nr. 2 Buchstabe b) und unter den Voraussetzungen des § 15 UStG den Vorsteuerabzug in voller Höhe geltend machen. ③ Der Bemessungsgrundlage der unentgeltlichen Wertabgabe kann ein Privatanteil von 60% zu Grunde gelegt werden, ohne dass die konkreten Nutzungsverhältnisse der Winterreifen ermittelt werden müssen.

Unternehmensfremde (private) Nutzung durch den Unternehmer[1]

(5)[1] ① Die unternehmensfremde (private) Nutzung eines dem Unternehmen vollständig zu- 375
geordneten Fahrzeugs ist unter den Voraussetzungen des § 3 Abs. 9a Nr. 1 UStG als unentgeltliche Wertabgabe der Besteuerung zu unterwerfen. ② Als Bemessungsgrundlage sind dabei nach § 10 Abs. 4 Satz 1 Nr. 2 UStG die Ausgaben anzusetzen, soweit sie zum vollen oder teilweisen Vorsteuerabzug berechtigt haben (vgl. Abschnitt 10.6 Abs. 3). ③ Sofern Anschaffungs- oder Herstellungskosten mindestens 500 € (Nettobetrag ohne Umsatzsteuer) betragen, sind sie gleichmäßig auf den für das Fahrzeug maßgeblichen Berichtigungszeitraum nach § 15a UStG zu verteilen. ④ Zur Ermittlung der Ausgaben, die auf die unternehmensfremde Nutzung des dem Unternehmen zugeordneten Fahrzeugs entfallen, hat der Unternehmer die Wahl zwischen folgenden Methoden:

[1] A 15.23 UStAE Zwischenüberschriften eingefügt, Abs. 5 Satz 4 und Nrn. 1 und 2 geändert, Satz 4 Nr. 1 Buchst. a Satz 2, Buchst. b Satz 2 und Nr. 2 Satz 3 neugefasst durch BMF v. 7. 2. 2022 (BStBl. I S. 197), anzuwenden in allen offenen Fällen.

UStAE 15.23

1. Fahrzeuge, die zu mehr als 50% betrieblich genutzt werden

376 **a) 1%-Regelung:** ① Ermittelt der Unternehmer für Ertragsteuerzwecke den Wert der Nutzungsentnahme nach der sog. 1%-Regelung nach § 6 Abs. 1 Nr. 4 Satz 2 EStG, kann er von diesem Wert aus Vereinfachungsgründen bei der Bemessungsgrundlage für die Umsatzbesteuerung der unternehmensfremden Nutzung ausgehen. ② Für umsatzsteuerliche Zwecke sind die Sonderregelungen für Elektro- und Hybridelektrofahrzeuge nach § 6 Abs. 1 Nr. 4 Satz 2 Nr. 1 bis 5 EStG nicht anzuwenden. ③ Für die nicht mit Vorsteuern belasteten Ausgaben kann aus Vereinfachungsgründen ein pauschaler Abschlag von 20% vorgenommen werden. ④ Der so ermittelte Betrag ist der Nettowert; die Umsatzsteuer ist mit dem allgemeinen Steuersatz hinzuzurechnen.

b) Fahrtenbuchregelung: ① Setzt der Unternehmer für Ertragsteuerzwecke die private Nutzung mit den auf die Privatfahrten entfallenden Aufwendungen an, indem er die für das Fahrzeug insgesamt entstehenden Aufwendungen durch Belege und das Verhältnis der privaten zu den übrigen Fahrten durch ein ordnungsgemäßes Fahrtenbuch nachweist (§ 6 Abs. 1 Nr. 4 Satz 3 EStG), ist von diesem Wert auch bei der Ermittlung der Bemessungsgrundlage für die Umsatzbesteuerung der unternehmensfremden Nutzung auszugehen. ② Für umsatzsteuerliche Zwecke sind die Sonderregelungen für Elektro- und Hybridelektrofahrzeuge nach § 6 Abs. 1 Nr. 4 Satz 2 Nr. 1 bis 5 EStG nicht anzuwenden. ③ Aus den Gesamtaufwendungen sind für Umsatzsteuerzwecke die nicht mit Vorsteuern belasteten Ausgaben in der belegmäßig nachgewiesenen Höhe auszuscheiden.

2. Fahrzeuge, die nicht zu mehr als 50% betrieblich genutzt werden

377 ① Wird das Fahrzeug nicht zu mehr als 50% betrieblich genutzt, ist die Anwendung der 1%-Regelung nach § 6 Abs. 1 Nr. 4 Satz 2 EStG ausgeschlossen. ② Der für ertragsteuerliche Zwecke nach § 6 Abs. 1 Nr. 4 Satz 1 EStG ermittelte Nutzungsanteil ist grundsätzlich auch der Umsatzbesteuerung zu Grunde zu legen. ③ Für umsatzsteuerliche Zwecke sind die Sonderregelungen für Elektro- und Hybridelektrofahrzeuge nach § 6 Abs. 1 Nr. 4 Satz 2 Nr. 1 bis 5 EStG nicht anzuwenden.

3. Schätzung des unternehmensfremden (privaten) Nutzungsanteils

378 ① Wendet der Unternehmer die 1%-Regelung nicht an oder werden die pauschalen Wertansätze durch die sog. Kostendeckelung auf die nachgewiesenen tatsächlichen Ausgaben begrenzt (vgl. Rdnr. 18 des BMF-Schreibens vom 18. 11. 2009, BStBl. I S. 1326) und liegen die Voraussetzungen zur Ermittlung nach der Fahrtenbuchregelung nicht vor (z. B. weil kein ordnungsgemäßes Fahrtenbuch geführt wird), ist der private Nutzungsanteil für Umsatzsteuerzwecke anhand geeigneter Unterlagen im Wege einer sachgerechten Schätzung zu ermitteln. ② Als geeignete Unterlagen kommen insbesondere Aufzeichnungen für einen repräsentativen Zeitraum in Betracht, aus denen sich zumindest die unternehmerischen Fahrten mit Fahrtziel und gefahrenen Kilometern und die Gesamtkilometer ergeben. ③ Liegen keine geeigneten Unterlagen für eine Schätzung vor, ist der private Nutzungsanteil mit mindestens 50% zu schätzen, soweit sich aus den besonderen Verhältnissen des Einzelfalls nichts Gegenteiliges ergibt. ④ Aus den Gesamtaufwendungen sind die nicht mit Vorsteuern belasteten Ausgaben in der belegmäßig nachgewiesenen Höhe auszuscheiden.

4. Fahrzeugerwerb ohne Berechtigung zum Vorsteuerabzug

379 Konnte der Unternehmer bei der Anschaffung eines dem Unternehmen zugeordneten Fahrzeugs keinen Vorsteuerabzug vornehmen (z. B. Erwerb von einem Nichtunternehmer), sind nur die vorsteuerbelasteten Unterhaltskosten zur Ermittlung der Bemessungsgrundlage heranzuziehen.

380 (6) ① Soweit ein Fahrzeug für nichtwirtschaftliche Tätigkeiten i. e. S. verwendet wird, entfällt grundsätzlich eine Wertabgabenbesteuerung nach § 3 Abs. 9 a Nr. 1 UStG, da das Fahrzeug insoweit nicht dem Unternehmen zugeordnet werden konnte und der Vorsteuerabzug bereits nach § 15 Abs. 1 UStG ausgeschlossen ist. ② Eine Wertabgabenbesteuerung ist jedoch vorzunehmen, wenn und soweit sich die Nutzung des Fahrzeugs für nichtwirtschaftliche Tätigkeiten i. e. S. erhöht (vgl. Abschnitt 3.4 Abs. 2). ③ Für laufende Aufwendungen ist das Aufteilungsgebot nach Absatz 4 zu beachten. ④ Bemessungsgrundlage für die Wertabgabenbesteuerung nach § 3 Abs. 9 a Nr. 1 UStG sind insbesondere die Vorsteuerbeträge aus der Anschaffung, Herstellung, Einfuhr oder dem innergemeinschaftlichen Erwerb des Fahrzeugs, soweit es dem Unternehmen zugeordnet wurde. ⑤ Sofern die Anschaffungs- oder Herstellungskosten mindestens 500 € (Nettobetrag ohne Umsatzsteuer) betragen haben, sind sie gleichmäßig auf den für das Fahrzeug maßgeblichen Berichtigungszeitraum nach § 15 a UStG zu verteilen. ⑥ Die Ermittlung der Erhöhung der nichtwirtschaftlichen Verwendung i. e. S. kann auf Grundlage eines ordnungsgemäß geführten Fahrtenbuchs oder anhand geeigneter Unterlagen im Wege einer sachgerechten Schätzung erfolgen. ⑦ Als geeignete Unterlagen kommen insbesondere Aufzeichnungen für einen repräsentativen Zeitraum in Betracht, aus denen sich zumindest die unternehmerischen Fahrten mit Fahrtziel und gefahrenen Kilometern und die Gesamtkilometer ergeben. ⑧ Bei Erhöhung der unternehmerischen Verwendung des Fahrzeugs kommt eine Berichtigung des Vorsteuerabzugs nach § 15 a UStG zugunsten des Unternehmers aus Billigkeitsgründen in Betracht (vgl. Abschnitt 15 a.1 Abs. 7). ⑨ Macht der Unternehmer von dieser Billigkeitsmaßnahme Gebrauch, gilt

das Fahrzeug auch insoweit als dem Unternehmen zugeordnet (vgl. Abschnitt 15 a.1 Abs. 7 Satz 2). ⑩ Veräußert der Unternehmer nach Ablauf des Berichtigungszeitraums nach § 15 a UStG dieses Fahrzeug, ist die Veräußerung in Höhe des für unternehmerische Tätigkeiten verwendeten Anteils im Besteuerungszeitraum der Veräußerung steuerbar; dabei darf der Umfang der Zuordnung des Fahrzeugs bei dessen Anschaffung, Erwerb oder Herstellung nicht unterschritten werden. UStAE 15.23 *noch* **380**

Beispiel 1:

① Der Verein V schafft zum 1. 1. 01 ein Fahrzeug an (Anschaffungskosten 40 000 € zzgl. 7 600 € Umsatzsteuer). ② V beabsichtigt das Fahrzeug zu 60% für seinen wirtschaftlichen Geschäftsbetrieb (unternehmerische Tätigkeit) und zu 40% für seinen ideellen Bereich (nichtwirtschaftliche Tätigkeit i. e. S.) zu verwenden. ③ V führt ein ordnungsgemäßes Fahrtenbuch. ④ In den Jahren 02 bis 06 verändert sich die Nutzung des Fahrzeugs wie folgt:

02: Verwendung zu 70% für die unternehmerische Tätigkeit und zu 30% für die nichtwirtschaftliche Tätigkeit i. e. S.
03: Verwendung zu 65% für die unternehmerische Tätigkeit und zu 35% für die nichtwirtschaftliche Tätigkeit i. e. S.
04: Verwendung zu 50% für die unternehmerische Tätigkeit und zu 50% für die nichtwirtschaftliche Tätigkeit i. e. S.
05: Verwendung zu 80% für die unternehmerische Tätigkeit und zu 20% für die nichtwirtschaftliche Tätigkeit i. e. S.
06: Verwendung zu 75% für die unternehmerische Tätigkeit und zu 25% für die nichtwirtschaftliche Tätigkeit i. e. S.

⑤ Am 1. 7. 06 veräußert V das Fahrzeug (vereinbartes Nettoentgelt 10 000 €).

Jahr 01:

⑥ V beabsichtigt bei Anschaffung des Fahrzeugs eine unternehmerische Nutzung zu 60%. ⑦ In diesem Umfang kann V das Fahrzeug dem Unternehmen zuordnen (§ 15 Abs. 1 UStG) und ist unter den weiteren Voraussetzungen des § 15 UStG in Höhe von 4 560 € (7 600 € × 60%) zum Vorsteuerabzug berechtigt. ⑧ Der für ideelle Tätigkeiten des Vereins verwendete Anteil des Fahrzeugs kann hingegen nicht dem Unternehmen zugeordnet werden (Aufteilungsgebot) und berechtigt nicht zum Vorsteuerabzug; dieser Anteil ist für Umsatzsteuerzwecke als separater Gegenstand anzusehen.

Jahr 02:

⑨ Die Bagatellgrenzen des § 44 UStDV sind überschritten. ⑩ Aus Billigkeitsgründen kann V eine Vorsteuerberichtigung nach § 15 a UStG vornehmen.

Insgesamt in Rechnung gestellte Umsatzsteuer:	7 600 €
Ursprünglicher Vorsteuerabzug:	4 560 € (60% von 7 600 €)
Zeitpunkt der erstmaligen Verwendung:	1. 1. 01
Dauer des Berichtigungszeitraums:	1. 1. 01 bis 31. 12. 05
Aus Billigkeitsgründen zum Vorsteuerabzug berechtigende Verwendung:	70%
Vorsteuerberichtigung aus Billigkeitsgründen im Vergleich zum ursprünglichen Vorsteuerabzug:	Vorsteuer zu 70% statt 60%

Berichtigungsbetrag: 10 Prozentpunkte von $^1/_5$ von 7 600 € = 152 € sind zugunsten des V zu korrigieren.

⑪ Auf Grund der Vorsteuerberichtigung nach § 15 a UStG aus Billigkeitsgründen gilt das Fahrzeug entsprechend der unternehmerischen Verwendung für das Jahr 02 als zu 70% (60% + 10%) dem Unternehmen zugeordnet (Abschnitt 15 a.1 Abs. 7 Satz 2).

Jahr 03:

⑫ Eine erneute Vorsteuerberichtigung nach § 15 a UStG aus Billigkeitsgründen kommt nicht in Betracht:

Insgesamt in Rechnung gestellte Umsatzsteuer:	7 600 €
Ursprünglicher Vorsteuerabzug:	4 560 € (60% von 7 600 €)
Zeitpunkt der erstmaligen Verwendung:	1. 1. 01
Dauer des Berichtigungszeitraums:	1. 1. 01 bis 31. 12. 05
Aus Billigkeitsgründen zum Vorsteuerabzug berechtigende Verwendung:	65%
Vorsteuerberichtigung aus Billigkeitsgründen im Vergleich zum ursprünglichen Vorsteuerabzug:	Vorsteuer zu 65% statt 60%

Berichtigungsbetrag: 5 Prozentpunkte von $^1/_5$ von 7 600 € = 76 €.

⑬ Die Berichtigung entfällt, da die Grenzen des § 44 Abs. 2 UStDV nicht überschritten sind. ⑭ Da eine Vorsteuerberichtigung an den Grenzen des § 44 Abs. 2 UStDV scheitert, bleibt es für das Jahr 03 bei der ursprünglichen Zuordnung des Fahrzeugs zum Unternehmen in Höhe von 60% (vgl. Abschnitt 15 a.1 Abs. 7 Satz 2). ⑮ Eine Entnahmebesteuerung wegen des im Verhältnis zum Vorjahr gesunkenen unternehmerischen Nutzungsumfangs kommt während des Berichtigungszeitraums nach § 15 a UStG im Rahmen der Billigkeit nicht in Betracht, weil die in Abschnitt 15 a.1 Abs. 7 Satz 2 angeordnete Zuordnung entsprechend dem Berichtigungsbetrag nach § 15 a UStG nur eine zeitraumbezogene Korrekturgröße darstellt.

Jahr 04:

⑯ Der Umfang der unternehmerischen Nutzung hat sich gegenüber dem Erstjahr vermindert (50% statt 60%). ⑰ Eine Vorsteuerberichtigung aus Billigkeitsgründen kommt daher für das Jahr 04 dem Grunde nach nicht in Betracht (Abschnitt 15 a.1 Abs. 7 Satz 1) und es bleibt bei der ursprünglichen Zuordnung des Fahrzeugs zum Unternehmen in Höhe von 60%. ⑱ Die auf den zugeordneten Fahrzeugteil entfallende Nutzung für nichtwirtschaftliche Tätigkeiten i. e. S. (= 10% der Gesamtnutzung) ist als unentgeltliche Wertabgabe nach § 3 Abs. 9 a Nr. 1 UStG zu versteuern (vgl. Abschnitt 3.4 Abs. 2 Satz 4). ⑲ Für die Bemessungsgrundlage sind die Anschaffungskosten des Fahrzeugs maßgebend, die auf 5 Jahre zu verteilen sind (§ 10 Abs. 4 Satz 1 Nr. 2 Satz 2 UStG). ⑳ Die Bemessungsgrundlage der unentgeltlichen Wertabgabe beträgt demnach 800 € ($^1/_5$ von 40 000 € × 10%) und die Umsatzsteuer 152 € (800 € × 19%).

Jahr 05:

㉑ Aus Billigkeitsgründen kann V wieder eine Vorsteuerberichtigung nach § 15 a UStG vornehmen.

Insgesamt in Rechnung gestellte Umsatzsteuer:	7 600 €
Ursprünglicher Vorsteuerabzug:	4 560 € (60% von 7 600 €)
Zeitpunkt der erstmaligen Verwendung:	1. 1. 01
Dauer des Berichtigungszeitraums:	1. 1. 01 bis 31. 12. 05
Aus Billigkeitsgründen zum Vorsteuerabzug berechtigende Verwendung:	80%
Vorsteuerberichtigung aus Billigkeitsgründen im Vergleich zum ursprünglichen Vorsteuerabzug:	Vorsteuer zu 80% statt 60%

Berichtigungsbetrag: 20 Prozentpunkte von $^1/_5$ von 7 600 € = 304 € sind zugunsten des V zu korrigieren.

UStAE 15.23

㉒ Auf Grund der Vorsteuerberichtigung nach § 15 a UStG aus Billigkeitsgründen gilt das Fahrzeug entsprechend der unternehmerischen Verwendung im Jahr 05 als zu 80% (60% + 20%) dem Unternehmen zugeordnet (vgl. Abschnitt 15 a.1 Abs. 7 Satz 2).

Jahr 06:

㉓ Der Berichtigungszeitraum nach § 15 a UStG ist am 31. 12. 05 abgelaufen; eine Vorsteuerberichtigung aus Billigkeitsgründen kommt daher für das Jahr 06 nicht mehr in Betracht. ㉔ Der Umfang der unternehmerischen Nutzung beträgt im Besteuerungszeitraum der Veräußerung (1. 1.–30. 6. 06) 75%. ㉕ Die Veräußerung des Fahrzeugs ist daher in Höhe von 75% steuerbar. ㉖ Der Gesamtverkaufspreis ist entsprechend aufzuteilen. ㉗ Eine Entnahmebesteuerung wegen des im Verhältnis zum Vorjahr gesunkenen unternehmerischen Nutzungsumfangs kommt im Anschluss an den Berichtigungszeitraum nach § 15 a UStG im Rahmen der Billigkeit nicht in Betracht, weil die in Abschnitt 15 a.1 Abs. 7 Satz 2 angeordnete Zuordnung entsprechend dem Berichtigungsbetrag nach § 15 a UStG nur eine zeitraumbezogene Korrekturgröße darstellt. ㉘ Auszugehen ist damit vom tatsächlichen unternehmerischen Nutzungsumfang. ㉙ Die Umsatzsteuer aus der Fahrzeugveräußerung beträgt 1 425 € (75% von 10 000 € × 19%). ㉚ Weist V in der Rechnung über den Gesamtverkaufspreis Umsatzsteuer gesondert aus, schuldet er den anteiligen Umsatzsteuerbetrag, der auf den nichtwirtschaftlich i. e. S. genutzten Fahrzeugteil entfällt (25%) nach § 14 c Abs. 2 UStG.

Beispiel 2:

① Sachverhalt wie Beispiel 1. ② Im Jahr 06 verwendet V das Fahrzeug allerdings nur zu 40% für die unternehmerische Tätigkeit und zu 60% für die nichtwirtschaftliche Tätigkeit i. e. S.

Jahr 06:

③ Der Umfang der unternehmerischen Nutzung hat sich gegenüber dem Erstjahr vermindert (40% statt 60%). ④ Grundsätzlich unterliegt die Erhöhung der Verwendung für nichtwirtschaftliche Tätigkeiten i. e. S. der unentgeltlichen Wertabgabenbesteuerung nach § 3 Abs. 9 a Nr. 1 UStG. ⑤ Da der Berichtigungszeitraum nach § 15 a UStG am 31. 12. 05 jedoch abgelaufen ist und die Anschaffungskosten des Fahrzeugs damit verbraucht sind, beträgt die Bemessungsgrundlage 0 € (§ 10 Abs. 4 Satz 1 Nr. 2 Satz 2 UStG). ⑥ Die Veräußerung des Fahrzeugs am 1. 7. 06 ist in Höhe von 60% steuerbar. ⑦ Zwar nutzt V im Besteuerungszeitraum der Veräußerung das Fahrzeug nur zu 40% für seine unternehmerischen Tätigkeiten. ⑧ Der Umfang der Zuordnung des Fahrzeugs bei dessen Anschaffung darf jedoch nicht unterschritten werden. ⑨ Die Umsatzsteuer aus der Fahrzeugveräußerung beträgt 1 140 € (60% von 10 000 € × 19%). ⑩ Weist V in der Rechnung über den Gesamtverkaufspreis Umsatzsteuer gesondert aus, schuldet er den anteiligen Umsatzsteuerbetrag, der auf den nichtwirtschaftlich i. e. S. genutzten Fahrzeugteil entfällt (40%), nach § 14 c Abs. 2 UStG.

381 (7) ① Die auf die Miete, Mietsonderzahlung, Leasingraten und Unterhaltskosten entfallenden Vorsteuern eines angemieteten oder geleasten Fahrzeugs, das der Unternehmer sowohl unternehmerisch als auch für nichtunternehmerische Zwecke verwendet, sind grundsätzlich nach dem Verhältnis der unternehmerischen und nichtunternehmerischen Nutzung in einen abziehbaren und einen nichtabziehbaren Anteil aufzuteilen. ② Das gilt sowohl für den Fall, dass die nichtunternehmerische Verwendung als Verwendung für nichtwirtschaftliche Tätigkeiten i. e. S. zu beurteilen ist, als auch für den Fall der unternehmensfremden (privaten) Verwendung. ③ Wird der Vorsteuerabzug so ermittelt, entfällt eine Wertabgabenbesteuerung nach § 3 Abs. 9 a Nr. 1 UStG. ④ Aus Vereinfachungsgründen kann der Unternehmer jedoch im Fall der teilunternehmerischen unternehmensfremden (privaten) Verwendung des Fahrzeugs auch den Vorsteuerabzug aus der Miete bzw. den Leasingraten und den Unterhaltskosten vornehmen (sofern kein Ausschlusstatbestand nach § 15 Abs. 1 a und 2 in Verbindung mit Abs. 3 UStG vorliegt) und die unternehmensfremde Nutzung nach den Regelungen in Absatz 5 besteuern.

Überlassung von Fahrzeugen an das Personal

382 (8)[1] ① Überlässt der Unternehmer (Arbeitgeber) seinem Personal (Arbeitnehmer) ein Fahrzeug auch zu Privatzwecken (Privatfahrten, Fahrten zwischen Wohnung und erster Tätigkeitsstätte sowie Familienheimfahrten aus Anlass einer doppelten Haushaltsführung), ist dies regelmäßig eine entgeltliche sonstige Leistung im Sinne des § 1 Abs. 1 Nr. 1 Satz 1 UStG. ② Das Fahrzeug wird, wenn es nicht ausnahmsweise zusätzlich vom Unternehmer nichtunternehmerisch verwendet wird, durch die entgeltliche umsatzsteuerpflichtige Überlassung an das Personal ausschließlich unternehmerisch genutzt. ③ Die aus den Anschaffungskosten als auch aus den Unterhaltskosten der sog. Dienst- oder Firmenfahrzeuge anfallenden Vorsteuerbeträge können in voller Höhe abgezogen werden (§ 15 Abs. 1 Satz 1 UStG), sofern kein Ausschlusstatbestand nach § 15 Abs. 1 a und 2 in Verbindung mit Abs. 3 UStG vorliegt. ④ Dies gilt auch für die Überlassung von Fahrzeugen an Gesellschafter-Geschäftsführer von Kapitalgesellschaften, wenn sie umsatzsteuerrechtlich insoweit nicht als Unternehmer anzusehen sind (vgl. Abschnitt 2.2 Abs. 2). ⑤ Die spätere Veräußerung und die Entnahme der Fahrzeuge unterliegen insgesamt der Umsatzsteuer, wenn sie insgesamt dem Unternehmen zugeordnet werden konnten.

383 (9) ① Die Gegenleistung des Arbeitnehmers für die Fahrzeugüberlassung besteht regelmäßig in der anteiligen Arbeitsleistung, die er für die Privatnutzung des gestellten Fahrzeugs erbringt. ② Die Überlassung des Fahrzeugs ist als Vergütung für geleistete Dienste und damit als entgeltlich anzusehen, wenn sie im Arbeitsvertrag geregelt ist oder auf mündlichen Abreden oder sonstigen Umständen des Arbeitsverhältnisses (z. B. der faktischen betrieblichen Übung) beruht. ③ Von Entgeltlichkeit ist stets auszugehen, wenn das Fahrzeug dem Arbeitnehmer für eine gewisse Dauer und nicht nur gelegentlich zur Privatnutzung überlassen wird. ④ Zur Bestimmung des Leistungsorts bei entgeltlicher Fahrzeugüberlassung vgl. Abschnitt 3 a.5 Abs. 4.

[1] A 15.23 UStAE Abs. 8 Satz 3 geändert durch BMF v. 7. 2. 2022 (BStBl. I S. 197), anzuwenden in allen offenen Fällen.

UStAE 15.23

(10) ① Bei der entgeltlichen Fahrzeugüberlassung zu Privatzwecken des Personals liegt ein tauschähnlicher Umsatz (§ 3 Abs. 12 Satz 2 UStG) vor. ② Die Bemessungsgrundlage ist nach § 10 Abs. 2 Satz 2 in Verbindung mit Abs. 1 Satz 1 UStG der Wert der nicht durch den Barlohn abgegoltenen Arbeitsleistung. ③ Deren Wert entspricht dem Betrag, den der Arbeitgeber zu diesem Zweck aufzuwenden bereit ist (vgl. Abschnitt 10.5 Abs. 1). ④ Das sind die Gesamtausgaben für die Überlassung des Fahrzeugs. ⑤ Die Gesamtausgaben für die entgeltliche sonstige Leistung im Sinne des § 1 Abs. 1 Nr. 1 Satz 1 UStG umfassen auch die Ausgaben, bei denen ein Vorsteuerabzug nicht möglich ist. ⑥ Der so ermittelte Wert ist der Nettowert; die Umsatzsteuer ist mit dem allgemeinen Steuersatz hinzuzurechnen. ⑦ Treffen die Parteien Aussagen zum Wert der Arbeitsleistungen, so ist dieser Wert als Bemessungsgrundlage für die Überlassung des Fahrzeugs zu Grunde zu legen, wenn er die Ausgaben für die Fahrzeugüberlassung übersteigt. 384

(11)[1] ① Aus Vereinfachungsgründen wird es nicht beanstandet, wenn für die umsatzsteuerrechtliche Bemessungsgrundlage anstelle der Ausgaben von den lohnsteuerrechtlichen Werten ausgegangen wird. ② Die lohnsteuerrechtlichen Werte sind als Bruttowerte anzusehen, aus denen die Umsatzsteuer herauszurechnen ist (vgl. Abschnitt 1.8 Abs. 8). 385

1. Besteuerung auf Grundlage der sog. 1%-Regelung

① Wird der lohnsteuerrechtliche Wert der entgeltlichen Fahrzeugüberlassung für Privatfahrten und für Fahrten zwischen Wohnung und erster Tätigkeitsstätte nach § 8 Abs. 2 Satz 2 und 3 in Verbindung mit § 6 Abs. 1 Nr. 4 Satz 2 EStG mit dem vom Listenpreis abgeleiteten Pauschalwert angesetzt (vgl. R 8.1 Abs. 9 Nr. 1 LStR), kann von diesem Wert auch bei der Umsatzbesteuerung ausgegangen werden, wobei jedoch keine Kürzung des inländischen Listenpreises für Elektro- und Hybridelektrofahrzeuge vorzunehmen ist. ② Der umsatzsteuerrechtliche Wert für Familienheimfahrten kann aus Vereinfachungsgründen für jede Fahrt mit 0,002% des Listenpreises (§ 6 Abs. 1 Nr. 4 Satz 2 EStG: für jeden Kilometer der Entfernung zwischen dem Ort des eigenen Hausstands und dem Beschäftigungsort) angesetzt werden, wobei keine Kürzung für Elektro- und Hybridelektrofahrzeuge erfolgt. ③ Der Umsatzsteuer unterliegen die auf die Familienheimfahrten entfallenden Kosten auch dann, wenn ein lohnsteuerrechtlicher Wert nach § 8 Abs. 2 Satz 5 EStG nicht anzusetzen ist. ④ Aus dem so ermittelten lohnsteuerrechtlichen Wert ist die Umsatzsteuer herauszurechnen. ⑤ Ein pauschaler Abschlag von 20% für nicht mit Vorsteuern belastete Ausgaben ist in diesen Fällen unzulässig. 386

Beispiel 1:

① Ein Arbeitnehmer mit einer am 1. 1. 01 begründeten doppelten Haushaltsführung nutzt ein Firmenfahrzeug mit einem Listenpreis einschließlich Umsatzsteuer von 30 000 € im gesamten Jahr 02 zu Privatfahrten, zu Fahrten zur 10 km entfernten ersten Tätigkeitsstätte und zu 20 Familienheimfahrten zum 150 km entfernten Wohnsitz der Familie.
② Die Umsatzsteuer für die Firmenfahrzeugüberlassung ist nach den lohnsteuerrechtlichen Werten wie folgt zu ermitteln:
- für die allgemeine Privatnutzung 1% von 30 000 € × 12 Monate = 3 600 €
- für Fahrten zwischen Wohnung und erster Tätigkeitsstätte 0,03% von 30 000 € × 10 km × 12 Monate = 1 080 €
- für Familienheimfahrten 0,002% von 30 000 € × 150 km × 20 Fahrten = 1 800 €

③ Die Umsatzsteuer für die sonstige Leistung an den Arbeitnehmer beträgt $^{19}/_{119}$ von 6 480 € = 1 034,62 €.

2. Besteuerung auf der Grundlage der Fahrtenbuchregelung

① Wird bei der entgeltlichen Fahrzeugüberlassung an das Personal zu Privatzwecken der lohnsteuerrechtliche Nutzungswert mit Hilfe eines ordnungsgemäßen Fahrtenbuchs anhand der durch Belege nachgewiesenen Gesamtausgaben ermittelt (vgl. R 8.1 Abs. 9 Nr. 2 LStR), ist das so ermittelte Nutzungsverhältnis auch bei der Umsatzsteuer zu Grunde zu legen. ② Die Fahrten zwischen Wohnung und erster Tätigkeitsstätte sowie die Familienheimfahrten aus Anlass einer doppelten Haushaltsführung werden umsatzsteuerrechtlich den Privatfahrten des Arbeitnehmers zugerechnet. ③ Die Gesamtausgaben für die entgeltliche sonstige Leistung im Sinne des § 1 Abs. 1 Nr. 1 Satz 1 UStG umfassen auch die Ausgaben, bei denen ein Vorsteuerabzug nicht möglich ist. ④ Für umsatzsteuerliche Zwecke sind die Sonderregelungen für Elektro- und Hybridelektrofahrzeuge nach § 6 Abs. 1 Nr. 4 Satz 3 Nr. 1 bis 5 EStG nicht anzuwenden. 387

Beispiel 2:

① Ein Firmenfahrzeug mit einer Jahresfahrleistung von 20 000 km wird von einem Arbeitnehmer lt. ordnungsgemäß geführtem Fahrtenbuch an 180 Tagen jährlich für Fahrten zur 10 km entfernten ersten Tätigkeitsstätte benutzt. ② Die übrigen Privatfahrten des Arbeitnehmers belaufen sich auf insgesamt 3 400 km. ③ Die gesamten Fahrzeugkosten (Nettoaufwendungen einschließlich der auf die betriebsgewöhnliche Nutzungsdauer von 6 Jahren verteilten Anschaffungs- oder Herstellungskosten) betragen 9 000 €. ④ Von den Privatfahrten des Arbeitnehmers entfallen 3 600 km auf Fahrten zwischen Wohnung und erster Tätigkeitsstätte (180 Tage × 20 km) und 3 400 km auf sonstige Fahrten. ⑤ Dies entspricht einer Privatnutzung von insgesamt 35% (7 000 km von 20 000 km). ⑥ Für die umsatzsteuerrechtliche Bemessungsgrundlage ist von einem Betrag von 35% von 9 000 € = 3 150 € auszugehen. ⑦ Die Umsatzsteuer beträgt 19% von 3 150 € = 598,50 €.

(12) ① Von einer unentgeltlichen Fahrzeugüberlassung an das Personal zu Privatzwecken im Sinne des § 3 Abs. 9 a Nr. 1 UStG (vgl. Abschnitt 1.8 Abs. 2) kann ausnahmsweise ausgegangen werden, wenn die vereinbarte private Nutzung des Fahrzeugs derart gering ist, dass sie für die Gehaltsbemessung keine wirtschaftliche Rolle spielt, und nach den objektiven Gegebenheiten 388

[1] A 15.23 UStAE Abs. 11 Satz 2 Nr. 1 Bsp. 1 Sätze 1 und 2 geändert, Nr. 2 Satz 4 neugefasst und Nr. 2 Bsp. 2 Satz 1 geändert durch BMF v. 7. 2. 2022 (BStBl. I S. 197), anzuwenden in allen offenen Fällen.

eine weitergehende private Nutzungsmöglichkeit ausscheidet (vgl. BFH-Urteil vom 4. 10. 1984, V R 82/83, BStBl. II S. 808). ② Danach kann Unentgeltlichkeit nur angenommen werden, wenn dem Arbeitnehmer das Fahrzeug aus besonderem Anlass oder zu einem besonderen Zweck nur gelegentlich (von Fall zu Fall) an nicht mehr als fünf Kalendertagen im Kalendermonat für private Zwecke überlassen wird (vgl. Rdnr. 13 Satz 2 zweiter Spiegelstrich des BMF-Schreibens vom 4. 4. 2018, BStBl. I S. 592). ③ Bemessungsgrundlage für die unentgeltliche Fahrzeugüberlassung für den privaten Bedarf des Personals sind die Ausgaben, soweit sie zum vollen oder teilweisen Vorsteuerabzug berechtigt haben (§ 10 Abs. 4 Satz 1 Nr. 2 UStG). ④ Aus der Bemessungsgrundlage sind somit die nicht mit Vorsteuern belasteten Ausgaben auszuscheiden. ⑤ Der so ermittelte Wert ist der Nettowert ohne Umsatzsteuer; die Umsatzsteuer ist mit dem allgemeinen Steuersatz hinzuzurechnen. ⑥ Aus Vereinfachungsgründen wird es nicht beanstandet, wenn für die umsatzsteuerrechtliche Bemessungsgrundlage von den lohnsteuerrechtlichen Werten ausgegangen wird. ⑦ Die lohnsteuerrechtlichen Werte sind als Bruttowerte anzusehen, aus denen die Umsatzsteuer herauszurechnen ist (vgl. Abschnitt 1.8 Abs. 8).

389 (13)[1] *(aufgehoben)*

LS zu 15.23

Macht ein Unternehmen in Besteuerungszeiträumen ab 2004 aus Eingangsleistungen für die Miete oder den Betrieb eines sowohl **unternehmerisch** als auch **privat genutzten PKW,** der nach dem 31. März 1999 und vor dem 1. Januar 2004 angeschafft wurde, den vollen Vorsteuerabzug geltend, ist die Versteuerung einer unentgeltlichen Wertabgabe nicht nach § 3 Abs. 9 a Satz 2 UStG a. F. ausgeschlossen. *BFH-Urteil v. 5. 3. 2014 XI R 29/12 (BStBl. II S. 600).*

391 1. Die **PKW-Überlassung** an einen **Gesellschafter-Geschäftsführer** zur privaten Nutzung unterliegt der Umsatzsteuer, wenn ein – im Einzelfall zu prüfender – Zusammenhang zwischen Nutzungsüberlassung und Arbeitsleistung im Sinne eines Entgelts besteht oder wenn die Voraussetzungen einer unentgeltlichen Wertabgabe (wie z. B. bei der PKW-Nutzung aufgrund eines Gesellschaftsverhältnisses) gegeben sind. – 2. In beiden Fällen kann die Bemessungsgrundlage entsprechend den von der Finanzverwaltung getroffenen Vereinfachungsregelungen **geschätzt** werden; hierbei handelt es sich jeweils um eine einheitliche Schätzung, die der Unternehmer nur insgesamt oder gar nicht in Anspruch nehmen kann. *BFH-Urteil v. 5. 6. 2014 XI R 2/12 (BStBl. 2015 II S. 785).* – Umfassende Erläuterungen zur PKW-Überlassung durch an ihren Gesellschafter-Geschäftsführer zur privaten Nutzung enthält die *Vfg. des LfSt Niedersachsen v. 3. 2. 2022 S 7100 – 42 St 172 (MwStR S. 411).*

Die Verwendung eines dem Unternehmen zugeordneten **PKW** für **Fahrten des Unternehmers zwischen Wohnung und Betriebsstätte** erfolgt nicht für Zwecke, die außerhalb des Unternehmens liegen, und ist mithin nicht als unentgeltliche Wertabgabe der Umsatzbesteuerung zu unterwerfen. *BFH-Urteil v. 5. 6. 2014 XI R 36/12 (BStBl. 2015 II S. 43).*

Zur **nichtunternehmerischen Nutzung** eines dem Unternehmensvermögen der Gesellschaft zugeordneten Fahrzeugs durch **Gesellschafter,** entgeltlich und unentgeltlich, *vgl. Rundvfg. OFD Frankfurt/M. S 7100 A – 68 – St 110 v. 27. 1. 2015 (DStR S. 1567).*

§ 15 UStG enthält neben der Rechnung keine belegartig zu erfüllenden Voraussetzungen, daher führt die Verletzung einkommensteuerrechtlicher Aufzeichnungspflichten zu keinem Vorsteuerabzugsverbot, da eine Einschränkung des Vorsteuerabzugs wegen nicht eingehaltener Formvorschriften für den Nachweis von Betriebsausgaben im Ertragsteuerrecht für den Bereich der Umsatzsteuer unionsrechtswidrig ist. Dies ist auch für das **Fahrtenbuch** als sog. Belegnachweis i. S. d. § 6 Abs. 1 Nr. 4 Satz 3 EStG zu beachten. *BFH-Beschluss v. 2. 7. 2021 V B 34/20 (BFH/NV S. 1523).*

Art. 56 Abs. 2 UAbs. 1 MwStSystRL (= § 3 a Abs. 3 Nr. 2 UstG) greift nur bei **entgeltlicher** Überlassung eines **Dienstfahrzeugs** (sonst: § 3 Abs. 1 UStG). ***EuGH-Urteil v. 20. 1. 2021*** *C-288/19, QM/FA Saarbrücken (DStR S. 154). – Nachfolgeentscheidung:* Der für einen steuerbaren Umsatz erforderliche unmittelbare Zusammenhang zwischen der Fahrzeugüberlassung an einen Arbeitnehmer des Steuerpflichtigen zu privaten Zwecken und der (teilweisen) Arbeitsleistung liegt jedenfalls dann vor, wenn die Fahrzeugüberlassung individuell arbeitsvertraglich vereinbart ist und tatsächlich in Anspruch genommen wird. *BFH-Urt. v. 30. 6. 2022 V R 25/21 (DStR S. 2054).*

Anl zu 15.23

Schreiben betr. umsatzsteuerliche Bemessungsgrundlage für die unternehmensfremde (private) Nutzung von Elektrofahrzeugen, Hybridelektrofahrzeugen, Elektrofahrrädern und Fahrrädern sowie für die Überlassung von Elektrofahrrädern und Fahrrädern an Arbeitnehmer

Vom 7. Februar 2022 (BStBl. I S. 197)

(BMF III C 2 – S 7300/19/10004 :001; DOK 2022/0088874)

Für die Besteuerung der unternehmensfremden (privaten) Nutzung eines dem Unternehmen zugeordneten Elektrofahrzeuges, Hybridelektrofahrzeuges, Elektrofahrrades oder Fahrrades gilt Folgendes:

I.

392 Die unternehmensfremde (private) Nutzung eines dem Unternehmen vollständig zugeordneten Fahrzeugs ist unter den Voraussetzungen des § 3 Absatz 9 a Nummer 1 UStG als unentgeltliche Wertabgabe der Besteuerung zu unterwerfen. Der Begriff Fahrzeug ist dabei gleichzusetzen mit dem Begriff Kraftfahrzeug und umfasst damit auch Elektrofahrräder, die einer Kennzeichen-, Versicherungs- oder Führerscheinpflicht unterliegen.

Dabei kann – neben anderen Methoden zur Wertermittlung – von den für ertragsteuerliche Zwecke nach der sog. 1%-Regelung (§ 6 Absatz 1 Nummer 4 Satz 2 EStG) ermittelten Beträgen ausgegangen werden, siehe Abschnitt 15.23 Absatz 5 UStAE. Für Zwecke der Einkommensteuer wird bei Elektro- und Hybridelektrofahrzeugen bei einer Anschaffung nach dem 31. Dezember 2018 nach § 6 Absatz 1 Nummer 4 Satz 2 Nummer 1 bis 5 EStG unter bestimmten Voraussetzungen der Bruttolistenpreis gemindert, insbesondere nur zur Hälfte oder nur zu einem Viertel angesetzt. Es handelt sich hierbei um

[1] A 15.23 UStAE Abs. 13 aufgehoben durch BMF v. 7. 2. 2022 (BStBl. I S. 197), anzuwenden in allen offenen Fällen.

eine ertragsteuerliche Regelung zur Steigerung der Elektromobilität und zur Reduktion des CO_2-Ausstoßes.

Die Umsatzbesteuerung der Verwendung eines dem Unternehmen zugeordneten Gegenstandes für unternehmensfremde Zwecke bemisst sich grundsätzlich nach den durch die (private) Verwendung entstandenen Ausgaben des Steuerpflichtigen, soweit sie zum vollen oder teilweisen Vorsteuerabzug berechtigt haben. Bei der Ermittlung dieser Ausgaben ist eine Pauschalierung zulässig, sofern sichergestellt ist, dass die „Pauschalierung in angemessenem Verhältnis zum Umfang der privaten Nutzung steht" und damit dem Grundsatz der Verhältnismäßigkeit genügt (vgl. EuGH-Urteil vom 16. Februar 2012, C-594/10, T. G. van Laarhoven). Da der Vorsteuerabzug aus der Anschaffung eines Elektro- oder Hybridelektrofahrzeuges dem Unternehmer unter den übrigen Voraussetzungen in voller Höhe zusteht, würde eine Übernahme der ertragsteuerlichen Regelungen über die zulässige Pauschalierung nach der sog. 1%-Regelung hinaus aus umsatzsteuerlicher Sicht zu einer Begünstigung des Unternehmers führen, die den tatsächlichen Verhältnissen nicht entspricht. Sie ist daher nicht zu übernehmen.

II.

Für die unternehmensfremde (private) Nutzung eines dem Unternehmen zugeordneten Fahrrades gelten die nachfolgenden Ausführungen. Der Begriff Fahrrad umfasst dabei auch Elektrofahrräder, die verkehrsrechtlich als Fahrrad (keine Kennzeichen-, Versicherungs- oder Führerscheinpflicht) einzuordnen sind. 393

Auch die unternehmensfremde (private) Nutzung eines dem Unternehmen vollständig zugeordneten Fahrrades ist unter den Voraussetzungen des § 3 Absatz 9a Nummer 1 UStG als unentgeltliche Wertabgabe der Besteuerung zu unterwerfen. Der Unternehmer kann die Bemessungsgrundlage für die Umsatzbesteuerung der unternehmensfremden Nutzung aus Vereinfachungsgründen hilfsweise nach der sog. 1%-Regelung für Kraftfahrzeuge berechnen oder eine andere umsatzsteuerrechtlich zulässige Methode wählen. Die Fahrtenbuchmethode ist für ein Fahrrad nicht geeignet, da eine objektive Überprüfung anhand eines Tachometers nicht möglich ist.

Überlässt der Unternehmer (Arbeitgeber) seinem Personal (Arbeitnehmer) ein (Elektro-)Fahrrad auch zur privaten Nutzung, ist dies regelmäßig eine entgeltliche Leistung im Sinne des § 1 Absatz 1 Nummer 1 Satz 1 UStG (Arbeitsleistung gegen Fahrradgestellung). Die Ermittlung der Bemessungsgrundlage erfolgt nach § 10 Absatz 2 Satz 2 UStG. Grundsätzlich kann auch hier aus Vereinfachungsgründen die Bemessungsgrundlage hilfsweise nach der sog. 1%-Regelung für Fahrräder (siehe Rn. 1 der gleich lautenden Erlasse der obersten Finanzbehörden der Länder vom 9. Januar 2020, BStBl. I S. 174) berechnet werden. Falls der anzusetzende Wert des Fahrrades weniger als 500 € beträgt, wird es nicht beanstandet, wenn abweichend von dem Vorstehenden von keiner entgeltlichen Überlassung des Fahrrades ausgegangen wird. In diesen Fällen ist keine Umsatzbesteuerung der Leistung an den Arbeitnehmer erforderlich.

Aus den unter I. aufgeführten Gründen sind auch für (Elektro-)Fahrräder im Übrigen abweichende ertragsteuerliche Ansätze (z. B. nach § 3 Nummer 37 EStG oder § 6 Absatz 1 Nummer 4 Satz 6 EStG) nicht für Zwecke der Umsatzsteuer zu übernehmen.

III.

[Änderungen des Umsatzsteuer-Anwendungserlasses in A 15.23 und A 15.24 UStAE berücksichtigt]

IV.

Die Grundsätze dieses Schreibens sind in allen offenen Fällen anzuwenden.

Die Auswirkungen des EuGH-Urteils vom 20. Januar 2021, C-288/19, QM, auf die deutsche Verwaltungsauffassung werden derzeit noch mit den obersten Finanzbehörden der Länder erörtert. Hierzu ergeht ggf. ein gesondertes BMF-Schreiben.

15.24[1] Vorsteuerabzug und Umsatzbesteuerung bei (teil-)unternehmerisch verwendeten Fahrrädern

UStAE 15.24

(1) Die Regelungen in Abschnitt 15.23 gelten entsprechend auch für Fahrräder einschließlich Elektrofahrräder, die verkehrsrechtlich als Fahrrad (keine Kennzeichen-, Versicherungs- oder Führerscheinpflicht) einzuordnen sind, soweit nachfolgend nichts Anderes geregelt ist. 395

(2) ① Für umsatzsteuerliche Zwecke ist bei der unternehmensfremden (privaten) Nutzung eines dem Unternehmen zugeordneten Fahrrades im Sinne von Absatz 1 durch den Unternehmer § 6 Abs. 1 Nr. 4 Satz 6 EStG nicht anzuwenden. ② Der Anteil der unternehmensfremden Nutzung kann nicht durch ein Fahrtenbuch (Abschnitt 15.23 Abs. 5 Satz 4 Nr. 1 Buchstabe b) nachgewiesen werden. ③ Der Unternehmer kann den Wert der unternehmensfremden Nutzung aus Vereinfachungsgründen hilfsweise nach der sog. 1%-Regelung (Abschnitt 15.23 Abs. 5 Satz 4 Nr. 1 Buchstabe a) berechnen, wenn er nicht eine andere umsatzsteuerrechtlich zulässige Methode zur Wertermittlung gewählt hat. 396

(3) ① Für umsatzsteuerliche Zwecke ist bei entgeltlicher Überlassung eines Fahrrades im Sinne von Absatz 1 zu Privatzwecken des Personals (vgl. entsprechend Abschnitt 15.23 Abs. 10 und 11) § 3 Nr. 37 EStG nicht anzuwenden. ② Der Anteil der Nutzung für Privatzwecke des Personals kann nicht durch ein Fahrtenbuch (Abschnitt 15.23 Abs. 11 Satz 2 Nr. 2) nachgewiesen werden. 397

[1] A 15.24 UStAE angefügt durch BMF v. 7. 2. 2022 (BStBl. I S. 197), anzuwenden in allen offenen Fällen.

UStAE 15.24

noch 397 ③ Es wird aus Vereinfachungsgründen nicht beanstandet, wenn als Bemessungsgrundlage für die entgeltliche Nutzungsüberlassung monatlich 1% der auf volle 100 € abgerundeten unverbindlichen Preisempfehlung des Herstellers, Importeurs oder Großhändlers im Zeitpunkt der Inbetriebnahme des Fahrrades berücksichtigt wird (entsprechend Rn. 1 der gleich lautenden Ländererlasse vom 9. 1. 2020, BStBl. I S. 174). ④ Dieser Wert ist als Bruttowert anzusehen, aus dem die Umsatzsteuer herauszurechnen ist. ⑤ Wenn der anzusetzende Wert des Fahrrades weniger als 500 € beträgt, wird es nicht beanstandet, wenn abweichend von dem Vorstehenden von keiner entgeltlichen Überlassung des Fahrrades ausgegangen wird. ⑥ In diesen Fällen ist keine Umsatzbesteuerung der Leistung an den Arbeitnehmer erforderlich.

§ 15a Berichtigung des Vorsteuerabzugs[1]

**(1) ① Ändern sich bei einem Wirtschaftsgut, das nicht nur einmalig zur Ausführung 1
von Umsätzen verwendet wird, innerhalb von fünf Jahren ab dem Zeitpunkt der erstmaligen Verwendung die für den ursprünglichen Vorsteuerabzug maßgebenden Verhältnisse, ist für jedes Kalenderjahr der Änderung ein Ausgleich durch eine Berichtigung des Abzugs der auf die Anschaffungs- oder Herstellungskosten entfallenden Vorsteuerbeträge vorzunehmen. ② Bei Grundstücken einschließlich ihrer wesentlichen Bestandteile, bei Berechtigungen, für die die Vorschriften des bürgerlichen Rechts über Grundstücke gelten, und bei Gebäuden auf fremdem Grund und Boden tritt an die Stelle des Zeitraums von fünf Jahren ein Zeitraum von zehn Jahren.**

**(2) ① Ändern sich bei einem Wirtschaftsgut, das nur einmalig zur Ausführung eines 2
Umsatzes verwendet wird, die für den ursprünglichen Vorsteuerabzug maßgebenden Verhältnisse, ist eine Berichtigung des Vorsteuerabzugs vorzunehmen. ② Die Berichtigung ist für den Besteuerungszeitraum vorzunehmen, in dem das Wirtschaftsgut verwendet wird.**

**(3) ① Geht in ein Wirtschaftsgut nachträglich ein anderer Gegenstand ein und ver- 3
liert dieser Gegenstand dabei seine körperliche und wirtschaftliche Eigenart endgültig oder wird an einem Wirtschaftsgut eine sonstige Leistung ausgeführt, gelten im Fall der Änderung der für den ursprünglichen Vorsteuerabzug maßgebenden Verhältnisse die Absätze 1 und 2 entsprechend. ② Soweit im Rahmen einer Maßnahme in ein Wirtschaftsgut mehrere Gegenstände eingehen oder an einem Wirtschaftsgut mehrere sonstige Leistungen ausgeführt werden, sind diese zu einem Berichtigungsobjekt zusammenzufassen. ③ Eine Änderung der Verhältnisse liegt dabei auch vor, wenn das Wirtschaftsgut für Zwecke, die außerhalb des Unternehmens liegen, aus dem Unternehmen entnommen wird, ohne dass dabei nach § 3 Abs. 1 b eine unentgeltliche Wertabgabe zu besteuern ist.**

**(4) ① Die Absätze 1 und 2 sind auf sonstige Leistungen, die nicht unter Absatz 3 3a
Satz 1 fallen, entsprechend anzuwenden. ② Die Berichtigung ist auf solche sonstigen Leistungen zu beschränken, für die in der Steuerbilanz ein Aktivierungsgebot bestünde. ③ Dies gilt jedoch nicht, soweit es sich um sonstige Leistungen handelt, für die der Leistungsempfänger bereits für einen Zeitraum vor Ausführung der sonstigen Leistung den Vorsteuerabzug vornehmen konnte. ④ Unerheblich ist, ob der Unternehmer nach den §§ 140, 141 der Abgabenordnung tatsächlich zur Buchführung verpflichtet ist.**

**(5) ① Bei der Berichtigung nach Absatz 1 ist für jedes Kalenderjahr der Änderung 4
in den Fällen des Satzes 1 von einem Fünftel und in den Fällen des Satzes 2 von einem Zehntel der auf das Wirtschaftsgut entfallenden Vorsteuerbeträge auszugehen. ② Eine kürzere Verwendungsdauer ist entsprechend zu berücksichtigen. ③ Die Verwendungsdauer wird nicht dadurch verkürzt, dass das Wirtschaftsgut in ein anderes einbezogen wird.**

**(6) Die Absätze 1 bis 5 sind auf Vorsteuerbeträge, die auf nachträgliche Anschaf- 5
fungs- oder Herstellungskosten entfallen, sinngemäß anzuwenden.**

**(6 a) Eine Änderung der Verhältnisse liegt auch bei einer Änderung der Verwendung 6
im Sinne des § 15 Absatz 1 b vor.**

**(7)[2] Eine Änderung der Verhältnisse im Sinne der Absätze 1 bis 3 ist auch beim 7
Übergang von der allgemeinen Besteuerung zur Nichterhebung der Steuer nach § 19 Abs. 1 und umgekehrt und beim Übergang von der allgemeinen Besteuerung zur Durchschnittssatzbesteuerung nach den §§ 23, 23 a oder 24 und umgekehrt gegeben.**

**(8) ① Eine Änderung der Verhältnisse liegt auch vor, wenn das noch verwendungs- 8
fähige Wirtschaftsgut, das nicht nur einmalig zur Ausführung eines Umsatzes verwendet wird, vor Ablauf des nach den Absätzen 1 und 5 maßgeblichen Berichtigungszeitraums veräußert oder nach § 3 Abs. 1 b geliefert wird und dieser Umsatz anders zu beurteilen ist als die für den ursprünglichen Vorsteuerabzug maßgebliche Verwendung. ② Dies gilt auch für Wirtschaftsgüter, für die der Vorsteuerabzug nach § 15 Absatz 1 b teilweise ausgeschlossen war.**

**(9) Die Berichtigung nach Absatz 8 ist so vorzunehmen, als wäre das Wirtschafts- 9
gut in der Zeit von der Veräußerung oder Lieferung im Sinne des § 3 Abs. 1 b bis zum Ablauf des maßgeblichen Berichtigungszeitraums unter entsprechend geänderten Verhältnissen weiterhin für das Unternehmen verwendet worden.**

---

[1] **Ertragsteuerliche Auswirkung** der Berichtigung des Vorsteuerabzugs **vgl. § 9 b Abs. 2 EStG.**
[2] Zur Änderung von § 15 a Abs. 7 **ab 1. 1. 2023** siehe in der geschlossenen Wiedergabe.

UStG

10 (10) ① **Bei einer Geschäftsveräußerung (§ 1 Abs. 1 a) wird der nach den Absätzen 1 und 5 maßgebliche Berichtigungszeitraum nicht unterbrochen.** ② **Der Veräußerer ist verpflichtet, dem Erwerber die für die Durchführung der Berichtigung erforderlichen Angaben zu machen.**

11 (11) **Das Bundesministerium der Finanzen kann mit Zustimmung des Bundesrates durch Rechtsverordnung nähere Bestimmungen darüber treffen,**

1. wie der Ausgleich nach den Absätzen 1 bis 9 durchzuführen ist und in welchen Fällen zur Vereinfachung des Besteuerungsverfahrens, zur Vermeidung von Härten oder nicht gerechtfertigten Steuervorteilen zu unterbleiben hat;

2. dass zur Vermeidung von Härten oder eines nicht gerechtfertigten Steuervorteils bei einer unentgeltlichen Veräußerung oder Überlassung eines Wirtschaftsguts

a) eine Berichtigung des Vorsteuerabzugs in entsprechender Anwendung der Absätze 1 bis 9 auch dann durchzuführen ist, wenn eine Änderung der Verhältnisse nicht vorliegt,

b) der Teil des Vorsteuerbetrags, der bei einer gleichmäßigen Verteilung auf den in Absatz 9 bezeichneten Restzeitraum entfällt, vom Unternehmer geschuldet wird,

c) der Unternehmer den nach den Absätzen 1 bis 9 oder Buchstabe b geschuldeten Betrag dem Leistungsempfänger wie eine Steuer in Rechnung stellen und dieser den Betrag als Vorsteuer abziehen kann.

Hinweis auf EU-Vorschriften:

UStG:	§ 15 a Abs. 1	**MwStSystRL:**	Art. 187 Abs. 1
	§ 15 a Abs. 2, 3		Art. 189 (a), (c)
	§ 15 a Abs. 4		Art. 190
	§ 15 a Abs. 5		Art. 187 Abs. 2
	§ 15 a Abs. 6		Art. 189 (a)
	§ 15 a Abs. 6 a		Art. 168 a Abs. 1 UA 2
	§ 15 a Abs. 7		Art. 192
	§ 15 a Abs. 8, 9		Art. 188 Abs. 1, 2
	§ 15 a Abs. 10		Art. 19, 189 (d)
	§ 15 a Abs. 11		Art. 191

Übersicht

Zu § 15 a UStG
(§§ 44 und 45 UStDV)

§ 44 *Vereinfachungen bei der Berichtigung des Vorsteuerabzugs*[1]

UStDV

(1) *Eine Berichtigung des Vorsteuerabzugs nach § 15 a des Gesetzes entfällt, wenn die auf die Anschaffungs- oder Herstellungskosten eines Wirtschaftsguts entfallende Vorsteuer 1000 Euro nicht übersteigt.* 13

(2) ① *Haben sich bei einem Wirtschaftsgut in einem Kalenderjahr die für den ursprünglichen Vorsteuerabzug maßgebenden Verhältnisse um weniger als 10 Prozentpunkte geändert, entfällt bei diesem Wirtschaftsgut für dieses Kalenderjahr die Berichtigung des Vorsteuerabzugs.* ② *Das gilt nicht, wenn der Betrag, um den der Vorsteuerabzug für dieses Kalenderjahr zu berichtigen ist, 1000 Euro übersteigt.*

(3) ① *Übersteigt der Betrag, um den der Vorsteuerabzug bei einem Wirtschaftsgut für das Kalenderjahr zu berichtigen ist, nicht 6000 Euro, so ist die Berichtigung des Vorsteuerabzugs nach § 15 a des Gesetzes abweichend von § 18 Abs. 1 und 2 des Gesetzes erst im Rahmen der Steuerfestsetzung für den Besteuerungszeitraum durchzuführen, in dem sich die für den ursprünglichen Vorsteuerabzug maßgebenden Verhältnisse geändert haben.* ② *Wird das Wirtschaftsgut während des maßgeblichen Berichtigungszeitraums veräußert oder nach § 3 Abs. 1 b des Gesetzes geliefert, so ist die Berichtigung des Vorsteuerabzugs für das Kalenderjahr der Lieferung und die folgenden Kalenderjahre des Berichtigungszeitraums abweichend von Satz 1 bereits bei der Berechnung der Steuer für den Voranmeldungszeitraum (§ 18 Abs. 1 und 2 des Gesetzes) durchzuführen, in dem die Lieferung stattgefunden hat.*

(4) Die Absätze 1 bis 3 sind bei einer Berichtigung der auf nachträgliche Anschaffungs- oder Herstellungskosten und auf die in § 15 a Abs. 3 und 4 des Gesetzes bezeichneten Leistungen entfallenden Vorsteuerbeträge entsprechend anzuwenden.

§ 45 *Maßgebliches Ende des Berichtigungszeitraums*

① *Endet der Zeitraum, für den eine Berichtigung des Vorsteuerabzugs nach § 15 a des Gesetzes durchzuführen ist, vor dem 16. eines Kalendermonats, so bleibt dieser Kalendermonat für die Berichtigung unberücksichtigt.* ② *Endet er nach dem 15. eines Kalendermonats, so ist dieser Kalendermonat voll zu berücksichtigen.* 14

15 a.1 Anwendungsgrundsätze[2]

UStAE 15 a.1

(1) ① Nach § 15 UStG entsteht das Recht auf Vorsteuerabzug bereits im Zeitpunkt des Leistungsbezugs (vgl. Abschnitt 15.12) oder im Fall der Voraus- oder Anzahlung im Zeitpunkt der Zahlung. ② Ändern sich bei den in Abs. 2 genannten Berichtigungsobjekten die für den ursprünglichen Vorsteuerabzug maßgebenden Verhältnisse, ist der Vorsteuerabzug zu berichtigen, wenn die Grenzen des § 44 UStDV überschritten werden (vgl. Abschnitt 15 a.11). ③ Durch § 15 a UStG wird der Vorsteuerabzug so berichtigt, dass er den tatsächlichen Verhältnissen bei der Verwendung des Wirtschaftsguts oder der sonstigen Leistung entspricht. ④ Als Wirtschaftsgüter im Sinne des § 15 a UStG gelten die Gegenstände, an denen nach § 3 Abs. 1 UStG die Verfügungsmacht verschafft werden kann (vgl. Abschnitt 3.1 Abs. 1 Sätze 1 und 2). ⑤ Das Wirtschaftsgut muss aus der Sicht des Durchschnittsverbrauchers selbständig verkehrsfähig und bewertbar sein (vgl. BFH-Urteil vom 3. 11. 2011, V R 32/10, BStBl. 2012 II S. 525). ⑥ Wird das Wirtschaftsgut bzw. die sonstige Leistung nicht nur einmalig zur Ausführung von Umsätzen verwendet, kommt es auf die tatsächlichen Verwendungsverhältnisse während des gesamten im Einzelfall maßgeblichen Berichtigungszeitraums an. ⑦ Der Ausgleich des Vorsteuerabzugs ist grundsätzlich bei der Steuerfestsetzung für den Voranmeldungszeitraum vorzunehmen, in dem sich die Verhältnisse gegenüber den für den ursprünglichen Vorsteuerabzug maßgebenden Verhältnissen geändert haben (vgl. jedoch Abschnitt 15 a.11). 21

(2) Berichtigungsobjekte im Sinne des § 15 a UStG sind: 22

1. Wirtschaftsgüter, die nicht nur einmalig zur Ausführung von Umsätzen verwendet werden (§ 15 a Abs. 1 UStG) *[vgl. 15 a.4]*
   ① Das sind in der Regel die Wirtschaftsgüter, die ertragsteuerrechtlich abnutzbares oder nicht abnutzbares (z. B. Grund und Boden) Anlagevermögen darstellen oder – sofern sie nicht zu einem Betriebsvermögen gehören – als entsprechende Wirtschaftsgüter anzusehen sind. ② Dies können auch immaterielle Wirtschaftsgüter, die Gegenstand einer Lieferung sind (z. B. bestimmte Computerprogramme oder Mietereinbauten im Sinne des BMF-Schreibens vom 15. 1. 1976, BStBl. I S. 66),[3] sein. ③ Die ertragsteuerliche Beurteilung als Anlagevermögen oder Umlaufvermögen ist umsatzsteuerrechtlich nicht entscheidend (BFH-Urteil vom 24. 9. 2009, V R 6/08, BStBl. 2010 II S. 315).

---

[1] § 44 bish. Abs. 3 aufgehoben, Abs. 4 wird Abs. 3 und bish. Satz 2 aufgehoben, neuer Satz 2 geändert, bish. Abs. 5 wird Abs. 4 und geändert durch VO vom 2. 12. 2011 (BGBl. I S. 2416) mWv 1. 1. 2012. – Vgl. Übergangsregelung in § 74 a Abs. 2 UStDV.

[2] Steuer- und Vorsteuerberichtigung bei Änderung der Bemessungsgrundlage vgl. § 17 UStG/A 17.1 u. 17.2 UStAE.

[3] Handbuch zur ESt-Veranlagung, Anl. zu R 7.1 EStR.

UStAE 15a.1

2. Wirtschaftsgüter, die nur einmalig zur Ausführung von Umsätzen verwendet werden (§ 15a Abs. 2 UStG) *[vgl. 15a.5]*

23 ① Das sind im Wesentlichen die Wirtschaftsgüter, die ertragsteuerrechtlich Umlaufvermögen darstellen, wie z. B. die zur Veräußerung oder Verarbeitung bestimmten Wirtschaftsgüter. ② Ertragsteuerrechtliches Anlagevermögen kann ebenfalls betroffen sein, wenn es veräußert oder entnommen wird, bevor es zu anderen Verwendungsumsätzen gekommen ist.

24 3. Nachträglich in ein Wirtschaftsgut eingehende Gegenstände, wenn diese Gegenstände dabei ihre körperliche und wirtschaftliche Eigenart endgültig verlieren (§ 15a Abs. 3 UStG) *[vgl. 15a.6 Abs. 1–4, 12–15, 17]*

① Das ist der Fall, wenn diese Gegenstände nicht selbstständig nutzbar sind und mit dem Wirtschaftsgut in einem einheitlichen Nutzungs- und Funktionszusammenhang stehen. ② Auf eine Werterhöhung bei dem Wirtschaftsgut, in das die Gegenstände eingehen, kommt es nicht an. ③ Kein Gegenstand im Sinne des § 15a Abs. 3 UStG ist ein Gegenstand, der abtrennbar ist, seine körperliche oder wirtschaftliche Eigenart behält und damit ein selbstständiges Wirtschaftsgut bleibt. ④ Werden im Rahmen einer Maßnahme mehrere Gegenstände in ein Wirtschaftsgut eingefügt bzw. sonstige Leistungen an einem Wirtschaftsgut ausgeführt, sind diese Leistungen zu einem Berichtigungsobjekt zusammenzufassen. ⑤ Bei der Bestimmung der 1 000 €-Grenze nach § 44 Abs. 1 UStDV ist von den gesamten Vorsteuerbeträgen auszugehen, die auf die Anschaffung oder Herstellung des durch die Zusammenfassung entstandenen Berichtigungsobjekts entfallen.

25 4. Sonstige Leistungen an einem Wirtschaftsgut (§ 15a Abs. 3 UStG) *[vgl. 15a.6 Abs. 5–11, 16, 17]*

① Es kommt nicht darauf an, ob die sonstige Leistung zu einer Werterhöhung des Wirtschaftsguts führt. ② Maßnahmen, die lediglich der Werterhaltung dienen, fallen demnach auch unter die Berichtigungspflicht nach § 15a Abs. 3 UStG. ③ Nicht unter die Verpflichtung zur Berichtigung des Vorsteuerabzugs nach § 15a Abs. 3 UStG fallen sonstige Leistungen, die bereits im Zeitpunkt des Leistungsbezugs wirtschaftlich verbraucht werden. ④ Eine sonstige Leistung ist im Zeitpunkt des Leistungsbezugs dann nicht wirtschaftlich verbraucht, wenn ihr über den Zeitpunkt des Leistungsbezugs hinaus eine eigene Werthaltigkeit innewohnt. ⑤ Zur Zusammenfassung bei der Ausführung mehrerer Leistungen im Rahmen einer Maßnahme siehe Nr. 3.

26 5. Sonstige Leistungen, die nicht unter § 15a Abs. 3 Satz 1 UStG fallen (§ 15a Abs. 4 UStG) *[vgl. 15a.7]*

① Dies sind solche sonstigen Leistungen, die nicht an einem Wirtschaftsgut ausgeführt werden. ② Die Berichtigung des Vorsteuerabzugs ist auf solche sonstigen Leistungen beschränkt, für die in der Steuerbilanz ein Aktivposten gebildet werden müsste. ③ Dies gilt jedoch nicht, soweit es sich um sonstige Leistungen handelt, für die der Leistungsempfänger bereits für einen Zeitraum vor Ausführung der sonstigen Leistung den Vorsteuerabzug vornehmen konnte (Voraus- und Anzahlung). ④ Unerheblich ist, ob der Unternehmer nach den §§ 140, 141 AO tatsächlich zur Buchführung verpflichtet ist.

27 6. Nachträgliche Anschaffungs- oder Herstellungskosten (§ 15a Abs. 6 UStG) *[vgl. 15a.8]*

① Der Begriff der nachträglichen Anschaffungs- oder Herstellungskosten ist nach den für das Einkommensteuerrecht geltenden Grundsätzen abzugrenzen. ② Voraussetzung ist, dass die nachträglichen Aufwendungen für Berichtigungsobjekte nach § 15a Abs. 1 bis 4 UStG angefallen sind. ③ Aufwendungen, die ertragsteuerrechtlich Erhaltungsaufwand sind, unterliegen der Vorsteuerberichtigung nach § 15a Abs. 3 UStG.

28 (3) ① Bei der Berichtigung des Vorsteuerabzugs ist von den gesamten Vorsteuerbeträgen auszugehen, die auf die in Absatz 2 bezeichneten Berichtigungsobjekte entfallen. ② Dabei ist ein prozentuales Verhältnis des ursprünglichen Vorsteuerabzugs zum Vorsteuervolumen insgesamt zu Grunde zu legen.

Beispiel 1:

① Ein Unternehmer errichtet ein Bürogebäude. ② Die im Zusammenhang mit der Herstellung des Gebäudes in Rechnung gestellte Umsatzsteuer beträgt in den Jahren 01 150 000 € und 02 450 000 € (insgesamt 600 000 €). ③ Die abziehbaren Vorsteuerbeträge nach § 15 UStG belaufen sich vor dem Zeitpunkt der erstmaligen Verwendung (Investitionsphase) auf 150 000 €, da der Unternehmer im Jahr 01 beabsichtigte, das Gebäude zu 100% für zum Vorsteuerabzug berechtigende Zwecke zu verwenden, während er im Jahr 02 beabsichtigte, das Gebäude nach der Fertigstellung zu 0% für zum Vorsteuerabzug berechtigende Zwecke zu verwenden. ④ Diese Verwendungsabsicht wurde durch den Unternehmer jeweils schlüssig dargelegt.

Ingesamt in Rechnung gestellte Umsatzsteuer:	600 000 €
Ursprünglicher Vorsteuerabzug:	150 000 €

Ermittlung eines prozentualen Verhältnisses des ursprünglichen Vorsteuerabzugs zum Vorsteuervolumen insgesamt, das für eine Berichtigung nach § 15a UStG maßgebend ist:

150 000 € : 600 000 € = 25%

Beispiel 2:

① Unternehmer U schließt mit dem Fahrzeughändler H im Januar 01 einen Vertrag über die Lieferung eines Pkw ab. ② Der Pkw soll im Juli 01 geliefert werden. ③ U leistet bei Vertragsschluss eine Anzahlung i. H. v. 20 000 € zzgl. 3 800 € Umsatzsteuer. ④ Bei Lieferung des Pkw im Juli 01 leistet U die Restzahlung von 60 000 € zzgl. 11 400 € Umsatzsteuer. ⑤ Im Zeitpunkt der Anzahlung beabsichtigte U, den Pkw ausschließlich zur Ausführung von zum Vorsteuerabzug berechtigenden Umsätzen zu nutzen. ⑥ U kann die Verwendungsabsicht durch entsprechende Unterlagen nachweisen. ⑦ Im Zeitpunkt der

Lieferung steht hingegen fest, dass U den Pkw nunmehr ausschließlich zur Erzielung von nicht zum Vorsteuerabzug berechtigenden Umsätzen verwenden will.

⑧ U steht aus der Anzahlung der Vorsteuerabzug nach § 15 Abs. 1 Satz 1 Nr. 1 UStG zu, da er im Zeitpunkt der Anzahlung beabsichtigte, den Pkw für zum Vorsteuerabzug berechtigende Umsätze zu nutzen. ⑨ Für die Restzahlung hingegen steht U der Vorsteuerabzug nicht zu.

Insgesamt in Rechnung gestellte Umsatzsteuer:	15 200 €
Ursprünglicher Vorsteuerabzug:	3 800 €

Ermittlung eines prozentualen Verhältnisses des ursprünglichen Vorsteuerabzugs zum Vorsteuervolumen insgesamt, das für eine Berichtigung nach § 15 a UStG maßgebend ist:

3 800 € : 15 200 € = 25%

(4)[1] ① Die Vorsteuerberichtigung setzt einen ursprünglichen Vorsteuerabzug voraus. ② Dieser kann sich auch aus einer in der Steuererklärung nicht ausdrücklich angegebenen Saldierung der Umsatzsteuer mit einem korrespondierenden Vorsteuerabzug nach § 15 Abs. 1 Satz 1 Nr. 3 oder 4 UStG ergeben (vgl. BFH-Urteil vom 1. 2. 2022 – V R 33/18, BStBl. II S. 785). ③ In die Vorsteuerberichtigung sind alle Vorsteuerbeträge einzubeziehen ohne Rücksicht auf besondere ertragsteuerrechtliche Regelungen, z. B. sofort absetzbare Beträge oder Zuschüsse, die der Unternehmer erfolgsneutral behandelt, oder AfA, die auf die Zeit bis zur tatsächlichen Verwendung entfällt. 29

(5) ① Führt die Berichtigung nach § 15 a UStG zu einem erstmaligen Vorsteuerabzug, weil der Vorsteuerabzug beim Leistungsbezug nach § 15 Abs. 2 und 3 UStG ausgeschlossen war, dürfen nur die Vorsteuerbeträge angesetzt werden, für die die allgemeinen Voraussetzungen des § 15 Abs. 1 UStG vorliegen. ② Daher sind in diesen Fällen Vorsteuerbeträge, für die der Abzug zu versagen ist, weil keine ordnungsgemäße Rechnung oder kein zollamtlicher Einfuhrbeleg vorliegt, von der Berichtigung ausgenommen (vgl. BFH-Urteil vom 12. 10. 2006, V R 36/04, BStBl. 2007 II S. 485). ③ Zur Frage, wie zu verfahren ist, wenn die Voraussetzungen für den Vorsteuerabzug nach § 15 UStG erst nachträglich eintreten oder sich nachträglich ändern, vgl. Abschnitt 15 a.4 Abs. 2. 30

(6) ① Eine Berichtigung des Vorsteuerabzugs ist nur möglich, wenn und soweit die bezogenen Leistungen im Zeitpunkt des Leistungsbezugs dem Unternehmen zugeordnet wurden (vgl. Abschnitt 15.2 c). ② § 15 a UStG ist daher insbesondere nicht anzuwenden, wenn 31

1. ein Nichtunternehmer Leistungen bezieht und diese später unternehmerisch verwendet werden (vgl. EuGH-Urteil vom 2. 6. 2005, C-378/02, Waterschap Zeeuws Vlaanderen, sowie BFH-Urteil vom 1. 12. 2010, XI R 28/08, BStBl. 2011 II S. 994),
2. der Unternehmer ein Wirtschaftsgut oder eine sonstige Leistung im Zeitpunkt des Leistungsbezugs seinem nichtunternehmerischen Bereich zuordnet (vgl. Abschnitt 15.2 c) und das Wirtschaftsgut oder die sonstige Leistung später für unternehmerische Zwecke verwendet (vgl. EuGH-Urteil vom 11. 7. 1991, C-97/90, Lennartz),
3. an einem Wirtschaftsgut, das nicht dem Unternehmen zugeordnet wurde, eine Leistung im Sinne des § 15 a Abs. 3 UStG ausgeführt wird, die ebenfalls nicht für das Unternehmen bezogen wird, und das Wirtschaftsgut später unternehmerisch verwendet wird,
4. nichtunternehmerisch genutzte Gebäudeteile als separater Gegenstand beim Leistungsbezug dem nichtunternehmerischen Bereich zugeordnet und später unternehmerisch genutzt werden (z. B. bei Umwandlung bisheriger Wohnräume in Büroräume) oder
5. der Unternehmer einen bezogenen Gegenstand zunächst zu weniger als 10% für sein Unternehmen nutzt und die Leistung deshalb nach § 15 Abs. 1 Satz 2 UStG als nicht für sein Unternehmen ausgeführt gilt (vgl. Abschnitt 15.2 d Abs. 5 bis 7) und diese Grenze später überschritten wird.

(7) ① Ist ein Unternehmer für einen sowohl unternehmerisch als auch nichtwirtschaftlich i. e. S. verwendeten einheitlichen Gegenstand nach § 15 Abs. 1 UStG nur für den unternehmerisch genutzten Anteil zum Vorsteuerabzug berechtigt gewesen (vgl. Abschnitte 15.2 b Abs. 2 und 15.2 c Abs. 2 Satz 1 Nr. 2 Buchstabe a) – unternehmerische Nutzung zu mindestens 10% vorausgesetzt, § 15 Abs. 1 Satz 2 UStG – und erhöht sich die unternehmerische Nutzung dieses Gegenstands innerhalb des Berichtigungszeitraums nach § 15 a Abs. 1 UStG (vgl. Abschnitt 15 a.3), kann eine Vorsteuerberichtigung nach den Grundsätzen des § 15 a UStG zugunsten des Unternehmers aus Billigkeitsgründen vorgenommen werden, sofern die Bagatellgrenzen des § 44 UStDV überschritten sind. ② Macht der Unternehmer von dieser Billigkeitsmaßnahme Gebrauch, gilt der Gegenstand auch insoweit als dem Unternehmen zugeordnet. 32

Beispiel:

① Der Verein V erwirbt zum 1. 1. 01 einen PKW für 30 000 € zzgl. 5 700 € Umsatzsteuer. ② Der PKW wird entsprechend der von Anfang an beabsichtigten Verwendung zu 50% für unternehmerische Tätigkeiten im Sinne des § 2 Abs. 1 UStG und zu 50% für unentgeltliche Tätigkeiten für ideelle Vereinszwecke verwendet. ③ Die Verwendung für unternehmerische Tätigkeiten erhöht sich ab dem 1. 1. 03 um 20% auf insgesamt 70%. ④ Zum 1. 1. 04 wird der PKW für einen vereinbarten Nettobetrag von 10 000 € veräußert.

---

[1] A 15 a.1 UStAE Abs. 4 neugefasst durch BMF v. 22. 11. 2022 (BStBl. I S. 1595), anzuwenden in allen offenen Fällen.

UStAE 15a.1

Jahr 01:

⑤ V ist zum Vorsteuerabzug in Höhe von 2 850 € (50% von 5 700 €) nach § 15 Abs. 1 UStG berechtigt. ⑥ Der für unentgeltliche ideelle Tätigkeiten des Vereins (nichtwirtschaftliche Tätigkeit i. e. S., vgl. Abschnitt 2.3 Abs. 1 a) verwendete Anteil des PKW berechtigt nicht zum Vorsteuerabzug (vgl. Abschnitte 15.2 b Abs. 2 und 15.2 c Abs. 2 Satz 1 Nr. 2 Buchstabe a).

Jahr 03:

⑦ Die Bagatellgrenzen des § 44 UStDV sind überschritten. ⑧ Aus Billigkeitsgründen kann eine Vorsteuerberichtigung nach § 15 a Abs. 1 UStG vorgenommen werden.

Insgesamt in Rechnung gestellte Umsatzsteuer: 5 700 €

Ursprünglicher Vorsteuerabzug: 2 850 € (entspricht 50% von 5 700 €)

Zeitpunkt der erstmaligen Verwendung: 1. 1. 01

Dauer des Berichtigungszeitraums: 1. 1. 01 bis 31. 12. 05

Aus Billigkeitsgründen zum Vorsteuerabzug berechtigende Verwendung in 03: 70%

Vorsteuerberichtigung aus Billigkeitsgründen im Vergleich zum ursprünglichen Vorsteuerabzug: Vorsteuer zu 70% statt zu 50%

Berichtigungsbetrag: 20 Prozentpunkte von $^1/_5$ von 5 700 € = 228 € sind zugunsten des V zu korrigieren.

Jahr 04:

⑨ Die Veräußerung des PKW ist in Höhe des für unternehmerische Tätigkeiten verwendeten Anteils im Zeitpunkt der Veräußerung steuerbar. ⑩ Die Umsatzsteuer beträgt 1 330 € (70% von 10 000 € × 19%). ⑪ Aus Billigkeitsgründen ist auf Grund der Veräußerung auch eine Vorsteuerberichtigung nach § 15 a UStG vorzunehmen. ⑫ Die Bagatellgrenzen des § 44 UStDV sind überschritten.

Insgesamt in Rechnung gestellte Umsatzsteuer: 5 700 €

Ursprünglicher Vorsteuerabzug: 2 850 € (entspricht 50% von 5 700 €)

Zeitpunkt der erstmaligen Verwendung: 1. 1. 01

Dauer des Berichtigungszeitraums: 1. 1. 01 bis 31. 12. 05

Tatsächliche zum Vorsteuerabzug berechtigende Verwendung im Berichtigungszeitraum:

Jahr 01 bis 03 = 50%

Jahr 03 = 70% (Berichtigung nach § 15 a UStG aus Billigkeitsgründen)

Änderung aus Billigkeitsgründen:

ab Jahr 04 = 20 Prozentpunkte (70% statt 50%)

Vorsteuerberichtigung pro Jahr:

5 700 €/5 Jahre × 20% = 228 €

Jahr 04 und 05 = je 228 €

⑬ Die Berichtigung des Vorsteuerabzugs in Höhe von 456 € zugunsten des V ist in der esten Voranmeldung für das Kalenderjahr 04 vorzunehmen (§ 44 Abs. 3 Satz 2 UStDV).

LS zu 15a.1

35 1. Die Vorsteuerberichtigung nach § 15 a Abs. 1 UStG setzt einen ursprünglichen Vorsteuerabzug voraus. – 2. Der ursprüngliche Vorsteuerabzug kann sich in den Fällen des **§ 13 b UStG** a. F. aus der Saldierung der Umsatzsteuer nach § 13 b Abs. 2 Satz 1 UStG a. F. mit dem Vorsteuerabzug nach § 15 Abs. 1 Satz 1 Nr. 4 UStG ergeben. *BFH-Urteil v. 1. 2. 2022 V R 33/18 (BStBl. II S. 785).*

Anl zu 15a.1

Schreiben betr. Vorsteuerberichtigung nach § 15 a UStG bei Saldierung der Vorsteuer; Veröffentlichung des BFH-Urteils vom 1. Februar 2022 – V R 33/18

Vom 22. November 2022 (BStBl. I S. 1595)

(BMF III C 2 – S 7316/19/10003 :002; DOK 2022/1165671)

I.

37 Mit Urteil vom 1. Februar 2022 – V R 33/18, BStBl. II 2022 S. 785, hat der BFH entschieden, dass die Vorsteuerberichtigung nach § 15 a Abs. 1 UStG einen ursprünglichen Vorsteuerabzug voraussetze (LS 1). Ein solcher könne sich in den Fällen des § 13 b UStG a. F. aus der Saldierung der Umsatzsteuer nach § 13 b Abs. 2 Satz 1 UStG a. F. mit dem Vorsteuerabzug nach § 15 Abs. 1 Satz 1 Nr. 4 UStG ergeben (LS 2).

II.

Unter Bezugnahme auf das Ergebnis der Erörterungen mit den obersten Finanzbehörden der Länder wird hierzu folgende Auffassung vertreten:

Neben den vom BFH entschiedenen Fällen eines Übergangs der Steuerschuldnerschaft nach § 13 b UStG und einem korrespondierenden Vorsteuerabzug nach § 15 Abs. 1 Satz 1 Nr. 4 UStG gelten die Grundsätze auch für andere Fälle einer denkbaren Vorsteuersaldierung, z. B. einem innergemeinschaftlichen Erwerb nach § 1 a UStG mit einem korrespondierenden Vorsteuerabzug nach § 15 Abs. 1 Satz 1 Nr. 3 UStG.

Weiterhin betrifft die Entscheidung alle Vorsteuerberichtigungen nach § 15 a UStG, nicht nur – wie vom BFH entschieden – die nach Absatz 1.

III.

[Änderungen des Umsatzsteuer-Anwendungserlasses in A 15 a.1 UStAE berücksichtigt]

IV.

Anwendungsregelung

Die Grundsätze dieses Schreibens sind in allen offenen Fällen anzuwenden.

15 a.2 Änderung der Verhältnisse

UStAE 15 a.2

(1) ① Verwendung im Sinne des § 15 a UStG ist die tatsächliche Nutzung des Berichtigungsobjekts zur Erzielung von Umsätzen. ② Als Verwendung sind auch die Veräußerung, die unentgeltliche Wertabgabe nach § 3 Abs. 1 b und 9 a UStG (vgl. BFH-Urteil vom 2. 10. 1986, V R 91/78, BStBl. 1987 II S. 44) und die teilunternehmerische Nutzung eines Grundstücks im Sinne des § 15 Abs. 1 b UStG (§ 15 a Abs. 6 a UStG, vgl. Abschnitt 15.6 a) anzusehen. ③ Unter Veräußerung ist sowohl die Lieferung im Sinne des § 3 Abs. 1 UStG, z. B. auch die Verwertung in der Zwangsvollstreckung, als auch die Übertragung immaterieller Wirtschaftsgüter zu verstehen. ④ Voraussetzung ist jedoch, dass das Wirtschaftsgut im Zeitpunkt dieser Umsätze objektiv noch verwendungsfähig ist. ⑤ Die Eröffnung eines Insolvenzverfahrens bewirkt allein weder tatsächlich noch rechtlich eine Änderung in der Verwendung eines Berichtigungsobjekts (vgl. BFH-Urteil vom 8. 3. 2012, V R 24/11, BStBl. II S. 466). **41**

(2)[1] ① Für die Frage, ob eine Änderung der Verhältnisse vorliegt, sind die Verhältnisse im Zeitpunkt der tatsächlichen Verwendung im Vergleich zum ursprünglichen Vorsteuerabzug entscheidend (vgl. BFH-Urteil vom 9. 2. 2011, XI R 35/09, BStBl. II S. 1000). ② Für den ursprünglichen Vorsteuerabzug ist die Verwendungsabsicht im Zeitpunkt des Leistungsbezugs entscheidend, im Fall der Anzahlung oder Vorauszahlung die im Zeitpunkt der Anzahlung oder Vorauszahlung gegebene Verwendungsabsicht (Abschnitt 15.12 Abs. 1). ③ Eine Änderung der Verhältnisse im Sinne des § 15 a UStG liegt z. B. vor, **42**

1. wenn sich auf Grund der tatsächlichen Verwendung nach § 15 Abs. 2 und 3 UStG ein höherer oder niedrigerer Vorsteuerabzug im Vergleich zum ursprünglichen Vorsteuerabzug ergibt, z. B.
   a) wenn der Unternehmer ein Berichtigungsobjekt innerhalb des Unternehmens für Ausgangsumsätze nutzt, welche den Vorsteuerabzug anders als ursprünglich ausschließen oder zulassen (vgl. BFH-Urteile vom 15. 9. 2011, V R 8/11, BStBl. 2012 II S. 368, und vom 19. 10. 2011, XI R 16/09, BStBl. 2012 II S. 371),
   b) wenn der Unternehmer einen ursprünglich ausgeübten Verzicht auf eine Steuerbefreiung (§ 9 UStG) später nicht fortführt oder
   c) wenn sich das prozentuale Verhältnis ändert, nach dem die abziehbaren Vorsteuern ursprünglich nach § 15 Abs. 4 UStG aufgeteilt worden sind,
2. wenn das Wirtschaftsgut veräußert oder entnommen wird und dieser Umsatz hinsichtlich des Vorsteuerabzugs anders zu beurteilen ist als der ursprüngliche Vorsteuerabzug (§ 15 a Abs. 8 UStG),
3. wenn der Unternehmer von der allgemeinen Besteuerung zur Nichterhebung der Steuer nach § 19 Abs. 1 UStG oder umgekehrt übergeht (§ 15 a Abs. 7 UStG), ohne dass sich die Nutzung der Wirtschaftsgüter oder sonstigen Leistungen selbst geändert haben muss,
4. wenn der Unternehmer von der allgemeinen Besteuerung zur Durchschnittssatzbesteuerung nach den §§ 23, 23 a und 24 UStG oder umgekehrt übergeht (§ 15 a Abs. 7 UStG), ohne dass sich die Nutzung der Wirtschaftsgüter oder sonstigen Leistungen selbst geändert haben muss (zur Vorsteuerberichtigung bei Wirtschaftsgütern, die sowohl in einem gewerblichen Unternehmensteil als auch in einem landwirtschaftlichen Unternehmensteil (§ 24 UStG) eingesetzt werden, und zum Übergang von der allgemeinen Besteuerung zur Durchschnittssatzbesteuerung nach § 24 UStG oder umgekehrt siehe Abschnitt 15 a.9 Abs. 5 ff.),
5.[2] wenn sich eine Rechtsänderung nach dem Leistungsbezug auf die Beurteilung des Vorsteuerabzugs auswirkt, z. B. bei Wegfall oder Einführung einer den Vorsteuerabzug ausschließenden Steuerbefreiung (vgl. BFH-Urteil vom 14. 5. 1992, V R 79/87, BStBl. II S. 983) oder bei gesetzlichen Neuregelungen zur Vorsteueraufteilung nach § 15 Abs. 4 UStG (vgl. BFH-Urteile vom 22. 8. 2013 – V R 19/09, BStBl. II 2022 S. 726, und vom 10. 8. 2016 – XI R 31/09, BStBl. II 2022 S. 736),
6. wenn sich die rechtliche Beurteilung des ursprünglichen Vorsteuerabzugs später als unzutreffend erweist, sofern die Steuerfestsetzung für das Jahr des Leistungsbezugs bestandskräftig und unabänderbar ist (Abschnitt 15 a.4 Abs. 3),
7. wenn sich die Verwendung eines Grundstücks im Sinne des § 15 Abs. 1 b UStG ändert (§ 15 a Abs. 6 a UStG, vgl. Abschnitt 15.6 a),
8. wenn der Unternehmer aufgrund einer Erklärung nach § 25 a Abs. 2 Satz 1 UStG von der allgemeinen Besteuerung zur Differenzbesteuerung oder umgekehrt übergeht (vgl. hierzu Abschnitt 25 a.1 Abs. 7 Satz 7 ff.).

(3) Eine Geschäftsveräußerung im Sinne des § 1 Abs. 1 a UStG stellt keine Änderung der Verhältnisse dar, weil der Erwerber nach § 1 Abs. 1 a Satz 3 UStG an die Stelle des Veräußerers tritt (vgl. BFH-Urteile vom 6. 9. 2007, V R 41/05, BStBl. 2008 II S. 65, und vom 30. 4. 2009, V R 4/07, BStBl. II S. 863; siehe auch Abschnitt 15 a.10). **43**

[1] A 15 a.2 UStAE Abs. 2 Satz 3 Nr. 5 neugefasst durch BMF v. 20. 10. 2022 (BStBl. I S. 1497), anzuwenden in allen offenen Fällen.

[2] Vorsteuerberichtigung bei Berufung auf eine **Steuerfreiheit nach dem Unionsrecht** (Geldspielautomaten). *BFH-Urt. v. 15. 9. 2011, V R 8/11 (BStBl. 2012 II S. 368).* Vgl. auch *BFH-Urt. v. 19. 10. 2011, XI R 16/09 (BStBl. 2012 II S. 371).*

UStAE 15a.2

44 (4)[1] Die Einräumung eines Miteigentumsanteils an einem zu eigenunternehmerischen Zwecken genutztem Grundstücksteil führt zu keiner Änderung der Verhältnisse, wenn der bisherige Alleineigentümer auch als Miteigentümer in Bruchteilsgemeinschaft insoweit zum Vorsteuerabzug berechtigt bleibt, als seine eigenunternehmerische Nutzung seinen quotalen Miteigentumsanteil am Grundstück nicht übersteigt (vgl. BFH-Urteil vom 22. 11. 2007, V R 5/06, BStBl. 2008 II S. 448).

Besonderheiten bei der Änderung der Verhältnisse bei Wirtschaftsgütern, die nicht nur einmalig zur Ausführung von Umsätzen verwendet werden

45 (5) Ändern sich im Laufe eines Kalenderjahres die Verhältnisse gegenüber den für den ursprünglichen Vorsteuerabzug maßgeblichen Verhältnissen, ist maßgebend, wie das Wirtschaftsgut während des gesamten Kalenderjahres verwendet wird.

Beispiel:

① Ein Unternehmer erwirbt am 1. 3. 01 eine Maschine. ② Er beabsichtigt, sie bis zum 30. 6. 01 nur zur Ausführung von zum Vorsteuerabzug berechtigenden Umsätzen und ab 1. 7. 01 ausschließlich zur Ausführung von Umsätzen, die den Vorsteuerabzug ausschließen, zu verwenden. ③ Am 1. 10. 03 veräußert der Unternehmer die Maschine steuerpflichtig.

④ Im Jahr 01 kann der Unternehmer im Zeitpunkt des Leistungsbezuges 40% der auf die Anschaffung der Maschine entfallenden Vorsteuern abziehen (von den 10 Monaten des Jahres 01 soll die Maschine 4 Monate, d. h. zu 40%, für zum Vorsteuerabzug berechtigende und 6 Monate, d. h. zu 60%, für den Vorsteuerabzug ausschließende Umsätze verwendet werden). ⑤ Da die Maschine im Jahr 01 planmäßig verwendet wurde, ist der Vorsteuerabzug nicht zu berichtigen.

⑥ Im Jahr 02 wird die Maschine nur für Umsätze verwendet, die den Vorsteuerabzug ausschließen. ⑦ Damit liegt eine Änderung der Verhältnisse um 40 Prozentpunkte vor. ⑧ Der Unternehmer muss die Vorsteuern entsprechend an das Finanzamt zurückzahlen.

⑨ Im Jahr 03 wird die Maschine 9 Monate für Umsätze verwendet, die den Vorsteuerabzug ausschließen. ⑩ Die steuerpflichtige Veräußerung am 1. 10. 03 ist so zu behandeln, als ob die Maschine vom 1. 10. bis 31. 12. für zum Vorsteuerabzug berechtigende Umsätze verwendet worden wäre. ⑪ Auf das ganze Kalenderjahr bezogen sind 25% der Vorsteuern abziehbar (von den 12 Monaten des Jahres 03 berechtigt die Verwendung in 3 Monaten zum Vorsteuerabzug). ⑫ Gegenüber dem ursprünglichen Vorsteuerabzug haben sich somit die Verhältnisse um 15 Prozentpunkte zuungunsten geändert. ⑬ Der Unternehmer muss die Vorsteuern entsprechend an das Finanzamt zurückzahlen.

⑭ Für die restlichen Kalenderjahre des Berichtigungszeitraums ist die Veräußerung ebenfalls wie eine Verwendung für zu 100% zum Vorsteuerabzug berechtigende Umsätze anzusehen. ⑮ Die Änderung der Verhältnisse gegenüber dem ursprünglichen Vorsteuerabzug beträgt somit für diese Kalenderjahre jeweils 60 Prozentpunkte. ⑯ Der Unternehmer hat einen entsprechenden nachträglichen Vorsteuerabzug (zum Berichtigungsverfahren in diesem Fall vgl. Abschnitt 15 a.11 Abs. 4).

46 (6) Bei bebauten und unbebauten Grundstücken können sich die Verhältnisse insbesondere in folgenden Fällen ändern:

1. Nutzungsänderungen, insbesondere durch
   a) Übergang von einer durch Option nach § 9 UStG steuerpflichtigen Vermietung zu einer nach § 4 Nr. 12 Satz 1 Buchstabe a UStG steuerfreien Vermietung oder umgekehrt;
   b) Übergang von der Verwendung eigengewerblich genutzter Räume, die zur Erzielung zum Vorsteuerabzug berechtigender Umsätze verwendet werden, zu einer nach § 4 Nr. 12 Satz 1 Buchstabe a UStG steuerfreien Vermietung oder umgekehrt;
   c) Übergang von einer steuerfreien Vermietung nach Artikel 67 Abs. 3 NATO-ZAbk zu einer nach § 4 Nr. 12 Satz 1 Buchstabe a UStG steuerfreien Vermietung oder umgekehrt;
   d) Änderung des Vorsteueraufteilungsschlüssels bei Grundstücken, die sowohl zur Ausführung von Umsätzen, die zum Vorsteuerabzug berechtigen, als auch für Umsätze, die den Vorsteuerabzug ausschließen, verwendet werden (vgl. Abschnitte 15.16, 15.17 und 15 a.4 Abs. 2);
   e) Änderung des Umfangs der teilunternehmerischen Nutzung eines Grundstücks im Sinne des § 15 Abs. 1 b UStG (vgl. Abschnitt 15.6 a);

47 2. Veräußerungen, die nicht als Geschäftsveräußerungen im Sinne des § 1 Abs. 1 a UStG anzusehen sind, insbesondere
   a) nach § 4 Nr. 9 Buchstabe a UStG steuerfreie Veräußerung ganz oder teilweise eigengewerblich und vorsteuerunschädlich genutzter, ursprünglich steuerpflichtig vermieteter oder auf Grund des Artikels 67 Abs. 3 NATO-ZAbk steuerfrei vermieteter Grundstücke (vgl. auch Absatz 1);
   b) durch wirksame Option nach § 9 UStG steuerpflichtige Veräußerung ursprünglich ganz oder teilweise nach § 4 Nr. 12 Satz 1 Buchstabe a UStG steuerfrei vermieteter Grundstücke;
   c)[2] die entgeltliche Übertragung eines Miteigentumsanteils an einem ursprünglich teilweise steuerfrei vermieteten Grundstück auf einen Familienangehörigen, wenn die Teiloption beim Verkauf nicht in dem Verhältnis der bisherigen Nutzung ausgeübt wird (vgl. Abschnitt 9.1 Abs. 6);

[1] Miteigentumsanteile vgl. A 1.5 Abs. 2 a Satz 2 u. 3, 2.1 Abs. 2, 3.3 Abs. 8 Satz 2 u. 3, 3.4 Abs. 8, 3.5 Abs. 1 Nr. 6, 4.9.1 Abs. 2 Nr. 2, 15.2 b Abs. 1 Satz 4 ff., 15.2 c Abs. 2 Satz 1 Nr. 2 Buchst. b Satz 5 u. 6 u. 15 a.2 Abs. 4 u. 6 Nr. 2 c, 3 c UStAE.

[2] Miteigentumsanteile vgl. FN zu Absatz 4.

3. unentgeltliche Wertabgaben, die nicht im Rahmen einer Geschäftsveräußerung nach § 1 Abs. 1 a UStG erfolgen, und die steuerfrei sind, insbesondere **48**
   a) unentgeltliche Übertragung ganz oder teilweise eigengewerblich vorsteuerunschädlich genutzter, ursprünglich steuerpflichtig vermieteter oder auf Grund des Artikels 67 Abs. 3 NATO-ZAbk steuerfrei vermieteter Grundstücke, z. B. an Familienangehörige (vgl. BFH-Urteil vom 25. 6. 1987, V R 92/78, BStBl. II S. 655);
   b)[1] unentgeltliche Nießbrauchsbestellung an einem entsprechend genutzten Grundstück, z. B. an Familienangehörige (vgl. BFH-Urteil vom 16. 9. 1987, X R 51/81, BStBl. 1988 II S. 205);
   c) unentgeltliche Übertragung des Miteigentumsanteils an einem entsprechend genutzten Grundstück, z. B. an Familienangehörige (vgl. BFH-Urteil vom 27. 4. 1994, XI R 85/92, BStBl. 1995 II S. 30).

(7) ① Die Lieferung eines Gegenstands (Verschaffung der Verfügungsmacht) setzt die Übertragung von Substanz, Wert und Ertrag voraus. ② Die Verfügungsmacht an einem Mietgrundstück ist mangels Ertragsübergangs noch nicht verschafft, solange der Lieferer dieses auf Grund seines Eigentums wie bislang für Vermietungsumsätze verwendet. ③ Das gilt auch für eine unentgeltliche Lieferung des Mietwohngrundstücks. ④ Solange die Verfügungsmacht nicht übergegangen ist, liegen keine unentgeltliche Wertabgabe und keine durch sie verursachte Änderung der Verwendungsverhältnisse im Sinne des § 15 a UStG vor (BFH-Urteil vom 18. 11. 1999, V R 13/99, BStBl. 2000 II S. 153). **49**

(8)[2] ① Steht ein Gebäude im Anschluss an seine erstmalige Verwendung für eine bestimmte Zeit ganz oder teilweise leer, ist bis zur tatsächlichen erneuten Verwendung des Wirtschaftsgutes anhand der Verwendungsabsicht (vgl. Abschnitt 15.12) zu entscheiden, ob sich die für den ursprünglichen Vorsteuerabzug maßgebenden Verhältnisse ändern. ② Keine Änderung der Verhältnisse liegt dabei vor, wenn im Anschluss an eine zum Vorsteuerabzug berechtigende Verwendung auch künftig zum Vorsteuerabzug berechtigende Umsätze ausgeführt werden sollen (vgl. BFH-Urteil vom 25. 4. 2002, V R 58/00, BStBl. 2003 II S. 435). ③ Dagegen kann die Änderung der Verwendungsabsicht oder die spätere tatsächliche Verwendung zu einer Vorsteuerberichtigung führen. ④ Bei einer ursprünglich gemischten Verwendung im Sinne des § 15 Abs. 4 UStG, bei der eine Tätigkeit aufgegeben wird (z. B. die zum Vorsteuerabzug berechtigende) und das Wirtschaftsgut nunmehr ausschließlich für Zwecke der beibehaltenen Tätigkeit (z. B. der nicht zum Vorsteuerabzug berechtigenden) genutzt wird, ist grundsätzlich von einer Änderung der Verhältnisse im Sinne von § 15 a UStG auszugehen (vgl. EuGH-Urteil vom 9. 7. 2020, C-374/19, Finanzamt Bad Neuenahr-Ahrweiler, BStBl. II 2022 S. 588). ⑤ Es ist jedoch unter Beachtung aller Umstände des Einzelfalles zu prüfen, ob im Anschluss ausnahmsweise eine nur punktuelle Verwendung des betroffenen Wirtschaftsgutes im Rahmen der beibehaltenen Tätigkeit und im Übrigen nunmehr ohne Zweifel eine Nichtnutzung (z. B. ein Leerstand) ohne Verwendungsabsicht vorliegt. ⑥ Im Umfang einer derartigen Nichtnutzung liegt keine Änderung der Verhältnisse im Sinne von § 15 a UStG vor (vgl. BFH-Urteil vom 27. 10. 2020 – V R 20/20 (V R 61/17), BStBl. II 2022 S. 575). **50**

(9) Veräußerung und unentgeltliche Wertabgabe nach § 3 Abs. 1 b UStG eines Wirtschaftsguts, das nicht nur einmalig zur Ausführung von Umsätzen verwendet wird, nach Beginn des nach § 15 a Abs. 1 UStG maßgeblichen Berichtigungszeitraums sind so anzusehen, als ob das Wirtschaftsgut bis zum Ablauf des maßgeblichen Berichtigungszeitraums (vgl. Abschnitt 15 a.3) entsprechend der umsatzsteuerrechtlichen Behandlung dieser Umsätze weiterhin innerhalb des Unternehmens verwendet worden wäre. **51**

Beispiel:

① Ein Betriebsgrundstück, das vom 1. 1. 01 bis zum 31. 10. 01 innerhalb des Unternehmens zur Ausführung zum Vorsteuerabzug berechtigender Umsätze verwendet worden ist, wird am 1. 11. 01 nach § 4 Nr. 9 Buchstabe a UStG steuerfrei veräußert.

② Für die Berichtigung ist die Veräußerung so anzusehen, als ob das Grundstück ab dem Zeitpunkt der Veräußerung bis zum Ablauf des Berichtigungszeitraums nur noch zur Ausführung von Umsätzen verwendet würde, die den Vorsteuerabzug ausschließen. ③ Entsprechendes gilt bei einer steuerfreien unentgeltlichen Wertabgabe nach § 3 Abs. 1 b Satz 1 Nr. 3 UStG.

LS zu 15 a.2

1. Die **Nutzungsüberlassung** einer Wohnung, die ein Unternehmer seinem Unternehmen zugeordnet hat, **an eine GbR,** deren Mitunternehmer er ist, bedeutet keine umsatzsteuerrechtliche Entnahme des Gebäudeteils aus seinem Betriebsvermögen. – 2. Die Umstellung der Vermeidung einer zum Betriebsvermögen gehörenden Wohnung von steuerpflichtig auf steuerfrei kann Auswirkungen auf den Umfang des Vorsteuerabzugs haben, weil für Eingangsbezüge, die für steuerfreie Ausgangsumsätze verwendet werden, nach § 15 Abs. 2 S. 1 Nr. 1 UStG der Vorsteuerabzug ausgeschlossen ist. *BFH-Urt. v. 18. 1. 2012 XI R 13/10 (BFH/NV S. 1012).* **52**

Die für den ursprünglichen Vorsteuerabzug maßgeblichen Verhältnisse ändern sich i. S. des § 15 a Abs. 1 Satz 1 UStG, wenn sich der Steuerpflichtige während des Berichtigungszeitraums auf die Steuerfreiheit der gleichbleibenden Verwendungsumsätze gemäß Art. 13 Teil B Buchst. f der Richtlinie 77/388/EWG beruft. *BFH-Urteile v. 15. 9. 2011 V R 8/11 (BStBl. 2012 II S. 368) und v. 19. 10. 2011 XI R 16/09 (BStBl. 2012 II S. 371).*

Zur Vorsteuerberichtigung nach § 15 a UStG bei **Änderung der rechtlichen Beurteilung.** *Verfügung OFD Karlsruhe S 7316 K. 3 v. 29. 2. 2016 (DStR S. 969).*

[1] Nießbrauch vgl. A 2.3 Abs. 6 Satz 1 UA 2, 3.1 Abs. 4 Satz 2–4, 3.3 Abs. 8 Satz 4, 3 a.3 Abs. 9 Satz 1 u. 15 a.2 Abs. 6 Nr. 3 Buchst. b UStAE.

[2] A 15 a.2 UStAE Abs. 8 Sätze 4 bis 6 angefügt durch BMF v. 1. 9. 2022 (BStBl. I S. 1399), anzuwenden in allen offenen Fällen.

Vorsteuerberichtigung gemäß § 15 a UStG; **Maßnahmen zur Überwachung.** *Verfügung OFD Magdeburg S 7316 – 2 – St 241 v. 3. 12. 2013 (MwStR 2014 S. 173).*

1. Die Voraussetzungen für die Besteuerung einer Verwendungsentnahme (§ 1 Abs. 1 Nr. 1 i. V. m. § 3 Abs. 9 a Satz 1 Nr. 1 UStG) liegen bei **verspäteter Zuordnung** eines gemischt genutzten Gebäudes zum Unternehmensvermögen nicht vor. – 2. Ein trotz verspäteter Zuordnung und damit materiell-rechtlich **unrichtig** in Anspruch genommener **Vorsteuerabzug,** der im Abzugsjahr verfahrensrechtlich nicht mehr entzogen werden kann, ist nach § 15 a UStG in den Folgejahren zu berichtigen. *BFH-Urteil v. 23. 10. 2014 V R 11/12 (BStBl. 2015 II S. 969).*

Nicht dem Unionsrecht entspricht eine nationale Regelung, die eine Vorsteuerberichtigung vorsieht, weil hinsichtlich einer mit Vorsteuerabzug bezogenen **Immobilie** davon ausgegangen wird, dass sie vom Unternehmer nicht mehr für Zwecke seiner besteuerten Umsätze verwendet wird, **wenn sie mehr als zwei Jahre lang leer stand,** selbst wenn der Unternehmer erwiesenermaßen versucht hat, sie während dieses Zeitraums zu verpachten. ***EuGH-Urteil v. 28. 2. 2018*** *C-672/16, Imofloresmira (MwStR S. 391).*

Der BFH hat dem EuGH eine Frage zur Vorsteuerberichtigung beim **erfolglosen Unternehmer** vorgelegt *(BFH-Beschluss v. 27. 3. 2019 V R 61/17, DStR S. 984).* – Der ***EuGH*** hat mit ***Urteil v. 9. 7. 2020 C-374/19,*** *HF (DStR S. 1570)* entschieden, dass ein Steuerpflichtiger, der das Recht erworben hat, die auf die Errichtung einer zur Nutzung sowohl für besteuerte als auch für steuerbefreite Umsätze bestimmten Cafeteria im Anbau eines von ihm umsatzsteuerfrei betriebenen Alten- und Pflegeheims entfallende Vorsteuer anteilig abzuziehen, zur Berichtigung des ursprünglichen Vorsteuerabzugs verpflichtet ist, wenn er jeglichen besteuerten Umsatz in den Räumlichkeiten dieser Cafeteria eingestellt hat, sofern er weiterhin steuerbefreite Umsätze in diesen Räumlichkeiten getätigt und diese somit nunmehr ausschließlich für diese Umsätze genutzt hat. – In der Nachfolgeentscheidung ist der *BFH* mit *Urteil v. 27. 10. 2020 V R 20/20 (V R 61/17) (DStR 2021 S. 478)* dem gefolgt und hat ergänzend darauf hingewiesen, dass der bloße Leerstand ohne Verwendungsabsicht keine Änderung der Verhältnisse bewirkt.

Für Nutzungsänderungen von Unternehmen der öffentlichen Hand im Zusammenhang mit der Bewältigung der Corona-Krise wird gem. § 163 AO aus sachlichen **Billigkeitsgründen** bis zum 31. 12. 2021 von einer Vorsteuerkorrektur nach § 15 a UStG abgesehen, wenn und soweit der Sachverhalt in einer Nutzung zur Bewältigung der **Corona-Krise** begründet ist. Zeiten, in denen ein Gebäude aufgrund der Kontaktbeschränkungen oder ähnlicher durch Corona bedingter Gründe nicht vermietet werden kann, führen nicht zu einer Nutzungsänderung gegenüber dem Zeitraum vor den Kontaktbeschränkungen. *Kurzinfo FM Schleswig-Holstein v. 9. 3. 2021 VI 3510 – S 7106-353 (DStR S. 1436).*

Zu einem rumänischen Fall hat der ***EuGH (Urteil v. 3. 6. 2021*** *C-182/20, DStR S. 1758)* entschieden, dass die Art. 184–186 MwStSystRl nicht zulassen, dass die **Eröffnung eines Insolvenzverfahrens** über das Vermögen eines Wirtschaftsteilnehmers, das die Liquidation dieses Vermögens zugunsten der Gläubiger des Wirtschaftsteilnehmers impliziert, automatisch die Verpflichtung für diesen Wirtschaftsteilnehmer mit sich bringt, die Vorsteuerabzüge zu berichtigen, die er für Leistungen vorgenommen hat, die er vor der Eröffnung des Insolvenzverfahrens über sein Vermögen erworben hat, wenn die Eröffnung eines solchen Verfahrens der Fortführung der wirtschaftlichen Tätigkeit dieses Wirtschaftsteilnehmers, namentlich zum Zwecke der Liquidation des betreffenden Unternehmens, nicht entgegenstehen kann.

Der Berichtigungsmechanismus der Art. 184 und 185 MwStSystRL ist nur dann anwendbar, wenn ein Recht auf Vorsteuerabzug besteht. Er findet keine Anwendung, wenn ein Steuerpflichtiger es versäumt hat, das Recht auf Vorsteuerabzug auszuüben und er dieses wegen des **Ablaufs der Ausschlussfrist** verloren hat. ***EuGH-Urteil v. 7. 7. 2022*** *C-194/21, X (MwStR S. 610).*

Anl zu 15a.2

Schreiben betr. Vorsteuerberichtigung nach § 15 a UStG bei Aufgabe nur einer von mehreren Tätigkeiten; Veröffentlichung des EuGH-Urteils vom 9. Juli 2020, C-374/19, Finanzamt Bad Neuenahr-Ahrweiler, und des BFH-Urteils vom 27. Oktober 2020 – V R 20/20 (V R 61/17)

Vom 1. September 2022 (BStBl. I S. 1399)

(BMF III C 2 – S 7316/19/10002 :001; DOK 2022/0853290)

55 Auf ein Vorlageersuchen des BFH hat der EuGH mit Urteil vom 9. Juli 2020, C-374/19, Finanzamt Bad Neuenahr-Ahrweiler, BStBl. II 2022 S. 588, entschieden, dass das Unionsrecht einer nationalen Regelung nicht entgegenstehe, nach der ein Steuerpflichtiger, der das Recht erworben hat, die auf die Errichtung einer zur Nutzung sowohl für besteuerte als auch für steuerbefreite Umsätze bestimmten Cafeteria im Anbau eines von ihm umsatzsteuerfrei betriebenen Alten- und Pflegeheims entfallende Vorsteuer anteilig abzuziehen, zur Berichtigung des ursprünglichen Vorsteuerabzugs verpflichtet ist, wenn er jeglichen besteuerten Umsatz in den Räumlichkeiten dieser Cafeteria eingestellt hat, sofern er weiterhin steuerbefreite Umsätze in diesen Räumlichkeiten getätigt und diese somit nunmehr ausschließlich für diese Umsätze genutzt hat.

In seinem Folgeurteil vom 27. Oktober 2020 – V R 20/20 (V R 61/17), BStBl. II 2022 S. 575, hat der BFH daraufhin entschieden, dass bei einem Gegenstand, den der Unternehmer zunächst gemischt für steuerpflichtige und steuerfreie Umsätze genutzt hatte und bei dem die Verwendung für die steuerpflichtigen Umsätze entfällt, während der Unternehmer die Verwendung für die steuerfreien Umsätze fortsetzt, dies zu einer Vorsteuerberichtigung nach § 15 a UStG führen könne. Demgegenüber bewirke der bloße Leerstand ohne Verwendungsabsicht keine Änderung der Verhältnisse.

I.

56 Unter Bezugnahme auf das Ergebnis der Erörterungen mit den obersten Finanzbehörden der Länder wird hierzu folgende Auffassung vertreten:

Der EuGH hat im Urteil C-374/19 bestätigt, dass bei einer ursprünglichen Nutzung der Räumlichkeiten einer Cafeteria sowohl für besteuerte Tätigkeiten als auch für steuerbefreite Tätigkeiten der Wegfall der besteuerten Tätigkeit bei ausschließlicher Nutzung der Räumlichkeiten für die steuerbefreite Tätigkeit ein Anwendungsfall des § 15 a UStG sein kann.

Auch der BFH ist im Folgeurteil V R 20/20 (V R 61/17) dieser Entscheidung im Grundsatz gefolgt. Lediglich aufgrund der besonderen Umstände des Einzelfalles ist er zu dem Ergebnis gekommen, dass bei dem streitigen Sachverhalt möglicherweise ausnahmsweise doch keine Berichtigung des Vorsteuerabzuges nach § 15a UStG durchzuführen war, weshalb er die Sache zur weiteren Sachverhaltsaufklärung an das Finanzgericht zurückverwiesen hat. Im Streitfall hing eine Änderung der Verhältnisse demnach davon ab, ob die verfahrensgegenständliche Cafeteria ständig verschlossen gewesen war und nur anlässlich der (auch in den Vorjahren erfolgten) Nutzung für einzelne Veranstaltungen im Zusammenhang mit steuerfreien Umsätzen geöffnet worden ist. In diesem Fall liegt keine Nutzungsänderung der Cafeteria hinsichtlich der aufgegebenen Tätigkeit vor, sondern weiterhin eine zum Vorsteuerabzug berechtigende erfolglose Investition. Für den Fall jedoch, dass die Cafeteria jederzeit offenstand und damit potentiell hätte genutzt werden können, liegt eine tatsächliche Nutzung nur noch für steuerfreie Umsätze und damit eine Änderung der Verhältnisse i. S. v. § 15 a UStG vor. Eine derartige Entscheidung kann nur unter Beachtung aller Umstände des Einzelfalles getroffen werden.

II.

[Änderungen des Umsatzsteuer-Anwendungserlasses in A 15 a.2 UStAE berücksichtigt]

III.

Die Grundsätze dieses Schreibens sind in allen offenen Fällen anzuwenden.

15 a.3 Berichtigungszeitraum nach § 15 a Abs. 1 UStG

UStAE 15 a.3

Beginn und Dauer des Berichtigungszeitraums

(1) ① Der Zeitraum, für den eine Berichtigung des Vorsteuerabzugs durchzuführen ist, beträgt grundsätzlich volle fünf Jahre ab dem Beginn der erstmaligen tatsächlichen Verwendung. ② Er verlängert sich bei Grundstücken einschließlich ihrer wesentlichen Bestandteile, bei Berechtigungen, für die die Vorschriften des bürgerlichen Rechts über Grundstücke gelten, und bei Gebäuden auf fremden Grund und Boden auf volle zehn Jahre (§ 15 a Abs. 1 Satz 2 UStG). ③ Der Berichtigungszeitraum von zehn Jahren gilt auch für Betriebsvorrichtungen, die als wesentliche Bestandteile auf Dauer in ein Gebäude eingebaut werden (vgl. BFH-Urteil vom 14. 7. 2010, XI R 9/09, BStBl. II S. 1086). ④ Bei Wirtschaftsgütern mit einer kürzeren Verwendungsdauer ist der entsprechend kürzere Berichtigungszeitraum anzusetzen (§ 15 a Abs. 5 Satz 2 UStG). ⑤ Ob von einer kürzeren Verwendungsdauer auszugehen ist, beurteilt sich nach der betriebsgewöhnlichen Nutzungsdauer, die nach ertragsteuerrechtlichen Grundsätzen für das Wirtschaftsgut anzusetzen ist. ⑥ § 45 UStDV ist zur Ermittlung des Beginns des Berichtigungszeitraums analog anzuwenden (vgl. Absatz 6). **61**

(2) ① Wird ein Wirtschaftsgut, z. B. ein Gebäude, bereits entsprechend dem Baufortschritt verwendet, noch bevor es insgesamt fertig gestellt ist, ist für jeden gesondert in Verwendung genommenen Teil des Wirtschaftsguts ein besonderer Berichtigungszeitraum anzunehmen (vgl. BFH-Urteil vom 29. 4. 2020, XI R 14/19, BStBl. II S. 613). ② Gleiches gilt, wenn ein Wirtschaftsgut im Fall einer Sanierung entsprechend dem Sanierungsfortschritt wieder in Verwendung genommen wird. ③ Diese Berichtigungszeiträume beginnen jeweils zu dem Zeitpunkt, zu dem der einzelne Teil des Wirtschaftsguts erstmalig (wieder) zur Ausführung von Umsätzen verwendet wird. ④ Der einzelnen Berichtigung sind jeweils die Vorsteuerbeträge zu Grunde zu legen, die auf den entsprechenden Teil des Wirtschaftsguts entfallen. ⑤ Wird dagegen ein fertiges Wirtschaftsgut nur teilweise gebraucht oder, gemessen an seiner Einsatzmöglichkeit, nicht voll genutzt, besteht ein einheitlicher Berichtigungszeitraum für das ganze Wirtschaftsgut, der mit dessen erstmaliger Verwendung beginnt. ⑥ Dabei ist für die nicht genutzten Teile des Wirtschaftsguts (z. B. eines Gebäudes) die Verwendungsabsicht maßgebend. **62**

(3) ① Steht ein Gebäude vor der erstmaligen Verwendung leer, beginnt der Berichtigungszeitraum nach § 15 a Abs. 1 UStG erst mit der erstmaligen tatsächlichen Verwendung. **63**

Beispiel:

① Ein Unternehmer errichtet ein Bürogebäude. ② Die im Zusammenhang mit der Herstellung des Gebäudes in Rechnung gestellte Umsatzsteuer beträgt in den Jahren 01 100 000 € und 02 300 000 € (insgesamt 400 000 €). ③ Die abziehbaren Vorsteuerbeträge nach § 15 UStG belaufen sich vor dem Zeitpunkt der erstmaligen Verwendung auf 100 000 €, da der Unternehmer im Jahr 01 beabsichtigte und dies schlüssig dargelegt hat, das Gebäude nach Fertigstellung zu 100% für zum Vorsteuerabzug berechtigende Zwecke zu verwenden, während er im Jahr 02 beabsichtigte, das Gebäude nach Fertigstellung zu 0% für zum Vorsteuerabzug berechtigende Zwecke zu verwenden. ④ Das Gebäude steht nach der Investitionsphase ein Jahr leer (Jahr 03). ⑤ Ab dem Jahr 04 wird das Gebäude zu 100% für zum Vorsteuerabzug berechtigende Umsätze verwendet.

Ingesamt in Rechnung gestellte Umsatzsteuer: 400 000 €

Ursprünglicher Vorsteuerabzug (Ermittlung eines prozentualen Verhältnisses des ursprünglichen Vorsteuerabzugs zum Vorsteuervolumen insgesamt): 100 000 € (25% von 400 000 €).

Zeitpunkt der erstmaligen Verwendung: 1. 1. 04

Dauer des Berichtigungszeitraums: 1. 1. 04 bis 31. 12. 13

ab Jahr 04: 100%

Änderung der Verhältnisse:

ab Jahr 04: 75 Prozentpunkte (100% statt 25%)

Vorsteuerberichtigung pro Jahr:

(400 000 €/10 Jahre = 40 000 € pro Jahr)

ab Jahr 04: jährlich 30 000 € (40 000 € × 75%) nachträglicher Vorsteuererstattungsanspruch

UStAE 15a.3

② Auch für Leistungsbezüge während des Leerstands vor der erstmaligen Verwendung richtet sich der Vorsteuerabzug nach der im Zeitpunkt des jeweiligen Leistungsbezugs gegebenen Verwendungsabsicht (vgl. Abschnitt 15.12).

64 (4) Wird ein dem Unternehmen zugeordnetes Wirtschaftsgut zunächst unentgeltlich überlassen, beginnt der Berichtigungszeitraum mit der unentgeltlichen Überlassung, unabhängig davon, ob die unentgeltliche Überlassung zu einer steuerbaren unentgeltlichen Wertabgabe führt.

Ende des Berichtigungszeitraums

65 (5) Endet der maßgebliche Berichtigungszeitraum während eines Kalenderjahres, sind nur die Verhältnisse zu berücksichtigen, die bis zum Ablauf dieses Zeitraums eingetreten sind.

Beispiel:

① Der Berichtigungszeitraum für ein Wirtschaftsgut endet am 31. 8. 01. ② In diesem Kalenderjahr hat der Unternehmer das Wirtschaftsgut bis zum 30. 6. nur zur Ausführung zum Vorsteuerabzug berechtigender Umsätze und vom 1. 7. bis zum 9. 10. ausschließlich zur Ausführung nicht zum Vorsteuerabzug berechtigender Umsätze verwendet. ③ Am 10. 10. 01 veräußert er das Wirtschaftsgut steuerpflichtig.

④ Bei der Berichtigung des Vorsteuerabzugs für das Jahr 01 sind nur die Verhältnisse bis zum 31. 8. zu berücksichtigen. ⑤ Da das Wirtschaftsgut in diesem Zeitraum 6 Monate für zum Vorsteuerabzug berechtigende und 2 Monate für nicht zum Vorsteuerabzug berechtigende Umsätze verwendet wurde, sind 25% des auf das Jahr 01 entfallenden Vorsteueranteils nicht abziehbar.

⑥ Die auf die Zeit ab 1. 9. 01 entfallende Verwendung und die Veräußerung liegen außerhalb des Berichtigungszeitraums und bleiben deshalb bei der Prüfung, inwieweit eine Änderung der Verhältnisse gegenüber dem ursprünglichen Vorsteuerabzug vorliegt, außer Betracht.

66 (6) Endet der Berichtigungszeitraum innerhalb eines Kalendermonats, ist das für die Berichtigung maßgebliche Ende nach § 45 UStDV zu ermitteln.

Beispiel 1:

① Unternehmer U hat am 10. 1. 01 eine Maschine angeschafft, die er zunächst wie geplant ab diesem Zeitpunkt zu 90% zur Erzielung von zum Vorsteuerabzug berechtigenden Umsätzen und zu 10% zur Erzielung von nicht zum Vorsteuerabzug berechtigenden Umsätzen verwendet. ② Die Vorsteuern aus der Anschaffung betragen 80 000 €. ③ Ab dem 1. 8. 01 nutzt U die Maschine nur noch zu 10% für zum Vorsteuerabzug berechtigende Umsätze.

Insgesamt in Rechnung gestellte Umsatzsteuer: 80 000 €

Ursprünglicher Vorsteuerabzug (Ermittlung eines prozentualen Verhältnisses des ursprünglichen Vorsteuerabzugs zum Vorsteuervolumen insgesamt): 72 000 € (90% von 80 000 €)

Zeitpunkt der erstmaligen Verwendung: 10. 1. 01

Dauer des Berichtigungszeitraums: 1. 1. 01 bis 31. 12. 05 (nach § 45 UStDV bleibt der Januar 06 für die Berichtigung unberücksichtigt, da der Berichtigungszeitraum vor dem 16. 1. 06 endet; entsprechend beginnt der Berichtigungszeitraum dann mit dem 1. 1. 01)

Tatsächliche zum Vorsteuerabzug berechtigende Verwendung im Berichtigungszeitraum:

Jahr 01	Nutzung Januar bis Juli 01	7 × 90% = 630	
	Nutzung August bis Dezember 01	5 × 10% = 50	
		680	: 12 Monate = 56,7%

Änderung der Verhältnisse:

Jahr 01: 33,3 Prozentpunkte (56,7% statt 90%)

ab Jahr 02: jeweils 80 Prozentpunkte (10% statt 90%)

Vorsteuerberichtigung pro Jahr:

(80 000 €/5 Jahre = 16 000 € pro Jahr)

Jahr 01 =	./. 5 328 € (16 000 € × 33,3%)
ab Jahr 02 jeweils =	./. 12 800 € (16 000 € × 80%)

Beispiel 2:

Wie Beispiel 1, nur Anschaffung und Verwendungsbeginn der Maschine am 20. 1. 01.

Insgesamt in Rechnung gestellte Umsatzsteuer: 80 000 €

Ursprünglicher Vorsteuerabzug (Ermittlung eines prozentualen Verhältnisses des ursprünglichen Vorsteuerabzugs zum Vorsteuervolumen insgesamt): 72 000 € (90% von 80 000 €)

Zeitpunkt der erstmaligen Verwendung: 20. 1. 01

Dauer des Berichtigungszeitraums: 1. 2. 01 bis 31. 1. 06 (nach § 45 UStDV ist der Januar 06 für die Berichtigung voll zu berücksichtigen, da der Berichtigungszeitraum nach dem 15. 1. 06 endet; entsprechend beginnt der Berichtigungszeitraum dann mit dem 1. 2. 01)

Tatsächliche zum Vorsteuerabzug berechtigende Verwendung im Berichtigungszeitraum:

Jahr 01	Nutzung Februar bis Juli 01	6 × 90% = 540	
	Nutzung August bis Dezember 01	5 × 10% = 50	
		590	: 11 Monate = 53,6%

Änderung der Verhältnisse:

Jahr 01: 36,4 Prozentpunkte (53,6% statt 90%)

ab Jahr 02: jeweils 80 Prozentpunkte (10% statt 90%)

Vorsteuerberichtigung pro Jahr:

(80 000 €/5 Jahre = 16 000 € pro Jahr)

Jahr 01 =	./. 5 338 € (16 000 € × 36,4% × $^{11}/_{12}$)
Jahre 02 bis 05 jeweils =	./. 12 800 € (16 000 € × 80%)
Jahr 06 =	./. 1 066 € (16 000 € × 80% × $^{1}/_{12}$)

(7) ① Kann ein Wirtschaftsgut vor Ablauf des Berichtigungszeitraums wegen Unbrauchbarkeit vom Unternehmer nicht mehr zur Ausführung von Umsätzen verwendet werden, endet damit der Berichtigungszeitraum. ② Das gilt auch für die Berichtigungszeiträume, die für eventuell angefallene nachträgliche Anschaffungs- oder Herstellungskosten bestehen. ③ Eine Veräußerung des nicht mehr verwendungsfähigen Wirtschaftsguts als Altmaterial bleibt für die Berichtigung des Vorsteuerabzuges unberücksichtigt. 67

(8) ① Wird das Wirtschaftsgut vor Ablauf des Berichtigungszeitraums veräußert oder nach § 3 Abs. 1b UStG geliefert, verkürzt sich hierdurch der Berichtigungszeitraum nicht. ② Zur Änderung der Verhältnisse in diesen Fällen vgl. Abschnitt 15a.2 Abs. 9. 68

„Wirtschaftsgut" i. S. des § 15a UStG und damit Berichtigungsobjekt ist bei einem **in Abschnitten errichteten Gebäude** der Teil, der entsprechend dem Baufortschritt in Verwendung genommen worden ist. *BFH-Urteil v. 29. 4. 2020 XI R 14/19 (BStBl. II S. 613).* LS zu 15a.3

70

15a.4 Berichtigung nach § 15a Abs. 1 UStG

UStAE 15a.4

(1) ① Die Berichtigung des Vorsteuerabzugs ist jeweils für den Voranmeldungszeitraum bzw. das Kalenderjahr vorzunehmen, in dem sich die für den ursprünglichen Vorsteuerabzug maßgebenden Verhältnisse geändert haben (vgl. Abschnitt 15a.2). ② Dabei sind die Vereinfachungsregelungen des § 44 UStDV zu beachten (vgl. Abschnitt 15a.11). ③ Weicht die tatsächliche Verwendung von den für den ursprünglichen Vorsteuerabzug maßgebenden Verhältnissen ab, wird die Berichtigung des Vorsteuerabzugs nicht durch eine Änderung der Steuerfestsetzung des Jahres der Inanspruchnahme des Vorsteuerabzugs nach den Vorschriften der AO, sondern verteilt auf den Berichtigungszeitraum von 5 bzw. 10 Jahren pro rata temporis vorgenommen. ④ Dabei ist für jedes Kalenderjahr des Berichtigungszeitraums von den in § 15a Abs. 5 UStG bezeichneten Anteilen der Vorsteuerbeträge auszugehen. ⑤ Beginnt oder endet der Berichtigungszeitraum innerhalb eines Kalenderjahres, ist für diese Kalenderjahre jeweils nicht der volle Jahresanteil der Vorsteuerbeträge, sondern nur der Anteil anzusetzen, der den jeweiligen Kalendermonaten entspricht. 71

Beispiel:

① Auf ein Wirtschaftsgut mit einem Berichtigungszeitraum von 5 Jahren entfällt eine Vorsteuer von insgesamt 5 000 €. ② Der Berichtigungszeitraum beginnt am 1. 4. 01 und endet am 31. 3. 06. ③ Bei der Berichtigung ist für die einzelnen Jahre jeweils von einem Fünftel der gesamten Vorsteuer (= 1 000 €) auszugehen. ④ Der Berichtigung des Jahres 01 sind 9 Zwölftel dieses Betrages (= 750 €) und der des Jahres 06 3 Zwölftel dieses Betrages (= 250 €) zu Grunde zu legen.

(2) ① Sind die Voraussetzungen für den Vorsteuerabzug nicht schon im Zeitpunkt des Leistungsbezugs, sondern erst nach Beginn der tatsächlichen erstmaligen Verwendung erfüllt, z. B. weil die zum Vorsteuerabzug berechtigende Rechnung vor Beginn der tatsächlichen erstmaligen Verwendung noch nicht vorgelegen hat, kann die Vorsteuer erst abgezogen werden, wenn die Voraussetzungen des § 15 Abs. 1 UStG insgesamt vorliegen. ② Auch hierbei beurteilt sich die Berechtigung zum Vorsteuerabzug nach der Verwendung im Zeitpunkt des Leistungsbezugs (vgl. Abschnitt 15.12). ③ Von diesen Verhältnissen ist auch bei der Berichtigung auszugehen. ④ Folglich ist im Zeitpunkt des erstmaligen Vorsteuerabzugs gleichzeitig eine eventuell notwendige Berichtigung für die bereits abgelaufenen Teile des Berichtigungszeitraums vorzunehmen. 72

Beispiel 1:

① Ein im Jahr 01 neu errichtetes Gebäude, auf das eine Vorsteuer von 50 000 € entfällt, wird im Jahr 02 erstmalig tatsächlich verwendet. ② Die Rechnung mit der gesondert ausgewiesenen Steuer erhält der Unternehmer aber erst im Jahr 04. ③ Der Unternehmer hat bereits während der Bauphase schlüssig dargelegt, dass er das Gebäude zum Vorsteuerabzug berechtigend vermieten will. ④ Das Gebäude wurde tatsächlich wie folgt verwendet:

- im Jahr 02 nur zur Ausführung zum Vorsteuerabzug berechtigender Umsätze;
- im Jahr 03 je zur Hälfte zur Ausführung zum Vorsteuerabzug berechtigender und nicht zum Vorsteuerabzug berechtigender Umsätze;
- im Jahr 04 nur zur Ausführung nicht zum Vorsteuerabzug berechtigender Umsätze.

⑤ Da der Unternehmer schlüssig dargelegt hat, dass er beabsichtigt, das Gebäude nach der Fertigstellung im Jahr 02 ausschließlich für zum Vorsteuerabzug berechtigende Umsätze zu verwenden, kann er nach § 15 Abs. 1 UStG die Vorsteuer von 50 000 € voll abziehen. ⑥ Der Abzug ist jedoch erst im Jahr 04 zulässig. ⑦ Bei der Steuerfestsetzung für dieses Jahr ist dieser Abzug aber gleichzeitig insoweit zu berichtigen, als für die Jahre 03 und 04 eine Änderung der Verhältnisse gegenüber der im Zeitpunkt des Leistungsbezuges dargelegten Verwendungsabsicht eingetreten ist. ⑧ Diese Änderung beträgt für das Jahr 03 50% und für das Jahr 04 100%. ⑨ Entsprechend dem zehnjährigen Berichtigungszeitraum ist bei der Berichtigung für das Jahr von einem Zehntel der Vorsteuer von 50 000 € = 5 000 € auszugehen. ⑩ Es sind für das Jahr 03 die Hälfte dieses Vorsteueranteils, also 2 500 €, und für das Jahr 04 der volle Vorsteueranteil von 5 000 € vom Abzug ausgeschlossen. ⑪ Im Ergebnis vermindert sich somit die bei der Steuerfestsetzung für das Jahr 04 abziehbare Vorsteuer von 50 000 € um (2 500 € + 5 000 € =) 7 500 € auf 42 500 €.

Beispiel 2:

① Ein Unternehmer (Immobilienfonds) errichtet ein Bürogebäude. ② Die im Zusammenhang mit der Herstellung des Gebäudes in Rechnung gestellte Umsatzsteuer beträgt in den Jahren 01 150 000 € und 02 150 000 € (insgesamt 300 000 €). ③ Für einen weiteren Leistungsbezug des Jahres 01 liegt eine nach § 14 UStG ausgestellte Rechnung mit gesondertem Ausweis der Umsatzsteuer i. H. v. 100 000 € erst in 04 vor. ④ Die insgesamt in Rechnung gestellte Umsatzsteuer beträgt somit 400 000 €.

⑤ Der Unternehmer beabsichtigte im Jahr 01 eine zu 100% und im Jahr 02 eine zu 0% zum Vorsteuerabzug berechtigende Verwendung des Gebäudes. ⑥ Die Verwendungsabsicht wurde durch den Unternehmer jeweils schlüssig dargelegt. ⑦ Das Gebäude wird erstmals ab dem Jahr 03 verwendet, und zwar zu 0% für zum Vorsteuerabzug berechtigende Umsätze.

UStAE 15a.4

⑧ Die abziehbaren Vorsteuerbeträge nach § 15 UStG belaufen sich vor dem Zeitpunkt der erstmaligen Verwendung (Investitionsphase) auf 150 000 € für die in 01 bezogenen Leistungen.

Jahr 03:

Insgesamt in Rechnung gestellte Umsatzsteuer: 300 000 €

Ursprünglicher Vorsteuerabzug: 150 000 € (entspricht 50% von 300 000 €)

Zeitpunkt der erstmaligen Verwendung: 1. 1. 03

Dauer des Berichtigungszeitraums: 1. 1. 03 bis 31. 12. 12

Tatsächliche zum Vorsteuerabzug berechtigende Verwendung in 03: 0%

Vorsteuerberichtigung wegen Änderung der Verhältnisse im Vergleich zum ursprünglichen Vorsteuerabzug: Vorsteuer zu 0% abziehbar statt zu 50%

Berichtigungsbetrag: 50% von $^{1}/_{10}$ von 300 000 € = 15 000 € sind zurückzuzahlen

Jahr 04:

⑨ Da der Unternehmer das Gebäude im Jahr 01 ausschließlich für zum Vorsteuerabzug berechtigende Umsätze verwenden wollte, kann er nach § 15 Abs. 1 UStG die Vorsteuer für den weiteren Leistungsbezug von 100 000 € voll abziehen. ⑩ Der Abzug ist erst im Jahr 04 zulässig. ⑪ Bei der Steuerfestsetzung für dieses Jahr ist dieser Abzug aber gleichzeitig insoweit zu berichtigen, als für die Jahre 03 und 04 eine Änderung der Verhältnisse gegenüber der im Zeitpunkt des Leistungsbezuges dargelegten Verwendungsabsicht eingetreten ist.

Berichtigung im Jahr 04:

Insgesamt in Rechnung gestellte Umsatzsteuer: 400 000 €

Ursprünglicher Vorsteuerabzug: 250 000 € (62,5% × 400 000 €)

Tatsächliche zum Vorsteuerabzug berechtigende Verwendung in 03 und 04: 0%

Vorsteuerberichtigung wegen Änderung der Verhältnisse im Vergleich zum ursprünglichen Vorsteuerabzug: Vorsteuer zu 0% abziehbar statt zu 62,5%

Berichtigungsbetrag für 03 und 04 je: 62,5% × $^{1}/_{10}$ × 400 000 € = 25 000 €.

⑫ Für 03 erfolgte bereits eine Rückzahlung von 15 000 €. ⑬ Daher ist in 04 noch eine Vorsteuerberichtigung für 03 i. H. v. 10 000 € zuungunsten des Unternehmers vorzunehmen. ⑭ Im Ergebnis vermindert sich somit die bei der Steuerfestsetzung für das Jahr 04 abziehbare Vorsteuer von 100 000 € um (10 000 € für 03 + 25 000 € für 04 =) 35 000 € auf 65 000 €.

⑤ Entsprechend ist zu verfahren, wenn der ursprünglich in Betracht kommende Vorsteuerabzug nach § 17 UStG oder deswegen zu berichtigen ist, weil später festgestellt wird, dass objektive Anhaltspunkte für die vorgetragene Verwendungsabsicht im Zeitpunkt des Leistungsbezugs nicht vorlagen, die Verwendungsabsicht nicht in gutem Glauben erklärt wurde oder ein Fall von Betrug oder Missbrauch vorliegt (vgl. Abschnitte 15.12 Abs. 5 und 25 f.1).

73 (3)[1] ① War der ursprünglich vorgenommene Vorsteuerabzug aus der Sicht des § 15 Abs. 1 b bis 4 UStG sachlich unrichtig, weil der Vorsteuerabzug ganz oder teilweise zu Unrecht vorgenommen wurde oder unterblieben ist, ist die unrichtige Steuerfestsetzung nach den Vorschriften der AO zu ändern. ② Ist eine Änderung der unrichtigen Steuerfestsetzung hiernach nicht mehr zulässig, bleibt die ihr zu Grunde liegende unzutreffende Beurteilung des Vorsteuerabzugs für alle Kalenderjahre maßgebend, in denen nach verfahrensrechtlichen Vorschriften eine Änderung der Festsetzung, in der über den Vorsteuerabzug entschieden wurde, noch möglich war. ③ Zur Unabänderbarkeit von Steuerfestsetzungen der Abzugsjahre bei der Errichtung von Gebäuden vgl. BFH-Urteil vom 5. 2. 1998, V R 66/94, BStBl. II S. 361. ④ Führt die rechtlich richtige Würdigung des Verwendungsumsatzes in einem noch nicht bestandskräftigen Jahr des Berichtigungszeitraums – gemessen an der tatsächlichen und nicht mehr änderbaren Beurteilung des ursprünglichen Vorsteuerabzugs – zu einer anderen Beurteilung des Vorsteuerabzugs, liegt eine Änderung der Verhältnisse vor (vgl. BFH-Urteile vom 12. 6. 1997, V R 36/95, BStBl. II S. 589, vom 13. 11. 1997, V R 140/93, BStBl. 1998 II S. 36, und vom 5. 2. 1998, V R 66/94, BStBl. II S. 361). ⑤ Der Vorsteuerabzug kann in allen noch änderbaren Steuerfestsetzungen für die Kalenderjahre des Berichtigungszeitraums, in denen eine Änderung der Steuerfestsetzung des Vorsteuerabzugs nach verfahrensrechtlichen Vorschriften nicht mehr möglich war, sowohl zugunsten als auch zuungunsten des Unternehmers nach § 15 a UStG berichtigt werden.

Beispiel 1:

① Im Kalenderjahr 01 (Jahr des Leistungsbezugs) wurde der Vorsteuerabzug für ein gemischt genutztes Gebäude zu 100% (= 100 000 €) gewährt, obwohl im Zeitpunkt des Leistungsbezugs beabsichtigt war, das Gebäude nach Fertigstellung zu 50% zur Ausführung nicht zum Vorsteuerabzug berechtigender Umsätze zu verwenden und somit nur ein anteiliger Vorsteuerabzug von 50 000 € hätte gewährt werden dürfen. ② Die Steuerfestsetzung für das Kalenderjahr des Leistungsbezugs ist bereits zu Beginn des Kalenderjahres 03 abgabenrechtlich nicht mehr änderbar. ③ In den Kalenderjahren 02 bis 11 wird das Gebäude zu 50% zur Ausführung zum Vorsteuerabzug berechtigender Umsätze verwendet.

④ Obwohl sich die tatsächliche Verwendung des Gebäudes nicht von der im Zeitpunkt des Leistungsbezugs gegebenen Verwendungsabsicht unterscheidet, sind ab dem Kalenderjahr 03 jeweils 50% von einem Zehntel des gewährten Vorsteuerabzugs von 100 000 € (= 5 000 € pro Jahr) zurückzuzahlen.

Beispiel 2:

① Wie Beispiel 1, nur ist die Steuerfestsetzung des Kalenderjahres 01 erst ab Beginn des Kalenderjahres 05 abgabenrechtlich nicht mehr änderbar.

② Obwohl sich die tatsächliche Verwendung des Gebäudes nicht von der im Zeitpunkt des Leistungsbezugs gegebenen Verwendungsabsicht unterscheidet, sind ab dem Kalenderjahr 05 jeweils 50% von einem Zehntel des zu Unrecht gewährten Vorsteuerabzugs von 100 000 € (= 5 000 € pro Jahr) zurückzuzahlen. ③ Eine Berichtigung des zu Unrecht gewährten Vorsteuerabzugs für die Kalenderjahre 02 bis 04 unterbleibt.

---

[1] Korrektur bzw. Berichtigung des Vorsteuerabzugs vgl. A 2.6 Abs. 3, 15.11 Abs. 6, 15.12 Abs. 5 u. 15 a.4 Abs. 3 UStAE.

(4)[1] ① Ein gewählter sachgerechter Aufteilungsmaßstab im Sinne des § 15 Abs. 4 UStG, der einem bestandskräftigen Umsatzsteuerbescheid für den entsprechenden Besteuerungszeitraum zu Grunde liegt, ist für eine mögliche Vorsteuerberichtigung nach § 15 a UStG maßgebend, auch wenn ggf. noch andere sachgerechte Ermittlungsmethoden in Betracht kommen. ② Die Bestandskraft der Steuerfestsetzung für das Erstjahr gestaltet die für das Erstjahr maßgebende Rechtslage für die Verwendungsumsätze (vgl. BFH-Urteil vom 28. 9. 2006, V R 43/03, BStBl. 2007 II S. 417). 74

UStAE 15a.5

15 a.5 Berichtigung nach § 15 a Abs. 2 UStG

(1) ① Die Berichtigung nach § 15 a Abs. 2 UStG unterliegt keinem Berichtigungszeitraum. ② Eine Vorsteuerberichtigung ist im Zeitpunkt der tatsächlichen Verwendung durchzuführen, wenn diese von der ursprünglichen Verwendungsabsicht beim Erwerb abweicht. ③ Es ist unbeachtlich, wann das Wirtschaftsgut tatsächlich verwendet wird. 81

(2) Die Berichtigung ist für den Voranmeldungszeitraum bzw. das Kalenderjahr vorzunehmen, in dem das Wirtschaftsgut abweichend von der ursprünglichen Verwendungsabsicht verwendet wird. 82

Beispiel 1:

① Unternehmer U erwirbt am 1. 7. 01 ein Grundstück zum Preis von 2 000 000 €. ② Der Verkäufer des Grundstücks hat im notariell beurkundeten Kaufvertrag auf die Steuerbefreiung verzichtet (§ 9 Abs. 3 Satz 2 UStG). ③ U möchte das Grundstück unter Verzicht auf die Steuerbefreiung nach § 4 Nr. 9 Buchstabe a UStG weiterveräußern, so dass er die von ihm geschuldete Umsatzsteuer nach § 15 Abs. 1 Satz 1 Nr. 4 in Verbindung mit § 13 b Abs. 2 Nr. 3 UStG als Vorsteuer abzieht. ④ Am 1. 7. 03 veräußert er das Grundstück entgegen seiner ursprünglichen Planung an eine nichtunternehmerisch tätige juristische Person des öffentlichen Rechts, so dass für die Veräußerung des Grundstücks nicht nach § 9 Abs. 1 UStG zur Steuerpflicht optiert werden kann und diese somit nach § 4 Nr. 9 Buchstabe a UStG steuerfrei ist.

⑤ Die tatsächliche steuerfreie Veräußerung schließt nach § 15 Abs. 2 UStG den Vorsteuerabzug aus und führt damit zu einer Änderung der Verhältnisse im Vergleich zu den für den ursprünglichen Vorsteuerabzug maßgebenden Verhältnissen. ⑥ Da das Grundstück nur einmalig zur Ausführung eines Umsatzes verwendet wird, ist der gesamte ursprüngliche Vorsteuerabzug i. H. v. 380 000 € nach § 15 a Abs. 2 UStG im Zeitpunkt der Verwendung für den Besteuerungszeitraum der Veräußerung zu berichtigen. ⑦ Der Vorsteuerbetrag ist demnach für den Monat Juli 03 zurückzuzahlen.

Beispiel 2:

① Wie Beispiel 1, nur erfolgt die tatsächliche steuerfreie Veräußerung erst 18 Jahre nach dem steuerpflichtigen Erwerb des Grundstücks. ② Das Grundstück ist zwischenzeitlich tatsächlich nicht genutzt worden.

③ Da § 15 a Abs. 2 UStG keinen Berichtigungszeitraum vorsieht, muss auch hier die Vorsteuer nach § 15 a Abs. 2 UStG berichtigt werden. ④ U hat den Vorsteuerbetrag i. H. v. 380 000 € für den Voranmeldungszeitraum der Veräußerung zurückzuzahlen.

LS zu 15a.5

Zur Vorsteuerberichtigung von sog. **Umlaufvermögen** nach § 15 a Abs. 2 UStG. *Verfügung BayLfSt v. 10. 4. 2015 – S 7316.2.1–3/7 St 33 (MwStR S. 406).*

Für **vor dem 1. 1. 2005** ausgeführte Umsätze, die zur Anschaffung oder Herstellung von Wirtschaftsgütern führen, die nur einmalig zur Ausführung eine Umsatzes verwendet werden **(„Umlaufvermögen“),** besteht auch unter Berücksichtigung von Art. 20 der Sechsten MwSt-Richtlinie 77/388/EWG kein Anspruch auf Vorsteuerberichtigung nach § 15 a UStG. *BFH-Urt. v. 12. 2. 2009, V R 85/07 (BStBl. 2010 II S. 76).* 83

Die Vorsteuerberichtigung nach § 15 a Abs. 1 UStG für **vor dem 1. Januar 2005** ausgeführte Umsätze, die zur Anschaffung oder Herstellung von Wirtschaftsgütern führen, setzt voraus, dass diese nicht nur einmalig zur Ausführung eines Umsatzes verwendet werden. Die **ertragsteuerrechtliche Beurteilung** als **Umlaufvermögen** oder Anlagevermögen ist umsatzsteuerrechtlich **nicht entscheidend.** *BFH-Urteil v. 24. 9. 2009, V R 6/08 (BStBl. 2010 II S. 315).* – Vgl. A 15 a.1 Abs. 2 Nr. 1 Satz 3 UStAE.

UStAE 15a.6

15 a.6 Berichtigung nach § 15 a Abs. 3 UStG

Bestandteile

(1) ① Unter der Voraussetzung, dass in ein Wirtschaftsgut (das ertragsteuerrechtlich entweder Anlagevermögen oder Umlaufvermögen ist) nachträglich ein anderer Gegenstand eingeht und dieser Gegenstand dabei seine körperliche und wirtschaftliche Eigenart endgültig verliert (Bestandteil), ist der Vorsteuerabzug bei Änderung der Verwendungsverhältnisse nach Maßgabe von § 15 a Abs. 1 oder Abs. 2 UStG zu berichtigen. ② Bestandteile sind alle nicht selbstständig nutzbaren Gegenstände, die mit dem Wirtschaftsgut in einem einheitlichen Nutzungs- und Funktionszusammenhang stehen (vgl. auch Abschnitt 3.3 Abs. 2). ③ Es kommt nicht darauf an, dass der Bestandteil zu einer Werterhöhung dieses Wirtschaftsguts geführt hat. ④ Kein Bestandteil ist ein eingebauter Gegenstand, der abtrennbar ist, seine körperliche oder wirtschaftliche Eigenart behält und damit ein selbstständiger – entnahmefähiger – Gegenstand bleibt. ⑤ Zum Begriff der Betriebsvorrichtungen als selbständige Wirtschaftsgüter vgl. Abschnitt 4.12.10. ⑥ Bestandteile können beispielsweise sein 91

---

[1] Aufteilungsmaßstab vgl. A 15.17 Abs. 4 UStAE.

Die Bindung an das Aufteilungsverfahren bei steuerfreier und steuerpflichtiger Vermietung eines gemischt genutzten Gebäudes führt **nicht zur Bindung an das Aufteilungsergebnis.** Deshalb erlaubt die spätere Aufdeckung eines Fehlers bei der Zuordnung der Flächen eine Änderung nach § 15 a UStG. *FG Berlin-Brandenburg, Urt. v. 17. 2. 2011, 7 K 7150/08, rkr. (DStRE S. 1274).*

UStAE 15a.6

1. Klimaanlage, fest eingebautes Navigationssystem, Austauschmotor in einem Kraftfahrzeug;
2. Klimaanlage, Einbauherd, Einbauspüle, Fenster, angebaute Balkone oder Aufzüge in einem Gebäude.

⑦ In der Regel keine Bestandteile eines Kraftfahrzeugs werden beispielsweise
1. Funkgerät;
2. nicht fest eingebautes Navigationsgerät;
3. Autotelefon;
4. Radio.

92 (2) Maßnahmen, die auf nachträgliche Anschaffungs- oder Herstellungskosten im Sinne des § 15 a Abs. 6 UStG entfallen und bei denen es sich um Bestandteile handelt, unterliegen vorrangig der Berichtigungspflicht nach § 15 a Abs. 6 UStG.

93 (3) ① Eine Berichtigung pro rata temporis ist nur dann vorzunehmen, wenn es sich bei dem Wirtschaftsgut, in das der Bestandteil eingegangen ist, um ein solches handelt, das nicht nur einmalig zur Erzielung von Umsätzen verwendet wird. ② Für den Bestandteil gilt dabei ein eigenständiger Berichtigungszeitraum, dessen Dauer sich danach bestimmt, in welches Wirtschaftsgut nach § 15 a Abs. 1 UStG der Bestandteil eingeht. ③ Die Verwendungsdauer des Bestandteils wird nicht dadurch verkürzt, dass der Gegenstand als Bestandteil in ein anderes Wirtschaftsgut einbezogen wird (§ 15 a Abs. 5 Satz 3 UStG).

Beispiel 1:

① Unternehmer U lässt am 1. 1. 04 für 20 000 € zzgl. 3 800 € gesondert ausgewiesener Umsatzsteuer einen neuen Motor in einen im Jahr 01 ins Unternehmensvermögen eingelegten Pkw einbauen. ② Die ihm berechnete Umsatzsteuer zieht er nach § 15 Abs. 1 Satz 1 Nr. 1 UStG als Vorsteuer ab, da die Nutzung des Pkw im Zusammenhang mit steuerpflichtigen Ausgangsumsätzen erfolgt. ③ Ab Januar 05 verwendet U den Pkw nur noch im Zusammenhang mit steuerfreien Ausgangsumsätzen, die den Vorsteuerabzug nach § 15 Abs. 2 Satz 1 Nr. 1 UStG ausschließen.

④ Ab Januar 05 haben sich die Verwendungsverhältnisse geändert, weil der Pkw nun nicht mehr mit steuerpflichtigen, sondern mit steuerfreien Ausgangsumsätzen im Zusammenhang steht. ⑤ Für die Aufwendungen für den als Bestandteil des Pkw eingebauten Motor ist eine Vorsteuerberichtigung nach § 15 a Abs. 3 i. V. m. Abs. 1 UStG vorzunehmen. ⑥ Hierfür sind die Aufwendungen unabhängig von der betriebsgewöhnlichen Nutzungsdauer des Pkw auf einen fünfjährigen Berichtigungszeitraum zu verteilen. ⑦ Es ergibt sich folgender Betrag, der bis zum Ablauf des Berichtigungszeitraums jährlich als Berichtigungsbetrag zurückzuzahlen ist:

Insgesamt in Rechnung gestellte Umsatzsteuer: 3 800 €
Ursprünglicher Vorsteuerabzug: 3 800 €
Dauer des Berichtigungszeitraums: 1. 1. 04 bis 31. 12. 08
Tatsächliche zum Vorsteuerabzug berechtigende Verwendung im Berichtigungszeitraum:
Jahr 04: 100%
ab Jahr 05: 0%
Änderung der Verhältnisse:
ab Jahr 05 = 100 Prozentpunkte (0% statt 100%)
Vorsteuerberichtigung pro Jahr ab Jahr 05:
(3 800 €/5 Jahre = 760 € pro Jahr)
ab Jahr 05 = 760 € zurückzuzahlende Vorsteuer

Beispiel 2:

① Unternehmer U lässt am 1. 1. 01 für 100 000 € zzgl. 19 000 € gesondert ausgewiesener Umsatzsteuer ein neues Hallentor in ein Fabrikgebäude einbauen. ② Die ihm in Rechnung gestellte Umsatzsteuer zieht er nach § 15 Abs. 1 Satz 1 Nr. 1 UStG als Vorsteuer ab, da die Nutzung des Gebäudes im Zusammenhang mit steuerpflichtigen Ausgangsumsätzen erfolgt. ③ Ab Januar 02 verwendet U das Gebäude nur noch im Zusammenhang mit steuerfreien Ausgangsumsätzen, die den Vorsteuerabzug nach § 15 Abs. 2 Satz 1 Nr. 1 UStG ausschließen. ④ Der Berichtigungszeitraum des Gebäudes endet am 30. 6. 02.

⑤ Damit haben sich ab Januar 02 die Verwendungsverhältnisse sowohl für das Hallentor als auch für das Fabrikgebäude geändert. ⑥ Für die Aufwendungen für das als Bestandteil des Gebäudes eingebaute Hallentor ist eine Vorsteuerberichtigung nach § 15 a Abs. 3 UStG vorzunehmen. ⑦ Hierfür sind die Aufwendungen unabhängig von der betriebsgewöhnlichen Nutzungsdauer des Gebäudes und unabhängig von der Dauer des Restberichtigungszeitraums des Gebäudes auf einen zehnjährigen Berichtigungszeitraum, der am 1. 1. 01 beginnt und am 31. 12. 10 endet, zu verteilen. ⑧ Unabhängig davon ist für das Fabrikgebäude der Vorsteuerabzug für den am 30. 6. 02 endenden Berichtigungszeitraum zu berichtigen.

④ Eine kürzere Verwendungsdauer des Bestandteils ist zu berücksichtigen (§ 15 a Abs. 5 Satz 2 UStG). ⑤ Soweit mehrere Leistungen Eingang in ein Wirtschaftsgut finden, sind diese Leistungen für Zwecke der Berichtigung des Vorsteuerabzugs zusammenzufassen, sofern sie innerhalb einer Maßnahme bezogen wurden (vgl. Absatz 11).

94 (4) Handelt es sich bei dem Wirtschaftsgut, in das der Bestandteil eingegangen ist, um ein solches, das nur einmalig zur Erzielung eines Umsatzes verwendet wird, ist die Berichtigung des Vorsteuerabzugs nach den Grundsätzen des § 15 a Abs. 2 UStG vorzunehmen.

Sonstige Leistungen an einem Wirtschaftsgut

95 (5) ① Unter der Voraussetzung, dass an einem Wirtschaftsgut eine sonstige Leistung ausgeführt wird, ist der Vorsteuerabzug bei Änderung der Verwendungsverhältnisse nach Maßgabe von § 15 a Abs. 1 oder Abs. 2 UStG zu berichtigen. ② Unter die Berichtigungspflicht nach § 15 a Abs. 3 UStG fallen nur solche sonstigen Leistungen, die unmittelbar an einem Wirtschaftsgut ausgeführt werden. ③ Es kommt nicht darauf an, ob die sonstige Leistung zu einer Werterhöhung

des Wirtschaftsguts führt. ④ Auch Maßnahmen, die lediglich der Werterhaltung dienen, fallen demnach unter die Berichtigungspflicht nach § 15 a Abs. 3 UStG. UStAE 15a.6

(6) ① Nicht unter die Verpflichtung zur Berichtigung des Vorsteuerabzugs nach § 15 a Abs. 3 UStG fallen sonstige Leistungen, die bereits im Zeitpunkt des Leistungsbezugs wirtschaftlich verbraucht sind. ② Eine sonstige Leistung ist im Zeitpunkt des Leistungsbezugs dann nicht wirtschaftlich verbraucht, wenn ihr über den Zeitpunkt des Leistungsbezugs hinaus eine eigene Werthaltigkeit innewohnt. ③ Leistungen, die bereits im Zeitpunkt des Leistungsbezugs wirtschaftlich verbraucht sind, werden sich insbesondere auf die Unterhaltung und den laufenden Betrieb des Wirtschaftsguts beziehen. ④ Hierzu gehören z. B. bei Grundstücken Reinigungsleistungen (auch Fensterreinigung) oder laufende Gartenpflege sowie Wartungsarbeiten z. B. an Aufzugs- oder Heizungsanlagen. **96**

(7) ① Soweit es sich um eine sonstige Leistung handelt, die nicht bereits im Zeitpunkt des Leistungsbezugs wirtschaftlich verbraucht ist, unterliegt diese der Berichtigungspflicht nach § 15 a Abs. 3 UStG. ② Dazu gehören auch sonstige Leistungen, die dem Gebrauch oder der Erhaltung des Gegenstands dienen. ③ Solche Leistungen sind z. B. **97**

1. der Fassadenanstrich eines Gebäudes;
2. Fassadenreinigungen an einem Gebäude;
3. die Neulackierung eines Kraftfahrzeugs;
4. Renovierungsarbeiten (auch in gemieteten Geschäftsräumen);
5. der Neuanstrich eines Schiffs;
6. die Generalüberholung einer Aufzugs- oder einer Heizungsanlage.

(8) ① Eine Berichtigung pro rata temporis ist nur dann vorzunehmen, wenn es sich bei dem Wirtschaftsgut im Sinne des § 15 a Abs. 3 UStG um ein solches handelt, das nicht nur einmalig zur Erzielung von Umsätzen verwendet wird. ② Dabei gilt für die an dem Wirtschaftsgut ausgeführten sonstigen Leistungen ein eigenständiger Berichtigungszeitraum, dessen Dauer sich danach bestimmt, an welchem Wirtschaftsgut nach § 15 a Abs. 1 UStG die sonstige Leistung ausgeführt wird. ③ Eine kürzere Verwendungsdauer der sonstigen Leistung ist jedoch zu berücksichtigen (§ 15 a Abs. 5 Satz 2 UStG). **98**

(9) Wird ein Wirtschaftsgut, an dem eine sonstige Leistung ausgeführt wurde, veräußert oder entnommen, liegt unter den Voraussetzungen des § 15 a Abs. 8 UStG eine Änderung der Verwendungsverhältnisse vor mit der Folge, dass auch der Vorsteuerabzug für die an dem Wirtschaftsgut ausgeführte sonstige Leistung nach § 15 a Abs. 3 UStG zu berichtigen ist. **99**

Beispiel 1:

① Unternehmer U führt als Arzt zu 50% zum Vorsteuerabzug berechtigende und zu 50% nicht zum Vorsteuerabzug berechtigende Umsätze aus. ② Am 1. 1. 01 erwirbt U einen Pkw, für den er den Vorsteuerabzug entsprechend der beabsichtigten Verwendung zu 50% vornimmt. ③ Am 1. 1. 03 lässt U an dem Pkw eine Effektlackierung anbringen. ④ Die darauf entfallende Vorsteuer zieht U ebenfalls zu 50% ab. ⑤ Am 1. 1. 04 veräußert U den Pkw.

⑥ Die Veräußerung des Pkw ist steuerpflichtig. ⑦ In der Lieferung liegt eine Änderung gegenüber den für den ursprünglichen Vorsteuerabzug maßgeblichen Verhältnissen (§ 15 a Abs. 8 UStG). ⑧ Der Vorsteuerabzug für den Pkw ist für die zwei restlichen Jahre des Berichtigungszeitraums zugunsten von U für den Monat der Veräußerung zu berichtigen.

⑨ Die Veräußerung des Pkw stellt in Bezug auf die an dem Pkw ausgeführte Effektlackierung ebenfalls eine Änderung gegenüber den für den ursprünglichen Vorsteuerabzug maßgeblichen Verhältnissen dar (§ 15 a Abs. 8 UStG). ⑩ Der Vorsteuerabzug für die sonstige Leistung ist für die restlichen vier Jahre des Berichtigungszeitraums zugunsten von U für den Monat der Veräußerung zu berichtigen (§ 15 a Abs. 3 UStG, § 44 Abs. 3 Satz 2 in Verbindung mit Abs. 4 UStDV).

Beispiel 2:

① Unternehmer U nutzt ein Gebäude ausschließlich zur Erzielung von zum Vorsteuerabzug berechtigenden Umsätzen. ② Am 1. 1. 01 lässt U die Fassade des Gebäudes streichen. ③ U nimmt entsprechend der weiter beabsichtigten Verwendung des Gebäudes den Vorsteuerabzug zu 100% vor. ④ Am 1. 1. 02 veräußert U das Gebäude steuerfrei.

⑤ Die Veräußerung des Gebäudes stellt in Bezug auf die an dem Gebäude ausgeführte sonstige Leistung eine Änderung gegenüber den für den ursprünglichen Vorsteuerabzug maßgeblichen Verhältnissen dar (§ 15 a Abs. 8 UStG). ⑥ Der Vorsteuerabzug für die sonstige Leistung ist für die restlichen neun Jahre des Berichtigungszeitraums zuungunsten von U für den Monat der Veräußerung zu berichtigen (§ 15 a Abs. 3 UStG, § 44 Abs. 3 Satz 2 in Verbindung mit Abs. 4 UStDV).

(10) Handelt es sich um ein Wirtschaftsgut, das nur einmalig zur Erzielung eines Umsatzes verwendet wird, ist die Berichtigung nach den Grundsätzen des § 15 a Abs. 2 UStG vorzunehmen. **100**

(11) ① Nach § 15 a Abs. 3 Satz 2 UStG sind mehrere im Rahmen einer Maßnahme in ein Wirtschaftsgut eingegangene Gegenstände und/oder mehrere im Rahmen einer Maßnahme an einem Wirtschaftsgut ausgeführte sonstige Leistungen zu einem Berichtigungsobjekt zusammenzufassen. ② Dies bedeutet, dass sämtliche im zeitlichen Zusammenhang bezogenen Leistungen, die ein Wirtschaftsgut betreffen und deren Bezug nach wirtschaftlichen Gesichtspunkten dem Erhalt oder der Verbesserung des Wirtschaftsguts dient, zu einem Berichtigungsobjekt zusammenzufassen sind. ③ Hiervon kann vorbehaltlich anderer Nachweise ausgegangen werden, wenn die verschiedenen Leistungen für ein bewegliches Wirtschaftsgut innerhalb von drei Kalendermonaten und für ein unbewegliches Wirtschaftsgut innerhalb von sechs Kalendermonaten bezogen werden. ④ Dabei sind auch Leistungen, die von verschiedenen leistenden Unternehmern bezogen worden sind, zu berücksichtigen. **101**

UStAE 15a.6

Beispiel 1:

① Unternehmer U will eine Etage seines Geschäftshauses renovieren lassen. ② Zu diesem Zweck beauftragt er Malermeister M mit der malermäßigen Instandhaltung der Büroräume. ③ Gleichzeitig beauftragt er Klempnermeister K mit der Renovierung der Sanitärräume auf dieser Etage, bei der auch die vorhandenen Armaturen und Sanitäreinrichtungen ausgetauscht werden sollen. ④ Die malermäßige Instandhaltung der Büroräume und die Klempnerarbeiten werden im gleichen Kalendermonat beendet.

⑤ Bei der Renovierung der Etage des Geschäftshauses handelt es sich um eine Maßnahme. ⑥ Die im Rahmen der Maßnahme ausgeführten Leistungen sind nach § 15 a Abs. 3 UStG zu einem Berichtigungsobjekt zusammenzufassen.

Beispiel 2:

① Unternehmer U beauftragt die Kfz-Werkstatt K, an seinem Pkw eine neue Lackierung anzubringen und einen neuen Motor einzubauen. ② Beide Leistungen werden gleichzeitig ausgeführt.

③ Beide Leistungen werden im Rahmen einer Maßnahme bezogen und sind daher zu einem Berichtigungsobjekt zusammenzufassen.

⑤ Können bei einem gemischt genutzten Gebäude die innerhalb von sechs Monaten bezogenen Leistungen im Sinne des § 15 a Abs. 3 UStG einem bestimmten Gebäudeteil, mit dem entweder ausschließlich vorsteuerschädliche oder vorsteuerunschädliche Ausgangsumsätze erzielt werden, direkt zugerechnet werden, bilden diese dem Gebäudeteil zuzurechnenden Leistungen jeweils ein Berichtigungsobjekt.

Beispiel 3:

① Unternehmer U will sein Wohn- und Geschäftshaus renovieren lassen. ② Zu diesem Zweck beauftragt er Malermeister M mit der malermäßigen Instandsetzung der steuerpflichtig vermieteten Büroräume auf der Büroetage. ③ Gleichzeitig beauftragt er Klempnermeister K mit der Renovierung der Sanitärräume auf der steuerfrei vermieteten Wohnetage, bei der auch die vorhandenen Armaturen und Sanitäreinrichtungen ausgetauscht werden sollen. ④ Die malermäßige Instandhaltung der Büroräume und die Klempnerarbeiten werden im gleichen Kalendermonat beendet.

⑤ Bei der Renovierung der Wohnetage und der Büroetage handelt es sich um jeweils eine Maßnahme. ⑥ Die im Rahmen der malermäßigen Instandhaltung und der Klempnerarbeiten bezogenen Leistungen stellen jeweils ein Berichtigungsobjekt dar.

⑥ Für die Zusammenfassung zu einem Berichtigungsobjekt kommen hinsichtlich der an einem Gegenstand ausgeführten sonstigen Leistungen nur solche sonstigen Leistungen in Betracht, denen über den Zeitpunkt des Leistungsbezugs hinaus eine eigene Werthaltigkeit innewohnt (vgl. Absatz 6). ⑦ Die Grenzen des § 44 UStDV sind auf das so ermittelte Berichtigungsobjekt anzuwenden. ⑧ Der Berichtigungszeitraum beginnt zu dem Zeitpunkt, zu dem der Unternehmer das Wirtschaftsgut nach Durchführung der Maßnahme erstmalig zur Ausführung von Umsätzen verwendet.

Entnahme eines Wirtschaftsguts aus dem Unternehmen

102 (12) Wird dem Unternehmensvermögen ein Wirtschaftsgut entnommen, das bei seiner Anschaffung oder Herstellung nicht zum Vorsteuerabzug berechtigt hatte, für das aber nachträglich Aufwendungen im Sinne des § 15 a Abs. 3 UStG getätigt wurden, die zum Vorsteuerabzug berechtigten, kann für diese Aufwendungen eine Vorsteuerberichtigung vorzunehmen sein.

103 (13) ① Hat der Unternehmer in das Wirtschaftsgut einen anderen Gegenstand eingefügt, der dabei seine körperliche und wirtschaftliche Eigenart endgültig verloren hat und für den der Unternehmer zum Vorsteuerabzug berechtigt war, und hat dieser Gegenstand zu einer im Zeitpunkt der Entnahme nicht vollständig verbrauchten Werterhöhung geführt (Bestandteil nach Abschnitt 3.3 Abs. 2 Satz 3), unterliegt bei einer Entnahme des Wirtschaftsguts nur dieser Gegenstand der Umsatzbesteuerung nach § 3 Abs. 1 b UStG. ② Für eine Vorsteuerberichtigung nach § 15 a Abs. 3 Satz 3 UStG ist insoweit kein Raum. ③ Eine Vorsteuerberichtigung nach § 15 a Abs. 8 UStG bleibt unberührt.

104 (14) ① Ist die durch den Bestandteil verursachte Werterhöhung im Zeitpunkt der Entnahme vollständig verbraucht, ist die Entnahme insgesamt nicht steuerbar. ② In diesem Fall liegt in der Entnahme eine Änderung der Verhältnisse im Sinne des § 15 a Abs. 3 Satz 3 UStG.

Beispiel:

① Unternehmer U erwirbt in 01 einen Pkw von einer Privatperson für 50 000 €. ② Am 1. 4. 02 lässt er von einer Werkstatt für 2 000 € eine Windschutzscheibe einbauen. ③ Die Vorsteuer i. H. v. 380 € macht er geltend. ④ Als er den Pkw am 31. 12. 04 entnimmt, hat der Wert der Windschutzscheibe den aktuellen Wert des Pkw nach der sog. Schwacke-Liste im Zeitpunkt der Entnahme nicht erhöht.

⑤ Die Windschutzscheibe, für die U der Vorsteuerabzug nach § 15 Abs. 1 Satz 1 Nr. 1 UStG zustand, ist in den Pkw eingegangen und hat dabei ihre körperliche und wirtschaftliche Eigenart endgültig verloren. ⑥ Nur die Entnahme der Windschutzscheibe könnte steuerbar nach § 3 Abs. 1 b Satz 1 Nr. 1 UStG sein, da U für einen in das Wirtschaftsgut eingegangenen Gegenstand den Vorsteuerabzug in Anspruch genommen hat. ⑦ Da jedoch im Zeitpunkt der Entnahme keine Werterhöhung durch den Gegenstand mehr vorhanden ist, ist die Entnahme nicht steuerbar (vgl. Abschnitt 3.3 Abs. 2 Satz 3). ⑧ U hat grundsätzlich eine Berichtigung des Vorsteuerabzugs nach § 15 a Abs. 3 Satz 3 UStG vorzunehmen. ⑨ Nach § 44 Abs. 1 in Verbindung mit Abs. 4 UStDV unterbleibt jedoch eine Berichtigung, da der auf die Windschutzscheibe entfallende Vorsteuerbetrag 1 000 € nicht übersteigt.

105 (15) ① Hat der Unternehmer dem Wirtschaftsgut keinen Bestandteil zugefügt, hat also der eingebaute Gegenstand seine Eigenständigkeit behalten, liegen für umsatzsteuerrechtliche Zwecke zwei getrennt zu beurteilende Entnahmen vor. ② In diesen Fällen kann die Entnahme

des eingebauten Gegenstands auch zu einer Vorsteuerberichtigung führen, wenn die Entnahme anders zu beurteilen ist als die für den ursprünglichen Vorsteuerabzug maßgebliche Verwendung (§ 15a Abs. 8 UStG). ③ Eine Berichtigung nach § 15a Abs. 3 UStG scheidet insoweit aus.

(16) Soweit an dem Wirtschaftsgut eine sonstige Leistung ausgeführt wird und das Wirtschaftsgut später entnommen wird, ohne dass eine unentgeltliche Wertabgabe nach § 3 Abs. 1b Satz 1 Nr. 1 UStG zu besteuern ist, liegt ebenfalls eine Änderung der Verhältnisse vor (§ 15a Abs. 3 Satz 3 UStG). **106**

Beispiel:

① U kauft am 1. 5. 01 einen Pkw von einer Privatperson zu einem Preis von 50 000 €. ② Am 1. 7. 01 lässt er in einer Vertragswerkstatt eine Inspektion durchführen (200 € zuzüglich 38 € Umsatzsteuer), in den dafür vorgesehenen Standardschacht ein Autoradio einbauen (1 500 € zuzüglich 285 € Umsatzsteuer) und den Pkw neu lackieren (7 500 € zuzüglich 1 425 € Umsatzsteuer). ③ U macht diese Vorsteuerbeträge ebenso wie den Vorsteuerabzug aus den laufenden Kosten geltend. ④ Am 31. 12. 03 entnimmt U den Pkw.

⑤ Die Neulackierung des Pkw ist eine sonstige Leistung, die im Zeitpunkt des Leistungsbezugs nicht wirtschaftlich verbraucht ist (vgl. Absatz 7). ⑥ Die Inspektion ist bei Leistungsbezug wirtschaftlich verbraucht. ⑦ Das eingebaute Autoradio stellt, weil es ohne Funktionsverlust wieder entfernt werden kann, keinen Bestandteil des Pkw dar, sondern bleibt eigenständiges Wirtschaftsgut (vgl. Absatz 1).

⑧ Da der Pkw nicht zum vollen oder teilweisen Vorsteuerabzug berechtigt hatte und in den Pkw kein Bestandteil eingegangen ist, ist die Entnahme des Pkw am 31. 12. 03 nicht nach § 3 Abs. 1b Satz 1 Nr. 1 UStG steuerbar (§ 3 Abs. 1b Satz 2 UStG). ⑨ Bezüglich der sonstigen Leistung „Neulackierung" ist jedoch nach § 15a Abs. 3 UStG eine Vorsteuerberichtigung durchzuführen, da der Wert der Neulackierung im Zeitpunkt der Entnahme noch nicht vollständig verbraucht ist. ⑩ Das Autoradio unterliegt als selbstständiges Wirtschaftsgut, für das der Vorsteuerabzug in Anspruch genommen wurde, der Besteuerung nach § 3 Abs. 1b Satz 1 Nr. 1 UStG. ⑪ Bemessungsgrundlage ist nach § 10 Abs. 4 Satz 1 Nr. 1 UStG der Einkaufspreis zuzüglich Nebenkosten zum Zeitpunkt der Entnahme. ⑫ Eine Vorsteuerberichtigung nach § 15a UStG hinsichtlich der laufenden Kosten kommt nicht in Betracht.

Für die Lackierung in Rechnung gestellte Umsatzsteuer: 1 425 €
Ursprünglicher Vorsteuerabzug: 1 425 €
Zeitpunkt der erstmaligen Verwendung: 1. 7. 01
Dauer des Berichtigungszeitraums: 1. 7. 01 bis 30. 6. 06
Tatsächliche zum Vorsteuerabzug berechtigende Verwendung im Berichtigungszeitraum:
Jahr 01 bis 03 = 100%

Änderung der Verhältnisse:
ab Jahr 04 = 100 Prozentpunkte (0% statt 100%)
Vorsteuerberichtigung pro Jahr:
(1 425 € /5 Jahre = 285 € pro Jahr)
Jahre 04 und 05 = je 285 € (285 € × 100%),
Jahr 06 = 142,50 € (285 € × 100% × $^6/_{12}$)

⑬ Die Berichtigung des Vorsteuerabzugs ist für die Jahre 04 bis 06 zusammengefasst in der Voranmeldung für Dezember 03 vorzunehmen (§ 44 Abs. 3 Satz 2 UStDV).

(17) ① Im Fall der Entnahme eines Wirtschaftsguts, in das Bestandteile eingegangen oder an dem sonstige Leistungen ausgeführt worden sind, sind bei Prüfung der Vorsteuerberichtigung solche in das Wirtschaftsgut eingegangene Gegenstände aus dem Berichtigungsobjekt auszuscheiden, die bei der Entnahme der Umsatzbesteuerung nach § 3 Abs. 1b UStG unterliegen. ② Die Grenzen des § 44 UStDV sind auf den entsprechend verminderten Vorsteuerbetrag anzuwenden. **107**

Beispiel:

① Unternehmer U erwirbt am 1. 7. 01 aus privater Hand einen gebrauchten Pkw und ordnet ihn zulässigerweise seinem Unternehmen zu. ② Am 1. 3. 02 lässt er in den Pkw nachträglich eine Klimaanlage einbauen (Entgelt 2 500 €), am 1. 4. 02 die Scheiben verspiegeln (Entgelt 500 €) und am 15. 8. 02 eine Effektlackierung auftragen (Entgelt 4 500 €). ③ Für alle drei Leistungen nimmt der Unternehmer zulässigerweise den vollen Vorsteuerabzug in Anspruch. ④ Als U am 1. 3. 03 den Pkw in sein Privatvermögen entnimmt, haben die vorstehend aufgeführten Arbeiten den aktuellen Wert des Pkw nach der sog. „Schwacke-Liste" für die Klimaanlage um 1 500 €, für die Scheibenverspiegelung um 100 € und für die Effektlackierung um 3 500 € erhöht.

⑤ Die Entnahme des Pkw selbst unterliegt mangels Vorsteuerabzug bei der Anschaffung nicht der Besteuerung (§ 3 Abs. 1b Satz 2 UStG); auch eine Vorsteuerberichtigung kommt insoweit nicht in Betracht. ⑥ Mit dem Einbau der Klimaanlage in den Pkw hat diese ihre körperliche und wirtschaftliche Eigenart endgültig verloren und zu einer dauerhaften, im Zeitpunkt der Entnahme nicht vollständig verbrauchten Werterhöhung des Gegenstands geführt. ⑦ Die Entnahme der Klimaanlage unterliegt daher insoweit nach § 3 Abs. 1b Satz 1 Nr. 1 in Verbindung mit Satz 2 UStG mit einer Bemessungsgrundlage i. H. v. 1 500 € der Umsatzsteuer.

⑧ Hinsichtlich der Scheibenverspiegelung und der Effektlackierung entfällt eine Besteuerung nach § 3 Abs. 1b UStG, da sonstige Leistungen nicht zu Bestandteilen eines Gegenstands führen (vgl. Abschnitt 3.3 Abs. 2 Satz 4). ⑨ Für diese Leistungen ist allerdings zu prüfen, in wieweit eine Vorsteuerberichtigung nach § 15a Abs. 3 in Verbindung mit Abs. 8 UStG durchzuführen ist.

⑩ Der Einbau der Klimaanlage, die Scheibenverspiegelung und die Effektlackierung werden im Rahmen einer Maßnahme bezogen und sind daher zu einem Berichtigungsobjekt zusammenzufassen. ⑪ Da die Entnahme der Klimaanlage jedoch nach § 3 Abs. 1b Satz 1 Nr. 1 UStG als eine unentgeltliche Wertabgabe zu versteuern ist, scheidet diese für Zwecke der Vorsteuerberichtigung aus dem Berichtigungsobjekt aus. ⑫ Die Grenze des § 44 Abs. 1 UStDV von 1 000 € ist auf das verbleibende Berichtigungsobjekt anzuwenden, für das die Vorsteuerbeträge aus der Scheibenverspiegelung i. H. v. 95 € und der Effektlackierung i. H. v. 855 € insgesamt nur 950 € betragen. ⑬ Eine Vorsteuerberichtigung nach § 15a Abs. 3 UStG für das verbleibende Berichtigungsobjekt unterbleibt daher.

UStAE 15a.7

15 a.7 Berichtigung nach § 15 a Abs. 4 UStG

111 (1) ① Eine Vorsteuerberichtigung nach § 15 a Abs. 4 UStG ist vorzunehmen, wenn der Unternehmer eine sonstige Leistung bezieht, die nicht in einen Gegenstand eingeht oder an diesem ausgeführt wird und deren Verwendung anders zu beurteilen ist, als dies zum Zeitpunkt des Leistungsbezugs beabsichtigt war. ② Sonstige Leistungen, die unter die Berichtigungspflicht nach § 15 a Abs. 4 UStG fallen, sind z. B.:

1. Beratungsleistungen (z. B. für ein Unternehmenskonzept, eine Produktkonzeption);
2. gutachterliche Leistungen;
3. Anmietung eines Wirtschaftsguts;
4. Patente, Urheberrechte, Lizenzen;
5. bestimmte Computerprogramme;
6. Werbeleistungen;
7. Anzahlung für längerfristiges Mietleasing.

112 (2) ① Wird die sonstige Leistung mehrfach zur Erzielung von Einnahmen verwendet, erfolgt die Vorsteuerberichtigung pro rata temporis (§ 15 a Abs. 4 in Verbindung mit Abs. 5 UStG). ② Wird die bezogene sonstige Leistung hingegen nur einmalig zur Erzielung von Umsätzen verwendet, erfolgt die Berichtigung des gesamten Vorsteuerbetrags unmittelbar für den Zeitpunkt der Verwendung.

113 (3) ① Nach § 15 a Abs. 4 Satz 2 UStG ist die Berichtigung des Vorsteuerabzugs bei sonstigen Leistungen, die nicht unter § 15 a Abs. 3 UStG fallen, auf solche sonstigen Leistungen zu beschränken, für die in der Steuerbilanz ein Aktivierungsgebot bestünde. ② Unerheblich ist, ob der Unternehmer nach den §§ 140, 141 AO tatsächlich zur Buchführung verpflichtet ist oder freiwillig Bücher führt oder einkommensteuerrechtlich insoweit Einkünfte erzielt, die als Überschuss der Einnahmen über die Werbungskosten ermittelt werden. ③ Eine Berichtigung des Vorsteuerabzugs kommt gemäß § 15 a Abs. 4 Satz 3 UStG jedoch stets in Betracht, wenn der Leistungsempfänger für einen Zeitraum vor Ausführung der Leistung den Vorsteuerabzug vornehmen konnte (An- oder Vorauszahlungen).

114 (4) ① Sonstige Leistungen sind umsatzsteuerrechtlich grundsätzlich erst im Zeitpunkt ihrer Vollendung ausgeführt (Abschnitt 13.1 Abs. 3 Satz 1). ② Werden sonstige Leistungen im Sinne des § 15 a Abs. 4 in Verbindung mit Abs. 1 UStG bereits vor ihrer Vollendung im Unternehmen des Leistungsempfängers verwendet, kommt eine Berichtigung des Vorsteuerabzugs bereits vor Leistungsbezug (Vollendung) in denjenigen Fällen in Betracht, in denen bereits vor Leistungsbezug die Voraussetzungen für den Vorsteuerabzug nach § 15 UStG gegeben sind (Zahlung vor Ausführung der Leistung). ③ Auch hier ist die Berichtigung des Vorsteuerabzugs durchzuführen, wenn sich im Zeitpunkt der Verwendung die Verhältnisse gegenüber den für den ursprünglichen Vorsteuerabzug maßgebenden Verhältnissen ändern.

Beispiel 1:

① Unternehmer U schließt mit dem Vermieter V einen Vertrag über die Anmietung eines Bürogebäudes (Fertigstellung vor dem 1. 1. 1998 und Baubeginn vor dem 1. 1. 1993) über eine Laufzeit von fünf Jahren beginnend am 1. 1. 01. ② Da U beabsichtigt, in den Büroräumen zum Vorsteuerabzug berechtigende Umsätze auszuführen, vermietet V das Gebäude unter Verzicht auf die Steuerbefreiung (§ 4 Nr. 12 Satz 1 Buchstabe a i. V. m. § 9 Abs. 1 und 2 UStG) zum Pauschalpreis von 1 000 000 € zzgl. 190 000 € Umsatzsteuer für die gesamte Mietlaufzeit. ③ Vereinbarungsgemäß zahlt U die vertraglich vereinbarte Miete zum Beginn der Vertragslaufzeit und macht entsprechend den Vorsteuerabzug geltend. ④ Ab dem 1. 1. 02 nutzt U das Gebäude bis zum Vertragsende am 31. 12. 05 nur noch zur Erzielung von nicht zum Vorsteuerabzug berechtigenden Umsätzen.

⑤ U wäre bei bestehender Buchführungspflicht verpflichtet, für die vorausbezahlte Miete für die Jahre 02 bis 05 in der Steuerbilanz einen Rechnungsabgrenzungsposten zu bilanzieren.

⑥ Bei der von V erbrachten Leistung handelt es sich nicht um Teilleistungen. ⑦ U ist nach § 15 a Abs. 4 i. V. m. Abs. 1 UStG verpflichtet, die Vorsteuer in den Jahren 02 bis 05 um jeweils 38 000 € (190 000 €/5 Jahre) zu berichtigen.

Beispiel 2:

① Unternehmer U ist Chirurg und schließt mit A einen für die Zeit vom 1. 1. 01 bis zum 31. 12. 07 befristeten Leasingvertrag für ein medizinisches Gerät ab. ② Als Leasingvorauszahlung wird ein Betrag von 100 000 € zzgl. 19 000 € Umsatzsteuer vereinbart; Teilleistungen liegen nach der vertraglichen Vereinbarung nicht vor. ③ U leistet im Januar 01 die gesamte Leasingvorauszahlung. ④ U beabsichtigt bei Zahlung, das Gerät zur Ausführung zum Vorsteuerabzug berechtigender Ausgangsumsätze (Schönheitsoperationen) zu verwenden. ⑤ Er macht für den Januar 01 deshalb den Vorsteuerabzug in voller Höhe geltend und nutzt das Gerät ab 1. 1. 01. ⑥ Tatsächlich kommt es ab dem 1. 1. 03 jedoch nur noch zur Erzielung nicht zum Vorsteuerabzug berechtigender Ausgangsumsätze. ⑦ Bei der Leasingvorauszahlung handelt es sich um eine Ausgabe, die nach ertragsteuerrechtlichen Grundsätzen als Rechnungsabgrenzungsposten zu bilanzieren wäre.

⑧ Umsatzsteuerrechtlich ist davon auszugehen, dass es sich um eine Zahlung für eine sonstige Leistung handelt, die nicht mit der erstmaligen Verwendung verbraucht ist. ⑨ Der Vorsteuerabzug ist nach § 15 a Abs. 4 in Verbindung mit Abs. 1 UStG pro rata temporis zu berichtigen. ⑩ Der Berichtigungszeitraum beträgt fünf Jahre, beginnt am 1. 1. 01 und endet am 31. 12. 05, obwohl der Leasingvertrag bis zum 31. 12. 07 befristet ist.

⑪ U muss für die Jahre 03 bis 05 jeweils 3 800 € im Rahmen der Berichtigung des Vorsteuerabzugs zurückzahlen.

Beispiel 3:

① Unternehmer U schließt am 1. 2. 01 mit Vermieter V einen Vertrag über die Anmietung eines Pavillons für die Dauer vom 1. 9. 01 bis zum 15. 9. 01 zum Preis von 7 500 € zzgl. 1 425 € USt. ② Vereinbarungsgemäß zahlt U bereits bei Vertragsschluss das vereinbarte Mietentgelt und macht für den Februar 01 den Vorsteuerabzug geltend, da er beabsichtigt, in dem Pavillon zum Vorsteuerabzug berechtigende Umsätze (Veräußerung von Kraftfahrzeugen) auszuführen. ③ Tatsächlich nutzt er den Pavillon aber dann für eine Präsentation der von ihm betriebenen Versicherungsagentur.

④ U muss den Vorsteuerabzug nach § 15 a Abs. 4 i. V. m. Abs. 1 UStG berichtigen, weil die tatsächliche Verwendung von der Verwendungsabsicht abweicht. ⑤ U muss für das Kalenderjahr 01 1 425 € Vorsteuer zurückzahlen. ⑥ Nach § 15 a Abs. 5 Satz 2 UStG ist die kürzere Verwendungsdauer zu berücksichtigen.

15 a.8 Berichtigung nach § 15 a Abs. 6 UStG

UStAE 15 a.8

(1) ① Für nachträgliche Anschaffungs- oder Herstellungskosten, die an einem Wirtschaftsgut anfallen, das nicht nur einmalig zur Ausführung von Umsätzen verwendet wird, gilt ein gesonderter Berichtigungszeitraum (§ 15 a Abs. 6 UStG). ② Der Berichtigungszeitraum beginnt zu dem Zeitpunkt, zu dem der Unternehmer das in seiner Form geänderte Wirtschaftsgut erstmalig zur Ausführung von Umsätzen verwendet. ③ Die Dauer bestimmt sich nach § 15 a Abs. 1 UStG und beträgt fünf bzw. zehn Jahre. ④ Der Berichtigungszeitraum endet jedoch spätestens, wenn das Wirtschaftsgut, für das die nachträglichen Anschaffungs- oder Herstellungskosten angefallen sind, wegen Unbrauchbarkeit vom Unternehmer nicht mehr zur Ausführung von Umsätzen verwendet werden kann (§ 15 a Abs. 5 Satz 2 UStG). **121**

Beispiel:

① Ein am 1. 7. 01 erstmalig verwendetes bewegliches Wirtschaftsgut hat eine betriebsgewöhnliche Nutzungsdauer von 4 Jahren. ② Am 31. 1. 03 fallen nachträgliche Herstellungskosten an, durch die aber die betriebsgewöhnliche Nutzungsdauer des Wirtschaftsguts nicht verlängert wird.

③ Der Berichtigungszeitraum für das Wirtschaftsgut selbst beträgt 4 Jahre, endet also am 30. 6. 05. ④ Für die nachträglichen Herstellungskosten beginnt der Berichtigungszeitraum erst am 1. 2. 03. ⑤ Er endet am 31. 1. 08 und dauert somit unabhängig von der betriebsgewöhnlichen Nutzungsdauer des Wirtschaftsguts 5 Jahre.

⑤ Die Berichtigung ist gesondert nach den dafür vorliegenden Verhältnissen und entsprechend dem dafür geltenden Berichtigungszeitraum durchzuführen (vgl. Abschnitt 15 a.4). ⑥ Auch hier ist von den gesamten Vorsteuerbeträgen auszugehen, die auf die nachträglichen Anschaffungs- oder Herstellungskosten entfallen (zur Ermittlung eines prozentualen Verhältnisses des ursprünglichen Vorsteuerabzugs zum Vorsteuervolumen insgesamt vgl. Abschnitt 15 a.1 Abs. 3). **122**

(2) Für nachträgliche Anschaffungs- oder Herstellungskosten, die für ein Wirtschaftsgut anfallen, das nur einmalig zur Erzielung eines Umsatzes verwendet wird, ist die Berichtigung des Vorsteuerabzugs für den Besteuerungszeitraum vorzunehmen, in dem das Wirtschaftsgut verwendet wird (vgl. Abschnitt 15 a.5). **123**

15 a.9 Berichtigung nach § 15 a Abs. 7 UStG[1]

UStAE 15 a.9

(1) Eine Änderung der Verhältnisse ist auch beim Übergang von der allgemeinen Besteuerung zur Nichterhebung der Steuer nach § 19 Abs. 1 UStG oder umgekehrt und beim Übergang von der allgemeinen Besteuerung zur Durchschnittssatzbesteuerung nach den §§ 23, 23 a und 24 UStG oder umgekehrt gegeben (§ 15 a Abs. 7 UStG). **131**

(2) Vorsteuerbeträge, die vor dem Wechsel der Besteuerungsform für ein noch nicht fertig gestelltes Wirtschaftsgut angefallen sind, sind erst ab dem Zeitpunkt der erstmaligen Verwendung dieses Wirtschaftsguts nach § 15 a Abs. 7 UStG zu berichtigen (vgl. BFH-Urteil vom 12. 6. 2008, V R 22/06, BStBl. 2009 II S. 165). **132**

Übergang von der Regelbesteuerung zur Nichterhebung der Steuer nach § 19 Abs. 1 UStG oder umgekehrt

(3) Bei Wirtschaftsgütern und sonstigen Leistungen, die nicht nur einmalig zur Ausführung von Umsätzen verwendet werden, ist eine Berichtigung nach § 15 a Abs. 1 UStG vorzunehmen, wenn im Berichtigungszeitraum auf Grund des Wechsels der Besteuerungsform eine Änderung gegenüber den für den ursprünglichen Vorsteuerabzug maßgeblichen Verhältnissen vorliegt. **133**

Beispiel:

① Unternehmer U ist im Jahr 01 Regelbesteuerer. ② Für das Jahr 02 und die Folgejahre findet die Kleinunternehmerbesteuerung Anwendung, da die Umsatzgrenzen nicht überschritten werden und U nicht optiert. ③ Im Jahr 01 schafft U eine Maschine für 100 000 € zuzüglich 19 000 € Umsatzsteuer an. ④ Aus der Anschaffung der Maschine macht U den Vorsteuerabzug geltend, da er im Zeitpunkt der Anschaffung beabsichtigt, die Maschine für steuerpflichtige Ausgangsumsätze zu verwenden. ⑤ Erst am 1. 7. 03 kommt es zu dieser Verwendung der Maschine.

⑥ Da die Maschine nicht nur einmalig zur Ausführung von Umsätzen verwendet wird, ist für die Vorsteuerberichtigung § 15 a Abs. 1 UStG maßgeblich. ⑦ Nach § 15 a Abs. 7 UStG stellt der Übergang von der Regelbesteuerung zur Kleinunternehmerbesteuerung zum 1. 1. 02 eine Änderung der Verhältnisse dar.

⑧ Bei Beginn der Verwendung der Maschine (Beginn des Berichtigungszeitraums) am 1. 7. 03 ist U Kleinunternehmer, der nicht zum Vorsteuerabzug berechtigt ist. ⑨ Er muss daher eine Berichtigung pro rata temporis zuungunsten vornehmen, obwohl er die Maschine tatsächlich entsprechend seiner Verwendungsabsicht im Zeitpunkt des Leistungsbezugs verwendet. ⑩ Es ergibt sich gegenüber dem ursprünglichen Vorsteuerabzug von 100% eine Abweichung von 100 Prozentpunkten (0% statt 100%).

---

[1] Wechsel der Besteuerungsform vgl. A 15.1 Abs. 5 u. 6, A 19.5, 23.3 Abs. 2 u. 24.8 Abs. 4 UStAE. Vorsteuerberichtigung vgl. A 15 a.2 Abs. 2 Nr. 3 u. 4, A 15 a.9 UStAE.

UStAE 15a.9

134 (4) Bei Wirtschaftsgütern oder sonstigen Leistungen, die nur einmalig zur Ausführung eines Umsatzes verwendet werden, ist die durch den Wechsel der Besteuerungsform ausgelöste Vorsteuerberichtigung in dem Besteuerungszeitraum vorzunehmen, in dem das Wirtschaftsgut verwendet wird (§ 15 a Abs. 2 Satz 2 i. V. m. Abs. 7 UStG).

Beispiel:

① Unternehmer U ist im Jahr 01 Kleinunternehmer. ② Er erwirbt im Jahr 01 Waren, die zur Veräußerung bestimmt sind (Umlaufvermögen). ③ Im Jahr 02 findet wegen Überschreitens der Umsatzgrenze die Kleinunternehmerregelung keine Anwendung. ④ Im Jahr 03 liegen die Voraussetzungen der Kleinunternehmerbesteuerung wieder vor und U wendet ab 03 wieder die Kleinunternehmerregelung an. ⑤ U veräußert die im Jahr 01 erworbenen Waren im Jahr 03.

⑥ Für die Vorsteuerberichtigung der Waren ist § 15 a Abs. 2 UStG maßgeblich, da diese nur einmalig zur Ausführung eines Umsatzes verwendet werden. ⑦ Nach § 15 a Abs. 7 UStG stellt der Übergang zur Regelbesteuerung grundsätzlich eine Änderung der Verhältnisse dar. ⑧ Maßgeblich für die Vorsteuerberichtigung sind jedoch die Verhältnisse im Zeitpunkt der tatsächlichen Verwendung der Waren. ⑨ Die Verwendung ist mit der Veräußerung der Waren im Jahr 03 erfolgt. ⑩ Im Jahr 02 findet keine Verwendung statt. ⑪ Daher ist die in diesem Jahr eingetretene Änderung der Besteuerungsform ohne Belang. ⑫ Eine Änderung der Verhältnisse gegenüber den ursprünglichen für den Vorsteuerabzug maßgebenden Verhältnissen liegt nicht vor, da U wie im Jahr 01 auch in 03 Kleinunternehmer ist. ⑬ Daher ist weder im Jahr 02 noch im Jahr 03 eine Berichtigung des Vorsteuerabzugs vorzunehmen.

Übergang von der Regelbesteuerung zur Durchschnittssatzbesteuerung nach den §§ 23, 23 a oder 24 UStG oder umgekehrt

135 (5) ① Vorsteuern aus der Anschaffung einheitlicher Gegenstände, die sowohl in einem gewerblichen Unternehmensteil (Lohnunternehmen) als auch in einem landwirtschaftlichen Unternehmensteil (§ 24 UStG) verwendet werden, sind nicht nach § 15 UStG abziehbar, soweit sie den nach § 24 UStG versteuerten Umsätzen zuzurechnen sind (§ 24 Abs. 1 Satz 4 UStG, Abschnitt 24.7 Abs. 2). ② Werden diese Gegenstände abweichend von der bei Leistungsbezug gegebenen Verwendungsabsicht in einem anderen Umfang im jeweils anderen Unternehmensteil verwendet, kommt eine Berichtigung des Vorsteuerabzugs nach § 15 a UStG in Betracht.

Beispiel:

① Unternehmer U erwirbt Anfang Januar des Jahres 01 einen Mähdrescher für 200 000 € zuzüglich 38 000 € Umsatzsteuer, der zunächst zu 90% im gewerblichen und zu 10% im landwirtschaftlichen Unternehmensteil (§ 24 UStG) verwendet wird. ② Ab dem Jahr 02 ändert sich dauerhaft das Nutzungsverhältnis in 50% (Landwirtschaft) zu 50% (Gewerbe).

③ Im Jahr 01 sind die auf die Verwendung im gewerblichen Unternehmensteil entfallenden Vorsteuerbeträge i. H. v. 34 200 € (90% von 38 000 €) als Vorsteuer abziehbar. ④ In den Jahren 02 bis 05 sind jeweils 3 040 € (40% von 7 600 €) nach § 15 a UStG zurückzuzahlen.

136 (6) ① Eine Vorsteuerberichtigung nach § 15 a UStG ist auch vorzunehmen, wenn im Zeitpunkt des Leistungsbezugs nur ein Unternehmensteil besteht, im Zeitpunkt der späteren Verwendung dann jedoch zwei Unternehmensteile bestehen und das Wirtschaftsgut in beiden Unternehmensteilen verwendet wird. ② Ebenfalls ist die Vorsteuer zu berichtigen, wenn bei zwei Unternehmensteilen das Wirtschaftsgut erst ausschließlich in einem Teil verwendet wird und sich die Nutzung in einem Folgejahr ändert.

Beispiel 1:

① Unternehmer U erwirbt Anfang Januar des Jahres 01 einen Mähdrescher für 200 000 € zuzüglich 38 000 € Umsatzsteuer, der zunächst ausschließlich im gewerblichen Unternehmensteil (Lohnunternehmen) verwendet wird. ② Ab dem Jahr 02 wird der Mähdrescher dauerhaft zu 50% im landwirtschaftlichen Unternehmensteil (§ 24 UStG) genutzt.

③ Im Jahr 01 sind sämtliche Vorsteuern (38 000 €) abziehbar. ④ In den Jahren 02 bis 05 sind jeweils 3 800 € (50% von 7 600 €) nach § 15 a UStG an das Finanzamt zurückzuzahlen.

Beispiel 2:

① Unternehmer U erwirbt Anfang Januar des Jahres 01 einen Mähdrescher für 200 000 € zuzüglich 38 000 € Umsatzsteuer, der zunächst ausschließlich im landwirtschaftlichen Unternehmensteil (§ 24 UStG) verwendet wird. ② Ab dem Jahr 02 wird der Mähdrescher dauerhaft ausschließlich im gewerblichen Unternehmensteil (Lohnunternehmen) genutzt.

③ Im Jahr 01 entfällt der Vorsteuerabzug (§ 24 Abs. 1 Satz 4 UStG). ④ In den Jahren 02 bis 05 erhält der Unternehmer eine Vorsteuererstattung nach § 15 a UStG von jeweils 7 600 € ($^1/_5$ von 38 000 €).

137 (7) ① Bei der Aufgabe oder Veräußerung eines land- und forstwirtschaftlichen Betriebs kann die Vermietung/Verpachtung von zurückbehaltenen Wirtschaftsgütern, die nicht nur einmalig zur Ausführung von Umsätzen verwendet werden und deren Berichtigungszeitraum nach § 15 a Abs. 1 UStG noch nicht abgelaufen ist, zu einer Änderung der Verhältnisse führen. ② In diesen Fällen ist der Vorsteuerabzug für derartige Wirtschaftsgüter nach § 15 a Abs. 1 UStG zu berichtigen.

Beispiel 1:

① Unternehmer U, der Landwirt ist und der nach § 24 Abs. 4 UStG zur Regelbesteuerung optiert hat, errichtet ein Stallgebäude für 500 000 € zzgl. 95 000 € Umsatzsteuer, das Anfang Januar des Jahres 01 erstmals verwendet wird. ② Zum 1. 1. 02 veräußert er seinen Betrieb unter Zurückbehaltung dieses Stallgebäudes, das er nun nach § 4 Nr. 12 Satz 1 Buchstabe a UStG steuerfrei an den Käufer vermietet.

③ Die auf die Errichtung des Gebäudes entfallende Vorsteuer i. H. v. 95 000 € ist abziehbar, da der Landwirt bei Errichtung des Gebäudes beabsichtigte, dieses zur Erzielung von zum Vorsteuerabzug berechtigenden Umsätzen zu verwenden. ④ Die nach § 4 Nr. 12 Satz 1 Buchstabe a UStG steuerfreie Vermietung stellt eine Änderung der Verhältnisse dar. ⑤ In den Jahren 02 bis 10 sind jeweils 9 500 € ($^1/_{10}$ von 95 000 €) nach § 15 a Abs. 1 UStG zurückzuzahlen.

Beispiel 2:

① Unternehmer U, der Landwirt ist und der die Durchschnittssatzbesteuerung nach § 24 UStG anwendet, erwirbt Anfang Januar des Jahres 01 einen Mähdrescher für 200 000 € zuzüglich 38 000 € Umsatzsteuer. ② Zum 1. 1. 02 veräußert er seinen Betrieb unter Zurückbehaltung des Mähdreschers, den er steuerpflichtig an den Käufer vermietet.

③ Im Zeitpunkt des Leistungsbezugs (Jahr 01) ist der Vorsteuerabzug nach § 24 Abs. 1 Satz 4 UStG ausgeschlossen. ④ In den Folgejahren wird der Mähdrescher zur Ausführung steuerpflichtiger Vermietungsumsätze verwendet. ⑤ Es liegt eine Änderung der Verhältnisse vor. ⑥ In den Jahren 02 bis 05 erhält der Unternehmer eine Vorsteuererstattung nach § 15 a UStG von jeweils 7 600 € ($^1/_5$ von 38 000 €).

– Land- und Forstwirtschaft – LS zu 15a.9

Zur **Vorsteuerberichtigung** bei land- und forstwirtschaftlichen Betrieben für Wirtschaftsgüter, die nur **einmalig** zur Erzielung von Umsätzen verwendet werden (§ 15 a Abs. 2 u. 7). *Verfügung OFD Karlsruhe S 7316 K. 4 v. 29. 2. 2016 (UR 2017 S. 35).* 138

Erlass von Vorsteuerberichtigungsbeträgen beim **Übergang eines Landwirts von der Regel- zur Durchschnittssatzbesteuerung.** – 1. Das FG darf Verwaltungsanweisungen nicht selbst auslegen, sondern nur darauf überprüfen, ob die Auslegung durch die Behörde möglich ist. – 2. Die Übergangsregelung der Finanzverwaltung zur eingeschränkten Anwendung des BFH-Urteils vom 16. Dezember 1993 V R 79/91 (BFHE 173, 265, BStBl. II 1994, 339) kann nach dem BMF-Schreiben vom 13. Februar 1997 (DStR 1997, 372) dahingehend ausgelegt werden, dass ein Steuerpflichtiger den Erlass der beim Wechsel von der Regel- zur Durchschnittssatzbesteuerung anfallenden Berichtigungsbeträge (§ 15 a UStG 1999) nur dann beanspruchen kann, wenn er eine Änderung der Steuerfestsetzungen erreicht, die wegen eines vorherigen Wechsels von der Durchschnittssatz- zur Regelbesteuerung Berichtigungsbeträge zu seinen Gunsten enthalten. *BFH-Urteil v. 13. 1. 2011 – V R 43/09 (BStBl. II S. 610).*

Ein Steuerpflichtiger, der seinen landwirtschaftlichen Betrieb ohne den im Bau befindlichen Milchviehstall in eine GbR einbringt, hat im Fall der anschließenden Fertigstellung und **steuerpflichtigen Verpachtung des Stalls** einen Vorsteuerberichtigungsanspruch nach § 15 a UStG ab dem Zeitpunkt der erstmaligen Verwendung hinsichtlich der Vorsteuerbeträge, die bis zur Einbringung des Betriebs in die GbR entstanden sind. *Niedersächsisches FG, Urt. v. 1. 2. 2007, 16 K 10 591/03, rkr. (DStRE S. 1039).*

15 a.10 Geschäftsveräußerung im Sinne des § 1 Abs. 1 a UStG und andere Formen der Rechtsnachfolge UStAE 15a.10

① Keine Änderung der Verhältnisse im Sinne des § 15 a UStG liegt z. B. in folgenden Fällen der Rechtsnachfolge vor: 141

1.[1] Geschäftsveräußerung im Sinne des § 1 Abs. 1 a UStG (§ 1 Abs. 1 a Satz 3, § 15 a Abs. 10 UStG; siehe auch Abschnitt 15 a.2 Abs. 3),
2.[2] ① Gesamtrechtsnachfolge, da der Rechtsnachfolger in die gesamte Rechtsposition des Rechtsvorgängers eintritt. ② Der Berichtigungszeitraum des Erblassers geht nur auf den Erben über, wenn dieser die Unternehmereigenschaft durch eine eigene Tätigkeit begründet,
3. Anwachsung beim Ausscheiden eines Gesellschafters aus einer zweigliedrigen Personengesellschaft,
4.[3] ① Begründung oder Wegfall eines Organschaftsverhältnisses. ② Eine Vorsteuerberichtigung nach § 15 a UStG hat aber dann zu erfolgen, wenn eine Gesellschaft mit steuerpflichtigen Umsätzen für ein Wirtschaftsgut den vollen Vorsteuerabzug erhalten hat und später auf Grund der Vorschrift des § 2 Abs. 2 Nr. 2 UStG ihre Selbstständigkeit zugunsten eines Organträgers mit nach § 15 Abs. 2 Satz 1 Nr. 1 UStG steuerfreien Umsätzen verliert und das Wirtschaftsgut im Gesamtunternehmen des Organträgers zur Ausführung von steuerpflichtigen und steuerfreien Umsätzen verwendet wird (BFH-Beschluss vom 12. 5. 2003, V B 211/02, V B 220/02, BStBl. II S. 784).

② Der maßgebliche Berichtigungszeitraum wird nicht unterbrochen. ③ Eine Vorsteuerberichtigung wegen Änderung der Verhältnisse beim Rechtsnachfolger hat nur zu erfolgen, wenn sich die Verhältnisse im Vergleich zu den beim Vorsteuerabzug des Rechtsvorgängers ursprünglich maßgebenden Verhältnissen ändern. 142

1. Der Vorsteuerabzug ist von einem Unternehmer für den Besteuerungszeitraum geltend zu machen, in dem die Berechtigung zum Vorsteuerabzug entstanden ist. – 2. War der Leistungsempfänger zu dem danach maßgeblichen Zeitpunkt **nicht Unternehmer [Abwasserzweckverband]**, kann der Vorsteuerabzug seinem **Rechtsnachfolger** nicht nachträglich gemäß § 15 a UStG gewährt werden. *BFH-Urteil v. 1. 12. 2010 – XI R 28/08 (BStBl. 2011 II S. 994).* LS zu 15a.10 143

15 a.11 Vereinfachungen bei der Berichtigung des Vorsteuerabzugs UStAE 15a.11

(1) ① § 44 UStDV enthält Regelungen zur Vereinfachung bei der Berichtigung des Vorsteuerabzugs. ② Bei der Prüfung, ob die in § 44 UStDV aufgeführten Betragsgrenzen erreicht sind, ist jeweils auf den Gegenstand oder die bezogene sonstige Leistung abzustellen. ③ Dies gilt auch dann, wenn mehrere Gegenstände gleicher Art und Güte geliefert wurden. ④ Bei der Lieferung vertretbarer Sachen ist hingegen in der Regel auf die zwischen leistendem Unternehmer und Leistungsempfänger geschlossene vertragliche Vereinbarung abzustellen (zur Ausnahme vgl. BFH-Urteil vom 3. 11. 2011, V R 32/10, BStBl. 2012 II S. 525, und Abschnitt 15 a.1 Abs. 1 Satz 5). 151

---

[1] Vgl. A 1.5, 15 a.2 Abs. 3, 24.1 Abs. 5 UStAE (Land- und Forstwirtschaft).
[2] Vgl. A 2.6 Abs. 5 UStAE (Erbgang).
[3] Organschaft vgl. Hinweise bei A 2.8 UStAE (Erbgang).

152 (2) ① Die Regelung des § 44 Abs. 1 UStDV, nach der eine Berichtigung des Vorsteuerabzugs entfällt, wenn die auf die Anschaffungs- oder Herstellungskosten eines Wirtschaftsguts entfallende Vorsteuer 1 000 € nicht übersteigt, gilt für alle Berichtigungsobjekte unabhängig davon, nach welcher Vorschrift die Berichtigung des Vorsteuerabzugs vorzunehmen ist und in welchem Umfang sich die für den Vorsteuerabzug maßgebenden Verhältnisse später ändern. ② Bei der Bestimmung der 1 000 €-Grenze ist von den gesamten Vorsteuerbeträgen auszugehen, die auf die Anschaffung oder Herstellung bzw. den Bezug des einzelnen Berichtigungsobjekts entfallen. ③ Nachträgliche Anschaffungs- oder Herstellungskosten sind nicht einzubeziehen, da sie eigenständige Berichtigungsobjekte darstellen und selbstständig der 1 000 €-Grenze unterliegen.

153 (3) ① Nach der Vereinfachungsregelung des § 44 Abs. 2 UStDV entfällt eine Vorsteuerberichtigung, wenn die dort genannten Grenzen nicht überschritten sind. ② Die Grenze von 10% ist in der Weise zu berechnen, dass das Aufteilungsverhältnis, das sich für das betreffende Jahr des Berichtigungszeitraums ergibt, dem Verhältnis gegenübergestellt wird, das für den ursprünglichen Vorsteuerabzug für das Berichtigungsobjekt nach § 15 UStG maßgebend war. ③ Für die absolute Grenze nach § 44 Abs. 2 UStDV von 1 000 € ist der Betrag maßgebend, um den der Vorsteuerabzug für das Berichtigungsobjekt auf Grund der Verhältnisse des betreffenden Jahres des Berichtigungszeitraums tatsächlich zu berichtigen wäre. ④ Bei Berichtigungsobjekten, die nur einmalig zur Ausführung eines Umsatzes verwendet werden, gilt entsprechendes für den Zeitpunkt der tatsächlichen Verwendung des Berichtigungsobjekts.

154 (4) ① Wird ein Wirtschaftsgut, das nicht nur einmalig zur Ausführung von Umsätzen verwendet wird, während des nach § 15 a Abs. 1 UStG maßgeblichen Berichtigungszeitraums veräußert oder nach § 3 Abs. 1 b UStG geliefert, stehen damit die Verhältnisse bis zum Ablauf des Berichtigungszeitraums fest. ② Daher ist die Berichtigung stets für den Voranmeldungszeitraum durchzuführen, in dem die Veräußerung oder unentgeltliche Wertabgabe nach § 3 Abs. 1 b UStG stattgefunden hat (§ 44 Abs. 3 Satz 2 UStDV). ③ Hierbei sind die Berichtigung für das Kalenderjahr der Veräußerung oder unentgeltlichen Wertabgabe nach § 3 Abs. 1 b UStG und die Berichtigung für die noch folgenden Kalenderjahre des Berichtigungszeitraums gleichzeitig vorzunehmen. ④ Entsprechend ist zu verfahren, wenn eine sonstige Leistung entgeltlich oder durch eine Zuwendung im Sinne des § 3 Abs. 9 a UStG aus dem Unternehmen ausscheidet (z. B. Veräußerung einer Lizenz).

155 (5) ① Verkürzt sich der Berichtigungszeitraum deswegen, weil ein nicht nur einmalig zur Ausführung von Umsätzen dienendes Wirtschaftsgut wegen Unbrauchbarkeit vorzeitig nicht mehr zur Ausführung von Umsätzen verwendbar ist (vgl. Abschnitt 15 a.3 Abs. 7), kann für die vorausgegangenen Abschnitte des Berichtigungszeitraums eine Neuberechnung des jeweiligen Berichtigungsbetrages erforderlich werden. ② Die Unterschiede, die sich in einem solchen Fall ergeben, können aus Vereinfachungsgründen bei der Steuerfestsetzung für das letzte Kalenderjahr des verkürzten Berichtigungszeitraums berücksichtigt werden.

156 (6) ① Die Vorsteuerberichtigung nach § 15 a UStG ist grundsätzlich im Voranmeldungszeitraum durchzuführen, in dem die Änderung der Verhältnisse eingetreten ist. ② Übersteigt allerdings der Betrag, um den der Vorsteuerabzug bei einem Wirtschaftsgut für das Kalenderjahr zu berichtigen ist, nicht 6 000 €, ist nach § 44 Abs. 3 Satz 1 UStDV die Berichtigung erst im Rahmen der Steuerfestsetzung für den Besteuerungszeitraum vorzunehmen, in dem die Änderung der Verhältnisse eingetreten ist.

UStAE 15 a.12

15 a.12 Aufzeichnungspflichten für die Berichtigung des Vorsteuerabzugs

161 (1) ① Nach § 22 Abs. 4 UStG hat der Unternehmer in den Fällen des § 15 a UStG die Berechungsgrundlagen für den Ausgleich aufzuzeichnen, der von ihm in den in Betracht kommenden Kalenderjahren vorzunehmen ist. ② Die Aufzeichnungspflichten des § 22 Abs. 4 UStG sind erfüllt, wenn der Unternehmer die folgenden Angaben eindeutig und leicht nachprüfbar aufzeichnet:

1. ① die Anschaffungs- oder Herstellungskosten bzw. Aufwendungen für das betreffende Berichtigungsobjekt und die darauf entfallenden Vorsteuerbeträge. ② Falls es sich hierbei um mehrere Einzelbeträge handelt, ist auch jeweils die Gesamtsumme aufzuzeichnen. ③ Insoweit sind auch die Vorsteuerbeträge aufzuzeichnen, die den nicht zum Vorsteuerabzug berechtigenden Umsätzen zuzurechnen sind;
2. den Zeitpunkt der erstmaligen Verwendung des Berichtigungsobjekts;
3. in den Fällen des § 15 a Abs. 1 UStG die Verwendungsdauer (betriebsgewöhnliche Nutzungsdauer) im Sinne der einkommensteuerrechtlichen Vorschriften und den maßgeblichen Berichtigungszeitraum für das Berichtigungsobjekt;
4. ① die Anteile, zu denen das Berichtigungsobjekt zur Ausführung der den Vorsteuerabzug ausschließenden Umsätze und zur Ausführung der zum Vorsteuerabzug berechtigenden Umsätze verwendet wurde. ② In den Fällen des § 15 a Abs. 1 UStG sind die Anteile für jedes Kalenderjahr des Berichtigungszeitraums aufzuzeichnen;

5. ① bei einer Veräußerung oder unentgeltlichen Wertabgabe des Berichtigungsobjekts den Zeitpunkt und die umsatzsteuerrechtliche Behandlung dieses Umsatzes. ② In den Fällen des § 15 a Abs. 1 UStG gilt dies nur, wenn die Veräußerung oder die unentgeltliche Wertabgabe in den Berichtigungszeitraum fallen; UStAE 15 a.12
6. in den Fällen des § 15 a Abs. 1 UStG bei einer Verkürzung des Berichtigungszeitraums wegen vorzeitiger Unbrauchbarkeit des Wirtschaftsguts die Ursache unter Angabe des Zeitpunkts und unter Hinweis auf die entsprechenden Unterlagen.

(2) Die Aufzeichnungen für das einzelne Berichtigungsobjekt sind von dem Zeitpunkt an zu führen, für den der Vorsteuerabzug vorgenommen worden ist. **162**

(3) Die besondere Aufzeichnungspflicht nach § 22 Abs. 4 UStG entfällt insoweit, als sich die erforderlichen Angaben aus den sonstigen Aufzeichnungen oder der Buchführung des Unternehmers eindeutig und leicht nachprüfbar entnehmen lassen. **163**

UStG

Fünfter Abschnitt. Besteuerung

§ 16 Steuerberechnung, Besteuerungszeitraum und Einzelbesteuerung

1 **(1) ① Die Steuer ist, soweit nicht § 20 gilt, nach vereinbarten Entgelten zu berechnen. ② Besteuerungszeitraum ist das Kalenderjahr. ③ Bei der Berechnung der Steuer ist von der Summe der Umsätze nach § 1 Abs. 1 Nr. 1 und 5 auszugehen, soweit für sie die Steuer in dem Besteuerungszeitraum entstanden und die Steuerschuldnerschaft gegeben ist. ④ Der Steuer sind die nach § 6a Abs. 4 Satz 2, nach § 14c sowie nach § 17 Abs. 1 Satz 6 geschuldeten Steuerbeträge hinzuzurechnen.**

2 (1 a), (1 b)[1]

3 (1 c)[1] **① Macht ein nicht im Gemeinschaftsgebiet ansässiger Unternehmer von § 18i Gebrauch, ist Besteuerungszeitraum das Kalendervierteljahr. ② Sofern die Teilnahme an dem Verfahren nach § 18i im Inland angezeigt wurde, ist bei der Berechnung der Steuer von der Summe der sonstigen Leistungen an Empfänger nach § 3a Absatz 5 Satz 1 auszugehen, die im Gemeinschaftsgebiet steuerbar sind, soweit für sie in dem Besteuerungszeitraum die Steuer entstanden und die Steuerschuldnerschaft gegeben ist. ③ Sofern die Teilnahme an dem Verfahren nach § 18i in einem anderen Mitgliedstaat der Europäischen Union angezeigt wurde, ist bei der Berechnung der Steuer von der Summe der sonstigen Leistungen an Empfänger nach § 3a Absatz 5 Satz 1 auszugehen, die im Inland steuerbar sind, soweit für sie in dem Besteuerungszeitraum die Steuer entstanden und die Steuerschuldnerschaft gegeben ist. ④ Absatz 2 ist nicht anzuwenden.**

3a (1 d)[1] **① Macht ein Unternehmer von § 18j Gebrauch, ist Besteuerungszeitraum das Kalendervierteljahr. ② Sofern die Teilnahme an dem Verfahren nach § 18j im Inland angezeigt wurde, ist bei der Berechnung der Steuer von der Summe der Lieferungen nach § 3 Absatz 3a Satz 1 innerhalb eines Mitgliedstaates und der innergemeinschaftlichen Fernverkäufe nach § 3c Absatz 1 Satz 2 und 3, die im Gemeinschaftsgebiet steuerbar sind, sowie der sonstigen Leistungen an Empfänger nach § 3a Absatz 5 Satz 1, die in einem anderen Mitgliedstaat der Europäischen Union steuerbar sind, auszugehen, soweit für sie in dem Besteuerungszeitraum die Steuer entstanden und die Steuerschuldnerschaft gegeben ist. ③ Sofern die Teilnahme an dem Verfahren nach § 18j in einem anderen Mitgliedstaat der Europäischen Union angezeigt wurde, ist bei der Berechnung der Steuer von der Summe der Lieferungen nach § 3 Absatz 3a Satz 1 innerhalb eines Mitgliedstaates, der innergemeinschaftlichen Fernverkäufe nach § 3c Absatz 1 Satz 2 und 3 und der sonstigen Leistungen an Empfänger nach § 3a Absatz 5 Satz 1 auszugehen, die im Inland steuerbar sind, soweit für sie in dem Besteuerungszeitraum die Steuer entstanden und die Steuerschuldnerschaft gegeben ist. ④ Absatz 2 ist nicht anzuwenden.**

3b (1 e)[1] **① Macht ein Unternehmer oder ein in seinem Auftrag handelnder Vertreter von § 18k Gebrauch, ist Besteuerungszeitraum der Kalendermonat. ② Sofern die Teilnahme an dem Verfahren nach § 18k im Inland angezeigt wurde, ist bei der Berechnung der Steuer von der Summe der Fernverkäufe nach § 3 Absatz 3a Satz 2 und § 3c Absatz 2 und 3, die im Gemeinschaftsgebiet steuerbar sind, auszugehen, soweit für sie in dem Besteuerungszeitraum die Steuer entstanden und die Steuerschuldnerschaft gegeben ist. ③ Sofern die Teilnahme an dem Verfahren nach § 18k in einem anderen Mitgliedstaat der Europäischen Union angezeigt wurde, ist bei der Berechnung der Steuer von der Summe der Fernverkäufe nach § 3 Absatz 3a Satz 2 und § 3c Absatz 2 und 3 auszugehen, die im Inland steuerbar sind, soweit für sie in dem Besteuerungszeitraum die Steuer entstanden und die Steuerschuldnerschaft gegeben ist. ④ Absatz 2 ist nicht anzuwenden.**

4 (2) **① Von der nach Absatz 1 berechneten Steuer sind vorbehaltlich des § 18 Absatz 9 Satz 3 die in den Besteuerungszeitraum fallenden, nach § 15 abziehbaren Vorsteuerbeträge abzusetzen. ② § 15a ist zu berücksichtigen.**

5 (3) **Hat der Unternehmer seine gewerbliche oder berufliche Tätigkeit nur in einem Teil des Kalenderjahres ausgeübt, so tritt dieser Teil an die Stelle des Kalenderjahres.**

6 (4) **Abweichend von den Absätzen 1, 2 und 3 kann das Finanzamt einen kürzeren Besteuerungszeitraum bestimmen, wenn der Eingang der Steuer gefährdet erscheint oder der Unternehmer damit einverstanden ist.**

7 (5) **① Bei Beförderungen von Personen im Gelegenheitsverkehr mit Kraftomnibussen, die nicht im Inland zugelassen sind, wird die Steuer, abweichend von Absatz 1,**

[1] Zur Anwendung von § 16 Abs. 1 c bis 1 e ab 1. 7. 2021 vgl. § 27 Abs. 34 Satz 1 UStG, zur letztmaligen Anwendung von § 16 Abs. 1 a und 1 b auf vor dem 1. 7. 2021 ausgeführte Umsätze vgl. § 27 Abs. 34 Satz 2 UStG.

für jeden einzelnen steuerpflichtigen Umsatz durch die zuständige Zolldienststelle berechnet (Beförderungseinzelbesteuerung), wenn eine Grenze zum Drittlandsgebiet überschritten wird. ② Zuständige Zolldienststelle ist die Eingangszollstelle oder Ausgangszollstelle, bei der der Kraftomnibus in das Inland gelangt oder das Inland verlässt. ③ Die zuständige Zolldienststelle handelt bei der Beförderungseinzelbesteuerung für das Finanzamt, in dessen Bezirk sie liegt (zuständiges Finanzamt). ④ Absatz 2 und § 19 Abs. 1 sind bei der Beförderungseinzelbesteuerung nicht anzuwenden.

(5 a) **Beim innergemeinschaftlichen Erwerb neuer Fahrzeuge durch andere Erwerber als die in § 1 a Abs. 1 Nr. 2 genannten Personen ist die Steuer abweichend von Absatz 1 für jeden einzelnen steuerpflichtigen Erwerb zu berechnen (Fahrzeugeinzelbesteuerung).** 8

(5 b) ① **Auf Antrag des Unternehmers ist nach Ablauf des Besteuerungszeitraums an Stelle der Beförderungseinzelbesteuerung (Absatz 5) die Steuer nach den Absätzen 1 und 2 zu berechnen. ② Die Absätze 3 und 4 gelten entsprechend.** 9

(6)[1] ① **Werte in fremder Währung sind zur Berechnung der Steuer und der abziehbaren Vorsteuerbeträge auf Euro nach den Durchschnittskursen umzurechnen, die das Bundesministerium der Finanzen für den Monat öffentlich bekannt gibt, in dem die Leistung ausgeführt oder das Entgelt oder ein Teil des Entgelts vor Ausführung der Leistung (§ 13 Abs. 1 Nr. 1 Buchstabe a Satz 4) vereinnahmt wird. ② Ist dem leistenden Unternehmer die Berechnung der Steuer nach vereinnahmten Entgelten gestattet (§ 20), so sind die Entgelte nach den Durchschnittskursen des Monats umzurechnen, in dem sie vereinnahmt werden. ③ Das Finanzamt kann die Umrechnung nach dem Tageskurs, der durch Bankmitteilung oder Kurszettel nachzuweisen ist, gestatten. ④ Macht ein Unternehmer von § 18 Absatz 4 c oder 4 e oder den §§ 18 i, 18 j oder 18 k Gebrauch, hat er zur Berechnung der Steuer Werte in fremder Währung nach den Kursen umzurechnen, die für den letzten Tag des Besteuerungszeitraums nach Absatz 1 a Satz 1, Absatz 1 b Satz 1, Absatz 1 c Satz 1, Absatz 1 d Satz 1 oder Absatz 1 e Satz 1 von der Europäischen Zentralbank festgestellt worden sind. ⑤ Sind für die in Satz 4 genannten Tage keine Umrechnungskurse festgestellt worden, hat der Unternehmer die Steuer nach den für den nächsten Tag nach Ablauf des Besteuerungszeitraums nach Absatz 1 a Satz 1, Absatz 1 b Satz 1, Absatz 1 c Satz 1, Absatz 1 d Satz 1 oder Absatz 1 e Satz 1 von der Europäischen Zentralbank festgestellten Umrechnungskursen umzurechnen.** 10

(7) **Für die Einfuhrumsatzsteuer gelten § 11 Abs. 5 und § 21 Abs. 2.** 11

Hinweis auf EU-Vorschriften:

UStG:	§ 16 Abs. 1	**MwStSystRL:**	Art. 252 Abs. 1
	§ 16 Abs. 1 c		Art. 364, 365, 366
	§ 16 Abs. 1 d		Art. 369 f, 369 g, 369 h
	§ 16 Abs. 1 e		Art. 369 s, 369 t, 369 u
	§ 16 Abs. 2		Art. 179, 250
	§ 16 Abs. 3, 4		Art. 252 Abs. 1, 2 UA 2
	§ 16 Abs. 5, 5 b		Art. 393 Abs. 2
	§ 16 Abs. 5 a		Art. 210, 258
	§ 16 Abs. 6, 7		Art. 91 Abs. 1, 2, 366

Übersicht

Zu § 16 UStG

§§ 46 bis 50 *[abgedruckt zu § 18 UStG]* UStDV

16.1 Steuerberechnung

UStAE 16.1

13 ① Der Unternehmer hat alle im Rahmen seines Unternehmens ausgeführten Umsätze zusammenzurechnen. ② Dem Unternehmer sind im Fall der Zwangsverwaltung über ein Grundstück des Unternehmers auch die Umsätze zuzurechnen, die der Zwangsverwalter im Rahmen

[1] § 16 Abs. 6 Sätze 4 und 5 neugefasst mWv 1. 7. 2021.

seiner Verwaltungstätigkeit ausführt (vgl. BFH-Urteil vom 10. 4. 1997, V R 26/96, BStBl. II S. 552);[1] zur Übermittlung von Voranmeldungen in diesen Fällen vgl. Abschnitt 18.6 Abs. 4.

LS zu 16.1

Kleinbetragsregelung vgl. **KBV,** FN zu A 18.1 UStAE.

15 Zur Zulässigkeit von **Ausschlussfristen** für Recht auf Vorsteuerabzug vgl. ***EuGH-Urt. v. 8. 5. 2008*** *C-95/07, C-96/07, Ecotrade SpA (DStRE S. 959). Vgl. auch* ***EuGH-Urt. v. 18. 12. 2007*** *C-368/06, Cedilac SA (UR 2008 S. 160),* ***EuGH-Urt. v. 10. 7. 2008*** *C-25/07, Alicja Sosnowska (DStRE 2009 S. 438),* ***EuGH-Urt. v. 21. 1. 2010*** *C-472/08, Alstom Power Hydro (DStRE S. 493),* ***EuGH-Urt. v. 12. 5. 2011*** *C-107/10, Enel Maritsa Iztok 3 AD (UR S. 507),* ***EuGH-Urt. v. 28. 7. 2011*** *C-274/10 (DStRE 2012 S. 240) und* ***EuGH-Urt. v. 15. 12. 2011*** *C-427/10, Banca Antoniana Populare Veneta SpA (Italien) (BFH/NV 2011 S. 1644).*

Die Vorschriften über die **Änderung und Berichtigung** [§§ 172, 173, 176 AO 1977] sind auch auf den Vorsteuerabzug anzuwenden. *Verfügung OFD Koblenz S 7522 A – St 4 v. 20. 7. 1971 (BeckVerw 53 559).*

Werden **nachträglich steuerpflichtige Umsätze und Vorsteuerbeträge** bekannt und trifft den Unternehmer ein grobes Verschulden an dem nachträglichen Bekanntwerden, können die Vorsteuerbeträge gemäß § 173 Abs. 1 Nr. 2 Satz 2 AO 1977 nur abgezogen werden, soweit die Lieferungen und sonstigen Leistungen, auf denen die Vorsteuerbeträge beruhen, zur Ausführung der nachträglich bekanntgewordenen Umsätze verwendet worden sind. *BFH-Urteil v. 8. 8. 1991 – V R 106/88 (BStBl. 1992 II S. 12).*

1. Werden **Vorsteuerabzugsbeträge** aus der Bebauung eines Grundstücks **erst im Einspruchsverfahren** geltend gemacht, ist zu prüfen, ob diese verspätete Geltendmachung durch unternehmensinterne Gründe oder durch eine Änderung der Verwendungsabsicht der Umsätze verursacht wurde. – 2. … *BFH-Urt. v. 28. 11. 2002, V R 51/01 (DStR 2003 S. 779).*

Bei der Berechnung und Festsetzung der Umsatzsteuer bilden die nach § 16 Abs. 1 UStG 1967 berechnete Steuer und die Summe der Vorsteuerabzugsansprüche i. S. des § 16 Abs. 2 UStG 1967 **unselbständige Besteuerungsgrundlagen,** deren Saldo die für den Besteuerungszeitraum zu berechnende Steuer i. S. des § 18 Abs. 1 UStG 1967 darstellt. – Gegen die Steuerfestsetzung ist auch dann die Anfechtungsklage gegeben, wenn die Festsetzung einer negativen Steuer bzw. deren Erhöhung erstrebt wird. *BFH-Urteil v. 30. 9. 1976 V R 109/73 (BStBl. 1977 II S. 227).*

Der dem Unternehmer aus § 15 UStG erwachsende **Vorsteuerabzugsanspruch** geht in die Steuerberechnung gemäß § 16 Abs. 2 UStG ein und ist deshalb kein eigenständig abtretbarer Anspruch. *BFH-Urteil v. 24. 3. 1983 V R 8/81 (BStBl. II S. 612).*

Das FA darf den für mehrere Voranmeldungszeiträume möglicherweise zu Unrecht geltend gemachten Vorsteuerabzug nicht aus Vereinfachungsgründen durch die Änderungsfestsetzung für nur einen dieser Voranmeldungszeiträume versagen **[zusammengefaßte Vorsteuerkorrektur].** An der Rechtmäßigkeit einer solchen Änderungsfestsetzung bestehen ernstliche Zweifel, die die Aussetzung der Vollziehung rechtfertigen. *FG Berlin-Brandenburg, Beschl. v. 29. 1. 2009, 2 V 2252/08, rkr. (DStRE S. 935).*

Können wegen Eröffnung eines Insolvenzverfahrens positive Umsatzsteuerbeträge und negative Berichtigungsbeträge (§ 16 Abs. 2 UStG) im Rahmen einer Steuerfestsetzung durch Bescheid des FA nicht mehr saldiert werden, erledigt sich der Streit um die Wirksamkeit einer hinsichtlich dieser Beträge vom FA abgegebenen **Aufrechnungserklärung,** sobald die Steuer für das mit Insolvenzeröffnung endende (Rumpf-)Steuerjahr berechnet werden kann und nicht ausnahmsweise von der Aufrechnungserklärung als solcher fortbestehende Rechtswirkungen ausgehen, welche die Rechte des Schuldners berühren. – Da ein über die Wirksamkeit der Aufrechnung ergangener **Abrechnungsbescheid** in der Regel die Feststellung enthält, dass aufgrund der Berichtigung entstehende Vergütungs- oder Erstattungsbeträge nicht auszukehren sind, bleibt eine Klage gegen den Abrechnungsbescheid zulässig. Ist der Berichtigungstatbestand vor Eröffnung des Insolvenzverfahrens eingetreten, ist der Abrechnungsbescheid aufgrund des § 16 UStG ungeachtet des § 96 Abs. 1 InsO als rechtmäßig zu bestätigen. *BFH-Urt. v. 25. 7. 2012, VII R 44/10 (BStBl. 2013 II S. 33).*

Weder die Bindung an das Klagebegehren noch das Verbot der **Verböserung** hindern ein Finanzgericht daran, innerhalb eines in einem Umsatzsteuerbescheid (insgesamt) festgesetzten Steuerbetrags die **steuerpflichtigen Umsätze** in tatsächlicher oder rechtlicher Hinsicht für den Steuerpflichtigen **ungünstiger** zu beurteilen, als dies in dem angefochtenen Steuerbescheid geschehen ist. *BFH-Beschluss v. 19. 11. 2013 XI B 9/13 (BFH/NV 2014 S. 373).*

Legt ein Steuerpflichtiger gegen Umsatzsteuer-Vorauszahlungsbescheide, denen nach Erläuterungen zu den Bescheiden die Ergebnisse einer beim ihm durchgeführten Umsatzsteuer-Sonderprüfung zugrunde liegen, Einspruch ein und beantragt er gleichzeitig Aussetzung der Vollziehung der Vorauszahlungsbescheide, so ist der **Gegenstand des Klagebegehrens** einer späteren Klage jedenfalls dann bereits mit Einreichung der Klageschrift **ausreichend bezeichnet,** wenn der Klageschrift die Vorauszahlungsbescheide sowie die Einspruchsentscheidung beigefügt sind und sich aus der Einspruchsentscheidung ergibt, dass die Prüfung zu Korrekturen bei den steuerpflichtigen Umsätzen und beim Vorsteuerabzug geführt hat. *BFH-Beschluss v. 5. 2. 2014 XI B 73/13 (BFH/NV S. 872).*

Hinweise zur vorzeitigen **Anforderung der Umsatzsteuererklärung bei Aufgabe des Unternehmens.** *Verfügung OFD Magdeburg S 7345 – 2 – St 243 v. 27. 11. 2013 (MwStR 2014 S. 177).*

Für die Anwendung des § 96 Abs. 1 Nr. 1 InsO (**Unzulässigkeit der Aufrechnung**) ist bei einer Aufrechnung gegen ein Guthaben, das sich aus einer Steuerberichtigung nach **§ 14 c Abs. 2 UStG** ergibt, entscheidend, wann die Gefährdung des Steueraufkommens beseitigt worden ist; dies ist bei vorheriger Durchführung des Vorsteuerabzugs durch den Rechnungsempfänger der Fall, wenn die geltend gemachte Vorsteuer zurückgezahlt worden ist. *BFH-Beschluss vom 26. 8. 2021 V R 38/20 (BFH/NV 2022 S. 146).*

UStAE 16.2

16.2 Beförderungseinzelbesteuerung

21 (1) ① Die Beförderungseinzelbesteuerung (§ 16 Abs. 5 UStG) setzt voraus, dass Kraftomnibusse, mit denen die Personenbeförderungen im Gelegenheitsverkehr durchgeführt werden, nicht im Inland (§ 1 Abs. 2 Satz 1 UStG) zugelassen sind. ② Es ist nicht erforderlich, dass der Beförderer ein ausländischer Unternehmer ist. ③ Für die Besteuerung der Beförderungsleistung kommt es nicht darauf an, ob der Unternehmer Eigentümer des Kraftomnibusses ist oder ob er ihn gemietet hat. ④ (Beförderungs-)Unternehmer im verkehrsrechtlichen und im umsatzsteuerrechtlichen Sinne ist derjenige, der die Beförderung im eigenen Namen, unter eigener Verantwortung und für eigene Rechnung durchführt (§ 3 Abs. 2 PBefG). ⑤ Führt ein Omnibusunternehmer die

[1] Zwangsverwaltung von Grundstücken vgl. A 2.1 Abs. 7, 16.1 Satz 2, 18.6 Abs. 4 UStAE und *BMF vom 8. 6. 1992 (BStBl. I S. 397).*

Beförderung mit einem gemieteten Kraftomnibus durch, geht der Beförderungsleistung eine Leistung voraus, die in der Vermietung des Kraftomnibusses besteht. ⑥ Es ist deshalb neben der Beförderungsleistung im Inland auch die Vermietungsleistung zu besteuern, sofern sie im Inland ausgeführt wird (vgl. Abschnitte 3a.2 und 3a.5). ⑦ Betreibt der Vermieter sein Unternehmen im Drittlandsgebiet, wird eine kurzfristige Vermietungsleistung als im Inland ausgeführt behandelt, soweit der Kraftomnibus im Inland genutzt wird (§ 3a Abs. 6 Satz 1 Nr. 1 UStG). ⑧ Ist der Vermieter im Ausland ansässig, obliegt die Besteuerung der Vermietungsleistung im Inland dem Beförderungsunternehmer als Leistungsempfänger (§ 13b Abs. 2 Nr. 1 und Abs. 5 Satz 1 UStG).

(2) ① Personenbeförderungen im Gelegenheitsverkehr mit nicht im Inland zugelassenen Kraftomnibussen unterliegen der Beförderungseinzelbesteuerung, wenn bei der Ein- oder Ausreise eine Grenze zwischen dem Inland und dem Drittlandsgebiet (z. B. Grenze zur Schweiz) überschritten wird. ② Führt der Unternehmer im Zusammenhang mit einer grenzüberschreitenden Beförderung von Personen weitere Personenbeförderungen im Inland durch (z. B. Sonderfahrten während des Aufenthalts einer Reisegruppe in Deutschland), unterliegen diese ebenfalls der Beförderungseinzelbesteuerung. **22**

(3) Kraftomnibusse sind Kraftfahrzeuge, die nach ihrer Bauart und Ausstattung zur Beförderung von mehr als neun Personen – einschließlich Führer – geeignet und bestimmt sind (§ 4 Abs. 4 Nr. 2 PBefG). **23**

(4) ① Der Gelegenheitsverkehr mit Kraftomnibussen umfasst die Ausflugsfahrten, die Ferienziel-Reisen und den Verkehr mit Mietomnibussen (§ 46 PBefG). ② Ausflugsfahrten sind Fahrten, die der Unternehmer nach einem bestimmten, von ihm aufgestellten Plan und zu einem für alle Teilnehmer gleichen und gemeinsam verfolgten Ausflugszweck anbietet und ausführt (§ 48 Abs. 1 PBefG). ③ Ferienziel-Reisen sind Reisen zu Erholungsaufenthalten, die der Unternehmer nach einem bestimmten, von ihm aufgestellten Plan zu einem Gesamtentgelt für Beförderung und Unterkunft mit oder ohne Verpflegung anbietet und ausführt (§ 48 Abs. 2 PBefG). ④ Verkehr mit Mietomnibussen ist die Beförderung von Personen mit Kraftomnibussen, die nur im Ganzen zur Beförderung angemietet werden und mit denen der Unternehmer Fahrten ausführt, deren Zweck, Ziel und Ablauf der Mieter bestimmt. ⑤ Die Teilnehmer müssen ein zusammengehöriger Personenkreis und über Ziel und Ablauf der Fahrt einig sein (§ 49 Abs. 1 PBefG). ⑥ Bei den in bilateralen Abkommen mit Drittstaaten als Pendelverkehr bezeichneten Personenbeförderungen handelt es sich um Gelegenheitsverkehr. **24**

(5) ① Der Beförderungseinzelbesteuerung unterliegt nur der inländische Streckenanteil. ② Inländische Streckenanteile, die nach den § 2 UStDV als ausländische Beförderungsstrecken anzusehen sind, bleiben unberücksichtigt. ③ Streckenanteile, die nach den §§ 3 oder 6 UStDV als inländische Beförderungsstrecken anzusehen sind, sind in die Besteuerung einzubeziehen. **25**

(6) ① Personenbeförderungen, die unentgeltlich oder nicht im Rahmen eines Unternehmens durchgeführt werden, unterliegen bei entsprechendem Nachweis nicht der Umsatzsteuer. ② Werden Schülergruppen, Studentengruppen, Jugendgruppen, kulturelle Gruppen – z. B. Theater- und Musikensembles, Chöre – oder Mitglieder von Vereinen in Kraftomnibussen befördert, die dem Schulträger, dem Träger der kulturellen Gruppe oder dem Verein gehören, kann grundsätzlich angenommen werden, dass diese Beförderungsleistungen nicht im Rahmen eines Unternehmens erbracht werden. ③ Dies gilt entsprechend, wenn der Verein, die Gruppe oder die Schule einen Kraftomnibus anmietet und anschließend die Personen mit eigenem Fahrer, im eigenen Namen, unter eigener Verantwortung und für eigene Rechnung befördert. ④ Ist der Busfahrer Angestellter des den Omnibus vermietenden Unternehmers und wird er von diesem bezahlt, ist für Zwecke der Beförderungseinzelbesteuerung von einer Personenbeförderung durch den Busunternehmer auszugehen. **26**

(7) ① Die maßgebliche Zahl der Personenkilometer ergibt sich durch Vervielfachung der Anzahl der beförderten Personen mit der Anzahl der Kilometer der im Inland zurückgelegten Beförderungsstrecke (tatsächlich im Inland durchfahrene Strecke). ② Bei der Ermittlung der Zahl der beförderten Personen bleiben der Fahrer, der Beifahrer, Begleitpersonen, die Angestellte des Beförderers sind – z. B. Reiseleiter, Dolmetscher und Stewardessen –, sowie unentgeltlich mitbeförderte Kleinkinder (unter 4 Jahren) außer Betracht. ③ Personen, die der Beförderer aus privaten Gründen unentgeltlich mitbefördert, z. B. Angehörige, sind demgegenüber mitzuzählen, soweit eine sonstige Leistung im Sinne von § 3 Abs. 9a Nr. 2 UStG vorliegt, die nach § 3b Abs. 1 UStG im Inland ausgeführt wird. **27**

(8) ① Bei der Beförderungseinzelbesteuerung dürfen Vorsteuerbeträge nicht abgesetzt werden. ② Der Beförderungsunternehmer kann jedoch die Vergütung der Vorsteuerbeträge, die den der Beförderungseinzelbesteuerung unterliegenden Beförderungsleistungen zuzurechnen sind, im Vorsteuer-Vergütungsverfahren beantragen (§§ 59 bis 61a UStDV). ③ Ist beim Unternehmer das allgemeine Besteuerungsverfahren nach § 16 und § 18 Abs. 1 bis 4 UStG durchzuführen, kann er die Vorsteuerbeträge in diesem Verfahren geltend machen. ④ Durch die Besteuerung nach § 16 und § 18 Abs. 1 bis 4 UStG wird die Beförderungseinzelbesteuerung nicht berührt. ⑤ Die hierbei bereits versteuerten Umsätze sind daher, abgesehen vom Fall des Absatzes 9, nicht in das allgemeine Besteuerungsverfahren einzubeziehen. **28**

29 (9) ① Anstelle der Beförderungseinzelbesteuerung kann der Unternehmer nach Ablauf des Besteuerungszeitraumes die Besteuerung nach § 16 Abs. 1 und 2 UStG beantragen. ② Wegen der Anrechnung der im Wege der Beförderungseinzelbesteuerung festgesetzten Steuern und des Verfahrens vgl. Abschnitt 18.8 Abs. 3.

LS zu 16.2

Zur **Erfassung von Unternehmen,** die grenzüberschreitenden Omnibusverkehr betreiben. *Erlaß FM Hessen S 7424 A – 7 – II A 42 v. 23. 1. 1996.*

30

UStAE 16.3

16.3 Fahrzeugeinzelbesteuerung

31 (1) ① Die Fahrzeugeinzelbesteuerung (§ 16 Abs. 5a UStG) setzt voraus, dass andere als die in § 1a Abs. 1 Nr. 2 UStG genannten Personen einen innergemeinschaftlichen Erwerb neuer Fahrzeuge bewirken. ② Sie ist daher durchzuführen von Privatpersonen, nichtunternehmerisch tätigen Personenvereinigungen und Unternehmern, die das Fahrzeug für ihren nichtunternehmerischen Bereich beziehen. ③ Zum Begriff des neuen Fahrzeugs vgl. Abschnitt 1b.1 Sätze 2 bis 8. ④ Bei der Fahrzeugeinzelbesteuerung dürfen Vorsteuerbeträge nicht abgesetzt werden.

32 (2) ① Für den innergemeinschaftlichen Erwerb neuer Fahrzeuge durch Unternehmer, die das Fahrzeug für ihren unternehmerischen Bereich erwerben, oder durch juristische Personen, die nicht Unternehmer sind oder die das Fahrzeug nicht für ihr Unternehmen erwerben (§ 1a Abs. 1 Nr. 2 UStG), ist die Fahrzeugeinzelbesteuerung nicht durchzuführen. ② Diese Unternehmer oder juristischen Personen haben den innergemeinschaftlichen Erwerb neuer Fahrzeuge in der Voranmeldung und in der Umsatzsteuererklärung für das Kalenderjahr anzumelden.

UStAE 16.4

16.4 Umrechnung von Werten in fremder Währung

41 (1) ① Die Umrechnung der Werte in fremder Währung (§ 16 Abs. 6 UStG) dient der Berechnung der Umsatzsteuer und der abziehbaren Vorsteuerbeträge. ② Kursänderungen zwischen der Ausführung der Leistung und der Vereinnahmung des Entgelts bleiben unberücksichtigt.

42 (2) ① Bei der Umrechnung nach dem Tageskurs ist der Nachweis durch Bankmitteilung oder Kurszettel zu führen, weil die Bankabrechnung im Zeitpunkt der Leistung noch nicht vorliegt. ② Aus Vereinfachungsgründen kann das Finanzamt gestatten, dass die Umrechnung regelmäßig nach den Durchschnittskursen vorgenommen wird, die das Bundesministerium der Finanzen für den Monat bekannt gegeben hat, der dem Monat vorangeht, in dem die Leistung ausgeführt oder das Entgelt vereinnahmt wird.

43 (3) Zur Umrechnung der Werte in fremder Währung zur Berechnung der Umsatzsteuer in den besonderen Besteuerungsverfahren nach § 18 Abs. 4c und 4d, Abs. 4e, §§ 18h, 18i, 18j und 18k UStG, vgl. Abschnitt 18.7a Abs. 3, Abschnitt 18.7b Abs. 4, Abschnitt 18h.1 Abs. 3, Abschnitt 18i.1 Abs. 4, Abschnitt 18j.1 Abs. 4 und Abschnitt 18k.1 Abs. 4.

Anl zu 16.4

Umsatzsteuer-Umrechnungskurse; Gesamtübersicht für das Jahr 2022

Vom 2. Februar 2023 (BStBl. I S. 317)

(BMF III C 3 – S 7329/19/10001 :002; DOK 2022/0027165)

45 Hiermit übersende ich die Gesamtübersicht 2022 über die gemäß § 16 Abs. 6 UStG monatlich bekannt gegebenen Umsatzsteuer-Umrechnungskurse.

Diejenigen Währungen, für die keine Umrechnungskurse bekannt gegeben worden sind, sind jeweils nach dem Tageskurs umzurechnen.

Unwiderruflich festgelegte Umrechnungskurse

Belgien	1 EUR	40,3399	BEF
Deutschland	1 EUR	1,95583	DEM
Estland *[ab 1. 1. 2011]*	1 EUR	15,6466	EEK
Finnland	1 EUR	5,94573	FIM
Frankreich	1 EUR	6,55957	FRF
Griechenland *[ab 1. 1. 2001]*	1 EUR	340,750	GRD
Irland	1 EUR	0,787564	IEP
Italien	1 EUR	1 936,27	ITL
Lettland *[ab 1. 1. 2014]*	1 EUR	0,702804	LVL
Litauen *[ab 1. 1. 2015]*	1 EUR	3,45280	LTL
Luxemburg	1 EUR	40,3399	LUF

noch **45**

Malta ***[ab 1. 1. 2008]***	1 EUR	0,429300	MTL
Niederlande	1 EUR	2,20371	NLG
Österreich	1 EUR	13,7603	ATS
Portugal	1 EUR	200,482	PTE
Slowakei ***[ab 1. 1. 2009]***	1 EUR	30,126	SKK
Slowenien ***[ab 1. 1. 2007]***	1 EUR	239,640	SIT
Spanien	1 EUR	166,386	ESP
Zypern ***[ab 1. 1. 2008]***	1 EUR	0,585274	CYP

Dieses Schreiben tritt an die Stelle der BMF-Schreiben vom:

Datum	Aktenzeichen	DOK-Nr.	Fundstelle
1. Februar 2022	III C 3 – S 7329/19/10001:004	2022/0106534	BStBl. I S. 171
1. März 2022	III C 3 – S 7329/19/10001:004	2022/0217048	BStBl. I S. 199
1. April 2022	III C 3 – S 7329/19/10001:004	2022/0354511	BStBl. I S. 363
2. Mai 2022	III C 3 – S 7329/19/10001:004	2022/0451815	BStBl. I S. 657
1. Juni 2022	III C 3 – S 7329/19/10001:004	2022/0573639	BStBl. I S. 740
1. Juli 2022	III C 3 – S 7329/19/10001:004	2022/0682528	BStBl. I S. 1008
1. August 2022	III C 3 – S 7329/19/10001:004	2022/0774502	BStBl. I S. 1274
1. September 2022	III C 3 – S 7329/19/10001:004	2022/0873229	BStBl. I S. 1348
4. Oktober 2022	III C 3 – S 7329/19/10001:004	2022/0976878	BStBl. I S. 1430
1. November 2022	III C 3 – S 7329/19/10001:004	2022/1092650	BStBl. I S. 1458
1. Dezember 2022	III C 3 – S 7329/19/10001:004	2022/1209575	BStBl. I S. 1596
2. Januar 2023	III C 3 – S 7329/19/10001:004	2022/1290009	BStBl. 2023 I S. 79

Anl zu 16.4

46

Monatlich fortgeschriebene Übersicht 2022

Umsatzsteuer-Umrechnungskurse

Euro-Referenzkurse

Land	Währung	Januar	Februar	März	April	Mai	Juni	Juli	August	September	Oktober	November	Dezember
Australien	1 Euro	1,5770 AUD	1,5825 AUD	1,4946 AUD	1,4663 AUD	1,4995 AUD	1,5044 AUD	1,4856 AUD	1,4550 AUD	1,4820 AUD	1,5474 AUD	1,5455 AUD	1,5685 AUD
Brasilien	1 Euro	6,2673 BRL	5,8903 BRL	5,4884 BRL	5,1342 BRL	5,2460 BRL	5,3209 BRL	5,4718 BRL	5,2111 BRL	5,1791 BRL	5,1658 BRL	5,3846 BRL	5,5589 BRL
Bulgarien	1 Euro	1,9558 BGN	1,9558 BGN	1,9558 BGN	1,9558 BGN	1,9558 BGN	1,9558 BGN	1,9558 BGN	1,9558 BGN	1,9558 BGN	1,9558 BGN	1,9558 BGN	1,9558 BGN
China (VR)	1 Euro	7,1922 CNY	7,1957 CNY	6,9916 CNY	6,9605 CNY	7,0830 CNY	7,0734 CNY	6,8538 CNY	6,8884 CNY	6,9508 CNY	7,0687 CNY	7,3171 CNY	7,3859 CNY
Dänemark	1 Euro	7,4411 DKK	7,4408 DKK	7,4404 DKK	7,4391 DKK	7,4405 DKK	7,4392 DKK	7,4426 DKK	7,4393 DKK	7,4366 DKK	7,4389 DKK	7,4387 DKK	7,4377 DKK
Groß-britannien	1 Euro	0,83503 GBP	0,83787 GBP	0,83638 GBP	0,83655 GBP	0,84969 GBP	0,85759 GBP	0,84955 GBP	0,84499 GBP	0,87463 GBP	0,87058 GBP	0,86892 GBP	0,86950 GBP
Hongkong	1 Euro	8,8166 HKD	8,8461 HKD	8,6199 HKD	8,4828 HKD	8,3030 HKD	8,2922 HKD	7,9895 HKD	7,9473 HKD	7,7738 HKD	7,7128 HKD	7,9873 HKD	8,2434 HKD
Indien	1 Euro	84,2273 INR	85,0312 INR	83,9933 INR	82,4033 INR	81,7828 INR	82,5112 INR	81,0182 INR	80,5563 INR	79,4558 INR	80,9180 INR	83,3384 INR	87,3381 INR
Indonesien	1 Euro	16 227,12 IDR	16 271,78 IDR	15 802,12 IDR	15 566,64 IDR	15 422,62 IDR	15 531,74 IDR	15 258,22 IDR	15 024,16 IDR	14 847,40 IDR	15 172,93 IDR	15 975,07 IDR	16 503,30 IDR
Island	1 Euro	146,09 ISK	141,99 ISK	143,39 ISK	139,83 ISK	138,46 ISK	138,47 ISK	139,05 ISK	140,12 ISK	140,35 ISK	141,50 ISK	146,98 ISK	150,76 ISK
Israel	1 Euro	3,5487 ILS	3,6452 ILS	3,5710 ILS	3,5106 ILS	3,5758 ILS	3,6038 ILS	3,5309 ILS	3,3408 ILS	3,4181 ILS	3,4823 ILS	3,5488 ILS	3,6562 ILS
Japan	1 Euro	130,01 JPY	130,66 JPY	130,71 JPY	136,61 JPY	136,24 JPY	141,57 JPY	139,17 JPY	136,85 JPY	141,57 JPY	144,73 JPY	145,12 JPY	142,82 JPY
Kanada	1 Euro	1,4282 CAD	1,4422 CAD	1,3950 CAD	1,3652 CAD	1,3588 CAD	1,3537 CAD	1,3180 CAD	1,3078 CAD	1,3187 CAD	1,3477 CAD	1,3708 CAD	1,4379 CAD
Korea, Republik	1 Euro	1 353,61 KRW	1 358,53 KRW	1 345,66 KRW	1 337,58 KRW	1 340,10 KRW	1 351,47 KRW	1 332,00 KRW	1 337,90 KRW	1 381,71 KRW	1 403,51 KRW	1 384,19 KRW	1 370,59 KRW
Kroatien	1 Euro	7,5247 HRK	7,5338 HRK	7,5711 HRK	7,5577 HRK	7,5356 HRK	7,5252 HRK	7,5185 HRK	7,5138 HRK	7,5222 HRK	7,5298 HRK	7,5426 HRK	7,5448 HRK

Anl zu 16.4

noch 46

Land	Währung	Januar	Februar	März	April	Mai	Juni	Juli	August	September	Oktober	November	Dezember
Malaysia	1 Euro	4,7405 MYR	4,7492 MYR	4,6277 MYR	4,6208 MYR	4,6344 MYR	4,6496 MYR	4,5197 MYR	4,5233 MYR	4,5005 MYR	4,6127 MYR	4,7002 MYR	4,6721 MYR
Mexiko	1 Euro	23,1891 MXN	23,1808 MXN	22,6476 MXN	21,7206 MXN	21,1861 MXN	21,1240 MXN	20,8955 MXN	20,3909 MXN	19,8718 MXN	19,6481 MXN	19,8393 MXN	20,7608 MXN
Neuseeland	1 Euro	1,6789 NZD	1,6982 NZD	1,6049 NZD	1,5978 NZD	1,6515 NZD	1,6640 NZD	1,6436 NZD	1,6158 NZD	1,6691 NZD	1,7299 NZD	1,6828 NZD	1,6660 NZD
Norwegen	1 Euro	10,0070 NOK	10,0544 NOK	9,7367 NOK	9,6191 NOK	10,1453 NOK	10,2972 NOK	10,1823 NOK	9,8309 NOK	10,1697 NOK	10,3919 NOK	10,3357 NOK	10,4480 NOK
Philippinen	1 Euro	58,000 PHP	58,163 PHP	57,415 PHP	56,264 PHP	55,421 PHP	56,756 PHP	56,917 PHP	56,542 PHP	57,074 PHP	57,738 PHP	58,655 PHP	58,888 PHP
Polen	1 Euro	4,5522 PLN	4,5487 PLN	4,7522 PLN	4,6485 PLN	4,6485 PLN	4,6471 PLN	4,7682 PLN	4,7233 PLN	4,7414 PLN	4,8040 PLN	4,6964 PLN	4,6832 PLN
Rumänien	1 Euro	4,9454 RON	4,9458 RON	4,9482 RON	4,9442 RON	4,9460 RON	4,9444 RON	4,9396 RON	4,8943 RON	4,9097 RON	4,9259 RON	4,9142 RON	4,9224 RON
Russland	1 Euro	86,5552 RUB	88,8910 RUB										
Schweden	1 Euro	10,3579 SEK	10,5342 SEK	10,5463 SEK	10,3175 SEK	10,4956 SEK	10,6005 SEK	10,5752 SEK	10,5021 SEK	10,7840 SEK	10,9503 SEK	10,8798 SEK	10,9859 SEK
Schweiz	1 Euro	1,0401 CHF	1,0461 CHF	1,0245 CHF	1,0211 CHF	1,0355 CHF	1,0245 CHF	0,9876 CHF	1,9690 CHF	0,9640 CHF	0,9791 CHF	0,9842 CHF	0,9865 CHF
Singapur	1 Euro	1,5286 SGD	1,5274 SGD	1,4972 SGD	1,4775 SGD	1,4621 SGD	1,4624 SGD	1,4211 SGD	1,4016 SGD	1,3999 SGD	1,4003 SGD	1,4144 SGD	1,4313 SGD
Südafrika	1 Euro	17,5286 ZAR	17,2663 ZAR	16,5138 ZAR	16,2796 ZAR	16,8131 ZAR	16,6961 ZAR	17,1606 ZAR	16,9182 ZAR	17,3828 ZAR	17,8214 ZAR	17,8328 ZAR	18,3036 ZAR
Thailand	1 Euro	37,607 THB	37,014 THB	36,648 THB	36,559 THB	36,392 THB	36,928 THB	37,028 THB	36,306 THB	36,670 THB	37,286 THB	37,087 THB	36,817 THB
Tschechien	1 Euro	24,470 CZK	24,437 CZK	25,007 CZK	24,435 CZK	24,750 CZK	24,719 CZK	24,594 CZK	24,568 CZK	24,576 CZK	24,528 CZK	24,369 CZK	24,269 CZK
Türkei	1 Euro	15,3525 TRY	15,4901 TRY	16,1233 TRY	15,9311 TRY	16,5412 TRY	17,9599 TRY	17,7896 TRY	18,2701 TRY	18,1465 TRY	18,2655 TRY	18,9877 TRY	19,7613 TRY
Ungarn	1 Euro	358,68 HUF	356,97 HUF	376,64 HUF	374,87 HUF	384,45 HUF	396,66 HUF	404,10 HUF	402,10 HUF	404,19 HUF	418,31 HUF	406,68 HUF	407,68 HUF
USA	1 Euro	1,1314 USD	1,1342 USD	1,1019 USD	1,0819 USD	1,0579 USD	1,0566 USD	1,0179 USD	1,0128 USD	0,9904 USD	0,9826 USD	1,0201 USD	1,0589 USD

UStG

§ 17 Änderung der Bemessungsgrundlage

1 **(1) ① Hat sich die Bemessungsgrundlage für einen steuerpflichtigen Umsatz im Sinne des § 1 Abs. 1 Nr. 1 geändert, hat der Unternehmer, der diesen Umsatz ausgeführt hat, den dafür geschuldeten Steuerbetrag zu berichtigen. ② Ebenfalls ist der Vorsteuerabzug bei dem Unternehmer, an den dieser Umsatz ausgeführt wurde, zu berichtigen. ③ Dies gilt nicht, soweit er durch die Änderung der Bemessungsgrundlage wirtschaftlich nicht begünstigt wird. ④ Wird in diesen Fällen ein anderer Unternehmer durch die Änderung der Bemessungsgrundlage wirtschaftlich begünstigt, hat dieser Unternehmer seinen Vorsteuerabzug zu berichtigen. ⑤ Die Sätze 1 bis 4 gelten in den Fällen des § 1 Abs. 1 Nr. 5 und des § 13 b sinngemäß. ⑥ Bei Preisnachlässen und Preiserstattungen eines Unternehmers in einer Leistungskette an einen in dieser Leistungskette nicht unmittelbar nachfolgenden Abnehmer liegt eine Minderung der Bemessungsgrundlage nach Satz 1 nur vor, wenn der Leistungsbezug dieses Abnehmers im Rahmen der Leistungskette im Inland steuerpflichtig ist. ⑦ Die Berichtigung des Vorsteuerabzugs kann unterbleiben, soweit ein dritter Unternehmer den auf die Minderung des Entgelts entfallenden Steuerbetrag an das Finanzamt entrichtet; in diesem Fall ist der dritte Unternehmer Schuldner der Steuer. ⑧ Die Berichtigungen nach den Sätzen 1 und 2 sind für den Besteuerungszeitraum vorzunehmen, in dem die Änderung der Bemessungsgrundlage eingetreten ist. ⑨ Die Berichtigung nach Satz 4 ist für den Besteuerungszeitraum vorzunehmen, in dem der andere Unternehmer wirtschaftlich begünstigt wird.**

2 **(2) Absatz 1 gilt sinngemäß, wenn**

1. **das vereinbarte Entgelt für eine steuerpflichtige Lieferung, sonstige Leistung oder einen steuerpflichtigen innergemeinschaftlichen Erwerb uneinbringlich geworden ist. ② Wird das Entgelt nachträglich vereinnahmt, sind Steuerbetrag und Vorsteuerabzug erneut zu berichtigen;**
2. **für eine vereinbarte Lieferung oder sonstige Leistung ein Entgelt entrichtet, die Lieferung oder sonstige Leistung jedoch nicht ausgeführt worden ist;**
3. **eine steuerpflichtige Lieferung, sonstige Leistung oder ein steuerpflichtiger innergemeinschaftlicher Erwerb rückgängig gemacht worden ist;**
4. **der Erwerber den Nachweis im Sinne des § 3 d Satz 2 führt;**
5. **Aufwendungen im Sinne des § 15 Abs. 1 a getätigt werden.**

3 **(3) ① Ist Einfuhrumsatzsteuer, die als Vorsteuer abgezogen worden ist, herabgesetzt, erlassen oder erstattet worden, so hat der Unternehmer den Vorsteuerabzug entsprechend zu berichtigen. ② Absatz 1 Satz 8 gilt sinngemäß.**

4 **(4) Werden die Entgelte für unterschiedlich besteuerte Lieferungen oder sonstige Leistungen eines bestimmten Zeitabschnitts gemeinsam geändert (z. B. Jahresboni, Jahresrückvergütungen), so hat der Unternehmer dem Leistungsempfänger einen Beleg zu erteilen, aus dem zu ersehen ist, wie sich die Änderung der Entgelte auf die unterschiedlich besteuerten Umsätze verteilt.**

Hinweis auf EU-Vorschriften:

UStG:	§ 17 Abs. 1, 2	**MwStSystRL:**	Art. 41 UA 2, 84 Abs. 2, 90 Abs. 1, 185 Abs. 1/ **MwStVO:** Art. 30 a, 30 b
	§ 17 Abs. 3, 4		Art. 186, 260

Übersicht

Zu § 17 UStG

UStAE 17.1

17.1 Steuer- und Vorsteuerberichtigung bei Änderung der Bemessungsgrundlage

11 (1) ① Die Frage, ob sich die Bemessungsgrundlage für einen steuerpflichtigen Umsatz geändert hat, beurteilt sich nach § 10 Abs. 1 bis 5 UStG. ② Auf die Abschnitte 10.1 bis 10.7 wird verwiesen. ③ Zur Steuer- und Vorsteuerberichtigung bei Entgeltminderungen durch Gewährung von verdeckten Preisnachlässen vgl. BMF-Schreiben vom 28. 8. 2020, BStBl. I S. 928.

12 (2) ① Die erforderlichen Berichtigungen sind für den Besteuerungszeitraum vorzunehmen, in dem die Änderung der Bemessungsgrundlage eingetreten ist. ② Die Berichtigungspflicht ist be-

reits bei der Berechnung der Vorauszahlungen zu beachten (§ 18 Abs. 1 Satz 2 UStG). ③ Vereinbaren der leistende Unternehmer und der Leistungsempfänger die vollständige oder teilweise Rückzahlung des entrichteten Entgelts, mindert sich die Bemessungsgrundlage nur, soweit das Entgelt tatsächlich zurückgezahlt wird, und zwar in dem Besteuerungszeitraum, in dem die Rückgewähr erfolgt (BFH-Urteil vom 18. 9. 2008, V R 56/06, BStBl. 2009 II S. 250). ④ Dies gilt entsprechend für den Fall der nachträglichen Erhöhung des Entgelts (vgl. BFH-Urteil vom 10. 4. 2019, XI R 4/17, BStBl. II S. 635). ⑤ Mindert sich der Kaufpreis auf Grund einer Mängelrüge, ändert sich die Bemessungsgrundlage im Zeitpunkt der tatsächlichen Realisierung der Ansprüche (Erfüllungsgeschäft – vgl. EuGH-Urteil vom 29. 5. 2001, C-86/99, Freemans).

(3) ① Die Berichtigungspflicht besteht auch dann, wenn sich die Berichtigung der Steuer und die Berichtigung des Vorsteuerabzugs im Ergebnis ausgleichen. ② Berechnet der Leistungsempfänger z. B. Lieferantenskonti nicht vom Gesamtpreis einschließlich Umsatzsteuer, sondern nur vom Entgelt (ohne Umsatzsteuer), hat er unabhängig von der Behandlung der Skontobeträge durch den Lieferanten den in Anspruch genommenen Vorsteuerabzug nach § 17 Abs. 1 Satz 2 UStG zu berichtigen. ③ Die Berichtigungspflicht ist bei einer Änderung der Bemessungsgrundlage nicht von einer Änderung des Steuerbetrags in der ursprünglichen Rechnung abhängig. ④ Ein Belegaustausch ist nur für die in § 17 Abs. 4 UStG bezeichneten Fälle vorgeschrieben. ⑤ Gewährt eine Genossenschaft ihren Mitgliedern eine umsatzabhängige Zusatzvergütung für die an die Genossenschaft erbrachten Lieferungen, handelt es sich um eine nachträgliche Erhöhung des Entgelts (vgl. BFH-Urteil vom 6. 6. 2002, V R 59/00, BStBl. 2003 II S. 214). **13**

(4) Die Berichtigung des Vorsteuerabzugs kann unterbleiben, soweit der auf die Entgeltminderung entfallende Steuerbetrag von einem dritten Unternehmer entrichtet wird (§ 17 Abs. 1 Satz 6 UStG). **14**

Beispiel:

① Die Einkaufsgenossenschaft E (Zentralregulierer) vermittelt eine Warenlieferung von A an B. ② E wird auch in den Abrechnungsverkehr eingeschaltet. ③ Sie zahlt für B den Kaufpreis an A unter Inanspruchnahme von Skonto. ④ B zahlt an E den Kaufpreis ohne Inanspruchnahme von Skonto.

⑤ Nach § 17 Abs. 1 Satz 1 UStG hat A seine Steuer zu berichtigen. ⑥ B braucht nach § 17 Abs. 1 Satz 6 UStG seinen Vorsteuerabzug nicht zu berichtigen, soweit E die auf den Skontoabzug entfallende Steuer an das Finanzamt entrichtet.

(5)[1] ① Die Pflicht zur Berichtigung der Steuer und des Vorsteuerabzugs nach § 17 Abs. 1 UStG besteht auch dann, wenn das Entgelt für eine steuerpflichtige Lieferung oder sonstige Leistung uneinbringlich geworden ist (§ 17 Abs. 2 Nr. 1 UStG). ② Uneinbringlichkeit im Sinne des § 17 Abs. 2 UStG liegt insbesondere vor, wenn der Schuldner zahlungsunfähig ist, wenn den Forderungen die Einrede des Einforderungsverzichts entgegengehalten werden kann (vgl. BFH-Beschluss vom 10. 3. 1983, V B 46/80, BStBl. II S. 389) oder wenn der Anspruch auf Entrichtung des Entgelts nicht erfüllt wird und bei objektiver Betrachtung damit zu rechnen ist, dass der Leistende die Entgeltsforderung ganz oder teilweise jedenfalls auf absehbare Zeit rechtlich oder tatsächlich nicht durchsetzen kann (vgl. BFH-Urteil vom 20. 7. 2006, V R 13/04, BStBl. 2007 II S. 22). ③ Daher berechtigen vertragliche Einbehalte zur Absicherung von Gewährleistungsansprüchen der Leistungsempfänger (z. B. sog. Sicherungseinbehalte für Baumängel) zur Steuerberichtigung, soweit dem Unternehmer nachweislich die Absicherung dieser Gewährleistungsansprüche durch Gestellung von Bankbürgschaften im Einzelfall nicht möglich war und er dadurch das Entgelt insoweit für einen Zeitraum von über zwei bis fünf Jahren noch nicht vereinnahmen kann (vgl. BFH-Urteil vom 24. 10. 2013, V R 31/12, BStBl. 2015 II S. 674). ④ Auch soweit der Leistungsempfänger das Bestehen oder die Höhe des vereinbarten Entgelts substantiiert bestreitet, kommt – übereinstimmend mit der Berichtigung des Vorsteuerabzugs beim Leistungsempfänger – beim Leistenden eine Berichtigung der Umsatzsteuer wegen Uneinbringlichkeit in Betracht (vgl. BFH-Urteile vom 31. 5. 2001, V R 71/99, BStBl. 2003 II S. 206, und vom 22. 4. 2004, V R 72/03, BStBl. II S. 684). ⑤ Eine Berichtigung kommt auch in Betracht, wenn der Leistungsempfänger zwar nicht die Entgeltsforderung selbst bestreitet, sondern mit einer vom Leistenden substantiiert bestrittenen Gegenforderung aufrechnet, und wenn bei objektiver Betrachtung damit zu rechnen ist, dass der Leistende die Entgeltforderung ganz oder teilweise jedenfalls auf absehbare Zeit nicht durchsetzen kann (vgl. BFH-Urteil vom 20. 7. 2006, V R 13/04, a. a. O.). ⑥ Die Vereinbarung einer Ratenzahlung begründet keine Uneinbringlichkeit im Sinne von § 17 Abs. 2 Nr. 1 UStG (vgl. BFH-Urteil vom 1. 2. 2022 – V R 37/21 (V R 16/19), BStBl. II S. 860). ⑦ Die Feststellung einer vom Finanzamt angemeldeten, einen früheren Vorsteuerabzug berichtigenden Umsatzsteuer zur Insolvenztabelle hat die gleiche Wirkung wie ein inhaltsgleicher Berichtigungsbescheid im Sinne des § 17 UStG (BFH-Urteil vom 19. 8. 2008, VII R 36/07, BStBl. 2009 II S. 250). ⑧ Zur Frage der Uneinbringlichkeit beim sog. Akzeptantenwechselgeschäft vgl. BFH-Urteil vom 8. 12. 1993, XI R 81/90, BStBl. 1994 II S. 338. ⑨ Ertragsteuerrechtlich zulässige pauschale Wertberichtigungen führen nicht zu einer Berichtigung nach § 17 Abs. 2 UStG. ⑩ Der Gläubiger, der eine Forderung als uneinbringlich behandelt, ist nicht verpflichtet, dem Schuldner hiervon Mitteilung zu machen. ⑪ Das Finanzamt des Gläubigers ist jedoch berechtigt, das Finanzamt des Schuldners auf die Ausbuchung der Forderung hin- **15**

[1] A 17.1 UStAE Abs. 5 Satz 6 eingefügt, bish. Sätze 6 bis 14 werden neue Sätze 7 bis 15 durch BMF v. 14. 12. 2022 (BStBl. I S. 1688), anzuwenden in allen offenen Fällen.

UStAE 17.1

zuweisen. ⑫ Der Vorsteuerrückzahlungsanspruch dieses Finanzamts entsteht mit Ablauf des Voranmeldungszeitraums, in dem die Uneinbringlichkeit eingetreten ist (vgl. BFH-Urteil vom 8. 10. 1997, XI R 25/97, BStBl. 1998 II S. 69). ⑬ Der Schuldner hat nach § 17 Abs. 2 Nr. 1 i. V. m. Abs. 1 Satz 2 UStG seinen Vorsteuerabzug bereits dann entsprechend zu berichtigen, wenn sich aus den Gesamtumständen, insbesondere aus einem längeren Zeitablauf nach Eingehung der Verbindlichkeit ergibt, dass er seiner Zahlungsverpflichtung gegenüber seinem Gläubiger nicht mehr nachkommen wird. ⑭ Wird der Anspruch des Gläubigers später ganz oder teilweise befriedigt, ist § 17 Abs. 2 Nr. 1 Satz 2 UStG anzuwenden. ⑮ Wird das Entgelt für eine während des Bestehens einer Organschaft bezogene Leistung nach Beendigung der Organschaft uneinbringlich, ist der Vorsteuerabzug nicht gegenüber dem bisherigen Organträger, sondern gegenüber dem im Zeitpunkt des Uneinbringlichwerdens bestehenden Unternehmen, dem früheren Organ, zu berichtigen (BFH-Urteil vom 7. 12. 2006, V R 2/05, BStBl. 2007 II S. 848).

16 (6) Bei der Abtretung einer Forderung unter dem Nennwert bestimmt sich das Entgelt nach den tatsächlichen Aufwendungen des Leistungsempfängers (vgl. Abschnitt 10.1 Abs. 4).

Beispiel:

① Ein Unternehmer hat auf Grund einer Lieferung eine Forderung i. H. v. 11 900 € gegen seinen zum Vorsteuerabzug berechtigten Abnehmer. ② Er tritt diese Forderung zum Festpreis von 5 750 € an ein Inkassobüro ab. ③ Das Inkassobüro kann noch 8 925 € einziehen.

④ Die Steuer des Lieferers richtet sich zunächst nach dem für die Lieferung vereinbarten Entgelt von 10 000 € (Steuer bei einem Steuersatz von 19% = 1 900 €). ⑤ Die endgültige Steuer des Lieferers beträgt allerdings nur 1 425 €, da der Abnehmer nur 8 925 € aufgewandt hat (§ 10 Abs. 1 Satz 2 UStG), während die restlichen 2 975 € uneinbringlich sind. ⑥ Eine entsprechende Minderung der Steuer nach § 17 Abs. 2 Nr. 1 in Verbindung mit § 17 Abs. 1 Satz 1 UStG von 1 900 € auf 1 425 € setzt jedoch voraus, dass der Lieferer die teilweise Uneinbringlichkeit der Forderung nachweist. ⑦ Er muss sich also Kenntnis davon verschaffen, welchen Betrag das Inkassobüro tatsächlich noch einziehen konnte. ⑧ Der Abnehmer hat zunächst auf Grund der ihm vom Lieferer erteilten Rechnung den Vorsteuerabzug in voller Höhe. ⑨ Er muss ihn jedoch von sich aus nach § 17 Abs. 2 Nr. 1 in Verbindung mit Abs. 1 Satz 2 UStG auf der Grundlage seiner tatsächlichen Zahlung an das Inkassobüro (im Beispielsfall auf 1 425 €) berichtigen, da er die teilweise Uneinbringlichkeit der Forderung kennt. ⑩ Dies gilt entsprechend, wenn der Abnehmer weniger an das Inkassobüro zahlt, als der Lieferer für die Forderung erhalten hat. ⑪ Zahlt der Abnehmer den vollen Rechnungsbetrag an das Inkassobüro, bleiben die Steuer des Lieferers und der Vorsteuerabzug des Abnehmers in voller Höhe bestehen.

17 (7) ① Steuer- und Vorsteuerberichtigungen sind auch erforderlich, wenn für eine Leistung ein Entgelt entrichtet, die Leistung jedoch nicht ausgeführt worden ist (§ 17 Abs. 2 Nr. 2 UStG). ② Diese Regelung steht im Zusammenhang mit der in § 13 Abs. 1 Nr. 1 Buchstabe a Satz 4 UStG vorgeschriebenen Besteuerung von Zahlungen vor Ausführung der Leistungen. ③ Die Minderung der Bemessungsgrundlage nach § 17 Abs. 2 Nr. 2 UStG erfolgt erst in dem Besteuerungszeitraum, in dem die Anzahlung oder das Entgelt zurückgewährt worden sind (vgl. BFH-Urteile vom 2. 9. 2010, V R 34/09, BStBl. 2011 II S. 991, und vom 15. 9. 2011, V R 36/09, BStBl. 2012 II S. 365).

Beispiel:

① Über das Vermögen eines Unternehmers, der Anzahlungen erhalten und versteuert hat, wird das Insolvenzverfahren eröffnet, bevor er eine Leistung erbracht hat. ② Der Insolvenzverwalter lehnt die Erfüllung des Vertrages ab und gewährt die Anzahlungen zurück. ③ Der Unternehmer, der die vertraglich geschuldete Leistung nicht erbracht hat, hat die Steuer auf die Anzahlung im Besteuerungszeitraum der Rückgewähr nach § 17 Abs. 2 Nr. 2 UStG zu berichtigen. ④ Unabhängig davon hat der Unternehmer, an den die vertraglich geschuldete Leistung erbracht werden sollte, den Vorsteuerabzug in sinngemäßer Anwendung des § 17 Abs. 1 Satz 2 UStG im Besteuerungszeitraum der Rückgewähr zu berichtigen. ⑤ Werden Anzahlungen versteuert und ergibt sich im Nachhinein, dass die Leistung nicht der Umsatzsteuer unterliegt, ist die Bemessungsgrundlage ebenfalls nach § 17 Abs. 2 Nr. 2 UStG zu berichtigen (vgl. Abschnitt 13.5 Abs. 4 Satz 3).

18 (8) ① Ob eine Rückgängigmachung einer Lieferung nach § 17 Abs. 2 Nr. 3 UStG oder eine selbständige Rücklieferung vorliegt, ist aus der Sicht des Empfängers und nicht aus der Sicht des ursprünglichen Lieferers zu beurteilen. ② Eine Rückgängigmachung ist anzunehmen, wenn der Liefernde oder der Lieferungsempfänger das der Hinlieferung zu Grunde liegende Umsatzgeschäft beseitigt oder sich auf dessen Unwirksamkeit beruft, die zuvor begründete Erwartung des Lieferers auf ein Entgelt dadurch entfällt und der Lieferungsempfänger den empfangenen Gegenstand in Rückabwicklung des Umsatzgeschäfts zurückgibt. ③ Dagegen liegt eine einen selbständigen Umsatz auslösende Rücklieferung vor, wenn die Beteiligten ein neues Umsatzgeschäft eingehen und der Empfänger der Hinlieferung dieses dadurch erfüllt, dass er dem ursprünglichen Lieferer die Verfügungsmacht an dem gelieferten Gegenstand in Erwartung einer Gegenleistung überträgt (vgl. BFH-Urteil vom 12. 11. 2008, XI R 46/07, BStBl. 2009 II S. 558). ④ Wenn der Insolvenzverwalter die Erfüllung eines zur Zeit der Eröffnung des Insolvenzverfahrens vom Schuldner und seinem Vertragspartner noch nicht oder nicht vollständig erfüllten Vertrags ablehnt (§ 103 InsO) und der Lieferer infolgedessen die Verfügungsmacht an dem gelieferten Gegenstand zurückerhält, wird die Lieferung rückgängig gemacht (vgl. BFH-Urteil vom 8. 5. 2003, V R 20/02, BStBl. II S. 953, zum Konkursverfahren). ⑤ Wird die Leistung nach Vereinnahmung des Entgelts rückgängig gemacht, entsteht der Berichtigungsanspruch nach § 17 Abs. 2 Nr. 3 UStG erst mit der Rückgewähr des Entgelts (vgl. BFH-Urteil vom 2. 9. 2010, V R 34/09, BStBl. 2011 II S. 991).

19 (9) ① Zu den Aufwendungen im Sinne des § 17 Abs. 2 Nr. 5 UStG können auch AfA für abnutzbare Wirtschaftsgüter gehören, für deren Anschaffungskosten der Vorsteuerabzug gewährt wurde (vgl. BFH-Urteil vom 2. 7. 2008, XI R 60/06, BStBl. 2009 II S. 167). ② § 17 Abs. 2 Nr. 5

UStG setzt – anders als § 15a UStG – nicht zwingend voraus, dass sich die Verhältnisse in Bezug auf die Verwendungsumsätze geändert haben.

(10)[1] ① Die Vorschrift des § 17 Abs. 1 UStG ist entsprechend anzuwenden, wenn in einer Rechnung der Steuerbetrag nach § 14c Abs. 1 UStG berichtigt wird. ② Die Berichtigung der wegen unrichtigen Steuerausweises geschuldeten Umsatzsteuer ist in dem Besteuerungszeitraum vorzunehmen, in dem sowohl eine Rechnung mit geändertem Steuerausweis erteilt als auch bei Bestehen eines Rückzahlungsanspruchs der zu hoch ausgewiesene Rechnungsbetrag an den Leistungsempfänger zurückgezahlt wurde (vgl. Abschnitt 14c.1 Abs. 5). ③ Der Widerspruch gegen den in einer Gutschrift enthaltenen Steuerausweis wirkt deshalb erst in dem Besteuerungszeitraum, in dem er erklärt wird (vgl. BFH-Urteil vom 19. 5. 1993, V R 110/88, BStBl. II S. 779). ④ Die Berichtigung der Vorsteuer durch den Leistungsempfänger hingegen ist für den Besteuerungszeitraum vorzunehmen, in dem diese abgezogen wurde. ⑤ § 14c Abs. 1 Sätze 2 und 3 UStG betreffen nicht den Leistungsempfänger, sondern regeln nur die Voraussetzungen für die Erstattung der wegen unrichtigen Steuerausweises geschuldeten Umsatzsteuer des Steuerschuldners (vgl. BFH-Urteil vom 6. 12. 2007, V R 3/06, BStBl. 2009 II S. 203). 20

Uneinbringlichkeit im Insolvenzverfahren

(11) ① Durch die Eröffnung des Insolvenzverfahrens über das Vermögen des leistenden Unternehmers geht nach § 80 Abs. 1 InsO die gesamte Verwaltungs- und Verfügungsbefugnis und damit auch die Empfangszuständigkeit für die offenen Forderungen auf den Insolvenzverwalter über. ② Demzufolge kommt es zu einer Aufspaltung des Unternehmens in mehrere Unternehmensteile, zwischen denen einzelne umsatzsteuerrechtliche Berechtigungen und Verpflichtungen nicht miteinander verrechnet werden können. ③ Dabei handelt es sich um die Insolvenzmasse und das vom Insolvenzverwalter freigegebene Vermögen sowie einen vorinsolvenzrechtlichen Unternehmensteil. ④ Der Unternehmer ist auf Grund des Übergangs der Empfangszuständigkeit für die offenen Forderungen auf den Insolvenzverwalter nach § 80 Abs. 1 InsO selbst nicht mehr in der Lage, rechtswirksam Entgeltforderungen in seinem vorinsolvenzrechtlichen Unternehmensteil zu vereinnahmen. ⑤ Erbringt der Unternehmer, über dessen Vermögen das Insolvenzverfahren eröffnet wird, eine Leistung vor Verfahrenseröffnung, ohne das hierfür geschuldete Entgelt bis zu diesem Zeitpunkt zu vereinnahmen, tritt daher spätestens mit Eröffnung des Insolvenzverfahrens Uneinbringlichkeit im vorinsolvenzrechtlichen Unternehmensteil ein (Uneinbringlichkeit aus Rechtsgründen). ⑥ Der Steuerbetrag ist deshalb nach § 17 Abs. 2 Nr. 1 Satz 1 i. V. m. Absatz 1 Satz 1 UStG zu berichtigen. ⑦ Vereinnahmt der Insolvenzverwalter später das zunächst uneinbringlich gewordene Entgelt, ist der Umsatzsteuerbetrag nach § 17 Abs. 2 Nr. 1 Satz 2 UStG erneut zu berichtigen. ⑧ Diese auf Grund der Vereinnahmung entstehende Steuerberichtigung begründet eine sonstige Masseverbindlichkeit im Sinne des § 55 Abs. 1 Nr. 1 InsO (vgl. BFH-Urteile vom 9. 12. 2010, V R 22/10, BStBl. 2011 II S. 996, und vom 27. 9. 2018, V R 45/16, BStBl. 2019 II S. 356). ⑨ Denn der sich aus § 17 Abs. 2 Nr. 1 Satz 2 UStG ergebende Steueranspruch ist erst mit der Vereinnahmung vollständig verwirklicht und damit abgeschlossen. 21

Beispiel:

① Über das Vermögen des U wurde am 15. 7. 01 das Insolvenzverfahren eröffnet. ② Nach dem Gutachten des Insolvenzgutachters hatte U zu diesem Zeitpunkt Forderungen aus umsatzsteuerpflichtigen Lieferungen und sonstigen Leistungen in Höhe von 119 000 €. ③ Hierin ist die Umsatzsteuer in Höhe von 19 000 € enthalten. ④ U hatte diese Umsätze in den entsprechenden Voranmeldungszeiträumen vor der Eröffnung des Insolvenzverfahrens angemeldet. ⑤ Der Insolvenzverwalter vereinnahmt im März 02 (nach Eröffnung des Insolvenzverfahrens) Forderungen in Höhe von 59 500 €. ⑥ Die restlichen Forderungen kann der Insolvenzverwalter nicht realisieren.

⑦ U kann seine Forderungen zum Zeitpunkt der Eröffnung des Insolvenzverfahrens nicht mehr selbst realisieren. ⑧ Die Forderungen sind aus rechtlichen Gründen uneinbringlich (§ 17 Abs. 2 Nr. 1 Satz 1 i. V. m. Absatz 1 Satz 1 UStG). ⑨ Im Voranmeldungszeitraum der Insolvenzeröffnung ist daher eine Berichtigung der Bemessungsgrundlage um 100 000 € vorzunehmen. ⑩ Nach Vereinnahmung eines Teils der Forderungen durch den Insolvenzverwalter muss dieser eine – erneute – Berichtigung der Bemessungsgrundlage nach § 17 Abs. 2 Nr. 1 Satz 2 i. V. m. Absatz 1 Satz 1 UStG von 50 000 € für den Voranmeldungszeitraum der Vereinnahmung (März 02) vornehmen. ⑪ Die hieraus resultierende Umsatzsteuer ist als Masseverbindlichkeit vom Insolvenzverwalter zu entrichten.

(12) ① Wird vom Insolvenzgericht ein sog. starker vorläufiger Insolvenzverwalter nach § 22 Abs. 1 InsO bestellt, ist dieser Vermögensverwalter im Sinne des § 34 Abs. 3 AO. ② Da auf ihn die gesamte Verwaltungs- und Verfügungsbefugnis über das Vermögen des Schuldners übergeht, tritt bereits mit seiner Bestellung die Uneinbringlichkeit der Entgelte und die Aufspaltung des Unternehmens in mehrere Unternehmensteile ein und der Steuerbetrag ist nach § 17 Abs. 2 Nr. 1 Satz 1 i. V. m. Absatz 1 Satz 1 UStG zu berichtigen. ③ Vereinnahmt später der sog. starke vorläufige Insolvenzverwalter im vorläufigen Insolvenzverfahren oder der Insolvenzverwalter im eröffneten Insolvenzverfahren das uneinbringlich gewordene Entgelt für eine Leistung, die vor Bestellung des starken vorläufigen Insolvenzverwalters erbracht worden ist, ist der Umsatzsteuerbetrag nach § 17 Abs. 2 Nr. 1 Satz 2 UStG im Zeitpunkt der Vereinnahmung erneut zu berichtigen (vgl. BFH-Urteil vom 1. 3. 2016, XI R 21/14, BStBl. II S. 756). ④ Diese auf Grund der Vereinnahmung entstehende Steuerberichtigung begründet eine sonstige Masseverbindlichkeit im Sinne des § 55 Abs. 2 Satz 1 InsO bei Vereinnahmung durch den sog. starken vorläufigen Insolvenzverwalter bzw. 22

[1] Zeitpunkt der Umsatzsteuer- und Vorsteuerberichtigung vgl. A 14c.1 Abs. 5 Satz 3, Abs. 10 und A 17.1 Abs. 10 UStAE. – **Keine Rückwirkung** der Berichtigung, vgl. **LS zu 14.11.**

UStAE 17.1

eine sonstige Masseverbindlichkeit im Sinne des § 55 Abs. 1 Nr. 1 InsO bei Vereinnahmung durch den Insolvenzverwalter. ⑤ Wird das Insolvenzverfahren nicht eröffnet, ist die nach Satz 2 durchgeführte Berichtigung rückgängig zu machen. ⑥ Für Steuerbeträge aus Umsätzen, die nach der Bestellung des sog. starken vorläufigen Insolvenzverwalters erbracht worden sind, kommt hingegen keine Berichtigung des Umsatzsteuerbetrags nach § 17 Abs. 2 Nr. 1 Satz 1 in Verbindung mit Abs. 1 Satz 1 UStG in Betracht. ⑦ Diese Steuerbeträge gelten mit der Eröffnung des Insolvenzverfahrens als sonstige Masseverbindlichkeiten nach § 55 Abs. 2 Satz 1 InsO.

23 (13) ① Die Grundsätze zur Uneinbringlichkeit aus Rechtsgründen nach den Absätzen 11 und 12 finden auch im Falle der Bestellung eines sog. schwachen vorläufigen Insolvenzverwalters mit allgemeinem Zustimmungsvorbehalt (§ 21 Abs. 2 Satz 1 Nr. 2 2. Alternative InsO) und dem Recht zum Forderungseinzug (§§ 22 Abs. 2, 23 InsO) Anwendung (vgl. BFH-Urteil vom 24. 9. 2014, V R 48/13, BStBl. 2015 II S. 506). ② Gleiches gilt bei der Bestellung eines sog. schwachen vorläufigen Insolvenzverwalters mit dem Recht zum Forderungseinzug (§§ 22 Abs. 2, 23 InsO), mit allgemeinem Zustimmungsvorbehalt ohne ausdrückliches Recht zum Forderungseinzug oder wenn der schwache vorläufige Insolvenzverwalter zur Kassenführung berechtigt ist. ③ Steuerbeträge aus Umsätzen, die der Unternehmer vor Bestellung eines sog. schwachen vorläufigen Insolvenzverwalters mit in Satz 1 oder Satz 2 genannten rechtlichen Befugnissen erbracht hat, sind daher nach § 17 Abs. 2 Nr. 1 Satz 1 in Verbindung mit Abs. 1 Satz 1 UStG zu berichtigen. ④ Gleiches gilt – im Unterschied zur Bestellung des sog. starken vorläufigen Insolvenzverwalters (vgl. Abs. 12 Satz 6) – für die Steuerbeträge aus Umsätzen, die der Unternehmer danach bis zum Abschluss des Insolvenzeröffnungsverfahrens erbringt. ⑤ Im Anschluss an die Uneinbringlichkeit kommt es durch die Vereinnahmung des Entgelts nach § 17 Abs. 2 Nr. 1 Satz 2 UStG zu einer zweiten Berichtigung. ⑥ Dem steht nicht entgegen, dass die erste Berichtigung auf Grund Uneinbringlichkeit und die zweite Berichtigung auf Grund nachfolgender Vereinnahmung ggf. im selben Voranmeldungs- oder Besteuerungszeitraum zusammentreffen. ⑦ Die auf Grund der während des Insolvenzeröffnungsverfahrens erfolgenden Vereinnahmung entstehende Steuerberichtigung begründet eine sonstige Masseverbindlichkeit nach § 55 Abs. 4 InsO. ⑧ Wegen der Einzelheiten zum Anwendungsbereich des § 55 Abs. 4 InsO vgl. BMF-Schreiben vom 20.5. 2015, BStBl. I S. 476, und vom 18.11.2015, BStBl. I S. 886. ⑨ Erfolgt die Entgeltvereinnahmung erst während des eröffneten Insolvenzverfahrens, begründet die dadurch entstehende Steuerberichtigung eine sonstige Masseverbindlichkeit im Sinne von § 55 Abs. 1 Nr. 1 InsO (vgl. Abs. 11).

24 (14) ① Ungeachtet der Berichtigungspflichten wegen Uneinbringlichkeit aus Rechtsgründen (vgl. Absätze 11 bis 13) findet § 17 UStG weiterhin Anwendung, wenn der Steuerbetrag bereits vor der Bestellung des vorläufigen Insolvenzverwalters wegen Uneinbringlichkeit des Entgelts aus tatsächlichen Gründen (z. B. wegen Zahlungsunfähigkeit des Entgeltschuldners, vgl. auch Absatz 16) nach § 17 Abs. 2 Nr. 1 Satz 1 in Verbindung mit Abs. 1 Satz 1 UStG berichtigt wurde und der vorläufige Insolvenzverwalter oder der Insolvenzschuldner mit Zustimmung des schwachen vorläufigen Insolvenzverwalters das Entgelt im vorläufigen Insolvenzverfahren vereinnahmt. ② Dann ist der hierauf entfallende Steuerbetrag (erneut) nach § 17 Abs. 2 Nr. 1 Satz 2 UStG zu berichtigen. ③ Diese auf Grund der Vereinnahmung entstehende Steuerberichtigung begründet bei Bestellung eines schwachen vorläufigen Insolvenzverwalters eine sonstige Masseverbindlichkeit nach § 55 Abs. 4 InsO. ④ Wird hingegen vom Insolvenzgericht ein sog. starker vorläufiger Insolvenzverwalter nach § 22 Abs. 1 InsO eingesetzt, liegen insoweit sonstige Masseverbindlichkeiten nach § 55 Abs. 2 InsO vor. ⑤ Denn der sich aus § 17 Abs. 2 Nr. 1 Satz 2 UStG ergebende Steueranspruch ist erst mit der Vereinnahmung vollständig verwirklicht, mithin im vorläufigen Insolvenzverfahren. ⑥ Das gilt auch, wenn die Berichtigung nach § 17 Abs. 2 Nr. 1 Satz 1 UStG während der vorläufigen Insolvenzverwaltung erfolgt und das Entgelt durch den starken vorläufigen Insolvenzverwalter vereinnahmt wird. ⑦ Dieser Steueranspruch ist ebenfalls als sonstige Masseverbindlichkeit nach § 55 Abs. 2 InsO zu qualifizieren.

Beispiel:

① U hat offene Forderungen aus umsatzsteuerpflichtigen Lieferungen in Höhe von 119 000 € gegenüber dem Leistungsempfänger S. ② U hat diese Umsätze in den entsprechenden Voranmeldungszeiträumen angemeldet. ③ Über das Vermögen des S wird am 15. 7. 00 das Insolvenzverfahren eröffnet. ④ Auf Grund eines zulässigen Insolvenzeröffnungsantrages über das Vermögen des U wird vom Insolvenzgericht mit Wirkung zum 15. 8. 00 ein sog. schwacher vorläufiger Insolvenzverwalter bestellt. ⑤ U vereinnahmt mit Zustimmung des schwachen vorläufigen Insolvenzverwalters am 15. 9. 00 noch Forderungen gegenüber S (bzw. dem Insolvenzverwalter des S) in Höhe von 59 500 €.

⑥ U hat die in den offenen Forderungen enthaltene Umsatzsteuer nach § 17 Abs. 2 Nr. 1 Satz 1 in Verbindung mit Absatz 1 Satz 1 UStG in Höhe von 19 000 € unbeschadet einer möglichen Insolvenzquote in voller Höhe spätestens im Zeitpunkt der Insolvenzeröffnung über das Vermögen des S zu berichtigen (vgl. Absatz 16 Sätze 1 und 2). ⑦ Die Berichtigung ist für den Voranmeldungszeitraum Juli 00 durchzuführen. ⑧ Nach Vereinnahmung eines Teils der Forderungen im vorläufigen Insolvenzverfahren ist eine erneute Berichtigung der Steuerbeträge nach § 17 Abs. 2 Nr. 1 Satz 2 UStG durchzuführen. ⑨ Die Berichtigung ist für den Voranmeldungszeitraum September 00 vorzunehmen. ⑩ Die hieraus resultierende Umsatzsteuer in Höhe von 9 500 € stellt mit Eröffnung des Insolvenzverfahrens eine sonstige Masseverbindlichkeit nach § 55 Abs. 4 InsO dar, da es sich insoweit um Verbindlichkeiten des U aus dem Steuerschuldverhältnis handelt, die von einem schwachen vorläufigen Insolvenzverwalter oder vom Schuldner mit Zustimmung eines schwachen vorläufigen Insolvenzverwalters begründet worden sind.

25 (15) ① Der Empfänger einer steuerpflichtigen Leistung, die vom Unternehmer vor Bestellung eines vorläufigen Insolvenzverwalters (vgl. Absätze 12 und 13) bzw. Eröffnung des Insolvenzverfahrens (vgl. Absatz 11) erbracht und für die das Entgelt aus Rechtsgründen uneinbringlich wurde, hat zu diesem Zeitpunkt die auf die steuerpflichtige Leistung entfallenden Vorsteuerbeträge nicht nach § 17 Abs. 2 Nr. 1 Satz 1 in Verbindung mit Absatz 1 Satz 1 UStG zu berichtigen. ② Denn Zahlungsverpflichtung und Zahlungsbereitschaft des Leistungsempfängers bestehen fort und sind unabhängig von der Uneinbringlichkeit des Entgelts im vorinsolvenzrechtlichen Unternehmensteil des leistenden Unternehmers zu beurteilen.

(16) ① Entgeltforderungen aus Lieferungen und sonstigen Leistungen, die vor Insolvenzeröffnung an den späteren Insolvenzschuldner erbracht wurden, werden im Augenblick der Bestellung eines vorläufigen Insolvenzverwalters im Sinne der Absätze 12 oder 13 – spätestens aber mit Eröffnung des Insolvenzverfahrens – unbeschadet einer möglichen Insolvenzquote in voller Höhe im Sinne des § 17 Abs. 2 Nr. 1 UStG uneinbringlich. ② Zu diesem Zeitpunkt ist die Umsatzsteuer beim leistenden Unternehmer und dementsprechend der Vorsteuerabzug beim Leistungsempfänger nach § 17 Abs. 1 UStG zu berichtigen. ③ Dies gilt sinngemäß auch, wenn der Antrag auf Eröffnung des Insolvenzverfahrens (z. B. mangels Masse) abgewiesen wird. ④ Wird das uneinbringlich gewordene Entgelt nachträglich vereinnahmt, ist der Umsatzsteuerbetrag erneut zu berichtigen (§ 17 Abs. 2 Nr. 1 Satz 2 UStG). ⑤ Das gilt auch für den Fall, dass der Insolvenzverwalter die durch die Eröffnung uneinbringlich gewordene Forderung erfüllt (vgl. BFH-Urteil vom 22. 10. 2009, V R 14/08, BStBl. 2011 II S. 988). **26**

(17) ① Wird auf Grund einer erfolgreichen Insolvenzanfechtung nach §§ 129 ff. InsO ein bereits entrichtetes Entgelt für eine vom Insolvenzschuldner bezogene Leistung nach Eröffnung des Insolvenzverfahrens an den Insolvenzverwalter zurückgezahlt, ist der Vorsteuerabzug nach § 17 Abs. 2 Nr. 1 Satz 2 UStG durch den Insolvenzverwalter in dem Zeitpunkt der tatsächlichen Entgeltrückgewähr zu berichtigen. ② Der Berichtigungsanspruch nach § 17 Abs. 2 Nr. 1 Satz 2 UStG entsteht dann im Rahmen der Masseverwaltung und stellt folglich nach § 55 Abs. 1 Satz 1 InsO eine Masseverbindlichkeit dar (vgl. BFH-Urteile vom 15. 12. 2016, V R 26/16, BStBl. 2017 II S. 735, und vom 29. 3. 2017, XI R 5/16, BStBl. II S. 738). **27**

– Rückgängigmachung von Lieferungen; Entgeltminderungen – LS zu 17.1

Zur **Umsatzsteuer- und Vorsteuerberichtigung** bei Änderung der Bemessungsgrundlage. *Verfügung OFD Niedersachsen S 70 – 25 – St 181 v. 24. 8. 2015 (DStR S. 2288).*

Bei **Rückgängigmachung** einer Lieferung kann eine Berichtigung entsprechend § 17 UStG grundsätzlich erst erfolgen, wenn die Aufhebung des Kaufvertrages definitiv feststeht. *Verfügung OFD Düsseldorf S 7522 A – St 641 v. 6. 8. 1970.* **29**

1. **Verzichtet** der Empfänger einer Lieferung **aus Gründen der gesellschaftsrechtlichen Beteiligung** am Lieferanten auf einen Teil des Entgelts, führt dies nicht zu einer Vereinnahmung, sondern zu einer Kürzung des Entgelts und einer dementsprechenden Minderung der Bemessungsgrundlage der steuerpflichtigen Umsätze. – 2. Die Umwandlung einer Kaufpreisforderung in eine Darlehensforderung bewirkt keine Entgeltsvereinnahmung, wenn nach den Umständen nicht erkennbar ist, dass die Gläubigerin die Schuldumwandlung im Wege einer echten **Novation als Erfüllung** ihrer bisherigen Forderungen gelten lassen will. In diesem Fall ist nach der Beweisregel des § 364 Abs. 2 BGB davon auszugehen, dass das Kapitalkreditverhältnis nur erfüllungshalber eingegangen wurde. *FG München, Beschl. v. 7. 10. 2008, 14 V 2772/08, rkr. (DStRE S. 1211).*

1. Die Minderung der Bemessungsgrundlage setzt einen **unmittelbaren Zusammenhang einer Zahlung** mit der erbrachten Leistung voraus. – 2. Hat der Verkäufer einer vermieteten Gewerbeimmobilie dem Käufer im Kaufvertrag aus den bereits abgeschlossenen Mietverträgen **Mieterträge garantiert,** deren Höhe durch die tatsächlich erzielten Mieten nicht erreicht werden, und zahlt er hierfür an den Käufer einen Ausgleich, steht diese Zahlung in **unmittelbarem Zusammenhang mit der Lieferung** der Immobilie und mindert deren Bemessungsgrundlage. *BFH-Urteil v. 11. 2. 2010, V R 2/09 (BStBl. II S. 765).*

1. Bei Ausweis eines überhöhten Steuerbetrags steht dem Leistungsempfänger der darin enthaltene – gesetzlich geschuldete – Betrag als Vorsteuer zu. – 2. Ein Vorsteuerabzug wegen **Erhöhung der Bemessungsgrundlage** erfordert die **nachträgliche Vereinbarung** eines Entgelts **und die tatsächliche Zahlung** des vereinbarten Entgelts. *BFH-Urt. v. 19. 11. 2009, V R 41/08 (DStR 2010 S. 159).*

Entgeltcharakter der Zahlung **trotz Rückzahlungsanspruchs** des Zahlenden. *BFH-Beschl. v. 15. 7. 2010 – XI B 47/09 (BFH/NV S. 2138).*

Nach § 17 Abs. 1 Satz 1 UStG mindert sich die Bemessungsgrundlage nur, soweit das **Entgelt tatsächlich – durch Verrechnung – zurückgezahlt** wird, und zwar in dem Besteuerungszeitraum, in dem die Rückgewähr erfolgt. *Erlass FM Hessen S 7333 A – 007 – II 51 v. 4. 8. 2010.*

Vereinnahmt der Unternehmer das vereinbarte Entgelt, **ohne die geschuldete Leistung zu erbringen,** setzt die Berichtigung nach § 17 Abs. 2 Nr. 2 UStG die **Rückzahlung** des Entgelts voraus. Dies gilt auch, wenn eine Fluggesellschaft bei nicht in Anspruch genommenen Flügen den Flugpreis nicht erstattet. *BFH-Urt. v. 15. 9. 2011, V R 36/09 (BStBl. 2012 II S. 365).*

Keine Mehrwertsteuererstattung an einen Zwischenhändler von Tabakwaren im Falle vollständiger oder teilweiser **Nichtzahlung des Preises** durch seinen Kunden. ***EuGH-Urt. v. 27. 1. 2011*** *C-489/09, Vandoorne NV (UR S. 951).*

1. **§ 17 Abs. 2 Nr. 2 UStG** knüpft allein an das Erfordernis an, dass **kein Umsatz** ausgeführt wird. Unerheblich ist, ob nach Stornierung des Auftrags und Gutschrift der darauf geleisteten **Anzahlung** der Anzahlungsbetrag zurückgewährt worden ist. – 2. Ist die Steuer beim Leistenden **geschätzt** worden, fehlt es an einem konkret bestimmbaren Erstattungsanspruch gegenüber der Finanzbehörde. Demzufolge kann die Finanzbehörde auch keinen Erstattungsbetrag an den Leistungsempfänger auskehren. *FG Hamburg, Gerichtsbescheid v. 23. 3. 2009, 6 K 80/08, rkr. (DStRE 2009 S. 1209).*

Bietet ein (Umzugs-)Unternehmen seinen Kunden an, von ihm verkaufte **Umzugskartons** in verwertbarem Zustand gegen ein bestimmtes Entgelt zurückzunehmen, und machen die Kunden davon Gebrauch, ist die Bemessungsgrundlage für die ursprüngliche Lieferung nicht zu berichtigen. Vielmehr liegt eine selbstständige sog. **Rücklieferung** vor. *BFH-Urt. v. 12. 11. 2008, XI R 46/07 (BStBl. 2009 II S. 558).*

Die Finanzbehörden müssen von einem Steuerpflichtigen eine Berichtigung des ursprünglichen Vorsteuerabzugs verlangen, wenn sie, nachdem dieser **Rabatte** für (innergemeinschaftliche und) inländische Warenlieferungen erhalten hat, feststellen, dass der ursprüngliche Vorsteuerabzug höher war als der, zu dessen Vornahme der Steuerpflichtige berechtigt war. Ein in einem Mitgliedstaat niedergelassener Steuerpflichtiger ist zur Berichtigung des ursprünglichen Vorsteuerabzugs verpflichtet,

LS zu 17.1 selbst wenn der Lieferer dieses Steuerpflichtigen seine Tätigkeit in diesem Mitgliedstaat eingestellt hat und dieser Lieferer daher die Erstattung eines Teils der entrichteten Mehrwertsteuer nicht mehr beantragen kann. ***EuGH-Urteil v. 28. 5. 2020 C-684/18,*** *World Comm Trading Gfz SRL (DStR S. 1314).*

Rücklieferung/Rückgabe vgl. A 1.1 Abs. 4 UStAE.

Bei der Änderung der Bemessungsgrundlage im Laufe eines Besteuerungszeitraums kann bei der Berichtigung der Steuer- und Vorsteuerbeträge auf Grund von Entgeltsminderungen aus **Vereinfachungsgründen** von einer Aufteilung abgesehen werden, wenn die Steuerberichtigung nach **§ 17 Abs. 1 Nr. 1 UStG dem bisherigen niedrigeren Steuersatz** zugewiesen wird. *Verfügung OFD Karlsruhe S 7330 v. 25. 3. 2002.*

Der **Kürzungsbetrag nach § 4 des Rahmenvertrags** zwischen den Spitzenverbänden der Krankenkassen und dem Deutschen Apothekerverband e. V. ist eine Entgeltsminderung, die zu einer Minderung der Umsatzsteuerschuld führt. *Verfügung OFD Hannover S 7330 – 26 – StO 351/S 7330 – 40 – StH 442 v. 16. 1. 2003.*

1. Zahlt der Unternehmer dem Abnehmer [Pharmarabatt an **Apotheker**] einen Teil der für die Lieferung vereinnahmten Gegenleistung zurück – hier aufgrund § 130 a SGB V –, ist die nach der Rückzahlung verbleibende Gegenleistung gemäß §§ 10, 17 UStG in Entgelt und Umsatzsteuer aufzuteilen. Dementsprechend ist auch der Rückzahlungsbetrag aufzuteilen. – 2. § 130 a SGB V enthält keine Regelung zu den umsatzsteuerrechtlichen Auswirkungen, die sich aus dem aufgrund dieser Vorschrift tatsächlich zurückgezahlten „Abschlag" ergeben. *BFH-Urt. v. 28. 5. 2009, V R 2/08 (BStBl. 2009 II S. 870).*

Die nach § 421 i Abs. 3 SGB III (Eingliederung von Arbeitslosen) vereinbarte **„Malus-Komponente"** erfüllt die Voraussetzungen für eine Minderung der Bemessungsgrundlage gemäß § 17 Abs. 1 Satz 1 UStG. *Verfügung OFD Frankfurt v. 5. 4. 2006 S 7100 A – 261 – St 11.*

Herstellerrabatt bei der Lieferung von verschreibungspflichtigen Arzneimitteln. *Verfügung OFD Karlsruhe v. 13. 8. 2019 – S 7330 K. 2 (BeckVerw 456755).*

Das Entgelt für den **innergemeinschaftlichen Erwerb** von Arzneimitteln durch eine gesetzliche Krankenkasse bemisst sich nach dem von dieser an die jeweilige Versandapotheke gezahlten – rabattierten – Betrag zuzüglich des von dem pharmazeutischen Unternehmer der Apotheke gezahlten **Herstellerrabatts.** Die Berücksichtigung des Herstellerrabatts als Entgeltbestandteil verstößt bei Lieferungen von Arzneimitteln in einer – mit Ausnahme der Versandapotheke – inländischen Lieferkette von einem pharmazeutischen Unternehmer über einen Großhändler und eine Versandapotheke an eine gesetzliche Krankenkasse nicht gegen den Grundsatz der Neutralität der Mehrwertsteuer. *BFH-Urteil v. 10. 12. 2020 V R 34/18 (BStBl. 2021 II S. 576).*

Keine Änderung der Bemessungsgrundlage nach § 17 Abs. 1 Satz 1 Nr. 1 UStG wegen umsatzunabhängigem **Solidarbeitrag pharmazeutischer Unternehmen** an die gesetzlichen Krankenkassen. *BFH-Urteil v. 30. 1. 2014 V R 1/13 (BFH/NV S. 911).*

Die an Kassenpatienten von einer **Internet-Apotheke** gezahlten „Aufwandsentschädigungen" für die Mitwirkung dieser Patienten an ihrer von der Apotheke berufsrechtlich geschuldeten Beratung mindert nicht die Bemessungsgrundlage der steuerpflichtigen Versandhandelsumsätze gegenüber den Privatpatienten. *BFH-Beschluss v. 24. 2. 2015 V B 147/14 (DStR S. 756).*

Gewährt der erste, in einem anderen Mitgliedstaat der EU ansässige und dort eine steuerfreie innergemeinschaftliche Lieferung ausführende Unternehmer in einer **Lieferkette** dem letzten inländischen Unternehmer einen **Rabatt,** ist dessen Vorsteuerabzug nicht nach § 17 Abs. 1 Satz 4 i. V. m. Satz 5 UStG zu berichtigen. *BFH-Urteil v. 5. 6. 2014 XI R 25/12 (BStBl. 2017 II S. 806).* – In einer derartigen Lieferkette ändert sich durch den Rabatt weder die Bemessungsgrundlage für die innergemeinschaftliche Lieferung des ersten Unternehmers noch für den damit korrespondierenden innergemeinschaftlichen Erwerb seines Abnehmers. *BFH-Urteil v. 4. 12. 2014 V R 6/13 (BStBl. 2017 II S. 810).*

Zur umsatzsteuerrechtlichen Beurteilung von Beiträgen an **Fitnessstudios** in Corona-bedingten Schließzeiten (Zeitschrift, Gutschein: Änderung der Bemessungsgrundlage nur bei Beitragsrückzahlung) vgl. *Kurzinfo FM Schleswig-Holstein v. 3. 12. 2020 VI 3510 – S 7100-759 (DStR 2021 S. 294).*

– Uneinbringlichkeit –

30 Das vereinbarte Entgelt ist i. S. d. **§ 17 Abs. 2 Nr. 1 UStG** uneinbringlich, **wenn die Forderung – auch für geraume Zeit – nicht durchsetzbar ist.** Hieran ändert sich nichts dadurch, dass der Schuldner der uneinbringlichen Forderung sich eines Gegenanspruchs berühmt und mit dem angeblichen Gegenanspruch aufrechnet. Entscheidend ist, ob der Gläubiger der Forderung auf Zahlung des Entgelts damit rechnen muss, dass eine Gegenforderung des Schuldners besteht und beide Forderungen in geraumer Zeit durch Aufrechnung erfüllt werden. *BFH-Beschl. v. 15. 4. 2004 – V B 162/03 (BFH/NV S. 1122). – Vgl. auch BFH-Beschl. v. 14. 3. 2007 – V B 150/05 (BFH/NV S. 1365) und v. 4. 6. 2007 – V B 76/06 (BFH/NV S. 2151).*

Bloße Überschuldung und **eigenkapitalersetzender Charakter** einer Mietforderung begründet keine Uneinbringlichkeit. – Die Uneinbringlichkeit aus tatsächlichen Gründen (hier: Zahlungsunfähigkeit) setzt voraus, dass die Vollstreckungsmaßnahmen des Gläubigers gegen den Schuldner erfolglos gewesen sind bzw. **objektiv feststeht,** dass der Schuldner vorläufig nicht mehr zahlen kann (z. B. wegen Abgabe einer eidesstattlichen Versicherung). *Thüringer FG, Urt. v. 1. 12. 2009, 3 K 921/07, rkr. (DStRE 2011 S. 105).*

Soweit ein der Sollbesteuerung unterliegender Unternehmer seinen Entgeltanspruch aufgrund eines vertraglichen **Einbehalts zur Absicherung von Gewährleistungsansprüchen** über einen Zeitraum von zwei bis fünf Jahren nicht verwirklichen kann, ist er bereits für den Voranmeldungszeitraum der Leistungserbringung zur Steuerbereichtigung berechtigt. *BFH-Urteil v. 24. 10. 2013 V R 31/12 (BStBl. 2015 II S. 674).*

– Insolvenz –

31 Ein Mitgliedstaat kann die Minderung der Besteuerungsgrundlage für die Umsatzsteuer nicht davon abhängig machen, dass ein **Insolvenzverfahren** erfolglos geblieben ist, wenn ein solches Verfahren mehr als **10 Jahre** dauern kann. ***EuGH-Urteil v. 23. 11. 2017*** *C-246/16, Enzo Di Maura (DStR 2018 S. 74).*

1. … 2. Die zur Entstehung des Vorsteuerrückforderungsanspruchs führende Uneinbringlichkeit von Lieferantenforderungen, für welche der Steuerpflichtige Vorsteuer abgezogen hat, tritt mit der **Eröffnung des Insolvenzverfahrens** über das Vermögen des Steuerpflichtigen ein, falls nicht für einen **bestimmten Zeitpunkt zuvor** dessen Zahlungsunfähigkeit oder Zahlungseinstellung festgestellt wird. *BGH-Urt. v. 19. 7. 2007 – IX ZR 81/06 (UR S. 742).*

1. *[LS zu 2.8 – (Rz. 101)]* – 2. Von der Uneinbringlichkeit einer Forderung kann auch schon **vor der Eröffnung** eines Insolvenzverfahrens ausgegangen werden, wenn der Insolvenzschuldner Antrag auf Eröffnung des Insolvenzverfahrens gestellt hat und der sachliche Insolvenzgrund der Zahlungsunfähigkeit (§ 17 InsO) oder der Überschuldung (§ 19 InsO) gegeben ist. *FG München, Urt. v. 26. 2. 2010, 14 K 1705/07, rkr. (DStRE 2011 S. 558).*

Nimmt der Schuldner **während des Insolvenzverfahrens** eine **neue Erwerbstätigkeit** auf, indem er durch seine Arbeit und mit Hilfe von nach § 811 Nr. 5 ZPO unpfändbaren Gegenständen steuerpflichtige Leistungen erbringt, zählt die hierfür geschuldete Umsatzsteuer nicht nach § 55 Abs. 1 Nr. 1 InsO zu den Masseschulden. *BFH-Urt. v. 7. 4. 2005 – V R 5/04 (BStBl. II S. 848).*

Übt der Schuldner **nach Eröffnung des Insolvenzverfahrens** eine **unternehmerische Tätigkeit** aus, ist die Umsatzsteuer aus dieser Tätigkeit nicht bereits deshalb eine **Masseverbindlichkeit** i. S. des § 55 Abs. 1 Nr. 1 InsO, weil der Schuldner dabei mit Billigung des Insolvenzverwalters u. a. auch Massegegenstände verwendet. *BFH-Urt. v. 17. 3. 2010, XI R 2/08 (DStRE S. 938).* – Vgl. auch *BFH-Urt. v. 8. 9. 2011, V R 38/10 (BStBl. 2012 II S. 270).* LS zu 17.1

Vorsteuerberichtigung bei Insolvenz vgl. *BFH-Urt. v. 19. 8. 2008, VII R 36/07 (BStBl. 2009 II S. 90) und FG Berlin-Brandenburg, Beschl. v. 19. 6. 2008, 7 V 7032/08, rkr. (DStRE S. 1467).*

Vereinnahmt der Insolvenzverwalter nach Eröffnung des Insolvenzverfahrens im Rahmen der **Istbesteuerung** gemäß § 13 Abs. 1 Nr. 1 Buchst. b UStG Entgelte für Leistungen, die bereits vor Verfahrenseröffnung erbracht wurden, handelt es sich bei der für die Leistung entstehenden Umsatzsteuer um eine **Masseverbindlichkeit** nach § 55 Abs. 1 Nr. 1 InsO. *BFH-Urteil v. 29. 1. 2009 – V R 64/07 (BStBl. II S. 682).* 32

1. Wählt der Insolvenzverwalter die **Erfüllung eines** bei Eröffnung des Insolvenzverfahrens noch nicht oder nicht vollständig erfüllten **Werkvertrages,** wird die Werklieferung – wenn keine Teilleistungen i. S. des § 13 Abs. 1 Nr. 1 Buchst. a Sätze 2 und 3 UStG gesondert vereinbart worden sind – erst mit der Leistungserbringung nach Verfahrenseröffnung ausgeführt. – 2. Bei der hierauf entfallenden Umsatzsteuer handelt es sich um eine **Masseverbindlichkeit,** soweit das vereinbarte Entgelt nicht bereits vor Verfahrenseröffnung vereinnahmt wurde. *BFH-Urt. v. 30. 4. 2009, V R 1/06 (BStBl. 2010 II S. 138).*

1. **Lehnt der Insolvenzverwalter** nach Eröffnung des Insolvenzverfahrens gemäß § 103 InsO **die Erfüllung** eines gegenseitigen, noch nicht vollständig erfüllten Werkvertrags **ab,** so beschränkt sich der Leistungsaustausch auf die bis zur Insolvenzeröffnung erbrachten Arbeiten. – 2. Die hierauf entfallende Umsatzsteuer gehört zu den Insolvenzforderungen i. S. von § 38 InsO. – 3. Das ist auch dann der Fall, wenn der Insolvenzverwalter für die Fortsetzung der Arbeiten mit dem Auftraggeber einen neuen Vertrag abschließt. *Schleswig-Holsteinisches FG, Urt. v. 2. 9. 2010, 4 K 115/06, rkr. (DStRE 2011 S. 631).*

Nutzt der Insolvenzschuldner unberechtigt einen zur Masse gehörenden **Gegenstand** für seine nach Insolvenzeröffnung aufgenommene Erwerbstätigkeit, ist die durch sonstige Leistungen des Insolvenzschuldners begründete Umsatzsteuer jedenfalls dann keine Masseverbindlichkeit, wenn die Umsätze im Wesentlichen auf dem **Einsatz seiner persönlichen Arbeitskraft** und nicht im Wesentlichen auf der Nutzung des Massegegenstandes beruht. *BFH-Urteil v. 8. 9. 2011 V R 38/10 (BStBl. 2012 II S. 270).*

Ein **Vorsteuerberichtigungsanspruch** des FA nach **§ 15 a UStG,** der dadurch entsteht, dass der Insolvenzverwalter ein Wirtschaftsgut abweichend von den für den ursprünglichen Vorsteuerabzug maßgebenden Verhältnissen verwendet, gehört zu den **Masseverbindlichkeiten** und kann durch Steuerbescheid gegenüber dem Insolvenzverwalter geltend gemacht werden. *BFH-Urteil v. 9. 2. 2011 – XI R 35/09 (BStBl. II S. 1000).*

Das FA ist berechtigt, in einem laufenden Insolvenzverfahren einen **Umsatzsteuerbescheid** zu erlassen, in dem eine **negative Umsatzsteuer** für einen Besteuerungszeitraum vor der Eröffnung des Insolvenzverfahrens festgesetzt wird, wenn sich daraus keine Zahllast ergibt. *BFH-Urt. v. 13. 5. 2009, XI R 63/07 (BStBl. 2010 II S. 11).*

Liegt bei **Eröffnung des Insolvenzverfahrens** eine bestandskräftige Steuerfestsetzung und damit ein Schuldtitel i. S. des § 179 Abs. 2 InsO vor, ist das FA im Falle des Bestreitens der Forderung durch den Insolvenzverwalter berechtigt, das Bestehen der angemeldeten Forderung **durch Bescheid festzustellen,** wenn der Insolvenzverwalter seinen Widerspruch auf die von ihm behauptete Unwirksamkeit der Forderungsanmeldung stützt (Abgrenzung zum Senatsurteil vom 23. Februar 2005, VII R 63/03, BFHE 209, 23, BStBl. II 2005, 591). *BFH-Urteil v. 23. 2. 2010, VII R 48/07 (BStBl. II S. 562).*

Anmeldung von Insolvenzforderungen durch das Finanzamt. *BFH-Urt. v. 24. 8. 2011, V R 53/09 (BStBl. 2012 II S. 256).*

Steuerberechnung und Wirkung des **Tabelleneintrags** im Insolvenzverfahren. *BFH-Urt. v. 24. 11. 2011, V R 13/11 (BStBl. 2012 II S. 298).*

1. Verbindlichkeiten werden nach § 55 Abs. 4 InsO nur im Rahmen der für den vorläufigen Verwalter bestehenden rechtlichen Befugnisse begründet. Für umsatzsteuerrechtliche Verbindlichkeiten ist dabei auf die Entgeltvereinnahmung durch den vorläufigen Insolvenzverwalter abzustellen. – 2. Bestellt das Insolvenzgericht einen vorläufigen Insolvenzverwalter mit allgemeinem Zustimmungsvorbehalt und mit Recht zum Forderungseinzug, sind Steuerbetrag und Vorsteuerabzug für die Leistungen, die der Unternehmer **bis zur Verwalterbestellung** erbracht oder bezogen hat, nach § 17 Abs. 2 Nr. 1 UStG zu berichtigen. Gleiches gilt für den Steuerbetrag und den Vorsteuerabzug aus Leistungen, die das Unternehmen danach bis zum Abschluss des Insolvenzeröffnungsverfahrens erbringt oder bezieht. *BFH-Urteil v. 24. 9. 2014 V R 48/13 (BStBl. 2015 II S. 506).*

§ 55 Abs. 4 InsO ist nur auf Masseverbindlichkeiten, nicht aber auch auf **Vergütungsansprüche** zugunsten der Masse anzuwenden. *BFH-Urteil v. 23. 7. 2020 V R 26/19 (BStBl. 2022 II S. 495).*

Der Vorsteuerberichtungsanspruch gemäß § 17 Abs. 2 Nr. 1, Abs. 1 Satz 1 Nr. 2 UStG entsteht mit der **Bestellung des vorläufigen Insolvenzverwalters** mit Zustimmungsvorbehalt i. S. von **§ 21 Abs. 2 Nr. 2 Alternative 2 InsO.** *BFH-Urteile v. 8. 8. 2013 V R 18/13 (BStBl. 2017 II S. 543) und v. 3. 7. 2014 V R 32/13 (BStBl. 2017 II S. 666).*

1. Verbindlichkeiten werden nach § 55 Abs. 4 InsO nur im Rahmen der für den vorläufigen Verwalter bestehenden rechtlichen Befugnisse begründet. Für umsatzsteuerrechtliche Verbindlichkeiten ist dabei auf die Entgeltvereinnahmung durch den vorläufigen Insolvenzverwalter abzustellen. – 2. Bestellt das Insolvenzgericht einen **vorläufigen Insolvenzverwalter** mit allgemeinem Zustimmungsvorbehalt und mit Recht zum Forderungseinzug, sind **Steuerbetrag** und **Vorsteuerabzug** für die Leistungen, die der Unternehmer bis zur Verwalterbestellung erbracht oder bezogen hat, nach **§ 17 Abs. 2 Nr. 1 UStG** zu berichtigen. Gleiches gilt für den Steuerbetrag und den Vorsteuerabzug aus Leistungen, die das Unternehmen danach bis zum Abschluss des Insolvenzeröffnungsverfahrens erbringt oder bezieht. *BFH-Urteil v. 24. 9. 2014 V R 48/13 (BStBl. 2015 II S. 506).*

1. Da die bei Insolvenzeröffnung noch offenen Ansprüche auf Gegenleistungen aus zuvor erbrachten Leistungen neben dem Entgelt einen Umsatzsteueranteil aufweisen, der zusammen mit dem Entgelt vom **Insolvenzverwalter** im Rahmen der Verwaltung der Masse gemäß §§ 148 ff. InsO einzuziehen ist, rechtfertigt es die für den Insolvenzverwalter auch im Umfang des Umsatzsteueranteils bestehende **Einziehungsbefugnis,** dass im Umfang der durch den Insolvenzverwalter vereinnahmten Umsatzsteuer – unter Berücksichtigung der zuvor eingetretenen Uneinbringlichkeit – keine Insolvenzforderung, sondern eine Masseverbindlichkeit vorliegt. – 2. Liegt bereits eine Masseverbindlichkeit i. S. von § 55 Abs. 4 InsO vor, erübrigt sich die Frage nach einer Steuerberichtigung gemäß § 17 UStG. *BFH-Beschluss v. 11. 3. 2014 V B 61/13 (BFH/NV S. 920).*

Zur Vorsteuerberichtigung nach § 17 UStG aufgrund der **insolvenzrechtlichen Anfechtung** von Zahlungen des Insolvenzschuldners an seine Gläubiger. *Kurzinfo OFD Koblenz v. 23. 8. 2013 – S 0550 A – St 341 (DStR 2014 S. 535).*

Im Verhältnis zwischen insolventer Organgesellschaft, Organträger und Finanzamt liegt ein Verstoß gegen Treu und Glauben vor, wenn der **Organträger** einen **Umsatzsteuer-Erstattungsanspruch** geltend macht, obwohl das Finanzamt den entsprechenden Betrag bereits wegen einer (vermeintlichen) Anfechtung in die Insolvenzmasse der Organgesellschaft gezahlt hat und ohne die Anfechtung eine Verpflichtung des Organträgers zur Weiterleitung des Betrags an die Organgesellschaft bestanden hätte. *BFH-Urteil v. 26. 8. 2014 VII R 16/13 (BFH/NV 2015 S. 8).*

1. Bestellt das Insolvenzgericht einen sog. **starken vorläufigen Insolvenzverwalter,** ist der Steuerbetrag für die steuerpflichtigen Leistungen, die der Unternehmer bis zur Verwalterbestellung erbracht hat, nach § 17 Abs. 2 Nr. 1 S. 1 UStG

LS zu 17.1 wegen Uneinbringlichkeit zu berichtigen **(erste Berichtigung).** – 2. Eine nachfolgende Vereinnahmung des Entgelts durch den sog. starken vorläufigen Insolvenzverwalter führt gemäß § 17 Abs. 2 Nr. 1 S. 2 UStG zu einer **zweiten Berichtigung** des Steuerbetrages und begründet eine Masseverbindlichkeit iSv § 55 Abs. 2 S. 1 InsO. *BFH-Urteil v. 1. 3. 2016 XI R 21/14 (BStBl. II S. 756).*

Führt die Insolvenzanfechtung nach §§ 129ff. InsO aufgrund einer **Rückzahlung an den Insolvenzverwalter** zu einer Berichtigung des Vorsteuerabzugs gemäß § 17 Abs. 2 Nr. 1 Satz 2 UStG, ist der sich hieraus ergebende Steueranspruch nach § 55 Abs. 1 Nr. 1 InsO Teil der Masseverbindlichkeit für den Besteuerungszeitraum der Berichtigung. *BFH-Urteil v. 15. 12. 2016 V R 26/16 (BStBl. 2017 II S. 735).*

Zahlt ein Gläubiger des Insolvenzschuldners Beträge, die er vor Insolvenzeröffnung vom Insolvenzschuldner vereinnahmt hat, nach Eröffnung des Insolvenzverfahrens infolge einer erfolgreichen Insolvenzanfechtung **in die Insolvenzmasse zurück,** hat der Insolvenzverwalter im Zeitpunkt der Rückzahlung den Vorsteuerabzug gemäß § 17 Abs. 1 Satz 2 iVm § 17 Abs. 2 Nr. 1 Satz 2 UStG zu berichtigen. Dies führt zum Entstehen einer Masseverbindlichkeit i. S. des § 55 Abs. 1 Nr. 1 InsO. *BFH-Urteil v. 29. 3. 2017 XI R 5/16 (BStBl. II S. 738).*

Vereinnahmt der **Insolvenzschuldner** im Rahmen der **Eigenverwaltung** das Entgelt für eine vor der Eröffnung des Insolvenzverfahrens ausgeführte Leistung, begründet dies eine Masseverbindlichkeit i. S. von § 55 Abs. 1 Nr. 1 InsO. *BFH-Urteil v. 27. 9. 2018 V R 45/16 (BStBl. 2019 II S. 356).*

Der Umsatzsteueranspruch für einen Besteuerungszeitraum, in dem der Unternehmer einem Eröffnungsverfahren mit **vorläufiger Eigenverwaltung** nach § 270 a InsO unterliegt, ist weder nach § 55 Abs. 2 InsO noch nach § 55 Abs. 4 InsO eine Masseverbindlichkeit; auch eine analoge Anwendung dieser Vorschriften kommt nicht in Betracht (Anschluss an BGH vom 22. 11. 2018 – IX ZR 167/16, BGHZ 220, 243). *BFH-Urteil v. 7. 5. 2020 V R 14/19 (DStR S. 1674).*

Ist bei einer **Tätigkeit** ohne Wissen und Billigung des Insolvenzverwalters **unklar,** ob es sich umsatzsteuerrechtlich um eine solche des Insolvenzschuldners handelt, entsteht keine Masseverbindlichkeit. *BFH-Urteil v. 6. 6. 2019 V R 51/17 (BStBl. 2021 II S. 52).*

Der *BFH* hat mit *Urteil v. 18. 12. 2019 XI R 10/19 (BStBl. 2020 II S. 480)* zu den steuerrechtlichen Folgen der Verpflichtung des Insolvenzverwalters zur Abgabe einer **Freigabeerklärung** (§ 35 Abs. 2 InsO n. F.) entschieden: 1. Hat der Insolvenzverwalter Kenntnis davon, dass der Insolvenzschuldner eine selbständige Tätigkeit ausübt, oder war eine solche Tätigkeit für ihn erkennbar, ist er in einem nach dem 30. 6. 2007 eröffneten Insolvenzverfahren gemäß § 35 Abs. 2 Satz 1 InsO verpflichtet, unverzüglich zu erklären, ob er die Tätigkeit aus der Insolvenzmasse freigibt oder nicht. – 2.Verletzt der Insolvenzverwalter diese Pflicht, führt sein pflichtwidriges Unterlassen dazu, dass Verbindlichkeiten „in anderer Weise" i. S. des § 55 Abs. 1 Nr. 1 InsO begründet werden (Fortführung der BFH-Urteile vom 18. 5. 2010 X R 11/09, BFH/NV 2010, 2114; vom 1. 6. 2016 X R 26/14, BStBl. II 2016, 848; vom 6. 6. 2019 V R 51/17, BFHE 265, 294). – 3. Eine formfrei mögliche Freigabeerklärung wirkt grundsätzlich erst ab ihrem Zugang beim Insolvenzschuldner (ex nunc). Die Überleitung der Vertragsverhältnisse, die der selbständigen Tätigkeit des Schuldners dienen, wirkt nicht auf Forderungen und Verbindlichkeiten zurück, soweit diese vor Wirksamwerden der Erklärung entstanden sind (Anschluss an das BGH-Urteil vom 21. 2. 2019 IX ZR 246/17, BGHZ 221, 212).

– Insolvenz/Aufrechnung –

33 Die Verminderung der Verbindlichkeiten eines Schuldners aufgrund eines rechtskräftig bestätigten **Zwangsvergleichs** stellen eine Änderung der Faktoren dar, die bei der Bestimmung des Vorsteuerabzugsbetrags berücksichtigt werden. ***EuGH-Urteil v. 22. 2. 2018*** *C-396/16, T-2 (MwStR S. 386).*

Das FA kann im **Insolvenzverfahren** mit Forderungen **aufrechnen,** die vor Verfahrenseröffnung entstanden sind, ohne dass es deren vorheriger Festsetzung, Feststellung oder Anmeldung zur Insolvenztabelle bedarf. *BFH-Urteil v. 4. 5. 2004 – VII R 45/03 (BStBl. II S. 815).* – Vgl. auch BFH-Urteile v. 5. 10. 2004 – VII R 69/03 (BStBl. 2005 II S. 195), v. 16. 11. 2004 – VII R 75/03 (DStRE 2005 S. 479), v. 4. 2. 2005 – VII R 20/04 (BStBl. 2010 II S. 55), v. 16. 1. 2007 – VII R 7/06 (BStBl. II S. 745), v. 16. 1. 2007 – VII R 4/06 (BStBl. II S. 747), v. 10. 5. 2007 – VII R 18/05 (BStBl. II S. 914), v. 4. 3. 2008 – VII R 10/06 (BStBl. II S. 506), v. 22. 10. 2009 – BGH IX ZR 147/06 (DStR 2010 S. 1145), v. 15. 12. 2009 – VII R 18/09 (BStBl. 2010 II S. 758), v. 1. 9. 2010 – VII R 35/08 (BStBl. 2011 II S. 336), v. 2. 11. 2010 – VII R 6/10 (BStBl. 2011 II S. 374), v. 2. 11. 2010 – VII R 62/10 (BStBl. 2011 II S. 439), v. 25. 7. 2012 VII R 44/10 (BStBl. 2013 II S. 33), Niedersächsisches FG, Urt. v. 16. 10. 2009, 16 K 250/09, rkr. (DStRE 2010 S. 634), FG Berlin-Brandenburg, Urt. v. 19. 5. 2010, 1 K 2014/06 rkr. (DStRE 2011 S. 651), FG Berlin-Brandenburg, Urt. v. 25. 8. 2010, 12 K 2060/08, rkr. (DStRE 2011 S. 589), FG Schleswig-Holstein, Urt. v. 22. 6. 2010, 4 K 80/07, rkr. (DStRE 2011 S. 318).

Für die Anwendung des § 96 Abs. 1 Nr. 1 InsO ist entscheidend, wann der materiell-rechtliche Berichtigungstatbestand des § 17 Abs. 2 UStG verwirklicht wird. Nicht entscheidend ist, wann die zu berichtigende Steuerforderung begründet worden ist **(Änderung der Rechtsprechung).** – Ohne Bedeutung ist – ebenso wie der Zeitpunkt der Abgabe einer Steueranmeldung oder des Erlasses eines Steuerbescheids, in dem der Berichtigungsfall erfasst wird –, ob der Voranmeldungs- oder Besteuerungszeitraum erst während des Insolvenzverfahrens abläuft. *BFH-Urt. v. 25. 7. 2012, VII R 29/11 (BStBl. 2013 II S. 36).*

1. **Masseverbindlichkeiten** werden von einer Restschuldbefreiung nicht erfasst. – 2. Steuerschulden, die als Masseverbindlichkeiten entstanden sind, können nach Abschluss des Insolvenzverfahrens mit Erstattungsansprüchen des ehemaligen Insolvenzschuldners **verrechnet** werden. Der Verrechnung stehen eine dem Insolvenzverfahren **immanente sog. Haftungsbeschränkung** bzw. eine Einrede der beschränkten Haftung des Insolvenzschuldners nicht entgegen. *BFH-Urteil v. 28. 11. 2017 VII R 1/16 (BStBl. 2018 II S. 457).*

1. Die Aufrechnung des FA gegen Umsatzsteuer-Erstattungsansprüche aufgrund von **Rechnungsberichtigungen** während des Insolvenzverfahrens mit Steuerforderungen aus der Zeit davor ist unzulässig. – 2. Im Fall der Berichtigung eines unrichtigen Steuerausweises gem. § 14 c Abs. 1 Satz 2 UStG wird das FA erst dann „etwas schuldig", wenn die Berichtigung zugegangen ist. *BFH-Beschluss v. 25. 4. 2018 VII R 18/16 (DStR S. 2205).*

– Insolvenz/Haftung –

34 Die Entscheidung des Finanzamts, den Geschäftsführer einer GmbH für rückständige Umsatzsteuer in **Haftung** zu nehmen, ist ermessensfehlerhaft, wenn es den starken vorläufigen Insolvenzverwalter der GmbH als weiteren Haftungsschuldner i. S. von § 69 Satz 1 AO außer Betracht lässt. *FG Berlin-Brandenburg, Urt. v. 2. 7. 2009, 9 K 2590/03, rkr. (DStRE 2010 S. 47).*

Ein GmbH-Geschäftsführer **haftet nicht** für die Umsatzsteuerschuld der Gesellschaft, wenn die Zahlungsunfähigkeit der GmbH (hier: Mitte Mai), aufgrund derer die angemeldeten Vorsteuern berichtigt werden müssen, erst nach Ablauf des maßgeblichen Voranmeldungszeitraumes (hier: April) eingetreten ist und in der Zwischenzeit ein vorläufiger Insolvenzverwalter bestellt wurde. *FG Berlin-Brandenburg, Urt. v. 15. 7. 2009, 12 K 9048/06 B, rkr. (DStRE 2010 S. 129).*

1. Die Haftung der **Organgesellschaft** für Steuern des Organträgers gemäß § 73 AO beschränkt sich nicht notwendig auf solche Steuern, die während der Dauer des Organschaftsverhältnisses entstanden sind. – 2. Die Organgesellschaft kann in dem Umfang haften, in dem der Organträger die Umsätze der Organgesellschaft zu versteuern hat und Vorsteuerbeträge aus Rechnungen über Leistungsbezüge der Organgesellschaft abziehen kann. *BFH-Urt. v. 5. 4. 2022 VII R 18/21 (DStR S. 1863).*

– Finanzierung –

1. Bezahlt der Leistungsempfänger das vereinbarte Entgelt mit Hilfe eines **Bankkredits,** für dessen Rückzahlung der leistende Unternehmer haftet, ist mit der Zahlung das Entgelt vereinnahmt. – 2. Nimmt der Kreditgeber den leistenden Unternehmer in Haftung, weil die **Darlehensrückzahlung nicht durchsetzbar** ist, ist das Entgelt im Umfang der Rückzahlung der Hauptforderung nachträglich uneinbringlich. *BFH-Urt. v. 20. 5. 2010, V R 5/09 (BFH/NV 2011 S. 77).* **35**

– Zentralregulierer –

Preisnachlässe, die eine **Einkaufsgenossenschaft** (Zentralregulierer) ihren Mitgliedern – zusätzlich zu dem von den Warenlieferanten an die Mitglieder eingeräumten Skonto – für den Warenbezug gewährt („Zusatzskonto"), mindern die Bemessungsgrundlage des Umsatzes der von der Einkaufsgenossenschaft gegenüber den Warenlieferanten erbrachten Leistungen (Zentralregulierung, Bürgschaftsübernahme etc.). – Fortführung des BFH-Urteils vom 12. 1. 2006, V R 3/04 (BFHE 213, 69, BStBl. II 2006, 479). *BFH-Urt. v. 13. 3. 2008, V R 70/06 (BStBl. II S. 997). – Siehe nun aber BFH-Urteil v. 3. 7. 2014 V R 3/12 (BStBl. 2015 II S. 307):* **Preisnachlässe,** die ein Zentralregulierer seinen **Anschlusskunden** für den Bezug von Waren von bestimmten Lieferanten gewährt, mindern nicht die Bemessungsgrundlage für die Leistungen, die der Zentralregulierer gegenüber den Lieferanten erbringt, und führen dementsprechend auch nicht zu einer Berichtigung des Vorsteuerabzugs beim Anschlusskunden (**Aufgabe des BFH-Urteils vom 13. 3. 2008 V R 70/06,** BFHE 221, 429, BStBl. II 2008, 997, und Folgeentscheidung zum EuGH-Urteil vom 16. 1. 2014 C-300/12 Ibero Tours). **36**

1. Die umsatzsteuerrechtliche Behandlung von Leistungen zwischen einer Genossenschaft und ihren Mitgliedern richtet sich danach, ob es sich um Leistungen handelt, die als Gesellschafterbeitrag durch die Beteiligung an Gewinn oder Verlust ausgeglichen werden oder um Leistungen, die gegen Entgelt ausgeführt werden und damit auf einem Leistungsaustausch beruhen. – 2. Für die umsatzsteuerrechtliche Beurteilung einer **genossenschaftlichen Rückvergütung** ist allein entscheidend, ob durch sie die Entgelte für bestimmte Umsätze geändert werden, sei es als Entgeltrückzahlung für Leistungen der Genossenschaft an ihre Mitglieder oder als nachträgliches Entgelt für Lieferungen der Mitglieder an die Genossenschaft. *FG München, Urt. v. 5. 5. 2009, 14 K 4321/06, rkr.*

1. Die Vorsteuerberichtigung nach § 17 Abs. 1 Satz 4 UStG setzt – ebenso wie die des § 17 Abs. 1 Satz 2 UStG – eine Änderung der Bemessungsgrundlage für einen steuerpflichtigen Umsatz voraus. – 2. Gewährt der **in einem anderen Mitgliedstaat** ansässige erste **Unternehmer** einer Lieferkette, der eine steuerfreie innergemeinschaftliche Lieferung an einen im Inland ansässigen Unternehmer erbringt, dem letzten Unternehmer der Lieferkette einen **Rabatt,** so ändert sich dadurch weder die Bemessungsgrundlage für die innergemeinschaftliche Lieferung des ersten Unternehmers noch für den damit korrespondierenden innergemeinschaftlichen Erwerb seines Abnehmers. *BFH-Urteil v. 4. 12. 2014 V R 6/13 (BStBl. 2017 II S. 810).*

Schreiben betr. Anwendungsfragen zu § 55 Abs. 4 InsO

Anl zu 17.1

Vom 11. Januar 2022 (BStBl. I S. 116)

(BMF IV A 3 – S 0550/21/10001 :001; DOK 2022/0027292)

Unter Bezugnahme auf das Ergebnis der Erörterungen mit den obersten Finanzbehörden der Länder gilt Folgendes:

Dieses BMF-Schreiben findet Anwendung auf alle Insolvenzverfahren, deren Eröffnung ab dem 1. 1. 2021 beantragt wurde.

Für Insolvenzverfahren, die vor dem 1. 1. 2021 beantragt wurden, sind die Regelungen des BMF-Schreibens vom 20. 5. 2015 – IV A 3 – S 0550/10/10020-05, BStBl. I S. 476, ergänzt durch BMF-Schreiben vom 18. 11 2015 – IV A 3 – S 0550/10/10020-05, BStBl. I S. 886, weiterhin anzuwenden.

I. Allgemeines

1 Durch das Sanierungs- und Insolvenzrechtsfortentwicklungsgesetz wurde § 55 Absatz 4 InsO wie folgt gefasst:

„(4) Umsatzsteuerverbindlichkeiten des Insolvenzschuldners, die von einem vorläufigen Insolvenzverwalter oder vom Schuldner mit Zustimmung eines vorläufigen Insolvenzverwalters oder vom Schuldner nach Bestellung eines vorläufigen Sachwalters begründet worden sind, gelten nach Eröffnung des Insolvenzverfahrens als Masseverbindlichkeit. Den Umsatzsteuerverbindlichkeiten stehen die folgenden Verbindlichkeiten gleich: **41**

1. sonstige Ein- und Ausfuhrabgaben,
2. bundesgesetzlich geregelte Verbrauchsteuern,
3. die Luftverkehr- und die Kraftfahrzeugsteuer und
4. die Lohnsteuer."

II. Anwendung

II.1. Betroffene Personen

2 § 55 Abs. 4 InsO findet Anwendung auf den vorläufigen Insolvenzverwalter, auf den die Verwaltungs- und Verfügungsbefugnis nicht nach § 22 Abs. 1 InsO übergegangen ist (so genannter „schwacher" vorläufiger Insolvenzverwalter). Hierbei ist es unbeachtlich, ob der schwache vorläufige Insolvenzverwalter vom Gericht mit einem Zustimmungsvorbehalt ausgestattet wurde oder nicht. Auch ohne einen Zustimmungsvorbehalt i. S. d. § 21 Abs. 2 Nr. 2 InsO können entsprechende Steuerverbindlichkeiten durch den schwachen vorläufigen Insolvenzverwalter begründet werden, insbesondere wenn ihm zahlreiche Rechte durch das Insolvenzgericht eingeräumt oder Sicherungsmaßnahmen angeordnet werden. **42**

3 § 55 Abs. 4 InsO findet ebenfalls Anwendung auf den Schuldner im vorläufigen Eigenverwaltungsverfahren, nachdem ein vorläufiger Sachwalter bestellt wurde. Hierbei ist es unbeachtlich, ob der Schuldner vom Gericht zur Begründung von Masseverbindlichkeiten ermächtigt wurde.

Anl zu 17.1

4 Für den vorläufigen Insolvenzverwalter, auf den die Verwaltungs- und Verfügungsbefugnis nach § 22 Abs. 1 InsO übergegangen ist (so genannter „starker" vorläufiger Insolvenzverwalter), ist § 55 Abs. 4 InsO nicht anwendbar, da insoweit sonstige Masseverbindlichkeiten bereits nach § 55 Abs. 2 InsO begründet werden.

II.2. Steuerrechtliche Stellung des vorläufigen Insolvenzverwalters und des vorläufigen Sachwalters

43 **5** Die steuerrechtliche Stellung des schwachen vorläufigen Insolvenzverwalters und des vorläufigen Sachwalters wird durch die Regelung des § 55 Abs. 4 InsO nicht berührt. Weder der schwache vorläufige Insolvenzverwalter noch der vorläufige Sachwalter ist Vermögensverwalter i. S. d. § 34 Abs. 3 AO, so dass er während des Insolvenzeröffnungsverfahrens weder die steuerlichen Pflichten des Insolvenzschuldners zu erfüllen hat noch diese erfüllen darf. Die steuerlichen Pflichten des Insolvenzschuldners sind während des Insolvenzeröffnungsverfahrens vom Insolvenzschuldner selbst zu erfüllen.

II.3. Verbindlichkeiten/Forderungen

44 **6** Die Vorschrift ist lediglich auf Verbindlichkeiten des Insolvenzschuldners aus dem Steuerschuldverhältnis anwendbar. Steuererstattungsansprüche und Steuervergütungsansprüche werden von der Vorschrift nicht erfasst (vgl. BFH-Urteil vom 23. 7. 2020, V R 26/19, BFH/NV 2021 S. 146). Zur Ermittlung der Masseverbindlichkeit nach § 55 Abs. 4 InsO bei der Umsatzsteuer vgl. Rz. 34 und 35.

II.4. Betroffene Steuerarten und steuerliche Nebenleistungen

45 **7** Der Anwendungsbereich des § 55 Abs. 4 InsO erstreckt sich auf folgende Steuerarten:
– Umsatzsteuer,
– sonstige Ein- und Ausfuhrabgaben,
– bundesgesetzlich geregelte Verbrauchsteuern,
– Luftverkehr- und Kraftfahrzeugsteuer und
– Lohnsteuer.

8 Steuerliche Nebenleistungen werden von § 55 Abs. 4 InsO nicht erfasst.

Die ab Festsetzung gegen den Insolvenzverwalter oder den eigenverwaltenden Schuldner entstehenden Säumniszuschläge auf als Masseverbindlichkeiten nach § 55 Abs. 4 InsO zu qualifizierende Umsatz- und Lohnsteuerforderungen (vgl. Rz. 35 und 43) sind nach § 55 Abs. 1 Nr. 1 InsO geltend zu machen.

II.4.1 Umsatzsteuer

II.4.1.1 Umsatzsteuerverbindlichkeiten aufgrund ausgeführter Lieferungen und sonstiger Leistungen

46 **9** Umsatzsteuerrechtliche Verbindlichkeiten aufgrund von Lieferungen und sonstigen Leistungen werden nach § 55 Abs. 4 InsO im vorläufigen Eigenverwaltungsverfahren vom Insolvenzschuldner selbst begründet. Dabei ist auf die Entgeltvereinnahmung durch den eigenverwaltenden Schuldner abzustellen.

10 Umsatzsteuerrechtliche Verbindlichkeiten aufgrund von Lieferungen und sonstigen Leistungen im vorläufigen Insolvenzverfahren werden nach § 55 Abs. 4 InsO im Rahmen der für den schwachen vorläufigen Insolvenzverwalter bestehenden rechtlichen Befugnisse begründet.

Eine solche rechtliche Befugnis liegt insbesondere dann vor, wenn der schwache vorläufige Insolvenzverwalter durch das Insolvenzgericht zum Forderungseinzug ausdrücklich ermächtigt wurde (vgl. BFH-Urteil vom 24. 9. 2014, V R 48/13, BStBl. 2015 II S. 506). Dabei ist auf die Entgeltvereinnahmung durch den schwachen vorläufigen Insolvenzverwalter sowie auf die Entgeltvereinnahmung durch den Schuldner mit Zustimmung des schwachen vorläufigen Insolvenzverwalters abzustellen.

11 Von einer Befugnis zur Entgeltvereinnahmung ist auch dann auszugehen, wenn der schwache vorläufige Insolvenzverwalter nur mit einem allgemeinen Zustimmungsvorbehalt ausgestattet wurde, denn der Drittschuldner kann schuldbefreiend nur noch mit Zustimmung des vorläufigen Insolvenzverwalters leisten (§ 24 Abs. 1 und § 82 InsO). Gleiches gilt, wenn der schwache vorläufige Insolvenzverwalter zur Kassenführung berechtigt ist.

12 Darüber hinaus können auch Handlungen des schwachen vorläufigen Insolvenzverwalters zur Entstehung von Masseverbindlichkeiten nach § 55 Abs. 4 InsO führen (z. B. Verwertung von Anlagevermögen durch den schwachen vorläufigen Insolvenzverwalter im Rahmen einer Einzelermächtigung, sofern nicht bereits § 55 Abs. 2 InsO einschlägig ist).

13 Entgelt ist alles, was der Leistungsempfänger aufwendet, um die Leistung zu erhalten. Daher führt auch der Erhalt einer Gegenleistung, z. B. beim Tausch oder bei tauschähnlichen Umsätzen, zu einer Masseverbindlichkeit nach § 55 Abs. 4 InsO.

Unentgeltliche Wertabgaben nach Bestellung des schwachen vorläufigen Insolvenzverwalters i. S. v. § 3 Abs. 1 b und 9 a UStG fallen ebenfalls in den Anwendungsbereich des § 55 Abs. 4 InsO.

II.4.1.2 Umsatzberichtigung wegen Uneinbringlichkeit aus Rechtsgründen (BFH-Urteil vom 24. 9. 2014, V R 48/13)

47 **14** Aufgrund der Bestellung eines schwachen vorläufigen Insolvenzverwalters mit allgemeinem Zustimmungsvorbehalt (§ 21 Abs. 2 Nr. 2 2. Alternative InsO), mit Recht zum Forderungseinzug (§ 22

Anl zu 17.1

Abs. 2, § 23 InsO) oder mit Berechtigung zur Kassenführung werden bei der Besteuerung nach vereinbarten Entgelten die noch ausstehenden Entgelte für zuvor erbrachte Leistungen im Augenblick vor der Eröffnung des vorläufigen Insolvenzverfahrens aus Rechtsgründen uneinbringlich. Uneinbringlich werden auch die Entgelte für die Leistungen, die der Insolvenzschuldner nach Bestellung des schwachen vorläufigen Insolvenzverwalters mit allgemeinem Zustimmungsvorbehalt, mit Recht zum Forderungseinzug oder mit Berechtigung zur Kassenführung bis zur Beendigung des Insolvenzeröffnungsverfahrens (§§ 26, 27 InsO) erbringt.

15 Maßgeblich hierfür ist nach Auffassung des BFH, dass entsprechend § 80 Abs. 1 InsO die Empfangszuständigkeit für alle Leistungen, die auf die zur Insolvenzmasse gehörenden Forderungen erbracht werden, auf den schwachen vorläufigen Insolvenzverwalter mit Recht zum Forderungseinzug übergeht und dass der Insolvenzschuldner somit aus rechtlichen Gründen nicht mehr in der Lage ist, rechtswirksam Entgeltforderungen in seinem eigenen vorinsolvenzlichen Unternehmensteil selbst zu vereinnahmen, da sie im Rahmen der Masseverwaltung und Masseverwertung zu vereinnahmen sind und damit zum Bereich der Masseverbindlichkeiten gehören. Die rechtlichen Auswirkungen des BFH-Urteils vom 9. 12. 2010, V R 22/10, BStBl. 2011 II S. 996, werden somit auf den Zeitpunkt der Bestellung des schwachen vorläufigen Insolvenzverwalters vorverlegt.

16 Die in den Rz. 14 und 15 dargelegten Ausführungen des BFH gelten auch bei der Bestellung eines schwachen vorläufigen Insolvenzverwalters mit allgemeinem Zustimmungsvorbehalt ohne ausdrücklichem Recht zum Forderungseinzug.

17 Die in Rz. 14 und 15 dargestellten Grundsätze gelten für den Schuldner auch bei der Bestellung eines vorläufigen Sachwalters in der Eigenverwaltung. Der eigenverwaltende Schuldner in der vorläufigen Eigenverwaltung hat aufgrund der weiter bestehenden Verwaltungs- und Verfügungsbefugnis auch die notwendige Vereinnahmungsbefugnis; er vereinnahmt aber bereits im Insolvenzeröffnungsverfahren für die spätere Insolvenzmasse und begründet Masseverbindlichkeiten nach § 55 Abs. 4 InsO. Der Schuldner übt die ihm verbliebenen Befugnisse im Insolvenzeröffnungsverfahren innerhalb der in §§ 270 ff. InsO geregelten Rechte und Pflichten aus und nimmt damit Aufgaben für den Unternehmensteil der späteren Insolvenzmasse wahr.

18 Nach § 17 Abs. 2 Nr. 1 Satz 1, Abs. 1 Satz 1 UStG ist der Steuerbetrag für steuerpflichtige Ausgangsleistungen des Unternehmens zu berichtigen, wenn das vereinbarte Entgelt uneinbringlich geworden ist.

Beispiel 1:

Der Insolvenzschuldner hat Forderungen aus steuerpflichtigen Umsätzen, die er vor der Bestellung des schwachen vorläufigen Insolvenzverwalters erbracht hat, in Höhe von 11 900 €. Er hat diese Umsätze zwar angemeldet, die Entrichtung des Entgelts vom Leistungsempfänger steht aber noch aus. Durch die Bestellung des schwachen vorläufigen Insolvenzverwalters werden diese Forderungen aus rechtlichen Gründen uneinbringlich, da der Leistungsempfänger nicht mehr an den Insolvenzschuldner leisten kann. Die für diese Umsätze geschuldeten Steuerbeträge sind nach § 17 Abs. 2 Nr. 1 Satz 1, Abs. 1 Satz 1 UStG zu berichtigen.

Beispiel 2:

Nach der Bestellung des schwachen vorläufigen Insolvenzverwalters erbringt der Insolvenzschuldner steuerpflichtige Umsätze i. H. v. 5 950 €. Diese Umsätze hat er im Voranmeldungszeitraum der Leistungserbringung grundsätzlich zu versteuern. Gleichzeitig sind die Steuerbeträge für diese Umsätze nach § 17 Abs. 2 Nr. 1 Satz 1, Abs. 1 Satz 1 UStG zu berichtigen, da die Forderung aus rechtlichen Gründen uneinbringlich wird.

19 Die Grundsätze zur Umsatzberichtigung wegen Uneinbringlichkeit aus Rechtsgründen gelten grundsätzlich auch im vorläufigen Eigenverwaltungsverfahren, weil der Schuldner zwar die Verwaltungs- und Verfügungsmacht über sein Vermögen behält, aber bereits jetzt schon für die spätere Insolvenzmasse vereinnahmt und damit Masseverbindlichkeiten nach § 55 Abs. 4 InsO begründet.

In der vorläufigen Eigenverwaltung ist daher die Umsatzsteuer auf ausstehende Entgelte für vom Insolvenzschuldner erbrachte Umsätze nach § 17 Abs. 2 Nr. 1 Satz 1 und Abs. 1 Satz 1 UStG aus Rechtsgründen zu berichtigen.

II.4.1.3 Forderungseinzug bei der Besteuerung nach vereinbarten und nach vereinnahmten Entgelten im Insolvenzeröffnungsverfahren

20 Im Fall der Besteuerung nach vereinbarten Entgelten kommt es im Anschluss an die Uneinbringlichkeit durch die Vereinnahmung des Entgeltes gem. § 17 Abs. 2 Nr. 1 Satz 2 UStG zu einer zweiten Berichtigung. Dem steht nicht entgegen, dass die erste Berichtigung aufgrund Uneinbringlichkeit und die zweite Berichtigung aufgrund nachfolgender Vereinnahmung ggf. im selben Voranmeldungs- oder Besteuerungszeitraum zusammentreffen (BFH-Urteil vom 24. 10. 2013, V R 31/12, BStBl. 2015 II S. 674). 48

Beispiel 3:

Von den berichtigten Umsätzen aus den vorherigen Beispielen vereinnahmt der schwache vorläufige Insolvenzverwalter 2 000 €. Durch die Vereinnahmung des Entgelts sind die darin enthaltenen Steuerbeträge für die Umsätze nach § 17 Abs. 2 Nr. 1 Satz 2 UStG insoweit ein zweites Mal zu berichtigen.

Diese zweite Steuerberichtigung nach § 17 Abs. 2 Nr. 1 Satz 2 UStG erfolgt im Gegensatz zur ersten Berichtigung nach § 17 Abs. 2 Nr. 1 Satz 1, Abs. 1 Satz 1 UStG im Unternehmensteil Insolvenzmasse und führt daher zu Masseverbindlichkeiten nach § 55 Abs. 4 InsO.

21 Die vorstehenden Ausführungen gelten auch im Falle der vorläufigen Eigenverwaltung.

22 Wurde das Entgelt bereits vor dem Insolvenzeröffnungsverfahren aus tatsächlichen Gründen (z. B. wegen Zahlungsunfähigkeit des Entgeltschuldners) als uneinbringlich behandelt und der darin enthaltene Steuerbetrag nach § 17 Abs. 2 Nr. 1 Satz 1, Abs. 1 Satz 1 UStG berichtigt, ist mit Vereinnahmung

Anl zu 17.1

während des Insolvenzeröffnungsverfahrens erneut eine Berichtigung des Entgelts nach § 17 Abs. 2 Nr. 1 Satz 2 UStG durchzuführen. Die dabei entstehende Steuer führt zu einer Masseverbindlichkeit i. S. v. § 55 Abs. 4 InsO.

23 Im Fall der Istversteuerung führt die Vereinnahmung der Entgelte durch den schwachen vorläufigen Insolvenzverwalter im vorläufigen Insolvenzverfahren bzw. durch den Insolvenzschuldner im vorläufigen Eigenverwaltungsverfahren mit der Eröffnung des Insolvenzverfahrens zur Entstehung von Masseverbindlichkeiten i. S. d. § 55 Abs. 4 InsO (vgl. BFH-Urteil vom 29. 1. 2009, V R 64/07, BStBl. II S. 682).

II.4.1.4 Vorsteuerrückforderungsansprüche nach § 17 UStG

49 **24** Der Vorsteuerberichtigungsanspruch aus nicht bezahlten Leistungsbezügen nach § 17 Abs. 2 Nr. 1 Satz 1, Abs. 1 Satz 2 UStG entsteht mit der Bestellung des schwachen vorläufigen Insolvenzverwalters mit Zustimmungsvorbehalt. Der Gläubiger des Insolvenzschuldners kann nämlich seinen Entgeltanspruch zumindest für die Dauer des Eröffnungsverfahrens nicht mehr durchsetzen. Entsprechende Vorsteuerrückforderungsansprüche stellen Insolvenzforderungen dar.

Der Vorsteuerabzug aus Leistungen, die der Insolvenzschuldner im Insolvenzeröffnungsverfahren bezieht, ist ebenfalls aus rechtlichen Gründen uneinbringlich und entsprechend nach § 17 Abs. 2 Nr. 1 Satz 1, Abs. 1 Satz 2 UStG zu berichtigen. Dies gilt sowohl bei der Besteuerung nach vereinbarten als auch nach vereinnahmten Entgelten. Da dieser Berichtigungsanspruch regelmäßig mit dem ursprünglichen Vorsteueranspruch im gleichen Voranmeldungszeitraum zusammenfällt, ergeben sich grundsätzlich keine Steueransprüche, die als Insolvenzforderungen geltend zu machen wären (vgl. analog zum Beispiel 2 in Rz. 18).

In der vorläufigen Eigenverwaltung erfolgt ebenfalls eine Vorsteuerberichtigung wegen Uneinbringlichkeit, da bei objektiver Betrachtung damit zu rechnen ist, dass der Leistende die Entgeltforderung ganz oder teilweise jedenfalls auf absehbare Zeit rechtlich oder tatsächlich nicht mehr durchsetzen kann (vgl. BFH-Urteil vom 20. 7. 2006, V R 13/04, BStBl. 2007 II S. 22, Abschnitt 17.1. Abs. 5 Satz 2 UStAE).

25 Durch den schwachen vorläufigen Insolvenzverwalter veranlasste Zahlungen von Entgelten aus vor oder nach seiner Bestellung bezogenen Leistungen führen zu einer zweiten Berichtigung des Vorsteuerabzugs nach § 17 Abs. 1 Satz 2 UStG. Auch dies kann im selben Voranmeldungs- oder Besteuerungszeitraum zusammentreffen.

Gleiches gilt bei Zahlungen des Schuldners im vorläufigen Eigenverwaltungsverfahren, wenn zuvor eine Vorsteuerberichtigung erfolgte.

Die zweite Vorsteuerberichtigung nach § 17 Abs. 1 Satz 2 UStG mindert den Steueranspruch und ist im Fall einer nachfolgenden Insolvenzeröffnung bei der Berechnung der sich für den Voranmeldungs- oder Besteuerungszeitraum ergebenden Masseverbindlichkeit i. S. d. § 55 Abs. 4 InsO anspruchsmindernd zu berücksichtigen.

II.4.1.5 Berichtigung des Vorsteuerabzugs nach § 15 a UStG

50 **26** Ist während des Insolvenzeröffnungsverfahrens eine Vorsteuerberichtigung nach § 15 a UStG durchzuführen, fällt diese in den Anwendungsbereich des § 55 Abs. 4 InsO, soweit die Änderung der Verhältnisse im Rahmen der Befugnisse des schwachen vorläufigen Insolvenzverwalters (z. B. Zustimmung zum Verkauf eines Grundstücks) oder durch den vorläufig eigenverwaltenden Schuldner veranlasst wurde.

II.4.1.6 Verwertung von Sicherungsgut

51 **27** Die Verwertung von Sicherungsgut begründet keine Umsatzsteuerverbindlichkeiten nach § 55 Abs. 4 InsO. Derartige Umsätze unterliegen weiterhin der Steuerschuldnerschaft des Leistungsempfängers nach § 13 b Abs. 2 Nr. 2 UStG. Durch die Fiktion in § 55 Abs. 4 InsO werden diese Umsätze nicht zu Umsätzen "innerhalb" des Insolvenzverfahrens.

II.4.2 Lohnsteuer

52 **28** Werden Löhne während des Insolvenzeröffnungsverfahrens an die Arbeitnehmer ausgezahlt, stellt die hierbei entstandene Lohnsteuer mit Verfahrenseröffnung eine Masseverbindlichkeit dar. Dies gilt nicht für Insolvenzgeldzahlungen; diese unterliegen als steuerfreie Einnahmen nach § 3 Nr. 2 EStG nicht dem Lohnsteuerabzug.

III. Verfahrensrechtliche Fragen

III.1. Steuererklärungspflichten

53 **29** § 55 Abs. 4 InsO ändert nicht den rechtlichen Status des schwachen vorläufigen Insolvenzverwalters oder des vorläufigen Sachwalters bzw. des Schuldners und lässt das Steuerrechtsverhältnis unberührt.

30 Da weder der schwache vorläufige Insolvenzverwalter noch der vorläufige Sachwalter Vermögensverwalter nach § 34 Abs. 3 AO ist, haben sie keine Steuererklärungspflichten für den Insolvenzschuldner zu erfüllen. Bis zur Eröffnung des Insolvenzverfahrens obliegen dem Schuldner die Steuererklärungspflichten auch für die Besteuerungsgrundlagen, für die § 55 Abs. 4 InsO gilt.

31 § 55 Abs. 4 InsO verlagert lediglich den Zeitpunkt der Zuordnung von Steuerverbindlichkeiten in Masseverbindlichkeiten und Insolvenzforderungen von der Eröffnung des Insolvenzverfahrens im vorläufigen Insolvenzverfahren auf den Zeitpunkt der Bestellung des schwachen vorläufigen Insolvenzverwalters bzw. im vorläufigen Eigenverwaltungsverfahren auf den Zeitpunkt der Bestellung des vorläufigen Sachwalters vor.

III.2. Entstehung der Masseverbindlichkeiten

32 Erst mit der Eröffnung des Insolvenzverfahrens gelten die nach Maßgabe des § 55 Abs. 4 InsO im Insolvenzeröffnungsverfahren begründeten Verbindlichkeiten als Masseverbindlichkeiten. **54**

III.3. Zuordnung und Geltendmachung von Masseverbindlichkeiten nach § 55 Abs. 4 InsO bei der Umsatzsteuer

III.3.1 Berechnung und Verteilung von Masseverbindlichkeiten nach § 55 Abs. 4 InsO bei der Umsatzsteuer

33 Nach den Grundsätzen der BFH-Urteile vom 9. 12. 2010, V R 22/10, BStBl. 2011 II S. 996, und vom 24. 11. 2011, V R 13/11, BStBl. 2012 II S. 298, sind die mit Insolvenzeröffnung entstehenden selbständigen umsatzsteuerrechtlichen Unternehmensteile „Insolvenzmasse" und „vorinsolvenzlicher Unternehmensteil" bei allen Umsatzsteuersachverhalten im Insolvenzverfahren zu beachten. Bei der jeweiligen Steuerberechnung der einzelnen Unternehmensteile sind nur die Umsätze und die Vorsteuern der betreffenden Unternehmensteile zu berücksichtigen. Eine Vermischung der Besteuerungsgrundlagen der einzelnen Unternehmensteile untereinander ist nicht zulässig. Daher sind nach Eröffnung des Insolvenzverfahrens die Steuerbeträge und die Vorsteuern aller Besteuerungszeiträume des vorläufigen Insolvenzverfahrens, unabhängig davon, ob sich aus dem einzelnen Umsatzsteuervoranmeldungszeitraum insgesamt eine Zahllast oder ein Guthaben ergibt, auf die einzelnen selbständigen umsatzsteuerrechtlichen Unternehmensteile zu verteilen. Für Zwecke dieser Zuordnung gilt Folgendes: **55**

34 Die in den betreffenden Voranmeldungszeiträumen begründeten Steuern aus Lieferungen und sonstigen Leistungen i. S. d. § 55 Abs. 4 InsO (vgl. Rz. 20, 22 und 26) sind um die begründeten Vorsteuerbeträge i. S. d. § 55 Abs. 4 InsO (vgl. Rz. 25) zu mindern. Nur soweit sich aus der Summe der so ermittelten Ergebnisse aller Voranmeldungszeiträume des vorläufigen Insolvenzverfahrens eine Zahllast ergibt, liegt eine Masseverbindlichkeit i. S. d. § 55 Abs. 4 InsO vor.

Beispiel:

Nach den erforderlichen Berichtigungen gem. § 17 UStG (siehe insbes. Rz. 18 und 24) ergeben sich im vorläufigen Insolvenzverfahren für den Voranmeldungszeitraum 01 ein Erstattungsbetrag von 5 000 € und für die Voranmeldungszeiträume 02 und 03 jeweils eine Zahllast von 10 000 €. Die Umsätze und Vorsteuern setzen sich wie folgt zusammen:

Da sich aus der Summe der so ermittelten Ergebnisse der Umsatzsteuervoranmeldungszeiträume für den Zeitraum des vorläufigen Insolvenzverfahrens eine Zahllast ergibt (– 5 000 € + 10 000 € + 10 000 € = 15 000 €), liegen Masseverbindlichkeiten i. S. d. § 55 Abs. 4 InsO i. H. v. 15 000 € vor.

35 Die als Masseverbindlichkeiten i. S. d. § 55 Abs. 4 InsO geltenden Umsatzsteuerverbindlichkeiten (vgl. Rz. 34) sind nach Eröffnung des Insolvenzverfahrens für die einzelnen (Vor-)Anmeldungszeiträume des Insolvenzeröffnungsverfahrens gegenüber dem Insolvenzverwalter oder dem eigenverwaltenden Schuldner festzusetzen (vgl. BFH-Urteil vom 24. 9. 2014, V R 48/13, BStBl. 2015 II S. 506, Rz. 39 ff.). Einwendungen hiergegen können nach den allgemeinen Grundsätzen, insbesondere im Wege des Einspruchs nach § 347 AO, geltend gemacht werden.

Beispiel:

Im obigen Beispiel sind für den Umsatzsteuervoranmeldungszeitraum 01 ein Erstattungsbetrag, welcher sich aus den begründeten Steuern aus der Entgeltvereinnahmung des schwachen vorläufigen Insolvenzverwalters i. S. d. § 55 Abs. 4 InsO und den mit Zustimmung des schwachen vorläufigen Insolvenzverwalters begründeten Vorsteuerbeträgen ergibt, i. H. v. 5 000 € und für die Umsatzsteuervoranmeldungszeiträume 02 sowie 03 jeweils eine Masseverbindlichkeit i. S. d. § 55 Abs. 4 InsO i. H. v. 10 000 € gegen den Insolvenzverwalter festzusetzten. Der Erstattungsbetrag für den Umsatzsteuervoranmeldungszeitraum 01 kann mit den Masseverbindlichkeiten nach § 55 Abs. 4 InsO oder anderen Masseverbindlichkeiten verrechnet werden.

36 Nicht als Masseverbindlichkeit i. S. d. § 55 Abs. 4 InsO geltend zu machende Umsatzsteuerverbindlichkeiten sind als Insolvenzforderung zur Insolvenztabelle anzumelden. Dabei ist es zwar zulässig, aber nicht erforderlich, zur Insolvenztabelle die einzelnen, ggf. vor Eröffnung des Insolvenzverfahrens noch angemeldeten bzw. festgesetzten Umsatzsteuerforderungen aus den einzelnen Voranmeldungszeiträumen anzumelden. Ausreichend ist die Anmeldung der noch nicht getilgten Jahressteuer des Insolvenzeröffnungsjahrs für den vorinsolvenzlichen Unternehmensteil. Die jahresbezogene Saldierung nach § 16 Abs. 2 UStG stellt keine Aufrechnung i. S. v. § 96 InsO dar und geht dieser somit vor (BFH-Urteil vom 25. 7. 2012, VII R 44/10, BStBl. 2013 II S. 33).

37 Während des Insolvenzeröffnungsverfahrens hat der Unternehmer für jeden Voranmeldungszeitraum eine Umsatzsteuervoranmeldung einzureichen, die sämtliche unselbständigen Besteuerungsgrundlagen enthält.

III.3.2 Geltendmachung von Masseverbindlichkeiten nach § 55 Abs. 4 InsO bei der Umsatzsteuer

38 Nach Eröffnung des Insolvenzverfahrens sind die als Masseverbindlichkeiten i. S. d. § 55 Abs. 4 InsO geltenden Umsatzsteuerverbindlichkeiten (vgl. Rz. 33 und 34) für die Voranmeldungszeiträume des vorläufigen Insolvenzverfahrens gegenüber dem Insolvenzverwalter festzusetzen und bekannt zu geben. Hierbei ist es unbeachtlich, wenn für denselben Voranmeldungszeitraum bereits vor der Insol- **56**

Anl zu 17.1

venzeröffnung ein Vorauszahlungsbescheid vorlag, der sich gem. § 168 Satz 1 AO auch aus einer Steueranmeldung ergeben kann, die einer Steuerfestsetzung unter Vorbehalt der Nachprüfung gleichsteht (vgl. BFH-Urteil vom 24. 9. 2014, V R 48/13, BStBl. 2015 II S. 506). Eventuell erfolgte Zahlungen auf die als Masseverbindlichkeiten i. S. d. § 55 Abs. 4 InsO geltenden Umsatzsteuerverbindlichkeiten sind im Abrechnungsteil der Festsetzung anzurechnen.

Für die Bekanntgabe der Festsetzungen gelten die allgemeinen Grundsätze zu § 122 AO und der Nrn. 4.3, 4.4, 6.1, 13.2 und 15.1 des AEAO zu § 251.

39 Die bisher gegen den Insolvenzschuldner (vorinsolvenzlicher Unternehmensteil) für die Zeiträume des vorläufigen Insolvenzverfahrens festgesetzten Umsatzsteuern sind – korrespondierend zu den Festsetzungen gegen die Insolvenzmasse – in Form einer Steuerberechnung mit anschließender (gegebenenfalls berichtigter) Tabellenanmeldung zu ändern, soweit darin unselbständige Besteuerungsgrundlagen berücksichtigt sind, die wegen § 55 Abs. 4 InsO nach Insolvenzeröffnung als Masseverbindlichkeiten dem Unternehmensteil „Insolvenzmasse" zuzurechnen sind.

40 Der Insolvenzverwalter kann seiner Mitwirkungspflicht durch die schlichte Anzeige der unter § 55 Abs. 4 InsO fallenden Besteuerungsgrundlagen oder durch die Abgabe von Umsatzsteuervoranmeldungen entsprechen. Soweit der Insolvenzverwalter seiner Mitwirkungspflicht nicht nachkommt, sind die Besteuerungsgrundlagen zur Berechnung der Masseverbindlichkeiten sachgerecht zu schätzen.

41 In der Umsatzsteuerjahreserklärung sind die die Masseverbindlichkeiten i. S. d. § 55 Abs. 4 InsO begründenden unselbständigen Besteuerungsgrundlagen mit den die Masseverbindlichkeiten i. S. d. § 55 Abs. 1 und ggf. § 55 Abs. 2 InsO begründenden Besteuerungsgrundlagen in der (Teil-)Umsatzsteuerjahreserklärung des Unternehmensteiles Insolvenzmasse zu berücksichtigen.

42 Die Ausführungen der Rz. 38 bis 41 gelten analog auch für die Eigenverwaltung. Der eigenverwaltende Schuldner tritt an die Stelle des Insolvenzverwalters.

III.4. Geltendmachung von Masseverbindlichkeiten nach § 55 Abs. 4 InsO bei der Lohnsteuer

57 **43** Nach Eröffnung des Insolvenzverfahrens sind die als Masseverbindlichkeiten i. S. d. § 55 Abs. 4 InsO geltenden Lohnsteuerverbindlichkeiten (vgl. Rz. 28) für die Anmeldungszeiträume des Insolvenzeröffnungsverfahrens gegenüber dem Insolvenzverwalter festzusetzen und bekannt zu geben. Hierbei ist es unbeachtlich, wenn für denselben Anmeldungszeitraum bereits vor der Insolvenzeröffnung eine Lohnsteuerfestsetzung vorlag, die sich gem. § 168 Satz 1 AO auch aus einer Steueranmeldung ergeben kann, die einer Steuerfestsetzung unter Vorbehalt der Nachprüfung gleichsteht (vgl. BFH-Urteil vom 24. 9. 2014, V R 48/13, BStBl. 2015 II S. 506). Eventuell erfolgte Zahlungen auf die als Masseverbindlichkeiten i. S. d. § 55 Abs. 4 InsO geltenden Lohnsteuerverbindlichkeiten sind im Abrechnungsteil der Festsetzung anzurechnen.

44 Die bisher gegen den Insolvenzschuldner für die Zeiträume des Insolvenzeröffnungsverfahrens festgesetzten Lohnsteuern sind – korrespondierend zu den Festsetzungen gegen die Insolvenzmasse – in Form einer Steuerberechnung mit anschließender (gegebenenfalls berichtigter) Tabellenanmeldung zu ändern, soweit darin unselbständige Besteuerungsgrundlagen berücksichtigt sind, die wegen § 55 Abs. 4 InsO nach Insolvenzeröffnung als Masseverbindlichkeiten gelten.

45 Der Insolvenzverwalter kann seiner Mitwirkungspflicht durch die schlichte Anzeige der unter § 55 Abs. 4 InsO fallenden Besteuerungsgrundlagen oder durch die Abgabe von Lohnsteueranmeldungen entsprechen. Soweit der Insolvenzverwalter seiner Mitwirkungspflicht nicht nachkommt, sind die Besteuerungsgrundlagen zur Berechnung der Masseverbindlichkeiten sachgerecht zu schätzen.

46 Die Ausführungen der Rz. 43 bis 45 gelten analog auch für die Eigenverwaltung. Der eigenverwaltende Schuldner tritt an die Stelle des Insolvenzverwalters.

III.5. Einwendungen gegen die Zuordnung als Masseverbindlichkeit nach § 55 Abs. 4 InsO

58 **47** Einwendungen gegen die Zuordnung von Steueransprüchen als Masseverbindlichkeit nach § 55 Abs. 4 InsO können nach den allgemeinen Grundsätzen, insbesondere im Wege des Einspruchs gegen die Festsetzung der Umsatzsteuer sowie der Lohnsteuer, geltend gemacht werden.

Der Insolvenzverwalter kann mit Verfahrenseröffnung die Rechte wahrnehmen, die dem Schuldner zu diesem Zeitpunkt auch zugestanden hätten.

In Fällen der Eigenverwaltung nimmt der Schuldner die Rechte selbst wahr.

III.6. Aufrechnung gegen Steuererstattungsansprüche

59 **48** Vor Eröffnung des Insolvenzverfahrens sind Steuerforderungen und Steuererstattungen ohne Einschränkungen aufrechenbar, soweit die Aufrechnungsvoraussetzungen vorliegen. Der Umstand, dass bestimmte Steuerforderungen später (nach Insolvenzeröffnung) gem. § 55 Abs. 4 InsO zu Masseverbindlichkeiten werden, hindert die Aufrechnung nicht.

49 Nach Verfahrenseröffnung noch bestehende Steuererstattungsansprüche aus dem Zeitraum des Eröffnungsverfahrens sind vorbehaltlich des BFH-Urteils vom 2. 11. 2010, VII R 6/10, BStBl. II 2011 S. 374, mit Insolvenzforderungen aufrechenbar.

50 Sofern § 96 Abs. 1 Nr. 3 InsO einer Aufrechnung mit Insolvenzforderungen entgegensteht, kann gegen diese Guthaben mit Masseverbindlichkeiten (insbesondere mit Masseverbindlichkeiten gem. § 55 Abs. 4 InsO) aufgerechnet werden. § 96 Abs. 1 Nr. 3 InsO gilt nicht für Massegläubiger, sondern nur für Insolvenzgläubiger.

IV. Anfechtung

51 Tatbestandlich ist § 55 Abs. 4 InsO im Zeitpunkt der Insolvenzeröffnung im Falle einer anfechtbar 60
geleisteten Zahlung mangels bestehender Steuerverbindlichkeiten nicht erfüllt. Würde der Insolvenzverwalter oder der Sachwalter nach der Insolvenzeröffnung die Anfechtung der Steuerzahlung erklären und das Finanzamt auf die Anfechtung hin zahlen, würde die ursprüngliche Steuerforderung nach § 144 Abs. 1 InsO unmittelbar, aber nunmehr als Masseforderung wieder aufleben. Das Finanzamt würde eine Zahlung leisten, die es sofort wieder zurückfordern könnte. Eine Zahlung auf den Anfechtungsanspruch kann daher wegen Rechtsmissbräuchlichkeit verweigert werden.

17.2 Preisnachlässe und Preiserstattungen außerhalb unmittelbarer Leistungsbeziehungen sowie Maßnahmen zur Verkaufsförderung

UStAE 17.2

Preisnachlässe und Preiserstattungen innerhalb der Leistungskette allgemein

(1) ① Die Minderung der Bemessungsgrundlage setzt nicht voraus, dass ein Preisnachlass oder 66
eine Preiserstattung auf allen Stufen einer Leistungskette vom ersten Unternehmer bis zum letzten Abnehmer in der jeweiligen Leistungsbeziehung erfolgt. ② Ebenso wenig kommt es auf die Position des Unternehmers, der den Preisnachlass gewährt, oder die des begünstigten Abnehmers in der Leistungskette an. ③ Auch bei Preisnachlässen oder Preiserstattungen über einzelne Stufen einer Leistungskette hinweg dürfen aus allen Umsatzgeschäften in der Leistungskette insgesamt nur die Umsatzsteuerbeträge berücksichtigt werden, die dem vom begünstigten Abnehmer wirtschaftlich aufgewendeten Umsatzsteuerbetrag entsprechen. ④ Für Unternehmer, die auf den Produktions- und Vertriebsstufen vor der Verbrauchsstufe des begünstigten Abnehmers tätig sind, muss die Umsatzbesteuerung neutral sein. ⑤ Erstattet daher ein Unternehmer in einer Leistungskette einem nicht unmittelbar nachfolgenden Abnehmer (begünstigter Abnehmer) einen Teil des von diesem gezahlten Leistungsentgelts oder gewährt er ihm einen Preisnachlass, mindert sich dadurch die Bemessungsgrundlage für den Umsatz dieses Unternehmers an seinen unmittelbaren Abnehmer, wenn folgende Voraussetzungen erfüllt sind:

1. Der den Preisnachlass gewährende Unternehmer hat eine im Inland steuerpflichtige Leistung erbracht,
2. die Leistung an den begünstigten Abnehmer ist im Inland steuerpflichtig und
3. der den Preisnachlass gewährende Unternehmer hat das Vorliegen der vorstehenden Voraussetzungen sowie den Preisnachlass bzw. die Preiserstattung nachgewiesen (vgl. Absatz 5).

Beispiel:

① Hersteller A verkauft Ware an Großhändler B. ② B verkauft die Ware an einen Zwischenhändler C. ③ C verkauft die Ware an den Einzelhändler D, der die Ware an den letzten Abnehmer der Leistungskette E verkauft. ④ B erstattet D wegen Abnahme einer bestimmten Menge von Waren, die über ihn vertrieben wurden, nachträglich einen Teil des von D für diese Waren aufgewendeten Preises. ⑤ Da es weder auf die Position des B als zweiten Unternehmer noch auf die des D als vierten und damit vorletzten Abnehmer in der Leistungskette ankommt, kann B die Bemessungsgrundlage seiner Lieferung an C mindern. ⑥ Gleichzeitig kann bei D nur ein entsprechend geminderter Vorsteuerabzug berücksichtigt werden (vgl. Absatz 3).

(2) ① Die Bemessungsgrundlage der Leistung des den Preisnachlass gewährenden Unterneh- 67
mers wird um den Betrag des Preisnachlasses/der Preiserstattung abzüglich der Umsatzsteuer gemindert, die sich nach dem Umsatzsteuersatz berechnet, der auf den Umsatz Anwendung findet, für den der Preisnachlass/die Preiserstattung gewährt wird. ② Der Unternehmer hat entsprechend § 17 Abs. 1 Satz 8 UStG die Minderung der Bemessungsgrundlage für den Besteuerungszeitraum vorzunehmen, in dem er den Preisnachlass gewährt hat. ③ Durch die Minderung der Bemessungsgrundlage der Leistung des den Preisnachlass gewährenden Unternehmers wird die von ihm erteilte Rechnung an seinen unmittelbaren Abnehmer nicht unrichtig. ④ Insbesondere findet in diesem Verhältnis § 14c Abs. 1 UStG keine Anwendung (vgl. Abschnitt 14c.1 Abs. 4 Satz 2 und 3). ⑤ Auch ein möglicher Vorsteuerabzug dieses unmittelbaren Abnehmers ändert sich durch den Preisnachlass/die Preiserstattung nicht (vgl. § 17 Abs. 1 Satz 3 UStG). ⑥ Die Minderung der Bemessungsgrundlage beim Unternehmer, der den Preisnachlass/die Preiserstattung gewährt, ist nicht davon abhängig, dass der den Preisnachlass/die Preiserstattung empfangende Abnehmer zum Vorsteuerabzug berechtigt ist.

(3) ① Ist in den Fällen des Absatzes 1 Satz 5 der durch den Preisnachlass/die Preiserstattung 68
begünstigte Abnehmer ein in vollem Umfang oder teilweise zum Vorsteuerabzug berechtigter Unternehmer und bezieht er die Leistung für sein Unternehmen, mindert sich der Vorsteuerabzug aus seinem Leistungsbezug um den in dem Preisnachlass/der Preiserstattung enthaltenen Steuerbetrag (vgl. § 17 Abs. 1 Satz 4 in Verbindung mit Satz 1 UStG), ohne dass es bei dem Unternehmer, der den Umsatz an ihn ausgeführt hat, zu einer Berichtigung der Bemessungsgrundlage kommt (vgl. § 17 Abs. 1 Satz 3 UStG). ② Der Vorsteuerabzug ist nicht zu mindern, soweit ein Unternehmer eine innergemeinschaftliche Lieferung aus dem übrigen Gemeinschaftsgebiet in das Inland erbringt und einem in der Lieferkette nicht unmittelbar nachfolgenden Unternehmer einen Teil des von diesem gezahlten Leistungsentgelts erstattet oder einen Preisnachlass gewährt, da die Lieferung des preisnachlassgewährenden Unternehmers bereits im Inland nicht steuerbar ist und sich durch den Preisnachlass/die Preiserstattung auch nicht die Bemessungsgrundlage für den innergemeinschaftlichen Erwerb seines unmittelbaren inländischen Abneh-

mers gemindert hat (vgl. BFH-Urteile vom 5. 6. 2014, XI R 25/12, BStBl. 2017 II S. 808, und vom 4. 12. 2014,V R 6/13, BStBl. 2017 II S. 810).

Beispiel 1:

① Der spanische Hersteller A verkauft Waren an den spanischen Großhändler B. ② B verkauft die Ware an einen deutschen Zwischenhändler C. ③ C verkauft die Ware an den deutschen Einzelhändler D, der die Ware an den letzten Abnehmer der Leistungskette E in Deutschland verkauft. ④ D löst einen von B ausgegebenen Gutschein ein. ⑤ Der im anderen Mitgliedstaat ansässige spanische Großhändler B erbringt eine steuerfreie innergemeinschaftliche Lieferung an den in Deutschland ansässigen Zwischenhändler C. ⑥ Gleichzeitig erstattet er dem deutschen Einzelhändler D einen Teil des von diesem an C gezahlten Leistungsentgelts. ⑦ Da die Lieferung des spanischen Großhändlers B im Inland nicht steuerbar ist und sich durch die Erstattung auch nicht die Bemessungsgrundlage für den innergemeinschaftlichen Erwerb des Zwischenhändlers C ändert, hat der deutsche Einzelhändler D seinen Vorsteuerabzug aus der Lieferung des C nicht zu mindern.

③ Der Vorsteuerabzug des begünstigten Unternehmers ist entsprechend den Grundsätzen der o. g. BFH-Urteile ebenfalls nicht zu mindern, soweit ein Unternehmer eine Lieferung im Drittland erbringt, bei der der Liefergegenstand in das Inland gelangt, und der Unternehmer einem in der Lieferkette nicht unmittelbar nachfolgenden Abnehmer einen Preisnachlass gewährt.

Beispiel 2:

① Der Unternehmer S in Zürich liefert Gegenstände, die er mit eigenem Lkw befördert, an seinen Abnehmer K in Stuttgart. ② K verkauft die Waren an den deutschen Einzelhändler B in Baden-Baden. ③ K lässt die Gegenstände in den freien Verkehr überführen und wird Schuldner der Einfuhrumsatzsteuer. ④ B löst einen von S ausgegebenen Preiserstattungsgutschein ein. ⑤ Ort der Lieferung für die Lieferung des S an K ist Zürich (§ 3 Abs. 6 UStG). ⑥ K bewirkt mit der Einfuhr der Gegenstände im Inland einen nach § 1 Abs. 1 Nr. 4 UStG steuerbaren Umsatz. ⑦ K ist zum Abzug der Einfuhrumsatzsteuer als Vorsteuer berechtigt, da die Gegenstände für sein Unternehmen eingeführt worden sind. ⑧ Der Vorsteuerabzug von B aus der Lieferung des K an ihn ist infolge der Preiserstattung durch S nicht zu mindern, da der Unternehmer S eine im Inland nicht steuerbare Lieferung gegenüber K erbringt.

Preisnachlässe und Preiserstattungen bei der Ausgabe von Gutscheinen

69 (4) ① Die Grundsätze der Absätze 1 und 3 gelten insbesondere bei der Ausgabe von Preisnachlass- und Preiserstattungsgutscheinen. ② Als Gutscheine im Sinne dieses Abschnitts und in Abgrenzung zur Gutscheindefinition in § 3 Abs. 13 UStG bzw. Abschnitt 3.17 gelten allgemein schriftlich zugesicherte Rabatt- oder Vergütungsansprüche, z. B. in Form von Coupons, die ein Unternehmer zur Förderung seiner Umsätze ausgibt und die auf der gleichen oder nachfolgenden Umsatzstufe den Leistungsempfänger berechtigen, die Leistung im Ergebnis verbilligt um den Nennwert des Gutscheins in Anspruch zu nehmen. ③ Der Nennwert des Gutscheins entspricht einem Bruttobetrag, d. h. er schließt die Umsatzsteuer ein (vgl. Abschnitt 10.3 Abs. 1). ④ Das Einlösen des Gutscheins kann in der Weise erfolgen, dass der begünstigte Abnehmer den Gutschein beim Erwerb der Leistung an Zahlung statt einsetzt und der Zwischenhändler sich den Nennwert des Gutscheins vom Unternehmer, der den Gutschein ausgegeben hat, oder in dessen Auftrag von einem anderen vergüten lässt (Preisnachlassgutschein) oder dass der begünstigte Abnehmer direkt vom Unternehmer, der den Gutschein ausgegeben hat, oder in dessen Auftrag von einem anderen eine nachträgliche Vergütung erhält (Preiserstattungsgutschein). ⑤ Bei den in § 3 Abs. 13 bis 15 UStG definierten Gutscheinarten (Einzweck- und Mehrzweck-Gutscheine) handelt es sich im Gegensatz zu den Preisnachlass- bzw. Erstattungsgutscheinen um Gutscheine, die zur Einlösung gegen eine Lieferung von Gegenständen oder zur Erbringung einer sonstigen Leistung verwendet werden können. ⑥ Die in Abschnitt 3.17 dargestellten Grundsätze sind nicht auf Gutscheine dieses Abschnitts anzuwenden.

Beispiel 1:

① Hersteller A verkauft an den Zwischenhändler B ein Möbelstück für 1 000 € zuzüglich 190 € gesondert ausgewiesener Umsatzsteuer. ② B verkauft dieses Möbelstück an den Einzelhändler C für 1 500 € zuzüglich 285 € gesondert ausgewiesener Umsatzsteuer. ③ C verkauft dieses Möbelstück an den Abnehmer D für 2 000 € zuzüglich 380 € gesondert ausgewiesener Umsatzsteuer. ④ D zahlt C einen Barbetrag in Höhe von 2 261 € und übergibt C einen von A ausgegebenen Warengutschein mit einem Nennwert von 119 € an Zahlungs statt. ⑤ C legt den Warengutschein A vor und erhält von diesem eine Vergütung in Höhe von 119 € (Preisnachlassgutschein).

⑥ Hersteller A kann die Bemessungsgrundlage seiner Lieferung um 100 € mindern (119 € : 1,19). ⑦ Die geschuldete Umsatzsteuer des A vermindert sich um 19 €. ⑧ Einer Rechnungsberichtigung bedarf es nicht.

⑨ Zwischenhändler B hat in Höhe des in der Rechnung des A ausgewiesenen Umsatzsteuerbetrags – unter den weiteren Voraussetzungen des § 15 UStG – einen Vorsteuerabzug in Höhe von 190 €.

⑩ Die Bemessungsgrundlage für die Lieferung des C an D setzt sich aus der Bezahlung des D in Höhe von 2 261 € und dem von A gezahlten Erstattungsbetrag in Höhe von 119 €, abzüglich der in diesen Beträgen enthaltenen Umsatzsteuer (2 261 € + 119 € = 2 380 € : 1,19) zusammen. ⑪ Dem Fiskus fließen demnach insgesamt 361 € Umsatzsteuer zu (Abführung von 380 € durch C abzüglich der Minderung in Höhe von 19 € bei A); dies entspricht dem Umsatzsteuerbetrag, der in dem vom begünstigten Abnehmer D tatsächlich aufgewendeten Betrag enthalten ist, mit dem D also tatsächlich wirtschaftlich belastet ist (2 261 € : 1,19 × 19%).

Beispiel 2:

① Wie Beispiel 1, aber D zahlt C den gesamten Kaufpreis in Höhe von 2 380 € und legt den Warengutschein A vor. ② D erhält von A eine Erstattung in Höhe von 119 € (Preiserstattungsgutschein).

③ Hersteller A kann die Bemessungsgrundlage seiner Lieferung um 100 € mindern (119 € : 1,19). ④ Die geschuldete Umsatzsteuer des A vermindert sich um 19 €. ⑤ Einer Rechnungsberichtigung bedarf es nicht.

⑥ Zwischenhändler B hat in Höhe des in der Rechnung des A ausgewiesenen Umsatzsteuerbetrags – unter den weiteren Voraussetzungen des § 15 UStG – einen Vorsteuerabzug in Höhe von 190 €.

⑦ Die Bemessungsgrundlage für die Lieferung des C an D setzt sich aus der Barzahlung des D abzüglich der darin enthaltenen Umsatzsteuer zusammen. ⑧ Dem Fiskus fließen demnach insgesamt 361 € Umsatzsteuer zu (Abführung von 380 €

durch C abzüglich der Minderung in Höhe von 19 € bei A); dies entspricht dem Umsatzsteuerbetrag, der in dem vom begünstigten Abnehmer Endabnehmer D tatsächlich aufgewendeten Betrag enthalten ist, mit dem D also tatsächlich wirtschaftlich belastet ist (2 261 € : 1,19 × 19%).

Nachweisführung durch den preisnachlassgewährenden Unternehmer

(5) ① Der Unternehmer, der dem begünstigten Abnehmer einen Teil des von diesem gezahlten Leistungsentgelts erstattet oder einen Preisnachlass gewährt und dafür eine Minderung der Bemessungsgrundlage geltend macht, hat das Vorliegen der hierfür nach Absatz 1 geltenden Voraussetzungen nachzuweisen. ② Die Nachweise können sich aus der Gesamtheit der Unterlagen ergeben, die beim Unternehmer, der den Preisnachlass/die Preiserstattung gewährt, vorliegen. ③ Mit ihnen muss sich leicht und eindeutig nachprüfen lassen, dass die Voraussetzungen für eine Minderung der Bemessungsgrundlage vorgelegen haben. ④ Desweiteren müssen sie erkennen lassen, ob eine Vorsteuerabzugsberechtigung des begünstigten Abnehmers besteht. **70**

(6) In den Fällen von Preisnachlass- oder Preiserstattungsgutscheinen kann der Unternehmer, der diesen Gutschein ausgegeben und vergütet hat, den Nachweis nach Absatz 5 regelmäßig auch wie folgt führen: **71**

1.[1] ① Durch einen Beleg über die ihn belastende Vergütung (z. B. Überweisung oder Barzahlung) des Nennwerts des Gutscheins gegenüber dem Zwischenhändler (Preisnachlassgutschein) bzw. gegenüber dem begünstigten Abnehmer (Preiserstattungsgutschein). ② Der Beleg soll außerdem folgende Angaben enthalten:
   a) Bezeichnung (z. B. Registriernummer) des Gutscheins,
   b) Name und Anschrift des begünstigten Abnehmers,
   c) Angaben zur Vorsteuerabzugsberechtigung des begünstigten Abnehmers, und
2. ① durch Vorlage eines Belegs des Zwischenhändlers (z. B. Kopie der Rechnung), aus dem sich ergibt, dass die Leistung an den begünstigten Abnehmer im Inland steuerpflichtig ist. ② In den Fällen der Preisnachlassgutscheine müssen sich aus dem Beleg zudem der maßgebliche Steuersatz und der Preis, aufgegliedert nach dem vom begünstigten Abnehmer aufgewendeten Betrag und Nennwert des Gutscheins, den der begünstigte Abnehmer an Zahlungs statt hingibt, ergeben.

Nachweisführung durch den begünstigten Abnehmer

(6 a) ① Führt der Preisnachlass oder die Preiserstattung in den Fällen des Absatzes 3 Satz 2 und 3 beim vorsteuerabzugsberechtigten begünstigten Unternehmer ausnahmsweise nicht zu einer Minderung des Vorsteuerabzugs, hat der begünstigte Unternehmer die Voraussetzungen der Ausnahme nachzuweisen. ② Die Nachweise können sich aus der Gesamtheit der Unterlagen ergeben, die beim begünstigten Unternehmer vorliegen. ③ Die Voraussetzungen der Ausnahme müssen sich anhand dieser Unterlagen leicht und eindeutig nachprüfen lassen. ④ Der Nachweis kann regelmäßig auch wie folgt geführt werden: **72**

1. Durch einen Beleg über die Höhe des erhaltenen Preisnachlasses (z. B. Abrechnung des Zwischenhändlers) bzw. die vereinnahmte Preiserstattung (z. B. Überweisung oder Barzahlung), auf dem die Bezeichnung (z. B. Registriernummer eines Gutscheins) vermerkt ist,
2. durch die Rechnung des Zwischenhändlers an den begünstigten Unternehmer und
3. ① durch die Bestätigung des den Preisnachlass/die Preiserstattung gewährenden Unternehmers, dass seine Lieferung an seinen Abnehmer im Ausland ausgeführt wurde. ② Die Bestätigung muss zudem Angaben zur eindeutigen Identifizierung dieses Abnehmers sowie über die zwischen den Preisnachlass/die Preiserstattung gewährenden Unternehmer und dem Abnehmer abgerechnete Leistung enthalten.

Preisnachlässe außerhalb der Leistungskette und Werbemaßnahmen

(7) ① Eine Minderung der Bemessungsgrundlage kommt nicht in Betracht, wenn nicht ein an der Leistungskette beteiligter Unternehmer, sondern lediglich ein Vermittler dem Kunden der von ihm vermittelten Leistung einen sog. Preisnachlass gewährt (BFH-Urteil vom 27. 2. 2014, V R 18/11, BStBl. 2015 II S. 306). ② Danach mindern beispielsweise Preisnachlässe, die dem Abnehmer von Reiseleistungen vom Reisebüro für eine vom Reisebüro lediglich vermittelte Reise gewährt werden, nicht die Bemessungsgrundlage des Umsatzes der vom Reisebüro dem Reiseveranstalter gegenüber erbrachten Vermittlungsleistung. ③ Auch Preisnachlässe, die dem Telefonkunden vom Vermittler des Telefonanbietervertrages gewährt werden, mindern nicht die Bemessungsgrundlage des Umsatzes der vom Vermittler dem Telefonunternehmen gegenüber erbrachten Vermittlungsleistungen. ④ Da der vom Vermittler gewährte Preisnachlass nicht das Entgelt für die Leistung des Vermittlers an seinen Auftraggeber mindert, führt dieser auch nicht zu einer Berichtigung des Vorsteuerabzugs aus der vermittelten Leistung beim (End-)Kunden (vgl. BFH-Urteil vom 3. 7. 2014, V R 3/12, BStBl. 2015 II S. 307). ⑤ Zur Behandlung von Preisnachlässen bei Verkaufsagenten vgl. Abschnitt 10.3 Abs. 4 und bei Zentralregulierern vgl. Abschnitt 10.3 Abs. 5. **73**

(8) Eine Minderung der Bemessungsgrundlage kommt ebenfalls nicht in Betracht, wenn der mit einem Gutschein verbundene finanzielle Aufwand von dem Unternehmer aus allgemeinem **74**

[1] *Anm. d. Red.:* Satzzähler ergänzt.

Werbeinteresse getragen wird und nicht einem nachfolgenden Umsatz in der Leistungskette (Hersteller – letzter Abnehmer) zugeordnet werden kann (vgl. BFH-Urteil vom 11. 5. 2006, V R 33/03, BStBl. II S. 699, und Abschnitt 10.3 Abs. 3).

Beispiel 1:

① Das Kaufhaus K verteilt Gutscheine an Kunden zum Besuch eines in dem Kaufhaus von einem fremden Unternehmer F betriebenen Frisiersalons. ② K will mit der Maßnahme erreichen, dass Kunden aus Anlass der Gutscheineinlösung bei F das Kaufhaus aufsuchen und dort Waren erwerben.

③ K kann keine Minderung der Bemessungsgrundlage seiner Umsätze vornehmen.

Beispiel 2:

① Der Automobilhersteller A erwirbt bei einem Mineralölkonzern M Gutscheine, die zum Bezug sämtlicher Waren und Dienstleistungen berechtigen, die in den Tankstellen des M angeboten werden. ② Diese Gutscheine gibt A über Vertragshändler an seine Kunden beim Erwerb eines neuen Autos als Zugabe weiter.

③ A kann keine Minderung seiner Umsätze vornehmen. ④ Der Kunde erhält das Auto nicht billiger, sondern lediglich die Möglichkeit, bei einem dritten Unternehmer – hier M – Leistungen zu beziehen, deren Entgelt bereits von dritter Seite entrichtet wurde.

LS zu 17.2

Die Ausgabe von Gutscheinen mit Wertaufdruck **(Wertschecks)** ist keine der Umsatzsteuer unterliegende Leistung. – Die Verrechnung der Wertscheckbeträge zwischen Händlern und Händlergruppe ist ebenfalls keine steuerpflichtige Leistung. *Verfügung OFD Magdeburg v. 2. 5. 2006 S 7200 – 179 – St 234.*

80 Zur Rechtslage **vor Inkrafttreten von § 3 Abs. 13 bis 15 UStG n. F.** hat der *BFH (Urteil v. 15. 3. 2022 V R 35/20, BStBl. 2023 II S. 150)* entschieden, 1. dass ein Steuerpflichtiger, der über sein Internetportal Gutscheine für bestimmte Freizeiterlebnisse verkauft, die durch den Gutschein versprochene Leistung entweder selbst erbringt oder hinsichtlich dieser Leistung als Vermittler tätig ist. Seine Leistung besteht demgegenüber nicht im Betrieb eines Internetportals. – 2. Ist der Gutschein nur über einen bestimmten Geldbetrag ausgestellt (sog. **Wertgutschein**), fehlt es zum Zeitpunkt der Ausstellung des Gutscheins an einem unmittelbaren Zusammenhang der Zahlung der Gutscheinerwerber mit einer bestimmbaren Leistung.

Erstattet der erste Unternehmer in einer Lieferkette dem letzten Abnehmer einen Teil des von diesem gezahlten Leistungsentgelts durch **nachträglich ausgezahlte Gutschriften,** ist dessen **Vorsteuerabzug nicht** nach § 17 Abs. 1 Satz 1 Nr. 2 UStG in der bis zum 15. 12. 2004 gültigen Fassung zu **berichtigen.** *BFH-Urt. v. 15. 2. 2012 XI R 24/09 (BStBl. 2013 II S. 712).*

Aufgrund des EuGH-Urteils vom 16. 1. 2014 C-300/12 Ibero Tours (BStBl. 2015 II S. 317) hält der Senat nicht daran fest, dass ein Vermittler das Entgelt für seine Vermittlungsleistung mindern kann, wenn er dem Kunden der von ihm vermittelten Leistung einen **Preisnachlass** gewährt. *BFH-Urteile v. 27. 2. 2014 V R 18/11 (BStBl. 2015 II S. 306) und V R 32/11 (BFH/NV S. 1405).*

Gewährt der erste, in einem anderen Mitgliedstaat der EU ansässige und dort eine steuerfreie innergemeinschaftliche Lieferung ausführende Unternehmer in einer **Lieferkette** dem letzten inländischen Unternehmer einen **Rabatt,** ist dessen **Vorsteuerabzug nicht** nach § 17 Abs. 1 Satz 4 i. V. m. Satz 5 UStG **zu berichtigen.** *BFH-Urteil v. 5. 6. 2014 XI R 25/12 (BStBl. 2017 II S. 806).*

Umsatzsteuerrechtliche Einordnung von Leistungen im Rahmen eines **Kundenbindungsprogramms.** ***EuGH-Urt. v. 7. 10. 2010,*** *C-53/09, C-55/09, Loyalty Management UK Ltd, Baxi Group Ltd (DStRE S. 1392).*

Erbringt der Programmmanager eines Kundenbindungssystems entgeltliche Verwaltungsleistungen an Partnerunternehmen, an die er auch Prämienpunkte verkauft, die die Partnerunternehmer an ihre Kunden zur Einlösung beim Programmmanager ausgeben, führt der **vergütungslose Verfall von Prämienpunkten** dazu, dass sich das Entgelt für die Verwaltungsleistungen des Programmmanagers an die Partnerunternehmen nachträglich erhöht. *BFH-Urteil v. 26. 6. 2019 V R 64/17 (BStBl. II S. 640).*

Beteiligt sich ein Unternehmer an einem von einem Dritten betriebenen **Rabattsystem,** das an Kunden des Unternehmers **umsatzabhängige Punkte** ausgibt, so mindert sich die Bemessungsgrundlage des Unternehmers erst, wenn der Kunde die Punkte tatsächlich einlöst. *BFH-Urteil v. 16. 1. 2020 V R 42/17 (BStBl. II S. 361).*

Die dem Provider bei **Prepaid-Verträgen** endgültig verbliebenen **Restguthaben** sind nachträgliches Entgelt für die eröffnete Nutzung der von ihm zur Verfügung gestellten Infrastruktur, die insbesondere die mobile Erreichbarkeit der Prepaid-Kunden ermöglichte. *BFH-Urteil v. 10. 4. 2019 XI R 4/17 (BStBl. II S. 635).*

Zum **grenzüberschreitenden Apothekenrabatt** hat in der Nachfolgeentscheidung zum ***EuGH-Urteil v. 11. 3. 2021*** C-802/19, Firma Z/FA Y (DStR S. 667) der BFH (Urteil v. 18. 11. 2021 V R 4/21 (V R 41/17), BStBl. 2022 I S. 350) entschieden: 1. Der Unternehmer kann für eine in einem anderen Mitgliedstaat erbrachte steuerfreie innergemeinschaftliche Lieferung im Inland keinen Anspruch auf Steuerminderung geltend machen. – 2. Gewährt der Unternehmer einem Endverbraucher anlässlich einer ersten Lieferung für eine an ihn erbrachte Leistung eine Aufwandsentschädigung, die der Endverbraucher zum verbilligten Bezug einer Ware vom Unternehmer im Rahmen einer zweiten Lieferung verwendet, setzt sich die Bemessungsgrundlage für die zweite Lieferung aus der (um die Aufwandsentschädigung verminderten) Zahlung und dem Betrag der Aufwandsentschädigung zusammen.

(VSF) Z 8101 Nr. IV

Z 8101. Änderung von Bescheiden – Dienstvorschrift EUSt –

81 Vorschriftensammlung Bundesfinanzverwaltung (VSF) Z 8101 Nr. IV.

UStG

§ 18 Besteuerungsverfahren

(1)[1] ① Der Unternehmer hat vorbehaltlich des § 18i Absatz 3, des § 18i Absatz 4 und des § 18k Absatz 4 bis zum zehnten Tag nach Ablauf jedes Voranmeldungszeitraums eine Voranmeldung nach amtlich vorgeschriebenem Datensatz durch Datenfernübertragung zu übermitteln, in der er die Steuer für den Voranmeldungszeitraum (Vorauszahlung) selbst zu berechnen hat. ② Auf Antrag kann das Finanzamt zur Vermeidung von unbilligen Härten auf eine elektronische Übermittlung verzichten; in diesem Fall hat der Unternehmer eine Voranmeldung nach amtlich vorgeschriebenem Vordruck abzugeben. ③ § 16 Abs. 1 und 2 und § 17 sind entsprechend anzuwenden. ④ Die Vorauszahlung ist am zehnten Tag nach Ablauf des Voranmeldungszeitraums fällig und bis dahin vom Unternehmer zu entrichten. 1

(2) ① Voranmeldungszeitraum ist das Kalendervierteljahr. ② Beträgt die Steuer für das vorangegangene Kalenderjahr mehr als 7 500 Euro, ist der Kalendermonat Voranmeldungszeitraum. ③ Beträgt die Steuer für das vorangegangene Kalenderjahr nicht mehr als 1 000 Euro, kann das Finanzamt den Unternehmer von der Verpflichtung zur Abgabe der Voranmeldungen und Entrichtung der Vorauszahlungen befreien. ④ Nimmt der Unternehmer seine berufliche oder gewerbliche Tätigkeit auf, ist im laufenden und folgenden Kalenderjahr Voranmeldungszeitraum der Kalendermonat. ⑤ Daneben ist im laufenden und folgenden Kalenderjahr in folgenden Fällen Voranmeldungszeitraum der Kalendermonat: 2

1. bei im Handelsregister eingetragenen, noch nicht gewerblich oder beruflich tätig gewesenen juristischen Personen oder Personengesellschaften, die objektiv belegbar die Absicht haben, eine gewerbliche oder berufliche Tätigkeit selbständig auszuüben (Vorratsgesellschaften), und zwar ab dem Zeitpunkt des Beginns der tatsächlichen Ausübung dieser Tätigkeit, und
2. bei der Übernahme von juristischen Personen oder Personengesellschaften, die bereits gewerblich oder beruflich tätig gewesen sind und zum Zeitpunkt der Übernahme ruhen oder nur geringfügig gewerblich oder beruflich tätig sind (Firmenmantel), und zwar ab dem Zeitpunkt der Übernahme.

⑥ Für die Besteuerungszeiträume 2021 bis 2026 ist abweichend von Satz 4 in den Fällen, in denen der Unternehmer seine gewerbliche oder berufliche Tätigkeit nur in einem Teil des vorangegangenen Kalenderjahres ausgeübt hat, die tatsächliche Steuer in eine Jahressteuer umzurechnen und in den Fällen, in denen der Unternehmer seine gewerbliche oder berufliche Tätigkeit im laufenden Kalenderjahr aufnimmt, die voraussichtliche Steuer des laufenden Kalenderjahres maßgebend.

(2a) ① Der Unternehmer kann an Stelle des Kalendervierteljahres den Kalendermonat als Voranmeldungszeitraum wählen, wenn sich für das vorangegangene Kalenderjahr ein Überschuss zu seinen Gunsten von mehr als 7 500 Euro ergibt. ② In diesem Fall hat der Unternehmer bis zum 10. Februar des laufenden Kalenderjahres eine Voranmeldung für den ersten Kalendermonat abzugeben. ③ Die Ausübung des Wahlrechts bindet den Unternehmer für dieses Kalenderjahr. ④ Absatz 2 Satz 6 gilt entsprechend. 3

(3)[1] ① Der Unternehmer hat vorbehaltlich des § 18i Absatz 3, des § 18j Absatz 4 und des § 18k Absatz 4 für das Kalenderjahr oder für den kürzeren Besteuerungszeitraum eine Steuererklärung nach amtlich vorgeschriebenem Datensatz durch Datenfernübertragung zu übermitteln, in der er die zu entrichtende Steuer oder den Überschuss, der sich zu seinen Gunsten ergibt, nach § 16 Absatz 1 bis 4 und § 17 selbst zu berechnen hat (Steueranmeldung). ② In den Fällen des § 16 Absatz 3 und 4 ist die Steueranmeldung binnen einem Monat nach Ablauf des kürzeren Besteuerungszeitraums zu übermitteln. ③ Auf Antrag kann das Finanzamt zur Vermeidung von unbilligen Härten auf eine elektronische Übermittlung verzichten; in diesem Fall hat der Unternehmer eine Steueranmeldung nach amtlich vorgeschriebenem Vordruck abzugeben und eigenhändig zu unterschreiben. 4

(4)[1] ① Berechnet der Unternehmer die zu entrichtende Steuer oder den Überschuss in der Steueranmeldung für das Kalenderjahr abweichend von der Summe der Vorauszahlungen, so ist der Unterschiedsbetrag zugunsten des Finanzamts einen Monat nach dem Eingang der Steueranmeldung fällig und bis dahin vom Unternehmer zu entrichten. ② Setzt das Finanzamt die zu entrichtende Steuer oder den Überschuss abweichend von der Steueranmeldung für den Voranmeldungszeitraum oder für das Kalenderjahr oder auf Grund unterbliebener Abgabe der Steueranmeldung fest, so ist der Unterschiedsbetrag zugunsten des Finanzamts einen Monat nach der Bekanntgabe des Steuerbescheids fällig und bis dahin vom Unternehmer zu entrichten. ③ Die Fälligkeit rückständiger Vorauszahlungen (Absatz 1) bleibt von den Sätzen 1 und 2 unberührt. 5

[1] Zur Anwendung von § 18 Abs. 1 Sätze 1 und 4, Abs. 3 Satz 1 ab 1. 7. 2021 vgl. § 27 Abs. 34 Satz 1 UStG.

UStG

6 (4a) ① **Voranmeldungen (Absätze 1 und 2) und eine Steuererklärung (Absätze 3 und 4) haben auch die Unternehmer und juristischen Personen abzugeben, die ausschließlich Steuer für Umsätze nach § 1 Abs. 1 Nr. 5, § 13 b Absatz 5 oder § 25 b Abs. 2 zu entrichten haben, sowie Fahrzeuglieferer (§ 2 a).** ② **Voranmeldungen sind nur für die Voranmeldungszeiträume abzugeben, in denen die Steuer für diese Umsätze zu erklären ist.** ③ **Die Anwendung des Absatzes 2 a ist ausgeschlossen.**

7 (4b) **Für Personen, die keine Unternehmer sind und Steuerbeträge nach § 6 a Abs. 4 Satz 2 oder nach § 14 c Abs. 2 schulden, gilt Absatz 4 a entsprechend.**

(4c), (4d), (4e)[1]

8 (4f)[2] ① **Soweit Organisationseinheiten der Gebietskörperschaften Bund und Länder durch ihr Handeln eine Erklärungspflicht begründen, obliegen der jeweiligen Organisationseinheit für die Umsatzbesteuerung alle steuerlichen Rechte und Pflichten.** ② **In den in § 30 Absatz 2 Nummer 1 Buchstabe a und b der Abgabenordnung genannten Verfahren tritt die Organisationseinheit insoweit an die Stelle der Gebietskörperschaft.** ③ **§ 2 Absatz 1 Satz 2 bleibt unberührt.** ④ **Die Organisationseinheiten können jeweils für ihren Geschäftsbereich durch Organisationsentscheidungen weitere untergeordnete Organisationseinheiten mit Wirkung für die Zukunft bilden.** ⑤ **Einer Organisationseinheit übergeordnete Organisationseinheiten können durch Organisationsentscheidungen mit Wirkung für die Zukunft die in Satz 1 genannten Rechte und Pflichten der untergeordneten Organisationseinheit wahrnehmen oder mehrere Organisationseinheiten zu einer Organisationseinheit zusammenschließen.** ⑥ **Die in § 1 a Absatz 3 Nummer 2, § 2 b Absatz 2 Nummer 1, § 3 a Absatz 5 Satz 3, § 3 c Absatz 4 Satz 1, § 18 Absatz 2 Satz 2, § 18 a Absatz 1 Satz 2, § 19 Absatz 1, § 20 Satz 1 Nummer 1 und § 24 Absatz 1 Satz 1 genannten Betragsgrenzen gelten für Organisationseinheiten stets als überschritten.** ⑦ **Wahlrechte, deren Rechtsfolgen das gesamte Unternehmen der Gebietskörperschaft erfassen, können nur einheitlich ausgeübt werden.** ⑧ **Die Gebietskörperschaft kann gegenüber dem für sie zuständigen Finanzamt mit Wirkung für die Zukunft erklären, dass die Sätze 1 bis 5 nicht zur Anwendung kommen sollen; ein Widerruf ist nur mit Wirkung für die Zukunft möglich.**

9 (4g) ① **Die oberste Landesfinanzbehörde oder die von ihr beauftragte Landesfinanzbehörde kann anordnen, dass eine andere als die nach § 21 Absatz 1 der Abgabenordnung örtlich zuständige Finanzbehörde die Besteuerung einer Organisationseinheit des jeweiligen Landes übernimmt.** ② **Die oberste Landesfinanzbehörde oder die von ihr beauftragte Landesfinanzbehörde kann mit der obersten Finanzbehörde eines anderen Landes oder einer von dieser beauftragten Landesfinanzbehörde vereinbaren, dass eine andere als die nach § 21 Absatz 1 der Abgabenordnung zuständige Finanzbehörde die Besteuerung einer Organisationseinheit des Landes der zuständigen Finanzbehörde übernimmt.** ③ **Die Senatsverwaltung für Finanzen von Berlin oder eine von ihr beauftragte Landesfinanzbehörde kann mit der obersten Finanzbehörde eines anderen Landes oder mit einer von dieser beauftragten Landesfinanzbehörde vereinbaren, dass eine andere als die nach § 21 Absatz 1 der Abgabenordnung zuständige Finanzbehörde die Besteuerung für eine Organisationseinheit der Gebietskörperschaft Bund übernimmt.**

11 (5) **In den Fällen der Beförderungseinzelbesteuerung (§ 16 Abs. 5) ist abweichend von den Absätzen 1 bis 4 wie folgt zu verfahren:**

1. **Der Beförderer hat für jede einzelne Fahrt eine Steuererklärung nach amtlich vorgeschriebenem Vordruck in zwei Stücken bei der zuständigen Zolldienststelle abzugeben.**
2. ① **Die zuständige Zolldienststelle setzt für das zuständige Finanzamt die Steuer auf beiden Stücken der Steuererklärung fest und gibt ein Stück dem Beförderer zurück, der die Steuer gleichzeitig zu entrichten hat.** ② **Der Beförderer hat dieses Stück mit der Steuerquittung während der Fahrt mit sich zu führen.**
3. ① **Der Beförderer hat bei der zuständigen Zolldienststelle, bei der er die Grenze zum Drittlandsgebiet überschreitet, eine weitere Steuererklärung in zwei Stücken abzugeben, wenn sich die Zahl der Personenkilometer (§ 10 Abs. 6 Satz 2), von der**

---

[1] Absätze 4 c, 4 d und 4 e letztmals anzuwenden auf vor dem 1. 7. 2021 ausgeführte Umsätze, vgl. § 27 Abs. 34 Satz 2 UStG.

[2] Die Beantragung der Dauerfristverlängerung ist kein Wahlrecht i. S. v. § 18 Abs. 4 f Satz 7. Eine einheitliche Ausübung der Beantragung durch den Bund oder das jeweilige Land ist nicht erforderlich. *Kurzinfo FM Schleswig-Holstein v. 5. 8. 2021 VI 3510 – S 7107-001 (DStR S. 2411).*

Mit dem *BMF-Schreiben v. 28. 7. 2022 (BStBl. I S. 1262)* werden zur umsatzsteuerlichen Erfassung von juristischen Personen des öffentlichen Rechts neue Vordruckmuster eingeführt. Die Finanzverwaltung weist darauf hin, dass die Verwendung der Fragebögen optional ist. Sofern sich die für die umsatzsteuerliche Erfassung notwendigen Informationen aus anderen Unterlagen, z. B. landesspezifischen Fragebögen, ergibt, wird es nicht beanstandet, wenn auf die Verwendung der Fragebögen zur umsatzsteuerlichen Erfassung verzichtet wird.

bei der Steuerfestsetzung nach Nummer 2 ausgegangen worden ist, geändert hat. ② Die Zolldienststelle setzt die Steuer neu fest. ③ Gleichzeitig ist ein Unterschiedsbetrag zugunsten des Finanzamts zu entrichten oder ein Unterschiedsbetrag zugunsten des Beförderers zu erstatten. ④ Die Sätze 2 und 3 sind nicht anzuwenden, wenn der Unterschiedsbetrag weniger als 2,50 Euro beträgt. ⑤ Die Zolldienststelle kann in diesen Fällen auf eine schriftliche Steuererklärung verzichten.

(5 a)[1] ① In den Fällen der Fahrzeugeinzelbesteuerung (§ 16 Abs. 5 a) hat der Er- 12
werber, abweichend von den Absätzen 1 bis 4, spätestens bis zum 10. Tag nach Ablauf des Tages, an dem die Steuer entstanden ist, eine Steuererklärung nach amtlich vorgeschriebenem Vordruck abzugeben, in der er die zu entrichtende Steuer selbst zu berechnen hat (Steueranmeldung). ② Die Steueranmeldung muss vom Erwerber eigenhändig unterschrieben sein. ③ Gibt der Erwerber die Steueranmeldung nicht ab oder hat er die Steuer nicht richtig berechnet, so kann das Finanzamt die Steuer festsetzen. ④ Die Steuer ist am zehnten Tag nach Ablauf des Tages fällig, an dem sie entstanden ist und ist bis dahin vom Erwerber zu entrichten.

(5 b) ① In den Fällen des § 16 Abs. 5 b ist das Besteuerungsverfahren nach den Ab- 13
sätzen 3 und 4 durchzuführen. ② Die bei der Beförderungseinzelbesteuerung (§ 16 Abs. 5) entrichtete Steuer ist auf die nach Absatz 3 Satz 1 zu entrichtende Steuer anzurechnen.

(6) ① Zur Vermeidung von Härten kann das Bundesministerium der Finanzen mit 14
Zustimmung des Bundesrates durch Rechtsverordnung die Fristen für die Voranmeldungen und Vorauszahlungen um einen Monat verlängern und das Verfahren näher bestimmen. ② Dabei kann angeordnet werden, dass der Unternehmer eine Sondervorauszahlung auf die Steuer für das Kalenderjahr zu entrichten hat.

(7) ① Zur Vereinfachung des Besteuerungsverfahrens kann das Bundesministerium 15
der Finanzen mit Zustimmung des Bundesrates durch Rechtsverordnung bestimmen, dass und unter welchen Voraussetzungen auf die Erhebung der Steuer für Lieferungen von Gold, Silber und Platin sowie sonstige Leistungen im Geschäft mit diesen Edelmetallen zwischen Unternehmern, die an einer Wertpapierbörse im Inland mit dem Recht zur Teilnahme am Handel zugelassen sind, verzichtet werden kann. ② Das gilt nicht für Münzen und Medaillen aus diesen Edelmetallen.

(8) *(weggefallen)*

(9)[2] ① Zur Vereinfachung des Besteuerungsverfahrens kann das Bundesministerium 16
der Finanzen mit Zustimmung des Bundesrates durch Rechtsverordnung die Vergütung der Vorsteuerbeträge (§ 15) an im Ausland ansässige Unternehmer, abweichend von § 16 und von den Absätzen 1 bis 4, in einem besonderen Verfahren regeln. ② Dabei kann auch angeordnet werden,

1. dass die Vergütung nur erfolgt, wenn sie eine bestimmte Mindesthöhe erreicht,
2. innerhalb welcher Frist der Vergütungsantrag zu stellen ist,
3. in welchen Fällen der Unternehmer den Antrag eigenhändig zu unterschreiben hat,
4. wie und in welchem Umfang Vorsteuerbeträge durch Vorlage von Rechnungen und Einfuhrbelegen nachzuweisen sind,
5. dass der Bescheid über die Vergütung der Vorsteuerbeträge elektronisch erteilt wird,
6. wie und in welchem Umfang der zu vergütende Betrag zu verzinsen ist.

③ Von der Vergütung ausgeschlossen sind in Rechnung gestellte Steuerbeträge für Ausfuhrlieferungen, bei denen die Gegenstände vom Abnehmer oder von einem von ihm beauftragten Dritten befördert oder versendet wurden, die nach § 4 Nummer 1 Buchstabe a in Verbindung mit § 6 steuerfrei sind, oder für innergemeinschaftliche Lieferungen, die nach § 4 Nummer 1 Buchstabe b in Verbindung mit § 6 a steuerfrei sind oder in Bezug auf § 6 a Absatz 1 Satz 1 Nummer 4 steuerfrei sein können. ④ Sind die durch die Rechtsverordnung nach den Sätzen 1 und 2 geregelten Voraussetzungen des besonderen Verfahrens erfüllt und schuldet der im Ausland ansässige Unternehmer ausschließlich Steuer nach § 13 a Absatz 1 Nummer 1 in Verbindung mit § 14 c Absatz 1 oder § 13 a Absatz 1 Nummer 4, kann die Vergütung der Vorsteuerbeträge nur in dem besonderen Verfahren durchgeführt werden. ⑤ Einem Unternehmer, der im Gemeinschaftsgebiet ansässig ist und Umsätze ausführt, die zum Teil den Vorsteuerabzug ausschließen, wird die Vorsteuer höchstens in der Höhe vergütet, in der er in dem Mitgliedstaat, in dem er ansässig ist, bei Anwendung eines Pro-rata-Satzes zum Vorsteuerabzug berechtigt wäre. ⑥ Einem Unternehmer, der nicht im Gemeinschaftsgebiet ansässig ist, wird die Vorsteuer nur vergütet,

[1] Zur Fassung von § 18 Abs. 5 a **ab 1. 1. 2023** (§ 27 Abs. 36 UStG) siehe in der geschlossenen Wiedergabe.
[2] § 18 Abs. 9 Sätze 7 und 8 anzuwenden ab 1. 7. 2021, vgl. § 27 Abs. 34 Satz 1 UStG.

UStG

wenn in dem Land, in dem der Unternehmer seinen Sitz hat, keine Umsatzsteuer oder ähnliche Steuer erhoben oder im Fall der Erhebung im Inland ansässigen Unternehmern vergütet wird. ⑦ Von der Vergütung ausgeschlossen sind bei Unternehmern, die nicht im Gemeinschaftsgebiet ansässig sind, die Vorsteuerbeträge, die auf den Bezug von Kraftstoffen entfallen. ⑧ Die Sätze 6 und 7 gelten nicht für Unternehmer, die nicht im Gemeinschaftsgebiet ansässig sind, soweit sie im Besteuerungszeitraum (§ 16 Absatz 1 Satz 2) vor dem 1. Juli 2021 als Steuerschuldner Umsätze nach § 3a Absatz 5 im Gemeinschaftsgebiet erbracht und für diese Umsätze von § 18 Absatz 4c Gebrauch gemacht haben oder diese Umsätze in einem anderen Mitgliedstaat erklärt sowie die darauf entfallende Steuer entrichtet haben; Voraussetzung ist, dass die Vorsteuerbeträge im Zusammenhang mit Umsätzen nach § 3a Absatz 5 stehen. ⑨ Die Sätze 6 und 7 gelten auch nicht für Unternehmer, die nicht im Gemeinschaftsgebiet ansässig sind, soweit sie im Besteuerungszeitraum (§ 16 Absatz 1 Satz 2) nach dem 30. Juni 2021 als Steuerschuldner Lieferungen nach § 3 Absatz 3a Satz 1 innerhalb eines Mitgliedstaates, Fernverkäufe nach § 3 Absatz 3a Satz 2, innergemeinschaftliche Fernverkäufe nach § 3c Absatz 1 Satz 2 und 3, Fernverkäufe nach § 3c Absatz 2 oder 3 oder sonstige Leistungen an Empfänger nach § 3a Absatz 5 Satz 1 im Gemeinschaftsgebiet erbracht und für diese Umsätze von den §§ 18i, 18j oder 18k Gebrauch gemacht haben; Voraussetzung ist, dass die Vorsteuerbeträge mit Lieferungen nach § 3 Absatz 3a Satz 1 innerhalb eines Mitgliedstaates, Fernverkäufen nach § 3 Absatz 3a Satz 2, innergemeinschaftlichen Fernverkäufen nach § 3c Absatz 1 Satz 2 und 3, Fernverkäufen nach § 3c Absatz 2 oder 3 oder sonstigen Leistungen an Empfänger nach § 3a Absatz 5 Satz 1 im Zusammenhang stehen.

(10)[1] **Zur Sicherung des Steueranspruchs in Fällen des innergemeinschaftlichen Erwerbs neuer motorbetriebener Landfahrzeuge und neuer Luftfahrzeuge (§ 1b Abs. 2 und 3) gilt Folgendes:**

17 **1. Die für die Zulassung oder die Registrierung von Fahrzeugen zuständigen Behörden sind verpflichtet, den für die Besteuerung des innergemeinschaftlichen Erwerbs neuer Fahrzeuge zuständigen Finanzbehörden ohne Ersuchen Folgendes mitzuteilen:**
   a) bei neuen motorbetriebenen Landfahrzeugen die erstmalige Ausgabe von Zulassungsbescheinigungen Teil II oder die erstmalige Zuteilung eines amtlichen Kennzeichens bei zulassungsfreien Fahrzeugen. ② Gleichzeitig sind die in Nummer 2 Buchstabe a bezeichneten Daten und das zugeteilte amtliche Kennzeichen oder, wenn dieses noch nicht zugeteilt worden ist, die Nummer der Zulassungsbescheinigung Teil II zu übermitteln,
   b) bei neuen Luftfahrzeugen die erstmalige Registrierung dieser Luftfahrzeuge. ② Gleichzeitig sind die in Nummer 3 Buchstabe a bezeichneten Daten und das zugeteilte amtliche Kennzeichen zu übermitteln. ③ Als Registrierung im Sinne dieser Vorschrift gilt nicht die Eintragung eines Luftfahrzeugs in das Register für Pfandrechte an Luftfahrzeugen.

18 **2. In den Fällen des innergemeinschaftlichen Erwerbs neuer motorbetriebener Landfahrzeuge (§ 1b Absatz 2 Satz 1 Nummer 1 und Absatz 3 Nummer 1) gilt Folgendes:**
   a) ① Bei der erstmaligen Ausgabe einer Zulassungsbescheinigung Teil II im Inland oder bei der erstmaligen Zuteilung eines amtlichen Kennzeichens für zulassungsfreie Fahrzeuge im Inland hat der Antragsteller die folgenden Angaben zur Übermittlung an die Finanzbehörden zu machen:
      aa) den Namen und die Anschrift des Antragstellers sowie das für ihn zuständige Finanzamt (§ 21 der Abgabenordnung),
      bb) den Namen und die Anschrift des Lieferers,
      cc) den Tag der Lieferung,
      dd) den Tag der ersten Inbetriebnahme,
      ee) den Kilometerstand am Tag der Lieferung,
      ff) die Fahrzeugart, den Fahrzeughersteller, den Fahrzeugtyp und die Fahrzeug-Identifizierungsnummer,
      gg) den Verwendungszweck.
   ② Der Antragsteller ist zu den Angaben nach den Doppelbuchstaben aa und bb auch dann verpflichtet, wenn er nicht zu den in § 1a Absatz 1 Nummer 2 und § 1b Absatz 1 genannten Personen gehört oder wenn Zweifel daran bestehen, dass die Eigenschaften als neues Fahrzeug im Sinne des § 1b Absatz 3

[1] Zur Mitwirkungspflicht der **Kraftfahrzeugzulassungsstellen** bei der Besteuerung des innergemeinschaftlichen Erwerbs neuer Fahrzeuge. *Schreiben des BMF IV C 4 – S 7424a – 2/97 v. 5. 3. 1997.*

Zur Mitwirkung des **Luftfahrt-Bundesamts** bei der Besteuerung des innergemeinschaftlichen Erwerbs neuer Luftfahrzeuge nach § 18 Abs. 10 Nr. 1 und Nr. 3 Buchst. a UStG. *Schreiben des BMF IV C 4 – S 7424b – 2/97 v. 12. 5. 1997.*

Nummer 1 vorliegen. ③ Die Zulassungsbehörde darf die Zulassungsbescheinigung Teil II oder bei zulassungsfreien Fahrzeugen, die nach § 4 Absatz 2 und 3 der Fahrzeug-Zulassungsverordnung ein amtliches Kennzeichen führen, die Zulassungsbescheinigung Teil I erst aushändigen, wenn der Antragsteller die vorstehenden Angaben gemacht hat.

b) ① Ist die Steuer für den innergemeinschaftlichen Erwerb nicht entrichtet worden, hat die Zulassungsbehörde auf Antrag des Finanzamts die Zulassungsbescheinigung Teil I für ungültig zu erklären und das amtliche Kennzeichen zu entstempeln. ② Die Zulassungsbehörde trifft die hierzu erforderlichen Anordnungen durch schriftlichen Verwaltungsakt (Abmeldungsbescheid). ③ Das Finanzamt kann die Abmeldung von Amts wegen auch selbst durchführen, wenn die Zulassungsbehörde das Verfahren noch nicht eingeleitet hat. ④ Satz 2 gilt entsprechend. ⑤ Das Finanzamt teilt die durchgeführte Abmeldung unverzüglich der Zulassungsbehörde mit und händigt dem Fahrzeughalter die vorgeschriebene Bescheinigung über die Abmeldung aus. ⑥ Die Durchführung der Abmeldung von Amts wegen richtet sich nach dem Verwaltungsverfahrensgesetz. ⑦ Für Streitigkeiten über Abmeldungen von Amts wegen ist der Verwaltungsrechtsweg gegeben.

3. In den Fällen des innergemeinschaftlichen Erwerbs neuer Luftfahrzeuge (§ 1b Abs. 2 Satz 1 Nr. 3 und Abs. 3 Nr. 3) gilt Folgendes: 19

a) ① Bei der erstmaligen Registrierung in der Luftfahrzeugrolle hat der Antragsteller die folgenden Angaben zur Übermittlung an die Finanzbehörden zu machen:
   aa) den Namen und die Anschrift des Antragstellers sowie das für ihn zuständige Finanzamt (§ 21 der Abgabenordnung),
   bb) den Namen und die Anschrift des Lieferers,
   cc) den Tag der Lieferung,
   dd) das Entgelt (Kaufpreis),
   ee) den Tag der ersten Inbetriebnahme,
   ff) die Starthöchstmasse,
   gg) die Zahl der bisherigen Betriebsstunden am Tag der Lieferung,
   hh) den Flugzeughersteller und den Flugzeugtyp,
   ii) den Verwendungszweck.

   ② Der Antragsteller ist zu den Angaben nach Satz 1 Doppelbuchstabe aa und bb auch dann verpflichtet, wenn er nicht zu den in § 1a Abs. 1 Nr. 2 und § 1b Abs. 1 genannten Personen gehört oder wenn Zweifel daran bestehen, ob die Eigenschaften als neues Fahrzeug im Sinne des § 1b Abs. 3 Nr. 3 vorliegen. ③ Das Luftfahrt-Bundesamt darf die Eintragung in der Luftfahrzeugrolle erst vornehmen, wenn der Antragsteller die vorstehenden Angaben gemacht hat.

b) ① Ist die Steuer für den innergemeinschaftlichen Erwerb nicht entrichtet worden, so hat das Luftfahrt-Bundesamt auf Antrag des Finanzamts die Betriebserlaubnis zu widerrufen. ② Es trifft die hierzu erforderlichen Anordnungen durch schriftlichen Verwaltungsakt (Abmeldungsbescheid). ③ Die Durchführung der Abmeldung von Amts wegen richtet sich nach dem Verwaltungsverfahrensgesetz. ④ Für Streitigkeiten über Abmeldungen von Amts wegen ist der Verwaltungsrechtsweg gegeben.

(11) ① Die für die Steueraufsicht zuständigen Zolldienststellen wirken an der umsatzsteuerlichen Erfassung von Personenbeförderungen mit nicht im Inland zugelassenen Kraftomnibussen mit. ② Sie sind berechtigt, im Rahmen von zeitlich und örtlich begrenzten Kontrollen die nach ihrer äußeren Erscheinung nicht im Inland zugelassenen Kraftomnibusse anzuhalten und die tatsächlichen und rechtlichen Verhältnisse festzustellen, die für die Umsatzsteuer maßgebend sind, und die festgestellten Daten den zuständigen Finanzbehörden zu übermitteln. 20

(12) ① Im Ausland ansässige Unternehmer (§ 13b Absatz 7), die grenzüberschreitende Personenbeförderungen mit nicht im Inland zugelassenen Kraftomnibussen durchführen, haben dies vor der erstmaligen Ausführung derartiger auf das Inland entfallender Umsätze (§ 3b Abs. 1 Satz 2) bei dem für die Umsatzbesteuerung zuständigen Finanzamt anzuzeigen, soweit diese Umsätze nicht der Beförderungseinzelbesteuerung (§ 16 Abs. 5) unterliegen. ② Das Finanzamt erteilt hierüber eine Bescheinigung. ③ Die Bescheinigung ist während jeder Fahrt mitzuführen und auf Verlangen den für die Steueraufsicht zuständigen Zolldienststellen vorzulegen. ④ Bei Nichtvorlage der Bescheinigung können diese Zolldienststellen eine Sicherheitsleistung nach den abgabenrechtlichen Vorschriften in Höhe der für die einzelne Beförderungsleistung voraussichtlich zu entrichtenden Steuer verlangen. ⑤ Die entrichtete Sicherheitsleistung ist auf die nach Absatz 3 Satz 1 zu entrichtende Steuer anzurechnen. 21

Hinweis auf EU-Vorschriften:

UStG:	§ 18 Abs. 1, 2, 2 a, 4, 4 f, 4 g	**MwStSystRL:**	Art. 206, 250, 252
	§ 18 Abs. 3		Art. 261
	§ 18 Abs. 4 a, 4 b		Art. 207, 209, 254, 256, 257
	§ 18 Abs. 4 c, 4 d		Art. 364, 365, 367/**MwStVO:** Art. 58–63
	§ 18 Abs. 4 e		Art. 369 a–369 k/**MwStVO:** Art. 57 a–63 c
	§ 18 Abs. 5, 5 b		Art. 393 Abs. 2
	§ 18 Abs. 5 a		Art. 210, 258
	§ 18 Abs. 6, 7		Art. 252, 394
	§ 18 Abs. 9		Art. 170, 171, 368/**EG-RL 2008/9; 13. EG-RL**
	§ 18 Abs. 10		Art. 210, 259, 273
	§ 18 Abs. 11, 12		Art. 273

Übersicht

Zu den §§ 16 und 18 UStG

Dauerfristverlängerung

UStDV

§ 46[1] ***Fristverlängerung***

① *Das Finanzamt hat dem Unternehmer auf Antrag die Fristen für die Übermittlung der Voranmeldungen und für die Entrichtung der Vorauszahlungen (§ 18 Abs. 1, 2 und 2a des Gesetzes) um einen Monat zu verlängern.* ② *Das Finanzamt hat den Antrag abzulehnen oder eine bereits gewährte Fristverlängerung zu widerrufen, wenn der Steueranspruch gefährdet erscheint.* 25

§ 47[2] ***Sondervorauszahlung***

(1) ① *Die Fristverlängerung ist bei einem Unternehmer, der die Voranmeldungen monatlich zu übermitteln hat, unter der Auflage zu gewähren, dass dieser eine Sondervorauszahlung auf die Steuer eines jeden Kalenderjahres entrichtet.* ② *Die Sondervorauszahlung beträgt ein Elftel der Summe der Vorauszahlungen für das vorangegangene Kalenderjahr.* 26

(2) ① *Hat der Unternehmer seine gewerbliche oder berufliche Tätigkeit nur in einem Teil des vorangegangenen Kalenderjahres ausgeübt, so ist die Summe der Vorauszahlungen dieses Zeitraums in eine Jahressumme umzurechnen.* ② *Angefangene Kalendermonate sind hierbei als volle Kalendermonate zu behandeln.*

(3) *Hat der Unternehmer seine gewerbliche oder berufliche Tätigkeit im laufenden Kalenderjahr begonnen, so ist die Sondervorauszahlung auf der Grundlage der zu erwartenden Vorauszahlungen dieses Kalenderjahres zu berechnen.*

§ 48[3] ***Verfahren***

(1) ① *Der Unternehmer hat die Fristverlängerung für die Übermittlung der Voranmeldungen bis zu dem Zeitpunkt zu beantragen, an dem die Voranmeldung, für die die Fristverlängerung erstmals gelten soll, nach § 18 Abs. 1, 2 und 2a des Gesetzes zu übermitteln ist.* ② *Der Antrag ist nach amtlich vorgeschriebenem Datensatz durch Datenfernübertragung zu übermitteln.* ③ *Auf Antrag kann das Finanzamt zur Vermeidung von unbilligen Härten auf eine elektronische Übermittlung verzichten; in diesem Fall hat der Unternehmer einen Antrag nach amtlich vorgeschriebenem Vordruck zu stellen.* ④ *In dem Antrag hat der Unternehmer, der die Voranmeldungen monatlich abzugeben hat, die Sondervorauszahlung (§ 47) selbst zu berechnen und anzumelden.* ⑤ *Gleichzeitig hat er die angemeldete Sondervorauszahlung zu entrichten.* 27

(2) ① *Während der Geltungsdauer der Fristverlängerung hat der Unternehmer, der die Voranmeldungen monatlich zu übermitteln hat, die Sondervorauszahlung für das jeweilige Kalenderjahr bis zum gesetzlichen Zeitpunkt der Übermittlung der ersten Voranmeldung zu berechnen, anzumelden und zu entrichten.* ② *Absatz 1 Satz 2 und 3 gilt entsprechend.*

(3) *Das Finanzamt kann die Sondervorauszahlung festsetzen, wenn sie vom Unternehmer nicht oder nicht richtig berechnet wurde oder wenn die Anmeldung zu einem offensichtlich unzutreffenden Ergebnis führt.*

(4) ① *Die festgesetzte Sondervorauszahlung ist bei der Festsetzung der Vorauszahlung für den letzten Voranmeldungszeitraum des Besteuerungszeitraums zu berücksichtigen, für den die Fristverlängerung gilt.* ② *Ein danach verbleibender Erstattungsanspruch ist mit Ansprüchen aus dem Steuerschuldverhältnis aufzurechnen (§ 226 der Abgabenordnung), im Übrigen zu erstatten.*

§ 49 ***Verzicht auf die Steuererhebung im Börsenhandel mit Edelmetallen***

Auf die Erhebung der Steuer für die Lieferungen von Gold, Silber und Platin sowie für die sonstigen Leistungen im Geschäft mit diesen Edelmetallen wird verzichtet, wenn 28

---

[1] § 46 Satz 1 geändert durch VO vom 22. 12. 2014 (BGBl. I S. 2392) mWv 30. 12. 2014.

[2] § 47 Abs. 1 Satz 1 geändert durch VO vom 22. 12. 2014 (BGBl. I S. 2392) mWv 30. 12. 2014.

[3] § 48 Abs. 1 Satz 2 neugefasst, neuer Satz 3 eingefügt, bish. Sätze 3 u. 4 werden Sätze 4 u. 5 sowie Abs. 2 Satz 2 redaktionell angepasst durch Steuerbürokratieabbaugesetz vom 20. 12. 2005 (BGBl. I S. 2850) mWv 1. 1. 2011; Abs. 4 neu gefasst durch JStG 2007 vom 13. 12. 2006 (BGBl. I S. 2878) mWv 19. 12. 2006; Abs. 1 Satz 1 u. 4 und Abs. 2 Satz 1 geändert durch VO vom 22. 12. 2014 (BGBl. I S. 2392) mWv 30. 12. 2014; Abs. 4 neugefasst durch VO vom 18. 7. 2016 (BGBl. I S. 1722) mWv 23. 7. 2016; Abs. 1 Satz 2 geändert durch G vom 18. 7. 2016 (BGBl. I S. 1679) mWv 1. 1. 2017.

1. die Umsätze zwischen Unternehmern ausgeführt werden, die an einer Wertpapierbörse im Inland mit dem Recht zur Teilnahme am Handel zugelassen sind,

2. die bezeichneten Edelmetalle zum Handel an einer Wertpapierbörse im Inland zugelassen sind und

3. keine Rechnungen mit gesondertem Ausweis der Steuer erteilt werden.

§ 50 *(weggefallen)*

Zu § 18 Abs. 1 bis 7 UStG (§§ 46 bis 49 UStDV)

UStAE 18.1

18.1 Verfahren bei der Besteuerung nach § 18 Abs. 1 bis 4 UStG

31 (1) ① Voranmeldungen sind nach amtlich vorgeschriebenem Datensatz durch Datenfernübertragung zu übermitteln. ② Informationen zur elektronischen Übermittlung sind unter der Internet-Adresse www.elster.de abrufbar. ③ Zur Vermeidung von unbilligen Härten hat das Finanzamt auf Antrag auf eine elektronische Übermittlung der Voranmeldungen zu verzichten und die Abgabe der Voranmeldungen nach amtlich vorgeschriebenem Vordruck in herkömmlicher Form – auf Papier oder per Telefax – zuzulassen, wenn eine elektronische Übermittlung für den Unternehmer wirtschaftlich oder persönlich unzumutbar ist. ④ Dies ist insbesondere der Fall, wenn die Schaffung der technischen Möglichkeiten für eine elektronische Übermittlung des amtlichen Datensatzes nur mit einem nicht unerheblichen finanziellen Aufwand möglich wäre oder wenn der Unternehmer nach seinen individuellen Kenntnissen und Fähigkeiten nicht oder nur eingeschränkt in der Lage ist, die Möglichkeiten der Datenfernübertragung zu nutzen (§ 150 Abs. 8 AO; vgl. BFH-Urteil vom 16. 6. 2020, VIII R 29/19, BStBl. 2021 II S. 290, sowie AEAO zu § 150, Nr. 4). ⑤ Liegt eine solche wirtschaftliche und persönliche Unzumutbarkeit nicht vor, hat das Finanzamt im Rahmen des ihm durch § 18 Abs. 1 Satz 2 UStG eingeräumten Ermessens über den Antrag des Unternehmers, die Voranmeldungen nach amtlich vorgeschriebenem Vordruck in herkömmlicher Form abgeben zu dürfen, zu entscheiden (vgl. BFH-Urteil vom 14. 3. 2012, XI R 33/09, BStBl. II S. 477).

(2) Die Umsatzsteuererklärung für das Kalenderjahr ist nach amtlich vorgeschriebenem Datensatz durch Datenfernübertragung zu übermitteln; Absatz 1 Sätze 2 bis 5 gilt sinngemäß.

32 (3) ① Liegt eine unbillige Härte vor und gibt der Unternehmer daher die Umsatzsteuererklärung für das Kalenderjahr nach amtlich vorgeschriebenem Vordruck in herkömmlicher Form – auf Papier – ab, muss er die Umsatzsteuererklärung für das Kalenderjahr eigenhändig unterschreiben (§ 18 Abs. 3 Satz 3 UStG). ② Ein Bevollmächtigter darf die Umsatzsteuererklärung für das Kalenderjahr nur dann unterschreiben, wenn die in § 150 Abs. 3 AO bezeichneten Hinderungsgründe vorliegen.

33 (4) ① Die Umsatzsteuererklärung für das Kalenderjahr ist in der Regel bis zum 31. Juli des folgenden Kalenderjahres zu übermitteln (§ 149 Abs. 2 AO). ② Dieser Zeitpunkt gilt – abweichend von § 18 Abs. 3 Satz 2 UStG – auch in den Fällen, in denen der Unternehmer seine gewerbliche oder berufliche Tätigkeit im Laufe des Kalenderjahres begonnen hat.

LS zu 18.1

– Voranmeldung –

35 Keine Berichtigung wg. offenbarer Unrichtigkeit nach § 129 AO bei **unterlassener Angabe** der Umsatzsteuervorauszahlungen **als Werbungskosten.** *FG Düsseldorf, Urt. v. 6. 11. 2009, 8 K 2348/09 F, rkr. (DStRE 2010 S. 1207).*

Übersieht das Finanzamt bei der **Einkommensteuerveranlagung,** dass der Steuerpflichtige in seiner vorgelegten Gewinnermittlung die bei der Umsatzsteuererklärung für denselben Veranlagungszeitraum erklärten und im Umsatzsteuerbescheid erklärungsgemäß berücksichtigten **Umsatzsteuerzahlungen nicht als Betriebsausgabe** erfasst hat, liegt insoweit eine von Amts wegen zu berichtigende offenbare Unrichtigkeit nach § 129 AO vor (Anschluss an BFH-Urteil vom 14. 6. 2007 IX R 2/07, BFH/NV 2007, 2056). *BFH-Urteil v. 27. 8. 2013 VIII R 9/11 (BStBl. 2014 II S. 439).*

Eine für das vorangegangene Kalenderjahr geschuldete und zu Beginn des Folgejahres entrichtete **Umsatzsteuer-Vorauszahlung** ist als **regelmäßig wiederkehrende Ausgabe** im vorangegangenen Veranlagungszeitraum abziehbar. *BFH-Urt. v. 1. 8. 2007, XI R 48/05 (BStBl. 2008 II S. 282).* – Vgl. *BMF vom 10. 11. 2008 – IV C 3 – S 2226/07/10 001 (BStBl. I S. 958),* sowie *OFD Rheinland, Vfg. v. 29. 6. 2009, S. 2142 – 2009/0003 – St 142 (DStR S. 2151) und v. 17. 9. 2009, Kurzinformation Einkommensteuer Nr. 049/2009 (DStR S. 2197).*

1. Als **„kurze Zeit"** i. S. des § 11 EStG gilt ein Zeitraum von bis zu zehn Tagen (Bestätigung der Rechtsprechung). – 2. Eine **Verlängerung des Zehn-Tage-Zeitraums** kommt auch im Hinblick auf die nach § 108 Abs. 3 AO hinausgeschobene Fälligkeit von Umsatzsteuervorauszahlungen **nicht** in Betracht. *BFH-Urteil v. 11. 11. 2014 VIII R 34/12 (BStBl. 2015 II S. 285).* Vgl. dazu auch *BFH-Urteil v. 27. 6. 2018 X R 44/16 (BStBl. II S. 718)* und *Fachinformation FinBeh Hamburg S 2142 – 2016/010–52 v. 25. 3. 2019 (DStR S. 2206, MwStR S. 804).*

Eine mit dem **Steuerbescheid verbundene Abrechnung** von (Umsatzsteuer-)Vorauszahlungen, die Fehler zugunsten des Steuerpflichtigen enthält, kann seit dem Inkrafttreten der AO 1977 nur unter den Voraussetzungen des § 130 Abs. 2 AO 1977 berichtigt werden. *BFH-Urteil v. 16. 10. 1986 – VII R 159/83 (BStBl. II S. 405).*

Der Rechtsstreit über die Anfechtung eines Umsatzsteuervorauszahlungsbescheids ist **in der Hauptsache erledigt,** sobald der Umsatzsteuerjahresbescheid wirksam wird (Aufgabe von BFHE 102, 31; BStBl. II 1971, 482). *BFH-Urteil v. 29. 11. 1984 – V R 146/83 (BStBl. 1987 II S. 370). – Vgl. auch BFH-Beschl. v. 4. 6. 2007 – V B 76/06 (BFH/NV S. 2151).*

Hat sich während des Revisionsverfahrens der Rechtsstreit über die Anfechtung eines Umsatzsteuervorauszahlungsbescheides nach Ergehen eines Umsatzsteuerjahresbescheides **in der Hauptsache erledigt** (BFH-Urteil vom 29. November 1984 V R 146/83, BFHE 143, 101, BStBl. II 1985, 370), so besteht ein berechtigtes Interesse i. S. des § 100 Abs. 1 Satz 4 FGO an der **Feststellung,** daß der Umsatzsteuervorauszahlungsbescheid **rechtswidrig** war, wenn sich den Beteiligten in dem Rechtsbehelfsverfahren über den Umsatzsteuerjahresbescheid der zu beurteilende Sachverhalt unverändert darstellt.

BFH-Urteil v. 18. 12. 1986 – V R 127/80 (BStBl. 1987 II S. 222). – Vgl. auch *BFH-Urt. v. 4. 11. 1999 V R 35/98 (BStBl. 2000 II S. 454) und v. 10. 2. 2010, XI R 3/09 (BFH/NV S. 1450).* LS zu 18.1

2. Die Rechtsprechung, wonach die **Fortsetzungsfeststellungsklage** gemäß § 100 Abs. 1 Satz 4 FGO selbst dann statthaft ist, wenn sich der angegriffene Verwaltungsakt schon vor Klageerhebung **erledigt** hat, gilt auch für die Klage auf Feststellung der Rechtswidrigkeit eines erledigten Umsatzsteuervorauszahlungsbescheides. *BFH-Urteil v. 21. 6. 1990 – V R 97/84 (BStBl. II S. 804).*

2. Der Übergang vom Verpflichtungs- zum **Fortsetzungsfeststellungsantrag** ist auch noch im Revisionsverfahren zulässig. Dies gilt auch dann, wenn der Kläger Revisionsbeklagter ist und sich der angefochtene Verwaltungsakt bereits während des außergerichtlichen Rechtsbehelfsverfahrens erledigt hat. *BFH-Urt. v. 23. 7. 1998 – VII R 36/97 (BStBl. II S. 739).*

1.–3. *[vgl. LS zu 2.5]* – 4. Hat das FG über einen Umsatzsteuer-Vorauszahlungsbescheid entschieden, der während des finanzgerichtlichen Verfahrens durch einen **Umsatzsteuer-Jahresbescheid ersetzt** wurde, ist eine Aufhebung des FG-Urteils aus verfahrensrechtlichen Gründen ausnahmsweise entbehrlich, wenn durch den Umsatzsteuer-Jahresbescheid kein neuer Streitpunkt in das Verfahren eingeführt wurde. *BFH-Urt. v. 19. 7. 2011, XI R 21/10 (BStBl. 2012 II S. 434).*

Werden von einem Unternehmer geleistete Umsatzsteuervorauszahlungen unter Aufhebung der gegen ihn ergangenen Jahressteuerbescheide auf das Steuerkonto einer angeblich bestehenden GbR, deren Gesellschafter er sei, umgebucht, später jedoch unter erneutem Erlass gegen ihn gerichteter Umsatzsteuerbescheide wieder zurückgebucht, so steht einem vom Unternehmer nach Aufhebung dieser Umsatzsteuerbescheide wegen Festsetzungsverjährung geltend gemachten **Erstattungsanspruch** Zahlungsverjährung nicht entgegen. *BFH-Urteil v. 22. 5. 2012 VII R 47/11 (BStBl. 2013 II S. 3).*

1. Wenn vor Erlass des Bescheids die die Rechtsprechung ändernde Gerichtsentscheidung zur Veröffentlichung freigegeben und in einer Fachzeitschrift veröffentlicht worden ist **[Musterverfahren]**, kommt § 176 Abs. 1 Satz 1 Nr. 3 AO nicht mehr zur Anwendung. – 2. Der **Vertrauensschutz** des § 176 AO gilt nicht im Verhältnis Voranmeldung (§ 18 Abs. 1 Satz 1 UStG) und Steueranmeldung (§ 18 Abs. 3 Satz 1 UStG). *FG Baden-Württemberg, Urt. v. 25. 6. 2009, 14 K 357/08, rkr. (DStRE 2011 S. 1037).*

Säumniszuschläge, die auf einer materiell rechtswidrigen und deswegen auf Grund eines Rechtsbehelfs des Steuerpflichtigen geänderten Jahressteuerfestsetzung beruhen, sind aus sachlichen Billigkeitsgründen **zu erlassen,** wenn der Steuerpflichtige insoweit die AdV der Vorauszahlungsbescheide erreicht hat und die – weitere – AdV dieser Beträge nach Ergehen des Jahressteuerbescheides allein an den Regelungen der §§ 361 Abs. 2 Satz 4 AO und 69 Abs. 2 Satz 8 FGO scheitert. *BFH-Urt. v. 20. 5. 2010, V R 42/08 (BStBl. 2013 II S. 3).*

Sicherheitsbedenken bei der elektronischen Übermittlung von Steueranmeldungen im **ELSTER-Verfahren** und ein geringfügiger zeitlicher Mehraufwand rechtfertigen keine Ausnahme von der Verpflichtung zur elektronischen Übermittlung. *Niedersächsisches FG, Urt. v. 17. 3. 2009, 5 K 303/08, rkr. (DStRE S. 1267).*

1. Die Verpflichtung eines Unternehmers, seine Umsatzsteuer-Voranmeldungen dem Finanzamt grundsätzlich durch **Datenfernübertragung** elektronisch zu übermitteln, ist verfassungsgemäß. – 2. Beantragt der Unternehmer, zur Vermeidung von unbilligen Härten die Umsatzsteuer-Voranmeldungen (weiterhin) nach amtlich vorgeschriebenem Vordruck in Papierform abgeben zu dürfen, muss das Finanzamt diesem Antrag entsprechen, wenn dem Unternehmer die elektronische Datenübermittlung der Umsatzsteuer-Voranmeldungen wirtschaftlich oder persönlich unzumutbar ist. – 3. Liegt eine solche **wirtschaftliche oder persönliche Unzumutbarkeit** nicht vor, verbleibt es bei dem Anspruch des Unternehmers auf ermessensfehlerfreie Entscheidung des Finanzamts über diesen Antrag. *BFH-Urt. v. 14. 3. 2012, XI R 33/09 (BStBl. II S. 477).*

Die Berechnung der Steuer nach vereinnahmten Entgelten **entbindet** den Steuerpflichtigen auch für die Monate **nicht von der Abgabe von Umsatzsteuer-Voranmeldungen,** in denen er keine Entgelte vereinnahmt hat, wenn die Voraussetzungen für die Abgabe von monatlichen Umsatzsteuer-Voranmeldungen vorliegen **[Null-Meldung].** *BFH-Beschl. v. 4. 4. 2003 – V B 183/02 (BFH/NV S. 1097).*

Umfang einer **Steuerhinterziehung** bei Abgabe unrichtiger Umsatzsteuer-Voranmeldungen. *BGH-Urt. v. 17. 3. 2009 – 1 StR 627/08 (UR S. 899).*

Eine **Rückstellung** für hinterzogene Mehrsteuern kann erst zu dem Bilanzstichtag gebildet werden, zu dem der Steuerpflichtige mit der Aufdeckung der Steuerhinterziehung rechnen musste. *BFH-Urt. v. 22. 8. 2012, X R 23/10 (BStBl. 2013 II S. 76).*

Es entstehen keine Säumniszuschläge, wenn aufgrund einer Anfechtung des Insolvenzverwalters **Steuern,** die bis zum Ablauf des Fälligkeitstages vom Insolvenzschuldner gezahlt wurden, **zurückgewährt** werden. *BFH-Urteil v. 22. 11. 2017 XI R 14/16 (BStBl. 2018 II S. 455).*

Im Fall von **neu entstandenen Organschaften** richtet sich der Abgabezeitraum für die Umsatzsteuer-Voranmeldungen (§ 18 Abs. 2 UStG) nach der Höhe der Steuer des Organträgers im vorangegangenen Kalenderjahr. Nähere Erläuterungen *Verfügung LfSt Niedersachsen v. 17. 12. 2019 S 7346 – 163 – St 186 (DStR 2020 S. 556).*

– Steuererklärung –

Unterläuft dem Steuerpflichtigen bei Anfertigung der Umsatzsteuererklärung (§ 18 Abs. 1 Satz 2 UStG 1967) ein **Rechenfehler** und bleibt dieser Fehler mangels Nachprüfung der vorbezeichneten Selbsterrechnungserklärung durch das Finanzamt unentdeckt, so ist das Finanzamt gemäß § 92 Abs. 2 AO (= § 129 AO 1977) zur **Berichtigung** der festgesetzten Steuer verpflichtet. *BFH v. 26. 7. 1979 (BStBl. 1980 II S. 18).* 36

1. Ein wegen unterlassener Abgabe einer Steuererklärung ergangener **Schätzungsbescheid** erfordert grundsätzlich keine über die Wertangaben hinausgehende Begründung der Besteuerungsgrundlagen. Dagegen ist ein Schätzungsbescheid auch der Höhe nach zu begründen, wenn hierfür ein besonderer Anlaß besteht. – 2. Die Aufhebung eines Schätzungsbescheids, der nicht nichtig ist, kann nicht allein deshalb beansprucht werden, weil die erforderliche Begründung fehlt und auch in der Einspruchsentscheidung nicht nachgeholt wurde. *BFH-Urt. v. 11. 2. 1999 – V R 40/98 (BStBl. II S. 382).*

Geht in einem Schätzungsfall nach Erlass des Steuerbescheides beim FA innerhalb der Einspruchsfrist die Steuererklärung ohne weitere Erklärung ein, so ist dies im Zweifel als Einlegung eines **Einspruchs gegen den Schätzungsbescheid** – und nicht als (bloßer) Antrag auf schlichte Änderung des Schätzungsbescheides – zu werten. *BFH-Urt. v. 27. 2. 2003 – V R 87/01 (BStBl. II S. 505).*

Werden nachträglich sowohl steuererhöhende Tatsachen (Umsätze) als auch steuermindernde Tatsachen (Vorsteuerbeträge) bekannt und führen die steuererhöhenden Tatsachen zur Änderung eines Steuerbescheids **[nach Schätzung]** nach § 173 Abs. 1 Nr. 1 AO 1977, so können die steuermindernden Tatsachen sowohl gemäß § 173 Abs. 1 Nr. 2 AO 1977 als auch gemäß § 177 AO 1977 zu berücksichtigen sein (Fortentwicklung des Senatsurteils vom 19. Oktober 1995 V R 60/92, BFHE 179, 1, BStBl. II 1996, 149). *BFH-Urteil v. 10. 4. 2003 – V R 26/02 (BStBl. II S. 785).*

1. Eine **Steuererklärung** ohne die gesetzlich vorgeschriebene Unterschrift ist zwar unwirksam. Dieser Mangel ist aber unbeachtlich, wenn auf eine solche Steuererklärung ein wirksamer Steuerbescheid ergeht. – 2. Eine **Zustimmung zu einer Steueranmeldung** ist ein **Verwaltungsakt,** wenn sie dem Steuerpflichtigen durch eine Abrechnung bekannt gegeben wird. *BFH-Urt. v. 28. 2. 2002 – V R 42/01 (BStBl. II S. 642).*

LS zu 18.1 Der Einspruch gegen einen **auf 0 € lautenden Umsatzsteuerbescheid** ist im Allgemeinen unzulässig. *BFH-Urteil v. 24. 7. 2014 V R 45/13 (BFH/NV 2015 S. 147).*

Der Begriff des **Verschuldens** i. S. von § 173 Abs. 1 Nr. 2 AO bei **elektronisch gefertigten Steuererklärungen** ist nicht anders auszulegen als bei schriftlich gefertigten Erklärungen. *BFH-Urteil v. 18. 3. 2014 X R 8/11 (BFH/NV S. 1347).*

Bei verspäteter Abgabe der Umsatzsteuer-Jahreserklärung ist der **Verspätungszuschlag** auf der Grundlage der festgesetzten Umsatzsteuer für das Kalenderjahr und nicht nach Maßgabe des Unterschiedsbetrages i. S. von § 18 Abs. 4 UStG festzusetzen. *BFH-Beschluss v. 19. 11. 2013 XI B 50/13 (BFH/NV 2014 S. 295).*

Zur verfahrensrechtlichen Wirkung des Eingangs von Umsatzsteuer-Jahreserklärungen nach **Schätzung** der Besteuerungsgrundlagen *vgl. Verfügung BayLfSt v. 21. 1. 2015 – S 0339.1.1-1/2 St42 (DStR S. 1314).*

– Steuerfestsetzung –

37 Im Sinne des allgemeinen Abgabenrechts gehört die Umsatzsteuer nicht zu den Verbrauchsteuern, sondern zu den anderen (übrigen) Steuern. Für sie beträgt die **Festsetzungsfrist** daher vier Jahre (§ 169 Abs. 2 Nr. 2 AO 1977). *BFH-Beschluß v. 16. 10. 1986 – V B 64/86 (BStBl. 1987 II S. 95).*

Hatte das FA keine Kenntnis von der Umsatztätigkeit des Stpfl., beruhte die Nichtberücksichtigung dieses Sachverhalts in einem zu erlassenden Steuerbescheid zunächst nicht kausal auf der Annahme, dieser Sachverhalt sei in einem anderen Steuerbescheid zu berücksichtigen. – Erlangt das FA später von der Umsatztätigkeit Kenntnis, beruht die weiterhin unterbliebene Nichtberücksichtigung des Sachverhalts gleichfalls nicht kausal auf der Annahme, der Sachverhalt sei in einem anderen Steuerbescheid zu erfassen, wenn das FA bis zum Eintritt der Festsetzungsverjährung prüft, ob die Umsätze überhaupt steuerbar waren. Damit Anwendungsfall des § 174 Abs. 3 AO. *BFH-Urt. v. 11. 8. 2011, V R 54/10 (BFH/NV S. 2017).*

1. Ein Steuerbescheid ist nur dann wirksam unter den **Vorbehalt der Nachprüfung** gestellt, wenn die Kennzeichnung des Vorbehalts für den Steuerpflichtigen eindeutig erkennbar ist. – 2. Der kraft Gesetzes für eine Steueranmeldung geltende Vorbehalt der Nachprüfung entfällt, wenn das FA nach Eingang der Steuererklärung erstmals einen Steuerbescheid ohne Nachprüfungsvorbehalt erlässt. *BFH-Urteil v. 2. 12. 1999 – V R 19/99 (BStBl. 2000 II S. 284).*

Im Falle der ohne Zustimmung der Behörde als Steuerfestsetzung unter dem **Vorbehalt der Nachprüfung** wirkenden Steueranmeldung (§ 168 Satz 1 AO 1977) bedarf es keiner Rechtsbehelfsbelehrung. Die **Einspruchsfrist** verlängert sich mangels Vorliegens eines schriftlichen Verwaltungsakts demnach nicht auf ein Jahr. *BFH-Beschluß v. 25. 6. 1998 – V B 104/97 (BStBl. II S. 649).*

Wird die nach **§ 168 AO 1977 i. V. m. § 18 Abs. 3 UStG** erforderliche Zustimmung zu einer Umsatzsteueranmeldung schriftlich erteilt, beginnt die Rechtsbehelfsfrist nur, wenn eine Rechtsbehelfsbelehrung beigefügt worden ist. *BFH-Urt. v. 9. 7. 2003 – V R 29/02 (BStBl. II S. 904).*

Eine **Umsatzsteuer-Sonderprüfung,** durch welche auf der Grundlage eingereichter Umsatzsteuervoranmeldungen „insbesondere der Vorsteuerabzug" geprüft wird, bewirkt **keine Änderungssperre nach § 173 Abs. 2 AO** 1977. *BFH-Urteil vom 11. 11. 1987 – X R 54/82 (BStBl. 1988 II S 307). –Vgl. BMF v. 7. 11. 2002 (BStBl. I S. 1366).*

Es ist ernstlich zweifelhaft, ob Steuerbescheide aufgrund einer **Fahndungsprüfung** geändert werden können, wenn diese nahezu **zehn Jahre unterbrochen** war und die Gründe dafür allein in der Sphäre der Finanzverwaltung liegen. *FG Rheinland-Pfalz, Beschl. v. 17. 12. 2010, 6 V 1924/10, rkr. (DStRE 2011 S. 1085).*

Der in einer Rechnung an die **Bauherren eines Gesamtobjekts** (Wohnanlage mit Eigentumswohnungen) gesondert ausgewiesene Steuerbetrag kann gemäß § 1 Abs. 2 der Verordnung über die gesonderte Feststellung von Besteuerungsgrundlagen nach § 180 Abs. 2 AO 1977 auf die Beteiligten verteilt und ihnen zugerechnet werden. Die Bezeichnung der einzelnen Leistungsempfänger und der für sie abziehbare Steuerbetrag kann aus einer Abrechnung über das bezeichnete Gesamtobjekt abgeleitet werden. *BFH-Urteil v. 27. 1. 1994 V R 31/91 (BStBl. II S. 488).*

Eine **gesonderte Feststellung der Besteuerungsgrundlagen** für die Umsatzsteuer kann gemäß § 181 Abs. 5 AO 1977 nach Ablauf der Feststellungsfrist selbst dann durchgeführt werden, wenn bei einigen der Feststellungsbeteiligten bereits Festsetzungsverjährung eingetreten ist (Abgrenzung zum BFH-Urteil vom 10. Dezember 1992 IV R 118/90, BFHE 170, 336, BStBl. II 1994, 381). *BFH-Urteil v. 8. 6. 1995 – V R 20/94 (BStBl. II S. 822).*

Vorsteuerbeträge aus **sonstigen Leistungen** können **gesondert festgestellt** werden. *BFH-Beschl. v. 11. 8. 2011, V B 108/10, NV (BFH/NV S. 2133).*

Betr. **Vordruckmuster zur Feststellung gem. VO** zu § 180 Abs. 2 AO vgl. *BMF-Schreiben v. 26. 8. 2013 (BStBl. I S. 1002).*

Die **Vollziehung** eines Steuerbescheids kann grundsätzlich in demselben Umfang **ausgesetzt** werden, in dem er angefochten werden kann. Dementsprechend kann auch die Vollziehung eines auf § 164 Abs. 2 AO 1977 gestützten Umsatzsteuer-Änderungsbescheids in vollem Umfang ausgesetzt oder aufgehoben werden, wenn in den Vorauszahlungsbescheiden keine positive Umsatzsteuer festgesetzt worden ist. *BFH-Beschl. v. 11. 3. 1999 – V B 24/99 (BStBl. II S. 335).*

Für die **Aussetzung der Vollziehung** eines Umsatzsteuerbescheids reicht es nicht aus, dass das Erbringen von bestimmten steuerfreien Leistungen in einem bestimmten Umfang nicht unwahrscheinlich ist. Vielmehr muss der Antragsteller Art und Umfang der Leistungen durch präsente Beweismittel bereits im Aussetzungsverfahren darlegen. *FG Köln, Beschl. v. 20. 9. 2007, 10 V 1781/07, rkr. (DStRE 2008 S. 517).*

Die Gewährung der Aussetzung der Vollziehung eines Umsatzsteuerbescheids unter der Bedingung einer **Sicherheitsleistung** ist auch dann rechtmäßig, wenn das Gericht die Frage der Steuerpflicht von Umsätzen aus dem Betrieb von Geldspielautomaten dem EuGH vorgelegt hat. *Niedersächsisches FG, Beschl. v. 21. 4. 2009, 5 V 391/08, vom BVerfG aufgehoben und zur Ausübung der Ermessensentscheidung an das Niedersächsische FG zurückverwiesen (DStRE 2010 S. 507).* – Hierzu: Eine Gerichtsentscheidung, die den **Verzicht auf eine Sicherheitsleistung** zur **Aussetzung der Vollziehung** von Umsatzsteuerfestsetzungen mit der Begründung für ausgeschlossen erklärt, ein umsatzsteuerpflichtiger Unternehmer könne eine Sicherheitsleistung stets aus den laufend vereinnahmten Umsatzsteuerbeträgen erbringen, führt unter Verkennung der Rechtsschutzgarantie des Art. 19 Abs. 4 GG zu einer unzumutbaren Beschränkung des vorläufigen Rechtsschutzes. *BVerfG-Beschl. v. 22. 9. 2009, 1 BvR 1305/09 (DStR S. 2146).*

Sicherheitsleistung i. S. v. § 168 Abs. 2 AO vgl. **§ 18 f UStG.**

Die **formlose Mitteilung** des Ergebnisses der Neuberechnung der Steuer gem. § 100 Abs. 2 Satz 3 Halbs. 1 FGO ist kein Verwaltungsakt. *BFH-Urt. v. 18. 11. 2004 – V R 37/03 (BStBl. 2005 II S. 217).*

– Verzinsung –

38 Die für den Beginn des **Zinslaufs** maßgebliche Rechtshängigkeit tritt ein mit der Erhebung der Klage gegen den Umsatzsteuerjahresbescheid und nicht bereits mit der Klageerhebung in dem vorangegangenen, den Umsatzsteuervorauszahlungsbescheid betreffenden Klageverfahren, das wegen Ergehens des Umsatzsteuerjahresbescheides für erledigt erklärt worden ist. *BFH-Urteil v. 30. 11. 1995 – V R 39/94 (BStBl. 1996 II S. 260).*

Dem Gesetzesplan des § 233 a AO 1977 kann nicht entnommen werden, daß bei einer von den ursprünglichen Steuerfestsetzungen abweichenden zeitlichen Zuordnung eines Umsatzes durch das FA, die gleichzeitig zu einer Steuernachforderung und zu einer Steuererstattung führt, (in Wirklichkeit nicht vorhandene) **Zinsvorteile** abgeschöpft werden sollen. *BFH-Urteil v. 11. 7. 1996 – V R 18/95 (BStBl. 1997 II S. 259).* LS zu 18.1

Führt eine Steueranmeldung zu einer Herabsetzung der Steuer oder Steuererstattung, wird die dann nach § 168 Satz 2 AO 1977 erforderliche Zustimmung der Finanzbehörde erst mit Bekanntwerden an den Steuerpflichtigen wirksam. Damit endet der **Zinslauf** für Vergütungszinsen. *BFH-Urteil v. 28. 2. 1996 – XI R 42/94 (BStBl. 1997 II S. 660).* – Vgl. AEAO zu § 233 a AO.

Die Umsatzsteuer für das Kalenderjahr (Jahressteuer) entsteht i. S. des § 233 a Abs. 2 Satz 1 AO 1977 **(Beginn des Zinslaufs)** in dem Zeitpunkt, in dem sie nach § 16 Abs. 1 und 2 UStG 1980 berechenbar ist. Dieser Zeitpunkt ist das Ende des Besteuerungszeitraums, mithin des Kalenderjahres. *BFH-Urteil v. 9. 5. 1996 – V R 62/94 (BStBl. II 1997 S. 662).* – Vgl. AEAO zu § 233 a AO.

Im Falle der Änderung einer Steuerfestsetzung knüpft die **Zinsberechnung** gem. § 233 a Abs. 5 Sätze 1 und 2 AO 1977 an den Unterschiedsbetrag zwischen der nunmehr festgesetzten und der vorher festgesetzten Steuer an. Sie sieht keine hilfsweisen Nebenberechnungen zur Ermittlung einer von der festgesetzten Steuer abweichenden fiktiven Steuer und der danach zu berechnenden Zinsen vor. *BFH-Urt. v. 15. 7. 2004 – V R 76/01 (BStBl. 2005 II S. 236).*

1. Die **Verzinsung** nachträglich festgesetzter Umsatzsteuer beim Leistenden ist nicht deshalb unbillig, weil sich per Saldo ein Ausgleich mit den vom Leistungsempfänger abgezogenen Vorsteuerbeträgen ergibt. – 2. Umsatzsteuer für steuerbare und steuerpflichtige Leistungen entsteht unabhängig davon, ob der leistende Unternehmer sie in einer Rechnung gesondert ausweist oder beim FA voranmeldet. *BFH-Urteil v. 20. 1. 1997 – V R 28/95 (BStBl. II S. 716).*

Hat das Finanzamt den Vorsteuerabzug in den Streitjahren wegen angeblich mangelhafter Gutschriften (falscher Bezeichnung des Leistenden) versagt und die sich daraus ergebende Steuernachforderung nach § 233 a AO 1977 verzinst, kommt ein **Billigkeitserlaß der Zinsen** trotz Bestandskraft der Steuerbescheide in Frage, wenn die Gutschriften in der Weise auslegbar waren, daß sie entgegen der Auffassung des Finanzamts die Berechtigung zum Vorsteuerabzug bereits in den Streitjahren eröffneten. *BFH-Urteil v. 21. 10. 1999 – V R 94/98 (BFH/NV 2000 S. 610).*

Nachzahlungszinsen zur Umsatzsteuer haben nicht den Charakter von Umsatzsteuern. Ihre Festsetzung verstößt deshalb nicht gegen Art. 33 Abs. 1 der Richtlinie 77/388/EWG. *BFH-Urteil v. 9. 10. 2002 – V R 81/01 (BStBl. II S. 887).*

1. Die Festsetzung von Nachzahlungszinsen gemäß § 233 a AO 1977 in der ab 1997 geltenden Fassung setzt voraus, dass sich zwischen der festgesetzten Steuer und einer vorangegangenen Festsetzung ein Unterschiedsbetrag ergibt. **Freiwillige Zahlungen** des Steuerpflichtigen auf die Steuerschuld vor deren Festsetzung sind für die Zinsberechnung nach dem Soll-Prinzip grundsätzlich unbeachtlich. – 2. Diese Grundsätze gelten auch dann, wenn der Steuerpflichtige einen Umsatz rechtsirrtümlich erst in dem auf die Entstehung der Steuerschuld folgenden Jahr – also vor Beginn des Zinslaufs nach § 233 a Abs. 2 Satz 1 AO 1977 – erklärt und versteuert. *BFH-Urt. v. 6. 11. 2002, V R 75/01 (BStBl. 2003 II S. 115).*

1. Der **nachträgliche Verzicht auf die Steuerfreiheit** einer Grundstückslieferung ist **kein rückwirkendes Ereignis** i. S. von § 233 a Abs. 2 a AO 1977. – 2. Der Lauf der Zinsen für die Umsatzsteuer wegen der rückwirkend steuerpflichtigen Grundstückslieferung beginnt nach § 233 a Abs. 2 Satz 1 AO 1977. *BFH-Urteil v. 28. 11. 2002 – V R 54/00 (BStBl. 2003 II S. 175).*

Ein **Erlass von Nachzahlungszinsen** aus sachlichen Gründen kommt nicht in Betracht, wenn die Zinsforderung darauf beruht, dass der Steuerpflichtige nachträglich – aber vor dem 31. Dezember 1995 – auf die **Steuerfreiheit eines Umsatzes verzichtet hat.** *BFH-Urteil v. 23. 10. 2003 – V R 2/02 (BStBl. 2004 II S. 39).*

Macht der Steuerpflichtige zunächst erfolgreich Vorsteuer aus Rechnungen für Leistungen geltend, die an die Schwestergesellschaft erbracht worden sind, und erkennt das Finanzamt die Vorsteuerbeträge später als nicht abziehbar an, sind die **Nachzahlungszinsen** nicht aus Billigkeitsgründen zu erlassen. Das ist auch dann der Fall, wenn der Steuerpflichtige die entsprechenden Beträge an die leistenden Unternehmer gezahlt hat. *BFH-Urt. v. 24. 2. 2005, V R 62/03 (BFH/NV S. 1220).*

1. Eine aufgrund unzutreffenden Steuerausweises in einer Rechnung gemäß [§ 14 c Abs. 1] UStG entstandene nicht entrichtete Steuer ist gemäß § 233 a AO zu verzinsen. Die aufgrund des Steuerausweises entstandene Umsatzsteuerschuld besteht bis zur – ohne Rückwirkung eintretenden – Berichtigung des Steuerbetrags. – 2. Eine **rückwirkende Berichtigung** unzutreffend ausgewiesener Steuer **widerspricht** dem Regelungszweck des [§ 14 c Abs. 1 Satz 2] UStG i. V. m. § 17 Abs. 1 UStG. Für **eine sachliche Unbilligkeit** der Verzinsung von derartigen Umsatzsteuernachforderungen ist deshalb **kein Anhaltspunkt** ersichtlich. – 3. Eine ermessenslenkende Billigkeitsregelung der Verwaltung, wonach Nachzahlungszinsen aus sachlichen Billigkeitsgründen zu erlassen sind, wenn ein Unternehmer eine unrichtige Endrechnung, die eine Steuerschuld nach [§ 14 c Abs. 1] UStG auslöst, in einem auf das Kalenderjahr der ursprünglichen Rechnungserteilung folgenden Kalenderjahr nach Aufdeckung seines Fehlers sogleich berichtigt hat, bindet die Gerichte nicht. – 4. Ein aus Art. 3 Abs. 1 GG herzuleitender Anspruch gegenüber einer Behörde auf Fortführung einer gesetzwidrigen Verwaltungspraxis besteht nicht. *BFH-Urt. v. 19. 3. 2009, V R 48/07 (BStBl. 2010 II S. 92).* 39

Ein Verstoß gegen § 233 a Abs. 2 a AO ist im Rahmen eines Rechtsbehelfsverfahrens gegen die Zinsfestsetzung geltend zu machen, nicht aber im Verfahren eines Billigkeitserlasses nach § 227 AO. Der nachträgliche Verzicht auf die Steuerfreiheit einer Grundstücksvermietung ist kein rückwirkendes Ereignis i. S. von § 175 I 1 Nr. 2 AO und § 233 a Abs. 2 a AO. *BFH-Urt. v. 5. 5. 2011, V R 39/10 (BFH/NV S. 1474).*

Zum **Erlass der Umsatzsteuer und Zinsen** zur Umsatzsteuer nach § 227 AO wegen Wegfalls der Gefährdungslage im Sinne des **§ 14 c Abs. 2 UStG.** *Erlass FM Nordrhein-Westfalen S 7280 – 46 – VA 4/S 0457 – 66/2 VA 3 v. 14. 11. 2006 (DB 2007 S. 1730).*

Verzinsung aufgrund berichtigter Endrechnungen vgl. AEAO zu § 233 a AO, Nr. 70.2.3.

– Zuständigkeit, Bekanntgabe –

Vereinbaren die Gesellschafter einer zweigliedrigen Personengesellschaft, daß der eine Gesellschafter aus der Gesellschaft ausscheidet und der andere das Gesamthandsvermögen der Gesellschaft (Aktiven und Passiven) ohne Liquidation übernimmt, tritt die Vollbeendigung der Gesellschaft mit der Übernahme des Gesellschaftsvermögens ein. Ab diesem Zeitpunkt kann der **Personengesellschaft** ein Umsatzsteuerbescheid nicht mehr rechtswirksam bekanntgegeben werden (Anschluß an BFH-Urteil vom 21. Mai 1971 V R 117/67, BFHE 102, 174, BStBl. II 1971, 540). *BFH v. 18. 9. 1980 (BStBl. 1981 II S. 293).* 40

Keine persönliche Klagebefugnis der Gesellschafter einer bestehenden oder vermeintlichen **Gesellschaft bürgerlichen Rechts** gegen einen Umsatzsteuerbescheid. *BFH-Beschl. v. 5. 3. 2010 – V B 56/09 (BFH/NV S. 1111).*

1. Zur Frage der **Adressierung** eines Umsatzsteuerbescheids. – 2. Ein Rechtsbehelf gegen einen nichtigen Verwaltungsakt braucht nicht innerhalb eines Monats nach Bekanntgabe des Verwaltungsakts eingelegt zu werden. *BFH-Urteil v. 17. 7. 1986 V R 96/85 (BStBl. II S. 834).*

1. Ein an eine **Körperschaft des öffentlichen Rechts** zu richtender Steuerbescheid ist auch dann ordnungsgemäß bekanntgegeben, wenn er statt „zu Händen des gesetzlichen Vertreters" zu Händen eines für Steuerfragen zuständigen Mit-

LS zu 18.1 arbeiters zugestellt wird. – 2. … 3. Zur Frage der **Änderung** eines aufgrund einer Betriebsprüfung ergangenen **Steuerbescheides.** *BFH-Urteil v. 18. 8. 1988 – V R 194/83 (BStBl. II S. 932).*

Nach § 3 Abs. 1 Satz 2 VwZG muss die zuzustellende Sendung mit einer ausreichenden, den Inhalt der Sendung einwandfrei **identifizierenden Geschäftsnummer** versehen sein. – Diese Voraussetzung ist jedenfalls bei Zustellung des ersten Umsatzsteuerbescheides für den Veranlagungszeitraum erfüllt, wenn die Postzustellungsurkunde als „Geschäftsnummer" (§ 3 Abs. 1 Satz 2 VwZG) die **zutreffende Steuernummer** verbunden mit dem Zusatz „UStB 97" ausweist. *BFH-Urteil v. 18. 3. 2004 – V R 11/02 (BStBl. II S. 540).*

Eine Entscheidung im Rechtsstreit des leistenden Unternehmers über die Steuerpflicht seiner Umsätze berührt die rechtlichen Interessen des den Vorsteuerabzug begehrenden Leistungsempfängers, der den Vorsteuerabzug aus diesen Leistungen begehrt. Der **Leistungsempfänger** kann deshalb zum Rechtsstreit des leistenden Unternehmens, in dem es um die Steuerbarkeit und Steuerpflicht dieser Leistungen geht, **beigeladen** werden (Änderung der Rechtsprechung). *BFH-Beschluss v. 1. 2. 2001 V B 199/00 (BStBl. II S. 418).*

1. Zu einem Klageverfahren, in dem geltend gemacht wird, der Rechnungsaussteller sei auch Lieferer gewesen, ist ein alternativ in Betracht kommender Lieferer nicht notwendig **beizuladen.** – 2. Das Verfahren über eine Beschwerde des Beigeladenen wird als unselbständiges Nebenverfahren durch die Insolvenz des Klägers unterbrochen. *BFH-Beschl. v. 27. 2. 2003 – V B 131/01 (BStBl. II S. 667).*

– Überschuss, Aufrechnung, Abtretung, Haftung, Stundung, Erlass –

41 1. Die **Sondervorauszahlung** ist gemäß § 48 Abs. 4 UStDV zunächst bei der Festsetzung der Vorauszahlung für den letzten Voranmeldungszeitraum des Besteuerungszeitraums (Kalenderjahr) anzurechnen. Dies gilt auch im Fall der Insolvenz. – 2. Soweit die festgesetzte Vorauszahlung für den letzten Voranmeldungszeitraum die Sondervorauszahlung übersteigt, bleibt es bei der Anrechnung nach § 48 Abs. 4 UStDV. *BFH-Urteil v. 6. 11. 2002 – V R 21/02 (BStBl. 2003 II S. 39).*

1. Voraussetzung für einen Anspruch auf **Rückerstattung von Vorauszahlungen** ist, dass die Jahressteuer niedriger ist als die Summe der – an das FA abgeführten – Vorauszahlungen. – 2. Zu diesen Vorauszahlungen gehört auch eine **Sondervorauszahlung** nach § 47 UStDV 1993. Nach Festsetzung der Jahressteuer kommt die Erstattung der Sondervorauszahlung nach § 37 Abs. 2 Satz 2 AO 1977 nur in Betracht, soweit sie nicht zur Tilgung der Jahressteuer benötigt wird. – 3. Der Erstattungsanspruch ist nach Konkurseröffnung in dem an den **Konkursverwalter gerichteten Abrechnungsbescheid** zur Jahresumsatzsteuer zu berücksichtigen. *BFH-Urt. v. 18. 7. 2002 V R 56/01 (BStBl. II S. 705).*

1. **Erstattungsberechtigt** i. S. von § 37 Abs. 2 Satz 1 AO ist derjenige, auf dessen Rechnung und nicht auf dessen Kosten eine Zahlung bewirkt worden ist. – 2. Es kommt nicht darauf an, von wem und mit wessen Mitteln gezahlt worden ist, sondern nur darauf, wessen Steuerschuld nach dem Willen des Zahlenden, so wie er im Zeitpunkt der Zahlung dem FA gegenüber erkennbar hervorgetreten ist, getilgt werden sollte. Dies gilt auch im Fall einer **vermeintlichen Organschaft.** *BFH-Urt. v. 14. 12. 2021 VII R 20/18 (DStR 2022 S. 933).*

42 Geben **Eheleute in der Annahme, als Vermietergemeinschaft** Unternehmer zu sein, eine Umsatzsteuererklärung ab, sendet das FA daraufhin nur an den Ehemann eine „Mitteilung über Umsatzsteuer", in der über festgesetzte Steuer und getilgte Beträge abgerechnet wird, und zahlt es den Überschuß an den Ehemann aus, liegt in der „Mitteilung" kein rechtlicher Grund, der einen gegen den Ehemann gerichteten **Erstattungsanspruch** des FA gemäß § 37 Abs. 2 AO 1977 ausschließt. *BFH-Urteil v. 1. 6. 1995 – V R 144/92 (BStBl. II S. 867).*

Ein **Kreditinstitut** ist auch dann **nur Zahlstelle** und nicht zur Rückzahlung des vom FA auf ein vom Steuerpflichtigen angegebenen Girokonto überwiesenen Betrags verpflichtet, wenn es den Betrag auf ein bereits gekündigtes, aber noch nicht abgerechnetes Girokonto verbucht und nach Rechnungsabschluss an den früheren Kontoinhaber bzw. dessen Insolvenzverwalter ausgezahlt hat (Abgrenzung zu den Beschlüssen vom 28. Januar 2004 VII B 139/03, BFH/NV 2004, 762, und vom 6. Juni 2003 VII B 262/02, BFH/NV 2003, 1532). *BFH-Urteil v. 10. 11. 2009, VII R 6/09 (BStBl. 2010 II S. 255).*

Umsatzsteuer-Erstattungsansprüche im Zusammenhang mit dem Betrieb von **Geldspielautomaten,** die vom FA bestritten worden waren, sind zum ersten Bilanzstichtag zu **aktivieren,** der auf die vorbehaltlose Veröffentlichung des BFH v. 12. 5. 2005, V R 7/02 (BFHE 210, 164, BStBl. II 2005, 617; Nachfolgeentscheidung zum EuGH-Urteil v. 17. 2. 2005, C-453, 462/02, *Linneweber* und *Akritidis* (DStR 2005, 371) **[Musterverfahren]** folgt. *BFH-Urteil v. 31. 8. 2011, X R 19/10 (BStBl. 2012 II S. 190).*

43 1. Auch nach Erlaß des Umsatzsteuerjahresbescheids kann das FA noch mit rückständigen Ansprüchen aus Vorauszahlungsbescheiden für die Voranmeldungszeiträume des betreffenden Kalenderjahres aufrechnen. Die **Aufrechnung** ist jedoch der Höhe nach nur nach Maßgabe des im Jahressteuerbescheid noch festgestellten Rückstands wirksam. – 2., 3. … *BFH-Beschluß v. 22. 8. 1995 – VII B 107/95 (BStBl. II S. 916).*

1. Im **Abrechnungsverfahren** ist von der formellen Bescheidlage, d. h. vom Regelungsinhalt der ergangenen Steuerbescheide ungeachtet ihrer Richtigkeit auszugehen. Jedoch ist bei einem Abrechnungsbescheid, der über Meinungsverschiedenheiten entscheidet, welche über die Wirksamkeit einer **Aufrechnung** des FA mit einer Umsatzsteuervorauszahlungsforderung bestehen, auch über den materiellrechtlichen Bestand der Vorauszahlungsschuld ungeachtet ihrer wirksamen Festsetzung in einem Steuerbescheid zu entscheiden, sofern und soweit darüber nicht eine Bestandskraft wirkende Entscheidung in dem Jahressteuerbescheid ergangen ist. Der Grundsatz, dass im Abrechnungsverfahren die Rechtmäßigkeit der Steuerbescheide nicht zu prüfen ist, wird insoweit durchbrochen. – 2.–4. … *BFH-Urteil v. 15. 6. 1999 – VII R 3/97 (BStBl. 2000 II S. 46).*

44 2. Eine Steuerforderung kann von einem Hoheitsträger an einen anderen Hoheitsträger zwecks Einziehung **abgetreten** werden. – 3., 4. … *BFH-Urteil v. 15. 6. 1999 – VII R 3/97 (BStBl. 2000 II S. 46).*

1. In den Fällen des § 37 Abs. 2 AO 1977 handelt es sich um Rückforderungsansprüche, die nach öffentlichem Recht entstehen. Sie sind eigenständige, an diejenigen gerichtete Ansprüche, an die Leistungen ohne rechtlichen Grund erbracht worden sind (Bestätigung der bisherigen Rechtsprechung). – 2. Im Rahmen des öffentlich-rechtlichen Rückforderungsanspruchs nach § 37 Abs. 2 AO 1977 kann in **Abtretungsfällen** grundsätzlich nicht auf die jeweils unterschiedlichen privaten Rechtsbeziehungen zwischen den an der Abtretung Beteiligten abgestellt werden. Dies gilt auch bei Sicherungsabreden. – 3. Der verfassungsrechtlich gebotene Rechtsschutz des Abtretungsempfängers erfordert es nicht, die Rückforderung nach § 37 Abs. 2 AO 1977 von einer vorherigen bestandskräftigen Festsetzung der Steuerschuld des Abtretenden abhängig zu machen. [Vgl. jedoch § 37 Abs. 2 S. 3 i. d. F. des JStG 1996] *BFH-Urteil v. 31. 8. 1993 – VII R 69/91 (BStBl. II S. 846).*

Hat das FA **abgetretene Vorsteuerüberschüsse** eines Voranmeldungszeitraums an den Zessionar ausgezahlt, so kann eine Rückforderung gemäß § 37 Abs. 2 AO 1977 nur erfolgen, wenn der Umsatzsteuervorauszahlungsbescheid aufgehoben oder geändert worden ist oder sich aus dem späteren Umsatzsteuerjahresbescheid ergibt, daß der abgetretene Erstattungsanspruch des betreffenden Voranmeldungszeitraums nicht oder nur in geringerer Höhe bestand. *BFH-Urteil v. 24. 1. 1995 – VII R 144/92 (BStBl. II S. 862).*

Rückforderung abgetretener Vorsteuerüberschüsse vom Zessionar bei Fehlerhaftigkeit der Voranmeldungen zulässig. *BFH-Urt. v. 17. 3. 2009, VII R 38/08 (BStBl. II S. 953).*

1. Ist eine Steuervergütung ohne rechtlichen Grund an den Zessionar gezahlt worden, richtet sich der Rückforderungsanspruch **gegen Zedent und Zessionar** nach § 37 Abs. 2 Satz 3 AO als Gesamtschuldner. – 2. Ist die Abtretung formell unwirksam, kann das FA nur den Zessionar in Anspruch nehmen. *FG Berlin-Brandenburg, Urt. v. 13. 4. 2010, 5 K 5253/09, rkr. (DStRE 2011 S. 320).* – Vgl. AEAO zu § 37 AO.

LS zu 18.1

noch **44**

1. Wird eine Lieferung, für die der Vorsteuerabzug in Anspruch genommen worden ist, rückgängig gemacht und dadurch die Berichtigungspflicht des Unternehmers nach § 17 II Nr. 3 i. V. mit I 3 UStG 1999 ausgelöst **(Änderung der Bemessungsgrundlage),** bewirkt die vom Finanzamt in einem nachfolgenden Voranmeldungszeitraum vollzogene Berichtigung die (Teil-)Erledigung der vorangegangenen (negativen) Umsatzsteuerfestsetzung „auf andere Weise" i. S. des § 124 AO. War ein Vergütungsanspruch aus dieser Festsetzung abgetreten, so entsteht der Rückforderungsanspruch des Fiskus aus § 37 II AO gegenüber dem Zessionar im Umfang der ursprünglich zu hoch ausgezahlten Steuervergütung (Bestätigung der Senatsrechtsprechung). – 2. Die Feststellung einer vom Finanzamt angemeldeten, einen früheren Vorsteuerabzug berichtigenden Umsatzsteuer zur Insolvenztabelle hat die gleiche Wirkung wie ein inhaltsgleicher Berichtigungsbescheid i. S. des § 17 UStG 1999. Ein Zessionar als Rechtsnachfolger im Zahlungsanspruch aus dem ursprünglichen Vorauszahlungsbescheid und Leistungsempfänger ist einem Rückforderungsanspruch in beiden Fällen gleichermaßen ausgesetzt (Fortentwicklung der Rechtsprechung). *BFH-Urt. v. 19. 8. 2008, VII R 36/07 (BStBl. 2009 II S. 90).*

1. Hat das FA **abgetretene Vorsteuerüberschüsse** eines Voranmeldungszeitraumes an den Zessionar ausgezahlt, entsteht gegen diesen ein Rückforderungsanspruch, wenn der Rechtsgrund für die Auszahlung durch Berichtigung der Bemessungsgrundlage nach § 17 Abs. 2 Nr. 3 i. V. m. Abs. 1 Satz 3 UStG in einem späteren Voranmeldungszeitraum entfallen ist. – 2. Die zur Auszahlung des Vorsteuerüberschusses führende **Umsatzsteuerfestsetzung** (§ 168 AO 1977) hat mit der **Berichtigung der Bemessungsgrundlage** gemäß § 17 Abs. 2 Nr. 3 UStG in einer späteren Umsatzsteuervoranmeldung (§ 168 AO 1977) ihre Wirksamkeit als formeller Rechtsgrund verloren (§ 124 Abs. 2 i. V. m. § 218 Abs. 1 AO 1977). *BFH-Urt. v. 9. 4. 2002 VII R 108/00 (BStBl. II S. 562).*

Es ist ernstlich zweifelhaft, ob die auf der Änderung der Bemessungsgrundlage beruhende Berichtigung des Umsatzsteuerbetrages und korrespondierend des Vorsteuerabzugs nach § 17 Abs. 1 UStG 1999 zu einer Änderung der ursprünglichen Steuerfestsetzung in dem Sinne führt, dass ein **abgetretener Erstattungsanspruch** nach § 37 Abs. 2 AO 1977 zurückgefordert werden kann (vgl. BFH v. 9. 4. 2002, VII R 108/00, BFHE 198, 294, BStBl. II 2002, 562). *BFH-Beschl. v. 13. 7. 2006, V B 70/06 (BStBl. 2007 II S. 415).*

Sind im Umsatzsteuerjahresbescheid abzugsfähige Vorsteuern mit 0 DM/€ zugrunde gelegt, verliert die Festsetzung eines Vergütungsanspruchs aufgrund einer Umsatzsteuervoranmeldung (Vorbehaltsfestsetzung), soweit sie auf berücksichtigten Vorsteuern beruht, ihre Wirksamkeit als formeller Rechtsgrund für die infolge einer wirksamen **Abtretung des Anspruchs** bewirkte Auszahlung. Im Falle der Uneinbringlichkeit beim Zedenten ist das FA zur Rückforderung des Betrages vom Zessionar berechtigt (Fortentwicklung der Rechtsprechung). *BFH-Urteil v. 17. 3. 2009, VII R 38/08 (BStBl. 2010 II S. 953).*

Hat der Unternehmer einen Umsatzsteuervergütungsanspruch **abgetreten** und das Finanzamt den Vergütungsbetrag an den Zessionar ausgezahlt, entsteht ein Rückzahlungsanspruch gegen den Zessionar, wenn und soweit der Vergütungsanspruch auf einem später gemäß § 17 UStG berichtigten Vorsteuerabzug beruhte. – Der Rückzahlungsanspruch setzt die Feststellung voraus, dass die Ereignisse, die gemäß § 17 UStG die Vorsteuerberichtigung erfordern, diejenigen Umsätze betreffen, auf deren Besteuerung der abgetretene Vergütungsanspruch beruhte. Verbleibt nach Abzug der berichtigten Vorsteuern in dem von der Zession betroffenen Voranmeldungszeitraum noch ein negativer Umsatzsteuerbetrag, so ist die Rückforderung in Höhe dieses Restbetrags nicht gerechtfertigt (Fortentwicklung der Rechtsprechung). *BFH-Urteil v. 27. 10. 2009, VII R 4/08 (BStBl. 2010 II S. 257).*

1. Die Frist, innerhalb derer ein **Umsatzsteuerhaftungsbescheid** gegen den **Gesellschafter** einer aufgelösten GbR ergehen kann, richtet sich nach den analog anzuwendenden Vorschriften des § 159 HGB. – 2. Ob eine auch gegenüber dem Gesellschafter einer GbR nach § 159 Abs. 4 HGB wirksame Unterbrechung der Verjährung des gegen die Gesellschaft festgesetzten Umsatzsteueranspruchs vorliegt, entscheidet sich allein nach den steuerrechtlichen Vorschriften über die Unterbrechung der Zahlungsverjährung. *BFH-Urteil v. 26. 8. 1997 – VII R 63/97 (BStBl. II S. 745).*

Keine Haftung eines **ausgeschiedenen GbR-Gesellschafters** für vom verbliebenen Gesellschafter nach dem Ausscheiden zu Unrecht geltend gemachte Vorsteuer. *Thüringer FG, Urt. v. 4. 11. 2010, 4 K 433/09, rkr. (DStRE 2011 S. 1093).*

Erwerberhaftung bei Kauf eines Unternehmens durch eine **Bruchteilsgemeinschaft.** *BFH-Urt. v. 12. 1. 2011, XI R 11/08 (BStBl. II S. 477).*

Der Haftungsschuldner kann auch nach Ergehen des Umsatzsteuer-Jahresbescheids gegenüber dem Steuerschuldner noch durch Haftungsbescheid für rückständige Umsatzsteuer-Vorauszahlungen in Anspruch genommen werden, wenn die **Haftungsvoraussetzungen** (nur) bezüglich der Umsatzsteuer-Vorauszahlungen vorlagen. *BFH-Urteil v. 12. 10. 1999 – VII R 98/98 (BStBl. 2000 II S. 486).*

1. Die Inanspruchnahme als Haftungsschuldner setzt voraus, dass eine **Steuerschuld besteht,** d. h. die Steuerschuld darf nicht endgültig erloschen sein. – 2. Eine Leistung zur Deckung einer Schuld eines Dritten ist dann nicht i. S. des § 134 InsO unentgeltlich und damit anfechtbar, wenn die Forderung des Leistenden gegen den Dritten nicht wertlos ist. *FG Köln, Urt. v. 23. 1. 2007, 1 K 334/02, rkr. (DStRE 2008 S. 51).*

Macht ein Finanzamt zunächst Ansprüche wegen zu Unrecht abgezogener Vorsteuerbeträge durch **Haftungsbescheid** geltend, die auch mit einem anschließend durch Umsatzsteuerbescheid festgesetzten Steueranspruch wegen zu Unrecht berechneter Umsatzsteuerbeträge zusammenhängen, muss das Finanzamt im Rahmen seiner Ermessensentscheidung über die Aufrechterhaltung des Haftungsbescheids die zusätzliche Inanspruchnahme wegen des durch den unzulässigen Vorsteuerabzug verursachten Steuerausfalls hinreichend berücksichtigen und begründen. Der Grundsatz der Neutralität kann eine gleichzeitige Inanspruchnahme als Steuerschuldner nach § 14 Abs. 3 UStG 1993 und als Haftungsschuldner nach §§ 69, 34 AO 1977 verbieten. *BFH-Beschl. v. 1. 2. 2001 – V B 148/00, V B 149/00 (BFH/NV S. 1001).*

In den Fällen, in denen einem Antrag auf Aussetzung der Vollziehung im Zeitpunkt der gesetzlichen Fälligkeit einer Umsatzsteuerschuld noch nicht entsprochen worden ist und in denen der Haftungsschuldner die Steuerschuld nicht entrichtet und entsprechende Mittel zur Begleichung der Steuerschuld auch nicht bereitgehalten hat, ist hinsichtlich der **Verwirklichung des Haftungstatbestandes** des § 69 AO 1977 nicht auf den Zeitpunkt der – späteren – tatsächlichen Fälligkeit, sondern auf den der **gesetzlichen Fälligkeit des Steueranspruchs** abzustellen. Mit der so verstandenen Verwirklichung des Haftungstatbestandes zum gesetzlichen Fälligkeitszeitpunkt beginnt zugleich der Lauf der Festsetzungsverjährung für den Haftungsanspruch gemäß § 191 Abs. 3 AO 1977. *BFH-Urteil v. 11. 3. 2004 – VII R 19/02 (BStBl. II S. 967).*

1.–3. … 4. Die **Haftungsinanspruchnahme für Säumniszuschläge** ist ein selbständiger Teil eines Haftungsbescheides, so dass die Entscheidung des FG darüber in (Teil-)Rechtskraft erwachsen kann. *BFH-Urteil v. 16. 12. 2003 – VII R 77/00 (BStBl. 2005 II S. 249).*

Bei der **Ermittlung der Haftungsquote** für die Umsatzsteuer sind die im Haftungszeitraum getilgten Lohnsteuern weder bei den Gesamtverbindlichkeiten noch bei den geleisteten Zahlungen zu berücksichtigen. *BFH-Urt. v. 27. 2. 2007, VII R 60/05 (BStBl. 2008 II S. 508).*

1. Bei der Ausübung seiner Schätzungsbefugnis hat das FG die Verletzung der dem Haftungsschuldner obliegenden Pflicht zur Mitwirkung an der Sachaufklärung im gebotenen Maß zu berücksichtigen **(Haftungsquote).** – 2. Hat der Haftungsschuldner gegenüber dem FA keinerlei Angaben über Zahlungen, Verbindlichkeiten und Forderungen der GmbH gemacht, kann die Verletzung der Mitwirkungspflicht nicht dazu führen, dass sich die Auswirkungen dieser Pflichtverletzung lediglich in der Befugnis des FA zur Schätzung der Haftungssumme erschöpfen und dass bei der Verwerfung des Schätzungsergebnisses des FA und der Ausübung der eigenen Schätzungsbefugnis durch das FG der Umstand der Pflichtverletzung des Haftungsschuldners gänzlich außer Betracht bleibt. – 3. Zwar ist die Schätzung als Tatsachenwürdigung grundsätzlich dem FG vorbehalten und damit für den BFH grundsätzlich bindend; jedoch entfällt diese Bindung dann, wenn die vom FG gezogenen Schlussfolgerungen mit den Denkgesetzen oder Erfahrungssätzen unvereinbar oder in sich widersprüchlich sind. *BFH-Urt. v. 26. 10. 2011, VII R 22/10 (BFH/NV 2012 S. 777).*

1. Die **Gesellschafter** einer GbR haften analog § 128 HGB für die während der Zeit ihrer Gesellschaftsbeteiligung entstandenen Umsatzsteuerschulden der GbR auch dann weiter, wenn die GbR durch **Eröffnung des Insolvenzverfahrens** über das Vermögen eines Gesellschafters nach § 728 Abs. 2 Satz 1 BGB aufgelöst wurde. – 2. Eine **Drittwirkung** der bestandskräftigen Steuerfestsetzung gegenüber dem Gesellschafter als Haftungsschuldner **(§ 166 AO)** tritt nicht ein, wenn dieser wegen gesellschaftsvertraglich vereinbarter Gesamtvertretung allein nicht zur Anfechtung des gegen die GbR erlassenen Steuerbescheids in der Lage war. – 3. Die Haftungsinanspruchnahme für eine Umsatzsteuer-Vorauszahlungsschuld wird durch die Höhe der Steuerschuld nach dem **Jahressteuerbescheid begrenzt.** Übersteigt bzw. bestätigt dieser die Ergebnisse der haftungsauslösenden Voranmeldungen und Vorauszahlungsfestsetzungen, besteht der Haftungsanspruch unvermindert (auch) in Höhe der rückständigen Vorauszahlungsschulden fort. – 4. Eine **Sondervorauszahlung** ist auf die Umsatzsteuervorauszahlung für den Besteuerungszeitraum anzurechnen und die Haftung insoweit aufzuheben bzw. zu reduzieren. *FG München, Urt. v. 21. 4. 2010, 3 K 3654/07, rkr. (DStR 2011 S. 966).*

45 1. Eine **bestandskräftige Steuerfestsetzung** kann im Billigkeitsverfahren nach § 227 AO 1977 nur dann sachlich überprüft werden, wenn die Steuerfestsetzung – beurteilt nach der Rechtslage bei der Festsetzung der Steuer – **offensichtlich und eindeutig falsch** ist und wenn dem Steuerpflichtigen nicht zuzumuten war, sich gegen die Fehlerhaftigkeit rechtzeitig zu wehren. – 2. Der Umstand allein, dass eine bestandskräftig festgesetzte Steuer in Widerspruch zu einer später entwickelten Rechtsprechung steht, rechtfertigt noch nicht den **Erlass** der Steuer. – 3. Das FG darf Verwaltungsanweisungen nicht selbst auslegen, sondern nur darauf überprüfen, ob die Auslegung durch die Behörde möglich ist. – 4. … *BFH-Urteil v. 13. 1. 2005 – V R 35/03 (BStBl. II S. 480).*

Zuständigkeit bei Stundungen, Erlassen, Niederschlagungen und Billigkeitsmaßnahmen vgl. *gleich lautende Ländererlasse v. 24. 3. 2017 (BStBl. I S. 419).*

Anl a zu 18.1

a) Schreiben betr. Muster der Vordrucke im Umsatzsteuer-Voranmeldungs- und -Vorauszahlungsverfahren für das Kalenderjahr 2022

Vom 11. Oktober 2021 (BStBl. I S. 2107)

(BMF III C 3 – S 7344/19/10001 :003, DOK 2021/1078309)

3 Anlagen *[hier nicht abgedruckt]*

48 Unter Bezugnahme auf das Ergebnis der Erörterungen mit den obersten Finanzbehörden der Länder gilt Folgendes:

(1) Im Umsatzsteuer-Voranmeldungs- und -Vorauszahlungsverfahren werden für die Voranmeldungszeiträume ab Januar 2022 die beiliegenden Vordruckmuster eingeführt:
- **USt 1 A Umsatzsteuer-Voranmeldung 2022,**
- **USt 1 H Antrag auf Dauerfristverlängerung und Anmeldung der Sondervorauszahlung 2022,**
- ***USt 1 E Anleitung zur Umsatzsteuer-Voranmeldung 2022.***

(2) Mit Art. 11 Nrn. 6 und 7 des Jahressteuergesetzes 2020 vom 21. Dezember 2020 (BGBl. I S. 3096) hat der Gesetzgeber in § 24 Abs. 1 UStG eine Umsatzgrenze i. H. v. 600 000 Euro eingefügt. Diese ist erstmals auf Umsätze anzuwenden, die nach dem 31. Dezember 2021 bewirkt werden (§ 27 Abs. 32 UStG). Sofern nach § 24 Abs. 1 Satz 1 UStG der Gesamtumsatz (§ 19 Abs. 3 UStG) im vorangegangenen Kalenderjahr mehr als 600 000 Euro betragen hat, sind die Umsätze ab dem Besteuerungszeitraum 2022 zwingend nach der Regelbesteuerung zu versteuern. Eine entsprechende Erläuterung wurde in das Vordruckmuster USt 1 E (Zeilen 23 und 24) aufgenommen.

(3) Die übrigen Änderungen in den beiliegenden Vordruckmustern gegenüber den Mustern des Vorjahres dienen der zeitlichen Anpassung oder sind redaktioneller oder drucktechnischer Art.

(4) Die Vordruckmuster USt 1 A und USt 1 H sind im Aufbau und insbesondere im Kopf- und Verfügungsteil – soweit sachlich möglich – mit dem Vordruckmuster der Lohnsteuer-Anmeldung abgestimmt. Steueranmeldungsvordrucke sollen einheitlich sein, deshalb sind die Vordrucke auf der Grundlage der unveränderten Vordruckmuster (Abs. 1) herzustellen.

(5) Folgende Abweichungen sind zulässig:
1. Die im Kopfteil der Vordruckmuster USt 1 A und USt 1 H eingedruckte Schlüsselzeile für die Bearbeitung im automatisierten Steuerfestsetzungsverfahren (RPFEST) kann geändert werden, wenn dies aus organisatorischen Gründen unvermeidbar ist.
2. Soweit die in den Vordruckmustern enthaltenen Kennzahlen und die im Ankreuzschema enthaltene Jahreszahl „22" für die Datenerfassung nicht benötigt werden, können sie mit Rasterungen versehen werden.

In den Fällen der Abweichung soll auf der Vorderseite der Vordruckmuster USt 1 A und USt 1 H unten rechts das jeweilige Bundesland angegeben werden. Anderenfalls soll diese Angabe unterbleiben.

(6) Die Umsatzsteuer-Voranmeldung 2022 sowie der Antrag auf Dauerfristverlängerung/die Anmeldung der Sondervorauszahlung 2022 sind grundsätzlich nach amtlich vorgeschriebenem Datensatz durch Datenfernübertragung authentifiziert zu übermitteln (§ 18 Abs. 1 Satz 1 UStG und § 48 Abs. 1 Satz 2 UStDV i. V. m. § 87 a Abs. 6 Satz 1 AO). Informationen hierzu sind unter der Internet-Adresse www.elster.de erhältlich.

Anl b zu 18.1

b) Schreiben betr. Muster der Vordrucke im Umsatzsteuer-Voranmeldungs- und Vorauszahlungsverfahren für das Kalenderjahr 2022

Vom 23. Dezember 2021 (BStBl. 2022 I S. 62)

(BMF III C 3 – S 7344/19/10001 :003; DOK 2021/1317450)

1 Anlage *[hier nicht abgedruckt]*

49 (1) Im Umsatzsteuer-Voranmeldungs- und -Vorauszahlungsverfahren wird für die Voranmeldungszeiträume ab Januar 2022 das beiliegende Vordruckmuster neu bekannt gegeben:

- **USt 1 E Anleitung zur Umsatzsteuer-Voranmeldung 2022**

(2) Mit Art. 1 Nr. 5 i. V. m. Art. 3 des Gesetzes zur Umsetzung unionsrechtlicher Vorgaben im Umsatzsteuerrecht vom 21. Dezember 2021 hat der Gesetzgeber mit Wirkung zum 1. Januar 2022 in § 24 Abs. 1 Satz 1 Nr. 3 und Satz 3 UStG jeweils die Angabe „10,7 Prozent" durch die Angabe „9,5 Prozent" ersetzt. Der neue Wert ist von land- und forstwirtschaftlichen Betrieben in den Zeilen 24 (Kennzahl – Kz – 76/80) des Vordruckmusters USt 1 A zu berücksichtigen. Das Vordruckmuster USt 1 E wurde entsprechend angepasst.

(3) Die übrigen Änderungen gegenüber den bisher bekannt gegebenen Mustern sind lediglich redaktioneller Art.

(4) Das diesem Schreiben beigefügte Vordruckmuster ersetzt mit Wirkung vom 1. Januar 2022 das mit BMF-Schreiben vom 11. Oktober 2021 (BStBl. I S. 2107) eingeführte Vordruckmuster USt 1 E (Anleitung zur Umsatzsteuer-Voranmeldung 2022). Die Vordruckmuster USt 1 A (Umsatzsteuer-Voranmeldung 2022) und USt 1 H (Antrag auf Dauerfristverlängerung und Anmeldung der Sondervorauszahlung 2022) bleiben unverändert bestehen.

Anl c zu 18.1

c) Schreiben betr. Muster der Vordrucke im Umsatzsteuer-Voranmeldungs- und Vorauszahlungsverfahren für das Kalenderjahr 2023

Vom 21. Dezember 2022 (BStBl. I S. 1703)

(BMF III C 3 – S 7344/19/10001 :004; DOK 2022/1285840)

4 Anlagen *[hier nicht abgedruckt]*

50 Unter Bezugnahme auf das Ergebnis der Erörterungen mit den obersten Finanzbehörden der Länder gilt Folgendes:

(1) Im Umsatzsteuer-Voranmeldungs- und -Vorauszahlungsverfahren werden für die Voranmeldungszeiträume ab Januar 2023 die beiliegenden Vordruckmuster eingeführt:

- **USt 1 A Umsatzsteuer-Voranmeldung 2023**
- **USt 1 H Antrag auf Dauerfristverlängerung und Anmeldung der Sondervorauszahlung 2023**
- **USt 1 E Anleitung zur Umsatzsteuer-Voranmeldung 2023**
- **USt 5 E Anleitung zum Antrag auf Dauerfristverlängerung/zur Anmeldung der Sondervorauszahlung 2023**

(2) Durch Artikel 16 Nummer 5 i. V. m. Artikel 43 Absatz 6 des Jahressteuergesetzes 2022 (JStG 2022) vom 16. Dezember 2022 (BGBl. I S. 2294) wurde mit Wirkung zum 1. Januar 2023 in § 12 Absatz 3 UStG ein Nullsteuersatz auf die Lieferungen, den innergemeinschaftlichen Erwerb, die Einfuhr und die Installation von bestimmten Solarmodulen, einschließlich der für den Betrieb einer Photovoltaikanlage wesentlichen Komponenten und der Speicher, die dazu dienen, den mit Solarmodulen erzeugten Strom zu speichern, eingeführt. Die Voraussetzungen für die Anwendung des Nullsteuersatzes gelten als erfüllt, wenn die installierte Bruttoleistung der Photovoltaikanlage laut Marktstammdatenregister nicht mehr als 30 kW (peak) beträgt oder betragen wird. Entsprechende Umsätze im Zusammenhang mit der Lieferung oder Installation der o. g. Gegenstände sind in Zeile 14 (Kennzahl – Kz – 87) des Vordruckmusters USt 1 A einzutragen. Innergemeinschaftliche Erwerbe der o. g. Gegenstände sind in Zeile 26 (Kz 90) des Vordruckmusters USt 1 A anzugeben.

(3) Die auf die jeweilige Bemessungsgrundlage anzuwendenden Durchschnittssätze für Land- und Forstwirte (§ 24 Absatz 1 Satz 1 Nummer 2 UStG; im Kalenderjahr 2023: 19%) sind um die zum Zeitpunkt des Umsatzes aktuellen Sätze für pauschalierte Vorsteuerbeträge (§ 24 Absatz 1 Satz 3 i. V. m. Satz 1 Nummer 2 UStG) zu vermindern. Der danach berechnete Prozentsatz ist auf die Bemessungsgrundlage anzuwenden und das Ergebnis als Steuerbetrag in der Zeile 17 (Kz 76/80) des Vordruckmusters USt 1 A einzutragen.

(4) Durch Artikel 16 Nummer 10 und Artikel 18 Nummer 3 i. V. m. Artikel 43 Absatz 6 des JStG 2022 wurden mit Wirkung zum 1. Januar 2023 die allgemeinen Durchschnittssätze nach § 23 UStG sowie §§ 69 und 70 UStDV (inklusive der dazugehörigen Anlagen) gestrichen. Gleichzeitig wurde durch Artikel 16 Nummer 11 i. V. m. Artikel 43 Absatz 6 des JStG 2022 die Umsatzgrenze zur Inanspruchnahme des Durchschnittssatzes für Körperschaften, Personenvereinigungen und Vermögensmassen im Sinne des § 5 Absatz 1 Nummer 9 des Körperschaftsteuergesetzes in § 23 a Absatz 2 UStG auf 45 000 Euro erhöht. In der Zeile 41 (Kz 63) des Vordruckmusters USt 1 A sind daher ab Januar 2023 ausschließlich Vorsteuerbeträge, die nach den allgemeinen Durchschnittssätzen nach § 23 a UStG berechnet wurden, einzutragen.

(5) Die übrigen Änderungen in den beiliegenden Vordruckmustern gegenüber den Mustern des Vorjahres dienen der zeitlichen Anpassung oder sind redaktioneller oder drucktechnischer Art. Insbesondere wurde das Layout der Vordruckmuster neugestaltet und es wurde die Anleitung zum Antrag auf

Dauerfristverlängerung/zur Anmeldung der Sondervorauszahlung vom Vordruckmuster USt 1 H getrennt und in ein neues separates Vordruckmuster USt 5 E überführt.

(6) Die Vordrucke sind auf der Grundlage der unveränderten Vordruckmuster herzustellen.

(7) Die Umsatzsteuer-Voranmeldung 2023 sowie der Antrag auf Dauerfristverlängerung/die Anmeldung der Sondervorauszahlung 2023 sind grundsätzlich nach amtlich vorgeschriebenem Datensatz durch Datenfernübertragung authentifiziert zu übermitteln (§ 18 Absatz 1 Satz 1 UStG und § 48 Absatz 1 Satz 2 UStDV i. V. m. § 87 a Absatz 6 Satz 1 AO). Informationen hierzu sind unter der Internet-Adresse www.elster.de erhältlich.

UStAE 18.2

18.2 Voranmeldungszeitraum

51 (1) ① Der Voranmeldungszeitraum des laufenden Kalenderjahres bestimmt sich regelmäßig nach der Steuer des Vorjahres. ② Umsätze des Unternehmers, für die der Leistungsempfänger die Umsatzsteuer nach § 13b Abs. 5 Sätze 1 bis 5 UStG schuldet, bleiben unberücksichtigt. ③ Nach Wegfall der Voraussetzungen für eine umsatzsteuerliche Organschaft bzw. nach dem Ausscheiden einer Organgesellschaft aus einer Organschaft bestimmt sich der Voranmeldungszeitraum der bisherigen Organgesellschaft aus Vereinfachungsgründen grundsätzlich anhand der Steuer des vorangegangenen Kalenderjahrs des bisherigen Organkreises; in Neugründungsfällen vgl. Abschnitt 18.7 Abs. 1 Satz 2. ④ Soweit die bisherige Organgesellschaft einen davon abweichenden Voranmeldungszeitraum begehrt, hat sie die fiktive anteilige Steuer für das vorangegangene Kalenderjahr selbst zu ermitteln. ⑤ Der Voranmeldungszeitraum umfasst grundsätzlich das Kalendervierteljahr. ⑥ Abweichend hiervon ist Voranmeldungszeitraum der Kalendermonat, wenn die Steuer für das vorangegangene Kalenderjahr mehr als 7500 € betragen hat. ⑦ Der Unternehmer kann den Kalendermonat als Voranmeldungszeitraum wählen, wenn sich im vorangegangenen Kalenderjahr ein Überschuss zu seinen Gunsten von mehr als 7500 € ergeben hat. ⑧ Die Frist zur Ausübung des Wahlrechts nach § 18 Abs. 2a Satz 2 UStG ist nicht verlängerbar; die Möglichkeit der Dauerfristverlängerung bleibt unberührt. ⑨ Die Vorschriften der AO über die Wiedereinsetzung in den vorigen Stand nach § 110 AO sind anzuwenden.

52 (2)[1] ① Der Unternehmer kann von der Verpflichtung zur Übermittlung von Voranmeldungen befreit werden, wenn die Steuer für das vorangegangene Kalenderjahr nicht mehr als 1000 € betragen hat und es sich weder um einen Neugründungsfall (§ 18 Abs. 2 Satz 4 UStG) noch um den Beginn der Aufnahme der selbständigen gewerblichen oder beruflichen Tätigkeit einer Vorratsgesellschaft (§ 18 Abs. 2 Satz 5 Nr. 1 UStG) noch um die Übernahme eines Firmenmantels (§ 18 Abs. 2 Satz 5 Nr. 2 UStG) handelt. ② Hat sich im Vorjahr kein Überschuss zugunsten des Unternehmers ergeben, ist die Befreiung grundsätzlich von Amts wegen zu erteilen. ③ Sie unterbleibt dagegen in begründeten Fällen (z. B. bei nachhaltiger Veränderung in der betrieblichen Struktur oder wenn der Steueranspruch gefährdet erscheint oder im laufenden Jahr mit einer wesentlich höheren Steuer zu rechnen ist oder in Fällen des § 18 Abs. 4a UStG oder im ersten Jahr nach dem gesetzlichen Wechsel von der Besteuerung nach Durchschnittssätzen nach § 24 UStG zur Regelbesteuerung; vgl. Abschnitt 24.1a Abs. 1 Satz 15). ④ Hat das vorangegangene Kalenderjahr einen Überschuss zugunsten des Unternehmers ergeben, verbleibt es von Amts wegen bei dem Kalendervierteljahr als Voranmeldungszeitraum. ⑤ Anträgen der Unternehmer auf Befreiung von der Verpflichtung zur Übermittlung vierteljährlicher Voranmeldungen ist in diesen Fällen jedoch regelmäßig stattzugeben.

53 (3) ① Eine Änderung der Steuer des vorangegangenen Kalenderjahres ist bei der Einordnung im laufenden Kalenderjahr zu berücksichtigen, soweit sich die Änderung für dieses Kalenderjahr noch auswirkt. ② Ergibt sich für das Vorjahr nachträglich ein Überschuss zugunsten des Unternehmers von mehr als 7500 €, ist eine monatliche Übermittlung der Voranmeldungen im laufenden Kalenderjahr nur möglich, wenn die Antragsfrist nach § 18 Abs. 2a Satz 2 UStG eingehalten wurde.

54 (4) ① Für Unternehmer und juristische Personen, die ausschließlich Steuern für Umsätze nach § 1 Abs. 1 Nr. 5 UStG, § 13b Abs. 5 UStG oder § 25b Abs. 2 UStG zu entrichten haben, sowie für Fahrzeuglieferer nach § 2a UStG gelten die Ausführungen in den Absätzen 1 bis 3 entsprechend. ② Ein Wahlrecht zur monatlichen Übermittlung von Voranmeldungen (Absatz 1 Satz 7) besteht jedoch nicht.

55 (5) Zur Abgabe von Voranmeldungen in Sonderfällen vgl. Abschnitt 18.6 und in Neugründungsfällen Abschnitt 18.7; zur Übermittlung von Steuererklärungen in den Besteuerungsverfahren nach § 18 Abs. 4c und 4e UStG vgl. Abschnitte 18.7a und 18.7b.

UStAE 18.3

18.3 Vordrucke, die von den amtlichen vorgeschriebenen Vordrucken abweichen

57 Für die Verwendung vom amtlichen Muster abweichender Vordrucke für Umsatzsteuererklärungen für das Kalenderjahr gilt das BMF-Schreiben vom 3. 4. 2012, BStBl. I S. 522.

[1] A 18.2 UStAE Abs. 2 Satz 3 neugefasst durch BMF v. 2. 6. 2022 (BStBl. I S. 926), anzuwenden auf nach dem 31. 12. 2021 bewirkte Umsätze.

18.4 Dauerfristverlängerung

UStAE 18.4

(1)[1] ① Die Dauerfristverlängerung kann ohne schriftlichen Bescheid gewährt werden. ② Der Unternehmer kann deshalb die beantragte Dauerfristverlängerung in Anspruch nehmen, solange das Finanzamt den Antrag nicht ablehnt oder die Fristverlängerung nicht widerruft. ③ Das Finanzamt hat den Antrag abzulehnen oder die Fristverlängerung zu widerrufen, wenn der Steueranspruch gefährdet erscheint, z. B. wenn der Unternehmer seine Voranmeldungen nicht oder nicht rechtzeitig übermittelt oder angemeldete Vorauszahlungen nicht entrichtet. ④ Die Regelungen zur Dauerfristverlängerung gelten auch für die Übermittlung von vierteljährlichen Umsatzsteuer-Voranmeldungen im Fall der Fiskalvertretung (§ 22b Abs. 2 UStG). ⑤ Außerdem gelten sie für Unternehmer und juristische Personen, die ausschließlich Steuern für Umsätze nach § 1 Abs. 1 Nr. 5 UStG, § 13b Abs. 5 UStG oder § 25b Abs. 2 UStG zu entrichten haben, sowie für Fahrzeuglieferer nach § 2a UStG. ⑥ In den Fällen des Satzes 5 ist die Sondervorauszahlung bei der Berechnung der Vorauszahlung für den letzten Voranmeldungszeitraum des Kalenderjahres zu berücksichtigen, für den eine Voranmeldung zu übermitteln ist. ⑦ Zum Abzug einer Sondervorauszahlung kann eine Voranmeldung für Dezember auch dann übermittelt werden, wenn keine Umsätze anzumelden sind. 61

(2) ① Der Antrag auf Dauerfristverlängerung ist nach amtlich vorgeschriebenem Datensatz durch Datenfernübertragung zu übermitteln. ② Dieser Datensatz ist auch für die Anmeldung der Sondervorauszahlung zu verwenden. ③ Zur Vermeidung von unbilligen Härten hat das Finanzamt auf Antrag auf eine elektronische Übermittlung zu verzichten, wenn eine elektronische Übermittlung des Antrags auf Dauerfristverlängerung für den Unternehmer wirtschaftlich oder persönlich unzumutbar ist (vgl. Abschnitt 18.1 Abs. 1). ④ In diesem Fall hat der Unternehmer den Antrag auf Dauerfristverlängerung nach amtlich vorgeschriebenem Vordruck in herkömmlicher Form – auf Papier oder per Telefax – zu stellen. 62

(3) ① Der Antrag auf Dauerfristverlängerung muss nicht jährlich wiederholt werden, da die Dauerfristverlängerung solange als gewährt gilt, bis der Unternehmer seinen Antrag zurücknimmt oder das Finanzamt die Fristverlängerung widerruft. ② Die Sondervorauszahlung muss dagegen von den Unternehmern, die ihre Voranmeldungen monatlich zu übermitteln haben, für jedes Kalenderjahr, für das die Dauerfristverlängerung gilt, bis zum 10. Februar berechnet, angemeldet und entrichtet werden. ③ Auf die Sondervorauszahlung finden die für die Steuern geltenden Vorschriften der AO Anwendung, z. B. die Vorschriften über die Festsetzung von Verspätungszuschlägen nach § 152 AO (vgl. BFH-Urteil vom 7. 7. 2005, V R 63/03, BStBl. II S. 813) und über die Verwirkung von Säumniszuschlägen nach § 240 AO. 63

(4) Das Finanzamt kann die Sondervorauszahlung im Einzelfall abweichend von § 47 UStDV niedriger festsetzen, wenn 64

1. infolge von Rechtsänderungen die vorgeschriebene Berechnung zu einem offensichtlich unzutreffenden Ergebnis führt oder
2. die Vorauszahlungen des Vorjahres durch außergewöhnliche Umsätze beeinflusst worden sind, mit deren Wiederholung nicht zu rechnen ist.

(5) ① Die festgesetzte Sondervorauszahlung ist bei der Festsetzung der Vorauszahlung für den letzten Voranmeldungszeitraum zu berücksichtigen, für den die Fristverlängerung im jeweiligen Besteuerungszeitraum in Anspruch genommen werden konnte (vgl. § 48 Abs. 4 UStDV). ② Die Sondervorauszahlung wird daher grundsätzlich bei der Berechnung der Vorauszahlung für den Monat Dezember abgezogen. ③ Ein nach dem Abzug der Sondervorauszahlung verbleibender Erstattungsanspruch ist mit Ansprüchen aus dem Steuerschuldverhältnis aufzurechnen (§ 226 AO), im Übrigen zu erstatten. ④ Hat der Unternehmer seine gewerbliche oder berufliche Tätigkeit im Laufe eines Kalenderjahres eingestellt, hat er den Abzug der Sondervorauszahlung bereits in der Voranmeldung für den Voranmeldungszeitraum vorzunehmen, in dem der Betrieb eingestellt oder der Beruf aufgegeben worden ist. ⑤ Bei einem Verzicht des Unternehmers auf die Dauerfristverlängerung und bei einem Widerruf durch das Finanzamt im Laufe des Kalenderjahres gilt Satz 1 entsprechend (vgl. BFH-Urteil vom 16. 12. 2008, VII R 17/08, BStBl. 2010 II S. 91). 65

LS zu 18.4

68 Wird die **Dauerfristverlängerung** für die Abgabe der Umsatzsteuervoranmeldungen **widerrufen** und die Sondervorauszahlung auf die Vorauszahlung für den letzten Voranmeldungszeitraum, für den die Fristverlängerung gilt, angerechnet, ist der insoweit nicht verbrauchte Betrag der Sondervorauszahlung nicht zu erstatten, sondern mit der Jahressteuer zu verrechnen. Nur soweit die Sondervorauszahlung auch durch diese Verrechnung nicht verbraucht ist, entsteht ein Erstattungsanspruch). *BFH-Urt. v. 16. 12. 2008, VII R 17/08 (BStBl. 2010 II S. 91).* – Beschränkung des BFH-Urteils bis 31. 12. 2011 auf Insolvenzfälle vgl. *FinMin Brandenburg, Erlass v. 4. 10. 2010 – 31 – S 7348 – 1/09 (DB S. 2310).*

Voraussetzung für einen Anspruch auf Rückerstattung von Vorauszahlungen ist, dass die Jahressteuer niedriger ist als die Summe der – an das FA abgeführten – Vorauszahlungen. Zu diesen Vorauszahlungen gehört auch eine **Sondervorauszahlung** nach § 47 UStDV. Nach Festsetzung der Jahressteuer kommt die Erstattung einer solchen Sondervorauszahlung nach § 37 Abs. 2 Satz 2 AO nur dann in Betracht, soweit die Sondervorauszahlung nicht zur Tilgung der Jahressteuer benötigt wird. Auf § 48 Abs. 4 UStDV kann der Erstattungsanspruch nach Festsetzung der Jahressteuer nicht mehr gestützt werden. *BFH-Beschluss vom 21. 9. 2021 VII R 9/18, NV (BFH/NV 2022 S. 44).*

---

[1] A 18.4 UStAE Abs. 1 Satz 4 neugefasst, Satz 5 eingefügt, bish. Satz 5 wird neuer Satz 6 und neugefasst, bish. Satz 6 wird neuer Satz 7 durch BMF v. 20. 12. 2022 (BStBl. I S. 1694).

Kein Verspätungszuschlag bei verspäteter Abgabe des Antrags auf Dauerfristverlängerung. – Bei verspäteter Anmeldung einer Umsatzsteuer-Sondervorauszahlung kann ein Verspätungszuschlag festgesetzt werden. *Verfügung OFD Frankfurt S 7348 A – 6 – St I 30 v. 30. 1. 2006 (DStR S. 798).*

Anträgen auf Verlängerung der Frist für die Übermittlung von vierteljährlichen Umsatzsteuer-Voranmeldungen nach § 46 UStDV i. V. m. § 22b Abs. 1 UStG ist auch im Fall der **Fiskalvertretung** zu entsprechen. *Kurzinfo FM Schleswig-Holstein v. 27. 7. 2022 S 7348 – 017 (MwStR S. 828).*

UStAE 18.5

18.5 Vereinfachte Steuerberechnung bei Kreditverkäufen

71 (1) Es ist nicht zu beanstanden, wenn Einzelhändler und Handwerker, die § 20 UStG nicht in Anspruch nehmen können und von der vereinfachten Verbuchung ihrer Kreditverkäufe nach R 5.2 Abs. 1 Satz 7 Buchstabe b EStR zulässigerweise Gebrauch machen, bei der Erfassung der Außenstände wie folgt verfahren:

1. ① Bei der Berechnung der Umsatzsteuer für einen Voranmeldungszeitraum bleiben die ausstehenden Entgelte für ausgeführte steuerpflichtige Lieferungen und sonstige Leistungen unberücksichtigt. ② Die Zahlungseingänge aus diesen Kreditgeschäften sind wie Zahlungseingänge aus Bargeschäften in dem Voranmeldungszeitraum zu versteuern, in dem sie vereinnahmt worden sind.

72 2. ① Zum 31. Dezember eines jeden Jahres hat der Unternehmer anhand der nach R 5.2 Abs. 1 Satz 7 Buchstabe b EStR geführten Kladde die ausstehenden Entgelte festzustellen und in der Voranmeldung für den Monat Dezember den Entgelten zuzurechnen. ② Der Forderungsbestand am 31. Dezember des Vorjahres ist in dieser Voranmeldung von den Entgelten abzusetzen.

73 (2) ① Ändern sich die Steuersätze im Laufe eines Kalenderjahres, sind die Außenstände am Tage vor dem Inkrafttreten der geänderten Steuersätze zu ermitteln und in der nächsten Voranmeldung den Entgelten zuzurechnen, auf die die bisherigen Steuersätze Anwendung finden. ② In dieser Voranmeldung sind die ausstehenden Entgelte am 31. Dezember des Vorjahres von den Entgelten abzusetzen. ③ Die Entgelte, die am Tage vor dem Inkrafttreten einer Änderung des Steuersatzes ausstehen, sind in der letzten Voranmeldung des Besteuerungszeitraums von den Entgelten abzusetzen, die den geänderten Steuersätzen unterliegen.

UStAE 18.6

18.6 Abgabe der Voranmeldungen in Sonderfällen

81 (1) ① Unabhängig von der Regelung des § 18 Abs. 2 Satz 3 UStG kann das Finanzamt den Unternehmer von der Abgabe der Voranmeldungen befreien, z. B. wenn und soweit in bestimmten Voranmeldungszeiträumen regelmäßig keine Umsatzsteuer entsteht.

Beispiel:

① Ein Aufsichtsratsmitglied erhält im Monat Mai eines jeden Jahres vertragsgemäß eine leistungsabhängige Vergütung (vgl. Abschnitt 2.2 Abs. 3 a).

② Das Finanzamt kann das Aufsichtsratsmitglied für die Monate, in denen es keine Entgelte erhält, von der Abgabe der Voranmeldungen befreien. ③ Die Befreiung ist davon abhängig zu machen, dass in den betreffenden Voranmeldungszeiträumen tatsächlich keine Umsatzsteuer entstanden ist.

② Eine Befreiung von der Verpflichtung zur Abgabe von Voranmeldungen kommt in Neugründungsfällen (§ 18 Abs. 2 Satz 4 UStG) nicht in Betracht.

82 (2) Unternehmer, die die Durchschnittssätze nach § 24 UStG anwenden, haben über die Verpflichtung nach § 18 Abs. 4a UStG hinaus – sofern sie vom Finanzamt nicht besonders aufgefordert werden – insbesondere dann Voranmeldungen abzugeben und Vorauszahlungen zu entrichten, wenn

1. Umsätze von Sägewerkserzeugnissen bewirkt werden, für die der Durchschnittssatz nach § 24 Abs. 1 Satz 1 Nr. 2 UStG gilt, oder
2. Umsätze ausgeführt werden, die unter Berücksichtigung der Vereinfachungsregelung des Abschnittes 24.6 zu einer Vorauszahlung oder einem Überschuss führen und für die wegen der Abgabe der Voranmeldungen keine besondere Ausnahmeregelung gilt, oder
3. Steuerbeträge nach § 14c UStG geschuldet werden.

83 (3) ① In den Fällen des Absatzes 2 müssen die Umsätze, die den Durchschnittssätzen nach § 24 UStG unterliegen und für die eine Steuer nicht zu entrichten ist, in den Voranmeldungen nicht aufgeführt werden. ② Sind die in Absatz 2 Nr. 1 und 2 bezeichneten Voraussetzungen erst im Laufe des Kalenderjahres eingetreten, sind von dem in Betracht kommenden Zeitpunkt an Voranmeldungen abzugeben und Vorauszahlungen zu entrichten. ③ Auf vorausgegangene Voranmeldungszeiträume entfallende Umsatzsteuerbeträge müssen erst einen Monat nach Eingang der Umsatzsteuererklärung für das betreffende Kalenderjahr nachentrichtet werden (§ 18 Abs. 4 Satz 1 UStG). ④ In den Fällen des Absatzes 2 Nr. 2 erstreckt sich die Verpflichtung zur Abgabe der Voranmeldungen und zur Entrichtung der Vorauszahlungen auf die Voranmeldungszeiträume, für die diese Steuerbeträge geschuldet werden. ⑤ Die Möglichkeit, den Unternehmer unter den Voraussetzungen des § 18 Abs. 2 Satz 3 UStG von der Abgabe der Voranmeldungen zu entbinden, wird durch die vorstehende Regelung nicht berührt.

(4) Unterliegen mehrere Grundstücke der Zwangsverwaltung, ist die Umsatzsteuer grundsätzlich für jedes Grundstück gesondert zu berechnen und anzumelden (vgl. BFH-Urteil vom 18. 10. 2001, V R 44/00, BStBl. 2002 II S. 171). 84

(5) Zum Besteuerungsverfahren nach § 18 Abs. 4 c UStG vgl. Abschnitte 3 a.16 Abs. 8 und 18.7 a; zum Besteuerungsverfahren nach § 18 Abs. 4 e UStG vgl. Abschnitte 3 a.16 Abs. 9 und 18.7 b. 85

18.7 Abgabe von Voranmeldungen in Neugründungsfällen

UStAE 18.7

(1) ① Die Verpflichtung zur Abgabe monatlicher Voranmeldungen besteht für das Jahr der Aufnahme der beruflichen oder gewerblichen Tätigkeit (Neugründungsfälle) und für das folgende Kalenderjahr (§ 18 Abs. 2 Satz 4 UStG; vgl. aber Absatz 5). ② Dies gilt auch für eine bisherige Organgesellschaft in Fällen des Wegfalls der Voraussetzungen für eine umsatzsteuerliche Organschaft bzw. des Ausscheidens der Organgesellschaft aus einer Organschaft, wenn die bisherige Organgesellschaft ihre unternehmerische Tätigkeit als eigenständiges Unternehmen – vor Eintritt in den Organkreis – erst in dem Kalenderjahr des Ausscheidens aus dem Organkreis oder in dem diesem Kalenderjahr vorangegangenen Kalenderjahr aufgenommen hat. ③ Satz 1 gilt auch ab dem Zeitpunkt des Beginns der tatsächlichen Ausübung der selbständigen gewerblichen oder beruflichen Tätigkeit einer Vorratsgesellschaft im Sinne von § 18 Abs. 2 Satz 5 Nr. 1 UStG und ab dem Zeitpunkt der Übernahme eines Firmenmantels im Sinne von § 18 Abs. 2 Satz 5 Nr. 2 UStG. ④ Neugründungsfälle, in denen auf Grund der beruflichen oder gewerblichen Tätigkeit keine Umsatzsteuer festzusetzen ist (z. B. Unternehmer mit ausschließlich steuerfreien Umsätzen ohne Vorsteuerabzug – § 4 Nr. 8 ff. UStG –, Kleinunternehmer – § 19 Abs. 1 UStG –, Land- und Forstwirte – § 24 UStG –), fallen nicht unter die Regelung des § 18 Abs. 2 Satz 4 UStG. 88

(2) ① Bei Umwandlungen durch Verschmelzung (§ 2 UmwG), Spaltung (§ 123 UmwG) oder Vermögensübertragung (§ 174 UmwG) liegt eine Aufnahme der beruflichen und gewerblichen Tätigkeit vor, wenn dadurch ein Rechtsträger neu entsteht oder seine unternehmerische Tätigkeit aufnimmt. ② Ein Formwechsel (§ 190 UmwG) führt nicht zu einem neuen Unternehmen, da der formwechselnde Rechtsträger weiter besteht (§ 202 Abs. 1 Nr. 1 UmwG). ③ Der bei einer Betriebsaufspaltung neu entstehende Rechtsträger fällt unter § 18 Abs. 2 Satz 4 UStG, wenn durch die Betriebsaufspaltung keine Organschaft begründet wird. ④ Ein Gesellschafterwechsel oder ein Gesellschafteraustritt bzw. -eintritt führt nicht zu einem Neugründungsfall. 89

(3) ① Bei einem örtlichen Zuständigkeitswechsel liegt kein Neugründungsfall vor. ② Stellt ein bestehendes Unternehmen einen Antrag auf Erteilung einer USt-IdNr., liegt allein deshalb kein Neugründungsfall vor. 90

(4) ① Auch in Neugründungsfällen kann Dauerfristverlängerung (§ 18 Abs. 6 UStG i. V. m. §§ 46 bis 48 UStDV) gewährt werden. ② Zur Dauerfristverlängerung vgl. Abschnitt 18.4. 91

(5) ① Für die Besteuerungszeiträume 2021 bis 2026 gilt die generelle Verpflichtung zur Abgabe von monatlichen Voranmeldungen in Neugründungsfällen nach § 18 Abs. 2 Satz 4 UStG nicht. ② Der Voranmeldungszeitraum richtet sich in den vorgenannten Besteuerungszeiträumen in Neugründungsfällen nach § 18 Abs. 2 Sätze 1 und 2 UStG. ③ Eine Befreiung von der Verpflichtung zur Abgabe von Voranmeldungen kommt für das Jahr der Aufnahme der gewerblichen oder beruflichen Tätigkeit und das folgende Kalenderjahr nicht in Betracht. ④ Für die Bestimmung des Voranmeldungszeitraums in dem Kalenderjahr der Aufnahme der gewerblichen oder beruflichen Tätigkeit ist die voraussichtliche Steuer dieses Jahres maßgebend; im folgenden Kalenderjahr ist die tatsächliche Steuer des Vorjahres in eine Jahressteuer umzurechnen. ⑤ Die voraussichtliche Steuer ist zu Beginn der gewerblichen oder beruflichen Tätigkeit vom Unternehmer zu schätzen und dem Finanzamt mitzuteilen. ⑥ Auch für Neugründungsfälle im Jahr 2020 gelten im Besteuerungszeitraum 2021 die vorgenannten Grundsätze, nach denen für die Bestimmung des Voranmeldungszeitraums im Besteuerungszeitraum 2021 nicht § 18 Abs. 2 Satz 4 UStG, sondern § 18 Abs. 2 Sätze 1 und 2 UStG anzuwenden ist, wobei die tatsächliche Steuer des Jahres 2020 in eine Jahressteuer umzurechnen ist. ⑦ Die Regelungen der Sätze 1 bis 6 gelten entsprechend in Fällen des § 18 Abs. 2 a UStG; für die Anwendung des § 18 Abs. 2 a UStG kommt es im Gründungsjahr auf den voraussichtlichen Überschuss und im Folgejahr auf den tatsächlichen Überschuss für das Gründungsjahr umgerechnet in einen Jahresüberschuss an. ⑧ Die Regelungen des Absatzes 1 zu Vorratsgesellschaften im Sinne des § 18 Abs. 2 Satz 5 Nr. 1 UStG und zu Firmenmänteln im Sinne des § 18 Abs. 2 Satz 5 Nr. 2 UStG bleiben hiervon unberührt. 92

18.7 a Besteuerungsverfahren für nicht im Gemeinschaftsgebiet ansässige Unternehmer, die vor dem 1. 7. 2021 sonstige Leistungen nach § 3 a Abs. 5 UStG erbringen

UStAE 18.7a

(1) ① Nicht im Gemeinschaftsgebiet ansässige Unternehmer, die vor dem 1. 7. 2021 im Gemeinschaftsgebiet als Steuerschuldner Telekommunikationsdienstleistungen, Rundfunk- und Fernsehdienstleistungen und/oder sonstige Leistungen auf elektronischem Weg an in der EU 95

UStAE 18.7a

ansässige Nichtunternehmer (siehe Abschnitt 3a.1 Abs. 1) erbringen (§ 3a Abs. 5 UStG), können sich abweichend von § 18 Abs. 1 bis 4 UStG unter bestimmten Bedingungen dafür entscheiden, nur in einem EU-Mitgliedstaat erfasst zu werden (§ 18 Abs. 4c UStG). ② Macht ein Unternehmer von diesem Wahlrecht Gebrauch und entscheidet sich dafür, sich nur in Deutschland erfassen zu lassen, muss er dies dem für dieses Besteuerungsverfahren zuständigen BZSt vorbehaltlich des Satzes 3 vor Beginn des Besteuerungszeitraums, ab dessen Beginn er von diesem Besteuerungsverfahren Gebrauch macht, auf dem amtlich vorgeschriebenen, elektronisch zu übermittelnden Dokument anzeigen. ③ Erbringt der Unternehmer erstmals Leistungen im Sinne des Satzes 1, gilt die Ausübung des Wahlrechts nach Satz 1 ab dem Tag der ersten Leistungserbringung, wenn die Anzeige nach Satz 2 gegenüber dem BZSt bis zum 10. Tag des auf die erste Leistungserbringung folgenden Monats erfolgt. ④ Ändern sich die Angaben der Anzeige nach Satz 2, hat der Unternehmer dem BZSt die Änderungen bis zum 10. Tag des auf den Eintritt der Änderungen folgenden Monats auf elektronischem Weg mitzuteilen.

96 (2) ① Abweichend von § 18 Abs. 1 bis 4 UStG hat der Unternehmer für jeden Besteuerungszeitraum (= Kalendervierteljahr; § 16 Abs. 1a Satz 1 UStG) eine Umsatzsteuererklärung bis zum 20. Tag nach Ablauf des Besteuerungszeitraums dem BZSt elektronisch zu übermitteln; dies gilt unabhängig davon, ob Leistungen nach Absatz 1 Satz 1 erbracht wurden oder nicht. ② Hierbei hat er die auf den jeweiligen EU-Mitgliedstaat entfallenden Umsätze zu trennen und dem im betreffenden EU-Mitgliedstaat geltenden allgemeinen Steuersatz zu unterwerfen. ③ Der Unternehmer hat die Steuer selbst zu berechnen (§ 18 Abs. 4c Satz 1 in Verbindung mit § 16 Abs. 1a Satz 2 UStG). ④ Die Steuer ist spätestens am 20. Tag nach Ende des Besteuerungszeitraums an das BZSt zu entrichten (§ 18 Abs. 4c Satz 2 UStG).

97 (3) ① Bei der Umrechnung von Werten in fremder Währung muss der Unternehmer einheitlich den von der Europäischen Zentralbank festgestellten Umrechnungskurs des letzten Tags des Besteuerungszeitraums bzw., falls für diesen Tag kein Umrechnungskurs festgelegt wurde, den für den nächsten Tag nach Ablauf des Besteuerungszeitraums festgelegten Umrechnungskurs anwenden (§ 16 Abs. 6 Sätze 4 und 5 UStG). ② Die Anwendung eines monatlichen Durchschnittskurses entsprechend § 16 Abs. 6 Sätze 1 bis 3 UStG ist ausgeschlossen.

98 (4) ① Der Unternehmer hat dem BZSt bis zum 10. Tag des auf den Eintritt der Änderung folgenden Monats auf elektronischem Weg mitzuteilen, wenn er keine Telekommunikationsdienstleistungen, Rundfunk- und Fernsehdienstleistungen und/oder sonstige Leistungen auf elektronischem Weg mehr erbringt oder wenn andere Änderungen vorliegen, durch die er die Voraussetzungen für die Anwendung des Besteuerungsverfahrens nach § 18 Abs. 4c UStG nicht mehr erfüllt. ② Das BZSt stellt durch Verwaltungsakt fest, wenn der Unternehmer nicht oder nicht mehr die Voraussetzungen für die Anwendung des Besteuerungsverfahrens nach § 18 Abs. 4c UStG erfüllt.

99 (5) ① Der Unternehmer kann die Ausübung des Wahlrechts auf elektronischem Weg widerrufen. ② Ein Widerruf ist nur bis zum Beginn eines neuen Besteuerungszeitraums mit Wirkung ab diesem Zeitraum möglich (§ 18 Abs. 4c Sätze 4 und 5 UStG). ③ Das allgemeine Besteuerungsverfahren (§ 18 Abs. 1 bis 4 UStG) und das Besteuerungsverfahren nach § 18 Abs. 4c UStG schließen sich gegenseitig nicht aus.

100 (6) ① Das BZSt kann den Unternehmer von dem Besteuerungsverfahren nach § 18 Abs. 4c UStG ausschließen, wenn er seinen Verpflichtungen nach § 18 Abs. 4c Sätze 1 bis 3 UStG oder seinen Aufzeichnungspflichten (§ 22 Abs. 1 UStG und Abschnitt 22.3a Abs. 1 und 4) in diesem Verfahren wiederholt nicht oder nicht rechtzeitig nachkommt. ② Von einem wiederholten Verstoß gegen die Verpflichtungen oder Aufzeichnungspflichten nach Satz 1 ist insbesondere dann auszugehen, wenn

1. der Unternehmer für drei unmittelbar vorausgegangene Besteuerungszeiträume an die Übermittlung der Umsatzsteuererklärung erinnert wurde und er die Umsatzsteuererklärung für jeden dieser Besteuerungszeiträume nicht bis zum 10. Tag nach der Erinnerung übermittelt hat,
2. der Unternehmer für drei unmittelbar vorausgegangene Besteuerungszeiträume an die Zahlung der Steuer erinnert wurde und er den Gesamtbetrag der Steuer nicht für jeden dieser Besteuerungszeiträume bis zum 10. Tag nach der Zahlungserinnerung entrichtet hat, es sei denn, der rückständige Betrag beträgt weniger als 100 € für jeden dieser Besteuerungszeiträume, oder
3. der Unternehmer nach einer Aufforderung zur elektronischen Zurverfügungstellung seiner Aufzeichnungen (§ 22 Abs. 1 UStG und Abschnitt 22.3a Abs. 1 und 4) und einer nachfolgenden Erinnerung die angeforderten Aufzeichnungen nicht innerhalb eines Monats nach Erteilung der Erinnerung elektronisch zur Verfügung gestellt hat.

③ Der Ausschluss gilt ab dem Besteuerungszeitraum, der nach dem Zeitpunkt der Bekanntgabe des Ausschlusses gegenüber dem Unternehmer beginnt. ④ Die Gültigkeit des Ausschlusses endet nicht vor Ablauf von acht Besteuerungszeiträumen, die dem Zeitpunkt der Bekanntgabe des Ausschlusses gegenüber dem Unternehmer folgen (vgl. Artikel 58b Abs. 1 MwStVO).

(7) Nicht im Gemeinschaftsgebiet ansässige Unternehmer, die vor dem 1. 7. 2021 im Inland als Steuerschuldner ausschließlich steuerbare Telekommunikationsdienstleistungen, Rundfunk- und Fernsehdienstleistungen und/oder sonstige Leistungen auf elektronischem Weg an Nichtunternehmer (siehe Abschnitt 3a.1 Abs. 1) erbringen, deren Umsatzbesteuerung aber in einem dem Besteuerungsverfahren nach § 18 Abs. 4c UStG entsprechenden Verfahren in einem anderen EU-Mitgliedstaat durchgeführt wird, sind insoweit nach § 18 Abs. 4d UStG von der Verpflichtung zur Übermittlung von Voranmeldungen und der Umsatzsteuererklärung für das Kalenderjahr im Inland befreit. **101**

(8) ① Nicht im Gemeinschaftsgebiet ansässige Unternehmer, die vor dem 1. 7. 2021 im Gemeinschaftsgebiet als Steuerschuldner ausschließlich Telekommunikationsdienstleistungen, Rundfunk- und Fernsehdienstleistungen und/oder sonstige Leistungen auf elektronischem Weg an in der EU ansässige Nichtunternehmer (siehe Abschnitt 3a.1 Abs. 1) erbringen und von dem Wahlrecht der steuerlichen Erfassung in nur einem EU-Mitgliedstaat Gebrauch machen, können Vorsteuerbeträge nur im Rahmen des Vorsteuer-Vergütungsverfahrens geltend machen (§ 18 Abs. 9 Satz 1 UStG in Verbindung mit § 59 Satz 1 Nr. 4 und § 61a UStDV). ② In diesen Fällen sind die Einschränkungen des § 18 Abs. 9 Sätze 5 und 6 UStG nicht anzuwenden (§ 18 Abs. 9 Satz 7 UStG). ③ Voraussetzung ist, dass die Steuer für die Telekommunikationsdienstleistungen, Rundfunk- und Fernsehdienstleistungen und/oder sonstigen Leistungen auf elektronischem Weg entrichtet wurde und die Vorsteuerbeträge im Zusammenhang mit diesen Umsätzen stehen. ④ Für Vorsteuerbeträge im Zusammenhang mit anderen Umsätzen (z.B. elektronisch erbrachte sonstige Leistungen durch einen nicht in der Gemeinschaft ansässigen Unternehmer an einen in der Gemeinschaft ansässigen Unternehmer, der Steuerschuldner ist) gelten die Einschränkungen des § 18 Abs. 9 Sätze 5 und 6 UStG unverändert. **102**

(9) Hinsichtlich des besonderen Besteuerungsverfahrens für nicht im Gemeinschaftsgebiet ansässige Unternehmer, die nach dem 30. 6. 2021 sonstige Leistungen erbringen, vgl. Abschnitt 18i.1.

18.7b Besteuerungsverfahren für im übrigen Gemeinschaftsgebiet ansässige Unternehmer, die vor dem 1. 7. 2021 sonstige Leistungen nach § 3a Abs. 5 UStG im Inland erbringen

UStAE 18.7b

(1) ① Im übrigen Gemeinschaftsgebiet ansässige Unternehmer (Abschnitt 13b.11 Abs. 1 Satz 2), die vor dem 1. 7. 2021 im Inland als Steuerschuldner Telekommunikationsdienstleistungen, Rundfunk- und Fernsehdienstleistungen und/oder sonstige Leistungen auf elektronischem Weg an im Inland ansässige Nichtunternehmer (siehe Abschnitt 3a.1 Abs. 1) erbringen (§ 3a Abs. 5 UStG), können sich abweichend von § 18 Abs. 1 bis 4 UStG unter bestimmten Bedingungen dafür entscheiden, an dem besonderen Besteuerungsverfahren nach Titel XII Kapitel 6 Abschnitt 3 der MwStSystRL in der Fassung von Artikel 5 Nummer 15 der Richtlinie 2008/8/EG des Rates vom 12. 2. 2008 zur Änderung der Richtlinie 2006/112/EG bezüglich des Ortes der Dienstleistung (ABl. EU 2008 Nr. L 44 S. 11) teilzunehmen (vgl. § 18 Abs. 4e UStG). ② Dies gilt nur, wenn der Unternehmer im Inland, auf der Insel Helgoland und in einem der in § 1 Abs. 3 UStG bezeichneten Gebiete weder seinen Sitz, seine Geschäftsleitung noch eine Betriebsstätte (Abschnitt 3a.1 Abs. 3) hat. ③ Macht ein Unternehmer von dem Wahlrecht nach Satz 1 Gebrauch, muss er dies der zuständigen Stelle in dem EU-Mitgliedstaat, in dem er ansässig ist, vorbehaltlich des Satzes 4 vor Beginn des Besteuerungszeitraums, ab dessen Beginn er von dem besonderen Besteuerungsverfahren Gebrauch macht, auf dem amtlich vorgeschriebenen, elektronisch zu übermittelnden Dokument anzeigen. ④ Erbringt der Unternehmer erstmals Leistungen im Sinne des Satzes 1, gilt das besondere Besteuerungsverfahren nach Satz 1 ab dem Tag der ersten Leistungserbringung, wenn die Anzeige nach Satz 3 gegenüber der zuständigen Stelle in dem EU-Mitgliedstaat, in dem er ansässig ist, bis zum 10. Tag des auf die erste Leistungserbringung folgenden Monats erfolgt. **103**

(2) ① Abweichend von § 18 Abs. 1 bis 4 UStG hat der an dem besonderen Besteuerungsverfahren nach Absatz 1 teilnehmende Unternehmer für jeden Besteuerungszeitraum (= Kalendervierteljahr; § 16 Abs. 1b Satz 1 UStG) eine Umsatzsteuererklärung bis zum 20. Tag nach Ablauf des Besteuerungszeitraums nach amtlich vorgeschriebenem Datensatz durch Datenfernübertragung über die zuständige Stelle in dem EU-Mitgliedstaat, in dem er ansässig ist, zu übermitteln. ② Der Unternehmer hat die Steuer selbst zu berechnen (§ 18 Abs. 4e Satz 1 in Verbindung mit § 16 Abs. 1b UStG). ③ Die Umsatzsteuererklärung nach Satz 1 gilt als fristgemäß übermittelt, wenn sie bis zum 20. Tag nach Ablauf des Besteuerungszeitraums der zuständigen Stelle in dem EU-Mitgliedstaat, in dem der Unternehmer ansässig ist, übermittelt worden ist und dort in bearbeitbarer Weise aufgezeichnet wurde (§ 18 Abs. 4e Satz 10 UStG). ④ Sie ist ab dem Zeitpunkt eine Steueranmeldung im Sinne des § 150 Abs. 1 Satz 3 und § 168 AO, zu dem die in ihr enthaltenen Daten von der zuständigen Stelle in dem EU-Mitgliedstaat, an die der Unternehmer die Umsatzsteuererklärung übermittelt hat, dem BZSt übermittelt und dort in bearbeitbarer Weise aufgezeichnet wurden; dies gilt entsprechend für die Berichtigung einer Umsatzsteuererklärung. **104**

(3) ① Die Steuer ist spätestens am 20. Tag nach Ende des Besteuerungszeitraums zu entrichten (§ 18 Abs. 4e Satz 4 UStG). ② Die Entrichtung der Steuer erfolgt fristgemäß, wenn die Zahlung **105**

bis zum 20. Tag nach Ablauf des Besteuerungszeitraums bei der zuständigen Stelle in dem EU-Mitgliedstaat, in dem der Unternehmer ansässig ist, eingegangen ist (§ 18 Abs. 4e Satz 11 UStG). ③ § 240 AO ist mit der Maßgabe anzuwenden, dass eine Säumnis frühestens mit Ablauf des 10. Tags nach Ablauf des auf den Besteuerungszeitraum folgenden übernächsten Monats eintritt (§ 18 Abs. 4e Satz 12 UStG).

106 (4) ① Bei der Umrechnung von Werten in fremder Währung muss der Unternehmer einheitlich den von der Europäischen Zentralbank festgestellten Umrechnungskurs des letzten Tages des Besteuerungszeitraums bzw., falls für diesen Tag kein Umrechnungskurs festgelegt wurde, den für den nächsten Tag nach Ablauf des Besteuerungszeitraums festgelegten Umrechnungskurs anwenden (§ 16 Abs. 6 Sätze 4 und 5 UStG). ② Die Anwendung eines monatlichen Durchschnittskurses entsprechend § 16 Abs. 6 Sätze 1 bis 3 UStG ist ausgeschlossen.

107 (5) ① Der Unternehmer kann die Ausübung des Wahlrechts nach Absatz 1 Satz 1 gegenüber der zuständigen Stelle in dem EU-Mitgliedstaat, in dem er ansässig ist, auf elektronischem Weg widerrufen. ② Ein Widerruf ist nur bis zum Beginn eines neuen Besteuerungszeitraums mit Wirkung ab diesem Zeitraum möglich (§ 18 Abs. 4e Sätze 6 und 7 UStG). ③ Das allgemeine Besteuerungsverfahren (§ 18 Abs. 1 bis 4 UStG) und das Besteuerungsverfahren nach § 18 Abs. 4e UStG schließen sich gegenseitig nicht aus.

108 (6) ① Die zuständige Stelle in dem EU-Mitgliedstaat, in dem der Unternehmer ansässig ist, kann den Unternehmer von dem Besteuerungsverfahren nach § 18 Abs. 4e UStG ausschließen, wenn er seinen Verpflichtungen nach § 18 Abs. 4e Sätze 1 bis 5 UStG oder seinen Aufzeichnungspflichten (§ 22 Abs. 1 UStG und Abschnitt 22.3a Abs. 2 und 4) in diesem Verfahren wiederholt nicht oder nicht rechtzeitig nachkommt. ② Das Finanzamt kann die zuständige Stelle in dem EU-Mitgliedstaat, in dem der Unternehmer ansässig ist, ersuchen, den Unternehmer von dem Besteuerungsverfahren nach § 18 Abs. 4e UStG auszuschließen, wenn der Unternehmer wiederholt gegen seine Verpflichtungen oder Aufzeichnungspflichten nach Satz 1 verstößt; zum Vorliegen eines wiederholten Verstoßes gegen die Verpflichtungen oder Aufzeichnungspflichten vgl. Abschnitt 18.7a Abs. 6 Satz 2. ③ Der Ausschluss gilt ab dem Besteuerungszeitraum, der nach dem Zeitpunkt der Bekanntgabe des Ausschlusses gegenüber dem Unternehmer beginnt. ④ Die Gültigkeit des Ausschlusses endet nicht vor Ablauf von acht Besteuerungszeiträumen, die dem Zeitpunkt der Bekanntgabe des Ausschlusses gegenüber dem Unternehmer folgen (vgl. Artikel 58b Abs. 1 MwStVO).

109 (7) ① Im übrigen Gemeinschaftsgebiet ansässige Unternehmer (Abschnitt 13b.11 Abs. 1 Satz 2), die vor dem 1. 7. 2021 im Inland als Steuerschuldner ausschließlich Telekommunikationsdienstleistungen, Rundfunk- und Fernsehdienstleistungen und/oder sonstige Leistungen auf elektronischem Weg an im Inland ansässige Nichtunternehmer (siehe Abschnitt 3a.1 Abs. 1) erbringen, und von dem Wahlrecht nach § 18 Abs. 4e UStG Gebrauch machen, können Vorsteuerbeträge nur im Rahmen des Vorsteuer-Vergütungsverfahrens geltend machen (§ 59 Satz 1 Nr. 5 und § 61 UStDV). ② Erbringen im übrigen Gemeinschaftsgebiet ansässige Unternehmer, die von dem Wahlrecht nach § 18 Abs. 4e UStG Gebrauch machen, vor dem 1. 7. 2021 im Inland noch andere Umsätze, für die sie im Inland die Umsatzsteuer schulden und Umsatzsteuer-Voranmeldungen und/oder Umsatzsteuererklärungen für das Kalenderjahr zu übermitteln haben, können die Vorsteuerbeträge insgesamt nur im allgemeinen Besteuerungsverfahren (§ 18 Abs. 1 bis 4 UStG) geltend gemacht werden.

109a (8) Hinsichtlich des besonderen Besteuerungsverfahrens für nach dem 30. 6. 2021 von im Gemeinschaftsgebiet, nicht aber im Mitgliedstaat des Verbrauchs ansässigen Unternehmern erbrachte sonstige Leistungen vgl. Abschnitt 18j.1.

UStAE 18.8

18.8 Verfahren bei der Beförderungseinzelbesteuerung[1]

110 (1) ① Befördert ein Unternehmer Personen im Gelegenheitsverkehr mit einem Kraftomnibus, der nicht im Inland zugelassen ist, wird die Umsatzsteuer für jede einzelne Beförderungsleistung durch die zuständige Zolldienststelle berechnet und festgesetzt, wenn bei der Ein- oder Ausreise eine Grenze zwischen dem Inland und dem Drittlandsgebiet (z. B. Grenze zur Schweiz) überschritten wird (§ 16 Abs. 5, § 18 Abs. 5 UStG, Abschnitt 16.2). ② Wird im Einzelfall geltend gemacht, dass die Voraussetzungen für eine Besteuerung nicht gegeben seien, muss dies in eindeutiger und leicht nachprüfbarer Form gegenüber der Zolldienststelle nachgewiesen werden. ③ Anderenfalls setzt die Zolldienststelle die Umsatzsteuer durch Steuerbescheid fest (§ 155 Abs. 1 AO).

111 (2) ① Gegen die Steuerfestsetzung durch die Zolldienststelle ist der Einspruch gegeben (§ 347 Abs. 1 Satz 1 AO). ② Die Zolldienststelle ist berechtigt, dem Einspruch abzuhelfen (§ 367 Abs. 3 Satz 2 AO, § 16 Abs. 5 Satz 3 UStG). ③ Hilft sie ihm nicht in vollem Umfang ab, hat sie die Sache dem für sie örtlich zuständigen Finanzamt zur weiteren Entscheidung vorzulegen. ④ Der Einspruch kann auch unmittelbar bei dem zuständigen Finanzamt eingelegt werden.

---

[1] **Hinweis** auf A 16.2 UStAE u. **Merkblatt Stand 1. 1. 2014** *(BMF v. 4. 2. 2014, BStBl. I S. 220)* und *BMF v. 4. 2. 2014 (BStBl. I S. 229)* betr. **nicht im Inland zugelassene Omnibusse.**

(3) ① Anstelle der Beförderungseinzelbesteuerung kann der Unternehmer bei dem für ihn zuständigen Finanzamt die Besteuerung der Beförderungsleistungen im allgemeinen Besteuerungsverfahren (§ 18 Abs. 3 und 4 UStG) beantragen (§ 16 Abs. 5b UStG). ② Auf die Steuer, die sich danach ergibt, wird die bei den Zolldienststellen entrichtete Umsatzsteuer angerechnet, soweit sie auf diese Beförderungsleistungen entfällt (§ 18 Abs. 5b UStG). ③ Die Höhe der anzurechnenden Umsatzsteuer ist durch Vorlage aller im Verfahren der Beförderungseinzelbesteuerung von den Zolldienststellen ausgehändigten Durchschriften der Umsatzsteuererklärung (Vordruckmuster 2603) mit allen Steuerquittungen nachzuweisen. **112**

(4) ① Ist das Verfahren der Beförderungseinzelbesteuerung nicht durchzuführen, weil bei der Ein- und Ausreise keine Grenze zum Drittlandsgebiet überschritten wird, ist das allgemeine Besteuerungsverfahren (§ 18 Abs. 1 bis 4 UStG) durchzuführen. ② Zur umsatzsteuerlichen Erfassung in diesen Fällen vgl. § 18 Abs. 12 UStG und Abschnitt 18.17. **113**

18.9 Verfahren bei der Fahrzeugeinzelbesteuerung

UStAE 18.9

(1) ① Beim innergemeinschaftlichen Erwerb neuer Fahrzeuge (§ 1b UStG) durch andere Erwerber als die in § 1a Abs. 1 Nr. 2 UStG genannten Personen hat der Erwerber für jedes erworbene neue Fahrzeug eine Steuererklärung für die Fahrzeugeinzelbesteuerung nach amtlich vorgeschriebenem Vordruck abzugeben (§ 16 Abs. 5a, § 18 Abs. 5a UStG; Abschnitt 16.3). ② Der Erwerber hat die Steuererklärung eigenhändig zu unterschreiben und ihr die vom Lieferer ausgestellte Rechnung beizufügen. ③ §§ 167 und 168 AO sind anzuwenden. **114**

(2) ① Der Erwerber hat die Steuererklärung für die Fahrzeugeinzelbesteuerung innerhalb von 10 Tagen nach dem Tag des innergemeinschaftlichen Erwerbs (§ 13 Abs. 1 Nr. 7 UStG) abzugeben und die Steuer zu entrichten. ② Gibt er keine Steuererklärung ab oder berechnet er die Steuer nicht richtig, kann die Finanzbehörde die Steuer – ggf. im Schätzungswege – festsetzen. ③ Der Schätzung sind regelmäßig die Mitteilungen zu Grunde zu legen, die der Finanzbehörde von den für die Zulassung oder Registrierung von Fahrzeugen zuständigen Behörden (§ 18 Abs. 10 Nr. 1 UStG) oder dem für die Besteuerung des Fahrzeuglieferers zuständigen EU-Mitgliedstaat zur Verfügung gestellt werden. **115**

LS zu 18.9

Muster zur Fahrzeugeinzelbesteuerung. *BMF v. 26. 1. 2022 III C 3 – S 7532-a/20/10002 :102 (BStBl. I S. 166).*

Muster des USt-Berechnungsbogens mit Bescheid für die Fahrzeugeinzelbesteuerung vom 26. 8. 2013 IV D 3 – S 7352 – a/13/10 001 *(BeckVerw 275 950).*

Die **Kraftfahrzeugzulassungsstellen** sind verpflichtet, die erstmalige Zulassung eines Fahrzeugs, das in einem anderen EU-Mitgliedstaat erworben wurde, der zuständigen Finanzbehörde mitzuteilen. *Schreiben des BMF IV C 4 – S 7424a – 2/97 v. 5. 3. 1997.* **116**

Zur **Fahrzeugeinzelbesteuerung.** *Verfügung OFD Hannover v. 5. 9. 2013 S 7103b – 1 – St 133.*

Anl a zu 18.9

a) Schreiben betr. Muster der Umsatzsteuererklärung 2022[1]

Vom 11. Oktober 2021 (BStBl. I S. 2116)

(BMF III C 3 – S 7344/19/10002 :003; DOK 2021/1078448)

4 Anlagen *[hier nicht abgedruckt]*

Unter Bezugnahme auf das Ergebnis der Erörterungen mit den obersten Finanzbehörden der Länder gilt Folgendes: **117**

(1) Für die Abgabe der Umsatzsteuererklärung 2022 werden die folgenden Vordruckmuster eingeführt:

- ***USt 2 A*** ***Umsatzsteuererklärung 2022***
- **Anlage UN** **zur Umsatzsteuererklärung 2022**
- **Anlage FV** **zur Umsatzsteuererklärung 2022**
- ***USt 2 E*** ***Anleitung zur Umsatzsteuererklärung 2022***

(2) Mit Art. 11 Nrn. 6 und 7 des Jahressteuergesetzes 2020 vom 21. Dezember 2020 (BGBl. I S. 3096) hat der Gesetzgeber in § 24 Abs. 1 UStG eine Umsatzgrenze i. H. v. 600 000 Euro eingefügt. Diese ist erstmals auf Umsätze anzuwenden, die nach dem 31. Dezember 2021 bewirkt werden (§ 27 Abs. 32 UStG). Sofern nach § 24 Abs. 1 Satz 1 UStG der Gesamtumsatz (§ 19 Abs. 3 UStG) im vorangegangenen Kalenderjahr mehr als 600 000 Euro betragen hat, sind die Umsätze ab dem Besteuerungszeitraum 2022 zwingend nach der Regelbesteuerung zu versteuern. Eine entsprechende Erläuterung wurde in das Vordruckmuster USt 2 E (Zeilen 47 bis 53) aufgenommen.

(3) Die übrigen Änderungen gegenüber den Mustern des Vorjahres dienen der zeitlichen Anpassung oder sind redaktioneller bzw. drucktechnischer Art.

(4) Die Vordrucke sind auf der Grundlage der unveränderten Vordruckmuster herzustellen. Folgende Abweichung ist zulässig:

In dem Vordruck USt 2 A kann von dem Inhalt der Schlüsselzeile im Kopf des Vordruckmusters abgewichen werden, soweit dies aus organisatorischen Gründen unvermeidbar ist. Der Schlüssel „Vorgang" ist jedoch bundeseinheitlich vorgesehen (vgl. Ergebnis der Sitzung AutomSt III/92 zu TOP B 3.1).

[1] Muster der **Umsatzsteuererklärung 2023** (BMF v. 21. 12. 2022, BStBl. I S. 1719).

In Fällen der Abweichung soll auf der Vorderseite der Vordrucke USt 2 A und Anlage UN unten rechts das jeweilige Bundesland angegeben werden. Andernfalls soll diese Angabe unterbleiben.

(5) Die für Zwecke des in einigen Ländern eingesetzten Scannerverfahrens in die Vordruckmuster USt 2 A und Anlage UN eingearbeiteten Barcodes haben eine Breite von jeweils 8 mm und einen Abstand zu den Lesefeld- sowie den Seitenrändern von jeweils mindestens 5 mm. Bei der Herstellung der Vordrucke sind die vorgenannte Barcode-Breite und die erforderlichen Mindestabstände zwischen den Barcodes und den Lesefeld- sowie den Seitenrändern einzuhalten.

(6) Die Umsatzsteuererklärung ist grundsätzlich nach amtlich vorgeschriebenem Datensatz durch Datenfernübertragung authentifiziert zu übermitteln (§ 18 Abs. 3 Satz 1 UStG i. V. m. § 87 a Abs. 6 Satz 1 AO). Informationen hierzu sind unter der Internet-Adresse www.elster.de erhältlich.

Anl b zu 18.9

b) Schreiben betr. Muster der Umsatzsteuererklärung 2022

Vom 23. Dezember 2021 (BStBl. 2022 I S. 67)

(BMF III C 3 – S 7344/19/10002 :003; DOK 2021/1317372)

118 (1) Für die Abgabe der Umsatzsteuererklärung 2022 werden die folgenden Vordruckmuster neu bekannt gegeben:

- **USt 2 A** **Umsatzsteuererklärung 2022**
- **USt 2 E** **Anleitung zur Umsatzsteuererklärung 2022**

(2) Mit Art. 1 Nr. 5 i. V. m. Art. 3 des Gesetzes zur Umsetzung unionsrechtlicher Vorgaben im Umsatzsteuerrecht vom 21. Dezember 2021 hat der Gesetzgeber mit Wirkung zum 1. Januar 2022 in § 24 Abs. 1 Satz 1 Nr. 3 und Satz 3 UStG jeweils die Angabe „10,7 Prozent" durch die Angabe „9,5 Prozent" ersetzt. Der neue Wert ist von land- und forstwirtschaftlichen Betrieben in den Zeilen 49 (Kennzahl – Kz – 255/256) und 52 (Kz 345) des Vordruckmusters USt 2 A zu berücksichtigen.

(3) Die übrigen Änderungen gegenüber den bisher bekannt gegebenen Mustern sind lediglich redaktioneller Art.

(4) Die Vordrucke sind auf der Grundlage der unveränderten Vordruckmuster herzustellen. Folgende Abweichung ist zulässig:

In dem Vordruck USt 2 A kann von dem Inhalt der Schlüsselzeile im Kopf des Vordruckmusters abgewichen werden, soweit dies aus organisatorischen Gründen unvermeidbar ist. Der Schlüssel „Vorgang" ist jedoch bundeseinheitlich vorgesehen (vgl. Ergebnis der Sitzung AutomSt III/92 zu TOP B 3.1).

In Fällen der Abweichung soll auf der Vorderseite des Vordrucks USt 2 A unten rechts das jeweilige Bundesland angegeben werden. Andernfalls soll diese Angabe unterbleiben.

(5) Die für Zwecke des in einigen Ländern eingesetzten Scannerverfahrens in das Vordruckmuster USt 2 A eingearbeiteten Barcodes haben eine Breite von jeweils 8 mm und einen Abstand zu den Lesefeld- sowie den Seitenrändern von jeweils mindestens 5 mm. Bei der Herstellung der Vordrucke sind die vorgenannte Barcode-Breite und die erforderlichen Mindestabstände zwischen den Barcodes und den Lesefeld- sowie den Seitenrändern einzuhalten.

(6) Die Umsatzsteuererklärung ist grundsätzlich nach amtlich vorgeschriebenem Datensatz durch Datenfernübertragung authentifiziert zu übermitteln (§ 18 Abs. 3 Satz 1 UStG i. V. m. § 87 a Abs. 6 Satz 1 AO). Informationen hierzu sind unter der Internet-Adresse www.elster.de erhältlich.

(7) Die diesem Schreiben beigefügten Vordruckmuster ersetzen mit Wirkung vom 1. Januar 2022 die mit BMF-Schreiben vom 11. Oktober 2021 (BStBl. I S. 2116) eingeführten Vordruckmuster USt 2 A (Umsatzsteuererklärung 2022) und USt 2 E (Anleitung zur Umsatzsteuererklärung 2022). Die Anlage UN 2022 und Anlage FV 2022 bleiben unverändert bestehen.

Anl c zu 18.9

c) Schreiben betr. Vordrucke zur gesonderten und einheitlichen Feststellung von Besteuerungsgrundlagen für die Umsatzbesteuerung (Vordruckmuster USt 1 F bis 6 F sowie Anlagen USt 1, 2, 3 F und Anlage USt 6 F)

Vom 26. August 2013 (BStBl. I S. 1002)

(BMF IV D 3 – S 7532/12/10003; DOK 2013/0772557)

[abgedruckt im USt-Handbuch 2013 als Anlage b zu A 18.9]

Zu § 18 Abs. 8 UStG

(Abzugsverfahren, §§ 51–58 UStDV) – weggefallen[1] –

UStDV

§§ 51 bis 58 *(weggefallen)*

[1] Abzugsverfahren vgl. Übergangsregelung in § 27 Abs. 4 UStG.

§ 18 (1)–(8) … UStG

(9)[1] ① Zur Vereinfachung des Besteuerungsverfahrens kann das Bundesministerium der Finanzen mit Zustimmung des Bundesrates durch Rechtsverordnung die Vergütung der Vorsteuerbeträge (§ 15) an im Ausland ansässige Unternehmer, abweichend von § 16 und von den Absätzen 1 bis 4, in einem besonderen Verfahren regeln. ② Dabei kann auch angeordnet werden, 120

1. **dass die Vergütung nur erfolgt, wenn sie eine bestimmte Mindesthöhe erreicht,**
2. **innerhalb welcher Frist der Vergütungsantrag zu stellen ist,**
3. **in welchen Fällen der Unternehmer den Antrag eigenhändig zu unterschreiben hat,**
4. **wie und in welchem Umfang Vorsteuerbeträge durch Vorlage von Rechnungen und Einfuhrbelegen nachzuweisen sind,**
5. **dass der Bescheid über die Vergütung der Vorsteuerbeträge elektronisch erteilt wird,**
6. **wie und in welchem Umfang der zu vergütende Betrag zu verzinsen ist.**

③ Sind die durch die Rechtsverordnung nach den Sätzen 1 und 2 geregelten Voraussetzungen des besonderen Verfahrens erfüllt und schuldet der im Ausland ansässige Unternehmer ausschließlich Steuer nach § 13 a Absatz 1 Nummer 1 in Verbindung mit § 14 c Absatz 1 oder § 13 a Absatz 1 Nummer 4, kann die Vergütung der Vorsteuerbeträge nur in dem besonderen Verfahren durchgeführt werden. ④ Einem Unternehmer, der im Gemeinschaftsgebiet ansässig ist und Umsätze ausführt, die zum Teil den Vorsteuerabzug ausschließen, wird die Vorsteuer höchstens in der Höhe vergütet, in der er in dem Mitgliedstaat, in dem er ansässig ist, bei Anwendung eines Pro-rata-Satzes zum Vorsteuerabzug berechtigt wäre. ⑤ Einem Unternehmer, der nicht im Gemeinschaftsgebiet ansässig ist, wird die Vorsteuer nur vergütet, wenn in dem Land, in dem der Unternehmer seinen Sitz hat, keine Umsatzsteuer oder ähnliche Steuer erhoben oder im Fall der Erhebung im Inland ansässigen Unternehmern vergütet wird. ⑥ Von der Vergütung ausgeschlossen sind bei Unternehmern, die nicht im Gemeinschaftsgebiet ansässig sind, die Vorsteuerbeträge, die auf den Bezug von Kraftstoffen entfallen. ⑦ Die Sätze 5 und 6 gelten nicht für Unternehmer, die nicht im Gemeinschaftsgebiet ansässig sind, soweit sie im Besteuerungszeitraum (§ 16 Absatz 1 Satz 2) vor dem 1. Juli 2021 als Steuerschuldner Umsätze nach § 3 a Absatz 5 im Gemeinschaftsgebiet erbracht und für diese Umsätze von § 18 Absatz 4 c Gebrauch gemacht haben oder diese Umsätze in einem anderen Mitgliedstaat erklärt sowie die darauf entfallende Steuer entrichtet haben; Voraussetzung ist, dass die Vorsteuerbeträge im Zusammenhang mit Umsätzen nach § 3 a Absatz 5 stehen. ⑧ Die Sätze 5 und 6 gelten auch nicht für Unternehmer, die nicht im Gemeinschaftsgebiet ansässig sind, soweit sie im Besteuerungszeitraum (§ 16 Absatz 1 Satz 2) nach dem 30. Juni 2021 als Steuerschuldner Lieferungen nach § 3 Absatz 3 a Satz 1 innerhalb eines Mitgliedstaates, Fernverkäufe nach § 3 Absatz 3 a Satz 2, innergemeinschaftliche Fernverkäufe nach § 3 c Absatz 1 Satz 2 und 3, Fernverkäufe nach § 3 c Absatz 2 oder 3 oder sonstige Leistungen an Empfänger nach § 3 a Absatz 5 Satz 1 im Gemeinschaftsgebiet erbracht und für diese Umsätze von den §§ 18 i, 18 j oder 18 k Gebrauch gemacht haben; Voraussetzung ist, dass die Vorsteuerbeträge mit Lieferungen nach § 3 Absatz 3 a Satz 1 innerhalb eines Mitgliedstaates, Fernverkäufen nach § 3 Absatz 3 a Satz 2, innergemeinschaftlichen Fernverkäufen nach § 3 c Absatz 1 Satz 2 und 3, Fernverkäufen nach § 3 c Absatz 2 oder 3 oder sonstigen Leistungen an Empfänger nach § 3 a Absatz 5 Satz 1 im Zusammenhang stehen.

(10)–(12) …

Zu § 18 Abs. 9 UStG
(Vorsteuervergütungsverfahren, §§ 59 bis 62 UStDV)

Vergütung der Vorsteuerbeträge in einem besonderen Verfahren UStDV

§ 59[2] ***Vergütungsberechtigte Unternehmer***

① Die Vergütung der abziehbaren Vorsteuerbeträge (§ 15 des Gesetzes) an im Ausland ansässige Unternehmer ist abweichend von den §§ 16 und 18 Abs. 1 bis 4 des Gesetzes nach den §§ 60 bis 61 a durchzuführen, wenn der Unternehmer im Vergütungszeitraum 121

---

[1] Anwendung des § 18 Abs. 9 Satz 4 und 5 bei Steuerschuldnerschaft vgl. § 13 b Abs. 5 i. V. m. § 15 Abs. 4 b UStG; Sätze 7 und 8 anzuwenden ab 1. 7. 2021, vgl. § 27 Abs. 34 Satz 1 UStG.

[2] § 59 neugefasst durch JStG 2009 vom 19. 12. 2008 (BGBl. I S. 2794) mWv 1. 1. 2010 (vgl. § 74 a UStDV); Satz 2 geändert und Satz 3 angefügt durch VO v. 11. 12. 2012 (BGBl. I S. 2637) mWv 20. 12. 2012; Satz 1 Nr. 5 angef. mWv 1. 1. 2015 durch G v. 25. 7. 2014 (BGBl. I S. 1266); Satz 2 neugefasst durch VO vom 22. 12. 2014 (BGBl. I S. 2392) mWv 30. 12. 2014 und mWv 1. 1. 2020 durch „JStG 2019" v. 12. 12. 2019 (BGBl. I S. 2451); Satz 1 Nrn. 4 u. 5 durch Nrn. 4 bis 6 ersetzt durch Art. 16 JStG 2020 (BGBl. I S. 3096) mWv 1. 7. 2021.

UStDV

1. *im Inland keine Umsätze im Sinne des § 1 Abs. 1 Nr. 1 und 5 des Gesetzes oder nur steuerfreie Umsätze im Sinne des § 4 Nr. 3 des Gesetzes ausgeführt hat,*
2. *nur Umsätze ausgeführt hat, für die der Leistungsempfänger die Steuer schuldet (§ 13b des Gesetzes) oder die der Beförderungseinzelbesteuerung (§ 16 Abs. 5 und § 18 Abs. 5 des Gesetzes) unterlegen haben,*
3. *im Inland nur innergemeinschaftliche Erwerbe und daran anschließende Lieferungen im Sinne des § 25b Abs. 2 des Gesetzes ausgeführt hat,*
4. *im Inland als Steuerschuldner vor dem 1. Juli 2021 nur Umsätze im Sinne des § 3a Absatz 5 des Gesetzes erbracht und von dem Wahlrecht nach § 18 Absatz 4c des Gesetzes Gebrauch gemacht hat oder diese Umsätze in einem anderen Mitgliedstaat erklärt sowie die darauf entfallende Steuer entrichtet hat oder nach dem 30. Juni 2021 nur sonstige Leistungen an Empfänger nach § 3a Absatz 5 Satz 1 des Gesetzes erbracht und von dem Wahlrecht nach § 18i des Gesetzes Gebrauch gemacht hat,*
5. *im Inland als Steuerschuldner vor dem 1. Juli 2021 nur Umsätze im Sinne des § 3a Absatz 5 des Gesetzes erbracht und von dem Wahlrecht nach § 18 Absatz 4e des Gesetzes Gebrauch gemacht hat oder nach dem 30. Juni 2021 nur Lieferungen nach § 3 Absatz 3a Satz 1 des Gesetzes innerhalb eines Mitgliedstaates, innergemeinschaftliche Fernverkäufe nach § 3c Absatz 1 Satz 2 und 3 des Gesetzes sowie sonstige Leistungen an Empfänger nach § 3a Absatz 5 Satz 1 des Gesetzes erbracht und von dem Wahlrecht nach § 18j des Gesetzes Gebrauch gemacht hat oder*
6. *im Inland als Steuerschuldner nur Fernverkäufe nach § 3 Absatz 3a Satz 2 und § 3c Absatz 2 und 3 des Gesetzes erbracht und von dem Wahlrecht nach § 18k des Gesetzes Gebrauch gemacht hat.*

② *Ein im Ausland ansässiger Unternehmer im Sinne des Satzes 1 ist ein Unternehmer, der im Inland, auf der Insel Helgoland und in einem der in § 1 Absatz 3 des Gesetzes bezeichneten Gebiete weder einen Wohnsitz, seinen gewöhnlichen Aufenthalt, seinen Sitz, seine Geschäftsleitung noch eine Betriebsstätte hat, von der aus im Inland steuerbare Umsätze ausgeführt werden; ein im Ausland ansässiger Unternehmer ist auch ein Unternehmer, der ausschließlich einen Wohnsitz oder seinen gewöhnlichen Aufenthalt im Inland, aber im Ausland seinen Sitz, seine Geschäftsleitung oder eine Betriebsstätte hat, von der aus Umsätze ausgeführt werden.* ③ *Maßgebend für die Ansässigkeit ist der jeweilige Vergütungszeitraum im Sinne des § 60, für den der Unternehmer eine Vergütung beantragt.*

§ 60[1] *Vergütungszeitraum*

122 ① *Vergütungszeitraum ist nach Wahl des Unternehmers ein Zeitraum von mindestens drei Monaten bis zu höchstens einem Kalenderjahr.* ② *Der Vergütungszeitraum kann weniger als drei Monate umfassen, wenn es sich um den restlichen Zeitraum des Kalenderjahres handelt.* ③ *In den Vergütungsantrag für den Zeitraum nach den Sätzen 1 und 2 können auch abziehbare Vorsteuerbeträge aufgenommen werden, die in vorangegangene Vergütungszeiträume des betreffenden Jahres fallen.* ④ *Hat der Unternehmer einen Vergütungsantrag für das Kalenderjahr oder für den letzten Zeitraum des Kalenderjahres gestellt, kann er für das betreffende Jahr einmalig einen weiteren Vergütungsantrag stellen, in welchem ausschließlich abziehbare Vorsteuerbeträge aufgenommen werden dürfen, die in den Vergütungsanträgen für die Zeiträume nach den Sätzen 1 und 2 nicht enthalten sind; § 61 Absatz 3 Satz 3 und § 61a Absatz 3 Satz 3 gelten entsprechend.*

§ 61[2] *Vergütungsverfahren für im übrigen Gemeinschaftsgebiet ansässige Unternehmer*

123 (1) ① *Der im übrigen Gemeinschaftsgebiet ansässige Unternehmer hat den Vergütungsantrag nach amtlich vorgeschriebenem Datensatz durch Datenfernübertragung über das in dem Mitgliedstaat, in dem der Unternehmer ansässig ist, eingerichtete elektronische Portal dem Bundeszentralamt für Steuern zu übermitteln.* ② *Der Vergütungsantrag gilt nur dann als vorgelegt, wenn der Unternehmer*

1. *alle Angaben gemacht hat, die in den Artikeln 8 und 9 Absatz 1 der Richtlinie 2008/9/EG des Rates vom 12. Februar 2008 zur Regelung der Erstattung der Mehrwertsteuer gemäß der Richtlinie 2006/112/EG an nicht im Mitgliedstaat der Erstattung, sondern in einem anderen Mitgliedstaat ansässige Steuerpflichtige (ABl. L 44 vom 20. 2. 2008, S. 23), die durch die Richtlinie 2010/66/EU (ABl. L 275 vom 20. 10. 2010, S. 1) geändert worden ist, in der jeweils geltenden Fassung gefordert werden, sowie*
2. *eine Beschreibung seiner Geschäftstätigkeit anhand harmonisierter Codes vorgenommen hat, die gemäß Artikel 34a Absatz 3 Unterabsatz 2 der Verordnung (EG) Nr. 1798/2003 des Rates vom 7. Oktober 2003 über die Zusammenarbeit der Verwaltungsbehörden auf dem Gebiet der Mehrwertsteuer und zur Aufhebung der Verordnung (EWG) Nr. 218/92 (ABl. L 264 vom 15. 10. 2003, S. 1), die zuletzt durch die Verordnung (EU) Nr. 904/2010 (ABl. L 268 vom 12. 10. 2010, S. 1) geändert worden ist, in der jeweils geltenden Fassung bestimmt werden.*

---

[1] § 60 neuer Satz 2 eingefügt, bish. Satz 3 wird 4 und neugefasst durch VO vom 22. 12. 2014 (BGBl. I S. 2392) mWv 30. 12. 2014; Sätze 3 und 4 neugefasst durch VO v. 12. 7. 2017 (BGBl. I S. 2360) mWv 20. 7. 2017.

[2] § 61 neugefasst durch JStG 2009 vom 19. 12. 2008 (BGBl. I S. 2794) mWv 1. 1. 2010 (vgl. § 74a Abs. 1 UStDV); Abs. 2 Satz 3 geändert, Abs. 5 Satz 3 neugefasst, Satz 9 angefügt durch VO vom 22. 12. 2014 (BGBl. I S. 2392) mWv 30. 12. 2014; Abs. 1 geändert durch G v. 18. 7. 2016 (BGBl. I S. 1679) mWv 1. 1. 2017; Abs. 1 Satz 2 angefügt, Abs. 2 Satz 3 geändert, Abs. 4 neugefasst und Abs. 5 Satz 4 geändert durch VO v. 12. 7. 2017 (BGBl. I S. 2360) mWv 20. 7. 2017; Abs. 5 Sätze 2 bis 4 neugefasst mWv 1. 1. 2020 durch „JStG 2019" v. 12. 12. 2019 (BGBl. I S. 2451); Abs. 2 Satz 3 und Abs. 5 Satz 3 geändert mWv 23. 12. 2022 durch VO v. 19. 12. 2022 (BGBl. I S. 2432).

USTDV

(2) ① *Die Vergütung ist binnen neun Monaten nach Ablauf des Kalenderjahres, in dem der Vergütungsanspruch entstanden ist, zu beantragen.* ② *Der Unternehmer hat die Vergütung selbst zu berechnen.* ③ *Dem Vergütungsantrag sind die Rechnungen und Einfuhrbelege* als eingescannte Originale *[**ab 23. 12. 2022:** auf elektronischem Weg] vollständig beizufügen, wenn das Entgelt für den Umsatz oder die Einfuhr mindestens 1000 Euro, bei Rechnungen über den Bezug von Kraftstoffen mindestens 250 Euro beträgt.* ④ *Bei begründeten Zweifeln an dem Recht auf Vorsteuerabzug in der beantragten Höhe kann das Bundeszentralamt für Steuern verlangen, dass die Vorsteuerbeträge durch Vorlage von Rechnungen und Einfuhrbelegen im Original nachgewiesen werden.*

(3) ① *Die beantragte Vergütung muss mindestens 400 Euro betragen.* ② *Das gilt nicht, wenn der Vergütungszeitraum das Kalenderjahr oder der letzte Zeitraum des Kalenderjahres ist.* ③ *Für diese Vergütungszeiträume muss die beantragte Vergütung mindestens 50 Euro betragen.*

(4) ① *Der Bescheid über die Vergütung von Vorsteuerbeträgen ist durch Bereitstellung zum Datenabruf nach § 122a in Verbindung mit § 87a Absatz 8 der Abgabenordnung bekannt zu geben.* ② *Hat der Empfänger des Bescheids der Bekanntgabe durch Bereitstellung zum Datenabruf nach Satz 1 nicht zugestimmt, ist der Bescheid schriftlich zu erteilen.*

(5) ① *Der nach § 18 Abs. 9 des Gesetzes zu vergütende Betrag ist zu verzinsen.* ② *Der Zinslauf beginnt mit Ablauf von vier Monaten und zehn Arbeitstagen nach Eingang des Vergütungsantrags beim Bundeszentralamt für Steuern.* ③ *Übermittelt der Antragsteller Rechnungen oder Einfuhrbelege* als eingescannte Originale *abweichend von Absatz 2 Satz 3 nicht zusammen mit dem Vergütungsantrag, sondern erst zu einem späteren Zeitpunkt, beginnt der Zinslauf erst mit Ablauf von vier Monaten und zehn Arbeitstagen nach Eingang* dieser eingescannten Originale *[**ab 23. 12. 2022:** der auf elektronischem Weg übermittelten Rechnungen oder Einfuhrbelege] beim Bundeszentralamt für Steuern.* ④ *Hat das Bundeszentralamt für Steuern zusätzliche oder weitere zusätzliche Informationen angefordert, beginnt der Zinslauf erst mit Ablauf von zehn Arbeitstagen nach Ablauf der Fristen in Artikel 21 der Richtlinie 2008/9/EG.* ⑤ *Der Zinslauf endet mit erfolgter Zahlung des zu vergütenden Betrages; die Zahlung gilt als erfolgt mit dem Tag der Fälligkeit, es sei denn, der Unternehmer weist nach, dass er den zu vergütenden Betrag später erhalten hat.* ⑥ *Wird die Festsetzung oder Anmeldung der Steuervergütung geändert, ist eine bisherige Zinsfestsetzung zu ändern; § 233a Abs. 5 der Abgabenordnung gilt entsprechend.* ⑦ *Für die Höhe und Berechnung der Zinsen gilt § 238 der Abgabenordnung.* ⑧ *Auf die Festsetzung der Zinsen ist § 239 der Abgabenordnung entsprechend anzuwenden.* ⑨ *Bei der Festsetzung von Prozesszinsen nach § 236 der Abgabenordnung sind Zinsen anzurechnen, die für denselben Zeitraum nach den Sätzen 1 bis 5 festgesetzt wurden.*

(6) *Ein Anspruch auf Verzinsung nach Absatz 5 besteht nicht, wenn der Unternehmer einer Mitwirkungspflicht nicht innerhalb einer Frist von einem Monat nach Zugang einer entsprechenden Aufforderung des Bundeszentralamtes für Steuern nachkommt.*

§ 61a[1] *Vergütungsverfahren für nicht im Gemeinschaftsgebiet ansässige Unternehmer*

(1) ① *Der nicht im Gemeinschaftsgebiet ansässige Unternehmer hat den Vergütungsantrag nach amtlich vorgeschriebenem Datensatz durch Datenfernübertragung an das Bundeszentralamt für Steuern zu übermitteln.* ② *Auf Antrag kann das Bundeszentralamt für Steuern zur Vermeidung von unbilligen Härten auf eine elektronische Übermittlung verzichten.* ③ *In diesem Fall hat der nicht im Gemeinschaftsgebiet ansässige Unternehmer die Vergütung nach amtlich vorgeschriebenem Vordruck beim Bundeszentralamt für Steuern zu beantragen und den Vergütungsantrag eigenhändig zu unterschreiben.* **124**

(2) ① *Die Vergütung ist binnen sechs Monaten nach Ablauf des Kalenderjahres, in dem der Vergütungsanspruch entstanden ist, zu beantragen.* ② *Der Unternehmer hat die Vergütung selbst zu berechnen.* ③ *Die Vorsteuerbeträge sind durch Vorlage von Rechnungen und Einfuhrbelegen im Original nachzuweisen.*

(3) ① *Die beantragte Vergütung muss mindestens 1000 Euro betragen.* ② *Das gilt nicht, wenn der Vergütungszeitraum das Kalenderjahr oder der letzte Zeitraum des Kalenderjahres ist.* ③ *Für diese Vergütungszeiträume muss die beantragte Vergütung mindestens 500 Euro betragen.*

(4) *Der Unternehmer muss der zuständigen Finanzbehörde durch behördliche Bescheinigung des Staates, in dem er ansässig ist, nachweisen, dass er als Unternehmer unter einer Steuernummer eingetragen ist.*

Sondervorschriften für die Besteuerung bestimmter Unternehmer

§ 62 *Berücksichtigung von Vorsteuerbeträgen, Belegnachweis*

(1) *Ist bei den in § 59 genannten Unternehmern die Besteuerung nach § 16 und § 18 Abs. 1 bis 4 des Gesetzes durchzuführen, so sind hierbei die Vorsteuerbeträge nicht zu berücksichtigen, die nach § 59 vergütet worden sind.* **125**

(2) *Die abziehbaren Vorsteuerbeträge sind in den Fällen des Absatzes 1 durch Vorlage der Rechnungen und Einfuhrbelege im Original nachzuweisen.*

---

[1] § 61a eingefügt durch JStG 2009 vom 19. 12. 2008 (BGBl. I S. 2794) mWv 1. 1. 2010 (§ 74 Abs. 1 UStDV); Abs. 1 neugefasst, Abs. 2 Satz 4 aufgehoben durch VO vom 22. 12. 2014 (BGBl. I S. 2392), anzuwenden auf ab dem 1. 7. 2016 gestellte Vorsteuervergütungsanträge (§ 74 Abs. 4 UStDV); Abs. 1 Satz 1 geändert durch G v. 18. 7. 2016 (BGBl. I S. 1679) mWv 1. 1. 2017.

UStAE 18.10

18.10 Unter das Vorsteuer-Vergütungsverfahren fallende Unternehmer und Vorsteuerbeträge

131 (1) ① Das Vorsteuer-Vergütungsverfahren kommt nur für Unternehmer in Betracht, die im Ausland ansässig sind; die Ansässigkeit im Ausland richtet sich nach § 59 Satz 2 UStDV. ② Ein Unternehmer ist bereits dann im Inland ansässig, wenn er eine inländische Betriebsstätte hat und von dieser im Inland steuerbare Umsätze ausführt (vgl. EuGH-Urteil vom 25. 10. 2012, C-318/11 und C-319/11); die Absicht, von dort Umsätze auszuführen, ist nicht ausreichend (vgl. BFH-Urteil vom 5. 6. 2014, V R 50/13, BStBl. II S. 813). ③ Die Vorsteuerbeträge des im Ausland gelegenen Unternehmensteils sind in den Fällen des Satzes 2 erster Halbsatz im Rahmen des allgemeinen Besteuerungsverfahrens von der Betriebsstätte geltend zu machen. ④ Unternehmer, die ein im Inland gelegenes Grundstück besitzen und vermieten oder beabsichtigen zu vermieten, sind als im Inland ansässig zu behandeln. ⑤ Zur Abgrenzung des Vorsteuer-Vergütungsverfahrens vom allgemeinen Besteuerungsverfahren vgl. Abschnitt 18.15.

132 (2) ① Das Vergütungsverfahren setzt voraus, dass der im Ausland ansässige Unternehmer in einem Vergütungszeitraum (vgl. Abschnitt 18.12) im Inland entweder keine Umsätze oder nur die Umsätze ausgeführt hat, die in § 59 UStDV genannt sind. ② Sind diese Voraussetzungen erfüllt, kann die Vergütung der Vorsteuerbeträge nur im Vorsteuer-Vergütungsverfahren durchgeführt werden.

Beispiel 1:

① Ein im Ausland ansässiger Beförderungsunternehmer hat im Inland in den Monaten Januar bis April nur steuerfreie Beförderungen im Sinne des § 4 Nr. 3 UStG ausgeführt. ② In denselben Monaten ist ihm für empfangene Leistungen, z. B. für Beherbergungen, Umsatzsteuer i. H. v. insgesamt 300 € in Rechnung gestellt worden.

③ Die Vergütung der abziehbaren Vorsteuerbeträge ist im Vorsteuer-Vergütungsverfahren durchzuführen (§ 59 Satz 1 Nr. 1 UStDV).

Beispiel 2:

① Der im Ausland ansässige Unternehmer U hat in den Monaten Januar bis April Gegenstände aus dem Drittlandsgebiet an Abnehmer im Inland geliefert. ② U beförderte die Gegenstände mit eigenen Fahrzeugen an die Abnehmer. ③ Bei den Beförderungen ist dem Unternehmer im Inland für empfangene Leistungen, z. B. für Beherbergungen, Umsatzsteuer i. H. v. insgesamt 300 € in Rechnung gestellt worden. ④ Schuldner der Einfuhrumsatzsteuer für die eingeführten Gegenstände war jeweils der Abnehmer. ⑤ U hat in den Monaten Januar bis April keine weiteren Umsätze im Inland erbracht.

⑥ U erbringt in den Monaten Januar bis April keine Umsätze im Inland. ⑦ Der Ort seiner Lieferungen liegt im Drittlandsgebiet (§ 3 Abs. 6 UStG). ⑧ Die Vergütung der abziehbaren Vorsteuerbeträge ist im Vorsteuer-Vergütungsverfahren durchzuführen (§ 59 Satz 1 Nr. 1 UStDV).

Beispiel 3:

① Der im Ausland ansässige Unternehmer A erbringt im Jahr 01 im Inland ausschließlich steuerpflichtige Werkleistungen an den Unternehmer U. ② Zur Ausführung der Werkleistungen ist A im Inland für empfangene Leistungen, z. B. Materialeinkauf, Umsatzsteuer i. H. v. insgesamt 1 000 € in Rechnung gestellt worden.

③ Steuerschuldner für die Leistungen des A ist U (§ 13 b Abs. 5 Satz 1 UStG). ④ Die Vergütung der abziehbaren Vorsteuerbeträge des A ist im Vorsteuer-Vergütungsverfahren durchzuführen (§ 59 Satz 1 Nr. 2 UStDV).

133 ③ Der vergütungsberechtigte Unternehmer (Leistender) ist im Rahmen der gesetzlichen Mitwirkungspflicht (§ 90 Abs. 1 AO) verpflichtet, auf Verlangen die Leistungsempfänger zu benennen, wenn diese für seine Leistungen die Steuer nach § 13b Abs. 5 Satz 1 und 6 UStG schulden.

LS zu 18.10

135 Ein Mitgliedstaat darf einem in einem anderen Mitgliedstaat ansässigen Steuerpflichtigen den Anspruch auf Erstattung der Mehrwertsteuer nicht allein deshalb versagen, weil er im Mitgliedstaat der Erstattung zu Mehrwertsteuerzwecken **registriert** ist oder sein müsste. ***EuGH-Urteil v. 11. 6. 2020 C-242/19,*** *CHEP (DStRE S. 1055).*

UStAE 18.11

18.11 Vom Vorsteuer-Vergütungsverfahren ausgeschlossene Vorsteuerbeträge

141 (1) Sind die Voraussetzungen für die Anwendung des Vorsteuer-Vergütungsverfahrens nach § 59 UStDV nicht erfüllt, können Vorsteuerbeträge nur im allgemeinen Besteuerungsverfahren nach § 16 und § 18 Abs. 1 bis 4 UStG berücksichtigt werden.

Beispiel 1:

① Einem im Ausland ansässigen Unternehmer ist im Vergütungszeitraum Januar bis März Umsatzsteuer für die Einfuhr oder den Kauf von Gegenständen und für die Inanspruchnahme von sonstigen Leistungen berechnet worden. ② Der Unternehmer führt im März im Inland steuerpflichtige Lieferungen aus.

③ Die Vorsteuer kann nicht im Vorsteuer-Vergütungsverfahren vergütet werden. ④ Das allgemeine Besteuerungsverfahren ist durchzuführen.

Beispiel 2:

① Der im Ausland ansässige Unternehmer U führt an dem im Inland belegenen Einfamilienhaus eines Privatmannes Schreinerarbeiten (Werklieferungen) durch. ② Die hierfür erforderlichen Gegenstände hat U teils im Inland erworben, teils in das Inland eingeführt. ③ Für den Erwerb der Gegenstände im Inland ist U Umsatzsteuer i. H. v. 500 € in Rechnung gestellt worden. ④ Für die Einfuhr der Gegenstände ist Einfuhrumsatzsteuer in Höhe von 250 € entstanden.

⑤ Auf die Umsätze des U findet § 13 b UStG keine Anwendung, da der Leistungsempfänger als Privatmann nicht Steuerschuldner wird (§ 13 b Abs. 5 Satz 1 UStG). ⑥ Die Vorsteuerbeträge (Umsatzsteuer und Einfuhrumsatzsteuer) können daher nicht im Vorsteuer-Vergütungsverfahren vergütet werden. ⑦ Das allgemeine Besteuerungsverfahren ist durchzuführen.

Beispiel 3:

① Sachverhalt wie in Abschnitt 18.10 Abs. 2 Beispiel 2. ② Abweichend hiervon ist U Schuldner der Einfuhrumsatzsteuer. ③ Der Ort der Lieferungen des U liegt im Inland (§ 3 Abs. 8 UStG). ④ U schuldet die Steuer für die Lieferungen. ⑤ Die Vorsteuerbeträge können daher nicht im Vorsteuer-Vergütungsverfahren vergütet werden. ⑥ Das allgemeine Besteuerungsverfahren ist durchzuführen.

(1 a) ① Nicht vergütet werden Vorsteuerbeträge, die in Rechnungen über Ausfuhrlieferungen oder innergemeinschaftliche Lieferungen gesondert ausgewiesen werden, wenn feststeht, dass die Voraussetzungen der Steuerbefreiung nach § 4 Nr. 1 Buchstabe a in Verbindung mit § 6 Abs. 1 bis 3 a UStG bzw. § 4 Nr. 1 Buchstabe b in Verbindung mit § 6 a Abs. 1 oder Abs. 2 UStG vorliegen können, vgl. auch Abschnitt 6 a.1 Abs. 19. ② In diesen Fällen handelt es sich für die Beurteilung des Vergütungsanspruchs im Vorsteuer-Vergütungsverfahren um eine unrichtig ausgewiesene Steuer nach § 14 c Abs. 1 UStG, die vom Leistungsempfänger nicht als Vorsteuer abgezogen (vgl. Abschnitt 14 c.1 Abs. 1 Satz 5 Nr. 3 und Satz 6 sowie Abschnitt 15.2 Abs. 1 Sätze 1 und 2) und die demnach im Vorsteuer-Vergütungsverfahren nicht vergütet werden kann. ③ Die umsatzsteuerrechtliche Beurteilung der Lieferung des leistenden Unternehmers bleibt unberührt. **141a**

(2) ① Reiseveranstalter sind nicht berechtigt, die ihnen für Reisevorleistungen gesondert in Rechnung gestellten Steuerbeträge als Vorsteuer abzuziehen (§ 25 Abs. 4 UStG). ② Insoweit entfällt deshalb auch das Vorsteuer-Vergütungsverfahren. **142**

(3) Nicht vergütet werden Vorsteuerbeträge, die mit Umsätzen im Ausland in Zusammenhang stehen, die – wenn im Inland ausgeführt – den Vorsteuerabzug ausschließen würden (vgl. Abschnitt 15.14). **143**

Beispiel:

① Ein französischer Arzt besucht einen Ärztekongress im Inland. ② Da ärztliche Leistungen grundsätzlich steuerfrei sind und den Vorsteuerabzug ausschließen, können die angefallenen Vorsteuerbeträge nicht vergütet werden.

(4)[1] ① Einem Unternehmer, der nicht im Gemeinschaftsgebiet ansässig ist, wird die Vorsteuer nur vergütet, wenn in dem Land, in dem der Unternehmer seinen Sitz hat, keine Umsatzsteuer oder ähnliche Steuer erhoben oder im Fall der Erhebung im Inland ansässigen Unternehmern vergütet wird (sog. Gegenseitigkeit im Sinne von § 18 Abs. 9 Satz 5 UStG). ② Unternehmer, die ihren Sitz auf den Kanarischen Inseln, in Ceuta oder in Melilla haben, sind für die Durchführung des Vorsteuer-Vergütungsverfahrens wie Unternehmer mit Sitz im Gemeinschaftsgebiet zu behandeln. ③ Hinsichtlich der Verzeichnisse der Drittstaaten, zu denen Gegenseitigkeit gegeben oder nicht gegeben ist, wird auf das BMF-Schreiben vom 9. 11. 2022, BStBl. I S. 1585,[2] hingewiesen. ④ Bei fehlender Gegenseitigkeit ist das Vorsteuer-Vergütungsverfahren nur durchzuführen, soweit der nicht im Gemeinschaftsgebiet ansässige Unternehmer vor dem 1. 7. 2021 als Steuerschuldner Umsätze nach § 3 a Abs. 5 UStG im Gemeinschaftsgebiet erbracht und für diese Umsätze von dem Wahlrecht der steuerlichen Erfassung in nur einem EU-Mitgliedstaat (§ 18 Abs. 4 c und 4 d UStG) Gebrauch gemacht hat (vgl. Abschnitt 18.7 a Abs. 8). **144**

(5) Von der Vergütung ausgeschlossen sind bei Unternehmern, die nicht im Gemeinschaftsgebiet ansässig sind, die Vorsteuerbeträge, die auf den Bezug von Kraftstoffen entfallen (§ 18 Abs. 9 Satz 6 UStG). **145**

LS zu 18.11

147

Zur Auslegung der Begriffe **„ansässig"** und **„Sitz der wirtschaftlichen Tätigkeit"** (§ 18 Abs. 9 UStG 1993). – Mit dem Verfahren zur Vorsteuervergütung für nicht im Gemeinschaftsgebiet ansässige Steuerpflichtige nach § 18 Abs. 9 Satz 6 und 7 UStG 1993 i. V. m. §§ 59 ff. UStDV 1993 hat der Gesetz- und Verordnungsgeber Art. 17 Abs. 4 der Richtlinie 77/388/EWG i. V. m. Art. 1 der Dreizehnten Richtlinie 86/560/EWG umgesetzt. Die in § 18 Abs. 9 UStG 1993 enthaltenen Begriffe „ansässig" bzw. „Sitz der wirtschaftlichen Tätigkeit" sind daher richtlinienkonform auszulegen. *BFH-Urteil v. 22. 5. 2003 – V R 97/01 (BStBl. II S. 819).*

1. Die Vergütung von Vorsteuerbeträgen setzt zunächst voraus, dass dem Unternehmer **abziehbare Vorsteuerbeträge** berechnet worden sind. – 2. § 18 Abs. 9 Satz 6 UStG verstößt weder gegen das DBA-Brasilien noch gegen das GG. *BFH-Urteil v. 10. 4. 2003 – V R 35/01 (BStBl. II S. 782).*

Art. 2 Abs. 2 der 13. EG-Richtlinie 86/560/EWG ist dahin auszulegen, dass der dort verwendete Begriff **„Drittländer"** alle Drittländer umfasst und dass diese Bestimmung die Befugnis und die Verantwortung der Mitgliedstaaten unberührt lässt, ihren Verpflichtungen aus völkerrechtlichen Verträgen wie dem Allgemeinen Übereinkommen über den Handel mit Dienstleistungen **[GATS]** nachzukommen. ***EuGH-Urt. v. 7. 6. 2007*** *C-335/05, Řízení Letového Provozu ČR s. p. (DStRE 2008 S. 234).*

1. Der in Art. 2 Abs. 2 der Dreizehnten Richtlinie 86/560/EWG verwendete Begriff „Drittländer" umfasst auch solche Drittländer, die sich auf die Meistbegünstigungsklausel nach Art. II Abs. 1 GATS berufen können. [*EuGH-Urt. v. 7. 6. 2007, C-335/05, DStRE 2008 S. 234].* – 2. Da Tschechien im **Vergütungszeitraum 2002** Umsatzsteuer erhob, aber inländischen Unternehmen keine Vorsteuervergütung gewährte, erhält ein Unternehmen mit Sitz in **Tschechien mangels Gegenseitigkeit** die deutsche Vorsteuer nicht im Vorsteuervergütungsverfahren vergütet. *FG Köln, Urt. v. 16. 10. 2008, 2 K 3126/04, rkr. (DStRE 2009 S. 302).*

1. Die Klage der Europäischen Kommission auf Feststellung, dass das Vereinigte Königreich Großbritannien und Nordirland dadurch gegen seine Verpflichtung aus den Art. 169 bis 171 der Richtlinie 2006/112/EG des Rates und aus Art. 2 Abs. 1 der Dreizehnten Richtlinie 86/560/EWG des Rates verstoßen hat, dass es bei bestimmten Umsätzen **[Versicherungs- u. Finanzumsätze]**, die von nicht im Gebiet der Europäischen Union ansässigen Steuerpflichtigen bewirkt werden, die Erstattung der Vorsteuer verweigert, wird abgewiesen. 2. … ***EuGH-Urt. v. 15. 7. 2010*** *C-582/08 (BeckRS 2010, 90717).*

[1] A 18.11 UStAE Abs. 4 Satz 3 geändert durch BMF v. 9. 11. 2022 (BStBl. I S. 1585), anzuwenden in allen offenen Fällen.
[2] Anlage zu A 18.14 UStAE (Verzeichnis der Drittstaaten).

Anl zu 18.11

Schreiben betr. Vorsteuer-Vergütungsverfahren (§ 18 Abs. 9 UStG, §§ 59 bis 61 a UStDV); Gegenseitigkeit (§ 18 Abs. 9 Satz 5 UStG)

Vom 9. November 2022 (BStBl. I S. 1585)

(BMF III C 3 – S 7359/19/10005 :001; DOK 2022/1071370)

Bezug: BMF-Schreiben vom 15. März 2021 (BStBl. I S. 381)

148 Mit dem o. g. BMF-Schreiben vom 15. März 2021 zum Vorsteuer-Vergütungsverfahren ist je ein Verzeichnis der Drittstaaten, zu denen die Gegenseitigkeit i. S. d. § 18 Abs. 9 Satz 5 UStG besteht, und der Drittstaaten, zu denen die Gegenseitigkeit nicht gegeben ist, herausgegeben worden.

Hiermit werden die Verzeichnisse durch die beiliegenden, geänderten Verzeichnisse ersetzt *[Anl. zu A 18.14]*. Die Änderungen beruhen auf der Feststellung, dass die Gegenseitigkeit zu den Palästinensischen Gebieten seit dem 14. Juli 1998 gegeben ist. Ergänzungen und Änderungen sind durch Randstriche kenntlich gemacht.

[Änderungen des Umsatzsteuer-Anwendungserlasses in A 18.11 UStAE berücksichtigt]

149 Die Grundsätze dieses Schreibens sind in allen offenen Fällen anzuwenden.

UStAE 18.12

18.12 Vergütungszeitraum

150 (1) ① Der Vergütungszeitraum muss mindestens drei aufeinander folgende Kalendermonate in einem Kalenderjahr umfassen. ② Es müssen nicht in jedem Kalendermonat Vorsteuerbeträge angefallen sein. ③ Für den restlichen Zeitraum eines Kalenderjahres können die Monate November und Dezember oder es kann auch nur der Monat Dezember Vergütungszeitraum sein.

(2) ① In den Vergütungsantrag für den Zeitraum nach Absatz 1 Sätze 1 und 3 können auch abziehbare Vorsteuerbeträge aufgenommen werden, die in vorangegangene Vergütungszeiträume des betreffenden Jahres fallen. ② Hat der Unternehmer einen Vergütungsantrag für das Kalenderjahr oder für den letzten Zeitraum des Kalenderjahres gestellt, kann er für das betreffende Jahr einmalig einen weiteren Vergütungsantrag stellen, in welchem ausschließlich abziehbare Vorsteuerbeträge aufgenommen werden dürfen, die in den Vergütungsanträgen für die Zeiträume nach Absatz 1 Sätze 1 und 3 nicht enthalten sind. ③ Der weitere Vergütungsantrag nach Satz 2 wird aus Vereinfachungsgründen stets als Antrag für das betreffende Kalenderjahr behandelt, soweit die Voraussetzungen nach § 59 UStDV erfüllt sind; dies gilt unabhängig davon, welchen Vergütungszeitraum der Unternehmer in dem Antrag gewählt hat.

(3) ① Wegen der Auswirkungen der Mindestbeträge auf den zu wählenden Vergütungszeitraum vgl. § 61 Abs. 3 und § 61 a Abs. 3 UStDV. ② Für den weiteren Vergütungsantrag nach Absatz 2 Satz 2 gelten die Mindestbeträge nach § 61 Abs. 3 Satz 3 und § 61 a Abs. 3 Satz 3 UStDV entsprechend.

UStAE 18.13

18.13 Vorsteuer-Vergütungsverfahren für im übrigen Gemeinschaftsgebiet ansässige Unternehmer

Antragstellung

151 (1) ① Ein im übrigen Gemeinschaftsgebiet ansässiger Unternehmer, dem im Inland von einem Unternehmer für einen steuerpflichtigen Umsatz Umsatzsteuer in Rechnung gestellt worden ist, kann über die zuständige Stelle in dem Mitgliedstaat, in dem der Unternehmer ansässig ist, bei der zuständigen Behörde im Inland einen Antrag auf Vergütung dieser Steuer stellen. ② Für die Vergütung der Vorsteuerbeträge im Vorsteuer-Vergütungsverfahren ist ausschließlich das BZSt zuständig (§ 5 Abs. 1 Nr. 8 FVG).

152 (2) ① Der im übrigen Gemeinschaftsgebiet ansässige Unternehmer hat den Vergütungsantrag nach amtlich vorgeschriebenem Datensatz durch Datenfernübertragung über das in dem Mitgliedstaat, in dem der Unternehmer ansässig ist, eingerichtete elektronische Portal dem BZSt zu übermitteln (§ 61 Abs. 1 Satz 1 UStDV). ② Der Vergütungsantrag gilt nur dann als vorgelegt, wenn der Unternehmer alle Angaben im Sinne von Abschnitt 18g.1 Abs. 4 und 5 Spiegelstriche 1 bis 8 gemacht und eine Beschreibung seiner Geschäftstätigkeit anhand harmonisierter Codes vorgenommen hat (vgl. § 61 Abs. 1 Satz 2 UStDV). ③ Eine unmittelbare Übermittlung des Vergütungsantrags von dem im übrigen Gemeinschaftsgebiet ansässigen Unternehmer an das BZSt ist nicht möglich. ④ Eine schriftliche Bescheinigung des Mitgliedstaats, in dem der Unternehmer ansässig ist, zur Bestätigung der Unternehmereigenschaft ist durch im übrigen Gemeinschaftsgebiet ansässige Unternehmer nicht beizufügen.

153 (3) ① Die Vergütung ist binnen neun Monaten nach Ablauf des Kalenderjahres, in dem der Vergütungsanspruch entstanden ist, zu beantragen (§ 61 Abs. 2 UStDV). ② Es handelt sich hierbei um eine Ausschlussfrist, bei deren Versäumung unter den Voraussetzungen des § 110 AO Wiedereinsetzung in den vorigen Stand gewährt werden kann (vgl. EuGH-Urteil vom 21. 6. 2012, C-294/11, Elsacom, BStBl. II S. 942).

154 (4) ① Der Unternehmer hat die Vergütung selbst zu berechnen. ② Dem Vergütungsantrag sind auf elektronischem Weg die Rechnungen und Einfuhrbelege als eingescannte Originale beizufü-

gen, wenn das Entgelt für den Umsatz oder die Einfuhr mindestens 1 000 €, bei Rechnungen über den Bezug von Kraftstoffen mindestens 250 € beträgt. ③ Bei begründeten Zweifeln an dem Recht auf Vorsteuerabzug in der beantragten Höhe kann das BZSt verlangen, dass die Vorsteuerbeträge – unbeschadet der Frage der Rechnungshöhe – durch Vorlage von Rechnungen und Einfuhrbelegen im Original nachgewiesen werden. ④ Vor Ablehnung eines Vergütungsantrages, der innerhalb der Antragsfrist (vgl. Absatz 3 Satz 1) gestellt wurde, dem aber nicht die Kopien der Rechnungen oder der Einfuhrdokumente beigefügt waren, ist der Unternehmer zur Vorlage der entsprechenden Kopien oder sachdienlicher Informationen aufzufordern, die die Bearbeitung dieser Anträge ermöglichen, und zwar unabhängig davon, ob die Antragsfrist für den zugrundeliegenden Vergütungszeitraum zum Zeitpunkt der Bearbeitung bereits abgelaufen ist (vgl. EuGH-Urteil vom 18. 11. 2020, C-371/19, Kommission/Deutschland).

(5) ① Die beantragte Vergütung muss mindestens 400 € betragen (§ 61 Abs. 3 UStDV). ② Das gilt nicht, wenn der Vergütungszeitraum das Kalenderjahr oder der letzte Zeitraum des Kalenderjahres ist. ③ Für diese Vergütungszeiträume muss die beantragte Vergütung mindestens 50 € betragen. **155**

(6) Einem Unternehmer, der im Gemeinschaftsgebiet ansässig ist und Umsätze ausführt, die zum Teil den Vorsteuerabzug ausschließen, wird die Vorsteuer höchstens in der Höhe vergütet, in der er in dem Mitgliedstaat, in dem er ansässig ist, bei Anwendung eines Pro-rata-Satzes zum Vorsteuerabzug berechtigt wäre (§ 18 Abs. 9 Satz 3 UStG). **156**

Bescheiderteilung

(7) ① Das BZSt hat den Vergütungsantrag eines im übrigen Gemeinschaftsgebiet ansässigen Unternehmers grundsätzlich innerhalb von vier Monaten und zehn Tagen nach Eingang aller erforderlichen Unterlagen abschließend zu bearbeiten und den Vergütungsbetrag auszuzahlen. ② Die Bearbeitungszeit verlängert sich bei Anforderung weiterer Informationen zum Vergütungsantrag durch das BZSt auf längstens acht Monate. ③ Die Fristen nach den Sätzen 1 und 2 gelten auch bei Vergütungsanträgen von Unternehmern, die auf den Kanarischen Inseln, in Ceuta oder in Melilla ansässig sind. **157**

(8) ① Der Bescheid über die Vergütung von Vorsteuerbeträgen ist durch Bereitstellung zum Datenabruf nach § 122 a in Verbindung mit § 87 a Abs. 8 AO bekannt zu geben (§ 61 Abs. 4 Satz 1 UStDV). ② Hat der Empfänger des Bescheids der Bekanntgabe durch Bereitstellung zum Datenabruf nicht zugestimmt, ist der Bescheid in Papierform zu versenden. **158**

Verzinsung

(9) ① Der nach § 18 Abs. 9 UStG zu vergütende Betrag ist zu verzinsen (§ 61 Abs. 5 UStDV). ② Der Zinslauf beginnt grundsätzlich mit Ablauf von vier Monaten und zehn Arbeitstagen nach Eingang des Vergütungsantrags beim BZSt. ③ Übermittelt der Unternehmer Rechnungen oder Einfuhrbelege als eingescannte Originale abweichend von Absatz 4 Satz 2 nicht zusammen mit dem Vergütungsantrag, sondern erst zu einem späteren Zeitpunkt, beginnt der Zinslauf erst mit Ablauf von vier Monaten und zehn Arbeitstagen nach Eingang dieser eingescannten Originale beim BZSt. ④ Hat das BZSt zusätzliche oder weitere zusätzliche Informationen angefordert, beginnt der Zinslauf erst mit Ablauf von zehn Arbeitstagen nach Ablauf der Fristen in Artikel 21 der Richtlinie 2008/9/EG des Rates vom 12. 2. 2008 zur Regelung der Erstattung der Mehrwertsteuer nach der Richtlinie 2006/112/EG an nicht im Mitgliedstaat der Erstattung, sondern in einem anderen Mitgliedstaat ansässige Steuerpflichtige (ABl. EU 2008 Nr. L 44 S. 23). ⑤ Der Zinslauf endet mit erfolgter Zahlung des zu vergütenden Betrages; die Zahlung gilt als erfolgt mit dem Tag der Fälligkeit, es sei denn, der Unternehmer weist nach, dass er den zu vergütenden Betrag später erhalten hat. ⑥ Wird die Festsetzung oder Anmeldung der Steuervergütung geändert, ist eine bisherige Zinsfestsetzung zu ändern; § 233 a Abs. 5 AO gilt entsprechend. ⑦ Für die Höhe und Berechnung der Zinsen gilt § 238 AO. ⑧ Auf die Festsetzung der Zinsen ist § 239 AO entsprechend anzuwenden. ⑨ Bei der Festsetzung von Prozesszinsen nach § 236 AO sind Zinsen anzurechnen, die für denselben Zeitraum nach den Sätzen 1 bis 5 festgesetzt wurden. **159**

(10) ① Ein Anspruch auf Verzinsung nach Absatz 9 besteht nicht, wenn der Unternehmer einer Mitwirkungspflicht nicht innerhalb einer Frist von einem Monat nach Zugang einer entsprechenden Aufforderung des BZSt nachkommt (§ 61 Abs. 6 UStDV). ② Dabei handelt es sich nicht um eine nicht verlängerbare Ausschlussfrist (vgl. BFH-Urteil vom 17. 7. 2019, V R 7/17, BStBl. 2020 II S. 177). **160**

LS zu 18.13

Dem Vergütungsantrag ist i. S. von § 61 Abs. 2 Satz 3 UStDV a. F. in **elektronischer Form** die Rechnung **„in Kopie“** beigefügt, wenn das elektronisch übermittelte Dokument eine originalgetreue Reproduktion der Rechnung ist. *BFH-Urteil v. 30. 8. 2017 XI R 24/16 (BStBl. 2018 II S. 151).*

Auch die **Kopie einer Rechnungskopie** ist eine Kopie der Rechnung i. S. von § 61 Abs. 2 Satz 3 UStDV a. F. *BFH-Urteil v. 17. 5. 2017 V R 54/16 (BStBl. II S. 925).* **160a**

Im Vergütungsverfahren genügt der Antragsteller seiner Verpflichtung zur Vorlage der Rechnung in Kopie, wenn er innerhalb der Antragsfrist seinem Antrag ein Rechnungsdokument in Kopie beifügt, das den **Mindestanforderungen** entspricht, die an eine berichtigungsfähige Rechnung zu stellen sind. *BFH-Urteil v. 15. 10. 2019 V R 19/18 (BStBl. 2020 II S. 600).*

Der ***EuGH*** hat mit ***Urteil v. 18. 11. 2020 C-371/19,*** *KOM/Deutschland (DStR S. 2671)* festgestellt, dass die Bundesrepublik **Deutschland** unter Verstoß gegen den Grundsatz der Neutralität der Mehrwertsteuer und die praktische Wirksamkeit des Anspruchs der nicht im Mitgliedstaat der Erstattung ansässigen Steuerpflichtigen auf Erstattung der Mehrwertsteuer dadurch gegen ihre Verpflichtungen aus den Art. 170 und 171 MwStSystRL sowie aus Art. 5 RL 2008/9/EG verstoßen hat, dass sie die Anträge auf Erstattung der Mehrwertsteuer abgelehnt hat, die vor dem 30. 9. des auf den Erstattungszeitraum folgenden Kalenderjahrs gestellt wurden, denen aber nicht die Kopien der Rechnungen oder der Einfuhrdokumente, die gemäß Art. 10 RL 2008/9 von den Rechtsvorschriften des Mitgliedstaats der Erstattung verlangt werden, beigefügt sind, ohne die Antragsteller zuvor aufzufordern, ihre Anträge durch die – erforderlichenfalls nach diesem Zeitpunkt erfolgende – Vorlage dieser Kopien zu ergänzen oder sachdienliche Informationen vorzulegen, die die Bearbeitung dieser Anträge ermöglichen.

Der ***EuGH*** hat mit ***Urteil v. 17. 12. 2020 C-346/19,*** *BZSt/Y-GmbH (DStR 2021 S. 26)* zur **Nummer der Rechnung im Vorsteuervergütungsantrag** entschieden, dass Art. 8 Abs. 2 Buchst. d und Art. 15 Abs. 1 der Richtlinie 2008/9/EG so auszulegen sind, dass dann, wenn ein Antrag auf Erstattung der Mehrwertsteuer keine fortlaufende Rechnungsnummer, sondern eine andere Nummer enthält, anhand deren die Rechnung und so der betreffende Gegenstand oder die betreffende Dienstleistung identifiziert werden können, die Steuerverwaltung des Erstattungsmitgliedstaats diesen Antrag als iSv Art. 15 Abs. 1 der Richtlinie 2008/9 „vorgelegt" betrachten und ihn prüfen muss. Im Rahmen dieser Prüfung kann sie – außer in dem Fall, in dem sie bereits über das Original oder eine Durchschrift der Rechnung verfügt – den Antragsteller auffordern, eine fortlaufende Nummer, die zur Identifizierung der Rechnung einmalig vergeben wird, mitzuteilen, und ist berechtigt, wenn er diesem Ersuchen nicht innerhalb der in Art. 20 Abs. 2 dieser Richtlinie vorgesehenen Frist von einem Monat nachkommt, den Antrag auf Erstattung der Mehrwertsteuer abzuweisen.

UStAE 18.14

18.14 Vorsteuer-Vergütungsverfahren für im Drittlandsgebiet ansässige Unternehmer[1]

Antragstellung

161 (1) ① Ein im Drittlandsgebiet ansässiger Unternehmer, dem im Inland von einem Unternehmer für einen steuerpflichtigen Umsatz Umsatzsteuer in Rechnung gestellt worden ist, kann bei der zuständigen Behörde im Inland einen Antrag auf Vergütung dieser Steuer stellen. ② Für die Vergütung der Vorsteuerbeträge im Vorsteuer-Vergütungsverfahren ist ausschließlich das BZSt zuständig (§ 5 Abs. 1 Nr. 8 FVG). ③ Zum Vorliegen der Gegenseitigkeit sowie zum Ausschluss bestimmter Vorsteuerbeträge vgl. Abschnitt 18.11 Abs. 4 und 5.

162 (2) ① Der Antrag auf Vergütung der Vorsteuerbeträge ist nach amtlich vorgeschriebenem Datensatz durch Datenfernübertragung dem BZSt zu übermitteln; Absatz 4 Satz 2 und Absatz 7 Satz 1 bleiben unberührt. ② Informationen zur elektronischen Übermittlung sind auf den Internetseiten des BZSt (www.bzst.de) abrufbar. ③ Auf Antrag hat das BZSt zur Vermeidung von unbilligen Härten auf eine elektronische Übermittlung zu verzichten und die Abgabe des Vergütungsantrags nach amtlich vorgeschriebenem Vordruck in herkömmlicher Form – auf Papier oder per Telefax – zuzulassen, wenn eine elektronische Übermittlung für den Unternehmer wirtschaftlich oder persönlich unzumutbar ist; Abschnitt 18.1 Abs. 1 Sätze 4 und 5 gelten entsprechend. ④ In diesem Fall hat der im Drittlandsgebiet ansässige Unternehmer die Vergütung nach amtlich vorgeschriebenem Vordruck beim BZSt zu beantragen und den Vergütungsantrag eigenhändig zu unterschreiben (vgl. § 61 a Abs. 1 Satz 3 UStDV und BFH-Urteil vom 8. 8. 2013, V R 3/11, BStBl. 2014 II S. 46).

162a (2 a) ① In dem Antrag sind die Vorsteuerbeträge, deren Vergütung beantragt wird, im Einzelnen aufzuführen (Einzelaufstellung). ② Es ist nicht erforderlich darzulegen, zu welcher konkreten unternehmerischen Tätigkeit die erworbenen Gegenstände oder empfangenen sonstigen Leistungen verwendet worden sind. ③ Pauschale Erklärungen, die die Art der unternehmerischen Tätigkeit erkennen lassen, reichen aus (z. B. grenzüberschreitende Güterbeförderungen im Monat Juni).

163 (3) Aus Gründen der Arbeitsvereinfachung wird für die Einzelaufstellung das folgende Verfahren zugelassen:

1. Bei Rechnungen, deren Gesamtbetrag 250 € nicht übersteigt und bei denen das Entgelt und die Umsatzsteuer in einer Summe angegeben sind (§ 33 UStDV):
   a) Der Unternehmer kann die Rechnungen getrennt nach Kostenarten mit laufenden Nummern versehen und sie mit diesen Nummern, den Nummern der Rechnungen und mit den Bruttorechnungsbeträgen in gesonderten Aufstellungen zusammenfassen.
   b) ① Die in den Aufstellungen zusammengefassten Bruttorechnungsbeträge sind aufzurechnen. ② Aus dem jeweiligen Endbetrag ist die darin enthaltene Umsatzsteuer herauszurechnen und in die Einzelaufstellung zu übernehmen. ③ Hierbei ist auf die gesonderte Aufstellung hinzuweisen.
   c) Bei verschiedenen Steuersätzen sind die gesonderten Aufstellungen getrennt für jeden Steuersatz zu erstellen.
2. Bei Fahrausweisen, in denen das Entgelt und der Steuerbetrag in einer Summe angegeben sind (§ 34 UStDV), gilt Nummer 1 entsprechend.

---

[1] Unternehmerbescheinigungen in § 13 b-Fällen (Vordruck **USt 1 TS**) vgl. A 13 b.11 Abs. 3 UStAE.
Verfahren vgl. 13. RL-EWG 86/560 (ABl. EG Nr. L 326 S. 40).

3. Bei Einfuhrumsatzsteuerbelegen:
   a) Der Unternehmer kann die Belege mit laufenden Nummern versehen und sie mit diesen Nummern, den Nummern der Belege und mit den in den Belegen angegebenen Steuerbeträgen in einer gesonderten Aufstellung zusammenfassen.
   b) ① Die Steuerbeträge sind aufzurechnen und in die Einzelaufstellung zu übernehmen. ② Hierbei ist auf die gesonderte Aufstellung hinzuweisen.
4. Die gesonderten Aufstellungen sind dem BZSt zusammen mit den Rechnungen und Einfuhrbelegen (vgl. Absatz 4 Satz 2) zu übersenden.

(4) ① Der Unternehmer hat die Vergütung selbst zu berechnen. ② Die Vorsteuerbeträge sind 164 durch Vorlage von Rechnungen und Einfuhrbelegen im Original nachzuweisen (§ 61 a Abs. 2 Satz 3 UStDV); sie können allenfalls bis zum Ende der Antragsfrist nachgereicht werden (vgl. BFH-Urteile vom 18. 1. 2007, V R 23/05, BStBl. II S. 430, und vom 19. 11. 2014, V R 39/13, BStBl. 2015 II S. 352). ③ Kann ein Unternehmer in Einzelfällen den erforderlichen Nachweis der Vorsteuerbeträge nicht durch Vorlage von Originalbelegen erbringen, sind Zweitschriften nur anzuerkennen, wenn der Unternehmer den Verlust der Originalbelege nicht zu vertreten hat, der dem Vergütungsantrag zu Grunde liegende Vorgang stattgefunden hat und keine Gefahr besteht, dass weitere Vergütungsanträge gestellt werden (vgl. BFH-Urteil vom 20. 8. 1998, V R 55/96, BStBl. 1999 II S. 324). ④ Bei der Zweitausfertigung eines Ersatzbelegs für den Abzug der Einfuhrumsatzsteuer als Vorsteuer kommt es nicht darauf an, auf Grund welcher Umstände die Erstschrift des Ersatzbelegs nicht vorgelegt werden kann (vgl. BFH-Urteil vom 19. 11. 1998, V R 102/96, BStBl. 1999 II S. 255). ⑤ Hinsichtlich der Anerkennung von Rechnungen und zollamtlichen Abgabenbescheiden, die auf elektronischem Weg übermittelt wurden, vgl. Abschnitte 14.4 und 15.11 Abs. 1 Satz 2 Nr. 2 Sätze 2 und 3.

(5) ① Die Vergütung ist binnen sechs Monaten nach Ablauf des Kalenderjahres, in dem der 165 Vergütungsanspruch entstanden ist, zu beantragen (§ 61 a Abs. 2 UStDV). ② Die Antragsfrist ist eine Ausschlussfrist, bei deren Versäumung unter den Voraussetzungen des § 110 AO Wiedereinsetzung in den vorigen Stand gewährt werden kann.

(6) ① Die beantragte Vergütung muss mindestens 1 000 € betragen (§ 61 a Abs. 3 UStDV). 166 ② Das gilt nicht, wenn der Vergütungszeitraum das Kalenderjahr oder der letzte Zeitraum des Kalenderjahres ist. ③ Für diese Vergütungszeiträume muss die beantragte Vergütung mindestens 500 € betragen.

(7)[1] ① Der Nachweis nach § 61 a Abs. 4 UStDV ist nach dem Muster **USt 1 TN** zu führen 167 und dem BZSt vorzulegen. ② Hinsichtlich dieses Musters wird auf das BMF-Schreiben vom 18. 11. 2022, BStBl. I S. 1592 hingewiesen. ③ Die Bescheinigung muss den Vergütungszeitraum abdecken (vgl. BFH-Urteil vom 18. 1. 2007, V R 22/05, BStBl. II S. 426). ④ Für Vergütungsanträge, die später als ein Jahr nach dem Ausstellungsdatum der Bescheinigung gestellt werden, ist eine neue Bescheinigung vorzulegen. ⑤ Bei ausländischen staatlichen Stellen, die mit der Organisation von Gemeinschaftsausstellungen im Rahmen von Messen und Ausstellungen beauftragt worden und insoweit als Unternehmer anzusehen sind, ist auf die Vorlage einer behördlichen Bescheinigung (§ 61 a Abs. 4 UStDV) zu verzichten. ⑥ Die Bindungswirkung der Unternehmerbescheinigung entfällt, wenn das BZSt bei Zweifeln an deren Richtigkeit auf Grund von Aufklärungsmaßnahmen (eigene Auskünfte des Unternehmers, Amtshilfe) Informationen erhält, aus denen hervorgeht, dass die in der Bescheinigung enthaltenen Angaben unrichtig sind (vgl. BFH-Urteil vom 14. 5. 2008, XI R 58/06, BStBl. II S. 831).

(8)[2] Der Unternehmer kann den Vergütungsanspruch abtreten (§ 46 Abs. 2 und 3 AO). 168

(9) Im Falle der Vergütung hat das BZSt die Originalbelege durch Stempelaufdruck oder in 169 anderer Weise zu entwerten.

Verzinsung

(10) Der nach § 18 Abs. 9 UStG zu vergütende Betrag ist nach § 233 a AO zu verzinsen (vgl. 170 BFH-Urteil vom 17. 4. 2008, V R 41/06, BStBl. 2009 II S. 2, und Nr. 62 des Anwendungserlasses zur AO zu § 233 a AO).

LS zu 18.14

Zur Vergütung der Vorsteuer in einem **besonderen Verfahren** (§§ 59 bis 62 UStDV) ab **1. 1. 2010.** *Verfügung OFD Frankfurt v. 5. 9. 2013 S 7359 A – 37 – St 113 (StEd S. 650).*

171 **Ermittlungen** durch das BZSt; Benennung des Leistungsempfängers. *BFH-Urteil v. 28. 4. 1988 – V R 95, 96/83 (BStBl. II S. 748).*

Für die Frage, ob ein Unternehmer i. S. d. § 59 Abs. 1 UStDV 1980 grundsätzlich vergütungsberechtigt ist, kommt es auf 172 die privatrechtlich relevante Frage der Rechtsfähigkeit einer Kapitalgesellschaft und die Maßgeblichkeit ihres Sitzes nach deutschem oder ausländischem Recht nicht an. Da vergütungsberechtigt auch **Unternehmer ohne Rechtsfähigkeit** sein können, ist allein entscheidend, ob es sich um einen im In- oder Ausland ansässigen Unternehmer handelt. *BFH-Beschl. v. 30. 5. 2000 – V B 31/00 (BFH/NV S. 1505).*

---

[1] A 18.14 UStAE Abs. 7 Satz 2 geändert durch BMF v. 18. 11. 2022 (BStBl. I S. 1592).

[2] Bei Antrag auf Vorsteuer-Vergütung genügt auch die **Unterschrift eines Bevollmächtigten.** *BFH-Urt. v. 28. 10. 2010, V R 17/08 (BFH/NV 2011 S. 658).*

Anspruch auf **Erstattung von zu Unrecht als Mehrwertsteuer gezahlten Beträgen** gegen die Steuerbehörden vgl. ***EuGH-Urt. v. 15. 3. 2007,*** *C-35/05, Reemtsma Cigarretenfabriken GmbH (DStRE S. 570). – Vgl. auch* ***EuGH-Urt. v. 10. 4. 2008,*** *C-309/06, Marks & Spencer plc (DStRE S. 1395) und* ***EuGH-Urt. v. 18. 6. 2009,*** *C-566/07, Stadeco BV (DStR S. 1366).*

1. Es ist bereits geklärt, dass der **Vergütungsantrag** dem **amtlichen Muster** entsprechen muss und die Antragsfrist nur durch einen vollständigen, dem amtlichen Muster in allen Einzelheiten entsprechenden Antrag gewahrt wird. – 2. Die Antragsfrist des Art. 7 Abs. 1 Satz 4 der Richtlinie 79/1072/EWG ist eine **Ausschlussfrist.** *BFH-Beschluss v. 9. 1. 2014 XI B 11/13 (BFH/NV S. 915).*

1., 2. … – 3. Die unionsrechtlichen Voraussetzungen einer Ansässigkeit im Inland sind nicht erfüllt, wenn der Unternehmer im Inland lediglich eine „Zweigniederlassung" oder „Betriebsstätte" innegehabt hat, von der aus keine Umsätze bewirkt worden sind. – 4. Da der deutsche Verordnungsgeber mit der in § 59 UStDV getroffenen Regelung das Unionsrecht nicht zutreffend umgesetzt hat und § 59 UStDV richtlinienkonform unter Einbeziehung der unionsrechtlichen Ansässigkeitserfordernisse auszulegen ist, müssen von der **„Zweigniederlassung"** oder der **„Betriebsstätte"** i. S. von § 59 UStDV aus **„Umsätze"** bewirkt worden sein. *BFH-Urteil v. 5. 6. 2014 V R 50/13 (BStBl. II S. 813).*

1. Die Antragsfrist des § 18 Abs. 9 UStG ist eine Ausschlussfrist, die nur durch einen vollständigen, dem amtlichen Muster in allen Einzelheiten entsprechenden Antrag gewahrt wird, wobei dem Antrag die Rechnungen und Einfuhrbelege im **Original** beizufügen sind. – 2. Das Verlangen nach Vorlage der Originalrechnung mit dem Vergütungsantrag kann unverhältnismäßig sein, wenn das Unvermögen des Antragstellers zur fristgerechten Vorlage der Originalrechnung vom Antragsteller nicht zu vertreten ist. *BFH-Urteil v. 19. 11. 2014 V R 39/13 (BStBl. 2015 II S. 352).*

Eine für die Erstattung der Mehrwertsteuer vorzulegende **Unternehmerbescheinigung** eines nicht im Gemeinschaftsgebiet ansässigen Unternehmens muss zum einen den Vergütungszeitraum abdecken und zum anderen die Aussage enthalten, dass der Antragsteller Unternehmer iSd Umsatzsteuerrechts ist. *FG Köln, Beschl. v. 11. 2. 2015 – 2 V 3334/14, rkr. (MwStR S. 733).*

Anl zu 18.14

Verzeichnis der Drittstaaten[1]

Anlage 1

173

Verzeichnis der Drittstaaten, bei denen die Voraussetzungen des § 18 Abs. 9 Satz 4 UStG vorliegen (Gegenseitigkeit gegeben)

Andorra
Antigua und Barbuda (bis 28. Januar 2007)
Australien
Bahamas
Bahrain
Bermudas
Bosnien und Herzegowina (ab 1. Januar 2006)
Britische Jungferninseln
Brunei Darussalam
Cayman-Inseln
China (Taiwan) (ab 1. Juli 2010)
Eswatini (Swasiland) (bis 31. März 2012)
Gibraltar
Grenada
Grönland
Guernsey
Hongkong (VR China)
Irak
Iran (bis 21. September 2008)
Island
Israel (ab 14. Juli 1998)
Jamaika
Japan
Jersey
Kanada
Katar
Korea, Dem. Volksrepublik
Korea, Republik (ab 1. Januar 1999)
Kuwait
Libanon
Liberia (bis 30. Juni 2001)
Libyen
Liechtenstein
Macao
Malediven
Marshallinseln
Neuseeland (seit 1. April 2014)
Norwegen
Oman
Pakistan (seit 1. Juli 2008)
Palästinensische Gebiete (seit 14. Juli 1998)
Salomonen
San Marino
Saudi-Arabien
Schweiz
Serbien (seit 1. Juli 2013)
St. Vincent und die Grenadinen
Vatikan
Vereinigte Arabische Emirate
Vereinigtes Königreich (seit 1. Januar 2021)
Vereinigte Staaten von Amerika (USA)

---

[1] **Schreiben betr. Vorsteuer-Vergütungsverfahren; Gegenseitigkeit** vom 17. 10. 2014 (BStBl. I S. 1369) – BMF IV D 3 – S 7359/07/10 009; DOK 2014/0 927 860:

Mit BMF-Schreiben vom 26. August 2013 IV D 3 – S 7359/07/10 009, DOK 2013/0 800 354 (BStBl. I S. 1018) zum Vorsteuer-Vergütungsverfahren ist je ein Verzeichnis der Drittstaaten, zu denen die Gegenseitigkeit im Sinne des § 18 Abs. 9 Satz 4 UStG besteht, und der Drittstaaten, zu denen die Gegenseitigkeit nicht gegeben ist, herausgegeben worden.

Zum aktuellen Stand siehe nunmehr **BMF v. 9. 11. 2022, BStBl. I S. 1585.**

Anlage 2

Verzeichnis der Drittstaaten, bei denen die Voraussetzungen des § 18 Abs. 9 Satz 5 UStG nicht vorliegen (Gegenseitigkeit nicht gegeben) 174

Ägypten
Albanien
Algerien
Angola
Antigua und Barbuda (seit 29. Januar 2007)
Argentinien
Armenien
Aserbaidschan
Äthiopien
Bangladesch
Barbados
Belize (seit 1. Juli 2006)
Bolivien
Bosnien und Herzegowina (bis 31. Dezember 2005)
Botsuana
Brasilien
Chile
China (Taiwan) (bis 30. Juli 2010)
China (Volksrepublik)
Costa Rica
Côte d'Ivoire (Elfenbeinküste)
Curaçao (seit 10. Oktober 2010)
Dominikanische Republik
Ecuador
El Salvador
Eritrea
Eswatini (Swasiland) (seit 1. April 2012)
Färöer-Inseln
Fidschi
Französisch Polynesien (Tahiti)
Gambia (seit 1. Januar 2013)
Georgien
Ghana
Guatemala
Haiti
Honduras
Indien
Indonesien
Iran (seit 22. September 2008)
Israel (bis 13. Juli 1998)
Jemen
Jordanien
Kasachstan
Kenia
Kolumbien
Kongo, Demokratische Republik
Korea, Republik (bis 31. Dezember 1998)
Kosovo (seit 1. Januar 2001)
Kuba
Laos (seit 1. Januar 2010)
Lesotho
Liberia (seit 1. Juli 2001)
Madagaskar
Malawi
Malaysia
Marokko
Mauretanien (seit 1. Januar 1995)
Mauritius
Mexiko
Moldawien
Mongolei
Montenegro
Mosambik
Myanmar
Namibia
Nepal
Neuseeland (bis 31. März 2014)
Nicaragua
Niederländische Antillen (1. Mai 1999 bis 9. Oktober 2010)
Niger
Nigeria
Nordmazedonien (bis 31. März 2000)
Pakistan (bis 30. Juni 2008)
Panama
Paraguay
Peru
Philippinen
Puerto Rico
Russland
Sambia
Senegal
Serbien (bis 30. Juni 2013)
Seychellen
Sierra Leone
Simbabwe
Singapur
Sint Maarten (seit 10. Oktober 2010)
Somalia
Sri Lanka
St. Kitts und Nevis (seit 1. November 2010)
Südafrika
Sudan
Syrien
Tansania
Thailand
Togo
Trinidad und Tobago
Tunesien
Türkei
Turkmenistan
Ukraine
Uruguay
Usbekistan
Venezuela
Vietnam
Weißrussland

18.15 Vorsteuer-Vergütungsverfahren und allgemeines Besteuerungsverfahren

UStAE 18.15

(1) ① Für einen Voranmeldungszeitraum schließen sich das allgemeine Besteuerungsverfahren und das Vorsteuer-Vergütungsverfahren gegenseitig aus. ② Sind jedoch die Voraussetzungen des 181
Vorsteuer-Vergütungsverfahrens erfüllt und schuldet der im Ausland ansässige Unternehmer ausschließlich Steuer im allgemeinen Besteuerungsverfahren nach § 13a Abs. 1 Nr. 1 in Verbindung mit § 14c Abs. 1 UStG oder § 13a Abs. 1 Nr. 4 UStG, kann die Vergütung der Vorsteuerbeträge nur im Vorsteuer-Vergütungsverfahren durchgeführt werden (vgl. § 16 Abs. 2 Satz 1 und § 18 Abs. 9 Satz 3 UStG). ③ Im Laufe eines Kalenderjahres kann zudem der Fall eintreten, dass die Vorsteuerbeträge eines im Ausland ansässigen Unternehmers abschnittsweise im Wege des Vorsteuer-Vergütungsverfahrens und im Wege des allgemeinen Besteuerungsverfahrens zu vergüten oder von der Steuer abzuziehen sind. ④ In diesen Fällen ist für jedes Kalenderjahr wie folgt zu verfahren:

1. Vom Beginn des Voranmeldungszeitraums an, in dem erstmalig das allgemeine Besteuerungsverfahren durchzuführen ist, endet insoweit die Zuständigkeit des BZSt.
2. ① Der im Ausland ansässige Unternehmer hat seine Vorsteuerbeträge für diesen Voranmeldungszeitraum und für die weiteren verbleibenden Voranmeldungszeiträume dieses Kalenderjahres im allgemeinen Besteuerungsverfahren geltend zu machen. ② Erfüllt der Unternehmer im Laufe des Kalenderjahres erneut die Voraussetzungen des Vorsteuer-Vergütungsverfahrens, bleibt es demnach für dieses Kalenderjahr bei der Zuständigkeit des Finanzamts; ein unterjähriger Wechsel vom allgemeinen Besteuerungsverfahren zum Vorsteuer-Vergütungsverfahren ist somit nicht möglich.
3. ① Hat der im Ausland ansässige Unternehmer Vorsteuerbeträge, die in einem Voranmeldungszeitraum entstanden sind, für den das allgemeine Besteuerungsverfahren noch nicht durchzuführen war, nicht im Vorsteuer-Vergütungsverfahren geltend gemacht, kann er diese Vorsteu-

erbeträge ab dem Zeitpunkt, ab dem das allgemeine Besteuerungsverfahren anzuwenden ist, nur noch in diesem Verfahren geltend machen. ② Beim Abzug dieser Vorsteuerbeträge von der Steuer gelten die Einschränkungen des § 18 Abs. 9 Sätze 4 bis 6 UStG sowie § 61 Abs. 3 und § 61 a Abs. 3 UStDV entsprechend.

4. ① Ab dem Zeitraum, ab dem erstmalig die Voraussetzungen für das allgemeine Besteuerungsverfahren vorliegen, hat der Unternehmer unter den Voraussetzungen von § 18 Abs. 2 und 2a UStG eine Voranmeldung zu übermitteln. ② In diesem Fall sind die abziehbaren Vorsteuerbeträge durch Vorlage der Rechnung und Einfuhrbelege im Original nachzuweisen (§ 62 Abs. 2 UStDV).
5. ① Nach Ablauf eines Kalenderjahres, in dem das allgemeine Besteuerungsverfahren durchzuführen ist, hat der im Ausland ansässige Unternehmer an das Finanzamt eine Umsatzsteuererklärung für das Kalenderjahr zu übermitteln. ② Das Finanzamt hat die Steuer für das Kalenderjahr festzusetzen. ③ Hierbei sind die Vorsteuerbeträge nicht zu berücksichtigen, die bereits im Vorsteuer-Vergütungsverfahren vergütet worden sind (§ 62 Abs. 1 UStDV).

182 (2) ① Ist bei einem im Ausland ansässigen Unternehmer das allgemeine Besteuerungsverfahren durchzuführen und ist dem Finanzamt nicht bekannt, ob der Unternehmer im laufenden Kalenderjahr bereits die Vergütung von Vorsteuerbeträgen im Vorsteuer-Vergütungsverfahren beantragt hat, hat das Finanzamt dies durch Abfrage in der Datenbank des Vorsteuer-Vergütungsverfahrens in Erfahrung zu bringen. ② Wurde das Vorsteuer-Vergütungsverfahren beim BZSt in diesem Fall bereits durchgeführt, hat der Unternehmer die abziehbaren Vorsteuerbeträge auch im allgemeinen Besteuerungsverfahren durch Vorlage der Rechnungen und Einfuhrbelege im Original nachzuweisen (§ 62 Abs. 2 UStDV). ③ Die Belege sind zu entwerten.

LS zu 18.15

183 Ist **unklar,** ob ein Unternehmer, der Windkraftanlagen im Inland betreibt, **im In- oder Ausland ansässig** ist, kann er Vorsteuerbeträge im allgemeinen Besteuerungsverfahren geltend machen, wenn er trotz möglicher Umkehr der Steuerschuldnerschaft nach § 13b UStG Rechnungen mit Umsatzsteuerausweis erstellt hat und er deshalb ohnehin verpflichtet ist, die nach § 14c Abs. 1 UStG geschuldete Umsatzsteuer im allgemeinen Besteuerungsverfahren zu erklären (Anschluss an BFH-Urteil vom 28. 8. 2013 XI R 5/11, BFHE 243, 51, BStBl. II 2014, 497, entgegen Abschn. 18.15. UStAE). *BFH-Urteil v. 19. 11. 2014 V R 41/13 (DStR 2015 S. 361).*

UStAE 18.16

18.16 Unternehmerbescheinigung für Unternehmer, die im Inland ansässig sind

191 (1) ① Unternehmern, die in der Bundesrepublik Deutschland ansässig sind und die für Zwecke der steuerlichen Erfassung im Ausland oder für die Vergütung von Vorsteuerbeträgen in einem Drittstaat eine Bestätigung ihrer Unternehmereigenschaft benötigen, stellt das zuständige Finanzamt auf Antrag eine Bescheinigung nach dem Muster USt 1 TN (vgl. Abschnitt 18.14 Abs. 7) aus. ② Das gilt auch für Organgesellschaften mit einem im Inland ansässigen Organträger sowie für Organgesellschaften und Zweigniederlassungen im Inland, die zum Unternehmen eines im Ausland ansässigen Unternehmers gehören. ③ Der Antrag im Sinne des Satzes 1 ist für alle im Inland gelegenen Unternehmensteile im Sinne des Abschnitts 2.9 Abs. 3 bis 5 von dem Organträger bei dem für den Organkreis für Zwecke der Umsatzsteuer zuständigen Finanzamt zu stellen; Abschnitt 2.9 Abs. 6 und 7 sowie Abschnitt 13b.3 Abs. 7 Satz 6 gelten entsprechend.

192 (2) ① Die Bescheinigung darf für Zwecke der Vorlage im Verfahren zur Vergütung von Vorsteuerbeträgen in einem Drittstaat nur Unternehmern erteilt werden, die zum Vorsteuerabzug berechtigt sind. ② Sie darf in den Fällen des Satzes 1 nicht erteilt werden, wenn der Unternehmer nur steuerfreie Umsätze ausführt, die den Vorsteuerabzug ausschließen, oder die Besteuerung nach § 19 Abs. 1 oder § 24 Abs. 1 UStG anwendet.

193 (3) ① Unternehmern, die die Vergütung von Vorsteuerbeträgen in einem anderen Mitgliedstaat beantragen möchten, wird keine Bescheinigung nach Absatz 1 erteilt. ② Die Bestätigung der Unternehmereigenschaft erfolgt in diesen Fällen durch das BZSt durch Weiterleitung des Vergütungsantrags an den Mitgliedstaat der Erstattung (vgl. Abschnitt 18g.1 Abs. 10).

LS zu 18.16

Keine Ausstellung von Unternehmerbescheinigungen außer in den gesetzlich vorgeschriebenen Fällen. *Verfügung OFD Frankfurt/M. v. 5. 6. 2013 – S 7340A – 94 – St 112 (DStR S. 1668).*

195 Eine nicht zur Hilfeleistung in Steuersachen befugte Person ist berechtigt, einen Antrag auf Erteilung einer Bescheinigung nach **Vordruck USt 1 TN** zu stellen. *Verfügung BayLfSt S 7359 – St 3406 M v. 29. 3. 2006.*

Anl zu 18.16

Schreiben betr. Vordruckmuster für den Nachweis der Eintragung als Steuerpflichtiger (Unternehmer) (USt 1 TN); Neubekanntgabe der bundeseinheitlichen Bescheinigung

Vom 18. November 2022 (BStBl. I S. 1592)

(BMF III C 3 – S 7359/20/10007 :001; DOK 2022/1126438)

Unter Bezugnahme auf das Ergebnis der Erörterungen mit den obersten Finanzbehörden der Länder gilt Folgendes:

I. Neubekanntgabe des Vordruckmusters

196 **1** Unternehmern, die in der Bundesrepublik Deutschland ansässig sind und die für die Vergütung von Vorsteuerbeträgen in einem Drittstaat eine Bestätigung ihrer Unternehmereigenschaft oder für Zwecke

der umsatzsteuerlichen Registrierung im Ausland eine Bestätigung ihrer umsatzsteuerlichen Erfassung benötigen, stellt das zuständige Finanzamt auf Antrag eine Bescheinigung aus. Die Bescheinigung wird auch für Organgesellschaften mit einem im Inland ansässigen Organträger sowie für Organgesellschaften und Zweigniederlassungen im Inland, die zum Unternehmen eines im Ausland ansässigen Unternehmers gehören, ausgestellt (vgl. Abschn. 18.16 Abs. 1 Sätze 2 und 3 UStAE). Für diese Bescheinigung durch die Finanzämter ist das Vordruckmuster

- **USt 1 TN Nachweis der Eintragung als Steuerpflichtiger (Unternehmer)**

anzuwenden. Es ersetzt das mit BMF-Schreiben vom 5. November 2019 III C 3 – S 7532/18/10001, DOK 2019/915402, BStBl. I S. 1041, bekannt gegebene Vordruckmuster USt 1 TN.

2 Die Änderungen berücksichtigen die Aufnahme des Datums der umsatzsteuerlichen Registrierung des Unternehmers, da dieses Datum von einigen Drittstaaten benötigt wird, um prüfen zu können, ob die umsatzsteuerliche Registrierung während des Vergütungszeitraums gegeben war.

3 Die anderen Änderungen sind redaktioneller oder drucktechnischer Art.

4 Der Vordruck ist auf der Grundlage des unveränderten Vordruckmusters herzustellen.

5 Sofern die Bescheinigung zur Vorlage im Verfahren zur Erstattung von Umsatzsteuer in Drittstaaten dienen soll, darf die Bescheinigung nur Unternehmern erteilt werden, die zum Vorsteuerabzug berechtigt sind. Sie darf nicht erteilt werden, wenn der Unternehmer nur steuerfreie Umsätze ausführt, die den Vorsteuerabzug ausschließen, oder die Besteuerung nach § 19 Abs. 1 oder § 24 Abs. 1 UStG anwendet.

6 Sofern der Nachweis der Eintragung als Unternehmer von ausländischen Behörden zwingend auf von dem jeweiligen ausländischen Staat vorgegebenen Vordrucken verlangt wird, bestehen keine Bedenken, die Eintragung als Unternehmer auf diesen Vordrucken zu bestätigen, wenn sie inhaltlich dem Regelungsgehalt des Vordruckmusters USt 1 TN entsprechen.

II. Änderung des Umsatzsteuer-Anwendungserlasses

[in A 18.14 UStAE berücksichtigt]

Schlussbestimmungen

Dieses Schreiben tritt an die Stelle des BMF-Schreibens vom 2. Juni 2017 III C 3 – S 7359/10/10002, DOK 2017/490870, BStBl. I S. 850.

Zu § 18 Abs. 12 UStG

18.17 Umsatzsteuerliche Erfassung von im Ausland ansässigen Unternehmern, die grenzüberschreitende Personenbeförderungen mit nicht im Inland zugelassenen Kraftomnibussen durchführen

UStAE 18.17

Allgemeines

(1) Die Umsatzbesteuerung grenzüberschreitender Personenbeförderungen (§ 3b Abs. 1 Satz 2 UStG) mit nicht im Inland zugelassenen Kraftomnibussen ist entweder im Verfahren der Beförderungseinzelbesteuerung (§ 16 Abs. 5 UStG) durchzuführen, wenn eine Grenze zwischen dem Inland und dem Drittlandsgebiet (z. B. Grenze zur Schweiz) überschritten wird, oder im allgemeinen Besteuerungsverfahren (§ 18 Abs. 1 bis 4 UStG), wenn keine Grenze zwischen dem Inland und dem Drittlandsgebiet überschritten wird. **201**

Anzeigepflicht

(2) Im Ausland ansässige Unternehmer (§ 13b Abs. 7 UStG), die grenzüberschreitende Personenbeförderungen mit nicht im Inland zugelassenen Kraftomnibussen durchführen, haben dies vor der erstmaligen Ausführung derartiger auf das Inland entfallender Umsätze bei dem für die Umsatzbesteuerung nach § 21 AO zuständigen Finanzamt anzuzeigen, soweit diese Umsätze nicht der Beförderungseinzelbesteuerung (§ 16 Abs. 5 UStG) unterliegen. **202**

(3) ① Die Anzeige über die erstmalige Ausführung grenzüberschreitender Personenbeförderungen mit nicht im Inland zugelassenen Kraftomnibussen ist an keine Form gebunden. ② Für die Anzeige über die Ausführung derartiger Umsätze sollte der Unternehmer den Vordruck **USt 1 TU** verwenden. ③ Hinsichtlich dieses Musters wird auf das BMF-Schreiben vom 5. 11. 2019, BStBl. I S. 1041 hingewiesen. ④ Wird das Muster USt 1 TU nicht verwendet, sind jedoch die hierin verlangten Angaben zu machen. **203**

Bescheinigungsverfahren

(4) ① Das für die Umsatzbesteuerung nach § 21 AO zuständige Finanzamt erteilt über die umsatzsteuerliche Erfassung des im Ausland ansässigen Unternehmers für jeden nicht im Inland zugelassenen Kraftomnibus, der für grenzüberschreitende Personenbeförderungen eingesetzt werden soll, eine gesonderte Bescheinigung (§ 18 Abs. 12 Satz 2 UStG) nach dem Muster **USt 1 TV.** ② Hinsichtlich dieses Musters wird auf das BMF-Schreiben vom 5. 11. 2019, BStBl. I S. 1041 hingewiesen. ③ Die Gültigkeit der Bescheinigung ist auf längstens ein Jahr zu beschränken. **204**

UStAE 18.17

205 (5) ① Die Bescheinigung nach § 18 Abs. 12 Satz 2 UStG ist während jeder Fahrt im Inland mitzuführen und auf Verlangen den für die Steueraufsicht zuständigen Zolldienststellen vorzulegen (§ 18 Abs. 12 Satz 3 UStG). ② Bei Nichtvorlage der Bescheinigung können diese Zolldienststellen eine Sicherheitsleistung nach den abgabenrechtlichen Vorschriften in Höhe der für die einzelne Beförderungsleistung voraussichtlich zu entrichtenden Steuer verlangen (§ 18 Abs. 12 Satz 4 UStG). ③ Die entrichtete Sicherheitsleistung ist im Rahmen der Umsatzsteuererklärung für das Kalenderjahr (§ 18 Abs. 3 Satz 1 UStG) auf die zu entrichtende Steuer anzurechnen (§ 18 Abs. 12 Satz 5 UStG). ④ Für die Anrechnung sind die von den Zolldienststellen ausgehändigten Durchschriften der Anordnungen von Sicherheitsleistungen (Vordruckmuster 2605) mit Quittungen vorzulegen.

UStG

§ 18a Zusammenfassende Meldung

(1)[1] ① Der Unternehmer im Sinne des § 2 hat bis zum 25. Tag nach Ablauf jedes Kalendermonats (Meldezeitraum), in dem er innergemeinschaftliche Warenlieferungen oder Lieferungen im Sinne des § 25 b Absatz 2 ausgeführt hat, dem Bundeszentralamt für Steuern eine Meldung (Zusammenfassende Meldung) nach amtlich vorgeschriebenem Datensatz durch Datenfernübertragung zu übermitteln, in der er die Angaben nach Absatz 7 Satz 1 Nummer 1, 2, 2 a und 4 zu machen hat. ② Soweit die Summe der Bemessungsgrundlagen für innergemeinschaftliche Warenlieferungen und für Lieferungen im Sinne des § 25 b Absatz 2 weder für das laufende Kalendervierteljahr noch für eines der vier vorangegangenen Kalendervierteljahre jeweils mehr als 50 000 Euro beträgt, kann die Zusammenfassende Meldung bis zum 25. Tag nach Ablauf des Kalendervierteljahres übermittelt werden. ③ Übersteigt die Summe der Bemessungsgrundlagen für innergemeinschaftliche Warenlieferungen und für Lieferungen im Sinne des § 25 b Absatz 2 im Laufe eines Kalendervierteljahres 50 000 Euro, hat der Unternehmer bis zum 25. Tag nach Ablauf des Kalendermonats, in dem dieser Betrag überschritten wird, eine Zusammenfassende Meldung für diesen Kalendermonat und die bereits abgelaufenen Kalendermonate dieses Kalendervierteljahres zu übermitteln. ④ Nimmt der Unternehmer die in Satz 2 enthaltene Regelung nicht in Anspruch, hat er dies gegenüber dem Bundeszentralamt für Steuern anzuzeigen. ⑤ Vom 1. Juli 2010 bis zum 31. Dezember 2011 gelten die Sätze 2 und 3 mit der Maßgabe, dass an die Stelle des Betrages von 50 000 Euro der Betrag von 100 000 Euro tritt. 1

(2) ① Der Unternehmer im Sinne des § 2 hat bis zum 25. Tag nach Ablauf jedes Kalendervierteljahres (Meldezeitraum), in dem er im übrigen Gemeinschaftsgebiet steuerpflichtige sonstige Leistungen im Sinne des § 3 a Absatz 2, für die der in einem anderen Mitgliedstaat ansässige Leistungsempfänger die Steuer dort schuldet, ausgeführt hat, dem Bundeszentralamt für Steuern eine Zusammenfassende Meldung nach amtlich vorgeschriebenem Datensatz durch Datenfernübertragung zu übermitteln, in der er die Angaben nach Absatz 7 Satz 1 Nummer 3 zu machen hat. ② Soweit der Unternehmer bereits nach Absatz 1 zur monatlichen Übermittlung einer Zusammenfassenden Meldung verpflichtet ist, hat er die Angaben im Sinne von Satz 1 in der Zusammenfassenden Meldung für den letzten Monat des Kalendervierteljahres zu machen. 2

(3) ① Soweit der Unternehmer im Sinne des § 2 die Zusammenfassende Meldung entsprechend Absatz 1 bis zum 25. Tag nach Ablauf jedes Kalendermonats übermittelt, kann er die nach Absatz 2 vorgesehenen Angaben in die Meldung für den jeweiligen Meldezeitraum aufnehmen. ② Nimmt der Unternehmer die in Satz 1 enthaltene Regelung in Anspruch, hat er dies gegenüber dem Bundeszentralamt für Steuern anzuzeigen. 3

(4) Die Absätze 1 bis 3 gelten nicht für Unternehmer, die § 19 Absatz 1 anwenden. 4

(5) ① Auf Antrag kann das Finanzamt zur Vermeidung unbilliger Härten auf eine elektronische Übermittlung verzichten; in diesem Fall hat der Unternehmer eine Meldung nach amtlich vorgeschriebenem Vordruck abzugeben. ② § 150 Absatz 8 der Abgabenordnung gilt entsprechend. ③ Soweit das Finanzamt nach § 18 Absatz 1 Satz 2 auf eine elektronische Übermittlung der Voranmeldung verzichtet hat, gilt dies auch für die Zusammenfassende Meldung. ④ Für die Anwendung dieser Vorschrift gelten auch nichtselbständige juristische Personen im Sinne des § 2 Absatz 2 Nummer 2 als Unternehmer. ⑤ § 18 Absatz 4 f ist entsprechend anzuwenden. ⑥ Die Landesfinanzbehörden übermitteln dem Bundeszentralamt für Steuern die erforderlichen Angaben zur Bestimmung der Unternehmer, die nach den Absätzen 1 und 2 zur Abgabe der Zusammenfassenden Meldung verpflichtet sind. ⑦ Diese Angaben dürfen nur zur Sicherstellung der Abgabe der Zusammenfassenden Meldung verarbeitet werden. ⑧ Das Bundeszentralamt für Steuern übermittelt den Landesfinanzbehörden die Angaben aus den Zusammenfassenden Meldungen, soweit diese für steuerliche Kontrollen benötigt werden. 5

(6) Eine innergemeinschaftliche Warenlieferung im Sinne dieser Vorschrift ist 6

1. eine innergemeinschaftliche Lieferung im Sinne des § 6 a Absatz 1 mit Ausnahme der Lieferungen neuer Fahrzeuge an Abnehmer ohne Umsatzsteuer-Identifikationsnummer;

2. eine innergemeinschaftliche Lieferung im Sinne des § 6 a Absatz 2;

---

[1] **Merkblatt 3** betreffend die Zusammenfassenden Meldungen. *Schreiben des BMF IV B 2 – S 7427 a – 2/03 v. 23. 4. 2003 (BStBl. I S. 300).*

Vollmachten nach § 80 AO gelten auch für die Abgabe der Zusammenfassenden Meldungen. *Verfügung OFD Hannover S 0202 – 10 – StH 321/S 0202 – 10 – StO 321 v. 21. 7. 1994.*

UStG

3. eine Beförderung oder Versendung im Sinne des § 6b Absatz 1 oder 4 oder ein Erwerberwechsel nach § 6b Absatz 5.

7 (7) ① Die Zusammenfassende Meldung muss folgende Angaben enthalten:

1. für innergemeinschaftliche Warenlieferungen im Sinne des Absatzes 6 Nummer 1:
   a) die Umsatzsteuer-Identifikationsnummer jedes Erwerbers, die ihm in einem anderen Mitgliedstaat erteilt worden ist und unter der die innergemeinschaftlichen Warenlieferungen an ihn ausgeführt worden sind, und
   b) für jeden Erwerber die Summe der Bemessungsgrundlagen der an ihn ausgeführten innergemeinschaftlichen Warenlieferungen;
2. für innergemeinschaftliche Warenlieferungen im Sinne des Absatzes 6 Nummer 2:
   a) die Umsatzsteuer-Identifikationsnummer des Unternehmers in den Mitgliedstaaten, in die er Gegenstände verbracht hat, und
   b) die darauf entfallende Summe der Bemessungsgrundlagen;

2a. für Beförderungen oder Versendungen oder einen Erwerberwechsel im Sinne des Absatzes 6 Nummer 3:
   a) in den Fällen des § 6b Absatz 1 die Umsatzsteuer-Identifikationsnummer des Erwerbers im Sinne des § 6b Absatz 1 Nummer 1 und 3,
   b) in den Fällen des § 6b Absatz 4 die Umsatzsteuer-Identifikationsnummer des ursprünglich vorgesehenen Erwerbers im Sinne des § 6b Absatz 1 Nummer 1 und 3 oder
   c) in den Fällen des § 6b Absatz 5 die Umsatzsteuer-Identifikationsnummer des ursprünglich vorgesehenen Erwerbers im Sinne des § 6b Absatz 1 Nummer 1 und 3 sowie die des neuen Erwerbers;

3. für im übrigen Gemeinschaftsgebiet ausgeführte steuerpflichtige sonstige Leistungen im Sinne des § 3a Absatz 2, für die der in einem anderen Mitgliedstaat ansässige Leistungsempfänger die Steuer dort schuldet:
   a) die Umsatzsteuer-Identifikationsnummer jedes Leistungsempfängers, die ihm in einem anderen Mitgliedstaat erteilt worden ist und unter der die steuerpflichtigen sonstigen Leistungen an ihn erbracht wurden,
   b) für jeden Leistungsempfänger die Summe der Bemessungsgrundlagen der an ihn erbrachten steuerpflichtigen sonstigen Leistungen und
   c) einen Hinweis auf das Vorliegen einer im übrigen Gemeinschaftsgebiet ausgeführten steuerpflichtigen sonstigen Leistung im Sinne des § 3a Absatz 2, für die der in einem anderen Mitgliedstaat ansässige Leistungsempfänger die Steuer dort schuldet;
4. für Lieferungen im Sinne des § 25b Absatz 2:
   a) die Umsatzsteuer-Identifikationsnummer eines jeden letzten Abnehmers, die diesem in dem Mitgliedstaat erteilt worden ist, in dem die Versendung oder Beförderung beendet worden ist,
   b) für jeden letzten Abnehmer die Summe der Bemessungsgrundlagen der an ihn ausgeführten Lieferungen und
   c) einen Hinweis auf das Vorliegen eines innergemeinschaftlichen Dreiecksgeschäfts.

② § 16 Absatz 6 und § 17 sind sinngemäß anzuwenden.

8 (8) ① Die Angaben nach Absatz 7 Satz 1 Nummer 1 und 2 sind für den Meldezeitraum zu machen, in dem die Rechnung für die innergemeinschaftliche Warenlieferung ausgestellt wird, spätestens jedoch für den Meldezeitraum, in dem der auf die Ausführung der innergemeinschaftlichen Warenlieferung folgende Monat endet. ② Die Angaben nach Absatz 7 Satz 1 Nummer 3 und 4 sind für den Meldezeitraum zu machen, in dem die im übrigen Gemeinschaftsgebiet steuerpflichtige sonstige Leistung im Sinne des § 3a Absatz 2, für die der in einem anderen Mitgliedstaat ansässige Leistungsempfänger die Steuer dort schuldet, und die Lieferungen nach § 25b Absatz 2 ausgeführt worden sind.

9 (9) ① Hat das Finanzamt den Unternehmer von der Verpflichtung zur Abgabe der Voranmeldungen und Entrichtung der Vorauszahlungen befreit (§ 18 Absatz 2 Satz 3), kann er die Zusammenfassende Meldung abweichend von den Absätzen 1 und 2 bis zum 25. Tag nach Ablauf jedes Kalenderjahres abgeben, in dem er innergemeinschaftliche Warenlieferungen ausgeführt hat oder im übrigen Gemeinschaftsgebiet steuerpflichtige sonstige Leistungen im Sinne des § 3a Absatz 2 ausgeführt hat, für die der in einem anderen Mitgliedstaat ansässige Leistungsempfänger die Steuer dort schuldet, wenn

1. die Summe seiner Lieferungen und sonstigen Leistungen im vorangegangenen Kalenderjahr 200 000 Euro nicht überstiegen hat und im laufenden Kalenderjahr voraussichtlich nicht übersteigen wird,

2. die Summe seiner innergemeinschaftlichen Warenlieferungen oder im übrigen Gemeinschaftsgebiet ausgeführten steuerpflichtigen Leistungen im Sinne des § 3 a Absatz 2, für die der in einem anderen Mitgliedstaat ansässige Leistungsempfänger die Steuer dort schuldet, im vorangegangenen Kalenderjahr 15 000 Euro nicht überstiegen hat und im laufenden Kalenderjahr voraussichtlich nicht übersteigen wird und

3. es sich bei den in Nummer 2 bezeichneten Warenlieferungen nicht um Lieferungen neuer Fahrzeuge an Abnehmer mit Umsatzsteuer-Identifikationsnummer handelt.

② Absatz 8 gilt entsprechend.

(10) **Erkennt der Unternehmer nachträglich, dass eine von ihm abgegebene Zusammenfassende Meldung unrichtig oder unvollständig ist, so ist er verpflichtet, die ursprüngliche Zusammenfassende Meldung innerhalb eines Monats zu berichtigen.** 10

(11) **Auf die Zusammenfassende Meldung sind mit Ausnahme von § 152 der Abgabenordnung ergänzend die für Steuererklärungen geltenden Vorschriften der Abgabenordnung anzuwenden.** 11

(12) **① Zur Erleichterung und Vereinfachung der Abgabe und Verarbeitung der Zusammenfassenden Meldung kann das Bundesministerium der Finanzen durch Rechtsverordnung mit Zustimmung des Bundesrates bestimmen, dass die Zusammenfassende Meldung auf maschinell verwertbaren Datenträgern oder durch Datenfernübertragung übermittelt werden kann. ② Dabei können insbesondere geregelt werden:** 12

1. die Voraussetzungen für die Anwendung des Verfahrens;

2. das Nähere über Form, Inhalt, Verarbeitung und Sicherung der zu übermittelnden Daten;

3. die Art und Weise der Übermittlung der Daten;

4. die Zuständigkeit für die Entgegennahme der zu übermittelnden Daten;

5. die Mitwirkungspflichten Dritter bei der Verarbeitung der Daten;

6. der Umfang und die Form der für dieses Verfahren erforderlichen besonderen Erklärungspflichten des Unternehmers.

③ Zur Regelung der Datenübermittlung kann in der Rechtsverordnung auf Veröffentlichungen sachverständiger Stellen verwiesen werden; hierbei sind das Datum der Veröffentlichung, die Bezugsquelle und eine Stelle zu bezeichnen, bei der die Veröffentlichung archivmäßig gesichert niedergelegt ist.

Hinweis auf EU-Vorschriften:

UStG:	§ 18 a Abs. 1	**MwStSystRL:**	Art. 262 (a), (b), 263 Abs. 1–1 b, 2
	§ 18 a Abs. 2		Art. 262 (c), 263 Abs. 1 c UA 1
	§ 18 a Abs. 3		Art. 263 Abs. 1 c UA 2
	§ 18 a Abs. 4		Art. 272 Abs. 1 (d)
	§ 18 a Abs. 5		Art. 263 Abs. 2
	§ 18 a Abs. 6, 7		Art. 262 Abs. 2, 264, 265, 268
	§ 18 a Abs. 9		Art. 270, 271
	§ 18 a Abs. 10		Art. 264 Abs. 1 (f), 2 UA 2
	§ 18 a Abs. 12		Art. 269

Übersicht

Zu § 18 a UStG

18 a.1 Abgabe der Zusammenfassenden Meldung

UStAE 18 a.1

(1) ① Jeder Unternehmer im Sinne des § 2 UStG, der innergemeinschaftliche Warenlieferungen (§ 18 a Abs. 6 UStG), im übrigen Gemeinschaftsgebiet steuerpflichtige sonstige Leistungen im Sinne von § 3 a Abs. 2 UStG (vgl. Abschnitt 3 a.2), für die der in einem anderen EU-Mitgliedstaat ansässige Leistungsempfänger die Steuer dort schuldet, oder Lieferungen im Sinne des § 25 b Abs. 2 UStG im Rahmen innergemeinschaftlicher Dreiecksgeschäfte (vgl. Abschnitt 25 b.1) ausgeführt hat, ist verpflichtet, dem BZSt bis zum 25. Tag nach Ablauf des Meldezeitraums eine ZM zu übermitteln. ② Dies gilt entsprechend Absatz 6 auch für Gegenstände, die aus dem Gebiet eines Mitgliedstaates in das Gebiet eines anderen Mitgliedstaates für Zwecke 21

einer Lieferung nach dem Ende der Beförderung oder Versendung an einen Erwerber im Sinne des § 6b UStG befördert oder versendet werden (vgl. Abschnitt 6b.1). ③ Kleinunternehmer im Sinne von § 19 Abs. 1 UStG müssen keine ZM abgeben (§ 18a Abs. 4 UStG). ④ In Abhängigkeit von den jeweiligen Voraussetzungen ist Meldezeitraum für die ZM der Kalendermonat (§ 18a Abs. 1 Satz 1 UStG), das Kalendervierteljahr (§ 18a Abs. 1 Satz 2 und Abs. 2 UStG) oder das Kalenderjahr (§ 18a Abs. 9 UStG), vgl. Abschnitt 18a.2. ⑤ Für einen Meldezeitraum, in dem keine der vorstehenden Lieferungen oder sonstigen Leistungen ausgeführt wurden, ist eine ZM nicht zu übermitteln.

22 (2)[1] ① Nichtselbständige juristische Personen im Sinne von § 2 Abs. 2 Nr. 2 UStG (Organgesellschaften) sind verpflichtet, eine eigene ZM für die von ihnen ausgeführten innergemeinschaftlichen Warenlieferungen (§ 18a Abs. 6 UStG), im übrigen Gemeinschaftsgebiet steuerpflichtige sonstige Leistungen im Sinne von § 3a Abs. 2 UStG (vgl. Abschnitt 3a.2) für die der in einem anderen EU-Mitgliedstaat ansässige Leistungsempfänger die Steuer dort schuldet, oder Lieferungen im Sinne des § 25b Abs. 2 UStG im Rahmen innergemeinschaftlicher Dreiecksgeschäfte zu übermitteln (§ 18a Abs. 5 Satz 4 UStG). ② Dies gilt unabhängig davon, dass diese Vorgänge umsatzsteuerrechtlich als Umsätze des Organträgers behandelt werden und in dessen Voranmeldung und Steuererklärung für das Kalenderjahr anzumelden sind. ③ Die meldepflichtigen Organgesellschaften benötigen zu diesem Zweck eine eigene USt-IdNr. (§ 27a Abs. 1 Satz 3 UStG).

23 (3) ① Zur Übermittlung einer ZM nach Absatz 1 sind auch pauschalversteuernde Land- und Forstwirte verpflichtet. ② Dies gilt unabhängig davon, dass nach § 24 Abs. 1 UStG die Steuerbefreiung für innergemeinschaftliche Warenlieferungen im Sinne von § 4 Nummer 1 Buchstabe b i. V. m. § 6a UStG keine Anwendung findet.

24 (4) ① Die ZM ist nach amtlich vorgeschriebenem Datensatz durch Datenfernübertragung zu übermitteln. ② Informationen zur elektronischen Übermittlung sind unter den Internet-Adressen www.elster.de oder www.bzst.de abrufbar. ③ Zur Vermeidung von unbilligen Härten hat das für die Besteuerung des Unternehmers zuständige Finanzamt auf Antrag auf eine elektronische Übermittlung der ZM zu verzichten und die Abgabe der ZM nach amtlich vorgeschriebenem Vordruck in herkömmlicher Form – auf Papier oder per Telefax – zuzulassen, wenn eine elektronische Übermittlung für den Unternehmer wirtschaftlich oder persönlich unzumutbar ist. ④ Dies ist insbesondere der Fall, wenn die Schaffung der technischen Möglichkeiten für eine elektronische Übermittlung des amtlichen Datensatzes nur mit einem nicht unerheblichen finanziellen Aufwand möglich wäre oder wenn der Unternehmer nach seinen individuellen Kenntnissen und Fähigkeiten nicht oder nur eingeschränkt in der Lage ist, die Möglichkeiten der Datenfernübertragung zu nutzen (§ 150 Abs. 8 AO; vgl. BFH-Urteil vom 16. 6. 2020, VIII R 29/19, BStBl. 2021 II S. 290, sowie AEAO zu § 150, Nr. 4). ⑤ Soweit das Finanzamt nach § 18 Abs. 1 Satz 2 UStG auf eine elektronische Übermittlung der Voranmeldung verzichtet hat, gilt dies auch für die Abgabe der ZM. ⑥ Abschnitt 18.1 Abs. 1 Satz 5 gilt sinngemäß.

LS zu 18a.1

Die Angabe der Umsätze und der USt-IdNr. des Leistungsempfängers in der Zusammenfassenden Meldung steht dem **Auskunftsverweigerungsrecht** nach § 102 Abs. 1 Nr. 3 Buchst. b AO **nicht entgegen.** *Verfügung OFD Frankfurt S 7427 a A – 4 – St 16 v. 14. 6. 2010.*

25 Ein **Rechtsanwalt,** der Beratungsleistungen an im übrigen Gemeinschaftsgebiet ansässige Unternehmer erbracht hat, die ihm ihre USt-IdNr. mitgeteilt haben, kann die u. a. für diese Fälle vorgeschriebene Abgabe einer Zusammenfassenden Meldung mit den darin geforderten Angaben nicht unter Berufung auf seine **Schweigepflicht** verweigern. *BFH-Urteil v. 27. 9. 2017 XI R 15/15 (BStBl. 2018 II S. 155).*

UStAE 18a.2

18a.2 Abgabefrist

31 (1) ① Die ZM ist bis zum 25. Tag nach Ablauf jedes Kalendermonats an das BZSt zu übermitteln, wenn die Summe der Bemessungsgrundlagen für innergemeinschaftliche Warenlieferungen (§ 18a Abs. 6 UStG) und Lieferungen im Sinne des § 25b Abs. 2 UStG im Rahmen von innergemeinschaftlichen Dreiecksgeschäften für das laufende Kalendervierteljahr oder für eines der vier vorangegangenen Kalendervierteljahre jeweils mehr als 50 000 Euro beträgt. ② Die Regelungen über die Dauerfristverlängerung nach § 18 Abs. 6 UStG und §§ 46 bis 48 UStDV gelten nicht für die ZM.

32 (2) ① Übersteigt im Laufe eines Kalendervierteljahres die Summe der Bemessungsgrundlagen für innergemeinschaftliche Warenlieferungen (§ 18a Abs. 6 UStG) und Lieferungen im Sinne des § 25b Abs. 2 UStG im Rahmen von innergemeinschaftlichen Dreiecksgeschäften 50 000 Euro, ist die ZM bis zum 25. Tag nach Ablauf des Kalendermonats, in dem dieser Betrag überschritten wird, zu übermitteln. ② Wird die Betragsgrenze von 50 000 Euro im zweiten Kalendermonat eines Kalendervierteljahres überschritten, kann der Unternehmer eine ZM für die bereits abgelaufenen Kalendermonate dieses Kalendervierteljahres übermitteln, in der die Angaben für diese beiden Kalendermonate zusammengefasst werden, oder jeweils eine ZM für jeden der abgelaufenen Kalendermonate dieses Kalendervierteljahres. ③ Überschreitet der Unternehmer die Betragsgrenze im dritten Kalendermonat eines Kalendervierteljahres, wird es nicht beanstandet, wenn er

[1] Organschaft vgl. Hinweise bei A 2.8 UStAE.

statt einer ZM für dieses Kalendervierteljahr jeweils gesondert eine ZM für jeden der drei Kalendermonate dieses Kalendervierteljahres übermittelt.

Beispiel:

① Der deutsche Maschinenhersteller M liefert im Januar des Jahres 01 eine Maschine für 20 000 Euro und im Februar des Jahres 01 eine weitere Maschine für 35 000 Euro an den belgischen Unternehmer U. ② Ferner liefert M im Februar des Jahres 01 eine Maschine für 50 000 Euro an den französischen Automobilhersteller A. ③ Die Rechnungsstellung erfolgte jeweils zeitgleich mit der Ausführung der Lieferungen.

④ M ist verpflichtet, die Umsätze bis zum 25. März 01 dem BZSt zu melden. ⑤ Wahlweise kann er für die Monate Januar 01 und Februar 01 jeweils gesondert eine ZM übermitteln, oder er übermittelt eine ZM, in der er die Summe der Bemessungsgrundlagen der an U und A ausgeführten innergemeinschaftlichen Warenlieferungen gemeinsam für die Monate Januar 01 und Februar 01 angibt.

(3) ① Unternehmer können die ZM auch monatlich übermitteln, wenn die Summe der Bemessungsgrundlagen für innergemeinschaftliche Warenlieferungen (§ 18a Abs. 6 UStG) und Lieferungen im Sinne des § 25b Abs. 2 UStG im Rahmen von innergemeinschaftlichen Dreiecksgeschäften weder für das laufende Kalendervierteljahr noch für eines der vier vorangegangenen Kalendervierteljahre jeweils mehr als 50 000 Euro beträgt. ② Möchte der Unternehmer von dieser Möglichkeit Gebrauch machen, hat er dies dem BZSt anzuzeigen (§ 18a Abs. 1 Satz 4 UStG). ③ Der Anzeigepflicht kommt der Unternehmer nach, wenn er bei der erstmaligen Inanspruchnahme das auf dem amtlich vorgeschriebenen Vordruck für die ZM dafür vorgesehene Feld ankreuzt. ④ Die Ausübung des Wahlrechts bindet den Unternehmer bis zum Zeitpunkt des Widerrufs, mindestens aber für die Dauer von 12 Kalendermonaten. ⑤ Der Widerruf wird dem BZSt durch Markieren des dafür vorgesehenen Feldes auf dem amtlich vorgeschriebenen Vordruck für die ZM angezeigt. ⑥ Soweit in begründeten Einzelfällen ein Widerruf vor Ablauf der Ausschlussfrist von 12 Kalendermonaten notwendig werden sollte, ist dies dem BZSt schriftlich unter Angabe der Gründe mitzuteilen. **33**

(4) Die ZM ist bis zum 25. Tag nach Ablauf jedes Kalendervierteljahres zu übermitteln, wenn steuerpflichtige sonstige Leistungen im Sinne von § 3a Abs. 2 UStG (vgl. Abschnitt 3a.2) im übrigen Gemeinschaftsgebiet ausgeführt wurden, für die der in einem anderen EU-Mitgliedstaat ansässige Leistungsempfänger die Steuer dort schuldet. **34**

(5) Unternehmer, die hinsichtlich der Ausführung von innergemeinschaftlichen Warenlieferungen (§ 18a Abs. 6 UStG) und Lieferungen im Sinne des § 25b Abs. 2 UStG im Rahmen innergemeinschaftlicher Dreiecksgeschäfte zur monatlichen Übermittlung einer ZM verpflichtet sind, melden die im übrigen Gemeinschaftsgebiet ausgeführten steuerpflichtigen sonstigen Leistungen im Sinne von § 3a Abs. 2 UStG (vgl. Abschnitt 3a.2), für die der in einem anderen EU-Mitgliedstaat ansässige Leistungsempfänger die Steuer dort schuldet, in der ZM für den letzten Monat des Kalendervierteljahres. **35**

(6) ① Unternehmer, die die ZM hinsichtlich der Ausführung von innergemeinschaftlichen Warenlieferungen (§ 18a Abs. 6 UStG) und Lieferungen im Sinne des § 25b Abs. 2 UStG im Rahmen innergemeinschaftlicher Dreiecksgeschäfte monatlich übermitteln, können darin auch die steuerpflichtigen sonstigen Leistungen im Sinne von § 3a Abs. 2 UStG (vgl. Abschnitt 3a.2), die in dem entsprechenden Kalendermonat im übrigen Gemeinschaftsgebiet ausgeführt worden sind und für die der in einem anderen EU-Mitgliedstaat ansässige Leistungsempfänger die Steuer dort schuldet, monatlich angeben (§ 18a Abs. 3 Satz 1 UStG). ② Die Ausübung dieser Wahlmöglichkeit wird dem BZSt durch die Angabe von im übrigen Gemeinschaftsgebiet ausgeführten steuerpflichtigen sonstigen Leistungen im vorstehenden Sinne, für die der in einem anderen EU-Mitgliedstaat ansässige Leistungsempfänger die Steuer dort schuldet, in der ZM für den ersten oder zweiten Kalendermonat eines Kalendervierteljahres angezeigt (§ 18a Abs. 3 Satz 2 UStG). **36**

(7) ① Die in den Absätzen 1 bis 5 genannten Abgabefristen gelten entsprechend, wenn neben den dort genannten Lieferungen und sonstigen Leistungen auch Gegenstände aus dem Gebiet eines Mitgliedstaates in das Gebiet eines anderen Mitgliedstaates für Zwecke einer Lieferung nach dem Ende der Beförderung oder Versendung an einen Erwerber im Sinne von § 6b UStG befördert oder versendet werden. ② Werden in einem Meldezeitraum ausschließlich Lieferungen im Sinne von § 6b UStG ausgeführt, ist die ZM bis zum 25. Tag nach Ablauf eines Kalendervierteljahres an das BZSt zu übermitteln. **37**

18a.3 Angaben für den Meldezeitraum

UStAE 18a.3

(1) ① In der ZM sind nach § 18a Abs. 7 Nr. 1 bis 4 UStG in dem jeweiligen Meldezeitraum getrennt für jeden Erwerber oder Empfänger der dort bezeichneten Lieferungen oder sonstigen Leistungen die USt-IdNr. und die Summe der Bemessungsgrundlagen gesondert nach innergemeinschaftlichen Warenlieferungen (§ 18a Abs. 6 Nr. 1 und 2 UStG), steuerpflichtigen sonstigen Leistungen im Sinne von § 3a Abs. 2 UStG (vgl. Abschnitt 3a.2), die im übrigen Gemeinschaftsgebiet ausgeführt worden sind und für die der in einem anderen EU-Mitgliedstaat ansässige Leistungsempfänger die Steuer dort schuldet, und Lieferungen im Sinne von § 25b Abs. 2 UStG im Rahmen von innergemeinschaftlichen Dreiecksgeschäften und Beförderungen oder Verwen- **41**

dungen im Sinne des § 6b Abs. 1 oder 4 UStG oder einen Erwerberwechsel nach § 6b Abs. 5 UStG (§ 18a Abs. 6 Nr. 3 UStG) anzugeben und entsprechend zu kennzeichnen. ② Wird eine steuerpflichtige sonstige Leistung im vorstehenden Sinne dauerhaft über einen Zeitraum von mehr als einem Jahr erbracht, gilt § 13b Abs. 3 UStG entsprechend. ③ Unbeachtlich ist, ob der Unternehmer seine Umsätze nach vereinbarten oder nach vereinnahmten Entgelten versteuert. ④ Bei den steuerpflichtigen sonstigen Leistungen im vorstehenden Sinne und den Lieferungen im Sinne von § 25b Abs. 2 UStG im Rahmen von innergemeinschaftlichen Dreiecksgeschäften ist es zudem unbeachtlich, wann der Unternehmer die Rechnung ausgestellt hat.

41a (2) ① In der ZM ist nach § 18a Abs. 7 Nr. 2a UStG in den Fällen des § 6b Abs. 1 UStG in dem jeweiligen Meldezeitraum die USt-IdNr. für jeden Erwerber im Sinne des § 6b Abs. 1 Nr. 1 und Nr. 3 UStG anzugeben. ② Tritt innerhalb der Frist von 12 Monaten nach dem Ende der Beförderung oder Versendung des Gegenstandes im Sinne von § 6b Abs. 1 Nr. 1 UStG und vor dem Zeitpunkt der Lieferung ein anderer Unternehmer an die Stelle des Erwerbers (Erwerberwechsel nach § 6b Abs. 5 UStG) und liegen die in § 6b Abs. 5 Nr. 1 bis 3 UStG genannten Voraussetzungen vor, ist die USt-IdNr. des neuen Erwerbers in der ZM für den Meldezeitraum, in dem das Ereignis eingetreten ist, anzugeben. ③ Wird die von einem Unternehmer beabsichtigte Lieferung des in den Bestimmungsmitgliedstaat beförderten oder versendeten Gegenstandes innerhalb der 12 Monatsfrist nach Einlagerung nicht bewirkt und gelangt der Gegenstand innerhalb dieser 12-Monatsfrist in den Abgangsmitgliedstaat zurück (Rücklieferung nach § 6b Abs. 4 UStG), ist die USt-IdNr. des ursprünglich vorgesehenen Erwerbers in der ZM für den Meldezeitraum, in dem das Ereignis eingetreten ist, anzugeben.

42 (3) ① Wegen der Umrechnung von Werten in fremder Währung vgl. Abschnitt 16.4. ② Hat der Unternehmer die Rechnung für eine innergemeinschaftliche Warenlieferung, die er im letzten Monat eines Meldezeitraums ausgeführt hat, erst nach Ablauf des Meldezeitraums ausgestellt, ist für die Umrechnung grundsätzlich der Durchschnittskurs des auf den Monat der Ausführung der Lieferung folgenden Monats heranzuziehen.

UStAE 18a.4

18a.4 Änderung der Bemessungsgrundlage für meldepflichtige Umsätze

51 (1) ① Hat sich die umsatzsteuerliche Bemessungsgrundlage für die zu meldenden Umsätze nachträglich geändert (z. B. durch Rabatte), sind diese Änderungen in dem Meldezeitraum zu berücksichtigen, in dem sie eingetreten sind. ② Dies gilt entsprechend in den Fällen des § 17 Abs. 2 UStG (z. B. Uneinbringlichkeit der Forderung, Rückgängigmachung der Lieferung oder sonstigen Leistung). ③ Gegebenenfalls ist der Änderungsbetrag mit der jeweiligen Summe der Bemessungsgrundlagen für innergemeinschaftliche Warenlieferungen (§ 18a Abs. 6 UStG), im übrigen Gemeinschaftsgebiet ausgeführte steuerpflichtige sonstige Leistungen im Sinne von § 3a Abs. 2 UStG (vgl. Abschnitt 3a.2), für die der in einem anderen EU-Mitgliedstaat ansässige Leistungsempfänger die Steuer dort schuldet, oder für Lieferungen im Sinne von § 25b Abs. 2 UStG im Rahmen innergemeinschaftlicher Dreiecksgeschäfte zu saldieren, die im maßgeblichen Zeitraum zu melden sind. ④ Der Gesamtbetrag der zu meldenden Bemessungsgrundlagen kann negativ sein.

52 (2) ① Der Gesamtbetrag der Bemessungsgrundlagen kann ausnahmsweise auf Grund von Saldierungen 0 € betragen. ② In diesem Fall ist „0" zu melden.

53 (3) Von nachträglichen Änderungen der Bemessungsgrundlage sind die Berichtigungen von Angaben zu unterscheiden, die bereits bei ihrer Meldung unrichtig oder unvollständig sind (vgl. Abschnitt 18a.5).

UStAE 18a.5

18a.5 Berichtigung der Zusammenfassenden Meldung

61 (1) ① Eine unrichtige oder unvollständige ZM muss gesondert für den Meldezeitraum berichtigt werden, in dem die unrichtigen oder unvollständigen Angaben erklärt wurden. ② Wird eine unrichtige oder unvollständige ZM vorsätzlich oder leichtfertig nicht oder nicht rechtzeitig berichtigt, kann dies als Ordnungswidrigkeit mit einer Geldbuße bis zu 5 000 € geahndet werden (vgl. § 26a Abs. 2 Nr. 5 UStG). ③ Rechtzeitig ist die Berichtigung, wenn sie innerhalb von einem Monat übermittelt wird (vgl. Abschnitt 18a.1 Abs. 4), nachdem der Unternehmer die Unrichtigkeit oder Unvollständigkeit erkannt hat. ④ Für die Fristwahrung ist der Zeitpunkt des Eingangs der berichtigten ZM beim BZSt maßgeblich.

62 (2) Eine ZM ist zu berichtigen, soweit der in einem anderen Mitgliedstaat ansässige unternehmerische Leistungsempfänger, der die Steuer dort schuldet, seine USt-IdNr. dem leistenden Unternehmer erst nach dem Bezug einer im übrigen Gemeinschaftsgebiet steuerpflichtigen sonstigen Leistung im Sinne von § 3a Abs. 2 UStG (vgl. Abschnitt 3a.2) mitgeteilt hat, und daher deren Angabe in der ZM für den Meldezeitraum zunächst unterblieben ist.

§ 18b Gesonderte Erklärung innergemeinschaftlicher Lieferungen und bestimmter sonstiger Leistungen im Besteuerungsverfahren[1]

UStG

1 **① Der Unternehmer im Sinne des § 2 hat für jeden Voranmeldungs- und Besteuerungszeitraum in den amtlich vorgeschriebenen Vordrucken (§ 18 Abs. 1 bis 4) die Bemessungsgrundlagen folgender Umsätze gesondert zu erklären:**

1. seiner innergemeinschaftlichen Lieferungen,

2.[2] seiner im übrigen Gemeinschaftsgebiet ausgeführten steuerpflichtigen sonstigen Leistungen im Sinne des § 3 a Absatz 2, für die der in einem anderen Mitgliedstaat ansässige Leistungsempfänger die Steuer dort schuldet, und

3. seiner Lieferungen im Sinne des § 25 b Abs. 2.

② Die Angaben für einen in Satz 1 Nummer 1 genannten Umsatz sind in dem Voranmeldungszeitraum zu machen, in dem die Rechnung für diesen Umsatz ausgestellt wird, spätestens jedoch in dem Voranmeldungszeitraum, in dem der auf die Ausführung dieses Umsatzes folgende Monat endet. ③ Die Angaben für Umsätze im Sinne des Satzes 1 Nummer 2 und 3 sind in dem Voranmeldungszeitraum zu machen, in dem diese Umsätze ausgeführt worden sind. ④ § 16 Abs. 6 und § 17 sind sinngemäß anzuwenden. ⑤ Erkennt der Unternehmer nachträglich vor Ablauf der Festsetzungsfrist, dass in einer von ihm abgegebenen Voranmeldung (§ 18 Abs. 1) die Angaben zu Umsätzen im Sinne des Satzes 1 unrichtig oder unvollständig sind, ist er verpflichtet, die ursprüngliche Voranmeldung unverzüglich zu berichtigen. ⑥ Die Sätze 2 bis 5 gelten für die Steuererklärung (§ 18 Abs. 3 und 4) entsprechend.

Hinweis auf EU-Vorschriften:
UStG: § 18 b .... **MwStSystRL:** Art. 251 (a)

---

[1] Vordruckmuster für berichtigte Erklärungen vgl. BMF v. 23. 11. 2011 (BStBl. I S. 1159).

[2] **Gesonderte Erklärung von sonstigen Leistungen** im Sinne des § 3 a Abs. 2 UStG im Besteuerungsverfahren. *Verfügung OFD Magdeburg S 7427 b – 8 – St 243 v. 22. 9. 2010 (DStR 2011 S. 629).*

UStG

§ 18c Meldepflicht bei der Lieferung neuer Fahrzeuge

1 **① Zur Sicherung des Steueraufkommens durch einen Austausch von Auskünften mit anderen Mitgliedstaaten kann das Bundesministerium der Finanzen mit Zustimmung des Bundesrates durch Rechtsverordnung bestimmen, dass Unternehmer (§ 2) und Fahrzeuglieferer (§ 2a) der Finanzbehörde ihre innergemeinschaftlichen Lieferungen neuer Fahrzeuge an Abnehmer ohne Umsatzsteuer-Identifikationsnummer melden müssen. ② Dabei können insbesondere geregelt werden:**

1. die Art und Weise der Meldung;

2. der Inhalt der Meldung;

3. die Zuständigkeit der Finanzbehörden;

4. der Abgabezeitpunkt der Meldung.

5. (weggefallen)

Hinweis auf EU-Vorschriften:

UStG: § 18c .... **MwStSystRL:** Art. 254

Zu § 18c UStG

Anl zu § 18c

Fahrzeuglieferungs-Meldepflichtverordnung (FzgLiefgMeldV)

Vom 18. März 2009 (BGBl. I S. 630)

Geändert durch Gesetz zur Modernisierung des Besteuerungsverfahrens vom 18. 7. 2016 (BGBl. I S. 1679)

FNA 611-10-14-6

Auf Grund des § 18c Satz 1 und 2 Nr. 1 bis 4 des Umsatzsteuergesetzes in der Fassung der Bekanntmachung vom 21. Februar 2005 (BGBl. I S. 386) verordnet das Bundesministerium der Finanzen:

§ 1 Gegenstand, Form und Frist der Meldung

2 *(1) ① Die in § 3 genannten Verpflichteten haben die innergemeinschaftliche Lieferung (§ 6a Abs. 1 und 2 des Umsatzsteuergesetzes) eines neuen Fahrzeuges im Sinne des § 1b Abs. 2 und 3 des Umsatzsteuergesetzes bis zum zehnten Tag nach Ablauf des Kalendervierteljahres, in dem die Lieferung ausgeführt worden ist (Meldezeitraum), dem Bundeszentralamt für Steuern nach § 2 zu melden, sofern der Abnehmer der Lieferung keine Umsatzsteuer-Identifikationsnummer eines anderen Mitgliedstaates der Europäischen Union verwendet. ② Die Meldung erfolgt nach amtlich vorgeschriebenem Datensatz für jedes gelieferte Fahrzeug jeweils gesondert. ③ Sind einem Unternehmer die Fristen für die Abgabe der Voranmeldungen um einen Monat verlängert worden (§§ 46 bis 48 der Umsatzsteuer-Durchführungsverordnung), gilt diese Fristverlängerung auch für die Anzeigepflichten im Rahmen dieser Verordnung.*

(2) Für die Form der Mitteilung gilt:

1. *Unternehmer im Sinne des § 2 des Umsatzsteuergesetzes haben die Meldungen nach Absatz 1 nach amtlich vorgeschriebenem Datensatz durch Datenfernübertragung zu übermitteln; auf Antrag kann das Finanzamt zur Vermeidung unbilliger Härten auf eine elektronische Übermittlung verzichten;*
2. *Fahrzeuglieferer nach § 2a des Umsatzsteuergesetzes können die Meldung nach Absatz 1 auf elektronischem Weg übermitteln oder in Papierform abgeben.*

§ 2 Inhalt der Meldung

3 *Die abzugebende Meldung muss folgende Angaben enthalten:*

1. *den Namen und die Anschrift des Lieferers,*
2. *die Steuernummer und bei Unternehmern im Sinne des § 2 des Umsatzsteuergesetzes zusätzlich die Umsatzsteuer-Identifikationsnummer des Lieferers,*
3. *den Namen und die Anschrift des Erwerbers,*
4. *das Datum der Rechnung,*
5. *den Bestimmungsmitgliedstaat,*
6. *das Entgelt (Kaufpreis),*
7. *die Art des Fahrzeugs (Land-, Wasser- oder Luftfahrzeug),*
8. *den Fahrzeughersteller,*
9. *den Fahrzeugtyp (Typschlüsselnummer),*
10. *das Datum der ersten Inbetriebnahme, wenn dieses vor dem Rechnungsdatum liegt,*
11. *den Kilometerstand (bei motorbetriebenen Landfahrzeugen), die Zahl der bisherigen Betriebsstunden auf dem Wasser (bei Wasserfahrzeugen) oder die Zahl der bisherigen Flugstunden (bei Luftfahrzeugen), wenn diese am Tag der Lieferung über Null liegen,*
12. *die Kraftfahrzeug-Identifizierungs-Nummer (bei motorbetriebenen Landfahrzeugen), die Schiffs-Identifikations-Nummer (bei Wasserfahrzeugen) oder die Werknummer (bei Luftfahrzeugen).*

§ 3 Meldepflichtiger

Zur Meldung verpflichtet ist der Unternehmer (§ 2 des Umsatzsteuergesetzes) oder Fahrzeuglieferer (§ 2a des Umsatzsteuergesetzes), der die Lieferung des Fahrzeugs ausführt. 4

§ 4 Ordnungswidrigkeit

Ordnungswidrig im Sinne des § 26a Abs. 1 Nr. 6 des Umsatzsteuergesetzes handelt, wer vorsätzlich oder leichtfertig entgegen § 1 Abs 1 Satz 1 eine Meldung nicht, nicht richtig, nicht vollständig oder nicht rechtzeitig macht. 5

§ 5 Inkrafttreten

Diese Verordnung tritt am 1. Juli 2010 in Kraft.

18c.1 Verfahren zur Übermittlung der Meldungen nach der Fahrzeuglieferungs-Meldepflichtverordnung

UStAE 18c.1

(1) ① Unternehmer im Sinne des § 2 UStG und Fahrzeuglieferer nach § 2a UStG, die neue Fahrzeuge im Sinne des § 1b Abs. 2 und 3 UStG innergemeinschaftlich geliefert haben, müssen bis zum 10. Tag nach Ablauf des Kalendervierteljahres, in dem die Lieferung ausgeführt worden ist (Meldezeitraum), dem BZSt eine Meldung übermitteln, sofern der Abnehmer der Lieferung keine USt-IdNr. eines anderen EU-Mitgliedstaates verwendet. ② Ist dem Unternehmer die Frist für die Übermittlung der Voranmeldungen um einen Monat verlängert worden (§§ 46 bis 48 UStDV), gilt dies auch für die Übermittlung der Meldung nach der FzgLiefgMeldV. 11

(2) ① Unternehmer im Sinne des § 2 UStG übermitteln dem BZSt die Meldung nach amtlich vorgeschriebenem Datensatz durch Datenfernübertragung. ② Informationen zur elektronischen Übermittlung sind unter den Internet-Adressen www.elster.de oder www.bzst.de abrufbar. ③ Zum Verfahren bei unbilligen Härten gelten die Ausführungen in Abschnitt 18a.1 Abs. 4 Sätze 3 bis 6 sinngemäß. 12

(3) ① Fahrzeuglieferer (§ 2a UStG) können die Meldung nach amtlich vorgeschriebenem Datensatz durch Datenfernübertragung übermitteln oder in herkömmlicher Form – auf Papier oder per Telefax – nach amtlich vorgeschriebenem Vordruck abgeben. ② Informationen sind unter den Internet-Adressen www.elster.de oder www.bzst.de abrufbar. 13

(4) ① Für jedes gelieferte Fahrzeug ist ein Datensatz zu übermitteln bzw. ein Vordruck abzugeben. ② Die Meldung muss folgende Angaben enthalten: 14

1. den Namen und die Anschrift des Lieferers;
2. die Steuernummer und bei Unternehmern im Sinne des § 2 UStG zusätzlich die USt-IdNr. des Lieferers;
3. den Namen und die Anschrift des Erwerbers;
4. das Datum der Rechnung;
5. den Bestimmungsmitgliedstaat;
6. das Entgelt (Kaufpreis);
7. die Art des Fahrzeugs (Land-, Wasser- oder Luftfahrzeug);
8. den Fahrzeughersteller;
9. den Fahrzeugtyp (Typschlüsselnummer);
10. das Datum der ersten Inbetriebnahme, wenn dieses vor dem Rechnungsdatum liegt;
11. den Kilometerstand (bei motorbetriebenen Landfahrzeugen), die Zahl der bisherigen Betriebsstunden auf dem Wasser (bei Wasserfahrzeugen) oder die Zahl der bisherigen Flugstunden (bei Luftfahrzeugen), wenn diese am Tag der Lieferung über Null liegen, und
12. die Kraftfahrzeug-Identifizierungs-Nummer (bei motorbetriebenen Landfahrzeugen), die Schiffs-Identifikations-Nummer (bei Wasserfahrzeugen) oder die Werknummer (bei Luftfahrzeugen).

(5) ① Ordnungswidrig im Sinne des § 26a Abs. 2 Nr. 6 UStG handelt, wer eine Meldung nach der FzgLiefgMeldV nicht, nicht richtig, nicht vollständig oder nicht rechtzeitig übermittelt. ② Die Ordnungswidrigkeit kann mit einer Geldbuße bis zu 5 000 € geahndet werden (§ 26a Abs. 3 UStG). 15

UStG

§ 18d Vorlage von Urkunden

1 **① Die Finanzbehörden sind zur Erfüllung der Auskunftsverpflichtung nach der Verordnung (EU) Nr. 904/2010 des Rates vom 7. Oktober 2010 über die Zusammenarbeit der Verwaltungsbehörden und die Betrugsbekämpfung auf dem Gebiet der Mehrwertsteuer (ABl. L 268 vom 12. 10. 2010, S. 1) berechtigt, von Unternehmern die Vorlage der jeweils erforderlichen Bücher, Aufzeichnungen, Geschäftspapiere und anderen Urkunden zur Einsicht und Prüfung zu verlangen. ② § 97 Absatz 2 der Abgabenordnung gilt entsprechend. ③ Der Unternehmer hat auf Verlangen der Finanzbehörde die in Satz 1 bezeichneten Unterlagen vorzulegen.**

Hinweis auf EU-Vorschriften:

UStG: § 18 d .... **ZusammenarbeitsVO Nr. 904/2010**

Zu § 18 d UStG

UStAE 18 d.1

18 d.1 Zuständigkeit und Verfahren[1]

11 (1) ① Die für die Beantwortung von Ersuchen anderer EU-Mitgliedstaaten nach der Verordnung (EU) Nr. 904/2010 (ABl. EU 2010 Nr. L 268 S. 1) erforderlichen Ermittlungen werden von der Finanzbehörde durchgeführt, die nach § 21 AO auch für eine Umsatzbesteuerung des Vorgangs zuständig ist, auf den sich das Ersuchen bezieht. ② Wenn diese Behörde nicht festgestellt werden kann, ist die Finanzbehörde zuständig, in deren Bezirk die Ermittlungshandlungen vorzunehmen sind (§ 24 AO).

12 (2) ① Die Finanzbehörde kann die Vorlage der Bücher, Aufzeichnungen, Geschäftspapiere und anderer Urkunden an Amtsstelle verlangen. ② Mit Einverständnis des Vorlagepflichtigen oder wenn die Unterlagen für eine Vorlage an Amtsstelle ungeeignet sind, können die Urkunden auch beim Vorlagepflichtigen eingesehen und geprüft werden.

[1] Deutschland muss Prüfung durch **Rechnungshof der EU** zulassen. ***EuGH-Urt. v. 15. 11. 2011*** *C-539/09 (BeckRS 2011, 81 626).*

§ 18e Bestätigungsverfahren

UStG

Das Bundeszentralamt für Steuern bestätigt auf Anfrage

1. dem Unternehmer im Sinne des § 2 die Gültigkeit einer Umsatzsteuer-Identifikationsnummer sowie den Namen und die Anschrift der Person, der die Umsatzsteuer-Identifikationsnummer von einem anderen Mitgliedstaat erteilt wurde; 1

2. dem Lagerhalter im Sinne des § 4 Nr. 4 a die Gültigkeit der inländischen Umsatzsteuer-Identifikationsnummer sowie den Namen und die Anschrift des Auslagerers oder dessen Fiskalvertreters; 2

3. dem Betreiber im Sinne des § 25 e Absatz 1 die Gültigkeit einer inländischen Umsatzsteuer-Identifikationsnummer sowie den Namen und die Anschrift des liefernden Unternehmers im Sinne des § 25 e Absatz 2 Satz 1. 3

Hinweis auf EU-Vorschriften:

UStG: § 18 e .... **ZusammenarbeitsVO Nr. 904/2010** Art. 31

Übersicht

Zu § 18 e UStG

18e.1 Bestätigung einer ausländischen Umsatzsteuer-Identifikationsnummer

UStAE 18e.1

(1) ① Anfragen zur Bestätigung einer ausländischen USt-IdNr. kann jeder Inhaber einer deutschen USt-IdNr. stellen. ② Anfrageberechtigt ist auch, wer für Zwecke der Umsatzsteuer erfasst ist, aber noch keine USt-IdNr. erhalten hat. ③ In diesem Fall wird die Anfrage gleichzeitig als Antrag auf Erteilung einer USt-IdNr. behandelt. 11

(2) ① Unternehmer können einfache und qualifizierte Bestätigungsanfragen schriftlich, über das Internet (www.bzst.de) oder telefonisch an das BZSt – Dienstsitz Saarlouis –, 66738 Saarlouis (Telefon-Nr.: 0228/406-1222), stellen. ② Bei Anfragen über das Internet besteht neben der Anfrage zu einzelnen USt-IdNrn. auch die Möglichkeit, gleichzeitige Anfragen zu mehreren USt-IdNrn. durchzuführen. ③ Bei Anfragen zu einzelnen USt-IdNrn. ist der Nachweis der durchgeführten qualifizierten Bestätigungsanfrage durch die Aufbewahrung des Ausdrucks oder die Übernahme des vom BZSt übermittelten Ergebnisses in einem allgemein üblichen Format oder als Screenshot in das System des Unternehmens zu führen. ④ Bei der Durchführung gleichzeitiger Anfragen zu mehreren USt-IdNrn. über die vom BZSt zu diesem Zweck angebotene Schnittstelle kann die vom BZSt übermittelte elektronische Antwort in Form eines Datensatzes unmittelbar in das System des Unternehmens eingebunden und ausgewertet werden. ⑤ In diesen Fällen ist der Nachweis einer durchgeführten qualifizierten Anfrage einer USt-IdNr. über den vom BZSt empfangenen Datensatz zu führen. 12

(3) ① Im Rahmen der einfachen Bestätigungsanfrage kann die Gültigkeit einer USt-IdNr., die von einem anderen EU-Mitgliedstaat erteilt wurde, überprüft werden. ② Die Anfrage muss folgende Angaben enthalten: 13

- die USt-IdNr. des anfragenden Unternehmers (oder ggf. die Steuernummer, unter der er für Zwecke der Umsatzsteuer geführt wird);
- die USt-IdNr. des Leistungsempfängers, die von einem anderen EU-Mitgliedstaat erteilt wurde.

(4) ① Im Rahmen der qualifizierten Bestätigungsanfrage werden zusätzlich zu der zu überprüfenden USt-IdNr. der Name und die Anschrift des Inhabers der ausländischen USt-IdNr. überprüft. ② Das BZSt teilt in diesem Fall detailliert mit, inwieweit die angefragten Angaben von dem EU-Mitgliedstaat, der die USt-IdNr. erteilt hat, als zutreffend gemeldet werden. ③ Die Informationen beziehen sich jeweils auf USt-IdNr./Name/Ort/Postleitzahl/Straße des ausländischen Leistungsempfängers. ④ Anfragen zur Bestätigung mehrerer USt-IdNrn. sind – außer in Fällen des Absatzes 2 Satz 4 – schriftlich zu stellen. 14

(5) Erfolgt eine Anfrage telefonisch, teilt das BZSt das Ergebnis der Bestätigungsanfrage grundsätzlich schriftlich mit. 15

(6) *(aufgehoben)*

LS zu 18e.1

Das qualifizierte Bestätigungsverfahren nach § 18 e UStG kann auch **über das Internet** durchgeführt werden. *Verfügung OFD Düsseldorf v. 20. 12. 2004 (DB 2005 S. 20).* 18

UStAE 18e.2

18e.2 Aufbau der Umsatzsteuer-Identifikationsnummern in den EU-Mitgliedstaaten

20 Informationen zum Aufbau der USt-IdNrn. in den EU-Mitgliedstaaten sind unter der Internet-Adresse www.bzst.de abrufbar.

UStAE 18e.3

18e.3 Bestätigungsverfahren für Betreiber elektronischer Schnittstellen im Sinne von § 25e Abs. 1 UStG

23 (1) ① Betreiber elektronischer Schnittstellen im Sinne von § 25e Abs. 1 UStG (Betreiber) haften grundsätzlich nicht für die nicht entrichtete Steuer aus einer Lieferung, die mittels ihrer elektronischen Schnittstelle unterstützt wurde, wenn der liefernde Unternehmer im Zeitpunkt der Lieferung über eine nach § 27a UStG erteilte, gültige USt-IdNr. verfügt. ② § 18e Nr. 3 UStG sieht für diese Zwecke vor, dass das BZSt Betreibern die Gültigkeit der ihnen vom liefernden Unternehmer nach § 25e Abs. 2 Satz 1 UStG mitgeteilten deutschen USt-IdNr. sowie den Namen und die Anschrift auf Anfrage bestätigt (qualifizierte Bestätigungsanfrage). ③ Voraussetzung für die Durchführung einer Bestätigungsanfrage nach § 18e Nr. 3 UStG ist, dass der Betreiber im Zeitpunkt der Anfrage im Inland steuerlich erfasst ist und über eine nach § 27a UStG erteilte, gültige USt-IdNr. verfügt. ④ Für die Durchführung von Anfragen zur Bestätigung von deutschen USt-IdNrn. durch Betreiber gilt Abschnitt 18e.1 – außer Absatz 1 Sätze 2 und 3 und Absatz 3 – entsprechend.

24 (2) ① Voraussetzung für die Teilnahme am Bestätigungsverfahren nach Absatz 1 ist eine entsprechende Zulassung des Betreibers durch das nach § 21 Abs. 1 Satz 1 oder Satz 2 AO in Verbindung mit der UStZustV zuständige Finanzamt sowie eine ihm vom BZSt nach § 27a UStG erteilte, gültige USt-IdNr. ② Der Antrag auf Zulassung ist schriftlich oder elektronisch beim zuständigen Finanzamt zu stellen. ③ Der Antrag muss folgende Angaben enthalten:
- den Namen, Vornamen des Unternehmers bzw. den Namen des Unternehmens,
- die vollständige Anschrift,
- das Geburtsdatum – nur bei natürlichen Personen –,
- die Steuernummer,
- die USt-IdNr. – soweit bereits erteilt –,
- die Bezeichnung der betriebenen elektronischen Schnittstelle(n).

④ Darüber hinaus muss glaubhaft dargelegt werden, dass der Antragsteller die Voraussetzungen des § 25e Abs. 5 und 6 UStG erfüllt. ⑤ Das heißt, dass der Antragsteller die Lieferung von Gegenständen mittels einer elektronischen Schnittstelle unterstützt (vgl. § 25e Abs. 6 UStG). ⑥ Das Ergebnis der Prüfung des Antrags wird dem Antragsteller schriftlich mitgeteilt. ⑦ Soweit die Voraussetzungen für die Teilnahme am Verfahren nach § 18e Nr. 3 UStG zu einem späteren Zeitpunkt nicht mehr vorliegen, ist dies dem zuständigen Finanzamt mitzuteilen.

25 (3) ① Soweit eine Organgesellschaft als Betreiber tätig ist, ist der Antrag nach Absatz 2 Sätze 1 und 2 vom Organträger für die Organgesellschaft bei dem für den Organträger zuständigen Finanzamt zu stellen; Abschnitt 2.9 Abs. 6 und 7 gilt entsprechend. ② Der Antrag des Organträgers muss folgende Angaben enthalten:
- die Steuernummer, unter der der Organkreis im Inland für Zwecke der Umsatzsteuer geführt wird,
- den Namen und die Anschrift des Organträgers; im Falle der Ansässigkeit des Organträgers im Ausland zusätzlich Name und Anschrift des im Inland gelegenen wirtschaftlich bedeutendsten Unternehmensteils,
- den Namen und die Anschrift der betreffenden Organgesellschaft bzw. im Inland gelegenen Betriebsstätte,
- die der Organgesellschaft vom BZSt nach § 27a Abs. 1 Satz 3 UStG erteilte USt-IdNr. (vgl. Abschnitt 27a.1 Abs. 3) – soweit bereits erteilt –,
- die Steuernummer, unter der die betreffende Organgesellschaft bzw. die im Inland gelegene Betriebsstätte ertragsteuerlich geführt wird,
- das zuständige Finanzamt, bei dem die betreffende Organgesellschaft bzw. die im Inland gelegene Betriebsstätte ertragsteuerlich geführt wird sowie
- die Bezeichnung der betriebenen elektronischen Schnittstelle(n).

③ Absatz 2 Sätze 4 bis 7 gelten entsprechend.

26 (4) Anträge nach den Absätzen 2 und 3 können ab dem 1. 5. 2021 gestellt werden.

§ 18f Sicherheitsleistung

UStG

1 **① Bei Steueranmeldungen im Sinne von § 18 Abs. 1 und 3 kann die Zustimmung nach § 168 Satz 2 der Abgabenordnung im Einvernehmen mit dem Unternehmer von einer Sicherheitsleistung abhängig gemacht werden. ② Satz 1 gilt entsprechend für die Festsetzung nach § 167 Abs. 1 Satz 1 der Abgabenordnung, wenn sie zu einer Erstattung führt.**

Hinweis auf EU-Vorschriften:

UStG: § 18f .... **MwStSystRL:** Art. 183, 273

Zu § 18f UStG

18f.1 Sicherheitsleistung

UStAE 18f.1

11 (1) ① Das Finanzamt kann im Einvernehmen mit dem Unternehmer die nach § 168 Satz 2 AO erforderliche Zustimmung von einer Sicherheitsleistung abhängig machen, wenn Zweifel an der Richtigkeit der eingereichten Steueranmeldung bestehen. ② Die Regelung gibt dem Finanzamt die Möglichkeit, trotz Prüfungsbedürftigkeit des geltend gemachten Erstattungsanspruchs die Zustimmung nach § 168 Satz 2 AO zu erteilen, wenn der Unternehmer eine Sicherheit leistet.

12 (2) ① Die Regelung kann angewendet werden für Voranmeldungen (§ 18 Abs. 1 UStG) und Umsatzsteuererklärungen für das Kalenderjahr (§ 18 Abs. 3 UStG), wenn sie zu einer Erstattung angemeldeter Vorsteuerbeträge oder zu einer Herabsetzung der bisher zu entrichtenden Umsatzsteuer (§ 168 Satz 2 AO) führen, und auf Fälle, in denen die Finanzverwaltung von der Voranmeldung oder der Umsatzsteuererklärung für das Kalenderjahr des Unternehmers abweicht und dies zu einer Erstattung führt (§ 167 Abs. 1 Satz 1 AO). ② Die Zustimmung wird erst mit der Stellung der Sicherheitsleistung wirksam (aufschiebende Bedingung).

13 (3) ① Die Entscheidung des Finanzamtes, die Zustimmung nach § 168 Satz 2 AO gegen Stellung einer Sicherheitsleistung zu erteilen, ist eine Ermessensentscheidung, die dem Grundsatz der Verhältnismäßigkeit unterliegt. ② In Fällen, in denen die bestehenden Zweifel mit einer Umsatzsteuer-Nachschau oder einer Umsatzsteuer-Sonderprüfung[1] kurzfristig ausgeräumt werden können, ist eine Sicherheitsleistung grundsätzlich nicht angezeigt. ③ Die Vorschrift ist daher regelmäßig nur in Fällen anzuwenden, in denen die erforderliche Prüfung der Rechtmäßigkeit der geltend gemachten Erstattungsbeträge wegen der besonderen Schwierigkeiten des zu beurteilenden Sachverhalts voraussichtlich länger als sechs Wochen in Anspruch nimmt. ④ Die Anwendung der Regelung darf nicht zu einer Verzögerung bei der Prüfung des Erstattungsanspruchs führen.

14 (4)[2] ① Art und Inhalt der Sicherheitsleistung richten sich nach den §§ 241 bis 248 AO. ② Wegen der einfacheren Handhabung soll der Bankbürgschaft eines allgemein als Steuerbürgen zugelassenen Kreditinstitutes (§ 244 Abs. 2 AO) in der Regel der Vorzug gegeben werden.

15 (5) ① Die Sicherheitsleistung muss nicht zwingend in voller Höhe des zu sichernden Steueranspruchs erbracht werden. ② Bei der Festlegung der Höhe der Sicherheitsleistung sind sowohl das Ausfallrisiko zu Lasten des Fiskus als auch die Liquidität des Unternehmers zu berücksichtigen. ③ Hinsichtlich der Einzelheiten zum Verfahren wird auf den Anwendungserlass zu den §§ 241 bis 248 AO hingewiesen.

16 (6) Die Sicherheitsleistung ist unverzüglich zurückzugeben, wenn der zu sichernde Anspruch aus dem Steuerschuldverhältnis erloschen ist.

---

[1] USt-Sonderprüfung vgl. *BMF v. 7. 11. 2002 (BStBl. I S. 1366).*

[2] Zur Sicherheitsleistung gemäß § 18f UStG durch die **Bankbürgschaft** eines Kreditinstituts. *Verfügung OFD München S 7428 – 1 St 432 v. 12. 3. 2003 (DStR S. 643).*

UStG

§ 18g[1] Abgabe des Antrags auf Vergütung von Vorsteuerbeträgen in einem anderen Mitgliedstaat

1 **① Ein im Inland ansässiger Unternehmer, der Anträge auf Vergütung von Vorsteuerbeträgen entsprechend der Richtlinie 2008/9/EG des Rates vom 12. Februar 2008 zur Regelung der Erstattung der Mehrwertsteuer gemäß der Richtlinie 2006/112/EG an nicht im Mitgliedstaat der Erstattung, sondern in einem anderen Mitgliedstaat ansässige Steuerpflichtige (ABl. EU Nr. L 44 S. 23) in einem anderen Mitgliedstaat stellen kann, hat diesen Antrag nach amtlich vorgeschriebenem Datensatz durch Datenfernübertragung dem Bundeszentralamt für Steuern zu übermitteln. ② In diesem hat er die Steuer für den Vergütungszeitraum selbst zu berechnen. ③ § 18 Absatz 4f ist entsprechend anzuwenden.**

Hinweis auf EU-Vorschriften:
UStG: § 18g .... **MwStSystRL:** Art. 171/EG-RL 2008/9

Zu § 18g UStG

UStAE 18g.1

18g.1 Vorsteuer-Vergütungsverfahren in einem anderen Mitgliedstaat für im Inland ansässige Unternehmer

Antragstellung

11 (1) ① Ein im Inland ansässiger Unternehmer, dem in einem anderen Mitgliedstaat von einem Unternehmer Umsatzsteuer in Rechnung gestellt worden ist, kann über das BZSt bei der zuständigen Behörde dieses Mitgliedstaates einen Antrag auf Vergütung dieser Steuer stellen. ② Beantragt der Unternehmer die Vergütung für mehrere Mitgliedstaaten, ist für jeden Mitgliedstaat ein gesonderter Antrag zu stellen.

12 (2) ① Anträge auf Vergütung von Vorsteuerbeträgen in einem anderen Mitgliedstaat sind nach amtlich vorgeschriebenem Datensatz durch Datenfernübertragung dem BZSt zu übermitteln (§ 18g UStG). ② Informationen zur elektronischen Übermittlung sind auf den Internetseiten des BZSt (www.bzst.de) abrufbar. ③ Der Antragsteller muss authentifiziert sein. ④ In dem Vergütungsantrag ist die Steuer für den Vergütungszeitraum zu berechnen.

13 (3) ① Der Vergütungsantrag ist bis zum 30. 9. des auf das Jahr der Ausstellung der Rechnung folgenden Kalenderjahres zu stellen. ② Für die Einhaltung der Frist nach Satz 1 genügt der rechtzeitige Eingang des Vergütungsantrags beim BZSt. ③ Der Vergütungsbetrag muss mindestens 50 € betragen oder einem entsprechend in Landeswährung umgerechneten Betrag entsprechen. ④ Der Unternehmer kann auch einen Antrag für einen Zeitraum von mindestens drei Monaten stellen, wenn der Vergütungsbetrag mindestens 400 € beträgt oder einem entsprechend in Landeswährung umgerechneten Betrag entspricht.

14 (4) ① Der Unternehmer hat in dem Vergütungsantrag Folgendes anzugeben:
- den Mitgliedstaat der Erstattung;
- Name und vollständige Anschrift des Unternehmers;
- eine Adresse für die elektronische Kommunikation;
- eine Beschreibung der Geschäftstätigkeit des Unternehmers, für die die Gegenstände bzw. Dienstleistungen erworben wurden, auf die sich der Antrag bezieht;
- den Vergütungszeitraum, auf den sich der Antrag bezieht;
- ① eine Erklärung des Unternehmers, dass er während des Vergütungszeitraums im EU-Mitgliedstaat der Erstattung keine Lieferungen von Gegenständen bewirkt und Dienstleistungen erbracht hat, mit Ausnahme
  a) bestimmter steuerfreier Beförderungsleistungen (vgl. § 4 Nr. 3 UStG),
  b) von Umsätzen, für die ausschließlich der Leistungsempfänger die Steuer schuldet,
  c) von innergemeinschaftlichen Erwerben und daran anschließenden Lieferungen im Sinne des § 25b Abs. 2 UStG,
  d) von vor dem 1. 7. 2021 erbrachten Umsätzen im Sinne des § 3a Abs. 5 UStG, sofern er von dem Wahlrecht nach § 18h Abs. 1 UStG Gebrauch gemacht hat oder von nach dem 30. 6. 2021 erbrachten Lieferungen im Sinne des § 3 Abs. 3a Satz 1 UStG innerhalb eines EU-Mitgliedstaates, innergemeinschaftlichen Fernverkäufen im Sinne des § 3c Abs. 1 Satz 2 und 3 UStG sowie sonstigen Leistungen an Nichtunternehmer (siehe Abschnitt 3a.1 Abs. 1), sofern er von dem Wahlrecht nach § 18j Abs. 1 UStG Gebrauch gemacht hat (vgl. Abschnitt 18j.1),
  e) von Fernverkäufen im Sinne des § 3 Abs. 3a Satz 2 und § 3c Abs. 2 und 3 UStG, sofern er von dem Wahlrecht nach § 18k Abs. 1 UStG Gebrauch gemacht hat (vgl. Abschnitt 18k.1).

② Liegt eine Ausnahme nach den Buchstaben d oder e vor, beanstandet es der EU-Mitgliedstaat der Erstattung nicht, wenn der Unternehmer in dem Vergütungsantrag bestätigt, im EU-Mit-

[1] Zur Fassung von § 18g **ab 1. 1. 2023** (§ 27 Abs. 37 UStG) siehe in der geschlossenen Wiedergabe.

USTAE 18g.1

gliedstaat der Erstattung keine Lieferungen von Gegenständen bewirkt und keine Dienstleistungen erbracht zu haben;
- die USt-IdNr. oder StNr. des Unternehmers;
- seine Bankverbindung (inklusive IBAN und BIC).

(5) Neben diesen Angaben sind in dem Vergütungsantrag für jeden Mitgliedstaat der Erstattung und für jede Rechnung oder jedes Einfuhrdokument folgende Angaben zu machen: 15
- Name und vollständige Anschrift des Lieferers oder Dienstleistungserbringers;
- außer im Falle der Einfuhr die USt-IdNr. des Lieferers oder Dienstleistungserbringers oder die ihm vom Mitgliedstaat der Erstattung zugeteilte Steuerregisternummer;
- außer im Falle der Einfuhr das Präfix des Mitgliedstaats der Erstattung;
- Datum und Nummer der Rechnung oder des Einfuhrdokuments (vgl. EuGH-Urteil vom 17. 12. 2020, C-346/19, Bundeszentralamt für Steuern);
- Bemessungsgrundlage und Steuerbetrag in der Währung des Mitgliedstaats der Erstattung;
- Betrag der abziehbaren Steuer in der Währung des Mitgliedstaats der Erstattung;
- ggf. einen (in bestimmten Branchen anzuwendenden) Pro-rata-Satz;
- Art der erworbenen Gegenstände und Dienstleistungen aufgeschlüsselt nach Kennziffern:
  1 Kraftstoff;
  2 Vermietung von Beförderungsmitteln;
  3 Ausgaben für Transportmittel (andere als unter Kennziffer 1 oder 2 beschriebene Gegenstände und Dienstleistungen);
  4 Maut und Straßenbenutzungsgebühren;
  5 Fahrtkosten wie Taxikosten, Kosten für die Benutzung öffentlicher Verkehrsmittel;
  6 Beherbergung;
  7 Speisen, Getränke und Restaurantdienstleistungen;
  8 Eintrittsgelder für Messen und Ausstellungen;
  9 Luxusausgaben, Ausgaben für Vergnügungen und Repräsentationsaufwendungen;
  10 ① Sonstiges. ② Hierbei ist die Art der gelieferten Gegenstände bzw. erbrachten Dienstleistungen anzugeben.
- Soweit es der Mitgliedstaat der Erstattung vorsieht, hat der Unternehmer zusätzliche elektronisch verschlüsselte Angaben zu jeder Kennziffer zu machen, soweit dies auf Grund von Einschränkungen des Vorsteuerabzugs im Mitgliedstaat der Erstattung erforderlich ist.

(6) ① Beträgt die Bemessungsgrundlage in der Rechnung oder dem Einfuhrdokument mindestens 1 000 € (bei Rechnungen über Kraftstoffe mindestens 250 €), hat der Unternehmer – elektronische – Kopien der Rechnungen oder der Einfuhrdokumente dem Vergütungsantrag beizufügen, wenn der Mitgliedstaat der Erstattung dies vorsieht. ② Die Dateianhänge zu dem Vergütungsantrag dürfen aus technischen Gründen die Größe von 5 MB nicht überschreiten. 16

(7) Der Unternehmer hat in dem Antrag eine Beschreibung seiner unternehmerischen Tätigkeit anhand des harmonisierten Codes vorzunehmen, wenn der Mitgliedstaat der Erstattung dies vorsieht. 17

(8) ① Der Mitgliedstaat der Erstattung kann zusätzliche Angaben in dem Vergütungsantrag verlangen. ② Informationen über die Antragsvoraussetzungen der einzelnen Mitgliedstaaten sind auf den Internetseiten des BZSt (www.bzst.de) abrufbar. 18

Prüfung der Zulässigkeit durch das BZSt

(9) ① Die dem BZSt elektronisch übermittelten Anträge werden vom BZSt als für das Vorsteuer-Vergütungsverfahren zuständige Behörde auf ihre Zulässigkeit vorgeprüft. ② Dabei hat das BZSt ausschließlich festzustellen, ob 19
- die vom Unternehmer angegebene USt-IdNr. bzw. StNr. zutreffend und ihm zuzuordnen ist und
- der Unternehmer ein zum Vorsteuerabzug berechtigter Unternehmer ist.

Weiterleitung an den Mitgliedstaat der Erstattung

(10) ① Stellt das BZSt nach Durchführung der Vorprüfung fest, dass der Antrag insoweit zulässig ist (vgl. Absatz 9), leitet es diesen an den Mitgliedstaat der Erstattung über eine elektronische Schnittstelle weiter. ② Mit der Weitergabe des Antrags bestätigt das BZSt, dass 20
- die vom Unternehmer angegebene USt-IdNr. bzw. StNr. zutreffend ist und
- der Unternehmer ein zum Vorsteuerabzug berechtigter Unternehmer ist.

(11) Die Weiterleitung an den Mitgliedstaat der Erstattung hat innerhalb von 15 Tagen nach Eingang des Antrags zu erfolgen. 21

Übermittlung einer Empfangsbestätigung

(12) Das BZSt hat dem Antragsteller eine elektronische Empfangsbestätigung über den Eingang des Antrags zu übermitteln. 22

LS zu 18g.1

25 Zur Vorsteuer-Vergütung durch **Drittländer.** *Verfügung OFD Niedersachsen S 7359 – 1 – St 183 v. 14. 7. 2010 (IStR S. 924).*

UStG

§ 18h[1] *Verfahren der Abgabe der Umsatzsteuererklärung für einen anderen Mitgliedstaat*

Hinweis auf EU-Vorschriften:

UStG: § 18h .... **MwStSystRL:** Art. 369a–369h;
MwStVO: Art. 57a–63c

Zu § 18h UStG

UStAE 18h.1

18h.1 Besteuerungsverfahren für im Inland ansässige Unternehmer, die vor dem 1. 7. 2021 sonstige Leistungen nach § 3a Abs. 5 UStG im übrigen Gemeinschaftsgebiet erbringen

11 (1) ① Im Inland ansässige Unternehmer, die vor dem 1. 7. 2021 in einem anderen EU-Mitgliedstaat Telekommunikationsdienstleistungen, Rundfunk- und Fernsehdienstleistungen und/oder sonstige Leistungen auf elektronischem Weg an in diesem EU-Mitgliedstaat ansässige Nichtunternehmer (siehe Abschnitt 3a.1 Abs. 1) erbringen (§ 3a Abs. 5 UStG), für die sie dort die Umsatzsteuer schulden und Umsatzsteuererklärungen abzugeben haben, können sich dafür entscheiden, an dem besonderen Besteuerungsverfahren nach Titel XII Kapitel 6 Abschnitt 3 der MwStSystRL in der Fassung von Artikel 5 Nummer 15 der Richtlinie 2008/8/EG des Rates vom 12. 2. 2008 zur Änderung der Richtlinie 2006/112/EG bezüglich des Ortes der Dienstleistung (ABl. EU 2008 Nr. L 44 S. 11) teilzunehmen (sog. Mini-One-Stop-Shop bzw. kleine einzige Anlaufstelle). ② Dies gilt auch für Kleinunternehmer im Sinne des § 19 UStG. ③ Im Fall der umsatzsteuerlichen Organschaft kann das Wahlrecht nach Satz 1 nur durch den Organträger ausgeübt werden. ④ Die Teilnahme an dem besonderen Besteuerungsverfahren ist nur einheitlich für alle EU-Mitgliedstaaten möglich, in denen der Unternehmer bzw. im Fall der umsatzsteuerlichen Organschaft der Organkreis keine Betriebsstätte (Abschnitt 3a.1 Abs. 3) hat. ⑤ Macht ein Unternehmer von dem Wahlrecht nach Satz 1 Gebrauch, muss er dies dem BZSt vorbehaltlich des Satzes 6 vor Beginn des Besteuerungszeitraums, ab dessen Beginn er von dem besonderen Besteuerungsverfahren Gebrauch macht, nach amtlich vorgeschriebenem Datensatz durch Datenfernübertragung anzeigen. ⑥ Erbringt der Unternehmer erstmals Leistungen im Sinne des Satzes 1, gilt das besondere Besteuerungsverfahren nach Satz 1 ab dem Tag der ersten Leistungserbringung, wenn die Anzeige nach Satz 5 gegenüber dem BZSt bis zum 10. Tag des auf die erste Leistungserbringung folgenden Monats erfolgt. ⑦ Ändern sich die Angaben der Anzeige nach Satz 5, hat der Unternehmer dem BZSt die Änderungen bis zum 10. Tag des auf den Eintritt der Änderungen folgenden Monats auf elektronischem Weg mitzuteilen; Änderungen des Firmennamens und der Anschrift sind jedoch ausschließlich dem zuständigen Finanzamt zu melden.

12 (2) ① Der Unternehmer hat für jeden Besteuerungszeitraum (= Kalendervierteljahr) bis zum 20. Tag nach Ablauf jedes Besteuerungszeitraums eine Umsatzsteuererklärung für jeden EU-Mitgliedstaat, in dem er das besondere Besteuerungsverfahren anwendet (vgl. Absatz 1 Satz 2), nach amtlich vorgeschriebenem Datensatz durch Datenfernübertragung dem BZSt zu übermitteln; dies gilt unabhängig davon, ob Leistungen nach Absatz 1 Satz 1 erbracht wurden oder nicht. ② Der Unternehmer hat die Steuer selbst zu berechnen. ③ Informationen zur elektronischen Übermittlung sind auf den Internetseiten des BZSt (www.bzst.de) abrufbar. ④ Der Datenübermittler muss authentifiziert sein. ⑤ Die Steuer ist spätestens am 20. Tag nach Ende des Besteuerungszeitraums an das BZSt zu entrichten.

13 (3) ① Die Beträge in der Umsatzsteuererklärung sind in Euro anzugeben; es sei denn, der EU-Mitgliedstaat, in dessen Gebiet der Leistungsort liegt, sieht die Angabe der Beträge in seiner Landeswährung vor. ② In den Fällen der Angabe der Beträge in einer vom Euro abweichenden Landeswährung muss der Unternehmer bei der Umrechnung von Werten in die fremde Währung einheitlich den von der Europäischen Zentralbank festgestellten Umrechnungskurs des letzten Tags des Besteuerungszeitraums bzw., falls für diesen Tag kein Umrechnungskurs festgelegt wurde, den für den nächsten Tag nach Ablauf des Besteuerungszeitraums festgelegten Umrechnungskurs anwenden. ③ Die Anwendung eines monatlichen Durchschnittskurses ist ausgeschlossen.

14 (4) ① Der Unternehmer hat dem BZSt bis zum 10. Tag des auf den Eintritt der Änderung folgenden Monats auf elektronischem Weg mitzuteilen, wenn er keine Telekommunikationsdienstleistungen, Rundfunk- und Fernsehdienstleistungen und/oder sonstige Leistungen auf elektronischem Weg mehr erbringt oder wenn andere Änderungen vorliegen, durch die er die Voraussetzungen für die Anwendung des besonderen Besteuerungsverfahrens nicht mehr erfüllt. ② Das BZSt stellt durch Verwaltungsakt fest, wenn der Unternehmer nicht oder nicht mehr die Voraussetzungen für die Anwendung des besonderen Besteuerungsverfahrens erfüllt.

15 (5) ① Der Unternehmer kann die Ausübung des Wahlrechts nach Absatz 1 Satz 1 gegenüber dem BZSt nach amtlich vorgeschriebenem Datensatz auf elektronischem Weg widerrufen.

---

[1] § 18h abgedruckt in der geschlossenen Wiedergabe, **letztmals anzuwenden** auf vor dem 1. 7. 2021 ausgeführte Umsätze; vgl. § 27 Abs. 34 Satz 2 UStG.

UStAE 18h.1

② Ein Widerruf ist nur bis zum Beginn eines neuen Besteuerungszeitraums mit Wirkung ab diesem Zeitraum möglich (§ 18h Abs. 1 Sätze 4 und 5 UStG).

16 (6) ① Das BZSt kann den Unternehmer von dem besonderen Besteuerungsverfahren ausschließen, wenn er seinen Verpflichtungen nach Absatz 2 oder den von ihm in einem anderen EU-Mitgliedstaat zu erfüllenden Aufzeichnungspflichten entsprechend Artikel 369k MwStSystRL und Abschnitt 22.3a Abs. 3 und 4 in diesem Verfahren wiederholt nicht oder nicht rechtzeitig nachkommt; zum Vorliegen eines wiederholten Verstoßes gegen die Verpflichtungen oder Aufzeichnungspflichten vgl. Abschnitt 18.7a Abs. 6 Satz 2. ② Der Ausschluss gilt ab dem Besteuerungszeitraum, der nach dem Zeitpunkt der Bekanntgabe des Ausschlusses gegenüber dem Unternehmer beginnt. ③ Die Gültigkeit des Ausschlusses endet nicht vor Ablauf von acht Besteuerungszeiträumen, die dem Zeitpunkt der Bekanntgabe des Ausschlusses gegenüber dem Unternehmer folgen (Artikel 58b Abs. 1 MwStVO).

17 (7) ① Im Inland ansässige Unternehmer, die vor dem 1. 7. 2021 in einem anderen EU-Mitgliedstaat ausschließlich Telekommunikationsdienstleistungen, Rundfunk- und Fernsehdienstleistungen und/oder sonstige Leistungen auf elektronischem Weg an in diesem EU-Mitgliedstaat ansässige Nichtunternehmer (siehe Abschnitt 3a.1 Abs. 1) erbringen (§ 3a Abs. 5 UStG), für die sie dort die Umsatzsteuer schulden und Umsatzsteuererklärungen abzugeben haben, und von dem Wahlrecht nach § 18h Abs. 1 UStG Gebrauch machen, können Vorsteuerbeträge in dem anderen EU-Mitgliedstaat nur im Rahmen des Vorsteuer-Vergütungsverfahrens entsprechend der Richtlinie 2008/9/EG des Rates vom 12. 2. 2008 zur Regelung der Erstattung der Mehrwertsteuer gemäß der Richtlinie 2006/112/EG an nicht im Mitgliedstaat der Erstattung, sondern in einem anderen Mitgliedstaat ansässige Steuerpflichtige (ABl. EU 2008 Nr. L 44 S. 23) geltend machen (vgl. § 18g UStG und Abschnitt 18g.1). ② Erbringen im Inland ansässige Unternehmer, die von dem Wahlrecht nach § 18h Abs. 1 UStG Gebrauch machen, vor dem 1. 7. 2021 in einem anderen EU-Mitgliedstaat noch andere Umsätze, für die sie dort die Umsatzsteuer schulden und Umsatzsteuererklärungen abzugeben haben, können die Vorsteuerbeträge in dem anderen EU-Mitgliedstaat insgesamt nur im allgemeinen Besteuerungsverfahren (Artikel 250 bis 261 MwStSystRL) bei der zuständigen Stelle in dem anderen EU-Mitgliedstaat geltend gemacht werden.

18 (8) ① Ein im Inland ansässiger Unternehmer ist ein Unternehmer, der im Inland seinen Sitz oder seine Geschäftsleitung hat oder, für den Fall, dass er im Drittlandsgebiet ansässig ist, im Inland eine Betriebsstätte (Abschnitt 3a.1 Abs. 3) hat (§ 18h Abs. 5 UStG). ② Hat ein im Drittlandsgebiet ansässiger Unternehmer in mehreren EU-Mitgliedstaaten Betriebsstätten, kann er selbst entscheiden, in welchem EU-Mitgliedstaat er sich für Zwecke des besonderen Besteuerungsverfahrens erfassen lassen möchte. ③ Der Unternehmer ist in den Fällen des Satzes 2 an seine Entscheidung für das betreffende Kalenderjahr und die beiden darauf folgenden Kalenderjahre gebunden (vgl. Artikel 369a Abs. 2 MwStSystRL).

19 (9) Auf das besondere Besteuerungsverfahren sind, soweit es vom BZSt durchgeführt wird, die §§ 30, 80, 87a, 118 bis 133 und 347 bis 368 AO sowie die FGO anzuwenden.

(10) Hinsichtlich des besonderen Besteuerungsverfahrens für nach dem 30. 6. 2021 von im Gemeinschaftsgebiet, nicht aber im Mitgliedstaat des Verbrauchs ansässigen Unternehmern erbrachte sonstige Leistungen vgl. Abschnitt 18j.1.

UStG

§ 18i Besonderes Besteuerungsverfahren für von nicht im Gemeinschaftsgebiet ansässigen Unternehmern erbrachte sonstige Leistungen

1 **(1) ① Ein nicht im Gemeinschaftsgebiet ansässiger Unternehmer, der nach dem 30. Juni 2021 als Steuerschuldner sonstige Leistungen an Empfänger nach § 3 a Absatz 5 Satz 1 im Gemeinschaftsgebiet erbringt, für die er dort die Steuer schuldet und Umsatzsteuererklärungen abzugeben hat, hat anzuzeigen, wenn er an dem besonderen Besteuerungsverfahren entsprechend Titel XII Kapitel 6 Abschnitt 2 der Richtlinie 2006/112/EG des Rates in der Fassung von Artikel 2 Nummer 14 bis 20 der Richtlinie (EU) 2017/2455 des Rates vom 5. Dezember 2017 zur Änderung der Richtlinie 2006/112/EG und der Richtlinie 2009/132/EG in Bezug auf bestimmte mehrwertsteuerliche Pflichten für die Erbringung von Dienstleistungen und für Fernverkäufe von Gegenständen (ABl. L 348 vom 29. 12. 2017, S. 7) teilnimmt. ② Die Anzeige ist der zuständigen Finanzbehörde eines Mitgliedstaates der Europäischen Union nach amtlich vorgeschriebenem Datensatz durch Datenfernübertragung zu übermitteln; zuständige Finanzbehörde im Inland ist insoweit das Bundeszentralamt für Steuern. ③ Die Anzeige hat vor Beginn des Besteuerungszeitraums (§ 16 Absatz 1 c Satz 1) zu erfolgen, ab dessen Beginn der Unternehmer von dem besonderen Besteuerungsverfahren Gebrauch macht. ④ Eine Teilnahme an dem besonderen Besteuerungsverfahren ist dem Unternehmer nur einheitlich für alle Mitgliedstaaten der Europäischen Union und alle sonstigen Leistungen an Empfänger nach § 3 a Absatz 5 Satz 1 im Gemeinschaftsgebiet möglich. ⑤ Die Anwendung des besonderen Besteuerungsverfahrens kann nur mit Wirkung vom Beginn eines Besteuerungszeitraums an widerrufen werden. ⑥ Der Widerruf ist vor Beginn des Besteuerungszeitraums, für den er gelten soll, gegenüber der Finanzbehörde nach Satz 2 nach amtlich vorgeschriebenem Datensatz durch Datenfernübertragung zu erklären.**

2 **(2) Erfolgt die Anzeige nach Absatz 1 Satz 1 im Inland und erfüllt der Unternehmer die Voraussetzungen für die Teilnahme an dem besonderen Besteuerungsverfahren nicht, stellt das Bundeszentralamt für Steuern dies gegenüber dem Unternehmer fest und lehnt dessen Teilnahme an dem besonderen Besteuerungsverfahren ab.**

3 **(3)[1] ① Ein Unternehmer, der das in Absatz 1 genannte besondere Besteuerungsverfahren anwendet, hat der Finanzbehörde, bei der er die Teilnahme an dem besonderen Besteuerungsverfahren angezeigt hat, eine Steuererklärung innerhalb eines Monats nach Ablauf jedes Besteuerungszeitraums (§ 16 Absatz 1 c Satz 1) nach amtlich vorgeschriebenem Datensatz durch Datenfernübertragung zu übermitteln. ② In der Steuererklärung hat er die Steuer für den Besteuerungszeitraum selbst zu berechnen. ③ Die berechnete Steuer ist am letzten Tag des auf den Besteuerungszeitraum folgenden Monats fällig und bis dahin vom Unternehmer an die Finanzbehörde zu entrichten, bei der der Unternehmer die Teilnahme an dem besonderen Besteuerungsverfahren angezeigt hat. ④ Soweit der Unternehmer im Inland Leistungen nach Absatz 1 Satz 1 erbringt, ist § 18 Absatz 1 bis 4 nicht anzuwenden. ⑤ Berichtigungen einer Steuererklärung, die innerhalb von drei Jahren nach dem letzten Tag des Zeitraums nach Satz 1 vorgenommen werden, sind mit einer späteren Steuererklärung unter Angabe des zu berichtigenden Besteuerungszeitraums anzuzeigen.**

4 **(4) ① Die Steuererklärung nach Absatz 3 Satz 1 und 2, die der Unternehmer der zuständigen Finanzbehörde eines anderen Mitgliedstaates der Europäischen Union übermittelt hat, ist ab dem Zeitpunkt eine Steueranmeldung im Sinne des § 150 Absatz 1 Satz 3 und des § 168 der Abgabenordnung, zu dem die in ihr enthaltenen Daten von der zuständigen Finanzbehörde des anderen Mitgliedstaates der Europäischen Union dem Bundeszentralamt für Steuern übermittelt und dort in bearbeitbarer Weise aufgezeichnet wurden. ② Dies gilt für die Berichtigung einer Steuererklärung entsprechend. ③ Die Steuererklärung nach Satz 1 gilt als fristgemäß übermittelt, wenn sie bis zum letzten Tag der Frist nach Absatz 3 Satz 1 der zuständigen Finanzbehörde des anderen Mitgliedstaates der Europäischen Union übermittelt worden ist und dort in bearbeitbarer Weise aufgezeichnet wurde. ④ Die Entrichtung der Steuer erfolgt im Falle der Steuererklärung nach Satz 1 fristgemäß, wenn die Zahlung bis zum letzten Tag der Frist nach Absatz 3 Satz 3 bei der zuständigen Finanzbehörde des anderen Mitgliedstaates der Europäischen Union eingegangen ist. ⑤ § 240 der Abgabenordnung ist in diesen Fällen mit der Maßgabe anzuwenden, dass eine Säumnis frühestens mit Ablauf des zehnten Tages nach Ablauf des zweiten auf den Besteuerungszeitraum folgenden Monats eintritt.**

5 **(5) ① Kommt der Unternehmer seinen Verpflichtungen nach Absatz 3 oder § 22 Absatz 1 oder den von ihm in einem anderen Mitgliedstaat der Europäischen Union zu erfüllenden Aufzeichnungspflichten entsprechend Artikel 369 der Richtlinie 2006/**

[1] § 18 i Abs. 3 und 6 erstmals anzuwenden auf nach dem 30. 6. 2021 ausgeführte Umsätze, vgl. § 27 Abs. 33 Satz 1 UStG.

112/EG wiederholt nicht oder nicht rechtzeitig nach, schließt ihn die Finanzbehörde, bei der der Unternehmer die Teilnahme an dem Verfahren nach Absatz 1 Satz 2 angezeigt hat, von dem besonderen Besteuerungsverfahren nach Absatz 1 aus. ② Der Ausschluss gilt ab dem Besteuerungszeitraum, der nach dem Zeitpunkt der Bekanntgabe des Ausschlusses gegenüber dem Unternehmer beginnt; ist der Ausschluss jedoch auf eine Änderung des Ortes des Sitzes oder der Betriebsstätte zurückzuführen, ist der Ausschluss ab dem Tag dieser Änderung wirksam. ③ Der Ausschluss wegen eines wiederholten Verstoßes gegen die in Satz 1 genannten Verpflichtungen hat auch den Ausschluss von den besonderen Besteuerungsverfahren nach den §§ 18j und 18k zur Folge.

(6)[1] **Auf das besondere Besteuerungsverfahren sind, soweit die Anzeige nach Absatz 1 Satz 1 gegenüber dem Bundeszentralamt für Steuern erfolgt und dieses die Steuererklärungen den zuständigen Finanzbehörden der anderen Mitgliedstaaten der Europäischen Union übermittelt, die §§ 2a, 29b bis 30, 32a bis 32j, 80, 87a, 87b und der Zweite Abschnitt des Dritten Teils und der Siebente Teil der Abgabenordnung sowie die Finanzgerichtsordnung anzuwenden.** 6

Hinweis auf EU-Vorschriften:

UStG: § 18i .... **MwStSystRL:** Art. 359–368

Zu § 18i UStG

18i.1 Besonderes Besteuerungsverfahren für von nicht im Gemeinschaftsgebiet ansässigen Unternehmern erbrachte sonstige Leistungen

UStAE 18i.1

(1) ① Ein nicht im Gemeinschaftsgebiet ansässiger Unternehmer, der nach dem 30. 6. 2021 als Steuerschuldner sonstige Leistungen an Nichtunternehmer (siehe Abschnitt 3a.1 Abs. 1) erbringt, kann sich unter bestimmten Bedingungen dafür entscheiden, nur in einem EU-Mitgliedstaat erfasst zu werden und an dem besonderen Besteuerungsverfahren nach § 18i UStG teilzunehmen (sog. One-Stop-Shop – Nicht-EU-Regelung). ② Eine Teilnahme an diesem besonderen Besteuerungsverfahren ist dem Unternehmer nur einheitlich für alle EU-Mitgliedstaaten und alle Leistungen nach Satz 1 möglich. ③ Macht ein Unternehmer von dem Wahlrecht nach Satz 1 Gebrauch, muss er dies der zuständigen Finanzbehörde eines EU-Mitgliedstaates vorbehaltlich des Satzes 5 vor Beginn des Besteuerungszeitraums (§ 16 Abs. 1c Satz 1 UStG), ab dessen Beginn er von diesem besonderen Besteuerungsverfahren Gebrauch macht, nach amtlich vorgeschriebenem Datensatz durch Datenfernübertragung anzeigen. ④ Entscheidet sich der Unternehmer dafür, sich nur in Deutschland erfassen zu lassen, hat die Anzeige nach Satz 3 gegenüber dem BZSt zu erfolgen. ⑤ Erbringt der Unternehmer erstmals Leistungen im Sinne des Satzes 1, gilt das besondere Besteuerungsverfahren ab dem Tag der ersten Leistungserbringung, wenn die Anzeige nach Satz 3 gegenüber der zuständigen Finanzbehörde eines EU-Mitgliedstaates bis zum 10. Tag des auf die erste Leistungserbringung folgenden Monats erfolgt. ⑥ Ändern sich die Angaben der Anzeige nach Satz 3, hat der Unternehmer der zuständigen Finanzbehörde des EU-Mitgliedstaates, bei der er die Teilnahme an dem besonderen Besteuerungsverfahren angezeigt hat, die Änderungen bis zum 10. Tag des auf den Eintritt der Änderungen folgenden Monats auf elektronischem Weg mitzuteilen. 11

(2) ① Der Unternehmer hat für jeden Besteuerungszeitraum (= Kalendervierteljahr; § 16 Abs. 1c Satz 1 UStG) eine Umsatzsteuererklärung innerhalb eines Monats nach Ablauf des Besteuerungszeitraums der Finanzbehörde, bei der er die Teilnahme an dem besonderen Besteuerungsverfahren angezeigt hat, elektronisch zu übermitteln; dies gilt auch, wenn keine Leistungen nach Absatz 1 Satz 1 erbracht wurden. ② Hierbei hat er die auf den jeweiligen EU-Mitgliedstaat entfallenden Umsätze zu trennen und dem im betreffenden EU-Mitgliedstaat geltenden Steuersatz zu unterwerfen. ③ Der Unternehmer hat die Steuer selbst zu berechnen (§ 18i Abs. 3 Satz 2 in Verbindung mit § 16 Abs. 1c Satz 2 oder 3 UStG). ④ Für den Fall, dass der Unternehmer sich entschieden hat, sich nur in Deutschland erfassen zu lassen, sind Informationen zur elektronischen Übermittlung auf den Internetseiten des BZSt (www.bzst.de) abrufbar; der Datenübermittler muss authentifiziert sein. ⑤ Die Steuer ist am letzten Tag des auf den Besteuerungszeitraum folgenden Monats fällig und bis dahin an die Finanzbehörde zu entrichten, bei der der Unternehmer die Teilnahme an dem besonderen Besteuerungsverfahren angezeigt hat (§ 18i Abs. 3 Satz 3 UStG). ⑥ Soweit der Unternehmer im Inland Leistungen nach Absatz 1 Satz 1 erbringt und an dem besonderen Besteuerungsverfahren teilnimmt, ist das allgemeine Besteuerungsverfahren (§ 18 Abs. 1 bis 4 UStG) nicht anzuwenden; das allgemeine und das besondere Besteuerungsverfahren schließen sich im Übrigen jedoch gegenseitig nicht aus. ⑦ Berichtigungen einer Umsatzsteuererklärung, die innerhalb von drei Jahren nach dem letzten Tag des Zeitraums nach Satz 1 vorgenommen werden, sind mit einer späteren Umsatzsteuererklärung unter Angabe des zu berichtigenden Besteuerungszeitraums anzuzeigen. 12

[1] § 18i Abs. 3 und 6 erstmals anzuwenden auf nach dem 30. 6. 2021 ausgeführte Umsätze, vgl. § 27 Abs. 33 Satz 1 UStG.

USt AE 18i.1

⑧ Hinsichtlich der im Inland steuerbaren Umsätze bleiben die allgemeinen Änderungsvorschriften der AO nach dem Drei-Jahres-Zeitraum nach Satz 7 unberührt; entsprechende Änderungen sind vorbehaltlich einer abweichenden Zuständigkeitsvereinbarung (§ 27 AO) bei dem nach § 21 Abs. 1 Satz 2 AO in Verbindung mit der UStZustV zuständigen Finanzamt zu beantragen.

13 (3) ① Die Umsatzsteuererklärung nach Absatz 2 Satz 1, die der Unternehmer der zuständigen Finanzbehörde eines anderen EU-Mitgliedstaates übermittelt hat, ist ab dem Zeitpunkt eine Steueranmeldung im Sinne des § 150 Abs. 1 Satz 3 und § 168 AO, zu dem die in ihr enthaltenen Daten von der zuständigen Finanzbehörde des anderen EU-Mitgliedstaates dem BZSt übermittelt und dort in bearbeitbarer Weise aufgezeichnet wurden; dies gilt entsprechend für die Berichtigung einer Umsatzsteuererklärung nach Absatz 2 Satz 7. ② Die Umsatzsteuererklärung nach Satz 1 gilt als fristgemäß übermittelt, wenn sie bis zum letzten Tag des auf den Besteuerungszeitraum folgenden Monats der zuständigen Finanzbehörde des anderen EU-Mitgliedstaates übermittelt worden ist und dort in bearbeitbarer Weise aufgezeichnet wurde (§ 18i Abs. 4 Satz 3 UStG). ③ Die Entrichtung der Steuer erfolgt im Falle der Umsatzsteuererklärung nach Satz 1 fristgemäß, wenn die Zahlung bis zum letzten Tag des auf den Besteuerungszeitraum folgenden Monats bei der zuständigen Finanzbehörde des anderen EU-Mitgliedstaates eingegangen ist (§ 18i Abs. 4 Satz 4 UStG). ④ § 240 AO ist in diesen Fällen mit der Maßgabe anzuwenden, dass eine Säumnis frühestens mit Ablauf des 10. Tages nach Ablauf des zweiten auf den Besteuerungszeitraum folgenden Monats eintritt (§ 18i Abs. 4 Satz 5 UStG).

14 (4) ① Die Beträge in der Umsatzsteuererklärung sind in Euro anzugeben; es sei denn, der EU-Mitgliedstaat, in dessen Gebiet der Leistungsort liegt, sieht die Angabe der Beträge in seiner Landeswährung vor. ② In den Fällen der Angabe der Beträge in einer vom Euro abweichenden Landeswährung muss der Unternehmer bei der Umrechnung von Werten in diese Währung einheitlich den von der Europäischen Zentralbank festgestellten Umrechnungskurs des letzten Tags des Besteuerungszeitraums bzw., falls für diesen Tag kein Umrechnungskurs festgelegt wurde, den für den nächsten Tag nach Ablauf des Besteuerungszeitraums festgelegten Umrechnungskurs anwenden (§ 16 Abs. 6 Sätze 4 und 5 UStG). ③ Die Anwendung eines monatlichen Durchschnittskurses ist entsprechend § 16 Abs. 6 Sätze 1 und 2 UStG ausgeschlossen.

15 (5) ① Der Unternehmer hat der Finanzbehörde, bei der er die Teilnahme an dem besonderen Besteuerungsverfahren angezeigt hat, bis zum 10. Tag des auf den Eintritt der Änderung folgenden Monats auf elektronischem Weg mitzuteilen, wenn er keine Leistungen im Sinne des Absatzes 1 Satz 1 mehr erbringt oder wenn andere Änderungen vorliegen, durch die er die Voraussetzungen für die Anwendung des besonderen Besteuerungsverfahrens nach § 18i UStG nicht mehr erfüllt. ② Hat der Unternehmer die Teilnahme an dem besonderen Besteuerungsverfahren in Deutschland angezeigt, stellt das BZSt durch Verwaltungsakt fest, wenn der Unternehmer nicht oder nicht mehr die Voraussetzungen für die Anwendung des Besteuerungsverfahrens nach § 18i UStG erfüllt.

16 (6) ① Der Unternehmer kann die Ausübung des Wahlrechts nach Absatz 1 Satz 1 auf elektronischem Weg widerrufen. ② Ein Widerruf ist nur vor Beginn eines neuen Besteuerungszeitraums mit Wirkung ab diesem Zeitraum möglich (§ 18i Abs. 1 Sätze 5 und 6 UStG).

17 (7) ① Die Finanzbehörde, bei der der Unternehmer die Teilnahme an dem besonderen Besteuerungsverfahren angezeigt hat, kann den Unternehmer von dem Besteuerungsverfahren nach § 18i UStG ausschließen, wenn er seinen Verpflichtungen nach § 18i Abs. 3 oder § 22 Abs. 1 UStG (Abschnitt 22.3a Abs. 3a und 4) oder den von ihm in einem anderen EU-Mitgliedstaat zu erfüllenden Aufzeichnungspflichten entsprechend Artikel 369 MwStSystRL in diesem Verfahren wiederholt nicht oder nicht rechtzeitig nachkommt. ② Von einem wiederholten Verstoß gegen die Verpflichtungen nach Satz 1 ist insbesondere dann auszugehen, wenn

1. der Unternehmer für drei unmittelbar vorangegangene Besteuerungszeiträume an die Übermittlung der Umsatzsteuererklärung erinnert wurde und er die Umsatzsteuererklärung für jeden dieser Besteuerungszeiträume nicht bis zum 10. Tag nach der Erinnerung übermittelt hat,
2. der Unternehmer für drei unmittelbar vorangegangene Besteuerungszeiträume an die Zahlung der Steuer erinnert wurde und er den Gesamtbetrag der Steuer nicht für jeden dieser Besteuerungszeiträume bis zum 10. Tag nach der Zahlungserinnerung entrichtet hat, es sei denn, der rückständige Betrag beträgt weniger als 100 € für jeden dieser Besteuerungszeiträume, oder
3. der Unternehmer nach einer Aufforderung zur elektronischen Zurverfügungstellung seiner Aufzeichnungen (§ 22 Abs. 1 UStG und Abschnitt 22.3a Abs. 3a und 4 oder Artikel 369 MwStSystRL) und einer nachfolgenden Erinnerung die angeforderten Aufzeichnungen nicht innerhalb eines Monats nach Erteilung der Erinnerung elektronisch zur Verfügung gestellt hat.

③ Ein Ausschluss kann auch erfolgen, wenn der Unternehmer über einen Zeitraum von zwei Jahren keine Umsätze nach Absatz 1 Satz 1 erbracht hat (vgl. Artikel 58a MwStVO). ④ Der Ausschluss gilt ab dem Besteuerungszeitraum, der nach dem Zeitpunkt der Bekanntgabe des

Ausschlusses gegenüber dem Unternehmer beginnt; ist der Ausschluss jedoch auf eine Änderung des Ortes des Sitzes oder der Betriebsstätte zurückzuführen, ist der Ausschluss ab dem Tag dieser Änderung wirksam. ⑤ Der Ausschluss wegen eines wiederholten Verstoßes gegen die in Satz 1 genannten Verpflichtungen hat auch den Ausschluss von den besonderen Besteuerungsverfahren nach den §§ 18j und 18k UStG zur Folge. ⑥ Die Gültigkeit des Ausschlusses wegen eines wiederholten Verstoßes gegen die in Satz 1 genannten Verpflichtungen endet nicht vor Ablauf von zwei Jahren, die auf den Besteuerungszeitraum folgen, in dem der Ausschluss gegenüber dem Unternehmer bekannt gegeben wurde; innerhalb dieses Zeitraums ist auch die erstmalige oder erneute Teilnahme an den besonderen Besteuerungsverfahren nach den §§ 18i, 18j und 18k UStG nicht zulässig.

(8) ① Ein nicht im Gemeinschaftsgebiet ansässiger Unternehmer, der im Inland als Steuerschuldner ausschließlich Leistungen nach Absatz 1 Satz 1 und ggf. weitere in § 59 Satz 1 UStDV aufgeführte Umsätze, die das Vorsteuer-Vergütungsverfahren nicht ausschließen, erbringt sowie von dem Wahlrecht der steuerlichen Erfassung in nur einem EU-Mitgliedstaat Gebrauch macht, kann Vorsteuerbeträge nur im Rahmen des Vorsteuer-Vergütungsverfahrens geltend machen (§ 16 Abs. 1c Satz 4 und § 18 Abs. 9 Satz 1 UStG in Verbindung mit § 59 Satz 1 Nr. 4 und § 61a UStDV). ② In diesen Fällen sind die Einschränkungen des § 18 Abs. 9 Sätze 5 und 6 UStG nicht anzuwenden (§ 18 Abs. 9 Satz 8 UStG), soweit die Vorsteuerbeträge im Zusammenhang mit Leistungen nach Absatz 1 Satz 1 stehen. ③ Für Vorsteuerbeträge im Zusammenhang mit anderen Umsätzen (z. B. elektronisch erbrachte sonstige Leistungen durch einen nicht im Gemeinschaftsgebiet ansässigen Unternehmer an einen in der EU ansässigen Unternehmer, der Steuerschuldner ist) gelten die Einschränkungen des § 18 Abs. 9 Sätze 5 und 6 UStG unverändert. ④ Erbringt ein nicht im Gemeinschaftsgebiet ansässiger Unternehmer, der von dem Wahlrecht der steuerlichen Erfassung in nur einem EU-Mitgliedstaat Gebrauch macht, im Inland noch andere Umsätze, für die er im Inland die Umsatzsteuer schuldet und Umsatzsteuer-Voranmeldungen und/oder Umsatzsteuererklärungen für das Kalenderjahr zu übermitteln hat, können die Vorsteuerbeträge insgesamt nur im allgemeinen Besteuerungsverfahren (§ 18 Abs. 1 bis 4 UStG) geltend gemacht werden. **18**

(9) Auf das besondere Besteuerungsverfahren sind, soweit die Anzeige nach Absatz 1 Satz 1 gegenüber dem BZSt erfolgt und dieses die Umsatzsteuererklärungen den zuständigen Finanzbehörden der anderen EU-Mitgliedstaaten übermittelt, die §§ 2a, 29b bis 30, 32a bis 32j, 80, 87a, 87b und der Zweite Abschnitt des Dritten Teils und der Siebente Teil der AO sowie die FGO anzuwenden. **19**

UStG

§ 18j Besonderes Besteuerungsverfahren für den innergemeinschaftlichen Fernverkauf, für Lieferungen innerhalb eines Mitgliedstaates über eine elektronische Schnittstelle und für von im Gemeinschaftsgebiet, nicht aber im Mitgliedstaat des Verbrauchs ansässigen Unternehmern erbrachte sonstige Leistungen

1 (1) ① **Ein Unternehmer, der**

1. nach dem 30. Juni 2021 Lieferungen nach § 3 Absatz 3 a Satz 1 innerhalb eines Mitgliedstaates oder innergemeinschaftliche Fernverkäufe nach § 3 c Absatz 1 Satz 2 und 3 im Gemeinschaftsgebiet erbringt oder

2. im Gemeinschaftsgebiet ansässig ist und nach dem 30. Juni 2021 in einem anderen Mitgliedstaat der Europäischen Union sonstige Leistungen an Empfänger nach § 3 a Absatz 5 Satz 1 ausführt,

für die er dort die Steuer schuldet und Umsatzsteuererklärungen abzugeben hat, hat anzuzeigen, wenn er an dem besonderen Besteuerungsverfahren entsprechend Titel XII Kapitel 6 Abschnitt 3 der Richtlinie 2006/112/EG des Rates in der Fassung von Artikel 1 Nummer 8 bis 13 der Richtlinie (EU) 2019/1995 des Rates vom 21. November 2019 zur Änderung der Richtlinie 2006/112/EG des Rates vom 28. November 2006 in Bezug auf Vorschriften für Fernverkäufe von Gegenständen und bestimmte inländische Lieferungen von Gegenständen (ABl. L 310 vom 2. 12. 2019, S. 1) teilnimmt. ② Die Anzeige ist der zuständigen Finanzbehörde des nach Artikel 369 a Nummer 2 der Richtlinie 2006/112/EG des Rates in der Fassung von Artikel 1 Nummer 9 der Richtlinie (EU) 2019/1995 zuständigen Mitgliedstaates der Europäischen Union nach amtlich vorgeschriebenem Datensatz durch Datenfernübertragung zu übermitteln; zuständige Finanzbehörde im Inland ist insoweit das Bundeszentralamt für Steuern. ③ Die Anzeige hat vor Beginn des Besteuerungszeitraums (§ 16 Absatz 1 d Satz 1) zu erfolgen, ab dessen Beginn der Unternehmer von dem besonderen Besteuerungsverfahren Gebrauch macht. ④ Eine Teilnahme an dem besonderen Besteuerungsverfahren ist dem Unternehmer nur einheitlich für alle Mitgliedstaaten der Europäischen Union und alle Umsätze nach Satz 1 möglich; dies gilt hinsichtlich sonstiger Leistungen an Empfänger nach § 3 a Absatz 5 Satz 1 nur für die Mitgliedstaaten der Europäischen Union, in denen der Unternehmer weder einen Sitz noch eine Betriebsstätte hat. ⑤ Die Anwendung des besonderen Besteuerungsverfahrens kann nur mit Wirkung vom Beginn eines Besteuerungszeitraums an widerrufen werden. ⑥ Der Widerruf ist vor Beginn des Besteuerungszeitraums, für den er gelten soll, gegenüber der Finanzbehörde nach Satz 2 nach amtlich vorgeschriebenem Datensatz durch Datenfernübertragung zu erklären.

2 (2) ① **Im übrigen Gemeinschaftsgebiet ansässige Unternehmer (§ 13 b Absatz 7 Satz 2) können die Teilnahme an dem besonderen Besteuerungsverfahren nur in dem Mitgliedstaat der Europäischen Union, in dem sie ansässig sind, anzeigen; hinsichtlich sonstiger Leistungen an Empfänger nach § 3 a Absatz 5 Satz 1 im Inland ist eine Teilnahme jedoch nur zulässig, soweit der Unternehmer im Inland, auf der Insel Helgoland und in einem der in § 1 Absatz 3 bezeichneten Gebiete weder seinen Sitz, seine Geschäftsleitung noch eine Betriebsstätte hat. ② Im Inland ansässige Unternehmer können die Teilnahme an dem besonderen Besteuerungsverfahren nur im Inland anzeigen; dies gilt nicht in Fällen des Satzes 4. ③ Ein Unternehmer ist im Inland ansässig, wenn er im Inland seinen Sitz oder seine Geschäftsleitung hat oder, für den Fall, dass er im Drittlandsgebiet ansässig ist, im Inland eine Betriebsstätte hat. ④ Hat ein im Drittlandsgebiet ansässiger Unternehmer neben der Betriebsstätte im Inland noch mindestens eine weitere Betriebsstätte im übrigen Gemeinschaftsgebiet, kann er sich für die Anzeige der Teilnahme an dem besonderen Besteuerungsverfahren im Inland entscheiden. ⑤ Hat ein im Drittlandsgebiet ansässiger Unternehmer keine Betriebsstätte im Gemeinschaftsgebiet, hat er die Teilnahme an dem besonderen Besteuerungsverfahren im Inland anzuzeigen, wenn die Beförderung oder Versendung der Gegenstände im Inland beginnt. ⑥ Beginnt die Beförderung oder Versendung der Gegenstände teilweise im Inland und teilweise im übrigen Gemeinschaftsgebiet, kann sich der im Drittlandsgebiet ansässige Unternehmer, der keine Betriebsstätte im Gemeinschaftsgebiet hat, für die Anzeige der Teilnahme an dem besonderen Besteuerungsverfahren im Inland entscheiden. ⑦ Der im Drittlandsgebiet ansässige Unternehmer ist an seine Entscheidung nach Satz 4 oder 6 für das betreffende Kalenderjahr und die beiden darauffolgenden Kalenderjahre gebunden.**

3 (3) **Erfolgt die Anzeige nach Absatz 1 Satz 1 im Inland und erfüllt der Unternehmer die Voraussetzungen für die Teilnahme an dem besonderen Besteuerungsverfahren nicht, stellt das Bundeszentralamt für Steuern dies gegenüber dem Unternehmer fest und lehnt dessen Teilnahme an dem besonderen Besteuerungsverfahren ab.**

(4)[1] ① Ein Unternehmer, der das in Absatz 1 genannte besondere Besteuerungsverfahren anwendet, hat der Finanzbehörde nach Absatz 1 Satz 2 in Verbindung mit Absatz 2 eine Steuererklärung innerhalb eines Monats nach Ablauf jedes Besteuerungszeitraums (§ 16 Absatz 1d Satz 1) nach amtlich vorgeschriebenem Datensatz durch Datenfernübertragung zu übermitteln. ② In der Steuererklärung hat er die Steuer für den Besteuerungszeitraum selbst zu berechnen. ③ Die berechnete Steuer ist am letzten Tag des auf den Besteuerungszeitraum folgenden Monats fällig und bis dahin vom Unternehmer an die Finanzbehörde nach Absatz 1 Satz 2 zu entrichten. ④ Soweit der Unternehmer im Inland Leistungen nach Absatz 1 Satz 1 erbringt, ist § 18 Absatz 1 bis 4 nicht anzuwenden. ⑤ Berichtigungen einer Steuererklärung, die innerhalb von drei Jahren nach dem letzten Tag des Zeitraums nach Satz 1 vorgenommen werden, sind mit einer späteren Steuererklärung unter Angabe des zu berichtigenden Besteuerungszeitraums anzuzeigen. 4

(5) ① Die Steuererklärung nach Absatz 4 Satz 1 und 2, die der Unternehmer der zuständigen Finanzbehörde eines anderen Mitgliedstaates der Europäischen Union übermittelt hat, ist ab dem Zeitpunkt eine Steueranmeldung im Sinne des § 150 Absatz 1 Satz 3 und des § 168 der Abgabenordnung, zu dem die in ihr enthaltenen Daten von der zuständigen Finanzbehörde des anderen Mitgliedstaates der Europäischen Union dem Bundeszentralamt für Steuern übermittelt und dort in bearbeitbarer Weise aufgezeichnet wurden. ② Dies gilt für die Berichtigung einer Steuererklärung entsprechend. ③ Die Steuererklärung nach Satz 1 gilt als fristgemäß übermittelt, wenn sie bis zum letzten Tag der Frist nach Absatz 4 Satz 1 der zuständigen Finanzbehörde des anderen Mitgliedstaates der Europäischen Union übermittelt worden ist und dort in bearbeitbarer Weise aufgezeichnet wurde. ④ Die Entrichtung der Steuer erfolgt im Falle der Steuererklärung nach Satz 1 fristgemäß, wenn die Zahlung bis zum letzten Tag der Frist nach Absatz 4 Satz 3 bei der zuständigen Finanzbehörde des anderen Mitgliedstaates der Europäischen Union eingegangen ist. ⑤ § 240 der Abgabenordnung ist in diesen Fällen mit der Maßgabe anzuwenden, dass eine Säumnis frühestens mit Ablauf des zehnten Tages nach Ablauf des zweiten auf den Besteuerungszeitraum folgenden Monats eintritt. 5

(6) ① Kommt der Unternehmer seinen Verpflichtungen nach Absatz 4 oder § 22 Absatz 1 oder den von ihm in einem anderen Mitgliedstaat der Europäischen Union zu erfüllenden Aufzeichnungspflichten entsprechend Artikel 369k der Richtlinie 2006/112/EG wiederholt nicht oder nicht rechtzeitig nach, schließt ihn die Finanzbehörde nach Absatz 1 Satz 2 von dem besonderen Besteuerungsverfahren nach Absatz 1 aus. ② Der Ausschluss gilt ab dem Besteuerungszeitraum, der nach dem Zeitpunkt der Bekanntgabe des Ausschlusses gegenüber dem Unternehmer beginnt; ist der Ausschluss jedoch auf eine Änderung des Ortes des Sitzes oder der Betriebsstätte oder des Ortes zurückzuführen, von dem aus die Beförderung oder Versendung von Gegenständen ausgeht, ist der Ausschluss ab dem Tag dieser Änderung wirksam. ③ Der Ausschluss wegen eines wiederholten Verstoßes gegen die in Satz 1 genannten Verpflichtungen hat auch den Ausschluss von den besonderen Besteuerungsverfahren nach den §§ 18i und 18k zur Folge. 6

(7)[1] Auf das besondere Besteuerungsverfahren sind, soweit die Anzeige nach Absatz 1 Satz 1 gegenüber dem Bundeszentralamt für Steuern erfolgt und dieses die Steuererklärungen der zuständigen Finanzbehörde eines anderen Mitgliedstaates der Europäischen Union übermittelt, die §§ 2a, 29b bis 30, 32a bis 32j, 80, 87a, 87b und der Zweite Abschnitt des Dritten Teils und der Siebente Teil der Abgabenordnung sowie die Finanzgerichtsordnung anzuwenden. 7

(8) § 18 Absatz 4f ist entsprechend anzuwenden. 8

Hinweis auf EU-Vorschriften:
UStG: § 18j .... **MwStSystRL:** Art. 369a ff.

Zu § 18j UStG

18j.1 Besonderes Besteuerungsverfahren für den innergemeinschaftlichen Fernverkauf, für Lieferungen innerhalb eines Mitgliedstaates über eine elektronische Schnittstelle und für von im Gemeinschaftsgebiet, nicht aber im Mitgliedstaat des Verbrauchs ansässigen Unternehmern erbrachte sonstige Leistungen

UStAE 18j.1

(1) ① Ein Unternehmer, der 11

1. nach dem 30. 6. 2021 Lieferungen nach § 3 Abs. 3a Satz 1 UStG (vgl. Abschnitt 3.18 Abs. 1 bis 3) innerhalb eines EU-Mitgliedstaates oder innergemeinschaftliche Fernverkäufe nach

[1] § 18j Abs. 4 und 7 erstmals anzuwenden auf nach dem 30. 6. 2021 ausgeführte Umsätze, vgl. § 27 Abs. 33 Satz 1 UStG.

UStAE 18j.1

§ 3c Abs. 1 Sätze 2 und 3 UStG (vgl. Abschnitt 3c Abs. 2) im Gemeinschaftsgebiet erbringt oder

2. in der EU ansässig ist und nach dem 30. 6. 2021 in einem anderen EU-Mitgliedstaat sonstige Leistungen an Nichtunternehmer (siehe Abschnitt 3a.1 Abs. 1) ausführt,

für die er dort die Steuer schuldet und Umsatzsteuererklärungen abzugeben hat, kann sich dafür entscheiden, an dem besonderen Besteuerungsverfahren nach § 18j UStG teilzunehmen (sog. One-Stop-Shop – EU-Regelung). ② Dies gilt auch für Kleinunternehmer im Sinne des § 19 UStG. ③ Im Fall der umsatzsteuerlichen Organschaft kann das Wahlrecht nach Satz 1 nur durch den Organträger ausgeübt werden. ④ Eine Teilnahme an dem besonderen Besteuerungsverfahren ist dem Unternehmer nur einheitlich für alle EU-Mitgliedstaaten und alle Umsätze nach Satz 1 möglich; dies gilt hinsichtlich sonstiger Leistungen an Nichtunternehmer nur für die EU-Mitgliedstaaten, in denen der Unternehmer bzw. im Fall der umsatzsteuerlichen Organschaft der Organkreis weder einen Sitz noch eine Betriebsstätte (Abschnitt 3a.1 Abs. 3) hat; hinsichtlich innergemeinschaftlicher Fernverkäufe ist eine umsatzsteuerliche Erfassung im allgemeinen Besteuerungsverfahren in anderen EU-Mitgliedstaaten unerheblich. ⑤ Macht ein Unternehmer von dem Wahlrecht nach Satz 1 Gebrauch, muss er dies der zuständigen Finanzbehörde des zuständigen EU-Mitgliedstaates (§ 18j Abs. 1 Satz 2 UStG) vorbehaltlich des Satzes 7 vor Beginn des Besteuerungszeitraums (§ 16 Abs. 1d Satz 1 UStG), ab dessen Beginn er von diesem besonderen Besteuerungsverfahren Gebrauch macht, nach amtlich vorgeschriebenem Datensatz durch Datenfernübertragung anzeigen. ⑥ Sofern Deutschland zuständiger EU-Mitgliedstaat ist, hat die Anzeige nach Satz 5 gegenüber dem BZSt zu erfolgen. ⑦ Erbringt der Unternehmer erstmals Umsätze im Sinne des Satzes 1 oder überschreitet er erstmalig die Umsatzschwelle von 10 000 € im Sinne des § 3a Abs. 5 Satz 3 und § 3c Abs. 4 Satz 1 UStG (vgl. Abschnitt 3a.9a Abs. 1 Satz 1 Nr. 1 Satz 2 und Abschnitt 3c.1 Abs. 1 Sätze 2 und 3) und hat zuvor nicht im Sinne des § 3a Abs. 5 Satz 4 und § 3c Abs. 4 Satz 2 UStG auf die Anwendung verzichtet (vgl. Abschnitt 3a.9a Abs. 1 Satz 1 Nr. 1 Sätze 4 und 5 und Abschnitt 3c.1 Abs. 1 Satz 3), gilt das besondere Besteuerungsverfahren ab dem Tag der ersten Leistungserbringung, wenn die Anzeige nach Satz 5 gegenüber der zuständigen Finanzbehörde eines EU-Mitgliedstaates bis zum 10. Tag des auf die erste Leistungserbringung folgenden Monats erfolgt. ⑧ Ändern sich die Angaben der Anzeige nach Satz 5, hat der Unternehmer der zuständigen Finanzbehörde des EU-Mitgliedstaates, bei der er die Teilnahme an dem besonderen Besteuerungsverfahren angezeigt hat, die Änderungen bis zum 10. Tag des auf den Eintritt der Änderungen folgenden Monats auf elektronischem Weg mitzuteilen.

12 (2) ① Der Unternehmer hat für jeden Besteuerungszeitraum (= Kalendervierteljahr; § 16 Abs. 1d Satz 1 UStG) eine Umsatzsteuererklärung innerhalb eines Monats nach Ablauf des Besteuerungszeitraums der Finanzbehörde, bei der er die Teilnahme an dem besonderen Besteuerungsverfahren angezeigt hat, elektronisch zu übermitteln; dies gilt auch, wenn keine Umsätze nach Absatz 1 Satz 1 erbracht wurden. ② Hierbei hat er die auf den jeweiligen EU-Mitgliedstaat entfallenden Umsätze zu trennen und dem im betreffenden EU-Mitgliedstaat geltenden Steuersatz zu unterwerfen. ③ Der Unternehmer hat die Steuer selbst zu berechnen (§ 18j Abs. 4 Satz 2 in Verbindung mit § 16 Abs. 1d Satz 2 oder 3 UStG). ④ Für den Fall, dass Deutschland zuständiger EU-Mitgliedstaat nach Absatz 1 Satz 5 ist, sind Informationen zur elektronischen Übermittlung auf den Internetseiten des BZSt (www.bzst.de) abrufbar; der Datenübermittler muss authentifiziert sein. ⑤ Die Steuer ist am letzten Tag des auf den Besteuerungszeitraum folgenden Monats fällig und bis dahin an die Finanzbehörde zu entrichten, bei der der Unternehmer die Teilnahme an dem besonderen Besteuerungsverfahren angezeigt hat (§ 18j Abs. 4 Satz 3 UStG). ⑥ Soweit der Unternehmer im Inland Umsätze nach Absatz 1 Satz 1 erbringt und an dem besonderen Besteuerungsverfahren teilnimmt, ist das allgemeine Besteuerungsverfahren (§ 18 Abs. 1 bis 4 UStG) nicht anzuwenden; das allgemeine und das besondere Besteuerungsverfahren schließen sich im Übrigen jedoch gegenseitig nicht aus. ⑦ Berichtigungen einer Umsatzsteuererklärung, die innerhalb von drei Jahren nach dem letzten Tag des Zeitraums nach Satz 1 vorgenommen werden, sind mit einer späteren Umsatzsteuererklärung unter Angabe des zu berichtigenden Besteuerungszeitraums anzuzeigen. ⑧ Hinsichtlich der im Inland steuerbaren Umsätze bleiben die allgemeinen Änderungsvorschriften der AO nach dem Drei-Jahres-Zeitraum nach Satz 7 unberührt; entsprechende Änderungen sind vorbehaltlich einer abweichenden Zuständigkeitsvereinbarung (§ 27 AO) bei dem nach § 21 Abs. 1 Satz 1 AO oder § 21 Abs. 1 Satz 2 AO in Verbindung mit der UStZustV zuständigen Finanzamt zu beantragen.

13 (3) ① Die Umsatzsteuererklärung nach Absatz 2 Satz 1, die der Unternehmer der zuständigen Finanzbehörde eines anderen EU-Mitgliedstaates übermittelt hat, ist ab dem Zeitpunkt eine Steueranmeldung im Sinne des § 150 Abs. 1 Satz 3 und § 168 AO, zu dem die in ihr enthaltenen Daten von der zuständigen Finanzbehörde des anderen EU-Mitgliedstaates dem BZSt übermittelt und dort in bearbeitbarer Weise aufgezeichnet wurden; dies gilt entsprechend für die Berichtigung einer Umsatzsteuererklärung nach Absatz 2 Satz 7. ② Die Umsatzsteuererklärung nach Satz 1 gilt als fristgemäß übermittelt, wenn sie bis zum letzten Tag des auf den Besteuerungszeitraum folgenden Monats der zuständigen Finanzbehörde des anderen EU-Mitgliedstaates übermittelt worden ist und dort in bearbeitbarer Weise aufgezeichnet wurde (§ 18j Abs. 5 Satz 3 UStG). ③ Die Entrichtung der Steuer erfolgt im Falle der Umsatzsteuererklärung nach

Satz 1 fristgemäß, wenn die Zahlung bis zum letzten Tag des auf den Besteuerungszeitraum folgenden Monats bei der zuständigen Finanzbehörde des anderen EU-Mitgliedstaates eingegangen ist (§ 18j Abs. 5 Satz 4 UStG). ④ § 240 AO ist in diesen Fällen mit der Maßgabe anzuwenden, dass eine Säumnis frühestens mit Ablauf des 10. Tages nach Ablauf des zweiten auf den Besteuerungszeitraum folgenden Monats eintritt (§ 18j Abs. 5 Satz 5 UStG). UStAE 18j.1

(4) ① Die Beträge in der Umsatzsteuererklärung sind in Euro anzugeben; es sei denn, der EU-Mitgliedstaat, in dessen Gebiet der Leistungsort liegt, sieht die Angabe der Beträge in seiner Landeswährung vor. ② In den Fällen der Angabe der Beträge in einer vom Euro abweichenden Landeswährung muss der Unternehmer bei der Umrechnung von Werten in diese Währung einheitlich den von der Europäischen Zentralbank festgestellten Umrechnungskurs des letzten Tags des Besteuerungszeitraums bzw., falls für diesen Tag kein Umrechnungskurs festgelegt wurde, den für den nächsten Tag nach Ablauf des Besteuerungszeitraums festgelegten Umrechnungskurs anwenden (§ 16 Abs. 6 Sätze 4 und 5 UStG). ③ Die Anwendung eines monatlichen Durchschnittskurses entsprechend § 16 Abs. 6 Sätze 1 und 2 UStG ist ausgeschlossen. 14

(5) ① Der Unternehmer hat der Finanzbehörde, bei der er die Teilnahme an dem besonderen Besteuerungsverfahren angezeigt hat, bis zum 10. Tag des auf den Eintritt der Änderung folgenden Monats auf elektronischem Weg mitzuteilen, wenn er keine Umsätze im Sinne des Absatzes 1 Satz 1 mehr erbringt oder wenn andere Änderungen vorliegen, durch die er die Voraussetzungen für die Anwendung des besonderen Besteuerungsverfahrens nach § 18j UStG nicht mehr erfüllt. ② Hat der Unternehmer die Teilnahme an dem besonderen Besteuerungsverfahren in Deutschland angezeigt, stellt das BZSt durch Verwaltungsakt fest, wenn der Unternehmer nicht oder nicht mehr die Voraussetzungen für die Anwendung des Besteuerungsverfahrens nach § 18j UStG erfüllt. 15

(6) ① Der Unternehmer kann die Ausübung des Wahlrechts nach Absatz 1 Satz 1 auf elektronischem Weg widerrufen. ② Ein Widerruf ist nur vor Beginn eines neuen Besteuerungszeitraums mit Wirkung ab diesem Zeitraum möglich (§ 18j Abs. 1 Sätze 5 und 6 UStG). 16

(7) ① Die Finanzbehörde, bei der der Unternehmer die Teilnahme an dem besonderen Besteuerungsverfahren angezeigt hat, kann den Unternehmer von dem Besteuerungsverfahren nach § 18j UStG ausschließen, wenn er seinen Verpflichtungen nach § 18j Abs. 4 oder § 22 Abs. 1 UStG (Abschnitt 22.3a Abs. 3a und 4) oder den von ihm in einem anderen EU-Mitgliedstaat zu erfüllenden Aufzeichnungspflichten entsprechend Artikel 369k MwStSystRL in diesem Verfahren wiederholt nicht oder nicht rechtzeitig nachkommt. ② Zur Beurteilung eines wiederholten Verstoßes gegen die Verpflichtungen nach Satz 1 gilt Abschnitt 18i.1 Abs. 7 Satz 2 entsprechend. ③ Ein Ausschluss kann auch erfolgen, wenn der Unternehmer über einen Zeitraum von zwei Jahren keine Umsätze nach Absatz 1 Satz 1 erbracht hat (vgl. Artikel 58a MwStVO). ④ Der Ausschluss gilt ab dem Besteuerungszeitraum, der nach dem Zeitpunkt der Bekanntgabe des Ausschlusses gegenüber dem Unternehmer beginnt; ist der Ausschluss jedoch auf eine Änderung des Ortes des Sitzes oder der Betriebsstätte oder des Ortes zurückzuführen, von dem aus die Beförderung oder Versendung von Gegenständen ausgeht, ist der Ausschluss ab dem Tag dieser Änderung wirksam. ⑤ Der Ausschluss wegen eines wiederholten Verstoßes gegen die in Satz 1 genannten Verpflichtungen hat auch den Ausschluss von den besonderen Besteuerungsverfahren nach den §§ 18i und 18k UStG zur Folge. ⑥ Die Gültigkeit des Ausschlusses wegen eines wiederholten Verstoßes gegen die in Satz 1 genannten Verpflichtungen endet nicht vor Ablauf von zwei Jahren, die auf den Besteuerungszeitraum folgen, in dem der Ausschluss gegenüber dem Unternehmer bekannt gegeben wurde; innerhalb dieses Zeitraums ist auch die erstmalige oder erneute Teilnahme an den besonderen Besteuerungsverfahren nach den §§ 18i, 18j und 18k UStG nicht zulässig. 17

(8) ① Ein im Ausland ansässiger Unternehmer, der im Inland als Steuerschuldner ausschließlich Umsätze nach Absatz 1 Satz 1 und ggf. weitere in § 59 Satz 1 UStDV aufgeführte Umsätze, die das Vorsteuer-Vergütungsverfahren nicht ausschließen, erbringt sowie an dem besonderen Besteuerungsverfahren teilnimmt, kann Vorsteuerbeträge nur im Rahmen des Vorsteuer-Vergütungsverfahrens geltend machen (§ 16 Abs. 1d Satz 4 und § 18 Abs. 9 Satz 1 UStG in Verbindung mit § 59 Satz 1 Nr. 5, §§ 61 und 61a UStDV). ② Bei nicht im Gemeinschaftsgebiet ansässigen Unternehmern sind in diesen Fällen die Einschränkungen des § 18 Abs. 9 Sätze 5 und 6 UStG nicht anzuwenden (§ 18 Abs. 9 Satz 8 UStG), soweit die Vorsteuerbeträge im Zusammenhang mit Umsätzen nach Absatz 1 Satz 1 stehen. ③ Für Vorsteuerbeträge im Zusammenhang mit anderen Umsätzen (z. B. innergemeinschaftliche Lieferung durch einen nicht im Gemeinschaftsgebiet ansässigen Unternehmer an einen in der EU ansässigen Unternehmer) gelten die Einschränkungen des § 18 Abs. 9 Sätze 5 und 6 UStG unverändert. ④ Erbringt der Unternehmer, der an dem besonderen Besteuerungsverfahren teilnimmt, im Inland noch andere Umsätze, für die er im Inland die Umsatzsteuer schuldet und Umsatzsteuer-Voranmeldungen und/oder Umsatzsteuererklärungen für das Kalenderjahr zu übermitteln hat, können die Vorsteuerbeträge insgesamt nur im allgemeinen Besteuerungsverfahren (§ 18 Abs. 1 bis 4 UStG) geltend gemacht werden. ⑤ Für im Inland ansässige Unternehmer, die in einem anderen EU-Mitgliedstaat ausschließlich Umsätze im Sinne des Absatz 1 Satz 1 und ggf. weitere in § 59 Satz 1 UStDV aufgeführte Umsätze, die das Vorsteuer-Vergütungsverfahren nicht ausschließen, erbringen sowie an 18

UStAE 18j.1

dem besonderen Besteuerungsverfahren teilnehmen, gilt Satz 1 unter Hinweis auf die Richtlinie 2008/9/EG des Rates vom 12. 2. 2008 zur Regelung der Erstattung der Mehrwertsteuer gemäß der Richtlinie 2006/112/EG an nicht im Mitgliedstaat der Erstattung, sondern in einem anderen Mitgliedstaat ansässige Steuerpflichtige (ABl. EU 2008 Nr. L 44 S. 23) entsprechend (vgl. § 18g UStG und Abschnitt 18g.1). ⑥ Erbringen im Inland ansässige Unternehmer, die an dem besonderen Besteuerungsverfahren teilnehmen, in einem anderen EU-Mitgliedstaat noch andere Umsätze, für die sie dort die Umsatzsteuer schulden und Umsatzsteuererklärungen abzugeben haben, können die Vorsteuerbeträge in dem anderen EU-Mitgliedstaat insgesamt nur im allgemeinen Besteuerungsverfahren (Artikel 250 bis 261 MwStSystRL) bei der zuständigen Finanzbehörde in dem anderen EU-Mitgliedstaat geltend gemacht werden.

19 (9) ① Ein Unternehmer ist im Inland ansässig, wenn er im Inland seinen Sitz oder seine Geschäftsleitung oder, für den Fall, dass er im Drittlandsgebiet ansässig ist, im Inland eine Betriebsstätte (Abschnitt 3a.1 Abs. 3) hat. ② Hat ein im Drittlandsgebiet ansässiger Unternehmer in mehreren EU-Mitgliedstaaten Betriebsstätten, kann er selbst entscheiden, in welchem EU-Mitgliedstaat er sich für Zwecke des besonderen Besteuerungsverfahrens erfassen lassen möchte. ③ Hat ein im Drittlandsgebiet ansässiger Unternehmer keine Betriebsstätte im Gemeinschaftsgebiet, hat er die Teilnahme an dem besonderen Besteuerungsverfahren in dem EU-Mitgliedstaat anzuzeigen, in dem die Beförderung oder Versendung der Gegenstände beginnt. ④ Beginnt die Beförderung oder Versendung der Gegenstände teilweise in einem und teilweise in einem anderen EU-Mitgliedstaat, kann sich der im Drittlandsgebiet ansässige Unternehmer, der keine Betriebsstätte im Gemeinschaftsgebiet hat, für die Anzeige der Teilnahme an dem besonderen Besteuerungsverfahren in einem der vorgenannten EU-Mitgliedstaaten entscheiden. ⑤ Der im Drittlandsgebiet ansässige Unternehmer ist in den Fällen des Satzes 2 oder 4 an seine Entscheidung für das betreffende Kalenderjahr und die beiden darauffolgenden Kalenderjahre gebunden. ⑥ Hinsichtlich eines im übrigen Gemeinschaftsgebiet ansässigen Unternehmers vgl. Abschnitt 13b.11 Abs. 1 Satz 2.

20 (10) ① Bei Organisationseinheiten der Gebietskörperschaften Bund und Länder, die durch ihr Handeln eine Erklärungspflicht begründen, obliegen der jeweiligen Organisationseinheit die Rechte und Pflichten der Absätze 1, 2, 4, 5, 6 und 8. ② Absatz 7 gilt in Bezug auf Organisationseinheiten der Gebietskörperschaften Bund und Länder entsprechend.

21 (11) Auf das besondere Besteuerungsverfahren sind, soweit die Anzeige nach Absatz 1 Satz 1 gegenüber dem BZSt erfolgt und dieses die Umsatzsteuererklärungen den zuständigen Finanzbehörden der anderen EU-Mitgliedstaaten übermittelt, die §§ 2a, 29b bis 30, 32a bis 32j, 80, 87a, 87b und der Zweite Abschnitt des Dritten Teils und der Siebente Teil der AO sowie die FGO anzuwenden.

UStG

§ 18k[1] Besonderes Besteuerungsverfahren für Fernverkäufe von aus dem Drittlandsgebiet eingeführten Gegenständen in Sendungen mit einem Sachwert von höchstens 150 Euro

1 (1) ① Ein Unternehmer, der nach dem 30. Juni 2021 als Steuerschuldner Fernverkäufe nach § 3 Absatz 3 a Satz 2 oder § 3 c Absatz 2 oder 3 in Sendungen mit einem Sachwert von höchstens 150 Euro im Gemeinschaftsgebiet erbringt, für die er dort die Steuer schuldet und Umsatzsteuererklärungen abzugeben hat, oder ein in seinem Auftrag handelnder im Gemeinschaftsgebiet ansässiger Vertreter hat anzuzeigen, wenn er an dem besonderen Besteuerungsverfahren entsprechend Titel XII Kapitel 6 Abschnitt 4 der Richtlinie 2006/112/EG des Rates in der Fassung von Artikel 2 Nummer 30 der Richtlinie (EU) 2017/2455 des Rates vom 5. Dezember 2017 zur Änderung der Richtlinie 2006/112/EG und der Richtlinie 2009/132/EG in Bezug auf bestimmte mehrwertsteuerliche Pflichten für die Erbringung von Dienstleistungen und für Fernverkäufe von Gegenständen (ABl. L 348 vom 29. 12. 2017, S. 7) teilnimmt. ② Die Anzeige ist der zuständigen Finanzbehörde des unter den Voraussetzungen des Artikels 369 l Unterabsatz 2 Nummer 3 der Richtlinie 2006/112/EG zuständigen Mitgliedstaates der Europäischen Union vor Beginn des Besteuerungszeitraums (§ 16 Absatz 1 e Satz 1) nach amtlich vorgeschriebenem Datensatz durch Datenfernübertragung zu übermitteln; zuständige Finanzbehörde im Inland ist insoweit das Bundeszentralamt für Steuern. ③ Eine Teilnahme an dem besonderen Besteuerungsverfahren ist für nicht im Gemeinschaftsgebiet ansässige Unternehmer nur zulässig, wenn das Drittland, in dem sie ansässig sind, in der Durchführungsverordnung entsprechend Artikel 369 m Absatz 3 der Richtlinie 2006/112/EG aufgeführt ist, oder wenn sie einen im Gemeinschaftsgebiet ansässigen Vertreter vertraglich bestellt und dies der Finanzbehörde nach Satz 2 angezeigt haben. ④ Satz 1 gilt nicht für Sendungen, die verbrauchsteuerpflichtige Waren enthalten. ⑤ Eine Teilnahme an dem besonderen Besteuerungsverfahren ist nur einheitlich für alle Mitgliedstaaten der Europäischen Union und für alle Fernverkäufe im Sinne des Satzes 1 möglich; sie gilt ab dem Tag, an dem dem Unternehmer oder dem im Auftrag handelnden Vertreter die nach Artikel 369 q Absatz 1 oder 3 der Richtlinie 2006/112/EG erteilte individuelle Identifikationsnummer des Unternehmers bekannt gegeben wurde. ⑥ Die Anwendung des besonderen Besteuerungsverfahrens kann nur mit Wirkung vom Beginn eines Besteuerungszeitraums an widerrufen werden. ⑦ Der Widerruf ist vor Beginn des Besteuerungszeitraums, für den er gelten soll, gegenüber der Finanzbehörde nach Satz 2 nach amtlich vorgeschriebenem Datensatz durch Datenfernübertragung zu erklären.

2 (2) ① Im übrigen Gemeinschaftsgebiet ansässige Unternehmer (§ 13 b Absatz 7 Satz 2) oder im Auftrag handelnde Vertreter können die Teilnahme an dem besonderen Besteuerungsverfahren nur in dem Mitgliedstaat der Europäischen Union, in dem sie ansässig sind, anzeigen. ② Im Inland ansässige Unternehmer oder im Auftrag handelnde Vertreter können die Teilnahme an dem besonderen Besteuerungsverfahren nur im Inland anzeigen; dies gilt nicht in Fällen des Satzes 4. ③ Ein Unternehmer oder ein im Auftrag handelnder Vertreter ist im Inland ansässig, wenn er im Inland seinen Sitz oder seine Geschäftsleitung hat oder, für den Fall, dass er im Drittlandsgebiet ansässig ist, im Inland eine Betriebsstätte hat. ④ Hat der im Drittlandsgebiet ansässige Unternehmer oder im Auftrag handelnde Vertreter neben der Betriebsstätte im Inland noch mindestens eine weitere Betriebsstätte im übrigen Gemeinschaftsgebiet, kann er sich für die Anzeige der Teilnahme an dem besonderen Besteuerungsverfahren im Inland entscheiden. ⑤ Der Unternehmer oder im Auftrag handelnde Vertreter ist an seine Entscheidung nach Satz 4 für das betreffende Kalenderjahr und die beiden darauffolgenden Kalenderjahre gebunden.

3 (3) Erfolgt die Anzeige nach Absatz 1 Satz 1 im Inland und erfüllt der Unternehmer die Voraussetzungen für die Teilnahme an dem besonderen Besteuerungsverfahren nicht, stellt das Bundeszentralamt für Steuern dies gegenüber dem Unternehmer fest und lehnt dessen Teilnahme an dem besonderen Besteuerungsverfahren ab.

4 (4)[2] ① Ein Unternehmer oder im Auftrag handelnder Vertreter, der das in Absatz 1 genannte besondere Besteuerungsverfahren anwendet, hat der Finanzbehörde nach Absatz 1 Satz 2 in Verbindung mit Absatz 2 eine Steuererklärung innerhalb eines Monats nach Ablauf jedes Besteuerungszeitraums (§ 16 Absatz 1 e Satz 1) nach amtlich vorgeschriebenem Datensatz durch Datenfernübertragung zu übermitteln. ② In der Steuererklärung hat er die Steuer für den Besteuerungszeitraum selbst zu berechnen. ③ Die berechnete Steuer ist am letzten Tag des auf den Besteuerungszeitraum folgenden Monats fällig und bis dahin vom Unternehmer oder vom im Auftrag

[1] Bei Nichtnutzung des IOSS-Verfahrens siehe § 21 a UStG.
[2] § 18 k Abs. 4 und 7 erstmals anzuwenden auf nach dem 30. 6. 2021 ausgeführte Umsätze, vgl. § 27 Abs. 33 Satz 1 UStG.

handelnden Vertreter an die Finanzbehörde nach Absatz 1 Satz 2 zu entrichten. ④ Soweit der Unternehmer im Inland Lieferungen nach Absatz 1 Satz 1 erbringt, ist § 18 Absatz 1 bis 4 nicht anzuwenden. ⑤ Berichtigungen einer Steuererklärung, die innerhalb von drei Jahren nach dem letzten Tag des Zeitraums nach Satz 1 vorgenommen werden, sind mit einer späteren Steuererklärung unter Angabe des zu berichtigenden Besteuerungszeitraums anzuzeigen.

5 (5) ① **Die Steuererklärung nach Absatz 4 Satz 1 und 2, die der Unternehmer der zuständigen Finanzbehörde eines anderen Mitgliedstaates der Europäischen Union übermittelt hat, ist ab dem Zeitpunkt eine Steueranmeldung im Sinne des § 150 Absatz 1 Satz 3 und des § 168 der Abgabenordnung, zu dem die in ihr enthaltenen Daten von der zuständigen Finanzbehörde des anderen Mitgliedstaates der Europäischen Union dem Bundeszentralamt für Steuern übermittelt und dort in bearbeitbarer Weise aufgezeichnet wurden. ② Dies gilt für die Berichtigung einer Steuererklärung entsprechend. ③ Die Steuererklärung nach Satz 1 gilt als fristgemäß übermittelt, wenn sie bis zum letzten Tag der Frist nach Absatz 4 Satz 1 der zuständigen Finanzbehörde des anderen Mitgliedstaates der Europäischen Union übermittelt worden ist und dort in bearbeitbarer Weise aufgezeichnet wurde. ④ Die Entrichtung der Steuer erfolgt im Falle der Steuererklärung nach Satz 1 fristgemäß, wenn die Zahlung bis zum letzten Tag der Frist nach Absatz 4 Satz 3 bei der zuständigen Finanzbehörde des anderen Mitgliedstaates der Europäischen Union eingegangen ist. ⑤ § 240 der Abgabenordnung ist in diesen Fällen mit der Maßgabe anzuwenden, dass eine Säumnis frühestens mit Ablauf des zehnten Tages nach Ablauf des zweiten auf den Besteuerungszeitraum folgenden Monats eintritt.**

6 (6) ① **Kommt der Unternehmer oder der im Auftrag handelnde Vertreter seinen Verpflichtungen nach Absatz 4 oder § 22 Absatz 1 oder den von ihm in einem anderen Mitgliedstaat der Europäischen Union zu erfüllenden Aufzeichnungspflichten entsprechend Artikel 369x der Richtlinie 2006/112/EG wiederholt nicht oder nicht rechtzeitig nach, schließt ihn die Finanzbehörde nach Absatz 1 Satz 2 von dem besonderen Besteuerungsverfahren nach Absatz 1 aus. ② Ein Ausschluss des im Auftrag handelnden Vertreters bewirkt auch den Ausschluss des von ihm vertretenen Unternehmers. ③ Der Ausschluss wegen eines wiederholten Verstoßes gegen die in Satz 1 genannten Verpflichtungen gilt ab dem Tag, der auf den Zeitpunkt der Bekanntgabe des Ausschlusses gegenüber dem Unternehmer oder dem im Auftrag handelnden Vertreter folgt; ist der Ausschluss jedoch auf eine Änderung des Ortes des Sitzes oder der Betriebsstätte zurückzuführen, ist der Ausschluss ab dem Tag dieser Änderung wirksam; erfolgt der Ausschluss aus anderen Gründen, gilt er ab dem Besteuerungszeitraum, der nach dem Zeitpunkt der Bekanntgabe des Ausschlusses gegenüber dem Unternehmer oder dem im Auftrag handelnden Vertreter beginnt. ④ Der Ausschluss wegen eines wiederholten Verstoßes gegen die in Satz 1 genannten Verpflichtungen hat auch den Ausschluss von den besonderen Besteuerungsverfahren nach den §§ 18i und 18j zur Folge; es sei denn, der Ausschluss des Unternehmers war bedingt durch einen wiederholten Verstoß gegen die in Satz 1 genannten Verpflichtungen durch den im Auftrag handelnden Vertreter.**

7 (7)[1] **Auf das besondere Besteuerungsverfahren sind, soweit die Anzeige nach Absatz 1 Satz 1 gegenüber dem Bundeszentralamt für Steuern erfolgt und dieses die Steuererklärungen der zuständigen Finanzbehörde eines anderen Mitgliedstaates der Europäischen Union übermittelt, die §§ 2a, 29b bis 30, 32a bis 32j, 80, 87a, 87b und der Zweite Abschnitt des Dritten Teils und der Siebente Teil der Abgabenordnung sowie die Finanzgerichtsordnung anzuwenden.**

8 (8) **§ 18 Absatz 4f ist entsprechend anzuwenden.**

Hinweis auf EU-Vorschriften:
UStG: § 18k .... **MwStSystRL:** Art. 369lff.

Zu § 18k UStG

USTAE 18k.1

18k.1 Besonderes Besteuerungsverfahren für Fernverkäufe von aus dem Drittlandsgebiet eingeführten Gegenständen in Sendungen mit einem Sachwert von höchstens 150 €

11 (1) ① Ein Unternehmer, der nach dem 30. 6. 2021 als Steuerschuldner Fernverkäufe nach § 3 Abs. 3a Satz 2 (vgl. Abschnitt 3.18 Abs. 1, 3 und 4) oder § 3c Abs. 2 oder 3 UStG (vgl. Abschnitt 3c.1 Abs. 3 und 4) in Sendungen (vgl. Abschnitt 3.18 Abs. 6) mit einem Sachwert (vgl. Abschnitt 3.18 Abs. 7) von höchstens 150 € im Gemeinschaftsgebiet erbringt, für die er dort die Steuer schuldet und Umsatzsteuererklärungen abzugeben hat, oder ein in seinem Auftrag han-

[1] § 18k Abs. 4 und 7 erstmals anzuwenden auf nach dem 30. 6. 2021 ausgeführte Umsätze, vgl. § 27 Abs. 33 Satz 1 UStG.

UStAE 18k.1

delnder im Gemeinschaftsgebiet ansässiger Vertreter kann sich dafür entscheiden, an dem besonderen Besteuerungsverfahren nach § 18k UStG teilzunehmen (sog . Import-One-Stop-Shop). ② Dies gilt auch für Kleinunternehmer im Sinne des § 19 UStG. ③ Im Fall der umsatzsteuerlichen Organschaft kann das Wahlrecht nach Satz 1 nur durch den Organträger ausgeübt werden. ④ Eine Teilnahme an dem besonderen Besteuerungsverfahren ist nur einheitlich für alle EU-Mitgliedstaaten und alle Fernverkäufe im Sinne des Satzes 1 möglich; sie gilt ab dem Tag, an dem dem Unternehmer oder im Auftrag handelnden Vertreter die erteilte individuelle Identifikationsnummer des Unternehmers bekannt gegeben wurde (§ 18k Abs. 1 Satz 5 UStG). ⑤ Macht ein Unternehmer oder ein im Auftrag handelnder Vertreter von dem Wahlrecht nach Satz 1 Gebrauch, muss er dies der zuständigen Finanzbehörde des unter den Voraussetzungen des Artikels 369l Unterabs. 2 Nr. 3 MwStSystRL zuständigen EU-Mitgliedstaates vor Beginn des Besteuerungszeitraums (§ 16 Abs. 1e Satz 1 UStG) nach amtlich vorgeschriebenem Datensatz durch Datenfernübertragung anzeigen. ⑥ Sofern Deutschland zuständiger EU-Mitgliedstaat ist, hat die Anzeige nach Satz 5 gegenüber dem BZSt zu erfolgen. ⑦ Eine Teilnahme an dem besonderen Besteuerungsverfahren ist für nicht im Gemeinschaftsgebiet ansässige Unternehmer nur zulässig, wenn das Drittland, in dem sie ansässig sind, in der Durchführungsverordnung entsprechend Artikel 369m Abs. 3 MwStSystRL aufgeführt ist, oder wenn sie einen im Gemeinschaftsgebiet ansässigen Vertreter vertraglich bestellt und dies der Finanzbehörde nach Satz 5 angezeigt haben. ⑧ Satz 1 gilt nicht für Sendungen, die verbrauchsteuerpflichtige Waren enthalten. ⑨ Ändern sich die Angaben der Anzeige nach Satz 5, hat der Unternehmer oder im Auftrag handelnde Vertreter der zuständigen Finanzbehörde des EU-Mitgliedstaates, bei der er die Teilnahme an dem besonderen Besteuerungsverfahren angezeigt hat, die Änderungen bis zum 10. Tag des auf den Eintritt der Änderungen folgenden Monats auf elektronischem Weg mitzuteilen.

(2) ① Der Unternehmer oder im Auftrag handelnde Vertreter hat für jeden Besteuerungszeitraum (= Kalendermonat; § 16 Abs. 1e Satz 1 UStG) eine Umsatzsteuererklärung innerhalb eines Monats nach Ablauf des Besteuerungszeitraums der Finanzbehörde, bei der er die Teilnahme an dem besonderen Besteuerungsverfahren angezeigt hat, elektronisch zu übermitteln; dies gilt auch, wenn keine Fernverkäufe nach Absatz 1 Satz 1 erbracht wurden. ② Hierbei hat er die auf den jeweiligen EU-Mitgliedstaat entfallenden Umsätze zu trennen und dem im betreffenden EU-Mitgliedstaat geltenden Steuersatz zu unterwerfen. ③ Der Unternehmer oder im Auftrag handelnde Vertreter hat die Steuer selbst zu berechnen (§ 18k Abs. 4 Satz 2 in Verbindung mit § 16 Abs. 1e Satz 2 oder 3 UStG). ④ Für den Fall, dass Deutschland zuständiger EU-Mitgliedstaat nach Absatz 1 Satz 5 ist, sind Informationen zur elektronischen Übermittlung auf den Internetseiten des BZSt (www.bzst.de) abrufbar; der Datenübermittler muss authentifiziert sein. ⑤ Die Steuer ist am letzten Tag des auf den Besteuerungszeitraum folgenden Monats fällig und bis dahin an die Finanzbehörde zu entrichten, bei der der Unternehmer oder im Auftrag handelnde Vertreter die Teilnahme an dem besonderen Besteuerungsverfahren angezeigt hat (§ 18k Abs. 4 Satz 3 UStG). ⑥ Soweit der Unternehmer im Inland Fernverkäufe nach Absatz 1 Satz 1 erbringt und an dem besonderen Besteuerungsverfahren teilnimmt, ist das allgemeine Besteuerungsverfahren (§ 18 Abs. 1 bis 4 UStG) nicht anzuwenden; das allgemeine und das besondere Besteuerungsverfahren schließen sich im Übrigen jedoch gegenseitig nicht aus. ⑦ Berichtigungen einer Umsatzsteuererklärung, die innerhalb von drei Jahren nach dem letzten Tag des Zeitraums nach Satz 1 vorgenommen werden, sind mit einer späteren Umsatzsteuererklärung unter Angabe des zu berichtigenden Besteuerungszeitraums anzuzeigen. ⑧ Hinsichtlich der im Inland steuerbaren Umsätze bleiben die allgemeinen Änderungsvorschriften der AO nach dem Drei-Jahres-Zeitraum nach Satz 7 unberührt; entsprechende Änderungen sind vorbehaltlich einer abweichenden Zuständigkeitsvereinbarung (§ 27 AO) bei dem nach § 21 Abs. 1 Satz 1 AO oder § 21 Abs. 1 Satz 2 AO in Verbindung mit der UStZustV zuständigen Finanzamt zu beantragen. 12

(3) ① Die Umsatzsteuererklärung nach Absatz 2 Satz 1, die der Unternehmer oder im Auftrag handelnde Vertreter der zuständigen Finanzbehörde eines anderen EU-Mitgliedstaates übermittelt hat, ist ab dem Zeitpunkt eine Steueranmeldung im Sinne des § 150 Abs. 1 Satz 3 und § 168 AO, zu dem die in ihr enthaltenen Daten von der zuständigen Finanzbehörde des anderen EU-Mitgliedstaates dem BZSt übermittelt und dort in bearbeitbarer Weise aufgezeichnet wurden; dies gilt entsprechend für die Berichtigung einer Umsatzsteuererklärung nach Absatz 2 Satz 7. ② Die Umsatzsteuererklärung nach Satz 1 gilt als fristgemäß übermittelt, wenn sie bis zum letzten Tag des auf den Besteuerungszeitraum folgenden Monats der zuständigen Finanzbehörde des anderen EU-Mitgliedstaates übermittelt worden ist und dort in bearbeitbarer Weise aufgezeichnet wurde (§ 18k Abs. 5 Satz 3 UStG). ③ Die Entrichtung der Steuer erfolgt im Falle der Umsatzsteuererklärung nach Satz 1 fristgemäß, wenn die Zahlung bis zum letzten Tag des auf den Besteuerungszeitraum folgenden Monats bei der zuständigen Finanzbehörde des anderen EU-Mitgliedstaates eingegangen ist (§ 18k Abs. 5 Satz 4 UStG). ④ § 240 AO ist in diesen Fällen mit der Maßgabe anzuwenden, dass eine Säumnis frühestens mit Ablauf des 10. Tages nach Ablauf des zweiten auf den Besteuerungszeitraum folgenden Monats eintritt (§ 18k Abs. 4 Satz 5 UStG). 13

(4) ① Die Beträge in der Umsatzsteuererklärung sind in Euro anzugeben; es sei denn, der EU-Mitgliedstaat, in dessen Gebiet der Leistungsort liegt, sieht die Angabe der Beträge in seiner Landeswährung vor. ② In den Fällen der Angabe der Beträge in einer vom Euro abweichenden Landeswährung muss der Unternehmer bei der Umrechnung von Werten in diese Währung einheit- 14

UStAE 18k.1

lich den von der Europäischen Zentralbank festgestellten Umrechnungskurs des letzten Tags des Besteuerungszeitraums bzw., falls für diesen Tag kein Umrechnungskurs festgelegt wurde , den für den nächsten Tag nach Ablauf des Besteuerungszeitraums festgelegten Umrechnungskurs anwenden (§ 16 Abs. 6 Sätze 4 und 5 UStG). ③ Die Anwendung eines monatlichen Durchschnittskurses entsprechend § 16 Abs. 6 Sätze 1 und 2 UStG ist ausgeschlossen.

15 (5) ① Der Unternehmer oder im Auftrag handelnde Vertreter hat der Finanzbehörde, bei der er die Teilnahme an dem besonderen Besteuerungsverfahren angezeigt hat, bis zum 10. Tag des auf den Eintritt der Änderung folgenden Monats auf elektronischem Weg mitzuteilen, wenn der Unternehmer keine Umsätze im Sinne des Absatzes 1 Satz 1 mehr erbringt oder wenn andere Änderungen vorliegen, durch die er die Voraussetzungen für die Anwendung des besonderen Besteuerungsverfahrens nach § 18k UStG nicht mehr erfüllt. ② Hat der Unternehmer oder im Auftrag handelnde Vertreter die Teilnahme an dem besonderen Besteuerungsverfahren in Deutschland angezeigt, stellt das BZSt durch Verwaltungsakt fest, wenn der Unternehmer nicht oder nicht mehr die Voraussetzungen für die Anwendung des Besteuerungsverfahrens nach § 18k UStG erfüllt.

16 (6) ① Der Unternehmer oder im Auftrag handelnde Vertreter kann die Ausübung des Wahlrechts nach Absatz 1 Satz 1 auf elektronischem Weg widerrufen. ② Ein Widerruf ist nur vor Beginn eines neuen Besteuerungszeitraums mit Wirkung ab diesem Zeitraum möglich (§ 18k Abs. 1 Sätze 6 und 7 UStG).

17 (7) ① Die Finanzbehörde, bei der der Unternehmer oder im Auftrag handelnde Vertreter die Teilnahme an dem besonderen Besteuerungsverfahren angezeigt hat, kann den Unternehmer oder im Auftrag handelnden Vertreter von dem Besteuerungsverfahren nach § 18k UStG ausschließen, wenn dieser seinen Verpflichtungen nach § 18k Abs. 4 oder § 22 Abs. 1 UStG (Abschnitt 22.3a Abs. 3a und 4a) oder den von ihm in einem anderen EU-Mitgliedstaat zu erfüllenden Aufzeichnungspflichten entsprechend Artikel 369x MwStSystRL in diesem Verfahren wiederholt nicht oder nicht rechtzeitig nachkommt. ② Zur Beurteilung eines wiederholten Verstoßes gegen die Verpflichtungen nach Satz 1 gilt Abschnitt 18i.1 Abs. 7 Satz 2 entsprechend; dies gilt auch hinsichtlich des im Auftrag handelnden Vertreters. ③ Ein Ausschluss kann auch erfolgen, wenn der Unternehmer über einen Zeitraum von zwei Jahren keine Umsätze nach Absatz 1 Satz 1 erbracht hat (vgl. Artikel 58a MwStVO). ④ Ein Ausschluss des im Auftrag handelnden Vertreters bewirkt auch den Ausschluss des von ihm vertretenen Unternehmers. ⑤ Der Ausschluss wegen eines wiederholten Verstoßes gegen die in Satz 1 genannten Verpflichtungen gilt ab dem Tag, der auf den Zeitpunkt der Bekanntgabe des Ausschlusses gegenüber dem Unternehmer oder dem im Auftrag handelnden Vertreter folgt; ist der Ausschluss jedoch auf eine Änderung des Ortes des Sitzes oder der Betriebsstätte zurückzuführen, ist der Ausschluss ab dem Tag dieser Änderung wirksam; erfolgt der Ausschluss aus anderen Gründen gilt er ab dem Besteuerungszeitraum, der nach dem Zeitpunkt der Bekanntgabe des Ausschlusses gegenüber dem Unternehmer oder dem im Auftrag handelnden Vertreter beginnt. ⑥ Der Ausschluss wegen eines wiederholten Verstoßes gegen die in Satz 1 genannten Verpflichtungen hat auch den Ausschluss von den besonderen Besteuerungsverfahren nach den §§ 18i und 18j UStG zur Folge; es sei denn, der Ausschluss des Unternehmers war bedingt durch einen wiederholten Verstoß gegen die in Satz 1 genannten Verpflichtungen durch den im Auftrag handelnden Vertreter. ⑦ Die Gültigkeit des Ausschlusses wegen eines wiederholten Verstoßes gegen die in Satz 1 genannten Verpflichtungen endet nicht vor Ablauf von zwei Jahren, die auf den Besteuerungszeitraum folgen, in dem der Ausschluss gegenüber dem Unternehmer oder im Auftrag handelnden Vertreter bekannt gegeben wurde; innerhalb dieses Zeitraums ist auch die erstmalige oder erneute Teilnahme an den besonderen Besteuerungsverfahren nach den §§ 18i, 18j und 18k UStG nicht zulässig, es sei denn, der Ausschluss des Unternehmers war bedingt durch einen wiederholten Verstoß gegen die in Satz 1 genannten Verpflichtungen durch den im Auftrag handelnden Vertreter.

18 (8) ① Ein im Ausland ansässiger Unternehmer, der im Inland als Steuerschuldner ausschließlich Fernverkäufe nach Absatz 1 Satz 1 und ggf. weitere in § 59 Satz 1 UStDV aufgeführte Umsätze, die das Vorsteuer-Vergütungsverfahren nicht ausschließen, erbringt sowie an dem besonderen Besteuerungsverfahren teilnimmt, kann Vorsteuerbeträge nur im Rahmen des Vorsteuer-Vergütungsverfahrens geltend machen (§ 16 Abs. 1e Satz 4 und § 18 Abs. 9 Satz 1 UStG in Verbindung mit § 59 Satz 1 Nr. 6, §§ 61 und 61a UStDV). ② Bei nicht im Gemeinschaftsgebiet ansässigen Unternehmern sind in diesen Fällen die Einschränkungen des § 18 Abs. 9 Sätze 5 und 6 UStG nicht anzuwenden (§ 18 Abs. 9 Satz 8 UStG), soweit die Vorsteuerbeträge im Zusammenhang mit Fernverkäufen nach Absatz 1 Satz 1 stehen. ③ Für Vorsteuerbeträge im Zusammenhang mit anderen Umsätzen (z. B. Lieferung durch einen nicht im Gemeinschaftsgebiet ansässigen Unternehmer an einen in der EU ansässigen Unternehmer) gelten die Einschränkungen des § 18 Abs. 9 Sätze 5 und 6 UStG unverändert. ④ Erbringt der Unternehmer, der an dem besonderen Besteuerungsverfahren teilnimmt, im Inland noch andere Umsätze, für die er im Inland die Umsatzsteuer schuldet und Umsatzsteuer-Voranmeldungen und/oder Umsatzsteuererklärungen für das Kalenderjahr zu übermitteln hat, können die Vorsteuerbeträge insgesamt nur im allgemeinen Besteuerungsver fahren (§ 18 Abs. 1 bis 4 UStG) geltend gemacht werden. ⑤ Für im Inland ansässige Unternehmer, die in einem anderen EU-Mitgliedstaat ausschließlich Fernverkäufe im Sinne des Absatz 1 Satz 1 und ggf. weitere in § 59 Satz 1 UStDV aufgeführte Umsätze,

die das Vorsteuer-Vergütungsverfahren nicht ausschließen, erbringen sowie an dem besonderen Besteuerungsverfahren teilnehmen, gilt Satz 1 unter Hinweis auf die Richtlinie 2008/9/EG des Rates vom 12. 2. 2008 zur Regelung der Erstattung der Mehrwertsteuer gemäß der Richtlinie 2006/112/ EG an nicht im Mitgliedstaat der Erstattung, sondern in einem anderen Mitgliedstaat ansässige Steuerpflichtige (ABl. EU 2008 Nr. L 44 S. 23) entsprechend (vgl. § 18 g UStG und Abschnitt 18 g.1). ⑥ Erbringen im Inland ansässige Unternehmer, die an dem besonderen Besteuerungsverfahren teilnehmen, in einem anderen EU-Mitgliedstaat noch andere Umsätze, für die sie dort die Umsatzsteuer schulden und Umsatzsteuererklärungen abzugeben haben, können die Vorsteuerbeträge in dem anderen EU-Mitgliedstaat insgesamt nur im allgemeinen Besteuerungsverfahren (Artikel 250 bis 261 MwStSystRL) bei der zuständigen Finanzbehörde in dem anderen EU-Mitgliedstaat geltend gemacht werden. UStAE 18k.1

(9) ① Ein Unternehmer oder im Auftrag handelnder Vertreter ist im Inland ansässig, wenn er im Inland seinen Sitz oder seine Geschäftsleitung hat oder, für den Fall, dass er im Drittlandsgebiet ansässig ist, im Inland eine Betriebsstätte (Abschnitt 3 a.1 Abs. 3) hat. ② Hat ein im Drittlandsgebiet ansässiger Unternehmer oder im Auftrag handelnder Vertreter in mehreren EU-Mitgliedstaaten Betriebsstätten, kann dieser selbst entscheiden, in welchem EU-Mitgliedstaat er sich für Zwecke des besonderen Besteuerungsverfahrens erfassen lassen möchte. ③ Der im Drittlandsgebiet ansässige Unternehmer oder im Auftrag handelnde Vertreter ist in den Fällen des Satzes 2 an seine Entscheidung für das betreffende Kalenderjahr und die beiden darauffolgenden Kalenderjahre gebunden. 4Hinsichtlich eines im übrigen Gemeinschaftsgebiet ansässigen Unternehmers vgl. Abschnitt 13 b.11 Abs. 1 Satz 2; die dortigen Ausführungen gelten für den im Auftrag handelnden Vertreter entsprechend. 19

(10) Ein im Auftrag handelnder Vertreter ist eine in dem Gemeinschaftsgebiet ansässige Person, die von dem Unternehmer, der Fernverkäufe von aus dem Drittlandsgebiet eingeführten Gegenständen tätigt, als Steuerschuldner (Abschnitt 13 a.1) und zur Erfüllung der Verpflichtungen gemäß diesem besonderen Besteuerungsverfahren im Namen und für Rechnung des Unternehmers benannt wird. 20

(11) ① Bei Organisationseinheiten der Gebietskörperschaften Bund und Länder, die durch ihr Handeln eine Erklärungspflicht begründen, obliegen der jeweiligen Organisationseinheit die Rechte und Pflichten der Absätze 1, 2, 4, 5, 6 und 8. ② Absatz 7 gilt in Bezug auf Organisationseinheiten der Gebietskörperschaften Bund und Länder entsprechend. 21

(12) Auf das besondere Besteuerungsverfahren sind, soweit die Anzeige nach Absatz 1 Satz 1 gegenüber dem BZSt erfolgt und dieses die Umsatzsteuererklärungen den zuständigen Finanzbehörden der anderen EU-Mitgliedstaaten übermittelt, die §§ 2 a, 29 b bis 30, 32 a bis 32 j, 80, 87 a, 87 b und der Zweite Abschnitt des Dritten Teils und der Siebente Teil der AO sowie die FGO anzuwenden. 22

UStG

§ 19 Besteuerung der Kleinunternehmer

1 **(1) ① Die für Umsätze im Sinne des § 1 Abs. 1 Nr. 1 geschuldete Umsatzsteuer wird von Unternehmern, die im Inland oder in den in § 1 Abs. 3 bezeichneten Gebieten ansässig sind, nicht erhoben, wenn der in Satz 2 bezeichnete Umsatz zuzüglich der darauf entfallenden Steuer im vorangegangenen Kalenderjahr 22 000 Euro nicht überstiegen hat und im laufenden Kalenderjahr 50 000 Euro voraussichtlich nicht übersteigen wird. ② Umsatz im Sinne des Satzes 1 ist der nach vereinnahmten Entgelten bemessene Gesamtumsatz, gekürzt um die darin enthaltenen Umsätze von Wirtschaftsgütern des Anlagevermögens. ③ Satz 1 gilt nicht für die nach § 13 a Abs. 1 Nr. 6, § 13 b Absatz 5, § 14 c Abs. 2 und § 25 b Abs. 2 geschuldete Steuer. ④ In den Fällen des Satzes 1 finden die Vorschriften über die Steuerbefreiung innergemeinschaftlicher Lieferungen (§ 4 Nr. 1 Buchstabe b, § 6 a), über den Verzicht auf Steuerbefreiungen (§ 9), über den gesonderten Ausweis der Steuer in einer Rechnung (§ 14 Abs. 4), über die Angabe der Umsatzsteuer-Identifikationsnummern in einer Rechnung (§ 14 a Abs. 1, 3 und 7) und über den Vorsteuerabzug (§ 15) keine Anwendung.**

2 **(2) ① Der Unternehmer kann dem Finanzamt bis zur Unanfechtbarkeit der Steuerfestsetzung (§ 18 Abs. 3 und 4) erklären, dass er auf die Anwendung des Absatzes 1 verzichtet. ② Nach Eintritt der Unanfechtbarkeit der Steuerfestsetzung bindet die Erklärung den Unternehmer mindestens für fünf Kalenderjahre. ③ Sie kann nur mit Wirkung von Beginn eines Kalenderjahres an widerrufen werden. ④ Der Widerruf ist spätestens bis zur Unanfechtbarkeit der Steuerfestsetzung des Kalenderjahres, für das er gelten soll, zu erklären.**

3 **(3) ① Gesamtumsatz ist die Summe der vom Unternehmer ausgeführten steuerbaren Umsätze im Sinne des § 1 Abs. 1 Nr. 1 abzüglich folgender Umsätze:**

1. der Umsätze, die nach § 4 Nr. 8 Buchstabe i, Nr. 9 Buchstabe b und Nr. 11 bis 29 steuerfrei sind;

2. der Umsätze, die nach § 4 Nr. 8 Buchstabe a bis h, Nr. 9 Buchstabe a und Nr. 10 steuerfrei sind, wenn sie Hilfsumsätze sind.

② Soweit der Unternehmer die Steuer nach vereinnahmten Entgelten berechnet (§ 13 Abs. 1 Nr. 1 Buchstabe a Satz 4 oder § 20), ist auch der Gesamtumsatz nach diesen Entgelten zu berechnen. ③ Hat der Unternehmer seine gewerbliche oder berufliche Tätigkeit nur in einem Teil des Kalenderjahres ausgeübt, so ist der tatsächliche Gesamtumsatz in einen Jahresgesamtumsatz umzurechnen. ④ Angefangene Kalendermonate sind bei der Umrechnung als volle Kalendermonate zu behandeln, es sei denn, dass die Umrechnung nach Tagen zu einem niedrigeren Jahresgesamtumsatz führt.

4 **(4) ① Absatz 1 gilt nicht für die innergemeinschaftlichen Lieferungen neuer Fahrzeuge. ② § 15 Abs. 4 a ist entsprechend anzuwenden.**

Hinweis auf EU-Vorschriften:

UStG:	§ 19 Abs. 1	**MwStSystRL:**	Art. 139, 282–284, 286, 289
	§ 19 Abs. 2		Art. 290
	§ 19 Abs. 3		Art. 288
	§ 19 Abs. 4		Art. 139, 172, 283

Übersicht

Zu § 19 UStG

UStAE 19.1

19.1 Nichterhebung der Steuer[1]

11 (1) ① Nach § 19 Abs. 1 UStG ist die Steuer, die ein im Inland oder in den in § 1 Abs. 3 UStG genannten Gebieten ansässiger Kleinunternehmer für seine steuerpflichtigen Umsätze schuldet, unter bestimmten Voraussetzungen nicht zu erheben. ② Die EU-rechtlich vorgegebene Beschränkung der Regelung auf im Inland oder in den in § 1 Abs. 3 UStG genannten Gebieten ansässige Kleinunternehmer und deren in diesen Gebieten erzielten Umsätze verstößt nicht gegen die

[1] Vorsteuerausschluss bei Kleinunternehmern vgl. A 15.1 Abs. 4 UStAE; Aufzeichnungspflichten vgl. § 65 UStDV und A 22.5 Abs. 3 UStAE.

UStAE 19.1

Dienstleistungsfreiheit nach Artikel 56 des Vertrags über die Arbeitsweise der Europäischen Union (vgl. EuGH-Urteil vom 26. 10. 2010, C-97/09, Schmelz).[1] ③ Die Regelung bezieht sich auf die Steuer für die in § 1 Abs. 1 Nr. 1 UStG bezeichneten Lieferungen und sonstigen Leistungen (einschließlich unentgeltliche Wertabgaben – vgl. Abschnitte 3.2 bis 3.4). ④ Die Steuer für die Einfuhr von Gegenständen (§ 1 Abs. 1 Nr. 4 UStG), für den innergemeinschaftlichen Erwerb (§ 1 Abs. 1 Nr. 5 UStG, vgl. auch Abschnitt 1 a.1 Abs. 2) sowie die nach § 13 a Abs. 1 Nr. 6, § 13 b Abs. 2,[2] § 14 c Abs. 2 und § 25 b Abs. 2 UStG geschuldete Steuer hat der Kleinunternehmer hingegen abzuführen. ⑤ Das gilt auch für die Steuer, die nach § 16 Abs. 5 UStG von der zuständigen Zolldienststelle im Wege der Beförderungseinzelbesteuerung erhoben wird (vgl. Abschnitt 16.2).

(2) ① Bei der Ermittlung der in § 19 Abs. 1 UStG bezeichneten Grenzen von 22 000 € und 50 000 € ist jeweils von dem Gesamtumsatz im Sinne des § 19 Abs. 3 UStG auszugehen (vgl. Abschnitt 19.3). ② Der Gesamtumsatz ist hier jedoch stets nach vereinnahmten Entgelten zu berechnen. ③ Außerdem ist bei der Umsatzermittlung nicht auf die Bemessungsgrundlagen im Sinne des § 10 UStG abzustellen, sondern auf die vom Unternehmer vereinnahmten Bruttobeträge. ④ In den Fällen des § 10 Abs. 4 und 5 UStG ist der jeweils in Betracht kommenden Bemessungsgrundlage ggf. die darauf entfallende Umsatzsteuer hinzuzurechnen. ⑤ Sofern Umsätze, für die eine andere Person als Leistungsempfänger Steuerschuldner nach § 13 b Abs. 5 UStG ist, ausgeführt werden, ist dem in der Rechnung oder Gutschrift ausgewiesenen Betrag die Umsatzsteuer hinzuzurechnen. 12

(3) ① Hat der Gesamtumsatz im Vorjahr die Grenze von 22 000 € überschritten, ist die Steuer für das laufende Kalenderjahr auch dann zu erheben, wenn der Gesamtumsatz in diesem Jahr die Grenze von 17 500 € voraussichtlich nicht überschreiten wird (vgl. BFH-Beschluss vom 18. 10. 2007, V B 164/06, BStBl. 2008 II S. 263). ② Bei der Grenze von 50 000 € kommt es darauf an, ob der Unternehmer diese Bemessungsgröße voraussichtlich nicht überschreiten wird. ③ Maßgebend ist die zu Beginn eines Jahres vorzunehmende Beurteilung der Verhältnisse für das laufende Kalenderjahr. ④ Dies gilt auch, wenn der Unternehmer in diesem Jahr sein Unternehmen erweitert (vgl. BFH-Urteil vom 7. 3. 1995, XI R 51/94, BStBl. II S. 562). ⑤ Ist danach ein voraussichtlicher Umsatz zuzüglich der Steuer von nicht mehr als 50 000 € zu erwarten, ist dieser Betrag auch dann maßgebend, wenn der tatsächliche Umsatz zuzüglich der Steuer im Laufe des Kalenderjahres die Grenze von 50 000 € überschreitet (vgl. auch Absatz 4). ⑥ Bei einer Änderung der Unternehmensverhältnisse während des laufenden Kalenderjahres durch Erbfolge ist Absatz 5 zu beachten. ⑦ Der Unternehmer hat dem Finanzamt auf Verlangen die Verhältnisse darzulegen, aus denen sich ergibt, wie hoch der Umsatz des laufenden Kalenderjahres voraussichtlich sein wird. 13

(4) ① Nimmt der Unternehmer seine gewerbliche oder berufliche Tätigkeit im Laufe eines Kalenderjahres neu auf, ist in diesen Fällen allein auf den voraussichtlichen Umsatz (vgl. Absatz 3) des laufenden Kalenderjahres abzustellen (vgl. BFH-Urteil vom 19. 2. 1976, V R 23/73, BStBl. II S. 400). ② Entsprechend der Zweckbestimmung des § 19 Abs. 1 UStG ist hierbei die Grenze von 22 000 € und nicht die Grenze von 50 000 € maßgebend. ③ Es kommt somit nur darauf an, ob der Unternehmer nach den Verhältnissen des laufenden Kalenderjahres voraussichtlich die Grenze von 22 000 € nicht überschreitet (BFH-Urteil vom 22. 11. 1984, V R 170/83, BStBl. 1985 II S. 142). 14

(4 a) ① Bei einem Unternehmer, der seinen landwirtschaftlichen Betrieb verpachtet und dessen unternehmerische Betätigung im Bereich der Landwirtschaft sich in dieser Verpachtung erschöpft, so dass die Durchschnittssatzbesteuerung nach § 24 UStG nicht mehr angewendet werden kann, kann zu Beginn der Verpachtung für die Anwendung des § 19 Abs. 1 UStG aus Vereinfachungsgründen auf den voraussichtlichen Gesamtumsatz des laufenden Kalenderjahres abgestellt werden. ② Beginnt die Verpachtung im Laufe eines Jahres, werden ebenfalls zur Vereinfachung die vor der Verpachtung erzielten Umsätze, die unter die Durchschnittssatzbesteuerung nach § 24 UStG fallen, bei der Ermittlung des Gesamtumsatzes des laufenden Jahres nicht berücksichtigt. 15

(5)[3] ① Geht ein Unternehmen im Wege der Erbfolge auf den Unternehmer über, ist zu berücksichtigen, dass er keinen Einfluss auf den Zeitpunkt der Änderung seiner Unternehmensverhältnisse hatte. ② Zur Vermeidung einer unbilligen Härte kann daher der Unternehmer in diesen Fällen die Besteuerung für das laufende Kalenderjahr so fortführen, wie sie für den jeweiligen Teil des Unternehmens ohne Berücksichtigung der Gesamtumsatzverhältnisse anzuwenden wäre. ③ Hat z. B. der Unternehmer für sein bisheriges Unternehmen die Besteuerung nach den allgemeinen Vorschriften angewendet, der Rechtsvorgänger aber für den anderen Unternehmensteil auf Grund der dafür bestehenden Verhältnisse von § 19 Abs. 1 UStG Gebrauch gemacht, kann der Unternehmer diese beiden Besteuerungsformen bis zum Ablauf des Kalenderjahres fortführen, in dem die Erbfolge eingetreten ist. ④ Dem Unternehmer bleibt es allerdings überlassen, für das ganze Unternehmen einheitlich die Besteuerung nach den allgemeinen Vorschriften anzuwenden. 16

---

[1] DStR 2010 S. 2186.
[2] Steuerschuldnerschaft bei Kleinunternehmern vgl. § 13 b Abs. 5 Satz 4, Abs. 8/A 13 b.1 Abs. 2 Satz 3, 13 b.13 Abs. 4 Satz 2 UStAE und § 19 Abs. 1 Satz 3 UStG/A 19.1 Abs. 1 Satz 3 UStAE.
Keine ZM-Abgabe bei Kleinunternehmern, vgl. A 18 a.1 Abs. 1 Satz 2 UStAE.
[3] Erbfolge vgl. A 2.6 Abs. 5 UStAE; Vorsteuerberichtigung vgl. A 15 a.10 Abs. 1 Nr. 2 UStAE.

17 (6) ① Bei der Ermittlung der maßgeblichen Grenzen von 22 000 € und 50 000 € bleiben die Umsätze von Wirtschaftsgütern des Anlagevermögens unberücksichtigt. ② Das gilt sowohl bei einer Veräußerung als auch bei einer Entnahme für nichtunternehmerische Zwecke. ③ Ob ein Wirtschaftsgut des Anlagevermögens vorliegt, ist nach den für das Einkommensteuerrecht maßgebenden Grundsätzen zu beurteilen. ④ Die Ausnahme erstreckt sich auch auf entsprechende Wirtschaftsgüter, die einkommensteuerrechtlich nicht zu einem Betriebsvermögen gehören, z. B. bei der Veräußerung von Einrichtungsgegenständen durch einen nichtgewerblichen Vermieter von Ferienwohnungen.

LS zu 19.1

18 **Regelungsziel des § 19 Abs. 1 UStG 1980** ist die Verwaltungsvereinfachung und nicht die Existenzsicherung des Kleinunternehmers. Deshalb kann nicht unter Berufung auf Art. 3 Abs. 1 GG eine Nichterhebung von Umsatzsteuer für Kleinunternehmer gefordert werden, die von § 19 Abs. 1 UStG nicht erfaßt werden, aber für sich eine Existenzgefährdung durch Steuerbelastung behaupten. *BFH-Beschl. v. 11. 12. 1997 – V B 52/97 (BFH/NV 1998 S. 751).*

Zur Anwendung des § 19 Abs. 1 UStG bei **stark schwankenden Umsätzen.** *Verfügung OFD Karlsruhe S 7360 Karte 1 v. 28. 2. 2012.*

Zur Umsatzbesteuerung bei **Erbfällen** vgl. *Verfügung OFD Karlsruhe v. 12. 12. 2013 S 7104 K.4 (DStR 2014 S. 534).*

Regelungen eines Mitgliedstaates, dass sich Kleinunternehmer rechtzeitig zur Anwendung einer Kleinunternehmerregelung äußern müssen, sind unionsrechtskonform. ***EuGH-Urteil v. 17. 5. 2018*** *C-566/16, Dávid Vámos (MwStR S. 612).*

Werden von mehreren Gesellschaften gegenüber nicht zum Vorsteuerabzug berechtigten Leistungsempfängern **inhaltsgleiche Buchführungsleistungen** deshalb nacheinander erbracht, um **mehrfach die Kleinunternehmerregelung** in Anspruch nehmen zu können, liegt eine zweckwidrige Inanspruchnahme der Kleinunternehmerregelung vor, die zu ihrer Versagung führt. *BFH-Urteil v. 11. 7. 2018 XI R 26/17 (DStR S. 2575).*

Für die Bestimmung des **Erstjahres** i. S. d. § 19 UStG kommt es nicht auf die Ausführung tatsächlicher Umsätze an. Zu einer unternehmerischen Tätigkeit i. S. d. § 2 Abs. 1 Satz 3 UStG zählen auch sog. Vorbereitungshandlungen, die auf die Erzielung von Einnahmen gerichtet sind; dies jedenfalls dann, wenn es zur Ausführung entsprechender entgeltlicher Leistungen kommt. Vorbereitungshandlungen sind auch vor Aufnahme der tatsächlichen Umsatztätigkeit möglich. *FG Münster v. 25. 2. 2020 15 K 61/17 U, rkr. (MwStR S. 679).*

Die Kleinunternehmerregelung ist auf solche Unternehmer beschränkt, die im Mitgliedstaat der Leistungserbringung **ansässig** sind. *BFH-Urteil v. 12. 12. 2019 V R 3/19 (DStR S. 1050).*

In Kalenderjahren, in denen der Unternehmer sein Unternehmen beginnt, ist die **Umsatzgrenze** für das vorangegangene Kalenderjahr i. S. d. § 19 Abs. 1 Satz 1 UStG maßgeblich. *BFH-Urteil v. 21. 4. 2021 XI R 12/19 (BFH/NV S. 618).*

UStAE 19.2

19.2 Verzicht auf die Anwendung des § 19 Abs. 1 UStG

21 (1) ① Der Unternehmer kann dem Finanzamt erklären, dass er auf die Anwendung des § 19 Abs. 1 UStG verzichtet. ② Er unterliegt damit der Besteuerung nach den allgemeinen Vorschriften des Gesetzes. ③ Die Erklärung nach § 19 Abs. 2 Satz 1 UStG kann der Unternehmer bis zur Unanfechtbarkeit der Steuerfestsetzung abgeben. ④ Im Einzelnen gilt hierzu Folgendes:

1. ① Die Erklärung gilt vom Beginn des Kalenderjahres an, für das der Unternehmer sie abgegeben hat. ② Beginnt der Unternehmer seine gewerbliche oder berufliche Tätigkeit während des Kalenderjahres, gilt die Erklärung vom Beginn dieser Tätigkeit an.
2. ① Für die Erklärung ist keine bestimmte Form vorgeschrieben. ② Berechnet der Unternehmer in den Voranmeldungen oder in der Steuererklärung für das Kalenderjahr die Steuer nach den allgemeinen Vorschriften des UStG, ist darin grundsätzlich eine Erklärung im Sinne des § 19 Abs. 2 Satz 1 UStG zu erblicken (vgl. BFH-Urteile vom 19. 12. 1985, V R 167/82, BStBl. 1986 II S. 420, und vom 24. 7. 2013, XI R 14/11, BStBl. 2014 II S. 210). ③ Der Unternehmer kann mit einer Umsatzsteuererklärung, in der nur für einen Unternehmensteil die Steuer nach den allgemeinen Vorschriften des UStG berechnet wird, nicht rechtswirksam auf die Anwendung des § 19 Abs. 1 UStG verzichten (vgl. BFH-Urteil vom 24. 7. 2013, XI R 31/12, BStBl. 2014 II S. 214). ④ In Zweifelsfällen ist der Unternehmer zu fragen, welcher Besteuerungsform er seine Umsätze unterwerfen will. ⑤ Verbleiben Zweifel, kann eine Option zur Regelbesteuerung nicht angenommen werden (vgl. BFH-Urteile vom 24. 7. 2013, XI R 14/11, a. a. O., und vom 24. 7. 2013, XI R 31/12, a. a. O.).

22 (1 a) ① Nach Eröffnung des Insolvenzverfahrens steht die Befugnis, auf die Kleinunternehmerregelung zu verzichten, dem Insolvenzverwalter zu. ② Er übt dieses Recht für das gesamte Unternehmen des Insolvenzschuldners aus (BFH-Urteil vom 20. 12. 2012, V R 23/11, BStBl. 2013 II S. 334).

23 (2) ① Vor Eintritt der Unanfechtbarkeit der Steuerfestsetzung kann der Unternehmer die Erklärung mit Wirkung für die Vergangenheit zurücknehmen. ② Nimmt der Unternehmer die Erklärung zurück, kann er die Rechnungen, in denen er die Umsatzsteuer gesondert ausgewiesen hat, nach § 14 c Abs. 2 Sätze 3 bis 5 UStG berichtigen, vgl. dazu Abschnitt 14 c.2 Abs. 6.

24 (3) ① Nach Eintritt der Unanfechtbarkeit der Steuerfestsetzung bindet die Erklärung den Unternehmer mindestens für fünf Kalenderjahre (§ 19 Abs. 2 Satz 2 UStG). ② Die Fünfjahresfrist ist vom Beginn des ersten Kalenderjahres an zu berechnen, für das die Erklärung gilt.

25 (4) ① Für die Zeit nach Ablauf der Fünfjahresfrist kann der Unternehmer die Erklärung mit Wirkung vom Beginn eines Kalenderjahres an widerrufen (§ 19 Abs. 2 Satz 3 UStG). ② Der Widerruf ist spätestens bis zur Unanfechtbarkeit der Steuerfestsetzung des Kalenderjahres, für das er gelten soll, zu erklären (§ 19 Abs. 2 Satz 4 UStG). ③ Im Falle des Widerrufs kann der Unterneh-

mer die Rechnungen, in denen er die Umsatzsteuer gesondert ausgewiesen hat, nach § 14c Abs. 2 Sätze 3 bis 5 UStG berichtigen.

(5) ① Hinsichtlich der Steuerfestsetzung ist zu berücksichtigen, dass die Umsatzsteuer eine Anmeldungssteuer ist. ② Die nach § 18 Abs. 3 UStG zu übermittelnde Steuererklärung für das Kalenderjahr steht deshalb – erforderlichenfalls nach Zustimmung der Finanzbehörde – einer Steuerfestsetzung gleich (§ 168 AO). ③ Eine Steuerfestsetzung ist ferner die Festsetzung der Umsatzsteuer durch Steuerbescheid (§ 155 AO). ④ Keine Steuerfestsetzungen im Sinne des § 19 Abs. 2 Satz 1 UStG sind die Voranmeldung und die Festsetzung einer Vorauszahlung. ⑤ Durch ihre Unanfechtbarkeit wird deshalb die Möglichkeit, eine Erklärung nach § 19 Abs. 2 Satz 1 UStG abzugeben, nicht ausgeschlossen. **26**

(6) ① Eine Steuerfestsetzung ist unanfechtbar, wenn auf die Einlegung eines Rechtsbehelfs wirksam verzichtet oder ein Rechtsbehelf wirksam zurückgenommen worden ist, wenn die Rechtsbehelfsfrist ohne Einlegung eines förmlichen Rechtsbehelfs abgelaufen oder wenn gegen den Verwaltungsakt oder die gerichtliche Entscheidung kein Rechtsbehelf mehr gegeben ist. ② Dabei ist unter Unanfechtbarkeit die formelle Bestandskraft der erstmaligen Steuerfestsetzung zu verstehen, die auch in einer Steuerfestsetzung unter Vorbehalt der Nachprüfung oder in einer Steueranmeldung bestehen kann (vgl. BFH-Urteile vom 19. 12. 1985, V R 167/82, BStBl. 1986 II S. 420, und vom 11. 12. 1997, V R 50/94, BStBl. 1998 II S. 420). **27**

LS zu 19.2

28

1. Die **Optionserklärung** nach § 19 Abs. 4 UStG 1967 ist an das Finanzamt zu richten; dieses hat bei Wirksamkeit der Option die Umsatzsteuer unter Anwendung der Regelbesteuerungsvorschriften festzusetzen. Dies gilt auch, wenn die Option während eines Rechtsstreits gegen die nach § 19 Abs. 1 UStG 1967 festgesetzte Steuer abgegeben wird. – 2. Eine im Rahmen eines Klageantrags gegenüber dem Finanzgericht abgegebene Optionserklärung ist grundsätzlich unwirksam. Insbesondere ist das Finanzgericht nicht befugt, seiner Entscheidung in Abweichung von der Steuerfestsetzung des Finanzamts nach § 19 Abs. 1 UStG 1967 die Regelbesteuerungsvorschriften zugrunde zu legen. Es hat vielmehr das Verfahren nach § 74 FGO auszusetzen und dem Finanzamt Gelegenheit zur Prüfung der Optionserklärung zu geben. – 3. … *BFH-Urteil v. 13. 12. 1984 – V R 32/74 (BStBl. 1985 II S. 173).*

1. Auch ein Kleinunternehmer (§ 19 UStG) muss eine **Umsatzsteuer-Jahreserklärung abgeben.** – 2. Berechnet ein Kleinunternehmer in einer Umsatzsteuer-Jahreserklärung die Steuer nach den **allgemeinen Vorschriften** des UStG, ist darin grundsätzlich ein Verzicht auf die Besteuerung als Kleinunternehmer (sog. Option zur Regelbesteuerung) zu sehen. – 3. In Zweifelsfällen muss das FA den Kleinunternehmer fragen, welcher Besteuerungsform er seine Umsätze unterwerfen will. Verbleiben **Zweifel,** kann eine Option zur Regelbesteuerung nicht angenommen werden. *BFH-Urteil v. 24. 7. 2013 XI R 14/11 (BStBl. 2014 II S. 210).*

Ein Kleinunternehmer kann mit einer nur für **einen Unternehmensteil** erstellten **Umsatzsteuererklärung** nicht rechtswirksam auf die Anwendung des § 19 Abs. 1 UStG verzichten. *BFH-Urteil v. 24. 7. 2013 XI R 31/12 (BStBl. 2014 II S. 214).*

Der **Verzicht** auf die Anwendung der Kleinunternehmerregelung wirkt auch für nachfolgende Besteuerungszeiträume, bis er vom Steuerpflichtigen widerrufen wird. Das Überschreiten der Umsatzgrenze ist weder ein Widerruf des Verzichts noch erledigt es die Verzichtserklärung in sonstiger Weise. *BFH-Urteil v. 23. 9. 2020 XI R 34/19 (DStR S. 2873).*

19.3 Gesamtumsatz

UStAE 19.3

(1) ① Zum Gesamtumsatz im Sinne des § 19 Abs. 3 UStG gehören auch die vom Unternehmer ausgeführten Umsätze, die nach § 1 Abs. 3 UStG wie Umsätze im Inland zu behandeln sind, sowie die Umsätze, für die ein Anderer als Leistungsempfänger Steuerschuldner nach § 13b Abs. 5 UStG ist. ② Zum Gesamtumsatz gehören nicht die private Verwendung eines dem Unternehmen zugeordneten Gegenstandes, die nicht nach § 3 Abs. 9a Nr. 1 UStG steuerbar ist, und die Umsätze, für die der Unternehmer als Leistungsempfänger Steuerschuldner nach § 13b Abs. 5 UStG ist. ③ Außerdem gehören die Lieferungen an den letzten Abnehmer in einem innergemeinschaftlichen Dreiecksgeschäft (§ 25b Abs. 2 UStG) nicht zum Gesamtumsatz beim letzten Abnehmer. ④ Für die Ermittlung des Gesamtumsatzes ist grundsätzlich die für die Besteuerung in Betracht kommende Bemessungsgrundlage (Abschnitte 10.1 bis 10.8) anzusetzen. ⑤ In den Fällen der Margenbesteuerung nach § 25 UStG sowie der Differenzbesteuerung nach § 25a UStG bestimmt sich der Gesamtumsatz abweichend von Satz 4 nach dem vereinnahmten Entgelt und nicht nach dem Differenzbetrag (vgl. EuGH-Urteil vom 29. 7. 2019, C-388/18, B).[1] **31**

(2) ① Von den steuerbaren Umsätzen sind für die Ermittlung des Gesamtumsatzes die in § 19 Abs. 3 UStG genannten steuerfreien Umsätze abzuziehen. ② Ob ein Umsatz als steuerfrei zu berücksichtigen ist, richtet sich nach den Vorschriften des laufenden Kalenderjahres. ③ Der Abzug ist nicht vorzunehmen, wenn der Unternehmer die in Betracht kommenden Umsätze nach § 9 UStG wirksam als steuerpflichtig behandelt hat (vgl. BFH-Urteil vom 15. 10. 1992, V R 91/87, BStBl. 1993 II S. 209). ④ Als Hilfsumsätze sind die Umsätze zu betrachten, die zwar zur unternehmerischen Tätigkeit des Unternehmens gehören, jedoch nicht den eigentlichen Gegenstand des Unternehmens bilden (BFH-Urteil vom 24. 2. 1988, X R 67/82, BStBl. II S. 622). ⑤ Hierzu zählen z. B.: **32**

1. die Gewährung und Vermittlung von Krediten sowie die Umsätze von fremden Zahlungsmitteln oder Geldforderungen, z. B. Wechseln, im Zusammenhang mit Warenlieferungen;
2. der Verkauf eines Betriebsgrundstücks;
3. die Verschaffung von Versicherungsschutz für die Arbeitnehmer.

---

[1] DStR 2019 S. 1685.

33 (3) ①Die nach § 19 Abs. 3 Satz 3 UStG vorzunehmende Umrechnung des tatsächlichen Gesamtumsatzes in einen Jahresgesamtumsatz ist auch durchzuführen, wenn die gewerbliche oder berufliche Tätigkeit von vornherein auf einen Teil des Kalenderjahrs begrenzt war (BFH-Urteil vom 27. 10. 1993, XI R 86/90, BStBl. 1994 II S. 274). ②Der Beginn der gewerblichen oder beruflichen Tätigkeit fällt mit dem Beginn des Unternehmens zusammen. ③Bei der Umrechnung des tatsächlichen Gesamtumsatzes in einen Jahresumsatz ist deshalb das Kalenderjahr in den Zeitraum bis zum Beginn des Unternehmens und den Zeitraum danach aufzuteilen. ④Eine Schulung des Unternehmers, die der Gründung des Unternehmens vorgeht, ist grundsätzlich noch keine gewerbliche oder berufliche Tätigkeit, die den Beginn des Unternehmens beeinflusst (vgl. BFH-Urteil vom 17. 9. 1998, V R 28/98, BStBl. 1999 II S. 146). ⑤Die Umsätze aus der Veräußerung oder Entnahme des Anlagevermögens sind nicht in einen Jahresgesamtumsatz umzurechnen. ⑥Sie sind deshalb vor der Umrechnung aus dem tatsächlichen Gesamtumsatz auszuscheiden und nach der Umrechnung des restlichen Umsatzes dem ermittelten Betrag hinzuzurechnen.

LS zu 19.3

3. Bei der **Umrechnung** des tatsächlichen Gesamtumsatzes in einen Jahresgesamtumsatz nach § 19 Abs. 3 Satz 3 UStG 1980/1991 ist der **Zeitraum** seit dem Beginn der rechtserheblichen Handlungen zu berücksichtigen. *BFH-Urteil v. 18. 11. 1999 – V R 22/99 (BStBl. 2000 II S. 214).*

35 Die **maßgebliche Grenze,** bis zu der von einem Unternehmer Umsatzsteuer nicht erhoben wird, ist der im vorangegangenen Kalenderjahr von ihm **vereinnahmte Bruttobetrag** (Umsatz zuzüglich der darauf entfallenden Steuer). Es kommt nicht darauf an, ob der Unternehmer seine Umsätze mit dem Regelsteuersatz oder mit dem ermäßigten Steuersatz zu versteuern hat. *BFH-Beschl. v. 4. 4. 2003 – V B 7/02 (UR S. 551).*

Die **Privatnutzung** eines teilweise **privat und unternehmerisch genutzten Gegenstandes** ist gemäß § 3 Abs. 9 a Nr. 2 UStG nur steuerbar, wenn der Unternehmer hinsichtlich des unternehmerischen Verwendungsanteils zum Vorsteuerabzug berechtigt war. An der Steuerbarkeit der Privatnutzung fehlt es auch, wenn der Unternehmer als Kleinunternehmer gemäß § 19 I UStG nicht zum Vorsteuerabzug berechtigt ist. *BFH-Urt. v. 15. 9. 2011, V R 12/11 (BFH/NV 2012 S. 457).*

Art. 288 Satz 1 Nr. 1 MwStSystRL ist dahingehend auszulegen, dass er einer nationalen Regelung oder einer nationalen Verwaltungspraxis entgegensteht, wonach bei der Ermittlung des Umsatzes, der für die Anwendbarkeit der Sonderregelung für Kleinunternehmen auf einen der Differenzbesteuerung bei steuerpflichtigen Wiederverkäufern unterliegenden Steuerpflichtigen zugrunde zu legen ist, gemäß Art. 315 der Richtlinie nur die erzielte **Handelsspanne** berücksichtigt wird. Dieser Umsatz ist auf der Grundlage aller von dem steuerpflichtigen Wiederverkäufer vereinnahmten oder zu vereinnahmenden Beträge ohne Mehrwertsteuer zu ermitteln, unabhängig von den Modalitäten, nach denen diese Beträge tatsächlich besteuert werden. ***EuGH-Urteil v. 29. 7. 2019** C-388/18, B (DStR S. 1685). – Nachfolgeentscheidung des BFH v. 23. 10. 2019 XI R 17/19 (MwStR 2020 S. 201):* Bei der Ermittlung des Gesamtumsatzes nach der Kleinunternehmerregelung (§ 19 UStG) ist bei einem Händler, der der Differenzbesteuerung (§ 25 a UStG) unterliegt, nicht auf die Differenz zwischen dem geforderten Verkaufspreis und dem Einkaufspreis (Handelsspanne), sondern auf die **Gesamteinnahmen** abzustellen.

Liefert der Unternehmer Gegenstände, für die er den Vorsteuerabzug nach **§ 15 Abs. 1 a UStG nicht in Anspruch** nehmen konnte, sind diese Lieferungen in die Bemessung des Gesamtumsatzes nach § 19 Abs. 3 Nr. 1 i. V. m. § 4 Nr. 28 UStG nicht einzubeziehen. Dies gilt auch, wenn das Unternehmen erst durch die Veräußerungstätigkeit entsteht. *BFH-Urteil v. 26. 9. 2019 V R 27/19 (DStR S. 2524).*

Die Vermietung einer Immobilie durch eine steuerpflichtige natürliche Person, deren wirtschaftliche Tätigkeit ansonsten in der Ausübung mehrerer freier Berufe besteht, stellt keinen **„Nebenumsatz"** im Sinne dieser Bestimmung darstellt, wenn dieser Umsatz im Rahmen einer gewöhnlichen beruflichen Tätigkeit des Steuerpflichtigen getätigt wird. ***EuGH-Urteil v. 9. 7. 2020 C-716/18,** CT (DStR S. 1620).*

UStAE 19.4

19.4 Verhältnis des § 19 zu § 24 UStG

40 Auf Abschnitt 19.1 Abs. 4 a, Abschnitt 24.7 Abs. 4 und Abschnitt 24.8 Abs. 2 und 3 wird hingewiesen.

UStAE 19.5

19.5 Wechsel der Besteuerungsform[1]

Übergang von der Anwendung des § 19 Abs. 1 UStG zur Regelbesteuerung oder zur Besteuerung nach § 24 UStG

41 (1) Umsätze, die der Unternehmer vor dem Übergang zur Regelbesteuerung ausgeführt hat, fallen auch dann unter § 19 Abs. 1 UStG, wenn die Entgelte nach diesem Zeitpunkt vereinnahmt werden.

42 (2) Umsätze, die der Unternehmer nach dem Übergang ausführt, unterliegen der Regelbesteuerung.

43 (3) Zur Anwendung des § 15 UStG wird auf Abschnitt 15.1 Abs. 5, zur Anwendung des § 15 a UStG wird auf Abschnitt 15 a.2 Abs. 2 Satz 3 Nr. 3 und Abschnitt 15 a.9 Abs. 1 bis 4 hingewiesen.

44 (4) Ändert sich nach dem Übergang die Bemessungsgrundlage für Umsätze, die vor dem Übergang ausgeführt worden sind, ist zu beachten, dass auf diese Umsätze § 19 Abs. 1 UStG anzuwenden ist.

45 (5) ①Im Falle des Übergangs von der Anwendung des § 19 Abs. 1 UStG zur Besteuerung nach § 24 UStG gelten die Absätze 1, 2 und 4 sinngemäß. ②Der Vorsteuerabzug regelt sich vom Zeitpunkt des Übergangs an ausschließlich nach § 24 Abs. 1 Satz 4 UStG.

---

[1] Wechsel der Besteuerungsform vgl. A 15.1 Abs. 5 u. 6, A 19.5, 23.3 Abs. 2 u. 24.8 Abs. 4 UStAE.
Vorsteuerberichtigung vgl. A 15 a.2 Abs. 2 Nrn. 3 u. 4, A 15 a.9 UStAE.

Übergang von der Regelbesteuerung oder von der Besteuerung nach § 24 UStG zur Anwendung des § 19 Abs. 1 UStG UStAE 19.5

(6) ① Umsätze, die der Unternehmer vor dem Übergang von der Regelbesteuerung zur Anwendung des § 19 Abs. 1 UStG ausgeführt hat, unterliegen der Regelbesteuerung. ② Wer den Entgelte für diese Umsätze nach dem Übergang vereinnahmt (Außenstände), gilt Folgendes: 46

1. ① Hat der Unternehmer die Steuer vor dem Übergang nach vereinbarten Entgelten berechnet, waren die Umsätze bereits vor dem Übergang zu versteuern, und zwar in dem Besteuerungs- oder Voranmeldungszeitraum, in dem sie ausgeführt wurden (§ 13 Abs. 1 Nr. 1 Buchstabe a UStG). ② Eine Besteuerung zum Zeitpunkt der Entgeltsvereinnahmung entfällt.
2. Hat der Unternehmer die Steuer vor dem Übergang nach vereinnahmten Entgelten berechnet, sind die Umsätze nach dem Übergang der Regelbesteuerung zu unterwerfen, und zwar in dem Besteuerungs- oder Voranmeldungszeitraum, in dem die Entgelte vereinnahmt werden (§ 13 Abs. 1 Nr. 1 Buchstabe b UStG).

(7) ① Umsätze, die der Unternehmer nach dem Übergang ausführt, fallen unter § 19 Abs. 1 UStG. ② Sind Anzahlungen für diese Umsätze vor dem Übergang vereinnahmt und der Umsatzsteuer unterworfen worden, ist die entrichtete Steuer zu erstatten, sofern keine Rechnungen ausgestellt wurden, die zum Vorsteuerabzug berechtigen. 47

(8) Zur Anwendung des § 15 UStG wird auf Abschnitt 15.1 Abs. 6, zur Anwendung des § 15 a UStG auf Abschnitt 15 a.2 Abs. 2 Satz 3 Nr. 3 und Abschnitt 15 a.9 Abs. 1 bis 4 hingewiesen. 48

(9) ① Ändert sich nach dem Übergang die Bemessungsgrundlage für Umsätze, die vor dem Übergang ausgeführt worden sind, ist bei der Berichtigung der für diese Umsätze geschuldete Steuerbetrag (§ 17 Abs. 1 Satz 1 und Abs. 2 UStG) zu beachten, dass die Umsätze der Regelbesteuerung unterlegen haben. ② Entsprechendes gilt für die Berichtigung von vor dem Übergang abgezogenen Steuerbeträgen nach § 17 Abs. 1 Satz 2 und Abs. 2 und 3 UStG. 49

(10) ① Im Falle des Übergangs von der Besteuerung nach § 24 UStG zur Anwendung des § 19 Abs. 1 UStG gelten die Absätze 6 und 7 sinngemäß. ② Der Vorsteuerabzug ist bis zum Zeitpunkt des Übergangs durch die Anwendung der Durchschnittssatzbesteuerung abgegolten. ③ Nach dem Zeitpunkt des Übergangs ist ein Vorsteuerabzug nicht mehr möglich. 50

UStG

§ 20[1] Berechnung der Steuer nach vereinnahmten Entgelten

1 **① Das Finanzamt kann auf Antrag gestatten, dass ein Unternehmer,**

1. dessen Gesamtumsatz (§ 19 Abs. 3) im vorangegangenen Kalenderjahr nicht mehr als 600 000 Euro betragen hat, oder

2. der von der Verpflichtung, Bücher zu führen und auf Grund jährlicher Bestandsaufnahmen regelmäßig Abschlüsse zu machen, nach § 148 der Abgabenordnung befreit ist, oder

3. soweit er Umsätze aus einer Tätigkeit als Angehöriger eines freien Berufs im Sinne des § 18 Abs. 1 Nr. 1 des Einkommensteuergesetzes ausführt,

die Steuer nicht nach den vereinbarten Entgelten (§ 16 Abs. 1 Satz 1), sondern nach den vereinnahmten Entgelten berechnet. ② Erstreckt sich die Befreiung nach Satz 1 Nr. 2 nur auf einzelne Betriebe des Unternehmers und liegt die Voraussetzung nach Satz 1 Nr. 1 nicht vor, so ist die Erlaubnis zur Berechnung der Steuer nach den vereinnahmten Entgelten auf diese Betriebe zu beschränken. ③ Wechselt der Unternehmer die Art der Steuerberechnung, so dürfen Umsätze nicht doppelt erfasst werden oder unversteuert bleiben.

Hinweis auf EU-Vorschriften:

UStG: § 20 .... **MwStSystRL:** Art. 66 (b)

Zu § 20 UStG

UStAE 20.1

20.1 Berechnung der Steuer nach vereinnahmten Entgelten[2]

11 (1) ① Der Antrag auf Genehmigung der Besteuerung nach vereinnahmten Entgelten kann bis zum Eintritt der formellen Bestandskraft der jeweiligen Umsatzsteuer-Jahresfestsetzung gestellt werden (vgl. BFH-Urteil vom 10. 12. 2008, XI R 1/08, BStBl. 2009 II S. 1026). ② Dem Antrag kann grundsätzlich entsprochen werden, wenn der Unternehmer eine der Voraussetzungen des § 20 Satz 1 Nr. 1 bis 3 UStG erfüllt. ③ Eine Genehmigung ist unter den Vorbehalt des jederzeitigen Widerrufs zu stellen und erstreckt sich wegen des Prinzips der Abschnittsbesteuerung stets auf das volle Kalenderjahr. ④ Es handelt sich um einen begünstigenden Verwaltungsakt, der unter den Voraussetzungen der §§ 130, 131 AO zurückgenommen oder widerrufen werden kann. ⑤ Die Istversteuerung nach § 20 Satz 1 Nr. 2 UStG kommt nur bei besonderen Härten, wie z. B. dem Überschreiten der nach § 20 Satz 1 Nr. 1 UStG bestehenden Umsatzgrenze auf Grund außergewöhnlicher und einmaliger Geschäftsvorfälle, nicht aber allgemein auf Grund einer fehlenden Buchführungspflicht in Betracht (vgl. BFH-Urteil vom 11. 2. 2010, V R 38/08, BStBl. II S. 873). ⑥ Die Genehmigung der Istversteuerung nach § 20 Satz 1 Nr. 3 UStG ist nicht zu erteilen, wenn der Unternehmer für die in der Vorschrift genannten Umsätze Bücher führt. ⑦ Dabei ist es unerheblich, ob die Bücher auf Grund einer gesetzlichen Verpflichtung oder freiwillig geführt werden (vgl. BFH-Urteil vom 22. 7. 2010,V R 4/09, BStBl. 2013 II S. 590).

12 (2) Zur Entstehung der Steuer bei der Besteuerung nach vereinnahmten Entgelten vgl. Abschnitt 13.6, zur Rechnungserteilung bei der Istversteuerung von Anzahlungen im Fall der Besteuerung nach vereinnahmten Entgelten vgl. Abschnitt 14.8.

13 (3) ① § 20 Satz 3 UStG trifft keine von § 13 Abs. 1 Nr. 1 Buchstabe b UStG abweichende Regelung über die Entstehung der Steuer (vgl. BFH-Urteil vom 30. 1. 2003, V R 58/01, BStBl. II S. 817). ② Zur Entstehung der Steuer beim Wechsel der Art der Steuerberechnung vgl. Abschnitt 13.6 Abs. 3. ③ Ein rückwirkender Wechsel von der Besteuerung nach vereinnahmten Entgelten zur Besteuerung nach vereinbarten Entgelten (§ 16 UStG) ist bis zur formellen Bestandskraft der jeweiligen Jahressteuerfestsetzung zulässig.[3]

14 (4) ① Dem Unternehmer kann die Besteuerung nach vereinnahmten Entgelten insbesondere dann gestattet werden, wenn der Gesamtumsatz (§ 19 Abs. 3 UStG) im vorangegangenen Kalenderjahr die Umsatzgrenze des § 20 Satz 1 Nr. 1 UStG nicht überschritten hat. ② Im Jahr des Beginns der gewerblichen oder beruflichen Tätigkeit ist auf den voraussichtlichen Gesamtumsatz abzustellen. ③ In diesem Fall und wenn die gewerbliche oder berufliche Tätigkeit nur in einem Teil des vorangegangenen Kalenderjahres ausgeübt wurde, ist der Gesamtumsatz in einen Jahresumsatz umzurechnen (vgl. Abschnitt 19.3 Abs. 3).

LS zu 20.1

Eine buchführungspflichtige **Steuerberatungs-GmbH** ist nicht zur Steuerberechnung nach vereinnahmten Entgelten berechtigt. *BFH-Urteile v. 22. 7. 2010 V R 36/08 (BFH/NV 2011 S. 316) und V R 4/09 (BStBl. 2013 II S. 590).*

15 Anträge von **Insolvenzverwaltern** auf **rückwirkenden Wechsel** von der Ist- zur Sollbesteuerung sind nicht zu genehmigen. *Erlass FM Brandenburg 31 – S 7340 – 3/04 v. 15. 10. 2009.*

---

[1] Zur Fassung von § 20 **ab 1. 1. 2023** siehe in der geschlossenen Wiedergabe.
[2] **Vorsteuerabzug nach dem Soll** vgl. A 15.2 Abs. 2 Satz 3 UStAE.
Steuersatzänderung bei Istversteuerung vgl. A 12.1 Abs. 2 u. 3 UStAE.
[3] Formelle Bestandskraft vgl. A 19.2 Abs. 6 UStAE.

Die für die Buchführungspflicht **maßgebliche Umsatzgrenze** i. S. des § 141 Abs. 1 Satz 1 Nr. 1 AO ist unter Einbeziehung der **nicht umsatzsteuerbaren Auslandsumsätze** zu ermitteln. *BFH-Urteil v. 7. 10. 2009 II R 23/08 (BStBl. 2010 II S. 219).* LS zu 20.1

Genehmigung der Besteuerung nach vereinnahmten Entgelten (Voraussetzungen, Ablehnung). *Verfügung OFD Niedersachsen v. 17. 12. 2013 – S 7368 – 28 – St 181/182 (DStR 2014 S. 750);* vgl. auch *BMF v. 31. 7. 2013 (BStBl. I S. 964).* 16

Genehmigung und **Widerruf** der Besteuerung nach vereinnahmten Entgelten. *Verfügung OFD Karlsruhe v. 13. 8. 2019 – S 7368 K.1 (DStR S. 1991).*

1. Bei einem **konkludent** ergangenen Verwaltungsakt kommt die weitergehende Annahme eines über den jeweiligen Besteuerungszeitraum hinausgehenden **Dauerverwaltungsakts** nur in Betracht, wenn Anhaltspunkte dafür vorliegen, dass sich das FA konkludent auch für nachfolgende Besteuerungszeiträume binden wollte. Hieran fehlt es, wenn bei einem konkludent gestellten Antrag auf Istbesteuerung von einer dementsprechenden Gestattung nur für das jeweilige Jahr auszugehen ist. – 2. Will das FA von seiner bisherigen Gestattungspraxis abweichen, muss es den Steuerpflichtigen vor dem Beginn des für die Steuerentstehung maßgeblichen ersten Voranmeldungszeitraums des jeweiligen Besteuerungszeitraums darüber unterrichten, dass es beabsichtigt, für den neuen Besteuerungszeitraum keine Gestattung mehr zu erteilen. *BFH-Beschluss v. 23. 12. 2021 V B 22/21 (BFH/NV 2022 S. 741).*

1. Der für die Gestattung der sog. Ist-Besteuerung maßgebende Gesamtumsatz (§ 20 S. 1 Nr. 1 UStG) ist nach den voraussichtlichen Verhältnissen des Gründungsjahres zu bestimmen, wenn der Unternehmer seine unternehmerische Tätigkeit erst im laufenden Jahr begonnen hat. Für diese Prognose ist ein Gesamtumsatz nach den Grundsätzen der sog. Soll-Besteuerung zu schätzen. – 2. § 130 Abs. 2 Nr. 3 AO enthält ermessenslenkende Vorgaben; eine abwägende Stellungnahme des FA zur **Rücknahme** des durch falsche Angaben erwirkten rechtswidrigen begünstigenden Verwaltungsakts ist nicht erforderlich, wenn der Begünstigte von der Unrichtigkeit seiner Angaben wusste oder zumindest hätte wissen können und müssen. *BFH-Urteil v. 11. 11. 2020 XI R 41/18 (DStR 2021 S. 727).*

UStG

§ 21 Besondere Vorschriften für die Einfuhrumsatzsteuer

1 **(1) Die Einfuhrumsatzsteuer ist eine Verbrauchsteuer im Sinne der Abgabenordnung.**

2 **(2) Für die Einfuhrumsatzsteuer gelten die Vorschriften für Zölle sinngemäß; ausgenommen sind die Vorschriften über den passiven Veredelungsverkehr.**

3 **(2a) ① Abfertigungsplätze im Ausland, auf denen dazu befugte deutsche Zollbedienstete Amtshandlungen nach Absatz 2 vornehmen, gehören insoweit zum Inland. ② Das Gleiche gilt für ihre Verbindungswege mit dem Inland, soweit auf ihnen einzuführende Gegenstände befördert werden.**

4 **(3) Die Zahlung der Einfuhrumsatzsteuer kann ohne Sicherheitsleistung aufgeschoben werden, wenn die zu entrichtende Steuer nach § 15 Abs. 1 Satz 1 Nr. 2 in voller Höhe als Vorsteuer abgezogen werden kann.**

4a **(3a) Einfuhrumsatzsteuer, für die ein Zahlungsaufschub gemäß Artikel 110 Buchstabe b oder c der Verordnung (EU) Nr. 952/2013 des Europäischen Parlaments und des Rates vom 9. Oktober 2013 zur Festlegung des Zollkodex der Union (Unionszollkodex) bewilligt ist, ist abweichend von den zollrechtlichen Vorschriften am 26. des zweiten auf den betreffenden Monat folgenden Kalendermonats fällig.**

5 **(4) ① Entsteht für den eingeführten Gegenstand nach dem Zeitpunkt des Entstehens der Einfuhrumsatzsteuer eine Zollschuld oder eine Verbrauchsteuer oder wird für den eingeführten Gegenstand nach diesem Zeitpunkt eine Verbrauchsteuer unbedingt, so entsteht gleichzeitig eine weitere Einfuhrumsatzsteuer. ② Das gilt auch, wenn der Gegenstand nach dem in Satz 1 bezeichneten Zeitpunkt bearbeitet oder verarbeitet worden ist. ③ Bemessungsgrundlage ist die entstandene Zollschuld oder die entstandene oder unbedingt gewordene Verbrauchsteuer. ④ Steuerschuldner ist, wer den Zoll oder die Verbrauchsteuer zu entrichten hat. ⑤ Die Sätze 1 bis 4 gelten nicht, wenn derjenige, der den Zoll oder die Verbrauchsteuer zu entrichten hat, hinsichtlich des eingeführten Gegenstands nach § 15 Abs. 1 Satz 1 Nr. 2 zum Vorsteuerabzug berechtigt ist.**

6 **(5) Die Absätze 2 bis 4 gelten entsprechend für Gegenstände, die nicht Waren im Sinne des Zollrechts sind und für die keine Zollvorschriften bestehen.**

Hinweis auf EU-Vorschriften:

UStG: § 21 Abs. 2–5 .... **MwStSystRL:** Art. 60, 61, 70, 71, 211, 260, 274–277

LS zu § 21

Informationsblatt über die Festsetzung der Einfuhrumsatzsteuer im **IT-Verfahren ATLAS-Einfuhr.** *Schreiben des BMF III B 9 – O 3202 – 685/99/IV B 2 – S 7420 – 244/99 v. 18. 1. 2000 (BeckVerw 252 520).* – Vgl. A 15.11 Abs. 1 Nr. 2 UStAE.

8 1. Art. 859 Nr. 6 ZKDVO, wonach das Nichtentstehen einer Zollschuld im Falle einer Pflichtverletzung im externen gemeinschaftlichen Versandverfahren (Nichtwiedergestellung der Ware bei der Bestimmungsstelle) u. a. von dem Nachweis abhängt, dass den Beteiligten bzw. seinen Erfüllungsgehilfen (Warenführer) keine **grobe Fahrlässigkeit** trifft, ist gültig. Die Vorschrift verletzt nicht höherrangiges Gemeinschaftsrecht. – 2. Diese Zollvorschrift ist auch im Falle der Einfuhrumsatzsteuer anzuwenden. *BFH-Urt. v. 13. 11. 2001 – VII R 88/00 (BStBl. 2003 II S. 726).*

Entziehung einer Ware aus der zollamtlichen Überwachung. ***EuGH-Urt. v. 11. 7. 2002,*** *C-371/99, Liberexim (UR 2003 S. 34).*

Entstehung der Einfuhrumsatzsteuerschuld neben Entstehung der Zollschuld bei **unzulässigem Binnenverkehr.** *BFH-Urt. v. 23. 5. 2006, VII R 49/05 (DStRE 2007 S. 39). – Vgl. auch BFH-Urt. v. 6. 5. 2008, VII R 30/07 (BFH/NV S. 1971).*

Als Einfuhrabgabe unterliegt die Einfuhrumsatzsteuer den sinngemäß geltenden Vorschriften für Zölle, weshalb ein sich bei der Festsetzung von Einfuhrumsatzsteuer ergebender Unterschiedsbetrag **nicht nach § 233 a AO zu verzinsen ist.** *BFH-Urt. v. 23. 9. 2009 VII R 44/08 (BStBl. 2010 II S. 334).*

Zu den Voraussetzungen einer vorübergehenden Verwendung eines **Flugzeugs im Zollgebiet.** *FG München, Urt. v. 18. 9. 2008, 14 K 355/05, rkr. (DStRE 2010 S. 244).*

Einfuhrabgaben entstehen auch bei **Raub** aus einem **Zolllager,** vgl. ***EuGH-Urteil v. 11. 7. 2013,*** *C-273/12, Harry Winston (MwStR S. 480).*

Keine Kompetenz **ausländischer Finanzbehörden** zum **Erlass** in Deutschland entstandener und festgesetzter **Einfuhrabgaben:** 2. Einfuhrabgaben können gegen einen Abgabenschuldner auch dann festgesetzt werden, wenn die Zollbehörde es versäumt hat, vor Ablauf der Festsetzungsfrist eine **andere** als **Abgabenschuldner** in Betracht kommende Person in Anspruch zu nehmen. *BFH-Beschluss v. 27. 3. 2014 VII B 120/13 (BFH/NV S. 1110).*

Keine umsatzsteuerbare Einfuhr liegt vor, wenn eine Zollschuld nur nach Art. 204 ZK infolge von **Pflichtverletzungen** entsteht. ***EuGH-Urteil v. 2. 6. 2016*** *C-226/14, C-228/14, Eurogate Distribution GmbH und DHL Hub Leipzig GmbH (DStR S. 1409).*

Zur **Geschäftsführerhaftung** für EUSt nach Bestellung eines sog. schwachen vorläufigen Insolvenzverwalters bei laufendem Zahlungsaufschub vgl. *BFH-Urteil v. 26. 9. 2017 VII R 40/16 (BStBl. 2018 II S. 772).*

Das *FG Düsseldorf* hat dem EuGH mit *Beschluss v. 11. 12. 2019 4 K 473/19 Z EU (DStR 2020 S. 982)* zur Vorabentscheidung Fragen zur Entstehung der EUSt bei **Verstoß gegen Zollvorschriften** und **zur entsprechenden Anwendung des Art. 87 Abs. 4 UZK** auf die EUSt vorgelegt (Fiktion der Entstehung einer Zollschuld von weniger als 10 000 € im Mitgliedstaat der Feststellung bzw. Einfuhr eines PKW in das Zollgebiet der Union in Deutschland, obwohl die Einfuhr in das Zollgebiet der Union in Bulgarien erfolgte).

Der ***EuGH (Urteil v. 3. 3. 2021*** *C-7/20, VS/HZA Münster, DStR S. 610)* hat klargestellt, dass gem. Art. 71 Abs. 1 UAbs. 2 MwStSystRL die EUSt für zollpflichtige Gegenstände in dem Mitgliedstaat entsteht, in dem ein Verstoß gegen eine Verpflichtung aus unionsrechtlichen Zollvorschriften festgestellt wurde, sofern die fraglichen Waren in diesem Mitgliedstaat in den Wirtschaftskreislauf der Union eingetreten sind, auch wenn sie körperlich in einem anderen Mitgliedstaat in das Zollgebiet der Union gelangt sind.

Mit *BMF-Schreiben v. 6. 10. 2020 (BStBl. I S. 984)* wurde gem. § 27 Abs. 31 UStG als **Anwendungszeitpunkt** für die Änderung des **Fälligkeitstermins** (§ 21 Abs. 3a UStG) der **1. Dezember 2020** bekanntgegeben; der Fälligkeitstermin für Einfuhren des Aufschubzeitraums Dezember 2020 wird also vom 16. Januar 2021 auf den 26. Februar 2021 verschoben, für anschließende Aufschubzeiträume verschieben sich die Fälligkeitstermine entsprechend.

Z 8101. Sinngemäße Geltung der Vorschriften für Zölle, § 21 Abs. 2 UStG; Weitere Einfuhrumsatzsteuer – Dienstvorschrift –

Vorschriftensammlung Bundesfinanzverwaltung (VSF) Z 8101 – Nr. I. 2., III.

(VSF) Z 8101 Nr. I., III.

10

UStG

§ 21a[1] Sonderregelungen bei der Einfuhr von Sendungen mit einem Sachwert von höchstens 150 Euro

1 (1) ① **Bei der Einfuhr von Gegenständen in Sendungen mit einem Sachwert von höchstens 150 Euro aus dem Drittlandsgebiet, für die eine Steuerbefreiung nach § 5 Absatz 1 Nummer 7 nicht in Anspruch genommen wird, kann die Person, die die Gegenstände im Inland für Rechnung der Person, für die die Gegenstände bestimmt sind (Sendungsempfänger), bei einer Zollstelle gestellt (gestellende Person), auf Antrag die Sonderregelung nach den Absätzen 2 bis 6 in Anspruch nehmen, sofern**

1. die Voraussetzungen für die Bewilligung eines Zahlungsaufschubs gemäß Artikel 110 Buchstabe b des Zollkodex der Union erfüllt sind,

2. die Beförderung oder Versendung im Inland endet und

3. die Sendung keine verbrauchsteuerpflichtigen Waren enthält.

② **Der Antrag ist zusammen mit der Anmeldung zur Überlassung in den freien Verkehr zu stellen.**

2 (2) ① **Die gestellende Person hat die Waren nach Maßgabe des Artikels 63 d Unterabsatz 2 der Verordnung (EU) Nr. 282/2011 zur Festlegung von Durchführungsvorschriften zur Richtlinie 2006/112/EG über das gemeinsame Mehrwertsteuersystem (ABl. L 77 vom 23. 3. 2011, S. 1) in der jeweils geltenden Fassung für Rechnung des Sendungsempfängers, zur Überlassung in den zollrechtlich freien Verkehr anzumelden.** ② **Für die Anmeldung ist entweder eine Standard-Zollanmeldung zu verwenden oder, soweit zulässig, eine Zollanmeldung für Sendungen von geringem Wert gemäß Artikel 143 a der Delegierten Verordnung (EU) 2015/2446 der Kommission vom 28. Juli 2015 zur Ergänzung der Verordnung (EU) Nr. 952/2013 des Europäischen Parlaments und des Rates mit Einzelheiten zur Präzisierung von Bestimmungen des Zollkodex der Union (ABl. L 343 vom 29. 12. 2015, S. 1) in der jeweils geltenden Fassung.**

3 (3) ① **Die entstandene Einfuhrumsatzsteuer wird in entsprechender Anwendung von Artikel 110 Buchstabe b des Zollkodex der Union aufgeschoben und dem Aufschubkonto der gestellenden Person belastet.** ② **Eine Sicherheitsleistung ist nicht erforderlich, wenn die gestellende Person Zugelassener Wirtschaftsbeteiligter für zollrechtliche Vereinfachungen gemäß Artikel 38 Absatz 2 Buchstabe a des Zollkodex der Union ist oder die Voraussetzungen erfüllt für die Reduzierung einer Gesamtsicherheit gemäß Artikel 95 Absatz 2 des Zollkodex der Union in Verbindung mit Artikel 84 Absatz 1 der Delegierten Verordnung (EU) 2015/2446 der Kommission vom 28. Juli 2015 zur Ergänzung der Verordnung (EU) Nr. 952/2013 des Europäischen Parlaments und des Rates mit Einzelheiten zur Präzisierung von Bestimmungen des Zollkodex der Union.**

4 (4) ① **Bei der Auslieferung hat der Sendungsempfänger die Einfuhrumsatzsteuer an die gestellende Person zu entrichten.** ② **Die gestellende Person, sofern sie nicht bereits Steuerschuldner ist, haftet für die Einfuhrumsatzsteuer, die auf Sendungen lastet, die ausgeliefert werden, ohne dass die Einfuhrumsatzsteuer vom Sendungsempfänger erhoben wurde.** ③ **Dies gilt entsprechend für die Einfuhrumsatzsteuer auf Sendungen, deren Verbleib die gestellende Person nicht nachweisen kann (abhandengekommene Sendungen).**

5 (5) ① **Bis zum zehnten Tag des auf die Einfuhr folgenden Monats teilt die gestellende Person der zuständigen Zollstelle nach amtlich vorgeschriebenem Datensatz auf elektronischem Weg und unter Angabe der Registriernummern der jeweiligen Zollanmeldungen mit,**

1. welche Sendungen im abgelaufenen Kalendermonat an die jeweiligen Sendungsempfänger ausgeliefert wurden (ausgelieferte Sendungen),

2. die je Sendung vereinnahmten Beträge an Einfuhrumsatzsteuer,

3. den Gesamtbetrag der vereinnahmten Einfuhrumsatzsteuer,

4. welche Sendungen, die im abgelaufenen Kalendermonat und gegebenenfalls davor eingeführt wurden, bis zum Ende des abgelaufenen Kalendermonats nicht ausgeliefert werden konnten und sich noch in der Verfügungsgewalt der gestellenden Person befinden (noch nicht zugestellte Sendungen),

5. welche Sendungen, bei denen es nicht möglich war, sie dem Sendungsempfänger zu übergeben, im abgelaufenen Kalendermonat wiederausgeführt oder unter zollamtlicher Überwachung zerstört oder anderweitig verwertet wurden (nicht zustellbare Sendungen), sowie

6. welche Sendungen abhandengekommen sind und die darauf lastende Einfuhrumsatzsteuer.

[1] § 21 a anzuwenden ab 1. 7. 2021, vgl. § 27 Abs. 34 Satz 1 UStG.

② Auf Verlangen der zuständigen Zollbehörden hat die gestellende Person den Verbleib der Sendungen nachzuweisen. ③ Die Mitteilung nach Satz 1 hat die Wirkung einer Steueranmeldung nach § 168 der Abgabenordnung, wobei die gestellende Person hinsichtlich des Gesamtbetrages nach Satz 1 Nummer 3 als Steuerschuldner gilt. ④ Dieser ist zu dem für den Zahlungsaufschub gemäß Artikel 110 Buchstabe b des Zollkodex der Union geltenden Termin fällig und durch die gestellende Person an die Zollverwaltung zu entrichten.

(6) **① Einfuhrumsatzsteuer für noch nicht zugestellte Sendungen bleibt dem Aufschubkonto belastet und wird in den folgenden Aufschubzeitraum vorgetragen. ② Einfuhrumsatzsteuer für nicht zustellbare Sendungen gilt als nicht entstanden und wird aus dem Aufschubkonto ausgebucht, wenn ausgeschlossen ist, dass die Waren im Inland in den Wirtschaftskreislauf eingehen. ③ Einfuhrumsatzsteuer, die auf abhandengekommenen Sendungen lastet, wird ebenfalls aus dem Aufschubkonto ausgebucht und vom zuständigen Hauptzollamt per Haftungsbescheid gegenüber der gestellenden Person geltend gemacht. ④ Für Einfuhrumsatzsteuer, die auf ausgelieferten Sendungen lastet, ohne dass Einfuhrumsatzsteuer vom Sendungsempfänger der Sendung erhoben wurde, gilt Satz 3 entsprechend.** 6

Hinweis auf EU-Vorschriften:

UStG: § 21 a .... **MwStSystRL:** Art. 369 y, 369 z, 369 zb/
MwStVO: Art. 63 d

21 a.1 Sonderregelungen bei der Einfuhr von Sendungen mit einem Sachwert von höchstens 150 € UStAE 21 a.1

§ 21 a UStG beinhaltet eine Sonderregelung für die Einfuhr von Sendungen mit einem Sachwert von höchstens 150 € zur Entrichtung der Einfuhrumsatzsteuer. 10

Beispiel:

① Ein in Südkorea ansässiger Händler H veräußert über die eigene Internetseite oder über eine elektronische Schnittstelle Handyzubehör (Sachwert: 50 €) an eine im Inland ansässige Privatperson. ② Die Ware wird von H aus einem Lager in Südkorea an den Wohnsitz der Privatperson versendet. ③ Die Zollanmeldung in Deutschland erfolgt durch einen Post- oder Kurierdienstleister, welcher die Sonderregelung nach § 21 a UStG in Anspruch nimmt und im Namen und für Rechnung der Privatperson handelt.

④ Da die Zollanmeldung im Namen der Privatperson erfolgt, schuldet die Privatperson die Einfuhrumsatzsteuer und entrichtet diese bei Auslieferung der Ware an den Post- oder Kurierdienstleister. ⑤ Bis zum 10. Tag des auf die Einfuhr folgenden Monats hat der Post- oder Kurierdienstleister die Erklärung nach § 21 a Abs. 5 Satz 1 UStG abzugeben. ⑥ Die Erklärung hat nach § 21 a Abs. 5 Satz 3 UStG die Wirkung einer Steueranmeldung nach § 168 AO. ⑦ Zu dem für den Zahlungsaufschub gemäß Artikel 110 Buchstabe b UZK geltenden Termin entrichtet die gestellende Person die fällige Einfuhrumsatzsteuer an die Zollverwaltung.

UStG

§ 22 Aufzeichnungspflichten

1 (1)[1] ① Der Unternehmer ist verpflichtet, zur Feststellung der Steuer und der Grundlagen ihrer Berechnung Aufzeichnungen zu machen. ② Diese Verpflichtung gilt in den Fällen des § 13 a Absatz 1 Nummer 2 und 5, des § 13 b Absatz 5 und des § 14 c Absatz 2 auch für Personen, die nicht Unternehmer sind, in den Fällen des § 18 k auch für den im Auftrag handelnden Vertreter und in den Fällen des § 21 a für die gestellende Person. ③ Ist ein land- und forstwirtschaftlicher Betrieb nach § 24 Absatz 3 als gesondert geführter Betrieb zu behandeln, hat der Unternehmer Aufzeichnungspflichten für diesen Betrieb gesondert zu erfüllen. ④ In den Fällen des § 18 Absatz 4 c und 4 d sind die erforderlichen Aufzeichnungen vom Ende des Jahres an, in dem der Umsatz bewirkt wurde, zehn Jahre lang aufzubewahren und auf Anfrage des Bundeszentralamtes für Steuern auf elektronischem Weg zur Verfügung zu stellen; in den Fällen des § 18 Absatz 4 e sind die erforderlichen Aufzeichnungen vom Ende des Jahres an, in dem der Umsatz bewirkt wurde, zehn Jahre lang aufzubewahren und auf Anfrage der für das Besteuerungsverfahren zuständigen Finanzbehörde auf elektronischem Weg zur Verfügung zu stellen; in den Fällen der §§ 18 i, 18 j, 18 k und 21 a sind die erforderlichen Aufzeichnungen vom Ende des Jahres an, in dem der Umsatz oder Geschäftsvorgang bewirkt wurde, zehn Jahre lang aufzubewahren und auf Anfrage der im Inland oder im übrigen Gemeinschaftsgebiet für das besondere Besteuerungsverfahren oder für die Sonderregelung zuständigen Finanzbehörde auf elektronischem Weg zur Verfügung zu stellen.

(2) Aus den Aufzeichnungen müssen zu ersehen sein:

2 1. die vereinbarten Entgelte für die vom Unternehmer ausgeführten Lieferungen und sonstigen Leistungen. ② Dabei ist ersichtlich zu machen, wie sich die Entgelte auf die steuerpflichtigen Umsätze, getrennt nach Steuersätzen, und auf die steuerfreien Umsätze verteilen. ③ Dies gilt entsprechend für die Bemessungsgrundlagen nach § 10 Abs. 4, wenn Lieferungen im Sinne des § 3 Abs. 1 b, sonstige Leistungen im Sinne des § 3 Abs. 9 a sowie des § 10 Abs. 5 ausgeführt werden. ④ Aus den Aufzeichnungen muss außerdem hervorgehen, welche Umsätze der Unternehmer nach § 9 als steuerpflichtig behandelt. ⑤ Bei der Berechnung der Steuer nach vereinnahmten Entgelten (§ 20) treten an die Stelle der vereinbarten Entgelte die vereinnahmten Entgelte. ⑥ Im Fall des § 17 Abs. 1 Satz 6 hat der Unternehmer, der die auf die Minderung des Entgelts entfallende Steuer an das Finanzamt entrichtet, den Betrag der Entgeltsminderung gesondert aufzuzeichnen;

3 2. die vereinnahmten Entgelte und Teilentgelte für noch nicht ausgeführte Lieferungen und sonstige Leistungen. ② Dabei ist ersichtlich zu machen, wie sich die Entgelte und Teilentgelte auf die steuerpflichtigen Umsätze, getrennt nach Steuersätzen, und auf die steuerfreien Umsätze verteilen. ③ Nummer 1 Satz 4 gilt entsprechend;

4 3. die Bemessungsgrundlage für Lieferungen im Sinne des § 3 Abs. 1 b und für sonstige Leistungen im Sinne des § 3 Abs. 9 a Nr. 1. ② Nummer 1 Satz 2 gilt entsprechend;

5 4. die wegen unrichtigen Steuerausweises nach § 14 c Abs. 1 und wegen unberechtigten Steuerausweises nach § 14 c Abs. 2 geschuldeten Steuerbeträge;

6 5. die Entgelte für steuerpflichtige Lieferungen und sonstige Leistungen, die an den Unternehmer für sein Unternehmen ausgeführt worden sind, und die vor Ausführung dieser Umsätze gezahlten Entgelte und Teilentgelte, soweit für diese Umsätze nach § 13 Abs. 1 Nr. 1 Buchstabe a Satz 4 die Steuer entsteht, sowie die auf die Entgelte und Teilentgelte entfallenden Steuerbeträge;

7 6. die Bemessungsgrundlagen für die Einfuhr von Gegenständen (§ 11), die für das Unternehmen des Unternehmers eingeführt worden sind, sowie die dafür entstandene Einfuhrumsatzsteuer;

8 7. die Bemessungsgrundlagen für den innergemeinschaftlichen Erwerb von Gegenständen sowie die hierauf entfallenden Steuerbeträge;

9 8. in den Fällen des § 13 b Absatz 1 bis 5 beim Leistungsempfänger die Angaben entsprechend den Nummern 1 und 2. ② Der Leistende hat die Angaben nach den Nummern 1 und 2 gesondert aufzuzeichnen;

10 9. die Bemessungsgrundlage für Umsätze im Sinne des § 4 Nr. 4 a Satz 1 Buchstabe a Satz 2 sowie die hierauf entfallenden Steuerbeträge;

10a 10.[2] in den Fällen des § 21 a Namen und Anschriften der Versender und der Sendungsempfänger, die Bemessungsgrundlagen für die Einfuhr von Gegenständen

---

[1] § 22 Abs. 1 anzuwenden ab 1. 7. 2021, vgl. § 27 Abs. 34 Satz 1 UStG.
[2] § 22 Abs. 2 Nr. 10 anzuwenden ab 1. 7. 2021, vgl. § 27 Abs. 34 Satz 1 UStG.

(§ 11), die hierzu von den Versendern, Sendungsempfängern und Dritten erhaltenen Informationen, sowie die Sendungen, die im abgelaufenen Kalendermonat an die jeweiligen Sendungsempfänger ausgeliefert wurden, die je Sendung vereinnahmten Beträge an Einfuhrumsatzsteuer, die Sendungen, die noch nicht ausgeliefert werden konnten und sich noch in der Verfügungsgewalt der gestellenden Person befinden, sowie die Sendungen, die wiederausgeführt oder unter zollamtlicher Überwachung zerstört oder anderweitig verwertet wurden.

(3) ① **Die Aufzeichnungspflichten nach Absatz 2 Nr. 5 und 6 entfallen, wenn der Vorsteuerabzug ausgeschlossen ist (§ 15 Abs. 2 und 3).** ② **Ist der Unternehmer nur teilweise zum Vorsteuerabzug berechtigt, so müssen aus den Aufzeichnungen die Vorsteuerbeträge eindeutig und leicht nachprüfbar zu ersehen sein, die den zum Vorsteuerabzug berechtigenden Umsätzen ganz oder teilweise zuzurechnen sind.** ③ **Außerdem hat der Unternehmer in diesen Fällen die Bemessungsgrundlagen für die Umsätze, die nach § 15 Abs. 2 und 3 den Vorsteuerabzug ausschließen, getrennt von den Bemessungsgrundlagen der übrigen Umsätze, ausgenommen die Einfuhren und die innergemeinschaftlichen Erwerbe, aufzuzeichnen.** ④ **Die Verpflichtung zur Trennung der Bemessungsgrundlagen nach Absatz 2 Nr. 1 Satz 2, Nr. 2 Satz 2 und Nr. 3 Satz 2 bleibt unberührt.** 11

(4) **In den Fällen des § 15 a hat der Unternehmer die Berechnungsgrundlagen für den Ausgleich aufzuzeichnen, der von ihm in den in Betracht kommenden Kalenderjahren vorzunehmen ist.** 12

(4 a) **Gegenstände, die der Unternehmer zu seiner Verfügung vom Inland in das übrige Gemeinschaftsgebiet verbringt, müssen aufgezeichnet werden, wenn** 13

1. an den Gegenständen im übrigen Gemeinschaftsgebiet Arbeiten ausgeführt werden,

2. es sich um eine vorübergehende Verwendung handelt, mit den Gegenständen im übrigen Gemeinschaftsgebiet sonstige Leistungen ausgeführt werden und der Unternehmer in dem betreffenden Mitgliedstaat keine Zweigniederlassung hat oder

3. es sich um eine vorübergehende Verwendung im übrigen Gemeinschaftsgebiet handelt und in entsprechenden Fällen die Einfuhr der Gegenstände aus dem Drittlandsgebiet vollständig steuerfrei wäre.

(4 b) **Gegenstände, die der Unternehmer von einem im übrigen Gemeinschaftsgebiet ansässigen Unternehmer mit Umsatzsteuer-Identifikationsnummer zur Ausführung einer sonstigen Leistung im Sinne des § 3 a Abs. 3 Nr. 3 Buchstabe c erhält, müssen aufgezeichnet werden.** 14

(4 c) ① **Der Lagerhalter, der ein Umsatzsteuerlager im Sinne des § 4 Nr. 4 a betreibt, hat Bestandsaufzeichnungen über die eingelagerten Gegenstände und Aufzeichnungen über Leistungen im Sinne des § 4 Nr. 4 a Satz 1 Buchstabe b Satz 1 zu führen.** ② **Bei der Auslagerung eines Gegenstands aus dem Umsatzsteuerlager muss der Lagerhalter Name, Anschrift und die inländische Umsatzsteuer-Identifikationsnummer des Auslagerers oder dessen Fiskalvertreters aufzeichnen.** 15

(4 d) ① **Im Fall der Abtretung eines Anspruchs auf die Gegenleistung für einen steuerpflichtigen Umsatz an einen anderen Unternehmer (§ 13 c) hat** 16

1. der leistende Unternehmer den Namen und die Anschrift des Abtretungsempfängers sowie die Höhe des abgetretenen Anspruchs auf die Gegenleistung aufzuzeichnen;

2. der Abtretungsempfänger den Namen und die Anschrift des leistenden Unternehmers, die Höhe des abgetretenen Anspruchs auf die Gegenleistung sowie die Höhe der auf den abgetretenen Anspruch vereinnahmten Beträge aufzuzeichnen. ② **Sofern der Abtretungsempfänger die Forderung oder einen Teil der Forderung an einen Dritten abtritt, hat er zusätzlich den Namen und die Anschrift des Dritten aufzuzeichnen.**

② **Satz 1 gilt entsprechend bei der Verpfändung oder der Pfändung von Forderungen.** ③ **An die Stelle des Abtretungsempfängers tritt im Fall der Verpfändung der Pfandgläubiger und im Fall der Pfändung der Vollstreckungsgläubiger.**

(4 e) ① **Wer in den Fällen des § 13 c Zahlungen nach § 48 der Abgabenordnung leistet, hat Aufzeichnungen über die entrichteten Beträge zu führen.** ② **Dabei sind auch Name, Anschrift und die Steuernummer des Schuldners der Umsatzsteuer aufzuzeichnen.** 17

(4 f) ① **Der Unternehmer, der nach Maßgabe des § 6 b einen Gegenstand aus dem Gebiet eines Mitgliedstaates in das Gebiet eines anderen Mitgliedstaates befördert oder versendet, hat über diese Beförderung oder Versendung gesondert Aufzeichnungen zu führen.** ② **Diese Aufzeichnungen müssen folgende Angaben enthalten:** 17a

UStG

1. den vollständigen Namen und die vollständige Anschrift des Erwerbers im Sinne des § 6 b Absatz 1 Nummer 1 oder des § 6 b Absatz 5;
2. den Abgangsmitgliedstaat;
3. den Bestimmungsmitgliedstaat;
4. den Tag des Beginns der Beförderung oder Versendung im Abgangsmitgliedstaat;
5. die von dem Erwerber im Sinne des § 6 b Absatz 1 oder des § 6 b Absatz 5 verwendete Umsatzsteuer-Identifikationsnummer;
6. den vollständigen Namen und die vollständige Anschrift des Lagers, in das der Gegenstand im Rahmen der Beförderung oder Versendung in den Bestimungsmitgliedstaat gelangt;
7. den Tag des Endes der Beförderung oder Versendung im Bestimmungsmitgliedstaat;
8. die Umsatzsteuer-Identifikationsnummer eines Dritten als Lagerhalter;
9. die Bemessungsgrundlage nach § 10 Absatz 4 Satz 1 Nummer 1, die handelsübliche Bezeichnung und Menge der im Rahmen der Beförderung oder Versendung in das Lager gelangten Gegenstände;
10. den Tag der Lieferung im Sinne des § 6 b Absatz 2;
11. das Entgelt für die Lieferung nach Nummer 10 sowie die handelsübliche Bezeichnung und Menge der gelieferten Gegenstände;
12. die von dem Erwerber für die Lieferung nach Nummer 10 verwendete Umsatzsteuer-Identifikationsnummer;
13. das Entgelt sowie die handelsübliche Bezeichnung und Menge der Gegenstände im Fall des einer innergemeinschaftlichen Lieferung gleichgestellten Verbringens im Sinne des § 6 b Absatz 3;
14. die Bemessungsgrundlage der nach § 6 b Absatz 4 Nummer 1 in den Abgangsmitgliedstaat zurückgelangten Gegenstände und den Tag des Beginns dieser Beförderung oder Versendung.

17b (4 g) ① Der Unternehmer, an den der Gegenstand nach Maßgabe des § 6 b geliefert werden soll, hat über diese Lieferung gesondert Aufzeichnungen zu führen. ② Diese Aufzeichnungen müssen folgende Angaben enthalten:

1. die von dem Unternehmer im Sinne des § 6 b Absatz 1 Nummer 1 verwendete Umsatzsteuer-Identifikationsnummer;
2. die handelsübliche Bezeichnung und Menge der für den Unternehmer als Erwerber im Sinne des § 6 b Absatz 1 oder des § 6 b Absatz 5 bestimmten Gegenstände;
3. den Tag des Endes der Beförderung oder Versendung der für den Unternehmer als Erwerber im Sinne des § 6 b Absatz 1 oder des § 6 b Absatz 5 bestimmten Gegenstände im Bestimmungsmitgliedstaat;
4. das Entgelt für die Lieferung an den Unternehmer sowie die handelsübliche Bezeichnung und Menge der gelieferten Gegenstände;
5. den Tag des innergemeinschaftlichen Erwerbs im Sinne des § 6 b Absatz 2 Nummer 2;
6. die handelsübliche Bezeichnung und Menge der auf Veranlassung des Unternehmers im Sinne des § 6 b Absatz 1 Nummer 1 aus dem Lager entnommenen Gegenstände;
7. die handelsübliche Bezeichnung der im Sinne des § 6 b Absatz 6 Satz 4 zerstörten oder fehlenden Gegenstände und den Tag der Zerstörung, des Verlusts oder des Diebstahls der zuvor in das Lager gelangten Gegenstände oder den Tag, an dem die Zerstörung oder das Fehlen der Gegenstände festgestellt wurde.

③ Wenn der Inhaber des Lagers, in das der Gegenstand im Sinne des § 6 b Absatz 1 Nummer 1 befördert oder versendet wird, nicht mit dem Erwerber im Sinne des § 6 b Absatz 1 Nummer 1 oder des § 6 b Absatz 5 identisch ist, ist der Unternehmer von den Aufzeichnungen nach Satz 1 Nummer 3, 6 und 7 entbunden.

18 (5) Ein Unternehmer, der ohne Begründung einer gewerblichen Niederlassung oder außerhalb einer solchen von Haus zu Haus oder auf öffentlichen Straßen oder an anderen öffentlichen Orten Umsätze ausführt oder Gegenstände erwirbt, hat ein Steuerheft nach amtlich vorgeschriebenem Vordruck zu führen.

19 (6) Das Bundesministerium der Finanzen kann mit Zustimmung des Bundesrates durch Rechtsverordnung

1. nähere Bestimmungen darüber treffen, wie die Aufzeichnungspflichten zu erfüllen sind und in welchen Fällen Erleichterungen bei der Erfüllung dieser Pflichten gewährt werden können, sowie

2. Unternehmer im Sinne des Absatzes 5 von der Führung des Steuerhefts befreien, sofern sich die Grundlagen der Besteuerung aus anderen Unterlagen ergeben, und diese Befreiung an Auflagen knüpfen.

Hinweis auf EU-Vorschriften:
UStG: § 22 .... **MwStSystRL:** Art. 242 ff., 272, 369 ff./**MwStVO:** Art. 54 a–54 c

Übersicht

Zu § 22 UStG (§§ 63 bis 68 UStDV)

§ 63 *Aufzeichnungspflichten*

UStDV

(1) *Die Aufzeichnungen müssen so beschaffen sein, dass es einem sachverständigen Dritten innerhalb einer angemessenen Zeit möglich ist, einen Überblick über die Umsätze des Unternehmers und die abziehbaren Vorsteuern zu erhalten und die Grundlagen für die Steuerberechnung festzustellen.* **21**

(2) ① *Entgelte, Teilentgelte, Bemessungsgrundlagen nach § 10 Abs. 4 und 5 des Gesetzes, nach § 14 c des Gesetzes geschuldete Steuerbeträge sowie Vorsteuerbeträge sind am Schluss jedes Voranmeldungszeitraums zusammenzurechnen.* ② *Im Falle des § 17 Abs. 1 Satz 6 des Gesetzes sind die Beträge der Entgeltsminderungen am Schluß jedes Voranmeldungszeitraums zusammenzurechnen.* **22**

(3) ① *Der Unternehmer kann die Aufzeichnungspflichten nach § 22 Abs. 2 Nr. 1 Satz 1, 3, 5 und 6, Nr. 2 Satz 1 und Nr. 3 Satz 1 des Gesetzes in folgender Weise erfüllen:* **23**

1. *Das Entgelt oder Teilentgelt und der Steuerbetrag werden in einer Summe statt des Entgelts oder des Teilentgelts aufgezeichnet.*
2. *Die Bemessungsgrundlage nach § 10 Abs. 4 und 5 des Gesetzes und der darauf entfallende Steuerbetrag werden in einer Summe statt der Bemessungsgrundlage aufgezeichnet.*
3. *Bei der Anwendung des § 17 Abs. 1 Satz 6 des Gesetzes werden die Entgeltsminderung und die darauf entfallende Minderung des Steuerbetrags in einer Summe statt der Entgeltsminderung aufgezeichnet.*

② *§ 22 Abs. 2 Nr. 1 Satz 2, Nr. 2 Satz 2 und Nr. 3 Satz 2 des Gesetzes gilt entsprechend.* ③ *Am Schluss jedes Voranmeldungszeitraums hat der Unternehmer die Summe der Entgelte und Teilentgelte, der Bemessungsgrundlagen nach § 10 Abs. 4 und 5 des Gesetzes sowie der Entgeltsminderungen im Fall des § 17 Abs. 1 Satz 6 des Gesetzes zu errechnen und aufzuzeichnen.*

(4) ① *Dem Unternehmer, dem wegen der Art und des Umfangs des Geschäfts eine Trennung der Entgelte und Teilentgelte nach Steuersätzen (§ 22 Abs. 2 Nr. 1 Satz 2 und Nr. 2 Satz 2 des Gesetzes) in den Aufzeichnungen nicht zuzumuten ist, kann das Finanzamt auf Antrag gestatten, dass er die Entgelte und Teilentgelte nachträglich auf der Grundlage der Wareneingänge oder, falls diese hierfür nicht verwendet werden können, nach anderen Merkmalen trennt.* ② *Entsprechendes gilt für die Trennung nach Steuersätzen bei den Bemessungsgrundlagen nach § 10 Abs. 4 und 5 des Gesetzes (§ 22 Abs. 2 Nr. 1 Satz 3 und Nr. 3* **24**

Satz 2 des Gesetzes). ③ Das Finanzamt darf nur ein Verfahren zulassen, dessen steuerliches Ergebnis nicht wesentlich von dem Ergebnis einer nach Steuersätzen getrennten Aufzeichnung der Entgelte, Teilentgelte und sonstigen Bemessungsgrundlagen abweicht. ④ Die Anwendung des Verfahrens kann auf einen in der Gliederung des Unternehmens gesondert geführten Betrieb beschränkt werden.

25 (5) *① Der Unternehmer kann die Aufzeichnungspflicht nach § 22 Abs. 2 Nr. 5 des Gesetzes in der Weise erfüllen, dass er die Entgelte oder Teilentgelte und die auf sie entfallenden Steuerbeträge (Vorsteuern) jeweils in einer Summe, getrennt nach den in den Eingangsrechnungen angewandten Steuersätzen, aufzeichnet. ② Am Schluss jedes Voranmeldungszeitraums hat der Unternehmer die Summe der Entgelte und Teilentgelte und die Summe der Vorsteuerbeträge zu errechnen und aufzuzeichnen.*

§ 64 *Aufzeichnung im Fall der Einfuhr*

[siehe hinter A 22.6 UStAE]

§ 65 *Aufzeichnungspflichten der Kleinunternehmer*

26 *① Unternehmer, auf deren Umsätze § 19 Abs. 1 Satz 1 des Gesetzes anzuwenden ist, haben an Stelle der nach § 22 Abs. 2 bis 4 des Gesetzes vorgeschriebenen Angaben Folgendes aufzuzeichnen:*

1. *die Werte der erhaltenen Gegenleistungen für die von ihnen ausgeführten Lieferungen und sonstigen Leistungen;*
2. *die sonstigen Leistungen im Sinne des § 3 Abs. 9a Nr. 2 des Gesetzes. ② Für ihre Bemessung gilt Nummer 1 entsprechend.*

② Die Aufzeichnungspflichten nach § 22 Abs. 2 Nr. 4, 7, 8 und 9 des Gesetzes bleiben unberührt.

§ 66 *Aufzeichnungspflichten bei der Anwendung allgemeiner Durchschnittssätze*

27 *Der Unternehmer ist von den Aufzeichnungspflichten nach § 22 Abs. 2 Nr. 5 und 6 des Gesetzes befreit, soweit er die abziehbaren Vorsteuerbeträge nach einem Durchschnittssatz (§§ 69 und 70) berechnet.*

§ 66 a *Aufzeichnungspflichten bei der Anwendung des Durchschnittssatzes für Körperschaften, Personenvereinigungen und Vermögensmassen im Sinne des § 5 Abs. 1 Nr. 9 des Körperschaftsteuergesetzes*

28 *Der Unternehmer ist von den Aufzeichnungspflichten nach § 22 Abs. 2 Nr. 5 und 6 des Gesetzes befreit, soweit er die abziehbaren Vorsteuerbeträge nach dem in § 23a des Gesetzes festgesetzten Durchschnittssatz berechnet.*

§ 67 *Aufzeichnungspflichten bei der Anwendung der Durchschnittssätze für land- und forstwirtschaftliche Betriebe*

29 *① Unternehmer, auf deren Umsätze § 24 des Gesetzes anzuwenden ist, sind für den land- und forstwirtschaftlichen Betrieb von den Aufzeichnungspflichten nach § 22 des Gesetzes befreit. ② Ausgenommen hiervon sind die Bemessungsgrundlagen für die Umsätze im Sinne des § 24 Abs. 1 Satz 1 Nr. 2 des Gesetzes. ③ Die Aufzeichnungspflichten nach § 22 Abs. 2 Nr. 4, 7 und 8 des Gesetzes bleiben unberührt.*

§ 68 *Befreiung von der Führung des Steuerhefts*

[siehe hinter A 22.6 UStAE]

UStAE 22.1

22.1 Ordnungsgrundsätze

31 (1) ① Die allgemeinen Vorschriften über das Führen von Büchern und Aufzeichnungen der §§ 140 bis 148 AO gelten in Übereinstimmung mit § 63 Abs. 1 UStDV auch für die Aufzeichnungen für Umsatzsteuerzwecke. ② Die Aufzeichnungen sind grundsätzlich im Geltungsbereich des UStG zu führen (vgl. § 146 Abs. 2 Satz 1 AO, § 14b UStG und Abschnitt 14b.1 Abs. 8 ff.); abweichend können elektronische Bücher und sonstige elektronische Aufzeichnungen unter den Voraussetzungen des § 146 Abs. 2a und Abs. 2b AO im Ausland geführt und aufbewahrt werden. ③ Sie sind mit den zugehörigen Belegen für die Dauer der Aufbewahrungsfrist (§ 147 Abs. 3 AO, § 14b UStG) geordnet aufzubewahren. ④ Für auf Thermopapier erstellte Belege gilt Abschnitt 14b.1 Abs. 5 entsprechend. ⑤ Das Finanzamt kann jederzeit verlangen, dass der Unternehmer die Unterlagen vorlegt. ⑥ Zur Führung der Aufzeichnungen bei Betriebsstätten und Organgesellschaften außerhalb des Geltungsbereichs des UStG vgl. § 146 Abs. 2 Sätze 2 ff. AO.[1]

32 (2) ① Die Aufzeichnungen und die zugehörigen Belege können unter bestimmten Voraussetzungen als Wiedergaben auf einem Bildträger – z. B. Mikrofilm – oder auf anderen Datenträgern – z. B. Magnetband, Magnetplatte, CD, DVD, Blu-Ray-Disc oder Flash-Speicher – aufbewahrt werden (vgl. § 147 Abs. 2 AO und AEAO zu § 147 Nr. 3 Satz 2). ② Das bei der Aufbewahrung von Bild- oder anderen Datenträgern angewandte Verfahren muss den GoBD (vgl. BMF-Schreiben vom 28. 11. 2019, BStBl. I S. 1269),[2] entsprechen. ③ Unter dieser Voraussetzung kön-

---

[1] Organschaft vgl. Hinweise bei A 2.8 UStAE.
[2] Abgedruckt im „AO-Handbuch".

nen die Originale der Geschäftsunterlagen grundsätzlich vernichtet werden. ④ Diese Aufbewahrungsformen bedürfen keiner besonderen Genehmigung. ⑤ Für das Lesbarmachen der nicht im Original aufbewahrten Aufzeichnungen und Geschäftsunterlagen ist § 147 Abs. 5 AO zu beachten.

(3) ① Die Mikroverfilmung kann auch auf zollamtliche Belege angewandt werden. **33**
② Mikrofilmaufnahmen der Belege über Einfuhrumsatzsteuer bzw. Mikrokopien dieser Belege sind als ausreichender Nachweis für den Vorsteuerabzug nach § 15 Abs. 1 Satz 1 Nr. 2 UStG anzuerkennen. ③ Dies gilt auch für die Anerkennung von mikroverfilmten Zollbelegen zur Ausstellung von Ersatzbelegen oder zur Aufteilung zum Zwecke des Vorsteuerabzugs, wenn die vollständige oder teilweise Ungültigkeit des Originalbelegs auf der Mikrofilmaufnahme bzw. der Mikrokopie erkennbar ist.

(4) Die am Schluss eines Voranmeldungszeitraums zusammenzurechnenden Beträge (§ 63 **34**
Abs. 2 UStDV) müssen auch für den jeweiligen Besteuerungszeitraum zusammengerechnet werden.

(5) ① In den Fällen des § 13a Abs. 1 Nr. 2 und 5, § 13b Abs. 5 und des § 14c Abs. 2 UStG **35**
gilt die Verpflichtung zur Führung von Aufzeichnungen auch für Personen, die nicht Unternehmer sind, in den Fällen des § 18k UStG auch für den im Auftrag handelnden Vertreter und in den Fällen des § 21a UStG für die gestellende Person (§ 22 Abs. 1 Satz 2 UStG). ② Insoweit sind die Entgelte, Teilentgelte und die nach § 14c Abs. 2 UStG geschuldeten Steuerbeträge am Schluss eines jeden Voranmeldungszeitraums zusammenzurechnen (§ 63 Abs. 2 Satz 1 UStDV).

LS zu 22.1

Zur **Archivierung** von Rechnungen und Lieferscheinen. *Vfg. BayLfSt S 0137.1.1–4/3 St 42 v. 20. 1. 2017 (MwStR S. 216).*

Informationen zum Thema **„Ordnungsmäßigkeit der Kassenbuchführung“**. *Information OFD Karlsruhe v. 22. 2. 2018 (MwStR S. 494).* **36**

Die *OFD Karlsruhe* informiert mit einem *Merkblatt v. 31. 3. 2020 S 0315 – St 42 (MwStR S. 467)* über die seit dem 1. 1. 2020 bestehende Belegausgabepflicht (die sog. **„Bonpflicht“**).

Anl zu 22.1

Schreiben betr. Neubekanntgabe von Vordruckmustern nach Anpassung auf Grund der Datenschutz-Grundverordnung

Vom 5. November 2019 (BStBl. I S. 1041)

[abgedruckt im USt-Handbuch 2020 als Anlage zu A 22.1]

22.2 Umfang der Aufzeichnungspflichten

UStAE 22.2

(1) ① Der Umfang der Aufzeichnungspflichten ergibt sich aus § 22 Abs. 2 ff. UStG i. V. m.
§§ 63 bis 67 UStDV. ② Soweit die geforderten Angaben aus dem Rechnungswesen oder den **41**
Aufzeichnungen des Unternehmers für andere Zwecke eindeutig und leicht nachprüfbar hervorgehen, brauchen sie nicht noch gesondert aufgezeichnet zu werden.

(2) ① Der Unternehmer ist sowohl bei der Sollversteuerung als auch bei der Istversteuerung **42**
verpflichtet, nachträgliche Minderungen oder Erhöhungen der Entgelte aufzuzeichnen. ② Die Verpflichtung des Unternehmers, in den Aufzeichnungen ersichtlich zu machen, wie sich die Entgelte auf die steuerpflichtigen Umsätze, getrennt nach Steuersätzen, und auf die steuerfreien Umsätze verteilen, gilt entsprechend für nachträgliche Entgeltänderungen.

(3) ① In den Fällen des § 17 Abs. 1 Satz 6 UStG hat der Schuldner der auf die Entgeltminde- **43**
rungen entfallenden Steuer – sog. Zentralregulierer – die Beträge der jeweiligen Entgeltminderungen gesondert von seinen Umsätzen aufzuzeichnen (§ 22 Abs. 2 Nr. 1 Satz 6 UStG). ② Er hat dabei die Entgeltminderungen ggf. nach steuerfreien und steuerpflichtigen Umsätzen sowie nach Steuersätzen zu trennen.

(4) ① Aus den Aufzeichnungen müssen die Umsätze hervorgehen, die der Unternehmer nach **44**
§ 9 UStG als steuerpflichtig behandelt (§ 22 Abs. 2 Nr. 1 Satz 4 UStG). ② Wird eine solche Leistung zusammen mit einer steuerpflichtigen Leistung ausgeführt und für beide ein einheitliches Entgelt vereinbart, kann aus Vereinfachungsgründen darauf verzichtet werden, den auf die einzelne Leistung entfallenden Entgeltteil zu errechnen und den Entgeltteil, der auf die freiwillig versteuerte Leistung entfällt, gesondert aufzuzeichnen.

(5) ① Unternehmer, die ihre Umsätze nach vereinbarten Entgelten versteuern, haben neben **45**
den vereinbarten Entgelten auch sämtliche vor der Ausführung von Leistungen vereinnahmten Entgelte und Teilentgelte aufzuzeichnen. ② Aufgezeichnet werden müssen nicht nur die vor der Ausführung der Leistung vereinnahmten Entgelte und Teilentgelte, für die die Steuer nach § 13 Abs. 1 Nr. 1 Buchstabe a Satz 4 UStG mit dem Ablauf des Voranmeldungszeitraums der Vereinnahmung entsteht, sondern auch die im Voraus vereinnahmten Entgelte und Teilentgelte, die auf steuerfreie Umsätze entfallen.

UStAE 22.2

46 (6) ① Soweit die für noch nicht ausgeführte steuerpflichtige Leistungen vereinnahmten Entgelte und Teilentgelte auf Umsätze entfallen, die verschiedenen Steuersätzen unterliegen, sind sie nach § 22 Abs. 2 Nr. 2 Satz 2 UStG entsprechend getrennt aufzuzeichnen. ② Entgelte und Teilentgelte, die im Voraus für Umsätze vereinnahmt werden, die der Unternehmer nach § 9 UStG als steuerpflichtig behandelt, müssen nach § 22 Abs. 2 Nr. 2 Satz 3 UStG gesondert aufgezeichnet werden (siehe auch Absatz 4).

47 (7) ① Bei Lieferungen im Sinne des § 3 Abs. 1 b UStG müssen als Bemessungsgrundlage nach § 10 Abs. 4 Satz 1 Nr. 1 UStG der Einkaufspreis zuzüglich der Nebenkosten für den Gegenstand oder für einen gleichartigen Gegenstand oder mangels eines Einkaufspreises die Selbstkosten jeweils zum Zeitpunkt des Umsatzes aufgezeichnet werden. ② Für sonstige Leistungen im Sinne des § 3 Abs. 9 a UStG sind die jeweils entstandenen Ausgaben aufzuzeichnen. ③ Dabei bleiben für sonstige Leistungen im Sinne des § 3 Abs. 9 a Nr. 1 UStG Ausgaben unberücksichtigt, soweit sie nicht zum vollen oder teilweisen Vorsteuerabzug berechtigt haben (§ 22 Abs. 2 Nr. 1 Satz 3 UStG). ④ Die Sätze 1 bis 3 gelten auch, sofern für die Besteuerung die Mindestbemessungsgrundlagen (§ 10 Abs. 5 UStG) in Betracht kommen. ⑤ Soweit der Unternehmer bei Leistungen an sein Personal von lohnsteuerlichen Werten ausgeht (vgl. Abschnitt 1.8 Abs. 8), sind diese aufzuzeichnen.

48 (8) ① Die Verpflichtung des Unternehmers, die Entgelte für steuerpflichtige Lieferungen und sonstige Leistungen, die an ihn für sein Unternehmen ausgeführt sind, und die darauf entfallende Steuer aufzuzeichnen (§ 22 Abs. 2 Nr. 5 UStG), erstreckt sich auch auf nachträgliche Entgeltminderungen und die entsprechenden Steuerbeträge. ② Werden dem Unternehmer Entgeltminderungen für steuerfreie und steuerpflichtige Umsätze gewährt, kann das Finanzamt auf Antrag gestatten, dass er sie nach dem Verhältnis dieser Umsätze aufteilt. ③ Das Gleiche gilt, wenn die Umsätze an den Unternehmer verschiedenen Steuersätzen unterliegen. ④ Eine Aufteilung nach dem Verhältnis der vom Unternehmer bewirkten Umsätze ist nicht zulässig.

49 (9) ① Die Aufzeichnung der Entgelte für empfangene steuerpflichtige Leistungen (§ 22 Abs. 2 Satz 1 Nr. 5 UStG) und der Einfuhrumsatzsteuer (§ 22 Abs. 2 Nr. 6 UStG in Verbindung mit § 64 UStDV) ist nicht erforderlich, wenn der Vorsteuerabzug nach § 15 Abs. 2 und 3 UStG ausgeschlossen ist oder deshalb entfällt, weil die Steuer in den Rechnungen nicht gesondert ausgewiesen ist. ② Hiervon werden die Aufzeichnungspflichten nach anderen Vorschriften (z. B. § 238 Abs. 1, §§ 266, 275, 276 Abs. 1 HGB, §§ 141, 143 AO) nicht berührt. ③ Das Vorsteuerabzugsrecht ist wegen der Verletzung der Aufzeichnungspflichten nicht ausgeschlossen.

50 (10) Körperschaften, Personenvereinigungen und Vermögensmassen im Sinne des § 5 Abs. 1 Nr. 9 KStG, insbesondere Vereine, die ihre abziehbaren Vorsteuerbeträge nach dem Durchschnittssatz des § 23 a UStG berechnen, sind von den Aufzeichnungspflichten nach § 22 Abs. 2 Nr. 5 und 6 UStG befreit (§ 66 a UStDV).

51 (11) ① Wird im Zusammenhang mit einer Einfuhr eine Lieferung an den Unternehmer bewirkt, sind entweder die Einfuhrumsatzsteuer – insbesondere in den Fällen des § 3 Abs. 6 UStG – oder das Entgelt und die darauf entfallende Steuer – in den Fällen des § 3 Abs. 8 UStG – aufzuzeichnen. ② Maßgebend ist, welchen Steuerbetrag der Unternehmer als Vorsteuer abziehen kann.

52 (12) Wegen der weiteren Aufzeichnungspflichten

1. in den Fällen der Berichtigung des Vorsteuerabzugs nach § 15 a UStG vgl. Abschnitt 15 a.12;
2. bei Reiseleistungen im Sinne des § 25 Abs. 1 UStG vgl. Abschnitt 25.5;
3. bei der Differenzbesteuerung vgl. § 25 a Abs. 6 UStG, Abschnitt 25 a.1 Abs. 16 ff.;
4. bei der Verpflichtung zur Führung des Umsatzsteuerhefts vgl. BMF-Schreiben vom 30. 4. 1981, BStBl. I S. 312, und vom 17. 1. 1983, BStBl. I S. 105;
5. bei unternehmensinternen grenzüberschreitenden Warenbewegungen (Abschnitt 1 a.2) vgl. Abschnitt 22.3 Abs. 3 bis 5;
6. *(aufgehoben)*
7. bei innergemeinschaftlichen Dreiecksgeschäften vgl. § 25 b Abs. 6 UStG, Abschnitt 25 b.1 Abs. 10;
8. bei der Lieferung von Zahnprothesen, die mit Hilfe eines CEREC-Geräts hergestellt werden: Die abzurechnenden Leistungen, die auf den Einsatz eines CEREC-Geräts entfallen, sind zum Zweck der Abgrenzung nach steuerfreien und steuerpflichtigen Umsätzen unter Angabe insbesondere der Leistungsnummern des Gebührenverzeichnisses der GOZ oder anderer Angaben getrennt aufzuzeichnen;
9. bei der Steuerschuldnerschaft des Leistungsempfängers vgl. § 22 Abs. 2 Nr. 8 UStG, Abschnitte 13 b.17 und 22.4 Abs. 1 Satz 2 Nr. 2;
10. des/der liefernden Unternehmer(s), des Auslagerers sowie des Lagerhalters in den Fällen des § 4 Nr. 4 a UStG, vgl. Rz. 47 und 48 des BMF-Schreibens vom 28. 1. 2004, BStBl. I S. 242;
11. in den Fällen der steuerbefreiten Leistungen an hilfsbedürftige Personen vgl. Abschnitt 4.16.2;
12. bei grenzüberschreitenden Personenbeförderungen im Luftverkehr vgl. Abschnitt 26.2 Abs. 5 Sätze 1 bis 3.

1. Auch nicht buchführungspflichtige Gewerbetreibende sind verpflichtet, ihre Betriebseinnahmen gemäß § 22 UStG i. V. m. §§ 63 bis 68 UStDV einzeln aufzuzeichnen. – 2. Im **Taxigewerbe** erstellte Schichtzettel sind gemäß § 147 Abs. 1 AO 1977 aufzubewahren. Sie genügen den sich aus der Einzelaufzeichnungspflicht ergebenden Mindestanforderungen. *BFH-Urteil v. 26. 2. 2004 – XI R 25/02 (BStBl. II S. 599).* LS zu 22.2 55

22.3 Aufzeichnungspflichten bei innergemeinschaftlichen Lieferungen, innergemeinschaftlichen sonstigen Leistungen im Sinne des § 3 a Abs. 2 UStG und innergemeinschaftlichen Erwerben

UStAE 22.3

(1) ① Die allgemeinen Aufzeichnungspflichten gelten auch für innergemeinschaftliche Warenlieferungen (§ 22 Abs. 2 Nr. 1 UStG) und innergemeinschaftliche Erwerbe (§ 22 Abs. 2 Nr. 7 UStG). ② Nach § 22 Abs. 2 Nr. 1 UStG hat der Unternehmer die Bemessungsgrundlage und die ggf. darauf entfallende Steuer für die innergemeinschaftlichen Lieferungen und für die fiktiven Lieferungen in den Fällen des innergemeinschaftlichen Verbringens von Gegenständen vom inländischen in den ausländischen Unternehmensteil aufzuzeichnen. ③ Aufzuzeichnen sind auch die innergemeinschaftlichen Lieferungen von neuen Fahrzeugen. ④ Nach § 22 Abs. 2 Nr. 7 UStG sind die innergemeinschaftlichen Erwerbe getrennt von den übrigen Aufzeichnungen der Bemessungsgrundlagen und Steuerbeträge aufzuzeichnen. ⑤ Hierunter fallen die Lieferungen im Sinne des § 1 a Abs. 1 UStG und die innergemeinschaftlichen Verbringensfälle zwischen dem ausländischen und dem inländischen Unternehmensteil, die als fiktive Lieferungen gelten (vgl. Abschnitt 1 a.2). ⑥ Zu den besonderen Aufzeichnungspflichten vgl. Absätze 3 bis 5. ⑦ Zu den für den Buchnachweis erforderlichen Aufzeichnungen vgl. § 17 d UStDV. 61

(2) ① Der Unternehmer ist auch für innergemeinschaftliche Lieferungen und innergemeinschaftliche Erwerbe verpflichtet, nachträgliche Minderungen oder Erhöhungen der Bemessungsgrundlagen aufzuzeichnen. ② Die Verpflichtung des Unternehmers, in den Aufzeichnungen ersichtlich zu machen, wie sich die Bemessungsgrundlagen auf die steuerpflichtigen innergemeinschaftlichen Erwerbe, getrennt nach Steuersätzen, und auf die steuerfreien innergemeinschaftlichen Lieferungen verteilen, gilt entsprechend für nachträgliche Entgeltänderungen (vgl. Abschnitt 22.2 Abs. 2). 62

(3) ① Der Unternehmer hat besondere Aufzeichnungspflichten in den Fällen zu beachten, in denen Gegenstände, die – ohne die Voraussetzungen für ein steuerbares Verbringen zu erfüllen – vom Inland zu seiner Verfügung (unternehmensintern) in das übrige Gemeinschaftsgebiet gelangen (§ 22 Abs. 4 a UStG). ② Der Unternehmer muss die Gegenstände in den folgenden Fällen der ihrer Art nach vorübergehenden Verwendung und der befristeten Verwendung (vgl. Abschnitt 1 a.2 Abs. 9 bis 12) aufzeichnen, die im übrigen Gemeinschaftsgebiet nicht zu einer Erwerbsbesteuerung führen: 63

1. An den Gegenständen werden im übrigen Gemeinschaftsgebiet Arbeiten, z. B. Reparaturarbeiten, ausgeführt (§ 22 Abs. 4 a Nr. 1 UStG), vgl. dazu Abschnitt 1 a.2 Abs. 10 Nr. 3.
2. Die Gegenstände werden zur vorübergehenden Verwendung in das übrige Gemeinschaftsgebiet zur Ausführung sonstiger Leistungen verbracht, und der Unternehmer hat in dem Mitgliedstaat keine Zweigniederlassung (§ 22 Abs. 4 a Nr. 2 UStG), vgl. dazu Abschnitt 1 a.2 Abs. 10 Nr. 2 und 4.
3. ① Das Verbringen der Gegenstände zur befristeten Verwendung in das übrige Gemeinschaftsgebiet wäre im Fall der Einfuhr uneingeschränkt steuerfrei, z. B. Ausstellungsstücke für Messen im übrigen Gemeinschaftsgebiet (§ 22 Abs. 4 a Nr. 3 UStG), vgl. dazu Abschnitt 1 a.2 Abs. 12. ② Aufzuzeichnen sind auch die Fälle der vorübergehenden Verwendung eines Gegenstands bei einer Werklieferung, die im Bestimmungsmitgliedstaat steuerbar ist, wenn der Gegenstand wieder in das Inland zurückgelangt, vgl. dazu Beispiel 1 in Abschnitt 1 a.2 Abs. 10 Nr. 1.

(4) Die besonderen Aufzeichnungspflichten gelten jeweils als erfüllt, wenn sich die aufzeichnungspflichtigen Angaben aus Buchführungsunterlagen, Versandpapieren, Karteien, Dateien und anderen im Unternehmen befindlichen Unterlagen eindeutig und leicht nachprüfbar entnehmen lassen. 64

(5) ① Die besonderen Aufzeichnungen sind zu berichtigen, wenn der Gegenstand im Bestimmungsland untergeht oder veräußert wird oder wenn die Verwendungsfristen überschritten werden. ② An die Stelle der besonderen Aufzeichnungen treten die allgemeinen Aufzeichnungspflichten für innergemeinschaftliche Lieferungen, vgl. dazu Abschnitt 1 a.2 Abs. 13. 65

(6) ① Die in § 1 a Abs. 3 Nr. 1 UStG genannten Erwerber sind zur Aufzeichnung nach § 22 Abs. 2 Nr. 7 UStG verpflichtet, wenn sie die Erwerbsschwelle überschritten, zur Erwerbsbesteuerung optiert oder Gegenstände im Sinne des § 1 a Abs. 5 UStG erworben haben. ② Juristische Personen, die auch Unternehmer sind, haben die für das Unternehmen vorgenommenen Erwerbe grundsätzlich getrennt von den nicht für das Unternehmen bewirkten Erwerben aufzuzeichnen. ③ Eine entsprechende Trennung in den Aufzeichnungen ist nicht erforderlich, soweit die Steuerbeträge, die auf die für das Unternehmen vorgenommenen innergemeinschaftlichen Erwerbe entfallen, vom Vorsteuerabzug ausgeschlossen sind. 66

(7) Der Unternehmer hat die Erfüllung der nach § 18 a Abs. 2 Satz 1 und § 18 b Satz 1 Nr. 2 UStG bestehenden Verpflichtungen sicherzustellen, die Bemessungsgrundlagen für nach § 3 a 67

Abs. 2 UStG im übrigen Gemeinschaftsgebiet ausgeführte steuerpflichtige sonstige Leistungen, für die der in einem anderen Mitgliedstaat ansässige Leistungsempfänger die Steuer dort schuldet, in der Zusammenfassenden Meldung anzugeben bzw. in den Umsatzsteuer-Voranmeldungen und in der Umsatzsteuererklärung für das Kalenderjahr gesondert anzumelden.

UStAE 22.3a

22.3 a Aufzeichnungspflichten bei Teilnahme an einem der besonderen Besteuerungsverfahren

68 (1) ① Der nicht im Gemeinschaftsgebiet ansässige Unternehmer hat über die im Rahmen der Regelung nach § 18 Abs. 4c und 4d UStG vor dem 1. 7. 2021 getätigten Umsätze Aufzeichnungen mit ausreichenden Angaben zu führen. ② Diese Aufzeichnungen sind dem BZSt auf Anfrage auf elektronischem Weg zur Verfügung zu stellen (§ 22 Abs. 1 Satz 4 erster Teilsatz UStG).

69 (2) ① Der im übrigen Gemeinschaftsgebiet ansässige Unternehmer hat über die im Rahmen der Regelung nach § 18 Abs. 4e UStG vor dem 1. 7. 2021 getätigten Umsätze Aufzeichnungen mit ausreichenden Angaben zu führen. ② Diese Aufzeichnungen sind der für das Besteuerungsverfahren zuständigen Finanzbehörde auf Anfrage auf elektronischem Weg zur Verfügung zu stellen (§ 22 Abs. 1 Satz 4 zweiter Teilsatz UStG).

70 (3) ① Der im Inland ansässige Unternehmer hat über die im Rahmen der Regelung nach § 18h UStG vor dem 1. 7. 2021 getätigten Umsätze Aufzeichnungen mit ausreichenden Angaben zu führen. ② Diese Aufzeichnungen sind dem BZSt und/oder der zuständigen Finanzbehörde des EU-Mitgliedstaats, in dessen Gebiet der Leistungsort liegt, auf Anfrage auf elektronischem Weg zur Verfügung zu stellen (Artikel 369 Abs. 2 Unterabs. 1 MwStSystRL).

70a (3 a) ① Der Unternehmer oder im Auftrag handelnde Vertreter hat über die im Rahmen der Regelungen nach §§ 18i, 18j, 18k und 21a UStG nach dem 30. 6. 2021 getätigten Umsätze oder Geschäftsvorgänge Aufzeichnungen mit ausreichenden Angaben zu führen. ② Diese Aufzeichnungen sind dem BZSt, dem zuständigen Finanzamt, dem zuständigen Hauptzollamt und/oder der in einem anderen EU-Mitgliedstaat zuständigen Finanzbehörde auf Anfrage auf elektronischem Weg zur Verfügung zu stellen (§ 22 Abs. 1 Satz 4 dritter Teilsatz UStG).

71 (4) Aufzeichnungen mit ausreichenden Angaben im Sinne der Absätze 1 bis 3 sowie – in Bezug auf die Regelungen nach §§ 18i und 18j UStG – des Absatzes 3a enthalten folgende Informationen (vgl. Artikel 63c Abs. 1 MwStVO):

1. EU-Mitgliedstaat, in dessen Gebiet der Leistungsort liegt;
2. Art der erbrachten sonstigen Leistung oder Beschreibung und Menge der gelieferten Gegenstände;
3. Datum der Leistungserbringung;
4. Bemessungsgrundlage unter Angabe der verwendeten Währung;
5. jede anschließende Änderung der Bemessungsgrundlage;
6. anzuwendender Steuersatz;
7. Betrag der zu zahlenden Umsatzsteuer unter Angabe der verwendeten Währung;
8. Datum und Betrag der erhaltenen Zahlungen;
9. alle vor Erbringung der Leistung erhaltenen Anzahlungen;
10. falls eine Rechnung ausgestellt wurde, die darin enthaltenen Informationen;
11. in Bezug auf sonstige Leistungen die Informationen, die zur Bestimmung des Ortes verwendet werden, an dem der Empfänger ansässig ist oder seinen Wohnsitz oder gewöhnlichen Aufenthaltsort hat, und in Bezug auf Lieferungen die Informationen, die zur Bestimmung des Ortes verwendet werden, an dem die Versendung oder Beförderung der Gegenstände zum Erwerber beginnt und endet;
12. jegliche Nachweise über etwaige Rücksendungen von Gegenständen, einschließlich der Bemessungsgrundlage und des anzuwendenden Steuersatzes.

72 (4 a) In Bezug auf die Regelung nach § 18k UStG enthalten Aufzeichnungen mit ausreichenden Angaben im Sinne des Absatzes 3a folgende Informationen (vgl. Artikel 63c Abs. 2 MwStVO):

1. EU-Mitgliedstaat, in dessen Gebiet der Lieferort liegt;
2. Beschreibung und Menge der gelieferten Gegenstände;
3. Datum der Lieferung;
4. Bemessungsgrundlage unter Angabe der verwendeten Währung;
5. jede anschließende Änderung der Bemessungsgrundlage;
6. anzuwendender Steuersatz;

7. Betrag der zu zahlenden Umsatzsteuer unter Angabe der verwendeten Währung;
8. Datum und Betrag der erhaltenen Zahlungen;
9. falls eine Rechnung ausgestellt wurde, die darin enthaltenen Informationen;
10. Informationen, die zur Bestimmung des Ortes verwendet werden, an dem die Versendung oder Beförderung der Gegenstände zum Erwerber beginnt und endet;
11. Nachweise über etwaige Rücksendungen von Gegenständen, einschließlich der Bemessungsgrundlage und des anzuwendenden Steuersatzes;
12. die Bestellnummer oder die eindeutige Transaktionsnummer;
13. die eindeutige Sendungsnummer, falls der Unternehmer unmittelbar an der Lieferung beteiligt ist.

(5) Die Aufbewahrungsfrist für die Aufzeichnungen nach den Absätzen 1 bis 3 a beträgt zehn Jahre (§ 147 Abs. 3 AO sowie Artikel 369 Abs. 2 Unterabs. 2, Artikel 369 k Abs. 2 Unterabs. 2 und Artikel 369 x Abs. 2 Unterabs. 2 MwStSystRL). 73

22.3 b Aufzeichnungspflichten bei Lieferungen in ein Lager im Sinne des § 6 b UStG

UStAE 22.3b

Allgemeines

(1) ① Die allgemeinen Ordnungsgrundsätze nach Abschnitt 22.1 gelten entsprechend. ② Für die Erfüllung der Aufzeichnungspflichten können der Unternehmer und der Erwerber einen Dritten beauftragen. 74

Aufzeichnungspflichten Unternehmer

(2) Der Umfang der Aufzeichnungspflichten für den Unternehmer ergibt sich aus § 22 Abs. 4 f UStG.

Aufzeichnungspflichten Erwerber

(3) Der Umfang der Aufzeichnungspflichten für den Erwerber ergibt sich aus § 22 Abs. 4 g UStG.

Aufzeichnungspflichten Lagerhalter

(4) ① Die Aufzeichnungspflichten nach Absatz 1 gelten auch für einen für die Haltung eines Lagers im Sinne des § 6 b UStG eingesetzten Dritten (Lagerhalter). ② Der Umfang der Aufzeichnungspflichten für den Lagerhalter ergibt sich ebenfalls aus § 22 Abs. 4 g UStG.

22.4 Aufzeichnungen bei Aufteilung der Vorsteuern

UStAE 22.4

(1) ① Unternehmer, die nach § 15 Abs. 4 UStG nur teilweise zum Vorsteuerabzug berechtigt sind und die deshalb die angefallenen Vorsteuerbeträge aufzuteilen haben, brauchen außer 75
den Vorsteuerbeträgen, die voll vom Vorsteuerabzug ausgeschlossen sind, auch die vom Vorsteuerabzug ausgeschlossenen anteiligen Vorsteuerbeträge nicht gesondert aufzuzeichnen. ② Aufgezeichnet werden müssen aber in den Fällen, in denen Vorsteuerbeträge nur teilweise abziehbar sind,
1. die Entgelte für die betreffenden steuerpflichtigen Leistungen an den Unternehmer, die für diese Leistungen gesondert in Rechnung gestellten gesamten Steuerbeträge und die als Vorsteuern abziehbaren Teilbeträge;
2. die Entgelte für die betreffenden steuerpflichtigen Leistungen an den Unternehmer, für die der Unternehmer die Steuer nach § 13 b Abs. 5 UStG schuldet, und die als Vorsteuer abziehbaren Teilbeträge;
3. die vorausgezahlten Entgelte und Teilentgelte für die betreffenden steuerpflichtigen Leistungen an den Unternehmer, die dafür gesondert in Rechnung gestellten gesamten Steuerbeträge und die als Vorsteuern abziehbaren Teilbeträge;
4. die gesamten Einfuhrumsatzsteuerbeträge für die für das Unternehmen eingeführten Gegenstände und die als Vorsteuern abziehbaren Teilbeträge sowie die Bemessungsgrundlagen für die Einfuhren oder Hinweise auf die entsprechenden zollamtlichen Belege;
5. die Bemessungsgrundlage für den innergemeinschaftlichen Erwerb von Gegenständen und die als Vorsteuern abziehbaren Teilbeträge.

(2) In den Fällen der Vorsteueraufteilung sind die Bemessungsgrundlagen für die Umsätze, 76
die nach § 15 Abs. 2 und 3 UStG den Vorsteuerabzug ausschließen, getrennt von den Bemessungsgrundlagen der übrigen Umsätze mit Ausnahme der Einfuhren, der innergemeinschaftlichen Erwerbe und der Leistungsbezüge, für die der Unternehmer die Steuer nach § 13 b Abs. 5 UStG schuldet, aufzuzeichnen, und zwar unabhängig von der allgemeinen Verpflichtung zur Trennung der Bemessungsgrundlagen nach § 22 Abs. 2 UStG.

UStAE 22.5

22.5 Erleichterungen der Aufzeichnungspflichten

81 (1) ① Durch § 63 Abs. 3 und 5 UStDV werden die Aufzeichnungspflichten nach § 22 Abs. 2 UStG allgemein erleichtert. ② Den Unternehmern ist es hiernach gestattet, für ihre Umsätze und die an sie ausgeführten Umsätze die jeweiligen Bruttobeträge einschließlich der Steuer getrennt nach Steuersätzen aufzuzeichnen und am Schluss eines Voranmeldungszeitraums insgesamt in Bemessungsgrundlage und Steuer aufzuteilen. ③ Beträge für die an den Unternehmer ausgeführten Umsätze dürfen in das Verfahren der Bruttoaufzeichnung nur einbezogen werden, wenn in der jeweiligen Rechnung die Steuer in zutreffender Höhe gesondert ausgewiesen ist. ④ Die Bruttoaufzeichnung darf außerdem nicht für die Leistungen des Unternehmers vorgenommen werden, für die in den Rechnungen die Steuer zu Unrecht oder zu hoch ausgewiesen ist.

82 (2) Bei der Einfuhr genügt es, wenn die entstandene Einfuhrumsatzsteuer mit einem Hinweis auf einen entsprechenden zollamtlichen Beleg aufgezeichnet wird (§ 64 UStDV).

83 (3) ① Kleinunternehmer im Sinne des § 19 Abs. 1 UStG müssen nur die Werte der Gegenleistungen aufzeichnen (§ 65 UStDV). ② Als Wert der erhaltenen Gegenleistungen ist grundsätzlich der vereinnahmte Preis anzugeben.

84 (4) ① Unternehmer, die ihre abziehbaren Vorsteuerbeträge nach Durchschnittssätzen (§§ 23, 23 a UStG, §§ 66 a, 69, 70 Abs. 1 UStDV) berechnen, brauchen die Entgelte oder Teilentgelte für die empfangenen Leistungen sowie die dafür in Rechnung gestellten Steuerbeträge nicht aufzuzeichnen. ② Ebenso entfällt die Verpflichtung zur Aufzeichnung der Einfuhrumsatzsteuer. ③ Soweit neben den Durchschnittssätzen Vorsteuern gesondert abgezogen werden können (§ 70 Abs. 2 UStDV), gelten die allgemeinen Aufzeichnungspflichten.

85 (5) Land- und Forstwirte, die ihre Umsätze nach den Durchschnittssätzen des § 24 UStG versteuern, haben die Bemessungsgrundlagen für die Umsätze mit den in der Anlage 2 des UStG nicht aufgeführten Sägewerkserzeugnissen und Getränken sowie mit alkoholischen Flüssigkeiten aufzuzeichnen (§ 67 UStDV).

86 (6) Die Erleichterungen berühren nicht die Verpflichtung zur Aufzeichnung der Steuerbeträge, die nach § 14 c UStG geschuldet werden.

UStAE 22.6

22.6 Erleichterungen für die Trennung der Bemessungsgrundlagen[1]

Grundsätze

91 (1) ① Der Unternehmer kann eine erleichterte Trennung der Bemessungsgrundlagen nach Steuersätzen (§ 63 Abs. 4 UStDV) nur mit Genehmigung des Finanzamts vornehmen. ② Das Finanzamt hat die Genehmigung schriftlich unter dem Vorbehalt des jederzeitigen Widerrufs zu erteilen. ③ In der Genehmigungsverfügung sind die zugelassenen Erleichterungen genau zu bezeichnen. ④ Eine vom Unternehmer ohne Genehmigung des Finanzamts vorgenommene erleichterte Trennung der Bemessungsgrundlagen kann aus Billigkeitsgründen anerkannt werden, wenn das angewandte Verfahren bei rechtzeitiger Beantragung hätte zugelassen werden können. ⑤ Eine solche Erleichterung der Aufzeichnungspflichten kommt allerdings nicht in Betracht, wenn eine Registrierkasse mit Zählwerken für mehrere Warengruppen oder eine entsprechende andere Speichermöglichkeit eingesetzt wird.

92 (2) ① Entsprechende Erleichterungen können auf Antrag auch für die Trennung in steuerfreie und steuerpflichtige Umsätze sowie für nachträgliche Entgeltminderungen (vgl. Absatz 20) gewährt werden. ② Die Finanzämter können auch andere als die in Absatz 9 ff. bezeichneten Verfahren zulassen, wenn deren steuerliches Ergebnis nicht wesentlich von dem Ergebnis einer nach Steuersätzen getrennten Aufzeichnung abweicht. ③ Ob ein abweichendes Verfahren oder ein Wechsel des Verfahrens zugelassen werden kann und wie das Verfahren ausgestaltet sein muss, hat das Finanzamt in jedem Einzelfall zu prüfen. ④ Die Anwendung des Verfahrens kann auf einen in der Gliederung des Unternehmens gesondert geführten Betrieb beschränkt werden (§ 63 Abs. 4 Satz 4 UStDV).

Aufschlagsverfahren

93 (3) ① Die Aufschlagsverfahren (Absätze 9 bis 16) kommen vor allem für Unternehmer in Betracht, die nur erworbene Waren liefern, wie z. B. Lebensmitteleinzelhändler, Drogisten, Buchhändler. ② Sie können aber auch von Unternehmern angewendet werden, die – wie z. B. Bäcker oder Fleischer – neben erworbenen Waren in erheblichem Umfang hergestellte Erzeugnisse liefern. ③ Voraussetzung ist jedoch, dass diese Unternehmer, sofern sie für die von ihnen hergestellten Waren die Verkaufsentgelte oder die Verkaufspreise rechnerisch ermitteln, darüber entsprechende Aufzeichnungen führen.

94 (4) ① Eine Trennung der Bemessungsgrundlagen nach dem Verhältnis der Eingänge an begünstigten und an nicht begünstigten Waren kann nur in besonders gelagerten Einzelfällen zugelassen

[1] Keine erleichterte Trennung der Entgelte beim Einsatz **elektronischer Registrierkassen.** *Erlass Hessen S 7390 A – 1 – II A 4 a v. 22. 5. 2003.*
Merkblatt zur erleichterten Trennung der Bemessungsgrundlagen **(USt M 1)** v. 6. 5. 2009 (BStBl. I S. 681).

werden. ② Die Anwendung brancheneinheitlicher Durchschnittsaufschlagsätze oder eines vom Unternehmer geschätzten durchschnittlichen Aufschlagsatzes kann nicht genehmigt werden. ③ Die Berücksichtigung eines Verlustabschlags für Verderb, Bruch, Schwund, Diebstahl usw. bei der rechnerischen Ermittlung der nicht begünstigten Umsätze auf Grund der Wareneingänge ist, sofern Erfahrungswerte oder andere Unterlagen über die Höhe der Verluste nicht vorhanden sind, von der Führung zeitlich begrenzter Aufzeichnungen über die eingetretenen Verluste abhängig zu machen (vgl. BFH-Urteil vom 18. 11. 1971, V R 85/71, BStBl. 1972 II S. 202).

(5) Die von den Unternehmern im Rahmen eines zugelassenen Verfahrens angewandten Aufschlagsätze unterliegen der Nachprüfung durch die Finanzämter. **95**

(6) ① In Fällen, in denen ein Unternehmen oder ein Betrieb erworben wird, sind bei der Anwendung eines Aufschlagsverfahrens (Absätze 9 bis 16) die übertragenen Warenbestände als Wareneingänge in die rechnerische Ermittlung der begünstigten und der nicht begünstigten Umsätze einzubeziehen (vgl. BFH-Urteil vom 11. 6. 1997, XI R 18/96, BStBl. II S. 633). ② Diese Berechnung ist für den Voranmeldungszeitraum vorzunehmen, der nach der Übertragung der Warenbestände endet. ③ Der Unternehmer hat die bei dem Erwerb des Unternehmens oder Betriebs übernommenen Warenbestände aufzuzeichnen und dabei die Waren, deren Lieferungen nach § 12 Abs. 1 UStG dem allgemeinen Steuersatz unterliegen, von denen zu trennen, auf deren Lieferungen nach § 12 Abs. 2 Nr. 1 UStG der ermäßigte Steuersatz anzuwenden ist. ④ Die Gliederung nach den auf die Lieferungen anzuwendenden Steuersätzen kann auch im Eröffnungsinventar vorgenommen werden. **96**

(7) ① Dies gilt auch, wenn ein Unternehmen gegründet wird. ② In diesem Falle sind bei einer erleichterten Trennung der Bemessungsgrundlagen nach den Wareneingängen die vor der Eröffnung angeschafften Waren (Warenanfangsbestand) in die rechnerische Ermittlung der begünstigten und der nicht begünstigten Umsätze für den ersten Voranmeldungszeitraum einzubeziehen. ③ Nach den Grundsätzen des Absatzes 6 ist auch in den Fällen zu verfahren, in denen ein Verfahren zur Trennung der Bemessungsgrundlagen umgestellt wird (vgl. BFH-Urteil vom 11. 6. 1997, XI R 18/96, BStBl. II S. 633). **97**

(8) Wechselt der Unternehmer mit Zustimmung des Finanzamts das Aufschlagsverfahren oder innerhalb des genehmigten Aufschlagsverfahrens die aufzuzeichnende Umsatzgruppe oder wird das Verfahren zur erleichterten Trennung der Entgelte auf der Grundlage des Wareneingangs ganz oder teilweise eingestellt, sind die Warenendbestände von der Bemessungsgrundlage des letzten Voranmeldungszeitraums abzuziehen. **98**

Anwendung tatsächlicher und üblicher Aufschläge

(9) ① Die erworbenen Waren, deren Lieferungen dem ermäßigten Steuersatz unterliegen, sind im Wareneingangsbuch oder auf dem Wareneinkaufskonto getrennt von den übrigen Waren aufzuzeichnen, deren Lieferungen nach dem allgemeinen Steuersatz zu versteuern sind. ② Auf der Grundlage der Wareneingänge sind entweder die Umsätze der Waren, die dem allgemeinen Steuersatz unterliegen, oder die steuerermäßigten Umsätze rechnerisch zu ermitteln. ③ Zu diesem Zweck ist im Wareneingangsbuch oder auf dem Wareneinkaufskonto für diese Waren neben der Spalte „Einkaufsentgelt" eine zusätzliche Spalte mit der Bezeichnung „Verkaufsentgelt" einzurichten. ④ Die Waren der Gruppe, für die die zusätzliche Spalte „Verkaufsentgelt" geführt wird, sind grundsätzlich einzeln und mit genauer handelsüblicher Bezeichnung im Wareneingangsbuch oder auf dem Wareneinkaufskonto einzutragen. ⑤ Statt der handelsüblichen Bezeichnung können Schlüsselzahlen oder Symbole verwendet werden, wenn ihre eindeutige Bestimmung aus der Eingangsrechnung oder aus anderen Unterlagen gewährleistet ist. ⑥ Bei der Aufzeichnung des Wareneingangs sind auf Grund der tatsächlichen oder üblichen Aufschlagsätze die tatsächlichen bzw. voraussichtlichen Verkaufsentgelte für die betreffenden Waren zu errechnen und in die zusätzliche Spalte des Wareneingangsbuchs oder des Wareneinkaufskontos einzutragen. ⑦ Nach Ablauf eines Voranmeldungszeitraums sind die in der zusätzlichen Spalte aufgezeichneten tatsächlichen oder voraussichtlichen Verkaufsentgelte zusammenzurechnen. ⑧ Die Summe bildet den Umsatz an begünstigten bzw. nicht begünstigten Waren und ist nach Hinzurechnung der Steuer unter Anwendung des in Betracht kommenden Steuersatzes von der Summe der im Voranmeldungszeitraum vereinbarten oder vereinnahmten Entgelte zuzüglich Steuer (Bruttopreise) abzusetzen. ⑨ Der Differenzbetrag stellt die Summe der übrigen Entgelte zuzüglich der Steuer nach dem anderen Steuersatz dar. **99**

(10) ① Anstelle der Aufgliederung im Wareneingangsbuch oder auf dem Wareneinkaufskonto kann auch für eine der Warengruppen ein besonderes Buch geführt werden. ② Darin sind die begünstigten oder nicht begünstigten Waren unter ihrer handelsüblichen Bezeichnung mit Einkaufsentgelt und tatsächlichem oder voraussichtlichem Verkaufsentgelt aufzuzeichnen. ③ Statt der handelsüblichen Bezeichnung können Schlüsselzahlen oder Symbole verwendet werden (vgl. Absatz 9). ④ Die Aufzeichnungen müssen Hinweise auf die Eingangsrechnungen oder auf die Eintragungen im Wareneingangsbuch oder auf dem Wareneinkaufskonto enthalten. **100**

(11) ① Die Verkaufsentgelte, die beim Wareneingang besonders aufzuzeichnen sind, können bereits auf den Rechnungen nach Warenarten zusammengestellt werden. ② Dabei genügt es, im Wareneingangsbuch, auf dem Wareneinkaufskonto oder in einem besonderen Buch die Sammel- **101**

UStAE 22.6

bezeichnungen für diese Waren anzugeben und die jeweiligen Summen der errechneten Verkaufsentgelte einzutragen. ③ Zur weiteren Vereinfachung des Verfahrens können die Einkaufsentgelte von Waren mit gleichen Aufschlagsätzen in gesonderten Spalten zusammengefasst werden. ④ Die aufgezeichneten Einkaufsentgelte für diese Warengruppen sind am Schluss des Voranmeldungszeitraums zusammenzurechnen. ⑤ Aus der Summe der Einkaufsentgelte für die einzelne Warengruppe sind durch Hinzurechnung der Aufschläge die Verkaufsentgelte und damit rechnerisch die Umsätze an diesen Waren zu ermitteln.

102 (12) ① Das Verfahren kann in der Weise abgewandelt werden, dass der Unternehmer beim Wareneingang sowohl für die begünstigten als auch für die nicht begünstigten Waren die tatsächlichen bzw. voraussichtlichen Verkaufsentgelte gesondert aufzeichnet. ② Nach Ablauf des Voranmeldungszeitraums werden die gesondert aufgezeichneten Verkaufsentgelte für beide Warengruppen zusammengerechnet. ③ Den Summen dieser Verkaufsentgelte wird die Steuer nach dem jeweils in Betracht kommenden Steuersatz hinzugesetzt. ④ Der Gesamtbetrag der im Voranmeldungszeitraum vereinbarten oder vereinnahmten Entgelte zuzüglich Steuer (Bruttopreise) wird nach dem Verhältnis zwischen den rechnerisch ermittelten Verkaufspreisen beider Warengruppen aufgeteilt.

103 (13) ① Macht der Unternehmer von der Möglichkeit des § 63 Abs. 5 UStDV Gebrauch, kann er anstelle der Einkaufsentgelte und Verkaufsentgelte die Einkaufspreise und Verkaufspreise (Entgelt und Steuerbetrag in einer Summe) aufzeichnen. ② Außerdem kann ein Unternehmer, der die Einkaufsentgelte aufzeichnet, durch Hinzurechnung der Aufschläge und der in Betracht kommenden Steuer die Verkaufspreise errechnen und diese in seinen Aufzeichnungen statt der Verkaufsentgelte angeben.

Anwendung eines gewogenen Durchschnittsaufschlags

104 (14) ① Die erworbenen Waren, deren Lieferungen dem ermäßigten Steuersatz unterliegen, sind im Wareneingangsbuch oder auf dem Wareneinkaufskonto getrennt von den übrigen Waren aufzuzeichnen, deren Lieferungen nach dem allgemeinen Steuersatz zu versteuern sind. ② Die Umsätze der Waren, die dem allgemeinen Steuersatz unterliegen, oder die steuerermäßigten Umsätze sind auf der Grundlage der Einkaufsentgelte unter Berücksichtigung des gewogenen Durchschnittsaufschlagsatzes für die betreffende Warengruppe rechnerisch zu ermitteln. ③ Diese rechnerische Ermittlung ist grundsätzlich für die Umsatzgruppe vorzunehmen, die den geringeren Anteil am gesamten Umsatz bildet. ④ Zu der rechnerischen Umsatzermittlung sind am Schluss eines Voranmeldungszeitraums die Einkaufsentgelte der betreffenden Warengruppe zusammenzurechnen. ⑤ Dem Gesamtbetrag dieser Einkaufsentgelte ist der gewogene Durchschnittsaufschlag hinzuzusetzen. ⑥ Die Summe beider Beträge bildet den Umsatz der betreffenden Warengruppe und ist nach Hinzurechnung der Steuer unter Anwendung des in Betracht kommenden Steuersatzes von der Summe der im Voranmeldungszeitraum vereinbarten oder vereinnahmten Entgelte zuzüglich Steuer (Bruttopreise) abzusetzen. ⑦ Der Differenzbetrag stellt die Summe der übrigen Entgelte zuzüglich der Steuer nach dem anderen Steuersatz dar.

105 (15) ① Der gewogene Durchschnittsaufschlagsatz ist vom Unternehmer festzustellen. ② Dabei ist von den tatsächlichen Verhältnissen in mindestens drei für das Unternehmen repräsentativen Monaten eines Kalenderjahrs auszugehen. ③ Der Unternehmer ist – sofern sich die Struktur seines Unternehmens nicht ändert – berechtigt, den von ihm ermittelten gewogenen Durchschnittsaufschlagsatz für die Dauer von 5 Jahren anzuwenden. ④ Nach Ablauf dieser Frist oder im Falle einer Änderung der Struktur des Unternehmens ist der Durchschnittsaufschlagsatz neu zu ermitteln. ⑤ Als Strukturänderung ist auch eine wesentliche Änderung des Warensortiments anzusehen. ⑥ Absatz 13 gilt entsprechend.

Filialunternehmen

106 (16) ① Von Filialunternehmen kann die Trennung der Bemessungsgrundlagen statt nach den vorbezeichneten Verfahren (Absätze 9 bis 15) auch in der Weise vorgenommen werden, dass die tatsächlichen Verkaufsentgelte der Waren, deren Lieferungen dem ermäßigten Steuersatz unterliegen oder nach dem allgemeinen Steuersatz zu versteuern sind, im Zeitpunkt der Auslieferung an den einzelnen Zweigbetrieb gesondert aufgezeichnet werden. ② Eine getrennte Aufzeichnung der Wareneingänge ist in diesem Falle entbehrlich. ③ Nach Ablauf eines Voranmeldungszeitraums sind die Verkaufsentgelte für die in diesem Zeitraum an die Zweigbetriebe ausgelieferten Waren einer der gesondert aufgezeichneten Warengruppen zusammenzurechnen. ④ Die Summe dieser Verkaufsentgelte ist nach Hinzurechnung der Steuer unter Anwendung des in Betracht kommenden Steuersatzes von der Summe der im Voranmeldungszeitraum vereinbarten oder vereinnahmten Entgelte zuzüglich Steuer (Bruttopreise) abzusetzen. ⑤ Aus dem verbleibenden Differenzbetrag ist die Steuer unter Zugrundelegung des anderen Steuersatzes zu errechnen. ⑥ Absätze 12 und 13 gelten entsprechend.

Verfahren für Personen-Beförderungsunternehmen

107 (17) ① Die Finanzämter können Beförderungsunternehmen, die neben steuerermäßigten Personenbeförderungen im Sinne des § 12 Abs. 2 Nr. 10 UStG auch Personenbeförderungen ausführen, die dem allgemeinen Steuersatz unterliegen, auf Antrag gestatten, die Entgelte nach dem Ergebnis von Repräsentativerhebungen dieser Unternehmen zu trennen. ② Die repräsentativen

Verkehrszählungen müssen in angemessenen Zeiträumen bzw. bei Änderungen der Verhältnisse wiederholt werden. UStAE 22.6

Verfahren für Spediteure, Frachtführer, Verfrachter, Lagerhalter, Umschlagunternehmer und dergleichen

(18) ① Spediteuren und anderen Unternehmern, die steuerfreie Umsätze im Sinne des § 4 Nr. 3 UStG ausführen – z. B. Frachtführern, Verfrachtern, Lagerhaltern und Umschlagunternehmern –, kann auf Antrag gestattet werden, folgendes Verfahren anzuwenden: **108**
② In den Aufzeichnungen brauchen grundsätzlich nur die Entgelte für steuerpflichtige Umsätze von den gesamten übrigen in Rechnung gestellten Beträgen getrennt zu werden. ③ Eine getrennte Aufzeichnung der durchlaufenden Posten sowie der Entgelte für nicht steuerbare Umsätze, die den Vorsteuerabzug nicht ausschließen, und für steuerfreie Umsätze nach § 4 Nr. 3 UStG ist grundsätzlich nicht erforderlich. ④ Gesondert aufgezeichnet werden müssen aber die Entgelte

1. für steuerermäßigte Umsätze im Sinne des § 12 Abs. 2 UStG;
2. für die nach § 4 Nr. 1 und 2 UStG steuerfreien Umsätze;
3. für die nach § 4 Nr. 8 ff. UStG steuerfreien Umsätze und für die nicht steuerbaren Umsätze, die den Vorsteuerabzug ausschließen sowie
4. für nach § 3 a Abs. 2 UStG im übrigen Gemeinschaftsgebiet ausgeführte steuerpflichtige sonstige Leistungen, für die der in einem anderen Mitgliedstaat ansässige Leistungsempfänger die Steuer dort schuldet.

⑤ Unberührt bleibt die Verpflichtung des Unternehmers zur Führung des Ausfuhr- und Buchnachweises für die nach § 4 Nr. 1 bis 3 und 5 UStG steuerfreien Umsätze.

(19) Die Genehmigung dieses Verfahrens ist mit der Auflage zu verbinden, dass der Unternehmer, soweit er Umsätze bewirkt, die nach § 15 Abs. 2 und 3 UStG den Vorsteuerabzug ausschließen, die Vorsteuerbeträge nach § 15 Abs. 4 UStG diesen und den übrigen Umsätzen genau zurechnet. **109**

Nachträgliche Entgeltminderungen

(20) ① Unternehmer, für die eine erleichterte Trennung der Bemessungsgrundlagen zugelassen worden ist, sind berechtigt, nachträgliche Minderungen der Entgelte z. B. durch Skonti, Rabatte und sonstige Preisnachlässe nach dem Verhältnis zwischen den Umsätzen, die verschiedenen Steuersätzen unterliegen, sowie den steuerfreien und nicht steuerbaren Umsätzen eines Voranmeldungszeitraums aufzuteilen. ② Einer besonderen Genehmigung bedarf es hierzu nicht. **110**

(21) ① Die Finanzämter können auch anderen Unternehmern, die in großem Umfang Umsätze ausführen, die verschiedenen Steuersätzen unterliegen, auf Antrag widerruflich Erleichterungen für die Trennung nachträglicher Entgeltminderungen gewähren. ② Diesen Unternehmern kann ebenfalls gestattet werden, die Entgeltminderungen eines Voranmeldungszeitraums in dem gleichen Verhältnis aufzuteilen, in dem die nicht steuerbaren, steuerfreien und den verschiedenen Steuersätzen unterliegenden Umsätze des gleichen Zeitraums zueinander stehen. ③ Voraussetzung für die Zulassung dieses Verfahrens ist, dass die Verhältnisse zwischen den Umsatzgruppen innerhalb der einzelnen Voranmeldungszeiträume keine nennenswerten Schwankungen aufweisen. ④ Bei der Anwendung dieses Verfahrens kann aus Vereinfachungsgründen grundsätzlich außer Betracht bleiben, ob bei einzelnen Umsätzen tatsächlich keine Entgeltminderungen eintreten oder ob die Höhe der Entgeltminderungen bei den einzelnen Umsätzen unterschiedlich ist. ⑤ Soweit jedoch für bestimmte Gruppen von Umsätzen Minderungen der Entgelte in jedem Falle ausscheiden, sind diese Umsätze bei der Aufteilung der Entgeltminderungen nicht zu berücksichtigen. **111**

Beispiel:

① Landwirtschaftliche Bezugs- und Absatzgenossenschaften gewähren für ihre Umsätze im Bezugsgeschäft (Verkauf von Gegenständen des landwirtschaftlichen Bedarfs), nicht jedoch für ihre Umsätze im Absatzgeschäft (Verkauf der von Landwirten angelieferten Erzeugnisse) Warenrückvergütungen. ② Sie haben bei einer vereinfachten Aufteilung dieser Rückvergütungen nur von den Umsätzen im Bezugsgeschäft auszugehen.

Merkblatt

(22) Weitere Hinweise enthält das Merkblatt zur erleichterten Trennung der Bemessungsgrundlagen (§ 63 Abs. 4 UStDV), Stand Mai 2009 (BMF-Schreiben vom 6. 5. 2009, BStBl. I S. 681).

§ 64[1] ***Aufzeichnung im Fall der Einfuhr*** UStDV

Der Aufzeichnungspflicht nach § 22 Absatz 2 Nummer 6 des Gesetzes ist genügt, wenn die entstandene Einfuhrumsatzsteuer mit einem Hinweis auf einen entsprechenden zollamtlichen Beleg aufgezeichnet wird. **115**

[1] § 64 neu gef. mWv 31. 7. 2014 durch G v. 25. 7. 2014 (BGBl. I S. 1266).

(VSF) Z 8101 Nr. I

Z 8101. Nachweise für den Vorsteuerabzug, § 22 Abs. 2 Nr. 6 UStG – Dienstvorschrift EUSt –

118 Vorschriftensammlung Bundesfinanzverwaltung (VSF) Z 8101 – Nr. I. 3. b)

UStDV

§ 68 ***Befreiung von der Führung des Steuerhefts***[1]

120 (1) *Unternehmer im Sinne des § 22 Abs. 5 des Gesetzes sind von der Verpflichtung, ein Steuerheft zu führen, befreit,*

1. wenn sie im Inland eine gewerbliche Niederlassung besitzen und ordnungsmäßige Aufzeichnungen nach § 22 des Gesetzes in Verbindung mit den §§ 63 bis 66 dieser Verordnung führen;

2. soweit ihre Umsätze nach den Durchschnittssätzen für land- und forstwirtschaftliche Betriebe (§ 24 Abs. 1 Satz 1 Nr. 1 und 3 des Gesetzes) besteuert werden;

3. soweit sie mit Zeitungen und Zeitschriften handeln;

4.[2] *soweit sie auf Grund gesetzlicher Vorschriften verpflichtet sind, Bücher zu führen, oder ohne eine solche Verpflichtung Bücher führen.*

(2) *In den Fällen des Absatzes 1 Nr. 1 stellt das Finanzamt dem Unternehmer eine Bescheinigung über die Befreiung von der Führung des Steuerhefts aus.*

Anl zu § 22

Schreiben betr. Muster des Umsatzsteuerheftes (Vordruckmuster USt 1 G)

Vom 30. März 2020 (BStBl. I S. 505)

(BMF III C 3 – S 7532/20/10001 :001; DOK 2020/0309229)

121 *[abgedruckt im USt-Handbuch 2020 als Anlage zu § 22]*

---

[1] Hinweise zur Führung des **Umsatzsteuerheftes.** *Verfügung OFD Frankfurt S 7389 A – 2 – St 111 v. 19. 10. 2017 (MwStR 2018 S. 282).*

[2] § 68 Abs. 1 Nr. 4 angefügt durch 3. MittelstandsentlastungsG v. 17. 3. 2009 (BGBl. I S. 550) mWv 25. 3. 2009.

§ 22a Fiskalvertretung[1]

(1) Ein Unternehmer, der weder im Inland noch in einem der in § 1 Abs. 3 genannten Gebiete seinen Wohnsitz, seinen Sitz, seine Geschäftsleitung oder eine Zweigniederlassung hat und im Inland ausschließlich steuerfreie Umsätze ausführt und keine Vorsteuerbeträge abziehen kann, kann sich im Inland durch einen Fiskalvertreter vertreten lassen. 1

(2) Zur Fiskalvertretung sind die in § 3 Nr. 1 bis 3 und § 4 Nr. 9 Buchstabe c des Steuerberatungsgesetzes genannten Personen befugt.

(3) Der Fiskalvertreter bedarf der Vollmacht des im Ausland ansässigen Unternehmers. 2

§ 22b Rechte und Pflichten des Fiskalvertreters

(1) ① Der Fiskalvertreter hat die Pflichten des im Ausland ansässigen Unternehmers nach diesem Gesetz als eigene zu erfüllen. ② Er hat die gleichen Rechte wie der Vertretene. 1

(2)[2] ① Der Fiskalvertreter hat unter der ihm nach § 22d Absatz 1 erteilten Steuernummer vierteljährlich Voranmeldungen (§ 18 Absatz 1) sowie eine Steuererklärung (§ 18 Absatz 3 und 4) abzugeben, in der er die Besteuerungsgrundlagen für jeden von ihm vertretenen Unternehmer zusammenfasst. ② Der Steuererklärung hat der Fiskalvertreter als Anlage eine Aufstellung beizufügen, die die von ihm vertretenen Unternehmer mit deren jeweiligen Besteuerungsgrundlagen enthält. 2

(2a)[2] Der Fiskalvertreter hat unter der ihm nach § 22d Absatz 1 erteilten Umsatzsteuer-Identifikationsnummer nach § 27a eine Zusammenfassende Meldung nach Maßgabe des § 18a abzugeben.

(3) ① Der Fiskalvertreter hat die Aufzeichnungen im Sinne des § 22 für jeden von ihm vertretenen Unternehmer gesondert zu führen. ② Die Aufzeichnungen müssen Namen und Anschrift der von ihm vertretenen Unternehmer enthalten. 3

§ 22c Ausstellung von Rechnungen im Fall der Fiskalvertretung

Die Rechnung hat folgende Angaben zu enthalten: 1

1. den Hinweis auf die Fiskalvertretung;

2. den Namen und die Anschrift des Fiskalvertreters;

3. die dem Fiskalvertreter nach § 22d Abs. 1 erteilte Umsatzsteuer-Identifikationsnummer.

§ 22d Steuernummer und zuständiges Finanzamt

(1) Der Fiskalvertreter erhält für seine Tätigkeit eine gesonderte Steuernummer und eine gesonderte Umsatzsteuer-Identifikationsnummer nach § 27a, unter der er für alle von ihm vertretenen im Ausland ansässigen Unternehmen auftritt. 1

(2) Der Fiskalvertreter wird bei dem Finanzamt geführt, das für seine Umsatzbesteuerung zuständig ist. 2

§ 22e Untersagung der Fiskalvertretung

(1) Die zuständige Finanzbehörde kann die Fiskalvertretung der in § 22a Abs. 2 mit Ausnahme der in § 3 des Steuerberatungsgesetzes genannten Person untersagen, wenn der Fiskalvertreter wiederholt gegen die ihm auferlegten Pflichten nach § 22b verstößt oder ordnungswidrig im Sinne des § 26a handelt. 1

(2) Für den vorläufigen Rechtsschutz gegen die Untersagung gelten § 361 Abs. 4 der Abgabenordnung und § 69 Abs. 5 der Finanzgerichtsordnung. 2

Hinweis auf EU-Vorschriften:

UStG: §§ 22a–22e .... **MwStSystRL:** Art. 204, 207, 226 Nr. 15, 256, 267

---

[1] **Einführung eines Fiskalvertreters in das Umsatzsteuerrecht** vgl. *BMF v. 11. 5. 1999 (BStBl. I S. 515).*
Der Fiskalvertreter wird bei dem **Finanzamt** gesondert geführt, von dessen Bezirk aus er ganz oder überwiegend tätig wird. – Der Fiskalvertreter erhält nur eine gesonderte Steuernummer und nur eine Umsatzsteuer-Identifikationsnummer für die von ihm vertretenen Unternehmer. *Verfügung OFD Frankfurt S 7395 A – 001 – St 111 v. 21. 12. 2016 (UR 2017 S. 323).*

[2] § 22b Abs. 2 und 2a anzuwenden auf nach dem 31. 12. 2019 endende Voranmeldungs-, Besteuerungs- und Meldezeiträume (§ 27 Abs. 29 UStG).

UStG

§ 22f[1] Besondere Pflichten für Betreiber einer elektronischen Schnittstelle

1 (1) ① **In den Fällen des § 25e Absatz 1 hat der Betreiber für Lieferungen eines Unternehmers, bei denen die Beförderung oder Versendung im Inland beginnt oder endet, Folgendes aufzuzeichnen:**

1. den vollständigen Namen und die vollständige Anschrift des liefernden Unternehmers,
2. die elektronische Adresse oder Website des liefernden Unternehmers,
3. die dem liefernden Unternehmer vom Bundeszentralamt für Steuern nach § 27a erteilte Umsatzsteuer-Identifikationsnummer,
4. soweit bekannt, die dem liefernden Unternehmer von dem nach § 21 der Abgabenordnung zuständigen Finanzamt erteilte Steuernummer,
5. soweit bekannt, die Bankverbindung oder Nummer des virtuellen Kontos des Lieferers,
6. den Ort des Beginns der Beförderung oder Versendung sowie den Bestimmungsort,
7. den Zeitpunkt und die Höhe des Umsatzes,
8. eine Beschreibung der Gegenstände und
9. soweit bekannt, die Bestellnummer oder die eindeutige Transaktionsnummer.

② **Unternehmer ohne Wohnsitz oder gewöhnlichen Aufenthalt, Sitz oder Geschäftsleitung im Inland, in einem anderen Mitgliedstaat der Europäischen Union oder in einem Staat, auf den das Abkommen über den Europäischen Wirtschaftsraum anwendbar ist, haben mit der Antragstellung auf steuerliche Erfassung einen Empfangsbevollmächtigten im Inland zu benennen.** ③ **§ 123 Satz 2 und 3 der Abgabenordnung bleibt unberührt.**

2 (2) ① **Erfolgt die Registrierung auf der elektronischen Schnittstelle nicht als Unternehmer, gilt Absatz 1 Satz 1 Nummer 1 und 6 bis 9 entsprechend.** ② **Zusätzlich ist das Geburtsdatum aufzuzeichnen.**

3 (3) ① **Wer mittels einer elektronischen Schnittstelle die Erbringung einer sonstigen Leistung an einen Empfänger nach § 3a Absatz 5 Satz 1 unterstützt, hat Aufzeichnungen nach Artikel 54c der Durchführungsverordnung (EU) Nr. 282/2011 des Rates vom 15. März 2011 (ABl. L 77 vom 23. 3. 2011, S. 1) zu führen.** ② **Das Gleiche gilt in den Fällen des § 3 Absatz 3a.**

4 (4) ① **Die nach den Absätzen 1 bis 3 vorzuhaltenden Aufzeichnungen sind vom Ende des Jahres an, in dem der Umsatz bewirkt wurde, zehn Jahre lang aufzubewahren und auf Anforderung des Finanzamtes elektronisch zu übermitteln.** ② **Stellt die Finanzbehörde ein Sammelauskunftsersuchen (§ 93 Absatz 1a Satz 1 der Abgabenordnung), findet § 93 Absatz 1a Satz 2 der Abgabenordnung keine Anwendung.**

(5) **Das Bundesministerium der Finanzen wird ermächtigt, durch Rechtsverordnung mit Zustimmung des Bundesrates Vorschriften zum Datenübermittlungsverfahren nach Absatz 4 Satz 1 zu erlassen.**

Hinweis auf EU-Vorschriften:

UStG: § 22f .... **MwStSystRL:** Art. 273, 14a, 66a, 242a

Übersicht Rz.

[1] § 22f anzuwenden ab 1. 7. 2021, vgl. § 27 Abs. 34 Satz 1 UStG.

Zu § 22 f UStG

22 f.1 Aufzeichnungspflichten für Betreiber elektronischer Schnittstellen im Sinne von § 25 e Abs. 1 UStG beim Handel mit Waren

UStAE 22f.1

10 (1) ① Für Lieferungen eines Unternehmers, die mittels einer elektronischen Schnittstelle (vgl. Abschnitt 25 e.1 Abs. 1 Satz 2) unterstützt werden und bei denen die Beförderung oder Versendung im Inland beginnt oder endet, muss der Betreiber der elektronischen Schnittstelle im Sinne von § 25 e Abs. 1 UStG (Betreiber) die in § 22 f Abs. 1 Satz 1 UStG aufgeführten Angaben aufzeichnen. ② Für Lieferungen, bei denen der Betreiber einer elektronischen Schnittstelle in die fiktive Lieferkette nach § 3 Abs. 3 a Sätze 1 und 2 UStG einbezogen ist, vgl. Abschnitt 22 f.3 Abs. 2.

11 (2) ① Für Lieferungen nach Absatz 1 Satz 1 muss der Betreiber ab dem 1. 7. 2021 neben den bisher in § 22 f Abs. 1 Satz 1 UStG vorgesehenen Angaben zusätzlich die elektronische Adresse oder Website des liefernden Unternehmers, die Bankverbindung oder die Nummer des virtuellen Kontos des Lieferers – soweit diese bekannt ist –, eine Beschreibung des gelieferten Gegenstandes und die Bestellnummer oder die eindeutige Transaktionsnummer – soweit bekannt – aufzeichnen. ② Als Nachweis über die steuerliche Erfassung des liefernden Unternehmers muss der Betreiber ab dem 1. 7. 2021 die diesem nach § 27 a UStG erteilte USt-IdNr. aufzeichnen (§ 22 f Abs. 1 Satz 1 Nr. 3 UStG). ③ In Fällen, in denen der liefernde Unternehmer im Inland keine steuerbaren Umsätze im allgemeinen Besteuerungsverfahren (§ 18 Abs. 1 bis 4 UStG) zu erklären hat, es daher keiner steuerlichen Erfassung im Inland bedarf und somit die Voraussetzungen für die Vergabe einer USt-IdNr. nach § 27 a UStG nicht vorliegen, wird auf Abschnitt 25 e.2 verwiesen. ④ Die nach § 22 f Abs. 1 Sätze 2 und 3 UStG in der bis zum 30. 6. 2021 geltenden Fassung erteilte Bescheinigung als Nachweis über die steuerliche Erfassung des liefernden Unternehmers wird für Lieferungen, die nach dem 30. Juni 2021 ausgeführt werden, als Nachweis über die steuerliche Erfassung nicht mehr anerkannt. ⑤ Bis zum 15. 8. 2021 wird es jedoch nicht beanstandet, wenn der Betreiber anstelle der dem Unternehmer nach § 27 a UStG erteilten USt-IdNr. die diesem nach § 22 f Abs. 1 Satz 2 UStG in der bis zum 30. 6. 2021 geltenden Fassung erteilte Bescheinigung über die Erfassung als Steuerpflichtiger (Unternehmer) vorhält.

12 (3) ① Für die nach § 22 f Abs. 1 Satz 1 Nr. 6 UStG aufzuzeichnenden Angaben zum Ort des Beginns der Beförderung oder der Versendung sowie zum Bestimmungsort gelten zur Ortbestimmung die allgemeinen Regelungen des UStG (vgl. § 3 Abs. 5 a bis 8 UStG). ② Die Ortsangabe des Bestimmungsortes ist als vollständige Anschrift aufzuzeichnen. ③ Für die Bestimmung des nach § 22 f Abs. 1 Satz 1 Nr. 7 UStG aufzuzeichnenden Zeitpunkts des Umsatzes sind die Regelungen des § 3 Abs. 5 a bis 8 UStG entsprechend anzuwenden. ④ Die Höhe des Umsatzes (nach § 22 f Abs. 1 Satz 1 Nr. 7 UStG) bemisst sich nach dem Wert der Leistung, d. h. dem Preis, zu dem der Leistungsaustausch auf der elektronischen Schnittstelle zustande gekommen ist. ⑤ Entgeltminderungen sind nicht gesondert aufzuzeichnen. ⑥ Eine Lieferung im umsatzsteuerlichen Sinne (vgl. § 3 Abs. 1 UStG) liegt nicht vor, wenn der Empfänger der Lieferung die Ware nicht annimmt bzw. wenn der Empfänger der Lieferung die Ware in der vom Lieferer vorgegebenen Frist zurücksendet (Rückgabe).

13 (4) ① Erfolgte die Registrierung beim Betreiber nicht als Unternehmer im Sinne von § 2 UStG, gelten die in § 22 f Abs. 1 Satz 1 Nr. 1 und 6 bis 9 UStG enthaltenen Aufzeichnungspflichten entsprechend. ② Als Anschrift ist die Wohn- bzw. Meldeadresse des Lieferers aufzuzeichnen. ③ Zudem ist für Zwecke der eindeutigen Identifizierung des Lieferers bei natürlichen Personen zusätzlich zu den Angaben in Sätzen 1 und 2 das Geburtsdatum aufzuzeichnen (§ 22 f Abs. 2 Satz 2 UStG).

14 (5) ① Die nach den Absätzen 1 bis 4 aufzuzeichnenden Angaben sind gemäß § 22 f Abs. 4 Satz 1 UStG vom Ende des Jahres an, in dem der Umsatz bewirkt wurde, zehn Jahre lang aufzubewahren. ② Auf Anforderung des Finanzamtes sind die Daten diesem elektronisch zu übermitteln. ③ Einzelheiten zur Übermittlung der Daten nach § 27 Abs. 25 Satz 1 UStG wird das Bundesministerium der Finanzen durch eine mit Zustimmung des Bundesrates zu erlassende Rechtsverordnung regeln (vgl. § 22 f Abs. 5 UStG). ④ Eine Finanzbehörde kann auch dann ein Sammelauskunftsersuchen nach § 93 Abs. 1 a Satz 1 AO zur Übermittlung von Daten an einen Betreiber einer elektronischen Schnittstelle stellen, wenn kein hinreichender Anlass für die Ermittlungen besteht oder andere zumutbare Maßnahmen zur Sachverhaltsaufklärung einen Erfolg versprechen würden. ⑤ Insoweit findet § 93 Abs. 1 a Satz 2 AO keine Anwendung (vgl. § 22 f Abs. 4 Satz 2 UStG). ⑥ Die Vorschriften der AO zu den Aufzeichnungs- und Aufbewahrungspflichten gelten entsprechend. ⑦ Dies gilt insbesondere für § 146 AO und GOBD (vgl. BMF-Schreiben vom 28. 11. 2019, BStBl. I S. 1269). ⑧ Verstöße gegen die bestehenden gesetzlichen Aufzeichnungs- und Aufbewahrungspflichten können nach Maßgabe der AO als Ordnungswidrigkeit (§ 379 AO) geahndet werden.

22 f.2 Benennung eines Empfangsbevollmächtigten im Inland in besonderen Fällen

UStAE 22f.2

15 ① Nach § 22 f Abs. 1 Satz 2 UStG müssen Unternehmer ohne Wohnsitz oder gewöhnlichen Aufenthalt, Sitz oder Geschäftsleitung im Inland, in einem anderen Mitgliedstaat der Europäischen Union oder in einem Staat, auf den das Abkommen über den Europäischen Wirtschafts-

raum anwendbar ist, die beabsichtigen, Lieferungen über eine elektronische Schnittstelle auszuführen, die im Inland steuerpflichtig sind, dem für die Umsatzbesteuerung nach § 1 UStZustV zuständigen Finanzamt mit der Antragstellung auf steuerliche Erfassung einen Empfangsbevollmächtigten im Inland benennen. ② Der zu benennende Empfangsbevollmächtigte muss nicht zur unbeschränkten Hilfe in Steuersachen nach § 3 StBerG befugt sein. ③ Treten die Voraussetzungen für die Benennung eines Empfangsbevollmächtigten erst zu einem späteren Zeitpunkt ein, hat die Benennung unaufgefordert und unmittelbar gegenüber dem zuständigen Finanzamt nach Satz 1 zu erfolgen. ④ § 123 Sätze 2 und 3 AO gelten entsprechend (vgl. § 22f Abs. 1 Satz 2 UStG).

UStAE 22f.3

22 f.3 Weitere Aufzeichnungspflichten für Betreiber elektronischer Schnittstellen

16 (1) Unterstützt der Betreiber einer elektronischen Schnittstelle (vgl. Abschnitt 3.18 Abs. 3) die Erbringung einer sonstigen Leistung an einen Empfänger nach § 3a Abs. 5 Satz 1 UStG, ohne Teil einer fiktiven Leistungskette zu werden, muss er hierzu insbesondere folgende Angaben aufzeichnen (vgl. § 22f Abs. 3 Satz 1 UStG):
- den vollständigen Namen und die vollständige Anschrift des Leistungserbringers,
- die elektronische Adresse oder Website des Leistungserbringers,
- die Steuernummer oder USt-IdNr. des Leistungserbringers – soweit bekannt –,
- die Bankverbindung oder Nummer des virtuellen Kontos des Leistungserbringers – soweit bekannt –,
- eine Beschreibung der erbrachten Leistung,
- den Wert der erbrachten Leistung, d. h. den Preis, zu dem der Leistungsaustausch auf der elektronischen Schnittstelle zustande gekommen ist,
- den Ort und den Zeitpunkt der Erbringung der Leistung,
- die Bestellnummer oder die eindeutige Transaktionsnummer – soweit bekannt –.

17 (2) Unterstützt der Betreiber einer elektronischen Schnittstelle (vgl. Abschnitt 3.18 Abs. 3) die Erbringung einer Lieferung innerhalb der Gemeinschaft im Rahmen einer fiktiven Lieferkette nach § 3 Abs. 3a UStG oder wird ein Unternehmer in die Erbringung einer sonstigen Leistung, die über ein Telekommunikationsnetzwerk, eine Schnittstelle oder ein Portal erbracht wird, eingeschaltet und gilt dieser daher nach § 3 Abs. 11a UStG als im eigenen Namen und für fremde Rechnung handelnd, sind hierzu insbesondere folgende Angaben aufzuzeichnen (vgl. § 22f Abs. 3 UStG):

1. für im Rahmen der Regelungen nach §§ 18i und 18j UStG getätigte Umsätze die Angaben nach Abschnitt 22.3a Abs. 4.
2. für nicht im Rahmen der Regelungen nach §§ 18i und 18j UStG getätigte Umsätze die Angaben nach Abschnitt 22.2 und 22.3.

18 (3) ① Die Aufzeichnungen nach den Absätzen 1 und 2 sind entsprechend § 22f Abs. 4 Satz 1 UStG elektronisch und vom Ende des Jahres an, in dem der Umsatz bewirkt wurde, zehn Jahre lang aufzubewahren. ② Auf Anforderung des Finanzamtes sind die Daten diesem elektronisch zu übermitteln. ③ Einzelheiten zur Übermittlung der Daten nach § 27 Abs. 25 Satz 2 UStG wird das Bundesministerium der Finanzen durch eine mit Zustimmung des Bundesrates zu erlassende Rechtsverordnung regeln (vgl. § 22f Abs. 5 UStG). ④ Eine Finanzbehörde kann auch dann ein Sammelauskunftsersuchen nach § 93 Abs. 1a Satz 1 AO zur Übermittlung von Daten an einen Betreiber einer elektronischen Schnittstelle stellen, wenn kein hinreichender Anlass für die Ermittlungen besteht oder andere zumutbare Maßnahmen zur Sachverhaltsaufklärung einen Erfolg versprechen würden. ⑤ Insoweit findet § 93 Abs. 1a Satz 2 AO keine Anwendung (vgl. § 22f Abs. 4 Satz 2 UStG). ⑥ Die Vorschriften der AO zu den Aufzeichnungs- und Aufbewahrungspflichten gelten entsprechend. ⑦ Dies gilt insbesondere für § 146 AO und die GOBD (vgl. BMF-Schreiben vom 28. 11. 2019, BStBl. I S. 1269). ⑧ Verstöße gegen die bestehenden gesetzlichen Aufzeichnungs- und Aufbewahrungspflichten können nach Maßgabe der AO als Ordnungswidrigkeit (§ 379 AO) geahndet werden.

Anl a zu § 22f

a) Schreiben betr. Haftung für Umsatzsteuer beim Handel mit Waren im Internet (§§ 22f, 25e und 27 Abs. 25 UStG)

Vom 28. Januar 2019 (BStBl. I S. 106)

(BMF III C 5 – S 7420/19/10002 :002; DOK 2019/0069610)

[abgedruckt im USt-Handbuch 2021 als Anlage a zu § 22f]

Anl b zu § 22f

b) Schreiben betr. Haftung für die Umsatzsteuer beim Handel mit Waren im Internet (§§ 22f, 25e und 27 Abs. 25 UStG); Vordruckmuster USt 1 TM – Ablehnung des Antrags auf Erteilung einer Bescheinigung über die Erfassung als Steuerpflichtiger (Unternehmer) i. S. v. § 22f Abs. 1 Satz 2 UStG –

Vom 7. Oktober 2019 (BStBl. I S. 1005)

(BMF III C 5 – S 7420/19/10002 :002; DOK 2019/0858488)

[abgedruckt im USt-Handbuch 2021 als Anlage f zu § 22f]

Anl c zu § 22f

c) Schreiben betr. Haftung für die Umsatzsteuer beim Handel mit Waren im Internet (§§ 22f, 25e und 27 Abs. 25 UStG); Vordruckmuster USt 1 TK – Mitteilung nach § 25e Abs. 4 Satz 1–3 UStG –

Vom 28. Juli 2021 (BStBl. I S. 1081)

(BMF III C 5 – S 7420/19/10002 :014; DOK 2021/0844909)

1 Anlage *[nicht abgedruckt]*

Unter Bezugnahme auf das Ergebnis der Erörterungen mit den obersten Finanzbehörden der Länder gilt Folgendes: 25

(1) Das durch das o. g. BMF-Schreiben vom 7. Oktober 2019 eingeführte Vordruckmuster

USt 1 TK **Mitteilung nach § 25e Abs. 4 Satz 1 bis 3 UStG**

wird hiermit neu bekannt gegeben (Anlage).

(2) Die Änderungen beruhen auf Art. 14 Nr. 17 des Jahressteuergesetzes 2020 vom 21. Dezember 2020 (Jahressteuergesetz 2020 – JStG 2020; BGBl. I S. 3096), durch das § 25e UStG geändert wurde. Die Änderung ist gemäß Art. 50 Abs. 6 des o. g. Gesetzes am 1. Juli 2021 in Kraft getreten.

(3) Nach § 25e Abs. 1 UStG in der ab dem 1. Juli 2021 geltenden Fassung haftet der Betreiber einer elektronischen Schnittstelle für die nicht entrichtete Steuer aus einer Lieferung von Gegenständen, die nicht unter § 3 Abs. 3a UStG fallen, wenn er die Lieferung dieser Gegenstände mittels einer elektronischen Schnittstelle unterstützt. Gemäß § 25e Abs. 2 Satz 1 UStG tritt die Haftung nach § 25e Abs. 1 UStG grundsätzlich nicht ein, wenn der liefernde Unternehmer im Zeitpunkt der Lieferung über eine nach § 27a UStG erteilte, gültige Umsatzsteuer-Identifikationsnummer verfügt (vgl. § 22f Abs. 1 Satz 1 Nr. 3 UStG). Liegen dem nach § 21 der Abgabenordnung örtlich zuständigen Finanzamt Erkenntnisse vor, dass ein Unternehmer, der im Inland steuerbare Umsätze über eine elektronische Schnittstelle ausführt, seinen umsatzsteuerlichen Pflichten nicht nachkommt und andere von ihm zu veranlassende Maßnahmen keinen unmittelbaren Erfolg versprechen, ist es nach § 25e Abs. 4 Satz 1 UStG berechtigt, den betreffenden Betreiber der elektronischen Schnittstelle hierüber zu informieren.

(4) In Fällen, in denen die Voraussetzungen für die Erteilung der Mitteilung entfallen sind, wird diese vom Finanzamt von Amts wegen widerrufen. Ansonsten gilt die Mitteilung unbefristet, soweit sie nicht zurückgenommen oder widerrufen wird.

(5) Der Vordruck ist auf der Grundlage des unveränderten Vordruckmusters herzustellen.

(6) Dieses Schreiben ersetzt mit sofortiger Wirkung das o. g. BMF-Schreiben vom 7. Oktober 2019 (BStBl. I S. 999).

Anl d zu § 22f

d) Schreiben betr. Haftung für die Umsatzsteuer beim Handel mit Waren im Internet (§§ 22f, 25e und 27 Abs. 25 UStG); Vordruckmuster USt 1 TL – Mitteilung nach § 25e Abs. 4 Satz 4 UStG –

Vom 28. Juli 2021 (BStBl. I S. 1084)

(BMF III C 5 – S 7420/19/10002 :014; DOK 2021/0844832)

1 Anlage *[nicht abgedruckt]*

Unter Bezugnahme auf das Ergebnis der Erörterungen mit den obersten Finanzbehörden der Länder gilt Folgendes: 26

(1) Das durch das o. g. BMF-Schreiben vom 7. Oktober 2019 eingeführte Vordruckmuster

USt 1 TL **Mitteilung nach § 25e Abs. 4 Satz 4 UStG**

wird hiermit neu bekannt gegeben (Anlage).

(2) Die Änderungen beruhen auf Art. 14 Nr. 17 des Jahressteuergesetzes 2020 vom 21. Dezember 2020 (JStG 2020, BGBl. I S. 3096), durch das § 25e UStG geändert wurde. Die Änderung ist gemäß Art. 50 Abs. 6 des o. g. Gesetzes am 1. Juli 2021 in Kraft getreten.

(3) Nach § 25e Abs. 1 UStG in der ab dem 1. Juli 2021 geltenden Fassung haftet der Betreiber einer elektronischen Schnittstelle für die nicht entrichtete Steuer aus einer Lieferung von Gegenständen, die nicht unter § 3 Abs. 3a UStG fallen, wenn er die Lieferung dieser Gegenstände mittels einer elektronischen Schnittstelle unterstützt. Nach § 25e Abs. 3 UStG haftet der Betreiber einer elektronischen Schnittstelle nicht für die entstandene und nicht entrichtete Umsatzsteuer aus Lieferungen, die mittels seiner elektronischen Schnittstelle unterstützt wurden, wenn die Registrierung des Lieferers auf der elektronischen Schnittstelle nicht als Unternehmer erfolgt ist und der Betreiber den hierfür geltenden Aufzeichnungs- und Aufbewahrungspflichten nach § 22f Abs. 2 UStG nachgekommen ist. Dies gilt nach § 25e Abs. 3 Satz 2 UStG nicht in Fällen, in denen der Betreiber der elektronischen Schnittstelle nachweislich nach Art, Menge oder Höhe der Umsätze Kenntnis hatte oder nach der Sorgfalt eines ordentlichen Kaufmanns hätte haben müssen, dass die Registrierung als Nichtunternehmer zu Unrecht erfolgt ist. Liegen dem nach § 21 der Abgabenordnung zuständigen Finanzamt Anhaltspunkte vor, dass die Tätigkeit in den o.g. Fällen im Rahmen eines Unternehmens erfolgt, ist es gemäß § 25e Abs. 4 Satz 4 i. V. m. Satz 1 UStG berechtigt, dies dem Betreiber der elektronischen Schnittstelle mitzuteilen.

(4) In Fällen, in denen die Voraussetzungen für die Erteilung der Mitteilung entfallen sind, wird diese vom Finanzamt von Amts wegen widerrufen. Ansonsten gilt die Mitteilung unbefristet, soweit sie nicht zurückgenommen oder widerrufen wird.

(5) Der Vordruck ist auf der Grundlage des unveränderten Vordruckmusters herzustellen.

(6) Dieses Schreiben ersetzt mit sofortiger Wirkung das o. g. BMF-Schreiben vom 7. Oktober 2019.

UStG

§ 22g Besondere Pflichten für Zahlungsdienstleister, Verordnungsermächtigung

[Anzuwenden ab 1. 1. 2024, siehe in der geschlossenen Wiedergabe]

Sechster Abschnitt. Sonderregelungen

UStG

§ 23[1] Allgemeine Durchschnittssätze

(1) Das Bundesministerium der Finanzen kann mit Zustimmung des Bundesrates zur Vereinfachung des Besteuerungsverfahrens für Gruppen von Unternehmern, bei denen hinsichtlich der Besteuerungsgrundlagen annähernd gleiche Verhältnisse vorliegen und die nicht verpflichtet sind, Bücher zu führen und auf Grund jährlicher Bestandsaufnahmen regelmäßig Abschlüsse zu machen, durch Rechtsverordnung Durchschnittssätze festsetzen für 1

1. die nach § 15 abziehbaren Vorsteuerbeträge oder die Grundlagen ihrer Berechnung oder

2. die zu entrichtende Steuer oder die Grundlagen ihrer Berechnung.

(2) Die Durchschnittssätze müssen zu einer Steuer führen, die nicht wesentlich von dem Betrag abweicht, der sich nach diesem Gesetz ohne Anwendung der Durchschnittssätze ergeben würde. 2

(3) ① Der Unternehmer, bei dem die Voraussetzungen für eine Besteuerung nach Durchschnittssätzen im Sinne des Absatzes 1 gegeben sind, kann beim Finanzamt bis zur Unanfechtbarkeit der Steuerfestsetzung (§ 18 Abs. 3 und 4) beantragen, nach den festgesetzten Durchschnittssätzen besteuert zu werden. ② Der Antrag kann nur mit Wirkung vom Beginn eines Kalenderjahres an widerrufen werden. ③ Der Widerruf ist spätestens bis zur Unanfechtbarkeit der Steuerfestsetzung des Kalenderjahres, für das er gelten soll, zu erklären. ④ Eine erneute Besteuerung nach Durchschnittssätzen ist frühestens nach Ablauf von fünf Kalenderjahren zulässig. 3

Hinweis auf EU-Vorschriften:

UStG:	§ 23 Abs. 1, 2	**MwStSystRL:**	Art. 281
	§ 23 Abs. 3		Art. 192

Übersicht

Zu § 23 UStG (§§ 69, 70 UStDV, Anlage der UStDV)

UStDV

§ 69[1] *Festsetzung allgemeiner Durchschnittssätze*

(1) ① Zur Berechnung der abziehbaren Vorsteuerbeträge nach allgemeinen Durchschnittssätzen (§ 23 des Gesetzes) werden die in der Anlage bezeichneten Prozentsätze des Umsatzes als Durchschnittssätze festgesetzt. ② Die Durchschnittssätze gelten jeweils für die bei ihnen angegebenen Berufs- und Gewerbezweige. 6

(2) Umsatz im Sinne des Absatzes 1 ist der Umsatz, den der Unternehmer im Rahmen der in der Anlage bezeichneten Berufs- und Gewerbezweige im Inland ausführt, mit Ausnahme der Einfuhr, des innergemeinschaftlichen Erwerbs und der in § 4 Nr. 8, 9 Buchstabe a, Nr. 10 und 21 des Gesetzes bezeichneten Umsätze.

(3) Der Unternehmer, dessen Umsatz (Absatz 2) im vorangegangenen Kalenderjahr 61 356 Euro überstiegen hat, kann die Durchschnittssätze nicht in Anspruch nehmen.

§ 70[1] *Umfang der Durchschnittssätze*

(1) ① Die in Abschnitt A der Anlage bezeichneten Durchschnittssätze gelten für sämtliche Vorsteuerbeträge, die mit der Tätigkeit der Unternehmer in den in der Anlage bezeichneten Berufs- und Gewerbezweigen zusammenhängen. ② Ein weiterer Vorsteuerabzug ist insoweit ausgeschlossen. 7

(2) ① Neben den Vorsteuerbeträgen, die nach den in Abschnitt B der Anlage bezeichneten Durchschnittssätzen berechnet werden, können unter den Voraussetzungen des § 15 des Gesetzes abgezogen werden:

1. die Vorsteuerbeträge für Gegenstände, die der Unternehmer zur Weiterveräußerung erworben oder eingeführt hat, einschließlich der Vorsteuerbeträge für Rohstoffe, Halberzeugnisse, Hilfsstoffe und Zutaten;

---

[1] § 23 UStG, §§ 69, 70 UStDV aufgehoben **mWv 1. 1. 2023.**

2. *die Vorsteuerbeträge*
   a) für Lieferungen von Gebäuden, Grundstücken und Grundstücksteilen,
   b) für Ausbauten, Einbauten, Umbauten und Instandsetzungen bei den in Buchstabe a bezeichneten Gegenständen,
   c) für Leistungen im Sinne des § 4 Nr. 12 des Gesetzes.

② *Das gilt nicht für Vorsteuerbeträge, die mit Maschinen und sonstigen Vorrichtungen aller Art in Zusammenhang stehen, die zu einer Betriebsanlage gehören, auch wenn sie wesentliche Bestandteile eines Grundstücks sind.*

Anl zu UStDV

Anlage[1]
(zu den §§ 69 und 70)

Abschnitt A
Durchschnittssätze für die Berechnung sämtlicher Vorsteuerbeträge (§ 70 Abs. 1)

I. Handwerk

8 ***1. Bäckerei:***
5,4% des Umsatzes

Handwerksbetriebe, die Frischbrot, Pumpernickel, Knäckebrot, Brötchen, sonstige Frischbackwaren, Semmelbrösel, Paniermehl und Feingebäck, darunter Kuchen, Torten, Tortenböden, herstellen und die Erzeugnisse überwiegend an Endverbraucher absetzen. Die Caféumsätze dürfen 10 Prozent des Umsatzes nicht übersteigen.

9 ***2. Bau- und Möbeltischlerei:***
9,0% des Umsatzes

Handwerksbetriebe, die Bauelemente und Bauten aus Holz, Parkett, Holzmöbel und sonstige Tischlereierzeugnisse herstellen und reparieren, ohne dass bestimmte Erzeugnisse klar überwiegen.

10 ***3. Beschlag-, Kunst- und Reparaturschmiede:***
7,5% des Umsatzes

Handwerksbetriebe, die Beschlag- und Kunstschmiedearbeiten einschließlich der Reparaturarbeiten ausführen.

11 ***4. Buchbinderei:***
5,2% des Umsatzes

Handwerksbetriebe, die Buchbindearbeiten aller Art ausführen.

12 ***5. Druckerei:***
6,4% des Umsatzes

Handwerksbetriebe, die folgende Arbeiten ausführen:
1. *Hoch-, Flach-, Licht-, Sieb- und Tiefdruck;*
2. *Herstellung von Weichpackungen, Bild-, Abreiß- und Monatskalendern, Spielen und Spielkarten, nicht aber von kompletten Gesellschafts- und Unterhaltungsspielen;*
3. *Zeichnerische Herstellung von Landkarten, Bauskizzen, Kleidermodellen u. Ä. für Druckzwecke.*

13 ***6. Elektroinstallation:***
9,1% des Umsatzes

Handwerksbetriebe, die die Installation von elektrischen Leitungen sowie damit verbundener Geräte einschließlich der Reparatur- und Unterhaltungsarbeiten ausführen.

14 ***7. Fliesen- und Plattenlegerei, sonstige Fußbodenlegerei und -kleberei:***
8,6% des Umsatzes

Handwerksbetriebe, die Fliesen, Platten, Mosaik und Fußböden aus Steinholz, Kunststoffen, Terrazzo und ähnlichen Stoffen verlegen, Estricharbeiten ausführen sowie Fußböden mit Linoleum und ähnlichen Stoffen bekleben, einschließlich der Reparatur- und Instandhaltungsarbeiten.

15 ***8. Friseure:***
4,5% des Umsatzes

Damenfriseure, Herrenfriseure sowie Damen- und Herrenfriseure.

16 ***9. Gewerbliche Gärtnerei:***
5,8% des Umsatzes

Ausführung gärtnerischer Arbeiten im Auftrage anderer, wie Veredeln, Landschaftsgestaltung, Pflege von Gärten und Friedhöfen, Binden von Kränzen und Blumen, wobei diese Tätigkeiten nicht überwiegend auf der Nutzung von Bodenflächen beruhen.

10. Glasergewerbe: 1
9,2% des Umsatzes

Handwerksbetriebe, die Glaserarbeiten ausführen, darunter Bau-, Auto-, Bilder- und Möbelarbeiten.

11. Hoch- und Ingenieurhochbau: 1
6,3% des Umsatzes

Handwerksbetriebe, die Hoch- und Ingenieurhochbauten, aber nicht Brücken- und Spezialbauten, ausführen, einschließlich der Reparatur- und Unterhaltungsarbeiten.

12. Klempnerei, Gas- und Wasserinstallation: 1
8,4% des Umsatzes

Handwerksbetriebe, die Bauklempnerarbeiten und die Installation von Gas- und Flüssigkeitsleitungen sowie damit verbundener Geräte einschließlich der Reparatur- und Unterhaltungsarbeiten ausführen.

13. Maler- und Lackierergewerbe, Tapezierer: 2
3,7% des Umsatzes

Handwerksbetriebe, die folgende Arbeiten ausführen:
1. *Maler- und Lackiererarbeiten, einschließlich Schiffsmalerei und Entrostungsarbeiten. Nicht dazu gehört das Lackieren von Straßenfahrzeugen;*
2. *Aufkleben von Tapeten, Kunststofffolien und Ähnlichem.*

14. Polsterei- und Dekorateurgewerbe: 2
9,5% des Umsatzes

Handwerksbetriebe, die Polsterer- und Dekorateurarbeiten einschließlich Reparaturarbeiten ausführen. Darunter fallen auch die Herstellung von Möbelpolstern und Matratzen mit fremdbezogenen Vollpolstereinlagen, Federkernen oder Schaumstoff- bzw. Schaumgummikörpern, die Polsterung fremdbezogener Möbelgestelle sowie das Anbringen von Dekorationen, ohne Schaufensterdekorationen.

15. Putzmacherei: 2
12,2% des Umsatzes

Handwerksbetriebe, die Hüte aus Filz, Stoff und Stroh für Damen, Mädchen und Kinder herstellen und umarbeiten. Nicht dazu gehört die Herstellung und Umarbeitung von Huthalbfabrikaten aus Filz.

16. Reparatur von Kraftfahrzeugen: 2
9,1% des Umsatzes

Handwerksbetriebe, die Kraftfahrzeuge, ausgenommen Ackerschlepper, reparieren.

17. Schlosserei und Schweißerei: 2
7,9% des Umsatzes

Handwerksbetriebe, die Schlosser- und Schweißarbeiten einschließlich der Reparaturarbeiten ausführen.

18. Schneiderei: 2
6,0% des Umsatzes

Handwerksbetriebe, die folgende Arbeiten ausführen:
1. *Maßfertigung von Herren- und Knabenoberbekleidung, von Uniformen und Damen-, Mädchen- und Kinderoberbekleidung, aber nicht Maßkonfektion;*
2. *Reparatur- und Hilfsarbeiten an Erzeugnissen des Bekleidungsgewerbes.*

---

[1] Anlage aufgehoben **mWv 1. 1. 2023.**

26 ***19. Schuhmacherei:***
6,5% des Umsatzes

Handwerksbetriebe, die Maßschuhe, darunter orthopädisches Schuhwerk, herstellen und Schuhe reparieren.

27 ***20. Steinbildhauerei und Steinmetzerei:***
8,4% des Umsatzes

Handwerksbetriebe, die Steinbildhauer- und Steinmetzerzeugnisse herstellen, darunter Grabsteine, Denkmäler und Skulpturen einschließlich der Reparaturarbeiten.

28 ***21. Stukkateurgewerbe:***
4,4% des Umsatzes

Handwerksbetriebe, die Stukkateur-, Gipserei- und Putzarbeiten, darunter Herstellung von Rabitzwänden, ausführen.

29 ***22. Winder und Scherer:***
2,0% des Umsatzes

In Heimarbeit Beschäftigte, die in eigener Arbeitsstätte mit nicht mehr als zwei Hilfskräften im Auftrag von Gewerbetreibenden Garne in Lohnarbeit umspulen.

30 ***23. Zimmerei:***
8,1% des Umsatzes

Handwerksbetriebe, die Bauholz zurichten, Dachstühle und Treppen aus Holz herstellen sowie Holzbauten errichten und entsprechende Reparatur- und Unterhaltungsarbeiten ausführen.

II. Einzelhandel

31 ***1. Blumen und Pflanzen:***
5,7% des Umsatzes

Einzelhandelsbetriebe, die überwiegend Blumen, Pflanzen, Blattwerk, Wurzelstücke und Zweige vertreiben.

32 ***2. Brennstoffe:***
12,5% des Umsatzes

Einzelhandelsbetriebe, die überwiegend Brennstoffe vertreiben.

33 ***3. Drogerien:***
10,9% des Umsatzes

Einzelhandelsbetriebe, die überwiegend vertreiben:
Heilkräuter, pharmazeutische Spezialitäten und Chemikalien, hygienische Artikel, Desinfektionsmittel, Körperpflegemittel, kosmetische Artikel, diätetische Nahrungsmittel, Säuglings- und Krankenpflegebedarf, Reformwaren, Schädlingsbekämpfungsmittel, Fotogeräte und Fotozubehör.

34 ***4. Elektrotechnische Erzeugnisse, Leuchten, Rundfunk-, Fernseh- und Phonogeräte:***
11,7% des Umsatzes

Einzelhandelsbetriebe, die überwiegend vertreiben:
Elektrotechnische Erzeugnisse, darunter elektrotechnisches Material, Glühbirnen und elektrische Haushalts- und Verbrauchergeräte, Leuchten, Rundfunk-, Fernseh-, Phono-, Tonaufnahme- und -wiedergabegeräte, deren Teile und Zubehör, Schallplatten und Tonbänder.

35 ***5. Fahrräder und Mopeds:***
12,2% des Umsatzes

Einzelhandelsbetriebe, die überwiegend Fahrräder, deren Teile und Zubehör, Mopeds und Fahrradanhänger vertreiben.

36 ***6. Fische und Fischerzeugnisse:***
6,6% des Umsatzes

Einzelhandelsbetriebe, die überwiegend Fische, Fischerzeugnisse, Krebse, Muscheln und ähnliche Waren vertreiben.

37 ***7. Kartoffeln, Gemüse, Obst und Südfrüchte:***
6,4% des Umsatzes

Einzelhandelsbetriebe, die überwiegend Speisekartoffeln, Gemüse, Obst, Früchte (auch Konserven) sowie Obst- und Gemüsesäfte vertreiben.

38 ***8. Lacke, Farben und sonstiger Anstrichbedarf:***
11,2% des Umsatzes

Einzelhandelsbetriebe, die überwiegend Lacke, Farben, sonstigen Anstrichbedarf, darunter Malerwerkzeuge, Tapeten, Linoleum, sonstigen Fußbodenbelag, aber nicht Teppiche, vertreiben.

9. Milch, Milcherzeugnisse, Fettwaren und Eier:
6,4% des Umsatzes

Einzelhandelsbetriebe, die überwiegend Milch, Milcherzeugnisse, Fettwaren und Eier vertreiben. 39

10. Nahrungs- und Genussmittel: 40
8,3% des Umsatzes

Einzelhandelsbetriebe, die überwiegend Nahrungs- und Genussmittel aller Art vertreiben, ohne dass bestimmte Warenarten klar überwiegen.

11. Oberbekleidung: 41
12,3% des Umsatzes

Einzelhandelsbetriebe, die überwiegend vertreiben:
Oberbekleidung für Herren, Knaben, Damen, Mädchen und Kinder, auch in sportlichem Zuschnitt, darunter Berufs- und Lederbekleidung, aber nicht gewirkte und gestrickte Oberbekleidung, Sportbekleidung, Blusen, Hausjacken, Morgenröcke und Schürzen.

12. Reformwaren: 42
8,5% des Umsatzes

Einzelhandelsbetriebe, die überwiegend vertreiben:
Reformwaren, darunter Reformnahrungsmittel, diätetische Lebensmittel, Kurmittel, Heilkräuter, pharmazeutische Extrakte und Spezialitäten.

13. Schuhe und Schuhwaren: 43
11,8% des Umsatzes

Einzelhandelsbetriebe, die überwiegend Schuhe aus verschiedenen Werkstoffen sowie Schuhwaren vertreiben.

14. Süßwaren: 44
6,6% des Umsatzes

Einzelhandelsbetriebe, die überwiegend Süßwaren vertreiben.

15. Textilwaren verschiedener Art: 45
12,3% des Umsatzes

Einzelhandelsbetriebe, die überwiegend Textilwaren vertreiben, ohne dass bestimmte Warenarten klar überwiegen.

16. Tiere und zoologischer Bedarf: 46
8,8% des Umsatzes

Einzelhandelsbetriebe, die überwiegend lebende Haus- und Nutztiere, zoologischen Bedarf, Bedarf für Hunde- und Katzenhaltung und dergleichen vertreiben.

17. Unterhaltungszeitschriften und Zeitungen: 47
6,3% des Umsatzes

Einzelhandelsbetriebe, die überwiegend Unterhaltungszeitschriften, Zeitungen und Romanhefte vertreiben.

18. Wild und Geflügel: 48
6,4% des Umsatzes

Einzelhandelsbetriebe, die überwiegend Wild, Geflügel und Wildgeflügel vertreiben.

III. Sonstige Gewerbebetriebe

1. Eisdielen: 49
5,8% des Umsatzes

Betriebe, die überwiegend erworbenes oder selbst hergestelltes Speiseeis zum Verzehr auf dem Grundstück des Verkäufers abgeben.

2. Fremdenheime und Pensionen: 50
6,7% des Umsatzes

Unterkunftsstätten, in denen jedermann beherbergt und häufig auch verpflegt wird.

3. Gast- und Speisewirtschaften: 51
8,7% des Umsatzes

Gast- und Speisewirtschaften mit Ausschank alkoholischer Getränke (ohne Bahnhofswirtschaften).

52 ***4. Gebäude- und Fensterreinigung:***
1,6% des Umsatzes

Betriebe für die Reinigung von Gebäuden, Räumen und Inventar, einschließlich Teppichreinigung, Fensterputzen, Schädlingsbekämpfung und Schiffsreinigung. Nicht dazu gehören die Betriebe für Hausfassadenreinigung.

53 ***5. Personenbeförderung mit Personenkraftwagen:***
6,0% des Umsatzes

Betriebe zur Beförderung von Personen mit Taxis oder Mietwagen.

54 ***6. Wäschereien:***
6,5% des Umsatzes

Hierzu gehören auch Mietwaschküchen, Wäschedienst, aber nicht Wäscheverleih.

IV. Freie Berufe

55 ***1. a) Bildhauer:***
7,0% des Umsatzes
b) Grafiker (nicht Gebrauchsgrafiker):
5,2% des Umsatzes
c) Kunstmaler:
5,2% des Umsatzes.

2. Selbständige Mitarbeiter bei Bühne, Film, Funk, Fernsehen und Schallplattenproduzenten: 56
3,6% des Umsatzes

Natürliche Personen, die auf den Gebieten der Bühne, des Films, des Hörfunks, des Fernsehens, der Schallplatten-, Bild- und Tonträgerproduktion selbständig Leistungen in Form von eigenen Darbietungen oder Beiträge zu Leistungen Dritter erbringen.

3. Hochschullehrer: 57
2,9% des Umsatzes

Umsätze aus freiberuflicher Tätigkeit zur unselbständig ausgeübten wissenschaftlichen Tätigkeit.

4. Journalisten: 58
4,8% des Umsatzes

Freiberuflich tätige Unternehmer, die in Wort und Bild überwiegend aktuelle politische, kulturelle und wirtschaftliche Ereignisse darstellen.

5. Schriftsteller: 59
2,6% des Umsatzes

Freiberuflich tätige Unternehmer, die geschriebene Werke mit überwiegend wissenschaftlichem, unterhaltendem oder künstlerischem Inhalt schaffen.

Abschnitt B
Durchschnittssätze für die Berechnung eines Teils der Vorsteuerbeträge (§ 70 Abs. 2)

60 ***1. Architekten:***
1,9% des Umsatzes

Architektur-, Bauingenieur- und Vermessungsbüros, darunter Baubüros, statische Büros und Bausachverständige, aber nicht Film- und Bühnenarchitekten.

61 ***2. Hausbandweber:***
3,2% des Umsatzes

In Heimarbeit Beschäftigte, die in eigener Arbeitsstätte mit nicht mehr als zwei Hilfskräften im Auftrag von Gewerbetreibenden Schmalbänder in Lohnarbeit weben oder wirken.

62 ***3. Patentanwälte:***
1,7% des Umsatzes

Patentanwaltspraxis, aber nicht die Lizenz- und Patentverwertung.

4. Rechtsanwälte und Notare: 63
1,5% des Umsatzes

Rechtsanwaltspraxis mit und ohne Notariat sowie das Notariat, nicht aber die Patentanwaltspraxis.

5. Schornsteinfeger: 64
1,6% des Umsatzes

6. Wirtschaftliche Unternehmensberatung, Wirtschaftsprüfung: 65
1,7% des Umsatzes

Wirtschaftsprüfer, vereidigte Buchprüfer, Steuerberater und Steuerbevollmächtigte. Nicht dazu gehören Treuhandgesellschaften für Vermögensverwaltung.

UStAE 23.1

23.1 Anwendung der Durchschnittssätze[1]

71 (1) ① Die in der Anlage zur UStDV festgesetzten Durchschnittssätze sind für den Unternehmer und für das Finanzamt verbindlich. ② Insbesondere ist nicht zu prüfen, ob und ggf. inwieweit die danach ermittelte Vorsteuer von der tatsächlich entstandenen Vorsteuer abweicht. ③ Die Anwendung des Durchschnittssatzes ist deshalb auch dann nicht zu beanstanden, wenn im Einzelfall eine erhebliche Abweichung festgestellt wird (vgl. BFH-Urteil vom 11. 1. 1990, V R 189/84, BStBl. II S. 405).

72 (2) ① Die Durchschnittssätze können nur von solchen Unternehmern in Anspruch genommen werden, deren Umsatz im Sinne des § 69 Abs. 2 UStDV in den einzelnen in der Anlage der UStDV bezeichneten Berufs- und Gewerbezweigen im vorangegangenen Kalenderjahr 61 356 € nicht überstiegen hat und die außerdem nicht verpflichtet sind, Bücher zu führen und auf Grund jährlicher Bestandsaufnahmen regelmäßig Abschlüsse zu machen. ② Zur Bemessungsgrundlage für die Berechnung des Vorsteuerabzuges nach Durchschnittssätzen zählen auch steuerfreie Umsätze, soweit sie nicht besonders ausgenommen sind. ③ Auf den Gesamtumsatz des Unternehmers wird nicht abgestellt.

73 (3) ① Hat der Unternehmer, der einen Durchschnittssatz in Anspruch nehmen will, seine gewerbliche oder berufliche Tätigkeit nur in einem Teil des vorangegangenen Kalenderjahres ausgeübt, ist der tatsächliche Umsatz im Sinne des § 69 Abs. 2 UStDV in einen Jahresumsatz umzurechnen. ② § 19 Abs. 3 Sätze 3 und 4 UStG ist entsprechend anzuwenden. ③ Bei Betriebseröffnungen innerhalb des laufenden Kalenderjahres ist der voraussichtliche Umsatz im Sinne des § 69 Abs. 2 UStDV dieses Jahres maßgebend (vgl. BFH-Beschluss vom 27. 6. 2006, V B 143/05, BStBl. II S. 732). ④ Das gilt auch dann, wenn sich nachträglich herausstellen sollte, dass der tatsächliche vom voraussichtlichen Umsatz abweicht. ⑤ Erwirbt ein Unternehmer ein

[1] Aufzeichnungspflichten vgl. § 66 UStDV und A 22.5 Abs. 4 UStAE.

anderes Unternehmen im Wege der Gesamtrechtsnachfolge, kann für die Berechnung des Umsatzes des vorangegangenen Kalenderjahres von einer Zusammenrechnung der Umsätze des Unternehmers und seines Rechtsvorgängers abgesehen werden (vgl. Abschnitt 19.1 Abs. 5).

Second-Hand-Shops mit überwiegenden Warenbezügen von Privatpersonen sind nicht berechtigt, den Vorsteuerabzug gemäß § 23 UStG i. V. m. §§ 69 und 70 Abs. 1 UStDV nach Durchschnittssätzen vorzunehmen. *Verfügung OFD Frankfurt S 7400 – 1/83 – St IV 22 v. 21. 6. 1983.* LS zu 23.1

1. Die für **Fremdenheime und Pensionen** festgesetzten Durchschnittssätze zur Ermittlung der abziehbaren Vorsteuerbeträge können nur solche Unternehmer in Anspruch nehmen, die ihre Gäste nicht nur beherbergen, sondern zusätzlich auch verpflegen. – 2. Eine unternehmerische Tätigkeit, bei der hinsichtlich der Besteuerungsgrundlagen keine annähernd gleichen Verhältnisse zu den in der Anlage zu §§ 69 und 70 UStDV 1980/1991 bezeichneten Berufs- und Gewerbezweigen vorliegen, kann nicht schätzungsweise aufgeteilt werden, um den Vorsteuerabzug sowohl nach § 15 UStG 1980/1991 als auch nach § 23 UStG 1980/1991 i. V. m. §§ 69 und 70 UStDV 1980/1991 zu ermitteln. *BFH-Urteil v. 18. 5. 1995 – V R 7/94 (BStBl. II S. 751).* 75

23.2 Berufs- und Gewerbezweige

UStAE 23.2

(1) ① Bei den Berufs- und Gewerbezweigen, für die Durchschnittssätze festgelegt werden, handelt es sich um Gruppen von Unternehmern, bei denen hinsichtlich der Besteuerungsgrundlagen annähernd gleiche Verhältnisse vorliegen. ② Die jeweils festgesetzten Durchschnittssätze können daher nur solche Unternehmer in Anspruch nehmen, die die wesentlichen Leistungen des Berufs- und Gewerbezweiges erbringen (vgl. BFH-Urteil vom 18. 5. 1995, V R 7/94, BStBl. II S. 751). ③ Der Abgrenzung der einzelnen Berufs- und Gewerbezweige liegt in den Fällen des Abschnitts A Teile I bis III und des Abschnitts B Nr. 1, 3 bis 6 der Anlage der UStDV die „Systematik der Wirtschaftszweige" Ausgabe 1961 – herausgegeben vom Statistischen Bundesamt – zu Grunde.[1] ④ Diese Systematik kann bei Zweifelsfragen zur Abgrenzung herangezogen werden. ⑤ Eine unternehmerische Tätigkeit, bei der hinsichtlich der Besteuerungsgrundlagen keine annähernd gleichen Verhältnisse zu den in der Anlage der UStDV bezeichneten Berufs- und Gewerbezweigen vorliegen, kann für Zwecke des Vorsteuerabzugs nicht schätzungsweise aufgeteilt werden. 81

(2) ① Die Anwendung der Durchschnittssätze wird nicht dadurch ausgeschlossen, dass die Unternehmer der in der Anlage der UStDV bezeichneten Berufs- und Gewerbezweige auch Umsätze ausführen, die üblicherweise in das Gebiet anderer Berufs- oder Gewerbezweige fallen. ② Bei den Handelsbetrieben müssen jedoch die maßgeblichen Umsätze der in der Anlage der UStDV jeweils bezeichneten Gegenstände überwiegen. ③ In allen anderen Fällen können die Durchschnittssätze eines Berufs- oder Gewerbezweigs dann angewendet werden, wenn die maßgeblichen Umsätze aus der zusätzlichen Tätigkeit 25% des gesamten Umsatzes aus dem jeweiligen Berufs- oder Gewerbezweig – einschließlich des Umsatzes aus der zusätzlichen Tätigkeit – nicht übersteigen. ④ Werden diese Anteile überschritten, können die in Betracht kommenden Durchschnittssätze zwar auf die Umsätze im Sinne des § 69 Abs. 2 UStDV aus der Haupttätigkeit, nicht aber auf die Umsätze aus der Nebentätigkeit angewendet werden. ⑤ Für die Nebentätigkeit besteht jedoch die Möglichkeit, einen anderen Durchschnittssatz in Anspruch zu nehmen, soweit die betreffende Nebentätigkeit unter einen der in der Anlage der UStDV bezeichneten Berufs- und Gewerbezweige fällt. 82

(3) ① Bei den unter Abschnitt A Teil IV Nr. 2 der Anlage der UStDV genannten Berufen bedeutet die Aufnahme in die Verordnung nicht, dass die Angehörigen dieses Berufskreises stets als selbständige Unternehmer im Sinne des Umsatzsteuerrechts anzusehen sind. ② Diese Frage ist vielmehr nach den allgemeinen Grundsätzen zu entscheiden (vgl. Abschnitt 2.2). ③ Zu den selbständigen Mitarbeitern bei Bühne, Film, Funk usw. können gehören: Aufnahmeleiter, Bühnenarchitekten, Bühnenbildner, Choreografen, Chorleiter, Conférenciers, Cutter, Dirigenten, Dramaturgen, Grafiker, Kabarettisten, Kameraleute, Kapellmeister, Kostümbildner, Lektoren, Maskenbildner, Musikarrangeure, Musikberater, Musiker, Produktionsassistenten, Produktionsleiter, Regisseure, Sänger, Schauspieler, Souffleusen, Sprecher, Standfotografen, Tänzer und Tonmeister. 83

(4) ① Die Umsätze eines Hochschullehrers aus freiberuflicher Nebentätigkeit können, soweit sie nicht z. B. nach § 4 Nr. 21 UStG von der Umsatzsteuer befreit sind, nach Abschnitt A Teil IV Nr. 3 der Anlage der UStDV der Pauschalierung unterliegen. ② Eine Nebentätigkeit zur unselbständigen Tätigkeit ist anzunehmen, wenn sie sich als Ausfluss der Hochschullehrertätigkeit darstellt. ③ Nicht als Nebentätigkeit angesehen werden kann eine Tätigkeit, die vom Arbeitgeber der Haupttätigkeit vergütet wird und mit dieser unmittelbar zusammenhängt (vgl. BFH-Urteil vom 29. 1. 1987, IV R 189/85, BStBl. II S. 783). ④ Die Nebentätigkeit muss von der Haupttätigkeit eindeutig abgrenzbar sein. ⑤ Die Beurteilung, ob es sich um eine freiberufliche Tätigkeit handelt, richtet sich nach § 18 EStG. 84

(5) ① Die Grenzen zwischen den Berufen der Journalisten und Schriftsteller (Abschnitt A Teil IV Nr. 4 und 5 der Anlage der UStDV) sind nicht immer eindeutig, da auch die Grundlage des Journalistenberufs eine schriftstellerische oder dieser ähnliche Betätigung ist. ② Der Journalist 85

[1] Ab 1. 1. 2008 vgl. „Klassifikation der Wirtschaftszweige" Ausgabe 2008 (Anwendung für ertragsteuerliche Zwecke, vgl. BMF v. 19. 12. 2008 IV C 3 – InvZ 1015/07/0002, BStBl. 2009 I S. 27).

ist im Hauptberuf regelmäßig für Zeitungen oder Zeitschriften tätig. ③ Er kann jedoch auch in Nachrichten- und Korrespondenzbüros, bei Pressestellen, in der Werbung oder bei Film und Funk arbeiten. ④ Der Journalist sammelt überwiegend aktuelle Informationen und Nachrichten entweder mit Hilfe von Nachrichtenbüros oder durch Reisen, Reportagen, Umfragen usw. und verarbeitet dieses Nachrichten- und Informationsmaterial in die für den Auftraggeber erforderliche überwiegend schriftstellerische Form.

86 (6) Die für Schriftsteller festgesetzten Durchschnittssätze können auch von Komponisten, Liederdichtern und Librettisten angewendet werden, nicht jedoch für Übersetzer (vgl. BFH-Urteil vom 23. 7. 2009, V R 66/07, BStBl. II S. 86).

UStAE 23.3

23.3 Umfang der Durchschnittssätze

91 (1) ① Die Vorschrift des § 70 UStDV bestimmt in Verbindung mit der Anlage der UStDV den Umfang der Durchschnittssätze. ② Der wesentliche Teil der festgesetzten Durchschnittssätze dient der Berechnung der gesamten abziehbaren Vorsteuer. ③ Soweit die Durchschnittssätze der Berechnung nur eines Teils der abziehbaren Vorsteuer dienen, sind die zusätzlich abziehbaren Vorsteuerbeträge in § 70 Abs. 2 UStDV besonders aufgeführt.

92 (2)[1] ① Zum Vorsteuerabzug beim Wechsel der Besteuerungsform wird auf Abschnitt 15.1 Abs. 5 und 6 hingewiesen. ② Zur Berichtigung des Vorsteuerabzugs beim Wechsel der Besteuerungsform vgl. Abschnitt 15 a.9.

UStAE 23.4

23.4 Verfahren

101 (1) Zur Frage, wann eine Steuerfestsetzung unanfechtbar ist, wird auf Abschnitt 19.2 Abs. 6 verwiesen.

102 (2) ① Der Antrag auf Besteuerung nach einem festgesetzten Durchschnittssatz, seine Rücknahme und sein Widerruf sind an keine bestimmte Form gebunden und können auch durch schlüssiges Verhalten vorgenommen werden (vgl. BFH-Urteil vom 11. 12. 1997, V R 50/94, BStBl. 1998 II S. 420). ② Berechnet der Unternehmer zum Beispiel in den Voranmeldungen oder in der Jahreserklärung die Vorsteuer nach einem Durchschnittssatz, ist darin ein Antrag zu sehen. ③ Eines besonderen Bescheides bedarf es nur bei Ablehnung des Antrages.

103 (3) Ein Widerruf im Sinne des § 23 Abs. 3 Satz 2 UStG liegt nicht vor, wenn der Antrag auf Besteuerung nach Durchschnittssätzen zurückgenommen wird, bevor die Steuerfestsetzung zumindest eines Kalenderjahres, für das ein Durchschnittssatz in Anspruch genommen wurde, unanfechtbar geworden ist.

104 (4) ① Der Wegfall von Voraussetzungen für die Anwendung von Durchschnittssätzen (Überschreiten der 61 356 €-Grenze oder Eintritt der Buchführungspflicht) gilt nicht als Widerruf, wenn der Unternehmer die Durchschnittssätze für das Kalenderjahr wieder in Anspruch nimmt, bei dessen Beginn die Voraussetzungen zuerst wieder vorliegen. ② Macht der Unternehmer von dieser Möglichkeit keinen Gebrauch, gilt dies als Widerruf mit Wirkung vom Beginn des Kalenderjahres ab, für das die Durchschnittssätze zuerst nicht mehr angewendet werden durften.

LS zu 23.4

107 Die Rücknahme eines Antrags auf Besteuerung nach Durchschnittssätzen ist nur bis zur Unanfechtbarkeit der Steuerfestsetzung möglich. Unter **Unanfechtbarkeit ist die formelle Bestandskraft** der erstmaligen Steuerfestsetzung zu verstehen; auf deren Unabänderbarkeit kommt es nicht an. *BFH-Urteil v. 11. 12. 1997 – V R 50/94 (BStBl. 1998 II S. 420).* – **Hinweis** auf A 19.2 Abs. 6 UStAE.

---

[1] Wechsel der Besteuerungsform vgl. A 15.1 Abs. 5 u. 6, A 19.5, 23.3 Abs. 2 u. 24.8 Abs. 4 UStAE. Vorsteuerberichtigung vgl. A 15 a.2 Abs. 2 Nr. 3 u. 4, A 15 a.9 UStAE.

UStG

§ 23a Durchschnittssatz für Körperschaften, Personenvereinigungen und Vermögensmassen im Sinne des § 5 Abs. 1 Nr. 9 des Körperschaftsteuergesetzes[1]

(1) ① **Zur Berechnung der abziehbaren Vorsteuerbeträge (§ 15) wird für Körperschaften, Personenvereinigungen und Vermögensmassen im Sinne des § 5 Abs. 1 Nr. 9 des Körperschaftsteuergesetzes, die nicht verpflichtet sind, Bücher zu führen und auf Grund jährlicher Bestandsaufnahmen regelmäßig Abschlüsse zu machen, ein Durchschnittssatz von 7 Prozent des steuerpflichtigen Umsatzes, mit Ausnahme der Einfuhr und des innergemeinschaftlichen Erwerbs, festgesetzt.** ② **Ein weiterer Vorsteuerabzug ist ausgeschlossen.** 1

(2) **Der Unternehmer, dessen steuerpflichtiger Umsatz, mit Ausnahme der Einfuhr und des innergemeinschaftlichen Erwerbs, im vorangegangenen Kalenderjahr 35 000** [*ab 1. 1. 2023:* ***45 000***] **Euro überstiegen hat, kann den Durchschnittssatz nicht in Anspruch nehmen.** 2

(3) ① **Der Unternehmer, bei dem die Voraussetzungen für die Anwendung des Durchschnittssatzes gegeben sind, kann dem Finanzamt spätestens bis zum 10. Tag nach Ablauf des ersten Voranmeldungszeitraums eines Kalenderjahres erklären, dass er den Durchschnittssatz in Anspruch nehmen will.** ② **Die Erklärung bindet den Unternehmer mindestens für fünf Kalenderjahre.** ③ **Sie kann nur mit Wirkung vom Beginn eines Kalenderjahres an widerrufen werden.** ④ **Der Widerruf ist spätestens bis zum 10. Tag nach Ablauf des ersten Voranmeldungszeitraums dieses Kalenderjahres zu erklären.** ⑤ **Eine erneute Anwendung des Durchschnittssatzes ist frühestens nach Ablauf von fünf Kalenderjahren zulässig.** 3

Hinweis auf EU-Vorschriften:

UStG:	§ 23 a Abs. 1, 2	**MwStSystRL:**	Art. 281
	§ 23 Abs. 3		Art. 192

[1] **Aufzeichnungspflichten** vgl. § 66 a UStDV und A 22.5 Abs. 4 UStAE.

Erklärungsfrist für sogenannte **Jahreszahler,** die den Durchschnittssatz für abziehbare Vorsteuerbeträge nach § 23 a UStG für Körperschaften, Personenvereinigungen und Vermögensmassen im Sinne des § 5 Abs. 1 Nr. 9 KStG in Anspruch nehmen wollen. *Erlaß FM Sachsen-Anhalt 44 – S 7400 – 1 v. 27. 6. 1991.*

Sog. **Jahreszahler** müssen die Erklärung nach § 23 a Abs. 3 UStG bis zum 10. April abgeben. *Verfügung OFD Koblenz S 7400 A – St 51 3 v. 12. 2. 1992.*

Ein von der Verpflichtung zur Abgabe der Voranmeldungen und Entrichtung der Vorauszahlungen befreiter Unternehmer muß dem FA gemäß § 23 a Abs. 3 Satz 1 UStG 1980 spätestens **bis zum 10. April eines Kalenderjahres** erklären, daß er zur Berechnung der abziehbaren Vorsteuerbeträge den Durchschnittssatz gemäß § 23 a Abs. 1 Satz 1 UStG 1980 in Anspruch nehmen will. *BFH-Urteil v. 30. 3. 1995 – V R 22/94 (BStBl. II S. 567).*

Für die Anwendbarkeit der Regelung zur Berechnung der abziehbaren Vorsteuerbeträge nach Durchschnittssätzen gemäß § 23 a UStG ist im **ersten Kalenderjahr** der unternehmerischen Betätigung der **voraussichtliche Umsatz** dieses Jahres maßgebend. *BFH-Beschluss v. 27. 6. 2006 – V B 143/05 (BStBl. II S. 732).*

UStG

§ 24 Durchschnittssätze für land- und forstwirtschaftliche Betriebe

1 (1)[1] ① Für die im Rahmen eines land- und forstwirtschaftlichen Betriebs ausgeführten Umsätze wird die Steuer vorbehaltlich der Sätze 2 bis 4 wie folgt festgesetzt:

1. für die Lieferungen von forstwirtschaftlichen Erzeugnissen, ausgenommen Sägewerkserzeugnisse, auf 5,5 Prozent,
2. für die Lieferungen der in der Anlage 2 nicht aufgeführten Sägewerkserzeugnisse und Getränke sowie von alkoholischen Flüssigkeiten, ausgenommen die Lieferungen in das Ausland und die im Ausland bewirkten Umsätze, und für sonstige Leistungen, soweit in der Anlage 2 nicht aufgeführte Getränke abgegeben werden, auf 19 Prozent,
3. für die übrigen Umsätze im Sinne des § 1 Absatz 1 Nummer 1 auf 9,5 [*ab 1. 1. 2023:* ***9,0***] Prozent der Bemessungsgrundlage.

② Die Befreiungen nach § 4 mit Ausnahme der Nummern 1 bis 7 bleiben unberührt; § 9 findet keine Anwendung. ③ Die Vorsteuerbeträge werden, soweit sie den in Satz 1 Nr. 1 bezeichneten Umsätzen zuzurechnen sind, auf 5,5 Prozent, in den übrigen Fällen des Satzes 1 auf 9,5 [*ab 1. 1. 2023:* ***9,0***] Prozent der Bemessungsgrundlage für diese Umsätze festgesetzt. ④ Ein weiterer Vorsteuerabzug entfällt. ⑤ § 14 ist mit der Maßgabe anzuwenden, dass der für den Umsatz maßgebliche Durchschnittssatz in der Rechnung zusätzlich anzugeben ist.

2 (2)[1] ① Als land- und forstwirtschaftlicher Betrieb gelten

1. die Landwirtschaft, die Forstwirtschaft, der Wein-, Garten-, Obst- und Gemüsebau, die Baumschulen, alle Betriebe, die Pflanzen und Pflanzenteile mit Hilfe der Naturkräfte gewinnen, die Binnenfischerei, die Teichwirtschaft, die Fischzucht für die Binnenfischerei und Teichwirtschaft, die Imkerei, die Wanderschäferei sowie die Saatzucht;
2. Tierzucht- und Tierhaltungsbetriebe, soweit ihre Tierbestände nach den §§ 51 und 51 a des Bewertungsgesetzes zur landwirtschaftlichen Nutzung gehören.

② Zum land- und forstwirtschaftlichen Betrieb gehören auch die Nebenbetriebe, die dem land- und forstwirtschaftlichen Betrieb zu dienen bestimmt sind.

3 (3) Führt der Unternehmer neben den in Absatz 1 bezeichneten Umsätzen auch andere Umsätze aus, so ist der land- und forstwirtschaftliche Betrieb als ein in der Gliederung des Unternehmens gesondert geführter Betrieb zu behandeln.

4 (4) ① Der Unternehmer kann spätestens bis zum 10. Tag eines Kalenderjahres gegenüber dem Finanzamt erklären, dass seine Umsätze vom Beginn des vorangegangenen Kalenderjahres an nicht nach den Absätzen 1 bis 3, sondern nach den allgemeinen Vorschriften dieses Gesetzes besteuert werden sollen. ② Die Erklärung bindet den Unternehmer mindestens für fünf Kalenderjahre; im Fall der Geschäftsveräußerung ist der Erwerber an diese Frist gebunden. ③ Sie kann mit Wirkung vom Beginn eines Kalenderjahres an widerrufen werden. ④ Der Widerruf ist spätestens bis zum 10. Tag nach Beginn dieses Kalenderjahres zu erklären. ⑤ Die Frist nach Satz 4 kann verlängert werden. ⑥ Ist die Frist bereits abgelaufen, so kann sie rückwirkend verlängert werden, wenn es unbillig wäre, die durch den Fristablauf eingetretenen Rechtsfolgen bestehen zu lassen.

5 (5) ① Das Bundesministerium der Finanzen überprüft jährlich die Höhe des Durchschnittssatzes im Sinne des Absatzes 1 Satz 1 Nummer 3 und Satz 3 und berichtet dem Deutschen Bundestag über das Ergebnis der Überprüfung. ② Der Durchschnittssatz wird ermittelt aus dem Verhältnis der Summe der Vorsteuern zu der Summe der Umsätze aller Unternehmer, die ihre Umsätze nach Absatz 1 Satz 1 Nummer 2 und 3 versteuern, in einem Zeitraum von drei Jahren. ③ Der ermittelte Durchschnittssatz wird auf eine Nachkommastelle kaufmännisch gerundet. ④ Soweit nach der Überprüfung eine Anpassung des Durchschnittssatzes in Absatz 1 Satz 1 Nummer 3 und Satz 3 erforderlich ist, legt die Bundesregierung kurzfristig einen entsprechenden Gesetzentwurf vor.

Hinweis auf EU-Vorschriften:

UStG:	§ 24 Abs. 1	**MwStSystRL:**	Art. 295–300, 302
	§ 24 Abs. 2		Art. 295 Abs. 1 Nr. 2, 4, 5, Abs. 2, Anh. VII u. VIII
	§ 24 Abs. 4		Art. 296 Abs. 3

[1] Zur Anwendung von § 24 Abs. 1 siehe § 27 Abs. 32; zur Fassung von § 24 Abs. 1 und Abs. 2 Nr. 2 **ab 1. 1. 2025** siehe in der geschlossenen Wiedergabe.

Übersicht

Zu § 24 UStG (§ 71 UStDV)

UStAE 24.1

24.1 Umsätze im Rahmen eines land- und forstwirtschaftlichen Betriebs[1]

Richtlinienkonforme Auslegung

(1) ① Die Durchschnittssätze sind nach § 24 Abs. 1 Satz 1 UStG nur auf Umsätze anzuwenden, die im Rahmen eines land- und forstwirtschaftlichen Betriebs ausgeführt werden. ② Unter Beachtung der Rechtsprechung des Europäischen Gerichtshofs ist § 24 UStG dahin auszulegen, dass solche Umsätze nur die Lieferungen selbst erzeugter landwirtschaftlicher Erzeugnisse und die landwirtschaftlichen Dienstleistungen sind, auf die die Pauschalregelung nach Art. 295 bis 305 MwStSystRL Anwendung findet, vgl. Abschnitte 24.2 und 24.3. ③ Andere Umsätze, die der Unternehmer im Rahmen des land- und forstwirtschaftlichen Betriebs sowie außerhalb dieses Betriebs tätigt, unterliegen der Besteuerung nach den allgemeinen Vorschriften des Gesetzes (EuGH-Urteile vom 15. 7. 2004, C-321/02, Harbs, und vom 26. 5. 2005, C-43/04, Stadt Sundern, sowie BFH-Urteile vom 25. 11. 2004, V R 8/01, BStBl. 2005 II S. 896, vom 22. 9. 2005, V R 28/03, BStBl. 2006 II S. 280, vom 12. 10. 2006, V R 36/04, BStBl. 2007 II S. 485, und vom 14. 6. 2007, V R 56/05, BStBl. 2008 II S. 158). ④ Diese Auslegung gilt auch für die Umsätze im Rahmen eines land- und forstwirtschaftlichen Nebenbetriebs (§ 24 Abs. 2 Satz 2 UStG). ⑤ Veräußert ein Landwirt, der neben seinem landwirtschaftlichen Erzeugerbetrieb einen nicht landwirtschaftlichen Absatzbetrieb unterhält, selbst erzeugte landwirtschaftliche Erzeugnisse (vgl. Abschnitt 24.2) an Dritte, sind auf diese Umsätze die Durchschnittssätze anzuwenden (vgl. BFH-Urteil vom 14. 6. 2007, V R 56/05, a. a. O.). ⑥ Dasselbe gilt, wenn die Lieferung der eigenen Erzeugnisse durch eine Organgesellschaft des landwirtschaftlichen Betriebs erfolgt (BFH-Urteil vom 10. 8. 2017, V R 64/16, BStBl. 2019 II S. 455). **11**

Land- und forstwirtschaftlicher Betrieb

(2) ① Einen land- und forstwirtschaftlichen Betrieb unterhält ein Unternehmer, soweit er im Rahmen der in § 24 Abs. 2 Satz 1 UStG genannten Erzeugertätigkeiten unter planmäßiger Nutzung der natürlichen Kräfte des Bodens Pflanzen und Tiere erzeugt sowie die dadurch selbst gewonnenen Erzeugnisse verwertet (vgl. BFH-Urteil vom 12. 10. 2006, V R 36/04, BStBl. 2007 II S. 485). ② Die Zierfischzucht in Teichen fällt nicht unter § 24 Abs. 2 Satz 1 Nr. 1 UStG. ③ Zur Frage, inwieweit die Aufzucht von Köderfischen, Testfischen, Futterfischen und Besatzfischen in Teichen als landwirtschaftlicher Betrieb gilt, vgl. BFH-Urteil vom 13. 3. 1987, V R 55/77, BStBl. II S. 467. ④ Ein Substanzbetrieb (z. B. Torf-, Ton-, Lehm-, Kies- und Sand- **12**

---

[1] **Voranmeldungsverfahren** vgl. A 18.6 Abs. 2 u. 3 UStAE.
Aufzeichnungspflichten vgl. § 67 UStDV und A 22.5 Abs. 5 UStAE (zu § 22 UStG).
Tabellenübersicht der Durchschnittssätze ab 1. 1. 2007 vgl. Anlage zu A 24.9 UStAE.

UStAE 24.1

abbaubetrieb) ist kein land- und forstwirtschaftlicher Betrieb im Sinne des § 24 Abs. 2 Satz 1 UStG. ⑤ Die Abgrenzung der landwirtschaftlichen Tierzucht und Tierhaltung von der übrigen Tierzucht und Tierhaltung ist umsatzsteuerrechtlich nach den §§ 51 und 51 a BewG vorzunehmen (§ 24 Abs. 2 Satz 1 Nr. 2 UStG). ⑥ Gemeinschaftliche Tierhaltung gilt nur dann als landwirtschaftlicher Betrieb im Sinne des § 24 Abs. 2 Nr. 2 UStG, wenn sämtliche Voraussetzungen des § 51 a BewG) erfüllt sind (vgl. BFH-Urteil vom 26. 4. 1990, V R 90/87, BStBl. II S. 802). ⑦ Ein Tierzucht- bzw. Tierhaltungsbetrieb ist kein landwirtschaftlicher Betrieb, wenn dem Unternehmer nicht in ausreichendem Umfang selbst bewirtschaftete Grundstücksflächen zur Verfügung stehen (vgl. BFH-Urteil vom 29. 6. 1988, X R 33/82, BStBl. II S. 922). ⑧ Zur Frage, ob sich die Struktur eines landwirtschaftlichen Betriebs zu der eines nicht landwirtschaftlichen verändert hat, vgl. BFH-Urteil vom 9. 5. 1996, V R 118/92, BStBl. II S. 550.

Gewerbebetrieb kraft Rechtsform

13 *(3)[1] ① Zur Anwendung der Durchschnittssatzbesteuerung auf die Umsätze von Gewerbebetrieben kraft Rechtsform (§ 24 Abs. 2 Satz 3 UStG) vgl. BMF-Schreiben vom 1. 12. 2009, BStBl. I S. 1611. ② Zu den Gewerbebetrieben kraft Rechtsform gehören insbesondere Betriebe der Land- und Forstwirtschaft in der Form von Kapitalgesellschaften oder von Erwerbs- und Wirtschaftsgenossenschaften, die nach § 2 Abs. 2 GewStG als Gewerbebetriebe gelten, oder eine gewerblich geprägte Personengesellschaft im Sinne des § 15 Abs. 3 Nr. 2 EStG. ③ Personengesellschaften im Sinne des § 15 Abs. 3 Nr. 2 EStG, die sowohl gewerblich als auch land- und forstwirtschaftlich tätig sind, können die Durchschnittssätze nach § 24 UStG für solche land- und forstwirtschaftlichen Umsätze in Anspruch nehmen, die im Rahmen von abgrenzbaren Teilbereichen ausgeführt werden. ④ Es genügt, wenn eine Trennung der land- und forstwirtschaftlichen Umsätze von den gewerblichen Umsätzen durch geeignete Maßnahmen, z. B. getrennte Aufzeichnung, getrennte Lagerung der Warenbestände, möglich ist.*

Aktiv bewirtschafteter Betrieb

14 (4) ① Die Anwendung des § 24 UStG setzt grundsätzlich voraus, dass der landwirtschaftliche Betrieb noch bewirtschaftet wird (BFH-Urteil vom 21. 4. 1993, XI R 50/90, BStBl. II S. 696). ② Leistungen, die nach Einstellung der Erzeugertätigkeit erbracht werden, unterliegen daher grundsätzlich den allgemeinen Regelungen des Umsatzsteuergesetzes. ③ Dies gilt nicht für nach Aufgabe des landwirtschaftlichen Betriebs ausgeführte Umsätze aus der Lieferung selbst erzeugter Produkte (vgl. BFH-Urteil vom 19. 11. 2009, V R 16/08, BStBl. 2010 II S. 319). ④ Für die Umsätze aus der Veräußerung von Gegenständen des land- und forstwirtschaftlichen Unternehmensvermögens und von immateriellen Wirtschaftsgütern, die die rechtliche Grundlage der Erzeugertätigkeit des Unternehmers darstellen, sind die Vereinfachungsregelungen in Abschnitt 24.2 Abs. 6 und Abschnitt 24.3 Abs. 9 nach Betriebsaufgabe unter den weiteren Voraussetzungen anwendbar, dass die Veräußerung des einzelnen Wirtschaftsguts im engen sachlichen Zusammenhang mit der Betriebsaufgabe erfolgt und das Wirtschaftsgut nach Einstellung der Erzeugertätigkeit nicht zur Ausführung von Umsätzen verwendet wird, die der Regelbesteuerung unterliegen. ⑤ Wird die landwirtschaftliche Erzeugertätigkeit in mehreren Schritten aufgegeben und werden dabei nur vorübergehend die Tierbestandsgrenzen des § 24 Abs. 2 Satz 1 Nr. 2 UStG überschritten, liegt insofern kein für die Besteuerung nach Durchschnittssätzen schädlicher Strukturwandel vor.

Verhältnis zu anderen Vorschriften des UStG

15 (5)[2] ① Nach § 1 Abs. 1 a UStG unterliegen die Umsätze im Rahmen einer Geschäftsveräußerung an einen anderen Unternehmer für dessen Unternehmen nicht der Umsatzsteuer. ② Dies gilt auch bei der Veräußerung eines land- und forstwirtschaftlichen Betriebs oder Teilbetriebs sowie bei der Einbringung eines Betriebs oder Teilbetriebs in eine Gesellschaft, und zwar auch dann, wenn einzelne Wirtschaftsgüter von der Veräußerung ausgenommen werden (vgl. BFH-Urteil vom 15. 10. 1998, V R 69/97, BStBl. 1999 II S. 41). ③ Eine Geschäftsveräußerung kann auch vorliegen, wenn verpachtete Gegenstände nach Beendigung der Pacht veräußert werden (vgl. BFH-Urteil vom 10. 5. 1961, V 222/58 U, BStBl. III S. 322); vgl. auch Abschnitt 1.5.

16 (6) Zum innergemeinschaftlichen Erwerb nach § 1 a UStG bei Land- und Forstwirten, die die Durchschnittssatzbesteuerung nach § 24 UStG anwenden, vgl. Abschnitte 1 a.1 Abs. 2 und 15.10 Abs. 2.

17 (7) Land- und Forstwirte, die die Durchschnittssatzbesteuerung nach § 24 UStG anwenden, können auch Steuerschuldner im Sinne des § 13 b UStG sein (vgl. Abschnitt 13 b.1 Abs. 1).

18 (8)[3] Zur Anwendung der Kleinunternehmerregelung nach § 19 UStG vgl. Abschnitt 24.7 Abs. 4.

---

[1] A 24.1 UStAE Zwischenüberschrift und Abs. 3 aufgehoben durch BMF v. 2. 6. 2022 (BStBl. I S. 926), anzuwenden auf nach dem 31. 12. 2021 bewirkte Umsätze.

[2] Vorsteuerberichtigung nach Betriebsaufgabe oder -veräußerung vgl. A 15 a.9 Abs. 7 UStAE.

[3] Hinweis auf A 19.1. Abs. 4 a, 24.1 Abs. 8, 24.7 Abs. 4 u. 24.8 Abs. 2 u. 3 UStAE (Kleinunternehmerregelung/LuF).

1. § 24 UStG erfasst bei richtlinienkonformer Auslegung nur landwirtschaftliche Dienstleistungen i. S. des Art. 25 der Richtlinie 77/388/EWG. Deren **einkommensteuerrechtliche Beurteilung** ist umsatzsteuerrechtlich **ohne Bedeutung** (Fortführung von BFH v. 22. 9. 2005, V R 28/03, BFHE 211, 566, BStBl. II 2006, 280). – 2. **Grabpflegeleistungen** unterliegen nicht der Durchschnittssatzbesteuerung nach § 24 UStG 1993, sondern der Regelbesteuerung. *BFH-Urt. v. 31. 5. 2007, V R 5/05 (BStBl. 2011 II S. 289).* LS zu 24.1 24

Maschinenleistungen und **sonstige Dienstleistungen an Nichtlandwirte** fallen nicht unter die Durchschnittsbesteuerung. – Ein Nebeneinander von Regelsatz- und Durchschnittsbesteuerung ist zulässig. *Verfügung OFD Frankfurt S 7410 A – 54 – St 16 v. 18. 11. 2010.*

Auf die **Lieferung sicherungsübereigneter Gegenstände** durch einen pauschalierenden Landwirt kommt § 24 UStG nicht zur Anwendung. *Verfügung OFD Frankfurt S 7279 A – 12 – St 113 v. 15. 3. 2016 (DStR S. 1612).*

Die bloße Jagdtätigkeit von in GbR zusammengeschlossenen Jagdpächtern ist nichtunternehmerisch. Daneben kann die Gesellschaft einen unternehmerischen Bereich haben, soweit nicht selbst benötigtes **Wildbret** verkauft wird. *BFH-Urteil v. 21. 5. 1987 – V R 109/77 (BStBl. II S. 735).*

Zur Abgrenzung von Pacht- und Bewirtschaftungsverträgen in der **Weinbauwirtschaft** vom Verkauf der Ernte. *Verfügung OFD Koblenz S 7410 A – St 44 3 v. 13. 7. 2006.*

Lieferungen von nicht für den Gebrauch als Getränk bestimmter **Maische** unterliegen dem ermäßigten Steuersatz. – Lieferungen im Rahmen der Durchschnittssatzbesteuerung. *Verfügung OFD Karlsruhe S 7221/5 v. 3. 8. 2009.*

Die Lieferung **alkoholischer Flüssigkeiten [Kirschmaische]** unterliegt dem Regelsteuersatz nach § 24 Abs. 1 Satz 1 Nr. 2 UStG 1999. *BFH-Urteil v. 12. 3. 2008 – XI R 65/06 (BStBl. II S. 532).*

Lieferungen bei **Verwahrung** der gelieferten Ware durch den Verkäufer sind anzuerkennen, sofern kein Scheingeschäft gegeben ist. *Verfügung OFD Hannover S 7415 – 22 – StO 531 b/S 7415 – 31 – StH 711 v. 27. 12. 1988.* 25

Ist der Inhaber eines landwirtschaftlichen Betriebs Organträger, so unterliegen auch die Lieferungen der Erzeugnisse dieses Betriebs durch die **Organgesellschaft** der Besteuerung des § 24 UStG. *BFH-Urteil v. 10. 8. 2017 V R 64/16 (BStBl. 2019 II S. 455).*

Lieferungen und sonstige Leistungen im Zusammenhang mit der **Abgabe von Saatgut** erfolgen regelmäßig im Rahmen eines land- und forstwirtschaftlichen Betriebs. – Bei Option nach § 24 Abs. 4 UStG fällt die Lieferung von sog. technischem Saatgut, von sog. zertifiziertem Saatgut unter § 12 Abs. 2 Nr. 1 UStG; die Aufbereitung von sog. technischem Saatgut durch einen Dritten, die Überlassung von technischem Saatgut im Rahmen sog. VO-Verträge sowie die Nachbaugebühr fallen unter § 12 Abs. 1 UStG. *Schreiben des BMF IV A 5 – S 7100 – 2/06 v. 14. 2. 2006 (BStBl. I S. 240).* **Hinweis** auf A 3.5 Abs. 3 Nr. 13, 3.10 Abs. 6 Nr. 4 UStAE u. Schreiben zur Anlage Nr. 2 Tz 35 u. 62 (hinter § 29 UStG).

Die entgeltliche **Ablagerung von Erdaushub** kann dann nicht (mehr) zur landwirtschaftlichen Tätigkeit gerechnet werden, wenn die vorgenommene Aufschüttung in Teilbereichen über das Maß dessen hinausgeht, was zur Beseitigung von Bearbeitungserschwernissen auf der zuvor landwirtschaftlich genutzten Fläche in Hanglage notwendig gewesen wäre, und wenn auch die Höhe der durch die Erdauffüllungen erzielten Einnahmen derart gravierend ist, dass bei einer Gesamtbetrachtung von einer dienenden Funktion gegenüber dem ertragsschwächeren Betrieb der Landwirtschaft nicht mehr die Rede sein kann. *BFH Urt. v. 22. 11. 2001 – V R 62/00 (BFH/NV 2002 S. 680).*

1. Die **Milchquote** ist jahresbezogen; Hinzuerwerbe während eines Wirtschaftsjahres sind bei der zum 31. 3. zu erstellenden Abrechnung zu berücksichtigen. Auf den Zeitpunkt der Milchlieferungen und die zu diesem Zeitpunkt verfügbare Milchquote kommt es nicht an. Das gilt auch beim Übergang eines Betriebs während des laufenden Wirtschaftsjahres. – 2. Der Übergang einer Milchquote auf den Verkäufer eines Milchwirtschaftsbetriebs bewirkt eine Erhöhung der dem Verkäufer im Milchwirtschaftsjahr zur Verfügung stehenden Milchquote, so dass bei einer Übergabe des Betriebs während des Milchwirtschaftsjahres die auf den Käufer übergehende Quote entsprechend der mit dem Verkäufer getroffenen Vereinbarung von diesem ggf. auch dann in vollem Umfang beliefert werden kann, wenn sie vom Verkäufer bereits teilweise beliefert worden war. Das gilt auch dann, wenn der Verkäufer erst nach der Übergabe des Betriebs eine Quote hinzuerwirbt. *BFH-Urt. v. 23. 2. 2010, VII R 12/09 (BFH/NV S. 1756).*

1. Betreibt ein Unternehmer einerseits eine **Baumschule** und erbringt er andererseits für eine Stadt landschaftspflegerische Leistungen, so ist zunächst zu prüfen, ob zwei getrennt zu beurteilende Betriebe gegeben sind oder ob ein einheitlicher Betrieb vorliegt. – 2. Beim Vorliegen eines einheitlichen Betriebes ist weiter zu prüfen, ob ein land- oder forstwirtschaftlicher Betrieb (Baumschule) mit einem gewerblichen Nebenbetrieb **(Landschaftspflege)** oder umgekehrt gegeben ist, wofür es darauf ankommt, welcher Unternehmensteil dem Unternehmen insgesamt das Gepräge gibt. *BFH-Urteil v. 12. 1. 1989 – V R 129/84 (BStBl. II S. 432).*

Kein Vorsteuerabzug für Warenbezüge eines **Gärtnerei-Einzelhandelsbetriebes** aus dem land- und forstwirtschaftlichen Betrieb desselben Unternehmers. *Erlaß FM Nordrhein-Westfalen S 7416 – Hö 21/1 – VC 4 v. 15. 3. 1983.*

Gestaltungsmissbrauch in der Land- und Forstwirtschaft durch sog. Trennungsmodelle. *Verfügung BayLfSt 7104 – 13 St 34 M v. 22. 1. 2008.* 26

1. ... – 2. Vereinbaren die Gesellschafter bei Gründung einer GbR im Gesellschaftsvertrag, gegen einen von vornherein feststehenden und jährlich gleichbleibenden **„Vorabgewinn"** ihre land- und forstwirtschaftlichen Betriebe der Gesellschaft zur Nutzung zur Verfügung zu stellen, so kann darin ein pachtähnlicher Leistungsaustausch gegen Sonderentgelt liegen (Ergänzung zum Senatsurteil vom 7. November 1991 V R 116/86, BFHE 166, 195, BStBl. II 1992, 269). – 3. Mit dem Überlassen des land- und forstwirtschaftlichen Betriebs gehen auch die damit verbundenen **Milchquoten** (Abgabenvergünstigungen) als persönliche immaterielle Wirtschaftsgüter kraft Gesetzes auf die Gesellschaft über, wenn diese die Betriebe als Milcherzeugerin weiterführt (Anschluß an BGH-Urteil vom 26. April 1991 V ZR 53/90, NJW 1991, 3280). *BFH-Urteil v. 17. 3. 1994 V R 39/92 (BStBl. 1994 II S. 538).*

Auswirkungen des **Mähdrescherurteils** *(BFH v. 16. 12. 1993 V R 79/91, BStBl. 1994 II S. 339)* auf die **Vorsteuerberichtigung nach § 15 a UStG** vgl. A 15 a.9 Abs. 5 u. 6 UStAE.

Wird ein Gegenstand **(Mähdrescher)** für einen landwirtschaftlichen Betrieb mit Durchschnittssatzbesteuerung gemäß § 24 UStG 1980 angeschafft, so bleibt er diesem Betrieb auch zugeordnet, wenn der Unternehmer später einen zusätzlichen landwirtschaftlichen Lohnbetrieb mit Regelbesteuerung eröffnet und den Gegenstand auch in diesem einsetzt. Die Veräußerung des Gegenstands ist dann grundsätzlich ein (Hilfs-)Umsatz „im Rahmen" des landwirtschaftlichen Betriebs gemäß § 24 Abs. 1 UStG 1980. *BFH-Urteil v. 10. 11. 1994 – V R 87/93 (BStBl. 1995 II S. 218).*

1. Erwerben mehrere Landwirte gemeinsam als **Bruchteilsberechtigte einen Mähdrescher,** um diesen in ihren eigenen landwirtschaftlichen Betrieben einzusetzen, so sind sie umsatzsteuerrechtlich Leistungsempfänger, wenn die Bruchteilsgemeinschaft selbst keine Umsätze ausführt. – 2. In diesem Fall steht jedem der Landwirte der Vorsteuerabzug entsprechend seinem Anteil an der Bruchteilsgemeinschaft zu, wenn seine Umsätze nicht der Besteuerung nach Durchschnittssätzen unterliegen. *– 3. Ist in der an die Bruchteilsgemeinschaft gerichteten Rechnung über die Lieferung des Mähdreschers Umsatzsteuer in einem Gesamtbetrag gesondert ausgewiesen, können die auf die einzelnen Landwirte entfallenden Vorsteuerbeträge* ***gesondert und einheit-***

***lich festgestellt** werden. BFH-Urteil v. 1. 10. 1998 V R 31/98 (BStBl. 2008 II S. 497).* – **Nichtanwendungserlaß** zu 3. vgl. *BMF S 7300/07/0017 v. 9. 5. 2008 (BStBl. I S. 675).*

1. Errichten mehrere **Landwirte gemeinsam als GbR** eine Lagerhalle, um diese für ihre landwirtschaftlichen Betriebe zu nutzen, sind die Gesellschafter und nicht die GbR Leistungsempfänger, wenn die GbR nicht unternehmerisch tätig ist. – 2. Es steht in diesem Fall jedem der Landwirte der Vorsteuerabzug nach seinem Anteil an der GbR zu, wenn nicht seine Umsätze der Durchschnittsatzbesteuerung unterliegen. – 3. Ob festgestellte Vorsteuerbeträge nach § 24 Abs. 1 Satz 6 UStG vom Vorsteuerabzug ausgeschlossen sind, entscheidet das für den jeweiligen **Feststellungsbeteiligten** zuständige Finanzamt bei der Umsatzsteuerfestsetzung. *BFH-Urt. v. 3. 11. 2005, V R 53/03 (BFH/NV 2006 S. 841).*

Einheitliche und **gesonderte Feststellung** vgl. **LS zu 18.1,** Rz. 37.

Personengesellschaften können ihre ausschließlich land- und forstwirtschaftlichen Umsätze in abgrenzbaren **Teilbetrieben** nach § 24 UStG besteuern. *Erlaß FM Sachsen-Anhalt 44 – S 7410 – 19 v. 9. 1. 1996.*

Für die Inanspruchnahme der Durchschnittssatzbesteuerung für **Teilbereiche einer Personengesellschaft** reichen getrennte Aufzeichnungen bzw. eine getrennte Lagerung der Warenbestände aus. *Verfügung OFD Karlsruhe S 7416 K.2 v. 15. 8. 2007.*

Die **eheliche Gütergemeinschaft** ist kein Gewerbebetrieb kraft Rechtsform im Sinne des § 2 Abs. 2 GewStG. *Erlaß FM Bayern 36 – S 7410 – 18/7–74644/82 v. 8. 2. 1983.*

Art. 296 Abs. 2 MwStSystRL regelt abschließend, wann ein Mitgliedstaat einen landwirtschaftlichen Erzeuger von der Anwendung der **Pauschalregelung** des § 24 UStG **ausschließen** kann. ***EuGH-Urteil v. 12. 10. 2017** C-262/16, Shields & Sons Partnership (MwStR 2018 S. 32).*

Auch bei Bestehen des Güterstandes der **Gütergemeinschaft** kann ein Ehegatte Unternehmer im Sinne des § 2 Abs. 1 UStG sein. Beim Einbringen seines Unternehmens in eine GbR kann diese die in Rechnung gestellte Umsatzsteuer als Vorsteuer geltend machen. Die Aufnahme eines neuen Mitglieds in eine bereits bestehende GbR ist keine Geschäftsveräußerung. *Verfügung OFD Nürnberg S 7418 – 28/St 43 v. 19. 3. 1984.*

Umrechnung der Tierbestände in Vieheinheiten i. S. v. § 24 Abs. 2 Nr. 2 UStG vgl. *BFH-Urteil v. 13. 7. 1989 – V R 110–112/84 (BStBl. II S. 1036).*

Stellt ein Landwirt auf vertraglicher Grundlage gegen Entgelt dauerhaft und durch die Eintragung einer Dienstbarkeit gesichert einer Stadt ein Grundstück zur Erfüllung ihrer **naturschutzrechtlichen Verpflichtungen** zur Verfügung und stellt er gegen Entgelt eine bestimmte **Ausgleichsmaßnahme** erstmals her, ist dieser Vorgang – unabhängig davon, wie viele umsatzsteuerrechtliche Leistungen er umfasst – steuerbar und steuerpflichtig; er unterliegt nicht der Besteuerung nach Durchschnittssätzen. *BFH-Urteil v. 28. 5. 2013 XI R 32/11 (BStBl. 2014 II S. 411).*

Kurze Übersicht zum **Anwendungsbereich des § 24 UStG.** *Verfügung OFD Karlsruhe v. 13. 8. 2019 – S 7410 K. 3 (MwStR S. 803).*

UStAE 24.1 a

24.1 a[1] Umsatzgrenze

27 (1) ① Der Anwendungsbereich der Durchschnittssätze ist nach § 24 Abs. 1 Satz 1 UStG auf land- und forstwirtschaftliche Betriebe solcher Unternehmer begrenzt, deren Gesamtumsatz (§ 19 Abs. 3 UStG) im vorangegangenen Kalenderjahr nicht mehr als 600 000 € betragen hat. ② Zum Gesamtumsatz gehören auch die Umsätze von Wirtschaftsgütern des Anlagevermögens. ③ Überschreitet ein Unternehmer die Umsatzgrenze des § 24 Abs. 1 Satz 1 UStG, hat er seine Umsätze nach den allgemeinen Regelungen zu versteuern. ④ Die Prüfung der Umsatzgrenze erfolgt anhand der Umsätze im Sinne des § 1 Abs. 1 Nr. 1 UStG (ohne Umsatzsteuer), die der Unternehmer mit seinem gesamten Unternehmen im vorangegangenen Kalenderjahr erzielt hat, und unter Zugrundelegung der im maßgeblichen Kalenderjahr angewandten Besteuerungsart (Sollversteuerung oder Istversteuerung). ⑤ Insoweit als der Unternehmer im vorangegangenen Kalenderjahr in seinem Unternehmen die Durchschnittssatzbesteuerung des § 24 UStG angewendet hat, sind bei der Berechnung des Gesamtumsatzes die vereinbarten Entgelte (§ 16 Abs. 1 Satz 1 UStG) zugrunde zu legen. ⑥ Im Jahr des Beginns der gewerblichen oder beruflichen Tätigkeit ist auf den voraussichtlichen Gesamtumsatz des laufenden Kalenderjahres abzustellen. ⑦ Im Fall des Satzes 6 und wenn die gewerbliche oder berufliche Tätigkeit nur in einem Teil des vorangegangenen Kalenderjahres ausgeübt wurde, ist der Gesamtumsatz in einen Jahresgesamtumsatz umzurechnen (vgl. Abschnitt 19.3 Abs. 3). ⑧ Im Falle einer Geschäftsveräußerung im Ganzen (§ 1 Abs. 1 a UStG) ist der Vorjahresumsatz des Veräußerers maßgeblich, wenn der erwerbende Unternehmer zuvor keine eigene unternehmerische Tätigkeit ausgeübt hat. ⑨ Erwirbt ein die Durchschnittssatzbesteuerung anwendender Unternehmer ein weiteres Unternehmen oder einen in der Gliederung eines Unternehmens gesondert geführten Betrieb im Ganzen (§ 1 Abs. 1 a UStG) und unterlagen die Umsätze des hinzuerworbenen Unternehmens(-teils) auf Grund der Überschreitung der Umsatzgrenze bereits der Regelbesteuerung, hat er ab Beginn des Kalenderjahres, in dem die Geschäftsveräußerung im Ganzen erfolgt ist, sowohl die Umsätze des bisherigen als auch des hinzuerworbenen land- und forstwirtschaftlichen Unternehmens(-teils) nach den allgemeinen Regelungen zu versteuern. ⑩ Überschreitet der Vorjahresumsatz des neu hinzuerworbenen Unternehmens(-teils) die Umsatzgrenze nicht, unterliegen im Jahr des Hinzuerwerbs sowohl die Umsätze des bisherigen als auch des hinzuerworbenen land- und forstwirtschaftlichen Unternehmens(-teils) der Durchschnittssatzbesteuerung. ⑪ Dies gilt auch, wenn die Summe der Vorjahresumsätze des bisherigen und des neu hinzuerworbenen Unternehmens(-teils) die Umsatzgrenze übersteigen; zur Wirkung des Verzichts auf die Durchschnittssatzbesteuerung vgl. Abschnitt 24.8. ⑫ Im Falle der Gesamtrechtsnachfolge gelten die Sätze 7 bis 11 entsprechend. ⑬ Der gesetzliche Wechsel zur Regelbesteuerung stellt keine Option

[1] A 24.1 a UStAE eingefügt durch BMF v. 2. 6. 2022 (BStBl. I S. 926), anzuwenden auf nach dem 31. 12. 2021 bewirkte Umsätze.

im Sinne des § 24 Abs. 4 UStG dar und bewirkt damit auch keine Bindungsfrist (vgl. Abschnitt 24.8). ⑭ Bei einem Übergang zur Regelbesteuerung richtet sich der Voranmeldungszeitraum nach § 18 Abs. 2 Sätze 1 und 2 UStG. ⑮ Eine Befreiung von der Verpflichtung zur Übermittlung von Voranmeldungen im ersten Jahr nach dem gesetzlichen Wechsel zur Regelbesteuerung kommt nicht in Betracht (vgl. Abschnitt 18.2 Abs. 2 Satz 3).

(2) ① Gemäß § 22 Abs. 6 Nr. 1 UStG in Verbindung mit § 67 UStDV sind Unternehmer, die die Durchschnittssätze des § 24 UStG anwenden, für den Bereich der Land- und Forstwirtschaft im Wesentlichen von den Aufzeichnungspflichten des § 22 UStG befreit. ② In diesen Fällen können für die Ermittlung des Gesamtumsatzes ergänzend zu den Angaben, die nach § 18 Abs. 3 UStG erforderlich sind, hilfsweise die ertragsteuerlichen Aufzeichnungen und Gewinnermittlungen herangezogen werden. ③ Im Übrigen sind die Umsätze nach den Betriebsmerkmalen und unter Berücksichtigung der besonderen Verhältnisse zu schätzen. **28**

(3) ① Zum Vorsteuerabzug von Unternehmern, die von der Besteuerung nach § 24 UStG zur allgemeinen Besteuerung des UStG übergegangen sind oder umgekehrt, siehe Abschnitt 15.1 Abs. 5 und 6. ② Bei einer Änderung der Besteuerungsform kommt eine Berichtigung des Vorsteuerabzuges nach § 15a Abs. 1 bis 4 in Verbindung mit Abs. 7 UStG in Betracht (vgl. auch Abschnitte 15a.2 Abs. 2 Satz 3 Nr. 4 und 15a.9 Abs. 5 bis 7). ③ Die Bagatellgrenzen nach § 44 UStDV sind zu beachten. **29**

Anl zu 24.1 a

Schreiben betr. Einführung einer Umsatzgrenze in § 24 Absatz 1 Satz 1 UStG durch das Jahressteuergesetz 2020

Vom 2. Juni 2022 (BStBl. I S. 926)

(BMF III C 2 – S 7410/19/10001 :016; DOK 2021/1028223)

I.

1. Mit Artikel 11 Nummern 6 Buchstabe a und 7 des Jahressteuergesetzes 2020 vom 21. Dezember 2020 (BGBl. I S. 3096, BStBl. I 2021 S. 6) hat der Gesetzgeber in § 24 Abs. 1 Satz 1 UStG eine Umsatzgrenze i. H. v. 600 000 Euro eingefügt. Diese ist erstmals auf Umsätze anzuwenden, die nach dem 31. Dezember 2021 bewirkt werden (§ 27 Abs. 32 UStG). Sofern der Gesamtumsatz (§ 19 Abs. 3 UStG) für das gesamte Unternehmen im vorangegangenen Kalenderjahr mehr als 600 000 Euro betragen hat, sind nach § 24 Abs. 1 Satz 1 UStG die Umsätze im laufenden Kalenderjahr zwingend nach der Regelbesteuerung zu versteuern. Hinsichtlich der Einführung der Umsatzgrenze in § 24 Abs. 1 Satz 1 UStG sind Verwaltungsregelungen in den Umsatzsteuer-Anwendungserlass (UStAE) aufzunehmen. **30**
2. Ferner werden in Abschnitt 24.8 UStAE Regelungen zu dem Sachverhalt aufgenommen, dass beim Erwerb eines land- und forstwirtschaftlichen Betriebs der Veräußerer zur Regelbesteuerung optiert hatte.
3. Mit Artikel 11 Nummer 6 Buchstabe b des Jahressteuergesetzes 2020 wurde § 24 Abs. 2 Satz 3 UStG aufgehoben. Die Verwaltungsanweisung in Abschnitt 24.1 Abs. 3 UStAE ist zu streichen und das BMF-Schreiben vom 1. Dezember 2009, BStBl. I S. 1611 aufzuheben.

II.

[Änderungen des Umsatzsteuer-Anwendungserlasses in A 18.2, A 24.1 a und A 24.8 UStAE berücksichtigt]

III.

Die Regelungen dieses Schreibens sind erstmals auf Umsätze anzuwenden, die nach dem 31. Dezember 2021 bewirkt werden.

Das BMF-Schreiben vom 1. Dezember 2009, BStBl. I S. 1611, wird mit Wirkung ab dem 1. Januar 2022 aufgehoben.

24.2 Erzeugnisse im Sinne des § 24 Abs. 1 Satz 1 UStG

UStAE 24.2

(1) ① Die Durchschnittssätze sind auf die Umsätze mit landwirtschaftlichen Erzeugnissen im Rahmen land- und forstwirtschaftlicher Betriebe anzuwenden. ② Voraussetzung ist, dass die **31** Erzeugnisse im Rahmen dieses land- und forstwirtschaftlichen Betriebs erzeugt worden sind. ③ Die Umsätze mit zugekauften Produkten sind von der Anwendung der Durchschnittssatzbesteuerung ausgeschlossen (vgl. BFH-Urteil vom 14. 6. 2007, V R 56/05, BStBl. II S. 158). ④ Als zugekaufte Produkte gelten die zum Zwecke der Weiterveräußerung erworbenen Erzeugnisse. ⑤ Werden nicht selbst erzeugte landwirtschaftliche Erzeugnisse im eigenen Betrieb durch urproduktive Tätigkeiten zu einem Produkt anderer Marktgängigkeit weiterverarbeitet, gelten diese hingegen als eigene Erzeugnisse. ⑥ Solche eigenen Erzeugnisse liegen z. B. vor, wenn nicht selbst erzeugte land- und forstwirtschaftliche Erzeugnisse (z. B. zugekaufte Samen, Zwiebeln, Knollen, Stecklinge und Pflanzen) im eigenen Betrieb bis zur Verkaufsreife kultiviert werden oder spätestens nach Ablauf von drei Monaten. ⑦ Diese Grundsätze finden für den Bereich der Tierzucht und Tierhaltung entsprechende Anwendung. ⑧ Der Erzeuger muss die Erzeugnisse

UStAE 24.2

im Zeitpunkt des Zukaufs den potentiell selbst erzeugten oder den zum baldigen Absatz bestimmten Waren zuordnen. ⑨ Dem Vorsteuerabzug kommt hierbei eine indizielle Bedeutung zu. ⑩ Werden die Produkte beispielsweise in einer Verkaufseinrichtung (z. B. Hofladen) präsentiert, spricht dies für eine Zuordnung zu den zum baldigen Absatz bestimmten Waren. ⑪ Verbleiben die ursprünglich zum baldigen Absatz bestimmten Waren länger als drei Monate im Betrieb und werden sie in dieser Zeit weiter kultiviert, handelt es sich um selbst erzeugte Produkte, deren Lieferung der Durchschnittssatzbesteuerung unterliegt. ⑫ Ein vorgenommener Vorsteuerabzug ist ggf. zu berichtigen.

Verarbeitungstätigkeiten

32 (2) ① Den Tätigkeiten der landwirtschaftlichen Erzeugung sind die Verarbeitungstätigkeiten gleichgestellt, die der landwirtschaftliche Erzeuger mit Mitteln ausübt, die normalerweise in land-, forst- oder fischereiwirtschaftlichen Betrieben verwendet werden. ② Dabei ist Voraussetzung, dass der landwirtschaftliche Erzeuger im Wesentlichen aus seiner land- und forstwirtschaftlichen Produktion stammende Erzeugnisse verwendet und das Enderzeugnis seinen land- und forstwirtschaftlichen Charakter nicht verliert (so genannte erste Verarbeitungsstufe). ③ Dies kann z. B. bei der händischen Beimischung von Zutaten der Fall sein (vgl. BFH-Urteil vom 27. 9. 2018, V R 28/17, BStBl. 2019 II S. 383). ④ Führt die Verarbeitung zu einem Produkt der zweiten oder einer höheren Verarbeitungsstufe (z. B. Spirituosen), unterliegen die Umsätze mit diesen Erzeugnissen nicht der Durchschnittssatzbesteuerung. ⑤ Die Ausführung von Verarbeitungstätigkeiten durch Lohnunternehmer steht in diesem Rahmen der Annahme eines selbst erzeugten landwirtschaftlichen Erzeugnisses nicht entgegen. ⑥ Dies gilt in den Fällen der so genannten Umtauschmüllerei (§ 3 Abs. 10 UStG) entsprechend.

Beispiel 1:

① Ein Landwirt betreibt Schweinezucht. ② Er lässt die Schweine von einem gewerblichen Lohnunternehmer schlachten und in Hälften zerlegen. ③ Die Schweinehälften liefert der Landwirt an einen fleischverarbeitenden Betrieb.

④ Die Lieferung der Schweinehälften unterliegt der Durchschnittssatzbesteuerung. ⑤ Die Ausführung der Schlacht- und Zerlegearbeiten durch einen Lohnunternehmer steht dem nicht entgegen.

Beispiel 2:

① Ein Landwirt, der Getreide anbaut, bringt sein Getreide zu einer Mühle. ② Er erhält vom Müller Mehl, das aus fremdem Getreide gemahlen wurde, und zahlt den Mahllohn. ③ Der Landwirt veräußert das Mehl an einen Lebensmittelhersteller.

④ Die Lieferung des Mehls an den Lebensmittelhersteller unterliegt der Durchschnittssatzbesteuerung. ⑤ Unschädlich ist, dass das Mehl nicht tatsächlich aus dem vom Landwirt erzeugten Getreide gemahlen wurde.

33 (3) ① Werden selbst erzeugte Produkte untrennbar mit zugekauften Produkten vermischt, unterliegt die Lieferung des Endprodukts aus Vereinfachungsgründen noch der Durchschnittssatzbesteuerung, wenn die Beimischung des zugekauften Produkts nicht mehr als 25% beträgt. ② Maßstab ist die im Handel übliche Maßeinheit (z. B. Kilogramm bei Honig, Liter bei Wein). ③ Zugekaufte Zutaten und Nebenstoffe bleiben bei der Prüfung der 25%-Grenze nach Satz 1 außer Betracht. ④ Als Zutaten und Nebenstoffe sind insbesondere Gewürze, Konservierungsmittel, Zusatzstoffe im Sinne des Weingesetzes, die Süßreserve sowie der Deckwein im Weinbau anzusehen. ⑤ Gleiches gilt für die Warenumschließungen.

Beispiel 1:

① Ein Imker hat sich verpflichtet, 400 kg Honig zu liefern. ② Da er nur über 350 kg selbst erzeugten Honig verfügt, kauft er 50 kg hinzu und vermischt beide Erzeugnisse.

③ Beide Honigmengen werden untrennbar miteinander vermischt. ④ Da der Anteil des zugekauften Honigs nicht mehr als 25% des Endprodukts ausmacht, unterliegt die Lieferung der Gesamtmenge der Durchschnittssatzbesteuerung.

Beispiel 2:

① Ein Obstbauer hat sich verpflichtet, eine bestimmte Menge Apfelsaft in Flaschen zu liefern. ② Da die selbst erzeugte Menge von 700 kg Äpfeln für die Produktion nicht ausreicht, kauft er 300 kg hinzu und presst den Saft aus der Gesamtmenge.

③ Bei der Beurteilung, ob es sich noch um ein selbst erzeugtes Produkt handelt, bleiben die Flaschen als Warenumschließungen außer Betracht. ④ Da der Saft der zugekauften Äpfel untrennbar mit dem Saft der selbst erzeugten Äpfel vermischt wurde und mehr als 25% des Endprodukts beträgt, unterliegt die Lieferung des Apfelsafts nicht der Durchschnittssatzbesteuerung.

Beispiel 3:

① Ein Kartoffelbauer verpflichtet sich zur Lieferung von 1000 kg geschälten Kartoffeln. ② Da er nur über 700 kg selbst erzeugter Produkte verfügt, kauft er die entsprechende Menge ungeschälter Kartoffeln hinzu. ③ Die selbst erzeugten und zugekauften Kartoffeln werden in der Schälmaschine vermischt und geschält.

④ Da die Kartoffeln nicht untrennbar miteinander vermischt werden, unterliegt die Lieferung der selbst erzeugten Produkte ohne Rücksicht auf prozentuale Zusammensetzung der Gesamtmenge der Durchschnittssatzbesteuerung. ⑤ Die zugekauften Kartoffeln unterliegen der Besteuerung nach allgemeinen Regelungen. ⑥ Der Unternehmer trägt die Feststellungslast für die Anwendung der Durchschnittssatzbesteuerung hinsichtlich der selbst erzeugten Kartoffeln.

Beispiel 4:

① Ein Landwirt baut Gurken an und stellt daraus Konserven her. ② Da er nicht über die erforderliche Menge Gurken verfügt, kauft er Gurken hinzu. ③ Er vermischt die Gurken, viertelt sie und fügt bei der Konservenproduktion Wasser, Essig, Zucker und Gewürze bei.

④ Da es sich bei dem Endprodukt um ein Produkt der so genannten zweiten Verarbeitungsstufe handelt, unterliegt die Lieferung den allgemeinen Regelungen des Umsatzsteuergesetzes. ⑤ Unerheblich ist, wie hoch der prozentuale Anteil der zugekauften Gurken am Endprodukt ist.

Erzeugnisse im Sinne des § 24 Abs. 1 Satz 1 Nr. 1 UStG

(4) ① Als forstwirtschaftliche Erzeugnisse (§ 24 Abs. 1 Satz 1 Nr. 1 UStG) kommen insbesondere in Betracht: Stammholz (Stämme und Stammteile), Schwellenholz, Stangen, Schichtholz, Industrieholz, Brennholz, sonstiges Holz (z. B. Stockholz, Pfähle, Reisig) und forstliche Nebenerzeugnisse wie Forstsamen, Rinde, Baumharz, Weihnachtsbäume, Schmuckgrün, Waldstreu, Pilze und Beeren. ② Voraussetzung ist, dass diese Erzeugnisse im Rahmen der Forstwirtschaft anfallen. ③ Das Rücken des Holzes durch den Forstwirt im Zusammenhang mit der Holzlieferung ist als Nebenleistung anzusehen. ④ Bei Lieferungen von Erzeugnissen aus Sonderkulturen außerhalb des Waldes (z. B. Weidenbau, Baumschule, Obst- oder Weihnachtsbaumkultur, Schmuckreisig) handelt es sich nicht um Umsätze von forstwirtschaftlichen Erzeugnissen, sondern um eigenständige landwirtschaftliche Umsätze, die unter § 24 Abs. 1 Satz 1 Nr. 3 UStG allen. ⑤ Zur Forstwirtschaft gehören Hoch-, Mittel- und Niederwald, Schutzwald (z. B. Wasser-, Boden-, Lawinen-, Klima-, Immissions-, Sicht- und Straßenschutzwald sowie Schutzwaldungen mit naturkundlichen Zielsetzungen und Waldungen für Forschung und Lehre), Erholungswald und Nichtwirtschaftswald (z. B. Naturparks, Nationalparks, Landschaftsschutzgebiete und Naturschutzgebiete), auch wenn die Erzeugung von Rohholz ausgeschlossen oder nicht beabsichtigt ist. ⑥ Holz aus Parkanlagen sowie Flurholz außerhalb des Waldes und Alleebäume, Grenzbäume u. ä. rechnen nicht zur Forstwirtschaft. 34

Erzeugnisse im Sinne des § 24 Abs. 1 Satz 1 Nr. 2 UStG[1]

(5) ① In der Anlage 2 des UStG nicht aufgeführte Sägewerkserzeugnisse (§ 24 Abs. 1 Satz 1 Nr. 2 UStG) sind insbesondere Balken, Bohlen, Kanthölzer, besäumte und unbesäumte Bretter sowie Holzwolle und Holzmehl. ② Zu den Getränken und alkoholischen Flüssigkeiten im Sinne des § 24 Abs. 1 Satz 1 Nr. 2 UStG zählen insbesondere Wein, Obstwein, Traubenmost, Frucht- und Gemüsesäfte, Alkohol und Sprit sowie vergorene, nicht zum Verzehr bestimmte Kirschmaische (BFH-Urteil vom 12. 3. 2008, XI R 65/06, BStBl. II S. 532). ③ Nicht darunter fallen z. B. Trinkbranntwein, Branntweinerzeugnisse, Weinbrand, Obstschnäpse und -liköre, Milch (aus Kapitel 4 des Zolltarifs), Milchmischgetränke mit einem Anteil an Milch von mindestens 75% des Fertigerzeugnisses sowie Wasser, nicht aber Mineralwasser. 35

Erzeugnisse im Sinne des § 24 Abs. 1 Satz 1 Nr. 3 UStG

(6)[2] ① Der Durchschnittssatz nach § 24 Abs. 1 Satz 1 Nr. 3 UStG gilt insbesondere für die Umsätze der wichtigsten landwirtschaftlichen Erzeugnisse wie z. B. Getreide, Getreideerzeugnisse, Vieh, Fleisch, Milch, Obst, Gemüse und Eier. ② Die Umsätze mit Gegenständen des land- und forstwirtschaftlichen Unternehmensvermögens (z. B. der Verkauf gebrauchter landwirtschaftlicher Geräte) unterliegen der Regelbesteuerung. ③ Aus Vereinfachungsgründen wird die Anwendung der Durchschnittssatzbesteuerung auf diese Umsätze jedoch nicht beanstandet, wenn die Gegenstände während ihrer Zugehörigkeit zum land- und forstwirtschaftlichen Unternehmensvermögen nahezu ausschließlich, d. h. zu mindestens 95%, für Umsätze verwendet wurden, die den Vorsteuerabzug nach § 24 Abs. 1 Satz 4 UStG ausschließen. ④ Zeiträume, in denen der Unternehmer gemäß § 24 Abs. 4 UStG zur Anwendung der allgemeinen Vorschriften des Umsatzsteuergesetzes optiert hatte, bleiben für Zwecke der Prüfung der 95%-Grenze außer Betracht. ⑤ Voraussetzung für die Anwendung der Vereinfachungsregelung ist jedoch, dass der Unternehmer für diese Gegenstände darauf verzichtet, einen anteiligen Vorsteuerabzug vorzunehmen. 36

Rechtsmissbrauch

(7) Es ist rechtsmissbräuchlich, wenn ein Händler und ein Landwirt die Umsätze des Landwirts durch Verkauf und Rückkauf von Tieren oder anderen landwirtschaftlichen Erzeugnissen ohne Rücksicht auf den wirtschaftlichen Gehalt der vom Landwirt erbrachten Leistung künstlich erhöhen und der Händler in den Genuss eines hierdurch erhöhten Vorsteuerabzugs zu gelangen versucht (BFH-Urteil vom 9. 7. 1998, V R 68/96, BStBl. II S. 637). 37

LS zu 24.2

38

Auf das **„Rücken" von Holz im Wald** ist der für forstwirtschaftliche Erzeugnisse geltende Durchschnittsatz von *4 v. H.* (ab 1. 1. 1978 = *4,5 v. H.*) anzuwenden, wenn das „Rücken" im Zusammenhang mit der Holzlieferung steht. Dabei ist es unerheblich, ob das Holz durch den Forstwart selbst „gerückt" wird oder ob er damit einen Unternehmer beauftragt. – Wird das Holz zwar „nicht gerückt", sondern **„loco Hiebsort"** verkauft, übernimmt der Forstwirt jedoch im Zuge des Kaufabschlusses **zusätzlich das „Rücken"**, so ist auch in diesem Falle das „Rücken" des Holzes als Nebenleistung anzusehen. Der Umsatz unterliegt einheitlich dem Durchschnittsatz von *4* v. H. – Übernimmt ein Forstwirt nach Abwicklung eines Kaufgeschäfts über „ungerücktes" Holz auf Grund eines **selbständigen Auftrags das „Rücken"**, so handelt es sich um eine sonstige Leistung, auf die der Durchschnittsatz von *6* v. H. (ab 1. 1. 1978 = *6,5* v. H.) anzuwenden ist. *BMF-Schreiben v. 10. 10. 1977 – IV A 2 S 7410 – 11/77.*

Holzrücken mit anschließender Lieferung des Holzes ist eine einheitliche Leistung. *Verfügung OFD Frankfurt S 7411 – A – 4 – St 16 v. 14. 8. 2006.*

Zur umsatzsteuerlichen Behandlung von sog. **Selbstwerberverträgen** zwischen staatlichen Forstämtern und **gewerblichen Holzeinschlagunternehmen** oder **Holzrückeunternehmen.** *Verfügung OFD Karlsruhe v. 25. 8. 2011 S 7410 Karte 2.* – Vgl. 3.5 Abs. 4 Satz 2 UStAE.

---

[1] Umsätze mit **Getränken** und **alkoholischen Flüssigkeiten** im Sinne des § 24 Abs. 1 Satz 2 Nr. 2 UStG. *Verfügung BayLfSt v. 22. 8. 2011 S 7410.1.1–10/3 St 33 (UR S. 879).*

[2] Vereinfachungsregelung für den **Verkauf von Gegenständen** des land- und forstwirtschaftlichen Unternehmensvermögens. *Verfügung OFD Frankfurt S 7410 A – 67 – St 16 v. 9. 12. 2010.*

Bei Energieerzeugung aus Biomasse von eigenen oder gepachteten Flächen zur überwiegenden Verwendung im eigenen Betrieb fällt die **Biogasanlage** *insgesamt unter § 24 UStG.* – Verwertet ein Landwirt nahezu seine gesamte Ernte als Biomasse, ist ein Gewerbebetrieb gegeben. – Umsätze mit gereinigtem Biogas unterliegen der Regelbesteuerung. – Zum Zukauf von Biomasse durch den Nebenbetrieb. – Zur Behandlung von Biogasanlagen im Rahmen eines gemeinschaftlichen Nebenbetriebes und von Genossenschaften. *Verfügung OFD Karlsruhe S 7410 Karte 5 v. 15. 1. 2013 (UR S. 523).*

Zur Lieferung von **Biogas** im Rahmen land- und forstwirtschaftlicher Betriebe (Überlassung von **Biomasse** kann Gehaltslieferung nach § 3 Abs. 5 UStG sein). *Verfügung OFD Frankfurt S 7410 A – 55 – St 112 v. 11. 7. 2018 (MwStR S. 772).* So auch *Verfügung LfSt Niedersachsen v. 3. 8. 2020 S 7100 – 658 – St 175 (MwStR S. 908)* zur umsatzsteuerlichen Behandlung von Biogasanlagen.

Entgeltliche **Beweidungsleistungen** eines Schäfers unterliegen der Durchschnittsatzbesteuerung nach § 24 Abs. 1 Satz 1 Nr. 3 UStG. *BFH-Urteil v. 6. 9. 2018 V R 34/17 (BStBl. 2019 II S. 344).*

Zur normalen Ausstattung eines landwirtschaftlichen Betriebs gehört der einzige **Mähdrescher** eines Landwirts auch dann, wenn er – bei nicht unerheblichem Eigennutzungsanteil (hier: 20%) – über die Anforderungen des eigenen Betriebs hinausgeht und vom Landwirt bei Erntearbeiten für andere Landwirte eingesetzt wird. *BFH-Urteil v. 6. 9. 2018 V R 55/17, NV (MwStR S. 1040).*

Die Herstellung von **Fruchtjoghurt** unter händischer Beimischung zugekaufter Fruchtmischungen ist eine Verarbeitungstätigkeit eines Milchbauern, so dass die Lieferung des Fruchtjoghurts der Durchschnittsbesteuerung nach § 24 Abs. 1 Satz 1 Nr. 3 UStG unterliegt. *BFH-Urteil v. 27. 9. 2018 V R 28/17 (BStBl. 2019 II S. 383).*

UStAE 24.3

24.3 Sonstige Leistungen[1]

Allgemein

41 (1) ① Die Anwendung der Durchschnittssatzbesteuerung auf die im Rahmen eines land- und forstwirtschaftlichen Betriebs erbrachten sonstigen Leistungen setzt voraus,
– dass sie mit Hilfe der Arbeitskräfte des Betriebs – einschließlich der Arbeitskraft des Betriebsinhabers – erbracht werden und die dabei ggf. verwendeten Wirtschaftsgüter der normalen Ausrüstung des Betriebs zuzurechnen sind und
– dass die sonstigen Leistungen normalerweise zur landwirtschaftlichen Erzeugung beitragen.
② Insbesondere folgende sonstige Leistungen können bei Vorliegen der in Satz 1 genannten Voraussetzungen der Durchschnittssatzbesteuerung unterliegen:

1. Anbau-, Ernte-, Dresch-, Press-, Lese- und Einsammelarbeiten, einschließlich Säen und Pflanzen;
2. Verpackung und Zubereitung, wie beispielsweise Trocknung, Reinigung, Zerkleinerung, Desinfektion und Einsilierung landwirtschaftlicher Erzeugnisse;
3. Lagerung landwirtschaftlicher Erzeugnisse;
4. Hüten, Zucht und Mästen von Vieh;
5. Vermietung normalerweise in land-, forst- und fischwirtschaftlichen Betrieben verwendeter Mittel zu landwirtschaftlichen Zwecken;
6. technische Hilfe;
7. Vernichtung schädlicher Pflanzen und Tiere, Behandlung von Pflanzen und Böden durch Besprühen;
8. Betrieb von Be- und Entwässerungsanlagen;
9. Beschneiden und Fällen von Bäumen und andere forstwirtschaftliche Dienstleistungen.

42 (2) ① Das Unionsrecht sieht für die Anwendbarkeit der Durchschnittssatzbesteuerung auf derartige land- und forstwirtschaftliche Dienstleistungen an Personen, die einer Tätigkeit der landwirtschaftlichen Erzeugung nachgehen, zwar keine betragsmäßige Beschränkung vor. ② Dennoch können Land- und Forstwirte solche Dienstleistungen nicht in unbegrenztem Umfang unter Anwendung der Durchschnittssatzbesteuerung erbringen. ③ Die Anwendung der Durchschnittssatzbesteuerung setzt voraus, dass der Unternehmer mit seinen jeweiligen Umsätzen als landwirtschaftlicher Erzeuger handelt. ④ Hierzu zählt in gewissem Umfang auch das Erbringen land- und forstwirtschaftlicher Dienstleistungen, wenn die Erbringung der betreffenden Leistung beim Unternehmer jedenfalls typisierend zu einer Belastung mit Vorsteuer führt oder zumindest führen kann. ⑤ Begründet wird die landwirtschaftliche Erzeugertätigkeit allerdings nur durch die eigene Urproduktion. ⑥ Alleine mit der Erbringung land- und forstwirtschaftlicher Dienstleistungen wird ein Unternehmer nicht zum landwirtschaftlichen Erzeuger. ⑦ Nehmen die land- und forstwirtschaftlichen Dienstleistungen daher im Vergleich zur eigenen Urproduktion einen überdurchschnittlich großen Anteil an den Umsätzen des land- und forstwirtschaftlichen Betriebs ein, können diese einer neben dem land- und forstwirtschaftlichen Betrieb ausgeführten unternehmerischen Tätigkeit zuzuordnen sein.

43 (3) ① Ein Anhaltspunkt für das Vorliegen einer Tätigkeit außerhalb der Land- und Forstwirtschaft kann eine im vorangegangenen Kalenderjahr überschrittene Umsatzgrenze von 51 500 € sein. ② Bei der Ermittlung dieser Umsatzgrenze sind die sonstigen Leistungen an Landwirte und Nichtlandwirte zusammenzufassen. ③ Umsätze aus Vermietungs- und Verpachtungsleistungen sowie der Veräußerung von immateriellen Wirtschaftsgütern des Anlagevermögens (z. B. Zahlungsansprüche) bleiben bei der Prüfung dieser Umsatzgrenze für umsatzsteuerliche Zwecke

[1] Vgl. FN zu A 24.1 UStAE.

außer Ansatz. ④ Das Überschreiten der Umsatzgrenze alleine schließt die Anwendung der Durchschnittssatzbesteuerung allerdings noch nicht aus. ⑤ In diesem Fall ist vielmehr anhand weiterer Kriterien zu prüfen, ob die Dienstleistungen nicht mehr dem land- und forstwirtschaftlichen Betrieb zuzurechnen sind. ⑥ Hierfür spricht u. a. ein unverhältnismäßig hoher Anteil der auf die Erbringung der Dienstleistungen entfallenden Arbeitszeit oder ein Maschinen- und Ausrüstungsbestand, der über die Anforderungen des eigenen Betriebs hinausgeht. UStAE 24.3

(4) ① Der Einsatz von Arbeitskräften schließt die im land- und forstwirtschaftlichen Betrieb des Steuerpflichtigen beschäftigten Arbeitnehmer ein. ② Ein Wirtschaftsgut ist der normalen Ausrüstung des land- und forstwirtschaftlichen Betriebs zuzurechnen, wenn es dem Grunde oder der vorhandenen Anzahl nach dem betriebsgewöhnlichen, d. h. normalen Ausrüstungsbestand des land- und forstwirtschaftlichen Betriebs des Steuerpflichtigen zuzurechnen ist und wenn es nach seiner objektiven Zweckbestimmung und der tatsächlichen Übung den vom Steuerpflichtigen ausgeübten Erzeugertätigkeiten dient. ③ Die Erbringung von sonstigen Leistungen unter Verwendung von Wirtschaftsgütern, die 44

– im eigenen Betrieb nicht oder nur unerheblich verwendet werden oder
– einem nicht betriebstypischen Überbestand zuzurechnen sind oder
– ausschließlich zur Erbringung von sonstigen Leistungen an Dritte vorgehalten werden,

ist daher unabhängig von der Dauer oder dem Zweck der Verwendung aus dem Anwendungsbereich der Durchschnittssatzbesteuerung ausgeschlossen, da diese Mittel von vornherein nicht zum betriebsgewöhnlichen Ausrüstungsbestand des land- und forstwirtschaftlichen Betriebs gehören (vgl. BFH-Urteil vom 21. 1. 2015, XI R 13/13, BStBl. II S. 730). ④ Ein nicht betriebstypischer Überbestand liegt bei Erstmaschinen im Allgemeinen nicht vor. ⑤ Setzt der Betriebsinhaber seine eigene Arbeitskraft oder die im Betrieb beschäftigten Arbeitnehmer ganz überwiegend oder ausschließlich zur Erbringung sonstiger Leistungen an Dritte ein, unterliegen die sonstigen Leistungen nicht der Durchschnittssatzbesteuerung.

(5) ① Ob eine sonstige Leistung normalerweise zur landwirtschaftlichen Erzeugung beiträgt, ist aus der Sicht des Leistungsempfängers zu beurteilen. ② Ein solcher Zweck liegt vor, wenn die sonstige Leistung in der Sphäre des Leistungsempfängers unter planmäßiger Nutzung der natürlichen Kräfte des Bodens zur Erzeugung von Pflanzen und Tieren, d. h. für eine Tätigkeit der landwirtschaftlichen Erzeugung nach Anhang VII MwStSystRL, verwertet wird. ③ Es ist jedoch nicht Voraussetzung, dass der Leistungsempfänger die Erzeugertätigkeit im Rahmen eines land- und forstwirtschaftlichen Betriebs ausübt. ④ Zur landwirtschaftlichen Erzeugung gehören auch Tätigkeiten der ersten Verarbeitungsstufe, wenn im Wesentlichen selbst erzeugte landwirtschaftliche Produkte be- oder verarbeitet werden. ⑤ Wird die sonstige Leistung an eine Person erbracht, die keine Tätigkeit der landwirtschaftlichen Erzeugung ausübt, ist davon auszugehen, dass die Leistung nicht zur landwirtschaftlichen Erzeugung beiträgt. ⑥ Betreibt der Leistungsempfänger eine Tierzucht oder Tierhaltung außerhalb eines land- und forstwirtschaftlichen Betriebs, ist diese nur dann eine Tätigkeit der landwirtschaftlichen Erzeugung, wenn sie jeweils in Verbindung mit der Bodenbewirtschaftung (vgl. Anhang VII Nr. 2 MwStSystRL) und in den Fällen der Tierhaltung außerdem nicht lediglich aus privaten Gründen zu Freizeitzwecken erfolgt. ⑦ Sonstige Leistungen, die beim Leistungsempfänger nicht landwirtschaftlichen Zwecken dienen, sind vom Anwendungsbereich der Durchschnittssatzbesteuerung ausgeschlossen (vgl. BFH-Urteil vom 21. 1. 2015, XI R 13/13, BStBl. II S. 730). 45

Beispiel 1:

① Ein pauschalierender Landwirt vermietet Wohnmobilbesitzern für die Wintermonate Stellplätze in einer ansonsten für eigenbetriebliche Zwecke genutzten Lagerhalle.

② Die Vermietung erfolgt zu außerlandwirtschaftlichen Zwecken. ③ Die Umsätze fallen nicht unter die Durchschnittssatzbesteuerung.

Beispiel 2:

① Ein pauschalierender Landwirt nimmt ein Arbeitspferd eines Waldbesitzers in Pension. ② Der Waldbesitzer unterhält den Wald nicht im Rahmen eines Unternehmens, sondern ausschließlich zur Deckung seines privaten Bedarfs an Brennholz.

③ Die Pensionsleistung des Landwirts, die zur Holzerzeugung des Waldbesitzers beiträgt, unterliegt der Durchschnittssatzbesteuerung, sofern die bei Erbringung der Leistung verwendeten Wirtschaftsgüter der normalen Ausrüstung des landwirtschaftlichen Betriebs zuzurechnen sind.

⑧ Ein Unternehmer bezieht Bauleistungen für die Errichtung einer Lagerhalle auf einem vorher landwirtschaftlich genutzten Grundstück nicht im Rahmen seines der Durchschnittssatzbesteuerung unterliegenden landwirtschaftlichen Betriebs, wenn die Halle – wie geplant – an einen außerlandwirtschaftlichen Unternehmer vermietet wird (vgl. BFH-Urteil vom 3. 12. 1998, V R 48/98, BStBl. 1999 II S. 150). ⑨ Beweidungsleistungen im Rahmen der Wanderschäferei können der Durchschnittssatzbesteuerung unterliegen (vgl. BFH-Urteil vom 6. 9. 2018, V R 34/17, BStBl. 2019 II S. 344).

Vermietungsleistungen

(6) ① Ein zur Erbringung einer Vermietungsleistung verwendetes Wirtschaftsgut, das bis zur Vermietung als zum betriebsgewöhnlichen Ausrüstungsbestand eines land- und forstwirtschaft- 46

lichen Betriebs gehörig anzusehen ist, scheidet für die Dauer der Vermietung aus diesem Kreis aus, wenn sich der Vermieter durch eine langfristige Vermietung einer Nutzungsmöglichkeit im eigenen Betrieb begibt. ② Eine Mietdauer von mindestens 12 Monaten ist stets als langfristig anzusehen. ③ Solche Vermietungsumsätze unterliegen daher nicht der Durchschnittssatzbesteuerung.

Beispiel 1:

① Ein Wirtschaftsgut wird auf unbestimmte Dauer vermietet. ② Der Vertrag kann monatlich gekündigt werden.

③ Die Vermietung ist als langfristig anzusehen und unterliegt somit nicht der Durchschnittssatzbesteuerung. ④ Endet die tatsächliche Gebrauchsüberlassung jedoch vor Ablauf von 12 Monaten, handelt es sich insgesamt nicht um eine langfristige Vermietung.

Beispiel 2:

① Ein Wirtschaftsgut wird für drei Monate vermietet. ② Der Mietvertrag verlängert sich automatisch um je einen Monat, wenn er nicht vorher gekündigt wird.

③ Die Vermietung ist nicht als langfristig anzusehen. ④ Dauert die tatsächliche Gebrauchsüberlassung jedoch 12 Monate oder mehr, handelt es sich insgesamt um eine langfristige Vermietung.

Verpachtungsleistungen

47 (7)[1] ① Mit der Überlassung eines land- und forstwirtschaftlichen Betriebs, von Betriebsteilen oder einzelner Wirtschaftsgüter durch Verpachtung oder Einräumung eines Nießbrauchs wird dem Pächter bzw. Nießbrauchsberechtigten die Möglichkeit des Gebrauchs und der Fruchtziehung eingeräumt. ② Der Verpächter bzw. Nießbrauchsverpflichtete kann die überlassenen Gegenstände für die Dauer der Pacht bzw. der Einräumung des Nießbrauchs nicht mehr für Zwecke der eigenen Erzeugertätigkeit einsetzen. ③ Mit Beginn der Überlassung scheiden die Wirtschaftsgüter aus dem normalen Ausrüstungsbestand des land- und forstwirtschaftlichen Betriebs aus. ④ Auf entsprechende Umsätze findet die Durchschnittssatzbesteuerung nach § 24 UStG daher keine Anwendung. ⑤ Diese sonstigen Leistungen unterliegen ohne Rücksicht darauf, ob und in welchem Umfang der Verpächter oder Nießbrauchsverpflichtete weiterhin als Land- und Forstwirt tätig ist, den allgemeinen Vorschriften des UStG.

48 (8)[1] ① Zur Verpachtung eines landwirtschaftlichen Betriebs oder Betriebsteils vgl. BFH-Urteile vom 6. 12. 2001, V R 6/01, BStBl. 2002 II S. 555, und vom 25. 11. 2004, V R 8/01, BStBl. 2005 II S. 896. ② Die Verpachtung eines Eigenjagdbezirks durch einen Land- und Forstwirt ist kein im Rahmen des land- und forstwirtschaftlichen Betriebs ausgeführter Umsatz. ③ Sie unterliegt der Besteuerung nach den allgemeinen Vorschriften (vgl. BFH-Urteile vom 11. 2. 1999, V R 27/97, BStBl. II S. 378, und vom 22. 9. 2005, V R 28/03, BStBl. 2006 II S. 280).

Immaterielle Wirtschaftsgüter

49 (9) ① Umsätze aus der zeitweiligen oder endgültigen Übertragung immaterieller Wirtschaftsgüter unterliegen nur dann der Durchschnittssatzbesteuerung, wenn sie im Rahmen der land- und forstwirtschaftlichen Erzeugertätigkeit entstanden sind. ② Danach kann weder die Verpachtung (zeitweilige Übertragung) noch der Verkauf (endgültige Übertragung) von Zahlungsansprüchen nach der EU-Agrarreform (GAP-Reform) in den Anwendungsbereich der Durchschnittssatzbesteuerung fallen (vgl. BFH-Urteil vom 30. 3. 2011, XI R 19/10, BStBl. II S. 772). ③ Aus Vereinfachungsgründen wird es jedoch nicht beanstandet, wenn Umsätze aus der Veräußerung von immateriellen Wirtschaftsgütern, die die rechtliche Grundlage der Erzeugertätigkeit des Unternehmers darstellen (z. B. Brennrechte), der Durchschnittssatzbesteuerung unterworfen werden. ④ Dies gilt nicht, soweit das einzelne Wirtschaftsgut im Zeitpunkt der Veräußerung zur Ausführung von Umsätzen verwendet wird, die der Regelbesteuerung unterliegen. ⑤ Zur Veräußerung von immateriellen Wirtschaftsgütern im Zusammenhang mit der Abgabe von Saatgut vgl. BMF-Schreiben vom 14. 2. 2006, BStBl. I S. 240.

Entsorgungsleistungen

50 (10) ① Die Erbringung von Entsorgungsleistungen an Personen, die keiner Tätigkeit der landwirtschaftlichen Erzeugung nachgehen (z. B. die Entsorgung von Klärschlamm oder Speiseresten), unterliegt nicht der Durchschnittssatzbesteuerung. ② Dabei ist es unerheblich, ob und inwieweit die zu entsorgenden Stoffe im land- und forstwirtschaftlichen Betrieb des Entsorgers Verwendung finden (vgl. BFH-Urteile vom 23. 1. 2013, XI R 27/11, BStBl. II S. 458, und vom 24. 1. 2013, V R 34/11, BStBl. II S. 460).

Halten von fremdem Vieh

51 (11) ① Die Aufzucht und das Halten von fremdem Vieh durch Land- und Forstwirte kann den im Rahmen eines land- und forstwirtschaftlichen Betriebs ausgeführten Umsätzen zuzurechnen sein, wenn dem Unternehmer nach § 24 Abs. 2 Nr. 2 UStG für die Tierhaltung in ausreichendem Umfang selbst bewirtschaftete Grundstücksflächen zur Verfügung stehen. ② Weitere Voraussetzung ist insbesondere, dass die Leistung in der Sphäre des Leistungsempfängers normalerweise zur landwirtschaftlichen Erzeugung beiträgt (vgl. Absatz 5).

[1] Hinweis auf A 19.1 Abs. 4 a, 24.1 Abs. 8, 24.3 Abs. 7 u. 8, 24.7 Abs. 4 u. 24.8 Abs. 2 u. 3 UStAE (Kleinunternehmerregelung/LuF).

Weitere Einzelfälle

(12) Folgende sonstige Leistungen unterliegen nicht der Durchschnittssatzbesteuerung: 52

– ① Umsätze aus der Pensionshaltung von Pferden, die von ihren Eigentümern zur Ausübung von Freizeitsport oder gewerblichen Zwecken oder zu anderen nicht land- und forstwirtschaftlichen Zwecken genutzt werden (vgl. BFH-Urteile vom 13. 1. 2011, V R 65/09, BStBl. II S. 465, vom 10. 9. 2014, XI R 33/13, BStBl. 2015 II S. 720, und vom 21. 1. 2015, XI R 13/13, BStBl. II S. 730). ② Dies gilt entsprechend für die Vermietung von Pferden zu Reitzwecken.[1] ③ Die Pferdezucht oder Pferdehaltung ist seitens der Eigentümer der Pferde nur dann eine Tätigkeit der landwirtschaftlichen Erzeugung, wenn sie jeweils in Verbindung mit der Bodenbewirtschaftung und in den Fällen der Pferdehaltung außerdem nicht lediglich aus privaten Gründen zu Freizeitzwecken erfolgt (vgl. Absatz 5).
– Im Zusammenhang mit Pflanzenlieferungen erbrachte Dienstleistungen, die über den Transport und das Einbringen der Pflanze in den Boden hinausgehen (z. B. Pflege-, Planungsleistungen, Gartengestaltung), führen regelmäßig zur Annahme einer einheitlichen sonstigen Leistung, die insgesamt nach den allgemeinen Vorschriften zu besteuern ist (vgl. BMF-Schreiben vom 4. 2. 2010, BStBl. I S. 214,[2] und BFH-Urteil vom 14. 2. 2019, V R 22/17, BStBl. II S. 350).
– Grabpflegeleistungen (vgl. BFH-Urteil vom 31. 5. 2007, V R 5/05, BStBl. 2011 II S. 289).
– Die Abgabe von Speisen und Getränken (z. B. in Strauß- und Besenwirtschaften).
– Die entgeltliche Unterbringung und Verpflegung von Arbeitnehmern des land- und forstwirtschaftlichen Betriebs, da diese Leistungen überwiegend deren privaten Bedürfnissen dienen.
– Die Gestattung der Teilnahme an Treibjagden oder der Einräumung der Möglichkeit des Einzelabschusses von Wildtieren (BFH-Urteil vom 13. 8. 2008, XI R 8/08, BStBl. 2009 II S. 216).
– Die Zurverfügungstellung eines Grundstücks zur Durchführung von ökologischen Ausgleichsmaßnahmen nach dem BNatSchG (vgl. BFH-Urteil vom 28. 5. 2013, XI R 32/11, BStBl. 2014 II S. 411).
– Die Verpflichtung zur Anlage und zum Erhalt von Dauergrünland (vgl. BFH-Urteil vom 8. 2. 2018, V R 55/16, BStBl. 2021 II S. 538).
– Die Überlassung von Vieheinheiten (vgl. BFH-Urteil vom 22. 11. 2020, V R 22/19, BStBl. 2021 II S. 544).

– Vermietung – LS zu 24.3

Beherbergungsumsätze unterliegen bei pauschalierenden Landwirten der Regelbesteuerung. – Vorsteuerbeträge, die auf Dienstleistungen entfallen, die nicht der Durchschnittssatzbesteuerung unterliegen, sind immer nach allgemeinen umsatzsteuerlichen Grundsätzen zu ermitteln. *Verfügung BayLfSt S 7410.1.1–4/2 St 34 v. 17. 12. 2009.* 53

– Verpachtung –

Zur **Verpachtung** eines landwirtschaftlichen **Betriebes oder Teilbetriebes.** *Verfügung OFD Frankfurt S 7410 A – 1/83 – St 16 v. 13. 12. 2010 (StEd 2011 S. 61).*

Soweit bei der **Verpachtung von Weinbaubetrieben** die Übertragung des vorhandenen Weinbestandes auf den Pächter im Rahmen eines anzuerkennenden **Sachdarlehens** erfolgt, ist die Gewährung dieses Sachdarlehens umsatzsteuerrechtlich nicht als Lieferung mit entsprechender Rücklieferung, sondern als sonstige Leistung im Sinne des § 3 Abs. 9 UStG zu beurteilen. – § 24 und § 4 Nr. 8 UStG sind nicht anwendbar. – Bei Verträgen zwischen nahen Angehörigen ist § 42 AO zu beachten. Liegt ein Sachdarlehen nicht vor, erbringt der Verpächter eine unentgeltliche Wertabgabe im Sinne des § 3 Abs. 1 b Nr. 3 UStG und unterliegt bei der Durchschnittssatzbesteuerung § 24 Abs. 1 Nr. 2 UStG. *Verfügung OFD Koblenz S 7410 A – St 44 3 v. 2. 9. 2009.*

Die Eigennutzung des **Jagdausübungsrechts** durch einen pauschalierenden Land- und Forstwirt fällt unter § 24 UStG. – Die Verpachtung des Jagdausübungsrechts fällt nicht unter § 24 UStG. – Besonderheiten bei der Verpachtung des Rechts durch eine juristische Person des öffentlichen Rechts. – Die **Wildschadensverhütungspauschale** ist kein steuerfreier Schadenersatz. – Für die Verpachtung von **Eigentumsfischereirechten** gilt Entsprechendes. *Verfügung OFD Frankfurt S 7410 A – 4 – St 16 v. 28. 11. 2016 (UR 2017 S. 407).*

– Immaterielle Wirtschaftsgüter –

Zu Zahlungsansprüchen nach der GAP-Reform vgl. A 4.8.4 Abs. 6 UStAE.

– Dienstleistungen –

Die Verpflichtung eines Landwirts gegenüber einem anderen Landwirt, bestimmte Flächen künftig als Dauergrünland statt wie bisher als Acker zu nutzen **(GAP-Greening),** ist eine sonstige Leistung, die dem allgemeinen Steuersatz unterliegt. *Verfügung OFD Frankfurt S 7410 A – 74 – St 112 v. 21. 2. 2017 (DStR S. 1663).*

Übernimmt ein Landwirt von einer kommunalen Abwasserbehandlungsanlage **Klärschlamm** und bringt er diesen auf eigenen landwirtschaftlich genutzten Feldern als Dünger auf, liegt eine Entsorgungsleistung und keine der Durchschnittssatzbesteuerung nach § 24 UStG unterliegende landwirtschaftliche Dienstleistung vor. *BFH-Urt. v. 23. 1. 2013, XI R 27/11 (BStBl. II S. 458).*

Die Abholung und Entsorgung von **Speiseabfällen** aus Restaurants und Großküchen stellt keine landwirtschaftliche Dienstleistung dar, die der Pauschalbesteuerung nach § 24 Abs. 1 Satz 1 Nr. 3 UStG unterliegt. *BFH-Urt. v. 24. 1. 2013, V R 34/11 (BStBl. II S. 460).*

1. Die Anwendung der Durchschnittssatzbesteuerung nach § 24 UStG auf Dienstleistungen eines Land- oder Forstwirts ist nicht schon deshalb ausgeschlossen, weil der Dienstleistungsempfänger kein Land- oder Forstwirt ist (entgegen Abschn. 24.3. Abs. 5 und Abs. 11 S. 2 UStAE). – 2. Ein Landwirt hat keinen Anspruch auf die Anwendung der Durch-

---

[1] Bestätigt durch BFH-Urt. v. 13. 1. 2011, V R 65/09 (BStBl. II S. 465). – Pferdepensionen vgl. A 12.2 Abs. 3, 12.3 Abs. 2 Satz 2 ff., **LS zu 12.9** (Rz. 134) u. 24.3 Abs. 12 Satz 1 UStAE.

[2] Schreiben zur Anlage 2, FN zu Tz. 35 (hinter § 29 UStG).

schnittssatzbesteuerung für im Rahmen einer **Pensionspferdehaltung** zu Zuchtzwecken erbrachte Dienstleistungen, wenn die Pferde nicht zu land- oder forstwirtschaftlichen Zwecken genutzt werden. *BFH-Urteil v. 21. 1. 2015 XI R 13/13 (BStBl. II S. 730).*

Der Verkauf von **„Ackerstatusrechten"** ist keine landwirtschaftliche Dienstleistung. *BFH-Urteil v. 8. 2. 2018 V R 55/16 (MwStR S. 766).*

Umsätze aus der **Überlassung von Vieheinheiten** unterliegen nicht der Durchschnittssatzbesteuerung nach § 24 UStG, sondern dem Regelsteuersatz. *BFH-Beschluss v. 12. 11. 2020 V R 22/19 (DStR 2021 S. 859).*

Anl zu 24.3

Schreiben betr. Durchschnittssatzbesteuerung nach § 24 UStG auf die im Rahmen eines land- und forstwirtschaftlichen Betriebs erbrachten Dienstleistungen

Vom 4. Oktober 2021 (BStBl. I S. 1861)

(BMF III C 2 – S 7410/19/10002 :001; DOK 2021/0792032)

I.

54 Dienstleistungen im Rahmen eines land- und forstwirtschaftlichen Betriebs unterliegen der Besteuerung nach Durchschnittssätzen gemäß § 24 UStG, wenn sie von einem landwirtschaftlichen Erzeuger mit Hilfe der Arbeitskräfte seines Betriebs erbracht werden und die Dienstleistungen normalerweise zur land- und forstwirtschaftlichen Erzeugung beitragen. Die dabei ggf. verwendeten Wirtschaftsgüter müssen der normalen Ausrüstung des land- und forstwirtschaftlichen Betriebs zuzurechnen sein.

Aus den BFH-Urteilen vom 24. August 2017, V R 8/17, und vom 6. September 2018, V R 55/17, n. v., folgt, dass die Besteuerung einer Dienstleistung nach § 24 UStG ausscheidet, wenn der Land- oder Forstwirt bei ihrer Erbringung Arbeitskraft (des Betriebsinhabers oder seines Personals) einsetzt, die im eigenen Betrieb normalerweise nicht eingesetzt wird, oder Betriebsmittel, wie Maschinen usw, verwendet, die nicht zur normalen Ausrüstung des Betriebs gehören.

Denn § 24 UStG dient dazu, dass die Pauschallandwirte einen pauschalen Ausgleich der Vorsteuerbelastung erlangen. Bei der erbrachten Dienstleistung im Sinne des § 24 Abs. 1 Satz 1 UStG muss daher jedenfalls typisierend davon auszugehen sein, dass ihre Erbringung zu einer (entsprechenden) Vorsteuerbelastung führt oder zumindest führen kann. Auch die Verwendung der eigenen Arbeitskraft des Pauschallandwirts kann eine Vorsteuerbelastung auslösen. Abschnitt 24.3 UStAE ist vor dem Hintergrund der dargestellten Grundsätze zu präzisieren.

Ferner ist der Abschnitt 24.3 UStAE hinsichtlich der Rechtsprechung des BFH zur Verpflichtung zur Anlage und zum Erhalt von Dauergrünland (sog. Verkauf von Ackerstatusrechten, vgl. BFH vom 8. Februar 2018, V R 55/16, BStBl. 2021 II S. 538) sowie zur Überlassung von Vieheinheiten (vgl. BFH vom 22. November 2020, V R 22/19, BStBl. 2021 II S. 544) zu ergänzen.

II.

[Änderung des Umsatzsteuer-Anwendungserlasses in A 24.3 UStAE berücksichtigt]

III.

54a Die Grundsätze dieses Schreibens sind in allen offenen Fällen anzuwenden.

UStAE 24.4

24.4 Steuerfreie Umsätze im Sinne des § 4 Nr. 8 ff. UStG im Rahmen eines land- und forstwirtschaftlichen Betriebs[1]

55 ① Bei der Anwendung der Durchschnittssatzbesteuerung des § 24 UStG bleiben die Steuerbefreiungen des § 4 Nr. 8 ff. UStG unberührt. ② Die Vorschrift des § 9 UStG ist für sie nicht anzuwenden. ③ Für diese Umsätze ist somit ein Durchschnittssatz nicht festgesetzt. ④ Ein besonderer Abzug der diesen Umsätzen zuzurechnenden Vorsteuern entfällt. ⑤ Diese Regelung ist insbesondere für die Verkäufe land- und forstwirtschaftlicher Grundstücke von Bedeutung, auf die auch im Rahmen des § 24 UStG die Steuerbefreiung des § 4 Nr. 9 Buchstabe a UStG anzuwenden ist.

UStAE 24.5

24.5 Ausfuhrlieferungen und Umsätze im Ausland bei land- und forstwirtschaftlichen Betrieben[2]

61 (1) ① § 24 UStG ist auch bei Umsätzen im Sinne des § 4 Nr. 1 bis 7 UStG und bei Umsätzen im Ausland anzuwenden. ② Dies bedeutet, dass z. B. auch innergemeinschaftliche Lieferungen im Sinne des § 6 a Abs. 1 UStG durch pauschalversteuernde Land- und Forstwirte unter die Besteuerung des § 24 UStG fallen. ③ Diese Umsätze sind daher steuerpflichtig. ④ Vorsteuern, die mit diesen Umsätzen in wirtschaftlichem Zusammenhang stehen, sind durch die Pauschale abgegolten. ⑤ Ein weiterer Vorsteuerabzug entfällt.

---

[1] **Grundstücksveräußerung** durch Landwirte als **wirtschaftliche Tätigkeit** bei aktiver Tätigkeit wie ein Erzeuger, Händler oder Dienstleistender. ***EuGH-Urt. v. 15. 9. 2011**, C-180/10, C-181/10, Jarosław Słaby und Emilian Kuć, Halina Jeziorska-Kuć, DStRE 2011 S. 1417.*

[2] **Ausfuhrlieferungen** deutscher Winzer, die nicht für die Regelbesteuerung optiert haben, sind umsatzsteuerpflichtig. *Verfügung OFD Koblenz S 7527 A – St 51 1 [2, 3] v. 15. 11. 1985.*

(2) Der für die Ausfuhrlieferungen und die Umsätze im Ausland geltende Durchschnittssatz ist auch auf solche Umsätze anzuwenden, für die ohne die Anwendung des § 24 UStG eine niedrigere oder keine Umsatzsteuer zu zahlen wäre. 62

24.6 Vereinfachungsregelung für bestimmte Umsätze von land- und forstwirtschaftlichen Betrieben

UStAE 24.6

(1) ① Werden im Rahmen eines pauschalierenden land- und forstwirtschaftlichen Betriebs auch der Regelbesteuerung unterliegende Umsätze ausgeführt (z. B. Lieferungen zugekaufter Erzeugnisse oder die Erbringung sonstiger Leistungen, die nicht landwirtschaftlichen Zwecken dienen, aber einen engen Bezug zur eigenen land- und forstwirtschaftlichen Erzeugertätigkeit des Unternehmers aufweisen), können diese unter den Voraussetzungen des Absatzes 2 aus Vereinfachungsgründen in die Durchschnittssatzbesteuerung einbezogen werden. ② Unter den gleichen Voraussetzungen kann aus Vereinfachungsgründen von der Erhebung der Steuer auf die Umsätze mit Getränken und alkoholischen Flüssigkeiten verzichtet werden. 71

(2) ① Voraussetzung für die Anwendung des Absatzes 1 ist, dass die dort genannten Umsätze (Nettobetrag) voraussichtlich nicht mehr als 4 000 € im laufenden Kalenderjahr betragen. ② Weitere Voraussetzung ist, dass der Unternehmer neben den in Absatz 1 genannten Umsätzen in dem Kalenderjahr voraussichtlich keine Umsätze ausführen wird, die eine Verpflichtung zur Übermittlung einer Umsatzsteuererklärung für das Kalenderjahr nach § 18 Abs. 3 oder 4 a UStG nach sich ziehen. 72

(3) ① Die Vereinfachungsregelung ist auch auf die Entrichtung der Vorauszahlungen anzuwenden (vgl. hierzu Abschnitt 18.6 Abs. 3). ② Die Pflicht zur Aufzeichnung der Umsätze, für die die Vereinfachungsregelung gilt, bleibt unberührt. 73

(4) ① Die Vereinfachungsregelung umfasst nur solche sonstigen Leistungen, die ihrer Art nach in Abschnitt 24.3 Abs. 1 Satz 2 genannt oder mit den darin genannten Leistungen vergleichbar sind, die beim Leistungsempfänger aber nicht zur landwirtschaftlichen Erzeugung beitragen (z. B. Maschinenleistungen für Nichtlandwirte mit zur normalen Ausrüstung des land- und forstwirtschaftlichen Betriebs gehörenden Maschinen). ② Die Vereinfachungsregelung umfasst daher z. B. nicht die Umsätze aus der Tätigkeit als Aufsichtsrat einer Genossenschaft, als Makler landwirtschaftlicher Versicherungen oder als landwirtschaftlicher Sachverständiger. ③ Auch Umsätze aus dem Betrieb einer Photovoltaikanlage und aus der umsatzsteuerpflichtigen Verpachtung oder Vermietung von Wirtschaftsgütern, die nicht dem normalen Ausrüstungsbestand des land- und forstwirtschaftlichen Betriebs zuzurechnen sind, weisen nicht den erforderlichen engen Bezug zur eigenen land- und forstwirtschaftlichen Erzeugertätigkeit des Unternehmers auf. 74

24.7 Zusammentreffen der Durchschnittssatzbesteuerung mit anderen Besteuerungsformen

UStAE 24.7

(1) Führt der Unternehmer neben Umsätzen, die der Durchschnittssatzbesteuerung unterliegen, noch andere Umsätze aus, unterliegen diese grundsätzlich der Besteuerung nach den allgemeinen Vorschriften des Umsatzsteuergesetzes. 81

Vorsteuerabzug[1]

(2) ① Abziehbar im Sinne von § 15 Abs. 1 UStG sind nur die Vorsteuern, die den in die Regelbesteuerung fallenden Umsätzen zuzurechnen sind (vgl. BFH-Urteil vom 13. 11. 2013, XI R 2/11, BStBl. 2014 II S. 543). ② Sind Vorsteuerbeträge teilweise diesen Umsätzen und teilweise den der Durchschnittssatzbesteuerung unterliegenden Umsätzen zuzurechnen, z. B. für den Erwerb eines einheitlichen Gegenstands, sind sie in entsprechender Anwendung des § 15 Abs. 4 UStG aufzuteilen. 82

Beispiel:

① Ein Unternehmer erwirbt einen Gegenstand und verwendet ihn zu 30% für der Durchschnittssatzbesteuerung unterliegende Umsätze und zu 70% zur Ausführung regelbesteuerter Umsätze. ② Beträgt die beim Bezug des Gegenstands gesondert in Rechnung gestellte Steuer 2 500 €, ist ein Anteil von 30% = 750 € durch die Durchschnittssatzbesteuerung nach § 24 Abs. 1 Satz 3 und 4 UStG abgegolten. ③ Der verbleibende Anteil von 70% = 1 750 € ist bei Vorliegen der Voraussetzungen des § 15 UStG abziehbar (vgl. BFH-Urteil vom 16. 12. 1993, V R 79/91, BStBl. 1994 II S. 339). ④ Ändern sich in den folgenden Kalenderjahren die Nutzungsverhältnisse, ist eine Berichtigung des Vorsteuerabzugs nach § 15 a Abs. 1 UStG zu prüfen.

(3) ① Bezieht ein Unternehmer vertretbare Sachen im Sinne der §§ 91 ff. BGB, die er später teilweise im landwirtschaftlichen als auch im nichtlandwirtschaftlichen Unternehmensteil verwendet, sind die auf die Eingangsumsätze entfallenden Vorsteuerbeträge nach der Verwendungsabsicht aufzuteilen. ② Weicht die spätere tatsächliche Verwendung von der ursprünglichen Absicht ab, ist eine Berichtigung des Vorsteuerabzugs nach § 15 a UStG zu prüfen. ③ Dabei kommt eine Schätzung der Berichtigungsbeträge nicht in Betracht. ④ Die Aufteilung der Vorsteuerbeträge ist regelmäßig auch dann durchzuführen, wenn die für den landwirtschaftlichen Unterneh- 83

[1] **Vorsteuerabzug** vgl. A 15.1 Abs. 3 Nr. 3, 24.7 Abs. 2 u. 3 und 24.8 Abs. 4 UStAE.

menstell angeschaffte Warenmenge relativ gering ist (vgl. BFH-Urteil vom 25. 6. 1987, V R 121/86, BStBl. 1988 II S. 150).

Kleinunternehmerregelung[1]

84 (4) ① Hat ein Land- und Forstwirt eine Erklärung nach § 24 Abs. 4 Satz 1 UStG nicht abgegeben, führt er aber neben den in § 24 Abs. 1 UStG bezeichneten Umsätzen auch andere Umsätze aus, sind für die Anwendung des § 19 Abs. 1 UStG bei der Ermittlung des jeweils maßgeblichen Gesamtumsatzes die land- und forstwirtschaftlichen Umsätze und die anderen Umsätze zu berücksichtigen. ② Soweit der Unternehmer die im land- und forstwirtschaftlichen Betrieb bewirkten Umsätze nicht aufgezeichnet hat (§ 67 UStDV), sind sie nach den Betriebsmerkmalen und unter Berücksichtigung der besonderen Verhältnisse zu schätzen. ③ Die Anwendung des § 19 Abs. 1 UStG beschränkt sich auf die Umsätze außerhalb der Durchschnittssatzbesteuerung des § 24 Abs. 1 bis 3 UStG. ④ Für die Umsätze des land- und forstwirtschaftlichen Betriebs verbleibt es bei der Durchschnittssatzbesteuerung.

LS zu 24.7

Zur Schätzung land- und forstwirtschaftlicher Umsätze bei **Mischbetrieben.** *Verfügung OFD Karlsruhe S 7410 K.4a v. 29. 2. 2016 (UR 2017 S. 247).*

85

Zu § 24 Abs. 4 UStG

UStDV

§ 71 *Verkürzung der zeitlichen Bindungen für land- und forstwirtschaftliche Betriebe*

90 *① Der Unternehmer, der eine Erklärung nach § 24 Abs. 4 Satz 1 des Gesetzes abgegeben hat, kann von der Besteuerung des § 19 Abs. 1 des Gesetzes zur Besteuerung nach § 24 Abs. 1 bis 3 des Gesetzes mit Wirkung vom Beginn eines jeden folgenden Kalenderjahres an übergehen. ② Auf den Widerruf der Erklärung ist § 24 Abs. 4 Satz 4 des Gesetzes anzuwenden.*

UStAE 24.8

24.8 Verzicht auf die Durchschnittssatzbesteuerung

91 (1) ① Die Erklärung des Unternehmers, dass er auf die Durchschnittssatzbesteuerung verzichtet (§ 24 Abs. 4 Satz 1 UStG), ist nicht an eine bestimmte Form gebunden. ② Berechnet der Unternehmer in der ersten Voranmeldung des Kalenderjahres die Vorauszahlung unter Zugrundelegung der allgemeinen Vorschriften des Gesetzes, kann darin eine solche Erklärung gesehen werden. ③ Hat ein Unternehmer mehrere land- und forstwirtschaftliche Betriebe, kann er die Erklärung nur einheitlich für alle Betriebe vornehmen, unabhängig davon, wie viele Teilbetriebe im Sinne des Ertragsteuerrechts der Unternehmer hat (vgl. BFH-Urteil vom 23. 4. 1998, V R 64/96, BStBl. II S. 494). ④ Entsprechendes gilt für den Widerruf (§ 24 Abs. 4 Satz 3 UStG).

92 (2)[2] ① Für Umsätze im Rahmen eines land- und forstwirtschaftlichen Betriebs im Sinne des § 24 Abs. 2 UStG geht die Durchschnittssatzbesteuerung des § 24 Abs. 1 bis 3 UStG der Besteuerung nach den anderen Vorschriften des Gesetzes vor. ② Das gilt auch in Bezug auf die Anwendung des § 19 Abs. 1 UStG. ③ Land- und Forstwirte können daher für ihre im Rahmen des land- und forstwirtschaftlichen Betriebs ausgeführten Umsätze die Regelung des § 19 Abs. 1 UStG nur in Anspruch nehmen, wenn sie nach § 24 Abs. 4 Satz 1 UStG auf die Durchschnittssatzbesteuerung des § 24 Abs. 1 bis 3 UStG verzichten. ④ Will ein Land- und Forstwirt nach dem Ausscheiden aus der Durchschnittssatzbesteuerung des § 24 Abs. 1 bis 3 UStG von § 19 Abs. 1 UStG keinen Gebrauch machen, muss er eine weitere Erklärung nach § 19 Abs. 2 Satz 1 UStG abgeben.

93 (3)[2·3] ① Die Erklärung nach § 24 Abs. 4 Satz 1 UStG bindet den Unternehmer grundsätzlich mindestens für fünf Kalenderjahre. ② Bei der Veräußerung eines land- und forstwirtschaftlichen Betriebs (Geschäftsveräußerung nach § 1 Abs. 1a UStG, vgl. Abschnitt 1.5) ist der Betriebserwerber als Rechtsnachfolger des Veräußerers anzusehen und demnach an die Optionsfrist gebunden. ③ Erwirbt ein die Durchschnittssatzbesteuerung anwendender Unternehmer einen land- und forstwirtschaftlichen Betrieb, für den der Veräußerer auf die Durchschnittssatzbesteuerung verzichtet hat, unterliegen ab Beginn des Kalenderjahres, in dem der Erwerber den Betrieb erworben hat, sämtliche land- und forstwirtschaftlichen Umsätze des Erwerbers der Regelbesteuerung. ④ In den Fällen, in denen der Unternehmer nach dem Ausscheiden aus der Durchschnittssatzbesteuerung des § 24 Abs. 1 bis 3 UStG die Vorschrift des § 19 Abs. 1 UStG anwendet, kann er jedoch die Erklärung mit Wirkung vom Beginn eines jeden folgenden Kalenderjahres an widerrufen (§ 71 UStDV). ⑤ Das gilt nicht, wenn der Unternehmer nach dem Ausscheiden aus der Durchschnittssatzbesteuerung des § 24 Abs. 1 bis 3 UStG eine weitere Erklärung nach § 19 Abs. 2 Satz 1 UStG abgegeben hat. ⑥ In diesem Fall gilt für ihn die Bindungsfrist des § 19 Abs. 2 Satz 2 UStG.

---

[1] **Hinweis** auf A 19.1 Abs. 4a, 24.1 Abs. 8, 24.3 Abs. 7 u. 8, 24.7 Abs. 4 u. 24.8 Abs. 2 u. 3 UStAE (Kleinunternehmerregelung/LuF).

[2] Wechsel der Besteuerungsform vgl. A 15.1 Abs. 5 u. 6, A 19.5, 23.3 Abs. 2 u. 24.8 Abs. 4 UStAE.
Vorsteuerberichtigung vgl. A 15 a.2 Abs. 2 Nr. 3 u. 4, A 15 a.9 UStAE.
Vorsteuerabzug vgl. A 15.1 Abs. 3 Nr. 3, 24.7 Abs. 2 u. 3 und 24.8 Abs. 4 UStAE.

[3] A 24.8 UStAE Abs. 3 Satz 3 eingefügt, bish. Sätze 3 bis 5 werden Sätze 4 bis 6 durch BMF v. 2. 6. 2022 (BStBl. I S. 926), anzuwenden auf nach dem 31. 12. 2021 bewirkte Umsätze.

(4)[1] ① Zum Vorsteuerabzug beim Wechsel der Besteuerungsform wird auf Abschnitt 15.1 Abs. 5 und 6 hingewiesen. ② Zur Berichtigung des Vorsteuerabzugs beim Wechsel der Besteuerungsform vgl. Abschnitt 15 a.9. 94

1. Die Optionsfrist ist **nicht verlängerbar** (§ 24 Abs. 4 Satz 5 UStG im Umkehrschluss), als gesetzliche Frist, die nicht die Einreichung einer Steuererklärung betrifft, auch nicht nach § 109 AO. § 108 Abs. 3 AO ist zu beachten. – 2. § 24 Abs. 4 UStG ist **unternehmensbezogen** auszulegen, eine betriebsbezogene Einzeloption ist nicht möglich. *LfSt Niedersachsen Vfg. v. 26. 7. 2021 S 7418 – 53-St 186 (DStR S. 2469).*

LS zu 24.8

95

24.9 Ausstellung von Rechnungen bei land- und forstwirtschaftlichen Betrieben

UStAE 24.9

① Die Regelungen der §§ 14 und 14 a UStG zur Rechnungserteilung gelten auch für die im Rahmen des land- und forstwirtschaftlichen Betriebs ausgeführten Lieferungen und sonstigen Leistungen. ② Als anzuwendender Steuersatz (§ 14 Abs. 4 Satz 1 Nr. 8 UStG) ist der für den Umsatz maßgebliche Durchschnittssatz anzugeben (§ 24 Abs. 1 Satz 5 UStG); dies gilt auch für Gutschriften. ③ Weist der Unternehmer einen höheren Steuerbetrag aus, als er im Rahmen der Durchschnittssatzbesteuerung gesondert in Rechnung stellen darf, schuldet er nach § 14 c Abs. 1 UStG diesen Mehrbetrag; er hat diesen Betrag an das Finanzamt abzuführen. ④ Das Gleiche gilt, wenn in einer Gutschrift im Sinne des § 14 Abs. 2 Sätze 2 und 3 UStG ein höherer Steuerbetrag ausgewiesen worden ist. ⑤ Im Rahmen des § 24 UStG kann auch § 14 c Abs. 2 UStG zur Anwendung kommen (vgl. Abschnitt 14 c.2). 97

Übersicht über die Durchschnittssätze für land- und forstwirtschaftliche Betriebe im Jahr 2022 (§ 24 Abs. 1 UStG)

Anl zu 24.9

99

Art der Umsätze	ab 1. 1. 2007		
	Durchschnittssatz		Steuer-zahllast
	Umsatz v. H.	Vorsteuer v. H.	
1. Lieferungen *und Eigenverbrauch* von forstwirtschaftlichen Erzeugnissen, ausgenommen Sägewerkserzeugnisse (z. B. Rund-, Schicht- und Abfallholz)	5,5	5,5	0
2. Lieferungen *und Eigenverbrauch* der in der Anl. 2 aufgeführten Sägewerkserzeugnisse (z. B. Schnittholzabfälle, Hobel-, Hack- und Sägespäne), sonstige Leistungen (z. B. Lohnfuhren), Hilfsumsätze (z. B. Verkauf gebrauchter Landmaschinen)	9,5	9,5	0
3. Lieferungen *und Eigenverbrauch* (ausgenommen Ausfuhrlieferungen und Umsätze im Ausland) der			
a) in der Anl. 2 nicht aufgeführten Sägewerkserzeugnisse (z. B. Kanthölzer, Bohlen, Bretter)	19,0	9,5	9,5
b) in der Anl. 2 nicht aufgeführten Getränke (z. B. Wein, Traubenmost, Frucht- und Gemüsesäfte) sowie alkoholische Flüssigkeiten (z. B. reiner Alkohol)	19,0	9,5	9,5
4. Ausfuhrlieferungen und im Ausland bewirkte Umsätze der			
a) in der Anl. 2 nicht aufgeführten Sägewerkserzeugnisse (vgl. Nr. 3 a)	9,5	9,5	0
b) Getränke, alkoholischen Flüssigkeiten (vgl. Nr. 3 b und Nr. 5)	9,5	9,5	0
5. Übrige landwirtschaftliche Umsätze (z. B. Getreide, Vieh, Fleisch, Milch, Obst, Gemüse, Eier)	9,5	9,5	0

Ab **1. 1. 2023** reduziert sich der Durchschnittssatz von 9,5 v. H. auf **9,0 v. H.**

[1] Wechsel der Besteuerungsform vgl. A 15.1 Abs. 5 u. 6, A 19.5, 23.3 Abs. 2 u. 24.8 Abs. 4 UStAE.
Vorsteuerberichtigung vgl. A 15 a.2 Abs. 2 Nr. 3 u. 4, A 15 a.9 UStAE.
Vorsteuerabzug vgl. A 15.1 Abs. 3 Nr. 3, 24.7 Abs. 2 u. 3 und 24.8 Abs. 4 UStAE.

UStG

§ 25 Besteuerung von Reiseleistungen

1 **(1) ① Die nachfolgenden Vorschriften gelten für Reiseleistungen eines Unternehmers, soweit der Unternehmer dabei gegenüber dem Leistungsempfänger im eigenen Namen auftritt und Reisevorleistungen in Anspruch nimmt. ② Die Leistung des Unternehmers ist als sonstige Leistung anzusehen. ③ Erbringt der Unternehmer an einen Leistungsempfänger im Rahmen einer Reise mehrere Leistungen dieser Art, so gelten sie als eine einheitliche sonstige Leistung. ④ Der Ort der sonstigen Leistung bestimmt sich nach § 3 a Abs. 1. ⑤ Reisevorleistungen sind Lieferungen und sonstige Leistungen Dritter, die den Reisenden unmittelbar zugute kommen.**

2 **(2) ① Die sonstige Leistung ist steuerfrei, soweit die ihr zuzurechnenden Reisevorleistungen im Drittlandsgebiet bewirkt werden. ② Die Voraussetzung der Steuerbefreiung muss vom Unternehmer nachgewiesen sein. ③ Das Bundesministerium der Finanzen kann mit Zustimmung des Bundesrates durch Rechtsverordnung bestimmen, wie der Unternehmer den Nachweis zu führen hat.**

3 **(3)[1] ① Die sonstige Leistung bemisst sich nach dem Unterschied zwischen dem Betrag, den der Leistungsempfänger aufwendet, um die Leistung zu erhalten, und dem Betrag, den der Unternehmer für die Reisevorleistungen aufwendet. ② Die Umsatzsteuer gehört nicht zur Bemessungsgrundlage.**

4 **(4) ① Abweichend von § 15 Abs. 1 ist der Unternehmer nicht berechtigt, die ihm für die Reisevorleistungen gesondert in Rechnung gestellten sowie die nach § 13 b geschuldeten Steuerbeträge als Vorsteuer abzuziehen. ② Im Übrigen bleibt § 15 unberührt.**

5 **(5) Für die sonstigen Leistungen gilt § 22 mit der Maßgabe, dass aus den Aufzeichnungen des Unternehmers zu ersehen sein müssen:**

1. der Betrag, den der Leistungsempfänger für die Leistung aufwendet,

2. die Beträge, die der Unternehmer für die Reisevorleistungen aufwendet,

3. die Bemessungsgrundlage nach Absatz 3 und

4. wie sich die in den Nummern 1 und 2 bezeichneten Beträge und die Bemessungsgrundlage nach Absatz 3 auf steuerpflichtige und steuerfreie Leistungen verteilen.

Hinweis auf EU-Vorschriften:
UStG: § 25 Abs. 1–4 .... **MwStSystRL:** Art. 306–310

Übersicht

Zu § 25 UStG (§ 72 UStDV)

UStDV

§ 72 *Buchmäßiger Nachweis bei steuerfreien Reiseleistungen*

6 *(1) Bei Leistungen, die nach § 25 Abs. 2 des Gesetzes ganz oder zum Teil steuerfrei sind, ist § 13 Abs. 1 entsprechend anzuwenden.*

(2) Der Unternehmer soll regelmäßig Folgendes aufzeichnen:

1. die Leistung, die ganz oder zum Teil steuerfrei ist;

2. den Tag der Leistung;

3. die der Leistung zuzurechnenden einzelnen Reisevorleistungen im Sinne des § 25 Abs. 2 des Gesetzes und die dafür von dem Unternehmer aufgewendeten Beträge;

---

[1] Zur Anwendung von § 25 Abs. 3 ab 1. 1. 2022 siehe § 27 Abs. 26 UStG.

4. den vom Leistungsempfänger für die Leistung aufgewendeten Betrag;

5. die Bemessungsgrundlage für die steuerfreie Leistung oder für den steuerfreien Teil der Leistung.

(3)[1] *(aufgehoben)*

25.1 Besteuerung von Reiseleistungen

UStAE 25.1

(1) ① § 25 UStG findet nur Anwendung, wenn der Unternehmer für die Durchführung der Reise Gegenstände und Dienstleistungen Dritter in Anspruch nimmt und diese dem Reisenden 11
unmittelbar zugutekommen. ② Der Zweck der Reise ist grundsätzlich unerheblich. ③ Die Besteuerung nach § 25 UStG kann für Sprach- und Studienreisen (z. B. Auslandsaufenthalte von Schülern während der Schulferien) sowie für Studienaufenthalte im Ausland, die mit einer Reise kombiniert sind (sog. High-School-Programme), in Betracht kommen (vgl. BFH-Urteil vom 1. 6. 2006 V R 104/01, BStBl. 2007 II S. 142). ④ Die Vorschrift gilt für alle Unternehmer, die Reiseleistungen erbringen, ohne Rücksicht darauf, ob dies allein Gegenstand des Unternehmens ist. ⑤ § 25 UStG ist bei Reiseleistungen von Unternehmern mit Sitz im Drittland und ohne feste Niederlassung im Gemeinschaftsgebiet nicht anwendbar. ⑥ Es sind nur Niederlassungen zu berücksichtigen, die unmittelbar am Verkauf beteiligt sind. ⑦ § 25 UStG hat besondere Bedeutung für Veranstalter von Pauschalreisen (§ 651 a Abs. 2 BGB). ⑧ Die Regelung ist jedoch unabhängig davon anzuwenden, ob die Reisebestandteile bereits als Teil eines Pauschalangebots vermarktet oder erst nach den konkreten Vorgaben des Leistungsempfängers zusammengesetzt werden. ⑨ § 25 UStG ist auch anzuwenden, wenn die Reiseleistung im eigenen Namen und für fremde Rechnung ausgeführt wird (vgl. Abschn. 3.15 Abs. 6 Beispiel 3 und Abs. 7 Beispiel 1 bis 3). ⑩ Grundsätzlich ist eine entgeltliche, im Inland steuerbare Leistung Voraussetzung für die Anwendung des § 25 UStG (vgl. BFH-Urteil vom 13. 12. 2018 V R 52/17, BStBl. 2019 II S. 345). ⑪ Ein Unternehmer (Arbeitgeber), der an seine Arbeitnehmer im Rahmen des Dienstverhältnisses Reisen überlässt, erbringt unter den übrigen Voraussetzungen des § 25 UStG auch Reiseleistungen (vgl. Abschn. 25.3 Abs. 4). ⑫ Leistungsempfänger ist der Besteller der Reiseleistung. ⑬ Dieser muss nicht selbst an der Reise teilnehmen, z. B. ein Vater schenkt seiner Tochter eine Pauschalreise.

(2)[2] ① Für das Vorliegen einer Reiseleistung ist es grundsätzlich erforderlich, dass der Unternehmer ein Bündel von Einzelleistungen erbringt, welches zumindest eine Beförderungs- oder Beherbergungsleistung enthält. 12

② Als Bestandteile einer Reiseleistung kommen insbesondere in Betracht:

1. Beförderung zu den einzelnen Reisezielen, Transfer;
2. Beherbergung;
3. Verpflegung;
4. Betreuung durch Reiseleiter;
5. Durchführung von Veranstaltungen (z. B. Stadtrundfahrten, Besichtigungen, Sport- und sonstige Animationsprogramme, Landausflüge);
6. Eintrittsberechtigungen.

③ Ein Leistungsbündel liegt nicht vor, wenn ein Unternehmer gegenüber seinem Kunden lediglich eine Beförderungsleistung erbringt, deren Zweck es ist, den Kunden die An- und Abreise zu organisieren. ④ Unerheblich ist dabei, ob die Beförderungsleistung mittels eines oder mehrerer verschiedener oder gleichartiger Beförderungsmittel erbracht wird. ⑤ Eigenleistungen sind bei der Prüfung, ob eine Reiseleistung gegeben ist, nicht zu berücksichtigen. ⑥ Eine einzelne Leistung genügt für die Anwendung des § 25 UStG nur dann, wenn es sich um eine Beherbergungsleistung handelt (vgl. EuGH-Urteil vom 19. 12. 2018 C-552/17, Alpenchalets Ressorts und BFH-Urteil vom 27. 3. 2019 V R 10/19 (V R 60/16), BStBl. 2021 II S. 497). ⑦ § 25 UStG ist hingegen auf den isolierten Verkauf von Opernkarten durch ein Reisebüro nicht anzuwenden (vgl. EuGH-Urteil vom 9. 12. 2010, C-31/10, Minerva Kulturreisen). ⑧ Die Einräumung von Eintrittsberechtigungen für Messen, Ausstellungen, Seminare und Kongresse und damit im Zusammenhang erbrachte Beförderungs-, Verpflegungs- und Beherbergungsleistungen, die vom Veranstalter als einheitliche Leistung (vgl. Abschn. 3.10) angeboten werden, sind keine Reiseleistungen.

Auftreten im eigenen oder fremden Namen

(3) ① Für die Frage des Auftretens im eigenen Namen kommt es bei Leistungen nach § 25 13
UStG maßgeblich auf die zivilrechtliche Beurteilung an. ② Die Entscheidung, ob der Unternehmer eine Leistung im eigenen Namen erbringt oder eine fremde Leistung lediglich vermittelt, ist anhand des zugrundeliegenden Rechtsverhältnisses nach dem Gesamtbild des Einzelfalls zu treffen. ③ Im Hinblick darauf, dass eine Vermittlungsleistung ein Handeln im fremden Namen

[1] § 72 Abs. 3 aufgehoben mWv 18. 12. 2019 durch „JStG 2019" v. 12. 12. 2019 (BGBl. I S. 2451), weiterhin anzuwenden auf vor dem 1. 1. 2022 bewirkte Umsätze (§ 74 a Abs. 5 UStDV).

[2] A 25.1 UStAE Abs. 2 Sätze 3 und 4 eingefügt, bish. Sätze 3 bis 6 werden neue Sätze 5 bis 8 durch BMF v. 20. 12. 2022 (BStBl. I S. 1694).

erfordert, kommt es für die Abgrenzung maßgeblich darauf an, wie der Unternehmer nach außen (gegenüber dem Leistungsempfänger) auftritt. ④ Es muss somit für den Leistungsempfänger objektiv erkennbar sein, dass der Handelnde für den Geschäftsabschluss im fremden Namen auftreten will. ⑤ In der Regel hat dies durch die Prospektgestaltung und durch klare Hinweise außerhalb seiner AGB zu geschehen (vgl. BFH-Urteil vom 22. 8. 2019 V R 12/19 (V R 9/16), BStBl. 2021 II S. 498).

14 (4) ① § 25 UStG ist nicht anzuwenden, soweit der Unternehmer beim Verkauf von Reisen erkennbar im fremden Namen handelt (vgl. Abschn. 3.7 Abs. 1). ② Die Besteuerung der Vermittlungsleistungen richtet sich nach den allgemeinen Vorschriften des UStG. ③ Die Steuerbefreiung nach § 4 Nr. 5 UStG ist zu beachten (vgl. Abschn. 4.5.2).

15 (5) Reisebüros können sowohl im eigenen als auch im fremden Namen auftreten (vgl. BFH-Urteil vom 22. 8. 2019 V R 12/19 (V R 9/16), BStBl. 2021 II S. 498):

Auftreten von Reisebüros im eigenen Namen

1. ① Reisebüros erbringen üblicherweise Vermittlungsleistungen, die der Regelbesteuerung unterliegen. ② Die Bündelung von Leistungen und die eigene Preisgestaltung können jedoch auch zur Annahme von Leistungen i. S. d. § 25 UStG führen, wenn das Reisebüro gegenüber dem Reisenden im eigenen Namen auftritt.

   Beispiel:

   ① Der Reiseveranstalter A hat ein Katalogangebot mit 2 Wochen Halbpension Mallorca für 799 € ausgeschrieben. ② Das Reisebüro B übernimmt ein Kontingent von 20 Plätzen zu einem Einkaufspreis von 640 € und kalkuliert die Reise wie folgt:

Einkaufspreis	640,– €
zzgl. Transfer zum Flughafen durch Busunternehmer C	40,– €
Summe Reisevorleistungen	680,– €

   ③ Reisebüro B tritt beim Verkauf der Reise im eigenen Namen auf, händigt einen Sicherungsschein (§ 651 r BGB) aus und berechnet für die Reise 809 €. ④ Die auf die Reise entfallende Marge beträgt:

Verkaufspreis	809,– €
abzgl. Reisevorleistungen	680,– €
Marge des B	129,– €

   ⑤ Reisebüro B verkauft die Reisen im eigenen Namen und für eigene Rechnung. ⑥ B nimmt für die Reisen die Leistungen des Reiseveranstalters A und des Busunternehmers C in Anspruch (Reisevorleistungen). ⑦ Reisebüro B erbringt jeweils einheitliche sonstige Leistungen, die nach § 25 UStG zu besteuern sind.

   ③ Erwirbt ein Tickethändler oder ein Reisebüro ein Paket von Flugtickets, um hieraus durch Verbindung mit anderen Leistungen (z. B. Beherbergung und Verpflegung) jeweils Pauschalreisen zusammenzustellen, liegt eine Reiseleistung vor (vgl. Abschn. 4.5.3 Abs. 2).

Auftreten von Reiserbüros im fremden Namen

2. ① Reisebüros können beim Verkauf einer Reise an einen Kunden mehrere Vermittlungsleistungen nebeneinander erbringen, wenn sie dabei erkennbar im Namen des jeweiligen Leistungserbringers oder des Reisenden agieren.

   Beispiel 1:

   ① Ein Reiseveranstalter hat ein Katalogangebot mit 2 Wochen Halbpension Mallorca ohne Anreise für 850 € ausgeschrieben. ② Das Reisebüro verkauft dem Reisenden die Reise laut Angebot im Namen des Reiseveranstalters und händigt dessen Sicherungsschein aus. ③ Zudem werden im Namen des Reisenden bei einer Fluggesellschaft wunschgemäß Hin- und Rückflug gebucht. ④ Die Bezahlungen sollen vereinbarungsgemäß vom Reisenden direkt an die Leistungserbringer erfolgen. ⑤ Das Reisebüro stellt dem Reisenden lediglich die Vermittlung des Fluges in Rechnung.

   Beispiel 2:

   Eine USA-Rundreise aus mehreren Bausteinen (Flug, Übernachtungen, Mietwagen) wird nach den im Beispiel 1 dargestellten Grundsätzen für den Reisenden zusammengestellt und im Namen der Leistungserbringer verkauft.

   Beispiel 3:

   ① Das Pauschalangebot eines Reiseveranstalters für eine zweiwöchige Reise wird an den Kunden vermittelt, wobei der Rückflug des Reisenden erst nach der dritten Woche erfolgen soll. ② Das Reisebüro vermittelt für die dritte Woche einen zusätzlichen Hotelaufenthalt. ③ Die formalen Grundsätze des Beispiels 1 sind erfüllt.

   ② Im Beispielsfall 1 liegen keine gebündelten Leistungen i. S. d. Nr. 1 vor, da der Unternehmer für beide Leistungen die Voraussetzungen einer Vermittlungsleistung erfüllt. ③ Hinsichtlich der Pauschalreise handelt er im Namen des Reiseveranstalters; bezüglich des Fluges tritt er im Namen des Reisenden auf. ④ Die Beispiele 2 und 3 sind wie der Beispielsfall 1 zu beurteilen, wenn das Reisebüro beim Vermittlungsgeschäft im Namen der jeweiligen Leistungserbringer auftritt.

Rabattgewährung durch Reisebüros

3. Gewährt ein Reisebüro, das als Vermittler für einen Reiseveranstalter handelt, dem Endverbraucher aus eigenem Antrieb und auf eigene Kosten einen Nachlass auf den Preis der vermittelten Leistung, ist dieser Vorgang umsatzsteuerrechtlich unbeachtlich (vgl. Abschn. 17.2 Abs. 7).

UStAE 25.1

(6) ① Alle im Rahmen einer Reise erbrachten Leistungen gelten als einheitliche sonstige Leistung des Unternehmers an den Leistungsempfänger, soweit der Unternehmer gegenüber dem Leistungsempfänger im eigenen Namen auftritt und für die Durchführung der Reise Lieferungen und sonstige Leistungen Dritter (Reisevorleistungen) in Anspruch nimmt. ② Im Rahmen einer Reise sind alle Reiseleistungen erbracht, die einem einzelnen Reisenden zugutekommen. ③ Liegen danach mehrere einheitliche sonstige Leistungen vor, können diese aus Vereinfachungsgründen als eine einheitliche sonstige Leistung behandelt werden, wenn der Unternehmer mehrere gleichartige Reisen an einen Leistungsempfänger abgibt. 16

Beispiel:

① A erwirbt für sich, seine Ehefrau und seine drei Kinder fünf Reisen vom 17. bis 31. Juli nach Mallorca. ② Die Unterbringung erfolgt in zwei Doppel- und einem Einzelzimmer.

(7) ① Die sonstige Leistung wird nach § 3 a Abs. 1 UStG an dem Ort ausgeführt, an dem der Unternehmer seinen Sitz hat; das gilt auch für die Erbringung sonstiger Leistungen nach § 25 UStG an andere Unternehmer für deren Unternehmen. ② Wird die sonstige Leistung von einer Betriebsstätte des Unternehmers ausgeführt, gilt der Ort der Betriebsstätte als Leistungsort. ③ Die sonstige Leistung ist nach den allgemeinen Zuordnungskriterien entweder dem Sitz des Unternehmens oder einer Betriebsstätte zuzurechnen (vgl. Abschn. 3 a.1 Abs. 2), wobei auf den Schwerpunkt der erbrachten Leistungen abzustellen ist. ④ Der Ort sonstiger Leistungen nach § 25 UStG bestimmt sich nach dem Vertrieb der Reise (vgl. EuGH-Urteil vom 20. 2. 1997 C-260/95, DFDS). ⑤ Eine Zurechnung der sonstigen Leistung an die Betriebsstätte kommt nur in Betracht, wenn diese unmittelbar am Verkauf beteiligt ist. ⑥ Werden einzelne Reisebestandteile vom selben Unternehmer zu unterschiedlichen Zeiten – ggf. während der Reise – und an unterschiedlichen Orten verkauft, ist der Leistungsort für die einheitliche sonstige Leistung nach § 25 UStG danach zu bestimmen, wo der Verkauf der Reise, soweit sie auf Reisevorleistungen beruht, überwiegend erfolgt. 17

(8) ① § 25 UStG gilt nur bei der Inanspruchnahme von Reisevorleistungen durch den Unternehmer, nicht jedoch, soweit dieser Reiseleistungen durch den Einsatz eigener Mittel (Eigenleistungen) – z. B. eigene Beförderungsmittel, eigenes Hotel, Betreuung durch angestellte Reiseleiter – erbringt. ② Durch die Weitergabe von Fremdleistungen innerhalb des Organkreises werden Reisevorleistungen nicht zu Eigenleistungen. ③ Die Abgrenzung zwischen Eigenleistung einerseits und in die Margenbesteuerung einzubeziehender Reisevorleistung andererseits vollzieht sich nicht aus Sicht der Reisenden, sondern nach den tatsächlichen Umständen der Leistungserbringung (vgl. BFH-Urteil vom 1. 3. 2018 V R 23/17, BStBl. II S. 503). ④ Allein die Tatsache, dass der Unternehmer die volle Verantwortung für die Durchführung der Reise zu tragen hat, führt noch nicht zur Annahme von Eigenleistungen. ⑤ Für die Eigenleistungen gelten die allgemeinen umsatzsteuerrechtlichen Vorschriften. ⑥ Bei Reisen, die sich auch auf das Ausland erstrecken, unterliegen der Besteuerung daher die jeweiligen im Inland erbrachten Einzelleistungen. ⑦ Folgende Vorschriften sind zu beachten: 18

1. § 3 a Abs. 1 oder Abs. 2 UStG bei Betreuung durch angestellte Reiseleiter;
2. § 3 b Abs. 1 und § 26 Abs. 3 UStG für Personenbeförderungsleistungen;
3. § 3 a Abs. 3 Nr. 1 Satz 2 Buchst. a UStG für Beherbergungsleistungen;
4. § 3 a Abs. 3 Nr. 3 Buchst. a oder Abs. 2 UStG für (Land-)Ausflüge mit beispielsweise sportlichem, kulturellem oder unterhaltendem Charakter;
5. § 3 a Abs. 3 Nr. 3 Buchst. b UStG für die Abgabe von Speisen und Getränken zum Verzehr an Ort und Stelle (Restaurationsleistungen); zur Abgrenzung von Lieferungen zu Restaurationsleistungen vgl. Abschn. 3.6; zur Abgrenzung von Haupt- und Nebenleistung vgl. Abschn. 3.10 Abs. 6 Nr. 13.

⑧ Eigene Mittel sind auch dann gegeben, wenn der Unternehmer ein Beförderungsmittel ohne Fahrzeugführer oder im Rahmen eines Gestellungsvertrags ein bemanntes Beförderungsmittel anmietet und dabei selbst sowohl Weisungsbefugnis hat als auch Verantwortung über den Einsatz des Beförderungsmittels trägt. ⑨ Der Unternehmer erbringt dagegen keine Reiseleistung unter Einsatz eigener Mittel, wenn er sich zur Ausführung einer Beförderung eines Unternehmers bedient, der die Beförderung in eigenem Namen und unter eigener Verantwortung ausführt. ⑩ Der Unternehmer bewirkt in diesem Falle eine Beförderungsleistung an den Leistungsempfänger, die bei Letzterem als Reisevorleistung anzusehen ist (vgl. auch das Beispiel in Abschn. 3 b.1 Abs. 2). ⑪ Die Betreuungsleistungen, die Unternehmer durch angestellte Reiseleiter erbringen, unterliegen als Leistungen mit eigenen Mitteln (Eigenleistungen) nicht der Margenbesteuerung nach § 25 Abs. 1 UStG (BFH-Urteil vom 23. 9. 1993 V R 132/89, BStBl. 1994 II S. 272).

(9) ① Reisevorleistungen sind alle Leistungen, die von einem Dritten erbracht werden und dem Reisenden unmittelbar zugutekommen. ② In Betracht kommen alle Leistungen, die der Reisende in Anspruch nehmen würde, wenn er die Reise selbst zusammenstellte, insbesondere Beförderung, Beherbergung und Verpflegung. 19

Beispiel 1:

① Reiseveranstalter A verkauft eine Pauschalreise im eigenen Namen. ② Er bedient sich für die Beförderung, Unterbringung und Verpflegung der Unternehmer X, Y und Z. ③ Insoweit sind Reisevorleistungen gegeben.

③ Erwirbt ein Unternehmer von einem anderen Unternehmer eine nach § 25 Abs. 1 Satz 3 UStG einheitliche Reiseleistung (Kettengeschäft), sind Reisevorleistungen die einzelnen Bestandteile und nicht die einheitliche Reiseleistung.

Beispiel 2:

① Reiseveranstalter B verkauft die von Reiseveranstalter A erworbene Pauschalreise im eigenen Namen. ② Reisevorleistungen sind die einzelnen Bestandteile (Beförderung, Unterbringung und Verpflegung der Unternehmer X, Y und Z).

④ Keine Reisevorleistungen sind hingegen die folgenden Leistungen dritter Unternehmer, die dem Reisenden nur mittelbar zugutekommen:

1. Ein selbständiges Reisebüro vermittelt die Pauschalreisen des Reiseveranstalters;
2. ein Reisebus muss während einer Reise repariert werden.

20 (10) ① Die Leistungen von Zielgebietsagenturen sind in vollem Umfang als Reisevorleistungen anzusehen, wenn die Betreuung der Reisenden vor Ort dabei im Vordergrund steht (z. B. Organisation des Transfers, Animation der Reisenden, Arrangements von Ausflügen und Besichtigungen). ② Die im Zusammenhang damit ausgeführten Verwaltungsleistungen für den Unternehmer sind unselbstständige Nebenleistungen. ③ Ist aufgrund der Einreisebestimmungen anderer Staaten für die Erteilung eines Visums die Vorlage einer Reisebestätigung (Visabestätigung) erforderlich, handelt es sich bei der in diesem Zusammenhang in Aussicht gestellten Betreuungsleistung um eine Reiseleistung nach § 25 UStG. ④ Die Betreuung während der Reise stellt eine gegenüber der bloßen Beschaffung des Touristenvisums selbstständige sonstige Leistung dar (vgl. BFH-Urteil vom 2. 3. 2006 V R 25/03, BStBl. II S. 788).

21 (11) ① Gemischte Leistungen liegen vor, wenn der Unternehmer sowohl Leistungen mit eigenen Mitteln erbringt (vgl. Abs. 8) als auch Reisevorleistungen in Anspruch nimmt (vgl. Abs. 9). ② In diesen Fällen ist § 25 UStG nur anwendbar, soweit der Unternehmer gegenüber dem Leistungsempfänger im eigenen Namen auftritt und Reisevorleistungen in Anspruch nimmt. ③ Für die im Rahmen einer solchen Reise erbrachten Leistungen mit eigenen Mitteln gelten die allgemeinen Vorschriften.

Beispiel:

① Im Rahmen einer Pauschalreise befördert der Unternehmer die Reisenden im eigenen Bus. ② Beherbergung und Verpflegung erfolgen in einem fremden Hotel. ③ Der Unternehmer tritt gegenüber den Reisenden im eigenen Namen auf.

④ In diesem Fall erfolgt die Besteuerung der Beförderungsleistung nach den allgemeinen Vorschriften; die Beherbergungs- und Verpflegungsleistungen unterliegen der Besteuerung nach § 25 UStG. ⑤ Zur Ermittlung der Bemessungsgrundlagen vgl. Abschn. 25.3 Abs. 2.

22 (12) ① Für eine einheitliche Reiseleistung i. S. d. § 25 Abs. 1 Satz 2 UStG sind die unternehmerbezogenen Steuerbefreiungen nach § 4 UStG und Steuersatzermäßigungen zu beachten. ② Demgegenüber kommen leistungsbezogene Steuerbefreiungen und Steuersatzermäßigungen nicht in Betracht (vgl. BFH-Urteil vom 27. 3. 2019 V R 10/19 (V R 60/16), BStBl. 2021 II S. 497).

23 (13) ① Eine Reiserücktrittskostenversicherung, deren Abschluss bei Buchung der Reise in das Belieben des Leistungsempfängers gestellt wird und für die das Versicherungsentgelt neben dem Reisepreis ggf. gesondert berechnet wird, ist eine umsatzsteuerrechtlich gesondert zu beurteilende Leistung, die nicht der Margenbesteuerung des § 25 UStG unterliegt. ② Auch der Abschluss einer obligatorisch vom Reiseveranstalter angebotenen Reiserücktrittskostenversicherung kann eine selbständige Leistung darstellen (vgl. BFH-Urteil vom 13. 7. 2006 V R 24/02, BStBl. II S. 935). ③ Der Umsatz kann je nach Sachverhalt entweder unter den Voraussetzungen des § 4 Nr. 10 Buchst. b UStG (Verschaffung von Versicherungsschutz) oder unter denen des § 4 Nr. 11 UStG (Umsatz aus der Tätigkeit als Versicherungsvertreter) steuerfrei sein.

24 (14) ① Tritt der Reisende vor Reisebeginn vom Reisevertrag zurück und hat er für diesen Fall eine in dem Reisevertrag vorab vereinbarte Entschädigung zu entrichten (Stornogebühr), liegt beim Reiseveranstalter echter Schadensersatz und somit kein Entgelt für eine Reise vor. ② Dies gilt unter der Voraussetzung, dass zivilrechtlich ein Rücktrittsrecht besteht. ③ Schreibt der Unternehmer dem Reisebüro einen Anteil von Stornogebühren gut, handelt es sich hierbei um das Entgelt für Leistungen des Reisebüros. ④ Umbuchungs- und Änderungsgebühren, die der Reisende bei Änderung eines bestehenbleibenden Reisevertrags zu entrichten hat, erhöhen das für die Reise zu entrichtende Entgelt.

LS zu 25.1

32 Bei der Veräußerung von **Opernkarten („Karten-Service")** handelt es sich, abhängig von der Vertragsgestaltung, um ein Agenturgeschäft, eine Besorgungsleistung oder ein Eigengeschäft. Bei sog. **Festspielreisen** liegt regelmäßig eine einheitliche Reiseleistung im Sinne des § 25 UStG vor. *Verfügung OFD Chemnitz S 7100 – 76/1 – St 34 v. 3. 7. 1997.* – Vgl. **LS zu A 3.7** u. A 25.1 Abs. 1 Satz 5.

Die Vermietung von **Ferienwohnungen,** die der Unternehmer von anderen Unternehmern angemietet hat, unterliegt der Margenbesteuerung nach § 25 UStG unter Anwendung des Regelsteuersatzes. *BFH-Urteil v. 27. 3. 2019 V R 10/19 (V R 60/16) (DStR S. 1039), Folgeentscheidung zum EuGH-Urteil v. 19. 12. 2018 C-552/17, Alpenchalets Resorts (MwStR 2019 S. 154).*

Nach dem ***EuGH-Urteil v. 8. 2. 2018*** *C-380/16, Kommission/Deutschland (MwStR S. 312)* ist die nationale Regelung richtlinienwidrig, soweit sie **B2B-Leistungen** von der Anwendung des § 25 UStG ausschließt und soweit sie eine **Gesamtmargenbildung** zulässt.

Ein inländischer Reiseveranstalter kann sich hinsichtlich der von ihm **für sein Unternehmen bezogenen Reisevorleistungen** eines in einem anderen Mitgliedstaat der EU ansässigen Unternehmers, für die er als Leistungsempfänger die Steuer schuldet, unmittelbar auf die unionsrechtlichen Bestimmungen über die Margenbesteuerung (Art. 306 ff. MwStSystRL) berufen mit der Folge, dass er entgegen dem nationalen Recht keine Steuer für die erbrachten Leistungen schuldet, weil diese danach im Inland nicht steuerbar sind. *BFH-Urteil v. 13. 12. 2017 XI R 4/16 (BStBl. 2020 II S. 823).*

Die organschaftliche Zusammenfassung nach § 2 Abs. 2 Nr. 2 UStG bewirkt bei Anwendung des § 25 UStG, dass es sich nur bei den von **Organgesellschaften mit eigenen Betriebsmitteln** erbrachten Leistungen um Eigenleistungen handelt, während die durch Organgesellschaften von Dritten bezogenen Leistungen Reisevorleistungen sind, die in die Margenbesteuerung einzubeziehen sind. *BFH-Urteil v. 1. 3. 2018 V R 23/17 (BStBl. II S. 503).*

1. Art. 26 der Sechsten Richtlinie 77/388/EWG des Rates findet auf einen **Hotelier** Anwendung, der seinen Kunden gegen Zahlung eines Pauschalpreises neben der Unterkunft regelmäßig auch die **Beförderung** von bestimmten weit entfernten **Abholstellen** zum Hotel und zurück sowie während des Aufenthalts für die Zeit eine **Busreise** bietet, wobei die Transportdienstleistungen von Dritten bezogen werden. – 2. In Fällen, in denen ein Wirtschaftsteilnehmer, auf den Art. 26 der Sechsten Richtlinie 77/388 anwendbar ist, gegen Zahlung eines Pauschalpreises Umsätze tätigt, die aus Dienstleistungen bestehen, welche zum Teil von ihm selbst und zum Teil von anderen Steuerpflichtigen erbracht werden, unterliegen nur die von den letzteren erbrachten Dienstleistungen der Mehrwertsteuerregelung dieses Artikels. Von einem Wirtschaftsteilnehmer kann nicht verlangt werden, daß er den Teil des Pauschalpreises, der der Eigenleistung entspricht, nach dem Grundsatz der tatsächlichen Kosten errechnet, wenn es möglich ist, diesen Teil des Pauschalpreises nach dem Marktpreis der Leistungen zu errechnen, die den im pauschalen Leistungspaket enthaltenen entsprechen. ***EuGH-Urteil v. 22. 10. 1998,** C-308/96, C-94/97 (DStRE S. 843).*

Zur umsatzsteuerlichen Behandlung von **Seminaren, Fachtagungen** und mehrtägigen **Studienreisen** eines (gemeinnützigen) Trägers der Weiterbildung. *Verfügung OFD Rheinland S 7419 – 1000 – St 435 v. 22. 1. 2008 (UR S. 282).*

§ 25 UStG findet keine Anwendung auf den Verkauf von Reiseleistungen an andere Reiseunternehmer **(Kettengeschäfte)** und den Verkauf von Incentivereisen. – Enthalten die Reiseleistungen **Restaurationsleistungen,** bestimmt sich der Leistungsort auch bei Auslandsreisen nach § 3 a Abs. 1 UStG. *Verfügung OFD Frankfurt S 7419 A – 14 – St I 2.40 v. 9. 2. 2005 (UR S. 515).*

Zum **Ort der Leistung bei Restaurationsleistungen** im Zusammenhang mit Reiseleistungen ab dem 1. 1. 2010. *Verfügung OFD Niedersachsen S 7117 – 38 – St 171 v. 27. 5. 2010 (DB S. 1561).*

a) Schreiben betr. umsatzsteuerliche Behandlung von Reiseleistungen; Berufungsrecht auf Art. 306 ff. MwStSystRL; BFH-Urteile vom 21. November 2013 V R 11/11, vom 20. März 2014 V R 25/11, und vom 13. Dezember 2017 XI R 4/16

Anl a zu 25.1

Vom 30. November 2020 (BStBl. I S. 1338)

(BMF III C 2 – S 7419/19/10001 :001; DOK 2020/1233771)

[abgedruckt im USt-Handbuch 2021 als Anlage a zu A 25.1]

b) Schreiben betr. Besteuerung von Reiseleistungen von Unternehmen mit Sitz im Drittland

Anl b zu 25.1

Vom 29. Januar 2021 (BStBl. I S. 250)

(BMF III C 2 – S 7419/19/10002 :004; DOK 2020/0981332)

I.

Es ist die Frage aufgetreten, ob die Sonderregelungen für Reiseleistungen auch für Unternehmer mit Sitz im Drittland und ohne feste Niederlassung im Gemeinschaftsgebiet anwendbar sind. 37

II.

[Änderungen des Umsatzsteuer-Anwendungserlasses in A 25.1 UStAE berücksichtigt]

III.

Die Regelungen dieses Schreibens sind in allen offenen Fällen anzuwenden. Aus Gründen des Vertrauensschutzes wird es nicht beanstandet, wenn auf bis zum 31. 12. 2022[1] ausgeführte Reiseleistungen von Unternehmern mit Sitz im Drittland und ohne feste Niederlassung im Gemeinschaftsgebiet die Sonderregelung des § 25 UStG angewendet wird. 38

c) Schreiben betr. umsatzsteuerliche Behandlung von Reiseleistungen (§ 25 UStG); Neufassung des Abschnitts 25 UStAE

Anl c zu 25.1

Vom 24. Juni 2021 (BStBl. I S. 857)

(BMF III C 2 – S 7419/19/10001 :006; DOK 2021/0568692)

I.

Mit dem Gesetz zur weiteren steuerlichen Förderung der Elektromobilität und zur Änderung weiterer steuerlicher Vorschriften v. 17. 12. 2019 (BGBl. I 2019, 2451) wurde § 25 UStG wie folgt geändert: 39

- Anwendung der Sonderregelung auch für den B2 B-Bereich (mit Wirkung ab dem 18. 12. 2019),
- Aufhebung der Gesamtmargenbildung (mit Wirkung ab dem 1. 1. 2022).

---

[1] Die Nichtbeanstandungsregelung wurde mit *BMF-Schreiben v. 29. 3. 2021 (BStBl. I S. 386)* auf den 31. 12. 2021, mit *BMF-Schreiben v. 1. 12. 2021 (BStBl. I S. 2488)* auf den 31. 12. 2022 und mit *BMF-Schreiben v. 12. 12. 2022 (BStBl. I S. 1682)* auf den **31. 12. 2023** verlängert.

Die Finanzverwaltung hat die gesetzlichen Änderungen zum Anlass genommen, den UStAE umfänglich zu überarbeiten.

II.

[Änderungen des Umsatzsteuer-Anwendungserlasses in A 25.1, A 25.2, A 25.4 und A 25.5 UStAE berücksichtigt]

III.

40 Die Regelungen dieses Schreibens sind mit Ausnahme der Regelungen zur Einzelmargenbildung (Abschn. 25.3 UStAE) in allen offenen Fällen anzuwenden. Die Regelungen des Abschn. 25.3 UStAE sind für Umsätze nach dem 31. 12. 2021 anzuwenden. Die Nichtbeanstandungsregelung für Reiseleistungen von Unternehmen mit Sitz im Drittland (BMF v. 29. 1. 2021 – III C 2 – S 7419/19/10002 :004(2020/0981332), BStBl. I 2021, 250) besteht fort.[1] Aus Gründen des Vertrauensschutzes wird es nicht beanstandet, wenn Unternehmer auf bis zum 31. 12. 2021 ausgeführte Umsätze Abschn. 25 UStAE in der am 1. 6. 2021 geltenden Fassung anwenden.

UStAE 25.2

25.2 Steuerfreiheit von Reiseleistungen nach § 25 Abs. 2 UStG

51 (1) ① Nach § 25 Abs. 2 UStG ist eine Reiseleistung insgesamt steuerfrei, wenn die ihr zuzurechnenden Reisevorleistungen ausschließlich im Drittlandsgebiet bewirkt werden. ② Zu den Reisevorleistungen können insbesondere Unterkunft, Verpflegung, Betreuung und Beförderung von Personen gehören.

Beispiel 1:

① Ein Reiseveranstalter bietet im eigenen Namen eine Rundreise mit dem Reisebus in den USA zu einem Pauschalpreis an. ② Hin- und Rückreise von und nach Deutschland sind in dem Preis nicht enthalten.

③ Die in der Beförderung der Reisenden mit dem Reisebus bestehenden Reisevorleistungen werden im Drittlandsgebiet bewirkt. ④ Da Übernachtungs- und Verpflegungsleistungen ebenfalls im Drittlandsgebiet bewirkt werden, ist die einheitliche sonstige Leistung des Veranstalters insgesamt steuerfrei.

⑤ Der Ort, an dem die Reisevorleistungen bewirkt werden, bestimmt sich nach den allgemeinen Regelungen der §§ 3 a ff. UStG. ⑥ Diese Ortsbestimmung bindet bei einem Kettengeschäft auch nachfolgende Unternehmer. ⑦ Werden Reisevorleistungen, deren Ort der Leistung sich nach § 3 a Abs. 2 UStG bestimmen würde, ausschließlich im Drittlandsgebiet erbracht, verlagert sich der Ort nach § 3 a Abs. 8 UStG ins Drittland (vgl. Abschn. 3 a.14 Abs. 5).

Beispiel 2:

① Ein deutscher Reiseveranstalter bietet Pauschalreisen nach Thailand im eigenen Namen an, deren Leistungsbestandteile er selbst eingekauft hat. ② Er nimmt dabei Betreuungsleistungen eines schweizerischen Unternehmers in Anspruch, der im Reisezielgebiet keine Betriebsstätte hat und die Leistungen ausschließlich im Drittlandsgebiet ausführt.

③ Die Betreuungsleistung des schweizerischen Unternehmers wird nach § 3 a Abs. 2 i. V. m. Abs. 8 UStG im Drittlandsgebiet bewirkt. ④ Die Marge des deutschen Reiseveranstalters ist somit steuerfrei.

52 (2) Die einheitliche sonstige Leistung ist insgesamt steuerpflichtig, wenn die in Abs. 1 bezeichneten Reisevorleistungen (vgl. Abschn. 25.1. Abs. 9) ausschließlich im Gemeinschaftsgebiet bewirkt werden.

Beispiel:

① Der deutsche Reiseveranstalter A bietet im eigenen Namen Rundreisen innerhalb des Gemeinschaftsgebiets an. ② Er hat die Reisen von dem Reiseveranstalter B mit Sitz in Frankreich gekauft. ③ B hat die einzelnen Reisebestandteile (Beförderungs-, Betreuungs-, Beherbergungs- und Verpflegungsleistungen) von anderen Unternehmen erworben und zu einer einheitlichen Pauschalreise gebündelt. ④ Da sämtliche Reisevorleistungen im Gemeinschaftsgebiet bewirkt werden, ist die Marge des deutschen Reiseveranstalters A insgesamt steuerpflichtig.

53 (3) ① Werden die Reisevorleistungen nur zum Teil im Drittlandsgebiet, im Übrigen aber im Gemeinschaftsgebiet erbracht, ist die Reiseleistung insoweit steuerfrei, als die Reisevorleistungen im Drittlandsgebiet bewirkt werden. ② Dies gilt auch für Reisevorleistungen, die in der Beförderung von Personen bestehen. ③ Erstreckt sich somit eine Beförderung sowohl auf das Drittlandsgebiet als auch auf das Gemeinschaftsgebiet, hat der Unternehmer die gesamte Beförderungsleistung nach Maßgabe der im Drittlands- und im Gemeinschaftsgebiet zurückgelegten Strecken aufzuteilen.

Beispiel 1:

① Reiseveranstalter A verkauft im eigenen Namen eine Pauschalreise in die USA (Flug und Beherbergung) ab München.

② Die Reiseleistung des A ist insoweit steuerpflichtig, als die Personenbeförderung im Flugzeug (Reisevorleistung) im Gemeinschaftsgebiet bewirkt wird (vgl. Abschn. 25.2 Abs. 4). ③ Der Leistungsort der übrigen Reisebestandteile liegt im Drittlandsgebiet. ④ Die Reiseleistung ist daher insoweit steuerfrei.

Beispiel 2: (Kettengeschäft)

① Reiseveranstalter B verkauft die von Reiseveranstalter A erworbene Pauschalreise im eigenen Namen.

② Die Reiseleistung des B ist wie im Beispiel 1 insoweit steuerpflichtig, als die Personenbeförderung im Flugzeug (Reisevorleistung) im Gemeinschaftsgebiet bewirkt wird. ③ Der Leistungsort der übrigen Reisebestandteile liegt im Drittlandsgebiet. ④ Die Reiseleistung ist wie im Beispiel 1 insoweit steuerfrei.

---

[1] Die Nichtbeanstandungsregelung wurde mit *BMF-Schreiben v. 29. 3. 2021 (BStBl. I S. 386)* auf den 31. 12. 2021, mit *BMF-Schreiben v. 1. 12. 2021 (BStBl. I S. 2488)* auf den 31. 12. 2022 und mit *BMF-Schreiben v. 12. 12. 2022 (BStBl. I S. 1682)* auf den **31. 12. 2023** verlängert.

(4) ① Erstreckt sich eine Personenbeförderung im Luftverkehr (Reisevorleistung) sowohl auf das Drittlandsgebiet als auch auf das Gemeinschaftsgebiet, kann der Empfänger der Beförderungsleistung abweichend von Abs. 3 aus Vereinfachungsgründen wie folgt verfahren: **54**

② Liegt der Zielort der Personenbeförderung im Drittlandsgebiet, gilt die Beförderungsleistung insgesamt als im Drittlandsgebiet bewirkt (Zielortregelung). ③ Im Rahmen von Kettengeschäften ist die Anwendung oder Nichtanwendung der Zielortregelung für alle nachfolgenden Unternehmer bindend.

Beispiel 1:

① Ein Reiseveranstalter bietet im eigenen Namen eine Flugreise von Düsseldorf auf die Kanarischen Inseln zu einem Pauschalpreis an. ② Der Reiseveranstalter wendet für alle von ihm angebotenen Reisen die Zielortregelung an.

③ Da der Zielort der Reise im Drittlandsgebiet liegt, gilt die Beförderungsleistung insgesamt als im Drittlandsgebiet bewirkt. ④ Werden auch alle übrigen Reisevorleistungen im Drittlandsgebiet bewirkt, ist die Reiseleistung des Veranstalters insgesamt steuerfrei.

④ Liegt der Zielort der Personenbeförderung im Gemeinschaftsgebiet, gilt die Beförderungsleistung insgesamt als im Gemeinschaftsgebiet bewirkt.

Beispiel 2:

① Ein Reiseveranstalter bietet im eigenen Namen eine Flugreise von Düsseldorf nach Athen zu einem Pauschalpreis an. ② Der Reiseveranstalter wendet für alle von ihm angebotenen Reisen die Zielortregelung an.

③ Da der Zielort der Reise im Gemeinschaftsgebiet liegt, gilt die Beförderungsleistung als im Gemeinschaftsgebiet bewirkt. ④ Werden auch alle übrigen Reisevorleistungen im Gemeinschaftsgebiet bewirkt, ist die Reiseleistung des Veranstalters insgesamt steuerpflichtig.

⑤ Hin- und Rückflug sind bei der Anwendung der Vereinfachungsregelung als eine Reisevorleistung anzusehen. ⑥ Der Zielort bestimmt sich nach dem Hinflug. ⑦ Zwischenlandungen aus flugtechnischen Gründen berühren die Anwendung der Vereinfachungsregelung nicht. ⑧ Inländische Zu- und Abbringerflüge sind nur dann in die Zielortregelung einzubeziehen, wenn die als Reisevorleistung in Anspruch genommene Beförderungsleistung einschließlich der Zu- und Abbringerflüge nach umsatzsteuerrechtlichen Grundsätzen eine einheitliche Beförderungsleistung darstellt (vgl. Abschn. 3.10 und BFH-Urteil vom 1. 3. 2018 V R 23/17, BStBl. II S. 503).

Beispiel 3:

① Ein Reiseveranstalter bietet im eigenen Namen eine Busreise an. ② Diese beginnt in Zürich (Schweiz) und endet in Rom (Italien). ③ Im Reisepreis sind Hin- und Rückflug von und nach Köln-Bonn enthalten. ④ Der Reiseveranstalter wendet für alle von ihm angebotenen Reisen die Zielortregelung an.

⑤ Da der Zielort des Hinflugs im Drittlandsgebiet (Schweiz) liegt, gilt die Personenbeförderung mit dem Flugzeug inklusive des Rückflugs als insgesamt im Drittlandsgebiet bewirkt. ⑥ Die Busreise ist in einen steuerfreien Streckenanteil im Drittlandsgebiet und einen steuerpflichtigen Anteil im Gemeinschaftsgebiet aufzuteilen.

(5) ① Macht ein Unternehmer von der Vereinfachungsregelung nach Abs. 4 Gebrauch, muss er diese bei allen von ihm in einem Veranlagungszeitraum veranstalteten Reisen anwenden. ② Dies gilt nicht, soweit der Unternehmer im Rahmen von Kettengeschäften an die Entscheidung des Empfängers der Beförderungsleistung gebunden ist (vgl. Abs. 4). **55**

(6) ① Erstreckt sich eine Personenbeförderung mit Kreuzfahrtschiffen im Seeverkehr sowohl auf das Drittlandsgebiet als auch auf das Gemeinschaftsgebiet, kann der Unternehmer abweichend von Abs. 3 von der Berücksichtigung des auf das Gemeinschaftsgebiet entfallenden Anteils der gesamten Beförderungsstrecke aus Vereinfachungsgründen absehen. ② Im Rahmen von Kettengeschäften ist die Anwendung oder Nichtanwendung dieser Regelung für alle nachfolgenden Unternehmer bindend. **56**

Beispiel:

① Ein Reiseveranstalter bietet im eigenen Namen eine siebentägige Kreuzfahrt im Mittelmeer an, die in Genua beginnt und endet.

② Die in der Beförderung der Reisenden bestehenden Reisevorleistungen sind als im Drittlandsgebiet erbracht anzusehen. ③ Die Reiseleistung des Veranstalters ist steuerfrei.

(7) Der Unternehmer hat bei der Abgabe einer Reiseleistung an einen anderen Unternehmer für dessen Unternehmen in der Rechnung anzugeben, in welchem Umfang die Leistungen nach § 25 Abs. 2 UStG im Drittlandsgebiet bewirkt werden (vgl. § 14 Abs. 4 Nr. 7 UStG). **57**

(8) Liegen für nach § 25 Abs. 2 UStG steuerfreie Reiseleistungen im Drittland auch die Voraussetzungen einer Steuerbefreiung vor, die den Vorsteuerabzug ausschließt, geht diese Steuerbefreiung vor (vgl. Abschn. 15.13 Abs. 5). **58**

LS zu 25.2

59

1. Die Beschaffung der Betreuung auf der Reise stellt eine gegenüber der bloßen Beschaffung des Touristenvisums eigene, selbständige sonstige Leistung dar. – 2. Die von einem Unternehmer im eigenen Namen besorgte **Betreuungsleistung** ist nach § 25 Abs. 2 Satz 1 UStG 1993 steuerfrei, wenn die von ihm in Anspruch genommene Reisevorleistung durch ein Betreuungsunternehmen im Drittlandsgebiet bewirkt wird. § 25 UStG 1993 greift ein, wenn die Leistung gegenüber Endverbrauchern erbracht wird. – 3. Die von einem Unternehmer im eigenen Namen für andere Unternehmen auf deren Rechnung besorgte Betreuungsleistung ist nicht steuerbar nach §§ 1 Abs. 1 Satz 1, 3 a Abs. 1, 3 Abs. 11 UStG 1993, wenn die Betreuungsleistung durch ein Betreuungsunternehmen im Drittlandsgebiet erbracht wird. *BFH-Urteil v. 2. 3. 2006, V R 25/03 (BStBl. II S. 788).*

Umsatzsteuererlass für grenzüberschreitende Beförderungen im **Luftverkehr** vgl. **LS zu A 26.2.**

USTAE 25.3

61

25.3[1] Bemessungsgrundlage bei Reiseleistungen[2]

(1) ① Abweichend von § 10 UStG ist die Bemessungsgrundlage die Differenz (Marge) zwischen dem Betrag, den der Leistungsempfänger entrichtet, und den Aufwendungen für die Reisevorleistungen, jedoch abzüglich der Umsatzsteuer. ② Dabei ist grundsätzlich auf die einzelne Reise abzustellen (vgl. Abschnitt 25.1 Abs. 1).

Beispiel 1:

① Ein Reiseveranstalter mit Sitz im Inland verkauft im eigenen Namen eine im Inland stattfindende Bahnpauschalreise. ② Der Preis beträgt 440 € pro Person. ③ Es nehmen 40 Personen teil. ④ Der Reiseveranstalter wendet für Reisevorleistungen einschließlich Umsatzsteuer folgende Beträge auf:

1. an die Deutsche Bahn AG für Beförderungsleistungen	3 200,– €,
2. an das Hotel für Beherbergungsleistungen	12 000,– €.

⑤ Die Marge ist für jeden einzelnen Reiseteilnehmer zu ermitteln, soweit nicht einzelne Leistungsempfänger im eigenen Namen für weitere Reiseteilnehmer auftreten:

Reisepreis (Aufwendungen des Reiseteilnehmers)	440,– €
./. Reisevorleistungen	
für die Beförderung 3 200,– € / 40 = 80,– €	
für die Beherbergung 12 000,– € / 40 = 300,– €	380,– €
Marge	60,– €
./. darin enthaltene Umsatzsteuer ($^{19}/_{119}$ = Steuersatz 19%)	9,58 €
Bemessungsgrundlage	50,42 €

③ Aus Vereinfachungsgründen wird es nicht beanstandet mehrere Reisen zusammenzufassen, für die der Unternehmer einen einheitlichen Aufschlags- oder Kalkulationssatz verwendet. ④ Der Unternehmer kann ferner aus Vereinfachungsgründen bei Dritten erworbene Übernachtungs- oder Beförderungskontingente vollständig als Reisevorleistungen behandeln, auch wenn diese Kontingente nicht voll umfänglich abgerufen werden. ⑤ Macht ein Unternehmer von der Vereinfachungsregelung Gebrauch, muss er diese Regelung bei allen von ihm innerhalb eines Besteuerungszeitraums veranstalteten Reisen anwenden. ⑥ Ergeben sich dadurch negative Einzelmargen, sind diese nicht mit positiven Einzelmargen verrechenbar. ⑦ Macht ein Unternehmer von der Vereinfachungsregelung keinen Gebrauch, sind die nicht abgerufenen Kontingente keine Reisevorleistungen. ⑧ Der Vorsteuerabzug steht ihm insoweit unter den übrigen Voraussetzungen des § 15 UStG zu.

Beispiel 2:

① Der im Inland ansässige Reiseveranstalter A hat einem spanischen Hotel für sieben Nächte die Belegung von 100 Zimmern zu einem Einzelübernachtungspreis von 35 € zugesagt. ② A muss das dafür vertraglich vereinbarte Entgelt in Höhe von 24 500 € auch dann entrichten, wenn er die gebuchten Zimmer nicht alle belegen kann. ③ A kalkuliert mit einer 100%igen Zimmerbelegung. ④ Tatsächlich wird lediglich eine Auslastung von 80% erreicht. ⑤ A hat pro Reise – ggf. pro Teilnehmer – zunächst 245 € als Reisevorleistung zu berücksichtigen. ⑥ Sobald A alle Informationen über die tatsächliche Belegung der gebuchten Zimmer vorliegen, sind die damit zusammenhängenden Margenermittlungen zu korrigieren. ⑦ Es ist nicht zu beanstanden, wenn die Berichtigung der Umsatzsteuer in einem Betrag vorgenommen wird, wenn dabei keine negativen Einzelmargen entstehen.

Geplante Beherbergungsleistungen pro Reise	(35,– € × 7 Tage)	245,– €
Tatsächliche Beherbergungsleistungen pro Reise	(35,– € × 7 Tage × $^{100}/_{80}$ oder 24 500,– € / 80)	306,25 €
Erhöhung der Reisevorleistung = Minderung der Marge pro Reise		61,25 €
Summe der Margenminderung	(61,25 € × 80 oder 24 500,– € × 20%)	4 900,– €
./. darin enthaltene Umsatzsteuer	($^{19}/_{119}$ = Steuersatz 19%)	782,35 €
Minderung Bemessungsgrundlage		4 117,65 €

⑨ Werden im Abrechnungsverkehr zwischen Leistungsträgern und Reiseveranstaltern Reisevorleistungen ausgehend vom sog. Bruttowert (Verkaufspreis abzüglich Provisionen zuzüglich Umsatzsteuer auf den Provisionsbetrag) berechnet, handelt es sich bei den Provisionen regelmäßig um Entgelt- bzw. Reisevorleistungsminderungen und nicht um Vergütungen für besondere (Vermittlungs-)Leistungen. ⑩ Der Wert der Reisevorleistungen ist dann identisch mit dem Wert einer agenturmäßigen Nettoberechnung. ⑪ Die in den Abrechnungen des Leistungsträgers auf den Provisionsbetrag gesondert als Negativbetrag ausgewiesene Umsatzsteuer wird weder vom Leistungsträger noch vom Reiseveranstalter nach § 14c Abs. 2 UStG geschuldet. ⑫ Aufwendungen für Reisevorleistungen in fremder Währung sind nach § 16 Abs. 6 UStG in dem Zeitpunkt umzurechnen, in dem die Leistung ausgeführt oder das Entgelt oder ein Teil des Entgelts vor Ausführung der Leistung gezahlt wird.

---

[1] A 25.3 UStAE neugefasst durch BMF v. 24. 6. 2021 (BStBl. I S. 857), anzuwenden für Umsätze **nach dem 31. 12. 2021;** siehe Anlage c zu A 25.1.

[2] Art. 26 Abs. 2 der Sechsten Richtlinie 77/388/EWG des Rates ist dahin auszulegen, dass die Wendung **„vom Reisenden zu zahlender Gesamtbetrag"** im Sinne dieser Bestimmung den zusätzlichen Betrag umfasst, den ein als Vermittler für Rechnung eines Reiseveranstalters tätiges Reisebüro unter den in der Vorlageentscheidung dargestellten Umständen zusätzlich zu dem vom Reisenden entrichteten Preis an den Reiseveranstalter zahlen muss, und zwar in Höhe des dem Reisenden von dem Reisebüro gewährten Nachlasses auf den im Katalog des Reiseveranstalters festgesetzten Preis. ***EuGH-Urt. v. 19. 6. 2003,*** *C-149/01, First Choice Holidays plc (DStRE S. 1055).*

Berechnungsmethode bei Pauschalreisen vgl. ***EuGH-Urt. v. 6. 10. 2005,*** *C-291/03, MyTravel plc (UR S. 685).*

UStAE 25.3

62 (2) ① Treffen bei einer Reise Leistungen des Unternehmers mit eigenen Mitteln und Leistungen Dritter zusammen (vgl. Abschnitt 25.1 Abs. 11), sind für die Berechnung der Marge die eigenen Leistungen grundsätzlich im prozentualen Verhältnis zu den Fremdleistungen auszuscheiden (vgl. Abschnitt 10.1 Abs. 11). ② Existieren keine Einzelverkaufspreise der verschiedenen Reisebestandteile, ist das Verhältnis der Eigenleistungen zu den Fremdleistungen anhand der entstandenen Kosten (einschließlich Umsatzsteuer) festzustellen. ③ Bei der Ermittlung der Kosten der Eigenleistung sind die Gemeinkosten sowie der kalkulatorische Unternehmerlohn nicht zu berücksichtigen.

Beispiel 1:

① Ein Reiseveranstalter mit Sitz im Inland führt eine Buspauschalreise im Inland aus. ② Er tritt beim Verkauf gegenüber den Leistungsempfängern im eigenen Namen auf. ③ Der Preis beträgt 600 € pro Person. ④ Der Reiseveranstalter bietet die Reisebestandteile wie folgt auch einzeln an:

– Beförderung mit dem eigenen Bus inklusive Reiseleitung	130,– €
– Beherbergung und Beköstigung	500,– €
– Summe der Einzelverkaufspreise	630,– €

⑤ Es nehmen 50 Personen teil. ⑥ Dem Unternehmer entstehen folgende Aufwendungen:

	Gesamt	Pro Reise
a) Eigenleistungen		
Beförderung mit dem eigenen Bus	4 000,– €	
Betreuung durch angestellte Reiseleiter	1 000,– €	
Summe der Aufwendungen für Eigenleistungen	5 000,– €	100,– €
b) Reisevorleistungen		
Beherbergung und Beköstigung	20 000,– €	400,– €

⑦ Die Marge errechnet sich wie folgt:

Reisepreis (Aufwendungen pro Reiseteilnehmer)	600,– €
Eigenleistungen (600,– € × 130,– € / 630,– €)	123,81 €
§ 25 UStG (600,– € × 500,– € / 630,– €)	476,19 €
./. Reisevorleistungen	400,– €
Marge	76,19 €
./. darin enthaltene Umsatzsteuer ($^{19}/_{119}$ = Steuersatz 19%)	12,16 €
Bemessungsgrundlage	64,03 €

⑧ Der Unternehmer hat jede Reise mit 19% zu versteuern:

a) Eigenleistung (123,81 € ./. abzgl. enthaltener Umsatzsteuer)	104,04 €
b) die Leistungen nach § 25 UStG	64,03 €
Bemessungsgrundlage	168,07 €

Beispiel 2:

① Wie Beispiel 1, jedoch verkauft der Reiseveranstalter die Reisebestandteile nicht außerhalb des Pauschalangebots. ② Der Pauschalpreis ist nach dem Verhältnis der Reisevorleistungen zu den Kosten der Eigenleistungen aufzuteilen.

Reisepreis (Aufwendungen pro Reiseteilnehmer)		600,– €
Eigenleistungen (100,– € × 100% / 500,– €)	20%	120,– €
§ 25 UStG (400,– € × 100% / 500,– €)	80%	480,– €
./. Reisevorleistungen		400,– €
Marge		80,– €
./. darin enthaltene Umsatzsteuer ($^{19}/_{119}$ = Steuersatz 19%)		12,77 €
Bemessungsgrundlage		67,23 €

③ Der Unternehmer hat bei jeder Reise mit 19% zu versteuern:

a) Eigenleistung (120,– € ./. abzgl. enthaltener Umsatzsteuer)	100,84 €
b) die Leistungen nach § 25 UStG	67,23 €
Bemessungsgrundlage	168,07 €

(3) Ist die einheitliche sonstige Leistung teils steuerfrei und teils steuerpflichtig (vgl. Abschnitt 25.2 Abs. 3), ist die Bemessungsgrundlage für die unter § 25 UStG fallenden Umsätze im Verhältnis der Reisevorleistungen im Sinne des § 25 Abs. 2 UStG zu den übrigen Reisevorleistungen aufzuteilen. 63

Beispiel 1:

① Ein Reiseveranstalter mit Sitz im Inland verkauft im eigenen Namen eine Flugpauschalreise nach Moskau, die am Flughafen Köln-Bonn beginnt und endet. ② Der Preis beträgt 1 100 € pro Person. ③ Es nehmen 80 Personen teil. ④ Der Veranstalter hat die folgenden Reisevorleistungen in Anspruch genommen.

Reisevorleistungen	Gesamt	Anteil
a) Kosten für Unterkunft und Verpflegung im Hotel (einschließlich Umsatzsteuer)	60 000,– €	75%
b) Flugkosten	20 000,– €	25%
insgesamt	80 000,– €	100%

⑤ Von der Flugstrecke entfallen 40% auf das Drittlandsgebiet. ⑥ Sofern die Vereinfachungsregelung des Abschnitts 25.2 Abs. 4 nicht angewandt wird, errechnet sich die Marge wie folgt:

Reisepreis (Aufwendungen des Reisenden)		1 100,– €
./. Reisevorleistungen		1 000,– €
Einzelmarge		100,– €
davon entfallen auf	steuerpflichtig	steuerfrei § 25 Abs. 2 UStG
a) die Unterkunft und Verpflegung im Drittlandsgebiet 75% der Reisevorleistungen – steuerfrei nach § 25 Abs. 2 UStG –		75,– €
b) den Flug 25% der Reisevorleistungen = 25,– €. Da 40% der Flugstrecke im Drittlandsgebiet liegt, beträgt der nach § 25 Abs. 2 UStG steuerfreie Anteil;		10,– €
der steuerpflichtige Anteil (60% von 25,– €)	15,– €	
./. darin enthaltene Umsatzsteuer (19/119 = Steuersatz 19%)	2,40 €	
Bemessungsgrundlage	12,60 €	85,– €

⑦ Wendet der Reiseveranstalter die Zielortregelung des Abschnitts 25.2 Abs. 4 an, gilt die gesamte Beförderungsleistung (Reisevorleistung) als im Drittlandsgebiet bewirkt. ⑧ Die Leistung ist dann nach § 25 Abs. 2 UStG insgesamt steuerfrei.

Beispiel 2:

① Reiseveranstalter A mit Sitz im Inland veräußert im eigenen Namen 10 identische von ihm zusammengestellte Buspauschalreisen nach Genf (Schweiz) an den inländischen Reiseveranstalter B zum Preis von insgesamt 6 000 €. ② B wiederum veräußert die Reisen zum Preis von insgesamt 8 000 € an den inländischen Reiseveranstalter C. ③ Der Reiseveranstalter A hat die folgenden Reisevorleistungen in Anspruch genommen:

Reisevorleistungen	Gesamt
a) Beherbergung und Beköstigung	3 900,– €
b) Beförderung	900,– €
c) selbständiger Reiseleiter	200,– €
Insgesamt	5 000,– €

④ Die Beförderungsleistung wird zu einem Drittel im Inland erbracht. ⑤ Die Betreuungsleistung beginnt im Inland. ⑥ Die Umsatzsteuer für die Reiseleistung des A ermittelt sich für jede Reise wie folgt:

Reisepreis	600,– €	
./. Reisevorleistungen	500,– €	
Marge	100,– €	
davon entfallen im Verhältnis der Ausgaben für Reisevorleistungen für jede Reise	steuerpflichtig	steuerfrei § 25 Abs. 2 UStG
a) auf die Beherbergung und Beköstigung im Drittlandsgebiet		390,– €
b) auf die Beförderung	30,– €	60,– €
c) auf die Betreuung	20,– €	
	50,– €	450,– €
	(10%)	(90%)

⑦ Von der Marge des A sind somit für jede Reise 10 € steuerpflichtig. ⑧ Hierauf entfällt eine Umsatzsteuer von 1,60 € (19/119 von 10 €). ⑨ A hat den Anteil der steuerfreien Marge in seiner Rechnung anzugeben (vgl. Abschnitt 25.2 Abs. 7). ⑩ Die Marge des B für die einzelne Reise beträgt 200 € (800 € abzüglich 600 €). ⑪ Hiervon ist ein Anteil von 10 % steuerpflichtig. ⑫ Die Umsatzsteuer beträgt 3,19 € (19/119 von 20 €).

64 (4) Erwirbt ein Unternehmer Reisen, die nicht am Markt weiterverkauft werden, gilt in Abhängigkeit von deren Verwendung Folgendes:

1. ① Beabsichtigt der Unternehmer bereits beim Erwerb der Reise, die Reise nicht für seine unternehmerische Tätigkeit, sondern ausschließlich und unmittelbar für unentgeltliche Wertabgaben im Sinne des § 3 Abs. 9a UStG zu verwenden, ist er nicht zum Vorsteuerabzug berechtigt (vgl. Abschnitt 15.15 Abs. 1 Satz 1). ② Es erfolgt keine Besteuerung der unentgeltlichen Wertabgabe. ③ § 25 UStG ist nicht anwendbar (vgl. BFH-Urteil vom 13. 12. 2018, V R 52/17, BStBl. 2019 II S. 345).
2. ① Beabsichtigt der Unternehmer beim Erwerb der Reise, diese für seine unternehmerische Tätigkeit zu verwenden, und überlässt er die Reise stattdessen unentgeltlich an das Personal oder für unternehmensfremde Zwecke, handelt es sich um eine unentgeltliche Wertabgabe im Sinne des § 3 Abs. 9a Nr. 2 UStG. ② Die unentgeltliche Wertabgabe ist eine Reiseleistung. ③ Als Reiseerlös ist nach § 10 Abs. 4 Satz 1 Nr. 3 UStG die Summe aus den Ausgaben für Reisevorleistungen und anteilige Gemeinkosten des Arbeitgebers anzusetzen (sog. fiktiver Reiseerlös, vgl. Abschnitt 1.8 Abs. 7 Sätze 5 und 6).
3. Überlässt ein Unternehmer eine Reise entgeltlich an die in § 10 Abs. 5 Nr. 1 und 2 UStG benannten Personen, sind Reiseerlöse die tatsächlichen Aufwendungen des Leistungsempfängers, mindestens jedoch der fiktive Reiseerlös nach Nr. 2 Satz 3.
4. ① Werden Reisen für Zwecke des Unternehmens verwendet, z. B. für Dienstreisen von Angestellten oder als Kundengeschenke, bewirkt der Unternehmer keine Leistungen im Sinne des § 25 UStG. ② Liegen Kundengeschenke vor, ist die ggf. ausgewiesene Umsatzsteuer – z. B. bei Eigenleistungen des Leistungserbringers – nach § 15 Abs. 1a UStG nicht als Vorsteuer abziehbar (vgl. BFH-Urteil vom 13. 12. 2018, V R 52/17, a. a. O.).

65 (5) ① Soweit der Unternehmer den Reisepreis vor Ausführung der Leistung vereinnahmt hat, ist die Anzahlungsbesteuerung nach § 13 Abs. 1 Nr. 1 Buchstabe a Satz 4 UStG vorzunehmen.

② Der vereinnahmte Betrag ist ggf. auf die Reiseleistung und die Eigenleistung aufzuteilen. ③ Von dem auf die Reiseleistung entfallenden Betrag sind für den Zweck der möglichst exakten Ermittlung der Besteuerungsgrundlagen kalkulierte Reisevorleistungen auch dann abzuziehen, wenn diese in dem Voranmeldungszeitraum weder erbracht, noch (An-)Zahlungen dafür geleistet wurden. ④ Planmäßig steuerfreie Leistungen sind nicht einzubeziehen. ⑤ Vereinnahmt der Unternehmer den Reisepreis anteilig, ist die kalkulierte steuerpflichtige Marge mit dem vereinnahmten Betrag zu multiplizieren und sodann durch den Preis der gesamten Reise zu teilen, um die anteilige Marge zu ermitteln. ⑥ Kann die Höhe der Bemessungsgrundlage für einen im Voranmeldungszeitraum bewirkten Umsatz oder vereinnahmten Reisepreis noch nicht endgültig berechnet werden, z. B. wegen Garantieverträgen für Reisevorleistungen oder zeitraum- und umsatzabhängiger Boni, ist sie auf Basis der Kalkulation der einzelnen Reise zu schätzen (vgl. EuGH-Urteil vom 19. 12. 2018, C-422/17, Skarpa Travel) oder nach Erfahrungssätzen der Vorjahre zu ermitteln. ⑦ Die Margenermittlung ist spätestens dann zu korrigieren, wenn dem Unternehmer die dafür erforderlichen Informationen vorliegen. ⑧ Es ist nicht zu beanstanden, wenn die Berichtigung der Umsatzsteuer in einem Betrag vorgenommen wird, wenn dabei keine negativen Einzelmargen entstehen. ⑨ Wird die geschuldete Leistung für eine Anzahlung nicht erbracht, setzt die Berichtigung nach § 17 Abs. 2 Nr. 2 UStG die tatsächliche Rückzahlung des Entgelts voraus (vgl. BFH-Urteil vom 18. 9. 2008, V R 56/06, BStBl. 2009 II S. 250), z. B. bei der Anzahlung auf nicht in Anspruch genommene Flüge (vgl. BFH-Urteil vom 15. 9. 2011, V R 36/09, BStBl. 2012 II S. 365).

(6) ① Aufwendungen für Reisevorleistungen, welche sich der Unternehmer im Fall der Stor- **66**
nierung nicht ersparen kann, werden durch die Stornogebühr entschädigt (vgl. § 651 h Abs. 2 BGB und Abschnitt 25.1 Abs. 14) und sind deshalb nicht mehr als Reisevorleistungen zu berücksichtigen; das gilt auch bei der zulässigen Pauschalierung der Stornogebühren. ② Soweit der Unternehmer selbst infolge der Stornierung einer Reise durch den Kunden bereits bestellte Reisevorleistungen (z. B. Hotelzimmer) gegen Gebühr stornieren muss, liegen insoweit keine Reisevorleistungen vor.

Zur **Aufteilung des Reiseerlöses** bei Reiseleistungen vgl. *Verfügung OFD Karlsruhe v. 29. 2. 2016 – S 7419 K.1 (DStR S. 1034).* LS zu 25.3

68

25.4 Vorsteuerabzug bei Reisen

UStAE 25.4

(1) ① Vom Vorsteuerabzug ausgeschlossen sind die Umsatzsteuerbeträge, die auf Reisevorleistungen entfallen, mithin auf Leistungen Dritter, die den Reisenden unmittelbar zugutekommen. **71**
② Umsatzsteuerbeträge, die dem Unternehmer für andere für sein Unternehmen ausgeführte Leistungen in Rechnung gestellt werden, sind dagegen unter den Voraussetzungen des § 15 UStG als Vorsteuern abziehbar. ③ Hierzu gehören z. B. Vorsteuerbeträge, die beim Erwerb von Einrichtungsgegenständen, Büromaschinen und Büromaterial sowie für die Erbringung von Eigenleistungen (z. B. die Anschaffung eines Reisebusses) anfallen. ④ Der Vorsteuerabzug steht dem Unternehmer auch zu, wenn die empfangene Leistung zwar mit der Reise unmittelbar zusammenhängt, aber dem Reisenden lediglich mittelbar zugutekommt (vgl. Abschn. 25.1 Abs. 9 Satz 4 Nr. 1 und 2).

(2) ① Die Berechtigung zum Vorsteuerabzug entfällt nur insoweit, als der Unternehmer Reise- **72**
leistungen bewirkt, die nach § 25 UStG der Besteuerung unterliegen. ② Allerdings kommt es nicht darauf an, ob der Unternehmer für die steuerpflichtigen Reiseleistungen tatsächlich Umsatzsteuer zu entrichten hat. ③ Nicht beansprucht werden kann der Vorsteuerabzug deshalb auch in den Fällen, in denen es für die Reiseleistung i. S. d. § 25 Abs. 1 Satz 1 UStG an einer Bemessungsgrundlage (§ 25 Abs. 3 UStG) fehlt.

(3) ① Ein im übrigen Gemeinschaftsgebiet ansässiger Unternehmer, der im Inland Reisevor- **73**
leistungen in Anspruch nimmt, kann nach § 25 Abs. 4 Satz 1 UStG die ihm für diese Reisevorleistungen in Rechnung gestellte Steuer nicht als Vorsteuerbeträge abziehen. ② Ebenso wenig kann eine Vergütung dieser Umsatzsteuer in dem besonderen Verfahren nach § 18 Abs. 9 UStG, §§ 59 bis 61 a UStDV erfolgen. ③ Das gilt auch für eine im übrigen Gemeinschaftsgebiet belegene Betriebsstätte, soweit sie Reiseleistungen erbringt.

(4) ① Für empfangene Leistungen, die keine Reisevorleistungen sind, ist der Vorsteuerabzug **74**
nach § 15 Abs. 3 Nr. 1 Buchst. a UStG auch dann zulässig, wenn sie vollständig oder teilweise für die Erbringung von nach § 25 Abs. 2 UStG steuerfreien Leistungen verwendet werden. ② Das Gleiche gilt nach § 15 Abs. 3 Nr. 2 Buchst. a UStG für im Ausland erbrachte Umsätze, die im Inland nach § 25 Abs. 2 UStG umsatzsteuerfrei wären. ③ Durch diese Regelung wird sichergestellt, dass der Unternehmer den Vorsteuerabzug für alle empfangenen Leistungen beanspruchen kann, die wirtschaftlich den nach § 25 Abs. 2 UStG steuerfreien oder entsprechenden nicht steuerbaren Leistungen ganz oder teilweise zuzurechnen sind, z. B. die Vermittlung einer steuerfreien Reiseleistung durch einen anderen Unternehmer oder die Lieferung von Reiseprospekten und Katalogen an den Unternehmer.

(5) ① Sowohl die Vermittlung einer Reiseleistung als auch einer Eigenleistung (z. B. grenz- **75**
überschreitende Personenbeförderungsleistungen) für einen inländischen Unternehmer wird

nach § 3a Abs. 2 UStG im Inland erbracht. ② Der Unternehmer kann die in den Rechnungen über Vermittlungsleistungen ausgewiesenen Steuern als Vorsteuerbeträge abziehen, wenn die übrigen Voraussetzungen des § 15 UStG erfüllt sind. ③ Werden für einen inländischen Unternehmer gegen eine einheitlich vom Reisepreis berechnete Provision Leistungen vermittelt, bei denen der Unternehmer sowohl Reiseleistungen als auch Eigenleistungen in Form von grenzüberschreitenden Personenbeförderungsleistungen mit Flugzeugen (eigene, konzerneigene oder gemietete Flugzeuge) ausführt, erbringen die vermittelnden Unternehmer sowohl steuerpflichtige als auch steuerfreie Vermittlungsleistungen (§ 4 Nr. 5 Buchst. b UStG). ④ Es wird nicht beanstandet, wenn die Beteiligten in diesen Fällen die Vermittlungsleistungen einvernehmlich zu 70% als steuerpflichtig behandeln. ⑤ In diesen Fällen kann die auf die als steuerpflichtig behandelte Vermittlungsprovision entfallende Umsatzsteuer als Vorsteuer abgezogen werden. ⑥ Dies gilt auch in Fällen, in denen mit Gutschriften abgerechnet wird.

LS zu 25.4

76 Ein **Reiseveranstalter** erbringt auch insoweit Reisevorleistungen i. S. von § 25 UStG, als er als Ersatz für an sich geschuldete **Flugtransporte** in bestimmten Fällen **Busbeförderungen** vornimmt. Die dem Reiseunternehmer insoweit von dem Busunternehmer in Rechnung gestellte Umsatzsteuer kann er gemäß § 25 Abs. 4 Satz 1 UStG nicht als **Vorsteuer** abziehen, sofern die Leistungen nicht entsprechend § 25 Abs. 2 UStG im Drittlandsgebiet erbracht werden. Die Vereinfachungsregel der Finanzverwaltung in A 273 Abs. 4 UStR (jetzt A 25.2 Abs. 4 UStAE) für die Zuordnung von Flugleistungen auf das Drittlandsgebiet kann nicht auf Busbeförderungen ausgedehnt werden. *FG Hamburg, Urt. v. 24. 6. 2008, 6 K 91/06, rkr. (DStRE 2009 S. 569).*

Nach § 13b Abs. 2 S. 1 UStG kann das FA einen in Schweden ansässigen Reiseveranstalter als Leistungsempfänger für die Umsatzsteuer für Beförderungsleistungen in Anspruch nehmen, die schwedische Busunternehmer ihm gegenüber mit im Inland nicht zugelassenen Bussen im Inland erbringen. Weder nationales Recht noch Gemeinschaftsrecht unterscheiden insoweit, ob der Leistungsempfänger im In- oder Ausland ansässig ist. *BFH-Beschl. v. 6. 4. 2010, XI B 1/09 (BFH/NV S. 2131).*

1. § 25 Abs. 4 Satz 1 UStG steht dem Vorsteuerabzug bei unentgeltlich erbrachten Reiseleistungen (z. B. bei **Kaffeefahrten**) nicht entgegen. – 2. Das Vorsteuerabzugsverbot aufgrund der Verletzung einkommensteuerrechtlicher Aufzeichnungspflichten bei Geschenken gemäß § 15 Abs. 1 a Nr. 1 UStG in seiner bis 18. 12. 2006 geltenden Fassung war wegen Verstoßes gegen Art. 17 Abs. 2 und 6 der Richtlinie 77/388/EWG unionsrechtswidrig (Fortführung des BFH-Urteils vom 12. 8. 2004 V R 49/02, BStBl. II S. 1090). *BFH-Urteil v. 13. 12. 2018 V R 52/17 (BStBl. 2019 II S. 345).*

UStAE 25.5

25.5 Aufzeichnungspflichten bei Reiseleistungen

81 (1) ① Die Aufzeichnungspflichten nach § 25 Abs. 5 UStG bestehen für jede einzelne Reiseleistung. ② Unternehmer, die nicht ausschließlich Reiseleistungen nach § 25 UStG ausführen, müssen diese getrennt von den übrigen Umsätzen aufzeichnen. ③ Zu den übrigen Umsätzen zählen insbesondere die im Rahmen einer Reise abgegebenen Leistungen, auf die § 25 UStG nicht anzuwenden ist (z. B. Eigenleistungen vgl. Abschn. 25.1 Abs. 8).

82 (2) ① Die Aufzeichnungspflicht des Unternehmers erstreckt sich nicht nur auf die steuerpflichtigen Reiseleistungen, sondern umfasst auch die nach § 25 Abs. 2 UStG steuerfreien Reiseleistungen. ② Diese Leistungen sind getrennt voneinander aufzuzeichnen.

Aufzeichnung der von den Leistungsempfängern für Reiseleistungen aufgewendeten Beträge (§ 25 Abs. 5 Nr. 1 UStG)

83 (3) ① Aufgezeichnet werden muss der für die Reiseleistung vereinbarte – berechnete – Betrag einschließlich der Umsatzsteuer. ② Ändert sich der vereinbarte Betrag, hat der Unternehmer auch den Betrag der jeweiligen Preisminderung oder Preiserhöhung aufzuzeichnen.

84 (4) Gibt der Unternehmer mehrere gleichartige Reisen an einen Leistungsempfänger ab (vgl. Abschn. 25.1 Abs. 6 Satz 3), braucht er nur den Gesamtbetrag dieser Reiseleistung aufzuzeichnen.

85 (5) ① Soweit der Unternehmer gemischte Leistungen (vgl. Abschn. 25.1 Abs. 11) ausführt, die Reiseleistungen und Eigenleistungen enthalten, muss aus den Aufzeichnungen hervorgehen, auf welchen Umsatz § 25 UStG anzuwenden ist und welcher Umsatz nach den allgemeinen Vorschriften des UStG zu beurteilen ist. ② Dazu sind neben dem für die Reise berechneten Gesamtbetrag die auf die Reiseleistung und auf Eigenleistungen entfallenden Beträge aufzuzeichnen.

Aufzeichnung der vom Unternehmer für Reisevorleistungen aufgewendeten Beträge (§ 25 Abs. 5 Nr. 2 UStG)

86 (6) ① Grundsätzlich sind die für Reisevorleistungen in Rechnung gestellten Beträge einschließlich der Umsatzsteuer aufzuzeichnen. ② Ändern sich die für Reisevorleistungen aufgewendeten Beträge, ist dies in den Aufzeichnungen festzuhalten.

87 (7) ① Aus den Aufzeichnungen des Unternehmers muss grundsätzlich hervorgehen, für w elche Reiseleistung die einzelne Reisevorleistung in Anspruch genommen worden ist. ② Hat der Unternehmer die in Anspruch genommenen gleichartigen Reisevorleistungen für mehrere Reiseleistungen verwendet, ist in den Aufzeichnungen anzugeben, welche Teilbeträge davon auf die einzelnen Reiseleistungen entfallen. ③ Das Gleiche gilt, wenn dem Unternehmer mehrere unterschiedliche Reisevorleistungen, z. B. Beherbergung und Beförderung in Rechnung gestellt werden.

Aufzeichnung der Bemessungsgrundlage für Reiseleistungen (§ 25 Abs. 5 Nr. 3 UStG) UStAE 25.5

(8) ① Aufgezeichnet werden müssen sowohl die Bemessungsgrundlagen für steuerpflichtige Reiseleistungen als auch für steuerfreie Reiseleistungen. ② Ändert sich die Bemessungsgrundlage für eine Reiseleistung, muss in den Aufzeichnungen angegeben werden, um welchen Betrag sich die Bemessungsgrundlage verringert oder erhöht hat. **88**

Aufzeichnungen bei steuerpflichtigen und steuerfreien Leistungen (§ 25 Abs. 5 Nr. 4 UStG)

(9) ① Im Drittlandsgebiet bewirkte Reisevorleistungen sind getrennt von im Gemeinschaftsgebiet bewirkten Reisevorleistungen aufzuzeichnen. ② Wird eine Reisevorleistung sowohl im Gemeinschafts- als auch im Drittlandsgebiet bewirkt, ist ebenfalls der Aufteilungsmaßstab für die Gebietszuordnung zu dokumentieren, z.B. bei Beförderungsleistungen. ③ Ist nach § 25 Abs. 2 UStG nur ein Teil einer Reiseleistung steuerfrei, muss aus den Aufzeichnungen des Unternehmers sowohl die Höhe der Bemessungsgrundlage für diesen Teil der Reiseleistung als auch für den steuerpflichtigen Teil der Reiseleistung hervorgehen. **89**

UStG

§ 25a Differenzbesteuerung

1 (1) Für die Lieferungen im Sinne des § 1 Abs. 1 Nr. 1 von beweglichen körperlichen Gegenständen gilt eine Besteuerung nach Maßgabe der nachfolgenden Vorschriften (Differenzbesteuerung), wenn folgende Voraussetzungen erfüllt sind:

1. ① Der Unternehmer ist ein Wiederverkäufer. ② Als Wiederverkäufer gilt, wer gewerbsmäßig mit beweglichen körperlichen Gegenständen handelt oder solche Gegenstände im eigenen Namen öffentlich versteigert.
2. ① Die Gegenstände wurden an den Wiederverkäufer im Gemeinschaftsgebiet geliefert. ② Für diese Lieferung wurde
   a) Umsatzsteuer nicht geschuldet oder nach § 19 Abs. 1 nicht erhoben oder
   b) die Differenzbesteuerung vorgenommen.
3. Die Gegenstände sind keine Edelsteine (aus Positionen 7102 und 7103 des Zolltarifs) oder Edelmetalle (aus Positionen 7106, 7108, 7110 und 7112 des Zolltarifs).

2 (2) ① Der Wiederverkäufer kann spätestens bei Abgabe der ersten Voranmeldung eines Kalenderjahres gegenüber dem Finanzamt erklären, dass er die Differenzbesteuerung von Beginn dieses Kalenderjahres an auch auf folgende Gegenstände anwendet:

1. Kunstgegenstände (Nummer 53 der Anlage 2), Sammlungsstücke (Nummer 49 Buchstabe f und Nummer 54 der Anlage 2) oder Antiquitäten (Position 9706 00 00 des Zolltarifs), die er selbst eingeführt hat, oder
2. Kunstgegenstände, wenn die Lieferung an ihn steuerpflichtig war und nicht von einem Wiederverkäufer ausgeführt wurde.

② Die Erklärung bindet den Wiederverkäufer für mindestens zwei Kalenderjahre.

3 (3) ① Der Umsatz wird nach dem Betrag bemessen, um den der Verkaufspreis den Einkaufspreis für den Gegenstand übersteigt; bei Lieferungen im Sinne des § 3 Abs. 1b und in den Fällen des § 10 Abs. 5 tritt an die Stelle des Verkaufspreises der Wert nach § 10 Abs. 4 Satz 1 Nr. 1. ② Lässt sich der Einkaufspreis eines Kunstgegenstandes (Nummer 53 der Anlage 2) nicht ermitteln oder ist der Einkaufspreis unbedeutend, wird der Betrag, nach dem sich der Umsatz bemisst, mit 30 Prozent des Verkaufspreises angesetzt. ③ Die Umsatzsteuer gehört nicht zur Bemessungsgrundlage. ④ Im Fall des Absatzes 2 Satz 1 Nr. 1 gilt als Einkaufspreis der Wert im Sinne des § 11 Abs. 1 zuzüglich der Einfuhrumsatzsteuer. ⑤ Im Fall des Absatzes 2 Satz 1 Nr. 2 schließt der Einkaufspreis die Umsatzsteuer des Lieferers ein.

4 (4) ① Der Wiederverkäufer kann die gesamten innerhalb eines Besteuerungszeitraums ausgeführten Umsätze nach dem Gesamtbetrag bemessen, um den die Summe der Verkaufspreise und der Werte nach § 10 Abs. 4 Satz 1 Nr. 1 die Summe der Einkaufspreise dieses Zeitraums übersteigt (Gesamtdifferenz). ② Die Besteuerung nach der Gesamtdifferenz ist nur bei solchen Gegenständen zulässig, deren Einkaufspreis 500 Euro nicht übersteigt. ③ Im Übrigen gilt Absatz 3 entsprechend.

5 (5) ① Die Steuer ist mit dem allgemeinen Steuersatz nach § 12 Abs. 1 zu berechnen. ② Die Steuerbefreiungen, ausgenommen die Steuerbefreiung für innergemeinschaftliche Lieferungen (§ 4 Nr. 1 Buchstabe b, § 6 a), bleiben unberührt. ③ Abweichend von § 15 Abs. 1 ist der Wiederverkäufer in den Fällen des Absatzes 2 nicht berechtigt, die entstandene Einfuhrumsatzsteuer, die gesondert ausgewiesene Steuer oder die nach § 13 b Absatz 5 geschuldete Steuer für die an ihn ausgeführte Lieferung als Vorsteuer abzuziehen.

6 (6) ① § 22 gilt mit der Maßgabe, dass aus den Aufzeichnungen des Wiederverkäufers zu ersehen sein müssen

1. die Verkaufspreise oder die Werte nach § 10 Abs. 4 Satz 1 Nr. 1,
2. die Einkaufspreise und
3. die Bemessungsgrundlagen nach den Absätzen 3 und 4.

② Wendet der Wiederverkäufer neben der Differenzbesteuerung die Besteuerung nach den allgemeinen Vorschriften an, hat er getrennte Aufzeichnungen zu führen.

7 (7) Es gelten folgende Besonderheiten:

1. Die Differenzbesteuerung findet keine Anwendung
   a) auf die Lieferungen eines Gegenstands, den der Wiederverkäufer innergemeinschaftlich erworben hat, wenn auf die Lieferung des Gegenstands an den Wiederverkäufer die Steuerbefreiung für innergemeinschaftliche Lieferungen im übrigen Gemeinschaftsgebiet angewendet worden ist,
   b) auf die innergemeinschaftliche Lieferung eines neuen Fahrzeugs im Sinne des § 1 b Abs. 2 und 3.

2. Der innergemeinschaftliche Erwerb unterliegt nicht der Umsatzsteuer, wenn auf die Lieferung der Gegenstände an den Erwerber im Sinne des § 1 a Abs. 1 die Differenzbesteuerung im übrigen Gemeinschaftsgebiet angewendet worden ist.

3. Die Anwendung des § 3 c und die Steuerbefreiung für innergemeinschaftliche Lieferungen (§ 4 Nr. 1 Buchstabe b, § 6 a) sind bei der Differenzbesteuerung ausgeschlossen.

(8) ① **Der Wiederverkäufer kann bei jeder Lieferung auf die Differenzbesteuerung verzichten, soweit er Absatz 4 nicht anwendet.** ② **Bezieht sich der Verzicht auf die in Absatz 2 bezeichneten Gegenstände, ist der Vorsteuerabzug frühestens in dem Voranmeldungszeitraum möglich, in dem die Steuer für die Lieferung entsteht.** 8

Hinweis auf EU-Vorschriften:

UStG:	§ 25 a Abs. 1	**MwStSystRL:**	Art. 311 Abs. 1 Nr. 1–7, Abs. 3, 313 Abs. 1, 314
	§ 25 a Abs. 2		Art. 103, 311 Abs. 1 Nr. 2, 316, Anh. IX
	§ 25 a Abs. 3		Art. 312, 315, 317
	§ 25 a Abs. 4		Art. 318
	§ 25 a Abs. 5		Art. 321–323
	§ 25 a Abs. 6		Art. 324
	§ 25 a Abs. 7		Art. 4, 35, 139 Abs. 3, 313 Abs. 2
	§ 25 a Abs. 8		Art. 319, 320

Übersicht

Zu § 25 a UStG

25 a.1 Differenzbesteuerung

UStAE 25 a.1

Anwendungsbereich

(1) ① § 25 a UStG enthält eine Sonderregelung für die Besteuerung der Lieferungen nach § 1 Abs. 1 Nr. 1 UStG von beweglichen körperlichen Gegenständen einschließlich Kunstgegenständen, Sammlungsstücken und Antiquitäten, sofern für diese Gegenstände kein Recht zum Vorsteuerabzug bestand. ② Sie werden nachfolgend als Gebrauchtgegenstände bezeichnet, weil sie nach der Verkehrsauffassung bereits „gebraucht" sind. ③ Edelsteine und Edelmetalle sind nach § 25 a Abs. 1 Nr. 3 UStG von der Differenzbesteuerung ausgenommen. ④ Edelsteine im Sinne der Vorschrift sind rohe oder bearbeitete Diamanten (Position 7102 Zolltarif) sowie andere Edelsteine (z. B. Rubine, Saphire, Smaragde) und Schmucksteine (Position 7103 Zolltarif). ⑤ Synthetische und rekonstituierte Edelsteine oder Schmucksteine (Position 7104 Zolltarif) rechnen nicht dazu. ⑥ Edelmetalle im Sinne der Vorschrift sind Silber (aus Positionen 7106 und 7112 Zolltarif), Gold (aus Positionen 7108 und 7112 Zolltarif) und Platin einschließlich Iridium, Osmium, Palladium, Rhodium und Ruthenium (aus Positionen 7110 und 7112 Zolltarif). ⑦ Edelmetalllegierungen und -plattierungen gehören grundsätzlich nicht dazu. ⑧ Aus Edelsteinen oder Edelmetallen hergestellte Gegenstände (z. B. Schmuckwaren, Gold- und Silberschmiedewaren) fallen nicht unter die Ausnahmeregelung. ⑨ Die Anwendung der Differenzbesteuerung ist jedoch ausgeschlossen, wenn die Gegenstände, die Edelmetalle oder Edelsteine enthalten, ihre ursprüngliche Funktion nicht mehr erfüllen können und nur noch wegen des Wertes, der diesen Metallen und Steinen innewohnt, gehandelt werden (vgl. EuGH-Urteil vom 11. 7. 2018, C-154/17, E LATS). ⑩ Die Differenzbesteuerung ist anwendbar auf den Handel mit sog. Kursmünzen (Sonderprägungen, die auch als gesetzliches Zahlungsmittel zugelassen sind). 11

(2) ① Der Anwendungsbereich der Differenzbesteuerung ist auf Wiederverkäufer beschränkt. ② Als Wiederverkäufer gelten Unternehmer, die im Rahmen ihrer gewerblichen Tätigkeit üblicherweise Gebrauchtgegenstände erwerben und sie danach, gegebenenfalls nach Instandsetzung, im eigenen Namen wieder verkaufen (gewerbsmäßige Händler), und die Veranstalter öffentlicher Versteigerungen, die Gebrauchtgegenstände im eigenen Namen und auf eigene oder fremde Rechnung versteigern (vgl. BFH-Urteile vom 2. 3. 2006, V R 35/04, BStBl. II S. 675, und vom 29. 6. 2011, XI R 15/10, BStBl. II S. 839). ③ Der An- und Verkauf der Gebrauchtgegenstände kann auf einen Teil- oder Nebenbereich des Unternehmens beschränkt sein. 12

Beispiel:

① Ein Kreditinstitut veräußert die von Privatpersonen sicherungsübereigneten Gebrauchtgegenstände. ② Der Verkauf der Gegenstände unterliegt der Differenzbesteuerung. ③ Das Kreditinstitut ist insoweit als Wiederverkäufer anzusehen.

(3) ① Der Ort der Lieferung der Gegenstände an den Wiederverkäufer muss im Inland oder im übrigen Gemeinschaftsgebiet liegen. ② Wird ein Gegenstand im Drittlandsgebiet erworben und in das Inland eingeführt, unterliegt die spätere Lieferung des Gegenstands nur unter den Voraussetzungen des § 25 a Abs. 2 UStG der Differenzbesteuerung. 13

UStAE 25a.1

14 (4) ① Die Anwendung der Differenzbesteuerung setzt nach § 25a Abs. 1 Nr. 2 UStG voraus, dass der Wiederverkäufer die Gebrauchtgegenstände im Rahmen einer entgeltlichen Lieferung für sein Unternehmen erworben hat (vgl. BFH-Urteil vom 18. 12. 2008, V R 73/07, BStBl. 2009 II S. 612). ② Diese Voraussetzung ist nicht erfüllt, wenn der Wiederverkäufer Gegenstände aus seinem Privatvermögen in das Unternehmen eingelegt oder im Rahmen einer unentgeltlichen Lieferung nach § 3 Abs. 1b Satz 1 UStG erworben hat. ③ Der Wiederverkäufer kann die Differenzbesteuerung auch bei der Veräußerung von Gegenständen des Anlagevermögens anwenden, wenn der Wiederverkauf des Gegenstandes bei seinem Erwerb zumindest nachrangig beabsichtigt war und dieser Wiederverkauf auf Grund seiner Häufigkeit zur normalen Tätigkeit des Unternehmers gehört (vgl. BFH-Urteil vom 29. 6. 2011, XI R 15/10, BStBl. II S. 839). ④ Die Differenzbesteuerung ist auch dann anwendbar, wenn ein Unternehmer Gegenstände liefert, die er gewonnen hat, indem er die zuvor von ihm erworbenen Gebrauchtgegenstände, z. B. Gebrauchtfahrzeuge, zerlegt hat (vgl. EuGH-Urteil vom 18. 1. 2017, C-471/15, Sjelle Autogenbrug, und BFH-Urteil vom 23. 2. 2017, V R 37/15, BStBl. 2019 II S. 452). ⑤ Die Einkaufspreise der ausgebauten und weiterverkauften Einzelteile sind im Wege der sachgerechten Schätzung zu ermitteln. ⑥ Die Schätzungsgrundlage ist in einer Anlage zu den Wareneingangsrechnungen zu erläutern und – soweit vorhanden – durch ergänzende Unterlagen zu belegen. ⑦ Wird aus mehreren Einzelgegenständen, die jeweils für sich die Voraussetzungen der Differenzbesteuerung erfüllen, ein einheitlicher Gegenstand hergestellt oder zusammengestellt, unterliegt die anschließende Lieferung dieses „neuen" Gegenstandes nicht der Differenzbesteuerung.

15 (5) ① Die Differenzbesteuerung setzt nach § 25a Abs. 1 Nr. 2 UStG ferner voraus, dass für die Lieferung des Gegenstands an den Wiederverkäufer Umsatzsteuer im Gemeinschaftsgebiet nicht geschuldet oder nach § 19 Abs. 1 UStG nicht erhoben oder die Differenzbesteuerung im Gemeinschaftsgebiet vorgenommen wurde. ② Der Wiederverkäufer kann die Regelung danach anwenden, wenn er den Gegenstand im Inland oder im übrigen Gemeinschaftsgebiet erworben hat von

1. einer Privatperson oder einer juristischen Person des öffentlichen Rechts, die nicht Unternehmer ist;
2. einem Unternehmer aus dessen nichtunternehmerischen Bereich;
3. einem Unternehmer, der mit seiner Lieferung des Gegenstands unter eine Steuerbefreiung fällt, die zum Ausschluss vom Vorsteuerabzug führt;
4. einem Kleinunternehmer, der nach dem Recht des für die Besteuerung zuständigen Mitgliedstaates von der Steuer befreit oder auf andere Weise von der Besteuerung ausgenommen ist, oder
5. ① einem anderen Wiederverkäufer, der auf seine Lieferung ebenfalls die Differenzbesteuerung angewendet hat (§ 25a Abs. 1 Nr. 2 Satz 2 Buchstabe b UStG). ② Dies setzt allerdings voraus, dass für diese Lieferung die Differenzbesteuerung zu Recht angewendet wurde (vgl. BFH-Urteil vom 23. 4. 2009, V R 52/07, BStBl. II S. 860). ③ Die Differenzbesteuerung ist hiernach auch bei Verkäufen von Händler an Händler möglich.

16 ③ Der Erwerb eines Gegenstands von einem Land- und Forstwirt, der auf die Umsätze aus seinem land- und forstwirtschaftlichen Betrieb die Durchschnittssatzbesteuerung des § 24 UStG anwendet, erfüllt nicht die Voraussetzung des § 25a Abs. 1 Nr. 2 Satz 2 Buchstabe a UStG. ④ Von der Differenzbesteuerung sind Gebrauchtgegenstände ausgenommen, die im übrigen Gemeinschaftsgebiet erworben worden sind, sofern der Lieferer dort die Steuerbefreiung für innergemeinschaftliche Lieferungen angewendet hat (§ 25a Abs. 7 Nr. 1 Buchstabe a UStG).

17 (6) ① Der Wiederverkäufer kann mit Beginn des Kalenderjahres, in dem er eine entsprechende Erklärung abgibt, die Differenzbesteuerung auch anwenden, wenn er

1. Kunstgegenstände, Sammlungsstücke oder Antiquitäten selbst eingeführt hat oder
2. Kunstgegenstände vom Künstler selbst oder von einem anderen Unternehmer, der kein Wiederverkäufer ist, erworben hat und dafür Umsatzsteuer geschuldet wurde.

② Dabei kann die Differenzbesteuerung auf einzelne Gruppen dieser Gegenstände („Kunstgegenstände" oder „Sammlungsstücke" oder „Antiquitäten") beschränkt werden. ③ Die Begriffe Kunstgegenstände und Sammlungsstücke sind nach den gleichen Merkmalen wie für Zwecke der Steuerermäßigung nach § 12 Abs. 2 Nr. 12 und 13 UStG abzugrenzen (vgl. Nummern 53 und 54 sowie Nummer 49 Buchstabe f der Anlage 2 des UStG). ④ Antiquitäten sind andere Gegenstände als Kunstgegenstände und Sammlungsstücke, die mehr als 100 Jahre alt sind (Position 9706 00 00 Zolltarif).[1]

18 (7) ① Die Differenzbesteuerung für die in Absatz 6 bezeichneten Gegenstände ist von einer formlosen Erklärung abhängig, die spätestens bei Übermittlung der ersten Voranmeldung des Kalenderjahres beim Finanzamt einzureichen ist. ② In der Erklärung müssen die Gegenstände bezeichnet werden, auf die sich die Differenzbesteuerung erstreckt. ③ Die Wirkung der Erklä-

[1] Vgl. auch Anhang IX MwStSystRL.

rung ist nicht auf Gegenstände beschränkt, die erst nach dem Beginn des Kalenderjahres erworben werden. ④ Sie erfasst auch Gegenstände, die vor diesem Zeitpunkt erworben wurden und erst danach veräußert werden. ⑤ An die Erklärung ist der Wiederverkäufer für mindestens zwei Kalenderjahre gebunden. ⑥ Soweit der Wiederverkäufer die Differenzbesteuerung anwendet, ist er abweichend von § 15 Abs. 1 UStG nicht berechtigt, die entstandene Einfuhrumsatzsteuer, die gesondert ausgewiesene Steuer oder die nach § 13b Abs. 5 UStG geschuldete Steuer für die an ihn ausgeführte Lieferung als Vorsteuer abzuziehen. ⑦ Der Übergang von der allgemeinen Besteuerung zur Differenzbesteuerung aufgrund einer Erklärung nach § 25a Abs. 2 Satz 1 UStG oder umgekehrt ist eine Änderung der für den ursprünglichen Vorsteuerabzug maßgebenden Verhältnisse i. S. d. § 15a UStG. ⑧ Die Berichtigung des Vorsteuerabzugs ist nach allgemeinen Grundsätzen vorzunehmen. ⑨ Bei einem Wirtschaftsgut, das nur einmalig zur Ausführung eines Umsatzes verwendet wird, erfolgt die Berichtigung gemäß § 15a Abs. 2 UStG für den Besteuerungszeitraum, in dem das Wirtschaftsgut unter den jeweils veränderten Verhältnissen geliefert wird. ⑩ In den Fällen des Übergangs von der allgemeinen Besteuerung zur Differenzbesteuerung unterbleibt eine Berichtigung, wenn der Unternehmer bei der Lieferung des Wirtschaftsguts gemäß § 25a Abs. 8 Satz 1 UStG auf die Anwendung der Differenzbesteuerung verzichtet oder nach Ablauf der Bindungsfrist des § 25a Abs. 2 Satz 2 UStG zur allgemeinen Besteuerung zurückkehrt und das Wirtschaftsgut erst danach liefert.

Bemessungsgrundlage

(8) ① Wird ein Gebrauchtgegenstand durch den Wiederverkäufer nach § 1 Abs. 1 Nr. 1 Satz 1 UStG geliefert, ist als Bemessungsgrundlage grundsätzlich der Betrag anzusetzen, um den der Verkaufspreis den Einkaufspreis für den Gegenstand übersteigt; die in dem Unterschiedsbetrag enthaltene Umsatzsteuer ist herauszurechnen. ② Nebenkosten, die nach dem Erwerb des Gegenstands angefallen, also nicht im Einkaufspreis enthalten sind, z. B. Reparaturkosten, mindern nicht die Bemessungsgrundlage. ③ Soweit selbst eingeführte Kunstgegenstände, Sammlungsstücke oder Antiquitäten nach § 25a Abs. 2 Satz 1 Nr. 1 UStG in die Differenzbesteuerung einbezogen werden, gilt als Einkaufspreis der nach den Vorschriften über den Zollwert ermittelte Wert des eingeführten Gegenstands zuzüglich der Einfuhrumsatzsteuer. ④ Im Fall des § 25a Abs. 2 Satz 1 Nr. 2 UStG schließt der Einkaufspreis die vom Lieferer in Rechnung gestellte Umsatzsteuer ein. ⑤ Wird die Bemessungsgrundlage für die Lieferung eines Kunstgegenstands nach § 25a Abs. 3 Satz 2 UStG berechnet, ist nach Absatz 11a zu verfahren. 19

(9) ① Lieferungen, für die die Mindestbemessungsgrundlage (§ 10 Abs. 5 UStG) anzusetzen ist, und Lieferungen im Sinne des § 3 Abs. 1b UStG werden nach dem Unterschied zwischen dem tatsächlichen Einkaufspreis und dem Einkaufspreis zuzüglich der Nebenkosten für den Gegenstand zum Zeitpunkt des Umsatzes (§ 10 Abs. 4 Satz 1 Nr. 1 UStG) – abzüglich Umsatzsteuer – bemessen. ② Bei den vorbezeichneten Lieferungen kommt eine Differenzbesteuerung im Normalfall allerdings im Hinblick auf § 3 Abs. 1b Satz 2 UStG nicht in Betracht, weil diese Vorschrift die Berechtigung zum vollen oder teilweisen Vorsteuerabzug voraussetzt. 20

(10) ① Nimmt ein Wiederverkäufer beim Verkauf eines Neugegenstands einen Gebrauchtgegenstand in Zahlung und leistet der Käufer in Höhe der Differenz eine Zuzahlung, ist im Rahmen der Differenzbesteuerung als Einkaufspreis nach § 25a Abs. 3 UStG der tatsächliche Wert des Gebrauchtgegenstands anzusetzen. ② Dies ist der Wert, der bei der Ermittlung des Entgelts für den Kauf des neuen Gegenstands tatsächlich zu Grunde gelegt wird. ③ Bei der Inzahlungnahme von Gebrauchtfahrzeugen in der Kraftfahrzeugwirtschaft ist nach Abschnitt 10.5 Abs. 4 zu verfahren. 21

(11) ① Die Bemessungsgrundlage ist vorbehaltlich des Absatzes 12 für jeden Gegenstand einzeln zu ermitteln (Einzeldifferenz). ② Ein positiver Unterschiedsbetrag zwischen dem Verkaufspreis – oder dem an seine Stelle tretenden Wert – und dem Einkaufspreis eines Gegenstands kann für die Berechnung der zu entrichtenden Steuer nicht mit einer negativen Einzeldifferenz aus dem Umsatz eines anderen Gegenstands oder einer negativen Gesamtdifferenz (vgl. Absatz 12) verrechnet werden. ③ Bei einem negativen Unterschiedsbetrag beträgt die Bemessungsgrundlage 0 €; dieser Unterschiedsbetrag kann auch in späteren Besteuerungszeiträumen nicht berücksichtigt werden. ④ Wird ein Gegenstand nicht im Jahr der Anschaffung veräußert, entnommen oder zugewendet, ist der noch nicht berücksichtigte Einkaufspreis im Jahr der tatsächlichen Veräußerung, Entnahme oder Zuwendung in die Berechnung der Einzeldifferenz einzubeziehen. 22

Besondere Bemessungsgrundlage für bestimmte Lieferungen von Kunstgegenständen („Pauschalmarge")

(11a) ① Im Falle der Lieferung eines Kunstgegenstands ist der Betrag, nach dem sich der Umsatz bemisst, abweichend von § 25a Abs. 3 Satz 1 UStG mit 30% des Verkaufspreises anzusetzen, wenn sich der Einkaufspreis des Kunstgegenstands nicht ermitteln lässt oder der Einkaufspreis unbedeutend ist (§ 25a Abs. 3 Satz 2 UStG). ② Die Anwendung dieser Pauschalmarge ist auf Gegenstände beschränkt, die in Nummer 53 der Anlage 2 zum UStG aufgeführt sind. ③ Auf Sammlungsstücke (Nummer 54 der Anlage 2 zum UStG) ist die Regelung nicht anwendbar. ④ Es kommt nicht darauf 23 an, ob der Wiederverkäufer die Differenzbesteuerung kraft der Regelungen in § 25 a Abs. 1 UStG oder aufgrund einer nach § 25 a Abs. 2 UStG abgegebenen Erklärung anwendet. ⑤ Da der Einkaufspreis eines Kunstgegenstands unter Berücksichtigung der gesetzlichen Pflichten des Unternehmers nach § 25 a Abs. 6 UStG grundsätzlich aufzuzeichnen ist, liegt der Fall der Nichtermittelbarkeit des Einkaufspreises nur ausnahmsweise vor. ⑥ Das Vorliegen eines solchen Einzelfalles richtet sich nach dem Gesamtbild der Verhältnisse, die der Unternehmer nachzuweisen hat. ⑦ Dieser Nachweis gilt als erbracht, wenn der Unternehmer darlegt, dass er alle ihm zumutbaren Ermittlungsmöglichkeiten ausgeschöpft hat. ⑧ In Fällen, in denen der Unternehmer den ermittelbaren Einkaufspreis nicht aufgezeichnet hat oder die Nichtermittelbarkeit des Einkaufspreises des Kunstgegenstands nicht darlegen kann, erfolgt die Preisermittlung im Wege einer sachgerechten Schätzung. ⑨ Eine Nichtermittelbarkeit des Einkaufspreises liegt nicht allein schon dann vor, wenn der Unternehmer Aufwendungen für die Durchführung von Verkaufsfördermaßnahmen für von ihm in Kommission genommene Kunstgegenstände trägt.

Beispiel 1:

① Der Wiederverkäufer W erwirbt von einer Erbengemeinschaft den gesamten Nachlass eines Verstorbenen, in dem ein Kunstgegenstand enthalten ist. ② Ohne Ermittlung der Einzelwerte wird für sämtliche Nachlassgegenstände ein Gesamtkaufpreis vereinbart. ③ W verkauft den Kunstgegenstand später für 2 500 €.

④ Da W den Einkaufspreis des im Nachlass enthaltenen Kunstgegenstands nicht ermitteln kann, ist bei Veräußerung des Gegenstands die Pauschalmarge anzuwenden:

Verkaufspreis	2 500,00 €
davon 30% (= Pauschalmarge)	750,00 €
darin enthaltene Umsatzsteuer (19%)	119,75 €
Besondere Bemessungsgrundlage	630,25 €

Beispiel 2:

① Der Wiederverkäufer W erwirbt eine Sammlung von Kunstgegenständen als Sachgesamtheit. ② Ohne Feststellung der Einzelwerte wird für die Sammlung ein Gesamtkaufpreis vereinbart. ③ W veräußert die Kunstgegenstände später einzeln weiter.

④ Da W den Einkaufspreis der einzelnen Kunstgegenstände nicht ermitteln kann, ist bei Veräußerung der einzelnen Gegenstände durch W die Pauschalmarge anzuwenden.

Beispiel 3:

① Galerist G stellt in seinen Räumen Werke des Künstlers K aus. ② G veräußert ein Werk im Rahmen eines Kommissionsgeschäfts (§ 3 Abs. 3 UStG) an einen Abnehmer. ③ Die Hälfte des Verkaufspreises leitet G vereinbarungsgemäß an K weiter. ④ Für seine Lieferung erteilt K dem G eine Rechnung. ⑤ G trägt die Aufwendungen für die Durchführung von Verkaufsfördermaßnahmen.

⑥ Da G den Einkaufspreis anhand der Rechnung des K ermitteln kann, ist die Pauschalmarge nicht anwendbar. ⑦ Der Umsatz ist nach dem Betrag zu bemessen, um den der Verkaufspreis den Einkaufspreis übersteigt, abzüglich der Umsatzsteuer selbst. ⑧ Die von G getragenen Aufwendungen für die Durchführung von Verkaufsfördermaßnehmen berühren den Einkaufspreis nicht; insoweit ist G bei Vorliegen der Voraussetzungen des § 15 UStG zum Abzug der Vorsteuer berechtigt.

⑩ Der Einkaufspreis eines Kunstgegenstands ist unbedeutend, wenn er den Betrag von 500 € ohne ggf. anfallende Umsatzsteuer nicht übersteigt.

24 (12) ① Bei Gegenständen, deren Einkaufspreis den Betrag von 500 € nicht übersteigt, kann die Bemessungsgrundlage anstatt nach der Einzeldifferenz nach der Gesamtdifferenz ermittelt werden. ② Die Gesamtdifferenz ist der Betrag, um den die Summe der Verkaufspreise und der Werte nach § 10 Abs. 4 Satz 1 Nr. 1 UStG die Summe der Einkaufspreise – jeweils bezogen auf den Besteuerungszeitraum – übersteigt; die in dem Unterschiedsbetrag enthaltene Umsatzsteuer ist herauszurechnen. ③ Für die Ermittlung der Verkaufs- und Einkaufspreise sind die Absätze 8 bis 10 entsprechend anzuwenden. ④ Kann ein Gegenstand endgültig nicht mehr veräußert, entnommen oder zugewendet werden (z. B. wegen Diebstahl oder Untergang), ist die Summe der Einkaufspreise entsprechend zu mindern. ⑤ Die Voraussetzungen für die Ermittlung der Bemessungsgrundlage nach der Gesamtdifferenz müssen grundsätzlich für jeden einzelnen Gegenstand erfüllt sein. ⑥ Wendet der Wiederverkäufer für eine Mehrheit von Gegenständen oder für Sachgesamtheiten einen Gesamteinkaufspreis auf (z. B. beim Kauf von Sammlungen oder Nachlässen) und werden die Gegenstände üblicherweise später einzeln verkauft, kann wie folgt verfahren werden:

1. Beträgt der Gesamteinkaufspreis bis zu 500 €, kann aus Vereinfachungsgründen von der Ermittlung der auf die einzelnen Gegenstände entfallenden Einkaufspreise abgesehen werden.
2. ① Übersteigt der Gesamteinkaufspreis den Betrag von 500 €, ist der auf die einzelnen Gegenstände entfallende Einkaufspreis grundsätzlich im Wege sachgerechter Schätzung zu ermitteln. ② Die Schätzung kann auf wertbestimmende Einzelgegenstände solange beschränkt werden, bis der Gesamtbetrag für die restlichen Gegenstände 500 € oder weniger beträgt. ③ Erwirbt der Unternehmer eine Vielzahl gleichartiger Gegenstände (z. B. eine Münz- oder Briefmarkensammlung) kann sich die Schätzung des anteiligen Einkaufspreises auf die Gegenstände beschränken, deren Einkaufspreis 500 € übersteigt.

Beispiel 1:

① Der Antiquitätenhändler A kauft eine Wohnungseinrichtung für 3 000 €. ② Dabei ist er insbesondere an einer antiken Truhe (geschätzter anteiliger Einkaufspreis 1 500 €) und einem Weichholzschrank (Schätzpreis 800 €) interessiert. ③ Die restlichen Einrichtungsgegenstände, zu denen ein Fernsehgerät (Schätzpreis 250 €) gehört, will er an einen Trödelhändler verkaufen.

④ A muss beim Weiterverkauf der Truhe und des Weichholzschranks die Bemessungsgrundlage nach der Einzeldifferenz ermitteln. ⑤ Das Fernsehgerät hat er den Gegenständen zuzuordnen, für die die Bemessungsgrundlage nach der Gesamtdifferenz ermittelt wird. ⑥ Das Gleiche gilt für die restlichen Einrichtungsgegenstände. ⑦ Da ihr Anteil am Gesamtpreis 450 € beträgt, kann von einer Ermittlung der auf die einzelnen Gegenstände entfallenden Einkaufspreise abgesehen werden.

Beispiel 2:

① Der Münzhändler M erwirbt eine Münzsammlung für 5000 €. ② Darin enthalten sind zwei besonders wertvolle Stücke, mit einem geschätzten anteiligen Einkaufspreis von 600 € bzw. 900 €. ③ Die Einzelwerte der übrigen Münzen liegen unter 500 €.

④ M muss beim Weiterverkauf die Bemessungsgrundlage der beiden besonders wertvollen Münzen nach der Einzeldifferenz ermitteln. ⑤ Für die übrigen Stücke kann M die Gesamtdifferenzmethode anwenden. ⑥Dabei kann die Summe der Einkaufspreise mit 3500 € angesetzt werden, ohne dass es einer Ermittlung des auf die einzelne Münze entfallenden Einkaufspreises bedarf.

(13) ① Die Gesamtdifferenz kann nur einheitlich für die gesamten innerhalb eines Besteuerungszeitraums ausgeführten Umsätze ermittelt werden, die sich auf Gegenstände mit Einkaufspreisen bis zu 500 € beziehen. ② Es ist nicht zulässig, die Gesamtdifferenz innerhalb dieser Preisgruppe auf bestimmte Arten von Gegenständen zu beschränken. ③ Für Gegenstände, deren Einkaufspreis 500 € übersteigt, ist daneben die Ermittlung nach der Einzeldifferenz vorzunehmen. ④ Die positive Gesamtdifferenz eines Besteuerungszeitraums kann nicht mit einer negativen Einzeldifferenz verrechnet werden. ⑤ Ist die Gesamtdifferenz eines Besteuerungszeitraums negativ, beträgt die Bemessungsgrundlage 0 €; der negative Betrag kann nicht in späteren Besteuerungszeiträumen berücksichtigt werden. ⑥ Bei der Berechnung der Besteuerungsgrundlagen für die einzelnen Voranmeldungszeiträume ist entsprechend zu verfahren. ⑦ Allerdings können innerhalb desselben Besteuerungszeitraums negative mit positiven Gesamtdifferenzen einzelner Voranmeldungszeiträume verrechnet werden. 25

(14) Ein Wechsel von der Ermittlung nach der Einzeldifferenz zur Ermittlung nach der Gesamtdifferenz und umgekehrt ist nur zu Beginn eines Kalenderjahres zulässig. 26

Steuersatz, Steuerbefreiungen

(15) ① Bei der Differenzbesteuerung ist die Steuer stets mit dem allgemeinen Steuersatz zu berechnen. ② Dies gilt auch für solche Gegenstände, für die bei der Besteuerung nach den allgemeinen Vorschriften der ermäßigte Steuersatz in Betracht käme (z. B. Bücher). ③ Wird auf eine Lieferung in das übrige Gemeinschaftsgebiet die Differenzbesteuerung angewendet, ist die Steuerbefreiung für innergemeinschaftliche Lieferungen ausgeschlossen. ④ Die übrigen Steuerbefreiungen des § 4 UStG bleiben unberührt. 27

Verbot des offenen Steuerausweises, Aufzeichnungspflichten

(16) ① Das Verbot des gesonderten Ausweises der Steuer in einer Rechnung gilt auch dann, wenn der Wiederverkäufer einen Gebrauchtgegenstand an einen anderen Unternehmer liefert, der eine gesondert ausgewiesene Steuer aus dem Erwerb dieses Gegenstands als Vorsteuer abziehen könnte. ② Liegen die Voraussetzungen für die Differenzbesteuerung vor und weist ein Wiederverkäufer für die Lieferung eines Gebrauchtgegenstands – entgegen der Regelung in § 14 a Abs. 6 Satz 2 UStG – die auf die Differenz entfallende Steuer gesondert aus, schuldet er die gesondert ausgewiesene Steuer nach § 14 c Abs. 2 UStG. ③ Zusätzlich zu dieser Steuer schuldet er für die Lieferung des Gegenstands die Steuer nach § 25 a UStG. ④ Auf die Anwendung der Differenzbesteuerung ist in der Rechnung hinzuweisen (vgl. Abschnitt 14 a.1 Abs. 10). 28

(17) ① Der Wiederverkäufer, der Umsätze von Gebrauchtgegenständen nach § 25 a UStG versteuert, hat für jeden Gegenstand getrennt den Verkaufspreis oder den Wert nach § 10 Abs. 4 Satz 1 Nr. 1 UStG, den Einkaufspreis und die Bemessungsgrundlage aufzuzeichnen (§ 25 a Abs. 6 Satz 2 UStG). ② Aus Vereinfachungsgründen kann er in den Fällen, in denen lediglich ein Gesamteinkaufspreis für mehrere Gegenstände vorliegt, den Gesamteinkaufspreis aufzeichnen, 29

1. wenn dieser den Betrag von 500 € insgesamt nicht übersteigt oder
2. soweit er nach Abzug der Einkaufspreise einzelner Gegenstände den Betrag von 500 € nicht übersteigt.

③ Die besonderen Aufzeichnungspflichten gelten als erfüllt, wenn sich die aufzeichnungspflichtigen Angaben aus den Buchführungsunterlagen entnehmen lassen. ④ Der Wiederverkäufer hat die Aufzeichnungen für die Differenzbesteuerung getrennt von den übrigen Aufzeichnungen zu führen.

Besonderheiten im innergemeinschaftlichen Warenverkehr

(18) ① Die Differenzbesteuerung kann vorbehaltlich des Absatzes 19 auch auf Lieferungen vom Inland in das übrige Gemeinschaftsgebiet sowie auf Fälle des innergemeinschaftlichen Verbringens (§ 1 a Abs. 2 UStG) angewendet werden. ② Sie ist in diesem Fall stets im Inland vorzunehmen; die Regelung des § 3 c UStG und die Steuerbefreiung für innergemeinschaftliche Lieferungen im Sinne von § 4 Nr. 1 Buchstabe b, § 6 a UStG finden keine Anwendung. 30

(19) ① Die Differenzbesteuerung ist ausgeschlossen, wenn der Wiederverkäufer ein neues Fahrzeug im Sinne von § 1 b Abs. 2 und 3 UStG in das übrige Gemeinschaftsgebiet liefert. ② Die 31

Lieferung ist im Inland unter den Voraussetzungen des § 4 Nr. 1 Buchstabe b, § 6 a UStG als innergemeinschaftliche Lieferung steuerfrei. ③ Der Erwerber des neuen Fahrzeugs hat im übrigen Gemeinschaftsgebiet einen innergemeinschaftlichen Erwerb zu besteuern.

32 (20) Wird bei der Lieferung eines Gegenstands vom übrigen Gemeinschaftsgebiet in das Inland die Differenzbesteuerung im übrigen Gemeinschaftsgebiet angewendet, entfällt eine Erwerbsbesteuerung im Inland.

Verzicht auf die Differenzbesteuerung

33 (21) ① Ein Verzicht auf die Anwendung der Differenzbesteuerung ist bei jeder einzelnen Lieferung eines Gebrauchtgegenstands möglich. ② Abschnitt 9.1 Abs. 3 und 4 ist sinngemäß anzuwenden. ③ Im Fall der Besteuerung nach der Gesamtdifferenz ist ein Verzicht ausgeschlossen. ④ Der Verzicht ist auch für solche Gegenstände möglich, für die der Wiederverkäufer nach § 25 a Abs. 2 UStG die Anwendung der Differenzbesteuerung erklärt hat. ⑤ In diesem Fall kann er die entstandene Einfuhrumsatzsteuer und die ihm berechnete Umsatzsteuer frühestens in der Voranmeldung als Vorsteuer geltend machen, in der er auch die Steuer für die Lieferung anmeldet. ⑥ Der Verzicht auf die Differenzbesteuerung nach § 25 a Abs. 8 UStG hat zur Folge, dass auf die Lieferung die allgemeinen Vorschriften des UStG anzuwenden sind.

LS zu 25 a.1

Zu den Voraussetzungen **(Aufzeichnungspflichten)** für die Anwendung der Differenzbesteuerung. *Verfügung OFD Niedersachsen S 7421 – 24 – St 181 v. 21. 5. 2015 (DStR S. 1387).*

35 1. *[vgl. LS zu A 3.3 (Rz. 60)]* – 2. Art. 26 a Teil A Buchst. e der 6. MwSt-RL 77/388 in der durch die Richtlinie 94/5 geänderten Fassung ist dahin auszulegen, dass als „steuerpflichtiger Wiederverkäufer" i. S. dieser Vorschrift ein Unternehmen angesehen werden kann, das im Rahmen seiner normalen Tätigkeit Fahrzeuge wieder verkauft, die es für **seine Leasingtätigkeit als Gebrauchtwagen erworben hatte,** und für das der Wiederverkauf im Augenblick der Anschaffung des Gebrauchtgegenstands nicht das Hauptziel, sondern nur sein zweitrangiges und dem der Vermietung untergeordnetes Ziel darstellt. ***EuGH-Urt. v. 8. 12. 2005,*** *C-280/04, Jyske Finans A/S (DStRE 2006 S. 369).*

Keine Differenzbesteuerung bei Veräußerung eines betrieblich genutzten PKW durch einen **Kioskbetreiber.** *BFH-Urt. v. 29. 6. 2011, XI R 15/10 (BStBl. II S. 839).* – Vgl. A 25 a.1 Abs. 4 Satz 3 UStAE.

Zur Differenzbesteuerung bei **Gebrauchtwagenfahrzeugen,** die ein Autohändler bei agenturweisem Verkauf von Neuwagen in Zahlung genommen hat. *Verfügung OFD Koblenz S 7421 A – St 44 3 v. 20. 8. 2003 (DStR S. 1837).*

Sicherungsgeber und Sicherungsnehmer können die Differenzbesteuerung in Anspruch nehmen, wenn die Voraussetzungen des § 25 a UStG gegeben sind. – Der Sicherungsnehmer kann die Regelungen zur **Steuerschuldnerschaft des** Leistungsempfängers nach § 13 b Abs. 1 Satz 1 Nr. 2 UStG auch dann in Anspruch nehmen, wenn der Sicherungsgeber die Differenzbesteuerung angewandt hat. *Verfügung OFD Frankfurt/M. v. 15. 3. 2016 – S 7421 A – 5 – St 111 (MwStR S. 968).*

§ 25 a UStG ist auf Umsätze mit im Rahmen eines **Unternehmenskaufs erworbenen Gegenständen** nicht anwendbar. *Verfügung OFD Karlsruhe v. 25. 8. 2003 S 7421 K. 2 (DStR S. 1837).*

Auf die Veräußerung wieder aufgefundener **entwendeter Fahrzeuge durch Versicherungsunternehmen** ist § 25 a UStG nicht anwendbar. *Verfügung OFD Nürnberg v. 16. 12. 2003 S 7421 – 19/St 43 (UR 2004 S. 556).*

1. Art. 26 a der 6. EG-Richtlinie 77/388/EWG in der Fassung der Richtlinie 94/5/EG des Rates vom 14. 2. 1994 ist dahin auszulegen, dass **lebende Tiere als Gebrauchtgegenstände** im Sinne dieser Vorschrift angesehen werden können. – 2. Als Gebrauchtgegenstand im Sinne dieser Vorschrift kann daher ein Tier angesehen werden, das von einer Privatperson (die nicht der Züchter ist) gekauft worden ist und nach einer Ausbildung zu einer speziellen Verwendung weiterverkauft wird. ***EuGH-Urt. v. 1. 4. 2004,*** *C-320/02, Förvaltnings AB Stenholmen (IStR S. 343).*

Keine Differenzbesteuerung für den Weiterverkauf von **Eintrittskarten** durch sog. **Ticketservice-Agenturen** [sonstige Leistung]. *Verfügung OFD Düsseldorf v. 15. 8. 2005 (DB S. 1825). – Vgl.* ***LS zu A 3.7.***

Keine **Differenzbesteuerung** bei Einfuhr aus **Drittland.** ***EuGH-Urt. v. 3. 3. 2011,*** *C-203/10, Auto Nikolovi (BeckRS 2011, 80 180).*

Der Begriff „Gebrauchtgegenstände" umfasst nicht gebrauchte Gegenstände, die **Edelmetalle oder Edelsteine** enthalten, wenn diese Gegenstände ihre ursprüngliche Funktion nicht mehr erfüllen können und nur die diesen Metallen und Steinen innewohnenden Funktionen behalten haben. ***EuGH-Urteil v. 11. 7. 2018*** *C-154/17, E LATS (MwStR S. 832).*

Die Differenzbesteuerung ist auch dann anwendbar, wenn ein Unternehmer Gegenstände liefert, die er gewonnen hat, indem er zuvor von ihm erworbene Gebrauchtfahrzeuge zerlegt hat („Ausschlachten" von Gebrauchtfahrzeugen). *BFH-Urteil v. 23. 2. 2017 V R 37/15 (BStBl. 2019 II S. 452).*

Beim Handel mit **Kursmünzen** (Sonderprägungen, die auch als gesetzliches Zahlungsmittel zugelassen sind) ist unter den übrigen Voraussetzungen die Differenzbesteuerung nach § 25 a UStG anwendbar. *Kurzinformation LSF Sachsen v. 17. 9. 2020 – 213 – S 7421/12/1–2020/46 780 (DStR S. 2491).*

Der *BFH (Beschluss v. 20. 10. 2021 XI R 2/20, BStBl. 2022 II S. 503)* hat dem EuGH Fragen zur Anwendung der Differenzbesteuerung bei der Lieferung von **Kunstgegenständen,** die der Verkäufer zuvor von den Künstlern **innergemeinschaftlich erworben** hatte, zur Vorabentscheidung vorgelegt. Streitig ist, ob die Steuer für den innergemeinschaftlichen Erwerb die zu besteuernde Handelsspanne (Marge) mindert. – *(Verfahren EuGH C-180/22).*

§ 25b Innergemeinschaftliche Dreiecksgeschäfte[1]

UStG

(1) ① Ein innergemeinschaftliches Dreiecksgeschäft liegt vor, wenn 1

1. drei Unternehmer über denselben Gegenstand Umsatzgeschäfte abschließen und dieser Gegenstand unmittelbar vom ersten Lieferer an den letzten Abnehmer gelangt,
2. die Unternehmer in jeweils verschiedenen Mitgliedstaaten für Zwecke der Umsatzsteuer erfasst sind,
3. der Gegenstand der Lieferungen aus dem Gebiet eines Mitgliedstaates in das Gebiet eines anderen Mitgliedstaates gelangt und
4. der Gegenstand der Lieferungen durch den ersten Lieferer oder den ersten Abnehmer befördert oder versendet wird.

② Satz 1 gilt entsprechend, wenn der letzte Abnehmer eine juristische Person ist, die nicht Unternehmer ist oder den Gegenstand nicht für ihr Unternehmen erwirbt und die in dem Mitgliedstaat für Zwecke der Umsatzsteuer erfasst ist, in dem sich der Gegenstand am Ende der Beförderung oder Versendung befindet.

(2) Im Fall des Absatzes 1 wird die Steuer für die Lieferung an den letzten Abnehmer von diesem geschuldet, wenn folgende Voraussetzungen erfüllt sind: 2

1. Der Lieferung ist ein innergemeinschaftlicher Erwerb vorausgegangen,
2. der erste Abnehmer ist in dem Mitgliedstaat, in dem die Beförderung oder Versendung endet, nicht ansässig. ② Er verwendet gegenüber dem ersten Lieferer und dem letzten Abnehmer dieselbe Umsatzsteuer-Identifikationsnummer, die ihm von einem anderen Mitgliedstaat erteilt worden ist als dem, in dem die Beförderung oder Versendung beginnt oder endet,
3. der erste Abnehmer erteilt dem letzten Abnehmer eine Rechnung im Sinne des § 14a Abs. 7, in der die Steuer nicht gesondert ausgewiesen ist, und
4. der letzte Abnehmer verwendet eine Umsatzsteuer-Identifikationsnummer des Mitgliedstaates, in dem die Beförderung oder Versendung endet.

(3) Im Fall des Absatzes 2 gilt der innergemeinschaftliche Erwerb des ersten Abnehmers als besteuert. 3

(4) Für die Berechnung der nach Absatz 2 geschuldeten Steuer gilt die Gegenleistung als Entgelt. 4

(5) Der letzte Abnehmer ist unter den übrigen Voraussetzungen des § 15 berechtigt, die nach Absatz 2 geschuldete Steuer als Vorsteuer abzuziehen. 5

(6) ① § 22 gilt mit der Maßgabe, dass aus den Aufzeichnungen zu ersehen sein müssen 6

1. beim ersten Abnehmer, der eine inländische Umsatzsteuer-Identifikationsnummer verwendet, das vereinbarte Entgelt für die Lieferung im Sinne des Absatzes 2 sowie der Name und die Anschrift des letzten Abnehmers;
2. beim letzten Abnehmer, der eine inländische Umsatzsteuer-Identifikationsnummer verwendet:
   a) die Bemessungsgrundlage der an ihn ausgeführten Lieferung im Sinne des Absatzes 2 sowie die hierauf entfallenden Steuerbeträge,
   b) der Name und die Anschrift des ersten Abnehmers.

② Beim ersten Abnehmer, der eine Umsatzsteuer-Identifikationsnummer eines anderen Mitgliedstaates verwendet, entfallen die Aufzeichnungspflichten nach § 22, wenn die Beförderung oder Versendung im Inland endet.

Hinweis auf EU-Vorschriften:

UStG:	§ 25b Abs. 1–3	**MwStSystRL:**	Art. 141, 197 Abs. 1
	§ 25b Abs. 6		Art. 243 Abs. 2

Übersicht

[1] **Hinweise zu § 25b:** § 3d Satz 2 (Ort des innergem. Erwerbs), § 13a Abs. 1 Nr. 5 (Steuerschuldner), § 14a Abs. 7 (Rechnungsausstellung), § 16 Abs. 1 Satz 3 (Steuerberechnung), § 18 Abs. 4a (Besteuerungsverfahren), § 18a Abs. 1 Satz 2, Abs. 4 Nr. 3, Abs. 5 S. 2 (Zusammenfassende Meldung), § 18b Abs. 1 Satz 1, 3 (Gesonderte Erklärung), § 19 Abs. 1 Satz 3 (Kleinunternehmer), § 59 Nr. 3 UStDV (Vorsteuer-Vergütungsverfahren).

Zu § 25 b UStG

UStAE 25 b.1

25 b.1 Innergemeinschaftliche Dreiecksgeschäfte[1]

Allgemeines

11 (1) ① § 25 b UStG enthält eine Vereinfachungsregelung für die Besteuerung von innergemeinschaftlichen Dreiecksgeschäften. ② Die Vereinfachung besteht darin, dass eine steuerliche Registrierung des mittleren Unternehmers im Bestimmungsland vermieden wird. ③ Bei einem innergemeinschaftlichem Dreiecksgeschäft werden unter Berücksichtigung der allgemeinen Regelungen für Reihengeschäfte (vgl. Abschnitt 3.14 Abs. 1 bis 10 a) grundsätzlich folgende Umsätze ausgeführt:

1. eine innergemeinschaftliche Lieferung des ersten am Dreiecksgeschäft beteiligten Unternehmers (erster Lieferer) in dem Mitgliedstaat, in dem die Beförderung oder Versendung des Gegenstands beginnt (§ 3 Abs. 6 Satz 1 UStG),
2. ein innergemeinschaftlicher Erwerb des mittleren am Dreiecksgeschäft beteiligten Unternehmers (erster Abnehmer) in dem Mitgliedstaat, in dem die Beförderung oder Versendung des Gegenstands endet (§ 3 d Satz 1 UStG),
3. ein innergemeinschaftlicher Erwerb des ersten Abnehmers in dem Mitgliedstaat, der dem ersten Abnehmer die von ihm verwendete USt-IdNr. erteilt hat (§ 3 d Satz 2 UStG) und
4. eine (Inlands-)Lieferung des ersten Abnehmers in dem Mitgliedstaat, in dem die Beförderung oder Versendung des Gegenstands endet (§ 3 Abs. 7 Satz 2 Nr. 2 UStG).

④ Liegt ein innergemeinschaftliches Dreiecksgeschäft vor, wird die Steuerschuld für die (Inlands-)Lieferung unter den Voraussetzungen des § 25 b Abs. 2 UStG von dem ersten auf den letzten jeweils am Dreiecksgeschäft beteiligten Abnehmer übertragen. ⑤ Im Fall der Übertragung der Steuerschuld gilt zugleich auch der innergemeinschaftliche Erwerb dieses ersten Abnehmers als besteuert (§ 25 b Abs. 3 UStG).

Begriff (§ 25 b Abs. 1 UStG)

12 (2) ① Ein innergemeinschaftliches Dreiecksgeschäft setzt voraus, dass drei Unternehmer (erster Lieferer, erster Abnehmer und letzter Abnehmer) über denselben Gegenstand Umsatzgeschäfte abschließen, und dieser Gegenstand unmittelbar vom Ort der Lieferung des ersten Lieferers an den letzten Abnehmer gelangt (§ 25 b Abs. 1 Satz 1 Nr. 1 UStG). ② Ein innergemeinschaftliches Dreiecksgeschäft kann auch zwischen drei unmittelbar nacheinander liefernden Unternehmern bei Reihengeschäften mit mehr als drei Beteiligten vorliegen, wenn die drei unmittelbar nacheinander liefernden Unternehmer am Ende der Lieferkette stehen. ③ Der erste Abnehmer in dem Dreiecksgeschäft ist als mittlerer Unternehmer in der Reihe zugleich Abnehmer und Lieferer. ④ Letzte Abnehmer im Dreiecksgeschäft können auch Unternehmer sein, die nur steuerfreie – nicht zum Vorsteuerabzug berechtigende – Umsätze ausführen, sowie Kleinunternehmer und pauschalierende Land- und Forstwirte. ⑤ Voraussetzung ist, dass sie umsatzsteuerlich in dem Mitgliedstaat erfasst sind, in dem die Beförderung oder Versendung des Gegenstands endet. ⑥ Letzter Abnehmer kann auch eine juristische Person des öffentlichen oder privaten Rechts sein, die nicht Unternehmer ist oder den Gegenstand nicht für ihr Unternehmen erwirbt, wenn sie in dem Mitgliedstaat, in dem die Warenbewegung endet, für Zwecke der Umsatzsteuer erfasst ist (§ 25 b Abs. 1 Satz 2 UStG).

Beispiel:

① Der in Deutschland ansässige Unternehmer D bestellt beim in Belgien ansässigen Unternehmer B dort nicht vorrätige Werkzeugteile. ② B gibt die Bestellung weiter an den in Luxemburg ansässigen Unternehmer L mit der Bitte, sie direkt zu D nach Deutschland auszuliefern. ③ Weil auch L die Werkzeugteile nicht am Lager hat, bestellt er sie beim in Spanien ansässigen Unternehmer SP, der sie weisungsgemäß an D versendet. ④ Alle Unternehmer treten jeweils unter der USt-IdNr. ihres Landes auf. ⑤ L weist nach, dass er den Gegenstand als Lieferer im Sinne von § 3 Abs. 6 Satz 6 UStG versendet hat.

Rechnungsweg

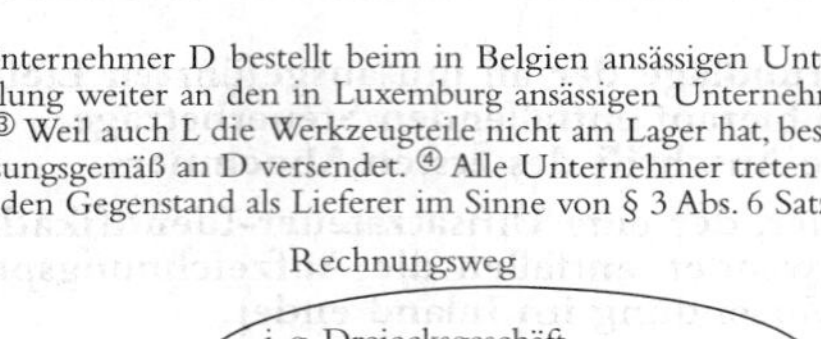

Warenweg

⑥ Zwischen SP, L, B und D liegt ein Reihengeschäft vor. ⑦ Darüber hinaus ist ein innergemeinschaftliches Dreiecksgeschäft im Sinne des § 25 b Abs. 1 UStG zwischen L, B und D anzunehmen, weil L als erster am Dreiecksgeschäft beteiligter Lieferer den Gegenstand der Lieferungen versendet. ⑧ Die Versendung ist der ersten Lieferung im Dreiecksgeschäft (L an B) zuzuordnen, da L den Gegenstand als Lieferer im Sinne von § 3 Abs. 6 Satz 6 UStG versendet hat (vgl. Abschnitt 3.14 Abs. 7 ff.). ⑨ Ort der Lieferung ist nach § 3 Abs. 6 Satz 5 in Verbindung mit Satz 1 UStG Spanien (Beginn der Versendung). ⑩ Die Lieferung des L an B ist als innergemeinschaftliche Lieferung in Spanien steuerfrei. ⑪ Der Erwerb des Gegenstands unterliegt bei B grundsätzlich der Besteuerung des innergemeinschaftlichen Erwerbs in Deutschland, da die Beförderung dort endet (§ 3 d Satz 1 UStG), und in Belgien, da B seine belgische USt-IdNr. verwendet (§ 3 d Satz 2 UStG). ⑫ Die zwei-

[1] Vgl. **LS zu A 3.14** (Reihengeschäfte).

UStAE 25b.1

te Lieferung im Dreiecksgeschäft (B an D) ist eine ruhende Lieferung. ⑬ Lieferort ist nach § 3 Abs. 7 Satz 2 Nr. 2 UStG Deutschland, da sie der Beförderungslieferung nachfolgt. ⑭ SP erbringt eine ruhende Lieferung in Spanien (§ 3 Abs. 7 Satz 2 Nr. 1 UStG), die nach spanischem Recht zu beurteilen ist.

(3) ① Weitere Voraussetzung für das Vorliegen eines innergemeinschaftlichen Dreiecksgeschäfts ist, dass die hieran beteiligten Unternehmer in jeweils verschiedenen Mitgliedstaaten für Zwecke der Umsatzsteuer erfasst sind (§ 25 b Abs. 1 Satz 1 Nr. 2 UStG). ② Die Ansässigkeit in einem dieser Mitgliedstaaten ist nicht erforderlich; maßgeblich ist vielmehr, dass der Unternehmer unter der USt-IdNr. auftritt, die ihm von einem dieser Mitgliedstaaten erteilt worden ist. ③ Treten mehrere der an dem Dreiecksgeschäft beteiligten Unternehmer unter der USt-IdNr. desselben Mitgliedstaates auf, liegt kein innergemeinschaftliches Dreiecksgeschäft vor. 13

Beispiel:

① Der in Frankfurt ansässige und umsatzsteuerlich registrierte Unternehmer D bestellt eine dort nicht vorrätige Ware bei dem in Belgien ansässigen Unternehmer B 1. ② B 1 gibt die Bestellung weiter an den ebenfalls in Belgien ansässigen Großhändler B 2, der die Ware mit eigenem Lkw unmittelbar nach Frankfurt befördert und sie dort an D übergibt. ③ D und B 2 treten jeweils unter der USt-IdNr. ihres Landes auf. ④ B 1 tritt nicht unter seiner belgischen USt-IdNr., sondern unter seiner niederländischen USt-IdNr. auf.

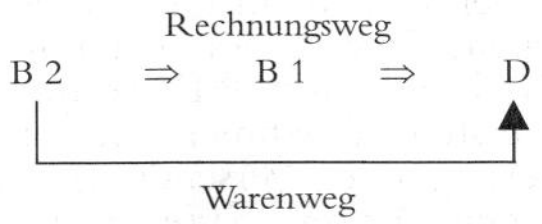

⑤ Die Voraussetzung des § 25 b Abs. 1 Satz 1 Nr. 2 UStG für das Vorliegen eines innergemeinschaftlichen Dreiecksgeschäfts ist erfüllt, da die drei beteiligten Unternehmer in jeweils verschiedenen Mitgliedstaaten (Deutschland, Belgien, Niederlande) für Zwecke der Umsatzsteuer erfasst sind und mit USt-IdNrn. aus verschiedenen Mitgliedstaaten auftreten. ⑥ Auf die Ansässigkeit von B 1 und B 2 in demselben Mitgliedstaat kommt es bei der Beurteilung nicht an.

(4) ① Weitere Voraussetzung ist das tatsächliche Gelangen des Gegenstands der Lieferungen von einem Mitgliedstaat in einen anderen Mitgliedstaat (§ 25 b Abs. 1 Satz 1 Nr. 3 UStG). ② Diese Voraussetzung ist im Hinblick auf § 3 Abs. 8 UStG auch dann erfüllt, wenn der erste Lieferer den Gegenstand zuvor in das Gemeinschaftsgebiet eingeführt hat. ③ Gelangt der Gegenstand allerdings aus dem Drittlandsgebiet unmittelbar in den Mitgliedstaat des letzten Abnehmers, liegt kein innergemeinschaftliches Dreiecksgeschäft vor. ④ Der Gegenstand kann durch Beauftragte des ersten Lieferers vor der Beförderung oder Versendung in das übrige Gemeinschaftsgebiet bearbeitet oder verarbeitet worden sein. ⑤ Gegenstand der Lieferung ist in diesem Fall jeweils der bearbeitete oder verarbeitete Gegenstand. ⑥ Der Gegenstand der Lieferung kann auch an einen vom letzten Abnehmer beauftragten Dritten, z. B. einen Lohnveredelungsunternehmer oder einen Lagerhalter, befördert oder versendet werden. 14

(5) ① Ein innergemeinschaftliches Dreiecksgeschäft setzt weiterhin voraus, dass der Gegenstand durch den ersten Lieferer oder den ersten Abnehmer (mittlerer Unternehmer) befördert oder versendet wird (§ 25 b Abs. 1 Satz 1 Nr. 4 UStG). ② Dies gilt für den mittleren Unternehmer allerdings nur dann, wenn er in seiner Eigenschaft als Abnehmer befördert oder versendet, d. h. wenn die Beförderung oder Versendung der Lieferung an ihn (erste Lieferung im Dreiecksgeschäft) zugeordnet wird. ③ Wird die Beförderung oder Versendung dagegen der zweiten Lieferung im Dreiecksgeschäft zugeordnet, weil der mittlere Unternehmer in seiner Eigenschaft als Lieferer auftritt, liegt kein innergemeinschaftliches Dreiecksgeschäft vor. ④ Wird der Gegenstand der Lieferungen durch den letzten Abnehmer befördert oder versendet (Abholfall), liegt ebenfalls kein innergemeinschaftliches Dreiecksgeschäft vor. 15

Beispiel:

① Der belgische Unternehmer B bestellt bei dem deutschen Unternehmer D eine Baumaschine. ② D hat die Maschine nicht vorrätig und gibt die Bestellung weiter an den spanischen Hersteller SP. ③ Alle Beteiligten treten unter der USt-IdNr. ihres Landes auf.

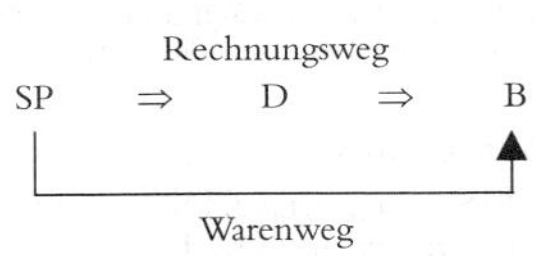

a) ① SP befördert die Baumaschine mit eigenem Lkw nach Belgien und übergibt sie dort an B.

② Es liegt ein innergemeinschaftliches Dreiecksgeschäft im Sinne des § 25 b Abs. 1 UStG vor, weil der erste Lieferer den Gegenstand der Lieferungen befördert. ③ Die Beförderung ist der ersten Lieferung (SP an D) zuzuordnen. ④ Ort der Lieferung ist nach § 3 Abs. 6 Satz 5 in Verbindung mit Satz 1 UStG Spanien (Beginn der Beförderung). ⑤ Die Lieferung ist als innergemeinschaftliche Lieferung in Spanien steuerfrei. ⑥ Der Erwerb des Gegenstands unterliegt bei D grundsätzlich der Besteuerung des innergemeinschaftlichen Erwerbs in Belgien, da die Beförderung dort endet (§ 3 d Satz 1 UStG), und in Deutschland, da D seine deutsche USt-IdNr. verwendet (§ 3 d Satz 2 UStG). ⑦ Die zweite Lieferung (D an B) ist eine ruhende Lieferung. ⑧ Lieferort ist nach § 3 Abs. 7 Satz 2 Nr. 2 UStG Belgien, da sie der Beförderungslieferung nachfolgt. ⑨ Die Lieferung des D ist nach belgischem Recht zu beurteilen. ⑩ Zur weiteren Beurteilung vgl. auch das Beispiel in Absatz 7.

b) ① B lässt die Baumaschine durch einen von ihm beauftragten Spediteur bei SP in Spanien abholen und unmittelbar nach Belgien versenden.

② Es liegt kein innergemeinschaftliches Dreiecksgeschäft im Sinne des § 25 b Abs. 1 UStG vor, weil der letzte Abnehmer den Gegenstand der Lieferungen versendet. ③ Die Versendung ist der zweiten Lieferung (D an B) zuzuordnen. ④ Ort der

Lieferung ist nach § 3 Abs. 6 Satz 5 in Verbindung mit Satz 1 UStG Spanien (Beginn der Versendung). ⑤ Die Lieferung ist als innergemeinschaftliche Lieferung in Spanien steuerfrei. ⑥ Der Erwerb des Gegenstands unterliegt bei B grundsätzlich der Besteuerung des innergemeinschaftlichen Erwerbs in Belgien, da die Versendung dort endet (§ 3d Satz 1 UStG). ⑦ Die erste Lieferung (SP an D) ist eine ruhende Lieferung. ⑧ Lieferort ist nach § 3 Abs. 7 Satz 2 Nr. 1 UStG ebenfalls Spanien, da sie der Versendungslieferung vorangeht. ⑨ Die Lieferung ist nach spanischem Recht zu beurteilen. ⑩ D muss sich demnach in Spanien steuerlich registrieren lassen.

Übertragung der Steuerschuld auf den letzten Abnehmer (§ 25 b Abs. 2 UStG)[1]

16 (6) ① Im Fall eines innergemeinschaftlichen Dreiecksgeschäfts im Sinne des § 25b Abs. 1 UStG wird die Steuer für die (Inlands-)Lieferung des ersten an den letzten jeweils an dem Dreiecksgeschäft beteiligten Abnehmer von diesem letzten Abnehmer geschuldet, wenn die in § 25b Abs. 2 Nr. 1 bis 4 UStG genannten Voraussetzungen sämtlich erfüllt sind. ② Die Übertragung der Steuerschuld auf den letzten Abnehmer ist bei Vorliegen der Voraussetzungen zwingend vorgeschrieben. ③ Durch die Übertragung der Steuerschuld wird der letzte Abnehmer Steuerschuldner für die vom ersten Abnehmer an ihn ausgeführte Lieferung (§ 13a Abs. 1 Nr. 5 UStG).

Innergemeinschaftlicher Erwerb des ersten Abnehmers (§ 25 b Abs. 3 UStG)

17 (7) ① Wird die Steuerschuld auf den letzten am Dreiecksgeschäft beteiligten Abnehmer übertragen, gilt der innergemeinschaftliche Erwerb des ersten am Dreiecksgeschäft beteiligten Abnehmers nach § 25b Abs. 3 UStG als besteuert. ② Diese fiktive Besteuerung des innergemeinschaftlichen Erwerbs bei diesem ersten Abnehmer gilt für die Erwerbsbesteuerung in dem Mitgliedstaat, in dem die Beförderung oder Versendung endet (vgl. § 3d Satz 1 UStG) und zugleich auch für die Beurteilung einer Erwerbsbesteuerung in dem Mitgliedstaat, unter dessen USt-IdNr. der erste Abnehmer auftritt (vgl. § 3d Satz 2 UStG).

Beispiel:

① Der belgische Unternehmer B bestellt bei dem deutschen Unternehmer D eine Baumaschine. ② D hat die Maschine nicht vorrätig und gibt die Bestellung weiter an den spanischen Hersteller SP. ③ SP befördert die Baumaschine mit eigenem Lkw nach Belgien und übergibt sie dort an B. ④ Alle Beteiligten treten unter der USt-IdNr. ihres Landes auf. ⑤ D erteilt dem B eine Rechnung im Sinne des § 14a Abs. 7 UStG.

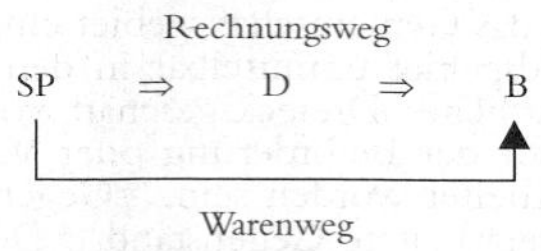

⑥ Es liegt ein innergemeinschaftliches Dreiecksgeschäft im Sinne des § 25b Abs. 1 UStG vor. ⑦ Die Beförderung ist der ersten Lieferung (SP an D) zuzuordnen. ⑧ Ort der Lieferung ist nach § 3 Abs. 6 Satz 5 in Verbindung mit Satz 1 UStG Spanien (Beginn der Beförderung). ⑨ Die Lieferung ist als innergemeinschaftliche Lieferung in Spanien steuerfrei. ⑩ Der Erwerb des Gegenstands unterliegt bei D grundsätzlich der Besteuerung des innergemeinschaftlichen Erwerbs in Belgien, da die Beförderung dort endet (§ 3d Satz 1 UStG), und in Deutschland, da D seine deutsche USt-IdNr. verwendet (§ 3d Satz 2 UStG). ⑪ Die zweite Lieferung (D an B) ist eine ruhende Lieferung. ⑫ Lieferort ist nach § 3 Abs. 7 Satz 2 Nr. 2 UStG Belgien, da sie der Beförderungslieferung nachfolgt. ⑬ D führt demnach eine steuerbare und steuerpflichtige Lieferung in Belgien aus. ⑭ Da die Voraussetzungen des § 25b Abs. 2 UStG erfüllt sind, wird die Steuerschuld für die belgische (Inlands-)Lieferung des D auf B übertragen: Der Lieferung ist ein innergemeinschaftlicher Erwerb durch D vorausgegangen; D ist nicht in Belgien ansässig; D tritt gegenüber dem ersten Lieferer und dem letzten Abnehmer mit seiner deutschen USt-IdNr. auf; D hat dem B eine Rechnung im Sinne des § 14a Abs. 7 UStG erteilt; B verwendet als letzter Abnehmer eine (belgische) USt-IdNr. des Mitgliedstaates, in dem die Beförderung endet. ⑮ B wird Steuerschuldner für diese Lieferung des D und muss die Steuer im Rahmen seiner belgischen Steuererklärungspflichten anmelden. ⑯ D hat im Hinblick auf seine in Belgien ausgeführte Lieferung keinen umsatzsteuerlichen Verpflichtungen in Belgien nachzukommen. ⑰ Mit der wirksamen Übertragung der Steuerschuld auf B gilt auch der innergemeinschaftliche Erwerb des D in Belgien als besteuert (§ 25b Abs. 3 UStG) mit der Folge, dass D auch hierfür keinen umsatzsteuerlichen Verpflichtungen in Belgien nachkommen muss. ⑱ Mit der fiktiven Erwerbsbesteuerung in Belgien entfällt auch eine Besteuerung des innergemeinschaftlichen Erwerbs in D über § 3d Satz 2 UStG, sofern D seiner Erklärungspflicht nach § 18a Abs. 7 Satz 1 Nr. 4 UStG (für die ZM) nachkommt. ⑲ Durch die Anwendung der Vereinfachungsregelung des § 25b UStG wird vermieden, dass sich D in Belgien auf Grund dieses innergemeinschaftlichen Dreiecksgeschäfts registrieren lassen und dort Steuererklärungen abgeben muss. ⑳ D muss in Deutschland die Erklärungspflichten nach § 18b Satz 1 UStG für die Voranmeldung und die Steuererklärung für das Kalenderjahr beachten.

Besonderheiten bei der Rechnungserteilung

18 (8) ① Nach § 25b Abs. 2 Nr. 3 UStG ist materielle Voraussetzung für die Übertragung der Steuerschuld, dass der erste dem letzten jeweils am Dreiecksgeschäft beteiligten Abnehmer eine Rechnung im Sinne des § 14a Abs. 7 UStG erteilt, in der die Steuer nicht gesondert ausgewiesen ist. ② Neben den Angaben nach § 14 Abs. 4 UStG sind in der Rechnung dieses ersten Abnehmers danach folgende zusätzliche Angaben erforderlich:

1. ein Hinweis auf das Vorliegen eines innergemeinschaftlichen Dreiecksgeschäfts, z.B. „Innergemeinschaftliches Dreiecksgeschäft nach § 25b UStG“ oder „Vereinfachungsregelung nach Artikel 141 MwStSystRL“;
2. ein Hinweis auf die Steuerschuld des letzten am Dreiecksgeschäft beteiligten Abnehmers;
3. die Angabe der USt-IdNr. des ersten am Dreiecksgeschäft beteiligten Abnehmers und
4. die Angabe der USt-IdNr. des letzten am Dreiecksgeschäft beteiligten Abnehmers.

[1] Vorsteuerabzug vgl. A 15.10 Abs. 5 UStAE.

③ Der letzte am Dreiecksgeschäft beteiligte Abnehmer soll durch die Hinweise in der Rechnung eindeutig und leicht erkennen können, dass er letzter Abnehmer in einem innergemeinschaftlichen Dreiecksgeschäft ist und die Steuerschuld auf ihn übertragen wird.

Bemessungsgrundlage (§ 25 b Abs. 4 UStG)

(9) ① Im Fall der Übertragung der Steuerschuld nach § 25 b Abs. 2 UStG auf den letzten am Dreiecksgeschäft beteiligten Abnehmer gilt für die Berechnung der geschuldeten Steuer abweichend von § 10 Abs. 1 UStG die Gegenleistung als Entgelt (Nettobetrag ohne Umsatzsteuer). ② Die Umsatzsteuer ist auf diesen Betrag aufzuschlagen. **19**

Aufzeichnungspflichten (§ 25 b Abs. 6 UStG)

(10) ① Neben den allgemeinen Aufzeichnungspflichten nach § 22 UStG sind bei innergemeinschaftlichen Dreiecksgeschäften vom ersten und vom letzten jeweils daran beteiligten Abnehmer zusätzliche Aufzeichnungspflichten zu erfüllen, wenn sie eine inländische USt-IdNr. verwenden (§ 25 b Abs. 6 Satz 1 UStG). ② Verwendet der erste am Dreiecksgeschäft beteiligte Abnehmer eine USt-IdNr. eines anderen Mitgliedstaates, ist er von den allgemeinen Aufzeichnungspflichten nach § 22 UStG befreit, wenn die Beförderung oder Versendung im Inland endet (§ 25 b Abs. 6 Satz 2 UStG). **20**

LS zu 25 b.1

Art. 141 Buchst. c MwStSystRL ist erfüllt, wenn der Unternehmer in dem Mitgliedstaat, von dem aus die Gegenstände versandt oder befördert werden, ansässig und für Mehrwertsteuerzwecke erfasst ist, aber für den konkreten innergemeinschaftlichen Erwerb die **USt-IdNr. eines anderen Mitgliedstaats** verwendet. Die **rückwirkende Berichtigung einer Zusammenfassenden Meldung** ist zulässig. ***EuGH-Urteil v. 19. 4. 2018*** *C-580/16, Hans Bühler KG (DStR S. 865).* **21**

UStG

§ 25c Besteuerung von Umsätzen mit Anlagegold

1 **(1) ① Die Lieferung, die Einfuhr und der innergemeinschaftliche Erwerb von Anlagegold, einschließlich Anlagegold in Form von Zertifikaten über sammel- oder einzelverwahrtes Gold und über Goldkonten gehandeltes Gold, insbesondere auch Golddarlehen und Goldswaps, durch die ein Eigentumsrecht an Anlagegold oder ein schuldrechtlicher Anspruch auf Anlagegold begründet wird, sowie Terminkontrakte und im Freiverkehr getätigte Terminabschlüsse mit Anlagegold, die zur Übertragung eines Eigentumsrechts an Anlagegold oder eines schuldrechtlichen Anspruchs auf Anlagegold führen, sind steuerfrei. ② Satz 1 gilt entsprechend für die Vermittlung der Lieferung von Anlagegold.**

2 **(2) Anlagegold im Sinne dieses Gesetzes sind:**

1. Gold in Barren- oder Plättchenform mit einem von den Goldmärkten akzeptierten Gewicht und einem Feingehalt von mindestens 995 Tausendstel;

2. Goldmünzen, die einen Feingehalt von mindestens 900 Tausendstel aufweisen, nach dem Jahr 1800 geprägt wurden, in ihrem Ursprungsland gesetzliches Zahlungsmittel sind oder waren und üblicherweise zu einem Preis verkauft werden, der den Offenmarktwert ihres Goldgehalts um nicht mehr als 80 Prozent übersteigt.

3 **(3) ① Der Unternehmer, der Anlagegold herstellt oder Gold in Anlagegold umwandelt, kann eine Lieferung, die nach Absatz 1 Satz 1 steuerfrei ist, als steuerpflichtig behandeln, wenn sie an einen anderen Unternehmer für dessen Unternehmen ausgeführt wird. ② Der Unternehmer, der üblicherweise Gold zu gewerblichen Zwecken liefert, kann eine Lieferung von Anlagegold im Sinne des Absatzes 2 Nr. 1, die nach Absatz 1 Satz 1 steuerfrei ist, als steuerpflichtig behandeln, wenn sie an einen anderen Unternehmer für dessen Unternehmen ausgeführt wird. ③ Ist eine Lieferung nach den Sätzen 1 oder 2 als steuerpflichtig behandelt worden, kann der Unternehmer, der diesen Umsatz vermittelt hat, die Vermittlungsleistung ebenfalls als steuerpflichtig behandeln.**

4 **(4) Bei einem Unternehmer, der steuerfreie Umsätze nach Absatz 1 ausführt, ist die Steuer für folgende an ihn ausgeführte Umsätze abweichend von § 15 Abs. 2 nicht vom Vorsteuerabzug ausgeschlossen:**

1. die Lieferungen von Anlagegold durch einen anderen Unternehmer, der diese Lieferungen nach Absatz 3 Satz 1 oder 2 als steuerpflichtig behandelt;

2. die Lieferungen, die Einfuhr und der innergemeinschaftliche Erwerb von Gold, das anschließend von ihm oder für ihn in Anlagegold umgewandelt wird;

3. die sonstigen Leistungen, die in der Veränderung der Form, des Gewichts oder des Feingehalts von Gold, einschließlich Anlagegold, bestehen.

5 **(5) Bei einem Unternehmer, der Anlagegold herstellt oder Gold in Anlagegold umwandelt und anschließend nach Absatz 1 Satz 1 steuerfrei liefert, ist die Steuer für an ihn ausgeführte Umsätze, die in unmittelbarem Zusammenhang mit der Herstellung oder Umwandlung des Goldes stehen, abweichend von § 15 Abs. 2 nicht vom Vorsteuerabzug ausgeschlossen.**

6 **(6) Bei Umsätzen mit Anlagegold gelten zusätzlich zu den Aufzeichnungspflichten nach § 22 die Identifizierungs-, Aufzeichnungs- und Aufbewahrungspflichten des Geldwäschegesetzes entsprechend.**

Hinweis auf EU-Vorschriften:

UStG:	§ 25 c Abs. 1, 2	**MwStSystRL:**	Art. 208, 255, 344, 346, 347/	**MwStVO:**	Art. 56, 57, Anh. III
	§ 25 c Abs. 3		Art. 348–350		
	§ 25 c Abs. 4–6		Art. 354–356		

Zu § 25 c UStG

UStAE 25c.1

25c.1 Besteuerung von Umsätzen mit Anlagegold[1]

11 (1) ① Steuerbefreit sind nach § 25 c Abs. 1 Satz 1 UStG die Lieferungen, die Einfuhr sowie der innergemeinschaftliche Erwerb von Anlagegold. ② Als Lieferungen von Anlagegold gelten auch:

a) die Veräußerung von ideellen Miteigentumsanteilen an einem Goldbarrenbestand oder einem Goldmünzenbestand;

b) die Veräußerung von Gewichtsguthaben an einem Goldbarrenbestand, wenn die Gewichtskonten obligatorische Rechte ausweisen;

c) die Veräußerung von Goldbarrenzertifikaten oder Goldmünzenzertifikaten;

d) die Abtretung von Ansprüchen auf Lieferung von Goldbarren oder Goldmünzen;

---

[1] EUSt-Befreiung vgl. Vorschriftensammlung Bundesfinanzverwaltung (VSF) Z 8101 Nr. VI. 2., Abs. 85.

e) die Veräußerung von Golddarlehen und Goldswaps, durch die ein Eigentumsrecht an Anlagegold oder ein schuldrechtlicher Anspruch auf Anlagegold begründet wird;
f) die Veräußerung von Terminkontrakten und im Freiverkehr getätigten Terminabschlüssen mit Anlagegold, die zur Übertragung eines Eigentumsrechts an Anlagegold oder eines schuldrechtlichen Anspruchs auf Anlagegold führen.

③ Steuerfrei ist auch die Vermittlung der Lieferung von Anlagegold. ④ Optionsgeschäfte mit Anlagegold und die Vermittlung derartiger Dienstleistungen fallen unter die Steuerbefreiung nach § 4 Nr. 8 Buchstabe e UStG. **12**

(2) ① Goldbarren und -plättchen bestehen aus Feingold von mindestens 995 Tausendsteln in firmenspezifischer typisierter eckiger Form mit eingestanzter oder geprägter Angabe des Herstellers, des Feingoldgehalts und des Gewichts; auf das Herstellungsverfahren kommt es nicht an. ② Die Barren können mit bildlichen Darstellungen geprägt sein. ③ Goldmünzen müssen einen Goldgehalt von mindestens 900 Tausendsteln aufweisen, nach dem Jahr 1800 geprägt sein, im Ursprungsland gesetzliches Zahlungsmittel sein bzw. gewesen sein und üblicherweise zu einem Preis verkauft werden, der 180% des Goldgehalts nicht übersteigt. ④ Eine Mindestauflagenhöhe ist nicht erforderlich. **13**

(3) ① Die Europäische Kommission veröffentlicht jährlich vor dem 1. Dezember in der Reihe C ABl. EU ein Verzeichnis der Goldmünzen, die die Kriterien für die Steuerbefreiung erfüllen.[1] ② Für Umsätze von Goldmünzen mit einem Goldgehalt von mindestens 900 Tausendsteln, die in dem Verzeichnis enthalten sind, gilt die Sonderregelung nach § 25 c UStG während des gesamten Jahres, das auf das Jahr der Veröffentlichung folgt.[2] ③ Bei Münzen, die nicht in dem Verzeichnis enthalten sind, hat der Unternehmer im Einzelfall zu prüfen, ob die genannten Voraussetzungen für die Behandlung als Anlagegold erfüllt sind. ④ Der Metallwert von Goldmünzen ist dabei grundsätzlich anhand des aktuellen Tagespreises für Gold zu ermitteln. ⑤ Maßgeblich ist der von der Londoner Börse festgestellte Tagespreis (Nachmittagsfixing) für die Feinunze Gold (1 Unze = 31,1035 Gramm). ⑥ Dieser in US-Dollar festgestellte Wert muss anhand der aktuellen Umrechnungskurse in Euro umgerechnet werden. **14**

(4) Nicht zum Anlagegold gehört unverarbeitetes Gold (Industriegold), d. h. insbesondere Barren mit einem Feingoldgehalt von weniger als 995 Tausendsteln, sowie Granalien und Feingoldband in handelsüblicher Form. **15**

(5) ① Zur Umsatzsteuerpflicht kann optieren: **16**
– ein Unternehmer, der Anlagegold herstellt oder Gold in Anlagegold umwandelt, bei der Lieferung von Anlagegold.
– ein Unternehmer, der üblicherweise Gold zu gewerblichen Zwecken liefert, bei der Lieferung von Anlagegold in Barren- oder Plättchenform.

② Voraussetzung für die Option ist, dass er diese Lieferung an einen anderen Unternehmer für dessen Unternehmen ausführt. ③ Kreditinstitute sind grundsätzlich als Unternehmer anzusehen. ④ Vermittelt ein Unternehmer eine Lieferung von Anlagegold, kann er nur dann für die Vermittlungsleistung zur Steuerpflicht optieren, wenn der vermittelte Umsatz zuvor vom liefernden Unternehmer als steuerpflichtig behandelt worden ist. ⑤ Zum Vorsteuerabzug vgl. Abschnitt 15.13 Abs. 1.

(6) Im Übrigen bleiben die Regelungen des § 18 Abs. 7 UStG, § 49 UStDV unberührt. **17**

(7) ① Liegen für Goldlieferungen nach § 4 Nr. 4 UStG auch die Voraussetzungen der Steuerbefreiung für Anlagegold (§ 25 c Abs. 1 und 2 UStG) vor, geht die Steuerbefreiung des § 25 c Abs. 1 und 2 UStG der Steuerbefreiung des § 4 Nr. 4 UStG vor. ② Liegen für die Lieferung von Anlagegold auch die Voraussetzungen einer Ausfuhrlieferung (§ 4 Nr. 1 Buchstabe a, § 6 UStG) bzw. einer innergemeinschaftlichen Lieferung (§ 4 Nr. 1 Buchstabe b, § 6 a UStG) vor, geht die Steuerbefreiung des § 25 c Abs. 1 und 2 UStG diesen Steuerbefreiungen vor. **18**

Berichtigung des Vorsteuerabzugs nach § 14 c Abs. 1 Satz 3, Abs. 2 Satz 5 UStG beim Leistungsempfänger nach **Rücknahme der Option** nach § 25 c Abs. 3 Satz 2 UStG – Lieferung von Anlagegold. *BFH-Urt. v. 10. 12. 2009 – XI R 7/08 (BFH/NV S. 1497).* LS zu 25 c.1

20

[1] **Verzeichnis der Goldmünzen** im Geltungsjahr **2022** *siehe BMF v. 15. 12. 2021 III C 1 – S 7068/19/10002 :003; DOK 2021/1206431* i. V. m. ABl. EU 2021 Nr. C 446 S. 14, im Geltungsjahr **2023** *siehe BMF v. 29. 9. 2022 III C 1 – S 7068/19/10002 :005; DOK 2022/1201732* i. V. m. ABl. EU 2022 Nr. C 448 S. 4.

[2] Goldpreis für das **Kj. 2022: 50 813 € je kg** *(BMF v. 1. 12. 2021, BStBl. I S. 2485),* Goldpreis für das **Kj. 2023: 54 712 € je kg** *(BMF v. 1. 12. 2022, BStBl. I S. 1678).*

UStG

§ 25d[1] *(aufgehoben)*

Hinweis auf EU-Vorschriften:

UStG: § 25 d .... **MwStSystRL:** Art. 205, 273

Zu § 25 d UStG

UStAE 25 d.1

25 d.1 Haftung für die schuldhaft nicht abgeführte Steuer

11 (1) Dieser Haftungstatbestand dient der Bekämpfung des Umsatzsteuerbetrugs, insbesondere in Form von Karussellgeschäften, bei denen in den Fiskus schädigender Absicht Rechnungen mit Umsatzsteuer ausgestellt werden, um dem Rechnungsempfänger den Vorsteuerabzug zu ermöglichen, ohne die ausgewiesene und geschuldete Steuer zu entrichten.

12 (2) Voraussetzungen für die Haftung sind:

- ① Die aus einem vorangegangenen Umsatz geschuldete Umsatzsteuer wurde nicht entrichtet. ② Vorangegangener Umsatz ist auch ein Umsatz auf den Vorstufen, nicht nur der unmittelbare Eingangsumsatz des Unternehmers.
- Diese Umsatzsteuer wurde in einer Rechnung nach § 14 UStG ausgewiesen.
- Die ausgewiesene Steuer wurde vom Aussteller der Rechnung entsprechend seiner vorgefassten Absicht nicht entrichtet oder er hat sich vorsätzlich außer Stande gesetzt, diese zu entrichten.
- Der in Haftung zu nehmende Leistungsempfänger hatte bei Abschluss des Vertrages über seinen Eingangsumsatz vom vorsätzlichen Handeln des Rechnungsausstellers Kenntnis oder hätte nach der Sorgfalt eines ordentlichen Kaufmanns Kenntnis haben müssen.

13 (3) Nicht unter die Regelung fällt die unrichtig bzw. unberechtigt ausgewiesene Umsatzsteuer (§ 14 c Abs. 1 und 2 UStG), da ein Vorsteuerabzug insoweit bereits nach § 15 Abs. 1 Satz 1 Nr. 1 UStG ausgeschlossen ist.

14 (4) Die Darlegungs- und Feststellungslast liegt grundsätzlich bei dem für den Erlass des Haftungsbescheids zuständigen Finanzamt.

15 (5) ① Nach § 25 d Abs. 2 UStG ist von der Kenntnis oder dem Kennenmüssen insbesondere dann auszugehen, wenn

- der Unternehmer für seinen Umsatz einen Preis in Rechnung stellt, der zum Zeitpunkt des Umsatzes unter dem marktüblichen Preis liegt, oder
- der dem Unternehmer in Rechnung gestellte Preis unter dem marktüblichen Preis liegt oder
- der dem Unternehmer in Rechnung gestellte Preis unter dem Preis liegt, der seinem Lieferanten oder anderen Lieferanten, die am Erwerb der Ware beteiligt waren, in Rechnung gestellt wurde.

② Marktüblich ist ein Preis, den ein Leistungsempfänger an einen Unternehmer unter Berücksichtigung der Handelsstufe zahlen müsste, um die betreffende Leistung zu diesem Zeitpunkt unter den Bedingungen des freien Wettbewerbs zu erhalten.

16 (6) ① Liegen die Haftungsvoraussetzungen vor, ist der Unternehmer zunächst anzuhören (§ 91 AO). ② Im Rahmen der Anhörung hat der Unternehmer nach § 25 d Abs. 2 Satz 3 UStG Gelegenheit, die Vermutung des § 25 d Abs. 2 Sätze 1 und 2 UStG zu widerlegen, in dem er nachweist, dass die Preisgestaltung betriebswirtschaftlich begründet ist. ③ Kann der Unternehmer diesen Nachweis führen, ist dessen ungeachtet von der Finanzverwaltung zu prüfen, ob die Tatbestandsmerkmale Kenntnis oder Kennenmüssen auf Grund anderer Tatsachen als der Preisgestaltung vorliegen.

17 (7) ① Bis zum Abschluss der Prüfung, ob die Voraussetzungen für den Erlass eines Haftungsbescheids vorliegen, kann die Erteilung der Zustimmung zu einer Steueranmeldung zur Umsatzsteuer (Voranmeldung, Umsatzsteuererklärung für das Kalenderjahr) im Sinne von § 168 Satz 2 AO versagt werden. ② Dies gilt entsprechend für die Festsetzung nach § 167 Abs. 1 Satz 1 AO, wenn sie zu einer Umsatzsteuererstattung führt.

18 (8) ① Können die Haftungsvoraussetzungen nachgewiesen oder die Vermutung nach § 25 d Abs. 2 Sätze 1 und 2 UStG nicht widerlegt werden, soll ein Haftungsbescheid erlassen werden. ② Kommen mehrere Haftungsschuldner in Betracht, haften diese als Gesamtschuldner (§ 25 d Abs. 1 Satz 2 UStG). ③ In diesen Fällen ist es erforderlich, dass die zuständigen Finanzämter der Unternehmer, die in Haftung genommen werden sollen, ihr Vorgehen untereinander abstimmen. ④ Dem für den Steuerschuldner zuständigen Finanzamt, für dessen rückständige Steuer gehaftet wird, ist jeweils ein Abdruck des Haftungsbescheids zu übersenden. ⑤ Der Haftungsschuldner darf auf Zahlung auch in Anspruch genommen werden, ohne dass die Vollstreckung in das bewegliche Vermögen des Ausstellers der Rechnung ohne Erfolg geblieben oder anzunehmen ist, dass die Vollstreckung aussichtslos sein wird (vgl. § 25 d Abs. 5 UStG).

(9) *(aufgehoben)*

[1] § 25 d aufgehoben ab 1. 1. 2020.

LS zu 25d.1

21

Strafzumessung bei fingierten Ketten- oder Karussellgeschäften vgl. *BGH-Urteil v. 30. 4. 2009, 1 StR 342/08 (BStBl. 2010 II S. 323).*

Haftung für USt-Zahlung im **Steuerkarussell** vgl. ***EuGH-Urt. v. 11. 5. 2006,*** *C-384/04, Federation of Technological Industries (DStR S. 897).* – Steuerkarussell vgl. **LS zu A 15.2 b** (Rz. 66).

Haftung vgl. **LS zu A 17.1** (Rz. 34) u. **LS zu A 18.1** (Rz. 44). – **Missing trader** vgl. **LS zu A 6 a.8** (Rz. 131).

In **Insolvenzfällen** kann nicht generell davon ausgegangen werden, dass der spätere Insolvenzschuldner die Absicht hat, die von ihm in einer Rechnung ausgewiesene Umsatzsteuer nicht zu entrichten. *BFH-Urteil v. 28. 2. 2008 – V R 44/06 (BStBl. II S. 586).*

1. Dem Erlass eines auf § 71 AO gestützten Haftungsbescheids steht nicht entgegen, dass **weitere Haftungsschuldner** nach § 25 d UStG in Anspruch genommen werden könnten. – 2. In den Fällen, in denen nach der Rechtsprechung des **EuGH** der Vorsteuerabzug zu versagen ist, weil aufgrund objektiver Umstände feststeht, dass der Steuerpflichtige wusste oder hätte wissen müssen, dass er sich mit seinem Erwerb an einem Umsatz beteiligt, der in eine Mehrwertsteuerhinterziehung einbezogen war, handelt es sich um einen von der Rechtsprechung entwickelten **eigenständigen Versagungsgrund.** Einer ausdrücklichen Normierung eines solchen im nationalen Umsatzsteuerrecht bedarf es nicht. – 3. In Fällen von **Steuerhinterziehung** wird der im Haftungsrecht zu beachtende **Subsidiaritätsgrundsatz** durch § 191 Abs. 5 Satz 2 AO und § 219 Satz 2 AO eingeschränkt. – 4. Beim Erlass eines Haftungsbescheids ist zu berücksichtigen, dass mit an Sicherheit grenzender Wahrscheinlichkeit mit einem Erlass der Steuern und damit mit einer **Tilgung der Primärschuld** zu rechnen ist. – 5. Im Fall einer Steuerhinterziehung steht eine mögliche **Überkompensation** des Vermögensschadens dem Erlass eines auf § 71 AO gestützten Haftungsbescheids nicht entgegen, da etwaige umsatzsteuerrechtliche Korrekturmöglichkeiten ihre Ursache nicht im Haftungsrecht haben. – 6. Bei einem Ermittlungsbericht der **Steuerfahndung** handelt es sich nicht um einen Prüfungsbericht i. S. des § 202 Abs. 1 AO. – 7. Beim Erlass eines Haftungsbescheids ist die Finanzbehörde nicht verpflichtet, den Ausgang eines gegen den Haftungsschuldner eingeleiteten **Strafverfahrens** abzuwarten. – 8. Dem Erlass eines auf § 71 AO gestützten Haftungsbescheids steht grundsätzlich nicht entgegen, dass nur ein **vorläufiger Ermittlungsbericht der Steuerfahndung** vorliegt. – 9. Die **Rücknahme eines Einspruchs** kann nur in besonders gravierenden Fällen unwirksam sein, wenn z. B. die Rücknahme von der Behörde durch eine bewusste Täuschung oder eine Drohung veranlasst worden ist. Ein solcher Fall liegt jedoch nicht vor, wenn einem Angeklagten für den Fall einer Rücknahme eines Einspruchs eine Berücksichtigung der damit verbundenen Schadensminderung im Rahmen der Strafzumessung in Aussicht gestellt wird. *BFH-Beschluss v. 12. 9. 2014 VII B 99/13 (BFH/NV 2015 S. 161).*

Das **„Kennenmüssen"** i. S. d. § 25 d Abs. 1 UStG muss sich im Rahmen eines konkreten Leistungsbezugs auf Anhaltspunkte beziehen, die für den Unternehmer den Schluss nahelegen, dass der Rechnungsaussteller bereits bei Vertragsschluss die Absicht hatte, die Umsatzsteuer nicht abzuführen. *BFH-Urteil v. 10. 8. 2017 V R 2/17 (DStR S. 2664).*

UStG

§ 25e[1, 2] Haftung beim Handel über eine elektronische Schnittstelle

1 (1) **Wer mittels einer elektronischen Schnittstelle die Lieferung eines Gegenstandes unterstützt (Betreiber), haftet für die nicht entrichtete Steuer aus dieser Lieferung; dies gilt nicht in den Fällen des § 3 Absatz 3 a.**

2 (2) ① **Der Betreiber haftet nicht nach Absatz 1, wenn der liefernde Unternehmer im Sinne von § 22 f Absatz 1 Satz 1 Nummer 3 im Zeitpunkt der Lieferung über eine gültige, ihm vom Bundeszentralamt für Steuern nach § 27 a erteilte Umsatzsteuer-Identifikationsnummer verfügt.** ② **Dies gilt nicht, wenn er Kenntnis davon hatte oder nach der Sorgfalt eines ordentlichen Kaufmanns hätte haben müssen, dass der liefernde Unternehmer seinen steuerlichen Verpflichtungen nicht oder nicht im vollen Umfang nachkommt.**

3 (3) ① **Der Betreiber haftet des Weiteren nicht nach Absatz 1, wenn die Registrierung auf der elektronischen Schnittstelle des Betreibers nicht als Unternehmer erfolgt ist und der Betreiber die Anforderungen nach § 22 f Absatz 2 erfüllt.** ② **Dies gilt nicht, wenn nach Art, Menge oder Höhe der erzielten Umsätze davon auszugehen ist, dass der Betreiber Kenntnis davon hatte oder nach der Sorgfalt eines ordentlichen Kaufmanns hätte haben müssen, dass die Umsätze im Rahmen eines Unternehmens erbracht werden.**

4 (4) ① **Kommt der liefernde Unternehmer seinen steuerlichen Pflichten nicht oder nicht in wesentlichem Umfang nach, ist das für den liefernden Unternehmer zuständige Finanzamt berechtigt, dies dem Betreiber mitzuteilen, wenn andere Maßnahmen keinen unmittelbaren Erfolg versprechen.** ② **Nach Zugang der Mitteilung haftet der Betreiber in den Fällen des Absatzes 2 für die Steuer auf Umsätze im Sinne des Absatzes 1, soweit das dem Umsatz zugrunde liegende Rechtsgeschäft nach dem Zugang der Mitteilung abgeschlossen worden ist.** ③ **Eine Inanspruchnahme des Betreibers nach Satz 2 erfolgt nicht, wenn der Betreiber innerhalb einer vom Finanzamt im Rahmen der Mitteilung nach Satz 1 gesetzten Frist nachweist, dass der liefernde Unternehmer über seine elektronische Schnittstelle keine Waren mehr anbieten kann.** ④ **Die Sätze 1 bis 3 sind in den Fällen des Absatzes 3 entsprechend anzuwenden.**

5 (5) **Eine elektronische Schnittstelle im Sinne dieser Vorschrift ist ein elektronischer Marktplatz, eine elektronische Plattform, ein elektronisches Portal oder Ähnliches.**

6 (6) ① **Unterstützen im Sinne dieser Vorschrift bezeichnet die Nutzung einer elektronischen Schnittstelle, um es einem Leistungsempfänger und einem liefernden Unternehmer, der über eine elektronische Schnittstelle Gegenstände zum Verkauf anbietet, zu ermöglichen, in Kontakt zu treten, woraus eine Lieferung von Gegenständen an diesen Leistungsempfänger resultiert.** ② **Der Betreiber einer elektronischen Schnittstelle unterstützt die Lieferung von Gegenständen jedoch dann nicht im Sinne dieser Vorschrift, wenn er weder unmittelbar noch mittelbar**

1. **irgendeine der Bedingungen für die Lieferung der Gegenstände festlegt,**
2. **an der Autorisierung der Abrechnung mit dem Leistungsempfänger bezüglich der getätigten Zahlungen beteiligt ist und**
3. **an der Bestellung oder Lieferung der Gegenstände beteiligt ist.**

③ **Ein Unterstützen im Sinne dieser Vorschrift liegt auch dann nicht vor, wenn der Betreiber der elektronischen Schnittstelle lediglich eine der folgenden Leistungen anbietet:**

1. **die Verarbeitung von Zahlungen im Zusammenhang mit der Lieferung von Gegenständen,**
2. **die Auflistung von Gegenständen oder die Werbung für diese, oder**
3. **die Weiterleitung oder Vermittlung von Leistungsempfängern an andere elektronische Schnittstellen, über die Gegenstände zum Verkauf angeboten werden, ohne dass eine weitere Einbindung in die Lieferung besteht.**

7 (7) **Örtlich zuständig für den Erlass des Haftungsbescheides ist das Finanzamt, das für die Besteuerung des liefernden Unternehmers zuständig ist.**

8 (8) **Hat der liefernde Unternehmer keinen Wohnsitz oder gewöhnlichen Aufenthalt, Sitz oder Geschäftsleitung im Inland, einem anderen Mitgliedstaat der Europäischen Union oder in einem Staat, auf den das Abkommen über den europäischen Wirtschaftsraum anzuwenden ist, ist § 219 der Abgabenordnung nicht anzuwenden.**

---

[1] § 25 e anzuwenden ab 1. 7. 2021, vgl. § 27 Abs. 34 Satz 1 UStG.
[2] Siehe auch § 22 f UStG.

Hinweis auf EU-Vorschriften:

UStG: § 25 e .... **MwStSystRL:** Art. 273, 14 a, 66 a, 242 a

Übersicht

Zu § 25 e UStG

25 e.1 Voraussetzung für die Haftung

UStAE 25 e.1

11 ① Betreiber einer elektronischen Schnittstelle im Sinne von § 25 e Abs. 1 UStG (Betreiber) haften für die nicht entrichtete Steuer aus einer Lieferung von Gegenständen, die nicht unter § 3 Abs. 3 a UStG fallen, wenn sie die Lieferung dieser Gegenstände mittels einer elektronischen Schnittstelle unterstützen. ② Darunter können insbesondere die folgenden Fallgestaltungen fallen:

1. Lieferungen an einen Unternehmer, unabhängig von der Ansässigkeit des liefernden Unternehmers.

Beispiel 1:

① Ein in Deutschland ansässiger Händler H veräußert über eine elektronische Schnittstelle Handyhüllen an einen ebenfalls in Deutschland ansässigen Unternehmer U. ② Die Ware wird vom Sitz des H oder aus einem Lager in Deutschland an den Sitz des U in Deutschland befördert oder versendet.

③ § 3 Abs. 3 a Satz 1 UStG findet keine Anwendung, da der Empfänger der Lieferung ein Unternehmer und der Lieferer im Gemeinschaftsgebiet (hier: Deutschland) ansässig ist. ④ § 3 Abs. 3 a Satz 2 UStG findet keine Anwendung, da die Ware nicht aus dem Drittlandsgebiet eingeführt wurde. ⑤ Für die Lieferung des H an den U findet § 3 Abs. 6 Satz 1 UStG Anwendung. ⑥ Die Lieferung gilt als dort ausgeführt, wo die Beförderung oder Versendung anden Abnehmer beginnt (hier: Deutschland).

Beispiel 2:

① Ein in der Schweiz ansässiger Händler H veräußert über eine elektronische Schnittstelle Schuhe an einen in Deutschland ansässigen Unternehmer U. ② Die Ware wird aus einem Lager des H in Deutschland an den Sitz des U in Deutschland befördert oder versendet.

③ § 3 Abs. 3 a Satz 1 UStG findet keine Anwendung, da der Empfänger der Lieferung ein Unternehmer ist. ④ § 3 Abs. 3 a Satz 2 UStG findet keine Anwendung, da die Ware nicht aus dem Drittlandsgebiet eingeführt wurde. ⑤ Für die Lieferung des H an den U findet § 3 Abs. 6 Satz 1 UStG Anwendung. ⑥ Die Lieferung gilt als dort ausgeführt, wo die Beförderung oder Versendung an den Abnehmer beginnt (hier: Deutschland).

Beispiel 3:

① Ein in Deutschland ansässiger Händler H veräußert über eine elektronische Schnittstelle Schuhe (Sachwert: 100 €) an einen ebenfalls in Deutschland ansässigen Unternehmer U (kein Erwerber im Sinne des § 3 Abs. 3 a Satz 5 UStG) zu der Lieferkondition „verzollt und versteuert". ② Die Ware wird aus einem Lager des H in der Schweiz an den Sitz des U in Deutschland befördert oder versendet. ③ Die Zollanmeldung in Deutschland erfolgt durch H.

④ § 3 Abs. 3 a Satz 2 UStG findet keine Anwendung, da der Empfänger der Lieferung ein Unternehmer und kein Erwerber im Sinne des § 3 Abs. 3 a Satz 5 UStG ist. ⑤ Für die Lieferung des H an den U gilt der Ort nach § 3 Abs. 8 UStG als im Inland gelegen (hier: Deutschland).

2. Lieferungen, bei denen die Warenbewegung innerhalb des Gemeinschaftsgebietes erfolgt und der liefernde Unternehmer im Gemeinschaftsgebiet ansässig ist.

Beispiel 1:

① Ein in Deutschland ansässiger Händler H veräußert über eine elektronische Schnittstelle Handyhüllen an eine Privatperson in Deutschland. ② Die Ware wird aus einem Lager in Deutschland an den Wohnsitz der Privatperson in Deutschland versendet.

③ Nach § 3 Abs. 3 a Satz 1 UStG wird keine Lieferung zwischen dem Betreiber der elektronischen Schnittstelle und der Privatperson fingiert, da H im Gemeinschaftsgebiet ansässig ist. ④ § 3 Abs. 3 a Satz 2 UStG findet keine Anwendung, da die Ware nicht aus dem Drittlandsgebiet eingeführt wurde. ⑤ Für die Lieferung des H an die Privatperson findet § 3 Abs. 6 Satz 1 UStG Anwendung. ⑥ Die Lieferung gilt als dort ausgeführt, wo die Beförderung oder Versendung an den Abnehmer beginnt (hier: Deutschland).

Beispiel 2:

① Ein in Frankreich ansässiger Händler H veräußert über eine elektronische Schnittstelle Handyhüllen an eine Privatperson in Deutschland. ② Die Ware wird aus einem Lager in Frankreich an den Wohnsitz der Privatperson in Deutschland versendet. ③ H überschreitet die Umsatzschwelle von 10 000 € (§ 3 c Abs. 4 Satz 1 UStG) oder verzichtet auf die Anwendung des § 3 c Abs. 4 Satz 1 UStG (§ 3 c Abs. 4 Satz 2 UStG).

④ Nach § 3 Abs. 3 a Satz 1 UStG wird keine Lieferung zwischen dem Betreiber der elektronischen Schnittstelle und der Privatperson fingiert, da H im Gemeinschaftsgebiet ansässig ist. ⑤ § 3 Abs. 3 a Satz 2 UStG findet keine Anwendung, da die Ware nicht aus dem Drittlandsgebiet eingeführt wurde. ⑥ Für die Lieferung des H an die Privatperson findet § 3 c Abs. 1 UStG Anwendung. ⑦ Der Ort der Lieferung ist der Ort, an dem sich der Gegenstand bei Beendigung der Versendung an die Privatperson befindet (hier: Deutschland). ⑧ H kann das besondere Besteuerungsverfahren nach § 18j UStG (vgl. Abschnitt 18j.1) in Anspruch nehmen und den Umsatz darüber erklären. ⑨ Andernfalls hat H den Umsatz im Bestimmungsland (hier: Deutschland) im allgemeinen Besteuerungsverfahren (§ 18 Abs. 1 bis 4 UStG) zu erklären.

3. Lieferungen, bei denen die Ware vom Drittlandsgebiet in das Gemeinschaftsgebiet eingeführt wird, der Sachwert der Ware mehr als 150 € beträgt und sich der Ort der Lieferung nach § 3 Abs. 8 oder § 3c Abs. 2 UStG im Inland befindet, unabhängig von der Ansässigkeit des liefernden Unternehmers.

Beispiel 1:

① Ein in Frankreich ansässiger Händler H veräußert über eine elektronische Schnittstelle Schuhe (Sachwert: 250 €) an eine Privatperson in Deutschland (Lieferkondition „verzollt und versteuert"). ② Die Ware wird von H aus einem Lager in der Schweiz an den Wohnsitz der Privatperson in Deutschland versendet. ③ Die Zollanmeldung in Deutschland erfolgt durch H. ④ § 3 Abs. 3a Satz 2 UStG findet keine Anwendung, weil der Sachwert der Schuhe 150 € übersteigt. ⑤ Für die Lieferung des H an die Privatperson gilt der Ort nach § 3 Abs. 8 UStG als im Inland gelegen (hier: Deutschland).

Beispiel 2:

① Sachverhalt wie Beispiel 1. ② Die Zollanmeldung erfolgt jedoch durch H in Frankreich.

③ § 3 Abs. 3a Satz 2 UStG findet keine Anwendung, weil der Sachwert der Schuhe 150 € übersteigt. ④ Der Ort der Lieferung des H an die Privatperson verlagert sich auf Grund des Fernverkaufs eines aus dem Drittlandsgebiet eingeführten Gegenstands nach § 3c Abs. 2 UStG in das Inland (hier: Deutschland), da der Gegenstand in Frankreich eingeführt wurde und die Versendung des Gegenstands an den Erwerber im Inland endet.

③ Gemäß § 25e Abs. 5 UStG ist eine elektronische Schnittstelle im Sinne dieser Vorschrift ein elektronischer Marktplatz, eine elektronische Plattform, ein elektronisches Portal oder jeder andere vergleichbare elektronische Handelsplatz. ④ Voraussetzung für die Haftung ist, dass mittels der elektronischen Schnittstelle die Lieferung eines Gegenstandes unterstützt wird. ⑤ Wann vom Unterstützen einer Lieferung auszugehen ist, ist in § 25e Abs. 6 UStG geregelt. ⑥ § 25e Abs. 1 UStG findet keine Anwendung auf elektronische Schnittstellen, die die Voraussetzungen nach § 25e Abs. 6 Satz 2 UStG kumulativ oder lediglich eine der in § 25e Abs. 6 Satz 3 UStG genannten Voraussetzungen erfüllen, wie z.B. sog. Vermittlungsmarktplätze/-plattformen, die die Funktion eines „Schwarzen Brettes" haben und über die sich Nutzer über bestehende Angebote Dritter informieren und Kontakt zu einem möglichen Vertragspartner aufnehmen können sowie Plattformen/Portale, die ausschließlich der Abwicklung von Zahlungen dienen.

Anl zu 25e.1

Schreiben betr. Haftung für Umsatzsteuer beim Handel mit Waren im Internet; Änderung der §§ 18e, 22f, 25e und 27 Abs. 25 S. 1 UStG zum 1. 7. 2021

Vom 20. April 2021 (BStBl. I S. 705)

(BMF III C 5 – S 7420/19/10002 :013; DOK 2021/0449418)

[abgedruckt im USt-Handbuch 2021 als Anlage zu A 25e.1]

UStAE 25e.2

25e.2 Tatbestandsmerkmale für einen Haftungsausschluss

14 (1) ① Der Betreiber haftet nach § 25e Abs. 1 UStG für die nicht entrichtete Steuer aus Lieferungen, die mittels seiner elektronischen Schnittstelle unterstützt wurden; dies gilt nicht in Fällen des § 3 Abs. 3a UStG. ② Der Betreiber haftet nach § 25e Abs. 2 Satz 1 UStG insoweit nicht für die nicht entrichtete Steuer aus Lieferungen, die mittels seiner elektronischen Schnittstelle unterstützt wurden, wenn der liefernde Unternehmer im Zeitpunkt der Lieferung über eine nach § 27a UStG erteilte, gültige USt-IdNr. verfügt (vgl. § 22f Abs. 1 Satz 1 Nr. 3 UStG). ③ Auch in den Fällen, in denen der liefernde Unternehmer gegenüber dem Betreiber erklärt, dass die Voraussetzungen für die Vergabe einer USt-IdNr. durch das BZSt nach § 27a UStG an ihn nicht vorliegen, weil er im Inland keine steuerbaren Umsätze im allgemeinen Besteuerungsverfahren (§ 18 Abs. 1 bis 4 UStG) zu erklären hat, gilt § 25e Abs. 2 Satz 1 UStG entsprechend. ④ Dies trifft insbesondere auf folgende Fälle zu:

1. ① Im übrigen Gemeinschaftsgebiet ansässige Unternehmer, die im Gemeinschaftsgebiet ausschließlich innergemeinschaftliche Fernverkäufe im Sinne des § 3c Abs. 1 Sätze 2 und 3 UStG ausführen, die im Inland nicht steuerbar sind, weil die Umsatzschwelle im Sinne des § 3c Abs. 4 Satz 1 UStG nicht überschritten wird. ② In diesen Fällen kann der Betreiber zum Nachweis der steuerlichen Erfassung die dem liefernden Unternehmer erteilte und zum Zeitpunkt der Lieferung gültige USt-IdNr. eines anderen EU-Mitgliedstaats aufzeichnen. ③ Soweit der liefernde Unternehmer nicht über eine USt-IdNr. verfügt, hat der Betreiber in geeigneter Weise nachzuweisen, dass die von dem Unternehmer ausgeführten Lieferungen im Inland nicht steuerbar sind, weil die Umsatzschwelle im Sinne des § 3c Abs. 4 Satz 1 UStG nicht überschritten ist (z.B. durch Abgabe einer entsprechenden Erklärung durch den betreffenden Unternehmer).
2. ① Im übrigen Gemeinschaftsgebiet ansässige Unternehmer, die im Inland ausschließlich steuerpflichtige innergemeinschaftliche Fernverkäufe nach § 3c Abs. 1 Sätze 2 und 3 UStG erbringen und diese im besonderen Besteuerungsverfahren nach § 18j UStG erklären. ② In diesen Fällen kann der Betreiber zum Nachweis der steuerlichen Erfassung die dem liefernden Unternehmer erteilte und zum Zeitpunkt der Lieferung gültige USt-IdNr. des EU-

Mitgliedstaates, bei dem er die Teilnahme an dem besonderen Besteuerungsverfahren angezeigt hat, aufzeichnen.

3. ① Unternehmer, die ausschließlich Lieferungen an Abnehmer im Inland ausführen, bei denen die Beförderung oder Versendung nach Abschluss des Kaufvertrages im Drittlandsgebiet beginnt (sog. Direktverkäufe), der Sachwert der Ware mehr als 150 € beträgt und für die der Ort der Lieferungen nicht nach § 3 Abs. 8 UStG oder nach § 3c Abs. 2 UStG im Inland gelegen ist bzw. keine Pflicht zur steuerlichen Erfassung im Inland besteht. ② Auch in diesen Fällen muss der Betreiber einen entsprechenden Nachweis in geeigneter Weise vorhalten (z.B. durch Abgabe einer entsprechenden Erklärung durch den betreffenden Unternehmer).

⑤ Betreiber, die ausschließlich über eine von einem anderen EU-Mitgliedstaat erteilte USt-IdNr. verfügen, können für die Prüfung der Voraussetzungen nach § 25e Abs. 2 Satz 1 UStG die dort bereitgestellten Verfahren zur Bestätigung von USt-IdNrn. deraufihrer elektronischen Schnittstelle liefernden Unternehmer nutzen.

(2) ① Die Befreiung aus der Haftung nach Absatz 1 tritt nicht ein, wenn der Betreiber davon Kenntnis hatte oder nach der Sorgfalt eines ordentlichen Kaufmanns hätte haben müssen, dass der liefernde Unternehmer seinen umsatzsteuerlichen Pflichten nicht oder nicht im vollen Umfang nachkommt (vgl. § 25e Abs. 2 Satz 2 UStG). ② Unabhängig davon haftet der Betreiber in Fällen des Absatz 1 Satz 1 immer dann für die nicht entrichtete Steuer, wenn der liefernde Unternehmer im Zeitpunkt der Lieferung nicht über eine nach § 27a UStG erteilte, gültige USt-IdNr. oder der Betreiber nicht über einen Nachweis nach Absatz 1 Satz 4 verfügte. ③ In diesen Fällen kommt es auf die Kenntnis des Betreibers, ob der liefernde Unternehmer seinen steuerlichen Pflichten nachkommt, nicht an. 15

(3) ① Von einer Kenntnis oder einem Kennenmüssen ist insbesondere auszugehen, wenn der Betreiber ihm offensichtliche oder bekanntgewordene Tatsachen außer Acht lässt, die auf eine umsatzsteuerliche Pflichtverletzung des liefernden Unternehmers schließen lassen. ② Ein aktives Ausforschen ist dazu nicht erforderlich. ③ Das Kennenmüssen bezieht sich hierbei lediglich auf Sachverhalte, die dem Betreiber im Rahmen seines eigenen Unternehmens bekannt werden und auf eine umsatzsteuerliche Pflichtverletzung schlussfolgern lassen. ④ In diesen Fällen haftet der Betreiber nicht, wenn er den auf seiner elektronischen Schnittstelle tätigen Unternehmer auf die Pflichtverletzung hinweist und ihn auffordert, diese innerhalb einer Frist (längstens zwei Monate) abzustellen und der Unternehmer dieser Aufforderung nachkommt. ⑤ In den Fällen, in denen der Unternehmer der vorgenannten Aufforderung des Betreibers nicht nachkommt, scheidet eine Haftung nach § 25e Abs. 2 Satz 2 UStG nur aus, wenn der Betreiber den Unternehmer nach Ablauf der gesetzten Frist vom weiteren Handel auf seiner elektronischen Schnittstelle ausschließt (Sperrung aller bestehenden Accounts). ⑥ Gleiches gilt insbesondere für die Frage der Überschreitung der Umsatzschwelle nach Absatz 1 Satz 4 Nr. 1 und die Frage, ob die Voraussetzungen nach Absatz 1 Satz 4 Nr. 2 und 3 vorliegen. ⑦ In den Fällen, in denen der Unternehmer im Rahmen der vom Betreiber gesetzten Frist nicht der Aufforderung nachkommt, seine umsatzsteuerlichen Pflichten zu erfüllen und der Betreiber den betreffenden Unternehmer vom weiteren Handel auf seiner elektronischen Schnittstelle ausschließt (Sperrung aller bestehenden Accounts), sollte der Betreiber die Finanzverwaltung informieren. 16

(4) ① Nach § 25e Abs. 3 UStG haftet der Betreiber nicht für die entstandene und nicht entrichtete Umsatzsteuer aus Lieferungen, die mittels seiner elektronischen Schnittstelle unterstützt wurden, wenn die Registrierung des Lieferers auf der elektronischen Schnittstelle nicht als Unternehmer erfolgt ist und der Betreiber den hierfür geltenden Aufzeichnungs- und Aufbewahrungspflichten nach § 22f Abs. 2 in Verbindung mit Absatz 1 Satz 1 UStG nachgekommen ist. ② Dies gilt nach § 25e Abs. 3 Satz 2 UStG nicht in Fällen, in denen der Betreiber nachweislich nach Art, Menge oder Höhe der Umsätze Kenntnis hatte oder nach der Sorgfalt eines ordentlichen Kaufmanns hätte haben müssen, dass die Registrierung als Nichtunternehmer zu Unrecht erfolgt ist. ③ § 2 Abs. 1 UStG gilt entsprechend. ④ Für die Abgrenzung, ob es sich um eine unternehmerische Tätigkeit handelt, ist grundsätzlich nur die Tätigkeit auf der eigenen elektronischen Schnittstelle maßgebend. ⑤ Das Erreichen einer bestimmten Umsatzhöhe reicht für die Beurteilung der Frage, ob eine Tätigkeit unternehmerisch ausgeführt wird, allein nicht aus. ⑥ Unabhängig davon ist ein deutliches Anzeichen dafür, dass die Registrierung auf einer elektronischen Schnittstelle als Nichtunternehmer zu Unrecht erfolgte, wenn der mittels der elektronischen Schnittstelle erzielte Umsatz eine Höhe von 22 000 € innerhalb eines Kalenderjahres erreicht. ⑦ Absatz 3 Sätze 4, 5 und 7 gelten entsprechend. 17

25e.3 Verfahren bei Vorliegen von Pflichtverletzungen

UStAE 25e.3

(1) ① Liegen dem nach § 21 AO örtlich zuständigen Finanzamt Erkenntnisse vor, dass ein Unternehmer, der im Inland steuerbare Umsätze über eine elektronische Schnittstelle ausführt, seinen umsatzsteuerlichen Pflichten nicht nachkommt und andere von ihm zu veranlassende Maßnahmen keinen unmittelbaren Erfolg versprechen, ist es nach § 25e Abs. 4 Satz 1 UStG berechtigt, den betreffenden Betreiber hierüber zu informieren (Offenbarungsbefugnis). ② Mit dem Zugang dieser Mitteilung ist dem Betreiber die Möglichkeit einzuräumen, innerhalb der vom Finanzamt gesetzten Frist auf den betreffenden Unternehmer einzuwirken, damit dieser 18

seinen umsatzsteuerlichen Pflichten nachkommt, oder sicherzustellen, dass der Unternehmer über seine elektronische Schnittstelle keine weiteren Umsätze ausführen kann (Sperrung aller bestehenden Accounts). ③ Für die Frage, wann die Mitteilung zugegangen ist, gelten die Regelungen des § 122 AO entsprechend. ④ Umsatzsteuerliche Pflichtverletzungen nach Satz 1 sind insbesondere:

1. Abgabe unrichtiger Umsatzsteuer-Voranmeldungen/Umsatzsteuererklärungen für das Kalenderjahr,
2. Nichtabgabe von Umsatzsteuer-Voranmeldungen/Umsatzsteuererklärungen für das Kalenderjahr,
3. Nichtzahlung oder nicht vollständige Zahlung fälliger Umsatzsteuerbeträge oder
4. Nichtbenennung eines Empfangsbevollmächtigten im Inland nach § 22f Abs. 1 Satz 2 UStG (vgl. Abschnitt 22f.2).

19 (2) ① Weist der Betreiber innerhalb der gesetzten Frist nach, dass der betreffende Unternehmer über seine elektronische Schnittstelle keine Waren mehr anbieten kann (Sperrung aller bestehenden Accounts), wird eine Inanspruchnahme nach § 25e Abs. 4 Satz 2 UStG für die nicht entrichtete Umsatzsteuer hinfällig. ② Wird dieser Nachweis vom Betreiber in der gesetzten Frist nicht erbracht, haftet er nach § 25e Abs. 4 Satz 2 UStG für die entstandene und nicht entrichtete Umsatzsteuer aus Umsätzen, die mittels seiner elektronischen Schnittstelle unterstützt wurden und bei denen das Rechtsgeschäft nach Zustellung der Mitteilung vom Finanzamt abgeschlossen wurde. ③ Gleiches gilt in Fällen, in denen die Registrierung beim Betreiber als Nichtunternehmer erfolgte und das nach § 21 AO örtlich zuständige Finanzamt dem Betreiber mitgeteilt hat, dass die Tätigkeit im Rahmen eines Unternehmens erfolgt.

UStAE 25e.4

25e.4 Einleitung des Haftungsverfahrens

20 ① Liegen die Voraussetzungen für eine Haftung nach § 25e Abs. 1 UStG vor, ist der Betreiber zunächst anzuhören (§ 91 Abs. 1 Satz 1 AO). ② Die Darlegungs- und Feststellungslast der Kenntnis oder des Kennenmüssens liegt grundsätzlich bei dem für den Erlass des Haftungsbescheids zuständigen Finanzamt. ③ Zuständig für die Durchführung des Haftungsverfahrens ist das für den liefernden Unternehmer örtlich zuständige Finanzamt (§ 25e Abs. 7 UStG und § 21 AO). ④ Im Rahmen der Anhörung ist dem Betreiber Gelegenheit zu geben, die Kenntnis oder das Kennenmüssen zu widerlegen.

UStG

§ 25f Versagung des Vorsteuerabzugs und der Steuerbefreiung bei Beteiligung an einer Steuerhinterziehung

(1) Sofern der Unternehmer wusste oder hätte wissen müssen, dass er sich mit der von ihm erbrachten Leistung oder seinem Leistungsbezug an einem Umsatz beteiligt, bei dem der Leistende oder ein anderer Beteiligter auf einer vorhergehenden oder nachfolgenden Umsatzstufe in eine begangene Hinterziehung von Umsatzsteuer oder Erlangung eines nicht gerechtfertigten Vorsteuerabzugs im Sinne des § 370 der Abgabenordnung oder in eine Schädigung des Umsatzsteueraufkommens im Sinne der §§ 26 a, 26 c einbezogen war, ist Folgendes zu versagen: 1

1. die Steuerbefreiung nach § 4 Nummer 1 Buchstabe b in Verbindung mit § 6 a, 2

2. der Vorsteuerabzug nach § 15 Absatz 1 Satz 1 Nummer 1,

3. der Vorsteuerabzug nach § 15 Absatz 1 Satz 1 Nummer 3 sowie

4. der Vorsteuerabzug nach § 15 Absatz 1 Satz 1 Nummer 4.

(2) **§ 25 b Absatz 3 und 5 ist in den Fällen des Absatzes 1 nicht anzuwenden.** 3

Übersicht

Zu § 25f UStG

UStAE 25f.1

25f.1[1] Versagung des Vorsteuerabzugs und der Steuerbefreiung bei Beteiligung an einer Steuerhinterziehung

(1) Der den Vorsteuerabzug nach § 15 Abs. 1 Satz 1 Nr. 1, 3 und 4 UStG beziehungsweise die Steuerbefreiung nach § 4 Nr. 1 Buchstabe b UStG in Verbindung mit § 6a UStG begehrende Unternehmer trägt grundsätzlich die Feststellungslast für das Vorliegen der hierfür erforderlichen materiellen Voraussetzungen. 10

(2) ① Weist das Finanzamt nach, dass der Unternehmer wusste oder hätte wissen müssen, dass er sich mit seinem Eingangs- oder Ausgangsumsatz an einem Umsatz beteiligt, bei dem der Leistende oder ein anderer Beteiligter auf einer vorhergehenden oder nachfolgenden Umsatzstufe in eine begangene Hinterziehung von Umsatzsteuer, an einer Erlangung eines nicht gerechtfertigten Vorsteuerabzugs im Sinne des § 370 AO oder in eine Schädigung des Umsatzsteueraufkommens im Sinne der §§ 26a und 26c UStG einbezogen war, sind der geltend gemachte Vorsteuerabzug und die in Anspruch genommene Steuerbefreiung für die entsprechende innergemeinschaftliche Lieferung zu versagen. ② Dabei ist dem Unternehmer auch das Wissen oder Wissen müssen seiner Angestellten in analoger Anwendung von § 166 BGB zuzurechnen, welches die Angestellten im Rahmen ihrer jeweiligen Zuständigkeit erlangt haben oder hätten erlangen müssen (BFH-Urteil vom 19. 5. 2010 – XI R 78/07). ③ Die Feststellung einer Steuerhinterziehung kann sowohl den unmittelbaren Eingangs- oder Ausgangsumsatz des Unternehmers als auch einen Umsatz auf allen vor- und nachgelagerten Umsatzstufen innerhalb der Leistungskette umfassen. 11

(3) ① Voraussetzung für die Anwendung der Regelung des § 25f UStG ist, dass der objektive und subjektive Tatbestand des § 370 AO bzw. der §§ 26a oder 26c UStG auf mindestens einer Umsatzstufe innerhalb der Leistungskette erfüllt sind. ② Eine strafgerichtliche Verurteilung oder bußgeldrechtliche Ahndung ist nicht erforderlich. ③ An Entscheidungen im straf- oder bußgeldrechtlichen Verfahren ist das Finanzamt bei Anwendung des § 25f UStG nicht gebunden. 12

(4) ① Ein Unternehmer, der alle Maßnahmen getroffen hat, die vernünftigerweise von ihm verlangt werden können, um sicherzustellen, dass seine Umsätze nicht in eine Umsatzsteuerhinterziehung und nicht in eine Schädigung des Umsatzsteueraufkommens einbezogen sind, kann grundsätzlich auf die zutreffende steuerrechtliche Behandlung dieser Umsätze vertrauen, ohne Gefahr zu laufen, sein Recht auf Vorsteuerabzug oder auf Steuerbefreiung zu verlieren. ② Gleiches gilt für Umsätze innerhalb einer Leistungskette im Sinne von Absatz 2 Satz 3. ③ Sofern Anhaltspunkte für Unregelmäßigkeiten, insbesondere eine Steuerhinterziehung, entweder bei der Aufnahme neuer oder bei bestehenden Geschäftsbeziehungen erkennbar sind, muss der Unternehmer weitergehende geeignete Maßnahmen ergreifen (z. B. Auskünfte einholen) und dies auch geeignet dokumentieren. ④ Kommt der Unternehmer dem nicht nach oder kann vorliegende Zweifel durch die ergriffenen Maßnahmen nicht ausräumen und geht die Geschäftsbeziehung dennoch ein oder führt diese fort, ist von einem Wissen oder Wissen müssen des Unternehmers auszugehen. 13

[1] A 25f.1 UStAE eingefügt durch BMF v. 15. 6. 2022 (BStBl. I S. 1001).

14 (5) Anhaltspunkte im Sinne von Absatz 4 Satz 3 liegen beispielsweise vor, wenn:
- der Unternehmer durch einen Dritten aufgefordert/gebeten wird, sich an Umsätzen zu beteiligen, bei denen der Dritte die Rahmenbedingungen für das Umsatzgeschäft vorgibt (z. B. Vermittlung von Beteiligten, Vorgabe von Einkaufs-/Verkaufspreisen, Zahlungsmodalitäten oder Liefer- bzw. Leistungswegen);
- die Finanzierung des Wareneinkaufs erst nach erfolgtem Warenverkauf möglich ist;
- (angebotene) Mehrfachdurchläufe von Waren festgestellt werden;
- dem Unternehmer Waren bzw. Leistungen angeboten werden, deren Preis unter dem Marktpreis liegt;
- branchenunübliche Barzahlungen oder eine ungewöhnliche Zahlungsabwicklung erfolgen;
- die Ansprechpartner in den Unternehmen oder die Ansprechpartner die Unternehmen häufig wechseln;
- bei den Beteiligten berufliche Erfahrung und Branchenkenntnis fehlen;
- die Beteiligten wiederholt ihren Unternehmenssitz verlegen;
- Zweifel an der Richtigkeit der Angaben der Beteiligten bestehen (z. B. aufgrund von Abweichungen des Gesellschaftszwecks oder der Geschäftsadressen zu den Angaben laut Handelsregister);
- der Gesellschaftszweck laut Handelsregister nicht dem tatsächlich ausgeübten Gesellschaftszweck entspricht;
- dem Unternehmer eine Warenmenge oder ein Leistungsumfang angeboten wird, die für die Größe des Unternehmens in der Branche unüblich ist (z. B. ungewöhnlich hohe Stückzahlen trotz Neugründung);
- die Beteiligten über keine ausreichenden Möglichkeiten zur Kontaktaufnahme verfügen (z. B. Website ohne Impressum, Rufnummer oder E-Mail-Adresse);
- ungewöhnliche Leistungsbedingungen vorliegen (z. B. die Leistungen werden von einem oder an einen nicht an dem Umsatz beteiligten Unternehmen erbracht);
- durch den Unternehmer über zugängliche Informationsquellen (z. B. Internetrecherche) festgestellt werden kann, dass die Anlieferung der Waren an die vom Abnehmer angegebene Lieferadresse nicht möglich erscheint.

15 (6) ① Das Finanzamt muss nachweisen, dass der Unternehmer zum Zeitpunkt des Leistungsbezugs beziehungsweise der Leistungserbringung nach dem Gesamtbild der Verhältnisse wusste oder hätte wissen müssen, dass er sich an einem Umsatz beteiligt, der in eine Umsatzsteuerhinterziehung oder in eine Schädigung des Umsatzsteueraufkommens im Sinne des Absatzes 2 einbezogen ist. ② In diesen Fällen hat das Finanzamt den geltend gemachten Vorsteuerabzug für den betreffenden Leistungsbezug sowie eine etwaige Steuerbefreiung für die entsprechende innergemeinschaftliche Lieferung jeweils in voller Höhe zu versagen. ③ Liegen die Voraussetzungen des § 25 f UStG bei mehreren Beteiligten vor, ist die vorgenannte Versagung bei diesen Beteiligten vorzunehmen. ④ § 71 AO bleibt unberührt.

16 (7) Liegen die Voraussetzungen des § 25 f UStG vor, sind ein zunächst vorgenommener Vorsteuerabzug und eine gewährte Steuerbefreiung nach § 164 Abs. 2 Satz 1 oder § 173 Abs. 1 AO, ggf. auch nach § 172 Abs. 1 Satz 1 Nr. 2 Buchstabe c AO durch Änderung der ursprünglichen Steuerfestsetzung rückgängig zu machen.

UStAE 25 f.2

25 f.2[1] Auswirkungen im Rahmen innergemeinschaftlicher Dreiecksgeschäfte

20 (1) Nach § 25 f Abs. 2 UStG sind die Rechtsfolgen eines innergemeinschaftlichen Dreiecksgeschäfts gemäß § 25 b Abs. 3 und 5 UStG in den Fällen des § 25 f Abs. 1 UStG nicht anzuwenden.

21 (2) ① Liegen die Voraussetzungen des § 25 f Abs. 1 UStG vor, gilt in Fällen des innergemeinschaftlichen Dreiecksgeschäfts der innergemeinschaftliche Erwerb des ersten Abnehmers nicht als besteuert. ② Damit hat der erste Abnehmer den innergemeinschaftlichen Erwerb nach § 3 d Satz 1 UStG im Bestimmungsmitgliedstaat und nach § 3 d Satz 2 UStG in dem Mitgliedstaat zu versteuern, der die USt-IdNr. erteilt hat, bis der Erwerber nachweist, dass der Erwerb durch den in § 3 d Satz 1 UStG bezeichneten Mitgliedstaat besteuert worden ist. ③ Der Vorsteuerabzug im Sinne des § 15 Abs. 1 Satz 1 Nr. 3 UStG ist nach § 25 f Abs. 2 UStG zu versagen. ④ Dennoch wird die Steuerschuld für die vom ersten Abnehmer ausgeführte (Inlands-)Lieferung auf den letzten Abnehmer übertragen (§ 25 b Abs. 2 UStG). ⑤ Der letzte Abnehmer kann diese von ihm geschuldete Umsatzsteuer entgegen § 25 b Abs. 5 UStG jedoch nicht als Vorsteuer abziehen.

[1] A 25 f.2 UStAE eingefügt durch BMF v. 15. 6. 2022 (BStBl. I S. 1001).

Siebenter Abschnitt. Durchführung, Bußgeld-, Straf-, Verfahrens-, Übergangs- und Schlussvorschriften

§ 26 Durchführung, Erstattung in Sonderfällen

(1)[1] ① Die Bundesregierung kann mit Zustimmung des Bundesrates durch Rechtsverordnung zur Wahrung der Gleichmäßigkeit bei der Besteuerung, zur Beseitigung von Unbilligkeiten in Härtefällen oder zur Vereinfachung des Besteuerungsverfahrens den Umfang der in diesem Gesetz enthaltenen Steuerbefreiungen, Steuerermäßigungen und des Vorsteuerabzugs näher bestimmen sowie die zeitlichen Bindungen nach § 19 Abs. 2, § 23 Abs. 3 und § 24 Abs. 4 verkürzen. ② Bei der näheren Bestimmung des Umfangs der Steuerermäßigung nach § 12 Abs. 2 Nr. 1 kann von der zolltariflichen Abgrenzung abgewichen werden. 1

(2) Das Bundesministerium der Finanzen kann mit Zustimmung des Bundesrates durch Rechtsverordnung den Wortlaut derjenigen Vorschriften des Gesetzes und der auf Grund dieses Gesetzes erlassenen Rechtsverordnungen, in denen auf den Zolltarif hingewiesen wird, dem Wortlaut des Zolltarifs in der jeweils geltenden Fassung anpassen. 2

(3) ① Das Bundesministerium der Finanzen kann unbeschadet der Vorschriften der §§ 163 und 227 der Abgabenordnung anordnen, dass die Steuer für grenzüberschreitende Beförderungen von Personen im Luftverkehr niedriger festgesetzt oder ganz oder zum Teil erlassen wird, soweit der Unternehmer keine Rechnungen mit gesondertem Ausweis der Steuer (§ 14 Abs. 4) erteilt hat. ② Bei Beförderungen durch ausländische Unternehmer kann die Anordnung davon abhängig gemacht werden, dass in dem Land, in dem der ausländische Unternehmer seinen Sitz hat, für grenzüberschreitende Beförderungen im Luftverkehr, die von Unternehmern mit Sitz in der Bundesrepublik Deutschland durchgeführt werden, eine Umsatzsteuer oder ähnliche Steuer nicht erhoben wird. 3

(4) ① Die Umsatzsteuer wird einem Konsortium, das auf der Grundlage der Verordnung (EG) Nr. 723/2009 des Rates vom 25. Juni 2009 über den gemeinschaftlichen Rechtsrahmen für ein Konsortium für eine europäische Forschungsinfrastruktur (ABl. L 206 vom 8. 8. 2009, S. 1) durch einen Beschluss der Kommission gegründet wurde, vom Bundeszentralamt für Steuern vergütet, wenn 4

1. das Konsortium seinen satzungsgemäßen Sitz im Inland hat,
2. es sich um die gesetzlich geschuldete Umsatzsteuer handelt, die in Rechnung gestellt und gesondert ausgewiesen wurde,
3. es sich um Umsatzsteuer für Lieferungen und sonstige Leistungen handelt, die das Konsortium für seine satzungsgemäße und nichtunternehmerische Tätigkeit in Anspruch genommen hat,
4. der Steuerbetrag je Rechnung insgesamt 25 Euro übersteigt und
5. die Steuer gezahlt wurde.

② Satz 1 gilt entsprechend für die von einem Konsortium nach § 13b Absatz 5 geschuldete und von ihm entrichtete Umsatzsteuer, wenn diese je Rechnung insgesamt 25 Euro übersteigt. ③ Die Sätze 1 und 2 sind auf ein Konsortium mit satzungsgemäßem Sitz in einem anderen Mitgliedstaat sinngemäß anzuwenden, wenn die Voraussetzungen für die Vergütung durch die in § 4 Nummer 7 Satz 5 genannte Bescheinigung nachgewiesen wird. ④ Mindert sich die Bemessungsgrundlage nachträglich, hat das Konsortium das Bundeszentralamt für Steuern davon zu unterrichten und den zu viel vergüteten Steuerbetrag zurückzuzahlen. ⑤ Wird ein Gegenstand, den ein Konsortium für seine satzungsgemäße Tätigkeit erworben hat und für dessen Erwerb eine Vergütung der Umsatzsteuer gewährt worden ist, entgeltlich oder unentgeltlich abgegeben, vermietet oder übertragen, ist der Teil der vergüteten Umsatzsteuer, der dem Veräußerungspreis oder bei unentgeltlicher Abgabe oder Übertragung dem Zeitwert des Gegenstands entspricht, an das Bundeszentralamt für Steuern zu entrichten. ⑥ Der zu entrichtende Steuerbetrag kann aus Vereinfachungsgründen durch Anwendung des im Zeitpunkt der Abgabe oder Übertragung des Gegenstands geltenden Steuersatzes ermittelt werden.

(5) Das Bundesministerium der Finanzen kann mit Zustimmung des Bundesrates durch Rechtsverordnung näher bestimmen, wie der Nachweis bei den folgenden Steuerbefreiungen zu führen ist: 5

1. Artikel III Nr. 1 des Abkommens zwischen der Bundesrepublik Deutschland und den Vereinigten Staaten von Amerika über die von der Bundesrepublik zu gewäh-

[1] Zur Änderung von § 26 Abs. 1 Satz 1 **ab 1. 1. 2023** siehe in der geschlossenen Wiedergabe.

renden Abgabenvergünstigungen für die von den Vereinigten Staaten im Interesse der gemeinsamen Verteidigung geleisteten Ausgaben (BGBl. 1955 II S. 823);

2. Artikel 67 Abs. 3 des Zusatzabkommens zu dem Abkommen zwischen den Parteien des Nordatlantikvertrags über die Rechtsstellung ihrer Truppen hinsichtlich der in der Bundesrepublik Deutschland stationierten ausländischen Truppen (BGBl. 1961 II S. 1183, 1218);

3. Artikel 14 Abs. 2 Buchstabe b und d des Abkommens zwischen der Bundesrepublik Deutschland und dem Obersten Hauptquartier der Alliierten Mächte, Europa, über die besonderen Bedingungen für die Einrichtung und den Betrieb internationaler militärischer Hauptquartiere in der Bundesrepublik Deutschland (BGBl. 1969 II S. 1997, 2009).

6 (6) **Das Bundesministerium der Finanzen kann dieses Gesetz und die auf Grund dieses Gesetzes erlassenen Rechtsverordnungen in der jeweils geltenden Fassung mit neuem Datum und unter neuer Überschrift im Bundesgesetzblatt bekannt machen.**

Hinweis auf EU-Vorschriften:
UStG: § 26 Abs. 3 .... **MwStSystRL:** Art. 371, Anh. X B, 10

Übersicht

Zu § 26 Abs. 3 UStG

UStAE 26.1

26.1 Luftverkehrsunternehmer

11 (1) ① Die niedrigere Festsetzung oder der Erlass von Umsatzsteuer nach § 26 Abs. 3 UStG für grenzüberschreitende Beförderungen im Luftverkehr setzt voraus, dass die Leistungen von einem Luftverkehrsunternehmer erbracht werden. ② Luftverkehrsunternehmer im Sinne dieser Vorschrift sind Unternehmer, die die Beförderung selbst durchführen oder die als Vertragspartei mit dem Reisenden einen Beförderungsvertrag abschließen und sich hierdurch in eigenem Namen zur Durchführung der Beförderung verpflichten. ③ Der Verkauf von Einzeltickets für grenzüberschreitende Flüge vom Reisebüro oder vom Consolidator kann unter den Voraussetzungen des Abschnitts 4.5.3 Abs. 2 als steuerfreie Vermittlungsleistung behandelt werden. ④ Das Reisebüro und der Consolidator können insoweit nicht als Luftverkehrsunternehmer angesehen werden.

12 (2) ① Unter den in Absatz 1 bezeichneten Voraussetzungen können auch Veranstalter von Pauschalreisen als Luftverkehrsunternehmer angesehen werden. ② Die niedrigere Festsetzung oder der Erlass der Umsatzsteuer nach § 26 Abs. 3 UStG ist dann jedoch auf die Fälle beschränkt, in denen der Veranstalter die Reisenden mit seinen eigenen Mitteln befördert (vgl. Abschnitt 25.1 Abs. 8) oder Beförderungsleistungen an Unternehmer für ihr Unternehmen erbringt.

UStAE 26.2

26.2 Grenzüberschreitende Beförderungen im Luftverkehr[1]

21 (1)[2] ① Eine grenzüberschreitende Beförderung liegt vor, wenn sich eine Beförderung sowohl auf das Inland als auch auf das Ausland erstreckt (§ 3b Abs. 1 Satz 4 UStG). ② Die niedrigere

[1] Aufzeichnungspflichten vgl. Anlage zu A 26.2 UStAE.

[2] A 26.2 UStAE Abs. 1 Satz 5 eingefügt, bish. Sätze 5 und 6 werden Sätze 6 und 7 durch BMF v. 26. 4. 2022 (BStBl. I S. 655), anzuwenden in allen offenen Fällen.

USTAE 26.2

Festsetzung oder der Erlass der Umsatzsteuer nach § 26 Abs. 3 UStG kommt für folgende grenzüberschreitende Beförderungen im Luftverkehr in Betracht:

1. von einem ausländischen Flughafen zu einem Flughafen im Inland;
2. von einem Flughafen im Inland zu einem ausländischen Flughafen;
3. von einem ausländischen Flughafen zu einem ausländischen Flughafen über das Inland.

③ Die niedrigere Festsetzung oder der Erlass der Umsatzsteuer kommt jedoch nicht in Betracht bei Beförderungen vom Inland in die nicht zum Inland gehörenden Gebiete der Bundesrepublik Deutschland (vgl. § 1 Abs. 2 UStG) und umgekehrt, z. B. Flüge zwischen Hamburg und Helgoland, sowie bei Beförderungen zwischen den nicht zum Inland gehörenden Gebieten der Bundesrepublik Deutschland über das Inland, z. B. Rundflüge von Helgoland über das Inland. ④ Der Erlass der Umsatzsteuer ist nur bezüglich der Umsatzsteuer auf grenzüberschreitende Personenbeförderung im Luftverkehr möglich; werden im Rahmen einer solchen Beförderung andere eigenständige Leistungen erbracht (vgl. z. B. BFH-Urteil vom 27. 2. 2014, V R 14/13, BStBl. II S. 869), die im Inland steuerbar sind, ist die Umsatzsteuer auf diese eigenständigen Leistungen nicht nach § 26 Abs. 3 UStG erlassfähig. ⑤ Eine vom Passagier einheitlich mit der grenzüberschreitenden Beförderung im Sinne des Satzes 2 vereinbarte und vergütete Zugangsberechtigung zu Warteräumen in Flughäfen (siehe Abschnitt 3a.3 Abs. 9 Nr. 2c) ist unselbständige Nebenleistung zur grenzüberschreitenden Beförderung und wird somit von § 26 Abs. 3 UStG erfasst. ⑥ Der Begriff der grenzüberschreitenden Personenbeförderung in § 26 Abs. 3 UStG ist mit Blick auf die Ausnahmeregelung eng auszulegen. ⑦ Eine niedrigere Festsetzung oder der Erlass der Umsatzsteuer kommt daher für Helikopterflüge vom deutschen Festland auf Offshore-Windparks außerhalb der 12-Seemeilen-Zone nicht in Betracht.

(2) ① Zwischenlandungen im Inland schließen die niedrigere Festsetzung oder den Erlass der Umsatzsteuer nicht aus, wenn der Fluggast mit demselben Flugzeug weiterfliegt oder wenn er deshalb in das nächste Anschlussflugzeug umsteigt, weil das erste Flugzeug seinen gebuchten Zielflughafen nicht anfliegt. ② Wenn der Fluggast dagegen in einem Flughafen (A) im Inland seinen Flug unterbricht, d. h. seinen Aufenthalt über den nächstmöglichen Anschluss hinaus ausdehnt, und sein Zielflughafen (B) oder der nächste Flughafen, in dem er seinen Flug wiederum unterbricht (C), im Inland liegt, entfällt die niedrigere Festsetzung oder der Erlass der Umsatzsteuer für die Teilstrecke A bis B (oder C). **22**

(3) ① Wird der Flug unterbrochen, kann bei der Berechnung des anteiligen Entgelts für die Beförderungsleistung im Inland von der Differenz der Flugpreise zwischen dem ausländischen Flughafen und den beiden im Inland liegenden Flughäfen ausgegangen werden, z. B. Tokio-Frankfurt mit Zwischenaufenthalt in Hamburg; steuerpflichtig ist die Differenz der Flugpreise Tokio-Frankfurt und Tokio-Hamburg. ② Dies kann in Einzelfällen dazu führen, dass für die im Inland erbrachte Beförderungsleistung ein Entgelt nicht anzusetzen ist. **23**

(4) ① Soweit die Luftverkehrsunternehmen die Flugunterbrechungen im Einzelnen nur mit erheblichem Verwaltungsaufwand ermitteln können, dürfen die anteiligen Entgelte für steuerpflichtige Beförderungsleistungen geschätzt werden. ② Dies gilt nur, soweit keine Rechnungen mit gesondertem Steuerausweis ausgestellt worden sind. ③ Das Schätzungsverfahren ist vorab im Einvernehmen mit dem zuständigen Finanzamt festzulegen. **24**

(5) ① Nach § 22 Abs. 1 und Abs. 2 Nr. 1 UStG sind alle Unternehmer verpflichtet, zur Feststellung der Steuer und ihrer Berechnung Aufzeichnungen zu machen. ② Damit sind neben inländischen auch im Ausland ansässige Luftverkehrsunternehmer verpflichtet, die Entgelte für Beförderungen von Personen im grenzüberschreitenden Luftverkehr aufzuzeichnen, für die die Umsatzsteuer nach § 26 Abs. 3 UStG erlassen oder niedriger festgesetzt werden kann, und diese Umsätze in den Umsatzsteuer-Voranmeldungen und Umsatzsteuererklärungen für das Kalenderjahr zu erklären. ③ Aus Vereinfachungsgründen wird es jedoch im Einzelfall nicht beanstandet, wenn diese Entgelte von im Ausland ansässigen Luftverkehrsunternehmern, die im Inland ausschließlich grenzüberschreitende Personenbeförderungen im Luftverkehr erbringen, nicht gesondert aufgezeichnet werden, wenn sichergestellt ist, dass die Finanzverwaltung die Höhe der auf die inländischen Streckenanteile der Beförderungsleistung entfallenden Entgelte – gegebenenfalls im Schätzungswege – ermitteln kann. ④ Die zuständige Finanzbehörde kann aus Vereinfachungsgründen auf Antrag des Luftverkehrsunternehmens diesem gestatten, von einer Angabe dieser Entgelte in der Umsatzsteuer-Voranmeldung im Hinblick auf die zu erwartende niedrigere Festsetzung bzw. den zu erwartenden Erlass der Umsatzsteuer abzusehen. ⑤ Erst die Angabe der auf den inländischen Streckenanteil entfallenden Umsätze grenzüberschreitender Personenbeförderungen im Luftverkehr in der dafür vorgesehenen Zeile der Umsatzsteuererklärung für das Kalenderjahr ist dann als Antrag des Unternehmers auf niedrigere Festsetzung oder auf Erlass (ganz oder teilweise) der Umsatzsteuer nach § 26 Abs. 3 UStG zu werten, soweit sich aus weiteren Angaben des Unternehmers nichts anderes ergibt. ⑥ Die Zustimmung der zuständigen Finanzbehörde zu einer entsprechenden Umsatzsteuererklärung für das Kalenderjahr steht einer niedrigeren Steuerfestsetzung gleich. **24a**

LS zu 26.2

25 Beim gegenwärtigen Stand der Harmonisierung der Rechtsvorschriften der Mitgliedstaaten betreffend das gemeinsame Mehrwertsteuersystem steht der gemeinschaftsrechtliche Grundsatz der Gleichbehandlung Rechtsvorschriften eines Mitgliedstaats nicht entgegen, nach denen grenzüberschreitende Personenbeförderungen mit **Luftfahrzeugen** entsprechend Art. 28 Abs. 3 Buchst. b der Sechsten Richtlinie 77/388/EWG in der Fassung der Richtlinie 96/95/EG weiterhin von der Steuer **befreit** sind, während grenzüberschreitende Personenbeförderungen mit **Bussen besteuert werden.** ***EuGH-Urteil v. 13. 7. 2000,*** *C-36/99, Idéal tourisme SA (DStRE S. 924).*

Grenzüberschreitende Beförderungen im Luftverkehr unter Inanspruchnahme **inländischer Zubringerbeförderungsleistungen** (sog. Transferleistungen). *Verfügung OFD Frankfurt/M. v. 29. 8. 2017 – S 7433 A – 013 – St 111 (UR 2018 S. 223).*

UStAE 26.3

26.3 Beförderung über Teilstrecken durch verschiedene Luftverkehrsunternehmer

31 ① Wird eine grenzüberschreitende Beförderung von mehreren aufeinander folgenden Luftverkehrsunternehmern ausgeführt, gilt sie nach dem Luftverkehrsrecht als eine einzige Beförderung, sofern sie als einheitliche Leistung vereinbart worden ist (Artikel 1 Abs. 3 Satz 1 des Montrealer Übereinkommens vom 28. 5. 1999, BGBl. 2004 II S. 458 und BGBl. 2004 I S. 1027). ② Eine grenzüberschreitende Beförderung, die nach dem Luftverkehrsrecht als eine einzige Beförderung anzusehen ist, gilt auch im Sinne des § 26 Abs. 3 UStG als eine einzige Beförderung und damit insgesamt als eine grenzüberschreitende Beförderung im Luftverkehr. ③ Den an dieser Leistung beteiligten Luftverkehrsunternehmern kann deshalb die Umsatzsteuer nach § 26 Abs. 3 UStG auch dann erlassen werden, wenn sich ihr Leistungsteil nur auf das Inland erstreckt. ④ Eine niedrigere Festsetzung oder ein Erlass der Umsatzsteuer kommt jedoch nicht in Betracht, wenn der Fluggast im Inland den Flug unterbricht, d. h. seinen Aufenthalt über den nächstmöglichen Anschluss hinaus ausdehnt (vgl. Abschnitt 26.2 Abs. 2).

UStAE 26.4

26.4 Gegenseitigkeit

36 ① Haben Luftverkehrsunternehmer ihren Sitz nicht in der Bundesrepublik Deutschland, kann die Umsatzsteuer in der Regel nur im Falle der Gegenseitigkeit niedriger festgesetzt oder erlassen werden (§ 26 Abs. 3 Satz 2 UStG). ② Es ist jedoch möglich, die Umsatzsteuer auch dann niedriger festzusetzen oder zu erlassen, wenn in den Ländern dieser Unternehmer die Gegenseitigkeit nicht voll gewährleistet ist. ③ Hier kommen insbesondere die Fälle in Betracht, in denen die von deutschen Luftverkehrsunternehmern im Ausland für die einzelne Beförderungsleistung erhobene Umsatzsteuer unverhältnismäßig niedrig ist oder in denen die Voraussetzungen der Gegenseitigkeit nur in einem Teilbereich, z. B. Charterverkehr, erfüllt sind.

UStAE 26.5

26.5 Zuständigkeit

41 Für die niedrigere Festsetzung oder den Erlass der Umsatzsteuer gilt folgende Regelung:

1. Unter den Voraussetzungen des § 26 Abs. 3 UStG kann die Umsatzsteuer für grenzüberschreitende Beförderungen im Luftverkehr niedriger festgesetzt oder erlassen werden, wenn es sich um folgende Unternehmer handelt:
   a) Luftverkehrsunternehmer mit Sitz in der Bundesrepublik Deutschland und
   b) Luftverkehrsunternehmer mit Sitz außerhalb der Bundesrepublik Deutschland, wenn die Länder, in denen sie ihren Sitz haben, in dem vom BMF herausgegebenen Verzeichnis der Länder aufgeführt sind, zu denen die Gegenseitigkeit festgestellt ist (vgl. BMF-Schreiben vom 18. 4. 2017, BStBl. I S. 713, Stand 1. 4. 2017).
2. ① Über die Einzelfälle entscheiden bei den in Nummer 1 bezeichneten Luftverkehrsunternehmern die obersten Finanzbehörden der Länder oder die von ihnen beauftragten nach geordneten Dienststellen. ② Unabhängig von der Höhe des Steuerbetrages ist das BMF nicht zu beteiligen. ③ Die niedrigere Festsetzung der Steuer oder der Steuererlass kann nicht nur auf Antrag des Unternehmers, sondern auch von Amts wegen erfolgen. ④ § 26 Abs. 3 UStG soll grundsätzlich im Festsetzungsverfahren angewandt werden, kann aber auch noch im Erhebungsverfahren Anwendung finden. ⑤ Die niedrigere Festsetzung der Steuer oder der Steuererlass kann nicht vor Entstehung der Steuer (§ 38 AO) ausgesprochen werden. ⑥ Vor Entstehung der Steuer kann die zuständige Finanzbehörde lediglich eine verbindliche Zusage erteilen, nach der bei Erfüllung der entsprechenden Voraussetzungen nach Steuerentstehung eine niedrigere Festsetzung der Steuer oder der Steuererlass ausgesprochen werden kann. ⑦ Die zuständige Finanzbehörde prüft in regelmäßigen Abständen von bis zu 3 Jahren, ob der betreffende Unternehmer die Voraussetzungen der niedrigeren Steuerfestsetzung oder des Steuererlasses grundsätzlich noch erfüllt.
3. ① Bei Luftverkehrsunternehmern mit Sitz in Ländern, die in dem Verzeichnis der Länder, zu denen die Gegenseitigkeit festgestellt ist, nicht aufgeführt sind, ist das BMF zu beteiligen. ② Das gilt auch, wenn sich Zweifel ergeben, ob von dem Land, in dem das Luftverkehrsunternehmen seinen Sitz hat, die Voraussetzung der Gegenseitigkeit noch erfüllt wird.

Verzeichnis der Länder, zu denen die Gegenseitigkeit im Sinne des § 26 Abs. 3 UStG festgestellt ist[1]

Anl zu 26.5

Schreiben vom 18. April 2017 (BStBl. I S. 713)

(BMF III C 3 – S 7433/11/10005; DOK 2017/0343411)

(Stand: 1. April 2017)

45

Ägyptens
Äthiopien
Afghanistan
Algerien
Angola
Argentinien
Armenien
von Frankreich
Australien
Bahrain
Bangladesh
Belgien
Brasilien
Brunei Darussalam
von Frankreich
Bulgarien
Chile
China (Volksrepublik)
Dänemark
Finnland
Frankreich
Georgien
Ghana
Griechenland
Großbritannien
Hongkong
Indien
Indonesien
Irak
Iran
Irland
Island
Israel
Italien
Jamaika
Japan
Jordanien
Kanada
Kasachstan
Katar
Kenia
Korea (Republik)
Kroatien
Kuba
Kuwait
Lettland
Libanon
Libyen
Liechtenstein
Litauen
Luxemburg
Malaysia
Malta
Marokko
Mauritius
Mazedonien
Moldau
Mongolei
Montenegro
Namibia
Nepal
Neuseeland
Niederlande
Nigeria
Norwegen
Österreich
Oman
Pakistan
Paraguay
Polen
Portugal
Rumänien
Russland
Sambia
Saudi-Arabien
Schweden
Schweiz
Serbien
Seychellen
Singapur
Slowakische Republik
Slowenien
Somalia
Spanien
Sudan
Südafrika
Syrien
Tadschikistan
Taiwan
Thailand
Tschechische Republik
Tunesien
Türkei
Turkmenistan
Ukraine
Ungarn
Usbekistan
Venezuela
Vereinigte Arabische Emirate
Vereinigte Staaten von Amerika
Vietnam
Weißrussland
Zimbabwe
Zypern (Republik)

Zu § 26 Abs. 5 UStG

§ 73[2] *Nachweis der Voraussetzungen der in bestimmten Abkommen enthaltenen Steuerbefreiungen*[3]

UStDV

50 *(1) Der Unternehmer hat die Voraussetzungen der in § 26 Abs. 5 des Gesetzes bezeichneten Steuerbefreiungen wie folgt nachzuweisen:*

1. bei Lieferungen und sonstigen Leistungen, die von einer amtlichen Beschaffungsstelle in Auftrag gegeben worden sind, durch eine Bescheinigung der amtlichen Beschaffungsstelle nach amtlich vorgeschriebenem Vordruck (Abwicklungsschein);

2. bei Lieferungen und sonstigen Leistungen, die von einer deutschen Behörde für eine amtliche Beschaffungsstelle in Auftrag gegeben worden sind, durch eine Bescheinigung der deutschen Behörde.

(2) ① Zusätzlich zu Absatz 1 muss der Unternehmer die Voraussetzungen der Steuerbefreiungen im Geltungsbereich des Gesetzes buchmäßig nachweisen. ② Die Voraussetzungen müssen eindeutig und leicht nachprüfbar aus den Aufzeichnungen zu ersehen sein. ③ In den Aufzeichnungen muss auf die in Absatz 1 bezeichneten Belege hingewiesen sein.

---

[1] Hiermit übersende ich das Verzeichnis der Länder, zu denen die Gegenseitigkeit nach § 26 Abs. 3 UStG festgestellt ist, nach dem Stand vom 1. April 2017. Folgendes Land wurde neu in das Verzeichnis aufgenommen: Republik Moldau.

Das Verzeichnis tritt an die Stelle des mit BMF-Schreiben vom 19. Juli 2013 IV D 3 – S 7433/11/10 005, DOK 2013/06 984 806, BStBl. I S. 923, bekannt gegebenen Verzeichnisses nach dem Stand vom 1. Juli 2013.

Aktualisierung des Verzeichnisses durch Einzelauskünfte vgl. Zuständigkeitsregelung in A 26.5 UStAE.

[2] § 73 Abs. 2 Satz 1 geändert durch VO vom 22. 12. 2014 (BGBl. I S. 2392) mWv 30. 12. 2014.

[3] **Steuerfreie Leistungen an andere Vertragsparteien des Nordatlantikvertrages** vgl. § 4 Nr. 7 UStG i. V. m. A 4.7.1 UStAE. – **Nichtsteuerbare Erwerbe anderer Vertragsparteien des Nordatlantikvertrages** vgl. § 1 c UStG.

(3) *Das Finanzamt kann auf die in Absatz 1 Nr. 1 bezeichnete Bescheinigung verzichten, wenn die vorgeschriebenen Angaben aus anderen Belegen und aus den Aufzeichnungen des Unternehmers eindeutig und leicht nachprüfbar zu ersehen sind.*

(4) *Bei Beschaffungen oder Baumaßnahmen, die von deutschen Behörden durchgeführt und von den Entsendestaaten oder den Hauptquartieren nur zu einem Teil finanziert werden, gelten Absatz 1 Nr. 2 und Absatz 2 hinsichtlich der anteiligen Steuerbefreiung entsprechend.*

LS zu § 26 Abs. 5

52 Hinsichtlich der Lieferung von Energieerzeugnissen an Angehörige der US-Streitkräfte hat der *BFH (Urteil v. 26. 5. 2020 VII R 17/19, BFHE 269, 464)* klargestellt, dass es sich bei dem Auftrag der amtlichen Beschaffungsstelle i. S. v. Art. 67 Abs. 3 Ziff. i NATOTrStatZAbk um eine **materielle Voraussetzung** der Abgabenvergünstigung handelt. Der **Beschaffungsauftrag** muss im Zeitpunkt der Lieferung der Energieerzeugnisse vorliegen und kann nicht rückwirkend erteilt werden.

Erlass betr. Vergünstigungen bei der Umsatzsteuer (Mehrwertsteuer) auf Grund des Offshore-Steuerabkommens

Vom 2. Juli 1968 (BStBl. I S. 997)

(BdF IV A/2 – S 7490 – 2/68)

Schreiben betr. Umsatzsteuervergünstigungen auf Grund Art. 67 Abs. 3 des Zusatzabkommens zum NATO-Truppenstatut (NATO-ZAbk)

Vom 22. Dezember 2004 (BStBl. I S. 1200)

(BMF IV A 6 – S 7492 – 13/04)

Geändert durch BMF v. 30. 4. 2012 (BStBl. I S. 534), v. 20. 6. 2014 (BStBl. I S. 910), v. 8. 8. 2014 (BStBl. I S. 1201), v. 24. 7. 2017 (BStBl. I S. 998), v. 14. 8. 2019 (BStBl. I S. 837)

Schreiben betr. Umsatzsteuervergünstigungen auf Grund des Zusatzabkommens zum NATO-Truppenstatut; Neuauflage der Liste der amtlichen Beschaffungsstellen

Stand 1. 1. 2021

Vom 2. 2. 2021 (BStBl. I S. 255)

(BMF III C 3 – S 7492/19/10001; DOK 2021/0123575)

Stand 1. 1. 2022

Vom 11. 3. 2022 (BStBl. I S. 346)

(BMF III C 3 – S 7492/19/10001 :004; DOK 2022/0209264)

und vom 24. 11. 2022 (BStBl. I S. 1664)

(BMF III C 3 – S 7492/19/10001 :004; DOK 2022/117978)

Stand 1. 1. 2023

Vom 14. 12. 2022 (BStBl. I S. 1689)

(BMF III C 3 – S 7492/19/10001 :005; DOK 2022/1241290)

Schreiben betr. Umsatzsteuervergünstigungen auf Grund des Ergänzungsabkommens zum Protokoll über die NATO-Hauptquartiere und Umsatzsteuerbefreiung nach § 4 Nr. 7 Satz 1 Buchst. d UStG

Vom 8. August 2017 (BStBl. I S. 1241)

(BMF III C 3 – S 7493/07/10001; DOK 2017/0686068)

Geändert durch BMF v. 8. 2. 2021 (BStBl. I S. 313)

§ 26a[1, 2] Bußgeldvorschriften

(1) **Ordnungswidrig handelt, wer entgegen § 18 Absatz 1 Satz 4, Absatz 4 Satz 1 oder 2, Absatz 4 c Satz 2, Absatz 4 e Satz 4 oder Absatz 5 a Satz 4, § 18 i Absatz 3 Satz 3, § 18 j Absatz 4 Satz 3 oder § 18 k Absatz 4 Satz 3 eine Vorauszahlung, einen Unterschiedsbetrag oder eine festgesetzte Steuer nicht, nicht vollständig oder nicht rechtzeitig entrichtet.** 1

(2) **Ordnungswidrig handelt, wer vorsätzlich oder leichtfertig** 2

1. **entgegen § 14 Abs. 2 Satz 1 Nr. 1 oder 2 Satz 2 eine Rechnung nicht oder nicht rechtzeitig ausstellt,**
2. **entgegen § 14 b Abs. 1 Satz 1, auch in Verbindung mit Satz 4, ein dort bezeichnetes Doppel oder eine dort bezeichnete Rechnung nicht oder nicht mindestens zehn Jahre aufbewahrt,**
3. **entgegen § 14 b Abs. 1 Satz 5 eine dort bezeichnete Rechnung, einen Zahlungsbeleg oder eine andere beweiskräftige Unterlage nicht oder nicht mindestens zwei Jahre aufbewahrt,**
4. **entgegen § 18 Abs. 12 Satz 3 die dort bezeichnete Bescheinigung nicht oder nicht rechtzeitig vorlegt,**
5. **entgegen § 18 a Absatz 1 bis 3 in Verbindung mit Absatz 7 Satz 1, Absatz 8 oder Absatz 9 eine Zusammenfassende Meldung nicht, nicht richtig, nicht vollständig oder nicht rechtzeitig abgibt oder entgegen § 18 a Absatz 10 eine Zusammenfassende Meldung nicht oder nicht rechtzeitig berichtigt,**
6. **einer Rechtsverordnung nach § 18 c zuwiderhandelt, soweit sie für einen bestimmten Tatbestand auf die Bußgeldvorschrift verweist, oder**
7. **entgegen § 18 d Satz 3 die dort bezeichneten Unterlagen nicht, nicht vollständig oder nicht rechtzeitig vorlegt.**

(3) **Die Ordnungswidrigkeit kann in den Fällen des Absatzes 1 mit einer Geldbuße bis zu dreißigtausend Euro, in den Fällen des Absatzes 2 Nummer 3 mit einer Geldbuße bis zu tausend Euro, in den übrigen Fällen des Absatzes 2 mit einer Geldbuße bis zu fünftausend Euro geahndet werden.** 3

(4) **Verwaltungsbehörde im Sinne des § 36 Absatz 1 Nummer 1 des Gesetzes über Ordnungswidrigkeiten ist in den Fällen des Absatzes 2 Nummer 5 und 6 das Bundeszentralamt für Steuern.** 4

§ 26b *(aufgehoben)*

§ 26c Strafvorschriften

Mit Freiheitsstrafe bis zu fünf Jahren oder mit Geldstrafe wird bestraft, wer in den Fällen des § 26 a Absatz 1 gewerbsmäßig oder als Mitglied einer Bande, die sich zur fortgesetzten Begehung solcher Handlungen verbunden hat, handelt. 1

Hinweis auf EU-Vorschriften:

UStG: §§ 26 a–26 c .... **MwStSystRL:** Art. 273

---

[1] Zur Fassung von § 26 a **ab 1. 1. 2024** siehe in der geschlossenen Wiedergabe.

[2] Verwaltungsrechtliche Sanktionen für Unregelmäßigkeiten bei der Umsatzsteuererklärung sind mit Gemeinschaftsrecht vereinbar. ***EuGH-Urt. v. 15. 1. 2009,*** *C-502/07, K-1 sp. z o. o./Dyrektor Izby Skarbowej w Bydgoszczy (DStRE S. 370).*

UStG

§ 27 Allgemeine Übergangsvorschriften

1 **(1) ① Änderungen dieses Gesetzes sind, soweit nichts anderes bestimmt ist, auf Umsätze im Sinne des § 1 Abs. 1 Nr. 1 und 5 anzuwenden, die ab dem Inkrafttreten der maßgeblichen Änderungsvorschrift ausgeführt werden. ② Das gilt für Lieferungen und sonstige Leistungen auch insoweit, als die Steuer dafür nach § 13 Abs. 1 Nr. 1 Buchstabe a Satz 4, Buchstabe b oder § 13 b Absatz 4 Satz 2 vor dem Inkrafttreten der Änderungsvorschrift entstanden ist. ③ Die Berechnung dieser Steuer ist für den Voranmeldungszeitraum zu berichtigen, in dem die Lieferung oder sonstige Leistung ausgeführt wird.**

2 **(1 a) ① § 4 Nr. 14 ist auf Antrag auf vor dem 1. Januar 2000 erbrachte Umsätze aus der Tätigkeit als Sprachheilpädagoge entsprechend anzuwenden, soweit der Sprachheilpädagoge gemäß § 124 Abs. 2 des Fünften Buches Sozialgesetzbuch von den zuständigen Stellen der gesetzlichen Krankenkassen umfassend oder für bestimmte Teilgebiete der Sprachtherapie zur Abgabe von sprachtherapeutischen Heilmitteln zugelassen ist und die Voraussetzungen des § 4 Nr. 14 spätestens zum 1. Januar 2000 erfüllt. ② Bestandskräftige Steuerfestsetzungen können insoweit aufgehoben oder geändert werden.**

3 **(2) § 9 Abs. 2 ist nicht anzuwenden, wenn das auf dem Grundstück errichtete Gebäude**

1. Wohnzwecken dient oder zu dienen bestimmt ist und vor dem 1. April 1985 fertig gestellt worden ist,

2. anderen nichtunternehmerischen Zwecken dient oder zu dienen bestimmt ist und vor dem 1. Januar 1986 fertig gestellt worden ist,

3. anderen als in den Nummern 1 und 2 bezeichneten Zwecken dient oder zu dienen bestimmt ist und vor dem 1. Januar 1998 fertig gestellt worden ist,

und wenn mit der Errichtung des Gebäudes in den Fällen der Nummern 1 und 2 vor dem 1. Juni 1984 und in den Fällen der Nummer 3 vor dem 11. November 1993 begonnen worden ist.

4 **(3) § 14 Abs. 1 a in der bis zum 31. Dezember 2003 geltenden Fassung ist auf Rechnungen anzuwenden, die nach dem 30. Juni 2002 ausgestellt werden, sofern die zugrunde liegenden Umsätze bis zum 31. Dezember 2003 ausgeführt wurden.**

5 **(4) ① Die §§ 13 b, 14 Abs. 1, § 14 a Abs. 4 und 5 Satz 3 Nr. 3, § 15 Abs. 1 Satz 1 Nr. 4 und Abs. 4 b, § 17 Abs. 1 Satz 1, § 18 Abs. 4 a Satz 1, § 19 Abs. 1 Satz 3, § 22 Abs. 1 Satz 2 und Abs. 2 Nr. 8, § 25 a Abs. 5 Satz 3 in der jeweils bis zum 31. Dezember 2003 geltenden Fassung sind auch auf Umsätze anzuwenden, die vor dem 1. Januar 2002 ausgeführt worden sind, soweit das Entgelt für diese Umsätze erst nach dem 31. Dezember 2001 gezahlt worden ist. ② Soweit auf das Entgelt oder Teile des Entgelts für nach dem 31. Dezember 2001 ausgeführte Umsätze vor dem 1. Januar 2002 das Abzugsverfahren nach § 18 Abs. 8 in der bis zum 31. Dezember 2001 geltenden Fassung angewandt worden ist, mindert sich die vom Leistungsempfänger nach § 13 b geschuldete Steuer um die bisher im Abzugsverfahren vom leistenden Unternehmer geschuldete Steuer.**

6 **(5) ① § 3 Abs. 9 a Satz 2, § 15 Abs. 1 b, § 15 a Abs. 3 Nr. 2 und § 15 a Abs. 4 Satz 2 in der jeweils bis 31. Dezember 2003 geltenden Fassung sind auf Fahrzeuge anzuwenden, die nach dem 31. März 1999 und vor dem 1. Januar 2004 angeschafft oder hergestellt, eingeführt, innergemeinschaftlich erworben oder gemietet worden sind und für die der Vorsteuerabzug nach § 15 Abs. 1 b vorgenommen worden ist. ② Dies gilt nicht für nach dem 1. Januar 2004 anfallende Vorsteuerbeträge, die auf die Miete oder den Betrieb dieser Fahrzeuge entfallen.**

7 **(6) Umsätze aus der Nutzungsüberlassung von Sportanlagen können bis zum 31. Dezember 2004 in eine steuerfreie Grundstücksüberlassung und in eine steuerpflichtige Überlassung von Betriebsvorrichtungen aufgeteilt werden.**

8 **(7) § 13 c ist anzuwenden auf Forderungen, die nach dem 7. November 2003 abgetreten, verpfändet oder gepfändet worden sind.**

9 **(8)[1] § 15 a Abs. 1 Satz 1 und Abs. 4 Satz 1 in der Fassung des Gesetzes vom 20. Dezember 2001 (BGBl. I S. 3794) ist auch für Zeiträume vor dem 1. Januar 2002 anzuwenden, wenn der Unternehmer den Vorsteuerabzug im Zeitpunkt des Leistungsbezugs auf Grund der von ihm erklärten Verwendungsabsicht in Anspruch genommen hat und die Nutzung ab dem Zeitpunkt der erstmaligen Verwendung mit den für den Vorsteuerabzug maßgebenden Verhältnissen nicht übereinstimmt.**

---

[1] Die Vorsteuerberichtigung nach § 15 a Abs. 1 UStG für vor dem 1. 1. 2005 ausgeführte Umsätze, die zur Anschaffung oder Herstellung von Wirtschaftsgütern führen, setzt voraus, dass diese nicht nur einmalig zur Ausführung eines Umsatzes verwendet werden. Die **ertragsteuerrechtliche Beurteilung** als Umlaufvermögen oder Anlagevermögen ist umsatzsteuerrechtlich nicht entscheidend. *BFH-Urt. v. 24. 9. 2009, V R 6/08 (BStBl. 2010 II S. 315).*

UStG

(9) § 18 Abs. 1 Satz 1 ist erstmals auf Voranmeldungszeiträume anzuwenden, die
nach dem 31. Dezember 2004 enden. 10

(10) § 4 Nr. 21 a in der bis 31. Dezember 2003 geltenden Fassung ist auf Antrag auf 11
vor dem 1. Januar 2005 erbrachte Umsätze der staatlichen Hochschulen aus Forschungstätigkeit anzuwenden, wenn die Leistungen auf einem Vertrag beruhen, der vor dem 3. September 2003 abgeschlossen worden ist.

(11) § 15 a in der Fassung des Artikels 5 des Gesetzes vom 9. Dezember 2004 12
(BGBl. I S. 3310) ist auf Vorsteuerbeträge anzuwenden, deren zugrunde liegende Umsätze im Sinne des § 1 Abs. 1 nach dem 31. Dezember 2004 ausgeführt werden.

(12) Auf Vorsteuerbeträge, deren zugrunde liegende Umsätze im Sinne des § 1 13
Abs. 1 nach dem 31. Dezember 2006 ausgeführt werden, ist § 15 a Abs. 3 und 4 in der am 1. Januar 2007 geltenden Fassung anzuwenden.

(13) § 18 a Abs. 1 Satz 1, 4 und 5 in der Fassung des Artikels 7 des Gesetzes vom 14
13. Dezember 2006 (BGBl. I S. 2878) ist erstmals auf Meldezeiträume anzuwenden, die nach dem 31. Dezember 2006 enden.

(14) § 18 Abs. 9 in der Fassung des Artikels 7 des Gesetzes vom 19. Dezember 2008 15
(BGBl. I S. 2794) und § 18 g sind auf Anträge auf Vergütung von Vorsteuerbeträgen anzuwenden, die nach dem 31. Dezember 2009 gestellt werden.

(15) § 14 Abs. 2 Satz 1 Nr. 2 und § 14 Abs. 3 Nr. 2 in der jeweils ab 1. Januar 2009 16
geltenden Fassung sind auf alle Rechnungen über Umsätze anzuwenden, die nach dem 31. Dezember 2008 ausgeführt werden.

(16) ① § 3 Absatz 9 a Nummer 1, § 15 Absatz 1 b, § 15 a Absatz 6 a und 8 Satz 2 in 17
der Fassung des Artikels 4 des Gesetzes vom 8. Dezember 2010 (BGBl. I S. 1768) sind nicht anzuwenden auf Wirtschaftsgüter im Sinne des § 15 Absatz 1 b, die auf Grund eines vor dem 1. Januar 2011 rechtswirksam abgeschlossenen obligatorischen Vertrags oder gleichstehenden Rechtsakts angeschafft worden sind oder mit deren Herstellung vor dem 1. Januar 2011 begonnen worden ist. ② Als Beginn der Herstellung gilt bei Gebäuden, für die eine Baugenehmigung erforderlich ist, der Zeitpunkt, in dem der Bauantrag gestellt wird; bei baugenehmigungsfreien Gebäuden, für die Bauunterlagen einzureichen sind, der Zeitpunkt, in dem die Bauunterlagen eingereicht werden.

(17) § 18 Absatz 3 in der Fassung des Artikels 4 des Gesetzes vom 8. Dezember 18
2010 (BGBl. I S. 1768) ist erstmals auf Besteuerungszeiträume anzuwenden, die nach dem 31. Dezember 2010 enden.

(18) § 14 Absatz 1 und 3 ist in der ab 1. Juli 2011 geltenden Fassung auf alle Rech- 19
nungen über Umsätze anzuwenden, die nach dem 30. Juni 2011 ausgeführt werden.

(19) ① Sind Unternehmer und Leistungsempfänger davon ausgegangen, dass der 20
Leistungsempfänger die Steuer nach § 13 b auf eine vor dem 15. Februar 2014 erbrachte steuerpflichtige Leistung schuldet, und stellt sich diese Annahme als unrichtig heraus, ist die gegen den leistenden Unternehmer wirkende Steuerfestsetzung zu ändern, soweit der Leistungsempfänger die Erstattung der Steuer fordert, die er in der Annahme entrichtet hatte, Steuerschuldner zu sein. ② § 176 der Abgabenordnung steht der Änderung nach Satz 1 nicht entgegen. ③ Das für den leistenden Unternehmer zuständige Finanzamt kann auf Antrag zulassen, dass der leistende Unternehmer dem Finanzamt den ihm gegen den Leistungsempfänger zustehenden Anspruch auf Zahlung der gesetzlich entstandenen Umsatzsteuer abtritt, wenn die Annahme der Steuerschuld des Leistungsempfängers im Vertrauen auf eine Verwaltungsanweisung beruhte und der leistende Unternehmer bei der Durchsetzung des abgetretenen Anspruchs mitwirkt. ④ Die Abtretung wirkt an Zahlungs statt, wenn

1. der leistende Unternehmer dem Leistungsempfänger eine erstmalige oder geänderte Rechnung mit offen ausgewiesener Umsatzsteuer ausstellt,
2. die Abtretung an das Finanzamt wirksam bleibt,
3. dem Leistungsempfänger diese Abtretung unverzüglich mit dem Hinweis angezeigt wird, dass eine Zahlung an den leistenden Unternehmer keine schuldbefreiende Wirkung mehr hat, und
4. der leistende Unternehmer seiner Mitwirkungspflicht nachkommt.

(20) § 18 h Absatz 3 und 4 in der Fassung des Artikels 8 des Gesetzes vom 25. Juli 21
2014 (BGBl. I S. 1266) ist erstmals auf Besteuerungszeiträume anzuwenden, die nach dem 31. Dezember 2014 enden.

(21) § 18 Absatz 2 in der am 1. Januar 2015 geltenden Fassung ist erstmals auf Vor- 22
anmeldungszeiträume anzuwenden, die nach dem 31. Dezember 2014 enden.

(22) ① § 2 Absatz 3 in der am 31. Dezember 2015 geltenden Fassung ist auf Umsät- 23
ze, die nach dem 31. Dezember 2015 und vor dem 1. Januar 2017 ausgeführt werden,

UStG

weiterhin anzuwenden. ② § 2b in der am 1. Januar 2016 geltenden Fassung ist auf Umsätze anzuwenden, die nach dem 31. Dezember 2016 ausgeführt werden. ③ Die juristische Person des öffentlichen Rechts kann dem Finanzamt gegenüber einmalig erklären, dass sie § 2 Absatz 3 in der am 31. Dezember 2015 geltenden Fassung für sämtliche nach dem 31. Dezember 2016 und vor dem 1. Januar 2021 ausgeführte Leistungen weiterhin anwendet. ④ Eine Beschränkung der Erklärung auf einzelne Tätigkeitsbereiche oder Leistungen ist nicht zulässig. ⑤ Die Erklärung ist bis zum 31. Dezember 2016 abzugeben. ⑥ Sie kann nur mit Wirkung vom Beginn eines auf die Abgabe folgenden Kalenderjahres an widerrufen werden.

24 (22 a)[1] ① Hat eine juristische Person des öffentlichen Rechts gegenüber dem Finanzamt gemäß Absatz 22 Satz 3 erklärt, dass sie § 2 Absatz 3 in der am 31. Dezember 2015 geltenden Fassung für sämtliche nach dem 31. Dezember 2016 und vor dem 1. Januar 2021 ausgeführte Leistungen weiterhin anwendet und die Erklärung für vor dem 1. Januar 2021 endende Zeiträume nicht widerrufen, gilt die Erklärung auch für sämtliche Leistungen, die nach dem 31. Dezember 2020 und vor dem 1. Januar 2023 ausgeführt werden. ② Die Erklärung nach Satz 1 kann auch für Zeiträume nach dem 31. Dezember 2020 nur mit Wirkung vom Beginn eines auf die Abgabe folgenden Kalenderjahres an widerrufen werden. ③ Es ist nicht zulässig, den Wiederruf auf einzelne Tätigkeitsbereiche oder Leistungen zu beschränken.

25 (23) § 3 Absatz 13 bis 15 sowie § 10 Absatz 1 Satz 6 in der Fassung des Artikels 9 des Gesetzes vom 11. Dezember 2018 (BGBl. I S. 2338) sind erstmals auf Gutscheine anzuwenden, die nach dem 31. Dezember 2018 ausgestellt werden.

26 (24) ① § 3 a Absatz 5 Satz 3 bis 5 und § 14 Absatz 7 Satz 3 in der Fassung des Artikels 9 des Gesetzes vom 11. Dezember 2018 (BGBl. I S. 2338) sind auf Umsätze anzuwenden, die nach dem 31. Dezember 2018 ausgeführt werden. ② § 18 Absatz 4 c Satz 1 und Absatz 4 d in der Fassung des Artikels 9 des Gesetzes vom 11. Dezember 2018 (BGBl. I S. 2338) ist auf Besteuerungszeiträume anzuwenden, die nach dem 31. Dezember 2018 enden.

27 (25) ① Das Bundesministerium der Finanzen teilt den Beginn, ab dem Daten nach § 22 f Absatz 5 auf Anforderung zu übermitteln sind, durch ein im Bundessteuerblatt zu veröffentlichendes Schreiben mit. ② Gleiches gilt für die Festlegung des Kalenderjahres, ab dem Daten nach § 22 f Absatz 3 auf Anforderung zu übermitteln sind. ③ § 25 e Absatz 1 bis Absatz 4 in der Fassung des Artikels 9 des Gesetzes vom 11. Dezember 2018 (BGBl. I S. 2338) ist für die in § 22 f Absatz 1 Satz 4 in der am 1. Januar 2019 geltenden Fassung genannten Unternehmer ab 1. März 2019 und für andere als die in § 22 f Absatz 1 Satz 4 in der am 1. Januar 2019 geltenden Fassung genannten Unternehmer ab 1. Oktober 2019 anzuwenden.

28 (25 a)[2] *Für Personen, die Leistungen nach dem Soldatenversorgungsgesetz in der Fassung der Bekanntmachung vom 16. September 2009 (BGBl. I S. 3054), das zuletzt durch Artikel 19 des Gesetzes vom 4. August 2019 (BGBl. I S. 1147) geändert worden ist, in Verbindung mit dem Bundesversorgungsgesetz in der Fassung der Bekanntmachung vom 22. Januar 1982 (BGBl. I S. 21), das zuletzt durch Artikel 1 der Verordnung vom 13. Juni 2019 (BGBl. I S. 793) geändert worden ist, erhalten, gelten die Vorschriften des § 4 Nummer 15 Buchstabe b Satz 1 und Nummer 16 Buchstabe l*[3] *in der am 31. Dezember 2023 geltenden Fassung weiter.*

29 (26) § 25 Absatz 3 in der Fassung des Artikels 11 des Gesetzes vom 12. Dezember 2019 (BGBl. I S. 2451) ist erstmals auf Umsätze anzuwenden, die nach dem 31. Dezember 2021 bewirkt werden.

30 (27) § 4 Nummer 15 a in der bis zum 31. Dezember 2019 geltenden Fassung gilt bis zu den Zeitpunkten nach § 412 Absatz 1 Satz 4 des Fünften Buches Sozialgesetzbuch sowie § 412 Absatz 5 Satz 9 in Verbindung mit § 412 Absatz 1 Satz 4 des Fünften Buches Sozialgesetzbuch fort.

31 (28) § 15 Absatz 4 b, § 16 Absatz 2 Satz 1 und § 18 Absatz 9 in der Fassung des Artikels 12 des Gesetzes vom 12. Dezember 2019 (BGBl. I S. 2451) sind erstmals auf Voranmeldungs-, Besteuerungs- und Vergütungszeiträume anzuwenden, die nach dem 31. Dezember 2019 enden.

32 (29) § 22 b Absatz 2 und 2 a in der Fassung des Artikels 12 des Gesetzes vom 12. Dezember 2019 (BGBl. I S. 2451) ist erstmals auf Voranmeldungs-, Besteuerungs- und Meldezeiträume anzuwenden, die nach dem 31. Dezember 2019 enden.

33 (30) § 25 f in der Fassung des Artikels 12 des Gesetzes vom 12. Dezember 2019 (BGBl. I S. 2451) ist erstmals auf Voranmeldungs- und Besteuerungszeiträume anzuwenden, die nach dem 31. Dezember 2019 enden.

---

[1] Zur Fassung von § 27 Abs. 22 a **ab 1. 1. 2023** siehe in der geschlossenen Wiedergabe.
[2] Zur Aufhebung von § 27 Abs. 25 a ab 1. 1. 2025 siehe in der geschlossenen Wiedergabe.
[3] Jetzt richtig: Buchst. m.

(31) **Der Termin, ab dem § 21 Absatz 3 a in der Fassung des Artikels 3 des Gesetzes vom 29. Juni 2020 (BGBl. I S. 1512) erstmals anzuwenden ist, wird mit einem Schreiben des Bundesministeriums der Finanzen bekanntgegeben.**[1] 34

(32) **§ 24 Absatz 1 in der Fassung des Artikels 11 des Gesetzes vom 21. Dezember 2020 (BGBl. I S. 3096) ist erstmals auf Umsätze anzuwenden, die nach dem 31. Dezember 2021 bewirkt werden.** 35

(33) ① **§ 18 i Absatz 3 und 6, § 18 j Absatz 4 und 7, § 18 k Absatz 4 und 7 in der Fassung des Artikels 13 des Gesetzes vom 21. Dezember 2020 (BGBl. I S. 3096) sind erstmals auf Umsätze anzuwenden, die nach dem 30. Juni 2021 ausgeführt werden.** ② **Die in den §§ 18 i, 18 j und 18 k enthaltenen Verweise auf die §§ 3, 3 a, 3 c, 16, 18 i, 18 j, 18 k und 22 beziehen sich auf die jeweilige Fassung der Artikel 13 und 14 des vorgenannten Gesetzes.** 36

(34) ① **Die §§ 3 und 3 a Absatz 5, die §§ 3 c, 4, 5, 11, 13 Absatz 1 Nummer 1 Buchstabe f bis i, § 14 a Absatz 2, § 16 Absatz 1 c bis 1 e, § 18 Absatz 1, 3 und 9, die §§ 21 a, 22, 22 f und 25 e in der Fassung des Artikels 14 des Gesetzes vom 21. Dezember 2020 (BGBl. I S. 3096) sind erstmals auf Umsätze und Einfuhren anzuwenden, die nach dem 30. Juni 2021 ausgeführt werden.** ② **§ 13 Absatz 1 Nummer 1 Buchstabe d und e, § 16 Absatz 1 a und 1 b, § 18 Absatz 4 c bis 4 e und § 18 h sind letztmalig auf Umsätze anzuwenden, die vor dem 1. Juli 2021 ausgeführt werden.** 37

(35) ① **§ 4 c in der Fassung des Artikels 1 des Gesetzes vom 21. Dezember 2021 (BGBl. I S. 5250) ist auf Leistungen anzuwenden, die nach dem 31. Dezember 2020 bezogen werden.** ② **§ 5 Absatz 1 Nummer 8 und 9 in der Fassung des Artikels 1 des Gesetzes vom 21. Dezember 2021 (BGBl. I S. 5250) ist auf Einfuhren nach dem 31. Dezember 2020 anzuwenden.** 38

(36) **§ 18 Absatz 5 a in der Fassung des Artikels 16 des Gesetzes vom 16. Dezember 2022 (BGBl. I S. 2294) ist erstmals auf die Besteuerungszeiträume anzuwenden, die nach dem 31. Dezember 2022 enden.** 39

(37) **§ 18 g in der Fassung des Artikels 16 des Gesetzes vom 16. Dezember 2022 (BGBl. I S. 2294) ist erstmals auf die Übermittlung von Daten nach dem 31. Dezember 2022 anzuwenden.** 40

Hinweis auf EU-Vorschriften:

UStG: § 27 Abs. 1 .... **MwStSystRL:** Art. 93, 95

Übersicht

Zu § 27 UStG

27.1 Übergangsvorschriften

UStAE 27.1

Anwendung von § 15 a UStG und § 44 UStDV

(1) ① § 15 a UStG in der Fassung des Artikels 5 Nr. 12 des Gesetzes zur Umsetzung von EU-Richtlinien in nationales Steuerrecht und zur Änderung weiterer Vorschriften vom 9. 12. 2004 (Richtlinien-Umsetzungsgesetz) findet nur in den Fällen Anwendung, in denen das Wirtschaftsgut nach dem 31. 12. 2004 angeschafft oder hergestellt bzw. die sonstige Leistung nach diesem Zeitpunkt bezogen wurde (§ 27 Abs. 11 UStG); zur zeitlichen Anwendung des § 15 a Abs. 2 UStG vgl. BFH-Urteil vom 12. 2. 2009, V R 85/07, BStBl. 2010 II S. 76. ② Ebenso findet die Neuregelung nur auf nach dem 31. 12. 2004 getätigte nachträgliche Anschaffungs- oder Herstellungskosten Anwendung. ③ Die Neuregelung des § 15 a UStG gilt auch in den Fällen, in denen vor dem 1. 1. 2005 eine Voraus- oder Anzahlung für eine nach dem 31. 12. 2004 ausgeführte Leistung geleistet worden ist. 51

(2) ① Die zum 1. 1. 2005 durch Artikel 6 Nr. 2 des Gesetzes zur Umsetzung von EU-Richtlinien in nationales Steuerrecht und zur Änderung weiterer Vorschriften vom 9. 12. 2004 (Richtlinien-Umsetzungsgesetz)[2] erhöhten Beträge in § 44 UStDV finden nur in den Fällen Anwendung, in denen das Wirtschaftsgut nach dem 31. 12. 2004 angeschafft oder hergestellt bzw. 52

[1] Umsetzung der Regelung zu dem am 1. 12. 2020 beginnenden Aufschubzeitraum, d. h. dass z. B. der Fälligkeitstermin für Einfuhren des Aufschubzeitraums Dezember einheitlich vom 16. 1. 2021 auf den 26. 2. 2021 verschoben wird. *BMF-Schreiben v. 6. 10. 2020 (BStBl. I S. 984).*

[2] BGBl. I 2004 S. 3310.

die sonstige Leistung nach diesem Zeitpunkt bezogen wurde. ② Ebenso findet die Neuregelung nur auf nach dem 31. 12. 2004 getätigte nachträgliche Anschaffungs- oder Herstellungskosten Anwendung. ③ Das Gleiche gilt in den Fällen, in denen vor dem 1. 1. 2005 eine Voraus- oder Anzahlung für eine nach dem 31. 12. 2004 ausgeführte Leistung geleistet worden ist.

53 (3) § 15 a Abs. 3 und 4 UStG in der Fassung von Artikel 8 Nr. 1 des Ersten Gesetzes zum Abbau bürokratischer Hemmnisse insbesondere in der mittelständischen Wirtschaft vom 22. 8. 2006[1] findet nur in den Fällen Anwendung, in denen die Gegenstände, die in das Wirtschaftsgut eingegangen sind, nach dem 31. 12. 2006 angeschafft oder hergestellt wurden bzw. in denen die sonstigen Leistungen nach dem 31. 12. 2006 bezogen wurden (§ 27 Abs. 12 UStG).

Anwendung von § 18 Abs. 3 UStG

54 (4) Die Übermittlung der Umsatzsteuererklärung für das Kalenderjahr nach amtlich vorgeschriebenem Datensatz durch Datenfernübertragung entsprechend § 18 Abs. 3 UStG in der Fassung von Artikel 4 Nr. 11 Buchstabe a des Jahressteuergesetzes 2010 vom 8. 12. 2010 (JStG 2010) ist für Besteuerungszeiträume anzuwenden, die nach dem 31. 12. 2010 enden.

Anwendung von § 27 Abs. 19 UStG

(5) Zur Anwendung von § 27 Abs. 19 UStG vgl. BMF-Schreiben vom 26. 7. 2017, BStBl. I S. 1001.

Anwendung von § 27 Abs. 22 UStG

(6) Zur Anwendung von § 27 Abs. 22 UStG vgl. BMF-Schreiben vom 19. 4. 2016, BStBl. I S. 481.

LS zu 27.1

55 1. Eine Umsatzsteuerfestsetzung kann nach **§ 27 Abs. 19 Satz 1 UStG** gegenüber dem leistenden Unternehmer nur dann geändert werden, wenn ihm ein **abtretbarer Anspruch** auf Zahlung der gesetzlich entstandenen Umsatzsteuer gegen den Leistungsempfänger zusteht. – 2. Das Finanzamt hat eine Abtretung nach § 27 Abs. 19 Satz 3 UStG auch dann anzunehmen, wenn der Steueranspruch bereits durch Zahlung getilgt war. Auf das Vorliegen einer Rechnung mit gesondertem Steuerausweis kommt es nicht an. *BFH-Urteil v. 23. 2. 2017 V R 16, 24/16 (BStBl. II S. 760).*

1. Die **Ablaufhemmung** des § 171 Abs. 14 AO setzt voraus, dass der Erstattungsanspruch vor Ablauf der Festsetzungsfrist entstanden ist (Anschluss an BFH vom 4. 8. 2020 VIII R 39/18 und vom 25. 11. 2020 II R 3/18). 2. In den sog. Bauträgerfällen führt ein Erstattungsanspruch des Leistungsempfängers (Bauträger) nicht zu einer Ablaufhemmung für die Steuerfestsetzung beim Bauleistenden, wenn im Zeitpunkt der Festsetzung des Erstattungsanspruchs bereits Festsetzungsverjährung beim Bauleistenden eingetreten ist. *BFH-Urteil vom 27. 7. 2021 V R 3/20 (BStBl. 2022 II S. 155).*

Ist in einem Klageverfahren die **Rechtmäßigkeit eines** nach § 27 Abs. 19 S. 1 UStG erlassenen **Änderungsbescheids streitig,** muss das FG selbst über das Bestehen des Nachforderungsanspruchs (§ 27 Abs. 19 S. 3 UStG) entscheiden und darf das Verfahren nicht nach § 74 FGO bis zum Ergehen einer zivilgerichtlichen Entscheidung aussetzen. *BFH-Beschluss v. 21. 3. 2018 V B 144/17 (DStR S. 960).*

Der **Bauunternehmer** kann vom Bauträger die **Nachzahlung von Umsatzsteuer** auf den Werklohn verlangen, wenn der Bauträger seine im Vertrauen auf die frühere Verwaltungspraxis geleisteten Umsatzsteuerzahlungen auf den Werklohn unter Berufung auf die Entscheidung des BFH v. 22. 8. 2013 (V R 37/10, BStBl. 2014 II S. 128) erfolgreich zurückverlangt hat. *OLG Frankfurt a. M., Urt. v. 16. 10. 2017 – 29 U 182/16, rkr. (DStR 2018 S. 754).*

Hat ein Bauträger aufgrund der rechtsirrigen Annahme seiner Steuerschuld als Leistungsempfänger von ihm bezogene **Bauleistungen nach § 13 b UStG** versteuert, kann er das Entfallen dieser rechtswidrigen Besteuerung geltend machen, ohne dass es darauf ankommt, dass er einen gegen ihn gerichteten Nachforderungsanspruch des leistenden Unternehmers erfüllt oder die Möglichkeit für eine Aufrechnung durch das FA besteht. *BFH-Urteil v. 27. 9. 2018 V R 49/17 (BStBl. 2019 II S. 109).*

1. Hat ein Bauträger aufgrund der rechtsirrigen Annahme seiner Steuerschuld als Leistungsempfänger von ihm bezogene **Bauleistungen nach § 13 b UStG** versteuert, kann er das Entfallen dieser rechtswidrigen Besteuerung geltend machen, ohne dass es darauf ankommt, dass er einen gegen ihn gerichteten Nachforderungsanspruch des leistenden Unternehmers erfüllt oder die Möglichkeit für eine Aufrechnung durch das FA besteht (Anschluss an das BFH-Urteil vom 27. September 2018 V R 49/17, BStBl II 2019, 109; entgegen BMF-Schreiben vom 26. Juli 2017, BStBl I 2017, 1001, Rz 15 a). – 2. Sind Bauunternehmer und Leistungsempfänger bei einem vor Erlass des BFH-Urteils vom 22. August 2013 V R 37/10 (BFHE 243, 20, BStBl II 2014, 128) abgeschlossenen und durchgeführten Bauvertrag übereinstimmend von der Steuerschuldnerschaft des Bauträgers ausgegangen und hat der Bauträger die auf die erbrachten Leistungen des Bauunternehmers entfallende Umsatzsteuer an das FA abgeführt, steht dem **Bauunternehmer** aufgrund einer ergänzenden Vertragsauslegung ein **Anspruch auf Zahlung des Umsatzsteuerbetrags** zu, wenn der Bauträger Erstattung der Steuer verlangt und deshalb für den Bauunternehmer die Gefahr entsteht, wegen der Heranziehung als Steuerschuldner gemäß § 27 Abs. 19 UStG die Umsatzsteuer abführen zu müssen (Anschluss an das BGH-Urteil vom 17. Mai 2018 VII ZR 157/17, HFR 2018, 661; bestätigt durch BGH-Urteil v. 16. 7. 2020 VII ZR 157/17, DStR S. 2031). *BFH-Urteil v. 23. 1. 2019 XI R 21/17 (BStBl. II S. 354).*

1. Für § 233 a Abs. 5 Satz 4 und Abs. 3 Satz 3 AO ist bei mehrfachen Änderungen von Steuerfestsetzungen die letzte Zahlung auf den Steuerbescheid maßgeblich, in dem die Besteuerungsgrundlage enthalten war, die aufgrund des Änderungsbescheids entfällt. – 2. Für die Bestimmung des Steuerschuldners bei Bauleistungen kommt es ausschließlich auf die Voraussetzungen von § 13 b UStG, nicht aber darauf an, ob der Leistungsempfänger geltend macht, dass er nicht Steuerschuldner nach dieser Vorschrift sei, dass er einen Steuerbetrag an den leistenden Bauunternehmer nachzahlt oder dass das FA gegen einen Erstattungsanspruch, der sich aus einer unzutreffenden Anwendung von § 13 b UStG ergibt, aufrechnen kann, so dass hierin kein **rückwirkendes Ereignis** i. S. von § 233 a Abs. 2 a AO liegt. – 3. Ist ein **Zinserlass** gemäß § 239 Abs. 1 AO i. V. m. § 163 AO in der Weise geboten, dass jede andere Entscheidung ermessensfehlerhaft ist, handelt es sich bei den in dieser Weise erlassenen Zinsen nicht um festzusetzende Zinsen i. S. von § 233 a Abs. 5 Satz 3 AO. – 4. Eine Zinspflicht nach § 233 a AO ist sachlich unbillig, wenn der Leistende bei der Ausführung seines Umsatzes in Übereinstimmung mit den zu diesem Zeitpunkt geltenden Verwaltungsanweisungen davon ausgehen konnte und musste, dass nicht er, sondern der Leistungsempfänger Steuerschuldner sei. *BFH-Urteil v. 8. 10. 2019 V R 15/18 (DStR S. 2533).*

[1] BGBl. I 2006 S. 1970.

1. Teilt das FA dem Drittschuldner (Bauträger) mit, dass es im Wege der zivilrechtlichen **Abtretung** eine Forderung gegen ihn erworben hat, liegt kein vom Bauträger anfechtbarer Verwaltungsakt i. S. von § 118 AO vor. – 2. Die Zulassung der Abtretung nach § 27 Abs. 19 Satz 3 UStG ist mangels eigener Beschwer (§ 40 Abs. 2 FGO) kein vom Drittschuldner (hier: Bauträger) anfechtbarer Verwaltungsakt. *BFH-Urteil v. 22. 8. 2019 V R 21/18 (BStBl. 2020 II S. 35).*

Schreiben betr. Steuerschuldnerschaft des Leistungsempfängers bei Bauleistungen nach § 13b Abs. 5 Satz 2 i.V.m. Abs. 2 Nr. 4 UStG; Anwendung des § 27 Abs. 19 UStG

Anl zu 27.1

Vom 26. Juli 2017 (BStBl. I S. 1001)

(BMF III C 3 – S 7279/11/10002 – 09; IV 3 – S 0345/07/10002 – 10; DOK 2017/0658012)

1 Der BFH hat in seinem Urteil vom 22. August 2013 V R 37/10, BStBl. 2014 II S. 128, die Regelungen zur Steuerschuldnerschaft des Leistungsempfängers bei Bauleistungen nach § 13b Abs. 5 Satz 2 i.V. mit Abs. 2 Nr. 4 UStG (i. d. F. vor der Änderung durch das Gesetz zur Anpassung des nationalen Steuerrechts an den Beitritt Kroatiens zur EU und zur Änderung weiterer steuerlicher Vorschriften vom 25. Juli 2014, BGBl. I S. 1266) abweichend von der früheren Verwaltungsauffassung ausgelegt. **60**

2 Nach der früheren Verwaltungsauffassung waren Unternehmer, die eigene Grundstücke zum Zweck des Verkaufs bebauen (z. B. Bauträger), Steuerschuldner für die von anderen Unternehmern an sie erbrachten Bauleistungen, wenn die Bemessungsgrundlage der von ihnen getätigten Bauleistungen mehr als 10 Prozent der Summe ihrer steuerbaren und nicht steuerbaren Umsätze (Weltumsatz) beträgt.

3 In dem vom BFH entschiedenen vorgenannten Streitfall versteuerte das Bauträgerunternehmen als Leistungsempfänger zunächst die von ihm bezogenen Leistungen als Steuerschuldner, machte aber später geltend, dass die Voraussetzungen des § 13b UStG nicht vorgelegen hätten und forderte die von ihm gezahlte Umsatzsteuer vom Finanzamt zurück.

Der BFH entschied wie folgt:

1. Der Leistungsempfänger von Bauleistungen ist nur dann Steuerschuldner für die an ihn erbrachte Leistung, wenn er diese Leistung seinerseits zur Erbringung einer Bauleistung verwendet.
2. Auf den Anteil der vom Leistungsempfänger ausgeführten Bauleistungen am Gesamtumsatz kommt es dabei nicht an.

4 Mit BMF-Schreiben vom 5. Februar 2014 (BStBl. I S. 233) und vom 8. Mai 2014 (BStBl. I S. 823) wurden die Finanzämter angewiesen, die Grundsätze des o. a. BFH-Urteils vom 22. August 2013 in vollem Umfang für nach dem 14. Februar 2014 (= Tag der Veröffentlichung des BMF-Schreibens vom 5. Februar 2014 im BStBl. Teil I) ausgeführte Umsätze allgemein anzuwenden. Die betroffenen Unternehmer können danach für die Vergangenheit an der bisherigen Handhabung festhalten. Die Notwendigkeit von Rechnungsberichtigungen besteht nicht. Diese Vereinfachungsregelung (Nichtbeanstandungsregelung) gewährt beiden Unternehmern bei einvernehmlicher unveränderter Beibehaltung der bisherigen Handhabung uneingeschränkte Rechtssicherheit und Vertrauensschutz, sofern nicht zu einem späteren Zeitpunkt von der einvernehmlichen Handhabung abgewichen wird.

4a Mit BMF-Schreiben vom 31. Juli 2014 (BStBl. I S. 1073) waren Grundsätze zur Anwendung des § 27 Abs. 19 UStG für die Fälle festgelegt worden, bei denen der leistende Unternehmer und der Leistungsempfänger bei einer vor dem 15. Februar 2014 erbrachten steuerpflichtigen Bauleistung davon ausgegangen sind, dass der Leistungsempfänger nach § 13b UStG die Steuer schuldet und sich diese Annahme nach dem BFH-Urteil vom 22. August 2013 V R 37/10, BStBl. 2014 II S. 128, im Nachhinein als unrichtig herausgestellt hat und die beteiligten Unternehmer keinen Gebrauch von der Vereinfachungsregelung/Nichtbeanstandungsregelung gemacht haben.

4b In seinem Urteil vom 23. Februar 2017 V R 16/16, V R 24/16, BStBl. II S. 760, hat der BFH entschieden, dass die in § 27 Abs. 19 UStG geregelte Korrektur der Umsatzsteuerfestsetzung in Bauträgerfällen unter Beachtung der nachfolgenden Voraussetzungen verfassungsrechtlich unbedenklich ist. Danach sei der durch § 27 Abs. 19 Satz 2 UStG angeordnete Ausschluss des abgabenrechtlichen Vertrauensschutzes unionsrechtlich dann zu rechtfertigen, wenn das Bestehen und die Abtretbarkeit einer Forderung nicht erst im Anschluss an die Änderung des Umsatzsteuerbescheids, sondern bereits im Festsetzungsverfahren geklärt werden. Die bereits aus dem Unionsrecht abzuleitenden Grundsätze der Rechtssicherheit, des Vertrauensschutzes sowie von Treu und Glauben erforderten zudem, dass der leistende Unternehmer für die in § 27 Abs. 19 Satz 3 UStG umschriebene Fallgestaltung (Annahme einer Steuerschuld des Leistungsempfängers im Vertrauen auf eine Verwaltungsanweisung und Mitwirkung des leistenden Unternehmers bei der Durchsetzung des abgetretenen Anspruchs) einen Rechtsanspruch auf Annahme seines Abtretungsangebots hat. Auf eine mögliche Anwendung des § 17 Abs. 2 Nr. 1 UStG beim Leistenden bzw. eine analoge Anwendung der § 17 Abs. 2 Nr. 1 und Abs. 1 Satz 2 UStG beim Leistungsempfänger kommt es nach Ansicht des BFH daher nicht an (vgl. Rdnr. 62 des o. g. BFH-Urteils vom 23. Februar 2017).

5 Unter Bezugnahme auf das Ergebnis der Erörterungen mit den obersten Finanzbehörden der Länder gilt daher Folgendes:

I. Besteuerung des leistenden Unternehmers

6 Sind leistender Unternehmer und Leistungsempfänger bei einer vor dem 15. Februar 2014 erbrachten steuerpflichtigen Bauleistung davon ausgegangen, dass der Leistungsempfänger nach § 13b **61**

Anl zu 27.1

noch **61**

UStG die Steuer schuldet, und stellt sich diese Annahme nach dem BFH-Urteil vom 22. August 2013 V R 37/10, BStBl. 2014 II S. 128, im Nachhinein als unrichtig heraus und machen die beteiligten Unternehmer keinen Gebrauch von der Vereinfachungsregelung/Nichtbeanstandungsregelung (vgl. Tz. 4), ist die gegen den leistenden Unternehmer wirkende Umsatzsteuerfestsetzung nach § 27 Abs. 19 Satz 1 UStG für noch nicht festsetzungsverjährte Besteuerungszeiträume (§ 169 Abs. 1 AO) zu ändern, soweit der Leistungsempfänger die Erstattung der Steuer fordert, die er in der Annahme entrichtet hatte, Steuerschuldner i. S. d. § 13 b UStG zu sein und dem leistenden Unternehmer ein abtretbarer Anspruch auf Zahlung der gesetzlich entstandenen Umsatzsteuer gegen den Leistungsempfänger zusteht oder zugestanden hat. Die Steuerfestsetzung gegenüber dem leistenden Unternehmer kann daher auch dann nach § 27 Abs. 19 Satz 1 UStG geändert werden, wenn dem leistenden Unternehmer im Zeitpunkt der Änderung deshalb kein zivilrechtlicher Anspruch gegenüber dem Leistungsempfänger mehr zusteht, weil dieser bereits durch Erfüllung oder Verzicht erloschen ist (zur besonderen Erfüllungswirkung des § 27 Abs. 19 Satz 4 UStG vgl. Tz. 8).

Der Änderung der Umsatzsteuerfestsetzung gegen den leistenden Unternehmer nach § 27 Abs. 19 Satz 1 UStG steht § 176 AO nicht entgegen (§ 27 Abs. 19 Satz 2 UStG).

6a Der leistende Unternehmer kann in den Fällen des § 27 Abs. 19 Satz 1 UStG die gesetzlich entstandene und von ihm geschuldete Umsatzsteuer zivilrechtlich gegenüber dem Leistungsempfänger zusätzlich zum Netto-Entgelt geltend machen. Der Anspruch ergibt sich regelmäßig aus § 313 Abs. 1 des Bürgerlichen Gesetzbuchs (BGB), wenn der leistende Unternehmer und der Leistungsempfänger bei der Leistungserbringung von einer Steuerschuldnerschaft des Leistungsempfängers ausgingen und in der Rechnung des leistenden Unternehmers ein Entgelt ohne Steuerbetrag mit dem ausdrücklichen Verweis auf die Steuerschuldnerschaft des Leistungsempfängers nach § 13 b UStG ausgestellt und vom Leistungsempfänger die Steuer nach § 13 b UStG abgeführt worden ist. Dieser Anspruch kann sich auch aus § 313 Abs. 2 BGB oder auf Grund einer ergänzenden Vertragsauslegung nach § 157 BGB ergeben. In den Fällen, in denen die Vertragspartner ein Abtretungsverbot vereinbart haben, ist dieses nach § 354 a Abs. 1 Satz 1 HGB suspendiert und steht einer Anwendung des § 27 Abs. 19 Satz 1 UStG nicht entgegen. Der Anspruch entsteht in dem Zeitpunkt, in dem der Leistungsempfänger einen Antrag auf Änderung seiner Umsatzsteuerfestsetzung auf Grund des BFH-Urteils vom 22. August 2013 V R 37/10, BStBl. 2014 II S. 128, stellt.

6b Das Bestehen und die Abtretbarkeit dieses Anspruchs des leistenden Unternehmers gegen den Leistungsempfänger werden vom zuständigen Finanzamt im Rahmen des Festsetzungsverfahrens geklärt. Dazu hat der leistende Unternehmer dem Finanzamt alle Informationen und Unterlagen zur Geltendmachung seiner Forderung auf Zahlung der gesetzlich entstandenen Umsatzsteuer, die abgetreten werden soll, zur Verfügung zu stellen. Darüber hinaus ist er verpflichtet, alle ihm bekannten Umstände, die zu Einreden, Einwendungen und/oder Aufrechnungen der Forderung führen können, offenzulegen. In den Fällen, in denen sich im Festsetzungsverfahren aufgrund der Verletzung der Mitwirkungspflicht des leistenden Unternehmers nicht klären lässt, ob diesem ein zivilrechtlicher Anspruch gegen den Leistungsempfänger zusteht oder zugestanden hat, ist davon auszugehen, dass ein zivilrechtlicher Anspruch besteht oder bestanden hat (BFH-Urteil vom 15. Februar 1989 X R 16/86, BStBl. II S. 462).

7 Das für den leistenden Unternehmer zuständige Finanzamt hat nach § 27 Abs. 19 Satz 3 UStG auf Antrag zuzulassen, dass der leistende Unternehmer den ihm gegen den Leistungsempfänger zustehenden Anspruch auf (nachträgliche) Zahlung der gesetzlich entstandenen Umsatzsteuer dem Finanzamt abtritt, wenn die (ursprüngliche) Annahme der Steuerschuld des Leistungsempfängers im Vertrauen auf eine Verwaltungsanweisung beruhte und der leistende Unternehmer bei der Durchsetzung des abgetretenen Anspruchs mitwirkt. Das in § 27 Abs. 19 Satz 3 UStG grundsätzlich eingeräumte Ermessen reduziert sich in diesen Fällen aus Gründen des Unionsrechts auf null. Die Rechnungserteilung mit Steuerausweis durch den leistenden Unternehmer ist keine Voraussetzung für die Abtretung nach § 27 Abs. 19 Satz 3 UStG, sondern nur Bedingung für die Erfüllungswirkung „an Zahlungs statt" nach § 27 Abs. 19 Satz 4 UStG. Unerheblich ist auch, ob der sich aus der geänderten Steuerfestsetzung ergebende Anspruch des Finanzamts gegen den leistenden Unternehmer bereits durch Zahlung oder in anderer Weise getilgt wurde (Ersetzungsrecht des leistenden Unternehmers; vgl. BFH-Urteil vom 23. Februar 2017 V R 16/16, V R 24/16, BStBl. II S. 760, Rdnr. 67, 11). Diese Abtretung erfolgt nach Maßgabe des Zivilrechts durch Angebot seitens des leistenden Unternehmers, mit dem er sich verpflichtet, bei der Durchsetzung des Anspruchs mitzuwirken, und Annahme durch das Finanzamt. Die Mitwirkungspflicht des leistenden Unternehmers bezieht sich hierbei zuvorderst auf den Nachweis der Richtigkeit und das Bestehen seiner (abgetretenen) Forderung sowie die Wirksamkeit der Abtretung.

8 Die vorgenannte Abtretung wirkt nach § 27 Abs. 19 Satz 4 UStG nur dann an Zahlungs statt und führt damit zum Erlöschen des Umsatzsteueranspruchs (§ 47 AO), wenn
- der leistende Unternehmer dem Leistungsempfänger eine erstmalige oder geänderte Rechnung mit offen ausgewiesener Umsatzsteuer ausstellt,
- die Abtretung an das Finanzamt wirksam bleibt,
- dem Leistungsempfänger diese Abtretung unverzüglich mit dem Hinweis angezeigt wird, dass eine Zahlung an den leistenden Unternehmer keine schuldbefreiende Wirkung mehr hat, und
- der leistende Unternehmer seiner Mitwirkungspflicht nachkommt.

Soweit der Anspruch des leistenden Unternehmers gegen den Leistungsempfänger vor einer beabsichtigten Abtretung an das Finanzamt durch Erfüllung oder Verzicht erloschen ist, ist eine Abtretung nach § 27 Abs. 19 Satz 3 UStG nicht möglich. Die besondere Erfüllungswirkung des § 27 Abs. 19 Satz 4 UStG kann damit nicht eintreten. § 27 Abs. 19 Satz 1 und 2 UStG bleiben anwendbar (vgl. Tz. 6).

Anl zu 27.1

II. Verfahrensmäßige Abwicklung der Änderungsanträge der Leistungsempfänger

9 Hat der Leistungsempfänger unter Berufung auf das o. a. BFH-Urteil vom 22. August 2013 V R 37/10, BStBl. 2014 II S. 128, die Erstattung der Umsatzsteuer gefordert, die er ursprünglich in der Annahme entrichtet hatte, Steuerschuldner i. S. d. § 13b UStG zu sein, sind die entsprechenden Umsätze an den Leistungsempfänger zu ermitteln. 62

10 Der Leistungsempfänger hat dem für ihn zuständigen Finanzamt dazu Folgendes im Einzelnen darzulegen (die Beleganforderung im Einzelfall bleibt hiervon unberührt):
- Name, Anschrift und Steuernummer des leistenden Unternehmers,
- Rechnungsdatum, Rechnungsnummer, Bezeichnung der erbrachten Bauleistung, Entgelt und – soweit die Rechnung bereits berichtigt wurde – Steuersatz und Steuerbetrag, Zeitpunkt der Zahlung und/oder der Schlusszahlung der hierüber erteilten Rechnungen oder Gutschriften,
- Zeitpunkt und Höhe der geleisteten Anzahlungen oder Teilzahlungen sowie Rechnungsdatum und Rechnungsnummer der hierüber erteilten Rechnungen oder Gutschriften,
- Zuordnung der bezogenen Bauleistung bzw. der geleisteten Anzahlung zu dem jeweiligen Ausgangsumsatz unter Angabe des konkreten Ausgangsumsatzes (Bauvorhabens) als objektbezogenen Nachweis dafür, dass die Eingangsleistung nicht zur Erbringung von selbst erbrachten Bauleistungen verwendet wurde.

11 Die vorgenannten Auskünfte sind zur Feststellung der für die Besteuerung erheblichen Sachverhalte sowohl beim Leistungsempfänger als auch beim leistenden Unternehmer erforderlich (§§ 90, 93 Abs. 1 AO). Der Leistungsempfänger ist darauf hinzuweisen, dass diese Auskünfte auch zum Zweck der Besteuerung der jeweils leistenden Unternehmer nach § 27 Abs. 19 UStG angefordert werden.

12 Das für den Leistungsempfänger zuständige Finanzamt informiert umgehend das für den jeweiligen leistenden Unternehmer zuständige Finanzamt über die Tatsachen, die jeweils zur Festsetzung der Umsatzsteuer nach § 27 Abs. 19 Satz 1 UStG notwendig sind.

13 Anschließend ist der jeweilige leistende Unternehmer unverzüglich von dem für ihn zuständigen Finanzamt darüber zu informieren, dass der Leistungsempfänger sich auf das o. a. BFH-Urteil vom 22. August 2013 V R 37/10, BStBl. 2014 II S. 128, berufen und die Erstattung der Umsatzsteuer gefordert hat, die er ursprünglich in der Annahme entrichtet hatte, Steuerschuldner i. S. d. § 13b UStG zu sein. Zugleich ist der leistende Unternehmer darauf hinzuweisen,
- inwieweit diese Umsatzsteuer nunmehr von ihm geschuldet wird,
- dass eine Änderung der Umsatzsteuerfestsetzung nach § 27 Abs. 19 Satz 1 UStG beabsichtigt ist und
- dass er seine Umsatzsteuerschuld nach § 27 Abs. 19 Satz 3 und 4 UStG durch Abtretung seiner zivilrechtlichen Forderung gegen den Leistungsempfänger erfüllen kann, sofern die Annahme der Steuerschuld des Leistungsempfängers im Vertrauen auf eine Verwaltungsanweisung beruhte, er sich verpflichtet, bei der Durchsetzung des abgetretenen Anspruchs mitzuwirken, und die übrigen gesetzlichen Voraussetzungen vorliegen.

14 Die Abtretung der zivilrechtlichen Forderungen gegen den Leistungsempfänger nach § 27 Abs. 19 Satz 3 UStG kann schon vor einer Änderung der Umsatzsteuerfestsetzung nach § 27 Abs. 19 Satz 1 UStG erfolgen.

15 Im Hinblick auf die Zielsetzung des § 27 Abs. 19 UStG soll die Entscheidung über den (anteiligen) Erstattungsanspruch des Leistungsempfängers bis zur Rückmeldung des jeweils für den leistenden Unternehmer zuständigen Finanzamts über das Vorliegen einer (wirksamen) Abtretung nach § 27 Abs. 19 Satz 4 UStG zurückgestellt werden. Das für den leistenden Unternehmer zuständige Finanzamt hat das für den Leistungsempfänger zuständige Finanzamt umgehend über das Ergebnis seiner Maßnahmen bzw. über mit dem leistenden Unternehmer getroffene Abtretungsvereinbarungen zu informieren.

15a[1] *Leistungsempfängern werden unter Berufung auf das BFH-Urteil vom 22. August 2013 V R 37/10, BStBl. 2014 II S. 128, beantragte Umsatzsteuer-Erstattungen – unter Berufung auf den Grundsatz von Treu und Glauben und des unionsrechtlichen Neutralitätsgebots – nur gewährt, soweit sie die nachträgliche Zahlung der fraglichen Umsatzsteuer an den leistenden Unternehmer nachweisen oder mit dem Erstattungsanspruch gegen nach § 27 Abs. 19 UStG vom leistenden Unternehmer an die Finanzbehörde abgetretene (zivilrechtliche) Forderungen aufgerechnet werden kann. Im Übrigen wird die Umsatzsteuererstattung abgelehnt.*

III. Nachzahlungszinsen nach § 233a AO

16 Bei der Verzinsung der nachträglichen Umsatzsteuerfestsetzung gegenüber dem leistenden Unternehmer nach § 27 Abs. 19 Satz 1 UStG gilt der Antrag des Leistungsempfängers auf Erstattung der zunächst von ihm entrichteten Umsatzsteuer als rückwirkendes Ereignis i. S. d. § 233a Abs. 2a AO. Der Zinslauf von Nachzahlungszinsen nach § 233a AO beginnt in diesen Fällen folglich erst 15 Monate nach Ablauf des Kalenderjahres, in dem das rückwirkende Ereignis eingetreten ist. 63

---

[1] Tz. 15 a aufgehoben durch BMF v. 24. 1. 2019 (BStBl. I S. 117), anzuwenden auf alle offenen Fälle.
Der *BFH (Urteil v. 27. 9. 2018 V R 49/17, BStBl. 2019 II S. 109)* hat entschieden, dass ein Bauträger, der aufgrund der rechtsirrigen Annahme seiner Steuerschuld als Leistungsempfänger von ihm bezogene Bauleistungen nach § 13b UStG versteuert hat, das Entfallen dieser rechtswidrigen Besteuerung entgegen der Verwaltungsauffassung (BMF-Schreiben vom 26. Juli 2017, Tz. 15 a) geltend machen kann, ohne dass es darauf ankommt, dass er einen gegen ihn gerichteten Nachforderungsanspruch des leistenden Unternehmers erfüllt oder die Möglichkeit für eine Aufrechnung durch das Finanzamt besteht.

Anl zu 27.1

IV. Abtretung der zivilrechtlichen Forderungen innerhalb der Finanzverwaltung

64

17 Die Finanzbehörden können gegen den Umsatzsteuererstattungsanspruch (oder andere Steuererstattungsansprüche oder Steuervergütungsansprüche) des Leistungsempfängers mit der vom leistenden Unternehmer durch Abtretung erworbenen zivilrechtlichen Forderung grundsätzlich ab deren Fälligkeit aufrechnen (§ 226 AO i. V. m. §§ 387 bis 396 BGB). Der Beginn der Verjährung des Anspruchs des leistenden Unternehmers gegen den Leistungsempfänger bestimmt sich nach § 195 BGB i. V. m. § 199 Abs. 1 Nr. 2 BGB. Danach beginnt die zivilrechtliche Verjährung für die Nachforderung der Umsatzsteuer durch den leistenden Unternehmer gegen den Leistungsempfänger gemäß § 199 Abs. 1 Nr. 2 BGB erst mit Kenntniserlangung der den Anspruch begründenden Umstände. Die Verjährungsfrist beginnt demnach dann, wenn der leistende Unternehmer Kenntnis erlangt hat, dass der Leistungsempfänger einen Erstattungsantrag bei seinem Finanzamt gestellt hat.

18 Die für eine Aufrechnung erforderliche Gegenseitigkeit ist gewahrt, wenn die (durch Abtretung vom leistenden Unternehmer erworbene zivilrechtliche) Forderung derselben Körperschaft zusteht (§ 226 Abs. 1 AO) oder von derselben Körperschaft verwaltet wird (§ 226 Abs. 4 AO), die auch die Hauptforderung (Umsatzsteuererstattungsanspruch) schuldet.

19 Soweit sich die Aufrechnungslage weder aus § 226 Abs. 1 AO aufgrund der Ertragsberechtigung noch aus § 226 Abs. 4 AO aufgrund der Verwaltungshoheit ergibt, kann in geeigneten Fällen die erforderliche Gegenseitigkeit seitens der Finanzverwaltung dadurch hergestellt werden, dass die zivilrechtliche Forderung gegen den Leistungsempfänger zwecks Einziehung an die Körperschaft, die den Umsatzsteuererstattungsanspruch zu erfüllen hat, abgetreten und damit die Gläubiger-/Schuldneridentität i. S. d. § 226 Abs. 1 AO herbeigeführt wird (vgl. BFH-Urteil vom 5. September 1989 VII R 33/87, BStBl. II S. 1004).

20 Für die Erklärung der Aufrechnung ist die Finanzbehörde zuständig, die den Umsatzsteuererstattungsanspruch des Leistungsempfängers zu erfüllen hat.

V. Änderung des Umsatzsteuer-Anwendungserlasses

21 *[in A 27.1 UStAE berücksichtigt]*

VI. Schlussbestimmungen

22 Dieses Schreiben ersetzt das BMF-Schreiben vom 31. Juli 2014, BStBl. I S. 1073. Es ist auf alle noch offenen Fälle anzuwenden.

§ 27a Umsatzsteuer-Identifikationsnummer

UStG

(1) ①Das Bundeszentralamt für Steuern erteilt Unternehmern im Sinne des § 2 auf Antrag eine Umsatzsteuer-Identifikationsnummer. ②Das Bundeszentralamt für Steuern erteilt auch juristischen Personen, die nicht Unternehmer sind oder die Gegenstände nicht für ihr Unternehmen erwerben, eine Umsatzsteuer-Identifikationsnummer, wenn sie diese für innergemeinschaftliche Erwerbe benötigen. ③Im Fall der Organschaft wird auf Antrag für jede juristische Person eine eigene Umsatzsteuer-Identifikationsnummer erteilt. ④Der Antrag auf Erteilung einer Umsatzsteuer-Identifikationsnummer nach den Sätzen 1 bis 3 ist schriftlich zu stellen. ⑤In dem Antrag sind Name, Anschrift und Steuernummer, unter der der Antragsteller umsatzsteuerlich geführt wird, anzugeben. 1

(1a) ①Das nach § 21 der Abgabenordnung für die Umsatzbesteuerung des Unternehmers zuständige Finanzamt kann die nach Absatz 1 Satz 1 bis 3 erteilte Umsatzsteuer-Identifikationsnummer begrenzen, wenn ernsthafte Anzeichen vorliegen oder nachgewiesen ist, dass die Umsatzsteuer-Identifikationsnummer zur Gefährdung des Umsatzsteueraufkommens verwendet wird. ②Dies gilt auch, soweit das Umsatzsteueraufkommen anderer Mitgliedstaaten gefährdet wird. 1a

(2) ①Die Landesfinanzbehörden übermitteln dem Bundeszentralamt für Steuern die für die Erteilung der Umsatzsteuer-Identifikationsnummer nach Absatz 1 erforderlichen Angaben über die bei ihnen umsatzsteuerlich geführten natürlichen und juristischen Personen und Personenvereinigungen. ②Diese Angaben dürfen nur für die Erteilung einer Umsatzsteuer-Identifikationsnummer, für Zwecke der Verordnung (EU) Nr. 904/2010 des Rates vom 7. Oktober 2010 über die Zusammenarbeit der Verwaltungsbehörden und die Betrugsbekämpfung auf dem Gebiet der Mehrwertsteuer (ABl. L 268 vom 12. 10. 2010, S. 1), für die Umsatzsteuerkontrolle, für Zwecke der Amtshilfe zwischen den zuständigen Behörden anderer Staaten in Umsatzsteuersachen sowie für Übermittlungen an das Statistische Bundesamt nach § 2a des Statistikregistergesetzes verarbeitet werden. ③Außerdem übermitteln die Landesfinanzbehörden dem Bundeszentralamt für Steuern die nach Absatz 1a erforderlichen Daten. ④Das Bundeszentralamt für Steuern übermittelt den Landesfinanzbehörden die erteilten Umsatzsteuer-Identifikationsnummern und die Daten, die sie für die Umsatzsteuerkontrolle benötigen. 2

Hinweis auf EU-Vorschriften:

UStG:	§ 27 a Abs. 1	**MwStSystRL:**	Art. 214 Abs. 1
	§ 27 a Abs. 2		Art. 216

Zu § 27 a UStG

27 a.1 Antrag auf Erteilung der Umsatzsteuer-Identifikationsnummer

UStAE 27 a.1

(1) ①Der Antrag ist schriftlich unter Angabe des Namens und der Anschrift des Antragstellers, des zuständigen Finanzamtes und der Steuernummer, unter der er umsatzsteuerlich geführt wird, an das Bundeszentralamt für Steuern – Dienstsitz Saarlouis –, 66740 Saarlouis, zu richten. ②Anträge können auch über das Internet (www.bzst.de) gestellt werden. ③Die USt-IdNr. wird dem Antragsteller schriftlich bekannt gegeben. ④Bei der steuerlichen Neuaufnahme kann der Unternehmer die Erteilung einer USt-IdNr. auch bei dem zuständigen Finanzamt beantragen. ⑤Dieser Antrag wird, zusammen mit den erforderlichen Angaben über die Erfassung für Zwecke der Umsatzsteuer, an das BZSt weitergeleitet. ⑥Jeder Unternehmer erhält nur eine USt-IdNr. ⑦Wegen der Besonderheiten bei Organgesellschaften und bei juristischen Personen des öffentlichen Rechts vgl. Absatz 3. ⑧Den ständigen diplomatischen Missionen und berufskonsularischen Vertretungen, zwischenstaatlichen Einrichtungen und Streitkräften anderer Vertragsparteien des Nordatlantikvertrags wird grundsätzlich keine USt-IdNr. erteilt (vgl. auch Abschnitt 1c.1). 11

(2) Der Unternehmer kann schriftlich unter Angabe der ggf. bereits erteilten USt-IdNr. beim Bundeszentralamt für Steuern – Dienstsitz Saarlouis –, 66740 Saarlouis, beantragen, dass die Anschrift gespeichert wird, unter der er im innergemeinschaftlichen Geschäftsverkehr auftritt (sog. Euro-Adresse). 12

(3)[1] ①Organkreise erhalten eine gesonderte USt-IdNr. für den Organträger und jede einzelne Organgesellschaft, die innergemeinschaftliche Warenlieferungen (§ 18a Abs. 6 UStG), steuerpflichtige sonstige Leistungen im übrigen Gemeinschaftsgebiet im Sinne von § 3a Abs. 2 UStG (vgl. Abschnitt 3a.2), für die der in einem anderen EU-Mitgliedstaat ansässige Leistungsempfänger die Steuer dort schuldet, oder Lieferungen im Sinne von § 25b Abs. 2 UStG im Rahmen innergemeinschaftlicher Dreiecksgeschäfte ausführt. ②Der Antrag ist vom Organträger zu stellen. ③Der Antrag muss folgende Angaben enthalten: 13

[1] Organschaft vgl. Hinweise bei A 2.8 UStAE.

– die Steuernummer, unter der der Organkreis für Zwecke der Umsatzsteuer geführt wird;
– den Namen und die Anschrift des Organträgers;
– die USt-IdNr. des Organträgers (soweit bereits erteilt);
– die Bezeichnung des Finanzamts, bei dem der Organkreis für Zwecke der Umsatzsteuer geführt wird;
– den Namen und die Anschriften der einzelnen Organgesellschaften, die am innergemeinschaftlichen Handelsverkehr teilnehmen;
– die Steuernummern, unter denen die Organgesellschaften ertragsteuerlich geführt werden;
– die Bezeichnung der zuständigen Finanzämter, bei denen die Organgesellschaften ertragsteuerlich geführt werden.

④ Die Gebietskörperschaften Bund und Länder können für einzelne Organisationseinheiten (z. B. Ressorts, Behörden und Ämter) eine USt-IdNr. erhalten (vgl. Abschnitt 1 a.1 Abs. 3). ⑤ Ist eine solche Organisationseinheit insgesamt nur hoheitlich tätig und hat sie bislang keine USt-IdNr. erhalten, weil sie keinen innergemeinschaftlichen Erwerb nach § 1 a UStG zu besteuern hat, erhält sie nunmehr – auf Antrag – eine USt-IdNr., wenn sie diese für die Besteuerung der von ihr bezogenen sonstigen Leistungen benötigt, für die der Leistungsort nach § 3 a Abs. 2 UStG im Inland liegt (vgl. Abschnitt 3 a.2 Abs. 14).

LS zu 27 a.1

Die **Erteilung einer USt-IdNr.** setzt voraus, dass dem zuständigen Finanzamt der Beginn der unternehmerischen Tätigkeit angezeigt wird. *Verfügung OFD Frankfurt S 7427 c A – 2 – St 16 v. 1. 9. 2009 (StEd S. 782).*

15 **Beantragung einer Steuernummer** für Umsatzsteuerzwecke durch **natürliche Personen** vgl. *BMF v. 1. 7. 2010 S 7420/07/10 061 (BStBl. I S. 625).*

§ 27b Umsatzsteuer-Nachschau[1]

UStG

(1) ① Zur Sicherstellung einer gleichmäßigen Festsetzung und Erhebung der Umsatzsteuer können die damit betrauten Amtsträger der Finanzbehörde ohne vorherige Ankündigung und außerhalb einer Außenprüfung Grundstücke und Räume von Personen, die eine gewerbliche oder berufliche Tätigkeit selbständig ausüben, während der Geschäfts- und Arbeitszeiten betreten, um Sachverhalte festzustellen, die für die Besteuerung erheblich sein können (Umsatzsteuer-Nachschau). ② Wohnräume dürfen gegen den Willen des Inhabers nur zur Verhütung dringender Gefahren für die öffentliche Sicherheit und Ordnung betreten werden. 1

(2) ① Soweit dies zur Feststellung einer steuerlichen Erheblichkeit zweckdienlich ist, haben die von der Umsatzsteuer-Nachschau betroffenen Personen den damit betrauten Amtsträgern auf Verlangen Aufzeichnungen, Bücher, Geschäftspapiere und andere Urkunden über die der Umsatzsteuer-Nachschau unterliegenden Sachverhalte vorzulegen und Auskünfte zu erteilen. ② Wurden die in Satz 1 genannten Unterlagen mit Hilfe eines Datenverarbeitungssystems erstellt, können die mit der Umsatzsteuer-Nachschau betrauten Amtsträger auf Verlangen die gespeicherten Daten über die der Umsatzsteuer-Nachschau unterliegenden Sachverhalte einsehen und soweit erforderlich hierfür das Datenverarbeitungssystem nutzen. ③ Dies gilt auch für elektronische Rechnungen nach § 14 Absatz 1 Satz 8. 2

(3) ① Wenn die bei der Umsatzsteuer-Nachschau getroffenen Feststellungen hierzu Anlass geben, kann ohne vorherige Prüfungsanordnung (§ 196 der Abgabenordnung) zu einer Außenprüfung nach § 193 der Abgabenordnung übergegangen werden. ② Auf den Übergang zur Außenprüfung wird schriftlich hingewiesen. 3

(4) Werden anlässlich der Umsatzsteuer-Nachschau Verhältnisse festgestellt, die für die Festsetzung und Erhebung anderer Steuern als der Umsatzsteuer erheblich sein können, so ist die Auswertung der Feststellungen insoweit zulässig, als ihre Kenntnis für die Besteuerung der in Absatz 1 genannten Personen oder anderer Personen von Bedeutung sein kann. 4

Hinweis auf EU-Vorschriften:
UStG: § 27 b .... **MwStSystRL:** Art. 273

Zu § 27 b UStG

27 b.1 Umsatzsteuer-Nachschau

UStAE 27 b.1

(1) ① Die Umsatzsteuer-Nachschau ist keine Außenprüfung im Sinne des § 193 AO. ② Sie ist ein besonderes Verfahren zur zeitnahen Aufklärung möglicher steuererheblicher Sachverhalte. ③ Deshalb gelten die Vorschriften für eine Außenprüfung (§§ 193 ff. AO) nicht. ④ Die Umsatzsteuer-Nachschau wird nicht angekündigt. 11

(2) ① Eine Umsatzsteuer-Nachschau kann insbesondere in folgenden Fällen angezeigt sein: 12
- Existenzprüfungen bei neu gegründeten Unternehmen;
- Entscheidungen im Zustimmungsverfahren nach § 168 Satz 2 AO;
- Erledigung von Auskunftsersuchen zum Vorsteuerabzug anderer Finanzämter (USt 1 KM);
- Erledigung von Amtshilfeersuchen anderer EU-Mitgliedstaaten.

② Mit dem Instrument der Umsatzsteuer-Nachschau sollen umsatzsteuerrechtlich erhebliche Sachverhalte festgestellt werden. ③ Solche Sachverhalte sind zum Beispiel:
- Unternehmerexistenz;
- Vorhandensein von Anlage- und Umlaufvermögen;
- einzelne Eingangs- oder Ausgangsrechnungen;
- einzelne Buchungsvorgänge;
- Verwendungsverhältnisse.

(3) Nach § 27 b Abs. 1 Satz 1 UStG sind alle mit der Festsetzung und Erhebung der Umsatzsteuer betrauten Amtsträger befugt, Umsatzsteuer-Nachschauen durchzuführen. 13

(4) Sobald der Amtsträger 14
- der Öffentlichkeit nicht zugängliche Geschäftsräume betreten will,
- den Steuerpflichtigen auffordert, Aufzeichnungen, Bücher, Geschäftspapiere und andere umsatzsteuerrelevante Urkunden vorzulegen oder – wenn die Unterlagen mit Hilfe eines Datenverarbeitungssystems erstellt wurden – die gespeicherten Daten einzusehen oder
- den Steuerpflichtigen auffordert, Auskunft zu erteilen,

hat er sich auszuweisen.

---

[1] Selbst wenn § 27 b UStG **gegen das Zitiergebot des Art. 19 Abs. 1 Satz 2 GG** verstoßen würde, ergäbe sich hieraus nur eine Teilnichtigkeit des UStG im Hinblick auf die möglicherweise in Grundrechte eingreifende Vorschrift des § 27 b UStG, nicht aber eine weitergehende Nichtigkeit anderer Vorschriften des UStG, die nicht dem Zitiergebot unterliegen und somit auch keine Nichtigkeit des UStG insgesamt. *BFH-Beschl. v. 16. 12. 2009, V B 23/08 (BFH/NV 2010 S. 1866).*

UStAE 27b.1

15 (5) ① Im Rahmen der Umsatzsteuer-Nachschau dürfen grundsätzlich nur Grundstücke und Räume betreten werden, die gewerblich oder beruflich selbständig genutzt werden; unschädlich ist, wenn sie auch zu Wohnzwecken genutzt werden. ② Das Betreten muss dazu dienen, Sachverhalte festzustellen, die für die Umsatzbesteuerung erheblich sein können. ③ Ein Durchsuchungsrecht gewährt die Umsatzsteuer-Nachschau nicht. ④ Das bloße Betreten oder Besichtigen von Grundstücken und Räumen ist noch keine Durchsuchung. ⑤ Ein Betreten der Grundstücke und Räume ist während der Geschäfts- und Arbeitszeiten zulässig. ⑥ Die Umsatzsteuer-Nachschau kann auch außerhalb der Geschäftszeiten vorgenommen werden, wenn im Unternehmen schon oder noch gearbeitet wird. ⑦ Der Unternehmer hat auf Verlangen dem Amtsträger Aufzeichnungen, Bücher, Geschäftspapiere und andere Urkunden vorzulegen und Auskünfte zu erteilen. ⑧ Wurden die der Umsatzsteuer-Nachschau unterliegenden Sachverhalte betreffenden Unterlagen mit Hilfe eines Datenverarbeitungssystems erstellt, hat der Unternehmer dem Amtsträger auf Verlangen Einsicht in die gespeicherten Daten zu gewähren (§ 27b Abs. 2 Satz 2 UStG); es reicht nicht aus, wenn der Unternehmer nur entsprechende Papierausdrucke aus dem Datenverarbeitungssystem bereitstellt. ⑨ Soweit erforderlich, ist der Amtsträger befugt, das Datenverarbeitungssystem des Unternehmers zu nutzen (§ 27b Abs. 2 Satz 2 UStG). ⑩ Hierbei ist es dem Unternehmer freigestellt, ob er dem Amtsträger einen entsprechenden Lesezugriff einräumt oder ob er selbst bzw. eine von ihm beauftragte Person dafür sorgt, dass der Amtsträger unverzüglich Einsicht in die entsprechenden Daten erhält. ⑪ Zur Kostentragung durch den Unternehmer gilt § 147 Abs. 6 Satz 4 AO sinngemäß. ⑫ Kommt der Unternehmer seinen Mitwirkungspflichten im Rahmen der Umsatzsteuer-Nachschau nicht nach, liegt es im Ermessen des Amtsträgers, zu einer Außenprüfung nach § 193 AO überzugehen.

16 (6) ① Da die Umsatzsteuer-Nachschau keine Außenprüfung im Sinne der §§ 193ff. AO darstellt, finden insbesondere die §§ 147 Abs. 6 Satz 2, 201 und 202 AO keine Anwendung. ② Ein Prüfungsbericht ist nicht zu fertigen. ③ Sollen auf Grund der Umsatzsteuer-Nachschau Besteuerungsgrundlagen geändert werden, ist dem Steuerpflichtigen rechtliches Gehör zu gewähren (§ 91 AO).

17 (7) ① Der Beginn der Umsatzsteuer-Nachschau hemmt den Ablauf der Festsetzungsfrist nach § 171 Abs. 4 AO nicht. ② Die Änderungssperre des § 173 Abs. 2 AO findet keine Anwendung. ③ Soweit eine Steuer nach § 164 AO unter dem Vorbehalt der Nachprüfung festgesetzt worden ist, muss dieser nach Durchführung der Umsatzsteuer-Nachschau nicht aufgehoben werden. ④ Im Anschluss an eine Umsatzsteuer-Nachschau ist ein Antrag auf verbindliche Zusage (§ 204 AO) nicht zulässig.

18 (8)[1] ① Ein Verwaltungsakt liegt dann vor, wenn der Amtsträger Maßnahmen ergreift, die den Steuerpflichtigen zu einem bestimmten Tun, Dulden oder Unterlassen verpflichten sollen. ② Ein Verwaltungsakt liegt insbesondere vor, wenn der Amtsträger den Steuerpflichtigen auffordert,

- das Betreten der nicht öffentlich zugänglichen Geschäftsräume zu dulden,
- Aufzeichnungen, Bücher, Geschäftspapiere und andere umsatzsteuerrelevante Urkunden vorzulegen oder – wenn die Unterlagen mit Hilfe eines Datenverarbeitungssystems erstellt wurden – die gespeicherten Daten einzusehen oder
- Auskunft zu erteilen.

③ Ein derartiger Verwaltungsakt ist grundsätzlich mit Zwangsmitteln nach §§ 328ff. AO (insbesondere durch unmittelbaren Zwang nach § 331 AO) durchsetzbar.

19 (9) ① Nach § 27b Abs. 3 UStG kann ohne vorherige Prüfungsanordnung (§ 196 AO) zu einer Außenprüfung nach § 193 AO übergegangen werden, wenn die bei der Umsatzsteuer-Nachschau getroffenen Feststellungen hierzu Anlass geben. ② Da die Umsatzsteuer-Nachschau auf die Umsatzsteuer begrenzt ist, kann nach einem Übergang zu einer Außenprüfung nur die Umsatzsteuer geprüft werden. ③ Somit kommt nur die Durchführung einer Umsatzsteuer-Sonderprüfung[1] in Betracht. ④ Die Anordnung einer darüber hinausgehenden Außenprüfung ohne Ankündigung bleibt nach § 197 Abs. 1 Satz 1 AO zulässig, wenn der Prüfungszweck durch eine vorherige Ankündigung gefährdet wird. ⑤ Die Entscheidung zum Übergang zu einer Umsatzsteuer-Sonderprüfung ist eine Ermessensentscheidung. ⑥ Der Übergang zu einer Umsatzsteuer-Sonderprüfung ist regelmäßig geboten, wenn die sofortige Sachverhaltsaufklärung (z. B. Feststellung der Besteuerungsgrundlagen, vollständige Erfassung von Umsätzen, rechtliche Beurteilung von steuerfreien Umsätzen) zweckmäßig erscheint und wenn anschließend auch die gesetzlichen Folgen einer Außenprüfung für die Steuerfestsetzung eintreten sollen. ⑦ Der Übergang zu einer Umsatzsteuer-Sonderprüfung ist dem Unternehmer bekannt zu geben. ⑧ Dies ist ein Verwaltungsakt, der an keine bestimmte Form gebunden ist. ⑨ Nach § 27b Abs. 3 Satz 2 UStG ist der Unternehmer auf diesen Übergang jedoch schriftlich hinzuweisen. ⑩ Die allgemeinen Grundsätze über den notwendigen Inhalt von Prüfungsanordnungen gelten entsprechend. ⑪ Insbesondere ist der Prüfungszeitraum und der Prüfungsumfang festzulegen. ⑫ Der Beginn einer Außenprüfung nach erfolgter Umsatzsteuer-Nachschau ist unter Angabe von Datum und Uhrzeit aktenkundig zu machen. ⑬ Für die Durchführung der Umsatzsteuer-Sonderprüfung gelten die §§ 199ff. AO.

[1] Umsatzsteuer-Sonderprüfung vgl. *BMF v. 7. 11. 2002 IV B 2 – S 7420 a – 4/02 (BStBl. I S. 1366).*

(10) ① Im Rahmen der Umsatzsteuer-Nachschau ergangene Verwaltungsakte können nach § 347 AO mit dem Einspruch angefochten werden. ② Der Amtsträger ist berechtigt und verpflichtet, den schriftlichen Einspruch entgegenzunehmen. ③ Der Einspruch hat keine aufschiebende Wirkung und hindert daher nicht die Durchführung der Umsatzsteuer-Nachschau, es sei denn, die Vollziehung des angefochtenen Verwaltungsakts wurde ausgesetzt (§ 361 AO, § 69 FGO). ④ Mit Beendigung der Umsatzsteuer-Nachschau sind oder werden Einspruch und Anfechtungsklage gegen die Anordnung der Umsatzsteuer-Nachschau unzulässig; insoweit kommt lediglich eine Fortsetzungs-Feststellungsklage (§ 100 Abs. 1 Satz 4 FGO) in Betracht. ⑤ Wurden die Ergebnisse der Umsatzsteuer-Nachschau in einem Steuerbescheid berücksichtigt, muss auch dieser Bescheid angefochten werden, um ein steuerliches Verwertungsverbot zu erlangen. ⑥ Für die Anfechtung der Mitteilung des Übergangs zur Außenprüfung (§ 27 b Abs. 3 UStG) gelten die Grundsätze für die Anfechtung einer Außenprüfungsanordnung entsprechend (vgl. AEAO zu § 196).[1] 20

§ 28 Zeitlich begrenzte Fassungen einzelner Gesetzesvorschriften

UStG

(1) § 12 Absatz 1 ist vom 1. Juli 2020 bis 31. Dezember 2020 mit der Maßgabe anzuwenden, dass die Steuer für jeden steuerpflichtigen Umsatz 16 Prozent der Bemessungsgrundlage (§§ 10, 11, 25 Absatz 3 und § 25 a Absatz 3 und 4) beträgt. 1

(2) § 12 Absatz 2 ist vom 1. Juli 2020 bis 31. Dezember 2020 mit der Maßgabe anzuwenden, dass sich die Steuer für die in den Nummern 1 bis 15 genannten Umsätze auf 5 Prozent ermäßigt. 2

(3) § 24 Absatz 1 Satz 1 Nummer 2 ist vom 1. Juli 2020 bis 31. Dezember 2020 mit der Maßgabe anzuwenden, dass die Steuer für die Lieferungen der in der Anlage 2 nicht aufgeführten Sägewerkserzeugnisse und Getränke sowie von alkoholischen Flüssigkeiten, ausgenommen die Lieferungen in das Ausland und die im Ausland bewirkten Umsätze, und für sonstige Leistungen, soweit in der Anlage 2 nicht aufgeführte Getränke abgegeben werden, 16 Prozent beträgt. 3

(4) § 12 Abs. 2 Nr. 10 gilt bis zum 31. Dezember 2011 in folgender Fassung: 4

[siehe in der geschlossenen Wiedergabe]

(5) § 12 Absatz 2 ist vom 1. Oktober 2022 bis 31. März 2024 mit der Maßgabe anzuwenden, dass der dort genannte Steuersatz auch für die Lieferung von Gas über das Erdgasnetz gilt. 5

(6) § 12 Absatz 2 ist vom 1. Oktober 2022 bis 31. März 2024 mit der Maßgabe anzuwenden, dass der dort genannte Steuersatz auch für die Lieferung von Wärme über ein Wärmenetz gilt. 6

Hinweis auf EU-Vorschriften:

UStG: § 28 Abs. 4 .... **MwStSystRL:** Art. 98 Abs. 2, Anh. III Nr. 5

Zu § 28 UStG

Übergangs- und Schlussvorschriften

UStDV

§ 74 *(Änderungen der §§ 34, 67 und 68)*

§ 74 a ***Übergangsvorschriften***[2]

(1) Die §§ 59 bis 61 in der Fassung des Artikels 8 des Gesetzes vom 19. Dezember 2008 (BGBl. I S. 2794) und § 61 a sind auf Anträge auf Vergütung von Vorsteuerbeträgen anzuwenden, die nach dem 31. Dezember 2009 gestellt werden. 8

(2) Für Wirtschaftsgüter, die vor dem 1. Januar 2012 angeschafft oder hergestellt worden sind, ist § 44 Absatz 3 und 4 in der am 31. Dezember 2011 geltenden Fassung weiterhin anzuwenden.

(3) Für bis zum 30. September 2013 ausgeführte innergemeinschaftliche Lieferungen kann der Unternehmer den Nachweis der Steuerbefreiung gemäß den §§ 17 a bis 17 c in der am 31. Dezember 2011 geltenden Fassung führen.

(4) § 61 a Absatz 1 und 2 in der am 30. Dezember 2014 geltenden Fassung ist auf Anträge auf Vergütung von Vorsteuerbeträgen anzuwenden, die nach dem 30. Juni 2016 gestellt werden.

(5) § 72 in der am 17. Dezember 2019 geltenden Fassung ist weiterhin auf Umsätze anzuwenden, die vor dem 1. Januar 2022 bewirkt werden.

§ 75 *Berlin-Klausel (weggefallen)*

§ 76 *(Inkrafttreten)*

---

[1] Vgl. „AO-Handbuch".

[2] § 74 a UStDV eingefügt durch JStG 2009 vom 19. 12. 2008 (BGBl. I S. 2794); Abs. 2 angefügt durch VO vom 2. 12. 2011 (BGBl. I S. 2416); Abs. 3 angefügt durch VO vom 25. 3. 2013 (BGBl. I S. 602); Abs. 4 angefügt durch VO vom 22. 12. 2014 (BGBl. I S. 2392); Abs. 5 angefügt durch „JStG 2019" v. 12. 12. 2019 (BGBl. I S. 2451).

Anl zu § 28

Schreiben betr. befristete Absenkung des Umsatzsteuersatzes für Lieferungen von Gas über das Erdgasnetz und Wärme über ein Wärmenetz im Zeitraum vom 1. Oktober 2022 bis 31. März 2024

Vom 25. Oktober 2022 (BStBl. I S. 1455)

(BMF III C 2 – S 7030/22/10016 :005; DOK 2022/1014041)

1. Umsatzsteuersatzsenkung

1.1. Befristete Absenkung des Umsatzsteuersatzes für Gaslieferungen über das Erdgasnetz und Wärme über ein Wärmenetz

10 **1** Durch das Gesetz zur temporären Senkung des Umsatzsteuersatzes auf Gaslieferungen über das Erdgasnetz (BGBl. 2022 I S. 1743, BStBl. I S. 1435) wird der Umsatzsteuersatz für Gaslieferungen über das Erdgasnetz und die Lieferung von Wärme über ein Wärmenetz befristet vom 1. Oktober 2022 bis zum 31. März 2024 von 19 Prozent auf 7 Prozent gesenkt. Die Änderung tritt am 1. Oktober 2022 in Kraft.

1.2. Anwendungsregelung für Änderungen des Umsatzsteuergesetzes (§ 27 Abs. 1 UStG)

11 **2** Soweit nichts anderes bestimmt ist, sind Änderungen des Umsatzsteuergesetzes auf Lieferungen, sonstige Leistungen und innergemeinschaftliche Erwerbe anzuwenden, die ab dem Inkrafttreten der jeweiligen Änderungsvorschrift ausgeführt werden (§ 27 Abs. 1 Satz 1 UStG). Werden statt einer Gesamtleistung Teilleistungen (§ 13 Abs. 1 Nr. 1 Buchst. a Satz 2 und 3 UStG) erbracht, kommt es für die Anwendung einer Änderungsvorschrift (z. B. der Absenkung und Anhebung der Umsatzsteuersätze) nicht auf den Zeitpunkt der Gesamtleistung, sondern darauf an, wann die einzelnen Teilleistungen ausgeführt werden.

12 **3** Änderungen des Umsatzsteuergesetzes sind nach § 27 Abs. 1 Satz 2 UStG auf die ab dem Inkrafttreten der jeweiligen Änderungsvorschrift ausgeführten Lieferungen und sonstigen Leistungen auch insoweit anzuwenden, als die Umsatzsteuer dafür – z.B. bei Anzahlungen, Abschlagszahlungen, Vorauszahlungen, Vorschüssen – in den Fällen der Istversteuerung nach § 13 Abs. 1 Nr. 1 Buchst. a Satz 4, Buchst. b oder § 13b Abs. 4 Satz 2 UStG bereits vor dem Inkrafttreten der betreffenden Änderungsvorschrift entstanden ist. Die Steuerberechnung ist in diesen Fällen erst in dem Voranmeldungszeitraum zu berichtigen, in dem die Leistung ausgeführt wird (§ 27 Abs. 1 Satz 3 UStG).

13 **4** Gas- und Wärmelieferungen sind erst mit Ablauf des jeweiligen Ablesezeitraums als ausgeführt zu behandeln. Die während des Ablesezeitraums geleisteten Abschlagszahlungen führen mit Ablauf des Voranmeldungszeitraums ihrer Vereinnahmung zum Entstehen der Steuer (Abschn. 13.1 Abs. 2 Sätze 4 und 5 Umsatzsteuer-Anwendungserlass – UStAE –). Die unter den Rzn. 2 und 3 genannten Grundsätze haben zur Folge, dass der Gas- oder Wärmeverbrauch eines Kunden auch dann in vollem Umfang dem Steuersatz unterliegt, der am Ende des Ablesezeitraums gilt, wenn zu Beginn dieses Zeitraums noch ein anderer Steuersatz gegolten hat.

2. Auswirkungen der befristeten Absenkung der Umsatzsteuersätze

2.1. Anwendungsbereich

14 **5** Der ermäßigte Umsatzsteuersatz gilt für die Lieferung von Gas über das Erdgasnetz. Nicht entscheidend ist dabei, um welche Art von Gas es sich handelt (z. B. Biogas oder Erdgas). Ebenso erfasst sind Lieferungen von Gas, das vom leistenden Unternehmer per Tanklastwagen zum Leistungsempfänger für die Wärmeerzeugung transportiert wird. Ermäßigt besteuert wird auch die Einspeisung von Gas in das Erdgasnetz.

15 **6** Als Lieferung von „Gas über das Erdgasnetz" gilt auch das Legen eines Gas-Hausanschlusses. Die Grundsätze des BMF-Schreibens vom 4. Februar 2021 (BStBl. I S. 312) zu Hauswasseranschlüssen gelten für den Zeitraum vom 1. Oktober 2022 bis zum 31. März 2024 entsprechend. Ebenso umfasst die Steuersatzermäßigung die Mehr-/Mindermengen-Abrechnung von Gas auf Ebene des Ausspeisenetzbetreibers sowohl im Verhältnis zum Transportkunden als auch im Verhältnis zum Marktgebietsverantwortlichen.

16 **7** Selbstständige sonstige Leistungen, die nicht Teil einer Gaslieferung sind, unterliegen dem Regelsteuersatz.

17 **8** Die Einfuhr von Gas über das Erdgasnetz bleibt unter den Voraussetzungen des § 5 Abs. 1 Nr. 6 UStG weiterhin steuerfrei. Bei Lieferungen von Gas über das Erdgasnetz unter den Bedingungen von § 3g Abs. 1 oder Abs. 2 UStG liegt weder ein innergemeinschaftliches Verbringen noch ein innergemeinschaftlicher Erwerb vor (vgl. Abschn. 3g.1 Abs. 6 Satz 3ff. UStAE).

18 **9** Der ermäßigte Umsatzsteuersatz gilt auch für die Lieferung von Wärme über ein Wärmenetz. Begünstigt ist damit die Lieferung von Wärme aus einer Wärmeerzeugungsanlage.

2.2. Anwendungszeitraum

19 **10** Der ermäßigte Umsatzsteuersatz gilt für Lieferungen von Gas über das Erdgasnetz und von Wärme über ein Wärmenetz, die vom 1. Oktober 2022 bis zum 31. März 2024 bewirkt werden (vgl. Rzn. 2 bis 4).

3. Vereinfachungsregelungen

3.1. Abrechnung auf Grundlage des Gastages

20 **11** Aus Vereinfachungsgründen wird es nicht beanstandet, wenn der Unternehmer Abrechnungen zum 1. Oktober 2022 6 Uhr und zum 1. April 2024 6 Uhr so behandelt, als wäre die Abrechnung

am Vortag um 24 Uhr erfolgt. Ein Unternehmer kann diese Vereinfachungsregelung in Bezug auf den jeweiligen Kunden nur einheitlich anwenden.

3.2. Abrechnung von Gas- und Wärmelieferungen

12 Die Lieferungen von Gas oder Wärme durch Versorgungsunternehmen an Kunden werden nach Ablesezeiträumen (z. B. vierteljährlich oder jährlich) abgerechnet. Sofern die Ablesezeiträume zu einem Zeitpunkt nach dem 30. September 2022 und vor dem 1. April 2024 enden, sind grundsätzlich die Lieferungen des gesamten Ablesezeitraums dem ab 1. Oktober 2022 geltenden Umsatzsteuersatz von 7 Prozent zu unterwerfen. Sofern Ablesezeiträume nach dem 31. März 2024 enden, sind grundsätzlich die Lieferungen des gesamten Ablesezeitraums dem Umsatzsteuersatz von 19 Prozent zu unterwerfen. Werden nach dem 30. September 2022 und vor dem 1. April 2024 ausgeführte Lieferungen gesondert abgerechnet, gelten die Sätze 2 und 3 für die verkürzten Abrechnungszeiträume entsprechend. Umsatzsteuerrechtlich bestehen keine Bedenken dagegen, diese gesonderten Abrechnungen bei Kunden in der Weise vorzunehmen, dass die Ergebnisse der Ablesezeiträume, die regulär nach dem 30. September 2022 und/oder vor dem 1. April 2024 enden, im Verhältnis der Tage vor und ab dem 1. Oktober 2022 aufgeteilt werden. Für Ablesezeiträume, die regulär nach dem 31. März 2024 enden, können die gesonderten Abrechnungen im Verhältnis der Tage vor und ab dem 1. April 2024 vorgenommen werden. Ist der Ablesezeitraum länger als drei Monate, hat das Versorgungsunternehmen bei der Aufteilung grundsätzlich eine Gewichtung vorzunehmen, damit die Verbrauchsunterschiede in den Zeiträumen vor und ab dem Stichtag entsprechend berücksichtigt werden. Soweit wesentliche Verbrauchsunterschiede nicht bestehen, kann auf die Gewichtung verzichtet werden. Es bestehen keine Bedenken, wenn hinsichtlich eines Kunden teilweise Abrechnungszeiträume nach Satz 5 und teilweise Abrechnungszeiträume nach Satz 6 abgerechnet werden. **21**

13 Zur Vermeidung von Übergangsschwierigkeiten können die Finanzämter auf Antrag ein vereinfachtes Abrechnungsverfahren für solche Versorgungsunternehmen zulassen, die bei ihren Kunden ein manuelles direktes Inkassoverfahren anwenden. Sofern in diesem Inkassoverfahren bei Kunden mit gleichen Ablesezeiträumen zu unterschiedlichen Zeitpunkten abgelesen wird und sich die Ablesezeiträume unterschiedlich um den 1. Oktober 2022 verteilen, kann zum Ausgleich der unterschiedlichen Ablesezeitpunkte für die letzte Ablesung vor dem 1. Oktober 2022 ein mittlerer Ablesezeitpunkt gebildet werden. **22**

14 Die Rechnungen an die Kunden sind anhand der nach den vorstehenden Grundsätzen ermittelten Ergebnissen auszustellen. Spätere Entgeltberichtigungen sowie Änderungen der nach den vorstehenden Grundsätzen vorgenommenen Aufteilung der Lieferungen sind umsatzsteuerlich entsprechend zu berücksichtigen. **23**

15 Zur Vermeidung von Übergangsschwierigkeiten wird es nicht beanstandet, wenn Rechnungen über Abschlagszahlungen, die nach dem 30. September 2022 und vor dem 1. April 2024 fällig werden, nicht berichtigt werden, sofern dementsprechend Umsatzsteuer in Höhe von 19 Prozent abgeführt und erst in der Endabrechnung nach den vorstehenden Grundsätzen zutreffend abgerechnet wird. In diesem Fall wird es auch nicht beanstandet, wenn vorsteuerabzugsberechtigte Kunden aus den Abschlagsrechnungen einen Vorsteuerabzug auf der Grundlage von 19 Prozent geltend machen und der Vorsteuerabzug für die gesamte Leistung erst auf der Grundlage der vorstehenden Endabrechnung auf den zulässigen Wert korrigiert wird. **24**

16 Es bestehen keine Bedenken dagegen, dass in Rechnungen, die vor dem 1. Oktober 2022 über die vor diesem Zeitpunkt vereinnahmten Teilentgelte für nach dem 30. September 2022 erbrachte steuerpflichtige Leistungen oder Teilleistungen ausgestellt werden, die Umsatzsteuer nach dem 30. September 2022 und vor dem 1. April 2024 geltenden Umsatzsteuersatz von 7 Prozent ausgewiesen wird. Die ausgewiesene Umsatzsteuer wird vom Unternehmer geschuldet. Der Leistungsempfänger kann den angegebenen Umsatzsteuerbetrag unter den übrigen Voraussetzungen des § 15 UStG als Vorsteuer abziehen, nachdem die Rechnung vorliegt und soweit der Rechnungsbetrag gezahlt worden ist. Eine Berichtigung der Berechnung der vor dem 1. Oktober 2022 entstandenen Umsatzsteuer (§ 27 Abs. 1 Satz 3 UStG) scheidet in diesen Fällen aus. Ebenso wird es bei Anwendung der Steuerschuldnerschaft des Leistungsempfängers nach § 13b UStG nicht beanstandet, wenn eine vor dem 1. Oktober 2022 vereinnahmte Abschlagszahlung für eine nach dem 30. September 2022 ausgeführte Leistung dem Umsatzsteuersatz von 7 Prozent unterworfen wird. **25**

3.3. Gewährung von Jahresboni, Jahresrückvergütungen und dergleichen

17 Die Absenkung des Umsatzsteuersatzes zum 1. Oktober 2022 ist bei der Berichtigung der Steuer- und Vorsteuerbeträge nach § 17 Abs. 1 UStG ebenfalls zu berücksichtigen, wenn die Entgelte für die in einem Jahreszeitraum ausgeführten Leistungen gemeinsam (z. B. durch Jahresrückvergütungen, Jahresboni, Treuerabatte und dergleichen) gemindert werden und dieser Jahreszeitraum vor dem 1. Oktober 2022 begonnen hat und nach dem 30. September 2022 endet (z. B. vom 1. Januar 2022 bis 31. Dezember 2022). Soweit die gemeinsamen Entgeltminderungen für die bis zum 30. September 2022 ausgeführten Umsätze gewährt werden, ist folglich bei der Anwendung des § 17 Abs. 1 UStG der Umsatzsteuersatz von 19 Prozent zugrunde zu legen. Auf den Anteil der gemeinsamen Entgeltminderungen, der auf die Umsätze nach dem 30. September 2022 (z. B. vom 1. Oktober 2022 bis zum 31. Dezember 2022) entfällt, ist auch für die Steuer- und Vorsteuerberichtigung der Umsatzsteuersatz 7 Prozent anzuwenden. Der Unternehmer hat nach § 17 Abs. 4 UStG den betreffenden Leistungsempfängern einen Beleg zu erteilen, aus dem hervorgeht, wie sich die gemeinsamen Entgeltminderungen auf die Umsätze in den beiden Zeiträumen entsprechend den anzuwendenden Steuersätzen verteilen. **26**

Anl zu § 28

Zur Vereinfachung kann bei der Aufteilung der gemeinsamen Entgeltminderungen wie folgt verfahren werden:

1. Der Unternehmer ermittelt das Verhältnis zwischen seinen steuerpflichtigen Umsätzen der anteiligen Jahreszeiträume vor und nach dem Stichtag 1. Oktober 2022. Er teilt nach diesem Verhältnis die gemeinsamen Entgeltminderungen auf, die er den einzelnen Leistungsempfängern für den über den 30. September 2022 hinausreichenden Jahreszeitraum gewährt.
2. Unterliegen die Umsätze des Unternehmers teils dem allgemeinen, teils dem ermäßigten Steuersatz, wird das Verhältnis zwischen den nichtbegünstigten und den begünstigten Umsätzen entweder für den über den 30. September 2022 hinausreichenden Jahreszeitraum insgesamt oder für die beiden anteiligen Zeiträume gesondert ermittelt. Der Unternehmer verteilt die den einzelnen Leistungsempfängern gewährten gemeinsamen Entgeltminderungen nach diesem Umsatzverhältnis auf die verschiedenen Steuersätze.
3. Eine Jahresrückvergütung für das gesamte Kalenderjahr 2022 kann zu 75 Prozent (Januar bis September) mit 19 Prozent und zu 25 Prozent (Oktober bis Dezember) mit 7 Prozent berücksichtigt werden, unabhängig davon, wann die zugrundeliegenden Umsätze ausgeführt wurden.

Der Leistungsempfänger hat bei der Berichtigung des Vorsteuerabzugs von der Aufteilung der gemeinsamen Entgeltminderungen auf die verschiedenen Steuersätze auszugehen, die der Unternehmer vorgenommen und in dem nach § 17 Abs. 4 UStG zu erteilenden Beleg angegeben hat.

27 **18** Es ist außerdem nicht zu beanstanden, wenn ein Unternehmer von einer Aufteilung der gemeinsamen Entgeltminderungen absieht und der Steuerberichtigung nach § 17 Abs. 1 Satz 1 UStG ausnahmslos den allgemeinen Steuersatz von 19 Prozent zugrunde legt. Der Leistungsempfänger muss dann bei der Berichtigung des Vorsteuerabzugs nach § 17 Abs. 1 Satz 2 UStG entsprechend verfahren.

3.4. Zu hoher Umsatzsteuerausweis in der Unternehmerkette

28 **19** Hat der leistende Unternehmer für eine nach dem 30. September 2022 und vor dem 1. November 2022 an einen anderen Unternehmer erbrachte Leistung in der Rechnung den Regelsteuersatz ausgewiesen und diesen Steuerbetrag abgeführt, wird es aus Vereinfachungsgründen nicht beanstandet, wenn der Unternehmer in den Rechnungen den Umsatzsteuerausweis nicht berichtigt. Einem zum Vorsteuerabzug berechtigten Leistungsempfänger wird aus Gründen der Praktikabilität aus einer Rechnung mit einem derartigen Steuerausweis, der i. S. v. § 14c Abs. 1 UStG unrichtig ist, auch für die nach dem 30. September 2022 und vor dem 1. November 2022 seitens eines Unternehmers erbrachte Leistung ein Vorsteuerabzug auf Grundlage des ausgewiesenen Steuersatzes gewährt. Für Umsätze, für die der Leistungsempfänger die Steuer nach § 13b UStG schuldet, gilt dies entsprechend für die vom Leistungsempfänger berechnete Steuer.

4. Wiederanwendung des Regelsteuersatzes zum 1. April 2024

29 **20** Die vorgenannten Regelungen gelten für die Wiederanwendung des Regelsteuersatzes von 19 Prozent zum 1. April 2024 entsprechend.

§ 29 Umstellung langfristiger Verträge

UStG

(1) ① **Beruht die Leistung auf einem Vertrag, der nicht später als vier Kalendermonate vor dem Inkrafttreten dieses Gesetzes abgeschlossen worden ist, so kann, falls nach diesem Gesetz ein anderer Steuersatz anzuwenden ist, der Umsatz steuerpflichtig, steuerfrei oder nicht steuerbar wird, der eine Vertragsteil von dem anderen einen angemessenen Ausgleich der umsatzsteuerlichen Mehr- oder Minderbelastung verlangen.** ② **Satz 1 gilt nicht, soweit die Parteien etwas anderes vereinbart haben.** ③ **Ist die Höhe der Mehr- oder Minderbelastung streitig, so ist § 287 Abs. 1 der Zivilprozessordnung entsprechend anzuwenden.** 1

(2) **Absatz 1 gilt sinngemäß bei einer Änderung dieses Gesetzes.** 2

Hinweis auf EU-Vorschriften:
UStG: § 29 .... **MwStSystRL:** Art. 95

Übersicht

Zu § 29 UStG

29.1 Zivilrechtliche Ausgleichsansprüche für umsatzsteuerliche Mehr- und Minderbelastungen

UStAE 29.1

(1) ① Die Vorschrift des § 29 UStG sieht für Lieferungen und sonstige Leistungen einschließlich der Teilleistungen unter bestimmten Voraussetzungen den Ausgleich umsatzsteuerlicher Mehr- und Minderbelastungen vor, die sich durch Gesetzesänderungen ergeben. ② Den Vertragspartnern werden zivilrechtliche Ausgleichsansprüche in folgenden Fällen eingeräumt: 11

1. bei einer Erhöhung der umsatzsteuerlichen Belastung dem leistenden Unternehmer gegen den Leistungsempfänger und
2. bei einer Verringerung der umsatzsteuerlichen Belastung dem Leistungsempfänger gegen den leistenden Unternehmer.

③ Das Gleiche gilt, wenn der Umsatz steuerpflichtig, steuerfrei oder nicht steuerbar wird. ④ Auf die Höhe der Belastungsänderung kommt es nicht an.

(2) Über die Berechtigung und die Höhe von Ausgleichsansprüchen nach § 29 UStG entscheiden in Streitfällen die ordentlichen Gerichte. 12

(3) ① Als angemessen im Sinne des § 29 Abs. 1 Satz 1 UStG ist grundsätzlich der volle Ausgleich der umsatzsteuerlichen Mehr- oder Minderbelastung anzusehen (vgl. BGH-Urteile vom 22. 3. 1972, VIII ZR 119/70, BGHZ Bd. 58 S. 292, und vom 28. 6. 1973, VII ZR 3/71, BGHZ Bd. 61 S. 1013). ② Ist die Höhe der umsatzsteuerlichen Mehr- oder Minderbelastung streitig, ist § 287 Abs. 1 ZPO entsprechend anzuwenden. ③ Danach entscheidet das Gericht über die Höhe der Mehr- oder Minderbelastung unter Würdigung aller Umstände nach freier Überzeugung. 13

(4) ① Ein Ausgleichsanspruch entsteht nach § 29 Abs. 1 Satz 2 UStG nicht, soweit die Vertragspartner etwas anderes vereinbart haben. ② Der Ausschluss eines Ausgleichsanspruchs kann ausdrücklich vereinbart werden. ③ Er kann sich aber auch aus einer allgemeinen vertraglichen Vereinbarung, z. B. durch die Vereinbarung eines Festpreises, ergeben. ④ Die Vertragspartner können einen Ausgleichsanspruch entweder ganz oder teilweise ausschließen. 14

(5) ① Für bestimmte Leistungsbereiche sind Entgelte – Vergütungen, Gebühren, Honorare usw. – vorgeschrieben, in denen die Umsatzsteuer für die Leistung nicht enthalten ist, z. B. nach dem RVG, der *StBGebV*,[1] der *KostO*[2] und der HOAI. ② Soweit Unternehmer in diesen Fällen berechtigt sind, die für die jeweilige Leistung geschuldete Umsatzsteuer zusätzlich zu berechnen, können etwaige umsatzsteuerliche Mehr- oder Minderbelastungen von vornherein in voller Höhe ausgeglichen werden. ③ Der Geltendmachung eines Ausgleichsanspruchs nach § 29 UStG bedarf es nicht. 15

(6) ① Durch § 29 Abs. 1 UStG wird der Ausgleich einer umsatzsteuerlichen Mehr- oder Minderbelastung ausschließlich für Belastungsänderungen durch das UStG 1980 geregelt. ② Diese Ausgleichsregelung ist nach § 29 Abs. 2 UStG auf Belastungsänderungen entsprechend anzuwenden, die sich durch Änderungen des UStG ergeben. ③ Ausgleichsansprüche kommen für Leistungen bzw. Teilleistungen in Betracht, die ab dem Inkrafttreten der jeweiligen Änderungsvorschrift bewirkt werden. ④ Das gilt auch insoweit, als dafür bei der Istversteuerung Steuer vor 16

[1] Jetzt StBVV (Steuerberatervergütungsverordnung).
[2] Jetzt GNotKG (Gerichts- und Notarkostengesetz).

dem Inkrafttreten der Änderungsvorschrift entstanden ist (§ 13 Abs. 1 Nr. 1 Buchstabe a Satz 4 oder Buchstabe b UStG). ⑤ Voraussetzung für den Ausgleichsanspruch ist, dass der Vertrag, auf dem die Leistung beruht, nicht später als vier Kalendermonate vor dem Inkrafttreten der Gesetzesänderung abgeschlossen worden ist.

UStAE 29.2

29.2 Anwendungszeitraum

21 ① Der UStAE gilt, soweit sich aus ihm nichts anderes ergibt, für Umsätze, die nach dem 31. 10. 2010 ausgeführt werden. ② Früher ergangene Anordnungen, die mit dem UStAE im Widerspruch stehen, sind nicht mehr anzuwenden.

Anl 2 zu UStG

Anlage 2[1]
(zu § 12 Absatz 2 Nummer 1, 2, 12, 13 und 14)

Liste der dem ermäßigten Steuersatz unterliegenden Gegenstände

Lfd. Nr.	Warenbezeichnung	Zolltarif (Kapitel, Position, Unterposition)	1
1	**Lebende Tiere, und zwar**		
	a)[2] *(aufgehoben)*	***aus Position 0101***	
	b) Maultiere und Maulesel,	**aus Position 0101**	
	c) Hausrinder einschließlich reinrassiger Zuchttiere,	**aus Position 0102**	
	d) Hausschweine einschließlich reinrassiger Zuchttiere,	**aus Position 0103**	
	e) Hausschafe einschließlich reinrassiger Zuchttiere,	**aus Position 0104**	
	f) Hausziegen einschließlich reinrassiger Zuchttiere,	**aus Position 0104**	
	g) Hausgeflügel (Hühner, Enten, Gänse, Truthühner und Perlhühner),	**Position 0105**	
	h) Hauskaninchen,	**aus Position 0106**	
	i) Haustauben,	**aus Position 0106**	
	j) Bienen,	**aus Position 0106**	
	k) ausgebildete Blindenführhunde	**aus Position 0106**	
2	**Fleisch und genießbare Schlachtnebenerzeugnisse**	**Kapitel 2**	
3	**Fische und Krebstiere, Weichtiere und andere wirbellose Wassertiere, ausgenommen Zierfische, Langusten, Hummer, Austern und Schnecken**	**aus Kapitel 3**	
4	**Milch und Milcherzeugnisse; Vogeleier und Eigelb, ausgenommen ungenießbare Eier ohne Schale und ungenießbares Eigelb; natürlicher Honig**	**aus Kapitel 4**	
5	**Andere Waren tierischen Ursprungs, und zwar**		
	a) Mägen von Hausrindern und Hausgeflügel,	**aus Position 0504 00 00**	
	b) (weggefallen)		
	c) rohe Knochen	**aus Position 0506**	
6	**Bulben, Zwiebeln, Knollen, Wurzelknollen und Wurzelstöcke, ruhend, im Wachstum oder in Blüte; Zichorienpflanzen und -wurzeln**	**Position 0601**	2
7	**Andere lebende Pflanzen einschließlich ihrer Wurzeln, Stecklinge und Pfropfreiser; Pilzmyzel**	**Position 0602**	
8	**Blumen und Blüten sowie deren Knospen, geschnitten, zu Binde- oder Zierzwecken, frisch**	**aus Position 0603**	
9	**Blattwerk, Blätter, Zweige und andere Pflanzenteile, ohne Blüten und Blütenknospen, sowie Gräser, Moose und Flechten, zu Binde- oder Zierzwecken, frisch**	**aus Position 0604**	
10	**Gemüse, Pflanzen, Wurzeln und Knollen, die zu Ernährungszwecken verwendet werden, und zwar**		
	a) Kartoffeln, frisch oder gekühlt,	**Position 0701**	
	b) Tomaten, frisch oder gekühlt,	**Position 0702 00 00**	
	c) Speisezwiebeln, Schalotten, Knoblauch, Porree/Lauch und andere Gemüse der Allium-Arten, frisch oder gekühlt,	**Position 0703**	
	d) Kohl, Blumenkohl/Karfiol, Kohlrabi, Wirsingkohl und ähnliche genießbare Kohlarten der Gattung Brassica, frisch oder gekühlt,	**Position 0704**	
	e) Salate (Lactuca sativa) und Chicorée (Cichorium-Arten), frisch oder gekühlt,	**Position 0705**	
	f) Karotten und Speisemöhren, Speiserüben, Rote Rüben, Schwarzwurzeln, Knollensellerie, Rettiche und ähnliche genießbare Wurzeln, frisch oder gekühlt,	**Position 0706**	
	g) Gurken und Cornichons, frisch oder gekühlt,	**Position 0707 00**	
	h) Hülsenfrüchte, auch ausgelöst, frisch oder gekühlt,	**Position 0708**	
	i) anderes Gemüse, frisch oder gekühlt,	**Position 0709**	
	j) Gemüse, auch in Wasser oder Dampf gekocht, gefroren,	**Position 0710**	
	k) Gemüse, vorläufig haltbar gemacht (z. B. durch Schwefeldioxid oder in Wasser, dem Salz, Schwefeldioxid oder andere vorläufig konservierend wirkende Stoffe zugesetzt sind), zum unmittelbaren Genuss nicht geeignet,	**Position 0711**	
	l) Gemüse, getrocknet, auch in Stücke oder Scheiben geschnitten, als Pulver oder sonst zerkleinert, jedoch nicht weiter zubereitet,	**Position 0712**	

[1] Seit **1. 1. 2004** lautet die Bezeichnung **„Anlage 2"** (StÄndG 2003). – **Anlage 1** zu § 4 Nr. 4 a UStG, **Anlage 3** zu § 13 b Abs. 2 Nr. 7 und **Anlage 4** zu § 13 b Abs. 2 Nr. 11 vgl. am Ende der geschlossenen Wiedergabe des UStG.
Die Sachverhalte der seit **1. 1. 2004** neu bezeichneten **„Anlage 2"** (zu § 12 Abs. 2 Nr. 1 und 2) werden bei den nachstehenden Verwaltungsanweisungen und im **Sachverzeichnis** wie bisher unter der Rubrik **„Anlage"** erfasst.
Anlage 2 redaktionell neugefasst (verschiedene ZT-Nrn. angepasst) durch JStG 2007 vom 13. 12. 2006 (BGBl. I S. 2878) und geändert durch Gesetz vom 8. 5. 2012 (BGBl. I S. 1030) und vom 25. 7. 2014 (BGBl. I S. 1266) mWv 1. 1. 2015; Klammerzusatz in der Überschrift neugefasst durch „JStG 2019" v. 12. 12. 2019 (BGBl. I S. 2451).
[2] Anlage 2 Nr. 1 Buchst. a aufgehoben durch Gesetz vom 8. 5. 2012 (BGBl. I S. 1030) mWv 1. 7. 2012.

Anl 2 zu UStG

	Lfd. Nr.	Warenbezeichnung	Zolltarif (Kapitel, Position, Unterposition)
		m) getrocknete, ausgelöste Hülsenfrüchte, auch geschält oder zerkleinert,	Position 0713
		n) Topinambur	aus Position 0714
	11	Genießbare Früchte und Nüsse	Positionen 0801 bis 0813
	12	Kaffee, Tee, Mate und Gewürze	Kapitel 9
	13	Getreide	Kapitel 10
	14	Müllereierzeugnisse, und zwar a) Mehl von Getreide,	Positionen 1101 00 und 1102
		b) Grobgrieß, Feingrieß und Pellets von Getreide,	Position 1103
		c) Getreidekörner, anders bearbeitet; Getreidekeime, ganz, gequetscht, als Flocken oder gemahlen	Position 1104
	15	Mehl, Grieß, Pulver, Flocken, Granulat und Pellets von Kartoffeln	Position 1105
	16	Mehl, Grieß und Pulver von getrockneten Hülsenfrüchten sowie Mehl, Grieß und Pulver von genießbaren Früchten	aus Position 1106
	17	Stärke	aus Position 1108
	18	Ölsamen und ölhaltige Früchte sowie Mehl hiervon	Positionen 1201 00 bis 1208
	19	Samen, Früchte und Sporen, zur Aussaat	Position 1209
	20	(weggefallen)	
	21	Rosmarin, Beifuß und Basilikum in Aufmachungen für den Küchengebrauch sowie Dost, Minzen, Salbei, Kamilleblüten und Haustee	aus Position 1211
3	22	Johannisbrot und Zuckerrüben, frisch oder getrocknet, auch gemahlen; Steine und Kerne von Früchten sowie andere pflanzliche Waren (einschließlich nichtgerösteter Zichorienwurzeln der Varietät Cichorium intybus sativum) der hauptsächlich zur menschlichen Ernährung verwendeten Art, anderweit weder genannt noch inbegriffen; ausgenommen Algen, Tange und Zuckerrohr	aus Position 1212
	23	Stroh und Spreu von Getreide sowie verschiedene zur Fütterung verwendete Pflanzen	Positionen 1213 00 00 und 1214
	24	Pektinstoffe, Pektinate und Pektate	Unterposition 1302 20
	25	(weggefallen)	
	26	Genießbare tierische und pflanzliche Fette und Öle, auch verarbeitet, und zwar	
		a) Schweineschmalz, anderes Schweinefett und Geflügelfett,	aus Position 1501 00
		b) Fett von Rindern, Schafen oder Ziegen, ausgeschmolzen oder mit Lösungsmitteln ausgezogen,	aus Position 1502 00
		c) Oleomargarin,	aus Position 1503 00
		d) fette pflanzliche Öle und pflanzliche Fette sowie deren Fraktionen, auch raffiniert,	aus Positionen 1507 bis 1515
		e) tierische und pflanzliche Fette und Öle sowie deren Fraktionen, ganz oder teilweise hydriert, umgeestert, wiederverestert oder elaidiniert, auch raffiniert, jedoch nicht weiterverarbeitet, ausgenommen hydriertes Rizinusöl (sog. Opalwachs),	aus Position 1516
		f) Margarine; genießbare Mischungen und Zubereitungen von tierischen oder pflanzlichen Fetten und Ölen sowie von Fraktionen verschiedener Fette und Öle, ausgenommen Form- und Trennöle	aus Position 1517
	27	(weggefallen)	
	28	Zubereitungen von Fleisch, Fischen oder von Krebstieren, Weichtieren und anderen wirbellosen Wassertieren, ausgenommen Kaviar sowie zubereitete oder haltbar gemachte Langusten, Hummer, Austern und Schnecken	aus Kapitel 16
	29	Zucker und Zuckerwaren	Kapitel 17
	30	Kakaopulver ohne Zusatz von Zucker oder anderen Süßmitteln sowie Schokolade und andere kakaohaltige Lebensmittelzubereitungen	Positionen 1805 00 00 und 1806
	31	Zubereitungen aus Getreide, Mehl, Stärke oder Milch; Backwaren	Kapitel 19
	32	Zubereitungen von Gemüse, Früchten, Nüssen oder anderen Pflanzenteilen, ausgenommen Frucht- und Gemüsesäfte	Positionen 2001 bis 2008
	33	Verschiedene Lebensmittelzubereitungen	Kapitel 21
	34	Wasser, ausgenommen – Trinkwasser, einschließlich Quellwasser und Tafelwasser, das in zur Abgabe an den Verbraucher bestimmten Fertigpackungen in den Verkehr gebracht wird, – Heilwasser und – Wasserdampf	aus Unterposition 2201 90 00
4	35	Milchmischgetränke mit einem Anteil an Milch oder Milcherzeugnissen (z. B. Molke) von mindestens 75 Prozent des Fertigerzeugnisses	aus Position 2202
	36	Speiseessig	Position 2209 00

Lfd. Nr.	Warenbezeichnung	Zolltarif (Kapitel, Position, Unterposition)
37	**Rückstände und Abfälle der Lebensmittelindustrie; zubereitetes Futter**	**Kapitel 23**
38	**(weggefallen)**	
39	**Speisesalz, nicht in wässriger Lösung**	**aus Position 2501 00**
40	**a) Handelsübliches Ammoniumcarbonat und andere Ammoniumcarbonate,**	**Unterposition 2836 99 17**[1]
	b) Natriumhydrogencarbonat (Natriumbicarbonat)	**Unterposition 2836 30 00**
41	**D-Glucitol (Sorbit), auch mit Zusatz von Saccharin oder dessen Salzen**	**Unterpositionen 2905 44 und 2106 90**
42	**Essigsäure**	**Unterposition 2915 21 00**
43	**Natriumsalz und Kaliumsalz des Saccharins**	**aus Unterposition 2925 11 00**
44	**(weggefallen)**	
45	**Tierische oder pflanzliche Düngemittel mit Ausnahme von Guano, auch untereinander gemischt, jedoch nicht chemisch behandelt; durch Mischen von tierischen oder pflanzlichen Erzeugnissen gewonnene Düngemittel**	**aus Position 3101 00 00**
46	**Mischungen von Riechstoffen und Mischungen (einschließlich alkoholischer Lösungen) auf der Grundlage eines oder mehrerer dieser Stoffe, in Aufmachungen für den Küchengebrauch**	**aus Unterposition 3302 10**
47	**Gelatine**	**aus Position 3503 00**
48	**Holz, und zwar**	
	a) Brennholz in Form von Rundlingen, Scheiten, Zweigen, Reisigbündeln oder ähnlichen Formen,	**Unterposition 4401 10 00**
	b) Sägespäne, Holzabfälle und Holzausschuss, auch zu Pellets, Briketts, Scheiten oder ähnlichen Formen zusammengepresst	**Unterposition 4401 30**
49	**Bücher, Zeitungen und andere Erzeugnisse des graphischen Gewerbes mit Ausnahme der Erzeugnisse, für die Beschränkungen als jugendgefährdende Trägermedien bzw. Hinweispflichten nach § 15 Abs. 1 bis 3 und 6 des Jugendschutzgesetzes in der jeweils geltenden Fassung bestehen, sowie der Veröffentlichungen, die überwiegend Werbezwecken (einschließlich Reisewerbung) dienen, und zwar**	
	a) Bücher, Broschüren und ähnliche Drucke, auch in Teilheften, losen Bogen oder Blättern, zum Broschieren, Kartonieren oder Binden bestimmt, sowie Zeitungen und andere periodische Druckschriften kartoniert, gebunden oder in Sammlungen mit mehr als einer Nummer in gemeinsamem Umschlag (ausgenommen solche, die überwiegend Werbung enthalten),	**aus Positionen 4901, 9705 00 00 und 9706 00 00**
	b) Zeitungen und andere periodische Druckschriften, auch mit Bildern oder Werbung enthaltend (ausgenommen Anzeigenblätter, Annoncen-Zeitungen und dergleichen, die überwiegend Werbung enthalten),	**aus Position 4902**
	c) Bilderalben, Bilderbücher und Zeichen- oder Malbücher, für Kinder,	**aus Position 4903 00 00**
	d) Noten, handgeschrieben oder gedruckt, auch mit Bildern, auch gebunden,	**aus Position 4904 00 00**
	e) kartographische Erzeugnisse aller Art, einschließlich Wandkarten, topographischer Pläne und Globen, gedruckt,	**aus Position 4905**
	f) Briefmarken und dergleichen (z. B. Ersttagsbriefe, Ganzsachen) als Sammlungsstücke	**aus Positionen 4907 00 und 9704 00 00**
50[2]	**Platten, Bänder, nicht flüchtige Halbleiterspeichervorrichtungen, „intelligente Karten (smart cards)" und andere Tonträger oder ähnliche Aufzeichnungsträger, die ausschließlich die Tonaufzeichnung der Lesung eines Buches enthalten, mit Ausnahme der Erzeugnisse, für die Beschränkungen als jugendgefährdende Trägermedien bzw. Hinweispflichten nach § 15 Absatz 1 bis 3 und 6 des Jugendschutzgesetzes in der jeweils geltenden Fassung bestehen**	**aus Position 8523**
51	**Rollstühle und andere Fahrzeuge für Behinderte, auch mit Motor oder anderer Vorrichtung zur mechanischen Fortbewegung**	**Position 8713**
52	**Körperersatzstücke, orthopädische Apparate und andere orthopädische Vorrichtungen sowie Vorrichtungen zum Beheben von Funktionsschäden oder Gebrechen, für Menschen, und zwar**	
	a) künstliche Gelenke, ausgenommen Teile und Zubehör,	**aus Unterposition 9021 31 00**
	b) orthopädische Apparate und andere orthopädische Vorrichtungen einschließlich Krücken sowie medizinisch-chirurgischer Gürtel und Bandagen, ausgenommen Teile und Zubehör,	**aus Unterposition 9021 10**
	c) Prothesen, ausgenommen Teile und Zubehör,	**aus Unterpositionen 9021 21, 9021 29 00 und 9021 39**

5

[1] Nr. 40 Buchst. a Unterposition geändert (bisher „2836 10 00") durch JStG 2008 v. 20. 12. 2007 (BGBl. I S. 3150) mWv 29. 12. 2007.
[2] Nr. 50 neugefasst durch Gesetz v. 25. 7. 2014 (BGBl. I S. 1266) mWv 1. 1. 2015.

Anl 2 zu UStG

	Lfd. Nr.	Warenbezeichnung	Zolltarif (Kapitel, Position, Unterposition)
		d) Schwerhörigengeräte, Herzschrittmacher und andere Vorrichtungen zum Beheben von Funktionsschäden oder Gebrechen, zum Tragen in der Hand oder am Körper oder zum Einpflanzen in den Organismus, ausgenommen Teile und Zubehör	**Unterpositionen 9021 40 00 und 9021 50 00, aus Unterposition 9021 90**
6	53	**Kunstgegenstände, und zwar**	
		a) Gemälde und Zeichnungen, vollständig mit der Hand geschaffen, sowie Collagen und ähnliche dekorative Bildwerke,	**Position 9701**
		b) Originalstiche, -schnitte und -steindrucke,	**Position 9702 00 00**
		c) Originalerzeugnisse der Bildhauerkunst, aus Stoffen aller Art	**Position 9703 00 00**
	54	**Sammlungsstücke,**	
		a) zoologische, botanische, mineralogische oder anatomische, und Sammlungen dieser Art,	**aus Position 9705 00 00**
		b) von geschichtlichem, archäologischem, paläontologischem oder völkerkundlichem Wert,	**aus Position 9705 00 00**
		c) von münzkundlichem Wert, und zwar	
		aa) kursungültige Banknoten einschließlich Briefmarkengeld und Papiernotgeld,	**aus Position 9705 00 00**
		bb) Münzen aus unedlen Metallen,	**aus Position 9705 00 00**
		cc) Münzen und Medaillen aus Edelmetallen, wenn die Bemessungsgrundlage für die Umsätze dieser Gegenstände mehr als 250 Prozent des unter Zugrundelegung des Feingewichts berechneten Metallwerts ohne Umsatzsteuer beträgt	**aus Positionen 7118, 9705 00 00 und 9706 00 00**
	55[1]	**Erzeugnisse für Zwecke der Monatshygiene, und zwar**	
		a) hygienische Binden (Einlagen) und Tampons aus Stoffen aller Art,	**aus Position 9619**
		b) Hygienegegenstände aus Kunststoffen (Menstruationstassen, Menstruationsschwämmchen),	**aus Unterposition 3924 90**
		c) Waren zu hygienischen Zwecken aus Weichkautschuk (Menstruationstassen),	**aus Unterposition 4014 90**
		d) natürliche Schwämme tierischen Ursprungs (Menstruationsschwämmchen),	**aus Unterposition 0511 99 39**
		e) Periodenhosen (Slips und andere Unterhosen mit einer eingearbeiteten saugfähigen Einlage, zur mehrfachen Verwendung)	**aus Position 9619**

Hinweis auf EU-Vorschriften:

UStG: Anlage .... **MwStSystRL:** Art. 98 Abs. 2 u. 3, Art. 99 Abs. 2, 122, Anh. III 1., 2., 4., 6., 11.

Schreiben zur Anwendung der Anlage 2 (zu § 12 Abs. 2 Nr. 1, 2, 12, 13 und 14 UStG)

Schreiben betr. ermäßigter Steuersatz für die in der Anlage 2 des UStG bezeichneten Gegenstände vom 5. 8. 2004 (BeckVerw 056347)

Schreiben betr. Steuersatz für die Lieferung sog. Kombinationsartikel vom 21. 3. 2006 (BeckVerw 073553)

Schreiben betr. Steuersatz für Lieferungen von Pflanzen und damit in Zusammenhang stehende sonstige Leistungen vom 4. 2. 2010 (BeckVerw 234976)

Schreiben betr. ustrechtl. Behandlung des Legens von Hauswasseranschlüssen vom 4. 2. 2021 (BeckVerw 507680)

Schreiben betr. Leistungen im Zusammenhang mit der Herstellung von Fütterungsarzneimitteln vom 29. 5. 2002 (BeckVerw 036990)

Schreiben betr. Steuersatz für Lieferungen und innergemeinschaftliche Erwerbe von Fotobüchern vom 20. 4. 2016 (BeckVerw 326385)

Schreiben betr. Umsatzsteuerermäßigung auf Umsätze mit Gehhilfe-Rollatoren vom 11. 8. 2011 (BeckVerw 252176)

Schreiben betr. Umsätze mit Kunstgegenständen und Sammlungsstücken vom 18. 12. 2014 (BeckVerw 293005)

Schreiben betr. Anwendung des ermäßigten Steuersatzes auf die Lieferung von Münzen aus unedlen Metallen vom 7. 1. 2005 (BeckVerw 061863)

Schreiben betr. Steuersatz für Umsätze mit Silbermünzen vom 27. 9. 2022 (BeckVerw 575610), geändert durch BMF vom 23. 11. 2022 (BeckVerw 577066)

Schreiben betr. ermäßigter Umsatzsteuersatz für stpfl. Einfuhren von Sammlermünzen; Gold- u. Silberpreis für 2022 vom 1. 12. 2021 (BeckVerw 564275); vom 1. 12. 2022 (BeckVerw 577280)

[1] Nr. 55 angefügt **mWv 1. 1. 2020** durch „JStG 2019" v. 12. 12. 2019 (BGBl. I S. 2451).

Anhang

1. Verordnung über die örtliche Zuständigkeit für die Umsatzsteuer im Ausland ansässiger Unternehmer (Umsatzsteuerzuständigkeitsverordnung – UStZustV)[1]

In der Fassung vom 20. Dezember 2001

(BGBl. I S. 3794/3814)

Geändert durch Gesetz zum Abbau von Steuervergünstigungen und Ausnahmeregelungen (Steuervergünstigungsabbaugesetz – StVergAbG) vom 16. 5. 2003 (BGBl. I S. 660/664), Gesetz zur Neuordnung der Bundesfinanzverwaltung und zur Schaffung eines Refinanzierungsregisters vom 22. 9. 2005 (BGBl. I S. 2809/2812), Jahressteuergesetz 2007 (JStG 2007) vom 13. 12. 2006 (BGBl. I S. 2878/2901), Gesetz zur Bereinigung von Bundesrecht im Zuständigkeitsbereich des Bundesministeriums der Finanzen und zur Änderung des Münzgesetzes vom 8. 5. 2008 (BGBl. I S. 810/817), Jahressteuergesetz 2010 (JStG 2010) vom 8. 12. 2010 (BGBl. I S. 1768/1788), Kroatienbeitrittsanpassungsgesetz vom 25. 7. 2014 (BGBl. I S. 1266), VO zur Änderung steuerlicher Verordnungen und weiterer Vorschriften vom 22. 12. 2014 (BGBl. I S. 2392), Dritte VO zur Änderung steuerlicher Verordnungen vom 18. 7. 2016 (BGBl. I S. 1722), Vierte VO zur Änderung steuerlicher Verordnungen vom 12. 7. 2017 (BGBl. I S. 2360), Art. 24 Jahressteuergesetz 2020 vom 21. 12. 2020 (BGBl. I S. 3096), Sechste VO zur Änderung steuerlicher Verordnungen vom 19. 12. 2022 (BStBl. I S. 2432)

BGBl. III/FNA 610-1-13

§ 1 [Zuständige Finanzämter]

(1) ① Für die Umsatzsteuer der Unternehmer im Sinne des § 21 Abs. 1 Satz 2 der Abgabenordnung sind folgende Finanzämter örtlich zuständig:

1. das Finanzamt Trier für im Königreich Belgien ansässige Unternehmer,
2. das Finanzamt Neuwied für in der Republik Bulgarien ansässige Unternehmer,
3. das Finanzamt Flensburg für im Königreich Dänemark ansässige Unternehmer,
4.[2] das Finanzamt Rostock für in der Republik Estland ansässige Unternehmer,
5.[3] das Finanzamt Bremen für in der Republik Finnland ansässige Unternehmer,
6.[2, 4] das Finanzamt Offenburg für in der Französischen Republik und im Fürstentum Monaco ansässige Unternehmer,
7.[4] das Finanzamt Hannover-Nord für im Vereinigten Königreich Großbritannien und Nordirland sowie auf der Insel Man ansässige Unternehmer,
8.[2] das Finanzamt Berlin Neukölln für in der Griechischen Republik ansässige Unternehmer,
9.[2] das Finanzamt Hamburg-Nord für in der Republik Irland ansässige Unternehmer,
10.[5] das Finanzamt München für in der Italienischen Republik ansässige Unternehmer,
11.[2, 6] das Finanzamt Kassel für in der Republik Kroatien ansässige Unternehmer,
12.[3] das Finanzamt Bremen für in der Republik Lettland ansässige Unternehmer,
13. das Finanzamt Konstanz für im Fürstentum Liechtenstein ansässige Unternehmer,
14. das Finanzamt Mühlhausen für in der Republik Litauen ansässige Unternehmer,
15. das Finanzamt Saarbrücken Am Stadtgraben für im Großherzogtum Luxemburg ansässige Unternehmer,
16.[2, 6] das Finanzamt Berlin Neukölln für in der Republik Nordmazedonien ansässige Unternehmer,
17. das Finanzamt Kleve für im Königreich der Niederlande ansässige Unternehmer,
18.[3] das Finanzamt Bremen für im Königreich Norwegen ansässige Unternehmer,
19.[5] das Finanzamt München für in der Republik Österreich ansässige Unternehmer,
20.[7] für in der Republik Polen ansässige Unternehmer
   a) das Finanzamt Hameln, wenn der Nachname oder der Firmenname des Unternehmers mit den Buchstaben A bis G beginnt;
   b) das Finanzamt Oranienburg, wenn der Nachname oder der Firmenname des Unternehmers mit den Anfangsbuchstaben H bis Ł beginnt;
   c) das Finanzamt Cottbus, wenn der Nachname oder der Firmenname des Unternehmers mit den Anfangsbuchstaben M bis R beginnt;

---

[1] UStZustV neugefasst durch Art. 21 StÄndG 2001 vom 20. 12. 2001 (BGBl. I S. 3794/3814) mWv 23. 12. 2001.
[2] § 1 Abs. 1 Nrn. 4, 6, 8, 9, 11, 16 Finanzamt geändert durch JStG 2007 vom 13. 12. 2006 (BGBl. I S. 2878) mWv 19. 12. 2006.
[3] § 1 Abs. 1 Nrn. 5, 12 und 18 Finanzamt geändert durch Gesetz vom 25. 7. 2014 (BGBl. I S. 1266).
[4] § 1 Abs. 1 Nrn. 6, 7 geändert durch VO vom 12. 7. 2017 (BGBl. I S. 2360) mWv 20. 7. 2017.
[5] § 1 Abs. 1 Nrn. 10, 19, 23, 31 u. 33 Finanzamt geändert durch JStG 2010 vom 8. 12. 2010 (BGBl. I S. 1768) mWv 14. 12. 2010.
[6] § 1 Abs. 1 Nrn. 11 u. 16 geändert durch VO v. 19. 12. 2022 (BGBl. I S. 2432).
[7] § 1 Abs. 1 Nr. 20 neugefasst durch Art. 6 VO vom 18. 7. 2016 (BGBl. I S. 1722) mWv 1. 6. 2018 (Bek. v. 4. 5. 2018, BGBl. I S. 557); Abs. 1 Nr. 20 Buchst. e neugefasst, Satz 2 angefügt durch Art. 24 JStG 2020 mWv 1. 7. 2021.

d) das Finanzamt Nördlingen, wenn der Nachname oder der Firmenname des Unternehmers mit den Anfangsbuchstaben S bis Ż beginnt;
e) ungeachtet der Regelungen in den Buchstaben a bis d das Finanzamt Cottbus für alle Unternehmer, auf die das Verfahren nach § 18 Absatz 4 e § 18 j oder § 18 k des Umsatzsteuergesetzes anzuwenden ist,

21.[1, 2] das Finanzamt Kassel für in der Portugiesischen Republik ansässige Unternehmer,
22. das Finanzamt Chemnitz-Süd für in Rumänien ansässige Unternehmer,
23.[3] das Finanzamt Magdeburg für in der Russischen Föderation ansässige Unternehmer,
24.[1] das Finanzamt Hamburg-Nord für im Königreich Schweden ansässige Unternehmer,
25. das Finanzamt Konstanz für in der Schweizerischen Eidgenossenschaft ansässige Unternehmer,
26. das Finanzamt Chemnitz-Süd für in der Slowakischen Republik ansässige Unternehmer,
27.[2, 4] das Finanzamt Kassel für im Königreich Spanien ansässige Unternehmer,
28. das Finanzamt Oranienburg für in der Republik Slowenien ansässige Unternehmer,
29. das Finanzamt Chemnitz-Süd für in der Tschechischen Republik ansässige Unternehmer,
30. das Finanzamt Dortmund-Unna für in der Republik Türkei ansässige Unternehmer,
31.[3] das Finanzamt Magdeburg für in der Ukraine ansässige Unternehmer,
32. das Zentralfinanzamt Nürnberg für in der Republik Ungarn ansässige Unternehmer,
33.[3] das Finanzamt Magdeburg für in der Republik Weißrußland ansässige Unternehmer,
34. das Finanzamt Bonn-Innenstadt für in den Vereinigten Staaten von Amerika ansässige Unternehmer.

② Die örtliche Zuständigkeit nach Satz 1 gilt für die Außengebiete, Überseegebiete und Selbstverwaltungsgebiete der in Satz 1 genannten Staaten entsprechend.

(2)[1, 4] Für die Umsatzsteuer der Unternehmer im Sinne des § 21 Abs. 1 Satz 2 der Abgabenordnung, die nicht von Absatz 1 erfasst werden, ist das Finanzamt Berlin Neukölln zuständig.

(2 a)[5] Abweichend von den Absätzen 1 und 2 ist für die Unternehmer, die von § 18 Abs. 4 c des Umsatzsteuergesetzes Gebrauch machen, das Bundeszentralamt für Steuern zuständig.

(2 b)[6] Für die Unternehmer mit Sitz außerhalb des Gemeinschaftsgebiets (§ 1 Absatz 2 a des Umsatzsteuergesetzes), die im Gemeinschaftsgebiet weder ihre Geschäftsleitung noch eine umsatzsteuerliche Betriebsstätte haben und die in einem anderen Mitgliedstaat der Europäischen Union die Teilnahme an dem Verfahren im Sinne des § 18 j des Umsatzsteuergesetzes angezeigt haben, sind die Absätze 1 und 2 für Zwecke der Durchführung des Verfahrens im Sinne des § 18 j des Umsatzsteuergesetzes mit der Maßgabe anzuwenden, dass der Unternehmer in dem Mitgliedstaat als ansässig zu behandeln ist, in dem die Teilnahme angezeigt wurde.

(3)[7] Die örtliche Zuständigkeit nach § 61 Absatz 1 Satz 1 und § 61 a Absatz 1 der Umsatzsteuer-Durchführungsverordnung für die Vergütung der abziehbaren Vorsteuerbeträge an im Ausland ansässige Unternehmer bleibt unberührt.

§ 2 [Inkrafttreten][8]

① Diese Verordnung tritt am Tage nach ihrer Verkündung in Kraft. ② Gleichzeitig tritt die Umsatzsteuerzuständigkeitsverordnung vom 21. Februar 1995 (BGBl. I S. 225), zuletzt geändert durch Artikel 3 des Gesetzes vom 30. August 2001 (BGBl. I S. 2267) außer Kraft.

---

[1] § 1 Abs. 1 Nrn. 21, 24 sowie Abs. 2 Finanzamt geändert durch JStG 2007 vom 13. 12. 2006 (BGBl. I S. 2878) mWv 19. 12. 2006.

[2] § 1 Abs. 1 Nrn. 21 und 27 geändert durch VO v. 19. 12. 2022 (BGBl. I S. 2432).

[3] § 1 Abs. 1 Nrn. 10, 19, 23, 31 u. 33 Finanzamt geändert durch JStG 2010 vom 8. 12. 2010 (BGBl. I S. 1768) mW v. 14. 12. 2010.

[4] § 1 Abs. 1 Nr. 27 und Abs. 2 geändert durch JStG 2007 vom 13. 12. 2006 (BGBl. I S. 2878) mWv 19. 12. 2006.

§ 21 Abs. 1 Satz 2 AO:

„Das Bundesministerium der Finanzen kann zur Sicherstellung der Besteuerung durch Rechtsverordnung mit Zustimmung des Bundesrates für Unternehmer, die Wohnsitz, Sitz oder Geschäftsleitung außerhalb des Geltungsbereiches dieses Gesetzes haben, die örtliche Zuständigkeit einer Finanzbehörde für den Geltungsbereich des Gesetzes übertragen". – Hinweis auf **AEAO zu § 21 – Umsatzsteuer** (abgedruckt im „AO-Handbuch"). – Zum Begriff **„im Ausland ansässige Unternehmer"** vgl. § 13 b Abs. 7 UStG/A 13 b.11 UStAE.

Zur **örtlichen Zuständigkeit** für die Umsatzsteuer für im Ausland ansässige Unternehmer. *Verfügung OFD Magdeburg v. 13. 2. 2013 S 0123 – 1 – St 251 (BeckVerw 269529).*

[5] § 1 Abs. 2 a eingefügt durch StVergAbG vom 16. 5. 2003 (BGBl. I S. 660) mWv 1. 7. 2003 und geändert durch Gesetz vom 22. 9. 2005 (BGBl. I S. 2809/2812) mWv 1. 1. 2006.

E-Commerce/Online-Umsätze vgl. § 3 a Abs. 5, Abs. 4 Nr. 13 UStG und A 3 a.10 UStAE.

[6] § 1 Abs. 2 b eingefügt durch VO v. 19. 12. 2022 (BGBl. I S. 2432).

[7] § 1 Abs. 3 neugefasst durch Art. 24 JStG 2020 mWv 1. 7. 2021.

[8] Die Neubekanntmachung ist am 23. 12. 2001 in Kraft getreten.

2. Verordnung über die Erstattung von Umsatzsteuer an ausländische ständige diplomatische Missionen und berufskonsularische Vertretungen sowie an ihre ausländischen Mitglieder (Umsatzsteuererstattungsverordnung – UStErstV)[1]

In der Fassung vom 3. Oktober 1988
(BGBl. I S. 1780)
Zuletzt geändert durch VO vom 19. 12. 2022 (BGBl. I S. 2432) mWv 1. 1. 2023

[abgedruckt zuletzt im Umsatzsteuer-Handbuch 2020]

---

[1] **Innergemeinschaftliche Erwerbe durch diplomatische Missionen** vgl. § 1 c UStG.
Steuerfreie Lieferungen an diplomatische Missionen im übrigen Gemeinschaftsgebiet vgl. § 4 Nr. 7 UStG.
Lieferungen von Waren aus einem Zolllager an **ausländische diplomatische Missionen** und konsularische Vertretungen bzw. deren Mitglieder sind umsatzsteuerbar und umsatzsteuerpflichtig. – Eine Entlastung von der USt kann allenfalls nach der UStErstV erfolgen. *Verfügung OFD Nürnberg v. 17. 4. 2001 – S 7130 – 15/St 43 (UR 2002 S. 81).*
Steuervergütungen für Lieferungen und sonstige Leistungen an **im Inland ansässige diplomatische Missionen,** berufskonsularische Vertretungen und deren ausländische Mitglieder sowie zwischenstaatliche Einrichtungen. *Verfügung OFD Frankfurt S 7130 A – 5 – St I 2.10 v. 6. 5. 2005.*

Stichwortregister

Fettgedruckte Zahlen bzw. Abkürzungen (**„Anl", „Anh"**) verweisen auf Paragraphen bzw. die Anlage 2 zum UStG (hinter § 29) sowie die Bestimmungen im Anhang, magere Zahlen auf die zugeordneten Randziffern; der Buchstabe „F" verweist auf eine Fußnote zur Randziffer.

C

D

E

F

G

I

J

K

L

N

O

P

T

U

V

W

Y

Z